NomosFormulare

Prof. Dr. Klaus Hümmerich
Rechtsanwalt und Fachanwalt für Arbeitsrecht,
Bonn

Arbeitsrecht

Vertragsgestaltung | Prozessführung

6. Auflage

Die Formulierungsbeispiele in diesem Buch wurden mit Sorgfalt und nach bestem Wissen erstellt. Sie stellen jedoch lediglich Anregungen für die Lösung typischer Fallgestaltungen dar. Autoren und Verlag übernehmen keine Haftung für die Richtigkeit und Vollständigkeit der in dem Buch und auf der CD-ROM enthaltenen Ausführungen und Formulierungsmuster.

Die Deutsche Bibliothek verzeichnet diese Publikation in der Deutschen Nationalbibliografie; detaillierte bibliografische Daten sind im Internet über http://dnb.ddb.de abrufbar.

ISBN 978-3-8329-2057-9

6. Auflage 2007
© Nomos Verlagsgesellschaft, Baden-Baden 2007. Printed in Germany. Alle Rechte, auch die des Nachdrucks von Auszügen, der fotomechanischen Wiedergabe und der Übersetzung, vorbehalten.

Vorwort

Die erste Frage, die sich dem Benutzer dieses Werkes stellt, wird wahrscheinlich lauten: Was gibt es Neues in der 6. Auflage? Vollumfänglich neu ist das Kapitel über die Anwaltsgebühren (§ 8). Die BRAGO und die hierzu ergangene Rechtsprechung waren mit Inkrafttreten des RVG und der Neufassung des GKG überholt. Auch traten neue Rechtsfragen aufgrund neuer Gebührentatbestände auf, so dass die Ausführungen über die Anwalts- und Gerichtsgebühren, den Streitwert, die Vergütungsvereinbarungen und die Korrespondenz mit der Rechtsschutzversicherung von Grund auf neu geschrieben wurden. § 8 des Formularbuchs bietet jetzt ein Bild der aktuellen Gebührenrechts- und Streitwertfragen im Arbeitsrecht.

Geringfügig geändert hat sich der Titel des Werkes. Bis zur 5. Auflage nannte es sich „AnwaltFormulare Arbeitsrecht", jetzt heißt es „Formularbuch Arbeitsrecht". Neu sind auch das Layout sowie eine größere Übersichtlichkeit, die durch strukturelle Änderungen, eine vereinfachte Gliederung und durch einige satztechnische Maßnahmen ins Werk gesetzt wurde.

Geblieben ist die Grundstruktur des Buches, das über acht Paragraphen verfügt, die jeweils in drei Kapitel untergliedert sind. Die Kapitel sind jeweils in zwei Abschnitte eingeteilt. Der erste Abschnitt enthält stets eine Darstellung der Hintergrundinformationen, die bei Anwendung von Mustertexten zu beherrschen sind (Erläuterungen). Im zweiten Abschnitt jedes Kapitels sind die Mustertexte abgedruckt (Texte). Alle Mustertexte tragen eine Anfangszahl, die den Paragraphen erkennen lässt, dem sie zuzuordnen sind. Der Textbaustein 2105 gehört zu § 2, der Textbaustein 4250 zu § 4 usw. Sämtliche Fußnoten wurden überarbeitet und die Fundstellenangaben um die Aktenzeichen der Gerichtsentscheidungen erweitert.

Häufigste Quelle von Veränderungen bildet eine neue oder geänderte Gesetzgebung oder die BAG-Rechtsprechung. Alle Darstellungen im Formularbuch wurden am Allgemeinen Gleichbehandlungsgesetz (AGG) gemessen. Ein Merkblatt für Arbeitnehmerinnen und Arbeitnehmer als Anlage für jeden Arbeitsvertrag wurde in die Formularsammlung aufgenommen. Vor allem die Texte im Bereich des Betriebsverfassungsrechts – so die Muster zu den Betriebsvereinbarungen in § 5 – mussten angesichts der durch das AGG geschaffenen Rechtslage mit Formulierungen, die dem männlichen und weiblichen Geschlecht Rechnung tragen, versehen werden. Das Formularbuch enthält jetzt neben neuen Mustertexten zum AGG gerichtliche Schriftsätze zur Inhaltskontrolle von Arbeitsverträgen, wie beispielsweise zu Vertragsstrafen oder zum Widerruf freiwilliger finanzieller Leistungen.

Vollständig überarbeitet ist in § 4 (Beendigung von Arbeitsverhältnissen) das Kapitel 2 „Abwicklungs- und Aufhebungsverträge". Auch die sich anschließenden Textbausteine haben neue Inhalte und eine neue Struktur erhalten. Das Kapitel 3 „Altersteilzeitverträge" musste wegen einiger zwischenzeitlich eingetretener Gesetzesänderungen, die auch die Berechnung des Entgelts eines Altersteilzeiters betrafen, stark verändert werden.

Die gerichtlichen Schriftsätze (§ 6 und § 7) habe ich einem grundlegenden inhaltlichen Re-Design unterzogen. Veraltete Schriftsätze sind herausgenommen, neue hinzugefügt. Alle gerichtlichen Schriftsätze haben jetzt einen einheitlichen Aufbau.

Die Darstellung in § 1, in dem Verträge mit Arbeitnehmern, freien Mitarbeitern und Gesellschaftsorganen gesammelt sind, und die arbeitsvertraglichen Zusatzvereinbarungen (§ 2) habe ich in ihrem Kernbestand belassen und um neue aktuelle Vertragsmuster erweitert. Seit der Schuldrechtsmodernisierung sind Arbeits- und Dienstverträge einer Inhaltskontrolle zu unterziehen – mit zahlreichen Weiterungen im Bereich der Vertragsformulierung. In den Erläuterungen zu den Arbeitsvertragstexten sowie durch Fußnoten in den Vertragsmustern sind die sich aus der AGB-Kontrolle ergebenden Maßstäbe aufgezeigt.

In Randbereichen geht das Formularbuch über das reine Arbeitsrecht hinaus. So enthält es eine Klageschrift des fristlos gekündigten GmbH-Geschäftsführers vor dem Landgericht (Muster 6573), eine als Urkundenklage ausgestaltete Zahlungsklage des fristlos gekündigten AG-Vorstands vor dem Landgericht (Muster 6576), aber auch eine Klage des Arbeitnehmers vor dem Sozialgericht wegen einer von der Bundesagentur für Arbeit angeordneten Sperrzeit (Muster 6588) sowie eine Klage des Arbeitnehmers vor dem Verwaltungsgericht wegen einer vom Integrationsamt erteilten Zustimmung zu seiner Kündigung als schwerbehinderter Mensch (Muster 6702).

Vorwort

Es war ein großes Vorhaben, das „Formularbuch Arbeitsrecht" umfassend zu aktualisieren und gleichzeitig mit größerer Klarheit auszustatten. Diese Arbeit wäre nicht möglich gewesen, hätte nicht meine geschätzte Kollegin Dr. Dorothea Bieszk fleißig und umsichtig an meiner Seite gestanden. Herrn Rechtsanwalt Dr. Joachim Holthausen danke ich für die Mitarbeit am Kapitel Altersteilzeit. Auch ohne unsere Mitarbeiterin Frau Tanja Stanzel, die seit vielen Jahren meine Bücher computermäßig betreut, wäre die Erarbeitung der 6. Auflage im vorgegebenen Zeitfenster nicht möglich gewesen. In meinen Dank schließe ich alle Anwältinnen und Anwälte von HÜMMERICH *legal* ein, die mir manchen Schriftsatz aus Gerichtsverfahren, manche Korrespondenz mit Rechtsschutzversicherungen oder Texte aus dem Unternehmensbereich zur Verfügung gestellt haben. Glücklich schätze ich mich, dass die Lektorin dieses Buches wieder Frau Rechtsanwältin Gertrud Vorbuchner war.

Rechtsprechung und Gesetzgebung sind bis März 2007 eingearbeitet.

Bonn, im April 2007 *Prof. Dr. Klaus Hümmerich*

Inhaltsübersicht

Vorwort	5
Abkürzungsverzeichnis	45
Literaturverzeichnis	51

§ 1 Verträge mit Arbeitnehmern, freien Mitarbeitern und Gesellschaftsorganen **55**
Kapitel 1: Arbeitsverträge 55
Kapitel 2: Handelsvertreterverträge und Verträge mit freien Mitarbeitern 426
Kapitel 3: Anstellungsverträge mit GmbH-Geschäftsführern und AG-Vorständen 509

§ 2 Zusatzvereinbarungen zu Arbeits- und Anstellungsverträgen **589**
Kapitel 1: Nachvertragliche Wettbewerbsverbote 589
Kapitel 2: Kfz-Nutzung, Dienstwagen 609
Kapitel 3: Ausbildungsfinanzierung und Arbeitgeberdarlehen 629

§ 3 Arbeitsrechtstexte der Personalarbeit **643**
Kapitel 1: Einstellung 643
Kapitel 2: Administration bestehender Arbeitsverhältnisse 666
Kapitel 3: Zeugnistexte 721

§ 4 Beendigung von Arbeitsverhältnissen **737**
Kapitel 1: Kündigung von Arbeitsverhältnissen 737
Kapitel 2: Abwicklungs- und Aufhebungsverträge 784
Kapitel 3: Altersteilzeitverträge 933

§ 5 Betriebsvereinbarungen **961**
Kapitel 1: Freiwillige Betriebsvereinbarungen 961
Kapitel 2: Erzwingbare Betriebsvereinbarungen 1020
Kapitel 3: Interessenausgleichsvereinbarungen und Sozialpläne 1142

§ 6 Schriftsätze im arbeitsgerichtlichen Urteilsverfahren **1313**
Kapitel 1: Parteienunabhängige Schriftsätze 1313
Kapitel 2: Schriftsätze für Arbeitnehmer 1382
Kapitel 3: Schriftsätze für Arbeitgeber 1580

§ 7 Schriftsätze im arbeitsgerichtlichen Beschlussverfahren **1683**
Kapitel 1: Parteienunabhängige Schriftsätze 1683
Kapitel 2: Vertretung von Betriebsräten im Beschlussverfahren 1700
Kapitel 3: Vertretung von Arbeitgebern 1754

§ 8 Gebühren und Rechtsschutz im Arbeitsrecht **1787**
Kapitel 1: Vergütungsvereinbarungen 1787
Kapitel 2: Gegenstandswerte im Arbeitsrecht 1824
Kapitel 3: Korrespondenz mit Rechtsschutzversicherungen 1873

Stichwortverzeichnis 1897

Inhaltsverzeichnis

Vorwort	5
Abkürzungsverzeichnis	45
Literaturverzeichnis	51
§ 1 Verträge mit Arbeitnehmern, freien Mitarbeitern und Gesellschaftsorganen	**55**
Kapitel 1: Arbeitsverträge	**55**
A. Erläuterungen zur Arbeitsvertragsgestaltung	56
I. Grundlagen des Arbeitsvertrages	56
II. Arbeitsvertragsrecht und Inhaltskontrolle	56
1. Allgemeine Geschäftsbedingungen	57
2. Die Einbeziehungsnormen § 310 Abs. 3 Nr. 1 und 2 BGB	57
III. Modifizierte Anwendungsregel bei Arbeitsverträgen, § 310 Abs. 4 Satz 2 BGB	58
1. Regelung des § 310 Abs. 4 Satz 2 BGB	58
2. Theorien zum „Besonderheiten"-Begriff	58
3. Prüfungsschema der Inhaltskontrolle	59
IV. Maßstäbe der Inhaltskontrolle	59
1. Überraschende Klauseln, § 305c Abs. 1 BGB	59
a) Merkmal einer überraschenden Klausel	59
b) Beispielsfälle	60
2. Unklarheitenregel, § 305c Abs. 2 BGB	61
a) Mehrdeutigkeit einer Klausel	61
b) Beispielsfälle	61
V. Inhaltskontrolle nach § 307 BGB	62
1. Unangemessene Benachteiligung, § 307 Abs. 1 Satz 1 BGB	62
a) Grundsätze	62
b) Beispielsfälle	63
2. Transparenzgebot, § 307 Abs. 1 Satz 2 BGB	63
a) Grundsätze	63
b) Beispielsfälle	64
3. Benachteiligungsverbot, § 307 Abs. 2 Nr. 1 BGB	65
a) Grundsätze	65
b) Beispielsfälle	66
4. Aushöhlungsverbot, § 307 Abs. 2 Nr. 2 BGB	67
a) Grundsätze	67
b) Beispielsfälle	68
5. Schranken der Inhaltskontrolle, § 307 Abs. 3 BGB	69
a) Grundsätze	69
b) Beispielsfälle	69
VI. Inhaltskontrolle nach § 308 BGB	70
1. Rücktrittsvorbehalt, § 308 Nr. 3 BGB	70
2. Änderungsvorbehalt, § 308 Nr. 4 BGB	70
3. Fingierte Erklärungen, § 308 Nr. 5 BGB	73
4. Fiktion des Zugangs, § 308 Nr. 6 BGB	73
5. Pauschalierung von Schadens- und Wertersatz, § 308 Nr. 7 BGB	74
VII. Inhaltskontrolle nach § 309 BGB	74
1. Ausschluss oder Einschränkungen des Zurückbehaltungsrechts, § 309 Nr. 2b BGB	74
2. Aufrechnungsverbot, § 309 Nr. 3 BGB	74
3. Schadensersatz übersteigende Pauschalen, § 309 Nr. 5a BGB	75
4. Ausschluss des Gegenbeweises bei Schadenspauschalierung, § 309 Nr. 5b BGB	75
5. Vertragsstrafenklauseln, § 309 Nr. 6 BGB	75
6. Haftungsausschlüsse bei Verletzung von Leben, Körper, Gesundheit und grobem Verschulden, § 309 Nr. 7 BGB	77

Inhaltsverzeichnis

	7. Sonstige Haftungsausschlüsse, § 309 Nr. 8 BGB	77
	8. Vertragspartnerwechsel, § 309 Nr. 10 BGB	78
	9. Beweislastveränderungen, § 309 Nr. 12 und 12a BGB	78
	10. Tatsachenbestätigungen, § 309 Nr. 12b BGB	79
	11. Form von Anzeigen und Erklärungen, § 309 Nr. 13 BGB	79
VIII.	Folgen der Nichteinbeziehung und Unwirksamkeit	81
	1. Wirksam bleibende Vertragsbestandteile, § 306 Abs. 1 BGB	81
	2. Unwirksamkeit einzelner Vertragsbestimmungen, § 306 Abs. 2 BGB	81
	a) Verbot der geltungserhaltenden Reduktion	81
	b) Dispositives Recht und ergänzende Vertragsauslegung als Ersatzklauseln	81
	c) Milderung der Eingriffsintensität bei Altverträgen	82
	3. Gesamtunwirksamkeit des Vertrages, § 306 Abs. 3 BGB	82
IX.	Kontrollfreie Kollektivnormen, § 310 Abs. 4 Satz 1 BGB	83
	1. Originär gültige Tarifverträge und Betriebsvereinbarungen	83
	2. Vereinbarte Kollektivnormen	83
X.	Arbeitsvertragstexte im Formularbuch	84

B. Texte 84

I. Sondertexte 84
1. *Muster*: Niederschrift gemäß Nachweisgesetz 84
2. *Muster*: Rahmenvereinbarung für befristete Arbeitsverhältnisse 85
3. *Muster*: Rahmenvereinbarung über Arbeit auf Abruf – flexible Arbeitszeit 85
4. *Muster*: Volontariatsvertrag mit einer Agentur 87
5. *Muster*: Vertrag mit einem Auszubildenden 89
6. *Muster*: Einfacher befristeter Arbeitsvertrag 93
7. *Muster*: Einarbeitungsvertrag nach längerer Krankheit 95
8. *Muster*: Mietvertrag über Werkswohnung 96
9. *Muster*: Arbeitsvertrag mit Eheleuten (Hausmeister und Wirtschafterin einer betrieblichen Schulungsstätte) 102
10. *Muster*: Job-Sharing-Vertrag 106
11. *Muster*: Telearbeit im Heimarbeitsverhältnis 107
12. *Muster*: Prozentuale Gehaltsanpassung aller Mitarbeiter bei Unterschreitung des geplanten Rohertrags 109
13. *Muster*: Vertragsergänzung Aktienoptionen (über Wandelschuldverschreibungen) 109
14. *Muster*: Gesamtzusage über Aktienoptionen 110
15. *Muster*: Vereinbarung über erfolgsabhängige Vergütung 114
16. *Muster*: Vereinbarung über steuerfreie Zuschläge 114
17. *Muster*: Arbeitsvertragliche Gratifikationsvereinbarung mit Freiwilligkeitsvorbehalt 116
18. *Muster*: Werkstudentenvertrag 116
19. *Muster*: Merkblatt AGG 118

II. Verträge mit gewerblichen Arbeitnehmern 121
1. *Muster*: Arbeitsvertrag eines Arbeiters ohne Tarifbezug mit Einbeziehung einer Betriebsvereinbarung 121
2. *Muster*: Einfacher Arbeitsvertrag eines Arbeiters mit Tarifbezug 124
3. *Muster*: Arbeitsvertrag eines Arbeiters ohne Tarifbindung mit Sechs-Tage-Woche 125
4. *Muster*: Arbeitsvertrag eines Arbeiters mit teilweiser Übernahme tariflicher Bestimmungen 128
5. *Muster*: Arbeitsvertrag eines Arbeiters bei potentieller Tarifbindung 130
6. *Muster*: Befristeter Arbeitsvertrag mit Rufbereitschaft und Tarifbindung 132
7. *Muster*: Arbeitsvertrag mit Allgemeinen Arbeitsvertragsbedingungen und Zielvereinbarung 135
8. *Muster*: Arbeitsvertrag eines Lagerleiters in einer Brauerei (mit Haustarifvertrag) 140
9. *Muster*: Arbeitsvertrag im Bereich Groß- und Außenhandel als Anschreiben (für Arbeiter) 142
10. *Muster*: Auslandsentsendung eines Monteurs 142

III. Verträge mit Angestellten 143
1. *Muster*: Musterarbeitsvertrag eines Angestellten ohne Tarifvertragsbezug 143

  2. *Muster*: Arbeitsvertrag als Anschreiben mit Organisationsanweisungen (Guideline) 148
  3. *Muster*: Arbeitsvertrag mit Einrichtung der katholischen Kirche unter Einbeziehung der AVR 152
  4. *Muster*: Arbeitsvertrag mit einer Einrichtung der evangelischen Kirche unter Einbeziehung der Dienstvertragsordnung in Deutschland 153
  5. *Muster*: Arbeitsvertrag Bund – unbefristet 153
  6. *Muster*: Arbeitsvertrag Bund – befristet 154
  7. *Muster*: Arbeitsvertrag VKA – unbefristet 156
  8. *Muster*: Arbeitsvertrag VKA – befristet 157
  9. *Muster*: Arbeitsvertrag im mittelständischen Unternehmen mit Betriebsrat (ohne Tarifbezug) 158
 IV. Verträge mit geringfügig Beschäftigten 162
  1. *Muster*: Merkblatt für Arbeitnehmer zur Neuregelung der geringfügigen Beschäftigungsverhältnisse (Mini-Jobs) und zur Gleitzonenregelung 162
  2. *Muster*: Arbeitsvertrag für geringfügig entlohnte Beschäftigung 164
  3. *Muster*: Arbeitsvertrag über kurzfristige Beschäftigung (befristet) 166
  4. *Muster*: Erklärungsbogen für geringfügig Beschäftigte 168
  5. *Muster*: Erklärungsbogen für Beschäftigte in der Gleitzone 170
  6. *Muster*: Fragebogen für geringfügig Beschäftigte 172
  7. *Muster*: Arbeitsvertrag mit geringfügig entlohntem Beschäftigten zur Beschäftigung in einem Privathaushalt 173
  8. *Muster*: Erklärung des Arbeitnehmers zum Verzicht auf die Beitragsermäßigung 175
  9. *Muster*: Geringfügige Beschäftigung eines Leiharbeitnehmers 175
 V. Verträge mit leitenden Angestellten 177
  1. *Muster*: Anstellungsvertrag mit Prokurist 177
  2. *Muster*: Chefarzt-Dienstvertrag mit Nebentätigkeitsabrede 1 (ausgewogene Vertragsstruktur) 180
  3. *Muster*: Chefarztvertrag 2 (Vorteile für den Chefarzt) 189
  4. *Muster*: Chefarztvertrag unter Einbeziehung der AVR (Vorteile für das Krankenhaus) . 193
  5. *Muster*: Arbeitsvertrag mit einem Leiter der Finanzabteilung 200
  6. *Muster*: Arbeitsvertrag mit Personalchef Europa (einschließlich Pensionszusage) 203
  7. *Muster*: Arbeitsvertrag mit Teamleiter Organisation und Informatik 208
  8. *Muster*: Arbeitsvertrag mit dem Leiter eines Warenhauses 212
  9. *Muster*: Arbeitsvertrag mit dem Leiter Konstruktion (mit Regelung über Wohnortwechsel, Pensionszusage und Wettbewerbsverbot) 215
  10. *Muster*: Arbeitsvertrag eines Leiters Gesamtvertrieb mit Gesamtprokura 218
  11. *Muster*: Arbeitsvertrag mit Niederlassungsleiter eines Bauunternehmens 221
  12. *Muster*: Arbeitsvertrag mit einem Leiter Produktionsmanagement (als Anschreiben) ... 223
  13. *Muster*: Arbeitsvertrag mit Leiter der Forschung und Entwicklung (mit Trennungsentschädigungs- und Umzugskostenregelung) 225
  14. *Muster*: Arbeitsvertrag mit einem technischen Leiter 228
  15. *Muster*: Arbeitsvertrag mit einem Chefredakteur 232
  16. *Muster*: Anstellungsvertrag oberer Führungskreis 235
  17. *Muster*: Arbeitsvertrag eines Generalbevollmächtigten (Anschreiben) 238
 VI. Arbeitsverträge mit besonderen Berufsgruppen 240
  1. *Muster*: Arbeitsvertrag mit einem unselbständigen Reisevertreter 240
  2. *Muster*: Arbeitsvertrag mit einem Außendienstmitarbeiter 241
  3. *Muster*: Arbeitsvertrag mit einem Vertriebsmitarbeiter für EDV-Produkte und EDV-Dienstleistungen (mit Anlage Provisionsregelung) 247
  4. *Muster*: Einfacher Arbeitsvertrag für Außendienstmitarbeiter mit Tarifbezug und pauschaler Dienstwagenregelung 252
  5. *Muster*: Arbeitsvertrag mit einem Verkaufsleiter/Fachberater 254
  6. *Muster*: Außertariflicher Anstellungsvertrag mit Leiter Merchandising/ Verkaufsförderung 258
  7. *Muster*: Arbeitsvertrag mit einem Fachberater mit Zusatzvereinbarung ohne Tarifbezug 260

8. *Muster*: Arbeitsvertrag im Einzelhandel NW 264
9. *Muster*: Teilzeit-Arbeitsvertrag im Einzelhandel 268
10. *Muster*: Arbeitsvertrag für Aushilfskräfte im Einzelhandel NW mit allgemeiner Arbeitsanweisung für Verkäufer 269
11. *Muster*: Arbeitsvertrag mit Kellnerin (mit Tarifbindung Gaststättenverband NW) 271
12. *Muster*: Teilzeitarbeitsverhältnis in der Systemgastronomie 273
13. *Muster*: Arbeitsvertrag für Bewachungspersonal (mit Tarifbezug) 276
14. *Muster*: Arbeitsvertrag mit Detektiv (mit Tarifbindung Bewachungsgewerbe NW) 281
15. *Muster*: Arbeitsvertrag mit einem Lkw-Fahrer 284
16. *Muster*: Arbeitsvertrag mit einer Sekretärin 289
17. *Muster*: Arbeitsvertrag mit einer kaufmännischen Angestellten (mit Dienstwagen) 292
18. *Muster*: Arbeitsvertrag mit einem Programmierer 294
19. *Muster*: Arbeitsvertrag eines Verbandsgeschäftsführers 297
20. *Muster*: Arbeitsvertrag mit Niederlassungsleiter eines Beratungsunternehmens 301
21. *Muster*: Arbeitsvertrag mit einer Lehrkraft an einer Privatschule in NW 303
22. *Muster*: Arbeitsvertrag mit einer Krankenschwester in einer Privatklinik mit Gewinnbeteiligung 303
23. *Muster*: Arbeitsvertrag mit einer Altenpflegerin in einer Privatklinik 306
24. *Muster*: Arbeitsvertrag mit einer Arzthelferin 308
25. *Muster*: Arbeitsvertrag mit einem Assistenten zur Vorbereitung auf die kassenärztliche Tätigkeit 310
26. *Muster*: Arbeitsvertrag mit einem Bankangestellten (Tarifbindung privates und öffentliches Bankgewerbe) 312
27. *Muster*: Arbeitsvertrag mit Elektromeister mit besonderer Sicherheitsphilosophie eines Weltunternehmens 314
28. *Muster*: Arbeitsvertrag in der Chemischen Industrie (mit Tarifbindung) als Anschreiben 317
29. *Muster*: Arbeitsvertrag mit Angestelltem in der Chemischen Industrie (mit Tarifbindung) 317
30. *Muster*: Arbeitsvertrag im Bereich Groß- und Außenhandel (mit Tarifbindung) 320
31. *Muster*: Arbeitsvertrag mit einem Projektmanager mit Merkblättern zu Datenschutz und Diensterfindungen 323
32. *Muster*: Arbeitsvertrag im Bereich Touristik (mit Tarifbindung) 327
33. *Muster*: Angestelltenarbeitsvertrag (mit Tarifbindung Elektro- und Metallindustrie NW) 328
34. *Muster*: Arbeitsvertrag eines angestellten Unternehmensberaters mit Zeit- und Spesenregelung sowie Vergütungsvereinbarung 330
35. *Muster*: Arbeitsvertrag für eine Verwaltungskraft mit Leistungszulage und Erfolgsbeteiligung (ohne Tarifbindung) 334
36. *Muster*: Arbeitsvertrag mit einer Sachbearbeiterin (mit Tarifbindung private Versicherungswirtschaft) 336
37. *Muster*: Umfangreicher Arbeitsvertrag mit Angestelltem aus dem Bereich Paketabfertigung 338
38. *Muster*: Arbeitsvertrag eines Vermögensmanagers/Anlageberaters 347
39. *Muster*: Arbeitsvertrag mit einem Account Supervisor als Anschreiben 350
40. *Muster*: Arbeitsvertrag für Financial Consultant einer internationalen Gesellschaft (mit Stock Options) 353
41. *Muster*: Arbeitsvertrag eines Call-Centers mit einem Telefonakquisiteur 358
42. *Muster*: Arbeitsvertrag für Nicht-Amateure ohne Lizenz 361
43. *Muster*: Arbeitsvertrag eines Fußballtrainers 364

VII. Verträge aus dem Bereich der Zeitarbeit 367
1. *Muster*: Befristeter Arbeitsvertrag zwischen Verleiher und Leiharbeitnehmer 367
2. *Muster*: Unbefristeter Arbeitsvertrag zwischen Verleiher und Leiharbeitnehmer 371
3. *Muster*: Arbeitnehmerüberlassungsvertrag 374
4. *Muster*: Aufstellung der zu überlassenden Arbeitnehmer 376

VIII. Verträge mit Auslandsbezug	379
1. *Muster*: Auslandsarbeitsvertrag mit einer Stiftung	379
2. *Muster*: Auslandsentsendungsvertrag	381
3. *Muster*: Anstellungsvertrag mit ausländischer Tochter	385
4. *Muster*: Arbeitsvertrag mit ausländischem Arbeiter mit Tarifbindung	387
IX. Zweisprachige Arbeitsverträge	389
1. *Muster*: Arbeitsvertrag 1	389
2. *Muster*: Arbeitsvertrag 2	399
3. *Muster*: US-amerikanischer Arbeitsvertrag mit leitendem Angestellten	405
4. *Muster*: US-amerikanischer Arbeitsvertrag mit Bereichsleiter	414
Kapitel 2: Handelsvertreterverträge und Verträge mit freien Mitarbeitern	**426**
A. Erläuterungen	427
I. Gemeinsame Elemente beider Vertragstypen	427
II. Klauselinhalte bei Handelsvertreterverträgen	428
1. Kaufmannseigenschaft	428
2. Vertragsgegenstand	429
3. Vertretung und Vertragsgebiet	430
4. Konkurrenzschutz	431
5. Provisionsregelungen	432
6. Kündigung des Handelsvertretervertrages	433
7. Ausgleichsanspruch gemäß § 89b HBG	433
III. Vertragskonzepte bei freien Mitarbeitern	435
1. Bezeichnung als „freier Mitarbeiter" ohne konstitutive Bedeutung	435
2. Abgrenzung zum Arbeitnehmer	436
3. Scheinarbeitsverhältnisse	438
4. Telearbeit und freies Mitarbeiterverhältnis	441
5. Gerichtsstand und Erfüllungsort	441
IV. Steuerliche Aspekte	441
B. Texte	442
1. *Muster*: Einfacher Handelsvertretervertrag ohne Gebietsschutz	442
2. *Muster*: Handelsvertretervertrag – Vertriebsgebiet eines Mehrfirmenvertreters	444
3. *Muster*: Handelsvertretervertrag eines Einfirmenvertreters mit Vertriebsgebiet	448
4. *Muster*: Handelsvertretervertrag eines Einfirmenvertreters ohne Vertriebsgebiet mit Fixum und Vertragsstrafe	451
5. *Muster*: Handelsvertretervertrag eines Vermittlungsagenten für Anzeigen und Adressverzeichnisse	454
6. *Muster*: Internationaler Handelsvertretervertrag	456
7. *Muster*: Weltweiter Handelsvertretervertrag nach US-amerikanischem und deutschem Recht	458
8. *Muster*: Beratervertrag	472
9. *Muster*: Beratervertrag (personalwirtschaftliche Beratung)	474
10. *Muster*: Vertrag über freie Mitarbeit	475
11. *Muster*: Programmierer als freier Mitarbeiter	477
12. *Muster*: Softwareentwickler als freier Mitarbeiter	479
13. *Muster*: Vertraulichkeitsvereinbarung für freie Mitarbeiter und Subunternehmer (mit wortgleicher Übersetzung ins Englische)	481
14. *Muster*: Freier Mitarbeitervertrag eines Grafik- und Layout-Mitarbeiters in einer Werbeagentur	484
15. *Muster*: Freier Mitarbeitervertrag eines Creativ-Consultant in der Werbebranche	488
16. *Muster*: Vertrag mit einem Wirtschaftsprüfer	489
17. *Muster*: Vertrag mit einem Steuerberater	491
18. *Muster*: Freier Mitarbeitervertrag eines programmgestaltenden Rundfunkmitarbeiters	494
19. *Muster*: Subunternehmervertrag	497
20. *Muster*: Geschäftsbesorgungsvertrag zur Bestellung eines externen Datenschutzbeauftragten	499
21. *Muster*: Vertrag mit einer verselbständigten Monteursgruppe	501

22. *Muster*: Werklohnvereinbarung zwischen einem Schrotthändler und einem Schrottverkleinerer 504
23. *Muster*: Praktikantenvertrag 507

Kapitel 3: Anstellungsverträge mit GmbH-Geschäftsführern und AG-Vorständen 509

A. Erläuterungen 512
   I. Vergleichbare Rechtspositionen bei GmbH-Geschäftsführern und AG-Vorständen 512
      1. Abgrenzung zum Arbeitsverhältnis beim GmbH-Geschäftsführer 512
      2. Ruhendes Arbeitsverhältnis beim GmbH-Geschäftsführer durch konkludentes Verhalten 514
      3. Ruhendes Arbeitsverhältnis beim AG-Vorstand 515
      4. Dauer des Anstellungsverhältnisses 515
      5. Stellung von AG-Vorstand und GmbH-Geschäftsführer 516
      6. Rechtsstellung nach Abberufung 516
      7. Wiederbestellung 518
      8. Rechtsstellung bei gesellschaftsrechtlicher Veränderung 518
   II. Vertragsklauseln im Geschäftsführervertrag 519
      1. Bestellung des GmbH-Geschäftsführers 519
      2. Sorgfaltspflichten des Geschäftsführers 520
      3. Vergütungsregelungen 521
      4. Vertragliches und nachvertragliches Wettbewerbsverbot 523
      5. Sonstiges 524
   III. Vertragsklauseln im Vorstandsvertrag 526
      1. Deutscher Corporate Governance Kodex 526
      2. Bestellung und Anstellung des Vorstands 526
      3. Form und Inhalt des Anstellungsvertrages 527
      4. Gestaltungsmöglichkeiten bei Gesellschafterwechsel 528
      5. Mängel des Anstellungsvertrages 528
      6. Aufgaben des Vorstands 529
      7. Bezüge des Vorstands 529
      8. Rechtsschutz gegen Abberufung und Kündigung 531
      9. Vertragliches und nachvertragliches Wettbewerbsverbot 532
      10. Sonstiges 533
   IV. Besonderheiten bei Altersversorgungsregelungen 534
B. Texte 537
   I. GmbH-Geschäftsführerverträge 537
      1. *Muster*: Aufhebungsvereinbarung beim Wechsel vom Arbeitsverhältnis in die Position des Geschäftsführers 537
      2. *Muster*: Ruhensvereinbarung beim Wechsel vom Arbeitsverhältnis in die Position des Geschäftsführers 537
      3. *Muster*: Befristeter Dienstvertrag eines Fremdgeschäftsführers 538
      4. *Muster*: Unbefristeter Dienstvertrag eines Fremdgeschäftsführers 542
      5. *Muster*: Dienstvertrag eines Gesellschafter-Geschäftsführers 547
      6. *Muster*: Dienstvertrag des GmbH-Geschäftsführers eines deutschen Tochterunternehmens eines US-Konzerns (deutsch/englisch) 550
      7. *Muster*: Dienstvertrag des GmbH-Geschäftsführers einer Konzerntochter (deutsch/englisch) 554
      8. *Muster*: Ruhegeldvereinbarung eines GmbH-Geschäftsführers 557
      9. *Muster*: Beschluss der Gesellschafterversammlung über die Geschäftsverteilung 559
      10. *Muster*: Protokoll einer Gesellschafterversammlung über Abberufung und außerordentliche Kündigung des GmbH-Geschäftsführers 560
   II. AG-Vorstandsverträge 561
      1. *Muster*: Dienstvertrag eines Holding-Vorstands mit ausschließlich variabler Vergütung ... 561
      2. *Muster*: Vorstandsvertrag mit Erläuterungstext und Geschäftsordnung im konzernverbundenen Unternehmen 562
      3. *Muster*: Betriebliche Altersversorgung – Pensionszusage eines Vorstands im Konzern 571
      4. *Muster*: Vorstandsvertrag mit Pensionsvertrag 572

5. *Muster*: Anstellungsvertrag eines Vorstandsvorsitzenden einer Bank mit Pensions- und Darlehensvertrag ... 575
6. *Muster*: Anstellungsvertrag eines Vorstands bei Bestellungsverlängerung mit teilthesaurierter Tantieme, Pensionsvereinbarung und vertraglicher Abfindung ... 579
7. *Muster*: Vorstandsvertrag mit zielbezogener Bonusregelung ... 583
8. *Muster*: Abberufungs- und Kündigungsbeschluss wegen eines Vorstandsmitglieds ... 586
9. *Muster*: Freistellung eines Vorstandsmitglieds ... 587

§ 2 Zusatzvereinbarungen zu Arbeits- und Anstellungsverträgen ... 589

Kapitel 1: Nachvertragliche Wettbewerbsverbote ... 589

A. Erläuterungen ... 589
   I. Geltungsumfang ... 589
      1. Arten von Wettbewerbsverboten ... 590
         a) Unternehmensbezogene Wettbewerbsverbote ... 590
         b) Tätigkeitsbezogene Wettbewerbsverbote ... 590
      2. Rechtsform der Wettbewerbsbetätigung ... 591
   II. Nachvertragliche Wettbewerbsverbote für freie Mitarbeiter und Selbständige ... 591
   III. Die Einbeziehung von Konkurrenzunternehmen des Konzerns ... 591
   IV. Örtlicher Geltungsbereich ... 592
   V. Nichtige und unverbindliche Wettbewerbsvereinbarungen ... 592
      1. Grundsatz der bezahlten Karenz ... 592
      2. Nichtige Wettbewerbsvereinbarungen ... 594
      3. Unverbindliche Wettbewerbvereinbarungen ... 595
   VI. Formelle Wirksamkeitsvoraussetzungen ... 596
   VII. Mandantenschutzklauseln ... 596
      1. Niederlassungsverbote ... 596
      2. Allgemeine Mandantenschutzklauseln ... 596
      3. Beschränkte Mandantenschutzklauseln ... 597
      4. Mandantenübernahmeklauseln ... 597
   VIII. Bedingte Wettbewerbsverbote ... 598
   IX. Wegfall des Wettbewerbsverbots ... 598
   X. Höhe der Karenzentschädigung und Verdienstanrechnung ... 599

B. Texte ... 601
   I. Wettbewerbsverbote ... 601
      1. *Muster*: Nachvertragliches Wettbewerbsverbot ... 601
      2. *Muster*: Nachvertragliches unternehmensbezogenes Wettbewerbsverbot ... 602
      3. *Muster*: Vertragliches und nachvertragliches, unternehmens- und tätigkeitsbezogenes Wettbewerbsverbot ... 603
      4. *Muster*: Tätigkeits- und gebietsbezogenes Wettbewerbsverbot ... 604
      5. *Muster*: Tätigkeits- und gebietsbezogenes Wettbewerbsverbot als Arbeitsvertragsklausel ... 605
      6. *Muster*: Unternehmensbezogene Wettbewerbsklausel ... 605
      7. *Muster*: Tätigkeitsbezogene Wettbewerbsklausel ... 606
      8. *Muster*: Mandantenschutzklausel ... 606
   II. Korrespondenz bei Wettbewerbsvereinbarungen ... 607
      1. *Muster*: Aufforderung zur Auskunft über anderweitigen Erwerb ... 607
      2. *Muster*: Lösungserklärung des Arbeitnehmers gemäß § 75 Abs. 1 oder 2 HGB ... 607
      3. *Muster*: Verzicht des Arbeitgebers gemäß § 75a HGB ... 607
      4. *Muster*: Lösungserklärung des Arbeitgebers bei fristloser Kündigung nach § 75 Abs. 1 und 3 HGB ... 607
      5. *Muster*: Angebot einer erhöhten Karenzentschädigung nach § 75 Abs. 2 HGB ... 608
      6. *Muster*: Ablehnungsandrohung durch den Arbeitnehmer bei Karenzzahlungsverzug ... 608

Kapitel 2: Kfz-Nutzung, Dienstwagen ... 609
A. Erläuterungen ... 609
   I. Vereinbarung des Nutzungsumfangs ... 609
      1. Betriebliche und private Nutzung ... 609
      2. Widerruf der Nutzung ... 610
      3. Dienstwagen und Altersteilzeit ... 611
      4. Sonstiges ... 611
   II. Steuerrechtliche Behandlung der privaten Nutzung ... 611
      1. Einzelnachweis ... 612
      2. Ein-Prozent-Regelung ... 612
      3. Autotelefon ... 613
         a) Telefone in einem Fahrzeug des Arbeitgebers ... 613
         b) Telefone in einem Fahrzeug des Arbeitnehmers ... 613
   III. Haftungsrechtliche Einzelfragen ... 613
   IV. Vorenthaltung des Fahrzeuges ... 614
      1. Schadensersatzansprüche ... 614
      2. Herausgabeanspruch am Dienstwagen ... 615
      3. Ermittlung des Wertersatzes ... 616
B. Texte ... 617
   I. Dienstwagenvereinbarungen ... 617
      1. *Muster*: Dienstwagenvereinbarung mit Nutzungspauschale für Privatfahrten ... 617
      2. *Muster*: Betriebs-Kraftfahrzeug für Dienst- und Privatfahrten (Abrechnung nach Einzelnachweis) ... 619
      3. *Muster*: Dienstwagenvereinbarung mit Nutzungspauschale für Privatnutzung (Arbeitsvertragsergänzung) ... 620
      4. *Muster*: Widerrufliche Kfz-Überlassungsvereinbarung (Nutzungspauschale für Privatnutzung) ... 622
      5. *Muster*: Umfangreiche Dienstwagenvereinbarung mit Privatnutzungsanspruch und vereinbarter steuerlicher Nutzungspauschalen ... 623
      6. *Muster*: Dienstwagenvereinbarung bei Leasingfahrzeug (Übernahme der Leasingkosten durch den Mitarbeiter bei Ausscheiden) ... 626
   II. Korrespondenz zu Dienstwagen und Dienstfahrten ... 627
      1. *Muster*: Erlaubnis der Benutzung eines arbeitnehmereigenen Kraftfahrzeuges für Dienstfahrten ... 627
      2. *Muster*: Haftungs-Verzichtserklärung eines Mitfahrers ... 628
      3. *Muster*: Unfallmeldung ... 628

Kapitel 3: Ausbildungsfinanzierung und Arbeitgeberdarlehen ... 629
A. Erläuterungen ... 629
   I. Arbeitgeberdarlehen ... 629
      1. Abgrenzung zu sonstigen finanziellen Leistungen ... 629
      2. Gesetzliche Grenzen ... 630
         a) Rückzahlungsraten und Pfändungsfreigrenzen ... 630
         b) Zinsen ... 630
         c) Wirkung von Ausschlussfristen ... 630
         d) Arbeitgeberdarlehen und Verbraucherschutzrecht ... 631
      3. Rückzahlungsklauseln ... 631
   II. Aus- und Fortbildungsverträge ... 632
      1. Rückzahlungsklauseln bei Fortbildungsverträgen ... 632
         a) Beschränkungen im BBiG ... 632
         b) Beschränkungen durch AGB-Recht ... 632
         c) Prüfungsschema des BAG ... 633
         d) Rückzahlungsklauseln bei betriebsbezogener Fortbildung ... 634
         e) Ausmaß der Bindungsdauer ... 635
         f) Rechtsprechungsänderung zur Rückführung der Bindungsfrist ... 636
      2. Rückzahlungsvereinbarung aus sonstigen Gründen ... 637
      3. Beteiligung des Arbeitgebers an den Ausbildungskosten ... 637

B. Texte	638
I. Arbeitgeberdarlehen	638
1. *Muster*: Arbeitgeberdarlehensvertrag	638
2. *Muster*: Darlehensvertrag mit Sicherungsübereignung eines Pkw	639
3. *Muster*: Arbeitgeberdarlehen mit Schuldanerkenntnis	640
II. Fortbildungsverträge	640
1. *Muster*: Fortbildungsvertrag 1	640
2. *Muster*: Fortbildungsvertrag 2	641
3. *Muster*: Fortbildungsvertrag mit gestaffelter Rückzahlungsklausel	641

§ 3 Arbeitsrechtstexte der Personalarbeit ... 643

Kapitel 1: Einstellung ... 643

A. Erläuterungen	644
I. Vorstellungskosten	644
II. Fragerecht des Arbeitgebers und Offenbarungspflicht des Arbeitnehmers	645
III. Mitbestimmungsrechte des Betriebsrats beim Personalfragebogen und bei Beurteilungsgrundsätzen	650
IV. Personalauswahl	651
V. Stellenausschreibung	652
VI. Zusammenarbeit mit dem Betriebsrat bei Einstellungen	653
VII. Aufklärungspflichten im Anbahnungsverhältnis	653
VIII. Befristung von Arbeitsverhältnissen	654
B. Texte	655
I. Bewerberauswahl	655
1. *Muster*: Bewerberbeurteilung	655
2. *Muster*: Fragebogen an Bewerber	656
3. *Muster*: Personalfragebogen	657
4. *Muster*: Fragenkatalog zum Bewerbungsgespräch	658
5. *Muster*: Zwischennachricht	659
6. *Muster*: Einladung zum Vorstellungsgespräch mit Kostenübernahme	659
7. *Muster*: Einladung zum Vorstellungsgespräch ohne Kostenübernahme	660
8. *Muster*: Zusage	660
9. *Muster*: Absage	660
10. *Muster*: Einwilligung in ärztliche Untersuchung, psychologische und graphologische Untersuchung	661
II. Stellenbeschreibung	661
1. *Muster*: Einfache Stellenbeschreibung	661
2. *Muster*: Interne Stellenausschreibung (Aushang)	661
3. *Muster*: Job Description	662
4. *Muster*: Fragebogen zur Erarbeitung einer Stellenbeschreibung	662
III. Mitbestimmung des Betriebsrats bei Einstellung	663
1. *Muster*: Antrag auf Zustimmung zur Einstellung mit Antwortformular für den Betriebsrat	663
2. *Muster*: Bekanntgabe der Einstellung eines leitenden Angestellten an den Betriebsrat	664
3. *Muster*: Guideline für Betriebsräte zur Prüfung der Voraussetzungen einer Zustimmungserteilung	664

Kapitel 2: Administration bestehender Arbeitsverhältnisse ... 666

A. Erläuterungen	667
I. Leistungsbeurteilung	667
II. Änderung von Arbeitsbedingungen	668
III. Urlaub	669
IV. Abmahnung	670
1. Wesen der Abmahnung	670
2. Pflichtverletzungen im Leistungsbereich	672
3. Form der Abmahnung	673

4. Prüfungsreihenfolge: Abmahnungen	674
5. Verwirkung	675
V. Auskunft	675
VI. Abwerbung von Mitarbeitern	676
VII. Unterrichtungspflicht gemäß § 613a Abs. 5 und 6 BGB	677
VIII. Antragstellung auf Eltern- und korrespondierende Teilzeitarbeit	679
IX. Antrag auf Teilzeitarbeit nach § 8 TzBfG	680
B. Texte	681
I. Mitarbeiterbeurteilung	681
1. *Muster*: Leistungsbeurteilungsbogen	681
2. *Muster*: Mitarbeiterbeurteilung	682
II. Änderung von Arbeitsbedingungen	683
1. *Muster*: Umwandlungsvereinbarung	683
2. *Muster*: Vereinbarung zur Übernahme eines Arbeitsverhältnisses innerhalb des Konzerns	683
3. *Muster*: Vereinbarung zur Absicherung des Arbeitgeberwechsels bei Betriebs(teil)übergang innerhalb des Konzerns	684
4. *Muster*: Versetzungsvereinbarung (Entsendung in ausländisches Tochterunternehmen)	684
5. *Muster*: Versetzung	687
6. *Muster*: Zustimmung des Mitarbeiters zum Betriebsübergang (mit Informationen des Arbeitgebers gemäß § 613a BGB)	687
7. *Muster*: Unterrichtung über Betriebsübergang	690
8. *Muster*: Verwirkungsschutz zum Widerspruch bei Betriebsübergang	691
9. *Muster*: Erteilung einer Prokura	691
10. *Muster*: Erteilung einer Handlungsvollmacht	691
11. *Muster*: Wiedereingliederungsvertrag	692
12. *Muster*: Vereinbarung über alternierende Telearbeit	693
13. *Muster*: Bestehen der Probezeit	695
14. *Muster*: Verlängerung der Probezeit durch Aufhebungsvertrag	695
15. *Muster*: Mitteilung der Zweckerreichung	695
16. *Muster*: Ruhensvereinbarung	696
17. *Muster*: Dienstreiseantrag	697
III. Urlaub	697
1. *Muster*: Urlaubsantrag	697
2. *Muster*: Genehmigung bezahlten Urlaubs	697
3. *Muster*: Genehmigung unbezahlten Urlaubs/Sabbatical	698
4. *Muster*: Anwesenheitsprämie durch bezahlten Urlaub	698
5. *Muster*: Urlaubsbescheinigung gemäß § 6 Abs. 2 BUrlG	698
IV. Mutterschaft/Elternzeit	699
1. *Muster*: Schreiben des Arbeitgebers einige Wochen vor der Niederkunft	699
2. *Muster*: Mitteilung der Schwangerschaft an das Gewerbeaufsichtsamt	699
3. *Muster*: Antrag auf Elternzeit (vollständige Freistellung)	700
4. *Muster*: Antrag auf Elternzeit (mit Teilzeittätigkeit)	700
5. *Muster*: Schreiben des Arbeitgebers nach der Geltendmachung der Elternzeit	700
6. *Muster*: Ablehnung des Arbeitgebers einer während der Elternzeit gewünschten Teilzeittätigkeit	701
7. *Muster*: Checkliste Elternzeit	701
V. Datenschutz und Verhaltensgrundsätze	703
1. *Muster*: Verpflichtungserklärung auf das Datengeheimnis	703
2. *Muster*: Verpflichtung zur Wahrung von Betriebsgeheimnissen	703
3. *Muster*: Merkblatt zum Datengeheimnis	704
4. *Muster*: Benutzerrichtlinien für das Internet	704
5. *Muster*: Verhaltensregeln zur Verhinderung von Korruption (Einzelhandel)	706
6. *Muster*: Der Firmen-Ethik-Kodex	708
VI. Bescheinigungen für den Arbeitgeber und Erklärungen des Arbeitnehmers	709
1. *Muster*: Einwilligung in eine werks- oder vertrauensärztliche Untersuchung	709

2. *Muster*: Abstraktes Schuldversprechen	709
3. *Muster*: Erklärung/Protokoll über Einsichtnahme	709
4. *Muster*: Anschreiben wegen Ermittlung eines leidensgerechten Arbeitsplatzes und Entbindung von der ärztlichen Schweigepflicht	709
5. *Muster*: Antrag auf Gleichstellung mit einem schwerbehinderten Menschen	710
6. *Muster*: Vereinbarung über Haftungsfreistellung einer Sicherheitsbeauftragten	710
7. *Muster*: Mankovereinbarung	711
8. *Muster*: Meldung einer Diensterfindung	712
9. *Muster*: Kündigung und Mitteilung der Unverbindlichkeit eines Wettbewerbsverbots	712
10. *Muster*: Vergütungsvereinbarung für Arbeitnehmererfindung	712
VII. Abmahnung und Konfliktbewältigung	714
1. *Muster*: Checkliste zur Konfliktanalyse	714
2. *Muster*: Abmahnungsformular	715
3. *Muster*: Rahmentext eines Abmahnungsschreibens	715
4. *Muster*: Abmahnung wegen Verstoß gegen Alkoholverbot	716
5. *Muster*: Abmahnung wegen unentschuldigten Fehlens	716
6. *Muster*: Letztmalige Abmahnung wegen Verspätung	716
7. *Muster*: Abmahnung wegen Übertretung des Rauchverbots	717
8. *Muster*: Ermahnung wegen Umgangs mit offenem Feuer	717
9. *Muster*: Abmahnung wegen Störung des Betriebsfriedens	717
10. *Muster*: Abmahnung des Arbeitgebers durch den Arbeitnehmer wegen Gehaltsrückstand	718
VIII. Teilzeitverlangen nach § 8 TzBfG	718
1. *Muster*: Antrag auf Reduzierung der Arbeitszeit	718
2. *Muster*: Antrag auf Teilzeittätigkeit	719
3. *Muster*: Zurückweisung wegen verspäteter Antragstellung	719
4. *Muster*: Ablehnung des Antrags auf Arbeitszeitreduzierung	719
5. *Muster*: Stattgeben des Antrags auf Arbeitszeitreduzierung	720
Kapitel 3: Zeugnistexte	**721**
A. Erläuterungen	721
I. Rechtsgrundlagen und Begriffe	721
II. Rechtsnatur	722
III. Anspruchsberechtigte	722
IV. Anspruchsverpflichteter	723
1. Arbeitgeber	723
2. Zeugnisausstellung bei Insolvenz	723
V. Fälligkeit des Zeugnisanspruchs	724
VI. Zwischenzeugnis	725
VII. Funktion des Zeugnisses	725
VIII. Inhalt des Zeugnisses	726
1. Einfaches Zeugnis	726
2. Qualifiziertes Zeugnis	727
IX. Form des Zeugnisses	729
X. Haftung des Arbeitgebers	730
XI. Änderung und Neuerteilung des Zeugnisses	730
XII. Darlegungs- und Beweislast	731
XIII. Versteckte Botschaften	731
XIV. Prozessuales	733
B. Texte	733
1. *Muster*: Beurteilung bei sehr guten Leistungen	733
2. *Muster*: Beurteilung guter Leistungen	734
3. *Muster*: Beurteilung einer befriedigenden Leistung	734
4. *Muster*: Beurteilung bei ausreichenden Leistungen	734
5. *Muster*: Beurteilung bei mangelhaften Leistungen	734
6. *Muster*: Beurteilungsskala nach LAG Hamm	735
7. *Muster*: Benotungsskala nach der Rechtsprechung	735

Inhaltsverzeichnis

8. *Muster*: Sozialverhalten leitender Angestellter gegenüber Internen	735
9. *Muster*: Dankes-Bedauerns-Formel für alle Arbeitnehmergruppen	736

§ 4 Beendigung von Arbeitsverhältnissen 737

Kapitel 1: Kündigung von Arbeitsverhältnissen 737
A. Erläuterungen 738
    I. Schriftformerfordernis gemäß § 623 BGB 738
    II. Bestimmtheitserfordernis 740
    III. Kündigungsberechtigung 741
    IV. Angaben zum Kündigungsgrund 742
    V. Zugang der Kündigungserklärung 742
        1. Zugang unter Anwesenden 742
        2. Zugang unter Abwesenden 743
    VI. Rücknahme der Kündigung 748
    VII. Kündigungsfristen 749
        1. Allgemeines 749
        2. Verhältnis von Kündigungsfrist und Kündigungstermin 751
        3. Tarifvertragliche Regelungen 752
        4. Umdeutung nicht frist- und nicht termingerechter Kündigungen 753
    VIII. Kommunikation bei der Kündigung mit Dritten 753
    IX. Besonderer Kündigungsschutz bei Wahl eines Betriebsrats 754
    X. Änderungskündigung 754
    XI. Anhörung des Betriebsrats/Personalrats 755
        1. Zeitliche Aspekte der Unterrichtung 755
        2. Form der Unterrichtung 757
        3. Inhalt der Unterrichtung 757
            a) Allgemeines 757
            b) Betriebsbedingte Kündigung 760
            c) Personenbedingte Kündigung 760
            d) Verhaltensbedingte Kündigung 761
            e) Außerordentliche Kündigung 762
            f) Verdachtskündigung 762
            g) Änderungskündigung 762
        4. Sphärenzuordnung bei Verfahrensfehlern 762
        5. Reaktionen des Betriebsrats 763
            a) Ausdrückliche oder fingierte Zustimmung des Betriebsrats 763
            b) Bedenken des Betriebsrats 763
            c) Widerspruch des Betriebsrats 763
        6. Kündigung von Betriebsratsmitgliedern 765
        7. Kündigung schwerbehinderter Menschen 766
B. Texte 768
    I. Kündigungsschreiben 768
        1. Ordentliche Kündigung allgemein 768
            a) *Muster*: Mindestinhalt eines Kündigungsschreibens 768
            b) *Muster*: Mindestinhalt eines Kündigungsschreibens (englisch) 768
            c) *Muster*: Ausführliches Kündigungsschreiben ohne Begründung 768
        2. Betriebsbedingte Kündigung 769
            a) *Muster*: Betriebsbedingte Kündigung wegen Auftragsrückgangs 769
            b) *Muster*: Betriebsbedingte Kündigung wegen Leistungsverdichtung 770
            c) *Muster*: Betriebsbedingte Kündigung wegen Produktionsrückgangs 770
            d) *Muster*: Betriebsbedingte Kündigung wegen Betriebsteilstilllegung 771
            e) *Muster*: Betriebsbedingte Kündigung mit Abfindungsanspruch 771
            f) *Muster*: Betriebsbedingte Kündigung mit Angebot eines Abwicklungsvertrages 772
            g) *Muster*: Stilllegungsbeschluss der Gesellschafter einer GmbH zur Vorbereitung betriebsbedingter Kündigungen 772

3. Verhaltensbedingte Kündigung	772
a) *Muster*: Verhaltensbedingte Kündigung	772
4. Personenbedingte Kündigung	773
a) *Muster*: Personenbedingte Kündigung wegen langanhaltender Krankheit	773
5. Außerordentliche Kündigung	774
a) *Muster*: Außerordentliche Kündigung	774
6. Ordentliche Änderungskündigung	774
a) *Muster*: Unbedingte ordentliche Änderungskündigung	774
b) *Muster*: Unbedingte ordentliche Änderungskündigung wegen Organisationsänderung im öffentlichen Dienst	775
c) *Muster*: Bedingte ordentliche Änderungskündigung	775
7. Außerordentliche Änderungskündigung	775
a) *Muster*: Außerordentliche Änderungskündigung	775
8. Arbeitnehmerreaktionen	776
a) *Muster*: Aufforderung, die Gründe der Sozialauswahl mitzuteilen	776
b) *Muster*: Aufforderung, die Gründe einer außerordentlichen Kündigung mitzuteilen	776
c) *Muster*: Außerordentliche Kündigung durch den Arbeitnehmer wegen Gehaltsrückstands	777
II. Kommunikation bei der Kündigung mit Betriebsrat, Sprecherausschuss und Integrationsamt	777
1. *Muster*: Einholung der Zustimmung des Integrationsamtes	777
2. *Muster*: Antrag auf Zustimmung zur Kündigung in der Elternzeit	778
3. *Muster*: Anhörung des Betriebsrats vor ordentlicher Kündigung	778
4. *Muster*: Anhörung des Betriebsrats vor außerordentlicher Kündigung	779
5. *Muster*: Anhörung des Betriebsrats vor einer ordentlichen Änderungskündigung	779
6. *Muster*: Anhörung des Sprecherausschusses	780
III. Arbeitspapiere	780
1. *Muster*: Ausgleichsquittung	780
2. *Muster*: Angebot auf Abfindung nach § 3 BetrAVG	781
IV. Arbeitsunterlagen des Betriebsrats	781
1. *Muster*: Checkliste für Betriebsräte zur Prüfung der Zustimmungsvoraussetzungen bei Versetzung und Umgruppierung	781
V. Massenentlassungen	782
1. *Muster*: Sozialdaten-Liste	782
Kapitel 2: Abwicklungs- und Aufhebungsverträge	**784**
A. Erläuterungen	786
I. Abgrenzung des Abwicklungsvertrages vom Aufhebungsvertrag	786
1. Definitionen	786
2. Definitorische Abgrenzung nach *Bauer*	788
II. Abriss des angrenzenden Steuerrechts	789
1. Überblick	789
2. Die tatbestandlichen Voraussetzungen gemäß § 24 EStG	789
a) Entschädigung als Ersatz für Einnahmen oder Aufgabe einer Tätigkeit	789
b) Kausalität zwischen Abfindung und Verlust entgangener oder entgehender Einnahmen	791
c) Zusammenballung von Einkünften im Sinne der BFH-Rechtsprechung	793
3. Berechnungsweg der Steuerermäßigung, § 34 EStG	795
4. Lohnsteueranrufungsauskunft	797
5. Steuerliche Abzugsfähigkeit der Kostennote eines Rechtsanwalts	797
6. Vereinbarung über die Erstattung von Krankenversicherungsbeiträgen	798
III. Abriss des angrenzenden Arbeitsförderungs- und Rentenrechts	798
1. Verstecktes Arbeitsentgelt	798
2. Anspruch auf Arbeitslosengeld	798
3. Ruhen des Anspruchs auf Arbeitslosengeld	800
a) Sperrzeittatbestände	800
b) „Lösen" i.S.v. § 144 SGB III	801

		c) „Wichtiger Grund" i.S.v. § 144 Abs. 1 Satz 2 SGB III	802
	4.	Abfindungsanrechnung auf Arbeitslosengeld	804
	5.	Anrechnung von Nebenverdienst	805
	6.	Anspruchsübergang auf die Bundesagentur für Arbeit	805
	7.	Aufgehobene und geänderte Vorschriften im SGB III	807
	8.	Rentenversicherungsrecht	808
IV.	Abriss der Rechtsfragen bei streitiger Arbeitnehmereigenschaft	814
V.	Abriss des Rechts der Aufhebungs- und Abwicklungsverträge mit GmbH-Geschäftsführern und AG-Vorständen	816
VI.	Abriss der Inhaltskontrolle von Klauseln in Aufhebungs- und Abwicklungsverträgen	819
	1.	Einbeziehungsnormen für Arbeitsverträge	819
	2.	Ablehnung einer Inhaltskontrolle bei Aufhebungs- und Abwicklungsverträgen im Haustürgeschäfts-Urteil	820
	3.	Reichweite des Arbeitsvertragsbegriffs, § 310 Abs. 4 Satz 2 BGB	821
	4.	Keine unangemessene Benachteiligung bei formularmäßigem Verzicht auf Kündigungsschutzklage	821
VII.	Klauselformulierungen im Rechtskontext	822
	1.	Abfindungsklauseln	822
		a) Funktion der Abfindung	822
		b) Abfindungshöhe	823
		c) Besonderheiten bei Sozialplanabfindungen	825
		d) Abfindungen in gerichtlichen Abwicklungsverträgen	827
		e) Abfindung und Sozialversicherungsrecht	829
		f) Abfindung und Steuerrecht	830
		g) Brutto- und Nettoabfindungen	833
		h) Entstehung und Fälligkeit der Abfindung	833
		aa) Fälligkeit	833
		bb) Entstehung	834
		i) Abfindung im Vollstreckungsrecht	836
		j) Abfindung und Familienrecht	837
		k) Abfindung in der Insolvenz	837
		l) Verjährung von Abfindungen	839
		m) Abfindungsrückzahlungsklauseln	839
		n) Abfindungsverlustklausel	840
	2.	Abfindung nach § 1a KSchG	840
	3.	Abwicklungsvertrag als Anschreiben	842
	4.	Abwicklungsvertrag mit Rückkehrperspektive	844
	5.	Announcement-Klauseln	846
	6.	Aufhebungsklauseln	846
	7.	Aufklärungsklauseln	850
		a) Beendigungsinitiative und Aufklärungspflicht	850
		b) Keine Pflicht zur Ankündigung eines künftigen Sozialplans	852
		c) Aufklärungspflicht bei Verkürzung der Kündigungsfrist	852
		d) Aufklärungspflicht über Versorgungsanwartschaften	853
		e) Keine Aufklärungspflicht wegen des Zeitpunkts einer Erwerbsunfähigkeitsrente	854
		f) Aufklärung über Auswirkungen bei 58er-Regelung	854
		g) Sonderkündigungsschutz	855
		h) Eigenkündigung	855
		i) Rechtsfolgen bei Verletzung der Aufklärungspflicht	855
	8.	Aufstockungsklauseln	856
		a) Aufstockungsklauseln nach § 187a SGB VI	856
		b) Aufstockungsbetrag nach § 3 Abs. 1 Nr. 1 Buchst. a ATG	857
		c) Aufstockungsklauseln bei 58er-Regelungen	857
	9.	Ausgleichsklauseln	857
	10.	Auslauffristen	861
	11.	Beendigungsbegründungsklauseln	862

12. Berufsausbildungsverhältnisse	863
13. Betriebliche Altersversorgung	864
a) Fünf Durchführungswege	864
aa) Direktzusage (unmittelbare Zusage)	864
bb) Direktversicherung	864
cc) Pensionskasse	866
dd) Pensionsfonds	866
ee) Unterstützungskasse	866
b) Entgeltumwandlung	867
c) Sicherung durch Bürgschaft	868
14. Betriebsgeheimnisklauseln	868
15. Diensterfindungen	869
16. Dienstwagenklauseln	869
a) Rückgabeorte	869
b) Erwerb durch den Arbeitnehmer	870
c) Nutzungsarten	871
d) Leasing	873
e) Sonstiges zur Rückgabe	874
17. Freistellungsklauseln	874
a) Inhaltskontrolle	874
b) Unwiderrufliche Freistellung	875
c) Widerrufliche Freistellung	876
d) Zwischenverdienst	876
e) Anrechnung von Urlaub	877
f) Abfeiern von Überstunden	878
g) Sperrzeitvorteil durch Freistellung	878
h) Freistellung und Krankheit	879
18. Insolvenzschutzklauseln zur Pensionssicherung	879
19. Outplacement-Klauseln	881
20. Praxisveräußerungsklausel	882
21. Probezeitverlängerungsklausel	883
22. Provisionsregelungen	883
23. Prozessprotokollierungsvereinbarung	884
24. Rückgabevereinbarungen	884
25. Salvatorische Klausel	885
26. Schuldanerkenntnisse	886
27. Sprinterprämie	887
28. Stock Options	888
29. Tantiemeregelungen	888
30. Urlaubs- und Urlaubsabgeltungsklauseln	889
31. Vererbbarkeitsklauseln	890
32. Versprechen ordnungsgemäßer Abwicklung	891
33. Vollstreckungsklausel	892
34. Wettbewerbsverbotsklauseln	892
35. Widerrufs- und Rücktrittsklausel	893
36. Zeugnisklauseln	893
B. Texte	895
I. Aufhebungs- und Abwicklungsverträge mit GmbH-Geschäftsführern	895
1. *Muster*: Ausführlicher Aufhebungsvertrag (deutsch)	895
2. *Muster*: Aufhebungsvertrag mit Wettbewerbsverbot (deutsch/englisch)	897
3. *Muster*: Ausführlicher Abwicklungsvertrag (deutsch/englisch)	900
4. *Muster*: Ausführlicher Aufhebungsvertrag (deutsch/englisch)	904
5. *Muster*: Kurzer Abwicklungsvertrag (deutsch/englisch)	907
II. Aufhebungsverträge mit AG-Vorständen	909
1. *Muster*: Aufhebungsvertrag mit freigestelltem Vorstandsvorsitzenden	909
2. *Muster*: Aufhebungsvertrag mit Vorstand einer konzernverbundenen AG	911

III. Aufhebungsverträge mit Arbeitnehmern 912
    1. *Muster*: Ausführlicher Aufhebungsvertrag 912
    2. *Muster*: Aufhebungsvertrag (deutsch/englisch) 915
    3. *Muster*: Kurzer Aufhebungsvertrag 917
    4. *Muster*: Aufhebungsvertrag mit einem Ingenieur 918
    5. *Muster*: Aufhebungsvertrag mit Praxisübergabevertrag für Chefarzt 920
IV. Abwicklungsverträge mit Arbeitnehmern 922
    1. *Muster*: Abwicklungsvertrag vor Erhebung der Kündigungsschutzklage 922
    2. *Muster*: Abwicklungsvertrag nach Erhebung der Kündigungsschutzklage 923
    3. *Muster*: Prozessvergleich mit Monte-Carlo-Klausel 925
    4. *Muster*: Abwicklungsvertrag als Anschreiben 925
    5. *Muster*: Abwicklungsvertrag (deutsch/englisch) 925
    6. *Muster*: Abwicklungsvertrag bei Betriebsstättenverlegung 926
    7. *Muster*: Abwicklungsvertrag als 58er-Regelung 927
    8. *Muster*: Abwicklungsvertrag unter Mitwirkung des Integrationsamtes 929
    9. *Muster*: Abwicklungsvertrag nach Auslandsentsendung 930
V. Sonstige Regelungen 931
    1. *Muster*: Aufhebungsvertrag mit einem freien Mitarbeiter 931
    2. *Muster*: Lohnsteueranrufungsauskunft 932
    3. *Muster*: Announcement-Klauseln 932

Kapitel 3: Altersteilzeitverträge 933
A. Erläuterungen 934
  I. Zielsetzungen des Altersteilzeitgesetzes (ATG) 934
  II. Altersteilzeitmodelle 935
    1. Kontinuierliche Verringerung der Arbeitszeit 935
    2. Blockmodell 935
  III. Förderung der Altersteilzeitarbeit 936
    1. Erstattungsleistungen der Bundesagentur für Arbeit 936
    2. Arbeitnehmerbezogene Voraussetzungen 936
    3. Arbeitgeberbezogene Voraussetzungen 937
        a) Anspruchsvoraussetzungen nach § 3 ATG 937
        b) Aufstockungsleistungen 938
        c) Beitragszahlung zur gesetzlichen Rentenversicherung 940
        d) Wiederbesetzung bzw. Ersatzeinstellung 940
    4. Leistungen der Bundesagentur für Arbeit 941
    5. Soziale Sicherung des Arbeitnehmers 943
        a) Entgeltersatzleistungen der Agentur für Arbeit (z.B. Arbeitslosengeld) 943
        b) Entgeltersatzleistungen anderer Leistungsträger (z.B. Krankengeld) 943
  IV. Problemzonen bei der Gestaltung von Altersteilzeitvereinbarungen 944
    1. Arbeitsunfähigkeit während der Altersteilzeit 944
    2. Urlaub 944
    3. Dienstwagen 945
    4. Vorzeitige Beendigung des Altersteilzeitverhältnisses 945
    5. Altersteilzeit und Insolvenz 946
        a) Grundlagen 946
        b) Kündigung in der Insolvenz 946
        c) Altersteilzeit und Sperrzeit 946
        d) Haftung des GmbH-Geschäftsführers 947
    6. Verlust von Ehrenämtern während der Altersteilzeit 947
    7. Außerhalb von Tarifverträgen kein Anspruch auf Altersteilzeit ... 947
B. Texte 948
    1. *Muster*: Altersteilzeitvertrag 948
    2. *Muster*: Altersteilzeitvereinbarung 950
    3. *Muster*: Altersteilzeitvereinbarung mit geblockter Arbeitszeit 951
    4. *Muster*: Altersteilzeitvereinbarung mit geblockter Arbeitszeit im öffentlichen Dienst 953

　　　　5. *Muster*: Altersteilzeitvertrag (Buch- und Zeitschriftenverlage) mit Sicherung des Arbeits-
　　　　　　zeitwertguthabens durch Treuhandregelung (alte gesetzliche Aufstockungsregelung) 955
　　　　6. *Muster*: Treuhandvertrag (doppelseitige Treuhand) zum Insolvenzschutz 958

§ 5　Betriebsvereinbarungen 961

Kapitel 1: Freiwillige Betriebsvereinbarungen 961

A. Erläuterungen 961
　　I. Vorbemerkungen 961
　　　　1. Keine Behandlung von Tarifverträgen 961
　　　　2. Betriebskollektive Auswirkungen des AGG 962
　　II. Begriff und Rechtsnatur der Betriebsvereinbarung 963
　　III. Auslegung und Billigkeitskontrolle 966
　　IV. Zustandekommen von Betriebsvereinbarungen 966
　　V. Grenzen der Regelungsmacht der Betriebspartner 968
　　VI. Räumlicher, persönlicher und zeitlicher Geltungsbereich 971
　　VII. Beendigung und Nachwirkung der Betriebsvereinbarung 972
　　　　1. Zeitablauf und Zweckerreichung 972
　　　　2. Kündigung der Betriebsvereinbarung 972
　　　　3. Nachwirkung von Betriebsvereinbarungen 973
　　VIII. Betriebliche Bündnisse für Arbeit 974
　　IX. Gegenstand freiwilliger Betriebsvereinbarungen 976
　　X. Geltungsumfang freiwilliger Betriebsvereinbarungen 977
B. Texte 977
　　I. Konflikte, interne Kommunikation und Personalwirtschaft 977
　　　　1. *Muster*: Arztbesuche in der Arbeitszeit 977
　　　　2. *Muster*: Betriebsjubiläen 978
　　　　3. *Muster*: Diskriminierungsschutz ausländischer Arbeitnehmer 978
　　　　4. *Muster*: Diskriminierung und Mobbing 979
　　　　5. *Muster*: Frauenförderung 981
　　　　6. *Muster*: Innerbetriebliche Stellenausschreibung 983
　　　　7. *Muster*: Mitarbeiterbeschwerden 984
　　　　8. *Muster*: Mitarbeitergespräche 985
　　　　9. *Muster*: Personalplanung 998
　　II. Betriebsratsarbeit – Organisation des Betriebsrats 998
　　　　1. *Muster*: Arbeitsfreistellung und Vergütung von Betriebsratsmitgliedern ... 998
　　　　2. *Muster*: Betriebliche Einigungsstelle 1002
　　　　3. *Muster*: Betriebsversammlungen 1004
　　　　4. *Muster*: Einheitlicher Betrieb 1005
　　　　5. *Muster*: Europäischer Betriebsrat 1006
　　III. Sonstige Regelungssachverhalte 1009
　　　　1. *Muster*: Alkoholmissbrauch 1009
　　　　2. *Muster*: Altersteilzeit (Bereich Chemie) 1010
　　　　3. *Muster*: Betriebsrente 1013
　　　　4. *Muster*: Suchtprobleme 1015
　　　　5. *Muster*: Übertarifliche Zulagen 1017
　　　　6. *Muster*: Umweltschutz 1018

Kapitel 2: Erzwingbare Betriebsvereinbarungen 1020

A. Erläuterungen 1020
　　I. Gegenstand erzwingbarer Betriebsvereinbarungen 1020
　　II. Nachwirkungen erzwingbarer Betriebsvereinbarungen 1020
　　III. Verbotene Regelungsgegenstände 1020
B. Texte 1021
　　I. Arbeitszeit 1021
　　　　1. *Muster*: Arbeiten an Wochenenden und Feiertagen 1021
　　　　2. *Muster*: Arbeitszeitregelung zur Sollzeit 1024

      3. *Muster*: Flexibilisierung der Arbeitszeit 1027
      4. *Muster*: Gleitende Arbeitszeit 1028
      5. *Muster*: Gleitende Arbeitszeit und elektronische Zeiterfassung 1032
      6. *Muster*: KAPOVAZ-Abrede 1036
      7. *Muster*: Projektbezogene Rufbereitschaft 1038
      8. *Muster*: Variable Arbeitszeit 1041
  II. Betriebliche Ordnung 1043
      1. *Muster*: Allgemeine Arbeitsordnung 1043
      2. *Muster*: Arbeitsvertragsgestaltung (Rahmenrichtlinien) 1051
      3. *Muster*: Betriebsordnung (Kurzfassung) 1057
      4. *Muster*: Betriebsordnung (Langfassung) 1058
      5. *Muster*: Werksparkplatz 1069
  III. EDV und Telekommunikation 1070
      1. *Muster*: Arbeit an Bildschirmgeräten 1070
      2. *Muster*: E-Mail und Internet 1073
      3. *Muster*: Beteiligung des Betriebsrats vor Einführung neuer DV-Systeme 1076
      4. *Muster*: Einführung, Einsatz und Weiterentwicklung von DV-/IT-Systemen 1078
      5. *Muster*: Einsatz von SAP-HR-TIM 1087
      6. *Muster*: Elektronische Kommunikationssysteme und informationstechnische Infrastruktur 1089
      7. *Muster*: Nutzung der neuen Medien 1091
      8. *Muster*: Betriebsvereinbarung PAISY 1095
      9. *Muster*: Personalinformationssystem 1097
    10. *Muster*: Telefonanlage 1099
    11. *Muster*: Telefonanlage ACD 1101
    12. *Muster*: Telefonieren mit betrieblichem Handy 1106
    13. *Muster*: Video- und Kameraüberwachung 1109
  IV. Entgeltregelungen 1110
      1. *Muster*: Freiwillige Gratifikation 1110
      2. *Muster*: Prämiensystem für Mitarbeiter im Verkauf 1111
  V. Sonstige Regelungssachverhalte 1112
      1. *Muster*: Alternierende Telearbeit 1112
      2. *Muster*: Außerbetriebliche Arbeitsstätten 1115
      3. *Muster*: Auswahlrichtlinie gemäß § 95 BetrVG 1121
      4. *Muster*: Auswahlrichtlinien 1121
      5. *Muster*: Auswahlrichtlinien bei Kündigungen 1124
      6. *Muster*: Betriebliches Vorschlagswesen 1124
      7. *Muster*: Betriebliches Vorschlagswesen im Bereich der Metallindustrie 1128
      8. *Muster*: Gruppenarbeit 1131
      9. *Muster*: Kurzarbeit 1133
    10. *Muster*: Personaleinkauf 1134
    11. *Muster*: Unfallschutz 1135
    12. *Muster*: Urlaubsrahmenplanung 1137
    13. *Muster*: Urlaubsgewährung 1140

Kapitel 3: Interessenausgleichsvereinbarungen und Sozialpläne **1142**

A. Erläuterungen 1143
  I. Der Interessenausgleich 1143
      1. Schwellenwert 1143
      2. Der Begriff der Betriebsänderung 1143
      3. Der Interessenausgleich im taktischen Umfeld 1147
      4. Unterlassungsverfügung 1149
      5. Inhalt eines Interessenausgleichs 1150
      6. Interessenausgleich in der Insolvenz 1151
  II. Der Sozialplan 1151
      1. Gegenstand und Ziel des Sozialplans 1151
      2. Grundsätze 1152

3. Kombinierter Interessenausgleich und Sozialplan	1153
4. Inhalt eines Sozialplans	1154
a) Wirtschaftliche Auswirkungen einer Betriebsänderung als Regelungsgegenstand des Sozialplans	1154
b) Vererbbarkeit des Abfindungsanspruchs	1155
c) Fälle des Anspruchsausschlusses	1156
d) Gestaltungsverbote	1156
e) Berechnung von Abfindungen	1158
f) Unternehmerische Entscheidungen für die Vereinbarung von Sozialplänen	1158
g) Hinweise zu den Mustertexten	1158
5. Gestaltungsmöglichkeiten der Einigungsstelle	1159
III. Differenzierte Beschäftigungssicherung über Transfer-Interessenausgleich und Transfer-Sozialplan	1161
B. Texte	1165
I. Interessenausgleich	1165
1. *Muster*: Betriebsstilllegung im Konzern	1165
2. *Muster*: Betriebsübergang und Sitzverlegung einer Versicherungsgesellschaft	1166
3. *Muster*: Betriebsverlagerung	1167
4. *Muster*: Fusion	1169
5. *Muster*: Fusion und Zusammenführung von Betriebsteilen	1171
6. *Muster*: Neuorganisation eines Consulting-Unternehmens	1173
7. *Muster*: Outsourcing von Handwerkern einer Wohnungsbaugesellschaft	1177
8. *Muster*: Personalabbau	1180
9. *Muster*: Personalabbau im Bauunternehmen, interne Beschäftigungs- und Qualifizierungseinheit	1181
10. *Muster*: Teilbetriebsveräußerung, Verschmelzung, Betriebsstättenverlegung	1186
11. *Muster*: Umwandlung von Vertriebsbüros in Technische Büros	1187
12. *Muster*: Verflachte Hierarchie, Verbesserung des Leistungsmanagements, Einführung von TQM	1188
13. *Muster*: Zusammenführung von Betriebsteilen/Bankgewerbe	1199
II. Sozialplan	1199
1. *Muster*: Betriebsstilllegung im Konzern	1199
2. *Muster*: Betriebsstilllegung, Spruch der Einigungsstelle	1206
3. *Muster*: Betriebsübergang und Sitzverlegung einer Versicherungsgesellschaft	1214
4. *Muster*: Betriebsverlagerung	1216
5. *Muster*: Fusion	1221
6. *Muster*: Insolvenzsozialplan, Spruch der Einigungsstelle	1230
7. *Muster*: Outsourcing von Handwerkern einer Wohnungsbaugesellschaft	1232
8. *Muster*: Teilbetriebsveräußerung, Verschmelzung und Betriebsstättenverlegung	1233
9. *Muster*: Personalabbau	1236
10. *Muster*: Umwandlung von Vertriebsbüros in Technische Büros	1239
11. *Muster*: Verlagerung eines Tendenzbetriebs	1245
12. *Muster*: Zusammenführung von Betriebsteilen	1252
13. *Muster*: Zusammenführung von Betriebsteilen mit Vorruhestandsregelung	1259
III. Kombinationsregelungen Interessenausgleich/Sozialplan	1264
1. *Muster*: DV- und Orga-Projekte, Rationalisierung	1264
2. *Muster*: Personalabbau	1270
3. *Muster*: Restrukturierung	1278
4. *Muster*: Verlagerung eines Verbandes	1289
5. *Muster*: Vertriebskonzept- und Arbeitszeitänderung	1291
6. *Muster*: Vertriebsumstrukturierung	1296
IV. Transfer-Interessenausgleich	1305
1. *Muster*: Transfer-Interessenausgleich	1305
V. Transfer-Sozialpläne	1308
1. *Muster*: Transfer-Sozialplan	1308

§ 6 Schriftsätze im arbeitsgerichtlichen Urteilsverfahren ... 1313

Kapitel 1: Parteienunabhängige Schriftsätze ... 1313

A. Erläuterungen ... 1313
- I. Parteibezeichnung ... 1313
  - 1. Anforderungen in der Rechtsprechung ... 1313
  - 2. GbR als Arbeitgeber ... 1314
- II. Anträge ... 1314
  - 1. Zahlungsklage ... 1315
    - a) Bezifferter Antrag ... 1315
    - b) Zinssatz ... 1315
    - c) Brutto oder Netto ... 1315
    - d) Antragsvarianten ... 1317
    - e) Künftige Leistungen ... 1318
  - 2. Auskunfts- und Stufenklage ... 1318
  - 3. Feststellungsklage ... 1319
  - 4. Abrechnungsklage ... 1319
  - 5. Zinsfälligkeit ... 1319
- III. Terminsverlegung und Fristverlängerung ... 1320
  - 1. Fristverlängerung ... 1320
  - 2. Terminsverlegung ... 1320
- IV. Instanzenübergreifende Neuerungen ... 1321
  - 1. Sofortige Beschwerde gegen Kostenentscheidung ... 1321
  - 2. Bild- und Tonübertragung ... 1321
  - 3. Erweiterte Hinweispflicht nach § 139 ZPO ... 1321
  - 4. Urkundenanordnung ... 1322
  - 5. Vereinfachte Prozessbeendigung ... 1322
  - 6. Gehörsrüge ... 1322
  - 7. Stärkung der Eingangsinstanz ... 1323
- V. Berufung ... 1323
  - 1. Berufungsfähige Urteile ... 1323
  - 2. Berufungsfrist und Berufungsbegründungsfrist ... 1323
  - 3. Inhalt des Berufungsurteils ... 1324
  - 4. Berufungsgründe ... 1324
  - 5. Berufungsrücknahme und Anschlussberufung ... 1324
  - 6. Berufungseinlegung ... 1325
  - 7. Berufungsschrift ... 1325
- VI. Revision ... 1325
  - 1. Revisionseinlegungsfrist und Revisionsbegründungsfrist ... 1325
  - 2. Revisionsbegründungsschriftsatz ... 1325
  - 3. Rücknahme der Revision ... 1326
  - 4. Anschlussrevision ... 1327
- VII. Verfahren vor dem EuGH nach Art. 234 EG ... 1327
  - 1. Gegenstand des Vorabentscheidungsverfahrens ... 1327
  - 2. Vorlagebeschluss des nationalen Gerichts ... 1327
  - 3. Verfahrensverlauf ... 1328
- VIII. Zwangsvollstreckung ... 1329

B. Texte ... 1331
- I. Instanzenunabhängige Schriftsätze ... 1331
  - 1. *Muster*: Anhörungsrüge nach § 78a Abs. 1 ArbGG ... 1331
  - 2. *Muster*: Befangenheitsgesuch ... 1332
  - 3. *Muster*: Befangenheitsgesuch bei Hinweis des Richters auf Einreden oder Gegenrechte . 1333
  - 4. *Muster*: Eidesstattliche Versicherung im Verfahren der einstweiligen Verfügung ... 1334
  - 5. *Muster*: EuGH-Schriftsatz ... 1334
  - 6. *Muster*: Fax-Sendebericht, Wirkung des „OK-Vermerks" ... 1335
  - 7. *Muster*: Mittelbare Beweisführung im Arbeitsgerichtsprozess ... 1335
  - 8. *Muster*: PKH-Antrag ... 1336

9. *Muster*: Tatbestandsberichtigung, Grundmuster 1336
10. *Muster*: Tatbestandsberichtigungantrag gemäß § 320 ZPO und § 319 ZPO 1337
11. *Muster*: Verspätete Urteilsabsetzung 1338
12. *Muster*: Vertagung eines Gerichtstermins wegen Erkrankung 1339
13. *Muster*: Vertagung eines Gerichtstermins wegen Terminskollision 1339
14. *Muster*: Vertagung eines Gerichtstermins wegen Terminskollision bei Sozietät ... 1340
15. *Muster*: Vertagung und Antrag auf Frist zur Rückäußerung 1340
16. *Muster*: Verweisungsbeschluss unanfechtbar 1341
17. *Muster*: Verwertung einer Zeugenaussage bei mitgehörtem Telefonat 1341

II. Schriftsätze in der ersten Instanz 1343
  1. *Muster*: Arbeitsgerichtliche Klage 1343
  2. *Muster*: Arbeitsgerichtliche Klageerwiderung 1344
  3. *Muster*: Einspruch gegen Versäumnisurteil 1344
  4. *Muster*: Einstweilige Verfügung, Antrag auf Erlass 1345
  5. *Muster*: Einstweilige Verfügung, Antrag auf Abweisung 1345
  6. *Muster*: Einstweilige Verfügung, Erforderlichkeit der Vollziehung 1346
  7. *Muster*: Fristen im Urteilsverfahren 1346
  8. *Muster*: Gebührenklage wegen arbeitsrechtlicher Interessenwahrnehmung 1347
  9. *Muster*: Antrag auf Zustellung eines Vergleichs nach § 278 Abs. 6 ZPO 1354

III. Schriftsätze in der zweiten Instanz 1354
  1. *Muster*: Anschlussberufung des Berufungsbeklagten 1354
  2. *Muster*: Berufung des Klägers 1355
  3. *Muster*: Berufung des Beklagten 1355
  4. *Muster*: Beschwerde gegen einen Beschluss des Arbeitsgerichts 1356
  5. *Muster*: Bestellungsschreiben für Berufungsbeklagten 1356
  6. *Muster*: Berufungsbegründungsfrist, Verlängerungsantrag am letzten Tag 1357
  7. *Muster*: Berufungsbegründungsfrist, Verlängerung wegen Arbeitsüberlastung ... 1357
  8. *Muster*: Berufungsbegründungsfrist, Vertrauensschutz des Rechtsanwalts auf Verlängerung 1357
  9. *Muster*: Erstattungspflicht der Prozessgebühr des Rechtsmittelbeklagten vor Begründung des nur zur Fristwahrung eingelegten Rechtsmittels 1358
 10. *Muster*: Gegenvorstellung bei Verweisung an ein offensichtlich örtlich unzuständiges Arbeitsgericht 1358
 11. *Muster*: Nichtigkeitsklage wegen fehlerhafter Besetzung des Landesarbeitsgerichts ... 1359
 12. *Muster*: Sofortige Beschwerde gegen einen Beschluss des Arbeitsgerichts 1360
 13. *Muster*: Unterschrift des Rechtsanwalts bei Berufungsschriftsatz 1361
 14. *Muster*: Wiedereinsetzung in den vorigen Stand wegen fehlender Unterschrift des Berufungsschriftsatzes 1361
 15. *Muster*: Wiedereinsetzung in den vorigen Stand bei Verwendung einer falschen Empfänger-Faxnummer durch Kanzleimitarbeiter 1362
 16. *Muster*: Wiedereinsetzung in den vorigen Stand wegen zu Unrecht abgelehnter Verlängerung der Berufungsbegründungsfrist 1363

IV. Schriftsätze in der Revision 1363
  1. *Muster*: Bestellungsschreiben gegen Nichtzulassungsbeschwerde 1363
  2. *Muster*: Bestellungsschreiben für Revisionsbeklagten 1363
  3. *Muster*: Bestellungsschriftsatz des Rechtsbeschwerdegegners 1364
  4. *Muster*: Nichtzulassungsbeschwerde, Erwiderung bei Unzulässigkeit 1364
  5. *Muster*: Nichtzulassungsbeschwerde, Erwiderung bei Unbegründetheit (keine Zulassung der Revision wegen Verfahrensmangels) 1365
  6. *Muster*: Nichtzulassungsbeschwerde wegen grundsätzlicher Bedeutung 1366
  7. *Muster*: Nichtzulassungsbeschwerde, Erläuterung negativer Prozesschancen für den Mandanten 1367
  8. *Muster*: Nichtzulassungsbeschwerde wegen Divergenz und Grundsatzbedeutung ... 1367
  9. *Muster*: Nichtzulassungsbeschwerde wegen Divergenz 1370
 10. *Muster*: Nichtzulassungsbeschwerde wegen Verletzung des Anspruchs auf rechtliches Gehör 1371

11. *Muster*: Nichtzulassungsbeschwerde wegen tariflicher Streitigkeit 1372
12. *Muster*: Revision des Klägers 1373
13. *Muster*: Revision des Beklagten 1373
14. *Muster*: Rechtsbeschwerde 1374
V. Kostenfestsetzung und Zwangsvollstreckung 1374
   1. *Muster*: Arrestantrag wegen Gefahr der Vollstreckungsvereitelung oder Vollstreckungserschwerung 1374
   2. *Muster*: Fotokopiekosten für Schriftsatzanlagen, Erstattungsfähigkeit 1376
   3. *Muster*: Gerichtsvollzieherpfändung wegen Geldforderungen, Antrag 1376
   4. *Muster*: Kostenfestsetzungsantrag unter Berücksichtigung fiktiver Reisekosten 1376
   5. *Muster*: Kostenfestsetzungsantrag, Sofortige Beschwerde unter Berücksichtigung fiktiver Reisekosten 1377
   6. *Muster*: Vollstreckbare Ausfertigung, abgekürzt 1378
   7. *Muster*: Vollstreckbare Ausfertigung, Antrag auf Erteilung eines weiteren Titels 1379
   8. *Muster*: Vollstreckbare Ausfertigung gegen den Rechtsnachfolger des Beklagten (§§ 727 ff. ZPO) 1379
   9. *Muster*: Vorläufige Vollstreckbarkeit, Ausschluss wegen eines nicht zu ersetzenden Nachteils (§ 62 Abs. 1 Satz 2 ArbGG) 1379
  10. *Muster*: Vollstreckung zur Nachtzeit sowie an Sonn- und Feiertagen, Antrag auf Erteilung der Erlaubnis 1380
  11. *Muster*: Zwangsvollstreckung wegen vertretbarer Handlung (§ 887 ZPO), Antrag 1380
  12. *Muster*: Zustellung der vollstreckbaren Ausfertigung an den Gegner 1381

Kapitel 2: Schriftsätze für Arbeitnehmer **1382**
A. Erläuterungen 1382
   I. Vorbemerkungen 1382
  II. Kündigungsschutzklage 1383
   1. Aufnahmebogen für Klagen gegen Kündigungen und Änderungskündigungen 1383
   2. Grundsätzliches zur Kündigungsschutzklage 1385
   3. Passiv-Rubrum 1386
     a) GmbH 1386
     b) Aktiengesellschaft und Genossenschaft 1386
     c) Eingetragener Verein 1387
     d) BGB-Gesellschaft 1387
     e) OHG, Einzelkaufmann, natürliche Personen 1387
     f) Partnerschaftsgesellschaft 1387
     g) GmbH & Co. KG 1387
     h) Behörde als Anstellungsträger 1388
     i) Rechtsmittelgegner 1388
   4. Kündigungsschutzklage bei ordentlicher Kündigung 1388
   5. Kündigungsschutzklage bei außerordentlicher Kündigung 1389
   6. Typische Fehler im Kündigungsschutzprozess 1389
   7. Anträge im Kündigungsschutzverfahren 1390
   8. Anträge bei nachträglicher Zulassung der Kündigungsschutzklage 1391
   9. Auflösungsantrag des Arbeitnehmers 1392
 III. Zahlungsklage 1392
 IV. Sonstige Klagen 1392
   1. Unwirksamkeit eines Aufhebungsvertrages 1392
   2. Eingruppierungsklage 1392
   3. Abmahnungsklage 1393
   4. Urlaubsklage 1393
   5. Zeugnisklage 1394
   6. Klage auf Arbeitszeitreduzierung 1394
  V. Einstweiliger Rechtsschutz 1395
   1. Allgemeines 1395
   2. Herausgabe der Arbeitspapiere 1395
   3. Urlaubsgewährung 1396

    4. Wettbewerbsverbot 1396
    5. Herausgabe von Firmenunterlagen und Firmengegenständen 1396
    6. Arbeitszeitreduzierung 1397
    7. Konkurrentenklage 1397
    8. Beschäftigungsanspruch 1398
    9. Weiterbeschäftigungsanspruch 1398
    10. Zahlungsansprüche 1399
B. Texte 1400
  I. Abmahnungsklagen 1400
    1. *Muster*: Klage wegen Abmahnung und Entfernung eines Schreibens aus der Personalakte 1400
    2. *Muster*: Teilweise unrichtige Abmahnung 1401
  II. AGG-Klagen 1402
    1. *Muster*: Altersdiskriminierung – Klage auf Schadensersatz und angemessene Entschädigung 1402
    2. *Muster*: Diskriminierung aufgrund sexueller Identität – Klage auf Schadensersatz 1403
    3. *Muster*: Geschlechtsdiskriminierung – Klage auf angemessene Entschädigung 1405
    4. *Muster*: Sexuelle Belästigung – Klage auf angemessene Entschädigung 1406
  III. Beschäftigungsklagen 1408
    1. *Muster*: Vertragsgemäße Beschäftigung 1408
    2. *Muster*: Unveränderte Beschäftigung nach rechtswidriger Versetzung 1410
    3. *Muster*: Einstweilige Verfügung wegen Versetzung/Umsetzung 1413
    4. *Muster*: Einstweilige Verfügung wegen schleichender Versetzung 1415
    5. *Muster*: Einstweilige Verfügung, allgemeiner Weiterbeschäftigungsanspruch 1417
    6. *Muster*: Einstweilige Verfügung gemäß § 102 Abs. 5 BetrVG 1418
    7. *Muster*: Einstweilige Verfügung, Beschäftigung eines freigestellten Wahlvorstandes 1420
    8. *Muster*: Beschäftigung als Arbeitnehmer nach Abberufung als Geschäftsführer 1421
    9. *Muster*: Beschäftigung auf einem leidensgerechten Arbeitsplatz 1423
    10. *Muster*: Beschäftigung auf tabakrauchfreiem Arbeitsplatz 1425
    11. *Muster*: Beschäftigung als Arbeitnehmer 1426
    12. *Muster*: Weiterbeschäftigung eines Jugend- und Auszubildendenvertreters nach dem Ende des Ausbildungsverhältnisses 1430
  IV. Bestandsschutzstreitigkeiten: Außergerichtliche, ergänzende Korrespondenz 1430
    1. *Muster*: Anfechtung der Willenserklärung eines Aufhebungsvertrages wegen widerrechtlicher Drohung 1430
    2. *Muster*: Annahmeerklärung der Änderungskündigung unter Vorbehalt 1431
    3. *Muster*: Aufforderungsschreiben, Gründe einer außerordentlichen Kündigung mitzuteilen 1431
    4. *Muster*: Aufforderungsschreiben, Gründe einer ordentlichen Kündigung mitzuteilen 1432
    5. *Muster*: Aufforderung, Gründe einer betriebsbedingten Kündigung mitzuteilen 1432
    6. *Muster*: Zurückweisung der Kündigung wegen fehlender Vollmacht 1432
    7. *Muster*: Vorlage des Widerspruchs des Betriebsrats gegen die Kündigung 1433
  V. Bestandsschutzstreitigkeiten: Ordentliche Kündigung 1433
    1. *Muster*: Kündigungsschutzklage bei ordentlicher Kündigung 1433
    2. *Muster*: Betriebsrat unvollständig informiert 1436
    3. *Muster*: Kein Kleinstbetrieb wegen zusammenzurechnender Beschäftigtenzahl, § 23 KSchG 1438
    4. *Muster*: Sittenwidrige Kündigung 1439
    5. *Muster*: Treuwidrige Kündigung 1441
    6. *Muster*: Kündigung wegen Nichteinhaltung der Kündigungsfrist 1443
    7. *Muster*: Nichteinhaltung der Kündigungsfrist durch vorläufigen Insolvenzverwalter 1443
    8. *Muster*: Beschwerde gegen Aussetzungsbeschluss bei Kündigungsschutzklage eines behinderten Menschen 1444
    9. *Muster*: Entschädigung wegen unterbliebener Weiterbeschäftigung gemäß § 61 Abs. 2 ArbGG 1445
    10. *Muster*: Auflösungsantrag 1446

11. *Muster*: Auflösungsgründe für Arbeitnehmer, § 9 KSchG 1446
12. *Muster*: Bedeutungsverlust von Auflösungsgründen des Arbeitgebers durch Änderung der Umstände 1447
13. *Muster*: Beiderseitiger Auflösungsantrag 1449
14. *Muster*: Berechnung des Monatsverdienstes, § 10 KSchG 1449
15. *Muster*: Öffentliche Zustellung einer Kündigungsschutzklage bei ausländischer Botschaft als Arbeitgeber 1450
16. *Muster*: Rücknahme einer Kündigung kein Beendigungstatbestand 1452
17. *Muster*: Zuständiges Arbeitsgericht bei Außendienstmitarbeitern – Wohnsitz des Arbeitnehmers 1453
VI. Bestandsschutzstreitigkeiten: Betriebsbedingte Kündigung 1453
    1. *Muster*: Mangelhafte soziale Auswahl 1453
    2. *Muster*: Verstoß gegen den Grundsatz „Änderungskündigung vor Beendigungskündigung" 1455
    3. *Muster*: Keine Leistungsverdichtung 1455
    4. *Muster*: Abfindungsanspruch nach § 1a Abs. 2 KSchG 1457
VII. Bestandsschutzstreitigkeiten: Verhaltensbedingte Kündigung 1458
    1. *Muster*: Abmahnung vor verhaltensbedingter Kündigung 1458
    2. *Muster*: Darlegungslast beim Low-Performer 1459
    3. *Muster*: Kündigungsverzicht durch Abmahnung des gleichen Sachverhalts 1459
    4. *Muster*: Ungenauigkeiten bei Spesen und Reisekosten 1461
    5. *Muster*: Verwertungsverbot von Informationen aus versteckt angebrachter Videokamera 1462
VIII. Bestandsschutzstreitigkeiten: Personenbedingte Kündigung 1462
    1. *Muster*: Kündigung bei Krankheit 1462
    2. *Muster*: Alkoholismus 1464
    3. *Muster*: Beweiswert ärztlicher Arbeitsunfähigkeitsbescheinigungen 1464
IX. Bestandsschutzstreitigkeiten: Änderungskündigung 1465
    1. *Muster*: Änderungskündigungsschutzklage 1465
    2. *Muster*: Keine Änderungskündigung zur Vergütungsminderung 1468
    3. *Muster*: Einwand der fehlenden Zustimmung des Betriebsrats nach § 99 BetrVG 1468
    4. *Muster*: Wirkung einer fehlenden Zustimmung nach § 99 BetrVG bei Änderungskündigungen 1469
X. Bestandsschutzstreitigkeiten: Außerordentliche Kündigung 1470
    1. *Muster*: Kündigungsschutzklage bei außerordentlicher Kündigung 1470
    2. *Muster*: Abmahnung bei außerordentlicher Kündigung im Vertrauensbereich 1473
    3. *Muster*: Ermittlungsverhalten des Kündigenden zur Wahrung der Zwei-Wochen-Frist .. 1474
    4. *Muster*: Verfristete außerordentliche Kündigung 1474
    5. *Muster*: Verfristete außerordentliche Kündigung bei Anhörung des Betriebsrats 1475
    6. *Muster*: Unterbliebene Anhörung bei Verdachtskündigung 1475
    7. *Muster*: Selbstbeurlaubung ausnahmsweise kein Kündigungsgrund 1475
    8. *Muster*: Verweigerung des Urlaubsabbruchs kein Kündigungsgrund 1475
    9. *Muster*: Surfen im Internet 1476
   10. *Muster*: Ungenauigkeiten bei Spesen- oder Reisekostenabrechnung kein Grund zur fristlosen Kündigung 1477
   11. *Muster*: Recht zur fristlosen Kündigung wegen verspäteter Gehaltszahlungen 1478
   12. *Muster*: Fristlose Kündigung eines GmbH-Geschäftsführers 1478
   13. *Muster*: Klage des Vorstandes auf Vergütung nach außerordentlicher Kündigung im Urkundenprozess 1483
XI. Bestandsschutzstreitigkeiten: Spezielle Sachverhalte bei Beendigung von Arbeitsverhältnissen 1485
    1. *Muster*: Anfechtung einer Willenserklärung über Abschluss eines Aufhebungsvertrages ... 1485
    2. *Muster*: Täuschung bei Ausfüllen des Personalfragebogens kein Kündigungsgrund 1488
    3. *Muster*: Antrag auf nachträgliche Zulassung der Kündigungsschutzklage 1488
    4. *Muster*: Klage gegen einen Sperrzeitbescheid 1489

Inhaltsverzeichnis

XII. Betriebliche Altersversorgung	1491
1. *Muster*: Anpassung des Ruhegeldes	1491
2. *Muster*: Anrechnung von Vordienstzeiten	1492
3. *Muster*: Klage auf Auskunft über unverfallbare Anwartschaften	1493
4. *Muster*: Feststellung einer Ruhegeldverpflichtung	1494
5. *Muster*: Unwirksamkeit des Widerrufs einer Versorgungszusage	1495
XIII. Betriebsübernahme	1499
1. *Muster*: Klage wegen Betriebsübernahme	1499
2. *Muster*: Unwirksame Änderungs- und Aufhebungsverträge bei Betriebsübergang	1502
3. *Muster*: Kündigungsschutzklage wegen betriebsbedingter Kündigung bei verdeckter Betriebsübernahme	1503
XIV. Entfristung und Teilzeit	1507
1. *Muster*: Entfristungsklage	1507
2. *Muster*: Entfristungs- und Weiterbeschäftigungsklage	1509
3. *Muster*: Klage auf Teilzeit nach § 8 TzBfG	1510
4. *Muster*: Einstweilige Verfügung auf Teilzeit nach § 8 TzBfG	1513
5. *Muster*: Klage eines Teilzeitbeschäftigten auf Gleichbehandlung	1517
XV. Geschäftswagen-Streitigkeiten	1518
1. *Muster*: Einstweilige Verfügung wegen Unterlassens eines Herausgabeverlangens	1518
2. *Muster*: Keine Herausgabe eines Dienstfahrzeugs durch einstweilige Verfügung	1521
XVI. Herausgabeklagen	1522
1. *Muster*: Einstweilige Verfügung wegen Herausgabe der Arbeitspapiere	1522
2. *Muster*: Herausgabe einer Versicherungspolice und Umschreibung	1524
XVII. Schadensersatzklagen	1527
1. *Muster*: Schadensersatz wegen zur Eigenkündigung führendem Arbeitgeberverhalten	1527
2. *Muster*: Schadensersatz wegen Entzugs eines Geschäftswagens	1529
3. *Muster*: Schadensersatz wegen unterlassener Beteiligung eines Arztes an Privatliquidationen	1532
4. *Muster*: Schadensersatz und Unterlassen wegen Mobbing	1533
5. *Muster*: Kündigung vor Arbeitsantritt und Zurückweisung von Schadensersatzansprüchen wegen nicht angetretener Stelle	1537
6. *Muster*: Kein Anspruch des Arbeitgebers auf Vertragsstrafe	1537
XVIII. Schwerbehinderung	1538
1. *Muster*: Behinderungsgerechte Beschäftigung	1538
2. *Muster*: Nachträgliche Mitteilung eines Kündigungsverbots	1539
3. *Muster*: Verwaltungsgerichtliche Klage des Arbeitnehmers gegen Zustimmung zur Kündigung gemäß § 85 SGB IX	1540
XIX. Urlaub	1542
1. *Muster*: Urlaubserteilung	1542
2. *Muster*: Einstweilige Verfügung wegen Urlaubserteilung	1544
3. *Muster*: Klage auf Urlaubsabgeltung	1546
4. *Muster*: Einstweilige Verfügung wegen Bildungsurlaub	1547
XX. Wettbewerb	1548
1. *Muster*: Karenzanspruch bei unverbindlichem Wettbewerbsverbot	1548
2. *Muster*: Unwirksamkeit eines Wettbewerbsverbots	1550
3. *Muster*: Schutzschrift gegen Unterlassungsverfügung	1551
XXI. Wiedereinstellung	1552
1. *Muster*: Wiedereinstellung wegen veränderter Umstände während der Kündigungsfrist	1552
2. *Muster*: Wiedereinstellung wegen Wegfalls des betriebsbedingten Grundes während der Kündigungsfrist	1553
XXII. Zahlungs- und Auskunftsklagen	1555
1. *Muster*: Arbeitsvergütung (Bruttoklage)	1555
2. *Muster*: Überstunden ausdrücklich angeordnet	1557
3. *Muster*: Geduldete Überstunden	1557
4. *Muster*: Zahlungsansprüche im Wege einstweiliger Verfügung	1558
5. *Muster*: Feststellung zur Insolvenztabelle	1560

6. *Muster*: Arbeitsvergütung bei Masseunzulänglichkeit	1561
7. *Muster*: Klage auf Auskunft und Provision	1562
8. *Muster*: Zahlungsklage wegen Vorstellungskosten	1563
9. *Muster*: Zahlungsklage wegen Annahmeverzug nach unwirksamer Arbeitgeberkündigung	1565
10. *Muster*: Annahmeverzug des Arbeitgebers nach unwirksamer Arbeitgeberkündigung	1566
11. *Muster*: Annahmeverzug des Arbeitgebers bei unwirksamer Kündigung und Arbeitsunfähigkeit des Arbeitnehmers	1567
12. *Muster*: Einwand der Entreicherung bei Rückzahlungsklage des Arbeitgebers	1567
13. *Muster*: Gleichbehandlung bei Gehaltserhöhungen	1568
14. *Muster*: Unwirksamer Widerruf einer Leistung	1570
XXIII. Zeugnisklagen	1571
1. *Muster*: Klage auf Zeugnis (mit Zusatz Zeugniserstellungsverpflichtung wegen Insolvenz)	1571
2. *Muster*: Klage auf Berichtigung eines Zeugnisses	1572
XXIV. Zwangsvollstreckung und Kosten	1575
1. *Muster*: Vollstreckung eines Zeugnisanspruchs	1575
2. *Muster*: Unvertretbare Handlung – Zeugniserteilung	1576
3. *Muster*: Unvertretbare Handlung – Ausfüllen von Arbeitspapieren	1576
4. *Muster*: Unvertretbare Handlung – Weiterbeschäftigung bei noch bestehendem Arbeitsplatz	1577
5. *Muster*: Unvertretbare Handlung – Weiterbeschäftigung bei neuer Kündigung	1577
6. *Muster*: Unvertretbare Handlung – Vollstreckung wegen Entfernung eines Schreibens aus der Personalakte	1578
Kapitel 3: Schriftsätze für Arbeitgeber	**1580**
A. Erläuterungen	1580
I. Vorbemerkung	1580
II. Abwehr von Kündigungsschutzklagen	1580
1. Substantiierter Vortrag	1580
2. Alternativstrategien	1581
3. Fehler bei betriebsbedingten Kündigungen	1582
a) Unternehmerentscheidung	1582
b) Anderweitige Beschäftigung	1583
c) Sozialauswahl	1583
4. Fehler bei personen- und verhaltensbedingten Kündigungen	1583
5. Auflösungsanträge des Arbeitgebers	1584
6. Prozessbeschäftigung	1585
7. Drittschuldnerklage	1585
8. Einstweiliger Rechtsschutz	1586
a) Entbindung von der Weiterbeschäftigungspflicht nach § 102 Abs. 5 Satz 2 BetrVG	1586
b) Wettbewerbsverbot	1586
c) Arbeitskampf	1587
B. Texte	1588
I. Abmahnungsklagen	1588
1. *Muster*: Erwiderung auf Abmahnungsklage	1588
2. *Muster*: Formal unwirksame Abmahnung, Warnfunktion	1589
3. *Muster*: Gleichartige Pflichtverletzungen	1589
4. *Muster*: Nachschieben von Abmahnungsgründen	1589
II. AGG-Klagen	1589
1. *Muster*: „AGG-Hopper" – Erwiderungsschriftsatz	1589
2. *Muster*: Schadensersatz nach § 15 AGG – Erwiderungsschriftsatz	1590
III. Arbeitskampf	1591
1. *Muster*: Einzelne Streikmaßnahmen	1591
2. *Muster*: Rechtswidriger Streik	1593
IV. Auflösung und Abfindung	1596
1. *Muster*: Auflösungsantrag bei leitendem Angestellten	1596

2. *Muster*: Auflösungsantrag des Arbeitgebers 1596
  3. *Muster*: Auflösungsgründe für den Arbeitgeber 1596
  4. *Muster*: Fälligkeit der Abfindung – Vertragsende 1598
  5. *Muster*: Fälligkeit der Abfindung – sofort 1598
V. Bestandsschutzstreitigkeiten: Außergerichtliche, ergänzende Korrespondenz 1599
  1. *Muster*: Anfechtung eines Aufhebungsvertrages 1599
  2. *Muster*: Anfechtungsmöglichkeit wegen Zeitdrucks 1599
  3. *Muster*: Anzeige von Vergleichsbereitschaft 1600
  4. *Muster*: Aufforderung zur Arbeitsaufnahme zur Vermeidung von Annahmeverzugslohn bei anhängigem Kündigungsrechtsstreit 1600
  5. *Muster*: Vertrag über Prozessbeschäftigung 1601
VI. Bestandsschutzstreitigkeiten: Ordentliche Kündigung 1601
  1. *Muster*: Anhörung des Betriebsrats ordnungsgemäß 1601
  2. *Muster*: Anhörungsverfahren – Vorzeitiger Abschluss 1603
  3. *Muster*: Bestellungsschreiben 1603
  4. *Muster*: Bestellungsschreiben mit Ankündigung der Vergleichsbereitschaft 1603
  5. *Muster*: Bestellungsschreiben mit Klageabweisungsantrag 1604
  6. *Muster*: Fehlende Arbeitnehmereigenschaft – Klageerwiderung 1604
  7. *Muster*: Kündigung mit unzureichender Frist 1606
  8. *Muster*: Nachträgliche Zulassung der Kündigungsschutzklage – Erwiderungsschriftsatz 1606
  9. *Muster*: Umdeutung einer außerordentlichen in eine ordentliche Kündigung 1607
  10. *Muster*: Wiederholte Zustellung der Kündigung – keine erneute Anhörung 1608
VII. Bestandsschutzstreitigkeiten: Betriebsbedingte Kündigung 1608
  1. *Muster*: Arbeitsmangel nach Umorganisation 1608
  2. *Muster*: Außerbetriebliche Gründe 1609
  3. *Muster*: Betriebsstilllegung – wirksame Beendigungskündigung 1609
  4. *Muster*: Betriebsverlagerung – wirksame Beendigungskündigung 1610
  5. *Muster*: Innerbetriebliche Gründe – Darlegungslast 1611
  6. *Muster*: Leistungsverdichtung 1613
  7. *Muster*: Weiterbeschäftigung zu verschlechterten Arbeitsbedingungen 1614
VIII. Bestandsschutzstreitigkeiten: Verhaltensbedingte Kündigung 1615
  1. *Muster*: Begünstigung von Arbeitnehmern – Kündigung einer Personalleiterin 1615
  2. *Muster*: Betriebsablaufstörung bei Verstoß gegen Meldepflicht 1615
  3. *Muster*: Betriebsablaufstörung bei wiederholtem unentschuldigtem Fehlen 1616
  4. *Muster*: Klageerwiderung bei verhaltensbedingter Kündigung 1616
  5. *Muster*: Verdachtskündigung – Tatkündigung (Abgrenzung) 1617
  6. *Muster*: Verspätete Krankmeldung des Arbeitnehmers 1618
  7. *Muster*: Videoüberwachung bei Verdacht der Unterschlagung 1619
  8. *Muster*: Wiederholtes unentschuldigtes Fehlen (Kurzfassung) 1619
  9. *Muster*: Wiederholtes unentschuldigtes Fehlen (Langfassung) 1620
IX. Bestandsschutzstreitigkeiten: Personenbedingte Kündigung 1621
  1. *Muster*: Beweiswert ärztlicher Arbeitsunfähigkeitsbescheinigungen (LAG München) 1621
  2. *Muster*: Erhebliche Fehlzeiten bei negativer Gesundheitsprognose 1622
  3. *Muster*: Häufige Kurzerkrankungen 1624
  4. *Muster*: Klageerwiderung bei ordentlicher Kündigung aus personenbedingten Gründen 1626
  5. *Muster*: Krankheit 1627
X. Bestandsschutzstreitigkeiten: Änderungskündigung 1627
  1. *Muster*: Änderungskündigung und Umgruppierung 1627
  2. *Muster*: Annahmeverzug nach Änderungskündigung – Anrechnung von unterlassenem Erwerb 1629
  3. *Muster*: Betriebsbedingte Änderungskündigung zur Kostensenkung 1629
XI. Bestandsschutzstreitigkeiten: Außerordentliche Kündigung 1630
  1. *Muster*: Abmahnung bei steuerbarem Verhalten im Vertrauensbereich entbehrlich 1630
  2. *Muster*: „Androhung" einer künftigen Erkrankung durch den Arbeitnehmer 1630
  3. *Muster*: Annahme von Schmiergeld 1631
  4. *Muster*: Arbeitsunfähigkeitsbescheinigung ohne Beweiswert 1631

5. *Muster*: Beharrliche Arbeitsverweigerung 1632
6. *Muster*: Eigenmächtiger Urlaubsantritt 1632
7. *Muster*: Entbehrlichkeit der Abmahnung 1632
8. *Muster*: Internetnutzung mit pornographischem Inhalt 1633
9. *Muster*: Gründe der Generalprävention 1635
10. *Muster*: Nebentätigkeit während angeblicher Arbeitsunfähigkeit 1 1636
11. *Muster*: Nebentätigkeit während angeblicher Arbeitsunfähigkeit 2 1636
12. *Muster*: Tätlichkeiten am Arbeitsplatz 1636
13. *Muster*: Replik bei außerordentlicher Kündigung 1636
14. *Muster*: Unkündbarkeit nach § 55 BAT/§ 34 TVöD 1638
15. *Muster*: Wettbewerbstätigkeit einer Krankenschwester 1640

XII. Bestandsschutzstreitigkeiten: Spezielle Sachverhalte bei Beendigung von Arbeitsverhältnissen 1641
1. *Muster*: Anfechtung eines Aufhebungsvertrages 1641
2. *Muster*: Annahmeverweigerung einer Kündigung durch Empfangsboten 1643
3. *Muster*: Annahmeverzugslohn – Widerklage auf Auskunft 1644
4. *Muster*: Antrag auf Entbindung von der Weiterbeschäftigungspflicht nach § 102 Abs. 5 Satz 2 BetrVG 1644
5. *Muster*: Ausbildungskosten – Rückzahlungsklausel im Arbeitsvertrag 1646
6. *Muster*: Direktionsrecht – keine Einschränkung selbst nach langjähriger Tätigkeit 1646
7. *Muster*: Freistellung im einstweiligen Rechtsschutz 1647
8. *Muster*: Fristlose Kündigung eines Auszubildenden 1648
9. *Muster*: Geschäftsunfähigkeits-Einwand 1650
10. *Muster*: Kündigung durch den Insolvenzverwalter 1650
11. *Muster*: Versetzung – kein einstweiliger Rechtsschutz 1651
12. *Muster*: Wiedereinstellungsanspruch bei Wegfall des Kündigungsgrundes nach Ablauf der Kündigungsfrist 1651
13. *Muster*: Zugang einer Kündigung im Urlaub 1651
14. *Muster*: Zugang einer Schriftsatzkündigung während des Kündigungsschutzprozesses .. 1653
15. *Muster*: Zurückbehaltungsanspruch des Arbeitnehmers an Betriebsgegenständen des Arbeitgebers 1655

XIII. Betriebsübernahme 1655
1. *Muster*: Haftungsbeschränkung des Betriebserwerbers in der Insolvenz 1655

XIV. Geschäftswagen-Streitigkeiten 1656
1. *Muster*: Herausgabe eines Dienstfahrzeugs – Einstweilige Verfügung 1656

XV. Schadensersatzklagen 1657
1. *Muster*: Detektivkosten 1657
2. *Muster*: Ersatzansprüche gegen geringfügig Beschäftigte wegen nachträglich festgestellter Versicherungspflicht 1658
3. *Muster*: Schlechtleistung 1659
4. *Muster*: Schmerzensgeld wegen Mobbing – Erwiderungsschriftsatz 1660
5. *Muster*: Verkehrsunfall des Arbeitnehmers 1660
6. *Muster*: Vertragsbruch bei nicht angetretener Stelle 1661
7. *Muster*: Vertragsstrafe 1663

XVI. Schwerbehinderung 1664
1. *Muster*: Anfechtung des Arbeitsvertrages wegen verschwiegener Schwerbehinderteneigenschaft 1664
2. *Muster*: Überprüfungskompetenz des Integrationsamts bei krankheitsbedingter Kündigung 1665
3. *Muster*: Überprüfungskompetenz des Integrationsamts bei außerordentlicher Kündigung 1665
4. *Muster*: Verwaltungsgerichtliche Klage des Arbeitgebers wegen Zustimmungsverweigerung zur Kündigung gemäß § 85 SGB IX 1666

XVIII. Wettbewerb 1667
1. *Muster*: Anrechnung anderweitigen Arbeitseinkommens auf Karenzentschädigung 1667

       2. *Muster*: Einstweilige Verfügung auf Unterlassung von Wettbewerb im bestehenden
          Arbeitsverhältnis 1668
       3. *Muster*: Einstweilige Verfügung auf Unterlassung von nachvertraglichem Wettbewerb . 1669
       4. *Muster*: Klage auf Unterlassung von nachvertraglichem Wettbewerb 1670
 XVIII. Wiedereinstellung 1671
       1. *Muster*: Wiedereinstellungsanspruch bei Wegfall der Kündigungsgründe nach Ablauf
          der Kündigungsfrist 1671
       2. *Muster*: Wiedereinstellungsverlangen bei Verdachtskündigung 1671
   XIX. Zahlungs- und Auskunftsklagen 1672
       1. *Muster*: Rückzahlung überzahlten Arbeitsentgelts 1672
    XX. Zeugnisklagen 1674
       1. *Muster*: Klageerwiderung bei Zeugnisklage 1674
   XXI. Zuständigkeit, Zwangsvollstreckung und Kosten 1674
       1. *Muster*: Klage auf verschleiertes Arbeitseinkommen nach vorangegangenen
          vergeblichen Vollstreckungsversuchen 1674
       2. *Muster*: Örtliche Zuständigkeit des Arbeitsgerichts bei Außendienstmitarbeitern –
          Sitz des Arbeitgebers 1677
       3. *Muster*: Rüge der örtlichen Unzuständigkeit 1677
       4. *Muster*: Rüge der Unzulässigkeit des Rechtsweges 1678
       5. *Muster*: Zurückweisung der Zwangsvollstreckung wegen unvertretbarer Handlung
          (§ 888 ZPO) – Weiterbeschäftigung bei nicht mehr bestehendem Arbeitsplatz 1679
       6. *Muster*: Zurückweisung eines Zwangsgeldantrags wegen Zeugniserteilung 1680
       7. *Muster*: Entfernung von Abmahnungen aus der Personalakte durch Wegnahme 1681

§ 7   Schriftsätze im arbeitsgerichtlichen Beschlussverfahren **1683**

Kapitel 1: Parteienunabhängige Schriftsätze **1683**
A. Erläuterungen 1683
     I. Abgrenzung zwischen Einigungsstellen- und Beschlussverfahren 1683
    II. Einzelbeispiele für Streitigkeiten im Beschlussverfahren 1685
   III. Besonderheiten des Beschlussverfahrens 1686
   IV. Beschlussverfahren zur Tariffähigkeit und Tarifzuständigkeit einer Vereinigung 1688
B. Texte 1689
       1. *Muster*: Anfechtung einer Betriebsratswahl 1689
       2. *Muster*: Beschwerde 1689
       3. *Muster*: Beschwerde gegen Zwischenentscheidung 1689
       4. *Muster*: Bestellung eines Einigungsstellenvorsitzenden und Antrag auf Errichtung
          einer Einigungsstelle 1690
       5. *Muster*: Bestellungsschriftsatz im Beschwerdeverfahren 1691
       6. *Muster*: Bestellungsschriftsatz im Verfahren der Rechtsbeschwerde 1691
       7. *Muster*: Bestimmung des Vorsitzenden einer Einigungsstelle 1691
       8. *Muster*: Betriebsratsfähige Organisationseinheit – Antrag auf Feststellung 1692
       9. *Muster*: Rechtsbeschwerde 1692
      10. *Muster*: Sozialplan – Ermessensfehler bei undifferenzierter Festsetzung von Abfindungen
          durch Spruch einer Einigungsstelle 1693
      11. *Muster*: Tariffähige Vereinigung – Antrag nach § 97 ArbGG 1694
      12. *Muster*: Verweisung an ein offensichtlich örtlich unzuständiges Arbeitsgericht –
          Gegenvorstellung 1699
      13. *Muster*: Zwangsvollsteckung wegen einer unvertretbaren Handlung 1699

Kapitel 2: Vertretung von Betriebsräten im Beschlussverfahren **1700**
A. Erläuterungen 1700
     I. Bestimmtheit des Antrags 1700
    II. Vollstreckungsfähigkeit eines Vergleichs 1701
   III. Einstweilige Verfügung auf Unterlassen von Personalabbaumaßnahmen 1701
B. Texte 1702
       1. *Muster*: Anfechtung eines Einigungsstellenspruchs 1702

Inhaltsverzeichnis

2. *Muster*: Anwaltsgebühren – Erstattung durch Arbeitgeber 1703
3. *Muster*: Arbeitnehmereigenschaft – Feststellungsantrag 1704
4. *Muster*: Aufsichtsrat: Zusammensetzung – Gerichtliche Entscheidung 1705
5. *Muster*: Bestellung eines Einigungsstellenvorsitzenden durch Betriebsrat wegen mitbestimmungspflichtiger Maßnahmen 1706
6. *Muster*: Betriebsänderung – Unterrichtung durch einstweilige Verfügung 1707
7. *Muster*: Betriebsratstätigkeit – Abgeltung und Freizeitausgleich 1708
8. *Muster*: EDV-Programm – Antrag auf Untersagung der Anwendung 1710
9. *Muster*: Eingruppierung – Unterlassen ohne Zustimmung des Betriebsrats 1711
10. *Muster*: Einigungsstelle – Bestellung eines Vorsitzenden wegen Mitarbeiter-Beschwerden 1712
11. *Muster*: Einigungsstellenmitglied – Antrag auf Zahlung des Beisitzerhonorars 1714
12. *Muster*: Erforderliche Kosten – anwaltliche Vertretung des Betriebsrats 1715
13. *Muster*: Gewerkschaft – Zutritt zu Betriebsversammlungen 1716
14. *Muster*: Information des Betriebsrats über Konzernstruktur 1717
15. *Muster*: Internetanschluss für Betriebsrat 1718
16. *Muster*: Kommunikationsmittel für Betriebsrat 1718
17. *Muster*: Leitender Angestellter – Statusfeststellung 1721
18. *Muster*: Notwendige Kosten des Betriebsrats – Freistellung 1721
19. *Muster*: Personelle Maßnahme – Unterlassen auf Antrag des Betriebsrats 1722
20. *Muster*: Personelle Maßnahme – Aufhebung 1723
21. *Muster*: Sachverständiger – Hinzuziehung durch einstweilige Verfügung 1723
22. *Muster*: Schulungskosten – Erstattung 1724
23. *Muster*: Schutzschrift zur Abwehr eines arbeitgeberseitigen Antrags auf Erlass einer einstweiligen Verfügung zum Abbruch einer Betriebsratswahl 1725
24. *Muster*: Tariflohnerhöhungen – Mitbestimmung bei Anrechnung auf Zulagen 1732
25. *Muster*: Überstunden – Unterlassen der Anordnung durch einstweilige Verfügung 1733
26. *Muster*: Unterlassenanspruch im Rahmen betriebsöffentlicher Auseinandersetzungen 1734
27. *Muster*: Unterlassen betrieblicher Bildungsmaßnahmen ohne Information des Betriebsrats mit Ordnungsgeldandrohung 1735
28. *Muster*: Unterlassen der Beschäftigung eines eingestellten Mitarbeiters ohne Zustimmung des Betriebsrats 1736
29. *Muster*: Unterlassen der Durchführung einer geplanten Betriebsänderung durch einstweilige Verfügung 1737
30. *Muster*: Unterlassen des arbeitgeberseitigen Angebots von Aufhebungsverträgen vor Abschluss eines Interessenausgleichsversuchs durch einstweilige Verfügung 1738
31. *Muster*: Unterlassen von Kündigungen vor Abschluss des Interessenausgleichsversuchs durch einstweilige Verfügung 1741
32. *Muster*: Unterlassungsverpflichtung – Festsetzung von Ordnungsgeld wegen Zuwiderhandlung 1742
33. *Muster*: Unterlassungsverpflichtung – Vollstreckungsantrag 1743
34. *Muster*: Vergleich – Ordnungsgeldantrag 1744
35. *Muster*: Videoüberwachung am Arbeitsplatz – Anfechtung eines Einigungsstellenspruchs ... 1744
36. *Muster*: Vorläufige personelle Maßnahme nach §§ 99, 100 BetrVG – Gegenantrag 1746
37. *Muster*: Wahlanfechtung wegen Freistellung eines Betriebsratsmitglieds 1747
38. *Muster*: Wahlvorstand – Bestellung zur Betriebsratswahl 1748
39. *Muster*: Wahlvorstand – Einstweilige Verfügung wegen Namensliste 1748
40. *Muster*: Zustimmungsersetzungsantrag – Zurückweisung bei personeller Maßnahme wegen unzureichender Information durch den Arbeitgeber 1749
41. *Muster*: Zustimmungsersetzungsverfahren nach § 99 BetrVG – Gegenantrag wegen unzureichender Unterrichtung des Betriebsrats 1750
42. *Muster*: Zustimmungspflichtigkeit einer Maßnahme – Feststellung 1751
43. *Muster*: Zustimmungsverweigerung – Replik wegen zu hoher Eingruppierung 1752
44. *Muster*: Zwangsgeld wegen Nichtaufhebung einer personellen Maßnahme – Antrag auf Festsetzung 1753

Kapitel 3: Vertretung von Arbeitgebern 1754
A. Erläuterungen 1754
    I. Gewöhnliches Beschlussverfahren 1754
    II. Besondere Beschlussverfahren der Insolvenzordnung 1754
        1. Gerichtliche Zustimmung zur Durchführung einer Betriebsänderung, § 122 InsO 1754
            a) Besondere Verfahrensvoraussetzungen des Antrags nach § 122 InsO 1754
            b) Begründetheit des Antrags nach § 122 InsO 1755
            c) Verfahrensrechtliche Besonderheiten des Beschlussverfahrens nach § 122 InsO 1756
        2. Beschlussverfahren zum Kündigungsschutz, §§ 126, 127 InsO 1756
            a) Besondere Verfahrensvoraussetzungen des Antrags nach § 126 InsO 1756
            b) Begründetheit des Antrags nach § 126 Abs. 1 InsO 1757
            c) Verfahrensrechtliche Besonderheiten des Beschlussverfahrens 1758
            d) Klage des Arbeitnehmers, § 127 InsO 1758
        3. Rechtsmittel im Beschlussverfahren 1759
        4. Kosten und Streitwert 1760
B. Texte 1760
    1. *Muster*: Abbruch einer Betriebsratswahl – Antrag 1760
    2. *Muster*: Ausschluss eines Betriebsratsmitglieds gemäß § 23 Abs. 1 BetrVG 1763
    3. *Muster*: Betriebsänderung – Gerichtliche Zustimmung zur Durchführung, § 122 InsO 1764
    4. *Muster*: Betriebsratswahl – Abbruch durch einstweilige Verfügung wegen fehlerhafter Besetzung des Wahlvorstands 1766
    5. *Muster*: Betriebsversammlung – Antrag auf einstweilige Verfügung im Planungsstadium 1767
    6. *Muster*: Einigungsstellenvorsitzender – Schreiben des Arbeitgebers an Betriebsrat, der Bestellung zuzustimmen 1768
    7. *Muster*: Einigungsstellenvorsitzender – Bestellung und Bestellung der Beisitzer für Versuch eines Interessenausgleichs 1769
    8. *Muster*: Einigungsstellenvorsitzender – Zurückweisung des Antrags auf Bestellung wegen mangelnden Rechtsschutzbedürfnisses 1770
    9. *Muster*: Ersetzung der Zustimmung des Betriebsrats zur Kündigung – Antrag im Beschlussverfahren 1770
    10. *Muster*: Ersetzung der Zustimmung eines Mitglieds des Betriebsrats – Antrag im Beschlussverfahren 1771
    11. *Muster*: Globalantrag – Zurückweisung 1776
    12. *Muster*: Kündigungsschutz, §§ 126, 127 InsO – Beschlussverfahren 1776
    13. *Muster*: Mitbestimmungsrecht – Feststellung des Nichtbestehens 1778
    14. *Muster*: PC-Schulung von Betriebsräten – keine notwendigen Kosten bei fehlendem aktuellem Anlass 1778
    15. *Muster*: Personelle Maßnahme gemäß § 99 Abs. 4 BetrVG – Ersetzung der Zustimmung ... 1779
    16. *Muster*: Personelle Maßnahme gemäß §§ 99 Abs. 4, 100 BetrVG – Zustimmungsersetzung bei Eilbedürftigkeit 1779
    17. *Muster*: Sachverständigenkosten für AGB-Kontrolle von Arbeitsverträgen – keine Übernahme 1780
    18. *Muster*: Unterlassensanspruch des Betriebsrats bei Verstoß gegen Unterrichtungspflicht bei Bildungsmaßnahmen 1781
    19. *Muster*: Unterlassungsverfügung gegen Betriebsratswahl 1782
    20. *Muster*: Weiterbeschäftigungspflicht – Antrag auf Entbindung bei Auszubildenden 1783
    21. *Muster*: Zustimmung zur außerordentlichen Kündigung eines Betriebsratsmitglieds nach § 103 BetrVG – Antrag 1784

§ 8 Gebühren und Rechtsschutz im Arbeitsrecht 1787

Kapitel 1: Vergütungsvereinbarungen 1787
A. Erläuterungen 1787
    I. Anwendungsfälle und Begriff der Vergütungsvereinbarung 1787
    II. Verbrauchereigenschaft des Auftraggebers? 1787

III. Inhalt und Gestaltung der Vergütungsvereinbarung 1789
　　　　　1. Form der Vergütungsvereinbarung 1789
　　　　　2. Rechtsfolgen bei Formverstößen 1790
　　　IV. Vergütungsvereinbarungsmodelle 1791
　　　　　1. Zeithonorar 1791
　　　　　2. Pauschalhonorar 1793
　　　　　3. Mischformen und abweichende Vereinbarungen 1794
　　　　　4. Niedrigere als die gesetzliche Vergütung 1797
　　　　　5. Unzulässigkeit des Erfolgshonorars 1798
　　　　　6. Angemessen und unangemessen hohes Honorar 1802
　　　V. Vereinbarungszeitpunkt 1803
　　　VI. AGB-Kontrolle von Vergütungsvereinbarungen 1805
　　　VII. Aufklärungs- und Hinweispflichten des Rechtsanwalts 1806
B. Texte 1808
　　　1. *Muster*: Anwaltsvertrag mit Hinweis auf gesonderte Vergütungsvereinbarung 1808
　　　2. *Muster*: Allgemeine Mandatsbedingungen 1809
　　　3. *Muster*: Vergütungsvereinbarung über eine anwaltliche Erstberatung 1814
　　　4. *Muster*: Allgemeine arbeitsrechtliche Vergütungsvereinbarung – Pauschalvereinbarung 1815
　　　5. *Muster*: Allgemeine arbeitsrechtliche Vergütungsvereinbarung – Zeithonorar 1816
　　　6. *Muster*: Pauschalzusatz bei vereinbartem Zeithonorar – Sondertextbaustein 1817
　　　7. *Muster*: Zeithonorar mit Mindestbetragsvereinbarung und Gegenstandswerterhöhung –
　　　　　Sondertextbaustein 1817
　　　8. *Muster*: Pauschalvergütung in Form von Drittfinanzierung – Sondertextbaustein 1817
　　　9. *Muster*: Vergütung auf Stundenbasis mit Kappungsgrenze – Sondertextbaustein 1818
　　　10. *Muster*: Vereinbarung der doppelten gesetzlichen Vergütung – Sondertextbaustein 1818
　　　11. *Muster*: Vereinbarung ausländischen Gebührenrechts – Sondertextbaustein 1818
　　　12. *Muster*: Zeithonorar mit Feiertags- und Nachtzuschlag – Sondertextbaustein 1818
　　　13. *Muster*: Erfolgshonorar bei prozessualer Interessenvertretung 1818
　　　14. *Muster*: Erfolgshonorar bei außergerichtlicher Interessenvertretung 1819
　　　15. *Muster*: Zeithonorar mit Pauschalhonorarangebot – Sondertextbaustein 1819
　　　16. *Muster*: Umfang der Vergütungsvereinbarung bei außergerichtlicher Tätigkeit –
　　　　　Sondertextbaustein 1819
　　　17. *Muster*: Fälligkeitsklausel 1819
　　　18. *Muster*: Zusatz bei rechtsschutzversicherten Mandanten – Sondertextbaustein 1820
　　　19. *Muster*: Teilanrechnung bei späterer Tätigkeit nach Erstberatung – Sondertextbaustein 1820
　　　20. *Muster*: Anrechnungsausschluss bei späterer Tätigkeit nach Erstberatung –
　　　　　Sondertextbaustein 1820
　　　21. *Muster*: Allgemeiner Anrechnungsausschluss bei außergerichtlicher Tätigkeit –
　　　　　Sondertextbaustein 1820
　　　22. *Muster*: Belehrung gemäß § 12a Abs. 1 ArbGG – Sondertextbaustein 1820
　　　23. *Muster*: Hinweis auf Ausschluss gemäß § 3 Abs. 2 Buchst. c ARB 94/2000 bei Organen
　　　　　von juristischen Personen – Sondertextbaustein 1821
　　　24. *Muster*: Hinweis auf Ausschluss gemäß § 4 Abs. 2 Buchst. a) ARB 75 bei vorsätzlicher
　　　　　Schadensverursachung – Sondertextbaustein 1821
　　　25. *Muster*: Zweifelhafter Deckungsschutz durch die Rechtsschutzversicherung beim
　　　　　Aushandeln eines Aufhebungsvertrages – Sondertextbaustein 1821
　　　26. *Muster*: Bestimmung der Leistungsphasen bei Betriebsänderung oder Betriebsstilllegung –
　　　　　Sondertextbaustein 1822
　　　27. *Muster*: Kostenvoranschlag bei Betriebsänderung 1822

Kapitel 2: Gegenstandswerte im Arbeitsrecht **1824**

A. Erläuterungen 1824
　　　I. Die gesetzliche Vergütung nach dem RVG 1824
　　　　　1. Geschäftsgebühr 1824
　　　　　　a) Entstehung 1824
　　　　　　b) Umfang der anwaltlichen Tätigkeit 1825
　　　　　　c) Schwierigkeit der anwaltlichen Tätigkeit 1825

        d) Weitere Bemessungskriterien 1825
        e) Anrechnung 1826
        f) Anwaltsgebühren bei Entwurf eines Arbeitsvertrages 1826
    2. Einigungsgebühr 1827
    3. Terminsgebühr 1828
    4. Verfahrensgebühr 1830
    5. Gutachtengebühren 1830
    6. Tätigkeit vor dem Integrationsamt 1830
    7. Erhöhungsgebühr 1831
  II. Gebühren im Urteilsverfahren 1831
  III. Grundsätze für die Bemessung des Gegenstandswertes 1832
    1. Urteilsstreitwert 1832
    2. Wert des Gegenstandes der anwaltlichen Tätigkeit 1833
    3. Nichtanrechnung der Abfindung beim Gegenstandswert 1833
    4. Die Angelegenheit gemäß § 15 RVG 1835
    5. Verwiesene Verfahren 1837
B. Texte 1838
  I. Rechtsprechung (alphabetisch nach Stichworten) 1838
    1. *Muster*: Abfindung 1838
    2. *Muster*: Abfindung, außergerichtlich 1838
    3. *Muster*: Abfindung als eigenständig geltend gemachter Anspruch 1839
    4. *Muster*: Abmahnung 1839
    5. *Muster*: Abmahnungen, mehrere 1840
    6. *Muster*: Akteneinsicht 1840
    7. *Muster*: Altersteilzeit 1840
    8. *Muster*: Altersteilzeitverlangen 1840
    9. *Muster*: Altersversorgung 1840
    10. *Muster*: Änderungskündigung 1841
    11. *Muster*: Anfechtung eines Arbeitsverhältnisses 1842
    12. *Muster*: Arbeitsbescheinigung nach § 312 SGB III 1842
    13. *Muster*: Arbeitspapiere 1842
    14. *Muster*: Arbeitszeitverringerung, Antrag nach § 8 TzBfG 1842
    15. *Muster*: Auflösungsantrag nach §§ 9, 10 KSchG 1843
    16. *Muster*: Berechnung des Monatsentgelts 1844
    17. *Muster*: Berechnung des Vierteljahresbezugs 1844
    18. *Muster*: Berufsausbildungsverhältnis – Bestehen, Nichtbestehen, Kündigung 1845
    19. *Muster*: Berufsausbildungsverhältnis – Weiterbeschäftigung eines Auszubildenden 1846
    20. *Muster*: Beschäftigung 1846
    21. *Muster*: Bestellung von Personen für einen Wahlvorstand, Streitwert 1846
    22. *Muster*: Darlehen 1847
    23. *Muster*: Dienstverhältnis, Streit über Fortbestand 1847
    24. *Muster*: Direktionsrecht 1847
    25. *Muster*: Ehrverletzung 1848
    26. *Muster*: Eingruppierung, Zustimmungsersetzung 1848
    27. *Muster*: Eingruppierung, Zustimmungsersetzung bei mehreren Arbeitnehmern 1848
    28. *Muster*: Einigungsgebühr, Interessenausgleich und Sozialplan 1849
    29. *Muster*: Einigungsgebühr, Einigung auf ungekündigtes Fortbestehen des Arbeitsverhältnisses 1849
    30. *Muster*: Einstweilige Verfügung 1850
    31. *Muster*: Entfristungsklage 1850
    32. *Muster*: Erledigungsgebühr, Entstehung nach einem erledigenden Ereignis 1850
    33. *Muster*: Freistellung 1851
    34. *Muster*: Freistellung wegen Schulungsteilnahme 1851
    35. *Muster*: Geschäftsgebühr, Vergütungsfestsetzungsverfahren 1852
    36. *Muster*: Herausgabeansprüche 1852
    37. *Muster*: Integrationsamt, Verfahren bei Zustimmung zur Kündigung 1852

38. *Muster*: Konzernbetriebsrat, Zusammensetzung, Streitwert 1853
39. *Muster*: Kündigungsfrist, Verlängerung im Kündigungsschutzverfahren 1853
40. *Muster*: Kündigungsschutzklage, allgemeiner Feststellungsantrag 1853
41. *Muster*: Kündigungsschutzklage, kurzes Arbeitsverhältnis 1854
42. *Muster*: Personelle Maßnahme, Beschlussverfahren 1854
43. *Muster*: Rauchverbot im Betrieb, Mitbestimmungsrecht des Betriebsrats 1854
44. *Muster*: Rechtsweg, Gebührenklage 1855
45. *Muster*: Sozialplan, Volumen 1855
46. *Muster*: Terminsgebühr, Mediation 1855
47. *Muster*: Terminsgebühr, Sachstandsanfragen 1855
48. *Muster*: Terminsgebühr, Versäumnisurteil 1856
49. *Muster*: Terminsgebühr, Versäumnisurteil, Reduzierung bei Erscheinen nur der Partei im Anwaltsprozess 1856
50. *Muster*: Terminsgebühr, keine Ermäßigung für zweites Versäumnisurteil 1857
51. *Muster*: Terminsgebühr bei schriftlichem Vergleich ohne Mitwirkung des Gerichts (§ 278 Abs. 6 ZPO) 1857
52. *Muster*: Terminsgebühr bei Vergleich über noch nicht rechtshängige Streitgegenstände . 1858
53. *Muster*: Terminsgebühr bei Besprechung über noch nicht anhängigen Rechtsstreit 1858
54. *Muster*: Terminsgebühr bei Vergleichsfeststellung nach § 278 Abs. 6 ZPO im arbeitsgerichtlichen Urteilsverfahren 1858
55. *Muster*: Terminsgebühr bei Vergleichsschluss auf schriftlichen Vorschlag des Gerichts vor einem Gütetermin 1859
56. *Muster*: Unterbevollmächtigung eines Rechtsanwalts durch eine Gewerkschaft 1859
57. *Muster*: Vergleich, Mitregelung des wesentlichen Inhalts zur Beendigung eines Arbeitsverhältnisses 1859
58. *Muster*: Vollmachtserteilung 1859
59. *Muster*: Wertfestsetzungsbeschluss, Beschwerde 1859
60. *Muster*: Wettbewerbsverbot 1860
61. *Muster*: Wiederkehrende Leistungen 1860
62. *Muster*: Zeugnis 1861
63. *Muster*: Zwischenzeugnis 1861
64. *Muster*: Zuschlagsgebühr, Berücksichtigung von Pausen 1861
II. Übersicht über die wesentlichen Gegenstandswerte im arbeitsgerichtlichen Beschluss- und Urteilsverfahren 1862

Kapitel 3: Korrespondenz mit Rechtsschutzversicherungen **1873**
A. Erläuterungen 1873
   I. Rechtspflichtenverstöße 1873
      1. Einwand der Vorvertraglichkeit 1873
      2. Risikoausschluss wegen Vorsatzhandlung 1874
      3. Umfang des Deckungsschutzes 1874
   II. Deckungszusagen bei außergerichtlicher Tätigkeit 1874
   III. Aushandeln eines Aufhebungsvertrages 1875
   IV. Informationspflicht gegenüber Rechtsschutzversicherung 1876
   V. Situation des beratenden Rechtsanwalts 1877
B. Texte 1878
   I. Deckungsschutz 1878
      1. *Muster*: Deckungsantrag bei eiliger Kündigungsschutzklage 1878
      2. *Muster*: Deckungsantrag für gerichtliche Tätigkeit nach erfolglosem außergerichtlichem Verhandeln 1878
      3. *Muster*: Deckungsantrag bei außergerichtlicher Interessenwahrnehmung durch Schriftsatzbezug 1878
      4. *Muster*: Deckungsantrag bei außergerichtlicher Interessenwahrnehmung durch Sachverhaltsschilderung 1878
      5. *Muster*: Deckungsantrag bei außergerichtlicher Interessenwahrnehmung und Beschränkung auf Gegenstandswert gemäß § 42 Abs. 4 Satz 1 GKG 1879

   6. *Muster*: Deckungsantrag bei außergerichtlicher Interessenwahrnehmung wegen Schikanen 1879
   7. *Muster*: Deckungsantrag wegen Kündigung 1879
   8. *Muster*: Deckungsantrag wegen angedrohter Kündigung und Angebot eines Aufhebungsvertrages 1880
   9. *Muster*: Deckungsantrag bei Entfristungsklage 1880
 10. *Muster*: Keine Obliegenheitsverletzung beim Weiterbeschäftigungsantrag 1880
 11. *Muster*: Keine Obliegenheitsverletzung beim Weiterbeschäftigungsantrag als Eventual-Hilfsantrag 1881
 12. Verweigerung von Deckungsschutz wegen fehlender Erfolgsaussicht ohne Begründung 1881
 13. *Muster*: Verweigerung von Deckungsschutz wegen mangelnder Erfolgsaussichten 1882
 14. *Muster*: Verweigerung von Deckungsschutz wegen Ausschluss nach § 4 Abs. 2 a ARB 75 1882
 15. *Muster*: Zusage, Weiterbeschäftigungsantrag erst im Kammertermin zu stellen 1882
 16. *Muster*: Deckungsantrag bei Betriebsstilllegung 1882
 17. *Muster*: Rechtspflichtenverstoß wegen fehlenden Zwischenzeugnisses 1883
 18. *Muster*: Anforderungen an einen vorvertraglichen Pflichtenverstoß bei fristloser Kündigung 1884
 19. *Muster*: Zahlungsklage neben Kündigungsschutzklage 1884
 20. *Muster*: Keine Erläuterung des gerichtlichen Streitwertbeschlusses 1885
 21. *Muster*: Kein Deckungsausschluss bei Kündigung wegen vorsätzlicher Herbeiführung des Versicherungsfalls 1885
 22. *Muster*: Kein Deckungsausschluss bei Verfahren vor dem Integrationsamt 1885
 23. *Muster*: Deckungsschutz bei Kündigung und Abwicklungsvertrag 1886
 24. *Muster*: Deckungszusage bei Mehrvergleich 1886
 25. *Muster*: Schadensersatz bei vertragswidriger Verweigerung der Deckungszusage 1887
 26. *Muster*: Einwendungsausschluss bei Deckungszusage 1887
II. Gebühren bei außergerichtlicher Interessenwahrnehmung 1887
   1. *Muster*: Außergerichtliche Tätigkeit vor Erhebung der Kündigungsschutzklage 1887
   2. *Muster*: Geschäftsgebühr mehr als 1,3 (Checkliste) 1888
   3. *Muster*: Geschäftsgebühr durch Telefonat 1888
   4. *Muster*: Verdeckte Geschäftsbesorgung 1889
   5. *Muster*: Streitwertaddition bei Vergleich 1889
   6. *Muster*: Streitwerterhöhende Einbeziehung von Regelungen über Altersversorgung und Zeugnis im Vergleich 1890
III. Gebühren bei gerichtlicher Interessenwahrnehmung 1891
   1. *Muster*: Einigungsgebühr 1891
   2. *Muster*: Einigungsgebühr bei Teilvergleich 1891
   3. *Muster*: Fahrtkosten und Abwesenheit 1892
   4. *Muster*: Terminsgebühr bei Vergleichsschluss ohne Mitwirkung des Gerichts 1892
   5. *Muster*: Terminsgebühr bei Vergleichsschluss nach § 278 Abs. 6 ZPO 1892
   6. *Muster*: Terminsgebühr, zweites Versäumnisurteil 1893
   7. *Muster*: Prozessvertretung durch Rechtsreferendar 1893
   8. *Muster*: Vollstreckungskosten im arbeitsgerichtlichen Verfahren 1895
   9. *Muster*: Rechtsanwalt im Einigungsstellenverfahren und anschließende Prozessvertretung 1895

Stichwortverzeichnis 1897

Abkürzungsverzeichnis

A

a.A.	anderer Auffassung
a.a.O.	am angegebenen Ort
a.E.	am Ende
a.F.	alte Fassung
ABl. EG	Amtsblatt der Europäischen Gemeinschaften
Abs.	Absatz
AcP	Archiv für die civilistische Praxis
AE	Arbeitsrechtliche Entscheidungen (Zeitschrift)
AFG	Arbeitsförderungsgesetz
AG	Aktiengesellschaft; Die Aktiengesellschaft (Zeitschrift)
AGB	Allgemeine Geschäftsbedingungen
AGBG	Gesetz zur Regelung des Rechts der Allgemeinen Geschäftsbedingungen (AGB-Gesetz)
AGG	Allgemeines Gleichbehandlungsgesetz
AGS	Anwaltsgebühren Spezial (Zeitschrift)
AiB	Arbeitsrecht im Betrieb (Zeitschrift)
AktG	Aktiengesetz
allg. M.	allgemeine Meinung
Alt.	Alternative
AltEinkG	Alterseinkünftegesetz
AltZertG	Gesetz über die Zertifizierung von Altersvorsorgeverträgen (Altersvorsorgeverträge-Zertifizierungsgesetz)
Anh.	Anhang
Anm.	Anmerkung
AnwBl.	Anwaltsblatt
AnwK	AnwaltKommentar
AO	Abgabenordnung
AP	Arbeitsrechtliche Praxis (Nachschlagewerk des Bundesarbeitsgerichts)
APS	Ascheid/Preis/Schmidt, Kündigungsrecht, Großkommentar zum gesamten Recht der Beendigung von Arbeitsverhältnissen (zitiert: APS/*Bearbeiter*)
AR-Blattei	Arbeitsrecht-Blattei
AR-Blattei SD	Arbeitsrecht-Blattei – Systematische Darstellungen
ARB	Allgemeine Bedingungen für die Rechtsschutzversicherung
ArbG	Arbeitsgericht
ArbGG	Arbeitsgerichtsgesetz
ArbNErfG	Gesetz über Arbeitnehmererfindungen
ArbPlSchG	Gesetz über den Schutz des Arbeitsplatzes bei Einberufung zum Wehrdienst (Arbeitsplatzschutzgesetz)
ArbR	Arbeitsrecht
ArbRB	Der Arbeits-Rechts-Berater (Zeitschrift)
ArbRBeschFG	Arbeitsrechtliches Beschäftigungsförderungsgesetz
ArbStättV	Verordnung über Arbeitsstätten
ArbuSozR	Arbeits- und Sozialrecht (Zeitschrift) (1981 eingestellt)
ArbZG	Arbeitszeitgesetz
ARST	Arbeitsrecht in Stichworten (Entscheidungssammlung)
Art.	Artikel
ASiG	Gesetz über Betriebsärzte, Sicherheitsingenieure und andere Fachkräfte für Arbeitssicherheit
ATG	Altersteilzeitgesetz
AuA	Arbeit und Arbeitsrecht (Zeitschrift)
Aufl.	Auflage
AÜG	Gesetz zur Regelung der gewerbsmäßigen Arbeitnehmerüberlassung (Arbeitnehmerüberlassungsgesetz)
AuR	Arbeit und Recht (Zeitschrift)
AVmG	Altersvermögensgesetz
AVR	Arbeitsvertragsrichtlinien
Az.	Aktenzeichen
AZO	Arbeitszeitverordnung

B

BAG	Bundesarbeitsgericht
BAGE	Amtliche Sammlung der Entscheidungen des Bundesarbeitsgerichts
BAnz.	Bundesanzeiger
BAT	Bundes-Angestelltentarifvertrag
BAT-O	Bundes-Angestelltentarifvertrag (Ost)
BB	Betriebs-Berater (Zeitschrift)
BBesG	Bundesbesoldungsgesetz

Abkürzungsverzeichnis

BBG	Bundesbeamtengesetz	BSGE	Entscheidungssammlung des Bundessozialgerichts
BBiG	Berufsbildungsgesetz		
Bd.	Band	BStBl.	Bundessteuerblatt
BDSG	Bundesdatenschutzgesetz	BT-Drucks.	Bundestags-Drucksache
BEEG	Gesetz zum Elterngeld und zur Elternzeit (Bundeselterngeld- und Elternzeitgesetz)	Buchst.	Buchstabe
		BUrlG	Mindesturlaubsgesetz für Arbeitnehmer (Bundesurlaubsgesetz)
Beil.	Beilage	BuW	Betrieb und Wirtschaft (Zeitschrift)
BerufsO	Berufsordnung		
BErzGG	Gesetz zum Erziehungsgeld und zur Elternzeit (Bundeserziehungsgeldgesetz)	BVerfG	Bundesverfassungsgericht
		BVerfGE	Entscheidungssammlung des Bundesverfassungsgerichts
BeschFG	Beschäftigungsförderungsgesetz	BVerwG	Bundesverwaltungsgericht
Beschl.	Beschluss	BVerwGE	Entscheidungssammlung des Bundesverwaltungsgerichts
BetrAV	Betriebliche Altersversorgung (Zeitschrift)		
BetrAVG	Gesetz zur Verbesserung der betrieblichen Altersversorgung (Betriebsrentengesetz)	BZA	Bundesverband Zeitarbeit Personal-Dienstleistungen e.V.
		bzw.	beziehungsweise
BetrVG	Betriebsverfassungsgesetz	**C**	
BeurkG	Beurkundungsgesetz	c.i.c.	culpa in contrahendo
BFH	Bundesfinanzhof	ca.	circa
BFH/NV	Sammlung amtlich nicht veröffentlichter Entscheidungen des Bundesfinanzhofs	CR	Computer und Recht (Zeitschrift)
		D	
BFHE	Entscheidungssammlung des Bundesfinanzhofs	d.h.	das heißt
		DB	Der Betrieb (Zeitschrift)
BGB	Bürgerliches Gesetzbuch	DCGK	Deutscher Corporate Governance Code
BGBl.	Bundesgesetzblatt		
BGH	Bundesgerichtshof	ders.	derselbe
BGHReport	Schnelldienst zur Zivilrechtsprechung des Bundesgerichtshofs (Zeitschrift)	DEÜV	Verordnung über die Erfassung und Übermittlung von Daten für die Träger der Sozialversicherung (Datenerfassungs- und -übermittlungsverordnung)
BGHZ	Entscheidungssammlung des Bundesgerichtshofs in Zivilsachen		
BlStSozArbR	Blätter für Steuerrecht, Sozialversicherung und Arbeitsrecht (Zeitschrift)	DGB	Deutscher Gewerkschaftsbund
		dies.	dieselbe(n)
BMI	Bundesministerium des Innern	Diss.	Dissertation
BMT-G	Bundes-Manteltarifvertrag für Arbeiter gemeindlicher Verwaltungen und Betriebe	DStR	Deutsches Steuerrecht (Zeitschrift)
		DStRE	Deutsches Steuerrecht – Entscheidungsdienst
BPersVG	Bundespersonalvertretungsgesetz	DStZ	Deutsche Steuer-Zeitung
BRAGO	Bundesgebührenordnung für Rechtsanwälte	DuD	Datenschutz und Datensicherung (Zeitschrift)
BRAK-Mitt.	Mitteilungen der Bundesrechtsanwaltskammer	DZWiR	Deutsche Zeitschrift für Wirtschaftsrecht
BRAO	Bundesrechtsanwaltsordnung		
BR-Drucks.	Bundesrats-Drucksache	**E**	
BRRG	Rahmengesetz zur Vereinheitlichung des Beamtenrechts (Beamtenrechtsrahmengesetz)	EBIT	Earnings before interest and taxes
		EFG	Entscheidungen der Finanzgerichte
BSG	Bundessozialgericht		

EFZG	Gesetz über die Zahlung des Arbeitsentgelts an Feiertagen und im Krankheitsfall (Entgeltfortzahlungsgesetz)	FLF	Finanzierung, Leasing, Factoring (Zeitschrift)
		FS	Festschrift
EG	Einführungsgesetz; Europäische Gemeinschaft	**G**	
		GedS	Gedenkschrift
EGBGB	Einführungsgesetz zum Bürgerlichen Gesetzbuch	GewArchiv	Gewerbearchiv
		GewO	Gewerbeordnung
EGRL	EG-Richtlinie	GG	Grundgesetz für die Bundesrepublik Deutschland
Einl.	Einleitung		
EntgeltFG	Gesetz über die Zahlung des Arbeitsentgelts an Feiertagen und im Krankheitsfall (Entgeltfortzahlungsgesetz)	ggf.	gegebenenfalls
		GKG	Gerichtskostengesetz
		GK-TzA	Gemeinschaftskommentar zum Teilzeitarbeitsrecht (zitiert: GK-TzA/*Bearbeiter*)
ErfK	Erfurter Kommentar zum Arbeitsrecht (zitiert: ErfK/*Bearbeiter*)		
		GmbH	Gesellschaft mit beschränkter Haftung
		GmbHG	Gesetz betreffend die Gesellschaften mit beschränkter Haftung (GmbH-Gesetz)
ESt	Einkommensteuer		
EStG	Einkommensteuergesetz		
EStR	Einkommensteuer-Richtlinien		
etc.	et cetera	GmbHR	GmbH-Rundschau (Zeitschrift)
EU	Europäische Union	GMBl.	Gemeinsames Ministerialblatt
EuGH	Europäischer Gerichtshof	GO	Gemeindeordnung
EuGVÜ	Europäisches Übereinkommen über die gerichtliche Zuständigkeit und die Vollstreckung gerichtlicher Entscheidungen in Zivil- und Handelssachen	GRUR	Gewerblicher Rechtsschutz und Urheberrecht (Zeitschrift)
		GRUR-RR	Gewerblicher Rechtsschutz und Urheberrecht Rechtsprechungs-Report
		GS	Großer Senat; Gedächtnisschrift
EuGVVO	Europäische Verordnung über die gerichtliche Zuständigkeit und die Anerkennung und Vollstreckung von Entscheidungen in Zivil- und Handelssachen	GVG	Gerichtsverfassungsgesetz
		H	
		h.M.	herrschende Meinung
		H/S	Hümmerich/Spirolke, Das arbeitsrechtliche Mandat (zitiert: H/S-*Bearbeiter*)
EUR	Euro		
EVA	Economic Value Added		
EVÜ	Europäisches Übereinkommen über das auf vertragliche Schuldverhältnisse anzuwendende Recht	HAG	Heimarbeitsgesetz
		Halbs.	Halbsatz
		HGB	Handelsgesetzbuch
EWiR	Entscheidungen zum Wirtschaftsrecht (Zeitschrift)	HRG	Hochschulrahmengesetz
		Hrsg.	Herausgeber
EzA	Entscheidungssammlung zum Arbeitsrecht	hrsg.	herausgegeben
		Hs.	Halbsatz
EzA-SD	Entscheidungen zum Arbeitsrecht – Schnelldienst	HWK	Henssler/Willemsen/Kalb, Arbeitsrecht Kommentar (zitiert: HWK/*Bearbeiter*)
EzBAT	Entscheidungssammlung zum Bundes-Angestelltentarifvertrag		
F		**I**	
f., ff.	folgende, fortfolgende	i.d.F.	in der Fassung
FA	Fachanwalt Arbeitsrecht (Zeitschrift)	i.d.R.	in der Regel
		i.H.v.	in Höhe von
FAZ	Frankfurter Allgemeine Zeitung	i.S.d.	im Sinne der/des
FG	Finanzgericht		
FinMin.	Finanzministerium		

i.S.v.	im Sinne von	**L**	
i.V.m.	in Verbindung mit	LAG	Landesarbeitsgericht
IGZ	Interessenverband Deutscher Zeitarbeitsunternehmen	LAGE	Entscheidungen der Landesarbeitsgerichte
InsO	Insolvenzordnung	lit.	litera
IPRax	Praxis des Internationalen Privat- und Verfahrensrechts (Zeitschrift)	LohnFG	Gesetz über die Fortzahlung des Arbeitsentgelts im Krankheitsfalle (Lohnfortzahlungsgesetz)
IPRspr	Deutsche Rechtsprechung auf dem Gebiet des Internationalen Privatrechts (Zeitschrift)	Losebl.	Loseblatt
		LS	Leitsatz
		LStR	Lohnsteuer-Richtlinien
J		**M**	
JArbSchG	Gesetz zum Schutz der arbeitenden Jugend (Jugendarbeitsschutzgesetz)	m. Anm.	mit Anmerkung
		m.w.N.	mit weiteren Nachweisen
		MarkenG	Markengesetz
Jura	Juristische Ausbildung (Zeitschrift)	MAVO	Mitarbeitervertretungsordnung
JurBüro	Juristisches Büro (Zeitschrift)	MDR	Monatsschrift für Deutsches Recht (Zeitschrift)
jurisPR	juris PraxisReport		
JuS	Juristische Schulung (Zeitschrift)	MedR	Medizinrecht (Zeitschrift)
JZ	Juristenzeitung	MitbestG	Gesetz über die Mitbestimmung der Arbeitnehmer (Mitbestimmungsgesetz)
K			
KassArbR	Kasseler Handbuch zum Arbeitsrecht (zitiert: KassArbR/*Bearbeiter*)	MittdtschPatAnw	Mitteilungen der deutschen Patentanwälte (Zeitschrift)
KassKomm	Kasseler Kommentar Sozialversicherungsrecht (zitiert: KassKomm/*Bearbeiter*)	MontanMitbestG	Gesetz über die Mitbestimmung der Arbeitnehmer in den Aufsichtsräten und Vorständen der Unternehmen des Bergbaus und der Eisen und Stahl erzeugenden Industrie
KG	Kammergericht; Kommanditgesellschaft		
KOM	Kommission der EG; Kommissionsentwurf einer Richtlinie/Verordnung	MTV	Manteltarifvertrag
		MTVZ	Manteltarifvertrag Zeitarbeit
		MüKo	Münchener Kommentar
KommAktG	Kölner Kommentar zum Aktiengesetz (zitiert: KommAktG/*Bearbeiter*)	MuSchG	Gesetz zum Schutz der erwerbstätigen Mutter (Mutterschutzgesetz)
KonTraG	Gesetz zur Kontrolle und Transparenz im Unternehmensbereich	MwSt	Mehrwertsteuer
KostO	Kostenordnung	**N**	
KR	Gemeinschaftskommentar zum Kündigungsschutzgesetz und zu sonstigen kündigungsschutzrechtlichen Vorschriften (zitiert: KR/*Bearbeiter*)	n.F.	neue Fassung
		n.r.	nicht rechtskräftig
		n.v.	nicht veröffentlicht
		NachwG	Gesetz über den Nachweis der für ein Arbeitsverhältnis geltenden wesentlichen Bedingungen (Nachweisgesetz)
KSchG	Kündigungsschutzgesetz		
KStDV	Körperschaftsteuer-Durchführungsverordnung	NJW	Neue Juristische Wochenschrift
KStG	Körperschaftsteuergesetz	Nr.	Nummer
KV	Kostenverzeichnis	nrk.	nicht rechtskräftig
		NRW, NW	Nordrhein-Westfalen
		NWB	Neue Wirtschafts-Briefe

NZA	Neue Zeitschrift für Arbeitsrecht	SchuldRModG	Schuldrechtsmodernisierungsgesetz
NZA-RR	NZA-Rechtsprechungs-Report Arbeitsrecht	SchwarzArbG	Gesetz zur Bekämpfung der Schwarzarbeit und illegalen Beschäftigung (Schwarzarbeitsbekämpfungsgesetz)
NZG	Neue Zeitschrift für Gesellschaftsrecht		
NZI	Neue Zeitschrift für das Recht der Insolvenz und Sanierung	SeemG	Seemannsgesetz
NZS	Neue Zeitschrift für Sozialrecht	SGB	Sozialgesetzbuch
		Slg.	Sammlung
O		sog.	so genannte(r)
o.Ä.	oder Ähnliches	SPA	Schnellbrief für Personalwirtschaft und Arbeitsrecht (Zeitschrift)
OLG	Oberlandesgericht		
OLGE	Entscheidungssammlung der Oberlandesgerichte	SprAuG	Gesetz über Sprecherausschüsse der leitenden Angestellten (Sprecherausschussgesetz)
OVG	Oberverwaltungsgericht		
P		st. Rspr.	ständige Rechtsprechung
		StGB	Strafgesetzbuch
p.a.	pro anno	str.	streitig
PatG	Patentgesetz	StVO	Straßenverkehrs-Ordnung
PersF	Personalführung (Zeitschrift)	StVZO	Straßenverkehrs-Zulassungs-Ordnung
PersR	Der Personalrat (Zeitschrift)		
PersV	Die Personalvertretung (Zeitschrift)	SUrlV	Verordnung über den Sonderurlaub für Bundesbeamtinnen, Bundesbeamte, Richterinnen und Richter des Bundes (Sonderurlaubsverordnung)
PflVG	Gesetz über die Pflichtversicherung für Kraftfahrzeughalter (Pflichtversicherungsgesetz)		
PrAKG	Preisangaben- und Preisklauselgesetz	**T**	
PrKV	Preisklauselverordnung	TKG	Telekommunikationsgesetz
PSV	Pensions-Sicherungs-Verein	TOA	Tarifordnung für Angestellte
		TV	Tarifvertrag
R		TVG	Tarifvertragsgesetz
RAG	Reichsarbeitsgesetz	TVöD	Tarifvertrag für den öffentlichen Dienst
RBerG	Rechtsberatungsgesetz		
RdA	Recht der Arbeit (Zeitschrift)	TzBfG	Gesetz über Teilzeitarbeit und befristete Arbeitsverträge (Teilzeit- und Befristungsgesetz)
RdJB	Recht der Jugend und des Bildungswesens (Zeitschrift)		
RDV	Recht der Datenverarbeitung (Zeitschrift)	**U**	
RiA	Das Recht im Amt (Zeitschrift)	u.a.	und andere; unter anderem
RIW	Recht der internationalen Wirtschaft (Zeitschrift)	u.Ä.	und Ähnliches
		u.U.	unter Umständen
Rn	Randnummer	UmwG	Umwandlungsgesetz
Rpfleger	Der Deutsche Rechtspfleger (Zeitschrift)	UrhG	Gesetz über Urheberrecht und verwandte Schutzrechte (Urheberrechtsgesetz)
RVG	Rechtsanwaltsvergütungsgesetz		
RVO	Reichsversicherungsordnung	Urt.	Urteil
		usw.	und so weiter
S		UVV	Unfallverhütungsverordnung
S.	Seite	UWG	Gesetz gegen den unlauteren Wettbewerb
SAE	Sammlung Arbeitsrechtlicher Entscheidungen		

V

v.H.	vom Hundert
VAG	Gesetz über die Beaufsichtigung der Versicherungsunternehmen (Versicherungsaufsichtsgesetz)
VermBG	Vermögensbildungsgesetz
VersR	Versicherungsrecht
vgl.	vergleiche
VO	Verordnung
VSSR	Vierteljahresschrift für Sozialrecht (Zeitschrift)
VV	Vergütungsverzeichnis
VVaG	Versicherungsverein auf Gegenseitigkeit
VVG	Gesetz über den Versicherungsvertrag (Versicherungsvertragsgesetz)
VwVfG	Verwaltungsverfahrensgesetz

W

WährungsG	Währungsgesetz
WiB	Wirtschaftsrechtliche Beratung (Zeitschrift)
wistra	Zeitschrift für Wirtschaft, Steuer, Strafrecht
WM	Wertpapier-Mitteilungen (Zeitschrift)
WPg	Die Wirtschaftsprüfung (Zeitschrift)
WRP	Wettbewerb in Recht und Praxis (Zeitschrift)
WRV	Weimarer Reichsverfassung
WSI-Mitteilungen	Monatszeitschrift des Wirtschafts- und Sozialwissenschaftlichen Instituts der Hans-Böckler-Stiftung

Z

z.B.	zum Beispiel
ZAP	Zeitschrift für die Anwaltspraxis
ZDG	Gesetz über den Zivildienst der Kriegsdienstverweigerer (Zivildienstgesetz)
ZfA	Zeitschrift für Arbeitsrecht
ZGS	Zeitschrift für das gesamte Schuldrecht
ZHR	Zeitschrift für das gesamte Handels- und Wirtschaftsrecht
ZIAS	Zeitschrift für ausländisches und internationales Arbeits- und Sozialrecht
ZIP	Zeitschrift für Wirtschaftsrecht und Insolvenzpraxis
ZPO	Zivilprozessordnung
ZRP	Zeitschrift für Rechtspolitik
ZTR	Zeitschrift für Tarif-, Arbeits- und Sozialrecht des öffentlichen Dienstes
zust.	zustimmend
ZZP	Zeitschrift für Zivilprozess

Literaturverzeichnis

Ahrend/Förster/Rühmann, Betriebsrentengesetz, Gesetz zur Verbesserung der betrieblichen Altersversorgung mit zivilrechtlichen, arbeitsrechtlichen und steuerrechtlichen Vorschriften, 10. Auflage 2005

Annuß/Thüsing (Hrsg.), Teilzeit- und Befristungsgesetz, Kommentar, 2. Auflage 2006

AnwaltKommentar Arbeitsrecht, hrsg. von Hümmerich/Boecken/Düwell, 2 Bände, 2007 (zitiert: AnwK-ArbR/*Bearbeiter*)

Anzinger/Koberski, Kommentar zum Arbeitszeitgesetz, 2. Auflage 2005

Arbeitsgemeinschaft Arbeitsrecht (Hrsg.), Festschrift zum 25-jährigen Bestehen, 2006

Ascheid/Preis/Schmidt (Hrsg.), Kündigungsrecht, Großkommentar zum gesamten Recht der Beendigung von Arbeitsverhältnissen, 2. Auflage 2004 (zitiert: APS/*Bearbeiter*)

Baeck/Deutsch, Arbeitszeitgesetz, Kommentar, 2. Auflage 2004

Bamberger/Roth (Hrsg.), Kommentar zum Bürgerlichen Gesetzbuch, 2003

Bauer, Arbeitsrechtliche Aufhebungsverträge. Arbeits-, gesellschafts-, steuer- und sozialversicherungsrechtliche Hinweise zur einvernehmlichen Beendigung von Dienst- und Arbeitsverhältnissen, 7. Auflage 2004

Bauer/Diller, Wettbewerbsverbote. Rechtliche und taktische Hinweise für Arbeitgeber, Arbeitnehmer und vertretungsberechtigte Organmitglieder, 4. Auflage 2006

Bauer/Lingemann/Diller, Anwalts-Formularbuch Arbeitsrecht, 2. Auflage 2004

Baumbach/Hueck, GmbH-Gesetz, Kommentar, 18. Auflage 2006

Beck'sches Handbuch der GmbH – Gesellschaftsrecht und Steuerrecht, 3. Auflage 2002 (zitiert: Beck'sches GmbH-Handbuch/*Bearbeiter*)

Blomeyer/Otto, Gesetz zur Verbesserung der betrieblichen Altersversorgung, 3. Auflage 2004

Blümich, Einkommensteuergesetz, Körperschaftsteuergesetz, Gewerbesteuergesetz, Loseblatt-Kommentar, 93. Auflage 2007

Boemke/Lembke, Arbeitnehmerüberlassungsgesetz, Kommentar, 2. Auflage 2005

Brandmüller, Der GmbH-Geschäftsführer im Gesellschafts-, Steuer- und Sozialversicherungsrecht, 18. Auflage 2006

Bruckner, Nachvertragliche Wettbewerbsverbote zwischen Rechtsanwälten, 1987

Däubler (Hrsg.), TVG, Großkommentar, 2003

Däubler/Dorndorf, AGB-Kontrolle im Arbeitsrecht, Kommentierung zu den §§ 305 bis 310 BGB, 2004 (zitiert: Däubler/Dorndorf-*Bearbeiter*)

Diller, Gesellschafter und Gesellschaftsorgane als Arbeitnehmer, 1994

Dörner, Der befristete Arbeitsvertrag – eine systematische Zusammenstellung des Befristungsrechts, 2004

Erfurter Kommentar zum Arbeitsrecht, hrsg. von Dieterich/Müller-Glöge/Preis/Schaub, 7. Auflage 2007 (zitiert: ErfK/*Bearbeiter*)

Erman, Handkommentar zum Bürgerlichen Gesetzbuch, 11. Auflage 2004 (zitiert: Erman/*Bearbeiter*)

Feldgen, Nachweisgesetz, Kommentar, 1995

Fitting/Engels/Schmidt/Trebinger/Linsenmaier, Betriebsverfassungsgesetz, Handkommentar, 23. Auflage 2006

Gemeinschaftskommentar zum Kündigungsschutzgesetz und zu sonstigen kündigungsschutzrechtlichen Vorschriften, hrsg. von Etzel/Bader/Fischermeier u.a., 8. Auflage 2007 (zitiert: KR/*Bearbeiter*)

Gemeinschaftskommentar zum Teilzeitarbeitsrecht, hrsg. von Becker/Danner/Lang/Lipke/Mikosch/Steinwedel, 1987 (zitiert: GK-TzA/*Bearbeiter*)

Germelmann/Matthes/Prütting/Müller-Glöge, Arbeitsgerichtsgesetz, Kommentar, 5. Auflage 2004

Gola/Schomerus, Bundesdatenschutzgesetz, Kommentar, 8. Auflage 2005

Gotthardt, Arbeitsrecht nach der Schuldrechtsreform, 2. Auflage 2003

Hachenburg, GmbH-Gesetz, Großkommentar, 8. Auflage 1992/1997, 3 Bände

Hanau/Arteaga/Rieble/Veit, Entgeltumwandlung, 2. Auflage 2006

Hanau/Preis, Der Arbeitsvertrag, Loseblatt, Stand: Juni 1997

Hartmann, Kostengesetze, 37. Auflage 2007

Henssler/Prütting, Bundesrechtsanwaltsordnung, 2. Auflage 2004

Henssler/v. Westphalen (Hrsg.), Praxis der Schuldrechtsreform, 2. Auflage 2002

Henssler/Willemsen/Kalb (Hrsg.), Arbeitsrecht Kommentar, 2. Auflage 2006 (zitiert: HWK/*Bearbeiter*)

Henze, Handbuch zum GmbH-Recht. Höchstrichterliche Rechtsprechung, 2. Auflage 2001

Höfer, Gesetz zur Verbesserung der betrieblichen Altersversorgung, Kommentar, Band 1: Arbeitsrecht, Loseblatt, 9. Auflage 2006

Hoffmann/Liebs, Der GmbH-Geschäftsführer – Handbuch für die Praxis des Unternehmers und Managers, 2. Auflage 2000

Hohn, Arbeits- und Dienstverträge für Geschäftsführer und leitende Angestellte, 6. Auflage 1995

Hohn/Romanovszky, Vorteilhafte Arbeitsverträge, 5. Auflage 1994

Hoppe, Die Entsendung von Arbeitnehmern ins Ausland, 1999

Hromadka/Schmitt-Rolfes, Der unbefristete Arbeitsvertrag, 2006

Hueck/Nipperdey, Lehrbuch des Arbeitsrechts I, 1963

Hueck/v. Hoyningen-Huene/Link, Kündigungsschutzgesetz, Kommentar, 14. Auflage 2007

Hümmerich, Gestaltung von Arbeitsverträgen – Kommentierte Klauseln und Musterverträge, 2006

Hümmerich, Aufhebungsvertrag und Abwicklungsvertrag, 2. Auflage 2003

Hümmerich, Erfassungsschutz im arbeitsvertraglichen Anbahnungsverhältnis – unter besonderer Berücksichtigung der vorvertraglichen Datenerfassung bei Personalinformationssystemen, Diss., Bonn 1977

Hümmerich/Gola, Personaldatenrecht im Arbeitsverhältnis, 1985

Hümmerich/Spirolke, Das arbeitsrechtliche Mandat, 4. Auflage 2007 (zitiert: H/S-*Bearbeiter*)

Hunold, Arbeitsrecht im Außendienst, 1993

Hunold, Befristete Arbeitsverträge nach neuem Recht, 2001

Jaeger, Der Anstellungsvertrag des GmbH-Geschäftsführers, 4. Auflage 2001

Junker, Internationales Arbeitsrecht im Konzern, 1992

Kasseler Handbuch zum Arbeitsrecht, hrsg. von Leinemann, 2 Bände, 2. Auflage 2000 (zitiert: KassArbR/ *Bearbeiter*)

Kasseler Kommentar Sozialversicherungsrecht, hrsg. von Niesel, Loseblatt (zitiert: KassKomm/*Bearbeiter*)

Kempen/Zachert, TVG, Kommentar, 4. Auflage 2006

Kemper/Kisters-Kölkes, Betriebliche Altersversorgung, Beck'sche Musterverträge, 2. Auflage 1999

Kemper/Kisters-Kölkes/Berenz/Bode/Pühler, BetrAVG, Kommentar, 2. Auflage 2005

Kittner/Däubler/Zwanziger (Hrsg.), Kündigungsschutzrecht – KSchR, Kommentar für die Praxis zu Kündigungen und anderen Formen der Beendigung des Arbeitsverhältnisses, 7. Auflage 2007 (zitiert: Kittner/Däubler/ Zwanziger/*Bearbeiter*)

Kittner/Zwanziger (Hrsg.), Arbeitsrecht, Handbuch für die Praxis, 4. Auflage 2007 (zitiert: Kittner/Zwanziger/ *Bearbeiter*, Arbeitsrecht Handbuch)

Kittner/Zwanziger, Formularbuch Arbeitsrecht, 2002 (zitiert: Kittner/Zwanziger/*Bearbeiter*, Formularbuch Arbeitsrecht)

Kliemt, Formerfordernisse im Arbeitsverhältnis, 1998

Kölner Kommentar zum Aktiengesetz, hrsg. von Zöllner, 3. Auflage 2004 ff., 8 Bände (zitiert: KommAktG/ *Bearbeiter*)

Krauskopf (Hrsg.), Soziale Krankenversicherung, Pflegeversicherung, Loseblatt-Kommentar, 53. Auflage 2006

Kropholler, Internationales Privatrecht, 5. Auflage 2004

Küttner, Personalbuch + Personal-DVD 2007 – Arbeitsrecht, Lohnsteuerrecht, Sozialversicherungsrecht, 14. Auflage 2007 (zitiert: Küttner/*Bearbeiter*)

Lindemann, Flexible Gestaltung von Arbeitsbedingungen nach der Schuldrechtsreform, 2003
Löwisch/Rieble, Tarifvertragsgesetz, Kommentar, 2. Auflage 2004
Lutter/Hommelhoff, GmbH-Gesetz, Kommentar, 16. Auflage 2004

Mauer, Dienstwagenüberlassung an Arbeitnehmer, 2004
Mauer, Personaleinsatz im Ausland – Personalmanagement, Arbeitsrecht, Sozialversicherungsrecht, Steuerrecht, 2003
Mayer/Kroiß (Hrsg.), RVG, Handkommentar, 2. Auflage 2006
Mayer/Kroiß/Teubel, Das neue Gebührenrecht, 2004
Meinel/Heyn/Herms, Allgemeines Gleichbehandlungsgesetz, 2007
Meinel/Heyn/Herms, Teilzeit- und Befristungsgesetz, Kommentar, 2. Auflage 2004
Meisel, Arbeitsrecht für die betriebliche Praxis – Ein Handbuch für Führungskräfte, 10. Auflage 2002
Michalski (Hrsg.), Kommentar zum Gesetz betreffend die Gesellschaften mit beschränkter Haftung (GmbH-Gesetz), Band I: Systematische Darstellungen 1–7, §§ 1–34; Band II: §§ 35–86, 2002
Münchener Anwaltshandbuch Arbeitsrecht, hrsg. von Moll, 2004 (zitiert: Moll/*Bearbeiter*, Münchener Anwaltshandbuch ArbR)
Münchener Handbuch des Gesellschaftsrechts, Band 4: Aktiengesellschaft, hrsg. von Hoffmann-Becking, 2. Auflage 1999 (zitiert: MünchHandbGesellschR/*Bearbeiter*)
Münchener Handbuch zum Arbeitsrecht, hrsg. von Richardi/Wlotzke, Bände 1 bis 3, 2. Auflage 2000 (zitiert: MünchHandbArbR/*Bearbeiter*)
Münchener Kommentar zum Bürgerlichen Gesetzbuch, Band 2a: Schuldrecht, Allgemeiner Teil (§§ 241–432), 4. Auflage 2003; Band 4: Schuldrecht, Besonderer Teil II (§§ 611–704), EFZG, TzBfG, KSchG, 4. Auflage 2005 (zitiert: MüKo-BGB/*Bearbeiter*)
Münchener Vertragshandbuch, Band 1: Gesellschaftsrecht, hrsg. von Heidenhain/Meister, 6. Auflage 2005

Niesel, SGB III, Kommentar, 4. Auflage 2007
Nörenberg, Ehegatten-Arbeitsverträge, 8. Auflage 2000
Notz, Zulässigkeit und Grenzen ärztlicher Untersuchungen von Arbeitnehmern, 1991

Palandt, Bürgerliches Gesetzbuch, Kommentar, 66. Auflage 2007
Preis (Hrsg.), Der Arbeitsvertrag. Handbuch der Vertragspraxis und -gestaltung, 2. Auflage 2005
Preis, Grundfragen der Vertragsgestaltung im Arbeitsrecht, 1993
Preis/Kliemt/Ulrich, Aushilfs- und Probearbeitsverhältnis, 2. Auflage 2003
Priester, Die Gestaltung von GmbH-Verträgen, 6. Auflage 2005

Reiserer/Heß-Emmerich, Der GmbH-Geschäftsführer im Arbeits-, Sozialversicherungs- und Steuerrecht, 2. Auflage 2001
Richardi (Hrsg.), Betriebsverfassungsgesetz mit Wahlordnung, Kommentar, 10. Auflage 2006
Roth/Altmeppen, GmbHG, Kommentar, 5. Auflage 2005
Rowedder/Schmidt-Leithoff, GmbHG, Kommentar, 4. Auflage 2002

Schaefer, Das Nachweisgesetz – Auswirkungen auf den Arbeitsvertrag, 2000
Schaub, Arbeitsgerichtsverfahren, Handbuch, 7. Auflage 2000
Schaub, Arbeitsrechts-Handbuch, 12. Auflage 2007 (zitiert: Schaub/*Bearbeiter*)
Schaub/Neef/Schrader, Arbeitsrechtliche Formularsammlung, 8. Auflage 2004
Schaub/Schindele, Kurzarbeit, Massenentlassung, Sozialplan, 2. Auflage 2005
Schliemann, Das Arbeitsrecht im BGB, Kommentar, 2. Auflage 2002
Schliemann/Meyer, Arbeitszeitrecht – gesetzliche, tarifliche und betriebliche Regelungen, 2. Auflage 2002
Schmidt, Einkommensteuergesetz, Kommentar, 26. Auflage 2007 (zitiert: Schmidt/*Bearbeiter*)
Schmidt, K., Gesellschaftsrecht, 4. Auflage 2002

Schneider/Wolf (Hrsg.), AnwaltKommentar RVG, 3. Auflage 2006

Schrader, Rechtsfallen in Arbeitsverträgen, 2001

Schrader/Schubert, Das neue AGG – Das Gleichbehandlungsrecht in der anwaltlichen Praxis, 2006

Schüren (Hrsg.), Arbeitnehmerüberlassungsgesetz, Kommentar, 2. Auflage 2003

Semler/v. Schenk, Arbeitshandbuch für Aufsichtsratsmitglieder, 2. Auflage 2004

Simitis, Bundesdatenschutzgesetz, Kommentar, 5. Auflage 2003

Stahlhacke/Preis/Vossen, Kündigung und Kündigungsschutz im Arbeitsverhältnis, 9. Auflage 2005

Staudinger, Kommentar zum Bürgerlichen Gesetzbuch mit Einführungsgesetz und Nebengesetzen, Buch 2: Recht der Schuldverhältnisse: §§ 611–615, 13. Bearb. 1999; §§ 616–630, Neubearb. 2002; §§ 652–704, 13. Bearb. 1995

v. Steinau-Steinrück/Hurek, Arbeitsvertragsgestaltung, 2007

Stoffels, AGB-Recht, 2003

Stoffels, Der Vertragsbruch des Arbeitnehmers, 1994

Streck, Körperschaftsteuergesetz, Kommentar, 6. Auflage 2003

Sudhoff/Sudhoff, Rechte und Pflichten des Geschäftsführers einer GmbH und GmbH & Co. KG, 14. Auflage 1994

Thüsing, Arbeitsrechtlicher Diskriminierungsschutz, 2007

Thüsing, 5. VermBG, Kommentar, 1997

Tschöpe (Hrsg.), Anwalts-Handbuch Arbeitsrecht, 5. Auflage 2007 (zitiert: Tschöpe/*Bearbeiter*)

Ulmer/Brandner/Hensen, AGB-Gesetz, Kommentar, 9. Auflage 2001

Vollkommer/Heinemann, Anwaltshaftungsrecht, 2. Auflage 2003

Weber/Dahlbender, Arbeitsverträge, 2. Auflage 2003

Weber/Dahlbender, Verträge für GmbH-Geschäftsführer und Vorstände, 2. Auflage 2000

Weber/Ehrich/Burmester, Handbuch der arbeitsrechtlichen Aufhebungsverträge – Aufhebung von Arbeits- und Dienstverhältnissen mit arbeits-, sozial- und steuerrechtlichen Folgen, 4. Auflage 2004

Weber/Hoß/Burmester, Handbuch der Managerverträge, 2000

Weyand, Die tariflichen Ausschlussfristen in Arbeitsrechtsstreitigkeiten, 2000

Wiedemann (Hrsg.), Tarifvertragsgesetz, 7. Auflage 2007

Willemsen/Hohenstatt/Schweibert/Seibt, Umstrukturierung und Übertragung von Unternehmen – Arbeitsrechtliches Handbuch, 2. Auflage 2003

Wolf/Horn/Lindacher, AGB-Gesetz, Kommentar, 4. Auflage 1999

Zöller, Zivilprozessordnung, Kommentar, 26. Auflage 2007

§ 1 Verträge mit Arbeitnehmern, freien Mitarbeitern und Gesellschaftsorganen

Kapitel 1: Arbeitsverträge

Literatur

Formularbücher:

Bauer/Lingemann/Diller/Haußmann, Anwalts-Formularbuch Arbeitsrecht, 2. Aufl. 2004, Kapitel 2 bis 11; *BAVC*, Arbeitsvertragsgestaltung in der chemischen Industrie, 2005; *Böckel*, Moderne Arbeitsverträge – Vertragsmuster für Arbeiter und Angestellte, 7. Aufl. 1997; *Butz*, Der Arbeitsvertrag in seiner zweckmäßigsten Form, 2. Aufl. 1966; *Fingerhut*, Formularbuch für Verträge, 11. Aufl. 2005; *Franke*, Der außertarifliche Angestellte, 1996; *Frikell/Orlop*, Arbeitsrecht in Formularen, 2. Aufl. 2002; *Grüll*, Personalpraxis in Formularen, 1957; *Grüll/Janert*, Der Anstellungsvertrag mit leitenden Angestellten und anderen Führungskräften, 14. Aufl. 1996; *Gumpert*, Arbeitsverträge zweckmäßig gestalten, 1963; *ders.*, Dauerarbeitsverträge mit Arbeitern, 3. Aufl. 1969; *Hanau/Preis*, Der Arbeitsvertrag, Loseblatt, 6. Ergänzungslieferung 1997; *Hohn*, Arbeits- und Dienstverträge für Geschäftsführer und leitende Angestellte, 3. Aufl. 1989; *Hohn/Romanovszky*, Vorteilhafte Arbeitsverträge, 4. Aufl. 1990; *Hümmerich*, Anwalt-Formulare Arbeitsrecht, 5. Aufl. 2004; *Hunold*, Musterarbeitsverträge und Zeugnisse für die betriebliche Praxis, 1995; *Kador/Diergarten*, Instrumente der Personalarbeit: praktische Arbeitshilfe für Klein- und Mittelbetriebe, 7. Aufl. 2001; *Kittner/Zwanziger* (Hrsg.), Formularbuch Arbeitsrecht – Checklisten und Mustertexte, 2004; *Kopp*, Arbeitsvertrag für Führungskräfte, 4. Aufl. 2001; *Marienhagen/Andritzky*, Dauerarbeitsverträge mit Angestellten und Arbeitern, 15. Aufl. 2000; *Müller/Schön*, Zweckmäßige und rechtlich abgesicherte Arbeitsverträge, 1986; Münchener Vertragshandbuch, Band 4: Wirtschaftsrecht III, 5. Aufl. 2002; *Preis*, Grundfragen der Vertragsgestaltung im Arbeitsrecht, 1993; *ders.*, Der Arbeitsvertrag, 2. Aufl. 2005; *Schachner*, Rechtsformularbuch für das Unternehmen, 3. Aufl. 1995; *Schaub/Neef/Schrader*, Arbeitsrechtliche Formularsammlung, 8. Aufl. 2004; *Schrader*, Rechtsfallen in Arbeitsverträgen, 2001; *Weber/Burmester*, Anstellungsvertrag für Manager, 3. Aufl. 2001; *Weber/Hoß/Burmester*, Handbuch der Managerverträge, 2000; *Wetter*, Der richtige Arbeitsvertrag, 3. Aufl. 2000; *Zumschlinge*, Perfekte Arbeitsverträge, 1983.

Arbeitsvertragsgestaltung:

Annuß, Das Verbot der Altersdiskriminierung als unmittelbar geltendes Recht, BB 2006, 325; *Ascheid*, Richtlinie 77/187 EWG: Harmonisierung europäischen und deutschen Richterrechts, FS für Thomas Dieterich zum 65. Geburtstag, 1999, S. 9; *Bauer/Thüsing/Schunder*, Entwurf eines Gesetzes zur Umsetzung europäischer Antidiskriminierungsrichtlinien, NZA 2005, 32; *Gaul*, Der Musterarbeitsvertrag – zwischen unternehmerischer Vorsorge und den Vorgaben des Nachweisgesetzes, NZA 2000, Sonderbeil. zu Heft 3, 51 ff.; *Gaul/Bonani*, Änderung der Gewerbeordnung – gesetzliche Niederlegung allgemeiner arbeitsrechtlicher Grundsätze, ArbRB 2002, 234; *Herbert/Oberrath*, Rechtsprobleme des Nichtvollzugs eines abgeschlossenen Arbeitsvertrages, NZA 2004, 121; *Hromadka/Schmitt-Rolfs*, Der unbefristete Arbeitsvertrag, 2006; *Hümmerich*, Gestaltung von Arbeitsverträgen, 2006; *ders.*, Arbeitsverhältnis als Wettbewerbsgemeinschaft, NJW 1998, 2625; *ders.*, Von der Verantwortung der Arbeitsrechtsprechung für die Volkswirtschaft, NZA 1996, 1289; *ders.*, Gestaltung eines Arbeitsvertrages, AnwBl 1999, 9; *ders.*, Gestaltung von Arbeitsverträgen nach der Schuldrechtsreform, NZA 2003, 753; *Hümmerich/Holthausen*, Der Arbeitnehmer als Verbraucher, NZA 2002, 173; *Hunold*, Ausgewählte Rechtsprechung zur Vertragskontrolle, NZA-RR 2002, 225; *ders.*, Kontrolle arbeitsvertraglicher Absprachen nach der Schuldrechtsreform, NZA-RR 2006, 113; *Joch/Klichowski*, Die Vereinbarung auflösender Bedingungen in Darstellerverträgen – Kunstfreiheit als Sachgrund, NZA 2004, 302; *Litschen*, Die Zukunft des Bereitschaftsdienstes im öffentlich-rechtlichen Gesundheitswesen, NZA 2001, 1355; *Pauly/Osnabrügge*, Teilzeitarbeit und geringfügige Beschäftigung, 2. Aufl. 2007; *Postler*, Rechtsfragen der Neuregelung der Arbeitnehmerüberlassung, insbesondere zur Zulässigkeit der Kettenbefristung, NZA 1999, 179; *Rieble*, Rückkehrzusagen an „ausgegliederte" Mitarbeiter und ihre Folgen, NZA 2002, 706; *v. Roetteken*, Anforderungen des Gemeinschaftsrechts an Gesetzgebung und Rechtsprechung, NZA 2001, 414; *Schmalenberg*, Befristungen und Kontrolle von einzelnen Vertragsbedingungen, in: FS zum 25-jährigen Bestehen der Arbeitsgemeinschaft ArbR, 2006, S. 155; *Schnitger/Grau*, Klauselkontrolle im Arbeitsvertrag, BB 2002, 2120; *v. Steinau-Steinrück/Hurek*, Arbeitsvertragsgestaltung, 2007; *v. Steinau-Steinrück/Schneider*, Der Entwurf eines Antidiskriminierungsgesetzes: Ein Beitrag zur Kultur der Antidiskriminierung?, NZA 2005, 28; *Thüsing*, Angemessenheit durch Konsens, RdA 2005, 257; *Waltermann*, Verbot der Altersdiskriminierung – Richtlinie und Umsetzung, NZA 2005, 1265.

A. Erläuterungen zur Arbeitsvertragsgestaltung

I. Grundlagen des Arbeitsvertrages

1 Seine Rechtsgrundlage hat der Arbeitsvertrag in § 105 GewO. Über § 6 Abs. 2 GewO finden die §§ 105 ff. GewO auf alle Arbeitsverhältnisse Anwendung. Arbeitgeber und Arbeitnehmer können daher den Abschluss, den Inhalt und die Form des Arbeitsvertrages frei vereinbaren, soweit nicht zwingende gesetzliche Vorschriften, Tarifverträge oder Betriebsvereinbarungen entgegenstehen. Im Übrigen richtet sich gemäß § 105 Satz 2 GewO der Nachweis nach den Bestimmungen des Nachweisgesetzes.

2 Die dargestellte Ausgangslage ist für den Gestalter eines Arbeitsvertrages von erheblicher Bedeutung. Er muss sich nämlich fragen, welche Normen auf das Arbeitsverhältnis Anwendung finden. Das können das Allgemeine Gleichbehandlungsgesetz, das Bundesurlaubsgesetz, das Entgeltfortzahlungsgesetz und viele andere arbeitsrechtliche Gesetze sein. Soweit die gesetzlichen Vorschriften zwingende Bestimmungen oder Mindestregelungen festschreiben, sind diese maßgeblich.

3 Im zweiten Schritt ist zu prüfen, ob der Arbeitgeber und der Arbeitnehmer einer **Tarifbindung** unterliegen. In diesem Falle wirken die normativen Teile eines Tarifvertrages unmittelbar und zwingend zwischen den beiderseits Tarifgebundenen, § 4 Abs. 1 TVG. Die Rechte und Pflichten, wie sie ein Tarifvertrag enthält, können auch maßgeblich sein, wenn im Text des Arbeitsvertrages eine betriebsübliche Bezugnahmeklausel enthalten ist. Schritt drei für den Vertragsgestalter ist die Beachtung von Regelungen in **Betriebsvereinbarungen**, die nach § 77 Abs. 4 Satz 1 BetrVG unmittelbar und zwingend gelten. Ein viertes Prüfungsraster, das inzwischen zu einer weitreichenden Umgestaltung des Arbeitsvertragsrechts geführt hat, bilden die §§ 305 ff. BGB. Da der Arbeitnehmer Verbraucher ist,[1] besteht über § 310 Abs. 3 Nr. 1 und 2 BGB eine erleichterte Anwendungsgrundlage für die **Inhaltskontrolle** gemäß §§ 305 ff. BGB.

4 Neben den vier Rechtsquellen zur Gestaltung von Arbeitsverträgen ist zu beachten, dass die zwischen den Parteien getroffenen Absprachen (**Parteiinteresse**) im Text ihren Niederschlag finden und schließlich übersichtliche und leserfreundliche Vertragstexte gewählt werden.[2] Was in der Immobilienwirtschaft selbstverständlich ist, findet im Arbeitsvertragsrecht erst recht zögerlich Eingang: Jede Änderung des Arbeitsvertrages sollte über durchnummerierte Nachträge die Genealogie des Arbeitsvertragsrechts eines Mitarbeiters dokumentieren.

5 Auch wird empfohlen, Mitarbeitern mit Abschluss des Arbeitsvertrages ein **Merkblatt über das Allgemeine Gleichbehandlungsgesetz** (AGG) auszuhändigen (Muster 1055). Diese Maßnahme dient der vorbeugenden Verhinderung von Diskriminierung, so dass sich der Arbeitgeber im Streitfall exkulpieren kann, wenn ihm Schadensersatzansprüche wegen nicht hinreichend gewährtem Schutz vor Diskriminierung drohen (§§ 15 Abs. 1 Satz 2, 12 Abs. 1 Satz 2 AGG).

II. Arbeitsvertragsrecht und Inhaltskontrolle

6 Da es eine unübersehbare Fülle von Tarifverträgen gibt – Gleiches gilt für Betriebsvereinbarungen –, lassen sich die spezifischen Regelungsgegenstände in Tarifverträgen und Betriebsvereinbarungen in einem Formularbuch nicht abhandeln. Der Rechtsanwender ist gehalten, auf diese Vielzahl unterschiedlicher Rechtsquellen im Einzelfall zuzugreifen und sie bei der Arbeitsvertragsgestaltung zu berücksichtigen. In gleicher Weise lassen sich Parteivereinbarungen nicht in einem Formularbuch erörtern, denn sie sind so zahlreich wie die Regelungsgegenstände in Betriebsvereinbarungen und Tarifverträgen. Von allgemeinem Interesse sind daher nur die von der Rechtsprechung zur Inhaltskontrolle von Arbeitsverträgen gesetzten Maßstäbe. Diese bilden Gegenstand der nachfolgenden Erörterungen.

---

1 BAG 25.5.2005 – 5 AZR 572/04, NZA 2005, 1111; BVerfG 23.11.2006 – 1 BvR 1909/06, NZA 2007, 85; APS/*Schmidt*, AufhebVTRG Rn 88; Bamberger/Roth/*Schmidt-Raentsch*, § 13 BGB Rn 6; *Boemke*, BB 2002, 96; *Boudon*, ArbRB 2003, 150; *Gotthardt*, ZIP 2002, 278; *Hümmerich*, NZA 2003, 753; ders., AnwBl 2002, 675; *Hümmerich/Holthausen*, NZA 2003, 178; ErfK/*Preis*, §§ 305–310 BGB Rn 26; ErfK/*Müller-Glöge*, § 620 BGB Rn 1; *Birnbaum*, NZA 2003, 944; *Reim*, DB 2002, 2434; Schaub/*Schaub*, Arbeitsrechts-Handbuch, § 8 Rn 9a; *Stoffels*, Sonderbeil. NZA 1/2004, 19; *Löwisch*, FS Wiedemann, S. 311; *Thüsing*, BB 2002, 2668; *Walter*, AiB 2002, 381; a.A. *Bauer/Kock*, DB 2002, 42; *Joussen*, NZA 2001, 745, 749; *Lingemann*, NZA 2002, 181; Palandt/*Heinrichs*, § 13 BGB Rn 3.
2 *Hümmerich*, Gestaltung von Arbeitsverträgen, § 1 Rn 37.

Kapitel 1: Arbeitsverträge

1. Allgemeine Geschäftsbedingungen

Für ab dem 1.1.2002 geschlossene Arbeitsverträge sowie für alle Arbeitsverträge seit dem 1.1.2003[3] gelten die **Grundsätze der Inhaltskontrolle**. Gemäß § 305 Abs. 1 BGB ist eine Inhaltskontrolle von Vertragsnormen vorzunehmen, wenn es sich um Allgemeine Geschäftsbedingungen (AGB) handelt. Die **Definition** der Allgemeinen Geschäftsbedingung ergibt sich aus § 305 Abs. 1 Satz 1 BGB. Danach sind Allgemeine Geschäftsbedingungen alle für eine Vielzahl von Verträgen vorformulierten Vertragsbedingungen, die eine Vertragspartei (Verwender) der anderen Vertragspartei bei Abschluss eines Vertrages stellt. Gleichgültig ist, ob die Bestimmungen einen äußerlich gesonderten Bestandteil des Vertrages bilden oder ob sie in die Vertragsurkunde selbst aufgenommen werden, welchen Umfang sie haben, in welcher Schriftart sie verfasst sind und welche Form der Vertrag hat, § 305 Abs. 1 Satz 2 BGB. Keine Allgemeine Geschäftsbedingung liegt nach § 305 Abs. 1 Satz 3 BGB vor, soweit die Vertragsbedingungen zwischen den Vertragsparteien im Einzelnen ausgehandelt sind.

Gelangt man zu einer Inhaltskontrolle über die Definition der Allgemeinen Geschäftsbedingung in § 305 Abs. 1 BGB, so muss der Arbeitsvertrag die Merkmale eines Formularvertrages, der Allgemeine Geschäftsbedingungen enthält, erfüllen. Arbeitsverträge sind **Vertragsbedingungen** i.S.d. § 305 Abs. 1 Satz 1 BGB. Sie sind **vorformuliert**, weil sie für eine mehrfache Verwendung schriftlich aufgezeichnet sind.[4]

Das Merkmal „**Vielzahl**" erfordert nicht, dass die Vertragsbedingungen für eine unbestimmte Anzahl von Verträgen vorgesehen sind. Es genügt, dass die Vertragsbedingungen für eine Gruppe bereits zur Einstellung ausgewählter Arbeitnehmer formuliert wurden.[5] Wenn der Arbeitgeber die Einbeziehung der Bedingungen vom Arbeitnehmer verlangt oder dem Arbeitnehmer ein konkretes Angebot zur Einbeziehung der Bedingungen macht, werden die Vertragsbedingungen vom Arbeitgeber „**gestellt**".[6] Das Merkmal „stellen" ist auch erfüllt, wenn der Arbeitgeber ein Vertragsmuster verwendet, in dem der Arbeitnehmer zwischen verschiedenen vorformulierten Regelungsmöglichkeiten wählen kann.[7] Anders ist die Sachlage, wenn der Arbeitnehmer, ohne dass ein Vorschlag des Arbeitgebers zu einer Vertragsklausel existiert, einen Leerraum nach seinen eigenen Vorstellungen ausfüllen kann.[8]

Das Ausschließungsmerkmal „**Aushandeln**" gemäß § 305 Abs. 1 Satz 3 BGB entzieht Vertragsbedingungen dem AGB-Recht, wenn die andere Vertragspartei auf den Inhalt des Vertragswortlauts durch „Aushandeln" eingewirkt hat. „Aushandeln" bedeutet eine stärkere Einflussnahme als „Verhandeln".[9] Wie der Zusatz „**im Einzelnen**" unterstreicht, muss eine Vertragspassage in ihrer Gesamtheit, nicht nur hinsichtlich ausfüllungsbedürftiger Daten wie Gehalt oder Fälligkeit, Gegenstand von Verhandlungen gewesen sein, um einer Vertragspassagen den Schutzweck des § 305 Abs. 1 BGB zu verweigern. Hier schließt sich der Kreis zum Merkmal „vorformuliert": Wenn Leerstellen oder numerische Festlegungen erfolgen und der Vertragstext vom Verwender gestellt und nicht „im Einzelnen ausgehandelt" ist, ist die Regelungspassage eine Allgemeine Geschäftsbedingung.[10]

2. Die Einbeziehungsnormen § 310 Abs. 3 Nr. 1 und 2 BGB

Neben § 305 Abs. 1 BGB kennt das Schuldrecht zwei erleichterte Einbeziehungsnormen in § 310 Abs. 3 BGB. Bei Verträgen zwischen einem Unternehmer (Arbeitgeber) und einem Verbraucher (Arbeitnehmer) finden die §§ 305 ff. BGB mit der Maßgabe Anwendung, dass die Allgemeinen Geschäftsbedingungen als vom Unternehmer gestellt gelten, es sei denn, dass sie durch den Verbraucher in den Vertrag eingeführt wurden (§ 310 Abs. 3 Nr. 1 BGB). Nach § 310 Abs. 3 Nr. 2 BGB gilt, dass § 305c Abs. 2 BGB und die §§ 306 und 307 bis 309 BGB sowie Art. 29a EGBGB auf vorformulierte Vertragsbedingungen anzuwenden sind, wenn diese nur zur Einmalverwendung formuliert wurden und der Verbraucher aufgrund der Vorformulierung auf ihren Inhalt keinen Einfluss nehmen konnte. Da der Arbeitnehmer Verbraucher ist, der Arbeitgeber im Regelfalle Unternehmer, sind die erleichterten Voraussetzungen für eine Inhaltskontrolle nach § 310 Abs. 3 BGB im Arbeitsverhältnis gültig, so dass bei Allgemeinen Geschäftsbedingungen in Arbeitsver-

---

3 Übergangsregelung nach Art. 229 § 5 EGBGB.
4 Palandt/*Heinrichs*, § 305 BGB Rn 8.
5 Staudinger/Schlosser, § 1 AGBG Rn 16; Palandt/*Heinrichs*, § 305 BGB Rn 9; Däubler/Dorndorf/*Dorndorf*, AGB im Arbeitsrecht, § 305 BGB Rn 14.
6 *Hümmerich*, Gestaltung von Arbeitsverträgen, § 1 Rn 96.
7 BGH 7.2.1996 – IV ZR 16/95, NJW 1996, 1676.
8 BGH 13.11.1997 – X ZR 135/95, NJW 1998, 1066.
9 BGH 27.3.1991 – IV ZR 90/90, NJW 1991, 1678; BGH 3.11.1999 – VIII ZR 269/98, NJW 2000, 1110; BAG 27.7.2005 – 7 AZR 486/04, NZA 2006, 40.
10 *Hümmerich*, Gestaltung von Arbeitsverträgen, § 1 Rn 97.

trägen nicht geprüft werden muss, wer den Text „gestellt" hat (§ 310 Abs. 3 Nr. 1 BGB) und auch eine Einmalverwendung bei fehlendem Einfluss des Arbeitnehmers auf den Vertragswortlaut (§ 310 Abs. 3 Nr. 2 BGB) ausreicht, um einen Arbeitsvertrag der Inhaltskontrolle zu unterziehen.

12 Der Vertragsgestalter muss sich der Tatsache bewusst sein, dass selbst ein nur einmalig entworfener Vertrag für den Arbeitgeber zur Inhaltskontrolle der Vertragsbestimmungen führt, wenn der Arbeitnehmer keinen Einfluss auf den Vertragswortlaut nehmen konnte. Das BAG hat zu § 305 Abs. 1 Satz 3 BGB entschieden, dass der Begriff „ausgehandelt" eine stärkere Einflussnahme erfordert als das bloße „Verhandeln". Es genügt nicht, dass der Vertragsinhalt lediglich erläutert oder erörtert wird und den Vorstellungen des Vertragspartners entspricht. **Ausgehandelt** ist eine Vertragsbedingung nur, wenn der Verwender die betreffende Klausel inhaltlich ernsthaft zur Disposition gestellt und dem Vertragspartner Gestaltungsfreiheit zur Wahrung eigener Interessen eingeräumt hat mit der realen Möglichkeit, die inhaltliche Ausgestaltung der Vertragsbedingung zu beeinflussen.[11] Diese Anforderungen an das eigenständige Einbringen von Textpassagen in Arbeitsverträge durch den Arbeitnehmer sind in gleicher Weise leitend bei den jeweiligen Nachsätzen in § 310 Abs. 3 Nr. 1 und 2 BGB. „Ausgehandelt" bedeutet, auf den Inhalt einer Formulierung Einfluss genommen zu haben oder dass der Verbraucher den Text in den Vertrag eingeführt hat.

III. Modifizierte Anwendungsregel bei Arbeitsverträgen, § 310 Abs. 4 Satz 2 BGB

1. Regelung des § 310 Abs. 4 Satz 2 BGB

13 Der heutige Wortlaut des § 310 Abs. 4 BGB ist die Folge einer Empfehlung des Arbeitsrechtsausschusses des Bundesrates, der die Bundesregierung zu prüfen bat, ob die Ausnahme für das Arbeitsrecht, die ursprünglich im Entwurf entsprechend der früheren Bereichsausnahme nach § 23 AGBG enthalten war, weiterhin sachgerecht sei.[12] Die Bundesregierung griff die Anregung des Bundesrates auf und änderte ihren Entwurf. § 310 Abs. 4 Satz 2 BGB enthielt daraufhin den Wortlaut, der die Sperre der Anwendbarkeit des AGB-Rechts im Arbeitsrecht beseitigt, andererseits aber einen Sondervorbehalt für das Arbeitsrecht formuliert. § 310 Abs. 4 Satz 2 BGB enthält eine doppelte Aussage: Zum einen wird die Anwendbarkeit des AGB-Rechts auf Arbeitsverträge („bei der Anwendung auf Arbeitsverträge …") unterstellt. Die frühere Bereichsausnahme in § 23 AGBG ist damit aufgehoben. Zum anderen wird die Aufhebung der Bereichsausnahme mit einem Berücksichtigungsvorbehalt verknüpft: Es sind „… die im Arbeitsrecht geltenden Besonderheiten angemessen zu berücksichtigen".[13]

2. Theorien zum „Besonderheiten"-Begriff

14 In seinem Urteil vom 4.3.2004 hat das BAG den denkbar weitesten Begriff der „im Arbeitsrecht geltenden Besonderheiten" gewählt.[14] Das BAG lehnt die unter Hinweis auf die amtliche Überschrift „Klauselverbote ohne Wertungsmöglichkeit" vertretene Auffassung ab, dass § 309 BGB lex specialis zu § 310 Abs. 4 Satz 2 BGB sei und deshalb alle Feststellung zu § 309 BGB bei Arbeitsvertragsklauseln keine Korrektur über die Besonderheitenregelung des § 310 Abs. 4 Satz 2 BGB erfahren.[15] Ebenfalls zurückgewiesen hat das BAG die sich eng am Wortlaut und der Gesetzesbegründung orientierende Ansicht, allein Besonderheiten „im" Arbeitsrecht erlaubten einen Berücksichtigungsvorbehalt, nicht hingegen solche Umstände und Rechtstraditionen, die das Arbeitsrecht von anderen Rechtsgebieten unterscheide. Nach dieser Auffassung lassen nur spezielle Gegebenheiten des Arbeitsrechts oder Sonderarbeitsverträge wie Befristungen oder Arbeitsverhältnisse mit **Tendenzunternehmen**, kirchliche Arbeitsverhältnisse oder Beschäftigungsverhältnisse im Rahmen von Einarbeitungsmaßnahmen Abweichungen von der rein AGB-rechtlichen Bewertung einer Klausel zu.[16] Diese Ansicht kann sich auf die Begründung im Rechtsausschuss des Deutschen Bundestages berufen, der als Beispiel für „die im Arbeitsrecht geltenden Besonderheiten" die **kirchlichen Arbeitsverhältnisse** ausdrücklich erwähnte.[17]

---

[11] BAG 27.7.2005 – 7 AZR 486/04, NZA 2006, 40.
[12] BT-Drucks. 14/6875, S. 17.
[13] *Hümmerich*, Gestaltung von Arbeitsverträgen, § 1 Rn 111.
[14] BAG 4.3.2004 – 8 AZR 196/03, NZA 2004, 727; BAG 4.3.2004 – 8 AZR 328/03, n.v.; BAG 4.3.2004 – 8 AZR 344/03, FA 2004, 152.
[15] LAG Hessen 25.4.2003 – 17 Sa 1723/02, ZTR 2004, 325; LAG Düsseldorf 8.1.2003 – 12 Sa 1301/02, LAGE § 309 BGB 2002 Nr. 1; ArbG Bielefeld 2.12.2002 – 3 Ca 3733/02, AuR 2003, 124; *Däubler*, NZA 2001, 1329; *Reinecke*, DB 2002, 583.
[16] *Hümmerich/Holthausen*, NZA 2002, 173; *Hümmerich*, NZA 2003, 753; *Hümmerich*, AnwBl 2002, 671; *Birnbaum*, NZA 2003, 944.
[17] BT-Drucks. 14/7052, S. 189.

Schließlich hat das BAG nicht der Meinung zugestimmt, die § 310 Abs. 4 Satz 2 Hs. 1 BGB zwar auf Besonderheiten des Rechtsgebiets Arbeitsrecht im Ganzen bezieht, jedoch davon ausgeht, dass nur die rechtlichen, aber nicht die tatsächlichen Besonderheiten gemeint seien, die das Arbeitsrecht von anderen Rechtsgebieten unterscheide.[18]

Stattdessen hat das BAG eine **weite Auslegung** der Formulierung „im Arbeitsrecht geltende Besonderheiten" angenommen. Es misst die Besonderheit noch nicht einmal daran, ob sie allein im Arbeitsrecht existiert. So hat das BAG im Vertragsstrafenurteil den Grundsatz aufgestellt, dass beim Gegenstand einer Vertragsstrafe nicht darauf abzustellen sei, ob eine Norm ausschließlich auf das Arbeitsverhältnis Anwendung finde, sondern daran, ob es sich im Vergleich zu den Grundsätzen des Bürgerlichen Rechts und Prozessrechts, wonach Leistungstitel grundsätzlich vollstreckbar seien, um eine abweichende Regelung handele. Es genüge, dass sich die Anwendung der Norm (hier § 888 Abs. 3 ZPO) besonders auf dem Gebiet des Arbeitsrechts zeige. Eine ausschließliche Auswirkung auf den Bereich des Arbeitsrechts sei nicht erforderlich.[19]

3. Prüfungsschema der Inhaltskontrolle

Der weite „Besonderheiten"-Begriff des 8. Senats, dem die übrigen Senate des BAG bislang nicht widersprochen haben, hat zur Folge, dass – anders als im Zivilrecht – im Arbeitsrecht die Inhaltskontrolle in **vier Prüfschritten** vorzunehmen ist, während sich das Zivilrecht mit drei Tatbeständen begnügt. Die Prüfungsreihenfolge im Arbeitsrecht lautet wie folgt:

- Einbeziehungsnorm (§ 305 Abs. 1 BGB, § 310 Abs. 3 Nr. 1 BGB und § 310 Abs. 3 Nr. 2 BGB)
- Einbeziehungs- und Angemessenheitskontrolle (§§ 305 Abs. 2, 305c Abs. 1 und 2, 307, 308 und 309 BGB)
- Falls die Unwirksamkeit einer Vertragsklausel festgestellt wurde: mit den im Arbeitsrecht geltenden Besonderheiten zu rechtfertigen (§ 310 Abs. 4 Satz 2 BGB)?
- Rechtsfolgen (§ 306 BGB, Sonderrechtsprechung bei Altverträgen)

Der Unterschied zum Prüfungsschema im Bürgerlichen Recht besteht darin, dass dort der dritte Prüfungsabschnitt entfällt. Ist beispielsweise eine Klausel ohne Wertungsmöglichkeit unwirksam, kann ihre Unwirksamkeit im Bürgerlichen Recht nicht durch sonstige Umstände beseitigt werden. Im Arbeitsrecht dagegen kann selbst bei einer Klausel ohne Wertungsmöglichkeit die modifizierte Anwendungsregel in § 310 Abs. 4 Satz 2 BGB zu einer letztlich wirksamen Vertragsbestimmung führen, die nach der Einbeziehungs- und Inhaltskontrolle „an sich" unwirksam wäre.

IV. Maßstäbe der Inhaltskontrolle

1. Überraschende Klauseln, § 305c Abs. 1 BGB

a) Merkmal einer überraschenden Klausel

Schon vor In-Kraft-Treten des Schuldrechtsmodernisierungsgesetzes galt in der Arbeitsrechtsprechung, dass überraschende Klauseln nicht Vertragsbestandteil werden.[20] Als überraschende Klauseln galten in der Vergangenheit Klauseln über rückzahlbare Ausbildungsbeihilfen,[21] Ausschlussklauseln bei Sonderzuwendungen,[22] Vertragsstrafenklauseln unter der Überschrift „Arbeitsverhinderung"[23] sowie vorformulierte Verzichtserklärungen in Ausgleichsquittungen.[24]

Eine überraschende Klausel ist gemäß § 305c Abs. 1 BGB dadurch gekennzeichnet, dass sie objektiv **ungewöhnlich** ist und subjektiv ein **Überraschungsmoment** enthält. Maßgeblich für die Bestimmung der Ungewöhnlichkeit einer Klausel sind das Gesamtbild des konkreten Vertrages und die Erwartungen, die der redliche Verkehr typischer Weise oder aufgrund des Verhaltens des Verwenders bei Vertragsschluss an den Inhalt

---

18 LAG Hessen 7.5.2003 – 2 Sa 53/03, n.v.; LAG Hamm 24.11.2003 – 10 Sa 1158/02, NZA 2003, 499; ArbG Bochum 8.7.2002 – 3 Ca 1287/02, NZA 2002, 978; *Thüsing*, NZA 2002, 591; *Preis*, Sonderbeil. NZA 16/2003, 19, 26.
19 BAG 4.3.2004 – 8 AZR 196/03, NZA 2004, 727.
20 BAG 13.12.2000 – 10 AZR 168/00, NZA 2001, 723; BAG 29.11.1995 – 5 AZR 447/94, NZA 1996, 702; BAG 24.11.1993 – 5 AZR 153/93, NZA 1994, 759.
21 BAG 16.3.1994 – 5 AZR 339/92, NZA 1994, 937.
22 BAG 11.1.1995 – 9 AZR 664/93, NZA 1995, 531.
23 ArbG Berlin 1.9.1980 – 16 Ca 99/80, NJW 1981, 479.
24 BAG 20.8.1980 – 5 AZR 759/79, NJW 1981, 1285.

des Vertrages knüpft.[25] Gesamtumstände, aus denen die objektive Ungewöhnlichkeit hervorgeht, bilden der Grad der Abweichung der Klausel vom dispositiven Gesetzesrecht und die für den Geschäftskreis übliche Gestaltung, der Gang und Inhalt der Vertragsverhandlungen sowie der äußere Zuschnitt des Vertrages.[26] Neben die objektive Ungewöhnlichkeit einer Klausel muss hinzutreten, dass der Arbeitnehmer mit ihr den Umständen nach vernünftigerweise nicht zu rechnen brauchte.[27] Überraschenden Charakter hat eine Vertragsbestimmung, wenn sie von den Erwartungen des Vertragspartners deutlich abweicht und mit ihr den Umständen nach vernünftigerweise nicht zu rechnen brauchte.[28]

b) Beispielsfälle

21 Eine in einer Versorgungszusage enthaltene **Altersgrenzenregelung** innerhalb des Regelungskomplexes Altersrente ist nicht überraschend.[29] Auch eine einzelvertragliche Altersgrenze, nach der das Arbeitsverhältnis mit Erreichen des gesetzlichen Rentenalters endet, ist keine überraschende Klausel, wenn der Arbeitnehmer nach dem Vertragsinhalt und der Vertragsdauer eine gesetzliche Altersrente zu dem Zeitpunkt des Erreichens der vereinbarten Altersrente erwerben kann oder bereits erworben hat.[30]

22 **Ausschlussfristen** in Arbeitsverträgen sind nicht generell ungewöhnlich und auch nicht generell überraschend.[31] Jeder Arbeitnehmer rechnet damit, dass in einem vom Arbeitgeber vorformulierten Vertragswerk eine Ausschlussklausel vorgesehen ist.[32] Nur unter gesonderten Voraussetzungen sind Ausschlussfristen in Arbeitsverträgen ungewöhnlich und überraschend.[33] Überraschend ist eine Ausschlussklausel, wenn sie unter einer falschen oder missverständlichen Überschrift ohne besonderen Hinweis im Arbeitsvertrag enthalten ist.[34] Taucht allerdings inmitten der Schlussbestimmungen nach einer salvatorischen Klausel und einer Schriftformklausel in einem umfangreichen Formulararbeitsvertrag die Ausschlussfrist auf, ist sie nach dem äußeren Erscheinungsbild des Vertrages so ungewöhnlich, dass der Vertragspartner des Verwenders nicht mit ihr zu rechnen brauchte.[35]

23 Unwirksam ist eine formularmäßige **Ausgleichsquittung**, die ohne drucktechnische Hervorhebung die Bestimmung enthält, es würden „keine Einwendungen gegen die Kündigung erhoben", wenn dem Arbeitnehmer eine solche formularmäßige Erklärung aus Anlass der Zahlung des Lohnes und der Übergabe der Arbeitspapiere abverlangt wird.[36] Der Inhalt einer Ausgleichsquittung ist ungewöhnlich und überraschend, wenn auf „noch unbekannte" Ansprüche formularmäßig verzichtet wird.[37]

24 Eine **Tätigkeitsklausel**, die einerseits darauf hinweist, dass die dem Arbeitnehmer bekannt gemachte Stellenbeschreibung über den Arbeitsplatz zu beachten ist, andererseits erklärt, die Stellenbeschreibung sei nicht Bestandteil des Arbeitsvertrages, verstößt gegen § 305c BGB und ist als überraschende Klausel unwirksam.[38] Da **Versetzungsvorbehaltsklauseln** in Arbeitsverträgen eine lange Tradition haben, sind sie üblich und es scheidet ein Überraschungsmoment bei ihrer Vereinbarung im Arbeitsvertrag aus.[39]

25 Ist in einer **Vertragsstrafenklausel** von Vertragsbruch die Rede und haben die anschließenden Regelbeispiele im Arbeitsvertrag nichts mit dem Inhalt des Begriffs „Vertragsbruch" zu tun, ist die konkrete Vertragsstrafenregelung ungewöhnlich und überraschend.[40] Regelt der Arbeitgeber das In-Kraft-Treten des nachvertraglichen Wettbewerbsverbots zwar unter der Hauptüberschrift „Wettbewerbsverbot", jedoch ohne weitere Hervorhebung im Abschnitt „Vertragsstrafe", ist nach Meinung des LAG Hamm[41] von einer Überra-

---

25 *Ulmer/Brandner/Hensen*, § 3 AGBG Rn 12.
26 BAG 27.4.2000 – 8 AZR 286/99, NJW 2000, 3299.
27 BGH 21.11.1991 – IX ZR 60/91, NJW 1992, 1234; BGH 30.6.1995 – V ZR 184/94, BB 1995, 2186.
28 AnwK-ArbR/*Hümmerich*, § 305c BGB Rn 8.
29 BAG 6.8.2003 – 7 AZR 9/03, AP § 133 BGB Nr. 51.
30 BAG 27.7.2005 – 7 AZR 443/04, NZA 2006, 37.
31 BAG 27.4.2000 – 8 AZR 301/99, n.v.; BAG 13.12.2000 – 10 AZR 168/00, NZA 2001, 723.
32 ErfK/*Preis*, §§ 305–310 BGB Rn 32; *Henssler*, RdA 2002, 137; *Singer*, RdA 2003, 194, 200.
33 AnwK-ArbR/*Hümmerich*, § 305c BGB Rn 11.
34 BAG 23.2.2005 – 4 AZR 139/04, NZA 2005, 1193; BAG 29.11.1995 – 5 AZR 447/94, AP § 4 TVG Ausschlussfristen Nr. 136.
35 BAG 31.8.2005 – 5 AZR 545/04, NZA 2006, 324.
36 LAG Berlin 18.1.1993 – 12 Sa 120/92, LAGE § 4 KSchG Ausschlussfrist Nr. 3.
37 LAG Berlin 18.1.1993 – 12 Sa 120/92, LAGE § 4 KSchG Ausgleichsquittung Nr. 3.
38 Beispiel Typ 4b bei Preis/*Preis*, Der Arbeitsvertrag, II D 30 Vor Rn 68.
39 AnwK-ArbR/*Hümmerich*, § 305c BGB Rn 19.
40 LAG Hessen 8.10.1990 – 10/2 Sa 1395/89, LAGE § 339 BGB Nr. 7; ArbG Rheine 20.3.1991 – 2 Ca 82/91, BB 1991, 1125.
41 LAG Hamm 10.9.2004 – 7 Sa 918/04, LAGE § 305c BGB 2002 Nr. 2.

schungsklausel auszugehen, die nicht Vertragsinhalt wird. Eine formularmäßig vereinbarte, im Vertragstext nicht besonders hervorgehobene Vertragsstrafenregelung ist dann keine überraschende Klausel gemäß § 305c BGB, wenn der gesamte Vertragstext ein einheitliches Schriftbild hat, keinerlei drucktechnische Hervorhebungen enthält, keine der im Einzelnen durchnummerierten Vertragsregelungen mit einer Überschrift versehen ist und die Vertragsstrafe auch nicht versteckt bei einer anderen Thematik eingeordnet ist.[42]

Die Regelungen in einem Arbeitsvertrag, „auf das Arbeitsverhältnis der Parteien sind alle ergänzenden Tarifverträge in der jeweils gültigen Fassung sowie die für den Arbeitgeber jeweils anzuwendenden, sonstigen einschlägigen Tarifverträge anwendbar", ist keine überraschende Klausel i.S.v. § 305c BGB.[43]

2. Unklarheitenregel, § 305c Abs. 2 BGB

a) Mehrdeutigkeit einer Klausel

Bei objektiv mehrdeutigen Klauseln fällt der Mangel der Eindeutigkeit der Klausel auf den Verwender zurück, der die Klausel entwickelt hat. Voraussetzung für die Anwendung der Unklarheitenregel ist immer, dass sich eine Vertragspassage nach objektiven Maßstäben nicht in dem Sinne auslegen lässt, dass sie an solchen Geschäften typischerweise beteiligte Verkehrskreise eindeutig verstehen. Kann mit den Mitteln der Auslegung kein eindeutiges Ergebnis erzielt werden, ist die Klausel ihrem Wortlaut nach mehrdeutig und die Unklarheiten gehen zu Lasten desjenigen, der sie verursacht hat. Die Unklarheit einer Vertragsklausel braucht sich nicht nur aus einer einzelnen Klausel und ihrer Auslegung ergeben, sie kann auch das Ergebnis mehrerer Klauseln zu einem gleichartigen Regelungsgegenstand mit unterschiedlichem oder unklarem Inhalt sein. Sieht ein Arbeitsvertrag eine eigene Ausschlussfrist vor und verweist er gleichzeitig auf die Ausschlussfrist eines Tarifvertrages, die einen anderen Inhalt als die im Arbeitsvertrag vereinbarte Ausschlussfrist hat, liegt der Fall der Mehrdeutigkeit vor und es gilt für den Arbeitnehmer die für ihn günstigere Ausschlussfrist.[44]

Generell gilt, dass an die Stelle der unklaren Regelung das dispositive Recht oder eine im Wege der ergänzenden Vertragsauslegung ermittelte Bestimmung tritt.[45] Die Vereinbarkeit dieser Rechtsfolgeregelung mit Art. 5 Satz 2 EG-Richtlinie, die einen isolierten Günstigkeitsvergleich anlegt und in Art. 5 Satz 3 das beschriebene Vorgehen nur für die Verbandsklage vorsieht, ist zweifelhaft, wird aber von *Reinecke*[46] mit den „Besonderheiten des Arbeitsrechts" gemäß § 310 Abs. 4 Satz 2 BGB gerechtfertigt.

b) Beispielsfälle

Die in einer **Ausgleichsquittung** enthaltene Formulierung „ich erkläre hiermit, dass mir aus Anlass der Beendigung des Arbeitsverhältnisses keine Ansprüche mehr zustehen", ist nach Auffassung des BAG mehrdeutig. Deshalb beinhaltet sie keinen Verzicht auf die Kündigungsschutzklage.[47] Zu Lasten des Arbeitgebers wirkt es sich aus, wenn er in den Arbeitsvertragstext aufgenommen hat, „der Jahresurlaub richtet sich nach den Bestimmungen des (einschlägigen) Tarifvertrages". Schuldet Arbeitgeber, der den einschlägigen Tarifvertrag anwendet, neben dem dort geregelten Urlaub auch ein Urlaubsentgelt, so kann angesichts der Unklarheit des Regelungskomplexes „Urlaub" in dem Arbeitsvertrag der Arbeitnehmer vom Arbeitgeber ein Urlaubsentgelt verlangen.[48] Der Auslegung einer Klausel im vom Arbeitgeber vorformulierten Arbeitsvertrag als Gleichstellungsabrede, wonach mehrere benannte Tarifverträge, an die der Arbeitgeber gebunden ist, Anwendung finden, steht die Unklarheitenregel auch dann nicht entgegen, wenn dem Arbeitgeber die Tarifgebundenheit des Arbeitgebers unbekannt war.[49]

Auf Ansprüche aus der betrieblichen Altersversorgung kann nur „ausdrücklich und unmissverständlich" verzichtet werden.[50] Wird in einer im Arbeitsvertrag enthaltenen Versorgungszusage eine frühere Betriebszu-

---

[42] LAG Schleswig-Holstein 2.2.2005 – 3 Sa 515/04, NZA-RR 2005, 351.
[43] LAG Sachsen 27.1.2004 – 7 Sa 635/03, AE 4/04, 254.
[44] Däubler/Dorndorf/*Däubler*, AGB im Arbeitsrecht, § 305c BGB Rn 33.
[45] BGH 11.2.1992 – XI ZR 151/91, NJW 1992, 1097; BGH 10.5.1994 – XI ZR 65/93, NJW 1994, 1798; *Hromadka*, NJW 2002, 2526; MüKo-BGB/*Basedow*, § 305c Rn 20; Palandt/*Heinrichs*, § 305c BGB Rn 17.
[46] AuR 2003, 414.
[47] BAG 3.5.1979 – 2 AZR 679/77, DB 1979, 1465.
[48] BAG 17.11.1998 – 9 AZR 584/97, NZA 1999, 938.
[49] BAG 19.3.2003 – 4 AZR 331/02, NZA 2003, 1207.
[50] BAG 27.2.1990 – 3 AZR 213/88, DB 1990, 1870.

gehörigkeit „angerechnet", ergibt die unklare Formulierung im Wege der arbeitnehmerfreundlichsten Auslegung, dass die frühere Betriebszugehörigkeit nicht nur für die Höhe der Rente, sondern auch bei der Unverfallbarkeit maßgeblich ist.[51] Verweist ein Arbeitsvertrag für den Urlaub auf die Geltung tariflicher Regelungen, ist das regelmäßig als Bezugnahme auf den gesamten tariflichen Regelungskomplex „Urlaub" zu verstehen. Dazu gehört auch ein zusätzliches tarifliches Urlaubsgeld. Auf eine solche Bezugnahmeklausel ist die Unklarheitenregel nach § 305c Abs. 2 BGB nicht zu verwenden.[52]

31 Auch bei **Vertragsstrafenabreden** kann die Unklarheitenregel zum Zuge kommen.[53] Eine Vertragsstrafabrede ist wegen Mehrdeutigkeit (mangelnder Unbestimmtheit) unwirksam, wenn sie neben der zu leistenden Strafe die Pflichtverletzung des Arbeitnehmers nicht so klar bezeichnet, dass sich der Versprechende in seinem Verhalten darauf einstellen kann.[54]

32 Verweist der Arbeitgeber im Arbeitsvertrag beim nachvertraglichen **Wettbewerbsverbot** auf „die einschlägigen gesetzlichen Bestimmungen", umfasste die Bezugnahme nach bisherigem Recht auch die Zusage einer **Karenzentschädigung**.[55] Künftig wird man eine globale Bezugnahme nicht mehr als ausreichend erachten können, weil sie mehrdeutige Auslegungen ermöglicht.[56] Da bei Vertragsschluss nicht feststeht, zu wessen Lasten sich eine Wettbewerbsabrede auswirken wird, wird man davon ausgehen müssen, dass sich das Wettbewerbsverbot zu Lasten des Arbeitnehmers auswirkt, nämlich als Belastung seiner künftigen Karriere, so dass bei Unklarheiten darüber, ob eine Karenzentschädigung zugesagt wurde oder nicht, das Wettbewerbsverbot als nicht vereinbart gilt.[57] Macht der Arbeitnehmer allerdings eine Karenzentschädigung geltend, kann der Arbeitgeber die Zahlung nicht mit dem Argument verweigern, aufgrund der Unklarheitenregel liege eine unwirksame Entschädigungszusage vor.[58] Ebenso wie eine unklare Wettbewerbsvereinbarung wirkt sich eine unklare Zielvereinbarung zu Lasten des Arbeitgebers aus.[59] Verweist ein Arbeitsvertrag für den **Urlaub** auf die Geltung tariflicher Regelungen, ist auf eine solche Bezugnahmeklausel die Unklarheitenregel nach § 305c Abs. 2 BGB nicht anzuwenden. Die Regelung ist hinreichend klar. Auf die Unklarheitenregel darf nur zurückgegriffen werden, wenn trotz Ausschöpfung der anerkannten Auslegungsmethoden nicht behebbare Zweifel verbleiben.[60]

V. Inhaltskontrolle nach § 307 BGB

33 In der Praxis des Arbeitsrechts hat sich § 307 BGB, vor allem mit den Absätzen 1 und 2, zur zentralen Vorschrift der Inhaltskontrolle entwickelt. Dieser Trend zeichnet sich auch unter Beachtung der Rechtsprechung des BAG seit In-Kraft-Treten der Schuldrechtsreform ab.

1. Unangemessene Benachteiligung, § 307 Abs. 1 Satz 1 BGB

a) Grundsätze

34 Bei § 307 Abs. 1 Satz 1 BGB handelt es sich um eine Generalklausel, von der die Rechtsprechung immer dann Gebrauch macht, wenn sich die Rechtsstellung der „anderen Vertragspartei" durch die Klausel verschlechtert **und** die Benachteiligung „entgegen den Geboten von Treu und Glauben unangemessen" ist.[61] Mit dem Zusatz, dass die Benachteiligung entgegen „Treu und Glauben" entstehen muss, erschließt der Gesetzgeber dem Rechtsanwender einen breiten Wertungsspielraum.[62] Bei der Interessenabwägung („Treu und Glauben") in § 307 Abs. 1 BGB (ebenso bei Abs. 2) wählt der BGH eine „überindividuelle, generalisierende Betrachtungsweise". Er abstrahiert hier von den persönlichen Umständen, etwa der konkreten sozialen

---

[51] BAG 12.2.1985 – 3 AZR 183/83, AP § 1 BetrAVG Nr. 12; BAG 16.3.1981 – 3 AZR 843/79, AP § 1 BetrAVG Nr. 6.
[52] BAG 17.1.2006 – 9 AZR 41/05, NZA 2006, 923.
[53] AnwK-ArbR/*Hümmerich*, § 305c BGB Rn 42.
[54] BAG 21.4.2005 – 8 AZR 425/04, NZA 2005, 1053.
[55] BAG 31.7.2002 – 10 AZR 513/01, AP § 74 HGB Nr. 74; LAG Köln 18.4.1984 – 7 Sa 1183/83, NZA 1984, 91, a.A. LAG Bremen 4.5.1966 – 1 Sa 81/66, DB 1966, 1440.
[56] AnwK-ArbR/*Hümmerich*, § 305c BGB Rn 43.
[57] *Diller*, NZA 2005, 250.
[58] *Diller*, NZA 2005, 250, 253.
[59] LAG Frankfurt 29.1.2002 – 7 Sa 836/01, AiB 2002, 575.
[60] BAG 17.1.2006 – 9 AZR 41/05, DB 2007, 403.
[61] Däubler/Dorndorf/*Dorndorf*, AGB im Arbeitsrecht, § 307 BGB Rn 56; Staudinger/*Coester*, § 9 AGBG Rn 75; BGH 14.1.1987 – VI a ZR 130/85, NJW 1987, 2431.
[62] AnwK-ArbR/*Hümmerich*, § 307 BGB Rn 71.

Schutzbedürftigkeit eines Arbeitnehmers, besonderen Eigenschaften, seinem Alter oder seinen Familienverhältnissen. Ausgeblendet werden damit die Auswirkungen der Klausel auf das konkrete Vertragsverhältnis.[63]

b) Beispielsfälle

Einen grundlegenden Rechtsprechungswechsel nahm der 7. Senat im Bereich der Vereinbarung **befristeter Arbeitszeiterhöhungen** vor. Während in der Vergangenheit die Vereinbarung befristeter Arbeitsbedingungen am Recht befristeter Arbeitsverträge (TzBfG) gemessen wurde, unterliegt die nach dem 31.12.2001 vereinbarte Befristung einer Arbeitszeiterhöhung als Allgemeine Geschäftsbedingung nunmehr der gerichtlichen Kontrolle gemäß §§ 305 ff. BGB.[64] Eine einseitige Ausschlussfrist erklärte der BGH bei einem Handelsvertreter zu einer unangemessenen Klausel i.S.v. § 307 Abs. 1 Satz 1 BGB.[65] Die frühere BAG-Rechtsprechung, wonach einseitige tarifliche Ausschlussfristen mit Art. 3 Abs. 1 GG vereinbar seien,[66] ist mit der Schuldrechtsreform überholt. Das LAG Schleswig-Holstein[67] hatte bereits festgestellt, dass eine formularmäßige einseitige, nur für den Arbeitnehmer geltende vertragliche Ausschluss gegen § 307 Abs. 1 Satz 1 BGB verstoße. Unwirksam ist auch eine Klausel, die für den Beginn der Ausschlussfrist nicht die Fälligkeit der Ansprüche berücksichtigt, sondern allein auf die Beendigung des Arbeitsverhältnisses abstellt. Eine derartige Klausel benachteilige den Arbeitnehmer unangemessen und sei deshalb gemäß § 307 Abs. 1 Satz 1 BGB unwirksam.[68]

Eine Einwilligungsklausel in die **Datenverarbeitung** in einem Arbeitsvertrag führt umso eher zu einer unangemessenen Benachteiligung nach § 307 Abs. 1 Satz 1 BGB, je mehr sich die Datenerhebung, -verarbeitung oder -nutzung vom Zweck des Arbeitsverhältnisses entfernt.[69] Eine Benachteiligung ist immer anzunehmen, wenn die Klausel als antizipierte Globaleinwilligung ausgestaltet ist und der Arbeitnehmer nicht übersehen kann, auf welche Sachverhalte sich seine formularmäßige Erklärung erstreckt.[70]

Vertragsstrafenabreden können angesichts ihrer Höhe den Arbeitnehmer entgegen Treu und Glauben unangemessen benachteiligen und nach § 307 Abs. 1 Satz 1 BGB unwirksam sein.[71] Das LAG Niedersachsen hielt es für eine unverhältnismäßig hohe und mit § 307 Abs. 1 Satz 1 BGB nicht in Einklang zu bringende Vertragsstrafe, wenn die Nichteinhaltung einer Kündigungsfrist von zwei Wochen mit einer Vertragsstrafe von 20 Bruttotagesverdiensten sanktioniert werde.[72]

Eine formularmäßige **Versetzungsklausel**, die § 106 GewO nachgebildet ist, bedeutet weder eine unangemessene Benachteiligung nach § 307 Abs. 1 Satz 1 BGB noch verstößt sie allein deshalb gegen das Transparenzgebot gemäß § 307 Abs. 1 Satz 2 BGB, weil keine konkreten Versetzungsgründe genannt sind.[73] Die bei einer Vereinbarung von **Arbeit auf Abruf** einseitig vom Arbeitgeber abrufbare Arbeit des Arbeitnehmers darf nicht mehr als 25 % die vertraglich vereinbarte Mindestarbeitszeit überschreiten und nicht mehr als 20 % unterschreiten.[74]

2. Transparenzgebot, § 307 Abs. 1 Satz 2 BGB

a) Grundsätze

Mit der Einführung des SchRModG stellte der Gesetzgeber klar, dass „das Transparenzgebot eine ganz eigenständige Prüfungskategorie" sei.[75] Eine unangemessene Benachteiligung ist anzunehmen, wenn eine Vertragsklausel nicht klar und verständlich ist. Besonderheiten des Arbeitsrechts stehen dem Transparenzgebot nicht entgegen.[76] Erfasst werden auch preisbestimmende, leistungsbeschreibende Vertragsklauseln.[77]

---

63 Däubler/Dorndorf/*Dorndorf*, AGB im Arbeitsrecht, § 307 BGB Rn 74, 81 ff. m.w.N.
64 BAG 27.7.2005 – 7 AZR 486/04, AuR 2005, 379 = FA 2005, 322.
65 BGH 12.10.1979 – I ZR 166/78, BGHZ 75, 218.
66 BAG 4.12.1997 – 2 AZR 809/96, NZA 1998, 431.
67 LAG Schleswig-Holstein 22.9.2004 – 3 Sa 245/04, n.v.
68 BAG 1.3.2006 – 5 AZR 511/05, FA 2006, 175.
69 H/S-*Michels*, Das arbeitsrechtliche Mandat, § 7 Rn 262.
70 AnwK-ArbR/*Hümmerich*, § 307 BGB Rn 77.
71 BAG 4.3.2004 – 8 AZR 196/03, NZA 2004, 727.
72 LAG Niedersachsen 31.10.2003 – 16 Sa 1211/03, NZA-RR 2005, 65.
73 BAG 11.4.206 – 9 AZR 557/05, NZA 2006, 3303 = NJW 2006, 1149.
74 BAG 7.12.2005 – 5 AZR 535/04, NZA 2006, 423; BVerfG 23.11.2006 – 1 BvR 1909/06, NJW 2007, 286.
75 BT-Drucks. 14/6040, S. 153.
76 HWK/*Gotthardt*, § 307 BGB Rn 18.
77 *Stoffels*, AGB-Recht, Rn 561.

Das Transparenzgebot verpflichtet den Verwender, Rechte und Pflichten seines Vertragspartners in den Allgemeinen Geschäftsbedingungen **möglichst klar** und **durchschaubar** darzustellen.[78]

40 Treu und Glauben gebieten es, dass die Klausel wirtschaftliche Nachteile und Belastungen soweit erkennen lässt, wie dies den Umständen nach gefordert werden kann.[79] Wer einen Arbeitsvertrag gestaltet, darf gleichwohl unbestimmte Rechtsbegriffe aus der Gesetzessprache übernehmen, so etwa den Begriff „wichtiger Grund" oder „Fehlschlagen der Nacherfüllung".[80] Verweisen Allgemeine Geschäftsbedingungen wegen der Regelungen von Einzelheiten auf eine Anlage, ist das Transparenzgebot nicht verletzt, wenn die Gesamtregelung verständlich bleibt.[81] Die dynamische Verweisung in einem Arbeitsvertrag auf den Tarifvertrag (Gleichstellungsabrede) verstößt nicht gegen das Transparenzgebot.[82] Die den Vertragsschluss begleitenden Umstände nach § 310 Abs. 3 Nr. 3 BGB sind nicht bei der Auslegung Allgemeiner Geschäftsbedingungen, sondern erst bei der Prüfung der unangemessenen Benachteiligung nach § 307 Abs. 1 sowie Abs. 2 BGB zu berücksichtigen.[83]

b) Beispielsfälle

41 **Ausgleichsquittungen** und **Ausschlussfristen** werden auch an § 307 Abs. 1 Satz 1 BGB gemessen. Das LAG Hamburg geht recht weit, wenn es die Meinung äußert, Ausgleichsquittungen in vorformulierten Vertragsbedingungen seien nach § 307 Abs. 1 Satz 1 BGB unwirksam, sofern der Arbeitnehmer für den Klageverzicht keine Gegenleistung erhalte.[84] Eine drucktechnische Hervorhebung von Ausschlussfristen ist nach Meinung des LAG Schleswig-Holstein generell nicht erforderlich,[85] nach Meinung des BAG jedoch geboten, sofern der Verwender die Ausgleichsklausel in eine Erklärung mit falscher oder missverständlicher Überschrift ohne besonderen Hinweis eingefügt hat.[86]

42 **Konzernversetzungsklauseln** sind in der Regel deshalb unwirksam, weil der Arbeitnehmer ihnen nicht entnehmen kann, in welchen Betrieb oder in welches Unternehmen er durch den Arbeitgeber im Wege einer einseitigen Direktionsrechtsausübung versetzt werden könnte.[87] Allgemeine Konzernversetzungsklauseln, die nicht den Kreis der betroffenen Unternehmen eingrenzen oder konkret benennen, sind schon wegen mangelnder Klarheit und Verständlichkeit nicht wirksam.[88]

43 **Pauschale Abgeltungsvereinbarungen**, die nicht erkennen lassen, für welche Menge von Überstunden die zusätzliche Zahlung erfolgt, verstoßen gegen das Transparenzgebot.[89] Sofern es sich nicht nur um ein geringfügiges Überstundendeputat handelt, bedeutet eine pauschalierte Vergütungsregelung, dass in das Äquivalenzgefüge der Hauptleistungspflichten eingegriffen wird, so dass die Pauschalabgeltung und die geleisteten Überstunden nicht mehr in einem angemessenen Verhältnis zueinander stehen.[90] Auch das BAG hält es zwischenzeitlich für erforderlich, dass pauschale Stundenabgeltungen einer Inhaltskontrolle nach § 307 Abs. 1 Satz 2 BGB unterzogen werden.[91]

44 Wird die Tätigkeit des Arbeitnehmers im Arbeitsvertrag nicht beschrieben, sondern enthält der Arbeitsvertrag nur eine „**Vergütungsgruppenklausel**", fehlt es an der nach § 307 Abs. 1 Nr. 2 BGB erforderlichen Transparenz. Eine solche Klausel ist nunmehr unwirksam.[92] Auch Versetzungsklauseln, die den Arbeitgeber nicht verpflichten, dem Arbeitnehmer eine gleichwertige Tätigkeit zuzuweisen und auch nicht näher eingegrenzte Gehaltskürzungen gestatten, verstoßen gegen das Transparenzgebot, daneben aber auch gegen § 307 Abs. 2 BGB, weil bei Überschreitung des ohne Ausspruch einer Änderungskündigung nicht veränderbaren

---

78 BGH 9.5.2001 – IV ZR 121/00, NJW 2001, 2014; BGH 19.10.1999 – XI ZR 8/99, NJW 2000, 651.
79 BGH 10.7.1990 – XI ZR 275/89, BGHZ 112, 119; BGH 20.4.1993 – X ZR 67/92, NJW 1993, 2054.
80 BGH 2.2.1994 – VIII ZR 262/92, NJW 1994, 1004.
81 BGH 1.2.1996 – I ZR 44/94, NJW 1996, 2374.
82 BAG 19.3.2003 – 4 AZR 331/02, DB 2003, 2126; *Oetker*, JZ 2002, 330.
83 BAG 7.12.2005 – 5 AZR 535/04, NZA 2006, 423.
84 LAG Hamburg 29.4.2004 – 1 Sa 47/03, NZA-RR 2005, 151.
85 LAG Schleswig-Holstein 2.2.2005 – 3 Sa 515/04, NZA-RR 2005, 351.
86 BAG 23.2.2005 – 4 AZR 139/04, NZA 2005, 1193.
87 AnwK-ArbR/*Hümmerich*, § 307 BGB Rn 91.
88 *Hümmerich*, Gestaltung von Arbeitsverträgen, § 2 Rn 2729; a.A. wohl BAG 23.3.2006 – 2 AZR 162/05, DB 2006, 2351.
89 LAG Schleswig-Holstein 22.9.2004 – 3 Sa 245/04, ArbRB 2005, 7; ErfK/*Preis*, §§ 305–310 BGB Rn 88; *Hümmerich/Rech*, NZA 1999, 1132.
90 LAG Köln 20.12.2001 – 6 Sa 965/01, AuR 2002, 193; HWK/*Gotthardt*, Anh. §§ 305–310 BGB Rn 18.
91 BAG 31.8.2005 – 5 AZR 555/04, AuR 2005, 381 = FA 2005, 351.
92 AnwK-ArbR/*Hümmerich*, § 307 BGB Rn 94.

Bestands des Arbeitsverhältnisses eine Benachteiligung anzunehmen ist. Die Klausel ist mit wesentlichen Grundgedanken der gesetzlichen Regelung, von der abgewichen wird, nicht zu vereinbaren.

Aus dem Transparenzgebot ergibt sich auch, dass der Tatbestand, der eine **Vertragsstrafe** auslösen soll, klar beschrieben sein muss.[93] Unangemessen i.S.v. § 307 Abs. 1 Satz 2 BGB ist eine Regelung, wonach eine Vertragsstrafe durch „schuldhaft vertragswidriges Verhalten des Arbeitnehmers, das den Arbeitgeber zur fristlosen Kündigung des Arbeitsverhältnisses veranlasst", verwirkt ist.[94] Das OLG Düsseldorf hält eine Klausel, die an den globalen Tatbestand des „Vertragsbruchs" anknüpft, ohne im Einzelnen zu sagen, welcher Sachverhalt als „Vertragsbruch" gewürdigt werden soll, für nicht hinreichend bestimmt und deshalb nach § 307 Abs. 1 Satz 2 BGB für unwirksam.[95]

Wird in **Vertriebsmitarbeiterklauseln** geregelt, dass „Änderungen des dem Mitarbeiter zugewiesenen Bezirks vorbehalten bleiben", ist eine solche Klausel nicht generell nach § 307 Abs. 1 Satz 2 BGB unwirksam. Dem Verwender ist es gestattet, unbestimmte Rechtsbegriffe aus der Rechtssprache zu übernehmen.[96] Erst wenn die wirtschaftlichen Auswirkungen einer Gebietsänderung die Grenze von 15 bis 20 % überschreiten, kann die Klausel nach § 307 Abs. 1 Satz 2 BGB sowie nach § 307 Abs. 2 Nr. 1 BGB unwirksam werden. Unklar ist noch, ob diese bisherige Grenze in der BAG-Rechtsprechung (15 bis 20%) durch das Urteil vom 12.1.2005 auch für Vertriebsmitarbeiter generell in einen Korridor von 25 bis 30 % umgewandelt wurde.[97]

Das LAG Hamm stellt strenge Anforderungen an die Eindeutigkeit, Klarheit und Unmissverständlichkeit einer vertraglichen **Rückzahlungsklausel** zum Weihnachtsgeld. Bereits der Zusatz in einem Arbeitsvertrag, „im Übrigen gelten die tariflichen Vorschriften", kann eine derartige Bezugnahmeklausel wegen Verstoßes gegen das Transparenzgebot unwirksam machen.[98]

Bei unklaren Regelungen über den Entzug des **Dienstfahrzeuges** durch den Arbeitgeber ist die Unklarheitenregel anzuwenden.[99] Das LAG Hessen hält eine Widerrufsklausel unter Hinweis darauf, dass die private Nutzung bei Zugrundelegung des steuerlichen Wertes nur 2,62 % der monatlichen Vergütung ausmachte, nach § 307 Abs. 1 BGB für wirksam.[100] Auch **Zielvereinbarungen** sind am Transparenzgebot zu messen.[101]

Schließlich hat das BAG für **Arbeit auf Abruf** eine weitreichende Entscheidung gefällt. Die bei einer Vereinbarung von Arbeit auf Abruf einseitig vom Arbeitgeber abrufbare Arbeit des Arbeitnehmers darf nicht mehr als 25 % der vereinbarten wöchentlichen Mindestarbeitszeit betragen, andernfalls liegt ein Verstoß gegen § 307 Abs. 1 BGB vor.[102] Der 5. Senat geht bei der Angemessenheitsprüfung nach § 307 Abs. 1 BGB davon aus, dass auf der einen Seite das Interesse des Arbeitgebers an einer Flexibilisierung der Arbeitszeitdauer bei Abrufarbeit besteht und auf der anderen Seite das Interesse des Arbeitnehmers an einer festen Regelung der Dauer der Arbeitszeit und der sich daraus ergebenden Arbeitsvergütung besteht, wobei diese jeweiligen Interessen angemessen zum Ausgleich zu bringen sind. Der Senat hat im Urteil vom 7.12.2005 auf seine Grundsätze im Urteil vom 12.1.2005 zurückgegriffen und die Interessenabwägung in gleicher Weise vorgenommen wie die Prüfung der Wirksamkeit von Widerrufsvorbehalten.

3. Benachteiligungsverbot, § 307 Abs. 2 Nr. 1 BGB

a) Grundsätze

§ 307 Abs. 2 Nr. 1 BGB enthält drei Tatbestandsmerkmale. Anknüpfungspunkt ist die „gesetzliche Regelung", aus der sich „wesentliche Grundgedanken" ergeben. Jede Arbeitsvertragsklausel ist unwirksam, wenn sie mit diesen Grundgedanken „unvereinbar" ist. Als gesetzliche Regelung gelten die Regelungen des dispositiven Rechts wie §§ 611 ff. BGB oder §§ 105 ff. GewO. BGH[103] und BAG[104] sind sich einig, dass als gesetzliche Regelungen auch die von der Rechtsprechung entwickelten ungeschriebenen Rechtssätze anzusehen

---

[93] BAG 21.4.2005 – 8 AZR 425/04, NZA 2005, 1053; BAG 4.3.2004 – 8 AZR 196/03, NZA 2004, 727; Brors, jurisPR-ArbR 34, 2004.
[94] BAG 21.4.2005 – 8 AZR 425/04, NZA 2005, 1053.
[95] OLG Düsseldorf 18.10.1992 – 16 U 173/90, DB 1992, 86.
[96] Palandt/*Heinrichs*, § 307 BGB Rn 18.
[97] BAG 12.1.2005 – 5 AZR 364/04, NZA 2005, 465; *Hümmerich*, NJW 2005, 1759.
[98] LAG Hamm 25.2.2000 – 10 Sa 2061/99, NZA-RR 2000, 541; LAG Hamm 12.2.1999 – 10 Sa 1621/98, NZA-RR 1999, 514.
[99] *Reinecke*, NZA 2005, 953.
[100] LAG Hessen 20.7.2004 – 13 Sa 199/03, LAG-Report 2005, 1.
[101] Däubler/Dorndorf/*Dorndorf*, AGB im Arbeitsrecht, Anh. § 307 BGB Rn 617.
[102] BAG 7.12.2005 – 5 AZR 535/04, NZA 2006, 423.
[103] BGH 15.7.1997 – XI ZR 269/96, NJW 1997, 2752; BGH 10.12.1992 – 1 ZR 186/90, BGHZ 121, 14.
[104] BAG 24.10.2002 – 6 AZR 632/00, NZA 2003, 668.

sind. Auch alle Rechtsregeln, die von der Rechtsprechung durch Auslegung, Analogie oder Rechtsfortbildung aus dem Gesetz abgeleitet werden, können als „gesetzliche Regelung" i.S.v. § 307 Abs. 2 Nr. 1 BGB verstanden werden.[105] *Dorndorf* zeigt die Abweichung von einem wesentlichen Grundgedanken des dispositiven Rechts am Beispiel des Betriebs- und Beschäftigungsrisikos auf.[106] Es sei ein „wesentlicher Grundgedanke" des § 615 BGB, dass das Betriebs- und Beschäftigungsrisiko nicht beim Arbeitnehmer, sondern beim Arbeitgeber liege. Eine vorformulierte Vertragsbedingung, die den Arbeitnehmer im Falle eines Arbeitshindernisses wegen Stromausfalls zur Nachleistung verpflichte, verstoße gegen einen wesentlichen Grundgedanken des § 615 BGB und sei damit nach § 307 Abs. 2 Nr. 1 BGB unwirksam.

51 Eine unwesentliche Abweichung von den wesentlichen Grundgedanken der gesetzlichen Regelung ist nicht ausreichend.[107] Die Klausel muss mit den wesentlichen Grundgedanken der Norm nicht zu vereinbaren sein. Man unterscheidet zwischen einem „AGB-disponiblen" Randbereich und dem **Gerechtigkeitskern** der gesetzlichen Regelung.[108] Das Benachteiligungsverbot des § 307 Abs. 2 Nr. 1 BGB behandelte das BAG wegen der früher in § 23 AGBG bestehende Bereichsausnahme unter dem Stichwort **„Störung der Vertragsparität"**. Das BAG war der Ansicht, es müsse korrigierend eingreifen, wenn der Inhalt eines Vertrages ungewöhnlich belastend und als Interessenausgleich offensichtlich unangemessen sei.[109] Das BAG entschied in dem Urteil vom 9.9.2003, dass eine Vertragsklausel unwirksam sei, die den Arbeitnehmer verpflichte, bei Beendigung des Arbeitsverhältnisses einen ihm zur Privatnutzung überlassenen Dienstwagen zurückzugeben und dennoch für die restliche Laufzeit zu verlangen, dass der Arbeitnehmer die anfallenden Raten des Leasingvertrages in einem Einmalbetrag zahle. Mit der Beendigung des Arbeitsverhältnisses und dem dadurch bedingten Wegfall der Privatnutzung des Dienstfahrzeugs wurden nach Ansicht des BAG durch die zwischen den Parteien vereinbarte Arbeitsvertragsklausel die Vertragsparität, das Verhältnis zwischen Leistung und Gegenleistung, gestört. Hätte der 9. Senat auf den am 9.9.2003 von ihm entschiedenen Sachverhalt bereits das AGB-Recht anwenden können, hätte es die Vereinbarung nach § 307 Abs. 2 Nr. 1 BGB wegen einer mit dem Leitbild der Dienstwagennutzung nicht in Einklang zu bringenden Äquivalenzstörung für unwirksam gehalten.

b) Beispielsfälle

52 **Widerrufsvorbehalte** bei Vergütungs- und Aufwendungsersatzzusagen in Arbeitsverträgen misst das BAG an § 307 Abs. 2 Nr. 1 BGB. In seiner Grundsatzentscheidung vom 12.1.2005[110] entschied der 5. Senat, dass ein Änderungsvorbehalt gegen die Regel *„pacta sunt servanda"* verstoße und damit der Widerruf einer übertariflichen Zulage und einer Fahrtkostenerstattung eine Abweichung von wesentlichen Grundgedanken der gesetzlichen Regelung darstelle (§ 307 Abs. 2 Nr. 1 BGB). Mit dem Kunstgriff von *„pacta sunt servanda"* gelangt man bei § 307 Abs. 2 Nr. 1 BGB immer dann zu einem Rechtsverstoß, wenn dem Arbeitgeber eingeräumt wird, von einer im Arbeitsvertrag getroffenen Regelung einseitig abzuweichen. Eine vorformulierte Klausel, nach der ein Arbeitgeber eine **andere als die vertraglich vereinbarte Tätigkeit** einem Arbeitnehmer „falls erforderlich" und nach „Abstimmung der beiderseitigen Interessen" einseitig **zuweisen** kann, ist jedenfalls dann als unangemessene Benachteiligung i.s.v. § 307 BGB anzusehen, wenn nicht gewährleistet ist, dass die Zuweisung eine mindestens gleichwertige Tätigkeit zum Gegenstand haben muss.[111]

53 **Entwicklungsklauseln** in Chefarztverträgen sind nach hier vertretener Auffassung[112] mit den wesentlichen Grundgedanken der gesetzlichen Regelung gemäß § 307 Abs. 2 Nr. 1 BGB nicht zu vereinbaren. Auch der Umstand, dass chefärztliche Entwicklungsklauseln bisher allgemein üblich und grundsätzlich wirksam waren,[113] ändert an dieser Rechtslage nichts.

54 **Kurzarbeitsklauseln**, die arbeitsvertraglich die voraussetzungslose, jederzeitige einseitige Einführung von Kurzarbeit durch den Arbeitgeber vorsehen, stehen mit wesentlichen Grundgedanken des gesetzlichen Synal-

---

105 BGH 8.7.1993 – VII ZR 79/92, NJW 1993, 2738; BGH 28.4.1983 – VII ZR 259/82, NJW 1983, 1671; BGH 12.3.1985 – VII ZR 37/86, BGHZ 100, 157.
106 Däubler/Dorndorf/*Dorndorf*, AGB im Arbeitsrecht, § 307 BGB Rn 221.
107 BGH 19.3.1992 – IX ZR 166/91, NJW 1992, 1626.
108 Staudinger/*Coester*, § 9 AGBG Rn 183; Däubler/Dorndorf/*Dorndorf*, AGB im Arbeitsrecht, § 307 BGB Rn 223.
109 BAG 9.9.2003 – 9 AZR 574/02, NZA 2004, 484.
110 BAG 12.1.2005 – 5 AZR 364/04, NZA 2005, 465.
111 BAG 9.5.2006 – 9 AZR 424/05, NZA 2007, 145.
112 *Hümmerich/Bergwitz*, BB 2005, 997; *Hümmerich*, MedR 2005, 575.
113 BAG 13.3.2003 – 6 AZR 557/01, AP § 611 BGB Arzt-Krankenhaus-Vertrag Nr. 47; BAG 9.1.1980 – 5 AZR 71/78, AP § 611 BGB Arzt-Krankenhaus-Vertrag Nr. 6; BAG 7.9.1972 – 5 AZR 12/72, AP § 767 ZPO Nr. 2; BAG 15.12.1976 – 5 AZR 600/75, AP § 611 BGB Arzt-Krankenhaus-Vertrag Nr. 3.

lagma nicht in Einklang und verstoßen daher gegen § 307 Abs. 2 Nr. 1 BGB.[114] Selbst in Tarifverträgen darf keine voraussetzungslose Anordnungsbefugnis des Arbeitgebers zur Kurzarbeit vereinbart werden.[115]

Eine **Mankoklausel** im Arbeitsvertrag, die einem Arbeitnehmer eine Mithaftung für Fehlbestände in einem Bereich auferlegt, zu dem der Arbeitnehmer nicht den alleinigen Zugang hat, ist schon nach bisheriger BAG-Rechtsprechung unwirksam,[116] sie ist es ferner nach § 307 Abs. 2 Nr. 1 BGB. Auch solche Mankoabreden, die dem Arbeitnehmer eine Erfolgshaftung über den Umfang einer gesonderten Mankovergütung hinaus auferlegen, sind nach Ansicht des BAG unwirksam.[117] Da die Manko-Rechtsprechung als wesentlicher Grundgedanke einer gesetzlichen Haftungsregelung für Arbeitnehmer anzusehen ist, ergibt sich die Unwirksamkeit einer von der BAG-Rechtsprechung zu Mankoklauseln abweichenden Vertragsklausel aus § 307 Abs. 2 Nr. 1 BGB. 55

Unwirksam sind uneingeschränkte Rückzahlungsklauseln bei **Falschberechnungen** des Arbeitsentgelts. Derartige Klauseln stellen vor dem Hintergrund des dispositiven Leitbilds des § 818 Abs. 3 BGB eine unangemessene Benachteiligung dar.[118] 56

Die Rechtsprechung zur Anwendung des § 308 Nr. 4 BGB bei Widerrufsvorbehalten und zur vom Gesetz „abweichenden Regelung" i.S.v. § 307 Abs. 2 Nr. 1 BGB ist bei **Betriebsvereinbarungen** nicht anwendbar. Widerrufsvorbehalte in Betriebsvereinbarungen unterliegen keiner AGB-Kontrolle.[119] 57

Widerrufsvorbehalte zur Vergütungs- und Arbeitspflicht sind seit dem Urteil des BAG vom 12.1.2005 nach § 308 Nr. 4 BGB zumutbar, wenn sich durch Ausübung des Widerrufs die Vergütung nicht um mehr als 25 bis 30 % verschlechtert. Wird dieser Grenzkorridor im Zuge der Ausübung eines Widerrufsvorbehalts überschritten, ist der im Arbeitsvertrag enthaltene Widerrufsvorbehalt eine „abweichende Regelung" i.S.v. § 307 Abs. 2 Nr. 1 BGB.[120] Widerrufsvorbehalte zur Arbeitszeit des Arbeitnehmers sind mit § 307 Abs. 2 Nr. 1 BGB nicht zu vereinbaren, wie sich aus der Musikschullehrer-Entscheidung des BAG[121] schon vor der Schuldrechtsmodernisierung ergab. Diese Rechtsprechung des BAG ist als „gesetzliche Regelung" i.S.d. § 307 Abs. 2 Nr. 1 BGB anzusehen. Flexible Entgeltabreden in Arbeitsverträgen können aufgrund des Urteils des BAG vom 12.1.2005 in Zukunft befristet werden.[122] 58

4. Aushöhlungsverbot, § 307 Abs. 2 Nr. 2 BGB

a) Grundsätze

Mit dem Aushöhlungsverbot in § 307 Abs. 2 Nr. 2 BGB erklärt der Gesetzgeber Klauseln für unwirksam, die die Rechtspositionen des Vertragspartners, die ihm nach dem Vertragszweck zustehen sollen, wesentlich beeinträchtigen.[123] Die Vorschrift soll den Fall erfassen, dass für das in Frage stehende normative Problem Gesetzesnormen oder Richterrecht oder geeignete Rechtsprinzipien, wie sie in § 307 Abs. 2 Nr. 1 BGB verlangt werden, nicht zur Verfügung stehen.[124] Die Grenzen zwischen der Anwendung von Nr. 1 und Nr. 2 verschwimmen, weil „wesentliche Grundgedanken der gesetzlichen Regelung" in Nr. 1 auch Richterrecht und Rechtsprinzipien sein können, so dass in Einzelfällen die gleichen Rechtsprinzipien Anknüpfungspunkte von Nr. 1 und von Nr. 2 bilden können.[125] „Wesentliche Rechte und Pflichten" i.S.v. Nr. 2 können solche sein, die zum Schutz der zur Vertragsnatur gehörenden Interessen erforderlich sind,[126] oder wenn „zentrale Leistungs- und Schutzerwartungen" betroffen sind, die die Vertragspartner aufgrund des Vertrages hegen dürfen.[127] Mit den „Rechten und Pflichten" sind primär die **Hauptleistungspflichten** gemeint.[128] Wesentlich kann auch die Aushöhlung eines Gestaltungsrechts sein sowie von Neben- oder Schutzpflichten, weil die 59

---

[114] *Hümmerich*, NZA 2003, 753.
[115] BAG 18.10.1984 – 1 AZR 503/93, NZA 1995, 1064.
[116] BAG 17.9.1998 – 8 AZR 175/97, DB 1998, 2610.
[117] BAG 2.12.1999 – 8 AZR 386/98, NZA 2000, 715.
[118] ErfK/*Preis*, §§ 305–310 BGB Rn 90; *Gotthardt*, Arbeitsrecht nach der Schuldrechtsreform, Rn 323.
[119] BAG 1.2.2006 – 5 AZR 187/05, NZA 2006, 564.
[120] BAG 12.1.2005 – 5 AZR 364/04, NZA 2005, 465; *Hümmerich*, NJW 2005, 1759.
[121] BAG 12.12.1984 – 7 AZR 509/83, BAGE 47, 314.
[122] *Willemsen/Grau*, NZA 2005, 1137; *Preis/Bender*, NZA-RR 2005, 337.
[123] BGH 20.6.1985 – VII ZR 137/83, NJW 1985, 914, 916.
[124] Staudinger/*Coester*, § 9 AGBG Rn 196.
[125] LAG Brandenburg 27.7.2004 – 1 Sa 646/03, LAGE § 307 BGB 2002 Nr. 4; Däubler/Dorndorf/*Dorndorf*, AGB im Arbeitsrecht, § 307 BGB Rn 228.
[126] *Wolf/Horn/Lindacher*, § 9 AGBG Rn 85.
[127] Staudinger/*Coester*, § 9 AGBG Rn 208.
[128] BGH 24.10.2001 – VIII ARZ 1/01, NJW 2002, 673, 675.

sinnvolle Vertragserfüllung auch gerade dann eingeschränkt sein kann, wenn der Verwender Allgemeiner Geschäftsbedingungen seine Nebenpflichten einschränkt.[129]

60 Das **Lohnrisiko** trägt, außer in Fällen des Arbeitskampfes,[130] der Arbeitgeber. Sähe eine Klausel im Arbeitsvertrag vor, dass das Gehalt des Arbeitnehmers parallel zur Entwicklung des Gewinns des Unternehmens prozentual steigt oder sinkt und der Arbeitnehmer im Falle eines Verlustes kein Gehalt erhalten würde, wäre die Klausel nach § 307 Abs. 2 Nr. 2 BGB wegen Überwälzung des unternehmerischen Risikos auf den Arbeitnehmer unwirksam.[131] In § 615 BGB kommt eine elementare Gerechtigkeitsvorstellung des Arbeitsrechts zum Ausdruck.[132]

61 Noch ungeklärt ist, in welchem Verhältnis das Prüfkriterium „Besonderheiten des Arbeitsrechts" in § 310 Abs. 4 Satz 2 BGB zu den „wesentlichen Grundgedanken der gesetzlichen Regelung" in § 307 Abs. 2 BGB steht. Setzt man beide Regelungen zueinander in Beziehung, besteht die ständige Gefahr von Zirkelschlüssen.[133]

b) Beispielsfälle

62 Anlassfreie **Freistellungsklauseln** gefährden den Vertragszweck. Während des Bestandes eines Arbeitsverhältnisses überwiegt aus persönlichkeitsrechtlichen Gründen das Beschäftigungsinteresse des Arbeitnehmers.[134] Fehlt in einer Freistellungsklausel des Arbeitsvertrages jeglicher Anknüpfungspunkt an einen konkreten, überwiegende Arbeitgeberinteressen ergebenden Freistellungsgrund, wird dem Arbeitnehmer das Recht auf Erbringung der Hauptleistungspflicht in nicht begründeter Weise genommen. Die Erreichung des Vertragszwecks ist damit ausgeschlossen, so dass eine anlassfreie Freistellungsklausel nach § 307 Abs. 2 Nr. 2 BGB unangemessen ist.[135] Der Gestalter von Arbeitsverträgen muss sich einiges einfallen lassen, damit er eine einerseits den Bedürfnissen des Arbeitgebers Rechnung tragende Freistellungsklausel formuliert, andererseits die Rechte des Arbeitnehmers in ausreichendem Maße wahrt.

63 Das BAG wählt bei **Ausschlussklauseln** – unverständlicherweise – als Leitbild eine aus § 61b Abs. 1 ArbGG entnommene Drei-Monats-Frist.[136] Bei zweistufigen Ausschlussklauseln, die es trotz der entgegenstehenden Regelung in § 309 Nr. 13 BGB für wirksam hält, nimmt das BAG ebenfalls für jede Stufe eine Frist von drei Monaten an.[137] Zweimonatige Ausschlussklauseln sind unwirksam.[138] Eine einzelvertragliche Ausschlussklausel, die die gerichtliche Geltendmachung von Ansprüchen in vier Wochen nach Ablehnung vorschreibt, ist „krass unangemessen" und daher unwirksam.[139] Es entspricht einhelliger Auffassung in Rechtsprechung und Schrifttum, dass einseitige einzelvertragliche Ausschlussfristen den Arbeitnehmer unangemessen benachteiligen und nach § 307 Abs. 2 BGB unwirksam sind.[140]

64 Zu **Bonusmeilen** hat das BAG[141] unter Bestätigung des Urteils des LAG Hamm[142] entschieden, dass der Arbeitnehmer verpflichtet sei, die erworbenen Bonusmeilen für weitere Dienstflüge einzusetzen. Das bedeutet nicht, dass es dem Verwender (Arbeitgeber) verwehrt ist, wegen § 307 Abs. 2 Nr. 2 BGB eine abweichende Regelung zu Gunsten des Arbeitnehmers zu treffen. Die Inhaltskontrolle von Arbeitsvertragsklauseln findet zu Gunsten der anderen Vertragspartei (des Arbeitnehmers) statt. Wird zu Gunsten des Arbeitnehmers von der zur Verwendung von Bonusmeilen ergangenen Rechtsprechung von wesentlichen Grundgedanken i.S.v. § 307 Abs. 2 Nr. 1 BGB abgewichen, ist nicht die Unwirksamkeit der Bestimmung der Vertragsregelung die Folge, sondern es handelt sich um Vertragsautonomie.

---

129 *Stoffels*, AGB-Recht, Rn 531.
130 BAG 15.12.1998 – 1 AZR 216/98, DB 1999, 1023.
131 LAG Hamm 16.10.1989 – 19 (13) Sa 1510/88, ZIP 1990, 880.
132 ArbG Leipzig 11.2.1999 – 6 Ca 10412/98, n.v.; Staudinger/*Richardi*, § 615 BGB Rn 10.
133 AnwK-ArbR/*Hümmerich*, § 307 BGB Rn 42.
134 ArbG Berlin 4.2.2005 – 9 Ga 1155/05, n.v.; ArbG Frankfurt a.M. 19.11.2003 – 2 Ga 251/03, SPA 11/2004, 6.
135 *Beckmann*, NZA 2004, 1131; *Hümmerich*, Gestaltung von Arbeitsverträgen, § 1 Rn 1413 f.
136 BAG 25.5.2005 – 5 AZR 572/04, NZA 2005, 1111; BAG 28.9.2005 – 5 AZR 52/05, DB 2006, 1959.
137 BAG 25.5.2005 – 5 AZR 572/04, NZA 2005, 1111.
138 BAG 28.9.2005 – 5 AZR 52/05, NZA 2006, 149 = NJW 2006, 795.
139 LAG Köln 27.8.2004 – 4 Sa 178/04, BB 2005, 672.
140 LAG Schleswig-Holstein 22.9.2004 – 3 Sa 245/04, jurisPR-ArbR 4/2005 Nr. 5 m. Anm. *Beckmann*; Däubler/Dorndorf/*Dorndorf*, AGB im Arbeitsrecht, § 310 BGB Rn 103; ErfK/*Preis*, §§ 194–218 BGB Rn 50; *Krause*, RdA 2004, 36, 47; *Lakies*, NZA 2004, 569, 574; *Reinecke*, BB 2005, 381.
141 BAG 11.4.2006 – 9 AZR 500/05, NJW 2006, 3803 = N/A 2006, 1089.
142 LAG Hamm 29.6.2005 – 14 Sa 496/05, EzA-SD 2005 Nr. 19, 14.

5. Schranken der Inhaltskontrolle, § 307 Abs. 3 BGB

a) Grundsätze

§ 307 Abs. 3 Satz 1 BGB enthält zwei Aussagen. Aus der Inhaltskontrolle ausgeklammert sind Bestimmungen in Allgemeinen Geschäftsbedingungen, durch die von Rechtsvorschriften abweichende oder diese ergänzende Regelungen vereinbart werden. **Deklaratorische Klauseln** sind nicht kontrollfähig.[143] Gesetzes- oder rechtsprechungswiederholende Klauseln sind generell wirksam.[144] Da eine gesetzeswiederholende Klausel zwangsläufig mit objektivem Recht übereinstimmt, würde eine zusätzliche Inhaltskontrolle dem Richter eine Angemessenheitskontrolle von Gesetzen einräumen, die ihm nicht zusteht.[145] Eine deklaratorische Klausel unterliegt schließlich auch deshalb keiner Inhaltskontrolle, weil an die Stelle der unwirksamen Klausel ohnehin die gesetzliche Regelung treten würde.

Die zweite Aussage des § 307 Abs. 3 Satz 1 BGB besteht darin, dass von der Inhaltskontrolle die **Festlegung von Leistung und Gegenleistung** sowie ihres Verhältnisses zueinander ausgenommen ist, da für eine Beurteilung in der Regel rechtliche Maßstäbe fehlen. Leistung und Gegenleistung, damit auch die Vergütung im Arbeitsverhältnis, bleiben, von der Lohnwucherkontrolle abgesehen, grundsätzlich kontrollfrei.[146]

Der Begriff der **Rechtsvorschrift** in § 307 Abs. 3 Satz 1 BGB ist weit auszulegen. Nicht alle materiellen Gesetze fallen hierunter, sondern auch ungeschriebene Rechtsgrundsätze und Richterrecht.[147] Rechtsvorschrift i.S.v. § 307 Abs. 3 BGB ist auch § 105 GewO. Widerrufsvorbehalte in Arbeitsverträgen stellen nach Ansicht des BAG eine von der Rechtsvorschrift *„pacta sunt servanda"* abweichende Regelung dar.[148] Die Einbeziehung von Treu und Glauben in den Begriff „Rechtsvorschriften" ist für das Individualarbeitsrecht insoweit von Bedeutung, als eine Reihe ungeschriebener Treue- und Nebenpflichten des Arbeitsverhältnisses damit die Eigenschaften von Rechtsvorschriften i.S.d. § 307 Abs. 3 Satz 1 BGB zukommt.[149] Arbeitsbedingungen im Arbeitsvertrag, die von in der Rechtsprechung anerkannte Nebenpflichten nicht abweichen, sind damit nicht kontrollfähig.

Eine noch umstrittene Frage ist es, ob Kollektivverträge Rechtsvorschriften i.S.d. § 307 Abs. 3 Satz 1 BGB sind.[150] Die Gegenansicht sieht § 310 Abs. 4 Satz 2 BGB als *lex specialis* gegenüber § 307 Abs. 3 Satz 1 BGB; Rechtsvorschriften gemäß §307 Abs. 3 BGB könnten nicht Kollektivnormen sein, da diese generell aus der Inhaltskontrolle herausgenommen seien.[151]

Der Zweck der gesetzlichen Regelung, Kollektivnormen einen AGB-rechtlichen Sonderstatus über eine Bereichsausnahme zuzuweisen, würde unterlaufen, würde man die Kollektivnormen, selbst bei bloßer textlicher Wiedergabe in einem Arbeitsvertrag, als Rechtsvorschriften nach § 307 Abs. 3 Satz 1 BGB oder – mit Blick auf die Rechtssetzungsbefugnis der Tarifparteien nach Art. 9 Abs. 3 GG – als „gesetzliche" Regelungen i.S.v. § 307 Abs. 2 Nr. 1 BGB gelten lassen. Die Bereichsausnahme in § 310 Abs. 4 Satz 1 BGB will in Anerkennung der Tarifautonomie zu einer Kontrollfreiheit kollektiver Normengefüge beitragen. Das bedeutet nicht, dass Kollektivnormen zum Maßstab der Inhaltskontrolle herangezogen werden können. Andernfalls wäre die Bereichsausnahme in § 310 Abs. 4 Satz 1 BGB überflüssig. Schon die Existenz der Bereichsausnahme belegt, dass Kollektivnormen vom Gesetzgeber keinesfalls als nichtkontrollfähige Klausel i.S.d. § 307 Abs. 3 BGB angesehen werden.

b) Beispielsfälle

Bei **nachvertraglichen Wettbewerbsverboten** findet keine zusätzliche Inhaltskontrolle über § 74a Abs. 1 Satz 1 und 2 HGB hinaus durch § 307 Abs. 3 BGB statt. Die entgegenstehende Auffassung des LAG

---

[143] BGH 13.3.1987 – VII ZR 37/86, BGHZ 100, 158, 173; BGH 24.9.1998 – III ZR 219/97, NJW 1999, 864.
[144] AnwK-ArbR/*Hümmerich*, § 307 BGB Rn 8.
[145] *Stoffels*, AGB-Recht, Rn 423 f.
[146] *Gotthardt*, Arbeitsrecht und Schuldrechtsreform, Rn 242; *Henssler*, RdA 2002, 129; *Hromadka*, NJW 2002, 2523; *Hümmerich/Holthausen*, NZA 2002, 173; *Lakies*, NZA-RR 2002, 337; *Lingemann*, NZA 2002, 185; *Ziemann*, FA 2002, 312; a.A. *Däubler*, NZA 2001, 1335; *Reinecke*, DB 2002, 583, 585.
[147] BGH 10.12.1992 – I ZR 186/90, BGHZ 121, 13, 18; BGH 15.7.1997 – XI ZR 269/96, NJW 1997, 2752; Palandt/*Heinrichs*, § 307 BGB Rn 64.
[148] BAG 12.1.2005 – 5 AZR 264/04, NJW 2005, 1820.
[149] BAG 27.12.1985 – GS 1/84, NZA 1985, 702.
[150] Dafür: Bamberger/Roth/*Becker*, § 310 BGB Rn 35; *Däubler*, NZA 2001, 1329, 1334; Kittner/Zwanziger/*Kittner*, Arbeitsrecht Handbuch, § 15 Rn 52; *Lakies*, NZA-RR 2002, 337, 344; Palandt/*Heinrichs*, § 310 BGB Rn 51; *Reinecke*, DB 2002, 585; Schaub/*Schaub*, Arbeitsrechts-Handbuch, § 31 Rn 7.
[151] ErfK/*Preis*, §§ 305–310 BGB Rn 38; *Boudon*, ArbRB 2003, 150; *Gotthardt*, ZIP 2002, 277, 282; *Henssler*, RdA 2002, 136; *Hromadka*, NJW 2002, 2527; *Lieb*, FS Ulmer, S. 1231, 1244; *Richardi*, NZA 2002, 1061; *Singer*, RdA 2003, 194; *Thüsing*, BB 2002, 2671; *Tschöpe*, DB 2002, 1830.

§ 1 Verträge mit Arbeitnehmern, freien Mitarbeitern und Gesellschaftsorganen

Hamm[152] ist nicht zutreffend. Bei einem nachvertraglichen Wettbewerbsverbot fehlt es schon an der von § 307 Abs. 3 BGB vorausgesetzten „Abweichung vom Gesetz".[153]

71 **Leistungsbeschreibungen** und **Preisvereinbarungen** unterliegen im Arbeitsrecht grundsätzlich keiner Inhaltskontrolle. Nur sog. **Preisnebenabreden** sind in der BGH-Rechtsprechung kontrollfähig.[154] Als kontrollfähige Preisnebenabreden wurden in der Vergangenheit Fälligkeitsklauseln, Wertstellungsklauseln, Tilgungsverrechnungsklauseln, Klauseln über Zusatzboni, Rabatte, Klauseln über Verzugszinsen angesehen.[155] Kontrollfähig sind auch Schätzungsklauseln, Einschränkungen des Ausgleichsanspruchs des Handelsvertreters oder Klauseln über Nutzungszinsen in einem Unternehmenskaufvertrag sowie Klauseln über die Verzinsung von Rückzahlungsansprüchen.[156]

72 Rückzahlungsklauseln für **Fortbildungsveranstaltungen** des Arbeitnehmers in Arbeitsverträgen oder Nebenabsprachen zu Arbeitsverträgen werden auch künftig einer Inhaltskontrolle unterliegen, wobei Orientierungsmaßstab die bisherige BAG-Rechtsprechung sein wird.[157] Fälligkeitsklauseln oder Verzugszinsregelungen bei Arbeitgeberdarlehen bleiben im Arbeitsverhältnis kontrollfähig.

73 Die BGH-Rechtsprechung über **Zusatzboni** dürfte nicht übertragbar sein, da jede Art von Bonus Teil der Vergütung ist und damit Bestandteil der nicht kontrollfähigen Hauptleistungspflichten des Arbeitgebers.[158]

VI. Inhaltskontrolle nach § 308 BGB

74 Die Tatbestände des § 308 BGB haben eine selbständige Bedeutung neben der Generalklausel des § 307 Abs. 1 BGB. Eine Klausel kann nach § 308 BGB unwirksam sein, selbst wenn sich ihre Unwirksamkeit aus § 307 Abs. 1 BGB nicht ergeben würde.[159] Ist eine Klausel nach § 308 BGB unwirksam, ist eine Korrektur dieser Rechtsfolge über § 307 Abs. 1 BGB ausgeschlossen.[160] Die nachfolgende Darstellung behandelt diejenigen arbeitsrechtlichen Sachverhalte, die unter die einzelnen Klauselverbote mit Wertungsmöglichkeiten nach § 308 BGB subsumiert werden können.

1. Rücktrittsvorbehalt, § 308 Nr. 3 BGB

75 Ein Vorvertrag unterliegt der AGB-Kontrolle, wenn seine Vertragsbedingungen nicht einzelvertraglich ausgehandelt, sondern vom Arbeitgeber gestellt und für eine Vielzahl von Vereinbarungen vorformuliert werden. Wirksam ist ein Rücktrittsvorbehalt nach § 308 Nr. 3 BGB nur, wenn in dem Vorbehalt der Grund für die Lösung vom Vertrag mit hinreichender Deutlichkeit angegeben ist und ein sachlich gerechtfertigter Grund für seine Aufnahme in die Vereinbarung besteht.[161] Ein Vorvertrag über ein Arbeitsverhältnis stellt kein Dauerschuldverhältnis dar. Die von einem Arbeitgeber vorbehaltene einseitige Lösungsmöglichkeit von einem Vorvertrag kann ein Rücktrittsvorbehalt i.S.d. § 308 Nr. 3 BGB sein.[162]

2. Änderungsvorbehalt, § 308 Nr. 4 BGB

76 § 308 Nr. 4 BGB gilt für Verträge jeder Art, anders als § 308 Nr. 3 BGB, auch für Dauerschuldverhältnisse.[163] Die Art der geschuldeten Leistung ist gleichgültig.[164] Erfasst werden durch § 308 Nr. 4 BGB Änderungsvorbehalte, die sich auf die versprochene Leistung beziehen.[165] Es ist gleichgültig, ob sich der Änderungsvorbehalt auf eine Haupt- oder Nebenpflicht bezieht.[166] Die Vorschrift erfasst nur Vorbehalte bezogen auf Leistungen, die der Verwender versprochen hat.[167] § 308 Nr. 4 BGB ist nicht auf arbeitsvertragliche

---

152 LAG Hamm 14.4.2003 – 7 Sa 1881/02, NZA-RR 2003, 513.
153 *Diller*, NZA 2005, 250, 251.
154 BGH 30.11.1993 – XI ZR 80/93, BGHZ 124, 254; BGH 18.4.2002 – III ZR 199/01, NJW 2002, 2386.
155 AnwK-ArbR/*Hümmerich*, § 307 BGB Rn 16 m.w.N.
156 AnwK-ArbR/*Hümmerich*, § 307 BGB Rn 16 m.w.N.
157 BAG 18.8.1976 – 5 AZR 399/75, EzA Art. 12 GG Nr. 13; BAG 16.3.1994 – 5 AZR 339/92, NZA 1994, 937.
158 AnwK-ArbR/*Hümmerich*, § 307 BGB Rn 18.
159 Staudinger/*Coester*, § 9 AGBGB Rn 9.
160 MüKo-BGB/*Basedow*, § 308 Rn 3.
161 BAG 27.7.2005 – 7 AZR 488/04, NZA 2006, 539.
162 BAG 27.7.2005 – 7 AZR 488/04, NZA 2006, 539.
163 BGH 20.1.1983 – VII ZR 105/81, NJW 1983, 1322; OLG Köln 7.6.1990 – 1 U 56/89, NJW-RR 1990, 1232.
164 Palandt/*Heinrichs*, § 308 BGB Rn 22.
165 Däubler/Dorndorf/*Dorndorf*, AGB im Arbeitsrecht, § 308 BGB Rn 2.
166 KG 10.1.1990 – 23 U 5932/88, NJW-RR 1990, 544.
167 OLG Köln 13.7.1998 – 16 U 2/98, ZIP 1999, 21; BAG 11.4.2006 – 9 AZR 557/05, NZA 2006, 1149.

Kapitel 1: Arbeitsverträge

Versetzungsvorbehalte anzuwenden; denn die Vorschrift erfasst nur **einseitige Bestimmungsrechte** hinsichtlich der **Leistung** des Verwenders. Versetzungsklauseln in Arbeitsverträgen betreffen demgegenüber die Arbeitsleistung als die dem Verwender geschuldete Gegenleistung.[168] Unzulässig ist ein freies Abänderungs- und Abweisungsrecht nach Belieben des Verwenders.[169] Zu weitgehend und deshalb unwirksam ist eine Klausel mit folgendem Wortlaut: „Zusätzliche, nicht besonders in Auftrag gegebene Arbeiten werden vorbehalten, wenn diese erforderlich werden, um das Gerät wieder herzustellen."[170]

Widerrufsvorbehalte hat das BAG in der Vergangenheit grundsätzlich für zulässig gehalten und nur dann eine Nichtigkeit wegen Umgehung des zwingenden Kündigungsschutzes angenommen, wenn sich der Widerrufsvorbehalt als einen Eingriff in den **Kernbereich des Arbeitsverhältnisses** darstellte und dadurch grundlegend das Verhältnis von Leistung und Gegenleistung störte.[171] Kürzungen von 15 und 20%,[172] bei Entwicklungsklauseln in Chefarztverträgen sogar bis zu 40% der Gesamtvergütung[173] ließ das BAG in der Vergangenheit unbeanstandet. Änderungsvorbehalte zum Arbeitsort beurteilte die Arbeitsrechtsprechung nach § 106 GewO am Maßstab des billigen Ermessens.[174] Das BAG hat nunmehr unter Hinweis auf § 308 Nr. 4 BGB und § 307 Abs. 2 Nr. 1 BGB einen vierstufigen Prüfungsmaßstab für Widerrufsvorbehalte entwickelt.[175] Handelt es sich um einen Formulararbeitsvertrag (erste Prüfungsstufe), führt der Widerrufsvorbehalt zu einer Wirksamkeitsprüfung nach § 308 Nr. 4 BGB (zweite Prüfungsstufe) und parallel zur Wirksamkeitskontrolle nach § 307 Abs. 2 Nr. 1 BGB (dritte Prüfungsstufe). Angesichts der auf den Prüfungsstufen zwei und drei vom BAG entwickelten Grundsätze erübrigt sich eine weitere Untersuchung am Maßstab des § 310 Abs. 4 Satz 2 BGB. Auf der Rechtsfolgenebene (vierte Prüfungsstufe) gilt grundsätzlich § 306 Abs. 2 BGB, bei Altverträgen, die vor dem 1.1.2002 geschlossen wurden, ist eine ergänzende Vertragsauslegung vorzunehmen.[176] Die strikte Übergangsregelung in Art. 229 § 5 Satz 2 EGBGB wird vom BAG übergangen. Erstreckt sich der Widerruf auf mehr als 25 bis 30% der Gesamtvergütung, ist der Änderungsvorbehalt zu weitgehend und verstößt gegen § 308 Nr. 4 BGB.[177] Wird der Widerruf ohne Angaben von Gründen ausgeübt oder ohne dass im Vertrag die Widerrufsgründe benannt sind, liegt zusätzlich ein Verstoß gegen § 307 Abs. 1 Satz 1 BGB vor.[178] Die Vereinbarung eines Widerrufsvorbehalts ist zulässig, soweit der im Gegenseitigkeitsverhältnis stehende widerrufliche Teil des Gesamtverdienstes unter 25% liegt und der Tariflohn nicht unterschritten wird. Sind darüber hinaus Zahlungen des Arbeitgebers widerruflich, die nicht eine unmittelbare Gegenleistung für die Arbeitsleistung darstellen, sondern Ersatz für Aufwendungen, die an sich der Arbeitnehmer selbst tragen muss, erhöht sich der widerrufliche Teil der Arbeitsvergütung auf bis zu 30% des Gesamtverdienstes.[179] Bei der Gestaltung von Arbeitsverträgen ist auf dem Hintergrund dieser Rechtsprechung vorausschauende Kreativität gefordert, um die denkbaren Anlässe, die zum berechtigten Widerruf führen sollen, als Arbeitsvertragsklausel zu formulieren. Vermutlich werden die Arbeitgeber allerdings eher dazu übergehen, anstelle einer Leistungszusage unter Widerrufsvorbehalt von vorneherein das Versprechen als freiwillige Leistung, ohne Anerkennung einer Rechtspflicht, zu gewähren, vermutlich mit dem ergänzenden Hinweis, dass auch eine wiederholte Zahlung keinen Rechtsanspruch für die Zukunft begründet. Der Vorteil des Freiwilligkeitsvorbehalts besteht darin, dass er die Ungewissheit vermeidet, ob die vereinbarten Gründe für den Widerrufsvorbehalt dem Bestimmtheitsgebot des § 307 Abs. 1 BGB entsprechen. Für die Ausübung des Freiwilligkeitsvorbehalts benötigt der Arbeitgeber keine Begründung, denn auf Leistungen, die freiwillig gewährt werden, besteht kein Anspruch.

Die Anrechnung von **Tariflohnerhöhungen** auf Zulagen wird vom BAG nicht unter die Wirksamkeitsvoraussetzung gestellt, da die Anrechnungsgründe im Arbeitsvertrag näher bestimmt sind.[180] Eine solche Anrechnungsklausel verstößt nach Meinung des BAG auch nicht gegen das Transparenzgebot des § 307

---

168 BAG 11.4.2006 – 9 AZR 557/05, AP § 307 BGB Nr. 17.
169 *Wolf/Horn/Lindacher*, § 10 Nr. 4 AGBG Rn 16.
170 OLG Celle 1.2.1984 – 13 U 160/83, AGBE I § 10 Nr. 42.
171 BAG 12.12.1984 – 7 AZR 509/83, BB 1985, 731.
172 BAG 5.11.1995 – 2 AZR 521/95, NZA 1996, 603, BAG 13.5.1987 – 5 AZR 125/86, NZA 1988, 95.
173 BAG 28.5.1997 – 5 AZR 125/96, DB 1997, 2620.
174 BAG 19.5.1992 – 1 AZR 418/91, NZA 1992, 978; LAG Köln 25.1.2002 – 11 Sa 199/01, ARST 2002, 283; LAG München 24.2.1988 – 8 Sa 936/87, BB 1988, 1753.
175 BAG 12.1.2005 – 5 AZR 364/04, NZA 2005, 465; *Hümmerich*, NJW 2005, 1820.
176 BAG 12.1.2005 – 5 AZR 364/04, NZA 2005, 465.
177 BAG 12.1.2005 – 5 AZR 364/04, NJW 2005, 1820.
178 BAG 12.1.2005 – 5 AZR 364/04, NJW 2005, 1820.
179 BAG 11.10.2006 – 5 AZR 721/05, NZA 2007, 87.
180 BAG 1.3.2006 – 5 AZR 363/05, NZA 2006, 746.

Abs. 1 Satz 2 BGB. Eine Vertragsklausel in einem Formulararbeitsvertrag, wonach dem Arbeitgeber das Recht zustehen soll, zugesagte **Jubiläumszahlungen** jederzeit unbeschränkt widerrufen zu können, ist gemäß § 308 Nr. 4 BGB rechtsunwirksam. Hat sich ein Arbeitgeber den Widerruf von Jubiläumszuwendungen für den Fall vorbehalten, dass es die Geschäftslage erfordert, ist diese Voraussetzung nicht erfüllt, wenn das Unternehmen eine Umsatzrendite von mehr als 10 % und eine Eigenkapitalverzinsung von mehr als 20 % erzielt.[181]

79 Wird in einem vorformulierten Arbeitsvertrag der tarifvertraglich nicht gebundene Arbeitgeber verpflichtet, die vertragliche Vergütung entsprechend der Erhöhung der tariflichen Entgelte eines bestimmten Tarifbezirks zu erhöhen, verstößt die Arbeitsvertragsklausel nicht gegen § 308 Nr. 4 BGB, wenn die tariflichen Entgelterhöhungen davon abhängig gemacht werden, dass keine „strukturelle Änderung" des Tarifwerkes vorgenommen wird. Der in einem Formulararbeitsvertrag enthaltene Vorbehalt des Arbeitgebers, die eigene Leistung zu erhöhen, fällt nicht in den Schutzbereich des in § 308 Nr. 4 BGB geregelten Verbots.[182]

80 Eine Klausel in einem Arbeitsvertrag, wonach die jeweils gültige **Reisekostenrichtlinie** der Firma Bestandteil des Arbeitsvertrages ist, ist nach § 308 Nr. 4 BGB unwirksam, wenn die Reisekostenrichtlinie einseitig vom Arbeitgeber, ohne betriebskollektive Verankerung, erlassen wird.[183]

81 Gleichermaßen unwirksam ist eine Klausel, die besagt, dass „die Einzelheiten der dem Mitarbeiter übertragenen Arbeiten sich aus der verbindlichen Stellenbeschreibung in ihrer jeweiligen Fassung ergeben". Der Arbeitgeber wäre nach dem Wortlaut der Vereinbarung jederzeit befugt, die **Stellenbeschreibung** im Extremfall bis hin zur Zuweisung völlig anderer Aufgaben zu ändern.

82 **Entwicklungsklauseln** in Chefarztverträgen sind angesichts der Rechtsprechung des BAG zu Widerrufsvorbehalten, wenn sie den Korridor von 25 bis 30 % in ihrer wirtschaftlichen Auswirkung verlassen, unwirksam.[184] **Gehaltskürzungsklauseln** für Arbeitnehmer bei wirtschaftlichem Misserfolg des Unternehmens enthalten einen unwirksamen Änderungsvorbehalt nach § 308 Nr. 4 BGB. Ohne Verzicht auf eine Änderungskündigung konnte eine Absenkung des Arbeitsentgelts außerhalb von Tarifverträgen schon in der Vergangenheit nicht vereinbart werden.[185]

83 Freiwilligkeitsvorbehalte zu **Jahressonderleistungen** bilden keinen unzulässigen Änderungsvorbehalt nach § 308 Nr. 4 BGB, denn über den Freiwilligkeitsvorbehalt wird bereits die Entstehung eines Anspruchs verhindert.[186] Auf Klauseln, die dem anderen Vertragsteil keinen Anspruch gegen den Verwender einräumen, ist § 308 BGB nicht anwendbar.[187] Anderer Ansicht ist das BAG:[188] Ein arbeitsvertraglicher Widerrufsvorbehalt, wonach freiwillige Leistungen „jederzeit unbeschränkt" widerrufen werden können, ist gemäß § 308 Nr. 4 BGB i.d.F. vom 2.1.2002 unwirksam. Voraussetzungen und Umfang der vorbehaltenen Änderungen müssen konkretisiert werden. Auch wenn der Verwender des Formulararbeitsvertrages die Voraussetzungen für einen Widerruf konkretisieren muss, ergibt sich daraus bei vor dem 1.1.2002 abgeschlossenen Verträgen nicht zwingend die Unwirksamkeit des erfolgten Widerrufs, wenn die Konkretisierung unterblieben ist. Die **kommissarische Übertragung** einer Arbeitsaufgabe ist die Zuweisung einer Tätigkeit unter Widerrufsvorbehalt.[189] Demnach kann die Übertragung einer kommissarischen Tätigkeit nur unter den vom BAG im Urteil vom 12.1.2005[190] entwickelten Grundsätzen widerrufen werden.

84 **Versetzungsklauseln** sind nicht am Maßstab des § 308 Nr. 4 BGB zu messen. Sie verstoßen nicht gegen § 308 Nr. 4 BGB, da diese Vorschrift nur einseitige Bestimmungsrechte hinsichtlich der Leistung des Verwenders erfasst.[191] Wenn eine Versetzungsklausel materiell der Regelung in § 106 GewO nachgebildet ist, enthält die Versetzungsklausel nach Auffassung des 9. Senats im Urteil vom 11.4.2006 auch keine unangemessene Benachteiligung des Arbeitnehmers nach § 307 Abs. 1 Satz 1 BGB.

---

[181] LAG Köln 16.10.2006 – 14 (13) Sa 9/06, NZA-RR 2007, 120.
[182] BAG 9.11.2005 – 5 AZR 351/05, DB 2006, 1061.
[183] AnwK-ArbR/*Hümmerich*, § 308 BGB Rn 11.
[184] *Hümmerich/Bergwitz*, BB 2005, 997; *Reinecke*, NJW 2005, 3383.
[185] BAG 22.1.1981 – 2 AZR 945/78, n.v.
[186] BAG 10.5.1995 – 10 AZR 648/94, NZA 1995, 1096; BAG 10.8.1996 – 10 AZR 70/96, NZA 1996, 1204.
[187] AnwK-ArbR/*Hümmerich*, § 308 BGB Rn 20.
[188] BAG 11.10.2006 – 5 AZR 721/05, NZA 2007, 87.
[189] BAG 14.12.1961 – 5 AZR 180/61, AP § 611 BGB Direktionsrecht Nr. 17; BAG 24.11.1982 – 5 AZR 560/80, n.v.
[190] BAG 12.1.2005 – 5 AZR 364/04, NZA 2005, 465.
[191] BAG 11.4.2006 – 9 AZR 557/05, NZA 2006, 1149.

3. Fingierte Erklärungen, § 308 Nr. 5 BGB

Auf Tatsachenfiktionen und Tatsachenbestätigungen ist nicht § 308 Nr. 5 BGB, sondern § 309 Nr. 12b BGB anzuwenden.[192] Die Nichtbeanstandung der Tagesauszüge einer Sparkasse ist eine rein tatsächliche Erklärung, die nicht unter Nr. 5 fällt.[193] Abnahmefiktionen (§ 640 BGB) fallen im Gegensatz zu Annahmefiktionen unter § 308 Nr. 5 BGB.[194]

Zur Abwendung der Unwirksamkeitsfolge einer Klausel über fingierte Erklärungen ist neben einer Fristeinräumung erforderlich, dass sich der Verwender in der Klausel verpflichtet, den Vertragspartner bei Beginn der Frist auf die Bedeutung seines Verhaltens hinzuweisen. Der Verwender muss den Hinweis in einer Form erteilen, die unter normalen Umständen eine Kenntnisnahme durch den Vertragspartner erwarten lässt.[195] Unterlässt es der Verwender in einem Einzelfall, seiner in den AGB übernommenen Hinweispflicht nachzukommen, ist die Klausel zwar wirksam, die Fiktion tritt aber nicht ein.[196]

Enthält ein Arbeitsvertrag eine Klausel, dass das Schweigen des Arbeitnehmers auf einen Antrag des Arbeitgebers zur Abänderung des Arbeitsvertrages als Zustimmung führt, ist die Klausel nicht unwirksam, wenn dem Arbeitnehmer eine angemessene Frist gewährt und ihm die potentielle Fiktionswirkung bewusst gemacht wurde.[197] Ebenso entspricht eine Klausel im Arbeitsvertrag, wonach Abmahnungen vom Arbeitnehmer als berechtigt anerkannt werden, wenn ihnen innerhalb von drei Wochen vom Arbeitnehmer schriftlich widersprochen wird, den Anforderungen des § 308 Nr. 5 BGB, wenn im jeweiligen Abmahnungsschreiben ein Hinweis auf die Fristgebundenheit der Erklärung mit deutlicher drucktechnischer Hervorhebung angebracht ist.[198]

4. Fiktion des Zugangs, § 308 Nr. 6 BGB

§ 308 Nr. 6 BGB dient dazu, den anderen Vertragspartner vor unangemessenen Beweiserleichterungen zu Gunsten des Verwenders zu schützen.[199] Die Vorschrift ist erforderlich, weil die Regelung des § 130 BGB über den Zugang von Willenserklärungen dispositiv ist.[200] § 308 Nr. 6 BGB gilt nur für **Zugangsfiktionen**.[201] Vereinbaren die Parteien im Arbeitsvertrag, dass die Zustellung eines Kündigungsschreibens an die letzte vom Arbeitnehmer dem Arbeitgeber mitgeteilte Anschrift maßgeblich für den Zugang ist, liegt das Schwergewicht der Vereinbarung nicht im Bereich einer Rechts-, sondern im Bereich einer Tatsachenfiktion.[202] Nicht der Zugang wird fingiert, sondern es wird die für den Zugang maßgebliche, letzte dem Arbeitgeber vom Arbeitnehmer mitgeteilte Adresse als Zustelladresse vereinbart. Der **Zugang** kann vertraglich nicht fingiert werden, er muss unter der dem Arbeitgeber bekannten Anschrift („in verkehrsüblicher Weise") erfolgen, also durch Einwurf des Briefs in den Briefkasten[203] oder durch Einwurf des Briefs in den Hausflur der Wohnung oder des Hauses,[204] wenn das Kündigungsschreiben nicht im Betrieb übergeben werden kann.

Unwirksam ist dagegen eine Klausel nach § 308 Nr. 6 BGB, die den Zugang drei Tage nach Absendung des Schreibens fingiert. Auf diese Weise würde generell eine Wirkung zu Lasten des Arbeitnehmers fingiert, auf die der Arbeitnehmer keinen Einfluss nehmen und die mit dem Wortlaut von § 308 Nr. 6 BGB nicht in Einklang steht.[205] Klauseln, aufgrund derer Willenserklärungen des Arbeitnehmers unabhängig vom tatsächlichen Zugang als zugegangen gelten sollen, sind nach § 308 Nr. 6 BGB generell unwirksam.[206] Vereinbaren die Parteien im Arbeitsvertrag, dass sich der Arbeitnehmer nicht darauf berufen könne, einen Aushang übersehen zu haben, es sei denn, er war während der Dauer des Aushangs abwesend, liegt keine unwirksame

---

[192] Palandt/*Heinrichs*, § 308 BGB Rn 25.
[193] BGH 29.1.1979 – II ZR 148/77, BGHZ 73, 207.
[194] BGH 10.11.1983 – VII ZR 373/82, NJW 1984, 726.
[195] BGH 4.10.1984 – III ZR 119/83, NJW 1985, 617.
[196] MüKo-BGB/*Basedow*, § 308 Nr. 5 Rn 13.
[197] Däubler/Dorndorf/*Dorndorf*, § 308 BGB Nr. 5 Rn 3 f.
[198] AnwK-ArbR/*Hümmerich*, § 308 BGB Rn 35.
[199] Däubler/Dorndorf/*Dorndorf*, § 308 BGB Nr. 6 Rn 2.
[200] ErfK/*Preis*, §§ 305–310 BGB Rn 97; *Reinecke*, NZA 2000, Beil. 3, 23, 27.
[201] Däubler/Dorndorf/*Dorndorf*, § 308 BGB Nr. 6 Rn 6.
[202] AnwK-ArbR/*Hümmerich*, § 308 BGB Rn 38.
[203] BAG 8.12.1983 – 2 AZR 337/82, NZA 1984, 31.
[204] LAG Düsseldorf 19.9.2000 – 16 Sa 925/00, NZA 2001, 408; LAG Düsseldorf 12.10.1990 – 4 Sa 1064/90, LAGE § 130 BGB Nr. 14.
[205] AnwK-ArbR/*Hümmerich*, § 308 BGB Rn 39.
[206] ErfK/*Preis*, §§ 305–310 BGB Rn 97.

§ 1 Verträge mit Arbeitnehmern, freien Mitarbeitern und Gesellschaftsorganen

Klausel nach § 308 Nr. 6 BGB vor, denn eine solche Regelung führt zu keiner Beweislastumkehr.[207] Die Klausel verändert den Grundsatz nicht, dass der Zugang von Willenserklärungen von demjenigen zu beweisen ist, der sich auf sie beruft.[208]

5. Pauschalierung von Schadens- und Wertersatz, § 308 Nr. 7 BGB

90 Das Klauselverbot nach § 308 Nr. 7 BGB ist im Arbeitsrecht nicht von nennenswerter Bedeutung. Klauseln, die bei vorzeitiger Kündigung des Arbeitsverhältnisses gelten sollen und Regelungen zu Umzugskostenerstattung oder Rückzahlung von Kosten der Teilnahme des Arbeitnehmers an Fortbildungsveranstaltungen betreffen, fallen in den Anwendungsbereich von § 308 Nr. 7 BGB, wenn die verlangte Erstattung von Aufwendungsersatz (§ 308 Nr. 7b BGB) unangemessen hoch ist. § 308 Nr. 7 BGB ist nicht nur auf Entgeltansprüche anzuwenden, die dem Verwender nach den gesetzlichen Regelungen bei vorzeitiger Beendigung des Vertrages zustehen, sondern auch bei vertraglichen Regelungen über die vorzeitige Beendigung.[209]

VII. Inhaltskontrolle nach § 309 BGB

91 Die Besonderheit der Inhaltskontrolle nach § 309 BGB besteht im Arbeitsrecht darin, dass das Ziel der Vorschrift letztlich verfehlt wird. § 309 BGB enthält eine Reihe von Klauselverboten, die **ohne Wertungsmöglichkeit** gelten sollen. Da die modifizierte Anwendungsregel nach § 310 Abs. 4 Satz 2 BGB auch bei den Klauselverboten ohne Wertungsmöglichkeit nach § 309 BGB gelten soll und das BAG die denkbar weiteste Auslegung des Begriffes „im Arbeitsrecht geltende Besonderheiten" gewählt hat,[210] kann die Unwirksamkeit einer Klausel nach § 309 BGB gleichwohl wirkungslos bleiben, wenn das Subsumtionsergebnis durch die modifizierte Anwendungsregel korrigiert wird.

1. Ausschluss oder Einschränkungen des Zurückbehaltungsrechts, § 309 Nr. 2b BGB

92 Der Ausschluss von Zurückbehaltungsrechten im Arbeitsvertrag bei Ansprüchen der Firma gegen den Arbeitnehmer ist nach § 309 Nr. 2b BGB unwirksam.[211] Arbeitsrechtliche Besonderheiten stehen einer Anwendung des § 309 Nr. 2b BGB nicht entgegen.[212] Der vollständige formularmäßige Ausschluss des Zurückbehaltungsrechts des Arbeitnehmers wegen rückständigen Arbeitsentgelts ist unzulässig.[213] Klauseln, die dem Arbeitnehmer eine Zurückbehaltung von Firmenunterlagen beim Ausscheiden aus dem Arbeitsverhältnis untersagen, sind nach § 309 Nr. 2b BGB unwirksam.[214] Die Unzulässigkeit der Einschränkung des Zurückbehaltungsrechts an Firmenunterlagen hat besonders in denjenigen Fällen künftig Bedeutung, in denen der Arbeitnehmer die Firmenunterlagen im Zuge einer Rechtsverteidigung benötigt, also beispielsweise im Rahmen eines aus wichtigem Grund gekündigten Arbeitsverhältnisses.

2. Aufrechnungsverbot, § 309 Nr. 3 BGB

93 Das formularmäßige Aufrechnungsverbot ist unwirksam, wenn es unbestrittene oder rechtskräftig festgestellte Geldforderungen einschließt.[215] Auch die Aufrechnung mit bestrittenen, aber entscheidungsreifen Gegenforderungen kann nicht ausgeschlossen werden.[216] Generell unwirksam ist eine Arbeitsvertragsklausel, die für den Arbeitnehmer die Aufrechnung gegenüber Ansprüchen der Firma generell ausschließt.[217] Wirksam ist eine Klausel, in der die Parteien vereinbaren, dass der Arbeitgeber beim Ausscheiden des Arbeitnehmers mit Geldforderungen gegen den Arbeitnehmer bis zur Höhe des pfändbaren Teils des Gehalts aufrechnen darf und der Arbeitnehmer mit unbestrittenen oder rechtskräftig festgestellten Forderungen gegen Forderungen des Arbeitgebers aufzurechnen befugt ist.[218] Gestattet eine Aufrechnungsverbotsklausel bei einem zum Inkasso befugten Arbeitnehmer die Aufrechnung, soweit er Inhaber einer gleichartigen, unbestrittenen oder durch

---

[207] AnwK-ArbR/*Hümmerich*, § 308 BGB Rn 40.
[208] BGH 13.5.1987 – VII ZR 137/86, BGHZ 101, 49.
[209] LG 30.6.1987 – 11 S 490/86, NJW-RR 1987, 1531.
[210] BAG 4.3.2004 – 8 AZR 196/03, NZA 2004, 727.
[211] *Hümmerich*, NZA 2003, 753.
[212] ErfK/*Preis*, §§ 305–310 BGB Rn 98.
[213] *Gotthardt*, Arbeitsrecht nach der Schuldrechtsreform, Rn 274.
[214] *Hümmerich*, NZA 2003, 753; a.A.: *Annuß*, BB 2002, 463; *Gotthardt*, ZIP 2002, 283; *Lingemann*, NZA 2002, 184.
[215] Palandt/*Heinrichs*, § 309 BGB Rn 17.
[216] OLG Düsseldorf 25.10.1996 – 22 U 56/96, NJW-RR 1997, 757; LG Hanau 6.11.1998 – 2 S 262/98, NJW-RR 1999, 1142.
[217] ErfK/*Preis*, §§ 305–310 BGB Rn 76.
[218] AnwK-ArbR/*Hümmerich*, § 309 BGB Rn 10.

rechtskräftiges Urteil festgestellten Forderung gegen den Arbeitgeber ist, ist die Klausel wirksam. Die Wirksamkeit folgt schon aus der Existenz des § 309 Nr. 3 BGB.[219]

3. Schadensersatz übersteigende Pauschalen, § 309 Nr. 5a BGB

Aus § 309 Nr. 5a BGB folgt, dass eine Pauschalierung von Schadensersatzansprüchen des Arbeitgebers gegen den Arbeitnehmer in AGB grundsätzlich zulässig ist.[220] Sieht ein Arbeitsvertrag vor, dass der Arbeitnehmer in Höhe von 25 % eines Bruttomonatsgehalts haftet, soweit wegen eines von ihm verursachten Vertragsbruchs eine Ersatzkraft für die Dauer der nicht eingehaltenen Kündigungsfrist eingestellt werden muss, verstößt die Regelung nicht gegen § 309 Nr. 5a BGB, da der Schaden unter Berücksichtigung der Mindestkündigungsfristen, der dem Arbeitgeber wegen Fehlens eines Arbeitnehmers im maßgeblichen Zeitraum entsteht, immer weitaus höher ist, als durch die Klausel in Ansatz gebracht wird. Eine solche Klausel enthält in Wahrheit keine Vertragsstrafe, da über sie kein Druck zur Erfüllung einer Verbindlichkeit ausgeübt wird.[221]

94

4. Ausschluss des Gegenbeweises bei Schadenspauschalierung, § 309 Nr. 5b BGB

Nach § 309 Nr. 5b BGB sind **Prozent-Pauschalen**, die sich an den Kosten der Bearbeitung von Lohn- und Gehaltspfändungen orientieren, wie sog. Verwaltungsgebühren der Buchhaltung als Pauschale oder „Ersatz einer Wertminderung" unwirksam. Zwar macht der Arbeitgeber mit der Kostenpauschale keinen echten Schadensersatz aufgrund vertraglicher oder deliktischer Ersatzansprüche geltend, nach Ansicht des BAG[222] auch keinen Aufwendungsersatzanspruch aus dem Auftragsrecht. § 309 Nr. 5b BGB ist gleichwohl einschlägig, da sich nach herrschender Auffassung im Zivilrecht § 309 Nr. 5b BGB selbst auf die Fälle des Aufwendungsersatzes erstreckt.[223] Das BAG meint, der vom Arbeitgeber bei der Bearbeitung von Pfändungen und Abtretungen zu erbringende Aufwand sei Teil einer staatsbürgerlichen Pflicht. In Erfüllung dieser Pflicht kann nichts anderes gelten als bei Aufwendungs- und Schadensersatz. *Preis* hält Prozent-Pauschalen nach § 309 Nr. 5a BGB ebenfalls für unwirksam.[224]

95

In Arbeitsverträgen wird gerne formuliert, dass im Falle des Vertragsbruchs der Arbeitnehmer einen pauschalen Schadensersatzbetrag zu leisten habe. Eine solche Klausel ist wirksam, wenn sie mit dem Zusatz verbunden wird, dass dem Arbeitnehmer der Nachweis gestattet bleibt, ein Schaden sei überhaupt nicht entstanden oder wesentlich niedriger als in der Pauschale ausgewiesen.[225]

96

5. Vertragsstrafenklauseln, § 309 Nr. 6 BGB

Nicht jede formularmäßige Vertragsstrafe ist unwirksam.[226] Nur Klauseln, durch die dem Verwender für den Fall der Nichtabnahme oder verspäteten Abnahme der Leistung, des Zahlungsverzugs oder für den Fall, dass der andere Vertragsteil sich vom Vertrag löst, die Zahlung einer Vertragsstrafe versprochen wird, liegt ein Verstoß gegen § 309 Nr. 6 BGB vor. Allerdings findet für die in § 309 Nr. 6 BGB erwähnten Sachverhalte im Arbeitsrecht noch eine Korrektur über die modifizierte Anwendungsregel des § 310 Abs. 4 Satz 2 BGB statt.

97

Eine Reihe von Fällen, in denen im Arbeitsvertrag wiederholt Vertragsstrafen vereinbart werden, fällt nicht unter den Anwendungsbereich des § 309 Nr. 6 BGB. Kein Verstoß ist anzunehmen, wenn im Arbeitsvertrag eine Vertragsstrafe vorgesehen wird, falls der Arbeitnehmer eine vereinbarte Nebentätigkeitsregelung nicht einhält, er gegen seine Anzeigepflicht verstößt oder ohne Genehmigung des Arbeitgebers eine Nebentätigkeit aufnimmt, die einem Genehmigungsvorbehalt unterliegt.[227] Auch die Vereinbarung einer Vertragsstrafe für den Fall, dass ein Arbeitnehmer nach dem Ende des Arbeitsverhältnisses Kundendateien nicht zurückgibt, fällt nicht unter den Wortlaut des § 309 Nr. 6 BGB. Gleiches gilt, wenn der Arbeitgeber durch schuldhaft vertragswidriges Verhalten des Arbeitnehmers zur fristlosen Kündigung des Arbeitsverhältnisses veranlasst wurde.[228] Von § 309 Nr. 6 BGB erfasst werden formularmäßige Vertragsstrafenregelungen, die den Nichtan-

98

---

219 Preis/*Stoffels*, Der Arbeitsvertrag, II A 110 Rn 13 ff.
220 HWK/*Gotthardt*, § 309 BGB Rn 6.
221 BGH 6.11.1967 – VII ZR 54/66, BGHZ 49, 84; Palandt/*Heinrichs*, § 276 BGB Rn 26; ErfK/*Preis*, §§ 305–310 BGB Rn 95.
222 BAG 18.7.2006 – 1 AZR 578/05, DB 2007, 227.
223 BGH 8.11.1984 – VII ZR 256/83, NJW 1985, 632; BGH 9.7.1992 – VII ZR 6/92, NJW 1992, 3163.
224 Preis/*Preis*, Der Arbeitsvertrag, II A 10 Rn 54.
225 *Hümmerich*, NZA 2003, 753.
226 A.A. Kittner/Zwanziger/*Lakies*, Arbeitsrecht Handbuch, § 79 Rn 20c; *v. Koppenfels*, NZA 2002, 597.
227 *Hümmerich*, NZA 2003, 753.
228 BAG 21.4.2005 – 8 AZR 425/04, NZA 2005, 1053.

tritt und das grundlose Verlassen der Arbeit, Wettbewerbsverstöße oder eine Verletzung der Verschwiegenheitspflicht sanktionieren.

99 Wird eine Vertragsstrafe für Pflichtverletzungen vorgesehen, die nicht unter den Tatbestand des § 309 Nr. 6 BGB fallen, kann eine Rechtsprüfung am Maßstabe des § 307 Abs. 1 und 2 BGB oder an anderen Klauselverboten stattfinden.[229] Das Vertragsstrafeversprechen ergibt, je nach Wortlaut, einen AGB-rechtlichen Mehrfachprüfungstatbestand.

100 § 309 Nr. 6 BGB begrenzt nicht die Möglichkeit des Arbeitgebers, die Einhaltung des Wettbewerbsverbots durch eine Vertragsstrafe abzusichern.[230] Behandelt allerdings der Arbeitgeber das In-Kraft-Treten des nachvertraglichen Wettbewerbsverbots unter der Hauptüberschrift „Wettbewerbsverbot", jedoch ohne weitere Hervorhebung im Abschnitt „Vertragsstrafe", ist von einer Überraschungsklausel auszugehen, die nicht Vertragsinhalt geworden ist.[231]

101 Im ersten Vertragsstrafenurteil entschied das BAG, dass auf die formularmäßige Vereinbarung von Vertragsstrafen in Arbeitsverträgen die §§ 305–309 BGB anwendbar seien.[232] Zwar schließe § 309 Nr. 6 BGB die Wirksamkeit von Vertragsstrafeversprechen für diejenigen Fälle aus, in denen dem Verwender für den Fall der Nichtabnahme oder verspäteten Abnahme der Leistung, des Zahlungsverzugs oder für den Fall, dass sich der andere Vertragsteil vom Vertrag löse, die Zahlung einer Vertragsstrafe versprochen werde. Das Verbot eines Vertragsstrafeversprechens in den durch § 309 Nr. 6 BGB benannten Fällen werde aber über die Besonderheitenregelung in § 310 Abs. 4 Satz 2 BGB überwunden. Eine Besonderheit i.S.d. modifizierten Anwendungsregel sei es, dass die Arbeitsleistung nach § 888 Abs. 3 ZPO nicht vollstreckbar sei. Der Arbeitgeber habe deshalb regelmäßig ein berechtigtes Interesse, die Nicht- oder Schlechterfüllung der Pflicht zur Arbeitsleistung mit einer Vertragsstrafe zu verbinden. In zwei weiteren Urteilen vom gleichen Tage bestätigte das BAG diese Auffassung.

102 In einem vierten Urteil bekräftigte der 8. Senat seine Rechtsprechung. Soweit ein Vertragsstrafeversprechen nicht unter die Tatbestände des § 309 Nr. 6 BGB falle, sei das Versprechen wirksam. Konkret hielt das BAG das Vertragsstrafeversprechen nur deshalb für unwirksam, weil die Pflichtverletzung des Arbeitnehmers nicht so klar bezeichnet war, dass sich der Versprechende in seinem Verhalten hierauf habe einstellen können.[233]

103 In einem fünften Vertragsstrafenurteil hielt der 8. Senat eine Klausel in einem Arbeitsvertrag für unwirksam, die für den Fall eines gravierenden Wettbewerbsverstoßes einen Vertragsstrafenrahmen von einem bis zu drei Monatsgehältern vorsah und es dem Arbeitgeber überließ, die Vertragsstrafe im Einzelfall innerhalb dieses Rahmens festzusetzen.[234]

104 Vertragsstrafen wegen unterlassener Aufnahme des Arbeitsverhältnisses sind nach Auffassung des LAG Hamm gemäß § 309 Nr. 6 BGB unwirksam.[235] Bei vertragswidriger Lösung des Arbeitsverhältnisses kann die vereinbarte Vertragsstrafe unwirksam sein, wenn sie den Verdienst der Vormonate um ein Mehrfaches übersteigt.[236] Ist ein vereinbartes Wettbewerbsverbot wirksam, kann eine Vertragsstrafe zur Absicherung des Wettbewerbsverbots verbindlich vereinbart werden. Vertragsstrafen wegen eines nachvertraglichen Wettbewerbsverbots sind nach § 307 Abs. 3 BGB i.V.m. § 75c HGB grundsätzlich nicht kontrollfähig.

105 Anders als in der Vergangenheit kommt die Herabsetzung einer unangemessen hohen Vertragsstrafe nach § 343 BGB nicht mehr in Betracht; § 306 BGB steht dagegen.[237] Das Risiko, eine zu hohe Vertragsstrafe zu vereinbaren, wenn der Arbeitgeber die Abschreckungswirkung erzeugen will, ist groß. Dem Risiko der Unwirksamkeit entgeht der Arbeitgeber, der Vertragsstrafen in Betriebsvereinbarungen mit dem Betriebsrat vereinbart. Bei Betriebsvereinbarungen entfällt eine Inhaltskontrolle nach § 310 Abs. 4 Satz 1 BGB.

---

[229] LAG Hamm 24.1.2003 – 10 Sa 1158/02, NZA 2003, 499; Däubler/Dorndorf/*Däubler*, AGB im Arbeitsrecht, § 309 BGB Rn 3; *Hümmerich*, NZA 2003, 753.
[230] *Diller*, NZA 2005, 250, 253; *Leder/Morgenroth*, NZA 2002, 952, 953; *Thüsing/Leder*, BB 2004, 42, 47.
[231] LAG Hamm 10.9.2004 – 7 Sa 918/04, n.v.
[232] BAG 4.3.2004 – 8 AZR 196/03, BAGE 110, 8 = NZA 2004, 727.
[233] BAG 21.4.2005 – 8 AZR 425/04, NZA 2005, 1053.
[234] BAG 18.8.2005 – 8 AZR 65/05, NZA 2006, 34 = BB 2006, 720.
[235] LAG Hamm 24.1.2003 – 10 Sa 1158/02, DB 2003, 2549.
[236] LAG Hessen 25.4.2003 – 17 Sa 1723/02, ARST 2004, 281; kritisch *Thüsing*, BB 2004, 42.
[237] BAG 4.3.2004 – 8 AZR 196/03, NZA 2004, 727; LAG Hamm 24.1.2003 – 10 Sa 1158/02, DB 2003, 2549; *Brors*, DB 2004, 1178.

Kapitel 1: Arbeitsverträge

6. Haftungsausschlüsse bei Verletzung von Leben, Körper, Gesundheit und grobem Verschulden, § 309 Nr. 7 BGB

Das Klauselverbot erfasst Schadensersatzansprüche auf vertraglicher wie deliktischer Grundlage.[238] Auch die Haftung für arbeitsbedingte Eigenschäden des Arbeitnehmers wird von § 309 Nr. 7b BGB erfasst. Nicht richtig ist die Ansicht, wegen der Haftungsfreistellung des Arbeitgebers in § 104 SGB VII sei der praktische Anwendungsbereich bei der Haftung des Arbeitgebers auf Sachen des Arbeitnehmers beschränkt.[239]

106

Vertragliche Haftungsausschlüsse des Arbeitgebers für Schäden aus der Verletzung des Lebens, des Körpers oder der Gesundheit des Arbeitnehmers sind nach § 309 Nr. 7 BGB unwirksam. Die Folge der Unwirksamkeit besteht jedoch nicht einer Haftung des Arbeitgebers wegen Personenschäden, sondern in der Unwirksamkeit nach § 307 Abs. 2 Nr. 1 BGB, denn von Gesetzes wegen ist insoweit die Haftung des Arbeitgebers nach § 104 SGB VII ausgeschlossen. Die Haftung ist bei keiner Art der Fahrlässigkeit einschränkbar, nicht einmal bei leichtester Fahrlässigkeit.[240] Weder die Höhe des Anspruchs noch der Ausschluss bestimmter Schäden noch die Verkürzung von Verjährungsfristen sind nach § 309 Nr. 7 BGB wirksam.[241] Der Arbeitgeber kann sich nicht vor Schadensersatzansprüchen wegen Mobbing[242] angesichts von § 309 Nr. 7a BGB wirksam schützen.

107

§ 309 Nr. 7b BGB verbietet den Ausschluss über die Begrenzung der Haftung für sonstige Schäden, die auf einer grob fahrlässigen Pflichtverletzung des Arbeitgebers beruhen. § 309 Nr. 7b BGB gestattet nicht den Ausschluss der Haftung für grob fahrlässige Pflichtverletzungen des Verwenders, also des Arbeitgeber. § 309 Nr. 7b BGB enthält eine ganz allgemeine Bewertung, die auf vorformulierte Arbeitsverträge übertragbar ist.[243] Sachschäden können an vom Arbeitnehmer in den Betrieb eingebrachten, eigenen Gegenständen entstehen, Vermögensschäden können dem Arbeitnehmer aus der Nichtabführung der Sozialversicherungsbeiträge[244] oder aus einer unrichtigen Auskunft der Personalabteilung erwachsen.

108

Eine Abweichung von der im Arbeitsrecht geltenden privilegierten Arbeitnehmerhaftung[245] durch haftungsverschärfende Klauseln ist ausgeschlossen.[246] Der Arbeitgeber haftet bei Vermögensnachteilen des Arbeitnehmers, so beispielsweise, wenn die Lohnbuchhaltung vier Jahre lang die vermögenswirksamen Leistungen zwar in der Gehaltsmitteilung ausweist, tatsächlich das Geld aber auf ein falsches Bankkonto überweist.[247] Diese Haftung lässt sich nach § 309 Nr. 7b BGB auch nicht über einen Haftungsausschluss im Arbeitsvertrag beseitigen. Die modifizierte Anwendungsregel des § 310 Abs. 4 Satz 2 BGB rechtfertigt kein anderes Ergebnis. Die Obhuts- und Verwahrpflicht des Arbeitgebers, beispielsweise bei einem auf dem Werksplatz abgestellten Pkw des Arbeitnehmers,[248] lässt sich nach § 309 Nr. 7b BGB nicht einschränken. Soweit sich die für eingebrachte Sache ergebenden Risiken versichern lassen, ist nach Ansicht des BAG verpflichtet, einen Versicherungsvertrag zu schließen und haftet im Umfang des versicherten Risikos.[249] Diese Rechtsprechung schließt eine Modifizierung der Haftung des Arbeitgebers für arbeitsbedingte Eigenschäden des Arbeitnehmers außerdem nach § 307 Abs. 2 Nr. 1 BGB aus.

109

7. Sonstige Haftungsausschlüsse, § 309 Nr. 8 BGB

Für § 309 Nr. 8 BGB besteht im Arbeitsverhältnis kein nennenswerter Anwendungsbereich, sieht man von Personaleinkäufen ab, bei denen allerdings meist ein Verbrauchsgüterkauf vorliegt, der sich nach den Gewährleistungsansprüchen gemäß § 475 Abs. 1 BGB beurteilt.[250]

110

---

[238] BGH 15.2.1995 – VIII ZR 93/94, BGHZ 100, 184; HWK/*Gotthardt*, § 309 BGB Rn 10.
[239] ErfK/*Preis*, §§ 305–310 BGB Rn 81.
[240] *v. Westphalen/Thüsing*, Arbeitsverträge, Rn 128.
[241] BGH 4.5.1995 – I ZR 90/93, NJW 1995, 2224; Palandt/*Heinrichs*, § 309 BGB Rn 44.
[242] LAG Thüringen 10.4.2001 – 5 Sa 403/00, NZA 2001, 347; LAG Rheinland-Pfalz 16.8.2001 – 6 Sa 415/01, AiB 2002, 641; LAG Nürnberg 2.7.2002 – 6 (3) 154/01, AuR 2002, 396.
[243] *Kreßel*, RdA 1992, 169.
[244] Preis/*Stoffels*, Der Arbeitsvertrag, II H 10 Rn 1.
[245] BAG 3.8.1971 – 1 AZR 327/70, AP § 611 BGB Haftung des Arbeitnehmers Nr. 66.
[246] ErfK/*Preis*, §§ 305–310 BGB Rn 82.
[247] BAG 21.1.1999 – 8 AZR 217/98, n.v.
[248] BAG 14.8.1980 – 3 AZR 281/78, n.v.; BAG 12.12.1990 – 8 AZR 605/89, n.v. BAG 23.1.1992 – 8 AZR 282/91, n.v.
[249] BAG 24.11.1987 – 5 AZR 298/73, EzA § 611 BGB Gefahrgeneigte Arbeit Nr. 16; LAG Hamm 2.11.1956 – 5 Sa 244/56, AP § 618 BGB Nr. 5.
[250] Däubler/Dorndorf/*Däubler*, § 309 BGB Rn 2.

8. Vertragspartnerwechsel, § 309 Nr. 10 BGB

111 § 309 Nr. 10 BGB soll verhindern, dass dem Kunden ein neuer, unbekannter Vertragspartner aufgezwungen wird.[251] *Gotthardt*[252] vertritt die Ansicht, § 309 Nr. 10 BGB sei wegen der modifizierten Anwendungsregel des § 310 Abs. 4 Satz 2 BGB im Arbeitsverhältnis nicht anwendbar. § 613a BGB zeige, dass ein gesetzlicher Vertragspartnertausch im Arbeitsverhältnis sehr wohl vorgesehen sei. Dagegen lässt sich anführen, dass in dem Fall, dass der Arbeitsvertrag nach § 309 Nr. 10b BGB ein Lösungsrecht des Arbeitnehmers einräumt, das Lösungsrecht dem Widerspruchsrecht des § 613a Abs. 6 BGB entspricht. Gemäß den Besonderheiten des Arbeitsrechts ist § 309 Nr. 10b BGB daher in dem Sinne zu verstehen, dass das Lösungsrecht den Anforderungen des Widerspruchs des § 613a Abs. 6 BGB zu entsprechen hat.[253]

112 Die gewerbliche oder nichtgewerbliche **Überlassung von Arbeitnehmern** fällt nicht unter § 309 Nr. 10 BGB, denn das AÜG ist eine vorrangige Spezialnorm.[254] Die Vorschrift ist nur anwendbar, wenn ein Dritter in die gesamte Rechtsposition des AGB-Verwenders tritt. Die bloße Überlassung einzelner Rechte zur Ausübung genügt nicht.[255]

113 **Konzernversetzungsklauseln** sind nach § 309 Nr. 10 BGB unwirksam, soweit nicht die zur Versetzung in Frage kommenden Unternehmen bereits im Arbeitsvertrag namentlich aufgeführt sind.[256] Konzernversetzungsklauseln können daneben eine Umgehung kündigungsschutzrechtlicher Vorschriften beinhalten.[257] Soweit § 309 Nr. 10 BGB bei Konzernversetzungsklauseln für nicht anwendbar erklärt wird,[258] ist darauf zu verweisen, dass § 309 Nr. 10b BGB nicht besagt, mit welchem Inhalt das Lösungsrecht ausgestattet sein muss. Es ist nämlich unter Berücksichtigung des KSchG und des Widerspruchsrechts des Arbeitnehmers[259] auszugestalten. Damit fehlen entgegenstehende arbeitsrechtliche Wertungen.[260] Das BAG hat den möglichen Vertragspartnerwechsel durch Konzernversetzungsklauseln bislang keiner Inhaltskontrolle unterzogen, obwohl sich eine solche Betrachtung im Urteil vom 23.3.2006 angeboten hätte.[261]

9. Beweislastveränderungen, § 309 Nr. 12 und 12a BGB

114 § 309 Nr. 12a BGB hat keine eigenständige Bedeutung, sondern schützt die Beweislastverteilung nur zusätzlich in dem von Gesetz und Rechtsprechung anerkannten Umfang.[262] § 309 Nr. 12 BGB verbietet, den Arbeitnehmer mit bestimmten Beweismitteln auszuschließen oder aber die Anforderungen des Anscheinsbeweises zu ändern, beispielsweise über eine Klausel, wonach unter bestimmten Voraussetzungen der erste Anschein einer für den Arbeitnehmer nachteiligen Tatsache gilt.[263] Einbezogen in das Klauselverbot sind alle beweisrechtlichen Abreden, die den Arbeitnehmer im Vergleich zur gesetzlichen oder richterrechtlichen Regelung schlechter stellen.[264]

115 Eine Klausel im Arbeitsvertrag, wonach sich der Arbeitnehmer auf ein mitwirkendes Verschulden des Arbeitgebers oder eines Vorgesetzten nicht berufen könne, verstößt gegen § 309 Nr. 12a BGB, da die Beweislast für Verschulden, die beim Arbeitgeber liegt, auf den Arbeitnehmer durch die Klausel verlagert wird.[265] Unwirksam nach § 308 Nr. 6 BGB und § 309 Nr. 12 BGB ist eine Bestimmung, die die Beweislast für den Zugang einer Willenserklärung, die beim Absender liegt, dem Arbeitnehmer zuweist, da über das AGB-Recht keine Beweiserleichterungen für Zugangserfordernisse geschaffen werden können.[266] Die Vereinbarung, dass die Zustellung eines Kündigungsschreibens an die letzte vom Arbeitnehmer dem Arbeitgeber mitgeteilte Anschrift für den Zugang maßgeblich ist, verstößt nicht gegen § 309 Nr. 12 BGB. Das Schwergewicht einer

---

251 Palandt/*Heinrichs*, § 309 BGB Rn 90.
252 Arbeitsrecht nach der Schuldrechtsreform, Rn 285; HWK/*Gotthardt*, § 309 BGB Rn 13.
253 AnwK-ArbR/*Hümmerich*, § 309 BGB Rn 44.
254 Däubler/Dorndorf/*Däubler*, § 309 BGB Rn 1; a.A. *Löwisch*, FS Wiedemann, S. 311, 329.
255 MüKo-BGB/*Basedow*, § 309 Nr. 10 Rn 6.
256 *Hümmerich*, NZA 2003, 753, 758.
257 KR/*Becker*, § 1 KSchG Rn 12.
258 HWH-*Gotthardt*, § 309 BGB Rn 13; Däubler/Dorndorf/*Däubler*, § 309 BGB Rn 2.
259 BAG 19.3.1998 – 8 AZR 139/97, NZA 1998, 750; H/S-*Spirolke*, Das arbeitsrechtliche Mandat, § 8 Rn 38a ff.
260 AnwK-ArbR/*Hümmerich*, § 309 BGB Rn 47.
261 BAG 23.3.2006 – 2 AZR 162/05, DB 2006, 2351.
262 Palandt/*Heinrichs*, § 309 BGB Rn 99.
263 *Ulmer*/Brandner/Hensen, § 11 Nr. 15 AGBG Rn 11 f.
264 Däubler/Dorndorf/*Däubler*, § 309 BGB Rn 3.
265 AnwK-ArbR/*Hümmerich*, § 309 BGB Rn 49.
266 AnwK-ArbR/*Hümmerich*, § 309 BGB Rn 49.

solchen Klausel liegt im Bereich der Tatsachenfiktion, denn nicht der Zugang wird fingiert, sondern die für den Zugang maßgebliche, vom Arbeitnehmer selbst dem Arbeitgeber mitgeteilte Adresse. Die Klausel steht im Übrigen im Einklang mit der einschlägigen BAG-Rechtsprechung, wonach die letzte, vom Arbeitnehmer bekanntgegebene Adresse maßgeblich dafür ist, ob ein Arbeitgeberschreiben in den Machtbereich des Arbeitnehmers gelangt ist.[267]

Eine Klausel mit dem Inhalt, auf die Unrichtigkeit von in seiner Gegenwart durchgeführten Inventuren könne sich der Arbeitnehmer nicht berufen, steht nicht mit § 309 Nr. 12 und 12a BGB in Einklang.[268]

10. Tatsachenbestätigungen, § 309 Nr. 12b BGB

Bestimmungen, wie sie im Arbeitsvertrag geschaffen werden, damit sich der Arbeitgeber bestimmte Tatsachen vereinfacht bestätigen lassen kann, sind nach § 309 Nr. 12b BGB unwirksam. Sie verändern die Beweislast. Durch § 309 Nr. 12b BGB werden Erklärungen über die Bestätigung rechtlich relevanter Umstände, Willenserklärungen und Erklärungen über rein tatsächliche Vorgänge erfasst. Unwirksam sind Klauseln, die besagen, die AGB seien im Einzelnen ausgehandelt.[269] Unzulässig ist eine Vollständigkeitsklausel, die den Arbeitnehmer davon abhält, sich auf tatsächlich getroffene Abmachungen zu berufen.[270] **Vollständigkeitsklauseln**, die besagen, dass keine Nebenabreden getroffen wurden und zu ihrer Wirksamkeit der Schriftform bedürfen, verstoßen daneben gegen § 305b BGB.

Empfangsbestätigungen fallen als Tatsachenbestätigungen unter § 309 Nr. 12b BGB.[271] Etwas anderes gilt, wenn sich das Empfangsbekenntnis in einer gesonderten Urkunde befindet, wie beispielsweise der Text eines nachvertraglichen Wettbewerbsverbots, der nach § 74 Abs. 1 HGB von den Parteien zu unterzeichnen ist. Gewöhnliche Empfangsbekenntnisse, die bei Ausgabe von Arbeitsgerät vom Arbeitnehmer zu unterzeichnen sind, verstoßen nicht gegen das Klauselverbot des § 309 Nr. 12b BGB. **Abstrakte Schuldanerkenntnisse** werden von § 309 Nr. 12b BGB nicht erfasst.[272]

Empfangsbekenntnisse im Rahmen von Allgemeinen Geschäftsbedingungen sind grundsätzlich unwirksam.[273] Die in einem Arbeitsvertrag gewählte Formulierung, der Arbeitnehmer habe das Arbeitsentgelt für einen bestimmten Zeitraum bereits erhalten, soll nach § 309 Nr. 12b BGB nichtig sein.[274]

Die bloße Bestätigung, dass der Arbeitnehmer eine Ausfertigung der Vereinbarung über ein nachvertragliches Wettbewerbsverbot erhalten hat, ist als in den Arbeitsvertrag integriertes Empfangsbekenntnis unwirksam, dagegen auf einem einzelnen, gesondert unterschriebenen Wettbewerbsverbotstext oder Empfangsbekenntnis wirksam.

11. Form von Anzeigen und Erklärungen, § 309 Nr. 13 BGB

§ 309 Nr. 13 BGB will verhindern, dass dem Arbeitnehmer durch die Vereinbarung besonderer Form- oder Zugangserfordernisse die Wahrnehmung seiner Rechte erschwert wird.[275] § 309 Nr. 13 BGB dient dem Abbau von Barrieren, die dem anderen Vertragsteil über vorformulierte Verträge durch Formvorschriften errichtet werden.[276] Die Norm hat nicht nur Bedeutung für Willenserklärungen, sie erfasst auch Willensäußerungen jeglicher Art, selbst dann, wenn sie nur geschäftsähnlichen Charakter haben.[277] Die Vorschrift gilt bei **Mahnung**, **Fristsetzung** und **Nachbesserungsverlangen**, somit auch bei allen Äußerungen des Arbeitnehmers, die für die Ausübung von Rechten bedeutsam sind.[278]

§ 309 Nr. 13 BGB verbietet eine strengere Form als die Schriftform, damit beispielsweise eine notarielle Beurkundung oder, wie es für Kündigungen häufig in Arbeitsverträgen geregelt ist, den Einschreibebrief als Zugangsvoraussetzung. Umstritten ist, ob das **Fax** als Wirksamkeitserfordernis eine strengere Form als die

---

[267] BAG 7.11.2002 – 2 AZR 475/01, NZA 2003, 719; BAG 16.3.1988 – 7 AZR 587/87, NZA 1988, 875; BAG 8.12.1983 – 2 AZR 337/82, NZA 1984, 31.
[268] AnwK-ArbR/*Hümmerich*, § 309 BGB Rn 49.
[269] BGH 28.1.1987 – IVa ZR 173/85, BGHZ 99, 374.
[270] *Lakies*, AR-Blattei SD. 35 Rn 297.
[271] ErfK/*Preis*, §§ 305–310 BGB Rn 77; *Grobys*, DStR 2002, 1008; *Lingemann*, NZA 2002, 192.
[272] BGH 5.3.1991 – XI ZR 75/90, BGHZ 114, 9; Palandt/*Heinrichs*, § 309 BGB Rn 100.
[273] HWK/*Gotthardt*, § 309 BGB Rn 16.
[274] ArbG Düsseldorf 14.5.2003 – 10 Ca 11163/02, zitiert nach HWK/*Gotthardt*, § 309 BGB Rn 16.
[275] *Stoffels*, AGB-Recht, Rn 672.
[276] MüKo-BGB/*Basedow*, § 309 Nr. 13 Rn 1; Palandt/*Heinrichs*, § 309 BGB Rn 104.
[277] Däubler/Dorndorf/*Däubler*, AGB im Arbeitsrecht, § 309 BGB Rn 2.
[278] *Däubler*, NZA 2001, 1327; *Gotthardt*, Arbeitsrecht nach der Schuldrechtsreform, Rn 289; *Reinecke*, DB 2002, 583.

Schriftform darstellt.[279] Da über ein Faxschreiben beim Empfänger keine eigenhändige Namensunterschrift des Adressaten eingeht, ist mit einem Faxschreiben noch nicht einmal die Schriftform des § 126 BGB gewahrt, so dass das Faxschreiben ein Minus gegenüber der Schriftform des § 126 BGB bedeutet und somit keine strengere Form als die Schriftform darstellt.[280] Arbeitsrechtliche Besonderheiten stehen dem Anwendungsfeld von § 309 Nr. 13 BGB nach hier vertretener Auffassung nicht entgegen.

123 Hauptdiskussionsthema im Zusammenhang mit § 309 Nr. 13 BGB bilden die **zweistufigen Ausschlussfristen**. Wegen des in zweistufigen einzelvertraglichen Ausschlussfristen enthaltenen Grundsatzes, dass Ansprüche verfallen, wenn sie nicht innerhalb einer bestimmten Frist (in der zweiten Stufe) gerichtlich geltend gemacht werden, verstoßen sie nach hier vertretener Auffassung[281] und teilweise auch nach von der Rechtsprechung vertretener Meinung[282] gegen § 309 Nr. 13 BGB. Anderer Ansicht ist das BAG.[283] Es hat sich dafür ausgesprochen, dass einzelvertraglich – im Gegensatz zum Wortlaut des § 309 Nr. 13 BGB – zweistufige Ausschlussfristen auch in Allgemeinen Geschäftsbedingungen vereinbart werden können; in diesen Fällen betrage die Mindestfrist der ersten und zweiten Stufe jeweils drei Monate. Zweistufige Ausschlussfristen seien tradierte Besonderheiten des Arbeitsrechts, so dass das gegen den Wortlaut des § 309 Nr. 13 BGB stehende Ergebnis aus der modifizierten Anwendungsregel des § 310 Abs. 4 Satz 2 BGB entwickelt wurde. Ausschlussfristen, die in einem auf das Arbeitsverhältnis kraft Bezugnahme im Arbeitsvertrag anwendbaren Haustarifvertrag beim Arbeitgeber enthalten sind, unterliegen nach § 310 Abs. 4 Satz 1 BGB nicht der Angemessenheitskontrolle gemäß §§ 307 ff. BGB.[284]

124 Soweit die Auffassung vertreten wird, dass zweistufige Ausschlussfristen deshalb wirksam seien, weil in der zweiten Stufe mit der Klageerhebung keine gesonderte Form vorgeschrieben sei,[285] wird übersehen, dass durch die in § 496 ZPO, § 46 Abs. 2 ArbGG eingeräumte Möglichkeit, mündlich zu Protokoll der Geschäftsstelle eine Klage zu erheben, das Tatbestandsmerkmal „strengere Form als die Schriftform" nicht entfällt. Der Umstand, dass die Geltendmachung über eine Klageschrift erforderlich ist, führt bereits zu einer strengeren Form als die bloße schriftliche Anmeldung eines Anspruchs gegenüber dem Arbeitgeber. Für die Erhaltung des Anspruchs bei einer zweistufigen Ausschlussfrist ist eine Handlung vorgeschrieben, die weit über die Schriftform hinausgeht, wie sich aus den Mindestanforderungen an eine Klageschrift nach § 253 ZPO ergibt.[286]

125 Soweit sich eine Ausschlussfrist auf „alle Ansprüche aus dem Arbeitsverhältnis und solche, die mit dem Arbeitsverhältnis in Verbindung stehen" erstreckt, erfasst sie auch die **Haftung wegen Vorsatz**.[287] Damit verstößt eine Ausschlussklausel gegen § 202 Abs. 1 BGB, da diese Vorschrift bestimmt, dass „die Verjährung bei Haftung wegen Vorsatzes nicht im Voraus durch Rechtsgeschäft erleichtert werden kann". Ausschlussfristen in Arbeitsverträgen, die die Haftung wegen Vorsatz ausschließen, sind unwirksam nach §§ 134, 202 Abs. 1 BGB.[288]

126 Der Umkehrschluss aus § 309 Nr. 13 BGB ergibt, dass in einem Arbeitsvertrag die Einhaltung der Schriftform stets verlangt werden kann.[289] Jede darüber hinausgehende Erschwerung ist unzulässig, auch beispielsweise die arbeitsvertragliche Vereinbarung, dass Erklärungen des Arbeitnehmers eigenhändig verfasst sein müssen.[290] Der Verwender (Arbeitgeber) kann auch nicht mit Erfolg die Benutzung seiner Formulare durch arbeitsvertragliche Regelung verlangen.[291]

---

279 Däubler/Dorndorf/*Däubler*, AGB im Arbeitsrecht, § 309 BGB Rn 3; MüKo-BGB/*Basedow*, § 309 Nr. 13 Rn 4.
280 AnwK-ArbR/*Hümmerich*, § 309 BGB Rn 56.
281 *Hümmerich*, NZA 2003, 753; *Hümmerich/Holthausen*, NZA 2002, 180; *Annuß*, BB 2002, 463; *Boudon*, ArbRB 2003, 150; *Däubler*, NZA 2001, 1329; *Hönn*, ZfA 2003, 325; *Lakies*, NZA 2004, 569; *Nägele/Chwaliß*, MDR 2002, 1341; *Reinecke*, DB 2002, 586; ders., BB 2005, 378; ders., NZA 2005, 378; *Schrader*, NZA 2003, 345; *Schrader/Schubert*, NZA-RR 2005, 225; *Seifert*, JR 2003, 86; *Singer*, RdA 2003, 194.
282 LAG Rheinland-Pfalz 17.8.2004 – 5 Sa 389/04, NZA-RR 2005, 242.
283 BAG 25.5.2005 – 5 AZR 572/04, NZA 2005, 1111.
284 BAG 26.4.2006 – 5 AZR 403/05, NZA 2006, 845.
285 HWK/*Gotthardt*, § 309 BGB Rn 19; *Thüsing/Leder*, BB 2005, 1563, 1564.
286 AnwK-ArbR/*Hümmerich*, § 309 BGB Rn 63.
287 Schaub/*Linck*, Arbeitsrechts-Handbuch, § 205 Rn 8.
288 BAG 25.5.2005 – 5 AZR 572/04, NZA 2005, 1111; ArbG Stralsund 24.4.2004 – 5 Ca 577/03, DB 2004, 1368.
289 BGH 18.1.1989 – VIII ZR 142/88, NJW 1989, 625.
290 Staudinger/*Schloßer*, § 11 Nr. 16 AGBG Rn 5.
291 OLG Schleswig-Holstein 8.11.2000 – 9 U 104/99, NJW-RR 2001, 818.

VIII. Folgen der Nichteinbeziehung und Unwirksamkeit

1. Wirksam bleibende Vertragsbestandteile, § 306 Abs. 1 BGB

§ 306 Abs. 1 BGB umfasst zwei Fallgruppen. In der ersten Gruppe sind diejenigen Fälle angesprochen, in denen Allgemeine Geschäftsbedingungen nicht Vertragsbestandteil geworden sind, im Arbeitsrecht also diejenigen Konstellationen, bei denen die Einbeziehung von Vertragsbedingungen am Überraschungsverbot des § 305c Abs. 1 BGB gescheitert ist. Zweiter Anwendungsbereich von § 306 Abs. 1 BGB ist der Fall der unwirksamen Allgemeinen Geschäftsbedingungen nach §§ 307 ff. BGB, aber auch der Fall der Nichtigkeit nach §§ 125, 134 BGB.[292]

127

Lässt sich eine Arbeitsvertragsklausel nach ihrem Wortlaut aus sich heraus verständlich und sinnvoll in einen inhaltlich zulässigen und in einen unzulässigen Regelungsteil trennen, ist die Aufrechterhaltung des zulässigen Teils rechtlich unbedenklich und verstößt nicht gegen das Verbot der geltungserhaltenden Reduktion aus § 306 Abs. 2 BGB.[293] Es kommt immer darauf an, ob der Wortlaut wegen eines eigenständigen grammatikalischen Sinns eine Trennung der betroffenen Vertragsteile von den restlichen Vertragsteilen gestattet. Voraussetzung für eine zulässige Zerlegung ist, dass sich die unwirksame Bestimmung wegstreichen lässt, man spricht hier vom „blue-pencil-Test".[294] Enthält eine Klausel, sprachlich getrennt, einen Freiwilligkeitsvorbehalt und einen Widerrufsvorbehalt, kann der Widerrufsvorbehalt unwirksam sein, während der Freiwilligkeitsvorbehalt aufrecht erhalten bleibt.[295]

128

2. Unwirksamkeit einzelner Vertragsbestimmungen, § 306 Abs. 2 BGB

a) Verbot der geltungserhaltenden Reduktion

§ 306 Abs. 2 BGB beschreibt das gesetzliche Verbot der geltungserhaltenden Reduktion, das von der Rechtsprechung entwickelt wurde, um dem Normzweck des AGB-Rechts Rechnung zu tragen.[296] Das BAG nahm im Arbeitsrecht regelmäßig eine geltungserhaltende Reduktion vor. Anstatt die Unwirksamkeit von Klauseln festzustellen, führte es sie auf das zulässige Maß zurück.[297]

129

Unvertretbare Rückzahlungsbeträge für Aus- und Fortbildung wurden auf die noch zulässige Höhe reduziert.[298] Ähnlich bestimmte das BAG die Rechtsfolge bei zu weitreichenden Wettbewerbsverboten[299] oder bei Rückzahlungsabreden über Sondergratifikationen.[300] Das **Verbot der geltungserhaltenden Reduktion** gilt jetzt, jedenfalls im Grundsatz, auf Basis gesetzlicher Grundlage nach **§ 306 Abs. 2 BGB** im Arbeitsrecht. Die weitreichenste Auswirkung dieser Rechtsfolge besteht darin, dass die äußerst verbreiteten **salvatorischen Klauseln in Arbeitsverträgen** – egal, ob als Ersetzungs- oder Reduktionsklausel ausgestaltet – künftig **unwirksam** sind.

130

Bei **Vertragsstrafenregelungen** wählt das BAG allerdings nicht die geltungserhaltende Reduktion.[301] Selbst die für unbillig hohe Vertragsabreden gesetzlich vorgesehene Reduktionsregel des § 343 BGB wendet es nicht mehr an, da § 343 BGB die Herabsetzung der Vertragsstrafe auf das angemessene Maß nur wirksam vereinbarten Vertragsstrafen gestattet, nicht hingegen bei nach § 307 Abs. 1 BGB unwirksamen Vertragsstrafenklauseln.

131

b) Dispositives Recht und ergänzende Vertragsauslegung als Ersatzklauseln

Nach § 306 Abs. 2 BGB treten an die Stelle unwirksamer oder nicht Vertragsbestandteil gewordener Bestimmungen die **gesetzlichen Vorschriften**. Diese Regelung ist für den Bereich des Arbeitsrechts in gewisser

132

---

[292] BGH 3.5.1995 – XII ZR 29/94, BGHZ 129, 297.
[293] BGH 27.2.2000 – VIII ZR 155/99, NJW 2000, 292.
[294] Staudinger/*Schloßer*, § 306 AGBG Rn 15a; Däubler/Dorndorf/*Dorndorf*, AGB im Arbeitsrecht, § 306 BGB Rn 13.
[295] HWK/*Gotthardt*, § 306 BGB Rn 3.
[296] BGH 3.11.1999 – VIII ZR 269/98, NJW 2000, 1110; BGH 4.11.1992 – VIII ZR 235/91, BGHZ 120, 108, 122; BGH 17.5.1991 – V ZR 140/90, BGHZ 114, 338, 342.
[297] BAG 6.3.1994 – 5 AZR 339/92, NZA 1994, 937; BAG 15.2.1990 – 6 AZR 381/88, AP § 611 BGB Anwesenheitsprämie Nr. 15; BAG 15.5.1985 – 5 AZR 161/84, AP § 611 BGB Ausbildungsbeihilfe Nr. 9; BAG 11.4.1984 – 5 AZR 430/82, NZA 1984, 288; BAG 3.10.1963 – 5 AZR 131/63, AP § 611 BGB Urlaub und Gratifikation Nr. 1.
[298] BAG 12.12.1979 – 5 AZR 1056/77, DB 1980, 1704.
[299] BAG 2.2.1968 – 3 AZR 462/66, DB 1968, 1138.
[300] BAG 20.3.1974 – 5 AZR 327/73, NJW 1974, 1671.
[301] BAG 4.3.2004 – 8 AZR 196/03, NZA 2004, 727.

Weise misslich, weil eine Vielzahl von Rechtsregeln durch das BAG aufgestellt wurde und im klassischen Wortsinne „gesetzliche Vorschriften" häufig nicht existieren. Da zu den „gesetzlichen Vorschriften" auch ungeschriebene Rechtssätze, die durch Richterrecht entwickelt wurden, gerechnet werden,[302] kann auf die Grundsätze der Rechtsprechung zur Lückenfüllung zurückgegriffen werden. Zu den Vorschriften des dispositiven Rechts werden auch die Generalklauseln und methodische Vorschriften zur Ausfüllung von Vertragslücken wie die Grundsätze der ergänzenden Vertragsauslegung gerechnet.[303]

133 Die Regeln der **ergänzenden Vertragsauslegung** besagen, dass das Gericht dasjenige zum Vertragsinhalt zu erklären hat, was die Parteien redlicherweise wahrscheinlich vereinbart hätten, wenn ihnen die Unwirksamkeit der Klausel bekannt gewesen wäre.[304] Eine ergänzende Vertragsauslegung ist ausgeschlossen, wenn zur Ausfüllung der durch die Unwirksamkeit einer Klausel entstandenen Regelungslücke verschiedene Gestaltungsmöglichkeiten in Betracht kommen und kein Anhaltspunkt dafür besteht, welche Regelung die Parteien wahrscheinlich getroffen hätten.[305]

c) Milderung der Eingriffsintensität bei Altverträgen

134 Die Fachwelt hatte damit gerechnet, dass entsprechend dem Wortlaut der Übergangsregelung in Art. 229 § 5 Satz 2 EGBGB, mithin ab dem 1.1.2003, das neue AGB-Recht auch auf Altverträge Anwendung findet. Den Arbeitgebern war eine hinreichende Zeitspanne eingeräumt, um die Arbeitsverträge umzustellen.

135 Das BAG erkannte im Rahmen seiner Entscheidung über den Widerrufsvorbehalt in einem Altvertrag, dass bei strenger Beachtung der Nichtigkeitsfolge des § 306 BGB der Arbeitgeber aufgrund einer unwirksamen Widerrufsklausel selbst im Falle einer Existenzbedrohung des Betriebs von seinem Anpassungsinstrument nicht mehr hätte Gebrauch machen können. Das BAG entschloss sich deshalb, abweichend von § 306 BGB, eine Milderung der Eingriffsintensität bei Altverträgen über eine ergänzende Vertragsauslegung vorzunehmen.[306] Im Urteil vom 11.10.2006 führt das BAG noch einmal ausdrücklich aus, habe der Verwender bei Vertragsschluss die §§ 307 ff. BGB nicht berücksichtigen können und sei die Klausel nur deswegen unwirksam, weil sie in formeller Hinsicht den neuen Anforderungen nicht genüge, bedürfe es zur Schließung der entstandenen Lücke der ergänzenden Vertragsauslegung.[307] Bei allem Verständnis für die Konfliktlage, in der sich das BAG befand, ist doch die Begründung, die der 5. Senat wählt, nicht überzeugend. Der Senat meinte, man würde in die Privatautonomie des Arbeitgebers unverhältnismäßig eingreifen, wolle man bei den Altfällen an der Unwirksamkeitsfolge festhalten. Gegen die Argumentation des BAG lässt sich anführen, dass das BAG in Wahrheit eine ergänzende Vertragsauslegung vorgenommen habe, die einer geltungserhaltenden Reduktion gleichkomme, weil es diejenige Vertragsgestaltung, die ihm noch angemessen erscheine mit dem hypothetischen Parteiwillen gleichsetze.[308] Die ergänzende Vertragsauslegung, wie sie das BAG nunmehr bei Altverträgen zur Rechtsfolge bestimmt, ermöglicht letztlich immer Wertungen auf Basis von Mutmaßungen.[309]

3. Gesamtunwirksamkeit des Vertrages, § 306 Abs. 3 BGB

136 Die Wirkung des § 306 Abs. 2 BGB wird ausnahmsweise vermieden, wenn durch die Anwendung dispositiven Rechts oder durch eine ergänzende Vertragsauslegung das Festhalten am Vertrag zu einer **unzumutbaren Härte** auf Seiten einer Vertragspartei führen würde. Da die Anwendung des AGB-Rechts im Arbeitsverhältnis grundsätzlich zu Gunsten des Arbeitnehmers wirkt, wird die unzumutbare Härte regelmäßig auf Seiten des Verwenders festzustellen sein. Als unzumutbare Härte auf Seiten des Verwenders gilt eine grundlegende Störung des Vertragsgleichgewichts durch Wegfall der Allgemeinen Geschäftsbedingung.[310] Derartige Fallkonstellationen im Bereich des Arbeitsrechts wurden bislang noch nicht von der Rechtsprechung entschieden und sind auch bei aller Phantasie schwer vorstellbar.

---

[302] BGH 14.5.1996 – XI ZR 257/94, NJW 1996, 2092; BGH 11.7.1996 – IX ZR 74/95, NJW 1996, 2786.
[303] BGH 1.2.1984 – VIII ZR 54/83, BGHZ 90, 69; LAG Köln 1.2.2001 – 10 Sa 625/00, NZA-RR 2001, 461.
[304] Palandt/*Heinrichs*, § 306 BGB Rn 7; Staudinger/*Schloßer*, § 306 BGB Rn 12.
[305] BGH 3.11.1999 – VIII ZR 269/88, NJW 2000, 1110, 1114.
[306] BAG 12.1.2005 – 5 AZR 364/04, NZA 2005, 465; BAG 11.10.2006 – 5 AZR 721/05, NZA 2007, 87.
[307] BAG 11.10.2006 – 5 AZR 721/05, DB 2007, 170.
[308] *Bayreuther*, NZA 2005, 1337, 1339; *Hümmerich*, MedR 2005, 575.
[309] *Hümmerich*, MedR 2005, 575, 578.
[310] BGH 9.5.1996 – III ZR 209/95, NJW-RR 1996, 1009.

Kapitel 1: Arbeitsverträge

IX. Kontrollfreie Kollektivnormen, § 310 Abs. 4 Satz 1 BGB

1. Originär gültige Tarifverträge und Betriebsvereinbarungen

Eine AGB-rechtliche Inhaltskontrolle originärer Tarifverträge findet nach § 310 Abs. 4 Satz 1 BGB nicht statt. Der innere Grund für die Herausnahme aus der AGB-Kontrolle ist bei den Tarifverträgen die **Wahrung der Tarifautonomie**.[311] Betriebs- und Dienstvereinbarungen stellt der Gesetzgeber in § 310 Abs. 4 Satz 1 mit Tarifverträgen gleich. Auch wenn die Bezugnahme in der Gesetzesbegründung auf die Tarifautonomie im Hinblick auf Betriebs- und Dienstvereinbarungen verfehlt war,[312] bleibt der Gesetzestext eindeutig.[313] Eine Inhaltskontrolle entfällt auch bei Gesamt- und Konzernbetriebsvereinbarungen[314] sowie bei erzwingbaren wie freiwilligen Betriebsvereinbarungen.[315]

137

Dass **Betriebsvereinbarungen** nicht der AGB-Kontrolle unterliegen, hat das BAG für den Bereich von Widerrufsvorbehalten jetzt klargestellt. Mit Urteil vom 1.2.2006[316] hat es entschieden, dass die Senats-Rechtsprechung zur Anwendung des § 308 Nr. 4 BGB bei Widerrufsvorbehalten auf die in Betriebsvereinbarungen regelten Widerrufsvorbehalte nicht anwendbar ist.

138

2. Vereinbarte Kollektivnormen

Noch umstritten ist, inwieweit der durch Bezugnahmeklausel arbeitsvertraglich vereinbarte normative Teil eines Tarifvertrages der kollektivrechtlichen Bereichsausnahme unterliegt. Die herrschende Meinung macht keinen Unterschied, ob der Tarifvertrag im Wege der Globalverweisung in Bezug genommen wurde, ob als statische oder als dynamische Klausel. Gleichgültig ist auch, ob es sich um einen räumlich- oder branchenfremden Tarifvertrag handelt.[317] Da der Verzicht auf die Inhaltskontrolle seinen Sinn in der Vermutung einer angemessenen Regelung in Tarifverträgen und Betriebsvereinbarungen hat (sog. **Richtigkeitsgewähr**[318]), ist die Bezugnahme auf jeden Tarifvertrag, der in sich geschlossenes System darstellt, ausreichend, um eine Inhaltskontrolle entbehrlich zu machen.[319] Soweit nur Teile eines Tarifvertrages in Bezug genommen werden, gilt die Richtigkeitsgewähr nicht. Bei **Teilbezugnahmen** auf Tarifverträge findet deshalb eine **Inhaltskontrolle** statt.

139

Soweit vertreten wird, die branchen- und ortsfremden Tarifverträge seien nicht per se der Bereichsausnahme unterstellt,[320] wird übersehen, dass die Bundesregierung in der Gesetzesbegründung ausdrücklich erklärt hat, Einzelarbeitsverträge, die Bezug auf einen Tarifvertrag nehmen, ohne dass eine beiderseitige Tarifbindung bestehe, oder die mit Kollektivverträgen übereinstimmen und lediglich deren gesamten Inhalt wiedergeben, unterlägen keiner Inhaltskontrolle, sondern seien nur am Transparenzgebot zu messen.[321]

140

Das BAG hat mit der Ankündigung einer Rechtsprechungsänderung im Urteil vom 14.12.2005[322] von der von der Bundesregierung erwähnten Ausnahme bei Bezugnahmeklauseln Gebrauch gemacht, die Verweisung künftig am Transparenzgebot oder an § 305c Abs. 2 BGB zu messen. Wählt der 4. Senat § 305c BGB als Anknüpfungspunkt der Inhaltskontrolle, stellt er sich in Widerspruch zur Rechtsauffassung der Bundesregierung, die in der Bundestags-Drucksache[323] geäußert wurde.

141

---

311 Däubler/Dorndorf/*Däubler*, AGB im Arbeitsrecht, § 310 BGB Rn 25.
312 BT-Drucks. 14/6857, S. 54.
313 AnwK-ArbR/*Hümmerich*, § 310 BGB Rn 16; ErfK/*Preis*, §§ 305–310 BGB Rn 12; HWK/*Gotthardt*, § 310 BGB Rn 21.
314 *Löwisch*, FS Wiedemann, S. 311, 320.
315 Däubler/Dorndorf/*Däubler*, AGB im Arbeitsrecht, § 310 BGB Rn 32.
316 BAG 1.2.2006 – 5 AZR 187/05, NZA 2006, 564.
317 LAG Berlin 10.10.2003 – 6 Sa 1058/03, LAGE § 309 BGB 2002 Nr. 5; *Henssler*, RdA 2003, 129, 136; *Hromadka*, NJW 2002, 2523; *Hümmerich*, NZA 2003, 753; *Lindemann*, AuR 2002, 81; *Oetker*, FS Wiedemann, S. 399; *Annuß*, BB 2003, 460, *Bayreuther*, RdA 2003, 81, 91; HWK/*Gotthardt*, § 307 BGB Rn 13; *Thüsing/Lambrich*, NZA 2002, 1362; *Witt*, NZA 2004, 137.
318 BAG 24.3.2004 – 5 AZR 303/03, DB 2004, 1432; BAG 28.5.2002 – 3 AZR 422/01, NZA 2003, 1198.
319 AnwK-ArbR/*Hümmerich*, § 310 BGB Rn 18.
320 ErfK/*Preis*, §§ 305–310 BGB Rn 17; *Gaul*, ZfA 2003, 74, 89; *Gotthardt*, Arbeitsrecht nach der Schuldrechtsreform, Rn 266; *Richardi*, NZA 2002, 1057; *Schliemann*, Sonderbeil. NZA 16/2003, 3.
321 BT-Drucks. 14/6857, S. 53 f.
322 BAG 14.12.2005 – 4 AZR 536/04, NZA 2006, 607 = NJW 2006, 2571.
323 BT-Drucks. 14/6857, S. 53 f.

X. Arbeitsvertragstexte im Formularbuch

142 Mit der vorliegenden Sammlung werden Arbeitsvertragsmuster aus unterschiedlichen Branchen, für Arbeitnehmer unterschiedlicher Hierarchien und Tätigkeitsfelder vorgestellt. Der Rechtsalltag bietet keine Gewähr, dass sämtliche in den vorgelegten Verträgen enthaltenen Klauseln stets wirksam sind. Eklatant unwirksame Klauseln, wie sie noch in den Vorauflagen des Werkes enthalten waren, wurden vermieden und durch andere Klauseln ersetzt.

143 Man darf bei der Vertragsgestaltung nicht vergessen, dass mancher Arbeitgeber Wert darauf legt, eine als bewährt geltende Klausel auch dann in den Vertrag weiterhin aufzunehmen, wenn ihre Rechtmäßigkeit zweifelhaft sein könnte. Naturalparteien neigen dazu, dem geschriebenen Wort Glauben zu schenken und seine rechtliche Wirksamkeit zunächst einmal nicht in Zweifel zu ziehen. Aus diesem Grunde enthalten die vorliegenden Arbeitsverträge auch Klauseln, deren Wirksamkeit zweifelhaft sein kann, weil sie branchenspezifisch üblich sind und von den Auftraggebern eines Arbeitsverträge entwerfenden Anwalts gefordert werden. Häufig sind diese Klauseln durch Fußnoten gekennzeichnet. Jeder Vertragsgestalter muss in eigener Verantwortung prüfen, ob er unter Berücksichtigung der dargestellten Rechtslage eine Klausel verwenden will oder nicht. Hinzu kommt, dass nicht der beratende Vertragsgestalter allein darüber zu befinden hat, ob eine Klausel in einen Arbeitsvertrag aufgenommen werden soll, sondern dass auch Parteiwille, vor allem auf Seiten des Verwenders, über die Aufnahme einer Klausel in den Arbeitsvertrag entscheidet.

B. Texte

I. Sondertexte

144 **1. Muster: Niederschrift gemäß Nachweisgesetz**

↓

1. Vertragsparteien

Zwischen

▬▬▬

und

Herrn ▬▬▬

besteht ein Arbeitsverhältnis. Folgende wesentlichen Vertragsbedingungen gelten:

2. Beginn des Arbeitsverhältnisses

Das Arbeitsverhältnis ist unbefristet und besteht seit dem ▬▬▬.

3. Arbeitsort

Der Arbeitnehmer wird in ▬▬▬ beschäftigt.

4. Beschreibung der Tätigkeit

Herr ▬▬▬ wird eingestellt als ▬▬▬ und erledigt die nachfolgenden, mit ihm vereinbarten Tätigkeiten: ▬▬▬

5. Arbeitsentgelt

Herr ▬▬▬ erhält für seine Tätigkeit folgende Vergütung ▬▬▬ EUR.

Zuschläge/Zulagen ▬▬▬ EUR.

Sonderzahlungen ▬▬▬ EUR.

Sonstige Entgelte ▬▬▬ EUR.

Die Bezüge werden jeweils am ▬▬▬ überwiesen.

6. Arbeitszeit

Die regelmäßige Arbeitszeit beträgt wöchentlich/täglich ▬▬▬ Std.

7. Urlaub

Herr ▬▬▬ erhält Erholungsurlaub von jährlich ▬▬▬ Werktagen/Arbeitstagen.

8. Kündigung des Arbeitsverhältnisses

Maßgeblich sind die gesetzlichen Mindestkündigungsfristen des § 622 BGB.

Kapitel 1: Arbeitsverträge **1**

9. Anzuwendende Tarif-, Betriebs- oder Dienstvereinbarungen
Auf das Arbeitsverhältnis finden folgende Tarifverträge, Betriebsvereinbarungen oder Dienstvereinbarungen Anwendung: ▬▬▬
Die Vereinbarungen können im Personalbüro, Zimmer ▬▬▬, eingesehen werden.

10. Zusatz bei einer Tätigkeit im Ausland über einen Monat hinaus
Die Dauer der im Ausland zu verrichtenden Tätigkeit beträgt ▬▬▬. Das Entgelt wird in folgender Währung ausgezahlt: ▬▬▬. Zusätzlich erhält Herr ▬▬▬ ein Entgelt in folgender Höhe: ▬▬▬. Außerdem werden folgende Sachleistungen gewährt: ▬▬▬. Für die Rückkehr werden folgende Bedingungen vereinbart: ▬▬▬

11. Zusatz bei Tätigkeit eines geringfügig Beschäftigten
Der Arbeitnehmer wird vom Arbeitgeber darauf hingewiesen, dass er die Stellung eines versicherungspflichtigen Arbeitnehmers erwerben kann, wenn er auf die Versicherungsfreiheit durch Erklärung gegenüber dem Arbeitgeber verzichtet. Erklärt der Arbeitnehmer diesen Verzicht, hat er monatlich 7,5% seines Arbeitsentgelts an den Rentenversicherungsträger zu zahlen. Der Arbeitnehmer erklärt, was folgt: ▬▬▬

12. Sonstiges
Es gelten weiterhin folgende Vereinbarungen: ▬▬▬

↑

2. Muster: Rahmenvereinbarung für befristete Arbeitsverhältnisse[324]

↓

Rahmenvereinbarung

Die Firma erklärt sich bereit, Herrn ▬▬▬ in die Liste der Interessenten für Arbeitseinsätze aufzunehmen. Im Bedarfsfalle wird der Leiter der Abteilung ▬▬▬ sich daher an Herrn ▬▬▬ mit der Frage wenden, ob dieser in der Lage und bereit ist, für einen näher bestimmten Zeitraum Arbeiten in der Firma zu erledigen. Für den Fall, dass im Einzelfall ein befristetes Arbeitsverhältnis zustande kommt, wird eine Stundenvergütung von ▬▬▬ EUR vereinbart.

Die Firma und Herr ▬▬▬ sind sich einig, dass
- die Firma nicht verpflichtet ist, Herrn ▬▬▬ Beschäftigungsangebote zu machen,
- Herr ▬▬▬ nicht verpflichtet ist, Beschäftigungsangebote der Firma anzunehmen,
- demzufolge durch den Abschluss dieser Rahmenvereinbarung und die in Einzelfällen erfolgende Beschäftigung ein Dauerteilzeitarbeitsverhältnis – auch in Form eines sog. Abrufarbeitsverhältnisses (§ 12 TzBfG) – nicht begründet werden soll.

↑

3. Muster: Rahmenvereinbarung über Arbeit auf Abruf – flexible Arbeitszeit

↓

§ 1 Tätigkeit
(1) Der Arbeitnehmer ist einverstanden, auf Abruf des Arbeitgebers als ▬▬▬ in ▬▬▬ zu arbeiten.
(2) Eine Verpflichtung zur jeweiligen Arbeitsaufnahme besteht nur, wenn der Arbeitnehmer spätestens vier Tage vor dem Bedarfsfall verständigt wird (§ 12 Abs. 2 TzBfG).
(3) Bei Anforderung unter dieser Frist ist die Arbeitsaufnahme freiwillig.

§ 2 Arbeitszeitvolumen
(1) Die wöchentliche Arbeitszeit[325] beträgt mindestens ▬▬▬ Stunden. Wird das Arbeitsdeputat innerhalb des Abrechnungszeitraumes nicht vollständig abgerufen, so wird der unverbrauchte Teil dem nächsten Abrechnungszeitraum zugeschlagen. Ein solcher Übertrag darf höchstens 10% des Arbeitszeitvolumens betragen.
(2) Der Arbeitnehmer ist zur Leistung von Mehrarbeit in Höhe von 10% des Arbeitsvolumens verpflichtet.

---

[324] Eine bloße Rahmenvereinbarung begründet nach Auffassung des BAG (31.7.2002 – 7 AZR 181/01, EzA-SD 02 Nr. 24, 7) noch kein Abrufarbeitsverhältnis. Wird ein echtes Abrufarbeitsverhältnis vereinbart und keine Festlegung der wöchentlichen Arbeitszeit vorgenommen, gilt eine wöchentliche Arbeitszeit von zehn Stunden als vereinbart, § 12 Abs. 1 Satz 3 TzBfG. Außerdem hat der Arbeitgeber den Arbeitnehmer für jeweils mindestens drei aufeinander folgende Stunden in Anspruch zu nehmen, § 12 Abs. 1 Satz 4 TzBfG.

[325] Nach § 4 Abs. 1 BeschFG war noch eine halbjährliche Vereinbarung von Arbeitszeit möglich, die jetzt nach § 12 Abs. 1 TzBfG ausgeschlossen ist. Nunmehr muss eine wöchentliche oder eine tägliche Arbeitszeitdauer vertraglich festgehalten werden, ErfK/*Preis*, § 12 TzBfG Rn 18; Küttner/*Reinecke*, Personalbuch, 402 Rn 64.

(3) Die tägliche Arbeitszeit beträgt an den Einsatztagen jeweils mindestens ▄▄▄ Stunden.
(4) Die Festlegung der zeitlichen Lage der Tätigkeit erfolgt durch den Arbeitgeber nach Bedarf von Fall zu Fall.

§ 3 Beginn des Arbeitsverhältnisses, Probezeit

(1) Das Arbeitsverhältnis beginnt am ▄▄▄. Vor seinem Beginn ist die ordentliche Kündigung ausgeschlossen.
(2) Die ersten sechs Monate gelten als Probezeit. Während dieser Zeit können die Vertragsparteien das Arbeitsverhältnis mit einer Frist von zwei Wochen zum Monatsschluss kündigen.

§ 4 Vergütung

(1) Die monatliche Vergütung beträgt ▄▄▄ EUR. Dies entspricht einer Stundenvergütung von ▄▄▄ EUR.
(2) Mit dem Gehalt des Monats Dezember werden sämtliche Zuschläge für Nachtarbeit, Überstunden usw. für das laufende Jahr ausgezahlt.
(3) Der Arbeitnehmer verpflichtet sich, Gehaltsüberzahlungen ohne Rücksicht auf eine noch vorhandene Bereicherung zurückzuzahlen.[326]

§ 5 Urlaub, Feiertage

(1) Urlaub wird anteilig zur Vollarbeitszeit gewährt. Bei Vollarbeitszeit beträgt der Urlaub jährlich ▄▄▄ Arbeitstage.
(2) Für jeden Arbeitstag Urlaub wird das Arbeitsdeputat des Arbeitnehmers um ▄▄▄ Stunden gekürzt.
(3) Als Ausgleich für den Nichtabruf von Arbeit an Feiertagen wird das Arbeitsdeputat des Arbeitnehmers unter Fortzahlung der Vergütung um ▄▄▄ Stunden gekürzt.

§ 6 Arbeitsunfähigkeit

Im Falle der Erkrankung ist der Arbeitnehmer verpflichtet, vor Ablauf des 1. Kalendertages nach Beginn der Arbeitsunfähigkeit eine ärztliche Bescheinigung über die Arbeitsunfähigkeit sowie deren voraussichtliche Dauer vorzulegen.

§ 7 Entgeltfortzahlung im Krankheitsfall

(1) Im Krankheitsfall wird Entgeltfortzahlung nach den gesetzlichen Bestimmungen in ihrer jeweiligen Fassung gewährt.
(2) Soweit Krankheitszeiten über den letzten vom Arbeitgeber abgerufenen Arbeitseinsatz hinausgehen, kürzt sich das Arbeitsdeputat des Arbeitnehmers für jeden Arbeitstag, an dem er erkrankt ist, um die Stundenzahl, die sich bei gleichmäßiger Verteilung des Deputats auf alle Arbeitstage des Halbjahres ergeben würde (= ▄▄▄ Stunden montags bis freitags).
(3) Ist bei Eintritt der Krankheit bereits ein Abruf erfolgt, so vermindert sich das Arbeitsdeputat um die Zahl der im Abruf enthaltenen Stunden.

§ 8 Nebenbeschäftigungen

Dem Arbeitnehmer kann eine selbständige Tätigkeit oder die Begründung eines weiteren Arbeitsverhältnisses untersagt werden, wenn er dadurch seine vertraglichen Pflichten aus dem vorliegenden Arbeitsvertrag nicht mehr ordnungsgemäß erfüllen kann oder andere betriebliche Belange durch die Nebentätigkeit beeinträchtigt werden.[327]

§ 9 Beendigung des Arbeitsverhältnisses

(1) Das Arbeitsverhältnis endet mit Ablauf des Monats, in dem der Arbeitnehmer das 65. Lebensjahr vollendet oder in dem seine dauernde Berufs- oder Erwerbsunfähigkeit durch Rentenbescheid festgestellt wird.
(2) Die Kündigung bedarf der Schriftform. Die Kündigungsfrist beträgt vier Wochen zum Fünfzehnten oder zum Ende eines Kalendermonats.
(3) Unberührt bleibt das Recht zur außerordentlichen Kündigung.

§ 10 Personalfragebogen

Die Angaben im Personalfragebogen sind wesentlicher Bestandteil dieses Arbeitsvertrages. Unrichtige Angaben können zur Anfechtung des Arbeitsvertrages führen.

§ 11 Vertragsänderungen

(1) Nebenabreden und Änderungen des Vertrages bedürfen zu ihrer Rechtswirksamkeit der Schriftform.

---

[326] Diese Klausel ist nach hier vertretener Ansicht gemäß § 307 Abs. 2 Nr. 1 BGB nicht wirksam (*Hümmerich*, NZA 2003, 764; *ders.*, Gestaltung von Arbeitsverträgen, § 1 Rn 1620).

[327] Nebentätigkeitsregelungen, die die Aufnahme jeder Nebentätigkeit von der vorherigen schriftlichen Genehmigung des Arbeitgebers abhängig machen, sind als absolute Nebentätigkeitsverbote mit der Berufsfreiheit des Arbeitnehmers nach Art. 12 GG nicht in Einklang zu bringen (BVerfG 4.11.1992 – 1 BvR 79/85, NJW 1993, 317; BAGE 26.6.2001 – 9 AZR 343/00, NZA 2002, 98).

(2) Sind einzelne Bestimmungen dieses Vertrages unwirksam, so wird hierdurch die Wirksamkeit des übrigen Vertrages nicht berührt. Die Vertragsschließenden verpflichten sich vielmehr, den Vertrag insoweit umgehend durch eine der nichtigen Vereinbarung möglichst nahe kommende, gültige Bestimmung zu ergänzen.

§ 12 Verfallfristen

Alle Ansprüche, die sich aus dem Arbeitsverhältnis ergeben, sind von den Vertragsschließenden binnen einer Frist von 3 (drei) Monaten seit ihrer Fälligkeit schriftlich geltend zu machen und im Falle der Ablehnung durch die Gegenpartei binnen einer Frist von 3 (drei) Monaten einzuklagen.

4. Muster: Volontariatsvertrag mit einer Agentur

Zwischen

der Firma ▪▪▪

– nachstehend: Agentur –

und

Herrn ▪▪▪

– nachstehend: Mitarbeiter –

wird folgender Vertrag geschlossen:

§ 1 Gegenstand des Vertrages und Art der Beschäftigung

Der Mitarbeiter absolviert in der Agentur ein einjähriges Volontariat.

Seine Tätigkeit umfasst alle Arbeiten, die sich im Rahmen des Unternehmensgegenstandes des Arbeitgebers ergeben, zu dem ▪▪▪ gehören.

Die Agentur behält es sich vor, den Mitarbeiter – falls betrieblich notwendig – auch anderweitig als ursprünglich vorgesehen einzusetzen.

Der Mitarbeiter verpflichtet sich, alle ihm übertragenen Arbeiten sorgfältig und gewissenhaft auszuführen.

Der Mitarbeiter verpflichtet sich, sowohl bei seiner betriebsinternen Tätigkeit als auch bei auswärtigen Einsätzen alle gesetzlichen Vorschriften zu beachten.

§ 2 Vertragsdauer und Probezeit

Der Vertrag ist befristet auf ein Jahr. Er beginnt am 1. ▪▪▪ und endet am ▪▪▪. Eine Übernahme in ein unbefristetes Arbeitsverhältnis bedarf eines neuen Vertrages. Die ersten sechs Monate gelten als Probezeit. Während dieser Zeit kann das Vertragsverhältnis von jedem Vertragspartner mit einer Frist von vier Wochen jeweils zum Monatsende gekündigt werden.

§ 3 Arbeitszeit

Die regelmäßige Arbeitszeit beträgt fünf Tage in der Woche mit mindestens 40 Wochenstunden (Montag bis Freitag von 8.30 Uhr bis 17.00 Uhr). Die Regelarbeitszeit beinhaltet eine halbe Stunde Mittagspause. Bei der Pausenregelung besteht die Möglichkeit, nach Absprache mit der Agenturleitung diese auf eine Stunde auszuweiten. Die Regelarbeitszeit erstreckt sich in diesem Fall von Montag bis Freitag von 8.30 Uhr bis 17.30 Uhr.

§ 4 Vergütung

Der Mitarbeiter erhält als Gehalt eine monatlich nachträglich zu zahlende Vergütung von brutto ▪▪▪ EUR, das nach Einbehalt der Abzüge auf ein zu benennendes Konto gezahlt wird. Der Mitarbeiter verpflichtet sich, sowohl über das monatliche Gehalt als auch über alle übrigen Vergünstigungen, Prämien und Sonderleistungen strengstes Stillschweigen zu bewahren. Ganz besonders gilt dies gegenüber Arbeitskollegen.

Sonderzahlungen und Prämien, die der Arbeitgeber aus Anlass von Jahresabschlüssen, Feiertagen oder als Anerkennung besonderer Leistungen in Sachwerten oder durch Barzahlungen vornimmt, sind freiwillige Vergütungen, die in keinem Fall einen rechtlichen Anspruch auf spätere Zahlungen entstehen lassen können.

Der Mitarbeiter verpflichtet sich, Gehaltsüberzahlungen ohne Rücksicht auf eine noch vorhandene Bereicherung zurückzuzahlen.[328]

---

[328] Diese Klausel ist nach hier vertretener Ansicht gemäß § 307 Abs. 2 Nr. 1 BGB nicht wirksam (*Hümmerich*, NZA 2003, 764; *ders.*, Gestaltung von Arbeitsverträgen, § 1 Rn 1620).

§ 5 Urlaub

Nach Beendigung der Probezeit besteht Anspruch auf einen Jahres-Erholungsurlaub in Höhe von 23 Tagen. Der Urlaub muss spätestens zum 31. März des darauf folgenden Jahres genommen werden. Ausnahmen bedürfen einer anderweitigen Vereinbarung mit der Agentur.

Mit jedem Jahr der Zugehörigkeit zur Agentur erhöht sich der Urlaubsanspruch um einen Tag, bis auf eine maximale Urlaubszeit von 30 Tagen im Jahr.

Urlaubstage bedürfen einer Genehmigung seitens der Agenturleitung. Die Agentur versucht den Wünschen des Mitarbeiters bezüglich der zeitlichen Planung des Urlaubs so weit wie möglich entgegenzukommen. Von der Agenturleitung festgelegte Betriebsferien müssen als Urlaubstage genommen werden.

§ 6 Krankheit

Der Mitarbeiter verpflichtet sich im Fall einer Krankheit, den Arbeitgeber unverzüglich, noch am Tag der Erkrankung zu benachrichtigen und ihm spätestens nach drei Tagen ein ärztliches Attest zukommen zu lassen.

Die Entgeltfortzahlung im Krankheitsfall richtet sich nach dem Entgeltfortzahlungsgesetz in seiner jeweils geltenden Fassung.

§ 7 Nebenbeschäftigung und Wettbewerbsverbot

Während der Dauer des Vertrages darf der Mitarbeiter ohne Genehmigung der Firma weder ein Handelsgewerbe betreiben noch in dem Handelszweig der Firma Geschäfte auf eigene oder fremde Rechnung machen.

Jede Nebentätigkeit, gleichgültig, ob sie entgeltlich oder unentgeltlich ausgeübt wird, bedarf der vorherigen Zustimmung der Agentur. Die Zustimmung ist zu erteilen, wenn die Nebentätigkeit die Wahrnehmung der dienstlichen Aufgaben zeitlich nicht oder allenfalls unwesentlich behindert und sonstige berechtigte Interessen der Agentur nicht beeinträchtigt werden.

Die Agentur hat die Entscheidung über den Antrag des Mitarbeiters auf Zustimmung zur Nebentätigkeit innerhalb von vier Wochen nach Eingang des Antrages zu treffen. Wird innerhalb dieser Frist eine Entscheidung nicht gefällt, gilt die Zustimmung als erteilt.

§ 8 Geheimhaltung

Der Mitarbeiter verpflichtet sich, alle betrieblichen Beobachtungen, Erfahrungen sowie ihm anvertraute oder sonst zugänglich gewordene Geschäfts- und Betriebsangelegenheiten – der bestehenden und prospektiven Agenturkunden – streng geheim zu behandeln und dafür zu sorgen, dass die Geheimhaltung auch gegenüber anderen Betriebsangehörigen gewahrt wird, soweit nicht betriebliche Belange entgegenstehen. Dies gilt uneingeschränkt auch nach Beendigung des Vertragsverhältnisses.

Für den Fall des Verstoßes gegen diese Vereinbarung ist der Mitarbeiter verpflichtet, Schadensersatz in Höhe des entstehenden Agenturschadens zu leisten. Die Missachtung der Geheimhaltung kann darüber hinaus – unbeschadet rechtlicher Schritte durch die Agentur – eine fristlose Kündigung nach sich ziehen.

§ 9 Eigentumsvorbehalt und Copyrights

Der Mitarbeiter darf ohne ausdrückliche Zustimmung der Agenturleitung keine betrieblichen Unterlagen aus den Büroräumen entfernen. Alle während der Betriebszugehörigkeit im Hinblick auf die berufliche Tätigkeit entworfenen Unterlagen, Computer-Dateien, Adressenverzeichnisse, Presseverteiler, Datenbestände u.Ä. sind bzw. werden Eigentum der Agentur. Der Mitarbeiter ist verpflichtet, den Arbeitgeber spätestens am Tag der Beendigung des Arbeitsverhältnisses über ihre Existenz in Kenntnis zu setzen bzw. über ihren Verbleib aufzuklären sowie sie an den Arbeitgeber herauszugeben.

Der Mitarbeiter überträgt der Agenturleitung das uneingeschränkte Recht an allen Werken, Ideen, Gegenständen, unabhängig davon, ob sie urheberrechtlich geschützt sind oder nicht (z.B. Musikstücke, Manuskripte, Themen, Slogans, Geschichten, Gestalten, Titel, Konzepte) oder im Rahmen der Neukundenakquisition benutzt worden sind oder werden und deren Urheber der Mitarbeiter ist bzw. während seiner Tätigkeit beim Arbeitgeber wird.

Der Mitarbeiter verpflichtet sich, diese Werke, Ideen, Gegenstände und Nachahmungen weder während noch nach seiner Tätigkeit bei dem Arbeitgeber anderweitig zu verwerten. Die Vergütung für diese Übertragung der Nutzungsrechte wird durch das vertraglich vereinbarte Gehalt des Mitarbeiters abgegolten.

§ 10 Kündigung

Die Kündigungsfrist beträgt sechs Wochen zum Ende des darauf folgenden Monats. Hierbei wird der Monat mitgerechnet, in dem die Kündigung erfolgt. Der Arbeitgeber behält es sich vor, den Mitarbeiter unmittelbar bei Kündigung von seiner Tätigkeit freizustellen. In einem solchen Fall bleibt der Anspruch des Mitarbeiters auf Lohnfortzahlung für die noch verbleibende Zeit bestehen, außer, wenn es sich um eine fristlose Kündigung handelt.

Während der Probezeit beträgt die Kündigungsfrist einen Monat. Sie ist jederzeit unter Einbehaltung dieser Frist möglich.

§ 11 Telekommunikation und Erteilung von Fremdaufträgen

Der Mitarbeiter verpflichtet sich im Rahmen der Sorgfaltspflicht gegenüber der Agentur, private Telefonate – innerstädtisch – möglichst gering zu halten. Private Außerortsgespräche werden der Agentur von dem Mitarbeiter erstattet.

Jeder Auftrag, dem eine Zahlungsverpflichtung der Agentur folgt, kann nur in Abstimmung mit der Agenturleitung oder Assistenz der Agenturleitung erteilt werden.

§ 12 Allgemeines, Datenverarbeitung

Der Mitarbeiter erklärt sich ausdrücklich damit einverstanden, dass seine persönlichen Daten, bzw. sich ergebende Veränderungen in der EDV für Agenturzwecke (Gehaltsabrechnung etc.) gespeichert werden können.[329]

Änderungen des Vertrages sind nur gültig, wenn sie vom Arbeitgeber schriftlich bestätigt werden.

Gerichtsstand ist ■■■. Es gilt deutsches Recht.

■■■ (Ort, Datum, Unterschrift Agentur)

■■■ (Ort, Datum, Unterschrift Mitarbeiter)

Nachtrag:

Nach Ablauf einer erfolgreichen Probezeit wird das Gehalt des Mitarbeiters für den Rest der Volontariatszeit um ■■■ EUR erhöht.

Die Agentur behält es sich vor, ohne dass ein Rechtsanspruch hieraus ableitbar ist, dem Mitarbeiter nach Ablauf seines Volontariats eine Übernahme als PR-/Werbeassistent anzubieten.

5. Muster: Vertrag mit einem Auszubildenden

Ausbildungsvertrag

Zwischen dem Ausbildenden

a) ■■■

b) ■■■

und dem Auszubildenden

Name ■■■

Straße ■■■

in ■■■

schulische Vorbildung ■■■

geb. am ■■■ in ■■■

gesetzlich vertreten durch ■■■

Straße ■■■

in ■■■

wird dieser Vertrag zur Ausbildung im Ausbildungsberuf ■■■ geschlossen.

§ 1 Ausbildungsdauer

(1) Vorgeschriebene Ausbildungsdauer

Die Ausbildungsdauer beträgt gemäß § 3 der Ausbildungsverordnung drei Jahre.

Hierauf wird angerechnet:

a) eine vorangegangene Ausbildung (§ 7 Abs. 1 BBiG) mit ■■■ Monaten;

b) die Berufsausbildung im Ausbildungsberuf bei ■■■ mit ■■■ Monaten.

Das Berufsausbildungsverhältnis beginnt am ■■■ und endet am ■■■.

---

329 Die Einwilligung in die Verarbeitung personenbezogener Daten bedarf, wenn sie zusammen mit anderen Erklärungen schriftlich erteilt wird, zu ihrer Wirksamkeit einer besonderen drucktechnischen Hervorhebung (§ 4a Abs. 1 Satz 4 BDSG). Deshalb wird empfohlen, vorformulierte Einwilligungserklärungen in die Verarbeitung personenbezogener Danten durch Fettdruck im Vertragstext kenntlich zu machen.

(2) Probezeit

Die Probezeit beträgt vier Monate.[330] Wird die Ausbildung während der Probezeit für mehr als ein Drittel der Zeit unterbrochen, so verlängert sich die Probezeit um den Zeitraum der Unterbrechung.

(3) Vorzeitige Beendigung des Ausbildungsverhältnisses

Besteht der Auszubildende vor Ablauf der unter Abs. 1 vereinbarten Ausbildungszeit die Abschlussprüfung, so endet das Berufsausbildungsverhältnis mit dem Tage der Feststellung des Prüfungsergebnisses.

(4) Gesetzliche Verlängerung des Ausbildungsverhältnisses

Besteht der Auszubildende die Abschlussprüfung nicht, so verlängert sich das Berufsausbildungsverhältnis auf sein Verlangen bis zur nächstmöglichen Wiederholungsprüfung, im Falle des Nichtbestehens der Wiederholungsprüfung bis zu einer eventuell zulässigen erneuten Wiederholungsprüfung, höchstens jedoch um insgesamt ein Jahr. Das Verlangen ist innerhalb angemessener Frist nach der Mitteilung über das Nichtbestehen der Abschlussprüfung gegenüber dem Ausbildenden zu stellen.

§ 2 Ausbildungsstätte

Die Ausbildung findet vorbehaltlich anderweitiger Regelungen in der Firma des Ausbildenden statt.

§ 3 Pflichten des Ausbildenden

Der Ausbildende verpflichtet sich,

(1) Ausbildungsziel

dafür zu sorgen, dass dem Auszubildenden die Fertigkeiten und Kenntnisse vermittelt werden, die zum Erreichen des Ausbildungszieles nach der Ausbildungsordnung erforderlich sind, und die Berufsausbildung nach den beigefügten Angaben zur sachlichen und zeitlichen Gliederung des Ausbildungsablaufes so durchzuführen, dass das Ausbildungsziel in der vorgesehenen Ausbildungszeit erreicht werden kann;

(2) Ausbilder

selbst auszubilden oder einen persönlich und fachlich geeigneten Ausbilder ausdrücklich damit zu beauftragen und diesen dem Auszubildenden jeweils schriftlich bekannt zu geben;

(3) Ausbildungsordnung

dem Auszubildenden vor Beginn der Ausbildung die Ausbildungsordnung kostenlos auszuhändigen;

(4) Ausbildungsmittel

dem Auszubildenden kostenlos die Ausbildungsmittel zur Verfügung zu stellen, die zur Berufsausbildung und zum Ablegen von Zwischen- und Abschlussprüfungen, auch soweit solche nach Beendigung des Berufsausbildungsverhältnisses in zeitlichem Zusammenhang damit stattfinden, erforderlich sind;

(5) Berufsschule, sonstige Ausbildungsmaßnahmen

a) den Auszubildenden zum Besuch der Berufsschule anzuhalten und dafür freizustellen. Das Gleiche gilt, wenn Ausbildungsmaßnahmen außerhalb der Ausbildungsstätte vorgeschrieben sind;

b) Kopien der Berufsschulzeugnisse, die er im Einverständnis des Auszubildenden aufbewahrt, nach Beendigung des Ausbildungsverhältnisses zu vernichten;

(6) Berichtsheftführung

dem Auszubildenden vor Ausbildungsbeginn und später vorgeschriebene Berichtshefte für die Berufsausbildung kostenfrei auszuhändigen, die ordnungsgemäße Führung während der Ausbildungszeit zu gestatten und durch regelmäßige Abzeichnung zu überwachen;

(7) Ausbildungsbezogene Tätigkeiten

dem Auszubildenden nur Verrichtungen zu übertragen, die dem Ausbildungszweck dienen und seinen körperlichen Kräften angemessen sind;

(8) Sorgepflicht

dafür zu sorgen, dass der Auszubildende charakterlich gefördert sowie sittlich und körperlich nicht gefährdet wird;

(9) Ärztliche Untersuchungen

den jugendlichen Auszubildenden für ärztliche Untersuchungen nach dem Jugendarbeitsschutzgesetz (JArbSchG) freizustellen und sich von ihm gemäß §§ 32, 33 JArbSchG Bescheinigungen darüber vorlegen zu lassen, dass er

a) vor der Aufnahme der Ausbildung untersucht und

b) vor Ablauf des ersten Ausbildungsjahres nachuntersucht worden ist;

---

330 Die Probezeit beträgt nach § 20 BBiG n.F. nicht mehr höchstens drei, sondern höchstens vier Monate.

(10) Eintragungsantrag

unverzüglich nach Abschluss des Berufsausbildungsvertrages die Eintragung in das Verzeichnis der Berufsausbildungsverhältnisse und unter Beifügung der Vertragsniederschriften und – bei Auszubildenden unter 18 Jahren – einer Kopie der ärztlichen Bescheinigung über die Erstuntersuchung gemäß § 32 JArbSchG zu beantragen; entsprechendes gilt bei späteren Änderungen des wesentlichen Vertragsinhaltes;

(11) Anmeldung zu Prüfungen

den Auszubildenden rechtzeitig zu den angesetzten Zwischen- und Abschlussprüfungen anzumelden, ihn für die Teilnahme daran und für den Tag vor der schriftlichen Abschlussprüfung freizustellen, die Prüfungsgebühr und etwaige Reisekosten zu zahlen sowie der Anmeldung zur Zwischenprüfung bei Auszubildenden unter 18 Jahren eine Kopie der ärztlichen Bescheinigung über die erste Nachuntersuchung gemäß § 33 JArbSchG beizufügen.

§ 4 Pflichten des Auszubildenden

Der Auszubildende hat sich zu bemühen, die Fertigkeiten und Kenntnisse zu erwerben, die erforderlich sind, um das Ausbildungsziel zu erreichen. Er verpflichtet sich insbesondere,

(1) Lernpflicht

die ihm im Rahmen seiner Berufsausbildung übertragenen Verrichtungen und Aufgaben sorgfältig auszuführen und die ihm aufgetragenen Nebenleistungen zu erbringen, sofern sie mit der Ausbildung vereinbar sind;

(2) Berufsschule, Prüfungen, sonstige Maßnahmen

am Berufsschulunterricht und an Prüfungen sowie an Ausbildungsmaßnahmen außerhalb der Ausbildungsstätte teilzunehmen, für die er gemäß § 3 Abs. 5 freigestellt wird oder die angeordnet sind;

(3) Weisungsgebundenheit

den Weisungen zu folgen, die ihm im Rahmen der Berufsausbildung vom Ausbildenden, vom Ausbilder oder von anderen weisungsberechtigten Personen, soweit sie als weisungsberechtigt bekannt gemacht worden sind, erteilt werden;

(4) Betriebliche Ordnung

die für die Ausbildungsstätte geltende Ordnung zu beachten;

(5) (Sorgfaltspflicht)

Maschinen und das sonstige Inventar der Ausbildungsstätte pfleglich zu behandeln und das Büromaterial nur zu den ihm übertragenen Arbeiten zu verwenden;

(6) (Verschwiegenheitspflicht)

über Betriebs- und Geschäftsgeheimnisse Stillschweigen zu bewahren;

(7) (Berichtsheftführung)

ein vorgeschriebenes Berichtsheft ordnungsgemäß zu führen und regelmäßig vorzulegen;

(8) (Benachrichtigung bei Fernbleiben)

bei Fernbleiben von der Ausbildungsstätte, vom Berufsschulunterricht oder von sonstigen Ausbildungsveranstaltungen dem Ausbildenden unter Angabe von Gründen unverzüglich Nachricht zu geben und ihm bei Krankheit und Unfall innerhalb von drei Tagen eine ärztliche Bescheinigung zuzuleiten;

(9) (Ärztliche Untersuchungen)

wenn er zu dem jeweiligen Zeitpunkt noch nicht 18 Jahre alt ist, sich gemäß §§ 32, 33 JArbSchG ärztlich

a) vor Beginn der Ausbildung untersuchen zu lassen

b) vor Ablauf des ersten Ausbildungsjahres nachuntersuchen zu lassen und die Bescheinigungen darüber dem Ausbildenden vorzulegen;

(10) (Vorlage von Berufsschulzeugnissen)

die Berufsschulzeugnisse den Ausbilder unverzüglich nach Erhalt einsehen zu lassen oder vorzulegen; er erklärt sich damit einverstanden, dass Berufsschule und Ausbilder sich über seine Leistungen unterrichten.

§ 5 Vergütung und sonstige Leistungen

(1) Höhe und Fälligkeit der Vergütung

Die Vergütung beträgt monatlich

- ▄▄▄ EUR brutto im 1. Ausbildungsjahr,
- ▄▄▄ EUR brutto im 2. Ausbildungsjahr,
- ▄▄▄ EUR brutto im 3. Ausbildungsjahr.

Eine über die vereinbarte regelmäßige tägliche Ausbildungszeit hinausgehende Beschäftigung wird besonders vergütet.

Die Vergütung ist spätestens am letzten Ausbildungstag des Monats zu zahlen.

Die auf die Urlaubszeit entfallende Vergütung wird vor Antritt des Urlaubs ausgezahlt.

Die Beiträge für die Sozialversicherung tragen die Vertragschließenden nach Maßgabe der gesetzlichen Bestimmungen.

(2) Kosten für Maßnahmen außerhalb der Ausbildungsstätte

Für Maßnahmen außerhalb der Ausbildungsstätte, die vom Ausbildenden angeordnet, vorgeschrieben oder vereinbart sind, trägt der Ausbildende die notwendigen Kosten, soweit der Auszubildende nicht einen anderweitigen Anspruch auf Übernahme der Kosten hat.

(3) Berufskleidung

Wird vom Ausbildenden eine Berufskleidung vorgeschrieben, so wird sie von ihm zur Verfügung gestellt.

(4) Fortzahlung der Vergütung

Dem Auszubildenden wird die regelmäßige monatliche Vergütung auch gezahlt

a) für die Zeit der Freistellung nach § 3 Abs. 5, 9 und 11,

b) bis zur Dauer von sechs Wochen, wenn er

aa) sich für die Berufsausbildung bereit hält, diese aber ausfällt,

bb) infolge unverschuldeter Krankheit nicht an der Berufsausbildung teilnehmen kann oder

cc) aus einem sonstigen in seiner Person liegenden Grund unverschuldet gehindert ist, seine Pflichten aus dem Berufsausbildungsverhältnis zu erfüllen.

§ 6 Tägliche Ausbildungszeit und Urlaub

(1) Tägliche Ausbildungszeit

Die regelmäßige tägliche Ausbildungszeit beträgt ▬▬▬ Stunden.

(2) Dauer des Erholungsurlaubs

Die Dauer des Urlaubs (je Kalenderjahr) beträgt (§ 2 BUrlG, § 19 Abs. 2 JArbSchG sind zu beachten!)

▬▬▬ Werktage im Jahre ▬▬▬

▬▬▬ Werktage im Jahre ▬▬▬

▬▬▬ Werktage im Jahre ▬▬▬

▬▬▬ Werktage im Jahre ▬▬▬

(3) Lage des Urlaubs, Erwerbsarbeit

Der Urlaub soll zusammenhängend und in der Zeit der Berufsschulferien erteilt und genommen werden. Während der Urlaubszeit darf der Auszubildende keine dem Urlaubszweck widersprechende Erwerbsarbeit leisten.

§ 7 Kündigung

(1) Kündigung während der Probezeit

Während der Probezeit kann das Berufsausbildungsverhältnis ohne Einhaltung einer Kündigungsfrist und ohne Angabe von Gründen gekündigt werden.

(2) Kündigung nach der Probezeit

Nach der Probezeit kann das Berufsausbildungsverhältnis nur gekündigt werden

a) aus einem wichtigen Grund ohne Einhaltung einer Kündigungsfrist,

b) vom Auszubildenden mit einer Kündigungsfrist von vier Wochen, wenn er die Berufsausbildung aufgeben oder sich für eine andere Berufstätigkeit ausbilden lassen will.

(3) Form der Kündigung

Die Kündigung muss schriftlich und im Falle des Abs. 2 unter Angabe des Kündigungsgrundes erfolgen.

(4) Frist für Kündigung aus wichtigem Grund

Eine Kündigung aus einem wichtigen Grund ist unwirksam, wenn die ihr zugrunde liegenden Tatsachen dem zur Kündigung Berechtigten länger als zwei Wochen bekannt sind. Ist ein Schlichtungsverfahren gemäß § 9 eingeleitet, so wird bis zu dessen Beendigung der Lauf dieser Frist gehemmt.

(5) Schadensersatz bei vorzeitiger Vertragslösung

Wird das Berufsausbildungsverhältnis nach Ablauf der Probezeit vorzeitig gelöst, so kann der Ausbildende oder Auszubildende Ersatz des Schadens verlangen, wenn der andere den Grund für die Auflösung zu vertreten hat. Das gilt nicht bei Kündigung wegen Aufgabe oder Wechsels der Berufsausbildung (Abs. 2 b). Der Anspruch erlischt, wenn er nicht innerhalb von drei Monaten nach Beendigung des Berufsausbildungsverhältnisses geltend gemacht wird.

(6) Betriebsaufgabe, Wegfall der Ausbildungseignung

Bei Kündigung des Berufsausbildungsverhältnisses wegen Betriebsaufgabe oder wegen Wegfalls der Ausbildungseignung verpflichtet sich der Ausbildende, sich mit Hilfe der Berufsberatung der zuständigen Agentur für Arbeit rechtzeitig um eine weitere Ausbildung des Auszubildenden im bisherigen Ausbildungsberuf in einer anderen geeigneten Ausbildungsstätte zu bemühen.

§ 8 Zeugnis

Der Ausbildende stellt dem Auszubildenden bei Beendigung des Berufsausbildungsverhältnisses ein Zeugnis aus. Hat der Ausbildende die Berufsausbildung nicht selbst durchgeführt, so soll auch der Ausbilder das Zeugnis unterschreiben. Es muss Angaben enthalten über Art, Dauer und Ziel der Berufsausbildung sowie über die erworbenen Fertigkeiten und Kenntnisse des Auszubildenden, auf Verlangen des Auszubildenden auch Angaben über Führung, Leistung und besondere fachliche Fähigkeiten.

§ 9 Beilegung von Streitigkeiten

Ist bei der Industrie- und Handelskammer (Handwerkskammer) zur Beilegung von Streitigkeiten aus einem bestehenden Berufsausbildungsverhältnis ein Ausschuss gemäß § 111 Abs. 2 des Arbeitsgerichtsgesetzes gebildet, so ist vor Inanspruchnahme des Arbeitsgerichts dieser Ausschuss anzurufen.

Dieser Vertrag ist in drei (bei Mündeln vier) gleich lautenden Ausfertigungen ausgestellt und von den Vertragschließenden eigenhändig unterschrieben worden.

▪▪▪ (Ort, Datum)

Der Ausbildende:

▪▪▪ (Stempel und Unterschrift)

Der Auszubildende:

▪▪▪ (Voller Vor- und Zuname)

Die gesetzlichen Vertreter des Auszubildenden: (Falls ein Elternteil verstorben, bitte vermerken)

Vater: ▪▪▪

und

Mutter: ▪▪▪

oder

Vormund: ▪▪▪

(Volle Vor- und Zunamen)

6. Muster: Einfacher befristeter Arbeitsvertrag

Zwischen

der Firma ▪▪▪, vertreten durch ▪▪▪

– nachstehend: Arbeitgeber –

und

Herrn ▪▪▪

– nachstehend: Arbeitnehmer –

wird folgender Arbeitsvertrag geschlossen:

§ 1 Befristung

(1) Der Arbeitnehmer wird von ▪▪▪ bis ▪▪▪ als ▪▪▪ eingestellt. Das Arbeitsverhältnis endet nach Ablauf der Frist, ohne dass es einer Kündigung bedarf.

(2) Das Arbeitsverhältnis wird befristet:
a) Nach § 14 Abs. 2 TzBfG ohne Sachgrund.
b) Nach § 14 Abs. 3 TzBfG, wenn der Arbeitnehmer bei Beginn des befristeten Arbeitsverhältnisses das 52. Lebensjahr vollendet hat und unmittelbar vor Beginn des befristeten Arbeitsverhältnisses mindestens vier Monate beschäftigungslos war, Transferkurzarbeitergeld bezogen oder an einer öffentlich geförderten Beschäftigungsmaßnahme teilgenommen hat.
c) Weil der betriebliche Bedarf an der Arbeitsleistung nur vorübergehend besteht, § 14 Abs. 1 Satz 2 Nr. 1 TzBfG.
d) Die Befristung im Anschluss an eine Ausbildung oder ein Studium erfolgt, um den Übergang des Arbeitnehmers in eine Anschlussbeschäftigung zu erleichtern, § 14 Abs. 1 Satz 2 Nr. 2 TzBfG.
e) Der Arbeitnehmer zur Vertretung eines anderen Arbeitnehmers beschäftigt wird, § 14 Abs. 1 Satz 2 Nr. 3 TzBfG.
f) Die Eigenart der Arbeitsleistung die Befristung rechtfertigt, § 14 Abs. 1 Satz 2 Nr. 4 TzBfG.
g) Die Befristung zur Erprobung erfolgt, § 14 Abs. 1 Satz 2 Nr. 5 TzBfG.
h) In der Person des Arbeitnehmers liegende Gründe die Befristung rechtfertigen, § 14 Abs. 1 Satz 2 TzBfG.
i) Der Arbeitnehmer aus Haushaltsmitteln vergütet wird, die haushaltsrechtlich für eine befristete Beschäftigung bestimmt sind, und er entsprechend beschäftigt wird, § 14 Abs. 1 Satz 2 Nr. 7 TzBfG.
j) Die Befristung auf einem gerichtlichen Vergleich beruht, § 14 Abs. 1 Satz 2 TzBfG.
k) Aus folgendem sonstigen Grund: ■■■
(3) Bei Zweckbefristungen endet das Arbeitsverhältnis gemäß § 15 Abs. 2 TzBfG spätestens zwei Wochen nach Zugang der schriftlichen Unterrichtung des Arbeitnehmers durch den Arbeitgeber über den Zeitpunkt der Zweckerreichung. Der Arbeitgeber verpflichtet sich, den Arbeitnehmer so frühzeitig wie möglich über den Endtermin des Arbeitsverhältnisses zu informieren.

§ 2 Tätigkeit

(1) Der Arbeitnehmer ist zu folgenden Tätigkeiten verpflichtet: ■■■
(2) Der Arbeitgeber behält sich vor, dem Arbeitnehmer andere zumutbare Arbeit im Betrieb zuzuweisen, die seinen Vorkenntnissen entspricht. Macht er hiervon Gebrauch, so ist er verpflichtet, die bisherige Vergütung weiterzuzahlen.
(3) Die ersten sechs Monate gelten als Probezeit.

§ 3 Kündigung

Während der Dauer der Befristung kann das Arbeitsverhältnis von beiden Seiten mit einer Frist von ■■■ gekündigt werden.

§ 4 Bezüge

(1) Der Arbeitnehmer erhält eine Arbeitsvergütung in Höhe von ■■■ EUR monatlich.
(2) Die Abtretung oder Verpfändung der Arbeitsvergütung ist unzulässig. Für die Bearbeitung einer Lohnpfändung berechnet der Arbeitgeber ■■■ EUR.
(3) Der Arbeitnehmer erhält für jede Über- bzw. Mehrarbeitsstunde die Stundenvergütung zzgl. eines Zuschlages von ■■■ %.
(4) Der Arbeitnehmer verpflichtet sich, dem Arbeitgeber zu viel gezahlte Vergütung zurückzuzahlen. Der Arbeitnehmer verzichtet gegenüber diesem Anspruch des Arbeitgebers auf den Einwand, er sei nicht mehr bereichert und der Anspruch insoweit ausgeschlossen.[331]

§ 5 Arbeitsverhinderung

Der Arbeitnehmer ist verpflichtet, dem Arbeitgeber jede Dienstverhinderung und ihre voraussichtliche Dauer unverzüglich anzuzeigen. Dauert eine Erkrankung länger als drei Kalendertage, hat der Arbeitnehmer eine ärztliche Bescheinigung über das Bestehen der Arbeitsunfähigkeit sowie deren voraussichtliche Dauer spätestens am darauf folgenden Arbeitstag vorzulegen. Dauert die Arbeitsunfähigkeit länger als in der Bescheinigung angegeben, so ist der Arbeitnehmer verpflichtet, unverzüglich eine neue ärztliche Bescheinigung einzureichen.

§ 6 Entgeltfortzahlung im Krankheitsfalle

Ist der Arbeitnehmer infolge auf Krankheit beruhender Arbeitsunfähigkeit an der Arbeitsleistung gehindert, ohne dass ihn ein Verschulden trifft, so erhält er Entgeltfortzahlung für die Höchstdauer von sechs Wochen nach Maßgabe des Entgeltfortzahlungsgesetzes in seiner jeweiligen Fassung.

---

[331] Diese Klausel ist nach hier vertretener Ansicht gemäß § 307 Abs. 2 Nr. 1 BGB nicht wirksam (*Hümmerich*, NZA 2003, 764; *ders.*, Gestaltung von Arbeitsverträgen, § 1 Rn 1620).

§ 7 Urlaub

(1) Der Arbeitnehmer erhält anteilig Erholungsurlaub, soweit er mindestens einen Beschäftigungsmonat gearbeitet hat.
Bei Vollbeschäftigung beträgt der Urlaub ▬▬▬ Arbeitstage im Jahr.
(2) Im Übrigen gelten die gesetzlichen Bestimmungen.

§ 8 Nebenbeschäftigungen

Der Arbeitnehmer darf eine Nebenbeschäftigung, die das Arbeitsverhältnis beeinträchtigt, nur mit vorheriger schriftlicher Genehmigung des Arbeitgebers übernehmen.

§ 9 Nutzung der betrieblichen Telekommunikationsmittel und Datenverarbeitungsanlagen

Die Nutzung des betrieblichen Internetanschlusses sowie die Nutzung des E-Mail-Systems dürfen ausschließlich für dienstliche Zwecke erfolgen. Eine private Nutzung durch den Arbeitnehmer ist nicht gestattet.

Das Internet darf nur mit der gültigen persönlichen Zugangsberechtigung genutzt werden. User-ID und Passwort dürfen nicht an Dritte weitergegeben werden.

Es dürfen keine fremden Programme/Dateien auf die Festplatte kopiert, über Diskette, CD-ROM, ähnliche Datenträger oder das Internet auf dem Rechner installiert und/oder eingesetzt werden. Auf Virenkontrolle ist zu achten. Virenschutzprogramme sind zu nutzen. Auftretende Störungen, die mit einem Virenbefall in Zusammenhang stehen könnten, sind umgehend der Netzverwaltung/dem Systemadministrator zu melden.

Das Abrufen, Anbieten oder Verbreiten von rechtswidrigen Inhalten, insbesondere rassistischer oder pornographischer Art ist verboten.

Der Arbeitgeber ist berechtigt, jede Nutzung des E-Mail-Systems und des Internets für die Dauer von maximal drei Monaten zu speichern, um die Einhaltung der obigen Bestimmungen anhand der gespeicherten Daten zu überprüfen. Der Arbeitnehmer erteilt insoweit seine Einwilligung gemäß § 4a BDSG.

Für den Fall seiner betrieblichen Abwesenheit (Urlaub, Krankheit etc.) hat der Arbeitnehmer eigenverantwortlich eine automatisierte Antwort an den Absender eingehender E-Mails einzurichten, die den Absender über die Abwesenheit des Arbeitnehmers informiert und einen Hinweis auf den zuständigen Vertreter und dessen Telefonnummer enthält.

Verstöße gegen die vorstehenden Regeln können arbeitsrechtliche Konsequenzen zur Folge haben.

§ 10 Neueinstellung

Mit Rücksicht auf § 14 Abs. 2 Satz 2 TzBfG versichert der Arbeitnehmer ausdrücklich, dass er zu keiner Zeit in einem Arbeitsverhältnis zum Arbeitgeber gestanden hat. Der Mitarbeiter ist darüber informiert, dass eine unrichtige Angabe hierüber den Arbeitgeber zur Anfechtung des Arbeitsvertrages nach § 123 BGB berechtigen kann.

§ 11 Vertragsänderungen, Vertragsverlängerung

Änderungen, Ergänzungen oder die Verlängerung dieses Vertrages bedürfen zu ihrer Wirksamkeit der Schriftform.

↑

7. Muster: Einarbeitungsvertrag nach längerer Krankheit

↓

Herr ▬▬▬

wird am ▬▬▬ probeweise und befristet zur Einarbeitung eingestellt. Der Personalbogen vom ▬▬▬ ist Gegenstand dieses Vertrages. Die Vertragspartner wünschen, dass Herr ▬▬▬ sich in der Abteilung ▬▬▬ als ▬▬▬ soweit einarbeiten wird, dass ein Arbeitsverhältnis begründet werden kann.

1. Beginn und Ende der Einarbeitung

Die Zeit der Einarbeitung wird auf sechs Monate beschränkt. Sie endet mit Fristablauf. Stellt sich bereits vor Fristablauf heraus, dass es nach Auffassung eines Vertragspartners zweckmäßig ist, auf die Einarbeitung zu verzichten, kann jeder Vertragspartner mit einer Frist von ▬▬▬ Wochen zum ▬▬▬ kündigen.

Die Einarbeitung kann verlängert oder durch einen Arbeitsvertrag in ein Arbeitsverhältnis übergeleitet werden. Während der Einarbeitungszeit bleibt das ruhende Arbeitsverhältnis suspendiert.

2. Einarbeitungsvergütung

Die Einarbeitungszeit gliedert sich in zwei Abschnitte. Für den ersten Abschnitt der Einarbeitung wird die Stundenvergütung auf ein Drittel des bisherigen Gehalts festgesetzt. Nach Abschluss des ersten Abschnitts der Einarbeitung wird das Arbeitsentgelt des ersten Abschnitts um ▄▄▄ Prozent erhöht.

Wird die Einarbeitung erfolgreich abgeschlossen, ist Herr ▄▄▄ gemäß bisheriger Vergütung einzustufen. Der durchschnittlichen Leistungserwartung entsprechend wird die bisherige Vergütung um ▄▄▄ Prozent gesenkt. Die Vertretbarkeit der Senkung wird monatlich geprüft.

3. Einarbeitungsabschnitte

Der erste Einarbeitungsabschnitt soll nach ▄▄▄ Wochen abgeschlossen werden. Während dieser Zeit wird in Abständen von zwei Wochen mit Herrn ▄▄▄ der bis dahin erzielte Einarbeitungserfolg besprochen. Auf Wunsch von Herrn ▄▄▄ wird die betriebliche Kontaktperson ▄▄▄ hinzugezogen. Bei diesem Gespräch sollen auch die weiteren Abschnitte der Einarbeitung vorgesehen werden, die eine phasenweise Steigerung der Anforderungen am Arbeitsplatz anstreben, um das Ziel einer weiteren Gewöhnung und eine Steigerung der bisherigen Leistung und Vergütung zu erreichen.

Vor Abschluss der Einarbeitungszeit findet ein Gespräch statt, zu dem die Kontaktperson ▄▄▄ hinzugezogen wird.

Die betriebliche Kontaktperson für Herrn ▄▄▄ sind die Mitarbeiterin ▄▄▄ und der Abteilungsmeister ▄▄▄.

Der Vertrauensmann der Schwerbehinderten ist Herr ▄▄▄; sein Stellvertreter ist Herr ▄▄▄.

4. Jahresurlaub

Der Jahresurlaub nach dem Bundesurlaubsgesetz und der Zusatzurlaub für Schwerbehinderte werden unter Berücksichtigung des persönlichen Erholungsbedarfs in zwei Teile aufgeteilt und für die Monate ▄▄▄ vorgesehen.

5. Arbeitnehmervertretung

Der Betriebsrat erhält absprachegemäß eine Durchschrift dieses Vertrages.

8. Muster: Mietvertrag über Werkswohnung

Zwischen

▄▄▄

– nachstehend: Vermieter –

und

▄▄▄

– nachstehend: Arbeitnehmer –

wird im Hinblick auf das zwischen den Vertragsparteien bestehende Arbeitsverhältnis der folgende Mietvertrag geschlossen:

§ 1 Mieträume

1. Der Vermieter vermietet dem Arbeitnehmer zu Wohnzwecken folgende Wohnung: ▄▄▄ qm; ▄▄▄ (genaue Bezeichnung der Wohnung). Die qm-Angabe stellt keine Zusicherung im Sinne des Gesetzes dar.

2. Die Parteien sind sich darüber einig, dass nur der Arbeitnehmer mit seiner Familie – dies sind gegenwärtig ▄▄▄ Personen – in die Mieträume einzieht. Eine eventuelle Änderung der Personenzahl wird der Arbeitnehmer dem Vermieter unverzüglich anzeigen.

Dem Arbeitnehmer werden die folgenden Schlüssel ausgehändigt: ▄▄▄

Verlust und Beschaffung von Schlüsseln durch den Arbeitnehmer sind in jedem Fall sofort dem Vermieter anzuzeigen.

Die ausgehändigten Schlüssel sind bei Beendigung des Mietverhältnisses zurückzugeben. Der Arbeitnehmer hat darüber hinaus Schlüssel, die er zusätzlich auf seine Kosten hat anfertigen lassen, kostenlos an den Vermieter auszuliefern oder ihre Vernichtung nachzuweisen.

Der Vermieter ist aus Gründen der Sicherheit des Gesamtobjekts berechtigt, bei verschuldetem Verlust ausgehändigter oder durch den Arbeitnehmer selbst beschaffter Schlüssel auf Kosten des Arbeitnehmers die erforderliche Zahl von Schlüsseln und neue Schlösser anfertigen zu lassen; diese Regelung gilt entsprechend für eine zentrale Schließanlage des Anwesens.

Der Arbeitnehmer ist zum Ersatz der Kosten nicht verpflichtet, soweit er nachweist, dass es an einer Sicherheitsgefährdung fehlt.

§ 2 Mietzeit

Das Mietverhältnis beginnt am ▬▬▬. Es läuft auf unbestimmte Zeit und kann von jedem Teil mit der gesetzlichen Kündigungsfrist gekündigt werden.

Nach Beendigung des Mietverhältnisses, gleichgültig aus welchem Grund, kommt eine Vertragsverlängerung gemäß § 545 BGB nicht in Betracht.

§ 3 Miete und Nebenkosten

1. Die Miete beträgt monatlich ▬▬▬ EUR (in Worten ▬▬▬ Euro). Mieterhöhungen erfolgen nach den gesetzlichen Bestimmungen.

2. Neben der Miete zahlt der Arbeitnehmer in der jeweils anfallenden Höhe folgende Betriebskosten im Sinne von § 2 der Betriebskostenverordnung vom 1.1.2004:

a) die Grundsteuer
b) die Kosten der Wasserversorgung
c) die Kosten der Entwässerung (Oberflächen- und Schmutzwasser)
d) die Kosten des Betriebs der zentralen Heizungsanlage
e) die Kosten des Betriebs der zentralen Warmwasserversorgungsanlage
f) die Kosten des Betriebs des maschinellen Personenaufzugs
g) die Kosten der Straßenreinigung und Müllabfuhr
h) die Kosten der Hausreinigung und Ungezieferbekämpfung
i) die Kosten der Gartenpflege
k) die Kosten der Beleuchtung
l) die Kosten der Schornsteinfegerreinigung
m) die Kosten der Sach- und Haftpflichtversicherung
n) die Kosten für den Hauswart
o) die Kosten des Betriebs der Gemeinschaftsantennenanlage einschließlich der mit einem Breitbandkabelnetz verbundenen privaten Verteilanlagen
p) die Kosten des Betriebs der maschinellen Wascheinrichtung
q) sonstige Betriebskosten (z.B. Feuerlöscher)

3. Für die nach Ziffer 2 vom Arbeitnehmer zu tragenden Betriebskosten vereinbaren die Parteien eine monatliche Vorauszahlung für

- die Kosten des Betriebs der zentralen Heizungsanlage und der zentralen Warmwasserversorgungsanlage in Höhe von zurzeit ▬▬▬ EUR
- die übrigen Betriebskosten von zurzeit ▬▬▬ EUR.

Der Gesamtbetrag der zusätzlich zur Miete nach Ziffer 1. zu zahlenden Betriebskostenvorauszahlungen beträgt damit gegenwärtig ▬▬▬ EUR.

4. Der Vermieter ist berechtigt, Umlagemaßstäbe für die Betriebskosten nach billigem Ermessen unter Berücksichtigung gesetzlicher Vorschriften zu bestimmen. Soweit Messeinrichtungen vorhanden sind, ist der tatsächlichen Verbrauch mit zu berücksichtigen. Der Vermieter ist berechtigt, die Umlagemaßstäbe nach billigem Ermessen zu ändern, wenn dringende Gründe einer ordnungsgemäßen Bewirtschaftung dies erfordern.

5. Über die Vorauszahlungen nach Ziffer 3 wird jährlich abgerechnet. Der Vermieter ist berechtigt, den Abrechnungszeitraum aus Zweckmäßigkeitsgründen zu ändern. Soweit sich aufgrund der Abrechnung ein Guthaben zu Gunsten einer der Parteien ergibt, ist der Differenzbetrag innerhalb eines Monats nach Zugang der Abrechnung an die jeweils andere Partei zu zahlen.

6. Der Vermieter ist berechtigt eine Anhebung der Vorauszahlung zu fordern, wenn die Jahresabrechnung eine Nachzahlungsverpflichtung für den Arbeitnehmer ergibt. Er ist verpflichtet, einer Senkung der Vorauszahlung auf Anforderung zuzustimmen, wenn die Jahresabrechnung eine erhebliche Rückzahlung zu Gunsten des Arbeitnehmers ergibt.

Entstehen Betriebskosten neu, so kann der Vermieter ab dem Zeitpunkt der Kenntnisnahme angemessene Vorauszahlungen festsetzen. Fallen Betriebskosten weg, ist der Vermieter verpflichtet, die Vorauszahlung ab dem Zeitpunkt der Kenntnisnahme zu senken.

§ 4 Sicherheitsleistung (Kaution)

1. Der Arbeitnehmer leistet zur Erfüllung sämtlicher Forderungen des Vermieters eine Sicherheitsleistung in Höhe von ▬▬▬ EUR an den Vermieter.

2. Die Sicherheit ist auf einem Sparkonto getrennt vom Vermögen des Vermieters anzulegen.

3. Der Vermieter ist berechtigt, sich jederzeit wegen Forderungen gegen den Mieter aus dem Mietverhältnis aus der Sicherheitsleistung zu befriedigen. Sollte die Sicherheitsleistung ganz oder zum Teil verwertet worden sein, so ist der Arbeitnehmer verpflichtet, die Sicherheitsleistung unverzüglich wieder aufzufüllen.

§ 5 Zahlung der Miete und Betriebskosten

1. Die Miete ist einschließlich der Betriebskostenvorauszahlung monatlich im Voraus, spätestens bis zum dritten Werktag des Monats, an den Vermieter auf dessen folgendes Konto zu zahlen:

Konto Nr.: ▬▬▬

bei: ▬▬▬

BLZ: ▬▬▬

Der Vermieter ist berechtigt, die Mietzinszahlung und die Nebenkostenvorauszahlung vom Arbeitslohn abzuziehen. Sollte der Vermieter von diesem Recht nicht Gebrauch machen, ist der Arbeitnehmer verpflichtet, dem Vermieter auf dessen Verlangen hin eine Abbuchungsermächtigung zu erteilen. Das Widerrufsrecht des Arbeitnehmers bleibt unberührt.

Zahlt der Arbeitnehmer mehrfach nicht termingerecht, kann er daraus kein Recht auf verspätete Mietzahlung herleiten. Verspätete Zahlungen berechtigen den Vermieter neben seinen sonstigen Rechten 5 EUR Mahngebühren zu erheben.

2. Der Vermieter kann alle Zahlungen des Arbeitnehmers nach seiner Wahl auf Betriebskosten, Kosten etwaiger Rechtsverfolgung einschließlich Mahnkosten und Prozesszinsen, Mietrückstände und laufende Miete anrechnen, wenn nicht der Arbeitnehmer im Einzelfall eine wirksame Zweckbestimmung trifft.

§ 6 Aufrechnung mit Gegenforderungen, Minderung der Miete

1. Der Arbeitnehmer kann gegen die Miete weder aufrechnen noch ein Zurückbehaltungsrecht ausüben. Hiervon ausgenommen sind Forderungen des Arbeitnehmers wegen Schadenersatz für Nichterfüllung oder Aufwendungsersatz infolge eines anfänglichen oder nachträglichen Mangels der Mietsache, den der Vermieter zu vertreten hat, und andere Forderungen aus dem Mietverhältnis, soweit sie unbestritten oder rechtskräftig festgestellt worden sind. Soweit der Arbeitnehmer zu einer Aufrechnung befugt ist, ist diese nur zulässig, wenn der Arbeitnehmer die Aufrechnung zumindest einen Monat zuvor schriftlich angezeigt hat.

Eine Aufrechnung gegen Betriebskostenvorauszahlungen oder eine Minderung der Betriebskostenvorauszahlungen ist nicht zulässig.

2. Die Erstattung etwaiger im Wege der Aufrechnung geltend gemachter Gegenforderungen des Arbeitnehmers aus dem Mietverhältnis erfolgt in monatlichen Teilbeträgen, welche 39 % der jeweiligen Monatsmiete nicht übersteigen dürfen.

3. Der Arbeitnehmer einer Neubauwohnung ist nicht berechtigt, bei auftretender Baufeuchtigkeit Schadenersatz zu verlangen.

§ 7 Untervermietung, Nutzung des Mietobjektes etc.

1. Zu anderen als den vertraglich vorgesehenen Zwecken dürfen die Miträume nur mit vorheriger schriftlicher Zustimmung des Vermieters benutzt werden. Der Arbeitnehmer darf nichts in Gebrauch nehmen, was nicht durch diesen Vertrag oder einen Zusatzvertrag schriftlich vermietet worden ist.

2. Untervermietung, Gebrauchsüberlassung oder Nutzungsänderung der gesamten Miträume oder eines Teils der Miträume sowie Wohnungstausch sind ohne vorherige schriftliche Zustimmung des Vermieters untersagt.

3. Der Vermieter kann die Zustimmung bei Untervermietung oder Gebrauchsüberlassung aus wichtigem Grund widerrufen.

4. Bei unbefugter Untervermietung kann der Vermieter verlangen, dass der Arbeitnehmer sobald wie möglich, spätestens jedoch binnen Monatsfrist, das Untermietverhältnis kündigt. Geschieht das nicht, so kann der Vermieter das Hauptmietverhältnis ohne Einhaltung einer Kündigungsfrist kündigen.

5. Im Falle der Untervermietung hat der Arbeitnehmer einen angemessenen Zuschlag zu zahlen. Der Arbeitnehmer ist verpflichtet, dem Vermieter innerhalb von acht Tagen die An- bzw. Abmeldebescheinigung des Untermieters beim zuständigen Einwohnermeldeamt vorzulegen.

6. Im Falle der Untervermietung, der Gebrauchsüberlassung oder der Nutzungsänderung – auch bei Genehmigung seitens des Vermieters – haftet der Arbeitnehmer für alle Handlungen und Unterlassungen des Untermieters oder

desjenigen, dem er den Gebrauch der Miethäume überlassen hat. Auf Verlangen ist der Arbeitnehmer verpflichtet, dem Vermieter seine ihm gegen den Untermieter zustehenden Ansprüche abzutreten.

7. Soweit Gartenland mitvermietet ist, ist der Arbeitnehmer verpflichtet, den Garten auf eigene Kosten im üblichen Rahmen zu pflegen, insbesondere während der Wachstumszeit regelmäßig den Rasen zu mähen. Zur Gartenpflege gehören auch die Erneuerung von Pflanzen und Gehölzen sowie das sachgerechte Beschneiden von Bäumen und Sträuchern. Der Arbeitnehmer hat die für die Gartenpflege erforderlichen Gerätschaften, Düngemittel usw. auf eigene Kosten zu stellen.

8. Waschen von Wäsche für nicht zum Haushalt des Arbeitnehmers gehörende Personen ist nicht gestattet. Wasser darf grundsätzlich nur zum Eigenbedarf entnommen werden.

Die Wasserentnahme zum Zwecke der Wagenwäsche ist nur mit vorheriger Zustimmung des Vermieters gestattet. Der Arbeitnehmer ist zum Kostenersatz des Mehrverbrauchs an Wasser verpflichtet.

Diesen Mehrverbrauch hat er auch zu erstatten, wenn er Schäden an den wasserführenden Leitungen nicht mitteilt oder gegen Satz 1 der Ziffer 8 verstößt.

9. Der Fahrstuhl dient nur zur Personenbeförderung. Kindern ist nur in Begleitung Erwachsener die Benutzung gestattet. Das Befördern von Kisten und größeren Gegenständen ist untersagt.

10. Motorfahrzeuge jeder Art dürfen nur mit Zustimmung des Vermieters auf dem Grundstück abgestellt werden. Im Übrigen dürfen Krafträder, Motorroller, Fahrräder mit Hilfsmotor (Mopeds) und ähnliche Fahrzeuge nur in der Garage untergestellt werden; in anderen Räumen und gemeinschaftlichen Anlagen dürfen sie mit Zustimmung des Vermieters nur dann untergestellt werden, wenn diese Räume bzw. Anlagen den ordnungsbehördlichen Vorschriften entsprechen. Fahrräder und Kinderwagen dürfen nicht im Treppenhaus und auch nicht im Kellerflur abgestellt werden.

11. Tiere dürfen nur mit vorheriger schriftlicher Einwilligung des Vermieters gehalten werden. Die Einwilligung kann, wenn Unzuträglichkeiten auftreten, jederzeit widerrufen werden.

Ziervögel und Zierfische darf der Arbeitnehmer ohne Erlaubnis des Vermieters im haushaltsüblichen Umfang halten.

§ 8 Zustand, Instandhaltung und Instandsetzung der Mieträume

1. Der Arbeitnehmer übernimmt die Mieträume in dem vorhandenen Zustand. Er hat folgende Mängel festgestellt: ▬▬▬

2. Die Instandhaltung der Mieträume einschließlich der mitvermieteten Anlagen und Einrichtungen obliegt dem Arbeitnehmer im nachstehenden Umfang:

Der Arbeitnehmer trägt die Kosten, welche durch die jährliche Wartung von Elektro- und Gasgeräten (insbesondere Geräte zur Warmwasserbereitung), die Zubehör der Wohnung sind, durch einen Fachmann bzw. eine Fachfirma entstehen.

Der Arbeitnehmer trägt außerdem die Kosten kleinerer Instandsetzungsarbeiten (Reparaturen) an den Installationsgegenstände für Elektrizität, Wasser und Gas, den Heiz- und Kocheinrichtungen, den Fenster- und Türverschlüssen sowie den Verschlussvorrichtungen von Fensterläden und von Rollläden.

Die Kosten der Reparaturen oder Wartungen sind vom Arbeitnehmer nur zu tragen, wenn sie im Einzelfall 80 EUR und in der Jahressumme 6 % der Bruttojahresmiete nicht überschreiten.

3. Etwaiges Ungeziefer hat Arbeitnehmer bei Verschulden auf eigene Kosten durch einen Fachmann beseitigen zu lassen.

4. Soweit die Wohnung ganz oder teilweise vom Vermieter mit Teppichboden ausgelegt ist, hat der Arbeitnehmer diesen regelmäßig und darüber hinaus beim Auszug sach- und fachgerecht zu reinigen bzw. reinigen zu lassen.

5. Schäden in den Mieträumen aber auch an wasserführenden Leitungen und sonstigen Anlagen, die zum Haus gehören, in dem sich die Wohnung befindet, hat der Arbeitnehmer, sobald er sie bemerkt, dem Vermieter unverzüglich anzuzeigen. Schuldhafte Unterlassung verpflichtet den Arbeitnehmer zum Ersatz des daraus entstehenden Schadens.

§ 9 Schönheitsreparaturen

1. Der Arbeitnehmer verpflichtet sich, die laufenden (turnusmäßig wiederkehrenden) Schönheitsreparaturen auf eigene Kosten durchzuführen.

2. Die Schönheitsreparaturen umfassen das Tapezieren, das Anstreichen der Wände und Decken, das Streichen der Fußböden einschließlich Leisten, Heizkörper und Heizrohre, das Streichen der Innentüren, Fenster und Außentüren von innen.

3. Der Arbeitnehmer ist im Allgemeinen verpflichtet, die Ausführung der Schönheitsreparaturen für Küchen, Baderäume und Duschen in einem Zeitraum von etwa drei Jahren, in Wohn- und Schlafräumen, Fluren, Dielen und Toiletten in einem solchen von etwa fünf Jahren und in anderen Nebenräumen von etwa sieben Jahren durchzuführen, soweit nicht

nach dem Grad der Abnutzung eine frühere Ausführung erforderlich ist. Die maßgeblichen Fristen beginnen mit dem Anfang des Mietverhältnisses zu laufen.[332]

4. Die Schönheitsreparaturen müssen fachgerecht ausgeführt werden. Im Falle einer erforderlichen Neutapezierung kann der Vermieter verlangen, dass die alten Tapeten entfernt werden.

5. Endet das Mietverhältnis vor Ablauf des Fristenplans, beteiligt sich der Arbeitnehmer bei seinem Auszug entsprechend seiner Wohndauer (zeitanteilig) an den erforderlichen Renovierungskosten. Der Vermieter ist berechtigt, den Umfang dieses Kostenaufwands durch den Kostenvoranschlag eines Malerfachgeschäfts ermitteln zu lassen. Dem Arbeitnehmer bleibt der Nachweis offen, dass der Kostenvoranschlag überhöht ist.

§ 10 Reinhaltungs- und Reinigungspflicht

1. Der Arbeitnehmer übernimmt nach näherer Anweisung des Vermieters abwechselnd die Reinigung der gemeinsam benutzten Räume, Treppen, Höfe und Flurfenster sowie der Zuwege des Hauses.

Der Arbeitnehmer ist verpflichtet, den zu seiner Wohnung führenden Teil des Flures und der Treppe wenigstens zweimal wöchentlich (mittwochs und samstags) feucht zu reinigen und auch an den übrigen Tagen sauber zu halten.

Bei Verhinderung hat der Arbeitnehmer auf eigene Kosten für eine Vertretung zu sorgen. Ferner hat er die für die Reinigung erforderlichen Gerätschaften und Reinigungsmittel auf eigene Kosten zu stellen. Bei nicht ordnungsgemäßer Reinigung kann der Vermieter nach Abmahnung die erforderlichen Arbeiten auf Kosten des Arbeitnehmers durch einen Dritten ausführen lassen.

2. Der Arbeitnehmer übernimmt abwechselnd die Reinigung des Bürgersteiges. Hierzu hat er sich der zuständigen Behörde (Ordnungsamt) gegenüber zu verpflichten. Er hat sich außerdem das Reinigungs- und Streumaterial auf eigene Kosten zu beschaffen.

Bei Glätte ist mit abstumpfenden Mitteln – falls notwendig wiederholt – zu streuen. Tausalz und tausalzhaltige Mittel dürfen nicht verwendet werden. Schnee ist unverzüglich nach Beendigung des Schneefalls zu räumen. Bei Glatteisbildung ist sofort zu streuen; Eisbildungen, denen nicht ausreichend durch Streuen entgegengewirkt werden kann, sind zu beseitigen.

Bei persönlicher Verhinderung (z.B. Urlaub, Krankheit) hat der Arbeitnehmer auf seine Kosten für eine zuverlässige Ersatzkraft zu sorgen.

§ 11 Modernisierung und bauliche Veränderungen

1. Der Vermieter darf bauliche Veränderungen, die zur Erhaltung des Hauses oder der Miträume oder zur Abwendung drohender Gefahren oder zur Beseitigung von Schäden notwendig sind, auch ohne Zustimmung des Arbeitnehmers vornehmen.

2. Zur Instandsetzung jeglicher Art, baulichen oder sonstigen Änderungen und neuen Einrichtungen bedarf der Arbeitnehmer der vorherigen schriftlichen Zustimmung des Vermieters. Eigenmächtiges Handeln des Arbeitnehmers verpflichtet den Vermieter aus keinem rechtlichen Gesichtspunkt zur Übernahme der Kosten und berechtigt den Arbeitnehmer nicht zur Aufrechnung oder Zurückbehaltung.

3. Bauliche oder sonstige Änderungen und Einrichtungen, die der Arbeitnehmer ohne Zustimmung des Vermieters vorgenommen hat, sind, wenn der Vermieter dies verlangt, vom Arbeitnehmer auf eigene Kosten und unter Wiederherstellung des früheren Zustandes unverzüglich zu beseitigen. Falls dies auf Aufforderung des Vermieters hin nicht geschieht, ist der Vermieter berechtigt, die Beseitigung auf Kosten des Arbeitnehmers vornehmen zu lassen.

Bei baulichen Änderungen seitens des Arbeitnehmers, die mit Zustimmung des Vermieters erfolgen, behält sich der Vermieter das Recht vor, beim Auszug des Arbeitnehmers die Wiederherstellung des früheren Zustandes auf dessen Kosten zu verlangen.

4. Der Arbeitnehmer darf Einrichtungen und Anlagen jeglicher Art, insbesondere auch Außenantennen nur nach vorheriger schriftlicher Zustimmung des Vermieters anbringen. Soweit behördliche Genehmigungen erforderlich sind, hat sie der Mieter auf eigene Kosten einzuholen. Die angebrachten Einrichtungen und Anlagen müssen sich dem allgemeinen Rahmen des Hauses anpassen. Der Arbeitnehmer haftet für alle Schäden, die im Zusammenhang mit Einrichtungen und Anlagen dieser Art entstehen. Er verpflichtet sich, auf Verlangen des Vermieters bei Beendigung des Mietverhältnisses oder im Falle des Widerrufs der Erlaubnis den früheren Zustand wiederherzustellen.

Der Vermieter kann jederzeit verlangen, dass der Arbeitnehmer für die von ihm angebrachten Einrichtungen und Anlagen eine Haftpflichtversicherung abschließt und für die Dauer des Mietverhältnisses unterhält; entfernt er die von ihm angebrachten Einrichtungen und Anlagen vor Ablauf des Mietverhältnisses wieder, endet die Versicherungspflicht des Arbeitnehmers zu diesem Zeitpunkt.

---

332 Diese Formulierung reicht nach Ansicht des BGH aus (BGH 18.10.2006 – VIII ZR 52/06, NJW 2006, 677).

5. Die Anbringung und Entfernung von Türschildern erfolgt einheitlich durch den Vermieter auf Kosten des Arbeitnehmers.

6. Der Arbeitnehmer kann Schadenersatz nur fordern und ein Zurückbehaltungsrecht nur ausüben, wenn die Maßnahmen des Vermieters den Gebrauch der Mieträume ganz ausschließen, erheblich beeinträchtigen oder zu besonderer Belästigung des Arbeitnehmers führen. Auf die Absprachen in § 6 wird Bezug genommen.

§ 12 Haftung des Vermieters

Schadenersatzansprüche des Arbeitnehmers wegen anfänglicher oder nachträglicher Mängel der Mietsache sind ausgeschlossen, es sei denn, dass der Vermieter Vorsatz oder grobe Fahrlässigkeit zu vertreten hat. Auch im Übrigen haftet der Vermieter nur für Vorsatz oder grobe Fahrlässigkeit, einschließlich des Verhaltens seines Vertreters oder Erfüllungsgehilfen. Hiervon unberührt bleiben die Erfüllungsansprüche des Arbeitnehmers sowie sein gesetzliches Recht zur fristlosen Kündigung.

§ 13 Außenantennen und Breitbandkabelnetz

1. Falls eine Gemeinschaftsantenne vorhanden ist oder neu angelegt wird, ist der Arbeitnehmer verpflichtet, sich an diese anzuschließen. Beabsichtigt der Vermieter, die Wohnung an das Breitbandkabelnetz anzuschließen, duldet der Arbeitnehmer die Bau- und sonstigen Anschlussmaßnahmen. Er ist ferner damit einverstanden, dass der Anschluss der Mietwohnung an eine vertraglich zur Verfügung gestellte Gemeinschaftsantenne beseitigt wird.

2. Bei der Anlage einer Gemeinschaftsantenne kann der Vermieter vom Arbeitnehmer verlangen, dass dieser die vorhandene Einzelantenne auf eigene Kosten entfernt, soweit nicht im Einzelfall Rechte des Arbeitnehmers dem entgegenstehen. Die Anlage von Einzelantennen außerhalb der gemieteten Räume ist nur nach Abschluss eines Antennenvertrages gestattet. Der Arbeitnehmer ist nicht befugt, eine Funkantenne zu errichten.

§ 14 Pfandrecht des Vermieters an eingebrachten Sachen

1. Der Arbeitnehmer erklärt, dass die beim Einzug in die Mieträume eingebrachten Sachen sein Eigentum und nicht verpfändet, gepfändet oder zur Sicherheit übereignet sind, mit Ausnahme folgender Gegenstände: ▪▪▪

2. Der Arbeitnehmer verpflichtet sich, von einer etwaigen Pfändung eingebrachter Sachen dem Vermieter sofort Kenntnis zu geben.

3. Ein Verstoß gegen diese Bestimmungen berechtigt den Vermieter zur sofortigen (fristlosen) Kündigung des Mietverhältnisses.

§ 15 Betreten der Mieträume durch den Vermieter

1. Der Vermieter und/oder sein Beauftragter dürfen die Mieträume einmal jährlich zur Überprüfung des ordnungsgemäßen Zustandes der Mieträume nach vorheriger Anmeldung betreten. Auf eine persönliche Verhinderung des Arbeitnehmers ist Rücksicht zu nehmen.

2. Will der Vermieter und/oder sein Beauftragter das Grundstück verkaufen oder ist das Mietverhältnis gekündigt, so darf der Vermieter und/oder sein Beauftragter die Mieträume zusammen mit dem Kaufinteressenten oder dem Wohnungsbewerber nach rechtzeitiger Ankündigung an Wochentagen zu angemessenen Zeiten besichtigen.

3. Bei längerer Abwesenheit hat der Arbeitnehmer sicherzustellen, dass die Rechte des Vermieters nach den vorhergehenden Absätzen ausgeübt werden können, z.B. durch Hinterlegung der Schlüssel bei einer Vertrauensperson. Wenn die Schlüssel dem Vermieter nicht zur Verfügung stehen, ist der Vermieter bei Gefahr im Verzug berechtigt, die Mieträume auf Kosten des Arbeitnehmers öffnen zu lassen.

4. Der Arbeitnehmer ist im Falle der Kündigung des Mietverhältnisses verpflichtet, die Anbringung von Vermietungsschildern an deutlich sichtbaren Stellen der Fenster straßenwärts zu dulden.

§ 16 Beendigung des Mietverhältnisses

1. Der Vermieter kann das Mietverhältnis zum Zeitpunkt der Beendigung des Arbeitsverhältnisses kündigen. Eine stillschweigende Verlängerung gemäß § 545 BGB ist ausgeschlossen.

2. Der Vermieter kann das Mietverhältnis zum Zeitpunkt des Bezugs des Arbeitnehmers von Altersruhegeld oder Rente wegen Erwerbsunfähigkeit kündigen.

3. Unabhängig vom Bestand des Arbeitsverhältnisses, kann der Vermieter das Mietverhältnis aus den in § 576 BGB genannten Gründen kündigen. § 576a BGB ist zu beachten.

4. Der Arbeitnehmer ist berechtigt, das Mietverhältnis auch während des Bestehens des Arbeitsverhältnisses unter Einhaltung der gesetzlichen Frist zu kündigen (§ 576 BGB).

5. Die Mieträume sind beim Auszug vollständig gereinigt an den Vermieter zurückzugeben.

6. Der Arbeitnehmer hat Schönheitsreparaturen nach den Bestimmungen des § 9 durchzuführen. Er hat dem Vermieter den Zeitpunkt und den Umfang der letztmaligen Schönheitsreparaturen nachzuweisen.

7. Einrichtungen, mit denen der Arbeitnehmer die Räume versehen hat, kann er wegnehmen, doch hat er den früheren Zustand auf seine Kosten wiederherzustellen. Der Vermieter kann aber verlangen, dass die Einrichtungen gegen Ersatz des im Zeitpunkt der Rückgabe der Mieträume angemessenen Wertes zurückgelassen werden, wenn der Arbeitnehmer kein berechtigtes Interesse daran hat, sie mitzunehmen.

Für bauliche Veränderungen und Einbauten kann der Arbeitnehmer keinen Kostenersatz beanspruchen.

8. Gibt der Arbeitnehmer die Mietsache zur Unzeit zurück, hat er die Entschädigung für den vollen Monat zu leisten. Die Geltendmachung eines weiteren Schadens ist nicht ausgeschlossen, wenn die Rückgabe infolge von Umständen unterbleibt, die der Arbeitnehmer zu vertreten hat.

9. Sind nach Beendigung des Mietverhältnisses Instandsetzungsmaßnahmen auszuführen, die der Arbeitnehmer zu vertreten hat, oder führt der Arbeitnehmer nach Beendigung des Mietverhältnisses solche Arbeiten noch durch, so haftet er für den Mietausfall, die Betriebskosten und alle weiter anfallenden Schäden, die hieraus dem Vermieter entstehen.

10. Bei einer vom Arbeitnehmer zu vertretenden vorzeitigen Beendigung des Mietverhältnisses haftet der Arbeitnehmer für den Ausfall an Miete, Betriebskosten und sonstigen Leistungen sowie für allen weiteren Schaden, welchen der Vermieter durch ein Leerstehen der Mieträume während der vertragsmäßigen Dauer des Mietverhältnisses erleidet.

11. Nach der Beendigung des Mietverhältnisses, gleich aus welchem Grund, kommt eine Verlängerung (§ 545 BGB) nicht in Betracht.

§ 17 Änderung und Ergänzung dieses Mietvertrages
Nachträgliche Änderungen und Ergänzungen dieses Mietvertrages bedürfen der schriftlichen Vertragsform.

§ 18 Rechtsnachfolger des Vermieters
Ein etwaiger Rechtsnachfolger des Vermieters tritt in die Rechte und Pflichten des Vermieters ein. Der bisherige Vermieter scheidet zu diesem Zeitpunkt aus dem Vertrag aus und ist von jeder Haftung befreit.

§ 19 Hausordnung
Die Parteien vereinbaren, dass die in Anlage beigefügte Hausordnung Bestandteil dieses Vertrages ist. Der Arbeitnehmer verpflichtet sich, dass er und seine Familien- bzw. Haushaltsangehörigen und ggf. Untermieter die Bestimmungen einhalten. Zur Änderung der Hausordnung ist der Vermieter jederzeit berechtigt, soweit dadurch keine zusätzliche Belastung für den Arbeitnehmer eintritt.

§ 20 Wirksamkeit der Vertragsbestimmungen
Durch etwaige Ungültigkeit einer Bestimmung dieses Vertrages wird die Gültigkeit der übrigen Bestimmungen nicht berührt.

An die Stelle einer unwirksamen Bestimmung tritt eine solche Bestimmung, die dem Sinn und Zweck der unwirksamen Norm am nächsten kommt.

9. Muster: Arbeitsvertrag mit Eheleuten (Hausmeister und Wirtschafterin einer betrieblichen Schulungsstätte)

Arbeitsvertrag

Zwischen

– nachstehend: Firma –

und

Herrn ▬▬▬, geb. am ▬▬▬

– nachstehend: Hausmeister –

und

Frau ▬▬▬, geb. am ▬▬▬

– nachstehend: Wirtschafterin –

– beide gemeinsam im Vertrag „Ehepaar" genannt –

wird folgender Arbeitsvertrag geschlossen:

§ 1 Dienststellung und Dienstverhältnis

Das Ehepaar ▬▬▬ wird mit Wirkung vom ▬▬▬ als Hausmeister und Wirtschafterin eingestellt und mit der Führung und Verwaltung der firmeneigenen Schulungsstätte beauftragt.

§ 2 Probezeit und Vertragsdauer

(1) Die ersten 6 Monate des Dienstverhältnisses gelten als Probezeit. Bei Vorliegen triftiger Gründe kann die Probezeit im Einvernehmen mit dem Ehepaar von der Firma durch schriftliche Mitteilung unter Einhaltung einer Frist von 8 Wochen vor Ablauf der Probezeit bis zur Dauer weiterer 6 Monate verlängert werden.

(2) Während der ersten 6 Monate der Probezeit kann das Dienstverhältnis beiderseits unter Einhaltung einer Kündigungsfrist von 1 Monat zum Monatsende gekündigt werden. Für die weitere Dauer der Probezeit beträgt die Kündigungsfrist 6 Wochen zum Quartalsende. Danach beträgt sie 3 Monate zum Quartalsende. Darüber hinaus gelten die gesetzlichen Vorschriften.

(3) Bis zum Ablauf der Probezeit können die Miete und die Mietnebenkosten für die Werkdienstwohnung von der Firma übernommen werden, sofern die bisherige Wohnung beibehalten wird.

(4) Bei Vorliegen eines wichtigen Grundes kann das Dienstverhältnis bei einem Ehepartner mit Wirkung auch für den anderen Ehepartner gemäß § 626 BGB fristlos gekündigt werden.

(5) Im Übrigen wird das Dienstverhältnis auf unbestimmte Zeit abgeschlossen. Es endet mit Beginn des Monats, von dem an Altersruhegeld aus der Sozialversicherung gewährt wird, in der Regel spätestens mit Vollendung des 65. Lebensjahres des Hausmeisters.

§ 3 Vertragsgültigkeit

(1) Dieser Vertrag soll nur so lange Gültigkeit haben, wie er von beiden Ehepartnern erfüllt werden kann. Dieser Zusammenhang folgt aus der Art des besonderen Arbeitsverhältnisses, das in der Leitung einer Bildungsstätte durch beide Ehepartner gemeinsam mit zugleich unterschiedlichen Tätigkeiten besteht. Der Vertrag muss aufgelöst werden, wenn der Hausmeister oder die Wirtschafterin ausscheidet.

(2) Nach Auflösung dieses Vertrages kann auf Wunsch des Hausmeisters oder der Wirtschafterin ein neuer Vertrag geschlossen werden, es sei denn, dass wichtige Hinderungsgründe entgegenstehen.

§ 4 Vergütungsdienstalter

(1) Das Vergütungsdienstalter des Hausmeisters beginnt am ▬▬▬.

(2) Das Vergütungsdienstalter der Wirtschafterin beginnt am ▬▬▬.

§ 5 Weisungsrecht

Weisungsberechtigt gegenüber dem Hausmeister und der Wirtschafterin sind:

a) ▬▬▬

b) ▬▬▬

§ 6 Pflichten des Ehepaars

(1) Das Ehepaar hat die Schulungsstätte nach den Bestimmungen und Grundsätzen der Firma zu führen, zu verwalten und die ihnen übertragenen Dienstobliegenheiten gewissenhaft zu erfüllen. In gleicher Weise sind allgemein bekannte oder dem Ehepaar mitgeteilte Rechtsvorschriften zu beachten.

(2) Dem Ehepaar obliegen insbesondere alle Arbeiten und Aufgaben, um

a) die Gäste zu betreuen,

b) die Schulungsstätte zu bewirtschaften,

c) Grundstück, Haus und Einrichtungen zu verwalten und zu pflegen.

(3) Die Firma kann den Hausmeister mit seiner Einwilligung und die Wirtschafterin mit ihrer Einwilligung gelegentlich mit anderen vergleichbaren Aufgaben außerhalb der Schulungsstätte beschäftigen. Mehraufwendungen werden von der Firma ersetzt.

(4) Das Ehepaar ist verpflichtet, sich nach Aufforderung und auf Kosten der Firma amtsärztlich untersuchen zu lassen.

(5) Die gesamte Wirtschaftsführung, etwaige Tierhaltung und Gartenbenutzung geschieht auf Rechnung und Gefahr der Firma. Das Halten und Unterbringen von Vieh und Haustieren bedarf der vorherigen schriftlichen Zustimmung der Firma.

(6) Das Ehepaar ist verpflichtet, die Bestimmungen der Berufsgenossenschaften für sich und ihr Personal gewissenhaft und dauernd zu beachten und das Personal entsprechend anzuleiten.

(7) Verschwiegenheit ist von dem Ehepaar in allen ihrer Natur nach vertraulichen Angelegenheiten zu bewahren, soweit ihnen solche Informationen in dienstlichem Zusammenhang anvertraut oder bekannt geworden sind, und zwar auch nach Beendigung des Dienstverhältnisses.

§ 7 Mitarbeiter der Schulungsstätte

Die für den Betrieb der Schulungsstätte nötigen Mitarbeiter können von dem Ehepaar im Rahmen der Richtlinien eingestellt, beschäftigt und entlassen werden. Fristlose Kündigungen können nur mit Zustimmung der Firma ausgesprochen werden. Das Ehepaar vertritt die Firma als Arbeitgeber der Mitarbeiter diesen gegenüber und nimmt alle sich daraus ergebenden Rechte und Pflichten wahr. Die Vertretung vor den Gerichten behält sich die Firma vor. Die Mitarbeiter werden nach den Richtlinien der Firma und nach Anweisung im Einzelfall entlohnt.

§ 8 Vergütung

Dienste und Leistungen des Ehepaars werden wie folgt vergütet:

Der Hausmeister erhält eine monatliche Bruttovergütung von ▀▀▀ EUR.

Die Wirtschafterin erhält eine monatliche Bruttovergütung von ▀▀▀ EUR.

Der Hausmeister und die Wirtschafterin verpflichten sich, Gehaltsüberzahlungen ohne Rücksicht auf eine noch vorhandene Bereicherung zurückzuzahlen.[333]

§ 9 Werkdienstwohnung

(1) Die Firma stellt dem Ehepaar eine Werkdienstwohnung zur Verfügung. Das Ehepaar ist verpflichtet, die ihm zugewiesene Werkdienstwohnung für die Dauer dieses Vertrages zu beziehen.

(2) Für die Überlassung der Werkdienstwohnung gelten die gesetzlichen Bestimmungen.

(3) Über die Berechnung der Miete sowie der mit ihr zusammenhängenden Nebenleistungen, z.B. Heizung, Strom und sonstige Nebenleistungen, erhält das Ehepaar eine besondere Mitteilung mit näherer Angabe der Wohnräume und ihrer Größe, desgleichen bei allen späteren Änderungen. Die Bewertung der Werkdienstwohnung wird in den Vergütungsrichtlinien geregelt.

(4) Die Untervermietung (mit oder ohne Entgelt) ist nicht gestattet.

(5) Während der letzten 6 Dienstmonate vor Beginn des Rentenfalles verzichtet die Firma auf Antrag des Ehepaars auf die Berechnung der Miete für die Werkdienstwohnung. Voraussetzung ist der Nachweis, dass dem Ehepaar während dieser 6 Monate bereits Mietkosten bzw. Mietausfall für eine zukünftige eigene Wohnung entstehen.

§ 10 Verpflegung

Das Ehepaar und die in seinem Haushalt lebenden Familienangehörigen haben die Pflicht, an der Gemeinschaftsverpflegung teilzunehmen, wenn keine andere Regelung vereinbart ist. Die Höhe der Einzahlungen für die Verpflegung beträgt monatlich ▀▀▀ EUR je Person und wird von dem Gehalt des Hausmeisters einbehalten.

§ 11 Freiwillige soziale Leistungen

(1) Die Firma kann auf Antrag folgende soziale Leistungen gewähren: Beihilfen und Unterstützungen bei Krankheit, Kur und Tod in Anlehnung an das Beihilferecht, ohne eine Rechtspflicht zu begründen, des jeweiligen Bundeslandes.

(2) Die Firma kann, ohne eine Rechtspflicht zu begründen, gewähren:

a) Geburtsbeihilfe je Kind in Höhe von 150 EUR nach mindestens einjähriger Dienstzeit.

b) Fortzahlung der Bezüge für den Sterbemonat und den darauf folgenden Monat an den hinterbliebenen Ehegatten oder an die unterhaltsberechtigten Kinder, wenn der Hausmeister oder die Wirtschafterin nach mindestens einjähriger Beschäftigungszeit stirbt.

Nach fünfjähriger Beschäftigungszeit erhöht sich die Dauer der Fortzahlung der Hinterbliebenen-Bezüge um weitere 2 Monate.

c) Umzugskosten (Speditionskosten) bei Einstellung des Ehepaars. Wer während der ersten beiden Beschäftigungsjahre aus Gründen, die die Firma zu vertreten hat, ausscheidet, von dem kann die Rückzahlung der ihm gewährten Umzugskosten anteilig gefordert werden.

d) Übergangsgeld in Anlehnung an die Bestimmungen des BAT, §§ 62 bis 64.

(3) Jubiläumszuwendungen werden, ohne eine Rechtspflicht zu begründen, gemäß TVöD/VKA gewährt.

---

333 Diese Klausel ist nach hier vertretener Ansicht gemäß § 307 Abs. 2 Nr. 1 BGB nicht wirksam (*Hümmerich*, NZA 2003, 764; *ders.*, Gestaltung von Arbeitsverträgen, § 1 Rn 1620).

§ 12 Urlaub

(1) Urlaubsjahr ist das Kalenderjahr. Das Ehepaar erhält nach mindestens sechsmonatiger Tätigkeit einen Jahresurlaub von 5 Wochen.

(2) Beginnt oder endet das Arbeitsverhältnis im Laufe des Urlaubsjahres, so beträgt der Urlaubsanspruch 1/12 für jeden vollen Beschäftigungsmonat.

(3) Die Zeit des Urlaubs wird einvernehmlich zwischen dem Ehepaar und der Firma geregelt. Die Urlaubsvertretung muss jeweils zwischen der Firma und dem Ehepaar vereinbart werden.

(4) Der Urlaubsanspruch kann nicht abgegolten werden. Der Urlaub ist im Laufe des Kalenderjahres, spätestens bis zum 31.3. des folgenden Jahres anzutreten, andernfalls ist er verfallen, es sei denn, dass das Ehepaar wegen anhaltender Krankheit oder aus anderen von ihm nicht zu vertretenden Gründen nicht in der Lage war, Urlaub zu nehmen. Ist es nicht möglich, den Urlaub bis zum 30.6. anzutreten, so kann der Urlaubsanspruch von der Firma verlängert werden, erlischt aber mit Ablauf des Übertragungsjahres.

(5) Während des Urlaubs darf das Ehepaar keine dem Urlaubszweck widersprechende Erwerbsarbeit leisten. Im Übrigen gelten die Bestimmungen des Bundesurlaubsgesetzes.

(6) Für Sonderurlaub ist auch in zwingenden Fällen bei der Firma frühzeitig die Genehmigung einzuholen.

§ 13 Arbeitszeit

(1) Infolge der Eigenart der Schulungsstätte, die eine 24-Stunden-Betreuung erfordert, kann für das Ehepaar keine bestimmte Stundenzahl als Arbeitszeit festgesetzt werden. Dementsprechend entscheidet das Ehepaar nach sorgfältiger Prüfung der betrieblichen Gegebenheiten selbst über seine Freizeit.

(2) Ein Ausgleich zeitweiser Mehrbeanspruchung ergibt sich in der Regel in den betriebsschwachen Zeiten.

(3) Nur mit vorheriger Unterrichtung der Firma, die in Eilfällen telefonisch erfolgen kann, darf das Ehepaar länger als 48 Stunden von der Schulungsstätte abwesend sein. Kann die Unterrichtung den Umständen nach ausnahmsweise nicht vorher erfolgen, so ist sie spätestens unverzüglich nach Rückkehr nachzuholen.

In jedem Fall hat das Ehepaar sicherzustellen, dass die ordnungsgemäße Sicherung, die Wartung und der laufende Betrieb des Hauses gewährleistet sind.

§ 14 Arbeitsbefreiung und Arbeitsunfähigkeit

(1) Arbeitsbefreiung kann das Ehepaar in den nachstehenden Fällen in Anspruch nehmen, soweit die Angelegenheit nicht außerhalb der Arbeitszeit erledigt werden kann, und zwar unter Fortzahlung der Vergütung für die Dauer der unumgänglich notwendigen Abwesenheit von der Arbeit:

a) zur Erfüllung allgemeiner staatsbürgerlicher Pflichten

b) zur Ablegung von beruflichen oder der Fortbildung dienenden Prüfungen.

(2) Arbeitsunfähigkeit ist unverzüglich der Firma (Personalabteilung) anzuzeigen. Die ärztliche Arbeitsunfähigkeitsbescheinigung ist spätestens am dritten Krankheitstage an die Firma einzureichen.

§ 15 Haftung

Das Ehepaar haftet gegenüber der Firma für die Erfüllung seiner Verpflichtungen aus dem Dienstvertrag, insbesondere die ihm gemeinsam obliegende ordnungsgemäße Führung und Verwaltung der Schulungsstätte. Verletzen Hausmeister oder Wirtschafterin vorsätzlich oder grob fahrlässig ihre Pflichten aus dem Dienstvertrag, so haften sie für den daraus entstandenen Schaden. Wird durch das Ehepaar in Ausführung der ihm übertragenen Tätigkeit ein Dritter geschädigt und wird die Firma hierfür in Anspruch genommen, so haftet das Ehepaar der Firma gegenüber bis zur Höhe des entstandenen Schadens, sofern das Ehepaar vorsätzlich oder grob fahrlässig gehandelt hat. Das Ehepaar haftet als Gesamtschuldner.

§ 16 Nebentätigkeiten

Nebentätigkeiten gegen Entgelt bedürfen der Zustimmung der Firma, die zu erteilen ist, wenn berechtigte Interessen der Firma nicht beeinträchtigt werden.

§ 17 Schlussbestimmungen

(1) Alle vor Abschluss dieses Dienstvertrages getroffenen mündlichen oder schriftlichen Vereinbarungen, die sich inhaltlich auf diesen Vertrag beziehen, sind hiermit aufgehoben.

(2) Alle Ansprüche aus diesem Vertrag verfallen spätestens 6 Monate nach Fälligkeit, es sei denn, dass sie vor Ablauf von 6 Monaten nach Fälligkeit schriftlich geltend gemacht werden.

(3) Änderungen, Ergänzungen und Kündigung dieses Vertrages bedürfen zu ihrer Wirksamkeit der Schriftform.

10. Muster: Job-Sharing-Vertrag

Zwischen

der ▬▬▬ GmbH

– nachstehend: Arbeitgeber –

und

Herrn ▬▬▬

– nachstehend: Arbeitnehmer –

wird folgender

Job-Sharing-Vertrag

geschlossen:

1. Der Arbeitnehmer wird ab ▬▬▬ als ▬▬▬ im Job-Sharing-System eingestellt.

2. Der Arbeitnehmer ist verpflichtet, andere ihm zumutbare Tätigkeiten zu übernehmen.

3. Der Arbeitnehmer ist verpflichtet, während der betriebsüblichen Arbeitszeit den zugewiesenen Arbeitsplatz in Abstimmung mit dem anderen am gleichen Arbeitsplatz Beschäftigten (Job-Sharing-Partner) ständig zu besetzen. Eine gleichzeitige Beschäftigung mehrerer Job-Sharing-Partner ist nicht zulässig.

4. Der Arbeitgeber ist verpflichtet, eine Vertretung zu stellen, wenn ein Job-Sharing-Partner wegen Urlaub, Krankheit oder aus sonstigen Gründen verhindert ist, die vertraglich geschuldete Arbeitsleistung zu erbringen. Im Einzelfall können die Job-Sharing-Partner die Vertretung untereinander regeln. Es bedarf einer für jeden Vertretungsfall gesonderten Vereinbarung. Zeiten, in denen ein Job-Sharing-Partner den anderen vertritt, werden auf die vertraglich vereinbarte Arbeitszeit nicht angerechnet. Diese Zeiten werden gesondert vergütet.

5. Herr ▬▬▬ verpflichtet sich, Mehrarbeit zu leisten. Der Ausgleich erfolgt grundsätzlich durch Gewährung von Freizeit innerhalb des auf die Mehrarbeit folgenden Kalenderjahres oder, wenn dies aus betrieblichen oder krankheitsbedingten Gründen nicht möglich ist, durch Abgeltung. Ein Anspruch auf Ausgleich von Mehrarbeit besteht nur, wenn die Mehrarbeitsstunden angeordnet oder vereinbart werden oder soweit dies nicht möglich ist, wenn sie aufgrund von dringenden betrieblichen Interessen erforderlich werden und der Arbeitnehmer Beginn und Ende der Mehrarbeit spätestens am folgenden Tage der Geschäftsleitung schriftlich anzeigt.

6. Die vertragliche vereinbarte Arbeitszeit beträgt ▬▬▬ Stunden je Woche.

7. Der Arbeitnehmer erhält eine Vergütung in Höhe von ▬▬▬ EUR monatlich. Die Arbeitszeit, die er in Vertretung eines anderen Job-Sharing-Partners nach Ziff. 4 erbracht hat, wird zusätzlich mit ▬▬▬ EUR je Stunde vergütet. Der Arbeitnehmer verpflichtet sich, Gehaltsüberzahlungen ohne Rücksicht auf eine noch vorhandene Bereicherung zurückzuzahlen.

8. Die Vergütung wird am Schluss eines jeden Kalendermonats ausgezahlt.

9. Vertretungszeiten sind bis zum 10. des Folgemonats abzurechnen und auszuzahlen.

10. Scheidet ein Job-Sharing-Partner aus dem Job-Sharing-System aus, darf den übrigen Job-Sharing-Partnern aus diesem Grunde nicht gekündigt werden. Das Recht des Arbeitgebers, eine Änderungskündigung auszusprechen, bleibt hiervon unberührt. Der Arbeitgeber und die Job-Sharing-Partner werden sich bemühen, eine Ersatzkraft für den ausgeschiedenen Job-Sharing-Partner zu finden. Der Arbeitgeber darf diesen Vorschlag nur aus wichtigen Gründen ablehnen.

11. Die Job-Sharing-Partner sind verpflichtet, sich über die Aufteilung der Arbeitszeit im Rahmen der betriebsüblichen Arbeitszeit untereinander abzustimmen. Einigen die Job-Sharing-Partner sich nicht über die Aufteilung der Arbeitszeit, kann der Arbeitgeber die Aufteilung verbindlich regeln.

12. Die Arbeitszeit ist so aufzuteilen, dass jeder Job-Sharing-Partner im Laufe eines Zeitraumes von 3 Monaten (Abrechnungszeitraum) seinen vertraglich vereinbarten Zeitanteil erreicht. Arbeitszeitguthaben oder Arbeitszeitschulden bis zu 10 Stunden können in den nächsten Abrechnungszeitraum übertragen werden. Die Übertragung größerer Arbeitszeitguthaben/Arbeitszeitschulden ist nur mit vorheriger Zustimmung des Arbeitgebers zulässig.

11. Muster: Telearbeit im Heimarbeitsverhältnis

↓

Zwischen

■■■

– nachstehend: Auftraggeber –

und

Herrn ■■■

– nachstehend: Heimarbeiter –

wird der nachfolgende

Tele-Heimarbeitsvertrag

geschlossen.

§ 1 Dauer des Heimarbeitsverhältnisses, maßgebliche Vorschriften

(1) Für das Tele-Heimarbeitsverhältnis gelten die gesetzlichen Bestimmungen, soweit der nachfolgende Vertrag keine anderweitigen Regelungen enthält. Insbesondere gelten das Heimarbeitsgesetz und die für die Herstellung von Produkten einschlägigen Festsetzungen.

(2) Das Vertragsverhältnis beginnt am ■■■ und wird unbefristet vereinbart. Die erste Auftragserteilung erfolgt nach Vorlage der Arbeitspapiere beim Auftraggeber.

(3) Jeder Vertragspartner kann das Tele-Heimarbeitsverhältnis durch Kündigung beenden. Innerhalb der ersten vier Wochen kann die Kündigung an jedem Tag für den Ablauf des folgenden Tages, daran anschließend nur im Rahmen der gesetzlichen Fristen gekündigt werden. Der besondere gesetzliche Kündigungsschutz für langjährig betriebszugehörige Heimarbeiter wie auch die Möglichkeit, das Heimarbeitsverhältnis aus wichtigem Grunde außerordentlich zu kündigen, bleiben unberührt.

§ 2 Aufgabenbereich

(1) Der Heimarbeiter versichert, dass er über die zur Arbeitserledigung und zur Erstellung guter Arbeitsergebnisse notwendigen technischen Einrichtungen, insbesondere einen Pentium III-Rechner mit einem leistungsfähigen Tintenstrahldrucker verfügt. Er hat Vorsorge getroffen, dass seine Hilfsmittel bei Beschädigung oder Ausfall kurzfristig ersetzt oder repariert werden. Der Heimarbeiter hält alle technischen Einrichtungen auf seine Kosten jederzeit einsatzbereit.

(2) Der Auftraggeber überträgt dem Heimarbeiter Tätigkeiten als Texterfasser. Der Heimarbeiter verpflichtet sich, die vereinbarten Arbeiten gemäß den ihm erteilten Aufträgen und Auflagen auszuführen. Der Auftraggeber verpflichtet sich zur regelmäßigen Ausgabe etwa folgender Mindestarbeitsmengen: ■■■

(3) Der Heimarbeiter versichert, die Lieferfristen pünktlich einzuhalten. Versäumt der Heimarbeiter eine vereinbarte Frist und hat der Heimarbeiter das Fristversäumnis zu vertreten, kann der Auftraggeber Schadensersatz geltend machen bis zur Höhe des für die verspätet geleisteten Arbeiten vereinbarten Arbeitsentgelts.

§ 3 Abnahme der Arbeiten

Die Heimarbeit wird auf Kosten des Auftraggebers zu den vereinbarten Terminen zum Heimarbeiter gebracht und dort jeweils zwei Tage später wieder abgeholt.

§ 4 Gewährleistung

(1) Der Heimarbeiter verpflichtet sich zur Lieferung mangelfreier Ware. Sofern die gelieferten Texte Mängel oder Fehler aufweisen, ist der Auftraggeber berechtigt, die Beseitigung des Mangels zu fordern. Kommt der Heimarbeiter der Aufforderung des Auftraggebers innerhalb einer angemessenen Frist nicht nach, kann der Auftraggeber die Vergütung verweigern. Weitergehender Schaden bei grob fahrlässigem Verhalten des Heimarbeiters ist damit nicht ausgeschlossen.

(2) Der Heimarbeiter verpflichtet sich, die vom Auftraggeber unentgeltlich gelieferten, in seinem Eigentum verbleibenden Gegenstände und Materialien pfleglich zu behandeln und Vorkehrungen zu treffen, dass kein Unbefugter Zugriff nehmen kann. Sämtliches Material ist nach Beendigung des Heimarbeitsverhältnisses dem Auftraggeber zurückzugeben.

§ 5 Arbeitsschutz und Datenschutz

(1) Der Heimarbeiter verpflichtet sich, die Bildschirmarbeitsverordnung zu beachten. Zur Sicherstellung der gesetzlichen Anforderungen der Bildschirmarbeitsverordnung verpflichtet sich der Heimarbeiter, dem Arbeitgeber während

des Tages (zwischen 8.00 Uhr und 21.00 Uhr) Zutritt zu seiner Wohnung zu gewähren, um die Anforderungen des gesetzlichen Arbeitsschutzes überprüfen zu können.

(2) Der Heimarbeiter verpflichtet sich, die Bestimmungen des Bundesdatenschutzgesetzes sowie die Bestimmungen des Informations- und Kommunikationsdienste-Gesetzes, des Teledienstgesetzes und des Teledienstdatenschutzgesetzes einzuhalten.

§ 6 Vergütung

(1) Der Heimarbeiter erhält als Arbeitsentgelt die im Entgeltverzeichnis aufgeführten Stückentgelte. Die Stückentgelte sind so zu bemessen, dass der Heimarbeiter in einer Arbeitsstunde mindestens ein Entgelt von ▬▬▬ EUR erreicht.

(2) Stück im Sinne des Abs. 1 sind Texte im Umfang von ca. ▬▬▬ Wörtern und ▬▬▬ Zeilen.

(3) Der Heimarbeiter verpflichtet sich, Gehaltsüberzahlungen ohne Rücksicht auf eine noch vorhandene Bereicherung zurückzuzahlen.[334]

§ 7 Zuwendungen zum Arbeitsentgelt

Zusätzlich zum Arbeitsentgelt erhält der Heimarbeiter folgende Leistungen:

- Als Urlaubsentgelt stehen ihm 6,75 v.H. nach § 12 Nr. 1 des Bundesurlaubsgesetzes zu;
- ein Feiertagsgeld je Wochenfeiertag, die mit Zustimmung des Heimarbeiters als Pauschale in Höhe von ▬▬▬ EUR monatlich zum Arbeitsentgelt gezahlt wird;
- als Krankenlohnausgleich einen Zuschlag von 3,45 v.H. zur wirtschaftlichen Sicherung im Krankheitsfall;
- einen Heimarbeitszuschlag in Höhe von ▬▬▬ v.H. Mit dem Heimarbeitszuschlag sind alle Kosten aus der Heimarbeit, insbesondere für die Bereitstellung, Beleuchtung, Heizung, Reinigung des Arbeitsraumes, für Reparatur, Abschreibung von Arbeitsgeräten und Arbeitskleidung abgegolten.
- Vermögenswirksame Leistungen werden nicht erbracht.

§ 8 Entgeltbuch

(1) Beim Auftraggeber wird für den Heimarbeiter ein Entgeltbuch geführt. In das Entgeltbuch werden mit jeder Ausgabe und Abnahme von Heimarbeit Umfang und Art der Entgelte sowie die Tage der Ausgabe und der Lieferung eingetragen.

(2) Die Abrechnung erfolgt bei jeder Lieferung. Das nach Abzug der Steuer und der Sozialversicherungsbeiträge verbleibende Entgelt wird monatlich auf das Konto ▬▬▬ überwiesen.

(3) Der Heimarbeiter verpflichtet sich, das Entgeltbuch bis zum Ablauf des 3. Kalenderjahres, das auf das Jahr der letzten Eintragung folgt, aufzubewahren.

§ 9 Krankheit

Ist der Heimarbeiter durch Krankheit oder ähnliche Umstände an der Ausführung ihm übertragener Arbeiten gehindert, ist dies dem Auftraggeber unverzüglich mitzuteilen und zugleich die voraussichtliche Dauer der Arbeitsverhinderung bekannt zu geben.

§ 10 Sonstige Vereinbarungen

(1) Die Rechte der Entgeltprüfer bei den Gewerbeaufsichtsämtern auf Überwachung der Allgemeinen Schutzvorschriften des Heimarbeitsgesetzes sowie der Entgelte oder sonstigen Vertragsbedingungen bleiben durch diesen Vertrag unberührt.

(2) Änderungen und Ergänzungen dieses Heimarbeitsvertrages oder zusätzlichen Nebenabreden bedürfen zu ihrer Wirksamkeit der Schriftform.

---

[334] Diese Klausel ist nach hier vertretener Ansicht gemäß § 307 Abs. 2 Nr. 1 BGB nicht wirksam (*Hümmerich*, NZA 2003, 764; *ders.*, Gestaltung von Arbeitsverträgen, § 1 Rn 1620).

Kapitel 1: Arbeitsverträge

12. Muster: Prozentuale Gehaltsanpassung aller Mitarbeiter bei Unterschreitung des geplanten Rohertrags[335]

Ergänzungsvertrag

zum Arbeitsvertrag vom ▪▪▪

zwischen ▪▪▪

– nachfolgend „Gesellschaft" genannt –

und ▪▪▪

– nachfolgend „Mitarbeiter" genannt –

Präambel

Die Geschäftsentwicklung der Gesellschaft verläuft derzeit Erfolg versprechend. Gleichwohl lehrt die Vergangenheit, dass Umsatz- und in der Folge Gewinneinbrüche die Gesellschaft in kurzer Zeit und nahezu ohne Vorwarnung in schwieriges Fahrwasser bringen können. Um im gemeinsamen Interesse zwischen Gesellschaft und Mitarbeitern flexibel reagieren zu können, ohne bei jeder nachteiligen wirtschaftlichen Veränderung unmittelbar Personalanpassungsmaßnahmen ergreifen zu müssen, schließen die Parteien folgende Ergänzung zum Arbeitsvertrag:

(1) Unterschreitet der Rohertrag der Gesellschaft (Nettoumsatz abzüglich Materialaufwand) ausweislich der von einem Steuerberater bestätigten betriebswirtschaftlichen Auswertung (BWA) ▪▪▪ TEUR monatlich, ist die Brutto-Gehaltssumme für alle Mitarbeiter um den Unterschreitungsbetrag zu reduzieren. In die Gehaltssumme wird die Geschäftsführer-Vergütung eingerechnet.

(2) Das Gehalt des Mitarbeiters wird mit dem prozentualen Anteil an der Gehaltssummenreduzierung gekürzt, der dem Anteil seines Gehaltes an der Gesamtgehaltssumme entspricht.

(3) Nach erfolgter Reduzierung wird bei Überschreiten des Rohgewinns im Sinne von Abs. 1 die Gehaltssumme um den Überschreitungsbetrag erhöht, bis die Gehaltsreduzierung ausgeglichen ist. Die Gehaltserhöhung des Mitarbeiters erfolgt entsprechend Abs. 2.

(4) Das Gehalt darf ▪▪▪ EUR brutto monatlich nicht überschreiten.

13. Muster: Vertragsergänzung Aktienoptionen (über Wandelschuldverschreibungen)

Sehr geehrte(r) Frau/Herr ▪▪▪,

als Mitglied der Führungsstufe 2 unserer Gesellschaft können Sie über Wandelschuldverschreibungen Aktienoptionen unserer Gesellschaft nach Maßgabe des Mitarbeiterbeteiligungsprogramms erwerben. Die Hauptversammlung hat am ▪▪▪ den Beschluss gefasst, den Vorstand zu ermächtigen, mit Zustimmung des Aufsichtsrats zum ▪▪▪ einmalig oder mehrmals verzinsliche Wandelschuldverschreibungen bis zum Gesamtnennbetrag von ▪▪▪ EUR mit einer Laufzeit von längstens fünf Jahren auszugeben und die jeweiligen Teilschuldverschreibungen mit Wandlungsrechten auszustatten, die den Erwerber nach Maßgabe der Wandlungsbedingungen berechtigen, Aktien der Gesellschaft zu beziehen. Das gesetzliche Bezugsrecht der Aktionäre wurde dabei ausgeschlossen.

1. Die Wandelschuldverschreibungen sollen ausschließlich von einem Kreis von Führungskräften erworben werden können. Dabei sollen die Wandelschuldverschreibungen jährlich bis zu einem Betrag von nominal ▪▪▪ EUR an die Mitglieder des Führungskreises 2 ausgegeben werden.

2. Die Wandelschuldverschreibungen sind von der Deutschen Bank AG übernommen worden mit der Maßgabe, dass sie nach Weisung unserer Gesellschaft ausschließlich von berechtigten Führungskräften erworben werden können, die allein zur Ausübung des Wandlungsrechts berechtigt sind. Der Kreis der Berechtigten und der Umfang des jeweiligen Rechts auf Erwerb der Wandelschuldverschreibungen einschließlich der zugehörigen Wandlungsrechte werden jeweils für die Mitglieder des Führungskreises 2 durch den Vorstand festgelegt.

3. Die Wandelschuldverschreibungen werden Ihnen mehrmals – jeweils während eines Zeitraums von vier Wochen, der auf die ordentliche Hauptversammlung der Gesellschaft folgt – mit folgender Maßgabe zur Zeichnung angeboten: Sie erhalten das Recht, die Wandelschuldverschreibungen ganz oder in Teilbeträgen in Aktien unserer Gesellschaft umzutauschen. Je 3 EUR Nennbetrag der Wandelschuldverschreibungen berechtigen zum Umtausch in einer auf den Inhaber

---

[335] Ob das nachfolgende Muster vor dem Hintergrund der Rechtsprechung des BAG (Urt. v. 12.12.1984, NZA 1985, 321 = NJW 1985, 2151) Bestand hat, ist offen. Kritisch zur BAG-Rechtsprechung, die eine Teilhabe des Arbeitnehmers am wirtschaftlichen Misserfolg des Betriebes untersagen will, *Hümmerich*, NJW 1998, 2625 (2633).

lautende Stammaktie unserer Gesellschaft im Nennbetrag von 3 EUR. Die jeweils eingeräumten Rechte sind nicht übertragbar.

4. Das Wandlungsrecht kann jeweils erstmalig im dritten Geschäftsjahr seit Ausgabe der Wandelschuldverschreibungen von Ihnen ausgeübt werden. Für die Ausübung des Wandlungsrechts wird das Verhältnis zwischen dem durchschnittlichen Ergebnis pro Aktie in den drei der Wandlung vorausgegangenen Geschäftsjahren und dem durchschnittlichen Ergebnis pro Aktien in den drei der Ausgabe der Wandelschuldverschreibung vorausgegangenen Monaten zugrunde gelegt.

5. Wir weisen darauf hin, dass sich unsere Gesellschaft nicht für die Zukunft bedingungslos zur erneuten Gewährung gleichartiger Leistungen verpflichtet. Insbesondere weisen wir darauf hin, dass nach unserem Gewinn auch durch wiederholte Gewährung gleichartiger Leistungen keine betriebliche Übung entstehen soll.

6. Wir weisen darauf hin, dass für den Fall, dass Ihr Arbeitsverhältnis, gleich aus welchem Rechtsgrund, sei es veranlasst durch Sie oder durch uns, zum ▄▄▄ durch Kündigung oder Vereinbarung aufgelöst ist, die stichtagsabhängigen Ansprüche auf Aktienoptionen entfallen.

7. Der Anspruch auf die zugesagten Leistungen mindert sich außerdem pro angefangenen Monat Ihrer Arbeitsunfähigkeit in dem Zeitraum von drei Jahren um je ein 1/36.

Unterzeichnen Sie uns bitte zum Zeichen Ihres Einverständnisses und zum Beleg der Tatsache, dass Sie das Mitarbeiterbeteiligungsmodell zustimmend zur Kenntnis genommen haben, ein Exemplar dieser Vereinbarung und senden Sie es umgehend an die Personalabteilung zurück.

▄▄▄ (Ort, Datum, Unterschrift Der Vorstand)

Ich bin mit den vorstehenden Regelungen sowie mit dem Mitarbeiterbeteiligungsmodell einverstanden.

▄▄▄ (Ort, Datum, Unterschrift Führungskraft)

14. Muster: Gesamtzusage über Aktienoptionen

Der Vorstand der ▄▄▄, nachfolgend „Gesellschaft" genannt, erteilt allen Mitarbeitern, die nicht dem Vorstand angehören, zu den nachfolgenden Bedingungen eine

Gesamtzusage

über den Bezug von Aktienoptionen. Es werden die zum Zeitpunkt der Einräumung geltenden, allgemeinen Bedingungen für Aktienbezugsrechte zwischen der Gesellschaft, einer nach den Gesetzen des US-Bundesstaates Delaware gegründeten Corporation, und dem Optionsbegünstigten („Optionsbegünstigter") erläutert.

Präambel

Die Gesellschaft beabsichtigt, im Rahmen ihres internationalen Aktien-Options-Plans („Plan"), dem Optionsbegünstigten das Recht einzuräumen, Stammaktien der Gesellschaft im Nennwert von ▄▄▄ US-Dollar pro Aktie („Stammaktien") zu den im Folgenden näher erläuterten Bedingungen zu erwerben. Die Gesellschaft hat dem Optionsbegünstigten bereits ein solches Bezugsrecht eingeräumt. Angesichts eines Vertrages vom ▄▄▄ über die beabsichtigte Fusion zwischen der Gesellschaft und der Firma ▄▄▄ hat sich die Gesellschaft verpflichtet, zum ▄▄▄ den Optionsplan zu den dann geltenden Bedingungen weiterzuführen. Weiterhin ist die Gesellschaft gemäß dem Plan berechtigt, anstelle der im Plan näher erläuterten Bedingungen neue Ersatz-Aktienbezugsrechte einzuräumen. So räumt die Gesellschaft nun dem Optionsbegünstigten anstelle der bisherigen Option das folgende Ersatz-Aktienbezugsrecht zu den im Folgenden näher erläuterten Bedingungen ein („Aktienbezugsrecht").

1. Ersatz

Das Aktienbezugsrecht für ▄▄▄ Stammaktien ersetzt die bisherige Option und der Optionsbegünstigte verzichtet hiermit endgültig und unwiderruflich auf alle Rechte und Bezugsrechte für Wertpapiere im Rahmen der bisherigen Option sowie sämtliche Forderungen des Optionsbegünstigten unter der ▄▄▄-Option. Das Aktienbezugsrecht ist von der Gesellschaft nicht als leistungsbezogener Lohn im Sinne von Art. 422 A des US-Steuergesetzes von 1986 in der jeweils aktuellen Fassung (Internal Revenue Code, „Das Gesetz") zu bewerten.

2. Basispreis

Der Basispreis für die Stammaktie, die dem Aktienbezugsrecht unterliegt, ist der Bezugspreis von ▄▄▄, der gemäß Plan errechnet wurde und mindestens 50 % des Marktwertes einer Stammaktie zum Zeitpunkt der Einräumung des Bezugsrechts entspricht.

3. Laufzeit des Bezugsrechts

(a) Vorbehaltlich der Bestimmungen aus den Abs. 5 (a), 5 (b) und 6 (b) kann das Aktienbezugsrecht für die im Bezugsplan auf dem Deckblatt näher erläuterten Aktienmengen und zu den dort genannten Terminen ausgeübt werden. Dieser Bezugsplan ist kumulativ. Der Optionsbegünstigte kann also jederzeit, sofern das Aktienbezugsrecht noch nicht ausgeübt wurde und weder verfallen oder abgelaufen ist noch widerrufen wurde, nach Belieben die laut Bezugsplan zulässigen Stammaktien ganz oder teilweise erwerben. Das Aktienbezugsrecht wird unbeschadet obiger Bestimmungen und sonstiger, anders lautender Klauseln der vorliegenden Gesamtzusage sofort fällig, wenn

(1) der Optionsbegünstigte stirbt oder gemäß Art. 22 (e) (3) des Gesetzes behindert wird (weitere Einzelheiten siehe unter Abs. 5 (a), 5 (b) und 6 (a) des vorliegenden Vertrages) oder

(2) der Plan-Ausschuss („der Ausschuss") gemäß Abs. 6 (b) des vorliegenden Vertrages das Aktienbezugsrecht widerruft, weil ein Ereignis laut Abs. 6 (b) eingetreten ist oder unmittelbar bevorsteht.

b) Das Aktienbezugsrecht und alle sonstigen Bezugsrechte für Aktien unter vorliegendem Vertrag laufen ab, sobald eines der im Folgenden beschriebenen Ereignisse eintritt:

(1) das Ablaufdatum der ▪▪▪ (das spätestens 10 Jahre nach In-Kraft-Treten dieser Gesamtzusage liegt);

(2) Ablauf der im Plan näher bezeichneten Frist nach Beendigung des Arbeitsverhältnisses des Optionsbegünstigten, während derer das Aktienbezugsrecht ausgeübt werden kann, gemäß Abs. 5 (a) bzw. 5 (b) oder

(3) ggf. bei Erreichen des gemäß Abs. 6 (b) der vorliegenden Gesamtzusage vorgesehenen Ablaufdatums.

Unbeschadet der sonstigen Bestimmungen der vorliegenden Gesamtzusage über Aktienbezugsrechte ist niemand berechtigt, das Aktienbezugsrecht ganz oder teilweise nach dem Ablaufdatum auszuüben.

4. Ausübung des Bezugsrechts

(a) Vorbehaltlich der Bestimmungen der vorliegenden Gesamtzusage über Aktienbezugsrechte kann das Aktienbezugsrecht durch schriftliche Benachrichtigung der Gesellschaft an ihrem Hauptsitz und zu Händen ihres Präsidenten ausgeübt werden. In der schriftlichen Benachrichtigung sind die Absicht zu nennen, das Aktienbezugsrecht auszuüben, sowie die Menge der Stammaktien, die gemäß dem Aktienbezugsrecht erworben werden sollen. Der Ausübende hat die Benachrichtigung zu unterzeichnen. Wenn das Aktienbezugsrecht durch eine Person ausgeübt wird, bei der es sich um den Optionsbegünstigten handelt, so muss sie/er zusammen mit der Benachrichtigung auch den Nachweis ihrer/seiner Ausübungsberechtigung erbringen. Der Benachrichtigung ist Folgendes beizufügen:

(1) der Gegenwert des kompletten Basispreises für die zu erwerbenden Stammaktien (per Scheck, Bankscheck oder Zahlungsanweisung, ausgestellt auf die Gesellschaft) oder

(2) Zertifikate für unbelastete Stammaktien im Gesamtmarktwert des kompletten Basispreises für die zu erwerbenden Stammaktien zum Zeitpunkt der Bezugsrechtsausübung oder

(3) eine Kombination aus Barmitteln und unbelasteten Stammaktien.

Der Optionsbegünstigte indossiert alle der Gesellschaft laut vorstehenden Absätzen überreichten Aktienzertifikate blanko und erklärt der Gesellschaft gegenüber schriftlich, dass sie/er die Inhaberin/der Inhaber dieser Stammaktien ist und dass sie frei von Pfandrechten, Sicherungsrechten oder sonstigen Belastungen sind.

(b) Die Gesellschaft stellt dem Ausübenden des Aktienbezugsrechts im Namen des Optionsbegünstigten bzw. seinen/ihren Erben sobald wie möglich nach Eingang des Geldes ein oder mehrere Zertifikate für die im Rahmen des Aktienbezugsrechts erworbenen Stammaktien aus. Die Gesellschaft trägt alle ggf. anfallenden Steuern für Ausgabe oder Übertragung der Stammaktien an den Ausübenden des Aktienbezugsrechts sowie alle auf die Gesellschaft in diesem Zusammenhang notwendigerweise entfallenden Gebühren und Aufwendungen. Alle in dieser Form ausgegebenen Stammaktien gelten als voll eingezahlt und nicht nachschusspflichtig. Unbeschadet anders lautender Bestimmungen der vorliegenden Gesamtzusage über Aktienbezugsrechte ist die Gesellschaft nicht verpflichtet, nach Ausübung dieser Option bzw. nach ihrer teilweisen Ausübung Stammaktien auszugeben oder auszuliefern, bevor die für diese Stammaktien per Gesetz oder laut den von der Gesellschaft für notwendig erachteten Vorschriften vorgesehenen Eintragungs- und anderen Formalitäten erledigt wurden.

5. Ausübung nach Beendigung des Arbeitsverhältnisses

(a) Solange der Optionsbegünstigte lebt, darf das Aktienbezugsrecht nur ausgeübt werden, solange der Optionsbegünstigte in den Diensten der Gesellschaft, ihrer Muttergesellschaft oder einer ihrer Tochtergesellschaften steht, und auch nur dann, wenn der Optionsbegünstigte seit In-Kraft-Treten dieses Vertrages über Aktienbezugsrechte ununterbrochen in den Diensten der Gesellschaft gestanden hat mit folgenden Ausnahmen:

(1) Das Aktienbezugsrecht bleibt bis zum Ablauf von drei Monaten nach Beendigung des Arbeitsverhältnisses des Optionsbegünstigten ausübbar, jedoch nur unter der Voraussetzung, dass das Aktienbezugsrecht unmittelbar vor Beendigung des Arbeitsverhältnisses des Optionsbegünstigten fällig war;

(2) falls der Optionsbegünstigte behindert wird (wie in Art. 22 (e) (3) des Gesetzes näher erläutert), während er in den Diensten der Gesellschaft steht, so ist der gesetzliche Vertreter des Optionsbegünstigten berechtigt, das Aktienbezugsrecht bis zum Ablauf eines Jahres nach Beendigung des Arbeitsverhältnisses des Optionsbegünstigten auszuüben; und

(3) wenn das Arbeitsverhältnis des Optionsbegünstigten nach einer Erklärung gemäß Abs. 6 (b) dieses Vertrages über Aktiensbezugsrechte beendet wird, so ist der Optionsbegünstigte berechtigt, das Aktienbezugsrecht solange auszuüben, wie in dieser Erklärung vorgesehen ist.

(b) Falls der Optionsbegünstigte stirbt, während er in den Diensten der Gesellschaft, ihrer Muttergesellschaft oder einer ihrer Tochtergesellschaften steht, wenn zum Zeitpunkt seines Todes weniger als drei Monate seit der Beendigung seines/ihres Arbeitsverhältnisses vergangen sind, so sind der gesetzliche Vertreter bzw. die Testamentserben und Vermächtnisnehmer des Optionsbegünstigten oder die Person, auf die das Recht zur Ausübung des Aktienbezugsrechts übergegangen ist, bis zu einem Jahr nach dem Tod des Optionsbegünstigten berechtigt, das Aktienbezugsrecht auszuüben.

(c) Die Versetzung des Optionsbegünstigten durch die Gesellschaft, ihre Muttergesellschaft oder eine ihrer Tochtergesellschaften zu einer anderen Konzerngesellschaft sowie eine vom Ausschuss genehmigte Beurlaubung des Optionsbegünstigten gelten nicht als Beendigung des Arbeitsverhältnisses. Die Begriffe „Muttergesellschaft" und „Tochtergesellschaft" erhalten für die Zwecke der vorliegenden Gesamtzusage die gleiche Bedeutung, wie sie in Art. 425 (e) und (f) des Gesetzes enthalten ist.

6. Vorzeitige Fälligkeit des Bezugsrechts

(a) Behinderung oder Tod.

Falls Abs. 5 (a) (2) oder Abs. 5 (b) der vorliegenden Gesamtzusage über Aktienbezugsrechte Anwendung findet, wird das Aktienbezugsrecht – ob bereits ausgeübt oder nicht – sofort und in vollem Umfang fällig, sofern der Optionsbegünstigte seit dem Tag der Erteilung des Aktienbezugsrechts und bis zum Zeitpunkt des Eintritts der Behinderung bzw. bis maximal drei Monate vor Eintritt des Todes ununterbrochen in den Diensten der Gesellschaft, ihrer Muttergesellschaft oder einer ihrer Tochtergesellschaften stand.

(b) Auflösung, Liquidation, Zusammenschluss.

Für den Fall, dass die Gesellschaft eine Fusion oder Konsolidierung mit einer anderen Gesellschaft oder Corporation plant oder falls die Gesellschaft aufgelöst oder liquidiert werden soll (wobei diese Fusion, Konsolidierung, Auflösung oder Liquidation im Folgenden als „Ereignis" bezeichnet wird), hat der Ausschuss mindestens 10 Tage vor In-Kraft-Treten eines Ereignisses zu erklären und den Optionsbegünstigten schriftlich von dieser Erklärung in Kenntnis zu setzen, dass das Aktienbezugsrecht, ob fällig oder nicht, bei Eintreten des Ereignisses oder unmittelbar zuvor widerrufen wird (außer, es ist vor Eintreten des Ereignisses ausgeübt worden). Weiterhin hat er den Optionsbegünstigten schriftlich davon in Kenntnis zu setzen, dass an ihn innerhalb von 10 Tagen nach Eintreten des Ereignisses für jede Stammaktie, die dem widerrufenen Aktienbezugsrecht unterlegen hatte, der Gegenwert (sofern zutreffend) desjenigen Betrages ausgeschüttet wird, um den der ereignisbedingte Erlös je Stammaktie (wie weiter unten ausgeführt) den Bezugspreis je Stammaktie laut Aktienbezugsrecht überschreitet. Zum Zeitpunkt einer Erklärung laut unmittelbar vorangehendem Satz wird das Aktienbezugsrecht sofort in vollem Umfang fällig, und der Optionsbegünstigte ist berechtigt, bis zum Zeitpunkt des angekündigten Widerrufs des Aktienbezugsrechts sein Bezugsrecht für Stammaktien ganz oder teilweise auszuüben. Der Teil des Aktienbezugsrechts, der bei Eintreten des Ereignisses nicht ausgeübt wurde, wird bei Eintreten des Ereignisses bzw. unmittelbar davor sofort fällig, und dieser Plan endet zum Zeitpunkt des Widerrufs vorbehaltlich der Zahlung von den in diesem Abs. 6 (b) näher erläuterten Zahlungsverpflichtungen der Gesellschaft. Für die Zwecke des vorliegenden Absatzes bezeichnet „ereignisbedingter Erlös je Stammaktie" den Barwert zzgl. des Marktwertes der je Stammaktie durch Aktionäre der Gesellschaft bei Eintreten des Ereignisses anfallenden Sachwerte, so wie er im guten Glauben durch den Ausschuss festgelegt wird.

Diese Regelung gilt unabhängig davon, ob es sich bei der Gesellschaft, mit der die Fusion oder Konsolidierung geplant ist, um die übernehmende Gesellschaft handelt. Sie gilt allerdings nur, sofern nicht in angemessener Form dafür gesorgt wurde, dass das Aktienbezugsrecht durch Einräumung eines Ersatzbezugsrechts für entsprechende stimmberechtigte Stammaktien („Aktien der übernehmenden Gesellschaft") der übernehmenden Gesellschaft bzw. ggf. der Muttergesellschaft der Gesellschaft oder der übernehmenden Gesellschaft oder andernfalls durch Ausgabe einer entsprechenden Zahl Aktien der übernehmenden Gesellschaft mit einem Marktwert zum Zeitpunkt des In-Kraft-Tretens der Fusion oder Konsolidierung, der dem Produkt von (A) dem Betrag, um den (x) der ereignisbedingte Erlös je Stammaktie (wie weiter unten ausgeführt) unter dem Aktienbezugsrecht zum Zeitpunkt des In-Kraft-Tretens (y) den Bezugspreis für die Stammaktien unter dem Aktienbezugsrecht überschreitet multipliziert mit (B) der Anzahl Stammaktien unter dem Aktienbezugsrecht entspricht, gewahrt bleibt.

Kapitel 1: Arbeitsverträge

7. Übertragungseinschränkungen

Solange der Optionsbegünstigte lebt, darf nur der Optionsbegünstigte, sein Vormund oder gesetzlicher Vertreter das Aktienbezugsrecht ausüben. Der Optionsbegünstigte ist nicht berechtigt, das Aktienbezugsrecht abzutreten oder zu übertragen, außer durch testamentarische Verfügung, gesetzliche Erbfolge oder Erbschaftsteilung; das Aktienbezugsrecht darf auch nicht im Wege der Zwangsvollstreckung, der Beschlagnahme oder pfandrechtlich oder hypothekarisch belastet werden. Jeglicher Versuch, das Aktienbezugsrecht abzutreten, zu übertragen, zu verpfänden oder hypothekarisch oder in anderer Form zu belasten sowie eine eventuelle Beschlagnahme o.Ä. des Aktienbezugsrechts sind nichtig.

8. Aktionärsrechte vor der Ausübung

Der Optionsbegünstigte erhält bezüglich seiner dem Aktienbezugsrecht unterliegenden Aktien erst die einem Aktionär der Gesellschaft zustehenden Rechte, wenn durch Ausübung des Aktienbezugsrechts die Aktien an ihn ausgegeben werden.

9. Anpassungsermessen

Der Ausschuss ist in eigenem Ermessen berechtigt, die Anzahl der dem Aktienbezugsrecht unterliegenden Aktien sowie den Bezugspreis pro Aktie anzupassen oder an die Anzahl ausgegebener Stammaktien der Gesellschaft infolge einer Fusion, eines Zusammenschlusses, einer Rekapitalisierung, einer Umstrukturierung, der Neuordnung der Aktiengattungen sowie Dividenden sowie Aktiensplitting oder einer sonstigen wesentlichen Veränderung anzugleichen. Dabei werden Aktienbruchteile auf die nächste ganze Aktie auf- oder abgerundet.

10. Steuerabzug

Die Parteien des vorliegenden Vertrages anerkennen, dass die Gesellschaft, ihre Muttergesellschaft oder eine ihrer Tochtergesellschaft zu gegebener Zeit verpflichtet sein kann, in den USA anfallende Bundes- oder Landessteuern und ggf. Sozial- und andere Abgaben einzubehalten, die auf den Optionsbegünstigten aufgrund der Ausübung seines Aktienbezugsrecht entfallen. Der Optionsbegünstigte verpflichtet sich, der Gesellschaft, ihrer Muttergesellschaft bzw. der betreffenden Tochtergesellschaft für den Fall, dass die Gesellschaft, ihre Muttergesellschaft oder eine ihrer Tochtergesellschaften solche Steuern einbehalten muss, unverzüglich und auf Anforderung in bar den Betrag zu ersetzen, der aufgrund dieser Verpflichtung zum Zeitpunkt seiner Ausübung des Aktienbezugsrechts anfällt. Es wird jedoch vereinbart, dass der Ausschuss berechtigt, aber nicht verpflichtet ist, dem Optionsbegünstigten zu gestatten (bzw. Optionsbegünstigten, die nach dem Plan als Mitglieder des Verwaltungsrats gelten, in jedem Fall zu gestatten), wahlweise diese Abzüge und weitere Einbehaltungen für eventuell anfallende US-Einkommensteuern und Bundesversicherungsbeiträge auf die Ausübung des Aktienbezugsrechts ganz oder teilweise durch die Verringerung der Anzahl der an den Optionsbegünstigten ausgegebenen Stammaktien bzw. durch eine spätere Rückgabe von bereits an den Optionsbegünstigten ausgegebenen Aktien an die Gesellschaft zu begleichen.

11. Auslegung des Vertrages über Aktienbezugsrechte

Alle vom Ausschuss im Zusammenhang mit dem vorliegenden Vertrag oder dem Plan getroffenen Entscheidungen und erfolgten Auslegungen sind sowohl für die Gesellschaft als auch für den Optionsbegünstigten endgültig und verbindlich. Falls es Unstimmigkeiten zwischen den Bedingungen der vorliegenden Gesamtzusage über Aktienbezugsrechte und dem Plan geben sollte, so gibt der Plan den Ausschlag.

12. Beendigung des Arbeitsverhältnisses

Diese Gesamtzusage über Aktienbezugsrechte stellt für den Optionsbegünstigten kein Anrecht auf Weiterbeschäftigung durch die Gesellschaft, ihre Muttergesellschaft oder eine ihrer Tochtergesellschaften dar, und die Gesellschaft, ihre Muttergesellschaft und ihre Tochtergesellschaften sind berechtigt, ein bestehendes Arbeitsverhältnis mit dem Optionsbegünstigten zu beenden und sich auch sonst ihm gegenüber ohne Berücksichtigung eventueller Auswirkungen auf seine Rechte aus dieser Gesamtzusage über Aktienbezugsrechte zu verhalten.

13. Allgemeine Bestimmungen

Die Gesellschaft wird während der Laufzeit dieses Aktienbezugsrechts dafür sorgen, dass jederzeit ausreichend Stammaktien vorhanden sind, um die Bedingungen der vorliegenden Gesamtzusage über Aktienbezugsrechte zu erfüllen. Diese Gesamtzusage über Aktienbezugsrechte ist in jeder Hinsicht für die Erben, Rechtsnachfolger, Vertreter und Zessionare des Optionsbegünstigten verbindlich. Diese Gesamtzusage über Aktienbezugsrechte unterliegt dem Recht und Gesetz des US-Bundesstaates Minnesota und ist entsprechend auszulegen. Ansprüche aus diesem Plan können nur im US-Bundesstaat Minnesota und nicht vor einem deutschen Gericht geltend gemacht werden.

15. Muster: Vereinbarung über erfolgsabhängige Vergütung

Zwischen

der ■■■, vertreten durch ihren Aufsichtsrat, dieser vertreten durch ■■■

und

Herrn ■■■

wird zum Arbeitsvertrag folgende zusätzliche Vereinbarung getroffen.

Herr ■■■ erhält eine erfolgsabhängige Vergütung, die sich wie folgt bemisst:

Bezugsbasis ist das ausschüttungsfähige Ergebnis des Jahresabschlusses der Gesellschaft inklusive der Jahresüberschüsse/-fehlbeträge der Tochtergesellschaften jeweils nach Rechnungslegungsvorschriften gemäß IAS/International Accounting Standard, bereinigt um zu zahlende Tantiemen an ehemalige und amtierende Vorstandsmitglieder sowie Aufwendungen und/oder Erträge aus dem Kauf von Unternehmen bzw. Verkauf von Beteiligungsunternehmen bzw. Tochtergesellschaften.

Liegt das bereinigte Ergebnis, also die Bemessungsgrundlage für die Tantieme, zwischen 0 und 10,0 Mio. EUR, so beträgt die zu zahlende Tantieme 1,2 % vom ausschüttungsfähigen Ergebnis gemäß obiger Definition.

Ist die Bezugsbasis zwischen 10,1 Mio. und 20,0 Mio. EUR, dann beträgt die Tantieme für diesen Teil 1,0 % des erreichten Wertes.

Ist die Bemessungsgrundlage höher als 20,0 Mio. EUR, so beträgt die Tantieme für den 20,0 Mio. EUR übersteigenden Teil 0,8 % des überschießenden Wertes.

Somit beträgt die Tantieme bei einem bereinigten Ergebnis von 10,0 Mio. EUR 120.000 EUR und bei einem Ergebnis von 20,0 Mio. EUR insgesamt 220 K EUR (220.000 EUR), nämlich 120 K EUR für die ersten 10,0 Mio. EUR Ergebnis und 100 K EUR für die zweiten 10,0 Mio. EUR Bemessungsgrundlage.

Für das erste Geschäftsjahr wird eine Mindesttantieme von 125 K EUR garantiert.

Die Tantieme für das Geschäftsjahr ■■■ und die folgenden ist mit Feststellung des Jahresabschlusses durch die Hauptversammlung fällig und zahlbar.

16. Muster: Vereinbarung über steuerfreie Zuschläge

Zwischen

Firma ■■■

– nachstehend: Gesellschaft –

und

Herrn/Frau ■■■

– nachstehend: Mitarbeiter –

wird zum Arbeitsvertrag folgende zusätzliche Vereinbarung getroffen:

§ 1 Steuerfreie Zuschläge[336]

(1) Die Gesellschaft gewährt mit Wirkung vom ■■■ für während der Nachtzeit und/oder Sonn-/Feiertagen geleistete Arbeit zusätzlich zur bisherigen arbeitsvertraglichen Vergütung Zuschläge in nachfolgend genannter Höhe. Geleistete Arbeit umfasst dabei die gesamte Arbeitszeit des Mitarbeiters, einschließlich der Zeiten außerhalb des betrieblichen Arbeitsplatzes (z.B. Dienstreisen einschließlich Fahrtzeiten, Heimarbeit).

(2) Die Höhe der Zuschläge bemisst sich nach Basisstundensatz und Zuschlagssatz. Der Zuschlag ergibt sich durch die Multiplikation der geleisteten Nachtarbeitszeit bzw. Sonn-/Feiertagsarbeitszeit in Dezimalstunden (z.B. 2 1/2 Stunden = 2,5) mit dem Basisstundensatz und dem anwendbaren Zuschlagssatz.

Formel:

Zuschlag = Arbeitszeit in Dezimalstunden x Basisstundensatz x Zuschlagssatz

(3) Der Basisstundensatz ist der 174ste Teil der laufenden monatlichen Festbezüge ohne variable Anteile und ohne Sachbezüge.

---

[336] Für Angehörige eines Rettungsdienstes ist regelmäßig ein Nachtzuschlag in Höhe von 10% des Arbeitsverdienstes i.S.v. § 6 Abs. 5 ArbZG angemessen (BAG 31.8.2005 – 5 AZR 545/04, BB 2006, 443).

Kapitel 1: Arbeitsverträge

(4) Der Zuschlagssatz entspricht dem nach den derzeitig gültigen steuerlichen Vorschriften des § 3b EStG (R 30 LStR) steuerfreien Zuschlagssatz und beträgt, soweit der Grundlohn je Arbeitsstunde nicht über 50 EUR hinausgeht:

Nachtarbeit:[337]

- Zwischen 20.00 Uhr und 06.00 Uhr   25%
- Von 00.00 Uhr bis 04.00 Uhr, wenn die Nachtarbeit vor 00.00 Uhr aufgenommen wurde   40%

Sonntags-/Feiertagsarbeit:

- Sonntagsarbeit   50%
- Feiertagsarbeit: An gesetzlichen Feiertagen zwischen 00.00 Uhr und 24.00 Uhr und   125%
  am 24.12. sowie 31.12. zwischen 14.00 Uhr und 24.00 Uhr

Die vorgenannten Zuschlagssätze für Nachtarbeit und Arbeit an Sonntagen, gesetzlichen Feiertagen sowie am 24.12. bzw. 31.12. sind bei Nachtarbeit an Sonn- und Feiertagen bzw. 24.12./31.12. zu addieren. Bei Sonntagsarbeit an Feiertagen, am 24.12. oder am 31.12. erfolgt keine Addition, maßgebend sind dann nur die Zuschlagssätze für Feiertagsarbeit bzw. Arbeit am 24.12. oder am 31.12.

§ 2 Berechnung und Auszahlung

(1) Der Anspruch des Mitarbeiters auf Zahlung des Zuschlags entsteht mit Ablauf des Kalendermonats und wird gemäß den nachstehenden Regelungen abgerechnet und ausbezahlt.

(2) Der Mitarbeiter hat eine Stundenmitteilung, die zumindest die Angaben des als Anlage zu dieser Vereinbarung beigefügten Musters enthält, abzugeben.

(3) Der Mitarbeiter hat die Stundenmitteilung nach Ablauf des abzurechnenden Monats bis zum 15. des Folgemonats bei der Gesellschaft einzureichen.

(4) Die Auszahlung der Zuschläge erfolgt nach Ablauf des abzurechnenden Monats neben den monatlichen Bezügen des folgenden Monats entsprechend den Regelungen des Arbeitsvertrages.

(5) Gibt der Mitarbeiter die Stundenmitteilung verspätet ab, erfolgt die Auszahlung der Zuschläge neben den Bezügen des Monats, in dem die Mitteilung vor dem 15. abgegeben wurde.

§ 3 Verfall des Zuschlags

Der Anspruch auf den Zuschlag entfällt ersatzlos, wenn er vom Mitarbeiter nicht innerhalb von drei Monaten nach seiner Entstehung durch Einreichung einer Stundenmitteilung gemäß § 2 Abs. 2 gegenüber der Gesellschaft geltend gemacht wurde.

§ 4 Vergütung der Mehrarbeitszeit

Soweit die vom Mitarbeiter geleistete Nachtarbeit und/oder Sonntags-/Feiertagsarbeit auch Mehrarbeit über die geschuldete regelmäßige Arbeitszeit hinaus darstellt, ist die Mehrarbeit durch die arbeitsvertragliche Vergütung abgegolten.[338]

§ 5 Schlussbestimmungen

(1) Für den Fall, dass eine oder mehrere Bestimmungen dieser Vereinbarung unwirksam, lückenhaft oder undurchführbar sind, wird die Wirksamkeit der Vereinbarung im Übrigen nicht berührt. Die Vertragspartner verpflichten sich, anstelle der unwirksamen, lückenhaften oder undurchführbaren Bestimmung eine wirksame und durchführbare Bestimmung zu vereinbaren, die dem wirtschaftlichen Gehalt der zu ersetzenden Bestimmung am nächsten kommt.

(2) Änderungen der gesetzlichen Regelungen zu steuerfreien Zuschlagssätzen berühren die nach diesem Vertrag maßgebenden Zuschlagssätze nicht.

(3) Änderungen und Ergänzungen dieser Vereinbarung wie dieser Klausel selbst bedürfen der Schriftform.

Anlage

---

[337] BFH 7.7.2005 – IX R 81/98, DStR 2005, 1936.
[338] Die Wirksamkeit der Klausel ist derzeit noch umstritten. Einerseits gilt seit der Schuldrechtsmodernisierung, dass die Nichtvergütung von Überstunden einen Verstoß gegen § 307 Abs. 2 Nr. 1 BGB darstellen kann, weil dem Leitbild des Gesetzes eine bestimmte Arbeitsleistung gegen ein festgelegtes Arbeitsentgelt entspricht. Außerdem verstoßen pauschale Überstundenregelungen gegen das Transparenzgebot des § 307 Abs. 1 Satz 2 BGB (BAG 31.8.2005 – 5 AZR 545/04, BB 2006, 443; AnwK-ArbR/*Hümmerich*, § 307 BGB Rn 93). Andererseits darf der Arbeitgeber von seinem leitenden Angestellten i.S.v. § 5 Abs. 3 BetrVG (somit auch von Prokuristen) und sonstigen Führungskräften ein besonderes Maß an Arbeitsleistung verlangen, auch wenn dadurch die im Betrieb übliche Arbeitszeit überschritten wird, sofern der Angestellte seine Gesundheit nicht gefährdet (BAG 13.3.1967 – 2 AZR 133/66, BAGE 19, 288 = BB 1967, 669; BAG 17.11.1966 – 5 AZR 225/66, NJW 1967, 413). Nach § 18 ArbZG gelten die Bestimmungen des Arbeitszeitrechts für diesen Personenkreis nicht.

17. Muster: Arbeitsvertragliche Gratifikationsvereinbarung mit Freiwilligkeitsvorbehalt

Die Firma zahlt eine jährliche Weihnachtsgratifikation auf freiwilliger Basis. Auch aus einer wiederholten Gewährung entsteht kein Rechtsanspruch.

Die Höhe der Gratifikation ergibt sich aus dem Monatsverdienst und aus der ununterbrochenen Betriebszugehörigkeit des Mitarbeiters im Laufe des Jahres. Voraussetzung für die Zahlung einer Weihnachtsgratifikation ist in jedem Falle, dass der Mitarbeiter am Tag der Auszahlung, am 1.12., in einem ungekündigten Arbeitsverhältnis mit der Firma steht. Besteht das Arbeitsverhältnis 24 Monate, werden 60%, bei 36 Monaten 80%, bei 48 Monaten 100% eines Monatsgehalts gezahlt. Das für die Berechnung maßgebliche Monatsgehalt ist das Oktober-Gehalt.

Mitarbeiter, die im laufenden Kalenderjahr infolge Erreichens der Altersgrenze oder wegen Berufs- oder Erwerbsunfähigkeit ausgeschieden sind, erhalten die volle Gratifikation, die sie bei Betriebszugehörigkeit bis zum Jahresende erhalten hätten, auf der Grundlage ihrer letzten drei Monatsvergütungen, aus denen der Mittelwert gebildet wird.

Die Zahlung jeglicher Gratifikation am 1.12. erfolgt unter Ausschluss jeglichen Rechtsanspruchs und steht unter dem Vorbehalt des Arbeitgebers, immer wieder neu über die Leistungen entscheiden zu wollen.

18. Muster: Werkstudentenvertrag[339]

Zwischen

der Firma ▪▪▪

– nachstehend: Firma –

und

Herrn ▪▪▪

wird Folgendes vereinbart:

§ 1 Aufgabengebiet

(1) Ab dem ▪▪▪ wird Herr ▪▪▪ als Programmierer für die Firma im Rahmen eines Werkstudentenvertrages tätig. Vor Beginn des Arbeitsverhältnisses ist die Kündigung ausgeschlossen.

(2) Das Aufgabengebiet von Herrn ▪▪▪ umfasst die Programmierung von DLL nach Vorgaben für ACC, aus dem Programmieren der Schnittstellen zwischen Frontend, Backend und Kunden-/Buchungsdatenbank, der Entwicklung der Module für Empfang und Versand der SMS-Nachrichten, der Entwicklung von Komponenten für spezifische Anwendungen in den Frontends sowie aus der Entwicklung von Programmmodulen/Bibliotheken, die auf Netzwerkkomponenten zugreifen.

(3) Herr ▪▪▪ berichtet über den Stand und den Fortgang der ihm übertragenen Programmierungs- und Entwicklungsarbeiten an seinen direkten Vorgesetzten und Ansprechpartner, Herrn ▪▪▪.

(4) Die Firma behält sich vor, Herrn ▪▪▪ innerhalb des Unternehmens auch eine andere, seiner Vorbildung und seinen Fähigkeiten angemessene Tätigkeit zu übertragen. Bei der Ausübung ihres arbeitgeberseitigen Direktionsrechts wird die Firma insbesondere den Anforderungen des Studiums von Herrn ▪▪▪ Rechnung tragen.

(5) Arbeitsort ist ▪▪▪. Die Firma behält sich vor, Herrn ▪▪▪ bei Bedarf auch an anderen Arbeitsorten innerhalb Deutschlands zu beschäftigen, soweit dies sein Studium nicht nachteilig beeinflusst.

§ 2 Immatrikulationsbescheinigung/Krankenversicherungsnachweis

(1) Herr ▪▪▪ wird der Firma halbjährlich die Immatrikulationsnachweise der Hochschule, sobald sie ihm zugegangen sind, unaufgefordert im Original vorlegen. Ändert sich der Studentenstatus von Herrn ▪▪▪ bzw. ist eine Änderung seines Status absehbar, ist er verpflichtet, dies unverzüglich der Firma mitzuteilen.

(2) Herr ▪▪▪ versichert, dass es sich bei seinem Studium der ▪▪▪ um einen Erststudiengang handelt und er kein weiteres Studium aufgenommen oder abgeschlossen hat.

(3) Herr ▪▪▪ ist verpflichtet, der Firma seine Kranken- und Pflegeversicherung in schriftlicher Form nachzuweisen und die Firma über eventuelle Änderungen in diesem Bereich unverzüglich zu informieren.

---

[339] Arbeitsverträge mit Werkstudenten sind sozialversicherungsfrei, wenn die Arbeit in den Semesterferien geleistet oder während des Semesters die Arbeitszeit 20 Wochenstunden nicht überschreitet, § 6 Abs. 1 Nr. 3 SGB V, § 27 Abs. 4 Satz 1 Nr. 2 SGB III einschl. Pflegeversicherung (siehe *Hümmerich*, Gestaltung von Arbeitsverträgen, § 1 Rn 1732 ff.).

(4) Für eventuelle Schäden, die sich aus einer Verletzung der vorstehenden Verpflichtungen bzw. einer fehlerhaften Auskunft von Herrn ▬▬▬ ergeben, haftet dieser gegenüber der Firma.

§ 3 Geheimhaltung

(1) Herr ▬▬▬ verpflichtet sich, über alle ihm im Rahmen seiner Tätigkeit bekannt gewordenen geschäftlichen Angelegenheiten und Vorgänge, insbesondere Geschäfts- und Betriebsgeheimnisse Stillschweigen zu bewahren. Diese Verpflichtung besteht auch in der Zeit nach Vertragsbeendigung.

(2) Die Parteien vereinbaren zusätzlich eine Verpflichtung zur Geheimhaltung gemäß § 5 BDSG. § 5 BDSG lautet wie folgt:

„Den bei der Datenverarbeitung beschäftigten Personen ist untersagt, personenbezogene Daten unbefugt zu erheben, zu verarbeiten oder zu nutzen (Datengeheimnis). Diese Personen sind, soweit sie bei nicht-öffentlichen Stellen beschäftigt werden, bei der Aufnahme ihrer Tätigkeit auf das Datengeheimnis zu verpflichten. Das Datengeheimnis besteht auch nach Beendigung ihrer Tätigkeit fort."

§ 4 Arbeitszeit

(1) Herr ▬▬▬ und die Firma vereinbaren sowohl während der Vorlesungszeiten als auch während der Semesterferien eine wöchentliche Arbeitszeit von 19,75 Stunden im Rahmen einer 5-Tage-Woche.

(2) Die Dauer und Lage der Arbeitszeit sowie die Pausen werden von der Firma entsprechend den betrieblichen Erfordernissen unter Berücksichtigung der Anforderungen des Studiums von Herrn ▬▬▬ festgelegt.

(3) Sollte das Studium von Herrn ▬▬▬ wider Erwarten eine Absenkung der Arbeitszeit erforderlich machen, vereinbaren die Parteien, über diesen Punkt mit dem Ziel zu verhandeln, eine angemessene Arbeitszeitregelung zu treffen, die ein ordnungsgemäßes Studium ermöglicht.

§ 5 Vergütung

(1) Herr ▬▬▬ und die Firma vereinbaren eine feste monatliche Grundvergütung in Höhe von ▬▬▬ EUR brutto. Die Grundvergütung ist jeweils nachträglich am Letzten des Monats fällig.

(2) Zusätzlich zu der nach Abs. 1 vereinbarten Grundvergütung erhält Herr ▬▬▬ einen erfolgsabhängigen jährlichen Bonus auf Basis einer jährlich vor Beginn des Geschäftsjahres gesondert neu abzuschließenden Zielvereinbarung. Zielbonus des ersten Geschäftsjahres ▬▬▬ bis ▬▬▬ ist ein Betrag in Höhe von ▬▬▬ EUR. Die für Herrn ▬▬▬ maßgeblichen Ziele sowie die Berechnungsmethode des Zielerreichungsgrads legt die Firma fest. Der tatsächliche Zielerreichungsgrad wird bis spätestens Ende März des folgenden Geschäftsjahres ermittelt. Bei positiver Zielerreichung ist der Erfolgsbonus entsprechend dem Zielerreichungsgrad spätestens am 15. April des Folgejahres fällig. Für über den gesetzlichen Entgeltfortzahlungszeitraum im Krankheitsfall hinausgehende Fehlzeiten erfolgt eine anteilige Kürzung des erfolgsabhängigen, jährlichen Bonus auf zeitanteiliger Basis (pro-rata-temporis-Kürzung). Ebenso findet eine Kürzung für Zeiten statt, in denen das Arbeitsverhältnis ruht, insbesondere in den Fällen der Elternzeit. Wird für ein Geschäftsjahr keine neue Zielvereinbarung geschlossen, bleibt die Festsetzung eines erfolgabhängigen Bonus der Geschäftsführung in den Grenzen billigen Ermessens vorbehalten.

(3) Mit der Zahlung der vereinbarten Bezüge ist etwaige über die betriebliche Arbeitszeit hinausgehende Mehrarbeit abgegolten. Sofern Mehrarbeit erforderlich ist und von Herrn ▬▬▬ abgeleistet wird, vereinbaren die Parteien, dass während der Vorlesungszeiten die wöchentliche Arbeitszeit in einem Umfang von höchstens 19,75 Arbeitsstunden nicht überschritten wird, so dass Herr ▬▬▬ seinem Studium stets in ausreichendem Maße Rechnung tragen kann.

(4) Herr ▬▬▬ verpflichtet sich, Gehaltsüberzahlungen ohne Rücksicht auf eine noch vorhandene Bereicherung zurückzuzahlen.[340]

§ 6 Reisekostenerstattung

Eine Erstattung von Reisekosten erfolgt nur auf Basis von Herrn ▬▬▬ eingereichter, von ihm unterzeichneter schriftlicher Belege. Reisekosten sind vor Reiseantritt stets mit dem jeweiligen Vorgesetzten schriftlich abzustimmen.

§ 7 Urlaub

Der Urlaubsanspruch des Mitarbeiters richtet sich nach dem Bundesurlaubsgesetz. Der Urlaub ist unter Berücksichtigung der Geschäftsinteressen der Firma im Einvernehmen mit der Firma festzulegen. Im gegenseitigen Interesse vereinbaren die Parteien, dass Herr ▬▬▬ den beabsichtigten Urlaub spätestens einen Monat vor Antritt bei der Firma schriftlich anzumelden hat.

---

[340] Diese Klausel ist nach hier vertretener Ansicht gemäß § 307 Abs. 2 Nr. 1 BGB nicht wirksam (*Hümmerich*, NZA 2003, 764; *ders.*, Gestaltung von Arbeitsverträgen, § 1 Rn 1620).

§ 8 Arbeitsunfähigkeit

(1) Im Falle der Arbeitsunfähigkeit infolge Krankheit ist Herr ▬▬▬ verpflichtet, spätestens am dritten Arbeitstag eine ärztliche Bescheinigung über die Arbeitsunfähigkeit und deren voraussichtliche Dauer vorzulegen. Des Weiteren ist Herr ▬▬▬ verpflichtet, seine krankheitsbedingte Arbeitsunfähigkeit unverzüglich telefonisch der Firma anzuzeigen.

(2) Im Falle der Arbeitsunfähigkeit infolge Krankheit zahlt die Firma Herrn ▬▬▬ die in § 7 geregelten Bezüge nach Maßgabe des Entgeltfortzahlungsgesetzes in seiner jeweiligen Fassung.

§ 9 Nebentätigkeit

(1) Die Übernahme einer auf Erwerb gerichteten Nebentätigkeit durch Herrn ▬▬▬ bedarf der vorherigen schriftlichen Zustimmung der Firma. Die Zustimmung ist zu erteilen, sofern die Interessen der Firma durch die Nebentätigkeit nicht beeinträchtigt werden.

(2) Fachveröffentlichungen und Fachvorträge bedürfen der Zustimmung der Firma.

§ 10 Beendigung des Vertragsverhältnisses

(1) Die ersten sechs Monate des Anstellungsverhältnisses gelten als Probezeit. In dieser Zeit kann das Arbeitsverhältnis von beiden Seiten mit einer Frist von zwei Wochen gekündigt werden. Danach kann das Arbeitsverhältnis von beiden Seiten mit einer Frist von drei Monaten zum Monatsende gekündigt werden. Im Übrigen verlängern sich die beiderseitigen Kündigungsfristen gemäß § 622 BGB. Die Kündigung bedarf der Schriftform.

(2) Die Firma ist berechtigt, Herrn ▬▬▬ nach Ausspruch einer Kündigung bis zum Ablauf der Kündigungsfrist unter Fortzahlung der vertraglichen Bezüge von der Dienstleistung freizustellen. Außerdem hat Herr ▬▬▬ bei Kündigungsausspruch auf Verlangen der Firma sämtliche Unterlagen, Gegenstände, insbesondere auch Daten und Datenträger der Firma, die sich in seinem Besitz befinden, herauszugeben.

§ 11 Nebenabreden/Schriftform

Vereinbarungen außerhalb dieses Vertrages wurden zwischen den Parteien nicht getroffen. Änderungen und Ergänzungen des Vertrages bedürfen zu ihrer Wirksamkeit der schriftlichen Bestätigung. Gleiches gilt für die Aufhebung der Schriftform.

19. Muster: Merkblatt AGG[341]

Merkblatt zum Allgemeinen Gleichbehandlungsgesetz (AGG)

Seit dem 18.8.2006 ist das Allgemeine Gleichbehandlungsgesetz (AGG) in Kraft. Der Gesetzgeber hat hiermit diverse Richtlinien des Europäischen Rates umgesetzt.

Das AGG behandelt als einen seiner Schwerpunkte das Verhältnis von Arbeitgeber zu Arbeitnehmer und von Arbeitnehmern zueinander. Wir sind als Arbeitgeber nach § 12 AGG verpflichtet, alle Arbeitnehmer in geeigneter Art und Weise über die Inhalte des AGG zu informieren, auf die Unzulässigkeit von Benachteiligungen hinzuweisen und darauf hinzuwirken, dass solche Benachteiligungen unterbleiben. Wir möchten dieser Unterrichtungspflicht durch dieses Merkblatt nachkommen. Sollten Fragen ungeklärt bleiben, so wenden Sie sich bitte an die betriebliche Beschwerdestelle.

I. Inhalt des AGG

Ziel des AGG ist es, Benachteiligungen aus Gründen der Rasse oder wegen der ethnischen Herkunft, des Geschlechts, der Religion oder Weltanschauung, einer Behinderung, des Alters oder der sexuellen Identität zu verhindern oder zu beseitigen.

Das AGG ist auf alle Rechtsgeschäfte des täglichen Lebens, insbesondere aber für das Arbeitsverhältnis anwendbar. Es betrifft daher nicht nur das Verhältnis des Arbeitgebers zu Ihnen als Arbeitnehmer, sondern auch das Verhältnis der Arbeitnehmer untereinander und gegenüber Dritte (z.B. Kunden).

§ 1 AGG beinhaltet die maßgeblichen Kriterien, aufgrund derer jegliche Benachteiligung verboten ist. Dies sind Benachteiligungen:

- aus Gründen der Rasse (örtliche Herkunft/Hautfarbe/bevölkerungsspezifische Erscheinungsmerkmale);
- wegen der ethnischen Herkunft (Staatsangehörigkeit, Migrantenhintergrund);
- wegen des Geschlechts (Frau/Mann);

---

[341] Mit freundlicher Genehmigung der Rechtsanwälte Dr. *Stephan Pauly* und Dr. *Stephan Osnabrügge*, Bonn.

Kapitel 1: Arbeitsverträge

- wegen der Religion (alle anerkannten Religionsgemeinschaften wie Christentum, Judentum, Islam) oder Weltanschauung (in Abgrenzung zur politischen Anschauung eine mit der Person des Menschen verbundene Gewissheit über bestimmte Aussagen zum Weltganzen sowie zur Herkunft und zum Ziel des menschlichen Lebens);
- wegen einer Behinderung (geistige, körperliche Behinderung);
- wegen des Alters (Lebensalter);
- wegen der sexuellen Identität (Bisexuelle, Homosexuelle, Transsexuelle).

II. Verbotsinhalt

§ 7 AGG beinhaltet als Kernnorm des Gesetzes das grundlegende Benachteiligungsverbot. Hiernach dürfen Beschäftigte nicht wegen eines in § 1 AGG genannten Grundes benachteiligt werden. Dies gilt auch, wenn die Person, die die Benachteiligung begeht, das Vorliegen eines in § 1 AGG genannten Grundes bei der Benachteiligung nur annimmt.

Bestimmungen in Vereinbarungen, die gegen das Benachteiligungsverbot verstoßen, sind unwirksam.

Außerdem ist eine Benachteiligung nach einem in § 1 AGG genannten Grund durch Arbeitgeber oder Beschäftigten eine Verletzung der vertraglichen Pflichten und kann entsprechende arbeitsvertragliche Konsequenzen haben.

III. Was ist konkret verboten?

Das Gesetz verbietet grundsätzlich jede Benachteiligung aufgrund der in § 1 AGG genannten Gründe. Eine Benachteiligung ist eine gegenüber anderen abweichende Behandlung, die an einen der in § 1 AGG genannten Gründe anknüpft. Dabei sind sowohl mittelbare als auch unmittelbare Benachteiligungen verboten.

1. Eine unmittelbare Benachteiligung liegt nach § 3 Abs. 1 AGG vor, wenn eine Person wegen eines in § 1 AGG genannten Grundes eine weniger günstige Behandlung erfährt, als eine andere Person in einer vergleichbaren Situation erfährt, erfahren hat oder erfahren würde. Eine unmittelbare Benachteiligung wegen des Geschlechts liegt auch in jeder nicht durch entsprechende Gesetze gebotenen ungünstigeren Behandlung einer Frau wegen Schwangerschaft oder Mutterschaft vor.

Beispiele: 1. Eine Arbeitnehmerin wird im Kollegenkreis aufgrund der Tatsache, dass sie lesbisch ist und sich hierzu bekennt, verspottet.

2. Ein Mitarbeiter erzählt über Farbige rassistische Witze, unabhängig davon, ob farbige Kollegen anwesend sind oder nicht.

3. Eine Mitarbeiterin verbreitet über das Intranet oder das Internet männerfeindliche Witze.

2. Eine mittelbare Benachteiligung liegt vor, wenn dem Anschein nach neutrale Vorschriften, Kriterien oder Verfahren Personen wegen eines in § 1 AGG genannten Grundes gegenüber anderen Personen in besonderer Weise benachteiligen können, es sei denn, die betreffenden Vorschriften, Kriterien oder Verfahren sind durch ein rechtmäßiges Ziel sachlich gerechtfertigt und die Mittel sind zur Erreichung dieses Ziels angemessen und erforderlich.

Beispiel: Ein Abteilungsleiter entwickelt Kriterien zur Beurteilung von Mitarbeitern, die die Bereitschaft zur Übernahme und die Leistungsfähigkeit während der Nachtstunden in besonderer Weise würdigt. Hierdurch werden Mütter, für die nach § 8 MuSchG ein Nachtarbeitsverbot besteht, mittelbar diskriminiert.

3. Verboten sind des Weiteren nach § 3 Abs. 3 und 4 AGG auch Belästigungen. Eine Belästigung ist eine Benachteiligung, wenn unerwünschte Verhaltensweisen, die mit einem in § 1 AGG genannten Grund in Zusammenhang stehen, bezwecken oder bewirken, dass die Würde der betreffenden Personen verletzt und ein von Einschüchterungen, Anfeindungen, Erniedrigungen, Entwürdigungen oder Beleidigungen gekennzeichnetes Umfeld geschaffen wird. Durch das Erfordernis der Verletzung der Würde und des gleichzeitigen Schaffens eines entsprechenden Umfeldes wird deutlich, dass das Gesetz ein kontinuierliches Handeln erfordert. Einmalige Vorgänge stellen noch keine Belästigung im Sinne des Gesetzes dar.

Beispiel: Einem behinderten Menschen werden ständig neue Arbeitsaufgaben, die ihn aufgrund der Behinderung überfordern, zugeteilt.

4. Eine sexuelle Belästigung ist eine Benachteiligung, wenn ein unerwünschtes, sexuell bestimmtes Verhalten, wozu auch unerwünschte sexuelle Handlungen und Aufforderungen zu diesen, sexuell bestimmte körperliche Berührungen, Bemerkungen sexuellen Inhalts sowie unerwünschtes Zeigen und sichtbares Anbringen von pornografischen Darstellungen gehören, bezweckt oder bewirkt, dass die Würde der betreffenden Person verletzt wird, insbesondere, wenn ein von Einschüchterungen, Anfeindungen, Erniedrigungen, Entwürdigungen oder Beleidigungen gekennzeichnetes Umfeld geschaffen wird.

Beispiel: Ein Vorgesetzter berührt ständig die ihm unterstellten Mitarbeiterinnen, nimmt diese in den Arm und streichelt ihnen über den Kopf.

5. Eine Belästigung, auch eine sexuelle Belästigung, ist grundsätzlich auch dann möglich, wenn ein Verhalten nicht vorsätzlich auf eine Benachteiligung gerichtet ist. Es genügt, dass der Betroffene das Handeln als Belästigung empfindet. Allerdings wird nicht jedes subjektive Empfinden ausreichen, um die Schwelle zur Belästigung zu überschreiten. Es kommt auf den so genannten „objektiven Beobachter", nicht auf die sehr individuelle Reaktion eines jeden einzelnen an.

6. Ausnahmsweise kann eine Ungleichbehandlung wegen eines der genannten Diskriminierungsgründe durch das Vorliegen von entscheidenden berufsspezifischen Anforderungen gerechtfertigt sein.

Beispiel: Aufgrund der körperlichen Belastung kann für einen schwerbehinderten Menschen eine Stelle ungeeignet sein.

7. In § 8 AGG ist geregelt, unter welchen allgemeinen Voraussetzungen berufliche Anforderungen eine Ungleichbehandlung rechtfertigen können. Danach ist eine unterschiedliche Behandlung wegen der im Gesetz genannten Gründe nur zulässig, wenn dieser Grund wegen der Art der auszuübenden Tätigkeit oder der Bedingungen ihrer Ausübung eine wesentliche und entscheidende berufliche Anforderung darstellt, sofern der Zweck rechtmäßig und die Anforderungen angemessen sind.

Dies hat zur Konsequenz, dass jede Unterscheidung nach den in § 1 AGG genannten Kriterien einer Überprüfung ihres Zwecks unterworfen wird.

Im Ergebnis sind weder der Arbeitgeber noch die verantwortlichen Mitarbeiter frei darin, festzulegen, welche Kriterien sie an eine Differenzierung anlegen. Die Kriterien müssen stets auch dem Sachlichkeits-/Angemessenheitsgebot des § 8 AGG genügen.

8. Eine unterschiedliche Behandlung wegen der Religion ist nach weiterer Maßgabe des § 9 AGG, eine unterschiedliche Behandlung wegen des Alters nach § 10 AGG zulässig. Danach ist z.B. eine unterschiedliche Behandlung wegen des Alters zulässig, wenn sie objektiv und angemessen durch ein legitimes Ziel gerechtfertigt ist. Dies kann insbesondere dann der Fall sein, wenn Mindestanforderungen an das Alter, die Berufserfahrung oder das Dienstalter für den Zugang zur Beschäftigung oder für bestimmte mit der Beschäftigung verbundene Vorteile verknüpft werden.

IV. Rechte der Beschäftigten

1. Die Beschäftigten haben zunächst ein Beschwerderecht. Sie können sich bei der zuständigen Stelle des Betriebes, des Unternehmens oder der Dienststelle beschweren, wenn sie sich im Zusammenhang mit ihrem Beschäftigungsverhältnis vom Arbeitgeber, von Vorgesetzten, anderen Beschäftigten oder Dritten wegen eines in § 1 AGG genannten Grundes benachteiligt fühlen.

2. Die Arbeitnehmer haben des Weiteren ein Leistungsverweigerungsrecht, wenn der Arbeitgeber keine oder offensichtlich ungeeignete Maßnahme zur Unterbindung einer Belästigung oder sexuellen Belästigung am Arbeitsplatz ergreift.

Beispiel: Wird eine Frau von den Kollegen am Arbeitsplatz ständig berührt und fühlt sie sich hierdurch zu Recht sexuell belästigt, kann diese Frau nach § 14 AGG die Arbeit verweigern, bis der Arbeitgeber Abhilfe geschaffen hat. Allerdings ist Voraussetzung, dass die betroffene Arbeitnehmerin zunächst von ihrem Beschwerderecht Gebrauch gemacht und damit dem Arbeitgeber die Möglichkeit gegeben hat, die Belästigung abzustellen.

3. Bei einem Verstoß gegen das Benachteiligungsverbot ist der Arbeitgeber schließlich verpflichtet, den hierdurch entstandenen Schaden zu ersetzen. Eine Schadensersatzpflicht besteht allerdings ausschließlich verschuldensabhängig. Sie besteht also nicht, wenn der Arbeitgeber die Pflichtverletzung nicht zu vertreten hat. Der Schadensersatz erstreckt sich nach § 15 Abs. 2 AGG auch auf Schmerzensgeld.

Wichtig ist, dass der Anspruch auf Schadensersatz und/oder Schmerzensgeld innerhalb einer Frist von zwei Monaten schriftlich geltend gemacht werden muss, es sei denn, es existiert ein Tarifvertrag, der eine längere Frist vorsieht. Dies ist bei uns nicht der Fall. Die Frist beginnt in dem Zeitpunkt, in dem der oder die Beschäftigte von der Benachteiligung Kenntnis erlangt.

V. Pflichten des Arbeitgebers und der Arbeitnehmer

Der Arbeitgeber ist nach § 12 AGG verpflichtet, alle erforderlichen Maßnahmen zum Schutz vor Benachteiligungen wegen eines in § 1 AGG genannten Grundes zu treffen. Dieser Schutz erfasst auch vorbeugende Maßnahmen.

Der Arbeitgeber ist verpflichtet, die Freiheit von Belästigungen und Benachteiligungen sicherzustellen. Er ist deshalb auch verpflichtet, Mitarbeiter, die gegen die Bestimmungen des AGG verstoßen, arbeitsrechtlich zu sanktionieren. Dies beginnt mit der Möglichkeit einer Abmahnung und endet mit der Möglichkeit, eine fristlose außerordentliche Kündigung auszusprechen.

Der Arbeitgeber darf Beschäftigte nicht wegen der Inanspruchnahme von Rechten nach dem Gesetz benachteiligen. Die Zurückweisung oder Duldung benachteiligender Verhaltensweisen durch betroffene Beschäftigte dürfen nicht als Grundlage für eine Entscheidung herangezogen werden, die diese Beschäftigten berührt.

Die Benachteiligungsverbote betreffen aber auch alle Arbeitnehmer unmittelbar. Verstoßen Beschäftigte gegen das Benachteiligungsverbot des § 7 Abs. 1 AGG, so hat der Arbeitgeber die im Einzelfall geeigneten, erforderlichen und angemessenen Maßnahmen zur Unterbindung der Benachteiligung zu treffen. Solche können eine Abmahnung, eine Umsetzung, eine Versetzung oder eine Kündigung sein.

Insgesamt haben sowohl Arbeitgeber als auch Arbeitnehmer vertrauensvoll und im Sinne einer sozialen Verantwortung daran mitzuwirken, dass das Arbeitsumfeld diskriminierungsfrei ist.

VI. Welche Möglichkeiten, welche Pflichten habe ich im Falle einer Diskriminierung?

Wenn Sie sich als Opfer einer Diskriminierung sehen, so sollten Sie von Ihrem Beschwerderecht nach § 13 AGG Gebrauch machen. Wenden Sie sich an die Ihnen benannte zuständige Stelle, schildern Sie dieser Stelle den Sachverhalt und benennen Sie möglichst Zeugen für das Vorkommnis. Die Beschwerdestelle hat die Verpflichtung, Ihre Beschwerde vertraulich zu prüfen und Ihnen das Ergebnis mitzuteilen. Daneben wird die Beschwerdestelle veranlassen, dass das von Ihnen gerügte Verhalten abgestellt wird, wenn und soweit es sich um eine Benachteiligung handelt. Soweit möglich, wird die Beschwerde vertraulich behandelt, das heißt, Ihr persönliches Arbeitsumfeld wird nichts davon erfahren, dass Sie von Ihrem Beschwerderecht Gebrauch gemacht haben. Sollte Ihre Zeugenaussage in einem Arbeitsgerichtsprozess benötigt werden, kann Ihr Arbeitgeber allerdings aufgrund der Öffentlichkeit der Verhandlung nicht garantieren, dass Sie anonym bleiben. Für diese prozessual bedingte Besonderheit bitten wir um Ihr Verständnis. Allerdings sind auch Benachteiligungen aufgrund der Tatsache, dass Sie Ihre Rechte nach dem AGG ausgeübt haben, selbstverständlich verboten.

Nehmen Sie wahr, dass ein anderer Arbeitnehmer benachteiligt oder belästigt wird, so sind Sie aufgrund Ihrer sozialen Verantwortung und aufgrund der Nebenpflichten des Arbeitsvertrages verpflichtet, dem benachteiligten/ diskriminierten Menschen beizustehen. Dies kann vor Ort geschehen, es hat aber in jedem Falle durch eine Benachrichtigung der Beschwerdestelle zu geschehen. Ihr Arbeitgeber ist nicht nur gesetzlich verpflichtet, bestehende Belästigungen und Benachteiligungen konsequent durch Maßnahmen, die geeignet, erforderlich und angemessen sind, zu unterbinden bzw. zu beenden. Wir sehen das auch als unsere vertragliche Pflicht an. Bitte unterstützen Sie uns hierin.

Die Geschäftsleitung

II. Verträge mit gewerblichen Arbeitnehmern

1. Muster: Arbeitsvertrag eines Arbeiters ohne Tarifbezug mit Einbeziehung einer Betriebsvereinbarung

Einstellungsvereinbarung für gewerbliche Arbeitnehmer

Zwischen

der Firma ▪▪▪

– nachstehend: Firma –

und

Herrn ▪▪▪

– nachstehend: Arbeitnehmer –

wird folgende Einstellungsvereinbarung getroffen:

§ 1 Probezeit und Anstellung

(1) Der Arbeitnehmer wird ab dem ▪▪▪ unbefristet eingestellt.

(2) Die ersten sechs Monate gelten als Probezeit. Während der Probezeit kann das Arbeitsverhältnis beiderseits ohne Angabe von Gründen mit einer Frist von zwei Wochen[342] gekündigt werden.

(3) Nach Beendigung der Probezeit gelten die Kündigungsfristen gemäß Betriebsvereinbarung.

(4) Für die fristlose Kündigung gilt § 626 BGB.

---

[342] In früheren Auflagen sah dieser Textbaustein eine Frist für die Probezeitkündigung von drei Tagen vor. Da das Muster keinen Tarifbezug enthält, scheidet die in gewerblichen Arbeitsverhältnissen heute noch vielfach übliche Probezeitkündigungsfrist von drei Tagen aus. Eine kürzere als die zweiwöchige Kündigungsfrist des § 622 Abs. 1 BGB kann gemäß § 622 Abs. 4 Satz 1 BGB nur im Rahmen der Verweisung auf einen einschlägigen Tarifvertrag oder bei beiderseitiger Tarifbindung wirksam vereinbart werden, wenn kürzere als die gesetzlichen Fristen im Tarifvertrag vereinbart sind.

(5) Ohne Kündigung endet ein befristetes Arbeitsverhältnis zum vereinbarten Endzeitpunkt.

(6) Die Beantragung einer Rente ist dem Arbeitgeber unverzüglich anzuzeigen.

(7) Die Übernahme nach Beendigung der Probezeit in ein festes Arbeitsverhältnis hat in jedem Fall in Schriftform zu erfolgen.

§ 2 Tätigkeit

(1) Der Arbeitnehmer wird als ▬▬▬ eingestellt und mit einschlägigen Arbeiten nach näherer Anweisung durch die Betriebsleitung und die einzelnen Vorgesetzten beschäftigt. Er ist verpflichtet, auch andere zumutbare Arbeiten zu verrichten und sich gegebenenfalls in eine andere Abteilung oder Betriebsstätte des Arbeitgebers versetzen zu lassen.

(2) Der Arbeitnehmer verpflichtet sich, alle ihm übertragenen Arbeiten sorgfältig und gewissenhaft auszuführen. Er verpflichtet sich weiterhin, Verschwiegenheit über die geschäftlichen und betrieblichen Angelegenheiten zu wahren. Diese Verpflichtung erstreckt sich auch auf die Zeit nach Beendigung des Arbeitsverhältnisses.

§ 3 Vergütung

(1) Der Arbeitnehmer erhält als Grundlohn die nach Lohngruppe ▬▬▬ in der Betriebsvereinbarung festgelegte monatliche Vergütung. Darüber hinaus wird gemäß ▬▬▬ der Betriebsvereinbarung eine individuell auf die Leistung abgestellte Prämie gezahlt.

(2) Die Zahlung des Lohnes ist bis jeweils zum 15. Kalendertag des Folgemonats fällig und erfolgt bargeldlos.

(3) Die Zahlung von Gratifikationen, Tantiemen, Prämien und sonstigen Leistungen liegt im freien Ermessen der Firma und begründet keinen Rechtsanspruch, auch wenn die Zahlung wiederholt ohne ausdrücklichen Vorbehalt der Freiwilligkeit erfolgte.

(4) Der Arbeitnehmer verpflichtet sich, Gehaltsüberzahlungen ohne Rücksicht auf eine noch vorhandene Bereicherung zurückzuzahlen.[343]

§ 4 Arbeitszeit

(1) Die wöchentliche Arbeitszeit ist in der Betriebsvereinbarung festgelegt.

(2) Der Arbeitnehmer hat seine Arbeitsleistung entsprechend dem Arbeitsanfall zu erbringen. Der Arbeitseinsatz erfolgt in Wechselschicht. Des Weiteren behält sich die Firma alle Möglichkeiten der Differenzierung von Dauer, Lage und Verteilung der Arbeitszeit im Rahmen einer flexiblen Regelung zur besseren Ausnutzung der Betriebszeit vor. Die regelmäßige Arbeitszeit beträgt 40 Stunden pro Woche. Sie kann aus betrieblichen Gründen auf mehrere Wochen ungleichmäßig verteilt werden, jedoch nur so, dass in vier zusammenhängenden Wochen der Ausgleich erreicht wird. Die Firma wird dem Arbeitnehmer die Veränderung der Lage seiner Arbeitszeit jeweils eine Woche im Voraus mitteilen.

(3) Die Arbeitszeit beginnt und endet in Arbeitskleidung am Arbeitsplatz.

§ 5 Abtretung und Verpfändung von Vergütungsansprüchen

Die Abtretung und Verwendung von Arbeitsentgelt und sonstigen Ansprüchen aus dem Arbeitsverhältnis ist unzulässig. Die Kosten, die der Firma durch die Bearbeitung von Pfändungen, Verpfändungen und Abtretungen von Vergütungsansprüchen des Arbeitnehmers entstehen, trägt der Arbeitnehmer. Diese Kosten werden pauschaliert mit 10 EUR pro Pfändung, Abtretung und Verpfändung sowie zusätzlich 8 EUR für jedes Schreiben sowie 2 EUR pro Überweisung. Bei Nachweis höherer tatsächlicher Kosten ist die Firma berechtigt, diese gegenüber dem Arbeitnehmer zu berechnen. Dem Arbeitnehmer ist der Nachweis gestattet, dass ein Schaden oder ein Aufwand überhaupt nicht entstanden ist oder wesentlich niedriger ist als der Pauschbetrag.[344]

§ 6 Arbeitsverhinderung und Vergütungsfortzahlung im Krankheitsfall

(1) Der Arbeitnehmer ist verpflichtet, jede Arbeitsverhinderung und ihre voraussichtliche Dauer vor Beginn der Arbeit der Firma mitzuteilen.

(2) Im Falle der Arbeitsunfähigkeit infolge Krankheit ist der Arbeitnehmer verpflichtet, unverzüglich, spätestens jedoch vor Ablauf des dritten Kalendertages nach Beginn der Arbeitsunfähigkeit eine ärztliche Bescheinigung darüber sowie über deren voraussichtliche Dauer vorzulegen. Bei über den angegebenen Zeitraum hinausgehender Erkrankung ist eine Folgebescheinigung innerhalb weiterer drei Tage seit Ablauf der vorangegangenen Bescheinigung einzurei-

---

[343] Diese Klausel ist nach hier vertretener Ansicht gemäß § 307 Abs. 2 Nr. 1 BGB nicht wirksam (*Hümmerich*, NZA 2003, 764; *ders.*, Gestaltung von Arbeitsverträgen, § 1 Rn 1620).

[344] Kostenpauschalen, gleichgültig, ob eine Festbetrags- oder eine Prozentpauschale vorgesehen ist, sind gemäß § 309 Nr. 5b BGB unwirksam, da dem Arbeitnehmer nicht der Nachweis gestattet ist, ein Schaden sei nicht entstanden oder wesentlich niedriger (*Hümmerich*, Gestaltung von Arbeitsverträgen, § 1 Rn 298). Durch Betriebsvereinbarung können Pauschalen ebenfalls nicht wirksam vereinbart werden (BAG 18.7.2006 – 1 AZR 578/05, DB 2007, 227).

chen. Eine Mitteilung über die Folgeerkrankung ist spätestens am letzten Tage der Arbeitsunfähigkeit der Firma mitzuteilen.

(3) Ist der Arbeitnehmer an der Arbeitsleistung infolge auf unverschuldeter Krankheit beruhender Arbeitsunfähigkeit verhindert, so leistet die Firma Vergütungsfortzahlung für die Dauer von sechs Wochen nach den Bestimmungen des Entgeltfortzahlungsgesetzes in seiner jeweils gültigen Fassung. Die Firma ist berechtigt, die Entgeltfortzahlung zurückzubehalten, bis die Arbeitsunfähigkeitsbescheinigung eingeht.

(4) Stellt der Arbeitnehmer einen Antrag auf Kur oder Heilungsverfahren, so hat er dem Arbeitgeber unverzüglich davon Kenntnis zu geben. Werden Kur oder Heilungsverfahren bewilligt, ist dem Arbeitgeber unverzüglich eine entsprechende Bescheinigung vorzulegen und der Zeitpunkt des Kurantritts mitzuteilen.

(5) Vor Wiederaufnahme der Arbeit nach längerer Arbeitsunfähigkeit soll spätestens einen Tag vorher der Firma Mitteilung gemacht werden.

§ 7 Urlaub

(1) Der Arbeitnehmer hat Anspruch auf Jahresurlaub gemäß dem Bundesurlaubsgesetz und der Betriebsvereinbarung. Kann aus betrieblichen Gründen der Urlaub nicht bis zum Ende des Kalenderjahres gewährt werden, so muss der Urlaub in den ersten drei Monaten des folgenden Kalenderjahres gewährt und genommen werden.

(2) Der Urlaub dient der Erholung. Arbeitsleistungen gegen Entgelt während des Urlaubs sind unzulässig.

(3) Der Zeitpunkt des Urlaubs ist nach Möglichkeit unter Berücksichtigung der Wünsche des Arbeitnehmers zu vereinbaren, jedoch ist die geregelte Durchführung des Betriebes sicherzustellen.

§ 8 Bezahlte Freistellung

Jeder Arbeitnehmer hat bei bestimmten Anlässen Anspruch auf Freistellung unter Fortzahlung des Entgeltes entsprechend den Regelungen in der Betriebsvereinbarung.

§ 9 Ausschlussfristen

(1) Der Arbeitnehmer ist zur sofortigen Nachprüfung der Lohnabrechnung und des ausgezahlten Lohnbetrages verpflichtet. Stimmt der überwiesene Betrag mit dem der Lohnabrechnung nicht überein, so ist dies unverzüglich dem Arbeitgeber zu melden.

(2) Gegenseitige Ansprüche aller Art aus diesem Arbeitsverhältnis können nur innerhalb einer Ausschlussfrist von drei Monaten seit Fälligkeit des Anspruchs schriftlich geltend gemacht werden.

§ 10 Nebenbeschäftigung

Die Firma erwartet vom Arbeitnehmer den Einsatz seiner gesamten Arbeitskraft, wobei Leistungen zu erbringen sind, die den Zielen der Firma gerecht werden. Jegliche Nebentätigkeit gegen Entgelt ist unbedingt an die Erlaubnis der Firma gebunden.

§ 11 Personalfragebogen

Unrichtige Angaben in dem zu diesem Arbeitsvertrag gehörenden Personalfragebogen berechtigen den Arbeitgeber zur Anfechtung oder fristlosen Kündigung des Vertrages.

§ 12 Rückgabe des Arbeitsmaterials

Der Arbeitnehmer hat beim Ausscheiden sämtliche betrieblichen Arbeitsmittel und Unterlagen zurückzugeben, die ihm während seiner Tätigkeit ausgehändigt wurden oder auf andere Weise zugänglich geworden sind. Dazu gehören auch selbst angefertigte Aufzeichnungen.

§ 13 Änderungen der persönlichen Verhältnisse

Alle Änderungen der persönlichen Verhältnisse, soweit sie für das Arbeitsverhältnis von Bedeutung sind, insbesondere Wechsel der Anschrift, im Urlaub die Urlaubsanschrift, sind der Personalabteilung ohne besondere Aufforderung unverzüglich mitzuteilen. Ist eine Änderung der Anschrift oder die Urlaubsanschrift nicht ordnungsgemäß gemeldet, so gelten die Mitteilungen der Firma in dem Zeitraum als zugegangen, in dem sie den Arbeitnehmer unter der zuletzt angegebenen Anschrift erreicht hätten.

§ 14 Betriebsvereinbarung und sonstige Bestimmungen

Soweit sich aus diesem Vertrag nichts anderes ergibt, finden die Betriebsvereinbarungen und sonstigen Bestimmungen in ihrer zuletzt gültigen Fassung Anwendung. Der Arbeitnehmer erklärt, dass er von diesen Bestimmungen Kenntnis genommen hat. Sämtliche Vertragsvereinbarungen, einschließlich gewährter Sozialleistungen, stehen unter dem Vorbehalt ablösender Betriebsvereinbarungen.

Der Arbeitnehmer erkennt die Werksordnung und Sicherheitsrichtlinien in der jeweils gültigen Fassung an, folgt ggf. den Anordnungen des Werkschutzes und duldet die vorbeugende Nachschau und Kontrolle von Taschen, Behältnissen und Fahrzeugen.

§ 15 Ergänzungen und Änderungen
Ergänzungen und Änderungen des Vertrages, insbesondere die Vereinbarung über die Übernahme nach Ende des Probearbeitsverhältnisses, bedürfen der Schriftform.

§ 16 Teilnichtigkeit
Sollten einzelne Bestimmungen dieses Vertrages rechtsunwirksam sein oder werden, so berührt dieses nicht die Wirksamkeit der übrigen Regelungen des Vertrages. Dasselbe gilt bei Lücken des Vertrages. Anstelle der unwirksamen oder fehlenden Bestimmungen soll eine Regelung gelten, die dem Willen der Parteien wirtschaftlich am besten entspricht.[345]

2. Muster: Einfacher Arbeitsvertrag eines Arbeiters mit Tarifbezug

Zwischen

Arbeitgeber: ▬▬▬

und

Arbeitnehmer: ▬▬▬, geb. ▬▬▬

wird folgender Arbeitsvertrag geschlossen:

§ 1 Tarifvertragsbezug[346]
Für das Arbeitsverhältnis gelten die betrieblich und fachlich einschlägigen Tarifverträge in der jeweils gültigen Fassung, soweit dieser Vertrag keine abweichenden Regelungen enthält.

§ 2 Beginn der Tätigkeit
▬▬▬

§ 3 Arbeitsentgelt und Arbeitszeit
Der Arbeitnehmer erhält einen Stundensatz von ▬▬▬ EUR. Die wöchentliche Arbeitszeit beträgt ▬▬▬ Stunden. Kommt- und Gehtzeiten sind in Arbeitskleidung in die Zeiterfassungsanlage einzugeben. Die Abtretung und Verpfändung von Lohn- und sonstigen Ansprüchen auf Vergütung ist ausgeschlossen.

Täglich können vom Arbeitgeber bis zu 3 Überstunden angeordnet werden, außerdem kann der Arbeitgeber Überstunden an bis zu 2 Samstagen im Monat anordnen. Eine Überstundenvergütung erfolgt nur aufgrund vorgelegter oder bestätigter Stundenzettel. Die Stundenzettel sind zum Monatsende vorzulegen. Die Vergütung erfolgt zusammen mit der Vergütung des Folgemonats. Auf Überstunden wird ein Zuschlag von 25 % auf die übliche Vergütung gezahlt.

Der Arbeitnehmer verpflichtet sich, dem Arbeitgeber zu viel gezahlte Vergütung zurückzuzahlen. Der Arbeitnehmer verzichtet gegenüber diesem Anspruch des Arbeitgebers auf den Einwand, er sei nicht mehr bereichert und der Anspruch insoweit ausgeschlossen.[347]

§ 4 Urlaub
Der Arbeitnehmer erhält ▬▬▬ Tage Urlaub pro Jahr.

§ 5 Weihnachtsgeld
Es wird alljährlich mit dem Dezembergehalt eine Jahresleistung in Höhe eines Monatsgehalts gezahlt. Anspruchsberechtigt ist, wer am 1.12. des Kalenderjahres dem Betrieb ununterbrochen 12 Monate angehört. Aus dem Beschäftigungsverhältnis ausscheidende Mitarbeiter haben nach Erfüllung der Wartezeit Anspruch auf so viele Zwölftel der Jahresleistung wie sie im Kalenderjahr volle Monate beschäftigt waren.

---

[345] Manche Vertragsparteien wünschen weiterhin, dass eine salvatorische Klausel an den Schluss des Textes gestellt wird. Salvatorische Klauseln sind mit dem In-Kraft-Treten der Schuldrechtsreform gemäß § 306 Abs. 2 BGB unwirksam (KG 28.5.1997 – Karat U 5068/096, NJW 1998, 829; LG Köln 4.2.1987 – 26 O 120/86, NJW-RR 1987, 885; Däubler/Dorndorf/*Dorndorf*, AGB im Arbeitsrecht, § 306 BGB Rn 26; AnwK-ArbR/*Hümmerich*, § 306 BGB Rn 9).

[346] Aufgrund einer angekündigten Rechtsprechungsänderung des 4. Senats führt der Austritt des Arbeitgebers aus dem Arbeitgeberverband nicht dazu, dass die vereinbarte Bezugnahme der einschlägigen Tarifverträge entfällt (BAG 14.12.2005 – 4 AZR 536/04, DB 2006, 1322).

[347] Diese Klausel ist nach hier vertretener Ansicht gemäß § 307 Abs. 2 Nr. 1 BGB nicht wirksam (*Hümmerich*, NZA 2003, 764; *ders.*, Gestaltung von Arbeitsverträgen, § 1 Rn 1620).

§ 6 Fehlzeiten

Fehlt der Arbeitnehmer an einzelnen Tagen oder zusammenhängend unentschuldigt, fällt eine Vertragsstrafe in Höhe von 50 EUR für jeden unentschuldigt versäumten Arbeitstag an. Für einzelne Stunden errechnet sich ein entsprechender anteiliger Geldbetrag. Die Vertragsstrafe ist sofort fällig und wird mit der nächsten Lohnabrechnung verrechnet. Bei unentschuldigter Arbeitsabwesenheit von bis zu 5 Arbeitstagen gilt das Doppelte der entgangenen Bruttovergütung als Vertragsstrafe vereinbart.

§ 7 Arbeitgeberzuschuss

Der Arbeitgeber zahlt den Zuschuss zu vermögenswirksamen Leistungen. Der Anspruch auf diese Leistung entsteht erst nach erfolgreichem Ablauf der Probezeit.

§ 8 Wichtige Hinweise

Alle privaten Gegenstände, wie Thermoskanne und Tasche, sind so am Arbeitsplatz aufzubewahren, dass eine Wegnahme durch Unbefugte oder eine Beschädigung durch Dritte ausgeschlossen ist.

Außerdem sollte jeder persönliche Wertgegenstände wie Geldbörse, Uhr, Ring etc. immer bei sich tragen. Für den Verlust eines dieser Gegenstände kann ebenfalls keine Haftung übernommen werden.

Der Arbeitnehmer bestätigt, diesen Arbeitsvertrag gelesen und in einer kompletten Ausfertigung erhalten zu haben.

3. Muster: Arbeitsvertrag eines Arbeiters ohne Tarifbindung mit Sechs-Tage-Woche

Zwischen

der Firma ███, vertreten durch ███

und

Herrn ███

wird der nachfolgende Arbeitsvertrag geschlossen:

§ 1 Tätigkeit

(1) Der Arbeitnehmer wird ab ███ als ███ eingestellt. Der Arbeitsvertrag steht unter der Bedingung, dass der Betriebsarzt nach Durchführung der Eignungsuntersuchung gegen die Beschäftigung keine Bedenken erhebt. Der Betriebsarzt hat den Arbeitnehmer darauf zu untersuchen, ob er den Leistungsanforderungen des für ihn vorgesehenen Arbeitsplatzes in körperlicher Hinsicht entspricht. Vor Dienstantritt darf der Arbeitsvertrag von keinem Vertragspartner gekündigt werden.

(2) Der Arbeitsplatz umfasst folgende Tätigkeiten: ███. Der Arbeitnehmer verpflichtet sich, im Bedarfsfall auch eine andere ihm zumutbare Arbeit im Betrieb zu übernehmen. Der Arbeitgeber behält sich vor,

- das Arbeitsgebiet zu ergänzen oder dem Arbeitnehmer eine andere Tätigkeit im Betrieb zuzuweisen, die seinen Kenntnissen und Fähigkeiten entspricht;
- die Dauer der einzelnen Einsatzschichten sowie die Schichteinteilung innerhalb des Kalendertages, der Woche oder der Monatsarbeitszeit entsprechend dem betrieblichen Bedarf festzulegen; dabei ist das Arbeitszeitgesetz zu beachten.

Zu einer Entgeltminderung ist der Arbeitgeber nur dann befugt, wenn sie einvernehmlich erfolgt. Wird der Arbeitnehmer auf einem geringer vergüteten Arbeitsplatz beschäftigt, ist ihm mindestens zwei Jahre das bisherige Entgelt weiterzuzahlen.

(3) Der Arbeitnehmer verpflichtet sich, mangelfreie fachgerechte Arbeitsleistungen zu erbringen. Mangelhafte Arbeitsleistung, die auf einem schuldhaften Verhalten des Arbeitnehmers beruht, führt zu einem Leistungsverweigerungsrecht des Arbeitgebers. Der Arbeitgeber behält sich außerdem die Geltendmachung von Ersatzansprüchen vor.

§ 2 Beendigung des Arbeitsverhältnisses

(1) Die ersten drei Monate gelten als Probezeit. Während der Probezeit kann das Arbeitsverhältnis beiderseits und jederzeit unter Einhaltung einer Frist von 14 Tagen gekündigt werden.

(2) Nach Ablauf der Probezeit beträgt die Kündigungsfrist beiderseits vier Wochen; die Kündigung kann in den ersten drei Monaten zum Fünfzehnten oder zum Ende eines Kalendermonats, danach zum Ende eines Kalendermonats erklärt werden.

(3) Kündigt die Firma das Arbeitsverhältnis mit dem Arbeitnehmer, ist sie bei Bestehen schützenswerter Interessen befugt, den Arbeitnehmer unter vollständiger Fortzahlung seiner Bezüge und unter Anrechnung noch bestehender Urlaubsansprüche freizustellen. Als schutzwerte Interessen gelten der begründete Verdacht des Verstoßes gegen die Verschwiegenheitspflicht, ansteckende Krankheiten oder der begründete Verdacht einer strafbaren Handlung. Wird außergerichtlich übereinstimmend oder gerichtlich festgestellt, dass der Arbeitnehmer aus einem der vorgenannten Gründen freigestellt wurde, obwohl kein schutzwertes Interesse an der Freistellung bestand, erhält der Mitarbeiter für jeden Tag der gegen seinen Willen erfolgten Nichtbeschäftigung bis zum Fristende des Kündigungszeitraums einen Betrag von ▬▬▬ EUR als Schadensersatz.[348]

(4) Ohne Kündigung endet das Arbeitsverhältnis spätestens mit dem 65. Lebensjahr, sobald der Arbeitnehmer Anspruch auf Altersrente hat.

§ 3 Arbeitsentgelt

(1) Der Arbeitnehmer erhält einen Stundenlohn in Höhe von ▬▬▬ EUR. Außerdem zahlt der Arbeitgeber eine Leistungsprämie in Höhe von ▬▬▬ EUR monatlich. Die Überweisung des Entgelts erfolgt monatlich bargeldlos auf ein vom Arbeitgeber zu benennendes Konto am ersten Tag des Folgemonats.

Leistungsprämien und Sonderleistungen wie Gratifikationen sind stets freiwillige Zahlungen, die jederzeit widerruflich sind.

(2) Mit dem Dezembergehalt erhält der Arbeitnehmer eine Anwesenheitsprämie in Höhe von ▬▬▬ EUR. Die Prämie wird erst nach einer Betriebszugehörigkeit von mindestens einem Jahr fällig, sofern das Arbeitsverhältnis am Auszahlungstag ungekündigt fortbesteht.

(3) Auch die Anwesenheitsprämie ist eine freiwillige Zahlung, auf die selbst bei wiederholter Auszahlung kein Anspruch besteht.

(4) Bei krankheitsbedingten und sonstigen berechtigten Fehlzeiten ohne Entgeltfortzahlung innerhalb eines Kalenderjahres wird die Prämie für jeden Fehltag um 20 % eines Tagearbeitsentgelts gekürzt.

(5) Bei pflichtwidrigen Fehlzeiten wird die Prämie für jeden Fehltag um ein Tagesarbeitsentgelt gekürzt.

(6) Das Tagesarbeitsentgelt (= durchschnittliches Arbeitsentgelt je Arbeitstag gemäß § 4a EFZG) wird aus der Summe der letzten 12 Gehaltsabrechnungen ermittelt, abzüglich der Jahresleistung, der dem Arbeitnehmer geleisteten Entgeltfortzahlung und des Urlaubsentgeltes, geteilt durch die Zahl der Arbeitstage, an denen der Arbeitnehmer anwesend war. Betrachtungszeitraum bilden die der Zahlung vorausgegangenen 12 Monate.

(7) Fehlzeiten durch Wehr- oder Ersatzdienst oder Wehrübungen oder Tätigkeit bei einer freiwilligen Feuerwehr werden wie Anwesenheitszeiten behandelt.

(8) Das Arbeitsentgelt darf weder abgetreten noch verpfändet werden. Betriebliche Bearbeitungskosten gehen zu Lasten des Arbeitnehmers. Je Bearbeitungsvorgang werden 10 EUR vom Arbeitsentgelt einbehalten und spätestens mit der nächsten Lohnabrechnung verrechnet.

(9) Neben dem Grundlohn werden für Nachtarbeit, Feiertags- und Sonntagsarbeit Zuschläge gezahlt. Die Höhe der Zuschläge beträgt bei Nachtarbeit ▬▬▬ Prozent. Als Nachtarbeit gilt die in der Zeit zwischen 23.00 Uhr und 6.00 Uhr geleistete Arbeit. An Sonntagen und gesetzlichen Feiertagen geleistete Arbeit wird durch einen Ersatzruhetag ausgeglichen oder durch einen angemessenen Zuschlag abgegolten. Der Zuschlag beträgt ▬▬▬ Prozent des Grundlohnes.

(10) Treffen mehrere Zuschläge zusammen, wird nur der höchste Zuschlag gezahlt.

(11) Jede Überzahlung des Gehalts wird vom Arbeitnehmer, sobald entsprechende Feststellungen vom Arbeitgeber getroffen werden, unverzüglich ausgeglichen. Der Arbeitnehmer verzichtet gegenüber diesem Anspruch des Arbeitgebers auf den Einwand, er sei nicht mehr bereichert und der Anspruch insoweit ausgeschlossen.[349]

§ 4 Arbeitszeit

(1) Die Dauer der Arbeitszeit richtet sich nach der betrieblichen Schichteinteilung und beträgt derzeit wöchentlich ohne Pausen ▬▬▬ Stunden. Der Beginn der ersten Schicht der Arbeitswoche ist auf ▬▬▬ Uhr, der Beginn der letzten Schicht der Arbeitswoche auf ▬▬▬ Uhr festgelegt. In jeder Schicht beträgt die Pausenzeit ▬▬▬ Minuten.

Die Firma behält sich vor, aus dringenden betrieblichen Gründen eine Änderung der Arbeitszeiteinteilung vorzunehmen. Dabei kann eine Verteilung der durchschnittlichen Wochenarbeitszeit unter Einbeziehung des Samstags auf sechs

---

[348] Diese Klausel wird empfohlen, weil reine Suspendierungsbefugnisse des Arbeitgebers, die an den Ausspruch einer Kündigung anknüpfen, als vertragszweckgefährdende Klauseln nach hier vertretener Ansicht gemäß § 307 Abs. 2 Nr. 2 BGB unwirksam sind; auch ein Verstoß nach § 307 Abs. 2 Nr. 1 BGB wegen der Suspendierung einer Hauptleistungspflicht macht die früher gebräuchliche Freistellungsklausel im Falle der Kündigung des Arbeitsverhältnisses unwirksam (*Hümmerich*, Gestaltung von Arbeitsverträgen, § 1 Rn 1389 ff.).

[349] Diese Klausel ist nach hier vertretener Ansicht gemäß § 307 Abs. 2 Nr. 1 BGB nicht wirksam (*Hümmerich*, NZA 2003, 764; *ders.*, Gestaltung von Arbeitsverträgen, § 1 Rn 1620).

Werktage vom Arbeitgeber vorgenommen werden. Der Arbeitnehmer wird sich dem geänderten Schichtrhythmus und Schichtwechsel (beispielsweise in Früh-, Spät-, Nachtschicht) anpassen.

(2) Der Arbeitnehmer leistet bei Bedarf auf Weisung des Arbeitgebers an einzelnen Tagen zusätzliche Arbeit im Rahmen der gesetzlich zulässigen Dauer. Die verlängerte Arbeitszeit darf jedoch werktäglich die Dauer von zehn Stunden nicht überschreiten. Auch an Samstagen muss gearbeitet werden, wenn

- die Arbeit auf dringenden betrieblichen Gründen beruht und
- der Arbeitnehmer keine schwerwiegenden persönlichen Verhinderungsgründe hat und
- spätestens vier Tage vor dem Termin die Samstagsarbeit bekannt gegeben wurde.

(3) Zusätzlich zur regelmäßigen täglichen Arbeitszeit anfallende Arbeitsstunden, die tatsächlich geleistet worden sind, werden durch bezahlte Freizeit abgegolten.

(4) Jeder Mitarbeiter ist verpflichtet, die Arbeit zur festgesetzten Uhrzeit an seinem Arbeitsplatz aufzunehmen und die Arbeitszeit einzuhalten. Das Umkleiden, Duschen und Baden ist nicht Teil der bezahlten Arbeitszeit.

Die bezahlte Arbeitszeit ergibt sich aus der Stempeluhr. Bei Arbeitsbeginn sind die Stempeluhren nach dem Umkleiden zu bedienen, bei Arbeitsende nach Verlassen des Arbeitsplatzes.

§ 5 Urlaub

Urlaubsjahr ist das Kalenderjahr. Der Arbeitnehmer erhält erstmalig nach sechsmonatiger Tätigkeit bei der Firma einen Anspruch auf Jahresurlaub. Während des Urlaubs darf der Arbeitnehmer keiner Tätigkeit in einem Arbeitsverhältnis nachgehen. Die persönlichen Wünsche des Arbeitnehmers bei der zeitlichen Lage des Urlaubs werden im Rahmen des Belegschaftsinteresses und der Produktionsbedürfnisse beachtet.

§ 6 Nebentätigkeit

Die Übernahme einer Nebentätigkeit bedarf der Zustimmung der Firma. Die Zustimmung ist zu erteilen, wenn keine berechtigten betrieblichen Interessen entgegenstehen. Die beabsichtigte Gründung eines eigenen Unternehmens ist vom Arbeitnehmer anzuzeigen.

§ 7 Krankheit

Der Arbeitnehmer zeigt jede Arbeitsunfähigkeit unverzüglich der Geschäftsleitung an und weist sie binnen zwei Tagen durch ärztliches Attest nach. Er hält den Arbeitgeber auch über den Verlauf seiner Krankheit auf dem Laufenden, insbesondere durch unverzügliche Einreichung ärztlicher Arbeitsunfähigkeitsbescheinigungen. Kann der Arbeitnehmer während einer Krankheitszeit eine andere als die von ihm üblicherweise verrichtete Arbeit ausüben, und handelt es sich hierbei in der Sozialanschauung nicht um eine nach seinen Vorkenntnissen und seiner Berufserfahrung völlig unzumutbare Tätigkeit, darf der Arbeitgeber ihm diese Tätigkeit zuweisen.

Auf Verlangen und auf Kosten des Arbeitgebers lässt sich der Arbeitnehmer bei einer mehr als zwei Wochen andauernden Arbeitsunfähigkeit unverzüglich von einem Facharzt auf Wunsch der Firma untersuchen; der Arbeitgeber stellt für eine solche Untersuchung dem Arbeitnehmer zwei Fachärzte zur Wahl. Lehnt der Arbeitnehmer die genannten Ärzte ab, stellt der Arbeitgeber den Antrag, einen anderen geeigneten Arzt vom Medizinischen Dienst der Krankenkasse, in deren Bezirk der Betrieb gelegen ist, zu benennen.

Der Arbeitnehmer entbindet den Facharzt bei Erkrankungen im Fortsetzungszusammenhang oder bei einer längeren als dreimonatige Erkrankung von der ärztlichen Schweigepflicht. Die Entbindung bezieht sich nicht auf den medizinischen Befund, sondern auf die Mitteilung zum Umfang der Arbeitsunfähigkeit und ihre voraussichtliche Dauer.

§ 8 Freistellung aus besonderem Anlass

Bei verschiedenen Anlässen stellt die Firma unter Fortzahlung des Arbeitsentgelts den Arbeitnehmer in dem nachfolgend benannten Rahmen von der Arbeit frei:

- bei eigener Eheschließung: zwei Tage,
- bei Niederkunft der Ehefrau: ein Tag,
- beim Tod des Ehegatten: drei Tage,
- bei Erstbezug der Wohnung oder Wohnungswechsel: ein Tag.

Der Anspruch auf Freizeit entfällt, wenn das Ereignis in einen Zeitraum fällt, in dem der Arbeitnehmer infolge bezahlten oder unbezahlten Urlaubs oder infolge Krankheit keine Arbeit leistet.

§ 9 Verbilligte Mahlzeiten

Die Bewertung von Mahlzeiten, die die Firma arbeitstäglich verbilligt im Betrieb abgibt, unterliegt den Sachbezugswerten zur Berechnung des geldwerten Vorteils bei verbilligten Kantinenmahlzeiten.

§ 10 Eingebrachte Sachen

Für Schäden an eingebrachten Sachen des Arbeitnehmers oder für den Verlust von Sachen haftet der Arbeitgeber nur dann, wenn diese auf Vorsatz oder grober Fahrlässigkeit des Arbeitgebers beruhen.

§ 11 Betriebsfrieden

Politische Tätigkeiten im Betrieb sind zu unterlassen. Mündliche Aufrufe und das Verteilen von Flugblättern sind nicht gestattet.

§ 12 Betriebsvereinbarungen, Allgemeine Betriebsordnung

Die geltenden Betriebsvereinbarungen können im Lohnbüro eingesehen werden.

Der Arbeitnehmer erhält mit der Unterzeichnung seines Arbeitsvertrages ein Exemplar der Allgemeinen Betriebsordnung.

§ 13 Verschwiegenheitspflicht

Der Arbeitnehmer verpflichtet sich, über alle betrieblichen und geschäftlichen Angelegenheiten dritten Personen gegenüber Stillschweigen zu bewahren.

Die Schweigepflicht gilt auch für die Zeit nach der Beendigung des Arbeitsverhältnisses.

§ 14 Ausschlussklausel[350]

Ansprüche aus dem Arbeitsverhältnis müssen vom Arbeitnehmer drei Monate nach Ablauf des Abrechnungszeitraums, in dem sie entstanden sind, spätestens berechnet ab Zugang der letzten Abrechnung des Arbeitsentgelts, geltend gemacht werden; andernfalls sind sie verwirkt. Anlässlich der Beendigung des Arbeitsverhältnisses beträgt die Ausschlussfrist drei Monate nach dem tatsächlichen Ausscheiden des Arbeitnehmers.

§ 15 Vertragsänderungen

Änderungen und Ergänzungen dieses Vertrages bedürfen der Schriftform. Dieses Formerfordernis gilt auch für die Aufhebung der Schriftformklausel.

§ 16 Zusatz für ausländische Arbeitnehmer

Der ausländische Arbeitnehmer versichert, den deutschsprachigen Einstellungsvertrag verstanden zu haben.

Der deutschsprachige Einstellungsvertrag ist dem Arbeitnehmer von einer Person seines Vertrauens (Name, Anschrift, Ausweisnummer ▄▄▄) übersetzt worden.

Bei der Übersetzung war als Zeuge auf Seiten der Firma zugegen: ▄▄▄

4. Muster: Arbeitsvertrag eines Arbeiters mit teilweiser Übernahme tariflicher Bestimmungen

Arbeitsvertrag

Zwischen

der Firma ▄▄▄

– nachstehend: Arbeitgeber –

und

Herrn ▄▄▄

– nachstehend: Mitarbeiter –

§ 1 Entstehung des Arbeitsverhältnisses, Tätigkeit

(1) Herr ▄▄▄ wird zum ▄▄▄ als ▄▄▄ im Arbeitsbereich ▄▄▄ eingestellt. Die Firma darf dem Mitarbeiter auch eine anderweitige Arbeit zuweisen. Macht der Arbeitgeber von seinem Recht der Zuweisung einer anderen Arbeit Gebrauch, so richtet sich nach Ablauf eines Monats die Vergütung nach der neu zugewiesenen Tätigkeit.

(2) Die Vertragspartner gehen nach den Angaben des Mitarbeiters davon aus, dass der Mitarbeiter die persönlichen Voraussetzungen für die Ausübung seiner Tätigkeit besitzt und ohne gesundheitliche Einschränkungen in seinem Arbeitsbereich tätig werden kann.

---

[350] Einstufige Ausschlussfristen müssen einen Mindestzeitraum von drei Monaten enthalten (BAG 28.9.2005 – 5 AZR 52/05, DB 2006, 1959). Zweistufige Ausschlussfristen müssen für jede Frist drei Monate vorsehen. Als im Arbeitsrecht etablierte Besonderheiten nach § 310 Abs. 4 Satz 2 BGB steht ihrer Wirksamkeit § 309 Nr. 13 BGB nicht entgegen (BAG 25.5.2005 – 5 AZR 572/04, NZA 2005, 1111).

(3) Das Arbeitsverhältnis endet mit Ablauf der Probezeit, ohne dass es einer Kündigung bedarf. Wollen die Parteien das Arbeitsverhältnis über die Probezeit hinaus als unbefristetes Arbeitsverhältnis fortsetzen, bedarf es einer schriftlichen Erklärung beider Vertragsteile über die gewünschte Vertragsfortsetzung. Wird die Erklärung von beiden Parteien abgegeben, wird das Arbeitsverhältnis zu den im Übrigen unveränderten vertraglichen Konditionen dieses Arbeitsvertrages als unbefristetes Arbeitsverhältnis fortgesetzt.

§ 2 Vertragspflichten

Der Mitarbeiter verpflichtet sich, die ihm übertragenen Arbeiten sorgfältig auszuführen, Maschinen und Werkzeuge in Ordnung zu halten und die Arbeitsanweisungen der vorgesetzten Mitarbeiter zu befolgen. Er erklärt sich bereit, wahlweise im Zeit- oder Leistungslohn zu arbeiten und über betriebliche Vorgänge, insbesondere in der Produktion, Verschwiegenheit zu wahren.

Der Mitarbeiter wird darauf hingewiesen, dass es strengstens verboten ist, während der Arbeitszeit alkoholische Getränke zu sich zu nehmen sowie im Betrieb Gegenstände für den eigenen Bedarf oder den Bedarf Dritter herzustellen.

§ 3 Vergütung

(1) Das Entgelt beträgt ▬▬▬ EUR brutto je Arbeitsstunde. Die Zuschläge für Nacht-, Mehr-, Feiertags- und Sonntagsarbeit werden von der Geschäftsleitung betriebseinheitlich nach billigem Ermessen festgelegt.

(2) Die Verpfändung und Abtretung von Vergütungsansprüchen bedarf der vorherigen Zustimmung der Firma. Bei Lohnpfändungen kann die Firma zur Deckung des Aufwands für jeden Bearbeitungsvorgang 4% des jeweils an den Gläubiger überwiesenen Betrages, mindestens aber die Höhe eines durchschnittlichen Stundenlohnes einbehalten. Der Anspruch auf Kostenersatz gilt als jeweils vor der Lohnforderung des Mitarbeiters entstanden.

(3) Der Mitarbeiter verpflichtet sich, Gehaltsüberzahlungen ohne Rücksicht auf eine noch vorhandene Bereicherung zurückzuzahlen.[351]

§ 4 Arbeitszeit

Die Verteilung der regelmäßigen Arbeitszeit richtet sich nach der betrieblichen Regelung. Dem Manteltarifvertrag ▬▬▬ entsprechend kann die individuelle regelmäßige wöchentliche Arbeitszeit von derzeit ▬▬▬ Stunden ungleichmäßig auf mehrere Wochen verteilt werden. Sie muss innerhalb eines Ausgleichszeitraums von ▬▬▬ Monaten im Durchschnitt die regelmäßige gesetzliche Tagesarbeitszeit erreichen. Der Mitarbeiter ist damit einverstanden, dass der Arbeitgeber die Bestimmungen des Manteltarifvertrages zur Arbeitszeit anwendet, ohne dass der Manteltarifvertrag oder Teile des Manteltarifvertrages in ihrer jeweiligen Fassung Vertragsbestandteil werden.

§ 5 Arbeitsunfähigkeit

Der Mitarbeiter zeigt seine Arbeitsunfähigkeit unverzüglich der Geschäftsleitung an und weist sie binnen drei Tagen durch ein ärztliches Attest nach. Bei begründeten Zweifeln des Arbeitgebers an der Arbeitsunfähigkeit oder auf Veranlassung des Werksarztes hat sich der Mitarbeiter einer vertrauensärztlichen oder fachärztlichen Untersuchung zu unterziehen. Etwaige Kosten der Untersuchung trägt der Arbeitgeber.

§ 6 Eingebrachte Sachen

Zur Aufbewahrung seiner persönlichen Gegenstände wird dem Mitarbeiter ein verschließbarer Spind bereitgestellt. Im Spind sind sämtliche während der Arbeit nicht benötigten privaten Gegenstände, wie Uhr, Geld, Sturzhelm, Stiefel u.Ä., zu deponieren. Der Spind ist mit dem zur Verfügung gestellten, durch eine individuelle Codenummer gesicherten Vorhängeschloss stets geschlossen zu halten.

§ 7 Vertragsstrafe[352]

(1) Für jeden Fall, dass der Mitarbeiter schuldhaft die Arbeit nicht oder zu einem späteren als dem vertraglich vereinbarten Zeitpunkt aufnimmt oder das Arbeitsverhältnis vor Ablauf der vereinbarten Dauer oder vor Ablauf der Kündi-

---

[351] Diese Klausel ist nach hier vertretener Ansicht gemäß § 307 Abs. 2 Nr. 1 BGB nicht wirksam (*Hümmerich*, NZA 2003, 764; *ders*., Gestaltung von Arbeitsverträgen, § 1 Rn 1620).

[352] Das Verbot eines Vertragsstrafeversprechens in § 309 Nr. 6 BGB gilt im Arbeitsrecht nicht. Das BAG ist der Auffassung, dass die modifizierte Anwendungsregel in § 310 Abs. 4 Satz 2 BGB zu einem regelmäßig berechtigten Interesse des Arbeitgebers führt, die Nicht- oder Schlechterfüllung der Pflicht zur Arbeitsleistung mit einer Vertragsstrafe zu verbinden (BAG 3.4.2004 – 8 AZR 196/03, BAGE 110, 8 = NZA 2004, 727). Unwirksam ist eine Vertragsstrafeversprechen, wenn die Abrede die Pflichtverletzung des Arbeitnehmers nicht so klar bezeichnet, dass sich der Versprechende in seinem Verhalten hierauf einstellen kann (BAG 21.4.2005 – 8 AZR 425/04, NZA 2005, 1053). Unwirksam ist die Vereinbarung eines Vertragsstrafenrahmens für den Fall eines gravierenden Wettbewerbsverstoßes von einem bis zu drei Monatsgehältern, wenn es dem Arbeitgeber überlassen bleibt, die Vertragsstrafe im Einzelfall innerhalb dieses Rahmens festzusetzen (BAG 18.8.2005 – 8 AZR 65/05, NZA 2006, 34 = BB 2006, 720). Vorsicht ist geboten, wenn die Vertragsstrafe zu hoch bemessen ist. Eine Herabsetzung der Vertragsstrafe nach § 343 BGB kommt seit der Schuldrechtsmodernisierung nicht mehr in Betracht, weil das Verbot der geltungserhaltenden Reduktion nach § 306 Abs. 2 BGB die Anpassung einer zu hohen Vertragsstrafe nach § 343 BGB ausschließt (BAG 4.3.2004 – 8 AZR 196/03, NZA 2004, 727; LAG Hamm 24.1.2003 – 10 Sa 1158/02, DB 2003, 2549; *Brors*, DB 2004, 1778).

gungsfrist ohne wichtigen Grund beendet, wird eine Vertragsstrafe in Höhe eines durchschnittlichen Bruttowochenlohnes vereinbart.

(2) Der Anspruch auf Erfüllung, die Geltendmachung eines Schadensersatzanspruchs und das Recht des Arbeitgebers zur fristgemäßen oder fristlosen Kündigung bleiben von dem Vertragstrafeversprechen gemäß Abs. 1 unberührt.

§ 8 Betriebliche Regelungen

Hinsichtlich der Dauer des Urlaubs, der Höhe des Urlaubsgeldes und der Höhe der vermögenswirksamen Leistungen gelten, soweit im Arbeitsvertrag nichts Abweichendes bestimmt ist, die einschlägigen Tarifverträge ▄▄▄, die beim Lohnbuchhalter eingesehen werden können.

§ 9 Ausschlussfrist/Verfallfrist

Ansprüche aus dem Arbeitsverhältnis müssen vom Mitarbeiter binnen drei Monate nach ihrer Entstehung geltend gemacht werden, andernfalls sind sie erloschen.

§ 10 Schlussbestimmungen

(1) Vertragliche Nebenabreden bestehen nicht. Änderungen und Ergänzungen des Arbeitsvertrages haben nur Gültigkeit, wenn sie schriftlich vereinbart werden.

(2) Die Firma ist berechtigt, den Mitarbeiter nach Ausspruch einer Kündigung bis zum Ablauf der Kündigungsfrist und darüber hinaus bis zum rechtskräftigen Abschluss eines Kündigungsschutzverfahrens unter Fortzahlung der Vergütung von der Arbeit freizustellen.[353] Mit der Freistellung ist der noch offene Urlaub abgegolten.

(3) Der Mitarbeiter hat ein gleich lautendes Vertragsexemplar erhalten.

5. Muster: Arbeitsvertrag eines Arbeiters bei potentieller Tarifbindung

Arbeitsvertrag

zwischen

– nachstehend: Firma –

und

Herrn

– nachstehend: Mitarbeiter –

§ 1 Inhalt und Beginn des Arbeitsverhältnisses

(1) Der Mitarbeiter tritt ab ▄▄▄ auf unbestimmte Zeit in die Dienste der Firma.

(2) Die ersten sechs Monate des Arbeitsverhältnisses gelten als Probezeit, während der das Arbeitsverhältnis mit Frist von 14 Tagen gekündigt werden kann.

(3) Die Firma behält sich vor, dem Mitarbeiter eine andere Tätigkeit innerhalb der Firmengruppe zuzuweisen, die den Vorkenntnissen und Erfahrungen des Mitarbeiters entspricht. Macht die Firma hiervon Gebrauch, ist sie verpflichtet, die bisherige Vergütung weiterzuzahlen. Etwaige unzumutbare Mehraufwendungen des Mitarbeiters trägt im Einzelfall die Firma.

§ 2 Arbeitszeit

(1) Die Arbeitszeit richtet sich nach den für den Betrieb geltenden tariflichen und betrieblichen Bestimmungen. Findet keine tarifliche Regelung zwingend Anwendung, so gelten die gesetzlichen Bestimmungen und die zwischen Firma und Betriebsrat geschlossenen Betriebsvereinbarungen. Den Ort der Arbeitsleistung regelt die Firma. Der Mitarbeiter nimmt am Mehrschichtbetrieb in dem jeweils angeordneten Umfang teil.

(2) Beginn und Ende der täglichen Arbeitszeit sowie die Pausen werden von der Firmenleitung festgelegt und gelten für alle Mitarbeiter.

(3) Der Mitarbeiter leistet auf Anforderungen Mehr- und Überarbeit, soweit dies gesetzlich zulässig ist und er nicht aufgrund besonderer Umstände hieran gehindert ist.

---

353 Freistellungsklauseln können nur noch anlassbezogen wirksam vereinbart werden, § 1 Rn 62.

§ 3 Urlaub

(1) Der Urlaub des Mitarbeiters beträgt jährlich ▬▬▬ Tage und ist mit der Firmenleitung abzustimmen.

(2) Der Mitarbeiter erklärt sich damit einverstanden, dass bei seinem Ausscheiden der bis dahin eventuell zu viel gewährte Urlaub oder das bis dahin zu viel gezahlte Urlaubsgeld als Lohnvorschuss behandelt wird. Dieser Vorschuss wird von der Firma bei der Endabrechnung verrechnet, bzw. einbehalten. Soweit eine Überzahlung erfolgt ist, behält sich die Firma eine Rückforderung vor. Der Anspruch der Firma auf Rückforderung entfällt auch nicht dadurch, dass der Arbeitgeber selbst die Kündigung ausgesprochen hat.

§ 4 Arbeitsvergütung

(1) Der Mitarbeiter erhält eine monatliche Arbeitsvergütung.

(2) Der derzeitige Stundenlohn des Mitarbeiters setzt sich wie folgt zusammen:

Stundenlohn Brutto:	▬▬▬ EUR
Tariflohn Lohngruppe ▬▬▬:	▬▬▬ EUR
Allgemeine Leistungszulage:	▬▬▬ EUR
Freiwillige, jederzeit widerrufliche Zulage:	▬▬▬ EUR
Gesamtbruttolohn:	▬▬▬ EUR

Eine Bezahlung der Arbeiten erfolgt nur für fach-, lot- und fluchtgerechte, abnahmefähige Arbeiten. Regelwidrige Arbeit ist durch einwandfreie Nacharbeit auf Kosten des Mitarbeiters bzw. der Kolonne zu beheben.

(3) Einzelheiten der Lohnzahlung können einer gesonderten Betriebsvereinbarung vorbehalten bleiben.

(4) Der Mitarbeiter darf seine Vergütungsansprüche weder verpfänden noch abtreten. Er hat die durch die Verpfändung oder Abtretung erwachsenden Kosten zu tragen. Die zu ersetzenden Kosten sind pauschaliert und betragen je zu berechnender Pfändung, Verpfändung oder Abtretung monatlich 5 EUR. Der Anspruch gilt als jeweils vor der Lohnforderung des Mitarbeiters entstanden. Die Firma ist berechtigt, bei Nachweis der höheren tatsächlichen Kosten diese in Ansatz zu bringen. Wiederholte Pfändungen berechtigen die Firma zur ordentlichen Kündigung des Arbeitsverhältnisses.

(5) Der Mitarbeiter verpflichtet sich, Gehaltsüberzahlungen ohne Rücksicht auf eine noch vorhandene Bereicherung zurückzuzahlen.[354]

§ 5 Entgeltfortzahlung im Krankheitsfall

(1) Der Mitarbeiter erklärt, dass er arbeitsfähig ist, an keiner ansteckenden Krankheit leidet und keine sonstigen Umstände vorliegen, die ihm die vertraglich zu leistende Arbeit jetzt oder in naher Zukunft wesentlich erschweren oder unmöglich machen. Der Mitarbeiter erklärt weiter, dass er zum Zeitpunkt des Vertragsschlusses den Bestimmungen des Schwerbehindertengesetzes nicht unterliegt. Sofern etwa die Voraussetzungen dafür später eintreten, wird er die Firma hiervon binnen eines Monats in Kenntnis setzen.

(2) Ist der Mitarbeiter infolge auf Krankheit beruhender Arbeitsunfähigkeit an der Arbeitsleistung verhindert, so erhält er Gehaltsfortzahlung für die Dauer von sechs Wochen nach Maßgabe des Entgeltfortzahlungsgesetzes. Spätestens am 3. Tag einer Erkrankung hat der Firma ein Arbeitsunfähigkeitsattest eines Arztes vorzuliegen. Hiervon unabhängig ist spätestens kurz vor Arbeitsbeginn die Firma telefonisch, mündlich oder schriftlich über die voraussichtliche Arbeitsunfähigkeit, den Grund und die Dauer zu benachrichtigen.

§ 6 Verschwiegenheitspflicht

Der Mitarbeiter hat über alle Betriebs- und Geschäftsgeheimnisse sowie über alle betriebsinternen vertraulichen Angelegenheiten während und nach Beendigung des Arbeitsverhältnisses Stillschweigen zu bewahren.

§ 7 Nebentätigkeit

(1) Dem Mitarbeiter ist bekannt, dass er eine Nebentätigkeit nur mit vorheriger Erlaubnis des Arbeitgebers aufnehmen darf.

(2) Der Mitarbeiter ist verpflichtet, die Vorbereitung eines eigenen Unternehmens der Firma unverzüglich anzuzeigen.

§ 8 Beendigung des Arbeitsverhältnisses

(1) Das Arbeitsverhältnis endet mit Ablauf des Monats, in dem der Mitarbeiter das gesetzliche Rentenalter erreicht hat oder durch Kündigung.

---

[354] Diese Klausel ist nach hier vertretener Ansicht gemäß § 307 Abs. 2 Nr. 1 BGB nicht wirksam (*Hümmerich*, NZA 2003, 764; *ders*., Gestaltung von Arbeitsverträgen, § 1 Rn 1620).

(2) Die Kündigung bedarf der Schriftform. Die Kündigungsfrist beträgt vier Wochen zum 15. oder zum Ende eines Kalendermonats. Für die verlängerten Kündigungsfristen nach zweijähriger Betriebszugehörigkeit gelten die gesetzlichen Bestimmungen.

(3) Durch die Kündigungserklärung wird die Befugnis der Firma begründet, den Mitarbeiter unter Fortzahlung seiner Bezüge von der Arbeitsleistung freizustellen.

§ 9 Vertragsänderungen
Änderungen des Vertrages und Nebenabreden bedürfen zu ihrer Wirksamkeit der Schriftform.

§ 10 Personaldatenerfassung
(1) Die Angaben des Mitarbeiters im Personalfragebogen/Einstellungsfragebogen bilden Bestandteil des Arbeitsvertrages. Wahrheitswidrige Angaben berechtigen die Firma zur ordentlichen, in schwerwiegenden Fällen zur außerordentlichen Kündigung.

(2) Der Mitarbeiter verpflichtet sich, an der betrieblichen Datenerfassung einschließlich der Erfassung von Produktionsscheinen oder der Benutzung eines Werksausweises über Komm-/Gehzeiten nach Weisung der Firmenleitung teilzunehmen. Einzelheiten bestimmt die Anweisung der Firma. Der Mitarbeiter verpflichtet sich insbesondere, einen maschinenlesbaren Werksausweis zu benutzen.[355]

§ 11 Verfallfristen
(1) Alle beiderseitigen Ansprüche aus dem Arbeitsverhältnis und solche, die mit dem Arbeitsverhältnis in Verbindung stehen, verfallen, wenn sie nicht innerhalb von drei Monaten nach der Fälligkeit gegenüber der anderen Vertragspartei schriftlich erhoben werden.

(2) Lehnt die Gegenpartei den Anspruch ab oder erklärt sie sich nicht innerhalb von zwei Wochen nach der Geltendmachung des Anspruchs, so verfällt dieser, wenn er nicht innerhalb von drei Monaten nach der Ablehnung oder Fristablauf gerichtlich geltend gemacht wird.

§ 12 Besondere Vereinbarungen
Ein Entgeltfortzahlungsanspruch gegen die Firma in den Fällen der Freistellung nach § 45 SGB V (Beaufsichtigung und Betreuung oder Pflege eines erkrankten Kindes unter 12 Jahren) wird ausgeschlossen.

6. Muster: Befristeter Arbeitsvertrag mit Rufbereitschaft und Tarifbindung

Befristeter Arbeitsvertrag

zwischen

▬▬▬

– nachstehend: Firma –

und

Herrn ▬▬▬

– nachstehend: Arbeitnehmer –

wird folgender Arbeitsvertrag geschlossen:

§ 1 Tätigkeit
Der Arbeitnehmer wird als ▬▬▬ eingestellt und mit einschlägigen Arbeiten nach näherer Anweisung der Betriebsleitung und der einzelnen Vorgesetzten beschäftigt. Die Firma behält sich vor, dem Arbeitnehmer auch eine andere zumutbare Tätigkeit zuzuweisen. Macht sie hiervon Gebrauch, so richtet sich nach Ablauf eines Monats die Vergütung nach der neuzugewiesenen Tätigkeit. Das Recht der Firma, dem Arbeitnehmer eine andere Tätigkeit zu übertragen, wird auch durch eine längerwährende Verwendung auf demselben Arbeitsplatz nicht beschränkt.

§ 2 Ort der geschuldeten Arbeitsleistung
Ort der geschuldeten Arbeitsleistung ist ▬▬▬.

---

[355] Die Einwilligung in die Verarbeitung personenbezogener Daten bedarf, wenn sie zusammen mit anderen Erklärungen schriftlich erteilt wird, zu ihrer Wirksamkeit einer besonderen drucktechnischen Hervorhebung (§ 4a Abs. 1 Satz 4 BDSG). Deshalb wird empfohlen, vorformulierte Einwilligungserklärungen in die Verarbeitung personenbezogener Daten durch Fettdruck oder Unterstreichung im Vertragstext kenntlich zu machen.

§ 3 Tarifvertragsbezug

Die Arbeitsbedingungen richten sich nach dem die Firma bindenden Bundesmanteltarifvertrag ▬▬▬ sowie ersatzweise nach den gesetzlichen Bestimmungen.

§ 4 Beginn/Laufzeit/Kündigungsfrist

Das Arbeitsverhältnis beginnt am ▬▬▬. Es endet, ohne dass es einer Kündigung bedarf, spätestens zum ▬▬▬.

Während der Beschäftigungszeit kann das Arbeitsverhältnis von beiden Vertragspartnern zusätzlich und jederzeit innerhalb des ersten Beschäftigungsmonats, der als Probezeit gilt, mit einer Frist von einem Tag zum Ende des folgenden Tages und danach mit einer Frist von 4 Wochen zum 15. oder zum Monatsschluss gekündigt werden.

Das Recht zur fristlosen Kündigung bleibt unberührt.

Eine Kündigung vor Dienstantritt ist ausgeschlossen.

§ 5 Lohn

Der tarifliche Stundenlohn in der Lohngruppe ▬▬▬ EUR brutto pro Stunde.

Je Anwesenheitstag erhält der Arbeitnehmer eine Auslösung in Höhe von 5 EUR steuerfrei, die freiwillig übertariflich gezahlt wird.

§ 6 Arbeitszeit

Die regelmäßige Arbeitszeit beträgt ausschließlich der Pausen 38 Stunden in der Woche.

Die Firma ist berechtigt, die tarifliche Arbeitszeit so zu legen, dass der Arbeitnehmer bei betrieblicher Notwendigkeit unregelmäßig an einzelnen Wochentagen eingesetzt werden kann.

Die Pausen sind so zu nehmen, dass der Betriebsablauf nicht gestört wird. Beginn und Ende der Arbeitszeit richten sich nach den mit dem Betriebsrat geschlossenen Vereinbarungen, bzw. werden von der Firma aufgrund der betrieblichen Bedürfnisse innerhalb der gesetzlichen Bestimmungen festgelegt.

Der Arbeitnehmer ist im Rahmen der gesetzlichen Bestimmungen und der betrieblichen Notwendigkeit verpflichtet, auf Anordnung Mehr-, Sonn-, Feiertags-, Schicht- und Nachtarbeit zu leisten.

Der Arbeitnehmer ist verpflichtet, sich im Rahmen des Betriebsplans für Rufbereitschaft an 6 Tagen monatlich auf Abruf für dringende betriebliche Einsätze in seiner Freizeit bereitzuhalten und hierbei je bis zu 4 Stunden seine vertragliche Tätigkeit auszuüben. Falls er sich in der Rufbereitschaft aus seiner Wohnung entfernt, wird er hinterlassen, wo er zu erreichen ist. Zur pauschalen Abgeltung der Zeit der Rufbereitschaft erhält der Arbeitnehmer ▬▬▬ EUR.

§ 7 Gratifikationen, sonstige Zuwendungen

Der Arbeitnehmer erhält eine jährliche Gratifikation in Höhe eines monatlichen Tariflohnes. Besteht das Arbeitsverhältnis zum Stichtag 1.10. noch kein Jahr, wird die Gratifikation anteilig gekürzt. Die Auszahlung der Gratifikation erfolgt einmal jährlich mit dem Lohn für den Monat Oktober.

Die Gratifikation wird nur gewährt, wenn das Arbeitsverhältnis am Auszahlungstag weder gekündigt noch beendet ist.

Finanzielle Leistungen, mit Ausnahme des vereinbarten Festgehalts, die die Firma erbringt, sind freiwillige Leistungen, die ohne Anerkennung einer Rechtspflicht gewährt werden und auch bei wiederholter Zahlung keinen Rechtsanspruch für die Zukunft begründen. Sie können von der Firma ohne Angabe von Gründen eingestellt werden.

§ 8 Urlaub

Der Jahresurlaubsanspruch beträgt zurzeit ▬▬▬ Tage. Berechtigte Wünsche bezüglich des Urlaubszeitpunktes werden nach Möglichkeit berücksichtigt. Sie sind bis zum 31. Januar jeden Kalenderjahres bei der Firma anzumelden.

§ 9 Lohnpfändung und Abtretung

Der Arbeitnehmer darf seine Vergütungsansprüche weder verpfänden noch abtreten. Der Arbeitnehmer hat die durch die Pfändung, Verpfändung oder Abtretung erwachsenen Kosten zu tragen. Die Firma ist berechtigt, einen rechtlich zulässigen und üblichen Pauschalbetrag von 5 EUR je Pfändung oder Abtretung zu berechnen; bei Nachweis tatsächlich höherer Kosten können diese in Abzug gebracht werden.

§ 10 Arbeitsverhinderung

Bei Arbeitsverhinderung ist der Arbeitnehmer verpflichtet, die Firma unverzüglich über den Grund des Fernbleibens zu verständigen. Im Falle der Arbeitsunfähigkeit muss ohne besondere Aufforderung spätestens am 2. Tag der Erkrankung ein ärztliches Attest vorgelegt werden, aus dem die Arbeitsunfähigkeit und die voraussichtliche Dauer der Erkrankung ersichtlich wird.

Dauert die Arbeitsunfähigkeit länger als in der Bescheinigung angegeben, so ist der Arbeitnehmer verpflichtet, innerhalb von drei Kalendertagen eine neue ärztliche Bescheinigung einzureichen.

Auf Verlangen der Firma hat der Arbeitnehmer ein ärztliches Attest über seine Arbeits- und Einsatzmöglichkeit vorzulegen. Die Kosten hierfür werden von der Firma übernommen.

§ 11 Nebentätigkeit/Verschwiegenheitspflicht

Dem Arbeitnehmer ist eine Nebentätigkeit während des Bestandes des Arbeitsverhältnisses nur mit vorheriger schriftlicher Erlaubnis der Firma gestattet. Über Geschäfts- und Betriebsgeheimnisse hat der Arbeitnehmer auch nach Beendigung des Arbeitsverhältnisses stets Stillschweigen zu bewahren.

§ 12 Arbeitsmittel und Berufskleidung

Die dem Arbeitnehmer zur Verfügung gestellten Arbeitsmittel bleiben Eigentum der Firma. Für ordnungsgemäße Handhabung der Arbeitsmittel ist der Arbeitnehmer verantwortlich.

Neue Arbeitsmittel erhält der Arbeitnehmer, nachdem er die beschädigten bzw. unbrauchbaren Arbeitsmittel zurückgegeben hat. Der Verlust und Schaden von Arbeitsmitteln ist der Firma unverzüglich anzuzeigen. Die Firma behält sich vor, die durch Fahrlässigkeit des Arbeitnehmers entstandenen Kosten von diesem zurückzuverlangen.

Sollte der Arbeitnehmer ausscheiden, hat er alle Arbeitskleidung und -mittel unaufgefordert zurückzugeben. Mit der ersten Lohnabrechnung wird ein Pfand in Höhe von 25 EUR für die Arbeitskleidung einbehalten. Nach Rückgabe der Arbeitskleidung erhält der Arbeitnehmer dieses Pfand mit der letzten Lohnabrechnung zurück.

Die Firma kann ihre Forderung gegen rückständige oder nach der Kündigung fällig werdende Vergütungsansprüche aufrechnen.

§ 13 Allgemeine Vertragsbedingungen

Die zwischen Betriebsrat und Geschäftsleitung getroffenen Betriebsvereinbarungen und Arbeitsordnungen sind Bestandteil dieses Vertrages.

Der Arbeitnehmer verpflichtet sich, die am schwarzen Brett aushängenden Unfallverhütungsvorschriften strengstens zu beachten und die ihm ausgehändigte Arbeitskleidung zu tragen.

§ 14 Vertragsbruch[356]

Das Verlassen oder Nichtantreten der Arbeit ohne Einhaltung der vereinbarten Kündigungsfrist oder ohne wichtigen Grund verpflichtet zum Ersatz des durch den Arbeitsvertragsbruch entstandenen Schadens.

Anstelle des vollen Schadensersatzes kann der Arbeitgeber ohne Nachweis eines konkreten Schadens eine Entschädigung in Höhe von 25 % der Bruttomonatsbezüge verlangen. Weitergehende Ansprüche sind dann ausgeschlossen.

§ 15 Gerichtsstand

Gerichtsstand für alle Streitigkeiten aus diesem Vertrag, auch über seine Gültigkeit, ist das für die jeweilige Betriebsstätte zuständige Arbeitsgericht.

§ 16 Sonstiges

Mündliche Absprachen bestehen nicht.[357] Änderungen und Ergänzungen des Vertrages bedürfen der Schriftform. Sollten einzelne Bestandteile dieses Vertrages unwirksam oder unvollständig sein, so wird von der Unwirksamkeit der einzelnen Vereinbarungen die Wirksamkeit des übrigen Vertrages nicht berührt.

§ 17 Rückvergütung, Arbeitnehmer

Irrtümlich gezahlte Geldbeträge hat der Arbeitnehmer in jedem Falle zu erstatten.

Der Arbeitnehmer erklärt, dass keine Behinderung im Sinne des Schwerbehindertengesetzes vorliegt. Änderungen und Ergänzungen zu diesem Vertrag bedürfen zu ihrer Wirksamkeit der Schriftform.

---

356 Das Verbot eines Vertragsstrafeversprechens in § 309 Nr. 6 BGB gilt im Arbeitsrecht nicht. Das BAG ist der Auffassung, dass die modifizierte Anwendungsregel in § 310 Abs. 4 Satz 2 BGB zu einem regelmäßig berechtigten Interesse des Arbeitgebers führt, die Nicht- oder Schlechterfüllung der Pflicht zur Arbeitsleistung mit einer Vertragsstrafe zu verbinden (BAG 3.4.2004 – 8 AZR 196/03, BAGE 110, 8 = NZA 2004, 727). Unwirksam ist eine Vertragsstrafeversprechen, wenn die Abrede die Pflichtverletzung des Arbeitnehmers nicht so klar bezeichnet, dass sich der Versprechende in seinem Verhalten hierauf einstellen kann (BAG 21.4.2005 – 8 AZR 425/04, NZA 2005, 1053). Unwirksam ist die Vereinbarung eines Vertragsstrafenrahmens für den Fall eines gravierenden Wettbewerbsstoßes von einem bis zu drei Monatsgehältern, wenn es dem Arbeitgeber überlassen bleibt, die Vertragsstrafe im Einzelfall innerhalb dieses Rahmens festzusetzen (BAG 18.8.2005 – 8 AZR 65/05, NZA 2006, 34 = BB 2006, 720). Vorsicht ist geboten, wenn die Vertragsstrafe zu hoch bemessen ist. Eine Herabsetzung der Vertragsstrafe nach § 343 BGB kommt seit der Schuldrechtsmodernisierung nicht mehr in Betracht, weil das Verbot der geltungserhaltenden Reduktion nach § 306 Abs. 2 BGB die Anpassung einer zu hohen Vertragsstrafe nach § 343 BGB ausschließt (BAG 4.3.2004 – 8 AZR 196/03, NZA 2004, 727; LAG Hamm 24.1.2003 – 10 Sa 1158/02, DB 2003, 2549; *Brors*, DB 2004, 1778).

357 Die Regelung kann gegen § 305b BGB verstoßen, § 1 Rn 10, 12.

Kapitel 1: Arbeitsverträge

7. Muster: Arbeitsvertrag mit Allgemeinen Arbeitsvertragsbedingungen und Zielvereinbarung

§ 1 Beginn des Arbeitsverhältnisses, Probezeit, Geltende Regelungen

1. Das Arbeitsverhältnis beginnt am ▬▬▬. Es wird zunächst befristet für die Dauer von sechs Monaten als Probearbeitsverhältnis geschlossen. Während der Probezeit und im Falle der Entstehung eines Arbeitsverhältnisses von unbefristeter Dauer gelten die Regelungen dieses Arbeitsvertrages sowie die anliegenden allgemeinen Arbeitsvertragsbedingungen des Arbeitgebers.

2. Einzelheiten zur Probezeit enthalten die allgemeinen Arbeitsvertragsbedingungen. Während der Dauer der Probezeit kann das Arbeitsverhältnis von beiden Seiten mit einer Frist von zwei Wochen gekündigt werden. Vor Dienstantritt ist eine Kündigung des Arbeitsverhältnisses ausgeschlossen.

3. Auf das Arbeitsverhältnis findet kein Tarifvertrag Anwendung.

§ 2 Arbeitszeit

1. Die regelmäßige Arbeitszeit beträgt 40 Stunden pro Woche (173 Stunden im Monat). Montag bis einschließlich Samstag zählen zu den üblichen Arbeitstagen.

2. Die Verteilung der Arbeitszeit richtet sich nach den gesetzlichen Bestimmungen sowie den betrieblichen Erfordernissen.

3. Die Vergütung von Mehrarbeit erfolgt durch zeitgleiche, bezahlte Freistellung von der Arbeit und/oder in Geld. Die Vergütung durch Freistellung hat innerhalb der auf die Mehrarbeit folgenden vier Monate zu erfolgen. Die zeitliche Lage der Freistellung ist zwischen dem Arbeitgeber und dem Mitarbeiter unter Berücksichtigung betrieblicher Belange abzustimmen.

§ 3 Tätigkeit

1. Der Mitarbeiter wird eingestellt als gewerblicher Mitarbeiter im Bereich ▬▬▬. Die dem Mitarbeiter übertragenen Tätigkeiten und Aufgaben richten sich nach den jeweiligen, individuellen Erfordernissen der vom Arbeitgeber betreuten Objekte und den Anweisungen des jeweiligen Objektleiters. Im Falle der Abwesenheit des Objektleiters erteilt sein Stellvertreter die Arbeitsanweisungen im Einzelnen.

2. Der Arbeitgeber behält sich vor, dem Mitarbeiter eine andere Arbeit im Betrieb zuzuweisen, die seiner Ausbildung, Fähigkeit und Berufserfahrung entspricht. Aus einer länger dauernden Tätigkeit an einem Arbeitsplatz ergibt sich kein Verzicht des Arbeitgebers auf sein Direktionsrecht oder seine Versetzungsbefugnis.

§ 4 Vergütung

1. Der Mitarbeiter erhält ein Festgehalt das aus einem monatlichen Gehalt von ▬▬▬ EUR aus einem Stundenlohn von ▬▬▬ EUR besteht. Die Festvergütung ist jeweils zum Dritten des Folgemonats bargeldlos zu zahlen. Der Mitarbeiter ist verpflichtet, ein Konto zu unterhalten und der Firma seine Kontodaten mitzuteilen.

2. Der Arbeitgeber zahlt dem Mitarbeiter eine monatliche Zielvereinbarungsvergütung, deren Höhe sich nach dem objektbezogenen Zielvereinbarungspool und der monatlichen Leistungsbeurteilung durch den Objektleiter ergibt.

3. Die Leistungsbeurteilung erfolgt nach den Kriterien Pünktlichkeit, Zuverlässigkeit, Einsatzmöglichkeit, Qualität, Zusammenarbeit und Ordnung/Sauberkeit. Beim Kriterium Pünktlichkeit kommt es auf die Einhaltung von Arbeits- und Vorgabezeiten an, beim Kriterium Zuverlässigkeit wird die Einhaltung sonstiger Arbeitsvorgaben bewertet, bei dem Merkmal Einsatzmöglichkeit wird die Vielzahl von Arbeitsbereichen berücksichtigt, in denen der Mitarbeiter einsetzbar ist. Unter dem Gesichtspunkt Qualität bewertet der Objektleiter die Ausführung von Arbeitsanweisungen und die Einhaltung von Unfallverhütungsvorschriften. Bei dem Merkmal Zusammenarbeit kommt es auf das Verhalten des Mitarbeiters gegenüber Vorgesetzten, Kollegen und ▬▬▬ an. Unter der Rubrik „Ordnung/Sauberkeit" wird bewertet, in welchem Zustand zugewiesene Bereiche wie Küche oder Umkleideräume vom Mitarbeiter gehalten werden.

4. Die nach einer auf das jeweilige Objekt für die dort tätigen Mitarbeiter festgelegte höchstmögliche Punktezahl wird ermittelt. Der Zielvereinbarungspool ergibt in Verbindung mit dem beim Mitarbeiter festgestellten, prozentualen Zielerreichungsgrad die monatliche Zielvereinbarungszahlung.

§ 5 Nebentätigkeit

Die Aufnahme einer auf nachhaltigen Erwerb gerichteten anderweitigen Tätigkeit, auch aushilfsweise, bedarf der schriftlichen, widerruflichen Zustimmung des Arbeitgebers. Der Mitarbeiter darf bei einer Nebentätigkeit nicht seine Arbeitskraft beeinträchtigen oder gegen ein Schutzgesetz oder gewichtige Interessen des Arbeitgebers verstoßen. Erhält der Mitarbeiter auf einen Antrag zur Genehmigung einer Nebentätigkeit innerhalb eines Monats keine Nachricht durch den Arbeitgeber, gilt die Nebentätigkeit als genehmigt.

§ 6 Urlaub

1. Der Mitarbeiter erhält einen jährlichen Urlaub von 24 Werktagen. Der Zeitpunkt des Urlaubsantritts ist unter Berücksichtigung der Geschäftsinteressen des Arbeitgebers festzulegen. Der volle Urlaubsanspruch wird erstmalig nach Ablauf der Probezeit erworben.

2. Unter der Voraussetzung, dass der Mitarbeiter im Kalenderjahr nicht wegen Arbeitsunfähigkeit an der Ausübung seiner Tätigkeit gehindert war, erhält er einen Zusatzurlaub von 6 Werktagen. Der Zusatzurlaub verringert sich um je einen Tag für je 3 Tage, an denen der Arbeitnehmer wegen Arbeitsunfähigkeit an der Ausübung seiner Tätigkeit gehindert war.[358]

§ 7 Verschwiegenheitspflicht

Der Mitarbeiter verpflichtet sich, über alle ihm im Rahmen seiner Tätigkeit zur Kenntnis gelangten geschäftlichen Angelegenheiten und Vorgänge, insbesondere Betriebs- und Geschäftsgeheimnisse des Arbeitgebers sowie über für vertraulich erklärte Angelegenheiten, sowohl Außenstehenden als auch unbeteiligten Mitarbeitern gegenüber, uneingeschränkte Verschwiegenheit zu wahren. Ein Bruch der Verschwiegenheitsverpflichtung gilt als erhebliche Vertrauensverletzung, aus der sich arbeitsrechtliche Konsequenzen ergeben können.

§ 8 Datenverarbeitung und Datenschutz

1. Der Arbeitgeber erhebt, verarbeitet und nutzt die personenbezogenen Daten des Mitarbeiters in der EDV zum Zweck der Personalverwaltung, zum Zweck der Gehaltsermittlung und Gehaltsauszahlung, aufgrund gesetzlicher Vorschriften und zur Aufstellung von Dienstplänen, Arbeitskontrolle sowie ▬▬▬.

2. Der Mitarbeiter willigt in die vorgenannten Fälle der Erhebung, Verarbeitung oder Nutzung seiner personenbezogenen Daten ein.[359]

§ 9 Schlussbestimmungen

1. Die Allgemeinen Arbeitsvertragsbedingungen der Firma bilden Bestandteil des Arbeitsvertrages mit dem Mitarbeiter. Sie sind als Anlage zum Arbeitsvertrag beigeheftet.

2. Mündliche Nebenabreden sind mit dem Mitarbeiter nicht getroffen worden.

▬▬▬ (Ort, Datum, Unterschriften)

Anlage: Allgemeine Arbeitsvertragsbedingungen

§ 1 Einstellung

1. Der Arbeitgeber ist verpflichtet, einen schriftlichen Arbeitsvertrag zu schließen und dem Mitarbeiter eine Ausfertigung auszuhändigen.

2. Das Arbeitsverhältnis wird zunächst für die Dauer der Probezeit befristet vereinbart. Erklären Arbeitgeber und Mitarbeiter innerhalb der Probezeit das Arbeitsverhältnis über die Probezeit hinaus fortführen zu wollen, wird das Arbeitsverhältnis unbefristet zu den allgemeinen Arbeitsvertragsbedingungen und mit dem Inhalt des Arbeitsvertrages fortgesetzt.

3. Die ersten sechs Monate des Arbeitsverhältnisses gelten als Probezeit. Während der Probezeit kann das Arbeitsverhältnis beiderseits und jederzeit unter Einhaltung einer Frist von 14 Tagen gekündigt werden.

§ 2 Allgemeine Rechte und Pflichten

1. Der Mitarbeiter hat die ihm übertragenen Aufgaben gewissenhaft und ohne schuldhafte Verzögerung nach besten Kräften auszuführen und die Interessen des Arbeitgebers zu wahren.

2. Der Mitarbeiter hat sich so zu verhalten, dass das Ansehen des Arbeitgebers nicht beschädigt wird.

3. Der Mitarbeiter hat Veränderungen in den persönlichen und familiären Verhältnissen (Wohnungswechsel, Eheschließung, Geburten etc.) ohne gesonderte Aufforderung unverzüglich der Personalabteilung mitzuteilen. Nachteile durch verzögerte Meldungen gehen uneingeschränkt zu Lasten des Mitarbeiters.

4. Dem Mitarbeiter ist die Annahme von Trinkgeldern nicht gestattet.

5. Der Mitarbeiter kann je nach den betrieblichen Erfordernissen an einen anderen dienstlichen Wohnsitz im Umkreis von maximal 50 km versetzt werden und mit anderen im Rahmen der Geschäftstätigkeit des Arbeitgebers liegenden

---

[358] Diese Klausel verstößt nicht gegen § 308 Nr. 4 BGB, da als Voraussetzung für die Gewährung des Zusatzurlaubs zwischen den Parteien eine Bedingung, nämlich möglichst geringe Fehlzeiten, vereinbart wird (*Hümmerich*, Gestaltung von Arbeitsverträgen, § 1 Rn 2623).

[359] Die Einwilligung in die Verarbeitung personenbezogener Daten bedarf, wenn sie zusammen mit anderen Erklärungen schriftlich erteilt wird, zu ihrer Wirksamkeit einer besonderen drucktechnischen Hervorhebung (§ 4a Abs. 1 Satz 4 BDSG). Deshalb wird empfohlen, vorformulierte Einwilligungserklärungen in die Verarbeitung personenbezogener Daten durch Fettdruck oder Unterstreichung im Vertragstext kenntlich zu machen.

Aufgaben betraut werden. Änderungen des Arbeitsorts oder der Tätigkeit, die einen Zeitraum von einem Monat unterschreiten, gelten nicht als Versetzung.

6. Der Mitarbeiter verpflichtet sich, die vereinbarte Arbeitszeit pünktlich einzuhalten. Wege zwischen Parkplatz und Arbeitsstelle, das Anziehen von Schutzkleidung und das Umkleiden sowie vergleichbare Vorbereitungstätigkeiten gehören nicht zur Arbeitszeit.

7. Arbeitsversäumnis bedarf, sofern sie nicht auf Arbeitsunfähigkeit oder behördlicher Anordnung beruht, der vorherigen Zustimmung des Arbeitgebers. Der Mitarbeiter ist verpflichtet, bei unerwartet notwendiger Abwesenheit oder Verspätung unverzüglich den Arbeitgeber zu informieren.

8. Im Krankheitsfall hat der Mitarbeiter Arbeitsverhinderung dem Arbeitgeber unverzüglich, möglichst telefonisch zwei Stunden vor Beginn des Arbeitsausfalls unter Angabe der Gründe mitzuteilen. Ist die Arbeitsverhinderung länger vor Beginn der Arbeitszeit bekannt, ist sie dem Arbeitgeber zum frühestmöglichen Zeitpunkt bekannt zu geben. Der Mitarbeiter verpflichtet sich, spätestens am 3. Kalendertag nach Eintritt der Erkrankung eine ärztliche Arbeitsunfähigkeitsbescheinigung mit Angaben über die voraussichtliche Dauer der Erkrankung unaufgefordert vorzulegen. Dauert die Arbeitsunfähigkeit länger als in der Bescheinigung angegeben, sind eine oder mehrere Folgebescheinigungen vorzulegen. Der Arbeitgeber kann jederzeit von einzelnen Arbeitnehmern auch bei eintägiger Erkrankung die Vorlage einer Arbeitsunfähigkeitsbescheinigung verlangen.

9. Stellt der Arbeitnehmer einen Antrag auf ein Kur- oder Heilverfahren, hat er dem Arbeitgeber unverzüglich davon Kenntnis zu geben. Wird das Kur- oder Heilverfahren bewilligt, ist dem Arbeitgeber unverzüglich eine entsprechende Bescheinigung vorzulegen und der Zeitpunkt des Kurantritts mitzuteilen.

10. Alle körperlichen Schäden, die der Mitarbeiter im Betrieb oder auf dem Weg von der oder zur Arbeitsstätte erleidet, hat er unverzüglich der Personalabteilung anzuzeigen. Unterlagen über einen Arbeits- oder Wegeunfall sind dem Arbeitgeber zwecks Unfallmeldung an die Berufsgenossenschaft auszuhändigen.

§ 3 Behördliche Erlaubnisscheine und Bestätigungen

1. Jeder Mitarbeiter, der zur Ausübung seiner Tätigkeit einer behördlichen Erlaubnis oder einer behördlichen Bestätigung bedarf, ist persönlich für die Ausstellung und die Aufrechterhaltung dieser Erlaubnis oder Bestätigung verantwortlich. Können behördliche oder ärztliche Termine zur Erlangung oder Erneuerung von Erlaubnissen oder Bestätigungen aus Gründen vom Mitarbeiter nicht wahrgenommen werden, die der Arbeitgeber zu vertreten hat, dürfen ihm hieraus keine Nachteile erwachsen.

2. Der Arbeitgeber trägt für die Dauer des Arbeitsverhältnisses die Kosten für die Ausstellung, Erneuerung, Verlängerung oder Ergänzung von Erlaubnisscheinen und behördlichen Bestätigungen sowie die Kosten ärztlicher Pflichtuntersuchungen oder sonstiger angeordneter Untersuchungen, die für den Einsatz bei dem Arbeitgeber benötigt werden.

3. Muss der Mitarbeiter zur Erlangung, Verlängerung oder Bestätigung behördlicher Erlaubnisse, die für die Tätigkeit beim Arbeitgeber notwendig sind, Termine wahrnehmen, ist ihm hierzu vom Arbeitgeber in ausreichendem zeitlichem Umfang Dienstbefreiung zu gewähren.

§ 4 Medizinische Untersuchungen

1. Das Arbeitsverhältnis steht unter dem Vorbehalt der gesundheitlichen Eignung des Mitarbeiters für die vertraglich vorgesehenen Aufgaben. Sollte eine spätestens bis zum Ablauf der Probezeit durchgeführte arbeitsmedizinische, amtsärztliche oder sonstige medizinische Untersuchung die Nichteignung des Mitarbeiters ergeben, endet das Arbeitsverhältnis zwei Wochen nach Zugang der schriftlichen Mitteilung der Firma an den Mitarbeiter über die festgestellte gesundheitliche Nichteignung.

2. Der Mitarbeiter kann sich auf Kosten des Arbeitgebers über den arbeitsmedizinischen Dienst oder anderweitig nach vorheriger Absprache gegen Hepatitis A und/oder Hepatitis B impfen lassen.

3. Medizinische Untersuchungen sind für die nachfolgend benannten Tätigkeiten im Krankenhausbereich erforderlich

§ 5 Fahrzeugbenutzung/Sozialversicherungsausweis

1. Ist für die vom Mitarbeiter ausgeübte Tätigkeit ein Führerschein der Klasse III erforderlich, hat der Mitarbeiter dem Arbeitgeber Gelegenheit zur Einsicht in das Original zu geben und eine Kopie des Führerscheins auszuhändigen. Ist dem Mitarbeiter die Fahrerlaubnis entzogen oder ist gegen ihn ein Fahrverbot verhängt worden, hat er dem Arbeitgeber hierüber unverzüglich Mitteilung zu machen.

2. Der Mitarbeiter, dem ein Fahrzeug dienstlich zur Verfügung gestellt wird, ist nur zur dienstlichen Nutzung berechtigt. Er ist verpflichtet, das ihm anvertraute Dienstfahrzeug sorgfältig zu behandeln und vor jeder Fahrt sicherzustellen, dass das Fahrzeug den Anforderungen der Straßenverkehrsordnung entspricht und verkehrssicher ist. Verwarnungs- und Bußgelder sowie sonstige Strafen, die im Zusammenhang mit der Benutzung des Fahrzeugs durch den

Mitarbeiter entstanden sind, geben zu Lasten des Mitarbeiters, wenn dieser sie im Sinne von § 276 BGB verschuldet hat.

3. Der Mitarbeiter verpflichtet sich, seinen Sozialversicherungsausweis stets bei sich zu tragen und auf Verlangen den zuständigen Behörden vorzulegen.

§ 6 Gehaltsabtretung, Pfändung

1. Die Abtretung und Verpfändung von Arbeitsentgelt und sonstigen Ansprüchen aus dem Arbeitsverhältnis ist unzulässig.

2. Die Kosten, die dem Arbeitgeber durch die Bearbeitung von Pfändungen, Verpfändungen und Abtretungen von Vergütungsansprüchen des Mitarbeiters entstehen, trägt der Mitarbeiter. Diese Kosten werden pauschaliert mit 10 EUR pro Pfändung, Abtretung und Verpfändung sowie zusätzlich 8 EUR für jedes Schreiben sowie 2 EUR pro Überweisung. Bei Nachweis höherer tatsächlicher Kosten ist der Arbeitgeber berechtigt, diese gegenüber dem Mitarbeiter zu berechnen.

§ 7 Kurzarbeit, Fortbildung

1. Ändern sich, insbesondere aus technisch-organisatorischen und/oder Wettbewerbsgründen die Anforderungen des Arbeitsplatzes des Mitarbeiters, ist der Mitarbeiter verpflichtet, sich die notwendigen zusätzlichen Kenntnisse und Fertigkeiten anzueignen, wenn und soweit er hierzu in der Lage ist. Soweit dies rechtlich geboten ist, werden die erforderlichen Schulungsmaßnahmen in der Arbeitszeit und/oder auf Kosten des Arbeitgebers stattfinden.

2. Sofern der Betrieb nicht der Ausübung von Mitbestimmungsrechten nach dem Betriebsverfassungsgesetz unterliegt, darf der Arbeitgeber durch Direktionsrecht Kurzarbeit anordnen, wenn die nach dem SGB III geforderten, arbeitslosenversicherungsrechtlichen Voraussetzungen für die Gewährung von Kurzarbeitergeld erfüllt sind. Der Arbeitgeber soll die Einführung von Kurzarbeit mit einer Frist von zwei Wochen ankündigen.

§ 8 Freiwilligkeitsvorbehalt, Widerrufsrecht, Überzahlung

1. Finanzielle Leistungen des Arbeitgebers mit Ausnahme des vereinbarten Festgehalts (§ 4 Abs. 1 des Arbeitsvertrags) sind freiwillige Leistungen des Arbeitgebers, die ohne Anerkennung einer Rechtspflicht gewährt werden und auch bei wiederholter Zahlung keinen Rechtsanspruch für die Zukunft begründen. Sie sind jederzeit ohne Angabe von Gründen widerruflich.

2. Der Mitarbeiter verpflichtet sich, dem Arbeitgeber zu viel gezahlte Vergütung zurückzuzahlen.

§ 9 Arbeitsbefreiung in besonderen Fällen

1. Auf Antrag wird dem Mitarbeiter in besonderen Fällen Arbeitsbefreiung unter Fortzahlung der Vergütung gewährt. Zu folgenden Anlässen kann der Mitarbeiter zweckgebundene Arbeitsbefreiung beanspruchen:

a)	Bei Eheschließung des Mitarbeiters oder seiner Kinder oder bei seiner silbernen Hochzeit:	2 Arbeitstage
b)	Bei Niederkunft der Ehefrau oder nach vollzogener Adoption eines minderjährigen Kindes:	2 Arbeitstage
c)	Beim Tod des Ehegatten/Lebenspartners:	4 Arbeitstage
d)	Beim Tod eines leiblichen oder adoptierten Kindes:	3 Arbeitstage
e)	Beim Tod der Mutter/des Vaters:	2 Arbeitstage
f)	Beim Tod einer Schwester/eines Bruders eines Schwiegereltern- oder Großelternteils	1 Arbeitstag
g)	Bei Wohnungswechseln mit eigenem Hausstand (falls keine dienstliche Notwendigkeit besteht, höchstens einmal pro Jahr im ungekündigten Arbeitsverhältnis):	2 Arbeitstage
h)	Bei 10-jährigem Jubiläum des Mitarbeiters:	1 Arbeitstag

2. In folgenden Fällen ist ein Mitarbeiter in Abstimmung mit den betrieblichen Erfordernissen von der Arbeit unter Fortzahlung der Arbeitsvergütung für die Dauer der notwendigen Abwesenheit freizustellen, sofern die Erledigung der Angelegenheit nicht in der dienstplanmäßigen Freizeit möglich ist:

a) Ausübung des Wahl- und Stimmrechts in Erfüllung allgemeiner staatsbürgerlicher Pflichten in der Bundesrepublik Deutschland;

b) Wahrnehmung amtlicher Termine, sofern der Mitarbeiter keinen Anspruch auf Entschädigung wegen des Arbeitsversäumnisses hat;

c) unaufschiebbare ärztliche Untersuchungen oder ambulante Behandlungen, wobei auf Verlangen eine entsprechende Bescheinigung dem Arbeitgeber zum Nachweis vorzulegen ist;

d) Ablegung von Prüfungen, die der beruflichen Fortbildung dienen und im Interesse des Arbeitgebers liegen.

Kapitel 1: Arbeitsverträge

§ 10 Verlust behördlicher Erlaubnisse

1. Verliert der Mitarbeiter die Berechtigung zur Ausübung seiner vertraglichen Tätigkeit (Beispiel: Entzug der Fahrerlaubnis) aus anderen als krankheitsbedingten Gründen, die zur Entgeltfortzahlung berechtigen, so entfällt mit dem Tag des Verlusts der behördlichen Erlaubnis der Vergütungsanspruch des Mitarbeiters, es sei denn, der Arbeitgeber hat den Verlust der Erlaubnis zu vertreten.

2. Kommen die Voraussetzungen gemäß Abs. 1 in Fortfall, entsteht der Vergütungsanspruch erneut. Die in Abs. 1 getroffene Regelung ist ohne Auswirkung auf die etwaigen Voraussetzungen einer ordentlichen oder außerordentlichen Kündigung.

§ 11 Beendigung des Arbeitsverhältnisses

1. Das Arbeitsverhältnis endet mit Ablauf des Monats, in dem der Mitarbeiter das 65. Lebensjahr vollendet. Es endet in jedem Falle mit Ablauf des Monats, in dem der Mitarbeiter eine Rente wegen Alters nach Maßgabe der §§ 35 bis 42 SGB VI bezieht.

2. Wird durch den Bescheid eines Rentenversicherungsträgers dauernde Berufs- oder Erwerbsunfähigkeit festgestellt, endet das Arbeitsverhältnis mit Ablauf des Monats, in dem der Bescheid zugestellt wird. Beginnt die Rente wegen Berufs- oder Erwerbsunfähigkeit erst nach der Zustellung des Rentenbescheids, endet das Arbeitsverhältnis mit Ablauf des den Rentenbeginn vorangegangenen Tages. Das Arbeitsverhältnis endet nicht, wenn nach dem Bescheid des Rentenversicherungsträgers eine Rente auf Zeit (§ 102 Abs. 2 SGB V) gewährt wird. In diesem Falle ruht das Arbeitsverhältnis mit allen Rechten und Pflichten von dem Tage an, der auf den nach Satz 1 oder Satz 2 maßgeblichen Zeitpunkt folgt, bis zum Ablauf des Tages, bis zu dem die Zeitrente bewilligt ist, längstens jedoch bis zum Ablauf des Tages, an dem das Arbeitsverhältnis endet.

3. Das Arbeitsverhältnis endet ferner durch Kündigung. Die Kündigung bedarf der Schriftform. Die Kündigungsfrist richtet sich nach den gesetzlichen Vorschriften. Der Arbeitgeber ist berechtigt, den Mitarbeiter ab dem Tage des Zugangs der Kündigungserklärung im Falle einer Kündigung unter Fortzahlung der Bezüge und unter Anrechnung restlicher Urlaubsansprüche von der Arbeitsleistung freizustellen. Nicht erfüllte Urlaubsansprüche sind abgegolten, soweit nicht aufgrund von Arbeitsunfähigkeit des Mitarbeiters oder aus sonstigen gesetzlichen Gründen eine Abgeltung ausgeschlossen ist.

4. Der Mitarbeiter ist ab dem Tag der Kündigung des Arbeitsverhältnisses verpflichtet, sämtliche betrieblichen Unterlagen, gestellte Arbeitskleidung oder sonstige Arbeitsmaterialien unverzüglich zurückzugeben, die ihm während seiner Tätigkeit ausgehändigt wurden oder auf andere Weise zugänglich geworden sind. Bei Verlust, Beschädigung oder über den gewöhnlichen Gebrauch hinausgehender Abnutzung haftet der Mitarbeiter.

§ 12 Sonstige Bestimmungen

1. Der Arbeitgeber kann jederzeit und ohne Angabe von Gründen an allen Betriebsstätten für die Dauer der Arbeitszeit ein Rauchverbot erlassen.

2. Änderungen oder Nebenabreden zum Arbeitsvertrag oder zu den allgemeinen Arbeitsvertragsbedingungen bedürfen zu ihrer Wirksamkeit der Schriftform.

3. Alle Regelungen des Arbeitsvertrages und der allgemeinen Vertragsbedingungen stehen unter dem Vorbehalt etwaiger, ablösender Betriebsvereinbarungen.

4. Alle Ansprüche, die sich aus dem Arbeitsverhältnis ergeben, sind von den Parteien innerhalb einer Frist von einem Monat nach ihrer Fälligkeit schriftlich geltend zu machen. Bei Ablehnung des Anspruchs durch die andere Partei oder Nichtäußerung sind sämtliche Ansprüche innerhalb einer Frist von einem Monat gerichtlich geltend zu machen.

5. Sollte eine Bestimmung des Arbeitsvertrages oder der allgemeinen Vertragsbedingungen unwirksam sein oder werden, so wird dadurch die Wirksamkeit der übrigen Bestimmungen nicht berührt. Vielmehr ist die unwirksame Bestimmung durch eine wirksame Regelung zu ersetzen, die in ihrer Auswirkung der unwirksamen Bestimmung möglichst nahe kommt.[360]

---

[360] Manche Vertragsparteien wünschen weiterhin, dass eine salvatorische Klausel an den Schluss des Textes gestellt wird. Salvatorische Klauseln sind mit dem In-Kraft-Treten der Schuldrechtsreform gemäß § 306 Abs. 2 BGB unwirksam (KG 28.5.1997 – Karat U 5068/096, NJW 1998, 829; LG Köln 4.2.1987 – 26 O 120/86, NJW-RR 1987, 885; Däubler/Dorndorf/*Dorndorf*, AGB im Arbeitsrecht, § 306 BGB Rn 26; AnwK-ArbR/*Hümmerich*, § 306 BGB Rn 9).

8. Muster: Arbeitsvertrag eines Lagerleiters in einer Brauerei (mit Haustarifvertrag)

↓

Zwischen

der ■■■-Brauerei

– nachstehend: Unternehmen –

und

Herrn ■■■

– nachstehend: Mitarbeiter –

wird nachfolgender Arbeitsvertrag geschlossen:

§ 1 Tätigkeit und Aufgabenbereich
1. Der Mitarbeiter wird ab dem ■■■ als Lagerist tätig sein.
2. Das Unterstellungsverhältnis des Mitarbeiters ergibt sich aus dem jeweils gültigen Organigramm.
3. Das Unternehmen behält sich vor, dem Mitarbeiter im Bedarfsfalle entsprechend seinen Fähigkeiten und Kenntnissen einen anderen gleichwertigen Aufgabenbereich innerhalb des Unternehmens zu übertragen.
4. Der Aufgabenbereich geht aus der Stellenbeschreibung hervor.[361]
5. Das Unternehmen ist jederzeit berechtigt, den Mitarbeiter im Falle einer Kündigung von seiner Verpflichtung zur Arbeitsleistung unter Fortzahlung des Gehaltes und unter Anrechnung aller bis zu diesem Zeitpunkt erworbenen Urlaubs- und Freizeitansprüche freizustellen.
6. Dienstsitz ist ■■■. Das Unternehmen behält sich vor, den Mitarbeiter im Rahmen seines Direktionsrechts auch an einem anderen Ort in der Bundesrepublik Deutschland einzusetzen.

§ 2 Bezüge
1. Für seine Tätigkeit erhält der Mitarbeiter ab dem ■■■ ein Tarifentgelt entsprechend der Tarifgruppe L VI des jeweils für das Unternehmen gültigen Entgelttarifvertrages sowie eine variable Stundenzulage in Höhe von ■■■ EUR. Das monatliche Gesamtbrutto beläuft sich somit auf ■■■ EUR.
2. Der Mitarbeiter verpflichtet sich, im gesetzlichen Umfang Mehrarbeit zu leisten.
3. Mit der Zahlung des vereinbarten Entgelts wird die Leistung gebotener Mehrarbeit im zumutbaren Rahmen als abgegolten betrachtet.[362]

§ 3 Vertragsdauer und Kündigung
1. Das Arbeitsverhältnis beginnt am ■■■ und wird auf unbestimmte Zeit geschlossen.
2. Es gelten die tarifvertraglichen Kündigungsfristen.
3. Die Kündigung hat in jedem Fall schriftlich zu erfolgen.
4. Ohne dass es einer Kündigung bedarf, endet das Beschäftigungsverhältnis spätestens mit Ablauf des Monats, in dem der Mitarbeiter frühestmöglich eine Altersrente ohne Rentenabschläge in Anspruch nehmen kann. Mit dem im Rentenbescheid angegebenen Datum endet das Anstellungsverhältnis auch zu einem früheren Zeitpunkt (Altersrente, Erwerbsminderungsrente, Rente wegen Altersteilzeit o.Ä.).

§ 4 Urlaub
1. Der Mitarbeiter hat Anspruch auf einen Jahresurlaub, dessen Dauer sich aus dem für das Unternehmen gültigen Haustarifvertrag ergibt.
2. Urlaubstermin und Urlaubsdauer werden im Einvernehmen mit dem jeweiligen Vorgesetzten festgelegt.

§ 5 Freitrunk
Der Mitarbeiter hat Anspruch auf einen kostenlosen Haustrunk gemäß der Haustrunkregelung.

§ 6 Verschwiegenheitspflicht
1. Der Mitarbeiter ist verpflichtet, über alle vertraulichen Angelegenheiten und Vorgänge, die ihm im Rahmen der Tätigkeit zur Kenntnis gelangen, während und nach Beendigung des Arbeitsverhältnisses Stillschweigen zu bewahren.

---

[361] Eine Tätigkeitsbeschreibung, die auf eine Stellenbeschreibung Bezug nimmt, kann nach § 307 Abs. 1 Satz 2 BGB unwirksam sein, wenn Änderungen der Stellenbeschreibung ohne Zustimmung des Arbeitnehmers vorgesehen sind (*Hümmerich*, Gestaltung von Arbeitsverträgen, § 1 Rn 2445).

[362] Diese Mehrarbeitsklausel wird nach hier vertretener Ansicht wegen eines Verstoßes gegen das Transparenzgebot des § 307 Abs. 1 Satz 2 BGB für unwirksam gehalten, LAG Schleswig-Holstein 22.9.2004 – 3 Sa 245/04, ArbRB 2005, 7; *Beckmann*, JurisPR-ArbR 4/2005, Nr. 5; ErfK/*Preis*, §§ 305–310 BGB Rn 88; *Hümmerich*, Gestaltung von Arbeitsverträgen, § 1 Rn 2554; *Hümmerich/Rech*, NZA 1999, 1132; *Seel*, DB 2005, 1330.

2. Der Mitarbeiter hat jederzeit auf Verlangen des Unternehmens, spätestens aber unaufgefordert bei Beendigung des Arbeitsverhältnisses alles Material, insbesondere alle Unterlagen, Kopien usw. zurückzugeben, die im Zusammenhang mit seiner Tätigkeit für das Unternehmen in seinem Besitz gelangt sind. Dem Mitarbeiter steht ein Zurückbehaltungsrecht nicht zu.

§ 7 Speicherung von Daten

Die personenbezogenen Daten des Mitarbeiters werden zum Zweck der Personalverwaltung und Personalabrechnung im Rahmen der Bestimmungen der BDSG, anderer vorrangiger Gesetze sowie der Weisungen des Mitarbeiters gespeichert. Das Unternehmen übermittelt personenbezogene Daten an Dritte nur, soweit gesetzliche Bestimmungen dies erfordern, oder die Weisungen des Mitarbeiters dies zulassen.

§ 8 Nebentätigkeit

1. Der Mitarbeiter stellt seine ganze Arbeitskraft ausschließlich in den Dienst des Unternehmens.
2. Es bedarf der schriftlichen Zustimmung für die Übernahme einer Nebentätigkeit, die auf Erwerb gerichtet ist.

§ 9 Wettbewerbsvereinbarung

Der Mitarbeiter verpflichtet sich, während seiner Tätigkeit für das Unternehmen nicht
a) für ein Unternehmen tätig zu sein, das konkurrierende Erzeugnisse herstellt oder vertreibt,
b) ein festes Dienstverhältnis oder ein Vertretungsverhältnis zu einem solchen Unternehmen einzugehen,
c) ein solches Unternehmen selbst zu errichten oder zu erwerben.
d) sich an einem solchen Unternehmen, gleich in welcher Rechtsform, finanziell zu beteiligen, sofern die Beteiligung des Mitarbeiters eine Einflussnahme auf das betreffende Unternehmen ermöglicht.

§ 10 Drittschuldnerhaftung

Wird der Arbeitnehmer durch einen Dritten schuldhaft verletzt, ist dies der Personalabteilung umgehend mitzuteilen. Der Mitarbeiter tritt hiermit seine Schadensersatzansprüche gegenüber dem Schädiger in der Höhe ab, wie er vom Unternehmen Leistungen erhält.

§ 11 Ausschlussfrist

Alle Ansprüche, die sich aus dem Anstellungsverhältnis ergeben, sind innerhalb von drei Monaten nach ihrer Fälligkeit schriftlich geltend zu machen. Nach Ablauf dieser Frist sind die Ansprüche verfallen.

§ 12 Schlussbestimmungen

1. Ergänzungen und Änderungen dieses Anstellungsvertrages bedürfen der Schriftform. Dies gilt auch für einen Verzicht auf das Schriftformerfordernis selbst.
2. Die Abtretung sowie die Verpfändung von Entgeltbestandteilen sind nur mit vorheriger ausdrücklicher Zustimmung des Unternehmens zulässig.
3. Freiwillige betriebliche Leistungen sind in jedem Einzelfall jederzeit widerruflich und begründen, auch bei wiederholten Zahlungen ohne ausdrücklichen Hinweis auf die Freiwilligkeit, keinen Rechtsanspruch für die Zukunft.
4. Die Betriebsordnung gilt für alle Mitarbeiterinnen und Mitarbeiter der ■■■. Sie bildet neben den Betriebsvereinbarungen einen wesentlichen Bestandteil des Arbeitsvertrages.
5. Das Unternehmen erwartet von dem Mitarbeiter eine von Kollegialität und gegenseitiger Achtung getragene harmonische Zusammenarbeit mit allen Mitarbeitern. Absolute Ehrlichkeit und Diskretion sind unbedingte Voraussetzung für die Tätigkeit des Mitarbeiters.
6. Der Mitarbeiter verpflichtet sich, alle Änderungen der persönlichen Verhältnisse, soweit diese dienstliche Belange berühren, insbesondere des Personenstandes und spätere Wohnungswechsel oder länger andauernde Veränderungen seines Aufenthaltsortes, unverzüglich der Personalabteilung schriftlich mitzuteilen.
7. Sollten sich einzelne Bestimmungen dieses Vertrages als unwirksam erweisen, so wird dadurch die Wirksamkeit der übrigen Bestimmungen nicht berührt. Eine ungültige und unklare Bestimmung ist so zu ersetzen bzw. zu deuten, dass der mit ihr beabsichtigte wirtschaftliche Zweck erreicht wird. Lücken sind dem beabsichtigten wirtschaftlichen Zweck entsprechend zu füllen.

§ 1 Verträge mit Arbeitnehmern, freien Mitarbeitern und Gesellschaftsorganen

171 **9. Muster: Arbeitsvertrag im Bereich Groß- und Außenhandel als Anschreiben (für Arbeiter)**

↓

Sehr geehrter Herr ▬▬▬,

ab dem ▬▬▬ werden Sie als ▬▬▬ eingestellt.

1. Als Vergütung erhalten Sie unter Eingruppierung in die tarifliche Lohngruppe ▬▬▬ des Groß- und Außenhandelstarifs ▬▬▬ folgenden Monatslohn: ▬▬▬ EUR

Zulage ▬▬▬ EUR

insgesamt ▬▬▬ EUR

Bei übertariflichen Verdienstbestandteilen handelt es sich um freiwillige, jederzeit nach freiem Ermessen widerrufliche Leistungen, auf die auch bei wiederholter Gewährung kein Rechtsanspruch für die Zukunft besteht. Die Leistungen können auch jederzeit ganz oder teilweise auf tarifliche Veränderungen und tarifliche Umgruppierungen angerechnet werden.

2. Lohnregelungen sind gegenüber Dritten vertraulich zu behandeln.

3. Ihre Bezüge sind jeweils am Letzten eines jeden Monats fällig. Der Nettobetrag wird von uns auf Ihr Girokonto überwiesen.

4. Während der Probezeit, die 3 Monate beträgt, kann der Arbeitsvertrag beiderseits mit einer Frist von einem Monat zum Monatsende gekündigt werden.

5. Für Ihr Arbeitsverhältnis gelten in ihrer jeweiligen Fassung die tariflichen Bestimmungen für Arbeiter des Groß- und Außenhandelstarifs in Nordrhein-Westfalen sowie die sonstigen Betriebsvereinbarungen und betrieblichen Regelungen.

6. Ihre wöchentliche Arbeitszeit beträgt ▬▬▬ Stunden, Ihr Jahresurlaub ▬▬▬ Arbeitstage.

7. Sie sind verpflichtet, uns jede Arbeitsverhinderung unter Angabe des Grundes und der voraussichtlichen Dauer unverzüglich anzuzeigen. Bei Arbeitsverhinderung infolge Krankheit von mehr als drei Tagen müssen Sie uns vom vierten Tag an eine ärztliche Bescheinigung über die Arbeitsunfähigkeit sowie die voraussichtliche Dauer vorlegen. Dauert die Arbeitsunfähigkeit länger als in der Bescheinigung angegeben, ist unverzüglich eine neue Bescheinigung vorzulegen.

8. Eine auf Erwerb gerichtete Nebentätigkeit dürfen Sie während der Dauer des Arbeitsverhältnisses nur nach vorheriger schriftlicher Genehmigung durch uns ausüben.

9. Nebenabreden, die in diesem Schreiben nicht wiederholt sind, haben keine Gültigkeit. Vertragsänderungen bzw. -ergänzungen bedürfen der Schriftform.

10. Die Kenntnisnahme und Verbindlichkeit der tariflichen Bestimmungen erkennen Sie durch Ihre Unterschrift an.

11. Das Arbeitsverhältnis endet spätestens einen Monat nach Ablauf des Monats, in dem Sie das 65. Lebensjahr vollenden.

12. Gerichtsstand für etwaige sich aus dem Arbeitsverhältnis ergebende Streitigkeiten ist ▬▬▬.

Wir bitten Sie, Ihr Einverständnis durch Ihre Unterschrift auf der Kopie dieses Vertrages zu erklären und uns zurückzugeben.

Mit vorstehendem Vertragsinhalt erkläre ich mich einverstanden.

↑

172 **10. Muster: Auslandsentsendung eines Monteurs**

↓

Herrn ▬▬▬, geb. am ▬▬▬, wohnhaft ▬▬▬

Bereich/Abteilung: ▬▬▬   Personalnummer: ▬▬▬

1. Sie werden zur Ausübung einer vorübergehenden Tätigkeit als ▬▬▬ in ▬▬▬ abgeordnet. Abreisetag: ▬▬▬

2. Ihre Auslösung beträgt pro Kalendertag

- vom ▬▬▬ bis ▬▬▬:   ▬▬▬ EUR für Verpflegung und ▬▬▬ EUR für Übernachtung,
- ab ▬▬▬:   ▬▬▬ EUR für Verpflegung und ▬▬▬ EUR für Übernachtung.

Anteil in Landeswährung, zahlbar am Montageort/auf der Baustelle: ▬▬▬ EUR.

Die Auslösung wird zu dem jeweils am ▬▬▬ eines Monats gültigen offiziellen Bankkurs für den Notenverkauf im Einsatzland abgerechnet. Bei Abrechnung der Auslösung vor diesem Stichtag gilt der offizielle Bankkurs vom ▬▬▬ des Vormonats. Fällt am Montageort der ▪▪▪ des Kalendermonats auf einen Sonn- oder Feiertag, so wird als Stichtag für den Bankkurs der nächstfolgende Werktag zugrunde gelegt.

3. Sie erhalten

a) eine Ausrüstungsbeihilfe in Höhe von ▪▪▪ EUR.

b) bei einer Abordnungsdauer von mindestens ▪▪▪ Monaten einen Montagezusatzurlaub von ▪▪▪ Arbeitstagen pro Monat Montagetätigkeit.

c) Reisekostenerstattung für Hin- und Rückreise sowie angeordnete Geschäftsreisen nach folgenden Grundsätzen: ▪▪▪

d) nach jeweils ▪▪▪ Monat/en Montagetätigkeit eine bezahlte Familienheimfahrt.

e) Kostenerstattung für Reisegepäckbeförderung nach den geltenden Reisekostenrichtlinien.

4. Für die Dauer Ihrer Montagetätigkeit bestehen zu Ihren Gunsten folgende Versicherungen:

a) gegen Unfalltod: ▪▪▪ EUR

b) gegen Unfallinvalidität: ▪▪▪ EUR

c) für Heilkosten: ▪▪▪ EUR

d) für Reisegepäck: ▪▪▪ EUR

5. Etwaige steuerliche Verpflichtungen im Einsatzland müssen Sie selbst erfüllen. Im Übrigen gelten in Ergänzung zu Ihrem Arbeitsvertrag die Montagerichtlinien der ▪▪▪ in ihrer jeweiligen Fassung.

Wir bitten, den Empfang dieses Schreibens auf der Beilage zu bestätigen und uns diese zurückzugeben.

III. Verträge mit Angestellten

1. Muster: Musterarbeitsvertrag eines Angestellten ohne Tarifvertragsbezug

Arbeitsvertrag

zwischen

▪▪▪

– nachstehend Firma genannt –

und

Herrn ▪▪▪

– nachstehend Mitarbeiter genannt –

§ 1 Beginn des Arbeitsverhältnisses

(1) Der Mitarbeiter tritt mit Wirkung vom ▪▪▪ in die Dienste der Firma. Vor Beginn des Arbeitsverhältnisses ist die Kündigung ausgeschlossen.

(2) Das Arbeitsverhältnis wird zunächst als Probearbeitsverhältnis vereinbart. Es beginnt am ▪▪▪ und endet nach sechs Monaten am ▪▪▪, ohne dass es einer Kündigung bedarf, falls nicht vorher die Fortsetzung des Arbeitsverhältnisses vereinbart wird.

§ 2 Tätigkeit

(1) Der Mitarbeiter wird angestellt als ▪▪▪, er ist weisungsgebunden gegenüber ▪▪▪. Im Einzelnen richtet sich die Tätigkeit nach der diesem Vertrag beigefügten Stellenbeschreibung, deren Änderung und Ergänzung sich die Firma nach betriebsorganisatorischen Erfordernissen vorbehält.

(2) Die Firma behält sich vor, dem Mitarbeiter eine andere gleichwertige Tätigkeit, auch innerhalb der Firmengruppe, zuzuweisen, die seinen Vorkenntnissen und Fähigkeiten entspricht. Macht sie hiervon Gebrauch, so ist die bisherige Vergütung weiter zu zahlen.

(3) Obwohl das Aufgabengebiet des Mitarbeiters ein generell selbständiges und innovatives Arbeiten erfordert, gehört es zu den Obliegenheiten des Mitarbeiters, die Bestimmung der Dringlichkeit von Arbeiten nicht ohne Zustimmung seiner Vorgesetzten vorzunehmen und die Vorgesetzten über beabsichtigte Vorhaben und den Stand von Arbeiten zu unterrichten.

(4) Arbeitsort ist ▪▪▪.

(5) Die Einstellung erfolgt unter der Voraussetzung fachlicher und gesundheitlicher Eignung für die vorgesehene Aufgabe. Der Mitarbeiter erklärt sich mit einer für ihn unentgeltlichen fallweisen Untersuchung durch einen Vertrau-

ensarzt, der von der Firma benannt wird, einverstanden. Der Mitarbeiter entbindet den Arzt von der ärztlichen Schweigepflicht, allerdings nur insoweit, als die medizinischen Informationen zur Beurteilung der Arbeitsfähigkeit des Mitarbeiters notwendig sind.

§ 3 Arbeitszeit

(1) Die regelmäßige Arbeitszeit beträgt ▬▬▬ Stunden wöchentlich.

(2) Beginn und Ende der täglichen Arbeitszeit sowie die Pausen werden von der Geschäftsleitung festgelegt und gelten für alle Mitarbeiter oder für bestimmte Mitarbeitergruppen einheitlich.

(3) Die Firma behält sich vor, auch Mehrarbeit über den Rahmen der Normalarbeitszeit hinaus anzuordnen. Bei entsprechendem betrieblichem Bedarf ist der Mitarbeiter verpflichtet, in zumutbarem Maß zusätzliche Stunden über die vereinbarte Arbeitszeit hinaus zu leisten.

(4) Zur Abgeltung etwaiger Überstunden erhält der Mitarbeiter zusätzlich eine Pauschale von ▬▬▬ EUR, die ausgehend vom Grundgehalt monatlich bis zu ▬▬▬ Überstunden abgelten soll. Diese Pauschalvereinbarung kann von beiden Parteien mit einer Kündigungsfrist von einem Monat zum Monatsende gekündigt und es kann der Übergang zur Einzelabrechnung verlangt werden.

§ 4 Vergütung

(1) Der Mitarbeiter erhält für seine vertragliche Tätigkeit ein monatliches Grundgehalt von ▬▬▬ EUR brutto. Die Vergütung ist jeweils zum 3. des Folgemonats bargeldlos zu zahlen. Der Mitarbeiter ist verpflichtet, ein Konto zu unterhalten und der Firma seine Kontodaten mitzuteilen.

(2) Der Mitarbeiter erhält ein Jahresfestgehalt in Höhe von ▬▬▬ EUR brutto, welches in zwölf gleichen Teilen, jeweils monatlich im Nachhinein, bargeldlos ausgezahlt wird. Er erhält ab dem auf die Einstellung folgenden Kalenderjahr zusätzlich einen variablen Bonus, der eine Zielgröße von ▬▬▬ EUR brutto hat. Das Jahreszielgehalt beträgt somit ▬▬▬ EUR.

(3) Die variable Bonuszahlung wird kalenderjährlich (Bemessungszeitraum) geleistet. Sie beträgt maximal 25% der Jahresfestvergütung nach vorstehendem Abs. 2. Die Bonuszahlung hängt in ihrem Entstehen und ihrer Höhe davon ab, dass bestimmte Ziele erreicht werden. Die Ziele werden kalenderjährlich jeweils im Voraus einvernehmlich zwischen dem Mitarbeiter und der Geschäftsleitung in einer schriftlichen Zielvereinbarung festgelegt. Sofern kein Einvernehmen über den Inhalt der Zielvereinbarung erzielt wird, entscheidet die Geschäftsleitung nach billigem Ermessen. Die schriftliche Zielvereinbarung ist in ihrer jeweils gültigen Fassung Bestandteil des Arbeitsvertrages.

(4) Scheidet der Mitarbeiter unterjährig aus, so erhält er die Bonuszahlung anteilig. Im Falle einer unberechtigten fristlosen Eigenkündigung oder einer fristlosen Arbeitgeberkündigung entfällt die Bonuszahlung. Die Bonuszahlung kürzt sich anteilig für Zeiten, in denen der Arbeitgeber von seiner Verpflichtung zur Zahlung der Vergütung, z.B. wegen längerer Arbeitsunfähigkeit oder weil das Arbeitsverhältnis ruht, frei ist.

(5) Der Bonus ist zur Zahlung spätestens mit Ablauf des auf die Freistellung des Jahresabschlusses folgenden Monats fällig. Sofern der Arbeitgeber Abschläge leistet, werden diese mit der Bonuszahlung verrechnet. Im Falle einer Überzahlung steht dem Arbeitgeber ein vertraglicher Anspruch auf Rückzahlung des überzahlten Betrages zu.

(6) Die Bonuszahlung ist ein zusätzlicher variabler Vergütungsbestandteil; sie kann über oder unter der Zielgröße liegen. Der Mitarbeiter hat keinen Rechtsanspruch auf die Festlegung bestimmter Ziele. Dies gilt auch, wenn für mehrere Bemessungszeiträume jeweils die gleichen Ziele festgelegt worden sind.[363]

(7) Zusätzlich zahlt die Firma dem Mitarbeiter ab dem siebten Beschäftigungsmonat einen Anteil zu vermögenswirksamen Leistungen von zurzeit monatlich ▬▬▬ EUR, jeweils nach den geltenden steuerlichen Voraussetzungen.

(8) Der Mitarbeiter verpflichtet sich, Gehaltsüberzahlungen ohne Rücksicht auf eine noch vorhandene Bereicherung zurückzuzahlen.

§ 5 Jahresleistung

(1) Mitarbeiter, die am 1.12. in einem ungekündigten und unbefristeten Arbeitsverhältnis stehen, erhalten eine Weihnachtssonderzahlung in Höhe von ▬▬▬ EUR. Die Auszahlung erfolgt mit dem Dezembergehalt.

(2) Die Zahlung erfolgt freiwillig und begründet keinen Rechtsanspruch.

(3) Sämtliche Fehlzeiten während des Kalenderjahres mindern die Jahressonderzahlung um 1/60 je Fehltag. Als Fehlzeiten gelten auch Zeiten, in denen das Arbeitsverhältnis ruht.

(4) Der Mitarbeiter ist verpflichtet, die Jahresleistung zurückzuzahlen, wenn er bis zum 31.3. des auf die Auszahlung folgenden Kalenderjahres ausscheidet. Die Rückzahlungspflicht gilt entsprechend, wenn das Arbeitsverhältnis durch

---

[363] *Lindemann/Simon*, BB 2002, 1807 ff.

Aufhebungsvertrag beendet wird und Anlass hierfür ein Verhalten des Mitarbeiters ist, das der Firma ein Recht zur Kündigung gegeben hätte.

§ 6 Urlaub

(1) Der Urlaubsanspruch des Mitarbeiters richtet sich grundsätzlich nach dem Bundesurlaubsgesetz. Mit dem Mitarbeiter werden zurzeit ▬▬▬ Arbeitstage als Urlaub vereinbart. Der Zeitpunkt des Urlaubsantritts ist unter Berücksichtigung der Geschäftsinteressen festzulegen.

(2) Ist im Zeitpunkt der Kündigung des Arbeitsverhältnisses der Urlaubsanspruch noch nicht erfüllt, ist der Urlaub, soweit dies unter Berücksichtigung betrieblicher Interessen möglich ist, während der Kündigungsfrist zu gewähren und zu nehmen. Soweit der Urlaub nicht gewährt werden kann oder die Kündigungsfrist nicht ausreicht, ist der Urlaub abzugelten.

(3) Hat der Mitarbeiter im Zeitpunkt seines Ausscheidens aus der Firma mehr Urlaub erhalten, als ihm zusteht, so hat er den Mehrbetrag zurückzuzahlen. Dies gilt nicht hinsichtlich des gesetzlichen Mindesturlaubs, wenn die Überzahlung darauf beruht, dass der Mitarbeiter nach erfüllter Wartezeit in der ersten Hälfte des Kalenderjahres ausscheidet.[364]

(4) Die Urlaubsabgeltung entfällt ausnahmsweise, wenn der Mitarbeiter durch eigenes, schwerwiegendes Verschulden aus einem Grund entlassen wurde, der eine fristlose Kündigung rechtfertigt, oder das Arbeitsverhältnis vorzeitig gelöst hat und in diesen Fällen eine grobe Verletzung der Treuepflicht aus dem Arbeitsverhältnis vorliegt.

§ 7 Gehaltsverpfändung und Gehaltsabtretung

(1) Der Mitarbeiter darf seine Vergütungsansprüche weder verpfänden noch abtreten.[365]

(2) Die Kosten, die der Firma durch die Bearbeitung von Pfändungen, Verpfändungen und Abtretungen der Vergütungsansprüche des Mitarbeiters entstehen, trägt der Mitarbeiter. Diese Kosten werden pauschaliert mit 15 EUR pro Pfändung, Abtretung und Verpfändung sowie gegebenenfalls zusätzlich 10 EUR für jedes Schreiben sowie 2 EUR pro Überweisung. Bei Nachweis höherer tatsächlicher Kosten ist die Firma berechtigt, diese in Ansatz zu bringen.

§ 8 Nebenleistungen, Fahrtkosten

(1) Für Dienstreisen werden von der Geschäftsleitung Fahrtkosten im Einzelfall erstattet. Ihre Höhe bestimmt die Firma nach billigem Ermessen. Die Erstattung hat kostendeckend zu sein.

(2) Der Mitarbeiter ist verpflichtet, auf Weisung der Geschäftsleitung Dienstreisen durchzuführen.

§ 9 Arbeitsverhinderung

(1) Der Mitarbeiter versichert, dass er arbeitsfähig ist, nicht an einer infektiösen Erkrankung leidet und keine sonstigen Umstände vorliegen, die ihm die vertraglich zu leistende Arbeit jetzt oder in naher Zukunft wesentlich erschweren oder unmöglich machen. Der Mitarbeiter erklärt weiter, dass er zum Zeitpunkt des Vertragsschlusses den Bestimmungen des Schwerbehindertengesetzes nicht unterliegt. Sofern etwa die Voraussetzungen dafür später eintreten, wird er die Firma hiervon unverzüglich in Kenntnis setzen.

(2) Der Mitarbeiter ist verpflichtet, der Firma jede Dienstverhinderung spätestens zwei Stunden vor Arbeitsbeginn sowie die voraussichtliche Dauer anzuzeigen. Auf Verlangen sind die Gründe der Dienstverhinderung mitzuteilen.

(3) Im Falle der Erkrankung ist der Mitarbeiter verpflichtet, vor Ablauf des dritten Kalendertages nach Beginn der Arbeitsunfähigkeit eine ärztliche Bescheinigung über Arbeitsunfähigkeit sowie deren voraussichtliche Dauer vorzulegen. Dauert die Arbeitsunfähigkeit länger als in der Bescheinigung angegeben, so ist der Mitarbeiter verpflichtet, innerhalb von drei Tagen eine neue ärztliche Bescheinigung einzureichen.

§ 10 Gehaltsfortzahlung im Krankheitsfall

Ist der Mitarbeiter infolge auf Krankheit beruhender Arbeitsunfähigkeit an der Arbeitsleistung verhindert, ohne dass ihn ein Verschulden trifft, so erhält er Gehaltsfortzahlung für die Dauer von sechs Wochen nach Maßgabe des Entgeltfortzahlungsgesetzes in seiner jeweiligen Fassung.

§ 11 Verschwiegenheitsverpflichtung

(1) Der Mitarbeiter verpflichtet sich, über alle Betriebs- und Geschäftsgeheimnisse, insbesondere Herstellungsverfahren, Vertriebswege, Kundenlisten, Kalkulationsgrundlagen, Firmensoftware und vergleichbare Informationen sowohl während der Dauer des Arbeitsverhältnisses als auch nach seiner Beendigung Stillschweigen zu bewahren. Die Geheimhaltungspflicht erstreckt sich nicht auf solche Kenntnisse, die jedermann zugänglich sind oder deren Weitergabe für die Firma ersichtlich ohne Nachteil ist. Im Zweifelsfalle sind jedoch technische, kaufmännische und persönliche Vorgänge und Verhältnisse, die dem Mitarbeiter im Zusammenhang mit seiner Tätigkeit bekannt werden, als Unterneh-

---

[364] Die Klausel ist wirksam (*Hümmerich*, Gestaltung von Arbeitsverträgen, § 1 Rn 2631).
[365] Diese Klausel ist nach der hier vertretenen Ansicht unwirksam (*Hümmerich*, Gestaltung von Arbeitsverträgen, § 1 Rn 294).

mensgeheimnisse zu behandeln. In solchen Fällen ist der Mitarbeiter vor der Offenbarung gegenüber Dritten verpflichtet, eine Weisung der Geschäftsleitung einzuholen, ob eine bestimmte Tatsache vertraulich zu behandeln ist oder nicht.

(2) Die Schweigepflicht erstreckt sich auch auf Angelegenheiten anderer Firmen, mit denen das Unternehmen wirtschaftlich oder organisatorisch verbunden ist.

(3) Sollte die nachvertragliche Verschwiegenheitspflicht den Mitarbeiter in seinem beruflichen Fortkommen hindern, hat der Mitarbeiter gegen die Firma einen Anspruch auf Freistellung von dieser Pflicht.

(4) Über seine Vergütung hat der Mitarbeiter dritten Personen gegenüber Stillschweigen zu bewahren. Dies gilt nicht für die Fälle, in denen er gesetzlich berechtigt oder verpflichtet ist, Angaben über sein Einkommen zu machen, wie beispielsweise dem Finanzamt, der Agentur für Arbeit oder einer sonstigen staatlichen Stelle.

(5) Die betrieblichen Sicherheitsbestimmungen sind zu beachten. Vertrauliche und geheim zu haltende Schriftstücke, Zeichnungen, Modelle und ähnliche Unterlagen sind unter Verschluss zu halten.

§ 12 Diensterfindungen

(1) Für die Behandlung von Diensterfindungen gelten die Vorschriften des Gesetzes über Arbeitnehmererfindungen vom 25.7.1957 (BGBl I, S. 756 ff. einschließlich späterer Änderungen) in seiner jeweiligen Fassung sowie die hierzu ergangenen Richtlinien für die Vergütung von Arbeitnehmererfindungen im privaten Dienst.

(2) Verbesserungsvorschläge werden von der Geschäftsleitung nach individueller Vereinbarung vergütet.

§ 13 Nebentätigkeit

(1) Jedwede Nebentätigkeit, sei sie ein Ehrenamt oder sei sie entgeltlich ausgeübt, macht die Einwilligung des Arbeitgebers erforderlich. Die Einwilligung ist zu erteilen, wenn nicht ein Versagungsgrund wegen einer zu befürchtenden Beeinträchtigung betrieblicher oder dienstlicher Interessen vorliegt.

(2) Der Arbeitgeber verpflichtet sich, seine Entscheidung über die beantragte Einwilligung innerhalb einer Frist von vier Wochen nach Antragseingang zu fällen. Verstreicht die Frist, ohne dass dem Arbeitnehmer die Entscheidung über den gestellten Antrag auf Nebentätigkeit zugegangen ist, gilt die Zustimmung des Arbeitgebers als erteilt.

§ 14 Beendigung des Arbeitsverhältnisses

(1) Das Arbeitsverhältnis endet mit Ablauf des Monats, in dem der Mitarbeiter das 65. Lebensjahr vollendet, durch Erwerbsunfähigkeit oder durch Kündigung.

(2) Wird durch den Bescheid eines Rentenversicherungsträgers festgestellt, dass der Mitarbeiter auf Dauer erwerbsunfähig ist, so endet das Arbeitsverhältnis mit Ablauf des Monats, in dem der Bescheid zugestellt wird. Beginnt die Rente wegen Erwerbsunfähigkeit erst nach der Zustellung des Rentenbescheids, endet das Arbeitsverhältnis mit Ablauf des dem Rentenbeginn vorangehenden Tages. Das Arbeitsverhältnis endet nicht, wenn nach dem Bescheid des Rentenversicherungsträgers eine Rente auf Zeit (§ 102 Abs. 2 SGB VI) gewährt wird. In diesem Falle ruht das Arbeitsverhältnis mit allen Rechten und Pflichten von dem Tage an, der auf den nach Satz 1 oder 2 maßgeblichen Zeitpunkt folgt, bis zum Ablauf des Tages, bis zu dem die Zeitrente bewilligt, längstens jedoch bis zum Ablauf des Tages, an dem das Arbeitsverhältnis endet.

(3) Die Kündigung bedarf der Schriftform. Die Kündigungsfrist beträgt vier Wochen zum 15. oder zum Ende eines Kalendermonats. Die Anwendung der verlängerten Kündigungsfristen und Kündigungstermine gemäß § 622 Abs. 2 BGB wird für beide Vertragsteile vereinbart.

(4) Kündigt die Firma das Arbeitsverhältnis mit dem Mitarbeiter, ist sie bei Bestehen schützenswerter Interessen befugt, dem Mitarbeiter unter vollständiger Fortzahlung seiner Bezüge und unter Anrechnung noch bestehender Urlaubsansprüche freizustellen. Als schutzwerte Interessen gelten der begründete Verdacht des Verstoßes gegen die Verschwiegenheitspflicht des Mitarbeiters, ansteckende Krankheiten und der begründete Verdacht einer strafbaren Handlung.

(5) Das Recht zur fristlosen Kündigung aus wichtigem Grund bleibt unberührt.

§ 15 Nebenabreden und Vertragsänderungen

Nebenabreden wurden nicht getroffen. Änderungen des Vertrages und Nebenabreden bedürfen zu ihrer Wirksamkeit der Schriftform.

§ 16 Haftung

(1) Die Firma verpflichtet sich, die zur Sicherung des Privateigentums des Mitarbeiters üblichen Maßnahmen zu ergreifen. Eine Haftung übernimmt sie nur im gesetzlichen Rahmen, soweit sie ein Verschulden trifft.

(2) Der Mitarbeiter hat die zur Sicherung seines Eigentums gebotenen Maßnahmen zu ergreifen. Persönliche Gegenstände darf er in Betriebsräumen nur mit Einwilligung seines Vorgesetzten aufbewahren. Private Gegenstände sind möglichst zu Hause zu belassen.

(3) Der Mitarbeiter verpflichtet sich gegenüber der Firma zur korrekten Erfüllung seiner Aufgaben aus dem Arbeitsvertrag. Er hat insbesondere die ihm obliegende ordnungsgemäße Führung und Verwaltung der Schulungsstätte sicherzustellen und zu überwachen. Verletzt er vorsätzlich oder grob fahrlässig seine Pflichten aus dem Arbeitsvertrag, haftet er für den daraus entstandenen Schaden. Bei leicht fahrlässigem Verhalten haftet er nicht, ansonsten ergibt sich die Höhe der Schadensforderung aus dem Umfang des Verschuldens. Im Falle mittlerer Fahrlässigkeit hat der Mitarbeiter den Schaden zum überwiegenden Teil, bei grober Fahrlässigkeit hat er den Schaden voll zu tragen. Die Firma ist berechtigt, ihre Schadensersatzforderung mit Gehaltsforderungen des Mitarbeiters zu verrechnen. Dabei ist die Pfändungsfreigrenze zu beachten.

(4) Wird durch den Arbeitnehmer in Ausführung der ihm übertragenen Tätigkeit ein Dritter geschädigt und wird die Firma hierfür in Anspruch genommen, haftet der Mitarbeiter der Firma gegenüber bis zur Höhe des entstandenen Schadens, sofern er vorsätzlich oder grob fahrlässig gehandelt hat. Im Übrigen gelten die Haftungsgrundsätze gemäß Absatz 3.

§ 17 Nutzung der betrieblichen Telekommunikationsmittel und Datenverarbeitungsanlagen

(1) Die Nutzung des betrieblichen Internetanschlusses sowie die Nutzung des E-Mail-Systems dürfen ausschließlich für dienstliche Zwecke erfolgen. Eine private Nutzung durch den Mitarbeiter ist nicht gestattet. Das Internet darf nur mit der gültigen persönlichen Zugangsberechtigung genutzt werden. User-ID und Passwort dürfen nicht an Dritte weitergegeben werden.

(2) Es dürfen keine fremden Programme/Dateien auf die Festplatte kopiert, über Diskette, CD-ROM, ähnliche Datenträger oder das Internet auf dem Rechner installiert und/oder eingesetzt werden. Auf Virenkontrolle ist zu achten. Virenschutzprogramme sind zu nutzen. Auftretende Störungen, die mit einem Virenbefall in Zusammenhang stehen könnten, sind umgehend der Netzverwaltung/dem Systemadministrator zu melden. Das Abrufen, Anbieten oder Verbreiten von rechtswidrigen Inhalten, insbesondere rassistischer oder pornographischer Art ist verboten.

(3) Der Arbeitgeber ist berechtigt, jede Nutzung des E-Mail-Systems und des Internets für die Dauer von maximal drei Monaten zu speichern, um die Einhaltung der obigen Bestimmungen anhand der gespeicherten Daten zu überprüfen. Der Mitarbeiter erteilt insoweit seine Einwilligung gemäß § 4a BDSG.

(4) Für den Fall seiner betrieblichen Abwesenheit (Urlaub, Krankheit etc.) hat der Mitarbeiter eigenverantwortlich eine automatisierte Antwort an den Absender eingehender E-Mails einzurichten, die den Absender über die Abwesenheit des Mitarbeiters informiert und einen Hinweis auf den zuständigen Vertreter und dessen Telefonnummer enthält.

(5) Verstöße gegen die vorstehenden Regeln können arbeitsrechtliche Konsequenzen zur Folge haben.

§ 18 Vertragsstrafe

(1) Nimmt der Mitarbeiter die Arbeit nicht oder verspätet auf, löst er das Arbeitsverhältnis ohne Einhaltung der maßgeblichen Kündigungsfrist auf, verweigert er vorübergehend die Arbeit oder wird die Firma durch vertragswidriges Verhalten des Mitarbeiters zur außerordentlichen Kündigung veranlasst, so hat der Mitarbeiter an die Firma eine Vertragsstrafe zu zahlen.

(2) Als Vertragsstrafe wird für den Fall der verspäteten Aufnahme der Arbeit sowie der vorübergehenden Arbeitsverweigerung ein Bruttoentgelt für jeden Tag der Zuwiderhandlung vereinbart, insbesondere jedoch nicht mehr als das in der gesetzlichen Mindestkündigungsfrist ansonsten erhaltene Arbeitsentgelt. Im Übrigen beträgt die Vertragsstrafe ein Bruttomonatsgehalt.

(3) Verstößt der Mitarbeiter gegen die Verschwiegenheitsverpflichtung aus § 11, so gilt für jeden Fall der Zuwiderhandlung eine Vertragsstrafe in Höhe von ▬▬▬ EUR als vereinbart.

(4) Die Geltendmachung eines weitergehenden Schadens bleibt vorbehalten.

§ 19 Besondere Vereinbarungen

(1) Alle beiderseitigen Ansprüche aus dem Arbeitsverhältnis und solche, die mit dem Arbeitsverhältnis in Verbindung stehen, verfallen, wenn sie nicht innerhalb von drei Monaten nach Fälligkeit gegenüber der anderen Vertragspartei schriftlich geltend gemacht werden.

(2) Lehnt die Gegenseite den Anspruch ab oder erklärt sie sich nicht innerhalb von zwei Wochen nach der Geltendmachung des Anspruchs, so verfällt dieser, wenn er nicht innerhalb von drei Monaten nach der Ablehnung oder dem Fristablauf gerichtlich erhoben wird.[366]

(3) Der Mitarbeiter erklärt sich damit einverstanden, dass seine personenbezogenen Daten automatisiert gespeichert und verarbeitet werden. Er erklärt, dass er sich die anliegende Belehrung über das Datengeheimnis durchgelesen hat und die ebenfalls anliegende Verpflichtungserklärung nach § 5 BDSG unterzeichnen wird.

(4) Der Mitarbeiter verpflichtet sich, an der betrieblichen Datenerfassung einschließlich der Erfassung von Produktionsscheinen oder der Benutzung eines Werksausweises über Komm-/Gehzeiten nach Weisung der Geschäftsleitung teilzunehmen. Einzelheiten bestimmt die Anweisung der Firma. Der Mitarbeiter verpflichtet sich insbesondere, einen maschinenlesbaren Ausweis zu benutzen.

§ 20 Sonstige Vereinbarungen

Alle Regelungen dieses Arbeitsvertrages, auch vertraglich gewährte Sozialleistungen, stehen unter dem Vorbehalt ablösender Betriebsvereinbarungen.

§ 21 Salvatorische Klausel[367]

Sollte eine Bestimmung dieser Vereinbarung unwirksam sein, wird die Wirksamkeit der übrigen Bestimmungen hiervon nicht berührt. Die Parteien verpflichten sich, die unwirksame Bestimmung durch eine dieser in Interessenlage und Bedeutung möglichst nahe kommende, wirksame Vereinbarung zu ersetzen.

2. Muster: Arbeitsvertrag als Anschreiben mit Organisationsanweisungen (Guideline)

Sehr geehrter Herr ▄▄▄,

wir beziehen uns auf die mit Ihnen geführten Gespräche und schließen mit Ihnen folgenden Anstellungsvertrag:

1. Sie treten am ▄▄▄ als Mitarbeiter ▄▄▄ unserer Geschäftsstelle ▄▄▄ in die Hauptabteilung ▄▄▄ in unsere Gesellschaft ein.

Wir behalten uns vor, Sie innerhalb unseres Gesamtunternehmens, d.h. auch bei angeschlossenen Gesellschaften und Werken innerhalb der Bundesrepublik Deutschland, in einer anderen, Ihrer Vorbildung und Ihren Fähigkeiten entsprechenden Stellung mit gleichen Bezügen und Vertragsbedingungen zu beschäftigen. Außer bei dringenden betrieblichen Notwendigkeiten werden wir hierbei eine Ankündigungsfrist beachten, die Ihrer vertraglichen Kündigungsfrist entspricht.

Ist eine dauernde Beschäftigung mit Arbeiten beabsichtigt, für die ein niedrigeres Entgelt vorgesehen ist, so können Sie erst nach Ablauf der Änderungskündigungsfrist in die niedrigere Lohn- und Gehaltsgruppe eingestuft werden, sofern nicht eine anderweitige Vereinbarung zustande kommt.

2. Als Vergütung für Ihre Tätigkeit erhalten Sie ein Bruttomonatsgehalt von

Grundgehalt:	▄▄▄ EUR
Schichtdienst und Überstundenpauschale:	▄▄▄ EUR
insgesamt:	▄▄▄ EUR

(in Worten: ▄▄▄ Euro),

das monatlich nachträglich gezahlt wird.

Sie erhalten ferner ein 13. Monatsgehalt in Höhe eines Bruttomonatsgehaltes, zahlbar Ende November eines jeden Jahres. Bei Eintritt im Laufe des Geschäftsjahres erfolgt die Zahlung zeitanteilig (Zwölftelung).

Voraussetzung für die Zahlung des 13. Gehaltes ist, dass Sie zum Zeitpunkt der Auszahlung in einem ungekündigten Arbeitsverhältnis stehen.

---

[366] Einstufige Ausschlussfristen müssen einen Mindestzeitraum von drei Monaten enthalten (BAG 28.9.2005 – 5 AZR 52/05, DB 2006, 1959). Zweistufige Ausschlussfristen müssen für jede Frist drei Monate vorsehen. Als im Arbeitsrecht etablierte Besonderheiten nach § 310 Abs. 4 Satz 2 BGB steht ihrer Wirksamkeit § 309 Nr. 13 BGB nicht entgegen (BAG 25.5.2005 – 5 AZR 572/04, NZA 2005, 1111).

[367] Manche Vertragsparteien wünschen weiterhin, dass eine salvatorische Klausel an den Schluss des Textes gestellt wird. Salvatorische Klauseln sind mit dem In-Kraft-Treten der Schuldrechtsreform gemäß § 306 Abs. 2 BGB unwirksam (KG 28.5.1997 – Karat U 5068/096, NJW 1998, 829; LG Köln 4.2.1987 – 26 O 120/86, NJW-RR 1987, 885; Däubler/Dorndorf/*Dorndorf*, AGB im Arbeitsrecht, § 306 BGB Rn 26; AnwK-ArbR/*Hümmerich*, § 306 BGB Rn 9).

Kapitel 1: Arbeitsverträge

Sie erhalten mit dem Dezembergehalt zusätzlich eine Prämie in Höhe von ■■■ EUR. Die Prämie wird erst nach einer Betriebszugehörigkeit von mindestens einem Jahr gezahlt. Bei Fehlzeiten innerhalb eines Kalenderjahres wird die Prämie für jeden Fehltag um 1/30 gekürzt.

Die Überweisung der Bezüge erfolgt auf ein von Ihnen zu benennendes Konto.

3. Angeordnete und genehmigte Mehrarbeit kann einschließlich der gesetzlichen Zuschlagssätze durch Freizeit ausgeglichen werden.

4. Ihre Einstellung ist davon abhängig, dass Ihr befriedigender Gesundheitszustand durch eine entsprechende ärztliche Untersuchung bestätigt wird. Den Sie untersuchenden Arzt stellen Sie insoweit uns gegenüber von seiner Schweigepflicht frei. Diese Bescheinigung über Ihren Gesundheitszustand legen Sie bitte in unserer Personalabteilung vor.

5. Die ersten sechs Monate gelten als Probezeit. Während dieser Frist kann das Arbeitsverhältnis von beiden Seiten mit einer Frist von einem Monat zum Monatsende und danach mit einer Frist von drei Monaten zum Monatsende gekündigt werden. Im Übrigen ist vereinbart, dass jegliche gesetzliche Veränderung der Kündigungsfrist zu Gunsten des Mitarbeiters in gleicher Weise auch für den Arbeitgeber gilt. Die Kündigung hat beiderseits schriftlich zu erfolgen.

Nach Ausspruch einer Kündigung, gleichgültig von welcher Seite sie erfolgt, sind wir berechtigt, Sie unter Fortzahlung Ihrer Bezüge und unter Anrechnung etwaiger Urlaubsansprüche von Ihrer Arbeitsleistung freizustellen.

Das Arbeitsverhältnis endet, ohne dass es der Einhaltung einer Kündigungsfrist bedarf, mit Ablauf des Monats, in dem Sie das 65. Lebensjahr vollenden, bzw. in dem Ihnen der Rentenversicherungsträger vor Vollendung des 65. Lebensjahres eine Alters- oder befristete Erwerbsunfähigkeitsrente zuerkennt.

6. Sie erhalten einen jährlichen Erholungsurlaub von 30 Arbeitstagen. Urlaubsjahr ist das Kalenderjahr mit der Maßgabe, dass der Urlaub aus dem Vorjahr bis zum 31. März genommen und beendet sein muss. Danach verfällt der Urlaubsanspruch.

Beginn und Ende des Urlaubs sind schriftlich zu beantragen und bedürfen der vorherigen Zustimmung des Vorgesetzten.

Im Jahre Ihres Ausscheidens nach dem 30. April infolge Erreichens der Altersgrenze bzw. Gewährung einer Rente gemäß Punkt 5. wird Ihnen der volle Jahresurlaub gewährt.

7. Wir werden für Sie eine Direktversicherung abschließen. Die jährliche Einzahlung wird Ende Dezember eines jeden Jahres durch uns vorgenommen. Die darauf entfallenden Steuern und ggf. Sozialversicherungsbeiträge gehen zu Ihren Lasten.

Die Höhe der o.g. Einzahlung ergibt sich aus einer Tabelle, die Bestandteil der Funktionsrichtlinie ist.

Die Einzahlung erfolgt maximal bis zur Höhe des zurzeit steuerlich zulässigen Pauschalisierungsgrenzwertes von zurzeit ■■■ EUR.

8. Wir behalten uns das Recht vor, Ihnen jederzeit innerhalb unseres Unternehmens auch eine andere, Ihrer Vorbildung, Vergütung und Ihren Fähigkeiten entsprechende Tätigkeit ggf. unter Versetzung an einen anderen Ort zu übertragen.

9. Die Annahme von Zuwendungen, Vergünstigungen und sonstigen Vorteilen durch Unternehmen, mit denen wir in Geschäftsbeziehungen stehen, ist unzulässig. Dies gilt nicht, wenn diese Zuwendungen etc. geringfügig und für den Gewährenden steuerlich abzugsfähig (§ 4 Abs. 5 EStG) sind und sich im Rahmen des allgemein Üblichen halten.

10. Nebentätigkeiten, durch die Ihre vertraglich geschuldeten Leistungen oder unsere Interessen beeinträchtigt werden können sowie jede Wettbewerbstätigkeit während der Dauer dieses Anstellungsvertrages, sind Ihnen untersagt. Sie sind verpflichtet, Nebentätigkeiten, soweit sie nach dieser Vertragsbestimmung zulässig sind, uns vorab schriftlich mitzuteilen.

11. Sie verpflichten sich, Geschäfts- und Betriebsangelegenheiten, die Ihnen anvertraut oder sonst zugänglich gemacht werden, nicht unbefugt zu verwerten oder unbefugt anderen mitzuteilen oder zugänglich zu machen.

Diese Verschwiegenheitspflicht erstreckt sich ebenfalls auf Angehörige und unsere Gesellschaft, soweit die Betreffenden nicht durch ihre Tätigkeit zur Entgegennahme derartiger Mitteilungen berufen sind.

12. Bei Arbeitsunfähigkeit infolge Krankheit, Unfall und bei einer von den Sozialversicherungsträgern verordneten Heilbehandlung wird Ihr Entgelt fortgezahlt. Die Höhe und Dauer der Entgeltzahlung richtet sich nach den jeweils geltenden gesetzlichen Bestimmungen.

Das Arbeitsentgelt wird nicht fortgezahlt für den Zeitraum, für den Sie von einem Sozialleistungsträger Übergangsgeld erhalten.

13. Die Abtretung von Gehaltsansprüchen an Dritte ist Ihnen nur mit unserer vorherigen Einwilligung gestattet. Die entsprechenden Kosten für die Bearbeitung von Gehaltspfändungen gehen zu Ihren Lasten.

§ 1 Verträge mit Arbeitnehmern, freien Mitarbeitern und Gesellschaftsorganen

14. Änderungen Ihrer persönlichen Daten sowie Änderungen in Bezug auf die Eigenschaft als Schwerbehinderter/Gleichgestellter haben Sie uns unverzüglich unter Vorlage entsprechender Unterlagen bekannt zu geben.

Sie verpflichten sich, Urlaubsanschriften vor Antritt des Urlaubs mitzuteilen; anderenfalls müssen Sie Zustellungen an eine uns bekannte Adresse gegen sich gelten lassen.

15. Die jeweils gültige Funktionsrichtlinie ist Bestandteil dieses Vertrages.

16. Soweit in diesem Vertrag nicht ausdrücklich anders festgelegt, gelten die jeweiligen gesetzlichen Regelungen. Änderungen und Ergänzungen dieses Vertrages bedürfen zu ihrer Wirksamkeit der Schriftform.

17. Sonstiges:

Nach erfolgreich beendeter Probezeit werden wir eine Überprüfung Ihrer Bezüge vornehmen.

In Ergänzung zu Punkt 8. des Arbeitsvertrages:

Wir behalten uns vor, die bestehenden Schichtpläne (bisher ohne Nachtschichten und regelmäßiger Wochenarbeit) zu verändern bzw. an die Bedürfnisse unserer Kundenstruktur anzupassen. In diesem Falle verpflichten Sie sich, Nachtschichten bzw. Wochenenddienste zu leisten.

Mit freundlichen Grüßen

Einverstanden: ▬▬▬

Anlage: Organisations-Handbuch

Funktionsrichtlinie   Kapitel/Seite ▬▬▬

Guideline   Bearbeitungsstand ▬▬▬

Zielsetzungen

Diese Guideline erfüllt die Funktion einer Zusatzvereinbarung zu den Anstellungsverträgen der Mitarbeiter im Bereich ▬▬▬.

Geltungsbereich

Diese Guideline gilt für alle unbefristet beschäftigten Mitarbeiter. Sie tritt hinter Vereinbarungen des Arbeitgebers mit einzelnen Arbeitnehmern zurück, soweit diese Vereinbarungen für den Arbeitnehmer günstiger sind.

Anweisungen

Arbeitszeit

- Arbeitstage
  - Arbeitstage sind die Wochentage von Montag bis Freitag mit Ausnahme der gesetzlichen Feiertage.
  - Bei regional unterschiedlicher Festsetzung von gesetzlichen Feiertagen gilt für jeden Mitarbeiter die Regelung an seiner regelmäßigen Arbeitsstätte.
- Arbeitszeit
  - Die regelmäßige Arbeitszeit beträgt 40 Stunden je Woche.
  - Die tägliche Arbeitszeit beträgt 8 Stunden plus einer halben Stunde Pause.
  - Der Arbeitsbeginn kann von jedem Mitarbeiter nach Abstimmung mit dem jeweiligen disziplinarischen Vorgesetzten individuell zwischen 7.30 Uhr und 9.00 Uhr gewählt werden. Für Teilzeitkräfte und Mitarbeiter, die im Schichtdienst arbeiten, gelten die einzelvertraglich vereinbarten Regelungen.
- Arbeitsnachweis
  - Die tägliche Kontrolle der Arbeitszeit der Mitarbeiter obliegt dem jeweiligen disziplinarischen Vorgesetzten.
  - Abwesenheiten (z.B. Urlaub und Krankheit der Mitarbeiter) sind der jeweiligen Abteilungssekretärin zu melden und werden von dieser monatlich erfasst und an die Personalabteilung weitergemeldet.
- Arbeitsverhinderung/Freistellung von der Arbeit
  - In den folgenden Fällen von Arbeitsverhinderung wird die ausfallende Arbeitszeit ohne Urlaubsanrechnung bezahlt.
  - Die zeitliche Länge der Freistellung beträgt, soweit gesetzlich nichts Günstigeres geregelt ist,
    - bei Tod des Ehegatten .... 3 Arbeitstage
    - bei eigener Eheschließung .... 2 Arbeitstage
    - bei Tod eines Familienangehörigen (Kinder, Eltern, Geschwister, Schwiegereltern) ... 1 Arbeitstag
    - bei Umzug mit eigenem Hausstand .... 1 Arbeitstag

– bei Niederkunft der Ehefrau	1 Arbeitstag
– bei Teilnahme an der Eheschließung der eigenen Kinder oder eines der Elternteile	1 Arbeitstag
– bei eigener Silberhochzeit	1 Arbeitstag

Arbeitsentgelt

- Brutto
  - Im Arbeitsvertrag ist die Bruttovergütung vereinbart.
  - Von diesem Betrag werden die steuerlichen und sonstigen gesetzlichen Abzüge einbehalten.
- Netto
  - Die entsprechende Nettovergütung wird dem Mitarbeiter auf ein von ihm anzugebenes inländisches Bankkonto überwiesen.
- Direktversicherung
  - Die Firma wird für jeden nicht leitenden Mitarbeiter eine Direktversicherung abschließen. Diese Direktversicherung wird als Gruppenversicherungsvertrag bei der ■■■-Versicherung geführt. Die Versicherung beginnt an dem auf den Eintritt des Mitarbeiters folgenden 1. Dezember.
  - Die Einstufung in die zu gewährende Direktversicherung ist abhängig von der jeweiligen monatlichen Einkommenshöhe. Mit Wirkung vom ■■■ sieht die Gehaltsstaffel folgendermaßen aus:
    - Bei einem monatlichen Gehalt bis ■■■ EUR beträgt der jährliche Versicherungsbeitrag ■■■ EUR.
    - Bei einem monatlichen Gehalt zwischen ■■■ EUR und ■■■ EUR beträgt der jährliche Versicherungsbeitrag ■■■ EUR.
    - Bei einem monatlichen Gehalt von ■■■ EUR und größer beträgt der jährliche Versicherungsbeitrag ■■■ EUR.
  - Zahlungstermin: Dezember eines jeden Jahres.
  - Diese Gehaltsstufen werden einmal jährlich entsprechend der Inflationsrate (Index für einen 4-Personen-Arbeitnehmerhaushalt) angepasst. Die auf diese Direktversicherung zu entrichtende Pauschalsteuer und eventuelle Sozialversicherungsbeiträge werden – solange sich keine gravierende Änderung der derzeitigen Gesetzeslage ergibt – vom Arbeitgeber getragen.
  - Bei Austritt des Mitarbeiters mit mindestens zwölfmonatiger Betriebszugehörigkeit wird die Direktversicherung mit den bis zum Austritt entrichteten Beiträgen auf den Arbeitnehmer übertragen. Ist ein Mitarbeiter zum Zeitpunkt der Prämienzahlung (Dezember) in einem gekündigten Anstellungsverhältnis, so wird für dieses Jahr kein Versicherungsbeitrag mehr entrichtet.

Vermögenswirksame Leistungen

- Tarifmitarbeiter erhalten nach einer Betriebszugehörigkeit von sechs Monaten eine vermögenswirksame Leistung in Höhe von 26 EUR brutto pro Monat, sofern ein entsprechender Sparvertrag vorgelegt wird. Teilzeitbeschäftigte erhalten entsprechend anteilige Leistungen.
- Außertarifliche Angestellte (AT, Abteilungsleiter, Netzbetriebsleiter und Hauptabteilungsleiter) sind von dieser Leistung ausgenommen.

Urlaub

- Der Jahresurlaub für jeden Mitarbeiter beträgt 30 Tage pro Kalenderjahr.
- Der Urlaub ist grundsätzlich mit dem zuständigen disziplinarischen Vorgesetzten abzustimmen und von diesem zu genehmigen.

Allgemeine Ordnung

- Parkplätze
  Für Mitarbeiter steht eine begrenzte Anzahl von Parkplätzen zur Verfügung. Die Vergabe regelt die Hauptabteilung ■■■.

3. Muster: Arbeitsvertrag mit Einrichtung der katholischen Kirche unter Einbeziehung der AVR

Vertrag

zwischen

■■■ als Rechtsträger des ■■■ in ■■■

und

Herrn ■■■, geboren am ■■■

■■■ ist eine der Lebens- und Wesensäußerungen der Katholischen Kirche. Seine Einrichtung dient der Verwirklichung des gemeinsamen Werkes christlicher Nächstenliebe. Alle Mitarbeiter dieser Einrichtung leisten deshalb ihren Dienst in Anerkennung dieser Zielsetzung und bilden ohne Rücksicht auf ihre Tätigkeit und Stellung eine Dienstgemeinschaft.

Auf dieser Grundlage wird der folgende Vertrag geschlossen.

§ 1

Herr ■■■ wird ab ■■■ als ■■■ eingestellt. Der Mitarbeiter gehört zur Dienstgemeinschaft der oben genannten Einrichtung. Er verspricht, die ihm übertragenen Aufgaben in Beachtung der Haus- bzw. Heimordnung und der Anordnung des Dienstgebers treu und gewissenhaft zu erfüllen.

§ 2

Für das Dienstverhältnis gelten die „Richtlinien für Arbeitsverträge in den Einrichtungen des ■■■-Verbandes (AVR) in der zurzeit des Vertragsabschlusses in der „Korrespondenz" veröffentlichten und im Amtsblatt des Ortsbistums in Kraft gesetzten Fassung.

Die AVR sind Bestandteil des Dienstvertrages und haben dem Mitarbeiter zur Kenntnisnahme zur Verfügung gestanden.

Bei Änderungen der AVR gilt jeweils die in der „Korrespondenz" veröffentlichte und im Amtsblatt des Ortsbistums in Kraft gesetzte Fassung, ohne dass es einer weiteren Vereinbarung bedarf. Auch insoweit ist dem Mitarbeiter Gelegenheit zur Kenntnisnahme gegeben.

§ 3

Der Dienstvertrag wird auf unbestimmte Zeit abgeschlossen.

Die Zeit bis zum ■■■ gilt gemäß § 7 Abs. 4 ARV als Probezeit.

§ 4

a) Der Mitarbeiter wird in die Vergütungsgruppe ■■■, Ziffer ■■■, Stufe ■■■ eingestuft. Bis zur Erreichung des Eingangsalters finden die Bestimmungen der Abschnitte IV und VI der Anlage 1 zu den AVR Anwendung.

Die nächsthöhere Stufe der Grundvergütung seiner Vergütungsgruppe erhält der Mitarbeiter ab ■■■ 20■■■.

b) Der Ortszuschlag wird nach Tarifklasse ■■■, Stufe ■■■ gewährt.

c) Der Mitarbeiter erhält gemäß Abschnitt IX der Anlage 1 zu den AVR in der Anstalt die folgenden Sachbezüge: ■■■

§ 5

Der Mitarbeiter nimmt unter Beachtung der Bestimmungen der Anlage 8 zu den AVR in der ab 1.1.1976 gültigen Fassung der Zusatzversorgung (VersO) ab ■■■ teil.

§ 6

Die Parteien stimmen darin überein, dass ein grober äußerer Verstoß gegen kirchliche Grundsätze ein wichtiger Grund für eine außerordentliche Kündigung ist (§ 16 AVR).

§ 7

Zwischen den Vertragsschließenden sind noch folgende Sondervereinbarungen getroffen worden: ■■■

§ 8

Weitere Sondervereinbarungen bestehen nicht. Spätere Vereinbarungen bedürfen zu ihrer Gültigkeit der schriftlichen Festlegung unter Bezugnahme auf diesen Vertrag und der kirchenaufsichtlichen Genehmigung.

(Dienstsiegel)[368]

---

[368] Notwendig zur Wirksamkeit des Arbeitsvertrages.

4. Muster: Arbeitsvertrag mit einer Einrichtung der evangelischen Kirche unter Einbeziehung der Dienstvertragsordnung in Deutschland

Dienstvertrag

zwischen

■■■

– Dienstgeber –

und

Herrn ■■■

– Dienstnehmer –

Diakonie ist Wesens- und Lebensäußerung der Evangelischen Kirche. Die Evangelische Kirche nimmt ihre diakonischen Aufgaben durch das Diakonische Werk wahr. Der Dienstgeber ist dem Diakonischen Werk angeschlossen. Die Einrichtung des Dienstgebers dient der Verwirklichung des gemeinsamen Werkes christlicher Nächstenliebe. Alle Mitarbeiterinnen und Mitarbeiter dieser Einrichtung leisten deshalb ihren Dienst in Anerkennung dieser Zielsetzung und bilden ohne Rücksicht auf ihre Tätigkeit und Stellung eine Dienstgemeinschaft.

Auf dieser Grundlage wird der nachstehende Vertrag geschlossen:

§ 1

Herr ■■■ tritt ab dem ■■■ in den Dienst der Dienststelle. Die Zuweisung eines anderen Aufgabenbereiches in vergleichbarer Funktion ist aus dienstlichen Gründen zur Aufgabenerfüllung des Dienstgebers möglich.

Die Zeit bis zum ■■■ gilt als Probezeit. Während der Probezeit kann das Beschäftigungsverhältnis jederzeit mit einer Frist von einem Monat zum Schluss eines Kalendermonats gekündigt werden.

Nach Ablauf der Probezeit ist beabsichtigt, Herrn ■■■ die Aufgaben des stellvertretenden Geschäftsführers zu übertragen.

§ 2

Das Dienstverhältnis und die Vergütung richten sich nach der Dienstvertragsordnung der Evangelischen Kirche in Deutschland (BAT/DVO.EKD; AB1. EKD 1990 Nr. 72) und nach den diese ergänzenden oder ändernden Bestimmungen in der jeweils gültigen Fassung.

§ 3

Der Dienstnehmer wird in die Berufsgruppe ■■■, Vergütungsgruppe ■■■ des Einzelgruppenplans ■■■ des Vergütungsgruppenplans für die Mitarbeiter im kirchlichen und diakonischen Dienst eingruppiert zuzüglich einer freiwilligen, jederzeit widerruflichen Stellenzulage von zurzeit 130 EUR. Diese Zulage ist nicht gesamtversorgungsfähig, d.h. sie unterliegt nicht der Versicherungspflicht in der Zusatzversorgungskasse und wird bei der Berechung der Weihnachtszuwendung nicht miteinbezogen.

Vorbehaltlich des Nachweises des Besoldungsdienstalters ist bei der Einstellung am ■■■die Lebensaltersstufe ■■■ maßgebend. Die Beschäftigungszeit beginnt am ■■■.

§ 4

Entsprechend § 13 DVO.EKD richtet sich die zusätzliche Alters- und Hinterbliebenenversorgung nach der Satzung der Kirchlichen Zusatzversorgungskasse Rheinland-Westfalen, der die Dienststelle beigetreten ist.

§ 5

Herr ■■■ hat über dienstliche Angelegenheiten Verschwiegenheit zu wahren, und zwar auch nach Beendigung des Dienstverhältnisses.

§ 6

Änderungen und Ergänzungen dieses Vertrages bedürfen der Schriftform.

5. Muster: Arbeitsvertrag Bund – unbefristet

Zwischen

der Bundesrepublik Deutschland, vertreten durch ■■■

– Arbeitgeber –

und

Frau/Herrn ■■■, wohnhaft in ■■■, geboren am ■■■

wird – vorbehaltlich ■■■ – folgender

Arbeitsvertrag

geschlossen:

§ 1

Frau/Herr ■■■ wird ab ■■■ auf unbestimmte Zeit

☐ als Vollbeschäftigte/Vollbeschäftigter eingestellt.

☐ als Teilzeitbeschäftigte/Teilzeitbeschäftigter mit ■■■ v.H. der durchschnittlichen regelmäßigen Wochenarbeitszeit eines entsprechenden Vollbeschäftigten eingestellt. Die/Der Teilzeitbeschäftigte ist im Rahmen begründeter dienstlicher Notwendigkeiten zur Leistung von Bereitschaftsdienst, Rufbereitschaft, Überstunden und Mehrarbeit verpflichtet.

§ 2

Das Arbeitsverhältnis bestimmt sich nach dem Tarifvertrag für den öffentlichen Dienst (TVöD), den besonderen Regelungen für die Verwaltung (TVöD – Besonderer Teil Verwaltung), dem Tarifvertrag zur Überleitung der Beschäftigten des Bundes in den TVöD und zur Regelung des Übergangsrechts (TVÜ-Bund) und die diese ergänzenden, ändernden oder ersetzenden Tarifverträge in der für den Bereich des Bundes jeweils geltenden Fassung. Auf das Arbeitsverhältnis finden die Regelungen für das Tarifgebiet ☐ Ost ☐ West Anwendung.

§ 3

Die Probezeit nach § 2 Abs. 4 TVöD beträgt sechs Monate.

§ 4

Die/Der Beschäftigte ist in die Entgeltgruppe ■■■ TVöD

☐ in Verbindung mit Satz ■■■ Buchst. ■■■ Anstrich des Anhangs zu § 16 (Bund) eingruppiert.

Der Arbeitgeber ist berechtigt, den Beschäftigten aus dienstlichen Gründen eine andere Tätigkeit im Rahmen der Entgeltgruppe zuzuweisen.

Anpassungen der Eingruppierung/Einreihung aufgrund des In-Kraft-Tretens der neuen Entgeltordnung können auch entgeltübergreifend erfolgen (§ 17 Abs. 4 TVÜ-Bund).

Bis zum In-Kraft-Treten der neuen Entgeltordnung sind alle Eingruppierungen (Neueinstellungen, Höher- und Herabgruppierungen) vorläufig und begründen keinen Vertrauensschutz und keinen Besitzstand (vgl. § 17 Abs. 3 Satz 1 TVÜ-Bund).

§ 5

(1) Es wird folgende Nebenabrede vereinbart: ■■■

(2) Die Nebenabrede kann mit einer Frist

☐ von zwei Wochen zum Monatsschluss

☐ von ■■■ zum ■■■ schriftlich gekündigt werden.

§ 6

Änderungen und Ergänzungen des Arbeitsvertrages einschließlich von Nebenabreden sowie Vereinbarungen weiterer Nebenabreden sind nur wirksam, wenn sie schriftlich vereinbart werden. Dies gilt auch für die Abbedingung des Schriftformerfordernisses.

6. Muster: Arbeitsvertrag Bund – befristet

↓

Zwischen

der Bundesrepublik Deutschland, vertreten durch ■■■

– Arbeitgeber –

und

Frau/Herrn ■■■, wohnhaft in ■■■, geboren am ■■■

wird – vorbehaltlich ■■■ – folgender

Kapitel 1: Arbeitsverträge

Arbeitsvertrag

geschlossen:

§ 1

Frau/Herr ▪▪▪ wird ab ▪▪▪ auf unbestimmte Zeit

- ❏ als Vollbeschäftigte/Vollbeschäftigter befristet eingestellt.
- ❏ als Teilzeitbeschäftigte/Teilzeitbeschäftigter mit ▪▪▪ v.H. der durchschnittlichen regelmäßigen Wochenarbeitszeit eines entsprechenden Vollbeschäftigten befristet eingestellt. Die/Der Teilzeitbeschäftigte ist im Rahmen begründeter dienstlicher Notwendigkeiten zur Leistung von Bereitschaftsdienst, Rufbereitschaft, Überstunden und Mehrarbeit verpflichtet.

Das Arbeitsverhältnis ist befristet

- ❏ bis zum ▪▪▪
- ❏ bis zum Erreichen folgenden Zwecks „▪▪▪"
- ❏ längstens bis zum ▪▪▪
- ❏ für die Dauer eines Beschäftigungsverbotes nach dem Mutterschutzgesetz/der Elternzeit/der Arbeitsfreistellung zur Betreuung eines Kindes von Frau/Herrn ▪▪▪ längstens bis zum ▪▪▪.

§ 2

Das Arbeitsverhältnis bestimmt sich nach dem Tarifvertrag für den öffentlichen Dienst (TVöD), den besonderen Regelungen für die Verwaltung (TVöD – Besonderer Teil Verwaltung), dem Tarifvertrag zur Überleitung der Beschäftigten des Bundes in den TVöD und zur Regelung des Übergangsrechts (TVÜ-Bund) und die diese ergänzenden, ändernden oder ersetzenden Tarifverträge in der für den Bereich des Bundes jeweils geltenden Fassung. Auf das Arbeitsverhältnis finden die Regelungen für das Tarifgebiet ❏ Ost ❏ West Anwendung.

§ 3

- ❏ Die Probezeit nach § 2 Abs. 4 TVöD beträgt sechs Monate.
- ❏ Die Probezeit beträgt nach § 30 Abs. 4 Satz 1 1. Halbsatz TVöD sechs Wochen.
- ❏ Für die Kündigung des gemäß § 30 Abs. 4 Satz 1 TVöD befristeten Arbeitsverhältnisses gilt § 34 Abs. 1 TVöD.
- ❏ Für die Kündigung des gemäß § 30 Abs. 4 Satz 1 TVöD befristeten Arbeitsverhältnisses gilt § 34 Abs. 4 und 5 TVöD.

§ 4

Die/Der Beschäftigte ist in die Entgeltgruppe ▪▪▪ TVöD

- ❏ in Verbindung mit Satz ▪▪▪ Buchst. ▪▪▪ Anstrich des Anhangs zu § 16 (Bund) eingruppiert.

Der Arbeitgeber ist berechtigt, den Beschäftigten aus dienstlichen Gründen eine andere Tätigkeit im Rahmen der Entgeltgruppe zuzuweisen.

Anpassungen der Eingruppierung/Einreihung aufgrund des In-Kraft-Tretens der neuen Entgeltordnung können auch entgeltübergreifend erfolgen (§ 17 Abs. 4 TVÜ-Bund).

Bis zum In-Kraft-Treten der neuen Entgeltordnung sind alle Eingruppierungen (Neueinstellungen, Höher- und Herabgruppierungen) vorläufig und begründen keinen Vertrauensschutz und keinen Besitzstand (vgl. § 17 Abs. 3 Satz 1 TVÜ-Bund).

§ 5

(1) Es wird folgende Nebenabrede vereinbart: ▪▪▪

(2) Die Nebenabrede kann mit einer Frist

- ❏ von zwei Wochen zum Monatsschluss
- ❏ von ▪▪▪ zum ▪▪▪ schriftlich gekündigt werden.

§ 6

Änderungen und Ergänzungen des Arbeitsvertrages einschließlich von Nebenabreden sowie Vereinbarungen weiterer Nebenabreden sind nur wirksam, wenn sie schriftlich vereinbart werden. Dies gilt auch für die Abbedingung des Schriftformerfordernisses.

↑

7. Muster: Arbeitsvertrag VKA – unbefristet

Zwischen

der Bundesrepublik Deutschland, vertreten durch ▪▪▪

– Arbeitgeber –

und

Frau/Herrn ▪▪▪, wohnhaft in ▪▪▪, geboren am ▪▪▪

wird – vorbehaltlich ▪▪▪ – folgender

Arbeitsvertrag

geschlossen:

§ 1

Frau/Herr ▪▪▪ wird ab ▪▪▪ auf unbestimmte Zeit eingestellt

❏ als Vollbeschäftigte/r.

❏ als Teilzeitbeschäftigte/r

　❏ mit der Hälfte der durchschnittlichen regelmäßigen Wochenarbeitszeit einer/eines entsprechenden Vollbeschäftigten;

　❏ mit ▪▪▪ der durchschnittlichen regelmäßigen Wochenarbeitszeit einer/eines entsprechenden Vollbeschäftigten.

　❏ mit einer durchschnittlichen regelmäßigen Arbeitszeit von ▪▪▪ Stunden.

Die/Der Teilzeitbeschäftigte ist im Rahmen begründeter dienstlicher Notwendigkeiten zur Leistung von Bereitschaftsdienst, Rufbereitschaft, Überstunden und Mehrarbeit verpflichtet.

§ 2

Das Arbeitsverhältnis bestimmt sich nach dem Tarifvertrag für den öffentlichen Dienst (TVöD) und dem Besonderen Teil

❏ Verwaltung

❏ Krankenhäuser

❏ Sparkassen

❏ Flughafen

❏ Entsorgung

und den diesen ergänzenden, ändernden oder ersetzenden Tarifverträgen in der für den Bereich der kommunalen Arbeitgeberverbände (VKA) jeweils geltenden Fassung einschließlich des Tarifvertrages zur Überleitung der Beschäftigten der kommunalen Arbeitgeber in den TVöD und zur Regelung des Übergangsrechts (§ 1 Abs. 2 TVÜ-VKA). Außerdem finden die im Bereich des Arbeitgebers jeweils geltenden sonstigen einschlägigen Tarifverträge Anwendung.

§ 3

Die Probezeit beträgt sechs Monate.

§ 4

Die/Der Beschäftigte ist in die Entgeltgruppe ▪▪▪ eingruppiert (§ 17 TVÜ-VKA).

§ 5

(1) Es wird folgende Nebenabrede vereinbart: ▪▪▪

(2) Die Nebenabrede kann unabhängig von diesem Arbeitsvertrag mit einer Frist

❏ von zwei Wochen zum Monatsschluss

❏ von ▪▪▪ zum ▪▪▪ gesondert schriftlich gekündigt werden.

§ 6

Änderungen und Ergänzungen des Arbeitsvertrages einschließlich von Nebenabreden sowie Vereinbarungen weiterer Nebenabreden sind nur wirksam, wenn sie schriftlich vereinbart werden.

8. Muster: Arbeitsvertrag VKA – befristet

Zwischen

der Bundesrepublik Deutschland, vertreten durch ■■■

– Arbeitgeber –

und

Frau/Herrn ■■■, wohnhaft in ■■■, geboren am ■■■

wird – vorbehaltlich ■■■ – folgender

Arbeitsvertrag

geschlossen:

§ 1

Frau/Herr ■■■ wird ab ■■■ befristet eingestellt

❑ als Vollbeschäftigte/r.

❑ als Teilzeitbeschäftigte/r

   ❑ mit der Hälfte der durchschnittlichen regelmäßigen Wochenarbeitszeit einer/eines entsprechenden Vollbeschäftigten;

   ❑ mit ■■■ der durchschnittlichen regelmäßigen Wochenarbeitszeit einer/eines entsprechenden Vollbeschäftigten;

   ❑ mit einer durchschnittlichen regelmäßigen Arbeitszeit von ■■■ Stunden.

Die/Der Beschäftigte ist im Rahmen begründeter dienstlicher Notwendigkeiten zur Leistung von Bereitschaftsdienst, Rufbereitschaft, Überstunden und Mehrarbeit verpflichtet.

§ 2

Das Arbeitsverhältnis bestimmt sich nach dem Tarifvertrag für den öffentlichen Dienst (TVöD) und dem Besonderen Teil

❑ Verwaltung

❑ Krankenhäuser

❑ Sparkassen

❑ Flughafen

❑ Entsorgung

und den diesen ergänzenden, ändernden oder ersetzenden Tarifverträgen in der für den Bereich der kommunalen Arbeitgeberverbände (VKA) jeweils geltenden Fassung einschließlich des Tarifvertrages zur Überleitung der Beschäftigten der kommunalen Arbeitgeber in den TVöD und zur Regelung des Übergangsrechts (§ 1 Abs. 2 TVÜ-VKA). Außerdem finden die im Bereich des Arbeitgebers jeweils geltenden sonstigen einschlägigen Tarifverträge Anwendung.

§ 3

Die Probezeit beträgt sechs Monate.

§ 4

Die/Der Beschäftigte ist in die Entgeltgruppe ■■■ eingruppiert (§ 17 TVÜ-VKA).

§ 5

(1) Es wird folgende Nebenabrede vereinbart: ■■■

(2) Die Nebenabrede kann unabhängig von diesem Arbeitsvertrag mit einer Frist

❑ von zwei Wochen zum Monatsschluss

❑ von ■■■ zum ■■■ gesondert schriftlich gekündigt werden.

§ 6

Änderungen und Ergänzungen des Arbeitsvertrages einschließlich von Nebenabreden sowie Vereinbarungen weiterer Nebenabreden sind nur wirksam, wenn sie schriftlich vereinbart werden.

9. Muster: Arbeitsvertrag im mittelständischen Unternehmen mit Betriebsrat (ohne Tarifbezug)

Arbeitsvertrag

Zwischen

der Firma ▪▪▪

– nachfolgend Firma genannt –

und

Herrn ▪▪▪

– nachfolgend Mitarbeiter genannt –

wird folgender Arbeitsvertrag geschlossen:

§ 1 Beginn des Arbeitsverhältnisses

(1) Der Mitarbeiter tritt am ▪▪▪ in die Dienste der Firma.

(2) Die Kündigung des Arbeitsverhältnisses vor Arbeitsaufnahme ist ausgeschlossen.

(3) Ergibt eine bis spätestens zum Ablauf der Probezeit vorzunehmende ärztliche Untersuchung durch den Werksarzt, dass der Mitarbeiter für die in Aussicht genommene Stelle gesundheitlich nicht geeignet ist, endet das Arbeitsverhältnis mit dem auf die ärztliche Feststellung folgenden Monatsende, ohne dass es einer Kündigung bedarf.

§ 2 Probezeit

(1) Dieser Vertrag wird auf die Dauer von sechs Monaten zur Probe geschlossen und endet mit dem letzten Tag der Probezeit, wenn er nicht zuvor verlängert wurde.

(2) Soll nach Ablauf der vereinbarten Probezeit ein unbefristetes Arbeitsverhältnis nicht eingegangen werden, müssen die Parteien ihren diesbezüglichen Willen mit einer Frist von zwei Wochen vor dem Ende der Probezeit schriftlich äußern. Gibt keine Partei eine Nichtverlängerungserklärung ab, geht das Probearbeitsverhältnis in ein Arbeitsverhältnis auf unbestimmte Zeit über.

§ 3 Aufgaben des Mitarbeiters, Betriebsvereinbarungen

(1) Der Mitarbeiter wird eingestellt als ▪▪▪. Er wird mit allen für diese Tätigkeit üblichen sowie vergleichbaren einschlägigen Arbeiten beschäftigt entsprechend näherer Anweisung der Betriebsleitung und seiner Vorgesetzten.

(2) Die Firma ist berechtigt, dem Mitarbeiter anderweitige, seinen Fähigkeiten entsprechende Aufgaben zu übertragen. Eine Veränderung der Vergütung ist mit einer nachhaltigen Änderung der Aufgaben des Mitarbeiters nicht verbunden. Bei höherwertiger Tätigkeit wird nach Ablauf von drei Monaten die Vergütung nach § 315 BGB angepasst.

(3) Der Mitarbeiter ist jederzeit verpflichtet, auf Verlangen der Firma aus dringenden betrieblichen Gründen vorübergehend außerhalb des vereinbarten Aufgabenbereichs zumutbare Arbeiten, auch an einem anderen Ort oder für einen anderen Arbeitgeber, zu leisten. Als „vorübergehend" gilt nach dem Willen der Parteien nur ein Zeitraum unter einem Monat.

(4) Für dieses Arbeitsverhältnis gelten die mit dem Betriebsrat geschlossenen Betriebsvereinbarungen, insbesondere die Allgemeine Betriebsordnung, aus der sich wesentliche Regelungen über den täglichen Arbeitsablauf ergeben.

(5) Ändern sich, insbesondere aus technisch-organisatorischen und/oder aus Wettbewerbsgründen, die Anforderungen des Arbeitsplatzes des Mitarbeiters, ist dieser verpflichtet, sich die notwendigen zusätzlichen Kenntnisse und Fertigkeiten anzueignen, wenn und soweit er dazu in der Lage ist. Soweit dies rechtlich geboten ist, werden die erforderlichen Schulungsmaßnahmen in der Arbeitszeit und auf Kosten der Firma stattfinden.

§ 4 Betriebliche Arbeitszeit

(1) Die regelmäßige Arbeitszeit entspricht der für Vollzeitarbeitnehmer im Betrieb üblichen Arbeitszeit. Sie beträgt zurzeit ▪▪▪ Stunden wöchentlich.

(2) Beginn und Ende der täglichen Arbeitszeit und der Pausen richten sich nach den mit dem Betriebsrat abgeschlossenen Vereinbarungen oder der betrieblichen Übung.

(3) Der Mitarbeiter ist verpflichtet, aus dringenden betrieblichen Gründen im Rahmen der gesetzlichen Bestimmungen, insbesondere der Mitbestimmung des Betriebsrats gemäß § 87 Abs. 1 BetrVG, vorübergehend Nacht-/Wechselschicht-/Sonntags-/Mehr- und Überarbeit zu leisten.

(4) Gemäß § 87 BetrVG darf die Firma durch eine Betriebsvereinbarung mit dem Betriebsrat Kurzarbeit anordnen, wenn die Voraussetzungen für die Gewährung von Kurzarbeitergeld erfüllt sind; dabei ist eine Ankündigungsfrist von zwei Wochen einzuhalten.

§ 5 Gehalt

(1) Der Mitarbeiter erhält ein monatliches Bruttogehalt von ▄▄▄ EUR. Die Vergütung ist jeweils am Letzten eines Monats fällig.

(2) Es werden ferner folgende Zulagen zum Gehalt gezahlt:

a) ▄▄▄ EUR

b) ▄▄▄ EUR.

Zulagen können von der Firma nach billigem Ermessen bei Wahrung einer Ankündigungsfrist von 2 Monaten widerrufen werden.

(3) Die Firma gewährt dem Mitarbeiter vermögenswirksame Leistungen nach dem 5. Vermögensbildungsgesetz in der Fassung vom 19.1.1989 (BGBl I S. 137) in Höhe von monatlich ▄▄▄ EUR.

(4) Die Zahlung der Vergütung erfolgt bargeldlos. Der Mitarbeiter gibt der Firma innerhalb von drei Tagen nach Beginn des Arbeitsverhältnisses seine Kontonummer bekannt.

(5) Der Mitarbeiter verpflichtet sich, Gehaltsüberzahlungen ohne Rücksicht auf eine noch vorhandene Bereicherung zurückzuzahlen.[369]

§ 6 Mehrarbeitspauschale

(1) Zur Abgeltung etwaiger über die regelmäßige Arbeitszeit hinausgehender Arbeit (Mehrarbeit) erhält der Mitarbeiter eine monatliche Mehrarbeitspauschale in Höhe von ▄▄▄ EUR. Mit dieser Pauschale werden bis zu ▄▄▄ Überstunden im Monat abgegolten. Diese Abgeltungsvereinbarung kann von beiden Parteien mit einmonatiger Kündigungsfrist gekündigt werden. Beide Parteien können nach Kündigung und Fristablauf die Ablösung der Pauschalabgeltung durch Einzelabrechnung verlangen.

(2) Ansprüche auf Zuschläge für Mehrarbeit bestehen nur, wenn hierüber mit der Firma eine gesonderte Vereinbarung getroffen worden ist.

§ 7 Jahressonderzahlung

(1) Der Mitarbeiter, dessen Arbeitsverhältnis bis zum Jahresende besteht, erhält eine Jahressonderzahlung in Höhe eines Monatsgehalts, die mit der Gehaltsabrechnung für November abzurechnen und auszuzahlen ist.

(2) Tritt der Mitarbeiter im Laufe eines Kalenderjahres in die Firma ein, wird die Jahressonderzahlung anteilig gewährt, wenn nicht das Arbeitsverhältnis in einem Kalenderjahr weniger als sechs Monate bestanden hat. Ruht das Arbeitsverhältnis mehr als sechs Monate, wird die Jahressonderzahlung nicht gewährt. Sie entfällt ebenfalls, wenn mehr als zwei Monate im Jahr kein Gehalt oder Entgeltfortzahlung infolge Krankheit geleistet wurde. Die Entgeltfortzahlungszeiten eines Kalenderjahres werden zusammengerechnet.

(3) Der Anspruch auf Jahressonderzahlung ist ausgeschlossen, wenn das Arbeitsverhältnis im Zeitpunkt der Auszahlung oder bis zum 31.12. von einem der Vertragsteile gekündigt wurde oder infolge Befristung oder Aufhebungs- oder Abwicklungsvertrages endet. Der Ausschluss der Jahressonderzahlung greift nicht, wenn die Kündigung aus betriebsbedingten oder aus personenbedingten, vom Mitarbeiter nicht zu vertretenden Gründen erfolgt. Er ist ebenfalls nicht bei Aufhebungs- und Abwicklungsverträgen aus betriebsbedingtem Anlass anzuwenden.

(4) Bei der Jahressonderzahlung handelt es sich um eine freiwillige Leistung, die ohne Anerkennung einer Rechtspflicht gewährt wird und auch bei wiederholter Zahlung keinen Rechtsanspruch für die Zukunft begründet.

§ 8 Überzahlungen

Zu viel gezahltes Gehalt oder sonstige Geldleistungen kann die Firma nach den Grundsätzen über die Herausgabe einer ungerechtfertigten Bereicherung zurückverlangen. Der Mitarbeiter kann sich auf den Wegfall der Bereicherung nicht berufen, wenn die rechtsgrundlose Überzahlung so offensichtlich war, dass er die überhöhten Beträge hätte erkennen müssen, oder wenn die Überzahlung auf Umständen beruhte, die der Mitarbeiter zu vertreten hat.

§ 9 Abtretung und Verpfändung

(1) Der Mitarbeiter darf seine Vergütungsansprüche an Dritte nur nach vorheriger schriftlicher Zustimmung der Firma verpfänden oder abtreten.

(2) Der Mitarbeiter hat den der Firma durch die Bearbeitung verpfändeter oder abgetretener Ansprüche entstehenden Aufwand zu erstatten. Der Aufwand wird pauschal mit 10 EUR pro Pfändung, Abtretung und Verpfändung sowie zusätzlich 5 EUR für jedes Schreiben und 20 EUR pro Überweisung in Ansatz gebracht. Bei Nachweis höherer tatsächlicher Kosten ist die Firma berechtigt, diese gegenüber dem Mitarbeiter zu berechnen. Dem Mitarbeiter ist der Nachweis

---

[369] Diese Klausel ist nach hier vertretener Ansicht gemäß § 307 Abs. 2 Nr. 1 BGB nicht wirksam (*Hümmerich*, NZA 2003, 764; *ders.*, Gestaltung von Arbeitsverträgen, § 1 Rn 1620).

gestattet, dass ein Schaden oder ein Aufwand überhaupt nicht entstanden ist oder wesentlich niedriger ist als die von der Firma in Ansatz gebrachten Pauschbeträge.

§ 10 Arbeitsverhinderung

(1) Der Mitarbeiter ist verpflichtet, jede Arbeitsverhinderung und ihre voraussichtliche Dauer unverzüglich der Firma anzuzeigen und dabei gleichzeitig auf etwaige dringliche Arbeiten hinzuweisen.

(2) Im Falle der Arbeitsunfähigkeit infolge Krankheit ist der Mitarbeiter verpflichtet, spätestens am dritten Arbeitstag eine ärztliche Bescheinigung über die Arbeitsunfähigkeit und deren voraussichtliche Dauer vorzulegen. Dauert die Arbeitsunfähigkeit länger als in der Bescheinigung angegeben, ist er verpflichtet, unverzüglich eine neue ärztliche Bescheinigung einzureichen. Die Firma ist berechtigt, die Vorlage der ärztlichen Bescheinigung zu einem früheren Zeitpunkt zu verlangen.

(3) Ist der Mitarbeiter unverschuldet arbeitsunfähig erkrankt, leistet die Firma für die Dauer von sechs Wochen Entgeltfortzahlung. Im Übrigen richten sich die Rechte und Pflichten der Parteien nach den jeweiligen gesetzlichen Bestimmungen des Entgeltfortzahlungsgesetzes.

§ 11 Urlaub

Der Mitarbeiter erhält kalenderjährlich einen Erholungsurlaub von ▄▄▄ Arbeitstagen. Der Urlaub wird in Abstimmung mit dem Mitarbeiter von der Firmenleitung unter Berücksichtigung seiner persönlichen und familiären Belange festgelegt. Im Übrigen gelten die gesetzlichen Bestimmungen.

§ 12 Vorübergehende Übertragung anderweitiger Aufgaben[370]

Das Arbeitsverhältnis bezieht sich auf eine Tätigkeit in ▄▄▄. Die Firma behält sich vor, den Mitarbeiter innerhalb des gesamten Unternehmens – auch an einen anderen Ort – zu versetzen, wenn es nach Abwägung der betrieblichen und den persönlichen Belangen des Mitarbeiters diesem zuzumuten ist. Außer in Notfällen hat die Firma eine Ankündigungsfrist zu beachten, die der vertraglichen oder gesetzlichen Kündigungsfrist des Mitarbeiters entspricht. Kosten eines von der Firma angeordneten Wohnsitzwechsels werden dem Mitarbeiter erstattet.

§ 13 Nebentätigkeit

(1) Jedwede Nebentätigkeit, sei sie ein Ehrenamt oder sei sie entgeltlich ausgeübt, macht die Einwilligung des Arbeitgebers erforderlich. Die Einwilligung ist zu erteilen, wenn nicht ein Versagungsgrund wegen einer zu befürchtenden Beeinträchtigung betrieblicher oder dienstlicher Interessen vorliegt.

(2) Der Arbeitgeber verpflichtet sich, seine Entscheidung über die beantragte Einwilligung innerhalb einer Frist von vier Wochen nach Antragseingang zu fällen. Verstreicht die Frist, ohne dass dem Arbeitnehmer die Entscheidung über den gestellten Antrag auf Nebentätigkeit zugegangen ist, gilt die Zustimmung des Arbeitgebers als erteilt.

§ 14 Verschwiegenheitspflicht

(1) Der Mitarbeiter wird über alle Betriebs- und Geschäftsgeheimnisse, insbesondere Herstellungsverfahren, Vertriebswege und dergleichen sowohl während der Dauer des Arbeitsverhältnisses als auch nach seiner Beendigung Stillschweigen bewahren. Die Geheimhaltungspflicht umfasst nicht solche Kenntnisse, die jedermann zugänglich sind oder deren Weitergabe für die Firma ersichtlich ohne Nachteil ist. Im Zweifelsfalle sind technische, kaufmännische und persönliche Informationen und Zusammenhänge, die dem Mitarbeiter im Rahmen mit seiner Tätigkeit bekannt werden, von ihm als Geschäftsgeheimnisse zu behandeln. Bei etwaigen Zweifeln ist der Mitarbeiter immer vor der Offenbarung verpflichtet, eine Weisung der Geschäftsleitung einzuholen, ob eine bestimmte Tatsache vertraulich zu behandeln ist oder nicht.

(2) Die Schweigepflicht erstreckt sich auch auf Angelegenheiten anderer Firmen, mit denen das Unternehmen wirtschaftlich, organisatorisch oder in der Produktion verbunden ist, insbesondere durch Lohnfertigungsarbeiten.

(3) Über seine Vergütung hat der Mitarbeiter dritten Personen gegenüber Stillschweigen zu bewahren. Dies gilt nicht für die Fälle, in denen er gesetzlich berechtigt oder verpflichtet ist, Angaben über sein Einkommen zu machen.

(4) Die betrieblichen Sicherheitsbestimmungen sind zu beachten. Vertrauliche und geheim zu haltende Schriftstücke, Zeichnungen, Modelle usw. sind stets unter Verschluss zu halten. Etwaige Verluste sind stets unverzüglich der Geschäftsleitung mitzuteilen.

---

[370] Die Wirksamkeit dieser Regelung ist zweifelhaft, § 1 Rn 42.

§ 15 Haftung

Verursacht der Mitarbeiter durch eine schuldhafte Pflichtverletzung einen Schaden, trägt er im Falle einfacher Fahrlässigkeit den Schaden zur Hälfte, höchstens jedoch bis zum Betrag einer Monatsnettovergütung. Bei grober Fahrlässigkeit hat der Mitarbeiter den Schaden vollständig zu ersetzen, jedoch der Höhe nach beschränkt auf den dreifachen Betrag der üblichen Monatsnettovergütung. Die vorgenannten Grundsätze gelten entsprechend bei vom Mitarbeiter verursachten Schäden gegenüber Dritten. Bei Vorsatz haftet der Mitarbeiter unbeschränkt.

§ 16 Vertragsstrafe[371]

(1) Nimmt der Mitarbeiter die Arbeit nicht oder verspätet auf, beendet er das Arbeitsverhältnis ohne Einhaltung der maßgeblichen Kündigungsfrist, ohne einen Grund zur außerordentlichen Kündigung zu haben, verweigert er vorübergehend die Arbeit oder wird die Firma durch vertragswidriges Verhalten des Mitarbeiters zur außerordentlichen Kündigung veranlasst, schuldet der Mitarbeiter der Firma eine Vertragsstrafe. Die Vertragsstrafe entsteht nur, wenn der Mitarbeiter grob fahrlässig oder vorsätzlich gehandelt hat.

(2) Als Vertragsstrafe wird für den Fall der verspäteten Aufnahme der Arbeit sowie der vorübergehenden Arbeitsverweigerung ein Bruttotagesentgelt für jeden Tag der Zuwiderhandlung vereinbart, insgesamt jedoch nicht mehr als das in der gesetzlichen Mindestkündigungsfrist ansonsten erhaltene Arbeitsentgelt. Im Übrigen beträgt die Vertragsstrafe ein Bruttomonatsentgelt.

(3) Verstößt der Mitarbeiter gegen die Verschwiegenheitsverpflichtung gemäß § 14, beträgt die Vertragsstrafe für jeden Fall der Zuwiderhandlung 7.500 EUR.

(4) Die Geltendmachung weitergehender Schadensersatzansprüche durch die Firma ist nicht ausgeschlossen.

§ 17 Kündigung, Rentenbezug

(1) Die Kündigung des Arbeitsverhältnisses bedarf der Schriftform. Die Firma ist berechtigt, den Mitarbeiter im Falle einer Kündigung unter Fortzahlung der Bezüge und unter Anrechnung restlicher Urlaubsansprüche von der Arbeitsleistung freizustellen, wenn Umstände vorliegen, die die Vertrauensgrundlage beeinträchtigt haben (z.B. Geheimnisverrat, Konkurrenztätigkeit, langsames Arbeiten, abfällige Bemerkungen). Nicht erfüllte Urlaubsansprüche sind abgegolten, soweit nicht aufgrund von Arbeitsunfähigkeit des Mitarbeiters oder aus sonstigen gesetzlichen Gründen eine Abgeltung ausgeschlossen ist.

(2) Für beide Vertragsparteien besteht eine Kündigungsfrist von vier Wochen zum 15. oder zum Ende eines Kalendermonats. Die Verlängerung der Kündigungsfristen nach Alter und Beschäftigungsjahr richtet sich nach den gesetzlichen Vorschriften in ihrer jeweiligen Fassung.

(3) Das Arbeitsverhältnis endet mit Ablauf des Monats, in dem der Mitarbeiter das 65. Lebensjahr vollendet. Es endet in jedem Falle mit Ablauf des Monats, in dem der Mitarbeiter eine Rente wegen Alters nach Maßgabe der §§ 35 bis 42 SGB VI bezieht.

(4) Wird durch den Bescheid eines Rentenversicherungsträgers dauernde Berufs- oder Erwerbsunfähigkeit festgestellt, endet das Arbeitsverhältnis mit Ablauf des Monats, in dem der Bescheid zugestellt wird. Beginnt die Rente wegen Berufs- oder Erwerbsunfähigkeit erst nach der Zustellung des Rentenbescheides, endet das Arbeitsverhältnis mit Ablauf des dem Rentenbeginn vorangegangenen Tages. Das Arbeitsverhältnis endet nicht, wenn nach dem Bescheid des Rentenversicherungsträgers eine Rente auf Zeit (§ 102 Abs. 2 SGB VI) gewährt wird. In diesem Falle ruht das Arbeitsverhältnis mit allen Rechten und Pflichten von dem Tage an, der auf den nach Satz 1 oder 2 maßgeblichen Zeitpunkt folgt, bis zum Ablauf des Tages, bis zu dem die Zeitrente bewilligt ist, längstens jedoch bis zum Ablauf des Tages, an dem das Arbeitsverhältnis endet.

§ 18 Verzicht auf Nachteilsausgleich

Der Mitarbeiter verzichtet auf die Geltendmachung eventueller Nachteilsausgleichsansprüche gemäß § 113 BetrVG.

---

[371] Das Verbot eines Vertragsstrafeversprechens in § 309 Nr. 6 BGB gilt im Arbeitsrecht nicht. Das BAG ist der Auffassung, dass die modifizierte Anwendungsregel in § 310 Abs. 4 Satz 2 BGB zu einem regelmäßig berechtigten Interesse des Arbeitgebers führt, die Nicht- oder Schlechterfüllung der Pflicht zur Arbeitsleistung mit einer Vertragsstrafe zu verbinden (BAG 3.4.2004 – 8 AZR 196/03, BAGE 110, 8 = NZA 2004, 727). Unwirksam ist eine Vertragsstrafeversprechen, wenn die Abrede die Pflichtverletzung des Arbeitnehmers nicht so klar bezeichnet, dass sich der Versprechende in seinem Verhalten hierauf einstellen kann (BAG 21.4.2005 – 8 AZR 425/04, NZA 2005, 1053). Unwirksam ist die Vereinbarung eines Vertragsstrafenrahmens für den Fall eines gravierenden Wettbewerbsverstoßes von einem bis zu drei Monatsgehältern, wenn es dem Arbeitgeber überlassen bleibt, die Vertragsstrafe im Einzelfall innerhalb dieses Rahmens festzusetzen (BAG 18.8.2005 – 8 AZR 65/05, NZA 2006, 34 = BB 2006, 720). Vorsicht ist geboten, wenn die Vertragsstrafe zu hoch bemessen ist. Eine Herabsetzung der Vertragsstrafe nach § 343 BGB kommt seit der Schuldrechtsmodernisierung nicht mehr in Betracht, weil das Verbot der geltungserhaltenden Reduktion nach § 306 Abs. 2 BGB die Anpassung einer zu hohen Vertragsstrafe nach § 343 BGB ausschließt (BAG 4.3.2004 – 8 AZR 196/03, NZA 2004, 727; LAG Hamm 24.1.2003 – 10 Sa 1158/02, DB 2003, 2549; *Brors*, DB 2004, 1778).

§ 19 Nutzung der betrieblichen Telekommunikationsmittel und Datenverarbeitungsanlagen

(1) Die Nutzung des betrieblichen Internetanschlusses sowie die Nutzung des E-Mail-Systems dürfen ausschließlich für dienstliche Zwecke erfolgen. Eine private Nutzung durch den Mitarbeiter ist nicht gestattet. Das Internet darf nur mit der gültigen persönlichen Zugangsberechtigung genutzt werden. User-ID und Passwort dürfen nicht an Dritte weitergegeben werden.

(2) Es dürfen keine fremden Programme/Dateien auf die Festplatte kopiert, über Diskette, CD-ROM, ähnliche Datenträger oder das Internet auf dem Rechner installiert und/oder eingesetzt werden. Auf Virenkontrolle ist zu achten. Virenschutzprogramme sind zu nutzen. Auftretende Störungen, die mit einem Virenbefall in Zusammenhang stehen könnten, sind umgehend der Netzverwaltung/dem Systemadministrator zu melden. Das Abrufen, Anbieten oder Verbreiten von rechtswidrigen Inhalten, insbesondere rassistischer oder pornographischer Art ist verboten.

(3) Der Arbeitgeber ist berechtigt, jede Nutzung des E-Mail-Systems und des Internets für die Dauer von maximal drei Monaten zu speichern, um die Einhaltung der obigen Bestimmungen anhand der gespeicherten Daten zu überprüfen. Der Mitarbeiter erteilt insoweit seine Einwilligung gemäß § 4a BDSG.

(4) Für den Fall seiner betrieblichen Abwesenheit (Urlaub, Krankheit etc.) hat der Mitarbeiter eigenverantwortlich eine automatisierte Antwort an den Absender eingehender E-Mails einzurichten, die den Absender über die Abwesenheit des Mitarbeiters informiert und einen Hinweis auf den zuständigen Vertreter und dessen Telefonnummer enthält.

Verstöße gegen die vorstehenden Regeln können arbeitsrechtliche Konsequenzen zur Folge haben.

§ 20 Ausschlussfristen[372]

(1) Alle Ansprüche aus dem bestehenden Arbeitsverhältnis müssen innerhalb von drei Monaten nach Fälligkeit schriftlich geltend gemacht werden.

(2) Lehnt die Gegenseite den Anspruch ab oder erklärt sie sich nicht innerhalb eines Monats nach Geltendmachung des Anspruchs, so verfällt dieser, wenn er nicht innerhalb von zwei Monaten nach der Ablehnung gerichtlich geltend gemacht wird. Die Ausschlussfrist gilt nicht für Zahlungsansprüche des Mitarbeiters, die während eines Kündigungsprozesses fällig werden und vom Verfahrensausgang abhängig sind. Bei derartigen Ansprüchen beginnt die Verfallfrist von zwei Monaten nach rechtskräftiger Beendigung des Kündigungsschutzverfahrens.

IV. Verträge mit geringfügig Beschäftigten

 1. Muster: Merkblatt für Arbeitnehmer zur Neuregelung der geringfügigen Beschäftigungsverhältnisse (Mini-Jobs) und zur Gleitzonenregelung

Seit dem 1.4.2003 geltende Bestimmungen für geringfügig entlohnte Beschäftigungen (Mini-Jobs)

1. Geringfügigkeitsgrenze
- Die monatliche Verdienstgrenze wurde von 325 EUR auf 400 EUR angehoben.
- Die Begrenzung der Arbeitszeit auf 15 Stunden pro Woche ist entfallen.
- Werden mehrere geringfügige Beschäftigungen nebeneinander ausgeübt, dürfen die Gesamteinkünfte der Mini-Jobs nicht mehr als 400 EUR im Monat betragen.
- Neben einer sozialversicherungspflichtigen Hauptbeschäftigung darf eine geringfügige Beschäftigung versicherungsfrei ausgeübt werden.

2. Sozialversicherung
- Der Arbeitgeber zahlt im gewerblichen Bereich seit dem 1. Juli 2006 grundsätzlich Pauschalbeiträge in Höhe von:
  15 % des Arbeitsentgelts für die Rentenversicherung und
  13 % des Arbeitsentgelts für die Krankenversicherung (bisher 10 %), außerdem
  2 % einheitliche Pauschsteuer (neu), wenn keine Lohnsteuerkarte vorgelegt wird.

---

[372] Einstufige Ausschlussfristen müssen einen Mindestzeitraum von drei Monaten enthalten (BAG 28.9.2005 – 5 AZR 52/05, DB 2006, 1959). Zweistufige Ausschlussfristen müssen für jede Frist drei Monate vorsehen. Als im Arbeitsrecht etablierte Besonderheiten nach § 310 Abs. 4 Satz 2 BGB steht ihrer Wirksamkeit § 309 Nr. 13 BGB nicht entgegen (BAG 25.5.2005 – 5 AZR 572/04, NZA 2005, 1111).

Kapitel 1: Arbeitsverträge

Die pauschalen Sozialabgaben in Höhe von 30% (bei Kleinbetrieben zuzüglich der Umlagen zur Lohnfortzahlungsversicherung) werden vom Arbeitgeber einheitlich an die Bundesknappschaft in Cottbus abgeführt. Für den Arbeitnehmer fallen dann keine Abzüge an.

Für Mini-Jobs in Privathaushalten beträgt die pauschale Sozialabgabe 12% (je 5% für die Renten- und Krankenversicherung und 2% Pauschsteuer). Sie ist vom privaten Arbeitgeber mittels Haushaltsscheckverfahren abzuführen.

Aufstockung: Will der Arbeitnehmer einen Anspruch auf alle Leistungen der Rentenversicherung erwerben, muss er wie bisher gegenüber dem Arbeitgeber erklären, dass er auf die Rentenversicherungsfreiheit verzichtet. Der Arbeitnehmer hat dann die 15%-Pauschale des Arbeitgebers auf den vollen Pflichtbeitrag zu ergänzen. Der Arbeitgeber führt die Arbeitnehmerbeiträge in Höhe von 4,5% aus dem Arbeitsentgelt ab.

3. Steuer

- Die geringfügig entlohnte Beschäftigung ist ab dem 1. April 2003 steuerpflichtig. Freistellungsbescheinigungen gelten nur bis 31. März 2003.
- Die geringfügig entlohnte Beschäftigung bis 400 EUR kann vom Arbeitgeber versteuert werden mit

  2% einheitlicher Pauschsteuer (inkl. Kirchensteuer und Solidaritätszuschlag), wenn er den 15%igen Pauschalbeitrag zur Rentenversicherung zahlt (Abführung als Sozialabgabe an die Bundesknappschaft Cottbus) bzw.

  20% pauschaler Lohnsteuer (zuzügl. pauschale Kirchensteuer und Solidaritätszuschlag), wenn ausnahmsweise die Rentenversicherungsbeiträge nicht mit 15% pauschal zu zahlen sind.

- Die geringfügig entlohnte Beschäftigung kann vom Arbeitnehmer mit Lohnsteuerkarte versteuert werden.

4. Kurzfristige Beschäftigungsverhältnisse

Für Beschäftigungen, die nicht länger als 50 Arbeitstage bzw. zwei Monate andauern, ist seit 1. April 2003 die Bundesknappschaft in Cottbus zuständige Einzugsstelle. Bei der Prüfung der Zeitgrenzen ist das Kalenderjahr (nicht mehr das Zeitjahr ab Beschäftigungsbeginn) maßgebend. Es sind alle im laufenden Kalenderjahr ausgeübten kurzfristigen Beschäftigungen auch bei verschiedenen Arbeitgebern zu berücksichtigen. Der Arbeitgeber hat die Möglichkeit, die Steuer bei Vorliegen der Voraussetzungen pauschal mit 25% zu erheben.

5. Handlungsbedarf für geringfügig Beschäftigte

Informieren Sie Ihren Arbeitgeber über weitere Beschäftigungsverhältnisse bei anderen Arbeitgebern bzw. über Vorbeschäftigungen im laufenden Kalenderjahr.

Wenn Sie von der Möglichkeit der Aufstockung der Rentenversicherungsbeiträge Gebrauch machen wollen, teilen Sie dies bitte Ihrem Arbeitgeber mit und informieren Sie davon auch Ihre evtl. weiteren Arbeitgeber. Stocken Sie in einer geringfügigen Beschäftigung bereits auf, bleibt diese Entscheidung bestehen, Sie brauchen nichts unternehmen.

Würden Sie u.U. durch Ansprüche auf Einmalbezüge über die 400-Euro-Grenze kommen, können Sie prüfen, ob z.B. zum Erhalt der Versicherungsfreiheit im Voraus ein schriftlicher Verzicht auf die Gewährung von Urlaubs- oder Weihnachtgeld bei Ihrem Arbeitgeber in Frage kommt.

Seit dem 1.4.2003 geltende Bestimmungen bei Arbeitsentgelt in der Gleitzone (Niedriglohn-Job)

1. Gleitzone

- Das versicherungspflichtige Entgelt inkl. Einmalbezüge liegt regelmäßig zwischen 400,01 und 800 EUR monatlich.
- Bei mehreren Beschäftigungsverhältnissen ist das insgesamt erzielte Arbeitsentgelt maßgebend.

2. Sozialversicherung

- Das Beschäftigungsverhältnis ist sozialversicherungspflichtig. Der Arbeitgeberbeitrag bleibt unverändert wie bisher bei rund 21%. Der Arbeitnehmerbeitrag jedoch steigt schrittweise von ca. 4% (bei 400,01 EUR) auf ca. 21% (bei 800 EUR) an.
- Der Berechnung der Sozialversicherungsbeiträge wird nicht das tatsächlich erzielte Arbeitsentgelt zu Grunde gelegt, sondern ein vermindertes Arbeitsentgelt, das mit der gesetzlichen Gleitzonen-Formel berechnet wird.

  Für 2006 (ab dem 1.7.2006) lautet die Formel: $0{,}7160 \times 400 + (2 - 0{,}5995) \times$ (tats. Arbeitsentgelt $- 400$).

- Aus dem verminderten Arbeitsentgelt werden die Sozialversicherungsbeiträge wie folgt getragen:

  Der Arbeitgeber trägt unverändert den Beitragsanteil, der sich aus dem tatsächlichen Arbeitsentgelt ergibt.

  Dieser wird von dem Sozialversicherungsbeitrag abgezogen, der sich aus dem reduzierten Arbeitsentgelt errechnete. Die Differenz ist der vom Arbeitnehmer zu tragende Beitragsanteil.

- Die Rentenansprüche richten sich nach dem verminderten beitragspflichtigen Arbeitsentgelt.
- Das Krankengeld wird nach dem tatsächlichen Arbeitsentgelt berechnet.

3. Steuer

Das Arbeitsverhältnis ist nach den Merkmalen der Lohnsteuerkarte zu versteuern. Eine Pauschalierung der Lohnsteuer auf Grund der Gleitzone ist nicht möglich.

4. Handlungsbedarf für Beschäftigte mit Verdienst in der Gleitzone

Informieren Sie Ihren Arbeitgeber über weitere Beschäftigungsverhältnisse bei anderen Arbeitgebern bzw. über Vorbeschäftigungen im laufenden Kalenderjahr. Zur Vermeidung von verminderten Rentenansprüchen können Sie in der Rentenversicherung den vollen Arbeitnehmerbeitrag zahlen. Hierzu müssen Sie gegenüber dem Arbeitgeber schriftlich erklären, dass der Beitragsberechnung in der Rentenversicherung nicht das verminderte, sondern das tatsächliche Arbeitsentgelt als beitragspflichtige Einnahme zugrunde gelegt werden soll.

2. Muster: Arbeitsvertrag für geringfügig entlohnte Beschäftigung[373]

Arbeitsvertrag

Zwischen

der Firma ▪▪▪ GmbH, vertreten durch ▪▪▪

– im Weiteren: Arbeitgeberin –

und

Herrn ▪▪▪

– im Weiteren: Arbeitnehmer –

wird folgender Anstellungsvertrag geschlossen:

§ 1 Anstellung, Probezeit

(1) Der Arbeitnehmer wird ab dem ▪▪▪ als Teilzeitbeschäftigter für die Tätigkeit als ▪▪▪ in ▪▪▪ angestellt. Vor dem Beginn des Arbeitsverhältnisses ist die ordentliche Kündigung ausgeschlossen.

(2) Die ersten sechs Monate gelten als Probezeit. Während dieser Zeit kann das Arbeitsverhältnis mit einer Kündigungsfrist von zwei Wochen gekündigt werden.

§ 2 Arbeitszeit

Die Arbeitszeit beträgt wöchentlich ▪▪▪ Stunden.

§ 3 Vergütung

(1) Der Arbeitnehmer erhält eine monatliche Vergütung i.H.v. ▪▪▪ EUR.

(2) Die Arbeitsvergütung wird jeweils am Letzten eines Monats fällig. Die Zahlung erfolgt bargeldlos.

(3) Der Arbeitnehmer wird innerhalb von zwei Wochen nach Beginn des Arbeitsverhältnisses ein Konto einrichten und dies der Arbeitgeberin mitteilen.

Alternativ: (3) Die Kontoverbindung des Arbeitnehmers lautet:

Konto: ▪▪▪

BLZ: ▪▪▪

Kto.-Nr.: ▪▪▪

§ 4 Urlaubsregelung

Der Arbeitnehmer hat Anspruch auf Urlaub nach dem BUrlG.

§ 5 Kündigung

Nach Ablauf der Probezeit kann das Arbeitsverhältnis mit einer Frist von ▪▪▪ zum ▪▪▪ schriftlich gekündigt werden.

Alternativ: Nach Ablauf der Probezeit kann das Arbeitsverhältnis unter Einhaltung der gesetzlichen Kündigungsfristen gekündigt werden

§ 6 Verfallfristen

Alle Ansprüche, die sich aus dem Arbeitsverhältnis ergeben, sind von den Vertragsschließenden binnen einer Frist von drei Monaten seit ihrer Fälligkeit schriftlich geltend zu machen und im Falle der Ablehnung binnen einer Frist von drei

---

[373] Mit freundlicher Genehmigung aus: *Pauly/Osnabrügge*, Teilzeitarbeit und geringfügige Beschäftigung, 2. Aufl. 2007.

Kapitel 1: Arbeitsverträge

Monaten ab Zugang der Ablehnung und im Falle des Schweigens auf die Geltendmachung binnen einer Frist von sechs Monaten ab Fälligkeit einzuklagen.

§ 7 Rentenversicherung

(1) Der Arbeitnehmer hat die Möglichkeit, auf seine Versicherungsfreiheit nach § 5 Abs. 2 SGB VI zu verzichten. In diesem Fall muss er auf eigene Kosten die Rentenversicherungsbeiträge auf den vollen Beitragssatz aufstocken.

(2) Solchermaßen belehrt erklärt der Arbeitnehmer:

Ich verzichte nicht auf die Versicherungsfreiheit. Ich erkläre, dass ich den Beitrag zur Rentenversicherung nicht aus eigenen Mitteln aufstocken möchte.

Alternativ: Ich erkläre, dass ich auf die Versicherungsfreiheit nach § 5 Abs. 2 Satz 2 SGB VI verzichte. Ich wünsche, auf eigene Kosten die Rentenversicherungsbeiträge auf den vollen Beitragssatz aufzustocken. Ich erkläre mich damit einverstanden, dass der Arbeitgeber derzeit 4,5 % des periodisch vereinbarten Arbeitslohns vom Arbeitsentgelt einbehält und an den zuständigen Rentenversicherungsträger ■■■ abführt.

Alternativ: Hiermit erkläre ich gemäß §§ 5 Abs. 2 Satz 2, 163 Abs. 8 SGB VI, dass der Beitragsberechnung zur Rentenversicherung als beitragspflichtige Einnahme das tatsächliche Arbeitentgelt, mindestens jedoch 155 EUR, zugrunde gelegt werden soll. Ich verzichte auf die Versicherungsfreiheit.

Mit ist bekannt, dass meine Erklärung nur mit Wirkung für die Zukunft und bei mehreren geringfügigen Beschäftigungen nur einheitlich erklärt werden kann. Mir ist auch bekannt, dass die Erklärung für die Dauer der Beschäftigung bindend ist.

Ich wünsche, auf eigene Kosten die Rentenversicherungsbeiträge auf den vollen Beitragssatz aufzustocken. Ich erkläre mich damit einverstanden, dass die Arbeitgeberin den entsprechenden Betrag des periodisch vereinbarten Arbeitslohns vom Arbeitsentgelt einbehält und an den zuständigen Rentenversicherungsträger ■■■ abführt.

§ 8 Weitere (auch: geringfügige) Beschäftigungen

(1) Die Arbeitgeberin macht den Arbeitnehmer darauf aufmerksam, dass mehrere Beschäftigungen unter Umständen zusammengerechnet werden. Überschreitet das Gesamtgehalt die Grenze von 400 EUR, so werden die Arbeitsverhältnisse vollständig sozialversicherungspflichtig.

(2) Der Arbeitnehmer erklärt, keine weiteren geringfügig entlohnten Beschäftigungen auszuüben.

(3) Die Aufnahme einer weiteren geringfügig entlohnten Beschäftigung hat der Arbeitnehmer unverzüglich schriftlich anzuzeigen.

(4) Der Arbeitnehmer wird darauf aufmerksam gemacht, dass er zu der Mitteilung nach Abs. 1 insbesondere aufgrund § 280 SGB IV verpflichtet ist, da die Tatsache einer Nebenbeschäftigung unter Umständen sozialversicherungsrechtliche Folgen hat. Unterlässt der Arbeitnehmer die Mitteilung, so haftet er dem Arbeitgeber für den daraus entstehenden Schaden.

§ 9 Gehaltsüberzahlungen

Der Arbeitnehmer verpflichtet sich, Gehaltsüberzahlungen ohne Rücksicht auf eine noch vorhandene Bereicherung zurückzuzahlen.

§ 10 Vertragsänderungen

(1) Nebenabreden und Änderungen des Vertrages bedürfen zu ihrer Rechtswirksamkeit der Schriftform.

(2) Sind einzelne Bestimmungen dieses Vertrages unwirksam, so wird hierdurch die Wirksamkeit des übrigen Vertrages nicht berührt.

§ 11 Sonstiges

(1) Der Arbeitnehmer sichert zu, dass die Angaben, insbesondere die über weitere geringfügig entlohnte Beschäftigungen, der Wahrheit entsprechen. Er wird jede Veränderung umgehend mitteilen.

(2) Der Arbeitnehmer erklärt, von diesem Vertrag eine Durchschrift erhalten zu haben.

3. Muster: Arbeitsvertrag über kurzfristige Beschäftigung (befristet)[374]

Arbeitsvertrag

Zwischen

der Firma ▬▬▬ GmbH, vertreten durch ▬▬▬

– nachstehend: Arbeitgeberin –

und

Herrn ▬▬▬

– nachstehend: Arbeitnehmer –

wird folgender Anstellungsvertrag geschlossen:

§ 1 Anstellung

(1) Der Arbeitnehmer wird befristet für die Zeit vom ▬▬▬ bis ▬▬▬ als ▬▬▬ eingestellt. Das Arbeitsverhältnis endet mit Ablauf der Frist, ohne dass es einer Kündigung bedarf.

(2) Die ersten ▬▬▬ Wochen/Monate werden als Probezeit vereinbart.

Alternativ:

(1) Der Arbeitnehmer wird für eine Dauer von ▬▬▬ Arbeitstagen eingestellt.

(2) Die Arbeitstage sind innerhalb einer Zeit vom ▬▬▬ bis ▬▬▬ im Betrieb ▬▬▬ zu leisten. Arbeitstage sind: ▬▬▬. An diesen Tagen beginnt für den Arbeitnehmer die Arbeit um ▬▬▬ Uhr.

(3) Die ersten ▬▬▬ Wochen/Monate werden als Probezeit vereinbart.

§ 2 Arbeitszeit

Die Arbeitszeit beträgt wöchentlich ▬▬▬ Stunden.

§ 3 Vergütung

(1) Der Arbeitnehmer erhält eine monatliche Vergütung i.H.v. ▬▬▬ EUR.

(2) Die Arbeitsvergütung wird jeweils am Letzten eines Monats fällig. Die Zahlung erfolgt bargeldlos.

(3) Der Arbeitnehmer wird innerhalb von zwei Wochen nach Beginn des Arbeitsverhältnisses ein Konto einrichten und dies der Arbeitgeberin mitteilen.

Alternativ:

(3) Die Kontoverbindung des Arbeitnehmers lautet:

Konto: ▬▬▬

BLZ: ▬▬▬

Kto.-Nr.: ▬▬▬

§ 4 Urlaubsregelung

Der Arbeitnehmer hat Anspruch auf Urlaub nach dem BUrlG.

§ 5 Kündigung

Nach Ablauf der Probezeit kann das Arbeitsverhältnis mit einer Frist von ▬▬▬ zum ▬▬▬ schriftlich gekündigt werden.

Alternativ: Nach Ablauf der Probezeit kann das Arbeitsverhältnis unter Einhaltung der gesetzlichen Kündigungsfristen gekündigt werden.

§ 6 Verfallfristen

Alle Ansprüche, die sich aus dem Arbeitsverhältnis ergeben, sind von den Vertragsschließenden binnen einer Frist von drei Monaten seit ihrer Fälligkeit schriftlich geltend zu machen und im Falle der Ablehnung binnen einer Frist von drei Monaten ab Zugang der Ablehnung und im Falle des Schweigens auf die Geltendmachung binnen einer Frist von sechs Monaten ab Fälligkeit einzuklagen.

---

374 Mit freundlicher Genehmigung aus: *Pauly/Osnabrügge*, Teilzeitarbeit und geringfügige Beschäftigung, 2. Aufl. 2007.

§ 7 Weitere (auch: geringfügige) Beschäftigungen

(1) Die Arbeitgeberin macht den Arbeitnehmer darauf aufmerksam, dass mehrere geringfügige Beschäftigungen zusammengerechnet werden. Liegen infolge der Zusammenrechnung nicht mehr die Voraussetzungen für eine geringfügige Beschäftigung vor, so werden die Arbeitsverhältnisse vollständig sozialversicherungspflichtig.

(2) Der Arbeitnehmer erklärt, keine weiteren geringfügigen Beschäftigungen auszuüben.

(3) Die Aufnahme einer weiteren geringfügigen Beschäftigung hat der Arbeitnehmer unverzüglich schriftlich anzuzeigen.

(4) Der Arbeitnehmer wird darauf aufmerksam gemacht, dass er zu der Mitteilung nach Abs. 1 insbesondere aufgrund § 280 SGB IV verpflichtet ist, da die Tatsache einer Nebenbeschäftigung unter Umständen sozialversicherungsrechtliche Folgen hat. Unterlässt der Arbeitnehmer die Mitteilung, so haftet er dem Arbeitgeber für den daraus entstehenden Schaden.

§ 8 Gehaltsüberzahlungen

Der Arbeitnehmer verpflichtet sich, Gehaltsüberzahlungen ohne Rücksicht auf eine noch vorhandene Bereicherung zurückzuzahlen.

§ 9 Vertragsänderungen

(1) Nebenabreden und Änderungen des Vertrages bedürfen zu ihrer Rechtswirksamkeit der Schriftform.

(2) Sind einzelne Bestimmungen dieses Vertrages unwirksam, so wird hierdurch die Wirksamkeit des übrigen Vertrages nicht berührt.

§ 10 Vorbeschäftigungszeit

Der Arbeitnehmer erklärt, bislang noch in keinem Arbeitsverhältnis mit der Arbeitgeberin gestanden zu haben.

§ 11 Sonstiges

(1) Der Arbeitnehmer erklärt sich damit einverstanden, dass seine personenbezogenen Daten im Rahmen der Lohnabrechnung zu nicht gewerbsmäßigen Zwecken gespeichert und durch eine EDV verarbeitet werden.

(2) Der Arbeitnehmer bestätigt mit der Unterschrift unter diesen Vertrag, das Merkblatt „Allgemeines Gleichbehandlungsgesetz – diskriminierungsfreies Arbeitsumfeld" erhalten zu haben. Er verpflichtet sich vertraglich, die Bestimmungen des Allgemeinen Gleichbehandlungsgesetzes (AGG) gegenüber Mitarbeitern, Kollegen und Dritten einzuhalten.

(3) Der Arbeitnehmer erklärt, von diesem Vertrag eine im Original für die Arbeitgeberin gezeichnete Durchschrift erhalten zu haben.

4. Muster: Erklärungsbogen für geringfügig Beschäftigte

Erklärungsbogen für geringfügig Beschäftigte	Eintritt	Anmeldung	Austritt	Abmeldung	Personal-Nr.

Nachname, Vorname, ggf. Geburtsname		geboren am
Geburtsort, ggf. Kreis	Staatsangehörigkeit	Versicherungsnummer
Anschrift		
Privat / freiwillig krankenversichert bei (Krankenversicherung; bei mitversicherten Familienangehörigen die Versicherung des Stammversicherten)		

Angaben zum Beschäftigungsverhältnis: [vom Arbeitgeber auszufüllen!]

☐ geringfügig entlohnte Beschäftigung
Entgelt bis 400,00 EUR / Monat

☐ kurzfristige Beschäftigung befristet
vom _____ bis _____

☐ studentische Beschäftigung

☐ studentische Beschäftigung, befristet
vom _____ bis _____

Beschäftigungsverhältnis	ab	Art der Tätigkeit	
vereinbarter Stundenlohn	EURO	voraussichtl. Netto-/Bruttolohn EURO	vorauss. wöchentl. Arbeitszeit Stunden

Besteuerung ☐ 2 % Pauschalversteuerung ☐ Steuerkarte liegt vor

Der / die geringfügig Beschäftigte erklärt: [vom Beschäftigten / Bewerber persönlich auszufüllen!]

Ich stehe in einem versicherungspflichtigen Hauptbeschäftigungsverhältnis, übe aber **keine** weitere Nebenbeschäftigung aus	☐ Ja	☐ Nein
Ich bin hauptberuflich selbständig tätig	☐ Ja	☐ Nein
Ich bin Beamter	☐ Ja	☐ Nein
Ich erhalte Versorgungsbezüge	☐ Ja	☐ Nein
Ich bin Rentner / Rentnerin mit einer Altersrente	☐ Ja	☐ Nein
Ich bin Rentner / Rentnerin mit einer Berufs-/Erwerbsunfähigkeitsrente	☐ Ja	☐ Nein

Kapitel 1: Arbeitsverträge 1

Ich bin Hausfrau / Hausmann und sonst nicht berufsmäßig tätig	☐ Ja	☐ Nein
Ich bin Schüler (Bitte Schulbescheinigung beifügen.)	☐ Ja	☐ Nein
Ich bin Student (Bitte **unbedingt** Immatrikulationsbescheinigung beifügen.)	☐ Ja	☐ Nein
Ich bin Empfänger von Arbeitslosengeld / Arbeitslosenhilfe / Sozialhilfe	☐ Ja	☐ Nein
Ich bin privat krankenversichert / mein Ehepartner ist / meine Eltern sind privat krankenversichert und ich bin bei ihm / ihnen mitversicherter Familienangehöriger	☐ Ja	☐ Nein
Ich lege eine Steuerkarte vor, auf der Steuerklasse I, II, III, IV, V eingetragen ist	☐ Ja	☐ Nein ☐ Steuerklasse

Weitere geringfügige Beschäftigungen (Mini-Jobs) neben dieser Beschäftigung bestehen   ☐ nicht *   ☐ bestehen, wie unten angegeben *

Beschäftigung bei Firma / Institution (mit Anschrift)	von	bis	regelmäßiges monatl. Entgelt

Wenn weitere geringfügig entlohnte Beschäftigungen bestehen:
Auf die Rentenversicherungsfreiheit wurde verzichtet (siehe auch nächste Seite):   ☐ Nein *   ☐ Ja

> * Sie sind verpflichtet, jede Änderung oder Aufnahme einer weiteren Beschäftigung unaufgefordert und unverzüglich zu melden!

Bei kurzfristiger Beschäftigung zusätzlich zu erklären: **[vom Beschäftigten / Bewerber persönlich auszufüllen!]**

Ich bin beim Arbeitsamt als arbeitsuchend gemeldet oder stehe der Arbeitsvermittlung zur Verfügung	☐ Ja	☐ Nein
Ich nehme Erziehungsurlaub in Anspruch	☐ Ja	☐ Nein
Ich habe mir zur Zeit unbezahlten Urlaub genommen	☐ Ja	☐ Nein

Kurzfristige Beschäftigungen bzw. Zeiten des Bezuges von Leistungen nach dem Arbeitsförderungsgesetz (Arbeitslosengeld, Arbeitslosenhilfe, Unterhaltsgeld, etc.) im laufenden Kalenderjahr vor dieser Beschäftigung bestanden   ☐ nicht *   ☐ bestanden, wie unten angegeben

Beschäftigung bei Firma / Institution (mit Anschrift) bei Leistungen nach AFG bitte Art und Zeitraum angeben	von	bis	Gesamt-Arbeitstage	regelmäßiges monatl. Entgelt

§ 1 Verträge mit Arbeitnehmern, freien Mitarbeitern und Gesellschaftsorganen

Bei geringfügig entlohnter Beschäftigung (Mini-Job bis 400 EUR/Monat)

Erklärung der/des Beschäftigten zur möglichen Aufstockung der Rentenversicherung (Verzicht auf die Versicherungsfreiheit) – Gilt nicht für Bezieher einer Vollrente wegen Alters –

Hinweise zur Aufstockung der Rentenversicherungsbeiträge

Geringfügig Beschäftigte, für die der Arbeitgeber pauschal Beiträge zahlt, haben seit dem 1.4.1999 die Möglichkeit, in der Rentenversicherung auf die Versicherungsfreiheit zu verzichten und durch die Ergänzung des Arbeitgeberbetrages zum vollwertigen Pflichtbeitrag Ansprüche zu erwerben, und zwar auf das volle Leistungsspektrum der Rentenversicherung (Anspruch auf Rehabilitation, auf Rente wegen Berufs- und Erwerbsunfähigkeit, auf vorgezogene Altersrenten, Rentenberechnung nach Mindesteinkommen).

Der Arbeitnehmer hat dann die 15%-Pauschale des Arbeitgebers auf den vollen Pflichtbeitrag von derzeit 19,9% zu ergänzen. Der Arbeitgeber führt die Arbeitnehmerbeiträge in Höhe von 4,5% aus dem Arbeitsentgelt ab. Liegt der Verdienst unter 155 EUR, ist vom Arbeitnehmer die Differenz zwischen der 15%igen Arbeitgeber-Pauschale und dem Mindestbeitrag von 20,23 EUR (19,9% aus 155 EUR) zu zahlen.

Wichtig: Wenn Sie von der Möglichkeit der Aufstockung der Rentenversicherungsbeiträge Gebrauch machen wollen, teilen Sie dies bitte nachfolgend Ihrem Arbeitgeber mit und informieren Sie davon auch Ihre evtl. weiteren Arbeitgeber. Haben Sie in einer geringfügigen Beschäftigung bereits aufgestockt, bleibt diese Entscheidung bestehen, Sie brauchen nichts unternehmen.

Ich möchte von der Möglichkeit der Aufstockung Gebrauch machen: ❏ JA ❏ NEIN

Erklärung der/des Beschäftigten zur Wahrheits- und Auskunftspflicht:

Ich bestätige, dass die gemachten Angaben der Wahrheit entsprechen.

Mir ist bekannt, dass ich verpflichtet bin, die für die steuer- und sozialversicherungspflichtige Beurteilung der Beschäftigung notwendigen Angaben zu machen bzw. Unterlagen vorzulegen. Sofern sich im Nachhinein die Vorlage weiterer Unterlagen zum Nachweis der Steuer- oder Versicherungsfreiheit als notwendig erweisen, werde ich diese nachreichen.

Ich verpflichte mich, jede Veränderung der oben genannten Verhältnisse unaufgefordert und unverzüglich zu melden. Dies betrifft insbesondere die Aufnahme einer weiteren Beschäftigung oder deren zeitliche Änderung.

Hinweis: Sollte der Arbeitgeber mit einer Abgabenforderung belastet werden, die darauf beruht, dass ein Arbeitnehmer seiner Auskunftspflicht vorsätzlich oder grob fahrlässig nicht nachgekommen ist, kann der Arbeitnehmer u.U. haftungsrechtlich in Anspruch genommen werden.

5. Muster: Erklärungsbogen für Beschäftigte in der Gleitzone

Erklärungsbogen für Beschäftigte in der Gleitzone (bis 800 EUR)

Erklärungsbogen für Beschäftigte in der Gleitzone (bis 800,00 EUR)

Nachname, Vorname, ggf. Geburtsname	
	Versicherungsnummer
Anschrift	

Ab 1. April 2003 geltende Bestimmungen bei Arbeitsentgelt innerhalb der Gleitzone

Gleitzone

Das versicherungspflichtige Entgelt inkl. Einmalbezüge liegt regelmäßig zwischen 400,01 EUR und 800 EUR monatlich.

Bei mehreren Beschäftigungsverhältnissen ist das insgesamt erzielte Arbeitsentgelt maßgebend.

Sozialversicherung

Das Beschäftigungsverhältnis ist sozialversicherungspflichtig. Der Arbeitgeberbeitrag bleibt unverändert wie bisher bei rund 21%. Der Arbeitnehmerbeitrag jedoch steigt schrittweise von ca. 4% (bei 400,01 EUR) auf ca. 21% (bei 800 EUR) an.

Kapitel 1: Arbeitsverträge

Der Berechnung der Sozialversicherungsbeiträge wird nicht das tatsächlich erzielte Arbeitsentgelt zugrunde gelegt, sondern ein vermindertes Arbeitsentgelt, das mit der gesetzlichen Gleitzonen-Formel berechnet wird. Für 2006 (ab 1.7.2006) lautet die Formel: $0{,}7160^{375} \times 400 + (2 - 0{,}5995) \times$ (tats. Arbeitsentgelt – 400).

Aus dem verminderten Arbeitsentgelt werden die Sozialversicherungsbeiträge wie folgt getragen:

Der Arbeitgeber trägt unverändert den Beitragsanteil, der sich aus dem tatsächlichen Arbeitsentgelt ergibt.

Dieser wird von dem Sozialversicherungsbeitrag abgezogen, der sich aus dem reduzierten Arbeitsentgelt errechnete. Die Differenz ist der vom Arbeitnehmer zu tragende Beitragsanteil.

Die Rentenansprüche richten sich nach dem verminderten beitragspflichtigen Arbeitsentgelt.

Das Krankengeld wird nach dem tatsächlichen Arbeitsentgelt berechnet.

Steuer

Das Arbeitsverhältnis ist nach den Merkmalen der vorgelegten Lohnsteuerkarte zu versteuern.

Eine Pauschalierung der Lohnsteuer auf Grund der Gleitzone ist nicht möglich.

Zur Vermeidung von verminderten Rentenansprüchen können Sie in der Rentenversicherung den vollen Arbeitnehmerbeitrag zahlen. Hierzu müssen Sie gegenüber dem Arbeitgeber schriftlich erklären, dass der Beitragsberechnung in der Rentenversicherung nicht das verminderte, sondern das tatsächliche Arbeitsentgelt als beitragspflichtige Einnahme zu Grunde gelegt werden soll.

Erklärung der/des Beschäftigten zur möglichen Aufstockung der Rentenversicherung (Verzicht auf die Gleitzonenregelung)

Ich möchte von der Möglichkeit der Aufstockung Gebrauch machen: ❏ JA ❏ NEIN

Erklärung der/des Beschäftigten zur Wahrheits- und Auskunftspflicht:

Ich verpflichte mich, jede Veränderung meines Beschäftigungsverhältnisses unaufgefordert und unverzüglich zu melden. Dies betrifft insbesondere die Aufnahme einer weiteren Beschäftigung.

Hinweis: Sollte der Arbeitgeber mit einer Abgabenforderung belastet werden, die darauf beruht, dass ein Arbeitnehmer seiner Auskunftspflicht vorsätzlich oder grob fahrlässig nicht nachgekommen ist, kann der Arbeitnehmer u.U. haftungsrechtlich in Anspruch genommen werden.

---

375 Für den Zeitraum bis zum 30.6.2006 beträgt der Faktor 0,5967.

§ 1 Verträge mit Arbeitnehmern, freien Mitarbeitern und Gesellschaftsorganen

6. Muster: Fragebogen für geringfügig Beschäftigte[376]

Erklärung der/des Beschäftigten

Diese Erklärung dient zur Feststellung von Versicherungspflicht bzw. Versicherungsfreiheit. Bitte füllen Sie diese in Ruhe aus und beantworten Sie alle Fragen wahrheitsgemäß.

1.

Allgemeine Angaben zur Person:	
Name, Vorname:	
Geburtsname:	
Anschrift:	
Rentenversicherungsnummer:	
Krankenversicherung (ggf. auch Familienversicherung) bei privater Versicherung letzte gesetzliche Krankenkasse:	
Wenn keine deutsche Sozialversicherungs-Nr. vorhanden ist: Staatsangehörigkeit, Geburtsort, Geburtsdatum:	

☐ Die Beschäftigung ist geringfügig entlohnt (bis 400 EUR) – bitte weiter mit Ziff. 2.

☐ Die Beschäftigung ist befristet – bitte weiter mit Ziff. 3.

2.

Angaben zu einer geringfügig entlohnten Beschäftigung

Die Beschäftigung wird in einem Privathaushalt ausgeübt   ☐ ja   ☐ nein

Die Beschäftigung soll an ... Stunden pro Woche stattfinden (ggf. Schätzung)

Die Beschäftigung beginnt am ...

Das monatliche Entgelt beträgt ... EUR

☐ Ich übe neben diesem Beschäftigungsverhältnis keine weitere Beschäftigung gegen Arbeitsentgelt aus.

☐ Ich übe folgende weitere Beschäftigungen aus:

Arbeitgeber (Name/Ort)	mtl. Entgelt [EUR]	Versicherungspflicht		
		KV/PV	RV	AV

3.

Angaben zu einer von vornherein befristeten Beschäftigung

Die Beschäftigung ist befristet bis:

☐ Die Beschäftigung wird werktäglich ausgeübt und ist längstens auf zwei Monate begrenzt.

☐ Die Beschäftigung ist vertraglich auf längstens 50 Arbeitstage begrenzt.

Innerhalb des laufenden Kalenderjahres habe ich folgende **befristete** Beschäftigungen ausgeübt:

Arbeitgeber, Anschrift	von	bis	Arbeitstage/Woche	Arbeitsentgelt [EUR]

---

[376] Mit freundlicher Genehmigung aus: *Pauly/Osnabrügge*, Teilzeitarbeit und geringfügige Beschäftigung, 2. Aufl. 2007.

4.

Angaben zur Person		
☐	Ich beziehe:	☐ Altersrente ☐ Rente wegen: ☐ teilweiser Erwerbsminderung ☐ vollständiger Erwerbsminderung

Ich

☐ bin Beamter.

☐ übe gleichzeitig eine selbständige/freiberufliche Tätigkeit aus mit einem wöchentlichen Umfang von durchschnittlich ... Stunden und einem monatlichen Einkommen von durchschnittlich ... EUR.

☐ bin Soldat auf Zeit.

☐ bin Schüler; Name der Schule:

☐ habe mich um einen Studienplatz beworben.

☐ bin als Student immatrikuliert und Praktikant; Art des Praktikums:
(bitte Kopie der Prüfungs- oder Studienordnung beifügen).

☐ bin nicht als Student immatrikuliert und Praktikant; Art des Praktikums:
(bitte Kopie der Prüfungs- oder Studienordnung beifügen).

☐ bin Diplomand und zur Erstellung meiner Diplomarbeit beschäftigt.

☐ bin Hausfrau/-mann.

☐ bin Student an der Universität:
(bitte Namen der Hochschule angeben).

Ich beziehe:

☐ Krankengeld ab:

☐ Arbeitslosengeld/-hilfe ab:

☐ übe keine weitere Beschäftigung aus.

☐ befinde mich in Elternzeit/Erziehungsurlaub seit ... bis ...

Ich erkläre, vorstehende Fragen über die Beschäftigung und meine Person wahrheitsgemäß beantwortet zu haben. Ich verpflichte mich, alle Veränderungen, die die Beantwortung vorstehender Fragen betreffen, meinem Arbeitgeber unverzüglich mitzuteilen.

_____   _____
Ort, Datum   Unterschrift des Arbeitnehmers

7. Muster: Arbeitsvertrag mit geringfügig entlohntem Beschäftigten zur Beschäftigung in einem Privathaushalt[377]

Arbeitsvertrag

Zwischen
der Firma ▪▪▪

– im Weiteren: Arbeitgeber –

und
Frau ▪▪▪

– im Weiteren: Arbeitnehmerin –

wird folgender Anstellungsvertrag geschlossen:

---

377 Mit freundlicher Genehmigung aus: *Pauly/Osnabrügge*, Teilzeitarbeit und geringfügige Beschäftigung, 2. Aufl. 2007.

§ 1 Anstellung, Probezeit

(1) Die Arbeitnehmerin wird ab dem ▬▬▬ als Teilzeitbeschäftigte für die Tätigkeit als ▬▬▬ im privaten Haushalt des Arbeitgebers angestellt. Vor dem Beginn des Arbeitsverhältnisses ist die ordentliche Kündigung ausgeschlossen.

(2) Die ersten sechs Monate gelten als Probezeit. Während dieser Zeit kann das Arbeitsverhältnis mit einer Kündigungsfrist von zwei Wochen gekündigt werden.

§ 2 Arbeitszeit

Die Arbeitszeit beträgt wöchentlich ▬▬▬ Stunden.

§ 3 Vergütung

(1) Die Arbeitnehmerin erhält eine monatliche Vergütung i.H.v. ▬▬▬ EUR.
(2) Die Arbeitsvergütung wird jeweils am Letzten eines Monats fällig. Die Zahlung erfolgt bargeldlos.
(3) Die Arbeitnehmerin wird innerhalb von zwei Wochen nach Beginn des Arbeitsverhältnisses ein Konto einrichten und dies dem Arbeitgeber mitteilen.

Alternativ:

(3) Die Kontoverbindung der Arbeitnehmerin lautet:

Konto: ▬▬▬

BLZ: ▬▬▬

Kto.-Nr.: ▬▬▬

§ 4 Urlaubsregelung

Die Arbeitnehmerin hat Anspruch auf Urlaub nach dem BUrlG.

§ 5 Kündigung

Nach Ablauf der Probezeit kann das Arbeitsverhältnis mit einer Frist von ▬▬▬ zum ▬▬▬ schriftlich gekündigt werden.

Alternativ: Nach Ablauf der Probezeit kann das Arbeitsverhältnis unter Einhaltung der gesetzlichen Kündigungsfristen gekündigt werden.

§ 6 Verfallfristen

Alle Ansprüche, die sich aus dem Arbeitsverhältnis ergeben, sind von den Vertragsschließenden binnen einer Frist von drei Monaten seit ihrer Fälligkeit schriftlich geltend zu machen und im Falle der Ablehnung binnen einer Frist von drei Monaten ab Zugang der Ablehnung und im Falle des Schweigens auf die Geltendmachung binnen einer Frist von sechs Monaten ab Fälligkeit einzuklagen.

§ 7 Rentenversicherung

(1) Die Arbeitnehmerin hat die Möglichkeit, auf ihre Versicherungsfreiheit nach § 5 Abs. 2 SGB VI zu verzichten. In diesem Fall muss sie auf eigene Kosten die Rentenversicherungsbeiträge auf den vollen Beitragssatz aufstocken. Der Aufstockungsbeitrag beträgt also derzeit 14,5 % des Bruttolohns.

(2) Solchermaßen belehrt erklärt die Arbeitnehmerin:

Ich verzichte nicht auf die Versicherungsfreiheit. Ich erkläre, dass ich den Beitrag zur Rentenversicherung nicht aus eigenen Mitteln aufstocken möchte.

Alternativ: Hiermit erkläre ich gemäß §§ 5 Abs. 2 Satz 2, 163 Abs. 8 SGB VI, dass der Beitragsberechnung zur Rentenversicherung als beitragspflichtige Einnahme das tatsächliche Arbeitsentgelt, mindestens jedoch 155 EUR, zugrunde gelegt werden soll. Ich verzichte auf die Versicherungsfreiheit.

§ 8 Weitere geringfügige Beschäftigungen

(1) Der Arbeitgeber macht die Arbeitnehmerin darauf aufmerksam, dass mehrere geringfügige Beschäftigungen zusammengerechnet werden. Liegen infolge der Zusammenrechnung nicht mehr die Voraussetzungen für eine geringfügige Beschäftigung vor, so werden die Arbeitsverhältnisse vollständig sozialversicherungspflichtig.

(2) Die Arbeitnehmerin erklärt, keine weiteren geringfügigen Beschäftigungen auszuüben.

(3) Die Aufnahme einer weiteren geringfügigen entlohnten Beschäftigung hat die Arbeitnehmerin unverzüglich schriftlich anzuzeigen.

§ 9 Gehaltsüberzahlungen

Die Arbeitnehmerin verpflichtet sich, Gehaltsüberzahlungen ohne Rücksicht auf eine noch vorhandene Bereicherung zurückzuzahlen.

§ 10 Vertragsänderungen

(1) Nebenabreden und Änderungen des Vertrages bedürfen zu ihrer Rechtswirksamkeit der Schriftform.

(2) Sind einzelne Bestimmungen dieses Vertrages unwirksam, so wird hierdurch die Wirksamkeit des übrigen Vertrages nicht berührt.

§ 11 Sonstiges

(1) Die Arbeitnehmerin sichert zu, dass die Angaben, insbesondere die über weitere geringfügig entlohnte Beschäftigungen, der Wahrheit entsprechen. Sie wird jede Veränderung umgehend mitteilen.

(2) Die Arbeitnehmerin erklärt, von diesem Vertrag eine Durchschrift erhalten zu haben.

8. Muster: Erklärung des Arbeitnehmers zum Verzicht auf die Beitragsermäßigung

Verzicht

Hiermit erkläre ich gemäß § 163 Abs. 8 SGB VI, dass der Beitragsberechnung zur Rentenversicherung als beitragspflichtige Einnahme mein tatsächliches Arbeitsentgelt, mindestens jedoch 155 EUR, zugrunde gelegt werden soll.

■■■ (Unterschrift Arbeitnehmer)

9. Muster: Geringfügige Beschäftigung eines Leiharbeitnehmers

Vereinbarung „geringfügige Beschäftigung"

zwischen

der Firma ■■■

– nachstehend: Verleiher –

und

Herrn/Frau ■■■

– nachstehend: Leiharbeitnehmer –

Als Zusatz zum Arbeitsvertrag vom ■■■ wird folgende Vereinbarung geschlossen:

1. Geringfügigkeit

1.1 Die Parteien führen das Arbeitsverhältnis nach dem Arbeitsvertrag vom ■■■ als geringfügiges Beschäftigungsverhältnis nach § 8 SGB IV.

1.2 Die Vergütung nach § ■■■ des Arbeitsvertrages wird ■■■ monatlich nicht übersteigen. Für den Fall, dass das Arbeitsentgelt unter Berücksichtigung der in § ■■■ des Arbeitsvertrages vereinbarten Arbeitszeit und der jeweils gültigen Tarifverträge nach § ■■■ Abs. ■■■ des Arbeitsvertrages 400 EUR monatlich übersteigen würde, vereinbaren die Parteien Folgendes (Zutreffendes ist anzukreuzen):

❑ Die Arbeitszeit wird in dem Maße herabgesetzt, dass das Arbeitsentgelt 400 EUR monatlich nicht überschreitet.

❑ Das Arbeitsverhältnis wird in der Progressionszone (Gleitzone) bis maximal 800 EUR monatlich weitergeführt, eine geringfügige Beschäftigung liegt dann nicht mehr vor; der Verleiher trägt den vollen Arbeitgeberanteil zur Sozialversicherung, der Leiharbeitnehmer einen progressiv ansteigenden, abgemilderten Sozialversicherungsbeitrag; die Besteuerung erfolgt nach allgemeinen Grundsätzen.

❑ Das Arbeitsverhältnis wird als normales Arbeitsverhältnis ohne Besonderheiten bei der Sozialversicherung und der Besteuerung fortgeführt.

1.3 Der Leiharbeitnehmer steht in (Zutreffendes ist anzukreuzen)

❑ keiner weiteren Beschäftigung.

❑ einer zusätzlichen sozialversicherungspflichtigen Hauptbeschäftigung.

❑ einer weiteren geringfügigen Beschäftigung oder mehr als einer zusätzlichen sozialversicherungspflichtigen Hauptbeschäftigung (Beschäftigungen sind zusammenzurechnen).

Nimmt der Leiharbeitnehmer eine weitere Beschäftigung auf, ist dem Verleiher unverzüglich Mitteilung zu machen.

2. Krankenversicherung

Der Leiharbeitnehmer ist Mitglied einer (Zutreffendes ist anzukreuzen)

❏ gesetzlichen Krankenversicherung, auch in Form einer Familienversicherung über den Ehepartner oder die Eltern, nämlich der ▪▪▪.

❏ gesetzlichen Krankenversicherung in Form einer freiwilligen Mitgliedschaft, nämlich der ▪▪▪.

❏ privaten Krankenversicherung.

3. Rentenversicherung

3.1 Der Verleiher leistet für den Leiharbeitnehmer einen pauschalen Rentenbeitrag von 15%, aus dem dem Leiharbeitnehmer bei der Rentenberechnung Vorteile in Form eines Zuschlags an Entgeltpunkten, aus dem wiederum in begrenztem Umfang Wartezeitmonate ermittelt werden, erwachsen.

3.2 Der Leiharbeitnehmer hat die Möglichkeit, durch Aufstockung des Pauschalbetrags auf den vollen Rentenbeitrag Ansprüche auf die vollen Leistungen der Rentenversicherung (Rehabilitation, Rente wegen verminderter Erwerbsfähigkeit, vorgezogene Altersrenten, Rentenberechnung nach Mindesteinkommen) zu erwerben. Über die einzelnen Rentenleistungen gibt der Rentenversicherungsträger Auskunft. Der Aufstockungsbetrag beträgt ab einem Arbeitsentgelt von 155 EUR monatlich die Differenz zwischen dem Pauschalbeitrag und dem vollen Rentenbeitrag bis 155 EUR einem Mindestbeitrag in Höhe des vollen Rentenbeitrags aus 155 EUR (derzeit 30,23 EUR) abzüglich des Pauschalbeitrags des Verleihers.

Der Leiharbeitnehmer erklärt (Zutreffendes ist anzukreuzen):

❏ Der Leiharbeitnehmer will den Aufstockungsbeitrag zur Rentenversicherung nicht zahlen.

❏ Der Leiharbeitnehmer will den Aufstockungsbeitrag zur Rentenversicherung zahlen.

Entscheidet sich der Leiharbeitnehmer für die Zahlung des Aufstockungsbeitrages, gilt dies für die gesamte Dauer des Arbeitsverhältnisses. Eine Rückkehr zur Versicherungsfreiheit ist während der Dauer des Arbeitsverhältnisses nicht möglich.

4. Versteuerung des Arbeitsentgelts

4.1 Die Steuerfreiheit der geringfügigen Beschäftigung nach § 3 Nr. 39 EStG ist gestrichen worden. Das Arbeitsentgelt ist nach der Lohnsteuerkarte oder einer Pauschalierung zu versteuern. Bei der Versteuerung nach der Lohnsteuerkarte hängt die Steuerlast von der Lohnsteuerklasse und dem Lohnzahlungszeitraum ab. Bei den Lohnsteuerklassen I, II, III oder IV fällt für das Arbeitsentgelt bis 400 EUR, wenn es sich um den einzigen Verdienst handelt, keine Steuer an, anders bei den Lohnsteuerklassen V und VI. Werden mehrere geringfügige Beschäftigungen ausgeführt oder eine geringfügige Beschäftigung neben einer Hauptbeschäftigung kann eine zweite Lohnsteuerkarte mit Steuerklasse VI beantragt werden, auf Antrag kann ein Steuerfreibetrag eingetragen werden.

4.2 Wählt der Leiharbeitnehmer die Pauschalierung der Lohnsteuer, vereinbaren die Parteien, dass die Lohnsteuer, die Kirchensteuer und der Solidaritätszuschlag im Innenverhältnis vom Leiharbeitnehmer getragen werden. Im steuerlichen Außenverhältnis gegenüber dem Finanzamt trägt der Verleiher die pauschale Lohnsteuer, Kirchensteuer und Solidaritätszuschlag (§ 40a Abs. 5 i.V.m. § 40 Abs. 3 EStG).

4.3 Der Leiharbeitnehmer wählt folgende Besteuerung:

4.3.1 Werden pauschale Rentenversicherungsbeiträge in Höhe von 15% abgeführt (§ 168 Abs. 1 Nr. 1b oder § 172 Abs. 3 SGB VI; Ausnahme: nach § 5 Abs. 3 SGB VI versicherungsfreie Studierende, die ein Praktikum ableisten) erfolgt die Besteuerung (Zutreffendes ist anzukreuzen)

❏ nach Maßgabe der vorgelegten Lohnsteuerkarte (insbesondere sinnvoll bei Unterschreiten des Gesamteinkommens des Steuereingangssatzes).

❏ mit einem einheitlichen Pauschsteuersatz in Höhe von derzeit 2% des Arbeitsentgelts unter Vereinbarung der Übernahme durch den Leiharbeitnehmer nach Ziff. 4.2.

4.3.2 Sind keine pauschalen Rentenversicherungsbeiträge abzuführen erfolgt die Besteuerung (Zutreffendes ist anzukreuzen)

❏ nach Maßgabe der vorgelegten Lohnsteuerkarte (insbesondere sinnvoll, wenn persönlicher Steuersatz unter 20% liegt).

❏ mit einem einheitlichen Pauschsteuersatz in Höhe von derzeit 20% des Arbeitsentgelts unter Vereinbarung der Übernahme durch den Leiharbeitnehmer nach Ziff. 4.2.

Kapitel 1: Arbeitsverträge

V. Verträge mit leitenden Angestellten

1. Muster: Anstellungsvertrag mit Prokurist

Anstellungsvertrag

zwischen

der ▪▪▪

– nachstehend: AG –

und Herrn ▪▪▪

– nachstehend: Angestellter –

§ 1 Aufgabenbereich

(1) Der Angestellte ist seit dem ▪▪▪ als Leiter und Prokurist der Abteilung ▪▪▪ tätig. In seiner Funktion ist der Angestellte dem Vorstand unmittelbar unterstellt.

(2) Der Angestellte verpflichtet sich, im Bedarfsfall auch andere gleichwertige Arbeiten zu übernehmen. Insbesondere sind die Parteien darüber einig, dass der Aufgaben- und Tätigkeitsbereich durch die AG nach billigem Ermessen insgesamt geändert werden kann und dass dieses Recht auch durch eine längere Tätigkeit des Angestellten in einem bestimmten Aufgabenbereich nicht eingeschränkt wird.

Der Angestellte ist verpflichtet, die ihm übertragenen Aufgaben gewissenhaft und nach bestem Können und Wissen zu erledigen.

(3) Der Angestellte hat mit Wirkung vom ▪▪▪ Prokura. Der Umfang der Prokura richtet sich nach den Regelungen des Handelsgesetzbuches sowie den Entscheidungen der AG. Die Prokura kann nach Maßgabe der gesetzlichen Vorschriften jederzeit widerrufen werden.

(4) Aufgrund der ihm übertragenen Aufgaben und seiner Stellung im Unternehmen handelt es sich bei dem Angestellten um einen leitenden Angestellten im Sinne des § 5 Abs. 3, 4 BetrVG.

§ 2 Arbeitszeit

(1) Der Angestellte verpflichtet sich, der AG seine Arbeitskraft zur Verfügung zu stellen und auch im Falle der Erforderlichkeit über betriebsübliche Arbeitszeiten hinaus tätig zu werden.

(2) Die bei der AG bestehende Regelung zur gleitenden Arbeitszeit gilt für den Angestellten nicht.

§ 3 Vergütung

(1) Der Angestellte erhält ab dem ▪▪▪ ein festes Jahresgehalt von brutto ▪▪▪ EUR. Dieser Betrag wird in 12 jeweils am Monatsende zahlbare Gehälter aufgeteilt.

(2) Der Angestellte hat Anspruch auf Zahlung einer variablen Zusatzvergütung, deren Höhe von der Erreichung individuell vereinbarter Zielvorgaben durch den Angestellten abhängt. Die jeweiligen Zielvorgaben sowie die Methode zur Berechnung der variablen Zusatzvergütung werden von der AG festgelegt. Die Zusatzvergütung beträgt mindestens 10% und höchstens 35% des sich gemäß Abs. 1 berechnenden Jahresgehaltes. Im Mai und November eines jeden Jahres erhält der Angestellte eine Abschlagszahlung auf die Zusatzvergütung in Höhe von jeweils 5% des sich gemäß Abs. 1 errechnenden Jahresgehaltes. Die endgültige Abrechnung für das abgelaufene Kalenderjahr erfolgt jeweils im Mai des Folgejahres, erstmals im Mai ▪▪▪ für ▪▪▪.

(3) Bei den Zahlungen gemäß Abs. 2 handelt es sich um Sonderzahlungen, auf die auch durch wiederholte Zahlung ein Rechtsanspruch für die Zukunft nicht begründet wird. Der Anspruch auf die Sonderzahlung gemäß Abs. 2 steht dem Angestellten auch zu, wenn er in einem gekündigten Arbeitsverhältnis zu der AG steht. Falls das Arbeitsverhältnis des Angestellten im Laufe eines Kalenderjahres sein Ende findet, hat er für jeden vollen Monat seiner Tätigkeit in diesem Kalenderjahr einen Anspruch in Höhe von 1/12 der Zusatzvergütung gemäß Abs. 2.

(4) Die vereinbarte Vergütung deckt die gesamte Arbeitsleistung des Angestellten ab. Insbesondere wird eine besondere Vergütung für etwaige aus betrieblichen Gründen erforderliche Mehr- oder Überarbeit, Feiertags-, Sonntags- oder Nachtarbeit nicht gezahlt.[378]

---

[378] Die Wirksamkeit dieser Klausel ist derzeit noch umstritten. Einerseits gilt seit der Schuldrechtsmodernisierung, dass die Nichtvergütung von Überstunden einen Verstoß gegen § 307 Abs. 2 Nr. 1 BGB darstellen kann, weil dem Leitbild des Gesetzes eine bestimmte Arbeitsleistung gegen ein festgelegtes Arbeitsentgelt entspricht. Außerdem verstoßen pauschale Überstundenregelungen gegen das Transparenzgebot des § 307 Abs. 1 Satz 2 BGB (BAG 21.8.2005 – 5 AZR 545/04, BB 2006, 443; AnwK-ArbR/*Hümmerich*, § 307 BGB Rn 93). Andererseits darf der Arbeitgeber von seinen leitenden Angestellten i.S.v. § 5 Abs. 3 BetrVG (somit auch von Prokuristen) und sonstigen Führungskräften ein besonderes Maß an Arbeitsleistung verlangen, auch wenn dadurch die im Betrieb übliche Arbeitszeit überschritten wird, sofern der Angestellte seine Gesundheit nicht gefährdet (BAG 13.3.1967 – 2 AZR

(5) Der Angestellte verpflichtet sich, Gehaltsüberzahlungen ohne Rücksicht auf eine noch vorhandene Bereicherung zurückzuzahlen.[379]

§ 4 Gehaltsfortzahlung im Krankheits- oder Sterbefall

(1) Im Falle der Arbeitsunfähigkeit erhält der Angestellte für einen Zeitraum von sechs Wochen die volle Vergütung und für weitere maximal 72 Wochen eine Krankenzulage. Die Krankenzulage wird so berechnet, dass sie zusammen mit den Krankengeldsätzen der gesetzlichen Pflichtversicherung bis zum Ablauf der 26. Woche ab Beginn der Arbeitsunfähigkeit 100% und bis zum Ablauf der 78. Woche ab Beginn der Arbeitsunfähigkeit 90% der Nettovergütung erreicht. Maßgeblich ist die Nettovergütung, die sich aus der Fortzahlung der Monatsgehälter gemäß § 3 Abs. 1 für den genannten Krankheitszeitraum errechnen würde. Sonderzahlungen gemäß § 3 Abs. 2 bleiben bei der Errechnung der Nettovergütung außer Ansatz.

(2) Im Falle des Todes des Angestellten erhalten die versorgungsberechtigten Hinterbliebenen (Ehepartner/minderjährige Kinder) die volle Monatsvergütung gemäß § 3 Abs. 1 für die Dauer von drei Monaten über den Sterbemonat hinaus.

§ 5 Urlaub

(1) Der Angestellte erhält einen Erholungsurlaub von ▬▬▬ Arbeitstagen (5-Tage-Woche) im Kalenderjahr. Im Übrigen gelten die Vorschriften des Bundesurlaubsgesetzes.

(2) Die Lage des Erholungsurlaubs ist zu Beginn eines jeden Kalenderjahres mit dem Vorstand unter Berücksichtigung der betrieblichen Belange der AG abzustimmen.

§ 6 Nebentätigkeit

(1) Zur Übernahme einer Nebentätigkeit bedarf der Angestellte der ausdrücklichen schriftlichen vorherigen Zustimmung der AG. Nebentätigkeiten können entgeltlicher wie unentgeltlicher Art sein. Der Angestellte wird auch Ehrenämter nur nach vorheriger Zustimmung der AG übernehmen.

(2) Wenn und soweit Veröffentlichungen oder Vorträge des Angestellten Angelegenheiten der AG betreffen oder die Interessen der AG berühren, so ist dazu ebenfalls die ausdrückliche vorherige Zustimmung der AG erforderlich.

§ 7 Geheimhaltung

(1) Der Angestellte wird über alle Betriebs- und Geschäftsgeheimnisse sowie alle sonstigen ihm im Rahmen seiner Tätigkeit zur Kenntnis gelangenden Angelegenheiten und Vorgänge der AG Stillschweigen bewahren. Der Angestellte wird dafür Sorge tragen, dass Dritte nicht unbefugt Kenntnis erlangen.

(2) Die Verpflichtung zur Geheimhaltung besteht über die Beendigung des Arbeitsverhältnisses hinaus.

(3) Ein Verstoß gegen die Geheimhaltungspflicht ist ein wichtiger Grund, der die AG bei Abwägung aller Umstände zur außerordentlichen Kündigung des Arbeitsverhältnisses berechtigen kann. Einer vorherigen Abmahnung bedarf es nicht.

§ 8 Arbeits- und Geschäftsunterlagen

Die Anfertigung von Aufzeichnungen und Unterlagen aller Art erfolgt ausschließlich zu dienstlichen Zwecken und für den dienstlichen Gebrauch. Der Angestellte wird alle Aufzeichnungen, Entwürfe, Korrespondenzen, Materialien, Muster, Notizen, Personalunterlagen, Pläne und Unterlagen jeder Art sowie davon etwa gefertigte Abschriften oder Kopien oder Mehrstücke ordnungsgemäß aufbewahren und dafür Sorge tragen, dass Dritte nicht Einsicht nehmen können. Jede Anfertigung von Abschriften von Kopien oder Mehrstücken für andere als dienstliche Zwecke ist unzulässig. Die genannten Gegenstände sind bei Beendigung unverzüglich und unaufgefordert sowie vollständig an die AG herauszugeben. Ein Zurückbehaltungsrecht ist ausgeschlossen. Auf Wunsch der AG wird der Angestellte ausdrücklich versichern, die genannten Gegenstände vollständig herauszugeben und insbesondere keine Abschriften oder Kopien oder Mehrstücke behalten zu haben, sofern dies auch tatsächlich der Fall ist.

§ 9 Abtretung und Verpfändung

Abtretung und Verpfändung von Ansprüchen aus dem Arbeitsverhältnis sind ausgeschlossen.[380]

[] 133/66, BAGE 19, 288 = BB 1967, 669; BAG 17.11.1966 – 5 AZR 225/66, NJW 1967, 413). Nach § 18 ArbZG gelten die Bestimmungen des Arbeitszeitrechts für diesen Personenkreis nicht.

[379] Diese Klausel ist nach hier vertretener Ansicht gemäß § 307 Abs. 2 Nr. 1 BGB nicht wirksam (*Hümmerich*, NZA 2003, 764; *ders.*, Gestaltung von Arbeitsverträgen, § 1 Rn 1620).

[380] Die Klausel ist nach hier vertretener Ansicht nach § 307 Abs. 2 Nr. 1 BGB unwirksam (*Hümmerich*, Gestaltung von Arbeitsverträgen, § 1 Rn 296).

Kapitel 1: Arbeitsverträge

§ 10 Verhinderung

(1) Der Angestellte ist verpflichtet, jede Verhinderung an der Arbeitsleistung und deren Gründe der AG unverzüglich mitzuteilen. Entsprechendes gilt für Anträge auf Kur, Bewilligung einer Kur sowie Einberufung zur Kur.

(2) Für eine Verhinderung von mehr als drei Tagen hat der Angestellte die Art der Verhinderung nachzuweisen. Im Falle der Arbeitsunfähigkeit ist ein ärztliches Attest vorzulegen. Der AG bleibt vorbehalten, einen Nachweis der Verhinderung bereits ab dem ersten Fehltag zu verlangen.

§ 11 Vertragsdauer

(1) Das zwischen den Vertragspartnern bestehende Arbeitsverhältnis ist unbefristet. Es endet in jedem Fall mit demjenigen Monat, in dem der Angestellte Altersruhegeld in Anspruch nimmt. Wird durch Bescheid des Rentenversicherungsträgers festgestellt, dass der Angestellte berufs- oder erwerbsunfähig ist, so endet das Arbeitsverhältnis mit Ablauf desjenigen Monats, in dem der Bescheid zugestellt wird. Der Angestellte hat die AG von der Zustellung eines Bescheides unverzüglich zu unterrichten. Beginnt die Rente wegen Berufs- oder Erwerbsunfähigkeit erst nach Zustellung des Bescheides, so endet das Arbeitsverhältnis mit Ablauf des dem Rentenbeginn vorangehenden Monats.

(2) Das Arbeitsverhältnis kann während der ersten sechs Monate seines Bestandes von beiden Parteien mit einer Frist von einem Monat zum Monatsende gekündigt werden. Danach ist die Kündigung für beide Parteien mit einer Frist von sechs Monaten zum 30.6. und zum 31.12. eines Jahres möglich. Das Recht zur fristlosen Kündigung bleibt unberührt. Eine fristlose Kündigung ist im Falle ihrer Unwirksamkeit als fristgemäße Kündigung zum nächstzulässigen Termin umzudeuten. Kündigungen bedürfen zu ihrer Wirksamkeit der Schriftform.

(3) Die AG ist berechtigt, nach Ausspruch einer ordentlichen Kündigung den Angestellten unter Fortzahlung der Bezüge bis zur Beendigung des Arbeitsverhältnisses von der Arbeitsleistung freizustellen. Etwaige dem Angestellten bis zum Ende des Arbeitsverhältnisses noch zustehende Urlaubsansprüche werden mit dem Freistellungszeitraum verrechnet. Spricht die AG eine ordentliche oder außerordentliche Kündigung aus, steht dem Angestellten ein Anspruch auf tatsächliche Beschäftigung in der Zeit vom Zugang der Kündigung bis zum rechtskräftigen Abschluss eines etwaigen gerichtlichen Verfahrens nicht zu.

§ 12 Vorteilsannahme

Es ist dem Angestellten untersagt, Geschenke oder Vergünstigungen zu eigenem oder fremden Vorteil von solchen Personen oder Unternehmen zu fordern oder sich versprechen zu lassen oder anzunehmen, die mit der AG Geschäftsbeziehungen anstreben oder unterhalten. Als Annahme von Vergünstigungen werden jedoch nicht angesehen Einladungen oder Gepflogenheiten anderer Art, die sich im normalen Geschäftsverkehr ergeben.

§ 13 Verfallklausel[381]

Alle Ansprüche aus oder im Zusammenhang mit dem vorliegenden Arbeitsverhältnis sind von den Vertragspartnern innerhalb von drei Monaten nach Fälligkeit schriftlich geltend zu machen; anderenfalls sind sie erloschen. Bleibt die Geltendmachung erfolglos, erlöschen Ansprüche, wenn sie nicht innerhalb einer weiteren Frist von drei Monaten nach der schriftlichen Geltendmachung gerichtlich anhängig gemacht werden.

§ 14 Verzicht auf Nachteilsausgleich

Der Angestellte verzichtet auf die Geltendmachung eventueller Nachteilsausgleichsansprüche gemäß § 113 BetrVG.

§ 15 Nutzung der betrieblichen Telekommunikationsmittel und Datenverarbeitungsanlagen

(1) Die Nutzung des betrieblichen Internetanschlusses sowie die Nutzung des E-Mail-Systems dürfen ausschließlich für dienstliche Zwecke erfolgen. Eine private Nutzung durch den Angestellten ist nicht gestattet. Das Internet darf nur mit der gültigen persönlichen Zugangsberechtigung genutzt werden. User-ID und Passwort dürfen nicht an Dritte weitergegeben werden.

(2) Es dürfen keine fremden Programme/Dateien auf die Festplatte kopiert, über Diskette, CD-ROM, ähnliche Datenträger oder das Internet auf dem Rechner installiert und/oder eingesetzt werden. Auf Virenkontrolle ist zu achten. Virenschutzprogramme sind zu nutzen. Auftretende Störungen, die mit einem Virenbefall in Zusammenhang stehen könnten, sind umgehend der Netzverwaltung/dem Systemadministrator zu melden. Das Abrufen, Anbieten oder Verbreiten von rechtswidrigen Inhalten, insbesondere rassistischer oder pornographischer Art ist verboten.

(3) Der Arbeitgeber ist berechtigt, jede Nutzung des E-Mail-Systems und des Internets für die Dauer von maximal drei Monaten zu speichern, um die Einhaltung der obigen Bestimmungen anhand der gespeicherten Daten zu überprüfen. Der Angestellte erteilt insoweit seine Einwilligung gemäß § 4a BDSG.

---

[381] Einstufige Ausschlussfristen müssen einen Mindestzeitraum von drei Monaten enthalten (BAG 28.9.2005 – 5 AZR 52/05, DB 2006, 1959). Zweistufige Ausschlussfristen müssen für jede Frist drei Monate vorsehen. Als im Arbeitsrecht etablierte Besonderheiten nach § 310 Abs. 4 Satz 2 BGB steht ihrer Wirksamkeit § 309 Nr. 13 BGB nicht entgegen (BAG 25.5.2005 – 5 AZR 572/04, NZA 2005, 1111).

(4) Für den Fall seiner betrieblichen Abwesenheit (Urlaub, Krankheit etc.) hat der Angestellte eigenverantwortlich eine automatisierte Antwort an den Absender eingehender E-Mails einzurichten, die den Absender über die Abwesenheit des Angestellten informiert und einen Hinweis auf den zuständigen Vertreter und dessen Telefonnummer enthält.

(5) Verstöße gegen die vorstehenden Regeln können arbeitsrechtliche Konsequenzen zur Folge haben.

§ 16 Sonstiges

(1) Nebenabreden außerhalb dieses Vertrages bestehen nicht. Änderungen und Ergänzungen bedürfen zu ihrer Wirksamkeit der Schriftform. Dies gilt auch für die Aufhebung des Schriftformerfordernisses.

(2) Sollten einzelne Bestimmungen dieses Vertrages ganz oder teilweise unwirksam sein oder werden, so berührt dies die Wirksamkeit der übrigen Bestimmungen nicht. Lückenhafte oder unwirksame Regelungen sind so zu ergänzen, dass eine andere angemessene Regelung gefunden wird, die wirtschaftlich dem am nächsten kommt, was die Parteien unter Berücksichtigung der mit dem Arbeitsverhältnis verfolgten Zwecke gewollt hätten, wenn sie die Lückenhaftigkeit oder Unwirksamkeit bedacht hätten.

2. Muster: Chefarzt-Dienstvertrag mit Nebentätigkeitsabrede 1 (ausgewogene Vertragsstruktur)

Chefarzt-Dienstvertrag

zwischen

, vertreten durch ▬▬▬

– nachstehend: Krankenhausträger –

und

Herrn/Frau Dr. med. ▬▬▬

– nachstehend: Chefarzt/Chefärztin –

§ 1 Dienstverhältnis

(1) Herr/Frau Dr. med. ▬▬▬, geb. am ▬▬▬ in ▬▬▬

Facharzt/Fachärztin für ▬▬▬, wohnhaft in ▬▬▬

wird mit Wirkung vom ▬▬▬ als leitende(r) Abteilungsarzt/-ärztin der ▬▬▬-Abteilung des ▬▬▬ Krankenhauses in ▬▬▬ angestellt.

(2) Das Dienstverhältnis ist bürgerlich-rechtlicher Natur. Neben den Regelungen dieses Vertrages finden auf das Dienstverhältnis die vom Krankenhausträger erlassenen Satzungen, Dienstanweisungen und die Hausordnung Anwendung; es gilt die jeweils gültige Fassung.

(3) Im Interesse der Erfüllung seiner/ihrer Aufgaben verpflichtet sich der Arzt/die Ärztin, in der Nähe des Krankenhauses zu wohnen.

§ 2 Stellung des Chefarztes/der Chefärztin

(1) Der Arzt/die Ärztin ist verantwortliche(r) Leiter(in) der ▬▬▬ Abteilung. Der Arzt/die Ärztin führt die Dienstbezeichnung „Chefarzt/Chefärztin". Dienstvorgesetzter des Arztes/der Ärztin ist der ▬▬▬.

(2) Der Arzt/die Ärztin ist in seiner/ihrer ärztlichen Verantwortung bei der Diagnostik und Therapie unabhängig und weisungsfrei. Im Übrigen ist er/sie an die Weisungen des Krankenhausträgers und des Leitenden Arztes des Krankenhauses gebunden. Er/sie ist zur Zusammenarbeit mit dem Krankenhausträger, den leitenden Abteilungsärzten und Belegärzten, dem Verwaltungsleiter und dem Leiter des Pflegedienstes verpflichtet. Der Krankenhausträger wird den Arzt/die Ärztin vor wichtigen Entscheidungen, die seinen/ihren Aufgabenbereich betreffen, hören.

§ 3 Wirtschaftlichkeitsgebot

(1) Der Chefarzt/die Chefärztin ist bei der Behandlung im Rahmen des ärztlich Notwendigen zu zweckmäßigem, wirtschaftlichem und sparsamem Umgang mit den zur Verfügung stehenden Mitteln des Krankenhauses verpflichtet. Er/sie ist auch für einen entsprechenden Mitteleinsatz durch die Ärzte und anderen Mitarbeiter seiner/ihrer Abteilung verantwortlich.

(2) Die Parteien erstellen gemeinsam ein internes abteilungsbezogenes Budget. Der Chefarzt/die Chefärztin hat auf die Erreichung und Einhaltung des gemäß dieser Vorgabe definierten Leistungsrahmens und der damit verbundenen Erträge sowie die Einhaltung der zur Verfügung gestellten Ressourcen hinzuwirken. Der Chefarzt/die Chefärztin wird regelmäßig über die Entwicklungen im Budgetzeitraum informiert.

(3) Der Chefarzt/die Chefärztin hat das Recht, an den budgetrelevanten Verhandlungen des Krankenhausträgers mit den Kostenträgern teilzunehmen.

(4) Über die Einführung neuer diagnostischer und therapeutischer Untersuchungs- und Behandlungsmethoden bzw. Maßnahmen, die wesentliche Mehrkosten verursachen, hat der Chefarzt/die Chefärztin Einvernehmen mit dem Krankenhausträger herbeizuführen, soweit nicht die medizinische Notwendigkeit in Einzelfällen solche Maßnahmen oder Methoden unabdingbar macht.

(5) Der Chefarzt/die Chefärztin hat die Richtlinien der Arzneimittelkommission zu beachten.

§ 4 Dienstaufgaben im Bereich der Krankenhausbehandlung

(1) Dem Chefarzt/der Chefärztin obliegt die Führung und fachliche Leitung seiner/ihrer Abteilung. Er/Sie ist insoweit für die medizinische Versorgung der Patienten, den geordneten Dienstbetrieb und die allgemeine Hygiene verantwortlich. Der Chefarzt/die Chefärztin hat folgende Dienstaufgaben:

1. Die stationäre Behandlung aller Patienten seiner/ihrer Abteilung im Rahmen der Krankenhausleistungen;
2. die stationäre Untersuchung und Mitbehandlung der Patienten sowie die Beratung der Ärzte anderer Abteilungen des Krankenhauses einschließlich der Belegabteilungen, soweit sein/ihr Fachgebiet berührt wird;
3. die Durchführung von Früherkennungsmaßnahmen, wenn sie aus Anlass eines stationären Aufenthaltes durchgeführt werden.

(2) Der Chefarzt/die Chefärztin hat die personelle Besetzung des Bereitschaftsdienstes und der Rufbereitschaft in seiner/ihrer Abteilung zu organisieren und auch an solchen Diensten selbst teilzunehmen, soweit die hierfür qualifizierten nachgeordneten Ärzte zur Abdeckung des Bereitschaftsdienstes bzw. der Rufbereitschaft nicht ausreichen.

(3) In der Verantwortung für seine Abteilung hat der Chefarzt/die Chefärztin auf eine nach Maßgabe der Budgetplanung des Krankenhauses anzustrebende Belegung unter Berücksichtigung des Wirtschaftlichkeitsgebots hinzuwirken. Hierzu wird er/sie geeignete Maßnahmen, z.B. Vorkehrungen für eine reibungslose Ablauforganisation in seiner/ihrer Abteilung, kollegiale Kontakte zu niedergelassenen Ärzten, Vorträge, Informationsveranstaltungen für Patienten und Angehörige etc. ergreifen. Berufsrechtliche Regelungen bleiben unberührt.

(4) Dem Chefarzt/der Chefärztin obliegt weiter

1. bei allen Patienten seiner/ihrer Abteilung die Visiten, soweit dies notwendig ist, persönlich durchzuführen;
2. die den Patienten gegenüber bestehenden Aufklärungspflichten zu erfüllen, dabei die von der Rechtsprechung entwickelten Grundsätze zu beachten und die Ärzte seiner/ihrer Abteilung über die Aufklärungspflichten zu belehren;
3. Patienten, die entgegen ärztlichem Rat ihre Entlassung aus der stationären Versorgung verlangen, darüber zu belehren, dass das Krankenhaus für die daraus entstehenden Folgen nicht haftet.

Die Belehrungen nach Nrn. 2 und 3 sind in den Krankenhausunterlagen zu vermerken.

(5) Der Chefarzt/die Chefärztin hat ferner den Dokumentationspflichten nachzukommen, die sich bei Früherkennungsmaßnahmen ergeben und die Inhalte der allgemeinen Krankenhausleistungen sind.

§ 5 Weitere Dienstaufgaben

(1) Der Chefarzt/die Chefärztin hat alle ärztlichen Anordnungen und Maßnahmen zu treffen, zu unterstützen oder – soweit der Krankenhausträger zuständig ist – anzuregen, die einen ordnungsgemäßen Betrieb des Krankenhauses im Allgemeinen und seiner/ihrer Abteilung im Besonderen gewährleisten. In seinem/ihrem ärztlichen Aufgabenbereich hat er/sie auch für die Beachtung der Hausordnung zu sorgen.

(2) Zu den Aufgaben des Chefarztes/der Chefärztin gehört es auch, die ärztlichen Anzeige- und Meldepflichten zu erfüllen, die für den ärztlichen Bereich erlassenen Vorschriften, Dienstanweisungen und Anordnungen einzuhalten sowie deren Durchführung im Bereich seiner/ihrer Abteilung sicherzustellen.

(3) Auf Verlangen des Krankenhausträgers oder der Krankenhausleitung hat der Chefarzt/die Chefärztin

1. an den Sitzungen des ▬▬▬ als Sachverständige(r) teilzunehmen;
2. in Gremien des Krankenhauses mitzuwirken;
3. die Leitung einer Aus- und Weiterbildungsstätte für nichtärztliche Berufe des Gesundheitswesens zu übernehmen;
4. die Aufgaben des Leitenden Arztes des Krankenhauses wahrzunehmen;
5. sich an den dem Krankenhausträger zwingend vorgegebenen Qualitätssicherungsmaßnahmen bei ärztlichen Leistungen zu beteiligen.

(4) Im Rahmen seines/ihres Fachgebietes hat der Chefarzt/die Chefärztin ferner

1. den Krankenhausträger in allen ärztlichen Angelegenheiten zu beraten;

2. die ärztlichen und nichtärztlichen Mitarbeiter des Krankenhauses aus-, weiter- und fortzubilden, insbesondere den ärztlichen Unterricht an einer Aus- und Weiterbildungsstätte für nichtärztliche Berufe des Gesundheitswesens zu erteilen;

3. an der Ausbildung von Studierenden der Medizin nach Maßgabe der Vorschriften der Approbationsordnung für Ärzte und der zwischen dem Krankenhausträger und dem Land ▬▬▬/der Universität ▬▬▬ getroffenen Vereinbarungen in der jeweils gültigen Fassung mitzuwirken und gegebenenfalls einen Lehrauftrag der Universität anzunehmen. Die entsprechende Honorierung ist von dem Chefarzt/der Chefärztin unmittelbar mit der Universität zu vereinbaren;

4. über den Gesundheitszustand der im Krankenhaus tätigen Personen oder von Personen, die sich um eine Anstellung beim Krankenhausträger bewerben, ärztliche Zeugnisse und gutachterliche Äußerungen zu erstatten, sofern der Betriebsarzt des Krankenhauses seine/ihre Hilfe benötigt;

5. die in Gesetzen, Verordnungen oder anderen Rechtsnormen, Unfallverhütungsvorschriften, Dienstanweisungen usw. vorgeschriebenen regelmäßigen Untersuchungen der im Krankenhaus tätigen Personen vorzunehmen und hierüber die erforderlichen Aufzeichnungen zu machen, sofern der Betriebsarzt des Krankenhauses seine/ihre Hilfe benötigt;

6. an der Organisation des Rettungsdienstes nach Maßgabe der hierzu zur Verfügung stehenden Ärzte, der gesetzlichen Regelungen (z.B. Rettungsdienstgesetze der Länder) und der zwischen dem Träger des Rettungsdienstes und dem Krankenhausträger getroffenen Vereinbarungen mitzuwirken, insbesondere auch den am Rettungsdienst teilnehmenden Ärzten die für die notärztliche Versorgung erforderlichen besonderen Kenntnisse und Fertigkeiten zu vermitteln.

§ 6 Durchführung der Dienstaufgaben

(1) Im Rahmen der Besorgung seiner/ihrer Dienstaufgaben überträgt der Chefarzt/die Chefärztin, soweit nicht die Art oder die Schwere der Krankheit sein persönliches Tätigwerden erfordern, den ärztlichen Mitarbeitern – entsprechend ihrem beruflichen Bildungsstand, ihren Fähigkeiten und Erfahrungen – bestimmte Tätigkeitsbereiche oder Einzelaufgaben zur selbständigen Erledigung. Die Gesamtverantwortung des Chefarztes/der Chefärztin wird hierdurch nicht eingeschränkt.

(2) Gesondert berechenbare wahlärztliche Leistungen erbringt der Chefarzt/die Chefärztin nach Maßgabe der GOÄ (GOZ) in der jeweils gültigen Fassung. Im Verhinderungsfall übernimmt diese Aufgabe des Chefarztes/der Chefärztin sein/ihr ärztlicher Vertreter.

(3) Der Chefarzt/die Chefärztin hat die Rechte und Pflichten anderer leitender Abteilungsärzte und der Belegärzte zu beachten. Er/Sie hat das Recht und die Pflicht, andere leitende Abteilungsärzte des Krankenhauses, Belegärzte, Ärzte und Einrichtungen außerhalb des Krankenhauses, mit denen vertragliche Beziehungen bestehen, zur Beratung, Untersuchung oder Mitbehandlung beizuziehen, wenn dies erforderlich ist. Die Einschaltung anderer Ärzte und Einrichtungen außerhalb des Krankenhauses soll nur in Ausnahmefällen erfolgen.

(4) Unbeschadet des allgemeinen Weisungsrechts des Krankenhausträgers wird der Chefarzt/die Chefärztin ermächtigt, im Rahmen seiner/ihrer Dienstaufgaben über Aufnahme, Beurlaubung und Entlassung von Patienten innerhalb seiner/ihrer Abteilung zu entscheiden.

(5) Die mit den Dienstaufgaben zusammenhängenden ärztlichen Leistungen sind – soweit möglich – ausschließlich im Krankenhaus mit dessen Geräten und Einrichtungen zu bewirken; dies gilt nicht für Hilfeleistungen in Notfällen, die außerhalb des Krankenhauses erbracht werden müssen.

(6) Der Chefarzt/die Chefärztin ist verpflichtet, vorübergehend freie Betten seiner/ihrer Abteilung bei Bedarf den übrigen leitenden Abteilungsärzten und den Belegärzten zur vorübergehenden Belegung zu überlassen, soweit gesetzliche Vorschriften oder zwingende medizinische Bedenken nicht entgegenstehen. Wegen der Benutzung von Räumen und Einrichtungen des Krankenhauses, die auch den Zwecken anderer Abteilungen dienen, hat er/sie sich mit den anderen Krankenhausärzten kollegial zu verständigen.

(7) Der Chefarzt/die Chefärztin hat dafür zu sorgen, dass für jeden Kranken seiner/ihrer Abteilung eine Krankengeschichte geführt wird. Diese wird zur Sicherung der ärztlichen Schweigepflicht und der Datenschutzbestimmungen vom Chefarzt/von der Chefärztin in vom Krankenhausträger zur Verfügung zu stellenden Krankenhausräumen aufbewahrt. Der Chefarzt/die Chefärztin hat jederzeit Zugang zu den für die Patienten seiner/ihrer Abteilung geführten Krankengeschichten. Eigentümer der Krankengeschichten ist der Krankenhausträger.

Der Chefarzt/die Chefärztin hat auch nach seinem/ihrem Ausscheiden aus dem Krankenhaus Zugang zu den für die Kranken seiner/ihrer Abteilung geführten Krankengeschichten, wenn er/sie ein berechtigtes Interesse nachweist.

Originalkrankengeschichten und deren Anlagen (auch als Mikrofilme, CD-ROM etc.) dürfen aus den Räumen des Krankenhauses nicht entfernt werden. Falls die Entfernung aus zwingenden Gründen nicht zu vermeiden ist, z.B. im Fall der gerichtlichen Beschlagnahme, sind vor der Herausgabe Kopien anzufertigen.

Kopien von Krankengeschichten dürfen nur an Berechtigte und nur mit Zustimmung des Chefarztes/der Chefärztin oder seines/ihres Nachfolgers herausgegeben werden; der Zustimmung des Chefarztes/der Chefärztin bedarf es nicht, wenn für den Krankenhausträger aufgrund gesetzlicher Vorschriften eine Rechtspflicht zur Herausgabe besteht.

Der Chefarzt/die Chefärztin ist berechtigt, von den Krankengeschichten auf seine/ihre Kosten Kopien auch nach seinem/ihrem Ausscheiden herstellen zu lassen.

Bei Untersuchungen oder Behandlungen von Patienten in anderen Abteilungen des Krankenhauses hat der Chefarzt/die Chefärztin seine/ihre Aufzeichnungen dem Leitenden Arzt der anderen Abteilung zur Vereinigung mit der von diesem geführten Krankengeschichte zu übergeben.

Die vorstehenden Regelungen für Krankengeschichten gelten sinngemäß für Röntgenaufnahmen, Elektrokardiogramme oder ähnliche Aufzeichnungen. Abweichende gesetzliche Regelungen bleiben unberührt.

(8) Soweit der Krankenhausträger zur Erhebung seiner Entgelte, zur Erstellung der Kosten- und Leistungsrechnung, zur Diagnosenstatistik, für allgemeine statistische Zwecke oder Ähnliches Angaben über die vom Chefarzt/von der Chefärztin selbst oder von den nachgeordneten Ärzte oder sonstigen Mitarbeitern bewirkten ärztlichen Leistungen oder Krankenhaussachleistungen braucht, ist der Chefarzt/die Chefärztin verpflichtet, dem Krankenhausträger im Rahmen der ärztlichen Schweigepflicht und der Bestimmungen über den Datenschutz diejenigen Daten zu übermitteln, die ihm/ihr bekannt sind und für deren Übermittlung das ihm zur Verfügung stehende Personal ausreicht. Eine Verpflichtung des Chefarztes/der Chefärztin zur Erhebung ihm/ihr nicht bekannter Daten besteht nicht. Soweit der Krankenhausträger derartige Daten selbst erheben will, ist der Chefarzt/die Chefärztin dazu verpflichtet, der Krankenhausverwaltung im Rahmen der ärztlichen Schweigepflicht und der Bestimmungen über den Datenschutz diejenigen Unterlagen zur Verfügung zu stellen, die in seinem Besitz und zur Erhebung der von der Krankenhausverwaltung gebrauchten Daten geeignet sind.

Dies gilt auch für Angaben über die in Betracht kommenden Leistungsziffern der Gebührenordnung für Ärzte (GOÄ), des Einheitlichen Bewertungsmaßstabes (EBM), des Krankenhaustarifs sowie für Angaben von Verschlüsselungen gemäß der International Classification of Diseases (ICD) und der International Classifikation of Procedures in Medicin (ICPM), die zur Erhebung der Daten benötigt werden.

Der Chefarzt/die Chefärztin wirkt an einer richtigen und vollständigen Kodierung und Dokumentation der für die Eingruppierung in einem deutschen DRG-System erforderlichen Diagnosen und Prozeduren nach Maßgabe der jeweils gültigen Deutschen Kodierrichtlinien mit. Er/Sie hat der Krankenhausverwaltung alle erforderlichen Unterlagen zur Verfügung zu stellen.

Die ärztliche Schweigepflicht und die Vorschriften über den Datenschutz bleiben unberührt.

(9) Vorkommnisse von erheblicher oder grundsätzlicher Bedeutung, insbesondere auch Untersuchungen der Polizei oder der Staatsanwaltschaft, Haftungsfälle, auftretende Schwierigkeiten oder Missstände in seiner/ihrer Abteilung hat der Chefarzt/die Chefärztin unverzüglich dem Dienstvorgesetzten – in ärztlichen Angelegenheiten über den Leitenden Arzt des Krankenhauses, im Übrigen auch über die Krankenhausverwaltung – mitzuteilen.

(10) Bei der Durchführung der Dienstaufgaben hat der Chefarzt/die Chefärztin zu beachten, dass für sämtliche wirtschaftliche Angelegenheiten des Krankenhauses ausschließlich die Krankenhausleitung zuständig ist. Sie vertritt das Krankenhaus rechtlich gegenüber Dritten, gibt alle Bestellungen auf, tätigt alle Einkäufe und schließt alle Verträge für das Krankenhaus ab.

§ 7 Mitwirkung in Personalangelegenheiten

(1) Der Krankenhausträger stellt die für die ordnungsgemäße Aufrechterhaltung des Betriebes der Abteilung erforderlichen ärztlichen und nichtärztlichen Mitarbeiter (nachgeordnete Ärzte, Pflegepersonal, medizinisch-technisches Personal, Schreibkräfte) zur Verfügung. Bei der Vorbereitung des Stellenplans für den ärztlichen und medizinisch-technischen Dienst seiner/ihrer Abteilung erhält der Chefarzt/die Chefärztin Gelegenheit zur Stellungnahme.

(2) Einstellung, Umsetzung, Versetzung, Abordnung, Beurlaubung oder Entlassung der nachgeordneten Ärzte seiner/ihrer Abteilung erfolgt nur auf Vorschlag des Chefarztes/der Chefärztin. Vor entsprechenden Maßnahmen bei Mitarbeitern der Abteilung im medizinisch-technischen Dienst, bei Pflegepersonen in herausgehobener Stellung sowie bei Schreibkräften für den Chefarzt/die Chefärztin wird der Chefarzt/die Chefärztin gehört.

(3) Der Chefarzt/die Chefärztin hat in ärztlichen Angelegenheiten das Weisungsrecht gegenüber den Mitarbeitern seiner/ihrer Abteilung. Dies gilt auch für Mitarbeiter anderer Abteilungen, soweit sie im Aufgabenbereich des Chefarztes/der Chefärztin eingesetzt sind. Die Befugnisse des Leitenden Arztes des Krankenhauses, des Leiters des Pflegedienstes und des Verwaltungsleiters in ihren Aufgabenbereichen bleiben unberührt.

(4) Bei der Diensteinteilung und bei der Zuweisung von Aufgaben und Tätigkeiten an Ärzte und nichtärztliche Mitarbeiter hat der Chefarzt/die Chefärztin – bei Krankenpflegepersonen im Benehmen mit dem Leiter des Pflegedienstes – den beruflichen Bildungsstand der Mitarbeiter, die Arbeits-, Aus- und Weiterbildungsverträge des Krankenhausträgers mit

den Mitarbeitern sowie Vermittlungs- oder Gestellungsverträge des Krankenhausträgers mit Schwesternschaften, Mutterhäusern u.Ä. zu beachten. Der Chefarzt/die Chefärztin hat auch dafür zu sorgen, dass die einzel- oder tarifvertraglich vereinbarten Arbeitszeiten der Ärzte und nichtärztlichen Mitarbeiter seiner Abteilung eingehalten werden.

(5) Personen, die vom Krankenhausträger weder angestellt noch von ihm zu einer beruflichen Bildungsmaßnahme zugelassen sind, dürfen von dem Chefarzt/der Chefärztin im Krankenhaus nicht beschäftigt oder aus-, weiter- und fortgebildet werden. Ausnahmen bedürfen der vorherigen Zustimmung des Dienstvorgesetzten.

(6) Arbeitszeugnisse für nachgeordnete Ärzte der Abteilung, für die medizinisch-technischen und physiotherapeutischen Mitarbeiter der Abteilung sowie für die Arztschreibkräfte der Abteilung werden vom Krankenhausträger unter Verwendung einer von dem Chefarzt/der Chefärztin abzugebenden fachlichen Beurteilung ausgestellt. Die fachliche Beurteilung und das Arbeitszeugnis werden in einer Urkunde zusammengefasst.

(7) Zeugnisse für nachgeordnete Ärzte im Rahmen der Gebietsarztweiterbildung oder Zeugnisse und Bescheinigungen, die sich ausschließlich mit der ärztlich-wissenschaftlichen Qualifikation befassen, stellt der Chefarzt/die Chefärztin aus. Sie sind vor ihrer Aushändigung dem Krankenhausträger zur Kenntnis vorzulegen; die Krankenhausverwaltung erhält für die Personalakte eine Mehrfertigung der Zeugnisse und Bescheinigungen.

§ 8 Vergütung für die Tätigkeit im dienstlichen Aufgabenbereich

(1) Der Chefarzt/die Chefärztin erhält für seine/ihre Tätigkeit im dienstlichen Aufgabenbereich Bezüge entsprechend der Vergütungsgruppe BAT I, d.h. Grundvergütung, Ortszuschlag sowie Zulagen, eine Zuwendung und ein Urlaubsgeld. Diese Bezüge erhöhen sich entsprechend den tariflichen Regelungen zum BAT in der jeweils gültigen Fassung.

(2) Der Chefarzt/die Chefärztin erhält ferner

a) das Liquidationsrecht für die gesondert berechenbaren wahlärztlichen Leistungen bei denjenigen Patienten, die diese Leistung gewählt, mit dem Krankenhaus vereinbart und in Anspruch genommen haben, wobei der Krankenhausträger die Inanspruchnahme der ärztlichen Wahlleistung nicht von der gleichzeitigen Inanspruchnahme anderer Wahlleistungen abhängig macht;

b) das Liquidationsrecht für das Gutachterhonorar bei Aufnahmen zur Begutachtung, soweit die gesonderte Berechnung eines Gutachterhonorars neben dem Pflegesatz nach den gesetzlichen Bestimmungen zulässig ist;

c) das Liquidationsrecht bei den stationären Patienten, denen gegenüber ein anderer Arzt des Krankenhauses liquidationsberechtigt ist.

(3) Bei der Bemessung der Honorare aus dem Liquidationsrecht nach Abs. 2 hat der Chefarzt/die Chefärztin den gemeinnützigen Charakter des Krankenhauses zu berücksichtigen.

(4) Der Krankenhausträger garantiert dem Chefarzt/der Chefärztin ein Bruttoeinkommen aus den Dienstbezügen, den Liquidationserlösen im stationären Bereich und den Einnahmen aus der Nebentätigkeit in Höhe von ▬▬▬ EUR jährlich. Erreichen die Einnahmen, die dem Chefarzt/der Chefärztin nach der Kostenerstattung an das Krankenhaus und nach einer Honorarbeteiligung seiner/ihrer Mitarbeiter verbleiben, nicht die Garantiesumme, so zahlt der Krankenhausträger an ihn/sie eine Zulage in Höhe des Differenzbetrages. Die Garantiesumme erhöht oder ermäßigt sich jeweils um den Prozentsatz, um den sich das Grundgehalt in der Endstufe der Vergütungsgruppe des Chefarztes/der Chefärztin ändert. Auf die voraussichtliche Ausgleichszahlung des Krankenhausträgers sind monatliche Vorschüsse an den Chefarzt/die Chefärztin zu leisten.

§ 9 Kostenerstattung im dienstlichen Aufgabenbereich

Die Kostenerstattung wird in der Weise vereinbart, dass der Chefarzt/die Chefärztin für die liquidationsberechtigten Leistungen (§ 8 Abs. 2) den bei der Ermittlung der Entgelte des Krankenhauses nach dem Krankenhausfinanzierungsgesetz und der Bundespflegesatzverordnung in der jeweils gültigen Fassung oder nach den diese Regelungen ergänzenden oder ersetzenden Bestimmungen einzusetzenden Kostenabzug an den Krankenhausträger zu erstatten ist. Entfällt ein Kostenabzug im Sinne der Vorschriften, ist der Chefarzt/die Chefärztin verpflichtet, dem Krankenhausträger alle Kosten zu erstatten, die dem Krankenhausträger für die in Satz 1 genannten Leistungen dadurch entstehen, dass diese Leistungen als Wahlleistungen erbracht werden.

Die Kostenerstattung beträgt derzeit:

- für die in den Abschnitten A, E, M und O des Gebührenverzeichnisses der GOÄ genannten Leistungen 40 v.H. und
- für die in den übrigen Abschnitten des Gebührenverzeichnisses der GOÄ genannten Leistungen 20 v.H.

der jeweils auf diese vor Abzug der Gebührenminderung nach § 6a Abs. 1 Satz 1 GOÄ entfallenden Gebühren (Bruttorechnungsbeträge); für nach § 6 Abs. 2 GOÄ berechnete Gebühren ist dem Kostenabzug der Vomhundertsatz zugrunde zu legen, der für die als gleichwertige herangezogenen Leistungen des Gebührenverzeichnisses der GOÄ gilt.

Bruttorechnungsbeträge sind die Summe der jeweils vom Chefarzt/von der Chefärztin oder von Dritten in Rechnung gestellten ungeminderten GOÄ-Gebühren aus allen Bereichen, in denen dem Chefarzt/der Chefärztin das Liquidationsrecht im stationären Bereich eingeräumt ist, ohne Abzug der zu entrichtenden Beträge für Kostenerstattung, Verwaltungskosten sowie ohne Abzug von Zuwendungen an nachgeordnete Ärzte und sonstige Mitarbeiter und ohne andere Kürzungen wie z.B. durch Aufrechnung oder durch Abzug von Einzugsvergütungen oder Leistungen an Dritte.

§ 10 Finanzielle Beteiligung der nachgeordneten Ärzte

Der Chefarzt/die Chefärztin beteiligt die nachgeordnete Ärzte seiner/ihrer Abteilung an den Liquidationseinnahmen nach den Bestimmungen des Landeskrankenhausgesetzes vom ▪▪▪ und den diesbezüglichen Durchführungsvorschriften.

Der Chefarzt/die Chefärztin beteiligt seine/ihre Mitarbeiter an den Liquidationseinnahmen in Erfüllung seiner/ihrer standesrechtlichen Pflichten in angemessenem Umfang. Dabei sind der Ausbildungsstand des Betreffenden, seine Leistung und sein Einsatz zu berücksichtigen.

§ 11 Alters- und Hinterbliebenenversorgung

(1) Der Krankenhausträger übernimmt die Beiträge des Chefarztes/der Chefärztin zur gesetzlichen Rentenversicherung in der gesetzlich vorgeschriebenen Höhe. Ist der Chefarzt/die Chefärztin von der gesetzlichen Rentenversicherung befreit, übernimmt der Krankenhausträger die Hälfte der Pflichtversicherungsbeiträge zum Ärztlichen Versorgungswerk.

(2) Für die zusätzliche Alters- und Hinterbliebenenversorgung findet auf den Chefarzt/die Chefärztin der Tarifvertrag über die Versorgung der Arbeitnehmer kommunaler Verwaltungen und Betriebe (VersTV-G) vom 6.3.1967 in der jeweils gültigen Fassung entsprechende Anwendung.

(3) Der Krankenhausträger gewährt dem Chefarzt/der Chefärztin einen Zuschlag zu einer privaten Zukunftssicherung. Die Leistung erfolgt in der Höhe des nachgewiesenen Beitrages, der im Rahmen einer Zusatzversorgungseinrichtung entsprechend dem Tarifvertrag über die Versorgung der Arbeitnehmer kommunaler Verwaltungen und Betriebe (Vers.TV-G) vom 6.3.1997 in der jeweils gültigen Fassung zu zahlen wäre.

§ 12 Urlaub

Der Chefarzt/die Chefärztin erhält unter Fortzahlung der Gehaltsbezüge und unter Fortgeltung des Liquidationsrechts einen jährlichen Erholungsurlaub von 30 Arbeitstagen (Fünf-Tage-Woche). Der Urlaub ist bei dem Dienstvorgesetzten über den Leitenden Arzt und die Verwaltung des Krankenhauses rechtzeitig vor Urlaubsbeginn zu beantragen.

§ 13 Teilnahme an wissenschaftlichen Kongressen u.a., Dienstreisen

(1) Dienstreisen bedürfen der Genehmigung durch den Dienstvorgesetzten. Der Chefarzt/die Chefärztin erhält Reisekosten nach den bei dem Krankenhausträger geltenden Reisekostenbestimmungen.

(2) Der Chefarzt/die Chefärztin darf jährlich bis zur Dauer von zehn Arbeitstagen an wissenschaftlichen Kongressen und ärztlichen Fortbildungskursen teilnehmen; damit sind etwaige Ansprüche länderspezifischer Weiterbildungsgesetz abgegolten. Die Teilnahme gilt als Dienstreise; Reisekosten werden nicht vergütet. Eine Anrechnung auf den Erholungsurlaub findet nicht statt.

(3) Die Teilnahme an Kongressen und Fortbildungsveranstaltungen ist bei dem Dienstvorgesetzten über den Leitenden Arzt und die Verwaltung des Krankenhauses unter Vorlage der zur Beurteilung der Genehmigungsfähigkeit erforderlichen Unterlagen rechtzeitig zu beantragen.

§ 14 Krankheit, Beihilfen

(1) Bei Dienstverhinderung durch Krankheit oder Unfall stehen dem Chefarzt/der Chefärztin die Dienstbezüge und das Liquidationsrecht bis zur Dauer von 26 Wochen zu.

(2) In Krankheits-, Geburts- oder Todesfällen erhält der Chefarzt/die Chefärztin Beihilfen nach den für die sonstigen Angestellten des Krankenhausträgers geltenden Vorschriften.

(3) Der Chefarzt/die Chefärztin erhält bei stationärer Behandlungsbedürftigkeit im Krankenhaus freie Pflege, Unterkunft und Verpflegung in einem Einbettzimmer sowie die notwendigen sachlichen Nebenleistungen bis zur Dauer von 26 Wochen, soweit ihm/ihr nicht ein Erstattungsanspruch gegen Dritte zusteht.

§ 15 Vertretungsregelung

Im Falle der Beurlaubung, der Teilnahme an wissenschaftlichen Kongressen, von Dienstreisen, Krankheiten oder sonstigen Dienstverhinderungen wird der Chefarzt/die Chefärztin grundsätzlich von seinem/ihrem ständigen ärztlichen Vertreter vertreten. Ist dies nicht möglich, regelt der Chefarzt/die Chefärztin seine/ihre Vertretung im Einvernehmen mit dem Dienstvorgesetzten; kommt eine einvernehmliche Regelung nicht zustande, entscheidet der Dienstvorgesetzte nach Anhörung des Chefarztes/der Chefärztin.

§ 16 Versicherungsschutz

(1) Der Krankenhausträger schließt für alle ärztlichen Tätigkeiten im Krankenhaus, für die Gutachter- und Konsiliartätigkeiten sowie die Hilfeleistungen in Notfällen eine Haftpflichtversicherung gegen Schadensersatzansprüchen Dritter, die auch einen Regressanspruch des Krankenhausträgers gegenüber dem Chefarzt/der Chefärztin deckt, mit folgenden Mindestdeckungssummen ab:

a) bei Personenschäden: 5.000.000 EUR
b) bei Sachschäden: 500.000 EUR
c) bei Vermögensschäden: 200.000 EUR

(2) Der Chefarzt/die Chefärztin ist jederzeit berechtigt, in den Versicherungsschein und die Versicherungsbedingungen Einblick zu nehmen.

§ 17 Entwicklungsklausel

(1) Der Krankenhausträger hat das Recht, sachlich gebotene organisatorische Änderungen im Einvernehmen mit dem Chefarzt/der Chefärztin und dem Leitenden Arzt des Krankenhauses vorzunehmen.

(2) Werden durch solche organisatorische Maßnahmen die Vertragsgrundlagen für den Chefarzt/die Chefärztin wesentlich beeinträchtigt, so sind die hierdurch berührten Vertragsbestimmungen, insbesondere die finanziellen Bestimmungen, unter Wahrung der Vertragstreue neu zu regeln.

§ 18 Tätigkeit außerhalb der Dienstaufgaben

(1) Der Chefarzt/die Chefärztin ist berechtigt, neben seiner/ihrer stationären Tätigkeit die folgenden Nebentätigkeiten auszuüben:

a) ambulante Beratung und Behandlung,

b) nichtstationäre Gutachtertätigkeit,

c) konsiliarische Beratung anderer Ärzte,

d) Arzneimittelprüfungen, Anwendungsbeobachtungen und Medizinproduktestudien,

e) externe Lehrtätigkeiten, Vorträge, ▄▄▄.

Soweit möglich, sind die Tätigkeiten nach a) bis d) im Krankenhaus auszuüben und mit dessen Geräten und Einrichtungen zu bewirken.

(2) Der Chefarzt/die Chefärztin ist verpflichtet, der Krankenhausverwaltung Art und Umfang der von ihm/ihr tatsächlich ausgeübten Nebentätigkeit schriftlich anzuzeigen und dabei Abschriften von Ermächtigungs- oder sonstigen Zulassungsbescheiden vorzulegen; das Gleiche gilt bei späterer Veränderung von Art und Umfang der Nebentätigkeit. Verträge mit Dritten über Art und Umfang einer Nebentätigkeit sind vor der Unterzeichnung dem Krankenhausträger vorzulegen.

(3) Nimmt der Chefarzt/die Chefärztin im Rahmen seiner/ihrer Nebentätigkeit die Dienste anderer leitender Krankenhausärzte oder Belegärzte in Anspruch, so ist er/sie verpflichtet, dem in Anspruch genommenen Arzt, sofern dieser für die Dienste kein eigenes Liquidationsrecht hat und nicht anderweitig vergütet wird, einen angemessene Vergütung zu zahlen. Kommt eine Einigung über die Vergütung nicht zustande, wird sie vom Krankenhausträger gemäß § 317 i.V.m. § 612 Abs. 2 BGB bestimmt. Andererseits ist der Chefarzt/die Chefärztin verpflichtet, auf Verlangen anderer Krankenhausärzte in deren Nebentätigkeitsbereich mitzuwirken. Satz 1 gilt entsprechend.

(4) Die näheren Einzelheiten über Art und Umfang der Inanspruchnahme von Personal, Räumen, Einrichtungen und Material des Krankenhauses sowie der Entrichtung einer Kostenerstattung werden in einer Nebenabrede festgelegt.

(5) Die Nebentätigkeitserlaubnis kann widerrufen oder beschränkt werden, wenn wichtige Gründe vorliegen, insbesondere wenn durch die Nebentätigkeit die Dienstaufgaben des Chefarztes/der Chefärztin oder der allgemeine Dienstbetrieb im Krankenhaus wesentlich beeinträchtigt werden.

(6) Mit Beendigung des Dienstvertrages erlischt die Nebentätigkeitserlaubnis.

§ 19 Vertragsdauer, Kündigung

(1) Dieser Vertrag tritt am ▄▄▄ in Kraft, er wird auf unbestimmte Zeit geschlossen. Die ersten sechs Monate der Beschäftigung sind Probezeit.

(2) Während der Probezeit kann der Vertrag mit einer Frist von einem Monat zum Ende eines Kalendermonats gekündigt werden.

(3) Nach Ablauf der Probezeit kann der Vertrag nur aus wichtigem Grund im Sinne des § 626 BGB gekündigt werden. Die Kündigung bedarf der Schriftform.

(4) Nach Ablauf der Probezeit kann der Vertrag von beiden Teilen mit einer Frist von sechs Monaten zum Ende eines Kalenderjahres gekündigt werden; auf darüber hinausgehende Auflösungsmöglichkeiten wird verzichtet.

(5) Der Vertrag endet ohne Kündigung mit Erreichung der in § 60 Abs. 1 BAT in der jeweils gültigen Fassung festgelegten Altersgrenze oder mit Ablauf des Monats, in dem der Bescheid über eine vom Rentenversicherungsträger oder von einer anderen Versorgungseinrichtung festgestellte Berufs- oder Erwerbsunfähigkeit rechtskräftig geworden ist.

§ 20 Direktionsrecht, Meinungsverschiedenheiten

(1) Der Krankenhausträger kann im Rahmen seines Direktionsrechts Satzungen, Dienstanweisungen, Hausordnungen und dergleichen erlassen; durch solche Regelungen dürfen aber weder die vertraglichen Rechte des Chefarztes/der Chefärztin geschmälert noch seine vertraglichen Verpflichtungen erweitert werden. § 17 Abs. 1 bleibt unberührt. Zurzeit gelten die ▄▄▄ vom ▄▄▄.

(2) Können Meinungsverschiedenheiten unter den Krankenhausärzten in Angelegenheiten, die unter den Geltungsbereich dieses Vertrages fallen, nicht vom Leitenden Arzt des Krankenhauses beigelegt werden, so entscheidet der Dienstvorgesetzte nach Anhörung der Beteiligten. Der Dienstvorgesetzte entscheidet auch über Meinungsverschiedenheiten zwischen dem Chefarzt/der Chefärztin und dem Verwaltungsleiter oder dem Leiter des Pflegedienstes nach Anhörung der Beteiligten. Bei Meinungsverschiedenheiten über die Abgrenzung zwischen den ärztlichen Fachgebieten sollen auch die Berufsverbände der beteiligten Fachärzte und die Landesärztekammer gehört werden.

§ 21 Sonstige Bestimmungen

(1) Ansprüche aus dem Arbeitsverhältnis verfallen, wenn sie nicht innerhalb einer Ausschlussfrist von zwölf Monaten nach Fälligkeit von dem Chefarzt/der Chefärztin oder vom Krankenhaus schriftlich geltend gemacht werden. Für denselben Sachverhalt reicht die einmalige Geltendmachung des Anspruchs aus, um die Ausschlussfrist auch für später fällig werdende Leistungen unwirksam zu machen.

(2) Der Chefarzt/die Chefärztin hat über alle internen Angelegenheiten des Krankenhauses – auch nach Beendigung des Arbeitsverhältnisses – Verschwiegenheit zu bewahren. Dies gilt ebenso hinsichtlich der Bedingungen dieses Vertrages.

(3) Der Chefarzt/die Chefärztin darf Belohnungen und Geschenke bezüglich seiner/ihrer dienstlichen Tätigkeit nur mit Zustimmung des Dienstvorgesetzten annehmen. Nähere Einzelheiten kann der Krankenhausträger in einer Dienstanweisung regeln.

(4) Der Krankenhausträger kann auf seine Kosten bei gegebener Veranlassung durch den Betriebsarzt oder das Gesundheitsamt feststellen lassen, ob der Chefarzt/die Chefärztin dienstfähig oder frei von ansteckenden Krankheiten ist. Sofern der Chefarzt/die Chefärztin besonderen Ansteckungsgefahren ausgesetzt ist, verpflichtet er/sie sich, auf Kosten des Krankenhausträgers in regelmäßigen Zeitabständen an ärztlichen Kontrolluntersuchungen teilzunehmen. Das Ergebnis der Untersuchungen ist sowohl dem Krankenhausträger als auch dem Chefarzt/der Chefärztin bekannt zu geben.

(5) Nebenabreden, Änderungen und Ergänzungen zu diesem Vertrag sind nur gültig, wenn sie schriftlich vereinbart worden sind; sie müssen ausdrücklich als Vertragsänderungen bzw. Vertragsergänzungen bezeichnet sein.

(6) Sollten einzelne Bestimmungen dieses Vertrages nichtig sein, so sind sie unter Wahrung des Grundsatzes der Vertragstreue neu zu regeln. Die Nichtigkeit einzelner Vertragsbestimmungen hat nur dann die Nichtigkeit des gesamten Vertrages zur Folge, wenn dadurch die Fortsetzung des Vertragsverhältnisses für einen der Partner unzumutbar wird.

▄▄▄ (Ort, Datum, Unterschrift Krankenhausträger)

▄▄▄ (Ort, Datum, Unterschrift Chefarzt/Chefärztin)

Nebenabrede für Tätigkeiten außerhalb der Dienstaufgaben

Zwischen

▄▄▄, vertreten durch ▄▄▄

– nachstehend: Krankenhausträger –

und

Herrn/Frau Dr. med. ▄▄▄ in ▄▄▄

– nachstehend: Chefarzt/Chefärztin –

wird in Ausführung zur Nebentätigkeitserlaubnis in § 18 des Dienstvertrages folgender Vertrag mit Wirkung ab ▄▄▄ geschlossen:

§ 1 Bereitstellung von Personal, Räumen, Einrichtungen und Material

(1) Der Krankenhausträger stellt dem Chefarzt/der Chefärztin für dessen/deren Nebentätigkeitsbereich Personal, Räume, Einrichtungen und Material seiner/ihrer Abteilung im Rahmen der jeweiligen Möglichkeiten des Krankenhauses zur Verfügung.

(2) Abs. 1 gilt nicht

a) für die Abrechnung und den Einzug der Honorare, sofern in den nachfolgenden Bestimmungen nichts Abweichendes geregelt ist;

b) für die Führung der Buchhaltungs- und Steuergeschäfte des Chefarztes/der Chefärztin.

(3) Der nachgeordnete ärztliche Dienst wird dem Chefarzt/der Chefärztin nur in dem Umfang zur Verfügung gestellt, wie dessen Einsatz im Rahmen der gesetzlichen und vertraglichen Bestimmungen zulässig und ohne Beeinträchtigung der Versorgung der stationär aufgenommenen Patienten möglich ist.

(4) Die Verpflichtung des Krankenhausträgers, dem Chefarzt/der Chefärztin für seine/ihre Nebentätigkeit Personal des Krankenhauses zur Verfügung zu stellen, ruht – unbeschadet der in Abs. 3 genannten Bestimmungen – im Fall der Arbeitsunfähigkeit des Chefarztes/der Chefärztin mit Beginn der 27. Woche der Arbeitsunfähigkeit. Das Gleiche gilt für die Zurverfügungstellung von Räumen, Einrichtungen und Materialien.

§ 2 Kostenerstattung

(1) Der Chefarzt/die Chefärztin hat dem Krankenhausträger die dem Krankenhaus durch seine/ihre Nebentätigkeit entstehenden Kosten zu erstatten, insbesondere

1. die Personalkosten,

2. die Kosten der Nutzung von Räumen, Einrichtungen und Geräten,

3. die sonstigen Sachkosten im betriebswirtschaftlichen Sinn, einschließlich der Kosten für Verbrauchsmaterialien.

(2) Der Chefarzt/die Chefärztin erstattet zur Abgeltung der Kosten nach Abs. 1 für jede Partei widerruflich ▬▬▬% der Bruttohonorareinnahmen aus Leistungen gemäß § 18 Abs. 1 a) und c) des Dienstvertrages. Für die nichtstationären Gutachtertätigkeiten erstattet der Chefarzt/die Chefärztin für jede Partei widerruflich ▬▬▬% der Bruttohonorareinnahmen aus Leistungen gemäß § 18 Abs. 1 b) des Dienstvertrages.

Abzüge der Kassenärztlichen Vereinigung (z.B. Versorgungsabgaben an die Versorgungsanstalt für Ärzte, Beiträge an die Ärztekammer oder Sozialbeiträge an die Kassenärztliche Vereinigung) sind den Beträgen, die dem Chefarzt/der Chefärztin zugeflossen sind, wieder zuzuschlagen und der Ablieferung zu unterwerfen. Dies gilt nicht für den Abzug der Verwaltungskosten der Kassenärztlichen Vereinigung nach Maßgabe des Honorarverteilungsmaßstabes.

Außer den Arzthonoraren aus Gutachten, die den ärztlichen Mitarbeitern für die Erstellung des Gutachtens in voller Höhe überlassen werden, dürfen Zuwendungen an nachgeordnete Ärzte und sonstige Leistungen an Dritte an der Bemessungsgrundlage (Bruttohonorareinnahmen) nicht abgesetzt werden.

(3) Der Chefarzt/die Chefärztin ist berechtigt, im Rahmen seiner/ihrer ambulanten Tätigkeit die Verbrauchsmaterialien aus den Beständen des Krankenhauses zu entnehmen. Er/sie ist verpflichtet, dem Krankenhausträger alle Kosten für entnommene Verbrauchsmaterialien zu erstatten, soweit diese nicht bereits mit der Kostenerstattung nach Abs. 2 abgegolten sind. Die Erstattung entfällt, wenn das Krankenhaus anderweitig Ersatz erhält (z.B. Sprechstundenbedarf, Weiterleitung der Auslagen nach § 10 GOÄ).

Der Chefarzt/die Chefärztin ist verpflichtet, das Personal zu informieren und entsprechend anzuweisen.

§ 3 Abrechnung der Vergütung gegenüber der KV und Abrechnung der Kostenerstattung

(1) Das Krankenhaus rechnet die dem Chefarzt/der Chefärztin gegenüber der KV zustehende Vergütung aus seiner/ihrer vertragsärztlichen sowie aus sonstiger ambulanter ärztlicher Tätigkeit der KV ab.

(2) Das Krankenhaus rechnet die Vergütung mit der KV auf Grundlage der vom Chefarzt/der Chefärztin vorzulegenden und von ihm/ihr im Hinblick auf Vollständigkeit und Richtigkeit bestätigten Unterlagen ab. Die Bestätigung umfasst auch die Einhaltung der vertragsärztlichen Vorschriften sowie der Vorschriften für die Abrechnung der Leistungen aus sonstiger ambulanter ärztlicher Tätigkeit. Gläubiger der Forderungen gegenüber der KV bleibt der Chefarzt/die Chefärztin. Das Krankenhaus übernimmt keine Gewähr für die Richtigkeit der Angaben.

(3) Das Krankenhaus zieht von den eingehenden Abrechnungsbeträgen die ihm nach § 2 zustehende Kostenerstattung, bezogen auf die Tätigkeit nach Abs. 1, ab. Die verbleibenden Beträge werden auf ein vom Chefarzt/der Chefärztin benanntes Konto überwiesen.

(4) Abschlagszahlungen durch die KV leitet das Krankenhaus unter Abzug eines angemessenen Einbehalts auf die Kostenerstattung nach § 2 der Nebenabrede an den Chefarzt/die Chefärztin weiter.

(5) Abrechnungszeitraum für die Entrichtung der Kostenerstattung ist das Kalenderjahr.

(6) Hinsichtlich der Vorlage- und Auskunftspflichten beider Parteien gilt § 259 BGB entsprechend. Die Rechenschaftspflicht besteht auch gegenüber den aufgrund gesetzlicher Vorschriften oder gegenüber den vom Krankenhausträger bestellten Prüfungseinrichtungen oder deren Beauftragten.

(7) Aus Beständen des Krankenhauses entnommene Verbrauchsmaterialien gemäß § 2 Abs. 3 werden monatlich vom Krankenhaus in Rechnung gestellt und sind sofort zahlbar.

§ 4 Beendigung – Kündigung

(1) Diese Nebenabrede endet, ohne dass es einer Kündigung bedarf, mit der Beendigung des Dienstvertrages oder dem Widerruf der Nebentätigkeitserlaubnis.

(2) Diese Nebenabrede kann nur gekündigt werden, wenn ein wichtiger Grund vorliegt.

§ 5 Sonstiges

Hat das Krankenhaus gemäß seinen Versicherungsverhältnissen den Nebentätigkeitsbereich des Chefarztes/der Chefärztin mitversichert, ist der Chefarzt/die Chefärztin verpflichtet, den auf die Nebentätigkeit entfallenden Prämienanteil dem Krankenhaus zu erstatten.

§ 6 Schlussbestimmungen

Nebenabreden, Änderungen und Ergänzungen sind nur gültig, wenn sie schriftlich vereinbart worden sind. Sie müssen ausdrücklich als Vertragsänderungen bzw. Vertragsergänzungen bezeichnet sein. Sollten einzelne Bestimmungen dieser Nebenabrede nichtig sein, so sind sie unter Wahrung des Grundsatzes der Vertragstreue neu zu regeln. Die Nichtigkeit einzelner Vertragsbestimmungen hat nur dann die Nichtigkeit der gesamten Nebenabrede zur Folge, wenn dadurch die Fortsetzung des Vertragsverhältnisses für einen der Partner unzumutbar wird.

▬▬▬ (Ort, Datum, Unterschrift Krankenhausträger)

▬▬▬ (Ort, Datum, Unterschrift Chefarzt/Chefärztin)

3. Muster: Chefarztvertrag 2 (Vorteile für den Chefarzt)

Zwischen

der ▬▬▬, Fachklinik für ▬▬▬, vertreten durch Herrn ▬▬▬

– nachstehend: Klinikleitung –

und

Herrn Dr. med. ▬▬▬, geb. ▬▬▬, wohnhaft ▬▬▬

– nachstehend: Chefarzt –

wird folgender Vertrag geschlossen:

§ 1 Vertragsgegenstand

Gegenstand dieses Vertrages ist die verantwortliche medizinische Leitung der Klinik nach den Regelungen dieses Vertrages.

Der Dienstantritt von Herrn Dr. ▬▬▬ erfolgt zum ▬▬▬.

§ 2 Aufgaben, Rechte und Pflichten des Chefarztes

(1) Der Chefarzt ist für die optimale gesundheitliche Betreuung und Versorgung der Patienten der Klinik sowie für den geordneten Dienstvertrag der medizinischen Abteilung, einschließlich physikalischer Abteilung und Diätbereich verantwortlich, ebenso für die allgemeine Hygiene und die psychologischen und psychosomatischen Bereiche.

Der Chefarzt ist verpflichtet, nach bestem ärztlichen Können und vollem beruflichen Einsatz Anordnungen und Maßnahmen zu treffen und zu unterstützen, die den Grundsätzen der Belegungsträger für diesbezügliche Gesundheitsmaßnahmen entsprechen, den größtmöglichen Erfolg in der Behandlung der Patienten sichern und einen ordnungsgemäß Betrieb der Klinik zu gewährleisten.

Er ist zu einer guten Zusammenarbeit mit der Klinikleitung verpflichtet und trägt auch zur Weiterentwicklung eines guten Betriebsklimas bei.

(2) Zur Erfüllung seiner Aufgaben stehen dem Chefarzt die vorhandenen Räume und die vorhandenen bzw. von den Belegungsträgern geforderten therapeutischen und diagnostischen Einrichtungen sowie die ärztlichen und nichtärztlichen Mitarbeiter der o.g. Abteilungen der Klinik zur Verfügung.

(3) Für die Betreuung der Patienten ist der medizinische Stellenplan der Belegungsträger – entsprechend der jeweiligen Belegung – maßgebend. Für evtl. vakante Stellen (Ärzte, psychologischer dienst, MTAs, Krankenschwestern, Laborantinnen, medizinisches Badepersonal, Chefarzt-Sekretärin, Schreibkräfte, Diätassistentin etc.) werben der Chefarzt und die Klinikleitung die nach dem Stellenplan notwendigen Mitarbeiter an.

Die Einstellung und die Entlassung bzw. die Besetzung der Stellen innerhalb der Klinik erfolgt im Einvernehmen mit dem Chefarzt und der Klinikleitung, wobei der Chefarzt das Vorschlagsrecht aus medizinischer Sicht für die Oberärzte hat.

(4) Der Chefarzt ist zur wirtschaftlichen Verordnungsweise im Rahmen der ärztlichen Notwendigkeit angehalten. Er trägt auch für den nachgeordneten Dienst der Klinik die Verantwortung.

(5) Der Chefarzt verpflichtet sich neben der Verwaltung auch selbst mit zur Wahrung wirtschaftlicher Gesichtspunkte. Er achtet im Rahmen seiner ärztlichen Berufsethik (jed. außerhalb des Feldes eigentlicher Werbung nach § 21 Bundesärzteordnung) auf eine höchstmögliche Belegungsauslastung und schlägt entsprechende Dispositionen, z.B. für eine Zusatzbelegung durch Akutkrankenhäuser, Krankenkassen usw. vor.

Er steht organisatorischen Maßnahmen der Klinikleitung aufgeschlossen gegenüber, die im Interesse einer optimalen Patientenbetreuung sowie auch einer wirtschaftlichen Weiterentwicklung und kaufmännisch guten Führung liegen.

(6) Die jeweils geltenden Arbeitsrichtlinien der Klinik, soweit sie die Medizin betreffen, werden vom Chefarzt mitgestaltet. Für deren Einhaltung – auch durch die ihm nachgeordneten Mitarbeiter – trägt der Chefarzt Sorge, wobei die Klinikleitung in Streitfällen entscheidet.

(7) Der Chefarzt fördert sowohl die Weiterbildung seiner medizinischen Mitarbeiter für den jeweils gültigen Anerkennungszeitraum als auch die interne und externe Fortbildung der Ärzteschaft aus Klinik und Zuweisungsraum in Abstimmung mit der Verwaltung. Sofern verwaltungstechnische oder Kostenfragen berührt werden, erfolgt selbstverständlich eine Abstimmung mit der Klinikleitung.

(8) Der Chefarzt führt die Personaluntersuchungen der Klinik durch oder kann sie delegieren.

(9) Die medizinische Beurteilung ärztlicher Mitarbeiter sowie auch des ärztlichen Pflege- und Hilfspersonals im Rahmen von Zeugniserstellungen obliegt dem Chefarzt. Die Klinikleitung ist davon in Kenntnis zu setzen.

(10) Die Klinikleitung erhält zur Information regelmäßig von der medizinischen wie auch von der wirtschaftlichen Abteilung Kopien der ein- und ausgehenden Korrespondenz, soweit wirtschaftliche Belange der Verwaltung betroffen sind.

Ausgenommen sind Arztberichte und sonstige, medizinische Daten enthaltende Schreiben, soweit sie der ärztlichen Schweigepflicht unterliegen. Für die Einhaltung des Datenschutzes und der diesbezüglichen Forderung der Belegungsträger ist auch durch den nachgeordneten Dienst Sorge zu tragen. Die Führungskräfte der Verwaltungsleitung erhalten – soweit dies zur Erfüllung ihrer Aufgaben notwendig ist (z.B. evtl. Versicherungsfälle, Patientenbeschwerden und betriebsbezogene Auswertungen) – auf Anforderung Einblick in die ärztlichen Unterlagen.

Patientenbeschwerden bezüglich der medizinischen Behandlung sind an den Chefarzt zu richten, der die Klinik informiert, bezüglich Unterbringung, Verpflegung und Organisation an die Klinikleitung.

Die Verwaltungsangestellten sind dabei ebenso zur Vertraulichkeit und Verschwiegenheit verpflichtet wie Ärzte, Schwestern, Schreibkräfte oder andere, diese Unterlagen bearbeitende Mitarbeiter.

(11) Der Chefarzt verpflichtet sich, nicht an anderen Kliniken gleichzeitig tätig zu sein bzw. sich zu beteiligen, ausgenommen ist die Mitnutzung der diagnostischen Einrichtungen anderer Kliniken zur medizinischen Versorgung eigener Patienten der Klinik.

Soweit medizinische Veröffentlichungen und Vorträge des Chefarztes nach seinem Eintritt erfolgen, werden diese unter seinem Namen und dem der Klinik herausgegeben, sofern dies standesrechtlich nicht einer „Werbung" entspricht.

(12) Der Chefarzt ist verpflichtet, nach Maßgabe der Aufgabenstellung der Klinik und seiner Abteilung unter Beachtung aller Rechtsvorschriften im Rahmen des jeweils geltenden Pflegekostentarifes:

a) alle Patienten im Rahmen der Klinikpflege ärztlich zu versorgen,

b) Schwestern, Pfleger und sonstiges Personal der Klinik, sofern es nicht pflichtversichert ist, auf Wunsch ambulant unentgeltlich zu behandeln, es sei denn, dass diesen Personen Erstattungsansprüche gegen Dritte zustehen,

c) die Aus- und Weiterbildung der nachgeordneten ärztlichen, pflegerischen und medizin-technischen Mitarbeiter zu fördern und auf Verlangen im Einvernehmen mit der Klinik in zumutbarer Weise Unterricht zu erteilen,

d) für jeden Patienten eine Krankengeschichte zu fertigen, die Krankengeschichte geht in das Eigentum der Klinik über,

Kapitel 1: Arbeitsverträge

e) für eine wirtschaftliche Verordnungsweise im Rahmen der ärztlichen Notwendigkeit zu sorgen, auf sparsame Verwendung der zur Verfügung stehenden Mittel zu achten und der Klinikleitung zur Sicherung der Kostenansprüche vollständige Angaben über die veranlassten Maßnahmen zu machen;

f) der Chefarzt hat die personelle Besetzung des Bereitschaftsdienstes und der Rufbereitschaft in seiner Abteilung sicherzustellen; der Chefarzt ist verpflichtet, an der Rufbereitschaft seiner Abteilung turnusgemäß im Wechsel mit den übrigen hierfür vorgesehenen Gebietsärzten teilzunehmen;

g) dem Chefarzt obliegt weiter, die Visiten bei allen Patienten der Klinik persönlich durchzuführen (mindestens 2 x während des vierwöchigen Aufenthaltes) sowie die den Patienten gegenüber bestehenden Aufklärungspflichten zu erfüllen, dabei die von der Klinikleitung erlassenen Dienstanweisungen sowie die von der Rechtsprechung entwickelten Grundsätze zu beachten und die Ärzte seiner Abteilung über die Aufklärungspflichten zu belehren,

h) Patienten, die entgegen ärztlichem Rat ihre Entlassung aus der stationären Versorgung verlangen, darüber zu belehren, dass die Klinik für die daraus entstehenden Folgen nicht haftet; die Belehrungen nach h) und i) sind in den Krankenunterlagen vermerkt; der Chefarzt hat ferner den Dokumentationspflichten nachzukommen, die sich bei den Früherkennungsmaßnahmen ergeben und die Inhalt der allgemeinen Klinikleistung sind; des Weiteren verpflichtet sich der Chefarzt, die im Krankenhaus aufgenommenen Patienten zu betreuen, in der Klinik konsiliarisch tätig zu werden sowie Zeugnisse und Gutachten für die Klinik zu erstellen,

i) bei Patienten, die gegen die ärztliche Anordnung bzw. Hausordnung verstoßen, hat der Chefarzt im Einvernehmen mit der Klinikleitung die entsprechenden Anordnungen und Maßnahmen zu treffen.

§ 3 Dotierung sowie Regelung von Urlaub und Altersversorgung

(1) Der Chefarzt erhält für seine Tätigkeit für die Klinik ein frei vereinbartes Grundgehalt von monatlich ▪▪▪ EUR brutto.

(2) Die Zahlung der Beiträge zur Angestelltenversicherung richtet sich nach der gesetzlichen Regelung. Die Klinik übernimmt die Hälfte der Beiträge der vom Chefarzt bereits unterhaltenen Versicherungen bei der Ärzteversorgungs- und Zusatzversorgungskasse. Das Grundgehalt wird entsprechend den üblichen Aufbesserungen der Klinik erhöht.

Der Chefarzt erhält für jedes volle Kalenderjahr seiner Tätigkeit in der Klinik eine Weihnachtsgratifikation, zurzeit in Höhe eines vollen Monatsgehaltes. Eine Rückforderung ist nur möglich, wenn der Chefarzt vor dem 31.3. des folgenden Jahres von sich aus kündigt.

(3) Der Jahresurlaub für den Chefarzt richtet sich nach den Urlaubsrichtlinien der Klinik in Anbindung an die tariflichen Regelungen, zurzeit 30 Arbeitstage, zusätzlich mindestens 7, höchstens 14 bezahlte Arbeitstage wissenschaftlicher Sonderurlaub für Kongresse und Weiterbildung. Der Urlaub kann im Block oder gesplittert genommen werden, wobei Klinikinteressen berücksichtigt werden müssen.

(4) Der Urlaub des Chefarztes wird grundsätzlich so eingerichtet, dass seine Vertretung durch die Oberärzte gewährleistet ist und mit der Verwaltungsleitung abgestimmt ist. Ebenso sind Urlaubsüberschneidungen zwischen dem Chefarzt und der Klinikleitung zu vermeiden.

Auch der jeweilige Urlaub für die Oberärzte, Assistenzärzte und sonstiges medizinisches Personal wird jeweils am Jahresanfang mit der Verwaltungsleitung abgesprochen und so eingerichtet, dass eine gegenseitige Vertretung, auch in Krankheitsfällen, erfolgen kann.

(5) Bei Dienstbehinderung durch Krankheit oder Unfall (ausgeschlossen grob-fahrlässig verursacht) steht dem Chefarzt einmal jährlich das Bruttogehalt (p III 1) bis zu 6 Monaten zu, soweit diesbezügliche Verdienstausfälle von Dritten (z.B. Krankenversicherung, Berufsgenossenschaft) nicht erstattungsfähig sind.

§ 4 Versicherungen

Die Klinik versichert den Chefarzt neben den oben bereits genannten Versicherungsbeiträgen auch gegen Haftpflichtansprüche im Rahmen seines Aufgabengebietes in angemessener Höhe. Wegen aller übrigen Haftpflichtfälle schließt der Chefarzt eine weitere Haftpflichtversicherung oder eine Einzelversicherung auf seine Kosten ab.

§ 5 Privatärztliche Tätigkeit

(1) Zu den Aufgaben des Chefarztes gehört die medizinische Versorgung und Betreuung der Privatpatienten. Der Chefarzt erhält das Liquidationsrecht für die stationären und ambulanten Privatpatienten der Klinik unter Zugrundelegung der jeweils gültigen Fassung der GOÄ wie folgt:

a) reine Arztleistungen (ärztliche Grundleistungen und allgemeine ärztliche Leistungen)

b) medizinische Sonderleistungen (hierzu gehören u.a. auch die medizinischen Leistungen für Labor, EKG, Röntgen usw., die im Wesentlichen von anderen medizinischen Mitarbeitern erbracht werden).

Die Einnahmen, die aus Privatliquidation (ärztliches Honorar) erzielt werden, werden von der Klinik abgerechnet und an die Klinik ausgezahlt. Hiervon werden monatlich dann die Erstattungen an den Chefarzt vorgenommen. Die Rechnungen für die sich aus 1 a und b ergebenden Leistungen werden durchnummeriert; der Chefarzt erhält am Monatsende des jeweiligen Rechnungsdatums hiervon Kopien.

(2) Der Chefarzt verpflichtet sich, die Oberärzte am Liquidationserlös zu beteiligen (Poolanteil wird gesondert vereinbart).

(3) Der Chefarzt entrichtet von seinen Bruttohonorareinnahmen, die er durch die Ausübung des Liquidationsrechts und durch Inanspruchnahme der Räume und Einrichtungen der Klinik sowie die Inanspruchnahme von Ärzten und ärztlichen Schreibkräften erzielt, einen Anteil von 25 % an die Klinik.

(4) Nicht zum Liquidationsrecht des Chefarztes gehören die stationären Pauschalpatienten (Selbstzahler und Mitglieder der gesetzlichen Krankenkassen und Ersatzkassen) und die Begleitperson von Pat. der Klinik. Ebenso liquidiert die Klinik die Kosten für Medikamente einschließlich Steriolen, Antibiotika, Infusionslösungen in voller Höhe direkt dem Patienten, sofern nicht im Pflegesatz enthalten.

Der Chefarzt veranlasst, dass der Klinikleitung die diesbezüglichen Arten und Mengen zur Berechnung an den Patienten mitgeteilt werden.

(5) Die Möglichkeit einer privatärztlichen Tätigkeit im Rahmen einer Praxis in der Klinik wird offen gehalten und ist von der Auslastung der Klinik abhängig. Auch hierbei steht das Interesse der ordentlichen Klinikführung im Vordergrund.

§ 6 Kassenärztliche Tätigkeit

Der gewählte Chefarzt ist Facharzt für Innere Medizin und Kardiologie. Im Rahmen des Sicherstellungsauftrages der Kassenärztlichen Vereinigungen für die ambulante Versorgung strebt der Chefarzt Ermächtigungen für die ambulante Versorgung mit einzelnen spezialisierten Leistungen bei der zuständigen KV an.

Die Möglichkeit einer kassenärztlichen Tätigkeit im Rahmen einer Praxis wird offen gehalten. Diese Tätigkeit ist von der Klinikauslastung abhängig. Hierbei steht das Interesse einer ordentlichen Klinikführung wiederum im Vordergrund.

§ 7 Vertragsdauer

(1) Der Vertrag wird bis zur Vollendung des 65. Lebensjahres des Chefarztes abgeschlossen.

(2) Die Einstellung erfolgt für die Dauer eines halben Jahres auf Probe. Während dieser Probezeit kann der Vertrag mit einer Frist von 2 Monaten zum Ende eines Kalendermonats gekündigt werden.

(3) Wird das Arbeitsverhältnis verlängert, so wird es für die Dauer von 3 Jahren abgeschlossen. Während dieser Zeit kann das Arbeitsverhältnis mit einer Frist von 1 Jahr zum Schluss des Jahres gekündigt werden. Der Angabe von Gründen bedarf es nicht. Das Recht zur außerordentlichen Kündigung des Vertrages nach § 626 BGB aus wichtigen Gründen bleibt unberührt.

(4) Nach Ablauf des Drei-Jahresvertrages geht das Arbeitsverhältnis in ein Arbeitsverhältnis unbestimmter Dauer über. Es endet mit dem Ende des Quartals, in dem der Chefarzt das 65. Lebensjahr vollendet hat oder berufs- oder erwerbsunfähig wird. Das Recht der ordentlichen Kündigung des Vertrages durch die Klinik ist ausgeschlossen. Der Chefarzt ist berechtigt, das Arbeitsverhältnis mit jährlicher Frist zum Ende des Kalenderjahres zu kündigen.

(5) Eine evtl. Kündigung bedarf der Schriftform.

§ 8 Allgemeines

(1) Der Chefarzt ist für die medizinische Versorgung der Patienten und den geordneten Dienstbetrieb seiner Abteilung verantwortlich. Im Rahmen seiner ärztlichen Tätigkeit bei Diagnostik und Therapie ist er unabhängig und nur an staatliche Rechtsvorschriften gebunden. Im Übrigen unterliegt er in organisatorischen Entscheidungen der Klinikleitung. Der Chefarzt verpflichtet sich, mit der Klinikleitung, den übrigen leitenden Ärzten und Belegärzten sowie des pflegerischen Dienstes zusammenzuarbeiten. Soweit dies erforderlich ist, hat er das Recht und die Pflicht, andere Ärzte innerhalb oder außerhalb des Krankenhauses zu beraten, Untersuchungen oder Mitbehandlungen hinzuzuziehen. Der Chefarzt ist verpflichtet, mit der Klinikleitung und allen in der Klinik Tätigen zusammenzuarbeiten, damit die Leistungsfähigkeit und das Ansehen der Klinik bewahrt und gefördert wird. Die Klinikleitung fungiert als Vermittler bei Meinungsverschiedenheiten zwischen dem Chefarzt und anderen Abteilungs- und Belegärzten.

(2) Der Chefarzt ist berechtigt und auf Verlangen der Klinikleitung verpflichtet, in der Klinik

a) eine freie berufliche Ambulanzpraxis auszuüben; sie umfasst die Sprechstundenpraxis für Selbstzahler, kassenärztliche Versorgung einschließlich der Sprechstunden für Ersatzkassenmitglieder, sofern die Voraussetzungen erfüllt sind;

b) Zeugnisse und Gutachten zu erstellen, die von einer anderen Seite als der Klinik angefordert werden.

(3) Durch die Nebentätigkeit darf die ärztliche Versorgung der stationären Patienten nicht beeinträchtigt werden. Dem Chefarzt ist untersagt, andere Nebentätigkeiten, insbesondere eine Kassenpraxis oder eine freie Praxis außerhalb der Klinik auszuüben.

(4) Für die Dauer seines Einstellungsvertrages ist der Chefarzt berechtigt,

a) die medizinisch-technischen und pflegerischen Einrichtungen der Klinik zu benützen,

b) die nachgeordneten Ärzte, das Pflegepersonal und medizinisch-technische Hilfskräfte in Anspruch zu nehmen.

(5) Dem Chefarzt ist untersagt, eigene oder nicht von der Klinik bereitgestellte Einrichtungen im oder außerhalb des Hauses zu benutzen, wenn diese in der Klinik zur Verfügung stehen oder zur Verfügung gestellt werden können. Eine Ausnahme besteht bei Mitgliedern oder Patienten von Kostenträgern, die über eigene medizinische Einrichtungen verfügen.

(6) Der Chefarzt ist verpflichtet, im Falle seiner Dienstverhinderung aus jeglichem Grunde zur Behandlung und Betreuung der nebenberuflich behandelten Patienten einen Vertreter im Einvernehmen der Klinik zu bestellen.

(7) Für das Recht zur außerordentlichen Kündigung gilt § 626 BGB. Als wichtiger Grund sollen insbesondere angesehen werden:

a) wesentlicher Verstoß gegen vom Chefarzt übernommene Vertragspflichten;

b) Umstände, die den Fortbestand oder die Entwicklung der Klinik betreffen bzw. Einstellung, Einschränkung oder Aufhebung des Klinikbetriebes;

c) eine länger als 26 Wochen dauernde Arbeitsunfähigkeit des Arztes, wenn nach ärztlichem Urteil eine Wiederherstellung der Arbeitsunfähigkeit innerhalb der nächsten 13 Wochen nicht zu erwarten ist.

(8) Die Vertragspartner verpflichten sich zu einer vertrauensvollen Zusammenarbeit.

(9) Sollte einer der vorstehenden Vertragspunkte in seinem Inhalt ganz oder teilweise unwirksam sein, so ist dieser so auszulegen, dass er dem beabsichtigten Inhalt am nächsten kommt. Der übrige Vertragstext bleibt hiervon unberührt.

(10) Änderungen und Ergänzungen dieses Vertrages bedürfen der Schriftform.

(11) Erfüllungsort ist ■■■. Gerichtsstand ist bei den für den Hauptgeschäftssitz der Klinik zuständigen Gerichten.

4. Muster: Chefarztvertrag unter Einbeziehung der AVR (Vorteile für das Krankenhaus)

Zwischen

der ■■■, vertreten durch ■■■ als ■■■

und

Herrn Dr. med. ■■■

wird folgender Vertrag geschlossen:

§ 1 Dienstverhältnis

(1) Das Dienstverhältnis mit Herrn Dr. med. ■■■, geboren am ■■■ in ■■■, Facharzt für Kinderchirurgie und Chirurgie, wohnhaft ■■■, wird mit Wirkung vom ■■■ in der Funktion als leitender Abteilungsarzt der Abteilung für Kinderchirurgie als integrativer Bestandteil der Abteilung für Kinder- und Jugendmedizin des ■■■ mit allen Rechten und Pflichten fortgeführt.

(2) Das Dienstverhältnis ist bürgerlich-rechtlicher Natur. Neben den Regelungen dieses Vertrages finden auf das Dienstverhältnis die §§ 1, 4–6, 8, 12, 12a, 13, 14, 21 und 23 (Allgemeiner Teil) der Richtlinien für Arbeitsverträge in den Einrichtungen des Deutschen Caritasverbandes (AVR), die vom Krankenhausträger erlassenen Satzungen, Dienstanweisungen und die Hausordnung Anwendung; es gilt die jeweils gültige Fassung.

(3) Im Interesse der Erfüllung seiner Aufgaben verpflichtet sich Herr ■■■ in der Nähe des Krankenhauses zu wohnen.

§ 2 Stellung des Arztes

(1) Herr ■■■ ist in seiner ärztlichen Verantwortung bei der Diagnostik und Therapie unabhängig und nur den staatlichen und kirchlichen Gesetzen verpflichtet. Im Übrigen ist er an die Weisungen des Krankenhausträgers, der Geschäftsführung und des Leitenden Arztes des Krankenhauses gebunden. Er ist zur Zusammenarbeit mit dem Krankenhausträger, der Geschäftsführung, den leitenden Abteilungsärzten und Belegärzten, dem Verwaltungsleiter und dem Leiter des Pflegedienstes verpflichtet. Der Krankenhausträger wird den Arzt vor wichtigen Entscheidungen, die seinen Aufgabenbereich betreffen, hören (z.B. Kooperationen mit niedergelassenen Ärzten).

(2) Herr ▬▬▬ führt die Dienstbezeichnung „leitender Abteilungsarzt der Fachabteilung ▬▬▬".
Dienstvorgesetzter des Arztes ist/sind der/die Geschäftsführer der ▬▬▬.

§ 3 Wirtschaftlichkeitsgebot

(1) Herr ▬▬▬ ist zu zweckmäßiger, wirtschaftlicher und sparsamer Behandlung im Rahmen des ärztlich Notwendigen und der Aufgabenstellung des Krankenhauses und der Abteilung verpflichtet. Er ist auch für die sparsame Verwendung der zur Verfügung stehenden Mittel durch die Ärzte und die anderen Mitarbeiter seiner Abteilung verantwortlich.

(2) Nach Anhörung des Arztes kann ein internes abteilungsbezogenes Budget erstellt werden, auf dessen Einhaltung der Arzt hinzuwirken hat. Der Arzt wird regelmäßig über die Budgetentwicklung im Pflegesatzzeitraum informiert.

(3) Über die Einführung neuer diagnostischer und therapeutischer Untersuchungs- und Behandlungsmethoden bzw. Maßnahmen, die Mehrkosten verursachen, hat der Arzt Einvernehmen mit dem Krankenhausträger herbeizuführen, soweit nicht die medizinische Notwendigkeit in Einzelfällen solche Maßnahmen oder Methoden unabdingbar macht.

(4) Herr ▬▬▬ hat die Richtlinien des Krankenhausträgers, der Arzneimittelkommission sowie der sonstigen vom Krankenhausträger eingerichteten Kommissionen zu beachten.

§ 4 Dienstaufgaben im Bereich der Krankenhausbehandlung

(1) Herrn ▬▬▬ obliegt die Führung und fachliche Leitung seiner Abteilung. Der Arzt ist für die medizinische Versorgung der Kranken in seiner Abteilung verantwortlich. Der Arzt hat nach Maßgabe der vom Träger bestimmten Aufgabenstellung und Zielsetzung des Krankenhauses und seiner Abteilung alle ärztlichen Tätigkeiten, soweit sie nicht nach der jeweils gültigen Nebentätigkeitserlaubnis ausdrücklich zu den Nebentätigkeiten gehören, zu besorgen. Hierzu gehören insbesondere folgende Aufgaben:

1. Die Behandlung aller Kranken seiner Abteilung im Rahmen der Krankenhausleistungen;
2. die Untersuchung und Mitbehandlung der Kranken sowie die Beratung der Ärzte anderer Abteilungen des Krankenhauses einschließlich der Belegabteilungen, soweit sein Fachgebiet berührt wird;
3. die nichtstationäre Untersuchung und Behandlung von Patienten anderer stationärer Einrichtungen, auch fremder Träger, soweit die Untersuchung und Behandlung auf Veranlassung der anderen Einrichtung in seiner Abteilung erfolgt, ferner die Untersuchung und Befundung der von anderen stationären Einrichtungen eingesandten Materialien oder Präparaten von stationären Patienten dieser Einrichtungen;
4. Mitwirkung bei der ambulanten Behandlung in Notfällen;
5. die Erbringung von Institutsleistungen im ambulanten Bereich;
6. die Vornahme der Leichenschau und die Ausstellung der Todesbescheinigung bei Todesfällen in seiner Abteilung;
7. die Durchführung von Früherkennungsmaßnahmen, wenn sie aus Anlass eines stationären Aufenthaltes durchgeführt werden.

(2) Herr ▬▬▬ hat organisatorisch den Bereitschaftsdienst und die Rufbereitschaft in seiner Abteilung sicherzustellen. Der Arzt ist verpflichtet, an der Rufbereitschaft seiner Abteilung anteilig erforderlichenfalls mit maximal 15 Diensten im Monat im Wechsel mit den übrigen hierfür vorgesehenen Gebietsärzten seiner Abteilung teilzunehmen.

(3) In der Verantwortung für seine Abteilung hat der Arzt auf eine nach Maßgabe der Budgetplanung des Krankenhauses anzustrebende Belegung unter Berücksichtigung des Wirtschaftlichkeitsgebots hinzuwirken. Hierzu wird er geeignete Maßnahmen, z.B. Vorkehrungen für eine reibungslose Ablauforganisation in seiner Abteilung, kollegiale Kontakte zu niedergelassenen Ärzten, Vorträge, Informationsveranstaltungen für Patienten und Angehörige etc. ergreifen. Berufsrechtliche Regelungen bleiben unberührt.

(4) Herrn ▬▬▬ obliegt weiter

1. die notwendigen Visiten bei allen Kranken seiner Abteilung persönlich durchzuführen;
2. für die Erfüllung der den Kranken gegenüber bestehenden Aufklärungspflichten Sorge zu tragen, dabei die vom Krankenhausträger erlassenen Dienstanweisungen sowie die von der Rechtsprechung entwickelten Grundsätze zu beachten und die Ärzte und das nachgeordnete Dienstpersonal seiner Abteilung über die Aufklärungspflichten zu belehren;
3. Sorge dafür zu tragen, dass Kranke, die entgegen ärztlichem Rat ihre Entlassung aus der stationären Versorgung verlangen, darüber belehrt werden, dass das Krankenhaus für die daraus entstehenden Folgen nicht haftet.

Die Belehrungen nach Nr. 2 und 3 sind in den Krankenunterlagen zu vermerken.

(5) Herr ▬▬▬ hat ferner den Dokumentationspflichten nachzukommen, die sich bei den Früherkennungsmaßnahmen ergeben und die Inhalte der allgemeinen Krankenhausleistungen sind.

Kapitel 1: Arbeitsverträge

§ 5 Sonstige Dienstaufgaben

(1) Herr ▬▬▬ ist für den geordneten Dienstbetrieb und für die allgemeine Hygiene in seiner Abteilung verantwortlich. Er hat nach bestem Können die ärztlichen Anordnungen und Maßnahmen zu treffen, zu unterstützen oder – soweit der Krankenhausträger zuständig ist – anzuregen, die einen ordnungsgemäßen Betrieb des Krankenhauses im Allgemeinen und seiner Abteilung im Besonderen gewährleisten. In einem ärztlichen Aufgabenbereich hat er auch für die Beachtung der Hausordnung zu sorgen.

(2) Zu den Aufgaben des Arztes gehört es auch, die ärztlichen Anzeige- und Meldepflichten zu erfüllen, die für den ärztlichen Bereich erlassenen Vorschriften, Dienstanweisungen und Anordnungen einzuhalten sowie deren Durchführung im Bereich seiner Abteilung sicherzustellen.

(3) Auf Verlangen des Krankenhausträgers oder der Krankenhausleitung hat Herr ▬▬▬
1. in Gremien (z.B. Arzneimittel-, Hygienekommission) mitzuwirken;
2. die Leitung einer Aus- und Weiterbildungsstätte für nichtärztliche Berufe des Gesundheitswesens zu übernehmen;
3. die Aufgaben des Leitenden Arztes des Krankenhauses wahrzunehmen; über eine gegebenenfalls erforderliche anderweitige Entlastung wird bei Vorliegen der konkreten Situation verhandelt;
4. sich an den Qualitätssicherungsmaßnahmen des Krankenhausträgers zu beteiligen;
5. an Sitzungen von Gremien zur wirtschaftlichen Steuerung (z.B. Budgetkommission, Chefarztkonferenz) teilzunehmen.

(4) Im Rahmen seines Fachgebietes hat Herr ▬▬▬ ferner
1. den Krankenhausträger in allen ärztlichen Angelegenheiten zu beraten;
2. die ärztlichen und nichtärztlichen Mitarbeiter des Krankenhauses aus-, weiter- und fortzubilden, insbesondere den ärztlichen Unterricht an einer Aus- und Weiterbildungsstätte für nichtärztliche Berufe des Gesundheitswesens anteilig zu erteilen;
3. über den Gesundheitszustand der im Krankenhaus tätigen Personen oder von Personen, die sich um eine Anstellung beim Krankenhaus bewerben, ärztliche Zeugnisse und gutachterliche Äußerungen zu erstatten;
4. die in Gesetzen, Verordnungen oder anderen Rechtsformen, Unfallverhütungsvorschriften, Dienstanweisungen usw. vorgeschriebenen regelmäßigen Untersuchungen der im Krankenhaus tätigen Personen vorzunehmen und hierüber die erforderlichen Aufzeichnungen zu machen;
5. an der Organisation des Rettungsdienstes nach Maßgabe bestehender Regelungen (z.B. Rettungsdienstgesetze der Länder) und der zwischen dem Träger des Rettungsdienstes und dem Krankenhausträger getroffenen Vereinbarungen mitzuwirken, insbesondere auch den am Rettungsdienst teilnehmenden Ärzten die für die notärztliche Versorgung erforderlichen besonderen Kenntnisse und Fertigkeiten zu vermitteln.

§ 6 Durchführung der Dienstaufgaben

(1) Im Rahmen der Besorgung seiner Dienstaufgaben überträgt der Arzt, soweit nicht die Art oder die Schwere der Krankheit sein persönliches Tätigwerden erfordern, den ärztlichen Mitarbeitern – entsprechend ihrem beruflichen Bildungsstand, ihren Fähigkeiten und Erfahrungen – bestimmte Tätigkeitsbereiche oder Einzelaufgaben zur selbständigen Erledigung. Die Gesamtverantwortung des Arztes wird hierdurch nicht eingeschränkt.

(2) Gesondert berechenbare wahlärztliche Leistungen – auch soweit sie vom Krankenhaus berechnet worden – erbringt der Arzt nach Maßgabe der GOÄ in der jeweils gültigen Fassung. Im Verhinderungsfall übernimmt diese Aufgabe des Arztes sein ständiger ärztlicher Vertreter. Die Vertragsparteien verpflichten sich, für den ordnungsgemäßen Abschluss und Umsetzung der Wahlleistungsvereinbarung Sorge zu tragen.

(3) Herr ▬▬▬ hat die Rechte und Pflichten anderer leitender Abteilungsärzte und der Belegärzte zu beachten. Er hat das Recht und die Pflicht, andere leitende Abteilungsärzte des Krankenhauses, Belegärzte, Ärzte und Einrichtungen außerhalb des Krankenhauses, mit denen vertragliche Beziehungen bestehen, zur Beratung, Untersuchung oder Mitbehandlung beizuziehen, wenn dies erforderlich ist. Die Einschaltung anderer Ärzte und Einrichtungen außerhalb des Krankenhauses soll nur in Ausnahmefällen erfolgen. Über die Nutzung eigener Geräte bedarf es gesonderter Vereinbarungen.

(4) Unbeschadet des allgemeinen Weisungsrechts des Krankenhausträgers wird der Arzt ermächtigt, im Rahmen seiner Dienstaufgaben über Aufnahme, Beurlaubung und Entlassung von Patienten innerhalb seiner Abteilung zu entscheiden.

(5) Die mit den Dienstaufgaben zusammenhängenden ärztlichen Leistungen sind – soweit möglich – ausschließlich im Krankenhaus mit dessen Geräten und Einrichtungen zu bewirken; dies gilt nicht für Hilfeleistungen in Notfällen, die außerhalb des Krankenhauses erbracht werden müssen.

(6) Herr ▃▃▃ ist verpflichtet, vorübergehend freie Betten seiner Abteilung bei Bedarf den übrigen leitenden Abteilungsärzten und den Belegärzten zur vorübergehenden Belegung zu überlassen, soweit gesetzliche Vorschriften oder zwingende medizinische Bedenken nicht entgegenstehen. Wegen der Benutzung von Räumen und Einrichtungen des Krankenhauses, die auch den Zwecken anderer Abteilungen dienen, hat er sich mit den anderen Krankenhausärzten kollegial zu verständigen.

(7) Herr ▃▃▃ hat dafür zu sorgen, dass für jeden Kranken seiner Abteilung eine Krankengeschichte geführt wird.
Mit der Anfertigung der Krankengeschichte geht diese in das Eigentum des Krankenhausträgers über, der sie unter Sicherung der ärztlichen Schweigepflicht und unter Beachtung der Datenschutzbestimmungen aufbewahrt. Der Arzt hat jederzeit Zugang zu den für die Kranken seiner Abteilung geführten Krankengeschichten; dies gilt auch für die Zeit nach seinem Ausscheiden, wenn der Arzt ein berechtigtes Interesse nachweist und gesetzliche Bestimmungen nicht entgegenstehen.
Originalkrankengeschichten und deren Anlagen (auch als Mikrofilme) dürfen aus den Räumen des Krankenhauses nicht entfernt werden (die Vernichtung der Krankengeschichten und ihrer Anlagen nach Ablauf der Aufbewahrungspflicht oder nach einer Mikroverfilmung gilt nicht als „Entfernen aus dem Krankenhaus"). Falls die Entfernung aus zwingenden Gründen nicht zu vermeiden ist, z.B. im Fall der gerichtlichen Beschlagnahme, sind vor der Herausgabe Ablichtungen anzufertigen.
Abschriften, Auszüge und Ablichtungen von Krankengeschichten dürfen nur an Berechtigte und nur mit Zustimmung des Arztes oder seines Nachfolgers herausgegeben werden, der Zustimmung des Arztes bedarf es nicht, wenn für den Krankenhausträger aufgrund gesetzlicher Vorschriften eine Rechtspflicht zur Herausgabe besteht.
Herr ▃▃▃ ist berechtigt, von den Krankengeschichten auf seine Kosten Abschriften, Auszüge oder Ablichtungen, auch nach seinem Ausscheiden, herstellen zu lassen.
Bei Untersuchungen oder Behandlungen von Kranken in anderen Abteilungen des Krankenhauses hat der Arzt seine Aufzeichnungen dem Leitenden Arzt der anderen Abteilung zur Vereinigung mit der von diesem geführten Krankengeschichte zu übergeben.
Die vorstehenden Regelungen für Krankengeschichten gelten sinngemäß für Röntgenaufnahmen, Elektrokardiogramme oder ähnliche Aufzeichnungen.

(8) Soweit der Krankenhausträger für allgemeine statistische Zwecke, zur Diagnosenstatistik, zur Erstellung der Kosten- und Leistungsrechnung, zur Erhebung seiner Entgelte o.Ä. Angaben über die vom Arzt selbst oder von den nachgeordneten Ärzte oder sonstigen Mitarbeitern bewirkten ärztlichen Leistungen oder Krankenhaussachleistungen braucht, ist der Arzt verpflichtet, der Krankenhausverwaltung alle Angaben zu machen. Dies gilt insbesondere auch für Angaben über die in Betracht kommenden Leistungsziffern der Gebührenordnung für Ärzte (GOÄ), des Einheitlichen Bewertungsmaßstabes (EBM), des Krankenhaustarifs (DKG-NT), sowie für Angaben von Verschlüsselungen gemäß International Classification of Deseases (ICD) und International Classification of Procedures in Medicin (ICPM), die zur Erhebung der Daten benötigt werden. Er hat der Krankenhausverwaltung die hierzu erforderlichen Unterlagen zur Verfügung zu stellen. Die ärztliche Schweigepflicht und die Vorschriften über den Datenschutz bleiben unberührt.

(9) Vorkommnisse von erheblicher oder grundsätzlicher Bedeutung, insbesondere auch Untersuchungen der Polizei oder der Staatsanwaltschaft, auftretende Schwierigkeiten oder Missstände in seiner Abteilung hat der Arzt unverzüglich dem Dienstvorgesetzten – in ärztlichen Angelegenheiten über den leitenden Arzt des Krankenhauses, im Übrigen auch über die Krankenhausverwaltung – mitzuteilen.

§ 7 Mitwirkung in Personalangelegenheiten

(1) Bei der Vorbereitung des Stellenplans für den ärztlichen und medizinisch-technischen Dienst seiner Abteilung erhält der Arzt Gelegenheit zur Stellungnahme.

(2) Einstellung, Umsetzung, Versetzung, Abordnung, Beurlaubung oder Entlassung der nachgeordneten Ärzte seiner Abteilung erfolgt im Benehmen mit dem Arzt. Vor entsprechenden Maßnahmen bei Mitarbeitern der Abteilung im medizinisch-technischen Dienst, bei Pflegepersonen in herausgehobener Stellung sowie bei Schreibkräften für den Arzt wird der Arzt gehört.

(3) Herr ▃▃▃ hat in ärztlichen Angelegenheiten das Weisungsrecht gegenüber den Mitarbeitern seiner Abteilung; die Befugnisse des Leitenden Arztes des Krankenhauses, des Leiters des Pflegedienstes und des Verwaltungsleiters in ihren Aufgabenbereichen bleiben unberührt.

(4) Bei der Diensteinteilung und bei der Zuweisung von Aufgaben und Tätigkeiten an Ärzte und nichtärztliche Mitarbeiter hat der Arzt – bei Krankenpflegepersonen im Benehmen mit dem Leiter des Pflegedienstes – den beruflichen Bildungsstand der Mitarbeiter, die Arbeits-, Aus- und Weiterbildungsverträge des Krankenhausträgers mit den Mitarbeitern sowie Vermittlungs- oder Gestellungsverträge des Krankenhausträgers mit Schwesternschaften, Mutterhäusern u.Ä. zu beachten. Der Arzt hat insbesondere mit dafür zu sorgen, dass die einzel- oder tarifvertraglich vereinbarten

Arbeitszeiten der Ärzte und nichtärztlichen Mitarbeiter seiner Abteilung eingehalten werden, und dass den Ordensangehörigen die Möglichkeit gegeben wird, die Ordensregeln zu beachten und ihre sonstigen religiösen Obliegenheiten zu erfüllen.

(5) Personen, die vom Krankenhausträger weder angestellt noch von ihm zu einer beruflichen Bildungsmaßnahme zugelassen sind, dürfen vom Arzt im Krankenhaus nicht beschäftigt oder aus-, weiter- und fortgebildet werden. Ausnahmen bedürfen der vorherigen schriftlichen Zustimmung des Dienstvorgesetzten.

(6) Zeugnisse für nachgeordnete Ärzte der Abteilung, für die medizinisch-technischen und physiotherapeutischen Mitarbeiter der Abteilung sowie für die Arztschreibkräfte der Abteilung werden vom Krankenhausträger unter Verwendung einer vom Arzt abzugebenden fachlichen Beurteilung ausgestellt. Die fachliche Beurteilung und das Arbeitszeugnis werden in einer Urkunde zusammengefasst.

(7) Zeugnisse für nachgeordnete Ärzte im Rahmen der Gebietsarztweiterbildung oder Zeugnisse und Bescheinigungen, die sich ausschließlich mit der ärztlichwissenschaftlichen Qualifikation befassen, stellt der Arzt aus. Sie sind vor ihrer Aushändigung dem Krankenhausträger zur Kenntnis vorzulegen; die Krankenhausverwaltung erhält für die Personalakte eine Mehrfertigung der Zeugnisse und Bescheinigungen.

§ 8 Vergütung im dienstlichen Aufgabenbereich und Beteiligung an den Liquidationserlösen

(1) Herr ▬▬▬ erhält für seine Tätigkeit im dienstlichen Aufgabenbereich eine Vergütung in Höhe der jeweiligen Grundvergütung entsprechend der Vergütungsgruppe 1 Endstufe der Anlage 2 zu den AVR, den der Vergütungsgruppe 1 der Anlage 2 zu den AVR entsprechenden Ortszuschlag, die der Vergütungsgruppe 1 entsprechende Zulage gemäß Anlage 10 zu den AVR sowie Weihnachts- und Urlaubsgeld entsprechend den einschlägigen Bestimmungen der AVR.

Werden die AVR durch einen anderen Tarifvertrag ersetzt, so tritt an die Stelle der vereinbarten AVR-Vergütungsgruppe die entsprechende Vergütungsgruppe des neuen Tarifvertrages unter Berücksichtigung etwaiger Überleitungsbestimmungen.

(2) Herr ▬▬▬ erhält ferner als variable und nicht zusatzversorgungspflichtige (§ 62 Abs. 7 Buchst. b der Satzung der KZVK) Vergütung

a) eine Beteiligung an den Einnahmen des Krankenhausträgers aus der gesonderten Berechnung wahlärztlicher Leistungen durch das Krankenhaus bei denjenigen Kranken, die diese Leistungen gewählt, mit dem Krankenhaus vereinbart und in Anspruch genommen haben,

b) eine Beteiligung an den Einnahmen des Krankenhausträgers für die Gutachten bei Aufnahme zur Begutachtung, soweit die gesonderte Berechnung einer Vergütung für Gutachten neben dem Pflegesatz nach dem Pflegekostentarif des Krankenhauses in der jeweils gültigen Fassung zulässig ist sowie für die Nebentätigkeit (Tätigkeit außerhalb der Dienstaufgaben).

Vor der Beteiligung des Arztes an den vorstehend genannten Einnahmen werden diese um den Betrag gekürzt, den der Krankenhausträger für die Buchstaben a) und b) genannten Leistungen bei der Ermittlung der Entgelte des Krankenhauses nach Maßgabe des Krankenhausfinanzierungsgesetzes und der Bundespflegesatzverordnung in der jeweiligen Fassung und der diese ergänzenden oder ersetzenden Bestimmungen auszugliedern hat (Kostenabzug). Entfällt ein Kostenabzug im Sinne der Vorschriften, werden die Einnahmen um die Kosten gekürzt, die dem Krankenhausträger für die vorstehend genannten Leistungen entstehen.

Der Kostenabzug beträgt derzeit:

- für die in den Abschnitten A, E, M und O des Gebührenverzeichnisses der GOÄ genannten Leistungen 40 v.H. und
- für die in den übrigen Abschnitten des Gebührenverzeichnisses der GOÄ genannten Leistungen 20 v.H.

der jeweils auf diese vor Abzug der Gebührenminderung nach § 6a Abs. 1 Satz 1 GOÄ entfallenden Gebühren, für nach § 6 Abs. 2 der GOÄ berechnete Gebühren ist dem Kostenabzug der Vomhundertsatz zugrunde zu legen, der für sie als gleichwertig herangezogene Leistung des Gebührenverzeichnisses der GOÄ gilt.

Aus den verbleibenden jährlichen Einnahmen erhält der Arzt

- von den ersten 30.000 EUR   90 v.H.
- von den darüberliegenden Beträgen bis 60.000 EUR   85 v.H.
- und von den restlichen Einnahmen   80 v.H.

Über die Höhe des Vorteilsausgleiches wird bei In-Kraft-Treten gesondert noch einmal verhandelt.

(3) Bemessungsgrundlage zur Berechnung der Entgelte für die in Absatz 2 genannten Leistungen durch den Krankenhausträger ist die Gebührenordnung für Ärzte in der jeweils gültigen Fassung.

(4) Mit der Vergütung nach Absatz 1 und 2 sind Überstunden sowie Mehr-, Samstags-, Sonntags-, Feiertags- und Nachtarbeit jeder Art sowie Bereitschaftsdienst und Rufbereitschaft abgegolten.

(5) Die Einnahmen aus der Beteiligung sind kein zusatzversorgungspflichtiges Entgelt.

(6) Abrechnungszeitraum für die Beteiligung ist das Kalenderjahr. Die Schlussabrechnung wird spätestens innerhalb von zwei Monaten nach Ablauf des Kalenderjahres vorgenommen. Bis dahin leistet das Krankenhaus monatliche Abschlagszahlungen in Höhe des voraussichtlichen Einzwölfteljahresbetrages. Diese Zahlungen sind bis zum 16. des Folgemonats fällt.

(7) Für den Zeitraum ab Vertragsbeginn bis einschließlich zum ▬▬▬ werden die vorgenannten Abschnitte 2 bis 6 durch die Bestimmung ersetzt, dass die Vergütung nach den Arbeitsvertragrichtlinien des Deutschen Caritasverbandes (AVR) entsprechend der Formulierung des § 8 Abs. 1 dieses Vertrages auf 12 Monate verteilte Differenzzahlungen auf ein Jahresbruttoeinkommen von 140.000 EUR unter Einbeziehung auch einer evtl. Tariferhöhung der AVR aufzustocken ist. Diese zusätzliche Differenzzahlung wird gemäß § 62 Abs. 7 Buchst. b der Satzung der KZVK (Stand ▬▬▬) nicht zusatzversorgungspflichtig vereinbart. Aus diesem Differenzzuschlag bestreitet Herr ▬▬▬ eine angemessene Beteiligung der ihm nachgeordneten Ärzte.

(8) Die Parteien vereinbaren, zum Ablauf des vorgenannten Jahreszeitraumes wegen Beurteilung der Entwicklung im Liquidationsbereich der Abteilung und der diesbezüglichen Bedeutung für die künftige Einkommensentwicklung nach Ziffer 2 bis 6 dieser Vorschrift nochmals Gespräche aufzunehmen mit dem erklärten Ziel, die in Absatz 7 geregelte Einkommenssituation für den Fall einer Schlechterstellung bei Beteiligung an den Liquidationserlösen nach Ziffer 2 bis 6 zu prolongieren.

§ 9 Alters- und Hinterbliebenenversorgung

(1) Das Krankenhaus gewährt dem Arzt im Hinblick auf die gewährte Beteiligung an Liquidationserlösen keine eigene Alters- und Hinterbliebenenversorgung.

(2) Die Beiträge zur gesetzlichen Rentenversicherung bzw. zur berufsständischen Versicherung werden vom Krankenhaus und dem Abteilungsarzt jeweils zur Hälfte getragen. Gehört der Arzt einer berufsständischen Versicherung an, so werden die Beiträge zu dieser nur bis zu der Höhe gezahlt, die bei einer Mitgliedschaft in der gesetzlichen Rentenversicherung zu entrichten wäre.

§ 10 Urlaub

Der Urlaub ist bei der Verwaltung des Krankenhauses rechtzeitig vor Urlaubsbeginn unter Angabe der Vertretungsregelung zu beantragen.

§ 11 Teilnahme an wissenschaftlichen Kongressen u.a.

(1) Herr ▬▬▬ kann jährlich bis zur Dauer von zwei Wochen an wissenschaftlichen Kongressen und ärztlichen Fortbildungskursen teilnehmen; damit sind etwaige Ansprüche länderspezifischer Weiterbildungsgesetz abgegolten.

Die Teilnahme gilt als Dienstreise; Reisekosten werden jedoch nicht vergütet. Eine Anrechnung auf den Erholungsurlaub findet nicht statt.

(2) Die Teilnahme an Kongressen und Fortbildungsveranstaltungen ist bei dem Dienstvorgesetzten über den Leitenden Arzt und die Verwaltung des Krankenhauses rechtzeitig unter Angabe der Vertretungsregelung zu beantragen.

§ 12 Dienstreisen

(1) Dienstreisen bedürfen der Genehmigung durch den Dienstvorgesetzten. Die Genehmigung ist über den leitenden Arzt und die Verwaltung des Krankenhauses rechtzeitig unter Angabe der Vertretungsregelung beim Dienstvorgesetzten zu beantragen.

(2) Bei Dienstreisen erhält der Arzt Reisekosten nach den bei dem Krankenhausträger geltenden Reisekostenbestimmungen.

§ 13 Krankheit

Das Beteiligungsrecht nach § 8 Abs. 2 wird ab der 26. Woche der Arbeitsunfähigkeit für diejenigen Leistungen, die ab diesem Zeitpunkt erbracht werden, unterbrochen. Bei Wiederaufnahme der Tätigkeit durch den Arzt lebt das Beteiligungsrecht wieder auf.

§ 14 Vertretungsregelung

(1) Im Falle der Beurlaubung, der Teilnahme an wissenschaftlichen Kongressen, Dienstreisen, Krankheiten oder sonstigen Dienstverhinderungen hat der Arzt seine Vertretung im Einvernehmen mit dem Dienstvorgesetzten zu regeln; kommt eine einvernehmliche Regelung nicht zustande, entscheidet der Dienstvorgesetzte nach Anhörung des Arztes.

(2) Der Vertretung des Arztes bei Dienstabwesenheit übernimmt in der Regel sein Stellvertreter.

§ 15 Versicherungsschutz

(1) Der Krankenhausträger schließt für alle ärztlichen Tätigkeiten im Krankenhaus, für die Gutachter- und Konsiliartätigkeiten sowie die Hilfeleistungen in Notfällen eine Haftpflichtversicherung gegen Schadensersatzansprüche Dritter ab.

(2) Herr ▬▬▬ ist jederzeit berechtigt, in den Versicherungsschein und die Versicherungsbedingungen Einblick zu nehmen.

§ 16 Entwicklungsklausel[382]

(1) Der Krankenhausträger kann im Benehmen mit dem Arzt strukturelle und organisatorische Änderungen im Krankenhaus vornehmen:

1. Den Umfang der kinderchirurgischen Abteilung, Zahl und Aufteilung der Betten dieser Abteilung und des gesamten Kinderbereiches im ▬▬▬ ändern;
2. die Ausführung bestimmter Leistungen von der kinderchirurgischen und pädiatrischen Abteilung ganz oder teilweise abtrennen und anderen Fachabteilungen, Funktionsbereichen, Instituten, Untersuchungs- oder Behandlungseinrichtungen oder Ärzte zuweisen;
3. weitere selbständige Fachabteilungen, Funktionsbereiche oder Institute im Krankenhaus neu einrichten, unterteilen, abtrennen oder schließen;
4. spätestens zum Zeitpunkt der Nachfolgeregelung für Herrn Chefarzt ▬▬▬ eine neue Struktur im Sinne eines Teamarztmodells mit liquidationsberechtigten Fachbereichsärzten in Verbindung mit Verzicht auf die tradierte Oberarztebene einführen mit der Konsequenz der diesbezügliche notwendigen Anpassung des vorliegenden Vertragsverhältnisses. In diesem Zusammenhang soll der oben festgelegte wirtschaftliche Status nicht geschmälert werden, in der Funktionsbezeichnung aber voraussichtliche Modellanpassung erfolgen und hausintern die Einordnung in die Chefarztebene erhalten bleiben, was z.B. die Teilnahme an Chefarztsitzungen betrifft.

(2) Dem Arzt stehen bei Maßnahmen nach Abs. 1 (Ziffer 1–3) keine Entschädigungsansprüche zu, wenn seine Einnahmen für die Tätigkeit im dienstlichen Aufgabenbereich (§§ 4, 5, 6) wenigstens 80 v.H. der durchschnittlichen Vergütung gemäß § 8 Abs. 1 und der Honorare aus der Beteiligungsvergütung nach § 8 Abs. 2 in den letzten 60 Monaten erreicht.

§ 17 Tätigkeit außerhalb der Dienstaufgaben

Die Versorgung der stationären Kranken muss stets Schwerpunkt der Tätigkeit des Arztes sein und darf durch die Ausübung von Nebentätigkeiten nicht beeinträchtigt werden. Jede Tätigkeit außerhalb der Dienstaufgaben bedarf der schriftlichen Zustimmung des Krankenhausträgers (Nebentätigkeitserlaubnis).

§ 18 Vertragsdauer, Kündigung

(1) Der Vertrag tritt am ▬▬▬ in Kraft, er wird auf unbestimmte Zeit geschlossen.

(2) Das Recht zur fristlosen Kündigung des Vertrages nach § 626 BGB aus wichtigem Grund bleibt unberührt.

(3) Der Vertrag endet ohne Kündigung mit Erreichung der in § 19 Abs. 3 AVR in der jeweils gültigen Fassung festgelegten Altersgrenze oder mit Ablauf des Monats, in dem dem Arzt der Bescheid über eine vom Rentenversicherungsträger oder von einer anderen Versorgungseinrichtung festgestellte Berufs- oder Erwerbsunfähigkeit zugestellt wird.

§ 19 Direktionsrecht, Meinungsverschiedenheiten

(1) Der Krankenhausträger kann im Rahmen seines Direktionsrechts Satzungen, Dienstanweisungen, Hausordnungen und dergleichen erlassen; durch solche Regelungen dürfen aber weder die vertraglichen Rechte des Arztes geschmälert werden, noch seine vertraglicher Verpflichtungen erweitert werden. § 16 Abs. 1 bleibt unberührt.

(2) Können Meinungsverschiedenheiten unter den Krankenhausärzten in Angelegenheiten, die unter den Geltungsbereich dieses Vertrages fallen, nicht vom Leitenden Arzt des Krankenhauses beigelegt werden, entscheidet der Dienstvorgesetzte nach Anhörung der Beteiligten. Der Dienstvorgesetzte entscheidet auch über Meinungsverschiedenheiten zwischen dem Arzt und dem Verwaltungsleiter oder dem Leiter des Pflegedienstes nach Anhörung der Beteiligten. Bei Meinungsverschiedenheiten über die Abgrenzung zwischen den ärztlichen Fachgebieten sollen auch die Berufsverbände der beteiligten Fachärzte und die Landesärztekammer gehört werden.

---

[382] Diese Klausel ist angesichts der Rechtsprechung des BAG vom 12.1.2005 (5 AZR 364/04, NZA 2005, 465) zu Widerrufsvorbehaltsklauseln nach hier vertretener Ansicht nicht mehr wirksam (*Hümmerich/Bergwitz*, BB 2005, 997; *dies.*, MedR 2005, 185; ebenso *Reinecke*, NJW 2005, 3383).

§ 20 Schlussbestimmungen[383]

Nebenabreden, Änderungen und Ergänzungen zu diesem Vertrag sind nur gültig, wenn sie schriftlich vereinbart worden sind; sie müssen ausdrücklich als Vertragsänderungen bzw. Vertragsergänzungen bezeichnet sein.

Sollten einzelne Bestimmungen dieses Vertrages rechtswidrig, nichtig oder undurchführbar sein oder werden oder sollte der Vertrag eine Lücke enthalten, wird die Gültigkeit des Vertrages im Übrigen hiervon nicht berührt. Bei Gesetzesänderungen, die maßgebliche Auswirkungen auf diesen Vertrag haben, werden die Vertragsparteien unter Berücksichtigung des Grundsatzes der Vertragstreue im Sinne von § 242 BGB Lösungen wählen, die die Interessen der Beteiligten angemessen berücksichtigen.

Die Parteien verpflichten sich, etwaige rechtswidrige, nichtige oder undurchführbare Vertragsbestimmungen durch solche zu ersetzen, die sie bei Kenntnis des Mangels unter Berücksichtigung des Vertragszwecks und der Vertragstreue vereinbart hätten. Entsprechendes gilt im Falle einer Lücke.

5. Muster: Arbeitsvertrag mit einem Leiter der Finanzabteilung

Arbeitsvertrag

Firma ▆▆▆

– nachfolgend Gesellschaft genannt –

und

Herr ▆▆▆

schließen folgenden Arbeitsvertrag:

§ 1 Beginn des Arbeitsverhältnisses

(1) Das Arbeitsverhältnis beginnt am ▆▆▆.

(2) Die Probezeit beträgt sechs Monate. Während dieser Zeit können die Vertragspartner das Arbeitsverhältnis mit einmonatiger Frist zum Monatsschluss kündigen.

(3) Nach erfolgreicher Probezeit soll das Arbeitsverhältnis unbefristet fortgesetzt werden. Die Bestimmungen des § 13 werden davon nicht betroffen oder eingeschränkt.

§ 2 Tätigkeit

(1) Herr ▆▆▆ wird eingestellt als Referent. Zu seinem Aufgabengebiet gehören insbesondere nachfolgende Tätigkeiten: Leiter des Aufgabenbereichs Finanzen – mit den Schwerpunkten:

- Finanzbuchführung
- Jahresabschluss
- Steuern
- Liquiditätssteuerung.

(2) Das Arbeitsverhältnis bezieht sich auf eine Tätigkeit in ▆▆▆. Die Gesellschaft behält sich vor, Herrn ▆▆▆ im Rahmen der Gesellschaft auch eine andere oder zusätzliche, der Vorbildung und den Fähigkeiten entsprechende Tätigkeit, vorübergehend auch an einem anderen Ort, zu übertragen.

Macht sie hiervon Gebrauch, so richtet sich nach Ablauf eines Monats die Vergütung nach der neu zugewiesenen Tätigkeit, wenn diese höherwertig ist.

Im Übrigen bleibt das Recht der Änderungskündigung unbeschadet dieser Regelung.

§ 3 Vergütung

(1) Herr ▆▆▆ erhält für seine vertragliche Tätigkeit ein jährliches Bruttogehalt von ▆▆▆ EUR. Das Gehalt wird nach Abzug der gesetzlichen Abgaben in zwölf gleichen Monatsraten entsprechend den Terminen der zahlenden Stelle ausgezahlt.

Über eine Anpassung der vereinbarten Vergütung kann jährlich verhandelt werden.

---

[383] Manche Vertragsparteien wünschen weiterhin, dass eine salvatorische Klausel an den Schluss des Textes gestellt wird. Salvatorische Klauseln sind mit dem In-Kraft-Treten der Schuldrechtsreform gemäß § 306 Abs. 2 BGB unwirksam (KG 28.5.1997 – Karat U 5068/096, NJW 1998, 829; LG Köln 4.2.1987 – 26 O 120/86, NJW-RR 1987, 885; Däubler/Dorndorf/*Dorndorf*, AGB im Arbeitsrecht, § 306 BGB Rn 26; AnwK-ArbR/*Hümmerich*, § 306 BGB Rn 9).

Über eine lineare Erhöhung entscheidet der Gesellschafterausschuss jährlich vor dem Hintergrund der Ertragslage des Unternehmens, der Preisentwicklung und der Lohn- und Gehaltsentwicklung.

(2) Neben seiner Festvergütung erhält der Mitarbeiter gemäß der jährlich zu treffenden Zielvereinbarung einen Bonus in Höhe von maximal 15.000 EUR. Die Höhe des Bonus richtet sich nach dem Grad der Zielerreichung und bestimmt sich wie folgt:

Bonusstufe	Zielerreichung in %	Zielsetzung	Gesamtleistung	Bonus-Ausschüttung in % vom Maximalbonus
0	bis 89 %	sehr deutlich unterschritten	mangelhaft	0
1	90 bis 95 %	deutlich unterschritten	ausreichend	10
2	96 bis 99 %	annähernd erreicht	befriedigend	20
3	100 bis 103 %	voll erreicht	gut	50
4	104 bis 109 %	deutlich überschritten	sehr gut	75
5	110 % und mehr	sehr deutlich überschritten	ausgezeichnet	100

Über die Höhe des Zielerreichungsgrades entscheidet der Arbeitgeber nach erfolgtem Zielerreichungsgespräch mit dem Mitarbeiter. Das Gespräch soll im unmittelbaren Anschluss an das Geschäftsjahr, spätestens aber bis Ende März des auf das Geschäftsjahr folgenden Jahres geführt werden.

(3) Herr ■■■ darf seine Vergütungsansprüche an Dritte nur nach vorheriger schriftlicher Zustimmung der Gesellschaft abtreten.

Herr ■■■ hat den der Gesellschaft durch die Bearbeitung verpfändeter oder abgetretener Ansprüche entstehenden Aufwand zu erstatten. Der Aufwand wird pauschal mit 10 EUR pro Pfändung, Abtretung und Verpfändung sowie zusätzlich 5 EUR für jedes Schreiben und 20 EUR pro Überweisung in Ansatz gebracht. Bei Nachweis höherer tatsächlicher Kosten ist die Gesellschaft berechtigt, diese gegenüber Herrn ■■■ zu berechnen. Herrn ■■■ ist der Nachweis gestattet, dass ein Schaden oder ein Aufwand überhaupt nicht entstanden ist oder wesentlich niedriger ist als die von der Gesellschaft in Ansatz gebrachten Pauschbeträge.

(4) Herr ■■■ verpflichtet sich, Gehaltsüberzahlungen ohne Rücksicht auf eine noch vorhandene Bereicherung zurückzuzahlen.[384]

§ 4 Arbeitszeit

(1) Es gilt die Arbeitszeit und Überstunden-Richtlinie der Gesellschaft in der jeweils gültigen Form als vereinbart.

(2) Zum Zeitpunkt des Vertragsabschlusses gilt eine Arbeitszeit von ■■■ Stunden je Woche gemäß den Bestimmungen der Arbeitszeit und Überstunden-Richtlinie.

§ 5 Reisekosten

Aufwendungen für genehmigte und durchgeführte Dienstreisen werden nach der jeweils gültigen Reisekosten-Richtlinie der Gesellschaft erstattet.

§ 6 Arbeitsverhinderung

(1) Herr ■■■ ist verpflichtet, der Gesellschaft jede Arbeitsverhinderung und ihre voraussichtliche Dauer unverzüglich anzuzeigen. Auf Verlangen sind die Gründe der Arbeitsverhinderung mitzuteilen.

(2) Im Falle der Erkrankung ist Herr ■■■ verpflichtet, vor Ablauf des 3. Kalendertages nach Beginn der Arbeitsunfähigkeit eine ärztliche Bescheinigung über die Arbeitsunfähigkeit sowie deren voraussichtliche Dauer vorzulegen. Dauert die Arbeitsunfähigkeit länger als in der Bescheinigung angegeben, so ist Herr ■■■ verpflichtet, innerhalb von drei Tagen eine neue ärztliche Bescheinigung einzureichen.

§ 7 Gehaltsfortzahlung im Krankheitsfall

(1) Ist Herr ■■■ infolge auf Krankheit beruhender Arbeitsunfähigkeit an der Arbeit verhindert, ohne dass ihn ein Verschulden trifft, so erhält er Gehaltsfortzahlung für die Dauer von sechs Wochen.

(2) Während einer ärztlich verordneten Kurmaßnahme wird längstens für sechs Wochen Gehaltsfortzahlung gewährt.

---

[384] Diese Klausel ist nach hier vertretener Ansicht gemäß § 307 Abs. 2 Nr. 1 BGB nicht wirksam (*Hümmerich*, NZA 2003, 764; *ders.*, Gestaltung von Arbeitsverträgen, § 1 Rn 1620).

§ 8 Urlaub

Herr ■■■ erhält kalenderjährlich einen Erholungsurlaub von ■■■ Arbeitstagen. Der Urlaub wird in Abstimmung mit der Geschäftsführung festgelegt.

§ 9 Verschwiegenheitspflicht

Herr ■■■ verpflichtet sich, über alle Angelegenheiten und Vorgänge, die ihm im Rahmen der Tätigkeit zur Kenntnis gelangen, auch nach Ausscheiden aus dem Arbeitsverhältnis Stillschweigen zu bewahren. Die Verschwiegenheitspflicht bezieht sich auch auf die Konditionen dieses Vertrages.

§ 10 Wettbewerbsklausel

(1) Während der Dauer dieses Vertrages sowie des auf seine Beendigung folgenden Jahres ist es Herrn ■■■ nicht gestattet, für eigene oder fremde Rechnung selbständig oder unselbständig in einem Betrieb tätig zu sein, der gleichartig mit dem der Gesellschaft ist oder mit ihm im Bundesgebiet in Wettbewerb treten könnte. Die Wettbewerbsklausel gilt nicht für Töchter und Beteiligungsgesellschaften der Gesellschaft.

(2) Wird von dem Wettbewerbsverbot Gebrauch gemacht, hat Herr ■■■ einen Anspruch auf die Hälfte eines Jahresgehalts.

§ 11 Nebenbeschäftigung

Die Übernahme einer Nebentätigkeit ist unzulässig, wenn sie die Interessen der Gesellschaft beeinträchtigen. Nebenbeschäftigungen sind unverzüglich anzuzeigen.

§ 12 Erfindungen

(1) Herr ■■■ verpflichtet sich, alle in den Rahmen der wirtschaftlichen Betätigung der Gesellschaft fallenden oder deren Tätigkeitsbereich berührenden Ideen, Systeme, Methoden, Beobachtungen, Erkenntnisse, Erfahrungen und gegebenenfalls Erfindungen der Gesellschaft mitzuteilen und ihr zur freien und ausschließlichen Verfügung zu überlassen.

(2) Herr ■■■ überträgt hiermit der Gesellschaft das Recht an allen Werken, Ideen, Systemen und Methoden, unabhängig davon, ob sie urheberrechtlich geschützt sind, die zu irgendeiner Zeit für die Auftraggeber der Gesellschaft benutzt worden sind oder benutzt werden können und deren Urheber er ist bzw. während seiner Tätigkeit bei der Gesellschaft wird.

(3) Herr ■■■ verpflichtet sich, diese Werke, Ideen, Systeme und Methoden weder während noch nach seiner Tätigkeit bei der Gesellschaft anderweitig zu verwerten. Er verpflichtet sich weiter, alle für eine eventuelle Registrierung dieser Rechte im Namen der Gesellschaft (z.B. Copyrights) erforderlichen Erklärungen abzugeben und Rechtshandlungen vorzunehmen.

(4) Eine besondere Vergütung für die Überlassung der Rechte erfolgt in den Fällen, in denen sie gesetzlich vorgeschrieben ist.

§ 13 Beendigung des Arbeitsverhältnisses

(1) Das Arbeitsverhältnis endet mit Ablauf des Monats, in dem Herrn ■■■ ein Bescheid der gesetzlichen Rentenversicherung zum Bezug einer Rente wegen Alters, wegen Berufs- oder Erwerbsunfähigkeit als Vollrente oder ein Bescheid der gesetzlichen Unfallversicherung zum Bezug einer Unfallrente als Vollrente zugestellt wird.

Herr ■■■ ist verpflichtet, der Gesellschaft unverzüglich den Zugang des Rentenbescheides mitzuteilen.

(2) Das Arbeitsverhältnis kann mit einer Frist von drei Monaten zum Ende eines Quartals gekündigt werden. Nach Ablauf von drei Jahren seit Beginn des Arbeitsverhältnisses beträgt die Kündigungsfrist sechs Monate zum Ende eines Quartals.

(3) Kündigungen bedürfen der Schriftform.

(4) Unberührt bleibt das Recht zur außerordentlichen Kündigung.

§ 14 Ärztliche Untersuchung

Die Vertragsparteien sind sich darüber einig, dass dieser Vertrag erst dann rechtswirksam wird, wenn die gesundheitliche Eignung von Herrn ■■■ durch einen Arzt, auf den sich beide Parteien einigen, festgestellt worden ist.

§ 15 Abtretung von Schadensersatzforderungen

Herr ■■■ tritt seine Schadensersatzforderung insoweit ab, als er durch einen Dritten verletzt wird und die Gesellschaft Vergütungsfortzahlung im Krankheitsfall leistet.

§ 16 Verfallfristen[385]

Alle Ansprüche, die sich aus dem Arbeitsverhältnis ergeben, sind von den Vertragsschließenden binnen einer Frist von sechs Monaten seit ihrer Fälligkeit schriftlich geltend zu machen und im Falle der Ablehnung durch die Gegenpartei binnen einer Frist von drei Monaten einzuklagen.

§ 17 Nebenabreden und Vertragsänderungen

(1) Änderungen des Vertrages und Nebenabreden bedürfen zu ihrer Rechtswirksamkeit der Schriftform.

(2) Sind einzelne Bestimmungen dieses Vertrages unwirksam, so wird hierdurch die Wirksamkeit des übrigen Vertrages nicht berührt.

§ 18 Vertragsaushändigung

Beide Parteien bestätigen, eine Ausfertigung dieses Vertrages erhalten zu haben.

6. Muster: Arbeitsvertrag mit Personalchef Europa (einschließlich Pensionszusage)

Anstellungsvertrag

zwischen

der Firma ▄▄▄

– im Folgenden Gesellschaft genannt –

und

Herrn ▄▄▄

– im Folgenden Angestellter genannt –

§ 1

1. Der Angestellte wird in der Gesellschaft als Director Human Resources Occupant Safety Systems Europe beschäftigt.
Als Eintritt in das Unternehmen gilt der ▄▄▄.
Die Aufgaben und Befugnisse des Angestellten werden in einer Stellenbeschreibung festgelegt. Die organisatorische Zuordnung ergibt sich aus dem derzeitigen Organisationsplan der Gesellschaft.

2. Die Gesellschaft behält sich vor, dem Angestellten aus betrieblichen oder persönlichen Gründen eine andere gleichwertige und seiner Vorbildung und Erfahrung entsprechende Aufgabe zu übertragen.

3. Der Angestellte verpflichtet sich, seine gesamte berufliche Tätigkeit ausschließlich dem Dienst der Gesellschaft zu widmen und dabei alle seine Erfahrungen und Kenntnisse unaufgefordert zur Verfügung zu stellen.

4. Der Angestellte sagt zu, alle ihm übertragenen Aufgaben nach besten Kräften gewissenhaft auszuführen und die Anordnungen der Geschäftsführung sowie derjenigen Personen zu befolgen, die gemäß Stellenschreibung und Organisationsplan als Vorgesetzte bezeichnet sind.

5. Der Angestellte bedarf der vorherigen Zustimmung der Gesellschaft zu Vorträgen und Veröffentlichungen, die sich auf Arbeitsgebiete der Gesellschaft oder andere Interessen der Gesellschaft beziehen.

6. Die Übernahme jeder auf Erwerb gerichteten Nebentätigkeit bedarf der vorherigen schriftlichen Zustimmung der Gesellschaft. Das Gleiche gilt für die Beteiligung an anderen Unternehmen, für die Mitwirkung in Aufsichtsratsorganen, sowie für die Übernahme von öffentlichen Ehrenämtern, soweit dadurch der Umfang bei der Gesellschaft berührt wird. Die Beteiligung an Konkurrenzunternehmen oder die Mitwirkung an deren Aufsichtsorganen ist ausgeschlossen.

§ 2

Der Angestellte ist verpflichtet, alle Geschäfts- und Betriebsgeheimnisse der Gesellschaft und ihrer Konzernunternehmen geheimzuhalten und weder unmittelbar noch mittelbar für sich oder Dritte von ihnen Gebrauch zu machen. Dasselbe gilt für Geschäfts- und Betriebsgeheimnisse, die der Gesellschaft oder ihren Konzernunternehmen anvertraut worden sind. Diese Verpflichtung bleibt auch nach dem Ausscheiden des Angestellten aus den Diensten der Gesellschaft in Kraft.

---

[385] Einstufige Ausschlussfristen müssen einen Mindestzeitraum von drei Monaten enthalten (BAG 28.9.2005 – 5 AZR 52/05, DB 2006, 1959). Zweistufige Ausschlussfristen müssen für jede Frist drei Monate vorsehen. Als im Arbeitsrecht etablierte Besonderheiten nach § 310 Abs. 4 Satz 2 BGB steht ihrer Wirksamkeit § 309 Nr. 13 BGB nicht entgegen (BAG 25.5.2005 – 5 AZR 572/04, NZA 2005, 1111).

§ 3

Der Angestellte ist verpflichtet, alle Briefe, Kopien und sonstigen Unterlagen und Dokumente der Gesellschaft bei seinem Ausscheiden unaufgefordert, sonst auf Anforderung, unverzüglich zurückzugeben.

§ 4

1. Für seine Dienste erhält der Angestellte ein Jahresgehalt von brutto ▬▬▬ EUR, zahlbar 12 x ▬▬▬ EUR.
Die nächste Gehaltsüberprüfung erfolgt ▬▬▬.

In dem o.g. Fixeinkommen sind die üblicherweise tariflichen Zahlungen wie Urlaubsgeld, Weihnachtsgeld und vermögenswirksame Leistungen enthalten.

2. Im Krankheitsfall zahlt die Gesellschaft dem Angestellten bei ununterbrochener Erkrankung von über 6 Wochen ab der 7. Krankheitswoche einen Krankengeldausgleich in Höhe des Unterschiedsbetrages zwischen dem Krankengeld, das der Angestellte von seiner gesetzlichen Krankenkasse erhält oder erhalten würde, oder den Leistungen eines privaten Krankenversicherungsträgers, soweit vergleichbare Leistungen der AOK nicht überschritten werden, und seinen Nettobezügen bis zu einer Gesamtkrankheitsdauer von 6 Monaten.

Für den Fall einer Erkrankung, die über den Zeitraum von 6 Monaten hinausgeht, schließt die Gesellschaft eine Krankentagegeldversicherung für den Angestellten ab.

3. Nach Beendigung des Geschäftsjahres und zu einem von der Geschäftsleitung festgelegten Zeitpunkt erhält der Angestellte einen zusätzlichen Jahresbonus. Im Moment bewegt sich der Bonus zwischen 0 – 10 – 25 – 55% eines Jahresgehaltes, wobei 25% der Targetwert ist, ausgerichtet an den Finanz- und Individualzielen.

Von der Gesellschaft angewandte Bonussysteme sind widerruflich und gelten nur für das jeweilige Geschäftsjahr.[386]

4. Mit den vorstehend genannten Bezügen und Leistungen sind alle Ansprüche auf Entgelt, einschließlich eventueller Mehrarbeitvergütung abgegolten.[387]

§ 5

1. Beginn und Ende der Arbeitszeit des Angestellten richten sich nach dem Umfang der übernommenen Aufgaben. Die zeitliche Lage der Arbeitszeit legt der Angestellte in Einvernahme mit seinem Vorgesetzten selbst fest.

2. Der Angestellte erhält einen bezahlten Erholungsurlaub von 30 Arbeitstagen je Kalenderjahr. Die zeitliche Lage des Urlaubs wird im Einvernehmen mit dem Vorgesetzten festgelegt. In Anlehnung an tarifliche Vereinbarungen kann sich auch der Urlaub verändern.

§ 6

Der Angestellte wird in die von der Gesellschaft abgeschlossene Gruppenunfallversicherung einbezogen. Der Versicherungsschutz im Rahmen dieser Versicherung umfasst berufliche und außerberufliche Unfälle. Die Versteuerung des geldwerten Vorteiles für diese Versicherung übernimmt der Angestellte. Auf die versicherten Leistungen besteht im Versicherungsfall ein Rechtsanspruch ohne Rücksicht auf Ansprüche aus Sozialversicherungen. Die Gruppenunfallversicherung wird auf folgende Versicherungssummen abgeschlossen:

- das 5fache eines Jahresgehaltes für Invalidität;
- das 2fache eines Jahresgehaltes im Todesfall.

Der Versicherungsschutz erlischt, wenn der Angestellte aus dem Anstellungsverhältnis der Gesellschaft ausscheidet.

§ 7

Dieser Vertrag tritt zum ▬▬▬ in Kraft. Er löst einen gegebenenfalls bisher mit der Gesellschaft bestehenden gültigen Arbeitsvertrag vollständig ab.

Der Vertrag kann mit einer Frist von 6 Monaten zum Ende eines Kalendervierteljahres gekündigt werden.

Die Vereinbarung einer Kündigungsfrist schließt die Möglichkeit einer außerordentlichen Kündigung bei Vorliegen schwerwiegender Gründe nicht aus.

Die Gesellschaft ist berechtigt, Sie nach der Kündigung des Anstellungsvertrages bis zum Vertragsende ganz oder teilweise von der Pflicht zur Arbeitsleistung bei Fortzahlung der Bezüge und Anrechnung des zustehenden Jahresurlaubes freizustellen.

---

[386] Gemäß §§ 308 Nr. 4, 307 Abs. 2 Nr. 1 BGB ist die Regelung nicht wirksam (BAG 12.1.2005 – 5 AZR 364/04, NZA 2005, 465). Vorteilhafter aus Arbeitgebersicht ist die Vereinbarung einer freiwilligen Bonus-Regelung, § 1 Rn 158.

[387] Wenngleich verbreitet, so ist diese Regelung gemäß § 307 Abs. 1 Satz 2, Abs. 2 Nr. 1 BGB unwirksam (LAG Schleswig-Holstein 22.9.2004 – 3 Sa 245/04, ArbRB 2005, 7; *Hümmerich*, Gestaltung von Arbeitsverträgen, § 1 Rn 2554 ff.).

Jede gesetzliche Verlängerung der vorstehenden Kündigungsfristen zu Gunsten der einen Partei wirkt gleichermaßen zu Gunsten der anderen Partei.

Dieser Vertrag und damit das Anstellungsverhältnis endet – soweit ausdrücklich nichts anderes vereinbart wird – am Letzten des Monats, in dem der Angestellte das 65. Lebensjahr vollendet hat, ohne dass es hierzu einer Kündigung bedarf.

§ 8

Dieser Vertrag unterliegt deutschem Recht. Ausschließlicher Gerichtsstand für beide Parteien ist der Sitz der Gesellschaft.

Änderungen und Ergänzungen dieses Vertrages – auch dieser Klausel – bedürfen der Schriftform. Mündliche Nebenabreden bestehen nicht.

Sollten einzelne Bestimmungen dieses Vertrages unwirksam sein, so wird die Wirksamkeit der übrigen Bestimmungen davon nicht berührt. Die Parteien verpflichten sich, anstelle einer unwirksamen Bestimmung eine dieser Bestimmung möglichst nahe kommende Regelung zu treffen.

Anlage

Zwischen

...

und

...

wird folgender

Pensionsplan

vereinbart:

1. Zweck des Pensionsplans

1.1 Mit diesem Pensionsplan bezweckt die Firma, zusätzliche finanzielle Sicherheit für den Mitarbeiter im Alter und für seine Familienangehörigen bei seinem Ableben zu schaffen.

1.2 Die nach diesem Pensionsplan vorgesehenen Leistungen werden zusätzlich zu den Leistungen der gesetzlichen Sozialversicherung gezahlt.

1.3 Die Kosten des Pensionsplans werden von der Firma getragen. Der Mitarbeiter braucht keine eigenen Beiträge zu leisten.

2. Leistungsarten

2.1 Die Firma gewährt folgende Leistungen:

(a) Normale Altersrente

(b) Vorzeitige Altersrente

(c) Invalidenrente

(d) Witwenrente

(e) Waisenrente

2.2 Auf diese Leistungen haben der Mitarbeiter bzw. seine versorgungsberechtigten Hinterbliebenen nach Maßgabe der Bestimmungen dieses Pensionsplans einen Rechtsanspruch.

2.3 Die Gewährung von Leistungen nach diesem Pensionsplan setzt voraus, dass der Mitarbeiter

(a) bei Beendigung des Arbeitsverhältnisses mit der Firma mindestens das 25. Lebensjahr vollendet hat und

(b) vor Vollendung des 55. Lebensjahres in die Dienste der Firma eingetreten ist.

3. Normale Altersrente

3.1 Lebenslängliche Altersrente erhält der Mitarbeiter, wenn sein Arbeitsverhältnis mit der Firma bei oder nach Erreichen der Altersgrenze geendet hat.

3.2 Die Höhe der Altersrente richtet sich nach der rentenfähigen Dienstzeit und dem letzten rentenfähigen Einkommen.

3.3 Die monatliche Altersrente beträgt

- 0,5 % des letzten rentenfähigen Einkommens bis zur maßgebenden Beitragsbemessungsgrenze der Sozialversicherung, multipliziert mit der rentenfähigen Dienstzeit, höchstens 30 Jahre, zuzüglich

- 1,5% des Teils des letzten rentenfähigen Einkommens, der die maßgebende Beitragsbemessungsgrenze übersteigt, multipliziert mit der rentenfähigen Dienstzeit, höchstens 30 Jahre.

4. Vorzeitige Altersrente

4.1 Vorzeitige Altersrente erhält der Mitarbeiter auf Antrag, wenn sein Arbeitsverhältnis mit der Firma nach Vollendung des 55. Lebensjahres und nach zehn anrechenbaren Dienstjahren geendet hat.

4.2 Vorzeitige Altersrente erhält der Mitarbeiter auf Antrag auch dann, wenn er das Altersruhegeld aus der gesetzlichen Sozialversicherung vor Vollendung des 65. Lebensjahres in Anspruch nimmt.

4.3 Hat der Mitarbeiter die Voraussetzung von Abschnitt 4.1 oder 4.2 erfüllt, kann er jeden beliebigen Monat vor Erreichen der Altersgrenze für den Beginn der Rentenzahlung wählen. Die vorzeitige Altersrente errechnet sich nach den Bestimmungen von Abschnitt 3.3 auf der Basis der im Zeitpunkt der Beendigung des Arbeitsverhältnisses erreichten renten- fähigen Dienstzeit und des zum gleichen Zeitpunkt errechneten letzten rentenfähigen Einkommens. Sie wird für jeden vollen Monat, um den der gewählte Rentenbeginn vor Vollendung des 62. Lebensjahres liegt, um 0,4% gekürzt.

5. Invalidenrente

5.1 Invalidenrente erhält der Mitarbeiter, wenn sein Arbeitsverhältnis mit der Firma wegen Berufsunfähigkeit oder Erwerbsunfähigkeit im Sinne der gesetzlichen Sozialversicherung endet.

5.2 Als Nachweis der Berufs- oder Erwerbsunfähigkeit ist die Vorlage des Rentenbescheides der Sozialversicherung erforderlich. Die Berufs- oder Erwerbsunfähigkeit kann auch durch das Gutachten eines von der Firma bestimmten Arztes nachgewiesen werden; die damit verbundenen Kosten trägt die Firma.

5.3 Die Invalidenrente wird für die Dauer der Berufs- oder Erwerbsunfähigkeit gezahlt. Besteht die Berufs- oder Erwerbsunfähigkeit bis zur Altersgrenze des Invalidenrentners fort, wird die Invalidenrente lebenslänglich weitergezahlt.

5.4 Der Mitarbeiter hat der Firma jede Änderung in der Berufs- oder Erwerbsunfähigkeit anzuzeigen. Die Firma kann jederzeit auf eigene Kosten eine Untersuchung durch einen von der Firma bestimmten Arzt verlangen.

5.5 Die Invalidenrente errechnet sich nach den Bestimmungen von Abschnitt 3.3 auf der Basis der rentenfähigen Dienstzeit, die der Mitarbeiter erreicht hätte, wenn das Arbeitsverhältnis mit der Firma bis zur Altersgrenze weiter bestanden hätte (höchstens 30 Jahre), und auf der Basis des letzten rentenfähigen Einkommens, errechnet zum Zeitpunkt der Beendigung des Arbeitsverhältnisses.

6. Witwenrente

6.1 Die Witwe des verstorbenen Mitarbeiters oder Rentenempfängers erhält Witwenrente.

6.2 Kein Anspruch auf Witwenrente besteht, wenn die Ehe erst nach Beendigung des Arbeitsverhältnisses oder nach Vollendung des 60. Lebensjahres des Mitarbeiters geschlossen wurde.

6.3 Die Höhe der Witwenrente beträgt

(a) wenn der Verstorbene von der Firma eine Altersrente nach Abschnitt 3.1 oder eine vorzeitige Altersrente nach Abschnitt 4.1 bzw. 4.2 oder eine Invalidenrente nach Abschnitt 5 bezog:

60% der an den Verstorbenen zuletzt gezahlten Rente.

(b) wenn der Verstorbene Anspruch auf vorzeitige Altersrente hatte und vor dem Beginn der Rentenzahlungen starb:

60% der vorzeitigen Altersrente, die zu zahlen gewesen wäre, wenn sie zum Zeitpunkt des Todes begonnen hätte.

(c) wenn der Mitarbeiter während der Dauer des Arbeitsverhältnisses mit der Firma verstorben ist:

60% der Anwartschaft auf Altersrente gemäß Abschnitt 3.3 auf der Basis der rentenfähigen Dienstzeit, die der Mitarbeiter erreicht hätte, wenn das Arbeitsverhältnis mit der Firma bis zur Altersgrenze weiter bestanden hätte (höchstens 30 Jahre) und auf der Basis des letzten rentenfähigen Einkommens zum Zeitpunkt des Ablebens.

6.4 Die Witwenrente endet bei Wiederverheiratung der Witwe.

7. Waisenrente

7.1 Halbwaisenrente erhalten die Kinder des verstorbenen Mitarbeiters oder Rentenempfängers.

7.2 Vollwaisenrente erhalten die Kinder des verstorbenen Mitarbeiters oder Rentenempfängers, wenn beide Elternteile verstorben sind.

7.3 Die Halbwaisenrente beträgt pro Kind 10%, die Vollwaisenrente pro Kind 20% der entsprechenden Berechnungsgrundlage für die Witwenrente nach Abschnitt 6.3.

7.4 Waisenrente wird gezahlt, bis das Kind das 18. Lebensjahr vollendet hat. Über das 18. Lebensjahr hinaus wird Waisenrente gezahlt, solange sich das Kind wegen körperlicher, geistiger oder seelischer Behinderung nicht selbst unterhalten kann; das Gleiche gilt, solange sich das Kind in ganztägiger Schul- oder Berufsausbildung befindet und das 23. Lebensjahr noch nicht vollendet hat.

7.5 Die Zahlung der Waisenrenten endet auch bei Heirat des Kindes, es sei denn, dass ihm gegen den Ehegatten kein Unterhaltsanspruch zusteht oder der Ehegatte keinen ausreichenden Unterhalt leisten kann.

7.6 Witwen- und Waisenrenten oder mehrere Waisenrenten zusammen dürfen nicht mehr als 100 % der Rente betragen, die ihre Berechnungsgrundlage darstellt; gegebenenfalls werden die Renten um den übersteigenden Betrag anteilig gekürzt.

8. Unverfallbarkeit

8.1 Endet das Arbeitsverhältnis des Mitarbeiters mit der Firma, ohne dass ein Versorgungsfall der Altersrente, vorzeitigen Altersrente oder des Todes und ohne dass Berufs- oder Erwerbsunfähigkeit gegeben ist, dann behält er eine unverfallbare Anwartschaft auf Versorgungsleistungen aus diesem Pensionsplan nach Maßgabe der Bestimmungen dieses Abschnitts 8.

8.2 Voraussetzung für die Unverfallbarkeit der Anwartschaft ist, dass im Zeitpunkt der Beendigung des Arbeitsverhältnisses

(a) der Mitarbeiter mindestens das 30. Lebensjahr vollendet hat und

(b) der Pensionsplan für ihn mindestens 5 Jahre bestanden hat.

Als Beginn der oben genannten Fristen gilt der ▪▪▪.

Liegen die oben genannten Voraussetzungen bei Beendigung des Arbeitsverhältnisses nicht vor, entfallen alle Ansprüche aus diesem Pensionsplan.

8.3 Die Rentenzahlungen aufgrund der unverfallbaren Anwartschaft nach Abschnitt 8.2 beginnen, wenn der frühere Mitarbeiter die Altersgrenze erreicht, wenn er von der Möglichkeit der vorzeitigen Altersrente Gebrauch macht, wenn er berufs- oder erwerbsunfähig wird oder wenn er stirbt.

8.4 Die in einem der vorgenannten Versorgungsfälle zahlbare unverfallbare Leistung entspricht einem Teil der Leistung, die zu zahlen gewesen wäre, wenn das Arbeitsverhältnis bis zum Versorgungsfall fortbestanden hätte. Der Zähler des Bruchs für den Teilanspruch ist die tatsächliche anrechenbare Dienstzeit des früheren Mitarbeiters und der Nenner ist die anrechenbare Dienstzeit, die er erreicht hätte, wenn sein Arbeitsverhältnis mit der Firma bis zur Altersgrenze fortbestanden hätte.

Die unverfallbare Leistung errechnet sich auf der Basis des letzten ruhegeldfähigen Einkommens im Zeitpunkt der Beendigung des Arbeitsverhältnisses.

8.5 Bei Beendigung des Arbeitsverhältnisses erhält der ausscheidende Mitarbeiter von der Firma eine schriftliche Mitteilung darüber, ob er die Voraussetzungen der Unverfallbarkeit erfüllt und wie hoch seine unverfallbare Altersrente ist.

9. Zahlung der Renten

9.1 Die Renten werden monatlich zu den bei der Firma üblichen Terminen der Gehaltszahlung gezahlt.

9.2 Die erste Rentenzahlung erfolgt in dem Monat, der dem Monat folgt, in welchem die Voraussetzungen für die Rentenzahlungen erfüllt sind. Die Rentenzahlungen ruhen jedoch, solange Gehalt weitergezahlt wird. Die letzte Rentenzahlung erfolgt in dem Monat, in welchem die Rentenverpflichtung endet.

9.3 Soweit nicht gesetzliche Bestimmungen entgegenstehen, können auf Wunsch der Firma oder des Versorgungsberechtigten die Rentenzahlungen ganz oder teilweise in eine einmalige Kapitalzahlung umgewandelt werden, jedoch nur, wenn beide Parteien zustimmen.

9.4 Die Kapitalabfindung entspricht dem versicherungsmathematischen Barwert der Rente zum Umwandlungsstichtag, dabei ist von den Rechnungsgrundlagen auszugehen, die im Zeitpunkt der Umwandlung für die Berechnung der Pensionsrückstellungen der Firma nach steuerlichen Vorschriften maßgebend sind. Als Rechnungszinsfuß ist jedoch die von der Deutschen Bundesbank publizierte „Umlaufrendite von inländischen tarifbesteuerten festverzinslichen Wertpapieren" zum Umwandlungsstichtag zugrundezulegen.

10. Abtretung, Verpfändung

Ansprüche aus diesem Pensionsplan können vom Berechtigten weder abgetreten noch verpfändet werden. Dennoch erfolgte Abtretungen und Verpfändungen sind der Firma gegenüber unwirksam.

11. Rückdeckungsversicherung

11.1 Die Firma ist berechtigt, zur Rückdeckung der mit den Pensionsverpflichtungen verbundenen Risiken einen Vertrag mit einem Versicherungsunternehmen abzuschließen. Sämtliche Rechte aus einem solchen Vertrag stehen der Firma zu.

11.2 Der Mitarbeiter ist verpflichtet, der Versicherungsgesellschaft sämtliche Unterlagen zu überlassen und sich gegebenenfalls ärztlich untersuchen zu lassen.

12. Überprüfung der Renten

Nach Rentenbeginn wird die Firma die gezahlten Renten alle drei Jahre überprüfen und dann nach billigem Ermessen entscheiden, ob eine Anpassung an gestiegene Lebenshaltungskosten vorgenommen wird.

13. Begriffsbestimmungen

Für die Zwecke dieses Pensionsplans gelten die folgenden Definitionen:

13.1 Altersgrenze: Der Tag, an dem der Mitarbeiter das 65. Lebensjahr vollendet.

13.2 Anrechenbare Dienstzeit: Alle ununterbrochenen Dienstjahre (und Teile davon), die der Mitarbeiter bei der Firma verbracht hat, beginnend mit dem letzten Einstellungstermin und endend mit dem frühesten der folgenden Zeitpunkte:

a) Beendigung des Arbeitsverhältnisses mit der Firma oder

b) Beginn der Rentenzahlungen nach diesem Pensionsplan oder

c) Erreichen der Altersgrenze.

13.3 Rentenfähige Dienstzeit: Anrechenbare Dienstzeit ab ▬▬▬ höchstens 30 Jahre.

13.4 Kind: Das eheliche, nichteheliche und adoptierte Kind des Mitarbeiters oder Rentenempfängers, vorausgesetzt, dass bei dem adoptierten Kind die Adoption vor Beendigung des Arbeitsverhältnisses stattgefunden hat.

13.5 Maßgebende Beitragsbemessungsgrenze: Der monatliche Durchschnitt der Beitragsbemessungsgrenze der gesetzlichen Rentenversicherung während des im Abschnitt 13.8 Absatz 1 genannten Zeitraumes.

13.6 Rentenempfänger: Der frühere Mitarbeiter, der eine Rente in Übereinstimmung mit den Bestimmungen dieses Pensionsplans erhält.

13.7 Rentenfähiges Einkommen: Das Jahresgrundgehalt ohne Sondervergütungen. Sondervergütungen sind insbesondere Bonuszahlungen, Urlaubsgeld, Weihnachtsgeld und sonstige regelmäßige oder unregelmäßige Vergütungsbestandteile, die nicht zum Grundgehalt gehören.

13.8 Letztes rentenfähiges Einkommen: Der monatliche Durchschnitt des rentenfähigen Einkommens (Abschnitt 13.7) der letzten 60 Monate der anrechenbaren Dienstzeit.

Wurde das rentenfähige Einkommen in dem in Absatz 1 bezeichneten Zeitraum des Arbeitsverhältnisses infolge Krankheit oder aus anderen Gründen von verminderter Arbeitsfähigkeit nicht oder nicht in voller Höhe gezahlt, so ist von dem bei voller Arbeitsfähigkeit zu zahlenden rentenfähigen Einkommen auszugehen.

13.9 Witwe: Die überlebende Ehefrau des verstorbenen Mitarbeiters oder Rentenempfängers, die mit ihm im Zeitpunkt des Todes verheiratet war.

14. Inkrafttreten

Dieser Pensionsplan tritt mit Wirkung vom ▬▬▬ in Kraft.

7. Muster: Arbeitsvertrag mit Teamleiter Organisation und Informatik

↓

Zwischen

▬▬▬

– im Folgenden „Firma" genannt –

und

Herrn ▬▬▬

wird folgender Arbeitsvertrag geschlossen:

§ 1 Beginn des Arbeitsverhältnisses

1. Das Beschäftigungsverhältnis gilt als ab dem ▬▬▬ geschlossen. Für alle Rechte und Pflichten, die sich aus der Dauer der Betriebszugehörigkeit ableiten, gilt dieses Datum als Bezugsdatum.

2. Der Arbeitsvertrag tritt gegebenenfalls rückwirkend zum ▬▬▬ in Kraft, wenn der Betrieb des bisherigen Arbeitgebers mit der Firma verschmolzen wird.

Kapitel 1: Arbeitsverträge

§ 2 Aufgabengebiet

1. Herr ▬▬▬ übernimmt in der Firma als Teamleiter die Aufgabe eines Beraters für Organisation und Informatik. Herr ▬▬▬ arbeitet als Softwareentwickler, als Systemspezialist, als Technologieberater oder als betriebwirtschaftlich orientierter Fachberater. Ein Einsatz kann in Kundenobjekten sowie in der internen Produktentwicklung erfolgen.

2. Herr ▬▬▬ ist dem zuständigen Geschäftsbereichsleiter direkt unterstellt.

3. Im Rahmen dieser Tätigkeit wird Herr ▬▬▬ mit der Leitung von Projekten, Organisations-, Planungsaufgaben, Analyse- und Programmierarbeiten betraut. Die Verteilung der Arbeitszeit auf die einzelnen Tätigkeitsbereiche orientiert sich an der jeweiligen Auftragssituation und der persönlichen Entwicklung von Herrn ▬▬▬.

4. Der Einsatz von Herrn ▬▬▬ für diese Tätigkeiten erfolgt auf der Basis von Verträgen, die situationsabhängig zwischen dem Kunden und der Firma als Werkvertrag, Beratungsvertrag oder als Arbeitnehmer-Überlassung geschlossen werden. Eine Erlaubnis zur Arbeitnehmer-Überlassung nach AÜG wurde der Firma mit Datum vom ▬▬▬ von der Regionaldirektion ▬▬▬ erteilt.

5. Sofern Herrn ▬▬▬ die Entwicklung von Datenverarbeitungs-Programmen übertragen wird, hat Herr ▬▬▬ für das vorgegebene Problem eine zweckmäßige und wirtschaftliche EDV-Lösung in der Form der geeigneten Software über die Problem-Analyse, die Systemplanung, die Organisation und die Programmierung zu erarbeiten. Je nach Vorgabe durch die Geschäftsführung oder die mit der Projektleitung beauftragten Mitarbeiter ist auch die Einweisung der Mitarbeiter von Kunden durchzuführen sowie die Dokumentation zu liefern.

6. Herr ▬▬▬ verpflichtet sich, alle ihm übertragenen Aufgaben sorgfältig und gewissenhaft auszuführen, insbesondere branchenübliche bzw. – wenn diese höhere Anforderungen stellen – unternehmenseigene Qualitätsanforderungen für Softwareprodukte zu beachten.

7. Die Firma behält sich vor, Herrn ▬▬▬ auch andere Arbeiten zu übertragen, die seinen Vorkenntnissen und/oder Fähigkeiten entsprechen und die mit den vorstehend beschriebenen Tätigkeiten vereinbar und zumutbar ist.

§ 3 Arbeitsort

1 Regelmäßige Arbeitsstätte ist das Büro der Firma in ▬▬▬.

2. Soweit es für die Abwicklung von eigenen Projekten oder Kundenaufträgen erforderlich ist, verpflichtet sich Herr ▬▬▬, seine Arbeit an den zwischen dem Kunden und der Firma vereinbarten Orten durchzuführen.

3. Herr ▬▬▬ kann Arbeiten, die weder die Beteiligung anderer Personen (Mitarbeiter des Kunden, andere Mitarbeiter der Firma) noch der Benutzung besonderer Arbeitsmittel bedürfen, in seiner Wohnung verrichten. Im Einzelfall kann diese Genehmigung ohne Begründung[388] durch die Firma widerrufen werden.

§ 4 Arbeitszeit

1. Die regelmäßige Arbeitszeit beträgt 8 Stunden an 5 Werktagen pro Woche. Herr ▬▬▬ verpflichtet sich, Bereitschaftsdienst zu übernehmen, sowie in besonderen Fällen (abhängig von der jeweiligen Auftragssituation oder besonderen Anforderungen des Kunden) Überstunden zu leisten, und zwar auch nachts und an Sonn- und Feiertagen, soweit das im Rahmen der Vorschriften des Arbeitszeitgesetzes zulässig ist.

2. Die tägliche Arbeitszeit richtet sich nach den jeweiligen Anforderungen des Kunden. Sie kann, soweit es für die Arbeitsentwicklung in der Gesellschaft erforderlich ist, von der Firma festgelegt werden.

3. Als Arbeitszeit gilt die Anwesenheit beim Kunden bzw. in den Geschäftsräumen der Firma sowie die nach § 3 (3.) aufgewendete Zeit für in der eigenen Wohnung geleistete Arbeiten abzüglich der üblichen Pausen. Als Nachweis der Arbeitszeiten gilt der detaillierte Arbeitsbericht. Ergänzend gelten die gültigen Reisekostenrichtlinien der Firma.

§ 5 Gehalt

1. Herr ▬▬▬ erhält ein Bruttojahresgehalt von ▬▬▬ EUR. Das Gehalt ist zahlbar in 12 gleichen Teilen am Ende eines jeden Monats.

2. Der Anspruch auf Zahlung des Gehalts besteht auch für Zeiten betriebsbedingter Nichtbeschäftigung.

3. Das Gehalt wird jeweils am Jahresbeginn in einem allgemeinen Beurteilungsgespräch überprüft.

§ 6 Überstunden/Bereitschaftsdienst

1. Bis zu 8 Überstunden können auf einem Gleitzeitkonto vorgetragen und in den Folgemonaten zum Ausgleich von Fehlzeiten eingesetzt werden.

---

388 Eine Regelung, die den Widerruf einer Erlaubnis ohne Angabe von Gründen zulässt, dürfte unwirksam sein (BAG 12.1.2005 – 5 AZR 364/04, NZA 2005, 465).

2. Sofern über das Gleitzeitlimit hinaus Überstunden geleistet werden, gilt folgende Regelung:
- Bis zu 15 Stunden pro Monat sind mit dem Gehalt abgegolten.
- Darüber hinausgehende Überstunden werden – sofern sie genehmigt waren – mit 1/173 des monatlichen Bruttogehaltes vergütet. Zuschläge für Nacht-, Sonn- und Feiertragarbeit werden nicht gezahlt.

3. Soweit es die Geschäftslage ermöglicht, kann mit Zustimmung der Firma die Abgeltung von Überstunden auch in Freizeit erfolgen.

4. Die Vergütung für den Bereitschaftsdienst wird im Einzelfall abhängig von den konkreten Anforderungen des Kunden geregelt.

§ 7 Nebenleistungen

1. Herr ▬▬▬ erhält bei Dienstreisen – Einsatz bei Kunden, die ihre Geschäftstätigkeiten nicht am Sitz der Firma ausüben – Fahrtkostenersatz sowie Übernachtungsgelder gemäß der Reisenkostenrichtlinie der Firma in der jeweils gültigen Fassung.

2. Anstelle des steuerlich zulässigen Pauschalbetrages für Übernachtungskosten können die – an den jeweils örtlichen Verhältnissen gemessen, in angemessenen Grenzen – tatsächlich entstandenen Übernachtungskosten auf Nachweisbasis abgerechnet werden.

§ 8 Arbeitsverhinderung

1. Ist Herr ▬▬▬ durch Krankheit oder sonstige unvorhergesehene Ereignisse verhindert zu arbeiten, hat Herr ▬▬▬ das unverzüglich der Firma mitzuteilen und die Gründe anzugeben. Dauert die Verhinderung oder Krankheit länger als zwei Tage, ist eine ärztliche Bescheinigung vorzulegen.

2. Herr ▬▬▬ ist verpflichtet, die Gesellschaft unverzüglich darüber zu informieren, dass ihm ein Kur- oder Heilverfahren bewilligt worden ist; ebenso ist unverzüglich der Zeitpunkt des Antritts der Kur oder des Heilverfahrens mitzuteilen. Herr ▬▬▬ hat eine Bescheinigung der Bewilligungsstelle über die voraussichtliche Dauer der Kur oder des Heilverfahrens oder bei einer Verlängerung unverzüglich eine Bescheinigung über die voraussichtliche Dauer der Verlängerung vorzulegen.

§ 9 Gehaltsfortzahlung

1. Wird Herr ▬▬▬ durch Arbeitsunfähigkeit infolge Krankheit an seiner Arbeitsleistung verhindert, ohne dass ihn ein Verschulden trifft, zahlt die Firma Herrn ▬▬▬ das unter § 5 vereinbarte Gehalt für 6 Wochen. Das gilt auch, wenn Herr ▬▬▬ durch eine ärztlich verordnete Kur oder durch ein von den Sozialversicherungsträgern bewilligtes Heilverfahren an der Arbeitsleistung gehindert ist.

2. Kann Herr ▬▬▬ aufgrund gesetzlicher Vorschriften von einem Dritten Schadensersatz wegen Verdienstausfalls beanspruchen, der ihm durch die Arbeitsunfähigkeit entstanden ist, so geht dieser Anspruch insoweit auf die Firma über, als diese Herrn ▬▬▬ sein Gehalt fortzahlt und darauf anfallende von ihm zu tragende Beträge zur Bundesanstalt für Arbeit, Arbeitgeberanteile an Beiträgen zur Sozialversicherung und zur Pflegeversicherung sowie zu Einrichtungen der zusätzlichen Alters- und Hinterbliebenenversorgung abgeführt hat. Herr ▬▬▬ verpflichtet sich, der Gesellschaft alle zur Durchsetzung der abgetretenen Ansprüche erforderlichen Auskünfte zu erteilen, Unterlagen vorzulegen oder sonstige notwendige Unterstützungen zu gewähren.

§ 10 Urlaub

1. Herr ▬▬▬ erhält einen Erholungsurlaub von 31 Arbeitstagen jährlich.

2. Der Erholungsurlaub soll im Einvernehmen mit der Gesellschaft möglichst ungeteilt gewährt werden. Die betrieblichen Erfordernisse haben insoweit Vorrang.

3. Scheidet Herr ▬▬▬ während des Kalenderjahres aus, erhält er für jeden vollen Monat des Bestehens des Arbeitsverhältnisses 1/12 des Jahresurlaubes, kaufmännisch gerundet auf volle Tage. Die Regelung gilt entsprechend für das Eintrittsjahr.

4. Während des Urlaubs erfolgt die Fortzahlung des Grundgehalts.

5. Herr ▬▬▬ ist verpflichtet, auf Anforderung der Gesellschaft dieser seinen Aufenthaltshort (genaue Anschrift, Tel.-Nr.) während seiner durch Urlaub bedingten Abwesenheit bekanntzugeben. Sollte während des Urlaubs seine Anwesenheit beim Arbeitgeber oder einem Kunden zwingend erforderlich sein, hat er nach Wahl der Gesellschaft seinen Erholungsurlaub zu unterbrechen oder abzubrechen. Die dadurch entstehenden Kosten – auch für einen etwaigen Urlaubsabbruch des Ehepartners bzw. des Lebensgefährten oder der Lebensgefährtin und etwaiger Kinder – trägt die Gesellschaft.

6. Im Übrigen gelten die Bestimmungen des Bundesurlaubsgesetzes.

§ 11 Nebenbeschäftigung

1. Herr ▬▬▬ hat der Gesellschaft seine volle Arbeitskraft zur Verfügung zu stellen. Er bedarf zu jeder Nebenbeschäftigung der schriftlichen Zustimmung der Gesellschaft.

2. Ausdrücklich ausgeschlossen ist die Aufnahme von Nebenbeschäftigungen bei derzeitigen oder potentiellen Kunden der Gesellschaft.

3. Herr ▬▬▬ darf sich wissenschaftlich und/oder fachpublizistisch betätigen. Durch eine derartige Aufgabe dürfen weder seine Verpflichtungen aus diesem Vertrag noch die Belange der Gesellschaft, ihrer Gesellschafter und/oder Kunden der Gesellschaft negativ berührt werden. Veröffentlichungen (auch Referate), die Arbeits-, Forschungs- oder Entwicklungsgebiete der Gesellschaft, der Gesellschafter und/oder seiner jeweiligen Kunden betreffen oder berühren könnten, bedürfen vor der Bekanntgabe an Dritte (auch Verlage, Veranstalter usw.) der Genehmigung der Gesellschaft, unabhängig davon, ob sie im Rahmen der Verpflichtungen aus diesem Arbeitsvertrag oder unabhängig entstanden oder erarbeitet worden sind. Bei wissenschaftlichen und/oder fachpublizistischen Veröffentlichungen wird Herr ▬▬▬ darauf achten, dass seine Mitarbeit bei der Firma erwähnt wird, insoweit diese Arbeiten im weitesten Sinne das Tätigkeitsfeld der Firma betreffen. Im Einzelfall kann die Geschäftsführung der Gesellschaft ohne Angabe einer Begründung verlangen, dass diese Erwähnung unterbleibt.

4. Die Honorare aus einer wissenschaftlichen und/oder fachpublizistischen Tätigkeit nach Abs. 3 stehen Herrn ▬▬▬ zu. Die Urheber- und Nutzungsrechte an derartigen Veröffentlichungen regelt die bei der Firma übliche Erklärung über die Beachtung von Datenschutzrechten, Betriebs- und Geschäftsgeheimnissen sowie Urheber- und Nutzungsrechten.

§ 12 Verschwiegenheitspflicht

1. Herr ▬▬▬ verpflichtet sich, über alle Betriebs- und Geschäftsgeheimnisse der Gesellschaft, ihrer Gesellschafter sowie ihrer Kunden Stillschweigen zu bewahren, und zwar auch nach Beendigung des Arbeitsverhältnisses.

2. Die Einzelheiten regelt die bei der Firma übliche Erklärung über die Beachtung von Datenschutzrechten, Betriebs- und Geschäftsgeheimnissen sowie Urheber- und Nutzungsrechte.

§ 13 Beendigung des Arbeitsverhältnisses/Pflichten bei Vertragslösung

1. Der Vertrag kann von beiden Parteien mit einer Frist von drei Monaten zum Quartalsende gekündigt werden. Bei einer Beschäftigungsdauer von mehr als drei Jahren beträgt die Kündigungsfrist sechs Monate zum Quartalsende.

2. Bezogen auf § 13 Abs. 1 gilt als Beginn der Beschäftigungsdauer der ▬▬▬.

3. Bei Beendigung des Vertrages oder bei Dispensierung von seinen Aufgaben hat Herr ▬▬▬ alle in seiner Verwahrung befindlichen Geschäftsunterlagen, Bücher, Notizen, Entwürfe, hiervon gefertigte Druckschriften oder Kopien – seien sie handschriftlich oder ausgedruckt – insbesondere Programme und Programmdokumentationen – in welcher Form und auf welchem Datenträger auch immer – unaufgefordert und unverzüglich an die Gesellschaft zurückzugeben. Es ist ihm untersagt, von den Unterlagen Kopien – in welcher Form auch immer – anzufertigen.

4. Herrn ▬▬▬ steht ein Zurückbehaltungsrecht an den in Abs. 2 erwähnten Unterlagen – aus welchem Rechtsgrund auch immer – nicht zu.[389]

§ 14 Probezeit

Die Probezeit beträgt sechs Monate.

§ 15 Schlussbestimmungen

1. Ergänzend zu diesem Vertrag gilt die bei der Firma übliche Erklärung über die Beachtung von Datenschutzrechten/Betriebs- und Geschäftsgeheimnissen sowie Urheber- und Nutzungsrechten, die zur Anlage dieses Vertrages genommen werden.

2. Änderungen und/oder Ergänzungen dieses Vertrages bedürfen der Schriftform. Kein Vertragspartner kann sich auf eine vom Vertrag abweichende tatsächliche Übung berufen, solange die Abweichung nicht schriftlich dokumentiert ist.

3. Sollte sich eine Bestimmung dieses Vertrages als ungültig erweisen, wird die Gültigkeit der übrigen nicht berührt. Die ungültige Bestimmung ist in einem solchen Fall so umzudeuten und/oder zu ergänzen, dass der mit ihr beabsichtigte Zweck erreicht wird. Dasselbe gilt, wenn eine ergänzungsbedürftige Vertragslücke auftritt.[390]

---

[389] Von dieser Klausel wird wegen § 309 Nr. 2b BGB abgeraten, § 1 Rn 92.
[390] Manche Vertragsparteien wünschen weiterhin, dass eine salvatorische Klausel an den Schluss des Textes gestellt wird. Salvatorische Klauseln sind mit dem In-Kraft-Treten der Schuldrechtsreform gemäß § 306 Abs. 2 BGB unwirksam (KG 28.5.1997 – Karat U 5068/096, NJW 1998, 829; LG Köln 4.2.1987 – 26 O 120/86, NJW-RR 1987, 885; Däubler/Dorndorf/*Dorndorf*, AGB im Arbeitsrecht, § 306 BGB Rn 26; AnwK-ArbR/*Hümmerich*, § 306 BGB Rn 9).

4. Alle Ansprüche, die sich aus diesem Arbeitsverhältnis ergeben, sind von Herrn ▬▬▬ oder der Gesellschaft binnen einer Frist von drei Monaten nach ihrer Fälligkeit schriftlich geltend zu machen und im Falle der Ablehnung durch die andere Partei ggf. binnen einer weiteren Frist von drei Monaten einzuklagen, anderenfalls sie als erloschen gelten.

5. Erfüllungsort für alle aus diesem Vertrag sich ergebenden Rechte und Pflichten ist der Arbeitsort.

8. Muster: Arbeitsvertrag mit dem Leiter eines Warenhauses

Anstellungsvertrag

Zwischen

▬▬▬

– nachstehend: Firma –

und

Herrn ▬▬▬

– nachstehend: Mitarbeiter –

wird nachfolgender Vertrag zur Regelung der für das Arbeitsverhältnis maßgeblichen Arbeitsbedingungen geschlossen:

§ 1 Vertragsbeginn, Aufgabenstellung, Arbeitsort und Arbeitszeit

Der Mitarbeiter wird ab ▬▬▬ als SB-Warenhausleiter weiterbeschäftigt. Der Mitarbeiter ist Angestellter im Sinne der gesetzlichen Regelungen.

Die Dauer und die Lage der Arbeitszeit richten sich nach den gesetzlichen Regelungen und den besonderen Erfordernissen der Aufgabenstellung.

§ 2 Vertragsdauer

(1) Befristung

Das Arbeitsverhältnis ist unbefristet.

(2) Probezeit

Die Probezeit entfällt.

(3) Kündigung

Kündigungsfrist beträgt 6 Monate zum Halbjahresende. Verlängerungen der Kündigungsfrist aufgrund gesetzlicher Regelungen werden für beide Vertragsparteien wirksam. Die Möglichkeit der Kündigung aus wichtigem Grund (§ 626 BGB) bleibt hiervon unberührt.

§ 3 Vergütung

(1) Monatliche Gehaltszahlungen

Der Mitarbeiter erhält ein außertarifliches monatliches Gesamtbruttoentgelt: ▬▬▬ EUR (in Worten: ▬▬▬ Euro). Die Auszahlung erfolgt bargeldlos am Monatsende.

Im Gesamtbruttoentgelt sind mit Ausnahme der nachstehend ausdrücklich geregelten Vergütungsbestandteile alle Vergütungsansprüche, unabhängig davon, aus welchem Rechtsgrund diese hergeleitet werden können, enthalten.

(2) Gehaltsfortzahlung bei krankheitsbedingter Arbeitsunfähigkeit

Der Mitarbeiter erhält in vertraglicher Ergänzung der gesetzlichen Regelung zur Entgeltfortzahlung im Falle krankheitsbedingter Arbeitsunfähigkeit ab dem 43. Tag der Krankheit den Unterschiedsbetrag zwischen dem aus dem monatlichen Gesamtbruttoentgelt folgenden regelmäßigen monatlichen Nettogehalt und dem durch die Betriebskrankenkasse gezahlten Nettokrankengeld für die Dauer von 6 Monaten. Wird er innerhalb von 12 Monaten infolge derselben Krankheit wiederholt arbeitsunfähig, entsteht der Anspruch auf Zahlung des Unterschiedsbetrages nur, wenn der Mitarbeiter vor der erneuten Arbeitsunfähigkeit mindestens 6 Monate nicht infolge derselben Krankheit arbeitsunfähig war.

Der Anspruch auf Zahlung des Unterschiedsbetrages entfällt in dem Zeitpunkt, in dem für den Mitarbeiter nach Maßgabe der gesetzlichen Regelungen der Anspruch auf Rente wegen Alters oder verminderter Erwerbsfähigkeit entsteht.

(3) Jährliche Einmalzahlungen

Der Anspruch und die Höhe evtl. jährlicher Einmalzahlungen (Sonderzahlungen/-zuwendungen und/oder Urlaubsgeld) bestimmen sich in entsprechender Anwendung des sachlich einschlägigen Tarifvertrages und/oder nach den geltenden betrieblichen Regelungen. Grundlage für die Berechnung betrieblicher Einmalzahlungen ist das Gesamtbruttoentgelt gemäß § 3 (1).

(4) Sonstige Zahlungen

Soweit über die vorstehenden Zahlungen hinaus sonstige Zahlungen gewährt werden, handelt es sich um freiwillige Zahlungen, die keinen Anspruch auf vergleichbare Zahlungen für die Zukunft begründen. Dies gilt auch, wenn sonstige Zahlungen im Einzelfall wiederholt ohne nochmaligen ausdrücklichen Vorbehalt der Freiwilligkeit gewährt wurden.

(5) Besondere Vereinbarungen

Als Eintrittsdatum gilt der ■■■.

§ 4 Beendigung/Änderung von Aufgabenstellung und Arbeitsort

(1) Kündigung

Die Kündigung muss schriftlich erfolgen. Eine Kündigung vor Arbeitsaufnahme ist ausgeschlossen.

Im Falle der Kündigung des Arbeitsverhältnisses ist die Firma berechtigt, den Mitarbeiter unter Fortzahlung der Vergütung unter Anrechnung von Urlaubs- und Freizeitansprüchen freizustellen.

Für den Fall der rechtswidrigen und schuldhaften Nichtaufnahme der Arbeit oder der vertragswidrigen Beendigung des Arbeitsverhältnisses verpflichtet sich der Mitarbeiter als pauschalierten Schadensersatz und Vertragsstrafe einen Betrag in Höhe von 50% des durchschnittlichen monatlichen Bruttogehaltes für diejenige Zeit zu zahlen, in der die Arbeitsleistung nicht vertragsgerecht erbracht wird, mindestens jedoch ein Bruttomonatsgehalt. Die Geltendmachung des darüber hinausgehenden tatsächlichen Schadens bleibt hiervon unberührt.

(2) Erreichen der Altersgrenze

Das Arbeitsverhältnis endet unter Beachtung der geltenden gesetzlichen, tarifvertraglichen oder betrieblichen Regelungen mit Ablauf des Monats, in dem der Mitarbeiter eine der Renten wegen Alters oder wegen verhinderter Erwerbsunfähigkeit erhält, spätestens jedoch mit Vollendung des 65. Lebensjahres.

(3) Änderung von Aufgabenstellung und Arbeitsort

Der Mitarbeiter verpflichtet sich, auf Weisung der Firma die in § 1 ausgewiesene oder eine seiner Bildung und/oder Berufserfahrung angemessene anderweitige Tätigkeit auch in einem verbundenen Unternehmen an einem anderen Arbeitsort wahrzunehmen, ohne dass es einer Änderung des Arbeitsvertrages bzw. einer Änderungskündigung bedarf.

Soweit die Änderung des Arbeitsortes einen Wechsel des Wohnortes erforderlich macht, verpflichtet sich die Firma zum Ersatz der notwendigen Aufwendungen nach Maßgabe der geltenden betrieblichen Regelungen.

(4) Dienstreisen

Der Mitarbeiter ist bereit, die im Rahmen seiner Tätigkeit erforderlichen Dienstgänge und -reisen nach Maßgabe der in der Firma geltenden Richtlinien für Geschäftsreisen durchzuführen.

§ 5 Urlaub, Arbeitsverhinderung

(1) Dauer und Lage des Urlaubs

Der Mitarbeiter erhält im Kalenderjahr auf der Grundlage von 6 Arbeitstagen pro Woche Urlaub in Höhe von 36 Arbeitstagen. Im Rahmen der Verteilung des Urlaubs ist den betrieblichen Erfordernissen Rechnung zu tragen.

Der Mitarbeiter ist verpflichtet, auf Weisung der Firma den Urlaub zu unterbrechen oder zu verschieben. Den daraus entstehenden Schaden trägt die Firma.

(2) Arbeitsverhinderung

Der Mitarbeiter ist verpflichtet, jede Arbeitsverhinderung, sei es aufgrund Arbeitsunfähigkeit oder aus sonstigem Anlass, unter Angabe der Gründe und der voraussichtlichen Dauer der Firma unverzüglich anzuzeigen. Im Falle der Arbeitsverhinderung aufgrund Arbeitsunfähigkeit ist er darüber hinaus verpflichtet, nach Maßgabe des Entgeltfortzahlungsgesetzes eine ärztliche Bescheinigung über die Arbeitsunfähigkeit sowie deren voraussichtliche Dauer vorzulegen. Entsprechendes gilt bei Kur oder Heilverfahren.

(3) Ansprüche aufgrund Arbeitsverhinderung

Ansprüche des Mitarbeiters gegenüber Dritten auf Schadens- oder Aufwendungsersatz, insbesondere wegen Arbeitsverhinderung aus Anlass von Unfall, Krankheit usw., werden hiermit an die Firma bis zur Höhe der Beträge abgetreten, die die Firma aufgrund gesetzlicher, tariflicher oder vertraglicher Bestimmungen gewährt. Der Mitarbeiter verpflichtet sich, der Firma die zur Geltendmachung der abgetretenen Ansprüche erforderlichen Angaben und Nachweise zur Verfügung zu stellen.

§ 6 Allgemeine Nebenpflichten

(1) Verschwiegenheit

Der Mitarbeiter verpflichtet sich, über alle aufgrund der Firmenzugehörigkeit zugänglichen Informationen Stillschweigen zu wahren. Dies gilt insbesondere im Hinblick auf die Vertraulichkeit der aufgrund der Tätigkeit und Stellung im Unternehmen bekannten gruppen-, konzern-, unternehmens- und betriebsbezogenen geschäftlichen und personellen Angelegenheiten, einschließlich der hiermit in Zusammenhang stehenden Zahlen und Daten.

(2) Nebentätigkeit/-erwerb

Der Mitarbeiter verpflichtet sich, jedwede Nebentätigkeit, auch die Ausübung von Ehrenämtern, der Firma anzuzeigen. Die Firma ist berechtigt, die Zustimmung zur Ausübung einer Nebentätigkeit zu verweigern bzw. zu widerrufen, wenn Anhaltspunkte vorliegen, dass durch die Nebentätigkeit die Erfüllung der arbeitsvertraglichen Aufgabenstellung beeinträchtigt und/oder eine sonstige gesetzliche oder arbeitsvertragliche Verpflichtung verletzt wird.

Der Nachweis, dass die Ausübung einer Nebentätigkeit keine Beeinträchtigung bzw. Verletzung des Arbeitsvertrages zur Folge hat, ist durch den Mitarbeiter zu führen. Zur Sicherung der berechtigten Interessen kann die Firma die Zustimmung von der Erfüllung von Auflagen abhängig machen.

Die Anzeigepflicht erstreckt sich auch auf Tätigkeiten von Personen, die in häuslicher Gemeinschaft mit dem Mitarbeiter leben, soweit diese Tätigkeiten in Unternehmen ausgeübt werden, mit denen der Mitarbeiter aufgrund seiner Aufgabenstellung der Firma in Geschäftsbeziehung steht.

(3) Vorschusszahlungen

Zahlungen, die der Mitarbeiter vor Fälligkeit der Vergütung, d.h. außerhalb des regelmäßigen Auszahlungszeitpunktes erhält, sind Vorschusszahlungen auf künftige Vergütungsansprüche. Der Anspruch auf Rückzahlung eines Vorschusses wird im Wege der Aufrechnung gegen Vergütungsansprüche im Zeitpunkt der Fälligkeit (Auszahlung) geltend gemacht.

(4) Zahlung an Dritte

Die Abtretung und Verpfändung von Arbeitsentgelt und sonstigen Ansprüchen aus dem Arbeitsverhältnis ist unzulässig. Der Mitarbeiter hat den der Firma durch die Bearbeitung verpfändeter oder abgetretener Ansprüche entstehenden Aufwand zu erstatten. Der Aufwand wird pauschal mit 10 EUR pro Pfändung, Abtretung und Verpfändung sowie zusätzlich 5 EUR für jedes Schreiben und 20 EUR pro Überweisung in Ansatz gebracht. Bei Nachweis höherer tatsächlicher Kosten ist die Firma berechtigt, diese gegenüber dem Mitarbeiter zu berechnen. Dem Mitarbeiter ist der Nachweis gestattet, dass ein Schaden oder ein Aufwand überhaupt nicht entstanden ist oder wesentlich niedriger ist als die von der Firma in Ansatz gebrachten Pauschbeträge.

§ 7 Besondere Nebenpflichten aufgrund Aufgabenstellung

(1) Wahrung des Datengeheimnisses gemäß Bundesdatenschutzgesetz (BDSG)

Dem Mitarbeiter ist untersagt, personenbezogene Daten unbefugt zu verarbeiten oder zu nutzen. Er verpflichtet sich, eine Verpflichtungserklärung gemäß § 5 BDSG nach Weisung der Firma zur Kenntnis zu nehmen und die darin enthaltenen Verpflichtungen zu erfüllen. Die Firma verpflichtet sich, personenbezogene Daten des Mitarbeiters ausschließlich im Rahmen der Zweckbestimmung des Arbeitsverhältnisses, insbesondere zum Zwecke der ordnungsgemäßen Vergütungsabrechnung, zu verarbeiten oder zu nutzen.

(2) Mitteilung der Änderung persönlicher Daten

Der Mitarbeiter ist verpflichtet, der Firma Änderungen der Anschrift unverzüglich und unaufgefordert mitzuteilen, wenn er wegen Änderung der Wohnung (Haupt- oder Nebenwohnung), Urlaub, Krankenhaus- oder Kuraufenthalt dauerhaft oder vorübergehend unter der der Firma bisher angegebenen Anschrift nicht erreichbar ist.

(3) Verpflichtung zur Einhaltung von Arbeitsschutzvorschriften

Der Mitarbeiter ist verpflichtet, die aufgrund seiner Aufgabenstellung maßgeblichen Arbeitsschutzvorschriften und betrieblichen Richtlinien nach Weisung der Firma zur Kenntnis zu nehmen und die darin enthaltenen Verpflichtungen zu erfüllen.

§ 8 Nutzung der betrieblichen Telekommunikationsmittel und Datenverarbeitungsanlagen

(1) Umfang der erlaubten Nutzung

Neben der betrieblichen Nutzung ist dem Arbeitnehmer während seiner Pausenzeiten in einem täglichen Umfang von höchstens zehn Minuten die private Nutzung des E-Mail-Systems und des Internets gestattet. Die Erlaubnis zur privaten Nutzung erfolgt unter dem ausdrücklichen Vorbehalt eines jederzeitigen Widerrufs.

Das Internet darf nur mit der gültigen persönlichen Zugangsberechtigung genutzt werden. User-ID und Passwort dürfen nicht an Dritte weitergegeben werden.

(2) Verbot des Einschleusens von Daten

Es dürfen keine fremden Programme/Dateien auf die Festplatte kopiert, über Diskette, CD-ROM, ähnliche Datenträger oder das Internet auf dem Rechner installiert und/oder eingesetzt werden. Auf Virenkontrolle ist zu achten. Virenschutzprogramme sind zu nutzen. Auftretende Störungen, die mit einem Virenbefall in Zusammenhang stehen könnten, sind umgehend der Netzverwaltung/dem Systemadministrator zu melden.

Das Abrufen, Anbieten oder Verbreiten von rechtswidrigen Inhalten, insbesondere rassistischer oder pornographischer Art ist verboten.

(3) Überwachungsermächtigung

Der Arbeitgeber ist berechtigt, jede Nutzung des E-Mail-Systems und des Internets für die Dauer von maximal drei Monaten zu speichern, um die Einhaltung der obigen Bestimmungen anhand der gespeicherten Daten zu überprüfen. Der Arbeitnehmer erteilt insoweit seine Einwilligung gemäß § 4a BDSG.

(4) Verhalten bei Abwesenheit und Urlaub

Für den Fall seiner betrieblichen Abwesenheit (Urlaub, Krankheit etc.) hat der Arbeitnehmer eigenverantwortlich eine automatisierte Antwort an den Absender eingehender E-Mails einzurichten, die den Absender über die Abwesenheit des Arbeitnehmers informiert und einen Hinweis auf den zuständigen Vertreter und dessen Telefonnummer enthält.

(5) Warnhinweis

Verstöße gegen die vorstehenden Regeln, insbesondere eine weitergehende private Nutzung der Telekommunikationsanlage, können arbeitsrechtliche Konsequenzen zur Folge haben.

§ 9 Schlussvorschriften

(1) Änderungen des Arbeitsvertrages

Der Mitarbeiter und die Firma vereinbaren, dass Änderungen und Ergänzungen des Arbeitsvertrages zu ihrer Rechtswirksamkeit der Schriftform bedürfen. Dies gilt nicht für Veränderungen der Vergütung oder der Gewährung sonstiger Zahlungen, mit Ausnahme der aufgrund besonderer Vereinbarungen erfolgenden Zahlungen.

(2) Anpassung des Arbeitsvertrages

Sollte eine Bestimmung dieses Anstellungsvertrages unwirksam sein oder werden, so wird die Wirksamkeit des Arbeitsvertrages im Übrigen nicht berührt. Die Vertragsparteien verpflichten sich, in diesem Fall die unwirksame Regelung unverzüglich der geltenden Rechtsordnung anzupassen und durch eine wirksame Regelung zu ersetzen, die den Interessen beider Vertragsteile Rechnung trägt.

(3) Ansprüche aus dem Arbeitsvertrag[391]

Sämtliche gegenseitigen Ansprüche aus dem Arbeitsvertrag und solche, die mit dem Arbeitsverhältnis in Zusammenhang stehen, verfallen, wenn sie nicht innerhalb von drei Monaten nach Fälligkeit gegenüber der anderen Vertragspartei schriftlich geltend gemacht worden sind.

9. Muster: Arbeitsvertrag mit dem Leiter Konstruktion (mit Regelung über Wohnortwechsel, Pensionszusage und Wettbewerbsverbot)

Anstellungsvertrag

Zwischen

– nachstehend „Firma" genannt –

und

Herrn

ist Folgendes vereinbart:

§ 1 Aufgabengebiet

(1) Die Firma überträgt Herrn ▪▪▪ ab ▪▪▪ die Leitung der Abteilung Konstruktion. Vor Beginn des Arbeitsverhältnisses ist die Kündigung ausgeschlossen.

---

[391] Einstufige Ausschlussfristen müssen einen Mindestzeitraum von drei Monaten enthalten (BAG 28.9.2005 – 5 AZR 52/05, DB 2006, 1959). Zweistufige Ausschlussfristen müssen für jede Frist drei Monate vorsehen. Als im Arbeitsrecht etablierte Besonderheiten nach § 310 Abs. 4 Satz 2 BGB steht ihrer Wirksamkeit § 309 Nr. 13 BGB nicht entgegen (BAG 25.5.2005 – 5 AZR 572/04, NZA 2005, 1111).

(2) Einzelheiten des Aufgabengebiets ergeben sich aus der beigefügten Stellenbeschreibung, die Bestandteil des Vertrages ist und bei veränderten Organisationsbedürfnissen von der Geschäftsleitung nach billigem Ermessen angepasst werden kann.

(3) Herr ▀▀▀ berichtet an ▀▀▀.

(4) Die Firma behält sich vor, Herrn ▀▀▀ innerhalb des Unternehmens auch eine andere, seiner Vorbildung und seinen Fähigkeiten entsprechende Tätigkeit zu übertragen. Soweit es sich nicht um eine höherwertige Tätigkeit handelt, bleibt eine Änderung des vereinbarten Aufgabenbereichs ohne Einfluss auf die Vergütung. Bei höherwertiger Tätigkeit hat nach drei Monaten eine Anpassung des Gehalts gemäß § 315 BGB zu erfolgen.

(5) Herr ▀▀▀ verpflichtet sich, auch an einem anderen Ort und für einen anderen Arbeitgeber vorübergehend Arbeit zu verrichten. Als „vorübergehend" gilt nach dem Willen der Parteien ein Zeitraum unter einem Monat.

(6) Die Herrn ▀▀▀ übertragene Stellung ist mit Handlungsvollmacht im Sinne des § 54 HGB ausgestattet.

(7) Lage und Dauer der täglichen Arbeitszeit richten sich nach den betrieblichen Erfordernissen, insbesondere nach den Anforderungen von Produktion und Arbeitsvorbereitung.

§ 2 Geheimhaltung

Herr ▀▀▀ verpflichtet sich, über alle ihm im Rahmen seiner Tätigkeit bekannt gewordenen geschäftlichen Angelegenheiten und Vorgänge, insbesondere Geschäfts- und Betriebsgeheimnisse, Stillschweigen zu bewahren. Das gilt auch für die Zeit nach Vertragsbeendigung.

§ 3 Qualitätsmanagement

(1) Die Firma erwartet, dass Herr ▀▀▀ im Rahmen des betriebsinternen Quality Management geeignete Seminare zur beruflichen Weiterbildung besucht und sich persönlich um Kenntnisse bemüht, die stets dem aktuellen technischen Standard entsprechen.

(2) Von Herrn ▀▀▀ wird erwartet, dass er an den von der Firma angebotenen Veranstaltungen zur beruflichen Weiterbildung teilnimmt und auch selbst als Vortragender derartige Seminare unter Fortzahlung der vertraglichen Bezüge firmenintern durchführt.

§ 4 Diensterfindungen

Bei Diensterfindungen gelten die Vorschriften des Gesetzes über Arbeitnehmererfindungen vom 25.7.1957 sowie die hierzu ergangenen „Richtlinien für die Vergütung von Arbeitnehmererfindungen im privaten Dienst" vom 20.7.1959.

§ 5 Vergütung

(1) Herr ▀▀▀ erhält ein monatliches Bruttogehalt von ▀▀▀ EUR, zahlbar jeweils am Ende des Monats.

Die Firma wird das Gehalt des Herrn ▀▀▀ jeweils zu Beginn eines Kalenderjahres auf seine Angemessenheit hin überprüfen und unter Berücksichtigung der Gesichtspunkte Ertragslage der Firma, gestiegene Lebenshaltungskosten und Zufriedenheit mit den Leistungen von Herrn ▀▀▀ gegebenenfalls neu festsetzen.

(2) Herr ▀▀▀ nimmt an der Ausschüttung einer Tantieme teil, die spätestens innerhalb eines Zeitraumes von ▀▀▀ Monaten nach Vorlage des Jahresergebnisses fällig wird. Die Höhe der Tantieme beträgt ▀▀▀ Prozent des ausgewiesenen Gewinns.

(3) Die Firma gewährt Herrn ▀▀▀ ein 13. Monatsgehalt, das am 1. Dezember gezahlt wird.

(4) Mit der Zahlung der vereinbarten Bezüge ist etwaige, über die betriebliche Arbeitszeit hinausgehende Mehrarbeit im Umfang von bis zu 30 Stunden pro Monat abgegolten. Die Parteien können diese Abgeltungsvereinbarung isoliert mit einer Frist von drei Monaten zum Monatsende kündigen. Nach Ablauf der Kündigungsfrist reduziert sich das Gehalt um ▀▀▀ %, solange keine neue Vereinbarung zwischen den Parteien getroffen wurde.

(5) Herr ▀▀▀ verpflichtet sich, Gehaltsüberzahlungen ohne Rücksicht auf eine noch vorhandene Bereicherung zurückzuzahlen.[392]

§ 6 Dienstwagen

(1) Herr ▀▀▀ erhält für die Dauer des Anstellungsvertrages einen Dienstwagen, der von Herrn ▀▀▀ persönlich auch zu Privatfahrten benutzt werden kann. Die Kraftstoffkosten für längere Privatfahrten, insbesondere für Urlaubsfahrten, sind von Herrn ▀▀▀ zu tragen. Der geldwerte Vorteil für die private Nutzung wird in Höhe von 1% des Listen-Neupreises von Herrn ▀▀▀ versteuert. Diese Regelung wird bei der monatlichen Gehaltszahlung berücksichtigt. Die Fahrten zwischen Wohnung und Arbeitsstätte sind zusätzlich zu versteuern.

---

[392] Diese Klausel ist nach hier vertretener Ansicht gemäß § 307 Abs. 2 Nr. 1 BGB nicht wirksam (*Hümmerich*, NZA 2003, 764; *ders.*, Gestaltung von Arbeitsverträgen, § 1 Rn 1620).

Kapitel 1: Arbeitsverträge

(2) Im Falle einer Freistellung (Beurlaubung) bei Kündigung des Arbeitsverhältnisses oder aus sonstigem Grund ist Herr ▬▬▬ verpflichtet, den Wagen zurückzugeben, wenn die Firma erklärt, dass sie das Fahrzeug für den eigenen Geschäftsbetrieb benötigt. Eine Entschädigung findet in diesem Falle nicht statt.

§ 7 Reisekostenvergütung
Für die Erstattung der Kosten anlässlich von Dienstreisen gelten die Richtlinien der Firma über die Vergütung von Reisekosten, die in ihrer jeweils aktuellen Fassung Bestandteil dieses Vertrages sind.

§ 8 Urlaub
Herr ▬▬▬ hat nach einer Beschäftigungsdauer von sechs Monaten Anspruch auf einen Jahresurlaub von ▬▬▬ Arbeitstagen. Der Urlaub ist im Einvernehmen mit der Geschäftsleitung zu nehmen. Insbesondere ist zu beachten, dass der zusammenhängende Jahreserholungsurlaub während der jährlichen Werksferien genommen werden muss.

§ 9 Arbeitsunfähigkeit
(1) Im Falle der Arbeitsunfähigkeit infolge Krankheit ist Herr ▬▬▬ verpflichtet, spätestens am dritten Arbeitstag eine ärztliche Bescheinigung über die Arbeitsunfähigkeit und deren voraussichtliche Dauer vorzulegen.

(2) Im Falle von Arbeitsunfähigkeit infolge Krankheit zahlt die Firma Herrn ▬▬▬ die in § 2 festgelegten Bezüge nach Maßgabe folgender Regelung weiter: Während der ersten sieben Jahre der Tätigkeit auf die Dauer von drei Monaten, nach siebenjähriger Tätigkeit auf die Dauer von fünf Monaten.

§ 10 Nebentätigkeit
Die Übernahme einer auf Erwerb gerichteten Nebentätigkeit durch Herrn ▬▬▬ bedarf der vorherigen Zustimmung der Geschäftsleitung. Die Zustimmung ist zu erteilen, sofern nicht Interessen der Firma durch die Ausübung der Nebentätigkeit beeinträchtigt werden können.

§ 11 Wettbewerbsverbot
(1) Herr ▬▬▬ verpflichtet sich, für die Dauer von zwei Jahren nach Beendigung des Arbeitsverhältnisses nicht für ein Unternehmen tätig zu sein, das auf folgenden Gebieten in Produktion, Vertrieb oder Zwischenhandel tätig ist: ▬▬▬

(2) Innerhalb der vorstehenden Grenzen ist es Herrn ▬▬▬ demnach auch verwehrt, ein Arbeitsverhältnis oder ein Beratungs- oder Vertretungsverhältnis zu einem solchen Unternehmen einzugehen, ein solches Unternehmen selbst zu errichten oder zu erwerben, sich an einem solchen Unternehmen – ganz gleich in welcher Rechtsform – zu beteiligen.

(3) Der örtliche Geltungsbereich des Wettbewerbsverbots erstreckt sich auf ▬▬▬.

(4) Für die Dauer des Wettbewerbsverbots zahlt die Firma Herrn ▬▬▬ als Karenzentschädigung die Hälfte der zuletzt gewährten Bezüge.

(5) Im Übrigen gelten die gesetzlichen Bestimmungen der §§ 74–75c des Handelsgesetzbuches.

§ 12 Beendigung des Vertragsverhältnisses
(1) Die ersten sechs Monate des Anstellungsverhältnisses gelten als Probezeit. In dieser Zeit kann das Arbeitsverhältnis von beiden Seiten mit einer Frist von einem Monat zum Monatsende gekündigt werden. Danach kann das Arbeitsverhältnis von beiden Seiten mit einer Frist von sechs Monaten zum Vierteljahresende gekündigt werden. Im Übrigen verlängern sich die Kündigungsfristen gemäß § 622 BGB. Jede Kündigung bedarf der Schriftform.

(2) Die Firma ist berechtigt, Herrn ▬▬▬ nach Ausspruch einer Kündigung bis zum Ablauf der Kündigungsfrist unter Fortzahlung der vertraglichen Bezüge von der Dienstleistung freizustellen.

§ 13 Vertragsstrafe
(1) Wird das Anstellungsverhältnis vor oder nach Dienstantritt vertragswidrig vorzeitig beendet oder verstößt Herr ▬▬▬ gegen die vertragliche Verschwiegenheitspflicht, ist für jeden einzelnen Fall pflichtwidrigen Handelns eine Vertragsstrafe in Höhe von drei Monatsgehältern zu zahlen.

(2) Weitergehende Schadensersatzansprüche oder vertragliche Ansprüche bleiben hiervon unberührt.

§ 14 Wohnortwechsel
(1) Herr ▬▬▬ verpflichtet sich, spätestens ein Jahr nach Vertragsbeginn seinen Hauptwohnsitz nach ▬▬▬ zu verlegen. Die Firma wird Herrn ▬▬▬ bei der Suche nach einer geeigneten Wohnung oder einem Haus behilflich sein.

Bis zum Umzug innerhalb des vertraglich festgelegten Zeitraums übernimmt die Firma die Kosten für eine angemessene Zweitwohnung und erstattet Herrn ▬▬▬ die Kosten für zwei Familienheimfahrten monatlich.

(2) Für die Dauer der Trennung von seiner Familie, längstens jedoch für die Dauer von ▬, erhält Herr ▬ eine monatliche Trennungsentschädigung von ▬ EUR, die jeweils zusammen mit dem Gehalt am Ende des Monats ausgezahlt wird.

(3) Die Kosten des Umzugs von ▬ nach ▬ werden von der Firma in der durch Vorlage der Speditionsrechnung nachgewiesenen Höhe übernommen.

(4) Herr ▬ hat die Umzugskostenerstattung zeitanteilig zurückzuzahlen, wenn er innerhalb von ▬ Jahren auf eigenen Wunsch oder aus von ihm zu vertretenden Gründen die Firma verlässt.

§ 15 Leistungen im Todesfall und bei Invalidität

(1) Die Firma hat Herrn ▬ in einer Unfallversicherung mit folgenden Deckungssummen versichert:

- für den Todesfall ▬ EUR
- für den Fall der Invalidität ▬ EUR
- Tagegeld von dem 43. Tag einer durch Unfall verursachten Arbeitsunfähigkeit an ▬ EUR
- Heilkosten ▬ EUR

Mit dem Tage des Ausscheidens des Herrn ▬ aus den Diensten der Firma wird die Versicherung beendet.

(2) Im Falle des Ablebens des Herrn ▬ erhalten seine Hinterbliebenen (Witwe und unterhaltsberechtigte Kinder) die vollen Bezüge noch für die Dauer von drei Monaten, beginnend mit dem Ablauf des Sterbemonats, weiter. Für diese Zeit entfallen Leistungen an die Hinterbliebenen aus einer für den Todesfall des Herrn ▬ bestehenden betrieblichen Altersversorgung.

§ 16 Altersversorgung

Beim Ausscheiden des Herrn ▬ nach Vollendung seines 65. Lebensjahres oder bei vorzeitiger Arbeitsunfähigkeit des Herrn ▬ nach mindestens zehnjähriger Tätigkeit im Dienste der Firma wird Herrn ▬ eine Altersversorgung auf folgender Grundlage gewährt:

Die Firma zahlt Herrn ▬ eine monatliche Pension, die sich aus einem Grundbetrag von 15 v.H. der letzten Monatsbezüge sowie einem Steigerungsbetrag von je 1 v.H. der letzten Monatsbezüge für jedes nach dem 10. Dienstjahr in der Firma zurückgelegte Dienstjahr zusammensetzt, und zwar bis zum Höchstbetrag von 75 v.H. der zuletzt gezahlten Bezüge.

Im Falle des Ablebens des Herrn ▬ während des Dienstverhältnisses erhält seine Witwe 50 v.H. der Pension nach Abs. 1, beginnend mit dem Ablauf der Gehaltsbezüge nach § 5, zuzüglich weiterer 15 v.H. für jedes noch in der Berufsausbildung stehende Kind unter 25 Jahren. Im Falle des Ablebens des Herrn ▬ während des Ruhestandes erhalten seine Versorgungsberechtigten die entsprechenden Versorgungsbezüge nach Satz 1. Der Anspruch auf Witwenpension entfällt mit dem Ende des Monats, in dem sich die Witwe wieder verheiratet.

Im Übrigen gelten die Bestimmungen des „Gesetzes zur Verbesserung der betrieblichen Altersversorgung" vom 19.12.1974 in seiner jeweils aktuellen Fassung.

§ 17 Nebenabreden

Vereinbarungen außerhalb dieses Vertrages wurden zwischen den Parteien nicht getroffen. Änderungen und Ergänzungen des Vertrages bedürfen zu ihrer Wirksamkeit der schriftlichen Bestätigung. Gleiches gilt für die Aufhebung der Schriftform.

10. Muster: Arbeitsvertrag eines Leiters Gesamtvertrieb mit Gesamtprokura

Zwischen

▬

– im Folgenden „KG" genannt –

und

Herrn ▬

wird folgender

Anstellungsvertrag

abgeschlossen:

§ 1 Dienststellung und Aufgabenbereich

(1) Die KG überträgt Ihnen mit Wirkung vom ▬▬▬, nach Möglichkeit früher, die Gesamtleitung des Vertriebs Deutschland.

(2) Ihre genauen Aufgabenstellungen und Zielsetzungen werden gemeinsam verbindlich erarbeitet.

(3) Sie sind dem Komplementär und der Geschäftsleitung unterstellt.

(4) Die Position ist mit Gesamtprokura ausgestattet.

(5) Sie erklären sich bereit, auf Verlangen der Geschäftsleitung auch andere zumutbare Aufgaben zu übernehmen. Eine Änderung der Aufgabenstellung kann nur durch die Geschäftsleitung erfolgen.

(6) Sie sind Mitglied des engeren Führungskreises (FK).

§ 2 Bezüge

(1) Sie erhalten ab dem Monat Ihres Eintritts als Vergütung für Ihre Tätigkeit ein Gehalt von jährlich ▬▬▬ EUR brutto, das in 12 gleichen Monatsbeträgen von ▬▬▬ EUR zur Auszahlung kommt.

(2) Urlaubs- und Weihnachtsgeld sind mit obiger Summe abgegolten.

(3) Darüber hinaus steht ein leistungsabhängiger Bonus von ▬▬▬ EUR jährlich zur Verfügung, dessen Auszahlung im Ermessen Ihres Vorgesetzten liegt und der sich an Ihrer Leistung und der Erreichung der mit Ihnen vereinbarten qualitativen und quantitativen Ziele orientiert. Bis zum ▬▬▬ wird der Bonus garantiert. Die Zahlung für ▬▬▬ erfolgt pro rata temporis.

Die vereinbarten Ziele sollen sich aufteilen im Verhältnis:

- 1/3 qualitative Ziele
- 2/3 quantitative Ziele.

Die quantitativen Ziele wiederum teilen sich auf in:

- 50% am geplanten Umsatz
- 50% an der geplanten Bruttomarge.

Die jeweiligen Basiszahlen (100%-Plan) sowie die Werte für Über- oder Unterschreitung der Planzahlen werden während der Planungsperiode für das Geschäftsjahr ▬▬▬ im Herbst ▬▬▬ gemeinsam festgelegt. Die Bandbreite für Unter- bzw. Überschreitung der Planzahlen wird zwischen 80% und 120% definiert. Zwischen 95% und 105% wird eine Progressionszone festgeschrieben.

(4) Die Vereinbarungen nach Abs. 3 sollen so gestaltet werden, dass bei Erreichung der Planzahlen für Umsatz und Bruttomarge folgende Gesamtbezüge p.a. erreicht werden:

- 20▬▬▬: ▬▬▬ EUR
- 20▬▬▬: ▬▬▬ EUR.

Eventuelle Anpassungen des Fixgehaltes werden dabei verrechnet.

(5) Ferner haben Sie Anspruch auf Leistungen im Rahmen des Gewinnbeteiligungsmodells der KG gemäß dem jeweils gültigen Reglement.

(6) Sie erhalten außerdem vermögenswirksame Leistungen in gleicher Weise wie Tarifangestellte auf Grund der entsprechenden Tarifverträge.

(7) Alle zwei Jahre überprüfen wir Ihr Gehalt. Maßstab ist für uns, wie sich im Vergleichszeitraum die Gehälter der tariflich vergüteten Angestellten entwickelt haben. Wir wollen sicherstellen, dass sich die prozentualen Steigerungsraten der Gehälter der außertariflich vergüteten Angestellten in gleicher Weise entwickeln.

(8) Sie verpflichten sich, Gehaltsüberzahlungen ohne Rücksicht auf eine noch vorhandene Bereicherung zurückzuzahlen.[393]

§ 3 Reisekosten/Spesenregelung

(1) Für die Erstattung von Reisekosten und Spesen anlässlich von Dienstreisen gilt die für die KG verbindliche Reisekostenordnung in ihrer jeweiligen Fassung.

(2) Sie haben Anspruch auf einen Dienstwagen der Marke ▬▬▬, der auch zur privaten Nutzung zur Verfügung steht. Der entsprechende geldwerte Vorteil wird Ihren Bezügen hinzugerechnet und versteuert.

---

[393] Diese Klausel ist nach hier vertretener Ansicht gemäß § 307 Abs. 2 Nr. 1 BGB nicht wirksam (*Hümmerich*, NZA 2003, 764; *ders.*, Gestaltung von Arbeitsverträgen, § 1 Rn 1620).

§ 4 Gehaltszahlung bei Krankheit und Tod

(1) Im Falle der Erkrankung zahlt die KG Ihnen die in § 2 Abs. 1 aufgeführten Beträge für die Dauer von 3 Monaten.

(2) Im Falle Ihres Ablebens erhalten die Hinterbliebenen noch die vollen Bezüge gemäß Abs. 1 für 3 Monate, beginnend mit dem Ablauf des Sterbemonats.

§ 5 Urlaub

Ihr Urlaub beträgt derzeit 30 Arbeitstage jährlich und richtet sich nach den Bestimmungen des MTV Metall in seiner jeweils gültigen Fassung. Er ist jeweils mit dem Vorgesetzten abzustimmen.

§ 6 Versicherungen

(1) Ihnen wird der Arbeitgeberanteil zur gesetzlichen Rentenversicherung auch für den Fall gewährt, dass Sie eine befreiende Lebensversicherung gewählt haben. Entsprechendes gilt für den Arbeitgeberanteil zur gesetzlichen Krankenversicherung. Maximal wird jedoch in beiden Fällen nur die Hälfte des nachgewiesenen Beitrages gezahlt.

(2) Die KG versichert Sie neben der bei der zuständigen Berufsgenossenschaft geführten gesetzlichen Unfallversicherung in einer Gruppen-Unfallversicherung, die auch außerdienstliche Unfälle versichert, und zwar in Höhe von

- 150.000 EUR bei Tod,
- 300.000 EUR bei Invalidität,
- 1.500 EUR bei anfallenden Bergungskosten,
- 25 EUR Krankenhaustagegeld mit Genesungsgeld.

Die Leistungen aus dieser Versicherung sollen Ihnen, Ihrem Ehepartner oder den ehelichen Abkömmlingen zukommen.

(3) Im Falle des Abschlusses einer Verdienstausfallversicherung im Rahmen der von der KG ausgehandelten Gruppenversicherung mit der Deutschen Krankenversicherungs-AG beteiligt sich das Unternehmen mit 20% an der monatlichen Prämie. Die Versicherung umfasst Krankentagegeld ab dem Zeitpunkt, zu dem der Gehaltsanspruch gegenüber dem Unternehmen endet.

§ 7 Nebenabreden

(1) Sie haben den Wunsch geäußert, zunächst in ▬▬▬ wohnen zu bleiben. Dies wird unter der Voraussetzung akzeptiert, dass Sie mindestens 50% der monatlichen Arbeitszeit am Dienstsitz in ▬▬▬ verbringen. Die Reisedisposition ist so zu organisieren, dass wenigstens 2 volle Tage pro Woche in ▬▬▬ anfallen.

(2) Die KG übernimmt für die Dauer von 6 Monaten die Kosten für die Anmietung eines Appartements im Bereich der Stadt ▬▬▬. Die KG bezahlt auch eventuell anfallende Kosten für Makler und Inserate.

(3) Sollten Sie das Appartement nach 6 Monaten weiter mieten, besteht die Möglichkeit, dass die KG die Miete bei entsprechender Reduzierung des Gehaltes im Zuge einer Gehaltsumwandlung weiterzahlt.

(4) Für den Fall eines späteren Umzuges übernimmt die KG die vollen Umzugskosten (Spedition). Darüber hinaus zahlt die KG in Anwendung der Bestimmungen des Bundesumzugskostengesetzes 5.112,92 EUR für Umzugsnebenkosten.

§ 8 Nebentätigkeit

(1) Jedwede Nebentätigkeit, sei sie ein Ehrenamt oder sei sie entgeltlich ausgeübt, macht die Einwilligung des Arbeitgebers erforderlich. Die Einwilligung ist zu erteilen, wenn nicht ein Versagungsgrund wegen einer zu befürchtenden Beeinträchtigung betrieblicher Interessen vorliegt.

(2) Der Arbeitgeber verpflichtet sich, seine Entscheidung über die beantragte Einwilligung innerhalb einer Frist von vier Wochen nach Antragseingang zu fällen. Verstreicht die Frist, ohne dass dem Arbeitnehmer die Entscheidung über den gestellten Antrag auf Nebentätigkeit zugegangen ist, gilt die Zustimmung des Arbeitgebers als erteilt.

(3) Private Veröffentlichungen und Vorträge aller Art und die Übernahme von Ehrenämtern sind Ihrem Vorgesetzten zu melden, soweit dadurch die Interessen der KG berührt werden. Hierfür ist das schriftliche Einverständnis erforderlich.

§ 9 Schweigepflicht

(1) Alle während der Tätigkeit bekannt gewordenen betriebsinternen Angelegenheiten unterliegen der Geheimhaltungspflicht; das gilt auch für die Zeit nach Beendigung des Anstellungsverhältnisses.

(2) Die Schweigepflicht erstreckt sich auch auf die Bedingungen dieses Vertrages.

§ 10 Vertragsdauer und Kündigung

(1) Der Vertrag beginnt spätestens am ▬▬▬ und wird auf die Dauer von zunächst 3 Jahren fest abgeschlossen. Der Vertrag verlängert sich jeweils um weitere 2 Jahre, wenn er nicht spätestens 12 Monate vor Ablauf der jeweiligen Vertragsdauer von einer Partei gekündigt wird. Die Kündigung bedarf der Schriftform. Im Falle einer Kündigung ist die

KG berechtigt, Sie unter Anrechnung etwaiger Urlaubsansprüche bis zum Ablauf der Vertragsdauer von der Verpflichtung zur Dienstleistung freizustellen. Während der Freistellung werden die vereinbarten Bezüge weiter gezahlt.

(2) Das Recht zur außerordentlichen Kündigung wird durch Abs. 1 nicht berührt.

(3) Der Vertrag endet, ohne dass eine Kündigung ausgesprochen werden muss, spätestens am Tag der Vollendung des 65. Lebensjahres.

(4) Mit Beendigung des Arbeitsverhältnisses sind alle Arbeitsunterlagen an die KG zurückzugeben.

§ 11 Nutzung der betrieblichen Telekommunikationsmittel und Datenverarbeitungsanlagen

(1) Neben der betrieblichen Nutzung ist Ihnen während Ihrer Pausenzeiten in einem täglichen Umfang von höchstens zehn Minuten die private Nutzung des E-Mail-Systems und des Internets gestattet. Die Erlaubnis zur privaten Nutzung erfolgt unter dem ausdrücklichen Vorbehalt eines jederzeitigen Widerrufs. Das Internet darf nur mit der gültigen persönlichen Zugangsberechtigung genutzt werden. User-ID und Passwort dürfen nicht an Dritte weitergegeben werden.

(2) Es dürfen keine fremden Programme/Dateien auf die Festplatte kopiert, über Diskette, CD-ROM, ähnliche Datenträger oder das Internet auf dem Rechner installiert und/oder eingesetzt werden. Auf Virenkontrolle ist zu achten. Virenschutzprogramme sind zu nutzen. Auftretende Störungen, die mit einem Virenbefall in Zusammenhang stehen könnten, sind umgehend der Netzverwaltung/dem Systemadministrator zu melden. Das Abrufen, Anbieten oder Verbreiten von rechtswidrigen Inhalten, insbesondere rassistischer oder pornographischer Art ist verboten.

(3) Die KG ist berechtigt, jede Nutzung des E-Mail-Systems und des Internets für die Dauer von maximal drei Monaten zu speichern, um die Einhaltung der obigen Bestimmungen anhand der gespeicherten Daten zu überprüfen. Sie erteilten insoweit Ihre Einwilligung gemäß § 4a BDSG.

(4) Für den Fall Ihrer betrieblichen Abwesenheit (Urlaub, Krankheit etc.) haben Sie eigenverantwortlich eine automatisierte Antwort an den Absender eingehender E-Mails einzurichten, die den Absender über Ihre Abwesenheit informiert und einen Hinweis auf den zuständigen Vertreter und dessen Telefonnummer enthält.

(5) Verstöße gegen die vorstehenden Regeln, insbesondere eine weitergehende private Nutzung der Telekommunikationsanlage, können arbeitsrechtliche Konsequenzen zur Folge haben.

§ 12 Verzicht auf Nachteilsausgleich

Sie verzichten auf die Geltendmachung eventueller Nachteilsausgleichsansprüche gemäß § 113 BetrVG.

§ 13 Schlussbestimmungen

(1) Für das Arbeitsverhältnis gelten außer den Bestimmungen dieses Vertrages das Gesetz und die Betriebsvereinbarungen. Mündliche Nebenabreden haben keine Wirksamkeit.

(2) Änderungen und Ergänzungen dieses Vertrages bedürfen zu ihrer Wirksamkeit der Schriftform.

(3) Mit Abschluss dieses Vertrages sind alle in der Vergangenheit eventuell getroffenen vertraglichen Vereinbarungen gegenstandslos geworden.

(4) Die für die Erstellung der Gehaltsabrechnung benötigten Daten werden gespeichert. Dies gilt ebenso für Daten, die zur Abführung der Beiträge und Steuern an die Sozialversicherungsträger, Finanzämter, Berufsgenossenschaften und ähnliche Institutionen erforderlich sind.

11. Muster: Arbeitsvertrag mit Niederlassungsleiter eines Bauunternehmens

Anstellungsvertrag

Zwischen

der ▬▬▬ Aktiengesellschaft mit Sitz in ▬▬▬

– nachstehend: AG –

und

Herrn ▬▬▬

wird heute folgender Anstellungsvertrag geschlossen:

§ 1

Als Eintrittsdatum für Herrn ▬▬▬ wird der ▬▬▬ festgelegt.

Einstellungsort und Gerichtsstand ist ▬▬▬.

Herr ▬▬▬ ist leitender Angestellter.

Herr ▬▬▬ verpflichtet sich:

a) während der Dauer des Vertrages der AG nach bestem Können zu dienen, seine ganze Tätigkeit ausschließlich in deren Dienst zu stellen, ihren geschäftlichen Erfolg und ihr Ansehen in jeder möglichen Weise zu vertreten und alles zu unterlassen, was dem Gedeihen der AG Abbruch tun könnte,

b) ohne schriftliche Einwilligung der AG weder ein Handelsgewerbe zu betreiben, noch in dem Handelszweig der AG für eigene oder fremde Rechnung Geschäfte zu machen oder sich an einer anderen Handelsgesellschaft in irgendeiner Form zu beteiligen oder für ein solches Unternehmen tätig zu sein,

c) die Betriebsordnung, die QM-Verfahrensanweisungen, Arbeitsanweisungen etc. zu beachten. Es gilt der jeweils gültige Geschäftsverteilungsplan.

§ 2

Herr ▬▬▬ verpflichtet sich, über alle betrieblichen Angelegenheiten und Vorgänge, insbesondere Geschäftsgeheimnisse, die ihm im Rahmen seiner Tätigkeit zur Kenntnis gelangen, jederzeit Stillschweigen zu bewahren.

§ 3

Als Vergütung für seine Tätigkeit erhält Herr ▬▬▬ ab ▬▬▬ ein monatliches Bruttogehalt in Höhe von ▬▬▬ EUR, zahlbar unter Abzug der gesetzlichen Einbehalte jeweils am Ende des Monats. Es gilt folgende Gehaltsgleitklausel:

Unabhängig von der Tatsache, dass Herr ▬▬▬ leitender Angestellter ist und insofern der Rahmentarifvertrag für die technischen und kaufmännischen Angestellten des Baugewerbes nicht gilt, erhöht sich sein Gehalt im April eines jeden Jahres um den 1,25-fachen Betrag, um den sich die Tarifgruppe T 7/3 erhöht.

Verursacht Herr ▬▬▬ durch eine schuldhafte Pflichtverletzung einen Schaden, so hat er im Falle einfacher Fahrlässigkeit den Schaden zur Hälfte, höchstens jedoch bis zu einem Betrag einer gewöhnlichen Monatsnettovergütung zu ersetzen. Bei grober Fahrlässigkeit hat er den Schaden voll zu tragen, jedoch der Höhe nach beschränkt auf den dreifachen Betrag der gewöhnlichen Monatsvergütung. Diese Grundsätze gelten entsprechend bei Schadensersatzansprüchen Dritter. Bei Vorsatz haftet Herr ▬▬▬ unbeschränkt.

Herr ▬▬▬ verpflichtet sich, Gehaltsüberzahlungen ohne Rücksicht auf eine noch vorhandene Bereicherung zurückzuzahlen.[394]

§ 4

Herr ▬▬▬ erhält im Krankheitsfall für die ersten sechs Wochen sein Bruttogehalt, ab Beginn der 7. Kalenderwoche bis zur Dauer von fünf Monaten einen Zuschuss zum Krankengeld bis zur Höhe seines Nettogehaltes.

Im Falle seines Ablebens während des bestehenden Dienstverhältnisses werden die bisherigen Bezüge für einen Zeitraum von drei Monaten weitergezahlt.

§ 5

Bei Dienstreisen vergütet die AG die Bahnkosten 1. Klasse. Bei Flugreisen in Europa oder nach Übersee werden die Kosten der „business-class" vergütet. Bei erforderlichen Inlandsflügen werden die Kosten der Touristenklasse erstattet. Es gelten die Richtlinien für Reisekostenabrechnungen der AG.

Bewirtungsspesen für Geschäftsfreunde werden auf Vertrauensbasis unter Beachtung der steuerlichen Vorschriften erstattet.

§ 6

Es gilt gegenseitig eine Kündigungsfrist von sechs Monaten jeweils zum Halbjahresende. Die Kündigung muss schriftlich erfolgen. Das Arbeitsverhältnis endet ohne Kündigung am Letzten des Monats, in dem der Arbeitnehmer das 65. Lebensjahr vollendet.

Dieser Anstellungsvertrag ist für unbestimmte Zeit abgeschlossen und von beiden Vertragsparteien nur kündbar mit der vereinbarten Frist.

§ 7

Herr ▬▬▬ hat Anspruch auf eine jährliche Ermessenstantieme in Höhe von 2% des Betriebsergebnisses nach der Baubetriebsabrechnung der AG, zahlbar im Juli des folgenden Geschäftsjahres.

§ 8

Herrn ▬▬▬ steht ein Jahresurlaub von sechs Wochen zu, der indes so zu nehmen ist, dass die Geschäfte der Gesellschaft dadurch nicht beeinträchtigt werden, und der vorher mit dem zuständigen Vorgesetzten abzustimmen ist.

---

[394] Diese Klausel ist nach hier vertretener Ansicht gemäß § 307 Abs. 2 Nr. 1 BGB nicht wirksam (*Hümmerich*, NZA 2003, 764; *ders.*, Gestaltung von Arbeitsverträgen, § 1 Rn 1620).

§ 9
Herr ▬▬▬ hat im November eines jeden Jahres Anspruch auf ein 13. Netto-Monatsgehalt.

§ 10
Die AG übernimmt die zu Gunsten von Herrn ▬▬▬ bestehende Direktversicherung.

§ 11
Die AG stellt Herrn ▬▬▬ einen Dienstwagen zur Verfügung, der von diesem in angemessenem Rahmen auch für Privatfahrten genutzt werden kann. Gemäß Lohnsteuerrichtlinien wird die Stellung eins Dienstwagens als geldwerter Vorteil betrachtet und versteuert. Die in diesem Zusammenhang entsprechend den Richtlinien anfallenden Steuern sind von Herrn ▬▬▬ zu tragen und werden bei der Gehaltsabrechnung in Abzug gebracht.

Herr ▬▬▬ verzichtet hiermit ausdrücklich auf alle Ansprüche, die ihm und seiner Familie im Zusammenhang mit der privaten Nutzung des Wagens entstehen könnten und wird die AG von allen Ansprüchen seiner Familie oder dritter Personen freistellen, soweit solche Ansprüche von dem Versicherungsschutz der AG nicht abgedeckt sind.

Herrn ▬▬▬ steht es frei, seinen Privatwagen zu nutzen.

§ 12
Herr ▬▬▬ ist von der AG in einer bei der Versicherung abgeschlossenen Kollektiv-Unfallversicherung angemeldet, und zwar mit folgenden Sätzen:

▬▬▬ EUR bei Tod,

▬▬▬ EUR bei Invalidität und

▬▬▬ EUR Tagegeld.

Diese Kollektiv-Unfallversicherung läuft neben der gesetzlichen Unfallversicherung bei der Bau-Berufsgenossenschaft.

§ 13
Ehrenämter dürfen nur nach Zustimmung durch den Vorstand übernommen werden.

§ 14
Herr ▬▬▬ hat im Falle seines Ausscheidens aus den Diensten der AG alle Drucksachen, Urkunden, Aufzeichnungen, Entwürfe und Akten über Angelegenheiten der AG, die sich in seinem Besitz befinden, der AG zu übergeben. Diese Verpflichtung bezieht sich auch auf Schriftstücke, die an ihn persönlich in seiner Eigenschaft als Angestellter der AG gerichtet worden sind. Ein Zurückbehaltungsrecht auf diese Unterlagen darf Herr ▬▬▬ nicht ausüben.

§ 15
Durch die Unterzeichnung dieses Anstellungsvertrages werden sämtliche bisherigen mündlichen oder schriftlichen Vereinbarungen aufgehoben.

§ 16
Die Aufhebung, Änderung und Ergänzung dieses Vertrages bedürfen der Schriftform. Mündliche Vereinbarungen einschließlich einer Vereinbarung über die Aufhebung der Schriftform sind nichtig.

12. Muster: Arbeitsvertrag mit einem Leiter Produktionsmanagement (als Anschreiben)

AT-Dienstvertrag

Sehr geehrter Herr ▬▬▬,

zwischen der Firma ▬▬▬

– im Folgenden Gesellschaft genannt –

und Ihnen wird folgende Vereinbarung geschlossen:

1. Vertragsbeginn und Tätigkeit

Sie sind seit dem ▬▬▬ als Leiter im Produktionsmanagement, Geschäftsbereich ▬▬▬, in unserem Unternehmen beschäftigt. Ab dem ▬▬▬ werden Sie als AT-Angestellter geführt. Die Gesellschaft behält sich das Recht vor, bei gleich bleibender Grundtätigkeit das Aufgabengebiet nach den Bedürfnissen der Gesellschaft zu erweitern oder einzuschränken und Sie dort einzusetzen, wo Ihre Dienstleistung nach dem Ermessen der Gesellschaft jeweils benötigt wird.

2. Gehaltsvereinbarung

Als Vergütung für Ihre Tätigkeit erhalten Sie ein Monatsgehalt von ■■■ EUR brutto.

Das Gehalt wird einmal im Jahr, regelmäßig mit der Planung für das Folgejahr, auf seine Aktualität überprüft. Die Änderung bedarf der Schriftform. Alle übrigen Beihilfen bemessen sich nach der allgemeinen betrieblichen Regelung. Die Weihnachtsgratifikation beträgt zurzeit ■■■ % eines Monatsgehaltes. Das Urlaubsgeld beträgt zurzeit ■■■ EUR je Urlaubstag.

Sie erhalten eine Ergebnisprämie nach folgenden Grundsätzen: Die Ergebnisprämie wird einmal jährlich gezahlt. Bindende Ausgangsbasis ist die Erfolgsrendite in Prozent. Für jedes 1/10%, das über einer Basisrendite von 3% liegt, erhalten Sie 2,5% vom letzten Dezember-Monatsgehalt. Im ersten Beschäftigungsjahr wird Ihr derzeitiges Gehalt von ■■■ EUR zugrunde gelegt.

Endet das Dienstverhältnis eines Prämienberechtigten, so ist er bis zum Zeitpunkt der schriftlichen oder mündlichen Kündigung prämienberechtigt. Fällt dieser Zeitpunkt nicht auf das Ende eines Kalendermonats, so ist der Arbeitnehmer bis zum Ende des letzten vollen Monats vor Kündigung prämienberechtigt. Diese Vereinbarung kann mit einer Frist von drei Monaten zum Ende eines Berechnungszeitraumes gekündigt werden.

3. Arbeitszeit

Die tarifliche Arbeitszeit beträgt ■■■ Stunden pro Woche. Sollten betriebliche Erfordernisse kurzfristige Mehrarbeit erforderlich machen, so sind Sie hierzu verpflichtet. Mehrarbeit gilt mit dem Grundgehalt als abgegolten.[395]

4. Urlaub

Sie haben Anspruch auf einen jährlichen zusammenhängenden Erholungsurlaub. Dieser beträgt 30 Arbeitstage. Der Zeitpunkt des Urlaubs richtet sich nach den betrieblichen Möglichkeiten unter Berücksichtigung Ihrer Wünsche. Der Jahresurlaub ist bis spätestens 15. April des Jahres anzumelden und bis spätestens 31.3. des folgenden Jahres anzutreten, es sei denn, dass das Dienstverhältnis fristlos aus gesetzlich zulässigem Grund seitens der Gesellschaft gelöst wird. Ist Ihnen mehr Urlaub gewährt worden, als Ihnen für das betreffende Jahr zusteht, so wird die betreffende Anzahl der Tage entweder

a) bei der Gehaltszahlung in Abzug gebracht oder

b) mit dem Jahresurlaub des kommenden Jahres verrechnet.

Die übrigen Freistellungstage richten sich nach der im Hause üblichen Regelung (zurzeit nach dem Manteltarifvertrag ■■■).

5. Arbeitsverhinderung

Für selbstverschuldete Dienstversäumnisse haben Sie keinen Anspruch auf Gehalt, es sei denn, dass diese von der Gesellschaft ausdrücklich genehmigt worden sind. Bei unverschuldeten Dienstversäumnissen infolge Krankheit, Betriebsunfall usw. haben Sie Anspruch auf Gehalt, jedoch nicht über die Dauer von sechs Wochen hinaus. Im Falle einer Krankheit über sechs Wochen hinaus zahlen wir Ihnen die Differenz zwischen dem erhöhten Krankengeld und Ihrem Nettogehalt bis zu einer Gesamtdauer der Krankheit von sechs Monaten. Sie sind gehalten, ohne besondere Aufforderung unverzüglich die Gesellschaft zu verständigen und spätestens am dritten Tag der Erkrankung ein ärztliches Attest vorzulegen, aus dem die Arbeitsunfähigkeit und die voraussichtliche Dauer der Erkrankung ersichtlich sind.

6. Vergütung bei Dienstreisen

Die Gesellschaft vergütet Aufwendungen für Dienstreisen, die auf Veranlassung der Gesellschaft erfolgen, entsprechend der jeweils gültigen Reisekostenordnung, diese richtet sich in der Regel nach den steuerlich maximal zulässigen Sätzen.

7. Nebentätigkeit und Verschwiegenheit

Nebenbeschäftigung für Wettbewerbsunternehmungen ist Ihnen untersagt. Sonstige nebenberufliche Tätigkeiten außerhalb der Dienstzeit darf Ihre der Firma zu widmende Arbeitskraft nicht beeinträchtigen. Die Übernahme einer Nebenbeschäftigung ist vor Aufnahme der Gesellschaft schriftlich anzuzeigen. Veröffentlichungen und Vorträge, die Ihr Arbeitsgebiet oder den Geschäftszweck der Gesellschaft betreffen, bedürfen ihrer ausdrücklichen Genehmigung.

Die Gesellschaft macht Sie ausdrücklich auf die Bestimmungen des Gesetzes gegen den unlauteren Wettbewerb aufmerksam, wonach Sie sich strafbar machen, wenn Sie die Ihnen aufgrund des Dienstverhältnisses anvertrauten oder sonst zugänglich gewordenen Geschäfts- und Betriebsgeheimnisse während der Geltungsdauer des Dienstverhältnisses

---

[395] Pauschale Überstundenabgeltungsklauseln sind nach hier vertretener Auffassung unwirksam (*Hümmerich*, Gestaltung von Arbeitsverträgen, § 1 Rn 2554 ff.).

unbefugt an andere zu Zwecken des Wettbewerbs oder in der Absicht, dem Inhaber des Geschäftsbetriebes Schaden zuzufügen, mitteilen. Sie erkennen hiermit auch Ihre zivilrechtliche Haftung wegen Vorsatz oder Fahrlässigkeit für diese Geheimhaltungsverpflichtung gegenüber der Firma an und verpflichten sich weiter, die Ihnen anvertrauten oder sonst zugänglich gewordenen Geschäfts- und Betriebsgeheimnisse auch nach dem Ausscheiden aus den Diensten der Firma streng geheim zu halten.

Urheberrechtsfähige Gedanken gehören ohne besondere Vergütung der Gesellschaft, wenn sie im Rahmen der betrieblichen Tätigkeit entwickelt wurden und auf maßgeblicher Betriebserfahrung beruhen.

8. Kündigung

Das Arbeitsverhältnis kann von beiden Seiten nur mit einer Frist von drei Monaten zum Quartalsende gekündigt werden. Unbeschadet hiervon bleibt das Recht zur fristlosen Kündigung aus gesetzlich zulässigem Grund.

9. Gehaltsabtretungen

Die Abtretung oder Verpfändung von Forderungen, die Ihnen aufgrund dieses Vertrages gegen die Firma zustehen, bedarf der vorherigen schriftlichen Zustimmung.

10. Nutzung der betrieblichen Telekommunikationsmittel und Datenverarbeitungsanlagen

Neben der betrieblichen Nutzung ist Ihnen während Ihrer Pausenzeiten in einem täglichen Umfang von höchstens zehn Minuten die private Nutzung des E-Mail-Systems und des Internets gestattet. Die Erlaubnis zur privaten Nutzung erfolgt unter dem ausdrücklichen Vorbehalt eines jederzeitigen Widerrufs. Das Internet darf nur mit der gültigen persönlichen Zugangsberechtigung genutzt werden. User-ID und Passwort dürfen nicht an Dritte weitergegeben werden.

Es dürfen keine fremden Programme/Dateien auf die Festplatte kopiert, über Diskette, CD-ROM, ähnliche Datenträger oder das Internet auf dem Rechner installiert und/oder eingesetzt werden. Auf Virenkontrolle ist zu achten. Virenschutzprogramme sind zu nutzen. Auftretende Störungen, die mit einem Virenbefall in Zusammenhang stehen könnten, sind umgehend der Netzverwaltung/dem Systemadministrator zu melden. Das Abrufen, Anbieten oder Verbreiten von rechtswidrigen Inhalten, insbesondere rassistischer oder pornographischer Art ist verboten.

Die Gesellschaft ist berechtigt, jede Nutzung des E-Mail-Systems und des Internets für die Dauer von maximal drei Monaten zu speichern, um die Einhaltung der obigen Bestimmungen anhand der gespeicherten Daten zu überprüfen. Sie erteilen insoweit Ihre Einwilligung gemäß § 4a BDSG.

Für den Fall Ihrer betrieblichen Abwesenheit (Urlaub, Krankheit etc.) haben Sie eigenverantwortlich eine automatisierte Antwort an den Absender eingehender E-Mails einzurichten, die den Absender über Ihre Abwesenheit informiert und einen Hinweis auf den zuständigen Vertreter und dessen Telefonnummer enthält.

Verstöße gegen die vorstehenden Regeln, insbesondere eine weitergehende private Nutzung der Telekommunikationsanlage, können arbeitsrechtliche Konsequenzen zur Folge haben.

11. Vertragsänderungen

Änderungen und Ergänzungen des Vertrages sind nur in Schriftform gültig. Sollte eine Bestimmung dieses Vertrages, aus welchem Grund auch immer, unwirksam sein oder durch Rechtsentwicklung unwirksam werden, wollen beide Partner sich bemühen, eine der erkennbaren Interessenlage der Partner entsprechende Regelung zu finden und zu vereinbaren, die gesetzlich statthaft ist.

13. Muster: Arbeitsvertrag mit Leiter der Forschung und Entwicklung (mit Trennnungsentschädigungs- und Umzugskostenregelung)

Anstellungsvertrag

zwischen ▬▬▬

– im Folgenden „Firma" genannt –

und

Herrn ▬▬▬

§ 1 Vertragsbeginn und Aufgabenstellung

Herr ▬▬▬ nimmt die Tätigkeit bei der Firma zum frühestmöglichen Zeitpunkt, spätestens aber zum ▬▬▬ auf.

Die Firma überträgt Herrn ▬▬▬ die Funktion als Leiter Forschung und Entwicklung.

Herr ▬▬▬ erhält Handlungsvollmacht. Der Umfang der Vollmacht ergibt sich aus dem Bevollmächtigungsschreiben, das Herrn ▬▬▬ bei Dienstbeginn ausgehändigt wird.

Nach Aufgabenstellung und Befugnis ist Herr ▬▬▬ leitender Angestellter im Sinne von § 5 Abs. 3 des Betriebsverfassungsgesetzes.

Die Firma kann Herrn ▬▬▬ auch andere Aufgaben und Tätigkeiten innerhalb des Unternehmens übertragen, die seiner Vorbildung und seinen Fähigkeiten entsprechen. Bei einer Versetzung an einen anderen Ort werden jedoch die persönlichen Belange nach Möglichkeit berücksichtigt.

§ 2 Bezüge

Für seine Tätigkeit erhält Herr ▬▬▬ ein Jahresgehalt von

▬▬▬ EUR brutto

(in Worten: ▬▬▬ Euro).

Die Zahlung erfolgt in zwölf gleichen Teilbeträgen jeweils am Monatsende.

Darüber hinaus erhält Herr ▬▬▬ eine variable Vergütung, die von der Erreichung persönlicher und objektiver Einflusskriterien abhängig ist.

Die Auszahlung der variablen Vergütung erfolgt nach Verabschiedung des Jahresabschlusses durch die Hauptversammlung.

Im Jahr des Beginns beträgt die variable Vergütung

▬▬▬ EUR brutto

(in Worten: ▬▬▬ Euro),

welche entsprechend dem Eintrittsdatum zeitanteilig gezahlt wird.

Im Jahr der Beendigung dieses Vertrages wird eine anteilige variable Vergütung gezahlt.

Mit dem Jahresgehalt und der variablen Vergütung sind alle dienstvertraglichen Leistungen abgegolten, auch Mehrarbeit in angemessenem Umfang.

Einmal jährlich überprüft die Firma das Jahresgehalt. Merkmale für eine Anhebung sind die persönliche Leistung von Herrn ▬▬▬, die allgemeine wirtschaftliche Lage, die wirtschaftliche Lage des Unternehmens und die Umsatzentwicklung in der Branche.

Herr ▬▬▬ verpflichtet sich, Gehaltsüberzahlungen ohne Rücksicht auf eine noch vorhandene Bereicherung zurückzuzahlen.[396]

§ 3 Gehaltsfortzahlung bei Arbeitsunfähigkeit und im Todesfall

Im Krankheitsfall und bei Heilverfahren erhält Herr ▬▬▬ für sechs Monate seine bisherigen Monatsbezüge weiter. Nach sechs Wochen der Erkrankung wird ein Zuschuss zum Krankengeld bis zur Höhe des bisherigen Nettoentgeltes gezahlt.

Unabhängig davon, ob Leistungen einer Krankenkasse erfolgen, wird für die Errechnung des Zuschusses der Höchstbetrag des gesetzlichen Krankengeldes zugrunde gelegt.

Im Todesfall zahlt die Firma an die unterhaltsberechtigten Angehörigen des Herrn ▬▬▬ das Gehalt für den Todesmonat und die folgenden vier Monate weiter.

§ 4 Reisekosten

Für die Erstattung der Kosten anlässlich von Dienstreisen gelten die Richtlinien der Firma in ihrer jeweils gültigen Fassung.

§ 5 Umzug/Trennungsentschädigung/Maklergebühren

Herr ▬▬▬ wird seinen Wohnsitz innerhalb eines zumutbaren Zeitraumes, spätestens nach 15 Monaten, in die Nähe seines Dienstsitzes verlegen.

Für die Zeit der doppelten Haushaltsführung, längstens jedoch für 15 Monate, erhält Herr ▬▬▬ für jeden Tag der Anwesenheit am Dienstsitz eine Trennungsentschädigung von 8 EUR. Außerdem wird die Miete für eine Unterkunft am Dienstsitz erstattet, höchstens jedoch 350 EUR, monatlich. Während dieser Zeit übernimmt die Firma die Kosten für zwei Familienheimfahrten pro Monat.

---

[396] Diese Klausel ist nach hier vertretener Ansicht gemäß § 307 Abs. 2 Nr. 1 BGB nicht wirksam (*Hümmerich*, NZA 2003, 764; *ders.*, Gestaltung von Arbeitsverträgen, § 1 Rn 1620).

Kapitel 1: Arbeitsverträge

Die Firma übernimmt die durch den Umzug entstehenden Speditionskosten sowie die insoweit entstehenden Reisekosten für Herrn ■■■ und seine Familie. Sofern bei der Anmietung einer Wohnung Maklergebühren entstehen, werden diese bis zur Höhe von zwei Monatsmieten von der Firma übernommen.

Die von der Firma übernommenen Umzugskosten, Maklergebühren und umzugsbedingten Reisekosten sind bei Beendigung des Anstellungsvertrages

- vor Ablauf eines Jahres voll,
- vor Ablauf von zwei Jahren zu zwei Dritteln,
- vor Ablauf von drei Jahren zu einem Drittel

zurückzuzahlen, wenn der Anstellungsvertrag durch Herrn ■■■ gekündigt wird oder die Firma aus wichtigen personenbedingten Gründen kündigt.

§ 6 Unfallversicherung

Die Firma wird für Herrn ■■■ mit Dienstbeginn eine Unfallversicherung mit folgenden Leistungen abschließen:

- 150.000 EUR für den Todesfall,
- 230.000 EUR für den Invaliditätsfall.

Diese Unfallversicherung gilt sowohl für den beruflichen als auch für den privaten Bereich.

§ 7 Urlaub

Herr ■■■ hat einen Urlaubsanspruch von 30 Arbeitstagen je Kalenderjahr.

Der Urlaub wird unter Berücksichtigung der Wünsche von Herrn ■■■ und der betrieblichen Belange im Einvernehmen mit dem Vorgesetzten festgelegt.

Scheidet Herr ■■■ aus Alters- oder Invaliditätsgründen aus, so erhält er seinen vollen Jahresurlaub, sofern er dem Unternehmen zehn Jahre ununterbrochen angehört hat. Es können jedoch nicht mehr Urlaubstage beansprucht werden, als Anwesenheitstage im Jahr des Ausscheidens vorhanden sind.

§ 8 Altersversorgung

Herr ■■■ erhält eine Zusage auf Alters-, Dienstunfähigkeits- und Hinterbliebenenversorgung gemäß der jeweils gültigen Versorgungsordnung der Firma.

Die Wartezeit beträgt zehn Jahre.

Zur Abkürzung der Wartezeit und für die Berechnung der Rentenhöhe werden Herrn ■■■ von seiner früheren beruflichen Tätigkeit vier Jahre als Dienstzeit angerechnet, so dass die Wartezeit nach sechs Jahren erfüllt ist. Die Anrechnung dieser Dienstjahre gilt jedoch nicht für die Unverfallbarkeit von Anwartschaften und für Dienstjubiläen; in diesen Fällen sind nur die tatsächlich bei der Firma abgeleisteten Dienstjahre maßgebend.

Für die Dauer der Wartezeit schließt die Firma für Herrn ■■■ eine Risiko-Lebensversicherung über 50.000 EUR ab.

§ 9 Nebentätigkeit/Veröffentlichungen

Herr ■■■ stellt seine ganze Arbeitskraft in den Dienst der Firma.

Die Übernahme jeder auf Erwerb gerichteten Nebentätigkeit bedarf der vorherigen schriftlichen Zustimmung der Firma. Das Gleiche gilt für die Beteiligung an einer anderen Firma sowie für die Mitwirkung in Aufsichtsorganen einer anderen Gesellschaft. Die Zustimmung wird erteilt, sofern nicht berechtigte betriebliche Interessen entgegenstehen.

Für Veröffentlichungen und Vorträge, die das Arbeitsgebiet der Firma oder einer ihrer Beteiligungsgesellschaften betreffen, ist vorher die Zustimmung des Vorstandes einzuholen.

§ 10 Geheimhaltung

Während der Dauer und, soweit rechtlich zulässig, auch nach Beendigung dieses Vertrages verpflichtet sich Herr ■■■, über alle ihm zur Kenntnis gelangenden vertraulichen geschäftlichen Angelegenheiten der Firma und ihrer Beteiligungsgesellschaften, insbesondere Geschäftsgeheimnisse und Forschungsergebnisse, sowohl Außenstehenden als auch Betriebsangehörigen gegenüber Stillschweigen zu bewahren, soweit nicht eine Weitergabe an Dritte zur ordnungsgemäßen Erfüllung seiner Aufgaben gehört.

Herr ■■■ wird bei seinem Ausscheiden alle in seinem Besitz befindlichen Unterlagen, die im Zusammenhang mit seiner Tätigkeit stehen, an die Firma zurückgeben.

§ 11 Erfindungen

Für die Behandlung von Diensterfindungen, freien Erfindungen und Verbesserungsvorschlägen gilt das Gesetz über Arbeitnehmererfindungen. Insbesondere hat Herr ▬▬▬ die Firma unverzüglich über Erfindungen und technische Verbesserungen jedweder Art zu unterrichten.

§ 12 Beendigung des Anstellungsverhältnisses

Während des ersten Jahres der Tätigkeit kann der Anstellungsvertrag mit einer Frist von drei Monaten zum Monatsende gekündigt werden.

Danach ist der Anstellungsvertrag mit einer Frist von zwölf Monaten zum Quartalsende kündbar.

Die Kündigung bedarf der Schriftform.

Die Firma ist berechtigt, Herrn ▬▬▬ nach Kündigung dieses Vertrages unter Fortzahlung der Bezüge und unter Anrechnung auf bestehende Urlaubsansprüche zu beurlauben.[397]

Der Anstellungsvertrag endet, ohne dass es einer besonderen Kündigung bedarf, mit Ablauf des Monats, in dem Herr ▬▬▬ das 65. Lebensjahr vollendet.

§ 13 Schlussbestimmungen

Soweit eine besondere Vereinbarung in diesem Vertrag nicht getroffen worden ist, gelten ergänzend die einschlägigen gesetzlichen Bestimmungen sowie die jeweils gültigen betrieblichen Regelungen.

Mündliche Nebenabreden haben keine Gültigkeit. Änderungen und Ergänzungen dieses Vertrages bedürfen der Schriftform.

14. Muster: Arbeitsvertrag mit einem technischen Leiter

Zwischen

– im Folgenden „Arbeitgeber" genannt –

und

– im Folgenden „Leitender Angestellter" genannt –

wird folgender Dienstvertrag geschlossen:

§ 1 Beginn des Anstellungsverhältnisses und Tätigkeit

a) Der Dienstvertrag wird auf unbestimmte Zeit abgeschlossen.

b) Der leitende Angestellte wird ab ▬▬▬ für die Tätigkeit als Technischer Leiter eingestellt.

c) Für die Dauer des sich aus diesem Vertrag ergebenden Dienstverhältnisses ist der leitende Angestellte ausschließlich dem Vorstand unterstellt und hat direktes Vortragsrecht.

d) Sein Aufgabengebiet ergibt sich wie folgt aus dem internen und externen Kommunikationsnetzwerk des Arbeitgebers:

- Projektleitung, Planung, Budgetierung, Aufbau, Realisierung, Management und Erweiterung.
- Technisches Training sowie Unterstützungsmaßnahmen für alle Partner des Auftraggebers.
- Auswahl und Evaluierung neuer Produkte für ▬▬▬.
- Verantwortlicher Ansprechpartner der Zulieferanten im Bereich ▬▬▬.
- Unterstützung der Kunden bei Übernahme unserer Produkte (jedoch nur im Ausnahmefall vor Ort).

e) Der Arbeitgeber garantiert die Erprobungsmöglichkeiten für alle Projekte und in diesem Zusammenhang erforderlichen Produkte und stellt dem leitenden Angestellten je nach Bedarf und Absprache alle finanziellen, sachlichen und personellen Mittel zur Verfügung, soweit sie zur Erfüllung seiner Aufgabe erforderlich sind.

f) Der leitende Angestellte ist Fachvorgesetzter; seine Weisungsrechte sind beschränkt auf die Herbeiführung des Erfolgs. Er übernimmt die Führung der ausgewählten zugeordneten Fachkräfte und ist berichtspflichtig, wenn durch

---

[397] Die Wirksamkeit anlassfreier Freistellungsklauseln ist umstritten (*Hümmerich*, Gestaltung von Arbeitsverträgen, § 1 Rn 1413 ff.).

mangelnde persönliche Eignung im Mitarbeiterstab eine Gefahr für die Durchführung oder die Termineinhaltung gegeben sein könnte.

g) Bei Bedarf gliedert der Arbeitgeber andere Mitarbeiter in ein Projekt ein, die dem leitenden Angestellten unterstellt sind. Bezüglich der fachlichen personellen Auswahl wird dem leitenden Angestellten hier das Mitbestimmungsrecht eingeräumt.

h) Weitere Aufgaben, die sich durch neue Geschäftsaktivitäten oder durch Veränderungen aus dem Kreis des leitenden Angestellten ergeben oder die aufgrund erweiterter beruflicher Kenntnisse dem leitenden Angestellten übertragen werden können, sind nach vorheriger Information und Stellungnahme ihm in Schriftform darzustellen und von ihm gegenzuzeichnen. Sie gelten als Inhalt dieses Vertrages.

§ 2 Beendigung des Dienstvertrages

a) Vor Beginn des Dienstverhältnisses ist eine ordentliche Kündigung ausgeschlossen. Das Recht auf außerordentliche Kündigung bleibt unberührt.

b) Für beide Seiten gilt eine Kündigungsfrist von einem Jahr. Eine gesetzliche Verlängerung der Kündigungsfrist zu Gunsten des leitenden Angestellten wirkt gleichermaßen zu Gunsten des Arbeitgebers.

c) Der Arbeitgeber ist nur unter Fortzahlung des Gehalts berechtigt, den leitenden Angestellten nach Ausspruch einer Kündigung bis zum Ablauf der Kündigungsfrist und darüber hinaus bis zum rechtskräftigen Abschluss eines Kündigungsschutzverfahrens von der Arbeit freizustellen. Auf die Freistellung wird der noch nicht gewährte Urlaub angerechnet.

d) Ohne Kündigung endet das Angestelltenverhältnis mit dem Ablauf des 65. Lebensjahres.

e) Die Kündigung bedarf der Schriftform.

§ 3 Gehalt

a) Der leitende Angestellte erhält für seine vertragliche Tätigkeit ein monatliches Bruttogehalt von ▬▬▬ EUR.

b) Das monatliche Gehalt hat dem leitenden Angestellten am jeweils letzten Arbeitstag des laufenden Monats zur Verfügung zu stehen. Die Zahlung des Gehalts erfolgt bargeldlos auf ein von dem leitenden Angestellten angegebenes Bank-, Sparkassen- oder Postgirokonto.

c) Das Gehalt wird nach folgendem Zahlungsplan 13 Mal im Kalenderjahr ausgezahlt:
- 1 x je Kalendermonat zuzüglich
- 0,5 x mit der Gehaltszahlung für den Monat Juni
- 0,5 x mit der Gehaltszahlung für den Monat November.

d) Wird das Arbeitsverhältnis vor dem 31.12. eines Jahres beendet, so erfolgt eine anteilige Zahlung des 13. Gehaltes.

e) Weiterhin erhält der leitende Angestellte folgende Zulagen:
- Einen Firmenwagen gehobener Mittelklasse (Ford Mondeo, BMW 316, Audi A4), auch zur privaten Nutzung.
- Die Besteuerung der Privatfahrten erfolgt zu Lasten des leitenden Angestellten. Die Fahrten zwischen Wohnung und Arbeitsstätte werden im steuerlich zulässigen Rahmen pauschaliert. Die pauschale Lohnsteuer übernimmt der Arbeitgeber.
- Die Betriebs- und Unterhaltungskosten des Firmenwagens werden vom Arbeitgeber getragen.

f) Auch wenn der leitende Angestellte privat krankenversichert ist, zahlt der Arbeitgeber anteilig 50 % der Beiträge zur Krankenversicherung, Pflege- und Arbeitslosenversicherung. Die aktuelle Beitragsrechnung zur Kranken- und Pflegeversicherung wird dem Arbeitgeber regelmäßig und bei Beginn des Arbeitsverhältnisses vorgelegt.

g) Ist der leitende Angestellte nicht von der Rentenversicherungspflicht befreit, werden vom Arbeitgeber anteilig 50 % des jeweiligen Beitragssatzes an die zugehörige Rentenversicherungsanstalt des leitenden Angestellten entrichtet.

h) Das Gehalt wird jährlich den persönlichen Leistungen, mindestens jedoch entsprechend der jeweiligen Inflationsrate angeglichen.[398]

---

[398] Gehaltsanpassungen lassen sich nur unter eng umrissenen Voraussetzungen an die Entwicklung des Lebenshaltungskostenindex knüpfen. Derartige Klauseln bedürfen der Genehmigung des Bundesamts für Wirtschaft (§ 2 Abs. 1 Satz 2 PrAngKlauselG, § 7 PRKV), die Genehmigung wird bei Lebenszeitverträgen (§ 3 Abs. 1 Nr. 1a PrKV), bei Verträgen bis zum Beginn der Altersversorgung des Empfängers (§ 3 Abs. 2 Nr. 3 PrKV) oder bei einer Mindestvertragsdauer von 10 Jahren (§ 3 Abs. 1 Nr. 1d PrKV) erteilt. Vergütungen aus laufenden Dienstverträgen lassen sich kaum über den Lebenshaltungskostenindex wertsichern (*Hümmerich*, Gestaltung von Arbeitsverträgen, § 1 Rn 502 ff.). Da vom Verbot der Indexierung nur automatisch an einen Lebenskostenhaltungsindex anknüpfende Erhöhungen erfasst werden, bieten sich als Alternative Leistungsvorbehalte an, nach denen die Parteien unter bestimmten Voraussetzungen erneut über die Bezüge verhandeln, oder Prüfungsvorbehalte und Anpassungen, die die Entwicklung einer Entgeltgruppe eines bestimmten Entgelttarifvertrages als Bezugsgröße wählen.

i) Die Gehaltsforderungen des leitenden Angestellten dürfen, außer an Unterhaltsberechtigte, nicht abgetreten werden.[399] Der leitende Angestellte hat die durch die Abtretung und Verpfändung von Ansprüchen entstehenden Kosten zu tragen. Der Arbeitgeber kann zur Deckung der Kosten für die Bearbeitung für jeden Einzelnen zu bearbeitenden Vorgang einen Betrag von 8 EUR einbehalten. Der Anspruch gilt als jeweils vor der Gehaltsforderung entstanden.

k) Der leitende Angestellte verpflichtet sich, dem Arbeitgeber zu viel gezahlte Vergütung zurückzuzahlen. Er verzichtet gegenüber diesem Anspruch des Arbeitgebers auf den Einwand, er sei nicht mehr bereichert und der Anspruch insoweit ausgeschlossen.[400]

§ 4 Sondervergütung (Erfolgsprämie)

Nach positivem Geschäftsverlauf steht dem leitenden Angestellten jährlich eine zusätzliche Sondervergütung (Erfolgsprämie) zu, über deren Höhe (entsprechend dem Geschäftserfolg) und Auszahlung die Geschäftsführung in Absprache (Verhandlung) mit dem leitenden Angestellten bis zum 31. März des jeweiligen Folgejahres entscheidet.

§ 5 Spesenregelung/Dienstreisen

a) Bei Dienstreisen werden vom Arbeitgeber folgende Spesen ersetzt:
- Hotelkosten inklusive Übernachtung und Frühstück
- Flugkosten
- Mietwagen der gehobenen Mittelklasse (Ford Mondeo, BMW 520, Audi A4)
- Tankquittungen, die im unmittelbaren Zusammenhang mit den Dienstreisen stehen.
- Telefonkosten
- Sonstige Bewirtungskosten, sofern sie dem Geschäftszweck dienen

b) Weiterhin erhält der leitende Angestellte ohne Verwendungsnachweis den zum Zeitpunkt der Dienstreise gesetzlich zugelassenen maximalen Tagesspesensatz.

c) Dem leitenden Angestellten wird ein Spesenvorschuss in voller Höhe der voraussichtlich anfallenden Kosten gewährt, die er nach Beendigung der Dienstreise basierend auf einer ordentlichen Spesenabrechnung mit dem Arbeitgeber abrechnet.

§ 6 Arbeitszeit

a) Die regelmäßige Mindestarbeitszeit beträgt 40 Stunden wöchentlich. Die Arbeitszeit bestimmt der leitende Angestellte nach pflichtgemäßem Ermessen und unter Berücksichtigung der betrieblichen Verhältnisse. Überstunden in betriebsüblichem Umfang sind bei der Festlegung der vereinbarten Bezüge berücksichtigt.

b) Zeiten bei Dienstreisen gelten auch dann außerhalb der betrieblichen Arbeitszeit als vergütungspflichtige Arbeitszeit, wenn die An- oder Abreise nicht innerhalb der betrieblichen Arbeitszeit möglich ist oder als unzumutbar erscheint.

§ 7 Urlaub

a) Der Urlaubsanspruch beträgt 30 Arbeitstage und entsteht mit Wirksamkeit dieses Vertrages.

b) Im Kalenderjahr des Beginns und des Endes des Dienstverhältnisses wird für jeden Monat, in dem das Dienstverhältnis mindestens 15 Kalendertage bestand, 1/12 des Jahresurlaubs gewährt. Eine Übertragbarkeit in ein neues Urlaubsjahr ist im Interesse des leitenden Angestellten und einer geordneten Urlaubsplanung nur im Übertragungszeitraum (1. Januar bis 31. März eines Folgejahres) zulässig.

c) Wird der geplante Urlaub nicht angetreten, weil die Vertretung eines erkrankten Kollegen oder ein betrieblicher Notfall dies erfordert, dann ist ausnahmsweise die Übertragung in das gesamte folgende Jahr möglich.

d) Nicht genommener Urlaub kann auch durch eine Sonderzahlung abgegolten werden.

e) Die Urlaubszeit wird von beiden Parteien unter Berücksichtigung der betrieblichen Verhältnisse festgelegt.

§ 8 Arbeitsbefreiung in besonderen Fällen

Dem leitenden Angestellten wird in folgenden Fällen ohne Anrechnung auf den Jahresurlaub und unter Fortzahlung des Gehalts Arbeitsbefreiung gewährt:
- 3 Tage bei eigener Eheschließung;
- 1 Tag bei Eheschließung oder beim Tode naher Angehöriger;
- 2 Tage bei Umzug in eine andere Familienwohnung.

---

399 Diese Klausel ist nach hier vertretener Ansicht gemäß § 307 Abs. 2 Nr. 1 BGB nicht wirksam (*Hümmerich*, Gestaltung von Arbeitsverträgen, § 1 Rn 296).

400 Diese Klausel ist nach hier vertretener Ansicht gemäß § 307 Abs. 2 Nr. 1 BGB nicht wirksam (*Hümmerich*, NZA 2003, 764; *ders.*, Gestaltung von Arbeitsverträgen, § 1 Rn 1620).

§ 9 Arbeitsverhinderung/Krankheit/Kur

a) Über eine Arbeitsverhinderung durch Arbeitsunfähigkeit oder bedingt durch die Erledigung unabwendbarer persönlicher Angelegenheiten ist der Firma so rechtzeitig wie möglich Bericht zu geben, damit eine Vertretung schnellstmöglichst sichergestellt werden kann.

b) Bei Arbeitsunfähigkeit, die den Zeitraum von drei Tagen übersteigt, ist ein Arzt aufzusuchen und eine ärztliche Bescheinigung einzureichen. Dauert die Arbeitsunfähigkeit länger als in der Bescheinigung angegeben, ist eine neue Bescheinigung vorzulegen.

c) Im Falle von Arbeitsunfähigkeit wird das Gehalt für die Dauer von sechs Wochen fortgezahlt.

d) Eine Kur ist langfristig zu planen, der Termin mit der Firma abzustimmen und Rücksicht auf Urlaubstermine anderer Mitarbeiter zu nehmen. Bei unaufschiebbarer Projektarbeit darf die Kur nur angetreten werden, wenn eine ernsthafte Erkrankung vorausgegangen ist oder der Eintritt einer solchen verhindert werden soll.

§ 10 Weiterbildung

Der leitende Angestellte hat das Recht, auf Firmenkosten und nach vorheriger Absprache an Fortbildungsveranstaltungen teilzunehmen, wenn diese Bildungsmaßnahme im Interesse der Beherrschung des übertragenen Aufgabengebietes liegt.

§ 11 Zusätzliche Leistungsmerkmale

Zwecks Überwachung technischer Anlagen während der Sonn- und Feiertage wird dem leitenden Angestellten von seiner Privatwohnung ausgehend auf Kosten des Arbeitgebers freier Zugang zum Netzwerk ermöglicht sowie eine Telefon- und eine Faxleitung mit entsprechenden Geräten eingerichtet. Die hierfür zusätzlichen Anschlüsse und das erforderliche Equipment werden ausschließlich vom Arbeitgeber bezahlt.

§ 12 Nebentätigkeiten

Selbständige oder unselbständige Nebentätigkeiten, die das Angestelltenverhältnis beeinträchtigen können, dürfen nur mit vorheriger schriftlicher Zustimmung des Arbeitgebers ausgeführt werden. Dies gilt besonders, wenn die Tätigkeit in einem Konkurrenzunternehmen ausgeübt werden soll oder wenn sie die nach diesem Vertrag geschuldete Arbeitsleistung beeinträchtigt.

§ 13 Vertrags-/Leistungsschutz

a) Findet eine Übernahme oder Mehrheitsbeteiligung der Firma durch eine juristische oder Privatperson statt, bleiben alle Rechte und Pflichten aus diesem Vertrag unberührt.

b) Ist die Kündigung oder Auflösung dieses Vertrages durch den Arbeitgeber oder dessen Rechtsnachfolger unumgänglich, verpflichtet sich die Firma gegenüber dem leitenden Angestellten zu einer Abfindungszahlung in Höhe eines zu diesem Zeitpunkt gültigen Jahres-Bruttogehalts inklusive aller sonstigen in diesem Vertrag oder zusätzlichen schriftlichen Vereinbarungen festgelegten Bezüge.

§ 14 Darlehen und Vorschüsse

Darlehen und Vorschüsse werden im Falle der Beendigung des Dienstverhältnisses wegen des Betrages, der zur Rückzahlung noch offen steht, mit Rücksicht auf die bei Abschluss getroffenen Vereinbarungen fällig.

§ 15 Forderungsübergang bei Dritthaftung

a) Kann der leitende Angestellte aufgrund gesetzlicher Vorschriften von einem Dritten Schadensersatz wegen des Verdienstausfalls beanspruchen, der ihm durch die Arbeitsunfähigkeit entstanden ist, so geht dieser Anspruch insoweit auf den Arbeitgeber über, als dieser Arbeitsentgelt fortgezahlt hat.

b) Der leitende Angestellte hat dem Arbeitgeber unverzüglich die zur Geltendmachung des Schadensersatzanspruchs erforderlichen Angaben zu machen.

§ 16 Verzicht auf Nachteilsausgleich

Der leitende Angestellte verzichtet auf die Geltendmachung eventueller Nachteilsausgleichsansprüche gemäß § 113 BetrVG.

§ 17 Nutzung der betrieblichen Telekommunikationsmittel und Datenverarbeitungsanlagen

a) Die Nutzung des betrieblichen Internetanschlusses sowie die Nutzung des E-Mail-Systems dürfen ausschließlich für dienstliche Zwecke erfolgen. Eine private Nutzung durch den leitenden Angestellten ist nicht gestattet. Das Internet darf nur mit der gültigen persönlichen Zugangsberechtigung genutzt werden. User-ID und Passwort dürfen nicht an Dritte weitergegeben werden.

b) Es dürfen keine fremden Programme/Dateien auf die Festplatte kopiert, über Diskette, CD-ROM, ähnliche Datenträger oder das Internet auf dem Rechner installiert und/oder eingesetzt werden. Auf Virenkontrolle ist zu achten. Virenschutzprogramme sind zu nutzen. Auftretende Störungen, die mit einem Virenbefall in Zusammenhang stehen könnten, sind umgehend der Netzverwaltung/dem Systemadministrator zu melden. Das Abrufen, Anbieten oder Verbreiten von rechtswidrigen Inhalten, insbesondere rassistischer oder pornographischer Art ist verboten.

c) Der Arbeitgeber ist berechtigt, jede Nutzung des E-Mail-Systems und des Internets für die Dauer von maximal drei Monaten zu speichern, um die Einhaltung der obigen Bestimmungen anhand der gespeicherten Daten zu überprüfen. Der leitende Angestellte erteilt insoweit seine Einwilligung gemäß § 4a BDSG.

d) Für den Fall seiner betrieblichen Abwesenheit (Urlaub, Krankheit etc.) hat der leitende Angestellte eigenverantwortlich eine automatisierte Antwort an den Absender eingehender E-Mails einzurichten, die den Absender über die Abwesenheit des leitenden Angestellten informiert und einen Hinweis auf den zuständigen Vertreter und dessen Telefonnummer enthält.

e) Verstöße gegen die vorstehenden Regeln können arbeitsrechtliche Konsequenzen zur Folge haben.

§ 18 Schlussbestimmungen

a) Der leitende Angestellte verpflichtet sich, über alle geschäftlichen Angelegenheiten, die ihm im Rahmen seiner Tätigkeit zur Kenntnis gelangen, jederzeit – auch nach Beendigung des Anstellungsverhältnisses – Stillschweigen zu bewahren.

b) Alle Ansprüche, die sich aus diesem Vertrag ergeben, sind von den Vertragschließenden innerhalb von sechs Monaten nach ihrer Entstehung geltend zu machen, es sei denn, dass im vorliegenden Arbeitsvertrag kürzere Fristen vereinbart wurden. Alle gegenseitigen Ansprüche sind nach diesem Zeitpunkt verfallen.[401]

c) Nebenabreden und Änderungen des Vertrages bedürfen zu ihrer Rechtswirksamkeit der Schriftform.

d) Der leitende Angestellte ist verpflichtet, dem Arbeitgeber sämtliche Änderungen seiner Anschrift umgehend mitzuteilen.

e) Das Arbeitsverhältnis steht unter dem Vorbehalt, dass der Angestellte für die vertraglich vorgesehenen Arbeitsaufgaben geeignet ist. Sollte eine spätestens bis zum Ablauf der Probezeit vorgenommene arbeitsmedizinische Untersuchung die Nichteignung des Angestellten ergeben, so endet das Arbeitsverhältnis zwei Wochen nach Zugang der schriftlichen Mitteilung an den Angestellten über seine festgestellte gesundheitliche Nichteignung.

15. Muster: Arbeitsvertrag mit einem Chefredakteur

Anstellungsvertrag

zwischen

und

Herrn

§ 1 Beginn des Arbeitsverhältnisses

Das Arbeitsverhältnis beginnt am ■■■.

§ 2 Aufgabengebiet

Herr ■■■ übernimmt mit Wirkung vom ■■■ als Chefredakteur die Leitung der Redaktion ■■■ und ist gleichzeitig verantwortlich für alle weiteren Publikationen dieser Redaktion. In dieser Funktion ist er leitender Angestellter im Sinne des § 5 Abs. 3 Nr. 3 BetrVG.

Die Aufgabe von Herrn ■■■ ist es, die Zeitschrift ■■■ in Zusammenarbeit mit der Leitung des Bereichs Fachzeitschriften bzw. der Objektleitung ■■■ weiter zu entwickeln.

Herr ■■■ bestimmt als Chefredakteur entsprechend der im Einvernehmen mit der Verlags-/Objektleitung festgelegten Gesamtkonzeption die redaktionellen und gestalterischen Grundsätze und die redaktionelle Tagesarbeit. Er wirkt aktiv an der Beratung und Festsetzung des Redaktionsbudgets sowie im Rahmen des bestehenden Stellenplans bei Entscheidungen über Einstellungen und Kündigungen von Redakteuren und Korrespondenten mit. Herr ■■■ ist verantwortlich

---

[401] Einstufige Ausschlussfristen müssen einen Mindestzeitraum von drei Monaten enthalten (BAG 28.9.2005 – 5 AZR 52/05, DB 2006, 1959). Zweistufige Ausschlussfristen müssen für jede Frist drei Monate vorsehen. Als im Arbeitsrecht etablierte Besonderheiten nach § 310 Abs. 4 Satz 2 BGB steht ihrer Wirksamkeit § 309 Nr. 13 BGB nicht entgegen (BAG 25.5.2005 – 5 AZR 572/04, NZA 2005, 1111).

Kapitel 1: Arbeitsverträge

für die Einhaltung des verabschiedeten Redaktionsbudgets und die Einhaltung der vorgegebenen Produktionskosten, soweit sie durch die redaktionelle Gestaltung bestimmt werden.

§ 3 Änderungen
Bei einer Änderung seines Aufgabengebietes kann Herr ▄▄▄ auch für andere seinen Fähigkeiten entsprechende Tätigkeiten eingesetzt werden, ohne dass eine Kürzung der Bezüge erfolgen darf.

§ 4 Bezüge
Das frei vereinbarte Jahresgehalt beträgt ab ▄▄▄ brutto ▄▄▄ EUR und ist fest vereinbart bis ▄▄▄.
Es wird nach Berücksichtigung der gesetzlichen und sonstigen Abzüge zum 15. Januar eines Jahres auf ein von Herrn ▄▄▄ anzugebendes Konto überwiesen.

§ 5 Auslagenersatz
Reisekosten für Dienstreisen und andere ausschließlich im Interesse des Verlages gemachte Aufwendungen werden gegen Vorlage der Belege nach den Richtlinien des Verlages im Rahmen der steuerlich zulässigen Sätze erstattet.

§ 6 Urlaub
Der Urlaub richtet sich nach den Bestimmungen der Urlaubsregelung des Verlages in ihrer jeweils gültigen Fassung. Der Urlaubstermin ist mit der Verlags-/Objektleitung abzustimmen.

§ 7 Versicherungen
Herr ▄▄▄ ist in die verlagsübliche Gruppenunfallversicherung aufgenommen und wird nach den Bestimmungen des Tarifvertrages über die Altersversorgung für Redakteure an Zeitschriften beim Versorgungswerk der Presse GmbH versichert.

§ 8 Erkrankung
Im Falle der Arbeitsverhinderung ist Herr ▄▄▄ verpflichtet, die Verlags-/Objektleitung unverzüglich (auch telefonisch) zu unterrichten. Bei Krankheit ist zusätzlich innerhalb von drei Tagen eine ärztliche Arbeitsunfähigkeitsbescheinigung einzureichen. Im Übrigen gilt das Entgeltfortzahlungsgesetz in seiner jeweils gültigen Fassung.

§ 9 Redaktionsgeheimnis, Wahrheitspflicht
Herr ▄▄▄ ist verpflichtet, das Redaktionsgeheimnis und Geschäftsgeheimnis des Verlages auch nach seinem Ausscheiden aus dem Verlag zu wahren.

Herr ▄▄▄ ist verpflichtet, alles in seiner Kraft Stehende zu tun, seine Beiträge bzw. die von ihm zu verantwortenden Beiträge so abzufassen bzw. abfassen zu lassen, dass sie Tatsachen und Vorgänge wahrheitsgemäß wiedergeben.

Er wird darauf achten, dass Rechte Dritter nicht verletzt werden und dass der Inhalt der Beiträge nicht gegen das Gesetz verstößt. Wird eine Rechtsverletzung gegen den Verlag geltend gemacht oder angekündigt, so wird Herr ▄▄▄ den Verlag unverzüglich und umfassend informieren. Der Verlag gibt Herrn ▄▄▄ im Rahmen seiner Fürsorgepflicht Rechtsschutz in allen Rechtsstreitigkeiten, die aus seiner Tätigkeit für den Verlag entstehen. Diese Verpflichtungen beider Parteien gelten auch noch nach Auslaufen seines Vertrages.

§ 10 Übertragung von Nutzungsrechten
(1) Herr ▄▄▄ räumt dem Verlag das ausschließliche, zeitlich, räumlich und inhaltlich unbeschränkte Recht ein, sämtliche Urheberrechte und verwandten Schutzrechte im Sinne des Urheberrechtsgesetzes (UrhG), die er durch seine Tätigkeit im Rahmen des Arbeitsverhältnisses erworben hat, vom Zeitpunkt der Rechtsentstehung an umfassend zu nutzen und zwar insbesondere in Printmedien, anderen Druckwerken aller Art, Film, Video, Fernsehen, Rundfunk, in und aus eigenen und fremden Datenbanken, Telekommunikations- und Datennetzen (z.B. Online-Dienste) sowie auf und von Datenträgern (z.B. magnetische, optische, magneto-optische und elektronische Trägermedien wie CD-ROM, CD-i und andere CD-Derivate, Disketten, Festplatten, Arbeitsspeicher, Microfilm), ungeachtet der Übertragungs-, Träger- und Speichertechniken. Die Einräumung erstreckt sich auf alle Rechte, die der Verlag für seine betrieblichen und unternehmerischen Zwecke benötigt, insbesondere auf:

a) das Vervielfältigungsrecht gemäß § 16 UrhG, einschließlich des Rechts zur Digitalisierung, das Verbreitungsrecht und das Vermietungsrecht gemäß § 17 UrhG, das Verleihrecht, jeweils einschließlich des Rechts zur Nutzung in eigenen und fremden Datenbanken, das Vorführrecht gemäß § 19 Abs. 4 UrhG, das Senderecht gemäß § 20 UrhG, das Recht zur Wiedergabe von Funksendungen gemäß § 22 UrhG,

b) das Recht zur Bearbeitung und Umgestaltung gemäß § 23 UrhG, das Recht zur Verfilmung gemäß §§ 88, 94, 95 UrhG,

c) diese Rechte an Lichtbildern gemäß § 72 UrhG.

Die Einräumung von vorstehenden Rechten umfasst auch die Nutzung in analoger und digitaler Form. Gleichfalls umfasst sind Rechte, die zukünftig im Hinblick auf die vorstehend umschriebenen Nutzungsarten gesetzlich geschaffen werden.

Die Einräumung gilt auch für die Nutzung zu Zwecken der Werbung und Öffentlichkeitsarbeit. Das Recht an Manuskripten, Daten/Datenträgern und Bildern einschließlich der Negative steht dem Verlag zu.

Der Verlag darf Werke von Herrn ▬▬▬ – soweit diesem zumutbar – ganz oder in Teilen in körperlicher und unkörperlicher Form in allen Publikationen des Verlages, einschließlich eventueller Lizenzausgaben, Sonderausgaben sowie Sonderdrucken und aller Auslandsausgaben im In- und Ausland auf die oben genannte Form nutzen.

(2) Der Verlag ist berechtigt, sämtliche vorstehend geregelten Rechte ganz oder teilweise auch außerhalb der eigenen Publikationen im In- und Ausland auswerten zu lassen, insbesondere auf Dritte im In- und Ausland zu übertragen und/oder Dritten diese Rechte einzuräumen.

(3) Mit den Bezügen nach Ziff. 4 ist die Nutzung der Werke nach Maßgabe der Absätze 1 und 2 in sämtlichen Publikationen der Zeitschrift ▬▬▬ einschließlich der Nutzung in Lizenzausgaben und in der Werbung und Öffentlichkeitsarbeit für die Publikationen abgegolten, und zwar unabhängig davon, ob die Nutzung durch den Verlag selbst oder durch verbundene Unternehmen im Sinne des § 15 AktG erfolgt.

Nutzt der Verlag die Werke darüber hinaus, so wird Herr ▬▬▬ zusammen mit den weiteren Urhebern an den Nettoerlösen mit insgesamt 40 % beteiligt.

Bei den Veröffentlichungen in anderen Zeitschriften oder Publikationen des Verlages gilt als Erlös der Beitrag, der von Dritten für diese Auswertung üblicherweise gezahlt worden wäre. Hat der veröffentlichte Beitrag mehrere Urheber, so wird die Urheberbeteiligung nach den Anteilen der Urheber geteilt.

Die Entscheidung liegt bei der Chefredaktion. Dies gilt auch bei Pauschalauswertungen. Die daraus dem Verlag zufließenden Urheberrechtsnettoerlöse werden unabhängig davon verteilt, ob und welche Beiträge tatsächlich ausgewertet wurden.

(4) Herr ▬▬▬ verzichtet gegenüber dem Verlag auf alle gegenwärtigen und zukünftigen Ansprüche auf Vergütung für das Vermieten und Verleihen von Druck- und sonstigen Erzeugnissen, in denen sein Werk enthalten ist. Der Verlag wird aus diesem Verzicht keinen Nutzen ziehen.

(5) Die Ausübung des Rechts von Herrn ▬▬▬, das Nutzungswerk an seinen Werken zurückzurufen, wenn der Verlag keinen Gebrauch von den Werken gemacht hat (§ 41 UrhG), wird – soweit es sich um das Recht handelt, Rechte an Dritte zu übertragen – für die Dauer von zwölf Monaten, im Übrigen für die Dauer von zwei Jahren ausgeschlossen. Dem Verlag verbleibt im Falle des Rückrufs stets ein einfaches Nutzungsrecht.

(6) Herr ▬▬▬ versichert, dass er über die Rechte, die er dem Verlag einräumt, nicht bereits anderweitig – zu eigenem oder fremdem Nutzen – verfügt hat und auch nicht verfügen wird.

(7) Der Verlag ist zur Auswertung der übertragenen Rechte nicht verpflichtet.

(8) Sämtliche Erlöse, die von Herrn ▬▬▬ nach Freigabe durch den Verlag oder nach wirksamer Ausübung des Rückrufrechts aus der Vergabe von Nutzungsrechten an seinen Werken zufließen, werden zwischen Herrn ▬▬▬ und dem Verlag im Verhältnis 40:60 geteilt, wenn das Werk in Erfüllung der Verpflichtungen von Herrn ▬▬▬ aus seinem Arbeitsverhältnis geschaffen wurde.

Herr ▬▬▬ wird den Verlag unverzüglich über die Vergabe der Rechte und die Person des Erwerbers informieren. Er tritt bereits jetzt 60 % seiner Vergütungsansprüche gegenüber dem Erwerber an den Verlag ab.

§ 11 Bücher

Selbstverfasste Manuskripte, die sich für eine Veröffentlichung als Buch eignen, oder für eine solche Buchveröffentlichung verfasste Manuskripte sind zuerst dem Verlag anzubieten, der sie zu den üblichen Konditionen selbst auswerten oder an einen Buchverlag seiner Wahl weitergeben kann. Wird von dieser Option nicht binnen einer angemessenen, auf die Autoreninteressen von Herrn ▬▬▬ abgestellten Frist Gebrauch gemacht und kommt es nicht zu einem Verlagsvertrag, so ist Herr ▬▬▬ in der Verlagsvergabe solcher Veröffentlichungen oder Manuskripte frei.

Buchmanuskripte, die auf Kosten und/oder mit dem Apparat des Verlages entstanden sind, sind dem Verlag zu einem Autorenhonorar von 4 % auf den Ladenverkaufspreis anzubieten. Der Verlag ist in der Annahme frei.

§ 12 Nebentätigkeit und Verhaltensweise

Während der Dauer des Arbeitsverhältnisses setzt der verantwortliche Chefredakteur seine volle Arbeitskraft für das Unternehmen ein. Eine Nebentätigkeit bedarf der Genehmigung des Verlages. Der verantwortliche Chefredakteur hat sich jederzeit so zu verhalten, dass die berechtigten Interessen des Verlages nicht beeinträchtigt werden.

§ 13 Datenschutz

Herrn ▬▬▬ ist es untersagt, geschützte personenbezogene Daten unbefugt zu einem anderen als zu dem zur jeweiligen rechtmäßigen Aufgabenerfüllung gehörenden Zweck zu verarbeiten, bekannt zu geben, zugänglich zu machen oder sonst zu nutzen. Diese Verpflichtung besteht auch nach der Beendigung der Tätigkeit beim Verlag.

Er willigt gemäß § 4a BDSG ein, dass seine personenbezogenen Daten an die Betriebskrankenkasse, an zu Werbezwecken übermittelt werden.[402]

§ 14 Kündigung

Die Kündigungsfrist beträgt sechs Monate jeweils zum Halbjahresende. Die Kündigung bedarf der Schriftform. Im Falle einer Kündigung ist der Verlag berechtigt, Herrn ▬▬▬ unter Fortzahlung der Bezüge von der Arbeit freizustellen. Das Anstellungsverhältnis endet, ohne dass es einer Kündigung bedarf, mit Ablauf des Quartals, in dem Herr ▬▬▬ das 65. Lebensjahr vollendet.

16. Muster: Anstellungsvertrag oberer Führungskreis

Anstellungsvertrag

zwischen

der ▬▬▬

– nachfolgend Gesellschaft genannt –

und

Herrn ▬▬▬

1. Beginn und Art der Tätigkeit

Dieser Vertrag gilt rückwirkend ab ▬▬▬.

Sie nehmen weiterhin die Tätigkeit als ▬▬▬ wahr.

Die Gesellschaft ist berechtigt, Ihnen in der Gesellschaft oder im Konzern auch andere Ihren Fähigkeiten und Kenntnissen entsprechende Aufgaben zu übertragen oder Sie an einen anderen zumutbaren Arbeitsplatz oder Tätigkeitsort zu versetzen.

2. Arbeitszeit

Ihre Arbeitszeit richtet sich nach den Erfordernissen Ihrer Aufgabe.

3. Vergütung

Als Vergütung für Ihre Tätigkeit erhalten Sie ein Ziel-Jahreseinkommen für ein volles Geschäftsjahr von ▬▬▬ EUR brutto (in Worten: ▬▬▬ Euro).

Dieses setzt sich zusammen aus:

a) einer monatlichen Vergütung (monatliche Vergütung x 12 = Jahresgehalt), die zum Monatsende überwiesen wird, von ▬▬▬ EUR brutto (in Worten: ▬▬▬ Euro)

sowie

b) einer variablen Vergütung für das abgelaufene Geschäftsjahr, die im Folgejahr (spätestens im Juli) zur Auszahlung kommt.

Diese beträgt insgesamt für das erste volle Geschäftsjahr ▬▬▬ EUR brutto (in Worten: ▬▬▬ Euro) bei Erreichen der geplanten Ziele.

Die variable Vergütung setzt sich zusammen aus Tantieme und Erfolgsbeteiligung:

a) Die Tantieme beträgt bei Erreichen der geplanten und mit der Gesellschaft vereinbarten Jahresziele insgesamt ▬▬▬ EUR brutto für ein volles Geschäftsjahr. Werden die vereinbarten Ziele über- oder unterschritten, erhöht oder vermindert sich die Tantieme um max. 50 %.

---

[402] Die Einwilligung in die Verarbeitung personenbezogener Daten bedarf, wenn sie zusammen mit anderen Erklärungen schriftlich erteilt wird, zu ihrer Wirksamkeit einer besonderen drucktechnischen Hervorhebung (§ 4a Abs. 1 Satz 4 BDSG). Deshalb wird empfohlen, vorformulierte Einwilligungserklärungen in die Verarbeitung personenbezogener Daten durch Fettdruck oder Unterstreichung im Vertragstext kenntlich zu machen.

b) Die Erfolgsbeteiligung richtet sich nach dem Konzernbetriebsergebnis sowie dem Profitcenter und beträgt brutto bei Erreichen der geplanten Jahresziele insgesamt ■■■ EUR für ein volles Geschäftsjahr. Wird das geplante Ziel über- oder unterschritten, erhöht oder vermindert sich die Erfolgsbeteiligung um max. 100%.

Die zugrunde liegenden Ziele werden jährlich neu festgelegt.

Das Ziel-Jahreseinkommen wird jährlich neu festgelegt, auch hinsichtlich der Aufteilung in Gehalt, Tantieme und Erfolgsbeteiligung. Eine Kürzung der monatlichen Vergütung (Monatsgehalt) ist ausgeschlossen.

Soweit das Anstellungsverhältnis im Laufe des Geschäftsjahres beginnt oder endet, wird die variable Vergütung anteilig für jeden vollendeten Kalendermonat gezahlt. Das gilt nicht bei außerordentlicher Kündigung durch die Gesellschaft; in diesem Fall besteht kein Anspruch auf die Zahlung einer anteiligen variablen Vergütung.

4. Vergütungen aus Aufsichtsratsmandaten und ähnlichen Ämtern

Sie erklären sich bereit, Aufsichtsratsmandate und ähnliche Ämter des Konzerns im In- und Ausland oder in Gesellschaften, an denen eine der Konzerngesellschaften beteiligt ist, im Interesse des Konzerns zu übernehmen.

Sie verpflichten sich, die Übernahme solcher Mandate und Ämter und die daraus resultierende Vergütung in jedem Einzelfall der für Sie zuständigen Personalabteilung mitzuteilen.

Vergütungen, die Sie aus diesen Aufsichtsratsmandaten oder ähnlichen Ämtern (ausgenommen als Arbeitnehmervertreter) beziehen, werden auf Ihre jeweils nächste variable Vergütung (brutto gegen brutto) angerechnet. Sollte die variable Vergütung für eine Anrechnung nicht ausreichen, wird im Einzelfall eine Anrechnung auf Ihre anderen Bruttobezüge vereinbart.

5. Vergütung im Krankheits- und Sterbefall

Bei Arbeitsunfähigkeit durch Krankheit oder Unfall wird Ihr Monatsgehalt gemäß Ziff. 3 a) über die gesetzliche Gehaltsfortzahlung hinaus unter Anrechnung des Krankengeldes der gesetzlichen Krankenversicherung bis zur Dauer von 12 Monaten ab Beginn der Arbeitsunfähigkeit fortgezahlt. Falls Sie nicht Mitglied einer gesetzlichen Krankenversicherung sind, werden die Leistungen der jeweils örtlichen BKK/AOK zugrunde gelegt.

Für die Dauer der ersten 6 Monate einer Arbeitsunfähigkeit bleibt auch der Anspruch auf die variable Vergütung (Tantieme/Erfolgsbeteiligung) gemäß Ziff. 3 b) erhalten. Dabei wird für die Bemessung der Tantieme ein hundertprozentiger Zielerreichungsgrad der vereinbarten Ziele für die Dauer der vorliegenden Arbeitsunfähigkeit herangezogen. Die Erfolgsbeteiligung wird auf Basis der effektiven Zielerreichung ermittelt. Bei längerer Abwesenheit als 6 Monate vermindert sich der variable Vergütungsanspruch pro rata temporis. Dabei wird die Vergütung längstens bis zum Ende des Vertragsverhältnisses gewährt.

Im Falle Ihres Todes erhält Ihre Ehefrau das Monatsgehalt für die auf den Sterbemonat folgenden 6 Monate weitergezahlt. Ist Ihre Ehefrau zu diesem Zeitpunkt bereits verstorben, so steht der Anspruch Ihren unterhaltsberechtigten Kindern zu gleichen Teilen zu.

Im Einzelfall prüft die Gesellschaft weitergehende Sicherung auf freiwilliger Basis.

6. Altersversorgung

Sie erhalten eine Altersversorgung nach Maßgabe der Ihnen gegebenen Ruhegehaltszusage und den jeweils gültigen Ruhegehaltsbestimmungen für obere Führungskräfte im Konzern (zurzeit Stand ■■■).

7. Unfallversicherung

Die Gesellschaft versichert Sie im Rahmen einer Gruppenunfallversicherung nach Maßgabe ihrer jeweiligen Bestimmungen gegen Unfallfolgen im dienstlichen und privaten Bereich.

8. Vorsorgeuntersuchung

Ihnen steht nach Maßgabe der jeweils geltenden Regelungen eine ärztliche Vorsorgeuntersuchung zu.

9. Urlaub

Ihr jährlicher Urlaub beträgt 30 Arbeitstage, soweit nicht gesetzliche Bestimmungen einen höheren Urlaubsanspruch vorsehen. Sie bestimmen die zeitliche Lage Ihres Urlaubs unter Berücksichtigung der betrieblichen Belange.

10. Dienstwagen

Die Gesellschaft stellt Ihnen nach Maßgabe der jeweiligen Bestimmungen einen Pkw auch für die private Nutzung zur Verfügung.

11. Spesenerstattung

Die Erstattung von Aufwendungen, die Ihnen in Ausübung Ihrer Tätigkeit entstehen, einschließlich Reise- und Bewirtungskosten, richtet sich nach der jeweils geltenden Reiseordnung der Gesellschaft.

Kapitel 1: Arbeitsverträge

12. Nebenberufliche Erwerbstätigkeit

Beabsichtigen Sie, eine nebenberufliche Erwerbstätigkeit auszuüben, so haben Sie dies rechtzeitig der für Sie zuständigen Personalabteilung mitzuteilen. Die Gesellschaft kann die nebenberufliche Erwerbstätigkeit untersagen, wenn ihr berechtigte Interessen entgegenstehen.

13. Erfindungen und Verbesserungen

Sie sind damit einverstanden, dass alle Rechte aus Erfindungen, Verbesserungen, Konstruktionen, DV-Programmen usw., die Sie während der Dauer dieses Vertrages auf einem den Geschäftszweig der Gesellschaft oder den Konzern berührenden Gebiet machen, der Gesellschaft unabhängig von ihrer Schutzfähigkeit zustehen. Sie wirken dabei mit, die erforderlichen Schutzrechte im In- und Ausland für die Gesellschaft zu erwerben.

Erfindungen, die Sie vor Beginn des Vertrages gemacht haben, haben Sie der Gesellschaft spätestens 4 Wochen nach Arbeitsbeginn schriftlich bekannt zu geben, soweit diese Erfindungen der Gesellschaft nicht bereits aus einem früheren Arbeitsverhältnis bekannt sind.

Im Übrigen gelten die betrieblichen und gesetzlichen Bestimmungen, insbesondere die des Gesetzes über Arbeitnehmererfindungen.

14. Veröffentlichungen

Ihre Veröffentlichungen, die den Tätigkeitsbereich der Gesellschaft betreffen (z.B. über Konstruktionen, Erzeugnisse, Herstellungsweisen, Geschäftsverhältnisse, DV-Programme), bedürfen der Zustimmung der Gesellschaft.

15. Interessen der Gesellschaft

Geschäftliche Verbindungen mit Lieferanten, Kunden und sonstigen Geschäftspartnern dürfen nicht zum persönlichen Vorteil genutzt werden.

Informationen aus dem geschäftlichen Bereich dürfen nicht privat genutzt, Aufzeichnungen und Vervielfältigungen nicht zum privaten Gebrauch angefertigt werden.

Im Tätigkeitsbereich der Gesellschaft dürfen Privatgeschäfte nicht vorgenommen werden.

16. Verschwiegenheit

Sie sind wie die Gesellschaft verpflichtet, das Datengeheimnis gemäß dem Bundesdatenschutzgesetz zu wahren.

Sie haben über alle Betriebs- und Geschäftsgeheimnisse sowohl während der Dauer des Anstellungsverhältnisses als auch nach dessen Beendigung Stillschweigen zu wahren.

Geschäftliche Aufzeichnungen jeder Art, insbesondere Berechnungen, Skizzen, Zeichnungen, Schriftstücke und Drucksachen, Ton- und Datenträger – auch wenn sie von Ihnen selbst angefertigt sind – sind Eigentum der Gesellschaft. Sie haben sie auf Verlangen, bei Beendigung des Anstellungsverhältnisses auch ohne Aufforderung, auszuhändigen. Ein Zurückbehaltungsrecht ist ausgeschlossen.

17. Datenweitergabe

Sie sind damit einverstanden, dass Ihre Personaldaten und -akten zu Zwecken der Gesellschaft sowie zu Ihrer persönlichen Einsatz- und Entwicklungsplanung an andere Gesellschaften des Konzerns weitergegeben werden können.

18. Beendigung des Anstellungsverhältnisses

Dieser Vertrag ist auf unbestimmte Zeit geschlossen.

Die beiderseitige Kündigungsfrist beträgt 6 Monate zum Halbjahresende. Sie verlängert sich ab Vollendung Ihres 50. Lebensjahres auf 7 Monate zum Jahresende.

Die Kündigung bedarf der Schriftform.

Die Gesellschaft ist berechtigt, Sie nach der Kündigung des Anstellungsvertrages bis zum Vertragsende ganz oder teilweise von der Pflicht zur Arbeitsleistung bei Fortzahlung der Bezüge unter Anrechnung des zustehenden Jahresurlaubs freizustellen.

Das Anstellungsverhältnis endet spätestens mit Ablauf des Monats, in dem Sie das 65. Lebensjahr vollenden.

Es endet ohne Kündigung mit Ende des Monats, in dem Ihre Berufs- oder Erwerbsunfähigkeit durch Zustellung des Rentenbescheides an Sie festgestellt wird.

19. Ausschlussklausel[403]

Bei Beendigung des Anstellungsverhältnisses sind alle Ansprüche aus dem Anstellungsverhältnis innerhalb von 6 Monaten nach ihrer Fälligkeit schriftlich geltend zu machen. Dies gilt nicht im Todesfall.

20. Vertragsänderungen

Änderungen und Ergänzungen dieses Vertrages bedürfen der Schriftform.

21. Eintrittsstichtag

Als Eintrittsstichtag gilt der ■■■.

22. Frühere Anstellungsverträge im Konzern

Dieser Vertrag tritt an die Stelle des Anstellungsvertrages vom ■■■ mit ■■■.

17. Muster: Arbeitsvertrag eines Generalbevollmächtigten (Anschreiben)

Sehr geehrter Herr ■■■,

1. Tätigkeit und Aufgabengebiet

Mit Wirkung vom ■■■ wird Ihnen die Leitung der Vorstandsstäbe als Generalbevollmächtigter übertragen. Sie nehmen diese Aufgabe in unmittelbarer Unterstellung unter den Vorstandsvorsitzenden wahr.

Ihre allgemeine vertragliche Verpflichtung, Aufgaben wahrzunehmen, die wir Ihnen im Unternehmensinteresse übertragen möchten, wird von der Zuweisung des vorgenannten Aufgabengebietes nicht berührt. Falls dieses erforderlich ist, werden Sie auch außerhalb des oben genannten Unternehmensbereiches für das Unternehmen tätig und Aufgaben und Mandate im Unternehmen sowie in sonstigen Institutionen übernehmen. Vorbehaltlich der Zustimmung des Aufsichtsrates der Gesellschaft wird Ihnen als Generalbevollmächtigtem Gesamtprokura erteilt, die von den Einschränkungen des § 49 Abs. 2 HGB befreit ist.

2. Nebentätigkeit

2.1. Sie werden Ihre volle Arbeitskraft für die Gesellschaft einsetzen.

2.2. Die Übernahme oder Ausübung einer anderweitigen Tätigkeit oder Nebentätigkeit, von Aufsichtsratsmandaten oder Ehrenämtern im Bereich der gewerblichen Wirtschaft erfordert die vorherige Zustimmung des Vorstandes.

2.3. Veröffentlichungen oder Vorträge jeder Art werden Sie mit dem Vorstand des Unternehmens abstimmen.

2.4. An einem Unternehmen, das mit der Gesellschaft in Konkurrenz oder in wesentlichem Umfang im Geschäftsverkehr steht, dürfen Sie ohne vorherige schriftliche Zustimmung des Vorstandes weder unmittelbar noch mittelbar finanziell oder anderweitig beteiligt sein. Hiervon ausgenommen ist der Besitz von Aktien, der keine Einflussnahme auf die Organe der betreffenden Gesellschaft ermöglicht.

3.

3.1 a) Sie erhalten für die Ihnen obliegende Tätigkeit mit Wirkung vom ■■■ folgende Bezüge:

Ein festes Gehalt von jährlich ■■■ EUR.

3.1 b) Eine Jahrestantieme, deren Höhe innerhalb eines Tantiemerahmens von ■■■ EUR festgesetzt wird.

3.2. Die Jahrestantieme ist erfolgsabhängig nach Maßgabe folgender Faktoren:

- Erreichung des vereinbarten Jahresergebnisses der Gesellschaft.
- Persönliche Leistungen.

Bei Festsetzung der Tantieme nach Ablauf des Geschäftsjahres wird der Tantiemerahmen voll gezahlt, wenn die vereinbarten Ziele voll erfüllt wurden; eine Übererfüllung wird angemessen berücksichtigt.

Die vorstehende Tantiemeregelung wird erstmalig für das Jahr ■■■ angewendet.

Der Anspruch auf die Jahrestantieme wird 4 Wochen nach Feststellung des Jahresabschlusses des Unternehmens zur Zahlung fällig.

---

[403] Einstufige Ausschlussfristen müssen einen Mindestzeitraum von drei Monaten enthalten (BAG 28.9.2005 – 5 AZR 52/05, DB 2006, 1959). Zweistufige Ausschlussfristen müssen für jede Frist drei Monate vorsehen. Als im Arbeitsrecht etablierte Besonderheiten nach § 310 Abs. 4 Satz 2 BGB steht ihrer Wirksamkeit § 309 Nr. 13 BGB nicht entgegen (BAG 25.5.2005 – 5 AZR 572/04, NZA 2005, 1111).

4. Reisekosten und Aufwendungen

Reisekosten und sonstige Aufwendungen, die im Interesse der Gesellschaft erforderlich und angemessen sind, erstattet die Gesellschaft, ggf. im Rahmen der vom Weisungsorgan erlassenen Richtlinien, bei entsprechendem Nachweis.

5. Firmenwagen

Die Gesellschaft stellt Ihnen zur dienstlichen und privaten Nutzung einen Pkw nach Maßgabe unserer Nutzungsvereinbarung zur Verfügung. Die durch die private Nutzung entstehenden Aufwendungen sind als geldwerter Vorteil von Ihnen zu versteuern.

6. Urlaub

Sie haben Anspruch auf einen Jahresurlaub von 30 Arbeitstagen, der unter Beachtung der Erfordernisse des Verantwortungsbereiches in Abstimmung mit dem Vorstandsvorsitzenden zu nehmen ist. Der Jahresurlaub ist im jeweiligen Geschäftsjahr zu nehmen. Er kann nur mit schriftlicher Einwilligung in das nächstfolgende Geschäftsjahr übertragen werden; in diesem Fall hat die Urlaubnahme im ersten Quartal dieses Geschäftsjahres zu erfolgen.

7. Fortzahlung der Vergütung bei Krankheit und Tod

Bei Arbeitsverhinderung infolge Krankheit oder Unfall zahlen wir Ihnen das Gehalt gemäß 3.1.a) bis zur Gesamtdauer von 12 Monaten weiter, aber nicht über das Ende des Anstellungsvertrages hinaus. Auf diese Vergütung haben Sie sich Leistungen, die sie infolge der Arbeitsverhinderung von gesetzlichen Kranken- und/oder Unfallversicherungen oder aus Versicherungsverträgen, die die Gesellschaft für Sie abgeschlossen hat, erhalten, anrechnen zu lassen. Schadensersatzansprüche gegen Dritte wegen nicht erbrachter Dienstleistung treten Sie an die Gesellschaft ab.

Bei länger als 12 Monate dauernder Arbeitsverhinderung infolge Krankheit oder Unfall besteht hinsichtlich der Bezüge gemäß 3.1.a) keine Vergütungspflicht. In diesem Falle gilt das Entgeltfortzahlungsgesetz in seiner jeweils gültigen Fassung.

Im Todesfall wird das Gehalt gemäß 3.1.a) für die Dauer von 3 Monaten, beginnend mit dem Monat nach dem Sterbefall, an den Ehegatten und/oder die unterhaltsberechtigten Kinder weitergezahlt.

8. Diensterfindungen

Bei Erfindungen, die Sie während der Dauer dieses Anstellungsvertrages machen, gelten die Vorschriften des Gesetzes über Arbeitnehmererfindungen entsprechend. Die Verwertung von technischen und organisatorischen Verbesserungsvorschlägen steht ohne besondere Vergütung ausschließlich der Gesellschaft zu.

9. Geheimhaltungspflicht, Rückgabe von Unterlagen

9.1. Sie sind verpflichtet, sowohl für die Zeit Ihrer Tätigkeit als auch nach Ihrem eventuellen Ausscheiden gegenüber jedem Dritten Stillschweigen über alle Betriebs- und Geschäftsgeheimnisse und alle sonstigen, nicht für Dritte bestimmte Angelegenheiten der Gesellschaft zu bewahren.

9.2. Die gleiche Verpflichtung gilt auch bezüglich der Ihnen während Ihrer Tätigkeit anvertrauten und bekannt gewordenen Betriebs- und Geschäftsgeheimnisse der Gesellschaft sowie deren Tochtergesellschaften.

9.3. Alle Firmenunterlagen, Gegenstände der Gesellschaft, Schriftstücke, Abschriften usw., welche die Tätigkeit der Gesellschaft betreffen, sind sorgfältig aufzubewahren, vor jeder unbefugten Einsichtnahme zu schützen und auf Verlangen jederzeit, bei Beendigung des Vertrages ohne Aufforderung, der Gesellschaft herauszugeben. Das Gleiche gilt für eigene Aufzeichnungen, welche die betriebliche Tätigkeit betreffen. Ein Zurückbehaltungsrecht an solchen Unterlagen, Schriftstücken, Abschriften und Ablichtungen ist ausgeschlossen.

10. Unfallversicherung

Die Gesellschaft versichert Sie während der Dauer des Vertrages gegen Unfall, und zwar mit den für die nachstehend aufgeführten Risiken vorgesehenen Deckungssummen:

- 255.000 EUR im Todesfall,
- 510.000 EUR bei Vollinvalidität,
- 160 EUR Tagegeld.

Die hierfür aufgewendeten Prämien sind steuerpflichtiger Sachbezug.

11. Vertragsdauer

Dieser Vertrag hat eine Laufzeit vom ▬▬▬ bis zum ▬▬▬. Ist zwölf Monate vor seinem Ablauf eine Kündigung nicht erfolgt, läuft dieser Vertrag auf unbefristete Zeit weiter und kann dann mit einer Frist von 12 Monaten zum ▬▬▬ eines jeden Jahres gekündigt werden.

Im Falle der Kündigung kann die Gesellschaft Sie für die Dauer der Kündigungsfrist von Aufgaben freistellen.

Das Recht zur Kündigung aus wichtigem Grund bleibt unberührt.

Mit freundlichen Grüßen

VI. Arbeitsverträge mit besonderen Berufsgruppen

1. Muster: Arbeitsvertrag mit einem unselbständigen Reisevertreter

Anstellungsvertrag

zwischen

der Firma

– nachstehend Unternehmen genannt –

und

Herrn ▪▪▪

– nachstehend Angestellter genannt –

Zwischen dem Unternehmen und dem Angestellten werden folgende Vereinbarungen getroffen:

§ 1

Der Angestellte wird ab ▪▪▪, jedoch nicht vor Aufnahme der Arbeit, vom Unternehmen als unselbständiger Reisevertreter für das Gebiet ▪▪▪ eingestellt.

Gebietsumfang: siehe Anlage ▪▪▪.

Es gilt eine beiderseitige Kündigungsfrist von drei Monaten zum Vierteljahresschluss bis zum Erreichen des 65. Lebensjahres als vereinbart. Die Kündigungsfrist erhöht sich entsprechend den gesetzlichen Bestimmungen.

Die Zeit vom Eintritt bis zum ▪▪▪ gilt als Probezeit mit beiderseitiger Möglichkeit zur Kündigung von vierzehn Tagen, letztmals am ▪▪▪ ohne Angabe eines Grundes.

Das Angestelltenverhältnis kann von beiden Seiten (Arbeitgeber und Arbeitnehmer) mit dem Erreichen des 65. Lebensjahres des Arbeitnehmers beendet werden, ohne dass es dazu einer Kündigung bedarf.

Der Angestellte ist im Rahmen seiner Tätigkeit an die Weisungen der Verkaufsleitung des Unternehmens gebunden und hat seine Dienste in Person zu leisten.

§ 2

Dem Angestellten ist es nicht gestattet, gleichzeitig für eine andere Firma tätig zu sein.

§ 3

Der Angestellte verpflichtet sich ausdrücklich, sämtliche Geschäftsvorfälle, die ihm im Rahmen seiner Tätigkeit zur Kenntnis gelangen, gegenüber jedermann geheim zu halten. Er ist im Falle des Ausscheidens verpflichtet, sämtliche Geschäftsunterlagen und Arbeitsmittel zurückzulassen bzw. zurückzugeben. Darüber hinaus verpflichtet er sich, auch in der Zeit nach seinem Ausscheiden über alle speziellen Kenntnisse um die Geschäfte der Firma Stillschweigen zu bewahren. Unter die Schweigepflicht fallen auch die Bedingungen dieses Schreibens.

§ 4

Als monatliche Vergütung für die Tätigkeit ab ▪▪▪ gelten folgende Regelungen:

1. Der Angestellte erhält ein Grundgehalt in Höhe von brutto ▪▪▪ EUR

+ vermögenswirksame Leistungen ▪▪▪ EUR

+ km-Pauschale (siehe Anlage ▪▪▪) ▪▪▪ EUR

+ eine Provision auf Gebiet ▪▪▪ von ▪▪▪ %

Das Grundgehalt ist ein Festgehalt und erhöht sich nicht automatisch durch tarifliche Gehaltserhöhungen.

Das Unternehmen kann bei überregionalen Aufträgen auf Antrag eine Provisionsteilung mit einem anderen Verkaufsgebiet durchführen.

2. Als jährliche Sonderzahlung erhält der Angestellte 70% des vereinbarten Brutto-Grundgehaltes laut Ziffer 1, zahlbar spätestens am 30. November eines jeden Jahres.

3. Der Angestellte erhält einen Betrag in Höhe der jeweiligen höchsten Arbeitgeberanteile zur gesetzlichen Rentenversicherung und zur Krankenversicherung der zuständigen AOK, wenn keine Versicherungspflicht besteht.

4. Im Krankheitsfalle zahlt das Unternehmen das vereinbarte Grundgehalt für die Dauer von sechs Wochen, im Übrigen nach den Bestimmungen des Entgeltfortzahlungsgesetzes in seiner jeweiligen Fassung zzgl. der in diesem Zeitraum anfallenden Provisionen. Jede Erkrankung hat der Angestellte der Geschäftsleitung spätestens binnen zwei Tagen mit Angabe der voraussichtlichen Dauer mitzuteilen. Bei Arbeitsunfähigkeit von über drei Kalendertagen Dauer ist vom Angestellten eine Arbeitsunfähigkeitsbescheinigung vorzulegen.

5. Der Angestellte verpflichtet sich, Gehaltsüberzahlungen ohne Rücksicht auf eine noch vorhandene Bereicherung zurückzuzahlen.[404]

§ 5

Der Angestellte erhält einen jährlichen Erholungsurlaub gemäß dem tariflichen Höchstanspruch. Für den Urlaub erhält der Angestellte ein zusätzliches Urlaubsgeld in Höhe von 50 % des vereinbarten Brutto-Grundgehaltes pro Urlaubstag. Der Zeitpunkt des Urlaubs ist im Einvernehmen mit der Verkaufsleitung und unter Berücksichtigung der geschäftlichen Belange des Unternehmens festzulegen.

§ 6

Für Dienstreisen erhält der Angestellte die Ausgaben nach der im Unternehmen geltenden Reisekostenordnung ersetzt. Übersteigen die aufgewendeten Auslagen die in der Reisekostenordnung festgesetzten Pauschalbeträge, so sind sie zu belegen.

§ 7

Der Angestellte hat der Firma über seine Tätigkeit einen ausführlichen Bericht wöchentlich einzusenden. Entgegengenommene Aufträge hat er unverzüglich an die Firma weiterzuleiten.

§ 8

Die Zuteilung eines anderen Verkaufsgebietes oder die Änderung des Gebietes bleibt dem Unternehmen vorbehalten. Die Durchführung einer solchen Maßnahme bedarf jedoch einer vorhergehenden Ankündigung, muss billigem Ermessen entsprechen und dem Angestellten eine Frist zur Einstellung auf die veränderten Verhältnisse von mindestens drei Monaten ermöglichen.

§ 9

Das Inkasso ist ausschließlich dem Unternehmen vorbehalten. Das Unternehmen ist jedoch berechtigt, in besonderen Fällen die Hilfe des Angestellten in Anspruch zu nehmen, ohne eine besondere Vergütung zu leisten.

§ 10

Die Provisionsabrechnung wird nach dem tatsächlichen Nettoverkaufspreis ausschließlich Nebenkosten berechnet. Der Anspruch auf Provision entfällt, falls feststeht, dass der Dritte nicht zahlt. Bereits empfangene Beträge sind zurückzuerstatten.

§ 11

Das Unternehmen schließt für die Dauer des Angestelltenverhältnisses eine Unfallversicherung ab.

Die Versicherungssumme lautet zurzeit:

- 153.000 EUR für den Invaliditätsfall,
- 50.000 EUR für den Todesfall.

§ 12

Abänderungen und Ergänzungen dieses Vertrages bedürfen zu ihrer Gültigkeit der Schriftform.

Erfüllungsort ist für beide Vertragsteile der Sitz des Unternehmens.

2. Muster: Arbeitsvertrag mit einem Außendienstmitarbeiter

Zwischen

der Firma ▪▪▪

– nachfolgend „Firma" genannt –

---

[404] Diese Klausel ist nach hier vertretener Ansicht gemäß § 307 Abs. 2 Nr. 1 BGB nicht wirksam (*Hümmerich*, NZA 2003, 764; *ders.*, Gestaltung von Arbeitsverträgen, § 1 Rn 1620).

und

Herrn ▬▬▬

– nachfolgend „Mitarbeiter" genannt –

wird folgender

Arbeitsvertrag

geschlossen:

§ 1 Beginn des Arbeitsverhältnisses

(1) Das Arbeitsverhältnis beginnt am ▬▬▬. Die vorherige ordentliche Kündigung ist ausgeschlossen.

(2) Das Arbeitsverhältnis steht unter dem Vorbehalt der gesundheitlichen Eignung des Mitarbeiters für die vertraglich vorgesehene Arbeitsaufgabe. Sollte eine spätestens bis zum Ablauf der Probezeit durchgeführte amtsärztliche Untersuchung die Nichteignung des Mitarbeiters ergeben, so endet das Arbeitsverhältnis automatisch mit dieser Feststellung, ohne dass es einer Kündigung bedarf.

(3) Dieser Vertrag wird zunächst befristet auf die Dauer von drei Monaten auf Probe abgeschlossen und endet mit Ablauf der Probezeit, wenn er nicht vorher einverständlich auf unbestimmte Zeit verlängert wird. Innerhalb der Probezeit kann das Arbeitsverhältnis mit einer Frist von einem Monat zum Monatsende gekündigt werden, unbeschadet des Rechts zur fristlosen Kündigung.

§ 2 Tätigkeit

(1) Die Firma überträgt dem Mitarbeiter die gesamte anwendungstechnische Kundenbetreuung:

a) für das Verkaufsprogramm der Firma, insbesondere für folgende Produkte: ▬▬▬

b) für folgende Gebiete: ▬▬▬ (Postleitgebiete, Regierungsbezirke, Landkreise, Städte). Der dem Mitarbeiter zugewiesene regionale Tätigkeitsbereich sowie die von ihm zu vertretenden Produkte können durch die Firma, wenn sich das Provisionsvolumen des Mitarbeiters zwei Geschäftsjahre hintereinander jeweils um mindestens ▬▬▬ EUR jährlich erhöht hat und keine berechtigten Interessen des Mitarbeiters einem Neuzuschnitt eines regionalen Tätigkeitsbereichs entgegenstehen, neu eingeteilt werden.

(2) Der Mitarbeiter verpflichtet sich, seinen derzeitigen Wohnsitz innerhalb des Postleitzahlbereichs ▬▬▬ beizubehalten.

(3) Nach Aufkündigung des Vertrages kann der Mitarbeiter für die Dauer der Kündigungsfrist mit einer anderen kaufmännischen Tätigkeit im Innendienst beschäftigt werden. Er erhält dann für diese Zeit anteilig mindestens die Durchschnittsbezüge der letzten 12 Monate im Außendienst (ohne Aufwendungsersatz). Muss der Mitarbeiter während dieser Zeit vorübergehend einen Zweitsitz am Sitz der Firma begründen, so zahlt die Firma für diese Zeit die steuerlich zulässige Trennungsentschädigung.

Wird der Mitarbeiter auf Dauer ganz in den Innendienst übernommen, so werden seine Bezüge und die tarifliche Eingruppierung neu vereinbart.

(4) Der Verkaufsbezirk kann aus betrieblichen Gründen geändert werden, ohne dass dadurch der Gesamtvertrag gekündigt wird. Der Mitarbeiter erklärt sich bereit, je nach den Erfordernissen vorübergehend oder ggf. auch dauernd im kaufmännischen Innendienst eingesetzt zu werden. Ist mit einer solchen Änderung ein Wohnsitzwechsel verbunden, ist das Einverständnis des Mitarbeiters nötig.

(5) Alle Kundenaufträge bedürfen zu ihrer Wirksamkeit der Bestätigung durch die Firma.

§ 3 Beobachtungs- und Mitteilungspflichten, Lagerhaltung

(1) Der Mitarbeiter ist verpflichtet, seinen Verkaufsbezirk intensiv zu bearbeiten, die Abnehmer und Interessenten regelmäßig zu besuchen und neue Kunden zu werben, sich ihrer Bonität zu vergewissern und ihre Kreditwürdigkeit laufend zu überwachen, Hinweise über etwaige Zahlungsschwierigkeiten eines Kunden und sonstige für die Kreditwürdigkeit und die Geschäftsbeziehungen wesentliche, ihm bekannt gewordene Umstände der Firma unverzüglich mitzuteilen.

(2) Der Mitarbeiter hat der Firma wöchentlich über seine Tätigkeit und die Marktlage ausführlich schriftlich zu berichten und sich dabei des für diesen Zweck vorgesehenen Wochenberichtsformulars zu bedienen.

(3) Der Mitarbeiter erklärt sich ferner bereit, in seiner Privatwohnung laufend folgende Gegenstände auf Lager zu halten:

- Waren: ▬▬▬
- Muster: ▬▬▬
- Werbematerial: ▬▬▬

§ 4 Unterlagen, Informationspflicht der Firma

(1) Die Firma wird ihrerseits dem Mitarbeiter die zur Ausübung seiner Tätigkeit erforderlichen Informationen und Unterlagen stets rechtzeitig zur Verfügung stellen. Sämtliche dem Mitarbeiter übergebenen Unterlagen, wie z.B. Muster, Kataloge, Preislisten, Zeichnungen und Karten, verbleiben im Eigentum der Firma; sie sind während der Dauer des Anstellungsvertrages auf Anforderung der Firma und nach Beendigung des Anstellungsvertrages unaufgefordert an die Firma zurückzugeben. Der Mitarbeiter verzichtet darauf, irgendwelche Zurückbehaltungsrechte oder Aufrechnungsrechte geltend zu machen.

(2) Die Firma verpflichtet sich, den Mitarbeiter zu informieren, wenn sie Kaufverträge über bestimmte Gegenstände in absehbarer Zeit nicht oder nur in vermindertem Umfang abzuschließen gedenkt. Im Übrigen wird sie die Ablehnung oder Annahme eines Vertrages dem Mitarbeiter unverzüglich mitteilen.

§ 5 Vergütung

(1) Der Mitarbeiter erhält für seine vertragliche Tätigkeit ein monatliches Festgehalt, das in den ersten sechs Monaten des Arbeitsverhältnisses ▬▬▬ EUR brutto beträgt. Dieses Gehalt ist jeweils am letzten Arbeitstag eines Monats fällig. Die Zahlung erfolgt bargeldlos. Der Mitarbeiter wird daher innerhalb von 14 Tagen nach Beginn des Arbeitsverhältnisses ein Konto einrichten und dessen Nummer sowie das kontoführende Institut der Firma mitteilen.

(2) Ab Beginn des 7. Monats des Arbeitsverhältnisses soll der Mitarbeiter seine Beratungstätigkeit im Außendienst aufnehmen. Ab diesem Zeitpunkt reduziert sich das Festgehalt auf ▬▬▬ EUR brutto im Monat.

(3) Hinzu tritt dann für jeden von der Firma bestätigten Auftrag aus dem Betreuungsgebiet des Mitarbeiters eine Bruttoprovision die am Ende des der Auslieferung folgenden Monats fällig wird.

a) Die Provisionssätze werden wie folgt festgelegt:
- ▬▬▬% aus allen Aufträgen mit einem Auftragsvolumen von weniger als ▬▬▬ EUR.
- ▬▬▬% aus allen Aufträgen mit einem Auftragsvolumen von mehr als ▬▬▬ EUR.

b) Sonderprovisionen zur Forcierung einzelner Artikel werden zusätzlich gezahlt.

c) Als Mindesteinkommen aus der Provision wird ein Betrag von monatlich ▬▬▬ EUR garantiert.

d) Die Provision errechnet sich aus dem in Rechnung gestellten Waren-Nettowert (Warenwert ohne Mehrwertsteuer). Skontoabzüge mindern den Provisionsanspruch nicht. Nicht provisionspflichtig sind Nebenkosten, namentlich für Fracht, Verpackung, Zoll, Steuern, sofern diese Nebenkosten dem Kunden besonders in Rechnung gestellt werden.

e) Die Provisionssätze können, wenn es die wirtschaftlichen Verhältnisse angezeigt erscheinen lassen, durch die Firma geändert werden. Geplante Änderungen müssen dem Mitarbeiter drei Monate im Voraus schriftlich mitgeteilt werden. Die bisherigen durchschnittlichen Provisionseinkünfte des Mitarbeiters (letzten 12 Monate) dürfen dabei nicht unterschritten werden.

f) Ein Provisionsanspruch besteht nicht,
- wenn die Ausführung des bestätigten Auftrages unmöglich geworden ist, ohne dass die Firma die Unmöglichkeit zu vertreten hat, oder wenn der Firma die Ausführung unzumutbar ist,
- wenn feststeht, dass der Kunde nicht zahlt,
- wenn der Kunde zahlungsunfähig wird.

Die Provision ist unabhängig vom Zahlungseingang zahlbar. Bei Nichteingang von Zahlungen aus den oben genannten Gründen wird das Provisionskonto des Mitarbeiters entsprechend rückbelastet.

g) Die Firma hat die Provision, auf die der Mitarbeiter Anspruch hat, monatlich jeweils bis zum letzten Arbeitstag des der Auslieferung folgenden Monats abzurechnen.

(4) Für die Lagerhaltung gemäß § 3 Abs. 3 dieses Vertrages und die darin liegende Überlassung von Raum erhält der Mitarbeiter eine monatliche Pauschale in Höhe von ▬▬▬ EUR brutto.
Die Zahlung dieser Pauschale entfällt, wenn der Mitarbeiter zur Lagerhaltung nicht mehr verpflichtet ist.

(5) Der Mitarbeiter erhält ferner eine Urlaubsvergütung von ▬▬▬ EUR brutto für ein volles Dienstjahr, zahlbar jeweils am 30.6. Bei unterjähriger Beschäftigung entsteht der Anspruch anteilig.

(6) Durch die vorgenannte Vergütung ist die gesamte vertragsgemäße Tätigkeit des Mitarbeiters einschließlich etwaiger Mehrarbeit, Reisezeit usw. abgegolten.

(7) Der Mitarbeiter verpflichtet sich, Gehaltsüberzahlungen ohne Rücksicht auf eine noch vorhandene Bereicherung zurückzuzahlen.[405]

---

[405] Diese Klausel ist nach hier vertretener Ansicht gemäß § 307 Abs. 2 Nr. 1 BGB nicht wirksam (*Hümmerich*, NZA 2003, 764; *ders.*, Gestaltung von Arbeitsverträgen, § 1 Rn 1620).

§ 6 Jahresabschlussvergütung

(1) Soweit die Firma allgemein eine Jahresabschlussvergütung gewährt, erhält der Mitarbeiter diese ebenfalls.

(2) Der Mitarbeiter erkennt an, dass die Jahresabschlussvergütung freiwillig gezahlt wird und hierauf auch nach wiederholter Zahlung kein Rechtsanspruch entsteht.

(3) Die Zahlung der Jahresabschlussvergütung entfällt, wenn das Arbeitsverhältnis in dem jeweils durch Aushang bekannt gegebenen Zahlungszeitpunkt durch den Mitarbeiter oder aus personen- oder verhaltensbedingten Gründen durch die Firma gekündigt ist.

§ 7 Nebenkosten

(1) Die Kosten der notwendigen Hotelübernachtungen werden gegen Nachweis der Auslagen bis zu einer Höhe von ▀▀▀ EUR erstattet.

Hotelrechnungen müssen auf den Namen der Firma mit dem Zusatz „betrifft Herrn ▀▀▀" ausgestellt sein; der Aussteller muss darauf angeben, ob darin das Frühstück enthalten ist. In diesem Falle erfolgt eine Kürzung des Tagessatzes um 4,50 EUR.

(2) Soweit eine Abrechnung gegen Beleg erfolgt, ist darauf zu achten, dass der Beleg auf die Firma ausgestellt ist und einen ordnungsgemäßen Mehrwertsteuer-Ausweis enthält (bis 100 EUR MwSt.-Prozentsatz, über 100 EUR MwSt.-Betrag).

Schäden, die aus der Nichtbeachtung dieser Anweisung der Firma entstehen, können dem Mitarbeiter belastet werden.

(3) Der Mitarbeiter hat alle Aufwendungen und Auslagen wöchentlich auf dem Wochenberichtsformular (§ 3 Abs. 2) abzurechnen. Die Abrechnung durch die Firma erfolgt spätestens zum Schluss des darauf folgenden Monats.

§ 8 Firmenfahrzeug

(1) Der Mitarbeiter verpflichtet sich, im Rahmen der Erfüllung seiner Aufgaben gemäß § 2 und § 3 dieses Vertrages notwendig werdende Fahrten im Pkw durchzuführen.

(2) Die Firma behält sich vor, in Einzelfällen, wenn dies aus geschäftlichen Gründen notwendig erscheint, eine Bahn- oder Flugreise anzusetzen. Der Mitarbeiter ist berechtigt, von sich aus mit der Bahn zu fahren, wenn die Witterung es erfordert und die Tourenplanung es erlaubt.

In diesen Fällen ist von dem bei der Firma bestehenden Großkundenabonnement Gebrauch zu machen.

(3) Die Firma überlässt ab ▀▀▀ das Fahrzeug ▀▀▀ mit dem polizeilichen Kennzeichen ▀▀▀ dem Mitarbeiter zur dienstlichen und privaten Nutzung (auch durch Familienangehörige).

(4) Für die Fahrzeugstellung einschließlich der Privatnutzung gelten die folgenden Bedingungen:

a) Die lohnsteuerrechtliche Behandlung der Privatnutzung richtet sich nach den jeweiligen maßgeblichen Vorschriften. Demnach ist zurzeit zu versteuern:

- monatlich 1 % vom Brutto-Listenpreis = ▀▀▀ EUR.

Sofern steuerpflichtige Fahrten zwischen Wohnung und Arbeitsstätte (Abschnitt 24 Abs. 7 LStR) oder Familienheimfahrten bei doppelter Haushaltsführung anfallen sollten, erhöht sich das steuerpflichtige Einkommen entsprechend.

b) Die Firma übernimmt die Kosten des Fahrzeugbetriebes. Die Betriebskosten für Öl, Benzin usw. bei Urlaubsfahrten und sonstigen Privatfahrten über 50 km übernimmt jedoch der Mitarbeiter.

Vor Auslandsfahrten ist eine ADAC-Auslandsschutzbrief-Versicherung abzuschließen.

Zum Monatsende ist der Firma der jeweilige Kilometerstand unaufgefordert auf der monatlichen Tankrechnung mitzuteilen.

c) Der Mitarbeiter hat der Firma seinen Führerschein vor Übernahme des Wagens und danach jeweils in halbjährlichem Abstand unaufgefordert vorzulegen. Sollte zu einem späteren Zeitpunkt ein Führerscheinentzug erfolgen, ist dies der Firma sofort mitzuteilen.

d) Der Kraftfahrzeugschein ist neben der Fahrerlaubnis ständig mitzuführen und sorgfältig zu verwahren. Das Gleiche gilt für die von der Firma zur Verfügung gestellte grüne Versicherungskarte.

e) Der Wagen ist möglichst in einer Garage einzustellen. Der Mietpreis ist vom Mitarbeiter zu tragen.

f) Es ist selbstverständlich, dass das Fahrzeug jederzeit einer ordnungsgemäßen Pflege und Wartung unterzogen und in betriebssicherem Zustand gehalten wird. Die notwendigen Maßnahmen ergeben sich aus dem beigefügten Kundendienstscheckheft des Kfz-Herstellers.

Sämtliche Kundendienstarbeiten und Reparaturen müssen in autorisierten Werkstätten der gefahrenen Automarke durchgeführt werden. Zuwiderhandlungen gehen zu Lasten des Mitarbeiters. Notwendig erscheinende Reparaturen sind der Geschäftsleitung unverzüglich anzuzeigen. Reparaturen bedürfen der vorherigen Zustimmung der Geschäftsleitung. Unfälle sind dieser sofort zu melden.

g) Der Mitarbeiter haftet für Schäden am Kraftfahrzeug, die durch unsachgemäße Behandlung entstehen und als sog. Betriebsschäden von der Kaskoversicherung grundsätzlich ausgenommen sind, z.B. einen Motorschaden wegen ungenügenden Ölstandes.

Ferner hat der Mitarbeiter die Firma von allen Haftpflichtansprüchen Dritter freizustellen, die wegen seines Verhaltens durch die Kraftfahrzeug-Haftpflichtversicherung nicht gedeckt sind. Dies kommt u.a. in Betracht, wenn ein Unfall auf abgefahrene Reifen zurückzuführen ist; ferner, wenn eine Obliegenheit verletzt wird, die bei Eintritt des Versicherungsfalles vom Lenker des Fahrzeuges zu erfüllen gewesen wäre. Zu den Obliegenheitsverletzungen gehören z.B. Unfallflucht, ungenügende Aufklärung des Versicherers über den Unfallhergang, keine oder unwahre Angaben über Alkoholgenuss, wenn hiernach gefragt ist.

h) Zur Ausstattung gehören 2 Sätze Schlüssel, 1 Warndreieck, 1 vorschriftsmäßiger Verbandskasten, 1 Warnweste. Das Fahrzeug ist mit Stahl-Gürtelreifen ausgerüstet (für Sommer und Winterbetrieb). Die Reifen inkl. Ersatzreifen müssen nach einer gewissen Zeit umgesetzt werden, damit alle Reifen gleichmäßig abgefahren werden. Bei Ersatzbeschaffung von Reifen müssen Gürtelreifen angeschafft werden. Die Rechnung geht auch in diesem Fall an die Firma. Der Mitarbeiter teilt der Firma den km-Stand und die Ersatzbeschaffung mit.

i) Falls sich im Kraftfahrzeug eine Kontrolleinrichtung befindet, hat der Mitarbeiter diese zu benutzen und die Kontrollbelege auf Anforderung vorzulegen. Darüber hinaus ist er verpflichtet, ein Fahrtenbuch zu führen.

j) Der Mitarbeiter verpflichtet sich, auf allen Dienstfahrten stets den Sicherheitsgurt anzulegen und darauf hinzuwirken, dass auch mitgenommene Dritte dies tun.

Der Mitarbeiter verpflichtet sich weiter, bei allen Arbeiten am Fahrzeug im Gefahrenbereich des fließenden Verkehrs stets die mitgeführte Warnweste zu tragen (§ 50 Abs. 5 UVV 12).

k) Die Gebrauchsüberlassung ist an das bestehende Arbeitsverhältnis gebunden und endet automatisch mit dem Ende des Arbeitsverhältnisses. Die Firma behält sich vor, nach Kündigung des Arbeitsverhältnisses, insbesondere im Falle einer Freistellung des Mitarbeiters von seinen Außendienstaufgaben, das Fahrzeug vorzeitig herauszuverlangen. In diesem Fall erhält der Mitarbeiter als Ersatz für den entgehenden geldwerten Vorteil monatlich einen Betrag in Höhe von ■■■ EUR. Auch bei einer Versetzung in den Innendienst ist der Dienstwagen zurückzugeben. In diesem Fall erhält der Mitarbeiter für die Dauer von ■■■ Monaten als Ersatz für den entgehenden geldwerten Vorteil monatlich einen Betrag in Höhe von ■■■ EUR.

(5) Im Übrigen ist die Firma berechtigt, das Fahrzeug alle zwei Jahre gegen ein fabrikneues Fahrzeug der gleichen Klasse auszutauschen.

§ 9 Gehaltsabtretung, -verpfändung oder -pfändung

(1) Der Mitarbeiter darf seine Vergütungsansprüche weder abtreten noch verpfänden.

(2) Jede Pfändung der Arbeitsvergütung ist der Firma unverzüglich schriftlich anzuzeigen. Der Mitarbeiter verpflichtet sich, die durch die Pfändung (sowie durch eine vertragswidrig vorgenommene Abtretung oder Verpfändung) der Firma entstehenden Kosten zu tragen. Die Pauschale je zu bearbeitender Pfändung, Abtretung oder Verpfändung beträgt monatlich 4 EUR. Die Firma ist jedoch berechtigt, bei Nachweis der höheren tatsächlichen Kosten diese in Ansatz zu bringen. Die sich danach ergebenden Beträge werden monatlich vom Gehalt einbehalten.

§ 10 Arbeitsverhinderung

(1) Der Mitarbeiter verpflichtet sich, jede Arbeitsverhinderung unter Angabe des Grundes und der voraussichtlichen Dauer der Geschäftsleitung unverzüglich mitzuteilen.

(2) Der Mitarbeiter verpflichtet sich weiter, im Falle der Erkrankung vor Ablauf des 3. Kalendertages der Firma (Personalabteilung) eine ärztliche Bescheinigung über die Arbeitsunfähigkeit und ihre voraussichtliche Dauer vorzulegen. Dauert die Arbeitsunfähigkeit über den letzten bescheinigten Tag hinaus fort, so ist der Mitarbeiter unabhängig von der Gesamtdauer der Arbeitsunfähigkeit verpflichtet, jeweils innerhalb von drei Tagen eine neue ärztliche Bescheinigung einzureichen. In diesem Falle ist die fortdauernde Arbeitsunfähigkeit erneut anzuzeigen (Abs. 1).

(3) Der Mitarbeiter ist verpflichtet, der Firma unverzüglich eine Bescheinigung über die Bewilligung einer Kur oder eines Heilverfahrens vorzulegen und den Zeitpunkt des Kurantritts mitzuteilen. Die Bescheinigung über die Bewilligung muss Angaben über die voraussichtliche Dauer der Kur enthalten. Dauert die Kur länger als in der Bescheinigung angegeben, so ist der Mitarbeiter verpflichtet, der Firma unverzüglich eine weitere entsprechende Bescheinigung vorzulegen.

§ 11 Gehaltsfortzahlung im Krankheitsfalle

(1) Bei Arbeitsverhinderung infolge ärztlich bescheinigter Arbeitsunfähigkeit erhält der Mitarbeiter entsprechend den gesetzlichen Bestimmungen für die Dauer von sechs Wochen das Gehalt fortgezahlt. Gehalt in diesem Sinne ist die sich aus § 5 Abs. 1 bis 3 dieses Vertrages ergebende Vergütung.

(2) Im Anschluss daran zahlt die Firma für die Dauer von ▬▬▬ Wochen einen Zuschuss in Höhe des Unterschiedes zwischen dem Nettoeinkommen und dem Krankengeld der (gesetzlichen) Krankenversicherung.

§ 12 Urlaub

(1) Der Mitarbeiter erhält kalenderjährlich einen Erholungsurlaub von 30 Arbeitstagen.

(2) Erholungsurlaub kann erstmals nach sechsmonatiger ununterbrochener Firmenzugehörigkeit beansprucht werden und ist mindestens 14 Tage vorher bei der Geschäftsleitung schriftlich zu beantragen.

(3) Im Übrigen gelten die gesetzlichen Bestimmungen.

§ 13 Nebentätigkeit

(1) Jedwede Nebentätigkeit, sei sie ein Ehrenamt oder sei sie entgeltlich ausgeübt, macht die Einwilligung der Firma erforderlich. Die Einwilligung ist zu erteilen, wenn nicht ein Versagungsgrund wegen einer zu befürchtenden Beeinträchtigung betrieblicher oder dienstlicher Interessen vorliegt.

(2) Die Firma verpflichtet sich, ihre Entscheidung über die beantragte Einwilligung innerhalb einer Frist von vier Wochen nach Antragseingang zu fällen. Verstreicht die Frist, ohne dass dem Mitarbeiter die Entscheidung über den gestellten Antrag auf Nebentätigkeit zugegangen ist, gilt die Zustimmung der Firma als erteilt.

(3) Eine Nebentätigkeit bei einem Konkurrenzunternehmen ist ausgeschlossen (§ 60 HGB).

§ 14 Geheimhaltungspflicht

(1) In seiner Eigenschaft als ▬▬▬ verpflichtet sich der Mitarbeiter zu absoluter Verschwiegenheit gegenüber jedermann in Bezug auf alle geheimhaltungsbedürftigen Vorgänge.

(2) Die Geheimhaltungspflicht erstreckt sich auf alle Angelegenheiten und Vorgänge, die im Rahmen der Tätigkeit in der Abteilung ▬▬▬ bekannt geworden sind und bekannt werden, aber auch auf sonstige sachliche und persönliche Umstände in der Abteilung ▬▬▬ und im Betrieb, die nicht zu den formellen Geschäfts- und Betriebsgeheimnissen zählen. Die Geheimhaltungspflicht besteht nicht nur gegenüber Dritten, sondern auch gegenüber den Mitarbeitern der Firma, sofern nicht die Wahrnehmung der betrieblichen Aufgaben und die reibungslose Zusammenarbeit eine Mitteilung erforderlich machen.

(3) Auf Verlangen des Vorgesetzten sind alle Unterlagen (z.B. Aufzeichnungen, Notizen, Gesprächsunterlagen), Arbeitsgerätschaften (z.B. Taschenrechner) und Waren jederzeit auszuhändigen. Am letzten Arbeitstag im Betrieb sind alle vorgenannten Gegenstände, die unmittelbar oder mittelbar mit der Arbeitsverrichtung oder dem Betrieb zusammenhängen, der Geschäftsleitung zu übergeben.

(4) Für jeden Einzelfall des Verstoßes gegen die Pflichten aus dieser Geheimhaltungsvereinbarung ist der Mitarbeiter zur Zahlung einer Vertragsstrafe in Höhe eines durchschnittlichen Monatseinkommens der letzten 12 abgerechneten Monate an die Firma verpflichtet. Diese Vertragsstrafe wird mit der Geltendmachung fällig. Dadurch wird die Geltendmachung weitergehender Schadensersatzansprüche nicht ausgeschlossen.

§ 15 Vertragsstrafe

(1) Für den Fall, dass der Mitarbeiter schuldhaft die vertragsgemäße Tätigkeit nicht oder verspätet aufnimmt oder das Vertragsverhältnis unberechtigt vorzeitig beendet, wird eine Vertragsstrafe in Höhe eines Gesamtmonatseinkommens vereinbart.

(2) Das Gesamtmonatseinkommen bemisst sich gemäß §§ 5 und 6 dieses Vertrages, und zwar nach dem Durchschnitt der letzten 12 Monate, im Falle einer kürzeren Beschäftigungsdauer nach dem Durchschnitt während dieser Zeit, im Falle der Nichtaufnahme oder verspäteten Aufnahme der Tätigkeit nach den durchschnittlichen Bezügen eines vergleichbaren Außendienstmitarbeiters.

§ 16 Beendigung des Arbeitsverhältnisses

(1) Wird nach Ablauf des befristeten Probearbeitsverhältnisses das Arbeitsverhältnis einverständlich fortgesetzt, so gilt rückwirkend vom Zeitpunkt der Einstellung an das Arbeitsverhältnis als Dauerarbeitsverhältnis.

(2) Die Kündigung bedarf der Schriftform. Die Kündigungsfrist beträgt drei Monate zum Quartalsende. Kraft Gesetzes eintretende Verlängerungen der Kündigungsfrist nach längerer Beschäftigungsdauer gelten für beide Seiten.

(3) Firma und Mitarbeiter stimmen darin überein, dass das Arbeitsverhältnis mit Ablauf des Monats, in dem der Mitarbeiter das 65. Lebensjahr vollendet, enden soll, ohne dass es einer Kündigung bedarf. Im Hinblick auf die Notwendig-

keit einer rechtzeitigen Nachfolgeplanung durch die Firma verpflichtet sich der Mitarbeiter, der Firma innerhalb von sechs Monaten nach Vollendung seines 62. Lebensjahres verbindlich mitzuteilen, ob er sich an diese Absprache gebunden fühlt.

(4) Wird das Arbeitsverhältnis zwischen den Parteien aufgehoben oder gekündigt, ist der Arbeitnehmer verpflichtet, noch nicht verrechnete Provisionsvorschüsse zurückzugewähren. Werden am Ende des Arbeitsverhältnisses Ansprüche fällig, so können diese verrechnet werden. Die Beweislast für das Bestehen solcher Ansprüche obliegt der Firma.

(5) Im Falle der Kündigung ist die Firma berechtigt, den Mitarbeiter während der Kündigungsfrist unter Anrechnung auf bestehende Urlaubsansprüche von der Arbeit freizustellen, wenn sie dem Mitarbeiter die Bezüge weiterzahlt.[406] Die monatlichen Bezüge während einer Freistellung bestehen aus der Gesamtvergütung (Fixum und durchschnittliche Provision der letzten ■■■ abgerechneten Monate). Durch die Freistellung werden eventuell bestehende Urlaubsansprüche in entsprechendem Umfang abgegolten. Für die Zeit der Freistellung entfällt der Anspruch des Mitarbeiters auf pauschalen Aufwandsersatz.

(6) Das Recht zur fristlosen Kündigung bleibt unberührt. Eine fristlose Kündigung gilt gleichzeitig vorsorglich als fristgemäße Kündigung zum nächstzulässigen Zeitpunkt. Im Falle fristloser Kündigung sind dem anderen Vertragspartner die wesentlichen Kündigungsgründe im Kündigungsschreiben schriftlich mitzuteilen.

§ 17 Schlussbestimmungen

(1) Mündliche Nebenabreden bestehen nicht.

(2) Alle Änderungen dieses Vertrages bedürfen zu ihrer Rechtswirksamkeit der Schriftform. Das gilt auch für die Aufhebung dieses Schriftformerfordernisses.

(3) Soweit vorstehend nichts anderes vereinbart worden ist, gelten für das Arbeitsverhältnis die gesetzlichen Bestimmungen sowie die betriebliche Übung. Tarifliche Regelungen gelten nicht.

(4) Die allgemeinen Arbeitsbedingungen und Vergütungsregelungen unterliegen den gesetzlichen Bestimmungen sowie Betriebsvereinbarungen.

(5) Alle Ansprüche aus dem Arbeitsverhältnis sind beiderseits binnen einer Frist von drei Monaten seit Fälligkeit schriftlich geltend zu machen und im Falle der Ablehnung innerhalb einer Frist von drei weiteren Monaten einzuklagen.[407]

(6) Der Mitarbeiter versichert ausdrücklich, dass irgendwelche Umstände, die bei ihm demnächst einen Arbeitsausfall verursachen könnten, nicht vorliegen.

(7) Die etwaige Unwirksamkeit einzelner Bestimmungen dieses Vertrages lässt die Wirksamkeit der übrigen Vertragsbestimmungen unberührt.

(8) Die Firma hält sich an dieses Vertragsangebot bis längstens ■■■ gebunden. Das Angebot erlischt, wenn bis dahin nicht die vom Mitarbeiter gegengezeichnete Zweitschrift des Vertrages eingegangen ist.

3. Muster: Arbeitsvertrag mit einem Vertriebsmitarbeiter für EDV-Produkte und EDV-Dienstleistungen (mit Anlage Provisionsregelung)

Arbeitsvertrag

zwischen

der Firma ■■■

– nachfolgend „Firma" genannt –

und

Herrn ■■■

– nachfolgend „Mitarbeiter" genannt –

§ 1 Beginn des Arbeitsverhältnisses

(1) Der Mitarbeiter tritt mit Wirkung vom ■■■ in die Dienste der Firma. Vor Beginn des Arbeitsverhältnisses ist die Kündigung ausgeschlossen.

---

[406] Die Wirksamkeit anlassfreier Freistellungsklauseln ist umstritten, *Hümmerich*, Gestaltung von Arbeitsverträgen, § 1 Rn 1413 ff.

[407] Einstufige Ausschlussfristen müssen einen Mindestzeitraum von drei Monaten enthalten (BAG 28.9.2005 – 5 AZR 52/05, DB 2006, 1959). Zweistufige Ausschlussfristen müssen für jede Frist drei Monate vorsehen. Als im Arbeitsrecht etablierte Besonderheiten nach § 310 Abs. 4 Satz 2 BGB steht ihrer Wirksamkeit § 309 Nr. 13 BGB nicht entgegen (BAG 25.5.2005 – 5 AZR 572/04, NZA 2005, 1111).

(2) Die ersten sechs Monate gelten als Probezeit. Während dieser Zeit können die Vertragspartner das Arbeitsverhältnis mit gesetzlicher Frist kündigen.

§ 2 Tätigkeit

(1) Der Mitarbeiter wird als Vertriebsmitarbeiter angestellt. Er übt seine Tätigkeit insbesondere in der Geschäftsstelle ■■■ aus. Zu seinen Aufgaben gehören insbesondere der Vertrieb der Dienstleistungen und Produkte der Firma in den Geschäftsfeldern:

- Multimedia
- Softwareentwicklung
- EDV-Schulungen
- Anwender-Support
- Netzwerkadministration
- Installationen
- Personaltraining
- Managementcoaching
- Projektmanagement
- SAP/R3.

Der Tätigkeitsbereich des Mitarbeiters erstreckt sich auf die in Anlage ■■■ aufgeführten Kundenbeziehungen der Firma.

Darüber hinaus kann der Mitarbeiter bundesweit bei Kunden der Gesellschaft und innerbetrieblich zu allen Aufgaben berufen werden, die seinen Vorkenntnissen und Fähigkeiten entsprechen.

Insbesondere kann der Mitarbeiter im Bedarfsfall zu innerbetrieblichen organisatorischen Aufgaben herangezogen werden. Macht die Firma hiervon Gebrauch, so ist die bisherige Vergütung weiterzuzahlen.

(2) Es besteht Einvernehmen darüber, dass die Firma den weiteren Ausbau des Vertriebsnetzes plant. Daher unterliegt die Definition der Aufgaben des Mitarbeiters im Falle der Einstellung weiterer Vertriebsmitarbeiter, unbeschadet der getroffenen Vergütungsvereinbarung, der Änderung durch die Geschäftsleitung nach billigem Ermessen.

(3) Der Mitarbeiter ist weisungsgebunden gegenüber dem Gesamtvertriebsleiter und den Geschäftsführern. Ohne besondere schriftliche Ermächtigung ist der Mitarbeiter weder zur rechtsgeschäftlichen Vertretung noch zum Inkasso ermächtigt.

(4) Obwohl das Aufgabenfeld des Mitarbeiters ein generell selbständiges und innovatives Arbeiten erfordert, gehört es zu den Obliegenheiten des Mitarbeiters, die Bestimmung der Dringlichkeiten von Arbeiten nicht ohne Zustimmung seiner Vorgesetzten vorzunehmen und die Vorgesetzten über beabsichtigte Vorhaben und den Stand von Arbeiten zu unterrichten.

Wöchentlich sind Projektberichte zu erstellen, darüber hinaus ist ein monatlicher umfassender Statusbericht vorzulegen.

(5) Der Mitarbeiter hat insbesondere die Bestimmungen des Gesetzes gegen den unlauteren Wettbewerb (UWG), des Rabattgesetzes und der Zugabeverordnung zu beachten und alles zu unterlassen, was gegen die Regeln des lauteren Wettbewerbs verstößt. Insbesondere ist er verpflichtet, sowohl Interessenten als auch Kunden über alle Punkte eines abzuschließenden Vertrages umfassend und sachlich zu unterrichten.

(6) Der Mitarbeiter ist an die Preise und Kalkulationsgrundlagen gebunden, die die Firma allgemein oder von Fall zu Fall festsetzt. Die Gewährung von Preisnachlässen und Sonderkonditionen bedarf der ausdrücklichen schriftlichen Zustimmung der Firma. Die Annahme oder Ablehnung eines Auftrages steht der Firma frei.

§ 3 Arbeitszeit

(1) Die regelmäßige Wochenarbeitszeit beträgt 40 Stunden.

(2) Beginn und Ende der täglichen Arbeitszeit sowie die Pausen werden von der Firmenleitung festgelegt.

§ 4 Vergütung

(1) Der Mitarbeiter erhält für seine vertragliche Tätigkeit ein festes Jahresbruttogehalt von ■■■ EUR. Die Vergütung ist in zwölf Teilbeträgen jeweils am Letzten eines Monates fällig.

(2) Für die Erreichung der ihm nach Maßgabe der Zusatzvereinbarung gesetzten Vertriebsziele erhält er darüber hinaus ein variables Gehalt in Form von Provisionen bis maximal zur Höhe von 18.000 EUR p.a.

(3) Die Firma zahlt auf die zu erwartende Provision einen monatlichen Vorschuss in Höhe von ■■■ EUR.

Der Anspruch auf die Jahresprovisionen entsteht mit Erreichung der jeweiligen Teilumsatzziele nach Eingang der Zahlungen der Kunden bei der Firma. Der Anspruch wird fällig mit Abrechnung. Die Abrechnung und Auszahlung erfolgt in dem Monat, der auf die Entstehung des Provisionsanspruchs folgt, spätestens mit Bilanzfeststellung.

(4) Der Anspruch auf Provision entfällt insoweit, als sich Forderungen der Firma gegenüber Kunden aus Gründen, die die Firma nicht zu vertreten hat, als uneinbringlich erweisen. Bereits gezahlte Provisionsvorschüsse werden zurückgerechnet. Es obliegt der Firma, glaubhaft zu machen, dass der Käufer nicht leisten wird. Der Nachweis gilt als geführt, wenn eine Auskunftei oder eine Gläubigerschutzorganisation bescheinigt, dass nach ihrem Ermessen eine Zwangsvollstreckung nicht zum Ziele führen wird.

(5) Die Firma schreibt jährlich für Vertriebsmitarbeiter eine Incentivreise aus. Der Mitarbeiter kann sich an dieser Ausschreibung beteiligen. Etwaige auf die Incentivreise entfallende Lohn- oder Kirchensteuer trägt die Firma.

(6) Die durch die als Anlage Nr. ■■■ angefügte Zusatzvereinbarung ist Bestandteil dieses Vertrages.

(7) Die Zahlung erfolgt bargeldlos. Der Mitarbeiter ist verpflichtet, ein Konto zu unterhalten und der Firma seine jeweiligen Kontodaten mitzuteilen.

(8) Der Mitarbeiter verpflichtet sich, Gehaltsüberzahlungen ohne Rücksicht auf eine noch vorhandene Bereicherung zurückzuzahlen.[408]

§ 5 Urlaub

(1) Der Urlaubsanspruch des Mitarbeiters richtet sich nach dem Bundesurlaubsgesetz. Mit dem Mitarbeiter werden zurzeit 27 Arbeitstage jährlich als Urlaub vereinbart. Der Zeitpunkt des Urlaubsantrittes ist unter Berücksichtigung der Geschäftsinteressen der Firma festzulegen.

(2) Der Urlaubsanspruch besteht erst nach einer dreimonatigen Beschäftigung bei der Firma. Der volle Urlaubsanspruch wird erstmalig nach sechs Monaten nach Beginn des Anstellungsverhältnisses erworben.

§ 6 Gehaltsverpfändung und Gehaltsabtretung

(1) Der Mitarbeiter darf seine Vergütungsansprüche weder verpfänden noch abtreten.[409]

(2) Der Mitarbeiter hat die durch die die Abtretung und Verpfändung von Forderungen erwachsenden Kosten zu tragen. Die zu ersetzenden Kosten sind pauschaliert und betragen je zu berechnender Pfändung, Verpfändung oder Abtretung 50 EUR. Die Firma ist berechtigt, bei Nachweis der höheren tatsächlichen Kosten diese in Ansatz zu bringen.

§ 7 Dienstreisen, Fahrtkosten

(1) Der Mitarbeiter ist verpflichtet, auf Weisung der Firmenleitung Dienstreisen durchzuführen.

(2) Fahrtkosten, die im Rahmen von Dienstreisen anfallen, werden nach Maßgabe der Firmenrichtlinien im Einzelfall nach Vorlage von Einzelnachweisen erstattet.

§ 8 Arbeitsverhinderung

(1) Der Mitarbeiter ist verpflichtet, dem Arbeitgeber jede Dienstverhinderung und seine voraussichtliche Dauer anzuzeigen. Auf Verlangen sind die Gründe der Dienstverhinderung mitzuteilen.

(2) Im Falle der Erkrankung ist der Mitarbeiter verpflichtet, vor Ablauf des zweiten Kalendertages nach Beginn der Arbeitsunfähigkeit eine ärztliche Bescheinigung über Arbeitsunfähigkeit sowie deren voraussichtliche Dauer vorzulegen. Dauert die Arbeitsunfähigkeit länger als in der Bescheinigung angegeben, ist der Mitarbeiter verpflichtet, innerhalb von drei Tagen eine neue ärztliche Bescheinigung einzureichen.

§ 9 Gehaltsfortzahlung im Krankheitsfalle

Ist der Mitarbeiter infolge auf Krankheit beruhender Arbeitsunfähigkeit an der Arbeitsleistung verhindert, ohne dass ihn ein Verschulden trifft, so erhält er Gehaltsfortzahlung für die Dauer von sechs Wochen nach Maßgabe des Entgeltfortzahlungsgesetzes in seiner jeweils gültigen Fassung.

§ 10 Verschwiegenheitspflicht

Der Mitarbeiter verpflichtet sich, über alle ihm in der Firma bekannt gewordenen Angelegenheiten und Vorgänge auch nach dem Ausscheiden aus dem Arbeitsverhältnis Stillschweigen zu bewahren.

§ 11 Nebenbeschäftigung

Solange der Mitarbeiter bei der Firma beschäftigt ist, darf er nur mit vorheriger schriftlicher Zustimmung der Firma eine Nebentätigkeit übernehmen. Für Veröffentlichungen und Vorträge, die den Tätigkeitsbereich der Firma berühren,

---

[408] Diese Klausel ist nach hier vertretener Ansicht gemäß § 307 Abs. 2 Nr. 1 BGB nicht wirksam (*Hümmerich*, NZA 2003, 764; *ders.*, Gestaltung von Arbeitsverträgen, § 1 Rn 1620).

[409] Diese Klausel ist nach hier vertretener Ansicht gemäß § 307 Abs. 2 Nr. 1 BGB nicht wirksam (*Hümmerich*, Gestaltung von Arbeitsverträgen, § 1 Rn 296).

bedarf es ebenfalls einer vorherigen Zustimmung der Firma. Die Zustimmung ist zu erteilen, wenn keine berechtigten Interessen der Firma entgegenstehen.

§ 12 Beendigung des Arbeitsverhältnisses

(1) Das Arbeitsverhältnis endet entweder mit Ablauf des Monats, in dem der Mitarbeiter das gesetzliche Rentenalter erreicht hat, oder durch Kündigung.

(2) Die Kündigung bedarf der Schriftform. Die Kündigungsfrist beträgt drei Monate zum Quartalsende. Sie erhöht sich im Übrigen nach den Bestimmungen des § 622 BGB.

§ 13 Wettbewerbsvereinbarung

(1) Der Mitarbeiter verpflichtet sich, für die Dauer von ▪▪▪ (bis zu zwei Jahren) nach Beendigung des Arbeitsverhältnisses für keines der in Anlage ▪▪▪ aufgeführten Unternehmen selbständig oder unselbständig tätig zu werden.

(2) Die Firma verpflichtet sich, dem Mitarbeiter für die Dauer des Wettbewerbsverbotes eine Entschädigung zu zahlen, die für jedes Jahr des Verbotes die Hälfte der vom Mitarbeiter zuletzt bezogenen vertragsmäßigen Leistungen erreicht. Die Karenzentschädigung ist fällig am Ende eines jeden Monats.

(3) Auf die Karenzentschädigung wird alles angerechnet, was der Mitarbeiter durch anderweitige Verwertung seiner Arbeitskraft erwirbt oder zu erwerben böswillig unterlässt, soweit die Entschädigung unter Hinzurechnung dieses Betrages den Betrag der zuletzt von ihm bezogenen Leistungen um mehr als 1/10 übersteigen würde. Ist der Mitarbeiter durch das Wettbewerbsverbot gezwungen worden, seinen Wohnsitz zu verlegen, so tritt an die Stelle des Betrages von einem Zehntel, der Betrag von einem Viertel.

(4) Der Mitarbeiter verpflichtet sich, während der Dauer des Wettbewerbsverbotes auf Verlangen Auskunft über die Höhe seiner Bezüge zu geben und die Anschrift seines jeweiligen Arbeitgebers mitzuteilen. Am Schluss eines Kalenderjahres ist er verpflichtet, seine Lohnsteuerkarte vorzulegen.

(5) Der Mitarbeiter hat für jeden Fall der Zuwiderhandlung gegen das Wettbewerbsverbot eine Vertragsstrafe von ▪▪▪ EUR zu zahlen. Im Fall eines Dauerverstoßes (Tätigkeit für ein Konkurrenzunternehmen von länger als einem Monat) ist die Vertragsstrafe für jeden angefangenen Monat neu verwirkt, in ihrer Höhe aber auf ▪▪▪ EUR begrenzt.

§ 14 Nutzung von Programmen und Konzepten

(1) Der Mitarbeiter überträgt der Firma an den von ihm mit Betriebsmitteln und während der Arbeitszeit erstellten Computerprogrammen, Konzepten und den gefertigten Dokumentationen und Beschreibungen das ausschließliche Recht zur zeitlich unbegrenzten Nutzung einschließlich der Marktverwertung. Gleiches gilt für das Ergebnis von Umarbeitungen oder Erweiterungen von vorhandenen Programmen, Dokumentationen und Beschreitungen.

Mitumfasst von dieser Nutzungseinräumung und zu übergeben sind die dazugehörigen Vorstudien, der Quellcode und sonstige Begleitmaterialien zu den jeweiligen Programmen.

Die Firma wird seitens des Mitarbeiters ermächtigt, an den von ihm erstellten Werken und deren Titeln Änderungen vorzunehmen. Der Mitarbeiter verzichtet insofern auf seine Rechte, die Firma nimmt diesen Verzicht an.

(2) Die Nutzungseinräumung und die damit verbundene Leistung erfolgt vergütungsfrei.

(3) Der Mitarbeiter verzichtet gegenüber der Firma und deren Vertragspartnern entsprechend der Gepflogenheiten in der Firma auf die Nennung seines Namens als Autor. Dies gilt auch für die Zeit nach seinem Ausscheiden aus der Firma. Die Firma nimmt diesen Verzicht an.

§ 15 Kopie eines entwickelten Programms

(1) Mit Zustimmung der Firma kann der Mitarbeiter eine Autorenkopie des von ihm erstellten Programms erhalten, deren Inhalt er jedoch ohne besondere Vereinbarung mit der Firma Dritten nicht zugänglich machen darf.

(2) Nach Ausscheiden aus dem Arbeitsverhältnis hat der Mitarbeiter kein Zugangsrecht zu von ihm entwickelten Programmen und ist außerdem verpflichtet, ihm übergebene Programmkopien der Firma zurückzugeben.

§ 16 Schutzrechte Dritter

(1) Der Mitarbeiter verpflichtet sich, die Firma im Rahmen der Nutzung an dem vertragsgegenständlichen Programm von der Haftung aus der behaupteten Verletzung von Schutzrechten Dritter freizustellen.

(2) Die Firma verpflichtet sich, im Rahmen ihrer vertraglichen Nutzungsberechtigungen an dem Programm bestehende Schutzrechte auf eigenen Kopien gegen rechtliche Angriffe Dritter zu verteidigen.

§ 17 Besondere nachvertragliche Rechte und Pflichten

(1) Der Mitarbeiter arbeitet im Rahmen der vertraglichen Arbeitsverpflichtungen einen Mitarbeiter oder eine Mitarbeiterin als Nachfolger/-in ein. Besondere, hieraus der Firma entstehende Kosten, werden nach Vereinbarung und Vorlage von Einzelnachweisen von der Firma erstattet.

(2) Mit der Beendigung des Arbeitsverhältnisses sind noch nicht verrechnete Vorschüsse, gleichgültig auf welche Vergütungsbestandteile sie gewährt wurden, zurückzuzahlen. Die Verrechnung mit Ansprüchen, die bei Beendigung des Arbeitsverhältnisses fällig werden, ist zulässig; die Firma ist beweispflichtig dafür, dass solche Ansprüche bestehen.

(3) Soweit der Mitarbeiter im Besitz des Quellcodes zu einem zur Nutzung überlassenen Programms ist, hat er diesen rechtzeitig vor Beendigung des Arbeitsverhältnisses der Firma zu übergeben. Gleiches gilt für übrige Materialen und Informationen.

§ 18 Besondere Vereinbarungen[410]

(1) Der Mitarbeiter erklärt, dass er an keiner ansteckenden Krankheit leidet, keine körperlichen oder gesundheitlichen Mängel verschwiegen hat, die der Verrichtung der geschuldeten Arbeitsleistung entgegenstehen, und zum Zeitpunkt des Abschlusses des Arbeitsvertrages nicht den Bestimmungen des Schwerbehindertengesetzes unterliegt.

(2) Alle beiderseitigen Ansprüche aus dem Arbeitsverhältnis und solche, die mit dem Arbeitsverhältnis in Verbindung stehen, verfallen, wenn sie nicht innerhalb von drei Monaten nach der Fälligkeit gegenüber der anderen Vertragspartei schriftlich erhoben werden.

(3) Lehnt die Gegenpartei den Anspruch ab oder erklärt sie sich nicht innerhalb von zwei Wochen nach der Geltendmachung des Anspruchs, so verfällt dieser, wenn er nicht innerhalb von drei Monaten nach der Ablehnung oder dem Fristablauf gerichtlich geltend gemacht wird.

(4) Der Mitarbeiter erklärt sich damit einverstanden, dass seine personenbezogenen Daten automatisiert gespeichert und verarbeitet werden. In seiner Eigenschaft als Mitarbeiter erklärt er, dass sich die anliegende Belehrung über das Datengeheimnis durchgelesen hat und die ebenfalls anliegende Verpflichtungserklärung nach § 5 BDSG unterzeichnen wird.

§ 19 Verzicht auf Nachteilsausgleich

Der Mitarbeiter verzichtet auf die Geltendmachung eventueller Nachteilsausgleichsansprüche gemäß § 113 BetrVG.

§ 20 Nebenabreden und Vertragsänderungen[411]

(1) Änderungen des Vertrages und Nebenabreden bedürfen zu ihrer Wirksamkeit der Schriftform.

(2) Sind einzelne Bestimmungen dieses Vertrages unwirksam, so wird dadurch die Wirksamkeit des Vertrages im Übrigen nicht berührt. Vielmehr wird die unwirksame Bestimmung durch eine wirksame Regelung ersetzt, die in ihrer Auswirkung der unwirksamen Bestimmung nahe kommt.

Anlagen:
- Kundenliste
- Verpflichtungserklärung nach § 5 BDSG
- Zusatzvereinbarung

Anlage zum Arbeitsvertrag

§ 1 Zielvereinbarung/Berechnung des Provisionsanspruchs

(1) Der Mitarbeiter erhält für die Erzielung folgender Jahresumsätze in den einzelnen Produktsegmenten folgende Jahresprovisionen:

a) Schulung: Bei einer Kapazität von 360 Manntagen wird ab einem provisionsfreien Sockel von 100 Manntagen die Akquisition eines Umsatzes von mindestens 57.000 EUR (Auslastung von 80 Manntagen) mit 9 % verprovisioniert.

b) Softwareentwicklung: Bei einer Kapazität von 400 Manntagen wird ab einem provisionsfreien Sockel von 100 Manntagen die Akquisition eines Umsatzes von 72.000 EUR (Auslastung von 100 Manntagen) mit 7 % verprovisioniert.

c) Support: Bei einer Kapazität von 360 Manntagen wird ab einem provisionsfreien Sockel von 100 Manntagen die Akquisition eines Umsatzes von 49.000 EUR (Auslastung von 80 Manntagen) mit 5 % verprovisioniert.

d) Beratung: Bei einer Kapazität von 180 Manntagen wird ab einem provisionsfreien Sockel von 65 Manntagen die Akquisition eines Umsatzes von 18.000 EUR (Auslastung von 25 Manntagen) mit 14 % verprovisioniert.

---

[410] Einstufige Ausschlussfristen müssen einen Mindestzeitraum von drei Monaten enthalten (BAG 28.9.2005 – 5 AZR 52/05, DB 2006, 1959). Zweistufige Ausschlussfristen müssen für jede Frist drei Monate vorsehen. Als im Arbeitsrecht etablierte Besonderheiten nach § 310 Abs. 4 Satz 2 BGB steht ihrer Wirksamkeit § 309 Nr. 13 BGB nicht entgegen (BAG 25.5.2005 – 5 AZR 572/04, NZA 2005, 1111).

[411] Manche Vertragsparteien wünschen weiterhin, dass eine salvatorische Klausel an den Schluss des Textes gestellt wird. Salvatorische Klauseln sind mit dem In-Kraft-Treten der Schuldrechtsreform gemäß § 306 Abs. 2 BGB unwirksam (KG 28.5.1997 – Karat U 5068/096, NJW 1998, 829; LG Köln 4.2.1987 – 26 O 120/86, NJW-RR 1987, 885; Däubler/Dorndorf/*Dorndorf*, AGB im Arbeitsrecht, § 306 BGB Rn 26; AnwK-ArbR/*Hümmerich*, § 306 BGB Rn 9).

e) Netzwerkadministration: Bei einer Kapazität von 360 Manntagen wird ab einem provisionsfreien Sockel von 100 Manntagen die Akquisition eines Umsatzes von 49.000 EUR (Auslastung von 160 Manntagen) mit 7% verprovisioniert.

(2) Für die Erreichung des provisionsfähigen Umsatzes sind nur Geschäfte maßgeblich, die allein auf die Tätigkeit des Mitarbeiters zurückzuführen sind.

(3) Die Akquisition von Projekten, die eine Auslastung von 20 Manntagen nicht erreichen, bedarf der vorherigen Zustimmung der Geschäftsleitung.

Wird diese Zustimmung nicht erteilt, so bleiben Projekte, die die Größenordnung von 20 Manntagen nicht erreichen, für die Berechnung der Erreichung der Zielvorgaben und des Provisionsanspruchs außer Betracht.

(4) Die Mehrwertsteuer wird bei der Ermittlung des Barwertes und der Errechnung der Provision nicht einbezogen.

(5) Steht ein Geschäft nicht in Einklang mit der gültigen, durch Betriebsanweisung festgelegten Rabattregelung, steht der Firma das Recht zu, den für die Provisionsberechnung maßgeblichen Umsatz in angemessenem Verhältnis in Abzug zu bringen. Zur Umsatzkürzung ist die Firma nicht befugt, wenn die Abweichung von der Rabattregelung von der Geschäftsleitung schriftlich genehmigt wurde.

§ 2 Vorschuss/Abrechnung des Provisionsanspruchs

(1) Der Provisionsanspruch entsteht gesondert für die Erreichung jedes Teilzieles mit der Erzielung des vereinbarten Mindestumsatzes nach Eingang der Kundenzahlungen bei der Firma. Zu diesem Zwecke erstellt die Firma zum Ende jedes Kalendermonates eine Übersicht über den Stand der jeweiligen Umsatzziele und Zahlungseingänge.

(2) Die Jahresprovisionen werden mit der Abrechnung fällig. Die Abrechnung und Auszahlung erfolgt in dem Monat, der auf die Entstehung des Provisionsanspruchs folgt, spätestens mit Bilanzfeststellung.

(3) Die Firma zahlt auf die zu erwartenden Provisionen einen monatlichen Vorschuss in Höhe von ▬▬▬ EUR. Sind die erzielten Provisionen geringer als der gezahlte Provisionsvorschuss, so werden die später fällig werdenden Provisionen erst dann ausgezahlt, wenn der Debetsaldo des Arbeitnehmers ausgeglichen ist.

(4) Der Anspruch auf Provision entfällt insoweit, als sich Forderungen der Firma gegenüber Kunden aus Gründen, die die Firma nicht zu vertreten hat, als uneinbringlich erweisen. Bereits gezahlte Provisionsvorschüsse werden zurückgerechnet. Es obliegt der Firma, glaubhaft zu machen, dass der Käufer nicht leisten wird. Der Nachweis gilt als geführt, wenn eine Auskunftei oder eine Gläubigerschutzorganisation bescheinigt, dass nach ihrem Ermessen eine Zwangsvollstreckung nicht zum Ziele führen wird.

(5) Reduzieren sich die durch den Mitarbeiter erzielten Umsätze durch Stornierung von Kundenaufträgen nach Provisionsabrechnung, so werden etwaige Überzahlungen durch Zurückbehaltung des Provisionsvorschusses ausgeglichen.

§ 3 Änderung der Zielvereinbarung

(1) Diese Zusatzvereinbarung ist befristet bis zum ▬▬▬ (Ende des Geschäftsjahres). Die Parteien verhandeln zu Beginn jedes Geschäftsjahres über die vom Mitarbeiter zu erreichenden qualitativen und quantitativen Umsatzziele.

(2) Die Geschäftsführung ist berechtigt, auch im laufenden Geschäftsjahr Anpassungen an diese Provisionsregelung nach billigem Ermessen vorzunehmen.

4. Muster: Einfacher Arbeitsvertrag für Außendienstmitarbeiter mit Tarifbezug und pauschaler Dienstwagenregelung

Arbeitsvertrag

Zwischen

der Firma ▬▬▬

und

Herrn ▬▬▬

wird folgender Arbeitsvertrag geschlossen und von beiden Vertragsteilnehmern durch Unterzeichnung als rechtsverbindlich anerkannt.

1. Herr ▬▬▬ wird ab ▬▬▬ als Außendienstmitarbeiter der Firma ▬▬▬ im Außenbüro ▬▬▬ eingestellt.

2. Er untersteht Herrn ▬▬▬ im Außenbüro ▬▬▬.

3. Die Tätigkeit des Herrn ▬▬▬ umfasst:

a) die Abwicklung von allen Geschäften im Namen der Firma über das Außenbüro in ▬▬▬.

b) die Lagerverwaltung obliegt ihm gemeinsam mit Herrn ▬▬▬.

4. Es wird ein Gehalt von ▬▬▬ EUR brutto gezahlt.

Herr ▬▬▬ erhält für die Probezeit von sechs Monaten einen festen Provisionsbetrag in Höhe von ▬▬▬ EUR monatlich. Nach der Probezeit wird über die Provisionszahlung eine Vereinbarung getroffen.

Herr ▬▬▬ verpflichtet sich, Gehaltsüberzahlungen ohne Rücksicht auf eine noch vorhandene Bereicherung zurückzuzahlen.

5. Herr ▬▬▬ erhält für den Besuch der Kunden einen firmeneigenen Pkw. Sämtliche Wagenkosten wie Steuern, Versicherung, Inspektionen und nötige Reparaturen gehen zu Lasten der Firma. Herr ▬▬▬ darf das Fahrzeug auch für private Zwecke benutzen. Benzinkosten gehen in diesem Fall zu eigenen Lasten. Ebenso Reparaturkosten für das Fahrzeug, sofern ein Schaden auf einer Privatfahrt durch eigenes Verschulden entsteht und keine Versicherung für den Sachschaden aufkommt.

6. Der einkommensteuerliche Nutzen aus dieser Vereinbarung beträgt 1% des Anschaffungswertes des Fahrzeuges und wird monatlich dem Lohnsteuerabzug unterworfen.

7. Für Herrn ▬▬▬ wird eine Zusatz-Altersversorgung, die durch die ▬▬▬-Versicherung rückversichert ist, abgeschlossen. Bei Erreichen des 65. Lebensjahres wird hieraus eine zusätzliche Altersrente von ▬▬▬ EUR gezahlt. Im Todesfall kann die Versicherungssumme von ▬▬▬ EUR über die Firma der Familie des Versicherten ausbezahlt, oder in eine Rente umgewandelt werden. Beim Tod durch Unfall erhöht sich der Betrag auf ▬▬▬ EUR. Die Firma behält sich vor, diese Zusatz-Versicherung zu kündigen oder anderweitig zu verwenden, sofern Herr ▬▬▬ die Firma vor Ablauf von 10 Jahren verlässt.

8. Herr ▬▬▬ erhält pro Reisetag einen Unkostenbeitrag von ▬▬▬ EUR. Übernachtungskosten einschließlich Frühstück gehen zu Lasten der Firma, falls solche erforderlich werden sollten.

9. Für Herrn ▬▬▬ wird eine Reisegepäckversicherung in Höhe von ▬▬▬ EUR abgeschlossen.

10. Herr ▬▬▬ ist verpflichtet, an den von der Firma festgesetzten Ausbildungskursen und Übungsarbeiten zur fachlichen und kaufmännischen Weiterbildung, sowohl am Hauptsitz der Firma als auch an anderen Orten, teilzunehmen. Provisionsansprüche bestehen in dieser Zeit fort.

11. Eine entgeltliche Nebenbeschäftigung bedarf in jedem Fall der vorherigen schriftlichen Zustimmung der Firma. Unentgeltliche Nebentätigkeiten bzw. Beteiligungen auch durch Familienangehörige an Firmen, die in ihrem Liefer- und Dienstleistungsprogramm mit der ausgeübten Tätigkeit in direktem und indirektem Zusammenhang stehen, bedürfen ebenfalls der schriftlichen Zustimmung. Ein Verstoß hiergegen kann nach Abwägung aller Umstände von der Firma als Grund zur fristlosen Kündigung des Beschäftigungsverhältnisses herangezogen werden.

12. Wenn und soweit die jeweils bestehenden Tarifverträge der Eisen-, Metall- und Elektroindustrie in ▬▬▬ in ihrer jeweiligen Fassung auf das Arbeitsverhältnis angewendet werden, geschieht dies freiwillig und unter Vorbehalt jederzeitigen Widerrufs. Gleiches gilt für tarifvertragliche Regelungen über Urlaub, Urlaubsgeld, Vermögensbildung und Weihnachtsgeld.

13. Es gelten die gesetzlichen Kündigungsfristen für Angestellte.

14. Die Firma ist berechtigt, nach einer Kündigung bei Fortzahlung des Gehaltes auf die Arbeitsleistung des Angestellten zu verzichten.

15. Diese vertraglichen Vereinbarungen sind vertraulich zu behandeln. Weitere Sonder- oder Zusatzvereinbarungen können wirksam nur mit der Geschäftsleitung der Firma getroffen werden und bedürfen der Schriftform. Alle vertraglichen Vereinbarungen einschließlich gewährter Sozialleistungen stehen unter dem Vorbehalt ablösender Betriebsvereinbarungen.

16. Ansprüche aus dem Arbeitsverhältnis gelten als erloschen, wenn sie nicht innerhalb von drei Monaten, nachdem die wesentlichen Tatsachen bekannt geworden sind, schriftlich geltend gemacht werden.

17. Das Effektivgehalt ist vertraulich zu behandeln und keinem anderen Mitarbeiter der Firma bekannt zu geben.

18. Herr ▬▬▬ wird im Werk eine Ausbildung absolvieren, um mit den hergestellten Geräten technisch vertraut zu werden und sich kaufmännisch auf die zu erwartende Tätigkeit vorzubereiten. Hotel- bzw. Übernachtungskosten sowie Frühstück gehen zu Lasten der Firma. Außerdem erhält Herr ▬▬▬ einen täglichen Spesenzuschuss von ▬▬▬ EUR für die Ausbildungszeit im Werk.

Mit dem Inhalt dieser Vertragsvereinbarungen erklären sich die Unterzeichnenden einverstanden.

5. Muster: Arbeitsvertrag mit einem Verkaufsleiter/Fachberater

Vertragliche Vereinbarung

Zwischen

■■■

– nachstehend: Firma –

und

Herrn ■■■

– nachstehend: Mitarbeiter –

wird nachfolgender Arbeitsvertrag geschlossen:

§ 1
Der Mitarbeiter wird mit Wirkung vom ■■■ als Verkaufsleiter/West mit Fachberaterfunktion von der Firma eingestellt.

§ 2
Der Mitarbeiter hat seine gesamte Arbeitskraft und seine gesamten Kenntnisse und Erfahrungen ausschließlich der Firma zur Verfügung zu stellen. Er verpflichtet sich, ohne Einwilligung der Firma keine auf Erwerb gerichtete Tätigkeit aufzunehmen, insbesondere auch keine Geschäfte irgendwelcher Art auf eigene oder fremde Rechnung zu betreiben, auch nicht unter dem Namen eines Dritten.

§ 3
Der Mitarbeiter hat als Verkaufsleiter/Fachberater vorwiegend folgende Aufgaben:

a) Betreuung, Führung und Unterstützung der unterstellten Außendienstmitarbeiter mit dem Ziel der Umsatzausweitung unter ökonomischen Gesichtspunkten; dazu erhält der Mitarbeiter sukzessive Verkaufsgebiete zugeteilt. Entsprechende Gebietskarten und Unterlagen werden sukzessive erarbeitet und zur Verfügung gestellt. Zu den Aufgaben des Mitarbeiters gehören ebenso ■■■, jeweils nach Abstimmung mit der Geschäftsleitung bzw. dem Chef-Fachberater nach dessen Einsatzplänen;

b) Anwerbung neuer Außendienstmitarbeiter;

c) Neukundenwerbung, Fachberatung und Verkauf insbesondere bei Großabnehmern (Fleischwarenfabriken, Handelsketten etc.) allein oder in Gemeinschaft mit den zuständigen Vertretern;

d) Durchführung von Seminaren und Schulungen;

e) die Nachbearbeitung von Vorführungen in Abstimmung mit dem zuständigen Reisenden;

f) Sondereinsätze und Sonderaufgaben nach Weisung der Geschäftsleitung oder der Verkaufsabteilung;

g) die Teilnahme an Ausstellungen und Verkaufsbörsen;

h) die Ladenpropaganda bei Händlern, Ketten und Genossenschaften;

i) die Durchführung von praktischen Versuchen für neu entwickelte oder geänderte Produkte.

Der Mitarbeiter kann auch vorübergehend außerhalb der zugewiesenen Gebiete eingesetzt werden.

Der Mitarbeiter kann im Krankheits- oder Urlaubsfalle eines Außendienst-Mitarbeiters vorübergehend als dessen Vertreter eingesetzt werden.

Ebenfalls ist die Firma berechtigt, bei personellen Veränderungen dem Mitarbeiter ein Verkaufsgebiet zu übertragen.

Die Firma ist berechtigt, Aufträge ohne Angabe von Gründen abzulehnen.[412]

Die Firma ist jederzeit berechtigt, den Mitarbeiter auch im Außendienst einzusetzen.[413]

Über die gesamte Tätigkeit hat der Verkaufsleiter/Fachberater entsprechend den bestehenden Richtlinien Bericht zu erstatten.

Die weiteren Verpflichtungen des Mitarbeiters ergeben sich aus den allgemeinen Richtlinien der Firma für den Außendienst, mit denen der Mitarbeiter vertraut gemacht worden ist bzw. ständig vertraut gemacht wird.

Über Aufbau und Durchführung seiner Tätigkeit erhält der Mitarbeiter ständig Weisungen der Firma, zu deren Erfüllung er arbeitsvertraglich verpflichtet ist. Bei seiner Verkaufstätigkeit hat sich der Mitarbeiter nach den jeweils gültigen Preislisten zu richten. Unsere jeweils gültigen Verkaufs- und Lieferbedingungen sind Bestandteil dieses Vertrages.

---

[412] Die Wirksamkeit dieser Regelung ist wegen mangelnder Bestimmtheit (§ 307 Abs. 1 Satz 2 BGB) zweifelhaft.
[413] Zu weitgehende Versetzungsrechte im Arbeitsvertrag stehen nicht im Einklang mit § 308 Nr. 4 BGB, § 1 Rn 76 ff.

Kapitel 1: Arbeitsverträge

§ 4

Der Arbeitsvertrag wird auf unbestimmte Zeit geschlossen. Das Arbeitsverhältnis endet mit Ablauf des Monats, in dem der Arbeitnehmer Altersruhegeld aus der gesetzlichen Rentenversicherung bezieht, spätestens jedoch mit Ablauf des Monats, in dem er das 65. Lebensjahr vollendet hat. Einer besonderen Kündigung bedarf es hierzu nicht.

Die ersten sechs Monate gelten als Probezeit. Während der Probezeit ist das Arbeitsverhältnis beiderseitig mit einem Monat zum Monatsende kündbar. Es gilt als auf unbestimmte Zeit verlängert, wenn nicht schriftliche Kündigung erfolgt. Nach Ablauf der Probezeit kann das Arbeitsverhältnis mit sechswöchentlicher Frist zum Quartalsende gekündigt werden. Nach Ablauf von zwei Jahren gilt eine halbjährliche Kündigungsfrist. Das Recht zur fristlosen Kündigung bleibt unberührt.

Bei Kündigung des Vertragsverhältnisses durch einen der beiden Vertragspartner ist die Firma berechtigt, den Mitarbeiter vorzeitig bzw. sofort von der praktischen Tätigkeit zu entbinden bei Weiterzahlung des durchschnittlichen Monatseinkommens und unter Anrechnung auf etwaige noch zustehende Resturlaubsansprüche.

§ 5a

Als Vergütung seiner Tätigkeit hat der Mitarbeiter Anspruch auf folgende Bezüge:

1. a) Garantie-Bruttogehalt ■■■ EUR
   b) Garantiefixum ■■■ EUR
   \+ Provision
2. Tagesspesen pro Tag (nach Steuerrichtlinien max.) ■■■ EUR
   Bei mehrtätigen Inlandsreisen max. ■■■ EUR
   Bei Inlandsreisen werden die Spesen gesondert vereinbart.
3. Vermögenswirksame Leistungen ■■■ EUR
   \+ Sparzulage nach sechs Monaten Betriebszugehörigkeit
4. Urlaub/Urlaubstagegeld
   Es gelten die betrieblich gültigen Urlaubsregelungen. Diese sind zurzeit 27 Werktage.
   Urlaubstagegeld (nach zwölf Monaten Betriebszugehörigkeit je Urlaubstag) ■■■ EUR
5. Übernachtungskosten nach Beleg max. ■■■ EUR
   Die Übernachtungskosten sollen im Regelfall ■■■ EUR bis ■■■ EUR nicht überschreiten. Höchsterstattungsbetrag ist ■■■ EUR.
6. Telefon- und sonstige Kosten nach Beleg/Eigenbeleg
7. Direktversicherung (Lebensversicherung) nach 18 Monaten Betriebszugehörigkeit voraussichtlich in Höhe von ■■■ EUR, Versicherungssumme ■■■ EUR Ablaufsumme.
8. Die Firma bezieht den Mitarbeiter in eine von ihr abgeschlossene Gruppen-Unfallversicherung ein.
   Die Versicherungssumme beträgt:
   - für den Invaliditätsfall ■■■ EUR
   - für den Todesfall ■■■ EUR
   - Krankenhaustage- und Genesungsgeld ■■■ EUR

   Die genauen Versicherungsbedingungen werden bei Vertragsabschluss ausgehändigt.
9. Die Vergütung wird monatlich spätestens bis zum 15. des Nachfolgemonats abgerechnet. Die Spesenbelege und sonstige Kosten müssen bis spätestens am 5. des Folgemonats zur Abrechnung vorliegen. Nur die bis zu diesem Zeitpunkt vorliegenden Belege können für den abgelaufenen Monat berücksichtigt werden. Ansprüche auf Vergütungen und Aufwandsersatz erlöschen nach drei Monaten, falls nicht erfolglos geltend gemacht. Für freiwillige Leistungen gilt grundsätzlich der Vorbehalt des Widerrufs.
10. Die Zahlung von Reisespesen und Kostenzuschüssen erfolgt aufgrund des Tagesberichtes bzw. aufgrund der Spesenabrechnung unter Berücksichtigung der lohnsteuerrechtlichen Höchstsätze nach Abwesenheitszeiten je Arbeitstag.
11. Zwischen der Firma und dem Mitarbeiter besteht Einigkeit darüber, dass mit den monatlichen Vergütungsbeträgen auch jede evtl. anfallende Mehrarbeit pauschal abgegolten ist. Ein Einsatz kann auch außerhalb der gewöhnlichen Arbeitszeit, z.B. an Samstagen, Sonn- und Feiertagen, wenn dies erforderlich ist, erfolgen. Ein Anspruch auf Überstundenabgeltung besteht nicht. Bei wesentlichem zeitlichen Mehraufwand erfolg ein Zeitausgleich.

§ 5b

Das Bruttogehalt wird für 12 Monate garantiert. Erreicht der Mitarbeiter das Garantieeinkommen in Form von Garantiefixum (▬▬▬ EUR) plus Provision bereits während dieser Zeit, kann der Mitarbeiter nach freiem Ermessen auf Provisionsbasis und Garantiefixum umstellen lassen.

Der Mitarbeiter erhält aus den Umsätzen der ihm unterstellten Mitarbeiter 2% Superprovision auf alle provisionspflichtigen Umsätze.

Von den Umsätzen, die der Mitarbeiter bei nur von ihm betreuten Kunden erzielt, erhält der Mitarbeiter 4% der Umsatzprovision von den provisionspflichtigen Umsätzen.

Provisionspflichtige Umsätze sind Umsätze, die in der Preisliste mit P1 bis P6 bezeichnet sind.

Die Provisionen werden berechnet aus dem Nettowarenwert ohne Mehrwertsteuer.

Bei Preisen außerhalb der Preisliste behält sich die Firma vor, den Provisionssatz im Einzelfall zu entscheiden.

Des Weiteren behält sich die Firma vor, die Provisionssätze zu ändern, um diese ggf. neuen Gegebenheiten anzupassen.

§ 5c

Der Mitarbeiter verpflichtet sich, über alle ihm im Rahmen seiner Tätigkeit zur Kenntnis gelangenden Vorgänge und vertraulichen Angelegenheiten, sowohl innerhalb als auch außerhalb des Geschäftsbetriebes der Firma und deren angeschlossenen Unternehmen, strengstes Stillschweigen auch nach dem Ausscheiden aus dem Arbeitsverhältnis zu bewahren. Die Verschwiegenheitspflicht gegenüber Dritten erstreckt sich auch auf die getroffene Vergütungsvereinbarung. Das Anfertigen von Abschriften, Kopien, Auszügen oder ähnlichen Unterlagen ist untersagt.

§ 6

Der Mitarbeiter erklärt sich bereit, für Bedarfsfälle von Eilaufträgen ein Auslieferungslager zu führen, für dessen ordnungsgemäße Abwicklung und Lagerung der Waren er die volle Gewähr trägt. Für nicht nachgewiesene Fehlbeträge haftet der Mitarbeiter.[414] Die Richtigkeit des Warenbestandes wird durch die ordnungsgemäße Belegerfassung für Zu- und Abgänge auf den Lagerbestandslisten wöchentlich durch den Mitarbeiter bestätigt und gewährleistet. Die Lagerlieferscheine werden nach Erfassung täglich mit den Werkaufträgen der Firma geschickt.

Lagerbarverkäufe werden dem Kunden auf dem Barverkaufslieferschein quittiert. Die (quittierte) Faktura stellt die Firma dem Kunden direkt zu.

Der Mitarbeiter ist bis auf Widerruf zum Inkasso berechtigt. Inkassi aus offenen Rechnungen oder Barverkäufe sind grundsätzlich täglich auf den Inkassoformularen an die Firma zu melden und einzuzahlen. Dem Mitarbeiter steht an den kassierten Beträgen ein Zurückbehaltungsrecht nicht zu. Eine Aufrechnung gegen den Abführungsanspruch mit irgendwelchen Ansprüchen des Mitarbeiters ist ausgeschlossen.

§ 7

Die Firma verpflichtet sich, den Mitarbeiter in die Verkaufsmaterie ihrer Erzeugnisse einzuführen und ihn in seiner Verkaufstätigkeit weitestgehend zu unterstützen. Hierzu erhält der Mitarbeiter die zur Ausübung seiner Tätigkeit erforderlichen Informationen und Arbeitsunterlagen. Alle Arbeitsunterlagen verbleiben im Eigentum der Firma und sind ihr auf Anforderung – bei Beendigung des Anstellungsvertrages unaufgefordert – zurückzugeben. Das Verlangen zur Herausgabe der Unterlagen bedarf keiner Begründung. Zurückbehaltungsrechte an den dem Mitarbeiter leihweise überlassenen Geschäftsunterlagen und Waren stehen dem Mitarbeiter nicht zu.[415]

Die Firma verpflichtet sich, den Mitarbeiter darüber zu unterrichten, wenn sie Geschäfte in bestimmten Artikeln voraussichtlich nicht oder nur in erheblich geringem Umfange abschließen kann. Schadensersatzansprüche stehen dem Mitarbeiter nicht zu.

§ 8

Bei Arbeitsunfähigkeit durch Erkrankung bis zu sechs Wochen gilt folgende Regelung:

a) Das Garantiefixgehalt wird bis zu sechs Wochen weitergezahlt.

b) Das monatliche Durchschnittsprovisions-Einkommen wird aus den vorausgegangenen zwölf Monaten vor dem Monat des Arbeitsunfähigkeits-Beginns errechnet. Wird das Durchschnittsprovisions-Einkommen während des Monats, in welchem die Arbeitsunfähigkeit besteht, nicht erreicht, erfolgt ein Ausgleich bis zur Höhe des errechneten Durchschnittsprovisions-Einkommens. Überschreitet das erbrachte Provisions-Einkommen das Durchschnittsprovisions-Einkommen, wird selbstverständlich das echt erbrachte Provisionseinkommen bis zu sechs Wochen vergütet.

---

[414] Die Klausel kann mit der Haftungs-Rechtsprechung des BAG (GS 27.9.1994 – GS 1/89 (A), BAGE 78, 56) kollidieren und daher gemäß § 307 Abs. 2 Nr. 1 BGB unwirksam sein.
[415] Diese Regelung verstößt gegen § 309 Nr. 2b BGB, § 1 Rn 92.

c) Bei kurzzeitiger Erkrankung (bis drei Tage) entfällt ein Anspruch auf Provisionsausgleichszahlung, da dieser Ausfall nachgearbeitet werden kann.

Der Mitarbeiter verpflichtet sich, der Firma die Dienstverhinderung unverzüglich mitzuteilen und bei Arbeitsunfähigkeit sofort eine ärztliche Bescheinigung zu beschaffen und innerhalb von spätestens drei Tagen vorzulegen. Auch für alle anderen entschädigungspflichtigen Arbeitsverhinderungen gemäß § 626 BGB ist der Mitarbeiter beweispflichtig.

Der Mitarbeiter hat Anspruch auf den betrieblich vereinbarten Jahresurlaub. Er beträgt zurzeit mindestens 27 Tage. Davon können von der Firma bis zu acht Tage bestimmt werden. Dies sind im Regelfall Tage, an denen eine sinnvolle Außendiensttätigkeit nicht gewährleistet ist (z.B. zwischen Weihnachten und Neujahr und vor oder nach sonstigen Feiertagen).

Der Zeitpunkt des Urlaubs richtet sich im Allgemeinen nach den Belangen der Firma, wobei jedoch die Wünsche des Mitarbeiters weitestgehend Berücksichtigung finden. Der Urlaub ist rechtzeitig zu beantragen.

Der Urlaubsausgleich gemäß Bundesurlaubsgesetz ist in der Provision eingearbeitet. Die ausgewiesenen Provisionssätze sind entsprechend erhöht. Der Urlaubsausgleich ist somit eine teilweise Vorschussleistung.

Der Jahresurlaub ist grundsätzlich in dem jeweiligen Kalenderjahr zu nehmen.

Ist der Urlaub ausnahmsweise aus betrieblichen oder persönlichen Gründen auf das erste Quartal des Folgejahres übertragen worden, verfällt dieser Urlaubsanspruch mit dem Ablauf des 31.3. des Übertragungszeitraumes, wenn der Urlaub bis dahin nicht genommen wurde.

§ 9

Zur Wahrnehmung seiner Aufgaben überlässt die Firma dem Mitarbeiter ein firmeneigenes Kraftfahrzeug zur Benutzung. Die Überlassung ist widerruflich. Das Kraftfahrzeug soll grundsätzlich für die betrieblichen Zwecke im Sinne dieses Arbeitsvertrages benutzt werden. Privatfahrten sind bis 300 km monatlich zulässig. Die Benutzung für Urlaubsreisen erfordert eine vorherige Genehmigung durch die Firma. Die Privatnutzung unterliegt den lohnsteuerrechtlichen Vorschriften über „geldwerten Vorteil". Sowohl geschäftliche als auch private km sind durch Fahrtenbuch zu belegen (Tages- bzw. Spesenbericht). Nur die mit der Reisetätigkeit entstehende Treibstoffkosten und Reparaturkosten werden von der Firma getragen.

Der Mitarbeiter verpflichtet sich, für eine rechtzeitige und ordnungsgemäße Pflege des Kraftfahrzeugs zu sorgen und notwendige Wartungs- und Reparaturarbeiten möglichst in arbeitsfreien Zeiten nach Rücksprache vornehmen zu lassen. Unfälle, Beschädigungen usw. sind unverzüglich an die Firma zu melden. Reparatur- und Wartungskosten über ▄▄▄ EUR sind vorher von der Firma genehmigen zu lassen.

Bei Vorsatz und Fahrlässigkeit haftet der Außendienstmitarbeiter ebenso wie bei auf Privatfahrten entstandenen Schäden allein, soweit der Schaden nicht durch Versicherung abgedeckt (Selbstbehalt zurzeit ▄▄▄ EUR) wird. Eine Überlassung des Kfz an Dritte ist unzulässig.

Bei Benutzung des eigenen Pkw zur Ausübung der Verkaufstätigkeit gewährt die Firma ein km-Geld von zurzeit ▄▄▄ EUR bzw. einen Autokostenzuschuss pro Arbeitstag von zurzeit ▄▄▄ EUR.

Die Abrechnung von Kfz-Kosten erfordert in jedem Falle die rechtzeitige Vorlage und die ordnungsgemäße Führung des Fahrtenbuches bzw. des Tagesberichts.

Ein gesonderter Autovertrag wird gleichzeitig abgeschlossen.

§ 10

Das Vertragsverhältnis kommt endgültig nur unter der Bedingung zustande, dass der Mitarbeiter bisher weder an einer chronischen Krankheit gelitten hat noch augenblicklich von einer solchen befallen wird.

§ 11

Die Firma ist berechtigt, jederzeit neue Betriebsvereinbarungen abzuschließen bzw. alte Vereinbarungen zu kündigen oder zu ändern. Abgeschlossene Vereinbarungen wirken unmittelbar auf das Arbeitsverhältnis ein, auch wenn sie gegenüber diesem Vertrag ungünstigere Regelungen für den Mitarbeiter enthalten sollten.

§ 12

Beide Seiten sind sich darüber einig, dass zur ordnungsgemäßen Ausübung der Außendiensttätigkeit der uneingeschränkte Besitz des entsprechenden Führerscheins erforderlich ist.

Der Mitarbeiter hat einen Einzug oder auch die vorübergehende Einbehaltung des Führerscheins unverzüglich schriftlich zu melden.

Die Beschlagnahme des Führerscheins oder der Entzug der Fahrerlaubnis berechtigen die Firma zur ordentlichen Kündigung.

§ 13

In einem gesonderten Vertrag ist ein Wettbewerbsverbot vereinbart, das nach der vereinbarten Probezeit in Kraft tritt. Nebenabreden und Änderungen des Vertrages bedürfen zu ihrer Rechtswirksamkeit der Schriftform.

6. Muster: Außertariflicher Anstellungsvertrag mit Leiter Merchandising/Verkaufsförderung

Außertariflicher Anstellungsvertrag

Zwischen

der Firma ▪▪▪

– im Folgenden Firma genannt –

und

Herrn ▪▪▪

ist Folgendes vereinbart:

§ 1 Tätigkeit und Aufgabengebiet

(1) Herr ▪▪▪ wird ab ▪▪▪ Leiter Koordination Merchandising/Verkaufsförderung im Verkauf Außendienst für die Firma tätig. Das konkrete Aufgabengebiet ergibt sich aus der Stellenbeschreibung, die nach Aushändigung Bestandteil dieses außertariflichen Anstellungsvertrages ist.

(2) Die vorherige Beschäftigungszeit vom ▪▪▪ bis zum ▪▪▪ bei der Firma wird in vollem Umfang auf die Betriebszugehörigkeit angerechnet.

(3) Der Dienstsitz ist ▪▪▪.

(4) Die Firma ist berechtigt, Herrn ▪▪▪ auch eine andere zumutbare Tätigkeit innerhalb des Betriebes oder an einem anderen Ort der Firma zuzuweisen, die den Kenntnissen und Fähigkeiten von Herrn ▪▪▪ entspricht.

§ 2 Bezüge, Arbeitsverhinderung

(1) Als Vergütung für seine Tätigkeit erhält Herr ▪▪▪ einen Betrag von ▪▪▪ EUR (in Worten: ▪▪▪ Euro) als monatliches Bruttogehalt für eine durchschnittliche monatliche Arbeitszeit von 173 Stunden, zahlbar jeweils am Ende des Monats bargeldlos. Mit dieser Vergütung ist evtl. anfallende Mehr-, Sonn- und Feiertags- sowie Nachtarbeit abgegolten.

(2) Im Falle von Tariferhöhungen oder -ermäßigungen erhöht oder ermäßigt sich die Bruttovergütung in der Regel um den Prozentsatz, um den sich das höchste Tarifgehalt für Angestellte des Gehaltstarifvertrages für die Beschäftigten des Einzelhandels im Lande ▪▪▪ verändert.

(3) Das zusätzliche jährliche Urlaubsgeld beträgt ▪▪▪ EUR brutto. Die Zahlung erfolgt jeweils zum 30. Juni.

(4) Herr ▪▪▪ erhält darüber hinaus eine per 30. November eines jeden Jahres fällige Weihnachtsgratifikation von ▪▪▪ EUR brutto.

(5) Im Ein- bzw. Austrittsjahr werden die Bezüge nach § 2 Abs. 3 und 4 jeweils pro rata temporis gezahlt.

(6) Herr ▪▪▪ erhält einen Vermögensbildungszuschuss von 27 EUR brutto monatlich.

(7) Die Abtretung oder Verpfändung der Vergütungsansprüche ist ausgeschlossen.[416]

(8) Es erfolgt die Einbindung in das jeweils gültige Prämiensystem. Die Prämien sind freiwillige Leistungen, jederzeit widerruflich und werden nach Maßgabe der entsprechenden Richtlinie beziehungsweise Systembeschreibung gewährt.

(9) Falls Herr ▪▪▪ durch das Unternehmen die volle Telefongrundgebühr erstattet wird, ist die Erstattung an die derzeitige Funktion gebunden und entfällt bei Ausscheiden aus dem Unternehmen, bei Versetzung in eine andere, nicht anspruchsberechtigte Position innerhalb des Unternehmens oder wenn die Erstattung für alle Außendienstmitarbeiter aufgehoben wird.

Eventuell auf die Erstattung entfallende Abgaben (z.B. Lohn-/Kirchensteuer, Sozialabgaben) gehen zu Lasten von Herrn ▪▪▪.

(10) Soweit Herr ▪▪▪ die Umwandlung von Teilen der Bruttobezüge für Versorgungslohn zur Verwendung für eine Direktversicherung (Kapitalversicherung) wünscht, ist die Firma bereit, im Rahmen der fiskalischen Bestimmungen die darauf entfallende Pauschalsteuer zu übernehmen. Die Übernahme der Pauschalsteuer durch die Firma ist eine freiwil-

---

[416] Die Klausel ist nach hier vertretener Ansicht nach § 307 Abs. 2 Nr. 1 BGB unwirksam (*Hümmerich*, Gestaltung von Arbeitsverträgen, § 1 Rn 296).

lige Leistung, die jederzeit und ohne Angabe von Gründen widerrufen werden kann. Dies gilt insbesondere bei Veränderungen der gesetzlichen/steuerlichen Lage gegenüber dem heutigen Stand.

(11) Die Firma übernimmt 50% der von Herrn ■■■ für eine Krankentagegeldversicherung aufgewendeten Prämie. Eventuell darauf entfallende Lohn-/Kirchensteuer geht zu Lasten von Herrn ■■■.

(12) Im Falle des Todes erhalten die Hinterbliebenen (Witwe und unterhaltsberechtigte Kinder) von Herrn ■■■ das letzte monatliche Bruttogehalt nach § 2 Abs. 1 für den Sterbemonat und drei weitere Monate fortgezahlt.

(13) Herr ■■■ ist verpflichtet, der Firma jedwede Arbeitsverhinderung und deren voraussichtliche Dauer unverzüglich mitzuteilen. Arbeitsunfähigkeit infolge Krankheit ist spätestens am dritten Arbeitstag durch eine ärztliche Bescheinigung nachzuweisen. Im Krankheitsfalle wird Gehalt nach Maßgabe des Entgeltfortzahlungsgesetzes in seiner jeweils gültigen Fassung geleistet.

Soweit die Arbeitsverhinderung auf einem Ereignis beruht, aus dem Herr ■■■ Schadensersatzansprüche gegen Dritte geltend machen kann, werden diese Ansprüche in Höhe der Vergütungsfortzahlung an die Firma abgetreten. Herr ■■■ ist verpflichtet, eine entsprechende Abtretungserklärung zu unterzeichnen.

§ 3 Urlaub

Die Firma gewährt Herrn ■■■ einen Jahres-Erholungsurlaub von 30 Arbeitstagen. Der Jahresurlaub soll im Regelfall auf Abschnitte von nicht mehr als drei Wochen im Zusammenhang verteilt werden. Der Urlaubstermin ist mit dem direkten Vorgesetzten abzustimmen.

§ 4 Reisekostenvergütung/Dienstfahrzeug

(1) Für die Erstattung von Kosten anlässlich von Dienstreisen gilt die jeweils gültige allgemeine Reisekosten-Richtlinie.

(2) Zur Ausübung der Funktion sind Dienstreisen in erheblichem Umfang erforderlich. Dazu stellt die Firma Herrn ■■■ einen Dienstwagen (zurzeit Audi A4) zur Verfügung. Die Einzelheiten der Benutzung richten sich nach der Dienstanweisung für Pkw-Fahrer.

Die Nutzung des Dienstfahrzeuges endet automatisch mit der Beendigung des Arbeitsverhältnisses bzw. bei einer Versetzung auf eine nicht dienstwagenberechtigte Funktion. Die Firma behält sich vor, nach der ausgesprochenen Kündigung des Arbeitsvertrages – insbesondere bei Freistellung von Herrn ■■■ – den Dienstwagen vorzeitig entschädigungslos herauszuverlangen. Ein Zurückbehaltungsrecht von Herrn ■■■ ist ausdrücklich ausgeschlossen.

Wenn Herr ■■■ in eine Funktion wechselt, für die ein anderes als das überlassene Dienstfahrzeug vorgesehen ist, so gilt der Fahrzeugwechsel erst mit Ablauf der Vertragsdauer des gefahrenen Fahrzeugs.

§ 5 Unfallversicherung

Sofern für die Mitarbeitergruppe, der Herr ■■■ angehört, eine Gruppenunfallversicherung vorgesehen ist, teilt die Personalverwaltung Herrn ■■■ die aktuellen Deckungssummen mit.

Diese Unfallversicherung erstreckt sich nicht nur auf die tägliche Arbeitszeit, sondern stellt eine Versicherung dar, die Herrn ■■■ gegen alle Eventualitäten, also auch bei etwaigen Unfällen in seinem privaten Bereich absichert. Bei Beendigung des Vertragsverhältnisses (oder Aufgabe der Reisetätigkeit) erlischt die Versicherung.

§ 6 Geheimhaltung

(1) Herr ■■■ verpflichtet sich, über alle Bestandteile dieses Vertrages Stillschweigen zu bewahren.

(2) Die Geheimhaltungsverpflichtung erstreckt sich auch auf alle Herrn ■■■ während der Vertragsdauer bekannt gewordenen betrieblichen Vorgänge, insbesondere auf technische, kaufmännische und persönliche Einzelheiten im Unternehmen und dauert auch über die Beendigung des Arbeitsverhältnisses hinaus fort. Vertrauliche Informationen und Unterlagen dürfen nur an Unternehmensangehörige offenbart werden, die zur Kenntnisnahme befugt sind.

(3) Alle Schriftstücke und Arbeitsunterlagen, auch Abschriften und Durchschläge, einschließlich der Aufzeichnungen, die seine dienstliche Tätigkeit betreffen, hat Herr ■■■ als anvertrautes Firmeneigentum sorgfältig aufzubewahren, vor jeder Einsichtnahme Unbefugter zu schützen und auf Verlangen jederzeit – spätestens bei Beendigung des Arbeitsverhältnisses – an die Firma zurückzugeben. Darüber hinaus ist von Herrn ■■■ gegenüber der Firma zu versichern, dass sich weitere firmeneigene Unterlagen nicht mehr im persönlichen Besitz befinden. Ein Zurückbehaltungsrecht steht Herrn ■■■ nicht zu.

§ 7 Verpflichtung des Mitarbeiters auf das Datengeheimnis

(1) Verpflichtung auf das Datengeheimnis gemäß § 5 BDSG

Herrn ■■■ ist bekannt, dass es nach § 5 BDSG untersagt ist, geschützte personenbezogene Daten unbefugt zu einem anderen als dem zur rechtmäßigen Aufgabenerfüllung gehörenden Zweck zu verarbeiten, bekannt zu geben, zugänglich zu machen oder sonst zu nutzen. Diese Verpflichtung auf das Datengeheimnis besteht auch nach Beendigung der Tätigkeit fort.

(2) Verpflichtung zum Datenschutz

Sofern Herr ▬▬▬ zur Erfüllung seiner Aufgaben Zugriff auf betriebliche und geschäftliche Daten erhält, ist er verpflichtet, diese Zugriffsberechtigung vor der unbefugten Verwendung durch Dritte zu schützen.

Herrn ▬▬▬ ist bekannt, dass hierbei von ihm vergebene Kennwörter, die nach den intern festgelegten Regeln vergeben und geändert werden, absolut vertraulich zu behandeln sind und weder intern noch extern an Dritte weitergegeben werden dürfen.

§ 8 Nebentätigkeit

(1) Herr ▬▬▬ ist verpflichtet, seine ganze Arbeitskraft in den Dienst der Firma zu stellen. Jede anderweitige entgeltliche oder unentgeltliche Tätigkeit (Nebentätigkeit) darf nur mit vorheriger schriftlicher Zustimmung der Firma ausgeübt werden. Vorträge, Veröffentlichungen sowie die Übernahme öffentlicher Ehrenämter sind anzeigepflichtig.

(2) Geschenke oder sonstige Leistungen Dritter, insbesondere von Geschäftspartnern der Firma, die im Zusammenhang mit der dienstlichen Tätigkeit stehen oder stehen können, dürfen nicht angenommen werden. Im Übrigen hat Herr ▬▬▬ die Firma über jedes Angebot unverzüglich zu unterrichten. Dies gilt nicht für übliche Gelegenheitsgeschenke von geringem Wert.

§ 9 Vertragsdauer, Kündigung

(1) Der Vertrag ist unbefristet. Es gilt beidseitig eine Kündigungsfrist von sechs Monaten zum Quartalsende. Jede gesetzliche Verlängerung der Kündigungsfrist zu Gunsten des Herrn ▬▬▬ gilt auch zu Gunsten der Firma.

(2) Die Kündigung aus wichtigem Grund bleibt für beide Teile jederzeit vorbehalten. Sie bedarf der Schriftform und ist an die jeweils letztbekannte Anschrift des Empfängers zu richten.

(3) Die Firma ist im Falle einer außerordentlichen Kündigung jederzeit berechtigt, Herrn ▬▬▬ bei Weitergewährung seiner Bezüge und unter Anrechnung auf restliche Urlaubsansprüche zu beurlauben.

(4) Bei Vollendung des 65. Lebensjahres von Herrn ▬▬▬ endet das Anstellungsverhältnis zum Ende des Monats, in dem das 65. Lebensjahr vollendet wird, unbeschadet der Regelung nach § 9 Abs. 1, ohne dass es einer besonderen hierauf gerichteten Erklärung eines der Vertragspartner bedarf.

(5) Bei vertragswidriger Beendigung des Arbeitsverhältnisses oder fristloser Kündigung durch die Firma ist Herr ▬▬▬ verpflichtet, der Firma eine Vertragsstrafe in Höhe eines Monatsgehaltes zu zahlen. Die Geltendmachung eines weiteren Schadens bleibt hiervon unberührt.

§ 10 Schlussbestimmungen, Gerichtsstand

(1) Nebenabreden, die in diesem Vertrag nicht wiederholt sind, haben keine Gültigkeit.

(2) Es besteht Einigkeit, dass Vereinbarungen außerhalb dieses Vertrages zwischen den Parteien nicht getroffen sind. Änderungen, Ergänzungen und Zusatzvereinbarungen des Vertrages bedürfen zu ihrer Rechtswirksamkeit der schriftlichen Bestätigung.

(3) Gerichtsstand für etwaige sich aus dem Anstellungsvertrag ergebende Streitigkeiten ist ▬▬▬.

§ 11 Rechtswirksamkeit

Sollte eine Bestimmung dieses Vertrages unwirksam sein, so bleibt die Gültigkeit der übrigen Regelungen dieses Vertrages hiervon unberührt. Anstelle der unwirksamen Regelung soll eine Regelung getroffen werden, die in gesetzlich zulässiger Weise dem wirtschaftlichen Ergebnis entspricht.

7. Muster: Arbeitsvertrag mit einem Fachberater mit Zusatzvereinbarung ohne Tarifbezug

Arbeitsvertrag

Zwischen
der Firma ▬▬▬

– nachfolgend „Firma" genannt –

und
Herrn ▬▬▬

– nachfolgend „Mitarbeiter" genannt –

wird mit Wirkung vom ▬▬▬ Folgendes vereinbart:

§ 1

Der Mitarbeiter ist als Fachberater im Vertrieb eingesetzt und untersteht dem Vertriebsbeauftragten der Firma.

Der Mitarbeiter ist berechtigt und verpflichtet zur selbständigen Verhandlung von Verträgen bis zur Abschlussreife im Alt- und Neugeschäft von ▪▪▪. Zu seinen Aufgaben gehört es, Geschäftsmöglichkeiten zu ermitteln und anzubahnen, verantwortlich und umfassend Interessenten und Kunden zu beraten sowie im Rahmen der übertragenen Abschlussberechtigung selbständig Verträge in Einzelheiten mit dem Kunden zu verhandeln und mit der Kundenunterschrift dem Vertriebsbeauftragten zur Annahme vorzulegen. Die Berechtigung zur Unterschriftsleistung und zum Vertragsschluss im Namen von ▪▪▪ ist damit nicht verbunden.

Zu den Aufgaben des Mitarbeiters gehört es ferner, in dem ihm zugewiesenen Postleitzahlbezirk ein Händlernetz aufzubauen und zu pflegen, ferner freie Handelsvertreter zu gewinnen und neben dem Verkauf auch den Endverbraucher zu betreuen.

Die Bildung von Unterbezirken, die Auswahl der Händler und die Schulung fallen in den Aufgabenbereich des Vertriebsbeauftragten.

Dem Mitarbeiter ist der Postleitzahlbezirk ▪▪▪ zugewiesen. In diesem Bezirk hat er sich von Montag bis Donnerstag aufzuhalten und seinen Aufgaben nachzugehen. Änderungen des dem Mitarbeiter zugewiesenen Bezirks bleiben vorbehalten.

Der Außendienstmitarbeiter hat über laufende Ermittlungen, Beratungen und Geschäftsanbahnungen aus seinem Bezirk Bericht zu erstatten.

Die Annahme der Aufträge erfolgt durch den Vertriebsbeauftragten bzw. die Geschäftsleitung.

Der Geschäftsleitung bleibt es vorbehalten, dem Mitarbeiter auch eine andere, seinen Fähigkeiten gerecht werdende Aufgabe zu übertragen und, falls aus Sicht des Vertriebsbeauftragten wünschenswert, den jetzigen Arbeitsbereich zu erweitern oder aufzuteilen. Sollte sich dabei eine Änderung des Dienstsitzes ergeben, soll die Änderung nach billigem Ermessen getroffen werden.

Wesentliche Änderungen von § 1 werden zwischen den Parteien ausschließlich schriftlich vereinbart, Nebenabreden haben keine Gültigkeit.

§ 2

Entsprechend der Zusatzvereinbarung und den Betriebsanweisungen in ihrer jeweils gültigen Fassung, die Bestandteil dieses Arbeitsvertrages sind, erhält der Mitarbeiter als Vergütung für seine Tätigkeit

a) ein außertarifliches Grundgehalt von ▪▪▪ EUR brutto.

b) Provision nach Maßgabe der Zusatzvereinbarung und der Betriebsanweisung in ihrer jeweils geltenden Fassung.

Die umsatzabhängige Provision beträgt 1 % vom Nettoumsatz = Zahlungseingang. Auf die Provision werden monatliche Abschläge in Höhe von 0,5 % von dem bis zum 15. des Monats erreichten Netto-Umsatzes gezahlt, halbjährlich wird die Provision abgerechnet.

§ 3

Für den Jahresurlaub gilt die betriebliche Urlaubsregelung, dem Mitarbeiter stehen aber mindestens 24 Tage Jahresurlaub zu. Die zeitliche Lage des Urlaubs ist mit dem zuständigen Vorgesetzten abzustimmen.

§ 4

Grundsätzlich wird dem Mitarbeiter ein Kraftfahrzeug zur Nutzung überlassen. Spesen und Übernachtungskosten sind in den Betriebsanweisungen und der Zusatzvereinbarung geregelt.

Soweit einem Mitarbeiter ausnahmsweise kein Fahrzeug zur Verfügung gestellt werden kann, trifft die Firma mit ihm eine gesonderte Vereinbarung über Fahrtkosten und Reisekostenerstattung.

§ 5

Der Arbeitsvertrag wird auf unbestimmte Zeit geschlossen. Die Kündigungsfrist beträgt vier Wochen zum 15. oder zum Ende eines Kalendermonats. Für eine Kündigung durch die Firma beträgt die Kündigungsfrist, wenn das Arbeitsverhältnis zwei Jahre bestanden hat, einen Monat zum Ende eines Kalendermonats, fünf Jahre bestanden hat, zwei Monate zum Ende eines Kalendermonats, acht Jahre bestanden hat, drei Monate zum Ende eines Kalendermonats, zehn Jahre bestanden hat, vier Monate zum Ende eines Kalendermonats, zwölf Jahre bestanden hat, fünf Monate zum Ende eines Kalendermonats, fünfzehn Jahre bestanden hat, sechs Monate zum Ende eines Kalendermonats, zwanzig Jahre bestanden hat, sieben Monate zum Ende eines Kalendermonats. Beschäftigungszeiten vor Vollendung des 25. Lebensjahres werden nicht mitgezählt.

Es wird zwischen den Parteien vereinbart, dass ab einem Bestand des Arbeitsverhältnisses von acht Jahren die vorgenannten verlängerten Kündigungsfristen ebenfalls für den Mitarbeiter gelten.

Durch die Kündigungserklärung wird die Befugnis der Firma begründet, den Mitarbeiter unter Fortzahlung seiner Bezüge von der Arbeitsleistung freizustellen.

§ 6

Dieser Vertrag ist ein Individualvertrag, tarifliche Bestimmungen finden deshalb keine Anwendung.

Änderungen und Ergänzungen dieses Arbeitsvertrages bedürfen der schriftlichen Bestätigung, auch die Aufhebung des Schriftformerfordernisses kann nur in schriftlicher Form erfolgen.

Im Falle eines Rechtsstreits zwischen der Firma und dem Mitarbeiter über die Höhe von Provisionsansprüchen besteht kein Anspruch auf Einsichtnahme in die geschäftlichen Unterlagen von der Firma. In Zweifelsfällen ist das Gutachten eines unparteiischen Sachverständigen maßgebend. Können sich die Parteien nicht über die Person des Sachverständigen einigen, so wird dieser von der Industrie- und Handelskammer ▬▬▬ benannt. Die Firma verpflichtet sich, diesem Sachverständigen alle erforderlichen Auskünfte zu erteilen und ihm die erforderlichen Unterlagen vorzulegen.

§ 7

Der Mitarbeiter erklärt, dass er an keiner ansteckenden Krankheit leidet, keine persönlichen oder gesundheitlichen Mängel verschwiegen hat, die der Verrichtung der geschuldeten Arbeitsleistung entgegenstehen und zum Zeitpunkt des Abschlusses des Arbeitsvertrages nicht den Bestimmungen des Schwerbehindertengesetzes unterliegen.

Alle beiderseitigen Ansprüche aus dem Arbeitsverhältnis und solche, die mit dem Arbeitsverhältnis in Verbindung stehen, verfallen, wenn sie nicht innerhalb von drei Monaten nach der Fälligkeit gegenüber der anderen Vertragspartei schriftlich erhoben werden.

Lehnt die Gegenpartei den Anspruch ab oder erklärt sie sich nicht innerhalb von zwei Wochen nach der Geltendmachung des Anspruchs, so verfällt dieser, wenn er nicht innerhalb von zwei Monaten nach der Ablehnung unter dem Fristablauf gerichtlich geltend gemacht wird.

Der Mitarbeiter erklärt sich damit einverstanden, dass seine personenbezogenen Daten automatisiert gespeichert und verarbeitet werden.

Zusatzvereinbarung

zum Vertrag zwischen

der Firma ▬▬▬

– nachstehend „Firma" genannt –

und

Herrn ▬▬▬

– nachstehend „Mitarbeiter" genannt –

§ 1 Voraussetzungen für die Provisionsgewährung

(1) Die Firma behält sich ausdrücklich die Annahme oder Ablehnung der vom Fachberater vorgeschlagenen Geschäfte in jedem Einzelfall vor, wobei die Geschäfte allein auf die Tätigkeit des Fachberaters zurückzuführen sein müssen.

(2) Die Firma ist berechtigt, bestimmte Projekte aus dem Arbeitsgebiet des Fachberaters herauszunehmen oder durch Dritte bearbeiten zu lassen. Wird der Fachberater in diesem Fall zur Mitarbeit herangezogen, so erhält er bei Zustandekommen des Auftrags eine nach dem Ermessen des Vertriebsbeauftragten festzusetzende Anerkennungsprovision.

(3) Die Mehrwertsteuer wird bei der Ermittlung des Barwertes und der Errechnung der Provision nicht einbezogen.

(4) Ein durch den Fachberater durchgeführtes Umänderungsgeschäft führt bei der Provisionsermittlung dazu, dass sich aus dem Umänderungszugang ein positiver Provisionsbetrag und aus dem Umänderungsabgang ein negativer Provisionsbetrag ergibt. Für die Provisionsermittlung bedeutet das, dass jeweils bezogen auf den Barwert und den Endkaufpreis die Differenz der Provision zwischen Umänderungszugang und Umänderungsabgang getrennt ermittelt und saldiert wird. Ergibt sich dabei ein negativer Provisionssaldo, so wird dieser nicht in Abzug gebracht.

Diese Regelung gilt auch für einen Änderungsauftrag, der verschiedene Kostenträger/Verrechnungsarten betrifft. In diesem Fall werden sowohl der Umänderungszugang als auch der Umänderungsabgang mit dem Provisionsprozentsatz des Umänderungszugangs verprovisioniert.

(5) Geht ein Vertrag auf einen neuen Vertragspartner aufgrund einer Gesamtrechtsnachfolge (z.B. Erbschaft, Vermögensübernahme oder Firmenübernahme) über oder übernimmt ein neuer Vertragspartner alle Rechte und Pflichten aus einem bestehenden Vertrag ohne Mitwirkung des Fachberaters, entsteht kein Provisionsanspruch.

(6) Enthält ein vom Mitarbeiter vorgeschlagenes Geschäft weitere hier nicht genannte Einschränkungen der Rechte der Firma oder weicht es insbesondere von den jeweils gültigen Vertragsbedingungen ab oder steht das Geschäft nicht im Einklang mit der gültigen durch Betriebsanweisung festgelegten Rabattregelung, dann steht der Firma das Recht zu, die Provision in angemessenem Verhältnis zu kürzen. Zur Provisionskürzung ist die Firma nicht befugt, wenn die Abweichung von der Rabattregelung vom Vertriebsbeauftragten schriftlich genehmigt wurde.

(7) Betreffen Abschlüsse nicht nur den dem Mitarbeiter zugewiesenen Bezirk, sondern zwei oder mehrere Bezirke (grenzüberschreitendes Geschäft), regelt der Vertriebsbeauftragte die unter mehreren Fachberatern zu verteilende Provision nach billigem Ermessen.

§ 2 Fortzahlung der Vergütung

Für die Dauer einer Arbeitsunfähigkeit von bis zu sechs Wochen sowie für Urlaubs- und Feiertage wird der durchschnittliche Arbeitsverdienst des Fachberaters weitergezahlt. Für die Ermittlung der Höhe des maßgeblichen Arbeitsverdienstes ist § 4 Abs. 1 EFZG in seiner jeweils geltenden Fassung maßgeblich.

§ 3 Verhalten im Außendienst

(1) Der Fachberater hat insbesondere die Bestimmungen des Gesetzes gegen den unlauteren Wettbewerb (UWG), des Rabattgesetzes und der Zugabeverordnung zu beachten und alles zu unterlassen, was gegen die Regeln des lauteren Wettbewerbs verstößt.

(2) Eine Schädigung des Ansehens der Mitbewerber ist untersagt. Abfällige Äußerungen über Konkurrenten oder deren Produkte und Leistungen sind unzulässig. Fragt ein Interessent nach wirtschaftlichen oder technischen Vorzügen der Firma – Produkten im Vergleich zu Produkten eines bestimmten Mitbewerbers –, dann sind nur sachliche Argumente, die den Gegebenheiten entsprechen, anzuführen.

(3) Der Fachberater ist verpflichtet, sowohl Interessenten als auch Kunden über alle Punkte eines abzuschließenden Vertrages umfassend zu unterrichten. Er ist nicht berechtigt, für die Firma verpflichtende, mündliche oder schriftliche Erklärungen gegenüber Interessenten oder Kunden abzugeben, die nicht durch eine entsprechende Ermächtigung von der Firma ausdrücklich abgedeckt sind. Der Mitarbeiter ist an die Vorschriften und Preise gebunden, die die Firma allgemein oder von Fall zu Fall festsetzt.

§ 4 Inkasso

Ohne besonderen schriftlichen Auftrag ist der Fachberater nicht zum Inkasso ermächtigt.

§ 5 Nebentätigkeit und Vorträge

Die Aufnahme von Nebengeschäften oder Nebenbeschäftigungen ist der Firma vorher mitzuteilen. Beeinträchtigen die Nebengeschäfte oder Nebenbeschäftigungen das Vertragsverhältnis, bedarf es der vorherigen schriftlichen Zustimmung der Firma. Für Veröffentlichungen und Vorträge, die den Tätigkeitsbereich der Firma berühren, ist ebenfalls die vorherige Zustimmung erforderlich.

§ 6 Anpassungen

Der Vertriebsbeauftragte beobachtet sorgfältig den Markt. Hält er es für erforderlich, Anpassungen der Bezirke, der Provisionsregelung oder der Anweisungen an die Fachberater an geänderte Verhältnisse vorzunehmen, so werden diese Bestandteil des Arbeitsvertrages. Die Nichterreichung von Umsatzzielen gestattet den Vertriebsbeauftragten, angemessene Provisionsabzüge vorzunehmen. Auch ist die Firma berechtigt, den Abrechnungszeitraum der Provision (derzeit halbjährlich) zu verlängern oder zu verkürzen.

§ 7 Verschwiegenheit

Über Geschäftsvorgänge, Geschäftspolitik, Kundenkreis, Technik und System-/Branchenlösungen der Firma ist gegenüber Außenstehenden Verschwiegenheit zu wahren. Im Falle des Ausscheidens aus dem Unternehmen sind sämtliche Unterlagen, auch die vom Mitarbeiter selbst angefertigten Papiere, wie beispielsweise Kunden- oder Interessentenlisten, vor Ausscheiden an den Vertriebsbeauftragten herauszugeben.

§ 8 Mitwirkung bei der Aus- und Weiterbildung

Es gehört zu den Aufgaben, bei der Aus- und Weiterbildung von Mitarbeitern der Firma mitzuwirken, soweit dies erforderlich ist, aber auch selbst an Schulungsveranstaltungen der Firma bei Bedarf teilzunehmen.

Freitag soll der Tag sein, an dem die Kommunikation zwischen dem Mitarbeiter und seinen Vorgesetzten in den Geschäftsräumen der Firma stattfindet. An solchen Tagen soll der Mitarbeiter auch etwaigen Fortbildungsbedarf anmelden.

8. Muster: Arbeitsvertrag im Einzelhandel NW

↓

Arbeitsvertrag – Einzelhandel

zwischen

▄▄▄

– nachstehend Arbeitgeber genannt –

und

▄▄▄

– nachstehend Arbeitnehmer genannt –

§ 1 Anstellung

(1) Der Arbeitnehmer wird ab ▄▄▄ als ▄▄▄ eingestellt.

(2) Der Arbeitnehmer wird mit ▄▄▄ Stunden wöchentlich eingestellt. Die Arbeitszeiteinteilung erfolgt durch den Arbeitgeber.

(3) Die Tarifverträge für die Beschäftigten im Einzelhandel des Landes Nordrhein-Westfalen in ihrer jeweils geltenden Fassung und deren Nachfolgeverträge sind Bestandteil dieses Vertrages. Besteht eine Betriebs- oder Sozialordnung, so sind diese Bestandteil des Vertrages in ihrer jeweils geltenden Fassung.

(4) Der Arbeitnehmer verpflichtet sich, alle ihm übertragenen Arbeiten gewissenhaft und sorgfältig auszuführen und auf Anordnung der Betriebsleitung auch andere Arbeiten zu übernehmen sowie sich in andere Abteilungen des Betriebes oder andere Niederlassungen des Arbeitgebers versetzen zu lassen.

(5) Der Arbeitnehmer verpflichtet sich, dem Arbeitgeber unaufgefordert Mitteilung zu machen und die jeweilige Adresse anzugeben, wenn er wegen Urlaub, Krankheit, Umzug oder Ähnlichem vorübergehend oder für dauernd an der bisher dem Arbeitgeber bekannten Anschrift nicht erreichbar ist.

(6) Der Arbeitnehmer hat sein äußeres Erscheinungsbild dem Charakter des Betriebes anzupassen, insbesondere die berufs- und betriebsübliche Kleidung zu tragen.

§ 2 Probezeit

Das Arbeitsverhältnis wird zunächst für die Zeit vom ▄▄▄ bis ▄▄▄ (höchstens drei Monate) zur Probe eingegangen und endet mit Ablauf dieser Probezeit, ohne dass es einer Kündigung bedarf. Während der Probezeit kann das Arbeitsverhältnis beiderseits mit einmonatiger Frist zum Monatsende gekündigt werden. Wird das Arbeitsverhältnis über die Probezeit hinaus fortgesetzt, so geht es in ein festes Arbeitsverhältnis über.

§ 3 Berufsjahre

Der Arbeitnehmer versichert, dass er im ▄▄▄ Berufsjahr steht; Ausbildungsjahre sind dabei nicht mitgezählt.

§ 4 Gehaltszahlung

(1) Gemäß der in § 1 Abs. 1 genannten Tätigkeit wird der Arbeitnehmer in die Gehaltsgruppe ▄▄▄ des derzeit geltenden Gehaltstarifvertrages für den Einzelhandel eingestuft.

(2) Das vereinbarte Gehalt beträgt ▄▄▄ EUR. Außerdem wird vereinbart, ▄▄▄.

(3) Vor Fälligkeit der Vergütung geleistete Zahlungen sind Vorschüsse, auch wenn für die Rückzahlung Raten vereinbart werden. Bei Beendigung des Arbeitsverhältnisses ist ein zu viel gezahlter Vorschuss sofort zurückzuzahlen. Der Gegenwert aus unbezahlten Warenbezügen des Arbeitnehmers gilt als Vorschuss. Irrtümlich erfolgte Überzahlungen sind zurückzuerstatten bzw. können verrechnet werden. Der Arbeitnehmer verzichtet auf die Einrede, nicht mehr bereichert zu sein.

(4) Die über das Tarifgehalt hinausgehenden Gehaltsteile sowie eine gewährte Provision können jederzeit unter Einhaltung einer Frist von einem Monat gekürzt oder widerrufen werden. Sie können bei einer Erhöhung der Gehaltstarife, beim Aufrücken in eine höhere Gehaltsgruppe oder Gehaltsstufe und bei Höhergruppierungen angerechnet werden.

(5) Der Arbeitnehmer verpflichtet sich, Gehaltsüberzahlungen ohne Rücksicht auf eine noch vorhandene Bereicherung zurückzuzahlen.[417]

---

[417] Diese Klausel ist nach hier vertretener Ansicht gemäß § 307 Abs. 2 Nr. 1 BGB nicht wirksam (*Hümmerich*, NZA 2003, 764; *ders.*, Gestaltung von Arbeitsverträgen, § 1 Rn 1620).

Kapitel 1: Arbeitsverträge

§ 5 Mehrarbeit (Überstunden), Nachtarbeit, Sonn- und Feiertagsarbeit, Wechselschichtarbeit

(1) Ansprüche aus der Leistung von Mehrarbeit bestehen nur, wenn die Mehrarbeit von der Geschäftsleitung angeordnet oder genehmigt worden ist.

(2) Über Beginn und Ende der Mehrarbeit hat der Arbeitnehmer täglich Aufzeichnungen zu machen und diese spätestens am folgenden Tage vom Arbeitgeber oder dessen Beauftragten gegenzeichnen zu lassen.

(3) Ein Anspruch auf Abgeltung von geleisteter Mehrarbeit (einschließlich Mehrarbeitszuschlägen) besteht nur insoweit, als er nicht durch übertarifliche Zahlungen gedeckt ist.

(4) Die Bestimmungen der Absätze 1 bis 3 gelten entsprechend für die tariflichen Zuschläge bei Nacht-, Sonn- und Feiertags- und Wechselschichtarbeit.

§ 6 Sonderleistungen

Gratifikationen, Jahrestantiemen oder sonstige Sonderleistungen sind, auch wenn sie wiederholt gezahlt werden, jederzeit widerrufliche Leistungen des Arbeitgebers, soweit sie tarifvertragliche Ansprüche übersteigen; ein Anspruch des Arbeitnehmers auf solche Leistungen oder auf eine bestimmte Höhe dieser Leistungen besteht nicht.

Die Zahlung erfolgt unter der Bedingung, dass das Arbeitsverhältnis nicht aus einem im Verhalten des Arbeitnehmers liegenden Grund gekündigt ist.

Mit der Entgegennahme verpflichtet sich der Arbeitnehmer, die Gratifikation als Vorschuss zurückzuzahlen für den Fall, dass er bei einer Gratifikation von über 100 EUR, jedoch weniger als einem Monatsgehalt, infolge einer eigenen Kündigung vor dem 31. März des Folgejahres aus den Diensten der Firma ausscheidet oder dass ihm aus wichtigem Grund fristlos gekündigt oder das Arbeitsverhältnis aus von ihm zu vertretenden Gründen oder auf seinen Wunsch in beiderseitigem Einvernehmen vorzeitig beendet wird.

Erhält der Arbeitnehmer eine Weihnachtsgratifikation in Höhe eines Monatsgehalts oder mehr, so ist der Arbeitnehmer unter den gleichen Voraussetzungen zur Rückzahlung als Vorschuss auch dann noch verpflichtet, wenn er zum 31. März oder vor dem ersten zulässigen Kündigungstermin nach dem 31. März des Folgejahres ausscheidet.

§ 7 Urlaub und Urlaubsgeld

(1) Jeglicher Urlaubsanspruch entsteht erstmalig nach mehr als dreimonatiger ununterbrochener Betriebszugehörigkeit. Die Dauer des Urlaubs richtet sich nach den tariflichen Bestimmungen.

(2) Der Urlaub beträgt demnach zurzeit ▬▬▬ Werktage im Kalenderjahr.

(3) Der Arbeitnehmer erhält ein Urlaubsgeld entsprechend den tarifvertraglichen Bestimmungen.

Das Urlaubsgeld beträgt demnach zurzeit ▬▬▬ EUR.

§ 8 Arbeitsversäumnis

(1) Arbeitsverhinderung ist dem Arbeitgeber unverzüglich, möglichst telefonisch am Vormittag des ersten Tages des Arbeitsausfalls, unter Angabe der Gründe mitzuteilen; ist die Arbeitsverhinderung vorher bekannt, so ist sie rechtzeitig dem Arbeitgeber mitzuteilen.

(2) Im Falle einer Erkrankung hat der Arbeitnehmer darüber hinaus unverzüglich, spätestens innerhalb von drei Tagen, eine ärztliche Bescheinigung nachzureichen, aus der die Arbeitsunfähigkeit sowie deren Beginn und voraussichtliche Dauer ersichtlich sind. Dauert die Arbeitsunfähigkeit länger als in dieser Bescheinigung angegeben, so ist der Arbeitnehmer verpflichtet, den Arbeitgeber hiervon unverzüglich zu unterrichten und ebenfalls unverzüglich eine neue ärztliche Bescheinigung vorzulegen, auch wenn der Zeitraum der Entgeltfortzahlung bereits überschritten ist. Der Arbeitnehmer ist verpflichtet, sich auf Verlangen und Kosten des Arbeitgebers von einem vom Arbeitgeber zu benennenden Arzt untersuchen zu lassen.

(3) Stellt der Arbeitnehmer einen Antrag auf ein Kur- oder Heilverfahren, so hat er dem Arbeitgeber unverzüglich davon Kenntnis zu geben. Wird das Kur- oder Heilverfahren bewilligt, ist dem Arbeitgeber unverzüglich eine entsprechende Bescheinigung vorzulegen und der Zeitpunkt des Kurantritts mitzuteilen.

§ 9 Verschwiegenheits- und Treuepflicht

(1) Der Arbeitnehmer hat über alle geschäftlichen und betrieblichen Angelegenheiten – auch nach Beendigung des Anstellungsverhältnisses – Verschwiegenheit zu wahren.

(2) Es ist unzulässig, von Personen, die mit dem Arbeitgeber in geschäftlichen Beziehungen stehen, Geschenke, Darlehen oder sonstige Zuwendungen entgegenzunehmen oder bei diesen für eigenen oder fremden Bedarf ohne ausdrückliche Genehmigung des Arbeitgebers einzukaufen.

§ 10 Abtretung von Ansprüchen

Gehaltsansprüche darf der Arbeitnehmer nur mit schriftlicher Zustimmung des Arbeitgebers abtreten oder verpfänden.

§ 11 Gehaltspfändungen

Bei Gehaltspfändungen steht dem Arbeitgeber als Aufwendungsersatz neben einer einmaligen Pauschale in Höhe von 8 EUR für jede durchgeführte Überweisung ebenfalls ein Betrag von 2 EUR zu.

§ 12 Vertragsstrafe, Schadensersatz[418]

Tritt der Arbeitnehmer das Arbeitsverhältnis nicht an, löst er das Arbeitsverhältnis unter Vertragsbruch oder wird der Arbeitgeber durch schuldhaft vertragswidriges Verhalten des Arbeitnehmers zur fristlosen Kündigung des Arbeitsverhältnisses veranlasst, so hat der Arbeitnehmer an den Arbeitgeber eine Vertragsstrafe in Höhe von einem Bruttomonatsgehalt zu zahlen. Der Arbeitgeber kann einen weitergehenden Schaden geltend machen.

§ 13 Abstellen von Fahrzeugen

Das Abstellen von Fahrzeugen des Arbeitnehmers auf dem Gelände des Arbeitgebers ist nur mit besonderer Erlaubnis des Arbeitgebers gestattet und geschieht ausschließlich auf Gefahr des Arbeitnehmers.

§ 14 Kündigung

(1) Unbefristete Arbeitsverhältnisse enden, sofern nicht etwas anderes vereinbart ist, mit dem Ende des Kalendermonats, in dem der Arbeitnehmer das 65. Lebensjahr vollendet hat oder in welchem dem Arbeitnehmer der Rentenbescheid über die Gewährung einer Rente wegen zeitlich nicht befristeter Erwerbsfähigkeit oder vorgezogenem Altersruhegeld zugegangen ist.

(2) Für die Kündigung von Angestellten und gewerblichen Arbeitnehmern beträgt die Mindestkündigungsfrist einen Monat zum Ende eines Kalendermonats. Beide Parteien können eine schriftliche Bestätigung des Empfangs der Kündigung verlangen.

(3) Nach einer ununterbrochenen Beschäftigung im Unternehmen von mehr als fünf Jahren verlängern sich die Kündigungsfristen für den Arbeitgeber wie folgt:

über 5 Jahre	3 Monate
über 8 Jahre	4 Monate
über 10 Jahre	5 Monate
über 12 Jahre	6 Monate,

jeweils zum Ende eines Kalendermonats.

Bei der Berechnung der Beschäftigungsdauer werden Jahre der Unternehmenszugehörigkeit, die vor Vollendung des 25. Lebensjahres liegen, nicht berücksichtigt.

(4) Für Kündigungen von Arbeitsverhältnissen, die vor dem 1.9.1993 begründet worden sind, sind die bis zu diesem Stichtag geltenden einzelvertraglichen, die bis 1992 geltenden tariflichen und gesetzlichen Regelungen anzuwenden, es sei denn, die vorstehenden Regelungen sind für den Arbeitnehmer günstiger.

(5) Einem Arbeitnehmer, der das 53., aber noch nicht das 65. Lebensjahr vollendet hat und dem Unternehmen mit mehr als 50 vollbeschäftigten Arbeitnehmern mindestens 15 Jahren angehört, kann nur noch aus wichtigem Grund oder mit Zustimmung des Betriebsrates gekündigt werden. Verweigert der Betriebsrat seine Zustimmung, so kann der Arbeitgeber die Einigungsstelle anrufen (§ 76 BetrVG).

Dieser Kündigungsschutz gilt nicht, wenn

a) Betriebsvereinbarungen gemäß §§ 111, 112 BetrVG oder sozialplanähnliche Regelungen abgeschlossen werden, die eine Absicherung der mindestens 59 Jahre alten Arbeitnehmer dergestalt enthalten, dass für die Dauer der eintretenden Arbeitslosigkeit der Differenzbetrag zwischen Arbeitslosengeld und dem zuletzt bezogenen bzw. dem Nettoentgelt, welches der Arbeitnehmer bezogen hätte, wenn er weiterhin beschäftigt worden wäre, vom Arbeitgeber bezahlt wird, und der Arbeitnehmer eine Abfindung wegen des Verlustes des Arbeitsplatzes erhält;

b) Ansprüche auf vorgezogenes Altersruhegeld aus der gesetzlichen Rentenversicherung oder Rente wegen Erwerbsunfähigkeit bestehen.

---

[418] Das Verbot eines Vertragsstrafeversprechens in § 309 Nr. 6 BGB gilt im Arbeitsrecht nicht. Das BAG ist der Auffassung, dass die modifizierte Anwendungsregel in § 310 Abs. 4 Satz 2 BGB zu einem regelmäßig berechtigten Interesse des Arbeitgebers führt, die Nicht- oder Schlechterfüllung der Pflicht zur Arbeitsleistung mit einer Vertragsstrafe zu verbinden (BAG 3.4.2004 – 8 AZR 196/03, BAGE 110, 8 = NZA 2004, 727). Unwirksam ist eine Vertragsstrafeversprechen, wenn die Abrede die Pflichtverletzung des Arbeitnehmers nicht so klar bezeichnet, dass sich der Versprechende in seinem Verhalten hierauf einstellen kann (BAG 21.4.2005 – 8 AZR 425/04, NZA 2005, 1053). Unwirksam ist die Vereinbarung eines Vertragsstrafenrahmens für den Fall eines gravierenden Wettbewerbsverstoßes von einem bis zu drei Monatsgehältern, wenn es dem Arbeitgeber überlassen bleibt, die Vertragsstrafe im Einzelfall innerhalb dieses Rahmens festzusetzen (BAG 18.8.2005 – 8 AZR 65/05, NZA 2006, 34 = BB 2006, 720). Vorsicht ist geboten, wenn die Vertragsstrafe zu hoch bemessen ist. Eine Herabsetzung der Vertragsstrafe nach § 343 BGB kommt seit der Schuldrechtsmodernisierung nicht mehr in Betracht, weil das Verbot der geltungserhaltenden Reduktion nach § 306 Abs. 2 BGB die Anpassung einer zu hohen Vertragsstrafe nach § 343 BGB ausschließt (BAG 4.3.2004 – 8 AZR 196/03, NZA 2004, 727; LAG Hamm 24.1.2003 – 10 Sa 1158/02, DB 2003, 2549; *Brors*, DB 2004, 1778).

(6) Auflösungsverträge bedürfen der Schriftform. Jede der Parteien kann eine Bedenkzeit von drei Werktagen in Anspruch nehmen. Ein Verzicht hierauf ist schriftlich zu erklären.

§ 15 Rückgabe des Arbeitsmaterials
Der Arbeitnehmer hat beim Ausscheiden sämtliche betriebliche Arbeitsmittel, Unterlagen oder sonstige Gegenstände zurückzugeben, die ihm während seiner Tätigkeit ausgehändigt wurden oder auf andere Weise in seinen Besitz gelangt sind. Dazu gehören auch selbstangefertigte Aufzeichnungen.

§ 16 Personalfragebogen
Ein zu diesem Arbeitsvertrag gehörender Personalfragebogen ist wesentliche Grundlage des Vertrages. Unrichtige Angaben berechtigen den Arbeitgeber zur Anfechtung oder Kündigung des Vertrages.

§ 17 Ergänzungen
Ergänzungen und Änderungen dieses Vertrages bedürfen zu ihrer Wirksamkeit der Schriftform.

§ 18 Datenschutz
Der Arbeitnehmer willigt ein, dass seine persönlichen, dem Arbeitgeber bekannten oder bekannt gewordenen Daten in eine bei dem Arbeitgeber oder dessen Beauftragten geführte Kartei aufgenommen und verarbeitet werden dürfen.

§ 19 Teilnichtigkeit
Die etwaige Nichtigkeit von Bestimmungen des Vertrages soll nicht die Unwirksamkeit des gesamten Vertrages zur Folge haben.

§ 20 Minderjährige
Ist der Arbeitnehmer minderjährig, erteilen ihm hiermit die mitunterzeichneten Vertreter unwiderruflich die Ermächtigung zur Entgegennahme und Abgabe aller das Arbeitsverhältnis betreffenden Erklärungen sowie zur Entgegennahme der ihm zustehenden Bezüge. Sofern der Minderjährige allein unterzeichnet, erklärt er, dass seine Eltern ihm diese Ermächtigung vorher erteilt haben.

§ 21 Mankohaftung
(1) Der Arbeitnehmer übernimmt den Warenbestand unserer Filiale in ▬▬▬ nach einer in seiner Gegenwart durchgeführten Bestandsaufnahme. Die Bestandsaufnahme ist für beide Seiten verbindlich.

(2) Dem Arbeitnehmer werden für Schwund und sonst zu vermeidende Verluste ▬▬▬% des Warenbestands gutgeschrieben.

(3) Der Arbeitgeber ist berechtigt, jederzeit eine Bestandsaufnahme durchzuführen. Stellt sich hierbei eine Fehlmenge heraus, haftet der Arbeitnehmer. Zum Ausgleich für die Übernahme der Mankohaftung zahlt der Arbeitgeber eine monatliche Fehlgeldentschädigung von ▬▬▬ EUR. Die Haftung des Arbeitnehmers ist jährlich auf das Zwölffache des dem Arbeitnehmer monatlich gezahlten Mankogeldes begrenzt, es sei denn, der Arbeitnehmer hat grob fahrlässig oder vorsätzlich gehandelt. Bei grob fahrlässigem oder vorsätzlichem Handeln haftet der Arbeitnehmer einschränkungslos.

§ 22 Sonstige Vereinbarungen
(1) Die Allgemeine Arbeitsordnung bildet Bestandteil des Arbeitsvertrages.

(2) ▬▬▬

Für den Betrieb gilt folgende Arbeitsordnung:

1. Wer im Verkauf tätig ist, hat unbedingt auf saubere Kleidung und ein stets gepflegtes Äußeres zu achten. Das Verhalten gegenüber den Kunden hat stets von Zuvorkommenheit, Korrektheit und Freundlichkeit geprägt zu sein.

2. Während der Arbeitszeit besteht in allen Geschäftsräumen ein Rauchverbot. Der Genuss von Alkohol ist nicht gestattet. Es dürfen keine privaten Gespräche mit oder vor Kunden geführt werden, auch ist es nicht gestattet, Gespräche mit Kunden über Mitarbeiter zu führen. Vor Kunden dürfen keine Diskussionen oder Auseinandersetzungen ausgetragen werden.

3. Der Arbeitsplatz und alle Räumlichkeiten des Geschäfts sind stets sauber zu halten. Soweit Unordnung entstanden ist, ist diese umgehend zu beseitigen.

4. Die Arbeitszeit endet erst dann, wenn die Kasse abgerechnet ist. Geschäftsräume sind ordnungsgemäß zu verschließen, soweit vorhanden, Rollgitter- oder Rollladensicherung vorzunehmen.

5. Privatkäufe sind wie folgt abzuwickeln: ▬▬▬

6. Der Mitarbeiter haftet für von ihm verursachte Schäden im Rahmen der vom Bundesarbeitsgericht begründeten Rechtsprechung zur Haftung des Arbeitnehmers.

7. Bei Übernahme oder Übergabe der Kasse ist der Kassenbestand zu prüfen. Etwaige Fehlbeträge sind von dem Mitarbeiter zu ersetzen.

Ware, die Kunden zurückbringen, wird generell nicht zurückgenommen, auch erfolgt grundsätzlich keine Geldrückgabe. Nur der Geschäftsinhaber ist befugt, von dieser Regel abweichende Entscheidungen zu treffen. Reklamationen sind entgegenzunehmen, wobei die Entscheidung über die Berechtigung jeweils vom Geschäftsinhaber oder dessen Vertreter getroffen wird.

Im Geld-, Scheck- und Warenverkehr ist Folgendes zu beachten: Entgegengenommen werden grundsätzlich nur Euro-Schecks, bei denen die Kartennummer des Schecks auf der Rückseite vermerkt sein muss. Die Nummer muss mit der Nummer auf der Scheckkarte identisch sein. Der Mitarbeiter muss eine entsprechende Überprüfung vorgenommen haben. Andere Schecks als Euro-Schecks werden nicht entgegengenommen.

Soweit Kunden nur teilweise in der Lage sind, den Kaufpreis zu zahlen, darf die Ware erst herausgegeben werden, wenn der Kaufpreis vollständig entrichtet wurde.

8. Private Telefongespräche werden vom Mitarbeiter selbst bezahlt. Private Telefonate sind während der Geschäftszeiten nur auf ganz dringende Ausnahmefälle beschränkt.

9. Es ist stets auf die Einhaltung der notwendigen Vorschriften im Umgang mit technischem Gerät zu achten. Jeder Mitarbeiter ist darauf hingewiesen worden, dass ein nicht ordnungsgemäßer Umgang mit technischem Gerät zur Folge haben kann, dass etwa bestehende Versicherungen Deckungsschutz verweigern könnten.

Von der vorstehenden Allgemeinen Arbeitsordnung habe ich Kenntnis erhalten:

■■■ (Unterschrift Mitarbeiter)

9. Muster: Teilzeit-Arbeitsvertrag im Einzelhandel

Zwischen

der Firma ■■■, vertreten durch den Leiter der Verkaufsstelle ■■■

– im Folgenden „Arbeitgeber" –

und

Herrn ■■■

– im Folgenden „Arbeitnehmer" –

auf dessen Angaben auf dem nebenseitigen Personalbogen Bezug genommen wird und die zum Gegenstand des vorliegenden Vertrages gemacht werden, wird auf Grundlage der jeweils gültigen Bestimmungen der Tarifverträge des Einzelhandels – soweit nicht im Folgenden Abweichendes vereinbart – folgender Arbeitsvertrag geschlossen:

1. Unter Berücksichtigung des nicht abzuschätzenden Arbeitsanfalls pro Kalendermonat sind sich die Parteien darüber einig, dass der Arbeitnehmer zunächst in der Filiale ■■■ jährlich eine Arbeitsleistung von 1.000 Stunden zu erbringen hat. Die Lage der Arbeitszeit wird vorläufig in einem Jahresplan festgelegt, wobei die wöchentliche Arbeitszeit 40 Stunden nicht überschreiten darf. Die konkrete Lage der Arbeitszeit wird nach den betrieblichen Erfordernissen durch den Arbeitgeber mit einer Ankündigungsfrist von 14 Tagen quartalsweise unter Berücksichtigung der Wünsche des Mitarbeiters festgelegt. Abweichungen hiervon aus dringenden betrieblichen Erfordernissen unter Wahrung der gesetzlichen Ankündigungsfrist nach § 12 Abs. 2 TzBfG sind möglich. Ruft der Arbeitgeber die Arbeit in planmäßig beschäftigungsfreien Zeiten ab, kann der Mitarbeiter sie verweigern, wenn wichtige persönliche Belange entgegenstehen.

Bei entsprechendem betrieblichem Bedarf ist der Arbeitnehmer verpflichtet, in zumutbarem Maß zusätzliche Stunden über die vereinbarte Arbeitszeit hinaus zu leisten.

2. Die Gehaltsgruppe lautet ■■■.

Die Tätigkeitsbezeichnung lautet ■■■.

Der Arbeitnehmer verpflichtet sich, alle ihm übertragenen Aufgaben sorgfältig auszuführen und auch andere der Ausbildung entsprechende zumutbare Aufgaben zu übernehmen, ggf. auf Anforderung des Arbeitgebers ohne Einhaltung einer Frist im Rahmen dieses Vertrages aufgrund besonderer betrieblicher Notwendigkeit in allen übrigen Filialen des Arbeitgebers zu arbeiten.

3. Zur Lage der wöchentlichen und täglichen Arbeitszeit erstellt der Arbeitgeber mindestens 4 Tage vor der jeweiligen Kalenderwoche einen Wochendienstplan. Sofern der Arbeitnehmer nach diesem Wochendienstplan eingesetzt ist, erfolgt seine tägliche Beschäftigung nicht unter ■■■ Stunden. Der jeweilige Wochendienstplan ist bindend.

4. Die monatliche Vergütung (brutto) setzt sich wie folgt zusammen:
- tarifliches Grundgehalt ▬▬▬ EUR
- übertariflicher Gehaltsbestandteil ▬▬▬ EUR

insgesamt ▬▬▬ EUR

- variable Verkaufsprämie gemäß dem gültigen Prämienplan ▬▬▬ EUR

Bei einer Höhergruppierung von der Gehaltsgruppe 1 in die Gehaltsgruppe 2 entfällt die Verkaufsprämie bei den Abteilungsaufsichten. Der Arbeitnehmer erhält dann neben dem Tarifgrundgehalt einen monatlichen übertariflichen Gehaltsbestandteil.

Der übertarifliche Gehaltsbestandteil wird für die Anwerbung und Erhaltung beruflich qualifizierter Arbeitnehmer gewahrt. Bei diesem übertariflichen Gehaltsbestandteil handelt es sich um eine freiwillige, jederzeit nach freiem Ermessen widerrufliche Leistung, auf die auch bei wiederholter Gewährung kein Rechtsanspruch für die Zukunft besteht. Er kann auch jederzeit ganz oder teilweise bei tariflichen Gehaltserhöhungen, anderen tariflichen Umgruppierungen sowie bei tariflichen Höhergruppierungen angerechnet werden.

5. Die Zahlung der Vergütung erfolgt bargeldlos. Der Arbeitnehmer wird umgehend nach Beginn des Arbeitsverhältnisses ein Konto errichten, den Namen des Kontoinhabers, der Bank, sowie die Bankleitzahl und die Kontonummer mitteilen.

6. Der Arbeitnehmer verpflichtet sich, den Arbeitgeber über jedes weitere Arbeitsverhältnis zu unterrichten. Er hat die Aufnahme eines zusätzlichen Arbeitsverhältnisses zu unterlassen, wenn dadurch seine Verpflichtung, die Arbeitsleistung entsprechend dem Arbeitsanfall zu erbringen, beeinträchtigt wird.

7. Der Arbeitnehmer tritt die Schadensersatzansprüche für den Fall und insoweit an den Arbeitgeber ab, als eine Verletzung durch einen Dritten vorliegt und trotz Arbeitsunfähigkeit die Bezüge ganz oder teilweise vom Arbeitgeber weitergezahlt werden. Der Arbeitnehmer ist verpflichtet, die für die Verfolgung der Schadensersatzansprüche notwendigen Auskünfte zu erteilen.

8. Die ersten 3 Monate gelten als Probezeit. Die Kündigungsfrist während der Probezeit und danach beträgt für Arbeitgeber und Arbeitnehmer 1 Monat zum Monatsende.

9. Der Arbeitnehmer erhält ein Mankogeld in Höhe von ▬▬▬ EUR monatlich. Er haftet für jeden im Rahmen seiner Inkassotätigkeit entstandenen Fehlbetrag.

10. Muster: Arbeitsvertrag für Aushilfskräfte im Einzelhandel NW mit allgemeiner Arbeitsanweisung für Verkäufer

Arbeitsvertrag

zwischen
der Firma ▬▬▬

– nachstehend: Firma –

und

Herrn ▬▬▬

– nachstehend: Mitarbeiter –

Die Parteien schließen den nachfolgenden Arbeitsvertrag:

§ 1 Beginn des Arbeitsverhältnisses

Der Mitarbeiter wird vom ▬▬▬ bis zum ▬▬▬ als Aushilfskraft zur Abdeckung eines vorübergehenden Arbeitsanfalls beschäftigt. Vor Beginn des Arbeitsverhältnisses ist die Kündigung ausgeschlossen.

§ 2 Tätigkeit

Der Mitarbeiter wird als Verkäufer angestellt. Er ist weisungsgebunden gegenüber dem Abteilungsleiter und dessen Vorgesetzten.

§ 3 Arbeitszeit

Die Arbeitszeit des Mitarbeiters ist bedarfsabhängig, sie richtet sich nach dem jeweiligen Arbeitsanfall. Nach drei Monaten beträgt die Mindestarbeitszeit ▬▬▬ Stunden wöchentlich. Lage und Dauer der Arbeitszeit bestimmt die Firma

§ 1 Verträge mit Arbeitnehmern, freien Mitarbeitern und Gesellschaftsorganen

durch Abruf. Dem Mitarbeiter ist der Arbeitsbedarf in angemessener Frist anzukündigen, grundsätzlich mindestens vier Tage vor der Bedarfssituation. Bei kürzerer Bedarfsanmeldung kann der Mitarbeiter die Arbeit ablehnen.

§ 4 Vergütung

(1) Der Mitarbeiter erhält für seine vertragliche Tätigkeit einen Stundenlohn in Höhe von brutto ▬▬▬ EUR. Die Vergütung ist jeweils am Letzten des Monats fällig. Die Zahlung erfolgt bargeldlos. Der Mitarbeiter ist verpflichtet, ein Konto zu unterhalten und der Firma seine Kontonummer mitzuteilen.

(2) Der Mitarbeiter erhält für alle Verkäufe, die er veranlasst, neben dem Stundenlohn ab einem Verkaufsvolumen von ▬▬▬ EUR monatlich eine Provision in Höhe von 1% des bereinigten Umsatzes (Umsatz abzgl. Retouren und Mehrwertsteuer).

§ 5 Urlaub

Ein Urlaubsanspruch während des Aushilfsarbeitsverhältnisses (maximal drei Monate) besteht nicht. Nach Ablauf von drei Monaten kann Urlaub nach Maßgabe von § 14 des Tarifvertrages für den Einzelhandel NW anteilig gewährt werden.

§ 6 Arbeitsverhinderung

Der Mitarbeiter ist verpflichtet, dem Arbeitgeber jede Dienstverhinderung und ihre voraussichtliche Dauer anzuzeigen. Auf Verlangen sind die Gründe der Dienstverhinderung mitzuteilen.

Die Entgeltfortzahlung im Krankheitsfalle richtet sich nach dem Entgeltfortzahlungsgesetz in seiner jeweiligen Fassung.

§ 7 Dauer des Arbeitsverhältnisses

(1) Das Arbeitsverhältnis endet in den ersten drei Monaten mit Abdeckung des Arbeitsanfalls, spätestens zum vereinbarten Zeitpunkt, ohne dass es einer Kündigung bedarf.

(2) Wird der Mitarbeiter über die in § 1 bestimmte Frist hinaus beschäftigt, geht das Aushilfsarbeitsverhältnis in ein Teilzeitarbeitsverhältnis auf unbestimmte Zeit über.

(3) Das Arbeitsverhältnis kann durch ordentliche, fristgerechte Kündigung oder durch fristlose, außerordentliche Kündigung beendet werden. Die Kündigung bedarf der Schriftform.

(4) Die Kündigungsfrist beträgt in den ersten drei Monaten gemäß § 13 Abs. 1 MTV Einzelhandel NW fünf Kalendertage, sie berechnet sich bei einem unbefristeten Teilzeitarbeitsverhältnis nach § 10 MTV Einzelhandel NW.

§ 8 Nebenabreden und Vertragsänderungen

(1) Änderungen des Vertrages und Nebenabreden bedürfen zu ihrer Wirksamkeit der Schriftform.

(2) Die vereinbarte Arbeitszeit erfolgt auf Wunsch des Mitarbeiters und unter Berücksichtigung der betrieblichen Belange.

(3) Die Allgemeine Arbeitsanweisung für Verkäufer der Firma, die als Anlage zu diesem Vertrag genommen wird, ist Bestandteil der zwischen den Parteien vereinbarten Rechte und Pflichten.

(4) Der Mitarbeiter verpflichtet sich, Gehaltsüberzahlungen ohne Rücksicht auf eine noch vorhandene Bereicherung zurückzuzahlen.

▬▬▬ (Ort, Datum, Unterschrift Firma)

▬▬▬ (Ort, Datum, Unterschrift Mitarbeiter)

Anlage: Allgemeine Arbeitsanweisung

Für meinen Betrieb gelten folgende, stets zu beachtende Grundsätze:

1. Wer im Verkauf tätig ist, hat unbedingt auf saubere Kleidung und ein stets gepflegtes Äußeres zu achten. Das Verhalten gegenüber den Kunden hat stets von Zuvorkommenheit, Korrektheit und Freundlichkeit geprägt zu sein.

2. Während der Arbeitszeit besteht in allen Geschäftsräumen ein Rauchverbot. Der Genuss von Alkohol ist nicht gestattet. Es dürfen keine privaten Gespräche mit oder vor Kunden geführt werden, auch ist es nicht gestattet, Gespräche mit Kunden über Mitarbeiter zu führen. Vor Kunden dürfen keine Diskussionen oder Auseinandersetzungen ausgetragen werden.

3. Der Arbeitsplatz und alle Räumlichkeiten des Geschäfts sind stets sauber zu halten. Soweit Unordnung entstanden ist, ist diese umgehend zu beseitigen.

4. Die Arbeitszeit endet erst dann, wenn die Kasse abgerechnet ist. Geschäftsräume sind ordnungsgemäß zu verschließen, soweit vorhanden, Rollgitter- oder Rollladensicherung vorzunehmen.

5. Privatkäufe sind wie folgt abzuwickeln: ▬▬▬

6. Der Mitarbeiter haftet für von ihm verursachte Schäden im Rahmen der vom Bundesarbeitsgericht begründeten Rechtsprechung zur Haftung des Arbeitnehmers gemäß § 619a BGB.

7. Bei Übernahme oder Übergabe der Kasse ist der Kassenbestand zu prüfen. Etwaige Fehlbeträge sind von dem Mitarbeiter nach Maßgabe von § 619a BGB zu ersetzen.

Ware, die Kunden zurückbringen, wird generell nicht zurückgenommen, auch erfolgt grundsätzlich keine Geldrückgabe. Nur der Geschäftsinhaber ist befugt, von dieser Regel abweichende Entscheidungen zu treffen. Reklamationen sind entgegenzunehmen, wobei die Entscheidung über die Berechtigung jeweils vom Geschäftsinhaber oder dessen Vertreter getroffen wird.

Im Geld-, Scheck- und Warenverkehr ist Folgendes zu beachten: Entgegengenommen werden grundsätzlich nur Euro-Schecks, bei denen die Kartennummer des Schecks auf der Rückseite vermerkt sein muss. Die Nummer muss mit der Nummer auf der Scheckkarte identisch sein. Der Mitarbeiter muss eine entsprechende Überprüfung vorgenommen haben. Andere Schecks als Euro-Schecks werden nicht entgegengenommen.

Soweit Kunden nur teilweise in der Lage sind, den Kaufpreis zu zahlen, darf die Ware erst herausgegeben werden, wenn der Kaufpreis vollständig entrichtet wurde.

8. Private Telefongespräche werden vom Mitarbeiter selbst bezahlt. Private Telefonate sind während der Geschäftszeiten nur auf ganz dringende Ausnahmefälle beschränkt.

9. Es ist stets auf die Einhaltung der notwendigen Vorschriften im Umgang mit technischem Gerät zu achten. Jeder Mitarbeiter ist darauf hingewiesen worden, dass ein nicht ordnungsgemäßer Umgang mit technischem Gerät zur Folge haben kann, dass etwa bestehende Versicherungen Deckungsschutz verweigern könnten.

Von der vorstehenden allgemeinen Arbeitsanordnung habe ich Kenntnis erhalten:

■■■ (Unterschrift Mitarbeiter)

11. Muster: Arbeitsvertrag mit Kellnerin (mit Tarifbindung Gaststättenverband NW)

Arbeitsvertrag

Zwischen

■■■

–nachstehend: Arbeitgeber –

und

Frau ■■■

– nachstehend: Arbeitnehmerin –

wird gemäß dem jeweils geltenden bzw. zuletzt abgeschlossenen Manteltarifvertrag für das Hotel- und Gaststättengewerbe (MTV), abgeschlossen vom Hotel- und Gaststättenverband NW mit der Gewerkschaft Nahrung, Genuss, Gaststätten, sofern nachstehend nichts anderes vereinbart ist, folgender Arbeitsvertrag geschlossen:

1. Tätigkeit und Aufgabengebiet

Frau ■■■ wird eingestellt als Kellnerin. Der Arbeitgeber ist hierbei berechtigt, der Arbeitnehmerin auch eine andere, ihren Fähigkeiten entsprechende Tätigkeit zu übertragen, gegebenenfalls im Rahmen betrieblicher Notwendigkeiten und einer zeitlich zumutbaren Begrenzung auch in einem anderen Betrieb der Firmengruppe.

2. Beginn der Probezeit

Das Arbeitsverhältnis beginnt am ■■■.

Es wird als befristetes Probearbeitsverhältnis bis ■■■ abgeschlossen und endet automatisch durch Ablauf, wobei dieses um maximal drei Monate verlängert werden kann, sofern hierfür sachliche Gründe vorliegen und die Vertragsparteien mindestens zwei Wochen vor Ablauf sich über die Verlängerung des befristeten Probearbeitsverhältnisses einig sind.

Auch während einer Befristung kann das Arbeitsverhältnis mit tariflicher Frist ordentlich gekündigt werden.

Wird das Arbeitsverhältnis danach fortgesetzt, so gilt es als auf unbestimmte Zeit abgeschlossen.

Die Übernahme der Arbeitnehmerin in ein endgültiges Arbeitsverhältnis auf unbestimmte Zeit ist vom Arbeitgeber spätestens zwei Wochen vor Ablauf des Probearbeitsverhältnisses der Arbeitnehmerin ausdrücklich schriftlich mitzuteilen. Für das Anschlussarbeitsverhältnis gelten im Übrigen die Regelungen dieses Vertrages als vereinbart.

3. Arbeitszeit

Die Arbeitszeit beträgt wöchentlich ▪▪▪ Stunden.

Der Arbeitgeber ist befugt, Überstunden innerhalb der Grenzen des MTV anzuordnen.

4. Vergütung

a) Das Gehalt bzw. der Lohn beträgt monatlich ▪▪▪ EUR brutto.

b) An jedem Lohnzahlungstermin ist die Arbeitnehmerin verpflichtet, eine schriftliche Erklärung über die Höhe der von ihr vereinnahmten Trinkgelder abzugeben und die Richtigkeit dieser Angaben durch Unterschrift zu bestätigen.

c) Eine Veränderung der Tarifansprüche kann auf den jeweiligen übertariflichen Gesamtbezug angerechnet werden.[419] Etwaige Gratifikationen oder besondere Zuwendungen des Arbeitgebers stellen rein freiwillige Leistungen dar, auf welche die Arbeitnehmerin, auch im Wiederholungsfall, keinen Rechtsanspruch hat.

d) Die Arbeitnehmerin verpflichtet sich, Gehaltsüberzahlungen ohne Rücksicht auf eine noch vorhandene Bereicherung zurückzuzahlen.[420]

5. Mehrarbeit

Mehrarbeit wird nur dann vergütet oder mit Freizeit abgegolten, wenn sie vom Arbeitgeber oder dessen Beauftragten ausdrücklich angeordnet oder genehmigt worden ist. Sie ist innerhalb von drei Tagen dem Arbeitgeber zur Aufzeichnung zu melden.

6. Urlaub

Die Arbeitnehmerin hat Anspruch auf Urlaub gemäß den tariflichen Bestimmungen.

Die Urlaubszeit hat sich möglichst nach den betrieblichen Belangen zu richten. Übertragungen ins Folgejahr sind zu vermeiden; solche über den 31. März eines Folgejahres hinaus bedürfen der ausdrücklichen Zustimmung des Arbeitgebers, ansonsten verfallen diese übertragenen Urlaubsansprüche automatisch.

7. Kündigung/Vertragsende

Die Kündigung muss schriftlich erfolgen. Eine verspätet erfolgte Kündigung gilt als Kündigung für den nächstzulässigen Termin.

Wenn ein wichtiger Grund vorliegt, können sowohl das befristete Probearbeitsverhältnis, das befristete Arbeitsverhältnis als auch das unbefristete Arbeitsverhältnis fristlos gekündigt werden. Ist die fristlose Kündigung unwirksam, so gilt sie als fristgerechte Kündigung zum nächstzulässigen Termin. Im Übrigen gelten die tarifvertraglichen Kündigungsfristen.

8. Erklärungen der Arbeitnehmerin

Die Arbeitnehmerin versichert ausdrücklich und wahrheitsgemäß,
- zurzeit voll arbeitsfähig zu sein und
- für sämtliche anfallenden Arbeiten im Rahmen dieses Arbeitsvertrages körperlich und geistig geeignet zu sein;
- nicht an akuten oder ansteckenden Krankheiten zu leiden;
- mit Datum des Arbeitsvertrages keinen Antrag auf Schwerbehinderten- und/oder Gleichgestellteneigenschaft gestellt zu haben;
- nicht vorbestraft zu sein (andernfalls ist eine schriftliche Erklärung nötig).

Es wird ausdrücklich darauf hingewiesen, dass keine, nur teilweise oder unwahre Angaben zur fristlosen oder ersatzweise ordentlichen Kündigung führen können.

9. Arbeitspapiere

Die Arbeitnehmerin hat bei Arbeitsantritt alle Arbeitspapiere, gegebenenfalls einschließlich Gesundheitszeugnis, gültiger Arbeitserlaubnis, beim Arbeitgeber abzugeben.

10. Dienstwohnung

Vom Arbeitgeber zur Verfügung gestellter Wohnraum ist spätestens am letzten Tag des Arbeitsverhältnisses zu räumen und an den Arbeitgeber in ordnungsgemäßem Zustand zu übergeben.

---

[419] Diese Klausel entspricht dem Wortlaut im Urteil des BAG vom 19.5.2004 (5 AZR 354/03, EzA § 4 TVG Tariflohnerhöhung Nr. 43).

[420] Diese Klausel ist nach hier vertretener Ansicht gemäß § 307 Abs. 2 Nr. 1 BGB nicht wirksam (*Hümmerich*, NZA 2003, 764; *ders.*, Gestaltung von Arbeitsverträgen, § 1 Rn 1620).

11. Zusätzliche Vereinbarungen
Es wird Anwesenheitskost gewährt und nach den amtlichen Sachbezugswerten versteuert.

12. Muster: Teilzeitarbeitsverhältnis in der Systemgastronomie

Zwischen

■■■

                                                                             – im Folgenden Arbeitgeber genannt –

und

Herrn ■■■

                                                                           – im Folgenden Arbeitnehmer genannt –

wird unter Bezugnahme auf den Personalbogen, der Inhalt des Arbeitsvertrages ist, Folgendes vereinbart:

§ 1 Beginn des Arbeitsverhältnisses
(1) Der Arbeitnehmer nimmt seine Tätigkeit am ■■■ um ■■■ Uhr im Restaurant ■■■ des Arbeitgebers auf. Damit beginnt sein Arbeitsverhältnis. Vor seinem Beginn ist die ordentliche Kündigung ausgeschlossen.

(2) Es liegt ein unbefristetes Arbeitsverhältnis vor.

(3) Die Probezeit beträgt 6 Monate.

§ 2 Arbeitszeit
(1.1) Vollzeit

Die Arbeitszeit beträgt wöchentlich an 5 Arbeitstagen 40 Stunden.

(1.2) Teilzeit

Die Arbeitszeit beträgt durchschnittlich mindestens 20 Stunden pro Arbeitswoche.

Eine Erhöhung der durchschnittlich vereinbarten Arbeitszeit kann bei Teilzeit maximal bis zu 40 Stunden wöchentlich nach Bedarf und ausdrücklicher Anforderung durch den Arbeitgeber erfolgen.

(2) Die Verteilung der Arbeitszeit auf einzelne Wochentage sowie Beginn und Ende der vertraglichen Arbeitszeit richten sich nach den betrieblichen Bestimmungen. Der Dienstplan ist bindend. Im beiderseitigen Einvernehmen, das nicht der Schriftform bedarf, kann die vertraglich vereinbarte Arbeitszeit kurzfristig unter- oder überschritten werden. Das Einvernehmen ist spätestens am Tag der Unter- bzw. Überschreitung herzustellen. Widerspruchslose Entgegennahme des Dienstplans gilt als Zustimmung. Nach Abstimmung mit dem Arbeitnehmer kann der Arbeitgeber eine Unterschreitung der Arbeitszeit auf den Arbeitszeitausgleich anrechnen.

Jeder Arbeitnehmer ist verpflichtet, sich rechtzeitig selbst über seinen Dienstplan zu informieren.

(3) Der Arbeitnehmer ist verpflichtet, auch regelmäßig in Wechselschicht zu arbeiten sowie seine Arbeitsleistung auch an Samstagen, Sonn- und Feiertagen sowie nachts, entsprechend der betrieblichen Einteilung, zu erbringen sowie auf Anforderung zulässige Über- oder Mehrarbeit zu leisten. Bei Vorliegen eines wichtigen Grundes können im Einzelfall Ausnahmen zugelassen werden. Bei Erstellung des Dienstplans wird der Arbeitgeber die im Folgenden mit dem Arbeitnehmer vereinbarten Arbeitszeiträume berücksichtigen.

	Mo	Di	Mi	Do	Fr	Sa	So
von ■■■							
bis ■■■							

(4) Die Arbeitszeit beginnt nach dem Umziehen (Dienstkleidung) mit Aufnahme der Tätigkeit am Arbeitsplatz und endet vor dem Umziehen (Privatkleidung). Zur Arbeitszeit gehören nicht Pausen, vorausgesetzt diese betragen im Einzelnen mindestens 15 Minuten.

§ 3 Vergütung
(1) Die Vergütung des Arbeitnehmers erfolgt nach den geleisteten und angeordneten Arbeitsstunden. Das Arbeitsentgelt wird monatlich spätestens bis zum zehnten Tag des auf den Abrechnungsmonat folgenden Monats abgerechnet und ausgezahlt. Die Zahlung erfolgt unbar.

(2) Der Arbeitnehmer übt eine Tätigkeit als ▬▬▬ aus.
Das Brutto-Entgelt setzt sich wie folgt zusammen:

Stundenlohn	▬▬▬ EUR
zuzüglich freiwillige Zulage	▬▬▬ EUR
Brutto-Entgelt	▬▬▬ EUR

Die Zulage wird freiwillig gewährt und steht unter dem Vorbehalt eines jederzeitigen freien Widerrufs.

(3) Die monatlichen Entgeltabrechnungen werden im Restaurant ausgehändigt oder können im Falle einer Arbeitsbeendigung dort zur Übersendung angefordert werden.

(4) Mehrarbeit bedarf der schriftlichen Genehmigung des Betriebsleiters bzw. Bevollmächtigten. Nicht ausdrücklich angeordnete Nebenarbeit oder Überstunden werden nicht bezahlt.

(5) Im Falle einer vorgeschriebenen Tariflohn-Eingruppierung erfolgt bei Arbeitnehmern nach § 8 SGB IV zur Vereinfachung die Netto-Stundenlohnfestsetzung unter Abzug der jeweils gültigen Pauschalsteuersätze. Es bleibt dem Arbeitnehmer vorbehalten, zur individuellen Lohnsteuerberechnung seine Lohnsteuerkarte vorzulegen (Brutto-Stundenlohnfestsetzung).

Mit Vertragsunterzeichnung bestätigt der Arbeitnehmer, dass er keine weiteren Einkünfte aus anderen Nebenbeschäftigungen bezieht. Sofern eine solche aufgenommen wird, ist der Arbeitgeber unverzüglich schriftlich zu verständigen.

(6) Der Arbeitnehmer verpflichtet sich, Gehaltsüberzahlungen ohne Rücksicht auf eine noch vorhandene Bereicherung zurückzuzahlen.[421]

§ 4 Feiertagszuschlag

Bezogen auf die Anordnung betreffend Freizeit für Arbeitnehmer in Gastwirtschaften (Gesetz vom 21.3.1952, BGBl I S. 146) wird vereinbart, dass im Falle der Nichtgewährung des Feiertagszuschlages in Form von Freizeit dieser ersatzweise als steuerfreier Netto-Zuschlag von 100 vom Hundert gemäß § 3b EStG ausbezahlt wird, und zwar im nächstmöglichen Abrechnungszeitraum. Die Nichtgewährung des Feiertagszuschlages in Form von Freizeit muss dabei aus betrieblichen oder in der Person des Arbeitnehmers liegenden Gründen veranlasst sein.

§ 5 Jahressonderzuwendung und Urlaubsgeld

Sobald die Jahressonderzuwendung und das Urlaubsgeld gewährt werden, besteht für den Arbeitgeber ein Zurückbehaltungsanspruch gegenüber der Bruttovergütung des Arbeitnehmers, falls dieser innerhalb der darauf folgenden zwei Kalendermonaten sein Arbeitsverhältnis kündigt. Die jeweilige Zahlung kann mit den folgenden beiden Monatsvergütungen verrechnet werden.

Übertarifliche Teile der Jahressonderzuwendung und des Urlaubsgeldes können einseitig vom Arbeitgeber mit tatsächlich geleisteter Mehrarbeit und deren Zuschlägen verrechnet werden.

§ 6 Abreden

Für Jahressonderzuwendungen und Urlaubsgeld gelten für das Arbeitsverhältnis der jeweilige Manteltarifvertrag und Entgelttarifvertrag für den Bereich der Systemgastronomie, der zwischen dem Bundesverband der Systemgastronomie e.V. und der Gewerkschaft NGG abgeschlossen ist.

Mit In-Kraft-Treten dieses Arbeitsvertrages treten alle anderweitigen Vertragsregelungen, gleich welcher Art, außer Kraft, insbesondere der bisherige Arbeitsvertrag. Die Betriebszugehörigkeit bleibt bei ununterbrochener Beschäftigung erhalten.

Es bestehen keine mündlichen Nebenabreden. Änderungen und Ergänzungen dieses Vertrages bedürfen der Schriftform, soweit in diesem Vertrag nichts anderes bestimmt ist.

§ 7 Sonstiges

(1) Weisungsrecht

Der Arbeitnehmer ist verpflichtet, die für seine Tätigkeit notwendigen Einweisungen und Schulungen, die während der Arbeitszeit angeordnet werden, zu besuchen und in allen Betriebsstätten des Arbeitgebers (einschließlich angeschlossener systemgastronomischer Unternehmen), soweit die örtliche Zumutbarkeit gegeben ist, zu arbeiten.

(2) Informationspflicht

Im Übrigen gelten für das Arbeitsverhältnis die betriebsüblichen Anweisungen und Richtlinien, die Betriebsordnung sowie die am Aushang (Schwarzes Brett) angebrachten allgemeinen Informationen und Anordnungen. Der Arbeitneh-

---

[421] Diese Klausel ist nach hier vertretener Ansicht gemäß § 307 Abs. 2 Nr. 1 BGB nicht wirksam (*Hümmerich*, NZA 2003, 764; *ders.*, Gestaltung von Arbeitsverträgen, § 1 Rn 1620).

mer ist verpflichtet, regelmäßig die Aushänge und Mitteilungen des Arbeitgebers am Schwarzen Brett zur Kenntnis zu nehmen. Bei ordnungsgemäßem Aushang und betrieblicher Anwesenheit verzichtet er auf die Einrede der Unkenntnis.

(3) Abtretung/Verpfändung

Entgeltabtretungen sind unzulässig.[422] Verpfändungen sollen vermieden werden. Für die Bearbeitung einer Entgeltpfändung werden 15 EUR und für jede Überweisung 3 EUR vom Entgelt einbehalten.

(4) Vertraulichkeit

Der Arbeitnehmer verpflichtet sich, Unbefugten gegenüber absolutes Stillschweigen über alle ihm während der Vertragsdauer bekannt werdenden Betriebs- und Geschäftsgeheimnisse zu wahren. Das gilt auch nach Beendigung des Arbeitsverhältnisses. Vertrauliche Unterlagen dürfen niemand anderem als den Personen, für die sie bestimmt sind, zugänglich gemacht werden.

(5) Anderweitige Erwerbstätigkeiten

Der Arbeitnehmer verpflichtet sich im Übrigen, den Arbeitgeber über Beginn und Ende anderweitiger Erwerbstätigkeiten unverzüglich schriftlich zu unterrichten, ohne dass es einer besonderen Aufforderung bedarf.

(6) Schadensersatzansprüche

Der Arbeitnehmer tritt bereits jetzt seine Schadensersatzansprüche für den Fall und insoweit an den Arbeitgeber ab, als er durch einen Dritten verletzt wird und infolge Arbeitsunfähigkeit seine Bezüge ganz oder teilweise vom Arbeitgeber weiter erhält.

(7) Freistellung

Der Arbeitgeber ist berechtigt, den Arbeitnehmer, sobald das Arbeitsverhältnis gekündigt ist, gegen Weiterzahlung des letzten monatlichen Brutto-Entgeltes von der Arbeit freizustellen.

(8) Datenverarbeitung

Mit Vertragsunterzeichnung gibt der Arbeitnehmer die Einwilligung, dass seine Daten maschinell verarbeitet und gespeichert werden dürfen. Soweit betrieblich erforderlich, kann die Datenverarbeitung durch eine beauftragte externe Stelle (z.B. Steuerberater-Büro) und auch konzernbezogen erfolgen. Diese Stelle wird gesondert auf das Datenschutzgeheimnis verpflichtet. Der Arbeitgeber sorgt für die Einhaltung der Datenschutzbestimmungen.

(9) Vertragsbeendigung

Das Arbeitsverhältnis endet spätestens am Ende des folgenden Monats, in welchem der Arbeitnehmer das 65. Lebensjahr vollendet hat.

(10) Gerichtsstand

Für Streitigkeiten aus diesem Arbeitsverhältnis und über sein Bestehen ist, soweit nichts anderes bestimmt ist, das Arbeitsgericht des Ortes zuständig, an dem die streitige Verpflichtung zu erfüllen ist.

(11) Haftung

Der Arbeitnehmer haftet für die von ihm (mit-)verursachten Schäden und Verluste im Rahmen der gesetzlichen Bestimmungen.

(12) Arbeitspapiere

Der Arbeitnehmer ist verpflichtet, dem Arbeitgeber vor Aufnahme seiner Tätigkeit alle erforderlichen Arbeitspapiere (einschließlich Gesundheitszeugnis) vorzulegen. Er erhält diese spätestens bei Vertragsbeendigung, d.h. 10 Tage nach der letzten Abrechnung, zurück.

Soweit Kosten für die Erstellung der Arbeitspapiere entstehen, hat der Arbeitnehmer diese selbst zu tragen.

(13) In-Kraft-Treten

Dieser Vertrag tritt mit seiner Unterzeichnung durch die Vertragsparteien in Kraft.

Der Arbeitnehmer bestätigt hiermit ausdrücklich, dass er den o.g. Vertragstext zur Kenntnis genommen hat. Mögliche Fragen sind ihm beantwortet worden. Mit seiner Unterschrift bestätigt er des Weiteren, eine Vertragsausfertigung erhalten zu haben.

---

[422] Die Klausel ist nach hier vertretener Ansicht nach § 307 Abs. 2 Nr. 1 BGB unwirksam (*Hümmerich*, Gestaltung von Arbeitsverträgen, § 1 Rn 296).

13. Muster: Arbeitsvertrag für Bewachungspersonal (mit Tarifbezug)

Zwischen

▬▬▬

– nachstehend Firma genannt –

und

Herrn ▬▬▬

– nachstehend Arbeitnehmer genannt –

wird folgender Arbeitsvertrag geschlossen:

1. Mitteilungspflicht

Der Arbeitnehmer hat bei seinem Eintritt seine Anschrift und spätere Änderungen unverzüglich schriftlich der Firma mitzuteilen; die zuletzt gemeldete Anschrift ist für alle erforderlichen Mitteilungen der Firma maßgebend. Alle Schriftstücke an diese Anschrift gelten als ordnungsgemäß zugegangen.

2. Arbeitszeit

Es gilt folgende Arbeitszeit ausschließlich Pausen als vereinbart:

täglich	wöchentlich	monatlich
▬▬▬	▬▬▬	▬▬▬

Die Lage der Arbeitszeit wird nach den Kundenerfordernissen von der Firma festgelegt. Mehrarbeit darf nur mit Zustimmung des Vorgesetzten geleistet werden. Der Arbeitnehmer verpflichtet sich, die Dienstantrittszeiten genauestens einzuhalten. Ist dem Arbeitnehmer dies – aus welchen Gründen auch immer – nicht möglich, so hat er die Firma unverzüglich telefonisch zu benachrichtigen.

3. Arbeitsentgelt

Das Arbeitsentgelt beträgt je Stunde/Tag/Woche/Monat

nach Tarifgruppe	Grundlohn
▬▬▬	▬▬▬
Leistungszuschlag	Lohnzuschlag
▬▬▬	▬▬▬
AT-Zuschlag	Sonstiges
▬▬▬	▬▬▬

Das Entgelt richtet sich nach den am Beschäftigungsort mit den Gewerkschaften abgeschlossenen, geltenden Lohn- und Manteltarifverträgen für das Bewachungsgewerbe. Der das Arbeitsentgelt etwa übersteigende Teil des Entgelts ist keine Leistungszulage und wird ohne Rechtspflicht unter Vorbehalt des jederzeitigen Widerrufs und unter Anrechnung bei Lohntariferhöhungen gewährt. Eine teilweise oder vollständige Kürzung der übertariflichen Zulage behält sich die Firma u.a. auch dann vor, wenn das Betriebsergebnis sich um mehr als 10 % verringert. Der Arbeitnehmer erkennt an, dass Weihnachts- oder sonstige Gratifikationen freiwillig gezahlt werden und hierauf auch nach wiederholter Zahlung kein Rechtsanspruch besteht. Das Entgelt wird auf ein vom Arbeitnehmer einzurichtendes Konto ca. Mitte des auf die Leistung folgenden Monats überwiesen. Evtl. übertarifliche Zulagen können auf Erhöhungen des tariflichen Entgelts angerechnet werden. Die Kosten für Schulungen werden vom Arbeitslohn einbehalten, wenn der Arbeitnehmer vor Ablauf von 12 Wochen nach durchgeführter Schulung das Arbeitsverhältnis beendet bzw. wenn das Arbeitsverhältnis aus Gründen, die im Verhalten des Arbeitnehmers liegen, beendet wird.

Der Arbeitnehmer verpflichtet sich, Gehaltsüberzahlungen ohne Rücksicht auf eine noch vorhandene Bereicherung zurückzuzahlen.[423]

4. Zweitbeschäftigung und sonstige Bezüge

Der Arbeitnehmer erklärt ausdrücklich, dass er die Firma bei seiner Einstellung über seine zusätzlichen Bezüge aus Renten- und Pensionsansprüchen, Übergangsbezügen und weitere Beschäftigungen unterrichtet hat, insbesondere auch über auferlegte Dienstbeschränkungen bei der Aufnahme einer lohnabhängigen Tätigkeit. Der Arbeitnehmer verpflichtet sich, während der Tätigkeit die Firma sofort zu informieren, wenn er eine Zweitbeschäftigung aufnehmen will. Die Aufnahme von Nebentätigkeiten bedarf der vorherigen Zustimmung der Firma. Zwischen den Vertragspartnern

---

[423] Diese Klausel ist nach hier vertretener Ansicht gemäß § 307 Abs. 2 Nr. 1 BGB nicht wirksam (*Hümmerich*, NZA 2003, 764; *ders.*, Gestaltung von Arbeitsverträgen, § 1 Rn 1620).

besteht Einigkeit darüber, dass bei Erkrankungen und Unfällen, die in einer Nebentätigkeit entstanden sind, die Firma nicht für die Entgeltfortzahlung im Krankheitsfall in Anspruch genommen werden kann.

5. Einsatzort und Einsatzzeit

Der Arbeitnehmer hat keinen Anspruch auf einen bestimmten Dienstposten. Die Firma kann den Arbeitnehmer jederzeit zeitweise oder auf Dauer auf einer anderen Dienststelle innerhalb oder außerhalb des dem Arbeitnehmer jetzt zugewiesenen Beschäftigungsortes versetzen. Tritt infolge der Versetzung eine Tätigkeitsveränderung ein, ist ab dem Tag der Versetzung der nach dem Lohntarif gültige Stundenlohn für den betreffenden neuen Posten oder Einsatzort maßgebend. Der Arbeitnehmer ist verpflichtet, seine Tätigkeit in Wechselschicht, auch nachts, an Sonntagen, kirchlichen und gesetzlichen Feiertagen auszuführen.

6. Anerkennung von Tarifverträgen

Die Mantel- und Lohntarifverträge, die zwischen den Sozialpartnern, Bundesverband Deutscher Wach- und Sicherheitsunternehmen e.V. und der Gewerkschaft Öffentliche Dienste, Transport und Verkehr, abgeschlossen und gültig sind, werden ohne Einschränkung anerkannt.

7. Übernahme/Kündigungsfristen

Das Arbeitsverhältnis wird auf unbestimmte Zeit geschlossen. Es wird eine Probezeit von sechs Wochen vereinbart. Innerhalb dieses Zeitraumes kann das Arbeitsverhältnis ohne Angabe von Gründen mit eintägiger Kündigungsfrist gelöst werden, in begründeten Fällen kann die Probezeit verlängert werden. Die Probezeit verlängert sich automatisch bis zu dem Zeitpunkt, zu dem die Einstellungsgenehmigung durch die Aufsichtsbehörde des Bewachungsgewerbes bzw. die Beschäftigungserlaubnis vorliegt. Nach der Probezeit gelten die im jeweils gültigen Mantel- bzw. Lohntarifvertrag festgelegten Kündigungsfristen. Jede Kündigung hat schriftlich zu erfolgen. Unberührt bleibt das Recht zur fristlosen Kündigung. Eine fristlose Kündigung gilt für den Fall ihrer Unwirksamkeit zugleich als fristgerechte Kündigung zum nächstzulässigen Termin. Im Falle einer Kündigung ist die Firma berechtigt, den Arbeitnehmer sofort von jeder Tätigkeit freizustellen. Eine Kündigung des Arbeitsvertrages vor Arbeitsbeginn wird ausgeschlossen.

Das Arbeitsverhältnis kann darüber hinaus unter Berücksichtigung der Interessen aller Beteiligten jederzeit aus wichtigem Grunde fristlos gelöst werden, wenn u.a.

a) die zuständigen Überwachungsbehörden für das Wach- und Sicherheitsgewerbe die Weiterbeschäftigung des Arbeitnehmers untersagen,

b) bei Einsatz in Bundeswehrobjekten die militärischen Stellen die Entfernung des Arbeitnehmers verlangen, auch ohne Angabe von Gründen oder bei Nichtbestehen der Prüfung „Diensthundeführer" und/oder Prüfung nach UZwgBw,

c) das Verhalten des Arbeitnehmers eine Weiterbeschäftigung nicht mehr tragbar erscheinen lässt, wie beispielsweise: Alkoholgenuss (vergleiche Ziff. 22 dieses Vertrages), grobe Vernachlässigung von Dienstpflichten, wobei eine vorherige Abmahnung erforderlich ist, unrichtige Angaben im Bewerbungsbogen, Straftaten, ohne dass es einer Verurteilung bedarf.

In den Fällen a) und b) ist die fristlose Kündigung mit einer sozialen Auslauffrist im Umfang der ordentlichen Kündigungsfrist zu versehen.[424]

Sofern dieser Vertrag nicht vorher gekündigt oder in beiderseitigem Einvernehmen gelöst wird, endet das Vertragsverhältnis mit dem Zeitpunkt, für dem dem Arbeitnehmer die Berufs-, Erwerbs- oder Altersrente des gesetzlichen Versicherungsträgers erstmals gewährt wird. Der Arbeitnehmer verpflichtet sich, die Firma unverzüglich zu unterrichten, sobald er einen diesbezüglichen Antrag gestellt hat.

8. Ausbildung

Der Arbeitnehmer hat am allgemeinen Unterricht zur Aus- und Fortbildung im Bewachungsgewerbe teilzunehmen. Unterrichtsgeld wird gezahlt. Bei einer speziellen Ausbildung einschl. der von der Firma finanzierten Ausbildung durch Fremdkräfte gelten besondere Bestimmungen, die durch Zusatzvereinbarungen festgelegt werden. Der Arbeitnehmer kann die Teilnahme am Unterricht nicht verweigern. Der Arbeitnehmer erklärt sich einverstanden, dass Einweisungsstunden, die zur eigenständigen Dienstverrichtung notwendig sind, nicht zur Auszahlung kommen, wenn die Dienstverrichtung im Einweisungsobjekt aus persönlichen Gründen weniger als drei Monate dauert.

---

[424] BAG 25.8.1999 – 7 AZR 75/98, n.v.

9. Vertragsstrafe/Betriebsbuße[425]

Falls die Stelle nicht angetreten wird, besteht die Verpflichtung, unter Verzicht auf Schadensnachweis eine Entschädigungssumme in Höhe des zweifachen jeweiligen Monatsentgelts an die Firma zu zahlen; die Firma ist außerdem berechtigt, einen weitergehenden Schaden geltend zu machen.

Der Arbeitnehmer verpflichtet sich, bei vertragswidriger Arbeitsniederlegung oder widerrechtlicher Auflösung des Arbeitsverhältnisses an die Firma je Tag eine Entschädigung in Höhe eines Schichtlohnes bis zum Tage des Ablaufes der fristgerechten Kündigung zu zahlen. Die Firma ist unwiderruflich berechtigt, diese Forderung im Rahmen der gesetzlichen Bestimmungen gegen den Lohn aufzurechnen. Der für den Bereich der Firma gültige Katalog für Betriebsbußen wurde ausgehändigt und wird vom Arbeitnehmer ausdrücklich anerkannt.

10. Urlaub

Der Urlaubsanspruch bei Vollzeitbeschäftigten beträgt zurzeit ▬▬▬ Tage, der Urlaub bei Teilzeitbeschäftigten bemisst sich nach der jeweiligen verringerten Arbeitszeit. Der Anspruch auf Jahresurlaub kann erst nach sechsmonatiger Betriebszugehörigkeit geltend gemacht werden. Freie Schichten und Urlaubswünsche sind rechtzeitig anzumelden; dabei ist auf betriebliche Erfordernisse Rücksicht zu nehmen. Urlaubsjahr ist das Kalenderjahr. Urlaub muss im lfd. Kalenderjahr beantragt und genommen werden – Ausnahme Satz 2 –.

11. Krankheit

In Krankheitsfällen wird das Gehalt nach Maßgabe des Entgeltfortzahlungsgesetzes in seiner jeweils gültigen Fassung nur bis zur Dauer von sechs Wochen gezahlt. Im Krankheitsfall hat der Arbeitnehmer möglichst am ersten Krankheitstag bis 12.00 Uhr die Firma zu benachrichtigen und die Arbeitsunfähigkeit durch ärztliche Bescheinigung unverzüglich, spätestens nach drei Tagen zugehend, nachzuweisen. Sollte die Erkrankung länger dauern, so ist spätestens nach zwei Wochen eine Zwischennachricht an die Firma zu geben; auf Verlangen der Firma hat der Arbeitnehmer sich einer ärztlichen Untersuchung zu unterziehen. Wenn der Arbeitnehmer wiederholt, schuldhaft verspätet und trotz Mahnung die Mitteilung der Erkrankung, auch Kurzerkrankung, und/oder die Vorlage eines ärztlichen Zeugnisses unterlässt, ist die Firma berechtigt, das Vertragsverhältnis ohne Einhaltung einer Kündigungsfrist zu kündigen.

12. Obliegenheiten/Wettbewerbsverbot

Der Arbeitnehmer hat seine Arbeitskraft unter Ausschluss jeder nicht von der Firma gestatteten Nebentätigkeit allein der Firma zu widmen, die Arbeitszeit pünktlich einzuhalten und an der Verbesserung und Verbilligung aller Dienstleistungen, der Arbeits- und Vertriebsverfahren mitzuarbeiten. Die ausgehändigte, vom Bundesverband erstellte „Dienstanweisung für den Wachmann des Bewachungsgewerbes", ist Bestandteil dieses Vertrages. Der Arbeitnehmer hat über die ihm bekannt gewordenen oder anvertrauten Geschäftsvorgänge sowohl während der Dauer des Dienstverhältnisses, als auch nach dessen Beendigung, Dritten gegenüber Stillschweigen zu bewahren und darf sie auch persönlich nicht auf unlautere Art verwenden. Dies gilt insbesondere für Kunden und Lieferantenlisten, Umsatzziffern, Bilanzen und Angaben über die finanzielle Lage der Firma. Während der Laufzeit dieses Vertrages darf der Arbeitnehmer auch keine Geschäfte auf eigene oder fremde Rechnung im Geschäftskreis der Firma tätigen. Ein gesondertes nachvertragliches Wettbewerbsverbot mit evtl. Entschädigungsregelungen kann vereinbart werden. Die Annahme irgendwelcher Geschenke, Vergünstigungen in offener oder versteckter Form von Lieferanten oder Kunden ist dem Arbeitnehmer verboten; er ist verpflichtet, die Firma unverzüglich jeden solchen ihm gegenüber gemachten Versuch mitzuteilen.

13. Bewerbungsbogen

Die im Fragebogen „Bewerbungen" gemachten Angaben werden im Fall der Einstellung wesentlicher Bestandteil dieses Vertrages; unrichtige Angaben können zur Anfechtung oder fristlosen Kündigung dieses Vertrages führen.

14. Gesundheitszeugnis/SCHUFA-Auskunft/Polizeiliches Führungszeugnis/Auszug Verkehrszentralregister

Der Arbeitnehmer verpflichtet sich, bei Arbeitsaufnahme ein Gesundheitszeugnis (nicht älter als 15 Tage), eine SCHUFA-Auskunft und ein polizeiliches Führungszeugnis – Kraftfahrer zusätzlich einen Auszug aus dem Verkehrszentralregister – auf eigene Kosten vorzulegen. Auf Anforderung der Firma sind diese Unterlagen jährlich erneut beizubringen.

---

[425] Das Verbot eines Vertragsstrafeversprechens in § 309 Nr. 6 BGB gilt im Arbeitsrecht nicht. Das BAG ist der Auffassung, dass die modifizierte Anwendungsregel in § 310 Abs. 4 Satz 2 BGB zu einem regelmäßig berechtigten Interesse des Arbeitgebers führt, die Nicht- oder Schlechterfüllung der Pflicht zur Arbeitsleistung mit einer Vertragsstrafe zu verbinden (BAG 3.4.2004 – 8 AZR 196/03, BAGE 110, 8 = NZA 2004, 727). Unwirksam ist eine Vertragsstrafeversprechen, wenn die Abrede die Pflichtverletzung des Arbeitnehmers nicht so klar bezeichnet, dass sich der Versprechende in seinem Verhalten hierauf einstellen kann (BAG 21.4.2005 – 8 AZR 425/04, NZA 2005, 1053). Unwirksam ist die Vereinbarung eines Vertragsstrafenrahmens für den Fall eines gravierenden Wettbewerbsverstoßes von einem bis zu drei Monatsgehältern, wenn es dem Arbeitgeber überlassen bleibt, die Vertragsstrafe im Einzelfall innerhalb dieses Rahmens festzusetzen (BAG 18.8.2005 – 8 AZR 65/05, NZA 2006, 34 = BB 2006, 720). Vorsicht ist geboten, wenn die Vertragsstrafe zu hoch bemessen ist. Eine Herabsetzung der Vertragsstrafe nach § 343 BGB kommt seit der Schuldrechtsmodernisierung nicht mehr in Betracht, weil das Verbot der geltungserhaltenden Reduktion nach § 306 Abs. 2 BGB die Anpassung einer zu hohen Vertragsstrafe nach § 343 BGB ausschließt (BAG 4.3.2004 – 8 AZR 196/03, NZA 2004, 727; LAG Hamm 24.1.2003 – 10 Sa 1158/02, DB 2003, 2549; *Brors*, DB 2004, 1778).

Negative Aussagen in den genannten Bescheinigungen können zur Anfechtung bzw. fristlosen Kündigung dieses Vertrages führen.

15. Vorschüsse/Darlehen

Zurückzuzahlende Vorschüsse und Darlehen werden bei Beendigung des Arbeitsverhältnisses mit dem Restbetrag ohne Rücksicht auf die bei Hingabe getroffenen Vereinbarungen fällig. Dies gilt nicht, wenn die Firma das Arbeitsverhältnis aus betriebsbedingten Gründen gekündigt hat oder der Arbeitnehmer aus einem zur außerordentlichen Kündigung berechtigenden Grund gekündigt hat.

16. Wirtschaftliche Verhältnisse/Abtretungen/Pfändungen

Der Arbeitnehmer erkennt an, dass die besonderen betrieblichen Belange der Firma es erfordern, dass die wirtschaftlichen Verhältnisse des Arbeitnehmers geordnet sind, was der Arbeitnehmer hiermit versichert. Er versichert weiterhin, dass gegen ihn keine unerledigten rechtskräftigen Vollstreckungstitel vorliegen und dass er keine Abtretungen oder Pfändungen seiner Lohnansprüche vorgenommen hat. Während der Dauer des Vertragsverhältnisses darf der Arbeitnehmer Lohnabtretungen nicht ohne schriftliche Zustimmung der Firma vornehmen. Im Falle einer von der Firma als Drittschuldner zu beachtenden Pfändung des Arbeitslohnes werden je Lohnabrechnung 25 EUR berechnet und von der Firma mit dem abzurechnenden Lohn verrechnet.

Es ist dem Arbeitnehmer auch insbesondere untersagt, von anderen Arbeitnehmern der Firma oder von Kunden Geldbeträge, gleich in welcher Höhe, oder andere Wertgegenstände, sei es auch nur für kurze Zeit, auszuleihen (ausgenommen hiervon sind Bank- oder Sparkassenkredite, sofern sie im Rahmen der wirtschaftlichen Verhältnisse des Arbeitnehmers liegen).

17. Sicherheitsvorschriften/Dienstanweisungen

Die bei der Firma geltenden Sicherheitsvorschriften und sonstige den Betriebsablauf und dergleichen betreffenden Anordnungen sind in Dienstanweisungen festgelegt. Der Arbeitnehmer wird ein Exemplar sämtlicher jeweils gültigen Dienstanweisungen beim Eintritt erhalten und den Empfang sowie das Verständnis derselben schriftlich bestätigen. Der Arbeitnehmer ist verpflichtet, die Bestimmungen der Dienstanweisungen, die Dienstanweisung für das Wachgewerbe sowie die Dienstanweisung für seine Wachstelle genauestens zu befolgen. Nichtbefolgung der Dienstvorschriften und Weisungen macht den Arbeitnehmer ersatzpflichtig für alle durch nachweisbares Verschulden entstandenen Schäden. Der Arbeitnehmer hat die genannten Dienstanweisungen/Arbeitsanweisungen, sowie alle ihm von der Firma überlassenen Gegenstände, als ein ihm anvertrautes Eigentum der Firma vor jeglicher Einsichtnahme und vor jeglichem Gebrauch Unbefugter zu schützen (Einsichtnahme durch Dritte, Weitergabe von Kopien, Auskunft über Anzahl, Lage, Beschaffenheit usw. der Wachobjekte sind untersagt) und auf Verlangen jederzeit, spätestens jedoch unaufgefordert bei Beendigung des Vertragsverhältnisses, an die Firma herauszugeben. Verstöße gegen das Verschwiegenheitsgebot können fristlose oder fristgerechte Kündigungen nach sich ziehen. Die Schweigepflicht gilt auch gegenüber Familienangehörigen.

Der Arbeitnehmer ist nicht befugt, ohne Wissen und Zustimmung der Firma irgendwelche Abmachungen mit Kunden oder Dritten zu treffen.

Der von der Firma ausgehändigte Dienstausweis sowie ein evtl. ausgehändigter Waffenschein bzw. eine Waffentrageerlaubnis ist aufgrund gesetzlicher Vorschriften ständig im Dienst mitzuführen und auf Verlangen der Polizei bzw. den Beauftragten von Aufsichtsbehörden vorzuzeigen.

18. Fahrzeugbenutzung im Dienst

Mit dem für die dienstliche Nutzung eines eigenen Fahrrads im Mantel- bzw. Lohntarifvertrag im Einzelnen festgelegten Entgelt sind seitens der Firma sämtliche notwendig werdende Reparaturen und Instandsetzungskosten abgegolten. Kraftfahrzeuge, Motorräder und Mopeds dürfen dienstlich nur mit ausdrücklicher Zustimmung der Firma benutzt werden.

Mit einem etwaig gezahlten Entgelt für die Benutzung eines eigenen Fahrzeugs sind sämtliche Reparatur- und Instandsetzungskosten abgegolten.

Die Firma ist frei von allen Schadensersatzansprüchen, die durch Unfallschäden am eigenen Fahrzeug des Arbeitnehmers bzw. an Fremdfahrzeugen entstehen. Ist dem Arbeitnehmer ein Dienstfahrzeug zur Verfügung gestellt worden, so haftet er nach der einschlägigen Rechtsprechung anteilig bei mittelbarer Fahrlässigkeit und vollständig bei Vorsatz.

19. Rechtsbefugnisse

Der Arbeitnehmer ist ausdrücklich dahin gehend belehrt worden, dass er nicht die Befugnisse eines Polizeibeamten, eines Hilfspolizeibeamten oder sonstiger Bediensteter von Behörden besitzt; Missachtung dieser Vorschrift ist strafbare Amtsanmaßung! Tragen von Schusswaffen jeder Art ist nur auf Wunsch und mit Erlaubnis des Auftraggebers und der

Firma gestattet. Die gesetzlichen Bestimmungen über das Tragen und den Besitz von Waffen sind in jedem Fall maßgebend und für den Arbeitnehmer rechtsverbindlich.

20. Erscheinungsbild/Bekleidung

Das äußere Erscheinungsbild hat dem Wachauftrag zu entsprechen; Haartracht in maximaler Länge bis zum Hemdkragen. Die dem Arbeitnehmer zur Verfügung gestellten nachstehend bezeichneten Bekleidungsgegenstände sind pfleglich zu behandeln und vor Beschädigung zu schützen; sie sind nur während der Dienstzeit und dann uneingeschränkt zu tragen. Sie sind beim Ausscheiden aus dem Vertragsverhältnis in sauberem, gebrauchsfähigen Zustand zurückzugeben. Verloren gegangene Gegenstände sind vom Arbeitnehmer zu ersetzen; die Kosten können vom Lohn abgezogen werden. Bei Ausscheiden hat der Arbeitnehmer die Möglichkeit, die Bekleidungsgegenstände zu einem mit der Firma abzustimmenden Preis zu erwerben.

- Parka, Lederjacke, Stoffjacke, Hosen, Pullover, Kravatte;
- Hemden lang, Hemden kurz, Taschenlampe;
- Sonstiges.

21. Rückgabe von Gesellschaftseigentum

Der Arbeitnehmer hat seinen Dienstausweis, Waffenschein und andere Gegenstände der Firma bei Beendigung des Vertragsverhältnisses unaufgefordert zurückzugeben. Geschieht dies nicht, macht die Firma ein Zurückbehaltungsrecht gegenüber Lohnforderungen geltend (§ 273 BGB).

22. Alkoholgenuss

Der Arbeitnehmer wird ausdrücklich auf die Folgen von Alkohol hingewiesen:

a) Alkoholische Getränke dürfen nicht zum Einsatzort mitgebracht werden.

b) Der Genuss von alkoholischen Getränken ist wegen der davon ausgehenden schweren Gefahren für Leben und Gesundheit während der Arbeitszeit und Pausen ausnahmslos untersagt.

c) Zur Gewährung eines ordnungsgemäßen Arbeitsablaufs und zum Schutz von Mitarbeitern und Objekten werden Arbeitnehmer, die unter Alkoholeinfluss stehen, vom Arbeitsplatz entfernt.

d) Unter Einfluss von Alkohol stehenden Arbeitnehmern kann wegen Verletzung ihrer arbeitsvertraglichen Pflichten außerdem eine Abmahnung erteilt und/oder Betriebsbuße auferlegt werden. Bei Wiederholung kann das Vertragsverhältnis gekündigt werden, in besonders schweren Fällen ist auch eine fristlose Kündigung möglich.

e) Für die Zeit des alkoholbedingten Arbeitsausfalls zahlt die Firma keinen Lohn.

f) Erleidet der Arbeitnehmer innerhalb oder außerhalb der Arbeitsstelle einen Unfall, der auf Alkoholgenuss zurückzuführen ist, so hat er bei Arbeitsunfähigkeit keinen Anspruch auf Lohnzahlung. Außerdem ist in solchen Fällen auch der Schutz der gesetzlichen Unfallversicherung in Frage gestellt.

23. Schriftformklausel

Mündliche Abreden wurden nicht getroffen; Ergänzungen und Änderungen dieses Vertrages bedürfen der Schriftform; dies gilt auch für den Verzicht auf diese Schriftformklausel.

24. Ausschlussfrist[426]

Alle Ansprüche aus dem Arbeitsverhältnis können rückwirkend nur für einen Zeitraum von drei Monaten nach Fälligkeit schriftlich geltend gemacht werden. Nach Beendigung des Arbeitsverhältnisses können die beiderseitigen Ansprüche nur noch bis spätestens drei Monate nach dem Ausscheiden bzw. spätestens drei Monate nach Erhalt der Arbeitspapiere schriftlich geltend gemacht werden.

25. Sonstiges

Der Arbeitnehmer ist damit einverstanden, dass seine persönlichen, der Firma bekannt gewordenen Daten, soweit sie für das Vertragsverhältnis von Bedeutung sind, durch die Firma gesammelt, gespeichert und verarbeitet werden dürfen, auch soweit dies auftragsgemäß durch Dritte geschieht. Die Aufbewahrungsfristen werden nach dem Bundesdatenschutzgesetz berücksichtigt. Mit seiner Unterschrift erkennt der Arbeitnehmer an:

a) Die Dienstanweisung für das Deutsche Bewachungsgewerbe für die Dauer der Beschäftigung erhalten zu haben.

b) Über die geltenden tariflichen Bestimmungen informiert worden zu sein.

---

[426] Einstufige Ausschlussfristen müssen einen Mindestzeitraum von drei Monaten enthalten (BAG 28.9.2005 – 5 AZR 52/05, DB 2006, 1959). Zweistufige Ausschlussfristen müssen für jede Frist drei Monate vorsehen. Als im Arbeitsrecht etablierte Besonderheiten nach § 310 Abs. 4 Satz 2 BGB steht ihrer Wirksamkeit § 309 Nr. 13 BGB nicht entgegen (BAG 25.5.2005 – 5 AZR 572/04, NZA 2005, 1111).

c) Den Inhalt dieses Vertrages vollständig verstanden zu haben und als für beide Vertragspartner verbindlich anzusehen.

d) Dass Einweisungen, die zur eigenständigen Dienstverrichtung notwendig sind, nicht zur Auszahlung kommen, wenn die Dienstverrichtung im Einweisungsobjekt aus persönlichen Gründen weniger als drei Monate dauert.

e) Sollten einzelne Regelungen dieses Vertrages im Widerspruch stehen zu Regelungen, so haben die einzelvertraglichen Regelungen Vorrang.

Sollten einzelne Bestimmungen dieses Vertrages unwirksam sein, so werden sie sinngemäß ersetzt, im Übrigen bleibt der Vertrag gleichwohl wirksam.

Dieser Vertrag ist in zwei Ausfertigungen beiderseitig unterschrieben und eine davon dem Arbeitnehmer ausgehändigt worden.

14. Muster: Arbeitsvertrag mit Detektiv (mit Tarifbindung Bewachungsgewerbe NW)

Zwischen

der Firma ▬▬▬ als Arbeitgeber

– nachfolgend Firma genannt –

und

Herrn ▬▬▬ als Arbeitnehmer

– nachfolgend Mitarbeiter genannt –

wird folgender Arbeitsvertrag geschlossen:

§ 1 Beginn und Art der Tätigkeit

(1) Der Mitarbeiter wird ab ▬▬▬ als Detektiv eingestellt.

(2) Im Rahmen der betrieblichen Notwendigkeit erklärt der Mitarbeiter seine Bereitschaft, auch auf anderen Dienststellen zu den dort geltenden tariflichen Konditionen zu arbeiten.

(3) Mit der Beendigung des Auftrages an die Firma endet gemäß MTV 9.1. auch das Arbeitsverhältnis.

§ 2 Stundenlohn/Arbeitszeit

(1) Die Firma zahlt an den Mitarbeiter einen Stundenlohn von brutto ▬▬▬ EUR zuzüglich ▬▬▬ EUR Leistungszulage = ▬▬▬ EUR. Die Leistungszulage wird einer Rücklage zugeführt, die jeweils im Mai und im November ausgezahlt wird.

(2) Der Mitarbeiter nutzt ein ihm privat zur Verfügung stehendes Fahrzeug zu geschäftlichen Zwecken, soweit die Firma die geschäftliche Nutzung ausdrücklich wünscht oder Geschäftsfahrten genehmigt. Fehlt es an einer ausdrücklichen vorherigen Zustimmung und erkennt die Firma eine Fahrt nicht nachträglich als Geschäftsfahrt an, gilt sie als Privatfahrt des Mitarbeiters. Generell anerkannt als Geschäftsfahrten sind Fahrten des Mitarbeiters von ▬▬▬ nach ▬▬▬ und in entgegengesetzter Richtung. Der Mitarbeiter ist allein für die Wartung des Fahrzeuges verantwortlich, er schließt eine Haftpflicht- und eine Vollkaskoversicherung ab. Dem Mitarbeiter werden die Kosten der Geschäftsfahrten in Höhe des steuerrechtlich zulässigen Pauschbetrages pro gefahrenen Kilometer erstattet. Zur Feststellung der gefahrenen Kilometer führt der Mitarbeiter ein Fahrtenbuch, aus dem Tag und Stunde, Start- und Zielort sowie der Kilometerstand bei Beginn und Ende der Dienstfahrt hervorgehen. Nicht als Geschäftsfahrt gelten die Fahrten des Mitarbeiters zwischen Wohnort und der Arbeitsstätte. Die Firma übernimmt die Kosten der Haft- und Vollkaskoversicherung zu 90%. Entsteht dem Mitarbeiter während einer Geschäftsfahrt ein Schaden, trägt der Mitarbeiter diesen bei Vorsatz und grobem Verschulden in vollem Umfang, bei einfacher Fahrlässigkeit zur Hälfte. Bei leichter Fahrlässigkeit liegt die Haftung bei der Firma, in allen übrigen Fällen ist der Schaden zwischen dem Mitarbeiter und der Firma nach dem Umfang des Verschuldens zu quoteln.

(3) Die regelmäßige wöchentliche Arbeitszeit richtet sich nach dem Tarifvertrag Bewachungsgewerbe in NRW.

(4) a) Der Mitarbeiter ist im Rahmen der gesetzlichen und tariflichen Bestimmungen zur Leistung von Mehrarbeit, Nachtarbeit, Sonn- und Feiertagsarbeit verpflichtet.

b) Zuschläge für Sonn- und Feiertage richten sich nach dem jeweils gültigen Tarifvertrag.

(5) Beträgt die wöchentliche Arbeitszeit des Mitarbeiters aus von ihm zu vertretenden Gründen weniger als in § 2 Abs. 3 angegeben, verringert sich der Lohn anteilig.

(6) Der Lohn wird nach Abzug der gesetzlichen Beiträge monatlich nachträglich auf ein vom Mitarbeiter angegebenes Konto gezahlt.

(7) Der Mitarbeiter verpflichtet sich, Gehaltsüberzahlungen ohne Rücksicht auf eine noch vorhandene Bereicherung zurückzuzahlen.[427]

§ 3 Kündigung und Vertragsdauer

(1) Die ersten ▬▬▬ Wochen des Arbeitsverhältnisses gelten als Probezeit. Die Kündigung des Arbeitsverhältnisses vor Aufnahme der Tätigkeit ist ausgeschlossen. In diesem Fall und bei Nichtantritt ist der Arbeitgeber zur Einziehung einer Konventionalstrafe in Höhe von ▬▬▬ EUR berechtigt.[428] Während der Probezeit ist das Arbeitsverhältnis von beiden Seiten mit einer Frist von einem Tag zum Schichtende kündbar. Nach der Probezeit kann das Arbeitsverhältnis von beiden Seiten unter Einhaltung einer Frist von zwei Wochen zu jedem Termin gekündigt werden.

(2) Eine außerordentliche (fristlose) Kündigung gemäß § 626 BGB, bleibt hiervon unbenommen und kann erfolgen:

a) wenn die zuständigen Behörden ihre Zustimmung zum Einsatz versagen, auch zu einem späteren Zeitpunkt,

b) wenn Gründe vorliegen, die eine fristlose Kündigung rechtfertigen können (z.B. Trunkenheit im Dienst, Einnahme von Rauschgiften, unentschuldigtes Fernbleiben vom Dienst, fahrlässige oder nachlässige Dienstausübung, Verstöße gegen die Wach- und Dienstvorschriften, Nichteinhaltung der Schweigepflicht, der Sicherheitsbestimmungen und Verstöße gegen dieses Beschäftigungsabkommen, insbesondere im Hinblick auf das Wettbewerbsrecht, sowie bei Fällen von Sabotage, Spionage etc.),

c) wenn der Mitarbeiter wiederholt oder trotz Mahnung die Mitteilung der Erkrankung oder die Vorlage eines ärztlichen Zeugnisses unterlässt.

In den Fällen a) und b) wird die fristlose Kündigung mit einer sozialen Auslauffrist im Umfang der ordentlichen Kündigungsfrist versehen.

(3) Die Kündigung des Arbeitsverhältnisses hat jeweils schriftlich zu erfolgen. Soweit seitens des Arbeitgebers eine fristlose Kündigung mündlich erfolgen muss, hat diese sofortige Wirkung und wird nachträglich schriftlich bestätigt.

(4) Hat der Mitarbeiter die Arbeit rechtswidrig und schuldhaft verlassen oder rechtswidrig und schuldhaft nicht aufgenommen oder verstößt er schwerwiegend gegen Wachanweisungen, kann die Firma als Entschädigung für jeden Tag des Vertragsbruches und jeden folgenden Tag der vertrags- oder gesetzmäßigen Arbeitszeit, höchstens jedoch eine Woche, einen Betrag in Höhe von 50 EUR fordern. Die Forderung ist nicht an den Nachweis des Schadens gebunden. Die Geltendmachung weiterer Ansprüche, insbesondere wegen Schadensersatzes, ist nicht ausgeschlossen.

(5) Ansprüche erlöschen, wenn sie nicht innerhalb von einem Monat nach der Abrechnung schriftlich geltend gemacht und nicht innerhalb von weiteren vierzehn Tagen gerichtlich eingeklagt werden. Es sind nur Ansprüche für einen Zeitraum von drei Monaten nach Fälligkeit anfechtbar.

§ 4 Urlaub

(1) Die Dauer des Urlaubs richtet sich nach den tarifvertraglichen Bestimmungen. Berechtigte Wünsche bezüglich des Urlaubszeitpunktes werden nach Möglichkeit berücksichtigt und sind bis zum 31.1. jeden Kalenderjahres bei der Firma anzumelden.

(2) Der Mitarbeiter erhält für jeden vollen Monat des Bestehens des Arbeitsverhältnisses 1/12 des Jahresurlaubs. Der Urlaub ist bis spätestens zum Ende des Arbeitsverhältnisses zu gewähren.

(3) Kann der Urlaub ganz oder teilweise bis zur Beendigung des Arbeitsverhältnisses nicht mehr gewährt werden, so wird aus dem anteiligen Urlaubsanspruch ein auf Geldzahlung gerichteter Abgeltungsanspruch nach Maßgabe des Bundesurlaubsgesetzes.

(4) Der Mitarbeiter ist verpflichtet, bei Arbeitsantritt eine Urlaubsbescheinigung des letzten Arbeitgebers vorzulegen. Die Firma kann die Gewährung solange verweigern, bis diese Bescheinigung vorliegt. Vom letzten Arbeitgeber gewährter Urlaub wird gemäß § 6 Abs. 1 Bundesurlaubsgesetz angerechnet.

---

[427] Diese Klausel ist nach hier vertretener Ansicht gemäß § 307 Abs. 2 Nr. 1 BGB nicht wirksam (*Hümmerich*, NZA 2003, 764; *ders.*, Gestaltung von Arbeitsverträgen, § 1 Rn 1620).

[428] Das Verbot eines Vertragsstrafeversprechens in § 309 Nr. 6 BGB gilt im Arbeitsrecht nicht. Das BAG ist der Auffassung, dass die modifizierte Anwendungsregel in § 310 Abs. 4 Satz 2 BGB zu einem regelmäßig berechtigten Interesse des Arbeitgebers führt, die Nicht- oder Schlechterfüllung der Pflicht zur Arbeitsleistung mit einer Vertragsstrafe zu verbinden (BAG 3.4.2004 – 8 AZR 196/03, BAGE 110, 8 = NZA 2004, 727). Unwirksam ist eine Vertragsstrafeversprechen, wenn die Abrede die Pflichtverletzung des Arbeitnehmers nicht so klar bezeichnet, dass sich der Versprechende in seinem Verhalten hierauf einstellen kann (BAG 21.4.2005 – 8 AZR 425/04, NZA 2005, 1053). Unwirksam ist die Vereinbarung eines Vertragsstrafenrahmens für den Fall eines gravierenden Wettbewerbsverstoßes von einem bis zu drei Monatsgehältern, wenn es dem Arbeitgeber überlassen bleibt, die Vertragsstrafe im Einzelfall innerhalb dieses Rahmens festzusetzen (BAG 18.8.2005 – 8 AZR 65/05, NZA 2006, 34 = BB 2006, 720). Vorsicht ist geboten, wenn die Vertragsstrafe zu hoch bemessen ist. Eine Herabsetzung der Vertragsstrafe nach § 343 BGB kommt seit der Schuldrechtsmodernisierung nicht mehr in Betracht, weil das Verbot der geltungserhaltenden Reduktion nach § 306 Abs. 2 BGB die Anpassung einer zu hohen Vertragsstrafe nach § 343 BGB ausschließt (BAG 4.3.2004 – 8 AZR 196/03, NZA 2004, 727; LAG Hamm 24.1.2003 – 10 Sa 1158/02, DB 2003, 2549; *Brors*, DB 2004, 1778).

§ 5 Rechte und Pflichten

(1) Der Mitarbeiter hat die Interessen der Firma wahrzunehmen und seine Aufgaben gewissenhaft zu erfüllen. Er ist zur absoluten Geheimhaltung aller Geschäftsangelegenheiten, insbesondere über Art und Weise der Wachdurchführung, sowie über die Höhe seines Arbeitsgeldes verpflichtet.

Bei einem Verstoß gegen die Schweigepflicht ist die Firma berechtigt, das Arbeitsverhältnis zu lösen.

(2) Die Firma kann den Mitarbeiter unter Wahrung der gesetzlichen Bestimmungen und entsprechend den betrieblichen Erfordernissen jederzeit von seinem Einsatzort abberufen und ihn anderweitig einsetzen.

(3) Der Mitarbeiter erhält mit Abschluss dieses Vertrages einen Stundennachweisblock. Er ist verpflichtet, die geleisteten Stunden täglich einzutragen. Außerdem werden die geleisteten Stunden im Wachbuch aufgeführt und von einem Vertreter des Unternehmens abgezeichnet. Geschieht dies nicht, wird die Firma die nicht anerkannten Stunden nicht vergüten.

(4) Bei Arbeitsverhinderung, gleich aus welchem Grund, ist der Mitarbeiter verpflichtet, die Firma sofort, möglichst fernmündlich, zu unterrichten.

Bei schuldhafter Verletzung der Mitteilungspflicht ist der Mitarbeiter zum Ersatz des daraus entstehenden Schadens verpflichtet. Das Recht der Firma, das Arbeitsverhältnis bei Vorliegen besonderer Umstände aus wichtigem Grund fristlos zu kündigen, bleibt unbenommen. Für den Fall der schuldhaften Verletzung der Mitteilungspflicht ist die Firma berechtigt, eine Vertragsstrafe bis zu 300 EUR einzubehalten.

Der Mitarbeiter wird die Firma unverzüglich bei Führerscheinentzug sowie bei gegen ihn gerichteten Zwangsvollstreckungsmaßnahmen benachrichtigen.

§ 6 Gehaltsfortzahlung im Krankheitsfall

(1) Der Mitarbeiter hat im Krankheitsfall Anspruch auf Entgeltfortzahlung gemäß Entgeltfortzahlungsgesetz in seiner jeweils gültigen Fassung. Bei krankheitsbedingter Arbeitsverhinderung hat der Mitarbeiter unverzüglich die Firma zu informieren. Dabei ist die voraussichtliche Dauer der Krankheit mitzuteilen. Im Übrigen gilt § 5 Abs. 4 dieses Vertrages.

(2) Bei Erkrankungen ist vom Mitarbeiter ohne Aufforderung für jeden Krankheitstag innerhalb von drei Tagen eine ärztliche Bescheinigung über die Arbeitsunfähigkeit vorzulegen.

(3) Der Mitarbeiter tritt seine Schadensersatzforderungen insoweit ab, als er durch einen Dritten verletzt wird und die Firma Vergütungsfortzahlung im Krankheitsfalle leistet.

§ 7 Abtretungsverbot/Lohnpfändung

Die Abtretung und Verpfändung von Lohnforderungen durch den Mitarbeiter sind ausgeschlossen.[429] Bei Lohnpfändungen kann die Firma zur Deckung ihrer Bearbeitungskosten bei gepfändeten Beträgen bis 250 EUR 3%, bei Beträgen über 250 EUR 2% von dem über 250 EUR hinausgehenden Betrag vom Lohn einbehalten.

§ 8 Dienstanweisung und Tätigkeit

Dem Mitarbeiter ist die allgemeine Dienstanweisung für das Bewachungsgewerbe ausgehändigt bzw. zur Kenntnis gegeben worden. Er wurde ferner über Art und Umfang seiner Tätigkeit eingehend belehrt und ausdrücklich darauf hingewiesen, dass er weder polizeiliche noch amtliche Gewalt, Rechte oder Eigenschaften besitzt und sich niemals als amtliche oder polizeiliche Person bezeichnen oder betätigen darf. Der Mitarbeiter erkennt überdies hiermit an, dass er außerdem an die speziellen Wach- oder Dienstanweisungen gebunden ist, welche in bzw. für die einzelnen Einsatzstellen Geltung haben.

§ 9 Dienstbekleidung und Ausrüstung

Die zur Verfügung gestellte Dienstbekleidung und Ausrüstung ist pfleglich zu behandeln und darf nur während der Dienstzeit benutzt werden. Wird dem Mitarbeiter zur Dienstausübung eine Waffe ausgehändigt, so darf diese nur während der Dienstzeit getragen werden. Nach Dienstende verbleibt die Waffe auf der Dienststelle und darf keinesfalls mitgenommen werden. Der Empfang und die Weitergabe der Waffe ist jeweils im Wachbuch zu quittieren.

§ 10 Nebentätigkeit

Der Mitarbeiter darf eine Nebentätigkeit während des Bestehens des Arbeitsverhältnisses nur mit vorheriger schriftlicher Zustimmung der Firma übernehmen. Die Firma ist berechtigt, die Nebentätigkeit zu untersagen, wenn berechtigte Interessen der Firma gegen die Ausübung der Nebentätigkeit sprechen.

---

[429] Die Klausel ist nach hier vertretener Ansicht nach § 307 Abs. 2 Nr. 1 BGB unwirksam (*Hümmerich*, Gestaltung von Arbeitsverträgen, § 1 Rn 296).

§ 11 Allgemeines

(1) Der Mitarbeiter ist damit einverstanden, dass seine personenbezogenen Daten im Rahmen dieses Vertrages EDV-mäßig erfasst werden. Eine Weitergabe durch die Firma an unbefugte Dritte ist unzulässig.[430]

(2) Der Mitarbeiter ist gehalten, der Firma bei einem Wechsel seines ständigen Wohnsitzes unverzüglich die neue Anschrift mitzuteilen. Mitteilungen der Firma an den Mitarbeiter gelten einen Werktag nach Absendung dem Mitarbeiter als zugegangen, wenn diese Mitteilungen an die letzte der Firma bekannte Anschrift des Mitarbeiters versandt worden sind.

(3) Im Falle des § 45 SGB V (Arbeitsfreistellungsanspruch zur Pflege eines erkrankten Kindes) wird ein Vergütungsanspruch des Mitarbeiters gegenüber der Firma ausgeschlossen.

(4) Für das Arbeitsverhältnis gelten ergänzend die Vorschriften des Tarifvertrages des Bewachungsgewerbes und der Arbeitszeitordnung in ihrer jeweils gültigen Fassung.

(5) Mündliche Nebenabreden sowie Änderungen und Ergänzungen dieses Vertrages bedürfen zu ihrer Gültigkeit der schriftlichen Bestätigung durch die Firma.

(6) Sollten einzelne Bestimmungen dieses Vertrages unwirksam sein, so bleibt der Vertrag im Übrigen gleichwohl wirksam.

Der Mitarbeiter bestätigt hiermit, eine von der Firma unterzeichnete gleich lautende Ausfertigung dieses vom Mitarbeiter unterzeichneten Arbeitsvertrages erhalten zu haben. Weiterhin bestätigt er, dass er als wesentlichen Bestandteil des Vertrages eine Kurzfassung des Bundesdatenschutzgesetzes erhalten hat und den zugehörigen Personalfragebogen wahrheitsgemäß ausgefüllt hat. Der Mitarbeiter erklärt, dass er diesen Vertrag genau gelesen hat und hiermit in allen Teilen einverstanden ist.

15. Muster: Arbeitsvertrag mit einem Lkw-Fahrer

Arbeitsvertrag

Zwischen

der Firma ▬▬▬

– nachstehend „Firma" genannt –

und

Herrn ▬▬▬

– nachstehend kurz „Mitarbeiter" genannt –

wird folgender Vertrag geschlossen:

§ 1 Tätigkeitsbereich
Der Mitarbeiter wird eingestellt als Kraftfahrer. Bei Vorliegen von betrieblichen Erfordernissen kann der Mitarbeiter auch zu allen anderen Arbeiten herangezogen werden.

§ 2 Vertragsgrundlage
Falls hier sowie in schriftlichen Nachträgen und Anlagen zu diesem Arbeitsvertrag nichts anderes vereinbart wurde, liegen diesem Arbeitsverhältnis die jeweils gültigen Lohntarifverträge für die gewerblichen Arbeitnehmer im privaten Güterverkehrsgewerbe Nordrhein-Westfalen zugrunde.

§ 3 Arbeitszeit
Die regelmäßige wöchentliche Arbeitszeit beträgt – ausschließlich der Pausen – 40 Stunden. Diese Arbeitszeit kann in den Grenzen des Arbeitsgesetzes verlängert werden.

Für dieses Arbeitsverhältnis gilt zurzeit eine regelmäßige wöchentliche Arbeitszeit von durchschnittlich 42,5 Wochenstunden. Diese errechnet sich nach dem jeweils gültigen Schichtplan.

Der Mitarbeiter darf acht Stunden vor Beginn seiner Arbeit keinen Alkohol zu sich nehmen.

---

[430] Die Einwilligung in die Verarbeitung personenbezogener Daten bedarf, wenn sie zusammen mit anderen Erklärungen schriftlich erteilt wird, zu ihrer Wirksamkeit einer besonderen drucktechnischen Hervorhebung (§ 4a Abs. 1 Satz 4 BDSG). Deshalb wird empfohlen, vorformulierte Einwilligungserklärungen in die Verarbeitung personenbezogener Daten durch Fettdruck oder Unterstreichung im Vertragstext kenntlich zu machen.

§ 4 Einkommensregelung

Für seine Tätigkeit im Rahmen der vorgenannten Arbeitszeitregelung erhält der Mitarbeiter ab dem ■■■ folgende Bezüge:

a) Monatslohn i.H.v. ■■■ EUR für den 1. bis 6. Monat, ■■■ EUR für den 7. bis 12. Monat, ab dem 13. Monat ■■■ EUR, Arbeitszeit pro Woche 42,5 Stunden.

b) Berufskraftfahrer-Spesen für jeden Tag der Abwesenheit über sechs Stunden vom Firmensitz i.H.v. 4,00 EUR

c) Arbeitgeberanteil zur Vermögensbildung monatlich i.H.v. 13,50 EUR

d) Urlaubsgeld für jeden Urlaubstag i.H.v. 9,00 EUR

e) Jahressonderzahlung im Rahmen der tariflichen Vorschriften. Die Zahlung erfolgt gebunden an die Voraussetzungen, dass der Mitarbeiter mindestens bis zum 31. März des nach der Zahlung folgenden Jahres bei der „Firma" im ungekündigten Beschäftigungsverhältnis steht. Sollte dies nicht der Fall sein, so ist der Mitarbeiter zur umgehenden Rückzahlung dieses Betrages verpflichtet. Die „Firma" ist in diesem Fall berechtigt, den ihr zustehenden Betrag bei der letzten Lohnzahlung in Abzug zu bringen.

f) Der Mitarbeiter wird an einer zusätzlichen betrieblichen Altersversorgung in Form einer Kapitalversicherung beteiligt, die auf ihn persönlich abgeschlossen wird. Hierbei besteht folgende Regelung:

(aa) Ab dem dritten Beschäftigungsjahr (Stichtag 31.12.) erfolgt eine jährliche Prämienzahlung i.H.v. 159 EUR.

(bb) Ab dem sechsten Beschäftigungsjahr (Stichtag 31.12.) erfolgt eine jährliche Prämienzahlung i.H.v. 319 EUR.

(cc) Ab dem fünfzehnten Beschäftigungsjahr (Stichtag 31.12.) erfolgt eine jährliche Prämienzahlung i.H.v. 638 EUR.

Bei Austritt aus der „Firma" – gleichgültig, aus welchem Grund und gleichgültig, von welcher Seite die Kündigung ausgesprochen wird – fallen alle bis dahin aus dem jeweiligen Vertrag entstandenen Versorgungsansprüche an den Betrieb zurück, es sei denn,

(1) das 35. Lebensjahr ist vollendet und die Anwartschaft aus dem Vertrag hat mindestens 10 Jahre bestanden oder

(2) das 35. Lebensjahr ist vollendet, das Arbeitsverhältnis besteht mindestens 12 Jahre und die Anwartschaft aus diesem Vertrag mindestens acht Jahre.

In den Fällen nach (1) und (2) erhält der Mitarbeiter seinen Vertrag bei Betriebsaustritt ausgehändigt. Er kann dann selbst entscheiden, ob er die bis dahin vom Betrieb übernommene Beitragsverpflichtung selbst weiter übernehmen will oder aber, ob er den Vertrag bis zum Ablauf ruhen lässt. Im zweiten Fall verringert sich die Versicherungsleistung entsprechend.

g) Der Mitarbeiter verpflichtet sich, Gehaltsüberzahlungen ohne Rücksicht auf eine noch vorhandene Bereicherung zurückzuzahlen.[431]

§ 5 Vergütung für Mehrarbeit

Die in der vorstehend vereinbarten wöchentlichen Arbeitszeit enthaltenen Überstunden (= Woche mit mehr als 40 Stunden) sind im vereinbarten Monatslohn mit einem Überstundenzuschlag in Höhe von 25 % auf den tariflichen Monatslohn berücksichtigt. Darüber hinaus werden Überstunden nur nach ausdrücklicher Anordnung des jeweiligen Vorgesetzten vergütet. Hierzu ist es notwendig, dass von diesem ein entsprechend unterzeichneter Beleg für die Lohnbuchhaltung ausgestellt wird. Die so angeordneten Überstunden werden mit dem jeweils gültigen tariflichen Stundenlohn, zuzüglich 25 % Überstundenzuschlag abgerechnet. Minderarbeitsstunden werden entsprechend in Abzug gebracht.

§ 6 Pausen

An Pausen stehen dem Mitarbeiter werktäglich 1,5 Stunden, samstags 0,5 Stunden zur Verfügung. Hiervon soll die Frühstückspause 0,25 Stunden, die Mittagspause 1,0 Stunden und die Kaffeepause 0,25 Stunden betragen. Der Mitarbeiter hat seine Pausen so einzuteilen, dass der betriebliche Ablauf nicht gestört wird. Die Pausen sind – auch unter Berücksichtigung der EG-Fahrtzeitverordnung – unbedingt einzuhalten. Eine Vergütung für nicht in Anspruch genommene Pausen ist generell nicht möglich.

§ 7 Urlaub

Der Mitarbeiter hat Anspruch auf Urlaub nach den jeweils gültigen Bestimmungen. Für das Urlaubsjahr ■■■ sind anteilig ■■■ Urlaubstage zu gewähren. Die Urlaubswünsche des Mitarbeiters sind der „Firma" bis spätestens 15. Januar des beginnenden Urlaubsjahres anzumelden. Alle bis zu diesem Termin nicht angemeldeten Urlaubswünsche werden von der „Firma" nach billigem Ermessen ohne Möglichkeit der Mitsprache des Mitarbeiters eingeteilt. Die rechtzeitig ange-

---

[431] Diese Klausel ist nach hier vertretener Ansicht gemäß § 307 Abs. 2 Nr. 1 BGB nicht wirksam (*Hümmerich*, NZA 2003, 764; *ders.*, Gestaltung von Arbeitsverträgen, § 1 Rn 1620).

meldeten Urlaubswünsche des Mitarbeiters sind nach Möglichkeit – d.h., wenn der betriebliche Ablauf nicht wesentlich gestört wird – zu genehmigen. Hierbei ist für die „Firma" die Reihenfolge der eingehenden Anmeldungen einziges Entscheidungskriterium. Zurzeit ist es der „Firma" nicht möglich, mehr als zwei Urlaubswünsche arbeitstäglich zu berücksichtigen. Die Genehmigung der Urlaubswünsche durch die „Firma" erfolgt bis jeweils spätestens zum 15. Februar, und zwar ausschließlich in schriftlicher Form. Nur in dieser Form gilt der Urlaub als verbindlich genehmigt. Bei Nichteinhaltung der vereinbarten Kündigungsfrist durch den Mitarbeiter entfällt der zu diesem Zeitpunkt bestehende Urlaubsanspruch ohne jeden Ersatz. Das Urlaubsjahr endet grundsätzlich am 31. März des Folgejahres. Alle bis zu diesem Zeitpunkt nicht genommenen Urlaubstage aus dem Vorjahr entfallen zu diesem Termin ohne jeden Ersatz, es sein denn, die Resttage sind ausschließlich aus Gründen entstanden, die die „Firma" zu vertreten hat.

§ 8 Probezeit/Kündigungsfrist

Nach der Einstellung gelten die ersten sechs Monate als Probezeit. Während dieser Frist kann das Arbeitsverhältnis mit zweiwöchiger Kündigungsfrist – auch im Krankheitsfalle – gelöst werden. Wird das Arbeitsverhältnis über die Probezeit hinaus fortgesetzt, ergeben sich die Kündigungsfristen aus den gesetzlichen Bestimmungen.

Durch die Kündigungserklärung wird die Befugnis der Firma begründet, den Mitarbeiter unter Fortzahlung seiner Bezüge von der Arbeitsleistung freizustellen.

§ 9 Fristlose Auflösung des Arbeitsverhältnisses[432]

Ein Grund zur fristlosen Auflösung des Arbeitsverhältnisses ist insbesondere dann gegeben, wenn der Mitarbeiter:

a) Privatfahrten mit Firmenfahrzeugen ohne Genehmigung der „Firma" durchführt;
b) unter Alkoholeinfluss ein Kraftfahrzeug führt, auch wenn dies zu keiner behördlichen Feststellung führt;
c) während der Arbeitszeit alkoholische Getränke konsumiert;
d) Sach- und Personenschäden vorsätzlich oder grob fahrlässig verursacht;
e) sich einer strafbaren Handlung durch Eigentums- oder Vermögensverletzung schuldig macht;
f) auf eigene Rechnung Firmenleistungen ausführt (Schwarzarbeit);
g) Kundenwünsche, soweit diese sich nicht als unsinnig oder undurchführbar herausstellen, nicht befolgt oder Kunden unsachlich und unhöflich behandelt;
h) Unfälle, Schäden etc. nicht unverzüglich meldet;
i) Veränderungen irgendeiner Art am EG-Kontrollgerät oder an den Schaublättern vornimmt;
j) trotz Ermahnung die Anordnungen der „Firma" nicht befolgt;
k) trotz Ermahnung der Arbeit unentschuldigt fernbleibt;
l) durch behördliche oder gerichtliche Anordnung einstweilen oder endgültig die Fahrerlaubnis verliert oder gegen ihn ein Fahrverbot verhängt wird;
m) sonst wie seine Pflichten gegenüber der „Firma", insbesondere die Pflichten aus diesem Arbeitsvertrag, grob verletzt.

Im Übrigen gelten die gesetzlichen Bestimmungen.

§ 10 Entgeltfortzahlung im Krankheitsfall

Die Entgeltfortzahlung im Krankheitsfall richtet sich – falls nichts anderes vereinbart wurde – nach dem Entgeltfortzahlungsgesetz in seiner jeweils gültigen Fassung. Ist der Mitarbeiter infolge Erkrankung an der Arbeitsleistung verhindert, so ist die „Firma" unverzüglich, spätestens jedoch bis vor dem vorgesehenen Dienstbeginn, zu verständigen. Die Arbeitsunfähigkeitsbescheinigung des Arztes ist der „Firma" spätestens am dritten Kalendertag vorzulegen. Ohne Vorlage dieser Bescheinigung zahlt die „Firma" auch bei kurzzeitiger Erkrankung generell keine Lohnfortzahlung. Bei einer eventuellen Verlängerung einer bescheinigten Arbeitsunfähigkeit durch den behandelnden Arzt muss der Mitarbeiter spätestens am letzten Tag der vorher bescheinigten Arbeitsunfähigkeit die Firma über den Fortbestand der Arbeitsunfähigkeit unterrichten. Bei Arztbesuchen des Mitarbeiters wird der Lohn für die Dauer des Arztbesuches, höchstens jedoch für einen halben Arbeitstag, fortgezahlt. Diese Lohnfortzahlung bei Arztbesuchen erfolgt allerdings nur dann, wenn der behandelnde Arzt Sprechstunden außerhalb der Arbeitszeit nicht anbietet. Die „Firma" ist berechtigt, durch einen von ihr bestimmten Arzt auf ihre Kosten eine Untersuchung vornehmen zu lassen oder Atteste einzuholen. Der Mitarbeiter erklärt hiermit, dass die Ärzte in einem solchen Fall von ihrer Schweigepflicht gegenüber der „Firma" entbunden sind.

---

[432] Außerordentliche Kündigungsgründe lassen sich im Arbeitsverhältnis nicht wirksam vereinbaren (*Hümmerich*, Gestaltung von Arbeitsverhältnissen, § 1 Rn 2032 ff.).

Kapitel 1: Arbeitsverträge

§ 11 Auszahlung der Bezüge

Die Bezüge werden einmal monatlich, spätestens bis zum zwölften des auf den jeweiligen Lohnabrechnungszeitraum fallenden Monats, auf ein Giro-Konto des Mitarbeiters überwiesen.

§ 12 Mitarbeiter-Haftung im Schadensfall

Bei Schäden, die der Mitarbeiter selbst verschuldet hat und die einen Anspruch Dritter gegenüber der „Firma" auslösen oder die das Eigentum des Arbeitgebers selbst betreffen, wird der Mitarbeiter gegenüber der „Firma" schadensersatzpflichtig in Höhe von 50 % des Schadens, maximal jedoch 150 EUR je Schadensfall. Der Mitarbeiter erklärt sich damit einverstanden, dass die Forderung aus der Schadensersatzpflicht bei der folgenden Lohnabrechnung in voller Höhe in Abzug gebracht wird.

§ 13 Weisungen

Der Mitarbeiter ist verpflichtet, alle Anordnungen, die ihm von verantwortlichen Personen der „Firma" erteilt werden, einzuhalten und durchzuführen. Über alle betrieblichen Einrichtungen und Vorgänge hat er, auch nach seinem Ausscheiden aus der „Firma", strengstes Stillschweigen zu bewahren. Eine Verletzung dieser Geheimhaltungspflicht gibt der „Firma" das Recht, das Arbeitsverhältnis fristlos zu kündigen. Außerdem setzt sich der Mitarbeiter nach den Vorschriften des Gesetzes gegen den unlauteren Wettbewerb der Strafverfolgung aus. Außerdem ist er der „Firma" gegenüber zum Schadensersatz verpflichtet. Bei Nichtbeachtung folgender verbindlichen Anweisungen ist der Mitarbeiter der „Firma" gegenüber in jedem durch diese Nichtbeachtung verursachten Schaden voll schadensersatzpflichtig:

a) Es dürfen generell keine Sendungen ohne Empfangsquittung des Empfängers ausgeliefert werden. Sollte keine Möglichkeit bestehen, unmittelbar bei der Auslieferung eine Unterschrift des Empfängers zu erhalten, so ist die Sendung in jedem Fall wieder zurückzubringen. Dem Mitarbeiter ist es strengstens untersagt, selbst in eigenem Namen den Empfang von Gütern zu unterschreiben. Es wird darauf hingewiesen, dass Unterschriftsfälschungen strafrechtlich verfolgt werden.

b) Sendungen sind grundsätzlich nur gegen Barzahlung der auf der Sendung lastenden Frachten, Nachnahmen und Gebühren auszuliefern. Als Barzahlungsmittel gilt auch der Euroscheck in Höhe von zurzeit höchstens 200 EUR und zwar nur gegen Vorlage der gültigen Scheckkarte. Um höhere Summen auszugleichen, können auch mehrere Euroschecks in Empfang genommen werden. Es ist in jedem Fall zu überprüfen, ob die Jahresangabe auf der Scheckkarte noch gültig ist und ob die Kontonummer der Scheckkarte mit der Kontonummer des ausgestellten Schecks übereinstimmt. Auf der Rückseite des oder der ausgestellten Schecks ist die Nummer der Scheckkarte einzutragen und vom Scheckaussteller unterschreiben zu lassen. Ebenfalls ist die Scheckkartenunterschrift mit der Scheckunterschrift zu vergleichen. Alle anderen Schecks dürfen nur mit ausdrücklicher Genehmigung der Firmenleitung angenommen werden. In diesem Fall ist es erforderlich, den Namen desjenigen auf der Scheckrückseite zu vermerken, der die Genehmigung erteilt hat. Von Rechnungskunden sind bei der Sendungsauslieferung keine Beträge zu kassieren. Rechnungskunden gehen eindeutig aus den mitgeführten Rollkarten hervor. Der Mitarbeiter hat niemals selbst zu entscheiden, ob Beträge in Rechnung gestellt werden. In Zweifelsfällen ist immer im Büro eine Entscheidung einzuholen. Der Name des Verantwortlichen ist in diesem Fall auf der Rollkarte einzutragen. Den Rechnungskunden dürfen die Frachtbriefe bei der Sendungsauslieferung nicht zur Verfügung gestellt werden. Der Empfang muss auf der Rollkarte quittiert werden. Die Rollkarte wird mit dem Frachtbrief im Büro abgegeben. Rechnungserstellung ohne zurückgebrachte Frachtbriefe ist bei Abrechnung nicht möglich. Beträge werden dann als bar bezahlt abgerechnet. Mit allen Mankogeldern wird der Mitarbeiter unmittelbar belastet, gleichgültig, ob diese durch falsche Abrechnung beim Kunden oder durch Nichteinhaltung der vorstehenden Bestimmungen entstanden sind.

c) Beschädigte Sendungen dürfen nicht mit auf Tour genommen werden, solange der Schaden nicht bundesbahnseitig aufgenommen wurde. In Zweifelsfällen sind unsere verantwortlichen Disponenten zu befragen. Der Mitarbeiter darf grundsätzlich eine eventuelle Beschädigung des Gutes nicht auf dem Frachtbrief bescheinigen. Die Schadensabwicklung ist ausschließlich Angelegenheit der Deutschen Bundesbahn. Wir melden in solchen Fällen die Schäden dort an, wo im Anschluss daran unmittelbar die Abwicklung erfolgt. In Zweifelsfällen ist über Funk oder telefonisch in unserem Büro nachzufragen.

§ 14 Fahrerlaubnis

Der Mitarbeiter erklärt, im Besitz der erforderlichen Fahrerlaubnis (= Führerscheinklasse II) zu sein, und er verpflichtet sich, der „Firma" unverzüglich mitzuteilen, wenn

a) ihm die bestehende Fahrerlaubnis ganz, teilweise oder auch nur vorläufig entzogen wurde,

b) gegen ihn ein zeitlich begrenztes Fahrverbot erlassen wurde,

c) sein Führerschein eingezogen wurde.

Der Mitarbeiter erklärt, dass er die volle alleinige Haftung für alle Schäden übernehmen wird, die durch die Nichtbefolgung der vorgenannten Verpflichtung entstehen.

§ 1 Verträge mit Arbeitnehmern, freien Mitarbeitern und Gesellschaftsorganen

§ 15 Straßenverkehrs-Ordnung und Straßenverkehrs-Zulassungs-Ordnung

Der Mitarbeiter hat die Bestimmungen der Straßenverkehrs-Ordnung und der Straßenverkehrs-Zulassungs-Ordnung grundsätzlich zu beachten.

- Insbesondere hat er vor Fahrtbeginn die Verkehrssicherheit des firmeneigenen Kraftfahrzeugs zu überprüfen.
- Er hat die Geschwindigkeitsbeschränkungen einzuhalten.
- Die Überladung der Kraftfahrzeuge ist untersagt. Der Fahrer ist für Ladung, Be- und Entladung selbst verantwortlich. In Zweifelsfällen muss die Ladung in mehreren Touren gefahren werden.
- Bei unterwegs auftretenden technischen Mängeln, die die Verkehrssicherheit erheblich beeinträchtigen (z.B. Mängel an Bremsen, Bereifung, Lenkung, Beleuchtung etc.) ist die Fahrt sofort abzubrechen und die „Firma" zu verständigen.

§ 16 EWG-Verordnung: EG-Kontrollgerät

Folgenden gesetzlichen Vorschriften ist unbedingt Folge zu leisten. Für jeden Verstoß haftet der Mitarbeiter persönlich.

a) Das Tachoschaublatt ist Arbeitszeitnachweis des Mitarbeiters.

b) Vor Beginn jeder Arbeitsschicht ist ein neues Schaublatt in das EG-Kontrollgerät einzulegen.

c) Der Mitarbeiter hat ausreichend Ersatzschaublätter mitzuführen.

d) Das Innenfeld des Schaublattes ist vor Beginn der Fahrt vom Fahrer vollständig auszufüllen.

e) Während seiner Arbeitsschicht hat der Mitarbeiter den Zeitgruppenschalter des EG-Kontrollgeräts entsprechend seiner Tätigkeit richtig einzustellen.

f) Der Mitarbeiter hat darauf zu achten, dass das Schaublatt für den Typ des EG-Kontrollgeräts zugelassen ist.

g) Die vorgeschriebenen Lenkzeitunterbrechungen (Pausen) sind vom Fahrer einzuhalten, d.h. nach einer reinen Lenkzeit von 4,5 Stunden sind mindestens 45 Minuten Pause oder innerhalb von 4,5 Stunden Lenkzeit sind 3 Pausen von mindestens 15 Minuten einzuhalten.

h) Die Höchstdauer der täglichen Lenkzeit von 9 Stunden reiner Lenkzeit bzw. zweimal wöchentlich 10 Stunden sind einzuhalten. Die höchstzulässige Lenkzeit pro Doppelwoche beträgt 90 Stunden.

i) Innerhalb eines Zeitraumes von 24 Stunden muss jeder Fahrer 11 Stunden Tagesruhezeit einhalten. Diese Tagesruhezeit kann dreimal wöchentlich auf 9 Stunden verkürzt werden, wenn der Ausgleich bis zum Ende der nächsten Woche erfolgt. Die Tagesruhezeit kann auch in 3 Abschnitte aufgeteilt werden, wovon der längste mindestens 8 Stunden betragen und die Gesamtruhezeit 12 Stunden ergeben muss.

j) Die Höchstdauer der täglichen Arbeitsschicht beträgt für den Einzelfahrer 12 Stunden. Bei zwei und mehr Fahrern beträgt die Höchstdauer der täglichen Arbeitsschicht 22 Stunden.

k) Das Schaublatt ist personenbezogen und muss als Arbeitszeitnachweis bei einem Fahrzeugwechsel mitgenommen werden. Für den Fall, dass das Schaublatt in das EG-Kontrollgerät des anderen LKW passt, ist das gleiche Schaublatt weiterzuverwenden. Die Uhrzeit des Fahrzeugwechsels, der Kilometerstand und das amtliche Kennzeichen sind dann auf dem Innenfeld der Rückseite des Schaublattes einzutragen. In einer Arbeitsschicht darf nur ein Schaublatt als Arbeitszeitnachweis benutzt werden.

l) Sollte das EG-Kontrollgerät defekt sein, so sind die Arbeitszeiten vom Fahrer handschriftlich auf der Rückseite des Schaublattes zu vermerken.

m) Nach Beendigung der Fahrt ist das Innenfeld des Schaublattes vollständig auszufüllen.

n) Die Aufzeichnungen des EG-Kontrollgerätes auf dem Schaublatt dürfen nicht überschrieben werden. Deshalb darf das Schaublatt nicht länger als 24 Stunden im EG-Kontrollgerät eingelegt sein.

o) Der Fahrer ist verpflichtet, die beschriebenen Schaublätter (Arbeitszeitnachweise) der laufenden Kalenderwoche, sowie das Schaublatt vom letzten Arbeitstag der Vorwoche mitzuführen und bei Kontrollen vorzuzeigen.

p) Alle anderen Schaublätter sind jeweils montags in der „Firma" abzugeben und dürfen nicht im Führerhaus mitgeführt werden.

q) Das Schaublatt ist eine Urkunde. Manipulationen daran oder am EG-Kontrollgerät sind eine Straftat gemäß § 268 StGB. Verfälschungen technischer Aufzeichnungen und Manipulationen jeglicher Art sind strengstens untersagt.

r) Bei Verkehrskontrollen durch die Polizei, durch das Gewerbeaufsichtsamt oder durch die Bundesanstalt für den Güterverkehr sind durch den Mitarbeiter keine Äußerungen zu machen, die die „Firma" als Halter oder Arbeitgeber betreffen.

Kapitel 1: Arbeitsverträge

§ 17 Haftungsfreistellung bei fehlerhafter Tachoscheibe
Der Mitarbeiter haftet für alle Folgen, die sich aus der fehlerhaften Handhabung der Tachoscheibe ergeben. Insbesondere stellt er die „Firma" von der Haftung frei.

§ 18 Arbeitskleidung
Die „Firma" stellt dem Mitarbeiter im Rahmen einer Sondervereinbarung kostenlose Arbeitskleidung mit dem Namenszug und Logo der Firma zur Verfügung. Der Mitarbeiter ist verpflichtet, diese Arbeitskleidung während der gesamten Arbeitszeit in angemessenem, sauberem Zustand zu tragen. Sollte der Mitarbeiter dieser Verpflichtung nicht nachkommen, kann dies als grobe Pflichtverletzung ausgelegt werden.

§ 19 Arbeitssicherheit
Der Mitarbeiter ist verpflichtet, während der gesamten Arbeitszeit Sicherheitsschuhe mit Stahlkappe zu tragen. Sollte er dieser Verpflichtung nicht nachkommen und führt diese Pflichtverletzung zur Arbeitsunfähigkeit infolge Verletzung, verliert der Mitarbeiter seinen Anspruch auf Lohnfortzahlung durch die „Firma" im Rahmen des Lohnfortzahlungsgesetzes.

§ 20 Nebentätigkeit
Die „Firma" erwartet vom Mitarbeiter den Einsatz seiner gesamten Arbeitskraft, wobei Leistungen zu erbringen sind, die den Zielen der „Firma" gerecht werden. Jegliche Nebentätigkeit gegen Entgelt ist unbedingt an die Erlaubnis der „Firma" gebunden.

§ 21 Vertragsstrafen
Die „Firma" kann bei vorzeitigem Bruch des Vertragsverhältnisses seitens des Mitarbeiters Vertragsstrafe – ohne Nachweis – in Höhe von 250 EUR verlangen. Diese Vertragsstrafe kann bei der letzten Lohnabrechnung in Abzug gebracht werden. Ebenfalls kann eine Vertragsstrafe bei Nichtantritt des Dienstes nach Vertragsabschluss bis zu einem Monatslohn erhoben werden.

§ 22 Schlussbestimmungen
Wir behalten uns vor, die einzelnen Vertragspunkte, insbesondere die Einkommensregelung, zu ändern, ohne dass der Vertrag in seiner Gesamtheit hierdurch berührt wird. Wir machen ausdrücklich darauf aufmerksam, dass alle in den Einkommensregelungen enthaltenen übertariflichen Leistungen freiwillig von der „Firma" gezahlt werden und jederzeit widerrufen werden können. Vertragsergänzungen und -änderungen bedürfen zu ihrer Wirksamkeit der Schriftform. Mündliche Nebenabreden wurden nicht getroffen. Für Streitigkeiten aus diesem Vertrag wird das Arbeitsgericht ▪▪▪ als ausschließlich zuständig vereinbart.

16. Muster: Arbeitsvertrag mit einer Sekretärin

Vertrag über die Mitarbeit

in der Firma ▪▪▪

zwischen

Frau ▪▪▪

und

der Firma ▪▪▪

§ 1 Tätigkeit
(1) Sie sind als Sekretärin in der Abteilung ▪▪▪ in ▪▪▪ tätig.

(2) Die Firma behält sich vor, Ihnen im Rahmen des Unternehmens – auch an einem anderen Ort – eine andere oder zusätzliche, Ihrer Eignung und Ihren Fähigkeiten entsprechende Tätigkeit zu übertragen.

§ 2 Beginn und Ende des Vertrages
(1) Das Vertragsverhältnis beginnt am ▪▪▪ und ist unbefristet.

(2) Die ersten sechs Monate gelten als Probezeit, innerhalb derer der Vertrag von beiden Seiten mit einer Frist von vier Wochen zum Monatsende gekündigt werden kann. Einer Begründung bedarf es hierzu nicht.

(3) Nach der Probezeit ist der Arbeitsvertrag mit einer Frist von sechs Wochen zum Ende des Kalendervierteljahres kündbar.

(4) Eine ordentliche Kündigung vor Vertragsbeginn ist ausgeschlossen.
(5) Die Kündigung bedarf der Schriftform.
(6) Der Arbeitsvertrag endet spätestens mit Ablauf des 65. Lebensjahres, ohne dass es einer Kündigung bedarf.

§ 3 Arbeitszeit
(1) Die regelmäßige Wochenarbeitszeit richtet sich nach der am jeweiligen Dienstort gültigen betrieblichen Regelung.
(2) Beginn und Ende der täglichen Arbeitszeit und der Pausen richten sich nach den jeweils geltenden betrieblichen Regelungen.
(3) Sie verpflichten sich, auf Verlangen der Firma in angemessenem Umfang Überstunden zu leisten.

§ 4 Vergütung
(1) Sie erhalten für Ihre Tätigkeit eine monatliche Bruttovergütung von ▬▬▬ EUR, zahlbar zum 15. eines jeden Monats. Besteht nicht für alle Tage eines Kalendermonats Anspruch auf Vergütung, wird für jeden Fehltag 1/30 der Monatsvergütung abgezogen.
(2) Die Firma zahlt je Kalenderjahr eine Sonderzuwendung in Höhe der Vergütung nach Absatz (1) jeweils im Monat November. Die Sonderzuwendung vermindert sich um 1/12 für jeden Monat, für den keine Vergütung gezahlt worden ist. Voraussetzung für die Zahlung ist ein zum Stichtag 1. Dezember ungekündigtes Arbeitsverhältnis.
(3) Die Firma zahlt kalenderjährlich ein Urlaubsgeld in Höhe von 255 EUR mit dem Juli-Gehalt.
(4) Die Firma zahlt Ihnen vermögenswirksame Leistungen in Höhe von 6,65 EUR monatlich.
(5) Die Firma zahlt folgende Zuschläge zum Gehalt:

1. Nachtarbeit — 15%
2. Überstunden — 25%
3. Sonntagsarbeit — 30%
4. Arbeiten am 24.12. und 31.12. nach 13.00 Uhr — 50%
5. Arbeiten an Werktagen, an denen aufgrund gesetzlicher Bestimmungen der Arbeitsausfall zu vergüten ist — 135%,

berechnet aus dem in Abs. 1 genannten Bruttogehalt, dividiert durch 167,4. Für geleistete Überstunden wird eine Stundenvergütung gemäß vorstehender Berechnungsart gezahlt. Treffen mehrere Zuschläge zusammen, wird nur der höhere gewährt.
(6) Die Firma leistet alle Zahlungen aus diesem Vertrag bargeldlos auf ein von Ihnen zu benennendes Konto.
(7) Liegt das vereinbarte Bruttogehalt über dem in einem später in Kraft tretenden Tarifvertrag festgelegten Tarifgehalt, wird die Differenz zu einer außertariflichen Zusage, die auf zukünftige Tariferhöhungen angerechnet wird.
(8) Sie verpflichten sich, Gehaltsüberzahlungen ohne Rücksicht auf eine noch vorhandene Bereicherung zurückzuzahlen.[433]

§ 5 Abtretung und Verpfändung der Gehaltsansprüche
Sie werden die Abtretung Ihrer Gehaltsansprüche der Firma anzeigen.

§ 6 Arbeitsverhinderung
(1) Sie verpflichten sich, der Firma jede Arbeitsverhinderung und ihre voraussichtliche Dauer unverzüglich anzuzeigen. Auf Verlangen sind die Gründe der Dienstverhinderung mitzuteilen.
(2) Im Falle der Erkrankung sind Sie verpflichtet, spätestens vor Ablauf des 4. Kalendertages nach Beginn der Arbeitsunfähigkeit eine ärztliche Bescheinigung über die Arbeitsunfähigkeit sowie deren voraussichtliche Dauer vorzulegen und ggf. innerhalb gleicher Frist eine Anschlussbescheinigung beizubringen. Die Firma kann den Nachweis der Erkrankung bereits für den ersten Kalendertag fordern.
(3) Unentschuldigtes Fernbleiben führt zum Entgeltabzug.

§ 7 Gehaltsfortzahlung im Krankheitsfall
Werden Sie durch Krankheit oder Unfall an der Arbeitsleistung gehindert, ohne dass Sie ein Verschulden trifft, so erhalten Sie Gehaltsfortzahlung für die Dauer von sechs Wochen nach dem Entgeltfortzahlungsgesetz in seiner jeweiligen Fassung.

---

[433] Diese Klausel ist nach hier vertretener Ansicht gemäß § 307 Abs. 2 Nr. 1 BGB nicht wirksam (*Hümmerich*, NZA 2003, 764; *ders.*, Gestaltung von Arbeitsverträgen, § 1 Rn 1620).

§ 8 Abtretung von Schadensersatzansprüchen

(1) Sie treten Ihre Schadensersatzansprüche wegen der Verletzung durch einen Dritten insoweit ab, als die Firma Vergütungsfortzahlung im Krankheitsfall leistet.

(2) Sie verpflichten sich, der Firma die zur Durchsetzung der Ansprüche erforderlichen Auskünfte zu erteilen.

§ 9 Erholungsurlaub

Sie haben Anspruch auf einen Jahresurlaub nach der jeweils geltenden Regelung. Ihr Urlaubsanspruch beträgt gegenwärtig 30 Arbeitstage.

Ihren Urlaub werden Sie unter Berücksichtigung der betrieblichen Belange und in Absprache mit Ihrem Vorgesetzten nehmen. Ihren persönlichen Wünschen werden wir nach Möglichkeit Rechnung tragen.

§ 10 Sonderurlaub, Freistellung von der Arbeit

Ihnen ist ohne Anrechnung auf Ihren Urlaub und ohne Entgeltminderung Freistellung von der Arbeit zu gewähren

- bei Ihrer Eheschließung   2 Tage
- bei Niederkunft der Ehefrau   2 Tage
- bei Tod des Ehegatten/der mit Ihnen in häuslicher Gemeinschaft lebenden Kinder   3 Tage
- bei Tod des Ehegatten/der Kinder, falls diese nicht mit Ihnen in häuslicher Gemeinschaft leben   1 Tag
- bei Eheschließung Ihrer Kinder   1 Tag
- bei Ihrer silbernen Hochzeit   1 Tag
- bei Umzug mit eigenem Hausstand, sofern Sie nicht im gekündigten Arbeitsverhältnis stehen   1 Tag.

§ 11 Nebenbeschäftigung

(1) Soweit Sie einer erwerbsmäßigen Nebentätigkeit nachgehen, verpflichten Sie sich, diese der Firma unverzüglich anzuzeigen.

(2) Die Firma kann die Nebentätigkeit untersagen, wenn hierdurch die geschuldete Arbeitsleistung beeinträchtigt wird oder Gründe des Wettbewerbs dagegen sprechen.

§ 12 Verschwiegenheitspflicht, Veröffentlichungen

(1) Sie verpflichten sich, über alle vertraulichen Angelegenheiten und Vorgänge, die Ihnen im Rahmen Ihrer Tätigkeit zur Kenntnis gelangen, auch nach Ihrem Ausscheiden aus dem Arbeitsverhältnis Stillschweigen zu bewahren.

(2) Die Verschwiegenheitspflicht erstreckt sich auch auf die in § 4 getroffene Vergütungsvereinbarung.

(3) Veröffentlichungen/Interviews über das Geschäft der Firma oder die Tätigkeit ihrer Mitarbeiter bedürfen der vorherigen ausdrücklichen Zustimmung der Geschäftsleitung der Firma, das gilt auch nach Ihrem Ausscheiden aus diesem Arbeitsverhältnis.

§ 13 Diensterfindungen

Die Firma behandelt Diensterfindungen nach dem Gesetz über Arbeitnehmererfindungen vom 30.7.1957 in der jeweils gültigen Fassung sowie der hierzu ergangenen Richtlinien für die Vergütung von Arbeitnehmererfindungen im privaten Dienst.

§ 14 Todesfall

(1) Für den Fall des Todes während der Vertragszeit wird das volle Gehalt gemäß § 4 Abs. 1 im Sterbemonat und in den beiden folgenden Monaten an die unterhaltsberechtigten Hinterbliebenen gezahlt. Die Zahlung an einen Berechtigten befreit die Firma von der Leistungsverpflichtung.

(2) Versorgungsleistungen sind bei der Gehaltszahlung nach Abs. 1 abzuziehen.

§ 15 Personaldaten

Ihre persönlichen Daten werden für Zwecke der Personaladministration entsprechend den Vorschriften des Bundesdatenschutzgesetzes erfasst, gespeichert und verarbeitet.

§ 16 Zuwendungen und Geschenke

Von Dritten angebotene Zuwendungen und Geschenke, die in unmittelbarem oder mittelbarem Zusammenhang mit der dienstlichen Tätigkeit stehen, dürfen nicht angenommen werden. Gebräuchliche Gelegenheitsgeschenke von geringem Wert (z.B. Kugelschreiber, Taschenkalender) sind davon ausgenommen.

§ 17 Verfallfristen

(1) Alle beiderseitigen Ansprüche aus dem Arbeitsverhältnis und solche, die mit dem Arbeitsverhältnis in Verbindung stehen verfallen, wenn sie nicht innerhalb von sechs Monaten nach der Fälligkeit gegenüber der anderen Vertragspartei schriftlich erhoben werden.

(2) Lehnt die Gegenpartei den Anspruch ab oder erklärt sie sich nicht innerhalb von zwei Wochen nach der Geltendmachung des Anspruchs, so verfällt dieser, wenn er nicht innerhalb von zwei Monaten nach der Ablehnung oder dem Fristablauf gerichtlich geltend gemacht wird.

§ 18 Rauchverbot

(1) Wir vereinbaren mit Ihnen, dass an Ihrem Arbeitsplatz ein absolutes Rauchverbot besteht.

(2) Das Rauchen ist Ihnen nur in hierzu eigens gekennzeichneten Räumen oder auf dem Freigelände gestattet.

(3) Entfernen Sie sich von Ihrem Arbeitsplatz, um eine Zigarette zu rauchen, erhöht sich ihre tägliche Arbeitszeit um die durch Rauchen ausfallende Arbeitszeit.

§ 19 Nutzung der betrieblichen Telekommunikationsmittel und Datenverarbeitungsanlagen

(1) Neben der betrieblichen Nutzung ist Ihnen während Ihrer Pausenzeiten in einem täglichen Umfang von höchstens zehn Minuten die private Nutzung des E-Mail-Systems und des Internets gestattet. Die Erlaubnis zur privaten Nutzung erfolgt unter dem ausdrücklichen Vorbehalt eines jederzeitigen Widerrufs. Das Internet darf nur mit der gültigen persönlichen Zugangsberechtigung genutzt werden. User-ID und Passwort dürfen nicht an Dritte weitergegeben werden.

(2) Es dürfen keine fremden Programme/Dateien auf die Festplatte kopiert, über Diskette, CD-ROM, ähnliche Datenträger oder das Internet auf dem Rechner installiert und/oder eingesetzt werden. Auf Virenkontrolle ist zu achten. Virenschutzprogramme sind zu nutzen. Auftretende Störungen, die mit einem Virenbefall in Zusammenhang stehen könnten, sind umgehend der Netzverwaltung/dem Systemadministrator zu melden. Das Abrufen, Anbieten oder Verbreiten von rechtswidrigen Inhalten, insbesondere rassistischer oder pornographischer Art ist verboten.

(3) Wir sind berechtigt, jede Nutzung des E-Mail-Systems und des Internets für die Dauer von maximal drei Monaten zu speichern, um die Einhaltung der obigen Bestimmungen anhand der gespeicherten Daten zu überprüfen. Sie erteilen insoweit Ihre Einwilligung gemäß § 4a BDSG.

(4) Für den Fall Ihrer betrieblichen Abwesenheit (Urlaub, Krankheit etc.) haben Sie eigenverantwortlich eine automatisierte Antwort an den Absender eingehender E-Mails einzurichten, die den Absender über Ihre Abwesenheit informiert und einen Hinweis auf den zuständigen Vertreter und dessen Telefonnummer enthält.

(5) Verstöße gegen die vorstehenden Regeln, insbesondere eine weitergehende private Nutzung der Telekommunikationsanlagen, können arbeitsrechtliche Konsequenzen zur Folge haben.

§ 20 Vertragsänderungen, Vertragswirksamkeit

(1) Änderungen dieses Vertrages und Nebenabreden bedürfen zu ihrer Rechtswirksamkeit der Schriftform; das gilt auch für diesen Absatz.

(2) Die Unwirksamkeit einzelner Bestimmungen dieses Vertrages lässt die Wirksamkeit des übrigen Vertrages unberührt.

↑

17. Muster: Arbeitsvertrag mit einer kaufmännischen Angestellten (mit Dienstwagen)

↓

Arbeitsvertrag

Zwischen

– nachfolgend Firma genannt –

und

Frau

– nachfolgend Angestellte genannt –

wird folgender Anstellungsvertrag geschlossen:

§ 1 Beginn und Art der Tätigkeit

Die Angestellte wird am ▬▬▬ als ▬▬▬ eingestellt.

Die ersten sechs Monate gelten als Probezeit. Während der Probezeit können die Vertragspartner das Arbeitsverhältnis mit einer Frist von einem Monat kündigen. Die ordentliche Kündigung des Arbeitsverhältnisses vor Aufnahme der Tätigkeit ist beiderseits ausgeschlossen

§ 2 Entgelt

Die Firma zahlt an die Angestellte monatlich ▪▪▪ EUR brutto. Das Gehalt wird nach der Probezeit neu vereinbart.

Die Angestellte verpflichtet sich, Gehaltsüberzahlungen ohne Rücksicht auf eine noch vorhandene Bereicherung zurückzuzahlen.

§ 3 Firmenwagen

Der geldwerte Vorteil wird mit 1 % vom Neupreis pauschal abgerechnet.

§ 4 Urlaub

Der Urlaub entspricht 30 Arbeitstagen. Urlaubsjahr ist gleich Kalenderjahr. Wenn die Angestellte nicht das gesamte Kalenderjahr im Unternehmen beschäftigt war, wird der Urlaub anteilig gewährt (je Beschäftigungsmonat 1/12). Berechtigte Wünsche der Angestellten bezüglich des Urlaubszeitpunktes werden im Rahmen betrieblicher Möglichkeiten und berechtigter Belange anderer Mitarbeiter berücksichtigt. Sie sind bis zum 1.2. jeden Kalenderjahres bei der Firma anzumelden.

§ 5 Arbeitsverhinderung

Bei Arbeitsverhinderung gleich aus welchem Grunde ist die Firma unverzüglich über den Grund des Fernbleibens zu verständigen. Im Krankheitsfalle ist die Angestellte verpflichtet, unverzüglich nach Beginn der Erkrankung ein ärztliches Attest vorzulegen, aus dem sich die Arbeitsverhinderung sowie deren voraussichtliche Dauer ergibt. Im Krankheitsfall wird das Gehalt nach Maßgabe des Entgeltfortzahlungsgesetzes in seiner jeweils gültigen Fassung gezahlt.

§ 6 Nebentätigkeiten/Verschwiegenheit

Die Angestellte wird ihre volle Arbeitskraft in den Dienst der Firma stellen. Die Übernahme von Nebenbeschäftigungen, die in Konkurrenz zur übernommenen Arbeitsleistung stehen, sind nicht gestattet. Soweit berechtigte Interessen der Firma nicht entgegenstehen, bedürfen Nebentätigkeiten der vorherigen schriftlichen Einwilligung der Firma.

Geschäfts- und Betriebsgeheimnisse, die der Angestellten anvertraut oder durch ihre Tätigkeit bekannt geworden sind, dürfen auch nach dem Ausscheiden weder verwertet noch Dritten mitgeteilt werden.

§ 7 Vertragsstrafe

Im Falle der Nichtaufnahme der Arbeit oder der vertragswidrigen Beendigung der Tätigkeit verpflichtet sich der Arbeitnehmer zur Zahlung einer Vertragsstrafe in Höhe eines Monatsgehalts. Weitergehende Schadensersatzansprüche der Firma werden durch diese Vertragsstrafe nicht berührt.

§ 8 Kündigungsfrist

Das Vertragsverhältnis kann von beiden Seiten unbeschadet des Rechts zur fristlosen Kündigung nach den geltenden gesetzlichen Kündigungsfristen gekündigt werden.

Das Arbeitsverhältnis endet, ohne dass es einer Kündigung bedarf, mit Ablauf des Monats, in dem die Angestellte das 65. Lebensjahr vollendet.

§ 9 Gratifikation

Soweit der Arbeitgeber eine Gratifikation (Weihnachts- oder Urlaubsgratifikation) gewährt, erfolgt diese freiwillig und ohne jeden zukünftigen Rechtsanspruch. Auch aus wiederholter Zahlung kann ein Rechtsanspruch nicht abgeleitet werden. Ist das Arbeitsverhältnis im Zeitpunkt der Auszahlung gekündigt, besteht in keinem Falle ein Anspruch auf die Gratifikation. Rückzahlungsvereinbarungen gelten in der Form, die bei der Gewährung allgemein festgelegt wurden.

§ 10 Nutzung der betrieblichen Telekommunikationsmittel und Datenverarbeitungsanlagen

Neben der betrieblichen Nutzung ist der Angestellten während ihrer Pausenzeiten in einem täglichen Umfang von höchstens zehn Minuten die private Nutzung des E-Mail-Systems und des Internets gestattet. Die Erlaubnis zur privaten Nutzung erfolgt unter dem ausdrücklichen Vorbehalt eines jederzeitigen Widerrufs.

Das Internet darf nur mit der gültigen persönlichen Zugangsberechtigung genutzt werden. User-ID und Passwort dürfen nicht an Dritte weitergegeben werden.

Es dürfen keine fremden Programme/Dateien auf die Festplatte kopiert, über Diskette, CD-ROM, ähnliche Datenträger oder das Internet auf dem Rechner installiert und/oder eingesetzt werden. Auf Virenkontrolle ist zu achten. Virenschutzprogramme sind zu nutzen. Auftretende Störungen, die mit einem Virenbefall in Zusammenhang stehen könnten, sind umgehend der Netzverwaltung/dem Systemadministrator zu melden.

Das Abrufen, Anbieten oder Verbreiten von rechtswidrigen Inhalten, insbesondere rassistischer oder pornografischer Art ist verboten.

Die Firma ist berechtigt, jede Nutzung des E-Mail-Systems und des Internets für die Dauer von maximal drei Monaten zu speichern, um die Einhaltung der obigen Bestimmungen anhand der gespeicherten Daten zu überprüfen. Die Angestellte erteilt insoweit ihre Einwilligung gemäß § 4a BDSG.

Für den Fall ihrer betrieblichen Abwesenheit (Urlaub, Krankheit etc.) hat die Angestellte eigenverantwortlich eine automatisierte Antwort an den Absender eingehender E-Mails einzurichten, die den Absender über ihre Abwesenheit informiert und einen Hinweis auf den zuständigen Vertreter und dessen Telefonnummer enthält.

Verstöße gegen die vorstehenden Regeln, insbesondere eine weitergehende private Nutzung der Telekommunikationsanlagen, können arbeitsrechtliche Konsequenzen zur Folge haben.

§ 11 Ergänzende Vereinbarung

Nebenabreden, Ergänzungen und Änderungen dieses Vertrages werden nur wirksam, wenn sie schriftlich niedergelegt sind.

§ 12 Sonstige Vereinbarungen

Das Arbeitsverhältnis bestimmt sich nach den im Betrieb oder Betriebsteil geltenden Tarifverträgen in ihrer jeweiligen Fassung. Das sind nach Kenntnis des Arbeitgebers die Tarifverträge ▬▬▬. Die genannten Tarifverträge sollen in ihrer jeweiligen Fassung auch dann angewendet werden, wenn im Betrieb oder Betriebsteil keine Tarifverträge gelten. Kommen nach dieser Regelung unterschiedliche Tarifverträge in Betracht, so ist die Auswahl des anzuwendenden Tarifvertrages nach den Regeln zur Tarifkonkurrenz zu bestimmen. Im Fall der Beendigung einer Tarifbindung des Arbeitgebers sind für ihn nicht gültige Tarifvertragsänderungen oder Ablösungen von Tarifverträgen nicht zu berücksichtigen. Unabhängig davon sind Änderungen und Ablösungen der Tarifverträge nur dann zu berücksichtigen, wenn der Arbeitgeber ihnen nicht innerhalb von vier Wochen nach ihrem In-Kraft-Treten widerspricht. Der Widerspruch bewirkt die weitere Anwendung der bis dahin gültigen Regelungen. Sämtliche Bezugnahmeklauseln greifen nicht ein, soweit auf das Arbeitsverhältnis Tarifvertragsvorschriften aufgrund Tarifgebundenheit und/oder kraft gesetzlicher Anordnung anzuwenden sind.[434]

§ 13 Dienstsitz

Dienstsitz ist ▬▬▬.

18. Muster: Arbeitsvertrag mit einem Programmierer

Arbeitsvertrag

zwischen

▬▬▬

– nachfolgend „Firma" genannt –

und

Herrn ▬▬▬

– nachfolgend „Mitarbeiter" genannt –

§ 1 Beginn des Arbeitsverhältnisses

(1) Der Mitarbeiter tritt mit Wirkung vom ▬▬▬ in die Dienste der Firma. Vor Beginn des Arbeitsverhältnisses ist die Kündigung ausgeschlossen.

(2) Die ersten sechs Monate gelten als Probezeit. Während dieser Zeit können die Vertragspartner das Arbeitsverhältnis mit zweiwöchiger Frist zum Monatsschluss kündigen.

§ 2 Tätigkeit

(1) Der Mitarbeiter wird angestellt als ▬▬▬. Er ist weisungsgebunden gegenüber ▬▬▬.

(2) Die Firma behält sich vor, dem Mitarbeiter eine andere zumutbare Tätigkeit zuzuweisen, die seinen Vorkenntnissen entspricht. Macht sie hiervon Gebrauch, so ist die bisherige Vergütung weiter zu zahlen.

---

[434] Giesen, NZA 2006, 625, 630.

§ 3 Arbeitszeit

(1) Die regelmäßige Arbeitszeit beträgt ▬▬▬ Stunden wöchentlich.

(2) Beginn und Ende der täglichen Arbeitszeit sowie die Pausen werden von der Firmenleitung festgelegt und gelten für alle Mitarbeiter.

(3) Der Mitarbeiter ist verpflichtet, Mehr- und Überarbeit zu leisten, soweit dies gesetzlich zulässig ist.

§ 4 Vergütung

(1) Der Mitarbeiter erhält für seine vertragliche Tätigkeit ein monatliches Bruttogehalt von ▬▬▬ EUR. Die Vergütung ist jeweils am Letzten des Monats fällig. Die Zahlung erfolgt bargeldlos. Der Mitarbeiter ist verpflichtet, ein Konto zu unterhalten und der Firma seine Kontonummer mitzuteilen.

(2) Mit dem Dezembergehalt wird zusätzlich eine Anwesenheitsprämie in Höhe von ▬▬▬ EUR gezahlt. Die Prämie wird erst nach einer Betriebszugehörigkeit von mindestens einem Jahr gezahlt und nur, wenn das Arbeitsverhältnis am Auszahlungstag noch ungekündigt fortbesteht.

Die Anwesenheitsprämie ist eine freiwillige Zahlung, auf die auch durch wiederholte Auszahlung ein Anspruch nicht entsteht.

Bei krankheitsbedingten sowie allen rechtmäßigen Fehlzeiten ohne Entgeltfortzahlung innerhalb des Kalenderjahres wird die Prämie für jeden Fehltag um 1/4 eines Tagesarbeitsentgelts gekürzt.

Bei allen rechtswidrigen Fehlzeiten wird die Prämie für jeden Fehltag um ein Tagesarbeitsentgelt gekürzt.

Das Tagesarbeitsentgelt (= durchschnittliches Arbeitsentgelt je Arbeitstag i.S.d. § 4b EFZG) errechnet sich aus der Summe der letzten 12 Gehaltsabrechnungen abzüglich der Jahresleistungen des dem Arbeitnehmer gezahlten Aufwendungsersatzes sowie geleisteter Entgeltfortzahlung und des Urlaubsentgelts, geteilt durch die Zahl der tatsächlich geleisteten Arbeitstage in den der Zahlung vorausgegangenen 12 Monaten.

Bei Fehlzeiten, die durch Wehr- oder Ersatzdienst oder Wehrübungen bedingt sind, beschränkt sich die Kürzung auf den der Fehlzeit entsprechenden Teil der Jahresleistung.

(3) Die wiederholte Gewährung freiwilliger sozialer Leistungen führt zu keinem Rechtsanspruch auf Seiten des Mitarbeiters.

§ 5 Urlaub

Der Urlaubsanspruch des Mitarbeiters richtet sich nach dem Bundesurlaubsgesetz. Mit dem Mitarbeiter werden zurzeit ▬▬▬ Arbeitstage jährlich als Urlaub vereinbart. Der Zeitpunkt des Urlaubsantritts ist unter Berücksichtigung der Geschäftsinteressen der Firma festzulegen.

§ 6 Gehaltsverpfändung und Gehaltsabtretung

(1) Der Mitarbeiter darf seine Vergütungsansprüche weder verpfänden noch abtreten.[435]

(2) Der Mitarbeiter hat die durch die Abtretung oder Verpfändung von Ansprüchen erwachsenden Kosten zu tragen. Die zu ersetzenden Kosten sind pauschaliert und betragen je zu berechnender Pfändung, Verpfändung oder Abtretung 50 EUR. Die Firma ist berechtigt, bei Nachweis der höheren tatsächlichen Kosten diese in Ansatz zu bringen.

§ 7 Nebenleistungen, Fahrtkosten

(1) Für Dienstreisen werden von der Firmenleitung Fahrtkosten im Einzelfall erstattet. Ihre Höhe bestimmt die Firma.

(2) Der Mitarbeiter ist verpflichtet, auf Weisung der Firmenleitung Dienstreisen durchzuführen.

§ 8 Arbeitsverhinderung

(1) Der Mitarbeiter ist verpflichtet, dem Arbeitgeber jede Dienstverhinderung und ihre voraussichtliche Dauer anzuzeigen. Auf Verlangen sind die Gründe der Dienstverhinderung mitzuteilen.

(2) Im Falle der Erkrankung ist der Mitarbeiter verpflichtet, vor Ablauf des dritten Kalendertages nach Beginn der Arbeitsunfähigkeit eine ärztliche Bescheinigung über Arbeitsunfähigkeit sowie deren voraussichtliche Dauer vorzulegen. Dauert die Arbeitsunfähigkeit länger als in der Bescheinigung angegeben, so ist der Mitarbeiter verpflichtet, innerhalb von drei Tagen eine neue ärztliche Bescheinigung einzureichen.

§ 9 Gehaltsfortzahlung im Krankheitsfalle

Ist der Mitarbeiter infolge auf Krankheit beruhender Arbeitsunfähigkeit an der Arbeitsleistung verhindert, ohne dass ihn ein Verschulden trifft, so erhält er Gehaltsfortzahlung nach Maßgabe des Entgeltfortzahlungsgesetzes in seiner jeweils gültigen Fassung.

---

[435] Die Klausel ist nach hier vertretener Ansicht nach § 307 Abs. 2 Nr. 1 BGB unwirksam (*Hümmerich*, Gestaltung von Arbeitsverträgen, § 1 Rn 296).

§ 10 Verschwiegenheitspflicht

(1) Der Mitarbeiter verpflichtet sich, über alle Betriebs- und Geschäftsgeheimnisse, insbesondere Herstellungsverfahren, Vertriebswege und ▬▬▬ sowohl während der Dauer des Arbeitsverhältnisses als auch nach seiner Beendigung Stillschweigen zu bewahren. Die Geheimhaltungspflicht erstreckt sich nicht auf solche Kenntnisse, die jedermann zugänglich sind oder deren Weitergabe für die Firma ersichtlich ohne Nachteil ist. Im Zweifelsfalle sind jedoch technische, kaufmännische und persönliche Vorgänge und Verhältnisse, die dem Mitarbeiter in Zusammenhang mit seiner Tätigkeit bekannt werden, als Unternehmensgeheimnisse zu behandeln. In solchen Fällen ist der Mitarbeiter vor der Offenbarung verpflichtet, eine Weisung der Geschäftsleitung einzuholen, ob eine bestimmte Tatsache vertraulich zu behandeln ist.

(2) Die Schweigepflicht erstreckt sich auf Angelegenheiten anderer Firmen, mit denen das Unternehmen wirtschaftlich oder organisatorisch verbunden ist.

(3) Sollte die nachvertragliche Schweigepflicht den Mitarbeiter in seinem beruflichen Fortkommen hindern, hat der Mitarbeiter gegen die Firma einen Anspruch auf Freistellung von dieser Pflicht.

(4) Über seine Vergütung hat der Mitarbeiter Dritten gegenüber Stillschweigen zu bewahren. Dies gilt nicht für Fälle, in denen er gesetzlich berechtigt oder verpflichtet ist, Angaben über sein Einkommen zu machen.

(5) Die betrieblichen Sicherheitsbestimmungen sind zu beachten. Vertrauliche und geheim zu haltende Schriftstücke, Zeichnungen, Modelle usw. sind unter Verschluss zu halten.

§ 11 Diensterfindungen

(1) Für die Behandlung von Diensterfindungen gelten die Vorschriften des Urheberrechtsgesetzes und des Gesetzes über Arbeitnehmererfindungen vom 25.7.1957 (BGBl. I S. 756 einschließlich späterer Änderungen) sowie die hierzu ergangenen Richtlinien für die Vergütung von Arbeitnehmererfindungen im privaten Dienst, soweit in den §§ 15 ff. keine hiervon abweichenden Vereinbarungen getroffen wurden.

(2) Verbesserungsvorschläge werden von der Firmenleitung nach individueller Vereinbarung vergütet.

§ 12 Nebenbeschäftigung

Solange der Mitarbeiter bei der Firma beschäftigt ist, darf er nur mit vorheriger schriftlicher Zustimmung der Firma eine Nebentätigkeit übernehmen. Für Veröffentlichungen und Vorträge, die den Tätigkeitsbereich der Firma berühren, bedarf es ebenfalls einer vorherigen Zustimmung der Firma. Die Zustimmung ist zu erteilen, wenn keine berechtigten Interessen der Firma entgegenstehen.

§ 13 Beendigung des Arbeitsverhältnisses

(1) Das Arbeitsverhältnis endet entweder mit Ablauf des Monats, in dem der Mitarbeiter das gesetzliche Rentenalter erreicht hat, oder durch Kündigung.

(2) Die Kündigung bedarf der Schriftform. Die Kündigungsfrist richtet sich nach den gesetzlichen Vorschriften.
Es wird zwischen den Parteien vereinbart, dass ab dem Bestand des Arbeitsverhältnisses innerhalb von acht Jahren die vorgenannten verlängerten Kündigungsfristen ebenfalls für den Mitarbeiter gelten.

(3) Durch die Kündigungserklärung wird die Befugnis der Firma begründet, den Mitarbeiter unter Fortzahlung seiner Bezüge von der Arbeitsleistung freizustellen.

§ 14 Nebenabreden und Vertragsänderungen

Änderungen des Vertrages und Nebenabreden bedürfen zu ihrer Wirksamkeit der Schriftform.

§ 15 Nutzung von Programmen

(1) Der Mitarbeiter überträgt der Firma an den von ihm erstellten Computerprogrammen das ausschließliche Recht zur zeitlich und räumlich unbegrenzten Nutzung und erlaubt damit der Firma gemäß § 69b UrhG die Wahrnehmung aller vermögensrechtlichen Befugnisse an dem Programm. Mitumfasst von dieser Nutzungseinräumung und zu übergeben sind die dazugehörigen Vorstudien, der Quellcode, eine erstellte Dokumentation und sonstige Begleitmaterialien zu den jeweiligen Programmen.

(2) Diese Nutzungseinräumung erfolgt vergütungsfrei.

§ 16 Kopie eines entwickelten Programms

(1) Mit Zustimmung der Firma kann der Mitarbeiter eine Autorenkopie des von ihm erstellten Programms erhalten, deren Inhalt er jedoch ohne besondere Vereinbarung mit der Firma Dritten nicht zugänglich machen darf.

(2) Nach Ausscheiden aus dem Arbeitsverhältnis hat der Mitarbeiter kein Zugangsrecht zu von ihm entwickelten Programmen und ist außerdem verpflichtet, ihm übergebene Programmkopien der Firma zurückzugeben.

§ 17 Schutzrechte Dritter

(1) Der Mitarbeiter verpflichtet sich, die Firma im Rahmen der Nutzung an dem vertragsgegenständlichen Programm von der Haftung aus der behaupteten Verletzung von Schutzrechten Dritter freizustellen.

(2) Die Firma verpflichtet sich im Rahmen ihrer vertraglichen Nutzungsberechtigung, an dem Programm bestehende Schutzrechte auf eigene Kosten gegen rechtliche Angriffe Dritter zu verteidigen.

§ 18 Besondere nachvertragliche Rechte und Pflichten

(1) Der Mitarbeiter arbeitet im Rahmen der vertraglichen Arbeitsverpflichtungen einen Mitarbeiter oder eine Mitarbeiterin als Nachfolger bzw. Nachfolgerin ein. Besondere, hieraus der Firma entstehende Kosten werden nach Vereinbarung und Einzelnachweis von der Firma erstattet.

(2) Soweit der Mitarbeiter in Besitz des Quellcodes zu einem zur Nutzung überlassenen Programm ist, hat er diesen rechtzeitig vor Beendigung des Arbeitsverhältnisses der Firma zu übergeben.

(3) Die Firma verpflichtet sich für den Zeitraum nach Beendigung des Arbeitsverhältnisses, den Namen des Mitarbeiters in allen im Rahmen der vertraglichen Nutzung verwendeten Programmkopien und dem dazugehörigen Begleitmaterial anzuführen bzw. nicht zu entfernen. Dies gilt auch für den Fall der berechtigten Nutzungseinräumung durch die Firma an Dritte.

§ 19 Besondere Vereinbarungen

(1) Ein Entgeltfortzahlungsanspruch in den Fällen der Freistellung nach § 45 SGB V (Beaufsichtigung und Betreuung oder Pflege eines erkrankten Kindes unter 12 Jahren) wird ausgeschlossen.

(2) Der Mitarbeiter erklärt, dass er an keiner ansteckenden Krankheit leidet, keine körperlichen oder gesundheitlichen Mängel verschwiegen hat, die der Verrichtung der geschuldeten Arbeitsleistung entgegenstehen, und zum Zeitpunkt des Abschlusses des Arbeitsvertrages nicht den Bestimmungen des Schwerbehindertengesetzes unterliegt.

(3) Alle beiderseitigen Ansprüche aus dem Arbeitsverhältnis und solche, die mit dem Arbeitsverhältnis in Verbindung stehen, verfallen, wenn sie nicht innerhalb von zwei Monaten nach der Fälligkeit gegenüber der anderen Vertragspartei schriftlich erhoben werden.

(4) Lehnt die Gegenpartei den Anspruch ab oder erklärt sie sich nicht innerhalb von zwei Wochen nach der Geltendmachung des Anspruches, so verfällt dieser, wenn er nicht innerhalb von zwei Monaten nach der Ablehnung oder dem Fristablauf gerichtlich geltend gemacht wird.

(5) Der Mitarbeiter erklärt sich damit einverstanden, dass seine personenbezogenen Daten automatisiert gespeichert und verarbeitet werden. In seiner Eigenschaft als Mitarbeiter erklärt er, dass er sich die anliegende Belehrung über das Datengeheimnis durchgelesen hat und die ebenfalls anliegende Verpflichtungserklärung nach § 5 BDSG unterzeichnen wird.

19. Muster: Arbeitsvertrag eines Verbandsgeschäftsführers

Arbeitsvertrag

Zwischen

dem Verband ■■■, vertreten durch den Bundesvorstand

– nachfolgend: Arbeitgeber –

und

Herrn ■■■

– nachfolgend: Mitarbeiter –

wird nachstehender Arbeitsvertrag geschlossen.

§ 1 Beginn des Arbeitsverhältnisses

(1) Das Arbeitsverhältnis beginnt am ■■■. Vor seinem Beginn ist die ordentliche Kündigung ausgeschlossen.

(2) Die ersten 6 Monate des Arbeitsverhältnisses gelten als Probezeit. Hat der Mitarbeiter in der Probezeit an mehr als 10 Arbeitstagen nicht gearbeitet, verlängert sich die Probezeit um die Zahl von Arbeitstagen, die der Zahl der über 10 hinausgehenden Fehltage entspricht. Während der Probezeit kann das Arbeitsverhältnis mit einer Frist von 1 Monat gekündigt werden, unbeschadet des Rechts zur fristlosen Kündigung aus wichtigem Grund.

§ 2 Tätigkeit

(1) Der Mitarbeiter wird als Verbandsgeschäftsführer und damit als Koordinator der Aktivitäten der übrigen Organe des Arbeitgebers sowie als Bürovorsteher der Bundesgeschäftsstelle eingestellt. Dem Mitarbeiter ist bekannt, dass beabsichtigt ist, die Satzungsbestimmungen, die den Geschäftsführer des Arbeitgebers betreffen, demnächst zu ändern.

(2) Zu den Aufgaben und Pflichten des Mitarbeiters gehören insbesondere die organisatorische, betriebliche und personelle Leitung der Geschäftsstelle, die Gewährleistung einer reibungslosen Kommunikation zwischen den Organen des Arbeitgebers, insbesondere zwischen dem Bundesvorstand, der Versammlung der Landesleiter, der Delegiertenversammlung, der Mitgliederversammlung und des Ältestenrates und ihren Angehörigen, die Pflege des Kontakts zu den Landesgeschäftsstellen sowie die organisatorische Vorbereitung und Durchführung von Tagungen, Veranstaltungen, Konferenzen und Versammlungen des Verbandes in genauer Absprache mit dem Bundesvorstand. Der Mitarbeiter ist nicht befugt, Personal einzustellen oder zu entlassen.

(3) Der Bundesvorstand ist berechtigt, dem Mitarbeiter anderweitige, seinen Fähigkeiten entsprechende Aufgaben zu übertragen. Der Mitarbeiter verpflichtet sich, diese gemäß den Weisungen des Bundesvorstandes auszuführen. Auch wenn der Mitarbeiter längere Zeit an einem bestimmten Arbeitsplatz eingesetzt ist, tritt damit kein Verbrauch des Direktionsrechts ein.

§ 3 Vergütung

(1) Der Mitarbeiter erhält für seine vertragliche Tätigkeit eine monatliche Brutto-Vergütung von ▄▄▄ EUR.

(2) Zusätzlich erhält der Mitarbeiter ein 13. Monatsgehalt in Höhe einer monatlichen Brutto-Vergütung. Bei einer Beschäftigung nicht während des gesamten Jahres wird das 13. Monatsgehalt pro rata temporis gezahlt. Das 13. Monatsgehalt wird jeweils zur Hälfte mit der monatlichen Brutto-Vergütung für die Monate Juni und Dezember ausgezahlt.

Die Vergütung ist jeweils am Letzten eines Monats fällig. Die Zahlung erfolgt bargeldlos auf ein vom Mitarbeiter anzugebendes Konto.

(3) Der Mitarbeiter verpflichtet sich, Gehaltsüberzahlungen ohne Rücksicht auf eine noch vorhandene Bereicherung zurückzuzahlen.[436]

§ 4 Gehaltspfändung oder -abtretung

(1) Der Mitarbeiter darf seine Vergütungsansprüche an Dritte nur nach vorheriger schriftlicher Zustimmung des Arbeitgebers verpfänden oder abtreten.

(2) Der Mitarbeiter hat die durch die Abtretung und Verpfändung von Forderungen erwachsenden Kosten zu tragen. Die Kosten werden pauschaliert und betragen je zu berechnender Pfändung, Verpfändung oder Abtretung 25 EUR. Der Arbeitgeber ist berechtigt, bei Nachweis höherer tatsächlicher Kosten diese in Ansatz zu bringen.

§ 5 Arbeitszeit

(1) Die regelmäßige Arbeitszeit beträgt 40 Stunden wöchentlich. Eine andere wöchentliche Arbeitszeit sowie die Verteilung der Arbeitszeit auf die einzelnen Wochentage, einschließlich Sonn- und Feiertage, bleiben einer Weisung durch den Bundesvorstand vorbehalten.

(2) Der Mitarbeiter und der Arbeitgeber legen in einer Aktennotiz, die als Anlage zu diesem Vertrag genommen wird, die Präsenzzeit des Mitarbeiters in der Bundesgeschäftsstelle fest. Der Mitarbeiter erkennt an, dass der Bundesvorstand berechtigt ist, die Präsenzzeiten unter Berücksichtigung der betrieblichen Erfordernisse nach billigem Ermessen festzulegen.

(3) Dem Mitarbeiter ist bekannt, dass insbesondere seine Anwesenheit bei Vorstandssitzungen, Versammlungen der Landesleiter und anderen Konferenzen sowie bei der Wahrnehmung von Terminen im Auftrag des Verbandes Nacht-, Mehr-, Sonn- und Feiertagsarbeit erfordern kann. Der Mitarbeiter ist hierzu im Rahmen der gesetzlichen Vorschriften verpflichtet, soweit dies vom Arbeitgeber für erforderlich gehalten wird.

(4) Der Ausgleich von Mehr- und/oder Überarbeit soll in erster Linie nach Absprache mit dem Vorstand durch Gewährung entsprechender Freizeit erfolgen. Kommt der Ausgleich in Form der Gewährung freier Stunden nicht in Betracht, wird erhöhter Arbeitsaufwand zusätzlich vergütet. Hierbei wird ein Zuschlag von 2 % gewährt.

(5) Eine Bezahlung von Überstunden erfordert die vorherige gemeinsame Feststellung des Mitarbeiters und des Arbeitgebers, dass ein Ausgleich in Form der Gewährung von Freizeit nicht möglich ist. Der Mitarbeiter hat über geleistete Mehr- und Überarbeit selbst Buch zu führen und dem Vorstand spätestens bis zum Ablauf einer Woche nach Ablauf des

---

[436] Diese Klausel ist nach hier vertretener Ansicht gemäß § 307 Abs. 2 Nr. 1 BGB nicht wirksam (*Hümmerich*, NZA 2003, 764; *ders.*, Gestaltung von Arbeitsverträgen, § 1 Rn 1620).

vorangegangenen Monats eine Aufstellung über geleistete Mehrarbeit für den jeweils vorangegangenen Monat vorzulegen. Auf Anforderung hat er die Notwendigkeit der geleisteten Mehr- und Überarbeit zu begründen.

§ 6 Arbeitsverhinderung

(1) Der Mitarbeiter ist verpflichtet, dem Vorstand jede Dienstverhinderung und ihre voraussichtliche Dauer unverzüglich, ggf. durch Dritte, unter Angabe der Gründe anzuzeigen.

(2) Im Falle der Erkrankung ist der Mitarbeiter verpflichtet, vor Ablauf des 3. Kalendertages nach Beginn der Arbeitsunfähigkeit eine ärztliche Bescheinigung über die Arbeitsunfähigkeit sowie deren voraussichtliche Dauer vorzulegen. Dauert die Arbeitsunfähigkeit länger als in der Bescheinigung angegeben, so ist der Mitarbeiter verpflichtet, dies unverzüglich dem Vorstand mitzuteilen und innerhalb von 3 Tagen nach Beginn der noch nicht belegten Zeit der Arbeitsunfähigkeit eine neue ärztliche Bescheinigung einzureichen.

(3) Bei einer mehr als 4 Wochen andauernden Erkrankung erklärt sich der Mitarbeiter einverstanden, dass ein vertrauensärztliches Gutachten über seinen Gesundheitszustand eingeholt wird. Die Kosten dieses Gutachtens trägt der Arbeitgeber.

§ 7 Urlaub

(1) Der Mitarbeiter erhält im Kalenderjahr einen Erholungsurlaub von 30 Arbeitstagen.

(2) Die Lage des Urlaubs wird auf Antrag des Mitarbeiters vom Vorstand festgelegt.

(3) Der Mitarbeiter ist verpflichtet, dem Vorstand seine Urlaubsanschrift rechtzeitig vor seinem Urlaubsantritt mitzuteilen und bei dringenden Erfordernissen den Urlaub auf Verlangen des Vorstandes zu unter- bzw. abzubrechen. In diesem besonderen Fall übernimmt der Arbeitgeber die Reisekosten und die Zahlung einer angemessenen Entschädigung.

(4) Der Urlaub soll der Erholung des Mitarbeiters dienen. Er darf während der Urlaubszeit keine dem Urlaubszweck widersprechende Erwerbstätigkeit übernehmen.

§ 8 Verschwiegenheitspflicht

(1) Der Mitarbeiter verpflichtet sich, über alle betrieblichen Angelegenheiten und Vorgänge, die ihm im Rahmen seiner Tätigkeit zur Kenntnis gelangen, auch nach seinem Ausscheiden Stillschweigen zu bewahren.

(2) Die Verschwiegenheitspflicht erstreckt sich auch auf den Inhalt dieses Vertrages.

(3) Alle Schriftstücke, auch Abschriften und Durchschläge einschließlich eigener Aufzeichnungen, die die dienstliche Tätigkeit betreffen, hat der Mitarbeiter als ihm anvertrautes Eigentum des Arbeitgebers sorgfältig aufzubewahren, vor jeder Einsichtnahme Unbefugter zu schützen und auf Verlangen jederzeit – spätestens aber bei Beendigung des Anstellungsverhältnisses – herauszugeben. Dabei hat er zu versichern, dass er weitere Unterlagen nicht mehr besitzt. Ein Zurückbehaltungsrecht steht dem Mitarbeiter nicht zu.

(4) Ungeachtet der Möglichkeit, weitergehende Schadensersatzansprüche geltend zu machen, verpflichtet sich der Mitarbeiter gegenüber dem Arbeitgeber, bei Verletzung seiner Verschwiegenheitspflichten aus diesem Paragraphen eine Vertragsstrafe in Höhe eines monatlichen Brutto-Gehalts zu zahlen.

§ 9 Nebenbeschäftigung

(1) Der Mitarbeiter ist verpflichtet, seine ganze Arbeitskraft zum Nutzen des Verbandes einzusetzen.

(2) Jede Nebentätigkeit, die die Erfüllung der Verpflichtungen des Mitarbeiters nach diesem Vertrag berühren könnte oder entgeltlich ausgeübt wird, bedarf der vorherigen schriftlichen Zustimmung des Vorstandes.

§ 10 Freistellung

Der Arbeitgeber ist jederzeit berechtigt, den Mitarbeiter unter Fortzahlung der Bezüge von der Arbeit freizustellen. In diesem Fall hat der Mitarbeiter dem Vorstand seinen Aufenthaltsort während der üblichen Arbeitszeit mitzuteilen und sich für Rückfragen zur Verfügung zu halten. Die Freistellung durch den Arbeitgeber ist widerrufbar.

§ 11 Annahme von Geschenken

Der Mitarbeiter darf Belohnungen oder Geschenke in Bezug auf seine dienstliche Tätigkeit nur mit Zustimmung des Arbeitgebers annehmen. Hiermit wird die Zustimmung für die Annahme von geringfügigen Zuwendungen mit einem Wert von weniger als 75 EUR pro Sachverhalt erteilt.

§ 12 Beendigung des Arbeitsverhältnisses

(1) Unbeschadet der Regelung während der Probezeit kann das Arbeitsverhältnis mit einer Frist von 1 Monat zum Ende eines Kalendervierteljahres gekündigt werden. Eine Verlängerung der Kündigungsfrist aufgrund Gesetzes oder sonstiger Vorschriften zu Gunsten einer Partei gilt in gleicher Weise auch für die andere Partei.

(2) Eine Kündigung bedarf in jedem Fall der Schriftform.

(3) Das Arbeitsverhältnis endet in jedem Fall, sofern es nicht zuvor gekündigt oder einvernehmlich beendet wird, spätestens mit Ablauf des Monats, in dem der Mitarbeiter das 65. Lebensjahr vollendet. Sollte das gesetzliche Rentenalter vorverlegt sein oder werden, so gilt für die Regelung in Satz 1 die Vollendung des entsprechenden Lebensjahres, zu dem der Mitarbeiter auf eigenen Antrag ein vorgezogenes Altersruhegeld beantragen kann. Dabei kommt es nicht darauf an, ob der Mitarbeiter von dieser Möglichkeit tatsächlich Gebrauch macht.

§ 13 Verfallfristen[437]

(1) Alle Ansprüche, die sich aus dem Anstellungsverhältnis ergeben, sind von den Vertragsschließenden binnen einer Frist von drei Monaten nach ihrer Fälligkeit schriftlich geltend zu machen.

(2) Lehnt die Gegenseite die Ansprüche ab, so ist innerhalb von drei Monaten nach Ablehnung der Anspruch einzuklagen.

§ 14 Sonstige Regelungen

(1) Der Mitarbeiter ist gehalten, auf eine harmonische Zusammenarbeit zwischen dem Bundesvorstand und den Landesleitern des Verbandes hinzuwirken.

(2) Der Mitarbeiter erklärt sich bereit, in seiner Wohnung neben einem Fernsprechanschluss ein Faxgerät zu installieren, um für die Geschäftsstelle, den Vorstand und die Landesleiter auch außerhalb der Präsenzzeit erreichbar zu sein. Die Kosten für das Faxgerät und die Faxleitung einschließlich der monatlichen Gebühren übernimmt der Arbeitgeber. Eine öffentliche Bekanntgabe der Faxnummer über den zuvor genannten Personenkreis hinaus ist nicht erwünscht.

(3) Der derzeitige Sitz der Geschäftsstelle des Arbeitgebers ist ▄▄▄. Der Mitarbeiter ist darüber unterrichtet, dass es den satzungsgemäß zuständigen Organen des Arbeitgebers jederzeit freisteht, durch satzungsändernden Beschluss einen anderen Sitz der Geschäftsstelle zu bestimmen. Für diesen Fall erklärt sich der Mitarbeiter bereit, seine Tätigkeit auch an diesem anderen Ort auszuüben. Bei der Wahrnehmung auswärtiger Termine und der Teilnahme an Tagungen, Kongressen etc. außerhalb der Räumlichkeiten der Geschäftsstelle ist der Mitarbeiter ebenfalls verpflichtet, seine Tätigkeit an diesen Orten zu erbringen. Der Arbeitgeber übernimmt die dem Mitarbeiter insoweit entstehenden Reisekosten. Bei einer Verlegung der Geschäftsstelle an einen anderen Ort wird über eine etwaige Erstattung von Umzugskosten ggf. eine gesonderte Vereinbarung abgeschlossen.

§ 15 Schlussbestimmungen

(1) Der Mitarbeiter versichert, dass alle im Rahmen seiner Bewerbung von ihm gemachten Angaben der Wahrheit entsprechen.
Falsche Angaben berechtigen den Arbeitgeber zur Kündigung des Arbeitsverhältnisses.

(2) Dieser Vertrag darf unter Einhaltung der gebührenden Vertraulichkeit in Personalfragen von allen Landesverbandsvorsitzenden des Verbandes eingesehen werden.

(3) Änderungen und Ergänzungen dieses Vertrages bedürfen zu ihrer Rechtswirksamkeit der Schriftform. Dies gilt auch für diese Klausel. Nebenabreden sind nicht getroffen.

(4) Eine Kopie dieses Arbeitsvertrages erhalten die Vorstandsmitglieder des Verbandes – Bundesverband – sowie der mitunterzeichnende Landesleiter für die Versammlung der Landesverbandsvorsitzenden. Zu den Unterzeichnern dieses Arbeitsvertrages gehören der Mitarbeiter sowie für den Arbeitgeber die Mitglieder des Vorstandes und ein von der Landesleiterversammlung zu bestimmender Landesleiter, um die Zustimmung der Landesleiterversammlung zur Einstellung des Mitarbeiters zu dokumentieren. Es besteht Einvernehmen darüber, dass für eine Kündigung dieses Anstellungsvertrages durch den Arbeitgeber nur die nach der Satzung erforderlichen Voraussetzungen erfüllt sein müssen.

(5) Sollte eine Bestimmung dieses Vertrages nicht wirksam sein oder werden, so wird dadurch die Wirksamkeit der übrigen Bestimmungen nicht berührt. Die Vertragsparteien sind in einem solchen Fall verpflichtet, anstelle der unwirksamen Bestimmungen eine Regelung zu treffen, die der ursprünglich gewollten Bestimmung in ihrer rechtlichen und wirtschaftlichen Bedeutung unter Berücksichtigung der beiderseitigen Parteiinteressen am nächsten kommt.

---

[437] Einstufige Ausschlussfristen müssen einen Mindestzeitraum von drei Monaten enthalten (BAG 28.9.2005 – 5 AZR 52/05, DB 2006, 1959). Zweistufige Ausschlussfristen müssen für jede Frist drei Monate vorsehen. Als im Arbeitsrecht etablierte Besonderheiten nach § 310 Abs. 4 Satz 2 BGB steht ihrer Wirksamkeit § 309 Nr. 13 BGB nicht entgegen (BAG 25.5.2005 – 5 AZR 572/04, NZA 2005, 1111).

20. Muster: Arbeitsvertrag mit Niederlassungsleiter eines Beratungsunternehmens

Arbeitsvertrag

zwischen

■■■

– nachstehend: Gesellschaft –

und

Herrn ■■■

§ 1 Aufgaben und Pflichten

(1) Herr ■■■ wird zum ■■■ als Niederlassungsleiter der ■■■ eingestellt. Dienstort ist ■■■.
Herr ■■■ erhält Gesamtprokura, die nach Übernahme in das Festanstellungsverhältnis in Einzelprokura umgewandelt wird.

(2) In den ersten sechs Monaten (Probezeit) wird Herr ■■■ in der Zentrale in ■■■ sowie in der Gesellschaft in ■■■ eingearbeitet. Die damit in Zusammenhang stehenden Kosten in ■■■ gehen zu Lasten der Gesellschaft.

(3) Spätestens nach Übernahme in das Festanstellungsverhältnis erhält Herr ■■■ die disziplinarische Verantwortung für alle Mitarbeiter der Niederlassung.
Herr ■■■ führt die Geschäfte nach Maßgabe der Gesetze, des Gesellschaftsvertrages, der Geschäftsordnung und dieses Anstellungsvertrages. Er stellt seine ganze Arbeitskraft und alle seine fachlichen Kenntnisse und Erfahrungen in den Dienst der Gesellschaft.

(4) Jede Nebentätigkeit, gleichgültig, ob sie entgeltlich oder unentgeltlich ausgeübt wird, bedarf der vorherigen Zustimmung der Gesellschaft. Die Zustimmung ist zu erteilen, wenn die Nebentätigkeit die Wahrnehmung der dienstlichen Aufgaben zeitlich nicht oder allenfalls unwesentlich behindert oder sonstige berechtigte Interessen der Gesellschaft nicht beeinträchtigt werden.
Die Gesellschaft hat die Entscheidung über den Antrag auf Zustimmung zu der Nebentätigkeit innerhalb von vier Wochen nach Eingang des Antrags zu treffen. Wird innerhalb dieser Frist eine Entscheidung nicht gefällt, gilt die Zustimmung als erteilt.

§ 2 Vergütung

(1) Als Vergütung für seine Tätigkeit erhält Herr ■■■

a) ein Jahresgehalt in Höhe von ■■■ EUR (in Worten: ■■■ Euro) brutto;

b) eine Tantieme, die sich am Geschäftsergebnis der Gesellschaft und anderer Erfolgskriterien orientiert. Bemessungsgrundlage und Höhe werden jeweils in ergänzenden Vereinbarungen fixiert. Für ■■■ wird eine Tantieme in Höhe von ■■■ vereinbart und garantiert.

(2) Das Jahresgehalt wird nach Abzug der gesetzlichen Abgaben in 12 gleichen Monatsraten jeweils am Ende eines Kalendermonats ausgezahlt. Mit Zahlung der Tätigkeitsvergütung sind sämtliche sonstigen Leistungen abgegolten. Die Tantieme/Prämie wird nach Vorliegen des Jahresergebnisses mit dem Gehalt des Folgemonats ausgezahlt.

§ 3 Nebenleistungen

(1) Nach Beendigung der Probezeit stellt die Gesellschaft Herrn ■■■ einen seiner Stellung angemessenen Pkw für dienstliche und private Nutzung – inklusive aller Betriebskosten – zur Verfügung. Die Ausstattung des Pkw ist mit der Geschäftsleitung abzustimmen. Herr ■■■ hat den Wert der privaten Nutzung als Sachbezug zu versteuern.
Die Zurverfügungstellung des Dienstwagens ist unabhängig von der Laufzeit des Anstellungsvertrages auf die aktive Tätigkeit des Herrn ■■■ für die Gesellschaft beschränkt. Im Falle einer Beurlaubung, vorzeitiger Aufhebung des Vertrages, Freistellung u.Ä. ist der Dienstwagen mit allen vorgenommenen Einbauten an dem auf den letzten aktiven Arbeitstag folgenden Werktag zurückzugeben.
Einen geldwerten Ausgleich bei Nichtinanspruchnahme eines Dienstwagens erhält Herr ■■■ nicht.

(2) Herr ■■■ erhält einen monatlichen Zuschuss in Höhe der Hälfte der Beiträge zu einer Krankenversicherung, maximal von 50% des Beitragssatzes der gesetzlichen Krankenversicherung.

(3) Herr ■■■ erhält gegen Nachweis Ersatz für die im Gesellschaftsinteresse erforderlichen, angemessenen Aufwendungen. Erforderliche Reisekosten werden gegen Einzelnachweis erstattet. Bei Reisekosten können wahlweise auch die steuerlichen Pauschbeträge abgerechnet werden.

§ 4 Bezüge bei Krankheit, Unfall, Tod

(1) Bei einer vorübergehenden Arbeitsunfähigkeit, die durch Krankheit oder aus einem anderen von Herrn ▬▬▬ nicht zu vertretenden Grund eintritt, werden die Bezüge gemäß § 2 (1) lit. a) während der Zeit der Arbeitsunfähigkeit für sechs Monate weitergezahlt.

(2) Die Gesellschaft schließt zu Gunsten des Herrn ▬▬▬ eine Unfallversicherung mit folgenden Deckungssummen ab:
- für den Invaliditätsfall ▬▬▬ EUR
- für den Todesfall ▬▬▬ EUR.

(3) Stirbt Herr ▬▬▬ während der Dauer dieses Vertrages, so wird die feste Tätigkeitsvergütung gemäß § 2 (1) lit. a) für die Dauer von sechs Monaten weitergezahlt.

§ 5 Urlaub

(1) Herr ▬▬▬ hat Anspruch auf einen bezahlten Jahresurlaub von ▬▬▬ Arbeitstagen.

(2) Die Inanspruchnahme des Urlaubs erfolgt unter angemessener Berücksichtigung der Belange der Gesellschaft und in rechtzeitiger Abstimmung mit der Gesellschaft.

§ 6 Wettbewerbsverbot

(1) Während der Dauer des Vertrages wird sich Herr ▬▬▬ an Unternehmen, die mit der Gesellschaft in Wettbewerb stehen oder mit denen die Gesellschaft Geschäftsverbindungen unterhält, weder unmittelbar noch mittelbar beteiligen.

(2) Herr ▬▬▬ darf für die Dauer des Vertrages Geschäfte im Geschäftszweig der Gesellschaft oder auf artverwandten Gebieten weder für fremde noch für eigene Rechnung tätigen. Es ist ihm untersagt, sich an einem anderen Unternehmen, das sich unmittelbar oder mittelbar auf diesen oder ähnlichen Gebieten betätigt, zu beteiligen oder für ein solches tätig zu werden.

§ 7 Geheimhaltung

Herr ▬▬▬ ist verpflichtet, gegenüber Dritten über alle Angelegenheiten der Gesellschaft strengstes Stillschweigen zu bewahren. Diese Verpflichtung besteht auch nach seinem Ausscheiden aus den Diensten der Gesellschaft.

§ 8 Aufzeichnungen

Bei seinem Ausscheiden aus den Diensten der Gesellschaft ist Herr ▬▬▬ verpflichtet, sämtliche Schriftstücke, Korrespondenz, Aufzeichnungen, Entwürfe und dergleichen, die die Angelegenheiten der Gesellschaft betreffen und die sich noch in seinem Besitz befinden, unverzüglich an die Gesellschaft zu übergeben. Er ist nicht berechtigt, an derartigen Unterlagen ein Zurückbehaltungsrecht auszuüben.

§ 9 Vertragsdauer und Kündigung

(1) Der Vertrag beginnt am ▬▬▬ und wird auf unbestimmte Zeit geschlossen.

(2) Es wird eine Probezeit von sechs Monaten vereinbart. Während dieser Zeit kann das Anstellungsverhältnis beiderseits unter Einhaltung einer einmonatigen Frist zum Ende eines Kalendermonats gekündigt werden.

(3) Nach der Probezeit kann das Anstellungsverhältnis von beiden Parteien mit einer Frist von sechs Monaten jeweils zum Schluss eines Kalendervierteljahres gekündigt werden.

(4) Das Recht zur Kündigung aus wichtigem Grund wird hierdurch nicht berührt.

§ 10 Schlussbestimmungen

(1) Änderungen und Ergänzungen des Vertrages bedürfen zu ihrer Wirksamkeit der Schriftform. Das gilt auch für die Änderung der Bestimmung des vorstehenden Satzes.

(2) Sollten einzelne Bestimmungen des Vertrages unwirksam sein oder werden, so berührt dies nicht die Gültigkeit der übrigen Bestimmungen. Anstelle der unwirksamen Bestimmung oder zur Ausfüllung eventueller Lücken des Vertrages soll eine angemessene Regelung getroffen werden, die dem am nächsten kommt, was die Parteien nach ihrer wirtschaftlichen Zielsetzung gewollt haben.

Kapitel 1: Arbeitsverträge

21. Muster: Arbeitsvertrag mit einer Lehrkraft an einer Privatschule in NW

⬇

Vertrag

Zwischen

■■■

– nachstehend: Lehranstalt –

und

■■■

– nachstehend: Lehrkraft –

wird folgender Vertrag geschlossen:

1. Die Lehrkraft unterrichtet ab ■■■ an der Lehranstalt in dem Fach ■■■ mit insgesamt ■■■ Unterrichtsstunden zu 45 Minuten im Schuljahr ■■■.

Der Einsatz richtet sich nach dem Arbeitsanfall. Dieser ergibt sich aus einem von der Lehranstalt aufzustellenden Unterrichtsstundenplan, der der Lehrkraft jeweils mindestens 4 Tage im Voraus zur Kenntnis gegeben wird.

Als Arbeitszeit werden pro Einsatztag ■■■ Stunden zu 45 Minuten vereinbart. Sollten sich aus dem jeweiligen Unterrichtsstundenplan an einem Einsatztag höhere Stundenzahlen ergeben, so gelten diese jeweils als vereinbart.

2. Die Lehrkraft verpflichtet sich zur Teilnahme an Prüfungen und Konferenzen, die ihr Unterrichtsfach betreffen, sofern die Teilnahme aus zwingenden Gründen erforderlich ist. Dies gilt auch für den Fall, dass die Unterrichtstätigkeit bereits beendet ist.

3. Die für jede Unterrichtsstunde zu zahlende Vergütung entspricht dem Vergütungssatz für eine Mehrarbeitsunterrichtsstunde für Lehrer im Angestelltenverhältnis an berufsbildenden Schulen (Nr. 3.6 des Runderlasses des Kultusministers Nordrhein-Westfalen vom 22.8.1980, GMBl. NW 1980, S. 319, in der jeweils geltenden Fassung). Dieselbe Vergütung wird bei der Teilnahme an Prüfungen und Konferenzen für volle 45 Minuten Teilnahme gezahlt; es ist jedoch mindestens die Vergütung für 45 Minuten zu zahlen.

4. Die Vergütungsabrechnung erfolgt jeweils nachträglich zum 15. eines Monats, und zwar für die bis zum 15. des Vormonats geleisteten Stunden.

Die Lehrkraft verpflichtet sich, Gehaltsüberzahlungen ohne Rücksicht auf eine noch vorhandene Bereicherung zurückzuzahlen.[438]

5. Das Vertragsverhältnis kann von jedem Vertragspartner unter Einhaltung einer Kündigungsfrist von einem Monat zum Monatsende gekündigt werden.

Es endet ohne besondere Kündigung mit Ablauf des Schuljahres, in dem die Lehrkraft das 65. Lebensjahr vollendet. Ferner endet es ohne besondere Kündigung mit Ablauf des Monats, in dem die Lehrkraft einen Bescheid des Rentenversicherungsträgers über die Bewilligung einer Berufs- oder Erwerbsunfähigkeitsrente erhält.

6. In entsprechender Anwendung des § 39 TVöD verfallen Ansprüche auf Leistungen aus diesem Vertrag, wenn sie nicht innerhalb einer Ausschlussfrist von 6 Monaten nach Entstehung des Anspruches schriftlich geltend gemacht werden.

7. Änderungen und Ergänzungen dieses Vertrages sind nur wirksam, wenn sie schriftlich vereinbart sind.

8. Dieser Vertrag wird zweifach ausgefertigt; jede Vertragspartei erhält eine Ausfertigung.

⬆

22. Muster: Arbeitsvertrag mit einer Krankenschwester in einer Privatklinik mit Gewinnbeteiligung

⬇

Arbeitsvertrag

Zwischen

der ■■■

– nachfolgend Gesellschaft genannt –

und

Frau ■■■

– nachfolgend Beschäftigte genannt –

---

 438 Diese Klausel ist nach hier vertretener Ansicht gemäß § 307 Abs. 2 Nr. 1 BGB nicht wirksam (*Hümmerich*, NZA 2003, 764; *ders.*, Gestaltung von Arbeitsverträgen, § 1 Rn 1620).

wird folgender Anstellungsvertrag geschlossen:

§ 1 Vertragsbeginn, Probezeit, Kündigung vor Vertragsbeginn

(1) Das Dienstverhältnis beginnt am ▄▄▄.

(2) Das Dienstverhältnis besteht auf unbestimmte Zeit; die ersten 6 Monate gelten als Probezeit. Innerhalb der Probezeit kann jeder Vertragspartner das Dienstverhältnis mit einer Kündigungsfrist von 2 Wochen kündigen. Das Recht auf fristlose Kündigung wird davon nicht berührt.

(3) Eine ordentliche Kündigung vor Vertragsbeginn ist für beide Vertragspartner ausgeschlossen.

§ 2 Tätigkeit

Die Beschäftigte wird als exam. Krankenschwester eingestellt.

§ 3 Arbeitszeit, Überstunden

(1) Die regelmäßige Arbeitszeit beträgt ausschließlich der Pausen durchschnittlich 37,5 Stunden wöchentlich. Der Beschäftigten ist bekannt, dass im Krankenhausbereich eine Versorgung der Patienten rund um die Uhr erforderlich und üblich ist, so dass außer Früh- und Spätschicht auch Nachtschichten sowie Sonn- und Feiertagsarbeit zu leisten ist.

(2) Beginn, Ende und Dauer sowie Lage der Pausen richten sich nach den einschlägigen Betriebsvereinbarungen in ihrer jeweils aktuellen Fassung.

§ 4 Vergütung

(1) Die Beschäftigte erhält monatlich eine Vergütung in Höhe von brutto ▄▄▄ EUR
+ Allgemeine Zulage ▄▄▄ EUR
Gesamt: ▄▄▄ EUR

Diese Vergütung erhöht sich zum ▄▄▄ und zum ▄▄▄ um je 3 % der Anfangsvergütung.

(2) Für Nachtarbeit wird ein Zuschlag von ▄▄▄ % gezahlt. Das Entgelt für Sonn- und Feiertagsarbeit wird durch eine Pauschale gedeckt.

(3) Besteht das Dienstverhältnis mindestens vom 1.1. bis zum 31.12. eines Jahres, so erhält die Beschäftigte ein Urlaubsgeld, das mit dem Junigehalt ausgezahlt wird. Das Urlaubsgeld beträgt 335 EUR, ab einer Gehaltshöhe von ▄▄▄ EUR einschließlich allgemeiner Zulage: ▄▄▄ EUR.

(4) Die Beschäftigte verpflichtet sich, Gehaltsüberzahlungen ohne Rücksicht auf eine noch vorhandene Bereicherung zurückzuzahlen.[439]

§ 5 Gewinnbeteiligung

(1) Über die in § 4 geregelte Vergütung hinaus zahlt die Gesellschaft der Beschäftigen eine Gewinnbeteiligung. Die Höhe der Gewinnbeteiligung ist abhängig vom Belegungsgrad der Klinik im Jahresdurchschnitt und errechnet sich wie folgt:

- Belegung 120 bis 124 Zimmer: 3,0 Monatsgehälter zusätzlich
- Belegung 115 bis 119 Zimmer: 2,5 Monatsgehälter zusätzlich
- Belegung 110 bis 114 Zimmer: 2,0 Monatsgehälter zusätzlich
- Belegung 105 bis 109 Zimmer: 1,5 Monatsgehälter zusätzlich
- Belegung 100 bis 104 Zimmer: 1,0 Monatsgehälter zusätzlich
- Belegung unter 100 Zimmer: 0,5 Monatsgehälter zusätzlich

Diese Gewinnbeteiligung wird für ▄▄▄ im Januar ▄▄▄ ausgezahlt und für ▄▄▄ im Januar ▄▄▄. Für das Geschäftsjahr ▄▄▄ wird unabhängig vom Belegungsgrad ein zusätzliches Monatsgehalt als Gewinnbeteiligung zum Ende des Jahres ▄▄▄ gezahlt.

(2) Beginnt die Beschäftigung während eines Kalenderjahres, so wird die Gewinnbeteiligung zeitanteilig für jeden vollen Monat der Beschäftigung gezahlt. Ein Anspruch auf Gewinnbeteiligung besteht nicht, wenn die Beschäftigte sich am 31. Dezember noch in der Probezeit befindet bzw. das Dienstverhältnis gekündigt ist.

(3) Bei Elternzeit oder Krankheit wird die Gewinnbeteiligung zeitanteilig für den Zeitraum gezahlt, in dem die Beschäftigte Bezüge von der Gesellschaft erhalten hat.

---

[439] Diese Klausel ist nach hier vertretener Ansicht gemäß § 307 Abs. 2 Nr. 1 BGB nicht wirksam (*Hümmerich*, NZA 2003, 764; *ders.*, Gestaltung von Arbeitsverträgen, § 1 Rn 1620).

Kapitel 1: Arbeitsverträge

(4) Die Gewinnbeteiligung ist von der Beschäftigten zurückzuzahlen, sofern das Dienstverhältnis vor dem 1. April des Folgejahres endet.

§ 6 Reisekosten

(1) Reisekosten für von der Gesellschaft angeordneten Reisen werden gegen Nachweis im Rahmen der von den Finanzbehörden festgelegten Höchstsätze erstattet, alternativ in Höhe der Bahnkosten 2. Klasse. Das Gleiche gilt für Tagesspesen. Für Übernachtungen werden im Rahmen der Angemessenheit die tatsächlich aufgewendeten Kosten gegen Nachweis vergütet. Benutzt die Beschäftigte ihren Privatwagen für dienstlich angeordnete Fahrten, so werden die jeweils gültigen steuerlichen Höchstsätze vergütet.

§ 7 Sorgfaltspflicht, Verschwiegenheitsverpflichtung

(1) Die Beschäftigte hat die ihr übertragenen Arbeiten oder Tätigkeiten gewissenhaft und ordnungsgemäß auszuführen.

(2) Die Beschäftigte hat über Angelegenheiten, deren Geheimhaltung durch gesetzliche Vorschriften vorgesehen oder auf Weisung der Gesellschaft angeordnet ist, auch nach Beendigung des Dienstverhältnisses Stillschweigen zu bewahren.

§ 8 Arbeitsverhinderung

(1) Die Beschäftigte verpflichtet sich, jede Arbeitsverhinderung unverzüglich der Gesellschaft unter Benennung der voraussichtlichen Dauer mitzuteilen.

(2) Im Krankheitsfall hat die Beschäftigte unverzüglich – spätestens jedoch vor Ablauf des dritten Werktags – der Gesellschaft eine ärztlich erstellte Arbeitsunfähigkeitsbescheinigung mit Angabe der voraussichtlichen Dauer vorzulegen. Entsprechendes gilt, wenn die bescheinigte voraussichtliche Arbeitsunfähigkeit die Krankheitsdauer übersteigt.

§ 9 Urlaub

(1) Die Beschäftigte erhält in jedem Kalenderjahr Erholungsurlaub unter Fortzahlung ihrer Bezüge. Der Erholungsurlaub beträgt:

- bis zur Vollendung des 30. Lebensjahres 28 Tage,
- bis zur Vollendung des 40. Lebensjahres 31 Tage,
- und danach 32 Tage.

(2) Dauert das Arbeitsverhältnis weniger als 12 Monate, verkürzt sich die Urlaubsdauer zeitanteilig.

(3) Eine Abgeltung der Urlaubsansprüche wird nur in Ausnahmefällen gewährt, und zwar dann, wenn der Urlaub aus dienstlichen Gründen nicht genommen werden konnte.

§ 10 Änderung und Beendigung des Arbeitsverhältnisses

(1) Die von der Gesellschaft betriebene Fachklinik nimmt ihre Tätigkeit am ▬▬▬ erstmalig auf. Die Gesellschaft verfügt derzeit über keine Erfahrung, wie sich die von ihr erarbeitete Organisationsstruktur in der Praxis bewährt; auch die Auswirkungen des völlig neuen Vergütungssystems sind nicht vorauszusehen, dessen wesentliche Komponente eine Gewinnbeteiligung der Mitarbeiter darstellt. Wegen der sich hieraus ergebenden Unwägbarkeiten werden die derzeitigen organisatorischen Strukturen und das Vergütungssystem bis zum ▬▬▬ befristet.

Die Gesellschaft geht davon aus, dass nach dreijähriger Tätigkeit ausreichend Erfahrungen vorliegen werden, um einen eventuell notwendigen Reorganisationsprozess und die sich daraus ergebenden Arbeitsplatzveränderungen im Rahmen des Zumutbaren vornehmen zu können; dies schließt möglicherweise eine grundsätzliche Veränderung der gesamten Vergütungsstruktur nach billigem Ermessen ein.

(2) Nach Beendigung der Probezeit ist das unbefristet abgeschlossene Dienstverhältnis bis zum Ablauf von 2 Jahren Betriebszugehörigkeit mit einer Kündigungsfrist von 6 Wochen zum Quartalsende kündbar. Übersteigt die Dauer der Betriebszugehörigkeit zwei Jahre, so gelten die gesetzlichen Kündigungsfristen, und zwar für beide Vertragspartner.

Das Recht zur außerordentlichen Kündigung bleibt unberührt.

Die Kündigung bedarf der Schriftform. Sie hat entweder durch eingeschriebenen Brief oder durch schriftliche Empfangsbestätigung zu erfolgen.

23. Muster: Arbeitsvertrag mit einer Altenpflegerin in einer Privatklinik

Arbeitsvertrag

Zwischen

der ▪▪▪

– nachfolgend Arbeitgeber genannt –

und

▪▪▪

– nachfolgend Arbeitnehmerin genannt –

wird folgender Arbeitsvertrag geschlossen:

§ 1 Einstellung

Frau: ▪▪▪ Vorname: ▪▪▪
Geburtsname: ▪▪▪ Geburtsland: ▪▪▪
Staatsangehörigkeit: ▪▪▪
wohnhaft: ▪▪▪
wird ab ▪▪▪ als ▪▪▪
für die Betriebsstätte ▪▪▪ tätig sein.
Die Probezeit beginnt am ▪▪▪ und endet am ▪▪▪.

§ 2 Arbeitszeit

Die regelmäßige Arbeitszeit beträgt wöchentlich 20 Stunden, ausschließlich der Pausen. Die Verteilung der Arbeitszeit auf einzelne Wochentage richtet sich nach den betrieblichen Bedürfnissen. Im Krankheitsfalle ist ohne Aufforderung, spätestens am 3. Tage der Erkrankung, ein ärztliches Attest vorzulegen. Bei Arbeitsverhinderung ist die Betriebsstätte unverzüglich vor Dienstbeginn zu verständigen. Der Arbeitgeber ist berechtigt, die Arbeitnehmerin bei gleichem Lohn oder Gehalt ggf. mit anderen zumutbaren Arbeiten und in anderen Betrieben oder Betriebsabteilungen zu beschäftigen.

Die Arbeitnehmerin verpflichtet sich, bei Bedarf auch ganztägig zu arbeiten und Mehrarbeit zu leisten, außerdem im Früh-, Spät- und Nachtdienst eingesetzt zu werden.

Für die Beschaffung und Reinigung der Arbeitskleidung ist die Arbeitnehmerin selbst verantwortlich.

§ 3 Vergütung

(1) Die Arbeitnehmerin erhält eine Vergütung pro Monat in Höhe von ▪▪▪ EUR brutto, die sich wie folgt zusammensetzt:

Bruttogrundvergütung	▪▪▪ EUR
Zulage ▪▪▪	▪▪▪ EUR
persönliche Zulage	▪▪▪ EUR
Bruttogehalt gesamt	▪▪▪ EUR

Nach erfolgreich beendeter Probezeit erfolgt eine Erhöhung der persönlichen Zulage.

Das Gehalt setzt sich demnach ab dem ▪▪▪ wie folgt zusammen:

Bruttogrundvergütung	▪▪▪ EUR
Zulage ▪▪▪	▪▪▪ EUR
persönliche Zulage	▪▪▪ EUR
Bruttogehalt gesamt	▪▪▪ EUR

(2) Die Lohnzahlung erfolgt bargeldlos auf ein von der Arbeitnehmerin einzurichtendes Konto.

(3) Der Zuschuss zur Kranken-, Pflege-, Renten- und Arbeitslosenversicherung wird in Höhe des der Arbeitnehmerin gesetzlich zustehenden steuerfreien Betrages gezahlt.

(4) Die Arbeitnehmerin verpflichtet sich, Gehaltsüberzahlungen ohne Rücksicht auf eine noch vorhandene Bereicherung zurückzuzahlen.[440]

§ 4 Gratifikation

(1) Soweit es die wirtschaftliche Lage und Entwicklung der Klinik zulässt und das Arbeitsverhältnis mehr als sechs Monate ununterbrochen bestanden hat, erhält die Arbeitnehmerin eine Weihnachtsgratifikation. Die Auszahlung erfolgt mit der Novembervergütung. Der Arbeitgeber hat in Ausübung seines billigen Ermessens vorrangig die Wirtschaftsdaten der Klinik zugrunde zu legen.

(2) Die Arbeitnehmerin erkennt an, dass diese Gratifikation freiwillig gezahlt wird und hierauf auch nach wiederholter Zahlung kein Rechtsanspruch generell oder hinsichtlich Höhe, Zeitpunkt der Auszahlung etc. besteht.

(3) Die Gratifikation ist:
1. sowohl Anerkennung für die tatsächlich erbrachte Arbeitsleistung im Zeitraum 1.1. bis 31.12. des Auszahlungsjahres
2. als auch Zugehörigkeitsprämie dafür, dass das Arbeitsverhältnis über den 31.3. des der Auszahlung folgenden Jahres hinaus besteht. Wird nach den vorstehenden Regelungen eine Gratifikation gezahlt, richtet sich deren Höhe nach der tatsächlich erbrachten Arbeitsleistung im Zeitraum vom 1.1. bis 31.12. des Jahres.

Der Anspruch auf die Gratifikation ist ausgeschlossen, wenn das Arbeitsverhältnis sich bis zum 31. Dezember in einem gekündigten Zustand befindet oder infolge eines Aufhebungsvertrages enden soll. Die Arbeitnehmerin ist verpflichtet, die Gratifikation zurückzuzahlen, wenn sie bis zum 31. März des auf die Auszahlung folgenden Kalenderjahres beim Arbeitgeber ausscheidet.

(4) Der Arbeitgeber ist berechtigt, mit seiner Rückzahlungsforderung gegen die rückständigen oder nach der Kündigung fällig werdenden Vergütungsansprüche unter Beachtung der Pfändungsschutzbestimmungen aufzurechnen.

§ 5 Erklärung der Arbeitnehmerin

Die Arbeitnehmerin versichert, dass zurzeit keine gesundheitlichen Gründe einer Aufnahme der Tätigkeit entgegenstehen. Sie versichert ferner, weder anerkannte Schwerbehinderte noch einer Schwerbehinderten Gleichgestellte zu sein bzw. entsprechende Anerkennungsanträge bei dem Versorgungsamt oder der Agentur für Arbeit gestellt zu haben. Der Grad einer etwaig dennoch vorhandenen Schwerbehinderung beträgt ▬▬▬%. Die Arbeitnehmerin versichert schließlich, kein Heilverfahren laufen zu haben. Die Arbeitnehmerin verpflichtet sich, von einer etwaig später eintretenden Schwerbehinderung den Arbeitgeber unverzüglich zu unterrichten.

§ 6 Kündigung

Unabhängig von einer etwaig vereinbarten Befristung kann das Vertragsverhältnis unter Einhaltung der gesetzlichen Fristen gekündigt werden. Verlängern sich die Kündigungsfristen für die arbeitgeberseitige Kündigung, so verlängern sie sich im gleichen Maße auch für die Kündigung der Arbeitnehmerin. Für die außerordentliche Kündigung gelten die gesetzlichen Bestimmungen. Die Kündigung bedarf der Schriftform.

§ 7 Urlaub

(1) Die Arbeitnehmerin erhält 30 Arbeitstage Urlaub, Urlaubsjahr ist das Kalenderjahr. Der Urlaub ist bis zum 31.12. des Urlaubsjahres zu nehmen.

(2) Die Arbeitnehmerin erhält ein Urlaubsgeld, wenn sie
a) am 1. Juli im ungekündigten Arbeitsverhältnis steht und
b) seit dem 1. Januar des laufenden Jahres ununterbrochen als Arbeitnehmerin beim Arbeitgeber beschäftigt war oder in einem Ausbildungsverhältnis gestanden hat und
c) mindestens für einen Teil des Monats Juli Anspruch auf Vergütung, Mutterschaftsgeld oder Krankenbezüge hat.
Das Urlaubsgeld beträgt 250 EUR.
Das Urlaubsgeld beträgt für die am 1. Juli nicht vollbeschäftigte Arbeitnehmerin den Teil des Urlaubsgeldes, der dem Maß der mit ihr vereinbarten, am 1. Juli geltenden durchschnittlichen Arbeitszeit entspricht.
Das Urlaubsgeld wird mit den Bezügen für den Monat Juli ausgezahlt. Ist das Urlaubsgeld gezahlt worden, obwohl es der Arbeitnehmerin nicht zustand, ist es in voller Höhe zurückzuzahlen.

---

[440] Diese Klausel ist nach hier vertretener Ansicht gemäß § 307 Abs. 2 Nr. 1 BGB nicht wirksam (*Hümmerich*, NZA 2003, 764; *ders.*, Gestaltung von Arbeitsverträgen, § 1 Rn 1620).

§ 8 Vertragsbruch

Tritt die Arbeitnehmerin das Arbeitsverhältnis nicht zum vereinbarten Termin an oder löst sie es fristlos ohne wichtigen Grund auf, so hat die Arbeitnehmerin dem Arbeitgeber die hierdurch entstandenen Kosten zu erstatten. Ohne Nachweis eines Schadens hat sie in den genannten Fällen einen Monatslohn als Konventionalstrafe zu entrichten.

Die Geltendmachung darüber hinausgehender Schäden durch den Arbeitgeber wird hierdurch nicht ausgeschlossen.

§ 9 Alkoholverbot/Rauchverbot

Unabhängig von den Regelungen für die Patienten der Klinik gilt für die Arbeitnehmerin im Bereich des gesamten Klinikgeländes grundsätzlich ein absolutes Alkohol- und Rauchverbot.

§ 10 Freiwillige Leistungen

Soweit der Arbeitgeber Prämien und soziale Vergünstigungen gewährt, auf die nach diesem Vertrag nicht ausdrücklich ein Rechtsanspruch besteht, kann die Arbeitnehmerin hieraus keinen Rechtsanspruch auf diese Leistungen herleiten, auch wenn sie wiederholt und ohne ausdrücklichen Hinweis auf die Freiwilligkeit erfolgen.

§ 11 Sonstiges

(1) Mündliche Abmachungen wurden nicht getroffen.

(2) Änderungen des Vertrages bedürfen der schriftlichen Bestätigung von Seiten des Arbeitgebers.

(3) Die Arbeitnehmerin verpflichtet sich, über alle Angelegenheiten und Vorkommnisse, die ihr im Rahmen ihrer Tätigkeit zur Kenntnis gelangen, Stillschweigen zu bewahren. Dies gilt auch nach Beendigung der Tätigkeit.

(4) Über den Inhalt dieses Vertrages ist Stillschweigen zu bewahren.

(5) Durch Betriebsvereinbarung kann auch zu Lasten der Arbeitnehmerin von den Bestimmungen dieses Vertrages abgewichen werden.

(6) Jedwede Nebentätigkeit unentgeltlicher und entgeltlicher Art ist dem Arbeitgeber schriftlich anzuzeigen.

(7) Der Anspruch auf Gehaltsfortzahlung bei Verhinderung wegen Pflege eines erkrankten Kindes oder nahen Angehörigen wird ausgeschlossen.

§ 12 Ausschlussfristen[441]

(1) Sämtliche beiderseitigen Ansprüche aus diesem Anstellungsvertrag sind nach Fälligkeit innerhalb einer dreimonatigen Ausschlussfrist schriftlich geltend zu machen. Geschieht das nicht, verfallen etwaige Ansprüche nach diesem Zeitraum.

(2) Werden Ansprüche rechtzeitig geltend gemacht, und erfüllt der jeweils andere Teil die geltend gemachten Ansprüche nicht binnen Wochenfrist, sind die Ansprüche binnen einer weiteren Frist von einem Monat gerichtlich geltend zu machen. Geschieht das nicht, gilt Abs. 1 Satz 2.

24. Muster: Arbeitsvertrag mit einer Arzthelferin

Arbeitsvertrag

zwischen

■■■

– nachstehend: Praxis –

und

■■■

– nachstehend: Mitarbeiterin –

§ 1 Beginn des Arbeitsverhältnisses

(1) Die Mitarbeiterin tritt mit Wirkung vom ■■■ in die Dienste der Praxis. Vor Beginn des Arbeitsverhältnisses ist die Kündigung ausgeschlossen.

(2) Die ersten sechs Monate gelten als Probezeit. Während dieser Zeit können die Vertragspartner das Arbeitsverhältnis mit zweiwöchiger Frist kündigen.

---

441 Einstufige Ausschlussfristen müssen einen Mindestzeitraum von drei Monaten enthalten (BAG 28.9.2005 – 5 AZR 52/05, DB 2006, 1959). Zweistufige Ausschlussfristen müssen für jede Frist drei Monate vorsehen. Als im Arbeitsrecht etablierte Besonderheiten nach § 310 Abs. 4 Satz 2 BGB steht ihrer Wirksamkeit § 309 Nr. 13 BGB nicht entgegen (BAG 25.5.2005 – 5 AZR 572/04, NZA 2005, 1111).

§ 2 Tätigkeit

Die Mitarbeiterin wird angestellt als Arzthelferin.

§ 3 Arbeitszeit

(1) Die regelmäßige Arbeitszeit beträgt ▬▬▬ Stunden wöchentlich. Diese Arbeitszeit erhöht sich um Notfalldienste sowie gemäß Abs. 3.

(2) Beginn und Ende der täglichen Arbeitszeit sowie die Pausen werden von der Praxis festgelegt und gelten für alle Mitarbeiter. Sie werden mit Rücksicht auf die Sprechstunde festgelegt.

(3) Die Mitarbeiterin ist verpflichtet, Mehr- und Überarbeit zu leisten, soweit dies gesetzlich zulässig ist.

§ 4 Vergütung

(1) Die Mitarbeiterin erhält für ihre vertragliche Tätigkeit ein monatliches Bruttogehalt von ▬▬▬ EUR. Die Vergütung ist jeweils am Letzten des Monats fällig. Die Zahlung erfolgt bargeldlos. Die Mitarbeiterin ist verpflichtet, ein Konto zu unterhalten und der Praxis ihre jeweiligen Kontodaten mitzuteilen.

(2) Zusätzlich zahlt die Praxis der Mitarbeiterin ab dem 7. Beschäftigungsmonat einen Anteil zu vermögenswirksamen Leistungen von zurzeit monatlich ▬▬▬ EUR, jeweils nach den geltenden steuerlichen Voraussetzungen.

(3) Die Praxis zahlt Weihnachtsgeld. Die wiederholte Gewährung freiwilliger sozialer Leistungen führt zu keinem Rechtsanspruch auf Seiten der Mitarbeiterin.

(4) Die Mitarbeiterin verpflichtet sich, Gehaltsüberzahlungen ohne Rücksicht auf eine noch vorhandene Bereicherung zurückzuzahlen.[442]

§ 5 Urlaub

Der Urlaubsanspruch der Mitarbeiterin richtet sich nach dem Bundesurlaubsgesetz. Mit der Mitarbeiterin werden zurzeit 25 Arbeitstage jährlich als Urlaub vereinbart. Der Zeitpunkt des Urlaubsantritts ist unter Berücksichtigung der Interessen der Praxis festzulegen.

§ 6 Gehaltsverpfändung und Gehaltsabtretung

(1) Die Mitarbeiterin darf ihre Vergütungsansprüche weder verpfänden noch abtreten.[443]

(2) Die Mitarbeiterin hat die durch die Abtretung und Verpfändung von Forderungen erwachsenden Kosten zu tragen. Die zu ersetzenden Kosten sind pauschaliert und betragen je zu berechnender Pfändung, Verpfändung oder Abtretung ▬▬▬ EUR. Die Praxis ist berechtigt, bei Nachweis der höheren tatsächlichen Kosten diese in Ansatz zu bringen.

§ 7 Arbeitsverhinderung

(1) Die Mitarbeiterin ist verpflichtet, der Praxis jede Dienstverhinderung und ihre voraussichtliche Dauer anzuzeigen. Auf Verlangen sind die Gründe der Dienstverhinderung mitzuteilen.

(2) Die Mitarbeiterin ist verpflichtet, der Praxis jede Dienstverhinderung spätestens zwei Stunden vor Arbeitsbeginn sowie die voraussichtliche Dauer anzuzeigen. Auf Verlangen sind die Gründe der Dienstverhinderung mitzuteilen.

(3) Im Falle der Erkrankung ist die Mitarbeiterin verpflichtet, vor Ablauf des dritten Kalendertages nach Beginn der Arbeitsunfähigkeit eine ärztliche Bescheinigung über die Arbeitsunfähigkeit sowie deren voraussichtliche Dauer vorzulegen. Dauert die Arbeitsunfähigkeit länger als in der Bescheinigung angegeben, so ist die Mitarbeiterin verpflichtet, innerhalb von drei Tagen eine neue ärztliche Bescheinigung einzureichen.

§ 8 Gehaltsfortzahlung im Krankheitsfall

Ist die Mitarbeiterin infolge auf Krankheit beruhender Arbeitsunfähigkeit an der Arbeitsleistung verhindert, ohne dass sie ein Verschulden trifft, so erhält sie Gehaltsfortzahlung nach Maßgabe des Entgeltfortzahlungsgesetzes in seiner jeweils gültigen Fassung.

§ 9 Verschwiegenheitspflicht

(1) Die Mitarbeiterin verpflichtet sich, über alle ihr in der Praxis bekannt gewordenen Angelegenheiten und Vorgänge auch nach dem Ausscheiden aus dem Arbeitsverhältnis Stillschweigen zu bewahren. Hierzu gehört auch der Personenkreis der Patienten.

---

442 Diese Klausel ist nach hier vertretener Ansicht gemäß § 307 Abs. 2 Nr. 1 BGB nicht wirksam (*Hümmerich*, NZA 2003, 764; *ders.*, Gestaltung von Arbeitsverträgen, § 1 Rn 1620).

443 Die Klausel ist nach vertretener Auffassung nach § 307 Abs. 2 Nr. 1 BGB unwirksam (*Hümmerich*, Gestaltung von Arbeitsverträgen, § 1 Rn 296).

(2) Die Mitarbeiterin ist auf das Dienstgeheimnis verpflichtet. Die Verpflichtungserklärung bildet einen Bestandteil des Arbeitsverhältnisses. Die Praxis hat der Mitarbeiterin vor Unterzeichnung der Verpflichtungserklärung ein Merkblatt zum Datengeheimnis ausgehändigt.

§ 10 Nebenbeschäftigung

Die Mitarbeiterin darf eine Nebenbeschäftigung, solange sie bei der Praxis beschäftigt ist, nur mit vorheriger schriftlicher Zustimmung der Praxis übernehmen.

§ 11 Beendigung des Arbeitsverhältnisses

(1) Das Arbeitsverhältnis endet entweder mit Ablauf des Monats, in dem die Mitarbeiterin das gesetzliche Rentenalter erreicht hat, oder durch Kündigung. Im Übrigen gelten die gesetzlichen Bestimmungen.

(2) Die Kündigung bedarf der Schriftform. Die Kündigungsfrist beträgt vier Wochen zum 15. oder zum Ende eines Kalendermonats. Beschäftigungszeiten vor Vollendung des 25. Lebensjahres werden nicht mitgezählt.

(3) Durch die Kündigungserklärung wird die Befugnis der Praxis begründet, die Mitarbeiterin unter Fortzahlung ihrer Bezüge von der Arbeitsleistung freizustellen.

(4) Das Recht zur fristlosen Kündigung aus wichtigem Grund bleibt hiervon unberührt. Entgeltliche, von der Praxis nicht schriftlich genehmigte Nebentätigkeiten sollen den Stellenwert eines wichtigen Grundes haben.

§ 12 Nebenabreden und Vertragsänderungen

Änderungen des Vertrages und Nebenabreden bedürfen zu ihrer Wirksamkeit der Schriftform.

§ 13 Besondere Vereinbarungen

(1) Ein Entgeltfortzahlungsanspruch in den Fällen der Freistellung nach § 45 SGB V (Beaufsichtigung und Betreuung oder Pflege eines erkrankten Kindes unter 12 Jahren) wird ausgeschlossen.

(2) Die Mitarbeiterin versichert, dass sie arbeitsfähig ist, nicht an einer infektiösen Erkrankung leidet und keine sonstigen Umstände vorliegen, die ihr die vertraglich zu leistende Arbeit jetzt oder in naher Zukunft wesentlich erschweren oder unmöglich machen; sie erklärt, dass sie zum Zeitpunkt des Abschlusses des Arbeitsvertrages nicht den Bestimmungen des Schwerbehindertengesetzes unterliegt.

(3) Alle beiderseitigen Ansprüche aus dem Arbeitsverhältnis und solche, die mit dem Arbeitsverhältnis in Verbindung stehen, verfallen, wenn sie nicht innerhalb von zwei Monaten nach der Fälligkeit gegenüber der anderen Vertragspartei schriftlich erhoben werden.

(4) Lehnt die Gegenpartei den Anspruch ab oder erklärt sie sich nicht innerhalb von zwei Wochen nach der Geltendmachung des Anspruches, so verfällt dieser, wenn er nicht innerhalb von zwei Monaten nach der Ablehnung oder dem Fristablauf gerichtlich geltend gemacht wird.

(5) Die Mitarbeiterin erklärt sich damit einverstanden, dass ihre personenbezogenen Daten automatisiert gespeichert und verarbeitet werden.[444] Sie erklärt, dass sie sich die anliegende Belehrung über das Datengeheimnis durchgelesen hat und die ebenfalls anliegende Verpflichtungserklärung nach § 5 BDSG unterzeichnen wird.

(6) Die Mitarbeiterin hat stets auf Sauberkeit und Hygiene zu achten.

25. Muster: Arbeitsvertrag mit einem Assistenten zur Vorbereitung auf die kassenärztliche Tätigkeit

Zwischen

■■■

– nachstehend: Praxisinhaber –

und

Herrn ■■■

– nachstehend: Assistent –

wird Folgendes vereinbart:

---

[444] Die Einwilligung in die Verarbeitung personenbezogener Daten bedarf, wenn sie zusammen mit anderen Erklärungen schriftlich erteilt wird, zu ihrer Wirksamkeit einer besonderen drucktechnischen Hervorhebung (§ 4a Abs. 1 Satz 4 BDSG). Deshalb wird empfohlen, vorformulierte Einwilligungserklärungen in die Verarbeitung personenbezogener Danten durch Fettdruck im Vertragstext kenntlich zu machen.

Kapitel 1: Arbeitsverträge

§ 1 Begründung des Assistentenverhältnisses

(1) Herr ■■■ wird ab ■■■ als Assistent in der Praxis eingestellt. Die Einstellung erfolgt zum Zwecke der Vorbereitung auf die kassenärztliche Tätigkeit (§ 3 Abs. 3 ZOÄ).

(2) Die erforderliche Weiterbildungsermächtigung der Ärztekammer liegt vor. Ebenso hat die zuständige Kassenärztliche Vereinigung der Beschäftigung zugestimmt. Die Approbationsurkunde bzw. die Erlaubnis gemäß § 10 BuÄO hat der Assistent vorgelegt.

(3) Der Assistent verpflichtet sich, für den Fall der rechtswidrigen und schuldhaften Nichtaufnahme der Arbeit oder der vertragswidrigen Beendigung seiner Tätigkeit eine Vertragsstrafe in Höhe von ■■■ EUR zu zahlen. Der Praxisinhaber ist berechtigt, einen weitergehenden Schaden geltend zu machen.

§ 2 Anzuwendende Vorschriften

(1) Auf das Anstellungsverhältnis finden die arbeitsrechtlichen Vorschriften Anwendung, soweit nichts anderes im Folgenden vereinbart wurde.

(2) Das Angestelltenverhältnis wird für die Dauer eines halben Jahres bis zum ■■■ vereinbart.

(3) Für die ersten drei Monate vereinbaren die Parteien eine Probezeit. Bis zur Beendigung der Probezeit kann das Assistentenverhältnis mit einer Frist von vier Wochen gekündigt werden.

§ 3 Pflichten des Praxisinhabers

(1) Das Assistentenverhältnis basiert, auch in arbeitsrechtlicher Hinsicht, auf Kollegialität und Partnerschaftlichkeit.

(2) Der Praxisinhaber ist dem Assistenten gegenüber weisungsberechtigt. Er hat jedoch neben der Verpflichtung zur Vermittlung ausreichender Kenntnisse die Bestimmungen der Berufsordnung zu beachten und dem Assistenten eine seinem Weiterbildungsstand entsprechende Selbständigkeit einzuräumen.

(3) Der Praxisinhaber verpflichtet sich außerdem, den Assistenten zur gesetzlichen Unfallversicherung – und wenn erforderlich – auch zur gesetzlichen Krankenversicherung anzumelden.

§ 4 Pflichten des Assistenten

(1) Der Assistent ist verpflichtet, den Weisungen des Praxisinhabers oder seines Vertreters zu entsprechen. Die Weisungsbefugnis des Praxisinhabers erstreckt sich auf den ärztlichen und organisatorischen Bereich der Praxis.

(2) Der Assistent verpflichtet sich zur Einhaltung der kassenarztrechtlichen Vorschriften einschließlich der von der zuständigen Kassenärztlichen Vereinigung abgeschlossenen Verträge. Im Falle etwaiger Verstöße gegen kassenarztrechtliche Vorschriften, insbesondere bei vorsätzlichem oder grob fahrlässigem Verstoß gegen das Wirtschaftlichkeitsgebot der Behandlungs- und Verordnungsweise, haftet der Assistent dem Praxisinhaber für alle daraus sich ergebenden rechtskräftig festgesetzten Behandlungsabstriche und Arzneimittelregresse.

(3) Die Übernahme einer Nebentätigkeit durch den Assistenten bedarf der ausdrücklichen Zustimmung des Praxisinhabers.

§ 5 Arbeitszeit

(1) Die regelmäßige wöchentliche Arbeitszeit ist wie folgt geregelt: ■■■

(2) Der Assistent hat die besonderen Erfordernisse der Praxis zu beachten.

(3) Zur Abgeltung etwaiger Überstunden erhält der Assistent zusätzlich eine Pauschale von ■■■ EUR, die ausgehend vom Grundgehalt monatlich bis zu ■■■ Überstunden abgelten soll. Diese Pauschalvereinbarung kann von beiden Parteien mit einer Kündigungsfrist von einem Monat zum Monatsende gekündigt und der Übergang zur Einzelabrechnung verlangt werden.

(4) Im Krankheitsfalle des Praxisinhabers übt der Assistent zur Aufrechterhaltung des Praxisbetriebes die ärztlichen Tätigkeiten im Rahmen der üblichen Praxiszeiten vertretungsweise aus.

§ 6 Vergütung

(1) Der Assistent erhält eine monatliche Vergütung in Höhe von ■■■ EUR zuzüglich des Arbeitgeberanteils zur gesetzlichen Rentenversicherung oder zur Ärzteversorgung sowie zur gesetzlichen Krankenversicherung und zur Arbeitslosenversicherung.

(2) Überstunden des Assistenten werden entweder in Geld oder durch Freizeit abgegolten.

(3) Der Assistent erhält in Anlehnung an die tarifvertragliche Regelung im BAT, unter den gleichen Voraussetzungen der BAT-Regelung, eine Weihnachtsgratifikation in Höhe von ■■■ EUR. Die einschränkenden Bestimmungen nach dem BAT für die Gewährung der Weihnachtsgratifikation gelten als vereinbart.

(4) Im Erkrankungsfalle wird dem Assistenten bis zum Ende der 6. Woche der Arbeitsunfähigkeit, längstens jedoch bis zur Beendigung des Angestelltenverhältnisses, das Entgelt nach Maßgabe des Entgeltfortzahlungsgesetzes gezahlt.

(5) Etwaige Leistungen der gesetzlichen Unfallversicherung werden auf die Krankenbezüge angerechnet.

§ 7 Urlaub

(1) Der Assistent erhält einen jährlichen Urlaub von ▪▪▪ Arbeitstagen (Montag bis Freitag). Urlaubsjahr ist das Kalenderjahr. Bei Ausscheiden des Assistenten vor Ablauf eines vollen Jahres ist der Urlaub anteilig zu berechnen.

(2) Der Urlaub ist unter Berücksichtigung der Praxisverhältnisse in beiderseitigem Einvernehmen festzulegen.

§ 8 Haftpflicht

Der Praxisinhaber versichert, dass seine eigene Berufshaftpflichtversicherung die Mitbeschäftigung eines Assistenten in der Praxis deckt. Der Assistent versichert, dass er für seine persönliche Haftung eine ausreichende Haftpflichtversicherung abgeschlossen hat.

§ 9 Wettbewerbsverbot

(1) Der Assistent verpflichtet sich, für die Dauer von ▪▪▪ Jahr/en nach Beendigung seiner Assistententätigkeit in einer Entfernung von ▪▪▪ m Luftlinie zur Praxis des Praxisinhabers nicht als ▪▪▪ tätig zu werden.

(2) Für die Dauer des Wettbewerbsverbots verpflichtet sich der Praxisinhaber, eine Karenzentschädigung in Höhe der Hälfte der zuletzt erhaltenen vertragsmäßigen Leistungen zu zahlen.

(3) Im Übrigen gelten die Vorschriften der §§ 74 ff. HGB.

§ 10 Anrufung der Ärztekammer vor Beschreitung des ordentlichen Rechtsweges

Beide Vertragsparteien verpflichten sich, bei Streitigkeiten aus diesem Vertrag vor Anrufung des Gerichts eine Schlichtung durch die zuständige Ärztekammer durchzuführen.

§ 11 Schlussbestimmungen

(1) Änderungen und Ergänzungen dieses Vertrages sind nur wirksam, wenn sie schriftlich vereinbart wurden.

(2) Die Unwirksamkeit einer Vertragsbestimmung berührt die Gültigkeit der anderen Vertragsbestimmungen nicht.

↑

26. Muster: Arbeitsvertrag mit einem Bankangestellten (Tarifbindung privates und öffentliches Bankgewerbe)

↓

Vertrag

Zwischen

– nachfolgend Bank genannt –

und

Herrn

– nachfolgend Mitarbeiter genannt –

wird Folgendes vereinbart:

§ 1 Vertragsbeginn/Tätigkeit

Der Mitarbeiter wird mit Wirkung vom ▪▪▪ als Bankangestellter beschäftigt.

Er ist verpflichtet, seine volle Arbeitskraft in den Dienst der Bank zu stellen. Zur Ausübung einer Nebenbeschäftigung bedarf es der schriftlichen Zustimmung der Bank.

Der jeweilige Tätigkeitsbereich des Mitarbeiters wird von der Bank bestimmt. Dabei wird die Bank die persönlichen Belange des Mitarbeiters sowie seine Fähigkeiten und Kenntnisse berücksichtigen.

Die Bank ist berechtigt, dem Mitarbeiter jeden zumutbaren Arbeitsplatz in ihren Filialen oder auch an einen anderen Ort zuzuweisen.

§ 2 Bezüge

(1) Der Mitarbeiter erhält folgende Bezüge, durch die zugleich eventuelle Mehrarbeitsvergütungen abgegolten sind:

a) Gehalt

Ein Bruttomonatsgehalt von derzeit ▪▪▪ EUR

(in Worten: ▪▪▪ Euro)

Es wird jeweils Mitte eines Monats bargeldlos gezahlt.

b) Gratifikation

Eine jährliche Abschlussgratifikation, die aus einem garantierten Betrag in Höhe eines Monatsgehaltes (Basis Dezember) und einer zusätzlichen Vergütung besteht, die unter Berücksichtigung der Ertragslage der Bank individuell nach Leistungsgesichtspunkten jährlich neu festgesetzt wird. Die Abrechnung erfolgt nach der ordentlichen Hauptversammlung der Bank und setzt voraus, dass der Mitarbeiter zum Zeitpunkt der Zahlung in ungekündigtem Dienstverhältnis steht.

Eine Sonderzahlung, die Ende November ausgezahlt wird, sofern der Mitarbeiter im Zeitpunkt der Zahlung in ungekündigtem Vertragsverhältnis steht. Sie beträgt zurzeit ein Monatsgehalt.

Bei einer Tätigkeitsdauer auf der Grundlage dieses Vertrages von weniger als 12 Monaten in einem Kalenderjahr werden die Gratifikationen zeitanteilig vergütet.

c) Vermögensbildende Leistung

Eine vermögensbildende Leistung, die in ihrer Höhe den vermögenswirksamen Leistungen des für das private Bankgewerbe geltenden Tarifvertrages entspricht.

(2) Der Mitarbeiter verpflichtet sich, dem Arbeitgeber zu viel gezahlte Vergütung zurückzuzahlen. Der Mitarbeiter verzichtet gegenüber diesem Anspruch des Arbeitgebers auf den Einwand, er sei nicht mehr bereichert und der Anspruch insoweit ausgeschlossen.[445]

§ 3 Sozialversicherung/Zusatzversicherung

Die Sozialversicherungsbeiträge sind nach den gesetzlichen Bestimmungen zu tragen.

Die Bank versichert den Mitarbeiter während dessen Betriebszugehörigkeit aufgrund einer Verpflichtung aus der Mitgliedschaft der Bank bei dem Beamtenversicherungsverein des Deutschen Bank- und Bankiergewerbes V.a. G. (BVV) gemäß dessen Satzung und Versicherungsbedingungen; von den Beiträgen trägt der Mitarbeiter zurzeit 1/3 und die Bank zurzeit 2/3.

§ 4 Sonstige Vertragsbestandteile

Die Betriebsordnung und die Versorgungsordnung der Bank in ihren jeweils geltenden Fassungen sind Bestandteile dieses Vertrages. Ferner finden die Bestimmungen der Tarifverträge für das private Bankgewerbe und die öffentlichen Banken über Urlaub und Fortzahlung des Gehaltes im Krankheitsfall entsprechende Anwendung.

§ 5 Probezeit/Kündigungsfristen

Die ersten ▪▪▪ Monate des Arbeitsverhältnisses gelten als Probezeit, während der dieser Vertrag beiderseits mit einer Frist von einem Monat zum Ende eines Kalendermonats gelöst werden kann. Nach Ablauf der Probezeit gilt dann eine Kündigungsfrist von sechs Monaten zum Quartalsende.

Das Beschäftigungsverhältnis endet, ohne dass es einer Kündigung bedarf, mit Ablauf der Probezeit, wenn die Bank nicht bis spätestens vier Wochen vor Ablauf der Probezeit eine Weiterbeschäftigung mit dem Mitarbeiter ausdrücklich vereinbart.

Das Arbeitsverhältnis endet ohne Kündigung mit Ablauf des Monats, in dem der Mitarbeiter sein 65. Lebensjahr vollendet. Unabhängig hiervon hat die Bank das Recht, den Mitarbeiter nach Maßgabe der Versorgungsordnung in den Ruhestand zu versetzen.

§ 6 Bankgeheimnis/Verschwiegenheitspflicht/Datenschutz

Wegen des besonderen Vertrauensverhältnisses zwischen Kunden und Bank ist der Mitarbeiter verpflichtet, absolute Verschwiegenheit über alle ihm zur Kenntnis gelangenden Tatsachen und Vorgänge zu wahren, auch nach seinem Ausscheiden.

Bei Beendigung des Vertragsverhältnisses hat der Mitarbeiter alle Geschäftspapiere oder etwa gefertigte Abschriften, Fotokopien, Notizen und sonstige Unterlagen, welche die Bank betreffen, zurückzugeben.

Dem Mitarbeiter ist untersagt, durch das Bundesdatenschutzgesetz geschützte personenbezogene Daten unbefugt zu einem anderen als dem zur jeweiligen rechtmäßigen Aufgabenerfüllung gehörenden Zweck in Dateien zu erfassen, aufzunehmen oder aufzubewahren, zu verändern oder zu löschen, diese Daten dritten Personen bekannt zu geben oder zugänglich zu machen oder sie sonst zu nutzen. Diese Verpflichtung zur Wahrung des Datengeheimnisses besteht auch

---

[445] Diese Klausel ist nach hier vertretener Ansicht gemäß § 307 Abs. 2 Nr. 1 BGB nicht wirksam (*Hümmerich*, NZA 2003, 764; *ders.*, Gestaltung von Arbeitsverträgen, § 1 Rn 1620).

nach dem Ausscheiden des Mitarbeiters. Über den Inhalt des Bundesdatenschutzgesetzes ist der Mitarbeiter durch ein Merkblatt unterrichtet.

§ 7 Nutzungsrechte an Arbeitsergebnissen

Arbeitsergebnisse, die der Mitarbeiter in Erfüllung oder anlässlich der Erfüllung seiner dienstlichen Verpflichtungen erzielt, stehen ausschließlich der Bank zu, soweit nicht das Arbeitnehmererfindungsgesetz etwas anderes bestimmt oder dem Mitarbeiter eine Veröffentlichung unter eigenem Namen gestattet wird. Insbesondere erhält die Bank die uneingeschränkten ausschließlichen Nutzungsrechte an Arbeitsergebnissen jeder Art für alle bekannten, auch nicht bankbetrieblichen Zwecke mit der Befugnis zur Rechtsübertragung oder sonstigen Rechtseinräumung an Dritte, ohne dass es einer weiteren Zustimmung oder Information des Mitarbeiters bedarf. Mit dem vereinbarten Gehalt werden alle Ansprüche des Mitarbeiters auf Vergütung von Arbeitsergebnissen, die der Bank zustehen, abgegolten. Soweit dies keine unbillige Härte für den Mitarbeiter bedeutet, hat der Mitarbeiter auch kein Recht darauf, im Zusammenhang mit den Arbeitsergebnissen als derjenige benannt zu werden, der diese Arbeitsergebnisse geschaffen hat.

§ 8 Vorbehalt

Dieser Vertrag wird unter der Voraussetzung geschlossen, dass das Ergebnis der noch vorzunehmenden vertrauensärztlichen Untersuchung, die über den Mitarbeiter einzuholenden Auskünfte sowie das behördliche Führungszeugnis die Bank zufrieden stellen.

§ 9 Nebenabreden/Vertragsänderungen/Gehaltskonto

Maßgebend für das Arbeitsverhältnis ist allein dieser Vertrag. Nebenabreden sind nicht getroffen. Änderungen und Ergänzungen bedürfen der Schriftform.

Bei künftigen Veränderungen der Bezüge bedarf es keiner formalen Änderung des Vertrages; an die Stelle der vorstehend unter § 2 aufgeführten Beträge treten sodann die in der entsprechenden Mitteilung der Bank genannten Bezüge.

Die Erstellung der Gehaltsabrechnung erfolgt bei der Muttergesellschaft der Bank, daher ist es erforderlich, das Gehaltskonto bei einer Geschäftsstelle der Bank zu führen.

Für Schäden am Privateigentum der Mitarbeiter haftet der Betrieb im Rahmen der gesetzlichen Bestimmungen nur dann, wenn ihn ein Verschulden trifft.

§ 10 Sonstige Vereinbarungen

27. Muster: Arbeitsvertrag mit Elektromeister mit besonderer Sicherheitsphilosophie eines Weltunternehmens

Arbeitsvertrag

Zwischen

▪▪▪

– nachstehend: Firma –

und

Herrn ▪▪▪

– nachstehend: Mitarbeiter –

wird nachfolgender Arbeitsvertrag geschlossen:

§ 1 Beginn des Arbeitsverhältnisses

(1) Der Mitarbeiter ist seit dem ▪▪▪ bei der Firma beschäftigt. Mit der Unterzeichnung dieses Vertrages wird das seit dem ▪▪▪ bestehende Arbeitsverhältnis fortgesetzt.

(2) Eine Probezeit wird nicht vereinbart. Die bisherige Beschäftigungszeit wird voll angerechnet.

§ 2 Spezifische Sicherheitspflichten für die Mitarbeiter und Firma

(1) Für unsere Mitarbeiter gilt weltweit eine Sicherheitsphilosophie, die Bestandteil der arbeitsvertraglichen Pflichten des Mitarbeiters ist. Die Verletzung von Sicherheitsbestimmungen wird zwischen den Parteien wechselseitig als Grund zur ordentlichen und in schwerwiegenden Fällen zur außerordentlichen Kündigung vereinbart. Die abschließende Interessenabwägung bleibt stets vorbehalten.

(2) Zu den grundlegenden Sicherheitspflichten des Mitarbeiters gehört es, Unordnung im Werk zu vermeiden, und dass alkoholische Getränke oder illegale Drogen auf dem Werksgelände weder verkauft noch besessen noch gebraucht

werden. Ebenfalls ist grober Unfug verboten. Körperliche Auseinandersetzungen oder die Bedrohung der Sicherheit eines Kollegen auf dem Werksgelände sind verboten. Verboten ist ebenfalls der Besitz gefährlicher Waffen auf dem Werksgelände. Die Sicherheitsausrüstung muss immer getragen werden.

(3) Das Rauchverbot in den gekennzeichneten Bereichen ist zu beachten. Die Zerstörung oder der Missbrauch von fremdem Eigentum ist verboten; Gleiches gilt für das unerlaubte Entfernen von Verbotsschildern, Schlössern, Abdeckungen u.Ä. Gabelstapler sind vorsichtig zu fahren. Nicht erlaubt ist das vorsätzliche Umgehen von Sicherheitseinrichtungen.

(4) Die Firma verpflichtet sich, die zur Sicherheit erforderlichen Schutzausrüstungen wie Schutzbrille mit Seitenteilen, Sicherheitsschuhe und nach Erfordernis sonstige Körperschutzmittel zur Verfügung zu stellen. Der Mitarbeiter verpflichtet sich, die entsprechenden Körperschutzmittel zu tragen.

(5) Der Mitarbeiter verpflichtet sich, auf Dienstfahrten die Straßenverkehrsbestimmungen des jeweiligen Landes sorgsam einzuhalten.

§ 3 Tätigkeit

(1) Der Mitarbeiter wird als Elektromeister beschäftigt.

(2) Die Firma behält sich vor, dem Mitarbeiter im Bedarfsfall auch andere ihm zumutbare Tätigkeiten innerhalb der Firma zuzuweisen, die den Vorkenntnissen und Erfahrungen des Mitarbeiters entsprechen. Macht die Firma hiervon Gebrauch, so ist die bisherige Vergütung weiterzuzahlen.

§ 4 Arbeitszeit

(1) Die Arbeitszeit richtet sich nach den gesetzlichen Bestimmungen. Sie beträgt ▪▪▪ Stunden pro Woche ohne Berücksichtigung der Pausen.

(2) Der Beginn und das Ende der täglichen Arbeitszeit, der Arbeitsort sowie die Pausen werden von der Firmenleitung festgesetzt.

(3) Der Mitarbeiter ist verpflichtet, Mehr- und Überarbeit zu leisten, soweit dies aufgrund gesetzlicher Bestimmungen zulässig ist.

§ 5 Gehalt

(1) Das monatliche Bruttogehalt beträgt ▪▪▪ EUR.

(2) Die Vergütung wird jeweils am Letzten eines Monats fällig. Die Zahlung erfolgt bargeldlos durch Überweisung auf ein der Firma bekannt zu gebendes Konto.

(3) Die Zahlung von etwaigen Sondervergütungen (Gratifikation, Prämien etc.) erfolgt in jedem Einzelfall freiwillig und begründet keinen Rechtsanspruch für die Zukunft. Ein etwaig gezahltes Weihnachtsgeld ist zurückzuzahlen, wenn der Mitarbeiter am 31.3. des folgenden Jahres aus personenbedingten Gründen nicht mehr bei der Firma beschäftigt ist.

(4) Der Mitarbeiter erhält Urlaubsgeld. Das Urlaubsgeld wird aus dem Durchschnitt der letzten drei abgerechneten Monate und nach der Formel Tage x Durchschnittsverdienst x 2,40 : 100 berechnet. Es ist vor Antritt des Urlaubs auszuzahlen, sofern der Urlaub mindestens zwei Wochen beträgt.

(5) Mehrarbeit und Überstunden werden mit einem Zuschlag von 25 % entlohnt.

(6) Der Mitarbeiter verpflichtet sich, Gehaltsüberzahlungen ohne Rücksicht auf eine noch vorhandene Bereicherung zurückzuzahlen.[446]

§ 6 Gehaltspfändung und Gehaltsabtretung

Der Mitarbeiter darf seine Vergütungsansprüche weder teilweise noch vollständig verpfänden oder abtreten.[447] Er hat die durch die Abtretung und Verpfändung von Forderungen entstandenen Kosten zu tragen. Die zu ersetzenden Kosten sind pauschaliert und betragen je zu berechnender Pfändung, Verpfändung oder Abtretung ▪▪▪ EUR. Die Firma ist berechtigt, bei Nachweis der höheren tatsächlichen Kosten diese in Ansatz zu bringen.

§ 7 Urlaub

Der Urlaubsanspruch des Mitarbeiters richtet sich nach dem Bundesurlaubsgesetz. Der Mitarbeiter erhält zurzeit 30 Arbeitstage Urlaub im Jahr. Urlaubsjahr ist das Kalenderjahr. Berechtigte Wünsche bezüglich des Urlaubszeitpunktes werden im Rahmen der betrieblichen Möglichkeiten und berechtigten Belange anderer Mitarbeiter berücksichtigt. Sie sind bis zum 31. Januar eines jeden Kalenderjahres bei der Firma anzumelden.

---

[446] Diese Klausel ist nach hier vertretener Ansicht gemäß § 307 Abs. 2 Nr. 1 BGB nicht wirksam (*Hümmerich*, NZA 2003, 764; *ders.*, Gestaltung von Arbeitsverträgen, § 1 Rn 1620).

[447] Die Klausel ist nach vertretener Auffassung nach § 307 Abs. 2 Nr. 1 BGB unwirksam (*Hümmerich*, Gestaltung von Arbeitsverträgen, § 1 Rn 296).

Eine Übertragung des Urlaubs auf das nächste Kalenderjahr ist nur bis zum 31.3. des Folgejahres und auch nur dann statthaft, wenn dringende Gründe dies rechtfertigen. Ein Resturlaub aus dem Vorjahr verfällt nach dem 31.3. des Folgejahres ohne Abgeltung. Amtlich anerkannte Schwerbehinderte erhalten den gesetzlichen Zusatzurlaub. Während des Urlaubs ist jede auf Erwerb gerichtete Tätigkeit untersagt.

§ 8 Arbeitsverhinderung

(1) Der Mitarbeiter erklärt, dass er zum Zeitpunkt des Vertragsschlusses nicht den Bestimmungen des Schwerbehindertengesetzes unterliegt.

(2) Der Mitarbeiter verpflichtet sich ferner, für den Fall des Eintritts einer Arbeitsverhinderung den Vorgesetzten oder das Personalbüro unverzüglich, d.h. spätestens zum Arbeitsbeginn, darüber zu informieren und die voraussichtliche Dauer anzuzeigen. Die formlose Mitteilung kann sowohl telefonisch als auch durch Benachrichtigung Dritter erfolgen.

(3) Im Falle der Arbeitsunfähigkeit infolge Erkrankung ist der Mitarbeiter verpflichtet, vor Ablauf des zweiten Kalendertages nach Beginn der Arbeitsunfähigkeit eine ärztliche Bescheinigung über die Arbeitsunfähigkeit und deren voraussichtliche Dauer vorzulegen. Hiervon unabhängig ist spätestens kurz vor Arbeitsbeginn die Firma telefonisch, mündlich oder schriftlich über die voraussichtliche Arbeitsunfähigkeit und deren Dauer zu benachrichtigen.

(4) Ist der Mitarbeiter infolge auf Krankheit beruhender Arbeitsunfähigkeit an der Arbeitsleistung gehindert, ohne dass ihn ein Verschulden trifft, erhält er Gehalts- bzw. Lohnfortzahlung für die Dauer von sechs Wochen nach Maßgabe des Entgeltfortzahlungsgesetzes in seiner jeweils gültigen Fassung.

§ 9 Verschwiegenheitspflicht

(1) Der Mitarbeiter verpflichtet sich, über alle ihm in der Firma bekannt gewordenen betrieblichen Angelegenheiten und Vorgänge auch nach Ausscheiden aus der Firma Stillschweigen zu bewahren.

(2) Beim Ausscheiden aus dem Dienst der Firma hat der Mitarbeiter alle betrieblichen Unterlagen sowie etwa angefertigte Abschriften oder Kopien an die Firma herauszugeben.

(3) Der Mitarbeiter haftet der Firma für jeden Schaden, der ihr durch eine Zuwiderhandlung gegen die vorgenannten Verpflichtungen entsteht.

§ 10 Nebentätigkeit

Solange der Mitarbeiter bei der Firma beschäftigt ist, ist ihm eine Nebentätigkeit nur nach vorheriger schriftlicher Zustimmung der Firma gestattet.

§ 11 Diensterfindungen

Für die Behandlung von Diensterfindungen, freien Erfindungen und Verbesserungsvorschlägen gelten die Vorschriften des Gesetzes über Arbeitnehmererfindungen vom 25.7.1957 (BGBl I S. 756 einschließlich späterer Änderungen) sowie die hierzu ergänzenden „Richtlinien für die Vergütung von Arbeitserfindungen im privaten Dienst" vom 20.7.1959.

§ 12 Beendigung des Arbeitsverhältnisses

(1) Das Arbeitsverhältnis endet entweder mit Ablauf des Monats, in dem der Mitarbeiter das gesetzliche Rentenalter erreicht hat oder durch Kündigung.

(2) Das Arbeitsverhältnis ist mit gesetzlicher Frist kündbar. Verlängern sich die Kündigungsfristen nach § 622 Abs. 2 BGB infolge Betriebszugehörigkeit für die Firma, verlängern sie sich im gleichen Umfang auch für den Mitarbeiter.

(3) Mit der Kündigungserklärung ist die Firma befugt, den Mitarbeiter unter Fortzahlung seiner Bezüge von der Arbeitsleistung freizustellen.

(4) Das Recht zur fristlosen Kündigung aus wichtigem Grund bleibt hiervon unberührt.

§ 13 Verfallfristen

(1) Alle beiderseitigen Ansprüche aus dem Arbeitsverhältnis und solche, die mit dem Arbeitsverhältnis in Verbindung stehen, verfallen, wenn sie nicht innerhalb von drei Monaten nach Fälligkeit gegenüber der anderen Vertragspartei erhoben werden.

(2) Lehnt die Gegenpartei den Anspruch ab oder erklärt sie sich nicht innerhalb von drei Wochen nach der Geltendmachung des Anspruchs, so verfällt dieser, wenn er nicht innerhalb von drei Monaten nach Ablehnung oder Fristablauf gerichtlich geltend gemacht wird.

§ 14 Nebenabreden und Vertragsänderungen

Nebenabreden und Vertragsänderungen bedürfen zu ihrer Wirksamkeit der Schriftform. Eine etwaige Unwirksamkeit einzelner Vertragsbestimmungen berührt die Wirksamkeit der übrigen Bestimmungen nicht.

§ 15 Sonstige Vereinbarungen

Der bisheriger Arbeitsvertrag vom ▬▬▬ wird hiermit einvernehmlich aufgehoben. An seine Stelle treten die vorstehenden Vereinbarungen.

28. Muster: Arbeitsvertrag in der Chemischen Industrie (mit Tarifbindung) als Anschreiben

Bezug nehmend auf die mit Ihnen geführten Gespräche bestätigen wir folgende Vereinbarung:

1. Sie sind ab ▬▬▬ als kaufmännische Angestellte im Bereich ▬▬▬ tätig.
2. Für das Arbeitsverhältnis gelten die mit der IG Chemie-Papier-Keramik abgeschlossenen Tarifverträge sowie unsere Betriebsvereinbarungen in den jeweils gültigen Fassungen.
3. Ihr monatliches Bruttoentgelt beträgt

Tarifentgelt	▬▬▬ EUR
+ freiwillige, widerrufliche und anrechenbare übertarifliche Zulage	▬▬▬ EUR
Gesamt-Brutto	▬▬▬ EUR

Die Zahlung der Zulage erfolgt rein freiwillig. Die Zulage kann jederzeit von der Firma unter den nachfolgend benannten Gründen widerrufen werden: gegenüber dem Vorjahr um mehr als 10% gesunkener, körperschaftsteuerlicher Gewinn, schriftliche Beschwerden über den Mitarbeiter, Auftragsrückgang von mehr als 3% sowie eine gegenüber dem Mitarbeiter erklärte Abmahnung.[448]

Ihre Bezüge werden nachträglich monatlich bargeldlos auf das uns bekannte Bankkonto überwiesen.

4. Es gelten die gesetzlichen bzw. tariflichen Kündigungsfristen. Das Arbeitsverhältnis endet ohne Kündigung mit Ablauf des Monats, in dem Ihnen wegen Erreichens der Altersgrenze oder wegen einer Erwerbs- oder Berufsunfähigkeit eine Rente bewilligt wird.
5. Für die Berechnung der Betriebszugehörigkeit gilt als Eintrittsdatum der ▬▬▬.

Mit freundlichem Gruß

29. Muster: Arbeitsvertrag mit Angestelltem in der Chemischen Industrie (mit Tarifbindung)[449]

Arbeitsvertrag

Zwischen

▬▬▬

– im Folgenden „Firma" genannt –

und

Herrn ▬▬▬

– im Folgenden „der Angestellte" genannt –

wird heute nachstehender Anstellungsvertrag abgeschlossen:

§ 1

Das Arbeitsverhältnis bestimmt sich nach den im Betrieb oder Betriebsteil geltenden Tarifverträgen in ihrer jeweiligen Fassung.[450] Das sind nach Kenntnis des Arbeitgebers die Tarifverträge der Chemischen Industrie.[451]

Herr ▬▬▬ wird mit Wirkung vom ▬▬▬ als ▬▬▬ in der Firma tätig.

Es steht der Firma frei, im Rahmen der gesetzlichen Bestimmungen die Art und den Ort der Tätigkeit des Angestellten zu ändern.

---

[448] Die Klausel enthält detaillierte Widerrufsgründe und erfüllt damit die Anforderungen des Urteils des BAG vom 12.1.2005 (BAG 12.1.2005 – 5 AZR 364/04, NJW 2005, 1820).

[449] Zum Überblick über in der Chemischen Industrie gebräuchliche Klauseln: o. Verf., Arbeitsvertragsgestaltung in der Chemischen Industrie, Heidelberg 2005.

[450] BAG 16.10.2002 – 4 AZR 461/01, NZA 2003, 390.

[451] *Giesen*, NZA 20006, 625, 629.

Übt ein Angestellter vorübergehend eine Tätigkeit aus, die einer höheren Gehaltsgruppe zugeordnet ist, so erwirbt er hierfür einen Anspruch auf das Tarifgehalt der höheren Gehaltsgruppe, sofern diese Tätigkeit länger als sechs Wochen dauert.

Wird der Angestellte zum Zwecke seiner beruflichen Weiterbildung für eine begrenzte Zeit mit Arbeiten einer höheren Gruppe beschäftigt, so entsteht kein Anspruch auf Bezahlung nach der höheren Gruppe.

Bei vorübergehender Tätigkeit unter sechs Wochen, insbesondere bei Vertretung von Angestellten während des Urlaubs und im Krankheitsfalle, entsteht kein Anspruch auf ein höheres Gehalt.

§ 2

Der Angestellte wird seine ganze Arbeitskraft für die Aufgaben der Firma einsetzen. Die Ausübung einer Nebentätigkeit gegen Entgelt ist nur mit ausdrücklicher, schriftlicher Genehmigung der Geschäftsleitung gestattet.

Den von seinen Vorgesetzten erlassenen oder noch zu erlassenden allgemeinen Dienst- und Sicherheitsvorschriften mit allen ihren Anordnungen hat der Angestellte unbedingt Folge zu leisten.

Alle geschäftlichen und betrieblichen Angelegenheiten, die dem Angestellten während des Dienstverhältnisses anvertraut oder sonstwie bekannt werden, hat er geheim zu halten und anderen nicht mitzuteilen, soweit diese nicht durch ihre dienstliche Tätigkeit zur Empfangnahme derartiger Mitteilungen berufen sind. Als solche geschäftlichen und betrieblichen Angelegenheiten sind namentlich zu betrachten: Geschäftsergebnisse, Fabrikations- und Ausführungsmethoden, Versuche und Projekte, Abnehmer, Bezugsquellen für Rohstoffe und Produkte, Preisberechnungen, die eigenen und sonstigen Anstellungs- und Lohnbedingungen sowie sonstige Geschäftsvorgänge jeder Art.

Diese Verpflichtung erstreckt sich auch auf die Zeit nach Auflösung des Dienstverhältnisses. Für alle Fälle der Weitergabe von geschäftlichen und betrieblichen Angelegenheiten behält sich die Firma die Geltendmachung eines Schadensersatzanspruches vor.

§ 3

Die Dauer der Arbeitszeit richtet sich grundsätzlich nach den gesetzlichen, tariflichen oder betrieblichen Bestimmungen. Bezahlt wird nur die tatsächlich geleistete Arbeitszeit, soweit nicht Gesetz oder Tarif Ausnahmen vorsehen.

§ 4

Kurzarbeit kann von der Firma unter Beachtung der tariflichen Bestimmungen jederzeit eingeführt werden.

§ 5

Während der ersten sechs Monate (Probezeit) kann das Beschäftigungsverhältnis von jedem Vertragsteil mit Monatsfrist zum Monatsende gekündigt werden.

Nach Ablauf der Probezeit kann der Vertrag von jedem Vertragsteil zum Schluss eines Kalendervierteljahres unter Einhaltung einer Kündigungsfrist von ▬▬▬ gekündigt werden. Im Übrigen ist vereinbart, dass jede gesetzliche Verlängerung der Kündigungsfrist zu Gunsten des Angestellten auch in gleicher Weise zu Gunsten der Firma gilt.

Das Arbeitsverhältnis endet spätestens mit Ablauf des Monats in dem männliche Arbeitnehmer das 65. und weibliche Arbeitnehmer das 60. Lebensjahr vollendet haben. Wird der Arbeitnehmer ausnahmsweise weiterbeschäftigt, so ist ein neuer schriftlicher Anstellungsvertrag zu schließen.

§ 6[452]

Zwischen den Parteien herrscht Einigkeit, dass die nachfolgend aufgeführten Verfehlungen als wichtige Gründe zur außerordentlichen Kündigung anzusehen sind:

1. Anzeige gegen den Arbeitgeber bei der Staatsanwaltschaft, dem Finanzamt, dem Gewerbeaufsichtsamt oder bei sonstigen Behörden;
2. Abwerben von Kollegen, wenn der Mitarbeiter in eine andere Firma wechselt oder sich selbständig macht;
3. Diebstahl oder Unterschlagung von Firmeneigentum;
4. unwahre Angaben im Personalfragebogen;
5. Ausübung einer unzulässigen Konkurrenztätigkeit; und
6. sexuelle Belästigungen am Arbeitsplatz.

§ 7

Dem Gehalt liegt eine Einstufung in die Gruppe ▬▬▬ des Tarifvertrages für die Chemische Industrie zugrunde.

---

[452] Wichtige Gründe zur außerordentlichen Kündigung können nicht wirksam vereinbart werden, BAG 24.6.2004 – 2 AZR 656/02; NZA-RR 2005, 440; BAG 22.11.1973 – 2 AZR 580/72, AP § 626 BGB Nr.67.

Es beträgt zurzeit	▪▪▪ EUR.
Darüber hinaus erhält der Angestellte eine Zulage von	▪▪▪ EUR.
Die Gesamtbezüge betragen demnach	▪▪▪ EUR.

Die Zulage ist eine freiwillige, übertarifliche, jederzeit widerrufliche Leistung, die mit einer Ansagefrist von vier Wochen zum Monatsende widerrufen werden kann, ohne dass es der Kündigung des Gesamtanstellungsvertrages bedarf. Die Zulage ist mit nachfolgenden Tarifveränderungen verrechenbar.

Mehrarbeit wird grundsätzlich nur dann bezahlt, wenn sie von der Betriebsleitung oder in deren Auftrag von dem zuständigen Vorgesetzten ausdrücklich angeordnet ist.

Änderungen der Bezüge werden schriftlich mitgeteilt.

Die Gehaltszahlung erfolgt am Monatsletzten.

Ist der Monatsletzte kein Arbeitstag, erfolgt die Überweisung entsprechend früher.

Der Angestellte verpflichtet sich, Gehaltsüberzahlungen ohne Rücksicht auf eine noch vorhandene Bereicherung zurückzuzahlen.[453]

§ 8

Der Angestellte erhält anlässlich des Weihnachtsfestes, sofern er seit dem 1. Januar des Auszahlungsjahres der Firma angehört, eine Zuwendung in Höhe eines Monatsgrundgehalts.

Bei einer kürzeren Betriebszugehörigkeit errechnet sich die Sonderzuwendung anteilmäßig nach den Beschäftigungsmonaten bei der Firma. Basis ist das Gehalt für den Monat November ohne Mehrarbeitsvergütung.

Wird das Arbeitsverhältnis bis zum 31. März des Folgejahres gekündigt, ist der Betrag, der über den tariflichen Zusagen liegt, zurückzuzahlen.

§ 9

Zuwendungen, Vergünstigungen oder Gratifikationen, die die Firma über die tariflichen Bezüge hinaus an den Angestellten einmalig oder wiederholt gewährt oder gewähren sollte, sind in jedem Falle freiwillige Zuwendungen. Ein Rechtsanspruch des Angestellten darauf besteht und entsteht nicht.

§ 10

Für die Erstattung der Kosten anlässlich etwaiger Dienstreisen gelten die allgemeinen Richtlinien für die Reisekostenvergütung der Firma, die insoweit Bestandteil des Vertrages sind.

§ 11

Der Urlaub richtet sich grundsätzlich nach den tariflichen Bestimmungen. Er beträgt zurzeit ▪▪▪ Arbeitstage.

§ 12

Der Angestellte muss eine etwaige Arbeitsunfähigkeit unverzüglich – spätestens innerhalb von drei Tagen – der Personalabteilung oder seinem Vorgesetzten unter Angabe der Gründe melden. Krankmeldung an die Krankenkasse genügt nicht.

Wird die Erkrankung voraussichtlich länger als zwei Tage dauern, so ist spätestens am dritten Tage eine ärztliche Bescheinigung über die Arbeitsunfähigkeit an die Firma einzusenden.

§ 13

Ansprüche der Parteien aus diesem Vertrag, ausgenommen Ansprüche der Firma gegen den Angestellten auf Rückzahlung etwaiger dem Angestellten gewährter Darlehen, Kredite, Warenkredite usw., verjähren in drei Monaten nach ihrer Entstehung.

§ 14

Der Angestellte erklärt sich bereit, eine Wettbewerbsvereinbarung abzuschließen, sofern dies der Firma aufgrund der Tätigkeit des Angestellten als notwendig erscheint. Grundlage der Wettbewerbsvereinbarung sind die gesetzlichen bzw. tariflichen Vorschriften.

§ 15

Der Angestellte willigt gemäß § 4a BDSG ein, dass seine personenbezogenen Daten an die Betriebskrankenkasse zu Werbezwecken übermittelt werden.

---

[453] Diese Klausel ist nach hier vertretener Ansicht gemäß § 307 Abs. 2 Nr. 1 BGB nicht wirksam (*Hümmerich*, NZA 2003, 764; *ders.*, Gestaltung von Arbeitsverträgen, § 1 Rn 1620).

§ 16

Jede Änderung des Personenstandes oder der Anschrift des Angestellten ist unverzüglich und unaufgefordert der Personalabteilung anzuzeigen.

Vor Antritt des Urlaubs ist die Urlaubsanschrift bekannt zu geben. Geschieht dies nicht, so gilt eine Zustellung an die der Firma zuletzt bekannte Anschrift als erfolgt.

Ergänzungen, Änderungen und Nebenabreden bedürfen der Schriftform. Mündliche Abreden entbehren der Rechtsgültigkeit.

Von diesem Vertrag erhält jeder der Vertragschließenden eine Ausfertigung.

30. Muster: Arbeitsvertrag im Bereich Groß- und Außenhandel (mit Tarifbindung)

Arbeitsvertrag

zwischen

▬▬▬

– im Folgenden Firma genannt –

und

Herrn ▬▬▬

– im Folgenden Arbeitnehmer genannt –

§ 1 Einstellung und Aufgabenbereich

Der Arbeitnehmer wird zum ▬▬▬ in ▬▬▬ als ▬▬▬ eingestellt.

Der dem Arbeitnehmer zugewiesene Aufgabenbereich kann durch die Firma je nach den geschäftlichen Erfordernissen geändert werden.

Der Arbeitnehmer ist verpflichtet, andere zumutbare, vorübergehend auch auswärts anfallende Arbeiten zu verrichten. Notwendige Mehrausgaben (z.B. Fahrtkosten) werden erstattet.

Der Arbeitnehmer hat die übertragenen Arbeiten gewissenhaft auszuführen und ist im Rahmen seines Arbeitsverhältnisses zur Verschwiegenheit verpflichtet. Auch über die Höhe und Zusammensetzung seines Lohnes hat er Stillschweigen zu bewahren. Geschäfts- und Betriebsgeheimnisse, die anvertraut oder durch die Tätigkeit bekannt geworden sind, dürfen auch nach Ausscheiden weder verwertet noch Dritten mitgeteilt werden.

Der Arbeitnehmer hat für schuldhaft verursachte Schäden einzustehen.

Der Arbeitnehmer versichert, dass die bei seiner Einstellung gemachten Angaben, auch solche im Personalbogen, der Wahrheit entsprechen. Er verpflichtet sich, Veränderungen in Bezug auf diese Angaben der Firma unverzüglich bekannt zu geben (auch den Entzug des Führerscheins).

§ 2 Arbeitszeit

Die regelmäßige Arbeitszeit beträgt ▬▬▬ Stunden wöchentlich. Der Arbeitnehmer ▬▬▬ wird an folgenden Wochentagen ▬▬▬ bis ▬▬▬ von ▬▬▬ bis ▬▬▬ Uhr beschäftigt.

Der Arbeitnehmer erklärt sich insbesondere bei der Einführung von flexibler Arbeitszeit mit einer anderen, variablen Verteilung der Arbeitszeit einverstanden.

§ 3 Probezeit

Der Arbeitsvertrag wird auf die Dauer von ▬▬▬ Monaten auf Probe abgeschlossen. Er endet spätestens mit Ablauf der Probezeit, ohne dass es einer Kündigung bedarf.

Während der Probezeit kann das Arbeitsverhältnis von beiden Vertragspartnern zusätzlich und jederzeit innerhalb der ersten 14 Kalendertage mit einer Frist von einem Tag zum Ende des folgenden Tages und danach mit einer Frist von mindestens zwei Wochen gekündigt werden. Das Recht zur fristlosen Kündigung bleibt unberührt.

Eine Kündigung vor Dienstantritt ist ausgeschlossen.

§ 4 Kündigung

Die Bestimmungen dieses Vertrages gelten auch für das im beiderseitigen Einverständnis über die befristete Probezeit hinaus fortgesetzte bzw. sofort auf bestimmte oder unbestimmte Zeit eingegangene Arbeitsverhältnis. Der Vertrag kann dann – im zweiten Fall erstmals nach Arbeitsaufnahme – von beiden Seiten unbeschadet des Rechts zur fristlosen Kündigung jederzeit mit einer Kündigungsfrist von mindestens zwei Wochen gekündigt werden.

Eine fristlose Kündigung gilt gleichzeitig vorsorglich als ordentliche Kündigung für den nächstzulässigen Termin.

Verlängerte Kündigungsfristen aufgrund gesetzlicher oder tarifvertraglicher Bestimmungen gelten für beide Vertragspartner.

Eine verspätet ausgesprochene bzw. zugegangene Kündigung gilt als Kündigung zum nächstzulässigen Termin.

Der Arbeitnehmer erklärt sich damit einverstanden, von der Firma im Falle einer Kündigung (auch Eigenkündigung) von der Arbeitsleistung unter Anrechnung etwaiger Urlaubsansprüche freigestellt werden zu können.

Sofern dem Arbeitnehmer während der Dauer seiner Beschäftigung ein Fahrzeug zur Verfügung gestellt wurde, ist dieses mit Ausspruch der Kündigung zurückzugeben.

Das Arbeitsverhältnis endet ohne Kündigung mit Ablauf des Monats, in dem der Arbeitnehmer das 65. Lebensjahr vollendet hat oder mit der Bewilligung von Altersruhegeld oder einer Erwerbs- bzw. Berufsunfähigkeitsrente.

§ 5 Einstufung und Vergütung

Die Firma zahlt dem Arbeitnehmer:

(1) Tariflohn nach Lohngruppe ■■■ des Lohnrahmens und Lohnabkommens für gewerbliche Arbeitnehmer ■■■ EUR im Groß- und Außenhandel

(2) Eine freiwillige übertarifliche Zulage zugleich als Pauschale für gelegentlich (geschätzter Umfang ■■■ EUR 10/■■■ Stunden) geleistete Überstunden einschließlich Zulagen in Höhe von

(3) ■■■ ■■■ EUR

Gesamtstunden-/-monatslohn (Brutto) ■■■ EUR

Die nach Abs. 2 gewährte Zulage ist keine Leistungszulage und wird auf künftige Tariferhöhungen sowie auf Lohnerhöhungen infolge von Steigerungen durch Übernahme in eine andere Tarifgruppe angerechnet. Sie wird darüber hinaus unter dem Vorbehalt des jederzeitigen Widerrufs nach freiem Ermessen gewährt. Der Widerruf ist mit einer Ankündigungsfrist von 14 Tagen auszusprechen, im Übrigen wird der Arbeitsvertrag hiervon nicht berührt.

Die Pauschale nach Abs. 2 kann mit sofortiger Wirkung widerrufen werden, sobald die Voraussetzungen hierzu länger als zwei Kalenderwochen nicht mehr gegeben sind.

Reisezeiten und Übernachtungen bei Dienstreisen werden, wenn sie außerhalb der regelmäßigen Arbeitszeit anfallen, nicht besonders vergütet. Auslagen und Spesen werden nach betriebsüblicher Regelung oder vorheriger Genehmigung erstattet.

Bei Vereinbarung eines 13. Monatsgehaltes oder einer Gewinnbeteiligung u.Ä. hat der Arbeitnehmer im Ein- und Austrittsjahr einen anteiligen Anspruch, sofern das Arbeitsverhältnis am betriebsüblichen Auszahlungstermin nicht bereits beendet war.

Die Abrechnung und Auszahlung bzw. Abschlagszahlung des Entgelts erfolgen an dem betriebsüblichen Zahltag für die vorausgegangene Lohnperiode.

§ 6 Freiwillige Zuwendungen

Freiwillige Zuwendungen (Weihnachts- und andere Gratifikationen sowie ein übertarifliches Urlaubsgeld u.Ä.) sind Leistungen, auf die ein Rechtsanspruch weder dem Grunde noch der Höhe nach besteht. Die Firma behält sich ausdrücklich vor, diese Leistungen nach eigenem Ermessen festzulegen. Bei Eintritt während des Jahres werden sie nur anteilig gewährt. Von derartigen freiwilligen Zuwendungen ist der Arbeitnehmer u.a. ausgeschlossen, wenn

a) er durch sein Verhalten zu ernstlichen Beanstandungen im Verlaufe des Jahres Anlass gegeben hat,

b) er sich im gekündigten Arbeitsverhältnis (ausgenommen betriebsbedingte Kündigung) befindet oder

c) ein Probearbeitsverhältnis besteht.

Die freiwilligen Zuwendungen sind nicht nur eine Belohnung für treue Dienste in der Vergangenheit, sondern auch ein Ansporn für zukünftig zu leistende Dienste. Scheidet der Arbeitnehmer nach Gewährung einer Weihnachtsgratifikation aus, so ist die Gratifikation in voller Höhe zurückzuzahlen. Die Rückzahlungspflicht entfällt jedoch,

a) wenn die Zuwendung bis zu 100 EUR beträgt,

b) bei einem höheren Betrag, der jedoch die Höhe eines Monatsbezuges nicht erreicht, wenn die Firma nicht vor dem 31.3. des nachfolgenden Jahres verlassen wird,

c) bei einem Monatsbezug oder mehr, wenn die Firma erst nach dem 31.3. des nachfolgenden Jahres zum nächstmöglichen Kündigungstermin verlassen wird.

Eine Rückzahlungspflicht besteht (aus den gleichen Gründen) bei anderen freiwilligen Zuwendungen mit entsprechenden Fristen, d.h. bei einem Ausscheiden zum jeweils folgenden Quartal nach Auszahlung.

§ 7 Konkurrenzverbot und Nebentätigkeit

Die Übernahme einer entgeltlichen Tätigkeit ist vorher der Firma schriftlich mitzuteilen. Konkurrenztätigkeit ist nicht gestattet.

§ 8 Arbeitsverhinderung

Ist der Arbeitnehmer durch Krankheit oder sonstige unvorhergesehene Ereignisse an der Arbeitsleistung verhindert, so ist er verpflichtet, dies der Geschäftsleitung der Firma unter Angabe der Gründe unverzüglich mitzuteilen. Ist die Arbeitsverhinderung durch Krankheit verursacht und dauert sie länger als 3 Tage, so hat der Arbeitnehmer der Geschäftsleitung für jeden Werktag vor Ablauf des 4. Werktages nach Beginn der Arbeitsunfähigkeit ein ärztliches Attest bzw. eine Bescheinigung der Krankenkasse oder eines Krankenhauses vorzulegen, woraus sich Arbeitsunfähigkeit und deren voraussichtliche Dauer ergeben. Der Arbeitnehmer ist ferner verpflichtet, sich auf Verlangen der Firma und auf deren Kosten durch einen Facharzt seiner Wahl nachuntersuchen zu lassen. Auf Wunsch des Arbeitgebers ist auch bei einer Erkrankung bis zu 3 Werktagen eine ärztliche Bescheinigung ab dem 1. Tag beizubringen.

Soweit die Arbeitsunfähigkeit von Dritten verschuldet ist, gehen die Schadensersatzansprüche des Arbeitnehmers gegen den Schädiger wegen Verdienstausfalls in Höhe des vom Arbeitgeber weiterzuzahlenden Entgelts einschließlich der Arbeitgeberanteile zur Sozialversicherung und des anteiligen Urlaubs sowie Urlaubsgeldes auf die Firma über.

§ 9 Unterlagen

Muster, Kataloge, Preislisten, Rechnungskopien sowie sonstige dem Arbeitnehmer übergebene Geschäftsunterlagen sowie Dienst- und Schutzbekleidung und Arbeitsgeräte verbleiben im Eigentum der Firma. Von dem Arbeitnehmer in der Firma erstellte, betrieblichen Zwecken dienende Schriftstücke und Arbeitsanweisungen sind ebenfalls Eigentum der Firma. Unterlagen und Arbeitsgeräte, soweit sie nicht außerhalb des Betriebes benötigt werden, dürfen nur mit ausdrücklicher Zustimmung der Geschäftsleitung aus dem Betrieb mitgenommen werden. Unterlagen und Arbeitsgeräte sowie Dienst- und Schutzbekleidung sind auf Anforderung und bei Beendigung des Arbeitsverhältnisses unaufgefordert zurückzugeben. Ein Zurückbehaltungsrecht besteht nicht. Kommt der Arbeitnehmer dieser Verpflichtung trotz Aufforderung nicht nach oder hat er das Unvermögen oder die Unmöglichkeit der Herausgabe zu vertreten, so findet § 10 Ziffer 2 sinngemäß Anwendung.

§ 10 Vertragsstrafe[454]

Im Falle der schuldhaften Nichtaufnahme oder der vertragswidrigen Beendigung der Tätigkeit ist der Arbeitnehmer verpflichtet,

1. bis zur ordnungsgemäßen Beendigung des Vertragsverhältnisses jegliche Arbeitsleistung für eine andere Firma zu unterlassen und

2. der Firma eine Vertragsstrafe in Höhe des vereinbarten bzw. zuletzt gezahlten Bruttolohnes von zwei Wochenlöhnen bzw. eines halben Monatslohnes zu zahlen, vorbehaltlich weitergehender Schadensersatzansprüche.

§ 11 Vorschüsse, Darlehen und Pfändungen

Zur Sicherung von Darlehen tritt der Arbeitnehmer den pfändbaren Teil seiner Bezüge an die Firma ab. Darüber hinaus sind Vorschüsse und Darlehen bei Vertragsende hinsichtlich des noch offenen Restbetrages ohne Rücksicht auf die bei der Hingabe getroffenen Vereinbarungen sofort fällig und können mit noch zu zahlenden Bezügen aufgerechnet werden.

Die Abtretung von Gehaltsforderungen ist unwirksam.[455]

Bei Pfändung des Arbeitseinkommens werden dem Arbeitnehmer die der Firma hierdurch entstehenden Kosten in Höhe von 1 v.H. der gepfändeten Summe, mindestens jedoch 10 EUR einbehalten. Insoweit gilt Abs. 1 Satz 1 entsprechend.

§ 12 Anwendung tarifvertraglicher und gesetzlicher Bestimmungen

In Ergänzung der vorstehenden Vertragsvereinbarungen gelten insbesondere hinsichtlich des Urlaubs, des Urlaubsgeldes, der vermögenswirksamen Leistungen, der Leistung von Überstunden, der Fälligkeit und des Erlöschens von An-

---

[454] Das Verbot eines Vertragsstrafeversprechens in § 309 Nr. 6 BGB gilt im Arbeitsrecht nicht. Das BAG ist der Auffassung, dass die modifizierte Anwendungsregel in § 310 Abs. 4 Satz 2 BGB zu einem regelmäßig berechtigten Interesse des Arbeitgebers führt, die Nicht- oder Schlechterfüllung der Pflicht zur Arbeitsleistung mit einer Vertragsstrafe zu verbinden (BAG 3.4.2004 – 8 AZR 196/03, BAGE 110, 8 = NZA 2004, 727). Unwirksam ist eine Vertragsstrafeversprechen, wenn die Abrede die Pflichtverletzung des Arbeitnehmers nicht so klar bezeichnet, dass sich der Versprechende in seinem Verhalten hierauf einstellen kann (BAG 21.4.2005 – 8 AZR 425/04, NZA 2005, 1053). Unwirksam ist die Vereinbarung eines Vertragsstrafenrahmens für den Fall eines gravierenden Wettbewerbsverstoßes von einem bis drei Monatsgehältern, wenn es dem Arbeitgeber überlassen bleibt, die Vertragsstrafe im Einzelfall innerhalb dieses Rahmens festzusetzen (BAG 18.8.2005 – 8 AZR 65/05, NZA 2006, 34 = BB 2006, 720). Vorsicht ist geboten, wenn die Vertragsstrafe zu hoch bemessen ist. Eine Herabsetzung der Vertragsstrafe nach § 343 BGB kommt seit der Schuldrechtsmodernisierung nicht mehr in Betracht, weil das Verbot der geltungserhaltenden Reduktion nach § 306 Abs. 2 BGB die Anpassung einer zu hohen Vertragsstrafe nach § 343 BGB ausschließt (BAG 4.3.2004 – 8 AZR 196/03, NZA 2004, 727; LAG Hamm 24.1.2003 – 10 Sa 1158/02, DB 2003, 2549; *Brors*, DB 2004, 1778).

[455] Abtretungsverbote mit dinglicher Wirkung sind nach § 307 Abs. 2 Nr. 1 BGB unwirksam (*Hümmerich*, Gestaltung von Arbeitsverträgen, § 1 Rn 292 ff.).

sprüchen aus dem Arbeitsverhältnis die Bestimmungen des jeweils gültigen Manteltarifvertrages, Lohnrahmenabkommens, Lohn- und Urlaubsgeldabkommens sowie des Tarifvertrages über vermögenswirksame Leistungen im Groß- und Außenhandel des Arbeitgeberverbandes des Groß- und Außenhandels am Sitz der vertragsschließenden Firma.

Ist einer der Tarifverträge zurzeit des Abschlusses des Arbeitsvertrages abgelaufen, so finden bis zum In-Kraft-Treten eines neuen Tarifvertrages die Bestimmungen des beendeten Tarifvertrages Anwendung. Im Übrigen gelten die gesetzlichen Bestimmungen, etwaige Betriebsvereinbarungen und Arbeitsordnungen.

§ 13 Sonstige Bestimmungen

Änderungen und Ergänzungen dieses Vertrages sind, auch wenn sie bereits mündlich getroffen wurden, nur wirksam, wenn sie schriftlich festgelegt und von beiden Vertragspartnern unterschrieben worden sind. Der Arbeitnehmer erhält eine Ausfertigung dieses Vertrages.

Weiter wird vereinbart: ▄▄▄

Die etwaige Unwirksamkeit einzelner Vertragsbestimmungen berührt nicht die Wirksamkeit der übrigen Abmachungen.

31. Muster: Arbeitsvertrag mit einem Projektmanager mit Merkblättern zu Datenschutz und Diensterfindungen

Anstellungsvertrag

Zwischen

▄▄▄

– nachstehend „Firma" genannt –

und

Herrn ▄▄▄

– nachstehend „Mitarbeiter" genannt –

wird folgender Anstellungsvertrag geschlossen:

§ 1 Position

(1) Der Mitarbeiter wird ab ▄▄▄ als Projektmanager tätig.

(2) Bei Bedarf sind auch andere zumutbare Tätigkeiten zu übernehmen, die der Fortbildung und den Fachkenntnissen des Mitarbeiters entsprechen.

(3) Der Mitarbeiter ist damit einverstanden, eine vergleichbare Tätigkeit zu denselben Vertragsbedingungen auch im Dienste einer anderen zur ▄▄▄-Gruppe gehörenden Gesellschaft auszuüben. Für die Dauer der Tätigkeit bei ▄▄▄ tritt er in ein unmittelbares Dienstverhältnis zur Firma ▄▄▄.

§ 2 Arbeitszeit

Die regelmäßige wöchentliche Arbeitszeit beträgt zurzeit ▄▄▄ Stunden gemäß dem derzeit gültigen Tarifvertrag.

§ 3 Vergütung

(1) Der Mitarbeiter erhält ein Jahresbruttogehalt in Höhe von ▄▄▄ EUR. Damit sind das dem Mitarbeiter aufgrund Tarifvertrages zustehende Weihnachtsgeld (13. Monatsgehalt) und Urlaubsgeld (50 % eines Monatsgehaltes) abgegolten. Im Ein- und Austrittsjahr werden das nach Tarifvertrag geschuldete Weihnachts- und Urlaubsgeld zeitanteilig bezahlt; insoweit ist das Jahres-Bruttogehalt im Ein- und Austrittsjahr geringer als eingangs geregelt.

(2) Mit dem Gehalt sind alle Überstunden und sonstigen außerordentlichen Leistungen, insbesondere auch alle etwaigen aufgrund Gesetz, Tarifvertrag oder Betriebsvereinbarung dem Mitarbeiter zustehenden Ansprüche auf Überstunden- und/oder Mehrarbeitsvergütung abgegolten.

§ 4 Urlaub

Der Mitarbeiter hat einen Jahresurlaub von ▄▄▄ Arbeitstagen. Im Eintrittsjahr beträgt der Urlaubsanspruch ▄▄▄ Arbeitstage pro vollendeten Beschäftigungsmonat.

§ 5 Betriebliche Altersversorgung

Der Mitarbeiter nimmt an der betrieblichen Altersversorgung der Firma in der jeweils gültigen Fassung teil.

§ 6 Reisekostenerstattung
Dem Mitarbeiter werden eventuelle Auslagen gemäß der jeweils gültigen Reisekostenordnung der Firma erstattet.

§ 7 Gesundheitliche Eignung
Der Mitarbeiter wird sich zur Feststellung seiner gesundheitlichen Eignung für seine Tätigkeit auf Wunsch der Firma und auf deren Kosten ärztlich untersuchen lassen.

§ 8 Schadensersatzansprüche bei Arbeitsunfähigkeit
Der Mitarbeiter tritt bereits jetzt seine Schadensersatzansprüche für den Fall und insoweit ab, als er durch schadensersatzpflichtiges Handeln eines Dritten arbeitsunfähig wird und während der Arbeitsunfähigkeit seine Bezüge ganz oder teilweise von der Firma weitererhält.

§ 9 Beendigung
(1) Die ersten sechs Monate gelten als Probezeit. Während der Probezeit kann das Arbeitsverhältnis beiderseits mit einer Frist von einem Monat zum Monatsende gekündigt werden. Nach Ablauf der Probezeit gilt beiderseits eine Kündigungsfrist von sechs Wochen zum Quartalsende.
(2) Bei einer über fünf Jahre hinausgehende Betriebszugehörigkeit sind die von der Firma einzuhaltenden gesetzlichen Kündigungsfristen auch für den Mitarbeiter gültig, wenn dieser selbst kündigt.
(3) Eine Kündigung vor Arbeitsantritt ist ausgeschlossen.
(4) Der Mitarbeiter willigt ein, dass seine Pflicht zur Arbeitsleistung vom Unternehmen zum Ruhen gebracht wird, wenn gewichtige Gründe hierfür vorliegen. Als Freistellungsgründe kommen namentlich der Verdacht eines Verstoßes gegen die Verschwiegenheitspflicht, einer Konkurrenztätigkeit oder andere Vertragsverstöße in Betracht, durch die die Vertrauensgrundlage zwischen den Parteien erschüttert wird.
(5) Eine fristlose Kündigung gilt gleichzeitig vorsorglich als fristgemäße Kündigung zum nächstzulässigen Zeitpunkt.
(6) Das Arbeitsverhältnis endet automatisch, ohne dass es einer Kündigung bedarf, spätestens mit Ablauf des Monats, in dem der Mitarbeiter das rentenversicherungsfähige Alter erreicht hat oder Berufs- oder Erwerbsunfähigkeitsrente dem Grund nach erhält.
(7) Jede Kündigung bedarf für ihre Wirksamkeit der Schriftform.

§ 10 Besondere Vereinbarungen
Folgende Anlagen, die wesentlicher Bestandteil des Anstellungsvertrages sind, werden beigefügt:

Anlage I (Nebentätigkeit und Geheimhaltung)

Anlage II (Datenschutz und Merkblatt)

Anlage III (Erfindungen und Urheberrechte)

Der Mitarbeiter bestätigt mit seiner Unterschrift unter diesen Anstellungsvertrag, dass er diese Anlagen erhalten hat und auf deren Einhaltung achten wird.

§ 11 Sonstige Vereinbarungen
Der Mitarbeiter wird im Rahmen der von der Firma abgeschlossenen Gruppenunfallversicherung versichert.

Nach erfolgreicher Probezeit erhöht sich das Jahresbruttogehalt auf ■■■ EUR.

§ 12 Tarifvertrag
Auf das Anstellungsverhältnis finden, soweit in diesem Vertrag keine abweichenden Regelungen getroffen werden, die jeweils gültigen Tarifverträge für Mitarbeiter im Groß- und Außenhandel ■■■ sowie die jeweils geltenden betrieblichen Regelungen Anwendung.

§ 13 Ausschluss von Ansprüchen
Differenzen in der Gehaltsabrechnung sind spätestens mit Ablauf des Folgemonats geltend zu machen. Alle anderen Ansprüche verfallen binnen drei Monaten ab Fälligkeit. Im Falle des Ausscheidens müssen alle Ansprüche spätestens vier Wochen nach Beendigung des Arbeitsverhältnisses schriftlich geltend gemacht werden.

§ 14 Schlussbestimmungen
(1) Die etwaige Unwirksamkeit einzelner Vertragsbestimmungen oder von Teilen hiervon berührt nicht die Wirksamkeit der übrigen Vereinbarungen.
(2) Die Parteien sind sich einig, dass keine über den Wortlaut dieses Vertrages hinausgehenden mündlichen Vereinbarungen getroffen wurden.

(3) Änderungen oder Ergänzungen dieses Vertrages, einschließlich dieser Klausel, bedürfen zu ihrer Rechtswirksamkeit der Schriftform.

Anlage 1 zum Anstellungsvertrag: Nebentätigkeit und Geheimhaltung

1. Nebentätigkeit

a) Der Mitarbeiter wird seine volle Arbeitskraft in den Dienst der Firma stellen. Die Ausübung einer anderweitigen, auf Erwerb ausgerichteten oder nach Art und Umfang üblicherweise entgeltlichen Tätigkeit sowie die mittelbare oder unmittelbare Beteiligung an einem Unternehmen gleichen oder ähnlichen Geschäftszweckes oder die Mitwirkung in den Aufsichtsorganen eines solchen Unternehmens oder die Beteiligung als persönlich haftender Gesellschafter an einer Handelsgesellschaft ohne Rücksicht auf deren Geschäftszweck ist dem Mitarbeiter nur mit der ausdrücklichen Zustimmung der Firma gestattet. Die Bestimmung findet auch auf Tätigkeiten in Verbänden und Berufsvereinigungen Anwendung und gilt ferner für Nebentätigkeiten und Nebengeschäfte.

b) Wissenschaftliche und literarische Tätigkeiten sind zulässig, sofern sie weder die Arbeitskraft des Mitarbeiters beeinträchtigen noch vertrauliche Dinge der Allgemeinheit zugänglich machen.

c) Für Veröffentlichungen und Vorträge, die die Interessen der Firma oder einer Mutter-/Schwestergesellschaft berühren, ist die vorherige Zustimmung der Firma einzuholen.

d) Bei der Übernahme obligatorischer Ämter und Ehrenämter ist die Firma zu unterrichten.

2. Geheimhaltung

a) Der Mitarbeiter ist verpflichtet, während der Dauer seines Arbeitsverhältnisses und nach dessen Beendigung über alle ihm anvertrauten, zugänglich gemachten oder sonst bekannt gewordenen Geschäftsgeheimnisse der Firma oder eines mit der Firma verbundenen Unternehmens strenges Stillschweigen gegenüber Dritten zu bewahren und solche Betriebs- und Geschäftsgeheimnisse auch nicht selbst auszuwerten. Der Ausdruck „Betriebs- und Geschäftsgeheimnisse" umfasst alle geschäftlichen, betrieblichen, organisatorischen und technischen Kenntnisse, Vorgänge und Informationen, die nur einem beschränkten Personenkreis zugänglich sind und nach dem Willen von ■■■ nicht der Allgemeinheit bekannt werden sollen.

b) Geschäftliche Unterlagen aller Art, einschließlich der sich auf dienstliche Angelegenheiten und Tätigkeiten beziehende persönlichen Aufzeichnungen, dürfen nur zu geschäftlichen Zwecken verwendet werden.

c) Geschäftliche und betriebliche Unterlagen, die der Mitarbeiter im Rahmen seines Arbeitsverhältnisses in Besitz hat, sind sorgfältig aufzubewahren und jederzeit auf Verlangen, spätestens jedoch bei der Beendigung des Arbeitsverhältnisses der Firma auszuhändigen. Das Gleiche gilt für alle anderen im Eigentum oder unmittelbaren Besitz der Firma befindlichen Gegenständen. Die Geltendmachung jeglichen Zurückbehaltungsrechts ist ausgeschlossen.

d) Der Mitarbeiter erklärt ausdrücklich, dass er über das hinaus, was er der Firma schriftlich bekannt gegeben hat, keinen weiteren vertraglichen Verpflichtungen mit früheren Arbeitgebern oder Dritten unterliegt, aufgrund derer er gehindert wäre, während seines Anstellungsverhältnisses mit der Firma Geschäftsgeheimnisse oder vertrauliche Informationen zu benutzen oder bekannt zu machen und dass er keinem Verbot unterliegt, mit einem ehemaligen Arbeitgeber oder einem Dritten direkt oder indirekt in Wettbewerb zu treten. Der Mitarbeiter versichert darüber hinaus, dass die Erfüllung seiner Aufgaben aus diesem Vertrag keine Pflicht zur Geheimhaltung von Geschäftsgeheimnissen oder anderen vertraulichen Informationen, die ihm aus der Zeit vor Beginn dieses Anstellungsverhältnisses obliegt, verletzt oder verletzen wird, und dass er der Firma keine derartigen vertraulichen Informationen bekannt geben oder die Firma veranlassen wird, solche vertraulichen Informationen, die von einem früheren Arbeitgeber oder Dritten stammen, zu benutzen.

Die Anlage 1 zum Anstellungsvertrag ist Bestandteil des Anstellungsvertrages.

Anlage 2 zum Anstellungsvertrag: Datenschutz/Datengeheimnis

Gemäß § 5 Bundesdatenschutzgesetz – BDSG – ist es mir untersagt, personenbezogene Daten unbefugt zu verarbeiten oder zu nutzen. Dieses Datengeheimnis besteht auch nach Beendigung meiner Tätigkeit bei der Firma fort; gemäß § 43 BDSG ist der widerrechtliche Umgang mit personenbezogenen Daten unter Strafe gestellt.

Ich habe das Merkblatt Datenschutz/Datensicherheit erhalten und werde die darin enthaltenen Hinweise und Weisungen befolgen.

Wenn die Aufforderung zu einer Datenschutz-Schulung erfolgt, werde ich daran teilnehmen.

In Datenschutzfragen kann ich mich jederzeit an den Datenschutz-Koordinator oder den Datenschutzbeauftragten wenden.

Die Anlage 2 zum Anstellungsvertrag ist Bestandteil des Anstellungsvertrages.

Summary of the Federal Data Protection Act 1977/1991

"Privacy and freedom" (Westin) was 1967 the first literary activity in this century in the United States, to see the modern problems of new informationbehaviour, technics and data processing with regard to confidentiality/privacy/data protection: In 1974 the "Privacy Act" was born (already 90 years ago the "Keyright of Privacy" was constituted).

In the following years politicians in some states belong with this ideas, also in Europe. The Federal Republic of Germany belongs to the leading states of Europe having a Federal Data Protection Act = Bundesdatenschutzgesetz – BDSG – since 1977.

The purpose of this act is to protect the individual against his right to privacy being impaired through the handling of his personal data by administrative organs and by economy.

Therefore all persons employed in data processing shall not obtain, process or use data without authorisation by law or if the concerned person ("Betroffener") has consented.

All personal data processing shall take the technical and organisational necessary to ensure the implementation of the provisions of this act.

The data protection commissioner ("Datenschutzbeauftragter") in every company shall be responsible for ensuring, that the BDSG and other provisions concerning data protection are strictly observed.

Since 1.6.1991 the BDSG is in operation in a total new version, which has made stronger the functions of the authorities of state and also has made drastic liability of data processor. Now the burden of proof shall rest with the controller of the data file: He has to proof by qualified measures and extensive documentation, that all data processing "was and is and will be forever regular and lawful".

Anlage 3 zum Anstellungsvertrag: Erfindungen und Urheberrechte

1. Erfindungen

Erfindungen und technische Verbesserungsvorschläge des Mitarbeiters unterliegen den Bestimmungen des Arbeitnehmererfindungsgesetzes.

2. Urheberrechte

Der Mitarbeiter überträgt der Firma das ausschließliche, zeitlich, räumlich und inhaltlich unbeschränkte Nutzungs- und Verwertungsrecht für alle etwaigen urheberrechtsfähigen Arbeitsergebnisse, insbesondere Computer-Software, die der Mitarbeiter während der Dauer seines Anstellungsverhältnisses, im Rahmen oder außerhalb seiner anstellungsvertraglichen Aufgaben sowie während und außerhalb seiner Arbeitszeit erstellt. Die Übertragung und Abtretung des Nutzungs- und Verwertungsrechts umfasst die Erlaubnis zur Bearbeitung und Lizenzvergabe an Dritte und ist vollumfänglich mit dem Gehalt abgegolten. Der Mitarbeiter verzichtet ausdrücklich auf alle sonstigen ihm etwa als Urheber/Schöpfer zustehenden Rechte an dem Arbeitsergebnis, insbesondere auf das Namenrecht als Urheber/Schöpfer und auf Zugänglichmachung des Werkes. Der Mitarbeiter hat eine angemessene Dokumentation seiner urheberrechtsfähigen Arbeitsergebnisse sicherzustellen und auf dem Laufenden zu halten und diese der Firma jederzeit zugänglich zu machen und ihr das Eigentum daran zu übertragen.

Unabhängig von den Mitwirkungspflichten gemäß Arbeitnehmererfindungsgesetz hat der Mitarbeiter auf Verlangen der Firma bei der Erlangung und Durchsetzung von Urheberrechten und anderen gewerblichen Schutzrechten für seine Arbeitsergebnisse in anderen Ländern zu unterstützen. Der Mitarbeiter wird zu diesem Zweck alle Anträge, Abtretungserklärungen und sonstigen rechtsgeschäftlichen Erklärungen ausfüllen und abgeben, alle Dokumente unterzeichnen und sonstige Rechtshandlungen wahrnehmen, die erforderlich sind oder von der Firma gewünscht werden, um alle seine Rechte als Urheber/Schöpfer vollständig auf die Firma zu übertragen und der Firma, ihren Nachfolgern und Abtretungsempfängern zu ermöglichen, sich den vollen und ausschließlichen Nutzen und die Vorteile dieser Arbeitsergebnisse zu sichern und zu verwerten.

Für die Erfüllung dieser Mitwirkungspflichten erhält der Mitarbeiter während der Dauer des Anstellungsverhältnisses keine weitere Vergütung außer der Erstattung von Kosten, die ihm durch das Verlangen der Firma entstanden sind. Soweit der Mitarbeiter die Mitwirkungspflichten nach Beendigung des Anstellungsverhältnisses erfüllt, wird er hierfür einen angemessenen Tagessatz sowie die Erstattung aller Kosten, die ihm durch das Verlangen der Firma entstanden sind, erhalten.

Die Anlage 3 zum Anstellungsvertrag ist Bestandteil des Anstellungsvertrages.

32. Muster: Arbeitsvertrag im Bereich Touristik (mit Tarifbindung)

Arbeitsvertrag

Zwischen

∎∎∎

– nachstehend: Firma –

und

Herrn ∎∎∎

– nachstehend: Mitarbeiter –

wird folgender Arbeitsvertrag geschlossen:

§ 1 Tätigkeitsbereich und Tätigkeitsvoraussetzungen

(1) Der Mitarbeiter wird von der Firma als ∎∎∎ beschäftigt. Sein Einsatz erfolgt in dem Betrieb ∎∎∎ und umfasst Arbeiten laut besonderer Anweisung.

(2) Der Mitarbeiter ist verpflichtet, auch andere, seiner Vorbildung und seinen Fähigkeiten entsprechende Tätigkeiten in der Firma auszuüben.

(3) Der Mitarbeiter ist zur Verschwiegenheit bzgl. aller betrieblichen Angelegenheiten auch für die Zeit nach dem Ausscheiden aus der Firma verpflichtet.

§ 2 Nebentätigkeit

Jede Tätigkeit in anderen Verkehrs- und Touristikbetrieben ist untersagt.

§ 3 Tätigkeitsbeginn

Das Arbeitsverhältnis beginnt am ∎∎∎.

§ 4 Tätigkeitsdauer

Die Einstellung erfolgt als unbefristetes Arbeitsverhältnis mit einer Probezeit von 3 Monaten. Innerhalb der Probezeit beträgt die Kündigungsfrist 14 Tage.

§ 5 Tätigkeitsende

(1) Nach Beendigung der Probezeit ergibt sich die Kündigungsfrist für die Firma und den Mitarbeiter aus den gesetzlichen Bestimmungen. Die Kündigung muss schriftlich erfolgen.

(2) Gesetzliche längere Kündigungsfristen gelten beiderseits.

§ 6 Tätigkeitsvergütung

(1) Der Monatslohn beträgt brutto ∎∎∎ EUR.
Der Wochenlohn beträgt brutto ∎∎∎ EUR.
Der Stundenlohn beträgt brutto ∎∎∎ EUR.
Im Monats-, Wochen- oder Stundenlohn sind enthalten:

Tariflohn: ∎∎∎ EUR	Sonstige Zulagen: ∎∎∎ EUR	Insgesamt: ∎∎∎ EUR
Tarifliche Einmann-Dienstzulage: ∎∎∎ EUR	Sonstige Zulagen: ∎∎∎ EUR	Insgesamt: ∎∎∎ EUR
Übertarifliche Zulage: ∎∎∎ EUR	Sonstige Zulagen: ∎∎∎ EUR	Insgesamt: ∎∎∎ EUR

(2) Durch den Tariflohn wird eine regelmäßige Arbeitszeit von ∎∎∎ Stunden abgegolten.

§ 7 Weihnachtsgratifikation

Die Weihnachtsgratifikation ist eine freiwillige Leistung der Firma. Ihre Zahlung steht in deren freiem Ermessen. Ein Rechtsanspruch ist auch bei wiederholter Zahlung weder dem Grunde noch der Höhe nach gegeben. Der Mitarbeiter ist verpflichtet, die Weihnachtsgratifikation zurückzuzahlen, wenn er aufgrund eigener Kündigung oder aufgrund einer von ihm zu vertretenden Kündigung der Firma bis zum 31.3. des auf die Auszahlung erfolgenden Kalenderjahres ausscheidet.

§ 8 Fortbildungskosten

Die Firma kann die Teilnahme des Mitarbeiters an Fortbildungslehrgängen und -kursen usw. verlangen, wenn dies sowohl im Interesse der Firma als auch im Interesse des Mitarbeiters liegt. Die Firma übernimmt für diese Fortbildung neben dem vollen Lohnausgleich auch noch die Teilnahmekosten der Fortbildung (z.B. Lehrgangsgebühren) sowie nachgewiesene Nebenkosten für die Reise und Unterkunft, so dass dem Mitarbeiter durch die Teilnahme keine besonderen Kosten entstehen. Die insgesamt von der Firma aufgewendeten Kosten (Lohn-, Teilnahme-, Nebenkosten) werden gleichmäßig auf 36 Monate verteilt, beginnend mit dem Monat nach Beendigung der Fortbildungsmaßnahme. Beim Ausscheiden des Mitarbeiters vor Ablauf der 36 Monate ist die Firma berechtigt, für jeden Folgemonat 1/36 der Gesamtkosten zu fordern oder vom Restlohn einzubehalten.

§ 9 Sonstige Vereinbarungen

Die Abtretung oder Verpfändung von Lohnansprüchen an Dritte ist ausgeschlossen.[456]

Bei Pfändung von Lohnansprüchen wird zu Lasten des Mitarbeiters als Pauschalabgeltung für die der Firma entstehenden zusätzlichen Unkosten 1% des jeweils einzubehaltenden Betrages berechnet.

Dem Mitarbeiter ist der Nachweis gestattet, dass ein Schaden oder ein Aufwand überhaupt nicht entstanden oder wesentlich niedriger ist als der Pauschbetrag.

§ 10 Besondere Vereinbarungen

(1) Private Telefonate sind nur auf 1 Ortsgespräch pro Person und Tag beschränkt. Alle weiteren Gespräche sind laut Monatsaufstellung der Telekom voll erstattungspflichtig.

(2) Überstunden werden durch Freizeit abgegolten.

(3) Urlaub nach Manteltarifvertrag.

(4) Arbeitszeit: Montag bis Freitag zzgl. 2 Samstage monatlich. Eine andere Einteilung erfolgt gemäß Absprache.

(5) Spesen/Übernachtungsabrechnung gemäß den steuerlichen Richtlinien, mindestens jedoch 13 EUR täglich bei mehrtägiger Abwesenheit.

§ 11 Kollektivregelung

Das Arbeitsverhältnis unterliegt im Übrigen – soweit vorstehend nichts Abweichendes vereinbart – dem für die Firma geltenden Tarifvertrag in seiner jeweils letzten – auch nachwirkenden – Fassung. Die Tarifverträge können im Lohn-Büro eingesehen werden.

§ 12 Änderungen

Änderungen und Ergänzungen des Vertrages bedürfen der Schriftform. Der Mitarbeiter bestätigt, dass ihm ein von beiden Vertragspartnern unterzeichnetes Exemplar dieses Vertrages ausgehändigt worden ist.

33. Muster: Angestelltenarbeitsvertrag (mit Tarifbindung Elektro- und Metallindustrie NW)

Anstellungsvertrag

Zwischen

▪▪▪

– nachfolgend Firma genannt –

und

Herrn ▪▪▪

– nachfolgend Beschäftigter genannt –

§ 1 Tätigkeit

Herr ▪▪▪ tritt am ▪▪▪ als ▪▪▪ in die Dienste der Firma. Sein Aufgabengebiet umfasst im Wesentlichen ▪▪▪ in der Abteilung ▪▪▪.

Herr ▪▪▪ ist Herrn ▪▪▪ unterstellt.

Die Firma behält sich vor, dem Beschäftigten auch eine andere seiner Vorbildung und seinen Fähigkeiten entsprechende Tätigkeit zu übertragen und ihn an einen anderen Ort zu versetzen.

Die Firma hat das Recht, im Rahmen des gesetzlich bzw. tarifvertraglich oder kraft Betriebsvereinbarung zulässigen Höchstrahmens Überstunden anzuordnen. Der Beschäftigte verpflichtet sich, die angeordnete Mehrarbeit zu leisten. Mangelnde Zumutbarkeit muss der Beschäftigte unverzüglich geltend machen.

Es gelten die Tarifbestimmungen der Elektro- und Metallindustrie NW.

---

[456] Die Klausel ist nach vertretener Auffassung nach § 307 Abs. 2 Nr. 1 BGB unwirksam (*Hümmerich*, Gestaltung von Arbeitsverträgen, § 1 Rn 296).

Der Beschäftigte wird seine ganze Arbeitskraft dem Unternehmen widmen. In diesem Sinne bedarf die Übernahme jedweder auf den Erwerb gerichteter Nebentätigkeit der vorherigen Zustimmung der Geschäftsleitung. Desgleichen ist für eventuelle Vorträge und Veröffentlichungen, soweit sie das Arbeitsgebiet betreffen bzw. das Interessengebiet der Firma berühren, das Einverständnis der Geschäftsleitung einzuholen.

§ 2 Bezüge

Als Vergütung für seine Tätigkeit erhält der Beschäftigte ein monatliches Bruttogehalt von ▬▬▬ EUR, zahlbar jeweils am Ende eines Monats (Tarifgruppe ▬▬▬).

Der Mitarbeiter verpflichtet sich, für alle von ihm verschuldeten Schäden eine Haftung bis zum Betrag von ▬▬▬ EUR zu übernehmen. Zum Ausgleich für die Risikobeteiligung des Mitarbeiters gewährt die Firma eine monatliche Prämie von ▬▬▬ % des durchschnittlichen Bruttomonatslohn, der nach den Grundsätzen des EFZG berechnet wird. Die Prämie wird monatlich zusammen mit dem Gehalt gezahlt.

Der Beschäftigte verpflichtet sich, Gehaltsüberzahlungen ohne Rücksicht auf eine noch vorhandene Bereicherung zurückzuzahlen.[457]

§ 3 Urlaub

Der Beschäftigte hat Anspruch auf einen Jahresurlaub von 30 Arbeitstagen.

Der Zeitpunkt des Urlaubsantrittes wird im Einvernehmen mit den vorgesetzten Stellen festgelegt.

Die Geschäftsleitung ist berechtigt, den Beschäftigten jederzeit unter Fortzahlung der ihm nach § 2 zustehenden Bezüge von seiner Tätigkeit zu beurlauben, sofern arbeitgeberseitig eine Kündigung ausgesprochen wurde.

§ 4 Altersversorgung

Nach fünfjähriger ununterbrochener Tätigkeit im Dienste der Firma erwirbt der Beschäftigte einen Anspruch auf Altersversorgung und Invaliditätsversorgung, soweit die übrigen in der Versorgungsordnung festgelegten Voraussetzungen des Betriebs erfüllt sind. Die Bestimmungen über das Versorgungswerk sind aus der ausgehändigten Versorgungsordnung in der Fassung vom ▬▬▬ zu entnehmen.

Soweit besondere Vereinbarungen bezüglich der Alters- und Invaliditätsversorgung gelten sollen, müssen sie schriftlich getroffen werden.

§ 5 Verschwiegenheitpflicht

Der Beschäftigte verpflichtet sich, während und auch nach Beendigung des Arbeitsverhältnisses über alle internen Angelegenheiten und Vorgänge, insbesondere über alle Geschäfts- und Fabrikationsgeheimnisse, die ihm im Rahmen seiner Tätigkeit bei der Firma bekannt werden, Stillschweigen zu bewahren.

§ 6 Diensterfindungen

Für die Behandlung von Diensterfindungen gelten die Vorschriften des Gesetzes über die Arbeitnehmererfindungen vom 25.7.1957.

§ 7 Dienstreisen

Bei Dienstreisen vergütet die Firma die entstandenen Aufwendungen sowie ein Tagegeld in der betrieblich allgemein üblichen Höhe.

Wenn der Wohnort außerhalb der Gemeindegrenzen des Betriebsortes in einer Entfernung von mindestens 10 km (Luftlinie) liegt, sich aber noch im Einzugsgebiet befindet, werden für Fahrten zwischen Wohnung und Arbeitsstätte die anfallenden Fahrtkosten (Bundesbahntarif) bis in Höhe von 100 EUR monatlich erstattet.

§ 8 Vertragsdauer

Die Anstellung erfolgt zunächst auf Probe. Die Probezeit beträgt sechs Monate. Während der Probezeit kann jeder Vertragspartner das Dienstverhältnis mit einer Kündigungsfrist von einem Monat auflösen. Nach Ablauf der Probezeit gilt das Dienstverhältnis als für unbestimmte Zeit eingegangen. Es gelten die gesetzlichen/tariflichen Kündigungsfristen.

Das Arbeitsverhältnis endet spätestens mit dem Ende des Monats, in dem der Beschäftigte das 65. Lebensjahr vollendet hat.

§ 9 Sonstige Vereinbarungen

▬▬▬

---

[457] Diese Klausel ist nach hier vertretener Ansicht gemäß § 307 Abs. 2 Nr. 1 BGB nicht wirksam (*Hümmerich*, NZA 2003, 764; *ders.*, Gestaltung von Arbeitsverträgen, § 1 Rn 1620).

34. Muster: Arbeitsvertrag eines angestellten Unternehmensberaters mit Zeit- und Spesenregelung sowie Vergütungsvereinbarung

Anstellungsvertrag

Zwischen

■■■

– nachfolgend Firma genannt –

und

Herrn ■■■

– nachfolgend Mitarbeiter genannt –

wird folgender Vertrag geschlossen:

1. Tätigkeit und Aufgabenbereich

1.1 Der Mitarbeiter tritt ab dem ■■■ als Unternehmensberater in die Dienste des Fachteams der Firma. Die Hauptaufgabe des Mitarbeiters besteht in der Beratung von Klienten sowie in der Akquisition und in der Leitung von Beratungsprojekten. Einzelheiten hinsichtlich der Art der Tätigkeit und des Einsatzortes des Mitarbeiters werden durch die Firma nach pflichtgemäßem Ermessen bestimmt.

1.2 Der Mitarbeiter verpflichtet sich, alle ihm übertragenen Aufgaben sorgfältig und gewissenhaft auszuführen und innerhalb des unter Punkt 1.1 genannte Geschäftsbereiches oder innerhalb interner Aufgaben, nach Bedarf auch andere im Rahmen seiner Vorbildung zumutbare Tätigkeiten zu übernehmen.

1.3 Der Mitarbeiter ist verpflichtet, der Firma sein ganzes Wissen und Können und seine volle Arbeitskraft zur Verfügung zu stellen. Die ihm übertragenen Aufgaben wird er in eigener Verantwortung bei voller Wahrung der Interessen der Firma nach innen und nach außen wahrnehmen. Der Mitarbeiter hat bestrebt zu sein, die Belange der Firma, auch durch hohen persönlichen Einsatz, zu fördern.

2. Vergütung

2.1 Der Mitarbeiter erhält eine fixe und eine erfolgsabhängige variable Vergütung. Einzelheiten sind in der als Anlage beigefügten Vergütungsvereinbarung geregelt.

2.2 Zukünftige Änderungen der Vergütung (fix und variabel) werden in Ergänzung bzw. als Ersatz der Anlage zu diesem Vertrag verfasst und von beiden Vertragsparteien unterzeichnet.

2.3 Über die Vergütungsregelung ist strengstes Stillschweigen zu wahren.

2.4 Die Vergütung wird nachträglich am Ende jeden Monats bargeldlos gezahlt. Eventuell zu viel bzw. zu wenig gezahlte Bezüge werden mit der nächsten Zahlung verrechnet.

2.5 Vorschüsse und Abschlagszahlungen sind zum Geschäftsjahresende oder zum Zeitpunkt des Ausscheidens des Mitarbeiters unter Berücksichtigung der Ziffern 2.2 und 2.6 der Vergütungsvereinbarung (Anlage 1) abzurechnen und werden ausdrücklich unter dem Vorbehalt der Rückforderung gewährt.

2.6 Der Mitarbeiter verpflichtet sich, Gehaltsüberzahlungen ohne Rücksicht auf eine noch vorhandene Bereicherung zurückzuzahlen.[458]

3. Nebenleistungen

Für die Erstattung von Reisekosten und sonstigen Auslagen gelten die Richtlinien für Zeit- und Spesenregelungen der Firma in ihrer jeweils gültigen Fassung.

Die derzeit gültigen Richtlinien sind als Anlage 2 beigefügt.

4. Arbeitszeit

4.1 Die regelmäßige Arbeitszeit beträgt wöchentlich 40 Stunden. Der Mitarbeiter ist innerhalb seines Fachteams im Rahmen der Erfordernisse zur Leistung von Mehrarbeit verpflichtet.

Ergänzend gelten die Zeit- und Spesenregelungen der Firma in ihrer jeweils gültigen Fassung.

4.2 Die Firma ist berechtigt, den Mitarbeiter bei Vorliegen einer Kündigung von seiner dienstlichen Tätigkeit freizustellen. Die Freistellung kann widerruflich oder unwiderruflich erfolgen. Falls eine Freistellung erfolgt, wird mit jedem Tag der Freistellung, der auf einen Arbeitstag fällt, ein Urlaubstag abgegolten.

---

[458] Diese Klausel ist nach hier vertretener Ansicht gemäß § 307 Abs. 2 Nr. 1 BGB nicht wirksam (*Hümmerich*, NZA 2003, 764; *ders.*, Gestaltung von Arbeitsverträgen, § 1 Rn 1620).

5. Urlaub

Der Mitarbeiter erhält einen Jahresurlaub von 25 Arbeitstagen.

Der Urlaub ist grundsätzlich zusammenhängend und nach vorheriger Abstimmung zu gewähren. Eine Übertragung auf die ersten drei Monate des nächsten Kalenderjahres ist nur statthaft, wenn projektbedingte oder in der Person des Mitarbeiters liegende Gründe dies rechtfertigen und dies von der Firma ausdrücklich angeordnet worden ist.

6. Krankheit

6.1 Arbeitsverhinderung ist der Firma unverzüglich am 1. Tage des Arbeitsausfalls unter Angabe der Gründe mitzuteilen. Ist die Arbeitsverhinderung voraussehbar, so ist sie rechtzeitig mitzuteilen. Innerhalb von drei Werktagen ist der Firma eine ärztliche Bescheinigung einzureichen, aus der die Arbeitsunfähigkeit sowie deren Beginn und voraussichtliche Dauer ersichtlich sind. Die Firma ist unverzüglich über etwaige Veränderungen der voraussichtlichen Arbeitsverhinderung zu unterrichten.

6.2 In Krankheitsfällen und während eines ärztlich verordneten Heilverfahrens wird das unter Punkt 2. vereinbarte feste Monatsgehalt bis zu einer Dauer von sechs Wochen (entsprechend 45 Kalendertage) fortgezahlt.

7. Vertragsdauer und Kündigung

7.1 Dieser Anstellungsvertrag wird auf unbestimmte Zeit abgeschlossen. Eine Probezeit wird für die Dauer von sechs Monaten vereinbart.

7.2 Es gelten folgende Kündigungsfristen:
- Während der Probezeit: ein Monat zum Monatsende.
- Nach Ablauf der Probezeit: drei Monate zum Quartalsende.

Das Arbeitsverhältnis endet ohne Kündigung am letzten Tag des Monats, in dem der Mitarbeiter die gesetzliche Altersgrenze erreicht hat.

Für die Zeit vom Abschluss dieses Vertrages bis zum Arbeitsantritt ist für beide Parteien das Recht zur ordentlichen Kündigung ausgeschlossen.

7.3 Im Falle einer Kündigung ist der Mitarbeiter weiterhin verpflichtet, sämtliche Kontakte zu den bislang von ihm betreuten Klienten zu unterlassen. Hierunter fallen sowohl mündliche, fernmündliche als auch schriftliche und persönliche Kontakte, die in irgendeiner Weise mit der geschäftlichen Beziehung des Klienten mit der Firma zu tun haben.

7.4 Das Recht zur außerordentlichen Kündigung bleibt unberührt.

7.5 Die Kündigung bedarf zu ihrer Rechtswirksamkeit der Schriftform.

8. Rechte am Arbeitsergebnis

Die Ergebnisse der Arbeit des Mitarbeiters, die gegebenenfalls auch unter das Urheberrecht fallen, werden zur ausschließlichen und alleinigen Verwertung, auch mit dem Recht zur Veränderung und Übertragung auf Dritte, auf die Firma übertragen. Dabei ist es ohne Bedeutung, ob diese Arbeiten während der Arbeitszeit im Büro oder an anderen Orten ausgeführt werden und ob und in welcher Form eine gesonderte Abgeltung für diese Arbeiten erfolgt.

9. Geheimhaltung

9.1 Die Tätigkeit der Firma erfordert eine streng vertrauliche Behandlung sämtlicher Geschäftsvorfälle. Der Mitarbeiter verpflichtet sich daher, über alle geschäftlichen und betrieblichen Angelegenheiten auch nach Beendigung des Arbeitsverhältnisses absolute Verschwiegenheit gegenüber jedermann zu wahren. Er darf weder unmittelbar noch mittelbar für sich oder Dritte von Informationen Gebrauch machen, die er durch seine Tätigkeit bei der Firma erlangt hat. Dieses gilt insbesondere für Informationen und Daten, die dem Mitarbeiter durch die Arbeit in einem Klientenprojekt zugänglich gemacht werden.

Sämtliche betrieblichen und kundenbezogenen Unterlagen sind ständig so unter Verschluss zu halten, dass Dritten kein Zugang möglich ist.

9.2 Bei Beendigung des Arbeitsverhältnisses sind sämtliche betrieblichen Unterlagen, persönliche Aufzeichnungen, die mit der Tätigkeit bei der Firma in Zusammenhang stehen, und sonstige Gegenstände ohne Aufforderung an die Firma zurückzugeben.

9.3 Ein Verstoß gegen die unter Punkt 9.1 oder Punkt 9.2 aufgeführten Regelungen kann die Firma im Einzelfall je nach Bedeutung des Verstoßes und unter Berücksichtigung aller maßgeblichen Interessen zur fristlosen oder fristgemäßen Kündigung des Vertrages berechtigen.

10. Wettbewerbs- und Sperrklausel

10.1 Während der Dauer des Beschäftigungsverhältnisses ist eine entgeltliche oder unentgeltliche Nebenbeschäftigung des Mitarbeiters nur mit schriftlicher Genehmigung der Firma zulässig. Eine Tätigkeit für andere Unternehmensberatungsgesellschaften ist grundsätzlich nicht zulässig.

10.2 Zur Beteiligung an Firmen, die gleiche oder ähnliche Geschäfte wie die Firma betreiben, ausgenommen der Erwerb von Aktien börsennotierter Unternehmen, bedarf der Mitarbeiter der vorherigen Zustimmung der Firma.

11. Schlussbestimmungen

11.1 Es besteht Einigkeit, dass mündliche Vereinbarungen außerhalb dieses Vertrages zwischen den Parteien nicht getroffen sind.

Änderungen und Ergänzungen dieses Vertrages bedürfen zu ihrer Wirksamkeit der Schriftform. Dies gilt auch für die Aufhebung der Schriftformklausel.

11.2 Die Angaben im Personalfragebogen sind wesentlicher Bestandteil dieses Anstellungsvertrages. Bewusst unvollständige oder unrichtige Auskünfte berechtigen die Firma zur Anfechtung des Anstellungsvertrages.

Der Mitarbeiter verpflichtet sich, alle Änderungen über die Angaben zur Person, soweit sie für das Anstellungsverhältnis von Bedeutung sind, unverzüglich mitzuteilen.

11.3 Wesentliche Bestandteile dieses Vertrages sind:
- Die Zusatzvereinbarung über Vergütung (Anlage 1),
- die Richtlinien zurzeit und Spesenregelung (Anlage 2).

11.4 Sollte ein Teil dieses Vertrages nichtig sein, so berührt dies nicht die Gültigkeit der übrigen Vertragsbestimmungen. Unwirksame Bestimmungen sind einvernehmlich durch solche zu ersetzen, die unter Berücksichtigung der Interessenlage den gewünschten Zweck des Vertrages zu erreichen geeignet sind.[459]

11.5 Die Parteien vereinbaren, dass alle beiderseitigen Ansprüche aus dem Arbeitsverhältnis binnen drei Monaten nach Fälligkeit verfallen. Der Verfall tritt nicht ein, wenn solche Ansprüche innerhalb dieses Zeitraums schriftlich gegenüber der anderen Vertragspartei geltend gemacht werden.

11.6 Beide Vertragsparteien bestätigen, dass sie je ein von der Gegenpartei unterschriebenes Exemplar dieses Vertrages erhalten haben.

■■■ (Ort, Datum, Unterschriften)

Vereinbarung über Vergütung – Anlage 1 zum Anstellungsvertrag vom ■■■ zwischen der Firma ■■■ und Herrn ■■■

1. Fixe Vergütung

1.1 Der Mitarbeiter erhält eine monatliche fixe Bruttovergütung in Höhe von

■■■ EUR (in Worten: ■■■ Euro).

1.2 Nach einer Betriebszugehörigkeit von 6 Monaten hat der Mitarbeiter Anspruch auf Zahlung einer 13. Bruttofixvergütung, die zu 50% mit dem Juli-Gehalt und zu weiteren 50% mit dem November-Gehalt zur Zahlung fällig wird. Soweit der Mitarbeiter noch kein volles Jahr beschäftigt ist oder aber vorzeitig aus dem Arbeitsverhältnis ausscheidet, wird die zusätzliche Vergütung zeitanteilig gewährt (1/12 pro Monat).

1.3 Durch die monatliche Fixvergütung sind alle Entgeltansprüche für Mehrarbeit und Überstunden abgegolten.

2. Erfolgsabhängige variable Vergütung

2.1 Die erfolgsabhängige variable Vergütung wird bei Vorliegen der nachstehenden Voraussetzungen zusätzlich gewährt und umfasst zwei Bestandteile: Die Individuelle Variable Vergütung (IVV) zur Honorierung des Erfolgs bei individuell vereinbarten Zielen und die Team-Variable Vergütung (TVV) für die Honorierung der Zielerreichung der vereinbarten Ziele des jeweiligen Fachteams, dem der Mitarbeiter zugeordnet ist. IVV und TVV zusammengenommen ermöglichen eine spürbare Überschreitung des gemeinsam festgelegten Zieleinkommens des Mitarbeiters im Falle der Gesamtzielerreichung und kann in diesem Fall ca. 30% der dann eintretenden Gesamtvergütung des Mitarbeiters ausmachen.

2.2 Sowohl IVV als auch TVV werden zu Beginn eines Geschäftsjahres im Rahmen des Planungsprozesses erarbeitet und vereinbart. Der Betrachtungszeitraum für die Erfolgsmessung zur abschließenden Ermittlung der IVV und der TVV ist das jeweilige Geschäftsjahr. Die Bewertung anhand der Zielkriterien erfolgt am Ende des Geschäftsjahres, wenn die entsprechenden Zahlenwerte verprobt vorliegen.

---

[459] Manche Vertragsparteien wünschen weiterhin, dass eine salvatorische Klausel an den Schluss des Textes gestellt wird. Salvatorische Klauseln sind mit dem In-Kraft-Treten der Schuldrechtsreform gemäß § 306 Abs. 2 BGB unwirksam (KG 28.5.1997 – Karat U 5068/096, NJW 1998, 829; LG Köln 4.2.1987 – 26 O 120/86, NJW-RR 1987, 885; Däubler/Dorndorf/*Dorndorf*, AGB im Arbeitsrecht, § 306 BGB Rn 26; AnwK-ArbR/*Hümmerich*, § 306 BGB Rn 9).

2.3 Die IVV stellt ca. 10% der bei Gesamtzielerreichung (individuelle Ziele) erreichbaren Gesamtvergütung des Mitarbeiters dar. Für die Erreichung bestimmter individueller Ziele wird die IVV als EUR-Betrag (ggf. in Form einer Staffel) zwischen dem Mitarbeiter und dem jeweiligen Fachteam vereinbart. Die Leistungsbewertung erfolgt dann anhand der vereinbarten Zielkriterien. Der entsprechende EUR-Betrag wird alsdann als IVV ausgezahlt.

2.4 Die TVV stellt ca. 20% der bei Gesamtzielerreichung des Fachteams erreichbaren Gesamtvergütung des Mitarbeiters dar. Für die Erreichung bestimmter Ergebnis- und Qualitätsziele des jeweiligen Fachteams wird die TVV als EUR-Betrag (bzw. die Handhabung bei Zielunter- und Zielüberschreitung) zwischen der Firma und dem jeweiligen Fachteam vereinbart. Die Leistungsbewertung erfolgt dann anhand der vereinbarten Zielkriterien. Der sich ergebende EUR-Betrag wird alsdann in der vereinbarten Weise im Fachteam verteilt und alsdann ausgezahlt.

2.5 Auf die erfolgsabhängige variable Vergütung werden monatliche Abschlagszahlungen geleistet, die grundsätzlich 10% des Fixums betragen. Dieser Abschlag wird als Vorschuss gewährt und zum Zeitpunkt der Endermittlung der IVV und der TVV abgerechnet (1/3 des Abschlags für IVV, 2/3 für TVV).

Ergibt das monatliche Berichtswesen ein vorläufiges Ergebnis der erfolgsabhängigen variablen Vergütung, das oberhalb oder unterhalb des geleisteten Vorschusses liegt, so kann der Vorschuss durch die Firma entsprechend angepasst werden bzw. gänzlich entfallen.

2.6 Im Falle des Ausscheidens des Mitarbeiters vor dem Ende des Geschäftsjahres bleibt der ausbezahlte Vorschuss des Mitarbeiters erhalten. Die Zielerreichung bzgl. der IVV wird umgehend ermittelt; wenn dieser Betrag die Höhe des bis dato gezahlten Vorschusses (= 1/3 des Abschlags für IVV) übersteigt, wird der Differenzbetrag mit der letzten Monatsabrechnung ausgezahlt. Eine Teilnahme an der TVV über das Maß des ausbezahlten Vorschusses (= 2/3 des Abschlags) hinaus unterbleibt.

2.7 Die variable Vergütung ist fällig mit der auf die Feststellung gemäß Ziffer 2.3 und 2.4 folgenden Gehaltsabrechnung.

3. Firmenfahrzeug

3.1 Der Mitarbeiter hat nach Ablauf der Probezeit (im Falle der Neubeschaffung: Termin der Bestellung) Anspruch auf einen Firmenwagen im letztendlichen Gesamt-Nettoanschaffungswert von 20.500 EUR (inkl. Anschaffungsnebenkosten). Als Firmenwagen wird in Absprache mit der Geschäftsführung ein ▪▪▪ mit guter Sicherheitsausstattung (ABS, Airbag) ausgewählt bzw. aus dem Fahrzeugpool zugeordnet. Anspruch auf ein bestimmtes Firmenfahrzeug besteht nicht.

3.2 Die Firma trägt sämtliche Unterhalts- und Finanzierungskosten für das Fahrzeug. Der Mitarbeiter hat das Recht, den Firmenwagen auch für private Fahrten zu nutzen. Während einer Urlaubsreise ins Ausland entstehende laufende Fahrtkosten trägt der Mitarbeiter selbst. Verursacht der Mitarbeiter während einer privaten Fahrt einen selbstverschuldeten Unfall, so trägt er die nicht von der Versicherung gedeckten Kosten bis zu einer Höhe von 500 EUR.

3.3 Der Mitarbeiter muss sich für die private Nutzung des Firmenwagens einen geldwerten Vorteil nach den jeweils gültigen steuerlichen Pauschalvorschriften anrechnen lassen. Derzeit beträgt der geldwerte Vorteil 1% des Listenanschaffungswertes des Fahrzeugs.

▪▪▪ (Ort, Datum, Unterschriften)

Zeit- und Spesenregelung – Anlage 2 zum Anstellungsvertrag vom ▪▪▪ zwischen der Firma ▪▪▪ und Herrn ▪▪▪

1. Grundsätzlich erstattet die Firma die dem Mitarbeiter entstehende Mehraufwendungen für Dienstreisen und Dienstgänge.

Eine Dienstreise liegt vor, wenn der Mitarbeiter aus dienstlichen Gründen in einer Entfernung von mindestens 20 km von seiner Wohnung und von seiner regelmäßigen Arbeitsstätte vorübergehend tätig wird.

Die regelmäßige Arbeitsstätte des Mitarbeiters ist das Büro der Firma in ▪▪▪.

Ein Dienstgang liegt vor, wenn der Mitarbeiter aus dienstlichen Gründen außerhalb der regelmäßigen Arbeitsstätte und seiner Wohnung in einer Entfernung von weniger als 20 km tätig wird.

Dabei ist es sowohl im Falle der Dienstreise als auch im Falle des Dienstgangs unerheblich, ob sie von der regelmäßigen Arbeitsstätte oder von der Wohnung des Mitarbeiters aus angetreten werden.

2. Die Spesen werden (anhand der von dem Mitarbeiter geführten Zeit- und Spesenerfassung) auf dem von der Firma für diesen Zweck bereitgestellten Formular geführt. Das ausgefüllte Formular wird jeweils zur Monatsmitte und zum Monatsende beim zuständigen Mitarbeiter des Innendienstes abgegeben. Am Monatsende sind dem Formular sämtliche Quittungen und Belege beizufügen.

Die Zeit und Spesenerfassung dient neben der Ermittlung der Spesen und Auslagen des Mitarbeiters auch als Grundlage zur Fakturierung der Leistungen an die Klienten. Das Formular ist daher genau zu führen und pünktlich an den internen

Service abzugeben. Ein Verstoß gegen die Genauigkeit und Wahrheitstreue der Zeit- und Spesenregelung berechtigt grundsätzlich ohne vorangegangene Abmahnung zur fristlosen Kündigung des Mitarbeiters durch die Firma.

3. Die Firma erstattet dem Mitarbeiter Fahrt- und Tagesspesen in Höhe der jeweiligen steuerfreien Höchstsätze. Auslagen für Übernachtungen werden nach Beleg abgerechnet. Der Mitarbeiter ist gehalten, die Kosten für Hotelunterkünfte auf einem akzeptablen Niveau zu halten. Als Richtwert gelten 80 EUR pro Übernachtung eines Mitarbeiters. Der Richtwert darf nur in begründeten Ausnahmefällen, z.B. wenn keine Übernachtung zu diesen Kosten an einem Ort möglich ist, überschritten werden.

Die Firma zahlt die Spesen jeweils für einen Monat in einer Summe zu Beginn des folgenden Monats bargeldlos an den Mitarbeiter. Vorschüsse können in Ausnahmefällen nach Absprache mit der Geschäftsleitung gewährt werden.

35. Muster: Arbeitsvertrag für eine Verwaltungskraft mit Leistungszulage und Erfolgsbeteiligung (ohne Tarifbindung)

Arbeitsvertrag

zwischen

■■■

– nachfolgend Arbeitgeber genannt –

und

Frau ■■■

– nachfolgend Arbeitnehmerin genannt –

Frau ■■■ wird ab dem ■■■ im Sekretariat und in der Buchhaltung des Arbeitgebers eingesetzt.

Arbeitsplatzbeschreibung:

- Schreibarbeiten
- Erstellen von Vortragsfolien usw.
- Telefonzentrale
- Posteingang und -ausgang
- Verwalten der Ablage
- Terminverfolgung
- Kassenführung
- Durchführen von Bestellungen
- Vorbereiten der Buchungsunterlagen für den Steuerberater
- Gehalts-, Provisions- und Reisekostenabrechnungen
- Fakturierung und Rechnungsverfolgung
- Führen von Projektkonten
- Kundenbewirtung

Der Arbeitgeber ist nicht tarifgebunden. Er ist jedoch bestrebt, seinen Mitarbeitern marktgerechte Arbeitsbedingungen zu bieten. Wenn und soweit ausdrücklich oder stillschweigend tarifliche Regelungen angewendet werden, erfolgt dies rein freiwillig unter dem Vorbehalt des Widerrufs. Auch durch mehrjährige Tarifanwendung wird dieser Vorbehalt nicht gegenstandslos.

1. Gehalt

Das Gehalt setzt sich zusammen aus:

- Grundgehalt
- Leistungszulage
- Erfolgsbeteiligung
- Vermögenswirksamen Leistungen

1.1 Grundgehalt

Das Grundgehalt beträgt ■■■ EUR pro Monat und wird jeweils am Monatsende ausgezahlt.

Kapitel 1: Arbeitsverträge

1.2 Leistungszulage

Zusätzlich zum Grundgehalt wird eine freiwillige, widerrufbare Leistungszulage gezahlt. Die Zahlung erfolgt mit dem Grundgehalt.

Die Höhe der Zulage errechnet sich aus dem Grundgehalt und aus Leistungspunkten, die die Arbeitnehmerin in einer Beurteilung erhält. Die Arbeitnehmerin hat Anspruch auf eine jährliche Beurteilung jeweils im Einstellungsmonat, weitere Beurteilungen sind möglich.

Die Berechnung geschieht nach der Formel:

Leistungszulage = Grundgehalt x Punkte / 600

Die Basispunktzahl am Einstellungstermin beträgt 30 Punkte, die Leistungszulage damit ▬▬▬ EUR.

1.3 Erfolgsbeteiligung

Übersteigt der Jahresgewinn des Arbeitgebers einen Mindestbetrag, wird mit dem Märzgehalt des Folgejahres eine freiwillige Erfolgsbeteiligung gezahlt.

Der Mindestbetrag wird vom Arbeitgeber jährlich in angemessener Höhe neu festgesetzt.

Basis der Erfolgsbeteiligung (EB) ist eine Gewinnausschüttung (GA) von 5 % des Gewinns pro Arbeitnehmer, der dieser Regelung unterliegt, maximal jedoch von 15 % an alle Mitarbeiter, die dieser Regelung unterliegen. Die Erfolgsbeteiligung beträgt maximal das 2,0-fache des durchschnittlichen Monatsgehalts (Grundgehalt + Leistungszulage) im abgelaufenen Geschäftsjahr.

Die Aufteilung der GA erfolgt in Abhängigkeit von verschiedenen Bewertungsfaktoren:

30 % der GA wird im Verhältnis der vertraglichen Jahresarbeitszeit der Arbeitnehmerin (AZ) zur Summe der Jahresarbeitszeiten aller Arbeitnehmer (GAZ) verteilt. Bei Arbeitnehmern, die nicht das ganze Jahr beschäftigt waren, wird die anteilmäßige Jahresarbeitszeit angenommen.

Für die restlichen 70 % erhält die Arbeitnehmerin Anteile im Verhältnis der im Geschäftsjahr erhaltenen Leistungszulagen (LZ) zur Summe aller beim Arbeitgeber gezahlten Leistungszulagen (GLZ). Die gesamte Erfolgsbeteiligung der Arbeitnehmerin beträgt dann:

EB = GA x (0,3 x AZ/GAZ + 0,7 x LZ/GLZ)

Die Erfolgsbeteiligung wird erstmalig im März ▬▬▬ für das Geschäftsjahr ▬▬▬ gezahlt. Als Gewinn wird der Überschuss aus der betriebswirtschaftlichen Auswertung des Monats Dezember abzüglich der Abschreibungen betrachtet.

1.4 Vermögenswirksame Leistungen

Der Arbeitgeber trägt einen monatlichen Anteil von 26 EUR an vermögenswirksamen Leistungen.

1.5 Sonstige Leistungen

Weitere Leistungen werden nicht vereinbart, können aber später in Zusatzvereinbarungen aufgenommen werden. Es ist möglich, vertragliche Vereinbarungen mit den Zusatzvereinbarungen zu verrechnen.

1.6

Die Arbeitnehmerin verpflichtet sich, Gehaltsüberzahlungen ohne Rücksicht auf eine noch vorhandene Bereicherung zurückzuzahlen.

2. Arbeitszeit

Die Arbeitszeit beträgt 40 Stunden pro Woche im Rahmen der beim Arbeitgeber gültigen Gleitzeitregelung. Überstunden werden im Rahmen der Gleitzeit ausgeglichen.

Arbeiten an Wochenenden und Feiertagen können ausnahmsweise in folgenden Fällen vom Arbeitgeber angeordnet werden:

- Messestanddienst
- Weiterbildungsveranstaltungen

Reisezeiten am Wochenende oder an Feiertagen fallen nicht unter diese Ausnahmen sondern sind im Rahmen der Gleitzeit geregelt.

3. Urlaub

Der Jahresurlaub beträgt 30 Arbeitstage. Einzelheiten über die Gewährung von Urlaub sind den jährlichen Vereinbarungen zu entnehmen.

Zusätzlich wird bei Todesfällen bezahlter Sonderurlaub gewährt (Ehepartner 3 Tage; Kinder, Eltern und Schwiegereltern je 1 Tag).

4. Vertragsdauer

Der Vertrag wird unbefristet abgeschlossen. Beiden Vertragsparteien steht die Möglichkeit der Kündigung innerhalb der gesetzlichen Kündigungsfrist von 4 Wochen zum Monatsende zu. Nach Ablauf von zwei Jahren verlängern sich die Kündigungsfristen nach Maßgabe der gesetzlichen Regelungen.

Im Falle einer Kündigung wird das Grundgehalt bis Vertragsende weitergezahlt.

Der Anspruch an der Erfolgsbeteiligung gemäß 1.3 entsteht anteilmäßig der im laufenden Geschäftsjahr erbrachten Arbeitszeit. Die Auszahlung erfolgt gemäß 1.3 im März des folgenden Jahres.

Der Anspruch auf die Entstehung sonstiger Beteiligungen endet bei Kündigung durch den Arbeitnehmer mit Aussprache der Kündigung, bei Kündigung durch den Arbeitgeber mit Beendigung des Arbeitsverhältnisses.

Eine Kündigung des Arbeitsvertrages vor Beginn der Tätigkeit wird ausgeschlossen.

5. Geheimhaltung

Die Arbeitnehmerin verpflichtet sich, ihr anvertraute Betriebsgeheimnisse Dritten nicht zugänglich zu machen. Soweit der Arbeitgeber Dritten gegenüber Verpflichtungen zum Schutz von Produkten und Leistungen übernommen hat, gelten diese entsprechend.

6. Probezeit

Es wird eine Probezeit von 3 Monaten nach Beginn des Arbeitsverhältnisses vereinbart. Während dieser Zeit ist eine Kündigung innerhalb von 2 Wochen zum Monatsende für beide Seiten möglich.

36. Muster: Arbeitsvertrag mit einer Sachbearbeiterin (mit Tarifbindung private Versicherungswirtschaft)

Anstellungsvertrag

Zwischen

▬▬▬

– nachfolgend Arbeitgeber genannt –

und

Frau ▬▬▬

– nachfolgend Mitarbeiterin genannt –

wird Folgendes vereinbart:

§ 1 Beginn des Arbeitsverhältnisses

(1) Das Arbeitsverhältnis beginnt am ▬▬▬ und wird auf die Dauer von 6 Monaten zur Probe abgeschlossen.

(2) Während der Probezeit kann das Arbeitsverhältnis von beiden Seiten nur mit einer Frist von 1 Monat zum Monatsende gekündigt werden.

§ 2 Endgültiges Arbeitsverhältnis

(1) Nach Ablauf der Probezeit kann das Arbeitsverhältnis von beiden Seiten nur mit einer Frist von 6 Wochen zum Quartalsende gekündigt werden.

Tritt aufgrund gesetzlicher oder tariflicher Vorschriften oder besonderer Vereinbarung eine Verlängerung der Kündigungsfrist ein, so gilt die verlängerte Kündigungsfrist.

(2) Die Mitarbeiterin hat die ihr überlassenen Arbeitsmittel sorgsam zu behandeln. Bei ihrem Ausscheiden hat die Mitarbeiterin alles geschäftliche Material, das sie während ihrer Tätigkeit bei dem Arbeitgeber gesammelt hat, zurückzugeben. Jedes Zurückbehaltungsrecht ist ausgeschlossen.[460]

§ 3 Arbeitsbereich

(1) Die Mitarbeiterin wird als Sachbearbeiterin in der Sachabteilung ▬▬▬ angestellt und mit folgenden Arbeiten beschäftigt:

Das Tätigkeitsgebiet wird durch den zuständigen Ressortleiter festgelegt.

---

[460] Nach hier vertretener Auffassung verstößt der Ausschluss eines Zurückbehaltungsrechts zu Lasten des Arbeitnehmers gegen § 309 Nr. 2b BGB (*Hümmerich*, Gestaltung von Arbeitsverträgen, § 1 Rn 2897). In der Literatur wird verschiedentlich die Ansicht vertreten, es handele sich um eine im Arbeitsrecht geltende Besonderheit, die die Unwirksamkeitssperre des § 309 Nr. 2b BGB über § 310 Abs. 4 Satz 2 BGB überwinde (*Annuß*, BB 2002, 463; *Gotthardt*, ZIP 2002, 283; *Lingemann*, NZA 2002, 184).

(2) Der Arbeitgeber behält sich vor, das Aufgabengebiet innerhalb des vereinbarten Tätigkeitsbereichs zu ändern sowie die Mitarbeiterin in Notfällen auch kurzfristig für Arbeiten außerhalb ihres Tätigkeitsbereichs heranzuziehen. Die Mitarbeiterin verpflichtet sich, falls dies geschäftlich notwendig wird, entsprechende Aufgaben zu übernehmen sowie Mitarbeiter und Mitarbeiterinnen in gleicher Stellung zu vertreten.

§ 4 Arbeitsentgelt

Die Mitarbeiterin erhält folgende Vergütung:

(1) Gehaltsgruppe ■■■, zurzeit ■■■ EUR, ■■■ Berufsjahr, des Tarifvertrages für das private Versicherungsgewerbe.

(2) Außertarifliche Einstufung: ■■■ EUR

(3) Folgende Zulagen: ■■■ EUR

(4) Erhöhung vorgesehen ab: ■■■

(5) Bei ganzjähriger Tätigkeit werden 14 Bruttomonatsgehälter vergütet.

(6) Die Mitarbeiterin verpflichtet sich, Gehaltsüberzahlungen ohne Rücksicht auf eine noch vorhandene Bereicherung zurückzuzahlen.[461]

§ 5 Überstunden

Überstunden werden nur vergütet, wenn sie von der Geschäftsleitung oder vom zuständigen Vorgesetzten ausdrücklich angeordnet worden sind.

§ 6 Jahresurlaub

Der Jahresurlaub richtet sich nach § 13 Nr. 6 MTV und beträgt zurzeit 30 Tage.

§ 7 Dienstverhinderung bei unverschuldeter Krankheit

(1) Ist die Mitarbeiterin durch Krankheit oder andere Umstände an der Arbeit verhindert, so hat sie dies dem Arbeitgeber sofort, gegebenenfalls telefonisch, anzuzeigen. Dauert die Krankheit länger als drei Tage, so ist sie durch die Vorlage eines ärztlichen Attests nachzuweisen.

(2) Wird die Mitarbeiterin durch Handlungen Dritter arbeitsunfähig, so tritt sie bereits jetzt die ihr gegen Dritte zustehenden Schadensersatzansprüche wegen Verdienstausfalls insoweit an den Arbeitgeber ab, als ihr während der Zeit der Arbeitsunfähigkeit Arbeitsentgelt gezahlt wird. Dazu gehört auch die Abgeltung von Urlaub. Die Abtretung hat die Mitarbeiterin auf Verlangen des Arbeitgebers dem Schädiger im einzelnen Fall in der entsprechenden Höhe mitzuteilen.

§ 8 Nebentätigkeit

(1) Die Mitarbeiterin verpflichtet sich, ihre Arbeitskraft und ihre Fähigkeiten uneingeschränkt für den Arbeitgeber einzusetzen. Jede auf Erwerb gerichtete Nebentätigkeit ist nur mit vorheriger Genehmigung des Arbeitgebers gestattet.

(2) Versicherungsverträge, die die Mitarbeiterin für die Versicherung oder ihre Abkommensgesellschaften außerhalb ihrer Dienstobliegenheiten vermittelt, fallen nicht unter das Arbeitsverhältnis. Sie unterliegen einem besonders zu vereinbarenden Vertretungsvertrag.

§ 9 Verschwiegenheit

Der Mitarbeiterin ist es strengstens untersagt, ihr bekannte Betriebs- oder Geschäftsgeheimnisse an Dritte weiterzuleiten oder für sich zu verwerten.

§ 10 Zeugnis und Auskunftserteilung

(1) Der Mitarbeiterin ist bei der Beendigung des Arbeitsverhältnisses und auf Verlangen bereits nach Ausspruch der Kündigung ein Zeugnis zu erteilen, das sich auf Wunsch der Mitarbeiterin auch auf Führung und Leistung zu erstrecken hat.

(2) Der Arbeitgeber ist berechtigt und auf Wunsch der Mitarbeiterin – und zwar auch nach deren Ausscheiden – verpflichtet, Dritten gegenüber, bei denen sich die Mitarbeiterin bewirbt, Auskünfte über sie zu erteilen. Diese Auskünfte müssen der Wahrheit entsprechen.

§ 11 Schlussbestimmungen

(1) Für das Arbeitsverhältnis der Mitarbeiterin gelten:

a) dieser Vertrag

---

[461] Diese Klausel ist nach hier vertretener Ansicht gemäß § 307 Abs. 2 Nr. 1 BGB nicht wirksam (*Hümmerich*, NZA 2003, 764; *ders.*, Gestaltung von Arbeitsverträgen, § 1 Rn 1620).

b) innerbetriebliche Regelungen

c) die allgemeinen gesetzlichen Bestimmungen

d) die Tarifverträge für die private Versicherungswirtschaft in ihrer jeweils aktuellen Fassung.

(2) Vertragsänderungen erfolgen schriftlich.

37. Muster: Umfangreicher Arbeitsvertrag mit Angestelltem aus dem Bereich Paketabfertigung

Arbeitsvertrag

Herr ▄▄▄

wird zum ▄▄▄

angestellt als ▄▄▄

Ort der ausgeübten Tätigkeit: ▄▄▄

Ab dem ▄▄▄

Eingruppierung in Gruppe ▄▄▄

Der nachfolgende Anhang ist Bestandteil des vereinbarten Arbeitsvertrages.

▄▄▄ (Ort, Datum, Unterschriften)

Anlage: Anhang zum Arbeitsvertrag

Anhang zum Arbeitsvertrag

I. Arbeitsvertrag

1. Der Arbeitsvertrag ist schriftlich abzuschließen. Dem Arbeitnehmer ist eine Ausfertigung auszuhändigen.

2. Der Arbeitsvertrag tritt erst nach positiv erfolgter Sicherheitsüberprüfung durch die zuständigen Behörden in Kraft.

3. Nebenabreden und Änderungen des Vertrages bedürfen zu ihrer Rechtswirksamkeit der Schriftform. Dies gilt auch für eine Aufhebung oder Änderung des Schriftformerfordernisses.

II. Einstellung und Probezeit

Die ersten sechs Monate der Beschäftigung gelten als Probezeit, sofern keine anderen schriftlichen Vereinbarungen getroffen worden sind. Während der Probezeit gilt beiderseits eine sofortige Kündigung (von einem Tag auf den anderen). Die Probezeit kann verlängert werden, wenn eine im gegenseitigen Interesse liegende Notwendigkeit hierzu gegeben ist.

III. Allgemeine Rechte und Pflichten

1. Der Arbeitnehmer hat die ihm übertragenen Arbeiten gewissenhaft und ordnungsgemäß auszuführen. Für einen vorübergehenden Zeitraum hat er auch andere zumutbare Aufgaben zu übernehmen als diejenigen, für die er eingestellt ist.

2. Der Arbeitnehmer darf eine Nebenbeschäftigung gegen Entgelt, die das Arbeitsverhältnis beeinträchtigt, nur mit vorheriger schriftlicher Genehmigung durch die Personalabteilung übernehmen. Insbesondere darf der Arbeitnehmer nicht für einen Spediteur tätig werden. Alle anderen Nebenbeschäftigungen müssen dem Arbeitgeber mitgeteilt werden.

3. Der Arbeitnehmer hat seine Arbeitszeit pünktlich einzuhalten. Ein vorzeitiges Verlassen des Arbeitsplatzes ist nur mit Erlaubnis des Vorgesetzten zulässig.

IV. Arbeitsverhinderung

1. Der Arbeitnehmer ist verpflichtet, dem Arbeitgeber jede Dienstverhinderung und ihre voraussichtliche Dauer unverzüglich anzuzeigen.

2. Dauert eine Erkrankung länger als drei Kalendertage, hat der Arbeitnehmer eine ärztliche Bescheinigung über das Bestehen der Arbeitsunfähigkeit sowie deren voraussichtliche Dauer spätestens am darauf folgenden Arbeitstag vorzulegen. Dauert die Arbeitsunfähigkeit länger als in der Bescheinigung angegeben, so ist der Arbeitnehmer verpflichtet, unverzüglich eine neue ärztliche Bescheinigung einzureichen. Über den Fortbestand der Arbeitsunfähigkeit ist der Arbeitgeber unverzüglich zu benachrichtigen.

3. In begründeten Einzelfällen kann mit Genehmigung des Betriebsrates von dieser Regelung abgewichen werden.

4. Der Arbeitnehmer hat sich zwei Wochen nach Beginn von Arbeitsunfähigkeit infolge Krankheit nach Aufforderung durch den Arbeitgeber durch einen Vertrauensarzt der Firma untersuchen zu lassen.

V. Entgeltfortzahlung im Krankheitsfalle

1. Ist der Arbeitnehmer infolge auf Krankheit beruhender Arbeitsunfähigkeit an der Arbeitsleistung verhindert, ohne dass ihn ein Verschulden trifft, so erhält er Entgeltfortzahlung für die Dauer von bis zu sechs Wochen.

2. Für den krankenkassenversicherten Arbeitnehmer besteht der Anspruch nur einmal, wenn eine wiederholte Erkrankung auf dasselbe Grundleiden zurückzuführen ist und der Arbeitnehmer in der Zwischenzeit nur kurzfristig (weniger als sechs Monate) gearbeitet hat.

VI. Rechte und Pflichten

1. Der Arbeitnehmer hat sich stets so zu verhalten, dass das Ansehen des Arbeitgebers nicht geschädigt wird.

2. Der Arbeitnehmer verpflichtet sich, über alle vom Arbeitgeber als vertraulich bezeichneten Angelegenheiten und Vorgänge, die ihm im Rahmen der Tätigkeit zur Kenntnis gelangen, auch nach dem Ausscheiden aus dem Arbeitsverhältnis Stillschweigen zu bewahren.

Der Arbeitnehmer hat alle betrieblichen Arbeitsmittel sowie Schriftstücke nebst Abschriften, Kopien und Durchschläge, die seine dienstliche Tätigkeit betreffen, als ihm anvertrautes Eigentum des Arbeitgebers sorgfältig aufzubewahren und vor jeder Einsichtnahme Unbefugter zu schützen und auf Verlangen jederzeit, spätestens aber unaufgefordert bei Beendigung des Dienstverhältnisses, dem Arbeitgeber oder dessen Beauftragten zu übergeben.

3. Vor Veröffentlichungen zu Themen, die Interessen des Arbeitgebers berühren, ist der Arbeitnehmer verpflichtet, die Erlaubnis der Geschäftsleitung einzuholen.

4. Der Arbeitgeber hat das Recht zu bestimmen, ob der Arbeitnehmer seine Tätigkeit in der von der Gesellschaft vorgeschriebenen kostenlosen Dienstkleidung oder Uniform auszuüben hat. Der Arbeitnehmer ist in diesem Fall verpflichtet, seine Dienstkleidung bzw. Uniform zu tragen und zu pflegen.

5. Der Arbeitnehmer ist verpflichtet, alle vom Arbeitgeber gestellten Werkzeuge, Apparate, Maschinen und sonstigen Einrichtungen sachgemäß und pfleglich zu behandeln, unabhängig davon, aus welchem Grund sie ihm überlassen wurden und bei Beendigung des Arbeitsverhältnisses unverzüglich zurückzugeben. Verlust oder Beschädigung sind dem Vorgesetzten sofort zu melden.

Ist die Rückgabe unmöglich, ist der Arbeitnehmer verpflichtet, Schadensersatz zu leisten (maximal den Zeitwert). Der Arbeitnehmer ist im Allgemeinen nicht haftbar für Beschädigungen. Wer rechtswidrig Eigentum des Arbeitgebers beschädigt, vernichtet oder sonst abhanden kommen lässt oder die unverzügliche Meldung dieser Tatbestände unterlässt, kann zum Schadensersatz herangezogen werden.

6. Gegen die Treuepflicht des Arbeitnehmers verstößt es, Geschenke oder andere Vorteile von Personen oder Firmen, die zu der Gesellschaft eine Geschäftsverbindung anstreben oder unterhalten, zu fordern, sich versprechen zu lassen oder anzunehmen. Hiervon ausgenommen sind übliche Gelegenheits- oder Werbegeschenke.

7. Der Arbeitnehmer ist verpflichtet, die von der Berufsgenossenschaft und dem Arbeitgeber herausgegebenen Vorschriften über Sicherheit und Hygiene genau zu beachten. Alle Unfälle, auch Wegeunfälle, müssen von dem verletzten Arbeitnehmer unverzüglich dem zuständigen Supervisor oder Stellvertreter gemeldet werden.

8. Der Arbeitnehmer ist verpflichtet, den ihm vom Arbeitgeber ausgehändigten Ausweis auf Aufforderung den dazu bestimmten Personen vorzulegen. Der Ausweis bleibt Eigentum des Arbeitgebers. Der Arbeitnehmer hat den Verlust des Ausweises umgehend anzuzeigen. Bei Beendigung des Arbeitsverhältnisses ist der Ausweis zurückzugeben.

9. Wird ein Arbeitnehmer deutscher Staatsangehörigkeit zum Wehrdienst einberufen, so ist er gehalten, den Einberufungsbescheid unverzüglich dem Arbeitgeber vorzulegen. Während der Dauer des Wehrdienstes ruht das Arbeitsverhältnis, d.h. der Arbeitnehmer ist zu keinerlei Dienstleistung, der Arbeitgeber nicht zur Lohn- und Gehaltszahlung verpflichtet. Nach der Entlassung aus dem Wehrdienst steht dem Arbeitnehmer ein Recht auf seinen früheren Arbeitsplatz zu, die beiderseitigen Rechte aus dem Arbeitsverhältnis leben wieder auf.

10. In begründeten Einzelfällen ist der Arbeitgeber unter Hinzuziehung des Betriebsrates berechtigt, eine Durchsuchung des mitgeführten Eigentums des in Verdacht stehenden Arbeitnehmers zu veranlassen.

Der Arbeitgeber verpflichtet sich, den von ihm hierzu bestimmten Personen Anweisung zu geben, das Anstands- und Ehrgefühl des Arbeitnehmers dabei nicht zu verletzen. Für die in den Betrieb eingebrachten Sachen des Arbeitnehmers übernimmt der Arbeitgeber nur die bedingte Obhutspflicht.

Die vom Arbeitgeber hierfür zur Verfügung gestellten Kleiderschränke und Garderobenzimmer sind abzuschließen. Das gilt auch für die Schreibtische bei Verlassen des Arbeitsplatzes.

Es besteht keine Obhutspflicht des Arbeitgebers für Gegenstände, die über den persönlichen Mindestbedarf hinausgehen (z.B. Schmuck, Wertgegenstände, größere Geldbeträge, Fotoapparate, Radioapparate, Sportsachen und

-gegenstände usw.). Derartige Gegenstände können notfalls vorübergehend während der Dienststunden gegen Quittung zur Aufbewahrung in einen vorhandenen Stahl- oder Panzerschrank gegeben werden.

VII. Dienstzeit

Die Dienstzeit beginnt mit dem Tage der Einstellung.

1. Art und Ort der Tätigkeit

Normalerweise wird die Tätigkeit des Arbeitnehmers an seinem Dienstsitz ausgeübt. Der Arbeitnehmer ist aber gehalten, wenn es der Arbeitgeber für notwendig ansieht, seine Tätigkeit gegebenenfalls auch an anderen Orten innerhalb der Bundesrepublik Deutschland und der EG auszuüben. Ernstlich begründete Einwände des Betreffenden werden nach Möglichkeit berücksichtigt. Das Mitbestimmungsrecht des Betriebsrates ist hierbei zu beachten.

2. Arbeitspapiere/Veränderungsmeldungen

Bei der Einstellung, spätestens bei Dienstaufnahme, sind die Arbeitspapiere (Versicherungsnachweisheft der Angestellten- oder Arbeiterrentenversicherung, Lohnsteuerkarte, letztes Dienstzeugnis, Urlaubsbescheinigung, Bescheid über Mitgliedschaft bei einer Ersatzkrankenkasse) vorzulegen.

Bei nicht rechtzeitiger Vorlage der Lohnsteuerkarte ist der Arbeitgeber verpflichtet, für die Berechnung der Lohnsteuerkarte die für diesen Fall von der Finanzbehörde vorgesehenen Bestimmungen zu befolgen. Das Gleiche gilt auch für die Vorlage der Lohnsteuerkarte zu Beginn eines jeden weiteren Beschäftigungsjahres.

Der Angestellte ist auch in seinem eigenen Interesse verpflichtet, Veränderungen der persönlichen Verhältnisse (Anschriftenänderung, Familienstandsänderungen usw.) unverzüglich dem Vorgesetzten seiner Dienststelle mitzuteilen. Wer diese Mitteilung schuldhaft unterlässt, trägt daraus entstehende Nachteile selbst. Insbesondere gelten Mitteilungen jeder Art, die an die zuletzt gemeldete Wohnung gerichtet sind, auch dann als zugegangen, wenn sie als unzustellbar zurückkommen.

3. Sonderrechte

Wer gesetzliche Sonderrechte (z.B. nach dem SGB IX oder dem Mutterschutzgesetz) genießt oder beansprucht, muss dieses vor der Einstellung bzw. zum Zeitpunkt, zu dem die Voraussetzungen hierfür eintreten, unaufgefordert mitteilen und nachweisen.

Die vorsätzliche Falschbeantwortung einer hierauf an den Arbeitnehmer gerichteten Frage berechtigt den Arbeitgeber zur Anfechtung des Arbeitsvertrages.

VIII. Arbeitszeit

1. Wöchentliche Arbeitszeit

a) Die regelmäßige wöchentliche Grundarbeitszeit beträgt 40 Stunden ausschließlich der Pausen. Es wird an fünf Tagen in der Woche gearbeitet.

b) Eine Verlängerung der 40stündigen Grundarbeitszeit ist zulässig, wenn die Arbeitszeit einer anderen Woche innerhalb von vier Wochen entsprechend verkürzt wird. Im Schichtdienst ist der Ausgleich in zumutbaren Zeiträumen vorzunehmen.

2. Tägliche Grundarbeitszeit

Die infolge der Verteilung der wöchentlichen Grundarbeitszeit auf jeden einzelnen Tag der Woche entfallende Arbeitszeit stellt die tägliche Grundarbeitszeit dar. Sie darf 10 Stunden nicht überschreiten.

3. Verteilung der täglichen Grundarbeitszeit

a) Die Lage der täglichen Grundarbeitszeit (Beginn und Ende) wird im Allgemeinen gleichmäßig und einheitlich für einzelne Betriebsteile oder bestimmte Tätigkeiten durch Dienstpläne festgelegt (Normaldienst).

b) Die Lage der täglichen Arbeitszeit wird durch Schichtpläne geregelt, wenn die betrieblichen Verhältnisse erfordern, dass die während einer sich über einen bestimmten Zeitraum erstreckende Schichtperiode zu leistende Arbeit in Schichten verrichtet wird, deren Beginn sich in jedem neuen Schichtabschnitt derselben Schichtperiode ändert (Schichtdienst). Soweit die betrieblichen Verhältnisse es erfordern, ist im Einzelfall eine Verlegung der schichtplanmäßigen Arbeitszeit zulässig. Erforderlich werdende Dienst- bzw. Schichtplanänderungen (wegen Krankheit, Urlaub, Vertretung, Planstellenunterbesetzung etc.) sind in Zusammenarbeit mit dem Betriebsrat durchzuführen.

c) Vorhersehbare Änderungen der Dienstpläne, die aus dringenden betrieblichen Gründen erforderlich werden, sind den betreffenden Arbeitnehmern unverzüglich im Voraus bekannt zu geben. Bei Verlegung der Arbeitszeit auf einen freien Tag infolge einer Dienstplanänderung aus dringenden betrieblichen Gründen, die weniger als fünf Tage im Voraus bekannt gegeben wird, gilt die geleistete Arbeit als Überarbeit.

Kapitel 1: Arbeitsverträge

4. Überarbeit und Mehrarbeit

Der Arbeitnehmer ist verpflichtet – falls der Arbeitgeber es für erforderlich hält –, im gesetzlich gegebenen Umfang über die für ihn gemäß Dienst- bzw. Schichtplan geltende Arbeitszeit hinaus zu arbeiten und Überstunden zu leisten.

a) Überstunden sind die am jeweiligen Arbeitstag über die planmäßige Arbeitszeit an diesem Tag erbrachten Stunden.

b) Überstunden sind nur dann besonders zu vergüten, wenn sie vom Supervisor oder dessen stellvertretenden Schichtleiter angeordnet werden.

c) Arbeitsstunden, die zu dem Zweck geleistet werden, normale Arbeitszeit vorwegzunehmen oder nachzuholen (sog. Arbeitszeitverlängerung), stellen keine Überstunden dar.

d) Grundsätzlich sollen geleistete Überstunden durch Freizeitgewährung abgegolten werden. In diesem Fall werden nur die Zuschläge ausbezahlt. Der Arbeitnehmer verpflichtet sich, den Freizeitausgleich mit dem Supervisor abzustimmen. Als Ausgleich für Überstunden gewährte bezahlte Freizeit darf nur im Anschluss an den Jahresurlaub genommen werden, wenn die betrieblichen Erfordernisse es zulassen. Ist eine Abgeltung durch Freizeitgewährung innerhalb von sechs Wochen nicht möglich, erfolgt die Abgeltung dieser Überstunden nach dem Gehaltsvertrag.

IX. Pausen und Ruhezeiten

1. Überschreitet die tägliche Arbeitszeit die Dauer von 4,5 Stunden, so ist eine Pause von mindestens 20 Minuten, überschreitet sie die Dauer von sechs Stunden, so ist eine Pause von mindestens 0,5 Stunden einzulegen.

2. Wird im Anschluss an die regelmäßige Arbeitszeit mehr als eine Überstunde geleistet, so wird eine bezahlte Pause von 15 Minuten gewährt.

3. Die Mindestruhezeit von 11 Stunden zwischen Dienstende und erneuten Dienstbeginn darf durch zu leistende Überstunden nicht verkürzt werden.

X. Arbeit an Sonn- und Feiertagen sowie an besonderen Vorfesttagen

1. Die „allgemein anerkannten", d.h. die in dem betreffenden Bundesland gesetzlich festgelegten Feiertage sind dienstfrei. Diese Tage werden nicht auf den Erholungsurlaub angerechnet. Falls der Arbeitnehmer an einem oben genannten Feiertag arbeiten bzw. Mehrarbeit leisten muss, hat er Anspruch auf zusätzliche Vergütung (siehe XVI.).

2. Die Arbeitnehmer sollen, soweit nicht dringende betriebliche Gründe eine abweichende Regelung erfordern, nicht an mehr als zwei Sonntagen oder Feiertagen eines Monats zur Arbeit eingeteilt werden.

3. Am Heiligabend und zu Silvester werden je vier Stunden Arbeitsbefreiung unter Fortzahlung des Entgelts gewährt, sofern die betrieblichen Verhältnisse dies zulassen. Den Arbeitnehmern, denen aus betrieblichen Gründen an diesem Vorfesttag der Frühschluss nicht gewährt werden kann, wird an einem anderen Tage entsprechende Freizeit gewährt. Wird an diesen Vorfesttagen Urlaub genommen, so ist dieser mit einem halben Tag auf den Erholungsurlaub anzurechnen.

Arbeitnehmer, die an diesen Vorfesttagen frei haben, erhalten keine extra Freizeitgewährung.

4. Arbeitnehmer, die an gesetzlichen oder behördlich festgesetzten Feiertagen sowie am Oster- und Pfingstsonntag zu arbeiten haben, erhalten an einem anderen Tage einen der an diesem Feiertag abgeleisteten Grundarbeitszeit entsprechenden Freizeitausgleich.

Arbeitnehmer, die an gesetzlichen oder behördlich festgesetzten Feiertagen sowie am Oster- und Pfingstsonntag weniger als vier Stunden dienstplanmäßig Arbeitszeit zu leisten haben, erhalten für vier Stunden Freizeitausgleich.

Ist die Abgeltung dieser geleisteten Grundarbeitsstunden durch Freizeitgewährung innerhalb von acht Wochen in Sonderfällen nicht möglich, erfolgt die Abgeltung dieser Stunden mit 100% der Stundensätze.

XI. Sonderurlaub und zeitweilige Arbeitsbefreiung aus besonderem Anlass

Aus dringenden persönlichen Gründen wird Sonderurlaub in folgenden Fällen gewährt:

- Eheschließung des Arbeitnehmers — 2 Tage
- Niederkunft der Ehefrau — 3 Tage
- Erkrankung eines Familienmitgliedes — 1 Tag
- Eheschließung der Kinder, Eltern — 1 Tag
- Dienstjubiläum des Arbeitnehmers bei 10jährigem — 1 Tag
- Dienstjubiläum des Arbeitnehmers bei 25jährigem — 2 Tage
- 25- und 40jähriger Hochzeitstag — 1 Tag
- Tod eines engen Familienmitgliedes (nur 1. Grades oder bei eheähnlichen Verhältnissen) — bis 3 Tage
- Umzug — 2 Tage

- Umzug aus elterlichem Haushalt   1 Tag
- Musterung   1 Tag

Alle nicht aufgeführten Anlässe, die gegebenenfalls die Gewährung eines Sonderurlaubs rechtfertigen, sind der Direktion zur Genehmigung vorzulegen. Sonderurlaub ist zweckgebunden, er darf nicht auf einen späteren Zeitpunkt verschoben werden.

XII. Vergütung

a) Der Arbeitnehmer hat für die von ihm geleistete Arbeit Anspruch auf die vertraglich vereinbarte Vergütung.

b) Als Vergütung werden ein Grundgehalt und, sofern die Voraussetzungen vorliegen, folgende Zulagen und Zuschläge gezahlt:

Zulagen:
- Kindergeld
- Kontoführungsgebühr
- VWL

Zuschläge:
- Mehrarbeitszuschläge (Überstunden)
- Zuschläge für Sonntags-, Feiertags- und Nachtarbeit

Bei der Bezahlung der Über- und Mehrarbeit sowie der Zuschläge wird ein aus dem Grundgehalt errechneter Stundenlohn zugrunde gelegt.

XIII. Grundgehalt

1. Das Grundgehalt wird nach der Art der Tätigkeit und nach dem Wert der Leistung bemessen, wobei jeder Arbeitnehmer nach seiner überwiegenden Tätigkeit (Tätigkeitsmerkmale laut Gehaltsvertrag) in die entsprechende Gehaltsgruppe eingereiht wird.

2. Das Grundgehalt wird mit Vollendung jeden Dienstjahres um den aus dem Gehaltsvertrag ersichtlichen Steigerungsbetrag steigen. Das Dienstjahr gilt als vollendet mit dem Beginn des Monats, in den der Tag der Dienstaufnahme fällt.

XIV. Kinderzulage

1. Kinderzulage wird auf Antrag für das 1. und 2. Kind gewährt und beträgt pro Kind 25 EUR monatlich ab ▬▬▬. Sie steht zu vom Ersten des Monats, in den die Geburt fällt bzw. die Voraussetzungen gegeben sind, bis zum Ablauf des Monats, in dem das Kind das 18. Lebensjahr vollendet hat.

2. Die Kinderzulage bleibt für die Errechnung der Weihnachtsgratifikation und der Überstundenvergütung etc. außer Ansatz.

3. Kinderzulage wird gewährt

I. männlichen Antragstellern für

a) eheliche oder ehelich erklärte Kinder (für geschiedene Antragsteller nur, wenn das Kind im Haushalt lebt);

b) Adoptiv-, Stief- und Pflegekinder, wenn der Antragsteller für sie Sorge- und Unterhaltspflicht übernommen hat und nicht von anderer Seite Unterhalt gewährt wird;

c) uneheliche Kinder, wenn die Vaterschaft festgestellt ist und das Kind im Haushalt aufgenommen ist; das Gleiche gilt für weibliche Mitarbeiter.

II. weiblichen Antragstellern für

a) eheliche oder ehelich erklärte Kinder, für die die Antragstellerin einzige Ernährerin ist und die ebenfalls ständig im Haushalt leben;

b) Kinder von Witwen und Kinder aus geschiedener Ehe, die mit im Haushalt leben;

c) uneheliche Kinder, die mit im Haushalt leben.

4. Anträge auf Gewährung der Kinderzulage sind in doppelter Ausfertigung über den Personalchef an die Geschäftsleitung einzureichen. Bei nicht rechtzeitiger Beantragung der Kinderzulage ist eine Nachgewährung derselben nur innerhalb der gesetzlichen Dreimonatsfrist möglich.

5. Der Arbeitnehmer ist verpflichtet, Änderungen der für die Gewährung der Kinderzulage maßgeblichen Verhältnisse dem Arbeitgeber unverzüglich anzuzeigen. Zu Unrecht empfangene Beträge sind in vollem Umfange zurückzuzahlen.

XV. Schichtzulage

Die im Schichtdienst beschäftigten Arbeitnehmer erhalten eine Schichtzulage, wenn sie nach einem Schichtplan arbeiten, der mindestens 20 % volle Schichten aufweist, die nicht vor 20.00 Uhr enden oder zwischen 20.00 Uhr und 6.00 Uhr beginnen. Die Zulage beträgt generell 4 % auf das monatliche Grundgehalt. Mit der pauschalen Schichtzulage sind die Zuschläge für die nach Dienstplan zu leistenden Nacht- bzw. Sonntagsstunden abgegolten.

XVI. Zuschläge

1. Für die an Sonntagen geleistete Arbeitszeit werden Sonntagszuschläge gezahlt (50 %).
2. Für die an gesetzlichen Feiertagen geleistete Arbeitszeit werden Feiertagszuschläge gezahlt (100 %).

Für die Berechnung der Sonn- und Feiertagszuschläge gilt der Zeitraum von 0.00 Uhr des betreffenden Tages bis 24.00 Uhr des folgenden Tages.

3. Fallen Arbeitsstunden in die Nachtzeit (20.00 Uhr bis 6.00 Uhr), so werden Nachtzuschläge gezahlt:

20.00 Uhr bis 24.00 Uhr = 25 %
00.00 Uhr bis 04.00 Uhr = 40 %
04.00 Uhr bis 06.00 Uhr = 25 %

4. Für auf Anordnung geleistete Überarbeit werden Überstundenzuschläge gezahlt. Schließt sich die Überarbeit nicht an die tägliche Grundarbeitszeit an, sondern wird der Arbeitnehmer nach einer Zwischenzeit von mehr als einer Stunde zum Arbeitsplatz zur Leistung von Überarbeit zurückgerufen, so sind für mindestens vier Stunden Überstundenzuschläge zu bezahlen.
5. Gehaltszuschläge werden aus abrechnungstechnischen Gründen erst mit dem Folgemonat ausgezahlt.
6. Als Grundlage für die Berechnung der Gehaltszuschläge gilt die Stundenliste, die jeder Arbeitnehmer selbst auszufüllen hat und vom Supervisor oder dessen Stellvertreter gegenzuzeichnen ist. Die Stundenliste muss bis zum 5. des Folgemonats in der Personalbuchhaltung vorliegen, da sonst eine Auszahlung der Zuschläge nicht möglich ist.

XVII. Voraussetzungen und Höhe der vermögenswirksamen Leistungen

1. Jeder Arbeitnehmer, der unter den Geltungsbereich des Gehaltsvertrages in seiner jeweils gültigen Fassung fällt, erhält eine vermögenswirksame Leistung im Sinne des 3. Vermögensbildungsgesetzes.
2. Die vermögenswirksame Leistung beträgt monatlich 7 EUR und wird nur gezahlt, wenn der Arbeitnehmer einen gültigen Vertrag vorlegt.
3. Die vermögenswirksame Leistung wird nur für volle Kalendermonate gewährt, für die dem Arbeitnehmer Lohn oder Gehalt, Krankenbezüge, Urlaubsgeld oder Mutterschaftsgeld nach § 13 Mutterschutzgesetz zusteht.

XVIII. Auszahlung der Vergütung

1. Die Vergütung der Arbeitnehmer wird jeden Monat nachträglich bargeldlos auf Risiko des Arbeitgebers gezahlt. Der Arbeitnehmer ist daher gehalten, unverzüglich nach Dienstaufnahme sich gegebenenfalls ein Bank- oder ähnliches Konto eröffnen zu lassen und dieses der Gehaltsbuchhaltung bekannt zu geben. Der Arbeitgeber übernimmt eine Kontoführungsgebühr in Höhe von monatlich 1,30 EUR. Bei Beendigung des Arbeitsverhältnisses wird die Überweisung am Tage des Ausscheidens vorgenommen.
2. Zur Kontrolle des an ihn überwiesenen Betrages wird dem Arbeitnehmer eine Abrechnung ausgehändigt. Einsprüche sachlicher und rechnerischer Art gegen dieselbe sind unverzüglich geltend zu machen.

Diese Abrechnung, die auch kumulativ geführt wird, gilt gleichzeitig als Beleg für die Finanzbehörde.

3. Der Arbeitnehmer verpflichtet sich, Gehaltsüberzahlungen ohne Rücksicht auf eine noch vorhandene Bereicherung zurückzuzahlen.
4. Gehaltspfändungen

Der Arbeitnehmer hat die durch eine Pfändung, Verpfändung oder Abtretung erwachsenden Kosten zu tragen. Die Kosten sind pauschaliert und betragen für jede Pfändung, Verpfändung oder Abtretung monatlich 3 EUR. Der Arbeitgeber ist berechtigt, höhere tatsächliche Kosten, soweit diese nachgewiesen sind, in Ansatz zu bringen.

XIX. Weihnachtsgratifikation

1. Der Arbeitgeber zahlt eine Jahressonderleistung in Höhe eines Monatsgrundgehalts. Die Berechnung richtet sich nach dem im Monat Dezember des betreffenden Jahres zustehenden Gehalt.

Falls der Arbeitnehmer im Monat Dezember Krankengeld bezieht, wird zur Berechnung der Jahressonderleistung das Grundgehalt des letzten voll bezahlten Monats angewandt.

2. Arbeitnehmer, deren monatliche Grundarbeitszeit sich im Laufe eines Kalenderjahres verändert, erhalten anteilige Jahressonderleistung. Zur Errechnung wird die vertragliche Grundarbeitszeit zur Vollarbeitszeit ins Verhältnis gesetzt und die Grundvergütung für den Monat Dezember des betreffenden Jahres mit dem sich hieraus ergebenden Faktor multipliziert.

3. Arbeitnehmer, die im Laufe eines Kalenderjahres in den Dienst des Arbeitgebers eintreten, erhalten so viele Zwölftel, wie sie volle Kalendermonate vor Jahresende beschäftigt sind.

4. Bei einer Kündigung während der Probezeit, ganz gleich aus welchen Gründen, entfällt die Zahlung der anteiligen Jahressonderleistung; desgleichen, wenn dem Arbeitnehmer aus einem wichtigen Grund gekündigt wird. Gezahlte Jahressonderleistung ist in diesen Fällen zurückzuzahlen.

5. Bei gesetzlichem oder vertraglichem Ruhen des Arbeitsverhältnisses wird die anteilige Jahressonderleistung nicht für diejenigen Kalendermonate gewährt, in denen das Arbeitsverhältnis geruht hat.

6. Der Anspruch nach Abs. 1, 2 und 3 entfällt, wenn für keinen Kalendertag des entsprechenden Zeitraums Anspruch auf Gehalt oder Krankenbezüge besteht.

7. Der Arbeitnehmer erkennt an, dass die Jahressonderleistung als jederzeit widerrufliche Leistung freiwillig gezahlt wird, solange es die wirtschaftliche Situation des Arbeitgebers zulässt und hierauf auch nach wiederholter Zahlung kein Rechtsanspruch erwächst.

8. Der Anspruch auf Jahressonderleistung ist ausgeschlossen, wenn das Arbeitsverhältnis im Zeitpunkt der Auszahlung oder bis zum 31.12. von einem der Vertragsteile gekündigt wird oder infolge eines Aufhebungsvertrages endet. Dies gilt jedoch nicht, wenn die Kündigung oder der Aufhebungsvertrag aus betrieblichen oder personenbedingten, vom Arbeitnehmer nicht zu vertretenden Gründen, erfolgt.

9. Der Arbeitnehmer ist verpflichtet, die Gratifikation zurückzuzahlen, wenn er aufgrund eigener Kündigung bis zum 31.3 des auf die Auszahlung folgenden Kalenderjahres ausscheidet. Gleiches gilt bei berechtigter außerordentlicher oder vertragsbedingter Kündigung seitens des Arbeitgebers.

10. Zurückzuzahlende Jahressonderleistung gilt als Entgeltvorschuss.

XX. Bezüge nach Arbeitsunfall und Berufskrankheit

1. Ist der Arbeitnehmer infolge eines Unfalls, den er nach Einstellung beim Arbeitgeber in Ausübung oder infolge seiner Arbeit ohne Vorsatz oder grobe Fahrlässigkeit erlitten hat, in seiner bisherigen Gehaltsgruppe nicht mehr voll leistungsfähig und wird deshalb in einer niedrigeren Gehaltsgruppe weiterbeschäftigt, so erhält er eine Ausgleichszulage in Höhe des Unterschiedsbetrages zwischen der ihm in der neuen Gehaltsgruppe jeweils zustehenden Grundvergütung und der Grundvergütung, die er in der vorigen Gehaltsgruppe zuletzt bezogen hat.

2. Das Gleiche gilt bei einer Berufskrankheit nach mindestens mehrjähriger ununterbrochener Beschäftigung beim Arbeitgeber.

3. Die Ausgleichszulage wird um den Betrag, welchen der Arbeitnehmer als Rente aus der Berufsgenossenschaft erhält, gekürzt.

XXI. Zusätzliche Altersversorgung

Nach Beendigung der sechsmonatigen Probezeit wird für den Arbeitnehmer eine Direktversicherung abgeschlossen, die sich zurzeit nach den mit der ■■■-Versicherung ausgearbeiteten Bestimmungen richtet.

Für den Arbeitnehmer entstehen dadurch keine zusätzlichen Kosten.

XXII. Erholungsurlaub

1. Jeder Arbeitnehmer hat in jedem Urlaubsjahr Anspruch auf Erholungsurlaub unter Fortzahlung der Vergütung.

2. Das Urlaubsjahr dauert vom 1. Januar bis einschließlich 31. Dezember. Die in einem Jahr – wie vorstehend ausgeführt – erworbenen Urlaubsansprüche können vom 1. Januar ab geltend gemacht werden.

Die Zahl der Urlaubstage beträgt für jeden Arbeitnehmer im

- 1. und 2. Jahr   25 Tage Urlaub
- 3. und 4. Jahr   26 Tage Urlaub
- 5. und 6. Jahr   27 Tage Urlaub
- 7. und 8. Jahr   28 Tage Urlaub
- nach 8 Jahren   30 Tage Urlaub

Schwerbehinderte im Sinne des Gesetzes, die zu 50% und mehr erwerbsgemindert sind und eine amtliche Bescheinigung hierüber vorlegen können, haben Anspruch auf einen Zusatzurlaub von sechs Arbeitstagen.

3. Anspruch auf ein Zwölftel des Jahresurlaubes für jeden vollen Monat des Arbeitsverhältnisses besteht im Eintritts- und im Austrittsjahr. Im Eintrittsjahr entsteht der Urlaubsanspruch jedoch insoweit nicht, als für das Urlaubsjahr von anderen Arbeitgebern bereits voller oder anteiliger Urlaub oder Urlaubsabgeltung gewährt wurde. Der Arbeitnehmer ist verpflichtet, bei Dienstaufnahme diesbezügliche Bescheinigungen der Vorarbeitgeber vorzulegen.

4. Teile von Urlaubstagen sind aufzurunden und als halbe Tage zu zählen. Bruchteile von Urlaubstagen, die mindestens einen halben ergeben, sind auf volle Kalendertage aufzurunden.

5. Bei Beendigung des Arbeitsverhältnisses hat der Arbeitnehmer vor Verlassen des Dienstes noch zu beanspruchende Urlaubstage zu nehmen. Nur wenn der Urlaub infolge Erkrankung des Arbeitnehmers oder aus ganz dringenden dienstlichen Gründen (worüber vom Vorgesetzten ein schriftlicher Antrag an die Direktion einzureichen ist) nicht mehr genommen bzw. gegeben werden kann, ist der Anspruch abzugelten. Dem Arbeitnehmer ist eine Bescheinigung über den im laufenden Kalenderjahr zustehenden und gewährten oder abgegoltenen Urlaub auszuhändigen.

6. Der Zeitpunkt des Urlaubsantritts soll auf Wunsch des Arbeitnehmers gewährt werden, sofern dem nicht betriebliche Belange widersprechen.

7. Der Jahresurlaub kann geteilt werden, jedoch sollen dabei grundsätzlich einmal mindestens zwei Wochen zusammenhängend gewährt und genommen werden.

8. Höchstens sechs Urlaubstage können auf das nächste Jahr übertragen werden. Kann der Betreffende durch den zuständigen Abteilungsleiter nachweisen, dass er in einem Jahr ohne eigenes Verschulden (z.B. im Interesse des Betriebes) mehr als sechs Tage eines Urlaubs nicht nehmen konnte, so dürfen auch diese Tage auf das nächste Jahr übertragen werden.

Resturlaubstage müssen vor dem 1. April des nächsten Jahres genommen werden, sonst verfallen sie.

9. Erkrankt ein Arbeitnehmer während des Urlaubs, so werden die durch ärztliches Zeugnis nachgewiesenen Krankheitstage nicht auf den Urlaub angerechnet. Die Urlaubsdauer wird durch die nachgewiesene Erkrankung nicht verlängert.

Kur- und Heilverfahren, die dem Arbeitnehmer von der Bundesversicherungsanstalt für Angestellte oder einer anderen Versorgungsbehörde gewährt werden, sowie ein von einer Krankenkasse verordneter Kuraufenthalt, für den die Krankenkasse die gesamten Kosten übernimmt und nicht nur Zuschüsse leistet, dürfen nicht auf den Urlaub angerechnet werden.

10. Dem Arbeitnehmer, der zum Grundwehrdienst einrückt, wird auf Verlangen der ihm zustehende Urlaub unter Kürzung je eines Zwölftels für jeden vollen Kalendermonat, in dem der Arbeitnehmer Wehrdienst im Urlaubsjahr leistet, vor Beginn des Wehrdienstes gewährt. Zu wenig gewährter Urlaub wird nach dem Wehrdienst nachgewährt. Hat der Arbeitnehmer im Jahr seiner Einberufung zum Wehrdienst bereits mehr Urlaub genommen als ihm zustand, wird der Urlaub im Jahr nach dem Wehrdienst entsprechend gekürzt. Im Falle einer Wehrübung steht dem Arbeitnehmer ein ungekürzter Urlaubsanspruch zu.

Endet das Arbeitsverhältnis während oder nach Beendigung der Wehrdienstzeit, so ist ein noch bestehender Urlaubsanspruch abzugelten.

XXIII. Urlaubsgeld

Es wird ein Urlaubsgeld in Höhe von 250 EUR mit dem Junigehalt gezahlt.

Im Jahr des Betriebseintritts und des Betriebsaustritts erhält der Arbeitnehmer für jeden vollen Monat der Beschäftigung des laufenden Jahres 1/12 von 250 EUR als Urlaubsgeld.

XXIV. Beendigung des Arbeitsverhältnisses

1. Erreichen der Altersgrenze

Ohne dass es einer Kündigung bedarf, endet das Arbeitsverhältnis mit Ablauf des Monats, in dem der Arbeitnehmer das 65. Lebensjahr vollendet.

Bei weiblichen Arbeitnehmern, die im 60. Lebensjahr noch keinen Anspruch auf die gesetzliche Altersrente haben, endet das Arbeitsverhältnis mit dem Anspruch auf die gesetzliche Altersrente, spätestens jedoch mit Ablauf des Monats, in dem das 65. Lebensjahr erreicht wird.

2. Beendigung des Arbeitsverhältnisses durch Arbeitsunfähigkeit

a) Das Arbeitsverhältnis endet, ohne dass es einer Kündigung bedarf, wenn der Arbeitnehmer berufs- oder erwerbsunfähig wird und beim Ausscheiden Rente aus der Sozialversicherung oder durch eine Versorgungseinrichtung erhält, zu der der Arbeitgeber Beiträge beigesteuert hat.

b) Das Arbeitsverhältnis endet in diesem Fall mit dem Ablauf des Monats, in dem der Bescheid des Versicherungsträgers zugestellt wird.

3. Beendigung infolge Kündigung

Die Kündigung hat schriftlich zu erfolgen.

Die Kündigungsfrist beträgt sechs Wochen zum Schluss eines Kalendervierteljahres.

Bei der Kündigung seitens des Arbeitgebers gelten für Arbeitnehmer, die fünf Jahre und länger im Arbeitsverhältnis zum Arbeitgeber stehen, folgende Kündigungsfristen:

Nach einer Beschäftigungsdauer

- von 5 Jahren   3 Monate,
- von 8 Jahren   4 Monate,
- von 10 Jahren   5 Monate,
- von 12–17 Jahren   6 Monate,

jeweils zum Quartalsende.

Für Arbeitnehmer, die unter einem gesonderten gesetzlichen Schutz stehen (z.B. Schwerbehinderte, Mutterschutz), gelten die für diese erlassenen Sonderbestimmungen, sofern diese günstiger sind.

Nach der Kündigung ist der Arbeitgeber mit Zustimmung des Betriebsrates jederzeit berechtigt, unter Fortzahlung der Bezüge auf die weiteren Dienste des Arbeitnehmers ganz oder teilweise zu verzichten.

Ab dem 17. Beschäftigungsjahr ist eine ordentliche Kündigung mit Ausnahme der Änderungskündigung unter folgenden Voraussetzungen ausgeschlossen:

a) Der Besitzstand muss gewahrt werden.

b) Der Arbeitnehmer wird innerhalb der neuen Gehaltsgruppe, die in Übereinstimmung mit der neuen Tätigkeit sein muss, in die höchstmögliche Stufe gebracht.

c) Die Differenz zwischen Besitzstand (altes Gehalt) und neuem Gehalt (Gruppe, Stufe) wird als Überbrückungszulage gezahlt.

d) Stufenerhöhungen in der neuen Gehaltsgruppe werden gegen die Überbrückungszulage aufgerechnet.

e) Bei vertraglich vereinbarten allgemeinen Gehaltserhöhungen bleibt die Überbrückungszulage unverändert. Vertraglich vereinbarte Erhöhungen finden jedoch Anwendung auf das neue Tabellengehalt.

f) Beschäftigungszeit im Sinne des Abs. 2 und 3 ist die Zeit der ununterbrochenen Beschäftigung im Dienste des Arbeitgebers.

g) Die Zeit des Wehrdienstes (Grundwehrdienst oder Wehrübung) wird voll auf die Betriebszugehörigkeit angerechnet. Bei Neubegründung eines Arbeitsverhältnisses zum Arbeitgeber in unmittelbarem Anschluss an den abgeleisteten Wehrdienst wird die Wehrdienstzeit erst nach sechs Monaten Betriebszugehörigkeit angerechnet. In diesem Falle hat der Arbeitnehmer alle Voraussetzungen einer Anrechnung zu beweisen.

4. Außerordentliche Kündigung

Arbeitgeber und Arbeitnehmer sind berechtigt, das Arbeitsverhältnis aus einem wichtigen Grund fristlos zu kündigen.

5. Zeugnis und Arbeitsbescheinigung

a) Bei Beendigung des Arbeitsverhältnisses ist dem Arbeitnehmer ein Zeugnis über Art und Dauer der Beschäftigung auszustellen. Das Zeugnis hat sich auf Kenntnisse, Leistung, Verhalten und Führung zu erstrecken.

b) Dem Arbeitnehmer kann auf Verlangen innerhalb von vier Wochen ein Zwischenzeugnis ausgestellt werden. Eine Ablehnung ist nur mit Zustimmung des Betriebsrates möglich.

6. Aufenthaltsgenehmigung und Arbeitserlaubnis

a) Die Kosten für die Aufenthaltsgenehmigung örtlich eingestellter Arbeitnehmer ausländischer Staatsangehörigkeit sind vom Arbeitnehmer zu tragen.

b) Wird die Arbeitserlaubnis nicht erteilt, muss der Arbeitgeber den Arbeitnehmer ohne Einhaltung einer Kündigungsfrist entlassen.

7. Erstattung von Ausbildungskosten

Scheidet ein Angestellter, der mit seiner Einwilligung an einem oder mehreren vom Arbeitgeber durchgeführten oder bezahlten Kursen teilgenommen hat, die sich über mehr als 10 Unterrichtstage erstreckten (nur Unterrichtstage zählen) aufgrund eigener oder durch ihn veranlasster arbeitgeberseitiger Kündigung aus, im Zeitraum von einem Jahr nach Absolvierung der Kurse, so ist der Arbeitgeber berechtigt, je Unterrichtstag 25 EUR als Teilerstattung für die ihr während der Dauer der Kurse entstandenen Kosten zurückzufordern.

Der Rückerstattungsanspruch beträgt vor Ablauf eines halben Jahres nach Kursbeendigung 25 EUR täglich, danach 12,50 EUR täglich.

38. Muster: Arbeitsvertrag eines Vermögensmanagers/Anlageberaters

Arbeitsvertrag

Zwischen

der Vermögensberatungsgesellschaft ▬▬▬

– nachstehend „Gesellschaft" genannt –

und

Frau/Herrn ▬▬▬

– nachstehend „Vermögensberater" genannt –

wird folgender Anstellungsvertrag geschlossen:

§ 1 Aufgabengebiet

(1) Der Vermögensberater wird als Financial Consultant für die Representanz der Gesellschaft in ▬▬▬ eingestellt. Die Hauptaufgabe des Vermögensberaters besteht in der Beratung/Betreuung von Kunden. Einzelheiten der Art der Tätigkeit des Vermögensberaters bestimmt die Gesellschaft. Die Gesellschaft behält sich vor, dem Vermögensberater anderweitige zumutbare Tätigkeiten zu übertragen, die seinen Vorkenntnissen entsprechen. Macht sie von dieser Befugnis Gebrauch, ist sie verpflichtet, die bisherige Vergütung weiter zu zahlen.

(2) Der Vermögensberater ist verpflichtet, der Gesellschaft sein gesamtes Wissen und Können und seine volle Arbeitskraft zur Verfügung zu stellen. Die ihm übertragenen Aufgaben wird er in eigener Verantwortung bei voller Wahrung der Interessen der Gesellschaft nach innen und außen wahrnehmen.

§ 2 Beginn und Beendigung des Anstellungsverhältnisses, Probezeit

(1) Das Arbeitsverhältnis beginnt am ▬▬▬.

(2) Die ersten sechs Monate des Arbeitsverhältnisses gelten als Probezeit. Während der Probezeit kann das Arbeitsverhältnis beiderseits ohne Angabe von Gründen mit einer Frist von einem Monat zum Monatsende gekündigt werden. Die Kündigung kann bis zum Ablauf der Probezeit erfolgen. Nach der Probezeit gilt eine Kündigungsfrist von drei Monaten zum Monatsende. Eine etwaige Verlängerung der Kündigungsfrist richtet sich nach den gesetzlichen Bestimmungen. Verlängert sich die Kündigungsfrist kraft Gesetzes für eine Vertragspartei, gilt die verlängerte Frist auch für die andere Vertragspartei.

(3) Das Recht zur außerordentlichen Kündigung bleibt unberührt. Eine unwirksame außerordentliche Kündigung gilt als ordentliche Kündigung zum nächstmöglichen Kündigungstermin.

(4) Die Kündigung bedarf der Schriftform.

(5) Das Arbeitsverhältnis spätestens mit Ablauf des Monats, in dem der Mitarbeiter das 65. Lebensjahr vollendet hat. Der Mitarbeiter ist verpflichtet, spätestens mit Vollendung des 60. Lebensjahres gegenüber der Gesellschaft schriftlich und verbindlich zu erklären, wann er in den Ruhestand treten und wann er Altersruhegeld beziehen will.

(6) Eine Kündigung vor Tätigkeitsbeginn ist ausgeschlossen.

§ 3 Vergütung

(1) Die Vergütung des Vermögensberaters setzt sich aus einem fixen Grundgehalt und einer erfolgsbezogenen, variablen, jährlich wechselnden Vergütung zusammen.

(2) Das jährliche, fixe Grundgehalt beträgt

▬▬▬ EUR brutto

und wird in zwölf gleichen monatlichen Raten jeweils zum Monatsende nach Abzug der gesetzlichen Steuer- und Sozialversicherungsbeiträge auf ein von dem Vermögensberater anzugebendes Konto überwiesen. Mit dem Grundgehalt sind sämtliche, etwaige Zusatzleistungen wie Weihnachts- und Urlaubsgeld einbezogen und abgegolten.

(3) Einzelheiten der erfolgsbezogenen, variablen Vergütungsbestandteile werden durch Beschluss des Vorstands jährlich neu im Rahmen des erfolgsorientierten Vergütungssystems geregelt.

(4) Über die Vergütungsregelung ist strengstes Stillschweigen zu wahren.

(5) Der Vermögensberater hat die Pfändung, Verpfändung oder Abtretung von Vergütungsansprüchen der Gesellschaft unverzüglich mitzuteilen. Die Kosten, die durch die Pfändung, Verpfändung oder Abtretung entstehen, sind vom Vermögensberater zu tragen.

(6) Vorschüsse und Darlehen werden spätestens mit Beendigung des Arbeitsverhältnisses in Höhe des noch offenen Restbetrages ohne Rücksicht auf die bei der Hingabe getroffenen Vereinbarungen fällig.

(7) Der Vermögensberater verpflichtet sich, Gehaltsüberzahlungen ohne Rücksicht auf eine noch vorhandene Bereicherung zurückzuzahlen.[462]

§ 4 Nebenleistungen

Die Gesellschaft schließt zu Gunsten des Vermögensberaters für die Dauer des Arbeitsvertrages eine Unfallversicherung im Rahmen der Gruppenversicherung mit folgenden Deckungssummen ab:
- 195.000 EUR für den Todesfall
- 390.000 EUR für den Invaliditätsfall

§ 5 Arbeitszeit

(1) Beginn und Ende der täglichen Arbeitszeit werden in der Gesellschaft flexibel gehandhabt und richten sich nach den Belangen der Gesellschaft. Sie können durch die Gesellschaft allgemein oder im Einzelfall festgelegt werden.

(2) Sofern aufgrund betrieblicher Erfordernisse Über- und/oder Mehrarbeit notwendig ist, ist diese mit der Vergütung gemäß § 3 abgegolten.

(3) Der Vermögensberater ist verpflichtet, auf Verlangen der Gesellschaft ohne zusätzliche Vergütung an solchen deutschen gesetzlichen Feiertagen zum Dienst zu erscheinen, die mit amerikanischen gesetzlichen Feiertagen nicht identisch sind und für die von der zuständigen Aufsichtsbehörde eine Ausnahmegenehmigung zur Aufrechterhaltung des Geschäftsbetriebes erteilt wird. Die an deutschen gesetzlichen Feiertagen nach Maßgabe des Satzes 1 geleistete Tätigkeit wird in Freizeit dadurch ausgeglichen, dass der Vermögensmanager für jeden geleisteten Feiertag einen Arbeitstag Freizeit erhält.

§ 6 Arbeitsverhinderung

(1) Der Vermögensberater ist verpflichtet, der Gesellschaft jede Arbeitsverhinderung und ihre voraussichtliche Dauer unverzüglich, möglichst am ersten Tag des Arbeitsausfalls, unter Angabe der Gründe anzuzeigen. Ist die Arbeitsverhinderung vorher bekannt, so ist sie möglichst frühzeitig der Gesellschaft mitzuteilen.

(2) Bei Erkrankung hat der Vermögensberater unverzüglich, spätestens vor Ablauf des 3. Kalendertages nach Beginn der Arbeitsverhinderung, eine ärztliche Bescheinigung nachzureichen, aus der die Arbeitsunfähigkeit sowie deren Beginn und voraussichtliche Dauer ersichtlich sind. Dauert die Arbeitsunfähigkeit länger als in der Bescheinigung angegeben, so ist der Vermögensberater verpflichtet, unverzüglich spätestens innerhalb von drei Kalendertagen, eine neue ärztliche Bescheinigung vorzulegen, auch wenn der Zeitraum der Gehaltsfortzahlung gemäß § 6 Abs. 3 überschritten wird.

(3) Ist der Vermögensberater durch krankheitsbedingte Arbeitsunfähigkeit an der Arbeitsleistung verhindert, so erhält er Gehaltsfortzahlung unter den Voraussetzungen des § 3 für die Dauer von sechs Wochen.

§ 7 Urlaub, Freistellung

(1) Der Jahresurlaub des Vermögensberaters beträgt 25 Werktage.

(2) Die zeitliche Lage des Urlaubs ist einvernehmlich mit der Gesellschaft unter Berücksichtigung der betrieblichen Belange rechtzeitig festzulegen. Falls eine rechtzeitige Abstimmung nicht erfolgt ist, kann die Gesellschaft die Urlaubswünsche des Vermögensberaters ablehnen.

(3) Dem Vermögensberater ist bekannt, dass der erstmalige Anspruch auf den vollen Jahresanspruch nach sechsmonatiger Tätigkeit bei der Gesellschaft entsteht. Dem Vermögensberater ist weiter bekannt, dass das jeweilige Kalenderjahr das Urlaubsjahr ist, so dass ein Resturlaub aus dem Vorjahr bis zum 31.3. des darauf folgenden Kalenderjahres genommen sein muss, da der Urlaubsanspruch ansonsten verfällt.

(4) Die Gesellschaft ist berechtigt, den Vermögensberater ab Ausspruch einer Kündigung von seiner dienstlichen Tätigkeit freizustellen. Die Freistellung kann widerruflich oder unwiderruflich erfolgen. Während der Freistellung erhält der Vermögensberater seinen ihm noch zustehenden Resturlaub.

---

[462] Diese Klausel ist nach hier vertretener Ansicht gemäß § 307 Abs. 2 Nr. 1 BGB nicht wirksam (*Hümmerich*, NZA 2003, 764; *ders.*, Gestaltung von Arbeitsverträgen, § 1 Rn 1620).

§ 8 Betriebsgeheimnis, Schweigepflicht

(1) Die Tätigkeit der Gesellschaft erfordert eine streng vertrauliche Behandlung sämtlicher Geschäftsvorfälle. Der Vermögensberater ist daher verpflichtet, sämtliche Geschäfts- und Betriebsgeheimnisse streng geheim zu halten. Er darf weder unmittelbar noch mittelbar für sich oder Dritte von Informationen Gebrauch machen, die er durch seine Tätigkeit bei der Gesellschaft erlangt hat. Das Gleiche gilt für Geschäfts- und Betriebsgeheimnisse oder sonstige Informationen, die der Gesellschaft anvertraut worden sind.

(2) Die Verpflichtung des Vermögensberaters gemäß Abs. 1 gilt auch nach einem etwaigen Ausscheiden aus den Diensten der Gesellschaft.

(3) Ein Verstoß gegen die Pflichten gemäß Abs. 1 kann im Einzelfall, je nach Bedeutung des Verstoßes, zur fristlosen oder fristgemäßen Kündigung des Arbeitsvertrages berechtigen.

(4) Falls der Vermögensberater oder die Gesellschaft das Arbeitsverhältnis gekündigt haben, ist der Vermögensberater verpflichtet, sämtliche Briefe, sämtliche Kopien von Briefen oder sonstigen schriftlichen Unterlagen, Dokumenten, Vermerken, E-Mails u.Ä. über Geschäftsvorfälle herauszugeben, wobei dem Vermögensberater ein Zurückbehaltungsrecht nicht zusteht. Im Falle einer Kündigung ist der Vermögensberater weiterhin verpflichtet, sämtliche Kontakte zu den bislang von ihm betreuten Kunden zu unterlassen. Dem Vermögensberater ist bekannt, dass ein Verstoß hiergegen zu Schadensersatzansprüchen der Gesellschaft führen kann.

(5) Vorbehaltlich weitergehender Schadensersatzansprüche hat der Vermögensberater eine Vertragsstrafe in Höhe eines Zwölftel des jährlichen Grundgehaltes zu zahlen, falls er bei Vorliegen einer Kündigung entgegen der Verpflichtung gemäß Abs. 4 Kontakte, gleich welcher Art, zu den bislang von ihm betreuten Kunden unterhält. Als Kontakte in diesem Sinne gelten sowohl mündliche, fernmündliche als auch schriftliche oder persönliche Kontakte, die in irgendeiner Weise mit der geschäftlichen Beziehung des Kunden zur Gesellschaft zu tun haben.

§ 9 Haftung des Vermögensberaters

(1) Der Vermögensberater ist verpflichtet, seine Tätigkeit mit der höchsten Sorgfalt gemäß den Richtlinien der Gesellschaft und den Weisungen seiner Vorgesetzten auszuführen. Falls durch eine fehlerhafte Tätigkeit des Vermögensberaters ein Schaden entsteht, für den die Gesellschaft gegenüber Dritten einzutreten hat und der auf fahrlässiges oder vorsätzliches Verhalten des Vermögensberaters zurückzuführen ist, behält sich die Gesellschaft das Recht vor, von dem Vermögensberater Regress zu fordern. Einzelheiten ergeben sich aus einer Error-Policy.

(2) Der Vermögensberater haftet im Schadensfall bis zu einem Betrag von 5.000 EUR pro Schaden.

(3) Einen etwaigen Schadensbetrag kann die Gesellschaft mit den Vergütungsansprüchen des Vermögensberaters unter Beachtung der gesetzlichen Pfändungsbestimmungen verrechnen, nicht jedoch mit dem Grundgehalt.

§ 10 Allgemeine Pflichten, Schlussbestimmungen

(1) Die Angaben im Personalfragebogen sind wesentlicher Bestandteil des Arbeitsvertrages. Bewusst unvollständige und/oder unrichtige Auskünfte berechtigen die Gesellschaft zur Anfechtung des Arbeitsvertrages.

(2) Der Vermögensberater ist verpflichtet, alle Änderungen über die Angaben zur Person, soweit sie für das Anstellungsverhältnis von Bedeutung sind, unverzüglich mitzuteilen.

(3) Der Vermögensberater verpflichtet sich, alle ihm übertragenen Arbeiten sorgfältig und gewissenhaft auszuführen. Alle Anordnungen der Gesellschaft sowie derjenigen Person, die ihm als Vorgesetzte benannt werden, hat er genauestens zu befolgen. Er ist insbesondere verpflichtet, in allen Fällen von besonderer Bedeutung sowie in allen Zweifelsfragen vor Ausführung irgendwelcher Handlungen Rücksprache mit dem zuständigen Vorgesetzten zu nehmen.

(4) Nebenbeschäftigungen darf der Vermögensberater nur mit Zustimmung der Gesellschaft ausüben, soweit hierdurch Interessen der Gesellschaft berührt werden. Insbesondere für solche Nebentätigkeiten, aus den sich Interessenkonflikte mit der Gesellschaft ergeben können, wie bei der Nutzung von Kundenkontakten für nicht auf die Gesellschaft bezogene Aktivitäten, Verwaltung von Kundengeldern außerhalb der kontoführenden Stellen etc. und für Nebenbeschäftigungen, die die Arbeitskraft des Vermögensberaters beeinträchtigen, ist die vorherige, ausdrückliche schriftliche Genehmigung der Gesellschaft einzuholen.

(5) Der Vermögensberater bedarf der vorherigen Zustimmung der Gesellschaft

- zu Vorträgen und Veröffentlichungen, soweit dadurch die Interessen der Gesellschaft berührt werden,
- zur Übernahme von Aufsichtsratssitzen oder ähnlichen Ämtern,
- zur Beteiligung an Firmen, die gleiche oder ähnliche Geschäfte wie die Gesellschaft betreiben, ausgenommen der Erwerb von Aktienbörsen notierter Unternehmen.

(6) Mit Abschluss dieses Arbeitsvertrages verlieren alle etwaigen früheren zwischen der Gesellschaft und dem Vermögensberater zustande gekommenen Verträge und/oder Vereinbarungen ihre Wirksamkeit. Mündliche Nebenabreden

bestehen nicht. Änderungen und Ergänzungen des vorliegenden Vertrages bedürfen der Schriftform. Dies gilt auch für eine etwaige Abbedingung der vorstehenden Schriftformklausel.

(7) Sind oder werden einzelne Bestimmungen dieses Vertrages unwirksam, so wird hierdurch die Wirksamkeit der restlichen Vertragsbestandteile nicht berührt. Unwirksame Bestimmungen sind einvernehmlich durch solche zu ersetzen, die unter Berücksichtigung der Interessenlage den gewünschten Zweck des Vertrages zu erreichen geeignet sind.

(8) Ergänzend zu den Bestimmungen dieses Vertrages finden die jeweils gültigen und von der Gesellschaft in Ausübung ihres Leistungsbestimmungsrechts (Direktionsrecht) getroffenen Regelungen über Art, Ort und Zeit der Arbeitsleistung des Vermögensberaters Anwendung. Im Übrigen gelten ergänzend die gesetzlichen Bestimmungen.

(9) Alle Ansprüche, die sich aus dem Arbeitsvertrag ergeben, sind von den Vertragsparteien binnen einer Frist von sechs Monaten seit ihrer Fälligkeit schriftlich geltend zu machen und im Falle der Ablehnung durch die Gegenpartei binnen einer Frist von zwei Monaten einzuklagen.

(10) Mit ihrer Unterschrift bestätigt der Vermögensberater zugleich, eine von der Gesellschaft unterzeichnete Ausfertigung des Arbeitsvertrages erhalten zu haben.

39. Muster: Arbeitsvertrag mit einem Account Supervisor als Anschreiben

Sehr geehrter Herr ▄▄▄,

wir vereinbaren mit Ihnen nachfolgenden Anstellungsvertrag. Hiermit wollen wir Ihre Rechte und Pflichten aufgabengerecht und auch im Interesse Ihrer Sicherung so regeln, dass Sie für Ihre verantwortliche Mitarbeit in unserem Unternehmen eine feste Grundlage haben.

1. Dienststellung, Aufgaben und Verantwortungsbereich

Sie sind als „Account Supervisor" tätig.

Ihnen wurde Handlungsvollmacht für unsere Gesellschaft erteilt.

Die Vollmacht gilt für alle in Ihrem Aufgabenbereich anfallenden Rechtsgeschäfte und Rechtshandlungen. Sie sind insoweit berechtigt, die Firma zusammen mit dem Geschäftsführer oder einem Prokuristen zu vertreten. Sie zeichnen die Firma mit dem Zusatz „i.V.".

Ihr Aufgabengebiet umfasst die eigenverantwortliche Durchführung oder Überwachung aller Arbeiten, die in dem Ihnen übertragenen Verantwortungsbereich im Rahmen des jeweils geltenden Organisationsplanes und der hierfür getroffenen Funktionsfestlegungen zu erledigen sind.

Sie sind dem Geschäftsführer unterstellt.

Von Ihnen als leitendem Angestellten erwarten wir, dass Sie die Ziele des Unternehmens unter Wahrung der Interessen des ▄▄▄-Konzerns eigeninitiativ und verantwortungsbewusst verfolgen und die übernommenen Aufgaben aufgrund Ihrer besonderen Kenntnisse und Erfahrungen nach besten Kräften erfüllen. Sie werden Ihre Arbeitskraft ausschließlich unserem Unternehmen zur Verfügung stellen.

2. Information, Weiterbildung, Tätigkeitswechsel

Wir werden Sie in allen wichtigen Fragen, die das Unternehmen, Ihre Aufgaben und Sie persönlich betreffen, jeweils in geeigneter Weise unterrichten. Von Ihnen erwarten wir, dass Sie Ihre Informationsmöglichkeiten, vor allem zur Durchführung Ihrer Aufgaben, voll nutzen und auch Ihre Vorgesetzten und Mitarbeiter unterrichtet halten.

An Ihrer Weiterbildung sind wir ebenso wie Sie interessiert. Im Rahmen unserer Möglichkeiten und in den Grenzen, die die Rücksichtnahme auf einen ungestörten Arbeitsablauf setzt, werden wir Ihnen Gelegenheit geben, sich für Ihre Tätigkeit in unserem Unternehmen weiterzubilden. Entsenden wir Sie zu Weiterbildungsveranstaltungen, so tragen wir die Kosten. Wir stellen Sie hierfür von der Arbeit frei, Ihre Bezüge werden weitergezahlt.

Mit dem Ziel, unseren Mitarbeitern Entwicklungsmöglichkeiten zu bieten und Führungsstellen bevorzugt aus den eigenen Reihen zu besetzen, wollen wir unsere Führungskräfte vielseitig einsetzen können. Auch aus anderem Anlass, beispielsweise aus betrieblichen oder persönlichen Gründen, kann die Übertragung einer neuen Aufgabe auf Sie notwendig werden. Es bleibt daher vorbehalten, Ihnen in unserem Unternehmen oder in einem anderen Unternehmen des ▄▄▄-Konzerns eine andere Aufgabe zu übertragen. Wir werden hierbei Ihre berechtigten Belange wahren, von Ihnen erwarten wir gegenüber den Belangen des ▄▄▄-Konzerns Entsprechendes.

3. Vertrauliche Angelegenheiten, Veröffentlichungen, Verbot von Insidergeschäften

Geschäftsvorgänge und Informationen vertraulicher Natur, aber auch vertrauliche betriebliche Daten und Arbeitsverfahren, werden Sie ihrem Charakter entsprechend behandeln und demzufolge Dritte – auch Unternehmensangehörige, die darüber nicht unterrichtet sein müssen – ohne unsere vorherige Zustimmung hierüber nicht informieren. Die Verpflichtung besteht auch nach Ihrem Ausscheiden fort.

Alle Veröffentlichungen – gleich in welcher Form – insbesondere auch Stellungnahmen gegenüber Medien über Fragen, die unsere Unternehmensinteressen berühren, bedürfen unserer vorherigen Zustimmung.

Auf das gesetzliche Verbot von Insidergeschäften nach den Bestimmungen des Gesetzes über den Wertpapierhandel weisen wir hin. Einzelheiten hierzu entnehmen Sie bitte der als Anlage beigefügten Richtlinie zur Vermeidung von Insiderverstößen.

4. Nebentätigkeiten und Mandate

Die Übernahme einer entgeltlichen Nebentätigkeit – auch als Berater, Gutachter, Lehrkraft o.Ä. –, durch die unsere Unternehmensinteressen berührt werden, bedarf unserer vorherigen Zustimmung.

Dies gilt unter der gleichen Voraussetzung auch für die Übernahme von Ämtern und Mandaten in Körperschaften sowie in anderen Unternehmen. Wenn Sie ein Amt oder Mandat im unmittelbaren Unternehmensinteresse ausüben, werden Sie es zur Verfügung stellen, wenn Sie bei uns ausscheiden.

Über Ehrenämter, die Sie aufgrund einer gesetzlichen Verpflichtung auszuüben haben, werden Sie uns ohne Aufforderung schriftlich unterrichten, sofern die Amtsausübung unsere Unternehmensinteressen berührt.

5. Urheber- und sonstige gewerbliche Schutzrechte

An den von Ihnen in Wahrnehmung Ihrer Aufgaben oder nach unseren Anweisungen geschaffenen urheberrechtlich schutzfähigen Arbeitsergebnissen, insbesondere Computer-Programmen, räumen Sie uns die ausschließlichen, zeitlich unbefristeten Nutzungsrechte an allen vom Gesetz vorgesehenen Nutzungsarten ein.

Die Rechte an sonstigen Arbeitsergebnissen, die von Ihnen in Wahrnehmung Ihrer Aufgaben oder nach unseren Anweisungen geschaffen werden und zu einem gewerblichen Schutzrecht im Übrigen führen können (Warenzeichen, Geschmacksmuster usw.), stehen ausschließlich uns zu.

6. Datengeheimnis

Aufgrund des im BDSG geregelten Datengeheimnisses ist Ihnen die unbefugte Verarbeitung oder Nutzung personenbezogener Daten, die Ihnen im Zusammenhang mit Ihrer Tätigkeit zugänglich werden, untersagt. Die Verpflichtung zur Wahrung des Datengeheimnisses bleibt auch bei Übernahme einer anderen Aufgabe sowie nach Beendigung Ihrer Tätigkeit bestehen.

Zu dem Datengeheimnis verweisen wir auf die anliegende Broschüre zum Datenschutz.

7. Bezüge

Für Ihre gesamte Tätigkeit zahlen wir Ihnen ab ▄▄▄ ein monatliches Gehalt von ▄▄▄ EUR brutto jeweils zum Monatsende auf ein von Ihnen errichtetes Konto.

Sie erhalten außerdem eine Sonderzahlung für außertarifliche Angestellte nach Maßgabe der jeweils geltenden Bestimmungen.

Ferner erhalten Sie am Jahresende eine Gratifikation. Sie wird unter Berücksichtigung des Geschäftserfolges nach Ihrer persönlichen Leistung festgesetzt.

Bei dieser Regelung setzen wir voraus, dass Ihre wöchentliche Arbeitszeit 40 Stunden nicht unterschreitet und die bei Ihrer Aufgabenerfüllung ggf. darüber hinaus anfallende Arbeitszeit mit der Zahlung Ihrer vorgenannten Bezüge grundsätzlich abgegolten ist.

In unserem Unternehmen werden die Gehälter der leitenden und außertariflichen Angestellten einmal im Jahr überprüft. Hierbei achten wir darauf, dass die Summe der Gehälter aller leitenden und außertariflichen Angestellten sich längerfristig (längstens drei Jahre) zumindest im gleichen Verhältnis entwickelt wie die unserer anderen Mitarbeiter. Für eine Neufestsetzung Ihres Gehaltes werden Ihre Aufgabe, Ihre Dienststellung und insbesondere Ihre persönliche Leistung berücksichtigt.

Alle Mitteilungen über Ihre Bezüge werden Sie vertraulich behandeln.

8. Urlaub

Sie haben Anspruch auf einen Jahresurlaub nach der jeweils geltenden Regelung. Ihr Urlaubsanspruch beträgt gegenwärtig 30 Arbeitstage.

Im Ein- und Austrittsjahr haben Sie für jeden vollen Beschäftigungsmonat Anspruch auf ein Zwölftel des Jahresurlaubs.

Ihren Urlaub werden Sie unter Berücksichtigung der betrieblichen Belange und im Einverständnis mit Ihrem Vorgesetzten nehmen. Ihren persönlichen Wünschen werden wir dabei im Rahmen des Möglichen entsprechen. Um größere Rückstände zu vermeiden, ist der Urlaub nach Möglichkeit im jeweiligen Urlaubsjahr, spätestens bis Ende März des Folgejahres, zu nehmen. Im Übrigen gelten die Bestimmungen des Bundesurlaubsgesetzes.

9. Gehaltsfortzahlung im Krankheits- und Sterbefall

Bei längerer Krankheit werden wir Ihnen von der siebenten Woche an die Differenz zwischen einem in der gesetzlichen Krankenversicherung üblichen Krankentagegeld – ohne Berücksichtigung etwa darauf entfallender Abzüge – und Ihrem Nettogehalt für die Dauer von mindestens sechs Monaten weiterzahlen. Hierbei setzen wir voraus, dass Sie jederzeit gegen Krankheit in einem Umfang versichert sind, wie er der gesetzlichen Krankenversicherung entspricht. Bei der Gehaltsfortzahlung können wir Leistungen Dritter – beispielsweise aufgrund von Haftpflichtansprüchen – anrechnen, soweit sie Ihrem Unterhalt zu dienen bestimmt sind. Über derartige Ansprüche werden Sie uns unaufgefordert unterrichten. Zahlungen, auf die Sie einen Anspruch aufgrund zusätzlicher Eigenleistungen haben, die über die oben genannte Beteiligung an der Krankenversicherung hinausgehen, sind von der Anrechnung ausgenommen.

Im Falle Ihres Todes erhält Ihr Ehegatte oder erhalten unterhaltsbedürftige Kinder noch für die drei auf den Sterbemonat folgenden Monate Ihr Gehalt.

10. Versicherungsschutz

Ihren Schutz bei Unfällen haben wir über die Leistungen hinaus erweitert, die Sie aus der gesetzlichen Unfallversicherung erhalten.

Sie sind in einer Kollektivunfallversicherung zu den jeweils geltenden Bedingungen versichert. Auf die Versicherungsleistung haben im Invaliditätsfall Sie, im Todesfall Ihr Ehegatte und/oder Ihre Kinder einen Rechtsanspruch. Sie sind außerdem bei Unfallschadenverband angemeldet.

Die Kosten für beide Maßnahmen trägt die Gesellschaft.

11. Unterrichtungs- und Erörterungsrechte

In allen Angelegenheiten, die für Sie im Hinblick auf Ihr Anstellungsverhältnis und hiermit verbundene Fragen von Bedeutung sind, stehen Ihnen Ihre Vorgesetzten und der Leiter der für Sie zuständigen Personalabteilung zur Verfügung. Insbesondere haben Sie die Möglichkeit, mit diesen Ihre berufliche Situation und Ihre Beurteilung zu besprechen.

Auf Wunsch wird Ihnen Einsicht in Ihre Personalakte gewährt.

12. Schutz bei organisatorischen Änderungen

Sollte die Ihnen übertragene Aufgabe aufgrund organisatorischer Änderungen künftig entfallen, werden wir prüfen, ob Ihnen entsprechend Ziffer 2 dieses Vertrages im Rahmen der gegebenen Möglichkeiten und Ihrer Fähigkeiten, Kenntnisse und Leistungen eine neue Aufgabe übertragen werden kann. Dabei werden wir darauf achten, dass Ihnen Einbußen an Ihren Bezügen nicht entstehen.

13. Beendigung des Anstellungsverhältnisses

Ihr Anstellungsverhältnis kann von beiden Seiten mit einer Frist von sechs Monaten zum Ende eines Monats gekündigt werden. Nach einer Kündigung können wir Sie bis zum Ablauf der Kündigungsfrist unter Fortzahlung Ihrer Bezüge freistellen und die Freistellung auf restliche Urlaubsansprüche anrechnen.

Das Anstellungsverhältnis endet spätestens mit Ablauf des Kalendermonats, in dem Sie das 65. Lebensjahr vollenden, oder mit dem Ende des Kalendermonats, in dem Sie Erwerbs- oder Berufsunfähigkeitsrente oder vorgezogenes Altersruhegeld aus der gesetzlichen Rentenversicherung (variable Altersgrenze) beziehen.

Bei Beendigung des Anstellungsverhältnisses werden Sie uns unaufgefordert alle uns gehörenden Gegenstände, insbesondere Arbeitsunterlagen, Zeichnungen, Werksausweise u.Ä. zurückgeben.

14. Betriebszugehörigkeit, Personaldaten

Soweit die Dauer Ihrer Betriebszugehörigkeit für den Erwerb von Anwartschaften und Rechten von Bedeutung ist, wird Ihnen ihre Tätigkeit im ▬▬▬-Konzern ab ▬▬▬ angerechnet.

Zur Durchführung des Anstellungsvertrages werden Ihre persönlichen Daten gespeichert und verarbeitet.

Über Änderungen Ihrer persönlichen Daten (Anschrift, Familienstand u.Ä.) bitten wir Sie, ohne Aufforderung die Abteilung Leadership Resources – Contract Management zu unterrichten.

Es besteht Übereinstimmung, dass keine mündlichen Vereinbarungen getroffen sind, die diesen schriftlichen Vertrag ändern oder ergänzen. Spätere Änderungen und Ergänzungen des Vertrages sowie seine einvernehmliche Aufhebung bedürfen zu ihrer Rechtswirksamkeit der Schriftform.

Ihre bisherigen Anstellungsbedingungen treten hiermit außer Kraft.

Zum Zeichen Ihres Einverständnisses mit vorstehenden Vereinbarungen bitten wir Sie, die Zweitschrift dieses Vertrages zu unterzeichnen und an die Abteilung Leadership Resources – Contract Management zurückzureichen.

Mit freundlichen Grüßen

40. Muster: Arbeitsvertrag für Financial Consultant einer internationalen Gesellschaft (mit Stock Options)

Arbeitsvertrag

zwischen

■■■, vertreten durch den Vorstand

– nachfolgend Company genannt –

und

■■■

– nachfolgend Mitarbeiter genannt –

wird folgender Arbeitsvertrag geschlossen:

§ 1 Beginn des Arbeitsverhältnisses

(1) Das Arbeitsverhältnis beginnt am ■■■ oder früher. Es wird zunächst für die Dauer von sechs Monaten zur Probe vereinbart. Während dieser Zeit kann es beiderseits mit einer Frist von einem Monat zum Monatsende gekündigt werden. Eine Kündigung vor Tätigkeitsbeginn ist ausgeschlossen.

(2) Das Arbeitsverhältnis endet mit Ablauf der Probezeit, ohne dass es einer Kündigung bedarf, sofern es nicht vor deren Ablauf schriftlich durch die Company als auf unbestimmte Zeit geschlossen bestätigt wird. Nach Ablauf der Probezeit beträgt die Kündigungsfrist drei Monate zum Monatsende. Ab Ausspruch einer Kündigungserklärung ist die Company berechtigt, den Mitarbeiter jederzeit ganz oder teilweise von der Arbeitsleistung freizustellen.

(3) Das Arbeitsverhältnis endet spätestens mit Ablauf des Monats, in dem der Mitarbeiter das 65. Lebensjahr vollendet hat. Der Mitarbeiter ist verpflichtet, spätestens mit Vollendung des 60. Lebensjahres gegenüber der Company schriftlich und verbindlich zu erklären, wann er in den Ruhestand treten und wann er Altersruhegeld beziehen will.

§ 2 Aufgaben- und Verantwortungsbereich

(1) Der Mitarbeiter wird als Financial Consultant eingestellt.

Die Company behält sich vor, dem Mitarbeiter auch eine andere oder zusätzliche, der Vorbildung und den Fähigkeiten entsprechende Tätigkeit, vorübergehend auch an einem anderen Ort, zu übertragen. Macht die Company von dieser Befugnis Gebrauch, so ist die bisherige Vergütung weiter zu zahlen.

(2) Obwohl das Aufgabengebiet des Mitarbeiters ein generell selbständiges und innovatives Arbeiten erfordert, gehört es zu den Obliegenheiten des Mitarbeiters, die Bestimmung der Dringlichkeit von Arbeiten nicht ohne Zustimmung seiner Vorgesetzten vorzunehmen und die Vorgesetzten über beabsichtigte Vorhaben und den Stand von Arbeiten vollständig zu unterrichten.

§ 3 Bezüge

(1) Die Bezüge setzen sich aus einem Fixum, einer variablen Vergütung und Stock Options zusammen.

(2) Das Fixum beträgt ■■■ EUR jährlich und wird auf eine diesen Betrag übersteigende, kalenderjährliche variable Vergütung angerechnet. In den Bezügen ist eine regelmäßige Mehrarbeit berücksichtigt.

(3) Der Mitarbeiter erhält eine variable Vergütung nach Maßgabe des erfolgsorientierten Vergütungssystems der Company (Company-Vision). Als Erlös gilt der Nettoerlös aus jedem vermittelten und/oder bearbeiteten Geschäft ohne Mehrwertsteuer, abzüglich der zur Durchführung dieses Geschäfts an Dritte gezahlten Leistungen. Haben mehrere Mitarbeiter am Zustandekommen oder der Durchführung eines Geschäfts mitgewirkt, nimmt die Company eine Aufteilung der Erlösprovision zwischen den Mitarbeitern nach billigem Ermessen vor. Maßgeblich für die Verteilung der Erlösprovision ist der Umfang der Mitwirkung jedes Mitarbeiters am Zustandekommen und an der Abwicklung des Geschäfts. Einzelheiten ergeben sich aus der Company-Vision, die als die Erfolgsentwicklung gestaltende und anpassungsfähige Leitlinie Bestandteil des Arbeitsvertrages ist und als Anlage 1 zum Arbeitsvertrag genommen wird.

(4) Der Mitarbeiter erhält die Möglichkeit, Stock Options nach Maßgabe des Stock-Options-Plans der Muttergesellschaft in ■■■ (USA) von der Muttergesellschaft zu erwerben. Der Erwerb erfolgt über das als Anlage 2 zwischen der

Muttergesellschaft und dem Mitarbeiter vereinbarte „Stock-Options-Agreement", wobei Schuldner bezüglich der Stock Options nicht die Company, sondern die Muttergesellschaft ist.

(5) Der Mitarbeiter verpflichtet sich, Gehaltsüberzahlungen ohne Rücksicht auf eine noch vorhandene Bereicherung zurückzuzahlen.[463]

§ 4 Gehaltsumwandlung

Mit Zustimmung des Mitarbeiters können Teile der Vergütung steuerbegünstigt in eine Gruppen-Lebensversicherung umgewandelt werden. Einzelheiten können auf Wunsch des Mitarbeiters mit der Company vereinbart werden.

§ 5 Arbeitszeit

(1) Die regelmäßige Arbeitszeit beträgt 40 Stunden wöchentlich.

(2) Beginn und Ende der täglichen Arbeitszeit und der Pausen werden von dem Vorstand festgelegt.

(3) Die Verpflichtung zur Leistung von Mehrarbeit bleibt unberührt. Angesichts der hohen Anforderungen der Kundschaft und dem erwarteten Engagement eines Financial Consultant sehen die Parteien Mehrarbeit im Bedarfsfalle als selbstverständlich an.

§ 6 Abtretung und Verpfändung

(1) Der Mitarbeiter darf seine Vergütungsansprüche an Dritte nur nach vorheriger schriftlicher Zustimmung der Company verpfänden oder abtreten.

(2) Für die Bearbeitung von Forderungspfändungen und Abtretungen wird pauschal ein Entgelt von ▀▀▀ EUR einbehalten.

§ 7 Gehaltsfortzahlung im Krankheitsfall

(1) Im Falle unverschuldeter krankheitsbedingter Arbeitsunfähigkeit erhält der Mitarbeiter Entgeltfortzahlung nach Maßgabe des Entgeltfortzahlungsgesetzes.

(2) Ab dem Zeitpunkt des Bezugs einer Rente wegen Erwerbsminderung im Sinne der gesetzlichen Rentenversicherung entfällt die Gehaltsfortzahlung.

(3) Der Mitarbeiter hat sich zwei Wochen nach Beginn von Arbeitsunfähigkeit infolge Krankheit im Einzelfalle nach Aufforderung durch einen Vertrauensarzt der Company untersuchen zu lassen.

§ 8 Urlaub

Der Mitarbeiter erhält einen Jahresurlaub von 24 Werktagen. Die Festlegung der Urlaubszeit erfolgt unter Berücksichtigung der Interessen der Company in Abstimmung mit dem zuständigen Vorgesetzten. Eine Abgeltung des Urlaubsanspruches in bar ist grundsätzlich ausgeschlossen.

§ 9 Nebentätigkeiten

Der Arbeitnehmer ist verpflichtet, seine volle Arbeitskraft der Company zu widmen. Eine Nebentätigkeit, auch soweit sie nicht auf Erwerb gerichtet ist, die die betriebliche Tätigkeit oder die beruflichen Leistungen beeinträchtigt, die die Aufgabengebiete der Company berührt, betriebliche Einrichtungen beansprucht oder besondere betriebliche Erfahrungen verwertet, ist nur mit vorheriger schriftlicher Einwilligung des zuständigen Vorstands erlaubt. Diese Grundsätze gelten auch für Veröffentlichungen in der Fachpresse und in der Allgemeinpresse, für Referate und Vorträge.

§ 10 Verschwiegenheit

Der Mitarbeiter verpflichtet sich, über alle ihm im Rahmen seiner Tätigkeit bei der Company zur Kenntnis gelangenden betrieblichen, geschäftlichen Angelegenheiten und Vorgänge Stillschweigen zu bewahren. Der Inhalt dieses Vertrages unterliegt ebenfalls der Verschwiegenheitspflicht. Diese Verpflichtung gilt auch nach dem Ausscheiden fort.

§ 11 Herausgabe von Schriftstücken

Der Mitarbeiter verpflichtet sich, jederzeit auf Verlangen der Company, spätestens bei seinem Ausscheiden sämtliche Schriftstücke (Bücher, Akten, Verfügungen, Berichte, Formulare, Rundschreiben, Pläne, Protokolle, Rechnungen etc.), die der Mitarbeiter im Zusammenhang mit seiner Tätigkeit bei der Company erhalten oder selbst angefertigt hat oder hat anfertigen lassen, an die Company unaufgefordert herauszugeben. Das Gleiche gilt für Auszüge, Abschriften und Kopien der vorgenannten Unterlagen.

---

[463] Diese Klausel ist nach hier vertretener Ansicht gemäß § 307 Abs. 2 Nr. 1 BGB nicht wirksam (*Hümmerich*, NZA 2003, 764; *ders.*, Gestaltung von Arbeitsverträgen, § 1 Rn 1620).

Kapitel 1: Arbeitsverträge

§ 12 Bundesdatenschutzgesetz/Bankgeheimnis

Der Mitarbeiter ist verpflichtet, die gesetzlichen Bestimmungen zum Schutze des Datengeheimnisses gemäß § 5 BDSG einzuhalten. Der Mitarbeiter erkennt durch seine Unterschrift auf der als Anlage 3 beigefügten Verpflichtungserklärung die dortigen Regelungen zum Datenschutz und zum Bankgeheimnis an.

§ 13 Nutzungsrechte an Arbeitsergebnissen

(1) Jedes Arbeitsergebnis, das der Mitarbeiter in Erfüllung oder im Zusammenhang mit der Erfüllung seiner Dienstverpflichtung erzielt, steht ausschließlich der Company zu und wird durch das vereinbarte Gehalt abgegolten, soweit dem nicht die Vorschriften des Arbeitnehmererfindungsgesetzes entgegenstehen. Der Mitarbeiter überträgt der Company das ausschließliche, zeitlich, örtlich und räumlich uneingeschränkte Nutzungsrecht an Arbeitsergebnissen jeder Art. Die vorstehende Vereinbarung behält auch nach Beendigung des Arbeitsverhältnisses Gültigkeit.

(2) Für sämtliche im Rahmen des Arbeitsverhältnisses erstellten urheberrechtsfähigen Computerprogramme räumt der Mitarbeiter der Company das ausschließliche Recht zur räumlich und zeitlich unbegrenzten Nutzung ein. Gleichzeitig verzichtet er darauf, als Urheber genannt zu werden. Das Nutzungsrecht erstreckt sich auch auf sämtliche zum Programm gehörenden Vorstudien, Quell-Codes, Dokumentationen und sonstige Materialien und bezieht sich auf alle Verwertungsformen. Die Company ist berechtigt, das Nutzungsrecht auf Dritte zu übertragen und einfache Nutzungsrechte zu vergeben. Die Einräumung des Nutzungsrechts ist mit dem in diesem Vertrag vereinbarten Arbeitsentgelt abgegolten. Dies gilt unabhängig davon, ob die von Company in Auftrag gegebenen Programme innerhalb oder außerhalb der betrieblichen Arbeitszeit entwickelt wurden.

(3) Änderungen, Erweiterungen oder Anpassungen der Programme können von der Company oder von einem von der Company bestimmten Dritten vorgenommen werden. In solchen Fällen gelten die Rechte der Company uneingeschränkt auch für die geänderten Programmversionen. Ein Anspruch des Mitarbeiters auf Herausgabe oder Zugang zum Zwecke der Herstellung von Kopien oder sonstigen Vervielfältigungen der Programme besteht nicht. Für den Fall, dass die vom Mitarbeiter im Auftrag der Company entwickelten Programme die Schutzrechte Dritter verletzen, stellt die Company den Mitarbeiter von den Ansprüchen Dritter frei, es sei denn, diese Schutzrechte waren dem Mitarbeiter bekannt oder aufgrund grober Fahrlässigkeit unbekannt. Diese Vereinbarung gilt nach dem Ausscheiden des Mitarbeiters weiter.

§ 14 Nebenabreden, Vertragsänderungen

Nebenabreden bestehen nicht. Änderungen und Ergänzungen der Vereinbarungen der in diesem Vertrag getroffenen Vereinbarungen bedürfen der Schriftform. Auch die Aufhebung der Formabrede bedarf der Schriftform.

§ 15 Ärztliche Untersuchung

Als Voraussetzung einer Einstellung gilt, dass der Mitarbeiter voll arbeitsfähig ist. Der Mitarbeiter erklärt sich zu einer ärztlichen Untersuchung durch einen von der Company ausgewählten Arzt bereit und entbindet diesen im Umfang der Bescheiddaten von seiner Schweigepflicht gegenüber der Personalabteilung der Company.

§ 16 Führungszeugnis

Voraussetzung des Vertragsschlusses ist die Vorlage eines Führungszeugnisses, das nicht älter als drei Monate sein darf. Der Mitarbeiter erklärt, dass gegen ihn kein staatsanwaltliches Ermittlungsverfahren läuft oder eine strafrechtliche Verurteilung erfolgt ist, die das Führungszeugnis noch nicht enthält.

§ 17 Teilnichtigkeit

Sollten einzelne Bestimmungen dieses Vertrages rechtsunwirksam sein oder werden, so berührt dies nicht die Wirksamkeit der übrigen Regelungen des Vertrages. Dasselbe gilt bei Lücken des Vertrages. Anstelle der unwirksamen oder fehlenden Bestimmungen soll eine Regelung gelten, die dem Willen der Parteien wirtschaftlich am ehesten entspricht.

Anlage 1: Die Company-Vision

Die Company wird als virtuelles Beratungshaus eine unübertroffene Betreuungsqualität im Hinblick auf innovative Produkt- und Dienstleistungsangebote bieten und durch die konsequente Einbringung von kompetenten Partnern ihre Unabhängigkeit und Objektivität belegen.

Perfekte Kundenorientierung, Qualität der Dienstleistung, ein qualifiziertes Team sowie die Integration verschiedener Vertriebswege werden die Company zu einem führenden Anbieter von Finanzdienstleistungen für vermögende Privatkunden machen.

Das erfolgsorientierte Vergütungssystem der Company

(Stand: ■■■)

Es setzt sich zusammen aus:

1. Grundgehalt (Fixum)
- Erlöse bis ▬▬▬ EUR p.a. ▬▬▬ EUR
- Erlöse über ▬▬▬ EUR p.a. ▬▬▬ EUR

(Ausnahmen bilden lediglich Mitarbeiter mit Sonderaufgaben)

2. Variable Vergütung (Payout)
- Erlöse bis ▬▬▬ EUR p.a. 30 %
- Erlöse bis ▬▬▬ EUR p.a. 33 %

(Die variable Vergütung wird voll auf das Grundgehalt angerechnet)

Die variable Vergütung (= der Payout) wird aus den der Company zufließenden Nettoerlösen errechnet (d.h. nach Abzug der im Rahmen der Leistungsabwicklung gemäß den jeweils gültigen Verrechnungspreisvereinbarungen anfallenden Kosten, die die Company an ihre Kooperationspartner erstatten muss, sowie nach Abzug aller fremden, durchlaufenden Kosten); hierbei behält sich die Company das Recht vor, zur verwaltungstechnischen Vereinfachung bei der Ermittlung der Nettoerlöse für die Payoutabrechnung vereinfachte, interne Verrechnungssätze zu verwenden. Eine solche Vereinfachung darf jedoch zu keiner einseitigen Benachteiligung des Mitarbeiters führen und wird daher immer Company-neutral ausgerichtet.

Die Payoutansprüche entstehen dann, wenn die zugrunde liegenden Umsätze auf den jeweiligen Kundenkonten bei den depotführenden Kooperationsbanken verbucht sind und somit eine entsprechende Company-Forderung gegen den jeweiligen Kooperationspartner vorhanden ist.

Bei Umsätzen außerhalb der depotführenden Kooperationsbanken (z.B. Vermittlergeschäfte) entsteht der Payoutanspruch mit Zahlungseingang der Nettoerlöse bei der Company.

3. Schlussbemerkung

Die Company ist befugt, die erfolgsbezogenen Vergütungsbestandteile jederzeit – mit Wirkung für das folgende Kalenderjahr – zu ändern, wobei etwaige Änderungen nach billigem Ermessen zu erfolgen haben und nicht den Mitarbeiter nur einseitig belasten sollen.

Die Company behält sich diese Änderung auch einseitig ohne erforderliche Zustimmung vor, wobei vorgenommene Änderungen dem Mitarbeiter schriftlich mitgeteilt werden müssen.

Oberstes Ziel ist eine kontinuierliche Vergütungsregelung, die dem Mitarbeiter eine möglichst sichere Vergütungsgrundlage bietet. Etwaige Änderungen berühren die restlichen vertraglichen Vereinbarungen nicht.

Anlage 2: Stock Option Vereinbarung

Die ▬▬▬ Company (die Muttergesellschaft) bewilligt dem unten genannten Optionsberechtigten eine Option, die unten genannte Zahl von Anteilen an der Summe der Stammaktien der Muttergesellschaft zu den dort genannten Preis zu erwerben. Sie bewilligt dies gemäß den Bedingungen und Beschränkungen, die in dieser Vereinbarung und in den Bestimmungen des Stock-Option-Plans der Muttergesellschaft von ▬▬▬ in der Fassung vom ▬▬▬ („Plan"), der durch Verweisung in diese Vereinbarung integriert ist, enthalten sind.

Name des Optionsberechtigten: ▬▬▬

Anzahl an Anteilen, für die eine Option bewilligt ist: ▬▬▬

Options-Preis pro Anteil: ▬▬▬

Datum der Bewilligung der Option: ▬▬▬

Zeitraum, in dem die Ausübung der Option beschränkt ist: ▬▬▬

1. Die Option kann unter den folgenden Voraussetzungen im Zeitraum von der Gewährung bis zum Außer-Kraft-Treten der Option jederzeit ganz oder in Teilen ausgeübt werden:

a) Die Ausübung der Option ist unzulässig in den ersten zwölf (12) Monaten seit dem Tag, an dem die Option bewilligt wurde, außer im Falle eines „Change of control" (wie definiert in § 8 des Plans), des Todes, der Geschäftsunfähigkeit (wie definiert in dem „Long Term Disability Income Plan" der Muttergesellschaft) oder des Ausscheidens in den Ruhestand. „Ruhestand" bedeutet in diesem Zusammenhang die Beendigung des Arbeitsverhältnisses eines Mitarbeiters zu einem Zeitpunkt, an dem der Mitarbeiter Anspruch hätte auf eine sofort zahlbare Leistung gemäß

(i) dem ergänzenden Ruhestandsplan der Muttergesellschaft (jetzt der „Key Executive Retirement Plan") für die Mitarbeiter, die in den Geltungsbereich dieses Plans fallen, und

(ii) gemäß der Bedingungen des Mitarbeiter-Ruhestandsplans („ERP") für alle anderen Mitarbeiter, die in den Geltungsbereich dieses Plans fallen.

b) Das Verhältnis der Anzahl der Anteile bezüglich derer die Option zu jedem beliebigen Datum ausgeübt werden kann, zu der gesamten Zahl von Anteilen, auf die sich die Option bezieht, darf das Verhältnis der Anzahl der Monate seit dem Datum, an dem die Option bewilligt wurde zu einem Zeitraum von sechsunddreißig (36) Monaten (oder einem kleineren Zeitraum, wenn er von dem Komitee (wie in dem Plan definiert) nach seinem Ermessen bestimmt wurde) nicht übersteigen.

Jedenfalls soll die Option als Ganzes ausgeübt werden können im Falle eines „Change of control", des Todes oder der Geschäftsunfähigkeit, während der Mitarbeiter bei der Muttergesellschaft und/oder jeder Zweiggesellschaft beschäftigt ist, oder des Ausscheidens in den Ruhestand.

c) In dem Fall, dass das Arbeitsverhältnis des Optionsberechtigten bei der Muttergesellschaft und/oder einer Zweiggesellschaft außer durch Tod, Geschäftsunfähigkeit oder Ausscheiden in den Ruhestand von einem „Change of control" beendet wird, entsteht das Recht, die Option auszuüben, in dem Umfang gemäß § 1 (2) zu dem Datum der Beendigung des Arbeitsverhältnisses.

Das Recht des Optionsberechtigten, die Option auszuüben, endet an dem früheren der beiden folgenden Zeitpunkte:

(i) nach Ablauf von sechs (6) Monaten nach der Beendigung des Arbeitsverhältnisses oder

(ii) am Datum des Außer-Kraft-Tretens der Option.

d) Das Recht, die Option auszuüben, geht auf den Testamentsvollstrecker oder den Erwerber der Option gemäß § 7 des Plans über, wenn der Optionsberechtigte stirbt, während er Mitarbeiter der Muttergesellschaft oder einer Zweiggesellschaft ist, oder wenn er innerhalb von sechs (6) Monaten ab dem Zeitpunkt der Beendigung des Arbeitsverhältnisses aber vor dem Außer-Kraft-Treten der Option stirbt.

Das Recht, die Option auszuüben, endet nach dem Ablauf von zwölf (12) Monaten ab

(i) dem Zeitpunkt des Todes oder der Geschäftsunfähigkeit des Optionsberechtigten oder

(ii) dem Zeitpunkt der Beendigung der Geschäftsunfähigkeit oder

(iii) einem anderen Zeitpunkt, wenn ein solcher in der Option bestimmt ist.

Maßgeblich ist dabei der früheste der drei genannten Zeitpunkte.

e) Wenn der Optionsberechtigte in den Ruhestand geht, soll er das Recht haben, die Option auszuüben. Dieses Recht endet an dem früheren der beiden folgenden Zeitpunkte:

(i) nach Ablauf von zwölf (12) Monaten nach dem Ausscheiden in dem Ruhestand oder

(ii) an einem anderen Zeitpunkt, wenn ein solcher in der Option bestimmt ist.

f) In dem Fall, dass sich vor dem Ausscheiden des Optionsberechtigten in den Ruhestand oder dem Tod bzw. der Geschäftsunfähigkeit während der Anstellung bei der Muttergesellschaft oder einer Zweiggesellschaft ein „Change in control" ereignen sollte, hat der Optionsberechtigte das Recht, die Option als Ganzes auszuüben zu dem Zeitpunkt, an dem der „Change in control" als geschehen betrachtet wird. Das Ereignis eines „Change in control" an sich soll keine Auswirkung auf die Dauer des Ausübungszeitraumes der Option haben.

2. Zu Lebzeiten des Optionsberechtigten ist die Option nicht übertragbar und kann nur durch den Optionsberechtigten oder seinen Rechtsvertreter ausgeübt werden. Diese Option ist nicht anders übertragbar als durch Testament oder gesetzliche Erbfolge oder eine familienrechtliche Regelung.

3. Diese Option ist nicht beabsichtigt als und soll nicht behandelt werden wie eine Incentive Stock Option, wie sie definiert ist in § 422a des als Anlage beigefügten Internal Revenue Code von 1986.

4. Jede Mitteilung betreffend die Option, einschließlich ihrer Ausübung, soll in Schriftform stattfinden. Alle Mitteilungen an die Muttergesellschaft sollen adressiert werden an Manager, Executive Compensation ■■■. Alle Mitteilungen an den Optionsberechtigten sollen adressiert sein an die Hauptadresse des Optionsberechtigten, die sich in den Akten der Muttergesellschaft befindet. Entweder die Muttergesellschaft oder der Optionsberechtigte können durch schriftliche Mitteilung an den anderen eine andere Adresse bestimmen. Schriftliche Mitteilungen an die genannten Adressen binden die Muttergesellschaft, den Optionsberechtigten und dessen Rechtsnachfolger.

5. Der Optionsberechtigte stimmt hiermit zu, dass

a) jede Regelung, Vorschrift und Bestimmung bezüglich des Plans, einschließlich der Interpretation des Plans durch das Komitee des Board of Directors der Muttergesellschaft, das von Zeit zu Zeit berufen wird, um den Plan zu verwalten (das „comitee"), die bewilligte Option und die Ausübung der Option für alle Zwecke und bezüglich aller Personen, einschließlich der Muttergesellschaft und des Optionsberechtigten endgültig und unwiderlegbar sein soll,

b) die Bewilligung der Option nicht das Recht der Muttergesellschaft oder einer Zweiggesellschaft der Muttergesellschaft, das Arbeitsverhältnis des Optionsberechtigten zu beenden, beeinflussen soll.

6. Für den Fall, dass die Ausgabe oder die Übertragung der Aktien, auf die sich die Option bezieht, nach der Ansicht der Muttergesellschaft in Konflikt tritt oder unvereinbar ist mit irgendeinem anwendbaren Gesetz oder einer Vorschrift einer zuständigen Behörde, behält sich die Muttergesellschaft das Recht vor, die Ausgabe oder Übertragung besagter Aktien zu verweigern.

7. Diese Vereinbarung wurde abgeschlossen in ▬▬▬ und soll verfasst sein unter ▬▬▬ und in Übereinstimmung mit dem Recht des ▬▬▬.

Die ▬▬▬ Muttergesellschaft

Durch: Das Compensation Committe

▬▬▬ Unterschrift

Ich habe die obige Vereinbarung gelesen und ich nehme die oben erwähnte Option, Anteile an der Summe der Stammaktien der Muttergesellschaft gemäß den Bedingungen dieser Vereinbarung und des Plans, den ich zur Kenntnis genommen habe, zu erwerben, an und ich erkenne an, dadurch und durch die Handlungen des Komitees gebunden zu sein.

▬▬▬ (Ort, Datum, Optionsberechtigter)

Anlage 3

Das am 1.1.1978 in Kraft getretene Bundesdatenschutzgesetz (BDSG) gilt nunmehr in der Fassung vom 20.12.1990 (BGBl 1990, S. 2954). In § 5 dieses Gesetzes wird bestimmt, dass allen in der Datenverarbeitung beschäftigten Personen untersagt ist, geschützte personenbezogene Daten zu einem anderen als dem zur jeweiligen rechtmäßigen Aufgabenerfüllung gehörenden Zweck zu verarbeiten, bekannt zu geben, zugänglich zu machen oder sonst zu nutzen. Da zur Datenverarbeitung hierbei das Erfassen, Aufnehmen, Aufbewahren, Übermitteln, Verändern, Löschen, Nutzen, Erheben und Sperren von personenbezogenen Daten zählt, und Sie hiermit beruflich zu tun haben, machen wir Sie auf die Bestimmungen über die Einhaltung des Datengeheimnisses aufmerksam.

Sie sind zum verschwiegenen Umgang mit personenbezogenen Daten verpflichtet. Auf diese Verschwiegenheit weisen wir Sie hiermit gemäß § 5 BDSG noch einmal gesondert hin. Ihre Verpflichtung auf das Datengeheimnis besteht auch nach Beendigung des Arbeitsverhältnisses fort.

Das Merkblatt zum Datengeheimnis haben wir Ihnen zur Verfügung gestellt. Mit Ihrer Unterschrift unter das vorliegende Schreiben erklären Sie, dass Sie das Merkblatt über das Datengeheimnis zur Kenntnis genommen haben.

Mit freundlichen Grüßen

Den Empfang der vorliegenden Mitteilung bestätige ich hiermit.

▬▬▬ (Ort, Datum, Unterschrift)

41. Muster: Arbeitsvertrag eines Call-Centers mit einem Telefonakquisiteur

Arbeitsvertrag

Zwischen

der Call-Center GmbH ▬▬▬

– nachfolgend „CC" genannt –

und

Herrn ▬▬▬

– nachfolgend „Mitarbeiter" genannt –

wird folgender Anstellungsvertrag geschlossen:

§ 1 Beginn des Arbeitsverhältnisses/Probezeit

Der Mitarbeiter beginnt seine Tätigkeit als Telefonakquisiteur des CC am ▬▬▬.

§ 2 Tätigkeit

(1) Der Mitarbeiter verpflichtet sich, auf Weisung des CC auch andere/zusätzliche Tätigkeiten auszuüben, die seinen Vorkenntnissen entsprechen. Dem Mitarbeiter ist bekannt, dass seine Tätigkeit projektbezogen im Einzelfalle auch an anderen Arbeitsorten zu leisten ist.

Kapitel 1: Arbeitsverträge

(2) Der Mitarbeiter wird ausschließlich für das CC tätig. Jede entgeltliche oder unentgeltliche Nebentätigkeit, die die Arbeitsleistung des Mitarbeiters oder Wettbewerbsinteressen der CC berühren könnte, erfordert eine vorherige schriftliche Zustimmung der Geschäftsführung.

§ 3 Arbeitszeit

Die Arbeitszeit beträgt wöchentlich 40 Stunden.

§ 4 Vergütung

(1) Der Mitarbeiter erhält ein monatliches Bruttogehalt in Höhe von ▄▄▄ EUR, fällig jeweils am Ende eines Monats.

(2) Bei der Festlegung des Monatsgehalts wird davon ausgegangen, dass der Mitarbeiter monatlich sechs stornofreie Beratungstermine (A-Termine) vereinbart.

(3) Vergütungen für die Mehrleistungen sind in der Prämienvereinbarung geregelt. Die Prämienvereinbarung ist Bestandteil dieses Vertrages.

(4) Die Bewertung von Terminen und Zusatzvereinbarungen ist in der Anlage 2 geregelt. Die Anlage 2 ist Bestandteil dieses Vertrages.

(5) Die Zahlung von Gratifikationen oder sonstigen Leistungen liegt im freien Ermessen des CC und begründet keinen Rechtsanspruch, auch wenn die Zahlung wiederholt ohne ausdrücklichen Vorbehalt der Freiwilligkeit erfolgt.

(6) Die Zahlung erfolgt bargeldlos. Es werden zwölf Monatsgehälter gezahlt.

(7) Der Mitarbeiter verpflichtet sich, Gehaltsüberzahlungen ohne Rücksicht auf eine noch vorhandene Bereicherung zurückzuzahlen.[464]

§ 5 Arbeitsverhinderung und Lohnfortzahlung

(1) Der Mitarbeiter versichert, arbeitsfähig zu sein und nicht an chronischen Krankheiten zu leiden.

(2) Der Mitarbeiter ist verpflichtet, dem CC jede Dienstverhinderung und ihre voraussichtliche Dauer unverzüglich anzuzeigen. Spätestens am 3. Werktag hat er Nachweise über die Dienstverhinderung und ihre voraussichtliche Dauer vorzulegen. Dauert die Krankheit länger als in der Arbeitsunfähigkeitsbescheinigung angegeben, ist der Mitarbeiter verpflichtet, innerhalb von drei Tagen eine neue Bescheinigung vorzulegen.

(3) Die Lohnfortzahlung im Krankheitsfall regelt sich nach den gesetzlichen Bestimmungen. Bemessungsgrundlage ist der Durchschnittsverdienst der letzten drei Monate vor Eintritt der Krankheit.

§ 6 Urlaub

(1) Der Mitarbeiter erhält kalenderjährlich einen Erholungsurlaub von 30 Werktagen. Als Urlaubsjahr gilt das Kalenderjahr. Der Urlaub wird in Abstimmung mit der Geschäftsleitung festgelegt. Bemessungsgrundlage ist auch hier der Durchschnittsverdienst der letzten drei Monate vor Urlaubsbeginn.

(2) Der volle Urlaubsanspruch wird erstmals nach sechsmonatigem Bestehen des Arbeitsverhältnisses erworben. Urlaub, der nicht bis spätestens zum 31.3. des folgenden Kalenderjahres genommen wird, verfällt.

§ 7 Beendigung des Arbeitsverhältnisses

(1) Das Arbeitsverhältnis endet, sofern es nicht zuvor gekündigt oder einvernehmlich beendet wurde, mit Ablauf des Monats, in dem der Mitarbeiter das 65. Lebensjahr vollendet.

(2) Während der Probezeit kann das Arbeitsverhältnis beiderseits mit einer Frist von zwei Wochen zum Monatsende gekündigt werden.

(3) Nach Ablauf der Probezeit ist eine ordentliche Kündigung nur unter Einhaltung einer Frist von sechs Wochen zum Quartalsende möglich, unbeschadet des Rechts zur außerordentlichen Kündigung.

(4) Die Kündigung soll schriftlich erfolgen und wird erst mit Empfang beim Kündigungsempfänger wirksam.

§ 8 Verschwiegenheitpflicht

(1) Der Mitarbeiter ist während der Dauer des Vertragsverhältnisses und auch nach Beendigung des Vertragsverhältnisses zur Verschwiegenheit über betriebsinterne Angelegenheiten sowie über Kunden- und Kundenbeziehungen verpflichtet.

(2) Der Mitarbeiter ist während der Dauer dieses Dienstverhältnisses auch verpflichtet, über den Inhalt dieses Vertrages Stillschweigen zu bewahren.

---

464 Diese Klausel ist nach hier vertretener Ansicht gemäß § 307 Abs. 2 Nr. 1 BGB nicht wirksam (*Hümmerich*, NZA 2003, 764; *ders.*, Gestaltung von Arbeitsverträgen, § 1 Rn 1620).

§ 9 Schlussbestimmungen

(1) Der Mitarbeiter ist nach § 5 Bundesdatenschutzgesetz zur Wahrung des Datengeheimnisses verpflichtet. Die Verpflichtung besteht auch nach Beendigung seiner Tätigkeit für das CC. Das CC wird die Daten des Mitarbeiters nur im Rahmen seines Personalwesens speichern und verarbeiten.

(2) Der Mitarbeiter hat alle Ansprüche aus dem Arbeitsverhältnis innerhalb von zwei Monaten seit ihrer Fälligkeit schriftlich geltend zu machen und – falls das CC diesen Anspruch ablehnt – diesen innerhalb einer Frist von weiteren zwei Monaten seit der Ablehnung einzuklagen. Läuft eine der beiden Fristen ungenutzt ab, verfällt der Anspruch.

(3) Mündliche Nebenabreden bestehen nicht. Änderungen und Ergänzungen des Vertrages bedürfen der Schriftform.

(4) Sollten einzelne Bestimmungen des vorliegenden Vertrages unwirksam sein, so wird hierdurch die Wirksamkeit des Vertrages im Übrigen nicht berührt.

■■■ (Ort, Datum, Unterschriften)

Anlage 1

Prämienvereinbarung

zum Anstellungsvertrag vom ■■■

zwischen

der Call-Center GmbH ■■■

– nachfolgend „CC" genannt –

und

Herrn ■■■

– nachfolgend „Mitarbeiter" genannt –

Zusatzvergütung und Werttermine

1. Ab dem 6. vereinbarten, stornofreien A-Termin erhält der Mitarbeiter eine Prämie von 125 EUR je weiterem A-Termin.
2. In die Wertung werden auch sog. Grundlagentermine (G-Termine), STB-Termine und Service Termine aufgenommen.
3. G-Termine und STB-Termine werden mit je 50 EUR, Service Termine werden mit 25 EUR bewertet.

Anlage 2

zum Anstellungsvertrag vom ■■■

zwischen

der Call-Center GmbH ■■■

– nachfolgend „CC" genannt –

und

Herrn ■■■

– nachfolgend „Mitarbeiter" genannt –

1. Terminarten und deren Qualifikationskriterien

A-Termin: ist ein Termin, der mit dem Ziel vereinbart wird, mit einem potentiellen Kunden (PK) ein Beratungsgespräch über ■■■ zu führen.

Qualifikationskriterien für eine OK-Bewertung:

1. Der PK ist anwesend.
2. Der PK ist bereit, ein mind. 25 Min. dauerndes Gespräch zum Thema zu führen.

G-Termin: ist ein Termin, der mit dem Ziel vereinbart wird, mit einem potentiellen Kunden (PK) ein Beratungsgespräch über ■■■ zu führen.

Qualifikation für eine OK-Bewertung:

1. Der PK ist anwesend.
2. Der PK ist geschäftsfähig und erzielt ein geregeltes Einkommen.
3. Der PK ist bereit, ein mind. 30 Min. dauerndes Gespräch zum Thema zu führen.

STB-Termin: ist ein Termin, der mit dem Ziel vereinbart wird, mit einem interessierten Steuerberater ein Informationsgespräch über ■■■ zu führen.

Qualifikation für eine OK-Bewertung:

1. Der Steuerberater ist anwesend.

2. Der Steuerberater ist bereit, ein mind. 30 Min. dauerndes Gespräch zum Thema zu führen.
Service-Termine: sind Wiederholungstermine mit
- geschützten und übernommenen Kunden
- geschützten und übernommenen Steuerberatern
- geschützten Interessenten
- eingeladener Kunden zu Kundenveranstaltungen
- eingeladener Interessenten zu Interessentenveranstaltungen
- eingeladener Steuerberater zu Steuerberaterveranstaltungen

Qualifikation für eine OK-Bewertung:
1. Der Termin hat stattgefunden bzw. der Kunde/Interessent/Steuerberater hat an der entsprechenden Veranstaltung teilgenommen.
Ein Termin wird als Storno gewertet, wenn eines der oben genannten Kriterien nicht erfüllt ist.

2. Terminvorlauf
Termine werden mit einem Vorlauf von mindestens zwei Werktagen vereinbart. Termine mit einer Vorlaufzeit von weniger als zwei Tagen sind mit dem für die Terminkoordinierung verantwortliche Mitarbeiter abzustimmen. Erst nach Bestätigung durch diesen Mitarbeiter kann der Termin angenommen werden.

3. Terminrevision
Zur Verbesserung der Erfolgschancen wird vereinbart, dass jeder Termin („Bruttotermin") frühestens 48 Stunden und spätestens fünf Stunden vor dem vereinbarten Zeitpunkt revisioniert wird. Das heißt, der Mitarbeiter ruft den PK in dieser Zeitspanne an und überprüft die Gültigkeit der terminlichen Vereinbarung und der inhaltlichen Qualifikation. Erst nach erfolgreich verlaufener Revision wird der Termin als vereinbart angenommen.
Ist der Mitarbeiter zum Zeitpunkt der Revision verhindert, wird diese Revision in Verantwortlichkeit des zuständigen Teamleiters organisiert.

4. Terminort
Zur Erhöhung der Erfolgschancen und der Bedeutung und Seriosität des Gesprächs Rechnung tragend, werden Termine entweder am Arbeitsort des PK oder bei dessen Privatanschrift vereinbart. Weiterhin können an den Standorten der Büros der Niederlassungen diese als Treffpunkt vereinbart werden. Wichtig ist, dass das Gespräch in einer weitgehend individuellen Atmosphäre und von außen ungestört stattfinden kann. Gaststätten sind eher ungeeignet für die zu vereinbarenden Gespräche. Keinesfalls sind Schnellrestaurants, Bahnhofsrestaurants o.Ä. als Treffpunkte zu vereinbaren.

5. Doppelläufer
Stellt der Mitarbeiter im Akquisitionsgespräch fest, dass der vorgesehene Gesprächspartner nicht mehr erreichbar ist, so ist das CC an einer Terminvereinbarung mit dem Nachfolger oder einer anderen qualifizierten Person interessiert. Zur Vermeidung von Doppelterminierungen versichert sich der Mitarbeiter während des Gesprächs mit dem Nachfolger darüber, dass mit diesem oder der anderen qualifizierten Person noch keine Geschäftskontakte zu dem projektspezifischen Auftraggeber bestehen.

42. Muster: Arbeitsvertrag für Nicht-Amateure ohne Lizenz[465]

Zwischen

■■■, vertreten durch ■■■

– nachstehend: Verein –

und

■■■

bei Minderjährigkeit: gesetzlich vertreten durch ■■■

– nachstehend: Spieler –

wird vereinbart, was folgt:

---
[465] Abdruck mit freundlicher Genehmigung von RA Dr. *Stephan Osnabrügge*, Pauly Rechtsanwälte, Bonn.

§ 1 Anstellung, Verpflichtungen des Spielers

(1) Der Spieler wird Wirkung zum ▬▬▬ als Fußballspieler mit dem Status eines Nicht-Amateurs ohne Lizenz gemäß §§ 8 Nr. 2, 22 ff. der Spielordnung des Deutschen Fußballbundes (DFB-Spielordnung) eingestellt. Er verpflichtet sich, für den Verein den Fußballsport auszuüben.

(2) Der Spieler verpflichtet sich zur Teilnahme an den von dem Verein angesetzten Trainingseinheiten. Er verpflichtet sich weiterhin zur Teilnahme an allen vom Verein für die Mannschaft festgesetzten Terminen, seien es Trainingslager, Pressetermine oder andere, dem Training, Wettkampf oder der Öffentlichkeitsarbeit dienende Termine.

(3) Der Spieler ermächtigt den Verein zur Verwertung seiner Persönlichkeitsrechte insoweit, als diese im Zusammenhang mit seiner Tätigkeit als Fußballspieler stehen. Insbesondere gestattet der Spieler dem Verein, sein Abbild, seine Unterschrift und seinen Namen zum Zwecke der Öffentlichkeitsarbeit oder zu anderen, mit diesem Vertrag im Zusammenhang stehenden Zwecken zu verwenden. Der Spieler verpflichtet sich insbesondere auch zur Zurverfügungstellung seiner Autogrammunterschrift im Original zum Zwecke der Verwendung im Rahmen dieses Vertrages. Alle Erlöse, die der Verein aus der Verwertung des Persönlichkeitsrechts des Spielers erzielt, stehen dem Verein zu. Die Parteien stimmen darin überein, dass eventuelle Ansprüche des Spielers mit der Vergütung nach § 2 dieses Vertrages abgegolten sind.

(4) Der Spieler verpflichtet sich insbesondere auch dazu, für Auftritt mit Werbepartnern des Vereins zur Verfügung zu stellen. Er verpflichtet sich, während jeder Tätigkeit für den Verein auf dessen Wunsch die durch den Verein zur Verfügung gestellte Kleidung zu tragen.

(5) Der Spieler verpflichtet sich, stets, insbesondere aber dann, wenn mit Öffentlichkeit zu rechnen ist, bei seinem Auftreten die Wahrung des Ansehens des Vereins zu beachten.

§ 2 Leistungen des Vereins

(1) Der Verein ermöglicht dem Spieler die Teilnahme am Training des Vereins zumindest insoweit, dass der sich aus dem Trainingszustand des Spielers ergebende Marktwert nicht leidet.

(2) Der Spieler erhält ein monatliches Bruttoentgelt in Höhe von ▬▬▬ EUR. Das Entgelt ist jeweils zum letzten Tag eines Monats fällig. Es wird bargeldlos auf ein vom Spieler noch zu benennendes Konto gezahlt.

(3) Zusätzlich zu der Vergütung werden die folgenden weiteren Leistungen des Vereins gezahlt, die jedoch unter dem Vorbehalt des einseitigen Widerrufs durch den Verein stehen. Der Widerruf ist möglich, wenn für die Ausübung des Widerrufsrechts wirtschaftliche Gründe oder Gründe in der Leistung oder im Verhalten des Spielers vorliegen.

- (Insbesondere: Prämien etc.)
- ▬▬▬

(4) Bei durch den Verein veranlassten Reisen werden Fahrtkosten und Spesen in folgender Höhe gezahlt: ▬▬▬

§ 3 Arbeitszeit

(1) Die regelmäßige wöchentliche Arbeitszeit beträgt 40 Stunden.

(2) Überstunden sind in vollem Umfang mit der Vergütung nach § 2 dieses Vertrages abgegolten.

(3) Die Arbeitszeiten werden durch den Verein oder einen beauftragten, in der Regel durch den Trainer, festgelegt. Der Spieler verpflichtet sich, an allen Wochentagen zur Verfügung zu stehen. Insoweit die Arbeit an einem Sonn- oder Feiertag angesetzt wird (z.B. bei Meisterschaftsspielen), steht dem Spieler ein entsprechender Ausgleich in der darauf folgenden Woche zu.

§ 4 Unterwerfung, Vereinsstrafgewalt

(1) Auf das Arbeitsverhältnis finden die Satzungen und Ordnungen des Deutschen Fußballbundes (DFB) und seiner zuständigen Mitgliedsverbände als die in ihrer jeweils gültigen Fassung allgemein anerkannten Grundsätze des deutschen Fußballsports Anwendung. Der Spieler anerkennt diese Bestimmungen als für sich verbindlich. Er unterwirft sich den Entscheidungen der zuständigen Stelle des DFB oder seiner Mitgliedsverbände sowie ggf. des Ligaverbandes.

(2) Der Spieler erkennt – sofern einschlägig – die Rechtsgrundlagen der jeweiligen Liga, in der die erste Mannschaft des Vereins spielt, als für sich verbindlich an. Er verpflichtet sich, sofern in diesen Rechtsgrundlagen vorgesehen, Erklärungen und Einwilligungen gegenüber den zuständigen Stellen abzugeben.

(3) Der Spieler verpflichtet sich gemäß § 8 Ziff. 2 der DFB-Spielordnung, die steuerlichen und sozialversicherungsrechtlichen Abgaben auf seine Einkünfte abführen zu lassen. Er verpflichtet sich, die Erfüllung dieser Verpflichtung zusammen mit dem Antrag auf Spielerlaubnis, spätestens jedoch binnen 3 Monaten nach Vertragsbeginn durch den Verein nachweisen oder zumindest glaubhaft machen zu lassen; andernfalls verpflichtet er sich nachzuweisen, dass diese Abführungspflicht nicht besteht.

(4) Der Spieler verpflichtet sich gemeinsam mit dem Verein gemäß § 22 der DFB-Spielordnung, den Vertragsabschluss sowie jegliche Änderungen dieses Vertrages dem für die Erteilung der Spielberechtigung zuständigen Verband unverzüglich nach Abschluss, Änderung bzw. Verlängerung durch Zusendung einer Ausfertigung des Vertrages anzuzeigen.

(5) Der Spieler nimmt zur Kenntnis, dass eine vorzeitige Vertragsbeendigung durch einvernehmliche Auflösung oder fristlose Kündigung ebenfalls dem für die Erteilung für Spielberechtigung zuständigen Verband unverzüglich anzuzeigen ist. Er nimmt zur Kenntnis, dass eine rechtswirksame vorzeitige Vertragsbeendigung, gleich aus welchem Grund, das sofortige Erlöschen der Spielerlaubnis zur Folge hat. Bei der Erteilung einer neuen Spielerlaubnis ist § 23 Ziff. 8 der DFB-Spielordnung zu beachten.

(6) Der Spieler nimmt zur Kenntnis, dass die Spielerlaubnis im Übrigen erst bei Ende des Vertrages ohne Rücksicht auf den Zeitpunkt der Abmeldung erlischt. Eine Abmeldung während eines laufenden Vertrages kann hinsichtlich eines zukünftigen Vereinswechsels als Amateur nur dann anerkannt werden, wenn der Spieler nach der Abmeldung nicht mehr gespielt hat.

(7) Der Spieler erklärt sich damit einverstanden, dass seine sich aus diesem Vertrag ergebenden Daten durch die zuständigen Stellen, an die Anzeige zu erstatten ist, gespeichert und verarbeitet werden. Er erklärt sich damit einverstanden, dass diese Daten im Rahmen der Spielerverwaltung weitergenutzt und Dritten gegenüber offen gelegt werden. Dies gilt nicht für Angaben über Vergütungen und sonstige geldwerte Leistungen.

(8) Der Spieler unterwirft sich der Satzung des Vereins. Er unterwirft sich weiterhin der Strafgewalt des Vereins. Der zum Zeitpunkt dieses Vertragsschlusses gültige interne Strafenkatalog des Vereins ist diesem Vertrag beigeheftet und wird dessen Bestandteil. Für schuldhafte Verstöße gegen diesen Vertrag und insbesondere die im Strafenkatalog konkretisierten Pflichten unterwirft sich der Spieler einer Vertragsstrafe in der im Strafenkatalog ausgewiesenen Höhe.

§ 5 Urlaub

(1) Dem Spieler steht ein Jahresurlaub gemäß dem Bundesurlaubsgesetz zu.

(2) Der Urlaub wird in Absprache mit dem Spieler durch den Verein gewährt. Ein Urlaub innerhalb der Spielzeiten ist in der Regel ausgeschlossen. Ebenfalls wird in der Regel kein Urlaub in der unmittelbaren Vorbereitungszeit auf eine neue Spielzeit gewährt.

§ 6 Leistungsstörungen, Krankheit

(1) Ruht die Spielerlaubnis des Spieler aus Gründen, die dieser zu vertreten hat oder ist der Spieler aus Gründen, die dieser schuldhaft zu vertreten hat, nicht für den Verein einsetzbar, so hat der Verein die Möglichkeit, die Vergütung des Spieler zeitanteilig zu kürzen.

(2) Der Spieler ist verpflichtet, jede Arbeitsverhinderung und ihre voraussichtliche Dauer unverzüglich anzuzeigen und auf Verlagen die Gründe der Arbeitsverhinderung mitzuteilen. Im Falle der Arbeitsunfähigkeit durch Krankheit ist am ersten Tag der Arbeitsunfähigkeit eine ärztliche Bescheinigung über die Arbeitsunfähigkeit sowie deren voraussichtliche Dauer vorzulegen. Dauert die Arbeitsunfähigkeit länger als bescheinigt, ist spätestens am letzten Tag der bescheinigten Arbeitsunfähigkeit eine neue Bescheinigung vorzulegen.

(3) Im Falle der Arbeitsunfähigkeit durch Krankheit wird Entgeltfortzahlung nach den gesetzlichen Vorschriften gewährt. Die Entgeltfortzahlung ist in den gesetzlich vorgesehenen Fällen ausgeschlossen.

§ 7 Nebentätigkeit

(1) Der Spieler darf Nebentätigkeiten mit ausdrücklicher, vorheriger, schriftlicher Einwilligung des Vereins übernehmen. Die Einwilligung wird erteilt, wenn berechtigte Belange des Vereins nicht beeinträchtigt werden.

(2) Die Teilnahme an Interviews oder eine schriftstellerische Tätigkeit bedarf der vorherigen Zustimmung des Vereins. Dies gilt nicht für Interviews, die unmittelbar nach Spielende geführt werden; diese können durch den Verein jedoch im Einzelfall vorab untersagt werden.

(3) Eine im Rahmen dieses Paragraphen einmal gewährte Genehmigung ist jederzeit widerruflich.

§ 8 Dauer des Vertrages, Kündigung

(1) Dieser Vertrag wird befristet gemäß § 22 Ziff. 1 der DFB-Spielordnung abgeschlossen. Er beginnt am ▬▬▬ und endet zum ▬▬▬.

(2) Innerhalb des Befristungszeitraumes ist der Vertrag nicht kündbar; das Recht zur außerordentlichen Kündigung aus wichtigem Grund bleibt jedoch unbenommen. Den Parteien bleibt darüber hinaus unbenommen, einen Aufhebungsvertrag zu schließen.

(3) Bei Vertragsende erlischt gemäß § 22 der DFB-Spielordnung das Spielrecht.

(4) Der Spieler wird darauf hingewiesen, dass eine rechtswirksame vorzeitige Vertragsbeendigung, gleich aus welchem Grund, das sofortige Erlöschen der Spielerlaubnis zur Folge hat. Bei Erteilung einer neuen Spielerlaubnis ist § 23 Ziff. 8 der DFB-Spielordnung zu beachten.

§ 9 Ausschlussklausel

Ansprüche, die aus diesem Vertrag hergeleitet werden, sind innerhalb von 3 Monaten nach ihrer Fälligkeit gegenüber dem jeweiligen Vertragspartner schriftlich geltend zu machen. Werden die Ansprüche nicht schriftlich anerkannt, so sind sie innerhalb einer weiteren Frist von 3 Monaten ab Geltendmachung gerichtlich geltend zu machen. Ansprüche, die nicht innerhalb dieser Fristen angezeigt oder geltend gemacht werden, verfallen.

§ 10 Geheimhaltung, Herausgabe

Der Spieler verpflichtet sich im Hinblick auf die hohe Vertraulichkeit der Arbeit bei dem Verein, alle internen Vorgänge Dritten gegenüber streng vertraulich zu behandeln. Alle Gegenstände, die dem Spieler im Zusammenhang mit diesem Vertrag übergeben worden sind, sind dem Verein auf Anfrage jederzeit sowie am Ende des Beschäftigungsverhältnisses unaufgefordert zurückzugeben.

§ 11 Sonstiges

(1) Dieser Vertrag unterliegt deutschem Recht.

(2) Sollte eine Bestimmung dieses Vertrages ganz oder teilweise rechtsunwirksam sein oder werden, so wird die Gültigkeit der übrigen Bestimmungen dadurch nicht berührt. In einem solchen Fall ist der Vertrag vielmehr seinem Sinne gemäß zur Durchführung zu bringen. Beruht die Ungültigkeit auf einer Leistungs- oder Zeitbestimmung, so tritt an ihrer Stelle das gesetzlich zulässige Maß.

(3) Mündliche Nebenabreden bestehen nicht. Jede Änderung oder Ergänzung dieses Vertrages bedarf zu ihrer Wirksamkeit der Schriftform. Dies gilt auch für eine Änderung dieser Schriftformklausel.

(4) Dieser Vertrag ist in zwei Ausfertigungen beiderseitig unterschrieben. Eine davon ist dem Spieler ausgehändigt worden.

43. Muster: Arbeitsvertrag eines Fußballtrainers[466, 467]

Zwischen

▄▄▄, vertreten durch ▄▄▄

– im Weiteren: Verein –

und

▄▄▄

– im Weiteren: Trainer –

wird vereinbart, was folgt:

---

466 Abdruck mit freundlicher Genehmigung von RA Dr. *Stephan Osnabrügge*, Pauly Rechtsanwälte, Bonn.

467 Gemäß § 10 Nr. 1 der DFB-Trainerordnung soll der durch den DFB im Anhang III zur DFB-Trainerordnung zur Verfügung gestellte Formularvertrag verwandt werden. Wir empfehlen gleichwohl das vorliegende Muster, da es arbeitsrechtlichen Besonderheiten besser Rechnung trägt. § 10 der DFB-Trainerordnung lautet:

„§ 10 Anstellungsverträge

1. Der Trainer und der Verein, die Tochtergesellschaft oder der Mitgliedsverband, für den der Trainer tätig sein will, sollen einen schriftlichen Anstellungsvertrag abschließen. Die Vertragsbestimmungen sind nach den beiderseitigen Vorstellungen über die geplante Zusammenarbeit zu gestalten. Der als Anhang III dieser Ordnung beigefügte Formularvertrag soll verwendet werden.

2. Anstellungsverträge dürfen nicht gegen die zwingenden Vorschriften der Satzungen und Ordnungen des DFB und seiner nach dieser Ordnung zuständigen Mitgliedsverbände verstoßen; sie sind insoweit im Verhältnis der Vertragsparteien zueinander und in ihrem Verhältnis zum DFB und zu den zuständigen Mitgliedsverbänden unwirksam.

3. Trainer dürfen einen Anstellungsvertrag für einen bestimmten Zeitraum grundsätzlich nur mit einem Verein, einer Tochtergesellschaft oder einem Mitgliedsverband eingehen.

4. Dem zuständigen Landes- oder Regionalverband sowie dem DFB ist in alle Verträge einschließlich aller nachträglichen Änderungen auf Verlangen Einblick zu gewähren.

5. Vertragskündigungen sind von den Vereinen und Tochtergesellschaften der Bundesliga und 2. Bundesliga dem DFB und von den Vereinen der Regionalligen den zuständigen Regionalverbänden, im Übrigen dem zuständigen Landesverband mitzuteilen."

Die DFB-Trainerordnung sowie der Vertrag sind abrufbar unter: www.dfb.de/dfb-info/interna/index.html → Statuten → Trainerordnung.

Kapitel 1: Arbeitsverträge

§ 1 Anstellung, Verpflichtungen des Trainers

(1) Der Trainer wird Wirkung zum ▪▪▪ als Fußball-Lehrer-Trainer mit A- bzw. B-Lizenz eingestellt. Er ist verantwortlich für die das Fußballspiel betreffende Aus- und Weiterbildung der folgenden Mannschaften des Vereins sowie für deren Betreuung und Überwachung beim Spiel: ▪▪▪

(2) Der Trainer versichert, die entsprechenden Lizenzen des Deutschen Fußballbundes (DFB) zu besitzen. Er verpflichtet sich, seine volle Arbeitskraft in den Dienst des Vereins zu stellen. Ihm obliegen die Leitung des Trainings sowie die Aufstellung der Mannschaft.

(3) Im Rahmen der Aufgaben nach Abs. 2 dieses Paragraphen besteht kein Weisungsrecht des Vorstandes gegenüber dem Trainer. Im Übrigen unterliegt der Trainer den Weisungen des Vorstandes.

(4) Der Trainer ermächtigt den Verein zur Verwertung seiner Persönlichkeitsrechte insoweit, als diese im Zusammenhang mit seiner Tätigkeit als Fußballtrainer stehen. Insbesondere gestattet der Trainer dem Verein, sein Abbild, seine Unterschrift und seinen Namen zum Zwecke der Öffentlichkeitsarbeit oder zu anderen, mit diesem Vertrag im Zusammenhang stehenden Zwecken zu verwenden. Der Trainer verpflichtet sich insbesondere auch zur Zurverfügungstellung seiner Autogrammunterschrift im Original zum Zwecke der Verwendung im Rahmen dieses Vertrages. Alle Erlöse, die der Verein aus der Verwertung des Persönlichkeitsrechts des Trainers erzielt, stehen dem Verein zu. Die Parteien stimmen darin überein, dass eventuelle Ansprüche des Trainers mit der Vergütung nach § 2 dieses Vertrages abgegolten sind.

(5) Der Trainer verpflichtet sich insbesondere auch dazu, für Auftritt mit Werbepartnern des Vereins zur Verfügung zu stellen. Er verpflichtet sich, während jeder Tätigkeit für den Verein auf dessen Wunsch die durch den Verein zur Verfügung gestellte Kleidung zu tragen.

(6) Der Trainer verpflichtet sich, stets, insbesondere aber dann, wenn mit Öffentlichkeit zu rechnen ist, bei seinem Auftreten die Wahrung des Ansehens des Vereins zu beachten.

§ 2 Leistungen des Vereins

(1) Der Trainer erhält ein monatliches Bruttoentgelt in Höhe von ▪▪▪ EUR. Das Entgelt ist jeweils zum letzten Tag eines Monats fällig. Es wird bargeldlos auf ein vom Trainer noch zu benennendes Konto eingezahlt.

(2) Zusätzlich zu der Vergütung werden die folgenden weiteren Leistungen des Vereins gezahlt, die jedoch unter dem Vorbehalt des jederzeitigen einseitigen Widerrufs durch den Verein gezahlt werden.
- (Insbesondere: Prämien etc.)
- ▪▪▪

(3) Bei Reisen mit der Mannschaft werden dem Trainer die gleichen Tagesspesen wie den Spielern gezahlt; bei sonstigen Dienstreisen werden Fahrtkosten und Abwesenheitspauschalen gemäß den jeweiligen steuerlichen Höchstsätzen gezahlt.

(4) Im Todesfall zahlt der Verein der Witwe oder minderjährigen bzw. noch in der Berufsausbildung befindlichen Kindern einen Betrag in Höhe von ▪▪▪ Brutto-Monatsgehältern. Der Betrag wird unabhängig von der Anzahl der Hinterbliebenen nur einmalig zur Gesamthand gezahlt.

§ 3 Arbeitszeit

(1) Die regelmäßige wöchentliche Arbeitszeit beträgt 40 Stunden.

(2) Überstunden sind in vollem Umfang mit der Vergütung nach § 2 dieses Vertrages abgegolten.

(3) Der Trainer verpflichtet sich, an allen Wochentagen zur Verfügung zu stehen. Insoweit seine Arbeit an einem Sonn- oder Feiertag beansprucht wird, steht dem Trainer ein entsprechender Ausgleich in der darauf folgenden Woche zu.

§ 4 Unterwerfung, Vereinsstrafgewalt

(1) Auf das Arbeitsverhältnis finden die Satzungen und Ordnungen des DFB und seiner zuständigen Mitgliedsverbände als die in ihrer jeweils gültigen Fassung allgemein anerkannten Grundsätze des deutschen Fußballsports Anwendung. Der Trainer anerkennt diese Bestimmungen als für sich verbindlich. Dem Trainer ist bekannt, dass hier die gegenwärtige oder zukünftige Vertragsbestimmung unwirksam ist, die gegen die genannten Vorschriften verstößt. Der Trainer unterwirft sich den Entscheidungen der zuständigen Stelle des DFB oder seiner Mitgliedsverbände sowie ggf. des Ligaverbandes.

(2) Der Trainer erkennt – sofern einschlägig – die Rechtsgrundlagen der Regionalliga als für sich verbindlich an. Er verpflichtet sich, sofern in diesen Rechtsgrundlagen vorgesehen, Erklärungen und Einwilligungen gegenüber den zuständigen Stellen abzugeben.

(3) Der Trainer bestätigt und verpflichtet sich, für die Dauer dieses Vertrages gemäß den Vorschriften der Trainerordnung des DFB ordentliches Mitglied eines dem DFB angeschlossenen Vereins zu sein.

(4) Der Trainer erklärt sich damit einverstanden, dass seine sich aus diesem Vertrag ergebenden Daten sowie der Inhalt dieses Vertrages durch den Verein auch im Wege der elektronischen Datenspeicherung gespeichert und verarbeitet werden. Er erklärt sich damit einverstanden, dass der Verein dem DFB oder weiteren gemäß § 10 der Trainerordnung DFB Berechtigten Auskünfte oder in diesen Vertrag Einblick gewährt. Der Trainer erklärt sich damit einverstanden, dass eine Vertragskündigung gemäß § 10 der Trainerordnung DFB der berechtigten Stelle mitgeteilt wird.

(5) Der Trainer unterwirft sich der Satzung des Vereins. Er unterwirft sich weiterhin der Strafgewalt des Vereins. Für schuldhafte Verstöße gegen diesen Vertrag unterwirft sich der Spieler einer Vertragsstrafe, die ihm für jeden Fall der Zuwiderhandlung maximal 3 Monatsgehälter betragen darf. Insoweit ein interner Strafenkatalog des Vereins existiert, unterwirft sich der Trainer diesem in der jeweils geltenden Fassung. Der zum Zeitpunkt dieses Vertragsschlusses gültige Strafenkatalog ist diesem Vertrag beigeheftet und wird dessen Bestandteil.

§ 5 Urlaub

(1) Dem Trainer steht ein Jahresurlaub gemäß dem Bundesurlaubsgesetz zu.

(2) Der Urlaub wird in Absprache mit dem Trainer durch den Verein gewährt. Ein Urlaub innerhalb der Spielzeiten ist in der Regel ausgeschlossen. Ebenfalls wird in der Regel kein Urlaub in der unmittelbaren Vorbereitungszeit auf eine neue Spielzeit gewährt.

§ 6 Leistungsstörungen, Krankheit

(1) Ruht die Spielerlaubnis des Trainers aus Gründen, die dieser zu vertreten hat oder ist der Trainer aus Gründen, die dieser schuldhaft zu vertreten hat, nicht für den Verein einsetzbar, so hat der Verein die Möglichkeit, die Vergütung des Trainers zeitanteilig zu kürzen.

(2) Der Trainer ist verpflichtet, jede Arbeitsverhinderung und ihre voraussichtliche Dauer unverzüglich anzuzeigen und auf Verlagen die Gründe der Arbeitsverhinderung mitzuteilen. Im Falle der Arbeitsunfähigkeit durch Krankheit ist am ersten Tag der Arbeitsunfähigkeit eine ärztliche Bescheinigung über die Arbeitsunfähigkeit sowie deren voraussichtliche Dauer vorzulegen. Dauert die Arbeitsunfähigkeit länger als bescheinigt, ist spätestens am letzten Tag der bescheinigten Arbeitsunfähigkeit eine neue Bescheinigung vorzulegen.

(3) Im Falle der Arbeitsunfähigkeit durch Krankheit wird Entgeltfortzahlung nach den gesetzlichen Vorschriften gewährt. Die Entgeltfortzahlung ist in den gesetzlich vorgesehenen Fällen ausgeschlossen.

§ 7 Nebentätigkeit

(1) Der Trainer darf Nebentätigkeiten mit ausdrücklicher, vorheriger, schriftlicher Einwilligung des Vereins übernehmen. Die Einwilligung wird erteilt, wenn berechtigte Belange des Vereins nicht beeinträchtigt werden.

(2) Die Teilnahme an Interviews oder eine schriftstellerische Tätigkeit bedarf der vorherigen Zustimmung des Vereins. Dies gilt nicht für Interviews, die unmittelbar nach Spielende geführt werden; diese können durch den Verein jedoch im Einzelfall vorab untersagt werden.

(3) Eine im Rahmen dieses Paragraphen einmal gewährte Genehmigung ist jederzeit widerruflich.

§ 8 Dauer des Vertrages, Kündigung

(1) Der Trainer wird befristet bis zum ▬▬▬ eingestellt. Der Vertrag endet mit Ablauf der Befristung, ohne dass es einer Kündigung des Vertrages bedürfte. Im gegenseitigen Einvernehmen kann der Vertrag auch vorzeitig verlängert werden. Die Bestimmung des Teilzeit- und Befristungsgesetzes sind, soweit anwendbar, zu beachten.

(2) Innerhalb des Befristungszeitraumes ist der Vertrag nicht kündbar; das Recht zur außerordentlichen Kündigung aus wichtigem Grund bleibt jedoch unbenommen. Den Parteien bleibt darüber hinaus unbenommen, einen Aufhebungsvertrag zu schließen.

(3) Der Trainer wird darauf hingewiesen, dass Vertragskündigungen gemäß § 10 der DFB-Trainerordnung den zuständigen Stellen durch den Verein anzuzeigen sind.

§ 9 Ausschlußklausel

Ansprüche, die aus diesem Vertrag hergeleitet werden, sind innerhalb von 3 Monaten nach ihrer Fälligkeit gegenüber dem jeweiligen Vertragspartner schriftlich geltend zu machen. Werden die Ansprüche nicht schriftlich anerkannt, so sind sie innerhalb einer weiteren Frist von 3 Monaten ab Geltendmachung gerichtlich geltend zu machen. Ansprüche, die nicht innerhalb dieser Fristen angezeigt oder geltend gemacht werden, verfallen.

§ 10 Geheimhaltung, Herausgabe

Der Trainer verpflichtet sich im Hinblick auf die hohe Vertraulichkeit der Arbeit bei dem Verein, alle internen Vorgänge Dritten gegenüber streng vertraulich zu behandeln. Alle Gegenstände, die dem Trainer im Zusammenhang mit diesem

Vertrag übergeben worden sind, sind dem Verein auf Anfrage jederzeit sowie am Ende des Beschäftigungsverhältnisses unaufgefordert zurückzugeben.

§ 11 Schiedsklausel

(1) Für Streitigkeiten aus diesem Vertrag sind die Arbeitsgerichte zuständig. Verfahren vor den Arbeitsgerichten dürfen jedoch erst betrieben werden, wenn der Versuch zur gütlichen Beilegung des Streits gemäß § 11 der DFB-Trainerordnung erfolglos geblieben ist.

(2) Zur Fristwahrung bleibt es den Parteien unbenommen, innerhalb von 3 Wochen Kündigungsschutzklage bei dem zuständigen Arbeitsgericht zu erheben. Das Verfahren vor dem Arbeitsgericht darf aber erst nach erfolgtem Schlichtungsversuch gemäß § 11 der DFB-Trainerordnung durchgeführt werden.

§ 11 Sonstiges

(1) Dieser Vertrag unterliegt deutschem Recht.

(2) Sollte eine Bestimmung dieses Vertrages ganz oder teilweise rechtsunwirksam sein oder werden, so wird die Gültigkeit der übrigen Bestimmungen dadurch nicht berührt. In einem solchen Fall ist der Vertrag vielmehr seinem Sinne gemäß zur Durchführung zu bringen. Beruht die Ungültigkeit auf einer Leistungs- oder Zeitbestimmung, so tritt an ihrer Stelle das gesetzlich zulässige Maß.

(3) Mündliche Nebenabreden bestehen nicht. Jede Änderung oder Ergänzung dieses Vertrages bedarf zu ihrer Wirksamkeit der Schriftform.

(4) Dieser Vertrag ist in zwei Ausfertigungen beiderseitig unterschrieben. Eine davon ist dem Trainer ausgehändigt worden.

VII. Verträge aus dem Bereich der Zeitarbeit

1. Muster: Befristeter Arbeitsvertrag zwischen Verleiher und Leiharbeitnehmer

Arbeitsvertrag

zwischen

der ▬▬▬

– nachstehend: Verleiher –

und

Herrn/Frau ▬▬▬

– nachstehend: Leiharbeitnehmer –

Auf der Grundlage des Arbeitnehmerüberlassungsgesetzes (AÜG) und den Tarifverträgen zur Zeitarbeit zwischen dem Bundesverband Zeitarbeit Personal-Dienstleistungen e.V. (BZA) und den DGB-Gewerkschaften in ihrer jeweiligen Fassung wird

– befristet –

folgender Arbeitsvertrag geschlossen:

§ 1 Rechtliche Voraussetzungen

(1) Der Verleiher ist im Besitz einer Erlaubnis zur gewerbsmäßigen Arbeitnehmerüberlassung nach § 1 AÜG, ausgestellt durch die Regionaldirektion Nordrhein-Westfalen in 40470 Düsseldorf, Josef-Gockeln-Str. 7, am ▬▬▬. Der Verleiher wird den Arbeitnehmer für den Fall des Wegfalls, der Nichtverlängerung, der Rücknahme oder des Widerrufs der Erlaubnis unverzüglich unterrichten. Die Unterrichtung wird den Zeitraum der Abwicklung des Arbeitsvertrages umfassen.

(2) Der Verleiher überlässt Arbeitnehmer gegen Entgelt an Entleiher. Gegenstand dieses Arbeitsvertrages ist daher auch die Überlassung des Leiharbeitnehmers an Kunden des Verleihers zur Arbeitsleistung. Der Leiharbeitnehmer erklärt sich mit dieser Überlassung einverstanden.

(3) Der Leiharbeitnehmer erhält in der Anlage 1 ein Merkblatt der Regionaldirektion und eine Ausfertigung dieses Vertrages. Ist der Leiharbeitnehmer nicht deutscher Staatsbürger erhält er auf Anforderung das Merkblatt und diesen Vertrag in seiner Muttersprache.

(4) Ist der Leiharbeitnehmer Ausländer, ohne dass ihm nach den Rechtsvorschriften der Europäischen Gemeinschaften oder nach dem Abkommen über den Europäischen Wirtschaftsraum Freizügigkeit zu gewähren ist oder er eine unbefristete Aufenthaltserlaubnis oder eine Aufenthaltsberechtigung besitzt, hat er eine Arbeitserlaubnis oder eine Arbeitsbe-

rechtigung nach §§ 284 ff. SGB III vorzulegen. Die Begründung des Arbeitsverhältnisses steht unter der aufschiebenden Bedingung der Vorlage der Arbeitserlaubnis oder der Arbeitsberechtigung nach Satz 1. Vor diesem Zeitpunkt erfolgt auch kein tatsächlicher Einsatz des Leiharbeitnehmers.

(5) Auf das Arbeitsverhältnis finden die Tarifverträge der Zeitarbeit, abgeschlossen zwischen dem Bundesverband Zeitarbeit Personal-Dienstleistungen e.V. (BZA) und den DGB-Gewerkschaften in ihrer jeweiligen Fassung, Anwendung. Es handelt sich um Tarifverträge im Sinne von §§ 3 Abs. 1 Nr. 3, 9 Nr. 2 AÜG. Die nachfolgenden Regelungen erfolgen auf der Grundlage der bei Vertragsabschluss geltenden Tarifverträge. Die Tarifverträge finden auch dann in der jeweiligen Fassung Anwendung, wenn einzelne Arbeitsbedingungen ungünstiger sind, als die nachfolgend dargestellten.

(6) Der Personalbogen ist Gegenstand des Arbeitsvertrages; wahrheitswidrige Angaben im Personalbogen berechtigen den Verleiher zur Anfechtung des Arbeitsvertrages. Handelt es sich um ein geringfügiges Beschäftigungsverhältnis nach § 8 SGB IV, wird die Vereinbarung „Geringfügige Beschäftigung" ebenfalls Bestandteil des Arbeitsvertrages.

(7) Die Parteien sind sich darüber einig, dass spätere Betriebsvereinbarungen den Regelungen in diesem Vertrag oder anderen einzelvertraglichen Absprachen einschließlich gewährter Sozialleistungen auch dann vorgehen, wenn die vertragliche Regelung günstiger ist.

§ 2 Beginn, Dauer und Beendigung des Arbeitsverhältnisses

(1) Das Arbeitsverhältnis beginnt am ■■■.

(2) Das Arbeitsverhältnis ist gemäß § 14 Abs. 2 TzBfG, § 9 MTVZ kalendermäßig befristet und endet am ■■■ (höchstens 2 Jahre, höchstens 4 Verlängerungen, die insgesamt die Zeitdauer von 2 Jahren nicht überschreiten dürfen mit unmittelbarem Anschluss), ohne dass es einer Kündigung bedarf. Der Mitarbeiter erklärt, dass er vor dem Beginn des Arbeitsverhältnisses nach Abs. 1 zu keinem Zeitpunkt beim Verleiher beschäftigt war. Eine Falschauskunft in diesem Punkt berechtigt den Verleiher zur Anfechtung des Arbeitsvertrages wegen arglistiger Täuschung.

(3) Die ersten 6 Monate des Arbeitsverhältnisses gelten als Probezeit. In den ersten 3 Monaten der Probezeit kann das Arbeitsverhältnis von beiden Seiten mit einer Frist von einer Woche, in den folgenden 3 Monaten mit einer Frist von 2 Wochen gekündigt werden. In den ersten 2 Wochen kann das Arbeitsverhältnis zum Ablauf des folgenden Tages gekündigt werden. Nach Ablauf der Probezeit kann das Arbeitsverhältnis mit den gesetzlichen Kündigungsfristen des § 622 BGB gekündigt werden. Längere Kündigungsfristen nach § 622 Abs. 2 BGB gelten auch für den Leiharbeitnehmer.

(4) Wird das Arbeitsverhältnis über die Befristungsdauer nach Abs. 2 fortgesetzt, ohne dass eine befristete Verlängerung vereinbart wird oder wird das Arbeitsverhältnis über die Dauer von 2 Jahren hinaus fortgesetzt, entsteht ein unbefristetes Arbeitsverhältnis.

(5) Das befristete Arbeitsverhältnis und ein etwaiges unbefristetes Arbeitsverhältnis endet spätestens mit Ablauf des Monats, in dem der Leiharbeitnehmer das gesetzliche Rentenalter erreicht hat, Berufs- oder Erwerbsunfähigkeit im Sinne der gesetzlichen Rentenversicherung eintritt oder durch Kündigung. Für die Kündigung gelten die Fristen des Abs. 3.

§ 3 Art und Ort der Tätigkeit des Leiharbeitnehmers

(1) Der Leiharbeitnehmer wird als ■■■ eingestellt.

(2) Der Verleiher behält sich vor, dem Leiharbeitnehmer auch eine andere oder zusätzliche Tätigkeit zu übertragen. Der Leiharbeitnehmer kann vorübergehend auch mit weniger qualifizierten Arbeiten beauftragt werden. Während dieser Zeit behält er seinen tariflichen Lohnanspruch beruhend auf der Tätigkeit nach Abs. 1.

(3) Der Leiharbeitnehmer ist verpflichtet, bei Kunden des Verleihers (Entleihern) tätig zu werden. Der Verleiher ist berechtigt, den Leiharbeitnehmer in den Postleitzahlbezirken ■■■ (alternativ: im Bereich der Bundesrepublik Deutschland) einzusetzen. Die Erstattung von Auslagen und die Anrechnung von Wegezeiten richten sich nach § 8 Abs. 3 bis 6 MTVZ mit der Maßgabe, dass für Übernachtungskosten die steuerlich zulässigen Sätze vereinbart werden.

(4) Der Verleiher ist berechtigt, den Leiharbeitnehmer jederzeit von seinem Einsatzort abzuberufen und anderweitig einzusetzen. Für die Einsatzdauer bei einem Entleiher unterliegt der Leiharbeitnehmer dem Direktionsrecht des Entleihers im Rahmen dieses Vertrages.

(5) Der Leiharbeitnehmer ist nicht verpflichtet, bei einem Entleiher tätig zu werden, der durch einen Arbeitskampf unmittelbar betroffen ist.

(6) In Zeiträumen, in denen der Leiharbeitnehmer nicht bei einem Entleiher eingesetzt werden kann, hat der Leiharbeitnehmer seine Arbeitskraft dem Verleiher zur Verfügung zu stellen. Kann auch der Verleiher den Leiharbeitnehmer nicht beschäftigen, ist der Leiharbeitnehmer verpflichtet, sich einmal täglich in den Geschäftsräumen des Verleihers persönlich zu melden, um sich nach dem Folgeeinsatz zu erkundigen.

Kapitel 1: Arbeitsverträge

§ 4 Arbeitszeit

(1) Die regelmäßige monatliche Arbeitszeit beträgt ▬▬▬ Stunden, dies entspricht einer durchschnittlichen wöchentlichen Arbeitszeit von ▬▬▬ Stunden.

(Vollzeit entspricht 151,67 Stunden, dies entspricht einer durchschnittlichen wöchentlichen Arbeitszeit von 35 Stunden, wahlweise Teilzeit oder max. 40 Stunden wöchentlich, wenn die betriebliche Arbeitszeit beim Entleiher höher ist).

Die durchschnittliche wöchentliche Arbeitszeit muss innerhalb eines Ausgleichszeitraums von 12 Kalendermonaten erreicht werden.

(2) Beginn und Ende der täglichen Arbeitszeit einschließlich der Pausen und die Verteilung der Arbeitszeit auf die einzelnen Wochentage richten sich nach den im jeweiligen Kundenbetrieb gültigen Regelungen bzw. Anforderungen des Entleiherbetriebs.

(3) Es wird eine variable Arbeitszeit unter Führung eines Arbeitszeitkontos nach den Regelungen des § 4 MTVZ vereinbart.

§ 5 Vergütung

(1) Der Leiharbeitnehmer erhält eine monatliche Vergütung auf der Basis der in § 4 Abs. 1 vereinbarten regelmäßigen monatlichen Arbeitszeit, die bis zum 15. Banktag des Folgemonats unbar ausgezahlt wird.

(2) Der Leiharbeitnehmer ist entsprechend seiner Tätigkeit nach § 3 Abs. 1 in die Entgeltgruppe ▬▬▬ des EntgeltrahmenTV Zeitarbeit eingruppiert. Sein Stundenlohn nach dem EntgeltTV Zeitarbeit beträgt derzeit ▬▬▬ EUR brutto.

Zuschläge werden nach § 7 MTVZ gewährt; sie betragen derzeit:

- für volle Arbeitsstunden, durch die die Arbeitszeit nach § 4 monatlich um mehr als 15% überschritten wird, 25% des jeweiligen tariflichen Entgelts;
- für Nachtarbeit und Sonn- und Feiertagsarbeit nach den Bedingungen des Entleiherbetriebes, maximal
  - für Nachtarbeit 25%
  - für Sonntagsarbeit 50%
  - für Feiertagsarbeit 100%

  des jeweiligen tariflichen Entgelts.

Nachtarbeit ist Arbeit zwischen 23.00 Uhr und 6.00 Uhr.

Sonn- und Feiertagsarbeit ist die an Sonntagen und gesetzlichen Feiertagen geleistete Arbeit zwischen 0.00 Uhr und 24.00 Uhr. Feiertage sind die gesetzlichen Feiertage an dem Ort des Einsatzes des Leiharbeitnehmers.

Treffen mehrere Zuschläge zusammen, wird nur der jeweils höchste gezahlt.

(3) Für Zeiträume, in denen der Leiharbeitnehmer nicht bei einem Entleiher eingesetzt und auch sonst vom Verleiher nicht beschäftigt werden kann, wird das Entgelt nach § 5 Abs. 2 Satz 1 und 2 ohne Zuschläge fortbezahlt. Auf die Regelungen zum Arbeitszeitkonto wird verwiesen. § 615 Satz 2 BGB ist anwendbar.

(4) Ab dem 2. Jahr der Betriebszugehörigkeit werden Jahressonderzahlungen nach § 15 MTVZ erbracht. Es wird insbesondere darauf hingewiesen, dass das Bestehen eines ungekündigten Beschäftigungsverhältnisses zum Auszahlungszeitpunkt Voraussetzung ist, für Zeiten des Ruhens des Arbeitsverhältnisses (bspw. während der Elternzeit) keine Leistungen erfolgen und der Mitarbeiter die Sonderzahlung zurückzuzahlen hat, wenn das Beschäftigungsverhältnis bis zum 31.3. des Folgejahres endet, es sei denn, das Beschäftigungsverhältnis endet aufgrund arbeitgeberseitiger betriebsbedingter Kündigung (§ 15 Abs. 3 MTVZ).

(5) Nach 6 Monaten ununterbrochener Betriebszugehörigkeit hat der Leiharbeitnehmer auf sein Verlangen hin Anspruch auf vermögenswirksame Leistungen nach Maßgabe des fünften Vermögensbildungsgesetzes in Höhe von 13,30 EUR monatlich (Vollzeitbeschäftigte). Teilzeitbeschäftigte ab 20 Wochenstunden haben den Anspruch auf eine anteilige vermögenswirksame Leistung im Verhältnis ihrer vertraglichen Arbeitszeit.

(6) Bei einer etwaigen freiwilligen Zulage und einer etwaigen übertariflichen Jahressonderzahlung handelt es sich um eine freiwillige Leistung des Verleihers, auf die auch bei wiederholter Zahlung kein Rechtsanspruch besteht. Die freiwillige Leistung kann insbesondere jederzeit mit einer Tariflohnerhöhung verrechnet werden, auch rückwirkend, wenn die Tariflohnerhöhung ihrerseits rückwirkend in Kraft tritt, auch wenn der Verleiher bei vorangegangenen Tariflohnerhöhungen von diesem Recht keinen Gebrauch gemacht hat.

§ 6 Urlaub

(1) Der Leiharbeitnehmer hat Anspruch auf 24 Arbeitstage Urlaub bei einer 5-Tage-Woche. Der Jahresurlaub steigt im zweiten Jahr auf 25, im dritten Jahr auf 26, im vierten Jahr auf 28 und im fünften Jahr auf 30 Arbeitstage. Im Ein- und Austrittsjahr wird der Urlaub anteilig für volle Monate gewährt.

(2) Der Zeitpunkt des Urlaubs wird vom Verleiher unter Berücksichtigung der Wünsche des Leiharbeitnehmer, der betrieblichen Interessen, insbesondere bereits feststehender Einsätze bei Entleihern und der Urlaubswünsche anderer Mitarbeiter festgelegt.
(3) Das Urlaubsentgelt bestimmt sich nach § 5 Abs. 2 Satz 1 und 2. Zusätzlich werden die Zuschläge für Sonn- und Feiertagsarbeit sowie für Nachtarbeit gezahlt, soweit der Leiharbeitnehmer ohne den Urlaub Anspruch auf diese gehabt hätte.

§ 7 Arbeitsversäumnis und Entgeltfortzahlung

(1) Der Leiharbeitnehmer erklärt, dass er arbeitsfähig ist, an keiner ansteckenden Krankheit leidet und keine sonstigen Umstände vorliegen, die ihm die vertraglich zu leistende Arbeit jetzt oder in naher Zukunft wesentlich erschweren oder unmöglich machen.
(2) Ist der Leiharbeitnehmer arbeitsunfähig erkrankt, hat er den Verleiher vor Arbeitsbeginn telefonisch, mündlich oder schriftlich über die voraussichtliche Arbeitsunfähigkeit und deren voraussichtliche Dauer zu benachrichtigen. Spätestens am 3. Tag einer Erkrankung hat der Leiharbeitnehmer dem Verleiher ein Arbeitsunfähigkeitsattest eines Arztes vorzulegen. Dauert die Arbeitsunfähigkeit länger, als in der Bescheinigung angegeben, hat der Leiharbeitnehmer spätestens am folgenden Tag eine neue Arbeitsunfähigkeitsbescheinigung vorzulegen und den Verleiher vorab wiederum bis Arbeitsbeginn über die Fortdauer zu unterrichten. Der Arbeitgeber ist berechtigt, die Vorlage der ärztlichen Bescheinigung ab dem ersten Tag der Arbeitsunfähigkeit zu verlangen. Die Wiederaufnahme der Tätigkeit ist dem Verleiher spätestens einen Arbeitstag vorher anzuzeigen.
(3) Die Entgeltfortzahlung richtet sich nach dem Entgeltfortzahlungsgesetz. Der Höhe nach ist als Entgeltfortzahlung die Vergütung nach § 5 Abs. 2 Satz 1 und 2 zu leisten.
(4) Im Übrigen gewährt der Verleiher bezahlte Freistellung abschließend in den Fällen des § 12 Abs. 3 MTVZ.
(5) Bei vorhersehbaren Ereignissen darf der Leiharbeitnehmer nur mit vorheriger Zustimmung des Verleihers der Arbeit fernbleiben.

§ 8 Verschwiegenheitspflicht

Der Leiharbeitnehmer verpflichtet sich, über alle Betriebs- und Geschäftsgeheimnisse sowie über alle betriebsinternen vertraulichen Angelegenheiten sowohl des Verleihers, als auch aus dem Betrieb des jeweiligen Entleihers während und nach Beendigung des Arbeitsverhältnisses Stillschweigen zu bewahren.

§ 9 Nebentätigkeit

Der Leiharbeitnehmer darf eine Nebentätigkeit nur nach vorheriger Zustimmung des Verleihers aufnehmen und ausüben. Werden die Interessen des Verleihers nach billigem Ermessen nicht beeinträchtigt, wird der Verleiher die Zustimmung erteilen.

§ 10 Personaldatenerfassung

(1) Die Personaldaten des Leiharbeitnehmers werden elektronisch verarbeitet. Der Leiharbeitnehmer stimmt der Weitergabe der persönlichen Daten an einen Entleiher zu. Änderungen in der Anschrift oder sonstige Änderungen wird der Leiharbeitnehmer dem Verleiher unverzüglich mitteilen.
(2) Der Leiharbeitnehmer ist verpflichtet, an der betrieblichen Datenerfassung, einschließlich der Erfassung der Kommt-/Geht-Zeiten nach Weisung des Verleihers gegebenenfalls auch an Einrichtungen des Entleihers teilzunehmen.

§ 11 Ausschlussfristen

(1) Ansprüche aus dem Arbeitsverhältnis sind innerhalb von 3 Monaten nach Fälligkeit schriftlich geltend zu machen.
(2) Lehnt die Gegenpartei den Anspruch schriftlich ab, muss der Anspruch innerhalb von 3 Monaten nach der Ablehnung gerichtlich geltend gemacht werden.
(3) Ansprüche, die nicht innerhalb dieser Fristen geltend gemacht werden, sind ausgeschlossen.

§ 12 Schlussbestimmungen

(1) Nebenabreden und Änderungen dieses Vertrages bedürfen zu ihrer Rechtswirksamkeit der Schriftform.
(2) Sollten einzelnen Bestimmungen dieses Vertrages ganz oder teilweise unwirksam sein oder werden, oder sollte sich in diesem Vertrag ein Lücke befinden, so soll hierdurch die Gültigkeit der übrigen Bestimmungen nicht beeinträchtigt werden. Anstelle der unwirksamen Bestimmung gilt diejenige wirksame Bestimmung als vereinbart, welche dem Sinn und Zweck der unwirksamen Bestimmung am ehesten entspricht. Im Fall einer Lücke gilt diejenige Bestimmung als vereinbart, die dem entspricht, was nach Sinn und Zweck dieses Vertrages vereinbart worden wäre, hätte man die Angelegenheit von vornherein bedacht. Dies gilt auch dann, wenn die Unwirksamkeit einer Bestimmung auf einem Maß der Leistung oder Zeit beruht. Es gilt dann das rechtlich zulässige Maß.

2. Muster: Unbefristeter Arbeitsvertrag zwischen Verleiher und Leiharbeitnehmer

Arbeitsvertrag

zwischen

der ▄▄▄

– nachstehend: Verleiher –

und

Herrn/Frau ▄▄▄

– nachstehend: Leiharbeitnehmer –

Auf der Grundlage des Arbeitnehmerüberlassungsgesetzes (AÜG) und den Tarifverträgen zur Zeitarbeit zwischen dem Bundesverband Zeitarbeit Personal-Dienstleistungen e.V. (BZA) und den DGB-Gewerkschaften in ihrer jeweiligen Fassung wird

– unbefristet –

folgender Arbeitsvertrag geschlossen:

§ 1 Rechtliche Voraussetzungen

(1) Der Verleiher ist im Besitz einer Erlaubnis zur gewerbsmäßigen Arbeitnehmerüberlassung nach § 1 AÜG, ausgestellt durch die Regionaldirektion Nordrhein-Westfalen in 40470 Düsseldorf, Josef-Gockeln-Str. 7, am ▄▄▄. Der Verleiher wird den Arbeitnehmer für den Fall des Wegfalls, der Nichtverlängerung, der Rücknahme oder des Widerrufs der Erlaubnis unverzüglich unterrichten. Die Unterrichtung wird den Zeitraum der Abwicklung des Arbeitsvertrages umfassen.

(2) Der Verleiher überlässt Arbeitnehmer gegen Entgelt an Entleiher. Gegenstand dieses Arbeitsvertrages ist daher auch die Überlassung des Leiharbeitnehmers an Kunden des Verleihers zur Arbeitsleistung. Der Leiharbeitnehmer erklärt sich mit dieser Überlassung einverstanden.

(3) Der Leiharbeitnehmer erhält in der Anlage 1 ein Merkblatt der Regionaldirektion und eine Ausfertigung dieses Vertrages. Ist der Leiharbeitnehmer nicht deutscher Staatsbürger erhält er auf Anforderung das Merkblatt und diesen Vertrag in seiner Muttersprache.

(4) Ist der Leiharbeitnehmer Ausländer, ohne dass ihm nach den Rechtsvorschriften der Europäischen Gemeinschaften oder nach dem Abkommen über den Europäischen Wirtschaftsraum Freizügigkeit zu gewähren ist oder er eine unbefristete Aufenthaltserlaubnis oder eine Aufenthaltsberechtigung besitzt, hat er eine Arbeitserlaubnis oder eine Arbeitsberechtigung nach §§ 284 ff. SGB III vorzulegen. Die Begründung des Arbeitsverhältnisses steht unter der aufschiebenden Bedingung der Vorlage der Arbeitserlaubnis oder der Arbeitsberechtigung nach Satz 1. Vor diesem Zeitpunkt erfolgt auch kein tatsächlicher Einsatz des Leiharbeitnehmers.

(5) Auf das Arbeitsverhältnis finden die Tarifverträge der Zeitarbeit, abgeschlossen zwischen dem Bundesverband Zeitarbeit Personal-Dienstleistungen e.V. (BZA) und den DGB-Gewerkschaften in ihrer jeweiligen Fassung, Anwendung. Es handelt sich um Tarifverträge im Sinne von §§ 3 Abs. 1 Nr. 3, 9 Nr. 2 AÜG. Die nachfolgenden Regelungen erfolgen auf der Grundlage der bei Vertragsabschluss geltenden Tarifverträge. Die Tarifverträge finden auch dann in der jeweiligen Fassung Anwendung, wenn einzelne Arbeitsbedingungen ungünstiger sind, als die nachfolgend dargestellten.

(6) Der Personalbogen ist Gegenstand des Arbeitsvertrages; wahrheitswidrige Angaben im Personalbogen berechtigen den Verleiher zur Anfechtung des Arbeitsvertrages. Handelt es sich um ein geringfügiges Beschäftigungsverhältnis nach § 8 SGB IV, wird die Vereinbarung „Geringfügige Beschäftigung" ebenfalls Bestandteil des Arbeitsvertrages.

(7) Die Parteien sind sich darüber einig, dass spätere Betriebsvereinbarungen den Regelungen in diesem Vertrag oder anderen einzelvertraglichen Absprachen einschließlich gewährter Sozialleistungen auch dann vorgehen, wenn die vertragliche Regelung günstiger ist.

§ 2 Beginn, Dauer und Beendigung des Arbeitsverhältnisses

(1) Das Arbeitsverhältnis beginnt am ▄▄▄.

(2) Die ersten 6 Monate des Arbeitsverhältnisses gelten als Probezeit. In den ersten 3 Monaten der Probezeit kann das Arbeitsverhältnis von beiden Seiten mit einer Frist von einer Woche, in den folgenden 3 Monaten mit einer Frist von 2 Wochen gekündigt werden. In den ersten 2 Wochen kann das Arbeitsverhältnis zum Ablauf des folgenden Tages gekündigt werden. Nach Ablauf der Probezeit kann das Arbeitsverhältnis mit den gesetzlichen Kündigungsfristen des § 622 BGB gekündigt werden. Längere Kündigungsfristen nach § 622 Abs. 2 BGB gelten auch für den Leiharbeitnehmer.

(3) Das befristete Arbeitsverhältnis und ein etwaiges unbefristetes Arbeitsverhältnis endet spätestens mit Ablauf des Monats, in dem der Leiharbeitnehmer das gesetzliche Rentenalter erreicht hat, Berufs- oder Erwerbsunfähigkeit im

Sinne der gesetzlichen Rentenversicherung eintritt oder durch Kündigung. Für die Kündigung gelten die Fristen des Abs. 3.

§ 3 Art und Ort der Tätigkeit des Leiharbeitnehmers

(1) Der Leiharbeitnehmer wird als ▬▬▬ eingestellt.

(2) Der Verleiher behält sich vor, dem Leiharbeitnehmer auch eine andere oder zusätzliche Tätigkeit zu übertragen. Der Leiharbeitnehmer kann vorübergehend auch mit weniger qualifizierten Arbeiten beauftragt werden. Während dieser Zeit behält er seinen tariflichen Lohnanspruch beruhend auf der Tätigkeit nach Abs. 1.

(3) Der Leiharbeitnehmer ist verpflichtet, bei Kunden des Verleihers (Entleihern) tätig zu werden. Der Verleiher ist berechtigt, den Leiharbeitnehmer in den Postleitzahlbezirken ▬▬▬ (alternativ: im Bereich der Bundesrepublik Deutschland) einzusetzen. Die Erstattung von Auslagen und die Anrechnung von Wegezeiten richten sich nach § 8 Abs. 3 bis 6 MTVZ mit der Maßgabe, dass für Übernachtungskosten die steuerlich zulässigen Sätze vereinbart werden.

(4) Der Verleiher ist berechtigt, den Leiharbeitnehmer jederzeit von seinem Einsatzort abzuberufen und anderweitig einzusetzen. Für die Einsatzdauer bei einem Entleiher unterliegt der Leiharbeitnehmer dem Direktionsrecht des Entleihers im Rahmen dieses Vertrages.

(5) Der Leiharbeitnehmer ist nicht verpflichtet, bei einem Entleiher tätig zu werden, der durch einen Arbeitskampf unmittelbar betroffen ist.

(6) In Zeiträumen, in denen der Leiharbeitnehmer nicht bei einem Entleiher eingesetzt werden kann, hat der Leiharbeitnehmer seine Arbeitskraft dem Verleiher zur Verfügung zu stellen. Kann auch der Verleiher den Leiharbeitnehmer nicht beschäftigen, ist der Leiharbeitnehmer verpflichtet, sich einmal täglich in den Geschäftsräumen des Verleihers persönlich zu melden, um sich nach dem Folgeeinsatz zu erkundigen.

§ 4 Arbeitszeit

(1) Die regelmäßige monatliche Arbeitszeit beträgt ▬▬▬ Stunden, dies entspricht einer durchschnittlichen wöchentlichen Arbeitszeit von ▬▬▬ Stunden.
(Vollzeit entspricht 151,67 Stunden, dies entspricht einer durchschnittlichen wöchentlichen Arbeitszeit von 35 Stunden, wahlweise Teilzeit oder max. 40 Stunden wöchentlich, wenn die betriebliche Arbeitszeit beim Entleiher höher ist).
Die durchschnittliche wöchentliche Arbeitszeit muss innerhalb eines Ausgleichszeitraums von 12 Kalendermonaten erreicht werden.

(2) Beginn und Ende der täglichen Arbeitszeit einschließlich der Pausen und die Verteilung der Arbeitszeit auf die einzelnen Wochentage richten sich nach den im jeweiligen Kundenbetrieb gültigen Regelungen bzw. Anforderungen des Entleiherbetriebs.

(3) Es wird eine variable Arbeitszeit unter Führung eines Arbeitszeitkontos nach den Regelungen des § 4 MTVZ vereinbart.

§ 5 Vergütung

(1) Der Leiharbeitnehmer erhält eine monatliche Vergütung auf der Basis der in § 4 Abs. 1 vereinbarten regelmäßigen monatlichen Arbeitszeit, die bis zum 15. Banktag des Folgemonats unbar ausgezahlt wird.

(2) Der Leiharbeitnehmer ist entsprechend seiner Tätigkeit nach § 3 Abs. 1 in die Entgeltgruppe ▬▬▬ des EntgeltrahmenTV Zeitarbeit eingruppiert. Sein Stundenlohn nach dem EntgeltTV Zeitarbeit beträgt derzeit ▬▬▬ EUR brutto.
Zuschläge werden nach § 7 MTVZ gewährt; sie betragen derzeit:

- für volle Arbeitsstunden, durch die die Arbeitszeit nach § 4 monatlich um mehr als 15 % überschritten wird, 25 % des jeweiligen tariflichen Entgelts;
- für Nachtarbeit und Sonn- und Feiertagsarbeit nach den Bedingungen des Entleiherbetriebes, maximal
  - für Nachtarbeit 25 %
  - für Sonntagsarbeit 50 %
  - für Feiertagsarbeit 100 %

  des jeweiligen tariflichen Entgelts.

Nachtarbeit ist Arbeit zwischen 23.00 Uhr und 6.00 Uhr.

Sonn- und Feiertagsarbeit ist die an Sonntagen und gesetzlichen Feiertagen geleistete Arbeit zwischen 0.00 Uhr und 24.00 Uhr. Feiertage sind die gesetzlichen Feiertage an dem Ort des Einsatzes des Leiharbeitnehmers.

Treffen mehrere Zuschläge zusammen, wird nur der jeweils höchste gezahlt.

(3) Für Zeiträume, in denen der Leiharbeitnehmer nicht bei einem Entleiher eingesetzt und auch sonst vom Verleiher nicht beschäftigt werden kann, wird das Entgelt nach § 5 Abs. 2 Satz 1 und 2 ohne Zuschläge fortbezahlt. Auf die Regelungen zum Arbeitszeitkonto wird verwiesen. § 615 Satz 2 BGB ist anwendbar.

(4) Ab dem 2. Jahr der Betriebszugehörigkeit werden Jahressonderzahlungen nach § 15 MTVZ erbracht. Es wird insbesondere darauf hingewiesen, dass das Bestehen eines ungekündigten Beschäftigungsverhältnisses zum Auszahlungszeitpunkt Voraussetzung ist, für Zeiten des Ruhens des Arbeitsverhältnisses (bspw. während der Elternzeit) keine Leistungen erfolgen und der Mitarbeiter die Sonderzahlung zurückzuzahlen hat, wenn das Beschäftigungsverhältnis bis zum 31.3. des Folgejahres endet, es sei denn, das Beschäftigungsverhältnis endet aufgrund arbeitgeberseitiger betriebsbedingter Kündigung (§ 15 Abs. 3 MTVZ).

(5) Nach 6 Monaten ununterbrochener Betriebszugehörigkeit hat der Leiharbeitnehmer auf sein Verlangen hin Anspruch auf vermögenswirksame Leistungen nach Maßgabe des fünften Vermögensbildungsgesetzes in Höhe von 13,30 EUR monatlich (Vollzeitbeschäftigte). Teilzeitbeschäftigte ab 20 Wochenstunden haben den Anspruch auf eine anteilige vermögenswirksame Leistung im Verhältnis ihrer vertraglichen Arbeitszeit.

(6) Bei einer etwaigen freiwilligen Zulage und einer etwaigen übertariflichen Jahressonderzahlung handelt es sich um eine freiwillige Leistung des Verleihers, auf die auch bei wiederholter Zahlung kein Rechtsanspruch besteht. Die freiwillige Leistung kann insbesondere jederzeit mit einer Tariflohnerhöhung verrechnet werden, auch rückwirkend, wenn die Tariflohnerhöhung ihrerseits rückwirkend in Kraft tritt, auch wenn der Verleiher bei vorangegangenen Tariflohnerhöhungen von diesem Recht keinen Gebrauch gemacht hat.

§ 6 Urlaub

(1) Der Leiharbeitnehmer hat Anspruch auf 24 Arbeitstage Urlaub bei einer 5-Tage-Woche. Der Jahresurlaub steigt im zweiten Jahr auf 25, im dritten Jahr auf 26, im vierten Jahr auf 28 und im fünften Jahr auf 30 Arbeitstage. Im Ein- und Austrittsjahr wird der Urlaub anteilig für volle Monate gewährt.

(2) Der Zeitpunkt des Urlaubs wird vom Verleiher unter Berücksichtigung der Wünsche des Leiharbeitnehmer, der betrieblichen Interessen, insbesondere bereits feststehender Einsätze bei Entleihern und der Urlaubswünsche anderer Mitarbeiter festgelegt.

(3) Das Urlaubsentgelt bestimmt sich nach § 5 Abs. 2 Satz 1 und 2. Zusätzlich werden die Zuschläge für Sonn- und Feiertagsarbeit sowie für Nachtarbeit gezahlt, soweit der Leiharbeitnehmer ohne den Urlaub Anspruch auf diese gehabt hätte.

§ 7 Arbeitsversäumnis und Entgeltfortzahlung

(1) Der Leiharbeitnehmer erklärt, dass er arbeitsfähig ist, an keiner ansteckenden Krankheit leidet und keine sonstigen Umstände vorliegen, die ihm die vertraglich zu leistende Arbeit jetzt oder in naher Zukunft wesentlich erschweren oder unmöglich machen.

(2) Ist der Leiharbeitnehmer arbeitsunfähig erkrankt, hat er den Verleiher vor Arbeitsbeginn telefonisch, mündlich oder schriftlich über die voraussichtliche Arbeitsunfähigkeit und deren voraussichtliche Dauer zu benachrichtigen. Spätestens am 3. Tag einer Erkrankung hat der Leiharbeitnehmer dem Verleiher ein Arbeitsunfähigkeitsattest eines Arztes vorzulegen. Dauert die Arbeitsunfähigkeit länger, als in der Bescheinigung angegeben, hat der Leiharbeitnehmer spätestens am folgenden Tag eine neue Arbeitsunfähigkeitsbescheinigung vorzulegen und den Verleiher vorab wiederum bis Arbeitsbeginn über die Fortdauer zu unterrichten. Der Arbeitgeber ist berechtigt, die Vorlage der ärztlichen Bescheinigung ab dem ersten Tag der Arbeitsunfähigkeit zu verlangen. Die Wiederaufnahme der Tätigkeit ist dem Verleiher spätestens einen Arbeitstag vorher anzuzeigen.

(3) Die Entgeltfortzahlung richtet sich nach dem Entgeltfortzahlungsgesetz. Der Höhe nach ist als Entgeltfortzahlung die Vergütung nach § 5 Abs. 2 Satz 1 und 2 zu leisten.

(4) Im Übrigen gewährt der Verleiher bezahlte Freistellung abschließend in den Fällen des § 12 Abs. 3 MTVZ.

(5) Bei vorhersehbaren Ereignissen darf der Leiharbeitnehmer nur mit vorheriger Zustimmung des Verleihers der Arbeit fernbleiben.

§ 8 Verschwiegenheitspflicht

Der Leiharbeitnehmer verpflichtet sich, über alle Betriebs- und Geschäftsgeheimnisse sowie über alle betriebsinternen vertraulichen Angelegenheiten sowohl des Verleihers, als auch aus dem Betrieb des jeweiligen Entleihers während und nach Beendigung des Arbeitsverhältnisses Stillschweigen zu bewahren.

§ 9 Nebentätigkeit

Der Leiharbeitnehmer darf eine Nebentätigkeit nur nach vorheriger Zustimmung des Verleihers aufnehmen und ausüben. Werden die Interessen des Verleihers nach billigem Ermessen nicht beeinträchtigt, wird der Verleiher die Zustimmung erteilen.

§ 10 Personaldatenerfassung

(1) Die Personaldaten des Leiharbeitnehmers werden elektronisch verarbeitet. Der Leiharbeitnehmer stimmt der Weitergabe der persönlichen Daten an einen Entleiher zu. Änderungen in der Anschrift oder sonstige Änderungen wird der Leiharbeitnehmer dem Verleiher unverzüglich mitteilen.

(2) Der Leiharbeitnehmer ist verpflichtet, an der betrieblichen Datenerfassung, einschließlich der Erfassung der Kommt-/Geht-Zeiten nach Weisung des Verleihers gegebenenfalls auch an Einrichtungen des Entleihers teilzunehmen.

§ 11 Ausschlussfristen

(1) Ansprüche aus dem Arbeitsverhältnis sind innerhalb von 2 Monaten nach Fälligkeit schriftlich geltend zu machen.

(2) Lehnt die Gegenpartei den Anspruch schriftlich ab, muss der Anspruch innerhalb von 2 Monaten nach der Ablehnung gerichtlich geltend gemacht werden.

(3) Ansprüche, die nicht innerhalb dieser Fristen geltend gemacht werden, sind ausgeschlossen.

§ 12 Schlussbestimmungen

(1) Nebenabreden und Änderungen dieses Vertrages bedürfen zu ihrer Rechtswirksamkeit der Schriftform.

(2) Sollten einzelnen Bestimmungen dieses Vertrages ganz oder teilweise unwirksam sein oder werden, oder sollte sich in diesem Vertrag ein Lücke befinden, so soll hierdurch die Gültigkeit der übrigen Bestimmungen nicht beeinträchtigt werden. Anstelle der unwirksamen Bestimmung gilt diejenige wirksame Bestimmung als vereinbart, welche dem Sinn und Zweck der unwirksamen Bestimmung am ehesten entspricht. Im Fall einer Lücke gilt diejenige Bestimmung als vereinbart, die dem entspricht, was nach Sinn und Zweck dieses Vertrages vereinbart worden wäre, hätte man die Angelegenheit von vornherein bedacht. Dies gilt auch dann, wenn die Unwirksamkeit einer Bestimmung auf einem Maß der Leistung oder Zeit beruht. Es gilt dann das rechtlich zulässige Maß.

3. Muster: Arbeitnehmerüberlassungsvertrag

Arbeitnehmerüberlassungsvertrag

zwischen

der ▪▪▪

– nachstehend: Verleiher –

und

der ▪▪▪

– nachstehend: Entleiher –

Auf der Grundlage des Arbeitnehmerüberlassungsgesetzes (AÜG) wird folgender Vertrag geschlossen:

§ 1 Rechtliche Voraussetzungen

(1) Der Verleiher ist im Besitz einer Erlaubnis zur gewerbsmäßigen Arbeitnehmerüberlassung nach § 1 AÜG, ausgestellt durch die Regionaldirektion Nordrhein-Westfalen in 40470 Düsseldorf, Josef-Gockeln-Str. 7, am ▪▪▪. Der Verleiher wird den Arbeitnehmer für den Fall des Wegfalls, der Nichtverlängerung, der Rücknahme oder des Widerrufs der Erlaubnis unverzüglich unterrichten. Die Unterrichtung wird den Zeitraum der Abwicklung des Arbeitsvertrages umfassen. Eine Kopie der Erlaubnis ist diesem Vertrag beigefügt.

(2) Der Verleiher ist Mitglied des Bundesverbandes Zeitarbeit Personal-Dienstleistungen e.V. Er hat weiterhin in seinen Arbeitsverträgen mit den Arbeitnehmern die Anwendung der Tarifverträge der Zeitarbeit, abgeschlossen zwischen dem Bundesverband Zeitarbeit Personal-Dienstleistungen e.V. (BZA) und den DGB-Gewerkschaften in ihrer jeweiligen Fassung, vereinbart. Es handelt sich um Tarifverträge im Sinne von §§ 3 Abs. 1 Nr. 3, 9 Nr. 2 AÜG.

(3) Gleichwohl erstattet der Entleiher die nach § 12 Abs. 1 Satz 3 AÜG erforderlichen Angaben, welche wesentlichen Arbeitsbedingungen einschließlich des Arbeitsentgelts im Betrieb des Entleihers für einen vergleichbaren Arbeitnehmer des Entleihers einschließlich des Arbeitsentgelts gelten.

§ 2 Gegenstand des Vertrages

(1) Der Verleiher verpflichtet sich, dem Entleiher die in der Anlage genannten Arbeitnehmer zur Arbeitsleistung zu überlassen.

(2) In der Anlage sind neben den Angaben nach § 1 Abs. 3 die Angaben des Entleihers enthalten, welche besonderen Merkmale die für die Leiharbeitnehmer vorgesehene Tätigkeit hat und welche berufliche Qualifikation dafür erforderlich ist.

§ 3 Beginn und Dauer der Überlassung

(1) Die Überlassung der Arbeitnehmer beginnt am ▄▄▄ und endet am ▄▄▄.

(2) Wird der Überlassungsvertrag nicht zwei Wochen vor Ablauf des Vertrages schriftlich gekündigt, verlängert er sich um weitere drei Monate.

§ 4 Arbeitsumfang

(1) Die Arbeitnehmer sollen mit einer wöchentlichen Arbeitszeit von ▄▄▄ Stunden eingesetzt werden. Die Ableistung von Überstunden richtet sich nach den betrieblichen Gegebenheiten des Entleihers.

(2) Der Entleiher führt wöchentliche Zeitnachweise (Stundenzettel), die von den Leiharbeitnehmern, bei Überlassung einer Gruppe von Arbeitnehmern durch deren Vorarbeiter, abgezeichnet werden.

§ 5 Vergütung

(1) Die Vergütung erfolgt nach den effektiv abgeleisteten Arbeitsstunden der Leiharbeitnehmer.

(2) Es wird ein Stundensatz von ▄▄▄ EUR zuzüglich der gesetzlichen Mehrwertsteuer vereinbart. Für Mehrarbeitsstunden wird ein Zuschlag von ▄▄▄ % gezahlt. Mehrarbeitsstunden sind alle Stunden, die über die wöchentlichen Stunden nach § 4 Abs. 1 Satz 1 hinaus gehen.

(3) Die Vergütung wird monatlich bis zum 8. Werktag aufgrund der Zeitnachweise nach § 4 Abs. 2 abgerechnet und ist bis zum 25. des auf die Arbeitsleistung folgenden Monats zur Zahlung fällig. Die Zeitnachweise stellt der Entleiher dem Verleiher bis zum Ende des ersten Werktages des auf die Arbeitsleistung folgenden Monats zur Verfügung.

§ 6 Weisungsbefugnis und Fürsorgepflichten des Entleihers

(1) Der Entleiher ist berechtigt, den Leiharbeitnehmern alle Weisungen zu erteilen, die nach Art und Umfang in den Tätigkeitsbereich fallen.

(2) Der Verleiher tritt dem Entleiher insoweit seine Ansprüche auf Arbeitsleistung gegen die Leiharbeitnehmer mit deren Einverständnis ab.

(3) Der Verleiher gewährleistet, dass die Leiharbeitnehmer in den Betrieb des Entleihers integriert werden können, insbesondere die vertragliche Verpflichtung zur Tätigkeit nach Art, Ort und Zeit unter Einschluss notwendiger Überstunden besteht.

(4) Der Entleiher verpflichtet sich, die sich aus dem Einsatz der Arbeitnehmer in seinem Betrieb ergebenden gesetzlichen Fürsorgepflichten zu erfüllen. Insbesondere hat der Entleiher den Leiharbeitnehmer vor Beginn der Beschäftigung und bei Veränderungen in seinem Arbeitsbereich über Gefahren für Sicherheit und Gesundheit, denen er bei der Arbeit ausgesetzt sein kann, sowie über die Maßnahmen und Einrichtungen zur Abwendung dieser Gefahren zu unterrichten. Der Entleiher hat den Leiharbeitnehmer zusätzlich über die Notwendigkeit besonderer Qualifikationen und beruflicher Fertigkeiten oder einer besonderen ärztlichen Überwachung sowie über erhöhte Gefahren des Arbeitsplatzes zu unterrichten.

§ 7 Abberufung und Austausch von Arbeitnehmern

(1) Der Entleiher kann vom Verleiher die Abberufung eines Arbeitnehmers für den nächsten Tag verlangen und sofortigen geeigneten Ersatz verlangen, wenn der Entleiher dessen Weiterbeschäftigung aus leistungs-, personen- oder verhaltensbedingten Gründen ablehnt. Die Gründe müssen nachvollziehbar, sachbezogen und willkürfrei dargelegt und im Streitfall durch Dokumente oder Aussagen anderer Mitarbeiter belegbar sein. Die Gründe müssen nicht die Anforderungen des § 1 Abs. 2 KSchG erfüllen.

(2) Der Entleiher kann einen Leiharbeitnehmer während der Arbeitsschicht mit sofortiger Wirkung von der Arbeitsstelle verweisen und für den nächsten Tag geeigneten Ersatz verlangen, wenn ein Grund vorliegt, der einen Arbeitgeber zur außerordentlichen Kündigung aus wichtigem Grund nach § 626 BGB berechtigen würde und der Entleiher dem Verleiher den Grund unter Zur-Verfügung-Stellung der Nachweise schriftlich mitteilt.

(3) Im Falle des entschuldigten oder unentschuldigten Fehlens eines Leiharbeitnehmers kann der Entleiher vom Verleiher unverzüglich die Gestellung eines geeigneten Ersatzes fordern.

(4) Kommt der Verleiher dem Verlangen nach Abberufung, Austausch und Ersatz von Arbeitnehmern nicht nach, kann der Entleiher den Überlassungsvertrag über den betreffenden Arbeitnehmer fristlos kündigen. Etwaige Schadensersatzansprüche des Entleihers bleiben unberührt.

(5) Der Verleiher ist berechtigt, bei Abwesenheit eines überlassenen Arbeitnehmers aufgrund Krankheit, Urlaub, unentschuldigtem Fehlen, Mutterschaft, Elternzeit, Wehr- oder Ersatzdienst oder aus ähnlichen Gründen und bei Ausscheiden eines überlassenen Arbeitnehmers aus dem Arbeitsverhältnis einen anderen Leiharbeitnehmer mit vergleichbarer Qualifikation zu stellen.

(6) Bei Streik, Aussperrung, vorübergehender Betriebsstilllegung und während der Dauer von Betriebsversammlungen kann der Entleiher verlangen, dass die Arbeiten ruhen. Für den Fall, dass der Betrieb des Entleihers von einem legalen Streik unmittelbar betroffen ist, unterbleibt der Einsatz der Leiharbeitnehmer.

§ 8 Pflichten des Verleihers

(1) Der Verleiher haftet dem Entleiher nur, wenn er bei der Auswahl der überlassenen Leiharbeitnehmer nicht die im Verkehr erforderliche Sorgfalt beachtet hat. Der Verleiher verpflichtet sich zur Vorlage von erforderlichen Qualifikationsnachweisen bezüglich der Leiharbeitnehmer (z.B. Gesellenbrief, Facharbeiterbrief, Führerschein, deutsche Sprachkenntnisse).

(2) Ist der Leiharbeitnehmer Ausländer, ohne dass ihm nach den Rechtsvorschriften der Europäischen Gemeinschaften oder nach dem Abkommen über den Europäischen Wirtschaftsraum Freizügigkeit zu gewähren ist oder er eine unbefristete Aufenthaltserlaubnis oder eine Aufenthaltsberechtigung besitzt, legt der Verleiher dem Entleiher eine Arbeitserlaubnis oder eine Arbeitsberechtigung nach §§ 284 ff. SGB III vor.

(3) Der Verleiher verpflichtet sich, auf Verlangen des Entleihers mit Rücksicht auf die nach § 28e Abs. 2 SGB IV bzw. § 42d EStG bestehende Haftung des Entleihers für die Sozialversicherungsbeiträge und die Lohnsteuer der überlassenen Arbeitnehmer Bürgschaftserklärungen oder Garantieerklärungen (Avalkredite) beizubringen.

(4) Der Entleiher kann vom Verleiher jederzeit die Vorlage von Bescheinigungen über die Abführung der Sozialversicherungsbeiträge und der Lohnsteuer für die überlassenen Arbeitnehmer an die zuständigen Einzugsstellen bzw. das Finanzamt verlangen.

(5) Wird der Entleiher gemäß § 28e SGB IV und/oder § 42d EStG von der zuständigen Einzugsstelle bzw. dem Finanzamt in Anspruch genommen, ist er berechtigt, die dem Verleiher geschuldete Vergütung in Höhe der von der jeweiligen Einzugsstelle bzw. dem Finanzamt geltend gemachten Forderungen einzubehalten, bis der Verleiher nachweist, dass er die Beiträge bzw. die Lohnsteuer ordnungsgemäß abgeführt hat.

§ 9 Schlussbestimmungen, Gerichtsstand

(1) Änderungen und Ergänzungen des Vertrages bedürfen der Schriftform.

(2) Sollten einzelne Bestimmungen dieses Vertrages ganz oder teilweise unwirksam sein oder werden, oder sollte sich in diesem Vertrag eine Lücke befinden, so soll hierdurch die Gültigkeit der übrigen Bestimmungen nicht beeinträchtigt werden. Anstelle der unwirksamen Bestimmung gilt diejenige wirksame Bestimmung als vereinbart, welche dem Sinn und Zweck der unwirksamen Bestimmung am ehesten entspricht. Im Fall einer Lücke gilt diejenige Bestimmung als vereinbart, die dem entspricht, was nach Sinn und Zweck dieses Vertrages vereinbart worden wäre, hätte man die Angelegenheit von vornherein bedacht. Dies gilt auch dann, wenn die Unwirksamkeit einer Bestimmung auf einem Maß der Leistung beruht. Es gilt dann das rechtlich zulässige Maß.

(3) Gerichtsstand für beide Vertragsparteien ist ▃▃▃.

4. Muster: Aufstellung der zu überlassenden Arbeitnehmer

Aufstellung der zu überlassenden Arbeitnehmer mit den Angaben nach § 12 Abs. 1 Satz 3 AÜG

1. Name: ▃▃▃   Vorname: ▃▃▃
Straße: ▃▃▃   PLZ/Ort: ▃▃▃
Geburtsdatum: ▃▃▃   Geburtsort: ▃▃▃
Nationalität: ▃▃▃   Arbeitserlaubnis von ▃▃▃ bis ▃▃▃
Art der Tätigkeit: ▃▃▃
Besondere Merkmale der Tätigkeit: ▃▃▃
Erforderliche Qualifikation (z.B. Geselle, Meister): ▃▃▃
Erforderliche berufliche Fähigkeiten/Erfahrungen: ▃▃▃
Vergleichbare Arbeitnehmer im Betrieb des Entleihers: ❏ ja ❏ nein

Kapitel 1: Arbeitsverträge 1

Falls vergleichbare Arbeitnehmer vorhanden sind:
Anwendbarkeit eines Tarifvertrages: ❏ ja, des ▪▪▪ ❏ nein
Stundenlohn: ▪▪▪ EUR brutto;   Zuschläge: Mehrarbeit ▪▪▪; Nacht ▪▪▪; Sonn-/Feiertage ▪▪▪
Sonderzahlungen: Weihnachtsgeld ▪▪▪;   Urlaubsgeld ▪▪▪
Sonstige Vergütungsbestandteile: ▪▪▪
Arbeitszeiten: von ▪▪▪ bis ▪▪▪   Pausen: von ▪▪▪ bis ▪▪▪
Jahresurlaub: ▪▪▪   Sonstige arbeitsfreie Tage: ▪▪▪
Betriebliche Altersversorgung: ❏ ja, monatliche Aufwendung ▪▪▪ EUR   ❏ nein

2. Name: ▪▪▪   Vorname: ▪▪▪
Straße: ▪▪▪   PLZ/Ort: ▪▪▪
Geburtsdatum: ▪▪▪   Geburtsort: ▪▪▪
Nationalität: ▪▪▪   Arbeitserlaubnis von ▪▪▪ bis ▪▪▪
Art der Tätigkeit: ▪▪▪
Besondere Merkmale der Tätigkeit: ▪▪▪
Erforderliche Qualifikation (z.B. Geselle, Meister): ▪▪▪
Erforderliche berufliche Fähigkeiten/Erfahrungen: ▪▪▪
Vergleichbare Arbeitnehmer im Betrieb des Entleihers: ❏ ja ❏ nein
Falls vergleichbare Arbeitnehmer vorhanden sind:
Anwendbarkeit eines Tarifvertrages: ❏ ja, des ▪▪▪ ❏ nein
Stundenlohn: ▪▪▪ EUR brutto;   Zuschläge: Mehrarbeit ▪▪▪; Nacht ▪▪▪; Sonn-/Feiertage ▪▪▪
Sonderzahlungen: Weihnachtsgeld ▪▪▪;   Urlaubsgeld ▪▪▪
Sonstige Vergütungsbestandteile: ▪▪▪
Arbeitszeiten: von ▪▪▪ bis ▪▪▪   Pausen: von ▪▪▪ bis ▪▪▪
Jahresurlaub: ▪▪▪   Sonstige arbeitsfreie Tage: ▪▪▪
Betriebliche Altersversorgung: ❏ ja, monatliche Aufwendung ▪▪▪ EUR   ❏ nein

3. Name: ▪▪▪   Vorname: ▪▪▪
Straße: ▪▪▪   PLZ/Ort: ▪▪▪
Geburtsdatum: ▪▪▪   Geburtsort: ▪▪▪
Nationalität: ▪▪▪   Arbeitserlaubnis von ▪▪▪ bis ▪▪▪
Art der Tätigkeit: ▪▪▪
Besondere Merkmale der Tätigkeit: ▪▪▪
Erforderliche Qualifikation (z.B. Geselle, Meister): ▪▪▪
Erforderliche berufliche Fähigkeiten/Erfahrungen: ▪▪▪
Vergleichbare Arbeitnehmer im Betrieb des Entleihers: ❏ ja ❏ nein
Falls vergleichbare Arbeitnehmer vorhanden sind:
Anwendbarkeit eines Tarifvertrages: ❏ ja, des ▪▪▪ ❏ nein
Stundenlohn: ▪▪▪ EUR brutto;   Zuschläge: Mehrarbeit ▪▪▪; Nacht ▪▪▪; Sonn-/Feiertage ▪▪▪
Sonderzahlungen: Weihnachtsgeld ▪▪▪;   Urlaubsgeld ▪▪▪
Sonstige Vergütungsbestandteile: ▪▪▪
Arbeitszeiten: von ▪▪▪ bis ▪▪▪   Pausen: von ▪▪▪ bis ▪▪▪
Jahresurlaub: ▪▪▪   Sonstige arbeitsfreie Tage: ▪▪▪
Betriebliche Altersversorgung: ❏ ja, monatliche Aufwendung ▪▪▪ EUR   ❏ nein

4. Name: ▄▄▄ Vorname: ▄▄▄
Straße: ▄▄▄ PLZ/Ort: ▄▄▄
Geburtsdatum: ▄▄▄ Geburtsort: ▄▄▄
Nationalität: ▄▄▄ Arbeitserlaubnis von ▄▄▄ bis ▄▄▄
Art der Tätigkeit: ▄▄▄
Besondere Merkmale der Tätigkeit: ▄▄▄
Erforderliche Qualifikation (z.B. Geselle, Meister): ▄▄▄
Erforderliche berufliche Fähigkeiten/Erfahrungen: ▄▄▄
Vergleichbare Arbeitnehmer im Betrieb des Entleihers: ❑ ja ❑ nein
Falls vergleichbare Arbeitnehmer vorhanden sind:
Anwendbarkeit eines Tarifvertrages: ❑ ja, des ▄▄▄   ❑ nein
Stundenlohn: ▄▄▄ EUR brutto;   Zuschläge: Mehrarbeit ▄▄▄; Nacht ▄▄▄; Sonn-/Feiertage ▄▄▄
Sonderzahlungen: Weihnachtsgeld ▄▄▄;   Urlaubsgeld ▄▄▄
Sonstige Vergütungsbestandteile: ▄▄▄
Arbeitszeiten: von ▄▄▄ bis ▄▄▄   Pausen: von ▄▄▄ bis ▄▄▄
Jahresurlaub: ▄▄▄   Sonstige arbeitsfreie Tage: ▄▄▄
Betriebliche Altersversorgung: ❑ ja, monatliche Aufwendung ▄▄▄ EUR   ❑ nein

5. Name: ▄▄▄ Vorname: ▄▄▄
Straße: ▄▄▄ PLZ/Ort: ▄▄▄
Geburtsdatum: ▄▄▄ Geburtsort: ▄▄▄
Nationalität: ▄▄▄ Arbeitserlaubnis von ▄▄▄ bis ▄▄▄
Art der Tätigkeit: ▄▄▄
Besondere Merkmale der Tätigkeit: ▄▄▄
Erforderliche Qualifikation (z.B. Geselle, Meister): ▄▄▄
Erforderliche berufliche Fähigkeiten/Erfahrungen: ▄▄▄
Vergleichbare Arbeitnehmer im Betrieb des Entleihers: ❑ ja ❑ nein
Falls vergleichbare Arbeitnehmer vorhanden sind:
Anwendbarkeit eines Tarifvertrages: ❑ ja, des ▄▄▄   ❑ nein
Stundenlohn: ▄▄▄ EUR brutto;   Zuschläge: Mehrarbeit ▄▄▄; Nacht ▄▄▄; Sonn-/Feiertage ▄▄▄
Sonderzahlungen: Weihnachtsgeld ▄▄▄;   Urlaubsgeld ▄▄▄
Sonstige Vergütungsbestandteile: ▄▄▄
Arbeitszeiten: von ▄▄▄ bis ▄▄▄   Pausen: von ▄▄▄ bis ▄▄▄
Jahresurlaub: ▄▄▄   Sonstige arbeitsfreie Tage: ▄▄▄
Betriebliche Altersversorgung: ❑ ja, monatliche Aufwendung ▄▄▄ EUR   ❑ nein

6. Name: ▄▄▄ Vorname: ▄▄▄
Straße: ▄▄▄ PLZ/Ort: ▄▄▄
Geburtsdatum: ▄▄▄ Geburtsort: ▄▄▄
Nationalität: ▄▄▄ Arbeitserlaubnis von ▄▄▄ bis ▄▄▄
Art der Tätigkeit: ▄▄▄
Besondere Merkmale der Tätigkeit: ▄▄▄
Erforderliche Qualifikation (z.B. Geselle, Meister): ▄▄▄
Erforderliche berufliche Fähigkeiten/Erfahrungen: ▄▄▄

Vergleichbare Arbeitnehmer im Betrieb des Entleihers: ❑ ja ❑ nein
Falls vergleichbare Arbeitnehmer vorhanden sind:
Anwendbarkeit eines Tarifvertrages: ❑ ja, des ▬▬▬ ❑ nein
Stundenlohn: ▬▬▬ EUR brutto;   Zuschläge: Mehrarbeit ▬▬▬; Nacht ▬▬▬; Sonn-/Feiertage ▬▬▬
Sonderzahlungen: Weihnachtsgeld ▬▬▬;   Urlaubsgeld ▬▬▬
Sonstige Vergütungsbestandteile: ▬▬▬
Arbeitszeiten: von ▬▬▬ bis ▬▬▬   Pausen: von ▬▬▬ bis ▬▬▬
Jahresurlaub: ▬▬▬   Sonstige arbeitsfreie Tage: ▬▬▬
Betriebliche Altersversorgung: ❑ ja, monatliche Aufwendung ▬▬▬ EUR   ❑ nein

VIII. Verträge mit Auslandsbezug

1. Muster: Auslandsarbeitsvertrag mit einer Stiftung

Zwischen
der ▬▬▬

– nachstehend „Stiftung" genannt –

und
Herrn ▬▬▬

– nachstehend „Mitarbeiter" genannt –

wird folgender Auslandsdienstvertrag geschlossen:

§ 1 Position und Vertragsbeginn
(1) Der Mitarbeiter wird für ein nach § 7 befristetes Arbeitsverhältnis im Ausland als Projektleiter eingestellt.
(2) Als Vertragsbeginn gilt das Datum der Aufnahme des Vorbereitungslehrgangs.
(3) Vor der Ausreise wird der Mitarbeiter einen Lehrgang absolvieren, der der Vorbereitung auf die Aufgaben im Projekt dient. Einzelheiten zum Vorbereitungslehrgang sind in Anlage 1 dieses Vertrages festgelegt.

§ 2 Tätigkeitsbereich
(1) Der Mitarbeiter übernimmt im Auftrag der Stiftung die mit ihm in der Anlage vereinbarten Tätigkeiten. Die Tätigkeitsbeschreibung ist die Basis für die spätere Leistungsbewertung des Mitarbeiters und für eventuelle Projektevaluierungen.
(2) Hindernisse bei der Aufnahme sowie bei der Durchführung der Tätigkeit sind der Stiftung unverzüglich zu melden.
(3) Der Mitarbeiter erklärt sich ausdrücklich damit einverstanden, unter Berücksichtigung seiner Qualifikation im Rahmen des Zumutbaren auch andere oder weitergehende Aufgaben im Einsatzland oder einem anderen Land zu übernehmen.

§ 3 Einsatzland/Dienstort
(1) Als Dienstort ist ▬▬▬ vorgesehen.
(2) Die Stiftung behält sich vor, einen anderen Ort im Einsatzland zu bestimmen, sofern ihr dies erforderlich scheint.
(3) Die Stiftung bestimmt den Zeitpunkt der Aufnahme und der Beendigung der Tätigkeit im Einsatzland.

§ 4 Versetzung
(1) Vor der Versetzung in ein anderes Land ist der Mitarbeiter anzuhören. Für die Anhörung genügt die Schriftform.
(2) Ein Inlandseinsatz des Mitarbeiters im Rahmen dieses Vertrages wird ausdrücklich ausgeschlossen.

§ 5 Rechte und Pflichten
(1) Die Rechte und Pflichten des Mitarbeiters ergeben sich aus der Satzung der Stiftung, dem Tarifvertrag für Auslandsmitarbeiter, der Tätigkeitsbeschreibung, den Finanzrichtlinien und den Dienstanweisungen der Stiftung in den jeweils gültigen Fassungen.
(2) Zur Durchführung und Abwicklung des Projektes wird jährlich ein Projektbudget erstellt. Im Rahmen der Kostenstellenverantwortung für das Projekt ist der Mitarbeiter für die Verwaltung der Projektmittel und der ihm anvertrauten

Güter im Einsatzland gegenüber der Stiftung verantwortlich. Insbesondere ist er dafür verantwortlich, dass bei der Verfügung über diese Güter und Mittel alle geltenden Bestimmungen beachtet werden. Durch seine Unterschrift unter die entsprechenden Abrechnungsunterlagen versichert er der Stiftung verbindlich, dass diese Vorschriften befolgt worden sind.

(3) Der Mitarbeiter ist verpflichtet, seine Aufgaben im Rahmen des Partnerschaftsverhältnisses wahrzunehmen und hat insbesondere auf die Erfüllung der Partnerleistungen zu achten.

§ 6 Vergütung

(1) Die Vergütung des Mitarbeiters berechnet sich nach der Vergütungsgruppe ▬▬▬ des Vergütungstarifvertrages für Auslandsmitarbeiter.

(2) Der Mitarbeiter verpflichtet sich, Gehaltsüberzahlungen ohne Rücksicht auf eine noch vorhandene Bereicherung zurückzuzahlen.[468]

§ 7 Vertragsdauer

(1) Das Arbeitsverhältnis ist auf jeden Fall befristet. Der sachliche Grund für die Befristung ergibt sich aus dem Tarifvertrag, der zeitlichen Dauer des Auslandsprojektes im Rahmen des Partnerschaftsverhältnisses und dem Projektverlauf sowie dem zeitlich begrenzten Beraterbedarf im Projekt.

(2) Dieser Vertrag beginnt am ▬▬▬ und endet am ▬▬▬.

§ 8 Probezeit

Die ersten sechs Monate gelten als Probezeit. In der Probezeit kann das Arbeitsverhältnis mit einer Frist von 14 Tagen gekündigt werden.

§ 9 Kündigung

(1) Nach Ablauf der Probezeit kann der Vertrag mit einer Frist von sechs Wochen zum Quartalsende ordentlich gekündigt werden, wenn ein wichtiger Grund vorliegt.

(2) Ein wichtiger Kündigungsgrund kann gegeben sein, wenn

1. in der Person oder im Verhalten des Mitarbeiters oder seiner Familienangehörigen liegende Gründe einen Aufenthalt im Einsatzland nicht mehr erlauben,
2. das Verhalten des Mitarbeiters oder seiner Familienangehörigen im Einsatzland den Interessen der Bundesrepublik Deutschland oder der Stiftung abträglich ist; dies ist insbesondere der Fall bei:
   a) einem Verhalten des Mitarbeiters, das den Anweisungen der Stiftung widerspricht und eine unzulässige Einmischung in die Politik des Einsatzlandes darstellt,
   b) vorsätzlichem oder grob fahrlässigem Verstoß gegen das Strafrecht des Einsatzlandes, der mit Geldstrafen von umgerechnet mehr als 500 EUR oder mit Freiheitsentzug bedroht ist und bei Abwägung der Umstände und aller gegenseitigen Interessen eine Fortsetzung des Arbeitsverhältnisses unzumutbar macht,
   c) erheblichem oder trotz Abmahnung wiederholtem Verstoß gegen vertragliche Pflichten und dienstliche Anweisungen.

(3) Eine fristlose Kündigung im Sinne des § 626 BGB bleibt von den Absätzen 1 und 2 unberührt.

§ 10 Vorbehalt der gesundheitlichen Eignung

Der Vertrag wird vorbehaltlich der Bestätigung der Tropentauglichkeit des Mitarbeiters abgeschlossen.

§ 11 Anwendbares Recht und Gerichtsstand

(1) Im Verhältnis der Stiftung zum Mitarbeiter gilt das Recht der Bundesrepublik Deutschland.

(2) Für Streitigkeiten aus diesem Vertrag sind die Gerichte am Sitz der Stiftung zuständig.

§ 12 Bestandteile des Vertrages

Soweit in diesem Vertrag keine abweichenden Regelungen getroffen sind, bestimmt sich der Inhalt des Vertrages nach folgenden Bestimmungen in ihrer jeweils geltenden Fassung:

- Tarifvertrag für Auslandsmitarbeiter
- Vergütungstarifvertrag für Auslandsmitarbeiter
- Tarifvertrag über die betriebliche Alters- und Hinterbliebenenversorgung für Auslandsmitarbeiter.

---

[468] Diese Klausel ist nach hier vertretener Ansicht gemäß § 307 Abs. 2 Nr. 1 BGB nicht wirksam (*Hümmerich*, NZA 2003, 764; *ders.*, Gestaltung von Arbeitsverträgen, § 1 Rn 1620).

§ 13 Form
Änderungen und Ergänzungen dieses Vertrages bedürfen der Schriftform.

2. Muster: Auslandsentsendungsvertrag

Auslandsentsendungsvertrag

Zwischen

■■■, vertreten durch ■■■

– nachstehend Gesellschaft genannt –

und

Herrn ■■■

– nachstehend Mitarbeiter genannt –

wird in Ergänzung des Anstellungsvertrages vom ■■■ folgender Vertrag geschlossen:

§ 1 Vertragsdauer
(1) Der Mitarbeiter wird ab ■■■ vorübergehend zeitlich begrenzt nach ■■■ entsandt. Dieser Entsendungsvertrag tritt mit dem Zeitpunkt der Entsendung des Mitarbeiters in Kraft.

(2) Der Entsendungsvertrag ist zunächst bis zum ■■■ befristet. Spätestens sechs Monate vor Ablauf des Vertrages wird über seine Verlängerung entschieden. Soweit im Falle der Verlängerung nicht ausdrücklich anderes vereinbart wird, gelten die in diesem Vertrag festgelegten Bestimmungen weiter. Die Befristung des Vertrages ist bedingt durch die Aufgabenstellung.

(3) Die Gesellschaft behält sich vor, den Mitarbeiter vorzeitig aus ■■■ abzuberufen und die Entsendung damit zu beenden. Die Gesellschaft behält sich ferner vor, dem Mitarbeiter unter angemessener Berücksichtigung seiner persönlichen Verhältnisse eine andere gleichwertige Tätigkeit zu übertragen, auch wenn dies mit einem Ortswechsel im Entsendungsland oder in ein anderes Land verbunden ist.

§ 2 Aufgabenbereich
(1) Der Mitarbeiter wird nach ■■■ entsandt. Mit Wirkung vom ■■■ wird ihm die Position des ■■■ übertragen.

(2) Der Mitarbeiter wird seine ganze Arbeitskraft und alle seine fachlichen Kenntnisse und Erfahrungen ausschließlich in die Tätigkeit für die Gesellschaft einbringen.

(3) Die gegebenenfalls notwendige Aufenthalts- und Arbeitsgenehmigung besorgt der Mitarbeiter. Soweit dies nach den jeweiligen landesrechtlichen Bestimmungen erforderlich ist, hat die Gesellschaft hierbei mitzuwirken und insbesondere auf die Gesellschaft, zu der der Mitarbeiter entsandt wird, bzgl. etwaig erforderlicher Antragstellungen etc. einzuwirken. Die hierbei entstehenden Kosten trägt die Gesellschaft.

§ 3 Nebentätigkeiten und Wettbewerbsverbot
(1) Jede Nebentätigkeit, gleichgültig, ob sie entgeltlich oder unentgeltlich ausgeübt wird, bedarf der vorherigen Zustimmung der Gesellschaft. Die Zustimmung ist zu erteilen, wenn die Nebentätigkeit die Wahrnehmung der dienstlichen Aufgaben zeitlich nicht oder allenfalls unwesentlich behindert und sonstige berechtigte Interessen der Gesellschaft nicht beeinträchtigt werden. Die Gesellschaft hat die Entscheidung über den Antrag des Mitarbeiters auf Zustimmung zur Nebentätigkeit innerhalb von sechs Wochen nach Eingang des Antrages zu treffen. Wird innerhalb dieser Frist eine Entscheidung nicht gefällt, gilt die Zustimmung als erteilt.

(2) Der Mitarbeiter wird sich während der Dauer dieses Vertrages weder in ■■■ noch in der Bundesrepublik Deutschland an einem Unternehmen beteiligen, das mit der Gesellschaft in Konkurrenz steht oder in wesentlichem Umfang Geschäftsbeziehungen mit der Gesellschaft unterhält.

§ 4 Bezüge/Vergütung
(1) Für die Dauer der Entsendung erhält der Mitarbeiter das ihm aufgrund seines Anstellungsvertrages vom ■■■ zustehende Grundgehalt in Höhe von ■■■ EUR brutto jährlich (in Worten: ■■■ Euro).

(2) Aufgrund des geänderten Aufgabengebietes erhält der Mitarbeiter eine Zulage zum Grundgehalt in Höhe von ■■■ EUR brutto jährlich, welche für die Dauer der Entsendung befristet ist.

(3) Die Vergütung gemäß der Absätze 1 und 2 ist in zwölf gleichen Teilbeträgen zum Ende eines jeden Monats an einem von dem Mitarbeiter zu bestimmenden Ort auf ein Konto des Mitarbeiters zu überweisen.

(4) Dem Mitarbeiter wird unter Berücksichtigung quantitativer und qualitativer Zielsetzungen eine variable Tantieme gezahlt, deren Höhe maximal ▄▄▄ EUR pro Geschäftsjahr beträgt.

(5) Die Tantieme wird von der Gesellschaft auf der Grundlage des erreichten Zielerreichungsgrades gemäß der mit dem Mitarbeiter getroffenen Zielvereinbarung festgelegt.

(6) Die Tantieme ist zu dem Zeitpunkt fällig, den der Aufsichtsrat der Gesellschaft für den gesamten Konzern festgelegt hat. Scheidet der Mitarbeiter während eines Geschäftsjahres – ausgenommen aufgrund von ihm verschuldeter Kündigung, Abberufung oder anderweitiger Auflösung des Anstellungsvertrages – aus, gebührt ihm die Tantieme anteilig. Für das Eintrittsjahr steht dem Mitarbeiter die Tantieme ebenfalls pro rata temporis zu. Der Tantiemeanspruch vermindert sich pro rata temporis, wenn die Arbeitsunfähigkeit ununterbrochen länger als sechs Monate dauert.

(7) Mit diesen Bezügen sind auch Leistungen des Mitarbeiters abgegolten, die über die für Angestellte oder die Gesellschaft geltende Normalarbeitszeit hinaus erbracht werden. Der Mitarbeiter ist bei Bedarf verpflichtet, derartige Mehrleistungen zu erbringen.

§ 5 Steuern

Aufgrund des mit ▄▄▄ bestehenden Doppelbesteuerungsabkommens beantragt die Gesellschaft für den Mitarbeiter bei der zuständigen Finanzbehörde die Befreiung von der Lohnsteuer in Deutschland. Der Mitarbeiter ist für die einkommensteuerliche Behandlung seiner Bezüge selbst verantwortlich. Er behält einen Wohnsitz in Deutschland bei.

§ 6 Sozialversicherung

(1) Während der Entsendung des Mitarbeiters gelten die gesetzlichen Bestimmungen der deutschen Sozialversicherung fort.

(2) Die Gesellschaft wird für den Mitarbeiter auf der Berechnungsgrundlage der jeweiligen Höchstbeträge den Arbeitgeberanteil zu Renten-, Kranken- und Arbeitslosenversicherung abführen.

(3) Der Arbeitnehmeranteil wird von der dem Mitarbeiter auszuzahlenden Vergütung in Abzug gebracht.

(4) Die Gesellschaft wird für den Mitarbeiter die Beiträge zur Berufsgenossenschaft abführen und für Versicherungsschutz in ▄▄▄ sorgen.

§ 7 Erkrankung und Unfall am Arbeitsort

(1) Der Mitarbeiter versichert, dass ihm keine besonderen Umstände bekannt sind, die seinen allgemeinen Gesundheitszustand in besonderer Weise in Frage stellen könnten. Chronische Erkrankungen hat der Mitarbeiter der Gesellschaft zu melden.

(2) Der Mitarbeiter ist verpflichtet, die Gesellschaft, zu der er entsandt ist, von einer Arbeitsverhinderung unverzüglich zu benachrichtigen und, wenn die Erkrankung länger als drei Tage dauert, darüber ein ärztliches Attest vorzulegen. Droht die Arbeitsverhinderung länger als sechs Wochen anzudauern, hat der Mitarbeiter die Gesellschaft spätestens bis zum Ablauf der sechs Wochen davon zu unterrichten.

(3) Falls der Mitarbeiter an der Leistung seiner Dienste infolge Krankheit bzw. Arbeitsunfähigkeit verhindert ist, behält er für die Dauer von sechs Monaten den Anspruch auf Fortzahlung seiner vollen Bezüge, wobei als erster Monat der auf den Beginn der Verhinderung folgende Monat gilt. Bei der Gehaltsfortzahlung werden Leistungen Dritter – beispielsweise aufgrund von Haftpflichtansprüchen oder aus Versicherungsverträgen – angerechnet, soweit sie dem Unterhalt des Mitarbeiters zu dienen bestimmt sind und auf Leistungen oder Teilleistungen der Gesellschaft beruhen. Zahlungen, die der Mitarbeiter aufgrund eigener Versicherung oder Höherversicherung erhält, bleiben anrechnungsfrei.

(4) Erfolgt aufgrund einer Anordnung des behandelnden Arztes eine Rückkehr nach Deutschland, so wird für den Zeitraum des Aufenthaltes in Deutschland nur noch das feste Grundgehalt gezahlt.

(5) Im Falle des Todes des Mitarbeiters werden für die unterhaltsberechtigten Angehörigen nach dem Sterbemonat die vollen Bezüge gemäß § 4 Abs. 1 und 2 für weitere drei Monate fortgezahlt.

§ 8 Firmenwagen

(1) Die Gesellschaft stellt dem Mitarbeiter für die Dauer der Geltung dieses Vertrages in ▄▄▄ einen Pkw als angemessenen Dienstwagen gemäß der Firmenwagenregelung der Gesellschaft zur Verfügung, der dem Mitarbeiter auch zur uneingeschränkten privaten Nutzung zur Verfügung steht. Die gesamten Fahrzeugkosten gehen zu Lasten der Gesellschaft.

(2) Die auf den für Privatnutzung anzusetzenden Sachbezugswerte entfallenden Steuern sind von dem Mitarbeiter zu tragen.

§ 9 Reisekosten

(1) Dem Mitarbeiter werden die Reisekosten erstattet, die im Rahmen der Ausübung seiner Aufgaben für die Gesellschaft im Rahmen dieses Vertrages entstehen.

(2) Insbesondere übernimmt die Gesellschaft die tatsächlichen Reisekosten bis zur Höhe der Flugpassage „Business Class" für die Hinreise bei der Entsendung und für die Rückreise bei der Beendigung der Entsendung.

(3) Für die Erstattung von Reisekosten im Zusammenhang von Geschäftsreisen findet die Richtlinie der Gesellschaft Anwendung.

§ 10 Unfallversicherung

(1) Die Gesellschaft wird den Mitarbeiter für die Dauer dieses Vertrages gegen Unfall versichern, und zwar mit:
- 64.000 EUR für den Todesfall,
- 128.000 EUR für den Invaliditätsfall und
- 255 EUR Krankenhaustagegeld ab dem ersten Krankheitstag.

Bei einer Teilinvalidität wird ein Teilbetrag entsprechend dem Grad der Minderung der Erwerbstätigkeit bezahlt.

(2) Die Versicherung umfasst Arbeits- sowie private Unfälle und steht dem Mitarbeiter, seinem Ehepartner sowie im Fall des Todes seinen gesetzlichen Erben zu. Sie endet mit dem Zeitpunkt der Beendigung dieses Vertrages.

(3) Soweit der Ehepartner des Mitarbeiters den Mitarbeiter bei berufsbedingten Reisen begleitet, ist er in vollem Umfange in die Unfallversicherung, die die Gesellschaft für den Mitarbeiter abzuschließen hat, einzubeziehen.

§ 11 Umzug

(1) Wird anlässlich dieses Vertrages ein Wohnungswechsel binnen drei Jahren seit Beginn der Tätigkeit durchgeführt, bezahlt die Gesellschaft die tatsächlichen Umzugskosten gemäß der Richtlinie der Gesellschaft einschließlich ortsüblicher Maklergebühren. Dies gilt auch bei Errichtung eines 2. Wohnsitzes in ▬▬▬. Die Gesellschaft zahlt ebenfalls die Kosten des Rückumzugs nach Deutschland, falls dieser betrieblich veranlasst ist. Die Eigenkündigung des Mitarbeiters stellt keine betriebliche Veranlassung dar.

(2) Der Mitarbeiter ist verantwortlich für die ordnungsgemäße Abwicklung des Umzugs und für die Einhaltung der Zollgesetze und Vorschriften des Bestimmungslandes.

§ 12 Mitnahme von Familienangehörigen

(1) Familienangehörige im Sinne dieses Entsendungsvertrages sind die Ehefrau und die minderjährigen Kinder, soweit sie dauernd im Haushalt des entsandten Mitarbeiters leben.

(2) Die Gesellschaft übernimmt folgende Kosten für den Umzug der Familienangehörigen:
a) Flugreise („Business Class"), wahlweise Kosten einer einfachen Bahnfahrt 1. Klasse;
b) Kosten für Übergepäck bis max. 30 kg für alle Familienangehörigen.

§ 13 Verhalten des Arbeitnehmers im Ausland

Der Mitarbeiter versichert, die Gesetze und Bestimmungen des Entsendungslandes zu beachten und die dort herrschenden Sitten und Gebräuche zu respektieren.

§ 14 Heimreise in Notfällen

(1) Sollte der Mitarbeiter während der Entsendung ernsthaft erkranken, d.h. aufgrund eines Unfalls oder einer Erkrankung voraussichtlich länger als drei Wochen arbeitsunfähig krank sein oder lebensbedrohlich erkranken, so übernimmt die Gesellschaft die Kosten eines Rücktransports, ggf. Krankentransports nach Deutschland. Gleiches gilt für sonstige Notfälle. Ein Notfall, in dem die sofortige Rückkehr des Mitarbeiters ins Inland notwendig wird, ist neben schwerer eigener Erkrankung die schwere Erkrankung oder ein Todesfall in der unmittelbaren Familie (Eltern, Geschwister, Ehefrau, Kinder).

(2) Im Falle eines sonstigen Notfalls (politische Unruhen, Erdbeben, Seuchengefahr, Gefahr der Internierung) ist die Reise zum nächstgelegenen sicheren Ort (Land) anzutreten. Die Gesellschaft hat die hierbei entstehenden Kosten zu tragen.

§ 15 Arbeitsbedingungen

Während der Entsendung des Mitarbeiters nach ▬▬▬ gelten für den Mitarbeiter die dortigen Arbeitszeit- und Feiertagsregelungen.

§ 16 Jahresurlaub

(1) Der dem Mitarbeiter gemäß seinem Anstellungsvertrag vom ▪▪▪ zustehende Anspruch auf einen Jahresurlaub von ▪▪▪ Arbeitstagen gilt auch während der Entsendung.

(2) Der Urlaub ist möglichst zusammenhängend zu nehmen. Urlaubstermin, -dauer und -heimreise sind im Einvernehmen mit der Gesellschaft festzulegen.

§ 17 Fortzahlung der Vergütung bei Freiheitsberaubung

Wird der Mitarbeiter aus Gründen, die er im Verhältnis zur Gesellschaft nicht zu vertreten hat, im Ausland seiner Freiheit beraubt, so wird seine Vergütung in voller Höhe fortgezahlt. Die Gesellschaft kann jedoch die Abtretung der Dritten gegenüber bestehenden Schadensersatzansprüche verlangen.

§ 18 Geheimhaltungsvereinbarung

Der Mitarbeiter ist verpflichtet, über alle geheimhaltungsbedürftigen Angelegenheiten, die ihm im Rahmen seiner Tätigkeit für die Gesellschaft in ▪▪▪ zur Kenntnis gelangen, strengstes Stillschweigen zu bewahren. Diese Verpflichtung besteht auch nach seinem Ausscheiden aus den Diensten der Gesellschaft.

§ 19 Gesellschaftsunterlagen

Bei seinem Ausscheiden aus den Diensten der Gesellschaft ist der Mitarbeiter verpflichtet, sämtliche geschäftlich bedeutsamen Schriftstücke, Korrespondenz, Aufzeichnungen und dergleichen, die Angelegenheiten der Gesellschaft betreffen und die sich noch in seinem Besitz befinden, unverzüglich an die Gesellschaft zu übergeben.

§ 20 Beendigung des Vertrages

(1) Die Gesellschaft wird den Mitarbeiter nach ordnungsgemäßer Beendigung seiner Tätigkeit im Ausland eine seinen bisherigen Funktionen in Deutschland vergleichbare Position anbieten, die hinsichtlich Verantwortungsbereich, Einkommen und Anforderung den im In- und Ausland gesammelten Erfahrungen und Leistungen des Mitarbeiters möglichst entspricht. Der Mitarbeiter erklärt sich bereit, vorübergehend auch eine andere Position zu übernehmen.

(2) Dieser Entsendungsvertrag ist in gleicher Weise kündbar wie der Anstellungsvertrag des Mitarbeiters vom ▪▪▪.

(3) Durch die fristlose Kündigung dieses Vertrages wird zugleich die fristlose Kündigung des Anstellungsvertrages vom ▪▪▪ bewirkt.

(4) Die Kündigung dieses Entsendungsvertrages bedarf der Schriftform.

§ 21 Ausschlussklausel

Es besteht Einigkeit darüber, dass alle Ansprüche aus diesem Vertragsverhältnis spätestens innerhalb von zwei Monaten nach Fälligkeit schriftlich geltend zu machen sind. Werden Ansprüche vom anderen Teil abgelehnt oder erklärt sich dieser innerhalb von zwei Wochen nicht, so verfällt der Anspruch, wenn nicht innerhalb einer weiteren Frist von zwei Monaten nach Ablehnung oder Fristablauf die gerichtliche Geltendmachung erfolgt.

§ 22 Schlussbestimmungen

(1) Mündliche Nebenabreden bestehen nicht. Jede Änderung, Ergänzung oder Kündigung dieses Vertrages bedarf zu ihrer Wirksamkeit der Schriftform. Dieses Formerfordernis kann nicht durch mündliche Vereinbarung außer Kraft gesetzt werden.

(2) Soweit im vorliegenden Auslandsentsendungsvertrag nichts Abweichendes vereinbart ist, gelten die Bestimmungen des Anstellungsvertrages vom ▪▪▪ unverändert fort.

(3) Dieser Vertrag sowie der Anstellungsvertrag vom ▪▪▪ unterliegen deutschem Recht.

(4) Es besteht Einvernehmen zwischen der Gesellschaft und dem Mitarbeiter, dass Ansprüche aus ausländischem Recht nicht geltend gemacht werden können.

(5) Die Parteien vereinbaren die Zuständigkeit des Arbeitsgerichts in ▪▪▪ für den Fall, dass der Mitarbeiter keinen Wohnsitz in der Bundesrepublik Deutschland hat. Dasselbe gilt für den Fall, dass der Mitarbeiter in Zukunft seinen Wohnsitz oder ständigen Aufenthaltsort in ein anderes Land verlegt oder der Aufenthaltsort oder der Wohnsitz bei Klageerhebung nicht bekannt ist.

(6) Der Mitarbeiter bestätigt mit seiner Unterschrift, ein Exemplar dieses Vertrages erhalten zu haben.

§ 23 Salvatorische Klausel

(1) Sollten einzelne Bestimmungen dieses Vertrages unwirksam sein oder ihre Rechtswirksamkeit später verlieren, so wird die Wirksamkeit der übrigen Bestimmungen hiervon nicht berührt.

(2) Die Parteien sind verpflichtet, rechtsunwirksame Bestimmungen durch solche rechtswirksamen Bestimmungen zu ersetzen, die dem mit den rechtsunwirksamen Bestimmungen angestrebten wirtschaftlich verfolgten Zweck am nächsten kommen.

3. Muster: Anstellungsvertrag mit ausländischer Tochter

Zwischen

■■■, vertreten durch den Geschäftsführer

– nachstehend Gesellschaft genannt –

und

Herrn ■■■

– nachstehend Mitarbeiter genannt –

wird folgender Vertrag geschlossen:

§ 1 Aufgabengebiet

(1) Der Mitarbeiter wird ab ■■■ als ■■■ der Gesellschaft eingestellt. Die Gesellschaft ist eine ausländische Tochter der ■■■. Der Mitarbeiter wird am Sitz der Gesellschaft in ■■■ tätig sein.
(2) Der Mitarbeiter ist für sämtliche anfallenden Aufgaben gegenüber der Geschäftsführung alleine verantwortlich. Im Außenverhältnis wirkt er mit einem Geschäftsführer zusammen. Bei der Erfüllung seiner Aufgaben hat der Mitarbeiter die Bestimmungen des Gastlandes, Weisungen des Vorstands und die Beschlüsse des Beirats der Muttergesellschaft zu beachten.
(3) Der Mitarbeiter wird seine ganze Arbeitskraft und alle seine fachlichen Erkenntnisse und Erfahrungen ausschließlich in seine Tätigkeit für die Gesellschaft einbringen.
(4) Die Gesellschaft behält sich vor, dem Mitarbeiter unter angemessener Berücksichtigung seiner persönlichen Verhältnisse eine andere gleichwertige Tätigkeit zu übertragen, auch wenn dies mit einem Ortswechsel verbunden ist.

§ 2 Vertragsdauer, Kündigung

(1) Dieser Vertrag tritt mit Wirkung vom ■■■ in Kraft. Er wird unbefristet geschlossen.
(2) Der Anstellungsvertrag ist für beide Vertragsparteien mit einer Frist von drei Monaten zum Monatsende ordentlich kündbar. Die Kündigung hat schriftlich zu erfolgen.
(3) Das Recht zur außerordentlichen Kündigung bleibt unberührt.
(4) Die Gesellschaft ist berechtigt, den Mitarbeiter mit Ausspruch der Kündigung gemäß Abs. 2 oder/und Abs. 3 unter Anrechnung auf seine Urlaubsansprüche von der Arbeitsleistung freizustellen.

§ 3 Bezüge

(1) Der Mitarbeiter erhält für seine vertragliche Tätigkeit ein festes Jahres-Brutto-Gehalt in Höhe von ■■■ EUR. Die Vergütung erfolgt in dreizehn Teilbeträgen. Zwölf Teilbeträge werden am Ende eines jeden Kalendermonats und das dreizehnte Monatsgehalt im Monat ■■■ eines jeden Jahres ausgezahlt. Die Zahlung erfolgt bargeldlos. Der Mitarbeiter ist verpflichtet, ein Konto zu unterhalten und der Gesellschaft seine jeweiligen Kontodaten mitzuteilen.
(2) Dem Mitarbeiter wird unter Berücksichtigung quantitativer und qualitativer Zielsetzungen jährlich eine variable Tantieme gezahlt, deren Höhe maximal ■■■ EUR pro Geschäftsjahr beträgt.
(3) Die Tantieme wird von der Gesellschaft auf der Grundlage des erreichten Zielerreichungsgrades gemäß der mit dem Mitarbeiter getroffenen Zielvereinbarung festgelegt.
(4) Die Tantieme ist zu dem Zeitpunkt fällig, den der Aufsichtsrat des Konzerns für den gesamten Konzern festgelegt hat. Scheidet der Mitarbeiter während eines Geschäftsjahres – ausgenommen aufgrund von verschuldeter Kündigung, Abberufung oder anderweitiger Auflösung des Anstellungsvertrages – aus, gebührt ihm die Tantieme anteilig. Für das Eintrittsjahr steht dem Mitarbeiter die Tantieme ebenfalls pro rata temporis zu. Der Tantiemeanspruch vermindert sich pro rata temporis, wenn die Arbeitsunfähigkeit ununterbrochen länger als sechs Monate dauert.
(5) Mit diesen Bezügen sind auch Leistungen des Mitarbeiters abgegolten, die über die für Angestellte oder die Gesellschaft geltende Normalarbeitszeit hinaus erbracht werden. Der Mitarbeiter ist bei Bedarf verpflichtet, derartige Mehrleistungen zu erbringen.
(6) Sofern tarifvertragliche oder andere kollektivvertragliche Regelungen ein Mindestgehalt vorsehen, werden Erhöhungen des Mindestgehaltes auf die vereinbarte Vergütung angerechnet.

(7) Das Gehalt sowie die Tantieme können frühestens nach einer Vertragslaufzeit von einem Jahr neu verhandelt werden.

(8) Findet der Mitarbeiter im Einsatzland keine seinem bisherigen Standard entsprechende Wohnung, die nach Größe und Ausstattung deutschen Wohnverhältnissen entspricht, übernimmt die Gesellschaft als Mietzuschuss den Betrag, der über eine Miete von ▀▀▀ EUR hinausgeht.

(9) Soweit der Mitarbeiter schulpflichtige Kinder hat, übernimmt die Gesellschaft pro Kind und Monat ein Schulgeld in Höhe von ▀▀▀ EUR. Sollten Kinder des Mitarbeiters ein Internat in Deutschland besuchen, erhöht sich der Zuschuss pro Kind und Monat auf ▀▀▀ EUR.

(10) Der Mitarbeiter verpflichtet sich, Gehaltsüberzahlungen ohne Rücksicht auf eine noch vorhandene Bereicherung zurückzuzahlen.[469]

§ 4 Firmenwagen

(1) Die Gesellschaft stellt dem Mitarbeiter für die Dauer der Geltung dieses Vertrages in ▀▀▀ einen Mittelklasse-Pkw als Firmenwagen zur Verfügung, den er gemäß der jeweils geltenden Firmenwagenregelung für geschäftliche und private Belange benutzen kann. Die gesamten Fahrzeugkosten gehen zu Lasten der Gesellschaft.

(2) Die auf den für Privatnutzung anzusetzenden Sachbezugswert entfallenden Steuern sind vom Mitarbeiter zu tragen.

(3) Nach Beendigung des Arbeitsverhältnisses mit der Gesellschaft ist der Mitarbeiter verpflichtet, den Firmenwagen unverzüglich an die Gesellschaft zurückzugeben.

§ 5 Reisekosten

Für die Erstattung von Reisekosten für notwendige Geschäftsreisen findet die Richtlinie der Gesellschaft Anwendung. Sofern es bei der Gesellschaft keine solche Richtlinie gibt, erfolgt die Erstattung nach den ▀▀▀ Vorschriften über die Erstattung von Reisekosten.

§ 6 Arbeitsbedingungen

Die regelmäßige wöchentliche Arbeitszeit beträgt 40 Stunden, verteilt auf fünf Werktage. Der Mitarbeiter hat Anspruch auf bezahlte Freistellung für die in ▀▀▀ geltenden gesetzlichen Feiertage.

§ 7 Jahresurlaub

Der Mitarbeiter hat Anspruch auf einen Jahresurlaub von ▀▀▀ Werktagen pro Kalenderjahr. Der Urlaub ist im Einvernehmen mit der Gesellschaft zu nehmen.

§ 8 Nebentätigkeiten und Wettbewerbsverbot

(1) Jedwede Nebentätigkeit, sei sie ein Ehrenamt oder sei sie entgeltlich ausgeübt, macht die Einwilligung der Gesellschaft erforderlich. Die Einwilligung ist zu erteilen, wenn nicht ein Versagungsgrund wegen einer zu befürchtenden Beeinträchtigung betrieblicher oder dienstlicher Interessen vorliegt.

(2) Die Gesellschaft verpflichtet sich, ihre Entscheidung über die beantragte Einwilligung innerhalb einer Frist von vier Wochen nach Antragseingang zu fällen. Verstreicht die Frist, ohne dass dem Mitarbeiter die Entscheidung über den gestellten Antrag auf Nebentätigkeit zugegangen ist, gilt die Zustimmung des Arbeitgebers als erteilt.

§ 9 Sozialversicherung

Es gelten die in ▀▀▀ gültigen gesetzlichen Bestimmungen.

§ 10 Unfallversicherung

Die Gesellschaft schließt zu Gunsten des Mitarbeiters eine zusätzliche Unfallversicherung für den Fall von Invalidität oder Tod des Mitarbeiters ab.

§ 11 Arbeitsverhinderung

(1) Der Mitarbeiter versichert, dass ihm keine besonderen Umstände darüber bekannt sind, die seinen allgemeinen Gesundheitszustand in besonderer Weise in Frage stellen könnten. Chronische Erkrankungen hat der Mitarbeiter der Gesellschaft zu melden.

(2) Der Mitarbeiter ist verpflichtet, die Gesellschaft von einer Arbeitsverhinderung unverzüglich zu benachrichtigen und, wenn die Erkrankung länger als drei Tage dauert, darüber ein ärztliches Attest vorzulegen.

(3) Es gelten die in ▀▀▀ geltenden gesetzlichen Regelungen zur Entgeltfortzahlung im Krankheitsfall.

---

[469] Diese Klausel ist nach hier vertretener Ansicht gemäß § 307 Abs. 2 Nr. 1 BGB nicht wirksam (*Hümmerich*, NZA 2003, 764; *ders.*, Gestaltung von Arbeitsverträgen, § 1 Rn 1620).

§ 12 Geheimhaltungsvereinbarung

Der Mitarbeiter ist verpflichtet, über alle geheimhaltungsbedürftigen Angelegenheiten, die ihm im Rahmen seiner Tätigkeit für die Gesellschaft zur Kenntnis gelangen, strengstes Stillschweigen zu bewahren. Diese Verpflichtung besteht auch nach seinem Ausscheiden aus den Diensten der Gesellschaft.

§ 13 Gesellschaftsunterlagen

Bei seinem Ausscheiden aus den Diensten der Gesellschaft ist der Mitarbeiter verpflichtet, sämtliche geschäftlich bedeutsamen Schriftstücke, Korrespondenz, Aufzeichnungen und dergleichen, die Angelegenheiten der Gesellschaft betreffen und die sich noch in seinem Besitz befinden, unverzüglich an die Gesellschaft zu übergeben. Dem Mitarbeiter steht ein Zurückbehaltungsrecht an den genannten Unterlagen nicht zu.

§ 14 Rechtswahl

Soweit in diesem Vertrag nicht Abweichendes vereinbart ist, unterliegt das Vertragsverhältnis ▪▪▪ Recht.

§ 15 Ausschlussklausel

Es besteht Einigkeit darüber, dass alle Ansprüche aus diesem Vertragsverhältnis spätestens innerhalb von zwei Monaten nach Fälligkeit schriftlich geltend zu machen sind. Werden Ansprüche vom anderen Teil abgelehnt oder erklärt sich dieser innerhalb von zwei Wochen nicht, so verfällt der Anspruch, wenn nicht innerhalb einer weiteren Frist von zwei Monaten nach Ablehnung oder Fristablauf die gerichtliche Geltendmachung erfolgt.

§ 16 Schlussbestimmungen

(1) Mündliche Nebenabreden bestehen nicht. Jede Änderung, Ergänzung oder Kündigung dieses Vertrages bedarf zu ihrer Wirksamkeit der Schriftform. Dieses Formerfordernis kann nicht durch mündliche Vereinbarung außer Kraft gesetzt werden.

(2) Der Mitarbeiter bestätigt mit seiner Unterschrift, ein Exemplar dieses Vertrages erhalten zu haben.

§ 17 Salvatorische Klausel

(1) Sollten einzelne Bestimmungen dieses Vertrages unwirksam sein oder ihre Rechtswirksamkeit später verlieren, so wird die Wirksamkeit der übrigen Bestimmungen hiervon nicht berührt.

(2) Die Parteien sind verpflichtet, rechtsunwirksame Bestimmungen durch solche rechtswirksamen Bestimmungen zu ersetzen, die dem mit den rechtsunwirksamen Bestimmungen angestrebten wirtschaftlich verfolgten Zweck am nächsten kommen.

4. Muster: Arbeitsvertrag mit ausländischem Arbeiter mit Tarifbindung

Arbeitsvertrag

zwischen

der Firma ▪▪▪

– im Folgenden „Arbeitgeber" genannt –

und

Herrn

– im Folgenden „Arbeitnehmer" genannt –

§ 1 Arbeitserlaubnis, Aufenthaltserlaubnis, Gesundheitsprüfung

(1) Der Arbeitnehmer hat jeweils rechtzeitig eine Aufenthaltsbewilligung und Arbeitserlaubnis zu beantragen und sie dem Arbeitgeber stets unaufgefordert vorzulegen. Der Arbeitnehmer hat den Arbeitgeber über den Stand der jeweiligen Bewilligungsverfahren zeitnah zu unterrichten.

(2) Sofern Arbeits- und Aufenthaltserlaubnis vorliegen und der Werksarzt die gesundheitliche Eignung für den in Aussicht genommenen Arbeitsplatz feststellt, wird der Arbeitnehmer ab ▪▪▪ als ▪▪▪ eingestellt. Das Arbeitsverhältnis endet spätestens mit Ablauf der jeweiligen Aufenthalts- oder Arbeitserlaubnis, ohne dass es einer Kündigung bedarf. Die Möglichkeit einer ordentlichen oder außerordentlichen Kündigung im Verlaufe des Arbeitsverhältnisses durch jeden Vertragspartner bleibt unabhängig von der vorstehenden Regelung erhalten.

§ 2 Vergütung

(1) Der Stundenlohn beträgt zurzeit ▬▬▬ EUR brutto. Bei Beschäftigung im Akkord besteht ein Anspruch, dass der Arbeitnehmer unter den betriebsüblichen Bedingungen bei üblichem Arbeitstempo mindestens ▬▬▬ EUR brutto in der Stunde verdient.

(2) Bei Mehrarbeit, Nachtarbeit sowie Sonntags- und Feiertagsarbeit bestehen tarifliche Zuschläge mit folgendem Inhalt:

a) bei Mehrarbeit (Überstunden): ▬▬▬ % des Stundenlohnes
b) bei Nachtarbeit: ▬▬▬ % des Stundenlohnes
c) bei Sonntagsarbeit: ▬▬▬ % des Stundenlohnes
d) bei Feiertagsarbeit: ▬▬▬ % des Stundenlohnes

Die Entgeltzahlung erfolgt jeweils zum ▬▬▬.

§ 3 Arbeitszeit

(1) Die Dauer der Arbeitszeit richtet sich nach dem in Bezug genommenen Tarifvertrag und beträgt derzeit werktäglich ohne Pausen ▬▬▬ Stunden. Der Arbeitsbeginn ist auf ▬▬▬ Uhr, das Arbeitsende auf ▬▬▬ Uhr festgelegt. Die Mittagspause ist von ▬▬▬ Uhr bis ▬▬▬ Uhr.

(2) In Notfällen und aus dringenden betrieblichen Gründen kann der Arbeitgeber eine Änderung der Arbeitszeit vorübergehend anordnen. Außerdem bleibt ihm vorbehalten, im tarifvertraglich zulässigen Rahmen Mehrarbeit zu verlangen, insbesondere bei Auftragsüberhang.

§ 4 Abtretungen und Pfändungen

(1) Der Arbeitnehmer darf seine Vergütungsansprüche an Dritte nur nach vorheriger schriftlicher Zustimmung der Firma verpfänden oder abtreten.

(2) Der Mitarbeiter hat die durch die die Abtretung und Verpfändung von Forderungen erwachsenden Kosten zu tragen. Die zu ersetzenden Kosten sind pauschaliert und betragen je zu berechnender Pfändung, Verpfändung oder Abtretung 50 EUR. Die Firma ist berechtigt, bei Nachweis der höheren tatsächlichen Kosten diese in Ansatz zu bringen.

§ 5 Arbeitsverhinderung

(1) Der Arbeitnehmer hat seine Arbeitsunfähigkeit spätestens zwei Stunden vor dem Verhinderungszeitpunkt dem Vorgesetzten mitzuteilen und noch am gleichen Tag durch ärztliches Attest nachzuweisen.

(2) Bei häufiger Arbeitsverhinderung, insbesondere dann, wenn der Arbeitnehmer innerhalb eines Kalenderjahres mehr als sechs Wochen gefehlt hat, lässt er sich auf Verlangen und auf Kosten des Arbeitgebers unverzüglich von einem Arzt, der nicht der private Haus- oder Vertrauensarzt des Arbeitnehmers oder Arbeitgebers sein soll, untersuchen.

(3) Der Arbeitgeber kann nach eigener Wahl verlangen, dass der Arbeitnehmer den Werksarzt oder einen Facharzt aufsucht. Der Arbeitnehmer entbindet den Arzt in jedem Einzelfall von der ärztlichen Schweigepflicht gegenüber dem Arbeitgeber und ermächtigt den Arzt, unter Wahrung der Persönlichkeitssphäre des Arbeitnehmers dem Arbeitgeber die erforderlichen Auskünfte zu erteilen.

§ 6 Reisekosten

Der Arbeitgeber erstattet dem Arbeitnehmer die Kosten seiner Anreise in Höhe von ▬▬▬ EUR. Nach mindestens ▬▬▬monatiger Dauer der Beschäftigung im Betrieb des Arbeitgebers übernimmt er auch die Kosten der Rückreise des Arbeitnehmers vom Beschäftigungsort bis ▬▬▬.

§ 7 Unterkunft im Mitarbeiterheim

(1) Der Arbeitgeber stellt dem Arbeitnehmer eine angemessene Unterkunft und Verpflegung – bestehend aus Frühstück, Mittag- und Abendessen – zur Verfügung. Für die Unterkunft werden täglich ▬▬▬ EUR, für die Verpflegung täglich ▬▬▬ EUR berechnet und vom Arbeitsentgelt einbehalten.

(2) Der Arbeitnehmer verpflichtet sich, die in der Unterkunft geltende Hausordnung zu beachten und zu befolgen.

§ 8 Urlaub

(1) Der Arbeitnehmer erhält einen bezahlten Erholungsurlaub nach den für den Betrieb geltenden Bestimmungen. Ein Urlaubsanspruch besteht erst nach ununterbrochener sechsmonatiger Beschäftigungsdauer im Betrieb des Arbeitgebers.

(2) Der Arbeitgeber verpflichtet sich, dem Arbeitnehmer möglichst zusammenhängend den gesamten Jahresurlaub zu gewähren, damit der Arbeitnehmer seinen Jahresurlaub in der Heimat verbringen kann. Sollte der Arbeitnehmer nach Beendigung des Urlaubs in der Heimat dem Arbeitgeber Mitteilung machen, er sei in der Heimat erkrankt und sollte

beim Arbeitgeber der Verdacht entstehen, die Mitteilung der Erkrankung habe dem Ziel eines verlängerten Aufenthalts in der Heimat gedient, ist die Verpflichtung zur möglichst zusammenhängenden Urlaubsgewährung isoliert mit der für das Arbeitsverhältnis maßgeblichen Kündigungsfrist kündbar.

§ 9 Vertragsstrafe
(1) Bei Vertragsbruch hat der Arbeitnehmer an den Arbeitgeber eine Vertragsstrafe in Höhe von ▬▬▬ EUR zu zahlen. Etwaige weitere Schadensersatzansprüche des Arbeitgebers sind nicht ausgeschlossen. Neben der Vertragsstrafe kann der Arbeitgeber fordern, dass ihm die für den Arbeitnehmer gezahlten Anreisekosten erstattet werden.
(2) Als Vertragsbruch gilt insbesondere das unentschuldigte Fernbleiben von der Arbeit.
(3) Zur Sicherung seiner Forderungen behält der Arbeitgeber von jedem Wochenlohn des Arbeitnehmers einen Betrag von ▬▬▬ EUR ein, bis sich eine Kaution von ▬▬▬ EUR angesammelt hat. Die Kaution wird mit 3% verzinst. Der Arbeitnehmer erhält die Kaution nach ordnungsgemäßer Beendigung des Arbeitsverhältnisses mit Zinsen zurück.

§ 10 Tarifverträge, Betriebsvereinbarungen
(1) Auf das Arbeitsverhältnis finden der Manteltarifvertrag ▬▬▬ vom ▬▬▬ in seiner jeweils gültigen Fassung und die Tarifverträge ▬▬▬ Anwendung.
(2) Der Arbeitnehmer hat die bestehenden Betriebsvereinbarungen, insbesondere die Allgemeine Betriebsordnung, zu beachten. Sollte er einzelne Regelungen aufgrund von Sprachschwierigkeiten nicht verstehen, verpflichtet er sich, den Arbeitgeber ▬▬▬ hierauf aufmerksam zu machen.

§ 11 Nebentätigkeit
Jede entgeltliche Nebentätigkeit bedarf der Zustimmung des Arbeitgebers. Der Arbeitnehmer hat einen Anspruch auf Zustimmung, wenn die Nebentätigkeit ohne nachteilige Auswirkung auf das Arbeitsverhältnis ist und berechtigte Interessen des Arbeitgebers nicht entgegenstehen.

§ 12 Schlussbestimmungen
Der Arbeitsvertrag ist in deutscher und ▬▬▬ Sprache ausgefertigt. Der Arbeitnehmer erklärt, den Inhalt des Vertrages in seiner Landessprache verstanden zu haben. Für das Arbeitsverhältnis gilt das deutsche Recht. Sollte der Arbeitnehmer nach Abschluss dieses Vertrages seinen Wohnsitz oder gewöhnlichen Aufenthaltsort ins Ausland verlegen, sind für Klagen des Arbeitgebers die deutschen Gerichte zuständig, in deren Bezirk der Betrieb des Arbeitgebers seinen Sitz hat.

IX. Zweisprachige Arbeitsverträge

1. Muster: Arbeitsvertrag 1

1. Beginn des Arbeitsverhältnisses

a) Das Arbeitsverhältnis beginnt am ▬▬▬. Es wird auf unbestimmte Zeit vereinbart.

b) Eine Kündigung vor Arbeitsantritt ist ausgeschlossen. Sollte der Mitarbeiter vor Dienstantritt kündigen oder zum vereinbarten Beginn des Arbeitsverhältnisses nicht zur Arbeit erscheinen, verpflichtet er sich, der Firma sämtlichen ihr aus dem Fernbleiben entstehenden Schaden zu ersetzen.

c) Der Mitarbeiter erklärt sich bereit, sich auf Verlangen des Arbeitgebers ärztlich untersuchen zu lassen, wenn dafür ein berechtigter Anlass vorliegt und kein Gesundheitsnachteil zu befürchten ist. Die durch die Untersuchung anfallenden Kosten trägt der Arbeitgeber. Der Mitarbeiter entbindet den untersuchenden Arzt insoweit von der Schweigepflicht, als das Untersuchungsergebnis Einfluss auf die Erfüllung der arbeitsvertraglich vorausgesetzten Einsatzfähigkeit des Mitarbeiters hat.

1. Commencement of the employment relationship

a) The employment relationship commences on ▬▬▬. It is being agreed for an indefinite period of time.

b) A termination prior to taking up employment duties is not permitted. If the Employee gives notice to quit prior to assuming his employment duties or fails to appear for work at the agreed commencement of the employment relationship, then the Employee undertakes to compensate the Employer the entire loss ensuing from the failure to appear.

c) The Employee agrees to subject himself to a medical examination upon request by the Employer, provided that there is a justified reason to do so and it poses no threat to his health. The Employer bears the costs incurred for the examination. The Employee releases the examining medical doctor from his/her confidentiality duty only in respect of those examination results that have an impact on the Employee's ability to perform as contemplated by the employment contract.

2. Gegenstand der Tätigkeit

a) Der Mitarbeiter wird beschäftigt als ▬▬▬ in ▬▬▬.

b) Der Arbeitgeber behält sich das jederzeitige Recht vor, den Mitarbeiter auf eine Stelle zu versetzen, die seinen Kenntnissen und Fähigkeiten entspricht und zu keiner Änderung des Gehalts führt. Die Tätigkeit darf von dem bisherigen Dienstort so weit entfernt liegen, dass der Mitarbeiter maximal eine Stunde und 15 Minuten pro Strecke Fahrtzeit zu dem anderweitigen Dienstort benötigt. Von dem Versetzungsrecht darf der Arbeitgeber nur Gebrauch machen:

- bei Auftragsrückgang von mehr als 20% am Dienstort,
- bei dringendem Personalbedarf an einem anderen Dienstort,
- bei ganzem oder teilweisem Fortfall der Stelle am Dienstort,
- bei Umstellung der Herstellungsabteilung auf andere Produkte,
- bei einem akuten Bedarf aufgrund des Aufbaus eines anderen Betriebsstandorts oder
- aus disziplinarischen Gründen nach einer erfolgten Abmahnung.

Führt die Übernahme einer anderweitigen Stelle nach Versetzung zu einer anderweitigen Tätigkeitsbewertung und damit einhergehend zu einer anderweitigen Vergütung, behält der Mitarbeiter gleichwohl seinen Anspruch auf die bisherige Vergütung.

c) Ändern sich, insbesondere aus technischorganisatorischen und/oder Wettbewerbsgründen, die Anforderungen des Arbeitsplatzes des Mitarbeiters, ist der Mitarbeiter verpflichtet, sich die notwendigen zusätzlichen Kenntnisse und Fertigkeiten anzueignen, wenn und soweit er hier in der Lage ist. Soweit rechtlich geboten, werden die Schulungsmaßnahmen in der Arbeitszeit und auf Kosten des Arbeitgebers durchgeführt.

d) Obwohl das Aufgabengebiet des Mitarbeiters ein generell selbständiges und innovatives Arbeiten erfordert, gehört es zu den Obliegenheiten des Mitarbeiters, die Bestimmung der Dringlichkeit von Arbeiten nicht ohne Zustimmung seiner Vorgesetzten vorzunehmen und die Vorgesetzten über beabsichtigte Vorhaben und den Stand von Arbeiten zu unterrichten.

3. Arbeitszeit

a) Die regelmäßige Wochenarbeitszeit beträgt 40 Stunden. Beginn und Ende der täglichen Arbeitszeit sowie die Pausen werden vom Arbeitgeber festgelegt.

b) Der Mitarbeiter verpflichtet sich, im Rahmen des Betriebsplans für Rufbereitschaft an sechs Tagen monatlich auf Abruf für dringende betriebliche Einsätze in seiner Freizeit bereitzuhalten und hierbei jeweils bis zu vier Stunden seine vertragliche Tätigkeit auszuüben. Falls er sich in der Rufbereitschaft aus seiner Wohnung entfernt, wird er hinterlassen, wo er zu erreichen ist. Zur pauscha-

2. Subject matter of the employment duties

a) The Employee is being employed as ▬▬▬ in ▬▬▬.

b) The Employer retains the right to transfer the Employee at any time to another job that accords with his knowledge and skills and which does not result in a revision of his salary. The distance to the new place of employment must not be more than one hour and 15 minutes travelling time – per stretch – from the previous place of employment. The Employer may only exercise his right to transfer the Employee:

- if there is a drop in orders at the place of employment of more than 20%,
- if there is an urgent need for staff at another place of employment,
- if the job/position is cancelled, in whole or in part, at the place of employment,
- if there is a change to other products in the production department,
- if there is a critical need in relation to setting up a new place of operations, or
- for disciplinary reasons after having been given a formal warning notice.

If the new position following the transfer leads to a different job valuation, and therefore to different remuneration, the Employee remains entitled to his previous remuneration.

c) Should the Employee's job requirements change particularly for technicalorganisational and/or competition reasons, then the Employee is obliged to acquire the necessary additional knowledge and skills if and in so far as he is capable of doing so. If prescribed by law, the necessary training will take place during working hours at the Employer's expense.

d) Even though the scope of the Employee's duties is generally of an independent and innovative nature, the Employee is obliged to refrain from determining the priority (urgency) of specific tasks without his superior's consent and is also obliged to inform the latter of any anticipated projects and the status of development of any specific projects.

3. Working hours

a) Regular working hours are 40 hours per week. The times at which the daily work will commence and finish, including breaks, will be determined by the Employer.

b) The Employee agrees to be on stand-by pursuant to the business/works plan on six days per month, i.e. to be on call for urgent business deployment during his leisure hours, hereby carrying out his contractual duties for up to four hours on each occasion. If the Employee leaves his place of residence during the stand-by period, he will leave a message behind as to where he can be reached.

len Abgeltung der Zeit der Rufbereitschaft erhält der Mitarbeiter ▬▬▬ EUR.

c) Sofern der Betrieb nicht der Ausübung von Mitbestimmungsrechten nach dem BetrVG unterliegt, darf der Arbeitgeber durch Direktionsrecht Kurzarbeit anordnen, wenn die nach dem SGB III geforderten arbeitslosenversicherungsrechtlichen Voraussetzungen für die Gewährung von Kurzarbeitergeld erfüllt sind. Der Arbeitgeber soll die Einführung von Kurzarbeit mit einer Frist von zwei Wochen ankündigen.

d) Der Arbeitgeber ist befugt, bei Bedarf und in einem dem Mitarbeiter zumutbaren Umfang Überstunden anzuordnen. Die Überstunden sind auf Weisung des Arbeitgebers entweder durch Freizeit zu gewähren oder durch eine am Maßstab des Bruttoarbeitsentgelts ausgerichtete, anteilige Überstundenvergütung auszugleichen.

4. Geschäftsreisen

a) Auch Geschäftsreisen zählen zu den Hauptleistungspflichten des Mitarbeiters. Dauer und Zielort von Geschäftsreisen ergeben sich aus den jeweiligen Anforderungen, die vom Arbeitgeber vorgegeben und im Einzelfall präzisiert werden. Reise- und Wegezeiten sind Arbeitszeit, die nicht gesondert vergütet wird.

b) Der Mitarbeiter benutzt für angeordnete Geschäftsreisen seinen privaten Pkw. Er erhält die ihm bei Geschäftsfahrten entstehenden Aufwendungen wie folgt ersetzt: ▬▬▬. Wird sein Fahrzeug beschädigt, haftet der Arbeitgeber entsprechend den allgemeinen Haftungsgrundsätzen im Rahmen von Arbeitsverhältnissen. Rückstufungserhöhungen in der Haftpflichtversicherung werden ebenfalls nach den Haftungsgrundsätzen im Arbeitsrecht berücksichtigt. Beschädigungen am Fahrzeug zwischen zwei Geschäftsfahrten, gleichgültig, wo das Fahrzeug geparkt ist, werden nicht in die Haftung des Arbeitgebers einbezogen.

c) Der Mitarbeiter verpflichtet sich, sämtliche auf Geschäftsreisen von Fluggesellschaften gutgeschriebenen Bonusmeilen ausschließlich für weitere geschäftliche Flüge und nicht zu privaten Zwecken zu nutzen, auch wenn die Gewährung der Bonusmeilen auf den Namen des Mitarbeiters und nicht auf den Namen der Firma erfolgt.

5. Vergütung

a) Der Mitarbeiter erhält für seine vertragliche Tätigkeit jährlich zwölf Mal ein monatliches Grundgehalt von ▬▬▬ EUR brutto. Die Vergütung ist jeweils zum 3. des Folgemonats bargeldlos zu zahlen.

b) Der Mitarbeiter erhält, ohne Anerkennung einer Rechtspflicht, eine freiwillige Zulage in Höhe von monatlich ▬▬▬ EUR. Der Arbeitgeber behält sich vor, die Zulage aus wirtschaftlichen Gründen, aus Gründen der Leistung

The Employee receives a lump-sum reimbursement of EUR ▬▬▬ for the stand-by hours.

c) Provided that the exercising of codetermination rights pursuant to the BetrVG (German Industrial Constitution Act) is not mandatory in the business operations, the Employer is entitled pursuant to his right to give instructions (which employees must carry out) to requisition short-time work as long as the unemployment insurance law requirements as per the SGB III (German Social Law Code, Book III) governing the paying of short-time allowances are fulfilled. The Employer should announce the commencement of short-time work by giving two weeks notice thereof.

d) The Employer is entitled to requisition overtime work (above that agreed by contract) if required and in an amount that can reasonably be expected of the Employee. Overtime hours are to be compensated, at the Employer's option, either by time off or by a proportionate vertime payment based on gross wages.

4. Business trips

a) Business trips also constitute part of the Employee's principle obligations. The duration and destination of the business trips are determined by the requirements in the individual case; these requirements will be stipulated by the Employer and specified in the individual case. Travel time in relation to business trips is working time that will not be reimbursed additionally.

b) The Employee will use his private vehicle for mandatory business trips. For expenses incurred on business trips, he will receive reimbursement as follows: ▬▬▬. If his vehicle is damaged, the Employer is liable pursuant to the general principles of liability governing employment relationships. Increased premiums (as a result of the damage) to third party liability insurance policies will also be accounted for pursuant to general principles of liability governing employment relationships. The Employer is not liable for damage caused to the vehicle between two business trips, regardless of where the vehicle is parked.

c) The Employee undertakes to use all business-trip related bonus miles, which have been credited by airlines, exclusively for other business trips and not for private purposes, even if the bonus miles are credited in the Employee's and not in the Employer's name.

5. Remuneration

a) In exchange for performance of his contractual employment duties, the Employee receives a monthly gross base salary of EUR ▬▬▬ twelve times per year. The salary must be paid non-cash by the 3rd of each succeeding month.

b) The Employee will receive a bonus ex gratia in the amount of EUR ▬▬▬ per month. The employer is entitled to revoke the bonus by giving one month's notice thereof prior to the end of a month if there are economic reasons oder des Verhaltens des Mitarbeiters mit einer Frist von einem Monat zum Monatsende zu widerrufen. Als Widerrufsgrund vereinbaren die Parteien eine etwaige wirtschaftliche Notlage des Arbeitgebers, ein negatives wirtschaftliches Ergebnis der Betriebsabteilung, in der der Mitarbeiter tätig ist, ein Unterschreiten des jährlich angestrebten EBIT (EBITA), einen Rückgang der Umsatzentwicklung von mehr als 4%, eine unterdurchschnittliche Arbeitsleistung des Mitarbeiters über einen Zeitraum von mehr als drei Monaten, wiederholte Beschwerden über den Mitarbeiter sowie eine schwerwiegende Pflichtverletzung des Mitarbeiters, die Gegenstand einer Abmahnung bildete.

c) Der Mitarbeiter erhält eine freiwillige jährliche Gratifikation in Höhe von ▬▬▬ EUR, die zusammen mit dem Gehalt für den Monat November fällig ist. Der Anspruch auf Gratifikation setzt voraus, dass das Arbeitsverhältnis am 1.11. des jeweiligen Kalenderjahres ungekündigt besteht und auch kein Aufhebungsvertrag geschlossen wurde. Andernfalls wird die Gratifikation nicht, auch nicht zeitanteilig, gezahlt. Sollte das Arbeitsverhältnis am 31.3. des Folgejahres nicht mehr in ungekündigtem Zustand fortbestehen, ist die Gratifikation vollständig zurückzuzahlen, es sei denn, der Arbeitgeber hat das Arbeitsverhältnis ordentlich aus personenbedingten oder betriebsbedingten Gründen gekündigt. Die Zahlung einer Gratifikation erfolgt ohne Anerkennung einer Rechtspflicht und begründet auch bei wiederholter Gewährung keinen Rechtsanspruch für die Zukunft.

d) Der Mitarbeiter erhält eine erfolgsabhängige Tantieme, die sich wie folgt errechnet:

aa) Bezugsbasis ist das ausschüttungsfähige Ergebnis des Jahresabschlusses der Gesellschaft inkl. der Jahresüberschüsse/-fehlbeträge der Tochtergesellschaften, jeweils nach Rechnungslegungsvorschriften gemäß IAS International Accounting Standard, bereinigt um zu zahlende Tantiemen an ehemalige und amtierende Vorstandsmitglieder sowie Aufwendungen und/oder Erträge aus dem Kauf von Unternehmen bzw. Verkauf von Beteiligungsunternehmen bzw. Tochtergesellschaften.

bb) Liegt das bereinigte Ergebnis (Bemessungsgrundlage für die Tantieme) zwischen 0 und 10 Mio. EUR, so beträgt die zu zahlenden Tantieme 1,2% vom ausschüttungsfähigen Ergebnis gemäß der vorangestellten Definition. Ist die Bezugsbasis zwischen 10 Mio. und 20 Mio. EUR, dann beträgt die Tantieme für diesen Teil 1,0% des erreichten Wertes. Ist die Bemessungsgrundlage höher als 20 Mio. EUR, so beträgt die Tantieme für den 20 Mio. EUR übersteigenden Teil 0,8% des überschießenden Wertes.

for doing so or for reasons based on the Employee's performance or conduct. The parties agree that any of the following constitute grounds for revocation: a critical financial situation of the Employer, negative financial results in the Employee's department, a failure to reach the strived for annual EBIT (EBITA), a decline in turnover of more than 4%, a below-average performance rating of the Employee over a period of more than three months, repeated complaints about the Employee, and a serious breach of duty by the Employee that forms the subject matter of a formal warning notice.

c) The Employee will receive an annual gratuity ex gratia of EUR ▬▬▬ that is due together with the salary for the month of November. The claim to the gratuity presupposes that the employment relationship still has a non-terminated status as of 01 November of the calendar year in question and that a termination contract has not been entered into. Absent the foregoing, the gratuity will not be paid, not even on a pro rata temporis basis. If the employment relationship no longer has a non-terminated status as of 03 March of the succeeding year, the gratuity must be paid back in full unless the Employer has routinely terminated (subject to a period of notice and other statutory or contractually agreed conditions) the employment relationship on personal grounds or for business operational reasons. The payment of a gratuity is made without acknowledging any legal obligation to do so and does not establish a future right to it even if it has been granted several times.

d) The Employee receives a performance-related bonus that is calculated as follows:

aa) The basis for the calculation is the profit available for distribution as it appears in the company's annual accounts, including profits or losses for the year from subsidiary companies, prepared in accordance with International Accounting Standards (IAS) and adjusted for bonuses to be paid to former and current board members and expenses/earnings arising from the purchase of companies or the sale of associated or subsidiary companies.

bb) If the adjusted result (i.e. the calculation basis for the bonus) is between EUR 0 and 10 million, the bonus to be paid is 1.2% of the distributable profit as defined above. If the calculation basis is between EUR 10 and 20 million, the bonus for the part between EUR 10 and 20 million is 1.0% of the amount attained. If the calculation basis is above EUR 20 million, the bonus for the part over EUR 20 million is 0.8%.

cc) Bei einem bereinigten Ergebnis von 10 Mio. EUR beträgt die Tantieme daher 120.000 EUR und bei einem Ergebnis von 20 Mio. EUR insgesamt 220.000 EUR: für die ersten 10 Mio. EUR Ergebnis 120.000 EUR Tantieme und für die zweiten 10 Mio. EUR Ergebnis 100.000 EUR Tantieme.

dd) Für das erste Geschäftsjahr wird eine Mindesttantieme von 125.000 EUR garantiert. Die Tantieme für das Geschäftsjahr und die folgenden Geschäftsjahre ist mit Feststellung des Jahresabschlusses fällig und zahlbar.

e) Der Mitarbeiter verpflichtet sich, jede Vergütungsabrechnung des Arbeitgebers auf ihre Stimmigkeit zu überprüfen. Unstimmigkeiten in der Gehaltsabrechnung oder bei dem überwiesenen Geldbetrag hat er dem Arbeitgeber unverzüglich anzuzeigen. Die Parteien vereinbaren, dass von der vertraglichen Ausschlussfrist Rückzahlungsansprüche wegen überzahlten Gehalts nicht erfasst werden.

6. Abtretung, Aufrechnung, Pfändung, Verpfändung

a) Bei Pfändungen und Abtretungen ist der Arbeitgeber berechtigt, für jede zu berechnende Pfändung, Abtretung oder Verpfändung 10 EUR pauschal als Ersatz der entstehenden Kosten vom Gehalt in Abzug zu bringen. Dem Mitarbeiter wird der Nachweis gestattet, ein Schaden oder ein Aufwand sei überhaupt nicht entstanden oder wesentlich niedriger als der vorgesehene Pauschbetrag.

b) Der Mitarbeiter hat die Verpfändung seiner Vergütungsansprüche dem Arbeitgeber unverzüglich schriftlich anzuzeigen.

c) Die Aufrechnung darf nur bis zur Höhe des pfändbaren Teils des Gehalts erfolgen. Scheidet der Mitarbeiter aufgrund Kündigung, Aufhebungs- oder Abwicklungsvertrag aus dem Arbeitsverhältnis aus und hat der Arbeitgeber noch Geldforderungen gegen den Mitarbeiter, ist er befugt, Gehaltsansprüche des Mitarbeiters mit von seiner Seite aus noch bestehenden Ansprüchen gegen den Mitarbeiter zur Aufrechnung zu stellen. Der Mitarbeiter hat stets das Recht, mit unbestrittenen oder rechtskräftig festgestellten Forderungen gegen Ansprüche des Arbeitgebers die Aufrechnung zu erklären.

7. Entgeltumwandlung

a) Die Bruttobezüge des Mitarbeiters werden für die Dauer des Arbeitsverhältnisses in Höhe eines jährlichen Betrages von ▄▄▄ EUR, jedoch mindestens 1/160 der Bezugsgröße nach § 18 Abs. 1 SGB IV und höchstens 4% der jeweiligen Beitragsbemessungsgrenze in der allgemeinen Rentenversicherung, erstmals zum ▄▄▄, gemindert und in eine wertgleiche Anwartschaft auf Leistungen der betrieblichen Altersversorgung umgewandelt. Die betriebliche Altersversorgung wird über die ▄▄▄-Versicherungs AG (Direktversicherung i.S.d. § 1b Abs. 2 BetrAVG) durchgeführt.

cc) For example, if the adjusted result is EUR 10 million, the bonus paid is EUR 120.000. If the result is EUR 20 million, the total bonus to be paid is EUR 220.000: EUR 120.000 for the first EUR 10 million and EUR 100.000 for the second EUR 10 million.

dd) In the first financial year, a minimum bonus of EUR 125.000 is guaranteed. The bonus for this and the following financial years is due and payable upon adoption of the annual accounts.

e) The Employee undertakes to check the accuracy of each remuneration settlement statement made by the Employer. Inaccuracies in the remuneration settlement statements or in conjunction with a bank transfer of a monetary sum must be reported immediately by the Employee to the Employer. The parties agree that the preclusive period (after the expiry of which a right cannot be exercised) does not apply to claims to reimbursement of any excess paid salary.

6. Assignment, set-off, attachment/seizure, pledging

a) Where attachments/seizures and assignments are made, the Employer is entitled to deduct a EUR 10.00 lump-sum fee from the Employee's salary for each attachment/seizure, assignment, or pledge as compensation for the costs incurred. The Employee is entitled to prove, however, that there was no loss or expense whatsoever or that it was considerably lower than the stipulated lump-sum fee.

b) The Employee must immediately notify the Employer in writing of the pledging of his salary claims.

c) A set-off may only be effected up to the amount of the salary that may legally be attached. Where the Employee withdraws from the employment relationship through a notice to quit, a termination contract, or a contract to dissolve the employment relationship, and the Employer still has debt claims against the Employee, the Employer is entitled to set off his outstanding claims against the Employee with the salary claims of the Employee. The Employee is also always entitled to set off undisputed claims or claims res judicata with the Employer's claims.

7. Conversion of remuneration

a) For the duration of the employment relationship, the Employee's gross earnings will be reduced by an amount of EUR ▄▄▄ per annum, which must be no less than 1/160th of the reference figure pursuant to § 18 (1) SGB IV and no more than 4% of the income limit (for assessing contributions) determined from time to time in the statutory social security pension provisions, for the first time on ▄▄▄, and this amount will be converted into an equal-value expectancy (future interest) to benefits out of the company pension scheme. The company pension scheme will be transacted with the ▄▄▄ Versicherungs AG (direct insurance (i.e. paid directly by Employer on behalf

b) Während eines laufenden Kalenderjahres werden gleichbleibende monatliche Beträge aus dem regelmäßigen Entgelt zur Umwandlung verwendet.

c) Der umzuwandelnde Betrag soll aus dem Bruttoentgelt umgewandelt werden.

d) Eine Umwandlung ist nur für den Zeitraum möglich, solange dem Mitarbeiter Ansprüche auf Entgelt oder Entgeltersatzleistungen gegenüber dem Arbeitgeber zustehen. In entgeltfreien Zeiten wird dem Mitarbeiter das Recht eingeräumt, die Versicherung mit eigenen Beiträgen fortzuführen.

e) Für Gehaltserhöhungen sowie für die Bemessung gehaltsabhängiger betrieblicher Leistungen bleiben die Bezüge ohne die Minderung nach Buchst. a) maßgebend.

f) Der Arbeitgeber schließt bei der ███- Versicherungs AG eine Lebensversicherung auf das Leben des Mitarbeiters ab, die die Förderungsvoraussetzungen der §§ 10a, 82 Abs. 2 EStG erfüllt. Die Höhe der Versicherungsprämien entspricht den umgewandelten Beträgen gemäß Buchst. a). Es gelten die Allgemeinen und Besonderen Versicherungsbedingungen der ███-Versicherungs AG.

g) Es werden grundsätzlich Leistungen der Alters-, Invaliditäts- und Hinterbliebenenversorgung gewährt. Der Mitarbeiter beantragt den Ausschluss folgender Leistungen: ███

h) Die Versorgungsanwartschaft wird mit Beginn der Entgeltumwandlung unverfallbar. Überschussanteile werden ausschließlich zur Verbesserung der Leistung verwendet. Das Recht zur Verpfändung, Abtretung und Beleihung durch den Arbeitgeber wird ausgeschlossen. Dem Mitarbeiter wird von Beginn der Entgeltumwandlung an auf sämtliche Versicherungsleistungen ein unwiderrufliches Bezugsrecht eingeräumt. Bei vorzeitiger Beendigung des Arbeitsverhältnisses wird dem Mitarbeiter das Recht zur Fortsetzung der Versicherung mit eigenen Beiträgen eingeräumt. Die Versicherung wird auf den Mitarbeiter übertragen und kann von ihm als Einzelversicherung nach dem hierfür im Zeitpunkt des Ausscheidens vorhandenen Tarif gegen laufende Beitragszahlung bei der ███-Lebensversicherungs AG fortgeführt werden. Nach dem Ausscheiden sind eine Abtretung, Beleihung und ein Rückkauf der übertragenen Versicherung durch den Mitarbeiter gemäß § 2 Abs. 2 Sätze 5 und 6 BetrAVG insoweit unzulässig, als die Versicherung auf vom Arbeitgeber als Versicherungsnehmer gezahlten Beiträgen beruht.

i) Nimmt der Arbeitnehmer die vorgezogene Altersrente aus der gesetzlichen Rentenversicherung als Vollrente in Anspruch und verlangt er vorzeitig eine betriebliche Altersrente gemäß § 6 BetrAVG, so vermindert sich die Versicherungsleistung nach versicherungsmathematischen Grundsätzen.

of employee) within the meaning of § 1b (2) BetrAVG (German Company Pension Act).

b) During the course of the calendar year, equal monthly sums will be taken from the regularly paid remuneration and used for the conversion.

c) The sum to be converted is to be converted out of the gross remuneration.

d) A conversion is only possible for the period of time in which the Employee has claims to remuneration or to payments in lieu of remuneration against the Employer. During remuneration-free periods, the Employee is granted the right to continue making his own contributions to the insurance.

e) For salary increases and for calculating salary-based company benefits, earnings before the deductions pursuant to letter a) is the decisive reference figure.

f) The Employer will conclude a life insurance policy covering the life of the Employee with the ███ Versicherungs AG that complies with the incentive prerequisites of §10a and § 82 (2) of the EStG (German Income Tax Act). The amount of the insurance contributions is equivalent to the amounts converted per letter a). The General and Special Insurance Terms and Conditions of the ███ Versicherungs AG apply.

g) In general, only benefits out of retirement and disablement pension funds, and pension provisions for surviving dependents will be granted. The Employee applies for the exclusion of the following benefits: ███

h) The pension expectancy vests (i.e. is nonforfeitable) upon commencement of the conversion of remuneration. Profit shares will be used exclusively for improving the benefit. The right to pledge, assign, or use as collateral security by the Employer is excluded. From commencement of the remuneration conversion onwards, the Employee is granted an irrevocable right to all the insurance benefits. In the event of a premature termination of the employment relationship, the Employee is granted the right to continue the insurance policy by making his own contributions. The insurance policy will be transferred to the Employee and may be continued by him as an individual insurance policy by payment of the ongoing contributions to the ███ Lebensversicherungs AG pursuant to the tariff applicable to it at the time of the withdrawal. After the withdrawal, the Employee is not permitted – pursuant to § 2 (2), sentences 5 and 6 BetrAVG – to assign, use as collateral security, or surrender that part of the transferred insurance policy that is based on contributions made to it by the Employer in the capacity of a policy holder.

i) If the Employee claims early retirement benefits out of the statutory social security pension fund as a full pension and prematurely demands company retirement benefits pursuant to § 6 BetrAVG, then insurance benefits will be reduced in accordance with actuarial principles.

j) Diese Vereinbarung gilt für das laufende Kalenderjahr. Sie verlängert sich automatisch um weitere zwölf Monate, wenn nicht bis zum ▬▬▬ eines jeden Kalenderjahres der Verlängerung schriftlich durch den Mitarbeiter widersprochen wird.

8. Krankheit

a) Ist der Mitarbeiter infolge unverschuldeter Krankheit arbeitsunfähig, erhält er Entgeltfortzahlung bis zur Dauer von sechs Wochen. Der Mitarbeiter ist verpflichtet, dem Arbeitgeber die Arbeitsunfähigkeit und deren voraussichtliche Dauer unverzüglich anzuzeigen.

b) Dauert die Arbeitsunfähigkeit länger als drei Kalendertage, hat der Mitarbeiter eine ärztliche Bescheinigung über das Bestehen der Arbeitsunfähigkeit sowie deren voraussichtliche Dauer spätestens an dem darauffolgenden Arbeitstag vorzulegen. Der Arbeitgeber ist berechtigt, die Vorlage der ärztlichen Bescheinigung früher zu verlangen.

9. Verschwiegenheitspflicht

a) Der Mitarbeiter ist verpflichtet, Geschäfts- und Betriebsgeheimnisse sowie betriebliche Angelegenheiten vertraulicher Natur, die als solche vom Arbeitgeber schriftlich gekennzeichnet oder mündlich bezeichnet oder offensichtlich als solche zu erkennen sind, geheim zu halten und ohne ausdrückliche Genehmigung des Arbeitgebers keinen anderen Personen zugänglich zu machen.

b) Geschäfts- und Betriebsgeheimnisse in diesem Sinne sind insbesondere Herstellungs- und Versuchsverfahren, Vertriebswege, Bezugsquellen, Kalkulationen und Geschäftsabschlüsse. Im Zweifel ist der Mitarbeiter verpflichtet, eine Weisung der Geschäftsleitung einzuholen, ob eine bestimmte Tatsache als vertraulich zu behandeln ist.

c) Diese Verpflichtung gilt auch nach Beendigung des Arbeitsverhältnisses. Sollte die nachvertragliche Verschwiegenheitspflicht den Mitarbeiter in seinem beruflichen Fortkommen unangemessen behindern, hat der Mitarbeiter gegen das Unternehmen einen Anspruch auf Freistellung von dieser Pflicht.

10. Urlaub

Der Mitarbeiter erhält nach einer Beschäftigungsdauer von sechs Monaten einen Erholungsurlaub von 27 Kalendertagen im Kalenderjahr. Der Urlaub ist in Abstimmung mit dem Vorgesetzten zu nehmen. Im Übrigen gelten die gesetzlichen Bestimmungen.

11. EDV-Nutzung

a) Neben der betrieblichen Nutzung ist dem Mitarbeiter in angemessenem Umfang die private Nutzung des E-Mail-Systems und des Internets gestattet. Als angemessener Umfang ist ein Zeitraum von nicht mehr als zehn Minuten pro Arbeitstag anzusehen. Die Erlaubnis zur privaten Nutzung erfolgt unter dem ausdrücklichen Vorbehalt eines jederzeitigen Widerrufs. Der Widerruf kann ausgesprochen werden, wenn eine missbräuchliche Nutzung

---

j) This agreement applies for the ongoing calendar year. It will be extended automatically for a further twelve months if the extension is not revoked by the Employee in writing no later than the ▬▬▬ of a calendar month.

8. Illness

a) If the Employee is incapacitated for work resulting from an illness for which he bears no fault, he will receive continued remuneration for a period of up to six weeks. The Employee is obliged to report the incapacity for work and its expected duration to the Employer immediately.

b) If the incapacity for work lasts longer than three calendar days, the Employee must submit a medical doctor's attestation of the incapacity for work and its expected duration no later than the following working day. The Employer is entitled to request the submission of the medical doctor's attestation at an earlier point in time.

9. Duty of confidentiality

a) The Employee is obliged to keep confidential all business and trade secrets and business matters of a confidential nature that have been designated as such by the Employer in writing, orally, or that are obviously recognizable as such, and to prevent other persons from accessing such without the Employer's express permission.

b) In this context, business and trade secrets include in particular production and experimental/testing processes, distribution channels, supply sources, calculations, and conclusions of transactions. If uncertain, the Employee is obliged to obtain instructions from management as to whether a specific matter is confidential.

c) This duty continues in force even after termination of the employment relationship. Should the post-contractual duty of confidentiality unreasonably hinder the Employee in his professional development, the Employee may demand that the Employer release him from this duty.

10. Holidays

Subsequent to an employment period of six months, the Employee is entitled to holidays of 27 calendar days per calendar year. The taking of the holidays must be coordinated with the superior staff member. In all other respects, the statutory provisions apply.

11. Computer usage

a) In addition to business use, the Employee may also use the e-mail system and may access the Internet for private purposes to a reasonable extent. A period not exceeding 10 minutes per working day is considered reasonable. The permitted use for private purposes is granted with the express proviso that it may be revoked at any time. The revocation may be made if a misuse is ascertained, particularly if sites containing pornographic content are festgestellt wurde, insbesondere Seiten mit pornografischem Inhalt abgerufen, Sicherheitsrisiken für die Firma eröffnet wurden, eine Beteiligung an unseriösen Geschäften über das Internet festgestellt oder wiederholt virenverseuchte Programme mit Schaden für die Firma heruntergeladen wurden. Das Internet darf nur mit der gültigen persönlichen Zugangsberechtigung genutzt werden. User-ID und Passwort dürfen nicht an Dritte weitergegeben werden.

b) Private E-Mails sind als solche ausdrücklich zu kennzeichnen. Es dürfen keine fremden Programme/Dateien auf die Festplatte kopiert, über Diskette, CD-ROM, USB-Stick oder ähnliche Datenträger oder das Internet auf dem Rechner installiert und/oder eingesetzt werden. Auf Virenkontrolle ist zu achten. Virenschutzprogramme sind zu nutzen. Auftretende Störungen, die mit einem Virenbefall in Zusammenhang stehen könnten, sind umgehend der Netzwerk-Administration zu melden.

c) Das Abrufen, Anbieten oder Verbreiten von rechtswidrigen Inhalten, insbesondere rassistischer oder pornografischer Art, ist verboten. Für den Fall seiner betrieblichen Abwesenheit (Urlaub, Krankheit) hat der Mitarbeiter eigenverantwortlich eine automatisierte Antwort an den Absender eingehender E-Mails einzurichten, die den Absender über die Abwesenheit des Mitarbeiters informiert und einen Hinweis auf den zuständigen Vertreter und dessen Telefonnummer enthält.

d) Verstöße gegen die vorstehenden Regeln können arbeitsrechtliche Konsequenzen zur Folge haben.

e) Die Firma ist berechtigt, jede Nutzung des E-Mail-Systems und des Internets für die Dauer von maximal drei Monaten zu speichern, um die Einhaltung der vereinbarten Regeln anhand der gespeicherten Daten zu überprüfen. Der Mitarbeiter erteilt insoweit seine Einwilligung gemäß § 4a BDSG in die hiermit verbundene Verarbeitung seiner personenbezogenen Daten.

f) Der Mitarbeiter erklärt sich damit einverstanden, dass seine personenbezogenen Daten automatisiert gespeichert und verarbeitet werden. Er erklärt, dass er die anliegende Erklärung über das Datengeheimnis durchgelesen hat und die ebenfalls beigefügte Verpflichtungserklärung nach § 5 BDSG unterzeichnen wird.

12. Nebentätigkeit, Geschenke

a) Jedwede Nebentätigkeit, sei sie ein Ehrenamt oder sei sie entgeltlich ausgeübt, macht die Einwilligung des Arbeitgebers erforderlich. Die Einwilligung ist zu erteilen, wenn nicht ein Versagungsgrund wegen einer zu befürchtenden Beeinträchtigung betrieblicher oder dienstlicher Interessen vorliegt. Der Arbeitgeber verpflichtet sich, seine Entscheidung über die beantragte Einwilligung innerhalb einer Frist von vier Wochen nach Antragseingang zu fällen. Verstreicht die Frist, ohne dass dem Arbeitnehmer die Entscheidung über den gestellten Antrag auf Nebentätigkeit zugegangen ist, gilt die Zustimmung des Arbeitgebers als erteilt.

retrieved, the Employer is exposed to security risks, participation in untrustworthy transactions over the Internet is discovered, or if computer programmes infected with viruses that cause damage to the Employer are repeatedly downloaded. The Internet may only be accessed via the effective personal access validation. User identification and passwords may not be transmitted to a third party.

b) Private e-mails are to be explicitly marked as such. External computer programmes/data files may not be copied on the hard disk nor installed and/or used on the computer via data disks, CD-ROM, USB sticks or similar data carriers, or via the Internet. Virus control must be practiced. Virus-protection software must be used. Disturbances that could be connected with a virus infection must be reported immediately to the network administrator.

c) The retrieval, presentation, or dissemination of illegal content, particularly of a racial or pornographic nature, is prohibited. In cases of absence from work (holiday, illness), the Employee is personally responsible for setting up an automatic response to the sender of incoming e-mails that informs the sender of the Employee's absence and names the responsible representative with his/her telephone number.

d) Contraventions of the foregoing rules could have employment law consequences.

e) The Company is entitled to store each use of the e-mail system and the Internet for a period not to exceed three months for the purposes of assessing, on the basis of the stored data, whether the agreed rules are being complied with. The Employee hereby grants his consent pursuant to § 4a BDSG (German Data Protection Act) to the processing of his person-related data connected with data storage.

f) The Employee hereby consents to the automatic storing and processing of his person-related data. He declares that he has read through the attached explanation on data secrecy and that he will sign the attached obligation declaration as recommended by § 5 BDSG.

12. Second occupation, gifts

a) The prior consent of the Employer must be obtained for every second occupation, regardless if the work is done for remuneration or free of charge. The consent must be granted if the second occupation does not conflict or at most only insubstantially conflicts with the times at which the Employee is to discharge his employment duties and if the legitimate interests of the Employer are not prejudiced in any other way. The Employer must make a decision regarding consent to the second occupation no later than four weeks after receipt of the request to do so. If the Employer fails to make a decision within this time period then its consent is deemed to have been given.

b) Dem Mitarbeiter ist es verboten, Geschenke oder sonstige Vergünstigungen von Vertretern, Lieferanten, Auftraggebern oder sonstigen Geschäftspartnern anzunehmen. Ausgenommen von diesem Verbot sind alltägliche Gegenstände von geringem Wert, wie beispielsweise Schreibgeräte, Notizblöcke oder Kalender, deren Wert 10 EUR nicht überschreitet.

13. Haftung

a) Für Schäden an Privateigentum des Mitarbeiters haftet der Arbeitgeber im Rahmen der gesetzlichen Bestimmungen nur dann, wenn ihn ein Verschulden trifft.

b) Der Mitarbeiter ist gehalten, zur Sicherung seines Eigentums mit größtmöglicher Sorgfalt beizutragen und insbesondere die dafür vorgesehenen Sicherungseinrichtungen zu benutzen. Für den Verlust oder die Beschädigung von Privatgegenständen leistet der Arbeitgeber Schadensersatz bis zu einem Betrag von 200 EUR, sofern der Mitarbeiter die erforderlichen und zumutbaren Sicherungsvorkehrungen getroffen hat. Eine Haftung des Arbeitgebers besteht nur, soweit für den Schadensfall Versicherungsschutz besteht.

c) Der Mitarbeiter verpflichtet sich zur korrekten Ausführung seiner ihm übertragenen Arbeiten. Bei Nichteinhaltung oder bei fahrlässigem Verhalten ist der Arbeitgeber berechtigt, den ihm durch das Arbeitsverhalten begründeten Schaden dem Mitarbeiter, je nach Schuldumfang, ganz oder teilweise in Rechnung zu stellen und in der darauf folgenden Gehaltsabrechnung in Abzug zu bringen. Die Pfändungsfreigrenze ist zu beachten. Beispiele für Nichteinhaltung von Pflichten bei der Arbeitserledigung und Fahrlässigkeit sind: ▪▪▪

d) Verursacht der Mitarbeiter durch eine schuldhafte Pflichtverletzung einen Schaden, hat er grundsätzlich im Falle mittlerer Fahrlässigkeit den Schaden zum überwiegenden Teil, höchstens jedoch bis zum Betrag einer gewöhnlichen Monatsnettovergütung zu ersetzen. Bei grober Fahrlässigkeit hat der Mitarbeiter den Schaden voll zu tragen, jedoch der Höhe nach beschränkt auf den dreifachen Betrag der gewöhnlichen Monatsnettovergütung. Diese Grundsätze gelten entsprechend bei Schadensersatzansprüchen Dritter. Bei Vorsatz haftet der Mitarbeiter unbeschränkt.

14. Beendigung des Arbeitsverhältnisses, Altersgrenze, Freistellung

a) Zum Zeitpunkt des Vertragsschlusses steht die maßgebliche gesetzliche Regelaltersgrenze nicht fest. Sie kann 65 Jahre, sie kann 67 Jahre, sie kann aber auch zu einem Zeitpunkt eintreten, der zwischen der Vollendung des 65. und der Vollendung des 67. Lebensjahres liegt. Unter diesen Voraussetzungen vereinbaren die Parteien, dass das Arbeitsverhältnis, ohne dass es einer Kündigung bedarf, an dem Tag endet, an dem der Mitarbeiter die jeweils maßgebliche sozialversicherungsrechtliche Altersgrenze erreicht hat, unabhängig davon, ob es bei der zum Zeitpunkt des Arbeitsvertragsschlusses gültigen Regelaltersgrenze verbleibt oder nicht.

b) The Employee is prohibited from accepting gifts or other concessions from representatives, suppliers, customers, or other business partners. Excepted from this prohibition are small-valued objects of daily use such as writing utensils, note blocks, or calendars whose individual values do not exceed EUR 10.00.

13. Liability

a) For damage to the Employee's private property, the Employer is liable within the scope prescribed by law but only if it is at fault.

b) The Employee must exercise the highest degree of care in protecting his property and in particular must make use of the security facilities provided for this purpose. For loss or damage to private property, the Employer will pay compensation up to an amount of EUR 200.00 provided that the Employee has taken the necessary and reasonably expectable security precautions. The Employer is only liable if there is insurance coverage covering the damaging event.

c) The Employee undertakes to execute the work assigned to him in a proper manner. In cases of non-compliance or negligent conduct, the Employer is entitled to invoice the Employee the amount of the loss suffered to the Employer through the Employee's workrelated conduct, either in whole or in part depending on the degree of fault, and to deduct this amount from the next remuneration settlement. The limits imposed by law to protect earnings must, however, be observed. Examples of negligence and of noncompliance with employment duties include the following: ▪▪▪

d) In cases of intermediate degrees of negligence where the Employee causes damage based on a culpable breach of an obligation, he is liable to compensate the greater part of the damage up to a maximum of one regular month's net remuneration. In the case of gross negligence, the Employee must compensate the whole amount of damage up to a maximum amount of three regular month's net remuneration. These provisions apply mutatis mutandis to third party claims for damages. For acts of intention, the Employee's liability is unlimited.

14. Termination of the employment relationship, retirement age, exemption from work

a) At the time of concluding the contract, the authoritative statutory retirement age is uncertain. It may be 65 years, it may be 67 years, but it may also be a point in time lying between the attainment of 65 and 67 years of age. Based on the foregoing, the parties agree that the employment relationship ends, without having to provide notice of termination, on the day on which the Employee attains the retirement age in effect at the respective time pursuant to social security law, whether or not this is still the statutory retirement age that was in effect at the time at which the contract was concluded.

b) Das Arbeitsverhältnis kann mit der Frist des § 622 BGB ordentlich gekündigt werden. Unbeschadet hiervon bleibt das Recht zur fristlosen Kündigung aus gesetzlichem Grund. Eine fristlose Kündigung gilt im Falle ihrer Unwirksamkeit zugleich als fristgemäße Kündigung zum nächstzulässigen Termin.

c) Die ersten sechs Monate des Arbeitsverhältnissesgelten als Probezeit. In dieser Zeit kann das Arbeitsverhältnis mit einer Frist von zwei Wochen gekündigt werden.

d) Kündigt der Arbeitgeber das Arbeitsverhältnis mit dem Mitarbeiter, ist er bei Bestehen schützenswerter Interessen befugt, den Mitarbeiter unter vollständiger Fortzahlung seiner Bezüge und unter Anrechnung noch bestehender Urlaubsansprüche freizustellen. Als schutzwerte Interessen des Arbeitgebers gelten der begründete Verdacht des Verstoßes durch den Mitarbeiter gegen die Verschwiegenheitspflicht, ansteckende Krankheiten und der begründete Verdacht einer strafbaren Handlung. Wird von den Parteien übereinstimmend festgestellt oder trifft ein Gericht die entsprechende Feststellung, dass der Mitarbeiter freigestellt wurde, obwohl kein schutzwertes Interesse im Sinne der vorgenannten Gründe an der Freistellung bestand, erhält der Mitarbeiter für jeden Tag der gegen seinen Willen erfolgten Nichtbeschäftigung bis zum Fristende des Kündigungszeitraums einen Schadensersatzbetrag in Höhe von ▬▬▬ EUR. Zwischenverdienst während der Freistellung führt der Mitarbeiter an den Arbeitgeber ab.

15. Schriftform, Ausschlussfristen, Betriebsvereinbarungsöffnungsklausel

a) Die Parteien sind sich einig, dass keine über den Wortlaut dieses Vertrages hinausgehenden mündlichen Vereinbarungen getroffen wurden.

b) Ansprüche aus dem Arbeitsverhältnis verfallen, wenn sie nicht innerhalb einer Ausschlussfrist von sechs Monaten von dem Mitarbeiter oder von dem Arbeitgeber schriftlich geltend gemacht wurden. Die Versäumung der Ausschlussfrist führt zum Verlust des Anspruchs. Die Ausschlussfrist beginnt, wenn der Anspruch entstanden ist und der Anspruchsteller von den anspruchsbegründenden Umständen Kenntnis erlangte oder ohne grobe Fahrlässigkeit hätte erlangen können. Die Ausschlussfrist gilt nicht bei Haftung wegen Vorsatzes.

c) Änderungen und Ergänzungen dieses Vertrages bedürfen zu ihrer Wirksamkeit der Schriftform. Auch die Aufhebung der Schriftform kann nur auf schriftlichem Wege wirksam vereinbart werden.

d) Die Parteien sind sich darüber einig, dass spätere Betriebsvereinbarungen den Regelungen in diesem Vertrag oder anderen einzelvertraglichen Absprachen auch dann vorgehen, wenn die vertragliche Regelung günstiger ist.

b) The employment relationship may be routinely terminated in accordance with the notice period set out in § 622 BGB (German Civil Code). Notwithstanding this, the right to terminate without notice on legal grounds is retained. A termination without notice that proves to be invalid is hereby deemed as a termination with notice as of the next permissible date.

c) The first six months of the employment relationship are deemed a probationary period. The employment relationship may be terminated during this period by giving two weeks' notice.

d) If the Employer terminates the employment relationship with the Employee, it is authorized, if there are interests warranting protection, to exempt the Employee from his employment duties with continued payment of his full wages and taking into account any existing holiday claims. Interests of the Employer warranting protection include the justified suspicion of a breach of the duty of confidentiality by the Employee, contagious diseases, and a justified suspicion of criminal conduct. If the parties agree or a court decides that the Employee was exempted from work although there was no interest warranting protection, as understood above, to justify it, the Employee will receive damagesin the amount of EUR ▬▬▬ per day of non employment against his will up to the end of the termination notice period. Any earnings received by the Employee during the exemption period must be paid over to the Employer.

15. Written form, preclusive periods, future works-agreement clause

a) The parties agree that no oral agreements going beyond the wording of this contract have been made.

b) Any claims ensuing from the employment relationship lapse if they have not been asserted in writing by the Employee or the Employer within the preclusive period of six months. Failure to act within the preclusive period results in the loss of the claim. The preclusive period begins to run when the claim comes into existence and the claimant has obtained or, absent gross negligence, could have obtained knowledge of the circumstances giving rise to the claim. The preclusive period does not apply in cases of liability based on acts of intention.

c) Alterations and supplementations to this contract must be in written form in order to be effective. The cancelling of this writtenform requirement is also only effective if it is done in writing.

d) The parties agree that future works agreements have precedence over the provisions of this contract or of other individual contractual arrangements, even if the contractual provision is more favourable.

Kapitel 1: Arbeitsverträge

16. Rückgabe von Unterlagen, Zugangsadresse für Schriftverkehr

a) Der Mitarbeiter hat alle ihm zu Arbeitszwecken überlassenen Geschäftssachen, Notizen, Werkzeuge, Materialien, Aufzeichnungen und technischen Geräte, die im Eigentum des Arbeitgebers stehen, jederzeit nach erfolgter Aufforderung und stets nach Beendigung des Arbeitsverhältnisses zurückzugeben.

b) Zugangsadresse aller vom Arbeitgeber verfassten Schreiben bildet der Arbeitsplatz des Mitarbeiters und, wenn der Mitarbeiter infolge Krankheit, Urlaub oder aus anderen Abwesenheitsgründen nicht in der Firma anzutreffen ist, die letzte vom Mitarbeiter schriftlich der Personalabteilung mitgeteilte postalische Anschrift.

16. Return of documents, address for receiving written correspondence

a) Upon request to do so and in any case following termination of the employment relationship, the Employee must return all company objects, notes, tools, materials, sketches/drawings, and technical equipment owned by the Employer and entrusted to the Employee for work-related purposes.

b) The address for receiving all correspondence from the Employer is the work place of the Employee, and in cases where the Employee cannot be reached there on account of illness, holiday, or other reasons for being absent, the last postal address given in writing by the Employee to the personnel department.

2. Muster: Arbeitsvertrag 2

Arbeitsvertrag

Zwischen

■■■

                            – die Gesellschaft –

und

Frau ■■■

                            – Arbeitnehmerin –

wird folgender Vertrag geschlossen:

1. Stellung/Arbeitsplatzbeschreibung

(1) Die Arbeitnehmerin wird mit Wirkung vom ■■■ als ■■■ angestellt. Zunächst ist sie Frau ■■■ unterstellt.

(2) Die Gesellschaft behält sich das Recht vor, der Arbeitnehmerin eine andere zumutbare Tätigkeit zuzuweisen, die ihren Fähigkeiten und Kenntnissen entspricht. Ungeachtet abweichender Zuweisungen seitens der Gesellschaft sowie Dienstreisen ist der Tätigkeitsort der Arbeitnehmerin ■■■. Die Gesellschaft behält sich das Recht vor, nach eigenem Ermessen die Arbeitnehmerin anzuweisen, an einem anderen Ort in ■■■ zu arbeiten.

(3) Das Arbeitsverhältnis endet automatisch mit dem Tag, an dem die Arbeitnehmerin das 65. Lebensjahr erreicht.

2. Arbeitszeit

Die Arbeitnehmerin übt eine Vollzeittätigkeit gemäß den in der Gesellschaft üblichen Arbeitszeiten aus. Ferner ist die Arbeitnehmerin verpflichtet, Mehrarbeit und Überstunden zu leisten, sofern dies gesetzlich zulässig ist.

3. Vergütung

(1) Die Arbeitnehmerin erhält ein monatliches Bruttogehalt von ■■■ EUR, welches den gesetzlichen Steuern und Sozialabgaben unterliegt. Das Bruttogehalt der Arbeitnehmerin beträgt ■■■ EUR pro Jahr, welches in zwölf (12) Raten jeweils am Monatsende ausgezahlt wird.

Employment agreement

between

■■■

                            – the Company –

and

Ms. ■■■

                            – Employee –

it has been agreed as follows:

1. Position

(1) The Employee shall be employed with effect from ■■■ as ■■■ reporting initially to Ms. ■■■.

(2) The Company reserves the right to assign the Employee to another activity in accordance with the Employee's abilities and knowledge. Subject to other assignment by the Company and business travels, the Employee's place of work will be in ■■■. The Company reserves the right to transfer the Employee at its own discretion to move to work at any location in ■■■.

(3) This agreement will automatically terminate upon the day on which the Employee reaches the age of 65.

2. Working Hours

The Employee shall exert full-time efforts to the employment hereunder in accordance with the Company guidelines on working hours and shall, as necessary, perform overtime and extra work in accordance with applicable law.

3. Remuneration

(1) The Employee shall receive a monthly gross salary of ■■■ EUR, subject to required tax and social security withholdings. The Employee's gross salary is ■■■ EUR per annum payable in arrears in 12 equal monthly installments at the end of each month.

§ 1 Verträge mit Arbeitnehmern, freien Mitarbeitern und Gesellschaftsorganen

(2) Das Gehalt der Arbeitnehmerin unterliegt für jedes weitere Jahr der Fortdauer des Arbeitsverhältnisses der Nachprüfung und Neuregelung seitens der Gesellschaft; diese Nachprüfung richtet sich nach den Leistungen der Arbeitnehmerin und nach der jeweils aktuellen und zu erwartenden Geschäftsentwicklung der Gesellschaft.

(3) Die Arbeitnehmerin soll über ihre Vergütung gegenüber Dritten Stillschweigen bewahren, einschließlich der übrigen Arbeitnehmer der Gesellschaft.

(4) Mit dem Gehalt der Arbeitnehmerin gemäß 3. (1) sind Überstunden und Mehrarbeit abgegolten.

(5) Der Arbeitnehmerin ist untersagt, ohne vorherige schriftliche Genehmigung seitens der Gesellschaft (welche nicht grundlos verweigert werden darf) ihr Gehalt ganz oder teilweise abzutreten oder zu verpfänden.

4. Zusätzliche Leistungen

Die Gesellschaft hat das Recht, der Arbeitnehmerin am Ende eines Geschäftsjahres nach eigenem Ermessen eine Zusatzvergütung auszuzahlen, abhängig von den vergangenen und erwarteten jeweiligen Leistungen der Arbeitnehmerin und der Gesellschaft. Das Arbeitsverhältnis muss zum Zeitpunkt der Zahlung der Zusatzvergütung noch bestehen.

5. Umzugskosten

(1) Die Gesellschaft erstattet der Arbeitnehmerin jegliche nachgewiesenen Transport-/Verschiffungskosten, die durch den Umzug von ▬▬▬ nach ▬▬▬ entstanden sind, bis zu einer Höchstsumme von ▬▬▬ EUR.

(2) Die Gesellschaft erstattet der Arbeitnehmerin jegliche nachgewiesenen Maklerprovisionen, die durch die Suche nach einer passenden Bleibe in ▬▬▬ entstanden sind bis zu einer Höchstsumme von ▬▬▬ EUR.

(3) Falls die Arbeitnehmerin innerhalb der nächsten zwei Jahre ab dem heutigen Datum das Arbeitsverhältnis ohne wichtigen Grund oder die Gesellschaft der Arbeitnehmerin aus wichtigem Grund wegen eines Verschuldens der Arbeitnehmerin kündigt, zahlt die Arbeitnehmerin alle Zahlungen unter 5., die sie in diesem Zusammenhang von der Gesellschaft erhalten hat, zurück. Die Ansprüche der Gesellschaft reduzieren sich jedoch mit jedem zweiten Monat, den das Arbeitsverhältnis andauert, um jeweils 1/12. Soweit es gesetzlich zulässig ist, hat die Gesellschaft das Recht, jegliche hieraus resultierenden Ansprüche auf Rückzahlung mit ausstehenden Vergütungsansprüchen der Arbeitnehmerin zu verrechnen.

6. Fort-/Weiterbildung

(1) Die Arbeitnehmerin ist berechtigt, alle zwei Jahre während der Dauer des Arbeitsverhältnisses, an von der Gesellschaft genehmigten Kursen/Seminaren bis zu zehn (10) Arbeitstagen unter Fortzahlung des Gehaltes teilzunehmen, sofern die Arbeitnehmerin und die Gesellschaft sich einvernehmlich auf eine angemessene Dauer der

(2) The Employee's salary shall be subject to review and revision by the Company for each new year of employment hereunder; such review shall be consistent with the Employee's individual performance and the then current business of the Company and the business developments reasonably expected by the Company.

(3) The Employee shall not disclose the terms of the Employee's remuneration to third parties including other Employees of the Company.

(4) The Employee's remuneration under this section 3 includes compensation for any overtime ("Überstunden") and extra work ("Mehrarbeit").

(5) The Employee shall not, without the Company's prior written consent (which shall not be unreasonably withheld), assign or pledge, or create or permit the creation of any lien against, the whole or any part of the Employee's claims for remuneration under this Agreement.

4. Bonus

The Company may, at its discretion, grant the Employee a bonus at the end of each fiscal year of the Company depending on the Employee's and the Company's past and expected performance. The Employee must be employed on the date any such bonus is granted in order to receive the bonus.

5. Relocation Expenses

(1) The Company shall reimburse the Employee for properly documented transportation/shipping expenses incurred for moving from ▬▬▬ to ▬▬▬, up to a maximum amount of ▬▬▬ EUR.

(2) The Company shall reimburse the Employee for any properly documented broker's commission incurred for identifying and finding suitable apartment housing in ▬▬▬, up to a maximum amount of ▬▬▬ EUR.

(3) If, within two years of the date hereof, the Employee terminates employment without serious cause, or the Company terminates the employment for serious cause attributable to the Employee, the Employee shall repay to the Company any payments received from the Company pursuant to this section 5, provided that each two month period of employment reduces the Company's claim for repayment by 1/12. Within the limits of applicable law, the Company may set off its claim for repayment hereunder against any outstanding Employee claims for remuneration.

6. Continuing Education

(1) During any two-year period of employment, the Employee may participate in Company approved courses or seminars for up to ten (10) working days during which the Employee's salary shall continue to be paid, provided that the Employee and the Company shall mutually agree upon an appropriate time for participation in such courses or

Kapitel 1: Arbeitsverträge

Teilnahme an solchen Kursen/Seminaren geeinigt haben. In jedem 2-Jahres-Zeitraum, in dem die Arbeitnehmerin gemäß anwendbaren Rechts an von der Regierung anerkannten Weiterbildungskursen/-seminaren teilnimmt, die nicht von der Gesellschaft anerkannt sind, verfällt das Recht der Arbeitnehmerin auf Teilnahme an von der Gesellschaft anerkannten Kursen/Seminaren im Sinne von 6. (1).

(2) Ungeachtet dessen kann die Gesellschaft von der Arbeitnehmerin nach eigenem Ermessen verlangen, an von der Gesellschaft anerkannten Kursen/Seminaren teilzunehmen. Die Gesellschaft erstattet der Arbeitnehmerin jegliche nachgewiesenen Teilnahme-, Reise- und Unterkunftskosten, die im Zusammenhang mit den von der Gesellschaft gebilligten Kursen/Seminaren, an denen die Arbeitnehmerin gemäß 6. (1) teilgenommen hat, entstanden sind.

(3) Falls die Arbeitnehmerin an von der Gesellschaft gebilligten, beglaubigten und arbeitsbezogenen Kursen/Seminaren teilnimmt, die außerhalb der Arbeitszeit liegen, so erstattet die Gesellschaft der Arbeitnehmerin 75% der Teilnahmegebühren für solch einen Kurs/Seminar, vorausgesetzt, dass diese Zahlungen der Gesellschaft nicht einen Gegenwert von ▬▬▬ EUR pro Jahr übersteigen. Die Arbeitnehmerin hat keinen Anspruch auf ein zusätzliches Gehalt oder eine Vergütung für die Teilnahme an solchen Kursen/Seminaren.

(4) Die Gesellschaft ist zu den Zahlungen unter 6. nicht verpflichtet (eingeschlossen der Gehaltsfortzahlung unter 6. (1)), sofern das Gehalt und/oder die Kosten von einer staatlichen Einrichtung oder von sonstigen Dritten getragen werden.

(5) Falls die Arbeitnehmerin innerhalb von zwei Jahren, nachdem sie an einem Kurs/Seminar teilgenommen hat, das Arbeitsverhältnis ohne wichtigen Grund oder die Gesellschaft das Arbeitsverhältnis aus einem wichtigen Grund aufgrund eines Verschuldens der Arbeitnehmerin kündigt, so hat die Arbeitnehmerin der Gesellschaft die Zahlungen, welche sie im Zusammenhang mit den Kursen/Seminaren erhalten hat, zurückzuzahlen. Der Anspruch auf Rückzahlung, den die Gesellschaft geltend machen kann, verringert sich jedoch mit jedem zweiten Monat, den das Arbeitsverhältnis andauert, um jeweils 1/12. Innerhalb der Grenzen des anwendbaren Rechts ist die Gesellschaft berechtigt, jegliche Ansprüche auf Rückzahlung mit offen stehenden Vergütungsansprüchen der Arbeitnehmerin zu verrechnen.

7. Krankheit

(1) Im Krankheitsfalle, der die Arbeitnehmerin hindert, ihren vertraglichen Verpflichtungen nachzukommen, der – nach allgemeiner Rechtsprechung – aber nicht auf ein Verschulden der Arbeitnehmerin zurückzuführen ist, erhält die Arbeitnehmerin ihr unter 3. (1) bezeichnetes Gehalt für eine Dauer von sechs (6) Wochen bzw. für einen längeren oder kürzeren Zeitraum, basierend auf der

seminars. However, in any given two-year period in which the Employee pursuant to applicable law pursues continuing education through government approved courses or seminars other than Company approved courses or seminars, the Employee's right to participation in Company approved courses or seminars pursuant to this section 6. (1) shall be extinguished.

(2) Notwithstanding the above, the Company may require the Employee to participate in Company approved courses or seminars as appropriate. The Company shall reimburse the Employee for any properly documented attendance fee, travel and accommodation expenses incurred by the Employee in relation to Company approved courses or seminars in which the Employee participates pursuant to this section 6. (1).

(3) If the Employee participates in any Company approved, accredited and work related course or seminar outside working hours, the Company shall reimburse the Employee for seventy-five percent (75%) of properly documented attendance fee expenses for such course or seminar, provided that the Company's payments pursuant to this paragraph shall not exceed the equivalent of ▬▬▬ EUR per year. For the avoidance of doubt, the Employee shall not be entitled to any additional salary or remuneration for participation in courses or seminars pursuant to this paragraph.

(4) The Company shall not be obliged to make any payments under this section 6 (including salary payments in the case of section 6. (1)), if and to the extent the Employee's salary and/or expenses are being borne by any government authority or any other third party.

(5) If, within two years after any participation in a course or seminar, the Employee terminates employment without serious cause, or the Company terminates the employment for serious cause attributable to the Employee, the Employee shall repay to the Company any payments received from the Company in relation to such course or seminar, provided that each two month period of employment reduces the Company's claim for repayment by 1/12. Within the limits of applicable law, the Company may set off its claim for repayment hereunder against any outstanding Employee claims for remuneration.

7. Sickness/Illness

(1) In case of sickness preventing the Employee from performing duties hereunder, without such sickness being due to the Employee's fault pursuant to applicable jurisprudence, the Employee's salary under section 3. (1), hereof shall continue to be paid for a period of six weeks or any shorter or longer period as required by the law applicable. The Employee hereby assigns to the Company

jeweils gültigen Rechtsprechung.

Die Arbeitnehmerin tritt sämtliche Ansprüche gegen Dritte aufgrund von Schäden wegen Krankheit oder Verletzung der Arbeitnehmerin bis zu der Summe der Entgeltfortzahlung im Krankheitsfall an die Gesellschaft ab.

(2) Die Arbeitnehmerin hat die Gesellschaft sobald als möglich über ihre Krankheit und über die vermutliche Dauer zu informieren. Spätestens am 4. Tag des krankheitsbedingten Fehlens hat die Arbeitnehmerin ein ärztliches Attest einzureichen, welches den 1. Tag der Krankheit und das vermutliche Datum der Rückkehr ausweist. Falls die Arbeitnehmerin über das angegebene Datum hinaus krankheitsbedingt fehlt, so hat sie innerhalb von drei (3) Tagen ein neues ärztliches Attest einzureichen.

8. Reisekosten

Gemäß den Richtlinien der Gesellschaft und den jeweils gültigen Steuervorschriften erstattet die Gesellschaft der Arbeitnehmerin ihre Reisekosten, sofern sie ordnungsgemäß nachgewiesen sind und die Reise vorher von der Gesellschaft genehmigt worden ist. Die Vergütung unter 3. dieses Vertrages beinhaltet die Entschädigung für diese Reisezeiten.

9. Ferien

(1) Die Arbeitnehmerin hat ein Anrecht auf vierundzwanzig (24) Werktage als Jahresurlaub. Werktage sind alle Kalendertage außer Sonntage, Samstage oder gesetzliche Feiertage in ▄▄▄. Die Arbeitnehmerin soll sich mindestens fünfzehn (15) Werktage vor Antritt eines jeden Urlaubs, der länger als vier (4) Arbeitstage andauert, mit dem Leiter der Personalabteilung abstimmen. Die Arbeitnehmerin hat zum ersten Mal einen Urlaubsanspruch nach sechsmonatigem Bestehen dieses Arbeitsverhältnisses in Übereinstimmung mit dem geltenden Recht hinsichtlich des Mindesturlaubs; die Arbeitnehmerin ist berechtigt, einen angemessenen Teil ihres Urlaubes während der ersten sechs (6) Monate zu nehmen, wenn die Gesellschaft diesem vorher schriftlich zustimmt. Die Arbeitnehmerin hat Anspruch auf einen anteiligen Urlaub auf pro-rata-Basis, soweit dies gesetzlich zulässig ist.

(2) Resturlaub soll nicht ins Folgejahr übertragen werden, es sei denn, dass die Parteien dies von Fall zu Fall wegen wichtiger Arbeiten oder aus persönlichen Gründen so entschieden haben. In diesem Fall kann der Resturlaub in den ersten drei (3) Monaten des Folgejahres genommen werden. Die Arbeitnehmerin hat keinen anderen Anspruch auf Entschädigung für nicht genommenen Urlaub gemäß diesem Paragraphen.

10. Exklusivität der Dienstleistung, Publikationen und Geschenke

(1) Die Arbeitnehmerin soll ihre gesamte Arbeitskraft ausschließlich der Gesellschaft und deren Förderung widmen. Für jegliches Engagement in zusätzlichen entgeltlichen Aktivitäten oder jegliche direkte oder indirekte Teilnahme an anderen Firmen jeglicher Art benötigt die Arbeitnehmerin die vorherige schriftliche Genehmigung

any claims of the Employee against third parties for damages due to any sickness of or injury to the Employee up to the amount of the sick leave payments made by the Company.

(2) The Employee shall inform the Company of any sickness and its expected duration as soon as possible. The Employee shall provide the Company no later than the fourth day of absence from work with a medical certificate confirming such sickness from the first day of sickness and indicating the expected date of return to work. If the Employee is absent beyond the indicated expected date of return, the Employee shall provide to the Company a new medical certificate within three days.

8. Travel Expenses

In accordance with the current Company guidelines and German tax regulations, the Company shall reimburse the Employee for travel expenses that are properly documented, provided that the trip has been approved by the Company. The remuneration according to section 3 hereof includes compensation for any travel time spent on behalf of the Company.

9. Vacation

(1) The Employee shall be entitled to an annual vacation of 24 working days. Working days are all calendar days which are neither Saturdays, Sundays or legal holidays in ▄▄▄. The Employee shall agree with the Employee's supervisor at least 15 working days in advance on the time of any vacation period exceeding 4 working days. The Employee shall be entitled to vacation for the first time after six months of employment hereunder in accordance with applicable law regarding minimum vacation entitlements; the Employee may take an appropriate part of vacation during the initial six month period if the Company agrees in writing in advance. The Employee shall be entitled to partial vacation on a pro rata basis as provided and allowed by applicable law.

(2) Vacation time shall not be transferable to the following year, unless the parties have agreed on a case-by-case basis in view of significant business or personal reasons that any outstanding vacation may be taken during the first three months of the following year. The Employee shall not be entitled to compensation for any vacation not taken in accordance with this paragraph.

10. Exclusivity of Services, Publications, Gifts

(1) The Employee shall devote all work efforts exclusively to the Company and the furtherance of its interests. Any engagement in additional activities for remuneration or any direct or indirect participation in other enterprises of any kind requires the prior written consent of the Company, which shall not be unreasonably withheld. The

der Gesellschaft, die nicht verweigert werden darf. Für den Erwerb gewöhnlicher Aktien oder anderer Investmentbeteiligungen ist die Genehmigung seitens der Gesellschaft nicht erforderlich. Die Mitgliedschaft im Vorstand oder Aufsichtsrat anderer Firmen muss vorher schriftlich von der Gesellschaft genehmigt worden sein.

(2) Jegliche Publikationen und Vorträge der Arbeitnehmerin bezüglich Themen, die die Arbeit oder die Interessen der Gesellschaft betreffen, müssen vorher von der Gesellschaft schriftlich genehmigt werden.

(3) Die Arbeitnehmerin ist damit einverstanden, dass sie ohne vorherige schriftliche Zustimmung der Gesellschaft weder Kredite aufnimmt noch vergibt, noch Geschenke oder andere Vorteile oder Versprechungen dieser Art den Kunden der Gesellschaft oder anderen Personen, mit denen die Arbeitnehmerin beruflich in Kontakt steht, für die Gesellschaft gewährt.

11. Vertraulichkeit/Dokumentenrückgabe

(1) Während der Dauer des Arbeitsvehältnisses und für jede Zeit danach, ist es der Arbeitnehmerin untersagt, vertrauliche Informationen bekannt zu geben oder zu benutzen, es sei denn im Namen der Gesellschaft. Eingeschlossen sind Berufsgeheimnisse bezüglich der Tätigkeiten, vertraglichen Beziehungen, Handel, Transaktionen oder Geschäfte der Gesellschaft und deren Tochtergesellschaften. Diese vertraulichen Informationen betreffen insbesondere, aber nicht ausschließlich, den Schutz geistigen Eigentums der Gesellschaft und deren Tochtergesellschaften, den Kundenkreis, Preislisten, Preisfestsetzungsmethoden, Gehaltsdaten, die taktische Vorgehensweise in verschiedenen Arbeitsgebieten, strategische Arbeitsentscheidungen und jegliche andere Vorkommnisse in der Gesellschaft, die als vertraulich oder als im Eigentum der Gesellschaft befindlich angesehen werden könnten.

(2) Mit Beendigung dieses Arbeitsverhältnisses hat die Arbeitnehmerin der Gesellschaft sämtliches Eigentum der Gesellschaft, das sich in ihrem Besitz befindet, zurückzugeben sowie Akten und andere Dokumente, die die Geschäfte der Gesellschaft und deren Tochtergesellschaften betreffen – eingeschlossen aller Muster, Kunden- und Preislisten, Gedrucktes, Broschüren, Mitteilungen, Entwürfe – sowie Kopien davon, sowohl in schriftlicher, elektronischer oder jeglicher anderer Form und ungeachtet dessen, ob diese von ihr oder für sie (die Arbeitnehmerin) von der Gesellschaft oder deren Tochtergesellschaften gefertigt wurden. Hiermit verzichtet die Arbeitnehmerin auf jegliches Zurückbehaltungsrecht.

12. Schutz geistigen Eigentums/Erfindungen

Jeglicher Schutz geistigen Eigentums oder Rechte, die aus Erfindungen der Arbeitnehmerin unter diesem Vertrag resultieren (Eigentumsrechte und diesbezügliche Nutzungsrechte), sind gemäß anwendbarem Recht auf die Gesellschaft zu übertragen. Die Vergütung unter 3. schließt alle Entschädigungen für eine solche Rechtsübertragung ein. Falls zwingendes Recht eine zusätzliche

Company's consent shall not be required for ordinary acquisitions of shares or other participation for investment purposes. Membership in the board of directors or supervisory board of other enterprises shall be subject to the Company's prior written consent.

(2) Any publications and lectures by the Employee on topics relating to the Company's business or interests shall be subject to the Company's prior written consent.

(3) The Employee agrees, without the Company's prior written consent, not to accept or demand loans, gifts, other benefits, of promises thereof, from the Company's clients or other persons with whom the Employee has official or business contacts in the context of the Employee's activities for the Company.

11. Confidential Return of Documents

(1) During the term of this Employment Agreement and at any time thereafter, the Employee shall not disclose or use other than on behalf of the Company any confidential information, including trade or business secrets, concerning the business, contractual relations, dealings, transactions or affairs of the Company or its affiliates. Such confidential information specifically includes, but is not limited to the Company's or its affiliates intellectual property, clientele, price lists, pricing methods, salary data, procedural/tactical approaches to areas of the business, strategic business decisions, and any other items which may be considered as confidential or proprietary to the Company.

(2) Upon termination of employment hereunder, the Employee shall return to the Company all property of the Company in the Employee's possession as well as all files and other documents concerning the business of the Company and its affiliates in the Employee's possession – including without limitation all designs, customer and price lists, printed material, brochures, sketches, notes, drafts – as well as copies thereof, whether in written, electronic or any other form, and regardless of whether they were prepared by him or furnished to him by the Company or its affiliates. The Employee hereby waives any right of retention in this respect.

12. Intellectual Property Rights, Inventions

Any intellectual property rights and rights to employee inventions arising from the Employee's activities hereunder, or, if ownership rights cannot be transferred under applicable law, any exploitation rights relating thereto, shall be transferred to the Company in accordance with applicable law. The remuneration pursuant to section 3 hereof includes any and all compensation for such trans-

Entschädigung für eine solche Rechtsübertragung fordert, hat die Gesellschaft das Recht, die Rechtsübertragung zu fordern oder davon Abstand zu nehmen.

13. Probezeit, Vertragsdauer, Beendigung, Vertragsstrafe

(1) Die ersten drei (3) Monate dieses Arbeitsverhältnisses werden als Probezeit angesehen. Während dieser Zeit haben beide Vertragsparteien das Recht, das Arbeitsverhältnis mit einer Frist von vierzehn (14) Tagen zu kündigen.

(2) Unter Berücksichtigung von 13. (1) soll das Arbeitsverhältnis unbefristet sein. Nach der Probezeit und während der ersten zwei Jahre des Arbeitsverhältnisses kann das Arbeitsverhältnis von beiden Parteien mit einer Kündigungsfrist von vier (4) Wochen zum Monatsende beendet werden. Eventuell anwendbare gesetzliche Fristen für eine Kündigung durch den Arbeitgeber gelten für eine Beendigung für beide Vertragsparteien.

(3) Die Kündigung muss in Schriftform erfolgen und soll mit Zugang bei der anderen Partei Gültigkeit erlangen.

(4) Die Gesellschaft hat jederzeit das Recht, die Arbeitnehmerin vom weiteren Dienst unter der Voraussetzung zu suspendieren bzw. freizustellen, dass das Gehalt während der Zeit der Suspendierung bzw. Freistellung fortgezahlt wird. Der Urlaubsanspruch der Arbeitnehmerin kann mit der Suspendierungs- bzw. Freistellungsdauer verrechnet werden.

(5) Falls die Arbeitnehmerin die Beendigungsvorschriften unter 13. verletzt, hat sie eine Strafe in Höhe eines monatlichen Bruttogehalts zu zahlen. Weitere Ansprüche der Gesellschaft gegen die Arbeitnehmerin wegen zusätzlicher Schäden bleiben unberührt.

14. Ansprüche der Arbeitnehmerin

Jegliche Ansprüche der Arbeitnehmerin verfallen, sofern sie nicht innerhalb von drei (3) Monaten nach Auftreten schriftlich geltend gemacht werden.

15. Verschiedenes

(1) Dieser Vertrag umfasst sämtliche Vereinbarungen zwischen den Parteien und hebt alle vorherigen schriftlichen sowie mündlichen Übereinkünfte und Vereinbarungen der Parteien auf.

(2) Ohne Beeinträchtigung von 14. bedürfen sämtliche Vertragszusätze oder -aufhebungen zu ihrer Wirksamkeit der Schriftform.

(3) Falls eine Bestimmung dieses Vertrages für unwirksam erklärt wird, so bleiben alle anderen Bestimmungen davon unberührt. Die Parteien vereinbaren – soweit möglich – jede für unwirksam erklärte Bestimmung durch

fer of rights. If additional compensation for such transfer of rights is required by applicable law of a mandatory nature which cannot be derogated from by contract, the Company shall have the option to request or not to request the transfer of the rights concerned.

13. Trial Period, Term, Termination, Penalty

(1) The first three months of employment are considered a trial period during which the employment may be terminated by either party upon providing two weeks notice to the other party.

(2) Subject to section 13. (1) hereof, the employment shall last for an indefinite term. After the trial period and during the first two years of service, the employment may be terminated by either party by observing a notice period of four weeks to the end of a calendar month. Any applicable longer statutory minimum notice period for termination by the employer shall apply to the termination by both parties hereto.

(3) Any notice of termination must be in writing and shall be considered to have been given effectively upon its receipt by the other party.

(4) The Company shall always be entitled to suspend or release the Employee from rendering further services, provided that the Employee's remuneration shall continue to be paid during such period of suspension or release. The Employee's entitlements to vacation shall be set off against any period of suspension or release.

(5) If the Employee violates the provisions on termination contained in this section 13, the Employee shall be obliged to pay a penalty equal to one month's gross salary. This provision shall not affect the Company's right to claim any additional damages.

14. Employee Claims

Any claim not pursued by the Employee in writing within three (3) months after such claim has become due shall be deemed waived by the Employee and forfeited.

15. Miscellaneous

(1) This Agreement contains the complete agreement between the Parties with respect to the subject matter hereof and supersedes any prior understandings, agreements or representations by or between the Parties, written or oral, which may have related to the subject matter hereof in any way.

(2) Without prejudice to section 14 hereof, the terms of this Agreement may not be amended or waived except in writing executed by the party against which such amendment or waiver is sought to be enforced.

(3) If any provision of this Agreement is determined to be invalid, the validity of the remainder of this Agreement shall remain unaffected. The parties agree to replace, to the extent possible, any invalid Provision with a valid

eine neue zu ersetzen, die den ursprünglichen wirtschaftlichen Interessen beider Parteien am nächsten kommt.

(4) Dieser Vertrag sowie die Auslegung desselben unterliegen deutschem Recht.

(5) Die Arbeitnehmerin bestätigt hiermit den Erhalt einer Kopie dieses Vertrages, die von beiden Parteien unterzeichnet wurde.

Provision that comes as close as possible to the parties original economic intent.

(4) This Agreement shall be governed by and interpreted in accordance with the laws of Germany.

(5) The Employee herewith confirms the receipt of a copy of this Agreement executed by both parties.

3. Muster: US-amerikanischer Arbeitsvertrag mit leitendem Angestellten

Arbeitsvertrag

Dieser Arbeitsvertrag wird am ▪▪▪ 200▪▪▪ zwischen

▪▪▪, einer ▪▪▪ Kapitalgesellschaft mit Hauptsitz in ▪▪▪
– nachstehend die „Gesellschaft" –
und

▪▪▪ mit der Anschrift ▪▪▪
– nachstehend der „leitende Angestellte" –
geschlossen.

Vertragsgrundlage

A. Der leitende Angestellte ist gegenwärtig bei der Gesellschaft beschäftigt und hat der Gesellschaft fortlaufend Dienstleistungen erbracht.

B. Die Gesellschaft möchte die Beschäftigung des leitenden Angestellten gemäß den Bedingungen dieses Vertrages fortsetzen.

C. Der leitende Angestellte möchte der Gesellschaft weiterhin seine Dienstleistungen gemäß den allgemeinen Bedingungen dieses Vertrages erbringen.

Aufgrund dessen vereinbaren die Parteien dieses Vertrages nunmehr für zehn ($ 10,00) Dollar und andere geldwerte Gegenleistungen, deren Erhalt und Angemessenheit hiermit bestätigt wird, Folgendes:

§ 1 Beschäftigung

Die Gesellschaft erklärt sich bereit, den leitenden Angestellten während der in § 2 dieses Vertrages angegebenen Laufzeit zu beschäftigen, und der leitende Angestellte erklärt sich bereit, diese Beschäftigung zu den nachfolgend niedergelegten allgemeinen Bedingungen anzunehmen.

§ 2 Laufzeit

Dieser Vertrag beginnt am ▪▪▪ 200▪▪▪ und endet am ▪▪▪ 200▪▪▪ (wobei dieser Zeitraum nachfolgend manchmal mit „Laufzeit" bezeichnet ist), sofern er nicht früher als hierin vorgesehen gekündigt wird.

§ 3 Aufgaben und Verantwortlichkeiten

Während der Laufzeit dient der leitende Angestellte als Führungskraft der Gesellschaft. Der leitende Angestellte braucht keine anderen Verantwortungen oder Aufgaben als diejenigen zu übernehmen oder zu erfüllen, die übli-

Employment Agreement

This employment agreement made as of the ▪▪▪ day of ▪▪▪, 200▪▪▪,

by and between

▪▪▪, a ▪▪▪ Corporation, having its principal office at ▪▪▪ (the "Company")

and

▪▪▪ whose address is ▪▪▪ (the "Executive").

Recitals

A. The Executive is currently employed by the Company and has provided services to the Company on a continuing basis.

B. The Company wishes to continue the employment of the Executive pursuant to the terms hereof.

C. The Executive desires to continue rendering his/her services to the Company pursuant to the terms and conditions hereof.

NOW, THEREFORE, for Ten ($ 10.00) Dollars and other good and valuable considerations, the receipt and sufficiency of which is hereby acknowledged, the parties hereto agree as follows:

§ 1 Employment

The Company agrees to employ the Executive for the term specified in Paragraph 2 hereof, and the Executive agrees to accept such employment upon the terms and conditions set forth hereinafter.

§ 2 Term

This Agreement shall commence as of the ▪▪▪ day of ▪▪▪, 200▪▪▪ and shall expire on the ▪▪▪ day of ▪▪▪, 200▪▪▪ (such period of time hereinafter sometimes referred to as the "Term"), unless terminated sooner as provided herein.

§ 3 Duties and Responsibilities

During the Term, the Executive shall serve as an executive officer of the Company. The Executive shall not be required to undertake or fulfill any responsibilities or duties other than those commonly ascribed to an executive of cherweise einem leitenden Angestellten der Gesellschaft zugeschrieben werden, und er untersteht lediglich dem Präsident der Gesellschaft und ist allein ihm gegenüber verantwortlich. Die Aufgaben und Verantwortlichkeiten, die dem leitenden Angestellten zugeschrieben werden, sind mit denjenigen Aufgaben vereinbar, die der leitende Angestellte früher ausgeführt hat, und seine Verantwortlichkeiten der Gesellschaft gegenüber entsprechen seinen Verantwortlichkeiten gegenüber der Gesellschaft vor dem Datum dieses Vertrages.

Vorbehaltlich der übrigen Bestimmungen von Paragraph 3 widmet der leitende Angestellte seinen Aufgaben und Verantwortlichkeiten die unter den Umständen erforderliche Geschäftszeit und Aufmerksamkeit.

Der leitende Angestellte darf sich während der Laufzeit dieses Vertrages mit anderen wesentlichen Geschäftstätigkeiten befassen (sofern diese Tätigkeiten nicht in direktem Wettbewerb mit der Tätigkeit der Gesellschaft stehen), und zwar ungeachtet dessen, ob diese Geschäftstätigkeit gewerbsmäßig, mit Gewinnerzielungsabsicht oder zum finanziellen Nutzen verfolgt wird. Diese Bestimmung darf nicht so ausgelegt werden, dass sie den leitenden Angestellten daran hindert, Aktien oder Wertpapiere von Unternehmen im Privatbesitz, Personengesellschaften oder sonstigen Unternehmen oder von Unternehmen zu halten oder zu erwerben, die an einer öffentlichen Wertpapierbörse notiert sind oder regulär auf dem Freiverkehrsmarkt gehandelt werden, oder andere Anlagen zu tätigen oder sich an geschäftlichen Unternehmen zu beteiligen, die nicht mit der Tätigkeit der Gesellschaft konkurrieren.

Alle Parteien dieses Vertrages beabsichtigen, dass die Hauptaufgaben des leitenden Angestellten außerhalb des Hauptsitzes der Gesellschaft ausgeführt werden und dass der leitende Angestellte nur unregelmäßig und eingeschränkt am Hauptsitz der Gesellschaft Leistungen ausführen muss.

§ 4 Vergütung

Die Gesellschaft erklärt sich bereit, dem leitenden Angestellten direkt während der Laufzeit dieses Vertrages eine Gehaltsvergütung in Gesamthöhe von $ ▬▬▬ zu bezahlen. Der Annehmlichkeit für die Gesellschaft halber wird dem leitenden Angestellten das Gesamtgehalt auf Jahresgrundlage in einer Höhe von mindestens $ ▬▬▬ pro Jahr in mindestens zwölf (12) gleichen monatlichen Raten vorbehaltlich sämtlicher Einbehaltungen, Sozialversicherungsbeiträge und mit der Beschäftigung zusammenhängender Steuern gezahlt. Falls die Gesellschaft diesen Vertrag aus irgendeinem Grund kündigen sollte, ist in dem Fall der dann offene Saldo des Gesamtgehalts sofort an den leitenden Angestellten zahlbar. Sowohl der leitende Angestellte als auch die Gesellschaft bestätigen und vereinbaren, dass davon ausgegangen wird, dass der leitende Angestellte den Restbetrag des Gesamtgehalts bei einer solchen Kündigung ohne irgendeinen Anspruch der Gesellschaft auf Aufrechnung oder Abzug verdient hat.

the Company and shall report and be responsible only to the President of the Company. The duties and responsibilities ascribed to the Executive shall be consistent with those duties previously performed by the Executive and his/her responsibilities to the Company shall be similar to his/her responsibilities to the Company prior to the date hereof.

Subject to the provisions of Paragraph 3 the Executive shall devote such business time and attention to his/her duties and responsibilities as shalI be required under the circumstances.

The Executive may, during the term of this Agreement, be engaged in other substantial business activities (provided such activities do not directly compete with the business of the Company) whether or not such business activity is pursued for gain, profit or pecuniary advantage. This provision shall not be construed as preventing the Executive from holding or purchasing stock or securities of privately held companies, partnerships or other entities or which are listed on a national security exchange or regularly traded in the over-the-counter market, or making other investments or participating in business ventures not in competition with the business of the Company.

It is the intent of all parties hereto that the Executive's principal functions will be performed outside of the principal office of the Company and that any requirements for the Executive to perform services at the principal office of the Company will be on an irregular and limited basis.

§ 4 Compensation

The Company agrees to pay the Executive directly salary compensation during the Term of this Agreement in the aggregate amount of $ ▬▬▬. For the convenience of the Company the aggre-gate salary shall be paid to the Executive on an annual basis in an amount not less than $ ▬▬▬ per year, in at least twelve (12) equal monthly installments, subject to all withholding, social security and employment related taxes. In the event the Company should terminate this Agreement for any reason, then, in such an event, the then outstanding balance of the aggregate salary shall be immediately due and payable to the Executive. Both the Executive and the Company hereby acknowledge and agree that the Executive shall be deemed to have earned the balance of the aggregate salary upon any such termination without any right to setoff or deduction on behalf of the Company.

§ 5 Auslagen. Geldwerte Vorteile

Zusätzlich zu der in Paragraph 4 bezeichneten Vergütung erklärt sich die Gesellschaft bereit, dem leitenden Angestellten während der Laufzeit alle angemessenen, üblichen und notwendigen belegten geschäftlichen Auslagen oder Bewirtungskosten zu bezahlen oder zu erstatten, die bei der Ausführung seiner Dienstleistungen im Rahmen dieses Vertrages gemäß der unter Umständen jeweils von der Gesellschaft geänderten Form der Kostengrundsätzen der Gesellschaft angefallen sind.

Während der Laufzeit ist der leitende Angestellte ferner zur Teilnahme an allen Versicherungen zur medizinischen Erstattung berechtigt, die es unter Umständen jetzt gibt oder die künftig von der Gesellschaft zu Gunsten ihrer Mitarbeiter festgesetzt werden, jedoch vorbehaltlich der Bestimmungen dieser (jeweils geltenden) Versorgungspläne und -programme. Es gilt als vereinbart, dass der Mitarbeiter alle Kosten bezahlt, die mit einer solchen Versicherung verbunden sind.

Die Gesellschaft kann – muss jedoch nicht – auf das Leben des leitenden Angestellten, falls es versicherungsfähig ist, eine Lebensversicherung auf der Grundlage einer „Collateral Assignment Equity Split dollar-Versicherung" (d.h. die Police gehört dem Mitarbeiter oder einem von ihm geschaffenen Trust, und der Gesellschaft werden schließlich die von ihr gezahlten Prämien zurückgezahlt, während der die Prämien übersteigende Kapitalwert der Police dem Mitarbeiter oder Familienangehörigen gehört. Als Sicherheit für die Rückzahlung der vorausgezahlten Prämien überträgt der Mitarbeiter der Gesellschaft eine Beteiligung am Kapitalwert und an der Leistung im Todesfall) oder auf einer anderen Grundlage und in einer Höhe abschließen, die die Gesellschaft jeweils von Zeit zu Zeit festlegt. Das Vermögen des leitenden Angestellten wird als Begünstigter dieser Police benannt, sofern deren Gegenwert die Höhe der von der Gesellschaft gezahlten Prämien übersteigt.

Während der ersten drei (3) Jahre der Laufzeit dieses Vertrages stellt die Gesellschaft dem leitenden Angestellten ein Kraftfahrzeug zur Verfügung und zahlt die angemessenen Betriebskosten, Wartungs-, Reparatur- und Versicherungskosten, die dem leitenden Angestellten durch das Kraftfahrzeug entstehen. Bei dem Fahrzeug handelt es sich um eine viertürige Mercedes Benz Limousine der E-Klasse oder einen anderen entsprechenden Mercedes Benz.

§ 6 Entlassung durch die Gesellschaft

Die Gesellschaft ist (unter der Bedingung ihrer strikten Einhaltung der Bedingungen und Bestimmungen dieses Vertrages) berechtigt, diesen Vertrag jederzeit gemäß den nachfolgend niedergelegten Verfahrensweisen zu kündigen und den leitenden Angestellten aus hinreichendem Grund zu entlassen. Der Begriff „hinreichender Grund" wird als einer der folgenden Gründe definiert und beschränkt sich auf einen dieser folgenden Gründe:

§ 5 Expenses. Fringe Benefits

In addition to the Compensation as described in Paragraph 4, the Company agrees to pay or to reimburse the Executive during the Term for all reasonable, ordinary and necessary vouchered business or entertainment expenses incurred in the performance of her services hereunder in accordance with Company expense policy which may be amended by the Company from time to time.

During the Term, the Executive shall also be entitled to participate in all medical reimbursement benefits as they are now, or hereafter may be, established by the Company for the benefit of its employees, subject, however, to the provisions of such benefit plan and program (in effect from time to time). It is understood and agreed that the employee shall pay all costs associated with such insurance.

The Company may, but shall not be obligated to procure a life insurance policy on the life of the Executive, if insurable, on a collateral assignment equity splitdollar basis or such other basis and in such amounts as the Company may determine from time to time. The Executive's estate shall be designated the beneficiary of such policy to the extent that the proceeds thereof exceed the amount of premiums paid by the Company.

During the first three (3) years of the Term of this Agreement, the Company shall provide the Executive with a motor vehicle and pay the reasonable operating expenses, maintenance, repairs and insurance expenses the Executive incurs from the motor vehicle. The motor vehicle shall be an E Class Four (4) Door Mercedes Benz Sedan or other equivalent Mercedes Benz.

§ 6 Discharge by the Company

The Company (subject to its strict compliance with the terms and provisions hereof) shall be entitled, at any time, in accordance with the procedures set forth below, to terminate this Agreement and to discharge the Executive for Just Cause. The term "Just Cause" shall be defined as and limited to one of the following grounds:

(i) Begehung eines Betrugs gegen die Gesellschaft seitens des leitenden Angestellten, der zur Schädigung der Gesellschaft führt.

(ii) Vorsätzliches und mutwilliges Fehlverhalten seitens des leitenden Angestellten, das der Gesellschaft erheblich schadet.

(iii) Der leitende Angestellte wird eines Verbrechens, verbunden mit Verworfenheit oder Betrug, überführt, sofern dieses Verbrechen mit den Aufgaben des leitenden Angestellten im Rahmen dieses Vertrages zusammenhängt. Der leitende Angestellte erkennt jedoch an, dass nach bundesstaatlichem Recht von New Jersey Personen, die aus irgendeinem Grund eines Verbrechens überführt worden sind, nicht mit einer Kraftfahrzeugbehörde zu tun haben können.

Es wird davon ausgegangen und vereinbart, dass das Unternehmen dem leitenden Angestellten eine „gültige schriftliche Abmahnung" (gemäß nachfolgender Definition) für jeden Fall eines in den Klauseln (i), (ii) oder (iii) oben beschriebenen Umstands liefern muss und dass der leitende Angestellte das Recht hat, innerhalb von dreißig (30) Tagen nach Erhalt einer solchen gültigen schriftlichen Abmahnung die Verletzung zu beheben beziehungsweise das mutwillige Fehlverhalten einzustellen (wobei vereinbart wird, dass sich der leitende Angestellte nach besten Kräften bemüht, diese Behebung oder die Einstellung dieses mutwilligen Fehlverhaltens sobald wie möglich nach Erhalt dieser schriftlichen Abmahnung, jedoch keinesfalls später als dreißig (30) Tage danach auszuführen.

Zusätzlich gilt als vereinbart, dass die Abhilfefrist um einen angemessenen Zeitraum verlängert wird, den der leitende Angestellte zur Bewirkung der Abhilfe benötigt, falls die Abhilfe für einen derartigen Umstand dergestalt geartet ist, dass die Abhilfe nicht nach dieser dreißig-(30-)tägigen Abmahnungsfrist erfolgen kann, und sofern sich der leitende Angestellte um Bewirkung dieser Abhilfe bemüht.

Falls der leitende Angestellte diese Abhilfe ausführt, ist die Gesellschaft nicht zur Entlassung des leitenden Angestellten aus „hinreichendem Grund" berechtigt.

Eine dem leitenden Angestellten gemäß den obigen Klauseln (i), (ii) oder (iii) gelieferte schriftliche Abmahnung gilt als gültige schriftliche Abmahnung, unter Ausnahme folgender Abmahnungen, die nicht als gültige schriftliche Abmahnungen gelten:

(a) eine Abmahnung, bezüglich der ein Schiedsgremium (gemäß Bestimmung in Paragraph 10 unten) entscheidet, dass sie eine ungültige Abmahnung ist;

(b) eine schriftliche Abmahnung, die der Entlassung des leitenden Angestellten seitens der Gesellschaft vorausgegangen ist, wenn der leitende Angestellte die Grundlage der Gesellschaft für den Ablauf seines Beschäftigungsverhältnisses anficht und das Schiedsgremium (gemäß Paragraph 10 unten) entscheidet, dass die Kündigung des leitenden Angestellten unvorschriftsmäßig war, da ein hinreichender Grund nicht festgestellt werden kann (falls

(i) The Executive's perpetration of a fraud against the Company resulting in damage to the Company.

(ii) The Executive's willful and wanton misconduct that materially injures the Company.

(iii) The Executive's conviction of a felony involving moral turpitude or fraud, provided that such felony relates to the Executive's duties hereunder. The Executive does acknowledge, however, that under New Jersey State Law any person who has been convicted of a felony for any reason cannot be involved with a motor vehicle agency.

It is understood and agreed that the Corporation must provide the Executive with a "valid written notice" (as defined hereinafter) for each instance of an event described in clauses (i), (ii) and/or (iii) above and the Executive shall have the right to remedy the breach or cease the wanton misconduct, as the case may be within thirty (30) days after receipt of such valid written notice (it being agreed that the Executive shall utilize reasonable efforts to effect such remedy or cease such wanton misconduct as soon as possible after receipt of such written notice, but in no event later than thirty (30) days thereafter).

It is additionally understood and agreed that if the nature of the remedy of such an event is such that the remedy cannot take place after such thirty (30) days notice, that provided the Executive is attempting to effectuate such a remedy, the remedy period shall be extended for such reasonable time as the Executive may need to effectuate the remedy.

If the Executive effectuates such a remedy, the Company shall not have the right to discharge the Executive for "Just Cause".

Any written notice given to the Executive pursuant to clauses (i), (ii) or (iii) above shall be deemed to be a valid written notice except the following notices which shall not be deemed a valid written notice

(a) a notice which an Arbitration Panel (as provided in paragraph 10 below) determines to be an invalid notice;

(b) written notice which preceded the Company's discharge of the Executive in the event the Executive disputes the Company's basis for determination of her employment, and the Arbitration Panel (in accordance with paragraph 10 below) determines that the Executive's termination was improper because finding of Just Cause is not justified (however, if the Arbitration Panel finds Just Cause, but also finds that the breach or misconduct which das Schiedsgremium jedoch einen hinreichenden Grund feststellt, jedoch ebenso feststellt, dass der leitende Angestellte die Verletzung oder das Fehlverhalten, die bzw. das die Grundlage für die Beschuldigung seitens der Gesellschaft bildet, gemäß den Bestimmungen dieses Vertrages abgestellt hat und

(c) eine schriftliche Abmahnung, die die Gesellschaft vor einer Entscheidung durch das Schiedsgremium zurückzieht.

Falls der leitende Angestellte die Grundlage für die Kündigung seines Beschäftigungsverhältnisses anficht, wird der Streit durch Schlichtung gemäß den Bestimmungen von Absatz 10 dieses Vertrages entschieden. Während der Dauer einer solchen Streitigkeit muss die Gesellschaft dem leitenden Angestellten seine direkte Gehaltsvergütung und alle in diesem Vertrag vorgesehenen Leistungen bis zum Erlass der Entscheidung des Schiedsgremiums weiter zahlen.

(i) Falls die Entscheidung des Schiedsgremiums lautet, dass die Kündigung des leitenden Angestellten gemäß den allgemeinen Bestimmungen dieses Vertrages unvorschriftsmäßig war, wird der leitende Angestellte in diesem Fall in seine frühere Position wiedereingesetzt, und der leitende Angestellte hat Anspruch darauf, jegliche Vergütungen und Leistungen, die er nicht gemäß dem vorstehenden Satz erhalten hat, rückwirkend zusammen mit Zinsen darauf zum höchstzulässigen Zinssatz nach dem Recht des Bundesstaats ••• so zu erhalten, als ob das Beschäftigungsverhältnis des leitenden Angestellten niemals gekündigt worden wäre. Ferner werden dem leitenden Angestellten (innerhalb von zehn (10) Tagen nach dem Eintrag der Entscheidung des Schiedsgremiums) alle Anwaltsgebühren, Sachverständigen-Zeugen-Gebühren, Rechnungsgebühren und alle sonstigen Kosten oder Auslagen erstattet, die dem leitenden Angestellten in einer solchen Angelegenheit entstanden sind.

(ii) Die Parteien vereinbaren, dass der leitende Angestellte, falls er eine Kündigung wie hierin vorgesehen anfechtet, bis zum Erlass einer Entscheidung durch das Schiedsgremium unter dem Vorbehalt der obigen Bestimmungen weiterhin alle geldwerten Vorteile, die ihm zur Verfügung stehen, zusammen mit der fortgesetzten Nutzung eines Kraftfahrzeugs weiterhin erhält und nicht als gekündigter Mitarbeiter gilt.

§ 7 Erwerbsunfähigkeit, Tod

Bei Tod oder Erwerbsunfähigkeit des Mitarbeiters gilt Folgendes:

Beim Tod des Mitarbeiters zahlt die Gesellschaft die in Paragraph 4 dieses Vertrages bezeichnete Vergütung weiter an den Nachlass des leitenden Angestellten. Der leitende Angestellte kann der Gesellschaft jedoch jederzeit vor seinem Tod ein notariell beurkundetes Anweisungsschreiben liefern, das die Gesellschaft anweist, den Restbetrag der beim Tod fälligen Gesamtvergütung an die in diesem Anweisungsschreiben bezeichneten juristischen oder natürlichen Personen oder Trusts zu zahlen.

is the basis of the Company's charge has been remedied by the Executive pursuant to the terms hereof) and

(c) a written notice which is withdrawn by the Company prior to a decision by the Arbitration Panel.

If the Executive disputes the basis for the termination of her employment, the controversy shall be decided by Arbitration as provided in paragraph 10 of this Agreement. During the time of such dispute the Company shall be required to continue to pay the Executive her direct salary compensation and all benefits as provided in this Agreement until the decision of the Arbitration Panel is rendered.

(i) If the decision of the Arbitration Panel is that the Executive's termination was improper under the terms and conditions of this Agreement, then and in that event, the Executive shall be reinstated to his/her former position, and the Executive shall be entitled to receive any and all compensation and benefits which were not received as provided in the preceding sentence retroactively along with interest thereon at the maximum rate allowable under the laws of the State of •••, retroactively, as if the Executive's employment had never been terminated. In addition, the Executive shall be reimbursed (within ten (10) working days after the entry of the Arbitration Panel's decision), for all attorney's fees, expert witness fees, accounting fees, and any other costs or expenses incurred by the Executive in such a matter.

(ii) The parties agree that if the Executive disputes a termination as provided herein, until a decision is rendered by the Arbitration Panel, subject to the above provisions, she/he shall continue to receive all fringe benefits available to her along with the continued utilization of a motor vehicle, and shall not be deemed a terminated employee.

§ 7 Disability, Death

Upon the death or disability of the employee, the following shall apply:

Upon the employee's death the Company shall continue to pay the compensation described in paragraph 4 hereof to the Estate of the Executive. The Executive, however, may at any time prior to her death deliver to the Company a notarized Letter of Instructions directing the Company to pay the balance of the aggregate compensation due upon death to such entities, individuals or trusts as described in such Letter of Instructions.

§ 1 Verträge mit Arbeitnehmern, freien Mitarbeitern und Gesellschaftsorganen

Im Falle der nachfolgend definierten Erwerbsunfähigkeit des leitenden Angestellten zahlt die Gesellschaft weiterhin bis zum Ablaufdatum dieses Vertrages alle hierin beschriebenen Vergütungen und sonstigen Leistungen an den leitenden Angestellten oder den gesetzlich bestimmten Vormund oder Verwalter des leitenden Angestellten.

Im Sinne dieses Vertrages bedeutet der Begriff „Erwerbsunfähigkeit", dass der leitende Angestellte seine gewohnten und üblichen Aufgaben für die Gesellschaft innerhalb eines fortlaufenden Zeitraums von einhundertachtzig (180) Tagen während Zeiträumen von insgesamt einhundertzwanzig (120) Tagen (in Folge oder mit Unterbrechungen) nicht ausführen kann. Es gilt jedoch als vereinbart, dass die Gesellschaft ungeachtet der Erwerbsunfähigkeit des Mitarbeiters verpflichtet ist, dem Mitarbeiter die Vergütung, Leistungen und sonstigen Einkünfte zu zahlen, die hierin oben beschrieben sind.

§ 8 Nichtkonkurrenz und Schutz vertraulicher Informationen

Der leitende Angestellte erklärt sich bereit, während seiner Beschäftigung bei der Gesellschaft und für eine Dauer von drei (3) Jahren nach dem Zeitpunkt der Beendigung seines Beschäftigungsverhältnisses (bei dem es sich im Falle der Entlassung aus hinreichendem Grund ungeachtet der Schlichtungsbestimmungen um das Datum handelt, an dem die Gesellschaft den leitenden Angestellten entlassen hat) Folgendes weder direkt noch indirekt zu tun:

(i) auf irgendeine Weise zu versuchen, einen Kunden der Gesellschaft (außer im Namen der Gesellschaft) um Geschäfte der Art anzugehen, die gegenwärtig von der Gesellschaft ausgeführt werden; oder

(ii) Personen zu beschäftigen oder zu beschäftigen versuchen oder einem anderen dabei zu helfen, Personen zu beschäftigen (außer durch Schreiben unverlangter Empfehlungsschreiben), die zu jenem Zeitpunkt oder irgendwann während des vorangegangenen Jahrs bei der Gesellschaft beschäftigt waren.

„Kunde" in der in diesem Paragraph 8 gebrauchten Form bezeichnet (1) jeden, der zu jenem Zeitpunkt Kunde der Gesellschaft oder einer ihrer tätigen Tochtergesellschaften ist, (2) jeden, der irgendwann während eines Zeitraums von einem Jahr unmittelbar vor dem Datum der Kündigung des Beschäftigungsverhältnisses ein solcher Kunde gewesen ist.

Der leitende Angestellte erklärt sich ferner bereit, niemals (weder während der Laufzeit noch nach Kündigung dieses Vertrages) irgendjemandem vertrauliche Informationen oder Geschäftsgeheimnisse der Gesellschaft zu offenbaren oder diese vertraulichen Informationen oder Geschäftsgeheimnisse zu seinem eigenen Vorteil oder zu Gunsten Dritter zu nutzen. Der Begriff „vertrauliche Informationen oder Geschäftsgeheimnisse der Gesellschaft" schließt keine Informationen mit ein, die der Öffentlichkeit allgemein verfügbar werden.

In the event of the hereinafter defined Disability of the Executive, the Company shall continue to pay through the expiration date of this Agreement all compensation and other benefits described herein to the Executive or the Executive's legally appointed guardian or administrator.

For purposes of this Agreement the term "disability" shall mean the Executive's inability to perform her customary and usual duties on behalf of the Company for periods aggregating one hundred twenty (120) days (whether or not continuous) in any continuous one hundred and eighty (180) day period. It is understood and agreed however that regardless of the employee's disability, the Company is obligated to pay the employee the compensation, benefits and other emoluments as described above herein.

§ 8 Non-Competition and Protection of Confidential Information

The Executive agrees that while she/he is in the Company's employ and for a three (3) year period after the termination of her/his employment (which in the case of discharge for Just Cause shall be the date the Company discharged the Executive, without regard to the arbitration provisions), she/he shall not, directly or indirectly:

(i) attempt in any manner to solicit from any customer of the Company (other than on behalf of the Company) business of the type currently performed by the Company; or

(ii) employ or attempt to employ or assist anyone else to employ (other than writing or unsolicited letter of recommendation) any person who is then, or who at any time during the preceding year was in the employ of the Company.

As used in this Paragraph 8, "customer" shall mean (1) anyone who is then a customer of the Company; or any of its operating subsidiaries (2) anyone who was such a customer at any time during the one year period immediately preceding the date of termination of employment.

The Executive also agrees that she/he will not at any time (whether during the Term or after termination of this Agreement), disclose to anyone any confidential information or trade secret of the Company or utilize such confidential information or trade secret for his own benefit, or for the benefit of third parties. The term Confidential information or trade secret of the Company does not include any information which becomes generally available to the public.

Falls der leitende Angestellte eine Verletzung einer der Bestimmungen von (i) und (ii) oben begeht oder zu begehen droht, hat die Gesellschaft das Recht, die Bestimmungen dieses Vertrages von einem Gericht mit billigkeitsrechtlicher Zuständigkeit speziell geltend zu machen, ohne dass sie eine Sicherheit stellen muss, und ohne dass sie nachweisen muss, dass im Common Law Verfahren kein Rechtsbehelf verfügbar ist, wobei bestätigt und zugestimmt wird, dass eine solche Verletzung oder drohende Verletzung der Gesellschaft irreparablen Schaden zufügen wird und dass ein finanzieller Schadenersatz der Gesellschaft keine angemessene Abhilfe liefern wird. Zusätzlich kann die Gesellschaft alle sonstigen Maßnahmen und Rechtsmittel ergreifen, die ihr nach Common Law oder Equity Law zur Verfügung stehen, und hat Anspruch auf Schadenersatz für den Schaden, der ihr nachweislich aufgrund dieser Verletzung entstanden ist.	If the Executive commits a breach or threatens to commit a breach, of any of the provisions of (i) or (ii) above, the Company shall have the right to have the provisions of this Agreement specifically enforced by any court having equity Diction without being required to post bond or other security and without having to prove the inadequacy of the available remedies at law, it being acknowledged and agreed that any such breach or threatened breach will cause irreparable injury to the Company and that money damages will not provide an adequate remedy to the Company. In addition, the Company may take all such other actions and remedies available to it under law or in equity and shall be entitled to such damages as it can show it has sustained by reason of such breach.
Falls eine der vertraglichen Verpflichtungen in (i) oder (ii) oben oder ein Teil davon später als ungültig oder undurchsetzbar ausgelegt wird, beeinträchtigt dies den Rest der vertraglichen Verpflichtung oder die übrigen vertraglichen Verpflichtungen nicht, denen ungeachtet der ungültigen Teile volle Wirkung verliehen wird.	If any of the covenants in (i) or (ii) above, or any part thereof, is hereafter construed to be invalid or unenforceable, the same shall not affect the remainder of the covenant or covenants, which shall be given full effect without regard to the invalid portions.
Falls eine der in (i) oder (ii) enthaltenen vertraglichen Verpflichtungen oder ein Teil davon aufgrund der Dauer dieser Bestimmung oder des dadurch abgedeckten Gebiets für undurchsetzbar gehalten wird, vereinbaren die Parteien, dass das Gericht die Befugnis hat, die Dauer beziehungsweise die Gebiete dieser Bestimmung zu reduzieren. Diese Bestimmung ist daraufhin in ihrer reduzierten Form durchsetzbar.	If any of the covenants contained in (i) or (ii), or any part thereof, is held to be unenforceable because of the duration of such provision or the area covered thereby, the parties agree that the court shall have the power to reduce the duration and/or areas of such provision. Such provision is then, in its reduced form, enforceable.
Ungeachtet gegenteiliger Bestimmungen in Paragraph 8 steht der leitende Angestellte unter keiner der in Paragraph 8 niedergelegten Beschränkungen, falls er auf andere Weise als aus hinreichendem Grund gemäß Paragraph 6 entlassen und nicht später mit voller Vergütung und vollen Leistungen gemäß den Bestimmungen in Paragraph 6 wiedereingesetzt wird.	Notwithstanding the contrary contained in Paragraph 8, the Executive shall not be under any of the restrictions set forth in Paragraph 8 if he is discharged otherwise than for "Just Cause" as provided in Paragraph 6 and not subsequently reinstated with full compensation and benefits as provided in Paragraph 6.
§ 9 Durchsetzbarkeit	**§ 9 Enforceability**
Falls eine Partei es irgendwann unterlässt, von der anderen Partei die Erfüllung einer Bestimmung im Rahmen dieses Vertrages zu verlangen, beeinträchtigt das keinesfalls das Recht jener Partei, diese Bestimmung zu einem späteren Zeitpunkt geltend zu machen, und es beeinträchtigt auch nicht das Recht einer anderen Partei, diese oder eine der anderen Bestimmungen dieses Vertrages geltend zu machen, und der Verzicht einer Partei auf die Anwendung von Rechtsmitteln bei der Verletzung einer Bestimmung dieses Vertrages gilt nicht als Verzicht auf Rechtsmittel bei weiteren Verletzungen dieser Bestimmung oder als Verzicht auf die Bestimmung selbst.	The failure of either party at any time to require performance by the other party of any provision hereunder shall in no way affect the right of that party thereafter to enforce the same, nor shall it affect any other party's right to enforce the same, or to enforce any of the other provisions in this Agreement; nor shall the waiver by either party of the breach of any provision hereof be taken or held to be a waiver of any subsequent breach of such provision or as a waiver of the provision itself.
§ 10 Schlichtung	**§ 10 Arbitration**
Alle Meinungsverschiedenheiten, Forderungen oder Streitfälle, die sich aus der Beendigung des Beschäftigungsverhältnisses des leitenden Angestellten im Rahmen dieses Vertrages ergeben oder damit zusammenhän-	Any controversy, claim or dispute arising out of or in connection with the termination of the Executive's employment under this Agreement shall be submitted to arbitration in ■■■, ■■■ before three (3) arbitrators in

gen, werden einem Schiedsgerichtsverfahren in ■■■, ■■■, vor drei (3) Schiedsrichtern gemäß der zu jenem Zeitpunkt bestehenden Schiedsordnung der American Arbitration Association unterworfen, jedoch mit der Maßgabe, dass der leitende Angestellte und die Gesellschaft innerhalb von vierzehn (14) Tagen nach Eingang eines Antrags bei der nicht beantragenden Partei (Einschreiben mit Rückschein) jeweils einen (1) Schiedsrichter ernennen und diese ernannten Schiedsrichter sich umgehend über die Ernennung des dritten Schiedsrichters einigen, und unter der Bedingung, dass der dritte Schiedsrichter in Ermangelung einer solchen Einigung von der American Arbitration Association benannt wird. Die obsiegende Partei eines solchen Schiedsgerichtsverfahrens hat Anspruch auf Zuerkennung aller Anwaltsgebühren, Steuerberaterkosten (*accountant fees*), Sachverständigen-Zeugen-Gebühren und anderen Kosten und Aufwendungen, die der obsiegenden Partei innerhalb dieses Schiedsgerichtsverfahrens entstanden sind. Außerdem bezahlt die nicht obsiegende Partei alle Honorare und Auslagen aller Schiedsrichter. Eine Entscheidung oder ein Schiedsspruch (*reward; award*), die beziehungsweise der durch dieses Schiedsgerichtsverfahren erlassen wird, ist für die Parteien dieses Vertrages endgültig, und ein Urteil darüber kann bei jedem zuständigen Gericht eingetragen werden. In einem solchen Schiedsgerichtsverfahren finden die New Jersey Rules of Discovery Anwendung.

§ 11 Übertragung

Dieser Vertrag und die Rechte und Pflichten des leitenden Angestellten aus diesem Vertrag dürfen von dem leitenden Angestellten nicht übertragen werden. Im Falle des Verkaufs, der Übertragung oder sonstigen Veräußerung oder Abtretung aller oder im Wesentlichen aller Geschäftszweige, Aktien beziehungsweise Vermögenswerte der Gesellschaft oder der Übertragung der Verpflichtungen der Gesellschaft aus diesem Vertrag gilt es als vereinbart, dass der dann verbleibende Gesamtteil der Vergütung des leitenden Angestellten, der in Paragraph 3 dieses Vertrages beschrieben ist, sofort in einem Pauschalbetrag an den leitenden Angestellten zahlbar ist.

§ 12 Änderung

Dieser Vertrag darf nicht mündlich aufgehoben, geändert, eingeschränkt oder ergänzt werden, und eine Aufhebung, Änderung, Einschränkung oder Ergänzung ist nur dann rechtswirksam oder bindend, wenn sie in schriftlicher Form erfolgt und von beiden Parteien dieses Vertrages unterzeichnet wurde.

§ 13 Salvatorische Klausel: Fortbestand

Falls eine Bestimmung dieses Vertrages von einem zuständigen Gericht für ungültig und undurchsetzbar befunden wird, sind die übrigen Bestimmungen dieses Vertrages dennoch mit derselben Wirkung für die Parteien dergestalt bindend, als ob der ungültige oder undurchsetzbare Teil abgetrennt und gestrichen worden wäre. Die Bestimmungen von Paragraph 8 dieses Vertrages überdauern die Beendigung dieses Vertrages.

accordance with the Rules then obtaining of the American Arbitration Association; provided, however, that within fourteen (14) days after a demand for arbitration has been received (certified mail return receipt requested) by the non-demanding party, the Executive and the Company, shall each designate one (1) arbitrator and such designated arbitrators shall immediately agree on the designation of the third arbitrator; and provided however, that failing such agreement, the third arbitration shall be named by the American Arbitration Association. The prevailing party of any such Arbitration shall be entitled to an award of all attorney fees, accountant fees, expert witness fees and other costs and expenses incurred by the prevailing party in such Arbitration. In addition, the non-prevailing party shall pay all fees and expenses of all of the arbiters. Any decision or reward rendered by such arbitration shall be final and binding upon the parties hereto and judgment may be entered thereon in any court having competent jurisdiction. The New Jersey Rules of Discovery shall apply in any such Arbitration.

§ 11 Assignment

This Agreement, and the Executive's rights and obligations hereunder, may not be assigned by the Executive. In the event of the sale, transfer or other disposition or assignment of all or substantially all of the Company's business, stock and/or assets or the assignment of the Company's obligations hereunder, it is understood and agreed that the then remaining aggregate portion of the Executive's compensation as described in Paragraph 3 hereof shall be then immediately due and payable to the Executive in a lump sum.

§ 12 Modification

This Agreement may not be orally cancelled, changed, modified or amended, and no cancellation, change, modification or amendment type shall be effective or binding unless in writing and signed by both parties to this Agreement.

§ 13 Severability: Survival

In the event any provision of this Agreement is found to be void and unenforceable by a court of competent jurisdiction, the remaining provisions of this Agreement shall nevertheless be binding upon the parties with the same effect as though the void or unenforceable part had been severed and deleted. The provisions of Paragraph 8 hereof shall survive the termination of this Agreement.

§ 14 Benachrichtigungen

Sämtliche Benachrichtigungen, Forderungen, Ansprüche, Zustimmungen, Genehmigungen oder sonstigen Mitteilungen im Rahmen dieses Vertrages erfolgen in schriftlicher Form und gelten erst nach deren Übergabe beziehungsweise Eingang als geliefert, falls sie per Boten gegen Quittung oder per frankiertem Einschreiben mit Rückschein an folgende Anschriften der Parteien (oder andere, von einer Partei den anderen mitgeteilte Anschriften) geliefert beziehungsweise übersandt wurden:

Falls an den leitenden Angestellten: ▪▪▪

Mit erforderlicher Kopie an: ▪▪▪

Tel: ▪▪▪ / Fax: ▪▪▪

Falls an die Gesellschaft: ▪▪▪

Mit erforderlicher Kopie an: ▪▪▪

Tel: ▪▪▪ / Fax: ▪▪▪

§ 15 Geltendes Recht

Dieser Vertrag wird nach dem Recht des Bundesstaats ▪▪▪ geregelt und ausgelegt.

§ 16 Ausfertigungen

Dieser Vertrag kann gleichzeitig in zwei (2) Ausfertigungen unterfertigt werden, die beide jeweils ein Original sind, die jedoch alle zusammen ein- und dasselbe Original darstellen.

§ 17 Vollständige Vereinbarung

Dieser Vertrag stellt die vollständige Vereinbarung zwischen der Gesellschaft und dem leitenden Angestellten über den Gegenstand dieses Vertrages dar, und alle früheren schriftlichen oder mündlichen Vereinbarungen, die die Beschäftigung des leitenden Angestellten betreffen, werden hierdurch aufgehoben und ersetzt.

§ 18 Überschriften

Die in diesem Vertrag enthaltenen Überschriften dienen lediglich zur Bezugnahme und wirken sich nicht auf die Bedeutung oder Auslegung dieses Vertrages aus.

§ 19 Gerichtsstand

Alle Klagen, Prozesse oder Verfahren (darunter unter anderem insbesondere Schiedsgerichtsverfahren) in Bezug auf diesen Vertrag müssen im Verwaltungsbezirk ▪▪▪, ▪▪▪, geführt werden, und die Parteien dieses Vertrages erkennen die ausschließliche Zuständigkeit jener Gerichte in diesem Verwaltungsbezirk an.

§ 20 Vertragsgrundlage

Die Vertragsgrundlage, die in der Einleitung dieses Vertrages niedergelegt ist, ist wahrheitsgemäß und richtig und ist durch diesen Verweis in diesem Vertrag enthalten.

§ 14 Notices

All notices, demands, claims, consents, approvals, or other communications under this Agreement shall be in writing and shall be deemed to have been given only upon the delivery or receipt thereof, as the case may be, if delivered personally with receipt or sent by certified mail return receipt requested, postage prepaid to the parties at the following addresses (or at such other addresses) as a party may specify by notice to the others:

If to the Executive: ▪▪▪

With Required Copy to: ▪▪▪

Tel: ▪▪▪ / Telefax: ▪▪▪

If to the Company: ▪▪▪

With required copy to: ▪▪▪

Tel: ▪▪▪ / Telefax: ▪▪▪

§ 15 Applicable Law

This Agreement shall be governed by and construed in accordance with the laws of the State of ▪▪▪.

§ 16 Counterparts

This Agreement may be executed simultaneously in two (2) counterparts, each of which shall be an original, but all of which together shall constitute one and the same original.

§ 17 Entire Agreement

This Agreement represents the entire agreement between the Company and the Executive with respect to the subject matter hereof, and all prior agreements relating to the employment of the Executive, written or oral are nullified and superseded hereby.

§ 18 Headings

The headings contained in this Agreement are for reference purposes only, and shall not affect the meaning or interpretation of this Agreement.

§ 19 Venue

All suits, actions or proceedings (specifically including but not limited to arbitration proceedings) with respect to this Agreement must be maintained in ▪▪▪ County, ▪▪▪ and the parties hereto accept the exclusive jurisdiction of those courts in that county.

§ 20 Recitals

The Recitals set forth in the preamble of this Agreement are true and correct and incorporated herein by this reference.

§ 21 Anwaltsgebühren

Im Falle von Prozessen oder Schiedsgerichtsverfahren im Rahmen dieses Vertrages wird bestätigt und vereinbart, dass die in einem solchen Prozess oder Schiedsgerichtsverfahren obsiegende Partei Anspruch auf Zuerkennung aller Anwaltsgebühren, Schlichtungskosten, Rechnungsgebühren, Sachverständigen-Zeugen-Gebühren und entsprechendes auf allen Ebenen von Schiedsgerichten, erstinstanzlichen Gerichten und Berufungsgerichten hat.

Zu Urkunde dessen haben die Parteien an dem eingangs angegebenen Datum unterzeichnet und ihr Siegel angebracht.

Gesellschaft: ▪▪▪
Durch: ▪▪▪
Funktion: ▪▪▪
Mitarbeiter: ▪▪▪

§ 21 Attorney's Fees

In the event of any litigation or arbitration hereunder, it is acknowledged and agreed that the prevailing party in such litigation or arbitration shall be entitled to an award of all attorney's fees, arbitration costs, accounting fees, expert witness fees and the like at all arbitration, trial and appellate court levels.

In witness whereof, the parties here set their hands and seals as of the day and year first above written.

Company: ▪▪▪
By: ▪▪▪
As Its: ▪▪▪
Employee: ▪▪▪

4. Muster: US-amerikanischer Arbeitsvertrag mit Bereichsleiter

Arbeitsvertrag

Dieser Arbeitsvertrag („Vertrag") wird geschlossen zwischen

▪▪▪ GmbH, einer nach deutschem Recht gegründeten und bestehenden Gesellschaft

– nachfolgend „Gesellschaft" bezeichnet –

und

▪▪▪, einer in Deutschland wohnhaften natürlichen Person

– nachfolgend „Mitarbeiter" bezeichnet –

Mit Wirkung zum ▪▪▪ wird der Mitarbeiter hiermit zu den nachfolgenden Bedingungen und Bestimmungen als Bezirksleiter der Gesellschaft beschäftigt:

§ 1 Stellung und Aufgabenbereich

1.1 Der Mitarbeiter bemüht sich nach besten Kräften, die Geschäfte und Interessen der Gesellschaft zu fördern und zu unterstützen. Der Mitarbeiter führt seine Aufgaben gemäß den Bestimmungen dieses Vertrages, den allgemeinen und besonderen Anweisungen und Instruktionen der Geschäftsführung der Gesellschaft und gemäß geltendem Recht aus. Der Mitarbeiter stellt der Gesellschaft auf kompetente, wirksame und professionelle Weise Dienstleistungen bereit.

1.2 Der Mitarbeiter untersteht dem ▪▪▪ regionalen Vertriebsleiter Süd, oder einer anderen solchen Person, die die Gesellschaft jeweils bestimmt, und ist diesem bzw., dieser Person gegenüber rechenschaftspflichtig.

1.3 Grundsätzlicher Arbeitsort des Mitarbeiters ist ▪▪▪ in Deutschland, jedoch ist es erforderlich, dass der Mitarbeiter entsprechend den Geschäftsbedürfnissen ganz Deutschland bereist. Die Gesellschaft behält sich das Recht vor, von dem Mitarbeiter zu verlangen, an einem der in Deutschland gelegenen Standorte der Gesellschaft zu arbeiten, den die

Employment agreement

This Employment Agreement ("Agreement") is entered into by and between

▪▪▪ GmbH, a company organized and existing under the laws of Germany

– hereinafter referred to as the "Company" –

And

▪▪▪, an individual residing in Germany

– hereinafter referred to as the "Employee" –

Effective as of ▪▪▪ Employee is hereby employed as District Manager, of the Company, subject to the following terms and conditions:

§ 1 Position and Scope of Duties

1.1 The Employee shall use his best efforts in promoting and furthering the business and the interests of the Company. The Employee shall perform his duties in accordance with the provisions of this Agreement, the general and specific directions and instructions given by the Company's management, and in accordance with applicable law. The Employee will provide services to the Company in a competent, efficient and professional manner.

1.2 The Employee shall report and account to ▪▪▪, Regional Sales Manager – South, or any other such person the Company may designate from time to time.

1.3 The Employee's principle place of work shall be ▪▪▪ in Germany, but the Employee will be required to travel throughout Germany as business needs require. The Company reserves the right to require the Employee to work at any of the premises located in Germany that the Company might occupy during the term of this Agree-

Gesellschaft unter Umständen während der Laufzeit dieses Vertrages einnimmt.

1.4 Die Gesellschaft kann den Mitarbeiter nach ihrem alleinigen Ermessen anderen Tätigkeiten zuordnen, die seinen fachlichen oder beruflichen Qualifikationen und Arbeitserfahrungen entsprechen und mit ihnen im Einklang stehen.

§ 2 Sonstige Tätigkeiten

2.1 Der Mitarbeiter widmet seine gesamte Arbeitszeit und seine besten Kräfte der wirtschaftlichen Tätigkeit der Gesellschaft. Grundlegende Arbeitszeit sind 40 Stunden pro Woche, montags bis freitags von 8 bis 17 Uhr, einschließlich einer Stunde Mittagspause. Bei Bedarf behält sich die Gesellschaft jedoch das Recht vor, die Arbeitszeit des Mitarbeiters zu ändern.

2.2 Der Mitarbeiter leistet alle Überstunden, die die Gesellschaft jeweils berechtigter Weise verlangt. Die Parteien vereinbaren, dass die Vergütung für Überstunden, die der Mitarbeiter diesbezüglich geleistet hat, in das Gehalt des Mitarbeiters gemäß § 3.1 dieses Vertrages einbezogen wird.

2.3 Alle vergüteten oder nicht vergüteten Tätigkeiten, die mit der Gesellschaft konkurrieren, sowie alle Tätigkeiten, die den Konkurrenzunternehmen der Gesellschaft direkt oder indirekt zugute kommen, sind während der Dauer des Arbeitsverhältnisses streng verboten. Der Mitarbeiter darf sich ausschließlich mit schriftlicher Zustimmung der Gesellschaft auf eine zusätzliche (Neben-)Beschäftigung einlassen, die nicht im Widerspruch zu den Interessen der Gesellschaft steht.

§ 3 Gehalt und sonstige Zahlungen

3.1 Der Mitarbeiter erhält ein Jahresbruttogehalt in Höhe von EUR ■■■, das in zwölf gleichen monatlichen Raten nach sämtlichen Abzügen für Steuern und Sozialversicherungsbeiträge am Ende des Kalendermonats zahlbar ist.

3.2 Ferner hat der Mitarbeiter Anspruch auf eine jährliche Bruttoprovisionszahlung in Höhe von EUR ■■■, die auf 100%iger Erfüllung der angestrebten Umsatzerlösziele beruht.

3.3 Jährliche MBO in Höhe von EUR ■■■, gezahlt vierteljährlich.

3.4 Ihre auf Jahresbasis umgerechneten vorgegebenen Ertragsziele werden auf EUR ■■■ geschätzt.

3.5 Etwaige zusätzliche Prämien und sonstige Sondervergütungen werden auf freiwilliger Basis gezahlt, und die Gesellschaft behält sich hiermit das Recht vor, diese Prämien oder Sondervergütungen jederzeit zu entziehen.

3.6 Die Muttergesellschaft der Gesellschaft, ■■■ Corporation, gewährt dem Mitarbeiter eine Option auf 3.000 Stammaktien der ■■■ Corporation, sofern das Board of Directors der ■■■ Corporation dies genehmigt. Optionspreis ist der Börsenschlusskurs der Aktien am ersten Beschäftigungstag des Mitarbeiters bei ■■■. Falls der erste Beschäftigungstag des Mitarbeiters auf ein Datum fällt, an

ment.

1.4 The Company may, at its sole discretion, assign the Employee to other activities, which correspond to and are commensurate with his or her professional or vocational qualifications and work experience.

§ 2 Other Activities

2.1 The Employee shall devote his or her full working time and ability to the Company's business. The basic working hours are 40 hours per week, Monday through Friday from 8 a.m. to 5 p.m., including one hour for lunch. However, if necessary, the Company reserves the right to change the Employee's working hours.

2.2 The Employee shall perform such overtime services as may reasonably be requested by the Company from time to time. The parties agree that the remuneration for any overtime services performed by the Employee in this respect will be included in the Employee's salary according to § 3.1 of this Agreement.

2.3 Any activity, whether remunerated or not, in competition with the Company, as well as any activity directly or indirectly benefiting the Company's competitors, is strictly prohibited during the term of employment. The Employee may engage in an additional (secondary) occupation not conflicting with the Company's interests only upon written consent of the Company.

§ 3 Salary and Other Payments

3.1 The Employee shall receive an annual gross salary of EUR ■■■ payable in twelve equal monthly installments after all statutory deductions for taxes and social security contributions at the end of the calendar month.

3.2 In addition, the employee is entitled to an annual gross commission payment of EUR ■■■ based on a 100% fulfillment of the target revenue goals.

3.3 Annual MBO of EUR ■■■ paid quarterly.

3.4 Your annualized on-target earning is estimated to be EUR ■■■.

3.5 Any additional bonuses and other gratuities are paid on a voluntary basis and the Company hereby reserves the right to revoke such bonuses or gratuities at any time.

3.6 The Company's parent, ■■■ Corporation, will grant the employee an option on 3,000 shares of common stock of ■■■ Corporation, subject to approval of the board of directors of ■■■ Corporation. The option price will be the closing market price of the stock on the employee's first day of employment with ■■■. In the event the employee's first day of employment occurs on dem die Börsen geschlossen haben, ist der Optionspreis des Mitarbeiters der Börsenschlusskurs des ersten Börsentags nach dem ersten Beschäftigungstag des Mitarbeiters. Die Anwartschaftsbegründung beginnt ab Einstellungsdatum des Mitarbeiters und dauert vier Jahre, mit einem Jahr aufgeschobener Übertragung (*cliff vesting*) für die ersten 25 Prozent.

§ 4 Auslagen

4.1 Reisespesen und sonstige, unter angemessenen Umständen vom Mitarbeiter im Interesse der Gesellschaft getätigte Auslagen werden gegen Vorlage ordnungsgemäßer Quittungen gemäß den Kostengrundsätzen und Anweisungen der Gesellschaft und gemäß den geltenden deutschen Gesetzen und Vorschriften erstattet.

§ 5 Fahrzeugpauschale

5.1 Der Mitarbeiter hat Anspruch auf eine jährliche Fahrzeugpauschale in Höhe von EUR ▪▪▪ brutto.

5.2 Der Mitarbeiter ist für die Wartung des Fahrzeugs verantwortlich und unterhält alle erforderlichen Versicherungen. Die Gesellschaft behält sich das Recht vor, das Fahrzeug zusätzlich zu versichern. Der Mitarbeiter stellt der Gesellschaft diesbezüglich alle notwendigen Auskünfte und Unterlagen zur Verfügung.

§ 6 Urlaub

6.1 Der Mitarbeiter hat Anspruch auf 24 Arbeitstage bezahlten Urlaub im ersten Beschäftigungsjahr und 30 Arbeitstage bezahlten Urlaub pro Jahr nach Vollendung des ersten Beschäftigungsjahrs. Die Planung des Urlaubs des Mitarbeiters wird unter Berücksichtigung der geschäftlichen Bedürfnisse der Gesellschaft mit der Geschäftsführung der Gesellschaft vereinbart.

6.2 Der Urlaubsanspruch für das Kalenderjahr wird vor dem 31. Dezember desselben Jahres genommen. Sollte dies nicht geschehen, so hat dies den Verfall der nicht in Anspruch genommenen Urlaubszeit zur Folge, sofern nicht wichtige geschäftliche oder private Gründe die Inanspruchnahme des Urlaubs im laufenden Jahr verhindert haben; in diesem Fall dürfen die verbleibenden Urlaubstage auf das folgende Kalenderjahr vorgetragen werden, jedoch mit der Maßgabe, dass alle aus dem vergangenen Jahr vorgetragenen Urlaubstage am 31. März des Folgejahres verfallen.

6.3 Die Jahresurlaubstage können anteilig während des geltenden Kalenderjahres genommen werden.

§ 7 Krankheit und andere Abwesenheiten

7.1 Falls der Mitarbeiter auf Grund eines unvorhergesehenen Umstands an der Arbeit gehindert ist, unterrichtet er die Gesellschaft am ersten Morgen dieses Umstands davon und gibt den Grund und die erwartete Dauer seiner Abwesenheit an.

7.2 Falls der Mitarbeiter länger als drei Tage in Folge krank ist, reicht der Mitarbeiter ungeachtet der erwarteten Dauer seiner Abwesenheit eine ärztliche Bescheinigung bei der Gesellschaft ein, die seine Arbeitsunfähigkeit bestätigt.

a date the markets are closed, the employee's option price will be the closing market price of the stock on the first trading day following the employee's first day of employment. Vesting begins as of the employee's hiring date and continues over four years, with one year cliff vesting for the first 25 percent.

§ 4 Expenses

4.1 Travel and other business expenses reasonably incurred by the Employee in the interest of the Company shall be reimbursed against submission of proper receipts in accordance with the Company's expense policies and instructions and in accordance with the applicable German laws and regulations.

§ 5 Car Allowance

5.1 The Employee shall be entitled to an annual car allowance in the gross amount EUR ▪▪▪.

5.2 The Employee shall be responsible for the maintenance of the car and will carry all necessary insurance. Company reserves the right to carry additional insurance for the car. The Employee shall provide Company with all necessary information and documentation in this regard.

§ 6 Vacation

6.1 The Employee shall be entitled to 24 paid working days of vacation in the first year of employment and 30 paid working days of vacation per year after completion of the first year of employment. The scheduling of the Employee's vacation shall be agreed upon with the Company's management, taking into consideration the business needs of the Company.

6.2 Vacation entitlement for the calendar year shall be taken before December 31 of the same year. Failure to do so will result in the forfeiture of such vacation time not taken, unless important business or personal reasons did not permit the vacation to be taken in the current year, in which case the remaining vacation days may be carried forward to the following calendar year, provided, however, that any vacation days carried forward from the past calendar year shall be forfeited on March 31 of the following year.

6.3 The annual vacation days may be taken pro rata during the applicable calendar year.

§ 7 Sickness and other Absences

7.1 If the Employee is prevented from working because of any unforeseen event, he shall inform the Company on the first morning thereof and indicate the reason for and expected duration of this absence.

7.2 If the Employee is sick for more than three consecutive days, the Employee will submit to the Company a doctor's certificate confirming his inability to work, regardless of the expected duration of his absence. On

Jedes Mal, wenn eine ärztliche Bescheinigung abläuft oder wenn der Mitarbeiter nicht erwartet, an seinen Arbeitsplatz zurückzukehren, muss der Mitarbeiter die Gesellschaft am ersten Morgen nach Ablauf der ärztlichen Bescheinigung benachrichtigen.	each occasion a medical certificate expires or the Employee does not anticipate returning to work, the Employee must notify the Company on the first morning following the expiration of the medical certification.
7.3 Die Nichteinhaltung der vorstehenden Bestimmungen berechtigt die Gesellschaft zur fristlosen Kündigung des Beschäftigungsverhältnisses.	7.3 Failure to observe the foregoing provisions shall entitle the Company to terminate the employment without notice.
7.4 Falls der Mitarbeiter krankheitsbedingt an der Arbeit gehindert wird, zahlt ihm die Gesellschaft sein Gehalt für eine Dauer von sechs Wochen gemäß den Bestimmungen des Act on Payment of Wages during Sickness („Entgeltfortzahlungsgesetz") weiter, sofern die Krankheit nicht von ihm selbst verschuldet wird.	7.4 If the Employee is prevented from working due to illness, the Company shall continue to pay his/her salary for a period of six weeks in accordance with the provisions of the Act on Payment of Wages during Sickness ("Entgeltfortzahlungsgesetz"), unless the illness was caused by his fault.
§ 8 Geheimhaltung	**§ 8 Confidentiality**
8.1 Der Mitarbeiter erklärt sich bereit, alle geschäftlichen Angelegenheiten der Gesellschaft und der mit der Gesellschaft verbundenen Unternehmen sowie alle Geschäftsgeheimnisse, die dem Mitarbeiter im Zusammenhang mit seinem Beschäftigungsverhältnis oder in dessen Folge bekannt werden, während der Laufzeit dieses Vertrages und danach stets streng vertraulich zu wahren. Der Mitarbeiter darf während der Laufzeit dieses Vertrages und danach zu keinerlei Zwecken, darunter auch nicht zu privaten Zwecken, Gebrauch von diesen vertraulichen Informationen oder Geschäftsgeheimnissen machen.	8.1 The Employee agrees to maintain strict confidentiality at all times during the term of this Agreement and thereafter, concerning all business affairs of the Company and companies affiliated with it as well as trade secrets which become known to the Employee in connection with or as a consequence of his employment. The Employee shall not make any use of such confidential information or trade secrets for any purposes whatsoever, including private purposes, during the term of this Agreement and thereafter.
8.2 Beim Ausscheiden aus der Gesellschaft, oder auf Verlangen zu einem Zeitpunkt davor, gibt der Mitarbeiter der Gesellschaft alle Schreiben, Zeichnungen, Pläne, Kundenlisten und jegliche Schriftstücke oder Dokumente einschließlich deren Kopien zurück, die Eigentum der Gesellschaft sind oder die mit dem Arbeitsverhältnis des Mitarbeiters bei der Gesellschaft zusammen hängen. Das gilt auch für persönliche Notizen, die der Mitarbeiter gemacht hat. Der Mitarbeiter ist nicht berechtigt, bezüglich dieser Schriftstücke, Dokumente oder Notizen ein Zurückbehaltungsrecht auszuüben.	8.2 When leaving the Company or upon request at any time prior thereto, the Employee shall return to the Company all letters, drawings, plans, lists of customers, and any and all papers or documents including copies thereof which are owned by the Company or are related to the Employee's employment with the Company. This shall also apply to personal notes taken by the Employee. The Employee shall not be entitled to exercise a right of retention in respect to such papers, documents or notes.
8.3 Der Mitarbeiter ist insbesondere damit einverstanden, dass er keine Rechtsansprüche auf die Kunden hat, die er für die Gesellschaft erschlossen hat, und dass die Gesellschaft dem Mitarbeiter bei Beendigung dieses Vertrages keinerlei Entschädigung auf Grund dieser tatsächlichen oder potentiellen Kunden zahlen muss.	8.3 The Employee specifically agrees that he has no rights to the customers developed by him for the Company, and that no compensation whatsoever shall be payable by the Company to the Employee upon termination of this Agreement on account of such actual or prospective customers.
§ 9 Erfindungen	**§ 9 Inventions**
9.1 Der Mitarbeiter unterrichtet die Gesellschaft umgehend schriftlich von Erfindungen oder Ideen, die technische oder betriebliche Verbesserungen betreffen (nachfolgend mit „Erfindungen" bezeichnet), – sei es, dass diese patentfähig sind oder nicht, und sei es, dass der Mitarbeiter sie allein oder gemeinsam mit anderen entwickelt hat – die während der Laufzeit dieses Vertrages entwickelt oder das erste Mal in die Praxis umgesetzt wurden, soweit diese Erfindungen (1) aus einer der Tätigkeiten des Mitarbeiters für die Gesellschaft entstanden sind, oder (2) auf Erfahrungen und/oder Tätigkeiten der Gesellschaft beruhen.	9.1 The Employee shall promptly inform the Company in writing of any inventions or ideas regarding technical or organizational improvements (hereinafter referred to as "Inventions") whether or not patentable, whether developed solely by the Employee or jointly with others, that were developed or first reduced to practice during the term of this Agreement, to the extent that such Inventions (1) originate from any of the Employee's activities for the Company, or (2) are based on experiences and/or activities of the Company, or (3) may be used in any field of operation of the Company. The

oder (3) in irgendeinem Tätigkeitsbereich der Gesellschaft genutzt werden können. Der Mitarbeiter gewährt der Gesellschaft gegen eine angemessene Vergütung, die gemäß dem Act on Employee Inventions (Gesetz über Mitarbeitererfindungen) von 1957 in seiner geänderten Fassung festgelegt werden, ausschließliche Lizenzen für alle geistigen Eigentumsrechte an diesen Erfindungen.

9.2 Auf Verlangen der Gesellschaft und gemäß den Vorschriften im Rahmen des Act on Employee Inventions von 1957 in seiner geänderten Fassung unterzeichnet und liefert der Mitarbeiter jegliche Dokumente, Zeugenaussagen oder sonstige Unterstützung, die erforderlich sind, damit die Gesellschaft die ausschließlichen Rechte an den Erfindungen in Deutschland und anderen Ländern übertragen, lizenzieren, eintragen lassen oder auf andere Weise sichern kann.

9.3 Falls der Mitarbeiter eine Erfindung erzeugt oder Zeichnungen, Modelle, Methoden, Programme, Formeln oder Verfahren schafft, die nicht im Zusammenhang mit den Tätigkeiten, der Forschung oder den Projekten der Gesellschaft stehen, gehören die sich daraus ergebenden geistigen Eigentumsrechte dem Mitarbeiter.

9.4 Die Gesellschaft hat das Recht, Software, die der Mitarbeiter in Ausführung seiner Aufgaben oder gemäß den Anweisungen der Gesellschaft erzeugt, zu nutzen und kommerziell zu verwerten. Der Mitarbeiter gewährt der Gesellschaft in dem gesetzlich zulässigen Umfang ausschließliche Lizenzen für das Recht zur Nutzung und kommerziellen Verwertung anderer urheberrechtsfähiger Materialien, die der Mitarbeiter bei der Ausführung seiner Aufgaben gemäß dem Vertrag erzeugt.

9.5 Sofern der Mitarbeiter während der Laufzeit dieses Vertrages irgendwelche Software außerhalb des Bereichs seiner Tätigkeiten im Rahmen dieses Vertrages entwickelt, legt der Mitarbeiter der Geschäftsführung der Gesellschaft eine ausführliche Beschreibung dieser Software vor. Diese Beschreibung stellt das Angebot des Mitarbeiters dar, der Gesellschaft eine ausschließliche Lizenz für die Software zu erteilen. Der Gesellschaft steht daraufhin eine Frist von fünfzehn (15) Tagen ab Erhalt dieser Beschreibung zur Verfügung, um dem Mitarbeiter mitzuteilen:

(i) dass sie kein Interesse an der Lizenz für die Software hat; in diesem Fall hat der Mitarbeiter gegenüber der Gesellschaft keinerlei Verpflichtungen in Bezug auf die Software; oder

(ii) dass sie der Ansicht ist, dass der Mitarbeiter die Software während der Ausführung seiner Aufgaben oder nach den Anweisungen der Gesellschaft erzeugt hat und dass die Gesellschaft daher Anspruch auf Nutzung und kommerzielle Verwertung der Software hat; oder

(iii) dass sie das Angebot zum Abschluss eines Lizenzvertrages über diese Software annehmen möchte.

9.6 Im Hinblick auf ungestörte Nutzung des Computerprogramms ist die Gesellschaft berechtigt, das Recht des Urhebers auf Erstveröffentlichung, das Recht auf Verhinderung von Verzerrung, das Recht auf Zugang zu persönlichen

Employee shall grant the Company exclusive licenses to all intellectual property rights in such inventions, in exchange for a reasonable compensation as determined under the Act on Employee Inventions of 1957, as amended.

9.2 At the request of the Company and according to the rules under the Act on Employee Inventions of 1957, as amended, the Employee shall sign and provide any and all documents, testimonies or any other assistance that is reasonably necessary for the Company to assign, license, file, register or otherwise secure the exclusive rights to the Inventions in Germany and any other countries.

9.3 If the Employee produces an invention or creates any drawings, models, methods, programs, formulas or processes unrelated to the activities, the research or the projects of the Company, the resulting intellectual property rights shall belong to the Employee.

9.4 The Company shall have the right to use and commercially exploit any software created by the Employee in the execution of his duties or according to the instructions of the Company. The Employee shall, to the extent permitted by law, grant the Company exclusive licenses to the right of use and commercial exploitation of any other copyrightable materials created by the Employee in the execution of his/her duties under this Agreement.

9.5 To the extent that the Employee, during the term of this Agreement, develops any software outside the scope of his activities hereunder, the Employee shall submit a detailed description of such software to the management of the Company. Such description shall constitute the Employee's offer to grant the Company an exclusive license of the software. The Company shall then have a period of fifteen (15) days from receipt of such description to notify the Employee:

(i) that it is not interested in the license of the software, in which case the Employee shall be free from all obligations towards the Company regarding such software; or

(ii) that it considers the software to be created during the execution of the Employee's duties or following the instructions of the Company and that the Company is therefore entitled to the use and commercial exploitation of the software; or

(iii) that it wishes to accept the offer to enter into a license agreement regarding such software.

9.6 In view of undisturbed use of the computer program, the Company shall be entitled to exercise the author's right of first publication, the right to prevent distortions, the right to have access to individual work

Arbeitskopien und das Recht auf Abruf von Arbeiten auszuüben. Der Mitarbeiter darf sich nicht auf seinen Anspruch auf Anerkennung der Urheberschaft oder das Recht berufen, seiner Arbeit den Namen des Urhebers hinzuzufügen. Falls im Hinblick auf ungestörte Ausübung dieser Rechte Meinungsverschiedenheiten zwischen der Gesellschaft und dem Mitarbeiter entstehen, macht der Mitarbeiter nur gemäß den von der Gesellschaft erteilten Anweisungen Gebrauch von seinen Urheberschaftsrechten.

9.7 Alle Rechte an Erfindungen und Computerprogrammen, die der Gesellschaft kraft dieses Vertrages übertragen werden, bleiben ungeachtet der Änderung oder Beendigung dieses Vertrages unberührt.

§ 10 Renten und sonstige Leistungen

10.1 Die Gesellschaft stellt dem Mitarbeiter ausschließlich diejenigen Rentenleistungen zur Verfügung, die unter Umständen gesetzlich verlangt werden.

§ 11 Laufzeit

11.1 Das Beschäftigungsverhältnis beginnt an dem auf Seite 1 dieses Vertrages angegebenen Datum und bleibt so lange in Kraft, bis es gemäß den nachfolgenden Bestimmungen beendet wird.

11.2 Die ersten sechs Monate dieses Vertrages sind eine Probezeit, in der das Beschäftigungsverhältnis von beiden Parteien unter Einhaltung einer Kündigungsfrist von vier Wochen gekündigt werden kann.

11.3 Nach Ablauf der Probezeit kann dieser Vertrag von beiden Parteien unter Einhaltung einer Kündigungsfrist von vier Wochen zum 15. oder zum Letzten eines Kalendermonats gekündigt werden. Eine erforderliche Verlängerung der Kündigungsfristen, die in Paragraph 622, Absatz 2, des deutschen Bürgerlichen Gesetzbuches vorgesehen ist, findet auch auf eine Kündigung seitens des Mitarbeiters Anwendung.

11.4 Ferner kann jede Partei diesen Vertrag aus wichtigem Grund fristlos kündigen. Die Gesellschaft kann insbesondere dann aus wichtigem Grund kündigen, wenn der Mitarbeiter die Bestimmungen dieses Vertrages oder von der Gesellschaft erteilte Anweisungen grob verletzt, oder falls der Mitarbeiter die ihm übertragene Arbeit nicht angemessen ausführt und dies trotz einer mündlichen oder schriftlichen Abmahnung der Gesellschaft fortsetzt.

11.5 Die Kündigung muss schriftlich ergehen.

11.6 Die Gesellschaft behält sich das Recht vor, während der Kündigungsfrist zu verlangen, dass der Mitarbeiter nicht zur Arbeit erscheint beziehungsweise alle oder einige der Arbeitsaufgaben im Rahmen dieses Vertrages nicht ausführt, jedoch stets mit der Maßgabe, dass die Gesellschaft das Gehalt und die vertraglich vereinbarten Leistungen des Mitarbeiters weiter zahlt. Die Gesellschaft behält sich das Recht vor, erwachsene Urlaubstage mit gewährter Beurlaubung während der Kündigungsfrist zu verrechnen.

11.7 Bei Kündigung des Beschäftigungsverhältnisses muss der Mitarbeiter der Gesellschaft unverzüglich gemäß deren Anweisungen alles Material, alle Schreiben, Aufzeichnun-

copies and the right to recall works. The Employee shall not invoke his right of recognition of the authorship or the right to have the author's name affixed to his work. If, in view of undisturbed exercise of these rights, disagreements between the Company and Employee shall arise, Employee shall make use of his rights of authorship only according to instructions given by the Company.

9.7 All rights in inventions and computer programs transferred to the Company under this Agreement shall remain unaffected regardless of the amendment or termination of this Agreement.

§ 10 Pensions and Other Benefits

10.1 The Company does not provide any pension benefits to the Employee other than those that may be legally required.

§ 11 Duration

11.1 The employment shall commence as of the date specified on page 1 of this Agreement and shall continue to be in force until terminated in accordance with the provisions below.

11.2 The first six months of this Agreement shall be a trial period during which the employment may be terminated by either party upon four weeks' notice.

11.3 After completion of the trial period, this Agreement may be terminated by either party upon four weeks notice, effective as of the 15th day or the last day of a calendar month. Any required extension of the notice periods provided for in Section 622, subsection 2, of the German Civil Code will also apply to a termination by the Employee.

11.4 In addition, either party may terminate this Agreement for cause with immediate effect. The Company may terminate for cause, in particular, if the Employee grossly violates the provisions of this Agreement or instructions or directives given by the Company, or if the Employee fails to properly perform the work assigned and continues to do so despite an oral or written warning by the Company.

11.5 Notice of termination must be given in writing.

11.6 The Company reserves the right to require the Employee not to attend to work and/or to undertake all or any duties of employment hereunder during the notice period, always provided that the Company shall continue to pay the Employee's salary and contractual benefits. The Company reserves the right to set off any accrued vacation days with any granted leave during the notice period.

11.7 Upon termination of employment, the Employee must immediately return to the Company, in accordance with its instructions, all equipment, correspondence, gen, Spezifikationen, Software, Modelle, Berichte und andere Unterlagen und deren Kopien sowie alle übrigen Sachen zurückgeben, die der Gesellschaft oder ihren verbundenen Gesellschaften gehören und sich in seinem Besitz befinden oder unter seiner Verfügungsgewalt stehen. Der Mitarbeiter bestätigt auf diesbezügliches Verlangen der Gesellschaft schriftlich, dass er seinen Verpflichtungen gemäß diesem Paragraphen 11.7 nachgekommen ist.

§ 12 Sonstiges

12.1 Änderungen oder Ergänzungen dieses Vertrages sind nur dann gültig, wenn sie schriftlich vereinbart wurden.

12.2 Beide Parteien bestätigen, dass es zwischen den Parteien keine mündlichen Nebenabreden gibt.

12.3 Die unterschiedlichen Bestimmungen dieses Vertrages sind abtrennbar, und falls ein zuständiges Gericht entscheidet, dass eine Bestimmung ungültig oder undurchsetzbar ist, werden die übrigen Bestimmungen dieses Vertrages durch diese Ungültigkeit oder Undurchsetzbarkeit nicht beeinträchtigt.

12.4 Dieser Vertrag wird jetzt und zukünftig nach deutschem Recht geregelt und ausgelegt. Die Gerichte in ▬▬▬ besitzen die ausschließliche Zuständigkeit für Streitfälle, die sich aus diesem Vertrag oder im Zusammenhang mit ihm ergeben.

12.5 Der Mitarbeiter übersendet das Annahmeschreiben in dem beiliegenden Umschlag an die Gesellschaft:

X CORPORATION

Mitarbeitervereinbarung über vertrauliche Informationen und Erfindungen

Angesichts meiner Einstellung durch X-Corporation (die „Gesellschaft") willige ich hiermit in bestimmte Beschränkungen ein, die die Gesellschaft meiner Nutzung und Entwicklung von Informationen und Technologie der Gesellschaft auferlegt und die nachfolgend ausführlicher dargelegt sind.

1. Vertrauliche Informationen

(a) Geheimhaltungsbeschränkungen. Mir ist bekannt, dass ich im Laufe meiner Arbeit als Mitarbeiter der Gesellschaft unter Umständen Zugang zu vertraulichen Informationen (gemäß nachfolgender Definition) über die Gesellschaft und ihre Kunden habe. Ich erkenne an, dass die Gesellschaft diese Informationen entwickelt, zusammengetragen und auf andere Weise, oftmals mit großen Kosten, erlangt hat und dass diese Informationen für die Tätigkeit der Gesellschaft von großem Wert sind. Ich erkläre mich bereit, alle vertraulichen Informationen streng vertraulich zu wahren und zu treuen Händen zum alleinigen Vorteil der Gesellschaft zu halten und vertrauliche Informationen weder direkt noch indirekt Dritten außerhalb der Gesellschaft bekannt zu machen und diese Informationen nicht zu nutzen, zu kopieren, zu veröffentlichen, zusammenzufassen oder vom Gelände der Gesellschaft zu entfernen (und kein anderes Eigentum der Gesellschaft vom Gelände

records, specifications, software, models, notes, reports and other documents and any copies thereof and any other property belonging to the Company or its associated Companies which are in his possession or under his control. The Employee shall, if so required by the Company, confirm in writing that he has complied with his/her obligations under this section 11.7.

§ 12 Miscellaneous

12.1 Any changes or supplements to this Agreement shall be valid only if agreed upon in writing.

12.2 Each party acknowledges that there are no oral side agreements between the parties.

12.3 The various provisions of this Agreement are severable and if any provision is held to be invalid or unenforceable by any court of competent jurisdiction, then such invalidity or unenforceability will not affect the validity or enforceability of the remaining provisions in this Agreement.

12.4 This Agreement is and shall be governed by and construed in accordance with the laws of Germany. The courts located in ▬▬▬ shall have exclusive jurisdiction over any dispute arising from or in connection with this Agreement.

12.5 The Employee shall mail the acceptance letter in the enclosed envelope to the Company:

X CORPORATION

Employee Proprietary Information And Inventions Agreement

In consideration of my employment by X-Corporation (the "Company"), I hereby agree to certain restrictions placed by the Company on my use and development of information and technology of the Company, as more fully set out below.

1. Proprietary Information

(a) Confidential Restrictions. I understand that, in the course of my work as an employee of the Company, I may have access to "Proprietary Information" (as defined below) concerning the Company and its clients. I acknowledge that the Company has developed, compiled, and otherwise obtained, often at great expense, such information, which is of great value to the Company's business. I agree to hold in strict confidence and in trust for the sole benefit of the Company all Proprietary Information and will not disclose any Proprietary Information, directly or indirectly, to anyone outside of the Company, or use, copy, publish, summarize or remove from Company premises such information (or remove from the premises any other property of the Company) except (I) during my employment to the extent necessary to carry out my responsibilities as an employee of the Company or (II) after termination of my zu entfernen), es sei denn, (I) dies geschieht während meines Beschäftigungsverhältnisses, soweit dies für die Ausführung meiner Verantwortlichkeiten als Mitarbeiter der Gesellschaft notwendig ist, oder (II) nach Beendigung meines Beschäftigungsverhältnisses, wenn der Präsident der Gesellschaft dies konkret genehmigt hat.

(b) Definition vertraulicher Informationen. Mir ist bekannt, dass der Verweis auf „vertrauliche Informationen" in diesem Vertrag alle Informationen und alle Ideen in jeglicher Form bezeichnet, seien sie materiell oder immateriell, sei es, dass man sie mir offenbart hat oder dass ich sie erfahren oder entwickelt habe, die auf irgendeine Weise die Tätigkeit der Gesellschaft (oder eines unter Umständen gegründeten verbundenen Unternehmens von ihr) oder die Kunden, Berater oder Geschäftspartner der Gesellschaft betreffen, außer wenn: (I) die Informationen auf rechtmäßigem Wege öffentlich bekannt sind oder werden; (II) die Informationen vor meiner Einstellung durch die Gesellschaft rechtmäßig in meinem Besitz oder Teil meiner allgemeinen Kenntnisse waren; oder (III) mir die Informationen ohne Einschränkung in Bezug auf Vertraulichkeit oder Schutz bekannt gemacht wurden und ich sie nicht direkt oder indirekt von der Gesellschaft erfahren habe.

Mir ist vollkommen klar, dass die Gesellschaft der Ansicht ist, dass die Definition vertraulicher Informationen uneingeschränkt für folgende Informationen gilt: (w) Formeln, Lehrmethoden, Verfahren, Geschäftsgeheimnisse, elektronische Kodes, geschützte Methoden, Erfindungen, Verbesserungen und Forschungsprojekte; (x) Informationen über Kosten, Gewinne, Märkte, Umsätze und Kundenlisten; (y) Pläne über zukünftige Entwicklung und Konzepte neuer Produkte; und (z) alle Dokumente, Bücher, Unterlagen, Zeichnungen, Muster, Skizzen und sonstigen Daten jeglicher Art und Beschreibung, darunter auch auf beliebigem Wege aufgezeichnete oder abgerufene elektronische Daten, die mir die Gesellschaft (oder ein unter Umständen gegründetes verbundenes Unternehmen von ihr) gegeben hat oder geben wird, sowie schriftliche oder mündliche Anweisungen oder Erläuterungen.

(c) Informationen Dritter. Ich erkenne an, dass die Gesellschaft von Dritten deren vertrauliche oder geschützte Informationen erhalten hat und zukünftig erhalten wird und dass diese Informationen nur zu bestimmten eingeschränkten Zwecken benutzt werden dürfen. Ich stimme darin überein, dass ich der Gesellschaft und diesen Dritten gegenüber während der Dauer meines Beschäftigungsverhältnisses und danach verpflichtet bin, all diese vertraulichen oder geschützten Informationen strengstens vertraulich zu wahren und keinen Personen, Firmen oder juristischen Personen bekannt zu machen (außer insoweit, wie dies bei der Ausführung meiner Arbeit für die Gesellschaft im Einklang mit der Vereinbarung der Gesellschaft mit einem solchen Dritten und im Einklang mit der ausdrücklichen schriftlichen Genehmigung des Präsident der Gesellschaft notwendig ist).

employment, as specifically authorized by the President of the Company.

(b) Proprietary Information Defined. I understand that the reference to "Proprietary lnformation" in this Agreement means all information and any idea in whatever form, tangible or intangible, whether disclosed to or learned or developed by me, pertaining in any manner to the business of the Company (or any affiliate of it that might be formed) or to the Company's clients, consultants, or business associates unless: (I) the information is or becomes publicly known through lawful means; (II) the information was rightfully in my possession or part of my general knowledge prior to my employment by the Company; or (III) the information is disclosed to me without confidential or proprietary restriction and I did not learn of it, directly or indirectly, from the Company.

I further understand that the Company considers the following information to be included, without limitation, in the definition of Proprietary Information; (w) formulas, teaching techniques, processes, trade secrets, electronic codes, proprietary techniques, inventions, improvements, and research projects; (x) information about costs, profits, markets, sales, and lists of customers; (y) plans for future development and new product concepts; and (z) all documents, books, papers, drawings, models, sketches, and other data of any kind and description, including electronic data recorded or retrieved by any means, that has been or will be given to me by the Company (or any affiliate of it that might be formed), as well as written or verbal instructions or comments.

(c) Third Party Information. I recognize that the Company has received and in the future will receive from third parties their confidential or proprietary information and it is to be used only for certain limited purposes. I agree that I owe the Company and such third parties, during the term of my employment and thereafter, a duty to hold all such confidential or proprietary information in the strictest confidence and not to disclose it to any person, firm or corporation (except as necessary in carrying out my work for the Company consistent with the Company's agreement with such third party consistent with the express written authorization of the President of the Company).

2. Erfindungen

(a) Definition: Gesetzlicher Hinweis. Mir ist bekannt, dass es während der Laufzeit meines Beschäftigungsverhältnisses bestimmte Beschränkungen in Bezug auf meine Entwicklung von Technologie, Ideen und Erfindungen gibt, die in diesem Vertrag mit „Erfindungsideen" bezeichnet werden. Der Begriff Erfindungsideen bezeichnet jegliche Ideen, Verfahren, Warenzeichen, Dienstleistungsmarken, Erfindungen, Technologien, Computerprogramme, echte Urheberschaftsarbeiten, Konstruktionsformeln, Entdeckungen, Patente, Urheberrechte und alle verbundenen Verbesserungen, Rechtsansprüche und Forderungen, soweit das California Labor Code (kalifornisches Arbeitsrecht), Paragraph 2870, die Übertragung von Rechten an diesen Ideen, Verfahren, Erfindungen etc. gesetzlich verbietet. Mir ist bekannt, dass Paragraph 2870(a) Folgendes vorschreibt: Eine Bestimmung in einem Arbeitsvertrag, die vorsieht, dass ein Mitarbeiter seine Rechte an einer Erfindung an seinen Arbeitgeber abtritt oder abzutreten anbietet, gilt nicht für eine Erfindung, die der Mitarbeiter vollständig in seiner eigenen Zeit und ohne Nutzung von Geräten, Material, Einrichtungen oder Informationen aus Geschäftsgeheimnissen entwickelt hat, unter Ausnahme solcher Erfindungen, die entweder:

(I) sich zum Zeitpunkt des Entwurfs der Erfindung oder ihrer Umsetzung in die Praxis auf die Tätigkeit des Arbeitgebers oder tatsächliche oder nachweislich erwartete Forschung und Entwicklung des Arbeitgebers beziehen.

(II) sich aus Arbeit ergeben, die der Mitarbeiter für den Arbeitgeber ausgeführt hat.

(b) Offenlegung. Ich erkläre mich einverstanden, angemessene und laufende schriftliche Aufzeichnungen über die Entwicklung aller Erfindungsideen zu unterhalten und der Gesellschaft unverzüglich alle Erfindungsideen und maßgebenden Aufzeichnungen zu offenbaren. Diese Aufzeichnungen bleiben alleiniges Eigentum der Gesellschaft. Ich willige ferner ein, dass alle Informationen und Aufzeichnungen, die Ideen, Verfahren, Warenzeichen, Dienstleistungsmarken, Erfindungen, Technologien, Computerprogramme, echte Urheberschaftsarbeiten, Konstruktionen, Formeln, Entdeckungen, Patente oder Urheberrechte betreffen, die meiner Ansicht nach keine Erfindungsideen sind, sondern die von mir (allein oder gemeinsam mit anderen) während der Dauer meiner Beschäftigung erdacht, entwickelt und in die Praxis umgesetzt wurden, umgehend der Gesellschaft bekannt gegeben werden (wobei diese Bekanntgabe vertraulich entgegengenommen und behandelt wird).

(c) Übertragung. Ich erkläre mich bereit, der Gesellschaft ohne weiteres Entgelt meine gesamten Rechte, Rechtstitel und Beteiligungen (innerhalb der gesamten Vereinigten Staaten und in allen ausländischen Ländern) an jeglichen Erfindungsideen frei von Pfandrechten und Belastungen zu übertragen, so dass diese ungeachtet dessen, ob sie patentfähig sind oder nicht, alleiniges Eigentum der Gesellschaft sind. Falls die Gesellschaft der Ansicht ist, dass eine

2. Inventions

(a) Defined: Statutory Notice. I understand that during the term of my employment, there are certain restrictions on my development of technology, ideas, and inventions, referred to in this Agreement as "Invention Ideas". The term Invention Ideas means any and all ideas, processes, trademarks, service marks, invention, technology, computer programs, original works of authorship, design formulas, discoveries, patents, copyrights and all improvements, rights and claims related to the extent that California Labor Code Section 2870 lawfully prohibits the assignment of rights in such ideas, processes, inventions etc. I understand that Section 2870(a) provides: Any provision in an employment agreement which provides that an employee shall assign, or offer to assign, any of his or her rights in an invention to his or her employer shall not apply to an invention that the employee developed entirely on his or her own time without using the employer's equipment, supplies, facilities, or trade secret information except for those inventions that either:

(I) Relate at the time of conception or reduction to practice of the invention to the employer's business, or actual or demonstrably anticipated research or development of the employer.

(II) Result from any work performed by the employee for the employer.

(b) Disclosure. I agree to maintain adequate and current written records on the development of all Invention Ideas and to disclose promptly to the Company all Invention Ideas and relevant records. Such records will remain the sole property of the Company. I further agree that all information and records pertaining to any idea, process, trademark, service mark, invention, technology, computer program, original work of authorship, design, formula, discovery, patent or copyright that I do not believe to be an invention idea, but is conceived, developed, reduced to practice by me (alone or with others) during my period of employment, shall be promptly disclosed to the Company (such disclosure is to be received and kept in confidence).

(c) Assignment. I agree to assign to the Company, without further consideration, my entire right, title anti interest (throughout the United States and in all foreign countries), free and clear of all liens and encumbrances, in and to each Invention Idea, which shall be the sole property of the Company, whether or not patentable. In the event any Invention Idea shall be deemed by the Company to be patentable or otherwise able to be regis-

Erfindungsidee patentfähig ist oder auf andere Weise registriert werden kann, helfe ich der Gesellschaft (auf ihre Kosten) bei der Erlangung von Patenturkunden, Patenten oder anderen geeigneten Registrierungen dafür, und ich werde alle Dokumente unterfertigen und jegliche sonstigen Dinge unternehmen (darunter auch auf Kosten der Gesellschaft aussagen), die erforderlich oder angemessen sind, um Patenturkunden, Patente oder sonstige, dafür geeignete Registrierungen zu erhalten und der Gesellschaft den uneingeschränkten Rechtsanspruch darauf zu übertragen. Falls die Gesellschaft nicht in der Lage sein sollte, sich meine Unterschrift auf einem Schriftstück zu verschaffen, das notwendig ist, um Patente, Urheberrechte oder sonstige Rechte oder einen Schutz in Bezug auf Erfindungsideen zu beantragen, zu verfolgen, zu erlangen oder durchzusetzen, sei es auf Grund meiner geistigen oder körperlichen Unfähigkeit oder aus einem anderen Grund, benenne und bestimme ich hiermit unwiderruflich die Gesellschaft und jeden einzelnen ihrer ordnungsgemäß bevollmächtigten Führungskräfte und Vertreter zu meinem Vertreter und Bevollmächtigten, um für mich, in meinem Namen und an meiner Stelle zu handeln, jegliche dieser Durchsetzungen von Patenten, Urheberrechten oder anderen Rechten oder Schutzeinrichtungen mit der selben Rechtswirksamkeit zu unterfertigen und einzureichen, als ob sie von mir unterfertigt und begeben worden wären.

3. Frühere oder entgegen stehende Vereinbarungen

Während meiner Beschäftigung bei der Gesellschaft werde ich keine vertraulichen Informationen oder Geschäftsgeheimnisse Dritter an die Gesellschaft bekannt geben oder nutzen und die Gesellschaft nicht zur Nutzung solcher Informationen und Geschäftsgeheimnisse veranlassen. Ich sichere zu und garantiere, dass ich alles Eigentum zurückgegeben habe und dass meine Erfüllung der Bedingungen dieses Vertrages keine Vereinbarung verletzt, vertrauliche Informationen vertraulich zu wahren, die ich im Vertrauen oder zu treuen Händen vor meiner Einstellung bei der Gesellschaft erworben habe. Ich habe keine mündlichen oder schriftlichen Vereinbarungen geschlossen, die im Widerspruch dazu stehen, und erkläre mich bereit, keine solchen Vereinbarungen abzuschließen.

4. Kündigung

Hiermit bestätige ich und stimme zu, dass jegliche beweglichen Sachen, darunter uneingeschränkt auch Materialien, alle Bücher, Handbücher, Aufzeichnungen, Muster, Zeichnungen, Notizen, Verträge, Listen, Entwürfe und sonstigen Schriftstücke oder Unterlagen oder Kopien davon sowie alle schriftlichen oder realen Unterlagen, die mir im Verlauf meines Beschäftigungsverhältnisses oder in Verbindung damit bereitgestellt oder von mir erstellt wurden und die vertrauliche Informationen oder Informationen enthalten, die eine Erfindungsidee betreffen, der Gesellschaft gehören und der Gesellschaft bei Kündigung meines Beschäftigungsverhältnisses umgehend zurückgegeben werden. Mir ist klar, dass meine hierin enthaltenen Verpflichtungen die Kündigung meines Beschäftigungsverhältnisses überdauern.

tered, I will assist the Company (at its expense) in obtaining letters, patent, or other applicable registrations thereon and I will execute all documents and do all other things (including testifying at the Company's expense) necessary or proper to obtain letters, patent or other applicable registrations thereon and to vest the Company with full title thereto. Should the Company be unable to secure my signature on any document necessary to apply for, prosecute, obtain or enforce any patent, copyright, or other right or protection relating to any Invention Idea, whether due to my mental or physical incapacity or any other cause, I hereby irrevocably designate and appoint the Company and each of its duly authorized officers and agents as my agent and attorney-in-fact, to act for and in my behalf and stead, to execute and file any such enforcement of patents, copyrights, or other rights or protections with the same force and effect as if executed and delivered by me.

3. Former or Conflicting Agreements

During my employment with the Company, I will not disclose to the Company, or use or induce the Company to use, any proprietary information or trade secrets of others. I represent and warrant that I have returned all property that my performance of the terms of this Agreement will not breach any agreement to keep in confidence proprietary information belonging to all prior employers. I further represent and warrant that my performance of the terms of this Agreement will not breach any agreement to keep in confidence proprietary information acquired by me in confidence or in trust prior to my employment by the Company. I have not entered into, and I agree I will not enter into, any oral or written agreement in conflict herewith.

4. Termination

I hereby acknowledge and agree that all personal property, including, without limitation, equipment; all books, manuals, records, models, drawings, reports, notes, contracts, lists, blueprints and other documents or materials or copies thereof, and any written or tangible material furnished to or prepared by me in the course of or incident to my employment that contains any Proprietary Information or information pertaining to any Invention Idea, belongs to the Company and will be promptly returned to the Company upon termination of my employment. I understand that my obligations contained herein will survive the termination of my employment.

5. Nichtabwerbung

Ich erkläre mich damit einverstanden, für eine Dauer von sechs (6) Monaten ab dem letzten Tag meiner Beschäftigung bei der Gesellschaft Personen, die bei der Gesellschaft beschäftigt sind, weder direkt noch indirekt anzugehen, zu überreden, anzuwerben oder zu ermuntern, ihre Arbeit aufzugeben.

6. Keine stillschweigenden Ansprüche auf Beschäftigung

Ich erkenne an, dass kein Teil dieses Vertrages so ausgelegt wird, dass er darauf hinausläuft, dass meine Beschäftigung für irgendeine zeitliche Dauer garantiert wird. Mir ist klar, dass meine Beschäftigung „nach Belieben" besteht; dies bedeutet, dass sowohl die Gesellschaft als auch ich unsere Beschäftigungsbeziehung jederzeit fristlos und aus beliebigem, wichtigen oder nicht wichtigen Grund kündigen können. Mir ist bekannt, dass dieses Beschäftigungsverhältnis „nach Belieben" einzig durch eine schriftliche, von einer ordnungsgemäß bevollmächtigten Führungskraft der Gesellschaft unterzeichnete Vereinbarung geändert werden kann.

7. Rechtsmittel

Ich erkenne an, dass kein Teil dieses Vertrages irgendein Rechtsmittel der Gesellschaft im Rahmen des California Uniform Trade Secrets Act (kalifornisches einheitliches Gesetz betreffend Geschäftsgeheimnisse) beschränken soll, und dass ich mich eventuellen Strafprozessen gegenüber sehen könnte, die zu Gefängnisstrafen und erheblicher finanzieller Haftung führen können, falls ich mir die Geschäftsgeheimnisse der Gesellschaft widerrechtlich aneigne. Ferner erkenne ich an, dass meine Verletzung dieses Vertrages der Gesellschaft irreparablen Schaden zufügen könnte, dessen Höhe unter Umständen äußerst schwer einzuschätzen ist und der daher ein gesetzliches Rechtsmittel oder ein Rechtsmittel in Form von Schadenersatz unangemessen machen würde. Daher erkläre ich mich damit einverstanden, dass die Gesellschaft das Recht hat, bei jedem zuständigen Gericht ein Unterlassungsurteil in Bezug auf Verletzungen oder drohende Verletzungen dieses Vertrages oder einen anderen, von der Gesellschaft für angemessen erachteten Rechtsbehelf zu beantragen. Dieses Recht besteht zusätzlich zu allen sonstigen Rechtsmitteln, die der Gesellschaft nach Common Law (Richterrecht) oder Equity Law (Billigkeitsrecht) zustehen.

8. Sonstige Bestimmungen

(A) Übertragung. Ich erkläre mich damit einverstanden, dass die Gesellschaft jegliche Rechte aus diesem Vertrag einer anderen natürlichen oder juristischen Person übertragen darf.

(b) Geltendes Recht: Salvatorische Klausel. Die Gültigkeit, Auslegung, Durchsetzbarkeit und Erfüllung dieses Vertrages werden nach dem Recht des Bundesstaates Kalifornien geregelt und ausgelegt. Falls ein zuständiges Gericht entscheidet, dass eine Bestimmung dieses Vertrages oder deren Anwendung auf eine Person, einen Ort oder

5. Nonsolicitation

I agree that, for a period of six (6) months from the last day of my employment at the Company I will not solicit, induce, recruit, or encourage, directly or indirectly, any person employed by the Company to leave his or her employment.

6. No Implied Employment Rights

I recognize that nothing in this Agreement shall be construed to imply that my employment is guaranteed for any period of time. I understand that my employment is "at will", which means that either the Company or I can terminate our employment relationship at any time, without notice and for any reason, with or without cause. I understand that the only way that this "at will" employment relationship can be altered is by a written agreement signed by a duly authorized officer of the Company.

7. Remedies

I recognize that nothing in this Agreement is intended to limit any remedy of the Company under the California Uniform Trade Secrets Act and that I could face possible criminal actions, resulting in imprisonment and substantial monetary liability if I misappropriate the Company's trade secrets. In addition, I recognize that my violation of this Agreement could cause the Company irreparable harm, the amount of which may be extremely difficult in estimate, thus, making any remedy at Iaw or in damages inadequate. Therefore, I agree that the Company shall have the right to apply to any court of competent jurisdiction for an order restraining any breach or threatened breach of this Agreement for any other relief the Company deems appropriate. This right shall be in addition to any other remedy available to the Company in law or equity.

8. Miscellaneous Provisions

(a) Assignment. I agree that the Company may assign to another person or entity any or all rights under this agreement.

(b) Governing Law: Severability. The validity, interpretation, enforceability and performance of this Agreement shall be governed by and construed in accordance with the laws of the State of California. If any provision of this Agreement, or application thereof to any person, place or circumstance, shall be held by a court of compe-

Umstand ungültig, nicht durchsetzbar oder unwirksam ist, behalten der Rest dieses Vertrages und die auf andere Personen, Orte und Umstände angewandten Bestimmungen volle Geltung.

(c) Vollständiger Vertrag. Die Bedingungen dieses Vertrages sind der endgültige Ausdruck meiner Zustimmung in Bezug auf den Gegenstand dieses Vertrages und dürfen nicht durch Belege früherer oder gleichzeitiger Vereinbarungen in Abrede gestellt werden. Dieser Vertrag stellt die vollständige und ausschließliche Angabe seiner Bedingungen dar, und in Gerichts-, Verwaltungs- oder sonstigen rechtlichen Verfahren, die diesen Vertrag betreffen, dürfen keinerlei Belege eingebracht werden, die nicht zu diesem Vertrag gehören.

(d) Rechtsnachfolger. Dieser Vertrag ist für mich und meine Erben, Testamentvollstrecker, Nachlassverwalter und Rechtsnachfolger bindend und wirkt zu Gunsten der Rechtsnachfolger der Gesellschaft.

tent jurisdiction to be invalid, unenforceable, or void, the remainder of this Agreement and such provisions as applied to other persons, places and circumstances shall remain in full force and effect.

(c) Entire Agreement. The terms of this Agreement are the final expression of my agreement with respect to the subject matter hereof and may not be contradicted by evidence of any prior or contemporaneous agreement. This Agreement shall constitute the complete and exclusive statement of its terms and no extrinsic evidence whatsoever may be introduced in any judicial, administrative, or other legal proceeding involving this Agreement.

(d) Successors and Assignees. This Agreement shall be binding upon me and my heirs, executors, administrators, and successors, and shall inure to the benefit of the Company's successors and assignees.

Kapitel 2: Handelsvertreterverträge und Verträge mit freien Mitarbeitern

Literatur

Freie Mitarbeiter/Berater:

Adomeit, Der Schein-Schein-Selbständige, NJW 1999, 2086; *Bade*, Freier Mitarbeiter oder Arbeitnehmer, 1999; *Baeck*, Anmerkung zur Pressemitteilung des BMA zur Scheinselbständigkeit, DB 1999, 1065; *Bauer/Diller/Lorenzen*, Das neue Gesetz zur „Scheinselbständigkeit", NZA 1999, 169; *Bauer/Diller/Schuster*, Das Korrekturgesetz zur „Scheinselbständigkeit", NZA 1999, 1297; *Bauschke*, Freie Mitarbeit, AR-Blattei SD 720; *Beckmann*, Bekämpfung der Scheinselbständigkeit – Zur Anwendung des § 7 Abs. 4 SGB IV n.F. auf Franchisevereinbarungen, NJW 1999, 1614; *Berndt*, Arbeitnehmer oder freier Mitarbeiter, BB 1998, 894; *Brand*, Das Gesetz zur Bekämpfung der Scheinselbständigkeit, DB 1999, 1162; *Breves*, Die Abgrenzung des Arbeitnehmers vom freien Mitarbeiter; *Buchner*, Gelöstes und Ungelöstes zu Scheinselbständigen und arbeitnehmerähnlichen Selbständigen, DB 1999, 146; *ders.*, Von Scheinselbständigen und Scheinlösungen, DB 1999, 2514; *ders.*, Versicherungs-, Beitrags- und Melderecht für scheinselbständige Arbeitnehmer, DB 1999, 533; *Däubler*, Arbeitnehmerbegriff und Arbeitsrecht, NZA 1997, 1249; *ders.*, Das Gesetz zu Korrekturen in der Sozialversicherung und zur Sicherung der Arbeitnehmerrechte, NJW 1999, 601; *ders.*, Scheinselbständige und arbeitnehmerähnliche Selbständige in der Sozialversicherung, NZA 1999, 337; *ders.*, Schluss mit dem Missbrauch der Scheinselbständigkeit, BB 1999, 366; *Eckert*, Arbeitnehmer oder „freier Mitarbeiter" – Abgrenzung, Chancen, Risiken, DStR 1997, 705; *Ettwig*, Scheinselbständigkeit, Arbeitgeber 1999, Nr. 2, 29; *Fischer/Harth*, Die Behandlung des sogenannten „Scheinselbständigen" in arbeitsrechtlicher und steuerrechtlicher Hinsicht, AuR 1999, 126; *Gaul/Wisskirchen*, Das letzte Gesetz zur „Förderung der Scheinselbständigkeit"?, DB 1999, 2466; *Greiner*, Die Ich-AG als Arbeitnehmer, DB 2003, 1058; *Hanau*, Rundschreiben der Spitzenverbände zur Scheinselbständigkeit, ZIP 1999, 252; *ders.*, Qual der Wahl: Arbeitnehmer oder Selbständiger?, AuA 1998, 185; *Heinze*, Wege aus der Krise des Arbeitsrechts – der Beitrag der Wissenschaft, NZA 1997, 1; *Henssler*, Ist der freie Mitarbeiter abgeschafft? Was nun?, AnwBl 2000, 213; *Hille*, Freie Mitarbeit und andere Formen freier Zusammenarbeit, 2000; *Hohmeister*, Anwendbarkeit arbeits- und sozialversicherungsrechtlicher Vorschriften auf Mitarbeiterverhältnisse seit dem 1.1.1999 durch das sog. Korrekturgesetz, NZS 1999, 179; *Hromadka*, Arbeitnehmerähnliche Personen, NZA 1997, 1249; *Hümmerich*, Arbeitsverhältnis als Wettbewerbsgemeinschaft, NJW 1998, 2625; *Hunold*, Subunternehmer und freie Mitarbeiter; *ders.*, Die Rechtsprechung zu Statusfragen, NZA 1999, 505; *Jasper*, BGH-Anforderungen an das Zustandekommen eines Beratervertrages, WiB 1997, 806; *Kilger*, Freie Mitarbeiter 1999 und Scheinselbständigkeit, AnwBl 1999, 39; *Kollmer*, Das neue „Gesetz zu Korrekturen in der Sozialversicherung und zur Sicherung der Arbeitnehmerrechte", NJW 1999, 608; *Kramer*, Die Scheinselbständigkeit und ihre individualarbeitsrechtlichen Folgen, 1998; *Krebs*, Die vermutete Scheinselbständigkeit nach § 7 Abs. 4 Satz 1 SGB IV, DB 1999, 1602; *Kunz/Kunz*, Freie Mitarbeiter als Freiberufler im Fokus der Sozialversicherungsträger?, DB 1999, 846; *Leuchten/Zimmer*, Das neue Gesetz zur „Scheinselbständigkeit" – Probleme in der Praxis, DB 1999, 381; *Löwisch*, Der arbeitsrechtliche Teil des sogenannten Korrekturgesetzes, BB 1999, 102; *Müller*, Arbeitnehmer und freie Mitarbeiter, MDR 1998, 1061; *Niebler/Meier/Dubber*, Arbeitnehmer oder freier Mitarbeiter?, 3. Aufl. 2003; *Nietzer*, Scheinselbständigkeit – der Rechtsanwalt in der Situation der Vertragsgestaltung, NZA 1999, 19; *Popp*, Arbeitnehmer und freie Mitarbeiter, MDR 1998, 18; *Reinecke*, Der Kampf um die Arbeitnehmereigenschaft – prozessuale, materielle und taktische Probleme, NZA 1999, 729; *Reiserer*, Scheinselbständigkeit – Strategien zur Vermeidung, BB 1999, 1006; *dies.*, Endlich Schluss mit der „Scheinselbständigkeit"! Das neue Gesetz zur Förderung der Selbständigkeit, BB 2000, 94; *dies.*, Die freie Mitarbeit ist wieder hoffähig, BB 2003, 1557; *Richardi*, „Scheinselbständigkeit" und arbeitsrechtlicher Arbeitnehmerbegriff, DB 1999, 958; *Rohlfing*, Zum arbeitsrechtlichen Status von (Honorar-)Lehrkräften, NZA 1999, 1027; *Schiefer*, Gesetz zu Korrekturen in der Sozialversicherung und zur Sicherung der Arbeitnehmerrechte, DB 1999, 48; *Schiefer/Worzalla/Will*, Arbeits-, sozial- und lohnsteuerrechtliche Änderungen, 2002; *Schmidt*, Das Gesetz zur Förderung der Selbständigkeit und seine Folgen für die Praxis, NZS 2000, 57; *Schmidt/Schwerdtner*, Scheinselbständigkeit, Arbeitsrecht – Sozialrecht, 2. Aufl. 2000; *Söhnlein/Mocellin*, Die Neuregelung der Sozialversicherungspflicht von Scheinselbständigen nach dem Rentenkorrekturgesetz – materiellrechtliche und verfahrensrechtliche Aspekte, NZS 1999, 217; *Tremml/Karger*, Verträge mit freien Mitarbeitern, 6. Aufl. 1996; *Weimar/Goebel*, Neue Grundsatzfragen um Scheinselbständigkeit und arbeitnehmerähnliche Selbständige, ZIP 1999, 217; *Wrede*, Bestand und Bestandsschutz von

Kapitel 2: Handelsvertreterverträge und Verträge mit freien Mitarbeitern

Arbeitsverhältnissen in Rundfunk, Fernsehen und Presse, NZA 1999, 1019; *Worzalla*, Arbeitsverhältnis, Selbständigkeit, Scheinselbständigkeit, 2002.

Handelsvertreter:

Eberstein, Der Handelsvertretervertrag, 9. Aufl. Dez. 2007; *Hopt*, Handelsvertreterrecht, 3. Aufl. 2003; *ders.*, Die Selbständigkeit von Handelsvertretern und andere Vertriebspersonen – handels- und arbeitsrechtliche Dogmatik und Vertragsgestaltung, DB 1998, 863; *Küstner/von Manteuffel*, Handbuch des gesamten Außendienstrechts, Bd. 1: Das Recht des Handelsvertreters, 2. Aufl. 1992; *Küstner/von Manteuffel/Evers*, Handbuch des gesamten Außendienstrechts, Bd. 2: Der Ausgleichsanspruch des Handelsvertreters, 7. Aufl. 2004; *von Manteuffel/Küstner*, Probleme des Handelsvertreterrechts, ZIP 1988, 63; *Martinek/Semler/Habermeier*, Handbuch des Vertriebsrechts, 2. Aufl. 2003; *Meeser*, Handelsvertreterverträge, 2. Aufl. 1991; *Preis*, Die Inhaltskontrolle der Verträge selbständiger und unselbständiger Handelsvertreter, ZHR 160 (1996), 442; *Scherer*, Der Ausschluss von Ausgleichsansprüchen des Handelsvertreters, DB 1996, 1709; *Sonnenschein*, Zwingende Vorschriften im Handelsvertreterrecht, FS Boujong, 1996, S. 481; *Stumpf*, Internationales Handelsvertreterrecht, Teil 1, 4. Aufl. 1986; Teil 2, 4. Aufl. 1986; *Tscherwinka*, Das Recht des Handelsvertreters, JuS 1991,110; *Westphal*, Handelsvertretervertrag, 2. Aufl. 2000; *ders.*, Neues Handelsvertreterrecht, 1991; *ders.*, Neues Handelsvertreterrecht in der Europäischen Union, EWS 1996, 43; *von Westphalen*, Handelsvertreterrecht und AGB-Gesetz, DB 1984, 2335; *ders.*, Handbuch des Handelsvertreterrechts in den EU-Staaten und der Schweiz, 1995; *ders.*, Scheinselbständigkeiten nach § 2 Nr. 9 SGB VI und der Ausgleichsanspruch des Handelsvertreters, ZIP 1999, 1083; *ders.*, Der Ausgleichsanspruch des Handelsvertreters gemäß § 89b HGB, DStR 1995, 1554.

In Heimarbeit Beschäftigte:

Brecht, Heimarbeitsgesetz, 1977; *Fenski*, Außerbetriebliche Arbeitsverhältnisse, 2. Aufl. 2000; *Götzenberger*, Sozialversicherungspflicht erwerbstätiger Personen in Haus- und Heimarbeit, SozVers 1995, 179; *Mehrle*, Heimarbeitsrecht, AR-Blattei, Heimarbeit I, AR-Blattei SD 910; *Otten*, Heim- und Telearbeit, 1999; *ders.*, Die Bestimmung der Arbeitszeit im Bereich der Heimarbeit, NZA 1987, 478; *ders.*, Zur Entgeltdifferenzierung und zum Transportkostenzuschlag im Heimarbeitsbereich, NZA 1991, 712; *ders.*, Heimarbeit – ein Dauerschuldverhältnis eigener Art, NZA 1995, 289; *Peter*, Kernfragen der Telearbeit, DB 1998, 573; *Schmidt/Koberski/Tiemann/Wascher*, Heimarbeitsgesetz, 4. Aufl. 1998; *Wank*, Telearbeit, NZA 1999, 225; *Wedde*, Telearbeit, 2002; *ders.*, Aktuelle Rechtsfragen der Telearbeit, NJW 1999, 527.

A. Erläuterungen

I. Gemeinsame Elemente beider Vertragstypen

Die Gestaltung von Handelsvertreterverträgen und Verträgen mit freien Mitarbeitern folgt einem vergleichbaren rechtssystematischen Ansatz. Nach Auffassung des BAG enthält § 84 Abs. 1 Satz 2 HGB das typische **Abgrenzungsmerkmal**, anhand dessen sich zwischen Arbeitnehmern einerseits und Selbständigen andererseits, wozu auch freie Mitarbeiter und Handelsvertreter zählen, unterscheiden lässt.[1]

Kein Arbeitnehmer ist danach, wer im Wesentlichen frei seine Tätigkeit gestalten und seine Arbeitszeit bestimmen kann. Unterliegt der Beschäftigte hinsichtlich Zeit, Dauer und Ort der Ausführung der versprochenen Dienste einem umfassenden **Weisungsrecht**, liegt nach gängigem Arbeitnehmerbegriff ein Arbeitsverhältnis vor.[2] Kann der Mitarbeiter im Wesentlichen seine Arbeit frei gestalten, ist er freier Mitarbeiter, Handelsvertreter oder Subunternehmer. Aus diesen Unterscheidungsmerkmalen leitet sich ab, worauf bei der Gestaltung von Verträgen mit freien Mitarbeitern und Handelsvertretern zu achten ist: Dem Handelsvertreter wie dem freien Mitarbeiter muss vertraglich das Recht vorbehalten sein, über Zeit, Dauer und Ort der Ausführung seiner Tätigkeit möglichst frei zu entscheiden **und** die tatsächliche Handhabung muss den weiten **Selbstorganisationsbefugnissen** eines freien Mitarbeiters entsprechen.[3] Der freie Mitarbeiter ist nicht in eine Betriebsorganisation eingebunden. Wie das Vertragsverhältnis zwischen Arbeitgeber und Arbeitnehmer bezeichnet wird, ist nicht entscheidend. Selbst der Abschluss eines Franchisevertrages kann, je nach prakti-

---

[1] BAG 25.8.1982 – 5 AZR 7/81, AP § 611 BGB Lehrer, Dozenten Nr. 32; BAG 9.5.1984 – 5 AZR 195/82, AP § 611 BGB Abhängigkeit Nr. 45.
[2] *Hromadka*, NZA 1997, 1249 ff.; *ders.*, DB 1998, 195 f.
[3] BAG 3.10.1975 – 5 AZR 445/74, AP § 611 BGB Abhängigkeit Nr. 17.

scher Durchführung, ein Arbeitsverhältnis begründen.[4] Der Handelsvertreter hat allerdings eine **Interessenwahrnehmungsverantwortung**, die die Verpflichtung beinhaltet, den Weisungen des Unternehmers Folge zu leisten.[5] So ist der Handelsvertreter dem Unternehmer permanent berichtspflichtig. Wenn der Status als freier Handelsvertreter erhalten bleiben soll, wird von der Vereinbarung eines Weisungsrechts zu Tätigkeit und Arbeitszeit des Handelsvertreters abgeraten.[6]

266 Der Unternehmer wird als berechtigt angesehen, dem Handelsvertreter vorzugeben, wie er den Schwerpunkt seiner Tätigkeit bei bestimmten Erzeugnissen oder Kundenkreisen zu setzen hat.[7] Auch darf der Unternehmer, ohne die Selbständigkeit des Handelsvertreters zu gefährden, Weisungen zum Zustandekommen von Geschäften und deren Abwicklung erteilen. Der Handelsvertreter kann angewiesen werden, bestimmte Geschäftsbedingungen, Zahlungsbedingungen, Preisvorgaben oder allgemeine Vertragskonditionen zu beachten.[8] Zum Arbeitnehmer wird der Handelsvertreter, wenn die Selbständigkeit ihn ihrem Kern – vor allem durch die Menge der im Vertrag vorbehaltenen Weisungsbefugnisse des Unternehmers – eingeschränkt ist, wenn also die Einschränkungen über das bei Handelsvertretern übliche Maß hinausgehen.[9] § 15 GWB findet bei einem Handelsvertreterverhältnis keine Anwendung.[10]

267 Das BAG kennt, neben den **arbeitnehmerähnlichen Personen**,[11] die in den Tarifverträgen der Presse und des Rundfunks mit verschiedenen Sonderrechten ausgestattet sind, wie im Tarifvertrag für arbeitnehmerähnliche freie Journalisten und Journalistinnen an Tageszeitungen, grundsätzlich keine Zwischenstadien zwischen Arbeitnehmern einerseits und Selbständigen andererseits.[12] Die gegenwärtige Rechtslage wird vom „Alles-oder-Nichts"-Prinzip beherrscht. Die durch das „Zweite Gesetz für moderne Dienstleistungen am Arbeitsmarkt"[13] geschaffene Rechtsfigur der „Ich-AG" sollte zwar die Selbständigkeit fördern[14] und damit einen Sonderfall des freien Mitarbeiters ins Leben rufen, steht jedoch nach Auffassung von *Greiner*[15] in der ständigen Gefahr, dass der Auftraggeber in Wahrheit einen Arbeitnehmer beschäftigt, auf den sämtliche arbeitsrechtlichen Vorschriften wie das Kündigungsschutzgesetz oder das Entgeltfortzahlungsgesetz Anwendung finden. Zwischenzeitlich hat der Gesetzgeber die Ich-AG als Rechtsfigur zum 31.7.2006 aufgegeben.

II. Klauselinhalte bei Handelsvertreterverträgen

1. Kaufmannseigenschaft

268 Früher musste sich der einen Handelsvertretervertrag entwerfende Rechtsanwalt zunächst fragen, ob der Handelsvertreter sein Geschäft als Minder- oder als Vollkaufmann betreibt. Gerichtsstandsvereinbarungen in Handelsvertreterverträgen konnten nur wirksam getroffen werden, wenn der Handelsvertreter über die Vollkaufmannseigenschaft verfügte. Vollkaufmannseigenschaft wurde beim Handelsvertreter vermutet, wenn er im Handelsregister eingetragen war.[16] Durch das Handelsrechtsreformgesetz 1998 wurde eine grundlegende Neuregelung des Kaufmannsrechts eingeführt. Muss- und Sollkaufmann wurden zu einem einheitlichen Tatbestand unter Beibehaltung des Gewerbebegriffs zusammengefasst. **Kaufmann** ist seither ohne Rücksicht auf die Branche grundsätzlich **jeder Gewerbetreibende außer den Kleingewerbetreibenden**; aber auch diese könne sich nunmehr eintragen lassen und damit **freiwillig** Kaufmann werden, wenn sich nicht bereits Formkaufmann sind.[17] Die Rechtsfigur des Minderkaufmanns ist damit überflüssig geworden. Der Handelsvertreter kann damit weitgehend selbst entscheiden, ob er über die Kaufmannseigenschaft verfügen will oder nicht. Er hat es damit selbst in der Hand, ob er wirksame Gerichtsstandsvereinbarungen treffen kann oder

---

[4] BAG 16.7.1997 – 5 AZR 445/74, NZA 1997, 1126.
[5] BGH 13.1.1966 – VII ZR 9/64, NJW 1966, 882.
[6] BGH 13.1.1966 – VII ZR 9/64, DB 1966, 375.
[7] *Westphal*, Handelsvertretervertrag, Rn 25.
[8] BGH 14.3.1960 – II ZR 79/58, BB 1960, 574.
[9] BAG 15.12.1999 – 5 AZR 566/98, AP § 84 HGB Nr. 9; OLG Düsseldorf 30.1.1998 – 16 U 182/96, NJW 1998, 2978; LAG Nürnberg 26.1.1999 – 7 Sa 658/98, ZIP 1999, 769; *Hopt*, DB 1998, 863.
[10] BGH 15.4.1986 – KVR 3/85, NJW 1986, 2954.
[11] *Hromadka*, NZA 1997, 1249 ff.
[12] Kritisch *Hümmerich*, NJW 1998, 2625.
[13] BGBl I 2002, 4621.
[14] *Bauer/Krets*, NJW 2003, 537 (543).
[15] *Greiner*, DB 2003, 1058 (1062).
[16] OLG Celle 9.10.1992 – 11 U 140/92, n.v.
[17] Baumbach/Duden/*Hopt*, HGB, § 1 Rn 3.

nicht. Der beratende Rechtsanwalt sollte nicht versäumen, danach seinen Mandanten zu befragen, ob sich dieser in den Kaufmannsstatus begeben hat oder nicht.

Selbständigkeit wird durch Weisungsgebundenheit eingeschränkt. Alle vertraglichen Gestaltungen, über die dem Handelsvertreter durch den Auftraggeber die Reiseroute, die Häufigkeit der Kundenbesuche oder die Arbeitszeit vorgeschrieben werden kann, entfalten indizielle Wirkung für die Annahme unselbständiger Arbeitsleistung. Zunehmend Bedeutung erlangt weiterhin der Umstand, ob dem Handelsvertreter das Recht vorbehalten ist, ein eigenes Unternehmen mit Angestellten aufzubauen.[18] Die Vertragsgestaltung darf nicht durch überzogene Pflichten des Handelsvertreters dessen selbständige Stellung aushöhlen.[19] Neben der Weisungsgebundenheit ist bei der Vertragsgestaltung darauf zu achten, dass das **Unternehmerrisiko** beim freien Mitarbeiter und nicht etwa bei seinem Auftraggeber liegt.

269

Der Handelsvertretervertrag ist ein **Dauerschuldverhältnis**. Der Handelsvertreter muss vom Unternehmer nach § 84 Abs. 1 HGB mit der Vermittlungstätigkeit „ständig betraut" sein. Der Handelsvertretervertrag kann auch als befristetes Rechtsverhältnis ausgestaltet sein, beispielsweise für die Dauer einer Messe. Maßgeblich ist nur, dass sich der Handelsvertreter während der Vertragszeit ständig um die Vermittlung von Geschäften zu bemühen hat.[20]

270

2. Vertragsgegenstand

Für eine **Handelsvertretertätigkeit** nicht ausreichend ist die bloße Benennung potentieller Kunden oder die bloße Betreuung von Geschäftsverbindungen.[21] Der Vertragsgegenstand darf deshalb **nicht** auf die vorerwähnten Ziele ausgerichtet sein; vielmehr sollten die Warengeschäfte, Dienstleistungen oder immateriellen Wirtschaftsgüter, die der Handelsvertreter vermitteln soll, möglichst konkret im Handelsvertretervertrag benannt werden. Die Tätigkeit von Propagandisten, die sich an Ärzte wenden, um diese zum Verschreiben bestimmter Arzneimittel zu bewegen, stellt keine Vermittlung von Geschäften im Sinne von § 84 Abs. 1 HGB dar.[22]

271

Bei der Bestimmung des Vertragsgegenstandes im Handelsvertretervertrag[23] ist darauf zu achten, dass der **Wiederholungscharakter** der Vermittlung von Geschäften deutlich zum Ausdruck kommt. Anderenfalls besteht die Gefahr, dass von einer Maklertätigkeit ausgegangen wird. Der Unterschied zwischen dem Handelsvertreter und dem Makler besteht darin, dass der Makler bei einzelnen Objekten für einen Auftraggeber tätig wird, während der Handelsvertreter für den Unternehmer immer wieder neu zu produzierende Objekte zu vermitteln hat.[24]

272

Der Handelsvertretervertrag ist **grundsätzlich formfrei**. Das Gesetz macht zwei Ausnahmen. Eine **Delkredere-Vereinbarung**, mit der sich der Handelsvertreter verpflichtet, für die Erfüllung der Verbindlichkeit des Kunden einzustehen, bedarf nach § 86b Abs. 1 Satz 3 HGB der Schriftform. Ferner muss eine nachvertragliche Wettbewerbsabrede nach § 90a Abs. 1 Satz 1 HGB, soll sie wirksam sein, schriftlich geschlossen werden. Ähnlich dem Nachweisgesetz hat jeder Vertragspartner nach § 85 HGB das Recht, zur Klarstellung des Vertragsinhalts dessen Niederlegung in einer Urkunde zu verlangen. Erfüllt der Unternehmer den Anspruch aus § 85 HGB auf Aufnahme des Vertragsinhalts in eine von ihm unterzeichnete Urkunde trotz mehrfacher Aufforderung nicht, gibt er dem Handelsvertreter begründeten Anlass zur Kündigung.[25]

273

Das Handelsvertreterrecht kennt eine Reihe **zwingender Vorschriften**, von denen nicht abgewichen werden kann. Vertragsvereinbarungen, durch die gegen eine zwingende Vorschrift des HGB verstoßen wird, sind zwar nichtig, führen aber nicht zur Nichtigkeit des gesamten Vertrages. Vielmehr arbeitet der BGH hier, wie auch das BAG in vergleichbaren Fällen bei Arbeitsverträgen, mit dem Mittel der **geltungserhaltenden Reduktion**: An die Stelle der nichtigen Vereinbarung tritt die gesetzliche Regelung.[26]

274

---

18 BAG 16.7.1997 – 5 AZR 312/96, EzA SD 1997, Nr. 20, 8–9 = DB 1997, 2437; ArbG Oldenburg 7.6.1996 – 3 Ca 819/95, NZA-RR 1997, 162; ArbG Nürnberg 31.7.1996 – 2 Ca 4546/95, DB 1996, 2032.
19 *Westphal*, Handelsvertretervertrag, Rn 11.
20 BGH 1.4.1992 – IV ZR 154/91, NJW 1992, 2818.
21 OLG Düsseldorf 7.12.1990 – 16 U 67/90, DB 1991, 1664.
22 *Westphal*, Handelsvertretervertrag, Rn 13.
23 Muster 1703, §§ 2, 3.
24 BGH 1.4.1992 – IV ZR 154/91, NJW 1992, 2818.
25 BGH 21.2.2006 – VIII ZR 61/04, WM 2006, 1115.
26 BGH 16.11.1972 – VII ZR 53/72, NJW 1973, 144.

275 *Westphal* hat übersichtlich die zwingenden Reglungen des HGB für einen Handelsvertretervertrag tabellarisch dargestellt:[27]

§ 85 Satz 1	Urkundsanspruch	keine Abweichung möglich
§ 86 Abs. 1	Interessenwahrnehmungspflicht des Handelsvertreters	keine Abweichung möglich
§ 86 Abs. 2	Benachrichtigungspflicht des Handelsvertreters	keine Abweichung möglich
§ 86a Abs. 1	Überlassungspflicht des Unternehmers	keine Abweichung möglich
§ 86a Abs. 2	Unterrichtungspflicht des Unternehmers	keine Abweichung möglich
§ 86b Abs. 1	Delkredereprovision	keine Abweichung möglich
§ 87a Abs. 1	Vorschussanspruch	keine Abweichung möglich
§ 87a Abs. 2	Nichtleistung des Kunden	keine Abweichung zum Nachteil des Handelsvertreters möglich
§ 87a Abs. 3	Nichtausführung des Geschäfts	keine Abweichung zum Nachteil des Handelsvertreters möglich
§ 87a Abs. 4	Fälligkeit Provisionsanspruch	keine Abweichung möglich
§ 87c Abs. 1–4	Kontrollrechte des Handelsvertreters	keine Abweichung möglich
§ 88a Abs. 1	Zurückbehaltungsrecht des Handelsvertreters	keine Abweichung möglich
§ 89 Abs. 1	Mindestkündigungsfristen	keine Abweichung zum Nachteil des Handelsvertreters möglich
§ 89a Abs. 1	Außerordentliche Kündigung	keine Abweichung möglich
§ 89b Abs. 1–3	Ausgleichsanspruch	keine Abweichung zum Nachteil des Handelsvertreters möglich
§ 90a Abs. 4	Nachvertragliche Wettbewerbsabrede	keine Abweichung zum Nachteil des Handelsvertreters möglich
§ 92a	Mindestentgelt	keine Abweichung zum Nachteil des Handelsvertreters möglich

Schon immer unterfielen Handelsvertreterverträge, anders als Arbeitsverträge nach § 23 Abs. 1 AGBG, der Inhaltskontrolle. Der BGH[28] wandte das Recht der Allgemeinen Geschäftsbedingungen nur dann nicht an, wenn die Vertragsbedingungen zwischen den Parteien im Einzelnen ausgehandelt wurden (§ 305 Abs. 1 Satz 3 BGB n.F.). Durch die §§ 13, 14 BGB ist insofern eine Änderung der Rechtslage eingetreten, als die Inhaltskontrolle bei Handelsvertreterverträgen nicht über § 310 Abs. 3 Nr. 1 und Nr. 2 BGB, sondern nur unter den Voraussetzungen des § 305 Abs. 1 BGB erfolgt. Der Handelsvertreter ist zwar eine natürliche Person, schließt aber mit seinem Vertragspartner ein Rechtsgeschäft zu dem Zweck seiner gewerblichen oder selbständigen beruflichen Tätigkeit ab. Deshalb ist er – wie auch der freie Mitarbeiter – kein Verbraucher.

3. Vertretung und Vertragsgebiet

276 Beim Vertragsgegenstand muss sich der Unternehmer entscheiden, ob er dem Handelsvertreter ein **Alleinvertretungsrecht**, beispielsweise für einen bestimmten Bezirk, zubilligen will oder ob er sich daneben das Recht auf eigene Vertriebsaktivitäten erhalten will. Vereinbaren die Parteien eine Alleinvertreterstellung, ist es dem

---

27 *Westphal*, Handelsvertretervertrag, Rn 27.
28 BGH 27.3.1991 – IV ZR 90/90, NJW 1991, 1678.

Unternehmer untersagt, im Gebiet des Alleinvertreters selbst oder durch andere Mitarbeiter irgendwelchen Vertriebsaktivitäten nachzugehen.[29]

Auch die Vereinbarung eines bloßen **Bezirksrechts**, also des Rechts des Handelsvertreters, in einem bestimmten Bezirk tätig zu werden, bedeutet eine weit reichende Bindung des Unternehmers. Die einseitige Änderung der Bezirksgrenzen ist nur dann möglich, wenn sich der Unternehmer dieses Recht im Handelsvertretervertrag ausdrücklich vorbehält.[30] Das Muster 1703 geht von einem solchen Vorbehalt aus. Allerdings kann eine solche Befugnis des Unternehmers gegen § 308 Nr. 4 BGB verstoßen, insbesondere angesichts weitreichender wirtschaftlicher Auswirkungen, wie das BAG für den Bereich des Arbeitsrechts festgestellt hat.[31]

Der Handelsvertreter kann vertraglich verpflichtet werden, eine **Bonitätsprüfung des Kunden** vorzunehmen. Auch ohne eine solche Vereinbarung ist er verpflichtet, auf eigene Kosten Kreditauskünfte über Kunden einzuholen.[32] Erfährt der Handelsvertreter aus zuverlässiger Quelle von der Kreditunwürdigkeit eines Kunden, ist er verpflichtet, dem Unternehmer hierüber Mitteilung zu machen.[33]

Westphal[34] regt an, die ungeklärte Frage, ob der Handelsvertreter verpflichtet ist, Musterkollektionen und sonstige **anvertraute Gegenstände** des Unternehmers gegen Diebstahl zu versichern, vertraglich zu regeln. Dieser Anregung folgt das Muster 1703 (§ 6 Abs. 5). Wenn der Handelsvertreter die ihm überlassenen Gegenstände nicht mehr benötigt, muss er sie herausgeben. Es kann vertraglich nicht wirksam geregelt werden, dass der Handelsvertreter auch die Kundenanschriften nach Vertragsende herauszugeben hat. Ein formularmäßig im Handelsvertretervertrag festgelegtes Verbot jedweder Nutzung von Kundenanschriften ist unwirksam.[35]

Die **Mitteilungspflicht** des Handelsvertreters, wie sie in Muster 1703 (§ 3 Abs. 7) vorgesehen ist, ergibt sich aus § 86 Abs. 2 HGB. Die Mitteilungspflicht des Handelsvertreters korrespondiert mit der Berichtspflicht über die Marktsituation im Gebiet, über Wettbewerberangebote, die Absatzlage oder die Wünsche der Kunden. Unwirksam sind Klauseln in Handelsvertreterverträgen, die feste, kurz hintereinander liegende Berichtstermine vorschreiben. Grundsätzlich überlässt es das Gesetz dem Handelsvertreter, selbst zu entscheiden, ob er einen Bericht für notwendig erachtet oder nicht.[36] Zu kurzen Berichtsintervallen kann der Handelsvertreter nur bei Vorliegen besonderer Umstände verpflichtet werden, wenn beispielsweise die Umsätze in dem Gebiet des betreffenden Handelsvertreters im Vergleich mit denen anderer Handelsvertreter gerade erheblich zurückgegangen sind und der Unternehmer ein besonderes Interesse nachweisen kann, die Ursachen des Umsatzrückgangs kennen zu lernen.[37]

4. Konkurrenzschutz

Soweit in einem Handelsvertretervertrag ein **Konkurrenzverbot** vereinbart wird, ist zunächst zwischen dem Einfirmen- und dem Mehrfirmenvertreter zu unterscheiden. Dem Einfirmenvertreter ist es untersagt, für andere Firmen tätig zu werden. Deshalb rückt seine Rechtsstellung, je nach praktischer Ausgestaltung, rasch in die Position eines Arbeitnehmers.[38] Soweit der Handelsvertreter mehrere Firmen vertritt, hat er ein Konkurrenzverbot während des laufenden Handelsvertreterverhältnisses zu beachten.[39] Eine Konkurrenzsituation ist ausgeschlossen, wenn sich die Produkte der verschiedenen Unternehmen, für die der Handelsvertreter tätig ist, zwar überschneiden, der Handelsvertreter mit der neuen Vertretung aber einen Kundenkreis anspricht, den der bisher vertretene Unternehmer nicht bedient.[40] Besteht ein wirksames Konkurrenzverbot, sind selbst Beteiligungen des Handelsvertreters an Konkurrenzunternehmen untersagt.[41] Streitfragen zu den Grenzen des Konkurrenzverbots entgeht man durch eine möglichst präzise Formulierung; hierfür hält § 4 Abs. 1 des Musters 1703 eine Leerzeile bereit.

---

29 BGH 12.1.1994 – VIII ZR 165/92, NJW 1994, 1060.
30 OLG Stuttgart 22.6.1965 – 2 U Nr 33/65, BB 1965, 926.
31 BAG 12.1.2005 – 5 AZR 364/04, NZA 2005, 465 = NJW 2005, 1820.
32 AG Coburg 30.6.1955, HVR Nr. 95, zitiert nach *Westphal*, Handelsvertretervertrag, Rn 66.
33 BGH 19.6.1969 – VII ZR 39/67, BB 1969, 1196.
34 *Westphal*, Handelsvertretervertrag, Rn 69.
35 BGH 28.1.1993 – I ZR 294/90, DB 1993, 1282.
36 *Westphal*, Handelsvertretervertrag, Rn 80 m.w.N.
37 BGH 17.9.1987 – VII ZR 166/86, DB 1988, 41.
38 *Hümmerich*, NJW 1998, 2625.
39 BGH 25.9.1990 – KVR 2/89, NJW 1991, 490.
40 OLG München 16.11.1990 – 23 U 3703/90, n.v.
41 BGH 14.11.1974 – VII ZR 34/73, HVR Nr. 485, zitiert nach *Westphal*, Handelsvertretervertrag, Rn 89.

282 Der Handelsvertreter ist, anders als der Arbeitnehmer, befugt, zur Erfüllung seiner vertraglichen Leistungen **Angestellte** oder andere Handelsvertreter zu beschäftigen. Die Geschäftsvermittlungstätigkeit muss also nicht persönlich erbracht werden.

283 Für den Unternehmer ergibt sich aus § 86a Abs. 1 HGB eine **Überlassungspflicht**, so dass Muster, Zeichnungen, Preislisten, Werbedrucksachen, Geschäftsbedingungen sowie sonstige erforderliche Unterlagen zur Verfügung zu stellen sind. Die Aufzählung in § 86a Abs. 1 HGB ist nur beispielhaft und keinesfalls abschließend.[42]

5. Provisionsregelungen

284 Kernregelung jedes Handelsvertretervertrages ist die **Provision**. Ist das Vertriebsgebiet neu und fehlt es damit noch an einem entsprechenden Kundenstamm, können auch erfolgsunabhängige Garantieprovisionen oder ein Fixum vereinbart werden. Unwirksam ist eine Klausel, wonach der Handelsvertreter zur Rückzahlung nichtverdienter Garantieprovisionen verpflichtet ist, wenn er das Vertragsverhältnis kündigt.[43] Fragen der Provision sind im Wesentlichen in den §§ 87 ff. HGB geregelt. Grundsätzlich steht dem Handelsvertreter nur ein **Provisionsanspruch** für solche Geschäfte zu, die während des bestehenden Handelsvertreterverhältnisses abgeschlossen werden. Nachvertragliche Provisionsansprüche entstehen nur unter den Voraussetzungen des § 87 Abs. 3 Satz 1 Nr. 1 HGB, wenn der Handelsvertreter das Geschäft entweder vermittelt, eingeleitet oder so vorbereitet hat, dass der Abschluss überwiegend auf seine Tätigkeit zurückzuführen ist.

285 Bei Nichtausführung eines Geschäfts **entfällt** der Provsionsanspruch gemäß § 87a Abs. 2 HGB, wenn feststeht, dass der Kunde nicht leistet, oder nach § 87a Abs. 3 HGB, wenn das Geschäft nicht ausgeführt wird und dies vom Unternehmer nicht zu vertreten ist. Die Nichtleistung des Kunden muss nach objektiven Maßstäben beurteilt werden.[44] Der Unternehmer wird grundsätzlich für verpflichtet angesehen, den Kunden gerichtlich auf Zahlung in Anspruch zu nehmen. Nur dann, wenn die Klage aufgrund der finanziellen Situation eines Kunden mit hoher Wahrscheinlichkeit erfolglos sein wird, darf er hiervon absehen.[45] Vertraglich kann daher zur Feststellung von Nichtleistung kein anderweitiger Maßstab vereinbart werden. Stornierungen führen nicht zum Fortfall des Provisionsanspruchs des Handelsvertreters.[46]

286 Bedeutsam schien zeitweilig ein Urteil des BAG vom 14.3.2000, das sich mit der Rückzahlungspflicht bereits ausgezahlter Verkaufsprovisionen befasst.[47] Nach dem Urteil des BAG galt, dass immer dann, wenn ein Makler infolge wirksamer Anfechtung des vermittelten Kaufvertrages durch den Käufer die Maklerprovision zurückzugewähren hat, er von seinem als Vermittler tätigen Angestellten die bereits ausgezahlte Verkaufsprovision nach den Grundsätzen der ungerechtfertigten Bereicherung herausverlangen könne. Das Urteil hatte zur Folge, dass für den Rückgewähranspruch nicht § 87a Abs. 2 HGB, sondern § 812 BGB mit der früher 30-jährigen Verjährungsfrist galt. Seit In-Kraft-Treten der Schuldrechtsreform verjähren die Ansprüche aus ungerechtfertigter Bereicherung grundsätzlich gemäß § 195 BGB innerhalb von drei Jahren.[48]

287 Geregelt werden müssen **Provisionskollisionen**,[49] weil sich der Unternehmer nur so vor mehrfacher Provisionszahlung schützen kann, wenn mehrere Handelsvertreter am Zustandekommen eines Geschäftsabschlusses mitgewirkt haben. Provisionskollisionsregelungen machen nur dann Sinn, wenn sie sich in **allen** Handelsvertreterverträgen, die betroffen sind, wiederfinden.

288 Die **Provisionshöhe**, insbesondere der Abzug von Nebenkosten und Nachlässen, führt in der Praxis häufig zu Streit. Es wird angeregt, hinreichend konkrete Regelungen zu wählen und auch keinen Zweifel daran lassen, dass sich die Provision vom Nettoverkaufspreis (ohne Mehrwertsteuer) berechnet.[50] Übernimmt der Handelsvertreter das Delkredere, also die Einstandspflicht für die Zahlung des Kaufpreises durch den Kunden, steht dem Handelsvertreter hierfür zwingend eine gesonderte Provision zu.[51]

---

[42] OLG Düsseldorf 2.2.1990 – 16 U 125/89, BB 1990, 1086.
[43] LG Frankfurt 5.3.1975 – 3/3 O 314/74, HVR Nr. 489.
[44] OLG Celle 29.2.1972 – 11 U 144/71, BB 1972, 594.
[45] BGH 27.9.1956 – II ZR 146/55, HVR Nr. 119.
[46] OLG Düsseldorf 24.5.1991 – 16 U 169/90, HVR Nr. 707.
[47] BAG 14.3.2000 – 9 AZR 855/98, BAGE 94, 46 = NZA 2000, 827.
[48] AnwK-BGB/*Mansel*, § 195 BGB Rn 17.
[49] Muster 1703 (§ 10).
[50] Muster 1703.
[51] Muster 1703 (§ 17).

Schließen zwei Verkäufergruppen zum Ausgleich ihrer unterschiedlich hohen individuellen Provisionseinkünfte auf Veranlassung des Arbeitgebers eine so genannte **Topfvereinbarung** und wird diese später gekündigt, so kann sich für diejenigen Verkäufer, die ohne Topfvereinbarung erheblich geringere Provisionseinkünfte haben, ein Anspruch auf Anhebung ihrer Vergütung aus einer ergänzenden Vertragsauslegung ergeben.[52]

Nach § 87c HGB hat der Handelsvertreter Anspruch auf Erteilung einer **Provisionsabrechnung** sowie eines Buchauszugs, auf Auskunft und auf Bucheinsicht. Die Durchsetzung derartiger Ansprüche macht in der Praxis aus Sicht des Handelsvertreters häufig Schwierigkeiten, insbesondere wenn eine gerichtliche Geltendmachung notwendig geworden ist. Zwischen den Zeiträumen, über die Auskunft begehrt wird, und dem Zeitpunkt einer richterlichen Entscheidung verstreichen viele Monate, oft Jahre. Manche Einzelpositionen einschließlich des Umfangs geleisteter Vorschüsse geraten verschiedentlich in Streit. Echte oder vermeintliche Erklärungen für Verzögerungen werden in EDV-Problemen gesucht. Unter solchen Umständen entspricht es der Interessenlage des Handelsvertreters, möglichst kurze, periodische Abrechnungszeiträume zu vereinbaren. Manche Muster[53] sehen deshalb eine monatliche Abrechnungsverpflichtung des Unternehmers vor, wenngleich auch vierteljährliche Zeiträume vereinbart werden können.[54]

6. Kündigung des Handelsvertretervertrages

Der Handelsvertretervertrag kann vom Unternehmer nach § 89a Abs. 1 HGB außerordentlich aus wichtigem Grund gekündigt werden. **Nachgeschobene Gründe** rechtfertigen die **außerordentliche Kündigung**, ohne dass diese erneut ausgesprochen werden müsste.[55]

Die **Verletzung des Konkurrenzverbots** durch den Handelsvertreter rechtfertigt eine außerordentliche Kündigung.[56] Gleiches gilt für fingierte Bestellungen des Handelsvertreters[57] oder erhebliche, mit Bedacht geäußerte Beleidigungen.[58] Ein **Umsatzrückgang** rechtfertigt die außerordentliche Kündigung nur, soweit er auf einer Pflichtverletzung des Handelsvertreters beruht.[59] Vernachläßigt der Handelsvertreter seine Tätigkeit anhaltend und schwerwiegend, kann der Unternehmer in der Regel außerordentlich kündigen. Misstrauen in die Zuverlässigkeit des Handelsvertreters rechtfertigt unter solchen Umständen die fristlose Kündigung.[60] Versuchen die Parteien, im Handelsvertretervertrag die wichtigen Gründe zu vereinbaren, steht dem – anders als im Arbeitsvertragsrecht – im Grundsatz nichts im Wege. Der BGH verlangt allerdings, ähnlich dem BAG mit seiner Forderung nach abschließender Interessenabwägung, dass die Ausübung des Kündigungsrechts mit den Geboten von Treu und Glauben vereinbar ist.[61]

Für **nachvertragliche Wettbewerbsverbote** beim Handelsvertreter gilt das Gleiche wie bei den nachvertraglichen Wettbewerbsverboten mit Arbeitnehmern, GmbH-Geschäftsführern oder Vorständen. Das gesamte nachvertragliche Wettbewerbsrecht entstammt dem Handelsvertreterrecht, § 90a HGB, und wird bei Verträgen mit Arbeitnehmern, freien Mitarbeitern und sonstigen Anstellungsverhältnissen analog angewendet. Weitgehende Einigkeit besteht über die Unverbindlichkeit nachvertraglicher Wettbewerbsvereinbarungen ohne Karenzentschädigung bei Vorständen und GmbH-Geschäftsführern.[62]

7. Ausgleichsanspruch gemäß § 89b HBG

Eine Besonderheit des Handelsvertreterrechts bildet der **Ausgleichsanspruch nach § 89b HGB** unter den dort genannten Voraussetzungen, der durch die Vorgaben der Handelsvertreterrichtlinie vom 18.12.1986[63] innerhalb der Mitgliedstaaten der Europäischen Union europaweit umgesetzt wurde. Bei internationalen Handelsvertreterverträgen legen die Parteien mit der Rechtswahl auch fest, nach welchem Recht eines Mitgliedstaates der Entschädigungsanspruch berechnet werden soll. Einzelheiten zu Inhalt, Voraussetzungen und

---

[52] BAG 3.6.1998 – 5 AZR 552/97, ARST 1999, 37.
[53] Muster 1703 und Muster 1706.
[54] *Westphal*, Handelsvertretervertrag, Rn 189.
[55] BGH 12.6.1963 – VII ZR 272/61, DB 1963, 1149.
[56] BGH 27.2.1976 – I ZR 16/75, n.v.
[57] BGH 21.11.1980 – I ZR 118/78, VersR 1981, 190.
[58] BGH 9.7.1959 – II ZR 48/58, VersR 1959, 887.
[59] OLG Karlsruhe 1.12.1970 – 10 U 40/70, BB 1971, 572.
[60] OLG Nürnberg 15.3.1960 – 2 U 224/58, BB 1960, 956.
[61] BGH 7.7.1988 – I ZR 78/87, DB 1988, 2403.
[62] *Hümmerich*, Gestaltung von Arbeitsverträgen, § 2 Rn 725 ff.
[63] ABl Nr. L 382, 17 ff.

Methoden der Berechnung des Ausgleichsanspruchs werden übersichtlich dargestellt bei *Westphal*.[64] Die im Muster 1703 (§ 18 Abs. 4)[65] vorgesehene Freistellungsregelung muss mit einer Entschädigungsvereinbarung korrespondieren.[66]

295 Zum Streit kommt es zwischen den Parteien, wenn es um die Schätzung des **Stammkundenumsatzanteils** geht. So hat der BGH in drei neueren Entscheidungen Grundsätze zur Berechnung des Stammkundenumsatzanteils bei einem Tankstellenpächter und bei einem Kfz-Vertragshändler aufgestellt.[67] Aus den Provisionen für werbende Tätigkeit, die der Handelsvertreter infolge der Vertragsbeendigung verliert, sind die Betriebskosten, die dem Handelsvertreter durch seine werbende Tätigkeit entstehen, nicht herauszurechnen. Der ausgleichspflichtige Provisionsanteil bemisst sich nicht nach dem Reingewinn des Handelsvertreters. Der Ausgleichsanspruch ist bei einem Kfz-Vertragshändler nicht etwa deshalb ausgeschlossen, weil der Händler nach Beendigung des Vertragsverhältnisses seine Kundenkartei einem Dritten überlässt, nachdem er zuvor in Erfüllung einer entsprechenden Vertragspflicht dem Hersteller die Daten der von ihm neu geworbenen Kunden bekanntgegeben hat.[68]

296 Beim Versicherungsvertreter stellt sich immer wieder die Frage, wie eine **Provisionsvereinbarung auszulegen** ist. Vor allem bei Verwendung des Begriffs „**Verwaltungsprovision**" ist aus Sicht des Handelsvertreters Vorsicht geboten. Bestimmt eine Provisionsvereinbarung eines Versicherungsvertretervertrages, die generell zwischen Abschlussprovisionen, Verlängerungsprovisionen und „Verwaltungsprovisionen ab dem 2. Versicherungsjahr" unterscheidet, dass der Vertreter für bestimmte Versicherungsarten keine Abschluss- oder Verlängerungsprovisionen, sondern die „Verwaltungsprovisionen ab dem 2. Versicherungsjahr" bereits vom ersten Versicherungsjahr an erhält, folgt daraus zwingend, dass in diesen „Verwaltungsprovisionen" auch ein Entgelt für die Vermittlung der betreffenden Verträgen enthalten ist.[69] Eine vollständige Abbedingung des Anspruchs des Versicherungsvertreters auf Vermittlungsprovision und deren vollständige Ersetzung durch eine echte Verwaltungsprovision ist mit § 89b Abs. 4 Satz 1 HGB allerdings nicht vereinbar.[70] Wenn ein Zeitungsverlag einem Anzeigenvermittler Anzeigenraum entgeltlich zur Verfügung stellt, kann der Anzeigenvermittler mit Beendigung der Geschäftsbeziehung keinen Ausgleichsanspruch nach § 89b HGB fordern.[71]

297 Große Sorgfalt ist in den Fällen bei der Vertragsgestaltung anzulegen, in denen mit der Geltendmachung des Ausgleichsanspruchs nach § 89b HGB Leistungen aus der **unternehmerfinanzierten Altersversorgung** entfallen sollen. Derartige Regelungen sind generell unwirksam.[72] Das betriebsrentenrechtliche Abfindungsverbot, das grundsätzlich auch Handelsvertreter schützt, ist nicht auf solche Vereinbarungen anzuwenden, die während des laufenden Arbeitsverhältnisses und ohne Rücksicht auf dessen Beendigung abgeschlossen worden sind. Gegen das betriebsrentenrechtliche Abfindungsverbot wird also nicht verstoßen, wenn eine betriebliche Altersversorgung unter die auflösende Bedingung der Ausgleichsanspruchstellung nach § 89b HGB gestellt wird. Wer einen Handelsvertretervertrag entwirft, erhält damit eine aus Arbeitgebersicht bedeutende Gestaltungsvariante.

Allerdings hat der BGH die folgende Regelung in einem Versicherungsvertretervertrag für unwirksam erklärt: „Die Vertragsparteien sind sich darüber einig, dass in Höhe des Kapitalwerts einer auf der Grundlage dieses Versicherungsvertreterverhältnisses von den Gesellschaften finanzierte Versorgung aus Billigkeitsgründen kein Ausgleichsanspruch nach § 89b HGB entsteht. Diese Regelung beruht auf der Rechtsprechung des Bundesgerichtshofs. Angerechnet werden sowohl eine Alters-, BU- sowie Hinterbliebenenversorgung des Vertreters und seiner Hinterbliebenen in der Form einer zu beanspruchenden Rente als auch eine unverfallbare Rentenanwartschaft … Da dem Vertreter eine Teilnahme an Versorgungseinrichtungen der Gesellschaften gerade in Erwartung einer Anrechnung der Versorgungsleistungen auf einen Ausgleichsanspruch ermöglicht wird, sind sich die Parteien darüber einig, dass eine Anrechnung aus Billigkeitsgründen auch dann

---

64 *Westphal*, Handelsvertretervertrag, Rn 300 ff.
65 § 1 Rn 329.
66 BGH 29.3.1995 – VIII ZR 102/94, NJW 1995, 1552.
67 BGH 10.7.2002 – VII ZR 158/01, WM 2003, 499; BGH 12.2.2003 – VIII ZR 130/01, NJW-RR 2003, 821; BGH 28.6.2006 – VIII ZR 350/04, DB 2006, 1677.
68 BGH 28.6.2006 – VIII ZR 350/04, BB 2006, 1648.
69 BGH 14.6.2006 – VIII ZR 261/04, DB 2006, 1953.
70 BGH 14.6.2006 – VIII ZR 261/04, DB 2006, 1953; BGH 10.7.2002 – VIII ZR 58/00, WM 2003, 491.
71 BGH 12.3.2003 – VIII ZR 221/02, BB 2003, 1089.
72 BGH 21.5.2003 – VIII ZR 57/02, NZA 2003, 920; *v. Westphalen*, BB 2001, 1592.

erfolgen soll, wenn zwischen Beendigung des Vertragsverhältnisses und tatsächlichem Einsetzen der Versorgungszahlungen ggf. ein langer Zeitraum liegt."[73]

Vertragliche Regelungen, die eine Umgestaltung der Altersversorgungsregelung im Falle der Inanspruchnahme des Ausgleichsanspruchs nach § 89b HGB vorsehen, können wirksam sein.[74] Die in formularmäßigen Versorgungsrichtlinien enthaltene Klausel: „In Höhe des nach den Richttafeln Dr. Heubeck, Dr. Fischer, Rechnungszins 5,5 % berechneten Barwertes der von der Firma zu gewährenden Versorgungsleistungen entsteht nach dem Grundsatz der Billigkeit kein Ausgleichsanspruch gemäß § 89b HGB ..." hält nach Auffassung des BGH einer Inhaltskontrolle nach § 9 Abs. 1 AGBG (jetzt: § 307 Abs. 1 Satz 1 BGB) nicht stand.[75]

Bei der Vertragsgestaltung sollte eine Entscheidung des LAG Hessen[76] beachtet werden: Bei dem in einem Arbeitsverhältnis stehenden Außendienstmitarbeiter, der zu Hause einen PC, Muster und Werbematerialien lagern muss, besteht ein Anspruch auf Erstattung der Kosten eines Arbeitszimmers gemäß §§ 670, 675 BGB (Aufwendungsersatz). Beim Handelsvertreter besteht dieser Anspruch nicht. Eine Vereinbarung über die **Rückzahlung von Ausbildungskosten** in einem Handelsvertretervertrag ist nach § 9 Abs. 1 AGBGB (jetzt: § 307 Abs. 1 Satz 1 BGB n.F.) kontrollfähig. Es handelt sich nicht um eine der AGB-Kontrolle entzogene Preisabrede für eine Ausbildung. Ein Verstoß gegen das Verbot unangemessener Benachteiligung liegt vor, wenn dem Verwender einer formularmäßigen Vertragsbedingung eine einseitige, Treu und Glauben widersprechende Verfolgung seiner Interessen vorzuwerfen ist. Firmenvertreter können allerdings nur nach § 5 Abs. 3 Satz 2 ArbGG prozessual mit Arbeitnehmern, nicht hinsichtlich der inhaltlichen Grundsätze, die auf ihr Rechtsverhältnis Anwendung, gleich gesetzt werden. Eine richterliche Inhaltskontrolle nach den vom Bundesarbeitsgericht für einzelvertragliche Rückzahlungsklauseln entwickelten Grundsätzen findet nicht statt, wenn die Erstattungsabrede über Ausbildungskosten nicht in einem Arbeitsvertrag, sondern in einer Vereinbarung mit einem selbständigen Handelsvertreter getroffen wurde.[77]

Die Palette der hier vorgestellten Handelsvertreterverträge reicht vom einfachen Vertrag ohne Gebietsschutz[78] bis zum internationalen Handelsvertretervertrag.[79] Handelsvertreter fragen manchmal den Anwalt, ob sie sich einem im Vertrag vereinbarten Konkurrenzverbot dadurch entziehen können, dass sie ihre Ehefrau eine Vertretung gründen lassen. In diesen Fällen muss der Anwalt unmissverständlich darauf hinweisen, dass eine Umgehung des Wettbewerbsverbots durch Vorschieben der Ehefrau einem Verstoß gegen das Wettbewerbsverbot gleichkommt.[80]

III. Vertragskonzepte bei freien Mitarbeitern

1. Bezeichnung als „freier Mitarbeiter" ohne konstitutive Bedeutung

Keine Arbeitsverhältnisse sind solche Rechtsbeziehungen, die rechtlich und tatsächlich als freie Mitarbeiterverhältnisse, als Beraterverträge oder Werkverträge ausgestaltet sind. Das BAG unterscheidet in seiner Rechtsprechung grundlegend zwischen Arbeitnehmern und Selbständigen. **Arbeitnehmer** ist seit der Definition des Reichsversicherungsamtes aus dem Jahre 1891, wer in persönlicher Abhängigkeit fremdbestimmte Arbeit leistet.[81] **Freie Mitarbeiter** verrichten ihre Arbeit dagegen **selbständig**. Dabei kommt es nicht darauf an, wie die Parteien das Vertragsverhältnis bezeichnen. Der Status des Beschäftigten richtet sich nicht nach den Wünschen und Vorstellungen der Vertragspartner, sondern danach, wie die Vertragsbeziehung nach ihrem Geschäftsinhalt objektiv einzuordnen ist. Durch Parteivereinbarung kann die Bewertung einer Rechtsbeziehung als Arbeitsverhältnis nicht abbedungen und der Geltungsbereich des Arbeitnehmerschutzrechts nicht eingeschränkt werden. Der wirkliche Geschäftsinhalt ist den ausdrücklich getroffenen Vereinbarungen und der praktischen Durchführung eines Vertrages mit einem Mitarbeiter zu entnehmen. Wird der Vertrag

---

73 BGH 20.11.2002 – VIII ZR 146/01, BGHZ 153, 6 = DB 2003, 142.
74 BGH 21.5.203 – VIII ZR 57/02, NJW 2003, 3350.
75 BGH 20.11.2002 – VIII ZR 211/01, MDR 2003, 277 = DB 2003, 144.
76 LAG Hessen 16.6.1998 – 6 Sa 2268/97, AiB 1999, 417.
77 BAG 24.10.2002 – 6 AZR 632/00, NZA 2003, 668.
78 Muster 1700.
79 Muster 1715.
80 BGH 23.1.1964 – VII ZR 126/62, BB 1964, 409 f.
81 BAG 20.7.1994 – 5 AZR 627/93, NZA 1995, 161; BSG 1.12.1977 – 12/3/12 RK 39/74, BB 1978, 966; *Hümmerich*, NJW 1998, 2625.

abweichend von den ausdrücklichen Vereinbarungen vollzogen, ist die tatsächliche Durchführung maßgebend.[82]

301 Insofern hat § 3 Abs. 4 im Muster 1731 über den Programmierer als freien Mitarbeiter keine konstitutive Bedeutung. Auch wenn es dort heißt, „der freie Mitarbeiter wird nicht in die Arbeitsorganisation des Auftraggebers eingegliedert", kommt es darauf an, ob er nicht evtl. tatsächlich eingegliedert ist, beispielsweise ein eigenes Büro mit einem Namensschild an der Tür benutzt, ob er an den Vorteilen einer Kantinenbenutzung teilnimmt, ob er einen firmeneigenen Parkplatz benutzen darf, ob er über einen Werksausweis verfügt etc. Derartige Maßnahmen werden in der betrieblichen Praxis ergriffen, ohne dass die Beteiligten ein Bewusstsein dafür haben, dass die Rechtsprechung hierauf mit indizieller Bedeutung abstellt.

2. Abgrenzung zum Arbeitnehmer

302 Nach der Rechtsprechung des BAG unterscheiden sich das Arbeitsverhältnis und das Rechtsverhältnis eines freien Mitarbeiters durch den **Grad der persönlichen Abhängigkeit**, in der sich der zur Dienstleistung Verpflichtete jeweils befindet.[83] Eine wirtschaftliche Abhängigkeit ist weder erforderlich noch ausreichend. Arbeitnehmer ist danach derjenige Mitarbeiter, der seine Dienstleistung im Rahmen einer vom Arbeitgeber bestimmten Arbeitsorganisation erbringt. Hier wird einheitlich das Abgrenzungsmerkmal des Handelsvertreterrechts, § 84 Abs. 1 Satz 2 HGB, zur Begründung herangezogen. Die Eingliederung in eine fremde Arbeitsorganisation zeigt sich insbesondere darin, dass der Beschäftigte einem **Weisungsrecht** des Arbeitgebers unterliegt.[84] Dieses Weisungsrecht kann Inhalt, Durchführung, Zeit, Dauer und Ort der Tätigkeit betreffen. Die fachliche Weisungsgebundenheit ist für Dienste höherer Art nicht immer typisch. Die Art der Tätigkeit kann es mit sich bringen, dass dem Dienstverpflichteten ein hohes Maß an Gestaltungsfreiheit, Eigeninitiative und fachlicher Selbständigkeit verbleibt.[85] Für die Abgrenzung sind demnach immer in erster Linie die Umstände entscheidend, unter denen die Dienstleistung tatsächlich erbracht wird.

303 Bei der Vertragsgestaltung ist zu beachten, dass nicht schon allein der Umstand für ein Arbeitsverhältnis spricht, dass es sich bei dem konkreten freien Mitarbeiterverhältnis um ein auf Dauer angelegtes Vertragsverhältnis handelt. Arbeitsverhältnisse und freie Mitarbeiterverhältnisse sind stets **mit und ohne Dauerverpflichtung** denkbar. Typischerweise werden Dauerrechtsbeziehungen mit Unternehmensberatern, Ärzten oder Rechtsanwälten unterhalten, ohne dass aus der Dauer der Rechtsbeziehung auf ein Arbeitsverhältnis geschlossen würde.[86]

304 Abstrakte, für alle Arbeitsverhältnisse geltende Kriterien, aus denen sich persönliche Abhängigkeit definiert, lassen sich nicht aufstellen. Eine Anzahl von **Tätigkeiten** kann sowohl im Rahmen eines Arbeitsverhältnisses als auch im Rahmen eines freien Mitarbeiterverhältnisses erbracht werden.[87] Dies hat das BAG namentlich für den Fall der freien Mitarbeiter in Rundfunkanstalten entschieden.

305 Umgekehrt gibt es Tätigkeiten, die regelmäßig nur im Rahmen eines Arbeitsverhältnisses ausgeübt werden können. Das Bestehen eines Arbeitsverhältnisses kann aus der Art oder der Organisation der zu verrichtenden Tätigkeit folgen.[88] Bei bestimmten Berufen unterstellt das BAG regelmäßig, dass die Art der Tätigkeit keine Ausgestaltung als freies Mitarbeiterverhältnis erlaube, so etwa bei Orchestermusikern,[89] für Lehrkräfte, die an allgemein bildenden Schulen in schulischen Lehrgängen unterrichten,[90] für Hilfspfleger im Krankenhaus[91] und für die Tätigkeit von Mitarbeitern fremdsprachlicher Dienste von Rundfunkanstalten mit routinemäßig anfallender Tätigkeit als Sprecher, Aufnahmeleiter oder Übersetzer.[92]

---

82 BAG 28.6.1973 – 5 AZR 19/73, DB 1973, 1804; BAG 13.1.1983 – 5 AZR 149/82, NJW 1984, 1985; BAG 27.3.1991 – 5 AZR 194/90, NZA 1991, 933; BAG 30.10.1991 – 7 ABR 19/91, NZA 1992, 407; BAG 20.7.1994 –5 AZR 627/93, NZA 1995, 161; BAG 9.5.1996 –2 AZR 438/95, NZA 1996, 1145.
83 H/S-*Regh*, Das arbeitsrechtliche Mandat, § 3 Rn 77 ff.
84 LAG Köln 3.7.1998 – 11 Ta 94/98, ARST 1999, 17.
85 BAG 13.1.1983 – 5 AZR 149/82, NJW 1984, 1985; BAG 13.11.1991 – 7 AZR 31/91, NZA 1992, 1125; BAG 20.7.1994 – 5 AZR 627/93, NZA 1995, 161.
86 BAG 27.3.1991 – 5 AZR 194/90, NZA 1991, 933; BAG 30.10.19917 – ABR 19/91, NZA 1992, 407; BAG 30.11.1994 – 5 AZR 704/93, NZA 1995, 622.
87 BAG 30.10.1991 – 7 ABR 19/91, NZA 1992, 407; BAG 9.5.1996 – 2 AZR 438/95, NZA 1996, 1145, 1148.
88 BAG 20.7.1994 – 5 AZR 627/93, NZA 1995, 161.
89 BAG 14.2.1974 – 5 AZR 298/73, AP § 611 BGB Abhängigkeit Nr. 12; BAG 29.7.1976 – 3 AZR 7/75, AP § 620 BGB Befristeter Arbeitsvertrag Nr. 41.
90 BAG 24.6.1992 – 5 AZR 384/91, NZA 1993, 174.
91 BAG 13.2.1985 – 7 AZR 345/82, n.v.
92 BAG 3.10.1975 – 5 AZR 162/74, AP § 611 BGB Abhängigkeit Nr. 15; BAG 16.2.1994 –5 AZR 402/93, NZA 1995, 21; BAG 9.3.1977 – 5 AZR 110/76, DB 1977, 2459 f.

Programmgestaltende Mitarbeiter einer Rundfunkanstalt können sowohl als freie Mitarbeiter als auch als Arbeitnehmer tätig werden.[93] Aus der Rundfunkfreiheit folgt nach Auffassung des Bundesverfassungsgerichts,[94] dass den Anstalten die für die Erfüllung ihres Programmauftrags notwendige Freiheit und Flexibilität genommen würde, wenn sie verpflichtet wären, die für andere Bereiche geltenden arbeitsrechtlichen Maßstäbe uneingeschränkt zu übernehmen. Dieses Sonderrecht der Rundfunkanstalten bezieht sich allerdings nur auf programmgestaltende Mitarbeiter, nicht auf Mitarbeiter, deren Tätigkeit sich in der technischen Realisierung des Programms und ohne inhaltlichen Einfluss auf das Programm erschöpft.[95] Bei programmgestaltenden Mitarbeitern liegt ein Arbeitsverhältnis vor, wenn der Sender innerhalb eines bestimmten zeitlichen Rahmens über die Arbeitsleistung verfügen kann.[96] Das ist beispielsweise dann der Fall, wenn ständige Dienstbereitschaft erwartet wird.[97] Gegen ein freies Mitarbeiterverhältnis spricht, wenn die Dienstpläne einseitig aufgestellt werden.[98] Für ein freies Mitarbeiterverhältnis spricht dagegen, wenn der Sender ausdrücklich erklärt und es auch so handhabt, dass die Dienstpläne unverbindlich sind oder erst in Kraft treten, wenn ihnen der eingesetzte Mitarbeiter nicht widersprochen hat.[99] Demgemäß ist das Muster 1753[100] formuliert. Gleiches gilt, wenn die Aufnahme in den Dienstplan für die Produktion eines Radioprogramms nicht ohne vorherige Zustimmung des Mitarbeiters erfolgt.[101]

306

Diese Grundsätze sind auch bei der Gestaltung sonstiger Verträge von freien Mitarbeitern zu beachten. Letztlich kommt es immer darauf an, wie viel **Freiheit** dem Mitarbeiter **in der Selbstorganisation** seiner Tätigkeit verbleibt. Je mehr der Arbeitgeber über Weisungen in diese Selbstorganisation des Mitarbeiters eingreifen kann, umso eher ist ein Arbeitsverhältnis anzunehmen.[102] Während der 5. Senat des BAG in der Vergangenheit die Freiheit der Selbstorganisation stärker unter dem Aspekt der Arbeitszeitsouveränität gewichtet hat, wirft er in neuerer Zeit vermehrt sein Augenmerk auf die Art und Organisation der Arbeit. Auch bei freien Mitarbeitern hat der Unternehmer ein Interesse, zahlreiche Vorgaben zu formulieren und durchzusetzen, damit die Leistung den benötigten Anforderungen entspricht. In Verträge mit freien Mitarbeitern können deshalb Vertragsbestimmungen aufgenommen werden, die die geforderten Qualitätsanforderungen umschreiben, nicht hingegen solche Anforderungen, die in das Recht der Selbstorganisation des Mitarbeiters eingreifen. Die Grenzen sind fließend, weshalb ein neuer, situationsgebundener Arbeitnehmerbegriff gefordert wird.[103]

307

Je mehr der Mitarbeiter **Eigenverantwortung** bei der **Arbeitsorganisation** und **Arbeitsdurchführung** trägt, desto wahrscheinlicher ist die Anerkennung seines Status als freier Mitarbeiter. Ein Zeitungszusteller, der weitere Zusteller, die in seinem Auftrag arbeiten, beschäftigt, ist ein freier Mitarbeiter.[104] Kundenberaterinnen, die selbständig bei Weight-Watchers Trainingsprogramme durchführen und in der Einteilung der Kurse, Übernahme von Aufgaben in selbst bestimmtem Umfang entscheiden können, sind freie Mitarbeiter und keine Arbeitnehmer.[105] Ein Verkaufsfahrer als Franchisenehmer dagegen, den ein Bündel von Arbeitsvorgaben einengt, ist Arbeitnehmer.[106] Gleiches gilt für einen Transporteur mit eigenem Fahrzeug im Güterverkehr, wenn das eigene eingesetzte Transportfahrzeug die Farben und das Logo der beauftragenden Firma trägt, alle Transporteure zu einem bestimmten Zeitpunkt zur Übernahme der Transportaufträge und der Transportgüter zu erscheinen haben und die Routen der Transporteure von dem beauftragenden Unternehmen selbst festgelegt werden.[107] In der Eismann-Entscheidung[108] hat das BAG ebenfalls auf Arbeitnehmereigenschaft von Franchise-Nehmern im Verkaufsfahrerstatus erkannt. Die Kundenschulungsbeauftragten bei Rank Xerox sind keine freien Mitarbeiter, sondern Arbeitnehmer.[109] Ob die als freie Mitarbeiter behandel-

308

---

93 BAG 20.7.1994 – 5 AZR 627/93, NZA 1995, 161, 162; H/S-*Regh*, Das arbeitsrechtliche Mandat, § 3 Rn 87 ff.
94 BVerfG 13.1.1982 – 1 BvR 848/77, BVerfGE 59, 231.
95 BVerfG 13.1.1982 – 1 BvR 848/77, BVerfGE 59, 231.
96 BAG 9.6.1993 – 5 AZR 123/92, NZA 1994, 169.
97 BAG 7.5.1980 – 5 AZR 293/78, AP § 611 BGB Abhängigkeit Nr. 35.
98 BAG 16.2.1994 – 5 AZR 402/93, NZA 1995, 21.
99 BAG 16.2.1994 – 5 AZR 402/93, NZA 1995, 21.
100 § 1 Rn 345.
101 ArbG Hannover 11.1.1995 – 2 BV 1/94, AfP 1996, 190.
102 *Hümmerich*, NJW 1998, 2625.
103 *Hümmerich*, NJW 1998, 2625.
104 BAG 16.7.1997 – 5 AZR 312/96, NZA 1998, 368.
105 BAG 9.5.1996 – 2 AZR 438/95, NZA 1996, 1145.
106 BAG 16.7.1997 – 5 AZB 29/96, NJW 1997, 2973.
107 BAG 19.11.1997 – 5 AZR 653/96, DB 1998, 624.
108 BAG 16.7.1997 – 5 AZB 29/90, SPA 17/1997, 4.
109 BAG 6.5.1998 – 5 AZR 247/97, NZA 1999, 205.

ten Versicherungsvertreter der Hamburg-Mannheimer Arbeitnehmer sind, wie das LAG Nürnberg in der Vorinstanz angenommen hatte, hat das BAG zunächst offen gelassen.[110] Die beiden Verfahren wurden zwecks weitergehender Aufklärung in tatsächlicher Hinsicht an das LAG Nürnberg zurückverwiesen, das zwischenzeitlich entschieden hat, die Versicherungsvertreter der Hamburg-Mannheimer Versicherung seien keine Arbeitnehmer.[111] Außerdem hat das BAG in den nicht zurückverwiesenen Fällen ebenfalls abschließend entschieden, dass den Einfirmenvertretern der Hamburg-Mannheimer kein Arbeitnehmerstatus zukomme.[112]

3. Scheinarbeitsverhältnisse

309 Am 1.1.1999 trat das Gesetz zu Korrekturen in der Sozialversicherung und zur Sicherung der Arbeitnehmerrechte (**Korrekturgesetz**) in Kraft.[113] Mit dem Korrekturgesetz wurden § 7 Abs. 4 SGB IV und § 2 Nr. 9 SGB VI geschaffen. Durch diese Vorschriften wurde der sozialversicherungsrechtliche Beschäftigungsbegriff ergänzt und eine **widerlegbare Vermutungsregel** aufgestellt. Bei Personen, die erwerbstätig sind und zwei von vier der in der Vorschrift genannten Kriterien erfüllen, wurde vermutet, dass sie in einem Arbeitsverhältnis stehen und damit nach § 7 Abs. 1 SGB IV Beschäftigte im sozialversicherungsrechtlichen Sinne sind. Gleichsam als Rückfalloption[114] wurde mit § 2 Nr. 9 SGB VI die Rechtsfigur des arbeitnehmerähnlichen Selbständigen geschaffen und es wurde der Kreis der rentenversicherungsrechtlichen Selbständigen erheblich erweitert. Ist ein Scheinselbständiger „Beschäftigter" nach § 7 Abs. 4 SGB IV, wird er in allen Zweigen der Sozialversicherung versicherungspflichtig und Arbeitgeber und Scheinselbständiger haben die Sozialversicherungsbeiträge mit Ausnahme der Beiträge zur Unfallversicherung je zur Hälfte zu tragen. Konnte die Vermutung, dass jemand Beschäftigter im Sinne von § 7 Abs. 4 SGB IV ist, widerlegt werden, musste geprüft werden, ob ein freier Mitarbeiter zumindest arbeitnehmerähnlicher Selbständiger nach § 2 Nr. 9 SGB VI ist und dann ausschließlich zur Rentenversicherung versicherungspflichtig ist, wenn er die Merkmale Nr. 1 und 2 in § 7 Abs. 4 SGB IV erfüllt. In diesem Fall musste der freie Mitarbeiter die Beiträge zu 100 % selbst aufbringen.

310 Ziemlich genau ein Jahr nach In-Kraft-Treten des Korrekturgesetzes beschloss der Bundestag am 12.11.1999 das „**Gesetz zur Förderung der Selbständigkeit**", mit dem Korrekturen am Korrekturgesetz angebracht wurden. Das Korrekturgesetz vom 19.12.1998 war auf heftige Kritik in der Literatur gestoßen.[115] Der Neuregelung lag die Arbeit der sog. Dieterich-Kommission zugrunde.[116] Die Neufassung des § 7 Abs. 4 SGB IV enthielt in ihrem Obersatz neue Voraussetzungen für die Anwendung der Vermutensregel und bestand im Übrigen nicht mehr aus nur vier, sondern aus fünf zum Teil abgeänderten formulierten Merkmalen:

§ 7 Abs. 4 SGB IV neue Fassung (gültig vom 1.1.2000 bis 31.12.2002)	§ 7 Abs. 4 SGB IV alte Fassung (gültig vom 1.1.1999 bis 31.12.1999)
Bei einer erwerbsmäßig tätigen Person, die ihre *Mitwirkungspflichten nach § 206 SGB V oder § 196 Abs. 1 SGB VI nicht erfüllt*, wird vermutet, dass sie beschäftigt ist, wenn mindestens 3 der folgenden 5 Merkmale vorliegen:	Bei Personen, die erwerbstätig sind und ... wird vermutet, dass sie gegen Arbeitsentgelt beschäftigt sind, wenn mindestens zwei der genannten Merkmale vorliegen:
1. Die Person beschäftigt ... regelmäßig keinen versicherungspflichtigen Arbeitnehmer, dessen Arbeitsentgelt aus diesem Beschäftigungsverhältnis regelmäßig im Monat 325 EUR übersteigt.	1. Sie beschäftigen im Zusammenhang mit ihrer Tätigkeit mit Ausnahme von Familienangehörigen keine versicherungspflichtigen Arbeitnehmer.
2. Sie ist auf Dauer und im Wesentlichen nur für einen Auftraggeber tätig.	2. Sie sind regelmäßig und im Wesentlichen nur für einen Auftraggeber tätig.

---

110 BAG 16.6.1998 – 5 AZR 255/98, NZA 1998, 1079.
111 LAG Nürnberg 26.1.1999 – 7 Sa 658/98, BB 1999, 793.
112 BAG 15.12.1999 – 5 AZR 169/99, BAGE 93, 132; BAG 15.12.1999 – 5 AZR 3/99, DB 2000, 879; BAG 15.12.1999 – 5 AZR 770/98, NZA 2000, 481; BAG 15.12.1999 – 5 AZR 566/98, DM 2000, 723 und BAG 15.12.1999 – 5 AZR 457/98, NZA 2000, 775.
113 Gesetz vom 19.12.1998, BGBl I, 3843.
114 H/S-*Regh*, Das arbeitsrechtliche Mandat, § 3 Rn 149.
115 Ohne Anspruch auf Vollständigkeit sei auf folgende Beiträge verwiesen: *Baeck*, DB 1999, 1065; *Bauer/Diller/Lorenzen*, NZA 1999, 169; *Bengelsdorf*, DB 1999, 1162; *Brand*, DB 1999, 1162; *Buchner*, DB 1999, 146 ff., 533 ff. und 1502 ff.; *Däubler*, NJW 1999, 601; *Fischer/Harth*, AuR 1999, 126; *Goretzki/Hohmeister*, BB 1999, 635; *Hanau*, ZIP 1999, 252; *Hohmeister*, NZA 1999, 337; *ders.*, NZS 1999, 179; *Kerschbaumer/Tiefenbacher*, AuR 1999, 121; *Kilger*, AnwBl 1999, 39; *Kollmer*, NJW 1999, 608; *Krebs*, DB 1999, 1602; *Kunz/Kunz*, DB 1999, 583 ff. und 846 ff; *Leuchten/Zimmer*, DB 1999, 381; *Löwisch*, BB 1999, 102; *Reiserer*, BB 1999, 366; *ders.*, BB 1999, 1006; *Richardi*, DB 1999, 958; *Schiefer*, DB 1999, 48; *Söhnlein/Mocellin*, NZS 1999, 280; *Weimar/Goebel*, ZIP 1999, 217.
116 Dieterich-Kommission, NZA 1999, 1260; Zwischenbericht, NZA 1999, 1145.

Kapitel 2: Handelsvertreterverträge und Verträge mit freien Mitarbeitern

3. Ihr Auftraggeber oder ein vergleichbarer Auftraggeber lässt entsprechende Tätigkeiten regelmäßig durch von ihm beschäftigte Arbeitnehmer verrichten.	3. Sie erbringen für Beschäftigte typische Arbeitsleistungen, unterliegen insbesondere Weisungen des Auftraggebers.
4. Ihre Tätigkeit lässt typische Merkmale unternehmerischen Handelns nicht erkennen.	4. Sie treten nicht aufgrund unternehmerischer Tätigkeit am Markt auf.
5. Ihre Tätigkeit entspricht dem äußeren Erscheinungsbild nach der Tätigkeit, die sie für denselben Auftraggeber zuvor aufgrund eines Beschäftigungsverhältnisses ausgeübt hatte.	

Die Auswirkungen der gesetzlichen Neuregelung waren zahlreich und wurden in einer Reihe von Beiträgen erörtert.[117] Das Zweite Gesetz für moderne Dienstleistungen am Arbeitsmarkt vom 23.12.2002[118] gab die Vermutungsregelung in § 7 Abs. 4 SGB IV auf und bestimmt nunmehr, dass bei Personen, die für eine selbständige Tätigkeit einen Zuschuss nach § 421l SGB III oder eine entsprechende Leistung nach § 16 SGB II beantragen, widerlegbar vermutet wird, sie seien in dieser Tätigkeit als Selbständige tätig. Der **bisherige Wortlaut**, die Abgrenzungskriterien, wurde **gestrichen**, die Neufassung betrifft nun einen völlig anderen Sachverhalt.[119] Über die widerlegbare Vermutung sollte die zwischenzeitlich als Rechtskonstruktion abgeschaffte Gründung von „Ich-AGs" erleichtert werden.[120]

Der in diesem Buch wiedergegebene Wortlaut der beiden alten Fassungen des § 7 Abs. 4 SGB IV, die beide überholt sind, ist jetzt nur noch von rechtshistorischer Bedeutung. Von der Herausnahme dieses Wortlauts wurde gleichwohl abgesehen, weil die früheren Vermutungskriterien des § 7 Abs. 4 SGB IV a.F. im Wesentlichen die von der Rechtsprechung und Literatur anerkannten, weiterhin gültigen Abgrenzungskriterien beinhalten.[121] Die entgegengesetzte Vermutung in der seit dem 1.1.2003 geltenden Fassung des § 7 Abs. 4 SGB IV n.F. zeigt zugleich den rechtspolitischen Sinneswandel des Gesetzgebers auf.

311

Bettina Schmidt[122] hat für die arbeitsrechtliche und sozialversicherungsrechtliche Praxis eine Reihe interessanter Schlussfolgerungen zur **Vertragsgestaltung** auf dem Hintergrund der gesetzlichen Neuregelung entwickelt. Diese Vorschläge haben in die Mustertexte Eingang gefunden. So enthalten die Mustertexte nunmehr Vereinbarungen zwischen dem freien Mitarbeiter und seinem Auftraggeber, in denen er sich verpflichtet, dem Auftraggeber sämtliche Angaben zu machen, die für eine Auskunftserteilung gegenüber dem Träger der Rentenversicherung erforderlich sind. Der Fall der wahrheitswidrigen Angaben und die sich hieraus ergebenden Schadensersatzansprüche werden ebenfalls in den Musterverträgen geregelt.[123] Auch verpflichtet sich nach den Musterverträgen der freie Mitarbeiter, Unterlagen im Bedarfsfalle vorzulegen.[124]

312

Aufgenommen wurde ferner der Vorschlag von *Schmidt*,[125] wonach sich der Auftraggeber bei der Auftragsvergabe an einen freien Mitarbeiter vergewissern sollte, ob eine ausreichende Absicherung durch Kranken- und Rentenversicherung besteht, um nicht das Risiko von Beitragsnachzahlungen einzugehen. Damit wird den Möglichkeiten des § 7b SGB IV Rechnung getragen.

313

Wird ein Vertragsverhältnis nur der Form bzw. dem Schein nach als freies Mitarbeiter-Verhältnis geführt, obwohl in Wahrheit ein Arbeitsverhältnis vorliegt, sind die wirtschaftlichen und rechtlichen Konsequenzen für den Auftraggeber beträchtlich. Im Bereich des Arbeitsrechts besteht die Gefahr, dass der Mitarbeiter sich auf die Schutzbestimmungen des Arbeitsrechts beruft. Speziell im Fall der Kündigung sind Kündigungsschutzklagen vor den Arbeitsgerichten zu erwarten, wenn der freie Mitarbeiter in Wahrheit als Arbeitnehmer eingesetzt wird.[126]

314

Aus der Perspektive des Auftraggebers besteht daher stets ein generelles Interesse, sich des Umstands sicher zu sein, ob der als freier Mitarbeiter Beschäftigte auch tatsächlich nicht sozialversicherungspflichtig ist. Der

315

---

117 *Bauer/Diller/Schuster*, NZA 1999, 1297; *Buchner*, DB 1999, 2514; *Gaul/Wisskirchen*, DB 1999, 2466; *Reiserer*, BB 2000, 94; *Schmidt*, NZS 2000, 57 ff.
118 BGBl I 2002, 4621.
119 *Rolfs*, NZA 2003, 65.
120 BT-Drucks. 15/26, S. 23.
121 *Küttner/Voelzke*, Personalbuch, 374 Rn 13 ff.
122 NZS 2000, 57 ff.
123 Muster 1721 (§ 7 Abs. 2); Muster 1734 (§ 8 Abs. 2).
124 Muster 1721 (§ 7 Abs. 1); Muster 1734 (§ 8 Abs. 1).
125 NZS 2000, 59.
126 *Reiserer*, BB 2003, 1557.

Gesetzgeber bietet dem Auftraggeber zur Risikominimierung das Anfrageverfahren zur Statusklärung nach § 7a SGB IV an. Idealerweise leiten Auftraggeber und Auftragnehmer das Anfrageverfahren gemeinsam ein, um so Rechtssicherheit über den Status des Vertragsverhältnisses zu erlangen.[127] Obwohl für den Zeitpunkt der Antragstellung keine zwingenden Vorschriften bestehen, empfiehlt sich die Antragstellung spätestens innerhalb eines Monats nach Aufnahme der Tätigkeit. Unter weiteren Voraussetzungen wird in diesem Falle das Entstehen der Beitragspflicht hinausgeschoben, indem die Versicherungs- und Beitragspflicht erst mit der Bekanntgabe der Statusentscheidung eintritt. Wer einen freien Mitarbeiter beschäftigt und ihn mit der Ausführung von Aufgaben betraut im Rahmen eines Auftragsverhältnisses, muss generell nicht fürchten, dass er nur deshalb nach den Grundsätzen von **culpa in contrahendo** (jetzt: § 311 Abs. 2 BGB) in Anspruch genommen wird, weil er einen freien Mitarbeiter und keinen Arbeitnehmer beim Kunden zum Einsatz gebracht hat. Ein Anspruch aus c.i.c. scheidet aus, wenn eine Unternehmensberaterin einen freien Mitarbeiter als Berater für SAP-R III Retail-Branchensoftware zum Einsatz bei Kunden einstellt, dessen bisherige Qualifikation zwar das Anforderungsprofil erfüllt, der dann aber den gestellten Anforderungen beim Kunden nicht genügt. Die Voraussetzungen des § 628 Abs. 1 Satz 2 BGB hat der Dienstberechtigte darzulegen und zu beweisen.[128]

316 Beachtet werden sollte, dass der Betriebsrat nach § 80 Abs. 2 BetrVG Anspruch auf Unterrichtung auch hinsichtlich der Beschäftigung freier Mitarbeiter hat. Er kann sogar eine Gesamtübersicht verlangen, ohne bei einer größeren Zahl Beschäftigter in seinem Auskunftsbegehren differenzieren zu müssen.[129]

317 Es sollte grundsätzlich vorgesehen werden, dass das Honorar nach **Nettobetrag** und jeweils gültiger **Mehrwertsteuer** vereinbart wird. Anderenfalls besteht die Gefahr, dass eine als Nettovereinbarung gedachte Vertragspassage von der Rechtsprechung als Bruttovereinbarung behandelt wird.[130] Aus der bloßen Zahlung der Honorare für freie Mitarbeit ist nicht zu schließen, dass diese Honorarvergütung auch für den Fall vereinbart ist, dass der Mitarbeiter eine rechtskräftige gerichtliche Feststellung erreicht, derzufolge er nicht freier Mitarbeiter, sondern Arbeitnehmer ist.[131] Handelsvertreter wie freie Mitarbeiter können die von ihnen beruflich veranlaßt gezahlte Mehrwertsteuer bei der von ihnen zu zahlenden Umsatzsteuer in Abzug bringen. Ab 1.1.2004 sind allerdings eine Reihe von Pflichtangaben in den Rechnungen wie Angabe der Steuernummer oder Umsatzsteueridentifikationsnummer sowie eine fortlaufende und durchgehende Durchsummierung von Rechnungen erforderlich, um einen **Vorsteuerabzug** vornehmen zu dürfen.

318 Wie bereits aus dem gemeinsamen Rundschreiben der Spitzenverbände der Sozialversicherung vom 20.12.1999[132] hervorgeht, ist ein abhängiges Beschäftigungsverhältnis zum Auftraggeber ausgeschlossen, wenn der Auftragnehmer eine Gesellschaft (GmbH, KG oder OHG) ist. Bei BGB-Gesellschaften ist eine Einzelfallprüfung vorzunehmen. Die Gründung einer Personengesellschaft allein genügt nicht, um Scheinselbständigkeit auszuschließen. Bei Gründung einer oHG, KG oder GbR besteht im Verhältnis Auftraggeber – Auftragnehmer kein Arbeitsverhältnis und damit auch kein sozialversicherungspflichtiges Beschäftigungsverhältnis.[133] Nur eine natürliche Person kann Arbeitnehmer bzw. abhängig Beschäftigter sein. Voraussetzung ist, dass der Vertrag nur mit der jeweiligen Gesellschaft abgeschlossen wird. Zwischen den Gesellschaften einerseits und den mitarbeitenden Gesellschaftern andererseits besteht kein sozialversicherungspflichtiges Beschäftigungsverhältnis, wenn die Mitarbeit aufgrund und im Rahmen des Gesellschaftsvertrages erfolgt. Auf diese Mitarbeit findet ausschließlich Gesellschaftsrecht Anwendung. Erfolgt dagegen die Mitarbeit aufgrund eines separaten Vertragsverhältnisses, kann nach allgemeinen Grundsätzen ein abhängiges Beschäftigungsverhältnis zwischen Gesellschaft und Gesellschafter begründet werden.

319 Grundsätzlich ist ein freier Mitarbeiter in der **Wahl mehrerer gleichzeitiger Auftraggeber** frei. Nach der Rechtsprechung des BAG kann diese Freiheit durch ein **Wettbewerbsverbot** beschränkt werden.[134] Soweit das Wettbewerbsverbot jedoch unternehmensbezogen ausgestaltet wird, erfasst es auch nur die in ihm benannten Unternehmensarten. Daher hindert ein Verbot, für ein Unternehmen tätig zu sein, das mit dem

---

127 *Reiserer*, BB 2003, 1557, 1558.
128 OLG Köln 1.12.2000 – 19 U 21/00, NJW-RR 2001, 843.
129 BAG 15.12.1998 – 1 ABR 9/98, FA 1999, 164.
130 BGH 24.2.1988 – VIII ZR 64/87, BGHZ 103, 284.
131 BAG 21.1.1998 – 5 AZR 50/97, NZA 1998, 594.
132 SPA 8/2000, 4.
133 *Bauer/Baeck/Schuster*, NZA 2000, 863.
134 BAG 21.1.1997 – 9 AZR 778/95, NJW 1998, 99; für arbeitnehmerähnliche freie Mitarbeiter: LAG Köln 2.6.1999 – 2 Sa 138/99, NZA-RR 2000, 65.

Auftraggeber im Wettbewerb steht, den freien Mitarbeiter nicht daran, seine bislang ausgeübte Tätigkeit für einen bisherigen Kunden des Auftraggebers auszuüben, der nicht im Wettbewerb zu letztgenanntem steht.[135]

4. Telearbeit und freies Mitarbeiterverhältnis

Schwierigkeiten können sich auch bei der **Einordnung von Telearbeit**[136] ergeben. Kennzeichnend für Telearbeit ist nach allgemeiner Auffassung, dass Tätigkeiten mit Hilfe von Einrichtungen der dezentralen Informationsverarbeitungs- und Kommunikationstechnik zwar außerhalb der Betriebsstätte erbracht werden, aber gleichwohl eine telekommunikative Anbindung dorthin besteht. Ob dem Telearbeitsvertrag ein Arbeitsverhältnis oder aber ein selbständiges Dienstverhältnis oder ein Werkvertrag zugrunde liegt, muss jeweils anhand der konkreten Umstände des Einzelfalls auf der Grundlage der vertraglichen Vereinbarungen und der praktischen Handhabung entschieden werden.[137] Von einer Weisungsabhängigkeit und damit einem Arbeitsverhältnis kann regelmäßig dann ausgegangen werden, wenn zwischen dem Telearbeiter und seinem Auftraggeber eine ständige On-line-Verbindung besteht. Aber auch ohne eine solche dauerhafte Telekommunikationsverbindung zum Arbeitgeber kann bei einer bloßen Off-line-Verbindung die Arbeitnehmereigenschaft gegeben sein. Kriterien sind z.B. eine vorgeschriebene Arbeits- und Bereitschaftszeit, die Pflicht zur Anmeldung von Urlaub, die Zuweisung eines Arbeitsvolumens, das die Tätigkeit für einen anderen Arbeitgeber unmöglich macht, und das Verbot, bei der Arbeitsverrichtung eigene Erfüllungsgehilfen einzusetzen.

5. Gerichtsstand und Erfüllungsort

Gerichtsstandsvereinbarungen in Verträgen mit freien Mitarbeitern sind nach Maßgabe der Regeln der §§ 12 ff. ZPO wirksam. Eine Gerichtsstandsvereinbarung findet sich beispielsweise in § 12 von Muster 1756 (Subunternehmervertrag). Gerichtsstandsvereinbarungen können nur wirksam geschlossen werden, wenn beide Parteien Vollkaufleute sind. Ist der freie Mitarbeiter ein Minderkaufmann – was häufig der Fall sein dürfte –, ist die Gerichtsstandsklausel unwirksam.

Bei Mitarbeitern im **Außendienst**, die in einem Arbeitsverhältnis stehen, zeigt sich zunehmend die Tendenz der Rechtsprechung, als **Erfüllungsort** nicht (mehr) den Wohnsitz des Vertreters, an dem administrative Angelegenheiten erfahrungsgemäß erledigt werden, sondern den Sitz des Arbeitgebers anzusehen.[138]

IV. Steuerliche Aspekte

Freiberufler als freie Mitarbeiter genießen eine Reihe von Steuervorteilen. Die Gewerbesteuer entfällt. Bei der Gewinnermittlung kann generell die Einnahmen- und Überschussrechnung gewählt werden, was in der Regel zu einer Steuerstundung und zu einer Verringerung der Jahresabschlussarbeiten und Jahresabschlusskosten führt. Bei der Umsatzsteuer darf generell die Besteuerung nach vereinnahmten Entgelten gewählt werden, was in der Regel ebenfalls zu einer Steuerstundung führt, § 20 UStG. Die Mehrwertsteuer aus Rechnungsbeträgen muss nicht schon mit der Rechnungserstellung, sondern erst mit Eingang der Zahlung durch den Kunden an das Finanzamt abgeführt werden.

Nach § 15 Abs. 3 Nr. 1 EStG gilt die Tätigkeit einer **Personengesellschaft** in vollem Umfang als Gewerbebetrieb, wenn die Gesellschaft irgendeine gewerbliche Tätigkeit ausübt. Wenn die freiberufliche und die gewerbliche Tätigkeit derart miteinander verflochten sind, dass sie sich gegenseitig unlösbar bedingen, liegt eine einheitliche Tätigkeit vor, die steuerlich danach qualifiziert wird, ob das freiberufliche oder das gewerbliche Element vorherrscht.[139] Bei der Freiberufler-BGB-Gesellschaft oder in Sozietäten dürfen keine gewerblichen Nebentätigkeiten ausgeübt werden. Bereits die Werbung an einem Fahrschul-Pkw oder Provisionseinnahmen einer Architektengemeinschaft können dazu führen, dass sämtliche Einkünfte der GbR als gewerbliche Einkünfte versteuert werden müssen. Auch die Beteiligung einer Personengesellschaft an einer gewerblich tätigen Personengesellschaft reicht aus, um alle Einkünfte in gewerbliche Einkünfte umzuqualifizieren.[140] Keine Umqualifizierung freiberuflicher Einkünfte kommt jedoch aufgrund der neuesten Rechtspre-

---

135 BAG 21.1.1997 – 9 AZR 778/95, NJW 1998, 99.
136 *Boecken*, BB 2000, 147.
137 BAG 26.7.1995 – 5 AZR 22/94, BB 1996, 60.
138 ArbG Regensburg 16.3.1994 – 5 Ca 324/94, NZA 1995, 96; LAG Saarbrücken 2.4.1975–2 Sa 169/74, n.v.; ArbG Mainz 26.2.2003 – 2 Ca 3620/02, NZA-RR 2003, 324; ArbG Karlsruhe 20.7.2001 – 6 Ca 220/00, InVo 2001, 375; ArbG Nürnberg 17.9.1997 – 11 Ca 755/97, AE 1997, 99.
139 BStBl II 1997, 567.
140 Abschnitt 138 Abs. 5 Satz 4 EStR 2001, BStBl II 2001, 359.

chung in Betracht, wenn der gewerbliche Anteil am Gesamtumsatz von ganz untergeordneter Bedeutung ist, etwa wenn der gewerbliche Umsatz weniger als 1,3 % beträgt.[141]

325 Wenn die Gefahr besteht, dass eine freiberufliche Personengesellschaft durch eine gewerbliche Nebentätigkeit „infiziert" wird, gibt es mehrere Absicherungsstrategien: Bei umfangreichen gewerblichen Nebentätigkeiten kann für die gewerbliche Aktivität eine GmbH gegründet werden. Diese Strategie lohnt bei einer Steuerberatersozietät, die auch Treuhandaufgaben übernimmt.

326 Die Gründung einer weiteren Personengesellschaft für den gewerblichen Bereich ist ausreichend, wenn diese Gesellschaft getrennt von der freiberuflichen GbR geführt wird. Das gilt selbst dann, wenn die Gesellschafterzusammensetzung beider Gesellschaften identisch ist.[142] Gewerbliche Einkünfte entstehen bei einer GbR nur während der Zeit, in der neben der freiberuflichen auch eine gewerbliche Tätigkeit ausgeübt wird und nicht während des gesamten Veranlagungszeitraums. Durch eine sofortige Beendigung der gewerblichen Tätigkeit kann der Schaden also begrenzt werden.

327 In einem Urteil des BFH vom 20.12.2000[143] wurde entschieden, dass keine eigenverantwortliche freiberufliche Tätigkeit vorliegt, wenn andere selbständig tätige Freiberufler als **Subunternehmer** beschäftigt werden. Bei Personengesellschaften kann dies wegen der „Abfärberegelung" des § 15 Abs. 3 Nr. 1 EStG dazu führen, dass die gesamte Tätigkeit durch die Beschäftigung eines Subunternehmers gewerblich „infiziert" wird. Freiberuflerpersonengesellschaften müssen bei der Auftragsvergabe an Subunternehmer also stets darauf achten, dass die eigenverantwortliche Tätigkeit nicht gefährdet wird. Es dürfen also nur Teilarbeiten abgegeben werden, wie beispielsweise bei einer Zahnarztpraxisgemeinschaft, die von einem Labor Kronen anfertigen lässt.

B. Texte

1. Muster: Einfacher Handelsvertretervertrag ohne Gebietsschutz

328

Handelsvertretervertrag

zwischen

Herrn ■■■

– nachstehend: Unternehmer –

und

Herrn ■■■

– nachstehend: Handelsvertreter genannt –

§ 1 Umfang der Vertretung

(1) Der Unternehmer bestellt den Handelsvertreter für die nachfolgenden Postleitzahlengebiete: ■■■[144]

(2) Der Unternehmer darf selbst Geschäfte in diesem Gebiet tätigen.

(3) Die Handelsvertretung erstreckt sich auf alle Produkte des Unternehmens.

§ 2 Pflichten des Handelsvertreters

(1) Der Handelsvertreter hat seine Dienste persönlich zu leisten.

(2) Der Handelsvertreter hat für den Unternehmer Geschäfte zu vermitteln. Er hat keine Vollmacht zum Abschluss des Vertrages, es sei denn, diese ist gesondert erteilt.

(3) Der Handelsvertreter hat die Geschäftsbeziehungen mit den potentiellen Kunden des Unternehmers zu pflegen. Er ist verpflichtet, die Interessen des Unternehmers wahrzunehmen.

(4) Der Handelsvertreter hat die in seinem Gebiet vorhandenen potentiellen Kunden des Unternehmers regelmäßig zu besuchen.

---

141 BStBl II 2000, 229.
142 BStBl II 1998, 603; BStBl I 1997, 566.
143 BFH 20.12.2000 – XI R 8/00, BFH/NV 2001, 858; *Kempermann*, DStR 2002, 664.
144 Bei Verstoß des Unternehmers gegen das Alleinvertretungsrecht erwächst dem Handelsvertreter ein Schadensersatzanspruch, BGH 30.5.1975 – I ZR 143/74, BB 1975, 1409.

(5) Der Handelsvertreter hat dem Unternehmer laufend Nachricht zu geben über alle in den Geschäftsbeziehungen interessierenden Umstände, insbesondere über seine Abschlüsse und Vermittlungen, Beobachtungen über die Bonität der Kunden und eventuelle Veränderungen im Kundenkreis.

(6) Der Handelsvertreter darf die Interessen solcher Firmen, die mit dem Unternehmer in Wettbewerb stehen, nicht wahrnehmen.

(7) Der Handelsvertreter hat über alle Geschäftsgeheimnisse des Unternehmers während der Dauer des Vertrages und nach Beendigung des Vertrages Stillschweigen zu bewahren.

§ 3 Pflichten des Unternehmers

(1) Der Unternehmer hat den Handelsvertreter bei dessen Tätigkeit nach Kräften zu unterstützen. Er hat ihn insbesondere mit Werbeunterlagen im jeweils benötigten Umfange kostenlos zu versehen.

(2) Der Unternehmer hat den Handelsvertreter mit allen sich auf die möglichen Geschäfte beziehenden Informationen zu versehen. Er hat ihm jeweils unverzüglich mitzuteilen, ob er ein vermitteltes Geschäft annehmen oder ablehnen will.

(3) Der Unternehmer hat den Vertreter zu unterrichten, wenn er Geschäfte voraussichtlich nur in erheblich geringerem Umfange abschließen kann oder will, als nach den Umständen zu erwarten ist.

§ 4 Provision

(1) Der Handelsvertreter erhält als Entgelt für seine Tätigkeit für alle Geschäfte, die er in seinem Gebiet abschließt oder vermittelt, eine Provision.

(2) Der Handelsvertreter hat keinen Anspruch auf Provision, wenn und soweit feststeht, dass der Kunde des Unternehmers keine Zahlung leistet. Bereits gezahlte Provision ist zurückzuzahlen.

(3) Die Provision für den Abschluss oder die Vermittlung beträgt ▬▬▬ EUR abzüglich aller vom Unternehmer gewährten oder vom Kunden in Anspruch genommenen Nachlässe.

(4) Übernimmt der Handelsvertreter für ein bestimmtes Geschäft das Delkredere, so erhält er eine besondere zusätzliche Delkredere-Provision, deren Höhe mit dem Unternehmer im Einzelfall zu vereinbaren ist. Die Delkredere-Provision wird ebenso berechnet wie die Provision.

(5) Der Handelsvertreter verpflichtet sich, Vergütungsüberzahlungen ohne Rücksicht auf eine noch vorhandene Bereicherung zurückzuzahlen.

(6) Die Provision wird vierteljährlich abgerechnet und bezahlt. Der Handelsvertreter erhält auf seinen Provisionsanspruch eine monatliche Vorschusszahlung in Höhe von ▬▬▬ EUR.

(7) Der Handelsvertreter hat keinen Anspruch auf Erstattung von Auslagen wie Fahrtkosten, Porto, Fernsprech- oder Telexgebühren.

§ 5 Dauer des Vertrages

(1) Der Vertrag wird auf unbestimmte Zeit geschlossen. Er kann in den ersten drei Jahren der Vertragsdauer mit einer Frist von 6 Wochen zum Schluss eines Kalendervierteljahres gekündigt werden. Danach beträgt die Kündigungsfrist 3 Monate zum Schluss eines Kalendervierteljahres.

(2) Das Vertragsverhältnis kann von jedem Teil aus wichtigem Grund ohne Einhaltung einer Kündigungsfrist gekündigt werden.

§ 6 Teilunwirksamkeit

Sollte eine Bestimmung dieses Vertrages unwirksam sein oder werden, so wird die Gültigkeit des Vertrages im Übrigen nicht berührt. Die Vertragsschließenden verpflichten sich, die unwirksame Regelung durch eine solche zu ersetzen, die dem Vertragszweck wirtschaftlich entspricht.

§ 7 Vertragsänderungen

Änderungen und Ergänzungen dieses Vertrages bedürfen der Schriftform.

2. Muster: Handelsvertretervertrag – Vertriebsgebiet eines Mehrfirmenvertreters

Zwischen

der Firma ▬▬▬

– nachstehend: Unternehmen –

und

der Firma ▬▬▬

– nachstehend: Handelsvertreter –

wird folgender Vertrag geschlossen:

§ 1 Stellung des Handelsvertreters

(1) Der Handelsvertreter wird zum ▬▬▬ als selbständiger Handelsvertreter im Sinne der §§ 84 ff., 87 Abs. 1 HGB mit der Alleinvertretung des Unternehmens im Vertragsgebiet ▬▬▬ betraut. Das Vertragsgebiet erstreckt sich auf die Postleitzahlbezirke ▬▬▬ und umfasst das Gebiet der Landkreise ▬▬▬. Eine Änderung des Vertragsgebietes bedarf der Anhörung des Handelsvertreters.

(2) Das Unternehmen ist berechtigt, im Bezirk des Handelsvertreters selbst oder durch andere Beauftragte tätig zu werden.[145]

(3) Der Handelsvertreter übernimmt den im Vertragsgebiet vorhandenen Kundenstamm. Folgende Kunden können ohne Mitwirkung des Handelsvertreters vom Unternehmen direkt bearbeitet werden: ▬▬▬

§ 2 Aufgabenbereich

(1) Die Tätigkeit des Handelsvertreters bezieht sich auf sämtliche von dem Unternehmen vertriebenen Erzeugnisse sowie alle sonstigen vom Unternehmen angebotenen Leistungen.

(2) Neue Erzeugnisse können nur einvernehmlich von den Parteien in das Vertragsverhältnis einbezogen werden.

(3) Das Unternehmen übergibt dem Handelsvertreter eine Liste aller Kunden, mit denen er vor Beginn des Vertragsverhältnisses in Geschäftsbeziehung gestanden hat. Bei dieser Liste handelt es sich um eine Aufstellung des Vorgängers. In die Liste sind von dem Handelsvertreter die mit jedem Kunden in den letzten zwölf Monaten vor Vertragsbeginn erzielten Umsätze einzutragen.

§ 3 Pflichten des Handelsvertreters

(1) Dem Handelsvertreter obliegt die Betreuung der Kunden, die den Kundenstamm gemäß § 2 Abs. 3 bilden. Er vermittelt Geschäfte im Namen und auf Rechnung des Unternehmens. Er hat sich laufend zu bemühen, Geschäftsbeziehungen mit neuen Kunden herzustellen und den Umsatz mit den vorhandenen Kunden zu steigern.

(2) Er hat dem Unternehmen, soweit erforderlich, über die Marktlage in seinem Gebiet, insbesondere über die Wünsche der Kunden und die Konkurrenzangebote, zu berichten. Der Handelsvertreter hat über die Verhältnisse der einzelnen Kunden und Interessenten einschließlich besonderer Entwicklungen in deren Verhältnissen laufend zu unterrichten.

(3) Im Rahmen seiner Möglichkeiten hat der Handelsvertreter die Bonität der Kunden zu prüfen und bei Bedenken dem Unternehmen unverzüglich Mitteilung zu machen.[146]

(4) Der Handelsvertreter ist an Weisungen des Unternehmens gebunden, soweit diese das Produkt, seine Platzierung am Markt sowie einheitliche Vertriebs- und Marketingaktivitäten betreffen. Bei Weisungen des Unternehmens an den Handelsvertreter ist die Stellung des Handelsvertreters als selbständiger Gewerbetreibender zu berücksichtigen.

(5) Sämtliche Unterlagen wie Liefer- und Leistungsprogramm, Preislisten und Geschäftsbedingungen, Werbe- und Demonstrationsmaterial, die der Handelsvertreter zur Ausübung seiner Tätigkeit erhält, hat er nach Vertragsbeendigung herauszugeben, soweit sie nicht bereits verbraucht sind.

(6) Geschäfts- und Betriebsgeheimnisse hat der Handelsvertreter auch für die Zeit nach Vertragsbeendigung wie ein ordentlicher Kaufmann zu wahren.

(7) Der Handelsvertreter wird dem Unternehmen alle erforderlichen Nachrichten geben, insbesondere ihn von jeder Geschäftsvermittlung und von jedem Geschäftsabschluss unverzüglich unterrichten.

---

[145] Diese Klausel verhindert, dass dem Handelsvertreter die Provisionen solcher Geschäfte zustehen, die in dem ihm zugewiesenen Vertriebsgebiet ohne seine Mitwirkung zustande gekommen sind (§ 87 Abs. 2 HGB). Die Regelung in § 1 Abs. 2 steht in einem gewissen Widerspruch zu § 1 Abs. 1, ihre Wirksamkeit lässt sich daher nach § 307 Abs. 1 Satz 2 BGB in Zweifel ziehen.

[146] Die Prüfung der Bonität und die Mitteilung von Zweifeln, selbst wenn sie der Handelsvertreter nicht teilt, gehört zu seiner allgemeinen Interessenwahrnehmungspflicht, BGH 19.6.1969 – VII ZR 39/67, BB 1969, 1196.

§ 4 Konkurrenzverbot

(1) Das Unternehmen hat keine Einwände, dass der Handelsvertreter zu Beginn des Vertrages bereits die folgenden Firmen vertritt: ▬▬▬

(2) Weitere Vertretungen wird der Handelsvertreter nur mit Zustimmung des Unternehmens übernehmen. Zwischen den Parteien besteht Einigkeit, dass das Unternehmen während des Vertragsverhältnisses keine Zustimmung zur Vertretung eines Unternehmens geben wird, das Wettbewerbsprodukte vertreibt. Der Handelsvertreter sichert außerdem zu, dass er sich an keinem Wettbewerbsunternehmen beteiligen oder ein solches Unternehmen in sonstiger Weise unterstützen wird.

§ 5 Haftung

(1) Alle Ansprüche, die gegen den Handelsvertreter erhoben werden wegen Verletzung von Patent, Musterschutz, Warenzeichen und Urheberrechten oder sonstigen Vorschriften, soweit sie zum Schutz des Endabnehmers eingreifen, richten sich ausschließlich gegen das Unternehmen.

(2) Das Unternehmen übernimmt für den Handelsvertreter die erforderlichen Prozesskostenvorschüsse. Es unterrichtet außerdem den Handelsvertreter und/oder seinen anwaltlichen Bevollmächtigten, soweit entsprechende Informationen für die Prozessführung notwendig sind.

§ 6 Pflichten des Unternehmens

(1) Das Unternehmen hat den Handelsvertreter bei dessen Tätigkeit zu unterstützen, insbesondere ihm die erforderlichen Nachrichten zu geben. Insbesondere wird es den Handelsvertreter unverzüglich über die Annahme oder Ablehnung eines von diesem vermittelten oder ohne Vertretungsmacht abgeschlossenen Geschäfts sowie über die Nichtausführung eines Geschäfts benachrichtigen. Über Verhandlungen sowie geplante und abgeschlossene Geschäfte mit Kunden oder Interessenten aus dem Vertragsgebiet des Handelsvertreters, die ohne seine Mitwirkung stattfinden, wird das Unternehmen ihn in angemessener Weise unterrichten.

(2) Das Unternehmen wird dem Handelsvertreter ferner unverzüglich mitteilen, wenn er Geschäfte in Zukunft voraussichtlich nur in erheblich geringerem Umfang abschließen kann oder will, als der Handelsvertreter unter gewöhnlichen Umständen erwarten konnte.

(3) Das Unternehmen hat die dem Handelsvertreter überlassenen Unterlagen auf ihre Kosten an dessen Sitz zu überlassen. Die Unterlagen bleiben Eigentum des Unternehmens.

(4) Das Unternehmen schuldet sämtliche Informationen über vollzogene Änderungen der Preise und des Liefer- und Leistungsprogramms sowie geplante Kooperationen und Zusammenschlüsse mit anderen Unternehmen. Auch eine beabsichtigte Veräußerung des Unternehmens ist dem Handelsvertreter rechtzeitig zur Kenntnis zu bringen.

(5) Der Handelsvertreter ist verpflichtet, die Musterkollektion zu versichern.

§ 7 Dienstleistung in Person

(1) Der Handelsvertreter hat seine Dienste in Person zu leisten. Er darf Hilfspersonen heranziehen und Untervertreter oder Reisende einsetzen. Vertragliche Beziehungen zwischen diesen und dem Unternehmen werden nicht begründet.

(2) Beabsichtigt der Handelsvertreter, die Rechtsform seiner Firma zu ändern, Gesellschafter aufzunehmen oder Änderungen in der Geschäftsführung seiner Firma vorzunehmen, hat er vorher die Zustimmung des Unternehmens einzuholen.

§ 8 Inkasso

(1) Der Handelsvertreter ist berechtigt und auf Verlangen des Unternehmens verpflichtet, Gelder von Kunden einzuziehen. Teilzahlungsziele und Raten darf er nur gewähren, wenn er dies vorher mit dem Unternehmen abgesprochen hat.

(2) Für seine Inkassotätigkeit erhält der Handelsvertreter eine Provision von ▬▬▬ % der entgegengenommen Beträge. Er ist nicht berechtigt, entgegengenommene Gelder zurückzuhalten oder mit ihnen aufzurechnen.

§ 9 Provisionsanspruch

(1) Dem Handelsvertreter steht ein Provisionsanspruch für alle von ihm an Kunden seines Bezirks vermittelten Geschäfte zu. Der Anspruch auf Provision entsteht, sobald und soweit das Geschäft von dem Unternehmen ausgeführt worden ist oder hätte ausgeführt werden müssen.

(2) Führt das Unternehmen das Geschäft nicht aus, entfällt der Provisionsanspruch, wenn und soweit die Nichtausführung auf Umständen beruht, die das Unternehmen nicht zu vertreten hat.

(3) Außerdem entfällt der Provisionsanspruch, wenn und soweit feststeht, dass der Kunde seinen Zahlungsverpflichtungen nicht nachkommt. Das Unternehmen ist nicht verpflichtet, ausstehende Kundenforderungen gerichtlich gel-

tend zu machen, wenn angesichts einer schlechten Vermögenslage des Kunden die gerichtliche Durchsetzung von Ansprüchen nur geringe Aussicht auf wirtschaftlichen Erfolg hat.

§ 10 Provisionskollisionen

(1) Sind mehrere Handelsvertreter provisionsberechtigt, ist die Provision unter ihnen aufzuteilen. Das Unternehmen ist nur zur einmaligen Zahlung der Provision in ihrer gesamten Höhe, wie sie bei einem solchen Geschäft üblicherweise anfällt, verpflichtet.

(2) Die Aufteilung der Provision zwischen mehreren Handelsvertretern wird vom Unternehmen nach billigem Ermessen vorgenommen. Maßgeblich für die Provisionsverteilung ist der Umfang der Mitwirkung jedes Handelsvertreters am Zustandekommen und an der Abwicklung des Geschäfts.

(3) Bei Geschäftsabschlüssen mit Einkaufszentralen wird die Provision ebenfalls geteilt. Der Provisionsanspruch jedes Handelsvertreters berechnet sich nach den Warenmengen, die an Filialen in seinem Gebiet geliefert werden. Der Handelsvertreter, der sein Gebiet am Sitz der Zentrale hat, erhält ▬▬▬% der Provisionsansprüche der einzelnen Handelsvertreter. Sind die Lieferungen an die Zentralen nicht bekannt, befindet das Unternehmen über den Aufteilungsschlüssel nach billigem Ermessen.

§ 11 Nachvertraglicher Provisionsanspruch

(1) Für ein Geschäft, das erst nach Beendigung des Vertragsverhältnisses zustande kommt, steht dem Handelsvertreter ein Provisionsanspruch zu, wenn der Geschäftsabschluss überwiegend auf seine Tätigkeit zurückzuführen ist und das Geschäft innerhalb einer Frist von ▬▬▬ Monaten nach Beendigung des Vertragsverhältnisses geschlossen wurde.

(2) Der nachvertragliche Provisionsanspruch besteht nicht, wenn ein Nachfolger des Handelsvertreters für das Geschäft einen Provisionsanspruch erworben hat, es sei denn, dass eine Teilung der Provision der Billigkeit entsprechen würde. Der Provisionsanspruch entfällt, wenn der Geschäftsabschluss auch maßgeblich auf die Tätigkeit des Nachfolgers zurückzuführen ist oder der Nachfolger an der Abwicklung des Geschäfts nicht unerheblich mitgewirkt hat.

§ 12 Abrechnung und Fälligkeit der Provision

(1) Der Provisionsanspruch des Handelsvertreters entsteht unbedingt, sobald und soweit das Entgelt für das provisionspflichtige Geschäft entrichtet ist. Der Handelsvertreter kann einen Provisionsvorschuss in Höhe von ▬▬▬% der gesamten Provision für ein Geschäft mit einem geschützten Kunden verlangen, sobald das Geschäft ausgeführt ist.

(2) Der Handelsvertreter hat auch dann einen Anspruch auf Provision, wenn das Unternehmen das Geschäft mit dem geschützten Kunden ganz oder teilweise nicht oder nicht so ausgeführt hat, wie es abgeschlossen worden ist. Der Provisionsanspruch entfällt, wenn und soweit die Ausführungen des Geschäfts unmöglich geworden sind, ohne dass das Unternehmen die Unmöglichkeit zu vertreten hat oder die Ausführung ihr nicht zuzumuten ist. Nachträgliche Änderungen des Entgelts aus Gründen, die das Unternehmen nicht zu vertreten hat, muss der Handelsvertreter gegen sich gelten lassen. Entsprechendes gilt, wenn ein Kunde seine Verpflichtung zur Entgeltleistung ganz oder teilweise nicht erfüllt.

(3) Die Provision berechnet sich nach dem dem Kunden in Rechnung gestellten Betrag ausschließlich Umsatzsteuer. Soweit der Handelsvertreter umsatzsteuerpflichtig ist, erhält er auf die Provision oder sonstige Vergütungen die Umsatzsteuer.

(4) Nicht bei der Berechnung der Provisionshöhe in Abzug zu bringen sind Nebenkosten, namentlich Kosten für Fracht, Zoll, Verpackung, es sei denn, diese Kosten wurden dem Kunden gesondert in Rechnung gestellt.

(5) Entfällt der Provisionsanspruch nachträglich, hat der Handelsvertreter bereits empfangene Provisionen an das Unternehmen zurückzuzahlen.

(6) Nachlässe wegen Barzahlung sind vom Rechnungsbetrag nicht abzuziehen. Andere Rabatte mindern den Provisionsanspruch nur, wenn sie mit dem Kunden von vornherein vereinbart wurden.

(7) Das Unternehmen hat bis spätestens zum ▬▬▬ eines jeden Monats dem Handelsvertreter eine Abrechnung über die im Vormonat unbedingt entstandenen Ansprüche auf Provision und Provisionsvorschuss zu erteilen. Mit der Abrechnung werden die Ansprüche fällig.

(8) Folgende Aufwendungen werden dem Handelsvertreter zusätzlich erstattet: ▬▬▬

(9) Der Handelsvertreter verpflichtet sich, Vergütungsüberzahlungen ohne Rücksicht auf eine noch vorhandene Bereicherung zurückzuzahlen.

§ 13 Wettbewerbsabrede

(1) Der Handelsvertreter wird nach Beendigung dieses Vertrages für die Dauer von zwei Jahren jede unmittelbare oder mittelbare Tätigkeit für ein Konkurrenzunternehmen in dem ihm gemäß § 1 zugewiesenen Bezirk oder Kundenkreis

sowie hinsichtlich der Vertragsgegenstände, um deren Vermittlung er sich gemäß § 1 zu bemühen hat, unterlassen. Von dieser Wettbewerbsabrede nicht erfasst sind die in § 4 Abs. 1 aufgeführten Firmen.

(2) Für die Geltungsdauer des Wettbewerbsverbots nach Abs. 1 zahlt das Unternehmen dem Handelsvertreter eine Wettbewerbsentschädigung, die monatlich nachträglich zahlbar ist. Die Entschädigung beträgt 50 % der nach dem Durchschnitt der letzten drei Jahre bei kürzerer Vertragsdauer während dieser zu Gunsten des Handelsvertreters entstandenen Monatsvergütung. Während der Dauer des Wettbewerbsverbots vom Handelsvertreter anderweitig erzielter Erwerb ist gemäß § 74c HGB auf die Entschädigung anzurechnen.

§ 14 Schiedsgericht

(1) Alle Streitigkeiten, die sich aus diesem Vertragsverhältnis einschließlich seiner Beendigung ergeben, werden unter Ausschluss des ordentlichen Rechtswegs durch ein Schiedsgericht für beide Teile bindend entschieden.

(2) Das Schiedsgericht besteht aus einem Vorsitzenden und zwei Schiedsrichtern. Die klagende Partei hat mit der Zustellung der Schiedsklage an die beklagte Partei einen Schiedsrichter zu benennen. Die beklagte Partei wird innerhalb von weiteren 14 Tagen ebenfalls einen Schiedsrichter benennen. Unterlässt die Schiedsbeklagte die Benennung, ist die klagende Partei berechtigt, den zweiten Schiedsrichter durch den Deutschen Industrie- und Handelstag (DIHT) in Bonn benennen zu lassen.

(3) Die beiden Schiedsrichter benennen einen Vorsitzenden. Kommt eine Einigung zwischen ihnen nicht zustande, kann jede Partei den Vorsitzenden durch den Deutschen Industrie- und Handelstag (DIHT) bestimmen lassen.

(4) Das Schiedsgericht bestimmt über den Ort, die Verfahrensordnung, den Streitwert und die Kosten des Schiedsverfahrens nach freiem Ermessen.

§ 15 Verjährung

Alle Ansprüche aus dem Vertragsverhältnis verjähren innerhalb von sechs Monaten nach Fälligkeit des Anspruchs, nicht jedoch vor Ablauf von sechs Monaten nach Kenntniserlangung des Berechtigten von seinem Anspruch.

§ 16 Krankheitsfolgen, Urlaub

(1) Stellt der Handelsvertreter seine Tätigkeit wegen Erkrankung für mehr als fünf Werktage ein, hat er die Pflicht, seine Arbeitsunfähigkeit dem Unternehmen unverzüglich mitzuteilen.

(2) Besonders im Falle längerer Erkrankung des Handelsvertreters ist das Unternehmen berechtigt, selbst oder durch andere Beauftragte im Vertragsgebiet des Handelsvertreters tätig zu werden.

(3) Während der Erkrankung erhält der Handelsvertreter keine Entgeltfortzahlung.

(4) Der Handelsvertreter hat Anspruch auf Erholungsurlaub. Der Urlaubsumfang beträgt 30 Arbeitstage. Der Handelsvertreter legt seinen Urlaub, wenn irgend möglich, in erfahrungsgemäß geschäftsarme Zeiten und hat die geplanten Urlaubstermine dem Unternehmen spätestens bis Ende Februar eines jeden Jahres mitzuteilen. Der Handelsvertreter trägt möglichst Sorge dafür, dass die Kunden während seines Urlaubs betreut werden können.

§ 17 Delkredere

(1) Der Handelsvertreter verpflichtet sich, für die Erfüllung der Verbindlichkeiten von Kunden aus solchen Geschäften einzustehen, die er vermittelt hat, soweit das Geschäft mit folgenden Kunden abgeschlossen wird: ▬▬▬

(2) Dem Handelsvertreter steht für die Übernahme des Delkredere eine Provision von ▬▬▬ % der zugrunde liegenden Forderung zu. Der Anspruch auf die Delkredereprovision entsteht mit Abschluss des Geschäfts.

§ 18 Beginn und Dauer des Vertragsverhältnisses

(1) Das Vertragsverhältnis beginnt am ▬▬▬ und wird auf unbestimmte Zeit geschlossen.

(2) Bei Vorliegen eines wichtigen Grundes ist jede Partei befugt, das Vertragsverhältnis außerordentlich ohne Einhaltung einer Kündigungsfrist zu kündigen.

(3) Außerdem kann das Vertragsverhältnis ordentlich gekündigt werden durch eingeschriebenen Brief mit einer Frist von ▬▬▬ Monaten zum Ende eines Kalendermonats.

(4) Das Unternehmen ist berechtigt, den Handelsvertreter während des Laufs der Kündigungsfrist von seiner Tätigkeit freizustellen. In diesem Fall hat der Handelsvertreter Anspruch auf die durchschnittliche Provision bis zur Beendigung des Vertragsverhältnisses. Die Durchschnittsprovision berechnet sich aus der Tätigkeit des Handelsvertreters in den letzten zwölf Monaten vor der Freistellung.

(5) Der Handelsvertreter ist verpflichtet, während der Kündigungsfrist einen Nachfolger einzuarbeiten und bei den Kunden einzuführen. Für sämtliche Geschäfte, die der Nachfolger mit Kunden seines Bezirks abschließt, gebührt dem Handelsvertreter der volle Provisionsanspruch.

§ 19 Schlussbestimmungen

(1) Ausschließlicher Gerichtsstand für alle Streitigkeiten aus diesem Vertrag ist der Sitz des Unternehmens. § 689 Abs. 2 ZPO bleibt unberührt. Beide Vertragsparteien erklären hiermit ausdrücklich, Vollkaufleute im Sinne des HGB zu sein.

(2) Nebenabreden zu diesem Vertrag sind nicht getroffen. Änderungen oder Ergänzungen bedürfen zu ihrer Wirksamkeit der Schriftform. Auf dieses Formerfordernis kann nur durch eine Vereinbarung, die ihrerseits der Schriftform bedarf, verzichtet werden.

(3) Die Ungültigkeit einer oder mehrerer Bestimmungen dieses Vertrages beeinträchtigt die Wirksamkeit des Vertrages im Übrigen nicht. Im Falle der Unwirksamkeit einer oder mehrerer Bestimmungen werden die Parteien eine der unwirksamen Regelung wirtschaftlich möglichst nahe kommende, rechtswirksame Ersatzregelung treffen.

(4) Beide Parteien verzichten für Gegenwart und Zukunft verbindlich auf etwaige ihnen zustehende Zurückbehaltungsrechte aus diesem Vertragsverhältnis.

3. Muster: Handelsvertretervertrag eines Einfirmenvertreters mit Vertriebsgebiet

Vertrag

zwischen

– nachstehend: Unternehmen –

und

Herrn ▬▬▬

– nachstehend: Handelsvertreter –

§ 1 Gegenstand der Tätigkeit

(1) Die Vertretung für das Unternehmen erstreckt sich auf sämtliche in der Anlage 1 aufgeführten Erzeugnisse (Vertragserzeugnisse).

(2) Der Umfang und Gegenstand der Vertragserzeugnisse kann nach beiderseitiger Übereinkunft durch Aufnahme in Anlage 1 und deren Abzeichnung durch die Parteien jederzeit geändert werden.

(3) Der Handelsvertreter ist ferner berechtigt, neben den Vertragserzeugnissen im Rahmen der Projektbearbeitung auf Wunsch von Kunden sonstige Leistungen oder Gegenstände in eigenem Namen zu vermitteln und hierfür Entgelte anzunehmen, soweit er in eigenem Namen tätig wird und diese Tätigkeit im Zusammenhang mit den für das Unternehmen zu vermittelnden Projekten steht.

(4) Der Handelsvertreter ist berechtigt, im Namen des Unternehmens auf den zur Verfügung gestellten Formularen und Geschäftspapieren die einzelnen Geschäfte bezüglich der Vertragserzeugnisse mit den Kunden abzuschließen. Diese Vertretungsbefugnis gilt nur im Rahmen der Aufgabenerfüllung. Zur weitergehenden rechtsgeschäftlichen Vertretung ist der Handelsvertreter nicht berechtigt. Eigengeschäfte mit den Erzeugnissen vom Unternehmen darf der Handelsvertreter nicht ohne vorherige schriftliche Zustimmung des Unternehmens tätigen.

(5) Die Preise für Leistungen des Unternehmens werden allein vom Unternehmen bestimmt. Der Handelsvertreter hat sich im Rahmen seiner Vertretung insofern nach den vom Unternehmen zu erstellenden Vorkalkulationen und Angebotsausarbeitungen zu richten.

(6) Der Handelsvertreter kann sich Hilfspersonen bedienen. Diese sind jedoch zum Abschluss im Namen des Unternehmens nur nach vorheriger Zustimmung durch das Unternehmen berechtigt.

§ 2 Wettbewerb, Alleinvertretung

(1) Zur Übernahme von ständigen anderweitigen Vertretungen, auch soweit sie nicht in Konkurrenz zum Unternehmen stehen, ist der Handelsvertreter nicht berechtigt. Insoweit ist die Übernahme weiterer Vertretungen nur zulässig, wenn das Unternehmen hierzu die vorherige Zustimmung erteilt hat.

(2) Eine Ausnahme gilt hinsichtlich der vom Handelsvertreter bislang vertretenen folgenden Firmen mit den nachfolgend beschriebenen Produkten: ▬▬▬

(3) Im Übrigen darf der Handelsvertreter nicht ohne vorherige Zustimmung für einen Wettbewerber des Unternehmers tätig werden oder sich an einem Konkurrenzunternehmen direkt oder indirekt beteiligen oder es sonst unterstützen. Die Vertragsprodukte sind ausschließlich beim Unternehmen zu beziehen und dürfen auch nicht selbst hergestellt

werden. Anderweitige Abläufe und Aufgabenverteilungen für eine Projektbearbeitung bedürfen der vorherigen Zustimmung des Unternehmens.

§ 3 Vertriebsgebiet, Gebietsschutz

(1) Das Unternehmen überträgt auf den Handelsvertreter ab dem Zeitpunkt des Abschlusses dieses Vertrages zum Vertrieb der Vertragsprodukte das in Anlage 2 beschriebene Gebiet (Vertriebsgebiet).[147]

(2) Der Handelsvertreter erhält grundsätzlich Gebietsschutz im Vertragsgebiet. Dies bedeutet, dass andere Arbeitnehmer oder weitere Handelsvertreter des Unternehmens grundsätzlich nicht berechtigt sind, in dem dem Handelsvertreter zugewiesenen Gebiet Aufträge abzuschließen. Das Unternehmen ist jedoch in Sonderfällen (z.B. Einzelhandelsketten) berechtigt, bestimmte Aufträge im Vertriebsgebiet des Handelsvertreters einem anderen Mitarbeiter allein zuzuweisen oder eine gemeinsame Bearbeitung des Handelsvertreters mit einen anderen Mitarbeiter des Unternehmens zu verlangen. In diesen Fällen wird das Unternehmen nach billigem Ermessen verbindlich entscheiden, wie Provisionen zu verteilen sind bzw. wem sie zugewiesen werden.[148]

(3) Nur im Rahmen der Entscheidung des Unternehmens ist der Handelsvertreter berechtigt, außerhalb seiner Gebietsgrenzen Aufträge anzunehmen. Denkbare Konfliktfälle sind dem Unternehmen frühstmöglichst anzuzeigen, damit eine interessengerechte Lösung gefunden werden kann.

(4) Der Handelsvertreter hat seine Dienste persönlich zu leisten. Ist es dem Handelsvertreter nicht möglich, sein Vertriebsgebiet aufgrund längerer Abwesenheiten (Krankheiten, Urlaube, sonstige Abwesenheiten von mehr als drei Wochen) zu bearbeiten, so ist das Unternehmen berechtigt, entweder einen anderen Mitarbeiter oder einen anderen Handelsvertreter im Vertriebsgebiet einzusetzen. Dauert die Verhinderung des Handelsvertreters länger als drei Monate an, so sind beide Vertragsparteien berechtigt, das Vertragsverhältnis mit einer Frist von vier Wochen zu kündigen.

§ 4 Pflichten und Verantwortlichkeiten des Handelsvertreters

(1) Der Handelsvertreter ist verpflichtet, seinen Wirkungskreis intensiv zu bearbeiten, die potentiellen Abnehmer und Interessenten zu besuchen, neue Kunden zu werben und diese zu betreuen.

(2) Der Handelsvertreter erstellt die für den Auftragseingang erforderlichen Entwurfspläne.

(3) Er ist für die telefonische Aufklärung von Interessenten-Anfragen zuständig.

(4) Er nimmt ihm zugewiesene oder selbst vereinbarte Termine mit den Interessenten, Kunden, Handwerkern wahr und koordiniert diese.

(5) Nach Besprechungen mit den Kunden erstellt er eindeutige schriftliche Vorgaben für die Angebotserstellung durch das Unternehmen. Er erstellt ferner eindeutige schriftliche Vorgaben für die Erstellung von Werksplänen.

(6) Der Handelsvertreter ist zuständig für die Abnahme von Montagen, der Reklamationsbearbeitung und die Veranlassung weiterer interner Bearbeitungen in Zusammenhang mit diesen Anlässen.

(7) Der Handelsvertreter hat Referenzen zu initiieren.

(8) Der Handelsvertreter ist verpflichtet, an Verkaufstagungen, Messen und Informationsveranstaltungen nach Aufforderung durch das Unternehmen teilzunehmen.

(9) Das Unternehmen wird nach eigener Maßgabe ein Vertriebsinformationssystem einrichten und ausbauen. Der Handelsvertreter wird in diesem Zusammenhang die Weisung des Unternehmens bezüglich Form und zeitlicher Reihenfolge der Berichtsleistungen einhalten. Das Unternehmen wird zu diesem Zweck ein EDV-Programm zur Verfügung stellen, welches es ermöglicht, die nötigen Daten per Datenfernübertragung an die Zentrale des Unternehmens regelmäßig und zeitnah zu übermitteln. Der Handelsvertreter wird seinerseits die entsprechenden Telekommunikationseinrichtungen zur Verfügung stellen (Modem bzw. ISDN-Anschluss) und entsprechend ausgestattete Hardware (Computer) bereithalten. Die Nutzungsverpflichtung umfasst insbesondere auch etwaige zur Verfügung gestellte gruppenfähige Terminkalender und Kontakt- und Projektverwaltungsmodule.

(10) Der Handelsvertreter verpflichtet sich, einen Mindestumsatz in Höhe von ■■■ EUR (■■■ EUR) auf Basis des § 6 innerhalb der Zeit von Beginn dieses Vertrages bis zum Ende des Kalenderjahres zu erzielen. Im Folgejahr soll dieser Mindestumsatz ■■■ EUR betragen. Der Handelsvertreter wird sodann zusammen mit dem Unternehmen ehrgeizige Umsatzziele für das jeweilige Kalenderjahr festlegen.

---

[147] Empfehlenswert ist es, in die Anlage 1 namentlich auch die Altkunden aufzuführen, da die Geschäfte mit diesen Kunden beim Ausgleichsanspruch nach § 89b Abs. 1 Nr. 1 HGB nicht berücksichtigt werden. Durch die namentliche Erfassung wird die Berechnung des Ausgleichsanspruchs erleichtert.

[148] Es ist denkbar, dass die Klausel mangels Bestimmtheit (§ 307 Abs. 1 Satz 2 BGB) und wegen Abweichung von der gesetzlichen Regelung (§ 87 Abs. 2 HGB) nach § 307 Abs. 2 Nr. 1 BGB unwirksam ist, wenn der Vertrag ein Formularvertrag nach § 305 Abs. 1 BGB ist.

§ 5 Pflichten des Unternehmens

(1) Das Unternehmen stellt dem Handelsvertreter alle für die Ausübung seiner Tätigkeit erforderlichen Unterlagen zur Verfügung (Geschäftspapiere, Honorarabrechnungsunterlagen etc.).

(2) Das Unternehmen wird den Handelsvertreter insbesondere durch Überlassung von Werbematerial in Form von Prospekten sowie durch Anzeigen, Telefonmarketing und Direktwerbung in angemessenem Umfang unterstützen.

(3) Das Unternehmen wird dem Handelsvertreter ferner die zur Ausübung seiner Tätigkeit erforderlichen Muster, Zeichnungen, Preislisten, Werbedrucksachen, Geschäftsbedingungen usw. zur Verfügung stellen.

(4) Sämtliche dem Handelsvertreter überlassenen Unterlagen verbleiben im Eigentum des Unternehmens. Soweit diese nicht bestimmungsgemäß verbraucht worden sind, hat der Handelsvertreter sie nach Vertragsende wieder herauszugeben.

(5) Das Unternehmen wird den Handelsvertreter ferner über die Produktionsverhältnisse unterrichtet halten und ihn insbesondere über Preis- und Produktionsänderungen informieren.

§ 6 Vergütungsregelungen

(1) Der Handelsvertreter erhält eine Provision ansonsten nur für seine während der Vertragsdauer mit Kunden in seinem Bezirk abgeschlossenen Geschäfte, soweit das Unternehmen nichts anderes im Einzelfall bestimmt hat. Der Provisionssatz beträgt ▬▬▬% des Nettoumsatzes abzüglich etwaiger Erlösschmälerungen (Skonto, Rabatte, sonstige Nachlässe etc.).

(2) Sieht sich das Unternehmen namentlich aus Wettbewerbsgründen veranlasst, in Einzelfällen einen ungewöhnlich niedrigen Preis zu akzeptieren, so kann die dem Handelsvertreter für diese Geschäfte zustehende Provision vom Unternehmen angemessen gekürzt werden, höchstens jedoch auf die Hälfte.

(3) Bei Zahlungsunfähigkeit der Kunden kann die Provision zurückbelastet werden. Eine Zahlungsunfähigkeit ist dann gegeben, wenn die von dem Kunden eingegangene Finanzierung notleidend ist, Mahnbescheid erlassen wurde, Klage erhoben worden ist oder aus anderen Gründen die Rechnung an den Kunden storniert wurde.

(4) Der Anspruch auf Zahlung der Provision entsteht, sobald und soweit der Kunde das Entgelt für das provisionspflichtige Geschäft entrichtet hat. Bei Scheck- oder Wechselzahlung gilt das Entgelt in dem Zeitpunkt als entrichtet, in dem das Unternehmen über den Zahlbetrag endgültig frei verfügen kann.

(5) Das Unternehmen hat für jeden Kalendermonat, spätestens bis zum letzten Tag des Folgemonats, Abrechnungen über die in diesem Zeitpunkt fällig gewordenen Ansprüche auf Zahlung der Provision zu erteilen. Über Provisionsvorschüsse ist monatlich abzurechnen. Der Handelsvertreter hat die Abrechnung unverzüglich zu überprüfen und etwaige Einwände spätestens innerhalb eines Monats nach Erhalt der Abrechnung schriftlich gegenüber dem Unternehmen geltend zu machen.

(6) Die Provision ist mit der Abrechnung fällig.

(7) Der Handelsvertreter verpflichtet sich, Vergütungsüberzahlungen ohne Rücksicht auf eine noch vorhandene Bereicherung zurückzuzahlen.

§ 7 Dauer des Vertrages, Beendigung

(1) Dieser Vertrag wird auf unbestimmte Zeit abgeschlossen. Er beginnt mit der Unterzeichnung dieser Vereinbarung, frühestens jedoch mit der Wirksamkeit der Beendigung des bisherigen Arbeitsverhältnisses. Der Vertrag endet durch Kündigung. Für die Kündigung gelten die gesetzlichen Fristen des § 89 HGB. Der Vertrag endet ferner durch Tod des Handelsvertreters oder mit dem Erreichen des 65. Lebensjahres.

(2) Das Recht zur fristlosen Kündigung bzw. Kündigung aus wichtigem Grund nach § 89a HGB bleibt unberührt. Als wichtiger Grund gelten die Eröffnung des Insolvenzverfahrens bei einer der Vertragsparteien. Zeitweilige Lieferschwierigkeiten des Unternehmens berechtigen nicht zur außerordentlichen Kündigung. Ferner gilt als wichtiger Grund auch eine nachhaltige Minderung der im Bezirk des Handelsvertreters erzielbaren Umsätze.

(3) Die Erklärung, mit der eine der Vertragsparteien der anderen mitteilt, dass sie den Vertrag nicht fortzusetzen beabsichtige, und die Kündigung bedürfen der Schriftform. Werden sie durch Einschreiben übermittelt, so gelten sie auch dann als zugegangen, wenn ein Zustellversuch fruchtlos verlaufen ist und dem Empfänger eine Zustellungsnachricht hinterlassen worden ist.

§ 8 Verjährung, Abtretung von Ansprüchen

(1) Alle Ansprüche aus diesem Vertrag verjähren nach 12 Monaten. Die Frist beginnt mit dem Ende des Monats, in dem der Anspruch fällig geworden ist.

(2) Der Handelsvertreter kann Rechte und Forderungen aus diesem Vertragsverhältnis nur mit schriftlicher Zustimmung durch das Unternehmen abtreten.

§ 9 Schriftform, Recht, Gerichtsstand, Nebenabreden, unwirksame Regelungen

(1) Das gesamte Rechtsverhältnis der Vertragspartner, auch soweit es die unter diesem Vertrag erfolgenden Einzelgeschäfte betrifft, unterliegt deutschem Recht.

(2) Gerichtsstand für alle Streitigkeiten im Zusammenhang mit diesem Vertrag ist der Sitz des Unternehmens. Jeder Vertragspartner ist auch berechtigt, den anderen an dem für diesen allgemein geltenden Gerichtsstand zu verklagen.

(3) Nebenabreden zu diesem Vertrag sind nicht getroffen. Änderungen oder Ergänzungen bedürfen zu ihrer Rechtswirksamkeit der Schriftform. Das Gleiche gilt für den Verzicht auf das Schriftformerfordernis.

(4) Im Falle der Unwirksamkeit einer oder mehrerer Bestimmungen dieses Vertrages oder im Falle von Lücken werden die Vertragsparteien eine der unwirksamen Regelung bzw. der Gesamtregelung wirtschaftlich möglichst nahe kommende rechtswirksame Ersatz- bzw. Ergänzungsregelung treffen.

4. Muster: Handelsvertretervertrag eines Einfirmenvertreters ohne Vertriebsgebiet mit Fixum und Vertragsstrafe

Vertrag

zwischen

der Firma ▬▬▬

– nachstehend: Firma –

und

Herrn ▬▬▬

– nachstehend: Vertreter genannt –

I. Vorbemerkung

Die Firma ist Herstellerin von ▬▬▬ und besitzt auf diesem Gebiet Produktions- und Vertriebs-Know-how.

Bei dem Vertreter handelt es sich um einen Vertriebsfachmann, der seine Erfahrungen während seiner Tätigkeit ▬▬▬ sammeln konnte.

II. Ziele

Ziel der nachfolgenden Vereinbarung ist es, die Produktpalette der Firma im Bereich ▬▬▬ im Vertragsgebiet über den Vertreter zu vertreiben und durch ihn neue Geschäftsfelder zu erschließen. Kundenakquisition und Werbung, sowie der Vertragsschluss mit Kunden liegen im Verantwortungsbereich des Vertreters. Der Vertreter trägt seine Auslagen selber und bezieht für Abschlüsse neben einem Fixum umsatzabhängige Provisionen. Die Firma wird den Vertreter im Bereich der Werbung unterstützen.

Zu diesem Zweck vereinbaren die Parteien die nachfolgenden Regelungen:

III. Regelungen

§ 1 Gegenstand der Vertretung

(1) Die Firma überträgt an den Vertreter ab dem Zeitpunkt des Abschlusses dieses Vertrages den Alleinvertrieb an die in der Anlage beschriebenen Kunden.

(2) Der Vertreter vermittelt Aufträge im Namen der Firma und kauft und verkauft im eigenen Namen und auf eigene Rechnung. Zur rechtsgeschäftlichen Vertretung der Firma ist er nicht berechtigt.

(3) Das Recht der Firma, im Vertragsgebiet selbst oder durch Dritte tätig zu werden, ist ausgeschlossen, es sei denn, es liegt ein wichtiger Grund vor.

Als wichtiger Grund gilt hierbei insbesondere:

- das Unterschreiten der Mindestumsatzvereinbarung;
- eine mehr als sechs Monate andauernde Verhinderung der persönlichen Tätigkeit des Vertreters.

(4) Liegen Tatsachen vor, die den Entschluss rechtfertigen, dass durch eine Veränderung, auch Verkleinerung des Vertragsgebiets eine erhebliche Verbesserung der Absatzchancen der Firma erreicht werden kann, so kann die Firma alternativ nach Anhörung des Vertreters und unter Berücksichtigung von ihm etwa eingebrachter Vorschläge den zugewiesenen Kundenkreis neu festlegen. Als Tatsachen im Sinne dieser Regelung gilt insbesondere die Unterschreitung der Mindestumsätze.

§ 2 Aufgaben und Befugnisse

(1) Der Vertreter hat die Aufgabe, die Vertragsprodukte aktiv an bestehende und zukünftige Kunden nach besten Kräften zu vermitteln. Er ist nicht zum Inkasso berechtigt und darf die Firma nicht rechtsgeschäftlich vertreten. Eigengeschäfte mit den Erzeugnissen der Firma darf der Vertreter nicht ohne vorherige schriftliche Zustimmung durch die Firma tätigen.

(2) Der Vertreter wird der Firma monatlich über seine Tätigkeit und die allgemeine Marktentwicklung berichten, insbesondere über die Konkurrenzsituation sowie bei Bedarf über die besonderen Verhältnisse der einzelnen Abnehmer und Interessenten, namentlich über deren Anforderungen und Kreditwürdigkeit. Er wird dabei die Weisungen der Firma bezüglich Form und zeitlicher Folge dieser Berichte einhalten.

§ 3 Persönliche Leistung

(1) Der Vertreter hat seine Dienste persönlich zu leisten. Er darf keine Hilfspersonen heranziehen.

(2) Ist der Vertreter durch Unfall oder Erkrankung oder vergleichbare Ereignisse voraussichtlich länger als eine Woche an der Ausübung seiner Tätigkeit gehindert, so hat er die Firma davon unverzüglich zu unterrichten. Entschließt sich die Firma aus diesem Grund selbst oder durch einen anderen Beauftragten im Vertragsgebiet tätig zu werden, so gehen die dadurch entstehenden Kosten ab der 5. Woche der Verhinderung zu Lasten des Vertreters, maximal jedoch in Höhe seines jeweiligen Fixums.

(3) Sollte die Verhinderung des Vertreters sechs Monate überschreiten, so können beide Seiten diesen Vertrag kündigen oder die Firma von den Möglichkeiten des § 1 Abs. 3 und 4 Gebrauch machen.

§ 4 Wettbewerb, andere Vertretungen

(1) Der Vertreter darf nicht ohne schriftliche Einwilligung der Firma für einen Wettbewerber der Firma tätig werden oder sich an einem Konkurrenzunternehmen direkt oder indirekt beteiligen oder es sonst unterstützen. Die Vertragsprodukte sind ausschließlich bei der Firma zu beziehen und dürfen auch nicht selbst hergestellt werden. Für jeden Fall einer etwaigen Zuwiderhandlung wird eine Vertragsstrafe in Höhe von

25.500 EUR (in Worten: fünfundzwanzigtausendfünfhundert Euro)

vereinbart.

(2) Der Vertreter vertritt gegenwärtig die in der Anlage bezeichneten Firmen. Die Übernahme weiterer Vertretungen ist nur zulässig, wenn die Firma hierzu ihre Einwilligung erklärt hat.

(3) Der Vertreter wird außerhalb des Vertragsgebietes für die Vertragserzeugnisse keine Kunden werben oder Niederlassungen oder Auslieferungslager in Bezug auf die Vertragsprodukte unterhalten. Ausnahmen bedürfen der schriftlichen Einwilligung der Firma.

§ 5 Unterstützung und Information

(1) Die Firma unterstützt den Vertreter auch, indem sie ihn über die Verhältnisse unterrichtet hält, ihm namentlich bevorstehende Preis- oder Produktionsänderungen mitteilt.

(2) Die Firma wird die von dem Vertreter durchzuführende Tätigkeit durch Überlassung von Werbematerial in Form von Prospekten sowie von Anzeigen, Telefonmarketing und Direktwerbung unterstützen. Die Bestimmung des Umfangs dieser Unterstützung obliegt der Firma nach billigem Ermessen.

(3) Werbematerial und sonstige Gegenstände, die die Firma an den Vertreter zur Unterstützung seiner Tätigkeit aushändigt, bleiben im Eigentum der Firma. Sie sind nach Beendigung des Vertragsverhältnisses unverzüglich zurückzugeben, soweit sie nicht bestimmungsgemäß verbraucht wurden.

§ 6 Mindestumsatz

(1) Der Vertreter verpflichtet sich zu Abschlüssen in Bezug auf die Vertragsprodukte im Rahmen des folgenden Umsatzvolumens:

a) bis zum Ablauf des ersten Kalenderjahres nach Vertragsschluss in Höhe von ▬▬▬ EUR (reine Netto-Auftragssummen, ohne Transport, Verpackung, Versicherung, Kosten des Geldverkehrs)

b) im folgenden Kalenderjahr: ▬▬▬ EUR

Für die Folgezeit werden die Vertragspartner die Mindestumsätze einvernehmlich festlegen, wobei sie jährliche Steigerungsraten von ▬▬▬ % erwarten.

(2) Werden die Ziele nicht erreicht, so ist die Firma wahlweise berechtigt,
- den Vertrag mit sofortiger Wirkung zu kündigen,
- das Vertragsgebiet oder den Kundenkreis neu zu bestimmen,

- die Kalkulation neu zu bemessen und/oder
- selbst oder durch Dritte die Vertragsprodukte im Vertragsgebiet zu vertreiben.

(3) Wird der Vertrag mit den vorgenannten Einschränkungen fortgesetzt, so verständigen sich die Parteien über neue angemessene Mindestabnahmen.

(4) Kommt eine Einigung nicht bis Anfang Februar eines jeden Kalenderjahres zustande, so sind beide Parteien berechtigt, das Vertragsverhältnis mit einer Frist von 3 Monaten zu kündigen.

§ 7 Provisionspflichtige Geschäfte

(1) Der Vertreter erhält Provision nur für während der Vertragsdauer mit Kunden in seinem Bezirk abgeschlossene Geschäfte. Ein Anspruch auf Überhangprovision besteht nicht. Der Provisionssatz beträgt bei Umsätzen bis zu ▪▪▪ EUR netto des Einzelgeschäfts ▪▪▪%, bei Umsätzen bis zu ▪▪▪ EUR netto des Einzelgeschäfts ▪▪▪% aus dem Nettorechnungsbetrag. Nachlässe bei Barzahlung sind abzuziehen.

(2) Sieht sich die Firma namentlich aus Wettbewerbsgründen veranlasst, in Einzelfällen einen ungewöhnlich niedrigen Preis zu akzeptieren, so kann sie die dem Vertreter für diese Geschäfte zustehende Provision angemessen kürzen, höchstens jedoch auf die Hälfte.

§ 8 Provision, Entstehung, Vorschuss, Abrechnung Fälligkeit

(1) Der Anspruch auf Zahlung der Provision entsteht, sobald und soweit der Kunde das Entgelt für das provisionspflichtige Geschäft entrichtet hat. Bei Scheck- oder Wechselzahlungen gilt das Entgelt in dem Zeitpunkt als entrichtet, in welchem die Firma über den Zahlbetrag endgültig frei verfügen kann. Der Vertreter hat Anspruch auf Zahlung eines Provisionsvorschusses, wenn die Firma das Geschäft ausgeführt hat. Der Provisionsvorschuss beträgt 50% der Provision, die dem Vertreter aus diesem Geschäft voraussichtlich insgesamt zusteht.

(2) Die Firma hat für jedes Kalenderquartal, spätestens bis zum letzten Tag des Folgemonats, Abrechnung über die in diesem Zeitraum fällig gewordenen Ansprüche auf Zahlung einer Provision zu erteilen. Über Provisionsvorschüsse ist monatlich abzurechnen. Der Vertreter hat die Abrechnung unverzüglich zu überprüfen und etwaige Einwände spätestens innerhalb eines Monats nach Erhalt der Abrechnung schriftlich gegenüber der Firma geltend zu machen.

(3) Die Provision ist mit der Abrechnung fällig.

(4) Ungeachtet der vorstehenden Regelungen erhält der Vertreter ein nicht zu verrechnendes Fixum i.H.v. ▪▪▪ EUR monatlich, zahlbar am Ende eines jeden Kalendermonats.

(5) Der Vertreter verpflichtet sich, Vergütungsüberzahlungen ohne Rücksicht auf eine noch vorhandene Bereicherung zurückzuzahlen.

§ 9 Dauer des Vertrages, Beendigung

(1) Dieser Vertrag wird zunächst auf ein Jahr abgeschlossen. Er verlängert sich um jeweils ein Jahr, wenn nicht einer der Vertragspartner dem anderen spätestens drei Monate vor Ablauf des Vertrages erklärt hat, dass er den Vertrag nicht fortzusetzen beabsichtige. Der Vertrag endet ferner durch Tod des Vertreters. Die Regelungen zu § 3 Ziff. 3 und § 6 Ziff. 2 und 4 bleiben unberührt.

(2) Das Recht zur Kündigung dieses Vertrages aus wichtigem Grund bleibt unberührt. Zeitweilige Lieferschwierigkeiten der Firma stellen keinen wichtigen Grund für eine außerordentliche Kündigung dar.

(3) Die Erklärung, mit der einer der Vertragspartner dem anderen mitteilt, dass er den Vertrag nicht fortzusetzen beabsichtige, und die Kündigung bedürfen der Schriftform. Werden sie durch Einschreiben übermittelt, so gelten sie auch dann als zugegangen, wenn ein Zustellungsversuch fruchtlos verlaufen ist und dem Empfänger eine Zustellungsnachricht hinterlassen worden ist.

§ 10 Verjährung, Abtretung von Ansprüchen

(1) Alle Ansprüche aus diesem Vertrag verjähren nach 12 Monaten. Die Frist beginnt mit dem Ende des Monats, in dem der Anspruch fällig geworden ist.

(2) Der Vertreter kann Rechte aus diesem Vertragsverhältnis nur mit schriftlicher Zustimmung der Firma abtreten.

§ 11 Recht, Gerichtsstand, Nebenabreden, Unwirksame Regelungen

(1) Das gesamte Rechtsverhältnis der Vertragspartner, auch soweit es die unter diesem Vertrag erfolgenden Einzelgeschäfte betrifft, unterliegt deutschem Recht.

(2) Gerichtsstand für alle Streitigkeiten im Zusammenhang mit diesem Vertrag ist der Sitz der Firma. Jeder Vertragspartner ist auch berechtigt, den anderen an dem für diesen allgemein geltenden Gerichtsstand zu verklagen.

(3) Nebenabreden zu diesem Vertrag sind nicht getroffen. Änderungen oder Ergänzungen bedürfen zu ihrer Rechtswirksamkeit der Schriftform. Das Gleiche gilt für den Verzicht auf das Schriftformerfordernis.

(4) Im Falle der Unwirksamkeit einer oder mehrerer Bestimmungen dieses Vertrages oder im Fall von Lücken werden die Vertragsparteien eine der unwirksamen Regelung bzw. der Gesamtregelung wirtschaftlich möglichst nahe kommende rechtswirksame Ersatz- bzw. Ergänzungsregelung treffen.

5. Muster: Handelsvertretervertrag eines Vermittlungsagenten für Anzeigen und Adressverzeichnisse

Vertrag

Zwischen

der Firma ▪▪▪

– nachstehend: Verlag –

und

Herrn ▪▪▪

– nachstehend: Handelsvertreter –

wird folgender Vertrag geschlossen:

§ 1

Der Verlag überträgt dem Handelsvertreter als freiem Vermittlungsagenten im Sinne des § 84 HGB die Vermittlung von kostenpflichtigen Eintragungen, ein- und mehrspaltigen Anzeigen sowie den Buchverkauf in dem ihm vom Verlag zugewiesenen Tätigkeitsbereich für die im Verlag erscheinenden ▪▪▪.

Der Handelsvertreter erklärt, dass er den erforderlichen Gewerbeschein besitzt und seinen steuerlichen Verpflichtungen selbst nachkommt und sich auch gemäß § 19 Abs. 4 UStG n.F. der Umsatzbesteuerung nach den allgemeinen Vorschriften dieses Gesetzes unterwirft.

Ist der Handelsvertreter an der Ausübung seiner Tätigkeit infolge Krankheit oder aus anderen Umständen daran gehindert, die vom Verlag gesetzten Termine einzuhalten, so hat der Verlag das Recht, dafür zu sorgen, dass die Werbung in dem zuständigen Arbeitsbereich durch einen anderen Handelsvertreter weitergeführt wird. Das Gleiche gilt, wenn der Handelsvertreter mit der Bearbeitung seines Tätigkeitsbereiches nicht rechtzeitig fertig wird. Die Zuordnung der Tätigkeitsbereiche des Handelsvertreters ist in das Ermessen des Verlages gestellt.

§ 2

Die genaue Abgrenzung des für die Bearbeitung durch den Handelsvertreter bestimmten Arbeitsbereiches ergibt sich aus der Verkaufskartei, den Straßenlisten oder besonderen Unterlagen, die dem Handelsvertreter für die Werbung ausgehändigt werden.

Die Bearbeitung erfolgt anhand des ausgehändigten Adressenmaterials. Dieses Material bleibt Eigentum des Verlages und ist auf Anforderung des Verlages, spätestens bei Lösung des Vertragsverhältnisses, an den Verlag zurückzugeben. Firmen, die vom Handelsvertreter nicht zu besuchen sind, werden ihm bei Aushändigung des Adressenmaterials bekannt gegeben.

Der Handelsvertreter ist zu einer kontinuierlichen Arbeitsweise verpflichtet. Er hat in geschlossenen zugewiesenen Ortsnetzen und Orten bis zur Mitte der Bearbeitungszeit 60% der abzuschließenden Auftragsanzahl zu übermitteln. In Einzel-Verkaufstouren wird dem Handelsvertreter neues Adressenmaterial erst dann zugewiesen, wenn 80% der abzuschließenden Auftragsanzahl getätigt worden ist.

Der Verlag hat jederzeit das Recht der Nachbearbeitung des an den Handelsvertreter ausgegebenen Materials. Der Verlag kann die Aushändigung von Adressmaterial solange aufschieben, bis der Vertreter die Sollvorgabe gemäß § 2 erreicht hat, es sei denn, dass zwingende Gründe das Erreichen der Sollvorgabe unmöglich machen, und wenn der Auftragsrückstand 20% der abzuschließenden Auftragsanzahl übersteigt.

§ 3

Der Handelsvertreter ist verpflichtet, in seinem Arbeitsbereich die Interessen des Verlages mit der Sorgfalt eines ordentlichen Kaufmanns zu wahren und zu fördern, insbesondere die in Frage kommenden Interessenten dieses Bereiches ohne Ausnahme persönlich zu besuchen, Änderungen der redaktionellen Angaben festzustellen und dem Verlag zu vermitteln. Er ist verpflichtet, die Verkaufs-Richtlinien und Geschäftsbedingungen des Verlages genau zu befolgen und die Bonität des Kunden im Hinblick auf den Auftrag zu berücksichtigen. Ordnungsgemäß vermittelt sind vom Verlag angenommene Aufträge erst dann, wenn der Auftrag vom Auftraggeber durch Unterschrift eines Zeichnungsberechtigten akzeptiert wurde und die zur Ausführung erforderlichen Texte, Druckstöcke usw. vom Auftraggeber beschafft sind. Die Beschaffung obliegt dem Handelsvertreter. Für telefonisch abgeschlossene Aufträge haftet der Handelsvertreter.

Der Verlag hat das Recht, den Handelsvertreter mit den Kosten zu belasten, die durch nicht ordnungsgemäße oder unleserliche Ausfüllung des Auftrages anfallen. Verletzt der Handelsvertreter schuldhaft seine Vertragspflicht, so kann ihn der Verlag mit dem ihm entstandenen Schaden belasten.

Von allen besonderen Vorfällen, evtl. unkorrekter Werbung seitens fremder Verlage, verpflichtet sich der Handelsvertreter, dem Verlag sofort, möglichst schriftlich unter Beifügung von Vorlagen, Mitteilung zu machen.

§ 4

Nur für die vom Handelsvertreter vermittelten und vom Verlag angenommenen Aufträge aus dem ihm übertragenen Arbeitsbereich erhält er folgende Provisionen: ▪▪▪

Die Provisionssätze errechnen sich aus den Anzeigenrechnungs-Nettobeträgen. Für die Bestandsübernahme vermindert sich die Provisions-Gutschrift im ersten Vertragsjahr um 1%. Die mit der Werbung verbundenen Kosten hat der Handelsvertreter zu tragen.

Der Handelsvertreter ist gehalten, sich den Kunden als Beauftragter des Verlages vorzustellen.

§ 5

Der Handelsvertreter hat Anspruch auf Provision erst mit dem Eingang der Zahlung des Bestellers und nur nach dem Verhältnis des eingetragenen Betrages. Der Handelsvertreter kann jedoch von den von ihm ordnungsgemäß vermittelten und vom Vertrag angenommenen Aufträgen bis zu 90% (90 vom Hundert) des Provisionsbetrages als Vorschuss verlangen. Dieser ist an den Verlag zurückzuzahlen, sobald der Provisionsanspruch entfällt, spätestens nach erfolgloser Durchführung des Mahnverfahrens. Der Verlag ist nicht verpflichtet, seine Rechnungsforderungen gegen die Auftraggeber gerichtlich geltend zu machen. Werden im gerichtlichen Beitreibungsverfahren Forderungen und Verfahrenskosten beglichen, so erhält der Handelsvertreter nachträglich Provisionsgutschrift.

Der Handelsvertreter verpflichtet sich, Vergütungsüberzahlungen ohne Rücksicht auf eine noch vorhandene Bereicherung zurückzuzahlen.

§ 6

Der Handelsvertreter verpflichtet sich, während der Dauer dieses Vertrages nicht für Konkurrenzverlage tätig zu sein. Er bedarf zur Ausübung einer anderen gewerblichen Tätigkeit – insbesondere zur Übernahme der Vertretung eines anderen Unternehmens – vorher der schriftlichen Einwilligung des Verlages.

Der Handelsvertreter ist nicht berechtigt, Untervertreter einzustellen. Er ist nicht berechtigt, neben den vom Verlag zur Verfügung gestellten Unterlagen Drucksachen mit dem Namen des Verlages herstellen zu lassen und/oder zu verwenden.

§ 7

Das Vertragsverhältnis beginnt mit dem Datum des Vertragsabschlusses für unbestimmte Zeit. Die Kündigungsfrist beträgt für beide Vertragspartner mindestens drei Monate zum Schluss eines Kalendervierteljahres. Aus wichtigem Grunde kann jeder Teil das Vertragsverhältnis jederzeit mit sofortiger Wirkung kündigen.

§ 8

Erfüllungsort und Gerichtsstand ist für beide Teile ▪▪▪.

§ 9

Jeder Vertragspartner erhält ein unterzeichnetes Exemplar dieses Vertrages. Mit der Unterzeichnung dieses Vertrages werden alle früheren mündlichen und schriftlichen Abmachungen aufgehoben.

Alle Vertragsänderungen oder mündliche Nebenabreden sind unwirksam, sofern sie nicht durch den Verlag schriftlich bestätigt werden.

Änderungen einzelner Vereinbarungen heben nicht den Gesamtvertrag auf; sie bedürfen jedoch der Schriftform unter Einhaltung einer Kündigungsfrist von vier Wochen.

6. Muster: Internationaler Handelsvertretervertrag

Vertretervertrag

▬▬▬

– im Folgenden „Firma" genannt –

und

▬▬▬

– im Folgenden „A" genannt –

vereinbaren Folgendes:

1. Vertragsgegenstand und Funktion

Die Firma überträgt A die Vertretung für das Programm der Firma.

2. Vertragsgebiet

▬▬▬

3. Ziel

A sieht es als vornehmliches Ziel an, für die Firma das Maximum des erreichbaren Marktvolumens zu erreichen und zu sichern, die Geschäfte mit der Sorgfalt eines ordentlichen Kaufmannes zu führen und alles zu tun, um die angestrebten Ziele zu erreichen, sowie den guten Namen der Firma zu wahren.

4. Aufgaben von A

a) A verpflichtet sich zu einer intensiven Marktbearbeitung.

b) A strebt Geschäftsanbahnungen mit neuen Kunden an sowie Pflege und Betreuung bestehender Kontakte.

c) A wird die Geschäftspolitik der Firma nach besten Kräften unterstützen, um den größtmöglichen Marktanteil zu erreichen.

d) A wird die Firma regelmäßig über das Marktgeschehen unterrichten. Dieses bezieht sich insbesondere auf
- die wirtschaftliche und politische Situation der Vertragsgebiete,
- Aktivitäten, Entwicklung und Bonität der Kunden bzw. Handelskontakte,
- Aktivitäten des Wettbewerbs.

5. Aufgaben der Firma

a) Die Firma verpflichtet sich, A's Bemühungen nach besten Kräften zu unterstützen, indem die Basis durch eine marktgerechte Preis- und Produktpolitik, verbunden mit einem zügigen Service, für einen gemeinsamen Erfolg gelegt wird.

b) Zur-Verfügung-Stellung von
- Katalogen,
- Preislisten,
- technischen Informationen.

c) Rechtzeitige Vorplanung und Informationen für Preiskorrekturen oder über Änderungen, Neuerungen der Produktpalette.

6. Provision

a) Der jeweilige Provisionssatz wird von den Vertragsparteien einvernehmlich vor der Realisierung eines Geschäftes individuell vereinbart. Im Regelfall soll der Provisionssatz 6 % (sechs Prozent) betragen.

b) Die Provision errechnet sich aus dem jeweiligen Nettofakturenwert.

c) Zwischen A und der Firma gilt als vereinbart, dass die Provision grundsätzlich erst nach unwiderruflichem Geldeingang aller Forderungen, d.h. Warenwert, vereinbarte Nebenkosten wie Fracht, Versicherungen etc. und Zinsen, fällig wird.

d) Für uneinbringbare Forderungen wird keine Provision fällig bzw. wird diese zurückbelastet.

e) Über die Provision hinaus besteht kein Vergütungsanspruch für A als eigenständiges Unternehmen gegenüber der Firma als auch gegenüber den Kunden, A trägt somit seine Geschäftskosten – gleich welcher Art – selbst.

f) A verpflichtet sich, Vergütungsüberzahlungen ohne Rücksicht auf eine noch vorhandene Bereicherung zurückzuzahlen.

7. Vollmachten

a) Keine der Vertragsparteien wird im Rahmen dieses Vertrages Zusagen machen, Vereinbarungen eingehen oder sonstige Rechtshandlungen vornehmen, durch die die andere Partei rechtlich gebunden wird.

b) A erklärt ausdrücklich, dass bei allen Geschäften im Rahmen dieses Vertrages die allgemeinen Geschäfts-, Zahlungs- und Lieferbedingungen der Firma in der jeweiligen gültigen Fassung gelten. Abweichungen hiervon sind nicht zulässig. Die Allgemeinen Geschäftsbedingungen liegen diesem Vertrag bei.

c) Im Tagesgeschäft gilt insbesondere als vereinbart, dass bei
- Abweichen von Preisen und Konditionen
- Annahme oder Abwicklung von Reklamationen
- Entgegennahme von Geldbeträgen

das vorherige schriftliche Einverständnis der Firma vorliegen muss.

8. In-Kraft-Treten, Dauer, Kündigung

a) Dieser Vertrag tritt mit Wirkung vom ▬▬▬ und der Unterzeichnung durch beide Vertragsparteien in Kraft und wird auf unbestimmte Zeit geschlossen.

b) Jede Partei ist berechtigt, diesen Vertrag mit einer Frist von 6 Monaten zum Ende eines jeden Kalenderjahres zu kündigen.

c) Ungeachtet des Vorgenannten kann der Vertrag aus wichtigem Grund – mit sofortiger Wirkung per Einschreiben – gekündigt werden, wenn:
- eine Partei Vertragsbruch begeht;
- eine Partei aus wesentlichen Gründen davon abgehalten wird, den Vertrag zu erfüllen (z.B. höhere Gewalt wie Krieg, Aufruhr, Gesetzgebung und Ähnliches);
- eine Partei ihre Zahlungen einstellt;
- eine Partei eine etwa erforderliche Genehmigung des Handels- und Geschäftsbetriebes verliert;
- eine Partei die Eröffnung des Insolvenzverfahrens beantragt oder in Vermögensverfall gerät.

9. Recht

Dieser Vertrag regelt sich ausschließlich nach deutschem Recht. Beide Parteien vereinbaren ausdrücklich, keine weiteren Rechtsansprüche zu stellen als solche, die dieser Vertrag vorsieht.

Somit vereinbaren A und die Firma, dass die Bestimmungen aus dem Handelsvertreterrecht, insbesondere § 89b HGB, ausgeschlossen sind.

10. Gerichtsstand

Gerichtsstand ist für beide Parteien ▬▬▬.

11. Verschwiegenheit

Beide Parteien vereinbaren strenge Verschwiegenheit – gleich, wie davon Kenntnis erlangt wird – über
- alle Einzelheiten dieses Vertrages;
- alle Vorgänge aus der Vergangenheit und Zukunft, die aus dieser Kooperation entstehen;
- Akten, Korrespondenz, Angebote und alle sonstigen Unterlagen.

Diese Vereinbarung gilt auch nach Beendigung dieses Vertrages.

12. Allgemeine Bestimmungen

Mit der Unterzeichnung dieses Vertrages verlieren alle früheren schriftlichen oder mündlichen Vereinbarungen der Vertragsparteien ihre Rechtswirksamkeit.

Änderungen und/oder Ergänzungen dieses Vertrages bedürfen ohne Ausnahme der Schriftform.

Die Übertragung von Rechten und Pflichten von A auf andere natürliche oder juristische Personen aus diesem Vertragsverhältnis sind nur mit vorherigem schriftlichem Einverständnis der Firma rechtswirksam.

13. Abschlussbestimmungen

Sollten einzelne Bestimmungen dieses Vertrages unwirksam, nichtig oder nicht durchführbar sein, so bleiben die übrigen Bestimmungen hiervon unberührt.

Die unwirksame, nichtige oder nicht durchführbare Bestimmung wird so ergänzt oder ersetzt, dass der ursprünglich gewollte wirtschaftliche und rechtliche Zweck erreicht wird.

7. Muster: Weltweiter Handelsvertretervertrag nach US-amerikanischem und deutschem Recht

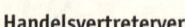

Handelsvertretervertrag

Der vorliegende Vertrag wird geschlossen am ▬▬▬ 200▬▬▬ von und zwischen

▬▬▬, einer ▬▬▬ Gesellschaft mit Hauptgeschäftssitz in ▬▬▬

– nachstehend als „Auftraggeber" bezeichnet – und

der ▬▬▬ GmbH, ▬▬▬, Deutschland, einer gemäß den Gesetzen der Bundesrepublik Deutschland gegründeten und entsprechend geführten Gesellschaft

– nachstehend als „Händler" bezeichnet –.

Präambel

Im Hinblick darauf, dass der Auftraggeber die in diesem Vertrag näher beschriebenen Produkte herstellt und vermarktet, und

im Hinblick darauf, dass der Händler gemäß der Beschreibung im vorliegenden Vertrag in ausgewählten Ländern das Alleinvertriebsrecht für bestimmte Produkte des Auftraggebers haben möchte, und

im Hinblick darauf, dass der Auftraggeber bereit ist, dem Händler dieses Alleinvertriebsrecht gemäß den in diesem Vertrag dargelegten Bestimmungen und Bedingungen zu gewähren,

treffen Auftraggeber und Händler angesichts der in diesem Vertrag enthaltenen gegenseitigen Verpflichtungen und Bedingungen und für eine angemessene Gegenleistung, deren Erhalt hiermit bestätigt wird, folgende Vereinbarungen:

1. Ernennung, Produkte und Vertragsgebiet

(a) Der Auftraggeber ernennt den Händler hiermit zum Alleinvertragshändler für die in Anlage „A" aufgeführten Produkte des Auftraggebers (die „Produkte") und für das in Anlage „B" definierte Vertragsgebiet (das „Vertragsgebiet"), und der Händler nimmt diese Ernennung hiermit an. Die beiden Anlagen sind diesem Vertrag beigefügt und Bestandteil desselben.

(b) Die Ernennung des Händlers zum Alleinvertragshändler für die Produkte im Vertragsgebiet wurde dadurch ermöglicht, dass Herr ▬▬▬ Anteilseigner und leitender Angestellter des Händlers ist; der Auftraggeber hat diesen Vertrag im Vertrauen auf dessen Präsenz und persönliche Reputation sowie dessen Qualifikationen und Fähigkeiten geschlossen. Neben dem Vertragsabschluss auf der

Distribution Agreement

This Agreement is made and entered into as of the ▬▬▬ day of ▬▬▬, 200▬▬▬ by and between

▬▬▬, a ▬▬▬ corporation, with its principal place of business at ▬▬▬

– hereinafter referred to as "Principal" – and

▬▬▬ GmbH, ▬▬▬, Germany, a corporation organized and existing under the laws of the Federal Republic of Germany

– hereinafter referred to as "Dealer"–.

Witnesseth

Whereas, Principal is engaged in the production and marketing of products as more particularly described herein; and

whereas, Dealer is desirous of being granted the exclusive distribution rights of certain of Principal's products in select countries as specified in this agreement; and

whereas, Principal is willing to grant such exclusive distribution rights to Dealer upon the terms and conditions herein set forth;

Now, therefore, in consideration of the mutual covenants and conditions herein contained, and for other good and valuable consideration, the receipt of which is hereby acknowledged, Principal and Dealer mutually agree as follows:

1. Appointment, Products and Territory

(a) Principal hereby appoints and Dealer hereby accepts appointment as a sales distributor of the Principal's products listed in Exibit "A" (the "Products" and in the territory as defined in Exibit "B" (the "Territory") both Exibits attached hereto and made a part hereof on an exclusive basis.

(b) This appointment of Dealer for the exclusive distribution of the Products in the Territory has been made possible because Mr. ▬▬▬ is the stockholder and officer of Dealer and in reliance upon whose presence and personal reputation, qualifications and abilities Principal has entered into this Agreement. In addition to having entered into this Agreement based upon the involvement of

Kapitel 2: Handelsvertreterverträge und Verträge mit freien Mitarbeitern

Grundlage der Beteiligung dieser namentlich erwähnten Person mit den angeführten Eigenschaften hat der Auftraggeber die Anlagen, Ausrüstungen und Finanzlage sowie das Know-how des Händlers in Bezug auf Werbung, Verkauf und Vertrieb der Produkte sorgfältig geprüft. Die Gewährung des Vertriebsrechts für die Produkte an den Händler ist daher einmalig und kann nur gemäß den in Paragraph 9 festgelegten Bedingungen übertragen werden.

such named person in those capacities, Principal carefully considered Dealer's facilities, equipment, financial condition and its know-how in the promotion, sale and distribution of the Products. Therefore, the grant of the distribution of the Products to Dealer is unique and may be transferred only under the conditions established in Section 9 hereof.

2. Image der Produkte

Der Händler erkennt an, dass der Auftraggeber die Produkte vor Abschluss dieses Vertrages im Vertragsgebiet selbst oder über Vertreter beworben, vermarktet und verkauft und somit das gute Image der Produkte und deren Akzeptanz bei den Verbrauchern im Vertragsgebiet aufgebaut hat.

2. Prior Goodwill

Dealer acknowledges that Principal has heretofore, directly or through agents and representatives, promoted, marketed, and sold the Products in the Territory, having thus developed the Products' goodwill, good name, reputation and consumer acceptance in the Territory.

3. Verpflichtungen des Händlers

(a) Der Händler erklärt sich bereit, die Produkte im gesamten Vertragsgebiet nach besten Kräften eifrig und aggressiv zu bewerben, zu vermarkten und zu verkaufen.

(b) Der Händler erklärt sich damit einverstanden, die Produkte im Vertragsgebiet gemäß dem zwischen Händler und Auftraggeber vereinbarten Werbeprogramm mit all seinen Kräften zu bewerben und vorzuführen.

(c) Der Händler liefert dem Auftraggeber vierteljährlich Verkaufsberichte und -informationen. Der Händler behandelt sämtliche Informationen, Berichte und Unterlagen betreffend den vorliegenden Vertrag vertraulich und trifft entsprechende Vorkehrungen, um dies sicherzustellen.

(d) Der Händler beachtet alle Gesetze und Vorschriften in Bezug auf die Führung seines Unternehmens, wie im vorliegenden Vertrag vorgesehen.

(e) Der Händler ist nicht berechtigt, sich aktiv Aufträge von potenziellen Kunden mit Hauptgeschäftssitz außerhalb des Vertragsgebiets zu beschaffen. Verkaufsaktivitäten außerhalb des Vertragsgebiets sind dem Händler untersagt. Die Vertragsparteien sind sich einig, dass jede der nachstehenden Verhaltensweisen eine Verletzung dieses Paragraphen darstellt: (i) die Verwendung anderer Warenzeichen für das Produkt im Internet, es sei denn, dies wurde im Einzelfall schriftlich vereinbart, oder (ii) die Verwendung einer anderen Produktverpackung im Internet als die für das Vertragsgebiet verwendete. Der Händler hat das Recht, die Produkte des Auftraggebers mit eindeutigem Hinweis auf die Beschränkung seines Vertriebsrechts auf das Vertragsgebiet auf seiner eigenen Website zu präsentieren.

(f) Der Händler legt dem Auftraggeber alle drei (3) Monate eine Umsatzprognose für die nächsten zwölf (12) Monate vor, beginnend am 1. April, 1. Juli, 1. Oktober oder 1. Januar nach In-Kraft-Treten dieses Vertrages (oder, sollte der Vertrag innerhalb von dreißig (30) Tagen vor einem dieser Termine in Kraft treten, beginnend am zweiten Termin nach In-Kraft-Treten dieses Vertrages).

3. Dealer's Covenants, Duties and Obligations

(a) Dealer agrees to diligently and aggressively exert its best efforts to promote, merchandise and sell the Products throughout the Territory.

(b) Dealer agrees to advertise, promote and demonstrate the Products in the Territory to the best of Dealer's ability, in accordance with the advertising and promotional program agreed to between Dealer and Principal.

(c) Dealer shall provide Principal sales reports and information on a quaterly basis. Dealer shall treat as confidential and safeguard all information, reports and records pertaining to this Agreement.

(d) Dealer shall comply with all statutes and regulations pertaining to or governing the conduct of its business as contemplated herein.

(e) Dealer shall not actively solicit orders from any prospective purchaser with its principal place of business located outside the Territory. Dealer shall not engage in active sales outside the Territory. The parties agree that at least each of the following behaviors shall constitute a breach of this Section: (i) the use on the Internet of any other trademarks for the Product other than individually agreed upon in writing; or (ii) the use on the Internet of any other package of the Product than the package of the Product for the Territory. Dealer may present Principal's Products with clear notice of Daler's limitation to distribute the Products within the Territory on Dealer's own website.

(f) Dealer shall submit a rolling twelve (12)-month sales forecast to Principal every three (3) months commencing on the April 1st, July 1st, October 1st or January 1st first following the effective date of this Agreement (or, if the effective date of this Agreement is within thirty (30) days before any of such dates, commencing on the second such date after the effective date of this Agreement). Such

Eine solche Umsatzprognose muss Auskunft geben über potenzielle Kunden (Namen), Stückzahlen, Konfigurationen, voraussichtliche Bestell- und Versanddaten sowie den voraussichtlichen Ersatzteilbedarf. Erweist sich die jüngste Prognose zu irgendeinem Zeitpunkt als nicht mehr zutreffend, ist der Händler verpflichtet, dem Auftraggeber unverzüglich aktuelle Daten zu liefern. Die Umsatzprognose dient lediglich Planungszwecken; der Händler ist nicht verpflichtet, die Produkte zu kaufen, die laut Umsatzprognose voraussichtlich abgesetzt werden.

(g) Der Händler erkennt an und erklärt sich damit einverstanden, dass der endgültige Versand der Bestellungen an den Händler vom Recht und der Fähigkeit des Auftraggebers abhängt, diese Verkäufe zu tätigen und die erforderlichen Lizenzen und Genehmigungen einzuholen, und zwar gemäß allen derzeit geltenden oder nach Abschluss dieses Vertrages möglicherweise in Kraft tretenden Verordnungen, Gesetzen, Regeln und Vorschriften der Regierung der Vereinigten Staaten und Dienststellen derselben. Demgemäß erklärt sich der Händler damit einverstanden, (i) den Auftraggeber bei der Beschaffung dieser Lizenzen und Genehmigungen zu unterstützen, indem er dem Auftraggeber alle gewünschten Dokumente und Informationen liefert, (ii) die Verordnungen, Gesetze, Regeln und Vorschriften der Regierung der Vereinigten Staaten und Dienststellen derselben zu beachten, (iii) die erforderlichen Bücher zu führen, um diesen Verordnungen, Gesetzen, Regeln und Vorschriften zu entsprechen, (iv) keine Produkte zu reexportieren, außer gemäß diesen Verordnungen, Gesetzen, Regeln und Vorschriften sowie der Politik des Auftraggebers und/oder der Muttergesellschaft des Auftraggebers, die alle Verkäufe an den Irak, Iran, Libyen, Nordkorea und den Sudan untersagt, (v) alle staatlichen Genehmigungen und Lizenzen einzuholen, die für die Einfuhr der Produkte in das Vertragsgebiet erforderlich sind, (vi) die Exportgesetze der Vereinigten Staaten bei Verkauf, Übereignung oder anderweitiger Veräußerung der Produkte nicht zu verletzen und (vii) den Auftraggeber in Bezug auf Geldstrafen, Entschädigungen, Verluste und Kosten (einschließlich, ohne Beschränkung, angemessener Anwaltsgebühren) schadlos zu halten, die dem Auftraggeber infolge einer Verletzung dieses Absatzes oder des folgenden Absatzes (h) durch den Händler entstehen. Zur Unterstützung, aber ohne Einschränkung des Vorstehenden erklärt der Händler, dass er die Bestimmungen zur Bekämpfung von Bestechung im US-Gesetz gegen Korruption im Ausland gelesen und verstanden hat und befolgen wird.

(h) Der Händler erkennt hiermit ausdrücklich an, dass technische Daten und die daraus direkt resultierenden Produkte den Exportkontrollen der Vereinigten Staaten unterliegen, und willigt ein, dass weder technische Daten noch die daraus direkt resultierenden Produkte direkt oder indirekt an einen Bestimmungsort verbracht werden, der gegen die gesetzlichen Vorschriften der Vereinigten Staaten, die Bestimmungen einer geltenden Exportlizenz oder die Politik des Auftraggebers und/oder der Mutter-

sales forecast shall include prospective customer names, quantities, configurations, expected order dates, expected shipping dates and expected spare parts requirements. If the most recent forecast becomes materially inaccurate at any time, Dealer shall promptly provide Principal with updated information. The sales forecast shall be for planning purposes only and Dealer is not required to purchase the Products projected to be sold on the sales forecast.

(g) Dealer acknowledges and understands that the ultimate shipment of orders to Dealer shall be subject to the right and ability of Principal to make such sales and obtain required licenses and permits, under all applicable decrees, statutes, rules and regulations of the government of the United States and agencies thereof presently in effect or which may be in effect hereafter. Accordingly, Dealer hereby agrees: (i) to assist Principal in obtaining any such required licenses or permits by supplying such documentation or information as may be requested by Principal; (ii) to comply with such decrees, statutes, rules and regulations of the government of the United States and agencies thereof; (iii) to maintain the necessary records to comply with such decrees, statutes, rules and regulations; (iv) not to re-export any Products except in compliance with such decrees, statutes, rules and regulations and Principal and/or Principal's parent corporation's policy prohibiting all sales into Iraq, Iran, Libya, North Korea, and Sudan; (v) to obtain all governmental approvals and licenses necessary to import the Products into the Territory; (vi) not to sell, transfer, or otherwise dispose of the Products in violation of the export laws of the United States; and (vii) to indemnify and hold harmless Principal from any and all fines, damages, losses, costs and expenses (including without limitation reasonable attorneys' fees) incurred by Principal as a result of any breach of this subsection or subsection (h) below by Dealer. In furtherance of, but without limiting, the foregoing, Dealer represents that it has read, understood and will comply with the anti-bribery provisions of the U.S. Foreign Corrupt Practices Act.

(h) Dealer hereby expressly acknowledges that technical data and the direct product thereof are subject to export controls of the United States and agrees that neither technical data nor the direct product thereof will be transferred, directly or indirectly, to any destination contrary to the requirements of the laws of the United States, the terms of any applicable export license, or Principal and/or Principal's parent corporation's policy prohibiting all sales into Iraq, Iran, Libya, North Korea, gesellschaft des Auftraggebers verstößt, die alle Verkäufe an den Irak, Iran, Libyen, Nordkorea und den Sudan untersagt. Darüber hinaus sichert der Händler hiermit zu, dass er sich nicht an Geschäften beteiligt, bei denen es möglicherweise um aus den Vereinigten Staaten ausgeführte oder auszuführende Waren oder technische Daten oder die daraus direkt resultierenden Produkte geht, wenn eine Person, der die Vereinigten Staaten die Exportrechte verweigert haben, möglicherweise irgendwelche Vorteile von diesem Geschäft hat oder daran direkt oder indirekt interessiert ist.

(i) Während der Laufzeit dieses Vertrages ist es dem Händler untersagt, im Vertragsgebiet direkt oder indirekt Erzeugnisse zu verkaufen, zu bewerben oder zu vermarkten, die mit den Produkten konkurrieren.

(j) Der Händler ist verpflichtet, die Produkte bei seinen Kunden zu installieren und seine Kunden in der Bedienung der Produkte zu schulen. Der Händler stellt kompetentes, erfahrenes Servicepersonal ein, sollte dies erforderlich sein, um den Anwendern der Produkte im Vertragsgebiet einen prompten und angemessenen Service zu bieten.

4. Preise/Verkaufs- und Lieferbedingungen

(a) Der Händler kauft die Produkte vom Auftraggeber zu den vom Auftraggeber für die Produkte festgelegten inländischen US-Bestpreisen.

(b) Der Händler bestellt die Produkte beim Auftraggeber anhand einer schriftlichen Bestellung, auf der die bestellten Produkte, der (die) gewünschte(n) Liefertermin(e) sowie Ein- und Ausfuhrinformationen aufzuführen sind, die der Auftraggeber für die Abwicklung des Auftrags benötigt. Vom Händler aufgegebene Bestellungen für die Produkte sind nur und erst dann verbindlich, wenn sie vom Auftraggeber schriftlich angenommen werden.

(c) Der Händler hat das Recht, die Preise für die von ihm verkauften Produkte selbst zu gestalten. Der Händler informiert den Auftraggeber von Zeit zu Zeit über seine aktuelle Preisgestaltung.

(d) Der Auftraggeber kann die Konditionen für den dem Händler für den Kauf der Produkte möglicherweise eingeräumten Kredit von Zeit zu Zeit revidieren und eine adäquate Sicherheit verlangen.

(e) Zwischen den Vertragsparteien besteht Einigkeit darüber, dass die Bestimmungen und Bedingungen dieses Vertrages durch die Bedingungen einer vom Händler beim Auftraggeber aufgegebenen Bestellung nicht geändert werden und dass einander widersprechende Bestimmungen als durch die Bestimmungen dieses Vertrages ersetzt gelten.

(f) Sofern der Händler keine anderen Wünsche äußert, erfolgt die versand- und lagergerechte Verpackung aller vom Händler bestellten Produkte entsprechend der Standard-Geschäftspraxis des Auftraggebers. Der Händler ist verpflichtet, den Auftraggeber über eventuell erforderliche Spezialverpackungen (die zu Lasten des Händlers

and Sudan. Further, Dealer hereby provides its assurance that it will not participate in any transaction which may involve any commodity or technical data, or the direct product thereof, exported or to be exported from the United States, if a person denied export privileges from the United States may obtain any benefit from or have any interest in, directly or indirectly, such transaction.

(i) During the term of this Agreement Dealer shall not sell, promote, advertise or market, directly or indirectly, in the Territory products that are competitive with the Products.

(j) Dealer shall install the Products on the premises of its customers and shall train its customers to operate the Products. Dealer shall employ competent and experienced service personnel if and so as necessary to render prompt and adequate service to the users of the Products in the Territory.

4. Prices/Terms of Sale and Delivery

(a) Dealer shall purchase the Products from Principal at the U.S.-domestic best prices for the Products established by Principal.

(b) Dealer shall order Products from Principal by submitting a written purchase order identifying the Products ordered, requested delivery date(s) and any export/import information required to enable Principal to fill the order. No order for the Products submitted to Principal by Dealer shall become binding unless and until it is accepted in writing by Principal.

(c) Dealer shall be free to establish its own pricing for Products sold by Dealer. Dealer shall notify Principal of its pricing, as in effect from time to time.

(d) Principal from time to time may revise the credit terms which may be extended to Dealer for the purchase of the Products, and require adequate security or collateral.

(e) It is understood and agreed by the parties hereto that the terms and conditions of this Agreement shall not be modified or amended by the terms of any purchase order submitted by Dealer to Principal, and any such conflicting provisions shall be deemed to be superseded by the terms hereof.

(f) Unless Dealer requests otherwise, all Products ordered by Dealer shall be packed for shipment and storage in accordance with Principal's standard commercial practices. It is Dealer's obligation to notify Principal of any special packaging requirements (which shall be at Dealer's expense). Risk of loss and damage to a Product gehen) zu informieren. Die Gefahr des Verlustes oder der Beschädigung eines Produkts geht nach Übergabe dieses Produkts an das vom Händler bestimmte Transportunternehmen auf den Händler über. Etwaige Forderungen wegen nicht vertragsgemäßen Versands sind innerhalb von zehn (10) Tagen nach Übergang der Gefahr des Verlustes und der Beschädigung gemäß vorstehender Beschreibung schriftlich an den Auftraggeber zu richten. Alle Forderungen, deren Anmeldung innerhalb dieser Frist versäumt wird, gelten als erlassen.

(g) Alle fälligen Beträge in Bezug auf ein Produkt, das der Auftraggeber gemäß dem vorhergehenden Absatz geliefert hat, sind innerhalb von dreißig (30) Tagen nach Eingang der dieses Produkt betreffenden Rechnung beim Händler vollständig zu zahlen. All diese Beträge sind in der in der entsprechenden Preisliste angegebenen oder separat angebotenen Währung über eine elektronische Zahlungsanweisung auf das Bankkonto zu zahlen, das der Auftraggeber von Zeit zu Zeit schriftlich festlegen kann. Wird ein im Rahmen dieses Vertrages zu zahlender Betrag an einem anderen als einem Werktag fällig, d.h., an einem Samstag, Sonntag oder einem Feiertag in Deutschland, ist dieser Betrag am nächsten darauf folgenden Werktag zu zahlen. Im Rahmen dieses Vertrages fällige Beträge gelten an dem Tag, an dem die Gelder bei der Bank des Auftraggebers eingehen, als bezahlt.

Der Auftraggeber behält sich das Recht vor, jederzeit die Zahlung aller gemäß diesem Vertrag gelieferten Produkte durch ein unwiderrufliches Akkreditiv zu verlangen. Wünscht der Auftraggeber eine Zahlung per Akkreditiv, wählt der Händler die Akkreditivbank aus, welche für den Auftraggeber akzeptabel sein muss. Akkreditive unterliegen den Einheitlichen Richtlinien und Gebräuchen für Dokumentenakkreditive (UCP 500).

(h) Der Händler kann nur dann ein Pfandrecht gegen den Auftraggeber geltend machen, wenn sich das Pfandrecht auf den Gegenstand dieses Vertrages bezieht.

(i) Der Auftraggeber behält die Eigentumsrechte an den Produkten, bis alle dem Auftraggeber vom Händler im Zusammenhang mit der laufenden Geschäftsbeziehung geschuldeten Beträge vollständig bezahlt sind. Der Händler geht mit den Produkten sorgfältig um. Sind Wartungs- und Inspektionsarbeiten erforderlich, lässt der Händler diese Arbeiten regelmäßig durchführen. Der Händler informiert den Auftraggeber unverzüglich im Falle eines unbefugten Zugriffs Dritter auf die Produkte, z.B. im Falle einer Beschlagnahmung, sowie bei eventuellen Beschädigungen oder einer Zerstörung der Waren.

Der Händler hat das Recht, die Produkte im normalen Geschäftsgang weiterzuverkaufen. Der Händler tritt hiermit alle künftigen Ansprüche auf Forderungen, die aus dem Verkauf der Produkte resultieren, an den Auftraggeber ab, und zwar in einer Höhe, die dem dem Händler vom Auftraggeber in Rechnung gestellten Betrag entspricht. Der Auftraggeber nimmt diese Abtretung hiermit an. Der Händler hat das Recht, die Forderungen beizutreiben. Der Auftraggeber behält sich jedoch das

shall pass to Dealer upon the delivery of such Product to the common carrier designated by Dealer. All claims for non-conforming shipments must be made in writing to Principal within ten (10) days of the passing of risk of loss and damage, as described above. Any claims not made within such period shall be deemed waived and released.

(g) All amounts due and payable with respect to a Product delivered by Principal in accordance with the preceding subsection shall be paid in full within thirty (30) days after Dealer's receipt of the invoice covering such Product. All such amounts shall be paid in the currency quoted in the corresponding price list or individually offered by wire transfer to such bank or account as Principal may from time to time designate in writing. Whenever any amount hereunder is due on a day that is not a business day, i.e. a Saturday, Sunday or a public holiday in Germany, such amount shall be paid on the next succeeding business day. Amounts hereunder shall be considered to be paid as of the day on which funds are received by Principal's bank.

Principal reserves the right at any time to require payment for all Products delivered hereunder to be made by irrevocable letter of credit. If Principal elects to have payment made by letter of credit, Dealer shall select the issuing bank, which must be acceptable to Principal. Any such letter of credit shall be governed by Uniform Customs and Practice for Documentary Credits (UCP) 500.

(h) Dealer may only assert a lien against Principal if the lien relates to the subject matter of this Agreement.

(i) Principal reserves the ownership rights in the Products until all sums owed by Dealer to Principal in connection with the current business relationship have been paid in full. Dealer shall handle the Products carefully. In case maintenance and inspection services are required, Dealer shall have these services performed regularly. Dealer shall inform Principal immediately about the unauthorized access of third parties to the Products, e.g. in case of seizure, about possible damages or the destruction of the goods.

Dealer is entitled to resell the Products in the ordinary course of business. Dealer herewith assigns to Principal any and all future claims to accounts payable resulting from the sale of the Products in an amount equal to the amount invoiced by Principal to Dealer. Principal herewith accepts this assignment. Dealer is entitled to collect on the accounts payable. Principal reserves the right, however, to revoke Dealers right to collect the accounts payable on its own behalf if Dealer does not fulfil its

Recht vor, das Recht des Händlers zur Beitreibung der Forderungen im eigenen Namen zu widerrufen, sollte der Händler seinen Zahlungsverpflichtungen nicht nachkommen.

Etwaige Änderungen an den Produkten, ob in Kombination mit anderen Erzeugnissen oder allein, werden im Namen des Auftraggebers vorgenommen.

Werden die Produkte in Erzeugnisse integriert, die nicht dem Auftraggeber gehören, oder mit derartigen Erzeugnissen kombiniert, erwirbt der Auftraggeber ein Miteigentum an dem Objekt im Verhältnis des Wertes der Produkte zu den anderen hinzugekommenen Erzeugnissen. Dasselbe gilt, wenn die Produkte mit anderen Erzeugnissen so vermischt werden, dass sie nicht mehr zu unterscheiden sind.

(j) Auf alle dem Auftraggeber gemäß diesem Vertrag geschuldete, vom Händler aber innerhalb von dreißig (30) Tagen nach Erhalt der entsprechenden Rechnung nicht vollständig gezahlte Beträge werden Zinsen in Höhe von fünf Prozent (5%) über dem Basiszinssatz in der in der entsprechenden Preisliste angegebenen oder separat angebotenen Währung erhoben.

5. Produktspezifikationen und Lieferung/Produktänderungen

Der Händler erklärt sich damit einverstanden, dass der Auftraggeber sich das Recht vorbehält, jederzeit und so oft wie erforderlich mit vorheriger Ankündigung mit einer Frist von mindestens dreißig (30) Tagen, ohne dadurch gegenüber dem Händler eine Verpflichtung einzugehen, (i) die Spezifikationen oder das Design eines Produkts zu ändern oder neue bzw. zusätzliche Produkte in sein Sortiment aufzunehmen, (ii) seine Herstellungsmethoden sowie seine Beschaffungs-, Verkaufs- und Vertriebspolitik zu ändern und (iii) die Fertigung eines Produkts oder den Verkauf von Produkten, die vom Auftraggeber nicht mehr hergestellt oder vermarktet werden, an den Händler einzustellen. Der Auftraggeber erklärt sich bereit, sich in wirtschaftlich zumutbarem Umfang zu bemühen, den Händler mit einer Frist von neunzig (90) Tagen über derartige Maßnahmen zu unterrichten.

6. Verhältnis der Vertragsparteien

(a) Der Händler ist als selbständiger Unternehmer zu betrachten. Das Verhältnis zwischen Auftraggeber und Händler ist nicht wie ein Verhältnis zwischen Arbeitgeber und Arbeitnehmer auszulegen; ebenso wenig stellt es eine Partnerschaft, ein Joint Venture oder ein Vertretungsverhältnis dar.

(b) Der Händler erklärt sich bereit, sämtliche Kosten zu tragen, die ihm bei der Erfüllung seiner Verpflichtungen im Rahmen dieses Vertrages oder anderweitig entstehen, einschließlich, ohne Beschränkung, aller Reise-, Unterbringungs- und Bewirtungskosten. Diese Ausgaben werden dem Händler vom Auftraggeber nicht erstattet.

(c) Der Händler ist nicht berechtigt, im Namen des Auftraggebers Verträge abzuschließen oder Verpflichtungen

payment obligations.

Any modifications to the Products, whether in combination with other products or independently, shall be performed in the name of Principal.

If the Products are integrated into or combined with items not belonging to Principal, Principal shall acquire joint ownership of the object in proportion to the value of the Products to the other combined items. The same applies if the Products are so commingled with other products as to be indistinguishable.

(j) All amounts due and owing to Principal hereunder but not paid by Dealer in full within thirty (30) days after Dealer's receipt of the invoice thereof shall bear interest in the currency quoted in the corresponding price list or individually offered at the rate of: five per cent (5%) over the base interest rate (Basiszinssatz).

5. Product Specifications and Supply/Product Changes

Dealer understands and agrees that Principal reserves the right, at any time and from time to time with advance notice with a minimum of thirty (30) days without thereby incurring any liability or obligation to Dealer, to (i) change the specifications for or alter the design of any Product, or add new or additional products to its line of products; (ii) change its manufacturing, sourcing, sales and distribution policies; and (iii) discontinue the manufacture of any Product or the sale to Dealer of any Products no longer manufactured or marketed by Principal. Principal agrees to make commercially reasonable efforts to provide Dealer ninety (90) days' advance notice of such action.

6. Relationship of the Parties

(a) Dealer shall be considered to be an independent contractor. The relationship between Principal and Dealer shall not be construed to be that of employer and employee, nor to constitute a partnership, joint venture or agency of any kind.

(b) Dealer agrees to pay all of its expenses incurred in the performance by Dealer of its obligations under this Agreement or otherwise, including without limitation all travel, lodging and entertainment expenses. Principal shall not reimburse Dealer for any of those expenses.

(c) Dealer shall have no right to enter into any contracts or commitments in the name of, or on behalf of, Principal, einzugehen oder den Auftraggeber in irgendeiner Hinsicht zu binden.

(d) Der Händler ist nicht berechtigt, den Auftraggeber zu verpflichten oder vorzugeben, ihn zu verpflichten, indem er in Bezug auf die Produkte Dritten gegenüber Beteuerungen abgibt oder Zusicherungen macht.

7. Warenzeichen, Dienstleistungszeichen und Markennamen

(a) Dieser Vertrag ist nicht dahin gehend auszulegen, dass dem Händler irgendwelche Rechte an den Warenzeichen für die Produkte oder an vom Auftraggeber verwendeten oder ihm gehörenden Markennamen, Patenten, Werbeslogans oder urheberrechtlich geschützten Materialien gewährt werden, sondern lediglich dahin gehend, dass dem Händler gestattet wird, diese Warenzeichen sowie Markennamen, Patente und Werbe- oder urheberrechtlich geschützten Materialien gemäß diesem Vertrag ausschließlich im Vertragsgebiet auf nicht exklusiver Basis zu verwenden, und zwar für die Dauer dieses Vertrages und ausschließlich für Ausstellungs- und Werbezwecke im Zusammenhang mit dem Verkauf und Vertrieb der Produkte entsprechend diesem Vertrag.

(b) Vorbehaltlich des Vorstehenden erkennt der Händler die Gültigkeit der im Zusammenhang mit dem Verkauf der Produkte verwendeten Patente, Warenzeichen und Markennamen des Auftraggebers an und erklärt sich damit einverstanden, zu keinem Zeitpunkt Maßnahmen zu ergreifen oder zuzulassen, die diese Gültigkeit oder Inhaberschaft gefährden oder beeinträchtigen oder die Rechte des Auftraggebers an diesen Warenzeichen in irgendeiner Weise schmälern würden. Jegliche Verwendung der Patente und Warenzeichen des Auftraggebers durch den Händler gemäß den Bestimmungen dieses Vertrages kommt ausschließlich dem Auftraggeber zugute.

(c) Um den Qualitätskontrollstandard des Auftraggebers zu erfüllen, hat der Händler (i) die Warenzeichen des Auftraggebers entsprechend den geltenden Gesetzen und Vorschriften zu verwenden, (ii) dem Auftraggeber das Recht einzuräumen, seine im Zusammenhang mit den Bemühungen zum Verkauf der Produkte verwendeten Einrichtungen nach angemessener vorheriger Ankündigung während der üblichen Geschäftszeiten zu besichtigen, um zu überprüfen, ob die Verwendung der Warenzeichen des Auftraggebers seitens des Händlers in Einklang mit diesem Paragraphen erfolgt, und (iii) die Warenzeichen des Auftraggebers in keiner Weise zu modifizieren und sie weder auf noch in Zusammenhang mit anderen Waren oder Dienstleistungen außer den Produkten zu verwenden. Der Händler erklärt sich ferner damit einverstanden, die Warenzeichen des Auftraggebers für die Produkte oder andere Warenzeichen bzw. Markennamen, die den Warenzeichen und Markennamen für die Produkte in irreführender Weise ähneln, nicht in Verbindung mit irgendwelchen Waren außer den Produkten zu verwenden.

or to bind Principal in any respect whatsoever.

(d) Dealer shall not obligate or purport to obligate Principal by issuing or making any affirmations, representations, warranties or guaranties with respect to the Products to any third party.

7. Trademarks, Service Marks and Trade Names

(a) This Agreement shall not be construed to give Dealer any right, title or interest in the trademarks for the Products, or in any trade names, patents, advertising slogans or copyrighted material used or owned by Principal, but only to permit Dealer to use such trademarks and any such trade names, patents and advertising matter or copyrighted material in conformity with this Agreement, on a non-exclusive basis in the Territory only for the duration of this Agreement, and solely for display or advertising purposes in connection with selling and distributing the Products in accordance with this Agreement

(b) Subject to the foregoing, Dealer acknowledges the validity of Principal's patents, trademarks and trade names used in connection with the sale of the Products, and agrees to take no action or at any time do or permit any act to be done that would prejudice or interfere with such validity or ownership or in any way impair the rights of Principal in such trademarks. All use of the Principal patents and trademarks by Dealer in accordance with the terms of this Agreement shall inure to the exclusive benefit of Principal.

(c) In order to comply with Principal's quality control standards, Dealer shall: (i) use Principal's trademarks in compliance with all relevant laws and regulations; (ii) accord Principal the right to inspect during normal business hours, with reasonable prior advance notice, Dealer's facilities used in connection with efforts to sell the Products in order to confirm that Dealer's use of Principal's trademarks is in compliance with this Section; and (iii) not modify any of Principal's trademarks in any way and not use any of the trademarks on or in connection with any goods or services other than the Products. Dealer further agrees not to use Principal's trademarks for the Products or any other trademark or trade names confusingly similar to the trademarks and trade names for the Products in connection with any goods other than the Products.

(d) Der Händler ist berechtigt, die Warenzeichen des Auftraggebers im Rahmen des Vertriebs der Produkte zu verwenden. Der Händler hat das Recht, die Begriffe „▪▪▪" und/oder „▪▪▪" in Verbindung mit anderen Begriffen in seinem Firmennamen zu verwenden.

(e) Die Vertragsparteien informieren sich gegenseitig unverzüglich über etwaige Verletzungen der Warenzeichen oder Patente des Auftraggebers im Vertragsgebiet und in Bezug auf die unter diesen Vertrag fallenden Produkte des Auftraggebers. Macht ein Dritter eine Forderung wegen angeblicher Verletzung dieser Warenzeichen und Patente gegen den Händler geltend, verteidigt der Händler die Patente und Warenzeichen gegen den Dritten.

Die Kosten eines etwaigen Nichtigkeitsverfahrens oder die vorstehend erwähnte Verteidigung gegen eine Forderung wegen angeblicher Verletzung dieser Warenzeichen trägt der Auftraggeber.

8. Verpflichtungen des Auftraggebers

(a) Der Auftraggeber garantiert dem Händler, dass alle dem Händler im Rahmen dieses Vertrages zu liefernden Produkte in jedem Fall den Gesetzen und Vorschriften des Herstellungslandes entsprechen.

(b) Der Auftraggeber liefert dem Händler auf Wunsch Broschüren, Kataloge und sonstige Werbematerialien für die Produkte in angemessener Stückzahl.

(c) Der Auftraggeber verkauft die Produkte an den Händler zwecks Verkauf und Vertrieb im Vertragsgebiet und bemüht sich in wirtschaftlich zumutbarem Umfang, die vom Händler bestellten Produkte gemäß den Bestimmungen und Bedingungen dieses Vertrages zu liefern.

9. Übertragung des Vertrages/Abtretung

(a) Der Händler erkennt an, dass der Auftraggeber diesen Vertrag nach sorgfältiger Prüfung von Lagereinrichtungen und Finanzlage sowie Know-how des Händlers in Bezug auf Werbung, Verkauf und Vertrieb der Produkte und im Vertrauen auf all dies abschließt. Die Gewährung der Vertriebsrechte für die Produkte an den Händler ist daher einmalig, und die dem Händler gemäß diesem Vertrag eingeräumten Rechte dürfen ohne vorherige schriftliche Zustimmung des Auftraggebers weder freiwillig noch kraft Gesetzes an eine andere Person oder Firma übertragen, abgetreten oder anderweitig abgegeben werden.

(b) Der Auftraggeber kann diesen Vertrag ohne Zustimmung des Händlers abtreten, und zwar (i) an eine Schwestergesellschaft des Auftraggebers oder einen Unternehmensbereich dieser Schwestergesellschaft, (ii) an ein Unternehmen, mit dem der Auftraggeber fusioniert, oder (iii) an ein Unternehmen, das alle oder alle wesentlichen Vermögenswerte des Auftraggebers erwirbt. Dieser Vertrag soll den Rechtsnachfolgern des Auftraggebers zugute kommen.

(d) The Dealer may use the Principal's Trademarks in due course of distribution of the Principal's Products. The Dealer is eligible to use the terms "▪▪▪" and/or "▪▪▪" in any combination with other terms in its coporate name.

(e) The parties hereto shall inform each other promptly of any infringement of the trademark or patent rights of the Principal in the territory and for the Principal's products which are subject to this agreement. If a third party makes a claim purporting a violation of these trademarks and patents against the Dealer the Dealer shall defend the patents and trademarks against the third party.

The costs for an invalidity prodedure or the aforementioned defense against a claim purporting a violation of these trademarks shall be born by the Principal.

8. Principal's Covenants

(a) Principal represents and warrants to Dealer that all of the Products to be furnished to Dealer hereunder will in all instances comply with the statutes and regulations of the country of manufacture.

(b) Principal shall supply reasonable quantities of available brochures, catalogues and other promotional materials relating to the Products upon Dealer's request.

(c) Principal shall sell the Products to Dealer for sale and distribution in the Territory and use its commercially reasonable efforts to supply the Products ordered by Dealer in accordance with the terms and conditions hereof.

9. Transfer of the Agreement/Assignment

(a) Dealer acknowledges that Principal is entering into this Agreement after careful consideration of and in reliance upon Dealer's warehouse facilities and financial condition, and its know-how in the promotion, sale and distribution of the Products. Therefore, the grant of the distribution rights of the Products to Dealer is unique, and the rights granted to Dealer hereunder shall not be transferred, assigned or otherwise disposed of or delegated to any other person, firm or corporation, either voluntarily or by operation of law, without the prior written consent of Principal.

(b) This Agreement may be assigned by Principal, without the consent of Dealer, to (i) any affiliate of Principal or any division of such affiliate, (ii) any entity with which or into which Principal may consolidate or merge or (iii) any entity acquiring all or substantially all of the assets of Principal. This Agreement shall inure to the benefit of the successors and assigns of Principal.

10. Vertrauliche Informationen

(a) Der Händler erklärt sich damit einverstanden, dass der Auftraggeber das Eigentumsrecht an allen Informationen besitzt, die der Auftraggeber dem Händler zur Verfügung gestellt hat – ob in Verbindung mit diesem Vertrag oder anderweitig, ob in schriftlicher oder mündlicher Form, ob patentier- bzw. urheberschutzfähig oder nicht – und bei denen es sich um Geschäftsgeheimnisse, vertrauliche oder geschützte Informationen handelt (nachstehend als „geschützte Informationen" bezeichnet). Zu den vertraulichen Informationen zählen die Materialien, die als „Vertraulich" gekennzeichnet sind oder Informationen enthalten, deren vertraulicher Charakter offensichtlich ist (nachstehend als „vertrauliche Informationen" bezeichnet). Der Händler gibt die geschützten Informationen im Rahmen der vertraglichen Beschränkungen nur jenen Vertretern und Mitarbeitern preis, die diese Informationen zur ordnungsgemäßen Erledigung ihrer Aufgaben benötigen. Sowohl während der Laufzeit dieses Vertrages als auch danach sind die den Vertretern und Mitarbeitern vom Händler preisgegebenen Informationen von diesen Vertretern und Mitarbeitern streng vertraulich zu behandeln. Der Händler sowie seine Vertreter und Mitarbeiter dürfen die geschützten Informationen während der Laufzeit dieses Vertrages und danach für keinen anderen Zweck als ausschließlich im Zusammenhang mit dem vertragsgemäßen Verkauf und Vertrieb der Produkte im Vertragsgebiet verwenden. Der Händler ist verpflichtet, etwaige in schriftlicher Form vorliegende geschützte Informationen nach Beendigung oder Ablauf dieses Vertrages so schnell wie möglich auf seine Kosten an den Auftraggeber zurückzusenden. Alle geschützten Informationen bleiben während der Laufzeit dieses Vertrages und danach ausschließliches Eigentum des Auftraggebers. Der Händler ist verpflichtet, in etwaigen Verträgen mit Beratern oder Subunternehmern ähnliche Bestimmungen bezüglich der vertraulichen und geschützten Informationen des Auftraggebers vorzusehen.

(b) Ungeachtet etwaiger anders lautender Bestimmungen in diesem Vertrag haftet der Händler nicht für die Preisgabe geschützter Informationen, wenn diese preisgegebenen Informationen (i) zum Zeitpunkt der Preisgabe ohne Verletzung dieses Vertrages der Öffentlichkeit frei zugänglich waren, (ii) dem Händler zum Zeitpunkt der Preisgabe durch den Auftraggeber bereits bekannt oder in den Unterlagen des Händlers enthalten waren und ein schriftlicher Nachweis dafür erbracht werden kann oder (iii) dem Händler durch eine andere Quelle als den Auftraggeber bekannt werden, die nach bestem Wissen des Händlers nicht verpflichtet ist, diese Informationen vertraulich zu behandeln.

(c) Der Händler erkennt an, dass jegliche Verletzung der Bestimmungen dieses Paragraphen 10 dem Auftraggeber schweren und irreparablen Schaden zufügt, für den der Auftraggeber mit Geld allein nicht angemessen entschädigt werden kann. Der Händler haftet für jegliche Verletzung der Bestimmungen dieses Paragraphen 10 durch

10. Confidential Information

(a) Dealer agrees that Principal has a proprietary interest in any information provided to Dealer by Principal, whether in connection with this Agreement or otherwise, whether in written or oral form and whether or not patentable or copyrightable, which is a trade secret, confidential or proprietary information (hereinafter referred to as "Proprietary Information"). Confidential information shall include those materials marked as "Confidential" or containing such information that its confidential nature is readily apparent (hereinafter referred to as "Confidential Information"). Dealer shall disclose the Proprietary Information only to those of its agents and employees to whom it is necessary in order properly to carry out their duties as limited by the terms and conditions hereof. Both during and after the term of this Agreement, all disclosures by Dealer to its agents and employees shall be held in strict confidence by such agents and employees. During and after the term of this Agreement, Dealer, its agents and employees shall not use the Proprietary Information for any purpose other than in connection with Dealer's sale and distribution of the Products in the Territory pursuant to this Agreement. Dealer shall, at its expense, return to Principal any Proprietary Information in written form as soon as practicable after the termination or expiration of this Agreement. All such Proprietary Information shall remain the exclusive property of Principal during the term of this Agreement and thereafter. Dealer shall include similar provisions regarding Principal'S Confidential and Proprietary Information in any agreements with consultants or subcontractors.

(b) Notwithstanding anything contained in this Agreement to the contrary, Dealer shall not be liable for a disclosure of the Proprietary Information, if the information so disclosed: (i) was in the public domain at the time of disclosure without breach of this Agreement; (ii) was known to or contained in records of Dealer at the time of disclosure by Principal to Dealer and can be so demonstrated by written evidence; or (iii) becomes known to Dealer from a source other than Principal that, to the best knowledge of Dealer, does not have an obligation to maintain the confidentiality of such information.

(c) Dealer acknowledges that any breach of the provisions of this Section 10 shall result in serious and irreparable injury to Principal for which Principal cannot be adequately compensated by monetary damages alone. Dealer shall be responsible for any breach of the provisions of this Section 10 by any employee, agent, or consultant of einen seiner Mitarbeiter, Vertreter oder Berater, wenn der Händler es an der Sorgfalt eines ordentlichen Kaufmanns hat mangeln lassen, als er den Mitarbeiter eingestellt bzw. den Vertreter oder Berater unter Vertrag genommen hat.

Dealer whenever Dealer has neglected the diligence of a prudent businessman by employing the employee or contracting the agent or consultant.

11. Beendigung des Vertrages

Die Rechte für den vertragsgemäßen Vertrieb der Produkte werden vom 1. ▬▬▬ 200▬▬▬ bis 31. ▬▬▬ 200▬▬▬ gewährt. Dieser Vertrag verlängert sich ohne besonderes Ersuchen einer Vertragspartei automatisch für jeweils ein (1) Jahr, es sei denn, eine der beiden Vertragsparteien widerspricht der Verlängerung in einer schriftlichen Mitteilung an die andere Vertragspartei, und zwar mindestens sechzig (60) Tage vor Ablauf der ursprünglichen Vertragslaufzeit oder der Verlängerung. Darüber hinaus können die beiden Vertragsparteien diesen Vertrag während der Laufzeit zu jedem beliebigen Zeitpunkt durch eine schriftliche Übereinkunft beenden.

Jede der beiden Vertragsparteien kann diesen Vertrag zu einem beliebigen Zeitpunkt aus begründetem Anlass beenden. Dieser Anlass ist in vorliegendem Vertrag definiert als das Versäumnis der anderen Vertragspartei, eine wesentliche Bedingung oder Verpflichtung dieses Vertrages zu erfüllen, oder eine Handlung oder Unterlassung, die die Interessen der beendigenden Vertragspartei erheblich beeinträchtigt.

Die Vertragsparteien verständigen sich ausdrücklich darauf, dass ein begründeter Anlass zur Beendigung des Vertrages oder Ablehnung einer Verlängerung durch den Auftraggeber gemäß vorstehender Beschreibung besteht, wenn eins der folgenden Ereignisse oder eine der folgenden Handlungen geschieht, wodurch die Allgemeingültigkeit des Vorstehenden jedoch nicht eingeschränkt wird:

(a) Der Händler gibt seine vertragsgemäßen Rechte und Privilegien ab oder versucht sie abzugeben, ohne vorher die schriftliche Zustimmung des Auftraggebers gemäß Beschreibung in Paragraph 9 dieses Vertrages einzuholen.

(b) Die Einstellung des normalen Geschäftsbetriebs des Händlers.

(c) Die Einberufung einer Versammlung der Gläubiger des Händlers, eine Abtretung seitens des Händlers zu Gunsten der Gläubiger, die Zahlungsunfähigkeit des Händlers, die Beantragung einer Pfändung oder eines Urteils gegen den Händler oder die Einreichung eines Insolvenzantrags durch den Händler oder einen Gläubiger oder eines Antrags auf Bestellung eines Insolvenzverwalters für das Vermögen des Händlers, dessen Einreichung dreißig (30) Tage nach Eintritt des Ereignisses immer noch erfolglos ist.

(d) Eine der beiden Vertragsparteien wird durch die von einem Staat oder staatlichen Stellen erlassenen Gesetze, Verordnungen, Gerichtsbeschlüsse, Verträge oder Embargos daran gehindert, ihre wesentlichen Verpflichtungen im Rahmen dieses Vertrages zu erfüllen.

11. Termination of Agreement

The distribution of the Products being granted under this Agreement shall be in full force and effect from ▬▬▬ 1, 200▬▬▬ hereof until ▬▬▬ 31, 200▬▬▬. This Agreement will automatically be renewed on a yearly basis without the party's specific request, unless either party objects to the renewal by written notice to the other party no later than sixty (60) days prior to the expiration of the original term or any renewal term of this Agreement. In addition, the parties may by mutual written agreement terminate this Agreement at any time during the term hereof.

Any party may terminate this Agreement at any time, for just cause, herein defined as the failure of the other party to perform any essential condition or obligation of this Agreement or any act or omission that adversely and substantially affects the interests of the terminating party.

The parties expressly agree that Principal shall have just cause for termination or non-renewal as aforesaid upon the happening of any of the following occurrences or acts, but without limitation of the generality of the foregoing:

(a) Dealer shall dispose, or attempt to dispose, of the rights and privileges granted hereunder without first obtaining the written consent of Principal, as set forth in Section 9 hereof;

(b) The cessation of the usual business of Dealer;

(c) In the event of a calling of a meeting of the creditors of Dealer, an assignment by Dealer for the benefit of creditors, the insolvency of any kind of Dealer, or in the event of the filing of any attachment, distraint, levy, execution or judgment against Dealer, or any filing of a voluntary or involuntary insolvency petition, or any application for the appointment of a receiver for the property of Dealer, the filing of which remains unsatisfied and undischarged at the end of thirty (30) days after the occurrence of such event;

(d) Either party is prevented from substantially performing its obligations hereunder by any laws, governmental regulations, orders, judicial decrees, treaties, embargoes, enacted or promulgated by any country or sovereignty or by any agency thereof;

12. Nach der Beendigung

(a) Nach Beendigung dieses Vertrages erlöschen unverzüglich alle dem Händler im Rahmen dieses Vertrages gewährten Rechte und Privilegien; der Händler stellt daraufhin für alle Zeiten die Verwendung der Warenzeichen, Markennamen und Werbe- oder urheberrechtlich geschützten Materialien für die Produkte ein.

(b) Nach Beendigung oder Ablauf des Vertrages, je nach Sachlage, hat der Auftraggeber die Möglichkeit, den Produktebestand des Händlers zurückzukaufen. Der Auftraggeber muss sich innerhalb von dreißig (30) Tagen nach Vertragsbeendigung oder -ablauf schriftlich entscheiden, (i) ob er dem Händler gestattet, seinen Restbestand an Produkten abzustoßen – vorausgesetzt jedoch, der Händler beachtet alle geltenden Vertragsbestimmungen, die derartige Weiterverkaufsaktivitäten unmittelbar vor Beendigung oder Ablauf dieses Vertrages beschränken – oder (ii) ob er den Produktebestand des Händlers zurückkauft, vorbehaltlich einer Inspektion, Prüfung und Abnahme durch den Auftraggeber (die Produkte müssen verkaufsfähig, originalverpackt und in puncto Form und Design unverändert sein). Ein derartiger Rückkauf des Produktebestands erfolgt zu dem in der dann aktuellen Preisliste des Auftraggebers angegebenen Preis. Der zurückgekaufte Bestand wird gemäß den Anweisungen des Auftraggebers vom Händler versandt. Der Auftraggeber bezahlt diese zurückgekauften Produkte innerhalb von dreißig (30) Tagen nach Eingang dieser Produkte in einem seiner Werke, vorbehaltlich der Inspektion, Prüfung und Abnahme durch den Auftraggeber. Die Versandkosten trägt der Auftraggeber.

13. Garantien

(a) Der Auftraggeber gibt keine Garantien für seine Produkte, es sei denn, eine solche Garantie wurde im Einzelfall schriftlich vereinbart.

(b) Sollten sich die Produkte als mangelhaft erweisen, kann der Auftraggeber nach alleinigem Ermessen entscheiden, ob er den Mangel durch Reparatur oder Austausch behebt.

(c) Die Garantiezeit ist auf die gesetzliche Garantiezeit beschränkt, beginnend mit der Lieferung der Produkte an den Händler.

14. Haftungsbeschränkung

(a) Der Auftraggeber haftet für Schäden im Falle vorsätzlichen Fehlverhaltens, grober Fahrlässigkeit oder im Falle der Verletzung von Garantien oder wichtigen Verpflichtungen durch seine gesetzlichen Vertreter, Mitarbeiter oder Bevollmächtigten. In allen anderen Fällen ist die Haftung des Auftraggebers ausgeschlossen.

(b) Haftet der Auftraggeber materiell-rechtlich, ist der Schadenersatzanspruch auf die für diesen Vertrag typischen voraussehbaren Schäden beschränkt. Diese Haftungsbeschränkung gilt nicht, wenn das die Haftung verursachende Ereignis auf vorsätzliches oder grob fahrlässiges Verhalten zurückzuführen ist. Der Ersatz für

12. Post Termination

(a) Upon the termination of this Agreement, all rights and privileges granted to Dealer hereunder shall immediately cease and terminate, and Dealer shall thereupon discontinue forever the use of the trademarks, trade names and any advertising matter or copyrighted material relating to the Products.

(b) Upon either termination or expiration of this Agreement, as the case may be, Principal shall have the option to repurchase Dealer's inventory of Products. Within thirty (30) days after such termination or expiration, Principal shall elect in writing either to: (i) permit Dealer to sell off its remaining inventory of Products; provided, however, that Dealer shall comply with all terms and conditions of this Agreement restricting such reselling activities in effect immediately prior to termination or expiration; or (ii) repurchase Dealer's inventory of Products which are saleable and in the original packages and unaltered from their original form and design, subject to Principal's inspection, test and acceptance. Any such repurchase of Dealer's inventory of Products shall be at a price as stated in Principal's then-current price list. Repurchased inventory shall be shipped by Dealer, according to Principal's instructions. Principal shall pay Dealer for such repurchased Products within thirty (30) days after Principal receives those Products in one of its facilities, subject to Principal's inspection, test and acceptance. Costs of shipment are born by Principal.

13. Warranties

(a) Principal does not grant any guarantees for its Products, unless such guarantee has been individually agreed in writing.

(b) Should Products be defective, Principal may decide in its sole discretion about whether to remedy the defect by either repair or replacement.

(c) The warranty period is limited to the statutory warranty period, beginning with the delivery of the Products to Dealer.

14. Limitation of Liability

(a) Principal shall be liable for damages in cases of willful misconduct, gross negligence, breach of guarantees or material obligations by Principal's legal representatives, employees or agents. In all other cases, the liability of Principal shall be excluded.

(b) If Principal is liable on the merits, the claim for damages shall be limited to the foreseeable damages typical for the Agreement. This limitation of liability does not apply if the event giving rise to the liability was caused by willful or grossly negligent conduct. Compensation of consequential damages, indirect damages, lost profits, mittelbare Schäden, entgangene Gewinne, Ansprüche Dritter usw. ist ausgeschlossen.

(c) Die Gesamthaftung des Auftraggebers ist auf 100.000 EUR beschränkt.

(d) Die vorstehende Haftungsbeschränkung gilt nicht, wenn der Schaden Tod oder Körperverletzung verursacht hat. Dasselbe gilt für Ansprüche nach dem deutschen Produkthaftungsgesetz.

(e) Die persönliche Haftung der gesetzlichen Vertreter, Mitarbeiter oder Bevollmächtigten des Auftraggebers ist im selben Umfang beschränkt wie die Haftung des Auftraggebers.

15. Gerichtsstand

Im Falle der Geltendmachung von Ansprüchen durch eine der beiden Vertragsparteien sind ausschließlich die Gerichte in ■■■, Deutschland, zuständig.

16. Verschiedenes

(a) Werbung

Der Händler erklärt sich damit einverstanden, dass jegliche von ihm zur Veröffentlichung freigegebene Werbung, in der der Auftraggeber im Zusammenhang mit den Produkten erkennbar ist, gemäß den Bestimmungen dieses Vertrages (einschließlich, ohne Beschränkung, der Vertraulichkeitsbestimmungen) sowie in Einklang mit den Informationen oder Daten erfolgen muss, die der Auftraggeber im Zusammenhang mit diesem Vertrag zur Verfügung gestellt hat. Der Auftraggeber hat das Recht, derartige Werbung vor der Verbreitung zu prüfen.

(b) Änderungen

An diesem Vertrag dürfen keine Änderungen vorgenommen werden, außer durch eine von jeweils einem ordnungsgemäß bevollmächtigten Vertreter des Händlers und Auftraggebers vorschriftsmäßig unterzeichnete Urkunde.

(c) Verzicht

Keine Handlung oder Kenntnisse einer Vertragspartei sind als Verzicht auf eine der in diesem Vertrag enthaltenen Bestimmungen oder Bedingungen anzusehen; ein derartiger Verzicht kann nur durch eine Urkunde erfolgen, die von einem ordnungsgemäß bevollmächtigten leitenden Angestellten oder Vertreter dieser Vertragspartei unterzeichnet wird. Ferner gilt der Verzicht einer Vertragspartei auf ein in diesem Vertrag eingeräumtes Recht oder das Versäumnis, zu irgendeinem Zeitpunkt Bestimmungen dieses Vertrages oder irgendwelche Rechte in Bezug auf diesen Vertrag gerichtlich durchzusetzen, nicht als Verzicht auf andere vertragsgemäße Rechte oder Hinnahme der Verletzung oder Nichterfüllung des Vertrages durch die andere Vertragspartei. Das Versäumnis des Auftraggebers, in einem oder mehreren Fällen auf die Erfüllung einer Bestimmung, Bedingung oder Verpflichtung zu bestehen oder das Recht zur Beendigung dieses Vertrages auszuüben, ist nicht als Aufgabe dieser Rechte oder eines etwaigen künftigen Anspruchs auf die Erfüllung dieser

claims of third parties etc. shall be excluded.

(c) The total liability of Principal shall be limited to EUR 100.000.

(d) Above limitation of liability does not apply if the damage caused death, bodily harm or personal injury. The same applies to claims under the German Product Liability Act.

(e) The personal liability of the legal representatives, employees or agents of Principal is limited to the extent to which the liability of Principal is limited.

15. Jurisdiction

The courts of ■■■, Germany, shall have exclusive jurisdiction over claims by either party.

16. Miscellaneous

(a) Publicity

Dealer agrees that any publicity or advertising which shall be released by it in which Principal is identified in connection with the Products shall be in accordance with the terms of this Agreement (including, without limitation, the confidentiality provisions hereof) and with any information or data which Principal has furnished in connection with this Agreement. Principal shall have the right to review and approve all such publicity and advertising prior to dissemination thereof by Principal.

(b) Modification

No modification or change may be made in this Agreement except by written instrument duly signed by a duly authorized representative of each of Dealer and Principal.

(c) Waiver

None of the conditions or provisions of this Agreement shall be held to have been waived by any act or knowledge on the part of either party, except by an instrument in writing signed by a duly authorized officer or representative of such party. Further, the waiver by either party of any right hereunder or the failure to enforce at any time any of the provisions of this Agreement, or any rights with respect thereto, shall not be deemed to be a waiver of any other rights hereunder or any breach or failure of performance of the other party. The failure of Principal, in any one or more instances, to insist upon performance of any of the terms, covenants or conditions of this Agreement, or to exercise any right to terminate this Agreement, shall not be construed as a waiver or relinquishment of the same or of any future right to performance of such term, covenant or condition, or as a waiver or an estoppel to exercise any present or future right to terminate this Agreement, or of Dealer's obligation with respect to future performance of the same. All other terms,

Bestimmung, Bedingung oder Verpflichtung oder als Verzicht auf die Ausübung aktueller oder künftiger Rechte zur Beendigung dieses Vertrages oder auf die Verpflichtungen des Händlers in Bezug auf die künftige Vertragserfüllung oder als Verwirkung dieser Rechte auszulegen. Alle anderen Bestimmungen, Bedingungen und Verpflichtungen dieses Vertrages bleiben voll wirksam.

(d) Keine stillschweigenden Rechte

Neben den in diesem Vertrag ausdrücklich eingeräumten Rechten werden bzw. gelten keine anderen Rechte oder Lizenzen in Bezug auf die Produkte oder die Warenzeichen des Auftraggebers gemäß oder in Zusammenhang mit diesem Vertrag als gewährt.

(e) Verantwortung für Steuern

Steuern, ob im Vertragsgebiet oder in einem anderen Land bzw. in einer anderen Rechtshoheit, die jetzt oder nach Vertragsabschluss in Bezug auf die gemäß diesem Vertrag vorgesehenen Transaktionen erhoben werden (mit Ausnahme der Einkommen- oder sonstigen Steuern, die dem Auftraggeber auferlegt und nach dem Brutto- oder Nettoeinkommen des Auftraggebers bemessen werden), fallen in den Verantwortungsbereich des Händlers. Entrichtet der Auftraggeber diese Steuern bzw. muss er sie entrichten, werden die entsprechenden Beträge den vom Händler gemäß diesem Vertrag zu zahlenden Beträgen hinzugefügt bzw. fließen in diese Beträge ein.

(f) Befolgung der Gesetze

Der Händler sichert zu, dass er bei all seinen Aktivitäten gemäß diesem Vertrag die geltenden Gesetze, Regeln und Vorschriften beachtet. Der Händler ist insbesondere, aber ohne Beschränkung, für die Einholung aller Lizenzen und Genehmigungen verantwortlich, die für den Verkauf der Produkte im Vertragsgebiet und für die Erfüllung seiner vertraglichen Pflichten erforderlich oder dienlich sind.

(g) Trennbarkeit der Bestimmungen

Wird eine Bestimmung dieses Vertrages als ungültig angesehen, berührt diese Ungültigkeit keine der anderen Bestimmungen, denen auch ohne die ungültige Bestimmung Wirkung verliehen werden kann. Zu diesem Zweck sollen die Bestimmungen dieses Vertrages trennbar sein bzw. gelten die Vertragsbestimmungen als trennbar.

(h) Geltendes Recht

Der vorliegende Vertrag sowie die Bestimmungen und Bedingungen aller Transaktionen im Rahmen dieses Vertrages unterliegen den Gesetzen der Bundesrepublik Deutschland und werden gemäß diesen ausgelegt. Die Anwendung des einheitlichen internationalen Kaufrechts (UNCITRAL-Abkommen) ist ausgeschlossen.

(i) Mitteilungen

Ist einer der Vertragsparteien im Rahmen dieses Vertrages eine Mitteilung zu machen, so ist diese Mitteilung nur gültig, wenn sie schriftlich erfolgt und der betreffenden Vertragspartei an die nachstehend angegebene Adresse

covenants and conditions hereof shall continue in full force and effect.

(d) No Rights by Implication

No rights or licenses with respect to the Products or Principal's trademarks are granted or deemed granted hereunder or in connection herewith, other than those rights expressly granted in this Agreement.

(e) Responsibility for Taxes

Taxes, whether in the Territory or any other jurisdiction or country, now or hereafter imposed with respect to the transactions contemplated hereunder (with the exception of income taxes or other taxes imposed upon Principal and measured by the gross or net income of Principal) shall be the responsibility of Dealer, and if paid or required to be paid by Principal, the amount thereof shall be added to and become a part of the amounts payable by Dealer hereunder.

(f) Compliance with Laws

Dealer covenants that all of its activities under or pursuant to this Agreement shall comply with all applicable laws, rules and regulations. In particular, but without limitation, Dealer shall be responsible for obtaining all licenses, permits and approvals which are necessary or advisable for sales of the Products in the Territory and for the performance of its duties hereunder.

(g) Severability of Provisions

If any provision of this Agreement shall be held invalid, such invalidity shall not affect any other provision which can be given effect without the invalid provision, and to this end, the provisions of this agreement are intended to be and shall be deemed severable.

(h) Governing Law

This Agreement and all terms and conditions of all transactions hereunder shall be governed by and construed in accordance with the laws of the Federal Republic of Germany. The application of the uniform law on international sales (UNCITRAL Treaty) is excluded.

(i) Notices

Whenever notice is required to be given under the terms of this Agreement to either party, such notices are only valid if in writing and addressed to the parties at the respective addresses below and sent by registered or per Einschreiben mit Rückschein (frankiert) oder mit Federal Express oder einem anderen vergleichbaren Kurier, der einen Zustellungsnachweis bietet, zugestellt wird.

Mitteilungen an den Auftraggeber sind an folgende Adresse zu senden:

■■■

z.Hd.: ■■■

Mitteilungen an den Händler sind an folgende Adresse zu senden:

■■■ GmbH,

■■■,

Deutschland

z.Hd.: Geschäftsführer ■■■

oder an die andere oder künftige Adresse, die eine Vertragspartei der anderen möglicherweise mitteilt, wobei eine solche Mitteilung stets gemäß den Bestimmungen dieses Paragraphen 16(i) erfolgen muss.

(j) Höhere Gewalt

Die Erfüllung dieses Vertrages durch eine Vertragspartei verlängert sich um eine Zeitspanne, die der angemessenen Zeit entspricht, die aufgrund von Verzögerungen außerhalb des Einflussbereichs dieser Vertragspartei (Ereignisse „höherer Gewalt") verloren gegangen ist. Zu diesen Ereignissen höherer Gewalt zählen unvorhersehbare Handlungen von Regierungsbeamten oder -behörden ziviler oder militärischer Art, einschließlich Kraftstoff- und Materialzuteilungen, Benzinknappheit, Benzinrationierung, unvermeidbare Unfälle, widerrechtliche Handlungen Dritter, Erdbeben, Überschwemmungen, Feuer, Explosion, Epidemien, Vandalismus oder Sabotage, Aufruhr, Rebellionen, Bürgerunruhen, Kriege oder Kriegsbedingungen, Schiffbruch, Streiks, Handelssperren, Aussperrungen und sonstige Störungen des Produktions- und Verkehrswesens, Materialmangel und sonstige Gründe ähnlich den vorstehenden, die außerhalb des Einflussbereichs dieser Vertragspartei liegen und sie daran hindern, ihre vertraglichen Verpflichtungen für einen Zeitraum, der der aus dem Ereignis höherer Gewalt resultierenden Verzögerung entspricht, ganz oder teilweise zu erfüllen. Alle Verpflichtungen der Vertragspartei, deren Erfüllung sich infolge von höherer Gewalt verzögert, sind wieder voll wirksam, sobald das Ereignis vorüber oder die Ursache nicht mehr gegeben ist.

(k) Vollständiger Vertrag

Der vorliegende Vertrag enthält sämtliche Vereinbarungen und Absprachen zwischen Auftraggeber und Händler in Bezug auf den Vertragsgegenstand und darf nicht geändert werden, außer durch eine von Auftraggeber und Händler unterzeichnete Urkunde.

certified mail, postage prepaid and return receipt requested, or by Federal Express or other comparable courier providing proof of delivery.

If to Principal, addressed as follows:

■■■

Attn.: ■■■

If to Dealer, addressed as follows:

■■■ GmbH,

■■■,

Germany

Attn.: Geschäftsführer ■■■

or to such other or future address as either party may specify to the other, all by notice in accordance to the provisions of this Section 16(i).

(j) Force Majeure

Performance by either party hereunder will be extended for a period of time equal to reasonable time lost due to delays beyond the reasonable control of such party (events of "force majeure") including acts of God, unforeseeable acts of any governmental official or agency, civil or military, including fuel or material allocations, gas shortage, gas rationing, unavoidable accident, unlawful acts of third parties, earthquakes, floods, fires, explosion, epidemics, vandalism or sabotage, riots, insurrections, civil unrest, wars or war conditions, shipwrecks, strikes, freight embargoes, lockouts and other industrial or transportational disturbance, lack of materials, or other causes similar to the foregoing which are beyond the reasonable control of such party and which prevent it from performing its obligations under this Agreement in whole or in part for a period of time equal to the period of delay resulting from the force majeure event. All obligations of the party whose performance is delayed as a result of force majeure shall return to being in full force and effect upon the termination of such occurrence or cause.

(k) Entire Agreement

This Agreement embodies all agreements and understandings of Principal and Dealer with respect to the subject matter hereof, and may not be amended or modified except by an instrument in writing executed by Principal and Dealer.

(l) Beendigung vorheriger Verträge

Dieser Vertrag setzt alle vorherigen Verträge zwischen Auftraggeber und Händler bezüglich des Vertriebs der Produkte des Auftraggebers außer Kraft. Diese vorherigen Verträge werden, sofern vorhanden, hiermit beendet.

(m) Änderungen an den Produkten

Der Händler ist nicht berechtigt, die Produkte kundenspezifisch anzupassen oder zu ändern oder sie kundenspezifisch anpassen oder ändern zu lassen, es sei denn, er holt vorher die schriftliche Zustimmung des Auftraggebers ein, die nach alleinigem Ermessen des Auftraggebers verweigert werden kann. Jede eigenmächtige Änderung oder kundenspezifische Anpassung eines Produkts durch den Händler oder einen Dritten entbindet den Auftraggeber von jedweder Verpflichtung oder Garantie, die er in Bezug auf dieses Produkt ansonsten gehabt bzw. gewährt hätte.

Zum Zeugnis dessen haben die erschienenen Vertragsparteien diese Urkunde durch ihre ordnungsgemäß bevollmächtigten Vertreter am 1. ■■■ 200■■■ unterzeichnen lassen.

■■■ (Unterschriften der Vertreter beider Vertragsparteien)

Anlage A – Produkte
Anlage B – Vertragsgebiet

(l) Previous Agreements Terminated

This Agreement supercedes any previous agreements between Principal and Dealer concerning the distribution of Principal'S Products, which previous agreements, if any, are hereby terminated.

(m) Modification of Products

Dealer may not customize, modify or have customized or modified any Product unless it obtains the prior written consent of Principal, which consent may be withheld in the sole discretion of Principal. Any unauthorized customizing or modification of any Product by Dealer or any third party shall relieve Principal from any obligation or warranty it would otherwise have had with respect to such Product.

In witness whereof, the appearing parties hereto have caused this instrument to be executed by their duly authorized representatives as of this 1st day of ■■■, 200■■■.

■■■ (Signatures of representaives of both parties)

Exhibit A – Products
Exhibit B – Territory

8. Muster: Beratervertrag

Beratervertrag

zwischen

■■■

– im Folgenden: Gesellschaft –

und

Herrn ■■■

– im Folgenden: Berater –

wird Folgendes vereinbart:

§ 1 Tätigkeit

(1) Der Berater verpflichtet sich, die Gesellschaft auf folgenden Gebieten zu beraten: ■■■. Zur Beratung gehört die Fertigung von Schreiben, Vermerken, Gutachten sowie die Ausarbeitung von Erhebungen (Interviews); ferner rechnen folgende Leistungen zur Beratung: ■■■

(2) Der Berater verpflichtet sich, der Gesellschaft über seine Tätigkeit monatlich Bericht zu erstatten. Der Bericht soll auch Ausführungen über angefallene und noch anfallende Honorare enthalten sowie über ■■■ Auskunft geben.

(3) Der Berater ist in der Bestimmung seines Arbeitsortes und seiner Arbeitszeit frei, die von der Gesellschaft vorgegebenen Termine sind taggenau einzuhalten. Fristüberschreitungen führen zu Ersatzansprüchen oder Honorarminderung nach Wahl der Gesellschaft. Lässt sich eine Aufgabe nicht innerhalb der vorgegebenen Frist erledigen, hat der Berater diesen Umstand frühzeitig der Gesellschaft mitzuteilen.

(4) Die Gesellschaft hat dem Berater alle zur Ausübung seiner Tätigkeit erforderlichen Informationen und Unterlagen zur Verfügung zu stellen. Es bleibt der Gesellschaft vorbehalten, die Verpflichtung zur Informationsübermittlung durch Einsicht in Unterlagen zu erfüllen.

(5) Der freie Mitarbeiter ist befugt, zur Erfüllung seines Beratungsauftrages versicherungspflichtige Arbeitnehmer zu beschäftigen. Er ist weiterhin befugt, für zusätzliche Auftraggeber national und international tätig zu sein und am Markt aufzutreten.

§ 2 Loyalitätspflichten

(1) Der freie Mitarbeiter verpflichtet sich, während der Dauer des Vertragsverhältnisses keine selbständige oder unselbständige, direkte oder indirekte Tätigkeit für ein Unternehmen zu entfalten, das mit der Gesellschaft oder einer oder mehrerer ihrer Tochterfirmen in Wettbewerb steht.

(2) Der freie Mitarbeiter verpflichtet sich, der Gesellschaft jeden möglichen Interessenkonflikt, der sich aus dem Umstand ergibt, dass er als Berater mehrerer Unternehmen am Markt präsent ist, anzuzeigen und Tätigkeiten, die auch nur den Anschein eines Interessenkonflikts erwecken könnten, nur nach Zustimmung durch die Gesellschaft aufzunehmen. Die Gesellschaft darf die Zustimmung nur bei Bestehen einer Konkurrenzlage oder eines Interessenkonflikts verweigern.

§ 3 Geheimhaltungsverpflichtung

(1) Der freie Mitarbeiter wird alle ihm während seiner Tätigkeit für die Gesellschaft bekannt gewordenen Informationen, seien sie personen-, seien sie sachbezogen, seien es Geschäfts- oder Betriebsgeheimnisse, seien es ihm bekannt gewordene Verfahren oder sonstige geschäftliche bzw. betriebliche Tatsachen, nur im Rahmen der freien Mitarbeit für die Gesellschaft verwenden. Zur Weitergabe oder Offenbarung derartiger Informationen bedarf der freie Mitarbeiter der vorherigen Zustimmung der Gesellschaft. Der freie Mitarbeiter verpflichtet sich, über diese Informationen auch nach Beendigung des Vertragsverhältnisses so lange Stillschweigen zu bewahren, solange sie nicht schriftlich von der Geschäftsleitung zur Weitergabe freigegeben worden sind.

(2) Der freie Mitarbeiter verpflichtet sich, alle ihm im Rahmen seiner freien Mitarbeit zur Verfügung gestellten Geschäfts- und Betriebsunterlagen ordnungsgemäß aufzubewahren und sicherzustellen, dass Dritte keine Einsicht nehmen können. Er hat persönlich dafür Sorge zu tragen, dass sämtliche Schriftstücke sowie jedes Material, das Angelegenheiten der Gesellschaft betrifft und sich im Besitz des freien Mitarbeiters befindet, unter Verschluss gehalten werden.

(3) Vor Beendigung des Beratungsverhältnisses hat der freie Mitarbeiter sämtliche Schriftstücke und Materialien, zu deren ordnungsgemäßer Aufbewahrung er verpflichtet ist, an die Gesellschaft herauszugeben. Der freie Mitarbeiter ist nicht berechtigt, an Unterlagen der Gesellschaft ein Zurückbehaltungsrecht auszuüben.

§ 4 Beraterhonorar

(1) Der Berater erhält für seine Tätigkeit ein vierteljährliches Honorar von ▬▬▬ EUR. Das Honorar ist nicht fällig, wenn der Berater seinen Verpflichtungen aus § 1 Abs. 2 dieses Vertrages nicht nachgekommen ist. Das Honorar versteht sich ohne Mehrwertsteuer. Steuern hat der Berater selbst abzuführen.

(2) Besondere Leistungen, die über die übliche Beratungstätigkeit hinausgehen, werden, sofern eine gesonderte schriftliche Vereinbarung zuvor getroffen wurde, zusätzlich honoriert. Als besondere Leistungen gelten nach dem Willen der Parteien:

a) Studien oder Analysen,

b) ▬▬▬

§ 5 Aufwendungsersatz

(1) Der freie Mitarbeiter hat Anspruch auf Ersatz der erforderlichen und nach Abs. 2 abgerechneten und nachgewiesenen Aufwendungen, die ihm im Rahmen dieses Vertrages in Ausübung seiner Tätigkeit entstehen. Reisekosten sowie sonstiger Aufwand werden dem freien Mitarbeiter nur insoweit ersetzt, als er vor Reiseantritt bzw. vor Veranlassung des Aufwands die Zustimmung der Gesellschaft eingeholt hat.

(2) Der freie Mitarbeiter ist zu vierteljährlicher Rechnungslegung unter genauer Angabe sämtlicher ausgeführter Tätigkeiten verpflichtet. Außerdem sind die Nachweise für Aufwand beizufügen.

§ 6 Vertragsdauer

(1) Der freie Mitarbeiter nimmt seine Tätigkeit am ▬▬▬ auf.

(2) Das Vertragsverhältnis endet mit Ablauf des ▬▬▬. Das Recht zur außerordentlichen Kündigung aus wichtigem Grund, das nicht zur Unzeit ausgeübt werden darf, bleibt unberührt. Kündigungserklärungen bedürfen der Schriftform.

§ 7 Besondere Vereinbarungen mit dem freien Mitarbeiter

(1) Der Mitarbeiter verpflichtet sich, der Gesellschaft Kenntnis von sämtlichen anderweitigen Beschäftigungen und Aufträgen zu verschaffen und ihr hierüber im Falle der Durchführung eines Prüfverfahrens durch die Träger der Kran-

ken- und Rentenversicherung Unterlagen und Belege zur Verfügung zu stellen. Änderungen in den Verhältnissen des Mitarbeiters sind der Gesellschaft unverzüglich und unaufgefordert schriftlich anzuzeigen.

(2) Verstößt der Mitarbeiter gegen seine Verpflichtungen gemäß Abs. 1, kann die Gesellschaft die Arbeitnehmer-Anteile zur Sozialversicherung rückerstattet und künftig erstattet verlangen, falls ein Träger der Kranken- oder Rentenversicherung ein sozialversicherungspflichtiges Beschäftigungsverhältnis feststellt.

(3) Der freie Mitarbeiter teilt der Gesellschaft spätestens bis zum Tag der Aufnahme seiner Tätigkeit mit, ob und in welchem Umfang eine private Rentenversicherung zur Absicherung bei Alter und Invalidität sowie eine Krankenversicherung bestehen. Die Gesellschaft kann die Vorlage geeigneter Nachweise verlangen sowie sich schriftlich versichern lassen, dass eine ausreichende soziale Absicherung besteht. Die freiwillige Versicherung in einer gesetzlichen Krankenversicherung gilt auch als ausreichende Krankenversicherung.

(4) Der freie Mitarbeiter willigt ein, dass die Gesellschaft einen Antrag nach § 7a SGB IV beim Rentenversicherungsträger stellt, um feststellen zu lassen, dass von dem freien Mitarbeiter keine versicherungspflichtige Tätigkeit ausgeübt wird.

§ 8 Nebenabreden und Vertragsänderungen

(1) Der Berater ist befugt, zur Erfüllung seines Beratungsauftrages versicherungspflichtige Arbeitnehmer zu beschäftigen. Er ist weiterhin befugt, für zusätzliche Auftraggeber national und international tätig zu sein und am Markt aufzutreten.

(2) Mündliche Nebenabreden wurden nicht getroffen. Änderungen oder Ergänzungen dieses Vertrages bedürfen zu ihrer Wirksamkeit der Schriftform. Gleiches gilt für die Aufhebung des Schriftformerfordernisses.

(3) Der Berater verpflichtet sich, Vergütungsüberzahlungen ohne Rücksicht auf eine noch vorhandene Bereicherung zurückzuzahlen.

§ 9 Gerichtsstand

(1) Für alle Streitigkeiten im Zusammenhang mit dieser Vereinbarung ist das Gericht zuständig, an dessen Ort die streitige Verpflichtung zu erfüllen ist.

(2) Sofern der freie Mitarbeiter keinen Wohnsitz im Inland begründet oder aber diesen aufgegeben hat, gilt als Gerichtsstand der Sitz der Gesellschaft.

9. Muster: Beratervertrag (personalwirtschaftliche Beratung)

Beratervertrag

Zwischen

der Firma ■■■

und

Herrn ■■■

wird Folgendes vereinbart:

§ 1 Gegenstand des Beratervertrages

Herr ■■■ wird die Firma in personalwirtschaftlichen Fragen beraten, insbesondere in Fragen des Führens durch Zielvereinbarung, der Einführung von Stellenbeschreibungen, der Einführung von Gruppenarbeit, des Outsourcing und des Management buy out. Der Berater legt dem Unternehmen in die Praxis umsetzbare Konzepte vor, die mit den betroffenen Fachabteilungen vor ihrer Erörterung mit der Geschäftsleitung diskutiert worden sein müssen. Die Firma stellt dem Berater alle erforderlichen Informationen zur Verfügung.

§ 2 Zeit und Ort der Tätigkeit

Der Berater kann über seinen Arbeitsort und seine Arbeitszeit frei verfügen. Ist seine Anwesenheit in der Firma zur Datenerhebung oder zu Besprechung mit Mitarbeitern erforderlich, wird ihm ein Arbeitsraum oder ein Besprechungszimmer nach Wahl zur Verfügung gestellt.

§ 3 Honorar

Der Berater erhält ein Stundenhonorar von ■■■ EUR zuzüglich Mehrwertsteuer.

Reisekosten werden nach Aufwand und nur nach vorheriger schriftlicher Zustimmung der Firma erstattet.

Der Berater verpflichtet sich, Vergütungsüberzahlungen ohne Rücksicht auf eine noch vorhandene Bereicherung zurückzuzahlen.

§ 4 Pflicht zur Verschwiegenheit
Der Berater verpflichtet sich, über Geschäfts- und Betriebsgeheimnisse auch nach Beendigung der Beratung gegenüber jedermann Stillschweigen zu wahren.

§ 5 Kündigung
Der Beratervertrag kann monatlich zum Monatsende von beiden Seiten gekündigt werden. Die Kündigung bedarf der Schriftform.

§ 6 Gesetzliche Abgaben
Der Berater ist allein verantwortlich für die Abführung gesetzlicher Abgaben wie Steuern etc.

§ 7 Besondere Vereinbarungen mit dem Berater
Der Berater verpflichtet sich, der Firma Kenntnis von sämtlichen anderweitigen Beschäftigungen und Aufträgen zu verschaffen und ihr hierüber im Falle der Durchführung eines Prüfverfahrens durch die Träger der Kranken- und Rentenversicherung Unterlagen und Belege zur Verfügung zu stellen. Änderungen in den Verhältnissen des Beraters sind der Firma unverzüglich und unaufgefordert schriftlich anzuzeigen.

Verstößt der Berater gegen seine Verpflichtungen gemäß Abs. 1, kann die Firma die Arbeitnehmer-Anteile zur Sozialversicherung rückerstattet und künftig erstattet verlangen, falls ein Träger der Kranken- und Rentenversicherung ein sozialversicherungspflichtiges Beschäftigungsverhältnis feststellt.

Der Berater teilt der Firma spätestens bis zum Tag der Aufnahme seiner Tätigkeit mit, ob und in welchem Umfang eine private Rentenversicherung zur Absicherung bei Alter und Invalidität sowie eine Krankenversicherung bestehen. Die Firma kann die Vorlage geeigneter Nachweise verlangen sowie sich schriftlich versichern lassen, dass eine ausreichende soziale Absicherung besteht. Die freiwillige Versicherung in einer gesetzlichen Krankenversicherung gilt auch als ausreichende Krankenversicherung.

Der Berater willigt ein, dass die Firma einen Antrag nach § 7a SGB IV beim Rentenversicherungsträger stellt, um feststellen zu lassen, dass von dem Berater keine versicherungspflichtige Tätigkeit ausgeübt wird.

10. Muster: Vertrag über freie Mitarbeit

Vertrag über freie Mitarbeit

zwischen

der Firma ■■■

– nachfolgend: Auftraggeber –

und

Herrn/Frau ■■■

– nachfolgend: Auftragnehmer –

§ 1 Vertragsgegenstand
Herr/Frau ■■■ wird für den Auftraggeber als freier Mitarbeiter/freie Mitarbeiterin tätig. Durch ein jeweiliges Auftragsschreiben werden die anfallenden Aufgaben vereinbart.

§ 2 Vertragsbeginn und Vertragsbeendigung
Das Vertragsverhältnis beginnt am ■■■ und ist erstmals zum ■■■ kündbar. Wird es nicht ■■■ Wochen vor Ablauf des ■■■ gekündigt, verlängert es sich jeweils um weitere ■■■ Monate. Eine Kündigung aus wichtigem Grund ist jederzeit möglich.

§ 3 Keine Höchstpersönlichkeit
Der Auftragnehmer ist nicht verpflichtet, die Aufträge in Person auszuführen. Er kann sich auch der Hilfe von Erfüllungsgehilfen bedienen.

§ 4 Ablehnungsrecht des Auftragnehmers
Der Auftragnehmer hat das Recht, einzelne Aufträge des Auftraggebers ohne Angabe von Gründen abzulehnen.

§ 5 Verhältnis des Auftragnehmers zu Dritten

Der Auftragnehmer hat das Recht, auch für dritte Auftraggeber tätig zu sein. Einer vorherigen Zustimmung des Auftraggebers bedarf es hierfür nicht, es sei denn, dass der Auftragnehmer zugleich auch für einen Wettbewerber des Auftraggebers tätig werden will.

§ 6 Tätigkeitsort

Der jeweilige Ort der Auftragserledigung ergibt sich aus dem jeweiligen Einzelauftrag.

§ 7 Vergütung

Der Auftragnehmer erhält für seine nach § 1 des Vertrages erbrachte Tätigkeit ein Stundenhonorar von ▬▬▬ EUR zzgl. der gesetzlichen Mehrwertsteuer.

Der Auftragnehmer verpflichtet sich, Vergütungsüberzahlungen ohne Rücksicht auf eine noch vorhandene Bereicherung zurückzuzahlen.

Sofern durch die Tätigkeit des Auftragnehmers an seinen Arbeitsergebnissen Urheberrechte begründet werden, stehen die ausschließliche Nutzung und jedwede Vergütung dem Auftraggeber zu. Mit der in diesem Vertrag vereinbarten Vergütung sind alle Urheberrechte abgegolten.

§ 8 Kosten und Aufwendungen des Auftragnehmers

Soweit Kosten für den Bürobetrieb, technische Vorrichtungen und sonstiges im Rahmen der Auftragstätigkeit anfallen, sind diese vom Auftragnehmer zu tragen.

Davon ausgenommen sind ▬▬▬.

§ 9 Verschwiegenheitsklausel

Der Auftragnehmer verpflichtet sich, über ihm bekannt gewordene Geschäfts- und Betriebsgeheimnisse des Auftraggebers auch über die Vertragslaufzeit hinaus Stillschweigen zu bewahren. Für jeden Fall des Verstoßes gegen diese Verschwiegenheitspflicht wird eine Vertragsstrafe von ▬▬▬ EUR sofort zur Zahlung fällig; die Geltendmachung eines darüber hinausgehenden Schadens bleibt vorbehalten.

Sämtliche Unterlagen, die dem Auftragnehmer im Zusammenhang mit seiner Tätigkeit übergeben werden, sind nach Beendigung des Vertrages unverzüglich zurückzugeben. Dem Auftragnehmer steht hieran kein Zurückbehaltungsrecht zu.

§ 10 Haftung

Der Auftragnehmer haftet dem Auftraggeber in vollem Umfang für Schäden, die er im Rahmen der Auftragstätigkeit zu Lasten des Auftraggebers verursacht.

§ 11 Besondere Vereinbarungen mit dem freien Auftragnehmer

Der Auftragnehmer verpflichtet sich, dem Auftraggeber Kenntnis von sämtlichen anderweitigen Beschäftigungen und Aufträgen zu verschaffen und ihm hierüber im Falle der Durchführung eines Prüfverfahrens durch die Träger der Kranken- und Rentenversicherung Unterlagen und Belege zur Verfügung zu stellen. Änderungen in den Verhältnissen des Auftragnehmers sind dem Auftraggeber unverzüglich und unaufgefordert schriftlich anzuzeigen.

Verstößt der Auftragnehmer gegen seine Verpflichtungen gemäß Abs. 1, kann der Auftraggeber die Arbeitnehmer-Anteile zur Sozialversicherung rückerstattet und künftig erstattet verlangen, falls ein Träger der Kranken- oder Rentenversicherung ein sozialversicherungspflichtiges Beschäftigungsverhältnis feststellt.

Der Auftragnehmer teilt dem Auftraggeber spätestens bis zum Tag der Aufnahme seiner Tätigkeit mit, ob und in welchem Umfang eine private Rentenversicherung zur Absicherung bei Alter und Invalidität sowie eine Krankenversicherung bestehen. Der Auftraggeber kann die Vorlage geeigneter Nachweise verlangen sowie sich schriftlich versichern lassen, dass eine ausreichende soziale Absicherung besteht. Die freiwillige Versicherung in einer gesetzlichen Krankenversicherung gilt auch als ausreichende Krankenversicherung.

Der Auftragnehmer willigt ein, dass der Auftraggeber einen Antrag nach § 7a SGB IV beim Rentenversicherungsträger stellt, um feststellen zu lassen, dass von dem Auftragnehmer keine versicherungspflichtige Tätigkeit ausgeübt wird.

§ 12 Weitere Bestimmungen

Nebenabreden zu diesem Vertrag bestehen nicht. Änderungen und/oder Ergänzungen bedürfen der Schriftform. Dies gilt auch für einen Verzicht auf das Schriftformerfordernis.

Sollten einzelne Bestimmungen dieses Vertrages unwirksam sein oder werden, dann wird dadurch die Wirksamkeit der übrigen Bestimmungen nicht berührt. An die Stelle der unwirksamen Bestimmung tritt eine rechtlich zulässige, die Sinn und Zweck der unwirksamen Bestimmung so nahe wie möglich kommt.

11. Muster: Programmierer als freier Mitarbeiter

Vertrag

Zwischen

Herrn ▄▄▄

— nachfolgend Auftraggeber genannt —

und

Herrn ▄▄▄

— nachfolgend freier Mitarbeiter genannt —

wird folgender Werkvertrag geschlossen:

§ 1 Gegenstand des Vertrages

(1) Der freie Mitarbeiter verpflichtet sich, für den Auftraggeber in dem jeweils im Einzelfalle zu vereinbarenden Umfang Werkleistungen auf folgendem Gebiet zu erbringen: ▄▄▄

(2) Der Auftraggeber verpflichtet sich, dem freien Mitarbeiter Aufträge in dem von beiden Parteien erwarteten Umfange zu erteilen und diese Aufträge wie folgt zu vergüten: ▄▄▄

(3) Der freie Mitarbeiter stellt die von ihm nach Maßgabe der vorstehenden Bestimmungen erbrachten Werkleistungen dem Auftraggeber in Rechnung.

(4) Der freie Mitarbeiter verpflichtet sich, Vergütungsüberzahlungen ohne Rücksicht auf eine noch vorhandene Bereicherung zurückzuzahlen.

§ 2 Vertragsbeginn und Vertragsbeendigung

(1) Das freie Mitarbeiterverhältnis beginnt am ▄▄▄ und endet am ▄▄▄. Es kann von den Parteien nach Maßgabe folgender Regelung verlängert werden: ▄▄▄

(2) Der Auftraggeber behält sich vor, wenn er mit den Werkleistungen des freien Mitarbeiters nicht zufrieden ist, in den ersten drei Monaten des Vertragsverhältnisses unter Einhaltung einer Frist von einer Woche von dem Vertrag zurückzutreten.

§ 3 Pflichten des freien Mitarbeiters

(1) Die von dem freien Mitarbeiter erbrachten Werkleistungen haben dem anerkannten Stand von Technik und Wissenschaft zu entsprechen. Dabei sind die spezifischen Bestimmungen, Methoden und Anwendungspraktiken des Auftraggebers von dem freien Mitarbeiter zu beachten. Der Auftraggeber verpflichtet sich, den freien Mitarbeiter insoweit in die maßgeblichen Besonderheiten beim Auftraggeber einzuweisen.

(2) Der freie Mitarbeiter hat die Werkleistungen nach Maßgabe der konkreten Anforderungen, gegebenenfalls Leistungsbeschreibungen des Auftraggebers zu erbringen. Dabei sind die zeitlichen Vorgaben des Auftraggebers zu beachten. Nur solcher Zeitaufwand, der der Üblichkeit entspricht, kann von dem freien Mitarbeiter berechnet werden. Abweichungen vom üblichen zeitlichen Umfang können in begründeten Ausnahmefällen geltend gemacht werden, wenn eine aussagefähige, schriftliche Begründung und eine Genehmigung des Auftraggebers vorliegt.

(3) Der freie Mitarbeiter ist an keine festen täglichen Zeiten der Erledigung seiner Arbeit gebunden, er hat keine Rechtspflicht zum regelmäßigen Erscheinen, auch der Ort der Erledigung der Tätigkeit unterliegt der gesonderten Vereinbarung mit dem Auftraggeber. Nur sofern Betriebsmittel des Auftraggebers, insbesondere Arbeitsgeräte, in Anspruch genommen werden müssen, stehen diese nur während der im Betrieb bestehenden regelmäßigen Arbeitszeiten zur Verfügung.

(4) Weisungen hinsichtlich der Art und Weise der Arbeitsausführung unterliegt der freie Mitarbeiter nicht. Auch wird der freie Mitarbeiter in die Arbeitsorganisation des Auftraggebers nicht eingegliedert.

§ 4 Pflichten des Auftraggebers

(1) Der Auftraggeber ist verpflichtet, dem freien Mitarbeiter die Anforderungen zu erläutern, unter denen die Erledigung der Werkleistungen stehen soll.

(2) Der Auftraggeber ist ferner verpflichtet, binnen 14 Tagen nach Rechnungslegung durch den freien Mitarbeiter die Werkleistungen zu vergüten. Steuern, Sozialversicherungsbeiträge etc. werden, da kein Arbeitsverhältnis vereinbart ist, vom Auftraggeber nicht abgeführt. Die Erfüllung von Abgaben und Versicherungsleistungen ist Sache des freien Mitarbeiters.

(3) Sollten Tätigkeiten im Rahmen des freien Mitarbeiterverhältnisses auf Bitten des Auftraggebers an einem anderen Ort als dem Sitz der Firma erledigt werden, ist der freie Mitarbeiter gemäß einer im Einzelfalle zu treffenden schriftlichen Abrede befugt, Reisekosten und Spesen gesondert in Rechnung zu stellen.

§ 5 Rechtserwerb des Auftraggebers

(1) Die Parteien sind sich darüber einig, dass der Auftraggeber mit dem Ausgleich der Rechnungen des freien Mitarbeiters sämtliche Rechte an den erbrachten Werkleistungen erwirbt.

(2) Insbesondere wird Folgendes vereinbart: Der freie Mitarbeiter überträgt dem Auftraggeber an den von ihm erstellten Computerprogrammen und den gefertigten Dokumentationen und Beschreibungen das ausschließliche Recht zur zeitlich und räumlich unbegrenzten Nutzung einschließlich der Marktverwertung. Gleiches gilt für das Ergebnis von Umarbeitungen oder Erweiterungen von vorhandenen Programmen, Dokumentationen und Beschreibungen.

(3) Mit umfasst von dieser Nutzungseinräumung und zu übergeben sind die dazu gehörenden Vorstudien, der Quellcode und sonstige Begleitmaterialien zu den jeweiligen Programmen.

(4) Der Auftraggeber wird seitens des freien Mitarbeiters ermächtigt, an den von ihm erstellten Werken und deren Titeln Änderungen vorzunehmen. Der freie Mitarbeiter verzichtet insoweit auf seine Rechte. Der Auftraggeber nimmt diesen Verzicht an.

(5) Die Nutzungseinräumung und die damit verbundene Leistung ist Bestandteil des zwischen den Parteien unter § 1 vereinbarten Werklohns.

(6) Der freie Mitarbeiter verzichtet gegenüber dem Auftraggeber und dessen Vertragspartnern entsprechend der Gepflogenheit bei dem Auftraggeber auf die Nennung seines Namens als Autor. Dies gilt auch für die Zeit nach Beendigung des Vertrages über ein freies Mitarbeiterverhältnis. Der Auftraggeber nimmt diesen Verzicht an.

§ 6 Schutzrechte Dritter

(1) Der freie Mitarbeiter verpflichtet sich, den Auftraggeber im Rahmen der Nutzung an dem vertragsgegenständlichen Programm von der Haftung aus der behaupteten Verletzung von Schutzrechten Dritter freizustellen.

(2) Der Auftraggeber verpflichtet sich, im Rahmen seiner vertraglichen Nutzungsberechtigung an dem Programm bestehende Schutzrechte auf eigene Kosten gegen rechtliche Angriffe Dritter zu verteidigen.

§ 7 Datenschutz und Datensicherung

(1) Der freie Mitarbeiter verpflichtet sich, über sämtliche ihm im Zusammenhang mit der Tätigkeit für den Auftraggeber bekannt gewordenen Informationen einschließlich personenbezogener Daten Stillschweigen zu bewahren.

(2) Der freie Mitarbeiter ist darüber hinaus verpflichtet, das Datengeheimnis zu wahren. Zu diesem Zweck wurde er belehrt. Er wird darüber hinaus auf das Datengeheimnis gemäß § 5 BDSG verpflichtet.

§ 8 Besondere Vereinbarungen mit dem freien Mitarbeiter

(1) Der Mitarbeiter verpflichtet sich, dem Auftraggeber Kenntnis von sämtlichen anderweitigen Beschäftigungen und Aufträgen zu verschaffen und ihm hierüber im Falle der Durchführung eines Prüfverfahrens durch die Träger der Kranken- und Rentenversicherung Unterlagen und Belege zur Verfügung zu stellen. Änderungen in den Verhältnissen des Mitarbeiters sind dem Auftraggeber unverzüglich und unaufgefordert schriftlich anzuzeigen.

(2) Verstößt der Mitarbeiter gegen seine Verpflichtungen gemäß Abs. 1, kann der Auftraggeber die Arbeitnehmer-Anteile zur Sozialversicherung rückerstattet und künftig erstattet verlangen, falls ein Träger der Kranken- oder Rentenversicherung ein sozialversicherungspflichtiges Beschäftigungsverhältnis feststellt.

(3) Der freie Mitarbeiter teilt dem Auftraggeber spätestens bis zum Tag der Aufnahme seiner Tätigkeit mit, ob und in welchem Umfang eine private Rentenversicherung zur Absicherung bei Alter und Invalidität sowie eine Krankenversicherung bestehen. Der Auftraggeber kann die Vorlage geeigneter Nachweise verlangen sowie sich schriftlich versichern lassen, dass eine ausreichende soziale Absicherung besteht. Die freiwillige Versicherung in einer gesetzlichen Krankenversicherung gilt auch als ausreichende Krankenversicherung.

(4) Der freie Mitarbeiter willigt ein, dass der Auftraggeber einen Antrag nach § 7a SGB IV beim Rentenversicherungsträger stellt, um feststellen zu lassen, dass von dem freien Mitarbeiter keine versicherungspflichtige Tätigkeit ausgeübt wird.

§ 9 Sonstige Vereinbarungen

(1) Änderungen des Vertrages und Nebenabreden bedürfen zu ihrer Wirksamkeit der Schriftform.

(2) Der freie Mitarbeiter erklärt, dass er an keiner ansteckenden Krankheit leidet, keine körperlichen oder gesundheitlichen Mängel verschwiegen hat, die der Erbringung der geschuldeten Werkleistung entgegenstehen, insbesondere bei Nutzung von Betriebsmitteln des Auftraggebers.

Kapitel 2: Handelsvertreterverträge und Verträge mit freien Mitarbeitern

(3) Alle beiderseitigen Ansprüche der Parteien aus diesem Vertragsverhältnis und solche, die mit diesem Werkvertrag in Verbindung stehen, verfallen, wenn sie nicht innerhalb von zwei Monaten nach Fälligkeit gegenüber der anderen Vertragspartei schriftlich erhoben werden.

(4) Lehnt die Gegenpartei den Anspruch ab oder erklärt sie sich nicht innerhalb von zwei Wochen nach der Geltendmachung des Anspruchs, so verfällt dieser, wenn er nicht innerhalb von zwei Monaten nach der Ablehnung oder dem Fristablauf gerichtlich geltend gemacht wird.

(5) Der freie Mitarbeiter erklärt sich damit einverstanden, dass seine personenbezogenen Daten automatisiert gespeichert und verarbeitet werden. Der freie Mitarbeiter erklärt, dass er die anliegende Belehrung über das Datengeheimnis durchgelesen hat.

§ 10 Salvatorische Klausel

Sollten Bestimmungen dieses Vertrages ganz oder teilweise nicht rechtswirksam oder nicht durchführbar sein oder ihre Rechtswirksamkeit oder Durchführbarkeit später verlieren, so soll hierdurch die Gültigkeit der übrigen Bestimmungen des Vertrages nicht berührt werden. Das Gleiche gilt, soweit sich herausstellen sollte, dass der Vertrag eine Regelungslücke enthält. Anstelle der unwirksamen oder undurchführbaren Bestimmungen oder zur Ausfüllung der Lücke soll eine angemessene Regelung gelten, die, soweit rechtlich möglich, dem am nächsten kommt, was von den Parteien des vorliegenden Vertrages gewollt wurde oder was sie nach dem Sinn und Zweck des Vertrages gewollt haben würden, sofern sie bei Abschluss dieses Vertrages oder bei der späteren Aufnahme einer Bestimmung den Punkt bedacht hätten.

12. Muster: Softwareentwickler als freier Mitarbeiter

Werkvertrag

Zwischen

Herrn ▬▬▬

– nachstehend: Auftraggeber –

und

Herrn ▬▬▬

– nachstehend: freier Mitarbeiter –

wird folgender Werkvertrag geschlossen:

§ 1 Gegenstand des Vertrages

(1) Der freie Mitarbeiter verpflichtet sich, für den Auftraggeber in dem jeweils im Einzelfalle zu vereinbarenden Umfang Werkleistungen im Bereich der Software-Entwicklung zu erbringen.

(2) Der Auftraggeber verpflichtet sich, dem freien Mitarbeiter die vereinbarten Aufträge mit einem Betrag von ▬▬▬ EUR je Arbeitsstunde, maximal jedoch ▬▬▬ EUR je Kalendermonat, zu vergüten, sofern nicht für einzelne Projekte ein Pauschalhonorar vereinbart wird.

(3) Der freie Mitarbeiter stellt die von ihm nach Maßgabe der vorstehenden Bestimmungen erbrachten Werkleistungen dem Auftraggeber in Rechnung.

(4) Der freie Mitarbeiter verpflichtet sich, Vergütungsüberzahlungen ohne Rücksicht auf eine noch vorhandene Bereicherung zurückzuzahlen.

§ 2 Vertragsbeginn und Vertragsbeendigung

(1) Das freie Mitarbeiterverhältnis beginnt am ▬▬▬.

(2) Der Auftraggeber behält sich vor, wenn er mit den Werkleistungen des freien Mitarbeiters nicht zufrieden ist, in den ersten drei Monaten des Vertragsverhältnisses unter Einhaltung einer Frist von einer Woche von dem Vertrag zurückzutreten.

§ 3 Pflichten des freien Mitarbeiters

(1) Die von dem freien Mitarbeiter erbrachten Werkleistungen haben dem anerkannten Stand von Technik und Wissenschaft zu entsprechen. Dabei sind die spezifischen Bestimmungen, Methoden und Anwendungspraktiken des Auftraggebers von dem freien Mitarbeiter zu beachten. Der Auftraggeber verpflichtet sich, den freien Mitarbeiter insoweit in die maßgeblichen Besonderheiten beim Auftraggeber einzuweisen.

(2) Der freie Mitarbeiter hat die Werkleistungen nach Maßgabe der konkreten Forderungen, gegebenenfalls Leistungsbeschreibungen des Auftraggebers zu erbringen. Nur solcher Zeitaufwand, der der Üblichkeit entspricht, kann vom

freien Mitarbeiter berechnet werden. Abweichungen vom üblichen zeitlichen Umfang können in begründeten Ausnahmefällen geltend gemacht werden, wenn eine aussagefähige schriftliche Begründung und eine Genehmigung des Auftraggebers vorliegen.

(3) Der freie Mitarbeiter ist an keine festen täglichen Zeiten der Erledigung seiner Arbeit gebunden, er hat keine Rechtspflicht zum regelmäßigen Erscheinen, auch der Ort der Erledigung der Tätigkeit unterliegt der gesonderten Vereinbarung mit dem Auftraggeber. Nur sofern Betriebsmittel des Auftraggebers, insbesondere Arbeitsgeräte, in Anspruch genommen werden müssen, stehen diese nur während der im Betrieb bestehenden regelmäßigen Arbeitszeiten zur Verfügung.

(4) Weisungen hinsichtlich der Art und Weise der Arbeitsausführung unterliegt der freie Mitarbeiter nicht. Auch wird der freie Mitarbeiter in die Arbeitsorganisation des Auftraggebers nicht eingegliedert.

§ 4 Pflichten des Auftraggebers

(1) Der Auftraggeber ist verpflichtet, dem freien Mitarbeiter die Anforderungen zu erläutern, unter denen die Erledigung der Werkleistungen stehen soll.

(2) Der Auftraggeber ist ferner verpflichtet, binnen 14 Tagen nach Rechnungslegung durch den freien Mitarbeiter die Werkleistungen zu vergüten. Steuern, Sozialversicherungsbeiträge etc. werden, da kein Arbeitsverhältnis vereinbart ist, vom Auftraggeber nicht abgeführt. Die Erfüllung von Abgaben und Versicherungsleistungen ist Sache des freien Mitarbeiters.

(3) Sollten Tätigkeiten im Rahmen des freien Mitarbeiterverhältnisses auf Bitten des Auftraggebers an einem anderen Ort als dem Sitz der Firma erledigt werden, ist der freie Mitarbeiter gemäß einer im Einzelfalle zu treffenden schriftlichen Abrede befugt, Reisekosten und Spesen gesondert in Rechnung zu stellen.

§ 5 Rechtserwerb des Auftraggebers

(1) Die Parteien sind sich darüber einig, dass der Auftraggeber mit dem Ausgleich der Rechnungen des freien Mitarbeiters sämtliche Rechte an den erbrachten Werkleistungen erwirbt. Der Auftraggeber ist nach § 69b UrhG befugt, alle vermögensrechtlichen Befugnisse an den Programmen auszuüben.

(2) Insbesondere wird Folgendes vereinbart: Der freie Mitarbeiter überträgt dem Auftraggeber an den von ihm erstellten Computerprogrammen und den gefertigten Dokumentationen und Beschreibungen das ausschließliche Recht zur zeitlich und räumlich unbegrenzten Nutzung einschließlich der Marktverwertung. Gleiches gilt für das Ergebnis von Umarbeitungen oder Erweiterungen von vorhandenen Programmen, Dokumentationen und Beschreibungen.

(3) Mit umfasst von dieser Nutzungseinräumung und zu übergeben sind die dazu gehörenden Vorstufen, der Quellcode und sonstige Begleitmaterialien zu den jeweiligen Programmen.

(4) Der Auftraggeber wird seitens des freien Mitarbeiters ermächtigt, an den von ihm erstellten Werken und deren Titeln Änderungen vorzunehmen. Der freie Mitarbeiter verzichtet insoweit auf seine Rechte. Der Auftraggeber nimmt diesen Verzicht an.

(5) Die Nutzungseinräumung und die damit verbundene Leistung ist Bestandteil des zwischen den Parteien unter § 1 vereinbarten Werklohns.

(6) Der freie Mitarbeiter verzichtet gegenüber dem Auftraggeber und dessen Vertragspartnern entsprechend der Gepflogenheit bei dem Auftraggeber auf die Nennung seines Namens als Autor. Dies gilt auch für die Zeit nach Beendigung des Vertrages über ein freies Mitarbeiterverhältnis. Der Auftraggeber nimmt diesen Verzicht an.

§ 6 Schutzrechte Dritter

(1) Der freie Mitarbeiter verpflichtet sich, den Auftraggeber im Rahmen der Nutzung an dem vertragsgegenständlichen Programm von der Haftung aus der behaupteten Verletzung von Schutzrechten Dritter freizustellen.

(2) Der Auftraggeber verpflichtet sich, im Rahmen seiner vertraglichen Nutzungsberechtigung an dem Programm bestehende Schutzrechte auf eigene Kosten gegen rechtliche Angriffe Dritter zu verteidigen.

§ 7 Datenschutz und Datensicherung

(1) Der freie Mitarbeiter verpflichtet sich, über sämtliche ihm im Zusammenhang mit der Tätigkeit für den Auftraggeber bekannt gewordenen Informationen einschließlich personenbezogener Daten Stillschweigen zu bewahren.

(2) Der freie Mitarbeiter ist darüber hinaus verpflichtet, das Datengeheimnis zu wahren. Zu diesem Zweck wurde er belehrt. Er wird darüber hinaus auf das Datengeheimnis gemäß § 5 BDSG verpflichtet.

§ 8 Besondere Vereinbarungen mit dem freien Mitarbeiter

(1) Der Mitarbeiter verpflichtet sich, dem Auftraggeber Kenntnis von sämtlichen anderweitigen Beschäftigungen und Aufträgen zu verschaffen und ihm hierüber im Falle der Durchführung eines Prüfverfahrens durch die Träger der Kran-

ken- und Rentenversicherung Unterlagen und Belege zur Verfügung zu stellen. Änderungen in den Verhältnissen des Mitarbeiters sind dem Auftraggeber unverzüglich und unaufgefordert schriftlich anzuzeigen.

(2) Verstößt der Mitarbeiter gegen seine Verpflichtungen gemäß Abs. 1, kann der Auftraggeber die Arbeitnehmer-Anteile zur Sozialversicherung rückerstattet und künftig erstattet verlangen, falls ein Träger der Kranken- oder Rentenversicherung ein sozialversicherungspflichtiges Beschäftigungsverhältnis feststellt.

(3) Der freie Mitarbeiter teilt dem Auftraggeber spätestens bis zum Tag der Aufnahme seiner Tätigkeit mit, ob und in welchem Umfang eine private Rentenversicherung zur Absicherung bei Alter und Invalidität sowie eine Krankenversicherung bestehen. Der Auftraggeber kann die Vorlage geeigneter Nachweise verlangen sowie sich schriftlich versichern lassen, dass eine ausreichende soziale Absicherung besteht. Die freiwillige Versicherung in einer gesetzlichen Krankenversicherung gilt auch als ausreichende Krankenversicherung.

(4) Der freie Mitarbeiter willigt ein, dass der Auftraggeber einen Antrag nach § 7a SGB IV beim Rentenversicherungsträger stellt, um feststellen zu lassen, dass von dem freien Mitarbeiter keine versicherungspflichtige Tätigkeit ausgeübt wird.

§ 9 Sonstige Vereinbarungen

(1) Änderungen des Vertrages und Nebenabreden bedürfen zu ihrer Wirksamkeit der Schriftform.

(2) Der freie Mitarbeiter erklärt, dass er an keiner ansteckenden Krankheit leidet, keine körperlichen oder gesundheitlichen Mängel verschwiegen hat, die der Erbringung der geschuldeten Werkleistung entgegenstehen, insbesondere bei Nutzung von Betriebsmitteln des Auftraggebers.

(3) Alle beiderseitigen Ansprüche der Parteien aus diesem Vertragsverhältnis und solche, die mit diesem Werkvertrag in Verbindung stehen, verfallen, wenn sie nicht innerhalb von zwei Monaten nach Fälligkeit gegenüber der anderen Vertragspartei schriftlich erhoben werden.

(4) Lehnt die Gegenpartei den Anspruch ab oder erklärt sie sich nicht innerhalb von zwei Wochen nach der Geltendmachung des Anspruchs, so verfällt dieser, wenn er nicht innerhalb von zwei Monaten nach der Ablehnung oder dem Fristablauf gerichtlich geltend gemacht wird.

(5) Der freie Mitarbeiter erklärt sich damit einverstanden, dass seine personenbezogenen Daten automatisiert gespeichert und verarbeitet werden. Der freie Mitarbeiter erklärt, dass er die anliegende Belehrung über das Datengeheimnis gelesen hat.

§ 10 Salvatorische Klausel

Sollten Bestimmungen dieses Vertrages ganz oder teilweise nicht rechtswirksam oder nicht durchführbar sein, oder ihre Rechtswirksamkeit oder Durchführbarkeit später verlieren, so soll hierdurch die Gültigkeit der übrigen Bestimmungen des Vertrages nicht berührt werden. Das Gleiche gilt, soweit sich herausstellen sollte, dass der Vertrag eine Regelungslücke enthält. Anstelle der unwirksamen oder undurchführbaren Bestimmungen oder zur Ausfüllung der Lücke soll eine angemessene Regelung gelten, die, soweit rechtlich möglich, dem am nächsten kommt, was von den Parteien des vorliegenden Vertrages gewollt wurde oder was sie nach dem Sinn und Zweck des Vertrages gewollt haben würden, sofern sie bei Abschluss dieses Vertrages oder bei der späteren Aufnahme einer Bestimmung den Punkt bedacht hätten.

13. Muster: Vertraulichkeitsvereinbarung für freie Mitarbeiter und Subunternehmer (mit wortgleicher Übersetzung ins Englische)

Meine Damen und Herren:	Ladys and Gentlemen:
Es ist vorhersehbar, dass bei einer zukünftigen Beteiligung Ihrerseits an Projekten im Auftrag unserer Gesellschaft, auf die man sich möglicherweise einigen wird, es nötig sein wird, bestimmte Geschäfts- und vertrauliche Informationen, die im Eigentum unserer Gesellschaft und den Tochterunternehmen sind, einer begrenzten Anzahl ihrer leitenden Angestellten und Angestellten im Ingenieurbereich offen zu legen. Darüber hinaus ist es möglich, dass Sie Informationen geschäftsbezogener oder vertraulicher Art unserer Gesellschaft erwerben oder für unsere Gesellschaft entwickeln werden. All diese Informationen,	It is anticipated that in retaining you to do work for our Company on certain projects which may be agreed upon, it will be necessary to reveal to a limited number of your supervisory and engineering employees, certain proprietary and confidential information owned by our Company (hereinafter jointly referred to with its subsidiary companies). It is also possible that you may acquire from our Company or develop for our Company information of a proprietary and confidential nature. All of such information, whether developed by you for our Company, disclosed to you by our Company from time to time, or ac-

seien sie von Ihnen für unsere Gesellschaft entwickelt, seien sie Ihnen von Seiten unserer Gesellschaft von Zeit zu Zeit offen gelegt oder von Ihnen von unserer Gesellschaft erworben worden (diese Informationen werden im Folgenden zusammenfassend als „vorgenannte Informationen" bezeichnet), während Sie für unsere Gesellschaft an einem Projekt arbeiten, sind strengstens vertraulich.

Um die Interessen unserer Gesellschaft in diesem Punkt zu wahren und im Zusammenhang mit der Entscheidung darüber, Sie mit der Wahrnehmung von Aufgaben für unsere Gesellschaft bei zu vereinbarenden Projekten zu beschäftigen, vereinbaren unsere Gesellschaft und Sie, dass dieser Brief als Geheimhaltungsvereinbarung dienen soll und dass unsere Gesellschaft und Sie durch dessen Regelungen gebunden sein sollen. Darüber hinaus erklären Sie sich damit einverstanden, Ihre Angestellten und Subunternehmer, soweit sie vorgenannte Informationen erhalten, erwerben oder entwickeln, zu verpflichten, an Vereinbarungen ähnlich denen, die in dieser Vereinbarung enthalten sind, zu binden. Die Regelungen am Ende dieses Briefes, die sich auf Angestellte und Subunternehmer beziehen, sind allein zu Ihrer Entlastung bezüglich der Durchführung der letztgenannten Bedingung aufgenommen worden. Demnach wird vereinbart, dass die nachfolgenden Bestimmungen auf Projekte anwendbar sind, die durch Sie für unsere Gesellschaft wahrgenommen werden, es sei denn, eine anders lautende Vereinbarung liegt vor.

1. Sie werden alles Ihnen Mögliche veranlassen, um sicherzustellen, dass vorgenannte Informationen vertraulich gehalten werden und Sie werden vorgenannte Informationen nicht anders als zum Nutzen unserer Gesellschaft gebrauchen oder vorgenannte Informationen irgendeiner Person oder Personen, die nicht bei Ihnen angestellt sind, ohne die ausdrückliche schriftliche Erlaubnis unserer Gesellschaft offen legen; diese Verpflichtung soll nicht im Hinblick auf irgendwelche vorgenannte Informationen bestehen, die 1) sich in Ihrem Besitz befanden, bevor unsere Gesellschaft Ihnen dieselben weitergab oder eröffnete; oder 2) durch Sie von anderen, die ihrerseits weder direkt noch indirekt eine Vertraulichkeitsverpflichtung gegenüber unserer Gesellschaft im Hinblick auf vorgenannten Informationen haben, erworben wurden; oder 3) die zurzeit oder später ohne Ihr Verschulden der Öffentlichkeit allgemein zugänglich werden.

2. Sie sind damit einverstanden, dass Sie nach Fertigstellung eines Projektes alle Zeichnungen, Erläuterungen, allgemeine Bedingungen und andere Dokumente, die in Ihrem Besitz verbleiben und als Resultat des beendeten Projektes entwickelt worden sind, an unsere Gesellschaft zurückzugeben haben und darüber hinaus, dass Sie jederzeit alle vorgenannten Informationen als privat und vertraulich ansehen werden, mit Ausnahme der Informationen, die unter die Ausnahmen 1), 2) oder 3) des vorstehenden Abschnitts 1. fallen.

3. Alle vorgenannten Informationen sollen Eigentum unserer Gesellschaft sein und bleiben und in keinem Fall

quired by you from our Company during the work done for our Company on a project is highly confidential.

To protect our Company's interest in this matter and as part of the consideration of retaining you to do work for our Company on agreed projects, our Company and you agree that this letter shall serve as a secrecy agreement and that our Company and you shall be bound by the provisions hereof. Further, you agree to require your employees and subcontractors who shall receive, acquire or develop Said Information to be bound by terms similar to those contained in this agreement. The employee and subcontractor clauses at the end of this letter are included merely for your convenience in administering this latter requirement. Accordingly, it is agreed that the following provisions will be applicable to projects undertaken by you for our Company unless otherwise agreed.

1. You shall exert your best efforts to see that Said Information is held confidential and you shall not use Said Information, except for the benefit of our Company, or reveal Said Information to any person or persons not employed by you without the specific written permission of our Company; provided that you shall have no such obligation with respect to any of Said Information which (i) was in your possession prior to our Company furnishing or disclosing the same to you; or (ii) is acquired by you from others who have no confidential commitment, directly or indirectly to our Company with respect to Said Information; or (iii) is now, or hereafter becomes through no fault of yours, generally available to the public.

2. You agree that you will return to our Company, upon completion of a project, all drawings, specifications, general conditions and other documents remaining in your possession pertaining to and developed as a result of the completed project, and further, that you will regard at all times, as private and confidential, all of Said Information except that information falling within exception (i), (ii) or (iii) of paragraph 1 above.

3. All of Said Information shall be and remain the property of our Company and shall not be disclosed in any

Kapitel 2: Handelsvertreterverträge und Verträge mit freien Mitarbeitern

anderen Personen als denjenigen, die direkt bei Ihnen oder unserer Gesellschaft angestellt sind und verantwortlich für die Arbeit sind, die von dieser Vereinbarung erfasst wird, weder mittels Fotografien noch in einer anderen Weise offen gelegt werden.

4. Alle Zeichnungen, Teile, Entdeckungen und Erfindungen, die in Erfüllung von Arbeit gemacht werden, die unter diese Vereinbarung fällt, sollen das Eigentum unserer Gesellschaft sein. Darüber hinaus wird vereinbart, dass jegliche Arbeit von Autorenschaft, die Ihrer Arbeit für Projekte unserer Gesellschaft entspringt, ein Auftragswerk ist und dass das Urheberrecht dafür zuerkannt werden soll, wenn unsere Gesellschaft nicht als Autor angesehen wird.

5. Diese Vereinbarung soll Sie in keiner Weise in Bezug darauf beschränken, dass Sie Arbeit für andere Gesellschaften wahrnehmen, außer insoweit als Sie verpflichtet sind, besagte vorgenannte Informationen vertraulich zu bewahren, wie es vorstehend ausgeführt wurde.

Wenn diese Vereinbarung für Sie zufrieden stellend ist, lassen Sie bitte eine rechtmäßig autorisierte Person beide Kopien dieses Briefes unterzeichnen und senden Sie eine Kopie an unsere Gesellschaft zurück.

Mit freundlichen Grüßen

■■■-Gesellschaft

durch: ■■■

Datum: ■■■

Angenommen:

durch: ■■■

Datum: ■■■

Angestellten-Klausel

Der unterzeichnende Angestellte bestätigt hiermit, dass er/sie die vorstehende Vereinbarung gelesen hat und erklärt sich damit einverstanden, alle deren Regelungen sowohl in seinem/ihrem derzeitigen und jedem nachfolgenden Angestelltenverhältnis zu befolgen.

■■■ (Datum, Unterschrift)

Subunternehmer-Klausel

Im Hinblick auf den Erhalt von Subunternehmer-Arbeit in Projekten der Gesellschaft erklärt sich der Unterzeichner hiermit einverstanden, die Regelungen der vorstehenden Vereinbarung zu beachten und von ihnen gebunden zu sein.

■■■ (Datum, Name des Subunternehmers)

■■■ durch

way, whether by means of photographs or otherwise, to persons other than those employed directly by you or our Company and who are responsible for the work being done under this agreement.

4. All drawings, parts ideas, discoveries and inventions made in the performance of work done under this agreement shall be the property of our company. It is agreed, moreover, that any work of authorship which flows from your work on projects of our Company if our Company is not considered the author.

5. This agreement shall in no way restrict you from performing work for other companies, except insofar as you are obligated to maintain Said Information in confidence, as set forth above.

If this agreement is satisfactory, please have a duly authorised person sign both copies of this letter and return one copy to our Company.

Very truly yours,

THE ■■■ COMPANY

By: ■■■

Date: ■■■

Accepted:

By: ■■■

Date: ■■■

Employee Clause

The undersigned employee hereby certifies that he/she has read the above agreement and agrees to abide by all provisions thereof, in both his/her current and any subsequent employment.

■■■ (Date, Signature)

Subcontractor Clause

The undersigned employee hereby certifies that he/she has read the above agreement and agrees to abide by all provisions thereof, in both his/her current and any subsequent employment.

■■■ (Date, Subcontractor Name)

■■■ By

14. Muster: Freier Mitarbeitervertrag eines Grafik- und Layout-Mitarbeiters in einer Werbeagentur

Vertrag

Zwischen

▬▬▬

– nachfolgend Werbeagentur genannt –

und

Herrn ▬▬▬

– nachfolgend Mitarbeiter genannt –

§ 1 Vorbemerkung

Die Parteien arbeiten auf dem Gebiet der Werbung zusammen. Der Mitarbeiter betreibt ein eigenes Gewerbe, in dessen Rahmen er Grafiken erstellt und Layoutarbeiten durchführt. Diese bislang erbrachten Werkleistungen soll der Mitarbeiter auch zukünftig nach den Rahmenbedingungen dieses Vertrages erbringen. Die Parteien möchten ihre Rechtsbeziehungen derart gestalten, dass jede Partei grundsätzlich rechtlich selbständig bleibt und die einzelnen Aufträge auf der Basis eines Austauschverhältnisses ausgeführt werden, für das der Mitarbeiter jeweils den Erfolg schuldet.

§ 2 Aufgabengebiet

(1) Einzelaufträge

Der Mitarbeiter übernimmt von der Werbeagentur nach jeweils gesonderten Aufträgen die Erstellung von Grafiken und Layoutarbeiten, die zu Werbezwecken in der üblichen Form zu erstellen und abzugeben sind. Die Werbeagentur wird in jedem Fall das Ablieferungsdatum sowie Einzelheiten zur Aufgabenstellung, Form der Ablieferung (Druckfilme, Dateien etc.) festlegen.

(2) Ausführung

Der Mitarbeiter ist in der Ausführung seiner Aufträge frei. Insbesondere Arbeitsort und Arbeitszeit unterliegen seiner eigenen Bestimmung. Er wird allerdings die vereinbarten Ablieferungszeitpunkte einhalten und verpflichtet sich, auf Anforderung der Werbeagentur in deren Räumlichkeiten notwendige Besprechungen durchzuführen. Der Mitarbeiter verpflichtet sich ferner, in eigener Person zu leisten. Die Vergabe von Unteraufträgen oder die Hinzuziehung eigener Mitarbeiter bedarf der Zustimmung der Werbeagentur.

§ 3 Vergütung

Die Leistungen des Mitarbeiters werden nach Stundenaufwand abgerechnet. Der Vergütungssatz pro abrechnungsfähige Stunde beträgt ▬▬▬ EUR zuzüglich der gesetzlichen Mehrwertsteuer.

Abrechnungsfähig sind reine Arbeitsstunden, nicht jedoch Anfahrt- oder Abfahrt- oder Besprechungszeiten.

Der Mitarbeiter führt jeweils einen aktuellen schriftlichen Zeitnachweis während seiner Arbeiten. Nach Abschluss und Abnahme der Arbeiten erfolgt die Rechnungstellung unter Beifügung des Zeitnachweises. Während laufender Projekte kann die Werbeagentur die Mitteilung bislang angefallener Stunden verlangen.

Vereinbaren die Parteien eine Höchstanzahl von Stunden für ein bestimmtes Projekt, so darf diese Grenze um höchstens 10% überschritten werden. Gleiches gilt für den Fall, dass der Mitarbeiter auf Anforderung den benötigten Zeitaufwand mitteilt.

Mit der oben genannten Vergütung sind sämtliche Ansprüche des Mitarbeiters abgegolten. Dies gilt auch abschließend für die Nutzungsrechtsübertragungen sowie für Auslagen oder Fahrtkosten.

Der Mitarbeiter verpflichtet sich, Vergütungsüberzahlungen ohne Rücksicht auf eine noch vorhandene Bereicherung zurückzuzahlen.

§ 4 Auftragsverpflichtung

Die Werbeagentur verpflichtet sich zu einem Mindestauftragsvolumen. Sie wird wöchentlich/monatlich ▬▬▬ Aufträge mit mindestens ▬▬▬ abrechenbaren Stunden vergeben. Erfüllt die Werbeagentur diese Verpflichtung nicht, so hat sie die Differenz zu dem sich ergebenden Mindestbetrag nach Abzug ersparter Aufwendungen des Mitarbeiters, die hiermit mit 50% festgelegt werden, in bar auszugleichen. Dies gilt nicht für die Zeiträume, in denen der Mitarbeiter urlaubs-, krankheits- oder schwangerschaftsbedingt nicht in der Lage ist, seine Leistungen zu erbringen.

In diesem Fall gilt folgende Regelung: ▬▬▬

Ansprüchen der Werbeagentur gegen den Mitarbeiter kann die Mindestabnahmeverpflichtung nicht entgegengehalten werden. Ergibt sich also beispielsweise ein Minderungsanspruch der Werbeagentur, so kann dieser dazu führen, dass der angedachte Mindestumsatzbetrag nach der Berücksichtigung nicht erreicht wird.

§ 5 Nutzungsrechtsübertragung

(1) Übertragung als ausschließliche Nutzungsrechte

Der Mitarbeiter überträgt der Werbeagentur räumlich unbeschränkt für die Dauer der gesetzlichen Schutzfrist sämtliche Nutzungsrechte an Werken, die im Rahmen der Projekte geschaffen werden, als ausschließliche Nutzungsrechte. Für den Fall, dass der Mitarbeiter mit Zustimmung der Werbeagentur andere Personen oder Firmen zur Aufgabenerfüllung hinzuzieht, wird er sicherstellen, dass entsprechende Rechtserklärungen abgegeben werden. Mit der Nutzungsrechtsübertragung soll die Werbeagentur in den Stand versetzt werden, die Werke auch für eigene Zwecke, insbesondere zu Werbezwecken, unbeschränkt zu nutzen, bzw. diese Rechte ihren Kunden als ausschließliche Rechte einzuräumen.

(2) Zusicherung

Ansonsten sichert der Mitarbeiter zu, dass sämtliche Arbeitsergebnisse, die im Rahmen der Aufträge erstellt werden, frei von Rechten Dritter sind und die ungehinderte ausschließliche Nutzungsrechtsausübung einschließlich der Weiterübertragung durch die Werbeagentur nicht tangiert wird.

(3) Einzelheiten

(a)

Die Rechtsübertragung umfasst insbesondere das ausschließliche Recht zur Vervielfältigung und Verbreitung (Verlagsrecht) von entsprechenden Werken für alle Ausgaben und Auflagen ohne Stückzahlbegrenzung und für alle Sprachen, sowie auch für andere Formen (Buch statt Zeitschrift), als ursprünglich gedacht. Sollte in irgendeinem Land der Welt die gesetzliche Schutzfrist in Zukunft verlängert werden, so gilt dieser Vertrag in jenem Land auch für den Veränderungszeitraum.

(b)

Ferner erhält die Werbeagentur für die Dauer des Hauptrechts gemäß Abs. 1 außerdem folgende ausschließliche Nebenrechte:

a) Das Recht des – auch teilweisen – Vorabdrucks und Nachdrucks in Zeitungen und Zeitschriften;

b) das Recht, Übersetzungen in andere Sprachen oder Mundarten zu erlauben;

c) das Recht zur Veranstaltung von Taschenbuch-, Volks-, Sonder-, Reprint-, Schul- oder Buchgemeinschaftsausgaben oder zur Aufnahme des Werkes in Sammlungen aller Art;

d) das Recht zur Veranstaltung von Mikrokopieausgaben;

e) das Recht zur sonstigen Vervielfältigung, insbesondere durch fotomechanische oder ähnliche Verfahren (z.B. Fotokopie);

f) das Recht zur Aufnahme auf Vorrichtungen zur wiederholbaren Wiedergabe mittels Bild- oder Tonträger sowie das Recht zu deren Vervielfältigung, Verbreitung und Wiedergabe; jeweils in digitalen und analogen Formen in Bild und/oder Ton und/oder Daten.

g) das Recht zum Vortrag des Werkes durch Dritte;

h) die am Werk oder seiner Bild- oder Tonträgerfixierung oder durch Lautsprecherübertragung oder Sendung entstehenden Wiedergabe- und Überspielungsrechte;

i) das Recht zur Einspeicherung des Werkes in eine Datenbank und deren Verwertung (CD-ROM, Online-Datenbanken im Internet);

j) das Recht zur Vergabe von Lizenzen zur Ausübung der Nebenrechte a)–i).

(c)

Darüber hinaus werden der Werbeagentur für die Dauer des Hauptrechts gemäß Abs. 1 ff. weitere ausschließliche Nebenrechte eingeräumt:

a) das Recht zur Bearbeitung oder sonstigen Umgestaltung der Werke;

b) das Recht zur Bearbeitung und Verwertung der Werke im Rundfunk, z.B. als Hörspiel oder in ähnlicher Form (auch z.B. als Feature);

c) das Recht zur Verfilmung zum Zwecke der Vervielfältigung und Verbreitung (z.B. als Schmalfilm oder Cassettenfilm oder CD-ROM oder Video on demand);

d) das Recht zur Verfilmung zum Zwecke der Vorführung und Funksendung;

e) das Vortrags-, Aufführungs-, Vorführungs- und Senderecht;

f) die an den Werken oder ihrer Bild- oder Tonbandfixierung oder durch Lautsprecherübertragung der Sendung entstehenden Wiedergabe- und Überspielungsrechte;

g) das Recht, Vorträge des Werkes mittels Bild- und/oder Tonträger öffentlich wahrnehmbar zu machen;

h) das Recht zum gewerblichen oder nichtgewerblichen Ausleihen oder Vermieten von Vervielfältigungsstücken gleich welcher Art;

i) alle sonstigen jetzt oder in Zukunft durch die Verwertungsgesellschaft wahrgenommenen Rechte.

(d)

Die Werbeagentur kann sämtliche der ihr in diesem Vertrag eingeräumten Rechte auf Dritte übertragen (auch als ausschließliche Rechtsübertragung) oder zusammen mit Dritten (beispielsweise mit einem Verlag oder weiterer Werbeagentur in Kooperation) ausüben.

(e)

Sämtliche Rechtseinräumungen erfolgen ohne Beschränkungen, soweit sie nicht die Persönlichkeitsrechte der Urheber beeinträchtigen.

(f)

Das Recht zur Ausübung über Vergabe von Nebenrechten nach den Absätzen 2 bis 4 endet mit dem Erlöschen des Hauptrechts gemäß Abs. 1. Der Bestand bereits abgeschlossener Lizenzverträge bleibt – auch im Fall der fristlosen Kündigung des gesamten Vertrages – unberührt.

§ 6 Geheimhaltungsverpflichtung

(1) Gegenstand

Der Mitarbeiter verpflichtet sich, sämtliche Geschäfts- und Betriebsgeheimnisse sowie sonstige geschäftlichen oder betrieblichen Tatsachen der Werbeagentur vertraulich zu behandeln. Hierzu gehören insbesondere die Kundenbeziehungen sowie die Lieferantenbeziehungen und vertragliche Abreden mit beiden Gruppen. Die Geheimhaltungsverpflichtung erstreckt sich auch über die Laufzeit dieses Vertrages hinaus.

(2) Vertragsstrafe

Der Mitarbeiter verpflichtet sich gegenüber der Werbeagentur, für jeden Fall der Verletzung der Geheimhaltungsverpflichtung eine Vertragsstrafe in Höhe von

10.000 EUR (in Worten: zehntausend Euro)

unter Ausschluss des Fortsetzungszusammenhangs zu zahlen.

§ 7 Wettbewerbsabrede

(1) Wettbewerbsverbot

Der Mitarbeiter verpflichtet sich, für die Dauer dieses Vertrages keine Leistungen an Kunden der Werbeagentur im Bereich des Gegenstandes der Zusammenarbeit dieses Vertrages unmittelbar oder mittelbar zu erbringen, Kunden sonst abzuwerben oder Dritte hierbei zu unterstützen. Ferner wird er nicht für Unternehmen tätig sein, die mit der Werbeagentur im Wettbewerb stehen. Er wird sich jeder selbständigen – direkten oder indirekten – oder unselbständigen Tätigkeit für ein solches Unternehmen enthalten.

Ggf. ausgenommen ist eine Tätigkeit für ■■■.

(2) Vertragsstrafeversprechen

Der Mitarbeiter verpflichtet sich, für jeden Fall der Zuwiderhandlung unter Ausschluss des Fortsetzungszusammenhangs eine Vertragsstrafe in Höhe von

15.000 EUR (in Worten: fünfzehntausend Euro)

an die Werbeagentur zu zahlen.

§ 8 Haftung/Freistellung

Soweit die Werbeagentur aufgrund von Leistungen, die der Mitarbeiter erbracht hat, in Haftung genommen wird, verpflichtet sich der Mitarbeiter gegenüber der Werbeagentur, diese von solchen Haftungen freizustellen.

§ 9 Allgemeine Regelungen

Der Mitarbeiter wird Rechte aus diesem Vertrag nicht ohne Zustimmung der Werbeagentur übertragen.

§ 10 Vertragslaufzeit/Kündigung

(1) Vertragsbeginn

Dieser Vertrag beginnt mit dem Datum seiner Unterzeichnung.

(2) Vertragslaufzeit

Der Vertrag ist für unbestimmte Dauer geschlossen. Er ist mit einer Frist von vier Wochen zum Monatsende kündbar. Das Recht zur ordentlichen Kündigung dieses Vertrages ist jedoch bis zum ▄▄▄ ausgeschlossen.

(3) Sonderkündigungsrecht

Das Recht, aus wichtigem Grund zu kündigen, bleibt unberührt. Der Werbeagentur steht ein Sonderkündigungsrecht zu,

- wenn der Mitarbeiter die geschuldeten Leistungen nicht mehr in eigener Person erbringen kann, unabhängig davon, aus welchem Grund dies der Fall ist. Eine zeitweilige urlaubs- oder krankheitsbedingte Unterbrechung der Leistung ist hiervon unberührt, sofern sie einen Zeitraum von fünf Wochen nicht überschreitet. Im Fall der Überschreitung dieses Zeitraumes kann sich die Werbeagentur auch dann auf das Sonderkündigungsrecht berufen, wenn nicht unverzüglich nach Fristüberschreitung gekündigt wurde.
- ferner falls der Mitarbeiter den Sitz seines Unternehmens bzw. den Ort seiner Tätigkeit weiter als 100 km vom jetzigen Sitz verlegt. Auch hier kann sich die Werbeagentur auch dann noch auf dieses Kündigungsrecht berufen, wenn sich erst nach einem Testzeitraum ergibt, dass die Werbeagentur nach der Sitzverlegung nicht länger am Vertrag festhalten will.

(4) Laufende Projekte bei Kündigung

Der Mitarbeiter ist verpflichtet, jedoch nicht berechtigt, laufende Projekte im Fall der Kündigung bis zu ihrem Abschluss zu betreuen. Die Werbeagentur kann diese Verpflichtung auf einzelne Teilleistungen beschränken.

§ 11 Allgemeine Regelungen

(1) Besondere Vereinbarungen mit dem freien Mitarbeiter

Der Mitarbeiter verpflichtet sich, der Werbeagentur Kenntnis von sämtlichen anderweitigen Beschäftigungen und Aufträgen zu verschaffen und ihr hierüber im Falle der Durchführung eines Prüfverfahrens durch die Träger der Kranken- und Rentenversicherung Unterlagen und Belege zur Verfügung zu stellen. Änderungen in den Verhältnissen des Mitarbeiters sind der Werbeagentur unverzüglich und unaufgefordert schriftlich anzuzeigen.

Verstößt der Mitarbeiter gegen seine Verpflichtungen gemäß Abs. 1, kann die Werbeagentur die Arbeitnehmer-Anteile zur Sozialversicherung rückerstattet und künftig erstattet verlangen, falls ein Träger der Kranken- oder Rentenversicherung ein sozialversicherungspflichtiges Beschäftigungsverhältnis feststellt.

Der freie Mitarbeiter teilt der Werbeagentur spätestens bis zum Tag der Aufnahme seiner Tätigkeit mit, ob und in welchem Umfang eine private Rentenversicherung zur Absicherung bei Alter und Invalidität sowie eine Krankenversicherung bestehen. Die Werbeagentur kann die Vorlage geeigneter Nachweise verlangen sowie sich schriftlich versichern lassen, dass eine ausreichende soziale Absicherung besteht. Die freiwillige Versicherung in einer gesetzlichen Krankenversicherung gilt auch als ausreichende Krankenversicherung.

Der freie Mitarbeiter willigt ein, dass die Werbeagentur einen Antrag nach § 7a SGB IV beim Rentenversicherungsträger stellt, um feststellen zu lassen, dass von dem freien Mitarbeiter keine versicherungspflichtige Tätigkeit ausgeübt wird.

(2) Nebenabreden, Schriftform

Nebenabreden zu diesem Vertrag sind nicht getroffen. Änderungen oder Ergänzungen bedürfen zu ihrer Rechtswirksamkeit der Schriftform. Das Gleiche gilt für den Verzicht auf das Schriftformerfordernis.

(3) Salvatorische Klausel

Im Falle der Unwirksamkeit einer oder mehrerer Bestimmungen dieses Vertrages oder im Fall von Lücken werden die Vertragsparteien eine der unwirksamen Regelung bzw. der Gesamtregelung wirtschaftlich möglichst nahe kommende rechtswirksame Ersatz- bzw. Ergänzungsregelung treffen.

15. Muster: Freier Mitarbeitervertrag eines Creativ-Consultant in der Werbebranche

Zwischen

der Firma ▬▬▬

– im Folgenden „Agentur" genannt –

und

dem Auftragnehmer ▬▬▬

– im Folgenden „Auftragnehmer" genannt –

wird folgender Werkvertrag geschlossen:

1. Der Auftragnehmer übernimmt als selbständiger Auftragnehmer konzeptionelle und grafische Arbeiten nach Maßgabe von Ziffer 3. Der Auftragnehmer darf sich eigener Mitarbeiter als Erfüllungsgehilfen bedienen. Seine Aufträge muss er nicht in Person erbringen, es sei denn, die Agentur legt in Einzelfällen ausdrücklich auf eine Leistungserbringung durch den Auftragnehmer Wert.

2. Der Auftragnehmer ist in der Erfüllung seiner Aufträge als Creativ-Consultant für die Agentur freiberuflich tätig und bei der Gestaltung seiner Arbeitszeit nicht an Weisungen der Agentur gebunden.

3. Zu den Aufgaben eines Creativ-Consultant unserer Agentur zählen:
- Konzeptionelle/kreative Entwicklungen;
- Teilnahme an Fotoreisen, auch ins Ausland, einschl. Diaauswahl;
- Teilnahme an Vormusterungen und Musterungen;
- Computergraphische Arbeiten;
- Fotoregie;
- Briefing externer Mitarbeiter oder Agenturen.

Als Auftraggeber und Kontaktstelle für die zu erteilenden Einzelaufträge ist die Werbeabteilung der Agentur verantwortlich. Der Auftragnehmer ist nicht zu selbständigen Vertragsabschlüssen berechtigt, die die Firma im Außenverhältnis binden oder verpflichten könnten.

4. Sollten sich bei der Erfüllung von Einzelaufträgen Verzögerungen ergeben, so verpflichtet sich der Auftragnehmer, den jeweiligen Projektleiter unverzüglich zu unterrichten. Die vorstehende Verpflichtung trifft den Auftragnehmer, sobald Verzögerungen in der Auftragserfüllung zu befürchten sind.

5. Die urheberrechtlich geschützten Arbeitsergebnisse stehen der Agentur in jedem Stadium der Materialerstellung zu. Die Agentur kann die Herausgabe von Arbeiten, Skizzen und Unterlagen in jeder Phase des Herstellungsvorganges verlangen, ohne dass dem Auftraggeber ein Zurückbehaltungsrecht zusteht. Mit der Erledigung des jeweiligen Auftrages geht das ausschließliche Nutzungsrecht (Arbeitsergebnisse, Katalogkonzeptionen u.Ä.) ohne zeitliche und räumliche Begrenzung auf die Agentur über.

6. Die Nutzungsrechte sind mit dem vereinbarten Werklohn abgegolten. Der Werklohn schließt sämtliche sonstigen Leistungen, Sachaufwendungen und sonstige Kosten einschließlich eventuell anfallender Ansprüche Dritter ein. Die Firma stellt keine zur Erstellung der Werke und Leistungen erforderlichen Materialien zur Verfügung. Sofern solche Arbeitsmittel vom Auftragnehmer benötigt werden, können sie ggf. mietweise überlassen werden.

7. Es wird ein Mindestgesamthonorar für die nächsten zwölf Monate in Höhe von ▬▬▬ EUR vereinbart. Für die einzelnen Leistungen ergeben sich folgende Honorarsätze: ▬▬▬

Das Honorar ist fällig nach Rechnungslegung. Die Mehrwertsteuer wird zusätzlich berechnet und ausgewiesen. Die Firma zahlt jeweils nach erbrachter Leistung.

Notwendige Reisekosten werden gemäß gesonderter Vereinbarung durch die Agentur erstattet. Erstattungsfähig sind nur solche Reisen, die die Agentur dem Grunde und der Höhe nach genehmigt hat.

8. Der Auftragnehmer verpflichtet sich, über die Informationen und Arbeitsergebnisse, die sich aus seiner Tätigkeit für die Firma ergeben, Stillschweigen zu bewahren. Er haftet für jeden daraus entstandenen Schaden.

9. Der Auftragnehmer arbeitet im Rahmen der vereinbarten Aufgaben exklusiv für die Agentur. Die Exklusivität bezieht sich nur auf Aufträge für Firmen, die auf dem Marktsegment ▬▬▬ tätig sind.

10. Die Vertragspartner sind sich einig, dass durch die übernommenen Aufträge kein sozialversicherungspflichtiges Arbeitsverhältnis begründet wird. Der Auftragnehmer muss seine Einkünfte aus diesem Vertrag selbst versteuern und auch für seine eigenen Versicherungen und ggf. auch die seiner Mitarbeiter Sorge tragen.

Der Auftragnehmer verpflichtet sich, der Agentur Kenntnis von sämtlichen anderweitigen Beschäftigungen und Aufträgen zu verschaffen und ihr hierüber im Falle der Durchführung eines Prüfverfahrens durch die Träger der Kranken- und Rentenversicherung Unterlagen und Belege zur Verfügung zu stellen. Änderungen in den Verhältnissen des Auftragnehmers sind der Agentur unverzüglich und unaufgefordert schriftlich anzuzeigen.

Verstößt der Auftragnehmer gegen seine Verpflichtungen gemäß Abs. 2, kann die Agentur die Arbeitnehmer-Anteile zur Sozialversicherung rückerstattet und künftig erstattet verlangen, falls ein Träger der Kranken- oder Rentenversicherung ein sozialversicherungspflichtiges Beschäftigungsverhältnis feststellt.

Der Auftragnehmer teilt der Agentur spätestens bis zum Tag der Aufnahme seiner Tätigkeit mit, ob und in welchem Umfang eine private Rentenversicherung zur Absicherung bei Alter und Invalidität sowie eine Krankenversicherung bestehen. Die Agentur kann die Vorlage geeigneter Nachweise verlangen sowie sich schriftlich versichern lassen, dass eine ausreichende soziale Absicherung besteht. Die freiwillige Versicherung in einer gesetzlichen Krankenversicherung gilt auch als ausreichende Krankenversicherung.

Der Auftragnehmer willigt ein, dass die Agentur einen Antrag nach § 7a SGB IV beim Rentenversicherungsträger stellt, um feststellen zu lassen, dass von dem Auftragnehmer keine versicherungspflichtige Tätigkeit ausgeübt wird.

11. Die Vereinbarung tritt am ▬▬▬ in Kraft und gilt für die Dauer von zwölf Monaten. Der Vertrag kann mit einer Frist von drei Monaten zum Monatsende gekündigt werden.

16. Muster: Vertrag mit einem Wirtschaftsprüfer

Zwischen

der Firma ▬▬▬

– nachstehend: Firma –

und

Herrn Wirtschaftsprüfer ▬▬▬

– nachstehend: Auftragnehmer –

wird die nachfolgende Prüfungs- und Beratungsvereinbarung geschlossen:

§ 1 Vertragsleistung

(1) Vertragsleistung des Auftragnehmers ist die betriebswirtschaftliche Prüfung der Firma sowie die Beratung der Firma im Hinblick auf folgende Fragestellungen: ▬▬▬

(2) Vertragsgegenstand bildet weiterhin die Frage, ob die Vorschriften des Steuerrechts oder Sondervorschriften wie ▬▬▬ beachtet sind. Dem Auftragnehmer obliegt es ferner festzustellen, ob Subventionen, Forschungsmittel oder anderweitige Vergünstigungen von der Firma in Anspruch genommen werden können. Vertragsgegenstand bildet die Prüfung, ob Unkorrektheiten in der Buchhaltung oder an anderen Stellen in der Firma vorliegen.

(3) Der Auftrag ist nach den Grundsätzen ordnungsgemäßer Berufsausübung für Wirtschaftsprüfer auszuführen.

(4) Der Auftragnehmer ist berechtigt, sich zur Erfüllung des übernommenen Auftrags Erfüllungsgehilfen und sachverständiger Dritter zu bedienen. Die bei der Inanspruchnahme sachverständiger Dritter anfallenden Kosten sind vorab mit der Firma abzustimmen.

§ 2 Pauschalhonorar

(1) Die Parteien vereinbaren ein Jahres-Pauschalhonorar in Höhe von ▬▬▬ EUR, zahlbar in zwölf gleichen Raten à ▬▬▬ EUR, erstmals zahlbar am ▬▬▬. Die gesetzliche Mehrwertsteuer wird zusätzlich berechnet. Mit dem Pauschalhonorar sind die Vertragsleistungen gemäß § 1 abgegolten mit Ausnahme von Leistungen von § 1 Abs. 4, soweit sich der Wirtschaftsprüfer sachverständiger Dritter bedient.

(2) Der Auftragnehmer hat Anspruch auf Erstattung seiner Auslagen. Die Abrechnung der Auslagen erfolgt monatlich. Zu den Auslagen zählen die Kosten, die dem Auftragnehmer für die Anfertigung von Kopien, Telefon, Telefax, E-Mail, Beförderung von Schriftstücken und Reisekosten, die bei in jedem Einzelfall vorher abzustimmenden Geschäftsreisen entstehen.

§ 3 Berichtspflicht

Der Auftragnehmer ist verpflichtet, über die Ergebnisse seiner Tätigkeit in einem monatlichen Report schriftlich zu berichten. Die Parteien vereinbaren, dass ausschließlich die schriftlichen Mitteilungen zwischen den Parteien maßgeblich sind. Mündliche Erklärungen und Auskünfte von Mitarbeitern des Auftragnehmers gelten als unverbindlich.

§ 4 Verschwiegenheitspflicht

Die Weitergabe von Informationen, die der Auftragnehmer während seiner Tätigkeit für die Firma erlangt hat, bedarf in jedem Falle der schriftlichen Zustimmung des Auftragnehmers.

§ 5 Verwendungsverbot

Die Firma verpflichtet sich, die vom Auftragnehmer gefertigten Gutachten, Organisationspläne, Zeichnungen, Entwürfe, Berechnungen und Aufstellungen, Maßen- und Kostenberechnungen sowie Anmerkungen zu Software-Entwicklungen ausschließlich für eigene Zwecke zu verwenden und Dritten nicht zugänglich zu machen.

§ 6 Obliegenheiten der Firma

(1) Die Firma hat dafür zu sorgen, dass dem Auftragnehmer alle für die Ausführung des Auftrags notwendigen Unterlagen stets rechtzeitig vorgelegt werden und ihm von allen Vorgängen und Umständen Kenntnis gegeben wird, die für die Erledigung des Vertragsgegenstands von Bedeutung sein können. Diese Verpflichtung trifft die Firma auch dann, wenn Unterlagen, Vorgänge oder Umstände erst nach der Beauftragung im Verlaufe des Prüfverfahrens bekannt werden.

(2) Die Firma hat auf Verlangen des Auftragnehmers die Vollständigkeit der vorgelegten Unterlagen und der gegebenen Auskünfte und Erklärungen in einer vom Auftragnehmer formulierten Erklärung schriftlich zu bestätigen.

§ 7 Gewährleistung

(1) Die Firma hat Anspruch auf Beseitigung etwaiger Mängel durch den Auftragnehmer (Nachbesserungsanspruch). Misslingt eine Nachbesserung, kann die Firma auch Herabsetzung der Vergütung oder Rückgängigmachung des Vertrages verlangen.

(2) Die Firma kann die Rückgängigmachung des Vertrages (Wandelung) auch verlangen, wenn die vom Auftragnehmer erbrachte Leistung wegen des Fehlschlagens der Nachbesserung ohne Interesse geworden ist.

(3) Dem Auftragnehmer sind Mängel unverzüglich anzuzeigen. Der Anspruch auf Beseitigung von Mängeln muss von der Firma unverzüglich schriftlich geltend gemacht werden. Ansprüche auf Nachbesserung verjähren mit Ablauf von 12 Monaten, nachdem der Auftragnehmer die berufliche Leistung erbracht hat.

(4) Offenbare Unrichtigkeiten wie Schreibfehler, Rechenfehler etc., die in einem Bericht oder einem Gutachten des Auftragnehmers enthalten sind, können jederzeit vom Auftragnehmer auch Dritten gegenüber berichtigt werden. Unrichtigkeiten, die geeignet sind, in der beruflichen Äußerung des Auftragnehmers enthaltene Ergebnisse in Frage zu stellen, berechtigen den Auftragnehmer, die Äußerung auch Dritten gegenüber zurückzunehmen. In diesen Fällen der Berichtigung bzw. Rücknahme hat der Auftragnehmer die Firma vorher zu informieren.

§ 8 Verschwiegenheitspflicht

(1) Der Auftragnehmer ist verpflichtet, über alle Tatsachen, die ihm im Zusammenhang mit seiner Tätigkeit für die Firma bekannt werden, Stillschweigen zu wahren, gleichviel, ob es sich dabei um die Firma selbst oder deren Geschäftsverbindungen (Abnehmer, Lieferanten etc.) handelt, es sei denn, die Firma hat den Auftragnehmer von seiner Schweigepflicht im Einzelfall entbunden.

(2) Der Auftragnehmer ist befugt, ihm anvertraute personenbezogene Daten im Rahmen der Zweckbestimmung der Firma zu verarbeiten oder durch gesondert vom Auftragnehmer zur Verschwiegenheit zu verpflichtende Dritte verarbeiten zu lassen.

§ 9 Aufbewahrung und Herausgabe von Unterlagen

(1) Gemäß handelsrechtlichen Bestimmungen hat der Auftragnehmer die im Zusammenhang mit der Erledigung der unter diesem Vertrag übernommenen Aufgaben ihm übergebenen und von ihm selbst angefertigten Unterlagen sowie den unter Geltung dieses Vertrages geführten Schriftwechsel sieben Jahre aufzubewahren. Die Frist beginnt mit dem Ende des jeweiligen Auftrags.

(2) Der Auftragnehmer hat auf Verlangen der Firma die von ihm aufbewahrten Unterlagen jederzeit an die Firma herauszugeben.

§ 10 Vertragsdauer, Kündigung

(1) Das Vertragsverhältnis beginnt am ▪▪▪ und ist zunächst für eine Dauer von zwölf Kalendermonaten befristet geschlossen. Die Verlängerung des Vertrages bedarf einer erneuten, ausdrücklichen Vereinbarung, für die Schriftformerfordernis gilt.

(2) Das Recht zur Kündigung aus wichtigem Grund bleibt von der vereinbarten befristeten Vertragslaufzeit unberührt.

(3) Der Auftragnehmer ist zur außerordentlichen Kündigung dieses Vertrages insbesondere berechtigt, wenn die Firma mit der Annahme der von ihm angebotenen Leistung in Verzug gerät oder die Firma eine ihr obliegende Mitwirkung

unterlässt. Der Auftragnehmer ist ferner zur fristlosen Kündigung des Vertrages berechtigt, wenn die Firma berufliche Äußerungen des Auftragnehmers zu Werbezwecken verwendet. Unberührt bleibt der Anspruch des Auftragnehmers auf Ersatz der ihm durch Verzug oder unterlassene Mitwirkung der Firma entstandenen Mehraufwendungen sowie des verursachten Schadens, und zwar auch dann, wenn der Auftragnehmer vom außerordentlichen Kündigungsrecht keinen Gebrauch macht.

§ 11 Besondere Vereinbarungen mit dem Auftragnehmer

(1) Der Auftragnehmer verpflichtet sich, der Firma Kenntnis von sämtlichen anderweitigen Beschäftigungen und Aufträgen zu verschaffen und ihr hierüber im Falle der Durchführung eines Prüfverfahrens durch die Träger der Kranken- und Rentenversicherung Unterlagen und Belege zur Verfügung zu stellen. Änderungen in den Verhältnissen des Auftragnehmers sind der Firma unverzüglich und unaufgefordert schriftlich anzuzeigen.

(2) Verstößt der Auftragnehmer gegen seine Verpflichtungen gemäß Abs. 1, kann die Firma die Arbeitnehmer-Anteile zur Sozialversicherung rückerstattet und künftig erstattet verlangen, falls ein Träger der Kranken- oder Rentenversicherung ein sozialversicherungspflichtiges Beschäftigungsverhältnis feststellt.

(3) Der Auftragnehmer teilt der Firma spätestens bis zum Tag der Aufnahme seiner Tätigkeit mit, ob und in welchem Umfang eine private Rentenversicherung zur Absicherung bei Alter und Invalidität sowie eine Krankenversicherung bestehen. Die Firma kann die Vorlage geeigneter Nachweise verlangen sowie sich schriftlich versichern lassen, dass eine ausreichende soziale Absicherung besteht. Die freiwillige Versicherung in einer gesetzlichen Krankenversicherung gilt auch als ausreichende Krankenversicherung.

(4) Der Auftragnehmer willigt ein, dass die Firma einen Antrag nach § 7a SGB IV beim Rentenversicherungsträger stellt, um feststellen zu lassen, dass von dem Auftragnehmer keine versicherungspflichtige Tätigkeit ausgeübt wird.

§ 12 Schlussbestimmungen

(1) Änderungen und Ergänzungen dieses Vertrages bedürfen der Schriftform.

(2) Sollten eine oder mehrere Bestimmungen dieses Vertrages unwirksam sein oder werden oder sollte der Vertrag Lücken enthalten, bleiben die übrigen Vertragsbestimmungen wirksam. An die Stelle der unwirksamen Bestimmung tritt eine rechtlich zulässige, die Sinn und Zweck der unwirksamen Bestimmung so nahe wie möglich kommt.

17. Muster: Vertrag mit einem Steuerberater

Zwischen

der Firma ■■■

– nachstehend: Firma –

und

Herrn Steuerberater ■■■

– nachstehend: Auftragnehmer –

wird die nachfolgende Prüfungs- und Beratungsvereinbarung geschlossen:

§ 1 Vertragsgegenstand

(1) Vertragsgegenstand bildet die Hilfeleistung des Auftragnehmers in Steuersachen gegen Pauschalvergütung nach § 14 StBGebV.

(2) Vertragsgegenstand bilden, sofern nichts anderes schriftlich vereinbart wird, während der Vertragslaufzeit folgende Tätigkeiten:

a) Buchführung nach nichtkontierten und übergebenen Belegen gem § 33 Abs. 1 StBGebV sowie Hilfeleistung im Bereich der Buchführung gemäß § 33 Abs. StBGebV;

b) Erstellung der Jahresabschlüsse, erstmals zum 31.12.■■■;

c) Ausarbeitung der Jahressteuererklärungen für Einkommensteuer, Körperschaftsteuer und Gewerbesteuer sowie Vermögensteuer, und zwar aufgrund der von der Firma vorzulegenden Jahresabschlüsse und sonstiger für die Besteuerung erforderlicher Aufstellungen und Nachweise;

d) Lohnbuchhaltung gemäß § 34 Abs. 2 StBGebV sowie Hilfeleistung bei der Lohnbuchführung gemäß § 35 Abs. 5 StBGebV;

e) Nachprüfung von Steuerbescheiden;

f) Verhandlungen mit Finanzbehörden im Zusammenhang mit den von der Firma abgegebenen Erklärungen und gegen sie ergangenen Bescheiden;

g) laufende Beratung in steuerlichen Angelegenheiten in einem Umfang von ■■■ Stunden jährlich.

§ 2 Sonderleistungen

(1) Eines besonderen Auftrags bedürfen die folgenden Sonderleistungen:

a) Die Mitwirkung bei Betriebsprüfungen und Auswertung der Ergebnisse von Betriebsprüfern;

b) die zur Wahrung von Fristen erforderlichen Handlungen, es sei denn, dass der Auftragnehmer hierzu ausdrücklich den Auftrag übernommen hat. In diesem Falle hat die Firma dem Auftragnehmer alle für die Wahrung von Fristen wesentlichen Unterlagen, insbesondere Steuerbescheide, so rechtzeitig vorzulegen, dass dem Auftragnehmer eine angemessene Bearbeitungszeit zur Verfügung steht;

c) die Mitwirkung in Einspruchs- und Beschwerdeverfahren;

d) die Beratung und Vertretung in außerordentlichen Rechtsbehelfsverfahren, Verwaltungsvollstreckungsverfahren sowie in Verfahren vor Gerichten der Finanz- und der Verwaltungsgerichtsbarkeit sowie in Steuerstrafsachen;

e) die Bearbeitung besonderer Einzelfragen der Einkommensteuer, Körperschaftsteuer, Gewerbesteuer, Einheitsbewertung und Vermögensteuer sowie aller Fragen der Umsatzsteuer, Lohnsteuer, sonstiger Steuern und Abgaben, wie Erbschaftsteuer, Kapitalverkehrsteuer oder Grundsteuer;

f) die Erstattung schriftlicher Gutachten gemäß § 22 StBGebV;

g) die Beratung unter betriebswirtschaftlichen Gesichtspunkten.

(2) Der Auftrag ist nach den Grundsätzen ordnungsgemäßer Berufsausübung für Steuerberater auszuführen. Der Auftragnehmer berücksichtigt bei der Ausführung die wesentliche veröffentlichte Rechtsprechung und Verwaltungsauffassung der Finanzämter. Ändert sich die Rechtslage nach Abgabe der abschließenden beruflichen Äußerung, ist der Auftragnehmer während der Dauer dieses Vertrages verpflichtet, die Firma auf Änderungen oder sich daraus ergebende Folgerungen hinzuweisen.

(3) Der Auftragnehmer ist berechtigt, sich zur Erfüllung des übernommenen Auftrags Erfüllungsgehilfen und sachverständiger Dritter zu bedienen. Die bei der Inanspruchnahme sachverständiger Dritter anfallenden Kosten sind vorab mit der Firma abzustimmen.

§ 3 Honorar

(1) Als Pauschalhonorar ist zwischen den Parteien für die Vertragsleistungen gemäß § 1 ein jährliches Honorar in Höhe von ■■■ EUR vereinbart. Das Jahreshonorar ist in zwölf gleichen monatlichen Raten à ■■■ EUR zahlbar und zu Beginn eines jeden Kalendermonats, erstmalig zum ■■■ fällig. Die Mehrwertsteuer wird bei Fälligkeit einer Rate in gesetzlicher Höhe zusätzlich berechnet.

(2) Das Pauschalhonorar ist für einen Zeitraum von zwölf Kalendermonaten vereinbart. Für Folgezeiträume von jeweils zwölf Kalendermonaten wird das Honorar unter Berücksichtigung des Zeitaufwands des Auftragnehmers im vergangenen Zwölf-Monats-Zeitraum und unter Berücksichtigung eines etwaig erweiterten Leistungsumfangs jeweils neu vereinbart.

(3) Die Tätigkeiten gemäß § 2 dieses Vertrages, die eines gesonderten Auftrags bedürfen, werden vom Pauschalhonorar nicht erfasst.

(4) Neben dem Pauschalhonorar hat der Auftragnehmer Anspruch auf Erstattung seiner Auslagen, die durch Kommunikation (§ 15 StBerG), Herstellung von Abschriften und Ablichtungen (§ 17 StBerG) und Geschäftsreisen (§§ 18, 19 StBerG) entstehen. Geschäftsreisen, soweit sie erstattungspflichtig sein sollen, bedürfen in jedem Einzelfall vor Antritt der Zustimmung der Firma.

§ 4 Berichtspflicht

Der Auftragnehmer ist verpflichtet, über die Ergebnisse seiner Tätigkeit in einem monatlichen Report schriftlich zu berichten. Die Parteien vereinbaren, dass ausschließlich die schriftlichen Mitteilungen zwischen den Parteien maßgeblich sind. Mündliche Erklärungen und Auskünfte von Mitarbeitern des Auftragnehmers gelten als unverbindlich.

§ 5 Verwendungsverbot

Die Firma verpflichtet sich, die vom Auftragnehmer gefertigten Gutachten, Organisationspläne, Zeichnungen, Entwürfe, Berechnungen und Aufstellungen, Maßen- und Kostenberechnungen sowie Anmerkungen zu Software-Entwicklungen ausschließlich für eigene Zwecke zu verwenden und Dritten nicht zugänglich zu machen.

§ 6 Obliegenheiten der Firma

(1) Die Firma hat dafür zu sorgen, dass dem Auftragnehmer alle für die Ausführung des Auftrags notwendigen Unterlagen stets rechtzeitig vorgelegt werden und ihm von allen Vorgängen und Umständen Kenntnis gegeben wird, die für die Erledigung des Vertragsgegenstands von Bedeutung sein können. Diese Verpflichtung trifft die Firma auch dann, wenn Unterlagen, Vorgänge oder Umstände erst nach der Beauftragung im Verlaufe des Prüfverfahrens bekannt werden.

(2) Die Firma hat auf Verlangen des Auftragnehmers die Vollständigkeit der vorgelegten Unterlagen und der gegebenen Auskünfte und Erklärungen in einer vom Auftragnehmer formulierten Erklärungen schriftlich zu bestätigen.

§ 7 Gewährleistung

(1) Die Firma hat Anspruch auf Beseitigung etwaiger Mängel durch den Auftragnehmer (Nachbesserungsanspruch). Misslingt eine Nachbesserung, kann die Firma auch Herabsetzung der Vergütung oder Rückgängigmachung des Vertrages verlangen.

(2) Die Firma kann die Rückgängigmachung des Vertrages (Wandelung) auch verlangen, wenn die vom Auftragnehmer erbrachte Leistung wegen des Fehlschlagens der Nachbesserung ohne Interesse geworden ist.

(3) Dem Auftragnehmer sind Mängel unverzüglich anzuzeigen. Der Anspruch auf Beseitigung von Mängeln muss von der Firma unverzüglich schriftlich geltend gemacht werden. Ansprüche auf Nachbesserung verjähren mit Ablauf von 12 Monaten, nachdem der Auftragnehmer die berufliche Leistung erbracht hat.

(4) Offenbare Unrichtigkeiten wie Schreibfehler, Rechenfehler etc., die in einem Bericht oder einem Gutachten des Auftragnehmers enthalten sind, können jederzeit vom Auftragnehmer auch Dritten gegenüber berichtigt werden. Unrichtigkeiten, die geeignet sind, in der beruflichen Äußerung des Auftragnehmers enthaltene Ergebnisse in Frage zu stellen, berechtigen den Auftragnehmer, die Äußerung auch Dritten gegenüber zurückzunehmen. In diesen Fällen der Berichtigung bzw. Rücknahme hat der Auftragnehmer die Firma vorher zu informieren.

§ 8 Verschwiegenheitpflicht

(1) Der Auftragnehmer ist verpflichtet, über alle Tatsachen, die ihm im Zusammenhang mit seiner Tätigkeit für die Firma bekannt werden, Stillschweigen zu wahren, gleichviel, ob es sich dabei um die Firma selbst oder deren Geschäftsverbindungen (Abnehmer, Lieferanten etc.) handelt, es sei denn, die Firma hat den Auftragnehmer von seiner Schweigepflicht im Einzelfall entbunden.

(2) Der Auftragnehmer ist befugt, ihm anvertraute personenbezogene Daten im Rahmen der Zweckbestimmung der Firma zu verarbeiten oder durch gesondert vom Auftragnehmer zur Verschwiegenheit zu verpflichtende Dritte verarbeiten zu lassen.

(3) Die Weitergabe von Informationen, die der Auftragnehmer während seiner Tätigkeit für die Firma erlangt hat, bedarf in jedem Falle der schriftlichen Zustimmung des Auftraggebers.

§ 9 Aufbewahrung und Herausgabe von Unterlagen

(1) Gemäß handelsrechtlichen Bestimmungen hat der Auftragnehmer die im Zusammenhang mit der Erledigung der unter diesem Vertrag übernommenen Aufgaben ihm übergebenen und von ihm selbst angefertigten Unterlagen sowie den unter Geltung dieses Vertrages geführten Schriftwechsel sieben Jahre aufzubewahren. Die Frist beginnt mit Ende des jeweiligen Auftrags.

(2) Der Auftragnehmer hat auf Verlangen der Firma die von ihm aufbewahrten Unterlagen jederzeit an die Firma herauszugeben.

§ 10 Besondere Vereinbarungen mit dem Auftragnehmer

(1) Der Auftragnehmer verpflichtet sich, der Firma Kenntnis von sämtlichen anderweitigen Beschäftigungen und Aufträgen zu verschaffen und ihr hierüber im Falle der Durchführung eines Prüfverfahrens durch die Träger der Kranken- und Rentenversicherung Unterlagen und Belege zur Verfügung zu stellen. Änderungen in den Verhältnissen des Auftragnehmers sind der Firma unverzüglich und unaufgefordert schriftlich anzuzeigen.

(2) Verstößt der Auftragnehmer gegen seine Verpflichtungen gemäß Abs. 1, kann die Firma die Arbeitnehmer-Anteile zur Sozialversicherung rückerstattet und künftig erstattet verlangen, falls ein Träger der Kranken- oder Rentenversicherung ein sozialversicherungspflichtiges Beschäftigungsverhältnis feststellt.

(3) Der Auftragnehmer teilt der Firma spätestens bis zum Tag der Aufnahme seiner Tätigkeit mit, ob und in welchem Umfang eine private Rentenversicherung zur Absicherung bei Alter und Invalidität sowie eine Krankenversicherung bestehen. Die Firma kann die Vorlage geeigneter Nachweise verlangen sowie sich schriftlich versichern lassen, dass eine ausreichende soziale Absicherung besteht. Die freiwillige Versicherung in einer gesetzlichen Krankenversicherung gilt auch als ausreichende Krankenversicherung.

(4) Der Auftragnehmer willigt ein, dass die Firma einen Antrag nach § 7a SGB IV beim Rentenversicherungsträger stellt, um feststellen zu lassen, dass von dem Auftragnehmer keine versicherungspflichtige Tätigkeit ausgeübt wird.

§ 11 Vertragsdauer, Kündigung

(1) Das Vertragsverhältnis beginnt am ▬▬▬ und ist zunächst für eine Dauer von zwölf Kalendermonaten befristet geschlossen. Die Verlängerung des Vertrages bedarf einer erneuten, ausdrücklichen Vereinbarung, für die Schriftformerfordernis gilt.

(2) Das Recht zur Kündigung aus wichtigem Grund bleibt von der vereinbarten befristeten Vertragslaufzeit unberührt.

(3) Der Auftragnehmer ist zur außerordentlichen Kündigung dieses Vertrages insbesondere berechtigt, wenn die Firma mit der Annahme der von ihm angebotenen Leistung in Verzug gerät oder die Firma eine ihr obliegende Mitwirkung unterlässt. Der Auftragnehmer ist ferner zur fristlosen Kündigung des Vertrages berechtigt, wenn die Firma berufliche Äußerungen des Auftragnehmers zu Werbezwecken verwendet. Unberührt bleibt der Anspruch des Auftragnehmers auf Ersatz der ihm durch Verzug oder unterlassene Mitwirkung der Firma entstandenen Mehraufwendungen sowie des verursachten Schadens, und zwar auch dann, wenn der Auftragnehmer vom außerordentlichen Kündigungsrecht keinen Gebrauch macht.

§ 12 Schlussbestimmungen

(1) Änderungen und Ergänzungen dieses Vertrages bedürfen der Schriftform.

(2) Sollten eine oder mehrere Bestimmungen dieses Vertrages unwirksam sein oder werden oder sollte der Vertrag Lücken enthalten, bleiben die übrigen Vertragsbestimmungen wirksam. An die Stelle der unwirksamen Bestimmung tritt eine rechtlich zulässige, die Sinn und Zweck der unwirksamen Bestimmung so nahe wie möglich kommt.

18. Muster: Freier Mitarbeitervertrag eines programmgestaltenden Rundfunkmitarbeiters

Moderatorenvertrag

zwischen

Herrn ▬▬▬

und

der Rundfunkanstalt ▬▬▬

§ 1 Gegenstand des Vertrages

(1) Die Rundfunkanstalt beschäftigt Herrn ▬▬▬ nach Bedarf als Moderator für Hörfunk und Fernsehen, soweit Herr ▬▬▬ zeitlich zur Verfügung steht und Bedarf besteht.

(2) Mit dem Abschluss des jeweiligen Einzelvertrages räumt Herr ▬▬▬ der Anstalt die ausschließlichen, zeitlich, räumlich und inhaltlich unbeschränkten, in Erfüllung seiner vertraglichen Pflichten aus dem Beschäftigungsverhältnis erworbenen Urheberrechte und verwandten Schutzrechte im Sinne des Urheberrechtsgesetzes zu Zwecken des Rundfunks ganz oder teilweise im In- und Ausland unbeschränkt zu nutzen und die unter Benutzung seiner Leistung erfolgte Sendung oder hergestellte Produktion ganz oder teilweise im In- und Ausland unbeschränkt zu verwerten.

(3) Herr ▬▬▬ trägt sich in ausgelegte Dienstpläne ein oder gibt der Redaktion mit einem Vorlauf von sechs Wochen bekannt, an welchen Tagen oder zu welchen Zeiten er keine Sendung machen möchte. Herr ▬▬▬ kann durch eine Eintragung in Dienstpläne nicht verpflichtet werden, eine Sendung zu übernehmen. Erst dann, wenn er eine Eintragung in Dienstpläne mit seiner Unterschrift als erwünscht bestätigt hat, wird der Einzelauftrag für beide Parteien verbindlich.

§ 2 Umfang der eingeräumten Rechte

(1) Die Anstalt erhält zu den Zwecken gemäß § 1 Abs. 2 durch Herrn ▬▬▬ folgende Nutzungsrechte:

- Das Senderecht. Als Senderecht definieren die Parteien das Recht, die Sendung durch Ton- und Fernsehrundfunk einschließlich Kabelhörfunk und -fernsehen sowie der Übertragung durch Satelliten, Drahtfunk, Videotext oder auf digitalem Wege der Öffentlichkeit zugänglich zu machen.
- Das Aufführungs-, Vortrags- und Vorführungsrecht einschließlich des Rechts, das Werk durch Ton und/oder Bildträger oder durch Funksendungen, insbesondere im Zusammenhang mit Messen, Ausstellungen, Festivals, Wettbewerben und sonstigen Werbemaßnahmen für den Rundfunk öffentlich wahrnehmbar zu machen.
- Das Recht, Abdrucke des Sendemanuskriptes im Rahmen von Transkriptionsdiensten nach Ausstrahlung des Werkes an Interessenten zum persönlichen Gebrauch unentgeltlich abzugeben.

- Das Vervielfältigungsrecht einschließlich des Rechts der Übertragung auf Bild und/oder Tonträger sowie des Rechts, diese Vervielfältigungsstücke zu verbreiten, einschließlich des Rechts zur Vermietung, zum Verkauf oder zum Verleih.
- Das Recht zur Herstellung, Vervielfältigung und Verbreitung von Werbe- und Informationsmaterial einschließlich der bildlichen Darstellung von Herrn ▄▄▄ sowie von schriftlichem Begleitmaterial oder Begleittexten, soweit dies nach der Art der Sendung typisch ist oder einzelvertraglich vereinbart wird.

(2) Mit dem Abschluss des jeweiligen Einzelvertrages überträgt Herr ▄▄▄ der Anstalt die in § 1 Abs. 2 und § 2 Abs. 1 genannten zeitlich, räumlich und inhaltlich unbeschränkten Rechte zur Verwertung der Produktion auch zu Zwecken der Bildungs- oder Kulturarbeit sowie zu Zwecken der Tonträgerverwertung. Herr ▄▄▄ räumt der Anstalt außerdem das Recht ein, von der Rundfunkproduktion Tonträger aller Art herzustellen und diese zur gewerblichen oder nichtgewerblichen öffentlichen wie nichtöffentlichen Wiedergabe durch Wiedergabegeräte aller Art zu verkaufen. Die Herstellung umfasst dabei auch die Aufnahme von Funksendungen auf Tonträger einschließlich der Vervielfältigung und Verbreitung (Mitschnitt).

§ 3 Eigene Nutzungsrechte des Moderators
Von §§ 1 und 2 nicht erfasst und Herrn ▄▄▄ vorbehalten bleiben dessen von urheberrechtlichen Verwertungsgesellschaften wahrgenommenen Zweitwiedergaberechte und Vergütungsansprüche gemäß §§ 21, 22, 27, 54 sowie §§ 76 Abs. 2 und 77 UrhG mit Ausnahme aller der Anstalt eingeräumten Rechte zum Mitschnitt von Funksendungen.

§ 4 Freiheit von Rechten Dritter
(1) Mit Abschluss dieses Vertrages versichert Herr ▄▄▄, dass die der Anstalt eingeräumten Rechte weder ganz noch teilweise einem Dritten übertragen, eingeräumt oder mit den Rechten eines Dritten belastet sind und kein Dritter mit ihrer Wahrnehmung beauftragt ist.

(2) Herr ▄▄▄ verpflichtet sich, die Anstalt oder Drittberechtigte von allen Ansprüchen freizustellen, die von Dritten aufgrund einer Verletzung von Pflichten nach Abs. 1 geltend gemacht werden.

(3) Herr ▄▄▄ ermächtigt die Anstalt bei Rechtsverletzungen durch Dritte auch von ihm nicht gemäß § 2 Abs. 1 bis 2 der Anstalt eingeräumte Rechte an seiner Vertragsleistung im In- und Ausland geltend zu machen.

§ 5 Namensnennung
Die Namensnennung von Herrn ▄▄▄ (Urheber oder Mitwirkender) erfolgt im Zusammenhang mit der Sendung, soweit die Nennung rundfunküblich ist. Bei der Weiterübertragung von Rechten sowie der Weitergabe von Produktionen der Anstalt an Dritte wird eine entsprechende Urhebernennung sichergestellt.

§ 6 Rechteübertragung an Dritte
(1) Die Anstalt ist berechtigt, die ihr von Herrn ▄▄▄ eingeräumten Rechte ganz oder teilweise auf Dritte zu übertragen oder Dritten Nutzungsrechte einzuräumen. Sie ist ferner berechtigt, diese Rechte in Auftrags- oder Gemeinschaftsproduktionen einzubringen und die Rechte zur Auswertung auch dieser Produktionen auf Dritte zu übertragen.

(2) Im Falle einer kommerziellen Verwertung durch Dritte aufgrund einer Weiterübertragung von Rechten im Sinne von Abs. 1 wird die Anstalt vorbehaltlich anderweitiger Vereinbarungen den Dritten verpflichten, die Rechte von Herrn ▄▄▄ angemessen abzugelten und hierüber mit ihm eine der Anstalt nachzuweisende Vereinbarung zu treffen, sofern die kommerzielle Verwertung durch Dritte nicht schon mit der ursprünglichen Vergütung abgegolten ist.

§ 7 Umfang der Weisungs- und Änderungsrechte
(1) Die Anstalt kann hinsichtlich der inhaltlichen, künstlerischen und technischen Gestaltung der Darbietung, des Tonträgers oder der Sendung Anweisungen geben.

(2) Bei Auftragswerken hat Herr ▄▄▄ die Wünsche der Anstalt zum Sendeformat und zum Inhalt des Werkes zu berücksichtigen. Die Entscheidung über die Abnahme als sendefertige Fassung trifft die Anstalt nach billigem Ermessen. Nimmt die Anstalt das Werk nicht ab, ist Herr ▄▄▄ berechtigt, das Werk innerhalb einer von der Anstalt festzusetzenden angemessenen Frist zu ändern. Weigert sich Herr ▄▄▄, eine Änderung vorzunehmen, ist er zu einer Änderung nicht imstande oder wird auch die geänderte Fassung nicht abgenommen, so hat die Anstalt das Recht, unter Verwendung der bisher erarbeiteten Vorlage ein Werk herzustellen oder durch Dritte herstellen zu lassen.

(3) Die Anstalt ist berechtigt, ein Exposé oder ein ähnliches zur weiteren Bearbeitung bestimmtes Werk von Herrn ▄▄▄ ganz oder teilweise selbst für die Verfilmung oder Sendung auszuarbeiten oder durch Dritte ausarbeiten zu lassen.

(4) Herr ▄▄▄ erteilt der Anstalt seine Einwilligung zur Bearbeitung, Umgestaltung, Änderung, Synchronisation, Übersetzung, Untertitelung, Vertonung seiner erbrachten Vertragsleistung und zu deren ausschließlicher Nutzung auch in Ausschnitten sowie dazu, das Werk mit Titeln zu versehen. Gegen Entstellungen oder andere aus dem Urheberrecht resultierende Beeinträchtigungen bleibt Herr ▄▄▄ geschützt. Insbesondere kann ein nur für das Fernsehen bestimmtes

Werk für den Hörfunk oder ein nur für den Hörfunk bestimmtes Werk für das Fernsehen bearbeitet oder umgestaltet werden, sofern eine Entstellung oder andere Beeinträchtigung damit nicht verbunden ist.

§ 8 Quellunterlagen

(1) Herr ▬ ist verpflichtet, der Anstalt ein vollständiges Exemplar der Quellunterlagen abzuliefern, soweit das Werk nicht in bloßer Moderation von Zwischentexten besteht. Das Eigentum an den von Herrn ▬ hergestellten Quellunterlagen geht mit der Herstellung auf die Anstalt mit der Maßgabe über, dass das Eigentum an Originalen grafischer Werke sowie anderer Werke der bildenden Kunst nach vertraglicher Auswertung des Werkes durch die Anstalt auf den Hersteller zurückzuübertragen ist.

(2) Sofern Herr ▬ die Produktion nach Umfang und eigenpersönlicher Gestaltung entscheidend geprägt hat, kann er mit Zustimmung der Anstalt und der anderen Berechtigten nach der Erstsendung der Produktion Ton- und/oder Bildträgerkopien auf eigene Kosten zum eigenen persönlichen Gebrauch verlangen. Die Anstalt kann ihre Zustimmung hierzu nur aus wichtigem Grund, insbesondere bei unzumutbarem Aufwand versagen.

(3) Das Herrn ▬ von der Anstalt zur Verfügung gestellte Material hat er nach Beendigung der Benutzung aufgrund dieses Vertrages zurückzugeben.

(4) Bei der Benutzung von Aufführungsmaterial, das die Anstalt nicht zur Verfügung stellt, ist Herr ▬ verpflichtet, die für die Abrechnung mit Autoren, Komponisten und Verlegern notwendigen Angaben spätestens bei Vertragsschluss der Anstalt einzureichen. In diesem Fall übernimmt die Anstalt die Abgeltung der auf der Verwendung des Aufführungsmaterials beruhenden Ansprüche. Unterbleibt die rechtzeitige Mitteilung, so ist Herr ▬ verpflichtet, diese Ansprüche selbst zu befriedigen und die Anstalt von etwaigen nachträglich erhobenen Forderungen Dritter freizustellen.

(5) Die Hinzuziehung von Hilfskräften durch Herrn ▬ bedarf der vorherigen schriftlichen Vereinbarung mit der Anstalt.

§ 9 Nutzungsbemühungen

(1) Eine Verpflichtung, das Werk für die vereinbarten Zwecke zu nutzen, besteht für die Anstalt aufgrund dieses Vertrages nicht. Die Anstalt wird sich nach Maßgabe ihrer betrieblichen Gegebenheiten bemühen, die ihr eingeräumten Rechte zu nutzen. Dabei wird sie insbesondere von Herrn ▬ nachgewiesene Möglichkeiten prüfen.

(2) Findet innerhalb der Fristen des § 41 Abs. 2 UrhG (2 Jahre) eine Sendung oder die Herstellung von Bild- und/oder Tonträgern des Werkes nicht statt, so ist Herr ▬ berechtigt, die der Anstalt eingeräumten Rechte gegen Erstattung des bisher empfangenen Honorars zurückzurufen. Die Frist beginnt mit Beendigung der Beschäftigung von Herrn ▬. Im Übrigen ist die Anstalt bereit, mit Herrn ▬ über eine vorzeitige Freigabe nicht genutzter Rechte zu verhandeln.

§ 10 Sonstige Pflichten des Moderators

(1) Herr ▬ ist verpflichtet, Stillschweigen über den Inhalt einer Produktion oder Sendung zu bewahren, für die er beschäftigt wird, sofern deren Inhalt der Öffentlichkeit auf schriftlichen Hinweis der Anstalt vor der Sendung nicht bekannt werden soll oder wenn sich dies aus den Umständen ergibt.

(2) Herr ▬ ist verpflichtet, sich im Zusammenhang mit seiner produktionsbedingten Anwesenheit unentgeltlich im üblichen Umfang für Öffentlichkeitsarbeit der Anstalt (Interviews, Pressekonferenzen und Fotoaufnahmen) zur Verfügung zu stehen.

(3) Ankündigungen und bildliche Darstellungen, die auf die Tätigkeit von Herrn ▬ im Rahmen eines Einzelvertrages mit der Anstalt Bezug nehmen, darf nur die Anstalt verbreiten oder verbreiten lassen.

§ 11 Vergütung

(1) Die Einräumung der Rechte nach § 2 ist durch das vereinbarte Honorar abgegolten, soweit die Einzelvereinbarung nicht besonders gekennzeichnet ist.

(2) Ist die Vertragsleistung des Einzelvertrages gesondert gekennzeichnet, so erhält Herr ▬ zusätzliche Vergütungen.

(3) Für Wiederholungen in einem seiner eigenen Hörfunk-/Fernsehprogramme zahlt die Anstalt an Herrn ▬ eine Wiederholungsvergütung in Höhe von ▬ % der Erstvergütung.

(4) Wird eine Sendung der Anstalt von einem anderen Sendeunternehmen des In- oder Auslandes übernommen bzw. ein Tonträger der Anstalt für Hörfunkzwecke verwendet, muss die Anstalt das betreffende Sendeunternehmen verpflichten, an Herrn ▬ eine Übernahmevergütung in Höhe von ▬ % zu zahlen.

(5) Bei Verwendung nur eines Teiles der Produktion ermäßigt sich die Wiederholungs-/Übernahmevergütung anteilmäßig.

(6) Die Vergütung im Sinne von § 11 Abs. 1 teilt sich in ein Ausarbeitungs- und ein Sendehonorar. Das Ausarbeitungshonorar ist nach Abnahme des Werkes, das Sendehonorar nach der Sendung fällig. Sieht die Anstalt von der Sendung des Werkes oder der Herstellung eines Bild- und/oder Tonträgers ab, so entfällt der Anspruch auf das Sendehonorar. Das Ausarbeitungshonorar verbleibt Herrn ▪▪▪. Kommt es gemäß § 7 Abs. 2 nicht zu einer Abnahme des Werkes, so zahlt die Anstalt anstelle des Gesamthonorars eine angemessene Vergütung nach ihrem Ermessen. Dabei sind der Umfang der aufgrund des Vertrages bereits geleisteten Arbeiten einschließlich der notwendigen Aufwendungen von Herrn ▪▪▪ und der Verwendbarkeit der bislang vorliegenden Fassung für die vertraglichen Zwecke zu berücksichtigen.

(7) Sendungen oder sonstige öffentliche Wiedergaben auf oder anlässlich von Messen, Ausstellungen, Festivals oder Wettbewerben, die Verwendung zu Prüf-, Lehr- oder Forschungszwecken, in Programmvorschauen und Inhaltsangaben für Presse und Rundfunk und für sonstiges Werbematerial sind durch die in der Einzelvereinbarung vereinbarte Erstvergütung abgegolten.

(8) Alle Zahlungsverpflichtungen aus der Einzelvereinbarung enden mit Ablauf der gesetzlichen Schutzfristen.

(9) Herr ▪▪▪ verpflichtet sich, Vergütungsüberzahlungen ohne Rücksicht auf eine noch vorhandene Bereicherung zurückzuzahlen.

§ 12 Sonstige Bestimmungen

(1) Alle vereinbarten Vergütungen und zu erstattenden Kosten sind Nettobeträge. Mehrwertsteuer sowie alle sonstigen Abgaben werden zusätzlich berücksichtigt.

(2) Zwischen Herrn ▪▪▪ und der Anstalt besteht Einverständnis, dass Herr ▪▪▪ im Rahmen seiner Vertragserfüllung als freier Mitarbeiter und nicht als Arbeitnehmer tätig wird.

(3) Herr ▪▪▪ verpflichtet sich, der Anstalt Kenntnis von sämtlichen anderweitigen Beschäftigungen und Aufträgen zu verschaffen und ihr hierüber im Falle der Durchführung eines Prüfverfahrens durch die Träger der Kranken- und Rentenversicherung Unterlagen und Belege zur Verfügung zu stellen. Änderungen in den Verhältnissen des Mitarbeiters sind der Anstalt unverzüglich und unaufgefordert schriftlich anzuzeigen.

(4) Verstößt Herr ▪▪▪ gegen seine Verpflichtungen gemäß Abs. 3, kann die Anstalt die Arbeitnehmer-Anteile zur Sozialversicherung rückerstattet und künftig erstattet verlangen, falls ein Träger der Kranken- oder Rentenversicherung ein sozialversicherungspflichtiges Beschäftigungsverhältnis feststellt.

(5) Herr ▪▪▪ teilt der Anstalt spätestens bis zum Tag der Aufnahme seiner Tätigkeit mit, ob und in welchem Umfang eine private Rentenversicherung zur Absicherung bei Alter und Invalidität sowie eine Krankenversicherung bestehen. Die Anstalt kann die Vorlage geeigneter Nachweise verlangen sowie sich schriftlich versichern lassen, dass eine ausreichende soziale Absicherung besteht. Die freiwillige Versicherung in einer gesetzlichen Krankenversicherung gilt auch als ausreichende Krankenversicherung.

(6) Herr ▪▪▪ willigt ein, dass die Anstalt einen Antrag nach § 7a SGB IV beim Rentenversicherungsträger stellt, um feststellen zu lassen, dass von Herrn ▪▪▪ keine versicherungspflichtige Tätigkeit ausgeübt wird.

(7) Mündliche Nebenabreden sind nicht getroffen worden. Änderungen und Ergänzungen bedürfen stets zu ihrer Wirksamkeit der Schriftform.

(8) Die etwaige Unwirksamkeit einzelner Bestimmungen dieser Einzelvereinbarung berührt deren Wirksamkeit nicht.

(9) Sofern nichts anderes vereinbart ist, ist Erfüllungsort der Sitz der Anstalt bzw. der Ort der Betriebsstelle, für die Herr ▪▪▪ die vereinbarte Leistung erbringt.

(10) Für die Auslegung dieses Vertrages gilt das Recht der Bundesrepublik Deutschland.

19. Muster: Subunternehmervertrag

Subunternehmervertrag

Firma ▪▪▪

– nachstehend: Auftraggeber –

und

Herr ▪▪▪

– nachstehend: Auftragnehmer –

schließen nachfolgenden Subunternehmervertrag:

§ 1 Verträge mit Arbeitnehmern, freien Mitarbeitern und Gesellschaftsorganen

Präambel

Der Auftraggeber erbringt auf dem Gebiet ▬▬▬ Dienstleistungen. Gegenstand dieses Vertrages ist die Regelung der Beauftragung des Auftragnehmers als Subunternehmer des Auftraggebers bei Ausführung dieser Dienstleistungen. Der Auftragnehmer verpflichtet sich zur selbständigen Erledigung der ihm durch den Auftraggeber übertragenen Einzelaufträge nach Maßgabe der nachfolgenden Konditionen.

§ 1

Der Auftragnehmer erbringt die Dienstleistung gegenüber dem Kunden des Auftraggebers selbständig im Auftrag des Auftraggebers. Die selbständige Erledigung des Auftrags erfordert die Anmeldung eines Gewerbes. Die Gewerbeanmeldung ist dem Auftraggeber schriftlich nachzuweisen. Die Ausführung der Einzelaufträge erfolgt durch den Auftragnehmer selbst oder durch selbständige oder unselbständige Dritte. In jedem Fall hat der Auftragnehmer zu gewährleisten, dass die Auftragsausführung nach den gesetzlichen sowie sonstigen sicherheitstechnischen Vorschriften erfolgt.

§ 2

Der Auftraggeber unterbreitet dem Auftragnehmer jeweils ein Angebot über die einzelnen Aufträge. Die Erklärung der Annahme oder Ablehnung des einzelnen Auftrags ist durch den Auftragnehmer gegenüber der Firma jeweils innerhalb einer Frist von maximal ▬▬▬ Tagen zu erklären.

§ 3

Lässt der Auftragnehmer die einzelnen Aufträge durch Dritte ausführen, so gilt nachfolgende Regelung: Der Auftragnehmer hat dem Auftraggeber seinerseits die Selbständigkeit und Qualifikation des von ihm beauftragten selbständigen oder unselbständigen Dritten nachzuweisen. Soweit der Dritte seinerseits selbständig ist, hat er dem Auftragnehmer seine Selbständigkeit und Qualifikation zur Ausführung des Auftrages nachzuweisen. Im Hinblick auf die Selbständigkeit gilt die gleiche Verpflichtung zur Anmeldung und zum Nachweis eines selbständigen Gewerbes wie für den Auftragnehmer selbst. Der Auftragnehmer haftet dem Auftraggeber für die Qualifikation und Selbständigkeit des Dritten sowie sämtliche Ansprüche, die von anderen natürlichen oder juristischen Personen des privaten oder öffentlichen Rechts gegenüber dem Auftraggeber diesbezüglich geltend gemacht werden. Dies gilt unabhängig vom Rechtsgrund solcher Forderungen und von einem schuldhaften Verhalten des Auftragnehmers. Ist der Dritte unselbständig, so verpflichtet sich der Auftragnehmer, den Dritten ordnungsgemäß zu vergüten sowie die öffentlich-rechtlichen Abgaben (Lohnsteuer sowie Gesamtsozialversicherungsbeiträge) ordnungsgemäß abzuführen. Der Auftragnehmer ist verpflichtet, die jeweilige Abführung der vorgenannten Beiträge dem Auftraggeber nachzuweisen.

§ 4

Die zur Ausführung des Auftrags notwendigen Werkzeuge und Gerätschaften werden nicht vom Auftraggeber gestellt. Der Auftragnehmer ist jedoch berechtigt, diese – soweit vorrätig – beim Auftraggeber anzumieten. Die Überlassung der einzelnen Mietgegenstände sowie der Mietzins werden in einer gesonderten Vereinbarung geregelt.

§ 5

Ein zur Ausführung des Auftrags notwendiges Fahrzeug wird vom Auftraggeber ebenfalls nicht gestellt. Es kann jedoch durch den Auftragnehmer vom Auftraggeber gemietet werden. Gleich, ob ein eigenes oder ein vom Auftraggeber überlassenes Fahrzeug benutzt wird, trägt dieses grundsätzlich keine Bezeichnung des Auftraggebers. Eine Werbung des Auftraggebers auf den benutzten Fahrzeugen kann zwischen den Parteien dieses Vertrages vereinbart werden. Für den Fall, dass eine Werbung auf dem Fahrzeug vereinbart wird, zahlt der Auftraggeber hierfür je Quadratmeter und Monat der Nutzung der Werbefläche auf dem Kfz ein Entgelt von ▬▬▬ EUR zzgl. Mehrwertsteuer.

§ 6

Der Auftragnehmer verpflichtet sich zum Abschluss und Nachweis einer separaten Betriebshaftpflichtversicherung, die gegenüber dem Auftraggeber nachzuweisen ist. Diese muss sich mindestens auf ▬▬▬ EUR der Höhe nach belaufen.

§ 7

Die erbrachten Leistungen und Lieferungen werden gemäß der Anlage 1 zu diesem Vertrag vergütet. Die Vergütung für den Auftragnehmer ist zzgl. der gesetzlichen Mehrwertsteuer vom Auftragnehmer in Rechnung zu stellen und vom Auftraggeber zu zahlen. Die Vergütung wird fällig nach Erbringung der Leistung und Fakturierung an den Kunden. Vom Kunden berechtigterweise geltend gemachte Schadensersatzansprüche oder berechtigte sonstige Leistungsminderungen gehen zu Lasten des Auftragnehmers, es sei denn, dass diese Minderungen oder Ersatzforderungen des Kunden aufgrund Verschuldens des Auftraggebers entstanden sind. Die Beweislast trägt der Auftragnehmer. Die jeweilige Abrechnung erfolgt zum Monatsende durch Vorlage der Unterlagen über die Erbringung der Leistung und Lieferung durch den Auftragnehmer gegenüber dem Kunden.

§ 8

Verstößt der Auftragnehmer gegen die Verpflichtungen aus den §§ 1, 3 und 6 über die Nachweispflicht des eigenen Gewerbes, des Gewerbes eines eventuell den Auftrag ausführenden Dritten, über den Nachweis der Abführung eventueller Lohnsteuer und Gesamtsozialversicherungsbeiträge dieses Dritten sowie über den Nachweis der Haftpflichtversicherung, so zahlt der Auftragnehmer für jeden Fall des Verstoßes eine Vertragsstrafe in Höhe von 5.000 EUR an den Auftraggeber. Gleiches gilt für einen schuldhaften Verstoß des Auftragnehmers im Hinblick auf die Qualifikation zur Durchführung des Auftrags durch den Auftragnehmer selbst oder durch von ihm beauftragte oder angestellte Dritte.

Eine fortdauernde Unterlassung der oben genannten Anzeigepflichten gilt nach jeder Abmahnung durch den Arbeitgeber als Einzelverstoß, maximal jedoch als ein Verstoß pro Kalendermonat.

Dem Auftraggeber bleibt es vorbehalten, einen darüber hinausgehenden Schaden geltend zu machen.

§ 9

Betriebs- und Geschäftsgeheimnisse des Auftraggebers, die dem Auftragnehmer bekannt geworden sind, sind auch über die Beendigung des Vertragsverhältnisses hinaus als Geheimnis zu behandeln und dürfen Dritten nicht zugänglich gemacht werden.

§ 10

Dieser Vertrag läuft auf unbestimmte Zeit. Er kann beiderseits mit einer Frist von sechs Wochen zum Quartalsende gekündigt werden. Im Fall der Vertragsbeendigung sind sämtliche der im Laufe der Geschäftsbeziehung erhaltenen Gegenstände, Unterlagen und sonstigen zur Ausführung des Auftrags erforderlichen Objekte unaufgefordert und unversehrt an den Auftraggeber zurückzugeben. Ein Zurückbehaltungsrecht besteht nicht.

§ 11 Besondere Vereinbarungen mit dem Auftragnehmer

Der Auftragnehmer verpflichtet sich, dem Auftraggeber Kenntnis von sämtlichen anderweitigen Beschäftigungen und Aufträgen zu verschaffen und ihm hierüber im Falle der Durchführung eines Prüfverfahrens durch die Träger der Kranken- und Rentenversicherung Unterlagen und Belege zur Verfügung zu stellen. Änderungen in den Verhältnissen des Auftragnehmers sind dem Auftraggeber unverzüglich und unaufgefordert schriftlich anzuzeigen.

Verstößt der Auftragnehmer gegen seine Verpflichtungen gemäß Abs. 1, kann der Auftraggeber die Arbeitnehmer-Anteile zur Sozialversicherung rückerstattet und künftig erstattet verlangen, falls ein Träger der Kranken- oder Rentenversicherung ein sozialversicherungspflichtiges Beschäftigungsverhältnis feststellt.

Der Auftragnehmer teilt dem Auftraggeber spätestens bis zum Tag der Aufnahme seiner Tätigkeit mit, ob und in welchem Umfang eine private Rentenversicherung zur Absicherung bei Alter und Invalidität sowie eine Krankenversicherung bestehen. Der Auftraggeber kann die Vorlage geeigneter Nachweise verlangen sowie sich schriftlich versichern lassen, dass eine ausreichende soziale Absicherung besteht. Die freiwillige Versicherung in einer gesetzlichen Krankenversicherung gilt auch als ausreichende Krankenversicherung.

Der Auftragnehmer willigt ein, dass der Auftraggeber einen Antrag nach § 7a SGB IV beim Rentenversicherungsträger stellt, um feststellen zu lassen, dass von dem freien Mitarbeiter keine versicherungspflichtige Tätigkeit ausgeübt wird.

§ 12

Gerichtsstand für alle Auseinandersetzungen, die im Zusammenhang mit diesem Vertrag stehen, ist ▪▪▪.

§ 13

Sollte eine Bestimmung dieses Vertrages unwirksam oder undurchführbar sein, so werden die übrigen Bestimmungen des Vertrages davon nicht betroffen. Die Vertragspartner verpflichten sich, die unwirksame Bestimmung durch eine Bestimmung zu ersetzen, durch welche der beabsichtigte Vertragszweck so weit wie möglich in rechtlich zulässiger Weise erreicht werden kann. Entsprechendes gilt für Regelungslücken, die dieser Vertrag enthält.

20. Muster: Geschäftsbesorgungsvertrag zur Bestellung eines externen Datenschutzbeauftragten

Zwischen

der Firma ▪▪▪

und

Herrn ▪▪▪

wird zwecks Tätigkeit als betrieblicher Datenschutzbeauftragter folgender Vertrag geschlossen:

§ 1 Aufgaben und Tätigkeit

(1) Herr ▬▬▬ wird ab ▬▬▬ als betrieblicher Beauftragter für den Datenschutz gemäß § 28 BDSG in der Firma ▬▬▬ bestellt. Seine Aufgaben ergeben sich aus § 29 BDSG.

(2) Weitere Einzelheiten der Aufgaben regelt die Stellenbeschreibung des betrieblichen DSB vom ▬▬▬, die Bestandteil dieses Vertrages ist. Die Firma ist befugt, die Stellenbeschreibung in einer mit dem Bundesdatenschutzgesetz verträglichen Weise zu ändern, ohne dass es einer Kündigung dieses Vertrages bedarf.

(3) Herr ▬▬▬ verpflichtet sich, die ihm zufallenden Aufgaben fachkundig und zuverlässig wahrzunehmen. Bei der Anwendung seiner Fachkunde ist er weisungsfrei. Herr ▬▬▬ wird einen von der Firma zu benennenden Mitarbeiter so in die Aufgaben des Datenschutzes einführen, dass ihn dieser bei der Wahrnehmung der Datenschutzaufgaben vertreten kann.

§ 2 Arbeitsaufwand

(1) Herr ▬▬▬ wird ▬▬▬ Arbeitstage zur Wahrnehmung seiner Aufgaben aufwenden. Hinsichtlich der Festlegung seiner Arbeitszeiten ist Herr ▬▬▬ frei, er hat jedoch den betrieblichen Erfordernissen hierbei Rechnung zu tragen. Es wird davon ausgegangen, dass zur Wahrnehmung seiner Aufgaben regelmäßig Anwesenheit in der Firma erforderlich ist.

(2) Die Tätigkeit von Herrn ▬▬▬ kann während eines oder zweier zusammenhängender Zeitabschnitte von insgesamt 30 Kalendertagen nach Rücksprache mit der Firma unterbrochen werden.

§ 3 Vergütung/Aufwand

(1) Herr ▬▬▬ erhält für seine Tätigkeit ein Honorar von ▬▬▬, das jeweils nach Ablauf eines Kalendermonats abzurechnen ist.

(2) Die Firma stellt Herrn ▬▬▬ das zur Wahrnehmung seiner Aufgaben erforderliche Personal, die benötigten Büroräume und sonstigen Hilfsmittel zur Verfügung. Zur Wahrnehmung seiner Tätigkeit entstehende sonstige Kosten (z.B. Dienstreisen) werden nach den in der Firma allgemein geltenden Sätzen und Voraussetzungen erstattet.

(3) Herr ▬▬▬ verpflichtet sich, Vergütungsüberzahlungen ohne Rücksicht auf eine noch vorhandene Bereicherung zurückzuzahlen.

§ 4 Geheimhaltung

(1) Herr ▬▬▬ verpflichtet sich, alle ihm im Rahmen seiner Tätigkeit zur Kenntnis gelangten geschäftlichen Angelegenheiten mit dem gebotenen Stillschweigen zu behandeln. Auf die Verpflichtung zur Wahrung des Datengeheimnisses gemäß § 5 BDSG wird er besonders hingewiesen.

(2) Diese Verpflichtung gilt auch nach Beendigung des Vertrages fort.

§ 5 Vertragliche Stellung

(1) Herr ▬▬▬ übt seine Tätigkeit als betrieblicher Datenschutzbeauftragter als freier Mitarbeiter der Firma aus. Durch den Abschluss dieses Vertrages wird kein Anstellungsverhältnis begründet. Leistungen wie z.B. die Gewährung von bezahltem Urlaub, die Zahlung von Sozialversicherungsbeiträgen und sonstigen üblichen Abgaben und Leistungen werden, soweit dieser Vertrag nichts anderes bestimmt, nicht gewährt. Herr ▬▬▬ ist insbesondere für die Versteuerung des aus diesem Vertrag geschuldeten Honorars selbst verantwortlich.

(2) Herr ▬▬▬ verpflichtet sich, der Firma Kenntnis von sämtlichen anderweitigen Beschäftigungen und Aufträgen zu verschaffen und ihr hierüber im Falle der Durchführung eines Prüfverfahrens durch die Träger der Kranken- und Rentenversicherung Unterlagen und Belege zur Verfügung zu stellen. Änderungen in seinen Verhältnissen sind der Firma unverzüglich und unaufgefordert schriftlich anzuzeigen.

(3) Verstößt Herr ▬▬▬ gegen seine Verpflichtungen gemäß Abs. 2, kann die Firma die Arbeitnehmer-Anteile zur Sozialversicherung rückerstattet und künftig erstattet verlangen, falls ein Träger der Kranken- oder Rentenversicherung ein sozialversicherungspflichtiges Beschäftigungsverhältnis feststellt.

(4) Herr ▬▬▬ teilt der Firma spätestens bis zum Tag der Aufnahme seiner Tätigkeit mit, ob und in welchem Umfang eine private Rentenversicherung zur Absicherung bei Alter und Invalidität sowie eine Krankenversicherung bestehen. Die Firma kann die Vorlage geeigneter Nachweise verlangen sowie sich schriftlich versichern lassen, dass eine ausreichende soziale Absicherung besteht. Die freiwillige Versicherung in einer gesetzlichen Krankenversicherung gilt auch als ausreichende Krankenversicherung.

(5) Herr ▬▬▬ willigt ein, dass die Firma einen Antrag nach § 7a SGB IV beim Rentenversicherungsträger stellt, um feststellen zu lassen, dass von Herrn ▬▬▬ keine versicherungspflichtige Tätigkeit ausgeübt wird.

§ 6 Änderungen/Kündigung des Vertrages

(1) Jeweils zum Ablauf eines Kalenderjahres sollen die Bestimmungen dieses Vertrages, insbesondere auch eine evtl. notwendige Änderung der Arbeitszeit von den Vertragsparteien überprüft werden. Änderungen können nur mit Einverständnis beider Vertragsparteien vorgenommen werden, wobei die Vertragsparteien ihre Bereitschaft erklären, den Erfordernissen des Datenschutzes in der Firma bei der Vertragsgestaltung Rechnung zu tragen.

(2) Der Vertrag ist für jeden der Vertragsparteien mit einer Kündigungsfrist von 6 Monaten zum Quartalsende kündbar. Im Falle einer Kündigung des Vertrages kann die Firma unter Fortzahlung des Honorars auf die Leistungen von Herrn ▄▄▄ verzichten.

21. Muster: Vertrag mit einer verselbständigten Monteursgruppe

Vertrag

zwischen

der Firma ▄▄▄

– im Folgenden Firma genannt –

und

▄▄▄-GmbH

– im Folgenden GmbH genannt –

Präambel

Die Parteien arbeiten auf dem Gebiet der Montage des Programms der Firma zusammen. Die Monteure waren bislang bei der Firma als Arbeitnehmer beschäftigt. Im Rahmen einer betrieblichen Reorganisation hat sich die Firma von den Arbeitnehmern getrennt. Daraufhin haben die Monteure eine GmbH gegründet. Vor diesem Hintergrund betreibt die GmbH nun ihr eigenes, selbständiges Gewerbe.

Dieser Vertrag regelt die Rahmenbedingungen der künftigen Zusammenarbeit der Parteien. Weitere Einzelheiten der zu erteilenden Aufträge werden in den jeweiligen Aufträgen festgelegt.

Die Parteien gestalten ihre Rechtsbeziehungen vor dem Hintergrund der rechtlichen Selbständigkeit jeder Partei.

1. Aufgabengebiet

1.1. Auftragsgegenstand und Fertigstellung

Die GmbH übernimmt für die Firma nach jeweils gesondert erteilten Aufträgen die Montage des Programms der Firma vor Ort. Die Anlieferung des Firmen-Programms ist nicht Bestandteil dieses Vertrages und wird durch die Firma sichergestellt. Die Transportgefahr trägt die Firma. Die GmbH übernimmt mit der Montage auch die Entladearbeiten vor Ort. Die Firma stellt die GmbH bei den Entladearbeiten von der Haftung frei, soweit die von der GmbH eingesetzten Personen nicht grob fahrlässig oder vorsätzlich handeln.

Die Firma wird für jeden Auftrag ein unverbindliches Fertigstellungsdatum festlegen. Die Parteien vereinbaren bei Beauftragung ein verbindliches Fertigstellungsdatum. Sollte die GmbH bei Eintreffen vor Ort Umstände feststellen, die der Einhaltung des Fertigstellungstermins entgegenstehen und von den Parteien bei dessen Festlegung nicht bedacht worden sind, wird die GmbH unverzüglich mit der Firma Kontakt aufnehmen, um die weitere Vorgehensweise zu vereinbaren.

1.2. Auftragsausführung

Die GmbH ist in der Ausführung ihrer Aufträge frei. Insbesondere wird sie jedoch angenommene Aufträge entsprechend der vereinbarten Fertigstellungszeitpunkte und der durch die tatsächlichen Verhältnisse vor Ort vorgegebenen zeitlichen Möglichkeiten, auf der Baustelle zu arbeiten, wahrnehmen.

2. Vergütung

2.1. Art der Abrechnung

Es besteht grundsätzlich die Möglichkeit, die Aufträge auf Stundenbasis abzurechnen oder eine Fixpreis-Montage zu vereinbaren. Im Rahmen der Fixpreis-Montage sind alle Aufwendungen (Zeit, Material, Reisen, Spesen) im Preis enthalten. Voraussetzung für die Vereinbarung der Fixpreis-Montage ist jedoch, dass der GmbH die Möglichkeit gegeben wird, die Kalkulationslisten mindestens eine Woche vor Beginn des Auftrages einzusehen, um den Fixpreis berechnen zu können und gegebenenfalls über diesen mit der Firma verhandeln zu können. Sollte bezüglich des Fixpreises keine

Übereinstimmung erzielt werden können, so sind sich die Parteien darüber einig, dass dann auf Stundenbasis abgerechnet werden soll.

Im Rahmen der Abrechnung auf Stundenbasis erfolgt die Abrechnung nach Maßgabe von Ziffer 2.2. bis 2.4.

2.2. Verfahren bei Abrechnung auf Stundenbasis

Der voraussichtliche Aufwand wird von der Firma bei Auftragsvergabe geschätzt und nach Vorlage der Kalkulation mit der GmbH im jeweiligen Auftrag vereinbart. Der voraussichtliche Aufwand darf um höchstens 10% überschritten werden. Im Falle einer Überschreitung der vereinbarten Höchststundenzahl ist eine nachvollziehbare Begründung anzugeben.

Die Firma ist berechtigt, regelmäßig Mitteilung über die bislang angefallenen Stunden zu verlangen.

Im Streitfall erfolgt eine Einigung über den Aufwand binnen 24 Stunden. Wird eine Einigung nicht erzielt, kann die Firma von dem Auftrag zurücktreten. Die bis dahin von der GmbH geleisteten Stunden werden abgerechnet. Die Firma ist in diesem Fall berechtigt, die Fertigstellung dieses Auftrags anderen Unternehmen zu übertragen. Kosten entstehen der GmbH durch eine solche Maßnahme seitens der Firma nicht, die Abnahmeverpflichtung gemäß Ziffer 3.1. wird jedoch um die von der Firma in den Verhandlungen veranschlagten Stunden gekürzt.

Die von der GmbH eingesetzten Monteure führen Zeitnachweise, die von dem jeweiligen Kunden abgezeichnet werden. Die Abnahme erfolgt regelmäßig bei Abschluss der Arbeiten, spätestens jedoch zwei Arbeitstage nach Fertigstellung, im Beisein des jeweiligen Monteurs der GmbH. Sofern der Monteur für die Abnahme nochmals anreisen muss, trägt die Firma die Spesen.

Nach Abnahme der Arbeiten erfolgt die Rechnungsstellung unter Beifügung der Zeitnachweise. Der Werklohn wird 14 Tage nach Rechnungseingang zur Zahlung fällig.

2.3. Stundensatz

Als Stundensatz werden 40 EUR zusätzlich der jeweils gültigen gesetzlichen Mehrwertsteuer vereinbart. Mit diesem Satz werden reine Arbeitsstunden abgerechnet. Reise- und Wartezeiten werden pauschal mit 0,27 EUR pro Entfernungskilometer zwischen dem Sitz der GmbH und dem Montageort bzw. zwischen den Orten zweier aufeinander folgender Montagen, berechnet nach dem Computerprogramm Map-Guide, abgegolten.

2.4. Spesen

Übernachtungskosten werden pauschal mit 68 EUR je erforderlicher Übernachtung abgegolten.

Fahrzeugkosten werden mit 0,51 EUR pro Entfernungskilometer, zwischen dem Sitz der GmbH und dem Montageort bzw. zwischen den Orten zweier aufeinander folgender Montagen, berechnet nach dem Computerprogramm Map-Guide, und Fahrzeug abgegolten.

3. Auftragsverpflichtung

3.1. Monatliche/Jährliche Auftragsverpflichtung

Die Firma verpflichtet sich zu einem Mindestauftragsvolumen von monatlich 1.720 Stunden im ersten und zweiten Jahr der Vertragsbeziehung und 1.440 Stunden im dritten Jahr der Vertragsbeziehung (bezogen auf 12 Monteure). Auf die Abnahmeverpflichtung werden Fixpreis-Montagen zu 80% des Auftragswertes zu einem Stundensatz von 38 EUR angerechnet. Auf die Abnahmeverpflichtung werden ebenfalls Zeiten nach Ziffer 2.2. letzter Satz sowie das Stundenvolumen solcher Aufträge angerechnet, die die GmbH beispielsweise wegen Terminkollisionen oder weil sie ihrerseits wegen Krankheit und Urlaub keine ausreichende Anzahl von Monteuren zur Verfügung hat, abgelehnt hat. Reise- und Wartezeiten nach Ziffer 2.3. werden mit 1/70 Stunde pro Entfernungskilometer entsprechend Ziffer 2.3. angerechnet.

3.2. Berechnung und Ausgleich von Unterschreitungen

Das Auftragsvolumen wird jährlich auf Basis des gesamten in diesem Zeitraum angefallenen Auftragsvolumens nach Ziffer 3.1. berechnet. Monate mit überschießendem Volumen werden mit anderen Monaten, in denen das Volumen unterschritten wird, verrechnet.

Wird das Volumen nicht erreicht, so ist die Firma verpflichtet, die Differenz wie folgt auszugleichen:

- im ersten Jahr mit 80%   30,68 EUR je Differenzstunde,
- im zweiten Jahr mit 60%   23,01 EUR je Differenzstunde,
- im dritten Jahr mit 50%   19,17 EUR je Differenzstunde.

Eine Zwischenberechnung erfolgt zum 31.3., 30.6., 30.9. und 31.12. Wird das durchschnittliche monatliche Auftragsvolumen zu diesen Stichtagen jeweils nicht erreicht, wird die Unterschreitung gemäß den vereinbarten Richtsätzen abgegolten (Abschlagszahlung). Die Abschlagszahlung erfolgt zum 10. des dem jeweiligen Quartalsende folgenden

Monats. Ergeben sich zu einem Stichtag Überzahlungen, so ist die Firma berechtigt, diese mit der nächsten Forderung der GmbH zu verrechnen.

3.3. Verrechnung von Forderungen

Mit Ausnahme von Ziffer 3.2. letzter Satz ist eine Verrechnung von Forderungen mit Aufträgen beider Parteien nur im gegenseitigen Einvernehmen gestattet.

4. Gewährleistung, Qualitätssicherung, Montagefahrzeuge

4.1. Nachbesserung

Im Interesse der Kundenzufriedenheit vereinbaren die Parteien, dass die Gewährleistung durch Nachbesserung erfolgt. Nach Meldung des Mangels durch die Firma muss die Nachbesserung innerhalb von einer Woche durch die GmbH begonnen werden. Voraussetzung für den Lauf der Wochenfrist ist, dass die Firma in dieser Zeit auch die zur Nachbesserung nötigen Materialien zur Verfügung stellt. Nach Ablauf dieser Frist ist die Firma berechtigt, einen Dritten zu Lasten der GmbH mit der Nachbesserung zu beauftragen. Gleiches gilt, wenn durch die Nachbesserung der Mangel nicht beseitigt wird.

4.2. Qualitätssicherung

Zur Sicherstellung des Qualitätsstandards der Firma verpflichtet sich die GmbH, entsprechend professionelles Werkzeug zu benutzen. Eine Verpflichtung, bestimmtes Werkzeug zu benutzen oder zu erwerben, besteht nicht.

4.3. Montagefahrzeuge

Die Montagefahrzeuge werden von der GmbH gestellt. Nach gesonderter Vereinbarung kann die GmbH ein komplett ausgestattetes Fahrzeug von der Firma übernehmen.

5. Geheimhaltungsverpflichtung

Die GmbH und alle bei ihr tätigen Monteure verpflichten sich, sämtliche Geschäfts- und Betriebsgeheimnisse sowie sonstige geschäftliche oder betriebliche Tatsachen von der Firma vertraulich zu behandeln.

Hierzu gehören insbesondere Kundenbeziehungen sowie Lieferantenbeziehungen und vertragliche Abreden mit beiden Gruppen. Die Geheimhaltungsverpflichtung erstreckt sich auch über die Laufzeit dieses Vertrages hinaus.

Sofern eine Wettbewerbsbeschränkung getroffen wird, ist hierzu eine gesonderte Vereinbarung erforderlich, in der unter anderem die Höhe der durch die Firma zu zahlenden Entschädigung geregelt ist.

Sofern der Vertrag durch die Firma gekündigt wird, besteht seitens der GmbH keine Verpflichtung, bisherige Kundenbeziehungen abzubrechen. Dies gilt nicht, wenn der Vertrag z.B. wegen grober Vertragsverletzung aus wichtigem Grund seitens der Firma gekündigt wird.

6. Haftung/Freistellung

Soweit die Firma aufgrund von Leistungen, die die GmbH erbracht hat, in Haftung genommen wird, verpflichtet sich die GmbH gegenüber der Firma, die Firma von solchen Haftungen freizustellen.

7. Abtretung/Übertragung von Rechten

Die Parteien werden Rechte und Forderungen aus diesem Vertrag nicht ohne Zustimmung der anderen Partei übertragen.

8. Vertragslaufzeit/Kündigung

8.1. Vertragsbeginn

Dieser Vertrag beginnt zum ▬▬▬.

8.2. Vertragslaufzeit

Der Vertrag ist für unbestimmte Dauer geschlossen, mindestens aber für die Dauer von drei Jahren. Danach ist der Vertrag mit einer Frist von 3 Monaten zum Monatsende kündbar. Das Recht zur ordentlichen Kündigung dieses Vertrages von Seiten der Firma ist während der Bindungsfrist ausgeschlossen.

8.3. Sonderkündigungsrecht

Das Recht, aus wichtigem Grund zu kündigen, bleibt unberührt.

8.4. Laufende Aufträge bei Kündigung

Im Fall der Kündigung werden die laufenden Aufträge abgewickelt. Dies gilt nicht im Fall der Kündigung aus wichtigem Grund.

9. Allgemeine Regelungen

9.1. Nebenabreden, Schriftform

Nebenabreden zu diesem Vertrag sind nicht getroffen. Änderungen oder Ergänzungen bedürfen zu ihrer Rechtswirksamkeit der Schriftform. Das Gleiche gilt für den Verzicht auf das Schriftformerfordernis.

9.2. Salvatorische Klausel

Im Fall der Unwirksamkeit einer oder mehrerer Bestimmungen dieses Vertrages oder im Fall von Lücken werden die Vertragsparteien eine der unwirksamen Regelungen bzw. der Gesamtregelung wirtschaftlich möglichst nahe kommende rechtswirksame Ersatz- bzw. Ergänzungsregelung treffen.

22. Muster: Werklohnvereinbarung zwischen einem Schrotthändler und einem Schrottverkleinerer

Werklohnvertrag

zwischen

■■■, vertreten durch den Geschäftsführer ■■■

– im Folgenden Auftraggeber (AG) genannt –

und

■■■, vertreten durch den Geschäftsführer ■■■

– im Folgenden Auftragnehmer (AN) genannt –

Präambel

Der Auftraggeber (AG) ist Eigentümer des Grundstücks ■■■ in ■■■. Auf diesem Grundstück sind zwei Fallwerke der Marke ■■■ errichtet.

Der Auftragnehmer (AN) wird mit seinen Arbeitnehmern für den AG auf dem Grundstück des AG Schrott etc. mit den Fallwerken verkleinern, wobei der AG den zu zerkleinernden Schrott zur Verfügung stellt. Mit diesem Vertrag regeln die Vertragsparteien die Einzelheiten dieses Vertragsverhältnisses.

§ 1 Vertragsgegenstand

(1) Der AN wird mit seinen Arbeitnehmern selbständig und eigenverantwortlich für den AG dessen Material zerkleinern. Das Material, welches Vertragsgegenstand ist, ist in Anlage 1 aufgelistet. Zur Erfüllung der Aufträge nach diesem Vertrag wird der AN folgende Arbeiten durchführen:

- Abladen des Materials von eingehenden Transportmitteln;
- Befüllen der Fallwerke mit dem zu zerkleinernden Material;
- Zerkleinern des Materials (insbesondere Bären und Maschinenguss) im Fallwerk;
- Leer räumen der Fallwerke von zerkleinertem Material;
- Zwischenlagerung des zerkleinerten Materials auf ausgewiesenen Flächen (Anlage 4);
- Beseitigung der Schlacken, Störstoffe sowie Rückstände aus den Fallwerken;
- Sortieren des zerkleinerten Materials nach den Kriterien gemäß Anlage 2;
- Beladen von Transportmitteln mit dem ausgehenden zerkleinerten Material;
- Reinigung und Wartung der Fallwerke nach beendeter Arbeit.

Die durchzuführenden Reinigungs- und Wartungsarbeiten nach Beendigung des Auftrags werden im Einzelnen in Anlage 3 aufgelistet.

(2) Zur Durchführung dieser Arbeiten stellt der AG dem AN die beiden Fallwerke der Marke ■■■ auf dem Grundstück ■■■ in ■■■ zur Verfügung. Die Nutzung ist für den AN kostenfrei. Der AN ist berechtigt, auch die in Anlage 4 rot gekennzeichneten Räume zur Erfüllung seiner vertraglichen Verpflichtungen aus diesem Vertrag kostenfrei zu nutzen. Er ist insbesondere berechtigt, seinen Arbeitnehmern die Nutzung dieser Räume als Umkleideräume etc. zur Verfügung zu stellen. Eine Nutzung des Grundstücks, der Räumlichkeiten und der Fallwerke ist, soweit diese vertraglich vorgesehen ist, ausschließlich zur Bearbeitung der Aufträge des AG zulässig.

Alle sonstigen Materialien, Werkzeuge oder Gerätschaften, die zur Abarbeitung der Aufträge gegebenenfalls erforderlich sind, wird der AN selbst auf eigene Kosten stellen.

Der AN ist nicht befugt, die nicht in Anlage 4 gekennzeichneten Grundstücksflächen zu betreten oder anderweitig zu nutzen. Der AN hat durch geeignete Maßnahmen sicherzustellen, dass seine Arbeitnehmer dieses Betretungs- und Nutzungsverbot beachten.

(3) Der AN hat die oben beschriebenen Arbeiten jederzeit auf Anforderung durch den AG durchzuführen. Der AG ist verpflichtet, dem AN die Aufträge mit einer Vorankündigungszeit von 12 Stunden mitzuteilen. Erfolgt die Ankündigung eines Auftrags mit dieser Frist, ist der AN nicht befugt, die Erledigung des Auftrags abzulehnen. Der AN ist verpflichtet, immer eine ausreichende Anzahl von geschulten Arbeitnehmern zur ordnungsgemäßen Bearbeitung der Aufträge bereit zu halten.

(4) Der AN wird die gesetzlich vorgeschriebenen Betriebsbeauftragten bestellen (Arbeitsplatzschutzbeauftragter, Emissionsschutzbeauftragter etc.) und dem AG benennen. Er wird eine Betriebsordnung errichten und dem AG in Kopie zur Verfügung stellen. Der AN hat die für das Gelände ▪▪▪ geltenden Sicherheitsbestimmungen und die für die Fallwerke geltenden Betriebsanleitungen, welche als Anlage 5 beigefügt sind, einzuhalten. Der AN wird eine oder mehrere Personen bestimmen, die die Einhaltung dieser Bestimmungen überwachen werden.

(5) Der AN wird zur Durchführung der Arbeiten auf dem Gelände zur Ausführung der ihm übertragenen Aufträge nur zuverlässige Arbeitnehmer einsetzen, die im Besitz einer gültigen Arbeitserlaubnis sind. Der AN wird nur solche Arbeitnehmer einsetzen, die im Umgang mit den zu bearbeitenden Stoffen geschult sind und Gewähr für eine umweltgerechte, gesetzmäßige Behandlung dieser Stoffe bieten. Der AG ist berechtigt, für auf dem Gelände eingesetzte Arbeitnehmer des AN die Vorlage von polizeilichen Führungszeugnissen und der Schulungsnachweise zu verlangen. Hierdurch etwa anfallende Kosten trägt der AN. Ergeben sich aufgrund der polizeilichen Führungszeugnisse oder aus anderen Gründen Bedenken gegen die Zuverlässigkeit von Arbeitnehmern des AN, so ist der AG befugt, vom AN den Austausch einzelner Arbeitnehmer gegen Arbeitnehmer zu verlangen, die den gebotenen Anforderungen an die Zuverlässigkeit entsprechen.

Dem AN obliegt in diesem Zusammenhang die volle Verantwortung für die qualitätsgerechte Erfüllung der übertragenen Aufträge und die Einhaltung umweltrechtlicher und arbeitsschutzrechtlicher Bestimmungen. Er bestimmt die Art und Weise der Auftragserfüllung selbst. Der AG ist nicht berechtigt, den Arbeitnehmern des AN Anweisungen zu erteilen oder sie, auch nur vorübergehend, für eigene Zwecke einzusetzen.

(6) Der AN ist verpflichtet, dem AG die ordnungsgemäße Mitgliedschaft in der zuständigen Berufsgenossenschaft und der Berufsgenossenschafts-Haftpflichtversicherung nachzuweisen.

§ 2 Vertragslaufzeit

(1) Der Vertrag beginnt am ▪▪▪.

(2) Der Vertrag endet am ▪▪▪. Er verlängert sich um jeweils ein Jahr, wenn er nicht mit einer Frist von 6 Monaten vor Ablauf der Vertragslaufzeit von einer der Parteien gekündigt wird. Die Kündigung hat schriftlich zu erfolgen. Es gilt das Datum des Zugangs der Kündigungserklärung.

(3) Der AG ist berechtigt, das Vertragsverhältnis fristlos aus wichtigem Grund zu kündigen in den folgenden Fällen:
- wenn Antrag auf Einleitung des Insolvenzverfahrens über das Vermögen des AN gestellt ist;
- wenn Zwangsvollstreckungsmaßnahmen gegen den AN fruchtlos verlaufen sind;
- wenn der AN trotz einer schriftlicher Abmahnung gegen vertragliche Bestimmungen verstößt.

Im Übrigen sind beide Parteien nach den gesetzlichen Vorschriften zur fristlosen Kündigung des Vertrages befugt.

(4) Der AN kann diesen Vertrag mit einer einmonatigen Frist zum Monatsende kündigen, wenn der AG ihm über einen Zeitraum von 4 Wochen in Folge keine Aufträge mehr erteilt hat oder wenn über einen Zeitraum von zwölf Wochen Aufträge nur an drei Tagen erteilt worden sind.

§ 3 Vergütung

(1) Die für die Abrechnung erforderlichen Messungen der Menge des zerkleinerten Materials wird der AG mit der auf dem Grundstück befindlichen Waage durchführen. Die Messung ist für die Bemessung der Vergütung verbindlich. Die Waage wird regelmäßig geeicht.

(2) Der AN erhält je Tonne zerkleinerten Materials die sich aus der Anlage 6 ergebende Vergütung. Der AN wird die Vergütung durch ordnungsgemäße Rechnung in Rechnung stellen. Dabei ist die USt-ID-Nummer auf der Rechnung anzugeben. Die Vergütung ist fällig und zahlbar innerhalb von 10 Tagen nach Zugang der Rechnung. Die Rechnung braucht nicht bezahlt zu werden, wenn die USt-ID-Nummer auf der Rechnung nicht angegeben ist.

(3) Sollte die Menge des dem AN zur Zerkleinerung übergebenen Materials mit der Menge des zerkleinerten Materials nicht korrespondieren, so ist der AG zum Abzug des Wertes des fehlenden Materials von der Rechnung nach der Vergütungstabelle (Anlage 6) berechtigt. Der AN hat dafür Sorge zu tragen, dass seine Mitarbeiter kein Material des AG beiseite schaffen.

§ 4 Haftung; Versicherungsverpflichtung

(1) Der AN hat die ihm vom AG zur Verfügung gestellten Fallwerke sowie die Räumlichkeiten sorgfältig zu behandeln.

(2) Sollten in der Zeit der Nutzung Schäden an den Räumlichkeiten oder den Fallwerken entstehen, so ist der AN zum Ersatz des Schadens verpflichtet. Ihm steht die Befugnis zu, zu beweisen, dass der Schaden nicht durch ihn, einen oder mehrere seiner Mitarbeiter oder durch sonstige Personen verursacht worden ist, deren Anwesenheit in den Räumen oder auf dem Grundstück der AN veranlasst hat. Führt er diesen Beweis nicht, haftet er für den entstandenen Schaden.

(3) Der AN haftet für Verschmutzungen des Grundstücks ▬▬▬, soweit diese im Zusammenhang mit der von ihm durchzuführenden Arbeiten stehen. Er hat, falls Verschmutzungen auftreten, die mit seiner Tätigkeit in Zusammenhang stehen können, darzulegen und zu beweisen, dass diese nicht ursächlich auf seine Tätigkeit oder die Verhaltensweise seiner Arbeitnehmer oder solcher Personen, deren Anwesenheit auf dem Grundstück der AN veranlasst hat, zurückzuführen sind. Führt er diesen Beweis nicht, haftet der AN für die Schäden.

(4) In gleicher Weise (Abs. 2 und 3) haftet der AN auch für Schäden am Grundstück oder an Gebäuden, soweit diese nicht für die Durchführung der vertraglichen Arbeiten genutzt werden.

(5) Der AN, seine Mitarbeiter und sonstige Personen, die sich auf seine Veranlassung auf dem Grundstück ▬▬▬ befinden, dürfen sich nur auf den in Anlage 4 grün bzw. rot gekennzeichneten Teilen des Grundstücks aufhalten. Der Zugang zum Grundstück wird hier ausgewiesen.

(6) Der AN wird alle erforderlichen Versicherungen für den Betrieb seiner gewerblichen Tätigkeit, insbesondere eine Betriebshaftpflichtversicherung und eine Umwelthaftpflichtversicherung mit einer Deckungssumme von zumindest 5 Mio. EUR abschließen. Auf Verlangen des AG hat der AN die Versicherungspolicen und Bestätigungen der Versicherungsunternehmen vorzulegen, die den Fortbestand der Versicherungen belegen.

(7) Der AN wird während der Abarbeitung der Aufträge die Verkehrssicherungspflicht auf dem Gelände, soweit dieses ihm zur Bearbeitung der Aufträge überlassen wird, erfüllen (Anlage 4, rot gekennzeichnete Flächen und Räume). Sollte eine Gefahr auftreten, die sich auf das nicht in Anlage 4 gekennzeichnete Gelände bezieht oder der der AN nicht entgegentreten kann, so hat er unverzüglich den AG zu benachrichtigen.

Sollte der AN oder einer seiner Arbeitnehmer oder eine Person, deren Anwesenheit auf dem Gelände der AN veranlasst hat, sich auf den Teilen des Grundstückes aufhalten, deren Betreten zur Erfüllung des Vertrages nicht vorgesehen ist, so trägt der AN die Verkehrssicherungspflicht in gleichem Maße auch für diese Grundstücksteile.

(8) Sollte die Abarbeitung von Aufträgen nur durch eine kurze Arbeitsunterbrechung (Feierabend) unterbrochen werden, trägt der AN die Verkehrsicherungspflicht auch während der Zeit der Arbeitsunterbrechung. Er trägt während dieser Zeit auch die sonstige Haftung nach diesem Vertrag.

(9) Der AN stellt den AG von allen gegen diesen geltend gemachten Ansprüchen Dritter frei, soweit diese in einem Zusammenhang mit der Bearbeitung der Aufträge nach diesem Vertrag stehen.

§ 5 Schiedsgerichtsvereinbarung

Sämtliche Rechtsstreitigkeiten, die sich aus diesem Vertrag oder im Zusammenhang mit diesem Vertrag oder über seine Gültigkeit ergeben, werden nach der Schiedsgerichtsordnung der Deutsche Institution für Schiedsgerichtsbarkeit e.V. (DIS) unter Ausschluss des ordentlichen Rechtswegs endgültig entschieden. Ort des schiedsrichterlichen Verfahrens ist ▬▬▬. Das Schiedsgericht soll aus einem Schiedsrichter bestehen. Dieser muss Volljurist sein. Es ist Deutsches Recht anzuwenden. Die Sprache des Verfahrens ist Deutsch. Die anzuwendende Schiedsgerichtsordnung ist als Anlage 7 beigefügt.

§ 6 Abgabe von Erklärungen

Der AN wird dem AG eine Person benennen, der gegenüber der AG Beanstandungen hinsichtlich der Auftragserfüllung oder sonstige Erklärungen (mit Ausnahme von Kündigungserklärungen) abgeben kann. Unabhängig davon ist der AG berechtigt, alle im Rahmen des Vertrages zu tätigenden Erklärungen und Mitteilungen unmittelbar an den AN (Geschäftsführung) zu richten.

§ 7 Salvatorische Klausel

(1) Sollte eine der Bestimmungen dieses Vertrages ganz oder teilweise unwirksam sein oder werden, so wird die Wirksamkeit des Vertrages im Übrigen nicht berührt.

(2) Anstelle der unwirksamen Bestimmung werden die Parteien eine dem wirtschaftlichen Zweck der unwirksamen Bestimmung entsprechende wirksame Bestimmung vereinbaren. Sollte eine Einigung nicht zustande kommen, ist der AG berechtigt, eine wirksame, dem wirtschaftlichen Zweck der unwirksamen Bestimmung entsprechende Bestimmung vorzugeben.

(3) Sollte dieser Vertrag eine Regelungslücke enthalten, so ist diese Regelungslücke durch eine dem wirtschaftlichen Zweck des Vertrages entsprechende Regelung zu füllen. Sollten sich die Parteien nicht auf eine entsprechende Rege-

lung einigen können, ist der AG berechtigt, eine die Regelungslücke füllende, dem wirtschaftlichen Zweck des Vertrages entsprechende Regelung vorzugeben.

§ 8 Schlussbestimmungen
Mündliche Nebenabreden zu diesem Vertrag sind nicht getroffen. Änderungen und Ergänzungen dieses Vertrages bedürfen der Schriftform, soweit nicht nach gesetzlichen Vorschriften eine andere Form vorgeschrieben ist. Diese Schriftformklausel kann nur schriftlich geändert werden.

23. Muster: Praktikantenvertrag

Vertrag

Zwischen

▪▪▪

– nachstehend: Firma –

und

Herrn/Frau ▪▪▪

– nachstehend: Praktikant –

wird Folgendes vereinbart:

§ 1 Gegenstand des Praktikums
In der Zeit vom ▪▪▪ bis zum ▪▪▪ wird der Praktikant gemäß dem Ausbildungsplan zur Vermittlung von Erfahrungen und Kenntnissen aus der Praxis bei der Firma ▪▪▪ im Betrieb eingesetzt. Die Praktikantenzeit endet am ▪▪▪, ohne dass es einer Kündigung bedarf.

§ 2 Dauer und Kündigung
Die ersten zwei Wochen des Praktikums gelten als Probezeit. Innerhalb dieses Zeitraums können beide Seiten den Vertrag jederzeit unter Einhalt einer Frist von zwei Tagen kündigen. Nach Ablauf der Probezeit ist der Praktikumsvertrag nur durch den Praktikanten ordentlich kündbar mit einer Frist von vier Wochen. Für beide Seiten bleibt das Recht zur außerordentlichen Kündigung aus wichtigem Grund.

§ 3 Vergütung
Während des Praktikums erhält der Praktikant eine monatliche, nachträglich fällige Unterstützungsleistung in Höhe von ▪▪▪ EUR brutto.

§ 4 Urlaub
Pro Kalenderjahr beträgt der Urlaub des Praktikanten 18 Werktage. Für die Zeit des Praktikums beläuft sich der Urlaub damit auf ▪▪▪ Tage. Die Unterstützung gemäß § 3 dieses Vertrages wird auch während des Urlaubs gewährt.

§ 5 Anwesenheitszeiten
Der Praktikant hat während des Praktikums täglich in der Zeit von ▪▪▪ bis ▪▪▪ in der Firma anwesend zu sein.

§ 6 Pflichten des Praktikanten
Der Praktikant verpflichtet sich,
- den Ausbildungsplan einzuhalten und die Ausbildungsmöglichkeiten wahrzunehmen;
- die Betriebsordnung der Firma und Unfallverhütungsvorschriften einzuhalten;
- mit allen Gegenständen, die ihm in der Firma anvertraut werden, pfleglich umzugehen;
- über Betriebsvorgänge, auch nach Beendigung des Praktikums, gegenüber jedermann Stillschweigen zu bewahren;
- ihm übertragene Arbeiten gewissenhaft und umsichtig auszuführen;
- im Falle der Verhinderung unter Angabe des Verhinderungsgrundes der Firma Mitteilung zu machen. Im Falle einer Erkrankung muss bis zum 3. Tag eine Arbeitsunfähigkeitsbescheinigung vorgelegt werden;
- Tätigkeitsberichte gemäß Ausbildungsplan zu fertigen und fristgerecht der Firma vorzulegen.

§ 7 Pflichten der Firma

Im Rahmen der betrieblichen Möglichkeiten verpflichtet sich die Firma,
- die für die Teilnahme am theoretischen Unterricht gebotene Zeit zur Verfügung zu stellen;
- alle für die Ausbildung erforderlichen Mittel kostenlos bereit zu halten;
- die nach dem Ausbildungsplan erforderlichen praktischen Kenntnisse und Erfahrungen dem Praktikanten zu vermitteln;
- nach Beendigung des Praktikums einen Tätigkeitsnachweis (Zeugnis) zu erstellen.

§ 8 Weitere Vereinbarungen

Mündliche Nebenabreden bedürfen wie auch Änderungen und Ergänzungen dieses Vertrages zu ihrer Wirksamkeit der Schriftform.

Kapitel 3: Anstellungsverträge mit GmbH-Geschäftsführern und AG-Vorständen

Literatur

Allgemein:

Henssler, Das Anstellungsverhältnis der Organmitglieder, RdA 1992, 289; *Hueck*, Bemerkungen zum Anstellungsverhältnis von Organmitgliedern juristischer Personen, FS für Hilger/Stumpf, 1983, S. 365; *Kauffmann-Lauven*, Vorstands- und Geschäftsführerverträge bei Restrukturierungsmaßnahmen, in: ArbG ArbR, FS zum 25-jährigen Bestehen, 2006, S. 471; *Lammers*, Verhaltenspflichten von Verwaltungsorganen in Übernahmeauseinandersetzungen, 1994; *Loritz*, Mitarbeit im Rahmen von Gesellschaftsverträgen anstelle von Arbeitsverträgen, RdA 1992, 310; *Sina*, Zum nachvertraglichen Wettbewerbsverbot für Vorstandsmitglieder und GmbH-Geschäftsführer, DB 1985, 902.

Dienstvertrag des Geschäftsführers:

Bartovics, Nochmals: Die Belehrung des im Ausland weilenden Geschäftsführers, GmbHR 1998, 778; *Bauer/Diller/Krets*, BGH contra BAG: Schadensersatz nach § 628 Abs. 2 BGB wegen Abberufung und/oder Nichtbestellung eines GmbH-Geschäftsführers?, DB 2003, 2687; *Boemke*, Das Dienstverhältnis des GmbH-Geschäftsführers zwischen Gesellschafts- und Arbeitsrecht, ZfA 1998, 209; *Brandner*, Notarielle Verträge und die EG-Richtlinie über Klauseln in Verbraucherverträgen, AnwBl 1994, 335; *Bunte*, Die EG-Richtlinie über missbräuchliche Klauseln in Verbraucherverträgen und ihre Umsetzung durch das Gesetz zur Änderung des AGB-Gesetzes, DB 1996, 1392; *Dauner-Lieb/Dötsch*, Ein Kaufmann als Verbraucher? – Zur Verbrauchereigenschaft des Personengesellschafters, DB 2003, 1666; *Diller*, Gesellschafter und Gesellschaftsorgane, Diss. Köln 1994; *Erdmann*, Ausländische Staatsangehörige in Geschäftsführungen und Vorständen deutscher GmbHs und AGs, NZG 2002, 503; *Falder*, Geschäftsführer bei Auslandsgesellschaften, NZA 2000, 868; *Fischer*, Die Bestellung von Arbeitnehmern zu Organmitgliedern juristischer Personen und das Schicksal ihres Arbeitsvertrages, NJW 2003, 2417; *Fleck*, Das Organmitglied – Unternehmer oder Arbeitnehmer, FS Hilger/Stumpf, 1983, S. 197; *ders.*, Die Drittanstellung des GmbH-Geschäftsführers, ZHR 149 (1985), 387; *Groß*, Das Anstellungsverhältnis des GmbH-Geschäftsführers im Zivil-, Arbeits-, Sozialversicherungs- und Steuerrecht, 1987; *Hahn*, Europarechtswidrigkeit des neuen § 8a KStG, GmbHR 2004, 277; *Hänlein*, Der mitverpflichtete Gesellschafter-Geschäftsführer als Verbraucher, DB 2001, 1185; *Herlinghaus*, BFH-Rechtsprechung zur verdeckten Gewinnausschüttung im Jahr 2002, GmbHR 2003, 373; *Holthausen/Steinkraus*, Die janusköpfige Rechtsstellung des GmbH-Geschäftsführers im Arbeitsrecht, NZA-RR 2002, 281; *Hueck*, Zur arbeitsrechtlichen Stellung des GmbH-Geschäftsführers, ZfA 1985, 25; *Hümmerich*, Grenzfall des Arbeitsrechts: Kündigung des GmbH-Geschäftsführers, NJW 1995, 1177; *ders.*, Arbeitsverhältnis als Wettbewerbsgemeinschaft – Zur Abgrenzung zwischen Arbeitnehmern und Selbständigen, NJW 1998, 2625; *ders.*, Erweiterte Arbeitnehmerrechte durch Verbraucherschutz, AnwBl 2002, 671; *ders.*, Der Verbraucher-Geschäftsführer – ein unbekanntes Wesen, NZA 2006, 709; *ders.*, Gestaltung von Arbeitsverträgen, 2006, § 2 Rn 1 ff.; *Hümmerich/Schmidt-Westphal*, Der Geschäftsführer und das ruhende Arbeitsverhältnis – integrierte Aufhebungsvereinbarungen im Dienstvertrag, DB 2006, 222; *Jaeger*, Die Zuständigkeit des Arbeitsgerichts und Geltung des Kündigungsschutzes für Geschäftsführer, NZA 1998, 961; *Kamanabrou*, Das Anstellungsverhältnis des GmbH-Geschäftsführers im Licht neuerer Rechtsprechung, DB 2002, 146; *Köhl*, Die Einschränkung der Haftung des GmbH-Geschäftsführers nach den Grundsätzen des innerbetrieblichen Schadensausgleichs, DB 1996, 2597; *Miller*, Zur Abhängigkeit bei GmbH-Geschäftsführern, ZIP 1981, 578; *Nägele*, Der Anstellungsvertrag des Geschäftsführers, BB 2001, 305; *ders.*, Die Haftung des Geschäftsführers gegenüber der Gesellschaft, den Gesellschaftern und Dritten, in: FS zum 25-jährigen Bestehen, 2006, S. 525; *Neu/Wassermeyer*, Die GmbH in Europa, GmbH-StB 2004, 168; *Neyer*, Besteuerungsprobleme bei international tätigen Geschäftsführern und Vorstandsmitgliedern, in: Grotherr (Hrsg.), Handbuch der internationalen Steuerplanung, 2. Aufl. 2003, S. 1229; *Niebler/Schmiedl*, Die Rechtsprechung des BAG zum Schicksal des Arbeitsverhältnisses bei Geschäftsführerbestellung nach In-Kraft-Treten des § 623 BGB, NZA-RR 2001, 281; *Reufels*, Ausgewählte Fragen zur Gestaltung von Geschäftsführerdienstverträgen, ArbRB 2002, 59; *Reuter*, Ausgestaltung des Organschaftsverhältnisses durch autonomes Körperschaftsrecht und vertragliche Regelung der Anstellungsbedingungen, FS Zöllner, 1998, S. 491; *Rischar*, Geschäftsführerentgelte und verdeckte Gewinnausschüttungen, GmbHR 2003, 15; *Röhricht*, Das Wettbewerbsverbot des Gesellschafters und des Geschäftsführers, WPg 1992, 766; *Schäfer/Kauffmann-Lauven*, Vorstands- und Geschäftsführerverträge bei Restrukturierungsmaßnahmen, in: ArbG ArbR, FS zum 25-jährigen Bestehen, 2006, S. 471; *Schrader/Schubert*, Der Geschäftsführer als Arbeitnehmer, DB 2005, 1457; *Schwab*, Das Dienstverhältnis des GmbH-Geschäftsführers insbesondere unter arbeitsrechtlichen Aspekten, NZA 1987, 839, 840; *Tenzer*, Aktuelle Geschäftsführervergütung in der kleinen GmbH, GmbHR 2000, 596; *Timm*, Wettbewerbsverbot und „Geschäftschancen"-Lehre im Recht der GmbH, GmbHR 1981, 177; *Toifl*, Die Besteuerung von Geschäftsführern, Vorständen und Aufsichtsräten international tätiger Unternehmen, FS 30 Jahre Steuerrecht an der Wirtschaftsuniversität Wien, 1998, S. 379; *Wank*, Der Fremdgeschäftsführer der GmbH als Arbeitnehmer, FS Wiedemann, 2002, S. 587; *Werner*, Zur Hinauskündigung von Gesellschaftergeschäftsführern, WM 2006, 213; *Zimmermann*, Prüfung der Angemessenheit der Vergütung von (Gesellschafter-) Geschäftsführern in kleineren GmbHs, GmbHR 2002, 353; *Zirnbauer*, Das reanimierte Arbeitsverhältnis des Organvertreters, in: ArbG ArbR, FS zum 25-jährigen Bestehen, 2006, S. 553.

Anstellungsverhältnis des Vorstands:

Bauer, Rechtliche und taktische Probleme bei der Beendigung von Vorstandsverhältnissen, DB 1992, 1413; *ders.*, Kündigung und Kündigungsschutz vertretungsberechtigter Organmitglieder, BB 1994, 855; *Bauer/Arnold*, Mannesmann und die Folgen für Vorstandsverträge, DB 2006, 546; *dies.*, Vorstandsverträge im Kreuzfeuer der Kritik, DB 2006, 260; *Bauer/Diller*, Karenzentschädigung und bedingte Wettbewerbsverbote bei Organmitgliedern, BB 1995, 1134; *Bauer/Göpfert/Siegrist*, Abberufung von Organmitgliedern: Wegfall der variablen Vergütung?, DB 2006, 1774; *Baums*, Aktienoptionen für Vorstandsmitgliedern, FS Claussen, 1997, S. 3; *Bea/Scheuer*, Die Kontrollfunktion des Aufsichtsrats, DB 1994, 2145; *Behr/Kindl*, Zur Vertretung der Aktiengesellschaft gegenüber ehemaligen Vorstandsmitgliedern, DStR 1999, 119; *Benz*, Keine Versicherungspflicht in der gesetzlichen Unfallversicherung von Vorstandsmitgliedern einer Aktiengesellschaft bei Tätigkeiten für das Unternehmen, SGb 2000, 500; *Bezzenberger*, Der Vorstandsvorsitzende der Aktiengesellschaft, ZGR 1996, 661; *ders.*, Der Vorstandsvorsitzende der Aktiengesellschaft, ZGR 1996, 661; *Bogen*, Bestellung und Anstellung des Verwalters im Wohnungseigentumsrecht, ZWE 2002, 289; *Brachert*, Organmitgliedschaft und Arbeitnehmerstatus, 1991; *Brauer*, Die aktienrechtliche Beurteilung von „appreciation awards" zu Gunsten des Vorstands, NZG 2004, 502; *Buczko*, Rentenversicherungspflicht von AG-Vorständen, DAngVers 2004, 161; *Büdenbender*, Aufsatz Zivilrecht – Aktienrecht, JA 1999, 813; *Crezelius*, Faktischer Konzern und steuerrechtliche Organschaft, Aktien- und Bilanzrecht 1997, 37; *Deckert*, BGH – Stillschweigender Abschluss eines Anstellungsvertrags nach Umwandlung der AG in eine GmbH, WiB 1997, 918; *Deilmann*, Fehlen einer Directors & Officers (D&O) Versicherung als Rücktrittsgrund für die Organmitglieder einer Aktiengesellschaft, NZG 2005, 54; *Diekmann*, Beendigung des Anstellungsvertrages und des Vorstandsmandats eines die Unternehmensinteressen durch Kompetenzüberschreitungen verletzenden Vorstandsmitglieds, WuB II A § 84 AktG 1.06; *Dreher*, Das Ermessen des Aufsichtsrats, ZHR 158, 614; *ders.*, Change of Control-Klauseln bei Aktiengesellschaften, AG 2002, 214; *Dreher/Görner*, Der angemessene Selbstbehalt in der D&O-Versicherung, ZIP 2003, 2321; *Donald*, Die Entwicklung des US-amerikanischen Corporate Governance nach Enron, WM 2003, 705; *Fleck*, Das Dienstverhältnis der Vorstandsmitglieder in der Rechtsprechung des BGH, WM 1981, Beil. 3; WM 1985, 677; WM 1994, 1957; *ders.*, Das Organmitglied – Unternehmer oder Arbeitnehmer?, FS Hilger/Stumpf, 1983, S. 197; *Fleischer*, Bestellungsdauer und Widerruf der Bestellung von Vorstandsmitgliedern im in- und ausländischen Aktienrecht, AG 2006, 429; *ders.*, Zur Abberufung von Vorstandsmitgliedern auf Druck Dritter, DStR 2006, 1507; *ders.*, Anhörungsrechte bei der Abberufung von Geschäftsleitern im US-amerikanischen, englischen, französischen und schweizerischen Aktienrecht: Ein Vorbild für Deutschland?, RIW 2006, 481; *ders.*, Zur Verantwortlichkeit einzelner Vorstandsmitglieder bei Kollegialentscheidungen im Aktienrecht, BB 2004, 2645; *Franke*, Kleine AG; StWK Gruppe 17, 243; *Gaul/Otto*, Haftung von Aufsichtsratsmitgliedern AuA 2000, 312; *Geßler*, Aktiengesetz, Loseblatt; *Gerlach*, Die Anstellung eines Vorstandsmitglieds einer Aktiengesellschaft ohne Beschluss des Aufsichtsrats und deren Folgen, AG 1965, 251; *Goette*, Bestellung und Anstellung von Organmitgliedern in GmbH und Aktiengesellschaft, DStR 1997, 933; *ders.*, Zur Verteilung der Darlegungs- und Beweislast der objektiven Pflichtwidrigkeit bei der Organhaftung, ZGR 1995, 648; *ders.*, Zur fristlosen Kündigung des Anstellungsvertrages eines Vorstandsmitglieds, DStR 1998, 1400; *Götz*, Die vorzeitige Wiederwahl von Vorständen, AG 2002, 305; *Grobys*, Das Anstellungsverhältnis von Vorständen und Geschäftsführern, NJW-Spezial 2005, 513; *Grumann/Gillmann*, Abberufung und Kündigung von Vorstandsmitgliedern einer Aktiengesellschaft, DB 2003, 770; *Häde*, Zur Abberufung von Vorstandsmitgliedern der Deutschen Bundesbank, WM 2005, 205; *Heller*, Die Rechtsverhältnisse der GmbH nach streitiger Abberufung des Geschäftsführers, GmbHR 2002, 1227; *Heidbüchel*, Das Aufsichtsratsmitglied als Vorstandsvertreter, WM 2004, 1317; *Heidel* (Hrsg.), Aktienrecht, 2. Aufl. 2007; *Heimbach/Boll*, Führungsaufgabe und persönliche Haftung der Vorstandsmitglieder und des Vorstandsvorsitzenden im ressortaufgeteilten Vorstand einer AG, VersR 2001, 801; *Henssler*, Die Ernennung des Vorsitzenden der Geschäftsführung in der mitbestimmenden GmbH, GmbHR 2004, 321; *Henze*, Entscheidungen und Kompetenzen der Organe in der AG: Vorgaben der höchstrichterlichen Rechtsprechung, BB 2001, 53; *Hoffmann-Becking*, Gestaltungsmöglichkeiten bei Anreizsystemen, NZG 1999, 797; *ders.*, Vorstandsvergütung nach Mannesmann, NZG 2006, 127; *Hölters*, in: Münchener Vertragshandbuch, Bd. 1, Gesellschaftsrecht, V 48; *Hölters/Weber*, Vorzeitige Wiederbestellungen von Vorstandsmitgliedern, AG 2005, 629; *ders.*, Zum einverständlichen Ausscheiden von Vorstandsmitgliedern, FS Stimpel, 1985, S. 589; *ders.*, in: Beck'sches Formularbuch zum Bürgerlichen, Handels- und Wirtschaftsrecht, X. 13; *Horstmeier*, Können angestellte Leitungsorgane von Gesellschaften ohne vorherige Abmahnung außerordentlich gekündigt werden?, GmbHR 2006, 400; *Hueck*, Die Rechtsstellung der Mitglieder von Organen der juristischen Personen, DB 1954, 274; *ders.*, Bemerkungen zum Anstellungsverhältnis von Organmitgliedern juristischer Personen, FS Hilger/Stumpf, 1983, S. 365; *Hüffer*, Aktiengesetz, 7. Aufl. 2006; *Ignor/Rixen*, Untreue durch Zahlung von Geldauflagen? wistra 2000, 448; *Jäger*, Die Beratung des Vorstands als Teil der Überwachungsaufgabe des Aufsichtsrats, DStR 1996, 671; *ders.*, Die Entwicklung der Judikatur zur AG in den Jahren 2000–2003, NZG 2003, 1033; *ders.*, Rechtsprechungsbericht – Die Entwicklung der Judikatur zur AG in den Jahren 1999–2000, NZG 2001, 97; *Janzen*, Vorzeitige Beendigung von Vorstandsamt und -vertrag, NZG 2003, 468; *Junker*, Sechsundsiebzig verweht – Die deutsche Mitbestimmung endet in Europa, NJW 2004, 728; *Kauffmann-Lauven*, Das ruhende Arbeitsverhältnis im Aktienrecht, NZA 2000, 799; Kölner Kommentar zum Aktiengesetz, hrsg. v. Zöllner, 3. Aufl. 2004 ff.; *Krieger*, Personalentscheidungen des Aufsichtsrats, 1981; *ders.*, Abwahl des satzungsmäßigen Versammlungsleiters?, AG 2006, 355; *Kopka*, Voraussetzungen für Aktienoptionsprogramme als Vergütungsteil, WuB II A § 192 AktG 1.98; *Kort*, Das Mannesmann-Urteil im Lichte von § 87 AktG, NJW 2005, 333; *Küttner*, Change of Control-Klauseln in Vorstandsverträgen, in: ArbG ArbR, FS zum 25-jährigen Bestehen, 2006, S. 493; *Lange*, Überlegungen zur Umwandlung einer deutschen in eine Europäische Aktiengesellschaft, EuZW 2003, 301; *Langenbucher*, Einführung in das Recht der Aktiengesellschaft, Jura 2004, 577; *Leuchten*, Zur vorzeitigen Wiederbestellung von Vorständen, NZG 2005, 909; *Liebers/Hoefs*, Anerkennungs- und Abfindungszahlungen an ausscheidende Vorstandsmitglieder, ZIP 2004, 97; *Lingemann/Wasmann*, Mehr Kontrolle und Transparenz im Aktienrecht – Das KonTraG tritt in Kraft, BB 1998, 853; *Link*, Zur Frage der Rechtsmissbräuchlichkeit der Amtsniederlegung oder Abberufung des geschäftsführenden Gesellschafters durch den alleinigen Gesellschafter-Geschäftsführer einer Ein-Mann-GmbH ohne gleichzeitige Bestellung eines neuen Geschäftsführers, BB 2006, 1180; *Lutter*, Aktienrechtliche Aspekte der angemessenen Vorstandsvergütung, ZIP 2006, 733; *Martens*, Die Vorstandsvergütung auf dem Prüfstand, ZHR 169, 124; *ders.*, Vertretungsorgan und Arbeitnehmerstatus in konzernabhängigen Gesellschaften, FS Hilger/Stumpf, 1983, S. 437; *ders.*, Die außerordentliche Beendigung von Organ- und Anstellungsverhältnis, FS Werner, 1984, S. 495; *Meier/Pech*, Bestellung und Anstellung von Vorstandsmitgliedern in Aktiengesellschaften und Geschäftsführern in einer GmbH, DStR 1995, 1195; *Meier*, Der Vertrauensentzug nach § 84 Abs. 3 S. 2 AktG und die hierauf gestützte Beendigung des Vorstandsvertrages, in: ArbG ArbR, FS zum 25-jährigen Bestehen, 2006, S. 505; *Möllers*, Insiderinformationen und Befreiung von der Adhoc-Publizität nach § 15 Abs. 3 WpHG, WM 2005, 1393; *Niehues*, Tantiemen-Einbehalt und Verlust-Tantiemen, DB 1996, 993; *Nietsch*, Einstweiliger Rechtsschutz bei Beschlussfassung in der GmbH-Gesellschafterversammlung, GmbHR 2006, 393; *Niewiarra*, Verträge zwischen Vorstand und Aktionär, BB 1998, 1961; *Oppenländer*, Von der Rechtsprechung entwickelte Sonderregeln für die Zweipersonen-GmbH, DStR 1996, 922; *Peltzer*, Das Mannesmann-Revisionsurteil aus der Sicht des Aktien- und allgemeinen Zivilrechts, ZIP 2006, 205; *Peltzer/Werder*, Der „German Code of Corporate Governance (GCCG)" des Berliner Initiativkreises, AG 2001, 1; *Plagemann*, Keine Versicherungspflicht von Vorstandsmitgliedern einer AG in der Unfallversicherung, EWiR 2000, 351; *Pusch*, Vollmachtsnachweis bei Abberufung und Kündigung von Vorstandsmitgliedern, RdA 2005, 170; *Rehborn*, Die vorzeitige Wiederwahl von Vorstandsmitgliedern einer Krankenkasse, GesR 2003, 33; *ders.*, Zur Vergütung von Vorstandsmitgliedern einer Krankenkasse, SGb 2001, 736; *Reufels/Schmülling*, Gestaltung von Aufhebungsverträgen mit Vorstandsmitgliedern, ArbRB 2004, 191; *Reymann*, Vorsorgevollmachten von Berufsträgern: Bestandssicherung, Dritteinflussabwehr und Kontrolle, ZEV 2006, 12; *ders.*, Vorsorgevollmachten von Berufsträgern, ZEV 2005, 457; *Röder/Lingemann*, Schicksal von Vorstand und Geschäftsführer bei Unternehmensumwandlung und Unternehmensveräußerungen, DB 1993,

1341; *Rohde/Geschwandtner*, Zur Beschränkbarkeit der Geschäftsführerbefugnis des Vorstands einer Aktiengesellschaft, NZG 2005, 996; *Sachs*, Rechtsprechungsübersicht, JuS 1997, 265; *Schaefer/Missling*, Haftung von Vorstand und Aufsichtsrat, NZG 1998, 441; *Schaub*, Die Familien-Aktiengesellschaft und der Schutz vor Fremdeinflüssen, ZEV 1995, 82; *Scheffler*, Zum Rollenverständnis der Aufsichtsräte, DB 2000, 433; *Schmidt*, Rechtsformwahl und Rechtsformwechsel für 2001/2002, GmbH-StB 2001, 22; *Schmitt-Rolfes/Fischer*, Befristete Übertragung von Führungsaufgaben im Leistungskreis?, Der Syndikus 27, 10; *Schmitz-Herscheidt*, Der Rechtsschutz gegen Gesellschafterbeschlüsse bei einer GmbH, ZAP Fach 15, 345; *Schrader/Schubert*, Der Geschäftsführer als Arbeitnehmer, DB 2005, 1457; *Singhof*, Zur Bestimmung der Anzahl der Vorstandsmitglieder aufgrund einer Satzungsbestimmung durch den Aufsichtsrat, WuB II A § 76 AktG 1.02; *Stabreit*, Die Rechtsanwalts-Aktiengesellschaft, NZG 1998, 452; *Stein*, Die Grenzen vollmachtsloser Vertretung der Gesellschaft gegenüber Vorstandsmitgliedern und Geschäftsführern, AG 1999, 28; *Steinbeck/Menke*, Kündigungsklauseln in Vorstandsanstellungsverträgen, DStR 2003, 940; *Thannheiser*, Aufsichtsrat – Risiken und Chancen, AiB 2004, 174; *Thümmel*, Aufsichtsratshaftung vor neuen Herausforderungen – Überwachungsfehler, unternehmerische Fehlentscheidungen, Organisationsmängel und andere Risikofelder, AG 2004, 83; *Tiedemann/Otto*, Literaturbericht, ZStW 111, 673; *Trapp*, Anstellungsverhältnis und Organstellung eines Vorstandsmitglieds bei Umwandlung der AG in eine GmbH, WuB II C § 35 GmbHG 1.97; *Trappehl/Scheuer*, Abmahnung jetzt auch bei Vorständen und Geschäftsführern Kündigungsvoraussetzung?, DB 2005, 1276; *Udke*, Zur Versicherungspflicht von Vorstandsmitgliedern einer AG in der Unfallversicherung, AuA 2000, 552; *Vorwerk*, Rechtsschutz bei Abberufung des GmbH-Geschäftsführers, GmbHR 1995, 266; *Walter/Stümper*, Organschaftsvertrag ohne Beherrschungsabrede kann Mitbestimmung verhindern, GmbHR 2003, 449; *Weber/Dahlbender*, Die Verlängerung von Anstellungsverträgen mit Vorständen, DB 1996, 2373; *Wegner*, Steuerhinterziehung und Untreue bei „Kickbacks" aus Provisionszahlungen, PStR 2005, 45; *Wigge/Frehse*, Die Abberufung des Kassenvorstandes, KVuSR 2000, 82.

A. Erläuterungen

I. Vergleichbare Rechtspositionen bei GmbH-Geschäftsführern und AG-Vorständen

351 GmbH-Geschäftsführer wie Vorstände von Aktiengesellschaften stehen zur Gesellschaft in einer **Doppelrechtsbeziehung**. Die satzungsmäßigen Rechte und Pflichten erwerben sie durch ihre **Organstellung**, die beim GmbH-Geschäftsführer durch einen Beschluss der Gesellschafterversammlung (§ 46 Nr. 5 GmbHG) und beim Vorstand durch einen Beschluss des Aufsichtsrats nach § 112 AktG begründet wird. Daneben stehen beide Organe zu ihren Gesellschaften in einem **Anstellungsverhältnis**, in beiden Fällen ein Dienstvertrag mit Geschäftsbesorgungscharakter, gerichtet auf den grundsätzlich den §§ 323 ff. BGB unterliegenden Austausch von Leistung und Gegenleistung.[1]

1. Abgrenzung zum Arbeitsverhältnis beim GmbH-Geschäftsführer

352 Nach Auffassung des BGH kann, wer GmbH-Geschäftsführer ist, nicht gleichzeitig Arbeitnehmer sein.[2] Das Anstellungsverhältnis einer stellvertretenden GmbH-Geschäftsführerin kann nach Auffassung des BAG[3] im Einzelfall allerdings ein Arbeitsverhältnis sein. Der Geschäftsführer kann den Schutz des Schwerbehindertengesetzes für sich nicht in Anspruch nehmen.[4] Kraft Gesetzes fällt der Geschäftsführer nicht unter den Schutzbereich des Kündigungsschutzgesetzes, § 14 Nr. 1 KSchG. Auch vom Betriebsverfassungsgesetz wird der GmbH-Geschäftsführer nicht erfasst, § 5 Abs. 2 Nr. 1 BetrVG. Verliert der GmbH-Geschäftsführer seine Organstellung, wird das Dienstverhältnis nicht zum Arbeitsverhältnis.[5]

353 Das BAG ist der Auffassung, das Anstellungsverhältnis des GmbH-Geschäftsführers zur GmbH sei nicht notwendigerweise ein freies Dienstverhältnis. Die Arbeitnehmereigenschaft sei mit der Organstellung nicht von vorneherein unvereinbar.[6] Nach Auffassung des BAG kommt es stets auf den Einzelfall an. Im Regelfall

---

[1] BGH 7.12.1987 – II ZR 206/87, WM 1988, 298; BGH 11.7.1953 – II ZR 126/52, BGHZ 10, 187.
[2] BGH 11.7.1953 – II ZR 126/52, BGHZ 10, 187; BGH 29.1.1981 – II ZR 92/80, BB 1981, 752; BGH 14.2.2000 – II ZR 218/98, BB 2000, 844.
[3] BAG 26.5.1999 – 5 AZR 664/98, NZA 1999, 987.
[4] BGH 9.2.1978 – II ZR 189/76, BB 1978, 520.
[5] BGH 10.1.2000 – II ZR 251/98, NZA 2000, 376.
[6] BAG 26.5.1999 – 5 AZR 664/98, AP § 35 GmbHG Nr. 10.

geht das Bundesarbeitsgericht davon aus, dass der GmbH-Geschäftsführer nicht Arbeitnehmer ist.[7] Auch in der Literatur wird herrschend die Auffassung vertreten, der GmbH-Geschäftsführer stehe in keinem Arbeitsverhältnis zur Gesellschaft.[8] Zwischenzeitlich hat sich allerdings eine beachtliche Literaturmeinung herausgebildet, wonach zumindest der Fremdgeschäftsführer Arbeitnehmerstatus genießen solle,[9] oder zumindest arbeitsrechtliche Normen teilweise beim Fremdgeschäftsführer anzuwenden seien.[10] Außerdem haben sich Instanzgerichte vereinzelt der Literaturmeinung angeschlossen, wonach der Fremdgeschäftsführer Arbeitnehmer sei.[11] Das BSG beurteilt die Frage, ob jemand in einem Beschäftigungsverhältnis zur Gesellschaft steht, nach § 7 Abs. 1 SGB IV. § 7 Abs. 1 SGB IV knüpft an den Beschäftigtenbegriff an, mithin an das Merkmal der persönlichen Abhängigkeit. Beschäftigter i.S.d. § 7 Abs. 1 SGB IV ist damit derjenige, der in den Betrieb eingegliedert ist und sich unterzuordnen hat unter das Weisungsrecht des Arbeitgebers in Bezug auf Zeit, Dauer und Ort der Arbeitsleistung. Das Merkmal der persönlichen Abhängigkeit gilt auch für Dienste höherer Art, selbst wenn dort tätigkeitsimmanent das Weisungsrecht eingeschränkt ist.[12]

Dass der Geschäftsführer einer GmbH über eine Organstellung verfügt, steht nach Auffassung des BSG einer Abhängigkeit gegenüber der Gesellschaft und den Gesellschaftern nicht entgegen.[13] Ist der Geschäftsführer nicht zugleich Gesellschafter, übt er also eine Fremdgeschäftsführertätigkeit aus, bemisst sich die Sozialversicherungspflicht danach, ob nach dem Gesamtbild eine persönliche Abhängigkeit von der Gesellschaft besteht. Ist der Geschäftsführer hingegen auch Gesellschafter der GmbH, hängt die Entscheidung davon ab, ob ein abhängiges, die Sozialversicherungspflicht auslösendes Beschäftigungsverhältnis vorliegt.[14] Beim Gesellschaftergeschäftsführer gilt deshalb der Grundsatz: Er unterfällt der Sozialversicherungspflicht nur dann, wenn er keinen bestimmenden Einfluss auf die Entscheidungen der Gesellschaft ausübt. Maßgeblich ist die Bindung des Geschäftsführers an das willensbildende Organ, in der Regel die Gesamtheit der Gesellschafter.[15]

354

Für den Gestalter eines GmbH-Geschäftsführervertrages folgt aus den aufgezeigten Grundsätzen, dass es bei der Beurteilung der Sozialversicherungspflicht auf den Einzelfall ankommt. Der Geschäftsführer, der an der GmbH beteiligt ist, aber über seine Beteiligung keinen beherrschenden Einfluss auf die Gesellschaft ausüben kann, unterliegt im Regelfall der Sozialversicherungspflicht wie auch im Regelfall der Fremdgeschäftsführer renten- und arbeitslosenversicherungspflichtig ist.[16] Das BSG prüft in jedem Einzelfall, aufgrund welcher Konstellation persönliche bzw. wirtschaftliche Abhängigkeit besteht. Sind die Gesellschafter sämtliche Familienmitglieder, die ausschließlich auf den Rat des Fremdgeschäftsführers hören, kann auch bei einem Fremdgeschäftsführer das Merkmal der persönlichen Abhängigkeit fehlen.[17]

355

Der Ausgestaltung des Geschäftsführervertrages kommt bei der Frage der persönlichen Abhängigkeit große Bedeutung zu.[18] Für eine **persönlich abhängige Beschäftigung** sprechen nach Auffassung des BSG:

356

- die Zusage eines festen Jahresgehalts;
- die Zusage einer Weihnachtsgratifikation und eines Urlaubsgelds;
- die Zahlung eines Zuschusses zur Altersversorgung und privaten Krankenversicherung;
- der Ausschluss einer Nebentätigkeit;
- ein nachvertragliches Wettbewerbsverbot;
- die Bestimmung, dass der Urlaubszeitpunkt den Bedürfnissen der Geschäftsführung Rechnung tragen muss.

---

7 BAG 28.11.1990 – 4 AZR 198/90, AP § 1 TVG Tarifverträge: Bau Nr. 137.
8 *Henssler*, Das Anstellungsverhältnis der Organmitglieder, RdA 1992, 289; *Nägele*, Der Anstellungsvertrag des Geschäftsführers, BB 2001, 305.
9 *Diller*, Gesellschafter und Gesellschaftsorgane, 1994.
10 Scholz/*Schneider*, § 35 Rn 161 ff.
11 LAG Köln 30.6.1995 – 4 Sa 63/95, AuR 1996, 413; ArbG Nürnberg 31.7.1996 – 2 Ca 4546/95, NZA 1997, 37.
12 BSG 18.4.1991 – 7 RAr 32/90, NZA 1991, 869; BSG 30.6.1999 – B 2 U 35/98 R, NZS 2000, 147.
13 BSG 13.12.1960 – 3 RK 2/56, BSGE 13, 196; BSG 18.4.1991 – 7 RAr 32/90, NZA 1991, 869.
14 BSG 14.12.1999, BB 2000, 674; BSG 30.6.1999 – B 2 U 35/98 R, NZS 2000, 147; BSG 5.2.1998 – B 11 AL 71/97 R, NZS 1998, 492.
15 Unklarheiten aufgrund des Urteils des BSG vom 24.11.2005 (B 12 RA 1/04 R, NJW 2006, 1162) beseitigte der Gesetzgeber im Haushaltsbegleitgesetz 2006 (BGBl. I S. 1402, 1405) und erweiterte § 2 Satz 1 Nr. 9 Buchst. b SGB VI um einen Halbsatz. Auftraggeber des Gesellschafters ist nicht nur der Geschäftsführer, sondern sind alle Kunden, Lieferanten etc.
16 BSG 6.3.2003 – B 11 AL 25/02 R, GmbHR 2004, 494; BSG 18.12.2001 – B 12 KR 10/01 R, GmbHR 2002, 324.
17 BSG 8.12.1987 – 7 RAr 25/86, BB 1989, 72; BSG 30.6.1999 – B 2 U 35/98 R, NZS 2000, 147.
18 *Nägele*, BB 2001, 305 (311).

357 Da derartige Regelungen typische Bestandteile von Arbeits- und Dienstverträgen abhängig Beschäftigter sind, wertet sie das BSG als Indiz für eine sozialversicherungspflichtige Beschäftigung.[19] Ist die Beschäftigung eines GmbH-Geschäftsführers sozialversicherungspflichtig, besteht die Sozialversicherungspflicht umfassend, mit der Folge, dass der Geschäftsführer in der Renten-, Pflege- und Arbeitslosenversicherung zu versichern ist. Ebenso sind Beiträge zur gesetzlichen Unfallversicherung geschuldet. Macht der Geschäftsführer geltend, er sei wegen einer eingeschränkten Kompetenz in Wirklichkeit Arbeitnehmer gewesen, ist die Klage des Geschäftsführers einer GmbH gegen die Kündigung seines Anstellungsvertrages nicht vor den Arbeitsgerichten anhängig zu machen.[20] In seinen Beschlüssen vom 10.12.1996 und 18.12.1996[21] hatte das BAG die Frage noch dahinstehen lassen, ob die Grundsätze für die Rechtswegbestimmung in sog. **Sic-non-Fällen** auch auf Organvertreter anwendbar sind. Diese Frage hat das BAG mit Beschluss vom 6.5.1999 unter Hinweis auf § 5 Abs. 1 Satz 3 ArbGG verneint.

358 Wird ein Beamter von seinem öffentlichen Dienstherrn unter Fortzahlung des Gehalts „zur Dienstleistung" bei einer privaten Einrichtung beurlaubt, kann je nach den Umständen des Einzelfalls – neben dem Beamtenverhältnis – ein Arbeitsverhältnis mit der privaten Einrichtung zustande kommen.[22] Eine „stellvertretende" GmbH-Geschäftsführerin, die als GmbH-Geschäftsführerin berufen war, ist nicht generell eine Arbeitnehmerin, sondern nur dann, wenn sie einem arbeitsrechtlichen Weisungsrecht unterliegt.[23]

359 Für eine **selbständige Tätigkeit** sprechen bei einer Vertragsgestaltung vor allem folgende Kriterien:
- Beteiligung des Geschäftsführers am Verlust und Gewinn;
- Zahlung gewinnabhängiger Tantiemen;
- eigenständige Festlegung des Urlaubs.[24]

2. Ruhendes Arbeitsverhältnis beim GmbH-Geschäftsführer durch konkludentes Verhalten

360 Mit der Entscheidung des BAG vom 10.11.1994[25] trat eine erste Korrektur der Rechtsprechung des BAG zu den ruhenden Arbeitsverhältnissen eines GmbH-Geschäftsführers ein. Galt in der Vergangenheit die Vermutungsregel, dass im Zweifel von der Fortdauer eines ruhenden Arbeitsverhältnisses nach Bestellung zum GmbH-Geschäftsführer auszugehen war,[26] entschied das BAG am 10.11.1994, wenn ein Arbeitnehmer zwecks späterer Anstellung als GmbH-Geschäftsführer zunächst in einem Arbeitsverhältnis erprobt werden solle, sei im Zweifel anzunehmen, dass mit Abschluss des Geschäftsführervertrages das ursprüngliche Arbeitsverhältnis beendet sein sollte. Zwischenzeitlich entschied das BAG, dass bei einem Arbeitnehmer in leitender Position, der zum GmbH-Geschäftsführer bestellt werde, bei nicht klaren und eindeutigen vertraglichen Vereinbarungen, jedenfalls bis zum In-Kraft-Treten des § 623 BGB, von der Vermutung auszugehen sei, dass mit Abschluss eines Geschäftsführerdienstvertrages das ursprüngliche Arbeitsverhältnis des Arbeitnehmers konkludent aufgehoben werde und grundsätzlich sein Ende finde.[27] Allgemein galt bereits das Urteil des BAG vom 8.6.2000[28] als endgültiger Abschied des BAG von seiner früheren Vermutungsregel. Im Urteil vom 8.6.2000 entschied der 2. Senat: Werde ein in leitender Position beschäftigter Arbeitnehmer zum Geschäftsführer einer neu gegründeten GmbH bestellt, die wesentliche Teilaufgaben des Betriebs seines bisherigen Arbeitgebers übernehme (Ausgliederung einer Bauträger-GmbH aus einem Architekturbüro), so werde im Zweifel mit Abschluss des Geschäftsführerdienstvertrages das bisherige Arbeitsverhältnis aufgehoben. Die derzeit noch bestehende BAG-Rechtsprechung erfordert, auch wenn sie sich auf Altfälle vor In-Kraft-Treten des § 623 BGB am 1.5.2000 bezieht,[29] eine gesonderte Vereinbarung über die Aufhebung oder über das ruhend Stellen des Arbeitsverhältnisses vorzusehen. Diesem Zweck dienen die Muster 1850 und 1853.

Beliebt ist es, die Aufhebung des Arbeitsverhältnisses beim Wechsel eines leitenden Angestellten in die Position des Geschäftsführers in den Dienstvertrag zu integrieren (Muster 1859, § 14 Abs. 3). Von derartigen

---

[19] BSG 30.6.1999 – B 2 U 35/98 R, NZS 2000, 147.
[20] BAG 6.5.1999 – 5 AZB 22/98, NZA 1999, 839 = NJW 1999, 3069.
[21] BAG 10.12.1996 – 5 AZB 20/96, AP § 2 ArbGG 1979 Zuständigkeitsprüfung Nr. 3; BAG 18.12.1996 – 5 AZB 25/96, EzA § 2 ArbGG 1979 Nr. 36.
[22] BAG 27.6.2001 – 5 AZR 424/99, NZA 2002, 83.
[23] BAG 26.5.1999 – 5 AZR 664/98, AP § 35 GmbHG Nr. 10.
[24] Nägele, BB 2001, 305 (311).
[25] BAG 10.11.1994 – 2 AZR 242/94, NZA 1995, 571.
[26] BAG 7.10.1993 – 2 AZR 260/93, DB 1994, 428.
[27] BAG 25.4.2002 – 2 AZR 352/01, SPA 24/2002, 3.
[28] BAG 8.6.2000 – 2 AZR 207/99, DB 2000, 1918.
[29] BAG 14.6.2006 – 5 AZR 592/05, ZIP 2006, 1692; BAG 24.11.2005 – 2 AZR 614/04, ZIP 2006, 821.

integrierten Aufhebungsvereinbarungen in Geschäftsführer-Verträgen wird abgeraten, weil immer dann, wenn auf Seiten der Gesellschaft der Vertrag nicht von einem Geschäftsführer geschlossen wird, es der arbeitsvertraglichen Aufhebungsvereinbarung an einem ausreichenden Vertretungsverhältnis fehlt, so dass die integrierte Aufhebungsvereinbarung meist schwebend unwirksam ist.[30]

3. Ruhendes Arbeitsverhältnis beim AG-Vorstand

Bei Vorstandsmitgliedern einer Aktiengesellschaft ist es, sofern keine Konkurrenztätigkeit besteht, angesichts der Unabhängigkeit des Vorstands aufgrund der ihm in § 76 Abs. 1 AktG garantierten eigenverantwortlichen Leitungsmacht grundsätzlich keine Frage, dass kein Arbeitnehmerstatus besteht. Auch können arbeitsrechtliche Vorschriften nicht analog angewendet werden.[31] Allerdings sind beim Mitglied des Vorstands wie beim GmbH-Geschäftsführer Fallkonstellationen denkbar, dass beim Wechsel vom Arbeitsverhältnis in das Vorstandsamt das Arbeitsverhältnis aufgrund ausdrücklicher oder konkludenter Vereinbarung aufrechterhalten wird.[32] Die Kombination aus ruhendem Arbeitsverhältnis und Vorstandsamt wirft vordringlich die Frage auf, bei wem die Kündigungsbefugnis wegen des Arbeitsverhältnisses besteht und durch wen die Gesellschaft bei einer Kündigungsschutzklage vertreten wird. Das BAG hat entschieden, dass ein ausgeschiedenes Vorstandsmitglied einer Aktiengesellschaft, das sich gegen die Kündigung seines für die Dauer der Vorstandstätigkeit ruhenden Arbeitsverhältnisses wendet, seine Kündigungsschutzklage gemäß § 112 AktG gegen die Aktiengesellschaft, vertreten durch den Aufsichtsrat, zu richten hat, wenn die Kündigungsgründe in unmittelbarem Zusammenhang mit seiner Tätigkeit als Mitglied des Vertretungsorgans stehen.[33]

361

4. Dauer des Anstellungsverhältnisses

Anstellungsverträge mit GmbH-Geschäftsführern können unbefristet und befristet geschlossen werden. Der Anstellungsvertrag mit einem Vorstand kann dagegen nur befristet, und zwar maximal bis zur Dauer von fünf Jahren vereinbart werden (§ 84 Abs. 1 Satz 1 i.V.m. § 5 AktG). Die befristeten Anstellungsverträge von AG-Vorständen sehen regelmäßig keine ordentliche Kündigungsmöglichkeit vor. Welche Fristen bei der ordentlichen Kündigung eines unbefristet geschlossenen Dienstvertrages eines GmbH-Geschäftsführers gelten, ist strittig. Zum Teil wird vertreten, die Fristen des § 622 Abs. 2 BGB i.d.F. des Kündigungsfristengesetzes vom 15.10.1993 ließen sich auf Dienstverhältnisse von GmbH-Geschäftsführern nicht analog anwenden.[34] Zum Teil wird eine analoge Anwendung von § 622 Abs. 2 BGB zugelassen.[35]

362

Beim AG-Vorstand ist die Bestellung auf höchstens fünf Jahre beschränkt, § 84 Abs. 1 Satz 1 AktG. Eine wiederholte Bestellung oder Verlängerung der Amtszeit, jeweils höchstens für fünf Jahre, ist zulässig. Sie bedarf eines erneuten Aufsichtsratsbeschlusses, der frühestens ein Jahr vor Ablauf der bisherigen Amtszeit gefasst werden kann, § 84 Abs. 1 Sätze 2 und 3 AktG. Der Deutsche Corporate Governance Kodex regt unter Ziff. 5.1.2 an, bei Erstbestellungen von AG-Vorständen eine kürzere als die fünfjährige Amtszeit zu wählen.

Beim GmbH-Geschäftsführer besteht für den Vertragsgestalter die Auswahl zwischen einer befristeten und einer unbefristeten Tätigkeit. Aus Sicht des Geschäftsführers ist die Vereinbarung einer Befristung der Vereinbarung eines unbefristeten Dienstverhältnisses vorzuziehen. Wird das Dienstverhältnis von der Gesellschaft gekündigt, endet es meist in einem überschaubaren Zeitraum, je nach Länge der vereinbarten Kündigungsfrist. Ist das Dienstverhältnis dagegen befristet, kann der Geschäftsführer häufig eine Kapitalisierung der Restvertragslaufzeit mit Erfolg verlangen, wenn das Dienstverhältnis noch für einen längeren Zeitraum vereinbart wurde.

Häufig übersehen wird, dass in manchem Dienstvertrag eine sog. **Koppelungsklausel** formuliert wurde, wie sie auch in Muster 1856 (§ 12 Abs. 4 Satz 2) enthalten ist. Koppelungsklauseln überwinden das **Trennungsprinzip** zwischen Organstellung und Dienstvertrag. Nach gegenwärtiger BGH-Rechtsprechung sind sie wirksam, wenn sie zur Beendigung des Dienstverhältnisses unter Wahrung der Mindestkündigungsfrist analog

363

---

30 *Hümmerich*, Gestaltung von Arbeitsverträgen, § 2 Rn 17, 19.
31 BGH 11.7.1953 – II ZR 126/52, BGHZ 10, 187; BGH 7.12.1961 – II ZR 117/60, BGHZ 36, 142; BGH 9.11.1967 – II ZR 64/67, BGHZ 49, 30; BGH 24.11.1980 – II ZR 182/79, BGHZ 79, 38.
32 Bei Konzernkonstellationen: *Kauffmann-Lauven*, NZA 2000, 799.
33 BAG 4.7.2001 – 2 AZR 142/00, NJW 2002, 1444 = NZA 2002, 401.
34 *Hümmerich*, NJW 1995, 1177.
35 LAG Köln 18.11.1998 – 2 Sa 1063/98, NZA-RR 1999, 300.

§ 622 Abs. 1 BGB führen.³⁶ Nach hier vertretener Auffassung ist die Koppelungsklausel gegenüber einem Verbraucher-Geschäftsführer gemäß §§ 305c Abs. 1, 306 Abs. 2 BGB unwirksam, weil sie überraschend ist und gegen das Verbot der geltungserhaltenden Reduktion verstößt.³⁷ Gleiches gilt, wenn gegenüber einem AG-Vorstand ein Arbeitsvertrag verwendet wird, der die Merkmale einer Allgemeinen Geschäftsbedingung nach § 305 Abs. 1 BGB erfüllt. Von Koppelungsklauseln wird daher abgeraten.

5. Stellung von AG-Vorstand und GmbH-Geschäftsführer

364 Nach der Konzeption des Gesetzes sind die Stellung des GmbH-Geschäftsführers und die des AG-Vorstands unterschiedlich stark ausgeprägt. Anders als das Mitglied der Geschäftsführung einer GmbH kann das Mitglied des Vorstands einer Aktiengesellschaft nur aus wichtigem Grund **abberufen** werden (§ 84 Abs. 3 Sätze 1 und 2 AktG). Damit ist die Position eines Vorstandsmitglieds einer Aktiengesellschaft weitaus stärker ausgestaltet als die eines GmbH-Geschäftsführers, der, ohne dass es eines Grundes bedarf, jederzeit abberufen werden kann (§ 38 Abs. 1 GmbHG). Dessen freie Abrufbarkeit kann jedoch in der Satzung beschränkt und die Abberufung an einen wichtigen Grund geknüpft werden (§ 38 Abs. 2 Satz 1 GmbH). Der fristlosen Kündigung des Dienstverhältnisses eines GmbH-Geschäftsführers muss eine Abmahnung nicht vorausgehen.³⁸

Während der GmbH-Geschäftsführer auch in der Ausführung seiner Tätigkeit **Weisungen** der Gesellschafter unterliegt, besteht für das Vorstandsmitglied nur eine **Berichtspflicht** nach § 90 AktG gegenüber dem Aufsichtsrat. Der Vorstand unterliegt in der Leitung der Gesellschaft keinen Weisungen des Aufsichtsrats, er leitet die Gesellschaft unter eigener Verantwortung, § 76 AktG.

365 Rechtstheorie und Praxis der Stellung eines Vorstands und eines GmbH-Geschäftsführers **im Rahmen konzernabhängiger Gesellschaften** klaffen auseinander. Der Vorstand der beherrschten Gesellschaft im Vertragskonzern oder bei vollzogener Eingliederung nach §§ 319 ff. AktG ist nach § 76 Abs. 1 AktG nicht weisungsabhängig. Besteht aber ein Beherrschungsvertrag oder eine gesellschaftsrechtliche Eingliederung nach §§ 323, 308 AktG, bleibt die weisungsunabhängige Rechtstellung des Vorstands nach § 76 Abs. 1 AktG lediglich formaljuristisch bestehen. Vielfach wird behauptet, in konzernabhängigen Unternehmen komme die Stellung des Vorstands der eines Arbeitnehmers gleich.³⁹

Wird ein Arbeitnehmer der Konzernmutter in den Vorstand einer Konzerntochter oder als Geschäftsführer einer zum Konzern gehörigen GmbH abgeordnet, sein **Arbeitsverhältnis mit der Konzernmutter** jedoch beibehalten, stellt sich nach *Henssler*⁴⁰ die Rechtsbeziehung als Arbeitsverhältnis dar, unabhängig davon, ob der Mitarbeiter formal AG-Vorstand oder GmbH-Geschäftsführer ist. Beim Geschäftsführer der GmbH ist im Übrigen ein derartiges Auseinanderfallen von Anstellungsverhältnis bei der einen Gesellschaft und Bestellungsorgan bei einem anderen Unternehmen gesellschaftsrechtlich zulässig.⁴¹ Bei Vorständen und GmbH-Geschäftsführern, die noch in einem Arbeitsverhältnis zur Konzernobergesellschaft stehen, hält *Henssler*⁴² die Rechtsprechung über den Arbeitnehmerstatus von Geschäftsführern der Komplementär-GmbH einer GmbH & Co. KG für übertragbar.

6. Rechtsstellung nach Abberufung

366 Der aus seiner Organstellung als AG-Vorstand Abberufene kann gehalten sein, sich mit dem Angebot einer angemessenen anderen Beschäftigung zufrieden zu geben, wenn er eine sofortige Kündigung auch des Anstellungsvertrages vermeiden will.⁴³ Auch der GmbH-Geschäftsführer kann aus einem von der GmbH zu vertretenden Grund sein Amt niederlegen, ohne zugleich das Anstellungsverhältnis fristlos kündigen zu müssen.⁴⁴ Aus beiden vorerwähnten Entscheidungen wird der Schluss gezogen, dass nach Abberufung des Vorstands bzw. des GmbH-Geschäftsführers für die Restdauer des Anstellungsvertrages ein **Anspruch der Organe auf**

---

36 BGH 9.7.1990 – II ZR 194/89, BGHZ 112, 103; BGH 29.5.1989 – II ZR 220/88, NJW 1989, 2683.
37 *Hümmerich*, Gestaltung von Arbeitsverträgen, § 2 Rn 501 ff; a.A. *Bauer/Arnold*, ZIP 2006, 2337 („Transparenzgebot muss beachtet werden").
38 BGH 14.2.2000 – II ZR 218/98, NZA 2000, 543.
39 *Hueck*, ZfA 1985, 25; *Henssler*, RdA 1992, 301.
40 RdA 1992, 301.
41 BGH 5.6.1975 – II ZR 131/73, WM 1975, 793.
42 RdA 1992, 301.
43 BGH 14.7.1966 – II ZR 212/64, WM 1966, 968; zu beachten ist allerdings das für GmbH-Geschäftsführer ergangene Urteil des BGH 9.10.2000 – II ZR 75/99, NZA 2001, 36.
44 BGH 9.2.1978 – II ZR 189/76, WM 1978, 319.

Kapitel 3: Anstellungsverträge mit GmbH-Geschäftsführern und AG-Vorständen

Weiterbeschäftigung in einer vergleichbaren Führungsposition bestehe. Will sich eine Gesellschaft dieser Verpflichtung entziehen, so sollte eine entsprechende Vertragspassage in den Anstellungsvertrag des Geschäftsführers aufgenommen werden.[45]

Immer dann, wenn eine GmbH die Bestellung ihres Geschäftsführers wirksam widerrufen und an seine Stelle einen anderen Geschäftsführer bestellt hat, lässt die Gesellschaft nach einer neueren Entscheidung des BGH[46] in der Regel erkennen, dass sie unter keinen Umständen zur weiteren Beschäftigung des abberufenen Geschäftsführers bereit ist. Der GmbH-Geschäftsführer kann unter den gegebenen Umständen die Weiterzahlung seines Gehalts fordern, ohne seine Dienste der Gesellschaft zumindest wörtlich angeboten zu haben. Inwieweit sich der GmbH-Geschäftsführer trotz der Entscheidung des BGH vom 9.10.2000 mit einem Angebot auf eine vergleichbare Führungsposition begnügen muss, um nicht den Annahmeverzugslohnanspruch zu verlieren, lässt sich aus der Entscheidung vom 9.10.2000 nicht entnehmen.

Gegen einen **rechtswidrigen Abberufungsbeschluss** eines Vorstandsmitglieds besteht kein einstweiliger Rechtsschutz, der die Sofortwirkung nach § 84 Abs. 3 Satz 4 AktG überwinden könnte. Die einstweilige Verfügung zur vorläufigen Aufhebung der Abberufung eines Vorstandsmitglieds ist unzulässig,[47] es sei denn, es fehlt überhaupt an jeglichem Aufsichtsratsbeschluss oder dieser ist wegen eines Verstoßes gegen formelle Voraussetzungen, wie z.B. eine nicht ordnungsgemäße Einberufung der Aufsichtsratssitzung o.Ä., nichtig.[48] Im Ergebnis läuft damit die Stellung von GmbH-Geschäftsführer und AG-Vorstand, sofern Gesellschafterversammlung, Aufsichtsrat oder Hauptaktionär eine sofortige Beendigung der Tätigkeit des Vorstands wünschen, gleichermaßen auf eine nur unzulänglich ausgeprägte Rechtsposition hinaus.

Wird die Bestellung eines Mitglieds des Vorstands widerrufen oder wird dem Vorstandsmitglied aus wichtigem Grund gekündigt, ist die Klage gegen die Aktiengesellschaft, vertreten durch den Aufsichtsrat, zu richten. Dies ergibt sich aus § 112 AktG.[49] Die Zustellung an den Aufsichtsratsvorsitzenden oder sonstige Aufsichtsratsmitglieder hat an die Privatanschrift zu erfolgen, weil sich Aufsichtsratsmitglieder nicht dauernd in den Geschäftsräumen aufzuhalten pflegen.[50] Es widerspräche dem Zweck der Doppelvertretung, wenn die Übergabe einer Klageschrift eines Vorstandsmitglieds gegen die Gesellschaft, vertreten durch den Aufsichtsrat, an Gesellschaftspersonal genügen würde.[51] Hat der Vorsitzende des Aufsichtsrats seine private Wohnanschrift im Ausland, ist eine Auslandszustellung erforderlich, auch wenn das Anstellungsverhältnis als Vorstand einer deutschen Aktiengesellschaft sich im Wesentlichen in Deutschland realisiert hat.

Problematisch sind die vorläufigen Maßnahmen, insbesondere die **Freistellung** von GmbH-Geschäftsführer und Vorstandsmitglied. Eine **vorläufige Amtsenthebung** von GmbH-Geschäftsführern mit der Folge der Suspendierung von Geschäftsführungs- und Vertretungsbefugnissen hält die herrschende Meinung[52] für unzulässig. Für zulässig wird dagegen eine Vereinbarung mit dem Geschäftsführer gehalten, dass der Geschäftsführer bei einer ordentlichen Kündigung des Anstellungsvertrages von seiner Tätigkeit als Geschäftsführer freigestellt wird. Auch unabhängig von einer solchen Vereinbarung können die Gesellschafter nach der herrschenden Meinung dem Geschäftsführer die Weisung erteilen, er habe sich bis auf weiteres jeder Tätigkeit für die Gesellschaft zu enthalten. Die Möglichkeit einer solchen Freistellung folge aus dem allgemeinen Weisungsrecht der Gesellschafter. Die vertragliche Vereinbarung bzw. die Weisung entbinden den Geschäftsführer aber nur von seiner Geschäftsführungsbefugnis. Ihm obliegen weiterhin alle gesetzlichen Pflichten, und er hat weiterhin die organschaftliche Vertretungsbefugnis.

Für das Vorstandsmitglied gilt grundsätzlich, dass eine Freistellung nicht möglich ist.[53] Der Aufsichtsrat sollte deshalb entweder den Weg einer Vereinbarung über die Freistellung des Vorstandsmitglieds[54] oder den Weg eines fernmündlich vom Aufsichtsratsvorsitzenden eingeholten Beschlusses des Aufsichtsrats wählen, wobei das Protokoll dann vom Aufsichtsratsvorsitzenden unterzeichnet wird. Die letztgenannte Möglichkeit

---

45 Muster 1859 (§ 13 Abs. 8) § 1 Rn 455.
46 BGH 9.10.2000 – II ZR 75/99, NZA 2001, 36.
47 KölnKomm-AktG/*Mertens*, § 84 Rn 97.
48 OLG Stuttgart 15.4.1985 – 2 U 57/85, AG 1985, 193.
49 BGH 11.5.1981 – II ZR 126/80, NJW 1981, 2748; BGH 13.2.1984 – II ZR 2/83, WM 1984, 532; *Hüffer*, AktG, § 84 Rn 33; MünchGesR/*Wiesner*, Bd. 4, § 20 Rn 51.
50 BGH 22.5.1989 – II ZR 206/88, NJW 1989, 2689 = BGHZ 107, 296; *Hüffer*, AktG, § 246 Rn 246; a.A. OLG Celle 28.9.1988 – 9 U 78/87, AG 1989, 209 (210).
51 LG Frankfurt 22.2.1984 – 3/9 O 123/83, AG 1984, 192; MüKo-ZPO/*Feldmann*, § 184 Rn 1.
52 Rowedder/Schmidt-Leithoff/*Koppensteiner*, GmbHG, § 38 Rn 24; Scholz/*Schneider*, § 38 Rn 88 m.w.N.
53 *Hüffer*, AktG, § 84 Rn 95.
54 Muster 1933 § 1 Rn 470.

dürfte zwar rechtswidrig sein, entspricht aber einer verbreiteten Praxis, die im Falle einer anschließenden Kündigung aus wichtigem Grund und Abberufung im Ergebnis unschädlich bleibt, wie auch in dem Fall, in dem die Freistellung rückgängig gemacht wird. Rechtsschutz ist in der Kürze der verbleibenden Zeit nicht zu erlangen. Über anschließende Rechtsstreitigkeiten vor den Kammern für Handelssachen wegen der Abberufung und der Kündigung, aber auch im Falle der anderen Alternative, der einvernehmlichen Beendigung des Anstellungsverhältnisses durch Aufhebungsvertrag, tritt eine überholende Kausalität ein.

7. Wiederbestellung

371 Enden Organschaft und Vertragslaufzeit, kann durch neue Bestellung und Abschluss eines neuen Anstellungsvertrages das Vorstandsmandat verlängert werden. Für derartige Fälle wird allerdings – aus Sicht des Organmitglieds – empfohlen, eine Anti-Verböserungsklausel in den Anstellungsvertrag aufzunehmen, wie im Muster 1913 (§ 13 Abs. 2 Satz 3) vorgesehen. Ungeklärt ist nämlich noch, ob der Aufsichtsrat eine **Verlängerung der Vertragslaufzeit** im Zusammenhang mit einer Wiederberufung anbieten, dabei aber eine Verschlechterung von Rechtspositionen (geringeres Gehalt etc.) vorsehen kann. Einer solchen Fallkonstellation sollte man im Interesse des Vorstandsmitglieds vorbeugen, insbesondere im Hinblick auf erworbene Ansprüche auf Altersversorgung, die beispielsweise im Muster 1909 (§ 2 Abs. 1d) davon abhängig sind, dass das Vorstandsmitglied erklärt hat, dass es eine Neubestellung wünscht. Durch die Koppelung gerät bei Bleibeverhandlungen das Vorstandsmitglied in Zugzwang, wenn der Aufsichtsrat eine Verschlechterung der Vertragskonditionen für die nächste Amtsperiode in Erwägung zieht. Das Muster 1909, das keine Anti-Verböserungsklausel vorsieht, ist also insoweit günstig für die Aktiengesellschaft.

372 Die meisten Anstellungsverträge mit Vorständen enthalten eine Verhandlungsklausel, die sich an der Sperre des § 84 Abs. 1 Satz 3 AktG orientiert.[55] Problematisch kann die Rechtslage werden, wenn vor Ablauf des Fünfjahreszeitraums eine Wiederbestellung erfolgt und das Mitglied des Vorstands für einen neuen Fünfjahreszeitraum bestellt wird. Von der ganz überwiegenden Ansicht in Literatur und Rechtsprechung wird die Beendigung einer laufenden Amtszeit unter gleichzeitiger Neubestellung für einen Fünfjahreszeitraum früher als ein Jahr vor Ablauf der ursprünglichen Dauer der Amtszeit nach § 84 Abs. 1 AktG für zulässig gehalten.[56]

8. Rechtsstellung bei gesellschaftsrechtlicher Veränderung

373 Schwierig ist es, Vorstandsmitglieder und GmbH-Geschäftsführer vor den **Änderungen ihrer Rechtsstellung** auf der Organ- und Vertragsebene abzusichern, die sich aus **Fusion, Verschmelzung, Spaltung und Firmenkauf** ergeben. Werden Gesellschaften verschmolzen, muss regelmäßig ein Geschäftsführer oder ein Vorstandsmitglied weichen. Haben die Organmitglieder jedoch einen langfristigen Dienstvertrag und kann man sich über eine vorzeitige Beendigung nicht einigen, besteht der Dienstvertrag ungeachtet des Verlustes der Organstellung fort. Damit stellt sich aber die Frage, zur Ausführung welcher Tätigkeit das ehemalige Organmitglied verpflichtet werden kann und welchen rechtlichen Status es nach der Fusion genießt.

374 Grundsätzlich erzeugt ein Vertrag Rechte und Pflichten nur zwischen den Vertragsparteien. Über § 613a BGB geht als Ausnahme von diesem Grundsatz ein Arbeitsverhältnis mit einer Betriebsveräußerung auf einen Betriebsnachfolger über. Organmitglieder sind jedoch im Allgemeinen keine Arbeitnehmer, für sie gilt daher § 613a BGB nicht. Für den GmbH-Geschäftsführer hat dies das BAG inzwischen ausdrücklich entschieden.[57] Generell wandelt sich das freie Dienstverhältnis eines GmbH-Geschäftsführers oder eines Vorstandsmitglieds (hier Vorstandsmitglied einer Sparkasse) auch nicht ohne weiteres mit dem Verlust der Organstellung infolge einer Fusion in ein Arbeitsverhältnis um.[58]

375 Bei einer **Verschmelzung** findet ein Vertragsübergang statt, weil es sich bei der Verschmelzung um eine gesellschaftsrechtliche Gesamtrechtsnachfolge handelt.[59] Die gesellschaftsrechtliche Gesamtrechtsnachfolge hat zwar das Erlöschen der Organstellung zur Folge. Das Erlöschen der Organstellung hat aber weder Auswirkungen auf den Inhalt des Anstellungsvertrages noch auf seinen Rechtscharakter als „Nicht-"Arbeitsver-

---

55 Muster 1916 (§ 13 Abs. 1) sowie Muster 1913 (§ 13 Abs. 2) und Muster 1903 (§ 12 Abs. 2).
56 OLG Hamm 7.1.1991 – 8 U 155/90, EWiR 1991, 523; *Geßler/Hefermehl*, AktG, § 84 Rn 28; *Lutter/Krieger*, Rechte und Pflichten des Aufsichtsrats, § 4 Rn 136; *Krieger*, Personalentscheidungen des Aufsichtsrats, 1981, S. 125 f.; *MünchGesR/Wiesner*, Bd. 4, § 20 Rn 32; *Willmer*, die Neubestellung von Vorstandsmitgliedern vor Ablauf der Amtsperiode, AG 1977, 130 ff.; a.A. KölnKomm-AktG/*Mertens*, § 84 Rn 18.
57 BAG 13.2.2003 – 8 AZR 654/01, FA 2003, 273.
58 BGH 10.1.2000 – II ZR 251/98, WM 2000, 573 = ZiP 2000, 508.
59 BAG 21.2.1994 – 2 AZB 28/93, NJW 1995, 675.

hältnis. Bei der Verschmelzung wird der Geschäftsführer der aufgenommenen GmbH nicht automatisch zum Arbeitnehmer der aufnehmenden GmbH, wenn er seine frühere Tätigkeit mehr oder weniger unverändert fortsetzt. Es kann jedoch dem rechtsgeschäftlichen Willen der Parteien entsprechen, dass die Fortsetzung der Tätigkeit auf der Grundlage eines Arbeitsverhältnisses erfolgen soll, auch wenn die finanziellen Vertragsbedingungen im Wesentlichen unverändert bleiben.[60]

Wenn nach einer Verschmelzung die im Anstellungsvertrag vereinbarten Tätigkeiten ohne die organrechtliche Vertretungsbefugnis nicht mehr ausgeübt werden können, entfällt die Leistungspflicht des früheren Organmitglieds. Die künftige Vergütung richtet sich nach § 615 BGB. Bietet die Rechtsnachfolgegesellschaft dem ehemaligen Organmitglied eine zumutbare leitende Tätigkeit an, muss das ehemalige Organmitglied zur Vermeidung des Vergütungsverlustes dieses Angebot annehmen. Allerdings wandelt sich ein Dienstnehmer nicht allein durch das Unterbleiben der Bestellung zum Geschäftsführer zum Arbeitnehmer.[61] Wenn jedoch der ehemalige Geschäftsführer nach dem **Ende seiner Organstellung** tatsächlich für die GmbH weiter tätig ist, haben sich die Parteien regelmäßig **schlüssig** auf eine **Änderung des bisherigen Vertrages** geeinigt und für die Zukunft eine weitere Tätigkeit im Rahmen eines Arbeitsverhältnisses vorgesehen.[62] Für den Fall einer solchen **Tätigkeitsveränderung** ist eine eindeutige Vereinbarung über das Fortbestehen oder den Wechsel der Rechtsnatur des Vertragsverhältnisses sinnvoll. Im Muster 1856[63] ist für diesen Fall vorgesehen, dass sich die Vertragsrechtsbeziehung nicht ändert, sondern der selbständige Dienstvertrag aufrechterhalten bleibt.

Werden nach einer **Verschmelzung** Betriebsteile auf eine andere Gesellschaft übertragen, ohne dass das Umwandlungsgesetz zur Anwendung kommt, und übernimmt das ehemalige Organmitglied bei der dritten Gesellschaft eine Tätigkeit, lässt sich die Fiktion, es liege weiterhin kein Arbeitsverhältnis vor, nicht mehr aufrechterhalten. Die Parteien sind in einem solchen Fall nicht durch unmittelbare Rechtsnachfolge, sondern durch freie Willensbildung zusammengekommen. In einem solchen Fall greift das Schutzsystem des Arbeitsrechts. Der Rechtscharakter der Vertragsbeziehung ist nicht frei bestimmbar, sondern richtet sich nach den bekannten Kriterien zum Status, also ob jemand Arbeitnehmer oder Dienstnehmer ist. Das BAG hat in diesem Zusammenhang entschieden, dass die Organtätigkeit für den Rechtscharakter eines Dienstvertrages nur dann bestimmend sei, wenn sie für den Vertragspartner ausgeübt werde.[64] Eine Organfunktion bei einer dritten Gesellschaft im Rahmen einer Vertragstätigkeit hindert die Annahme der Eigenschaft als Arbeitnehmer oder als arbeitnehmerähnliche Person nicht.[65] Scheidet dagegen das Organmitglied aus der bisherigen Gesellschaft aus und wird in einer dritten Gesellschaft, die zum Konzern gehört, tätig, ohne dort Organ zu werden, wobei er dort typische Arbeitnehmeraufgaben wahrnimmt, so steht er in einem Arbeitsverhältnis. War sein Dienstvertrag befristet, ist das Arbeitsverhältnis, soweit keine abweichende Regelung besteht, die den Anforderungen der Befristungsrechtsprechung genügt, unbefristet.

II. Vertragsklauseln im Geschäftsführervertrag

1. Bestellung des GmbH-Geschäftsführers

Zuständig für die Bestellung des **GmbH-Geschäftsführers** ist die Gesellschafterversammlung (§ 46 Nr. 5 GmbHG), mit der auch der Anstellungsvertrag geschlossen wird.[66] Handelt es sich um eine größere Gesellschaft mit in der Regel mehr als 2.000 Arbeitnehmern, findet das Mitbestimmungsgesetz Anwendung. Im Geltungsbereich des Mitbestimmungsgesetzes ist nicht die Gesellschafterversammlung, sondern der Aufsichtsrat nach § 31 Abs. 1 MitbestG für die Bestellung des Geschäftsführers zuständig. Bei einer **GmbH & Co. KG**, bei der die persönlich haftende Komplementärin der KG eine GmbH ist, kann der Anstellungsvertrag sowohl mit der Komplementär-GmbH als auch mit der GmbH & Co. KG geschlossen werden.[67]

Beim Geschäftsführer einer GmbH & Co. KG ist immer darauf zu achten, dass er eine **Janusfunktion** besitzt. Im Verhältnis zur Komplementär-GmbH hat er eine Organstellung, die Anwendung des Arbeitsrechts und die Zuständigkeit der Arbeitsgerichte ist in dieser Rechtsstellung ausgeschlossen (§ 5 Abs. 1 Satz 3 ArbGG,

---

60 LAG Köln 15.3.2001 – 7 Sa 1403/00, ARST 2001, 186.
61 BAG 25.6.1997 – 5 AZB 41/96, DB 1997, 2029.
62 So Küttner/*Kania*, Personalbuch, 202 Rn 33.
63 § 1 Rn 454.
64 BAG 29.12.1997 – 5 AZB 38/97, NZA 1998, 668.
65 BAG 8.9.1997 – 5 AZB 3/97, NZA 1997, 1302.
66 BGH 24.1.1975 – I ZR 85/73, WM 1975, 249 ff.
67 LG Köln 16.3.1981 – 87 T 14/81, GmbHR 1983, 48; LG Braunschweig 7.2.1983 – 22 T 1/83, DB 1983, 706; BGH 25.6.1979 – II ZR 219/78, NJW 1980, 595; BAG 15.4.1982 – 2 AZR 1101/79, AP § 14 KSchG Nr. 1.

§ 14 Abs. 1 Nr. 1 KSchG). Im Verhältnis zur KG hat der Geschäftsführer der Komplementär-GmbH keine Organstellung, damit hat er den Status eines Arbeitnehmers. Ähnlich ist der Fall zu beurteilen, wenn einem Fremdgeschäftsführer im Dienstvertrag auferlegt wird, auf Weisung des Gesellschafters auch weitere Aufgaben innerhalb der Firmengruppe wahrzunehmen.[68] Die Eintragung des GmbH-Geschäftsführers in das **Handelsregister** hat nur deklaratorische Wirkung. Sie ist keine Voraussetzung für die Rechtswirksamkeit der Bestellung – oder auch der Abberufung – des Geschäftsführers (§ 15 Abs. 1 HGB).[69]

380 In der Praxis entstehen verschiedentlich Probleme bei der Herstellung des Anstellungsvertragstextes und beim Austausch der Urkunden zwischen den Beteiligten. Die Bestellung zum Geschäftsführer wird erst **wirksam** mit der **Annahmeerklärung des Geschäftsführers**. Diese Erklärung gibt der GmbH-Geschäftsführer erfahrungsgemäß ungern ab, bevor nicht der Wortlaut seines Vertrages ausgehandelt und schriftlich fixiert ist. Der in der Gesellschafterversammlung durch Beschluss bestimmte Abschlussvertreter[70] kann seine Unterschrift, jedenfalls bei größeren Gesellschaften, nicht bereits unter den Vertragstext setzen, bevor nicht ein Bestellungsbeschluss in der **Gesellschafterversammlung** gefasst wurde. Um diese wechselseitigen Abhängigkeiten in eine vernünftige **Ablauffolge** zu bringen, wird angeregt, vor einem Bestellungsbeschluss den Text des Anstellungsvertrages auszuhandeln, schriftlich zu fixieren und zwei Urkunden herzustellen, auf denen der künftige Geschäftsführer und der Vorsitzende der Gesellschafterversammlung (ggf. ein GmbH-Geschäftsführer) ihre Paraphe auf jeder Seite anbringen. Die Gesellschaft und der künftige Geschäftsführer erhalten jeweils ein Vertragsexemplar. Unterschrieben wird der Vertrag nicht. Der vertretungsberechtigte Abschlussvertreter, also der bereits vorhandene GmbH-Geschäftsführer, oder ein durch Beschluss der Gesellschafterversammlung bestimmter Abschlussvertreter erklärt im Rahmen der bei ihm bestehenden Vertretungsbefugnis gegenüber dem künftigen Geschäftsführer, bei Bestellung zum Geschäftsführer werde der Anstellungsvertrag nur in der bereits fixierten Form abgeschlossen. Ist dann die Bestellung erfolgt, kann der Verhandlungsführer der Gesellschafterversammlung den Vertragsentwurf der Gesellschafterversammlung vorlegen bzw. über den wesentlichen Inhalt des Anstellungsvertrages einen Beschluss fassen lassen. Die Annahme der Bestellung als Organ und die rechtsgültige Unterzeichnung des Anstellungsvertrages mit vollständigem Namenszug durch den bestellten Geschäftsführer und den Abschlussvertreter der Gesellschafterversammlung können dann zeitgleich erfolgen.

2. Sorgfaltspflichten des Geschäftsführers

381 Der Geschäftsführer einer GmbH unterliegt hohen Anforderungen an die Sorgfaltspflicht. Die in GmbH-Geschäftsführerverträgen übliche Formulierung lautet, dass die Geschäfte mit der **Sorgfalt eines ordentlichen Kaufmanns** zu führen sind.[71] Sie entspricht der gesetzlichen Regelung (§ 43 Abs. 1 GmbHG). Der Geschäftsführer hat bei seiner Tätigkeit den Sorgfaltsanforderungen zu genügen, die ein ordentlicher Geschäftsmann in verantwortlich leitender Stellung bei der selbständigen Verwaltung fremden Vermögens einzuhalten hat.[72] So ist er insbesondere kraft des zwingend geltenden § 41 GmbHG verpflichtet, für eine **ordnungsgemäße Buchführung** zu sorgen. Soll die Buchführung im Wege der Geschäftsverteilung an einen Mitgeschäftsführer delegiert werden, müssen die übrigen Geschäftsführer den zuständigen Geschäftsführer sachgerecht auswählen und kontinuierlich und angemessen überwachen. Dazu haben sie sich, auch im Hinblick auf § 64 GmbHG, über die Buchführung zu informieren.

382 Wird einem Mitgeschäftsführer diese Information systematisch vorenthalten, darf dieser sowohl sein Geschäftsführeramt niederlegen als auch seinen Anstellungsvertrag außerordentlich kündigen, da unter diesen Umständen ihm ein gedeihliches gesetzestreues Arbeiten unmöglich ist.[73] Es führt nicht zu einer generell erhöhten Haftung des Geschäftsführers, wenn dieser Risikogeschäfte tätigt.[74] Aber schon bei Geschäften mit erheblichem wirtschaftlichem Gewicht gelten erhöhte Sorgfaltsanforderungen, so beispielsweise eine Überprüfungspflicht des Geschäftsführers im Hinblick auf eine vom Leiter der Finanzabteilung vorgelegte Kalkulation.[75] Bei der Gewährung von Warenkrediten ist der Geschäftsführer verpflichtet, sich zuvor über die

---

[68] Muster 1856 (§ 2 Abs. 1).
[69] *Jaeger*, Der Anstellungsvertrag des GmbH-Geschäftsführers, S. 22.
[70] Seine Notwendigkeit ergibt sich aus BGH 1.2.1968 – II ZR 212/68, WM 1968, 570.
[71] Muster 1856 (§ 1 Abs. 1).
[72] OLG Sachsen-Anhalt 11.10.2000 – 12 U 89/00, NZG 2001, 136; LG Düsseldorf 27.5.2005 – 33 O 73/04, GmbHR 2005, 1298.
[73] BGH 26.6.1995 – II ZR 109/94, ZIP 1995, 1334.
[74] BGH 4.7.1977 – II ZR 150/75, NJW 1977, 2311.
[75] BGH 28.10.1971 – II ZR 49/70, WM 1971, 1548; diese Entscheidung wird in der Literatur auch auf den GmbH-Geschäftsführer übertragen, siehe *Jaeger*, Der Anstellungsvertrag des GmbH-Geschäftsführers, S. 151 Fn 56.

finanziellen Verhältnisse des Geschäftspartners zu vergewissern und sich ausreichend Sicherheiten geben zu lassen.[76] Für die ordnungsgemäße Buchführung haftet der Geschäftsführer bereits kraft Gesetzes (§ 41 Abs. 1 GmbHG).

Die **Haftung** des Geschäftsführers **gegenüber der GmbH** bei Nichteinhaltung dieser Sorgfaltsanforderungen lässt sich durch Vertragsgestaltung kaum reduzieren, es sei denn, vertraglich werden bestimmte Geschäftspraktiken, die ein Risiko auslösen, als von den Gesellschaftern gebilligtes Verhalten vereinbart und konkret bezeichnet. Die Haftung des Geschäftsführers entfällt, soweit er eine haftungsrelevante Maßnahme aufgrund einer Weisung der Gesellschafterversammlung oder eines weisungsberechtigten Organs der Gesellschaft vorgenommen hat.[77] 383

Die **Haftung** des GmbH-Geschäftsführers besteht nicht nur im Verhältnis zur Gesellschaft, sondern auch **im Verhältnis zu Vertragspartnern** der Gesellschaft, also zu Dritten.[78] Gleiches gilt, wenn der Geschäftsführer dem Vertragspartner der Gesellschaft in zurechenbarer Weise den Eindruck vermittelt hat, er werde persönlich die ordnungsgemäße Abwicklung des Geschäfts gewährleisten,[79] oder wenn ein starkes wirtschaftliches Eigeninteresse des GmbH-Geschäftsführers bestand.[80] Durch Vertragsgestaltung lassen sich solche Haftungssachverhalte in der Außenbeziehung zur Gesellschaft schwerlich auf die Gesellschaft übertragen. 384

Auch die **steuerrechtliche Haftung** nach §§ 34 Abs. 1, 93, 140, 149 AO lässt sich durch Vertragsgestaltung nicht eingrenzen. Der Geschäftsführer haftet gemäß § 69 AO persönlich für die Abführung der Lohnsteuer. Um im Falle von Liquiditätsschwierigkeiten nicht einerseits eine persönliche Haftung im Verhältnis zum Finanzamt entstehen zu lassen, andererseits aber auch vor Ansprüchen der Gesellschaft und der Arbeitnehmer geschützt zu sein, wird empfohlen, die Formulierung aufzunehmen, dass für den Fall, dass die zur Verfügung stehenden finanziellen Mittel nicht mehr zur Zahlung der vollen Löhne einschließlich der Lohnsteuer ausreichen, die Löhne gekürzt und als Teilbetrag gezahlt werden dürfen und der hierauf entfallende Anteil der Lohnsteuer an das Finanzamt abzuführen ist. Diese Formulierung wählt ein vom Bundesfinanzhof gebilligtes Verfahren,[81] wonach der Grundsatz der gleichrangigen Befriedigung der Arbeitnehmer und der Finanzverwaltung bei Liquiditätsschwierigkeiten zu beachten ist. 385

Zu den Pflichten des Geschäftsführers einer GmbH gehört es, sich in der finanziellen Krise des Unternehmens über die Einhaltung von erteilten Anweisungen zur pünktlichen Zahlung fälliger Arbeitnehmerbeiträge zur Sozialversicherung durch geeignete Maßnahmen zu vergewissern. Ein **Irrtum** des Geschäftsführers über den Umfang seiner Pflicht zur Überwachung einer an die Buchhaltung erteilten Anweisung zur Zahlung fälliger Arbeitnehmerbeiträge ist ein Verbotsirrtum, der in der Regel den Vorsatz hinsichtlich des Vorenthaltens dieser Beiträge nicht entfallen lässt.[82] Eine Durchgriffshaftung des Gesellschaftergeschäftsführers im Insolvenzfall, beispielsweise für Insolvenz- bzw. Konkursausfallgeld, das von der Agentur für Arbeit gezahlt wurde, lehnt das BAG auch im Falle der Unterkapitalisierung ab, wenn nicht besondere Umstände hinzukommen.[83] 386

3. Vergütungsregelungen

Vergütungsregelungen in Geschäftsführerverträgen sind unter mehreren Blickwinkeln zu gestalten. Aus Anreizgründen wählt man gängigerweise die Aufteilung der Geschäftsführervergütung in ein Festgehalt und eine erfolgsabhängige Tantieme. Anders als beim Vorstand einer Aktiengesellschaft gibt es für den GmbH-Geschäftsführer keine Beschränkung zur **Höhe der Vergütung**. § 87 Abs. 1 AktG, wonach eine Begrenzung der Vergütung auf ein angemessenes Verhältnis zu den übertragenen Aufgaben und der Lage der Gesellschaft vorzunehmen ist, findet beim Geschäftsführer der GmbH keine Anwendung, auch nicht analog.[84] 387

Die **Angemessenheit** der Bezüge eines GmbH-Geschäftsführers ist jedoch nicht nur aus personalwirtschaftlichen und betriebswirtschaftlichen Gründen, sondern auch aus steuerlichen Gründen geboten. Bei der Gesellschaft sind die Bezüge des Geschäftsführers als Betriebsausgaben abzugsfähig. Wird einem Gesellschafter- 388

---

76 BGH 16.2.1981 – II ZR 49/80, WM 1981, 440.
77 Baumbach/Hueck/*Zöllner*, GmbHG, § 43 Rn 28.
78 BGH 2.3.1988 – VIII ZR 380/86, ZIP 1988, 505.
79 BGH 3.10.1989 – IX ZR 157/88, NJW 1990, 389; BGH 19.2.1990 – II ZR 41/89, DB 1990, 1811.
80 BGH 1.7.1991 – II ZR 180/90, NJW-RR 1991, 1312; BGH 16.3.1992 – II ZR 152/91, DB 1992, 982.
81 BFH 26.7.1988 – VII R 83/87, DB 1988, 2238; BFH 11.12.1990 – VII R 85/88, GmbHR 1991, 383.
82 BGH 9.1.2001 – VI ZR 407/99, NZA 2001, 392.
83 BAG 10.2.1999 – 5 AZR 677/97, NZA 1999, 653; BAG 3.9.1998 – 8 AZR 189/99, ARST 1999, 3.
84 Scholz/*Schneider*, GmbHG, § 35 Rn 180; Lutter/*Hommelhoff*, GmbHG, Anhang zu § 6 Rn 31; Baumbach/Hueck/*Zöllner*, GmbHG, § 35 Rn 100.

Geschäftsführer ein unangemessen hohes Gehalt gezahlt, so sieht der BFH hierin steuerrechtlich eine verdeckte Gewinnausschüttung, da Gehaltsbestandteile dem körperschaftsteuerpflichtigen Gewinn der Gesellschaft entzogen werden.[85] Eine steuerrechtliche Unangemessenheit des Gehalts wird angenommen, wenn ein krasses Missverhältnis zwischen der Dienstleistung und dem hierfür vereinbarten Gehalt besteht. Die Angemessenheit des Gehalts wird zum einen am Marktwert der Dienstleistung, zum anderen an der Leistungsfähigkeit der Gesellschaft gemessen.

389 Auch bei einer **kombinierten Vergütung** aus **Festgehalt** und **erfolgsabhängiger Tantieme** muss bei einem Gesellschafter-Geschäftsführer stets die steuerliche Angemessenheit der vorgesehenen Gesamtvergütung geprüft werden, um das Vorliegen einer verdeckten Gewinnausschüttung zu vermeiden. Für die erfolgsabhängige Tantieme ist eine klare Vereinbarung erforderlich, die den Umfang der Gewinnbeteiligung im Voraus eindeutig festlegt, so dass für die Gesellschafterversammlung kein Spielraum für eine Ermessensausübung verbleibt.[86] Gemäß Abschnitt 33 Abs. 2 Satz 1 der Körperschaftsteuer-Richtlinien sind bei der Tantiemegewährung an beherrschende Gesellschafter-Geschäftsführer (mehr als 50 % Gesellschafteranteil oder Sperrminorität) folgende Grundsätze zu beachten: Die Summe der Tantiemen gegenüber mehreren Gesellschafter-Geschäftsführern darf insgesamt den Satz von 50 % des Jahresüberschusses nicht übersteigen. Die Jahresgesamtbezüge der Gesellschafter-Geschäftsführer mussten nach bisheriger Rechtsprechung zu 75 % aus festen, zu höchstens 25 % aus erfolgsabhängigen Bestandteilen bestehen.[87] Eine Gewinntantieme kann im Einzelfall akzeptabel sein, wenn sie 50 % des Jahresgewinns nicht übersteigt.[88]

390 Die **Berechnung der Tantieme** sollte im Geschäftsführervertrag genauestens geregelt werden.[89] **Umsatztantiemen** sollte man vermeiden, weil anderenfalls der Geschäftsführer in der Gefahr steht, zur Erzielung von Umsatz Geschäfte zu tätigen, die nicht dem Wohl der Gesellschaft dienen, oder sein Augenmerk nicht mehr ausreichend auf den mit dem Umsatz verbundenen Aufwand lenkt. Die Muster sehen deshalb nur **Gewinntantiemen** vor.

391 Man kann die Tantieme mit Blick auf den **körperschaftsteuerpflichtigen Gewinn** formulieren. In jedem Falle sollte klargestellt sein, ob sich die Tantieme auf einen Prozentsatz vom Handelsbilanz- oder vom Steuerbilanzgewinn berechnet. Wird an den körperschaftsteuerpflichtigen Gewinn der Gesellschaft angeknüpft, sollte außerdem auf jeden Fall im Anstellungsvertrag geregelt werden, ob die Berechnung auf der Grundlage des körperschaftsteuerpflichtigen Gewinns vor oder nach Abzug der Tantieme erfolgt. Die Tantieme des Geschäftsführers ist ihrerseits eine abzugsfähige Betriebsausgabe und mindert den körperschaftsteuerpflichtigen Gewinn. In der Literatur wird außerdem empfohlen, den Gewinn beeinflussende Rückstellungen aus der Berechnungsgrundlage der Tantieme herauszunehmen.[90] Entsprechend wurde im Muster 1856 (§ 9 Abs. 3) verfahren. Riskant ist es, die Höhe der Tantieme prozentual an den sog. Deckungsbeitrag II anzubinden. Durch sehr hohe Rückstellungen in einem Jahr kann das Betriebsergebnis verzerrt werden und die Tantieme deutlich zu niedrig ausfallen, während der Geschäftsführer im Folgejahr, dem Jahr der Auflösung von Rückstellungen, längst ausgeschieden ist.

392 Die meisten **Gehaltsanpassungsklauseln** gewähren dem Geschäftsführer keinen Anspruch auf eine jährliche Erhöhung seiner Bezüge. Die Gesellschaft gerät allenfalls in Argumentationszwang, wenn der Geschäftsführer aufgrund einer recht allgemein gehaltenen Klausel eine Erhöhung seines Fixums anmahnt. Nach § 2 PrAKG unterliegen Indexierungen einem Genehmigungsvorbehalt durch das Bundesamt für Wirtschaft. Genehmigungen sollen erteilt werden, wenn Zahlungen langfristig zu erbringen sind und die Preisklausel einer der Vertragsparteien nicht unangemessen benachteiligt. Bei Dienstverträgen lässt sich nicht abschätzen, ob sie als langfristige Vereinbarungen anzusehen sind, da nicht von vornherein feststeht, dass der Zeitraum von 10 Jahren überschritten wird. Es bietet sich deshalb, entweder eine Leistungsvorbehaltsklausel zu wählen, die der Gesellschaft einen Ermessensspielraum einräumt, oder eine Spannungsklausel zu wählen, über die sich das Gehalt des Geschäftsführers in dem prozentualen Maße und zu den jeweiligen Zeitpunkten erhöht, zu denen sich das Gehalt einer Vergütungsgruppe eines bestimmten Entgelttarifvertrages ändert.[91]

---

[85] BFH 27.3.1963 – I 9/61, BB 1963, 965; BFH 5.10.1994 – I R 50/94, BFHE 176, 523, 549.
[86] BFH 30.1.1985 – I R 37/82, DB 1985, 1216.
[87] *Näser*, GmbHR 1985, 253; Muster 1862 (§ 6 Abs. 2 Sätze 2 und 3) § 1 Rn 456.
[88] BFH 4.6.2003 – I R 24/02, DStR 2003, 1747.
[89] Muster 1856 (§ 9 Abs. 3).
[90] Hachenburg/*Mertens*, GmbHG, § 35 Rn 134; *Jaeger*, Der Anstellungsvertrag des GmbH-Geschäftsführers, S. 86.
[91] *Hümmerich*, Gestaltung von Arbeitsverträgen, § 1 Rn 1482 ff., 1498 ff.

Kapitel 3: Anstellungsverträge mit GmbH-Geschäftsführern und AG-Vorständen

Eine **Gehaltserhöhung** kann der Geschäftsführer, fehlt eine Anpassungsklausel, nur verlangen, wenn sich die wirtschaftlichen Verhältnisse seit Vertragsschluss in einem solchen Maße geändert haben, dass seine Vergütung auf ein offensichtlich unangemessenes Verhältnis zu den Aufgaben und der Lage der Gesellschaft abgesunken ist.[92] Diese Voraussetzung ist allerdings bei einem bloßen Zurückbleiben des Geschäftsführer-Gehalts gegenüber der Entwicklung der Tarifgehälter oder vergleichbarer Bezugsgrößen nicht erfüllt. Ohne eine vertraglich vereinbarte Anpassungsklausel lassen sich daher aus Rechtsgründen Erhöhungen für den Geschäftsführer nur schwerlich durchsetzen. Für jede Gehaltserhöhung bedarf es auch beim Gesellschafter-Geschäftsführer einer klaren vertraglichen Regelung vor Durchführung der Erhöhungsmaßnahme. Wird einem Gesellschafter-Geschäftsführer das Gehalt erhöht, ohne dass eine entsprechende Regelung eindeutig bereits im Voraus getroffen war, sind die erhöhten Gehaltsbestandteile nicht als Betriebsausgaben absetzbar. Der Bundesfinanzhof nimmt beim beherrschenden Gesellschafter-Geschäftsführer an, dass zwar nicht zwingend im ursprünglich geschlossenen Anstellungsvertrag, aber in jedem Falle im Rahmen einer Vertragsergänzung zeitlich vor Durchführung der Gehaltserhöhung eine klare Vereinbarung über Inhalt und Umfang der Gehaltserhöhung getroffen worden sein muss.[93]

393

Eine **Gehaltsreduzierung** muss der Geschäftsführer – gleichgültig, ob er Fremdgeschäftsführer oder Gesellschafter-Geschäftsführer ist – bei wesentlicher Verschlechterung der wirtschaftlichen Lage der Gesellschaft hinnehmen; einem entsprechenden Beschluss der Gesellschafterversammlung hat der Geschäftsführer zuzustimmen.[94] Der BGH wendet § 87 Abs. 2 AktG analog an.

394

Eine Vertragsklausel über **Urlaub**[95] sollte formuliert werden, da der GmbH-Geschäftsführer nicht unter den persönlichen Geltungsbereich des BUrlG fällt.[96] Der BGH erkennt zwar dem Geschäftsführer aufgrund der Fürsorgepflicht der Gesellschaft einen Urlaubsanspruch zu.[97] Die Anzahl der Urlaubstage ist damit aber noch nicht geklärt, so dass jeglicher Rechtsunsicherheit mit der Bestimmung des Urlaubsumfangs im Geschäftsführer-Vertrag vorgebeugt wird.

395

4. Vertragliches und nachvertragliches Wettbewerbsverbot

Aus der Treuepflicht folgt, dass der GmbH-Geschäftsführer während der Dauer des Anstellungsvertrages einem umfangreichen **Wettbewerbsverbot** unterliegt. Selbst wenn der Geschäftsführer außerhalb seiner Arbeitszeit in privatem Kontakt von einem kostengünstigeren Herstellungsverfahren erfährt, daraufhin aus der Gesellschaft ausscheidet und eine eigene Firma gründet, ist er zum Schadensersatz gegenüber der Gesellschaft verpflichtet.[98] **Verletzt** der Geschäftsführer das während der Dauer des Anstellungsvertrages bestehende Wettbewerbsverbot, eröffnet sich regelmäßig ein Grund zur wichtigen Kündigung i.S.v. § 626 Abs. 1 BGB.[99] Außerdem kann die Gesellschaft neben Schadensersatz verlangen, dass ihr der aus den wettbewerbswidrigen Geschäften erzielte Erlös herausgegeben wird (§ 88 Abs. 1 Satz 2 AktG, § 113 HGB analog). Unterlässt die Gesellschaft die Geltendmachung von Schadensersatzansprüchen aus unerlaubter Wettbewerbstätigkeit im Verhältnis zu einem beherrschenden Gesellschafter-Geschäftsführer, liegt nach der Rechtsprechung des BFH hierin sogar eine verdeckte Gewinnausschüttung.[100]

396

Umfang und **Wirksamkeit** nachvertraglicher Wettbewerbsverbote richten sich nach den heute einheitlichen Kriterien der Rechtsprechung des BGH und des BAG. Dabei muss allerdings dem Eindruck vorgebeugt werden, der BGH habe eine klare und unumstrittene Rechtsprechung zum nachvertraglichen Wettbewerb bei GmbH-Organmitgliedern entwickelt. Der BGH hat die analoge Anwendung der §§ 74 ff. HGB auf Organmitglieder abgelehnt und zwar nicht nur beim Gesellschafter-Geschäftsführer, sondern auch beim Fremdgeschäftsführer.[101] Der BGH lehnt auch ausdrücklich die Auffassung ab, Fremdgeschäftsführer seien wegen ihrer Weisungsabhängigkeit gegenüber den Gesellschaftern Angestellten, auf die die Regelungen zu nachvertraglichen Wettbewerbsverboten angewendet werden, gleichzustellen.[102] Vielmehr seien die Schranken nach-

397

---

92 Baumbach/Hueck/*Zöllner*, GmbHG, § 35 Rn 101.
93 BFH 11.12.1991 – I R 49/90, GmbHR 1992, 386.
94 BGH 15.6.1992 – II ZR 88/91, BB 1992, 1583.
95 Muster 1856 (§ 11) § 1 Rn 454.
96 Neumann/*Fenski*, BUrlG, § 2 Rn 34.
97 BGH 20.2.1975 – III ZR 14/73, WM 1975, 763.
98 BGH 23.9.1985 – II ZR 246/84, NJW 1986, 585.
99 BGH 19.12.1974 – II ZR 177/72, WM 1975, 177.
100 BFH 28.2.1990 – I R 144/87, BStBl. II 1990, 595; BFH 26.4.1989 – I R 172/87, BStBl. II 1989, 673.
101 BGH 26.3.1984 – II ZR 229/83, BGHZ 91, 1; BGH 4.3.2002 – II ZR 77/00, NJW 2002, 1875.
102 BGH 26.3.1984 – II ZR 229/83, BGHZ 91, 1.

vertraglicher Wettbewerbsverbote bei Fremd- und Gesellschafter-Geschäftsführern aus § 138 BGB i.V.m. Art. 2 und 12 GG zu entwickeln.

398 Bei Organvertretern wendet die Rechtsprechung zur Prüfung der Wirksamkeit eines nachvertraglichen Wettbewerbsverbots deshalb ein **zweistufiges Schema** an. Im ersten Schritt wird kontrolliert, ob ein berechtigtes Unternehmensinteresse an dem nachvertraglichen Wettbewerbsverbot besteht. Lässt sich ein Unternehmensinteresse feststellen, wird als nächstes geprüft, ob die Reichweite des Wettbewerbsverbots als unbillig anzusehen ist.

Die Rechtsprechung ist nicht einheitlich. So hat das BAG im Urteil vom 17.2.1992 entschieden, die §§ 74 ff. HGB seien auf nachvertragliche Wettbewerbsvereinbarungen mit GmbH-Geschäftsführern insoweit entsprechend anwendbar, als die gesetzlichen Bestimmungen gerade zum Ziel hätten, die besonderen Interessen des Unternehmens zu wahren.[103] In der Literatur wird die Rechtsprechung des BGH deshalb als „diffus" bezeichnet.[104] Die Rechtsprechung des BGH kann deshalb auch so verstanden werden, als seien § 138 BGB, Art. 2 und 12 GG die Generalklauseln, die bei nachvertraglichen Wettbewerbsverboten von Organmitgliedern durch §§ 74 ff. HGB ausgefüllt werden. Ein klärendes Wort durch den BGH täte Not. Wegen der sich immer noch ergebenden Unklarheiten zu den Wirksamkeitsmaßstäben nachvertraglicher Wettbewerbsverbote bietet es sich an, die §§ 74 ff. HGB im Geschäftsführer-Vertrag ausdrücklich zu vereinbaren.[105] Werden lediglich Dauer und Reichweite des Wettbewerbsverbots geregelt und im Übrigen auf die §§ 74 ff. HGB verwiesen, ist damit im Zweifel auch § 74 Abs. 2 HGB in Bezug genommen mit der Folge, dass das Organmitglied eine Karenzentschädigung in Höhe von 50 % der zuletzt bezogenen Vergütung beanspruchen kann.[106]

399 Wenn zwischen dem Geschäftsführer und der Gesellschaft keine Vereinbarung über die Voraussetzungen eines **Verzichts** auf das Wettbewerbsverbot getroffen wird, gilt **§ 75a HGB** auch gegenüber Organmitgliedern.[107] Während des Anstellungsverhältnisses kann daher die Gesellschaft jederzeit ohne Grund auf das Wettbewerbsverbotsverbot verzichten, sie muss jedoch für die Dauer eines Jahres ab Zugang der Verzichtserklärung die vereinbarte Karenzentschädigung zahlen. Die analoge Anwendung von § 75a HGB wird durch § 314 BGB nicht ausgeschlossen. Bei § 75a HGB handelt es sich um eine Sonderregelung, die die Rechte des anderen Teils dadurch ausreichend wahrt, dass die Rechtsfolgen des Verzichts nach § 75a HGB eine für beide Teile ausgewogene Gesamtregelung darstellen.[108]

Demgegenüber hat der BGH für den Fall, dass ein Verzichtsrecht des Unternehmens nicht ausdrücklich vereinbart war, entschieden, der Verzicht könne in Einzelfällen treuwidrig und damit nicht wirksam sein, wenn beispielsweise ein Geschäftsführer ein Jahr lang freigestellt war und zwei Wochen vor Ende der Freistellung der Verzicht erklärt werde.[109] Der BGH hatte es als treuwidrig bezeichnet, dass das Unternehmen den Geschäftsführer während der gesamten Freistellungszeit in dem Glauben gelassen hatte, er werde nach Vertragsende von der Karenzentschädigung leben können. Die Entscheidung wird kritisiert;[110] angesichts der durch die Entscheidung vom 17.2.1992 begründeten Rechtsprechung hätte es nahe gelegen, in diesem Falle § 75a HGB heranzuziehen, den Verzicht gelten zu lassen, allerdings dem ausscheidenden Geschäftsführer die vereinbarte Karenzentschädigung für die Dauer eines Jahres zu belassen.

5. Sonstiges

400 Der Geschäftsführer ist, obwohl kein Arbeitnehmer, grundsätzlich **sozialversicherungspflichtig**, er unterliegt also der Renten-, Kranken-, Unfall- und Arbeitslosenversicherung.[111] Nur dann, wenn der Geschäftsführer maßgeblichen Einfluss auf die Gesellschaft ausüben kann, gilt er als nicht schutzbedürftig und deshalb von der Sozialversicherungspflicht befreit.[112] **Maßgeblichen Einfluss** hat ein Geschäftsführer, der seine Organstellung und sein Anstellungsverhältnis selbst bestimmen kann. Dies ist immer der Fall, wenn der Gesellschafter-

---

103 BGH 17.2.1992 – II ZR 140/91, NJW 1992, 1892.
104 *Bauer/Diller*, Wettbewerbsverbote, Rn 715; *Heidenhain*, NZG 2002, 605.
105 *Bauer/Diller*, Wettbewerbsverbote, Rn 717.
106 *Bauer*, DB 1992, 1417.
107 BGH 17.2.1992 – II ZR 140/91, DB 1992, 936, *Bauer/Diller*, Wettbewerbsverbote, Rn 754.
108 *Bauer/Diller*, Wettbewerbsverbote, Rn 754.
109 BGH 4.3.2002 – II ZR 77/00, GmbHR 2002, 431.
110 *Heidenhain*, NZG 2002, 605; *Bauer/Diller*, Wettbewerbsverbote, Rn 754a.
111 *Reiserer/Schulte*, BB 1995, 2162.
112 BSG 23.6.1994 – 12 RK 72/92, NJW 1994, 2974; BSG 29.10.1986 – 7 RAr 43/85, GmbHR 1987, 351; BSG 8.8.1990 – 11 RAr 77/89, ZIP 1990, 1566; BSG 30.4.1976 – 8 RV 78/75, BSGE 41, 1; BSG 31.7.1974 – 12 RK 26/72, BSGE 38, 53.

Kapitel 3: Anstellungsverträge mit GmbH-Geschäftsführern und AG-Vorständen

Geschäftsführer mindestens 50 % der Anteile an der Gesellschaft hält.[113] Auch bei einer Beteiligung von unter 50 % hat ein Gesellschafter-Geschäftsführer maßgeblichen Einfluss, wenn er im Einzelfall aus rechtlichen oder tatsächlichen Gründen von den anderen Geschäftsführern und Mitgesellschaftern unabhängig ist.[114] Hat der Geschäftsführer einer GmbH & Co. KG seinen Anstellungsvertrag mit der Komplementär-GmbH geschlossen, kommt es allein auf die Verhältnisse in der GmbH an. Ist der Geschäftsführer an der Komplementär-GmbH nicht maßgeblich beteiligt und hat er auch keinen erheblichen Einfluss, beispielsweise über eine Sperrminorität,[115] ist er sozialversicherungspflichtig.[116]

Das Entgeltfortzahlungsgesetz ist beim Geschäftsführer nicht anwendbar. Deshalb sind Vertragsklauseln für den Fall der Erkrankung des Geschäftsführers notwendig, um eine **Entgeltfortzahlung im Krankheitsfalle** auszulösen. Ansonsten beschränkt sich der Gehaltsfortzahlungsanspruch auf § 616 BGB. Entgeltfortzahlungsregelungen können kleinherzig durch analoge Anwendung des Entgeltfortzahlungsgesetzes[117] oder großzügig durch vollständige Fortzahlungsansprüche mit Zuschlägen, die die Differenz zwischen Krankengeld und Geschäftsführervergütung ausgleichen,[118] vertraglich vereinbart werden. 401

Ruhegeldvereinbarungen bei GmbH-Geschäftsführern, so beispielsweise im Muster 1890, enthalten für Gesellschafter-Geschäftsführer eine steuerrechtliche Problematik. Nach der Rechtsprechung des BFH setzen **Pensionszahlungen** regelmäßig eine längere Tätigkeit im Betrieb voraus. Eine betrieblich veranlasste Zusage liegt dann nicht vor, wenn sich die Dienstleistung nur auf wenige Jahre erstreckt. Die **Erdienbarkeitsfrist** betrug früher mindestens 10 Jahre.[119] Dabei orientierte sich die Rechtsprechung des BFH zur Bestimmung des Erdienenszeitraums grundsätzlich an den Unverfallbarkeitsfristen des § 1 BetrAVG.[120] Man könnte deshalb vermuten, dass sich seit der Verkürzung der Anwartschaftszeit in § 1b BetrAVG auf fünf Jahre nunmehr auch ein **Erdienenszeitraum** von fünf Jahren maßgeblich ist. Gegen diese Annahme spricht, dass der BFH in seiner Entscheidung vom 14.7.2004 erwähnt hat, dass die Anlehnung an die arbeitsrechtliche Unverfallbarkeitsfrist ausschließlich dem Ziel diene, eine Leitlinie für die rein steuerrechtliche Frage der Erdienbarkeit zu geben, die unabhängig von der Anwendbarkeit des BetrAVG zu beantworten sei.[121] Es steht daher zu vermuten, dass der BFH auch nach der Verkürzung der gesetzlichen Anwartschaftszeit weiterhin von einer Erdienbarkeitsfrist beim Gesellschafter-Geschäftsführer von **mindestens 10 Jahren** ausgehen wird.[122] Bei Neugründung einer Gesellschaft ist eine Pensionszusage kurz nach Errichtung eine verdeckte Gewinnausschüttung, da ein ordentlicher und gewissenhafter Geschäftsleiter sich zunächst angemessene Zeit nehmen würde, um die Eignung und Befähigung des Geschäftsführers sowie die Ertragsentwicklung der GmbH beurteilen zu können. Die erforderliche Wartezeit, bevor eine Pensionszusage überhaupt getroffen werden sollte, beträgt zwei bis drei Jahre (Abschnitt 32 Abs. 1 Satz 5 KStR). 402

Eine gesellschaftsrechtlich veranlasste **Überversorgung** und damit verdeckte Gewinnausschüttung liegt vor, wenn die zugesagten Pensionsleistungen 75 % des letzten steuerlich anzuerkennenden, tatsächlichen Arbeitslohnes des Gesellschafter-Geschäftsführers übersteigen.[123] 403

Vertragsänderungen und die **Aufhebung des Anstellungsvertrages** eines GmbH-Geschäftsführers fallen nicht, wie es in einer lange gültigen Rechtsprechung hieß,[124] in die Zuständigkeit eines alleinvertretungsberechtigten Mitgeschäftsführers. Nach der erwähnten Rechtsprechung konnten Gehaltserhöhungen, Ruhegehaltszusagen oder Verlängerungen des Dienstvertrages ohne Anhörung der Gesellschafter einseitig auf der Geschäftsführerebene geregelt und verändert werden. Um gegenseitige Begünstigungen der Geschäftsführer zu unterbinden, hat der Bundesgerichtshof seine bisherige Rechtsprechung aufgegeben. Die Kompetenz nicht nur für den Anstellungsvertrag, sondern auch für jedwede Vertragsänderung fällt nunmehr in die Zuständig- 404

---

113 BSG 8.12.1994 – 11 RAr 49/94, WiB 1995, 753 f.
114 BSG 31.7.1974 – 12 RK 16/22, GmbHR 1975, 36; BSG 18.4.1991 – 7 RAr 32/90, GmbHR 1992, 172.
115 *Plagemann*, WiB 1994, 225.
116 *Straub*, DB 1992, 1089.
117 Muster 1856 (§ 11) § 1 Rn 454.
118 Muster 1859 (§ 7) § 1 Rn 455.
119 BFH 24.1.1996 – I R 41/95, BStBl. II 1997, 440 ff.
120 *Hümmerich*, Gestaltung von Arbeitsverträgen, § 2 Rn 525.
121 BFH 14.7.2004 – I R 14/04, GmbHR 2005, 112.
122 *Hümmerich*, Gestaltung von Arbeitsverträgen, § 2 Rn 525.
123 BFH 17.5.1995 – I R 16/94, BB 1995, 2053.
124 BGH 17.4.1958 – II ZR 222/56, WM 1958, 675; BGH 1.12.1969 – II ZR 224/67, WM 1970, 249.

keit der Gesellschafterversammlung.¹²⁵ Die schriftliche Kündigung des GmbH-Geschäftsführers durch den Alleingesellschafter ist auch ohne Niederschrift eines Gesellschafterbeschlusses wirksam.¹²⁶

III. Vertragsklauseln im Vorstandsvertrag

1. Deutscher Corporate Governance Kodex

405 Nach § 161 AktG sind Vorstand und Aufsichtsrat börsennotierter Gesellschaften gehalten, jährlich zu erklären, dass sie den vom Bundesministerium der Justiz im Amtlichen Teil des elektronischen Bundesanzeigers bekannt gegebenen Empfehlungen der „**Regulierungskommission Deutscher Corporate Governance Kodex**" entsprochen haben oder welche Empfehlungen nicht umgesetzt wurden oder werden. Der Deutsche Corporate Governance Kodex beinhaltet neben einer Zusammenfassung der gegenwärtigen Rechtslage für Vorstände in Aktiengesellschaften eine Reihe von Empfehlungen, die auch Auswirkungen auf die Organstellung und den Dienstvertrag von Vorstandsmitgliedern haben können. Hierzu gehören die Empfehlungen, die Informations- und Berichtspflichten des Vorstands durch den Aufsichtsrat festzulegen, bei der D&O-Versicherung einen angemessenen Selbstbehalt zu vereinbaren, die Vorstandsbezüge regelmäßig zu überprüfen, sie aufzuteilen in fixe und variable Bestandteile, die variablen Bestandteile in jährlich wiederkehrende Komponenten und solche Leistungen, die eine langfristige Anreizwirkung und Risikocharakter beinhalten, sowie die Vergütung im entsprechenden Anhang des Konzernabschlusses auszuweisen. Bei erstmaliger Bestellung eines Vorstandsmitglieds empfiehlt der Deutsche Corporate Governance Kodex, den maximalen Bestellungszeitraum von fünf Jahren nicht vorzusehen, sondern einen Zeitraum, der darunter liegt (beispielsweise drei Jahre), und eine Altersgrenze zu vereinbaren.¹²⁷

406 Der Baseler Ausschuss für Bankenaufsicht hat am 13.2.2006 einen **überarbeiteten Leitfaden zu Corporate Governance (CG) in Bankenorganisationen** herausgebracht¹²⁸ mit dem **10-Punkte-Programm** zur „Verbesserung der Unternehmensintegrität und des Anlegerschutzes".¹²⁹ Von der Bundesregierung sollen die bisher nicht gesetzlich oder über den Deutschen Corporate Governance Kodex umgesetzten Vorschläge der Cromme-Kommission weiterverfolgt und die bisherigen Regeln ergänzt und weiterentwickelt werden. Dadurch hat sich die Bundesregierung für den Fall, dass das Selbstregulierungspotential nicht ausreichend ist, einen vom Kodex abweichenden, regulatorischen Eingriff vorbehalten.¹³⁰ Das 10-Punkte-Programm wurde zwischenzeitlich größtenteils gesetzgeberisch abgeschlossen und führte zu einer Binnenhaftung von Organmitgliedern, einer Verbesserung des Klagerechts, einer Weiterentwicklung des Corporate Governance durch Offenlegung der Vorstandsvergütung im Vorstandsvergütungs-Offenlegungsgesetz¹³¹ sowie zur Anpassung der Bilanzregeln an IAS, zur Stärkung der Rolle des Abschlussprüfers, zur Überwachung von Jahresabschlüssen und Abschlussprüfungen sowie zu einem verbesserten Anlegerschutz durch Prospektpflicht im grauen Kapitalmarkt.¹³² Die Regeln des Deutschen Corporate Governance Kodex sind in weiten Teilen **Empfehlungen** ohne Verbindlichkeitscharakter. Sie haben aber bereits jetzt dazu geführt, dass für diejenigen Gesellschaften, die sich nicht am Corporate Governance Kodex orientieren, in Einzelfällen ein Rechtfertigungsdruck entsteht.

2. Bestellung und Anstellung des Vorstands

407 Für den Anstellungsvertrag eines Vorstands gelten gemäß 84 Abs. 1 Satz 5 AktG die Regelungen über die Bestellung in § 84 Abs. 1 Sätze 1 bis 4 AktG sinngemäß. Für die Entscheidung über den Abschluss und den Inhalt des Anstellungsvertrages ist damit grundsätzlich der **Aufsichtsrat** zuständig, der die Gesellschaft nach § 112 AktG auch beim Abschluss des Anstellungsvertrages vertritt. Zustimmungsvorbehalte oder Weisungsrechte der Hauptversammlung bei der Anstellung eines Vorstandsmitglieds sind ausgeschlossen.¹³³ Die Entscheidung über Abschluss und Inhalt des Anstellungsvertrages kann der Aufsichtsrat delegieren. § 107 Abs. 3 Satz 2 AktG nennt unter Verweis auf § 84 Abs. 1 Satz 1 und 3 AktG nur die Bestellung und Wiederbestel-

---

125 BGH 25.3.1991 – II ZR 169/90, LM § 35 GmbHG Nr. 24; OLG Hamm 18.6.1990 – 8 U 146/89, GmbHR 1991, 466.
126 BGH 27.3.1995 – II ZR 140/93, ZIP 1995, 643.
127 Www.deutscher-corporate-governance-code.de.
128 *Grosse/Boos*, WM 2006, 1177 m.w.N.
129 Www.bmj.de.
130 *Seibert*, BB 2003, 693; *Köhler*, BB 2004, 2623.
131 BGBl. I 2005, 2267.
132 Anlegerschutz-Verbesserungsgesetz, BGBl. I 2004, 2630.
133 BGH 6.4.1964 – II ZR 75/62, BGHZ 41, 282.

Kapitel 3: Anstellungsverträge mit GmbH-Geschäftsführern und AG-Vorständen

lung als Aufgabe des Aufsichtsrats. Dadurch hat der Aufsichtsrat die Möglichkeit, die Regelung des Anstellungsverhältnisses auf einen Ausschuss zu übertragen, den man gemeinhin als **Personalausschuss** bezeichnet.[134] Der Personalausschuss darf nicht durch den vorzeitigen Abschluss eines Anstellungsvertrages der ihm nicht zustehenden Entscheidung über die Bestellung des Vorstandsmitglieds vorgreifen.[135]

Beim **Timing** der Bestellung und des Vertragsschlusses eines Vorstandsmitglieds haben sich zwei Grundmuster bewährt: Sobald das Aufsichtsratsplenum zusammengetreten ist und die Bestellung des Kandidaten zum Vorstandsmitglied beschlossen hat, tritt der Personalausschuss zusammen und beschließt über die Konditionen des Anstellungsvertrages. Um dem Kandidaten ausreichende Gewissheit zu geben, welchen Inhalt der Anstellungsvertrag haben wird, kommen einige Zeit vor der Aufsichtsratsitzung der Aufsichtsratsvorsitzende, der Personalausschuss oder eine vom Aufsichtsratsvorsitzenden beauftragte Vertrauensperson zusammen, um den wesentlichen Inhalt des Vertrages mit dem Kandidaten auszuhandeln. Dieser Vertragstext wird dann mit der handschriftlichen Paraphe vom Aufsichtsratsvorsitzenden und vom künftigen Vorstandsmitglied unterzeichnet. Aufsichtsratsvorsitzender und künftiges Vorstandsmitglied vermerken handschriftlich unter dem Vertragstext, dass dieser Vertrag geschlossen werden soll, wenn der Aufsichtsrat die Bestellung vorgenommen und der Personalausschuss den Aufsichtsratsvorsitzenden ermächtigt hat, den Anstellungsvertrag zu unterzeichnen.

408

Die Kompetenz zum Abschluss des Anstellungsvertrages kann nicht auf ein einzelnes Aufsichtsratsmitglied, insbesondere den Aufsichtsratsvorsitzenden übertragen werden. Der **Aufsichtsratsvorsitzende** kann aber ermächtigt werden, den vom Ausschuss oder vom Plenum beschlossenen Anstellungsvertrag mit dem neuen Vorstandsmitglied zu unterzeichnen.[136] Es geschieht gelegentlich, dass dem Aufsichtsratsvorsitzenden vom Aufsichtsrat oder vom Personalausschuss durch Beschluss eingeräumt wird, nach Festlegung des wesentlichen Vertragsinhalts die Formulierung der Einzelheiten mit dem künftigen Vorstandsmitglied auszuhandeln.[137]

409

Ein zweites, abhängig von der jeweiligen Konstellation zu empfehlendes Verfahren besteht darin, dass der Aufsichtsratsvorsitzende zunächst den Anstellungsvertrag mit dem künftigen Vorstandsmitglied aushandelt, diesen Vertrag dem Personalausschuss vorlegt, der den endgültigen Wortlaut des Anstellungsvertrages unter der aufschiebenden Bedingung einer nachfolgenden Bestellung beschließt und abschließt. Das künftige Vorstandsmitglied kann sich dann entscheiden, ob es mit dem Inhalt des Vertrages einverstanden ist oder nicht. Zum Zeitpunkt der Annahme des Bestellungsbeschlusses kennt das Vorstandsmitglied bei diesem Verfahrensablauf seinen künftigen Anstellungsvertrag.

410

3. Form und Inhalt des Anstellungsvertrages

Der Anstellungsvertrag bedarf zwar nicht der **Schriftform**, mündliche Verträge mit Vorständen von Aktiengesellschaften kommen in der Praxis aber nicht vor. Anstellungsverträge mit Vorstandsmitgliedern sind befristet zu schließen, wobei die **Befristung** nicht der Dauer der Bestellung von fünf Jahren entsprechen muss. Der Anstellungsvertrag kann jedoch nicht über einen längeren Zeitraum als fünf Jahre geschlossen werden (§ 84 Abs. 1 Satz 1 und 5 AktG). Ist der Anstellungsvertrag auf unbestimmte Zeit oder länger als fünf Jahre geschlossen, endet er mit Ablauf der gesetzlichen Fünf-Jahres-Frist. Verlängerungsklauseln über die Fünf-Jahres-Frist hinaus, wonach sich der Anstellungsvertrag entsprechend verlängert, wenn die erneute Bestellung ausgesprochen wurde,[138] sind zulässig.[139] Eine Mindestdauer des Anstellungsvertrages ist gesetzlich nicht festgelegt. Der Aufsichtsrat würde allerdings bei einer zu kurz gewählten Dauer des Anstellungsvertrages seine Pflicht verletzen.[140] Eine vernünftige und eigenverantwortliche Leitung der Gesellschaft setzt eine gewisse Mindestdauer von Bestellung und Anstellung voraus.[141] Die **Mindestdauer** beträgt 1 Jahr.

411

Der Anstellungsvertrag eines Vorstandsmitglieds kann nicht mit einer **Probezeit** verknüpft werden.[142] Zulässig ist es allerdings, dem Vorstandsmitglied, nicht der Gesellschaft, im Anstellungsvertrag ein **ordentliches**

412

---

[134] BGH 23.10.1975 – II ZR 90/73, BGHZ 65, 190.
[135] BGH 14.11.1983 – II ZR 33/83, BGHZ 89, 48/56; BGH 25.2.1982 – II ZR 102/81, BGHZ 83, 144.
[136] BGH 17.4.1967 – II ZR 157/64, BGHZ 47, 341.
[137] *Baums*, Der Geschäftsleitervertrag, S. 79.
[138] Muster 1913 (§ 13 Abs. 2) § 1 Rn 466.
[139] *Geßler/Hefermehl*, AktG, § 84 Rn 42; MünchGesR/*Wiesner*, Bd. 4, § 21 Rn 19.
[140] MünchGesR/*Wiesner*, Bd. 4, § 21 Rn 20.
[141] OLG Karlsruhe 10.7.1973 – 8 U 74/73, BB 1973, 1088.
[142] OLG Karlsruhe 10.7.1973 – 8 U 74/73, BB 1973, 1088.

Kündigungsrecht vor Ablauf der Bestellung einzuräumen.[143] Durch den **Widerruf der Bestellung** oder die **Niederlegung des Vorstandsamtes** ohne gleichzeitige Kündigung des Anstellungsverhältnisses wandelt sich der Anstellungsvertrag nicht automatisch in ein „gewöhnliches Anstellungsverhältnis".[144] Aus Paritätsgründen wird dem Vorstandsmitglied unter den gleichen Voraussetzungen wie dem Aufsichtsrat gemäß § 84 Abs. 3 Satz 1 AktG die sofortige Amtsniederlegung zugestanden.[145] Dabei ist die Amtsniederlegung auch dann wirksam, wenn sie nicht auf einen wichtigen Grund gestützt ist.[146] Die Amtsniederlegung führt nicht automatisch zur Beendigung des Dienstverhältnisses.[147] Das Vorstandsmitglied kann durchaus am Vertrag festhalten, wenn es deswegen das Amt niedergelegt hat, weil von ihm gesetzwidriges Verhalten verlangt wurde.[148]

4. Gestaltungsmöglichkeiten bei Gesellschafterwechsel

413 Eine **drohende feindliche Übernahme** ist kein Grund, der das Vorstandsmitglied zur fristlosen Kündigung berechtigt.[149] Dabei besteht in Deutschland auch nicht, wie in den Vereinigten Staaten, die Möglichkeit, sich vor einer feindlichen Übernahme nach der Taktik der „**Golden Parachute**" zu schützen. Häufig bereits im Anstellungsvertrag vorhanden, werden amerikanischen Managern Sonderkonditionen für den Fall einer feindlichen Übernahme eingeräumt. Diese Konditionen nehmen solch erhebliche wirtschaftliche Dimensionen ein, dass sie geeignet sind, den Deal betriebswirtschaftlich zu entwerten und den feindlichen Übernehmer von der Übernahme abzuhalten.

414 Nach deutschem Recht sind solche „**Golden-Parachute**"-Regelungen für Organmitglieder einer Aktiengesellschaft im Falle einer vorzeitigen Kündigung bzw. Abberufung ausgeschlossen. Aus § 87 AktG folgt die Verpflichtung des Aufsichtsrats, nur **angemessene Bezüge** für Vorstandsmitglieder festzusetzen und ihre Angemessenheit zu überwachen.[150] Gemäß § 87 AktG hat der Aufsichtsrat die Verpflichtung, die Bezüge der Vorstandsmitglieder festzusetzen und deren Angemessenheit zu überwachen. Genehmigt er dem Vorstand unangemessene Bezüge – dies wäre hier für den Fall einer feindlichen Übernahme anzunehmen –, macht er sich sogar schadensersatzpflichtig (§§ 116, 93 AktG). Zusätzlich kann sich ein Vorstandsmitglied auch nach § 93 Abs. 2 AktG schadensersatzpflichtig machen, wenn es sich solche unangemessenen Bezüge zahlen lässt.[151]

415 Wenn die Gesellschaft und das ehemalige Vorstandsmitglied kraft ausdrücklicher oder konkludenter Vereinbarung den Vertrag unter den geänderten Bedingungen fortsetzen, unterliegt das ehemalige Vorstandsmitglied künftig den für Arbeitnehmer geltenden Bestimmungen. Hat das Vorstandsmitglied den Widerruf seiner Bestellung verschuldet, kann es u.U. verpflichtet sein, sich mit einer seinen Fähigkeiten angemessenen anderweitigen Tätigkeit innerhalb der Gesellschaft zufrieden zu geben, wenn es eine fristlose Kündigung des Anstellungsvertrages vermeiden will.[152] Mit der bindenden Zuweisung der neuen leitenden Tätigkeit wandelt sich der Anstellungsvertrag endgültig in einen gewöhnlichen Anstellungsvertrag um, das Vorstandsmitglied wird zum Arbeitnehmer.[153]

5. Mängel des Anstellungsvertrages

416 Mängel des Anstellungsvertrages können daher resultieren, dass der Beschluss des Aufsichtsrats über die Bestellung und/oder über den Anstellungsvertrag nichtig ist. In diesem Falle fehlt es an einer rechtsverbindlichen Willenserklärung der Gesellschaft. Die für das fehlerhafte Arbeitsverhältnis entwickelten Grundsätze zum faktischen Arbeitsverhältnis werden bei fehlerhaften Anstellungsverträgen eines Vorstandsmitglieds entsprechend angewendet.[154] Ist der Anstellungsvertrag tatsächlich vollzogen, kann er nicht mehr rückwir-

---

[143] MünchGesR/*Wiesner*, Bd. 4, § 21 Rn 20.
[144] BGH 13.2.1984 – II ZR 2/83, WM 1984, 532; BGH 4.10.1973 – II ZR 130/71, WM 1973, 1320.
[145] BGH 14.7.1980 – II ZR 161/79, BGHZ 78, 82, 84; *Bauer*, DB 1992, 1413, 1421 f.
[146] BGH 8.2.1993 – II ZR 58/92, BGHZ 121, 257.
[147] Statt aller *Weber/Burmester*, Der Anstellungsvertrag des Managers, S. 90.
[148] BGH 9.2.1978 – II ZR 189/76, DB 1978, 878.
[149] *Herrmann*, Zivilrechtliche Abwehrmaßnahmen gegen unfreundliche Übernahmeangebote in Deutschland und Großbritannien, S. 85; KölnKomm-AktG/*Mertens*, § 84 Rn 109.
[150] *Hauschka/Roth*, AG 1988, 181, 192; *Lammers*, Verhaltenspflichten von Verwaltungsorganen in Übernahmeauseinandersetzungen, S. 191.
[151] *Geßler/Hefermehl*, AktG, § 87 Rn 10; *Hauschka/Roth*, AG 1988, 181, 192.
[152] BGH 14.7.1966 – II ZR 212/64, LM § 75 AktG 1937 Nr. 17.
[153] MünchGesR/*Wiesner*, Bd. 4, § 21 Rn 22.
[154] BGH 6.4.1964 – II ZR 75/62, BGHZ 41, 282; BGH 23.10.1975 – II ZR 90/73, BGHZ 65, 190.

kend beseitigt werden. Beide Vertragsparteien können sich aber für die Zukunft unter Berufung auf den Mangel jederzeit vom Anstellungsvertrag lösen.[155] Befindet sich das Vorstandsmitglied bereits im Ruhestand, ehe die Fehlerhaftigkeit des Anstellungsvertrages bemerkt wird, stehen ihm, unabhängig von der Anwendung des BetrAVG, die Ruhegeldbezüge weiterhin zu.[156] Sind nur einzelne Vertragsbestimmungen des Anstellungsvertrages nichtig oder anfechtbar, bleiben entgegen der Regel des § 139 BGB, selbst wenn keine entsprechende Regelung im Anstellungsvertrag enthalten ist, die übrigen Vertragsbestimmungen im Zweifel wirksam.[157]

6. Aufgaben des Vorstands

Bei der Gestaltung der Aufgaben eines Mitglieds des Vorstands wird regelmäßig Bezug genommen auf die **Geschäftsordnung der Gesellschaft** in ihrer jeweiligen Fassung. Sofern dem Vorstandsvorsitzenden satzungsmäßig keine besonderen Rechte und Pflichten eingeräumt wurden, nimmt er die üblichen Befugnisse des Leiters eines Gremiums wahr. Er repräsentiert das Kollegium und hat kraft Amtes alle sitzungsleitenden Befugnisse.[158] Gegenüber dem Aufsichtsrat hat der Vorstand nach Maßgabe des § 90 AktG zu berichten. Nach § 90 Abs. 1 Satz 2 AktG muss der Vorstand außerhalb der periodischen Berichterstattung nach § 90 Abs. 1 Satz 1 AktG unverzüglich dann informieren, wenn ein sonstiger wichtiger Anlass besteht. Wichtiger Anlass sind namentliche Ereignisse, die von außen an die Gesellschaft herangetragen werden, die nachteilig auf sie einwirken und erheblichen Einfluss auf die Lage der Aktiengesellschaft haben können.[159] Aus dem Wechselspiel zwischen **eigenverantwortlicher Geschäftsleitung** des Vorstands und den **Informationspflichten** gegenüber dem Aufsichtsrat folgt, dass der Vorstand verpflichtet ist, über alle jene Tatsachen im Aufsichtsrat zu berichten, die aus seiner Sicht erheblichen, negativen Einfluss auf die Gesellschaft haben können. Einer besonderen Verankerung dieser Berichtspflichten im Wortlaut des Anstellungsvertrages bedarf es nicht.

417

Die Mitglieder des Vorstands haben sogar zusätzlich eine **gegenseitige Überwachungspflicht**. Für die Leitung der Gesellschaft verantwortlich sind grundsätzlich alle Vorstandsmitglieder. Diese Gesamtverantwortung aller Vorstandsmitglieder bleibt von besonderen Ressortzuweisungen, beispielsweise gemäß Anstellungsvertrag oder Geschäftsordnung, unberührt. Jenseits des Kernbereichs der Geschäftsführungsaufgaben verwandelt sich die Verantwortung für die fremden Ressorts in eine Überwachungspflicht, die jedes Vorstandsmitglied zu einem Eingreifen verpflichtet, wenn sich Anhaltspunkte ergeben, dass das zuständige Vorstandsmitglied die Geschäfte nicht ordnungsgemäß führt.[160]

418

7. Bezüge des Vorstands

In Fragen der Vergütung hat der Aufsichtsrat dafür zu sorgen, dass die Gesamtbezüge des Vorstandsmitglieds in einem angemessenen Verhältnis zu seinen Aufgaben und zur Lage der Gesellschaft stehen. Dies gilt auch für Ruhegehalt, Hinterbliebenenbezüge und Leistungen verwandter Art.

419

§ 87 Abs. 1 AktG enthält ein Gebot der **Angemessenheit** der Bezüge von Vorstandsmitgliedern. Die Pflicht des Aufsichtsrats, darauf zu achten, dass die Gesamtbezüge der einzelnen Vorstandsmitglieder in einem angemessenen Verhältnis zu den Aufgaben des Mitglieds und zur Lage des Gesellschaft stehen, ist auf den Zeitpunkt der Festsetzung der Bezüge beschränkt. Selbst unangemessene Bezüge i.S.v. § 87 AktG sind für die Parteien zunächst bindend und führen nicht zur Nichtigkeit der Vergütungsabrede. Der Aufsichtsrat kann, wenn eine Verständigung mit den betroffenen Vorstandsmitgliedern nicht möglich ist, nicht von sich aus eine Rechtsänderung herbeiführen. Er kann auch nicht aus wichtigem Grund in diesem Falle den Anstellungsvertrag kündigen, sondern hat nur unter den engen Voraussetzungen des § 87 Abs. 2 AktG die Möglichkeit, die Bezüge herabzusetzen.[161] Eine **Herabsetzung** kommt nicht in Betracht, wenn sich ergibt, dass die Leistungen eines Vorstandsmitglieds sein Gehalt nicht wert sind oder wenn dem Aufsichtsrat nachträglich klar wird, dass die finanzielle Lage der Gesellschaft Bezüge in der vereinbarten Höhe nicht zulässt. Nach § 87 Abs. 2

420

---

155 BGH 6.4.1964 – II ZR 75/62, BGHZ 41, 282.
156 *Hengeler*, FS Barz, S. 129; *Säcker*, FS G. Müller, S. 745; ähnlich: BGH 6.4.1964 – II ZR 75/62, BGHZ 41, 282 (291).
157 MüKo-BGB/*Söllner*, § 611 Rn 296; MünchGesR/*Wiesner*, Bd. 4, § 21 Rn 24.
158 *Hüffer*, AktG, § 84 Rn 20.
159 *Hüffer*, AktG, § 90 Rn 8; MünchGesR/*Wiesner*, Bd. 4, § 26 Rn 7.
160 BGH 8.7.1985 – II ZR 198/84, WM 1985, 1293 (1294).
161 *Geßler/Hefermehl*, AktG, § 87 Rn 9.

AktG muss die Weitergewährung der vereinbarten Bezüge infolge der Verschlechterung der Lage der Gesellschaft eine schwere Unbilligkeit für diese bedeuten.[162]

421 Bei **Versorgungsbezügen** ist eine einseitige Herabsetzung nach § 87 Abs. 2 AktG unter den dort genannten Voraussetzungen für den Aufsichtsrat ausgeschlossen. Nur bei einer wirtschaftlichen Notlage, die den Bestand des Unternehmens ernsthaft gefährdet, wird der Gesellschaft unter bestimmten Voraussetzungen nach Treu und Glauben das Recht zugebilligt, Ruhegehaltszahlungen herabzusetzen.[163] Dabei sind in Vorstandsverträgen vereinbarte **Übergangsgelder** juristisch wie Versorgungsregelungen zu behandeln.[164] Gleichwohl sind Übergangsgelder auf betriebliche Altersversorgung grundsätzlich nicht anrechenbar.

422 Regelmäßig setzt sich die Vergütung von Vorstandsmitgliedern aus **Barbezügen** (Festgehalt und Tantieme), **Sachbezügen** wie Dienstfahrzeug etc. sowie einer **Alters- und Hinterbliebenenversorgung** zusammen. Eine solche Versorgungsregelung ist schon deshalb notwendig, weil das Vorstandsmitglied **nicht sozialversicherungspflichtig** ist, und zwar in allen Zweigen der Sozialversicherung.[165] Allerdings hat sich zum 1.1.2004 eine Rechtsänderung ergeben. Bis zu diesem Stichtag knüpfte die Versicherungsfreiheit in der gesetzlichen Rentenversicherung nicht an die Tätigkeit, sondern an die Person des Vorstandsmitglieds an, was dazu führte, dass auch an sich versicherungspflichtige Nebentätigkeiten wie Fremdgeschäftsführeraufgaben in einem konzernverbundenen Unternehmen versicherungsfrei waren. Mit der Änderung von § 1 Satz 4 SGB VI zum 1.1.2004 sind Vorstände nur noch hinsichtlich ihrer jeweiligen Vorstandstätigkeit, nicht hingegen im Bereich sonstiger Nebentätigkeiten im Rahmen von Arbeitsverhältnissen versicherungsfrei. § 229 Abs. 1 a SGB VI enthält eine Übergangsregelung, wonach Vorstandsmitglieder einer AG, die am 6.11.2003 in einer weiteren Beschäftigung oder selbständigen Tätigkeit nicht versicherungspflichtig waren, bis zum 31.12.2004 die Aufrechterhaltung ihrer Versicherungsfreiheit beantragen können. Verbreitet ist ohnehin, dass im Vorstandsvertrag geregelt wird, dass mit der Vergütung als Vorstand sämtliche sonstigen Tätigkeiten als Geschäftsführer oder Angestellter in Tochterunternehmen sowie die Wahrnehmung von Gesellschafterfunktionen, Beirats- und Aufsichtsratstätigkeiten abgegolten sind.

423 Abweichend von § 323 BGB verliert das Vorstandsmitglied nach § 616 Abs. 1 BGB seinen Vergütungsanspruch nicht dadurch, dass es für eine verhältnismäßig nicht erhebliche Zeit durch einen in seiner Person liegenden Grund ohne sein Verschulden (also durch Krankheit) **an der Dienstleistung verhindert** ist. Welcher Zeitraum als verhältnismäßig nicht erheblich anzusehen ist, ist unter Berücksichtigung der besonderen Umstände jedes Einzelfalls zu entscheiden. Zu dieser Frage besteht nur ältere Rechtsprechung.[166] Allgemein ist man der Auffassung, dass auch ohne vertragliche Regelung die Sechs-Wochen-Frist des Entgeltfortzahlungsgesetzes als verhältnismäßig nicht erhebliche Zeit anzusehen ist.[167]

424 Befindet sich die Gesellschaft in **Annahmeverzug** oder hat sie die **Unmöglichkeit der Dienstleistung** zu vertreten, behält das Vorstandsmitglied seinen Anspruch auf die vertraglich vereinbarten Bezüge.[168] Vereinbarte Vergütung im Sinne von § 615 Satz 1 BGB ist das gesamte Entgelt einschließlich aller Nebenleistungen, also einschließlich Tantieme und Dienstwagen, das für die versprochenen Dienste vereinbart worden ist.[169]

Das **Mannesmann-Urteil** des BGH[170] hat eine Wende in der Rechtsprechung zur Vergütung von Vorstands- und Aufsichtsratsmitgliedern erbracht. Es hat den Grundsatz aufgestellt, dass der Aufsichtsrat eine treuepflichtwidrige Verschwendung des anvertrauten Gesellschaftsvermögens vornimmt, wenn im Dienstvertrag nicht vereinbarte Sonderleistungen mit reinem Belohnungscharakter zu einem Zeitpunkt den Vorständen und/oder Aufsichtsratsmitgliedern gewährt werden, wenn die Leistungen keinen Nutzen mehr für die Gesellschaft bei rein zukunftsbezogener Betrachtung haben. Bei fehlender Rechtsgrundlage im Dienstvertrag ist die Bewilligung einer nachträglichen Anerkennungsprämie zulässig, wenn und soweit dem Unternehmen gleichzeitig Vorteile zufließen, die in einem angemessenen Verhältnis zu der mit der freiwilligen Zusatzvergütung verbundenen Minderung des Gesellschaftsvermögens stehen. Die Entscheidung ist vielfach kritisiert wor-

---

[162] KölnKomm-AktG/*Mertens*, § 87 Rn 6.
[163] *Geßler/Hefermehl*, AktG, § 87 Rn 25; BGH 8.12.1960 – II ZR 107/59, WM 1961, 299, 300.
[164] BGH 10.12.1979 – II ZR 10/79, WM 1980, 247.
[165] BSG 15.5.1984 – 12 RK 7/83, DB 1985, 448; BSG 4.9.1979 – 7 RAr 57/78, DB 1980, 166; BSG 27.3.1980 – 12 RAr 1/79, BB 1980, 1473; SG Dortmund 15.12.1969 – S 7 Kr 72/68, BB 1970, 582.
[166] BGH 11.7.1953 – II ZR 126/52, BGHZ 10, 187.
[167] MünchGesR/*Wiesner*, § 21 Rn 32.
[168] BGH 8.12.1977 – II ZR 219/75, AG 1978, 162; OLG Düsseldorf 5.4.1984 – 8 U 102/83, ZIP 1984, 705.
[169] BGH 8.12.1977 – II ZR 219/75, AG 1978, 162.
[170] BGH 21.12.2005 – 3 StR 470/04, NJW 2006, 522.

den.[171] Eine Konsequenz dieses Urteils ist es, dass Sondervergütungen, für die bei den Vorstandsmitgliedern im Dienstvertrag eine Grundlage geschaffen ist, den Untreuetatbestand auszuschließen, wenn sie generell im Dienstvertrag vorgesehen sind und gewährt werden, weil das Verhalten des Vorstands einen für die Gesellschaft zukunftsbezogenen Nutzen hat. Dementsprechend sind einige Klauseln in Vorstandsverträgen formuliert (Muster 1903, § 2 Abs. 3; Muster 1909, Ziff. 5 e).

Bei unberechtigter **Kündigung durch die Gesellschaft** genügt ein deutlicher Widerspruch des Vorstandsmitglieds gegen die Kündigung, um die Gesellschaft in Annahmeverzug zu setzen. Das Gleiche gilt im Falle einer einseitigen **Freistellung** oder **Beurlaubung** des Vorstandsmitglieds durch die Gesellschaft. 425

Mit dem Gesetz über die Offenlegung der Vorstandsvergütungen (Vorstandsvergütungs-Offenlegungsgesetz – VorstOG) vom 3.8.2005[172] wurde in § 285 Satz 1 Nr. B Buchst. a) Satz 5 ff. HGB geregelt, dass bei einer börsennotierten Aktiengesellschaft im Anhang zur Bilanz als **Pflichtangabe** unter Nennung des Namens jedes einzelnen Vorstandsmitglieds dessen Bezüge, aufgeteilt nach erfolgsunabhängigen und erfolgsbezogenen Komponenten sowie Komponenten mit langfristiger Anreizwirkung, gesondert anzugeben sind. Diese Regelung führt dazu, dass nunmehr generell die Vorstandsbezüge **transparent** werden und jede Regelung im Anstellungsvertrag anschließend publik werden kann. Inwieweit sich durch diese **Publizierungspflicht** Folgerungen bei der Gestaltung in der Praxis ergeben haben, ist noch nicht bekannt. Aktiengesellschaften, die sich der Publizierungspflicht entziehen wollen, müssen in einer Hauptversammlung beschlossen haben, dass eine Veröffentlichung der Vorstandsbezüge nicht erfolgt (§ 286 Abs. 5 HGB). Ein Hauptversammlungsbeschluss, der der Mehrheit von mindestens drei Viertel des bei der Beschlussfassung vertretenen Grundkapitals bedarf, hat nur die Wirkung für die Dauer von fünf Jahren und muss danach ggf. wiederholt werden. 426

8. Rechtsschutz gegen Abberufung und Kündigung

Der zügigste Weg bei gerichtlicher Geltendmachung von Ansprüchen wegen einer unberechtigten Abberufung und außerordentlichen Kündigung des Vorstands gemäß § 84 AktG erschließt sich über eine **Klage im Urkundenprozess**. Bei der Abberufung ist die Rechtsposition des AG-Vorstands im Regelfalle weitaus stärker ausgebildet als die des GmbH-Geschäftsführers. Der GmbH-Geschäftsführer kann nach § 38 Abs. 1 GmbHG jederzeit, ohne dass es eines Grundes bedarf, abberufen werden. Nur in wenigen Gesellschaftsverträgen ist von der Regelung des § 38 Abs. 2 GmbHG, die Abberufung an einen wichtigen Grund zu knüpfen, Gebrauch gemacht worden. Beim Vorstand einer AG ist die Abberufung an einen **wichtigen Grund** geknüpft, § 84 Abs. 3 AktG. Mit Ausnahme des Vertrauensentzugs durch die Hauptversammlung kommt als Abberufungsgrund allein eine **grobe Pflichtverletzung** in Betracht. 427

Wendet sich der Vorstand gegen seine **Abberufung,** ist folgender Antrag zu stellen:

Es wird festgestellt, dass der vom Aufsichtsrat der Beklagten in der Sitzung vom ■■■ erklärte Widerruf der Bestellung des Klägers zum Vorstandsmitglied nichtig ist. Hilfsweise: Der Beschluss des Aufsichtsrats der Beklagten vom ■■■ auf Widerruf der Bestellung des Klägers zum Vorstandsmitglied wird für unwirksam erklärt.

Wegen der **Kündigung** formuliert man üblicherweise:

Es wird festgestellt, dass das zwischen dem Kläger und der Beklagten bestehende Anstellungsverhältnis durch die außerordentliche Kündigung vom ■■■ nicht aufgelöst worden ist, sondern fortbesteht.

Im Arbeitsrecht sind Klauseln im Vertrag, die dem Arbeitgeber einseitig eine Freistellung ab dem Zeitpunkt des Ausspruchs einer Kündigung gestatten, nur noch in Grenzen zulässig.[173] Angesichts der eigenständigen Leitungsbefugnis eines Vorstandsmitglieds nach § 76 AktG sind m.E. einseitige Freistellungserklärungen durch den Aufsichtsrat nicht wirksam. Nur dann, wenn sich das Vorstandsmitglied mit einer solchen Entscheidung einverstanden erklärt,[174] dürfte eine vorübergehende Freistellung bzw. Suspendierung greifen. Vertragsklauseln, die im Anstellungsvertrag der Gesellschaft einseitig das Recht einräumen, das Vorstandsmitglied während der Vertragslaufzeit von seinen dienstlichen Pflichten gegen seinen Willen zu entbinden, dürften unwirksam sein und sind deshalb in den nachfolgenden Mustern nicht enthalten. 428

Im Laufe eines Rechtsstreits zwischen dem abberufenen und gekündigten Vorstand und dem Aufsichtsrat werden, wenn kein Urkundsprozess geführt wird bzw. beim Urkundsprozess im Nachverfahren, immer 429

---

[171] Bauer/Arnold, DB 2006, 546; Kort, AG 2006, 106; Peltzer, ZiP 2006, 205.
[172] BGBl. I S. 2267.
[173] Hümmerich, Gestaltung von Arbeitsverträgen, § 1 Rn 1389 ff.
[174] Siehe beispielsweise Muster 1903 (Erläuterungen und Regelungen zum Anstellungsvertrag für Vorstandsmitglieder, Nr. 9c) § 1 Rn 463.

wieder zahlreiche zusätzliche Vorwürfe über Fehlverhalten des Vorstands schriftsätzlich erhoben. Diese tatsächlichen oder vermeintlichen Pflichtverletzungen, die manchmal erst im Zuge von Prüfungsberichten einer WP-Gesellschaft oder einer firmeninternen Revision erkennbar geworden sind, bilden häufig Gegenstand umfangreicher Ausführungen der Parteivertreter in dem streitigen Verfahren vor der Kammer für Handelssachen. Dabei wird immer wieder übersehen, dass im gerichtlichen Verfahren über die Rechtswirksamkeit des Widerrufs einer Vorstandsbestellung über die im Widerrufsbeschluss des Aufsichtsrats genannten Gründe hinaus **weitere Gründe nicht nachgeschoben** werden können. Für diese weiteren Gründe muss ebenfalls ein gültiger Aufsichtsratsbeschluss vorliegen.[175] Das Urteil des OGH, das zwar zunächst einmal nur Wirkung auf dem Staatsgebiet der Republik Österreich erzielt, wird auch im deutschen Rechtsraum vielfach angewendet, da die maßgeblichen Vorschriften des österreichischen AktG dem deutschen AktG entsprechen. Bei den deutschen Landgerichten wird dieses Urteil vom 25.5.1999 wiederholt in Bezug genommen, so dass vor weitschweifigen Ausführungen über später erwogene Gründe der Hinweis auf das Urteil vom 25.5.1999 ausreichend sein kann.

430 Es ist beliebt, fristlose Kündigungen von AG-Vorständen und GmbH-Geschäftsführern auf Unregelmäßigkeiten bei der **Spesenabrechnung** zu stützen, wenn sich andere Gründe nicht haben finden lassen. In einer grundlegenden Entscheidung hat der BGH zwischenzeitlich entschieden, dass ein wichtiger Grund für die fristlose Kündigung gegenüber dem Geschäftsführer einer GmbH nicht schon darin zu sehen sei, dass er sich von der Gesellschaft offen ausgewiesene Spesen habe erstatten lassen, die die Alleingesellschafterin nach den einschlägigen Bestimmungen des Geschäftsführeranstellungsvertrages nicht für erstattungsfähig hält. Insbesondere für Bewirtungen abgerechnete Spesen sind kein Kündigungsgrund, wenn der Geschäftsführer ohne Verdeckungsabsicht zu Werke gegangen ist und annahm, die Spesen für Geschäftsessen unter Teilnahme seiner Ehefrau seien erstattungsfähig. Solange der Dienstvertrag hierzu keine zweifelsfreie Aussage mache und an den Geschäftsessen auch die Ehefrauen von Geschäftsfreunden teilgenommen haben, reiche ein solcher Sachverhalt nicht als Grund zur fristlosen Kündigung.[176]

9. Vertragliches und nachvertragliches Wettbewerbsverbot

431 Nach § 88 AktG unterliegt jedes Vorstandsmitglied für die Dauer seiner Bestellung einem **Wettbewerbsverbot**. Anstellungsvertragliche und statuarische Erweiterungen sind in den Grenzen des § 88 Abs. 1 Satz 3 AktG zulässig.[177] Gleiches gilt für Beschränkungen. Nach § 88 Abs. 1 AktG dürfen Vorstandsmitglieder **kein Handelsgewerbe** betreiben, auch wenn dadurch der Gesellschaft keine Konkurrenz gemacht würde. Vorstände dürfen weiterhin im Geschäftszweig der Gesellschaft weder für eigene noch für fremde Rechnung Geschäfte betreiben. Nach § 88 Abs. 1 Satz 2 AktG dürfen sie außerdem nicht Mitglied des Vorstands oder Geschäftsführer oder persönlich haftender Gesellschafter einer anderen Handelsgesellschaft sein, auch wenn es sich dabei nicht um ein Konzernunternehmen, sondern um ein konzernverbundenes Unternehmen handelt. Nicht verboten sind einem Vorstandsmitglied die Zugehörigkeit zum Aufsichtsrat eines anderen Unternehmens sowie die Beteiligung an einer anderen Gesellschaft als stiller Gesellschafter, Kommanditist und als lediglich kapitalmäßig beteiligter Aktionär oder GmbH-Gesellschafter.[178] Im Konzern sind Aufsichtsratmandate von Mitgliedern des Holdingvorstands die Regel.

432 Der Verstoß gegen das während der Vertragslaufzeit bestehende Wettbewerbsverbot nach § 88 Abs. 1 AktG führt auf Seiten der Gesellschaft zu einem Schadensersatzanspruch (§ 88 Abs. 2 Satz 1 AktG). Die Gesellschaft kann anstelle von Schadensersatz in das vom Vorstandsmitglied getätigte Geschäft eintreten und verlangen, dass ein für Rechnung des Vorstandsmitglieds gemachtes Geschäft als für ihre Rechnung vereinbart gilt und das Vorstandsmitglied den aus dem Geschäft erzielten Gewinn herausgibt oder seinen Anspruch auf Gewinn an die Gesellschaft abtritt (§ 88 Abs. 2 Satz 1 AktG). Für die Ansprüche der Gesellschaft bei Verstoß gegen das gesetzliche Wettbewerbsverbot besteht nach § 88 Abs. 3 AktG eine doppelte Verjährungsfrist. Die Ansprüche verjähren nach drei Monaten seit dem Zeitpunkt, in dem die übrigen Vorstandsmitglieder und die Aufsichtsratsmitglieder von der zum Schadensersatz verpflichtenden Handlung Kenntnis erlangen. Ohne Rücksicht auf die Kenntnis aller Vorstands- und Aufsichtsratsmitglieder verjähren die Ansprüche der Gesellschaft spätestens in fünf Jahren seit der Entstehung des Anspruchs (§ 88 Abs. 2 Satz 1 AktG). Da

---

[175] OGH 25.5.1999 – 1 Ob 11/99w, NZG 2000, 95; BGH 29.3.1973 – II ZR 20/71, BGHZ 60, 333, 336.
[176] BGH 28.10.2002 – II ZR 353/00, DB 2002, 2640 = NJW 2003, 431.
[177] MünchGesR/*Wiesner*, Bd. 4, § 21 Rn 59.
[178] *Baumbach/Hueck*, AktG, § 88 Rn 3; *Geßler/Hefermehl*, AktG, § 88 Rn 14 f.

die vorgenannten Regelungen bindend sind, lassen sich keine Abweichungen im Vorstandsvertrag zu Gunsten der Aktiengesellschaft oder des Vorstandsmitglieds vereinbaren.

Klare Aussagen zum **nachvertraglichen Wettbewerbsverbot** eines Vorstands fallen schwer. Einerseits gelten nach der Rechtsprechung die Schutzvorschriften der §§ 74 ff. HGB als nicht übertragbar.[179] Ebenso hält der BGH noch daran fest, dass die §§ 74 ff. HGB auf Organmitglieder nicht schlechthin anwendbar seien. Andererseits vertritt der BGH[180] die Ansicht, dass die §§ 74 ff. HGB bei Organmitgliedern nicht generell unanwendbar seien. Vielmehr differenziert der BGH hinsichtlich der Anwendbarkeit der §§ 74 ff. HGB wie folgt: Soweit die Vorschriften dem Schutz des Handlungsgehilfen dienen, sollen sie nicht unmittelbar für ein Vorstandsmitglied gelten, sondern können nur zur Ausfüllung der Generalklausel des § 138 BGB herangezogen werden. Soweit die §§ 74 ff. HGB dagegen dem Schutz des Unternehmens dienen, seien sie entsprechend auch auf Wettbewerbsverbote mit Organmitgliedern anzuwenden. Die in der Vergangenheit herrschende Meinung, wonach das Fehlen einer Karenzentschädigung auch bei einem Vorstandsmitglied regelmäßig zur Unwirksamkeit des nachvertraglichen Wettbewerbsverbots führe,[181] gilt generell weiterhin.[182]

433

Das nachvertragliche Wettbewerbsverbot erstreckt sich im Zweifel auch auf den Zeitraum nach Erreichen der Altersgrenze. Dabei kann eine Ruhegeldzusage vorsehen, dass die Karenzentschädigung auf das Ruhegeld anzurechnen ist. Ein solcher Wille sollte zum Ausdruck gebracht werden.[183] Wirksam ist auch eine Vereinbarung, die vorsieht, dass während des Ruhegeldbezugs nach Erreichen der Altersgrenze das Wettbewerbsverbot nicht weiter gilt und aufgehoben ist (Muster 1856, § 13 Abs. 4).

434

Eine Wettbewerbsabrede über einen Zeitraum von drei Jahren ist regelmäßig unwirksam.[184] Gegebenenfalls kann auch eine unmittelbar im Anschluss an die aktiven Vorstandsbezüge geleistete Pensionszahlung eine Gegenleistung für die Wettbewerbsenthaltsamkeit darstellen. Zwar hat das BAG mehrfach entschieden, in Versorgungsleistungen des Arbeitgebers sei grundsätzlich keine Karenzentschädigung zu sehen.[185] Diese Rechtsprechung gilt aber nur im Verhältnis zwischen Arbeitgeber und Arbeitnehmer und schließt deshalb im Einzelfall eine Auslegung in der dargestellten Weise nicht aus.

435

10. Sonstiges

Die **Kreditgewährung an Vorstandsmitglieder** bedarf nach § 112 AktG eines Beschlusses des Aufsichtsrats. Dabei sind die Kriterien des § 89 Abs. 1 Satz 2 bis 5 AktG zu beachten. Aus diesem Grunde bedarf die Vertragsklausel in Muster 1913 (§ 8 Abs. 2), soweit sie nicht – wie hier – in einem Anstellungsvertrag mit einem Bankvorstand enthalten ist, eines ausdrücklichen Beschlusses des Aufsichtsrats. Bei Banken i.s.v. § 1 Abs. 1 KWG findet § 89 Abs. 1 bis Abs. 6 AktG keine Anwendung. Hier gelten spezielle Regelungen über Organkredite nach § 15 KWG. Nach § 285 Nr. 9c HGB sind die Kredite an Vorstandsmitglieder einschließlich der eingeräumten Konditionen im Anhang des Jahresabschlusses anzugeben.

436

Ein vertraglich vereinbarter **Formzwang für Änderungen oder Ergänzungen** des Anstellungsvertrages kann durch eine formlos vereinbarte Vertragsänderung außer Kraft gesetzt werden,[186] selbst dann, wenn der Vertrag für die Aufhebung der Formabrede ausdrücklich Formzwang vorsieht.[187] Allerdings bedürfen derartige Vertragsänderungen eines Beschlusses des Aufsichtsrats bzw. des Personalausschusses. Liegt kein schriftlicher Text vor, aus dem sich die Vertragsänderung ergibt, ist kaum anzunehmen, dass es zu einem Änderungsbeschluss gekommen ist.

437

Enthält der Anstellungsvertrag eine **Abfindungsregelung** für den Fall der **Nicht-Wiederbestellung**,[188] ist nicht gewiss, dass die vereinbarte Abfindungszahlung als Abfindung im steuerrechtlichen Sinne gemäß §§ 34, 24 EStG angesehen wird. Nach der ständigen Rechtsprechung des BFH muss der Rechtsgrund einer Abfindungszahlung als Entschädigung für den Verlust des Arbeitsplatzes außerhalb des eigentlichen Anstellungs-

438

---

179 BGH 26.3.1984 – II ZR 229/83, BGHZ 91, 1.
180 BGH 17.2.1992 – II ZR 140/91, DB 1992, 936.
181 OLG Frankfurt 6.12.1972 – 6 U 152/71, DB 1973, 139; Geßler/Hefermehl, AktG, § 88 Rn 34; KölnKomm-AktG/Mertens, § 88 Rn 25.
182 Sina, DB 1985, 902 ff.
183 BAG 26.2.1985 – 3 AZR 162/84, DB 1985, 2053; Muster 1909 (Ziff. 14) § 1 Rn 465.
184 BGH 9.5.1968 – II ZR 158/66, WM 1968, 893.
185 BAG 26.2.1985 – 3 AZR 162/84, AP § 611 BGB Konkurrenzklausel Nr. 30; BAG 15.6.1993 – 9 AZR 558/91, DB 1994, 887.
186 BGH 11.10.1967 – VIII ZR 76/65, NJW 1968, 32; BGH 22.4.1982 – III ZR 122/80, WM 1982, 902; OLG Frankfurt 14.7.1981 – 5 U 161/78, WM 1982, 723.
187 Palandt/Heinrichs, 66. Aufl., § 125 Rn 14 m.w.N.
188 Muster 1916 (§ 14) und Muster 1909 (Ziff. 5c).

vertrages liegen.[189] Außerdem ist bei befristeten Dienstverhältnissen, wie sie bei Vorstandsmitgliedern ausschließlich vereinbart werden, eine Abfindung für den „Verlust des Arbeitsplatzes" ausgeschlossen. Schon kraft Vertragsgestaltung findet der „Verlust des Arbeitsplatzes" nicht aufgrund eines Aufhebungsvertrages, sondern aufgrund des befristeten Anstellungsvertrags statt. Seit jeglicher Freibetrag weggefallen ist und die §§ 24, 34 EStG bei Höherverdienenden keinen steuerlichen Optimierungseffekt mehr hervorrufen, spielen steuerrechtliche Fragen bei der Gestaltung von Abfindungsregelungen für Vorstände regelmäßig keine Rolle. Abfindungen können daher auch bereits im Vorstandsvertrag geregelt werden. Sie unterliegen dem Steuersatz, der für die Bezüge des ausscheidenden Vorstands maßgeblich ist.

IV. Besonderheiten bei Altersversorgungsregelungen

439 Altersversorgungsregelungen für Vorstände, aber auch für GmbH-Geschäftsführer, bilden eine Kompensation für den **Mangel der Rentenversicherungspflicht**, wobei sich die Versorgungsansprüche regelmäßig ihrer Höhe nach kaum mit dem Altersruhegeld einer Angestelltenversorgung vergleichen lassen. Die Zusage der Versorgung erfolgt beim Vorstandsmitglied oder Geschäftsführer entweder im Anstellungsvertrag oder in einer Pensionsvereinbarung. Sie kann sich unmittelbar gegen die Gesellschaft richten, kann aber auch über eine Pensions- oder Unterstützungskasse sowie über eine Lebensversicherung gegen eine andere Gesellschaft gerichtet sein. Die Versorgungszusage kann zwar formlos erteilt werden,[190] üblich ist allein die schriftliche Versorgungszusage. Aus einer betriebsüblichen Gewährung von Versorgungszusagen gegenüber leitenden Angestellten folgt grundsätzlich kein Anspruch des GmbH-Geschäftsführers auf Ruhegeld.[191] Auch bei Vorstandsmitgliedern entsteht ein Versorgungsanspruch nur auf der Grundlage einer besonderen Zusage im Anstellungsvertrag. Allein aus einer umfassenden betrieblichen Versorgung der Arbeitnehmer eines Unternehmens lässt sich nicht konkludent ein Ruhegeldanspruch der Vorstandsmitglieder herleiten.[192]

440 Einem Arbeitnehmer, dem Leistungen aus der betrieblichen Altersversorgung zugesagt worden sind, bleibt die Anwartschaft erhalten, wenn das Arbeitsverhältnis vor Eintritt des Versorgungsfalls, jedoch nach Vollendung des 30. Lebensjahres, endet und die Versorgungszusage zu diesem Zeitpunkt mindestens fünf Jahre bestanden hat (Definition der unverfallbaren Anwartschaft, § 1b Abs. 1 Satz 1 BetrAVG). Die Insolvenzsicherung von Versorgungsansprüchen ist in §§ 7 ff. BetrAVG, die Erhöhung von Betriebsrentenzahlungen in § 16 BetrAVG geregelt. Nach § 17 Abs. 1 Satz 2 BetrAVG gelten die Bestimmungen des BetrAVG entsprechend auch für Personen, die keine Arbeitnehmer sind, sofern ihnen Leistungen der betrieblichen Altersversorgung aus Anlass ihrer Tätigkeit für ein Unternehmen zugesagt worden sind. Diese Voraussetzungen sind in der GmbH bei einem Fremdgeschäftsführer und bei einem Geschäftsführer, der an der GmbH nur unbedeutend beteiligt ist, regelmäßig erfüllt.[193]

441 Ein Geschäftsführer, der eine Mehrheitsbeteiligung hält, wird dagegen in erster Linie für sich als Unternehmer tätig, so dass das BetrAVG für ihn nicht gilt.[194] Für Vorstandsmitglieder gelten die gleichen Grundsätze. Die §§ 1 bis 16 BetrAVG gelten nach § 17 Abs. 1 Satz 2 BetrAVG, soweit die Vorstandsmitglieder mit dem Unternehmen, für das sie tätig sind, nicht so stark verbunden sind, dass sie es als ihr eigenes betrachten können.[195] Keine Anwendung findet das BetrAVG auf Vorstände, die zugleich **Mehrheitsaktionäre** sind oder über nicht ganz unbedeutende Aktienmengen verfügen, so dass sie zusammen mit einem oder mehreren anderen Aktionären über eine institutionell verfestigte Mehrheitsmacht verfügen.[196]

442 Soweit in der Ruhegehaltsvereinbarung keine abweichenden Regelungen enthalten sind, gelten damit unter den vorgenannten Voraussetzungen für GmbH-Geschäftsführer wie Vorstände von Aktiengesellschaften die Vorschriften des BetrAVG. Ruhegehalts-, Witwen- und Waisengeldregelungen werden grundsätzlich als Anwartschaftsrechte vereinbart.[197] Man muss zunächst einmal deutlich zwischen Wartezeit, die vereinbart werden kann, und der gesetzlichen Unverfallbarkeit, die erst die Anwartschaft erzeugt, unterscheiden.[198]

---

[189] BFH 20.3.1987 – VI R 61/84, BFH/NV 1987, 498.
[190] BGH 20.12.1993 – II ZR 217/92, GmbHR 1994, 112.
[191] BGH 17.2.1969 – II ZR 19/68, WM 1969, 686.
[192] BGH 26.3.1984 – II ZR 120/83, WM 1984, 1313; BGH 28.9.1981 – II ZR 181/80, WM 1981, 1344; BGH 14.4.1969 – II ZR 142/67, WM 1969, 791 = DB 1969, 1057.
[193] BGH 25.1.1993 – II ZR 45/92, WM 1993, 605.
[194] BGH 9.3.1981 – II ZR 171/79, AP § 17 BetrAVG Nr. 6; *Lutter/Hommelhoff*, GmbHG, Anhang zu § 6 Rn 37.
[195] BGH 28.4.1980 – II ZR 254/78, BGHZ 77, 94; *Blomeyer/Otto*, BetrAVG 1984, § 17 Rn 96 und 106 ff.
[196] BGH 14.7.1980 – II ZR 224/79, WM 1980, 1114.
[197] BGH 28.1.1953 – II ZR 265/51, BGHZ 8, 365; BGH 18.12.1954 – II ZR 281/53, BGHZ 16, 50.
[198] BGH 25.1.1993 – II ZR 45/92, AktG 1993, 234.

Kapitel 3: Anstellungsverträge mit GmbH-Geschäftsführern und AG-Vorständen

Haben die Parteien keine anderweitige Regelung in der Pensionsvereinbarung getroffen, gilt die Regel, dass der Berechtigte im Zeitpunkt des Versorgungsfalls noch in den Diensten der Gesellschaft stehen muss.[199] Hat der Anspruchsteller nach seinem Ausscheiden die Anwartschaftszeit erfüllt, besteht im Versorgungsfall ein Versorgungsanspruch.

Möglich und keineswegs unüblich, insbesondere für Vorstandsmitglieder, ist eine Zusage ohne besondere Wartezeit und ohne Anwartschaftszeit.[200] In Muster 1913 beginnt der Anspruch auf Versorgung im Versorgungsfall ab dem ersten Tag der Vertragslaufzeit. Im Übrigen entstehen die Versorgungsbezüge erst mit Erreichen der im Pensionsvertrag vereinbarten Altersgrenze.

443

Aus der in den meisten Fällen bestehenden Anwendbarkeit des BetrAVG bei GmbH-Geschäftsführer-Pensionsvereinbarungen und Ruhegehaltsregelungen in Anstellungsverträgen von Vorständen folgt, dass mangels anderweitiger Regelung der Pensionsanspruch nicht nahtlos mit der Beendigung des Anstellungsverhältnisses und auch nicht schon dann eintritt, wenn die früher 10-jährige, nunmehr gemäß § 1b Abs. 1 BetrAVG fünfjährige **Anwartschaftszeit** erfüllt ist. In Rechtsfragen nicht ausreichend erfahrene Geschäftsführer und Vorstände meinen manchmal, dass ihre Verträge einen nahtlosen Übergang vom Anstellungsvertrag in den Zeitraum der Pensionsberechtigung enthalten.[201] Tatsache ist, dass bei den Mustern 1890 und 1916 zunächst die Anwartschaftszeit erfüllt sein muss und dass in Muster 1909 (Pensionsvertrag, § 4) erst ab dem 63. Lebensjahr ein Pensionsanspruch besteht, sofern eine volle Amtszeit von fünf Jahren als Vorstand erreicht ist.

444

Meinungsunterschiede entstehen verschiedentlich zwischen den Gesellschaften und ihren ausgeschiedenen, versorgungsberechtigten Geschäftsführern oder Vorstandsmitgliedern, wie die Anpassung des Ruhegehalts nach § 16 BetrAVG im jeweiligen Drei-Jahres-Rhythmus berechnet werden soll. Enthalten die Pensionsvereinbarungen keine Regelungen, so ist es nach der Rechtsprechung des BAG[202] nicht unbillig, wenn der Preisindex für die Lebenshaltung eines Vier-Personen-Arbeitnehmer-Haushalts mit mittleren Einkommen angesetzt wird. Allerdings ist diese Anpassung durch den Reallohn der Arbeitnehmer des Betriebes begrenzt. Der Teuerungsausgleich kann unterbleiben, soweit er über den prozentualen Anstieg der Nettoeinkommen der Mitarbeiter des Unternehmens hinausgeht. Umstritten ist, auf welche Durchschnittsverdienste innerhalb eines Unternehmens bzw. auf welche Gruppen der Belegschaft abzustellen ist.

445

Nach der BAG-Rechtsprechung kommt es nicht auf die Einkommensverhältnisse einzelner Arbeitnehmer an. Maßgeblich ist daher nicht der individuelle Lohnanstieg eines vergleichbaren Arbeitnehmers, sondern ein **statistischer Wert**.[203] Ausgeschiedene GmbH-Geschäftsführer und Vorstände ziehen gerne den Vergleich zur Gruppe der verbliebenen aktiven Vorstandsmitglieder bzw. Geschäftsführer, deren Gehaltssteigerungen im Drei-Jahres-Zeitraum sie als Vergleichsmaßstab herangezogen wissen wollen. Die Gesellschaften neigen dazu, den statistischen Durchschnittswert der Steigerung in den Arbeitnehmer-Gehältern als Maßstab zu wählen.

446

Die Rechtslage ist bislang nicht höchstrichterlich entschieden und deshalb ungeklärt. Um Auseinandersetzungen über diese Frage aus dem Weg zu gehen, wird angeregt, wie in Muster 1913 (Anhang, § 5) vorgesehen, für den dreijährigen Anpassungszeitraum nach § 16 BetrAVG als Bezugsgröße die Tarifgehälter einer bestimmten Branche zu wählen oder gegebenenfalls ausdrücklich die Durchschnittswerte der Gehaltssteigerungen der verbliebenen aktiven Mitglieder der Geschäftsführung heranzuziehen.

447

Aus der Anwendbarkeit des BetrAVG bei den meisten Anstellungsverträgen für Geschäftsführer und Vorstandsmitglieder folgt zugleich, dass die Versorgungsansprüche **insolvenzgesichert** sind. Es steht einer Gesellschaft grundsätzlich frei, ob und in welchem Umfang sie Versorgungsleistungen erbringen will. Deshalb sind auch Spätehenklauseln, wie sie das Muster 1913 (Anhang, § 4 Abs. 4) enthält, grundsätzlich wirksam.[204]

448

Enthält ein **Pensionsvertrag** eine **Wartezeit**, wie im Muster 1909 (Pensionsvertrag, § 2 Ziff. 1d), in dem die Entstehung des Pensionsanspruchs an eine fünfjährige Amtszeit geknüpft ist, stellt sich die Frage, ob durch eine vorzeitige Abberufung die Gesellschaft den Pensionsanspruch (die Erfüllung der Wartezeit) vereiteln

449

---

199 BGH 25.1.1993 – II ZR 45/92, AktG 1993, 234.
200 Muster 1913 (Anhang, § 2 Abs. 3).
201 Muster 1906 oder Muster 1916.
202 BAG 16.12.1976 – 3 AZR 795/75, AP § 16 BetrAVG Nr. 4; BAG 11.8.1981 – 3 AZR 395/80, AP § 16 BetrAVG Nr. 11; BAG 14.2.1989 – 3 AZR 313/87, AP § 16 BetrAVG Nr. 23.
203 BAG 11.8.1981 – 3 AZR 395/80, AP § 16 BetrAVG Nr. 11; BAG 14.2.1989 – 3 AZR 313/87, AP § 16 BetrAVG Nr. 23.
204 BAG 9.11.1978 – 3 AZR 784/77, WM 1979, 503.

kann. An einen wichtigen Grund für eine Abberufung i.S.v. § 84 Abs. 3 Satz 1 AktG werden von der Rechtsprechung hohe Anforderungen gestellt. § 84 Abs. 3 Satz 2 AktG nennt eine Reihe grober Pflichtverletzungen, die Unfähigkeit zur ordnungsgemäßen Geschäftsführung und den Vertrauensentzug durch die Hauptversammlung, soweit der Entzug nicht aus offenbar unsachlichen Gründen vorgenommen wurde. Als konkrete **Beispiele** für die Abberufung nach § 84 Abs. 3 AktG sind aus der Rechtsprechung der **Missbrauch von Gesellschaftsvermögen** für eigene Zwecke, dauernder Unfriede zwischen den Vorstandsmitgliedern, der ein gedeihliches Zusammenarbeiten gefährdet,[205] oder die Verweigerung der Berichterstattung nach § 90 AktG sowie eine nach fruchtloser vorhergehender Abmahnung falsche oder unvollständige Berichterstattung bekannt. Die vorsätzliche Täuschung der Vorstandskollegen über erhebliche Tatsachen[206] oder die Ausnutzung des Vorstandsamtes für private Geschäfte[207] rechnen hierzu. Auch sind an einen Widerruf oder die Minderung von Ruhegeldansprüchen äußerst hohe Anforderungen in der Rechtsprechung entwickelt worden. Die Altersversorgung ist eine Gegenleistung dafür, dass der Ruhegeldempfänger seine Arbeitskraft für lange Zeit dem Unternehmen zur Verfügung gestellt hat.[208] Selbst jede Schlechterfüllung erlaubt nach der BGH-Rechtsprechung keinen Widerruf oder eine Kürzung der Versorgungszusage. Nur schwerste Verfehlungen, insbesondere wenn sie die wirtschaftliche Grundlage des Unternehmens gefährden, wie ruinöser Wettbewerb, die Annahme hoher Schmiergelder für riskante Geldanlagen u.Ä., berechtigen ausnahmsweise zur Kürzung eines Pensionsanspruchs. Selbst bei schweren Verfehlungen wie Straftatbeständen kommt kaum ein Widerruf, allenfalls eine Kürzung des Ruhegehalts nach § 242 BGB in Betracht.[209]

450 Bei **unangemessen** hohen **Übergangsgeldern** stellt sich die Frage, ob diese Versorgungsbezüge gemäß § 3 BetrAVG angerechnet werden dürfen, soweit sie zur Hälfte auf Beträgen oder Zuschüssen des „Arbeitgebers" beruhen oder wenn eine Anrechnung oder Berücksichtigung anderweitiger Versorgungsbezüge vertraglich vereinbart ist[210] oder wenn es sich um Renten aus der gesetzlichen Rentenversicherung handelt. Zu anrechenbaren Bezügen gehören vor allem Renten aus befreienden Lebensversicherungen[211] sowie Hinterbliebenenrenten aus der gesetzlichen Unfallversicherung in vollem Umfang.[212] Auch besteht die Möglichkeit der Anrechnung eines Übergangsgeldes zur betrieblichen Altersversorgung.[213]

451 Ein Übergangsgeld dient in der Regel der **Überbrückung** der Zeit zwischen dem vorzeitigen Ausscheiden des Arbeitnehmers bzw. Dienstverpflichteten und dem Eintritt in die betriebliche Altersversorgung. Der Betroffene, der regelmäßig aufgrund seines fortgeschrittenen Alters Schwierigkeiten hat, eine angemessene und zumutbare Anstellung zu finden, soll abgesichert werden. Bei Übergangsgeldern soll ebenso wie bei „Gnadengehältern" der Eintritt in den Ruhestand erleichtert werden. Eine **nachhaltige Altersversorgung** soll hiermit jedoch nicht bezweckt werden.[214] Übergangsgelder gehören in der Regel nicht zur betrieblichen Altersversorgung. Das BAG stellt bei Abgrenzung zwischen dem Übergangsgeld und einer betrieblichen Altersversorgung, die nach § 5 BetrAVG anrechenbar ist, auf den Charakter des Übergangsgeldes ab.[215] Zum **Begriff** der **betrieblichen Altersversorgung** gehört das Versprechen einer Leistung zum Zweck der Versorgung, ein den Versorgungsanspruch auslösendes Ereignis wie Alter, Invalidität oder Tod sowie die Zusage an den Arbeitnehmer aus Anlass des Arbeitsverhältnisses.[216] Das Übergangsgeld als Überbrückungsleistung bei Arbeitslosigkeit oder der Erleichterung eines Arbeitsplatzwechsels ist demnach keine betriebliche Altersversorgung und damit nicht anrechenbar.[217]

---

205 BGH 17.10.1983 – II ZR 31/83, WM 1984, 29.
206 OLG Düsseldorf 13.5.1982 – 8 U 11/81, AG 1982, 225.
207 BGH 25.1.1956 – ZR 190/54, WM 1956, 865 = BGHZ 19, 387.
208 BGH 19.12.1983 – II ZR 71/83, NJW 1984, 1529.
209 BAG 8.5.1990 – 3 AZR 152/88, NZA 1990, 807.
210 BAG 10.8.1982 – 3 AZR 334/79, DB 1982, 2627.
211 BAG 3.7.1990 – 3 AZR 85/89, NZA 1991, 66.
212 BAG 6.8.1985 – 3 AZR 393/82, DB 1986, 1181.
213 BAG 10.8.1993 – 3 AZR 69/93, NZA 1994, 757.
214 Höfer/Abt, Altersversorgung, Rn 62.
215 BAG 10.8.1993 – 3 AZR 69/93, NZA 1994, 757.
216 BAG 26.6.1990 – 3 AZR 641/88, BAGE 65, 215.
217 BAG 10.5.1978 – 4 AZR 740/76, DB 1978, 1988.

B. Texte

I. GmbH-Geschäftsführerverträge

1. Muster: Aufhebungsvereinbarung beim Wechsel vom Arbeitsverhältnis in die Position des Geschäftsführers

Vereinbarung

Zwischen

der Firma ▪▪▪

– nachfolgend „Gesellschaft" genannt –

und

Frau/Herrn ▪▪▪

– nachfolgend „Geschäftsführer/in" genannt –

1. Mit Wirkung zum ▪▪▪ wurde Frau/Herr ▪▪▪ zum/zur Geschäftsführer/in der Gesellschaft berufen. Mit Wirkung vom gleichen Tag schlossen die Parteien einen Dienstvertrag.

2. Die Parteien vereinbaren,[218] dass das bestehende Arbeitsverhältnis zum Tag der Bestellung als Geschäftsführer der Gesellschaft einvernehmlich aufgehoben wird. Mit dieser Vereinbarung enden zugleich sämtliche arbeitsvertraglichen Vereinbarungen, die zwischen den Parteien im Verlaufe des Arbeitsverhältnisses geschlossen wurden.[219]

2. Muster: Ruhensvereinbarung beim Wechsel vom Arbeitsverhältnis in die Position des Geschäftsführers

Vereinbarung

Zwischen

der Firma ▪▪▪

– nachfolgend „Gesellschaft" genannt –

und

Frau/Herrn ▪▪▪

– nachfolgend „Geschäftsführer/in" genannt –

1. Mit Wirkung zum ▪▪▪ wurde Frau/Herr ▪▪▪ zum/zur Geschäftsführer/in der Gesellschaft berufen. Mit Wirkung vom gleichen Tag schlossen die Parteien einen Dienstvertrag.

2. Die Parteien vereinbaren, dass die Rechte des Geschäftsführers aus dem Arbeitsverhältnis für die Dauer der Tätigkeit als Geschäftsführer ruhend gestellt werden. Die Rechte aus dem Arbeitsverhältnis leben von dem Zeitpunkt an wieder auf, ab dem das Dienstverhältnis zwischen dem/der Geschäftsführer/in und der Gesellschaft beendet sind. Auf die Betriebszugehörigkeit wird die Zeit der Tätigkeit als Geschäftsführer/in angerechnet.[220]

---

218 Zu beachten ist, dass die Aufhebungsvereinbarung von einem vertretungsberechtigten Organ der Gesellschaft, also vornehmlich einem Geschäftsführer, geschlossen werden sollte, weil nur ein Geschäftsführer befugt ist, den *actus contrarius* zum Arbeitsvertragsschluss, nämlich einem Aufhebungsvertrag, nach § 35 GmbHG zu schließen (*Hümmerich/Schmidt-Westphal*, DB 2007, 222).

219 Gemäß § 623 BGB bedürfen sämtliche Auflösungsverträge der Schriftform. Die Rechtsprechung des BAG, wonach mit der Bestellung eines angestellten Mitarbeiters zum GmbH-Geschäftsführer eine konkludente Aufhebung des Arbeitsverhältnisses verbunden ist (BAG 14.6.2006 – 5 AZR 592/05, ZIP 2006, 1692), kann nur noch für den Fall des Wechsels eines Arbeitnehmers vor dem In-Kraft-Treten des § 623 BGB am 1.5.2000 in die Position des Geschäftsführers gelten (*Hümmerich*, Gestaltung von Arbeitsverträgen, § 2 Rn 18).

220 Das BAG hat entschieden, dass die Tätigkeit als Geschäftsführer bei der Bestimmung der Betriebszugehörigkeit angerechnet werden kann (BAG 24.11.2005 – 2 AZR 614/04, NZA 2006, 366).

3. Muster: Befristeter Dienstvertrag eines Fremdgeschäftsführers

Dienstvertrag

Zwischen

– nachfolgend „Gesellschafter" genannt –

und

Herrn ▰▰▰

– nachfolgend „Geschäftsführer" genannt –

wird unter Bezugnahme auf den Gesellschafterbeschluss vom ▰▰▰ der nachfolgende Dienstvertrag eines Geschäftsführers geschlossen:

§ 1

(1) Der Geschäftsführer führt selbständig, verantwortlich und mit der Sorgfalt eines ordentlichen Kaufmanns die Geschäfte der Gesellschaft im Rahmen von Satzung und Recht nach Maßgabe der Beschlüsse der Gesellschafter und der geschlossenen Verträge.

(2) Der Geschäftsführer verpflichtet sich zur Geheimhaltung aller Vorgänge, die ihm während seiner Tätigkeit für die Gesellschaft bekannt werden. Diese Verpflichtung dauert auch über ein Ausscheiden aus der Geschäftsführung hinaus fort.

§ 2

(1) Der Gesellschafter ist berechtigt, dem Geschäftsführer weitere oder andere Aufgaben im Unternehmensbereich, aber auch innerhalb der Firmengruppe zuzuweisen, und ihn zum Geschäftsführer anderer Gesellschaften des Unternehmensbereiches zu bestellen, wenn der Geschäftsbereich der anderen Gesellschaft und die weiteren oder anderen Aufgaben nicht wesentlich vom bisherigen Tätigkeitsbild des Geschäftsführers abweichen und die Übernahme solcher Funktionen unter den Bedingungen dieses Vertrages zumutbar ist.

(2) Dieser Vertrag regelt über die Geschäftsführertätigkeit gemäß § 1 hinaus grundsätzlich auch alle weiteren oder anderen Tätigkeiten im Sinne von § 2 Ziff. 1.

§ 3

(1) Gegenüber dem Geschäftsführer wird die Gesellschaft durch ▰▰▰ vertreten.

(2) Der Geschäftsführer beteiligt sich während der Dauer des Dienstvertrages nicht an einem Unternehmen, das mit der Gesellschaft in Konkurrenz steht oder in wesentlichem Umfang Geschäftsbeziehungen mit der Gesellschaft oder einer Gesellschaft der Gesellschafter ▰▰▰ unterhält.

§ 4

(1) Der Geschäftsführer verpflichtet sich, seine ganze Arbeitskraft ausschließlich für die Gesellschaft einzusetzen. Die Übernahme anderweitiger entgeltlicher oder unentgeltlicher Tätigkeiten, die regelmäßig auszuüben sind oder für die gelegentlich nicht ganz unerheblicher Zeiteinsatz erforderlich ist, oder eine direkte oder indirekte Beteiligung an anderen Unternehmen, bedürfen der vorherigen schriftlichen Zustimmung der Gesellschafter.

(2) Die Zustimmung zur Ausübung von Nebentätigkeiten kann mit der Auflage verbunden werden, darauf fließende Entgelte, Entschädigungen und Nebenleistungen abzuführen oder auf die Zahlungen gemäß § 9 anzurechnen.

(3) Wird die Gesellschaft von einer anderen Gesellschaft übernommen, mit ihr verschmolzen, erwirbt sie eine andere Gesellschaft oder wird eine Spaltung der Gesellschaft vorgenommen, setzen die Parteien ihre Vertragsbeziehungen ungeachtet der Änderung der Tätigkeit als selbständigen Dienstvertrag und nicht als Arbeitsverhältnis fort.

§ 5

Inhalt und Umfang der Vertretungsbefugnis und der Zeichnungsberechtigung des Geschäftsführers ergeben sich aus den Gesellschafterbeschlüssen in Verbindung mit der Satzung der Gesellschaft.

Soweit ein Geschäftsverteilungsplan besteht, der in einer Gesellschafterversammlung beschlossen wurde, ist dieser Bestandteil des Anstellungsvertrages.

§ 6

(1) Der Geschäftsführer unterrichtet den oder die Gesellschafter zeitnah, umfassend und kontinuierlich oder auf Ersuchen über Geschäftsverlauf, Planung und einzelne Vorgänge von besonderem Interesse.

Kapitel 3: Anstellungsverträge mit GmbH-Geschäftsführern und AG-Vorständen

(2) Soweit keine besonderen satzungsmäßigen Bestimmungen oder Anweisungen der Gesellschafter bestehen, gelten die folgenden Regelungen:

a) Der Geschäftsführer berichtet den Gesellschaftern regelmäßig monatlich und im Halbjahresrhythmus zum 30. Juni und 31. Dezember eines jeden Jahres über den Gang der Geschäfte und die Lage der Gesellschaft; nach besonderer Absprache erfolgt die Unterrichtung nur vierteljährlich zum Quartalsende und in Einzelfällen auf besondere Anforderung des Gesellschafters. Form und Inhalt der Berichte werden in einer besonderen Vereinbarung festgehalten. Der turnusmäßige Bericht vom 30. Juni eines jeden Jahres kann mit der Vorlage und Erläuterung zum Jahresabschluss des vorangegangenen Jahres verbunden werden, wenn zwischen der Vorlage des Jahresabschlusses und dem 30. Juni weniger als 2 Monate liegen.

b) Im letzten Viertel eines jeden Jahres legt der Geschäftsführer den Gesellschaftern den Jahres-Finanzplan für das folgende Jahr zur Genehmigung vor. Dieser Plan enthält eine detaillierte Kosten- und Erlösvorschau und einen Investitions- und Zahlungsplan. Aus ihm sind alle wesentlichen vorgesehenen oder zu erwartenden Geschäftsvorgänge und Veränderungen unter Einschluss möglicher Alternativen ersichtlich.

c) Im Falle einer Ablehnung des Finanzplans als Ganzes oder in Teilen hat der Geschäftsführer in angemessener Frist einen aufgrund der Vorschläge der Gesellschafter überarbeiteten Finanzplan vorzulegen. Beginnt das Geschäftsjahr ohne genehmigten Finanzplan, so führt der Geschäftsführer die Geschäfte im bisher üblichen Rahmen.

§ 7

(1) Innerhalb des genehmigten Finanzplans und ohne Änderung seines grundsätzlichen Rahmens entscheidet der Geschäftsführer frei.

(2) Erfolgen Entscheidungen der Gesellschafter aus irgendwelchen Gründen nicht, nicht rechtzeitig oder ist Gefahr im Verzuge, so entscheidet der Geschäftsführer nach den Grundsätzen eines ordentlichen Kaufmanns unter Berücksichtigung der Interessen der Gesellschafter.

§ 8

(1) Der Geschäftsführer hat – unbeschadet weitergehender Bestimmungen des Gesellschaftervertrages – für folgende Geschäfte die vorherige Zustimmung der Gesellschafter einzuholen:

a) die Bestellung von Prokuristen und den Widerruf von Prokuren;

b) die Zustimmung zum Abschluss oder zur Änderung von Anstellungsverträgen, wenn sie ein Jahresgehalt von mehr als ■■■ EUR brutto einschließlich der üblichen Nebenleistungen beinhalten; Abmachungen über eine Gewinn- oder Umsatzbeteiligung;

c) den Erwerb, die Veräußerung oder die Belastung von Grundstücken oder grundstücksgleichen Rechten;

d) den Erwerb und die Veräußerung von Beteiligungen und sonstige Verfügungen darüber;

e) den Erwerb oder die Veräußerung von Gegenständen des Anlagevermögens, wenn der Wert des einzelnen Geschäftsvorfalles ■■■ EUR übersteigt;

f) den Abschluss oder die Änderung von Dauerschuldverhältnissen, wie z.B. Lizenz-, Know-how-, Beratungs-, Management- oder Mietverträgen, wenn die der Gesellschaft daraus erwachsende Belastung ■■■ EUR pro Monat oder ■■■ EUR pro Jahr übersteigt;

g) die Erklärung von Bürgschaften, Garantieerklärungen oder Schuldübernahmen oder -beitritten oder ähnlicher Haftungen, wenn diese im Einzelfall ■■■ EUR übersteigen;

h) die Ausstellung und Annahme von Wechseln sowie Aufnahme von kurzfristigen Krediten, wenn diese das jährlich zu genehmigende kurzfristige Kreditlimit übersteigen; die Aufnahme von langfristigen Krediten, wie Hypotheken und Maschinenkredite;

i) Rechtsgeschäfte zwischen der Gesellschaft und

   – einem Gesellschafter oder
   – dem Geschäftsführer oder
   – einer anderen Gesellschaft, die der Geschäftsführer ebenfalls vertritt.

Soweit der Geschäftsführer generell oder für bestimmte Geschäftsvorfälle von den Vorschriften des § 181 BGB befreit ist, wird er den Gesellschaftern jeweils unaufgefordert darüber Nachricht geben, wenn er von dieser Befreiung Gebrauch macht.

(2) Darüber hinaus ist die Zustimmung des Geschäftsführers bei allen sonstigen über den gewöhnlichen Geschäftsbetrieb hinausgehenden Entscheidungen einzuholen.

§ 9

(1) Der Geschäftsführer erhält für seine Tätigkeit ab dem ▬▬▬ ein Jahresgehalt von ▬▬▬ EUR brutto, das in 12 Teilraten von monatlich ▬▬▬ EUR brutto ausgezahlt wird. Jeweils zum Jahresletzten wird das Jahresgehalt des Geschäftsführers auf noch bestehende Angemessenheit durch die Gesellschaft überprüft. Bei der Überprüfung werden neben der Leistung des Geschäftsführers die wirtschaftliche Lage der Gesellschaft und die Zukunftsaussicht der Gesellschaft berücksichtigt.[221]

(2) Der Geschäftsführer erhält eine Gewinntantieme in Höhe von ▬▬▬ %, berechnet nach den in Abs. 3 niedergelegten Grundsätzen. Mit diesen Leistungen gemäß Abs. 1 und 2 ist die gesamte Tätigkeit im Sinne der §§ 1 und 2 abgegolten. Bei unvermeidbarer Mehrarbeit, die über das zumutbare Maß hinausgeht, oder bei angeordneter Sonderarbeit können besondere Vergütungen vereinbart werden.

(3) Für die Berechnung der Tantieme ist der körperschaftsteuerpflichtige Gewinn, der sich vor Abzug der Tantieme für den (oder die) Geschäftsführer und nach Verrechnung mit Verlustvorträgen ergibt, zugrunde zu legen. Gewinnabhängige Rückstellungen sowie steuerliche Sonderabschreibungen oder andere steuerliche Vergünstigungen, die den Gewinn unmittelbar beeinflussen und betriebswirtschaftlich nicht geboten sind, mindern die Bemessungsgrundlage nicht. Ausgenommen hiervon sind Gewinnminderungen infolge der Bewertungsfreiheit für geringwertige Wirtschaftsgüter. Andererseits ist die spätere gewinnerhöhende Auflösung von Rückstellungen oder anderen Bilanzpositionen, deren Bildung auf die Bemessungsgrundlage keinen Einfluss hatte, für die Berechnung der Tantieme unberücksichtigt zu lassen.

Eine nachträgliche Erhöhung oder Verminderung des körperschaftsteuerpflichtigen Gewinns durch das Finanzamt ändert die Bemessungsgrundlage nicht.

(4) Die Gewinntantieme ist mit Feststellung des Jahresabschlusses durch die Gesellschafterversammlung fällig. Dies gilt auch dann, wenn ein wirksamer Feststellungsbeschluss nicht zustande kommt.

(5) Wird dem Geschäftsführer aus wichtigem Grunde gekündigt, so entfällt für das Geschäftsjahr, in dem es zum Ausspruch der Kündigung kommt, die Gewinntantieme.

(6) Die Gesellschaft verpflichtet sich, während einer Zeit der Freistellung die Tantieme gemäß Abs. 2 fortzuzahlen, berechnet anhand des monatlichen Durchschnittswerts der Tantiemen der letzten drei Jahre.

(7) Das Recht zur Nutzung eines Firmenfahrzeugs ergibt sich aus einem gesonderten Kfz-Überlassungsvertrag.

(8) Im Rahmen eines Gruppenversicherungsvertrages übernimmt die Gesellschaft die Beiträge für eine Direktversicherung betreffend eine betriebliche Altersversorgung in Höhe von ▬▬▬ EUR jährlich.

§ 10

(1) Dem Geschäftsführer werden die von ihm bei dienstlichen Reisen und für Repräsentationszwecke im Interesse der Gesellschaft gemachten tatsächlichen Aufwendungen ersetzt. Die Abrechnung erfolgt monatlich oder nach Anfall aufgrund solcher Belege, wie sie von den Steuerbehörden als ordnungsgemäß für die Abzugsfähigkeit von Auslagen anerkannt werden.

(2) Dienstreisen in das Ausland wird der Geschäftsführer nur im Einvernehmen mit den Gesellschaftern unternehmen.

(3) Zum Zwecke der Begleichung von Spesen und Ausgaben, die die Gesellschaft betreffen, einschließlich der Bewirtung von Geschäftsfreunden und Kunden, erhält der Geschäftsführer die widerrufliche Befugnis, eine Kredit-Karte zu benutzen.

§ 11

Der Geschäftsführer erhält einen Jahresurlaub von ▬▬▬ Arbeitstagen, den er im Interesse der Erhaltung seiner Arbeitskraft verwenden wird. Der Geschäftsführer ist daher verpflichtet, mindestens die Hälfte des Jahresurlaubs zusammenhängend zu nehmen. Jahresurlaub von 15 Tagen oder mehr ist im Einvernehmen mit den Gesellschaftern unter Berücksichtigung der betrieblichen Belange festzulegen. Kürzere Urlaubszeiten wird der Geschäftsführer den Gesellschaftern anzeigen. Im Falle der Entlassung des Geschäftsführers werden die Vorschriften des Entgeltfortzahlungsgesetzes in seiner jeweils gültigen Fassung angewendet.

---

[221] Gehaltsanpassungen lassen sich nur unter eng umrissenen Voraussetzungen an die Entwicklung des Lebenshaltungsindexes knüpfen. Derartige Klauseln bedürfen der Genehmigung des Bundesamts für Wirtschaft (§ 2 Abs. 1 Satz 2 PrAngKlauselG, § 7 PrKV). Die Genehmigung wird bei Lebenszeitverträgen (§ 3 Abs. 1 Nr. 1 PrKV), bei Verträgen bis zum Beginn der Altersversorgung des Empfängers (§ 3 Abs. 2 Nr. 3 PrKV) oder bei einer Mindestvertragsdauer von 10 Jahren (§ 3 Abs. 1 Nr. 1 d PrKV) erteilt. Vergütungen aus laufenden Dienstverträgen lassen sich daher kaum über den Lebenshaltungsindex wertsichern (*Hümmerich*, Gestaltung von Arbeitsverträgen, § 1 Rn 1478 ff.). Da vom Verbot der Indexierung nur automatisch an den Lebenskostenhaltungsindex anknüpfende Erhöhungen erfasst werden, bieten sich als Alternative Leistungsvorbehalte an, nach denen die Parteien unter bestimmten Voraussetzungen erneut über die Bezüge verhandeln, oder Prüfungsvorbehalte und Anpassungen, die die Entwicklung einer Entgeltgruppe eines bestimmten Entgelttarifvertrages als Bezugsgröße wählen.

Kapitel 3: Anstellungsverträge mit GmbH-Geschäftsführern und AG-Vorständen

§ 12

(1) Dieser Vertrag ist bis zum ▬▬▬ befristet. Er verlängert sich jeweils um ein Jahr, wenn er nicht drei Monate vor Vertragsende schriftlich gekündigt wird. Die Kündigung durch den Geschäftsführer ist gegenüber einem Gesellschafter zu erklären.

(2) Außer durch Ablauf des Vertragszeitraumes endet das Anstellungsverhältnis

a) frühestens mit Ablauf des Monats, in dem der Geschäftsführer das Lebensjahr vollendet, das Voraussetzung für den Bezug der vorgezogenen Altersrente ist; das ist derzeit das 63. Lebensjahr (Alterskündigung);

b) spätestens mit Erreichen der Altersgrenze; das ist derzeit der Ablauf des Monats, in dem das 65. Lebensjahr vollendet wird (Pensionierung);

c) wenn der Geschäftsführer zur Ausübung seiner Tätigkeit dauernd unfähig ist (Erwerbsunfähigkeit im Sinne des § 43 Abs. 2 SGB VI) mit Ablauf des Monats, in dem die Erwerbsunfähigkeit durch Gutachten festgestellt wird. Die Gesellschaft kann auf eigene Kosten den Grad der Arbeitsunfähigkeit durch Einholung eines vertrauensärztlichen Gutachtens ermitteln lassen, das für beide Vertragspartner verbindlich ist.

(3) Kündigung und Widerruf der Bestellung werden gegenüber dem Geschäftsführer wirksam erklärt, wenn der Vorsitzende der Gesellschafterversammlung den Beschluss über den Widerruf der Bestellung oder die Kündigung in Anwesenheit des Geschäftsführers verliest. Ist der Geschäftsführer bei der Gesellschafterversammlung nicht anwesend, ist es ausreichend, dass ihm vom Vorsitzenden der Gesellschafterversammlung das Protokoll der Gesellschafterversammlung über den Widerruf der Bestellung oder Kündigung übersandt wird.[222]

(4) Die Bestellung des Geschäftsführers kann durch Beschluss der Gesellschafterversammlung jederzeit widerrufen werden, unbeschadet seiner Ansprüche nach diesem Vertrag. Der Widerruf gilt als Kündigung des Dienstvertrages zum nächstzulässigen Zeitpunkt.[223]

(5) Im Falle der Umwandlung der Gesellschaft in eine OHG oder andere eine Gesellschaftsform, erhält der Geschäftsführer bei im Übrigen unveränderter Fortgeltung dieses Vertrages die Rechtsstellung eines Prokuristen.

§ 13

(1) Der Geschäftsführer verpflichtet sich, für die Dauer von neun Monaten nach Beendigung dieses Vertrages nicht in selbständiger, unselbständiger oder sonstiger Weise für ein Unternehmen tätig zu werden, das mit der Gesellschaft oder mit einem mit der Gesellschaft verbundenen Unternehmen in direktem oder indirektem Wettbewerb steht. Auch ist es dem Geschäftsführer untersagt, während der Dauer des nachvertraglichen Wettbewerbsverbots ein solches Unternehmen zu errichten, zu erwerben oder sich hieran unmittelbar oder mittelbar zu beteiligen, es sei denn, der Anteilsbesitz schließt einen Einfluss auf die Organe des Unternehmens aus. Das Wettbewerbsverbot gilt für Deutschland, Frankreich, Großbritannien und die Niederlande.

(2) Die Gesellschaft verpflichtet sich, dem Geschäftsführer für die Dauer des Wettbewerbsverbots eine Karenzentschädigung in Höhe von 50 % der zuletzt bezogenen, vertragsmäßigen Leistungen zu gewähren.

(3) Der Geschäftsführer verpflichtet sich, während der Dauer des Wettbewerbsverbots auf Verlangen jederzeit Auskunft über die Höhe seiner Erwerbseinkünfte zu erteilen und auch die Anschrift seines jeweiligen Arbeitgebers mitzuteilen.

(4) Das Wettbewerbsverbot wird nicht für den Fall vereinbart, dass der Geschäftsführer bei seinem Ausscheiden die Regelaltersgrenze vollendet hat oder das Dienstverhältnis weniger als zehn Monate gedauert hat.[224]

§ 14

(1) Änderungen und Ergänzungen dieses Vertrages bedürfen der Schriftform, wozu auch die Aufhebung dieser Schriftformklausel gehört.

(2) Für den Fall, dass einzelne Bestimmungen dieses Vertrages unwirksam sein sollten, bleiben die übrigen Bestimmungen bestehen. Die unwirksame Bestimmung ist durch eine wirksame zu ersetzen, die dem ursprünglich gewollten Sinn am nächsten kommt.

---

[222] Mit dieser Form der Bekanntgabe eines Abberufungs- und eines Kündigungsbeschlusses wird vermieden, dass der Geschäftsführer die Bevollmächtigung des Erklärenden unter Hinweis auf das Fehlen einer Vollmacht nach § 174 Satz 1 BGB erfolgreich zurückweisen kann.

[223] Diese Koppelungsklausel überwindet das Trennungsprinzip zwischen Organstellung und Dienstvertrag. Nach gegenwärtiger Rechtsprechung gilt sie als wirksam (BGH 9.7.1990 – II ZR 194/89, BGHZ 112, 103; BGH 29.5.1989 – II ZR 220/88, NJW 1989, 2683). Nach hier vertretener Ansicht sind vorformulierte Koppelungsklauseln beim Fremdgeschäftsführer nach §§ 305c Abs. 1, 306 Abs. 2 BGB unwirksam (*Hümmerich*, Gestaltung von Arbeitsverträgen, § 2 Rn 501).

[224] Nachvertragliche Wettbewerbsverbote beim GmbH-Geschäftsführer werden nicht an den §§ 74 ff. HGB unmittelbar gemessen, sondern bei den für sie geltenden Rechtsregeln orientiert sich der BGH am Maßstab der Sittenwidrigkeit, § 138 BGB, Art. 12 GG (BGH 4.3.2002 – II ZR 77/00, NJW 2002, 1875; BGH 26.3.1984 – II ZR 229/83, BGHZ 91, 1). Nachvertragliche Wettbewerbsverbote können auch in Grenzen beim Geschäftsführer ohne Karenzzusage wirksam vereinbart werden (BGH 26.3.1984 – II ZR 229/83, BGHZ 91, 1).

4. Muster: Unbefristeter Dienstvertrag eines Fremdgeschäftsführers

Dienstvertrag

Zwischen

der Firma ▪▪▪

– nachfolgend „Gesellschaft" genannt –

und

Herrn ▪▪▪

– nachfolgend „Geschäftsführer" genannt –

wird unter Bezugnahme auf den Gesellschafterbeschluss vom ▪▪▪ folgender Dienstvertrag eines Geschäftsführers geschlossen:

§ 1 Aufgaben, Geschäftsführung, Vertretung

(1) Der Geschäftsführer ist durch Beschluss der Gesellschafterversammlung vom ▪▪▪ mit Wirkung zum ▪▪▪ als Geschäftsführer der Gesellschaft bestellt worden. Mit der Bestellung tritt dieser Vertrag in Kraft.

(2) Der Geschäftsführer führt die Geschäfte nach Maßgabe der Gesetze, dieses Vertrages, des Gesellschaftsvertrages sowie der von der Gesellschafterversammlung festgelegten geschäftspolitischen Richtlinien mit der Sorgfalt eines ordentlichen Kaufmanns. Er hat hierbei den von der Gesellschafterversammlung erteilten Weisungen zu folgen.

(3) Soweit der Geschäftsführer Alleingeschäftsführer ist, fallen alle Angelegenheiten der Gesellschaft in seinen Aufgabenbereich. Die Gesellschaft kann die Rahmenbedingungen in einer Stellenbeschreibung konkretisieren und anpassen. Soweit mehrere Geschäftsführer bestellt sind, richtet sich die Zuständigkeit des Geschäftsführers nach den von der Gesellschafterversammlung jeweils festgelegten Aufgaben im Rahmen eines Geschäftsverteilungsplans. Änderungen des Geschäftsverteilungsplanes und/oder der Stellenbeschreibung werden mit Übergabe der jeweiligen Fassung an den Geschäftsführer verbindlich und als Anlagen wesentlicher Bestandteil dieses Dienstvertrages.

(4) Inhalt und Umfang der Vertretungsbefugnis und der Zeichnungsberechtigung des Geschäftsführers ergeben sich aus entsprechenden Gesellschafterbeschlüssen sowie der Satzung der Gesellschaft.

(5) Gegenüber dem Geschäftsführer wird die Gesellschaft durch einen durch die Gesellschafterversammlung bestimmten Vertreter vertreten.

§ 2 Zustimmung der Gesellschafter

(1) Der Geschäftsführer hat unbeschadet weitergehender Bestimmungen des Gesellschaftervertrages für folgende Geschäfte die vorherige Zustimmung der Gesellschafter einzuholen:

a) die Bestellung von Prokuristen und den Widerruf von Prokuren;

b) die Zustimmung zum Abschluss oder zur Änderung von Anstellungsverträgen, wenn sie ein Jahresgehalt von mehr als 100.000 EUR brutto einschließlich der üblichen Nebenleistungen beinhalten; Abmachungen über eine Gewinn- oder Umsatzbeteiligung;

c) den Erwerb, die Veräußerung oder die Belastung von Grundstücken oder grundstücksgleichen Rechten;

d) den Erwerb und die Veräußerung von Beteiligungen und sonstige Verfügungen darüber;

e) den Erwerb oder die Veräußerung von Gegenständen des Anlagevermögens, wenn der Wert des einzelnen Geschäftsvorfalles 128.000 EUR übersteigt;

f) den Abschluss oder die Änderung von Dauerschuldverhältnissen, wie z.B. Beratungs-, Management- oder Mietverträgen, wenn die der Gesellschaft daraus erwachsende Belastung 8.500 EUR pro Monat oder 100.000 EUR pro Jahr übersteigt;

g) den Abschluss oder die Änderung von Verträgen, die bestehende oder zukünftig zustehende Schutzrechte oder Vertriebsstrukturen der Gesellschaft betreffen (z.B. Lizenz- oder auch Know-how-Verträge), auch und gerade, wenn mit der Gesellschaft oder den Gesellschaftern verbundene Unternehmen betroffen sind (Konzernkoordination);

h) die Erklärung von Bürgschaften, Garantieerklärungen oder Schuldübernahmen oder -beitritten oder ähnlicher Haftungen, wenn diese im Einzelfall 25.000 EUR übersteigen;

i) Ausstellung und Annahme von Wechseln sowie Aufnahme von kurzfristigen Krediten, wenn diese das jährlich zu genehmigende kurzfristige Kreditlimit übersteigen; die Aufnahme von langfristigen Krediten, wie Hypotheken und Maschinenkredite;

Kapitel 3: Anstellungsverträge mit GmbH-Geschäftsführern und AG-Vorständen

j) Rechtsgeschäfte zwischen der Gesellschaft und
   - einem Gesellschafter oder
   - dem Geschäftsführer oder
   - einer anderen Gesellschaft oder sonstigen Institution, die der Geschäftsführer ebenfalls vertritt.

(2) Darüber hinaus ist die Zustimmung der Gesellschafterversammlung bei allen sonstigen über den gewöhnlichen Geschäftsbetrieb hinausgehenden Entscheidungen einzuholen.

(3) Es besteht Einigkeit, dass der Katalog der zustimmungsbedürftigen Geschäfte jederzeit von der Gesellschaft verändert werden kann. Dies kann auch in Form von hierzu besonders bestimmten Planungen (Kreditplanung, Liquiditätsplanung etc.) geschehen. Änderungen des Kataloges werden mit der Übergabe des Kataloges oder der genehmigten Planung an den Geschäftsführer wirksam und damit Bestandteil dieses Dienstvertrages.

§ 3 Berichtspflichten, Finanzplan

(1) Der Geschäftsführer unterrichtet die Gesellschafterversammlung und den Aufsichtsrat zeitnah, umfassend und kontinuierlich über Geschäftsverlauf, Planung und einzelne Vorgänge von besonderem Interesse.

(2) Soweit keine besonderen satzungsmäßigen Bestimmungen oder Anweisungen des Gesellschafters bestehen oder der Geschäftsverteilungsplan bzw. die Stellenbeschreibung andere Regelungen enthält, gelten die folgenden Pflichten:

a) Der Geschäftsführer berichtet der Gesellschafterversammlung und dem Aufsichtsrat über den Gang der Geschäfte und die Lage der Gesellschaft.

b) Auf Anforderung der Gesellschafterversammlung legt der Geschäftsführer der Gesellschafterversammlung und dem Aufsichtsrat den Jahres-Finanzplan für das folgende Jahr zur Genehmigung vor. Wenn keine spezielle Anforderung ausgesprochen wird, ist der Plan im letzten Viertel des Jahres vorzulegen. Diese Planung enthält eine detaillierte Kosten- und Erlösvorschau und einen Investitions- und Zahlungsplan. Aus ihm sind alle wesentlichen vorgesehenen oder zu erwartenden Geschäftsvorgänge und Veränderungen unter Einschluss möglicher Alternativen ersichtlich.

c) Im Falle einer Ablehnung des Finanzplans als Ganzes oder in Teilen hat der Geschäftsführer in angemessener Frist einen aufgrund der Vorschläge der Gesellschafterversammlung überarbeiteten Finanzplan vorzulegen. Beginnt das Geschäftsjahr ohne genehmigten Finanzplan, so führt der Geschäftsführer die Geschäfte im bisher üblichen Rahmen.

(3) Erfolgen Entscheidungen der Gesellschafterversammlung aus irgendwelchen Gründen nicht, nicht rechtzeitig oder ist Gefahr im Verzuge, so entscheidet der Geschäftsführer nach den Grundsätzen eines ordentlichen Kaufmanns unter Berücksichtigung der Interessen der Gesellschafter.

§ 4 Verschwiegenheit

(1) Der Geschäftsführer verpflichtet sich zur Geheimhaltung aller Vorgänge, betrieblichen Angelegenheiten, insbesondere Geschäfts- und Betriebsgeheimnissen (über Firma, Produkte, Verfahren, Pläne und Zahlen), die ihm während und im Rahmen seiner Tätigkeit für die Gesellschaft bekannt werden. Dieser Verschwiegenheit unterliegen auch der Inhalt dieses Vertrages und alle Absprachen dieses Vertragsverhältnis betreffend, sowie seine Beendigung und die Gründe seiner Beendigung. Bei einer Beendigung sind öffentliche Erklärungen (z.B. Presseerklärungen) nur in einem mit der Gesellschaft abgestimmten Inhalt und Form abzugeben.

(2) Der Geschäftsführer hat insbesondere davon Kenntnis, dass im Prinzip alles, was er von und um die Firma weiß, als vertraulich zu behandeln ist, wenn es nicht ausdrücklich zur Veröffentlichung freigegeben wurde. Vorbehalten bleiben nur die gesetzlichen Auskunftspflichten. Die Gesellschaft behält sich in jedem einzelnen Fall der Verletzung das Recht vor, den entstandenen Schaden und eventuelle weitere Ansprüche gerichtlich einzufordern.

(3) Diese Verpflichtung dauert auch über ein Ausscheiden aus der Geschäftsführung und der Beendigung dieses Vertrages hinaus fort. Der Geschäftsführer verpflichtet sich ferner, bei seinem Ausscheiden alle in seinem Besitz befindlichen Unterlagen (Schriftstücke und sonstige Daten, ungeachtet der technischen Form ihrer Verfügbarkeit), die im Zusammenhang mit seiner Tätigkeit stehen, an die Gesellschaft zurückzugeben. Erforderlichenfalls hat er eine eidesstattliche Versicherung abzugeben, dass er alle diesbezüglichen Unterlagen so vernichtet hat, dass kein Dritter hieraus irgendwelche Kenntnisse erlangen kann. Ein Zurückbehaltungsrecht ist ausgeschlossen.

§ 5 Arbeitszeit und Nebentätigkeit

(1) Der Geschäftsführer hat seine volle Arbeitskraft der Gesellschaft zur Verfügung zu stellen.

(2) Nebentätigkeiten bedürfen der vorherigen schriftlichen Zustimmung der Gesellschafterversammlung. Gleiches gilt für die Übernahme öffentlicher Ämter oder zeitlich beanspruchender sonstiger Funktionen.

§ 6 Bezüge

(1) Der Geschäftsführer erhält für seine Tätigkeit ab dem ▬▬▬ ein Jahresgehalt von ▬▬▬ EUR brutto, das in 13 monatsanteiligen bargeldlosen Beträgen von ▬▬▬ EUR brutto unter Abzug aller gesetzlichen und sonstigen einzubehaltenden bzw. abzuführenden Abgaben wie folgt ausgezahlt wird:

12 Monatsanteile jeweils am Monatsende, den 13. Anteil mit dem Novembergehalt.

(2) Neben dem in § 6 Abs. 1 genannten Gehalt erhält der Geschäftsführer eine Jahresprämie, die im April des Folgejahres für das vorangegangene Jahr ausbezahlt wird. Die Höhe der Prämie richtet sich nach der persönlichen Leistung des Geschäftsführers sowie nach dem Grad der Erreichung der Unternehmensziele der Gesellschaft.

(3) Mit dem vereinbarten Einkommen nach Abs. 1 sind die Leistungen eventueller Mehrarbeit und die Übernahme weiterer Verantwortung sowie auf betriebliche Regelungen und Übung beruhende Leistungen mit abgegolten.

§ 7 Bezüge bei Krankheit, Unfall, Tod

(1) Bei einer vorübergehenden Verhinderung der Tätigkeit des Geschäftsführers durch Krankheit, Dienstunfähigkeit oder andere durch ihn nicht verschuldete Umstände, behält der Geschäftsführer Anspruch auf die Differenz zwischen Nettobezügen und Zahlungen seiner gesetzlichen und/oder privaten Krankenversicherung für die Dauer von zwei Monaten.

(2) Stirbt der Geschäftsführer während der Dauer des Anstellungsvertrages, so haben seine Unterhaltsberechtigten zusammen Anspruch auf Fortzahlung seines fixen Gehalts für den Sterbemonat und den darauf folgenden Monat. Die Unterhaltsberechtigten haben untereinander Einigung darüber zu erzielen, welcher prozentuale Anteil ihnen an dem Monatsgehalt des Geschäftsführers gebührt. Wird der Gesellschaft nicht übereinstimmend von allen Unterhaltsberechtigten mitgeteilt, zu wessen Händen die maximal 2 Monatsgehälter zu Gunsten aller Unterhaltsberechtigten zu zahlen sind, ist die Gesellschaft berechtigt, die Zahlungen bei der Hinterlegungsstelle des zuständigen Amtsgerichts einzuzahlen oder auf das Anderkonto eines Rechtsanwaltes oder eines Notars mit befreiender Wirkung einzuzahlen. Eventuell bestehende Ansprüche aus der betrieblichen Altersversorgung ruhen während dieser Zeit.

(3) Eine Prämie, sofern sie nicht bereits schriftlich zugesagt wurde, oder sonstige Leistungen finden keine Berücksichtigung.

(4) Die Gesellschaft wird den Geschäftsführer im üblichen Rahmen gegen Unfall versichern, mindestens jedoch in Höhe von 255.500 EUR bei Invalidität und 153.000 EUR bei Unfalltod. Bezugsberechtigt aus der Versicherung sind im Invaliditätsfall der Geschäftsführer, im Todesfall die von ihm benannten Personen, bei Fehlen einer solchen Bestimmung oder falls die benannten Personen verstorben sind, die Erben des Geschäftsführers. Die Versicherung erlischt mit dem Tage der Beendigung dieses Vertrages.

(5) Die Gesellschaft gewährt dem Geschäftsführer für die Dauer dieses Vertrages einen Zuschuss zur Krankenversicherung in Höhe des Arbeitgeberanteils, wie er bei Krankenversicherungspflicht des Geschäftsführers bestünde, höchstens jedoch in Höhe der Hälfte des Betrages, welchen der Geschäftsführer für seine Krankenversicherung aufzuwenden hat.

§ 8 Urlaub

(1) Der Geschäftsführer erhält einen Jahresurlaub von 30 Arbeitstagen, den er im Interesse der Erhaltung seiner Arbeitskraft verwenden wird. Urlaubsjahr ist das Kalenderjahr.

(2) Die zeitliche Lage des Urlaubs ist unter Berücksichtigung der geschäftlichen Belange sowie ggf. mit weiteren Geschäftsführern festzulegen. Kann der Geschäftsführer aus geschäftlichen oder in seiner Person liegenden Gründen den Urlaub nicht oder nicht vollständig bis zum Jahresende nehmen, so bleibt ihm der Anspruch auf Urlaub insoweit bis zum 31.3. des Folgejahres erhalten. Eine Abgeltung findet nicht statt.

(3) Kann der Urlaub wegen Beendigung des Anstellungsverhältnisses nicht oder nicht vollständig gewährt werden, so ist er dem Geschäftsführer abzugelten, sofern keine Freistellung unter Anrechnung der Urlaubsansprüche erfolgt. Die jeweilige Abgeltungsvereinbarung hat schriftlich zu erfolgen.

§ 9 Repräsentationsaufwendungen, Spesen, Dienstfahrzeug

(1) Der Geschäftsführer hat bei Geschäftsreisen Anspruch auf Ersatz seiner angemessenen Reisekosten, die detailliert zu belegen sind. Er ist berechtigt, bei Verwendung von Massenverkehrsmitteln, einschließlich Flug- und Schiffsreisen, „Economy" oder „Business Class" in Anspruch zu nehmen.

(2) Im Fall von Geschäftsreisen ist der Geschäftsführer auch zum Ersatz seiner Spesen im Zusammenhang mit solchen Reisen gemäß dem jeweils gültigen Spesenreglement der Gesellschaft berechtigt. Die Spesen werden von der Gesellschaft lediglich aufgrund vorgelegter detaillierter Belege ersetzt.

(3) Ferner stellt die Gesellschaft dem Geschäftsführer nach Maßgabe der Dienstwagenordnung in ihrer jeweils gültigen Fassung einen Dienstwagen mit Autotelefon zur Verfügung, der auch privat genutzt werden kann. Der Anspruch auf das Dienstfahrzeug zur dienstlichen und privaten Nutzung erlischt mit dem Ausspruch einer Kündigung (auch im Falle der

Abberufung als Geschäftsführer) – auch für die Dauer der Kündigungsfrist – und im Falle einer Freistellung ab dem Datum der Freistellung. Ein Zurückbehaltungsrecht am Fahrzeug, Schlüssel, Papieren etc. in diesem Zusammenhang ist ausgeschlossen. Sie sind auf entsprechende Anforderung der Gesellschaft unverzüglich zurückzugewähren.

§ 10 Altersversorgung

(1) Die Gesellschaft schließt auf das Leben des Geschäftsführers eine Lebensversicherung ab, die mit Vollendung der Regelaltersgrenze, bei Erwerbsminderung gemäß § 43 Abs. 1 SGB III oder § 43 Abs. 2 SGB III oder im Falle des Todes des Geschäftsführers zur Zahlung fällig wird.

(2) Für die Dauer des Dienstvertrages werden die Versicherungsprämien von der Gesellschaft zusätzlich zu den Bezügen nach § 6 erbracht. Die Versicherungsprämien zählen zu den steuerpflichtigen Bezügen und werden in der gesetzlich zulässigen Höhe pauschal versteuert.

(3) Der Geschäftsführer ist unwiderruflich bezugsberechtigt aus der Lebensversicherung.[225] Für den Todesfall sind unwiderruflich bezugsberechtigt die von dem Geschäftsführer bestimmten Personen oder bei Fehlen einer solchen Bestimmung seine Erben. Das unwiderrufliche Bezugsrecht kann weder beliehen noch abgetreten noch verpfändet werden.

(4) Im Falle des vorzeitigen Ausscheidens des Geschäftsführers aus dem Dienstverhältnis wird die Gesellschaft den Versicherungsvertrag mit allen Rechten und Pflichten auf den Geschäftsführer übertragen, sofern der Geschäftsführer zum Zeitpunkt seines Ausscheidens eine mindestens fünfjährige Dienstzeit bei der Gesellschaft erfüllt hat. Im Übrigen gelten die §§ 1 ff. BetrAVG.

§ 11 Vertragliche und nachvertragliche Wettbewerbsbeschränkung

(1) Dem Geschäftsführer ist es untersagt, während der Dauer dieses Vertrages in selbständiger, unselbständiger oder sonstiger Weise für ein anderes Unternehmen tätig zu werden, insbesondere sofern es mit der Gesellschaft in direktem Wettbewerb steht. In gleicher Weise ist es dem Geschäftsführer untersagt, während der Dauer dieses Vertrages ein Unternehmen zu errichten, zu erwerben oder sich hieran unmittelbar zu beteiligen. Ausgenommen ist der übliche Erwerb von Aktien für persönliche Zwecke der Geldanlage.

(2) Für die Zeit nach Beendigung der Tätigkeit gilt nach Maßgabe einer gesonderten Wettbewerbsverbotsvereinbarung, die als Anlage zu diesem Vertrag genommen wird, ein nachvertragliches Wettbewerbsverbot.

(3) Eine eventuelle Abfindungszahlung ist auf die Karenzentschädigung anzurechnen.

§ 12 Sonstige Regelungen

(1) Die Abtretung und Verpfändung von Ansprüchen aus diesem Vertrag sind ausgeschlossen. Gleiches gilt für eine Aufrechnung oder die Ausübung eines Zurückbehaltungsrechtes durch den Geschäftsführer.

(2) Bei Diensterfindungen im Sinne des Gesetzes über Arbeitnehmererfindungen, die der Geschäftsführer während der Dauer des Anstellungsvertrages macht, gelten die Vorschriften dieses Gesetzes in der zurzeit der Inanspruchnahme geltenden Fassung.

(3) Der Dienstsitz ist der jeweilige Hauptsitz der Gesellschaft; derzeit ▪▪▪.

(4) Im Zusammenhang mit dem Umzug des Geschäftsführers werden folgende Aufwendungen ersetzt:
Die Gesellschaft übernimmt alle Auslagen in direktem Zusammenhang mit dem Umzug des Geschäftsführers und seiner Familie sowie dem Transport der Möbel und des gesamten Haushaltes. Diese Kosten werden gegen Vorlage eines detaillierten Kostennachweises von der Gesellschaft bis zu einer Höhe von 12.500 EUR unverzüglich beglichen. Die Erstattungsfähigkeit umfasst insbesondere Auslagen des Geschäftsführers für eine temporäre Unterkunft und für Reisekosten, die direkt mit der Übersiedlung zusammenhängen oder entstehen, wenn der Geschäftsführer seine Familie erst zu einem späteren Zeitpunkt nachkommen lässt (Wochenendbesuche etc.), nicht jedoch Nachteile im Zusammenhang mit der Veräußerung seines bisherigen Domizils.

(5) Der Dienstantritt erfolgt am ▪▪▪.

§ 13 Vertragsdauer, Kündigung

(1) Das Vertragsverhältnis zwischen dem Geschäftsführer und der Firma wird auf unbestimmte Zeit geschlossen.

(2) Eine Abberufung als Geschäftsführer gilt als zulässige Kündigung dieses Dienstvertrages mit einer Frist von 3 Monaten zum Ende eines Monats und ist dem Geschäftsführer schriftlich mitzuteilen.

---

[225] Der GmbH-Geschäftsführer hat, wenn zu seinen Gunsten eine Direktversicherung besteht, im Insolvenzfall nur dann ein Aussonderungsrecht nach § 47 InsO, wenn er als unwiderruflich Begünstigter über ein entsprechendes Bezugsrecht verfügt. Ein nur widerrufliches Bezugsrecht führt dazu, dass die Forderung aus dem Versicherungsvertrag eine einfache Insolvenzforderung ist. Die GmbH muss ihre Erklärung über das unwiderrufliche Bezugsrecht (unwiderruflich Begünstigter) auch gegenüber dem Versicherer abgegeben haben (BAG 26.2.1991 – 3 AZR 313/90, NZA 1991, 845; OLG Hamm 15.11.1990 – 27 U 66/90, ZIP 1990, 1603).

(3) Die ordentliche Kündigung des Vertragsverhältnisses ist für beide Parteien jederzeit mit einer Frist von 3 Monaten zum Ende eines Monats möglich. Die Kündigung durch den Geschäftsführer ist gegenüber einem Gesellschafter zu erklären. Die Kündigung durch die Gesellschaft kann durch die Gesellschafterversammlung erfolgen, die sich hierzu eines besonders bestellten Vertreters bedienen kann.

(4) Eine Kündigung des Vertragsverhältnisses durch die Gesellschaft aus Anlass eines Betriebsüberganges ist ausgeschlossen.

(5) Das Recht auf außerordentliche Kündigung unter den gesetzlichen Voraussetzungen (§ 626 BGB) bleibt unberührt. Als wichtiger Grund gelten insbesondere

- die Vornahme von Geschäften ohne die vorgesehene Zustimmung,
- der Verstoß gegen das Nebentätigkeits- und/oder Wettbewerbsverbot,
- schwere Verstöße gegen die Weisungen der Gesellschafterversammlung,
- die Abgabe der eidesstattlichen Versicherung durch den Geschäftsführer.

(6) Außer durch Kündigung endet das Anstellungsverhältnis mit Ablauf des Monats, in dem der Geschäftsführer das 60. Lebensjahr vollendet, sowie wenn der Geschäftsführer zur Ausübung seiner Tätigkeit dauernd unfähig ist (Invalidität im Sinne des deutschen Angestellten-Versicherungsgesetzes) mit Ablauf des Monats, in dem dies durch Gutachten festgestellt wird. Die Gesellschaft kann auf eigene Kosten den Grad der Arbeitsunfähigkeit zum jeweiligen Zeitpunkt durch Einholung eines vertrauensärztlichen Gutachtens ermitteln lassen, das für beide Vertragspartner verbindlich ist.

(7) Im Falle der Umwandlung der Gesellschaft steht dem Geschäftsführer ein Sonderkündigungsrecht zu, falls er in der nach der Umwandlung geschaffenen Gesellschaft nicht zum Organ bestellt werden sollte. Über das Sonderkündigungsrecht ist der Vorstand/Geschäftsführer befugt, mit einer Ankündigungsfrist von zwei Monaten aus der Gesellschaft auszuscheiden. Angesichts des in diesem Falle gesellschafterseitig veranlassten Ausscheidens erhält der Vorstand/Geschäftsführer eine Abfindung, die sich aus einer Kapitalisierung der voraussichtlichen Gesamtbezüge für die Restvertragslaufzeit und einen weiteren Betrag errechnet, der nach folgender Formel ermittelt wird:

(8) Die Gesellschaft ist in jedem Fall der Kündigung berechtigt, den Geschäftsführer unter Anrechnung auf etwaigen noch offen stehenden Urlaub bis zum Ablauf der Kündigungsfrist von der Verpflichtung zur Dienstleistung freizustellen. Ein Anspruch auf Beschäftigung in einer anderweitigen Führungsposition besteht nicht.

(9) Jede Kündigung bedarf der Schriftform. Empfangszuständig für eine Kündigung durch den Geschäftsführer ist jeder weitere Geschäftsführer der Gesellschaft oder für den Fall, dass ein solcher nicht im Amt ist, derjenige Gesellschafter, der über die höchste Kapitalbeteiligung der Gesellschaft verfügt.

§ 14 Schlussbestimmungen

(1) Für alle Rechtsstreitigkeiten aus und im Zusammenhang mit diesem Vertrag gilt deutsches Recht.

(2) Änderungen oder Ergänzungen dieses Vertrages, wozu auch die Aufhebung dieser Schriftformklausel gehört, bedürfen der Schriftform und eines Beschlusses durch die Gesellschafterversammlung.

(3) Etwaige frühere Arbeitsverhältnisse[226] sind hiermit ausdrücklich aufgehoben, auch soweit sie zu einer der Firma geschäftlich oder durch die Person der Gesellschafter nahe stehenden anderen Firma bestanden haben sollten. Sie bestehen auch nicht als ruhende Arbeitsverhältnisse fort. Nachvertragliche Verschwiegenheitsverpflichtungen und Wettbewerbsbeschränkungen bleiben jedoch bestehen.

(4) Für den Fall, dass einzelne Bestimmungen dieses Vertrages unwirksam sein sollten, bleiben die übrigen Bestimmungen gültig. Anstelle der unwirksamen Bestimmung oder zur Ausfüllung eventueller Lücken des Vertrages soll eine angemessene wirksame Regelung treten, die die Parteien gewollt hätten, wenn ihnen die Unwirksamkeit oder Regelungslücke bekannt gewesen wäre.[227]

(5) Alle in diesem Vertrag erwähnten Anlagen sind wesentlicher Bestandteil dieses Vertrages.

---

226 Von einer solchen integrierten Aufhebungsvereinbarung wird, sofern kein Gesellschafter-Geschäftsführer den Vertrag für die Gesellschaft unterzeichnet, abgeraten (*Hümmerich/Schmidt-Westphal*, DB 2007, 222). Der integrierte Aufhebungsvertrag ist, wenn er auf Seiten der Gesellschaft durch einen Gesellschafter vereinbart wird, schwebend unwirksam.

227 Manche Vertragsparteien wünschen weiterhin, dass eine salvatorische Klausel an den Schluss des Textes gestellt wird. Salvatorische Klauseln sind mit dem In-Kraft-Treten der Schuldrechtsreform gemäß § 306 Abs. 2 BGB unwirksam (KG 28.5.1997 – Kart U 5068/96, NJW 1998, 829; LG Köln 4.2.1987 – 26 O 120/86, NJW-RR 1987, 885; Däubler/Dorndorf/*Dorndorf*, AGB im Arbeitsrecht, § 306 BGB Rn 26; AnwK-ArbR/*Hümmerich*, § 306 BGB Rn 9).

5. Muster: Dienstvertrag eines Gesellschafter-Geschäftsführers

Dienstvertrag

Zwischen

– nachstehend: Gesellschaft –

und

Herrn ---

– nachstehend: Geschäftsführer –

wird unter Bezugnahme auf den Gesellschafterbeschluss vom --- folgender Dienstvertrag eines Geschäftsführers geschlossen.

§ 1 Aufgaben und Pflichten

(1) Herr --- ist durch Beschluss der Gesellschafterversammlung vom --- mit Wirkung zum --- zum Geschäftsführer der Gesellschaft bestellt worden. Er vertritt die Gesellschaft im Rahmen seiner ihm durch den Gesellschaftsvertrag eingeräumten Befugnisse neben dem weiteren Geschäftsführer gerichtlich und außergerichtlich. Ihm steht Einzelvertretungsbefugnis zu.

(2) Der Geschäftsführer führt die Geschäfte nach Maßgabe der Gesetze, dieses Vertrages, des Gesellschaftsvertrages sowie den von der Gesellschafterversammlung festgelegten geschäftspolitischen Richtlinien mit der Sorgfalt eines ordentlichen Kaufmanns. Er hat hierbei den von der Gesellschafterversammlung erteilten Weisungen zu folgen. Soweit der Geschäftsführer Alleingeschäftsführer ist, fallen alle Angelegenheiten der Gesellschaft in seinen Aufgabenbereich, soweit mehrere Geschäftsführer bestellt sind, richtet sich seine Zuständigkeit nach den von den Gesellschaftern jeweils festgelegten Aufgaben im Rahmen eines Geschäftsverteilungsplans, der wesentlicher Bestandteil dieses Dienstvertrages ist.

(3) Inhalt und Umfang der Vertretungsbefugnis und der Zeichnungsberechtigung des Geschäftsführers ergeben sich aus den Gesellschafterbeschlüssen in Verbindung mit der Satzung der Gesellschaft.

(4) Bei Diensterfindungen im Sinne des Gesetzes über Arbeitnehmererfindungen, die der Geschäftsführer während der Dauer des Anstellungsvertrages macht, gelten die Vorschriften dieses Gesetzes in der zurzeit der Inanspruchnahme geltenden Fassung.

(5) Der Geschäftsführer verpflichtet sich zur Geheimhaltung aller Vorgänge, die ihm während seiner Tätigkeit für die Gesellschaft bekannt werden. Diese Verpflichtung dauert auch über ein Ausscheiden aus der Geschäftsführung hinaus fort.

(6) Gegenüber dem Geschäftsführer wird die Gesellschaft durch einen durch die Gesellschafterversammlung bestimmten Vertreter vertreten.

§ 2 Berichtspflichten, Finanzplan

(1) Der Geschäftsführer unterrichtet den oder die Gesellschafter zeitnah, umfassend und kontinuierlich oder auf Ersuchen über Geschäftsverlauf, Planung und einzelne Vorgänge von besonderem Interesse.

(2) Soweit keine besonderen satzungsmäßigen Bestimmungen oder Anweisungen der Gesellschafter bestehen, gelten die folgenden Regelungen:

a) Der Geschäftsführer berichtet den Gesellschaftern auf Ersuchen über den Gang der Geschäfte und die Lage der Gesellschaft.

b) Im letzten Viertel eines jeden Jahres legt der Geschäftsführer den Gesellschaftern den Jahres-Finanzplan für das folgende Jahr zur Genehmigung vor. Dieser Plan enthält eine detaillierte Kosten- und Erlösvorschau und einen Investitions- und Zahlungsplan. Aus ihm sind alle wesentlichen vorgesehenen oder zu erwartenden Geschäftsvorgänge und Veränderungen unter Einschluss möglicher Alternativen ersichtlich.

c) Im Falle einer Ablehnung des Finanzplans als Ganzes oder in Teilen hat der Geschäftsführer in angemessener Frist einen aufgrund der Vorschläge der Gesellschafter überarbeiteten Finanzplan vorlegen. Beginnt das Geschäftsjahr ohne genehmigten Finanzplan, so führt der Geschäftsführer die Geschäfte im bisher üblichen Rahmen.

(3) Innerhalb des genehmigten Finanzplans entscheidet der Geschäftsführer frei.

(4) Erfolgen Entscheidungen der Gesellschafter aus irgendwelchen Gründen nicht, nicht rechtzeitig oder ist Gefahr im Verzuge, so entscheidet der Geschäftsführer nach den Grundsätzen eines ordentlichen Kaufmanns unter Berücksichtigung der Interessen der Gesellschafter.

§ 3 Zustimmung der Gesellschafter

(1) Der Geschäftsführer hat – unbeschadet weitergehender Bestimmungen des Gesellschaftervertrages – für folgende Geschäfte die vorherige Zustimmung der Gesellschafter einzuholen, sofern sie nicht im genehmigten Finanzplan vorgesehen sind:

a) die Bestellung von Prokuristen und den Widerruf von Prokuren;
b) die Zustimmung zum Abschluss oder zur Änderung von Anstellungsverträgen, wenn sie ein Jahresgehalt von mehr als 40.500 EUR brutto einschließlich der üblichen Nebenleistungen beinhalten; Abmachungen über eine Gewinn- oder Umsatzbeteiligung;
c) den Erwerb, die Veräußerung oder die Belastung von Grundstücken oder grundstücksgleichen Rechten;
d) den Erwerb und die Veräußerung von Beteiligungen und sonstige Verfügungen darüber;
e) den Erwerb oder die Veräußerung von Gegenständen des Anlagevermögens, wenn der Wert des einzelnen Geschäftsvorfalles 15.000 EUR übersteigt;
f) den Abschluss oder die Änderung von Dauerschuldverhältnissen, wie z.B. Beratungs-, Management- oder Mietverträgen, wenn die der Gesellschaft daraus erwachsende Belastung 1.500 EUR pro Monat oder 18.500 EUR pro Jahr übersteigt;
g) den Abschluss oder die Änderung von Verträgen, die bestehende oder zukünftig zustehende Schutzrechte der Gesellschaft betreffen (z.B. Lizenz- oder auch Know-how-Verträge);
h) die Erklärung von Bürgschaften, Garantieerklärungen oder Schuldübernahmen oder -beitritten oder ähnlicher Haftungen, wenn diese im Einzelfall 15.500 EUR übersteigen;
i) die Ausstellung und Annahme von Wechseln sowie Aufnahme von kurzfristigen Krediten, wenn diese das jährlich zu genehmigende kurzfristige Kreditlimit übersteigen; die Aufnahme von langfristigen Krediten wie Hypotheken und Maschinenkredite;
j) Rechtsgeschäfte zwischen der Gesellschaft und
   – einem Gesellschafter oder
   – dem Geschäftsführer oder
   – einer anderen Gesellschaft oder sonstigen Institution, die der Geschäftsführer ebenfalls vertritt.

Soweit der Geschäftsführer generell oder für bestimmte Geschäftsvorfälle von den Vorschriften des § 181 BGB befreit ist, wird er den Gesellschaftern jeweils unaufgefordert darüber Nachricht geben, wenn er von dieser Befreiung Gebrauch macht.

(2) Darüber hinaus ist die Zustimmung der Gesellschafterversammlung bei allen sonstigen über den gewöhnlichen Geschäftsbetrieb hinausgehenden Entscheidungen einzuholen.

§ 4 Arbeitszeit und Nebentätigkeit

Der Gesellschaft ist bekannt, dass der Geschäftsführer eine weitere Tätigkeit als ▪▪▪ ausübt. Diese Tätigkeit wird er fortsetzen. In diesem Zusammenhang steht es ihm nach wie vor frei, Ämter in leitenden Funktionen, Aufsichtsgremien anderer Unternehmen und Ehrenämter in Organisationen anzunehmen. In der Bestimmung seiner Arbeitszeit ist der Geschäftsführer daher frei, wird jedoch im Rahmen seiner übrigen Tätigkeit jederzeit, soweit dies das Wohl der Gesellschaft erfordert, zu ihrer Verfügung stehen und ihre Interessen wahrnehmen.

§ 5 Wettbewerbsbeschränkung

Dem Geschäftsführer ist untersagt, während der Dauer dieses Vertrages in selbständiger, unselbständiger oder sonstiger Weise für ein Unternehmen tätig zu werden, welches mit der Gesellschaft in direktem Wettbewerb steht. In gleicher Weise ist es dem Geschäftsführer untersagt, während der Dauer dieses Vertrages ein solches Unternehmen zu errichten, zu erwerben oder sich hieran unmittelbar zu beteiligen.

Dieses Verbot lässt ausdrücklich seine Tätigkeit als ▪▪▪ unberührt. Kommt es durch diese Tätigkeit zu Interessenkollisionen, so wird der Geschäftsführer unverzüglich die Gesellschaft informieren. Sodann ist eine Lösung zu suchen, die den Interessen beider Parteien gerecht wird. Im Sinne dieser Interessenlagen ist der Begriff des „direkten Wettbewerbs" eng auszulegen.

§ 6 Bezüge

(1) Der Geschäftsführer erhält für seine Tätigkeit ab dem ▪▪▪ ein Jahresgehalt von ▪▪▪ EUR brutto, das in 12 Teilraten monatlich in Höhe von ▪▪▪ EUR brutto ausgezahlt wird.

Kapitel 3: Anstellungsverträge mit GmbH-Geschäftsführern und AG-Vorständen

(2) Der Geschäftsführer erhält eine Gewinntantieme[228] in Höhe von 12 %, berechnet nach den in Abs. 3 niedergelegten Grundsätzen. Die Gewinntantieme ist auf maximal 25 % des festen Jahresgehalts des Geschäftsführers begrenzt. Tantiemezahlungen an sämtliche Geschäftsführer dürfen 50 % des Jahresüberschusses nicht übersteigen. Mit diesen Leistungen gemäß Abs. 1 und Abs. 2 ist die gesamte Tätigkeit im Sinne der §§ 1 und 2 abgegolten. Bei unvermeidbarer Mehrarbeit, die über das zumutbare Maß hinausgeht, oder bei angeordneter Sonderarbeit können besondere Vergütungen vereinbart werden.

(3) Für die Berechnung der Tantieme ist der körperschaftsteuerpflichtige Gewinn, der sich vor Abzug der Tantieme für den (oder die) Geschäftsführer und nach Verrechnung mit Verlustvorträgen ergibt, zugrunde zu legen. Eine nachträgliche Erhöhung oder Verminderung des körperschaftsteuerpflichtigen Gewinns durch das Finanzamt ändert die Bemessungsgrundlage nicht.

(4) Die Gewinntantieme ist mit Feststellung des Jahresabschlusses durch die Gesellschafterversammlung fällig. Dies gilt auch dann, wenn ein wirksamer Feststellungsbeschluss nicht zustande kommt.

(5) Wird dem Geschäftsführer aus wichtigem Grunde gekündigt, so entfällt für das Geschäftsjahr, in welchem es zum Ausspruch der Kündigung kommt, die Gewinntantieme.

(6) Das Recht zur Nutzung eines Firmenfahrzeugs bzw. die Erstattung für die Aufwendungen bei der betrieblichen Nutzung des eigenen Fahrzeugs ergibt sich aus einem gesonderten Kfz-Nutzungsvertrag, der als Anlage ••• Bestandteil dieses Vertrages ist.

(7) Der Geschäftsführer hat Anspruch auf eine angemessene betriebliche Altersversorgung, die in einer gesonderten Vereinbarung geregelt wird. Diese gesonderte Vereinbarung ist als Anlage ••• wesentlicher Bestandteil dieses Vertrages.

§ 7 Repräsentationsaufwendungen, Spesen

(1) Dem Geschäftsführer werden die von ihm bei dienstlichen Reisen und für Repräsentationszwecke im Interesse der Gesellschaft getätigten tatsächlichen Aufwendungen ersetzt. Die Abrechnung erfolgt monatlich oder nach Anfall aufgrund solcher Belege, wie sie von den Steuerbehörden als ordnungsgemäß für die Abzugsfähigkeit von Auslagen anerkannt werden.

(2) Zum Zwecke der Begleichung von Spesen und Ausgaben, die die Gesellschaft betreffen, einschließlich der Bewirtung von Geschäftsfreunden und Kunden, erhält der Geschäftsführer die widerrufliche Befugnis, eine Kredit-Karte zu benutzen und/oder die Möglichkeit, diese Kosten über ein separates Konto zu Lasten der Gesellschaft abzurechnen.

§ 8 Bezüge bei Krankheit, Unfall, Tod

(1) Bei einer vorübergehenden Arbeitsunfähigkeit, die durch Krankheit oder aus einem anderen von dem Geschäftsführer nicht zu vertretenden Grund eintritt, behält der Geschäftsführer Anspruch auf die Bezüge gemäß § 6 für die Zeit der Arbeitsunfähigkeit bis zu einer ununterbrochenen Dauer von 6 Monaten.

(2) Stirbt der Geschäftsführer während der Dauer des Anstellungsvertrages, so haben seine Unterhaltsberechtigten zusammen Anspruch auf Fortzahlung seines Gehalts im Sinne von § 6 Abs. 1 für den Sterbemonat und die 3 darauf folgenden Monate. Die Unterhaltsberechtigten haben untereinander Einigung darüber zu erzielen, welcher prozentuale Anteil ihnen an dem Monatsgehalt des Geschäftsführers gebührt. Wird der Gesellschaft nicht übereinstimmend von allen Unterhaltsberechtigten mitgeteilt, zu wessen Händen die maximal 4 Monatsgehälter zu Gunsten aller Unterhaltsberechtigten zu zahlen sind, ist die Gesellschaft berechtigt, die Zahlungen bei der Hinterlegungsstelle des zuständigen Amtsgerichts oder auf das Anderkonto eines Rechtsanwaltes oder eines Notars mit befreiender Wirkung einzuzahlen.

(3) Die Firma wird den Geschäftsführer in dem für Geschäftsführer der Gesellschaft üblichen Rahmen gegen Unfall versichern, mindestens jedoch in Höhe von 255.500 EUR bei Invalidität und 153.000 EUR bei Unfalltod. Bezugsberechtigt aus der Versicherung sind im Invaliditätsfall der Geschäftsführer, im Todesfall die von ihm benannten Personen, bei Fehlen einer solchen Bestimmung oder falls die benannten Personen verstorben sind, die Erben des Geschäftsführers.

§ 9 Urlaub

Der Geschäftsführer erhält einen Jahresurlaub von 40 Arbeitstagen, den er im Interesse der Erhaltung seiner Arbeitskraft verwenden wird.

Kann der Geschäftsführer aus geschäftlichen oder in seiner Person liegenden Gründen den Urlaub nicht oder nicht vollständig bis zum Jahresende nehmen, so bleibt ihm der Anspruch auf Urlaub insoweit bis zum 30.6. des Folgejahres

---

228 Von einer umsatzorientierten Tantieme wird zur Vermeidung einer verdeckten Gewinnausschüttung beim Gesellschafter-Geschäftsführer abgeraten (BFH 5.10.1977 – I R 230/95, GmbHR 1978, 93; BFH 19.5.1993 – I R 83/92, BFH/NV 1994, 124). Eine umsatzorientierte Tantieme sollte, falls sie branchenüblich ist, allenfalls im Vertriebsbereich vereinbart werden.

erhalten. Kann aus geschäftlichen Gründen auch bis zu diesem Zeitpunkt der Urlaub nicht oder nicht vollständig genommen werden, so ist er dem Geschäftsführer abzugelten.

Die jeweilige Abgeltungsvereinbarung hat schriftlich zu erfolgen.

§ 10 Vertragsdauer, Kündigung

(1) Das Vertragsverhältnis zwischen dem Geschäftsführer und der Gesellschaft wird auf unbestimmte Zeit geschlossen. Das Recht auf ordentliche Kündigung ist seitens der Gesellschaft für den Zeitraum ausgeschlossen, in dem der Geschäftsführer Inhaber von Geschäftsanteilen der Gesellschaft ist, auch wenn die Beteiligung den bisherigen Umfang unterschreitet.

(2) Eine Abberufung als Geschäftsführer gilt nur dann als Kündigung dieses Dienstvertrages mit Wirkung zum Ende des auf die Abberufung nächstfolgenden Quartals, wenn der Gesellschafterbeschluss mit Zustimmung des betroffenen Geschäftsführers erfolgt ist.

(3) Die ordentliche Kündigung des Vertragsverhältnisses ist für den Geschäftsführer jederzeit mit einer Frist von 6 Monaten möglich. Die gleiche Frist gilt, soweit der Gesellschaft das Recht zur ordentlichen Kündigung zusteht. Die Kündigung durch den Geschäftsführer ist gegenüber einem Gesellschafter zu erklären. Kündigungserklärungen haben schriftlich zu erfolgen.

(4) Das Recht auf außerordentliche Kündigung unter den gesetzlichen Voraussetzungen (§ 626 BGB) bleibt unberührt.

(5) Der Geschäftsführer wird bei Spaltung oder Teilübertragung der Gesellschaft einem Arbeitnehmer gemäß § 323 Abs. 1 UmwG gleichgestellt.

(6) Außer durch Kündigung endet das Anstellungsverhältnis, wenn der Geschäftsführer zur Ausübung seiner Tätigkeit dauernd unfähig ist (Invalidität im Sinne des Angestellten-Versicherungsgesetzes) mit Ablauf des Monats, in dem dies durch Gutachten festgestellt wird. Die Gesellschaft kann auf eigene Kosten den Grad der Arbeitsunfähigkeit durch Einholung eines vertrauensärztlichen Gutachtens ermitteln lassen, das für beide Vertragspartner verbindlich ist.

§ 11 Schlussbestimmungen

(1) Änderungen oder Ergänzungen dieses Vertrages, wozu auch die Aufhebung dieser Schriftformklausel gehört, bedürfen der Schriftform und eines Beschlusses durch die Gesellschafterversammlung.

(2) Etwaige frühere Arbeitsverhältnisse sind hiermit ausdrücklich aufgehoben, auch soweit sie zu einer der Firma geschäftlich oder durch die Person der Gesellschafter nahe stehenden anderen Firma bestanden haben sollten. Sie bestehen auch nicht als ruhende Arbeitsverhältnisse fort. Der Geschäftsführer wird darauf hingewiesen, dass andere Arbeitsverhältnisse, auch in der Form eines ruhenden Arbeitsverhältnisses, ausdrücklich nicht mehr bestehen.

(3) Für den Fall, dass einzelne Bestimmungen dieses Vertrages unwirksam sein sollten, bleiben die übrigen Bestimmungen bestehen. Die unwirksame Bestimmung ist durch eine wirksame zu ersetzen, die dem ursprünglich gewollten Sinn am nächsten kommt.[229]

(4) Alle in diesem Vertrag erwähnten Anlagen sind wesentlicher Bestandteil dieses Vertrages und bedürfen zu ihrer Abänderung oder Aufhebung der Abzeichnung beider Parteien.

6. Muster: Dienstvertrag des GmbH-Geschäftsführers eines deutschen Tochterunternehmens eines US-Konzerns (deutsch/englisch)

Dienstvertrag

Zwischen

der ▬▬▬ GmbH

– einerseits –

und

Herrn ▬▬▬

– andererseits –

wird folgender Dienstvertrag abgeschlossen:

This Agreement

is entered into as of ▬▬▬,

between

▬▬▬ GmbH a German Company on Limited Liabilities, having its principal place of business as ▬▬▬, Germany, (hereinafter, "Company"),

and

▬▬▬ residing at ▬▬▬.

NOW, it is agreed as follows:

---

[229] Manche Vertragsparteien wünschen weiterhin, dass eine salvatorische Klausel an den Schluss des Textes gestellt wird. Salvatorische Klauseln sind mit dem In-Kraft-Treten der Schuldrechtsreform beim Verbraucher-Geschäftsführer (*Hümmerich*, NZA 2006, 709) gemäß § 306 Abs. 2 BGB unwirksam (KG 28.5.1997 – Kart U 5068/96, NJW 1998, 829; LG Köln 4.2.1987 – 26 O 120/86, NJW-RR 1987, 885; Däubler/Dorndorf/*Dorndorf*, AGB im Arbeitsrecht, § 306 BGB Rn 26; AnwK-ArbR/*Hümmerich*, § 306 BGB Rn 9).

Kapitel 3: Anstellungsverträge mit GmbH-Geschäftsführern und AG-Vorständen

1. Dienststellung

Herr ▬▬▬ übernimmt mit Wirkung zum ▬▬▬ die Position des Managing Director Germany/Austria/Switzerland, Central and Eastern Europe.

Das Dienstverhältnis wird auf unbefristete Zeit abgeschlossen und kann nach den in diesem Vertrag vereinbarten Regelungen beendet werden.

Seiner Funktion entsprechend wird Herr ▬▬▬ direkt an den Area President, ▬▬▬ Europe berichten.

2. Rechtsstellung

Herr ▬▬▬ wird durch die alleinige Gesellschafterin, die ▬▬▬ Company, ▬▬▬, U.S.A., zum Geschäftsführer der ▬▬▬ GmbH bestellt. Die Rechte und Pflichten von Herrn ▬▬▬ finden ihre Grenzen in den gesetzlichen Rahmenbedingungen wie auch in der Satzung des Unternehmens. Herr ▬▬▬ ist als Geschäftsführer alleinzeichnungsberechtigt, demnach zeichnet er allein oder zusammen mit einem weiteren Geschäftsführer.

3. Dienstbezüge

Grundgehalt

Herr ▬▬▬ erhält pro rata temporis Brutto-Jahresbezüge (Base Salary) in Höhe von ▬▬▬ EUR. Die Bruttobezüge unterliegen einer jährlichen Überprüfung bzw. Anpassung, die erstmalig zum ▬▬▬ erfolgen wird.

Die monatlichen Bruttobezüge betragen jeweils 1/12 der vereinbarten Jahresbezüge.

Bonus

Als Geschäftsführer unterliegt Herr ▬▬▬ der Bonusregelung des Konzerns, die sich auf 2 Performance-Kriterien stützt: die individuelle und die Unternehmens-Performance. Der Bonus wird erstmalig im ▬▬▬ des Jahres ▬▬▬ und danach jährlich festgesetzt. Im Rahmen des aktuell gültigen Annual Incentive Program beträgt der Zielbonus für die Position von ▬▬▬ 45% des Base Salary. Der tatsächlich zu zahlende Bonus wird sich auf 0–20% des Zielbonus belaufen, in Abhängigkeit von der individuellen und Company Performance.

Stock Options

Herrn ▬▬▬ werden im Rahmen der entsprechenden Unternehmensrichtlinien für Executives Stock Options gewährt. Die Gewährung von Stock Options erfolgt in der Regel im ersten Quartal jeden Jahres.

Zusatzzahlung

Am Tag des Eintritts erhält Herr ▬▬▬ eine Brutto-Einmalzahlung in Höhe von ▬▬▬ EUR.

Umzug

Die Gesellschaft kommt für alle notwendigen Umzugskosten in vertretbarem Rahmen auf, inkl. Aufwendungen für die Wohnungssuche und die mit der Anmietung entstehenden Maklergebühren sowie das Deponat.

1. Term

The Company shall employ ▬▬▬ as Managing Director, Germany, Central Europe (including Austria and Switzerland) and Eastern Europe for an unlimited period beginning on ▬▬▬, unless terminated in accordance with the provisions of this Agreement.

According to the terms of his position and title ▬▬▬ will report directly to the Area President, ▬▬▬ Europe.

2. Titles and Duties

Subject to the shareholder's resolution of the Company, ▬▬▬, U.S.A., being the solde shareholder of the Company (hereinafter "Shareholder"), ▬▬▬ will be appointed as "Geschäftsführer" (Statutory Director) of the Company in accordance with the German Law on Companies on Limited Liabilities (Gesetz betreffend die Gesellschaften mit beschränkter Haftung) to conduct, operate, manage and promote the business of the Company and acting sole or together with another "Geschäftsführer" in the name and on behalf of the Company in accordance with it's Articles of Incorporation.

3. Compensation

Basic Salary

As of the effective date of this Agreement stated in point 1. The annual base salary will be gross EUR ▬▬▬ per rata temporis and be paid in 12 equal rates. This salary will be reviewed on ▬▬▬ and annually thereafter.

Bonus

Eligibility will be based on individual and corporate performance in accordance with company policies and the target bonus will be evaluated in ▬▬▬ and annually thereafter. Following the actual Annual Incentive Program the Target Bonus will be 45% of the base salary. The actual bonus paid will be between 0–20% of target bonus depending on individual and Company performance.

The Company reserves the right to redesign the Bonus Program.

Stock Options

▬▬▬ shall have options to purchase common stock of ▬▬▬ Company, again in the accordance with the corresponding Company Policy for Executives. Stock options are normally granted in the first quarter each year.

Additional Payment

A single, one-time payment of EUR ▬▬▬ will be made on the date of joining.

Relocation

The Company will pay all necessary reasonable relocation costs including house hunting, estate agent's fees and deposit for house rental.

4. Altersversorgung

Herrn ▬▬▬ wird entsprechend dem gültigen German Executive Pension Plan eine betriebliche Altersversorgung zugesagt. Die Hauptpunkte in diesem Zusammenhang sind 0,5 % bis zur Beitragsbemessungsgrenze und 1,65 % für die darüber liegenden Bezüge (Base Salary und Bonus) für jedes Beschäftigungsjahr. Abweichend von diesem Plan werden die Ansprüche auf die betriebliche Altersversorgung bereits ein Jahr nach Eintritt in das Unternehmen unverfallbar.

5. Sonderleistungen

Dienstwagen

Die Gesellschaft stellt Herrn ▬▬▬ im Rahmen der Company Car Policy einen Dienstwagen zur Verfügung.

Herr ▬▬▬ erhält einen BMW 735i, inkl. Klimaanlage, oder ein vergleichbares Fahrzeug, wie einen Mercedes oder Audi, das die Kosten eines Standardfahrzeugs nicht überschreitet. Die Gesellschaft übernimmt alle hiermit verbundenen Kosten, inkl. die Kosten für Benzin, Kfz-Steuern und -versicherung. Der Dienstwagen darf uneingeschränkt auch für private Fahrten genutzt werden. Zugelassene Fahrer sind Herr ▬▬▬ und seine Frau.

Regelung bei Unfall und Tod

Herr ▬▬▬ wird in die Gruppenunfallversicherung des Unternehmens mit aufgenommen, die Leistungen für den Fall der Invalidität bzw. Tod des Versicherten bei einem Unfall vorsieht, unabhängig davon, ob dieser Unfall in Ausübung des Dienstes oder im privaten Bereich eingetreten ist. Die Versicherungsbeträge belaufen sich auf etwa:

– 2 x Jahres-Base Salary und Bonus im Todesfall
– 2 x Jahres-Base Salary und Bonus im Falle von Invalidität

Gehaltsfortzahlung bei Krankheit

Bei einer Arbeitsunfähigkeit infolge von Krankheit oder Unfall zahlt die Firma die jeweiligen monatlichen Bruttobezüge für einen Zeitraum bis zu 3 Monaten, nach zweijähriger Unternehmenszugehörigkeit bis zu 9 Monaten weiter. Auf diese Zahlungen werden etwaige Leistungen der Krankenversicherung angerechnet.

6. Urlaub

Der jährliche Erholungsurlaub beträgt 30 Tage. Im Ein- und Austrittsjahr wird der Urlaub anteilig gewährt.

7. Nebentätigkeiten

Herr ▬▬▬ wird seine volle Arbeitskraft in den Dienst des Unternehmens stellen. Die Aufnahme jeglicher auf Erwerb oder sonstige Vorteile gerichteter Nebentätigkeit, die die Ausübung seiner Pflichten als Managing Director beeinträchtigen könnte, bedarf der ausdrücklichen vorherigen Zustimmung des President ▬▬▬ Europe.

4. Pension Plan

▬▬▬ is eligible for a Company Pension in accordance with the German Executive Pension Plan with an accrual of 0,5 % up to the income limit for the assessment of contributions and 1.65 % of the remaining base salary and bonus for each year of service. The period of vesting for ▬▬▬ pension entitlement will be one year from the start date of ▬▬▬.

5. Benefit Plan

Company Car

An automobile will be provided in accordance with the Car Policy of the Company.

The Company will provide a company car (either the standard BMW 735i incl. air conditioning or a comparable car like a Mercedes or an Audi that does not exceed the costs of the standard car). The Company will bear all costs, including the costs for gasoline, car tax and insurance. The company car can be fully privately used. Approved drivers are ▬▬▬ and his wife.

Insurance in case of disability and death

▬▬▬ will be covered by a Company Group Accident Insurance, regardless of whether the accident takes place during the fulfilment of his business obligations as set forth under this Agreement or during his private time, approximately in the range of the following insurance amounts:

– 2 x annual base salary and bonus in case of death
– 2 x annual base salary and bonus in case of disability

Continued payment during illness

In the event of incapacity for work the Company will pay to ▬▬▬ the monthly base salary up to 3 months, after 2 years of service up to 9 months. These contributions will be reduced by the receivables of his health insurance.

6. Vacation

The annual vacation is fixed at 30 working days. In the year of joining and leaving the Company the days off will be granted pro rata temporis.

7. Exclusive Employment

Subject to normal and reasonable absences for reason of illness, accident and/or other incapacity, ▬▬▬ shall devote all of his attention and energies to the business of the Company and shall not, during the term of this Agreement, be engaged in any other business activity whether or not such business activity is pursued in gain, profit or other pecuniary advantage that will significantly

8. Dauer und Beendigung des Vertrages

Das Dienstverhältnis kann von Seiten der Gesellschaft mit einer Frist von 24 Monaten zum Monatsende gekündigt werden, seitens Herrn ■■■ mit einer Frist von 6 Monaten zum Monatsende.

Während einer etwaigen Kündigungsfrist bleibt die Vergütung, wie unter Punkt 3 dieses Vertrages geregelt, unberührt.

Die Parteien stimmen ferner darin überein, dass dieser Vertrag von keiner der beiden Parteien vor dem ■■■ per ordentliche Kündigung beendet wird, sofern nichts anderes in beiderseitigem Einvernehmen vereinbart wird.

Das Recht auf Ausspruch einer außerordentlichen Kündigung bei Vorliegen eines wichtigen Grundes bleibt unberührt (§ 626 BGB).

9. Geheimhaltung

Herr ■■■ verpflichtet sich, über alle ihm im Rahmen seiner Tätigkeit zur Kenntnis gelangenden Angelegenheiten des Unternehmens, soweit sie nicht allgemein bekannt oder ausdrücklich für die Öffentlichkeit bestimmt sind, Stillschweigen zu bewahren. Dies gilt gegenüber Dritten wie auch gegenüber Mitarbeitern, soweit zu einer Bekanntgabe keine direkte Veranlassung vorliegt. Die Geheimhaltungspflicht besteht auch nach dem Ausscheiden von Herrn ■■■ fort. Im Falle der Nichtbeachtung behält sich das Unternehmen rechtliche Maßnahmen vor.

10. Schlussbestimmungen

Änderungen/Ergänzungen sowie die Kündigung dieses Vertrages bedürfen der Schriftform. Der vorliegende Vertrag ersetzt sämtliche gegebenenfalls vorher getroffenen mündlichen und schriftlichen Vereinbarungen. Es gilt ausschließlich deutsches Recht. Gerichtsstand ist ■■■.

---

interfere with his duties as Managing Director of the Company, unless otherwise prior approved by the President ■■■ Europe.

8. Termination, Discharge of Resignation

This Agreement shall be terminated by the Company by means of a routine dismissal with a prior termination period of twenty four months to the end of a calendar month or by ■■■ by means of a routine termination with a six month termination period to the end of a calendar month.

During a potential termination period the compensation would remain the same as shown under 3. Compensation in this contract.

The parties further agree that this Agreement will not be terminated by either party by means of routine dismissal before ■■■ unless ortherwise mutually agreed.

The right to terminate this Agreement by either party of means of an exceptional dismissal (§ 626 BGB/German Civil Code), shall remain.

9. Non Disclosure

■■■ recognises and acknowledges that the Company has secret business practices and trade secrets, lists of customers and any other matters which are special and unique assets of the Company's business. ■■■ agrees that he will not, during or after the term of his employment, disclose such information or any part thereof to any person, firm or corporation, association or other entity for any reason or purpose whatsoever. In the event of a breach or threat to breach by ■■■ of any of the provisions of this paragraph, the Company shall be entitled to an injunction restraining ■■■ from disclosing, in whole or part, such information or from rendering any services to any firm, corporation, association or other entity to whom such information, in whole or part, has been disclosed or is threatened to be disclosed. Nothing herein contained shall be construed as prohibiting the Company from pursuing any other remedies available to the Company for such breach or threatened breach, including and not limited to the recovery of damages from ■■■.

10. Miscellaneous

This document contains the entire agreement of the parties and may not be altered, modified, or amended except in writing executed by both parties. The unenforceability of any provision of the agreement shall not be construed to, nor shall it cause any other provision of this agreement to be unenforceable by reason thereof. This contract supercedes any previous employment agreements between the parties. The agreement shall be construed and interpreted under the laws of the Federal Republic of Germany. The courts of ■■■ shall have exclusive jurisdiction.

7. Muster: Dienstvertrag des GmbH-Geschäftsführers einer Konzerntochter (deutsch/englisch)

■■■ – im Folgenden „Gesellschaft" genannt – und

■■■ – im Folgenden „Geschäftsführer" genannt – schließen folgenden

Dienstvertrag

Präambel

Herr ■■■ ist zum ■■■ in die Dienste der Gesellschaft bzw. deren Rechtsvorgängerin eingetreten und war zunächst als ■■■ beschäftigt. Er wurde mit Wirkung zum ■■■ zum Geschäftsführer der Gesellschaft bestellt. Die Parteien erklären übereinstimmend, dass sich sein Anstellungsverhältnis ausschließlich nach den nachfolgenden Bedingungen richtet. Alle vorher bestehenden Anstellungsverträge sowie sonstige schriftlich oder mündlich getroffenen Vereinbarungen werden hiermit aufgehoben und durch den vorliegenden Vertrag ersetzt. Insoweit handelt die Gesellschaft als Stellvertreterin anderer Konzernunternehmen.

§ 1 Aufgaben

(1) Herr ■■■ ist Geschäftsführer der folgenden Gesellschaften: ■■■

(2) Die Aufgaben des Geschäftsführers können von den Gesellschaftern entsprechend den Fähigkeiten des Geschäftsführers und den Erfordernissen der Gesellschaft näher bestimmt, eingeschränkt, ergänzt oder geändert werden.

(3) Soweit in diesem Vertrag nichts anderes bestimmt ist, ergeben sich weitere Rechte und Pflichten des Geschäftsführers aus den Gesetzen (insbesondere GmbH-Gesetz) sowie der jeweils gültigen Fassung des Gesellschaftsvertrages der Gesellschaft.

(4) Der Geschäftsführer verpflichtet sich, kollegial mit weiteren Geschäftsführern der Gesellschaft zusammenzuarbeiten, sofern solche bestellt sind.

(5) Er ist verpflichtet, alle von den Gesellschaftern erteilten Anweisungen auszuführen.

(6) Der Geschäftsführer ist berechtigt, jederzeit eine Entscheidung der Gesellschafter herbeizuführen.

(7) Der Geschäftsführer ist von den Beschränkungen des § 181 BGB befreit.

§ 2 Vergütung

(1) Der Geschäftsführer erhält für seine Tätigkeit ein festes Jahresgehalt von EUR ■■■ brutto, zahlbar in 13 gleichen Raten.

Jeweils 1/13 wird in 12 Monatsraten zum Ende eines jeden Kalendermonats gezahlt. Die 13. Rate wird jeweils

■■■ – hereinafter referred to as the „Company" – and

■■■ – hereinafter referred to as the „Managing Director" – conclude the following contract:

Contract of Employment

Preamble

Mr. ■■■ joined the Company, respectively its predecessor, in ■■■ and was initially employed as project manager. He has been appointed as Managing Director of the Company with effect as of ■■■. The parties agree that this employment is subject only to the terms and conditions set forth herein. All previous employment contracts and oral as well as written conditions will be cancelled and replaced by this contract. Insofar, the company acts as representative of other group companies.

§ 1 Responsibilities

(1) Mr. ■■■ is Managing Director of the following companies: ■■■

(2) The responsibilities of the Managing Director can be specified in more detail, limited, complemented, amended or changed by the shareholders in line with the potential of the Managing Director and the needs of the company.

(3) Unless otherwise specified in this contract, additional rights and obligations of the Managing Director shall be governed by the laws (such as the law governing private limited companies in Germany in particular) as well as the company's shareholder agreement, as amended.

(4) The Managing Director undertakes to cooperate with any other managing directors which might have been appointed by the company in a friendly, helpful and loyal manner.

(5) He undertakes to comply with any instructions given by the shareholders.

(6) The Managing Director shall be entitled to request a shareholder decision at any time.

(7) The Managing Director shall be exempt from the limitations under § 181 BGB (German Civil Code).

§ 2 Consideration

(1) In return for his services, the Managing Director shall be entitled to a fixed annual gross salary of EUR ■■■ which shall be payable in thirteen equal instalments.

One thirteenth of this annual salary shall be paid every month in twelve monthly instalments. Half of the thirzur Hälfte im Juni und November mit der Monatsrate gezahlt.

Mit diesem Gehalt ist eine Vergütung für die Tätigkeit als Geschäftsführer der weiteren Gesellschaften abgegolten.

(2) Bei Eintritt oder Austritt im Laufe eines Jahres wird die Vergütung pro rata temporis gezahlt.

(3) Der Geschäftsführer ist berechtigt, an dem Geschäftserfolg des Unternehmens auf Basis des globalen Incentive Compansation Plan nach jeweils jährlicher Abstimmung mit der Geschäftsleitung zu partizipieren.

§ 3 Dienstfahrzeug

(1) Die Gesellschaft stellt dem Geschäftsführer ein Dienstfahrzeug des Modells ▬▬▬ zur Verfügung.

(2) Alle mit der Nutzung dieses Fahrzeugs verbundenen Kosten (insbesondere Steuern, Versicherung, Reparaturen, Wartung, Benzin) werden von der Gesellschaft getragen.

(3) Der Geschäftsführer ist berechtigt, das Dienstfahrzeug auch privat zu nutzen. Die für die private Nutzung des Dienstfahrzeugs anfallenden Steuern (geldwerter Vorteil) trägt der Geschäftsführer selbst.

(4) Im Falle einer Freistellung ist die Gesellschaft berechtigt, die Herausgabe des Firmen-Pkw zu verlangen, ohne dass ein Anspruch auf Entschädigung besteht.

§ 4 Spesen

Angemessene Auslagen, die im Zusammenhang mit der Tätigkeit des Geschäftsführers für die Gesellschaft anfallen, werden von der Gesellschaft gegen Vorlage der Belege erstattet.

§ 5 Urlaub

(1) Der Jahresurlaub des Geschäftsführers beträgt 30 Arbeitstage pro Kalenderjahr.

(2) Der Urlaub ist in Abstimmung mit den übrigen Mitgliedern der Geschäftsleitung so zu legen, dass die Belange der Gesellschaft nicht beeinträchtigt werden.

§ 6 Vertraulichkeit

(1) Der Geschäftsführer ist in allen geschäftlichen Angelegenheiten Dritten gegenüber zur Vertraulichkeit verpflichtet.

(2) Die Verpflichtung zur Vertraulichkeit gilt über die Dauer des Geschäftsführervertrages hinaus.

§ 7 Arbeitskraft, Nebentätigkeit

(1) Der Geschäftsführer hat seine ganze Arbeitskraft und seine gesamten Kenntnisse und Erfahrungen der Gesellschaft zur Verfügung zu stellen. Der Geschäftsführer verpflichtet sich, über alle geschäftlichen Angelegenhei-

---

teenth instalment shall be payable in June and the other half in November together with the monthly instalment.

With this salary any compensation for the mandate as Managing Director of the other companies shall be compensated.

(2) If the Managing Director is employed or gives notice during a calender year, remuneration shall be payable on a pro rata temporis basis.

(3) The Managing Director shall be considered for a share of the company's profits based on the global Incentive Compensation Plan as determined by Corporate annually.

§ 3 Company Car

(1) The Company shall place a company car of the make ▬▬▬ at the Managing Director's disposal.

(2) The Company shall bear any costs associated with the use of this car (such as, in particular, taxes, insurance, repair maintenance, petrol).

(3) The Managing Director shall also be entitled to use the company car for private purpose. The Managing Director shall bear any taxes which might be incurred for private use of the company car (benefits in money's worth).

(4) If the Managing Director is released from work, the Company is entitled to demand the return of the company car without any compensation becoming due.

§ 4 Out-of-pocket Expenses

The Company shall bear reasonable expenses incurred by the Managing Director in connection with his activities on behalf of the Company upon presentation of documentary evidence.

§ 5 Paid Leave

(1) The Managing Director shall be entitled to thirty working days paid leave per calendar year.

(2) The Managing Director must take paid leave on agreement with the other members of the Board of Management in such a manner that the Company's interests ar safeguarded.

§ 6 Confidentiality

(1) The Managing Director undertakes to refrain from disclosing any confidential information on the business to third parties.

(2) The duty of the Managing Director to refrain from disclosing confidential information shall survive the term or termination of the contract of employment of the Managing Director.

§ 7 Capacity to Work, Secondary Employment

(1) The Managing Director undertakes to devote his entire capacity to work and his entire knowledge and experience to the company. The Managing Director undertakes to always, even after termination of employment with the

ten und Vorgänge in der Firma, die ihm auch im Rahmen seiner Tätigkeit zur Kenntnis gelangen, jederzeit, auch nach Beendigung der Tätigkeit bei der Firma, Stillschweigen zu bewahren.

(2) An bestimmte Arbeitszeiten ist der Geschäftsführer nicht gebunden.

(3) Die Aufnahme von entgeltlichen und unentgeltlichen Nebentätigkeiten bedarf der vorherigen Einwilligung der Gesellschafterversammlung. Dies gilt auch für die Übernahme von Ehrenämtern, Beirats-, Aufsichtsrats- und ähnlichen Ämtern. Für Veröffentlichungen, welche die geschäftlichen Belange der Firma berühren, hat der Geschäftsführer ebenfalls die vorherige Zustimmung der Gesellschafterversammlung einzuholen.

§ 8 Verhinderung

(1) Der Geschäftsführer ist verpflichtet, der Gesellschaft jede Dienstverhinderung und ihre voraussichtliche Dauer unverzüglich anzuzeigen sowie deren Gründe mitzuteilen.

(2) Auf Verlangen wird der Geschäftsführer eine ärztliche Bescheinigung über die Arbeitsunfähigkeit sowie deren voraussichtliche Dauer vorlegen.

(3) Soweit der Geschäftsführer infolge auf Krankheit beruhender Arbeitsunfähigkeit an der Erbringung seiner Arbeitsleistung verhindert ist, ohne dass ihn ein Verschulden trifft, hat er einen Anspruch auf Gehaltsfortzahlung für die Dauer von 3 Monaten. Eventuelle Zahlungen der Krankenversicherung werden auf das Gehalt angerechnet.

(4) Für den Fall, dass der Geschäftsführer während der Laufzeit dieses Vertrages vor Beendigung seiner Geschäftsführerbestellung stirbt, ist die Gesellschaft verpflichtet, seiner Witwe oder seinen unterhaltsberechtigten Kindern für den Zeitraum von 3 Monaten, die auf den Sterbemonat folgen, das letzte monatliche Gehalt gemäß § 2 Abs. 1 dieses Vertrages fortzuzahlen.

§ 9 Ausschlussfristen

Nach Ende des Dienstverhältnisses sind sämtliche Ansprüche aus diesem Vertrag binnen drei Monaten geltend zu machen.

§ 10 Laufzeit/Kündigung

(1) Dieser Geschäftsführervertrag wird auf unbestimmte Zeit geschlossen.

(2) Das Dienstverhältnis endet ohne Kündigung spätestens mit Ablauf des Monats, in dem der Geschäftsführer sein 65. Lebensjahr vollendet.

(3) Das Dienstverhältnis endet ferner ohne Kündigung, wenn der Geschäftsführer berufs- oder erwerbsunfähig wird, mit Ablauf des Monats, in dem die Berufs- oder Erwerbsunfähigkeit durch rechtskräftigen Bescheid des

company, refrain from disclosing any business information and transactions in the Company which may have been divulged to him.

(2) The Managing Director shall not have any fixed working hours.

(3) If the Managing Director is planning to take up a secondary employment for valuable consideration or free of charge, this shall be subject to the prior approval of the meeting of shareholders. This shall also apply if the Managing Director is willing to take on any posts in an honorary capacity, in an advisory board, supervisory board or similar positions. Any publications by the Managing Director relating to the Company's business affairs shall also be subject to the prior approval of the meeting of shareholders.

§ 8 Inability to work

(1) The Managing Director undertakes to promptly inform the Company of any inability to attend work, for how long he is likely to be unfit for work and for what reason he is unable to work.

(2) At the Company's request, the Managing Director shall submit a medical certificate attesting his unfitness for work and for how long he is likely to be unfit for work.

(3) If the Managing Director is prevented from work, through no fault of his own, due to illness, payment of remuneration shall continue for a period of 3 month. Potential payments made by a heath insurance will be credited against the salary.

(4) If the Managing Director dies within the term of this contract and before the end of his appointment as Managing Director, the company is obligated to pay the last monthly salary set forth in § 2 (1) of this agreement for 3 month following the month of death to his widow or to his dependent children.

§ 9 Cut-off Period

Any claims still outstanding from this contract must be asserted within three months of termination of the employer-employee relationship.

§ 10 Term/Termination

(1) This contract of employment of a managing director shall be concluded for an indefinite term.

(2) Unless terminated earlier, the employer-employee relationship shall end automatically, i.e. without notice of termination having to be given, at the end of the month in which the Managing Director attained the age of 65 at the latest.

(3) The employer-employee relationship shall further end automatically, i.e. without notice of termination having to be given, if the Managing Director becomes unable to work in general or specifically unable to exercise his

Versorgungsträgers festgestellt wurde.

(4) Jede Vertragspartei ist berechtigt, das Dienstverhältnis mit einer Frist von 6 Monaten zum Ende eines Quartals zu beenden.

(5) Eine Kündigung bedarf zu ihrer Wirksamkeit der Schriftform.

(6) Die Gesellschaft ist berechtigt, den Geschäftsführer jederzeit freizustellen. Eine solche Freistellung berührt jedoch nicht die Verpflichtung der Gesellschaft, dem Geschäftsführer die vertraglich vereinbarte Vergütung bis zur Beendigung des Dienstverhältnisses fortzuzahlen.

§ 11 Allgemeines

(1) Geschäftsführer und Gesellschaft haben neben den in diesem Vertrag festgelegten Vereinbarungen keine weiteren mündlichen oder schriftlichen Abreden getroffen.

(2) Künftige Änderungen oder Ergänzungen dieses Vertrages bedürfen zu ihrer Wirksamkeit der Schriftform.

(3) Sofern Bestimmungen dieses Vertrages unwirksam sind oder werden, bleibt die Wirksamkeit des Vertrages im Übrigen unberührt. In diesem Fall ist die unwirksame Bestimmung durch eine wirksame zu ersetzen, die wirtschaftlich der unwirksamen Bestimmung am nächsten kommt.

profession, with effect to the end of the calendar month in which the inability has been stated by a final notification of the precision fund.

(4) Each party to the contract shall be entitled to give notice of termination of the employer-employee relationship subject to six months' notice to the end of a quarter.

(5) Notice of termination shall only be effective in writing.

(6) The company shall be entitled to discharge the Managing Director from his duties any time. If the Managing Director is discharged from his duties, this shall not affect the Company's obligation to continue paying the salary agreed in the contract to the Managing Director until termination of the employer-employee relationship.

§ 11 General Issues

(1) No collateral agreements have been made between the Managing Director and the Company neither orally nor in writing in addition to the provisions stipulated in this contract.

(2) Any future changes in and amendments to this contract shall only be effective in writing.

(3) If any provisions of this contract are or become ineffective, this shall not affect the validity of the contract as a whole. In this case, the ineffective provision must be replaced by an effective clause which most closely corresponds to the invalid clause as far as the economic purpose of the contract is concerned.

8. Muster: Ruhegeldvereinbarung eines GmbH-Geschäftsführers[230]

Ruhegeldvereinbarung

Zwischen

– nachstehend Gesellschaft genannt –

und

Herrn ▄▄▄

– nachstehend Geschäftsführer genannt –

wird in Ergänzung des Anstellungsvertrages eine Pensionszusage über eine Alters-, Invaliden- und Hinterbliebenenversorgung nach Maßgabe der folgenden Bestimmungen vereinbart:

§ 1 Leistungsarten

Der Geschäftsführer hat gegenüber der Gesellschaft einen Rechtsanspruch auf

1. Ruhegeld,
2. Witwengeld.

§ 2 Ruhegeld

(1) Das Ruhegeld wird dem Geschäftsführer gezahlt, wenn

a) er dienstunfähig wird oder

b) er das 65. Lebensjahr (Altersgrenze) vollendet oder

---

[230] Bei Abschluss einer Ruhegeldvereinbarung sind die nach der Rechtsprechung zu erfüllenden Voraussetzungen zu beachten, *Hümmerich*, Gestaltung von Arbeitsverträgen, § 2 Rn 510 ff.

c) er Altersrente aus der gesetzlichen Rentenversicherung vor Vollendung des 65. Lebensjahres in Anspruch nimmt oder, wenn kein Anspruch aus der gesetzlichen Rentenversicherung entstehen kann, er die altersmäßigen Voraussetzungen für den Bezug des vorzeitigen Altersruhegeldes gemäß §§ 36–38, 43, 44 SGB VI erfüllt oder

d) das Dienstverhältnis durch die Gesellschaft oder im gegenseitigen Einvernehmen beendet wird.

(2) Dienstunfähigkeit liegt vor, wenn der Geschäftsführer aus gesundheitlichen Gründen nicht nur vorübergehend außerstande ist, seine Tätigkeit als Geschäftsführer der Gesellschaft auszuüben. Sie gilt als nachgewiesen, wenn ein Berufs- oder Erwerbsunfähigkeitsbescheid des Trägers der gesetzlichen Rentenversicherung oder das entsprechende Gutachten eines von der Gesellschaft zu benennenden Facharztes vorliegt. Dienstunfähigkeit, die vorsätzlich herbeigeführt worden ist, löst keinen Anspruch auf Ruhegeld aus.

§ 3 Höhe des Ruhegeldes

(1) Die Höhe des Ruhegeldes wird wie folgt berechnet:

a) Der Anspruch auf ein lebenslanges Ruhegeld entsteht, sobald das Anstellungsverhältnis 5 Jahre bestanden hat.

b) Das jährliche Ruhegeld beträgt ■■■% des zuletzt geltenden Jahresgehalts. Dieser Prozentsatz erhöht sich in jedem weiteren Jahr des Anstellungsverhältnisses um ■■■% bis zu einer maximalen Höhe von ■■■%.

c) Anrechenbar sind die Dienstjahre, die der Geschäftsführer bis zur Vollendung des 65. Lebensjahres ohne Unterbrechung des Anstellungsverhältnisses in den Diensten der Gesellschaft verbracht hat. Die Dienstzeit bei ■■■ gilt als anrechenbare Dienstzeit (Vordienstzeit) wie auch für die Unverfallbarkeit dem Grunde nach.

(2) Die auf volle Jahre gerundete anrechenbare Dienstzeit ergibt die ruhegeldfähigen Dienstjahre, die der Ermittlung des Ruhegeldes zugrunde zu legen sind. Bei der Rundung gilt ein angefangenes Dienstjahr als vollendet, wenn es mindestens zur Hälfte abgeleistet ist.

(3) Ruhegehaltsfähiges Einkommen ist das Festgehalt gemäß dem Dienstvertrag, das der Geschäftsführer im Durchschnitt der letzten 12 vollen Beschäftigungsmonate vor Eintritt des Versorgungsfalles bzw. vor seinem vorzeitigen Ausscheiden bezogen hat. Über das Festgehalt hinaus gewährte Zahlungen wie Gratifikationen, Jubiläumsgaben und sonstige außerordentliche Zuwendungen gehören nicht zum rentenfähigen Einkommen.

§ 4 Hinterbliebenenbezüge

(1) Verstirbt der Geschäftsführer, während er sich noch im Dienst der Gesellschaft befindet oder während er Ruhegehalt bezieht, verpflichtet sich die Gesellschaft, seiner Ehefrau auf Lebenszeit, längstens jedoch bis zu einer etwaigen Wiederverheiratung, eine Witwenrente zu zahlen. Die Witwenrente beträgt 60% des Ruhegehalts.

(2) War der Mitarbeiter bei der Eheschließung 60 oder mehr Jahre alt oder mehr als 25 Jahre älter als seine Ehefrau, wird kein Witwengeld gewährt.

(3) Witwengeld wird in gleichen monatlichen Teilbeträgen jeweils am Monatsende gezahlt, und zwar letztmalig für den Monat, in dem die Anspruchsvoraussetzungen entfallen sind. Anspruch auf Witwengeld besteht solange nicht, wie das Gehalt oder das volle Ruhegeld gezahlt werden.

§ 5 Unverfallbarkeit

Scheidet der Geschäftsführer vor Eintritt des Versorgungsfalls aus den Diensten der Gesellschaft aus, so bleibt seine Anwartschaft auf Versorgungsleistungen nach Maßgabe der entsprechenden Vorschriften des Gesetzes zur Verbesserung der betrieblichen Altersversorgung, insbesondere gemäß § 1b BetrAVG, bestehen.

§ 6 Fälligkeit und Zahlungen der Leistungen

(1) Die Renten werden nach Abzug der von der Gesellschaft einzubehaltenden Steuern 12 x im Jahr jeweils zum Ende eines Monats gezahlt. Erfüllungsort und Gerichtsstand für alle Ansprüche aus dieser Zusage ist der Sitz der Gesellschaft.

(2) Die erste Rente wird für den Monat gezahlt, der auf die Entstehung des Anspruchs folgt. Der Anspruch ruht jedoch bis zum Ende des Monats, für den die Gesellschaft noch Gehalt an den Geschäftsführer zahlt.

(3) Im Falle der Beendigung des Dienstverhältnisses gemäß § 1 Abs. 1 d) kann die Ruhegeldzahlung im gegenseitigen Einvernehmen ganz oder teilweise abgefunden werden.

§ 7 Erlöschen des Anspruchs

(1) Der Anspruch auf eine Versorgungsleistung erlischt mit dem Tode des Rentenempfängers.

(2) Stirbt der Geschäftsführer nach Eintritt des Pensionsfalles, so hat seine Witwe Anspruch auf Fortzahlung des Ruhegeldes für den Sterbemonat und die drei folgenden Monate.

Kapitel 3: Anstellungsverträge mit GmbH-Geschäftsführern und AG-Vorständen

§ 8 Anpassung laufender Leistungen

Nach Eintritt des Versorgungsfalls hat die Gesellschaft alle drei Jahre eine Anpassung der laufenden Leistungen zu prüfen und hierüber nach billigem Ermessen eine Anpassung an veränderte Umstände im Sinne des § 16 BetrAVG vorzunehmen.

§ 9 Pflichten des Versorgungsberechtigten

(1) Für die Dauer der Rentenzahlung ist der Gesellschaft die Lohnsteuerkarte des Leistungsempfängers vorzulegen. Die Gesellschaft ist über alles zu unterrichten, was für den Versorgungsanspruch oder die Höhe der Leistungen von Bedeutung ist.

(2) Schadensersatzansprüche gegen einen Dritten, der durch sein schuldhaftes Verhalten den Eintritt des Versorgungsfalles ausgelöst hat, müssen bis zur Höhe der Leistungen an die Gesellschaft abgetreten werden.

(3) Ansprüche aus dieser Versorgungszusage dürfen nicht abgetreten, verpfändet oder beliehen werden.

§ 10 Vorbehalt und Entzug der Leistungen, In-Kraft-Treten

(1) Die Gesellschaft behält sich vor, die Leistungen zu kürzen oder einzustellen, wenn die bei Erteilung der Pensionszusage maßgebenden Verhältnisse sich nachhaltig so wesentlich geändert haben, dass ihr die Aufrechterhaltung der zugesagten Leistungen auch unter objektiver Beachtung der Belange des Versorgungsberechtigten nicht mehr zugemutet werden kann.

(2) Diese Ruhegeldzusage tritt am Tage ihrer Unterzeichnung in Kraft, sie tritt an die Stelle der bisherigen Ruhegeldzusage im Vertrag mit der Gesellschaft.

9. Muster: Beschluss der Gesellschafterversammlung über die Geschäftsverteilung

Wir, die unterzeichnenden Gesellschafter der ■■■ GmbH, sind die alleinigen Gesellschafter dieser Gesellschaft. Unter Verzicht auf alle Formen und Fristen der Ankündigung und Einberufung halten wir eine außerordentliche Gesellschafterversammlung der ■■■ GmbH ab und erlassen die nachfolgende Geschäftsordnung für die Geschäftsführung der Gesellschaft, welche die vorherige Regelung gemäß Beschluss vom ■■■ aufhebt und ersetzt.

§ 1 Geschäftsführung

Die Geschäftsführung besteht aus den Geschäftsführern

Herrn/Frau ■■■

und

Herrn/Frau ■■■

§ 2 Geschäftsverteilungsplan

Die Aufgaben- und Verantwortungsbereiche beider Geschäftsführer sollen intern geteilt werden. Der nachfolgende Geschäftsverteilungsplan legt den Geschäftsbereich eines jeden Geschäftsführers fest.

Die Aufgabenverteilung ergibt sich wie folgt:

(1) Herr/Frau ■■■ ist zuständig für

- Berichtswesen gegenüber den Gesellschaftern
- Unternehmensstrategie und Unternehmensführung
- Verwaltung (Rechtswesen, Personalangelegenheiten)
- Finanzwesen und Controlling (Buchhaltung, Kostenrechnung)
- Marketing, Preisfindung
- Unterstützung, Vertrieb und Versand (Verkaufsplanung)
- Materialwirtschaft (Einkauf, Bestellwesen und Lagerverwaltung)
- Produktionsplanung und Produktionssteuerung (Organisation der Gruppenfertigung, Qualitätsmanagement)
- Produktentwicklung
- Aufrechterhaltung der gewerblichen Schutzrechte
- Investitionsplanung.

(2) Herr/Frau ▬▬▬ ist zuständig für
- Vertriebsleitung und Vertriebsplanung
- Unterstützung Marketing
- Berichtswesen gegenüber den Gesellschaftern hinsichtlich des gesamten Vertriebswesens
- Messeplanung und verantwortliche Koordination
- Vorgabe für Werbemaßnahmen
- Vorgaben für die technische Umsetzung im Bereich Großgeräte
- Unterstützung in der Materialwirtschaft
- Unterstützung in der Produktentwicklung, Unterstützung des technischen Kundendienstes und Service.

(3) In der vorbenannten Aufteilung soll die grundsätzliche Aufgabenteilung zwischen der Führung des Vertriebs und der kaufmännischen sowie der Produktentwicklungs- und Fertigungsseite zum Ausdruck kommen. Aufgaben, die nicht erwähnt sind, sollen vom jeweils Bereichsverantwortlichen wahrgenommen werden.

(4) Dieser Beschluss ist den Geschäftsführern durch Herrn/Frau ▬▬▬ zu übermitteln und bildet Anlage und Bestandteil der jeweiligen Geschäftsführerdienstverträge. Die Geschäftsführer sind hierauf hinzuweisen.

▬▬▬ (Ort, Datum, Unterschriften Gesellschafter)

461

10. Muster: Protokoll einer Gesellschafterversammlung über Abberufung und außerordentliche Kündigung des GmbH-Geschäftsführers

Niederschrift

über die außerordentliche
Gesellschafterversammlung der ▬▬▬ GmbH

vom ▬▬▬

Wir, die unterzeichnenden Gesellschafter der ▬▬▬ GmbH, sind die alleinigen Gesellschafter dieser Gesellschaft. Unter Verzicht auf alle Formen und Fristen der Ankündigung und Einberufung halten wir eine außerordentliche Gesellschafterversammlung ab. Gegenstand dieser Versammlung ist folgender Sachverhalt, der Anlass für die nachfolgende Beschlussfassung ist:

1. Am ▬▬▬ wurde festgestellt, dass der Geschäftsführer ▬▬▬.
2. Am ▬▬▬ wurde festgestellt, dass der Geschäftsführer ▬▬▬.

Die Gesellschafter sind übereinstimmend der Ansicht, dass der Geschäftsführer ▬▬▬ durch sein Verhalten seine Befugnisse als Geschäftsführer in so erheblichem Maße überschritten hat, dass nur eine fristlose Kündigung des bestehenden Dienstvertrags aus wichtigem Grunde (§ 626 BGB) in Betracht kommt. Die Gesellschafter beschließen daher einstimmig, was folgt:

1. Der Geschäftsführer ▬▬▬ wird mit unmittelbarer Wirkung als Geschäftsführer der ▬▬▬ GmbH abberufen.

2. Dem Geschäftsführer der ▬▬▬ GmbH wird aus wichtigem Grund die fristlose Kündigung des Dienstvertrages ausgesprochen und hilfsweise auch höchst vorsorglich gemäß § ▬▬▬ seines Dienstvertrages die fristgerechte Kündigung mit Wirkung zum ▬▬▬ erklärt.

3. Zum besonderen Vertreter der Gesellschaft, der die Beschlüsse zu 1. und zu 2. Herrn Geschäftsführer ▬▬▬ mitzuteilen und das schriftliche Kündigungsschreiben gemäß Ziff. 2 an Geschäftsführer mit dem Vorsitzenden der Gesellschafterversammlung zu unterzeichnen hat und etwaige Verhandlungen über die Modalitäten der Beendigung des Dienstverhältnisses zu führen hat, wird der Geschäftsführer/Gesellschafter ▬▬▬ bestellt.

▬▬▬ (Ort, Datum, Unterschriften sämtlicher Gesellschafter)

II. AG-Vorstandsverträge

1. Muster: Dienstvertrag eines Holding-Vorstands mit ausschließlich variabler Vergütung

Zwischen

der A AG ▄▄▄

und

Herrn ▄▄▄

wird folgender Dienstvertrag geschlossen.

§ 1

(1) Durch Beschluss des Aufsichtsrats der Gesellschaft (A AG) ist Herr ▄▄▄ zum ordentlichen Mitglied des Vorstands für die Zeit vom ▄▄▄ bis zum ▄▄▄ bestellt worden.[231]

(2) Herr ▄▄▄ ist in Gemeinschaft mit den anderen Vorstandsmitgliedern für die Gesamtleitung der Gesellschaft verantwortlich. Seine Rechte und Pflichten als Vorstandsmitglied ergeben sich aus dem Gesetz, der Satzung, der Geschäftsordnung einschließlich Geschäftsverteilungsplan, diesem Vertrag und den Beschlüssen des Aufsichtsrats.

(3) Herr ▄▄▄ nimmt seine Aufgaben als Vorstandsmitglied der A AG neben seiner Funktion als Vorstandsvorsitzender der B AG wahr. Seine Bestellung erfolgt im Hinblick auf seine Funktion bei der B AG. Die Regelungen dieses Dienstvertrages treten ergänzend neben die Regelungen des Dienstvertrages mit der B AG.

§ 2

(1) Herr ▄▄▄ hat die Interessen und Belange der Gesellschaft unter Beachtung größter Sorgfalt jederzeit zu wahren und zu fördern.

(2) Aufgrund seiner Stellung in der Gesellschaft übernommene Aufsichtsratsmandate, ähnliche Funktionen und Ehrenämter hat Herr ▄▄▄ bei seinem Ausscheiden der Gesellschaft zur Verfügung zu stellen. Auf ihren Wunsch hat er sich dafür einzusetzen, dass eine andere, von der Gesellschaft benannte Person an seine Stelle tritt. Zur Niederlegung eines aufgrund seiner Stellung in der Gesellschaft übernommenen Aufsichtsmandats und sonstiger Ämter (z.B. Geschäftsführung, Beirat) ist Herr ▄▄▄ jederzeit verpflichtet, wenn er durch Beschluss des Personalausschusses des Aufsichtsrats hierzu aufgefordert wird. Dabei ist jedoch auf etwaige gesetzlich oder behördlich vorgegebene Fristen Rücksicht zu nehmen. Ob es sich bei einem Aufsichtsratsmandat oder einem ähnlichen Posten um eine aufgrund der Stellung in der Gesellschaft übernommene Tätigkeit im Sinne dieser Bestimmung handelt, wird jeweils vor der Übernahme des Mandats im Einvernehmen mit dem Vorsitzenden des Aufsichtsrats festgestellt.

§ 3

(1) Herr ▄▄▄ ist verpflichtet, alle ihm durch seine Tätigkeit bei der Gesellschaft vermittelten Einblicke und Kenntnisse geheim zu halten, soweit deren Bekanntgabe für die Gesellschaft nachteilig sein könnte, es sei denn, dass im Rahmen pflichtgemäßer Tätigkeit eine Offenlegung zu erfolgen hat. Die Geheimhaltungspflicht besteht nach dem Ausscheiden aus der Gesellschaft fort.

(2) Herr ▄▄▄ ist verpflichtet, alle seine dienstliche Tätigkeit betreffenden Schriftstücke einschließlich seiner eigenen Aufzeichnungen geschäftlicher Art als anvertrautes Eigentum der Gesellschaft zu behandeln, sorgfältig unter Verschluss aufzubewahren und bei Beendigung des Dienstverhältnisses unaufgefordert vollzählig der Gesellschaft auszuhändigen.

(3) Für Veröffentlichungen, durch die die Interessen der Gesellschaft beeinträchtigt werden können, hat Herr ▄▄▄ die vorherige schriftliche Zustimmung des Vorsitzenden des Aufsichtsrats einzuholen.

§ 4

(1) Als Vergütung für seine Tätigkeit erhält Herr ▄▄▄ zusätzlich zu seinen Bezügen bei der B AG mit Wirkung ab ▄▄▄ jährlich und brutto eine Tantieme in Höhe von ▄▄▄% des Konzernjahresüberschusses der Gesellschaft zzgl. der ergebnisabhängigen Steuern. Die Tantieme ist jeweils am ersten Werktag nach dem Tag fällig, an dem die Hauptversammlung der Gesellschaft über die Verwendung des Bilanzgewinns des betreffenden Geschäftsjahres beschließt.

---

[231] Nach Ziff. 5.1.2 des Deutschen Corporate Governance Kodex soll bei einer Erstbestellung eines Vorstandsmitglieds der Zeitraum von fünf Jahren (§ 84 Abs. 1 Satz 1 und 2 AktG) nicht vorgesehen, sondern ein geringerer Zeitraum wie beispielsweise drei Jahre gewählt werden. Der Beschluss des Aufsichtsrats über die Verlängerung darf frühestens ein Jahr vor Ablauf der Amtszeit gefasst werden, § 84 Abs. 1 Satz 1 AktG. Teilweise wird es als unzulässig angesehen, wenn im Dienstvertrag dem Vorstandsmitglied ein bestimmter Geschäftsbereich zugewiesen wird (MünchHandbAktiengesellschaft/*Wiesner*, § 22 Rn 16). Je nachdem, wer die Geschäftsordnung erlassen hat, ob Vorstand oder Aufsichtsrat, bedarf die Ressortzuweisung der Zustimmung des jeweiligen Organs (*Hüffer*, § 84 AktG Rn 3).

(2) Erstreckt sich die Tätigkeit des Herrn ▬▬▬ nicht auf ein volles Geschäftsjahr, so erhält er für jeden Monat des Geschäftsjahres, in dem er für die Gesellschaft tätig war, 1/12 der Vergütung nach Abs. 1. Bei Krankheit endet der Vergütungsanspruch nach sechs Monaten ab dem ersten vollen Monat der Erkrankung. Alle übrigen Nebenansprüche wie Urlaub etc. sind im Dienstvertrag mit der B AG geregelt.

§ 5

Herr ▬▬▬ erhält Ersatz seiner Aufwendungen, die ihm in Ausübung seiner Aufgaben im Rahmen dieses Vertrages entstehen, einschließlich Reise- und Bewirtungskosten, soweit diese nicht – dem Regelfall entsprechend – von der B AG getragen werden. Übersteigen diese Aufwendungen nach den steuerlichen Vorschriften zulässige Pauschbeträge, so sind sie im Einzelnen zu belegen.

§ 6

(1) Dieser Dienstvertrag wird mit Wirkung vom ▬▬▬ geschlossen und endet am ▬▬▬.
(2) Nach Ablauf der Frist des § 6 Abs. 1 kann der Dienstvertrag in beiderseitigem Einvernehmen im Rahmen der gesetzlich zulässigen Zeitdauer fortgesetzt werden. Hierzu bedarf es eines Aufsichtsratsbeschlusses über die Verlängerung der Bestellung zum Vorstandsmitglied. Soweit im Falle der Verlängerung nicht ausdrücklich anderes vereinbart wird, gelten die bisherigen dienstvertraglichen Regelungen weiter.
(3) Sollte während der Laufzeit dieses Vertrages die Bestellung von Herrn ▬▬▬ zum Vorstandsmitglied der B AG enden, endet in jedem Falle damit auch seine Tätigkeit für die Gesellschaft, gleichgültig aus welchen Gründen die Bestellung zum Vorstandsmitglied der B AG endet. Dabei sind sich die Vertragsparteien einig, dass das Ende der Bestellung zum Vorstandsmitglied der B AG als wichtiger Grund für den Widerruf der Bestellung zum Vorstandsmitglied der A AG gilt. Im Übrigen wird Herr ▬▬▬ nach dem Ausscheiden aus dem Vorstand der B AG auf erste Anforderung des Aufsichtsrats unverzüglich die Niederlegung seines Amtes als Vorstandsmitglied der A AG erklären.
(4) Zwischen den Vertragsparteien wird vereinbart, dass eine Kündigung durch die A AG aus Anlass eines Betriebsübergangs unzulässig ist. Im Falle der Umwandlung der Gesellschaft steht Herrn ▬▬▬ ein Sonderkündigungsrecht zu, falls er in der nach der Umwandlung geschaffenen Gesellschaft nicht zum Organ bestellt werden sollte. Über das Sonderkündigungsrecht ist Herr ▬▬▬ befugt, mit einer Ankündigungsfrist von zwei Monaten aus der Gesellschaft auszuscheiden. Angesichts des in diesem Falle gesellschafterseitig veranlassten Ausscheidens erhält Herr ▬▬▬ eine Abfindung, die sich aus einer Kapitalisierung der voraussichtlichen Gesamtbezüge für die Restvertragslaufzeit und einen weiteren Betrag errechnet, der nach folgender Formel ermittelt wird: ▬▬▬.

§ 7

(1) Die Unwirksamkeit einer Vertragsbestimmung lässt die Wirksamkeit der übrigen Bestimmungen unberührt. Die Parteien sind in diesem Falle verpflichtet, die rechtsunwirksame Bestimmung durch eine rechtlich zulässige und mit den Bestimmungen dieses Vertrag in Einklang stehende Regelung zu ersetzen, die dem wirtschaftlich verfolgten Zweck der ungültigen Bestimmung am nächsten kommt.
(2) Für Rechtsstreitigkeiten im Zusammenhang mit diesem Dienstvertrag befindet sich der Gerichtsstand am Sitz der A AG.
(3) Änderungen und Ergänzungen dieses Vertrages bedürfen der Schriftform.
Dieses Exemplar ist doppelt ausgefertigt. Beide Vertragsparteien erhalten je ein unterschriebenes Exemplar.

▬▬▬ (Ort, Datum, Der Vorsitzende des Aufsichtsrats)

▬▬▬ (Ort, Datum, Mitglied des Vorstands)

2. Muster: Vorstandsvertrag mit Erläuterungstext und Geschäftsordnung im konzernverbundenen Unternehmen

Zwischen

der ▬▬▬

– nachfolgend Gesellschaft genannt –

und

Herrn ▬▬▬

wird hiermit, nachdem Herr ▬▬▬ durch Beschluss des Aufsichtsrates vom ▬▬▬ mit sofortiger Wirkung bis zum ▬▬▬ zum ordentlichen Vorstandsmitglied der Gesellschaft bestellt worden ist, folgender

Kapitel 3: Anstellungsverträge mit GmbH-Geschäftsführern und AG-Vorständen

Anstellungsvertrag

geschlossen:

§ 1 Aufgabenbereich

(1) Herr ▬▬▬ leitet gemeinsam mit den übrigen Mitgliedern des Vorstandes die ▬▬▬ Aktiengesellschaft unter Beachtung des jeweils gültigen Geschäftsverteilungsplanes für den Vorstand der Gesellschaft. Vorrangig ist er verantwortlich für ▬▬▬. Er übt seine Tätigkeit nach Maßgabe der Gesetze, der Satzung und der Geschäftsordnung aus.

(2) Dienstort ist ▬▬▬.

§ 2 Bezüge

(1) Als Vergütung für seine Tätigkeit erhält Herr ▬▬▬ ab dem ▬▬▬ ein garantiertes Jahresgrundgehalt in Höhe von ▬▬▬ EUR brutto (in Worten: ▬▬▬ Euro), das in gleichen monatlichen Teilbeträgen jeweils am Ende eines Kalendermonats fällig wird.

(2) Herr ▬▬▬ erhält außerdem eine erfolgs- und leistungsabhängige variable Vergütung (Jahresbonus).[232] Die Höhe der variablen Vergütung ist abhängig von der Erreichung der für das jeweilige Geschäftsjahr festgelegten Ziele. Die schriftliche Zielvereinbarung ist Bestandteil dieses Vertrages. Bei vollständiger Zielerreichung beträgt der Jahresbonus 50% des Jahresgrundgehaltes. Der Jahresbonus wird fällig nach der Sitzung des Aufsichtsrates, in der der Jahresabschluss genehmigt wird.

(3) Der Aufsichtsrat ist befugt, in Ansehung von Sonderleistungen des Vorstands für die Gesellschaft mit zukunftsbezogenem Nutzen einmalige Sondervergütungen mit belohnendem Charakter zuzusagen.[233]

§ 3 Fortzahlung der Bezüge bei Krankheit und Tod

(1) Im Falle einer Arbeitsunfähigkeit durch Krankheit oder Unfall erhält Herr ▬▬▬ für die Dauer von neun Monaten seine garantierten Bezüge gemäß § 2 Abs. 1 weiter, beginnend mit dem auf den Eintritt der Arbeitsunfähigkeit folgenden Kalendermonat, jedoch nicht über die Dauer des Anstellungsverhältnisses hinaus.

(2) Stirbt Herr ▬▬▬ während der Laufzeit dieses Vertrages, erhalten seine Ehefrau oder, nach deren Ableben, seine unterhaltsberechtigten Kinder die garantierten Bezüge noch für die Dauer von drei Monaten, beginnend mit dem Ablauf des Sterbemonats, weiter. Für diesen Zeitraum entfallen die Leistungen an die Hinterbliebenen aus der für Herrn ▬▬▬ bestehenden betrieblichen Altersversorgung.

§ 4 Versicherungsschutz

(1) Herr ▬▬▬ wird durch die Gesellschaft für die Dauer des Anstellungsvertrages zusätzlich gegen dienstliche und private Unfälle versichert, und zwar mit

- 255.500 EUR für den Todesfall,
- 512.000 EUR für den Invaliditätsfall.

Die Ansprüche aus der Versicherung stehen unmittelbar Herrn ▬▬▬ oder den von ihm benannten Anspruchsberechtigten zu.

(2) Darüber hinaus wird Herr ▬▬▬ durch die Gesellschaft im Rahmen der Betriebshaftpflichtversicherung gegen Schäden, die er in Ausführung seiner dienstlichen Verrichtungen für die Gesellschaft verursacht, versichert.

§ 5 Dienstwagen

Die Gesellschaft stellt Herrn ▬▬▬ für die im dienstlichen Interesse notwendigen Fahrten einen Dienstwagen zur Verfügung, der auch zu Privatfahrten genutzt werden kann. Für die Beschaffung, Ausstattung und Nutzung des Dienstwa-

---

[232] Bis zum 17.5.2002 galt bei der Regelung der Gewinnbeteiligung eines Vorstandsmitglieds § 86 AktG (BGH 10.3.2003 – II ZR 163/03, GmbHR 2003, 584). Da § 86 Abs. 1 Satz 2 AktG für Tantiemen der Vorstandsmitglieder einen Anteil am Jahresgewinn vorsah, war die Tantieme anhand des Jahresüberschusses vor Abzug der Tantieme zu ermitteln, § 86 Abs. 2 AktG. Diese Regelung wurde aufgehoben, da die Anknüpfung an den Jahresüberschuss unüblich geworden und die Regelung damit überholt war (BT-Drucks. 14/8769, S. 13). Weiterhin gilt, dass bei der Höhe der Tantieme die wirtschaftliche Lage des Unternehmens zu berücksichtigen ist, § 87 AktG. Zunehmend verbreitet ist die dividendenabhängige Tantieme (BGH 3.7.2000 – II ZR 12/99, BB 2000, 1748; *Hüffer*, § 86 AktG Rn 3). Ebenfalls können Stock Options als flexibles Anreizsystem vorgesehen werden. Verbreitet sind sog. Ermessenstantiemen, die entweder nach freiem Ermessen oder nach billigem Ermessen (§ 315 BGB) durch die Gesellschaft gewährt werden (BGH 21.4.1975 – II ZR 2/73, WM 1975, 761). Garantietantiemen sind häufig zu Beginn eines Dienstverhältnisses entweder für ein zu Beginn der Tätigkeit des Vorstands liegendes Rumpfgeschäftsjahr oder für die ersten Jahre, in denen das Unternehmen wieder in eine Gewinnzone gebracht werden soll, verbreitet. Umstritten sind Umsatztantiemen, weil sie den Blick des Vorstands nicht auf den Ertrag oder die Verzinsung des Kapitals widerspiegelnden Gewinn, sondern auf eine Kennziffer lenken, die wenig über den wirtschaftlichen Erfolg eines Unternehmens aussagt (BGH 4.10.1976 – II ZR 204/74, WM 1976, 1226).

[233] Eine solche Klausel ist angesichts des Mannesmann-Urteils des BGH (21.12.2005 – 3 StR 470/04, NJW 2006, 522) für Vorstand und Gesellschaft geboten, *Kort*, AE 2006, 106; *Peltzer*, ZIP 2006, 205; *Bauer/Arnold*, DB 2006, 546.

gens gelten die entsprechenden Richtlinien der ▄▄▄ Aktiengesellschaft. Die Versteuerung dieser Sachleistung erfolgt nach den gesetzlichen Bestimmungen.

§ 6 Kostenerstattung

(1) Bei Dienstreisen und bei der Bewirtung von Geschäftspartnern und Gästen erstattet die Gesellschaft Herrn ▄▄▄ als Vertrauensspesen die tatsächlichen Kosten, die in der notwendigen Wahrnehmung der Interessen der Gesellschaft entstehen.

(2) Für die Erstattung der Reisekosten bei Flugreisen und bei Reisen ins Ausland gelten die Reisekostenrichtlinien der Gesellschaft.

(3) Für dienstlich veranlasste Telefongespräche von seinem Privatanschluss erstattet die Gesellschaft Herrn ▄▄▄ 50% der monatlichen Gesprächsgebühren.

(4) Bei allen Kostenerstattungen sind die steuerlichen Vorschriften entsprechend zu berücksichtigen.

§ 7 Urlaub

Herr ▄▄▄ hat Anspruch auf einen jährlichen Erholungsurlaub von zweiunddreißig Arbeitstagen, der in Abstimmung mit den übrigen Vorstandsmitgliedern und mit dem Aufsichtsratsvorsitzenden zeitlich so festzulegen ist, dass die Belange der Gesellschaft nicht beeinträchtigt werden.

§ 8 Betriebliche Altersversorgung

(1) Die Gesellschaft erteilt Herrn ▄▄▄ eine Einzelzusage auf betriebliche Pensionsleistungen entsprechend einer gesonderten Vereinbarung, die Bestandteil dieses Vertrages ist.

(2) Herr ▄▄▄ wird Mitglied der ▄▄▄ Pensionskasse VVaG. Der von ihm und der Gesellschaft zu zahlende Beitrag beträgt jeweils ▄▄▄ EUR monatlich. Die Leistungen der Pensionskasse werden auf die Pension nicht angerechnet. Die Versteuerung des Anteils der Gesellschaft erfolgt unter Berücksichtigung der gesetzlichen Bestimmungen.

§ 9 Nebentätigkeit[234]

(1) Herr ▄▄▄ verpflichtet sich, seine ganze Arbeitskraft in den Dienst der Gesellschaft zu stellen. Die Übernahme oder Fortsetzung jeder Nebentätigkeit bedarf der vorherigen Zustimmung des Aufsichtsratsvorsitzenden. Das Gleiche gilt für die Beteiligung an einem anderen Unternehmen sowie für die Mitwirkung in Aufsichtsorganen anderer Unternehmen. Die Zustimmung kann erteilt werden, wenn keine Interessen der Gesellschaft entgegenstehen. Neben- und Ehrenämter, die Herr ▄▄▄ aufgrund dieses Anstellungsverhältnisses übernimmt, wird er auf Verlangen der Gesellschaft jederzeit, spätestens bei Beendigung des Anstellungsverhältnisses, niederlegen.

(2) Bei Veröffentlichungen und Vorträgen hat Herr ▄▄▄ die Belange der Gesellschaft zu berücksichtigen.

§ 10 Diensterfindungen

Für die Behandlung von Diensterfindungen finden die gesetzlichen Bestimmungen entsprechende Anwendung.

§ 11 Verschwiegenheit

(1) Herr ▄▄▄ verpflichtet sich, über alle ihm im Rahmen seiner Tätigkeit zur Kenntnis gelangenden oder ihm anvertrauten geschäftlichen und betrieblichen Angelegenheiten, insbesondere Geschäfts- und Betriebsgeheimnisse, über technische, organisatorische, wirtschaftliche und personelle Fragen Stillschweigen zu bewahren. Diese Verpflichtung erstreckt sich in zulässigem Maße auch auf die Zeit nach der Beendigung des Anstellungsverhältnisses.

(2) Bei Beendigung des Anstellungsverhältnisses verpflichtet sich Herr ▄▄▄, sämtliche in seinem Besitz befindlichen Unterlagen, die im Zusammenhang mit seiner Tätigkeit standen, an die Gesellschaft zurückzugeben.

---

[234] Nebentätigkeiten darf der Vorstand nach § 88 AktG ohne Einwilligung des Aufsichtsrats nicht im Sinne eines Handelsgewerbes oder im Geschäftszweig der Gesellschaft für eigene oder fremde Rechnung betreiben (BGH 2.4.2001 – II ZR 217/99, ZIP 2001, 958). Der Deutsche Corporate Governance Kodex empfiehlt, dieses Verbot auch auf Nebentätigkeiten auszuweiten. Aus Sicht des Vorstands ist die Beachtung von Ziff. 4.3.5 des Deutschen Corporate Governance Kodex nicht zu begrüßen. Ein weitsichtiges Vorstandsmitglied, das meist im Laufe seines Lebens schon als Unternehmensberater tätig war, sollte sich die Tätigkeit als Unternehmensberater generell genehmigen lassen. Der Vorteil einer solchen genehmigten Nebentätigkeit besteht darin, dass im Falle einer Freistellung und einer noch vorzeitigen Laufzeit des Dienstvertrages das Vorstandsmitglied die Verhandlungen über seine Abfindung (Kapitalisierung der Restvertragslaufzeit) für sich entscheiden kann, weil es über die Nebentätigkeitsgenehmigung nicht zur Untätigkeit während der Freistellung gezwungen ist und damit auch nicht „aus dem Markt gedrängt" wird. Häufig müssen Vorstandsmitglieder bei den Verhandlungen über ihre Abfindung, falls sie vorzeitig abberufen wurden, niedrigere Beträge in Kauf nehmen, weil sie andernfalls durch die Freistellung und das damit einhergehende vertragliche Wettbewerbsverbot zur Untätigkeit gezwungen sind und damit den Anschluss an den Markt verlieren. Für die Genehmigung einer solchen Nebentätigkeit ist nicht der Aufsichtsrat allein, sondern entweder der Personalausschuss, wenn ihm diese Kompetenz zugewiesen wurde, oder der Aufsichtrat zuständig (KölnerKommAktG/*Mertens*, § 88 Rn 11). Um dem Deutschen Corporate Governance Kodex (Ziff. 4.3.5) noch in etwa zu entsprechen, kann auch vereinbart werden, dass die Nebentätigkeit als Unternehmensberater nur für den Fall genehmigt wird, dass die Tätigkeit des Vorstands suspendiert ist.

Kapitel 3: Anstellungsverträge mit GmbH-Geschäftsführern und AG-Vorständen

§ 12 Vertragslaufzeit

(1) Dieser Vertrag tritt am ▬▬▬ in Kraft und endet mit Ablauf der Bestellung zum Vorstandsmitglied am ▬▬▬.

(2) Herr ▬▬▬ hat Anspruch darauf, dass ihm spätestens neun Monate vor Ablauf des Vertrages verbindlich erklärt wird, ob und unter welchen Bedingungen eine Vertragsverlängerung angeboten wird. Herr ▬▬▬ ist verpflichtet, innerhalb von vier Wochen nach dem Angebot über eine Vertragsverlängerung zu erklären, ob er es annimmt.

(3) Für jeden Monat, den die Unterrichtung gemäß Abs. 2 Satz 1 verspätet erfolgt, erhält Herr ▬▬▬, falls der Vertrag nicht verlängert wird, eine Entschädigung in Höhe des zuletzt bezogenen monatlichen Teilbetrages gemäß § 2 Abs. 1. Die Zahlung erfolgt nach Vertragsablauf monatsweise, gegebenenfalls unter Anrechnung etwaiger Versorgungsbezüge der Gesellschaft. Weitergehende Ansprüche aus Abs. 2 sind ausgeschlossen.

(4) Für eine vorzeitige Beendigung des Anstellungsverhältnisses aus wichtigem Grund gilt § 626 BGB. Die Kündigung hat schriftlich unter Angabe der Gründe zu erfolgen.

§ 13 Schlussbestimmungen

(1) Dieser Vertrag tritt an die Stelle des bisherigen Anstellungsvertrages vom ▬▬▬. Änderungen und Ergänzungen dieses Vertrages bedürfen zu ihrer Wirksamkeit der Schriftform.

(2) Im Übrigen gelten die Richtlinien zum Anstellungsvertrag eines Vorstandsmitgliedes in ihrer jeweiligen Fassung.

(3) Bestandteil dieses Vertrages sind die jeweils geltenden Insider-Regeln.

(4) Erfüllungsort ist ▬▬▬.

Erläuterungen und Regelungen zum Anstellungsvertrag für Vorstandsmitglieder

1. Rahmenbedingungen nach Gesetz und Satzung

a) Für die Bestellung und Anstellung (einschl. Abberufung) eines Vorstandsmitgliedes einer Aktiengesellschaft ist zwingend der Aufsichtsrat zuständig.

Die Bestellung zum Vorstandsmitglied kann nur auf höchstens fünf Jahre erfolgen.

Eine wiederholte Bestellung, jeweils auch für höchstens fünf Jahre, ist möglich.

Sie bedarf jedes Mal eines erneuten Aufsichtsratsbeschlusses, der frühestens ein Jahr vor Ablauf der bisherigen Amtszeit gefasst werden kann.

b) Die Bestellung zum Vorstandsmitglied und der Abschluss des Anstellungsvertrages sind zu unterscheiden.

Der Anstellungsvertrag regelt die Rechte und Pflichten des Vorstandsmitgliedes im Innenverhältnis zur Aktiengesellschaft.

Mit der Bestellung wird das Vorstandsmitglied zum gesetzlichen Vertretungsorgan der Aktiengesellschaft bestimmt.

Die Bestimmungen für die Bestellung gelten sinngemäß auch für die Dauer des Anstellungsvertrages.

Der Aufsichtsrat kann den Abschluss des Anstellungsvertrages dem Personalausschuss des Aufsichtsrates übertragen.

c) Der Aufsichtsrat kann die Bestellung eines Vorstandsmitglieds vor Ablauf der regulären Amtszeit nur aus wichtigem Grund widerrufen. Ein solcher Grund liegt beispielsweise bei grober Pflichtverletzung, Unfähigkeit zur ordnungsgemäßen Geschäftsführung und Vertrauensentzug durch die Hauptversammlung oder den Aufsichtsrat vor.

Von der Abberufung bleiben die Rechte und Pflichten aus dem Anstellungsvertrag unberührt.

d) Das Vorstandsmitglied ist als Organ der Gesellschaft nicht Arbeitnehmer.

Für ihn gelten nicht:

- Arbeitsgerichtsgesetz
- Arbeitnehmererfindungsgesetz
- Arbeitszeitordnung
- Betriebsverfassungsgesetz
- Bundesurlaubsgesetz
- Kündigungsschutzgesetz
- Mutterschutzgesetz
- SGB IX.

Der Anstellungsvertrag ist rechtlich als Dienstvertrag im Sinne der §§ 611 ff. BGB zu qualifizieren.

e) Der Vorstand kann aus einem oder mehreren Vorstandsmitgliedern bestehen. Bei einer Aktiengesellschaft mit einem Grundkapital von mehr als zwei Mio. EUR hat der Vorstand aus mindestens zwei Personen zu bestehen.

In einer mitbestimmten (MitbestG 1976) Aktiengesellschaft ist ein Arbeitsdirektor als gleichberechtigtes Mitglied des Vorstandes zu bestellen.

f) Bei einem Mehr-Personen-Vorstand erfolgt die Festlegung des Aufgabengebietes der einzelnen Vorstandsmitglieder und die Abgrenzung ihrer Tätigkeiten im Rahmen eines Geschäftsverteilungsplanes, der Bestandteil der Geschäftsordnung für den Vorstand ist.

Der Vorstand gibt sich eine Geschäftsordnung, sofern eine Geschäftsordnung vom Aufsichtsrat nicht beschlossen oder gemäß Satzung vom Aufsichtsrat nicht zu erlassen ist. Die Satzung kann Einzelfragen der Geschäftsordnung bindend regeln.

g) Der Umfang der Geschäftsführungsbefugnis wird durch die Geschäftsordnung des Vorstandes bestimmt.

Der Katalog der zustimmungspflichtigen Geschäfte umfasst diejenigen außergewöhnlichen Geschäfte und Rechtshandlungen, die im Interesse des Unternehmens der ausdrücklichen Zustimmung des Aufsichtsrates bedürfen.

h) Die Vertretungsberechtigung des Vorstandsmitgliedes im Außenverhältnis geht von der Befugnis zur Gesamtvertretung aus.

Sie ist Dritten gegenüber nicht einschränkbar.

Sind mehrere Vorstandsmitglieder bestellt, kann das einzelne Vorstandsmitglied gemäß Satzung die Gesellschaft nur mit einem weiteren Vorstandsmitglied vertreten. In begründeten Fällen kann einem Vorstandsmitglied Einzelvertretungsbefugnis erteilt werden.

i) Die Hauptversammlung ist oberstes Beschlussorgan der Aktiengesellschaft.

Der Vorstand ist verpflichtet, die vom Aufsichtsrat bzw. von der Hauptversammlung im Rahmen ihrer jeweiligen Zuständigkeit beschlossenen Maßnahmen auszuführen.

j) Die für die Vorstandsmitglieder gegebenen Vorschriften gelten auch für stellvertretende Vorstandsmitglieder.

k) Der Aufsichtsrat kann bei Bedarf einen der Vorstandsmitglieder zum Vorsitzenden des Vorstandes ernennen.

Der Vorstandsvorsitzende ist Primus inter pares. Bei Stimmengleichheit kann seine Stimme den Ausgleich geben. Eine Alleinentscheidungsbefugnis oder ein Vetorecht kann dem Vorstandsvorsitzenden nicht erteilt werden.

2. Aufgabenbereich und Tätigkeit

a) Das Vorstandsmitglied hat seine Tätigkeit mit der Sorgfalt eines ordentlichen und gewissenhaften Geschäftsleiters auszuüben.

Die Rechte und Pflichten des Vorstandsmitgliedes bestimmen sich nach Maßgabe der Satzung, der Geschäftsordnung, des Anstellungsvertrages sowie den ergänzenden gesetzlichen Vorschriften.

b) Im Rahmen seiner Berichtspflicht berichtet das Vorstandsmitglied unaufgefordert – ggf. über den Vorsitzenden des Vorstandes – dem Vorsitzenden des Aufsichtsrates der Gesellschaft.

c) Das Vorstandsmitglied erklärt sich bereit, nicht nur die ihm übertragenen Aufgaben, sondern auf Wunsch und nach vorheriger Absprache auch weitere seinen Fähigkeiten und Kenntnissen entsprechende Tätigkeiten auszuüben.

d) Eine Änderung des Aufgabenbereichs oder eine Versetzung während der Laufzeit des Anstellungsvertrages erfolgt im Einvernehmen mit dem Vorstandsmitglied.

3. Bezüge

a) Das Jahresgrundgehalt ist die für die Aufgabe und Tätigkeit festgelegte garantierte Vergütung.

Sie wird mit Vertragsabschluss festgelegt und gilt grundsätzlich für die Laufzeit des Vertrages.

Eine Anpassung des Grundgehaltes während der Vertragslaufzeit liegt im Ermessen des Personalausschusses des Aufsichtsrates. Eine Gehaltsüberprüfung kann zur Mitte der Vertragslaufzeit vorgenommen werden.

b) Die erfolgs- und leistungsabhängige variable Vergütung (Jahresbonus) ist abhängig vom Erreichen vereinbarter Ziele.

Die Vereinbarung der Ziele erfolgt in der Regel vor Beginn der Leistungsperiode bzw. des Geschäftsjahres. Sie erfolgt schriftlich und gilt als Vertragsergänzung im Sinne von § 13 des Anstellungsvertrages.

Am Ende der Leistungsperiode bzw. des Geschäftsjahres erfolgt die gemeinsam durchzuführende Ergebnisbewertung, auf deren Basis der jeweilige Zielerreichungsgrad bestimmt und dann der Jahresbonus festgelegt wird.

c) Die Bezüge werden grundsätzlich bargeldlos gezahlt. Kosten, die aufgrund der Führung eines Gehaltskontos entstehen, gehen zu Lasten des Vorstandsmitgliedes.

d) Alle Bezüge werden als Bruttobezüge gewährt.

Die Auszahlung erfolgt unter Abzug der gesetzlichen Abgaben.

e) Die Gesellschaft zahlt dem Vorstandsmitglied für seine private Zukunftssicherung einen Zuschuss in Höhe von 50 % der Lebensversicherungsprämie, jedoch nicht mehr als die Hälfte des Höchstbetrages zur gesetzlichen Angestellten-Rentenversicherung.

f) Die Gesellschaft beteiligt sich ferner an den Kosten zur privaten Krankenversicherung entsprechend den gesetzlichen Vorschriften bis zur Höhe des jeweiligen Arbeitgeberzuschusses zur Krankenversicherung, höchstens jedoch den Arbeitgeberanteil zur Pflichtkrankenkasse.

Die entsprechenden Aufwendungen sind jeweils nachzuweisen.

4. Fortzahlung der Bezüge bei Krankheit und Tod

a) Bei einer über neun Monate andauernden Arbeitsunfähigkeit kann die Gesellschaft in begründeten Fällen eine ab dem zehnten Monat zu gewährende, weitere Beihilfe festlegen.

b) Mit den im Todesfall des Vorstandsmitgliedes fortgezahlten Bezügen wird eine Minderung der auf die Angehörigen möglicherweise zukommenden finanziellen Belastungen angestrebt.

Die Zahlung erfolgt an die im Anstellungsvertrag genannten anspruchsberechtigten Angehörigen.

5. Versicherungsschutz

a) Die Versicherungsprämie für die zusätzliche Unfallversicherung wird von der Gesellschaft getragen. Sie ist als geldwerter Vorteil vom Vorstandsmitglied zu versteuern.

Dem Vorstandsmitglied bleibt es überlassen, im Rahmen einer freiwilligen Zusatzversicherung zu seinen Lasten höhere Versicherungssummen zu vereinbaren.

b) Im Versicherungsfall werden die Leistungen des Versicherers an das Vorstandsmitglied bzw. an die von ihm benannten anspruchsberechtigten Angehörigen weitergeleitet.

Die Zahlung erfolgt nur einmal und in nachstehender Reihenfolge, sofern das Vorstandsmitglied nicht Rangfolge und/oder Personen aus diesem Kreis selbst bestimmt hat:

aa) an seinen Ehegatten

bb) an sein/seine unterhaltsberechtigtes/ten Kinder

cc) an seine Eltern

dd) an andere vom Vorstandsmitglied benannte Personen.

Gibt es bei den genannten Personen bb) bis dd) mehrere Anspruchsberechtigte, wird die Versicherungssumme auf sie zu gleichen Teilen aufgeteilt.

c) Es gelten die Versicherungsbedingungen des Versicherungsvertrages.

6. Kostenerstattung

a) Umzugskosten

Die Kosten für einen dienstlich notwendigen Umzug werden bei Neueinstellung und aus Anlass einer Versetzung an einen anderen Dienstort von der Gesellschaft in angemessenem Rahmen übernommen.

Zu den im Einzelnen nachzuweisenden Kosten zählen die reinen Speditionskosten, die Kosten für Versicherung und ggf. Übersiedlung der Familie (Fahrt und Hotelkosten).

Darüber hinaus wird für sonstige, im Einzelnen nicht nachzuweisende Kosten des Umzuges eine Pauschale in Höhe von max. ■■■ EUR brutto gezahlt.

b) Trennungsentschädigung

Für die dienstlich notwendige Dauer der getrennten Haushaltsführung im Zusammenhang mit einem Umzug oder einer Versetzung, längstens für die Dauer von sechs Monaten, erhält das Vorstandsmitglied eine monatliche Trennungsentschädigung entsprechend den steuerlichen Möglichkeiten oder pauschal in Höhe von monatlich ■■■ EUR brutto.

Die Trennungsentschädigung wird zusammen mit den monatlichen Bezügen ausgezahlt.

c) Maklergebühren

Bei der Wohnungsbeschaffung ist die Gesellschaft im Rahmen ihrer Möglichkeiten behilflich.

Sofern für die Wohnungsbeschaffung ein Makler eingeschaltet werden muss, übernimmt die Gesellschaft die Maklerkosten bei Wohnungsmiete bis zu zwei Monatsmieten. Bei Haus- oder Wohnungskauf wird ein Betrag bis zu zwei Monatsmieten vergleichbarer Miethäuser bzw. Mietwohnungen unter Berücksichtigung der steuerlichen Vorschriften erstattet.

d) Telefonkosten

Anstelle der pauschalen Kostenerstattung in Höhe von 50% der monatlichen Gesprächsgebühren erstattet die Gesellschaft die monatlich nachgewiesenen Einzelkosten für dienstlich veranlasste Telefongespräche. Alle übrigen Telefonkosten hat das Vorstandsmitglied selbst zu tragen.

Die Kostenerstattung erfolgt unter Berücksichtigung der jeweils geltenden steuerlichen Vorschriften.

e) Reisekosten

Die Reise-, Übernachtungs- und Verpflegungskosten sowie die Kosten der Bewirtung von Geschäftsfreunden haben sich dem Anlass entsprechend in einem angemessenen Rahmen zu halten.

Für die Erstattung sind grundsätzlich entsprechende Belege vorzulegen, die den steuerlichen Vorschriften genügen.

Die für die Reise- und Bewirtungskosten anfallenden Steuern werden von der Gesellschaft übernommen.

7. Urlaub

Es liegt im Interesse der Gesellschaft, dass das Vorstandsmitglied den ihm im Jahr zustehenden Erholungsurlaub nimmt.

Kann das Vorstandsmitglied seinen Jahresurlaub nur teilweise nehmen, weil die Interessen der Gesellschaft entgegenstehen, ist eine Übertragung des Resturlaubs auf das folgende Kalenderjahr möglich. Der Resturlaub muss bis zum 30. Juni genommen werden, danach verfällt er ersatzlos.

Eine Urlaubsabgeltung erfolgt nicht.

8. Nebentätigkeit, Wettbewerbsverbot

a) Auf Wunsch der Gesellschaft wird das Vorstandsmitglied für andere Unternehmen, an denen Beteiligungen oder ähnliche Interessen der Gesellschaft bestehen, in im Einzelnen zu vereinbarender Weise tätig werden.

In allen anderen Fällen, insbesondere bei Unternehmensbeteiligungen und Mitwirkungen auf eigenen Wunsch ist die vorherige Zustimmung einzuholen.

Der Erwerb von Aktien und/oder Geschäftsanteilen, die keinen Einfluss auf die Organe der betreffenden Gesellschaften ermöglichen, fallen nicht unter die genannte Zustimmungspflicht.

b) Eine Wettbewerbstätigkeit während der Anstellung verbietet sich für das Vorstandsmitglied aufgrund seiner allgemeinen vertraglichen Treuepflicht.

Ein nachvertraglich wirkendes Wettbewerbsverbot wird nur dann in den Anstellungsvertrag aufgenommen, wenn eine der beiden vertragsschließenden Parteien dies ausdrücklich wünscht.

9. Vertragslaufzeit, Kündigung

a) Der Anstellungsvertrag eines Vorstandsmitgliedes wird als zeitlich befristeter Vertrag abgeschlossen.

Die Vertragslaufzeit für Vorstandsmitglieder beträgt höchstens fünf Jahre. Das Anstellungsverhältnis endet daher mit Zeitablauf.

b) Für eine vorzeitige Kündigung „aus wichtigem Grund" gelten die gesetzlichen Bestimmungen.

c) Die Gesellschaft ist berechtigt, das Vorstandsmitglied unter Weiterzahlung seiner Bezüge für den Zeitraum zwischen der Erklärung über die Nichtverlängerung bzw. Kündigung seines Vertrages und der rechtlichen Beendigung des Anstellungsvertrages jederzeit zu beurlauben.

Ein Anspruch auf Weiterbeschäftigung während dieser Zeit besteht nicht.

d) Das Vorstandsmitglied hat Anspruch auf Erteilung eines Zeugnisses.

Geschäftsordnung für den Vorstand der Gesellschaft

1. Allgemeines

1.1 Der Vorstand führt die Geschäfte der Gesellschaft nach Maßgabe der Gesetze, der Satzung und dieser Geschäftsordnung.

1.2 Die Verteilung der Geschäftsbereiche auf die einzelnen Mitglieder des Vorstands ergibt sich aus dem als Anlage beigefügten Geschäftsverteilungsplan, der Bestandteil dieser Geschäftsordnung ist.

Änderungen der Geschäftsordnung bzw. des Geschäftsverteilungsplans können jederzeit vom Aufsichtsrat vorgenommen werden.

2. Gesamt- und Einzelgeschäftsführung

2.1 Im Rahmen der Gesamtverantwortung jedes Vorstandsmitglieds für die Geschicke des Unternehmens hat jedes dem Vorstand angehörende Mitglied unter Wahrung größtmöglicher Selbständigkeit in dem ihm zugeordneten Bereich mit den übrigen Vorstandsmitgliedern kollegial zusammenzuarbeiten. Die Mitglieder des Vorstands unterrichten sich laufend über wichtige Maßnahmen in ihrem Bereich. Jedes Mitglied ist verpflichtet, bei schwerwiegenden Bedenken im Zusammenhang mit einer Angelegenheit eines anderen Bereichs eine Beschlussfassung des Vorstands herbeizuführen, wenn die Bedenken nicht durch eine Aussprache mit dem anderen Mitglied des Vorstands behoben werden können.

Bei Meinungsverschiedenheiten des Gesamtvorstands sowie darüber hinaus bei Anlässen, die von einem der Vorstandsmitglieder für wichtig gehalten werden, hat jedes Vorstandsmitglied das Recht, eine Beratung des Gesamtvorstands über diesen Gegenstand zu verlangen und, falls eine solche Beratung nicht zu einer Übereinstimmung führt, nach Unterrichtung des Vorsitzenden des Vorstands den Gegenstand an den Vorsitzenden des Aufsichtsrats heranzutragen. Der Vorsitzende des Aufsichtsrats entscheidet in diesem Fall über eine Behandlung im Aufsichtsrat und gegebenenfalls über Art und Zeitpunkt der Behandlung, falls die Angelegenheit nicht auf andere Weise geklärt werden kann.

2.2 Der gesamte Vorstand entscheidet

2.2.1 in allen Angelegenheiten, in denen nach dem Gesetz, der Satzung oder dieser Geschäftsordnung eine Beschlussfassung durch den gesamten Vorstand vorgeschrieben ist, insbesondere über

- die Aufstellung des Jahresabschlusses und den Geschäftsbericht;
- die Einberufung der Hauptversammlung und die Vorschläge zur Beschlussfassung der Hauptversammlung;
- die periodische Berichterstattung an den Aufsichtsrat, die Geschäfte, die der Zustimmung des Aufsichtsrats bedürfen;
- die Geschäfte, die der Zustimmung des Aufsichtsrats der Beteiligungsgesellschaften bedürfen;

2.2.2 in allen Angelegenheiten, die dem Vorstand durch den Vorsitzenden oder ein Mitglied zur Beschlussfassung vorgelegt werden;

2.2.3 über die Richtlinien und Planungen (strategische Planung, operative Planung, Budgetplanung);

2.2.4 über alle Angelegenheiten, die nicht durch die Geschäftsverteilung einem Geschäftsbereich zugewiesen sind;

2.2.5 einstimmig über Vorschläge an den Aufsichtsrat bezüglich Änderungen der Geschäftsordnung und des Geschäftsverteilungsplans;

2.2.6 Regelungen der Geschäftsordnung, soweit sie in die Kompetenz des Vorstands fallen.

2.3 Vorstandsbeschlüsse führt jedes Mitglied des Vorstands im Rahmen des ihm zugewiesenen Geschäftsbereichs eigenständig durch, unbeschadet der gemeinsamen Verantwortung des Gesamtvorstands für die Geschäftsführung.

2.4 Soweit Maßnahmen und Geschäfte eines Geschäftsbereichs zugleich einen oder mehrere andere Geschäftsbereiche betreffen, muss sich das Mitglied des Vorstands zuvor mit den anderen beteiligten Mitgliedern abstimmen. Wenn eine Einigung nicht zustande kommt, ist eine Beschlussfassung des Vorstands herbeizuführen.

2.5 Maßnahmen und Geschäfte eines Geschäftsbereichs, die für die Gesellschaft von außergewöhnlicher Bedeutung sind oder mit denen ein außergewöhnliches wirtschaftliches Risiko verbunden ist, bedürfen der vorherigen Zustimmung des Vorstands. Dasselbe gilt für solche Maßnahmen und Geschäfte, bei denen der Vorsitzende des Vorstands die vorherige Beschlussfassung des Vorstands verlangt.

2.6 Maßnahmen und Geschäfte der in Absatz 2.4 Satz 2 und Absatz 2.5 bezeichneten Art darf das Mitglied des Vorstands ohne vorherige Zustimmung des Vorstands oder im Fall von Absatz 2.4 ohne vorherige Abstimmung mit den anderen beteiligten Mitgliedern vornehmen, wenn dies nach seinem pflichtgemäßen Ermessen zur Vermeidung unmittelbar drohender schwerer Nachteile für die Gesellschaft erforderlich ist.

3. Vorsitzender des Vorstands

3.1 Dem Vorsitzenden obliegt die Wahrung der Interessen der Gesellschaft im faktischen Konzern der AG. Er hat dafür zu sorgen, dass die im Rahmen der einheitlichen Leitung vom Konzern verabschiedeten strategischen Planungen sowie Beschlüsse auf den Gebieten der Finanz-, Investitions-, Produktions-, Absatz- und Personalpolitik den Interessen der Gesellschaft dienen und in der Gesellschaft und ihren Beteiligungen umgesetzt werden.

3.2 Dem Vorsitzenden des Vorstands obliegt ferner die Koordination aller Geschäftsbereiche des Vorstands. Er hat auf eine einheitliche Ausrichtung der Geschäftsführung auf die durch die Beschlüsse des Vorstands festgelegten Ziele hinzuwirken sowie sicherzustellen, dass die auf der Hauptversammlung und vom Aufsichtsrat gefassten Beschlüsse ordnungsgemäß ausgeführt werden. Von den Mitgliedern des Vorstands kann er jederzeit Auskünfte über einzelne Angelegenheiten ihrer Geschäftsbereiche verlangen und bestimmen, dass er über bestimmte Arten von Geschäften im Vorhinein zu unterrichten ist.

3.3 Der Vorsitzende des Vorstands repräsentiert den Vorstand und die Gesellschaft gegenüber der Öffentlichkeit, insbesondere gegenüber Behörden, Verbänden, Wirtschaftsorganisationen und Publikationsorganen.

Er kann diese Aufgaben für bestimmte Arten von Angelegenheiten oder im Einzelfall auf ein anderes Mitglied des Vorstands übertragen.

3.4 Dem Vorsitzenden des Vorstands obliegt die Federführung im mündlichen und schriftlichen Verkehr mit dem Aufsichtsrat und dessen Mitgliedern. Er unterrichtet den Vorsitzenden des Aufsichtsrats regelmäßig über den Gang der Geschäfte und die Lage des Unternehmens.

Bei wichtigen Anlässen und bei geschäftlichen Angelegenheiten, die auf die Lage der Gesellschaft von erheblichem Einfluss sein können, hat er dem Vorsitzenden des Aufsichtsrats unverzüglich zu berichten.

3.5 Bei Verhinderung des Vorsitzenden des Vorstands nimmt der stellvertretende Vorsitzende oder ein vom Vorsitzenden zu benennendes Mitglied die Rechte und Pflichten des Vorsitzenden wahr.

4. Sitzungen und Beschlüsse

4.1 Der Vorstand beschließt in der Regel in Sitzungen, die mindestens einmal im Monat stattfinden sollen und durch den Vorsitzenden des Vorstands einberufen werden.

Jedes Mitglied kann die Einberufung einer Sitzung verlangen.

Die Einberufung soll, soweit möglich, drei Tage vor der Sitzung unter Mitteilung der Tagesordnung und der Beschlussvorlagen erfolgen.

4.2 Der Vorstand ist nur beschlussfähig, wenn die Mehrheit seiner Mitglieder anwesend ist.

4.3 Der Vorsitzende des Vorstands leitet die Sitzungen. Er bestimmt die Reihenfolge der Tagesordnung. Er ist berechtigt, die Tagesordnung abzuändern, zu ergänzen und einzelne Punkte vor der Beschlussfassung von der Tagesordnung abzusetzen, wenn er dies für eine sachgerechte Entscheidungsfindung für erforderlich hält.

4.4 Der Vorstand entscheidet durch Mehrheitsbeschluss. Bei Stimmengleichheit entscheidet die Stimme des Vorsitzenden.

Die Beschlussfassung für ein einzelnes Ressort soll in der Regel in Anwesenheit des verantwortlichen Vorstandsmitglieds erfolgen.

Bei bedeutenden Vorstandsbeschlüssen ist der Aufsichtsratsvorsitzende zu informieren.

4.5 Über die Sitzungen des Vorstands ist eine Niederschrift anzufertigen, aus der sich Ort und Tag der Sitzung, Teilnehmer, Tagesordnung und Wortlaut der Beschlüsse ergeben. Die Niederschrift wird von dem Vorsitzenden der Sitzung unterzeichnet und allen Mitgliedern des Vorstands in Abschrift übermittelt. Die Niederschrift gilt als genehmigt, wenn kein Mitglied des Vorstands in der nächsten dem Zugang der Niederschrift folgenden Sitzung widerspricht.

Entscheidungen des Vorstands, die außerhalb von Sitzungen gefasst worden sind, sind in der Niederschrift über die nächste Sitzung des Vorstands aufzunehmen.

5. Zustimmungspflichtige Geschäfte

Der Vorstand bedarf in folgenden Fällen der vorherigen Zustimmung des Aufsichtsrats:

5.1 zur Erteilung von Generalvollmachten;

5.2 zum Erwerb und zur Veräußerung von Grundstücken, wenn der Preis im Einzelfall 500.000 EUR übersteigt;

5.3 zur Errichtung und Auflösung von inländischen Zweigniederlassungen, wenn diese im Handelsregister einzutragen sind;

5.4 zur Übernahme und Veräußerung von Beteiligungen an anderen Unternehmen sowie zur Errichtung, zum Erwerb und zur Veräußerung anderer Unternehmen;

5.5 zur Ausübung von Gesellschafterrechten aus Beteiligungen bei der Beschlussfassung über Kapitalmaßnahmen, insbesondere über Kapitalerhöhungen und Kapitalherabsetzungen sowie über Unternehmensverträge;

5.6 zur Aufnahme von Anleihen;

5.7 zur Vornahme von Investitionen, die im Einzelfall 512.000 EUR überschreiten;

5.8 zum Erlass und zur Änderung einer Geschäftsordnung für den Vorstand;

5.9 zur Übernahme von Bürgschaften oder ähnlichen Haftungen zu Gunsten Dritter, ausgenommen für laufende Geschäfte von Tochtergesellschaften;

5.10 zur Einleitung von Aktivprozessen mit einem Streitwert von mehr als 255.500 EUR.

Sofern die vorherige Zustimmung des Aufsichtsrats nicht ohne Nachteil für die Gesellschaft abgewartet werden kann, ist die Einwilligung des Aufsichtsratsvorsitzenden einzuholen, der in der nächsten Sitzung die Zustimmung des Aufsichtsrats einholen wird.

Der Aufsichtsrat kann durch Beschluss die Vornahme weiterer Arten von Geschäften von seiner Zustimmung abhängig machen.

Der Aufsichtsrat kann dem Vorstand widerruflich die Einwilligung für bestimmte Arten von Geschäften auch im Voraus erteilen bzw. einen Ausschuss hierzu ermächtigen.

6. In-Kraft-Treten
Die Geschäftsordnung ist vom Aufsichtsrat in der Sitzung vom ▄▄▄ beschlossen worden und tritt mit Wirkung vom gleichen Tag in Kraft.

3. Muster: Betriebliche Altersversorgung – Pensionszusage eines Vorstands im Konzern

Die Aktiengesellschaft erteilt Herrn ▄▄▄ entsprechend § ▄▄▄ des Anstellungsvertrages vom ▄▄▄ folgende

Pensionszusage

1. Scheidet Herr ▄▄▄ nach Vollendung des 65. Lebensjahres oder wegen dauernder Dienstunfähigkeit vor diesem Zeitpunkt aus den Diensten der Gesellschaft aus, so steht ihm eine Pension zu.

Bestehen über das Vorliegen der Dienstunfähigkeit Zweifel, so kann eine Untersuchung durch einen vom Vorsitzenden des Aufsichtsrates zu benennenden Vertrauensarzt auf Kosten der Gesellschaft erfolgen. Bei Wiederherstellung der Dienstfähigkeit kann die Zahlung der Pension eingestellt werden.

Die Jahrespension beträgt bei Ausscheiden nach Vollendung des 65. Lebensjahres brutto ▄▄▄ EUR (in Worten: ▄▄▄ Euro); bei Ausscheiden wegen dauernder Dienstunfähigkeit vor diesem Zeitpunkt verringert sich der Pensionsanspruch um 1/40 für jedes volle Jahr, das zwischen dem Zeitpunkt des Ausscheidens und der Vollendung des 65. Lebensjahres liegt.

In jedem Fall beträgt sein Anspruch bei Ausscheiden aus dem Unternehmen wegen Dienstunfähigkeit brutto ▄▄▄ EUR (in Worten: ▄▄▄ Euro).

2. Die Pension wird bereits vor Vollendung des 65. Lebensjahres gezahlt, wenn Herr ▄▄▄ ein vorgezogenes Altersruhegeld aus der gesetzlichen Rentenversicherung erhält.

Herr ▄▄▄ ist verpflichtet, die Aufnahme oder Ausübung einer Beschäftigung oder Erwerbstätigkeit, die zu einem Fortfall des Altersruhegeldes aus der gesetzlichen Rentenversicherung führt bzw. führen würde, der Gesellschaft unverzüglich anzuzeigen. In diesem Fall ruht die Pension.

Die unter Punkt 1. Abs. 3 vorgesehene Kürzung findet entsprechende Anwendung.

3. Bei Ausscheiden wegen dauernder Dienstunfähigkeit vor Vollendung des 65. Lebensjahres werden etwaige anderweitige Arbeitseinkünfte bis zur Vollendung des 65. Lebensjahres zur Hälfte auf die Pension angerechnet.

4. Unverfallbare Pensionsansprüche, die Herr ▄▄▄ durch seine Tätigkeit bei vorherigen Arbeitgebern erworben hat, werden auf die Pension angerechnet. Er verpflichtet sich, diese Pensionsansprüche offen zu legen.

Die bisher im Konzern erworbenen Pensionsansprüche sind durch diese Zusage abgegolten.

5. Stirbt Herr ▄▄▄ nach seiner Versetzung in den Ruhestand, so erhält seine Ehefrau ▄▄▄, geborene ▄▄▄, 50% der Pension, die er zuletzt bezog. Stirbt er vor seiner Versetzung in den Ruhestand, so erhält Frau ▄▄▄ 50% der Pension, die Herr ▄▄▄ bezogen haben würde, wenn er im Zeitpunkt seines Todes in den Ruhestand versetzt worden wäre.

Stirbt Herr ▄▄▄ nach seiner Pensionierung, so wird die Witwenpension vom 1. des Monats an gezahlt, der dem Sterbemonat folgt.

6. Der Anspruch auf Witwenpension erlischt mit Ablauf des Monats, in dem Frau ▄▄▄ wieder heiratet.

Die Zusage der Witwenversorgung entfällt bei einer Ehescheidung.

7. Hinterlässt Herr ▄▄▄ im Todesfall außer der Witwe Kinder, so zahlt die Gesellschaft für jedes Kind bis zur Vollendung des 18. Lebensjahres – falls es noch in der Ausbildung steht, längstens bis zur Vollendung des 25. Lebensjahres – einen Ausbildungsbeitrag in Höhe von 10% der Pension, die Herr ▄▄▄ im Zeitpunkt seines Todes bezogen hat bzw. haben würde, mindestens ▄▄▄ EUR (in Worten: ▄▄▄ Euro) monatlich.

Doppelwaisen zahlt die Gesellschaft bis zur Vollendung des 18. Lebensjahres – falls sie noch in der Ausbildung stehen, längstens bis zur Vollendung des 25. Lebensjahres – einen Ausbildungsbeitrag in Höhe von jeweils 20% der Pension, die Herr ▬ im Zeitpunkt seines Todes bezogen hat bzw. haben würde, mindestens ▬ EUR (in Worten: ▬ Euro) monatlich.

8. Witwenpension und Ausbildungsbeiträge für Waisen dürfen zusammen nicht die Pension übersteigen, auf die Herr ▬ nach Vollendung seines 65. Lebensjahres einen Anspruch hat bzw. haben würde. Liegt unter Zusammenrechnung der Witwenpension und der Ausbildungsbeiträge eine Überschreitung dieses Betrages vor, so werden alle Zahlungen gleichmäßig gekürzt.

9. Die Zahlung der Pension und der Ausbildungsbeiträge erfolgt entsprechend den allgemein gültigen Zahlungsterminen der Gesellschaft.

10. Bei einer Beendigung des Dienstverhältnisses vor Erreichen des Pensionierungsalters, die nicht auf einer dauernden Dienstunfähigkeit beruht, bleibt der Pensionsanspruch entsprechend dem Gesetz zur Verbesserung der betrieblichen Altersversorgung vom 19.12.1974 bestehen.

Die Pension wird jedoch erst vom Eintritt des Versorgungsfalles an gezahlt. Die Höhe des Pensionsanspruches entspricht dem Verhältnis der Dauer seiner Betriebszugehörigkeit zum Zeitraum beginnend mit seiner Betriebszugehörigkeit bis zur Vollendung des 65. Lebensjahres. Der Höchstanspruch auf Leistungen wegen Invalidität oder Tod vor Erreichen der Altersgrenze ist jedoch nicht höher als der Betrag, den Herr ▬ oder seine Hinterbliebenen erhalten hätten, wenn im Zeitpunkt des Ausscheidens der Versorgungsfall eingetreten wäre und die sonstigen Leistungsvoraussetzungen erfüllt gewesen wären.

Tritt Herr ▬ bereits vor Vollendung des 65. Lebensjahres in den Ruhestand, ohne dass ein Versorgungsfall vorliegt, so wird außer der in Punkt 2. vorgesehenen Kürzung ein versicherungsmathematischer Abschlag berechnet und an der Pension gekürzt zum Ausgleich für die entsprechend längere Laufzeit der Pension.

Im Übrigen finden die Bestimmungen des Gesetzes zur Verbesserung der betrieblichen Altersversorgung vom 19.12.1974 sowie die Ergänzungen Anwendung.

11. Die Gesellschaft behält sich vor, die zugesagte Leistung zu kürzen oder einzustellen, wenn

a) die wirtschaftliche Lage der Gesellschaft sich nachhaltig so wesentlich verschlechtert hat, dass ihr eine Aufrechterhaltung der zugesagten Leistung nicht mehr zugemutet werden kann, oder

b) der Personenkreis, die Beiträge, die Leistungen oder das Pensionierungsalter bei der gesetzlichen Sozialversicherung oder anderen Versorgungseinrichtungen mit Rechtsanspruch sich wesentlich ändern oder

c) der Pensionsberechtigte Handlungen begeht, die gegen das Interesse der Gesellschaft oder gegen Treu und Glauben verstoßen und zu einer fristlosen Entlassung berechtigen würden.

465   **4. Muster: Vorstandsvertrag mit Pensionsvertrag**

Vorstandsvertrag

Zwischen

▬

– nachstehend „AG" genannt –

und

Herrn ▬

wird Folgendes vereinbart:

(1) Herr ▬ ist mit Wirkung vom ▬ zum Vorstandsmitglied bestellt worden.

Die Vorstandsbestellung läuft vom ▬ bis ▬.

Herr ▬ hat in Gemeinschaft mit anderen Vorstandsmitgliedern die Geschäfte der Gesellschaft nach Maßgabe der Gesetze, der Satzung und einer Geschäftsordnung zu führen. Über die Verteilung der Arbeitsgebiete sowie über den Erlass der Geschäftsordnung haben sich die Vorstandsmitglieder nach Aussprache mit dem Vorsitzenden des Aufsichtsrates untereinander zu verständigen. Im Nichteinigungsfalle erfolgen die Verteilung der Arbeitsgebiete und der Erlass der Geschäftsordnung durch den Vorsitzenden des Aufsichtsrates.

(2) Herr ▬ hat der AG sein ganzes Wissen und Können und seine volle Arbeitskraft zur Verfügung zu stellen.

Die Übernahme einer entgeltlichen oder unentgeltlichen nebenamtlichen Tätigkeit bedarf der Zustimmung des Vorsitzenden des Aufsichtsrates. Dies gilt insbesondere für die Übernahme von Aufsichtsrats- oder ähnlichen Mandaten bei nicht zum Interessenkreis der AG gehörenden Gesellschaften.

(3) Herr ▬▬▬ hat in allen Angelegenheiten der Gesellschaft Außenstehenden gegenüber strengste Verschwiegenheit zu wahren. Er ist insbesondere verpflichtet, alles, was er von der AG oder von den zu deren Interessenkreis gehörenden Gesellschaften oder Werken über deren geschäftliche Tätigkeit, über Verfahren, Apparate, Maschinen oder sonstige technische und geschäftliche Angelegenheiten kennen lernt, streng geheim zu halten, nichts darüber zu veröffentlichen und keinem Dritten gegenüber etwas mitzuteilen, weder mittelbar noch unmittelbar für sich oder Dritte davon Gebrauch zu machen, soweit sich derartige Mitteilungen nicht aus dem Geschäftsgang selbst ergeben. Diese Verpflichtung besteht auch für die Zeit nach Beendigung des Dienstvertrages.

Geschäfts- und Betriebsgeheimnisse sind solche Angelegenheiten, die ihrer Natur nach geheim zu halten sind und deren unbefugte Benutzung oder unbefugte Bekanntgabe an Dritte einen geschäftlichen Nachteil für die AG oder für in deren Interessenkreis gehörende Gesellschaften zur Folge haben kann.

(4) Macht Herr ▬▬▬ Erfindungen, so gehen die Rechte daraus jeweils sofort auf die AG über, ohne dass es eines weiteren Rechtsaktes bedarf. Herr ▬▬▬ ist verpflichtet, etwa erforderliche Formalitäten zu erfüllen, um der AG oder ihren Beauftragten das uneingeschränkte Verfügungsrecht über solche Erfindungen zu verschaffen. Das Recht, bei etwaigen Patentanmeldungen als Erfinder genannt zu werden, bleibt unberührt. Die AG kann solche Erfindungen nach freiem Ermessen verwerten, ohne dass Herrn ▬▬▬ ein Anspruch auf Vergütung zusteht. Der etwaige Anspruch auf Erfindervergütung gilt vielmehr als durch seine Bezüge (Ziffer 5) mit abgegolten.

(5) Herr ▬▬▬ erhält als Gegenleistung für die der AG gegenüber übernommenen Verpflichtungen:

a) ein festes Gehalt (Fixum) von ▬▬▬ EUR jährlich, zahlbar in monatlichen Raten jeweils am Monatsende.

Etwaige andere Bezüge, die Herr ▬▬▬ von der Gesellschaft oder von anderen Gesellschaften bezieht, welche mit der Gesellschaft durch ein Beteiligungsverhältnis oder in sonstiger Weise verbunden sind, werden auf das Fixum angerechnet.

b) eine Tantieme, welche jährlich vom Aufsichtsrat nach pflichtgemäßem Ermessen festgelegt wird und am Tage der Hauptversammlung, die über das abgelaufene Geschäftsjahr Beschluss fasst, fällig ist. Diese Tantieme ist mit 50 % der Festbezüge (Fixum) garantiert.

c) Sollte der Aufsichtsrat die Wiederbestellung des Herrn ▬▬▬ nach Ablauf von 4 Jahren nicht vornehmen, erhält dieser nach Beendigung des Bestellungszeitraumes für ein weiteres Jahr die vollen Bezüge als Abfindung, auf die eventuelle Pensionsansprüche anzurechnen sind. Diese Regelung gilt nur so lange, bis Herr ▬▬▬ das 60. Lebensjahr erreicht hat. Vor Ablauf des 4. Jahres der Bestellung soll die Frage der Wiederbestellung diskutiert werden.

d) Die Vorstandsbezüge werden vom Aufsichtsrat in der Regel alle 2 Jahre überprüft.

e) Der Aufsichtsrat ist befugt, in Ansehung von Sonderleistungen des Vorstands für die Gesellschaft mit zukunftsbezogenem Nutzen einmalige Sondervergütungen mit belohnendem Charakter zuzusagen.[235]

(6) Herr ▬▬▬ hat Anspruch auf 32 Arbeitstage Urlaub. Die Daten werden im Vorstand untereinander abgestimmt.

(7) Im Falle von Arbeitsunfähigkeit infolge eines Unfalles oder einer Erkrankung sowie im Falle eines ärztlich verordneten Kuraufenthaltes, der nicht auf den Jahresurlaub angerechnet wird, wird das volle Gehalt bis Vertragsende weitergezahlt.

(8) Hinsichtlich der Alters-, Invaliden- und Hinterbliebenenrente wird auf den Pensionsvertrag vom heutigen Tage verwiesen.

Etwaige Pensionsbezüge, die Herr ▬▬▬ von anderen Gesellschaften bezieht, welche mit der Gesellschaft durch ein Beteiligungsverhältnis oder in sonstiger Weise verbunden sind, werden auf die Pension angerechnet, falls nicht ausdrücklich unter Bezugnahme auf diese Bestimmung etwas anderes schriftlich vereinbart wird.

(9) Reisekosten werden entsprechend den jeweils geltenden Richtlinien für Dienstreisen erstattet.

(10) Bei Pensionierung aus Invaliditätsgründen – Berufsunfähigkeit – wird das Gehalt für die Dauer von 12 Monaten weitergezahlt. Erst danach werden die Pensionsbezüge fällig.

Wird der Vertrag durch Tod beendet, so erhalten nahe Angehörige (Ehegatten, Eltern, Kinder) das volle Gehalt für 6 Monate.

(11) Herr ▬▬▬ wird für die Dauer seiner Beschäftigung bei der AG in die bestehende Gruppenunfallversicherung aufgenommen. Die Deckungssummen betragen 255.500 EUR für den Todesfall und 510.000 EUR für den Invaliditätsfall.

Versicherungsschutz wird gewährt auf Unfälle sowohl innerhalb als auch außerhalb der beruflichen Tätigkeit. Der Versicherungsschutz erlischt spätestens mit Beendigung des Dienstverhältnisses bei der AG.

---

235 Diese Klausel bietet sich aus Sicht des Aufsichtsrats und des Vorstands als Folge des Mannesmann-Urteils des BGH (21.12.2005 – 3 StR 470/04, NJW 2006, 522) an.

§ 1 Verträge mit Arbeitnehmern, freien Mitarbeitern und Gesellschaftsorganen

(12) Herr ▬▬▬ hat bei seinem Ausscheiden alle noch in seinem Besitz befindlichen Drucksachen, Urkunden, Aufzeichnungen, Notizen, Entwürfe und dergleichen über Angelegenheiten der AG oder der zu ihrem Interessenkreis gehörigen Gesellschaften vollständig zu übergeben. Diese Verpflichtung bezieht sich auch auf Schriftstücke, die an ihn persönlich, jedoch in seiner Eigenschaft als Vorstandsmitglied gerichtet worden sind, und auf Durchschriften von Schriftstücken, die er persönlich, jedoch in seiner Eigenschaft als Vorstandsmitglied dritten Personen hat zugehen lassen. Ein Zurückbehaltungsrecht darf an solchen Schriftstücken nicht ausgeübt werden.

(13) Herr ▬▬▬ hat bei seinem Ausscheiden Aufsichtsrats- und ähnliche Mandate aus dem Interessenkreis der AG niederzulegen, es sei denn, der Aufsichtsrat trifft eine abweichende Regelung.

(14) Sobald Herr ▬▬▬ von der AG gemäß dem unter Ziffer 8 des Vertrages erwähnten Pensionsvertrag Pension bezieht, darf er nicht in ein Konkurrenzunternehmen eintreten oder sich anderweitig in Konkurrenz zur AG oder der zu ihrem Interessenkreis gehörenden Gesellschaften betätigen. Er darf Geschäfts- und Betriebsgeheimnisse nicht unbefugterweise Dritten zur Kenntnis bringen.

Werden die AG oder die zu ihrem Interessenkreis gehörigen Gesellschaften durch vorsätzliche Zuwiderhandlungen gegen diese Verpflichtungen empfindlich geschädigt, so kann die Pension nach dem Ermessen der AG gekürzt werden, ohne dass die Karenzverpflichtung entfällt oder weitergehende Schadensersatzansprüche ausgeschlossen sind.

Die Verpflichtungen aus Ziffer 14 können Herrn ▬▬▬ auf die Dauer von 18 Monaten auch dann auferlegt werden, wenn er noch keine Pension bezieht. Macht die AG von diesem Recht Gebrauch, so zahlt sie Herrn ▬▬▬ während dieser Zeit die vollen Bezüge (festes Gehalt und Tantiemen), wie sie im Durchschnitt in den letzten 12 Monaten vor Vertragsende ausbezahlt wurden.

Im Übrigen gelten die Bestimmungen der §§ 74 und 75 c des Handelsgesetzbuches entsprechend.

Pensionsvertrag

zwischen

▬▬▬

– nachstehend „AG" genannt –

und

Herrn ▬▬▬

§ 1

Dieser Vertrag ist Teil des am gleichen Tage abgeschlossenen Vorstandsvertrages der AG und Herrn ▬▬▬.

§ 2

1. Scheidet Herr ▬▬▬ bei der AG aus,

a) nachdem er das 63. Lebensjahr vollendet hat oder

b) weil er infolge Schwächung seiner körperlichen oder geistigen Leistungsfähigkeit zur Erfüllung seiner Dienstpflichten dauernd unfähig geworden ist oder

c) weil ihm die Firma aus wichtigem Grunde gekündigt hat, es sei denn, dass diese Kündigung der AG zu einem Widerruf der Pensionszusage berechtigte, oder

d) weil die Laufzeit der aktienrechtlichen Bestellung beendet ist und der Aufsichtsrat eine Neubestellung nicht vornimmt, obwohl Herr ▬▬▬ eine solche wünscht,

so erhält er von der AG eine lebenslängliche Pension.

2. Mit Vollendung des 60. Lebensjahres kann Herr ▬▬▬ nach einem Voravis von 12 Monaten den Eintritt in den Ruhestand verlangen. Das gleiche Recht steht dem Aufsichtsrat gegenüber Herrn ▬▬▬ zu.

§ 3

Die jährlich in monatlichen Raten zu zahlende Pension beträgt bei Vertragsbeginn 25% des jährlichen Fixums, das Herr ▬▬▬ im letzten Jahr vor der Pensionierung erhalten hat: Der Prozentsatz von 25% erhöht sich pro Dienstjahr um jeweils 3% und erreicht damit nach 15 Dienstjahren, wenn Herr ▬▬▬ das 63. Lebensjahr vollenden wird, 70% des jährlichen Fixum. Wird Herr ▬▬▬ nach Ablauf dieses Zeitpunktes für weitere Jahre vom Aufsichtsrat bestellt, erhöht sich der Prozentsatz nicht mehr.

Tritt der in § 2 Nr. 2 bezeichnete Fall dergestalt ein, dass der Aufsichtsrat trotz Bereitschaft des Herrn ▬▬▬ zur weiteren Vorstandstätigkeit seinen Eintritt in den Ruhestand verlangt, erhält Herr ▬▬▬ eine Pension von 65% des Fixums.

§ 4
Die Pensionszahlung beginnt grundsätzlich mit dem Schluss des Zeitraumes, für den Herr ▪▪▪ sein letztes Gehalt bezogen hat; im Falle von § 2 Nr. 1 c und Nr. 1 d mit Vollendung des 63. Lebensjahres.

§ 5
Stirbt Herr ▪▪▪ vor Erreichung des Pensionierungsalters, so erhält seine Witwe eine lebenslängliche Pension in Höhe von 60% desjenigen Betrages, auf den Herr ▪▪▪ Anspruch gehabt hätte, wenn er zum Zeitpunkt seines Todes pensioniert worden wäre.

Stirbt Herr ▪▪▪ nach seiner Pensionierung, so erhält seine Witwe eine lebenslängliche Pension von 60% der an Herrn ▪▪▪ zuletzt gezahlten Pension.

Die gemeinsamen ehelichen Kinder erhalten bis zur Erreichung. des 21. Lebensjahres und, soweit sie noch in der Berufsausbildung stehen, bis zum 27. Lebensjahr je 8%, und nach dem Tode der Witwe je 16% der Herrn ▪▪▪ zustehenden Pension (§ 5 Nr. 1 kommt entsprechend zur Anwendung).

Bei einer etwaigen Wiederverheiratung der Witwe entfällt die Witwenpension.

Im Falle einer Wiederverheiratung von Herrn ▪▪▪ entfällt der Anspruch auf eine Witwenpension, falls die Ehefrau 15 Jahre jünger als ihr Ehemann ist.

§ 6
Die Hinterbliebenen-Pension beginnt mit dem Schluss des Zeitraumes, für den Herr ▪▪▪ zuletzt Gehalt oder Pension bezogen hat bzw. für den Gehaltsfortzahlung gewährt wurde.

§ 7
Pensionen an die Hinterbliebenen werden nicht gezahlt, soweit diese aus einer Ehe stammen, die erst nach Eintritt des Pensionsfalles geschlossen worden ist.

Neben den Ansprüchen aus diesem Pensionsvertrag können keine Ansprüche aus der Versorgungsordnung für Angestellte an die AG gestellt werden.

Neben der Versorgung aus diesem Pensionsvertrag erhält Herr ▪▪▪ keine weiteren Pensionszahlungen von Firmen aus dem Beteiligungs- und Interessenbereich der AG.

Der unverfallbare Anteil der Altersversorgung, auf die Herr ▪▪▪ aus bisherigen Tätigkeiten Anspruch hat, wird auf die Zahlungen aus diesem Vertrag angerechnet.

§ 8
Abweichend vom Gesetz zur Verbesserung der betrieblichen Altersversorgung (Betriebsrentengesetz) gilt:

Die Pensionsanwartschaft beginnt mit dem Zustandekommen des Pensionsvertrages und bleibt fortan unbedingter unverfallbarer Anspruch.

Das Verhältnis der Betriebszugehörigkeitsdauer zum Zeitraum zwischen Einstellung und Erreichen des Pensionsalters bleibt bei der Festlegung des Pensionsanspruchs unberücksichtigt.

Bei einem vorzeitigen Ausscheiden nach „n" Jahren wird der Pensionsanspruch durch folgende Formel bestimmt:

25% + (n x 3%) = Pensionsanspruch in % der Berechnungsbasis.

5. Muster: Anstellungsvertrag eines Vorstandsvorsitzenden einer Bank mit Pensions- und Darlehensvertrag

Anstellungsvertrag

Zwischen

der ▪▪▪ AG mit Sitz in ▪▪▪,

vertreten durch ihren Aufsichtsrat,

dieser vertreten durch seinen Vorsitzenden,

– nachstehend Bank genannt –

und

Herrn ▪▪▪

– nachstehend Vorstandsmitglied genannt –

wird folgender Anstellungsvertrag geschlossen:

§ 1 Bestellung

Der Aufsichtsrat hat Herrn ▬▬▬ in seiner Sitzung am ▬▬▬ mit Wirkung vom ▬▬▬ für die Dauer von fünf Jahren zum Vorsitzenden des Vorstands der Bank im Sinne des § 84 AktG bestellt.

§ 2 Sorgfaltspflicht und Verantwortlichkeit

(1) Das Vorstandsmitglied hat seine volle Arbeitskraft in den Dienst der Bank zu stellen und die ihm obliegenden Pflichten treu und gewissenhaft zu erfüllen.

(2) Sorgfaltspflicht und Verantwortlichkeit richten sich nach den für Vorstandsmitglieder von Aktiengesellschaften geltenden Vorschriften.

§ 3 Verschwiegenheit und Vertraulichkeit

(1) Das Vorstandsmitglied verpflichtet sich zu strengster Verschwiegenheit gegenüber sämtlichen dritten Personen über alle Geschäftsvorfälle sowie über alle sonstigen, auch personellen Vorgänge in der Bank, insbesondere über die mit der Bank zusammenarbeitenden Institute und Kunden sowie alle sonstigen geschäftlichen Beziehungen der Bank, Kredite, Kreditbedingungen und Kreditverhandlungen, Ertrags- und Kostenverhältnisse der Bank etc. Die Verschwiegenheitspflicht erstreckt sich auch auf die Bedingungen dieses Vertrages. Sie gilt auch gegenüber den Beschäftigten der Bank, soweit sie aus der Natur der Sache heraus geboten ist.

(2) Dem Vorstandsmitglied ist bekannt, dass es nicht gestattet ist, irgendwelche Aktenstücke, Formulare, Schreiben oder Abschriften davon aus den Bankräumen zu entfernen, es sei denn, dass eine vorübergehende Entfernung aus dienstlichen Gründen geboten ist.

(3) Das Vorstandsmitglied verpflichtet sich hiermit auch nach Beendigung des Dienstverhältnisses zur Einhaltung der vorbezeichneten Pflichten sowie zur Wahrung der Loyalität gegenüber der Bank. Es wird alle Maßnahmen und Handlungen unterlassen, die geeignet sind oder geeignet sein können, das Ansehen oder die Geschäftstätigkeit der Bank zu schädigen, insbesondere keine Abwerbung der mit der Bank zusammenarbeitenden Institute und Kunden oder Mitarbeiter der Bank zu betreiben.

(4) Das Vorstandsmitglied verpflichtet sich, nach Beendigung des Dienstverhältnisses alle Aktenstücke, Schreiben und sonstigen Unterlagen, die die Bank betreffen und die sich in seinem Gewahrsam befinden, herauszugeben.

§ 4 Gesamtbezüge

(1) Die Bezüge des Vorstands setzen sich aus Grundgehalt und Abschlussvergütung zusammen.

(2) Das Grundgehalt beträgt ▬▬▬ EUR (in Worten: ▬▬▬ Euro) jährlich. Es ist in gleichen monatlichen Raten am 1. jeden Monats fällig.

(3) Das Vorstandsmitglied erhält vorbehaltlich der Beschlussfassung des Aufsichtsrats eine besondere Abschlussvergütung. Die Höhe wird jeweils bei Billigung des Jahresabschlusses vom Aufsichtsrat festgesetzt. Die Abschlussvergütung ist 14 Tage nach Feststellung des Jahresabschlusses fällig. Für die ersten drei Jahre des Anstellungsverhältnisses wird eine Abschlussvergütung in Höhe von mindestens jährlich ▬▬▬ EUR vereinbart.

(4) Beginnt oder endet der Anstellungsvertrag während eines laufenden Geschäftsjahres, so werden das Grundgehalt und die Abschlussvergütung anteilig gezahlt.

(5) Der Aufsichtsrat ist befugt, dem Vorstand mit Rücksicht auf Sonderleistungen von zukunftsbezogenem Nutzen einmalige Sondervergütungen mit Belohnungscharakter zuzusagen. Höhe und Anlass der Sondervergütung sind in das Ermessen des Aufsichtsrats gestellt.[236]

(6) Das Grundgehalt erhöht sich zum jeweiligen Zeitpunkt und jeweils um den Prozentsatz, um den die Tarifgehälter der höchsten Tarifgruppe des Verbandes ▬▬▬ angehoben werden.

(7) Ist das Vorstandsmitglied infolge Krankheit oder Unfall dienstunfähig, werden die Gesamtbezüge bis zur Wiederherstellung der Dienstfähigkeit, höchstens jedoch bis zum Eintritt in den Ruhestand wegen dauernder Dienstunfähigkeit oder bis zur Beendigung des Anstellungsverhältnisses weitergezahlt. Auf Veranlassung der Bank wird die Feststellung dauernder Dienstunfähigkeit durch einen ärztlichen Gutachter getroffen, auf den sich beide Seiten verständigen.

§ 5 Nebentätigkeiten und Mitteilungspflichten

(1) Das Vorstandsmitglied bedarf zur Übernahme von Nebentätigkeiten, zu denen auch die im Interesse der Bank ausgeübten Aufsichtsratsmandate und ähnliche Mandate zählen, der Zustimmung des Vorsitzenden des Aufsichtsrats.

---

[236] Die Klausel bietet sich angesichts des Urteils des BGH vom 21.12.2005 (3 StR 470/04, NJW 2006, 205) an.

Bei der Zustimmung ist im Falle von Konzernmandaten zu entscheiden, ob die Nebentätigkeitsvergütung an die Bank abzuführen ist.

(2) Das Vorstandsmitglied wird die im Interesse der Bank ausgeübten Mandate mit dem Ausscheiden aus dem Vorstand niederlegen.

§ 6 Urlaub

Der Jahresurlaub beträgt 30 Arbeitstage. Er ist mit den anderen Vorstandsmitgliedern abzustimmen und dem Vorsitzenden des Aufsichtsrats anzuzeigen. Kann der Jahresurlaub aus betrieblichen Gründen nicht im Urlaubsjahr angetreten werden, muss er spätestens im folgenden Jahr genommen werden. Urlaubsabgeltung wird nicht gewährt.

§ 7 Reisekosten

Bei Dienstreisen des Vorstandsmitglieds werden Reisekosten im Rahmen der geltenden steuerlichen Richtlinien vergütet.

§ 8 Nebenleistungen

(1) Die Bank schließt für die Dauer des Vertrages auf ihre Kosten eine Unfallversicherung ab, die das Vorstandsmitglied mit 512.000 EUR bei Invalidität und mit 255.500 EUR bei Unfalltod versichert.

(2) Zur Finanzierung eines eigengenutzten Wohnobjekts in der Nähe des Dienstortes gewährt die Bank ein Darlehen bis zu 250.000 EUR zu den Konditionen der Bank-Baufinanzierung für alle Mitarbeiter. Für den Zinssatz gilt, dass er 3%-Punkte günstiger ist als der vergleichbare Bank-Kundenzinssatz (nominal), mindestens 6% p.a. nominal. Der Auszahlungskurs beträgt 100%, die Zinsfestschreibung beträgt 10 Jahre. Die Tilgung beträgt mindestens 1% p.a. zuzüglich ersparter Zinsen. Die Rückzahlung hat in gleich bleibenden vierteljährlichen Raten mit Zins- und Tilgungsanteil und direkter Tilgungsverrechnung zu erfolgen. Die Fälligkeit besteht vierteljährlich nachträglich. Die Mitarbeiterkonditionen entfallen bei Aufgabe der Eigennutzung oder beim Ausscheiden aus der Bank oder einem Tochterunternehmen. Sie entfallen nicht bei Pensionierung oder Rentenbezug.

(3) Das Vorstandsmitglied wird darauf hingewiesen, dass die Vereinbarung in § 8 Abs. 2 des Anstellungsvertrages unter der Bedingung steht, dass die Voraussetzungen für Organkredite (§§ 16, 15 KWG) erfüllt werden.

§ 9 Dienstwagen

Dem Vorstandsmitglied steht für die Dauer seiner Vorstandstätigkeit, auch außerhalb seiner dienstlichen Tätigkeit, ein Dienstwagen mit Fahrer zur Verfügung. Das Vorstandsmitglied ist berechtigt, den Pkw uneingeschränkt zu Privatfahrten allein oder mit Fahrer zu benutzen. Der Dienstwagen soll ein repräsentatives Fahrzeug der gehobenen Klasse sein.

§ 10 Übernahme von Telefonkosten

Das Vorstandsmitglied hat Anspruch auf Ersatz der im Interesse der Bank aufgewendeten Telefonkosten. Darüber ist eine Vereinbarung mit dem Vorsitzenden des Aufsichtsrats zu treffen.

§ 11 Steuern für geldwerte Vorteile

Steuern für geldwerte Vorteile aus diesem Anstellungsvertrag trägt das Vorstandsmitglied.

§ 12 Versorgung

Das Vorstandsmitglied hat Anspruch auf Versorgung für sich und seine Hinterbliebenen nach Maßgabe der Vereinbarungen im Anhang, der Bestandteil dieses Vertrages ist.

§ 13 Geltungsdauer dieses Anstellungsvertrages

(1) Dieser Vertrag gilt für die Zeit vom ▪▪▪ bis zum ▪▪▪.

(2) Dieser Anstellungsvertrag verlängert sich nach Maßgabe der Wiederbestellung des Vorstandsmitglieds. Der Vorsitzende des Aufsichtsrats wird dem Vorstandsmitglied spätestens acht Monate vor Ablauf des Anstellungsvertrags mitteilen, ob der Anstellungsvertrag verlängert werden soll. Eine Veränderung des Anstellungsvertrags zum Nachteil des Vorstandsmitglieds scheidet im Falle einer Vertragsverlängerung aus. Bei Nichteinhaltung der Frist von acht Monaten stehen dem Vorstandsmitglied die bisherigen Bezüge bis zur Beendigung des Anstellungsvertrags zzgl. der Zeit der Verzögerung zu. Weitergehende Ansprüche wegen der verspäteten Mitteilung bestehen nicht.

§ 14 Vertragsänderung und -ergänzung

Vertragsänderungen und -ergänzungen bedürfen der Schriftform.

Anhang zum Anstellungsvertrag zwischen der Bank und Herrn ▄▄▄

§ 1

Die Bank verpflichtet sich zur Zahlung von Ruhegehalt und Hinterbliebenenversorgung nach Maßgabe der nachfolgenden Bestimmungen.

§ 2 Ruhegehaltsansprüche

(1) Der Vorstandsvorsitzende hat Anspruch auf Ruhegehalt, wenn er

a) auf eigenen Wunsch nach vorheriger sechsmonatiger Ankündigung frühestens mit Ablauf des 62. Lebensjahres oder später oder

b) wegen festgestellter dauernder Dienstunfähigkeit, wobei dauernde Dienstunfähigkeit als festgestellt gilt, wenn die Dienstunfähigkeit länger als ein Jahr andauert, oder

c) wegen Beendigung des Anstellungsverhältnisses

aus den Diensten der Bank ausscheidet.

(2) Scheidet das Vorstandsmitglied aus dem Anstellungsverhältnis aus, weil

- das Vorstandsmitglied die Verlängerung des Anstellungsvertrages nach einer oder weiteren Amtszeiten ablehnt,
- das Vorstandsmitglied oder die Bank den Anstellungsvertrag nach § 626 BGB aus wichtigem Grund kündigt,

beginnen die Ruhegehaltszahlungen mit der Vollendung des 62. Lebensjahres oder mit Eintritt dauernder Dienstunfähigkeit.

Wird der Anstellungsvertrag wegen eines Verhaltens des Vorstandsmitglieds nach § 626 BGB aus wichtigem Grund gekündigt oder deshalb nicht verlängert, entfallen die Ruhegehaltsansprüche nach den von der Rechtsprechung zum Dienstvertrag entwickelten Grundsätzen.

(3) Die Versorgungsanwartschaft besteht ab Vertragsbeginn und ist mit Beginn des Anstellungsverhältnisses unverfallbar im Sinne von § 1 Abs. 1 des Gesetzes über die betriebliche Altersversorgung. Die Zahlung von Versorgungsleistungen beginnt nach Eintritt des Versorgungsfalls, jedoch nicht vor Ablauf der Zeit, für die durch die Bank Gehalt gezahlt wird.

(4) Wird der Anstellungsvertrag unter den Voraussetzungen des Abs. 2 letzter Satz beendet, richten sich die unverfallbaren Versorgungsanwartschaften nach dem Gesetz über die betriebliche Altersversorgung. Bemessungsgrundlage der Ruhegehaltsansprüche sind für die nach § 18 Abs. 6 des Gesetzes über die betriebliche Altersversorgung einzubeziehenden Beschäftigungszeiten neben der Zeit als Vorstandsvorsitzender der Bank AG sämtliche bei einem verbundenen Arbeitgeber verbrachten Dienstzeiten. Das Ruhegehalt kann in diesem Fall mit Vollendung des 62. Lebensjahres in Anspruch genommen werden.

(5) Der Ruhegehaltsanspruch kann nach Eintritt des Versorgungsfalles bei Verletzung der Treuepflicht gekürzt oder entzogen werden.

§ 3 Höhe des Ruhegehalts

(1) Das jährliche Ruhegehalt beträgt ab Vertragsbeginn 45% des zuletzt bezogenen Grundgehalts gemäß § 4 des Anstellungsvertrags. Es erhöht sich zum Ende des ersten Vertragsjahrs um 1% sowie für alle folgenden Jahre für die Dauer der Vertragszeit ebenfalls jeweils um 1% jährlich. Am Ende der Vertragslaufzeit beträgt das jährliche Ruhegehalt 50% des zuletzt bezogenen Grundgehalts gemäß § 4 des Anstellungsvertrages. Es soll im Falle einer Verlängerung der Vertragszeit auf 50% des zuletzt bezogenen Grundgehalts nach § 4 des Anstellungsvertrages beschränkt bleiben.

(2) Das Ruhegehalt wird in gleichen monatlichen Raten am 15. jeden Monats gezahlt.

§ 4 Hinterbliebenenversorgung

(1) Im Falle des Todes des Vorstandsmitglieds wird der ruhegehaltsfähige Teil der Gesamtbezüge bzw. das Ruhegehalt für weitere 3 Monate nach Ablauf des Sterbemonats anstelle der Hinterbliebenenversorgung gezahlt.

(2) Hinterbliebenenversorgung wird ohne Rücksicht auf die Dauer der Amtszeit des Vorstandsmitglieds gewährt.

(3) Das Witwengeld beträgt 60% des Ruhegehalts. Für den Fall, dass das Vorstandsmitglied während des aktiven Dienstes verstirbt, beträgt das Witwengeld 60% des Ruhegehalts, das dem Vorstandsmitglied zugestanden hätte, wenn es zum Zeitpunkt des Todes wegen dauernder Dienstunfähigkeit ausgeschieden wäre und Ruhegehalt wegen Dienstunfähigkeit bezogen hätte. Das Witwengeld entfällt mit der Wiederverheiratung. Im Falle der Wiederverheiratung erhält die Witwe eine Abfindung in Höhe des 24-fachen des Monatswitwengeldes. Bei Auflösung der neuen Ehe lebt das Witwengeld wieder auf. Die Abfindung wird anteilig angerechnet, soweit die Zahlung des Witwengeldes vor Ablauf von 24 Monaten wieder aufgenommen wird. Die durch die neue Ehe erworbenen Versorgungsleistungen werden auf das Witwengeld angerechnet.

(4) Ist die Ehe innerhalb von zehn Jahren vor dem Ausscheiden des Vorstandsmitglieds aus dem Anstellungsverhältnis geschlossen worden, so ermäßigt sich, wenn die Ehefrau mehr als 20 Jahre jünger ist als das Vorstandsmitglied, das Witwengeld auf 50% und, wenn die Ehefrau bei dessen Ableben das 42. Lebensjahr noch nicht vollendet hat, auf 40%.

(5) Witwengeld wird nicht gewährt, wenn die Ehe erst nach dem Ausscheiden des Vorstandsmitgliedes aus dem Anstellungsverhältnis geschlossen worden ist.

(6) Ist ein Witwengeld nach Abs. 5 nicht zu gewähren, wird der Aufsichtsrat unter Berücksichtigung der Dauer der Ehe und des Altersunterschiedes der Ehepartner einen Unterhaltsbeitrag festsetzen. Für dessen Anpassung gelten die Bestimmungen des § 5 dieses Anhangs.

(7) Das Waisengeld beträgt für jede Halbwaise 10% und für jede Vollwaise 20% des Ruhegehalts. Für den Fall, dass das Vorstandsmitglied während des aktiven Dienstes verstirbt, gelten die Regelungen für das Witwengeld entsprechend. Waisen sind die Kinder des Vorstandsmitglieds. Kein Waisengeld erhalten Kinder, wenn das Kindschaftsverhältnis durch die Annahme als Kind begründet wurde und das Vorstandsmitglied in diesem Zeitpunkt das 60. Lebensjahr vollendet hatte. Das Waisengeld wird bis zur Vollendung des 18. Lebensjahres gezahlt. Es wird bis zur Vollendung des 27. Lebensjahres gewährt, solange sich das Kind in Schul- und Berufsausbildung befindet oder wegen körperlicher oder geistiger Gebrechen dauernd erwerbsunfähig ist.

(8) Waisengeld entfällt für Kinder, die aus einer Ehe nach Abs. 5 hervorgehen. In sinngemäßer Anwendung des Abs. 6 wird der Aufsichtsrat jedoch einen Unterhaltsbeitrag gewähren.

(9) Witwengeld und Waisengeld dürfen zusammen den Ruhegehaltsanspruch nicht übersteigen; sie werden ggf. im gleichen prozentualen Verhältnis gekürzt.

(10) Die Hinterbliebenenversorgung ist am 01. jeden Monats zu zahlen.

§ 5 Anpassung der Versorgungsleistungen

Ruhegehalt und Hinterbliebenenversorgung werden entsprechend der prozentualen Entwicklung der höchsten Tarifgruppe des Tarifvertrags ▬▬▬ der Banken angepasst. Damit sind zugleich etwaige gesetzliche Anpassungsansprüche erfüllt.

§ 6 Übergangsgeld

Scheidet das Vorstandsmitglied wegen Erreichens der Altersgrenze von 62 Jahren oder wegen dauernder Dienstunfähigkeit aus dem Anstellungsverhältnis aus, so wird zusätzlich zu dem Ruhegehalt ein Übergangsgeld für die ersten vierundzwanzig Monate nach dem Ausscheiden aus dem Anstellungsverhältnis gewährt. Das Übergangsgeld beträgt für die ersten zwölf Monate zwei Drittel und für die zweiten zwölf Monate ein Drittel der letzten vollen Abschlussvergütung.

6. Muster: Anstellungsvertrag eines Vorstands bei Bestellungsverlängerung mit teilthesaurierter Tantieme, Pensionsvereinbarung und vertraglicher Abfindung

Zwischen

▬▬▬

– im Folgenden „AG" genannt –

und

dem Vorstandsmitglied Herrn ▬▬▬

wird folgender Anstellungsvertrag geschlossen:

§ 1

Herr ▬▬▬ ist durch Beschluss des Aufsichtsrats am ▬▬▬ für die Zeit vom ▬▬▬ bis zum ▬▬▬ zum Vorstandsmitglied der AG bestellt worden. Durch weiteren Beschluss des Aufsichtsrates ist die Vertragslaufzeit für die Zeit vom ▬▬▬ bis zum ▬▬▬ verlängert worden. Er hat die Befugnis, die AG gemeinsam mit einem anderen Vorstandsmitglied oder gemeinsam mit einem Prokuristen zu vertreten.

Die Rechte und Pflichten des Herrn ▬▬▬ als Vorstandsmitglied der AG ergeben sich aus dem Gesetz, der Satzung, der Geschäftsordnung für den Vorstand, den Aufsichtsratsbeschlüssen und diesem Anstellungsvertrag.

Herrn ▬▬▬ obliegen insbesondere die Aufgaben, die im Sinne des Geschäftsverteilungsplanes in der Fassung vom ▬▬▬ zu seinem Geschäftsbereich gehören.

§ 2

Herr ▬▬▬ hat der AG sein ganzes Wissen und Können und seine volle Arbeitskraft zur Verfügung zu stellen.

Eine entgeltliche Nebentätigkeit und/oder Aufsichtsratsmandate darf Herr ▬▬▬ nur nach schriftlicher Einwilligung des Aufsichtsrats übernehmen oder ausüben.

§ 3

In Ergänzung der in § 88 AktG enthaltenen Bestimmungen wird vereinbart, dass Herr ▬▬▬ ohne schriftliche Einwilligung des Aufsichtsrats weder unmittelbar noch mittelbar sich finanziell an einem Unternehmen beteiligen oder durch persönliche Arbeit für ein Unternehmen tätig werden darf, das mit der AG im Wettbewerb steht und in wesentlichem Umfang Geschäftsverkehr mit der AG und deren Tochtergesellschaften unterhält.

§ 4

(1) Als Vergütung für seine Tätigkeit erhält Herr ▬▬▬ ein festes Jahresgrundgehalt in Höhe von ▬▬▬ EUR brutto.

Das Grundgehalt wird in zwölf gleichen Raten jeweils am Ende eines Kalendermonats ausgezahlt.

(2) Das Grundgehalt wird vom Aufsichtsrat jährlich überprüft. Die wirtschaftliche Entwicklung des Unternehmens, die persönliche Leistung des Herrn ▬▬▬ sowie die Steigerung der Lebenshaltungskosten sind dabei angemessen zu berücksichtigen.

(3) Außerdem erhält Herr ▬▬▬ eine jährliche erfolgsabhängige Gewinnbeteiligung (Tantieme), die ▬▬▬% des Jahresüberschusses der Gesellschaft zuzüglich 3% auf den Mehrbetrag zum Jahresüberschuss des Vorjahres beträgt.

a) Der tantiemepflichtige Jahresgewinn wird gemäß § 86 Abs. 2 AktG berechnet vom Jahresüberschuss (vor Abzug von Vorstands- und Aufsichtsratstantiemen), vermindert um einen Verlustvortrag aus dem Vorjahr und um die Beträge, die nach Gesetz oder Satzung aus dem Jahresüberschuss in Gewinnrücklagen einzustellen sind.

b) Die Gewinnbeteiligung entfällt, wenn der so errechnete Jahresüberschuss ▬▬▬% des Konzernumsatzes nicht erreicht.

c) Die Gewinnbeteiligung für das Jahr ▬▬▬ wird der Höhe nach begrenzt auf ein Jahresgrundgehalt; ab dem Jahr ▬▬▬ entfällt die Begrenzung der Tantieme.

d) 50% der Gewinnbeteiligung nach Steuern, mindestens jedoch 4 durchschnittliche Monatsgrundgehälter netto der letzten 12 Monate, werden ausgezahlt.

Der Anspruch auf die Tantieme wird am Ende des Monats, in welchem der Jahresabschluss festgestellt wird, fällig und zahlbar.

Der nicht zur Auszahlung gelangende Restbetrag wird in der AG als Darlehen auf ein Privatkonto thesauriert, das mit jeweils 2% über dem Bundesbank-Diskontsatz verzinst wird.

e) Das Privatdarlehenskonto aus Gewinnbeteiligung bzw. Tantieme ist ein Festkonto, das bei Ausscheiden durch Erreichung der Altersgrenze, Invalidität oder Tod zur Auszahlung fällig wird.

Bei einem vorzeitigen Ausscheiden aus sonstigen Gründen kann das Guthaben nach Austritt mit einer Frist von 12 Monaten gekündigt werden.

f) Die Verzinsung des Guthabens beginnt mit der Zuführung, spätestens jedoch ab 1.7. des dem Berechnungszeitraum folgenden Jahres.

Die Zinsen werden jährlich bis zum 15.1. des folgenden Jahres ausgezahlt.

(4) Ist Herr ▬▬▬ unverschuldet an der Ausübung seines Dienstes verhindert, behält er während der Verhinderung für den Kalendermonat, in dem die Verhinderung eingetreten ist, und im Anschluss daran für weitere 6 Monate seine Ansprüche auf die gemäß § 4 Abs. 1 bis 3 geschuldeten Bezüge.

(5) Im Falle des Todes des Herrn ▬▬▬ erhalten seine Hinterbliebenen (Witwe und unterhaltsberechtigte Kinder) das Grundgehalt gemäß § 4 Abs. 1 für den Todesmonat und dann noch für die Dauer von drei Monaten.

Die Tantieme ist an die Hinterbliebenen anteilig für die Zeit bis zum Ablauf des Todesmonats zu entrichten.

(6) Tritt eine so wesentliche Verschlechterung in den Verhältnissen der AG ein, dass die Weitergewährung der in § 4 Abs. 1 bis 3 aufgeführten Bezüge eine schwere Unbilligkeit für die AG bedeuten würde, so ist der Aufsichtsrat zu einer angemessenen Herabsetzung berechtigt.

Durch eine Herabsetzung wird der Anstellungsvertrag im Übrigen nicht berührt.

Im Falle der Herabsetzung kann Herr ▬▬▬ auch den Vertrag für den Schluss des nächsten Kalendervierteljahres mit einer Frist von sechs Wochen kündigen.

§ 5

(1) Die AG stellt Herrn ▬▬▬ für die Dauer des Dienstvertrages einen seiner Stellung angemessenen Pkw der Oberklasse nach seiner Wahl incl. Autotelefon als Dienstwagen zur Verfügung. Der Pkw kann zu Privatfahrten kostenlos genutzt werden.

(2) Die Versteuerung des geldwerten Vorteils für die private Nutzung übernimmt Herr ▬▬▬.

(3) Scheidet Herr ▬▬▬ als Vorstandsmitglied aus, ohne dass ihn daran ein Verschulden trifft, so ist er nach seiner Wahl berechtigt, den Dienstwagen entweder an die AG zurückzugeben oder privat zum jeweiligen Buchwert zu übernehmen.

§ 6

Herrn ▬▬▬ steht ein Urlaub von 36 Werktagen im Jahr zu. Der Antritt des Urlaubs ist im Einvernehmen mit den Vorstandsmitgliedern festzulegen und dem Vorsitzenden des Aufsichtsrats rechtzeitig mitzuteilen.

Das Urlaubsjahr ist das Kalenderjahr. Eine Abfindung von Urlaubsansprüchen in Geld ist ausgeschlossen. Die Übertragung von Urlaub auf das folgende Kalenderjahr ist nur im Einvernehmen mit dem Aufsichtsrat zulässig.

§ 7

(1) Herr ▬▬▬ ist auf Kosten der AG bei einer Versicherungsgesellschaft gegen Unfall zu versichern, und zwar:

a) für den Fall des Todes mit 178.000 EUR,
b) für den Fall der dauernden Vollinvalidität mit 358.000 EUR,
c) für den Fall der dauernden Teilinvalidität mit einem entsprechenden Prozentsatz dieser Summe,
d) für die Zeit der vorübergehenden gänzlichen Arbeitsunfähigkeit mit einem Tagegeld von 100 EUR,
e) für die Zeit der vorübergehenden teilweisen Arbeitsunfähigkeit mit einem entsprechenden Prozentsatz dieses Betrages.

(2) Die Leistungen der Unfallversicherung sind Herrn ▬▬▬ oder den aufgrund des Versicherungsverhältnisses anspruchsberechtigten Hinterbliebenen im Versicherungsfalle ungekürzt und unbeschadet aller sonstigen Ansprüche aus diesem Vertrag auszuzahlen.

(3) Scheidet Herr ▬▬▬ aus den Diensten der AG aus, so erlischt die gemäß Abs. 1 bestehende Verpflichtung der AG ohne Rücksicht auf das Erlöschen des Dienstverhältnisses mit der tatsächlichen Beendigung der Beschäftigung.

§ 8

(1) Herr ▬▬▬ ist bei der Pensionskasse der ▬▬▬ nach den „Allgemeinen Versicherungsbedingungen" und den einschlägigen „Besonderen Versicherungsbedingungen" zu versichern. Die Aufbringung der Beiträge erfolgt in betriebsüblicher Weise.

(2) Besteht keine Pflichtversicherung in der gesetzlichen Rentenversicherung, aber die Möglichkeit einer freiwilligen Weiterversicherung, so ist das Unternehmen bereit, sich an dieser Weiterversicherung mit einem Beitragsaufwand in Höhe der Hälfte des für diese Versicherung aufgewendeten jährlichen Gesamtbeitrages, höchstens jedoch der Hälfte des für eine Pflichtversicherung jeweils bestehenden Gesamtbetrages zu beteiligen.

§ 9

(1) Ein Anspruch auf Rentenzuschuss besteht gegenüber dem Unternehmen, wenn der Versorgungsfall (Abs. 2) eingetreten ist.

Der Rentenzuschuss wird gewährt, um bei Eintritt des Versorgungsfalles im Sinne des § 9 Abs. 2 möglicherweise entstehende Versorgungslücken zu schließen.

Durch den Rentenzuschuss soll im Versorgungsfalle des Herrn ▬▬▬ eine angemessene Sicherung seines aufgrund der letzten Bezüge erreichten Lebensstandards gewährleistet werden.

Der jährliche Rentenzuschuss beträgt jedoch maximal 75 % des zuletzt bezogenen Jahresgrundgehaltes.

(2) Der Versorgungsfall ist gegeben, wenn Invalidität vorliegt oder wenn das Pensionsalter (§ 14) vollendet ist. Invalidität liegt vor, wenn und solange Invaliditätsrenten aus der gesetzlichen Rentenversicherung oder der Pensionskasse gezahlt werden.

(3) Der Rentenzuschuss wird in monatlichen Teilbeträgen nachträglich gewährt. Die erste Zahlung erfolgt für den Monat, der auf den Eintritt des Versorgungsfalles folgt. Der Rentenzuschuss wird nicht geschuldet für die Zeit, in der noch Bezüge aus dem Dienstverhältnis gewährt werden.

(4) Der Anspruch auf Rentenzuschuss entfällt, wenn Umstände vorliegen, die das Unternehmen zur fristlosen Auflösung des Dienstverhältnisses berechtigen, oder solche Umstände bekannt werden, die zur fristlosen Kündigung zu einem früheren Zeitpunkt berechtigt hätten.

(5) Sind die Voraussetzungen für den Eintritt der gesetzlichen Unverfallbarkeit erfüllt, so gelten ergänzend die Bestimmungen des „Gesetzes zur Verbesserung der betrieblichen Altersversorgung" in der jeweils geltenden Fassung.

(6) Die Höhe des monatlichen Rentenzuschusses betrug am ▬▬▬ ▬▬▬ % des zu diesem Zeitpunkt maßgeblichen monatlichen Grundgehaltes. Der Prozentsatz steigt für jedes weitere von da an in dem Unternehmen einschließlich der Tochtergesellschaften des Konzerns zurückgelegte Dienstjahr um 1% bis zu einem Höchstsatz von 75%. Bei Eintritt des Versorgungsfalles bemisst sich der Rentenzuschuss dann nach dem bis zur Beendigung des Dienstverhältnisses erreichten Prozentsatz (max. 75%) des im Monat zuvor gültigen Grundgehaltes.

(7) Bei der Ermittlung der Höhe des Rentenzuschusses (§ 9 Abs. 1) werden folgende anderweitige Versorgungsleistungen angerechnet:

a) Alters- bzw. Invaliditätsrenten aus der in § 8 genannten Pensionskasse in Höhe des tatsächlich gezahlten Betrages, ab dem Tage der Zuteilung durch die Pensionskasse;

b) Alters- bzw. Invaliditätsrenten aus der gesetzlichen Rentenversicherung ab dem Zeitpunkt ihrer Zahlung in Höhe des tatsächlich zur Auszahlung gelangenden Betrages;

c) Ruhegeldleistungen, die aufgrund früherer Versorgungszusagen anderer Arbeitgeber bezogen werden.

§ 10

(1) Beim Ableben des Herrn ▬▬▬ haben die Hinterbliebenen (Witwe und unterhaltsberechtigte Kinder) Anspruch auf den Rentenzuschuss.

(2) Der Rentenzuschuss für eine Witwe wird nur geschuldet, wenn eine aus der Pensionskasse der ▬▬▬ VVaG gezahlt wird. Der Rentenzuschuss beträgt 60% des Betrages, den der Berechtigte unmittelbar vor seinem Tode als Rentenzuschuss erhalten hat bzw. erhalten hätte, wenn er zu diesem Zeitpunkt Invalide geworden wäre.

Bei Wiederverheiratung fällt der Rentenzuschuss fort. Im Übrigen gelten die in den „Allgemeinen Versicherungsbedingungen" der Pensionskasse festgelegten Bestimmungen über etwaige Kürzungen der Witwenrente im gleichen Umfange auch für den Witwenzuschuss.

(3) Rentenzuschüsse für Waisen werden nur geschuldet, wenn Waisenrenten aus der Pensionskasse gezahlt werden. Der Rentenzuschuss beträgt 1/6 des Betrages, den der Berechtigte unmittelbar vor seinem Tode als Rentenzuschuss erhalten hat bzw. erhalten hätte, wenn er zu diesem Zeitpunkt Invalide geworden wäre. Für Vollwaisen verdoppelt sich der Zuschuss. Der Rentenzuschuss ist solange zahlbar, wie die Pensionskasse Waisenrenten gewährt.

(4) Für Rentenzuschüsse an Witwen und Waisen gilt § 9 Abs. 4 entsprechend.

§ 11

(1) Ändert sich nach Eintritt des Versorgungsfalles der vom Statistischen Bundesamt festgestellte Preisindex für die Gesamtlebenshaltung eines 4-Personen-Arbeitnehmerhaushaltes (1988 = 100) gegenüber dem bei Beginn der Zuschusszahlung maßgeblichen Index um 5% oder mehr, so kann Herr ▬▬▬ die Neufestsetzung des Rentenzuschusses mit Wirkung vom nächsten des auf die Erhöhung folgenden Monats an beanspruchen.

Bei der Neufestsetzung ist der prozentuale Anstieg der Lebenshaltungskosten entsprechend zu berücksichtigen.

Sofern die Parteien keine Einigung über die Anpassung erzielen können, wird dessen Höhe durch einen Schiedsgutachter bindend festgesetzt.

(2) Wenn aufgrund der vorstehenden Vereinbarung eine Anpassung des Rentenzuschusses durchgeführt worden ist, wird die Klausel gemäß den vorstehenden Bestimmungen erneut anwendbar, sobald sich der Index gegenüber dem Stand im Zeitpunkt der vorangegangen Anpassung erneut um 5% oder mehr verändert.

(3) Der Anspruch auf Neufestsetzung gemäß § 11 Abs. 1 und 2 gilt auch für die Hinterbliebenen (§ 10).

§ 12

(1) Wird das Dienstverhältnis nach Erreichung des 55. Lebensjahres aus Gründen beendet, die das Unternehmen nicht zur fristlosen Kündigung im Sinne des § 626 BGB berechtigen, oder wird das Vertragsverhältnis nach Fristablauf nicht verlängert und war das Vorstandsmitglied in den letzten 10 Jahren ununterbrochen in der AG und/oder deren Tochtergesellschaften des Konzerns tätig, so ist ihm vom Erlöschen des Vertragsverhältnisses an bis zum Eintritt des Versorgungsfalles (§ 9 Abs. 2) oder bis zur Erlangung einer zumutbaren anderweitigen Beschäftigung, längstens jedoch auf die Dauer von 5 Jahren, ein monatlich nachträglich zu zahlendes Übergangsgeld zu gewähren.

(2) Die Höhe des Übergangsgeldes bemisst sich nach dem im Zeitpunkt der Beendigung des Dienstverhältnisses gemäß § 9 Abs. 5 erreichten Prozentsatz auf der Grundlage des in den letzten 12 Monaten vorher bezogenen durchschnittlichen Grundgehaltes.

(3) Der Anspruch auf das Übergangsgeld besteht nur, solange sich der Berechtigte nachhaltig um eine anderweitige zumutbare Beschäftigung bemüht. Als zumutbar gilt jede Beschäftigung, deren Entgelt die Höhe des Übergangsgeldes

erreicht. Sind die Voraussetzungen für einen Fortfall des Übergangsgeldes nicht gegeben, so werden Einkommen aus selbständiger und nichtselbständiger Tätigkeit auf das Übergangsgeld angerechnet.

(4) Die Zahlung des Übergangsgeldes begründet keine Verlängerung des Vertragsverhältnisses. Insbesondere sind keinerlei Ansprüche aus §§ 8, 9, 10 und 11 gegeben, soweit sich nicht aus § 13 etwas Abweichendes ergibt.

§ 13

(1) Der Vorsitzende des Aufsichtsrats hat Herrn ▄▄▄ frühestens 12 Monate vor Ablauf des Vertrages schriftlich mitzuteilen, ob der Aufsichtsrat ihn erneut zum Vorstandsmitglied bestellt oder seine Amtszeit verlängert hat.
In gleicher Weise hat Herr ▄▄▄ daraufhin unverzüglich zu erklären, ob er die erneute Bestellung oder Verlängerung der Bestellung annimmt.

(2) Abweichend von dem in § 1 genannten Zeitpunkt endet das Dienstverhältnis
a) bei Vorliegen von Gründen, die zur Kündigung auch ohne Einhaltung einer Frist berechtigen, mit dem Zugang der Kündigung,
b) bei Erreichung des 60. Lebensjahres mit Ablauf des Quartals, in dem Herr ▄▄▄ 60 Jahre alt geworden ist.

§ 14

(1) Wird Herr ▄▄▄ von seiner Vorstandstätigkeit suspendiert, ohne dass in seiner Person ein Grund gegeben ist, der eine fristlose Kündigung im Sinne des § 626 BGB durch die Gesellschaft rechtfertigen würde, so erhält er unabhängig von der Dauer seiner Tätigkeit als Vorstandsmitglied eine Abfindung in Höhe des dreifachen Jahresbetrages seiner in § 4 geregelten Gesamtbezüge.

(2) Das Gleiche gilt, wenn Herr ▄▄▄ durch fristlose Kündigung des Anstellungsvertrages oder durch vorzeitigen Widerruf seiner Bestellung von der Tätigkeit und Position als Vorstandsmitglied entbunden würde, ohne dass im Falle der Kündigung ein wichtiger Grund im Sinne des § 626 BGB bzw. im Falle des Widerrufes der Bestellung ein wichtiger Grund gemäß § 84 Abs. 3 Satz 2 AktG gegeben war.

(3) Wird der Anstellungsvertrag nach normalem Ablauf nicht verlängert, dann hat Herr ▄▄▄ Anspruch auf eine Übergangsentschädigung in Höhe eines dreifachen Jahresgrundgehaltes.

(4) Erfüllungsansprüche aus dem Anstellungsvertrag bleiben daneben unberührt.

§ 15

(1) Vereinbarungen außerhalb dieses Vertrages wurden nicht getroffen. Änderungen und Ergänzungen des Vertrages bedürfen zu ihrer Wirksamkeit der Schriftform.

(2) Sollten einzelne Bestimmungen des Vertrages unwirksam sein oder werden, so berührt dies nicht die Gültigkeit der übrigen Bestimmungen. Anstelle der unwirksamen Bestimmung oder zur Ausfüllung eventueller Lücken des Vertrages soll eine angemessene Regelung treten, die dem am nächsten kommt, was die Parteien nach ihrer wirtschaftlichen Zwecksetzung gewollt haben.

(3) Dieser Vertrag wurde doppelt ausgefertigt.

(4) Der bisherige Vertrag vom ▄▄▄ in der letzten Fassung vom ▄▄▄ verliert mit dem ▄▄▄ seine Gültigkeit.

7. Muster: Vorstandsvertrag mit zielbezogener Bonusregelung

§ 1 Bestellung zum Mitglied des Vorstandes, Vertragsdauer

(1) Der Aufsichtsrat der ▄▄▄ AG hat Herrn ▄▄▄ mit Beschluss vom ▄▄▄ mit Wirkung zum ▄▄▄ bis zum ▄▄▄ zum ordentlichen Mitglied des Vorstands der ▄▄▄ AG bestellt.

(2) Dieser Dienstvertrag tritt mit Wirkung ab dem ▄▄▄ in Kraft und ist vorbehaltlich anderweitiger Regelungen dieses Vertrages bis zum ▄▄▄ fest abgeschlossen. Die Gesellschaft und Herr ▄▄▄ verpflichten sich, spätestens 12 Monate vor Beendigung des Vertragszeitraums in Verhandlungen einzutreten, um möglichst kurzfristig eine beiderseits verbindliche Entscheidung über eine Vertragsverlängerung zu erzielen. Die Entscheidungsfreiheit des Aufsichtsrates bei seiner Beschlussfassung über die Verlängerung von Bestellung und Anstellungsvertrag bleibt unangetastet.

(3) Abweichend von § 1 Abs. 2 des Dienstvertrages steht der Gesellschaft ein Sonderkündigungsrecht unter Beachtung einer Kündigungsfrist von vier Wochen zum 15. oder zum Ende eines Kalendermonats bei erheblichen gesellschaftsrechtlichen Veränderungen zu. Als erhebliche gesellschaftsrechtliche Veränderung gilt u.a. ein unmittelbarer Wechsel des Mehrheitsanteilseigners der Gesellschaft (Change-of-Control-Klausel), die Durchführung eines Management-By-out, jegliche im Zusammenhang mit dem Wechsel eines Mehrheitsaktionärs stehende Umwandlung der ▄▄▄ gemäß dem

Umwandlungsgesetz sowie der Erwerb von mehr als 50% der Aktien der Gesellschaft durch einen Mehrheitsgesellschafter. Das Kündigungsrecht ist innerhalb von zwei Wochen nach Kenntniserlangung von Beginn der erheblichen gesellschaftsrechtlichen Veränderung (beispielsweise §§ 20 f. AktG) durch den Kündigungsberechtigten auszuüben. Zusätzlich verpflichtet sich Herr ▄▄▄, den Aufsichtsratsvorsitzenden taggleich über Veränderungen i.S.v. Abs. 3 Satz 2 schriftlich zu unterrichten.

(4) Im Falle der Ausübung des Sonderkündigungsrechts gemäß Abs. 3 durch die ▄▄▄ erhält Herr ▄▄▄ eine Abfindung in Form einer Einmalzahlung als Ausgleich für die vorzeitige Beendigung des Dienstvertrages nach Maßgabe folgender Berechnung: 8.000 EUR je Monat, der mit der Inanspruchnahme des Sonderkündigungsrechts als Vertragslaufzeit bis zum ▄▄▄ entfällt.

Die Abfindung ist mit der Beendigung des Dienstvertrages fällig. Der Abfindungsanspruch entfällt, wenn Herr ▄▄▄ im Zuge von gesellschaftsrechtlich erheblichen Veränderungen allein oder mit anderen Erwerber der ▄▄▄ AG wird, beispielsweise im Wege eines MBO, sei es unmittelbar oder mittelbar wie beispielsweise als Shareholder oder stiller Gesellschafter einer erwerbenden Gesellschaft.

§ 2 Aufgaben und Pflichten

(1) Herr ▄▄▄ führt die Geschäfte der Gesellschaft nach Maßgabe der Gesetze, der Satzung der Gesellschaft, der Geschäftsordnung für den Vorstand und dieses Dienstvertrages.[237] Er vertritt die Gesellschaft nach den Regeln der Satzung.

(2) Herr ▄▄▄ hat seine volle Arbeitskraft und alle seine fachlichen Kenntnisse und Erfahrungen in den Dienst der Gesellschaft zu stellen. Die Arbeitszeit richtet sich nach den Bedürfnissen des Unternehmens. Die Übernahme einer entgeltlichen oder unentgeltlichen Nebentätigkeit bedarf der vorherigen schriftlichen Zustimmung des Aufsichtsrates, die vom Aufsichtsrat jederzeit widerrufen werden kann. Folgende Nebentätigkeiten gelten als durch den Aufsichtsrat genehmigt: ▄▄▄

(3) Unbeschadet der Gesamtverantwortung eines jeden Vorstandsmitglieds für die gesamten Belange der Geschäftsführung der Gesellschaft ist das Vorstandsmitglied für den ihm nach dem Geschäftsverteilungsplan zugedachten Geschäftsbereich zuständig.

(4) Herr ▄▄▄ verpflichtet sich, bei Beendigung des Dienstverhältnisses Ämter und Nebenbeschäftigungen, die er ausschließlich im Interesse der Gesellschaft übernommen hat, niederzulegen.

(5) Erhält Herr ▄▄▄ aus Mandaten bei Tochter- und Beteiligungsgesellschaften der Gesellschaft und aus solchen, die er im Auftrag der Gesellschaft bei anderen Gesellschaften übernommen hat, Tantiemen oder eine sonstige Vergütung, so wird er sie an die Gesellschaft abführen.

§ 3 Bezüge

(1) Herr ▄▄▄ erhält für seine Tätigkeit ein Bruttojahresgehalt in Höhe von ▄▄▄ EUR (in Worten: ▄▄▄ Euro) in 12 monatlichen Raten à ▄▄▄ EUR (in Worten: ▄▄▄ Euro), fällig am jeweils Letzten eines Monats.

(2) Herrn ▄▄▄ wird für die Vertragslaufzeit eine Bonuszahlung im Rahmen einer Zielvereinbarung zugesagt. Folgende Teilziele werden zugrunde gelegt und in ihrer prozentualen Wertigkeit wie folgt bemessen:

- Unterschreiten der in der Finanzierungsplanung angesetzten Kosten: 10%
- Business development: 20%
- Abbau von Verlustquellen: 20%
- Verdoppelung des Finanzierungsbudgets (Bilanzvolumen aus Unternehmensentwicklung): 40%
- Organisation, Mitarbeiterführung: 10%

Bei vollständiger Zielerreichung beträgt der Bonus für den Vertragszeitraum ▄▄▄ EUR. Der Aufsichtsratsvorsitzende setzt den Bonus entsprechend dem Zielerreichungsgrad nach Anhörung von Herrn ▄▄▄ spätestens zwei Monate nach Beendigung des Dienstverhältnisses fest. Innerhalb von zwei Wochen nach dem Beschluss des Aufsichtsrats ist die Bonuszahlung fällig. Zum ▄▄▄ hat Herr ▄▄▄ Anspruch auf eine angemessene Abschlagszahlung von dem vereinbarten Bonus.

(3) Beginnt oder endet das Dienstverhältnis vor dem Ende der in § 1 Abs. 2 vereinbarten Vertragslaufzeit, werden die Leistungen gemäß Abs. 2 zeitanteilig gezahlt.

---

[237] Der Vorstand einer Aktiengesellschaft hat einen strengen Sorgfaltsmaßstab zu beachten, § 83 Abs. 1 AktG (BGH 21.4.1997 – II ZR 175/95, BB 1997, 1169). Über das KonTraG wurde in § 91 Abs. 2 AktG die Implementierung eines Finanzüberwachungssystems zur Pflicht (*Lingemann/Wasmann*, BB 1998, 853). Haftungsbeschränkungen der Vorstandsmitglieder können im Anstellungsvertrag nicht im Vorhinein wirksam vereinbart werden, § 93 Abs. 4 Satz 2 AktG. Da die Vorstandsmitglieder – anders als GmbH-Geschäftsführer – die Geschäfte in ihrem Zuständigkeitsbereich in eigener Verantwortung führen (§ 76 Abs. 1 AktG), entfällt die Ersatzpflicht auch dann nicht, wenn der Aufsichtsrat das Geschäft gebilligt hat, § 93 Abs. 4 Satz 2 AktG. Beschlüsse der Hauptversammlung können dagegen zu einer Haftungsfreistellung des Vorstands führen, § 93 Abs. 4 Satz 1 AktG.

§ 4 Nebenleistungen

(1) Die Gesellschaft stellt Herrn ▄▄▄ einen Dienstwagen zur dienstlichen und privaten Nutzung gemäß der als Anlage zu diesem Vertrag beigefügten Dienstwagenordnung für leitende Angestellte zur Verfügung. Herr ▄▄▄ hat den Wert der privaten Nutzung zusätzlich zu den Bezügen gemäß § 3 als Sachbezug zu versteuern. Im Falle der Beendigung dieses Dienstvertrages ist der Dienstwagen unverzüglich zurückzugeben. Die Gesellschaft hat das Recht, Herrn ▄▄▄ wahlweise statt der Überlassung eines Kraftwagens die Leasingraten in entsprechender Höhe gemäß Dienstwagenordnung auszubezahlen.

(2) Herrn ▄▄▄ werden Reisekosten und sonstige Aufwendungen, die er im Interesse der Gesellschaft tätigt, auf Nachweis gemäß den einschlägigen Richtlinien erstattet werden.

(3) Zusätzlich zum Gehalt gemäß § 3 erhält Herr ▄▄▄ 50% der gesetzlichen Sozialversicherungsbeiträge der höchsten Beitragsgruppe. Sofern die Gesellschaft gesetzlich verpflichtet ist, diese Beiträge an den jeweiligen Sozialversicherungsträger abzuführen, gilt die Verpflichtung nach Satz 1 mit Abführung der jeweiligen Beträge an den Sozialversicherungsträger als erfüllt. Sofern das Vorstandsmitglied anstelle der Angestelltenversicherung eine befreiende Lebensversicherung oder eine vergleichbare Versorgungssicherung hat, bezahlt die Gesellschaft die Hälfte der Beiträge zur befreienden Lebensversicherung oder der vergleichbaren Versorgungssicherung, höchstens jedoch den Betrag, den das Vorstandsmitglied nach Satz 1 erhalten würde. Die hierauf entfallende Steuer trägt die Gesellschaft.

(4) Die Gesellschaft wird Herrn ▄▄▄ für die Dauer dieses Vertrages in Höhe von 1 Mio. EUR für den Todesfall und 2 Mio. EUR für den Invaliditätsfall bei einer von der Gesellschaft auszuwählenden Versicherungsgesellschaft – eventuell im Rahmen einer Gruppenunfallversicherung – gegen Unfälle versichern. Herr ▄▄▄ hat das Recht, den Bezugsberechtigten selbst zu bestimmen. Die Versicherung ist innerhalb von drei Monaten nach Wirksamkeit dieses Vertrages abzuschließen.

(5) Die Gesellschaft schließt für das Vorstandsmitglied eine Reisegepäckversicherung über die Versicherungssumme von 10.000 EUR ab.

(6) Als gesetzlicher Vertreter der Gesellschaft ist Herr ▄▄▄ auch in seinem privaten Bereich durch die Betriebshaftpflichtversicherung der Gesellschaft mitversichert. Die Deckungssummen betragen für Personenschäden ▄▄▄ EUR und für Sach- und Vermögensschäden. Maßgebend für den Umfang des Versicherungsschutzes sind allein die jeweiligen Bedingungen der Betriebshaftpflichtversicherung.

(7) Die Gesellschaft schließt zu Gunsten von Herrn ▄▄▄ eine D&O Straf- und Vermögensschutzversicherung in üblicher und angemessener Höhe ab. Dabei wird die Höhe der gegenwärtigen Deckungssumme von ▄▄▄ Mio. EUR bei einer Jahresprämie von ▄▄▄ EUR netto nicht überschritten.

(8) Die Gesellschaft schließt zu Gunsten des Vorstandsmitglieds – oder führt eine bestehende fort – eine Direktversicherung bezogen auf die Vollendung des 65. Lebensjahrs ab. Für die Dauer des Dienstvertrages werden die jährlichen Versicherungsprämien mindestens bis zu dem jeweils geltenden steuerlichen Höchstbetrag von der Gesellschaft getragen.

§ 5 Erholungsurlaub

Herr ▄▄▄ hat Anspruch auf einen Jahresurlaub von 30 Arbeitstagen, der auch in Teilabschnitten genommen werden kann. Die Urlaubszeiten sind im Einvernehmen mit den übrigen Vorstandsmitgliedern festzulegen.

§ 6 Bezüge bei Krankheit, Unfall, Tod

(1) Bei einer vorübergehenden Arbeitsunfähigkeit, die durch Krankheit oder aus einem anderen von Herrn ▄▄▄ nicht zu vertretenden Grunde eintritt, werden die Bezüge gemäß § 3 Abs. 1 abzüglich Krankengeld für die Dauer von drei Monaten, längstens bis zum Ende des Anstellungsvertrages, weitergezahlt. Ein von der Krankenkasse gezahltes Krankengeld ist auf die Bezüge anzurechnen, soweit die Gesellschaft die Hälfte des Beitrages zu der entsprechenden Krankenversicherung bezahlt hat. Auf das Gehalt muss sich Herr ▄▄▄ Leistungen, die von Dritten aufgrund eines Verschuldens oder sonst begründeter Haftung für das die Arbeitsunfähigkeit auslösende Ereignis als Verdienstentschädigung erbracht werden, anrechnen lassen. Die Anrechnung erfolgt nur insoweit eine Verdienstentschädigung von einem Dritten tatsächlich gewährt wird.

(2) Wird Herr ▄▄▄ während der Dauer des Dienstvertrages dauernd arbeitsunfähig, so endet der Dienstvertrag mit Ablauf des dritten Monats, in dem die dauernde Arbeitsunfähigkeit festgestellt wird. Die dauernde Arbeitsunfähigkeit wird im Zweifel durch einen vom Aufsichtsrat zu bestimmenden Arzt festgestellt.

(3) Stirbt das Vorstandsmitglied während der Dauer des Dienstvertrages, so haben seine Witwe und seine ehelichen Kinder, soweit diese noch nicht das 25. Lebensjahr vollendet haben, als Gesamtgläubiger Anspruch auf unverminderte Fortzahlung der Bezüge gemäß § 3 Abs. 1 für den Sterbemonat und die drei folgenden Monate, längstens bis zu einem vom Ableben des Vorstandsmitgliedes unabhängigen Ende des Dienstvertrages.

§ 7 Geheimhaltungspflicht und Aufzeichnungen

(1) Das Vorstandsmitglied ist verpflichtet, über alle Angelegenheiten und Verhältnisse der Gesellschaft, ihrer Tochtergesellschaften und sonstiger Firmen oder Personen, mit denen die Gesellschaft wirtschaftlich oder organisatorisch verbunden ist, vor allem über Geschäfts- und Betriebsgeheimnisse Dritten gegenüber unbedingt Stillschweigen zu bewahren. Gesetzliche Mitteilungspflichten bleiben unberührt. Diese Schweigepflicht gilt auch über die etwaige Beendigung dieses Dienstvertrages hinaus.

(2) Herr ▬▬▬ wird bei seinem Ausscheiden aus dem Vorstand der Gesellschaft alle Unterlagen, Urkunden, Aufzeichnungen, Notizen, Berichte, Entwürfe oder hiervon gefertigte Durchschriften oder Kopien, die sich auf Angelegenheiten der Gesellschaft, ihrer Tochtergesellschaften oder sonstiger Unternehmen im Konzernverbund beziehen und die sich noch in seinem Besitz befinden, unaufgefordert an die Gesellschaft zurückgeben und auf Aufforderung der Gesellschaft schriftlich versichern, dass er dieser Verpflichtung vollständig nachgekommen ist. Ein Zurückbehaltungsrecht an den vorbezeichneten Gegenständen ist ausgeschlossen.

§ 8 Schlussbestimmungen

(1) Änderungen oder Ergänzungen dieses Vertrages bedürfen zu ihrer Wirksamkeit der Schriftform und ggf. eines Beschlusses des Aufsichtsrats. Mündliche Nebenabreden bestehen nicht.

(2) Sollte eine Bestimmung dieses Vertrages undurchführbar sein oder undurchführbar werden, wird die Rechtswirksamkeit der übrigen Bestimmungen dieses Vertrages nicht berührt. Die nichtige Bestimmung ist durch die gesetzlich zulässige Regelung zu ersetzen, die dem in der nichtigen Bestimmung zum Ausdruck gekommenen wirtschaftlichen Sinn und Zweck am ehesten entspricht.

8. Muster: Abberufungs- und Kündigungsbeschluss wegen eines Vorstandsmitglieds

Protokoll

über einen Beschluss des Aufsichtsrats der

▬▬▬ AG

am ▬▬▬

Ort: ▬▬▬

Der Aufsichtsrat beschließt:

1. Die Bestellung von Herrn ▬▬▬ zum Vorstandsmitglied der ▬▬▬ AG wird mit sofortiger Wirkung widerrufen.

2. Der Anstellungsvertrag zwischen Herrn ▬▬▬ und der ▬▬▬ AG wird fristlos gekündigt.

Der Aufsichtsrat behält sich vor, den Anstellungsvertrag wegen arglistiger Täuschung anzufechten.

3. Der Vorsitzende des Aufsichtsrats wird bevollmächtigt,

- die Abberufungserklärung und
- die Kündigungserklärung

gegenüber Herrn ▬▬▬ auszusprechen und Schadensersatzansprüche geltend zu machen.

Außerdem wird der Aufsichtsratsvorsitzende bevollmächtigt, alle sonstigen Abwicklungshandlungen mit Herrn ▬▬▬ vorzunehmen, wie Hausverbot auszusprechen, Herausgabe von Unterlagen und Schlüssel der Gesellschaft zu fordern, einen etwaigen Rechtsstreit zu führen.

▬▬▬ (Ort, Datum, Unterschriften sämtlicher Mitglieder des Aufsichtsrats)

9. Muster: Freistellung eines Vorstandsmitglieds

Vereinbarung

zwischen

der ▪▪▪ AG,

vertreten durch ihren Aufsichtsrat,

dieser vertreten durch den Vorsitzenden des Aufsichtsrats, Herrn ▪▪▪

– nachstehend: Gesellschaft –

und

Herrn ▪▪▪

– nachstehend: Mitglied des Vorstands –

Präambel

Die Bestellung von Herrn ▪▪▪ zum Mitglied des Vorstands der Gesellschaft ist durch Beschluss des Aufsichtsrats der Gesellschaft vom ▪▪▪ (im Einvernehmen mit Herrn ▪▪▪) zum ▪▪▪ beendet worden. Es besteht Einverständnis, dass der zwischen der Gesellschaft und dem Mitglied des Vorstands geschlossene Dienstvertrag vom ▪▪▪ bis zum ursprünglichen Vertragsende, d.h. bis zum ▪▪▪ weiterbesteht.

§ 1 Freistellung

Das Mitglied des Vorstands wird mit Wirkung vom ▪▪▪ bis zum Beendigungszeitpunkt des Anstellungsvertrages unter Fortzahlung seiner vertragsgemäßen Bezüge unwiderruflich freigestellt. Durch die Freistellung sind sämtliche Urlaubsansprüche abgegolten. In der Zeit der Freistellung sind die dem Mitglied des Vorstands vertraglich vereinbarten Bezüge (Grundvergütung, Tantieme, ▪▪▪) ungeschmälert fortzuzahlen.

§ 2 Anderweitige Tätigkeit

Das Mitglied des Vorstands ist bis zur Beendigung des Anstellungsvertrages in der Verwertung seiner Arbeitskraft frei. Die Beteiligung an einem oder Tätigkeit für ein Konkurrenzunternehmen ist jedoch unverändert ausgeschlossen. Während der Zeit der Freistellung findet § 615 Satz 2 BGB Anwendung. Einkommen aus einer anderweitigen Tätigkeit, freiberuflich oder im Rahmen eines Anstellungsvertrages, ist anzurechnen. Die Anrechnung erfolgt jedoch nur im Umfang von ▪▪▪ % des anderweitigen Einkommens.

§ 3 Sonstige Leistungen

Die sonstigen Leistungen nach dem Dienstvertrag vom ▪▪▪, insbesondere Dienstwagen ▪▪▪, bleiben bis zur Beendigung des Dienstvertrages dem Mitglied des Vorstands erhalten.

§ 2 Zusatzvereinbarungen zu Arbeits- und Anstellungsverträgen

Kapitel 1: Nachvertragliche Wettbewerbsverbote

Literatur

Bauer, Wettbewerbsverbote und Kündigung von Arbeitsverhältnissen, DB 1979, 500; *Bauer/Diller*, Indirekte Wettbewerbsverbote, DB 1995, 426; *dies.*, Karenzentschädigung und bedingte Wettbewerbsverbote bei Organmitgliedern, BB 1995, 1134; *dies.*, Wechselwirkungen zwischen Wettbewerbstätigkeit, Ruhestand und betrieblicher Altersversorgung, BB 1997, 990; *dies.*, Zulässige und unzulässige Bedingungen in Wettbewerbsverboten, DB 1997, 94; *dies.*, Wettbewerbsverbote, 4. Aufl. 2006; *Bauer/Hahn*, Anrechnung und Erstattung von Arbeitslosengeld bei nachvertraglichem Wettbewerbsverbot, DB 1991, 2591; *Baumbach/Hopt*, HGB, 32. Aufl. 2006; *Bengelsdorf*, Das örtlich zuständige Gericht bei Streitigkeiten aus einem nachvertraglichen Wettbewerbsverbot, DB 1992, 1340; *Bredow, Fenimore Freiherr von*, Wettbewerbsverbot: Treue gegen Bares, Personal 2/2004, 58; *Buchner*, Wettbewerbsverbote während und nach Beendigung des Arbeitsverhältnisses, 2. Aufl. 1999; *Dahns/Detlefsen*, Berufsrechtliche Aspekte bei der Beendigung der Zusammenarbeit von Steuerberatern, DStR 2006, 1574; *Diller*, Nachvertragliche Wettbewerbsverbote und AGB-Recht, NZA 2005, 250; *Diller/Dannecker*, Erstattungspflicht für Arbeitslosengeld bei Wettbewerbsverbot verfassungswidrig – Rückzahlungsanspruch auch in Altfällen?, NJW 1999, 897; *Dombrowski/Zettelmeier*, Die Wertermittlung der Nutzungsvorteile von Firmenwagen im Rahmen der Karenzentschädigung nach § 74 II HGB, NZA 1995, 155; *Düwell*, Das nachvertragliche Wettbewerbsverbot in der Gewerbeordnung, DB 2002, 2270; *Ebert*, Nachvertragliches Wettbewerbsverbot – Berechnung der Karenzentschädigung, FA 1999, 346; *Edenfeld*, Nachvertragliche Wettbewerbsverbote im Europäischem Vergleich, ZfA 2004, 463; *Gaul*, Neues zum nachvertraglichen Wettbewerbsverbot, DB 1995, 874; *Gaul/Khanian*, Zulässigkeit und Grenzen arbeitsrechtlicher Regelungen zu Wettbewerbsverboten, MDR 2006, 181; *Grüll/Janert*, Die Konkurrenzklausel, 5. Aufl. 1996; *Grunsky*, Das nachvertragliche Wettbewerbsverbot (§§ 74 ff. HGB) als gegenseitiger Vertrag, FS Söllner, 1990, S. 41; *ders.*, Voraussetzungen einer Entschädigungszusage nach § 74 Abs. 2 HGB, NZA 1988, 713; *Gutbrod*, Zulässigkeit des nachvertraglichen Wettbewerbsverbotes ohne Karenzentschädigung, DB 1990, 1806; *Hörl*, Geheimhaltung, Kundenschutz und Wettbewerbsverbot beim Einsatz freier Mitarbeiter, ITRB 1993, 182; *Jaeger*, Der Anstellungsvertrag des GmbH-Geschäftsführers, 4. Aufl. 2000; *Kempen/Kreuder*, Nebentätigkeit und arbeitsrechtliches Wettbewerbsverbot bei verkürzter Arbeitszeit, AuR 1994, 214; *Koch*, Das nachvertragliche Wettbewerbsverbot im einseitig vorformulierten Arbeitsvertrag, RdA 2006, 28; *Mayer*, Das nachvertragliche Wettbewerbsverbot, AiB 2005, 652; *Meier-Rudolph*, Nachvertragliches Wettbewerbsverbot mit GmbH-Geschäftsführern, sj 2006, 41; *Reinfeld*, Das nachvertragliche Konkurrenzverbot, AuA 1993, 142; *Reufels*, Grenzüberschreitende nachvertragliche Wettbewerbsverbote – Vereinbarkeit mit der Arbeitnehmerfreizügigkeit, ArbRB 2003, 313; *Röhsler/Borrmann*, Wettbewerbsbeschränkungen, 1981; *Schirner*, Das Wettbewerbsverbot und seine Tücken, AuA 2005, 652; *Thomas/Weidmann*, Wirksamkeit nachvertraglicher Wettbewerbsverbote in Fällen mit Auslandsbezug, DB 2004, 2694; *Thüsing*, Nachorganschaftliche Wettbewerbsverbote bei Vorständen und Geschäftsführer, NZG 2004, 9; *Wiesbrock/Wübbelsmann*, Wettbewerbsverbote in Unternehmenskaufverträgen, GmbHR 2005, 519.

A. Erläuterungen

I. Geltungsumfang

Ursprünglich waren nachvertragliche Wettbewerbsverbote nur für kaufmännische Angestellte (§§ 74 ff. HGB) und für Handelsvertreter (§ 90a HGB) geregelt. Die Rechtsprechung dehnte den personellen Anwendungsbereich der §§ 74 ff. HGB auf sämtliche Arbeitnehmer[1] und auch auf arbeitnehmerähnliche Personen[2] aus. Daraufhin galten die §§ 74 ff. HGB auch für solche Arbeitnehmer, die keine kaufmännischen Angestellten (Handlungsgehilfen) sind. Seit dem 1.1.2003 hat der Gesetzgeber in § 110 GewO geregelt, dass Arbeitgeber und Arbeitnehmer die berufliche Tätigkeit des Arbeitnehmers für die Zeit nach Beendigung des Arbeitsverhältnisses durch Vereinbarung beschränken können (Wettbewerbsverbot). Die §§ 74 bis 75f HGB sind seither kraft Gesetzes entsprechend anzuwenden. Die Neuregelung, die über § 6 Abs. 2 GewO für alle Arbeitsverhältnisse gilt, erschöpft sich somit im Wesentlichen in einer Verweisung.[3]

1

---

[1] BAG 13.9.1969 – 3 AZR 138/68, RdA 1970, 25 = BB 1970, 35.
[2] LAG Köln 2.6.1999 – 2 Sa 138/99, NZA-RR 2000, 19.
[3] *Düwell*, DB 2002, 2270.

1. Arten von Wettbewerbsverboten

Zunächst einmal unterscheidet man zwischen **unternehmensbezogenen** und **tätigkeitsbezogenen** Konkurrenzverboten. Unternehmensbezogene Klauseln knüpfen an die Unternehmen an, für die der Arbeitnehmer nach seinem Ausscheiden gesperrt sein soll. Zwar kann man bei Wettbewerbsverboten nicht immer begrifflich zwischen unternehmens- und tätigkeitsbezogenen Verboten trennen. Nach der BAG-Rechtsprechung kommt es auf die **tatsächlichen Gegebenheiten bei der Auslegung** eines vertraglichen Wettbewerbsverbots neben dem Wortlaut der Klausel entscheidend an.[4] Die Empfehlung an den Unternehmer geht dahin, unternehmensbezogenen Wettbewerbsverboten den Vorzug zu geben gegenüber tätigkeitsbezogenen Verboten. Je größer ein Unternehmen ist, desto vielfältiger die Produkte und der Bedarf an Wettbewerbsschutz. Bei einem unternehmensbezogenen Wettbewerbsverbot reicht es aus, dass sich die Fertigungsprogramme beider Unternehmen „in einem nicht ganz unerheblichen Teil" überschneiden.[5] Schon bei einer Überschneidung von 10 % im Bereich der Fertigungsprogramme geht das BAG[6] davon aus, dass ein Konkurrenzunternehmen vorliegt.

a) Unternehmensbezogene Wettbewerbsverbote

Der Vorteil des **unternehmensbezogenen** Wettbewerbsverbots besteht darin, dass Missbrauchsversuche des ausscheidenden Arbeitnehmers müheloser ausgeschaltet werden können. Je nach Größe eines Unternehmens, das auf zahlreichen Geschäftsfeldern tätig ist, beispielsweise bei einem weltweit operierenden Chemiekonzern auf zahlreichen Produktfeldern, kann der Arbeitgeber in Beweisschwierigkeiten geraten, wenn sein ihn verlassender Arbeitnehmer in ein anderes größeres Unternehmen wechselt, dort aber gemäß Arbeitsvertrag in einem Arbeitsfeld tätig werden soll, auf dem der frühere Arbeitgeber nicht engagiert ist. In diesem Falle kann der Arbeitgeber nicht den Nachweis führen, dass der ausscheidende Mitarbeiter anschließend tatsächlich in einem in Konkurrenz stehenden Geschäftsbereich tätig ist. Außerdem ist denkbar, dass kurze Zeit nach Arbeitsaufnahme der Mitarbeiter dort in dem neuen Unternehmen in einen anderen als den ursprünglich vorgesehenen Bereich versetzt wird. Hierbei kann es sich dann um eine konkurrierende Tätigkeit handeln, ohne dass der Arbeitgeber des ausgeschiedenen Arbeitnehmers den Beweis hierüber führen kann.

b) Tätigkeitsbezogene Wettbewerbsverbote

Dem Arbeitgeber kommt beim **tätigkeitsbezogenen** Wettbewerbsverbot eine Beweiserleichterung zugute.[7] Selbst wenn lediglich ein tätigkeitsbezogenes Wettbewerbsverbot vereinbart werde, könne dieses Wettbewerbsverbot grundsätzlich einem Wechsel zu einem Konkurrenzunternehmen entgegenstehen, und zwar selbst dann, wenn der Nachweis nicht geführt werden könne, dass der Arbeitnehmer in der gleichen Produktionssparte wie bei seinem früheren Arbeitgeber tätig werde. Jedenfalls sei dann, wenn die Betriebsanlagen des neuen Arbeitgebers nicht räumlich nach Sparten getrennt seien, die Überwachung eines rein tätigkeitsbezogenen Wettbewerbsverbots für den alten Arbeitgeber unmöglich. Deshalb komme nur eine ergänzende Auslegung des Wettbewerbsverbots dahin gehend in Betracht, dass dem Arbeitnehmer schlechthin jede Tätigkeit für das Konkurrenzunternehmen verboten sei.

Der Vorteil des tätigkeitsbezogenen Wettbewerbsverbots besteht darin, dass meist keine Begrenzung auf bestimmte Unternehmen vorgenommen wird, so dass auch aktuell nicht konkurrierende Unternehmen erfasst werden. Der Nachteil, eine bloße Verpflichtung zu formulieren, sich in bestimmten **Arbeits- oder Fertigungsbereichen**, sei es auf kaufmännischem oder technischem Gebiet, nicht zu betätigen, bleibt, weil den Arbeitgeber eine zusätzliche Darlegungslast trifft. Selbst die Beweiserleichterung, dass bereits bei einem sich im Umfang von 10 % überschneidenden Fertigungsprogramm ein Konkurrenzunternehmen vorliegt, macht es notwendig, dass der (alte) Arbeitgeber über ausreichende Informationen verfügt, den Umfang der sich überschneidenden Fertigungsprogramme darzulegen.

Bei der Gestaltung von Wettbewerbsverboten wird deshalb dem unternehmensbezogenen Wettbewerbsverbot der Vorzug gegeben, auch wenn die Gefahr der Unvollständigkeit besteht, da sich die Rechtsform oder der Name eines in Bezug genommenen Unternehmens im Laufe der Zeit ändern kann.[8] Wird zusätzlich die Tätigkeit des Mitarbeiters im bisherigen Unternehmen zum Maßstab für spätere Konkurrenz gemacht, wer-

---

4 BAG 30.1.1970 – 3 AZR 348/69, AP § 133f GewO Nr. 24.
5 BAG 16.12.1968 – 3 AZR 434/67, AP § 133f GewO Nr. 21.
6 BAG 16.12.1968 – 3 AZR 434/67, DB 1969, 973.
7 BAG 30.1.1970 – 3 AZR 348/69, AP § 133f GewO Nr. 24.
8 § 2 Rn 10 ff.

den auf diese Weise alle eventuell im Wettbewerbsverbot vergessenen Wettbewerbsunternehmen und auch die im Laufe eines langjährigen Arbeitsverhältnisses auf dem Markt hinzutretenden Konkurrenzunternehmen miterfasst.

2. Rechtsform der Wettbewerbsbetätigung

Will man ein Wettbewerbsverbot **umfänglich** formulieren, ist weiterhin darauf zu achten, dass möglichst in jeder rechtlichen Organisationsform dem Ausgeschiedenen untersagt ist, Konkurrenz zu betreiben. Dem Arbeitnehmer darf eine selbständige Tätigkeit,[9] aber auch eine abhängige gewerbliche Tätigkeit,[10] schließlich auch beides gleichzeitig untersagt werden. Vergisst man bei der Formulierung der Wettbewerbsklausel, dass sie sich auch auf die freiberufliche Tätigkeit erstrecken soll, schließt sie dieses Verbot nicht ein.[11] Die Rechtsprechung legt die Formulierungen in einzelnen Klauseln stark am Wortlaut orientiert aus. Ist dem Mitarbeiter eine selbständige und abhängige gewerbliche Tätigkeit untersagt, so lässt das OLG Frankfurt bei einem früheren GmbH-Geschäftsführer gelegentliche, einzelne Konkurrenzgeschäfte zu.[12]

Ist ein Arbeitnehmer nicht durch ein den §§ 74 ff. HGB entsprechendes Wettbewerbsverbot gebunden, darf er nach Beendigung des Arbeitsverhältnisses zu seinem Arbeitgeber in Wettbewerb treten. Eine nachvertragliche Verschwiegenheits- und Treuepflicht begründet für den Arbeitgeber regelmäßig keine Ansprüche auf Unterlassung von Wettbewerbshandlungen gegen den ausgeschiedenen Arbeitnehmer.[13]

II. Nachvertragliche Wettbewerbsverbote für freie Mitarbeiter und Selbständige

Wettbewerbsklauseln lassen sich so gestalten, dass auch die Tätigkeit eines ausgeschiedenen freien Mitarbeiters erfasst wird.[14] Man kann ebenfalls die Tätigkeit als stiller Gesellschafter eines Konkurrenzunternehmens in das Wettbewerbsverbot einbeziehen.[15] Für arbeitnehmerähnliche freie Mitarbeiter, die mit einer Arbeitszeit von 40 Wochenstunden Dienstleistungen bei Dritten erbringen, gilt § 74 HGB entsprechend.[16] Nicht vom Wettbewerbsverbot erfasst ist eine Beteiligung, die allein der Kapitalanlage dient, wie etwa der Erwerb weniger Aktien einer Aktiengesellschaft.[17]

III. Die Einbeziehung von Konkurrenzunternehmen des Konzerns

Die Einbeziehung von Konkurrenzunternehmen in nachvertragliche Wettbewerbsverbote wirft eine Reihe von Fragen auf, die nur teilweise zufrieden stellend gelöst sind. Eine ausdrückliche Regelung, wonach das Wettbewerbsverbot nicht nur auf Konkurrenten des Arbeitgebers, sondern auch auf Konkurrenten anderer mit dem Arbeitgeber verbundener Unternehmen bezogen ist, dürfte wirksam sein.

Derartige Zusätze sind erforderlich angesichts einer im Folgenden dargelegten **Entscheidung des BAG**.[18] Der Arbeitnehmer war zunächst im Unternehmen des Arbeitgebers als Leiter des Produktionsbereichs Speiseeisherstellung tätig. Die Parteien hatten ein unternehmensbezogenes Wettbewerbsverbot vereinbart. Die Speiseeisherstellung wurde später in eine rechtlich selbständige Tochtergesellschaft ausgegliedert. Der Arbeitnehmer wurde als Geschäftsführer dieser Tochtergesellschaft tätig. Sein ursprüngliches Anstellungsverhältnis wurde nicht beendet. Nach seinem Ausscheiden wechselte der Mitarbeiter zu einem konkurrierenden Speiseeishersteller und das BAG wies die Klage des Arbeitgebers auf Unterlassung der Wettbewerbstätigkeit mit der formalen Begründung ab, untersagt sei dem Arbeitnehmer nur eine Tätigkeit bei einem Konkurrenten der Muttergesellschaft.[19]

Höchstrichterliche Rechtsprechung hat noch nicht abschließend darüber befunden, in welchem Umfang Wettbewerbsverbote wirksam sind, die mit den **Konzerngesellschaften** in ihrer Gesamtheit vereinbart wer-

---

9 BAG 30.1.1970 – 3 AZR 348/69, AP § 133f GewO Nr. 24.
10 LAG Hamburg 20.9.1968 – 1 Sa 106/68, BB 1969, 362.
11 LAG Hamburg 20.9.1968 – 1 Sa 106/68, BB 1969, 362; a.A. LAG Hamm 16.6.1959 – 1 Sa 253/59, BB 1959, 1064.
12 OLG Frankfurt 6.12.1972 – 6 U 152/71, DB 1973, 139; siehe hierzu kritisch: *Bauer/Diller*, Wettbewerbsverbote, Rn 144.
13 BAG 19.5.1998 – 9 AZR 394/97, ARST 1/99, 14; *Hümmerich*, Gestaltung von Arbeitsverträgen, § 1 Rn 2644 ff.
14 OLG Düsseldorf 9.9.2004 – 6 U 38/04, I-6 U 38/04, NZA-RR 2005, 318.
15 BAG 15.2.1962 – 5 AZR 79/61, AP § 61 HGB Nr. 1.
16 LAG Köln 2.6.1999 – 2 Sa 138/99, NZA-RR 2000, 65.
17 *Grüll/Janert*, Die Konkurrenzklausel, S. 41; *Schlegelberger/Schröder*, Handelsgesetzbuch, Band 2, § 74 Rn 46.
18 BAG 24.6.1966 – 3 AZR 501/65, AP § 74a HGB Nr. 2 (Speiseeisfall).
19 Kritisch zu dieser Entscheidung: *Martens*, FS Herschel, S. 245; *Windbichler*, Arbeitsrecht im Konzern, S. 130.

den. Unter Hinweis auf *Martens*[20] wird in der Literatur der konzerndimensionierte Wettbewerbsschutz für zweifelhaft gehalten, es sei denn, der Mitarbeiter hat bereits in verschiedenen Konzerngesellschaften gearbeitet und besitzt daher Kenntnisse über Interna der einzelnen Konzerngesellschaften. Ungeklärt ist auch die Frage, inwieweit ein Beschäftigungsverhältnis mit einer Holding-Konzernspitze, die keinen eigenen Geschäftsbetrieb hat, die zu den einzelnen Gesellschaften in Konkurrenz tretenden Wettbewerber erfasst. Hier bietet sich, wie auch in allen anderen Zweifelsfällen, das Mittel der ergänzenden Vertragsauslegung an. Hilfreich ist es, wenn Unternehmen, die zwar nicht selbst mit dem früheren Arbeitgeber in Wettbewerb stehen, aber immerhin mit Wettbewerbsunternehmen verbunden sind, in das Wettbewerbsverbot einbezogen werden.

IV. Örtlicher Geltungsbereich

13 Üblicherweise formuliert man in der Klausel eines Wettbewerbsverbots die Regelung, auf welches **räumliche Gebiet** sich das Verbot erstrecken soll. Ein vor 1990 für die Bundesrepublik Deutschland einschließlich West-Berlin vereinbartes Wettbewerbsverbot galt nach dem staatsrechtlichen Untergang der ehemaligen DDR im gesamten heutigen Bundesgebiet.[21] Fehlt in einem Wettbewerbsverbot eine Beschränkung des räumlichen Geltungsbereichs, gilt das Verbot unbeschränkt, also auch im Ausland.[22]

14 Ist ein Wettbewerbsverbot **regional begrenzt**, bezieht sich diese Begrenzung auf den Ort, an dem tatsächlich die untersagte Tätigkeit entfaltet wird. Das Wettbewerbsverbot kann also nicht dadurch umgangen werden, dass der Arbeitnehmer zwar für einen ausländischen Arbeitgeber tätig wird, die Tätigkeit sich jedoch im Inland abspielt.[23] Bei freien Mitarbeitern hat das OLG Karlsruhe allerdings anders entschieden. Die von Schülerinnen einer Mannequin-Schule übernommene Verpflichtung hat das OLG Karlsruhe[24] dahin gehend ausgelegt, dass sich das Verbot lediglich auf das Einzugsgebiet der Schule beschränken sollte.[25]

15 Die räumliche Reichweite des Wettbewerbsverbots kann zu einer unbilligen Erschwerung des Fortkommens des Arbeitnehmers führen. Der Gestalter eines Wettbewerbsverbots sollte sich bewusst sein, dass unter Umständen die Höhe der zu leistenden Karenzentschädigung vom räumlichen Geltungsbereich des Wettbewerbsverbots abhängig sein kann. § 74a Abs. 1 Satz 2 HGB stellt auf die **Wechselwirkung** zwischen den Faktoren **Höhe der Entschädigung, Ort, Zeit und Gegenstand des Wettbewerbsverbots** ab. Die Wechselwirkung dieser Kriterien ist von der Rechtsprechung nicht definiert worden. Es ist nicht möglich, allgemeine Grundsätze aufzustellen, aus denen sich ergibt, wann die Mindestkarenzentschädigung von 50 % wegen der weit reichenden räumlichen Wirkung eines Wettbewerbsverbots aufzustocken ist.[26] Nach *Buchner*[27] soll ein Wettbewerbsverbot unbillig sein, das die Berufsausübung in Deutschland schlechthin vereitelt; nach *Schaub*[28] soll bei Spitzenkräften der Zwang zur Auswanderung in andere deutschsprachige Länder noch hinnehmbar sein.

16 Eine Überschreitung der räumlichen, gegenständlichen und zeitlichen Grenzen eines nachvertraglichen Wettbewerbsverbots im Gesellschaftsvertrag einer Anwaltssozietät kann nicht mit dem Wunsch gerechtfertigt werden, den ausgeschlossenen Gesellschafter einer besonderen Sanktion zu unterwerfen. Nur bei zeitlicher Überschneidung kommt eine geltungserhaltende Reduktion in Betracht. Die Missachtung der gegenständlichen und räumlichen Grenzen hat die Nichtigkeit des Verbots zur Folge.[29]

V. Nichtige und unverbindliche Wettbewerbsvereinbarungen

1. Grundsatz der bezahlten Karenz

17 § 74 Abs. 2 HGB enthält den Grundsatz der bezahlten Karenz.[30] Der **Karenzgrundsatz** gilt für sämtliche Arbeitnehmer, nicht allein für kaufmännische Angestellte.[31] Der Gesetzeswortlaut enthält mehrere Ausnah-

---

20 FS Herschel, S. 237 (244).
21 LAG Berlin 26.3.1991 – 9 Sa 7/91, NZA 1991, 674.
22 *Bauer/Diller*, Wettbewerbsverbote, Rn 135.
23 *Grüll/Janert*, Die Konkurrenzklausel, S. 46 f.
24 OLG Karlsruhe 26.6.1974 – 6 U 22/74, MDR 1975, 314.
25 OLG Karlsruhe 26.6.1974 – 6 U 22/74, MDR 1975, 314.
26 *Bauer/Diller*, Wettbewerbsverbote, Rn 227.
27 Wettbewerbsverbot, Schriften zur AR-Blattei, Band 10, S. 72.
28 Arbeitsrechts-Handbuch, § 58 III 10.
29 BGH 18.7.2005 – II RZ 159/03, BRAK-Mitt. 2005, 280.
30 Beispiel für Karenzvereinbarung: Muster 2007.
31 BAG 13.9.1969 – 3 AZR 138/68, AP § 611 BGB Konkurrenzklausel Nr. 24.

men vom Karenzgrundsatz für Arbeitnehmer. Eine Ausnahme enthält § 74c Abs. 1 Satz 3 HGB, wonach ein Arbeitnehmer während der Verbüßung einer Freiheitsstrafe keine Entschädigung verlangen kann.[32]

Der Arbeitnehmer verliert seinen Anspruch auf Karenzentschädigung selbst dann nicht, wenn er, etwa aus Alters- oder Gesundheitsgründen, nicht in der Lage ist, Konkurrenz zu betreiben.[33] Die Auszahlung der Karenzentschädigung kann deshalb auch nicht an zusätzliche Bedingungen geknüpft werden. Häufig wird übersehen, bei mit 65 Jahren ausscheidenden Mitarbeitern mit Wettbewerbsverbot die Wettbewerbsabrede einvernehmlich spätestens ein Jahr vor dem Ausscheiden aus dem Arbeitsverhältnis aufzuheben. Dieses Versäumnis kann bis zu zwei Jahre Karenzentschädigung an einen ausgeschiedenen Mitarbeiter im Rentenalter kosten.

18

Die **Ausnahmen** vom Karenzgrundsatz in § 75b HGB sind durch die Rechtsprechung des BAG gegenstandslos geworden. So ist eine Wettbewerbsklausel, die keine Karenzentschädigung für deutsche Arbeitnehmer im außereuropäischen Ausland vorsieht, unwirksam.[34] Konkurrenzverbote mit den sog. Hochbesoldeten i.S.v. § 75b Satz 2 HGB, die keine Karenzentschädigung vorsehen, sind ebenfalls unwirksam.[35] Beim Arbeitnehmer ist nach heutiger Rechtsprechung, unabhängig von der Verdiensthöhe, eine Entschädigungszusage erforderlich.[36]

19

Auch der **Verlust des Entschädigungsanspruchs** bei außerordentlicher Kündigung des Arbeitgebers wegen vertragswidrigen Verhaltens des Arbeitnehmers (§ 75 Abs. 3 HGB) stellt heute keine Ausnahme von der Karenzentschädigungspflicht dar.[37] Das BAG hat § 75 Abs. 3 HGB für verfassungswidrig erklärt.[38] Das BAG hat die durch den Wegfall von § 75 Abs. 3 HGB entstandene Lücke durch entsprechende Anwendung von § 75 Abs. 1 HGB geschlossen. Der Arbeitgeber könne sich bis zum Ablauf eines Monats nach der Kündigung vom Wettbewerbsverbot lossagen. Ansonsten bleibe der Arbeitgeber zur Karenzentschädigung, der Arbeitnehmer zur Wettbewerbsenthaltung verpflichtet. Die Lossagung soll allerdings entbehrlich sein, wenn der außerordentlichen Kündigung eine ordentliche mit gleichzeitigem Verzicht auf das Wettbewerbsverbot nach § 75a HGB vorausgegangen ist.[39]

20

Der Anspruch auf Karenzentschädigung kann nicht Gegenstand eines Kündigungsschutzprozesses sein, da er die Beendigung des Arbeitsverhältnisses voraussetzt.[40] Karenzentschädigung kommt deshalb nur in Betracht, wenn der Arbeitnehmer im Kündigungsschutzprozess unterliegt. Der Arbeitnehmer kann hinsichtlich der Karenzentschädigung Eventualklage erheben und die Karenzentschädigung für den Fall verlangen, dass im Kündigungsschutzprozess die Beendigung des Arbeitsverhältnisses festgestellt werden sollte.

21

Außerhalb des Geltungsbereichs der §§ 74 Abs. 2, 90a Abs. 1 Satz 3 HGB bedarf die Anwendung des **Grundsatzes der bezahlten Karenz** stets einer besonderen Begründung. Der Streit um die Entschädigungspflichtigkeit nachvertraglicher Wettbewerbsverbote für GmbH-Geschäftsführer und Vorstände ist bis heute nicht endgültig ausgeräumt. Auch das Urteil des BGH vom 26.3.1984[41] hat nicht zu einer für die Praxis mühelos handhabbaren Erkenntnis geführt, unter welchen Umständen **Wettbewerbsklauseln** mit Organmitgliedern entschädigungsfrei vereinbart werden können. Der BGH misst die Entschädigungspflicht an den Grundsätzen des § 138 BGB. Je nachdem, welche Bedeutung man dem Grundsatz der bezahlten Karenz bei der Gesamtbewertung i.S.v. § 138 BGB beimesse, könne sich das Fehlen einer Entschädigungszusage entscheidend auf die Sittenwidrigkeitsprüfung des Konkurrenzverbots auswirken.[42] *Martens*[43] vertritt deshalb die Auffassung, dass ein Konkurrenzverbot mit einem AG-Vorstandsmitglied nur in besonderen Ausnahmefällen ohne Entgelt als rechtmäßig anerkannt werden könne. In die gleiche Richtung wird in der Literatur argumentiert im Hinblick auf **GmbH-Geschäftsführer**. Vieles spreche dafür, die Arbeitnehmerschutzvorschrift des § 74 Abs. 2 HGB partiell auch auf solche Nicht-Arbeitnehmer anzuwenden, deren Rechtsbeziehungen zum Unternehmen dienstvertraglich geregelt sind, vornehmlich also auf Konkurrenzklauseln mit

22

---

32 BAG 9.8.1974 – 3 AZR 350/73, BB 1974, 1486; LAG Baden-Württemberg 7.9.1965 – 4 Ta 9/65, BB 1965, 1456.
33 BAG 18.10.1976 – 3 AZR 376/75, AP § 74b HGB Nr. 1.
34 BAG 16.10.1980 – 3 AZR 202/79, AP § 75b HGB Nr. 15.
35 BAG 5.12.1969 – 3 AZR 514/68, AP § 75b HGB Nr. 10.
36 BAG 2.10.1975 – 3 AZR 28/75, AP § 75b HGB Nr. 14.
37 Kritisch *Düwell*, DB 2002, 2270 (2271).
38 BAG 23.2.1977 – 3 AZR 620/75, AP § 75 HGB Nr. 6 m. Anm. *Beitzke*.
39 BAG 17.2.1987 – 3 AZR 59/86, NZA 1987, 453.
40 BAG 18.12.1984 – 3 AZR 383/82, DB 1985, 658.
41 BGH 26.3.1984 – II ZR 229/83, BGHZ 91, 1.
42 *Bauer*, DB 1979, 2178; *Bauer/Diller*, BB 1995, 1134.
43 KölnKomm-AktG/*Martens*, § 88 Rn 27.

GmbH-Geschäftsführern und Vorstandsmitgliedern einer Aktiengesellschaft.[44] Hieraus folgt für den Klauselverwender, dass er bei der Gestaltung von Wettbewerbsverboten mit Organmitgliedern juristischer Personen regelmäßig eine Karenzentschädigung vorsehen sollte, weil er andernfalls im Rahmen einer Überprüfung der von ihm formulierten Klausel durch die Rechtsprechung Gefahr läuft, ein nichtiges Wettbewerbsverbot formuliert zu haben. Das Fehlen jeglicher Entschädigungszusage führt zur Nichtigkeit.[45]

23 Versäumt es der Verwender eines Wettbewerbsverbots, die ausdrückliche Übernahme einer Entschädigung zu formulieren und verweist er nur auf die Bestimmungen des HGB über das Wettbewerbsverbot (§§ 74 und 74c HGB), läuft der Verwender Gefahr, nur eine neutrale Verweisung und gerade nicht ausdrücklich eine Entschädigungspflicht vereinbart zu haben.[46] Erschöpft sich die Erwähnung einer Entschädigung in einer bloß generellen Verweisung auf die Gesetzeslage, ohne dass die Kernvorschriften über die Entschädigungspflicht hervorgehoben werden, fehlt im Regelfalle eine hinreichende Entschädigungszusage. Eine derartige Klausel macht ein ansonsten nicht zu beanstandendes Wettbewerbsverbot unverbindlich.[47]

2. Nichtige Wettbewerbsvereinbarungen

24 Generell ist zu unterscheiden zwischen nichtigen und unverbindlichen Wettbewerbsverboten. **Nichtig** ist ein Wettbewerbsverbot, wenn keine der vom Dienstherrn unterzeichneten Urkunde an den Arbeitnehmer ausgehändigt wurde, § 74 Abs. 1 HGB, § 126 BGB. Nichtig sind Wettbewerbsverbote mit Arbeitnehmern, die nur ein vergleichsweise geringes Einkommen beziehen, § 74a Abs. 2 Satz 1 HGB. Umstritten ist, ob angesichts der schwierigen Umrechnung der Geringverdienstgrenze unter Inflationsgesichtspunkten diese Bestimmung heute noch anwendbar ist.[48] Ist der Arbeitnehmer zum Zeitpunkt der Wettbewerbsabrede minderjährig, ist ein mit ihm vereinbartes Wettbewerbsverbot nichtig, § 74a Abs. 2 Satz 2 HGB. Auch die Vereinbarung von Wettbewerbsverboten mit Auszubildenden, Volontären und Praktikanten ist nach § 5 Abs. 1 Satz 1 BBiG nichtig, wenn sie nicht in den letzten sechs Monaten der Ausbildung vereinbart werden. Nichtig sind ferner Wettbewerbsabreden, die unter Einbeziehung von Dritten gestaltet werden.[49]

25 Nichtig sind schließlich, jedenfalls nach der älteren Rechtsprechung,[50] Wettbewerbsabreden, in denen jegliche **Vereinbarung einer Karenzentschädigung** fehlt. Aus einem nichtigen Wettbewerbsverbot kann der Arbeitnehmer keine Karenzentschädigung geltend machen.[51] Nach der neueren Rechtsprechung des Bundesarbeitsgerichts[52] ist fraglich geworden, ob man nicht künftig davon ausgehen muss, dass auch Wettbewerbsverbote ohne Karenzentschädigung unverbindlich sein sollen. Hintergrund bildet folgende Überlegung:

26 In der Vergangenheit vertrat das BAG die Ansicht, bei einem wegen zu niedriger Karenzentschädigung unverbindlichen Wettbewerbsverbot könne der Arbeitnehmer die Karenzentschädigung allenfalls in der zugesagten Höhe, nicht aber in der gesetzlichen vorgeschriebenen Höhe verlangen.[53] Bei völligem Fehlen war es für den Arbeitnehmer gleichgültig, ob das Wettbewerbsverbot dadurch unverbindlich oder nichtig wurde. Denn aus der Unverbindlichkeit erwuchsen ihm daraus keine Ansprüche. Nachdem das BAG aber in seiner Entscheidung vom 9.1.1990[54] offen gelassen hat, ob der Arbeitnehmer bei einer zu niedrigen Karenzentschädigung nicht doch eine Karenzentschädigung in der gesetzlichen Höhe verlangen könne, kann die Rechtsfolge bei völligem Fehlen einer Entschädigungszusage nicht mehr offen gelassen werden.[55] Folgt man der Auffassung, bei Unverbindlichkeit bestehe ein Anspruch in gesetzlicher Höhe, muss mit *Bauer/Diller*[56] ein entsprechender Anspruch auch demjenigen Arbeitnehmer zugebilligt werden, dessen Wettbewerbsverbot überhaupt keine Entschädigung enthält. Mit Urteil vom 18.1.2000 hat das BAG[57] es ausdrücklich abgelehnt, aus dem

---

44 *Reinfeld*, Wettbewerbsverbote, S. 126 f.; *Gaul*, GmbHR 1991, 144; *Groß*, Das Anstellungsverhältnis des GmbH-Geschäftsführers, S. 362 f.
45 BAG 3.5.1994 – 9 AZR 606/92, DB 1995, 50.
46 BAG 14.8.1975 – 3 AZR 333/74, AP § 74 HGB Nr. 35.
47 LAG Bremen 4.5.1966 – 1 Sa 83/66, DB 1966, 1440.
48 *Bauer/Diller*, Wettbewerbsverbote, Rn 359 ff.
49 *Bauer/Diller*, Wettbewerbsverbote, Rn 183 ff.
50 BAG 13.9.1969 – 3 AZR 138/68, AP § 611 BGB Konkurrenzklausel Nr. 24; OLG Karlsruhe 30.9.1986 – 8 U 127/86, BB 1986, 2365.
51 BAG 18.1.2000 – 9 AZR 929/98, n.v.
52 BAG 9.1.1990 – 3 AZR 110/88, AP § 74 HGB Nr. 59.
53 BAG 19.2.1959 – 2 AZR 341/56, AP § 74 HGB Nr. 10; BAG 5.8.1966 – 3 AZR 154/66, AP § 74 HGB Nr. 19.
54 BAG 9.1.1990 – 3 AZR 110/88, AP § 74 HGB Nr. 59.
55 *Bauer/Diller*, Wettbewerbsverbote, Rn 313.
56 Wettbewerbsverbote, Rn 78.
57 BAG 18.1.2000 – 9 AZR 929/98, n.v.

Urteil vom 9.1.1990 abzuleiten, dass bei fehlender Karenzentschädigung eine andere Folge als die Nichtigkeit des Wettbewerbsverbots anzunehmen sei.

3. Unverbindliche Wettbewerbvereinbarungen

Unverbindliche Wettbewerbsverbote entstehen, wenn dem Arbeitnehmer eine Karenzentschädigung in zu niedriger Höhe zugesagt wird, § 74 Abs. 2 HGB. In jedem Fall macht eine vereinbarte Karenzentschädigung von weniger als 50 % das Wettbewerbsverbot unverbindlich. Unverbindlich sind weiterhin sog. **bedingte Wettbewerbsverbote** sowie Wettbewerbsverbote, die die Wahlrechte des Arbeitnehmers beschränken. Hierzu gehört die Vereinbarung, wonach das Wettbewerbsverbot nicht gelten soll, wenn es unverbindlich geworden ist oder der Arbeitnehmer ein Lösungsrecht nach § 75 Abs. 1 Satz 2 HGB hat.[58]

27

Ein Wettbewerbsverbot ist nach § 74a Abs. 1 Satz 2 HGB unverbindlich, soweit es unter Berücksichtigung der gewährten Entschädigung nach Ort, Zeit oder Gegenstand eine unbillige Erschwerung des Fortkommens des Gehilfen enthält. Diese Regelung gilt auch im Arbeitsrecht. Allgemeine Maßstäbe für die Wechselwirkung zwischen den drei Kriterien Ort, Zeit und Gegenstand des Wettbewerbsverbots gibt es nicht. Allgemeine Grundsätze lassen sich nicht aufstellen.[59] Eine örtlich oder sachlich umfassende Bindung des Arbeitnehmers ist für kurze Zeit hinzunehmen.[60] Ob das Wettbewerbsverbot nach Intensität und räumlicher Reichweite eine unbillige Bindung enthält, ist auch nach der Position des Arbeitnehmers, der Mobilität der jeweiligen Berufsgruppe sowie des Alters eines Arbeitnehmers zu beurteilen.[61] Bei **Vertriebsmitarbeitern** ist es regelmäßig nicht unbillig, ihnen eine Vertriebstätigkeit in ihrem bisherigen Produktsegment zu verbieten, da Vertriebsmitarbeiter in der Praxis häufig ihre Branche wechseln können und es für ihren Erfolg am Markt weniger auf spezifische Kenntnisse eines eng begrenzten Produkt- oder Marktbereichs ankommt als auf ihre allgemeinen, verkäuferischen Fähigkeiten.[62] Bei der Beurteilung des „Gegenstands" des Wettbewerbsverbots geht man allgemein davon aus, dass unternehmensbezogene Wettbewerbsverbote bei **Nicht-Führungskräften** grundsätzlich nicht in Betracht kommen.[63] Bei **Führungskräften** soll dagegen ein unternehmensbezogenes Wettbewerbsverbot regelmäßig von § 74a Abs. 1 HGB gedeckt sein.[64] Schwierigkeiten bereitet naturgemäß die Abgrenzung zwischen Führungskräften und Nicht-Führungskräften. Ergibt sich schließlich die Unverbindlichkeit des Wettbewerbsverbots gemäß § 74a Abs. 1 Satz 2 HGB aus einer Abwägung zwischen der Bindungswirkung und der Höhe der zugesagten Entschädigung, kann der Arbeitgeber das Wettbewerbsverbot nicht dadurch heilen, dass er nachträglich eine höhere Karenzentschädigung anbietet.[65]

28

Vor aus Nachlässigkeit unterlassener Aufhebung des Wettbewerbsverbots schützt eine Klausel im Wettbewerbsverbot, wonach ab dem Bezug von Altersruhegeld keine Karenzentschädigung gezahlt wird.[66] Ein **betriebliches Ruhegeld** beziehender Ruheständler steht zu seinem ehemaligen Arbeitgeber immer noch in einem, wenngleich auch erheblich modifizierten, Abhängigkeitsverhältnis.[67] Der Grad der Abhängigkeit ist sicherlich deutlich geringer als im aktiven Arbeitsverhältnis. Deshalb wird in der Literatur die Auffassung vertreten, der Pensionär könne für die Einhaltung des Wettbewerbsverbots keine Karenzentschädigung erwarten.[68] Eine höchstrichterliche Klarstellung steht allerdings noch aus, so dass beide Alternativen durch die vorgelegten Wettbewerbsklauseln angeboten werden.

29

Nach Ansicht des BVerfG ist es verfassungsrechtlich nicht zu beanstanden, wenn diejenigen Arbeitgeber an den Kosten der Arbeitslosigkeit beteiligt werden, die durch Wettbewerbsabreden die Wiedereingliederung des Arbeitslosen im Interesse des Arbeitgebers erschweren.[69] Es sei aber mit Art. 12 Abs. 1 GG unvereinbar, dass der Arbeitgeber nach § 128a AFG (jetzt: § 148 SGB III) für die Dauer einer Vereinbarung über die Unterlassung von Wettbewerb zusätzlich zur arbeitsrechtlichen Entschädigung die gesamten Kosten der Arbeitslosigkeit seines früheren Arbeitnehmers (Arbeitslosengeld und Sozialversicherungsbeiträge) ohne

30

---

[58] BAG 10.12.1985 – 3 AZR 242/84, AP § 611 BGB Konkurrenzklausel Nr. 31; BAG 14.7.1981 – 3 AZR 515/78, AP § 75 HGB Nr. 8.
[59] *Bauer/Diller*, Wettbewerbsverbote, Rn 227.
[60] BAG 4.10.1958 – 2 AZR 200/55, AP Art. 12 GG Nr. 7.
[61] *Röhsler/Borrmann*, Wettbewerbsbeschränkungen, S. 113.
[62] *Bauer/Diller*, Wettbewerbsverbote, Rn 227.
[63] BAG 16.12.1968 – 3 AZR 434/67, AP § 133f GewO Nr. 21; BAG 30.1.1970 – 3 AZR 348/69, AP § 133f GewO Nr. 24.
[64] *Bauer/Diller*, Wettbewerbsverbote, Rn 228.
[65] *Bauer/Diller*, Wettbewerbsverbote, Rn 229.
[66] Muster 2005 (Abs. 6).
[67] Schaub/*Schaub*, Arbeitsrechts-Handbuch, § 81 VIII 3 Rn 318.
[68] *Grüll/Janert*, Die Konkurrenzklausel, S. 79; Preis/*Preis*, Der Arbeitsvertrag, II W 10 Rn 211.
[69] BVerfG 10.11.1998 – 1 BvR 2296/96, 1 BvR 1081/97, BGBl. I 1999, 61.

Rücksicht darauf zu tragen hat, ob die Arbeitslosigkeit durch eine Wettbewerbsvereinbarung verursacht worden ist.

VI. Formelle Wirksamkeitsvoraussetzungen

31 Die Wettbewerbsabrede bedarf der **Schriftform** i.S.v. § 126 BGB, d.h. der Unterschriften von Arbeitgeber und Arbeitnehmer. Sie kann in einem Arbeitsvertrag enthalten sein. Eine gesonderte Urkunde für die Wettbewerbsklausel muss nicht erstellt werden. Unzureichend ist die Übersendung von bloßen Bestätigungs- oder Anstellungsschreiben. Eine nicht unterzeichnete Wettbewerbsklausel genügt dem Formerfordernis, wenn sie mit dem Arbeitsvertrag fest verbunden ist als sog. **Gesamturkunde** und im unterschriebenen Arbeitsvertrag auf sie verwiesen wird.[70]

32 Eine Besonderheit bei Wettbewerbsklauseln ist stets zu beachten. Die vom Arbeitgeber unterzeichnete Urkunde muss dem Arbeitnehmer **ausgehändigt** werden. Der Arbeitnehmer ist zur Annahme verpflichtet. Verweigert er die Annahme, muss er sich in entsprechender Anwendung von § 162 BGB wegen Vereitelung des Bedingungseintritts so behandeln lassen, als sei ihm die Urkunde ausgehändigt worden.[71] Verzögert der Arbeitgeber die Aushändigung, braucht der Arbeitnehmer die Urkunde nicht mehr entgegenzunehmen. Die Annahme allerdings heilt den Formmangel.[72] Es wird zu Beweiszwecken deshalb empfohlen, neben der Unterschrift unter das Wettbewerbsverbot eine Bestätigung aufnehmen zu lassen, wonach der Mitarbeiter eine von der Firma unterschriebene, vollständige Abschrift der Wettbewerbsklausel erhalten hat.

VII. Mandantenschutzklauseln[73]

33 Mit **Arbeitnehmern in freien Berufen** können Mandantenschutzklauseln vereinbart werden. Mandantenschutzklauseln sind als beschränkte Klauseln entschädigungslos möglich, wenn sie dem Arbeitnehmer (als Steuerberater, Wirtschaftsprüfer oder Rechtsanwalt) die Abwerbung bisheriger Mandanten des Arbeitnehmers untersagen.[74] Entsprechend dem Grad der von Wettbewerbsbeschränkungen ausgehenden Unterlassungspflichten[75] unterscheidet man zwischen verschiedenen **Erscheinungsformen**:

1. Niederlassungsverbote

34 Niederlassungsverbote untersagen dem ausscheidenden Arbeitnehmeranwalt oder Arbeitnehmersteuerberater seine Berufsausübung in umfassender Art und Weise für einen bestimmten Zeitraum in einem vertraglich festgelegten örtlichen Bereich. Niederlassungsverbote sind mit Rücksicht auf die mittelbare Drittwirkung der Grundrechte des angestellten Steuerberaters oder Anwalts aus Art. 12 GG in aller Regel sittenwidrig.[76] Den berechtigten Interessen des Arbeitgebers, einen Schutz des von ihm aufgebauten Mandantenstammes zu erreichen, kann regelmäßig über die Vereinbarung von Mandantenübernahmeklauseln angemessen Rechnung getragen werden.[77]

2. Allgemeine Mandantenschutzklauseln

35 Allgemeine Mandantenschutzklauseln verbieten es dem ausscheidenden Anwalt, Steuerberater oder Wirtschaftsprüfer umfassend, nach Beendigung des Arbeitsverhältnisses Mandanten seines früheren Arbeitgebers zu betreuen, auch wenn diese ohne eigenes Zutun des Anwalts seine Beratung suchen. Rechtsprechung und Schrifttum sehen allgemeine Mandantenschutzklauseln als rechtlich zulässig an.[78]

---

70 BAG 30.10.1984 – 3 AZR 213/82, DB 1985, 709.
71 Schaub/*Schaub*, Arbeitsrechts-Handbuch, § 58 II 2.
72 LAG Nürnberg 21.7.1994 – 5 Sa 391/94, NZA 1995, 532.
73 *Hümmerich*, Gestaltung von Arbeitsverträgen, § 1 Rn 2154.
74 BAG 16.7.1971 – 3 AZR 384/70, DB 1971, 1920; BGH 26.3.1984 – II ZR 229/83, BGHZ 91, 1; BGH 16.10.1989 – II ZR 2/89, ZIP 1990, 586 = WM 1990, 13; BGH 29.1.1996 – II ZR 286/94, DStR 1996, 1254; BGH 8.5.2000 – II ZR 308/98, MDR 2000, 977 = BRAK-Mitt. 2000, 205; OLG Schleswig 23.2.2001 – 1 U 25/00, AnwBl 2001, 365.
75 Henssler/Holthausen, in: Axmann, Starthandbuch für Rechtsanwälte, 2002, Teil 3 Rn 43.
76 BGH 8.5.2000 – II ZR 308/98, MDR 2000, 977.
77 *Michalski/Römermann*, ZIP 1994, 433; *Knief*, AnwBl 1985, 58; Henssler/Holthausen, in: Axmann, Starthandbuch für Rechtsanwälte, 2002, Teil 3 Rn 44.
78 BGH 8.5.2000 – II ZR 308/98, MDR 2000, 977; BAG 16.7.1971 – 3 AZR 384/70, AP § 611 BGB Nr. 25; BGH 9.5.1968 – II ZR 158/66, AP § 611 BGB Konkurrenzklausel Nr. 12 = NJW 1968, 1717; LAG Düsseldorf 28.6.2001 – 11 Sa 532/01, DB 2002, 150; *Bauer/Diller*, Wettbewerbsverbote, Rn 148 f., Rn 235 c f.; *Michalski/Römermann*, ZIP 1994, 433; *Bruckner*, Nachvertragliche Wettbewerbsverbote zwischen Rechtsanwälten, S. 136; *Henssler*, FS Geiß, S. 271 f.

3. Beschränkte Mandantenschutzklauseln

Im Gegensatz zu allgemeinen Schutzklauseln untersagen beschränkte Mandantenschutzklauseln dem bisher angestellten Anwalt nur, aktiv Mandanten seines ehemaligen Arbeitgebers abzuwerben.[79] Eine beschränkte Mandantenschutzklausel entspricht lediglich den in § 43b BRAO normierten Verhaltenspflichten, jedenfalls bei Rechtsanwälten. Sie weist keinen darüber hinausgehenden eigenen Regelungsgehalt aus. Eine Verpflichtung, aufgrund einer beschränkten Mandantenschutzklausel Karenz gemäß §§ 74 f. HGB zu zahlen, besteht nicht.

36

4. Mandantenübernahmeklauseln

Mandantenübernahmeklauseln existieren als Vereinbarungen zwischen Arbeitnehmer und einer Sozietät oder einer Einzelpraxis und als gesellschaftsvertragliche Mandantenschutzklauseln für ausscheidende Sozietätspartner. In Mandantenübernahmeklauseln ist geregelt, dass die berufliche Entfaltungsmöglichkeit des ausgeschiedenen Sozietätspartners unberührt gelassen wird und lediglich der wirtschaftliche Ertrag der rechtsbesorgenden Tätigkeit bei Mitnahme von Mandanten und Mandaten geschmälert wird. Mandantenübernahmeklauseln werden daher häufig auch als **Gewinnabführungsvereinbarungen** bezeichnet. Durch Mandantenübernahmeklauseln wird der Ausscheidende nur mittelbar, und zwar in wirtschaftlicher Hinsicht, beschränkt. Er wird verpflichtet, für die Übernahme von Mandanten für einen bestimmten angemessenen Zeitraum Teile des Honorars zu übertragen.[80]

37

Mandantenübernahmeklauseln unter Rechtsanwälten verstoßen nicht gegen das Verbot der Gebührenteilung in § 49b Abs. 3 BRAO, § 22 BerufsO. Bei der Vereinbarung einer Gewinnabführungsverpflichtung geht es nicht um eine unzulässige Vergütung für die Vermittlung eines Mandats. Es geht vielmehr um einen wirtschaftlichen Ausgleich für die Mitnahme eines in der bisherigen Sozietät angefallenen Mandats. Die Abgabe des Honoraranteils hat keinen Einfluss auf den Erwerb des Mandats, so dass auch nicht von einem Verkauf von Mandaten oder Mandanten gesprochen werden kann. Die arbeitsvertragliche Verpflichtung einer Steuerassistentin, im Falle des Ausscheidens für fünf Jahre 20 % des Jahresumsatzes mit solchen Mandanten an ihren ehemaligen Arbeitgeber als Entschädigung abzuführen, die sie von diesem übernommen hat, stellt als verdeckte Mandantenschutzklausel eine Umgehung i.S.v. § 75d Satz 2 HGB dar. Der ehemalige Arbeitgeber kann deshalb aus einer solchen Vereinbarung keine Ansprüche herleiten.[81]

38

Diskutiert werden der **Umfang** einer wirksamen Gewinnabführungsverpflichtung und auch der **Zeitraum**, auf den sich nach dem Ausscheiden des Arbeitnehmers oder früheren Mitgesellschafters die Mandantenübernahmeklausel erstrecken darf. Der BGH hat in der Entscheidung vom 9.5.1968 eine zwischen einer Wirtschaftsprüfungsgesellschaft und ihrem Geschäftsführer vereinbarte Klausel, die eine Entschädigungshöhe von 20 % für einen Zeitraum von drei Jahren vorsah, als angemessen erachtet.[82] Die Wirksamkeit von Mandantenübernahmeklauseln wird sich an §§ 74 ff. HGB messen lassen müssen. Lohnt sich die Bearbeitung mitgenommener Mandate wegen der Höhe der Gewinnabführungspflichten nicht mehr, dürfte eine Mandantenübernahmeklausel unwirksam sein.[83]

39

Die im Schrifttum vertretenen Auffassungen zur Gewinnabführungsquote ergeben folgendes Bild:

40

- Für 30 %: *Bruckner*, Nachvertragliche Wettbewerbsverbote zwischen Rechtsanwälten, S. 79; *Becker*, Zulässigkeit und Wirksamkeit von Konkurrenzklauseln zwischen Rechtsanwälten, S. 144.
- für 25 %: *Lingenberg/Hummel/Zuck/Eich*, Grundsätze des anwaltlichen Standesrechts, § 81 Rn 188.
- für 20 %: *Büsgen*, MDR 1985, 898 (901); *Michalski/Römermann*, ZIP 1994, 446 f.; *Henssler/Holthausen*, in: Axmann, Starthandbuch für Rechtsanwälte, Teil 3 Rn 51.

Das BAG hat im Falle eines angestellten Anwalts bei der in eine Vertragsstrafe gekleideten Abführungsverpflichtung in Höhe von 60 % – bezogen auf die Durchschnittseinnahmen aus den Mandaten in den letzten drei Jahren vor dem Ausscheiden – Bedenken angemeldet, ohne in der Sache abschließend zu entscheiden.[84]

41

---

79 *Henssler/Holthausen*, in: Axmann: Starthandbuch für Rechtsanwälte, 2002, Teil 3 Rn 49 f.; *Michalski/Römermann*, ZIP 1994, 433 (446).
80 BGH 9.5.1968 – II ZR 158/66, AP § 611 BGB Konkurrenzklausel Nr. 12 = NJW 1968, 1717; *Bruckner*, Nachvertragliche Wettbewerbsverbote zwischen Rechtsanwälten, S. 136; *Bauer/Diller*, Wettbewerbsverbote, Rn 170; *Henssler/Holthausen*, in: Axmann, Starthandbuch für Rechtsanwälte, Teil 3 Rn 51.
81 BAG 7.8.2002 – 10 AZR 586/01, NZA 2002, 1282.
82 BGH 9.5.1968 – II ZR 158/66, AP § 611 BGB Konkurrenzklausel Nr. 12 = NJW 1968, 1717.
83 *Bauer/Diller*, Wettbewerbsverbote, Rn 172; LAG Düsseldorf 28.6.2001 – 11 Sa 532/01, DB 2002, 150.
84 BAG 26.11.1971 – 3 AZR 220/71, AP § 611 BGB Konkurrenzklausel Nr. 26.

§ 2 Zusatzvereinbarungen zu Arbeits- und Anstellungsverträgen

42 Soll die bloße spätere Betreuung von Mandanten untersagt werden, sind die §§ 74 ff. HGB einzuhalten. Dabei ist unschädlich, wenn sich der Arbeitgeber im Einzelfall die Zustimmung zur Mandantenbetreuung vorbehält, sofern er zur Weiterzahlung der Karenzentschädigung verpflichtet bleibt.[85]

43 Nach Meinung des LAG Baden-Württemberg[86] können Mandantenschutzklauseln mit Rechtsanwälten nicht wirksam vereinbart werden. Nach Ansicht des LAG Düsseldorf[87] ist auf eine Mandantenübernahmeklausel § 75d Satz 2 HGB analog anzuwenden. Dementsprechend soll sich der Arbeitgeber nicht auf eine Vereinbarung berufen können, die bezweckt, die gesetzlichen Vorschriften über das Mindestmaß der Entschädigung durch Verrechnungen oder auf sonstige Weise zu umgehen.

VIII. Bedingte Wettbewerbsverbote

44 Unter dem Oberbegriff „bedingte Wettbewerbsverbote" fasst man solche Abreden zusammen, die darauf abzielen, dass es letztlich der **Entscheidung des Arbeitgebers** überlassen bleibt, ob der Arbeitnehmer Wettbewerb unterlassen muss oder nicht. Zu dieser Gruppe zählen auch solche Klauseln, die den Eintritt des Wettbewerbsverbots von Bedingungen abhängig machen, die gesetzlich nicht oder nicht in dieser Form vorgesehen sind. Derartige bedingte Wettbewerbsverbote sind unverbindlich und müssen also vom Arbeitnehmer nicht beachtet werden.

45 Wer Wettbewerbsverbote formuliert, sollte darauf achten, dass seine Formulierungen keine bedingten Verbote enthalten. **Unzulässig** ist beispielsweise die Klausel, bei Beendigung des Arbeitsverhältnisses werde der Mitarbeiter verpflichtet, auf Verlangen des Arbeitgebers Karenz zu halten. Gleiches gilt für die Formulierung, ohne vorherige Zustimmung dürfe der Mitarbeiter keine konkurrierende Tätigkeit aufnehmen.[88] Unverbindlich ist eine Klausel, die den Arbeitgeber vor Beendigung des Arbeitsverhältnisses berechtigt, den örtlichen oder sachlichen Umfang des Verbots im Einzelnen festzulegen.[89] Unzulässig ist auch die Formulierung, das Unternehmen sei ohne Zustimmung des Mitarbeiters berechtigt, vor oder nach Beendigung des Arbeitsvertrages auf die Wettbewerbsabrede zu verzichten.[90] Auch ein Wettbewerbsverbot, das an den Fall anknüpft, dass der Arbeitnehmer ordentlich kündigt oder eine fristlose Entlassung verschuldet, ist unverbindlich.[91] Auch ein Vorvertrag, in dem sich der Arbeitnehmer verpflichtet, auf Verlangen des Arbeitgebers eine bestimmte Wettbewerbsvereinbarung zu schließen, ist nur dann zulässig, wenn auch der Arbeitnehmer den Abschluss verlangen kann oder der Arbeitgeber zumindest innerhalb einer bestimmten Frist nach Aufnahme des Arbeitsverhältnisses eine verbindliche Erklärung abzugeben hat.[92]

46 Von bedingten Wettbewerbsverboten sind zu unterscheiden solche Wettbewerbsverbote, bei denen sich der Arbeitgeber mit Beendigung des Arbeitsverhältnisses die **Konkretisierung des sachlichen und örtlichen Umfangs** vorbehält. Solche Konkretisierungen sind möglich. Unklarheiten über Freigabeerklärungen oder Einschränkungen des Wettbewerbsverbots gehen zu Lasten des Arbeitgebers und machen das Wettbewerbsverbot unverbindlich.[93] Es ist riskant, sich spätere Konkretisierungen des Wettbewerbsverbots vorzubehalten, weil schon die Frage der Höhe einer zu leistenden Karenzentschädigung bei nicht zum Zeitpunkt des Abschlusses des Wettbewerbsverbots feststehendem örtlichen und zeitlichen Umfang meist zweifelhaft ist und damit die Unverbindlichkeit des Wettbewerbsverbots vorgegeben ist. Vereinbaren die Parteien in einer Mandantenschutzklausel, der Arbeitnehmer dürfe mit Zustimmung seines Arbeitgebers die Betreuung einzelner Mandanten übernehmen, bedeutet eine solche Regelung kein unzulässiges bedingtes Wettbewerbsverbot, wenn trotz Zustimmung im Einzelfall der volle Karenzentschädigungsanspruch unberührt bleibt.[94]

IX. Wegfall des Wettbewerbsverbots

47 Bis zur rechtlichen Beendigung des Arbeitsverhältnisses kann der Arbeitgeber durch **schriftliche Erklärung** auf das Wettbewerbsverbot verzichten (§ 75a HGB). Die Erklärung muss noch während des bestehenden

---

[85] BAG 27.9.1988 – 3 AZR 59/87, DB 1989, 1089.
[86] LAG Baden-Württemberg 14.3.1985 – 7 Sa 107/84, BB 1985, 1534.
[87] LAG Düsseldorf 28.6.2001 – 11 Sa 532/01, DB 2002, 150.
[88] BAG 16.12.1986 – 3 AZR 73/86, DB 1987, 2047.
[89] BAG 5.9.1995 – 9 AZR 718/93, DB 1996, 784.
[90] BAG 19.1.1978 – 3 AZR 573/77, DB 1978, 543.
[91] BAG 10.12.1985 – 3 AZR 242/84, DB 1986, 1829.
[92] *Bauer/Diller*, DB 1995, 426; *dies.*, BB 1995, 1134.
[93] BAG 5.9.1995 – 9 AZR 718/93, DB 1996, 784.
[94] LAG München 19.8.1986 – 4 Sa 298/85, DB 1987, 1444.

Arbeitsverhältnisses abgegeben werden. Damit entfällt das Wettbewerbsverbot mit sofortiger Wirkung, der Arbeitnehmer kann also unmittelbar im Anschluss an das beendete Arbeitsverhältnis konkurrierend tätig werden. Erst mit Ablauf eines Jahres ab Zugang der Erklärung wird der Arbeitgeber allerdings von der Verpflichtung zur Zahlung der Karenzentschädigung befreit.[95] Die Verzichtserklärung des Arbeitgebers kann mit der Kündigung verbunden werden. Eine vertragliche Erweiterung des Verzichtsrechts ist dagegen unwirksam.[96]

Die **ordentliche Kündigung** des Arbeitgebers löst für den Arbeitnehmer das Recht zur Lossagung aus,[97] wenn für die Beendigung des Arbeitsverhältnisses der Arbeitnehmer keinen erheblichen Anlass gegeben hat, § 75 Abs. 2 HGB. Eine Wettbewerbsklausel, die besagt, dass das Wettbewerbsverbot von vornherein nicht für den Fall der ordentlichen Kündigung des Arbeitgebers gelten soll, ist für den Arbeitnehmer unverbindlich.[98]

Kündigt der Arbeitgeber das Arbeitsverhältnis mit einem kaufmännischen Angestellten wegen dessen vertragswidrigen Verhaltens aus wichtigem Grund, kann er sich in entsprechender Anwendung des § 75 Abs. 1 HGB von einer nachvertraglichen Wettbewerbsvereinbarung binnen eines Monats nach der Kündigung durch schriftliche Erklärung lösen.[99] Der Wortlaut einer allgemeinen Ausgleichsklausel in einem gerichtlichen Vergleich, wonach mit der Erfüllung der Vereinbarung sämtliche Ansprüche „hinüber und herüber" aus dem Arbeitsverhältnis und seiner Beendigung abgegolten und ausgeglichen sind, umfasst auch Ansprüche aus einem vertraglichen Wettbewerbsverbot.[100] Mit dem Urteil vom 31.7.2002 fällte das BAG allerdings eine Einzelfallentscheidung: Es räumte ein, dass aus weiteren Umständen wie dem Zustandekommen der Vereinbarung oder dem nachvertraglichen Verhalten sich ergeben könne, dass die Parteien ein Wettbewerbsverbot dennoch aufrechterhalten, nicht auf Ansprüche daraus verzichten wollten.

Wenn zwischen dem Geschäftsführer und der Gesellschaft keine Vereinbarung über die Voraussetzungen eines Verzichts auf das Wettbewerbsverbot getroffen wird, gilt § 75a HGB auch gegenüber Organmitgliedern.[101] Während des Anstellungsverhältnisses kann daher die Gesellschaft jederzeit ohne Grund auf das Wettbewerbsverbotsverbot verzichten, sie muss jedoch für die Dauer eines Jahres ab Zugang der Verzichtserklärung die vereinbarte Karenzentschädigung zahlen. Die analoge Anwendung von § 75a HGB wird durch § 314 BGB nicht ausgeschlossen. Bei § 75a HGB handelt es sich um eine Sonderregelung, die die Rechte des anderen Teils dadurch ausreichend wahrt, dass die Rechtsfolgen des Verzichts nach § 75a HGB eine für beide Teile ausgewogene Gesamtregelung darstellen.[102]

Demgegenüber hat der BGH für den Fall, dass ein Verzichtsrechts des Unternehmens nicht ausdrücklich vereinbart war, entschieden, der Verzicht könne in Einzelfällen treuwidrig und damit nicht wirksam sein, wenn beispielsweise ein Geschäftsführer ein Jahr lang freigestellt war und zwei Wochen vor Ende der Freistellung der Verzicht erklärt werde.[103] Der BGH hatte es als treuwidrig bezeichnet, dass das Unternehmen den Geschäftsführer während der gesamten Freistellungszeit in dem Glauben gelassen hatte, er werde nach Vertragsende von der Karenzentschädigung leben können. Die Entscheidung wird kritisiert.[104] Angesichts der durch die Entscheidung vom 17.2.1992 begründeten Rechtsprechung hätte es nahe gelegen, in diesem Falle § 75a HGB heranzuziehen, den Verzicht gelten zu lassen, allerdings dem ausscheidenden Geschäftsführer die vereinbarte Karenzentschädigung für die Dauer eines Jahres zu belassen.

X. Höhe der Karenzentschädigung und Verdienstanrechnung

Die Höhe der Karenzentschädigung muss nach § 74 Abs. 2 HGB für jedes Jahr des Verbots mindestens die **Hälfte der zuletzt bezogenen vertragsmäßigen Leistung** betragen. Sie ist am Schluss jeden Kalendermonats auszuzahlen, § 74b Abs. 1 HGB. Zu den vertragsmäßigen Leistungen zählen nicht nur das Gehalt, sondern alle Leistungen, die der Arbeitgeber dem Arbeitnehmer zuletzt, d.h. vor dem Ausscheiden, gewährt hat. Dazu

---

95 ArbG Stuttgart 30.11.1995 – 5 Ca 7609/95, NZA-RR 1996, 165.
96 BAG 17.2.1987 – 3 AZR 59/86, DB 1987, 1444.
97 Muster 2093.
98 BAG 14.7.1981 – 3 AZR 515/78, DB 1982, 906.
99 BAG 19.5.1998 – 9 AZR 327/96, EzA-SD 1998, Nr. 24, 14.
100 BAG 31.7.2002 – 10 AZR 513/01, DB 2002, 2651.
101 BGH 17.2.1992 – II ZR 140/91, DB 1992, 936; *Bauer/Diller*, Wettbewerbsverbote, Rn 754.
102 *Bauer/Diller*, Wettbewerbsverbote, Rn 754.
103 BGH 4.3.2002 – II ZR 77/00, GmbHR 2002, 431.
104 *Heidenhain*, NZG 2002, 605; *Bauer/Diller*, Wettbewerbsverbote, Rn 754a.

gehören Gratifikationen, Sonderzuwendungen, Provisionen, Prämien, Tantiemen, Gewinn- und Umsatzbeteiligungen sowie geldwerte Vorteile, etwa durch Überlassung eines Firmenwagens.[105]

53 Bei der Berechnung von Provision ist der Durchschnitt der **letzten drei Jahre** in Ansatz zu bringen, § 74b Abs. 2 HGB. Hat das Arbeitsverhältnis noch nicht so lange bestanden, wird der Durchschnitt aus dem Zeitraum ermittelt, für den die Bestimmung in Kraft war, § 74b HGB.

54 Durch die Karenzentschädigung soll der Arbeitnehmer einen finanziellen Ausgleich dafür erhalten, dass er sich im Interesse des Arbeitgebers der Wettbewerbshandlung enthält.

55 **Einkünfte aus selbständiger oder unselbständiger Tätigkeit**, die der Arbeitnehmer durch die Verwertung seiner Arbeitskraft erzielt, sind während der Realisierung des Wettbewerbsverbots auf die Karenzentschädigung anzurechnen, § 74c Abs. 1 HGB. **Zinsgewinne** aus Kapitaleinlagen oder bereits während des Arbeitsverhältnisses erzielte Nebeneinnahmen zählen nicht hierzu.[106] Grundsätzlich gilt, dass alle diejenigen Einkommensbestandteile, die die Höhe der Karenzentschädigung bestimmen, auch den Umfang der anrechenbaren Leistungen abgrenzen.[107] Soweit allerdings der Arbeitnehmer beim Arbeitgeber nur in Teilzeit gearbeitet hat und während des Wettbewerbsverbots eine Vollzeitbeschäftigung ausübt, ist der Erwerb aus der Vollzeitbeschäftigung nur zeitanteilig zu berücksichtigen.[108]

56 **Arbeitslosengeld** ist als Lohnersatzleistung wie jeder anderweitige Verdienst nach § 74c Abs. 1 HGB zu berücksichtigen. Eine Kürzung der Karenzentschädigung um das Arbeitslosengeld ist dem Arbeitgeber selbst dann versagt, wenn er eine Erstattung des Arbeitslosengeldes an die Agentur für Arbeit vornehmen muss.[109] Eine Hochrechnung des Arbeitslosengeldes auf ein Bruttoarbeitsentgelt findet nicht statt.[110] **Übergangsgeld** steht dem Arbeitslosengeld nicht gleich.[111] **Renten** aus der gesetzlichen Rentenversicherung unterliegen als im Berufsleben erdiente Versicherungsleistung nicht der Anrechnung.[112] Höchstrichterlich noch nicht entschieden ist, ob sich der Arbeitnehmer Betriebsrenten auf die Karenzentschädigung anrechnen lassen muss.[113]

57 **Böswilliges Unterlassen anderweitigen Erwerbs** steht dem tatsächlichen Erwerb gleich und führt zur fiktiven Anrechnung des anderweitigen Verdienstes (§ 74c Satz 1 HGB). Böswillig handelt der Arbeitnehmer, der eine ihm mögliche und den gesamten Umständen nach zumutbare Tätigkeit nicht aufnimmt. Das Verhalten des Arbeitnehmers muss nachvollziehbar sein. Es gilt der Redlichkeitsmaßstab des § 242 BGB.[114] Der Arbeitgeber kann sich seiner Verpflichtung zur Zahlung von Karenzentschädigung nicht dadurch entziehen, dass er einem Ruheständler die Weiterbeschäftigung anbietet.[115]

58 Übersteigt die Gesamtheit der anrechenbaren Leistungen unter Hinzurechnung der Karenzentschädigung den Betrag der zuletzt bezogenen Leistungen um mehr als 10 v.H., wird die Karenzentschädigung entsprechend gekürzt. Die Grenze erhöht sich auf 25 v.H., wenn das Wettbewerbsverbot den Arbeitnehmer zu einer Verlegung seines Wohnsitzes zwingt, § 74 Abs. 1 Satz 2 HGB. Unter dem Gesichtspunkt der Ursächlichkeit des Wettbewerbsverbots für den Wohnsitzwechsel wird vorausgesetzt, dass eine Wettbewerbstätigkeit am früheren Wohnsitz des Arbeitnehmers überhaupt objektiv und subjektiv für ihn in Betracht gekommen wäre.[116] Ein Zwang zum Wohnsitzwechsel wird bereits dann anerkannt, wenn der Arbeitnehmer nur außerhalb seines bisherigen Wohnsitzes eine angemessene neue Beschäftigung findet. Es reicht aus, dass sich der neue Arbeitgeber die örtliche Versetzung des Arbeitnehmers vorbehält und diese dann umgesetzt wird. Der später vollzogene Umzug des Arbeitnehmers wirkt auf die Anrechnungsfreigrenze zurück.[117]

59 Mit der **erhöhten Anrechnungsfreigrenze von 25 %** werden die Mehraufwendungen ausgeglichen, die der Arbeitnehmer durch den Umzug erleidet. Außerdem wird ein Anreiz geschaffen, sich nach einer neuen Arbeit umzusehen.[118] Ein Arbeitnehmer ist durch das Wettbewerbsverbot gezwungen, seinen Wohnsitz zu verlegen,

---

105 *Bauer/Diller*, Wettbewerbsverbote, Rn 236 ff.; ErfK/*Schaub*, § 74 HGB Rn 31.
106 BAG 20.4.1967 – 3 AZR 314/66, DB 1967, 1415.
107 BAG 9.1.1990 – 3 AZR 110/88, DB 1990, 991.
108 LAG Köln 2.10.1986 – 10 Sa 647/86, LAGE § 74c HGB Nr. 1.
109 BAG 22.5.1990 – 3 AZR 373/88, DB 1991, 451.
110 BAG 27.11.1991 – 4 AZR 211/91, DB 1992, 1294.
111 BAG 7.11.1989 – 3 AZR 796/87, DB 1990, 889.
112 BAG 30.10.1984 – 3 AZR 213/82, DB 1985, 709.
113 Verneinend: Küttner/*Reinecke*, Personalbuch, 470 Rn 35.
114 BAG 13.11.1975 – 3 AZR 38/75, DB 1976, 439.
115 BAG 3.7.1990 – 3 AZR 96/89, DB 1991, 1125.
116 BAG 10.9.1985 – 3 AZR 31/84, NZA 1986, 329.
117 BAG 8.11.1994 – 9 AZR 4/93, DB 1995, 1569.
118 BAG 17.5.1988 – 3 AZR 482/86, NZA 1989, 142.

wenn er nur außerhalb seines bisherigen Wohnorts eine Tätigkeit ausüben kann, die nach Art, Vergütung und beruflichen Chancen seiner bisherigen Tätigkeit nahe kommt. Ist am bisherigen Wohnsitz ein Unternehmen ansässig, bei dem die Aufnahme einer Tätigkeit dem Arbeitnehmer verboten ist, so muss der Arbeitnehmer nicht nachweisen, dass er, das nachvertragliche Wettbewerbsverbot hinweggedacht, bei diesem auch tatsächlich eine Anstellung gefunden hätte.[119]

Das **Schema** der Berechnung einer Karenzentschädigung hat somit folgenden Inhalt:

I. Jahresberechnung

    Letzte Jahreseinnahmen : 2 = Quotient

    Quotient : 12 = Monatlich zahlbare Karenzentschädigung, wenn nicht

II. Berücksichtigung anderweitigen Verdienstes

  1. Letztes Jahreseinkommen + 10 % oder im Falle des Wohnungswechsels 25 %

    Gesamtsumme von 110 % oder 125 %

      – Karenzentschädigung

      = Nicht anrechenbare Vergütung

  2. Neues Jahreseinkommen

      – Nicht anrechenbare Vergütung aus 1.

      = Anrechenbare Vergütung

  3. Karenzentschädigung aus I.

      – Anrechenbare Vergütung aus 2.

      = Zahlbare Karenzentschädigung

B. Texte

I. Wettbewerbsverbote

1. Muster: Nachvertragliches Wettbewerbsverbot

Zwischen

der Firma ■■■

                                                                                                                – nachstehend: Firma –

und

Herrn ■■■

wird die nachfolgende Wettbewerbsvereinbarung getroffen:

(1) Herr ■■■ verpflichtet sich, für die Dauer von zwei Jahren nach Beendigung des Arbeitsverhältnisses für keine andere Firma, keine Einzelperson (Vertrieb) und für keinen Zusammenschluss von Gesellschaften tätig zu sein, die auf den nachstehend aufgeführten Tätigkeitsgebieten mit der Firma im Wettbewerb stehen.

Tätigkeitsgebiete der Firma in diesem Sinne sind: ■■■

Der räumliche Geltungsbereich der Wettbewerbsvereinbarung umfasst ■■■.

Nicht gestattet ist jede unselbständige und selbständige Konkurrenztätigkeit. Herr ■■■ darf für die vom Wettbewerbsverbot betroffenen Firmen weder unmittelbar noch mittelbar, weder in einem freien Mitarbeiterverhältnis noch in einem Arbeitsverhältnis tätig werden. Er wird ein Konkurrenzunternehmen weder errichten noch erwerben und sich auch nicht an einem zur Firma im Wettbewerb stehenden Unternehmen beteiligen. Untersagt ist auch die Tätigkeit für ein anderes Unternehmen, das mit einem Wettbewerbsunternehmen im Sinne dieser Vereinbarung im Konzernverbund steht oder auf das ein Wettbewerbsunternehmen aufgrund sonstiger tatsächlicher oder rechtlicher Bindungen Einfluss nehmen kann bzw. das seinerseits aufgrund solcher Bindungen Einfluss auf ein Wettbewerbsunternehmen hat.

---

119 BAG 23.2.1999 – 9 AZR 739/97, NZA 1999, 936.

(2) Während der Laufzeit des Wettbewerbsverbots zahlt die Firma Herrn ▄▄▄ eine Entschädigung in Höhe von 50% seiner zuletzt bei der Firma bezogenen vertragsmäßigen Leistungen. Die Karenzentschädigung wird in monatlichen Beträgen jeweils am Monatsende gezahlt.

Auf die Karenzentschädigung wird angerechnet, was Herr ▄▄▄ während der Laufzeit des Wettbewerbsverbots durch anderweitige Verwertung seiner Arbeitskraft erwirbt oder zu erwerben böswillig unterlässt. Eine Anrechnung findet nur in dem Umfang statt, wie die Entschädigung unter Hinzurechnung dieses Betrages die Summe der zuletzt bezogenen vertragsmäßigen Leistungen um mehr als 10% übersteigt.

Herr ▄▄▄ verpflichtet sich, während der Laufzeit des Wettbewerbsverbots auf Verlangen der Firma jederzeit in nachprüfbarer Weise durch Belege Auskunft über die Höhe seiner Einnahmen zu erteilen.

(3) Kündigt die Firma das Arbeitsverhältnis aus wichtigem Grund, so wird das Wettbewerbsverbot unwirksam, wenn die Firma innerhalb eines Monats nach der Kündigung Herrn ▄▄▄ schriftlich mitteilt, dass sie sich nicht an die Vereinbarung gebunden halte.

(4) Kündigt die Firma das Arbeitsverhältnis ordentlich, ohne dass ein erheblicher Anlass in der Person des Herrn ▄▄▄ vorliegt, wird das Wettbewerbsverbot unwirksam, wenn Herr ▄▄▄ innerhalb eines Monats nach Zugang der Kündigung der Firma schriftlich mitteilt, dass er sich nicht an die Vereinbarung gebunden halte. Das Wettbewerbsverbot bleibt in diesem Fall aber wirksam, wenn sich die Firma bei der Kündigung bereit erklärt, während der vorgesehenen Laufzeit des Verbots die gesamte zuletzt bezogene vertragsmäßige Vergütung an Herrn ▄▄▄ zu zahlen.

(5) Die Firma kann bis zur Beendigung des Arbeitsverhältnisses durch schriftliche Erklärung auf das Wettbewerbsverbot verzichten mit der Folge, dass sie nach Ablauf eines Jahres seit Erklärung des Verzichts von der Verpflichtung zur Zahlung der Entschädigung frei wird.

(6) Die Wettbewerbsvereinbarung wird erst wirksam, wenn das Arbeitsverhältnis über die Probezeit hinaus fortgesetzt wird. Das Wettbewerbsverbot wird von den Parteien bereits jetzt einvernehmlich aufgehoben für den Zeitpunkt, an dem Herr ▄▄▄ in den Ruhestand tritt.

(7) Handelt Herr ▄▄▄ dem Wettbewerbsverbot zuwider, ist die Firma für jeden Fall der Zuwiderhandlung berechtigt, eine Vertragsstrafe in Höhe von ▄▄▄ zu beanspruchen, ohne dass es eines Schadensnachweises bedarf. Bei dauernder Verletzung des Verbots entsteht die Vertragsstrafe für jeden angefangenen Monat der Verletzung neu.

Die Geltendmachung eines weitergehenden Schadens bleibt vom Vertragsstrafeversprechen unberührt. Für die Dauer einer Vertragsverletzung entfällt jeglicher Anspruch auf Zahlung der Karenzentschädigung.

(8) Im Übrigen gelten die Vorschriften des HGB über Wettbewerbsverbote entsprechend (§§ 74–75c HGB).

(9) Sollte eine Bestimmung dieser Vereinbarung unwirksam sein oder werden, lässt dies die Wirksamkeit der übrigen Bestimmungen unberührt. Anstelle der unwirksamen soll eine dem beabsichtigten Vertragszweck möglichst nahe kommende wirksame Bestimmung treten.

(10) Herr ▄▄▄ bestätigt, eine von beiden Parteien unterzeichnete Ausfertigung dieses Zusatzvertrages zum Arbeitsvertrag entgegengenommen zu haben.

2. Muster: Nachvertragliches unternehmensbezogenes Wettbewerbsverbot

Zwischen

der Firma ▄▄▄

– nachstehend: Firma –

und

Herrn ▄▄▄

– nachstehend: Mitarbeiter –

wird die nachfolgende Wettbewerbsvereinbarung getroffen:

(1) Dem Mitarbeiter ist nicht gestattet, für die Dauer von zwei Jahren nach dem Ende seines Arbeitsverhältnisses in selbständiger, unselbständiger oder anderer Weise für Dritte tätig zu werden, die mit der Firma in direktem oder indirektem Wettbewerb stehen oder mit einem Wettbewerbsunternehmen verbunden sind. Ebenso ist es dem Mitarbeiter nicht gestattet, während der Laufzeit des Wettbewerbsverbots ein solches Unternehmen zu errichten, zu erwerben oder sich hieran unmittelbar oder mittelbar zu beteiligen. Das Wettbewerbsverbot wirkt auch im Hinblick auf die mit der Firma jetzt und in Zukunft verbundenen Unternehmen.

(2) Das Wettbewerbsverbot gilt auch für und gegen einen Rechtsnachfolger der Firma. Bei einer Veräußerung des Betriebes geht es auf den Erwerber über. Der Mitarbeiter ist mit dem Übergang der Rechte aus dieser Vereinbarung auf einen etwaigen Rechtsnachfolger einverstanden.

(3) Für die Dauer des Wettbewerbsverbots zahlt die Firma eine Karenzentschädigung, die für jedes Jahr des Verbots der Hälfte der von dem Mitarbeiter zuletzt bezogenen vertragsmäßigen Leistungen der Firma entspricht.

(4) Anderweitigen Erwerb muss sich der Mitarbeiter gemäß § 74c HGB auf die Entschädigung anrechnen lassen. Der Mitarbeiter hat unaufgefordert mitzuteilen, ob und in welcher Höhe er Vergütungen neben der Karenzentschädigung bezieht. Auf Verlangen sind die Angaben durch Vorlage prüfbarer Unterlagen zu belegen.

(5) Für jeden Fall der Zuwiderhandlung gegen das Verbot hat der Mitarbeiter eine Vertragsstrafe in Höhe von 10.000 EUR zu zahlen. Im Fall eines Dauerverstoßes fällt die Vertragsstrafe an jedem angefangenen Monat neu an. Die Geltendmachung eines weitergehenden Schadens bleibt vorbehalten.

(6) Dieses Wettbewerbsverbot wird nicht wirksam, wenn der Mitarbeiter nach seinem Ausscheiden Altersruhegeld bezieht oder das Arbeitsverhältnis nicht mehr als sechs Monate gedauert hat. Eine Karenzentschädigung ist nicht zu zahlen während der Absolvierung des Wehrdienstes, des Zivildienstes oder der Verbüßung einer Freiheitsstrafe.

(7) Im Übrigen gelten die §§ 74 ff. HGB entsprechend.

■■■ (Unterschrift Firma)

■■■ (Unterschrift Mitarbeiter)

Der Mitarbeiter bestätigt, eine Zweitschrift dieser Vereinbarung erhalten zu haben, die die Unterschrift eines vertretungsberechtigten verantwortlichen Mitarbeiters der Firma trägt.

■■■ (Unterschrift Mitarbeiter)

3. Muster: Vertragliches und nachvertragliches, unternehmens- und tätigkeitsbezogenes Wettbewerbsverbot

Zwischen

der Firma ■■■

– nachstehend: Arbeitgeberin –

und

Herrn ■■■

– nachstehend: Mitarbeiter –

wird in Ergänzung des Arbeitsvertrages vom ■■■ folgende Wettbewerbsvereinbarung getroffen:

§ 1 Vertragliches Wettbewerbsverbot

Während der Dauer des Arbeitsverhältnisses ist dem Mitarbeiter als Nebenpflicht aus dem Arbeitsvertrag jeglicher Wettbewerb mit der Arbeitgeberin verboten. Nebenbetätigungen, die die Interessen der Arbeitgeberin beeinträchtigen könnten, darf der Mitarbeiter nur mit Zustimmung der Arbeitgeberin ausüben.

§ 2 Nachvertragliches Wettbewerbsverbot

(1) Der Mitarbeiter verpflichtet sich, zwei Jahre lang nach Beendigung seines Arbeitsverhältnisses seine betriebsspezifischen Kenntnisse ohne vorherige Zustimmung der Arbeitgeberin weder unmittelbar noch mittelbar, weder beruflich noch anderweitig auf den Gebieten Vertrieb und Marketing zu verwerten, noch bei einem branchengleichen oder branchenähnlichen Unternehmen auf den Gebieten Vertrieb und Marketing tätig zu werden, noch bei einem solchen Unternehmen mit Rat und Tat oder in anderer Weise auf den Gebieten Vertrieb und Marketing mitzuwirken, sich zu beteiligen oder ein solches Unternehmen mit Rat und Tat zu unterstützen.

(2) Konkurrenzunternehmen i.S.v. Abs. 1 sind u.a. die folgenden Firmen:
- (auf dem Gebiet der Neumaschinenherstellung): ■■■
- (auf dem Gebiet des Gebrauchtmaschinenhandels): ■■■

Als Konkurrenzunternehmen gelten auch solche Unternehmen, die unter die Voraussetzungen des § 2 Abs. 1 fallen, ohne in Abs. 2 aufgeführt zu sein.

(3) Das Wettbewerbsverbot wirkt auch im Hinblick auf die mit der Arbeitgeberin jetzt und in Zukunft verbundenen Unternehmen. Es gilt auch für und gegen einen Rechtsnachfolger der Arbeitgeberin. Bei einer Veräußerung des Betriebes geht es auf den Erwerber über. Der Mitarbeiter ist mit dem Übergang der Rechte aus dieser Vereinbarung auf einen etwaigen Rechtsnachfolger einverstanden.

§ 3 Karenzentschädigung

(1) Die Arbeitgeberin verpflichtet sich, dem Mitarbeiter während der Dauer des Wettbewerbsverbots monatlich eine Entschädigung zu zahlen, die 100% der letzten vertragsmäßigen Leistungen des Mitarbeiters entspricht. Bezieht der Mitarbeiter mit der Verpflichtung zur Wettbewerbsenthaltung Altersruhegeld, erhält er 50% der letzten vertragsgemäßen Leistungen.

Bei wechselnden Bezügen errechnet sich gemäß § 74b Abs. 2 HGB die Entschädigung unter Berücksichtigung des Durchschnitts der letzten drei Jahre.

(2) Auf die Entschädigung wird alles angerechnet, was der Mitarbeiter durch anderweitige Verwertung seiner Arbeitskraft erwirbt oder zu erwerben böswillig unterlässt, sofern der Verdienst und die Entschädigung zusammen mehr als 10 v.H., bei durch das Wettbewerbsverbot notwendiger Wohnsitzverlegung 25 v.H. der bisherigen Bezüge übersteigen.

§ 4 Auskünfte

(1) Der Mitarbeiter verpflichtet sich, während der Kündigungsfrist und während der Dauer des Wettbewerbsverbots der Arbeitgeberin unaufgefordert und unverzüglich

a) einen etwaigen künftigen neuen Arbeitgeber, beabsichtigte freiberufliche Tätigkeiten oder den geplanten künftigen beruflichen Verwendungsbereich und den Einsatzort,

b) jeden Wechsel seines Wohnsitzes, der nächsten Arbeitgeber oder sonstiger Vertragspartner, seiner beruflichen Aktivitäten und des Einsatzortes sowie

c) jede Änderung seines Bruttoverdienstes

bekannt zu geben und auf Verlangen der Arbeitgeberin glaubhaft zu machen.

(2) Der Arbeitgeberin steht für den Fall, dass der Mitarbeiter seiner Auskunftspflicht nicht oder nicht vollständig nachkommt, bis zur Erfüllung der Auskunft ein Zurückbehaltungsrecht an der Karenzentschädigung zu.

§ 5 Ende des Arbeitsverhältnisses

(1) Wird das Arbeitsverhältnis von einer Fahrzeugespartei aus wichtigem Grund gekündigt, kann sich der Kündigende von der Wettbewerbsabrede dadurch befreien, dass er sich vor Ablauf eines Monats nach Zugang der Kündigung schriftlich vom Wettbewerbsverbot lossagt.

(2) Endet das Arbeitsverhältnis aus anderen Gründen (auch einvernehmlich), bleibt die Wettbewerbsabrede bestehen. Sie entfällt, wenn der Tatbestand des § 75 Abs. 2 HGB erfüllt ist oder die Arbeitgeberin ihre Rechte gemäß § 75a HGB ausübt.

§ 6 Ergänzende Bestimmungen

(1) Es besteht Einigkeit zwischen den Parteien, dass auf das Wettbewerbsverbot die Bestimmungen des HGB über Wettbewerbsverbote für kaufmännische Angestellte einschließlich der ergänzenden Rechtsprechung des Bundesarbeitsgerichts angewendet werden sollen.

(2) Der Mitarbeiter bestätigt, eine von der Arbeitgeberin unterzeichnete, die vorstehenden Vereinbarungen wiedergebende Urkunde ausgehändigt erhalten zu haben.

(3) Abreden außerhalb dieses Vertrages bestehen nicht. Änderungen oder Ergänzungen dieses Vertrages bedürfen der Schriftform.

§ 7 Salvatorische Klausel

Sollten einzelne Bestimmungen dieser Vereinbarung ganz oder teilweise unwirksam sein oder werden, so wird hierdurch die Gültigkeit der übrigen Bestimmungen nicht berührt. Anstelle der unwirksamen Bestimmung gilt diejenige wirksame Bestimmung als vereinbart, die dem Sinn und Zweck der unwirksamen Bestimmung am nächsten kommt. Dies gilt auch dann, wenn die Unwirksamkeit einer Bestimmung auf einem Maß der Leistung oder der Zeit beruht; es gilt dann das rechtlich zulässige Maß.

4. Muster: Tätigkeits- und gebietsbezogenes Wettbewerbsverbot

Zwischen

der Firma ▬▬▬

– nachstehend: Firma –

und

Herrn ▬▬▬

– nachstehend: Mitarbeiter –

wird in Ergänzung zum Arbeitsvertrag folgendes Wettbewerbsverbot vereinbart:

(1) Dem Mitarbeiter ist es untersagt, während der Dauer von sechs Monaten nach der Beendigung des Arbeitsverhältnisses für ein Unternehmen tätig zu werden, welches mit der Firma in direktem oder indirektem Wettbewerb steht, gleichgültig, wie diese Tätigkeit erfolgt. Untersagt ist auch die Tätigkeit für ein anderes Unternehmen, das mit einem Wettbewerbsunternehmen im Sinne dieser Vereinbarung im Konzernverbund steht oder auf das ein Wettbewerbsunternehmen aufgrund sonstiger tatsächlicher oder rechtlicher Bindungen Einfluss nehmen kann bzw. das seinerseits aufgrund solcher Bindungen Einfluss auf ein Wettbewerbsunternehmen hat.

Dieses Wettbewerbsverbot erstreckt sich sachlich auf alle Unternehmen, die ■■■ herstellen oder vertreiben. Dieses Wettbewerbsverbot erstreckt sich räumlich auf alle Länder der Welt, in denen die Firma diese Produkte herstellt oder vertreibt.

(2) Die Firma zahlt dem Mitarbeiter für die Dauer des Wettbewerbsverbots eine Entschädigung in Höhe der Hälfte der zuletzt von ihm bezogenen Fahrzeugesmäßigen Leistungen. Die Entschädigung ist am Ende eines jeden Monats fällig. Die Anrechnung dessen, was der Mitarbeiter während der Dauer des Wettbewerbsverbots durch anderweitige Verwertung seiner Arbeitskraft erwirbt oder zu erwerben böswillig unterlässt, richtet sich nach § 74c HGB.

(3) Der Mitarbeiter verpflichtet sich, der Firma während der Dauer des Wettbewerbsverbots jederzeit auf Verlangen Auskunft über seine Tätigkeit, Name und Anschrift seines Arbeitgebers sowie sämtliche für das Wettbewerbsverbot bedeutsamen Umstände zu geben.

(4) Bei Ausscheiden des Mitarbeiters aus dem aktiven Arbeitsleben entfällt das Wettbewerbsverbot. Gründe für das Ausscheiden aus dem aktiven erwerbsfähigen Arbeitsleben können z.B. Altersruhegeld, Erwerbsunfähigkeitsrente, Berufsunfähigkeitsrente, Vorruhestandsgeld usw. sein. In diesen Fällen endet das Wettbewerbsverbot am letzten Tag des Arbeitsverhältnisses, ohne dass dem Mitarbeiter ein Anspruch auf Karenzentschädigung zusteht.

(5) Im Übrigen gelten die Vorschriften über das Wettbewerbsverbot nach §§ 74 ff. HGB.

 (Ort, Datum, Unterschrift Firma)

 (Ort, Datum, Unterschrift Mitarbeiter)

Diese Vereinbarung wird in zwei Exemplaren erstellt. Der Mitarbeiter bestätigt hiermit, eine von der Firma original unterschriebene, vollständige Fassung erhalten zu haben.

 (Unterschrift Mitarbeiter)

5. Muster: Tätigkeits- und gebietsbezogenes Wettbewerbsverbot als Arbeitsvertragsklausel

(1) Herr ■■■ verpflichtet sich, für die Dauer von ■■■ nach Beendigung des Arbeitsverhältnisses nicht auf folgenden Gebieten in selbständiger oder unselbständiger Form tätig zu werden: ■■■. Der örtliche Geltungsbereich des Verbots erstreckt sich auf ■■■.

(2) Für die Dauer des Verbots zahlt die Firma Herrn ■■■ als Entschädigung 50% der zuletzt gewährten vertragsmäßigen Leistungen.

(3) Im Übrigen finden auf diese Wettbewerbsklausel die §§ 74 bis 75c HGB Anwendung.

(4) Herr ■■■ bestätigt, eine von beiden Parteien unterzeichnete Ausfertigung dieser Wettbewerbsabrede erhalten zu haben.

6. Muster: Unternehmensbezogene Wettbewerbsklausel

(1) Herr ■■■ verpflichtet sich, für die Dauer von zwei Jahren nach Beendigung des Arbeitsverhältnisses nicht für ein Unternehmen tätig zu sein, das die folgenden Erzeugnisse herstellt oder vertreibt: ■■■

(2) Innerhalb der vorstehenden Grenzen ist es Herrn ■■■ danach auch verwehrt, ein festes Arbeitsverhältnis oder ein freies Beratungs- oder Vertretungsverhältnis zu einem solchen Unternehmen einzugehen, ein solches Unternehmen selbst zu errichten oder zu erwerben, sich an einem solchen Unternehmen – ganz gleich in welcher Rechtsform – finanziell zu beteiligen.

(3) Der örtliche Geltungsbereich des Wettbewerbsverbots erstreckt sich auf ■■■.

(4) Für die Dauer des Wettbewerbsverbots zahlt die Firma Herrn ▬▬▬ als Entschädigung die Hälfte der zuletzt bezogenen vertragsmäßigen Leistungen.

(5) Im Übrigen gelten die gesetzlichen Bestimmungen der §§ 74 bis 75c des Handelsgesetzbuches.

7. Muster: Tätigkeitsbezogene Wettbewerbsklausel

(1) Für die Dauer von zwei Jahren nach Beendigung des Anstellungsverhältnisses verpflichtet sich Herr ▬▬▬, im Gebiet von ▬▬▬ keine Anstellung bei einem Konkurrenzunternehmen der Firma anzunehmen, für ein solches Unternehmen weder unmittelbar noch mittelbar tätig zu sein und sich auch an einem derartigen Unternehmen – direkt oder indirekt – nicht zu beteiligen. Untersagt ist auch die Tätigkeit für ein anderes Unternehmen, das mit einem Wettbewerbsunternehmen im Sinne dieser Vereinbarung im Konzernverbund steht oder auf das ein Wettbewerbsunternehmen aufgrund sonstiger tatsächlicher oder rechtlicher Bindungen Einfluss nehmen kann bzw. das seinerseits aufgrund solcher Bindungen Einfluss auf ein Wettbewerbsunternehmen hat.

(2) Für jeden Fall der Zuwiderhandlung gegen dieses Wettbewerbsverbot hat Herr ▬▬▬ an die Firma eine Vertragsstrafe in Höhe von ▬▬▬ EUR zu zahlen.

(3) Andererseits hat die Firma für die Dauer des Wettbewerbsverbots an Herrn ▬▬▬ eine monatliche Entschädigung in Höhe von ▬▬▬ EUR zu zahlen.

8. Muster: Mandantenschutzklausel

(1) Der Mitarbeiter verpflichtet sich, innerhalb von zwei Jahren nach Beendigung des Anstellungsverhältnisses keine Tätigkeit, freiberuflich oder als Angestellter eines anderen Berufsangehörigen, für solche Auftraggeber auszuüben, die in den letzten drei Jahren vor Beendigung des Dienstverhältnisses zum Kundenkreis der Firma gehörten.

(2) Während der Dauer des Mandantenschutzes erhält der Mitarbeiter eine Entschädigung, die für jedes Jahr des Verbots die Hälfte der von dem Mitarbeiter zuletzt bezogenen vertragsmäßigen Leistungen beträgt.

(3) Der Mitarbeiter muss sich anderweitigen Erwerb nach Maßgabe von § 74c HGB anrechnen lassen. Der Mitarbeiter hat jeweils zum Quartalsende unaufgefordert mitzuteilen, ob und in welcher Höhe er anderweitige Einkünfte bezieht. Auf Verlangen sind die Angaben zu belegen.

(4) Für jeden Fall der Zuwiderhandlung gegen das Verbot hat der Mitarbeiter eine Vertragsstrafe in Höhe von ▬▬▬ EUR zu zahlen. Im Fall eines Dauerverstoßes wird die Vertragsstrafe für jeden angefangenen Monat neu verwirkt. Die Geltendmachung eines darüber hinausgehenden Schadens bleibt vorbehalten.

(5) Das Wettbewerbsverbot gilt auch mit einem Rechtsnachfolger des Betriebs, insbesondere geht es bei einer Veräußerung auf den Erwerber über. Der Mitarbeiter ist mit dem Übergang der Rechte aus dieser Vereinbarung an den Rechtsnachfolger einverstanden.

(6) Das Wettbewerbsverbot tritt nicht in Kraft, wenn der Mitarbeiter bei seinem Ausscheiden das 65. Lebensjahr vollendet oder das Arbeitsverhältnis weniger als ein Jahr bestanden hat.

(7) Im Übrigen gelten die Vorschriften der §§ 74 ff. HGB.

▬▬▬ (Unterschrift Firma)

Der Mitarbeiter bestätigt, eine von der Firma unterschriebene vollständige Abschrift dieser Vereinbarung erhalten zu haben.

▬▬▬ (Unterschrift Mitarbeiter)

II. Korrespondenz bei Wettbewerbsvereinbarungen

1. Muster: Aufforderung zur Auskunft über anderweitigen Erwerb

Sehr geehrter Herr ■■■,

gemäß dem zwischen Ihnen und uns bestehenden Wettbewerbsverbot sind Sie nach § 74c Abs. 2 HGB verpflichtet, Auskunft über anderweitigen Erwerb während des Bezugs einer Karenzentschädigung zu geben. Wir machen darauf aufmerksam, dass wir über ein Zurückbehaltungsrecht an der Karenzentschädigung verfügen, wenn Sie Ihre Auskünfte nicht, nicht rechtzeitig oder nicht vollständig erteilen. Für den Eingang Ihrer Auskunft haben wir uns deshalb eine Frist notiert bis zum ■■■.

Mit freundlichen Grüßen

2. Muster: Lösungserklärung des Arbeitnehmers gemäß § 75 Abs. 1 oder 2 HGB

Sehr geehrter Herr ■■■,

hiermit erkläre ich gemäß § 75 Abs. 1/Abs. 2 HGB, dass ich mich an das Wettbewerbsverbot ab sofort nicht mehr gebunden erachte.

Mit freundlichen Grüßen

3. Muster: Verzicht des Arbeitgebers gemäß § 75a HGB

Sehr geehrter Herr ■■■,

unser Unternehmen verzichtet gemäß § 75a HGB auf das mit Ihnen vereinbarte nachvertragliche Wettbewerbsverbot. Mit Ablauf eines Jahres nach Zugang unseres heutigen Schreibens sind wir von der Verpflichtung zur Zahlung einer Karenzentschädigung frei.

Mit freundlichen Grüßen

4. Muster: Lösungserklärung des Arbeitgebers bei fristloser Kündigung nach § 75 Abs. 1 und 3 HGB[120]

Sehr geehrter Herr ■■■,

unser Unternehmen kündigt den mit Ihnen bestehenden Arbeitsvertrag aus wichtigem Grund außerordentlich mit sofortiger Wirkung. Außerdem machen wir von unserem Recht nach § 75 Abs. 1 und 3 HGB Gebrauch, uns mit sofortiger Wirkung nicht mehr an das im Arbeitsvertrag vereinbarte Wettbewerbsverbot gebunden zu halten.

Mit freundlichen Grüßen

---

[120] Das BAG hat die wegen Verfassungswidrigkeit von § 75 Abs. 3 HGB entstandene Lücke durch Analogie zum Lösungsrecht des Arbeitnehmers aus § 75 Abs. 1 HGB geschlossen (BAG 23.2.1977 – 3 AZR 620/75, AP § 75 HGB Nr. 6). Aus der Analogie zu § 75 Abs. 1 HGB folgt, dass die Lösungserklärung des Arbeitgebers schriftlich und innerhalb eines Monats nach Zugang der Kündigung erfolgen muss. Im vorliegenden Muster wird – was möglich ist – die Lösungserklärung zeitgleich mit der Kündigung ausgesprochen. Ob die Kündigung wirksam ist, ist ohne Belang für die Frage, ob der Arbeitgeber vom Lösungsrecht nach § 75 Abs. 3 und 1 HGB Gebrauch machen kann. Bei widerspruchsloser Hinnahme einer fristlosen Kündigung oder Abschluss eines Aufhebungsvertrages kann der Arbeitgeber von der Loslösungserklärungsbefugnis ungehindert Gebrauch machen (*Bauer/Diller*, Wettbewerbsverbote, Rn 444).

5. Muster: Angebot einer erhöhten Karenzentschädigung nach § 75 Abs. 2 HGB

↓

Sehr geehrter Herr ■■■,

wir haben das Arbeitsverhältnis wegen Stilllegung des Betriebs mit Schreiben vom ■■■ gekündigt. Gleichwohl halten wir an dem mit Ihnen im Arbeitsvertrag vereinbarten Wettbewerbsverbot fest. Wir erklären nach § 75 Abs. 2 HGB, dass wir während der Dauer des Wettbewerbsverbots anstelle der im Vertrag zugesagten 50%igen Karenzentschädigung die vollen von Ihnen zuletzt bezogenen vertragsmäßigen Leistungen als Karenzentschädigung erbringen.[121]

Mit freundlichen Grüßen

6. Muster: Ablehnungsandrohung durch den Arbeitnehmer bei Karenzzahlungsverzug[122]

↓

Sehr geehrter Herr ■■■,

gemäß dem im Arbeitsvertrag vereinbarten Wettbewerbsverbot sind Sie verpflichtet, monatlich ■■■ EUR an mich als Karenzentschädigung zu zahlen. Die Zahlung ist jeweils am Monatsletzten fällig. Für den Monat ■■■ haben Sie keine Zahlung geleistet. Hiermit setze ich eine Zahlungsfrist bis zum ■■■ (zwei Wochen). Sollte die Zahlung nicht fristgerecht eingehen, trete ich vom Wettbewerbsverbot mit sofortiger Wirkung zurück.

Mit freundlichen Grüßen

---

[121] Mit dem Angebot einer 100%igen Karenzentschädigung wird dem Arbeitnehmer dessen Lösungsrecht nach § 75 Abs. 2 HGB genommen. Wichtig ist, dass in der Formulierung, wie auch generell bei Karenzentschädigungen, Sorgfalt auf die Formulierung der angebotenen finanziellen Leistungen gelegt wird. Es muss, jedenfalls gegenüber Arbeitnehmern, der Wortlaut des § 75 Abs. 2 HGB („die vollen zuletzt von ihm bezogenen vertragsmäßigen Leistungen") verwendet werden, weil andernfalls die Vereinbarung unverbindlich wird (*Bauer/Diller*, Wettbewerbsverbote, Rn 284).

[122] Gerät der Arbeitgeber mit der Zahlung der Karenzentschädigung in Verzug, kann ihm der Arbeitnehmer nach § 323 Abs. 1 BGB eine Nachfrist setzen. Hier dürfte die Frist von zwei Wochen ausreichend sein. Leistet der Arbeitgeber nicht innerhalb der gesetzten Frist, wird er von der Verpflichtung, keinen Wettbewerb zu leisten, frei.

Kapitel 2: Kfz-Nutzung, Dienstwagen

Literatur

Abeln/Meier, Dienstwagen, AuA 2005, 264; *Assmann*, Zur Schätzung der privaten Pkw-Nutzung nach der „1%-Methode", DB 1997, 76; *Becker/Schaffner*, Die Nutzung von Firmenfahrzeugen bei Beendigung des Arbeitsverhältnisses, DB 1993, 2078; *Bein*, Gestellung eines Fahrers für Fahrten zwischen Wohnung und Arbeitsstätte mit Dienstwagen, DB 1992, 964; *van Bürck/Nussbaum*, Herausgabe des Dienstfahrzeugs während der Freistellung des Arbeitnehmers: Vertragliche Gestaltungsmöglichkeiten für die Praxis, BB 2002, 2278; *Dombrowski/Zettelmeier*, Die Wertermittlung der Nutzungsvorteile von Firmenwagen nach § 74 II HGB, NZA 1995, 155; *Fischer*, Der privat genutzte Dienstwagen und das Ende des Entgeltfortzahlungszeitraumes, FA 2003, 105; *Gruss*, Nochmals – Rechtsfragen zum Dienstfahrzeug, BB 1994, 71; *Hansen*, Dienstwagen als Vergütungsbestandteil, AuA 2003, 44; *Hunold*, Rund um den Dienstwagen, AuA 2004, 19; *Kamps*, Besteuerung der privaten Nutzung des betrieblichen Kraftfahrzeugs eines Anwalts, AnwBl 2006, 477; *Kühn*, Eine Analyse zur Neuregelung der Besteuerung privat genutzter Betriebs-Kfz, BB 1997, 285; *Mauer*, Dienstwagenüberlassung an Arbeitnehmer, 2003; *Meier*, Möglichkeiten zum Entzug der Privatnutzung eines Dienstwagens, NZA 1997, 298; *Nägele*, Probleme beim Einsatz von Dienstfahrzeugen, NZA 1997, 1196; *ders.*, Schadensersatz für Entzug des privat genutzten Dienstwagens, BB 1994, 2277; *ders.*, Der Dienstwagen. Arbeits- und Steuerrecht von A–Z, 2002; *Nägele/Schmidt*, Das Dienstfahrzeug, BB 1993, 1797; *Pauly*, Schadensersatz für Entzug des privat genutzten Dienstwagens, AuA 1995, 381; *Peter*, Naturallohn und Sachbezüge, AR-Blattei SD 1740; *Scheidl*, Schadensersatz für Entzug des privat genutzten Dienstwagens, AuA 1995, 381; *Schmiedl*, Die Sicherung des Herausgabeanspruchs am Dienstwagen nach Beendigung des Arbeitsverhältnisses mittels einstweiliger Verfügung, BB 2002, 992; *Schroeder*, Die Nutzungsentschädigung des Arbeitnehmers wegen Entzuges des Firmenwagens nach unwirksamer Kündigung, NZA 1994, 342; *Tänzer*, Die aktuelle Geschäftsführervergütung 2005, GmbHR 2005, 1256; *ders.*, Die angemessene Geschäftsführervergütung, GmbHR 2003, 754; *Zeranski*, Arbeitgeberhaftung für Arbeitnehmerschäden an mietweise überlassenen Nutzfahrzeugen, NJW 1999, 1985.

A. Erläuterungen

Bei der Gestaltung von Vereinbarungen über Dienstwagen stehen drei Fragen im Vordergrund:

- der **Umfang** der Privatnutzung durch den Arbeitnehmer,
- die **steuerrechtliche Behandlung** der Nutzungsüberlassung und
- die **Haftung** für Schäden am Fahrzeug.

Vereinbarungen über Kfz-Nutzung müssen nicht in gesonderten Verträgen getroffen werden, sie können als Inhalt des Arbeitsvertrages geregelt werden, so in den Mustern 1202 (§ 11), 1211 (§ 3e), 1217 (Ziffer 10), 1230 (Ziffer 5), 1309 (Ziffern 5 und 6) oder 1312 (§ 4). Ein ausführlicher Kfz-Nutzungsvertrag findet sich im Muster 1303 (§ 8), das mit geringfügigen Modifikationen zusätzlich als eigenständiges Muster 2200 angeboten wird; die Modifikationen beziehen sich auf Ziffer 4a, die die steuerliche Behandlung der Fahrten zwischen Wohnung und Arbeitsstätte regelt.

I. Vereinbarung des Nutzungsumfangs

1. Betriebliche und private Nutzung

Es obliegt den Parteien zu vereinbaren, ob ein Dienstfahrzeug ausschließlich zu dienstlichen Zwecken oder außerdem auch zu privaten Zwecken genutzt werden darf. Sobald auch die private Nutzung des Fahrzeuges vertraglich geregelt ist, wird sie zum Bestandteil des Vergütungsanspruchs des Arbeitnehmers, und zwar in Form der **Naturalvergütung**.[1]

Im Rahmen der dienstlichen Nutzung des Fahrzeuges übt der Arbeitnehmer lediglich im Rahmen des Arbeitsverhältnisses die tatsächliche Gewalt für den Arbeitgeber als **Besitzdiener** nach § 855 BGB aus.[2] Konsequenz ist, dass dem Arbeitnehmer wegen etwaiger Ansprüche aus dem Arbeitsverhältnis kein Zurückbehaltungsrecht am Fahrzeug nach § 273 BGB zusteht. Hier fehlt es an der Gleichartigkeit der einander geschulde-

---

[1] BFH 20.12.1991 – VI R 116/89, BStBl. II 1992, 308.
[2] OLG Düsseldorf 12.2.1986 – 11 U 76/85, NJW 1986, 2513; BAG 17.9.1998 – 8 AZR 175/97, BAGE 90, 9; ArbG Marburg 5.2.1969 – Ca 600/68, DB 1969, 2041.

ten Leistungen nach § 387 BGB. Haben die Parteien keine abweichende Regelung getroffen, hat im Falle des Urlaubs und im Falle der Arbeitsunfähigkeit der Arbeitnehmer das Fahrzeug an den Arbeitgeber herauszugeben. Gibt der Arbeitnehmer das Fahrzeug nicht heraus, liegt verbotene Eigenmacht vor. Der Arbeitnehmer schuldet als unrechtmäßiger Fremdbesitzer Schadensersatz.[3] Der Arbeitgeber ist nicht verpflichtet, für das betriebseigene Kraftfahrzeug eine Kaskoversicherung abzuschließen.[4]

79 Die vertragliche Absprache in einem Kfz-Überlassungsvertrag, wonach der Arbeitnehmer das Fahrzeug auch zu **Privatfahrten** nutzen darf, beinhaltet die Zusage eines geldwerten Vorteils in Form eines Sachbezugs (**Naturalvergütung**). Hieran knüpfen sich arbeitsrechtliche und steuerrechtliche Folgen. Arbeitsrechtlich kann die Zusage eines Sachbezugs nicht einseitig widerrufen, sondern nur durch Änderungskündigung oder Änderungsvereinbarung beseitigt werden. Die vertragliche Vereinbarung eines Widerrufsrechts ist daran zu messen, ob eine objektive Umgehung des Änderungskündigungsschutzes vorliegt.[5] Das Recht zur privaten Nutzung besteht auch bei Arbeitsabwesenheit weiter, sofern es sich um Zeiträume handelt, für die der Arbeitgeber das Entgelt fortzahlen muss, soweit die Parteien keine abweichende Regelung getroffen haben. In den vorgelegten Vertragstexten behält sich der Arbeitgeber bei einzelnen Sachverhalten ausdrücklich die Herausgabe des Fahrzeuges vor, so beispielsweise in Muster 2200 (Ziffer 4k). Zulässig ist eine vertragliche Vereinbarung, die es dem Arbeitgeber gestattet, während solcher Zeiträume, in denen er die Möglichkeit der privaten Nutzung entzieht, die tatsächliche Nutzung durch die **Vergütung des Nutzungswertes** zu ersetzen.[6] Empfehlenswert sind auch **Widerrufsbefugnisse** für den Arbeitgeber bei Krankheit, Urlaub oder während der Kündigungsfrist des Mitarbeiters.[7] Das Muster 2215 enthält unter Ziffer 2 außerdem die Regelung, wonach das Recht der privaten Nutzung jederzeit widerrufen werden kann. Möglich ist auch die Vereinbarung in einem Dienstwagenvertrag, wonach der Arbeitgeber im Fall der Freistellung berechtigt ist, dem Arbeitnehmer für die Privatfahrten bis zum Vertragsende ein Fahrzeug zur Verfügung zu stellen, das dem bisherigen nicht gleichwertig sein muss.[8]

2. Widerruf der Nutzung

80 Da die Privatnutzung eines Dienstfahrzeuges einen geldwerten Vorteil und damit Arbeitsentgelt des Arbeitnehmers darstellt,[9] kann der Arbeitgeber nur unter bestimmten Bedingungen den Dienstwagen herausverlangen und das **Nutzungsrecht widerrufen**. Voraussetzung ist einmal, dass sich der Arbeitgeber im Arbeits- bzw. Überlassungsvertrag wirksam einen Widerruf vorbehalten hat.[10] Weiterhin darf die Ausübung des Widerrufsvorbehalts nicht zu einer Umgehung des zwingenden Änderungskündigungsschutzes gemäß § 2 KSchG führen, da der Vorbehalt andernfalls nach § 134 BGB unwirksam wäre. Beim Zur-Verfügung-Stellen eines Dienstwagens zur privaten Nutzung handelt es sich um eine vertragliche Nebenleistung.[11] Es entspricht allgemeiner Auffassung, dass der Widerruf einer Nebenleistung jedenfalls dann keine Umgehung des Änderungskündigungsschutzes bedeutet, wenn sich der Widerruf wirtschaftlich auf nicht mehr als 25 % bis 30 % der Gesamtvergütung des Arbeitnehmers auswirkt.[12] Dritte Voraussetzung eines Widerrufsvorbehalts ist die die Festlegung der Widerrufsgründe.[13] An die Stelle von § 315 Abs. 3 BGB treten seit der Schuldrechtsmodernisierung §§ 308 Nr. 4, 307 Abs. 2 Nr. 1 BGB – Vorschriften, die im Ergebnis anhand ähnlicher Kriterien nach einer Überprüfung der Arbeitgeberentscheidung unter dem Gesichtspunkt der Zumutbarkeit für den Arbeitnehmer verlangen.[14] Änderungen der Vertragsbedingungen sind in diesem Sinne nicht nur der Austausch eines Dienstwagens gegen einen anderen oder die Einschränkung der Befugnis der Dienstwagenbenutzung, sondern auch die Wegnahme des Dienstwagens durch den Arbeitgeber.

81 Der Arbeitgeber kann zu Beginn der **Mutterschutzfrist** von einer Mitarbeiterin nur dann die Herausgabe des Firmenfahrzeuges verlangen, wenn die Parteien eine entsprechende Vereinbarung getroffen haben.[15] Gehören

---

[3] LAG Düsseldorf 4.7.1975 – 9 Sa 334/75, DB 1975, 2040; LAG Berlin 26.5.1986 – 9 Sa 24/86, DB 1987, 542.
[4] BAG 24.11.1987 – 8 AZR 66/82, NZA 1988, 584; BAG 22.3.1968 – 1 AZR 392/67, NJW 1968, 1846.
[5] BAG 21.4.1993 – 7 AZR 297/92, DB 1994, 2400; BAG 12.12.1984 – 7 AZR 509/83, BB 1985, 731.
[6] Küttner/*Thomas*, Personalbuch, 142 Rn 3.
[7] Muster 2210 (§ 10); zulässig gemäß BAG 23.6.1994 – 8 AZR 537/92, DB 1994, 2239; BAG 17.9.1998 – 8 AZR 791/96, AuR 1999, 111.
[8] Sächs. LAG 9.4.1997 – 10 Sa 936/96, BB 1997, 1693.
[9] BAG 23.6.1994 – 8 AZR 537/92, AP § 249 BGB Nr. 34; *Nägele/Schmidt*, BB 1993, 1797.
[10] BAG 17.9.1998 – 8 AZR 175/97, NZA 1999, 141; *Nägele*, BB 1994, 2277.
[11] *Lohr*, MDR 1999, 1353.
[12] BAG 12.1.2005 – 5 AZR 364/04, NZA 2005, 465.
[13] BAG 12.1.2005 – 5 AZR 364/04, NZA 2005, 465; *Hümmerich*, Gestaltung von Arbeitsverträgen, § 1 Rn 1787 ff.
[14] *Nägele*, Der Dienstwagen, Rn 12.
[15] BAG 11.10.2000 – 5 AZR 240/99, BB 2001, 364.

Sachbezüge zum Arbeitsentgelt und sind sie nicht frei widerruflich, so sind sie der Arbeitnehmerin nicht nur während eines Beschäftigungsverbots i.S.d. § 3 Abs. 1, 4 MuSchG, sondern regelmäßig auch während der Schutzfristen des §§ 3 Abs. 2, 6 Abs. 1 MuSchG weiter zu gewähren.[16] Das BAG hat seine Auffassung damit begründet, dass der während des Beschäftigungsverbots nach § 11 MuSchG zu zahlende Durchschnittsverdienst aus dem bisherigen Sachbezug und nicht nur aus einem entsprechenden Geldwert bestehe. Die werdende und später junge Mutter solle gemäß §§ 11, 14 MuSchG vor wirtschaftlichen Nachteilen bewahrt werden. Es dürfe daher keine Verdienstminderung durch das Beschäftigungsverbot eintreten. Nach jetziger Rechtslage steht bei vereinbarter Privatnutzung § 307 Abs. 2 Nr. 1 BGB einer Wegnahme entgegen.

Der Gestalter von Vereinbarungen über die Nutzung von Dienstfahrzeugen sollte unter Berücksichtigung der Arbeitgeberinteressen darauf achten, dass Sachbezüge generell mit Widerrufsklauseln verbunden werden. Dadurch wird gewährleistet, dass der Firmenwagen dem Unternehmen während der Schutzfristen oder im Falle eines Beschäftigungsverbots weiterhin zur Verfügung steht. Allerdings muss der Wegfall des Sachbezugs dann angemessen abgegolten bzw. bei der Berechnung des Zuschusses berücksichtigt werden. Eine entsprechende Regelung enthält Muster 2205 (§ 4).

3. Dienstwagen und Altersteilzeit

Wer in Altersteilzeit wechselt, hat nach Auffassung des ArbG Frankfurt[17] keinen Anspruch auf einen Dienstwagen. Die Benutzung eines Dienstfahrzeuges hängt nach Auffassung der Kammer unmittelbar mit der Ausübung der beruflichen Tätigkeit zusammen.

Werden für die Nutzung von Dienstwagen zu Privatfahrten keine Nutzungsentgelte zwischen Arbeitgeber und Arbeitnehmer vereinbart, muss der zusätzliche Vergütungsbestandteil sogar bei der Berechnung der betrieblichen Altersversorgung berücksichtigt werden, soweit die Versorgungsordnung dies vorsieht. Wird in der Versorgungsordnung der Begriff des ruhegeldfähigen Einkommens eng gefasst und sind dort beispielsweise Zuschläge und Urlaubsgeld ausgeklammert, ist auch der Wert der Privatnutzung des Dienstwagens nicht ruhegehaltsfähig.[18]

4. Sonstiges

Wird dem Arbeitnehmer ein Dienstwagen bereitgestellt, ist der Arbeitgeber auch befugt, den Arbeitnehmer anzuweisen, **Arbeitskollegen** im Dienstwagen mitzunehmen.[19] Die vorgelegten Muster sehen keine Nutzungsentgelte des Arbeitnehmers für den Gebrauch des Dienstwagens vor. Anders dürfte die Frage eventuell im Hinblick auf das Muster 2225 zu beantworten sein. Dieses Muster enthält die Besonderheit, dass der Arbeitnehmer die monatlichen Leasingkosten selbst trägt. Sie werden nämlich, wie sich aus Ziffer 4 ergibt, bei seiner Tantieme in Abzug gebracht. Ob vor diesem Hintergrund vom Mitarbeiter noch eine Pauschal- oder Einzelnachweisversteuerung, wie dies Ziffer 13 in Muster 2225 nach Wahl des Mitarbeiters vorsieht, verlangt werden kann, erscheint zweifelhaft. Bei einer Leasingrate von ca. 600 EUR, die dem Arbeitnehmer einbehalten wird, dürfte ein ansehnliches Nutzungsentgelt für die private Nutzung vom Arbeitnehmer geleistet werden.

Stellt das Unternehmen dem Mitarbeiter neben dem Dienstwagen einen **Fahrer** zur Verfügung (wie bei Vorstandsmitgliedern)[20] und ist ihm die private Nutzung des Dienstwagens gestattet, sollte der Mitarbeiter, der den Fahrer nicht für private Fahrten nutzt, einen Vermerk fertigen und zu den Akten nehmen, aus dem sein Verzicht auf die Tätigkeit des Fahrers zu privaten Fahrten hervorgeht. Andernfalls muss er sich einen Anteil des Fahrergehalts als geldwerten Vorteil anrechnen lassen.

II. Steuerrechtliche Behandlung der privaten Nutzung

Mit § 8 Abs. 2 Satz 2 ff. i.V.m. § 6 Abs. 1 Nr. 4 EStG ist eine gesetzliche Regelung gegeben, die nur noch **zwei Methoden** im Sinne eines Wahlrechts zur Ermittlung des geldwerten Vorteils für den Arbeitnehmer bei privater Nutzung zur Verfügung stellt, nämlich die **Nutzungspauschale** und den **Einzelnachweis**. Mit diesen

---

16 BAG 11.10.2000 – 5 AZR 240/99, BB 2001, 364.
17 ArbG Frankfurt 8.8.2001 – 7 Ca 3269/01, EzA-SD 2001, Nr. 17, 12.
18 BAG 14.8.1990 – 3 AZR 321/89, NZA 1991, 104; BAG 21.8.2001 – 3 AZR 746/00, AP § 77 BetrVG 1972 Auslegung Nr. 10.
19 BAG 29.8.1991 – 6 AZR 593/88, DB 1992, 147.
20 Muster 1913 (§ 9) § 1 Rn 466.

1. Einzelnachweis

88 Beim Einzelnachweis, geregelt in Abschnitt 31 Abs. 9 Nr. 2 LStR, wird die gesamte Nutzung des Kfz anhand eines **Fahrtenbuches** bzw. **Fahrtenschreibers** festgehalten, wobei besondere Angaben zum Nachweis dienstlicher Fahrten, nicht nur der Privatfahrten,[21] erforderlich sind. Zu den Angaben gehören Datum, Kilometerstände, Reiseziel, Reiseroute, Reisezweck und die Namen der aufgesuchten Geschäftspartner. Auf diese Weise soll sichergestellt werden, dass die Dienstfahrten stets auch im Interesse des Arbeitgebers durchgeführt wurden. Gemäß dem eindeutigen Wortlaut von § 8 Abs. 2 Satz 4 EStG kann die Führung des Fahrtenbuches nicht auf einen repräsentativen Zeitraum beschränkt werden. Beim Einzelnachweis werden die Privatfahrten einschließlich derjenigen zwischen Wohnung und Arbeitsstätte mit Kilometerangaben erfasst. Die Privatfahrten werden dann in der Weise herausgerechnet, dass die Gesamtkosten mit der Gesamtfahrleistung gleichgestellt und hiervon die Privatfahrten in Abzug gebracht werden. Als Nutzungswert setzt man die Kosten aller Privatfahrten an.

89 Eine Abrechnung nach Einzelnachweis sieht das Muster 2205 vor. Um die lästigen Eintragungen den häufig in Eile befindlichen Dienstwagennutzern zu ersparen, empfehlen manche Steuerberater, im Handschuhfach ein Handdiktiergerät bereitzuhalten und späterhin die Sekretärin die Fahrtanlässe und die Kilometerstände abschreiben zu lassen.

2. Ein-Prozent-Regelung

90 Verbreitet ist die Berechnung gemäß Abschnitt 31 Abs. 9 Nr. 1 LStR, also die **Ermittlung einer Nutzungspauschale**. Als monatlicher Nutzungsvorteil wird für die reinen Privatfahrten 1 v.H. des auf volle hundert Euro abgerundeten Bruttolistenpreises angesetzt. Kann das Kraftfahrzeug auch zu Fahrten zwischen Wohnung und Arbeitsstätte genutzt werden, so ist diese Nutzungsmöglichkeit, unabhängig von der Nutzung des Fahrzeuges zu Privatfahrten, zusätzlich mit monatlich 0,03 % des inländischen Listenpreises des Kraftfahrzeuges für jeden Kilometer der Entfernung zwischen Wohnung und Arbeitsstätte zu bewerten und dem Arbeitslohn zuzurechnen, soweit nicht entsprechende Aufwendungen des Arbeitnehmers nach LStR 38 Abs. 3 als Werbungskosten zu berücksichtigen wären (LStR 31 Abs. 9 Nr. 1). Die Pauschalen i.H.v. 1 v.H. und 0,03 v.H. dürfen nur dann zugrunde gelegt werden, wenn das Kfz sowohl für Dienstfahrten als auch für private Fahrten genutzt werden darf. Ob dies der Fall ist, ergibt sich aus dem Wortlaut der arbeitsrechtlichen Vereinbarung im Kfz-Überlassungsvertrag. Der Monatswert kann gekürzt werden, wenn während vollständiger Kalendermonate das Fahrzeug nicht zur Verfügung gestanden hat. Wegen Krankheit oder Dienstreise kann die Fahrzeugnutzung nicht anteilmäßig gekürzt werden.

91 Grundlage der Berechnung bildet der Neuwagenlistenpreis, nicht der tatsächlich gezahlte Kaufpreis des Fahrzeuges, selbst bei erworbenen Gebrauchtwagen.[22] Rabatte beim Neuwagenkauf werden nicht berücksichtigt.[23]

92 Hat der Arbeitgeber seinem Arbeitnehmer ein Kraftfahrzeug entsprechend den Richtlinien des Bundesfinanzministers vom 9.6.1973[24] über Beschaffung und Haltung beamteneigener Kraftfahrzeuge überlassen, bleibt der Arbeitgeber wirtschaftlicher Eigentümer des Kfz. Wird ein Kfz entsprechend den vorgenannten Richtlinien an einen Arbeitnehmer für Privatfahrten sowie Fahrten zwischen Wohnung und Arbeitsstätte überlassen, erzielt der Arbeitnehmer daraus Sachbezüge nach § 8 Abs. 2 Satz 1 EStG. Der diesbezügliche geldwerte Vorteil ist nicht nach § 3 Nr. 13 EStG oder § 3 Nr. 16 EStG steuerfrei.[25]

93 Steht ein betriebliches Kfz mehreren Arbeitnehmern zur privaten Nutzung zur Verfügung, beläuft sich der nach § 8 Abs. 2 Satz 2 EStG i.V.m. § 6 Abs. 1 Nr. 4 Satz 2 EStG zu ermittelnde geldwerte Vorteil für jeden Kalendermonat auf insgesamt 1 v.H. des inländischen Listenpreises des Kfz im Zeitpunkt der Erstzulassung zzgl. der Kosten für Sonderausstattungen einschließlich der Umsatzsteuer. Der nach § 8 Abs. 2 Satz 2 EStG

---

[21] FG München 6.3.1996 – 1 K 1234/93, EFG 1996, 911.
[22] Küttner/*Thomas*, Personalbuch, 142 Rn 25.
[23] BFH 25.5.1992 – VI R 146/88, BStBl. II 1992, 700.
[24] MinBlFin 1973, 306 ff.
[25] BFH 26.7.2001 – VI R 122/98, NZA-RR 2002, 258.

i.V.m. § 6 Abs. 1 Nr. 4 Satz 2 EStG ermittelte Vorteil ist in diesem Fall entsprechend der Zahl der Nutzungsberechtigten aufzuteilen.[26]

Eine Sonderregelung besteht außerdem für **Familienheimfahrten**.[27] Wenn mehr als eine Familienheimfahrt wöchentlich vorgenommen wird, ist der Nutzungswert für Familienheimfahrten mit 0,002 v.H. vom Listenpreis pro Entfernungskilometer anzusetzen. Die meisten der vorgelegten Muster legen steuerrechtlich die Nutzungspauschale zugrunde.[28]

3. Autotelefon

Mit Schreiben vom 4.3.2003[29] hat die Oberfinanzdirektion Frankfurt am Main zur **lohnsteuerlichen Behandlung der Aufwendungen im Zusammenhang mit der Benutzung eines Autotelefons** eingehend Stellung bezogen. Die lohnsteuerliche Beurteilung richtet sich danach, ob sich das Telefon im Fahrzeug des Arbeitgebers oder im arbeitnehmereigenen Fahrzeug befindet.

a) Telefone in einem Fahrzeug des Arbeitgebers

Fernsprechanlagen sind bei der Ermittlung des **Nutzungswertes** eines Dienstwagens außer Ansatz zu lassen. **Privatgespräche**, die der Arbeitnehmer führt, bleiben seit dem Jahr 2000 lohnsteuerfrei. Dies gilt selbst bei 100%iger Privatnutzung des Autotelefons.

b) Telefone in einem Fahrzeug des Arbeitnehmers

Oftmals stellt der Arbeitnehmer dem Arbeitgeber die Aufwendungen für die Anschaffung, den Einbau und den Anschluss eines Autotelefons sowie die laufenden Telefonkosten in Rechnung. Die **Kostenübernahme** ist nur dann vollumfänglich lohnsteuerfrei, sofern der Arbeitnehmer das Telefon so gut wie ausschließlich für betrieblich veranlasste Gespräche nutzt. Dies muss nachgewiesen werden. Liegt keine so gut wie ausschließlich berufliche Nutzung vor, ist nur der Erstattungsbetrag lohnsteuerfrei, der auf die beruflich geführten Gespräche entfällt. Die auf die berufliche Nutzung entfallenden Kosten müssen grundsätzlich monatlich ermittelt werden.

Es kann aber auch eine **Vereinfachungsregelung** ausgenutzt werden. Wenn die Aufwendungen regelmäßig wiederkehren, kann auf Grundlage eines für drei Monate geführten Einzelnachweises ein pauschaler Auslagenersatz berechnet werden. Der Durchschnittsbetrag kann als pauschaler Auslagenersatz beibehalten werden, bis eine wesentliche Änderung der Verhältnisse (z.B. Änderung der Berufstätigkeit) eintritt. Entstehen dem Arbeitnehmer erfahrungsgemäß beruflich veranlasste Telefonkosten, legt er aber keinen Nachweis darüber vor, in welchem Umfang beruflich veranlasste Aufwendungen vorliegen, kann der Arbeitgeber 20 % der vom Arbeitnehmer vorgelegten Telefonrechnung, höchstens jedoch 20 EUR monatlich, als Auslagenersatz steuerfrei ersetzen.

III. Haftungsrechtliche Einzelfragen

Seit der Entscheidung des Großen Senats[30] entspricht es allgemeiner Rechtsüberzeugung, dass die Arbeitnehmerhaftung bei Arbeiten, die durch den Betrieb veranlasst sind, nicht unbeschränkt sein darf. In welchem Umfang der Arbeitnehmer an den Schadensfolgen zu beteiligen ist, richtet sich im Rahmen einer Abwägung aller Umstände, insbesondere von Schadensanlass und Schadensfolgen, nach Billigkeits- und Zumutbarkeitsgesichtspunkten. In diese **Billigkeits- und Zumutbarkeitserwägungen** sind der Grad des dem Arbeitnehmer zur Last fallenden Verschuldens, die Gefahrengeneigtheit der Arbeit, die Höhe des Schadens, ein vom Arbeitgeber einkalkuliertes oder durch Versicherung abdeckbares Risiko, die Stellung des Arbeitnehmers im Betrieb und die Höhe des Arbeitsentgelts einzustellen. Auch können u.U. die persönlichen Verhältnisse des Arbeitnehmers, die Dauer seiner Betriebszugehörigkeit, sein Lebensalter, seine Familienverhältnisse und sein bisheriges Verhalten zu berücksichtigen sein. Diese Rechtsprechung hat das BAG mit den Urteilen vom 16.2.1995[31] und 23.1.1997[32] fortgeführt. Eine lediglich anteilige Haftung des Arbeitnehmers trotz grob

---

26 BFH 15.5.2002 – VI R 132/00, BB 2002, 1466.
27 Abschnitt 31 Abs. 7 Nr. 1 Satz 3 LStR.
28 Muster 2200 (Ziffer 4a); Muster 2210 (§ 5); Muster 2215 (Ziffer 5).
29 Az: S 2354 A – 39 St II 30.
30 BAG 27.9.1994 – GS 1/89 (A), NZA 1994, 1083.
31 BAG 16.2.1995 – 8 AZR 493/93, NZA 1995, 565.
32 BAG 23.1.1997 – 8 AZR 893/95, NZV 1997, 352.

§ 2 Zusatzvereinbarungen zu Arbeits- und Anstellungsverträgen

fahrlässig verschuldeten Schadens hat das BAG im Urteil vom 23.1.1997 mit der Begründung gerechtfertigt, dass mit zunehmender Technisierung immer mehr komplizierte Arbeitsplätze entstünden und es nicht angehen könne, dem Arbeitnehmer auch bei grob fahrlässiger Schadensverursachung unter Berücksichtigung seines Verdienstes das gesamte Risiko aufzubürden. Das dreigliedrige Haftungssystem ist damit nicht von der klassischen Strenge.[33] Auch bei grob fahrlässiger Schadensverursachung nimmt die Rechtsprechung eine Haftungsbegrenzung nach Abwägung der beiderseitigen Interessen vor.

100 *Nägele*[34] weist darauf hin, dass die neuere Rechtsprechung des BAG zur Haftung des Arbeitnehmers aus einem von ihm grob fahrlässig verschuldeten Verkehrsunfall zu der kuriosen Situation führen kann, dass der Arbeitgeber selbst ganz oder teilweise haftet, ohne sich beim Kaskoversicherer oder bei dem Arbeitnehmer schadlos halten zu können, der Arbeitnehmer, der den Unfall verursacht hat, dagegen nicht. Nach § 61 VVG ist der Kaskoversicherer bei grober Fahrlässigkeit leistungsfrei. Durch eine Klausel im Dienstvertrag kann dieser Fallkonstellation nicht vorgebeugt werden.

101 Bei **Schäden**, die der Arbeitnehmer durch die Benutzung seines eigenen Kfz zu dienstlichen Zwecken erleidet (Beschädigung seines Fahrzeuges durch einen Unbekannten), besitzt der Arbeitnehmer einen **Aufwendungsersatzanspruch** nach § 670 BGB, wenn dem Arbeitnehmer für die Übernahme des mit der Tätigkeit verbundenen Risikos keine besondere Vergütung gezahlt wird.[35] Bei dem hier vorgelegten Muster 2230, bei dem die Fallkonstellation darin besteht, dass Mitarbeiter ihr privates Fahrzeug zu dienstlichen Zwecken zur Verfügung stellen, wäre generell ein solcher Aufwendungsersatzanspruch gegeben. Die Kilometerpauschale reicht nicht aus, um die Arbeitgeberhaftung auszuschließen, da mit der Kilometerpauschale lediglich die Aufwendungen ausgeglichen werden sollen, die durch den normalen Betrieb des Fahrzeuges entstehen.[36]

102 Ob der **Rückstufungsschaden** in der Haftpflichtversicherung zu den nach § 670 BGB zu ersetzenden Aufwendungen rechnet, hat das BAG unentschieden gelassen.[37] Im Fall des Musters 2230 kann der Mitarbeiter, wenn ihm wegen eines Verkehrsunfalls, den er bei einer Dienstfahrt mit seinem Fahrzeug hatte, das Fahrzeug zeitweilig reparaturbedingt nicht zur Verfügung steht, Nutzungsausfall verlangen.[38]

103 Keine Haftung des Arbeitgebers gibt es im Hinblick auf **Personenschäden** der vom Arbeitnehmer zulässigerweise mitgenommenen Arbeitskollegen, die im gleichen Betrieb tätig sind. Die Haftung des Arbeitgebers ist nach § 104 SGB VII ausgeschlossen. Nimmt der Arbeitnehmer hingegen betriebsfremde Personen ohne Wissen und Billigung des Arbeitgebers in seinem Pkw auf eine Dienstreise mit, kann es zu einer Haftung des Arbeitgebers kommen.[39] Gegen diese Haftungslage schützt sich der Arbeitgeber mit einem Verbot, außer Familienangehörigen bei Privatfahrten, anderweitige Personen im Fahrzeug mitzunehmen.[40]

104 Verursacht der Arbeitnehmer in Ausübung seiner betrieblichen Tätigkeit einen Verkehrsunfall und wird wegen dieses Unfalls gegen ihn ein staatsanwaltliches Ermittlungsverfahren eingeleitet, muss der Arbeitgeber die erforderlichen Kosten der Verteidigung ersetzen. Zu den erforderlichen Kosten gehören die gesetzlichen Gebühren eines Rechtsanwalts.[41]

IV. Vorenthaltung des Fahrzeuges

1. Schadensersatzansprüche

105 Entzieht der Arbeitgeber dem Arbeitnehmer den Dienstwagen und ist dem Arbeitnehmer im Überlassungsvertrag die private Nutzung eingeräumt, ist der Arbeitgeber zum **Schadensersatz** nach § 325 Abs. 1 Satz 1 BGB oder nach §§ 286 Abs. 1, 284 Abs. 2 Satz 1 BGB verpflichtet.[42] Diese Fallkonstellation tritt verschiedentlich ein, wenn der Arbeitgeber dem Arbeitnehmer kündigt, die Schlüssel des Fahrzeuges abnimmt und den Arbeitnehmer freistellt. Der Arbeitgeber muss während der Freistellung das Fahrzeug dem Arbeitnehmer

---

[33] Keine Haftung des Arbeitnehmers bei fahrlässiger Schadensverursachung, Quotelung bei Schadensverursachung mit mittlerer Fahrlässigkeit und volle Haftung des Arbeitnehmers bei grob fahrlässiger oder vorsätzlicher Schadensverursachung; BAG 17.9.1998 – 8 AZR 175/97, NJW 1999, 1049; BGH 21.9.1993 - Gms-OGB 1/93, DB 1994, 428.
[34] NZA 1997, 1196.
[35] BAG 7.9.1995 – 8 AZR 515/94, NZA 1996, 32; BAG 14.12.1995 – 8 AZR 875/94, NZA 1996, 417.
[36] BAG 30.4.1992 – 8 AZR 409/91, NJW 1993, 1028; LAG Baden-Württemberg 17.9.1991 – 7 Sa 44/91, BB 1992, 568.
[37] BAG 30.4.1992 – 8 AZR 409/91, NJW 1993, 1028.
[38] BAG 7.9.1995 – 8 AZR 515/94, NZA 1996, 2429.
[39] *Hunold*, DB 1985, Beil. 1; *Nägele/Schmidt*, BB 1993, 1797.
[40] Muster 2205 (§ 8); Muster 2210 (§ 6); Muster 2215 (Ziffer 19).
[41] BAG 16.3.1995 – 8 AZR 260/94, NZA 1995, 836.
[42] BAG 23.6.1994 – 8 AZR 537/92, BB 1994, 2276 = NZA 1994, 1128; siehe auch *van Bürck/Nussbaum*, BB 2002, 2278.

zur weiteren privaten Nutzung belassen.⁴³ Etwas anderes gilt nur, wenn die Parteien eine Vereinbarung getroffen haben, wonach der Arbeitgeber im Falle einer Freistellung die Herausgabe des Fahrzeuges beanspruchen kann.⁴⁴

Das LG Berlin vertritt ohne nähere Auseinandersetzung in den Urteilsgründen mit der umfangreichen arbeitsrechtlichen Rechtsprechung die Auffassung, wenn im Anstellungsvertrag mit einem Vorstandsmitglied vereinbart sei, die Gesellschaft stelle dem Angestellten „für die Dauer des Anstellungsvertrages" einen Dienstwagen zur Verfügung, der auch zu Privatfahrten genutzt werden könne, und die Betriebs- und Unterhaltskosten würden von der Gesellschaft getragen, nur die Versteuerung des geldwerten Vorteils für die private Nutzung gehe zu Lasten des Angestellten, habe das Vorstandsmitglied keinen Anspruch auf Zurverfügungstellung der privaten Nutzung am Dienstwagen, wenn er keine Dienstgeschäfte für die Gesellschaft mehr ausübe.⁴⁵ Das LG Berlin ist der Meinung, wer keine Dienstgeschäfte ausübe, habe auch keinen Anspruch auf Überlassung eines Dienstwagens. Infolgedessen stehe dem Vorstandsmitglied auch aus keiner erdenklichen Anspruchsgrundlage ein Anspruch auf Nutzungsentschädigung deshalb zu, weil der Pkw ihm nicht mehr zur Verfügung stehe.

106

Außerdem vertritt das LG Berlin die Auffassung, der Vorstand habe auch keinen Anspruch auf Verwendungsersatz nach § 996 BGB, wenn er im Einvernehmen mit seinem Dienstherrn in seinen Dienstwagen ein Navigationssystem und verbesserte Sitze eingebaut habe. Entziehe ihm die Gesellschaft das Fahrzeug und verwerte es anderweitig, entfalle ein **Verwendungsersatzanspruch**, da es sich bei diesen Verwendungen um **Luxusaufwendungen** handele, die weder notwendig noch nützlich seien und die Brauchbarkeit der Sache nicht erhöhen. Es handle sich in diesem Falle um eine aufgedrängte Bereicherung. Das Urteil des LG Berlin stellt eine Ausreißerentscheidung dar, ohne exemplarische Bedeutung.

107

2. Herausgabeanspruch am Dienstwagen

Ist ein Arbeitsverhältnis beendet und gibt der Arbeitnehmer mit unterschiedlichen Begründungen (ihm fehle noch ein Teil des Gehalts, wegen einer laufenden Kündigungsschutzklage sei die Kündigung nicht wirksam etc.) das Dienstfahrzeug nicht heraus, stellt sich für den Arbeitgeber die Frage, ob und unter welchen Voraussetzungen er einen Herausgabeanspruch am Dienstwagen im Wege der **einstweiligen Verfügung** sichern kann.⁴⁶

108

Wählt der Arbeitgeber als Anspruchsgrundlage für den Herausgabeanspruch Eigentum und Besitz, muss man unterscheiden, ob dem Arbeitnehmer das Fahrzeug ausschließlich zur dienstlichen oder auch zur privaten Nutzung überlassen wurde. Wer das Fahrzeug nur zu dienstlichen Zwecken benutzen darf, ist ausschließlich Besitzdiener während der Dauer des Arbeitsverhältnisses nach § 855 BGB.⁴⁷ Ist der Arbeitnehmer nach Beendigung des Arbeitsverhältnisses jedoch nicht zur Herausgabe des Dienstwagens bereit, wandelt er die tatsächliche Gewalt des Besitzdieners in Eigenbesitz um, ohne sich auf ein Besitzrecht berufen zu können.⁴⁸ Wird der Geschäftswagen auch zur privaten Nutzung überlassen, ist der Arbeitnehmer nicht lediglich Besitzdiener. Das im Arbeitsvertrag eingeräumte Recht zur privaten Nutzung des Firmenwagens begründet ein Besitzmittlungsverhältnis i.S.v. § 868 BGB.⁴⁹ Ein Herausgabeanspruch am Dienstwagen nach § **861 BGB** besteht daher nur, wenn der Firmenwagen ausschließlich zur dienstlichen Nutzung überlassen wurde. Dann ist der Arbeitgeber wegen der Besitzdienerschaft des Arbeitnehmers während des Arbeitsverhältnisses unmittelbarer Besitzer. Nutzt der Arbeitnehmer nach Beendigung des Arbeitsverhältnisses das Dienstfahrzeug weiter, entzieht er dem Arbeitgeber den Besitz, wobei er eine verbotene Eigenmacht nach § 858 BGB begeht.⁵⁰ Ansprüche gemäß §§ 861, 862 BGB bestehen nicht, wenn der Dienstwagen auch zur privaten Nutzung überlassen wurde, da der Arbeitgeber dann nur mittelbarer Besitzer ist. Eine Erweiterung dieser Rechte

109

---

43 BAG 23.6.1994 – 8 AZR 537/92, BB 1994, 2276 = NZA 1994, 1128.
44 Schaub/*Schaub*, Arbeitsrechts-Handbuch, § 68.I.5b; so Muster 2200 (Ziffer 4k); Muster 2205 (§ 1 Buchst. b und § 4); Muster 2210 (§ 10); Muster 2215 (Ziffer 2, 2. Abs.).
45 LG Berlin 6.12.1999 – 90 O 146/99, AE 2000, 34.
46 *Schmiedl*, BB 2002, 992.
47 OLG Düsseldorf 12.2.1986 – 11 U 76/85, NJW 1986, 2513.
48 *Becker-Schaffner*, DB 1993, 2078.
49 *Schmiedl*, BB 2002, 992.
50 *Becker-Schaffner*, DB 1993, 2078.

ergibt sich auch nicht über § 869 BGB, da diese Vorschrift dem mittelbaren Besitzer nur Rechte gegenüber einem störenden Dritten, nicht aber gegenüber dem Besitzmittler einräumt.[51]

110 Ein **bereicherungsrechtlicher** Herausgabeanspruch kommt nur in Betracht, wenn der Geschäftswagen auch zur privaten Nutzung überlassen wurde. Anspruchsgrundlage bildet in diesem Falle § 812 Abs. 1 Satz 2 Alt. 1 BGB. Da der Arbeitnehmer mit der privaten Nutzung am Dienstwagen den unmittelbaren Besitz innehat, räumt ihm der Arbeitgeber bei Übergabe des Dienstwagens den unmittelbaren Besitz ein. Weil er dies auch in Erfüllung seiner arbeitsvertraglichen Pflichten tut, überträgt er den unmittelbaren Besitz bewusst und zweckgerichtet.[52] Damit liegt eine Leistung im bereicherungsrechtlichen Sinne vor. Ist nach dem Arbeitsvertrag lediglich die dienstliche Nutzung des Firmenwagens erlaubt, besteht von vornherein kein Herausgabeanspruch des Arbeitnehmers nach § 812 Abs. 1 Satz 2 Alt. 1 BGB, da die Einräumung der bloßen Besitzdienerschaft keinen für § 812 BGB notwendigen Rechtserwerb darstellt.

111 Der Herausgabeanspruch ergibt sich schließlich auch aus **§ 823 Abs. 1 BGB**, und zwar unabhängig davon, ob das Fahrzeug ausschließlich zur dienstlichen oder auch zur privaten Nutzung überlassen wurde. Über die rechtswidrige Weigerung des Arbeitnehmers, das Fahrzeug nach Beendigung des Arbeitsverhältnisses nicht herauszugeben, wird das Besitzrecht des Arbeitgebers als sonstiges Recht i.S.v. § 823 Abs. 1 BGB verletzt. Der Umfang des Schadensersatzanspruchs über § 823 BGB ergibt sich aus den §§ 249 ff. BGB. Im Rahmen der Naturalrestitution wird daher die Herausgabe des Dienstwagens geschuldet.

112 Bei einem **geleasten Fahrzeug** hat der Arbeitgeber grundsätzlich keinen Herausgabeanspruch. *Schmiedl*[53] greift allerdings auf die §§ 666, 667 BGB analog zurück.

113 In den meisten Fällen lässt sich ein **Verfügungsanspruch** in einem Antrag auf Erlass einer einstweiligen Verfügung darstellen. Als **Verfügungsgrund** lassen es einige Arbeitsgerichte ausreichen, dass der Arbeitgeber darlegt und glaubhaft macht, dass er das Arbeitsverhältnis gekündigt hat und die Kündigung nicht offensichtlich unwirksam ist.[54] Verschiedentlich wird allerdings auch in der Rechtsprechung gefordert, dass der antragstellende Arbeitgeber Umstände darlegt, aufgrund derer er auf die sofortige und jederzeitige Verfügbarkeit des Fahrzeuges im Sinne einer tatsächlichen Zugriffsmöglichkeit dringend angewiesen ist.[55]

114 Die Anforderungen, die an die Herausgabepflicht des Arbeitnehmers nach Ende des Arbeitsverhältnisses wegen des Dienstwagens gestellt werden, sind regional unterschiedlich. Beachtet werden sollte, dass sich ein Herausgabeanspruch auch aus dem Wortlaut des jeweiligen Kfz-Überlassungsvertrages als vertraglichem Herausgabeanspruch ergeben kann.

3. Ermittlung des Wertersatzes

115 Lange Zeit war in der Rechtsprechung streitig, wie der Wertersatz für die Vorenthaltung des Fahrzeuges zu bemessen ist. **Drei Bewertungshilfen** sind in Rechtsprechung und Schrifttum erörtert worden. Teilweise wurde die ADAC-Kostentabelle herangezogen,[56] zum anderen wurde die Tabelle von *Sanden/Danner/Küppersbusch*[57] verwendet und schließlich wurde erwogen, den Nutzungsausfall anhand des Wertes des steuerlichen Sachbezugs[58] zu bestimmen.

116 Zum **Umfang des Schadensersatzes**, den der Arbeitgeber bei rechtswidriger Nichtgewährung der Nutzung am Firmenfahrzeug zu leisten hat, schienen zunächst zwei neuere Urteile des BAG Klarheit zu bringen, die mit der Praxis verschiedener Landesarbeitsgerichte, nach Nutzungsentschädigungstabellen abzurechnen, aufgeräumt haben. Zu erwähnen sind die Entscheidungen des BAG vom 23.6.1994[59] und vom 16.11.1995.[60] Seit dem Urteil vom 16.11.1995 schien stets eine **konkrete Schadensberechnung** vonnöten. *Meier*[61] hat sich

---

[51] OLG Frankfurt a.M. 26.6.1997 – 1 U 18/97, NJW 1997, 3030.
[52] *Schmiedl*, BB 2002, 992 (993).
[53] *Schmiedl*, BB 2002, 992 (994).
[54] ArbG Wetzlar 1.8.1986 – 2 Ga 1/86, EzA § 985 BGB Nr. 1; ArbG Hamburg 23.6.1995 – 13 Ga 8/95, n.v.
[55] ArbG Marburg 21.1.2000 – 2 Ga 1/00, n.v.
[56] LAG Köln 19.5.1998 – 13 Sa 280/98, n.v.
[57] LAG Hessen 19.12.1997 – 17/12 Sa 1871/96, NZA-RR 1998, 487; LAG Hamm 21.9.1998 – 19 Sa 646/98, n.v.; LAG Rheinland-Pfalz 19.11.1996 – 4 Sa 733/96, NZA 1997, 942.
[58] LAG Hamm 10.4.1991 – 2 (16) Sa 619/90, BB 1991, 1496; nunmehr auch BAG 27.5.1999 – 8 AZR 415/98, NZA 1999, 1038; ablehnend dagegen bislang BAG 23.6.1994 – 8 AZR 537/92, NJW 1995, 348.
[59] BAG 23.6.1994 – 8 AZR 537/92, BB 1994, 2276.
[60] BAG 16.11.1995 – 8 AZR 240/95, NZA 1996, 415; siehe hierzu *Nägele*, NZA 1997, 1169.
[61] NZA 1999, 1083.

kritisch mit der Anwendung des Schadensersatzrechts auf die Ermittlung des Sachwertes der Naturalvergütung „Privatnutzung eines Dienst-Pkw" auseinander gesetzt. Anspruchsgrundlage für die willentliche Nichtgewährung von Naturallohnvereinbarungen bildeten die §§ 611, 615 Satz 1 BGB. Anspruchsgrundlage sei somit ein Erfüllungs- und kein Schadensersatzanspruch. Auch bestehe damit keine Schadensminderungspflicht des Arbeitnehmers gemäß § 254 BGB. Deshalb sei auch die Fragestellung des BAG verfehlt, ob und welchen Gebrauch der Arbeitnehmer von der in Natur gewährten Leistung gemacht hätte, wenn ihm das Fahrzeug nicht vom Arbeitgeber rechtswidrig entzogen worden wäre. In seinem Urteil vom 27.5.1999[62] hat das BAG die Regelungen der §§ 249 Satz 1, 251 Abs. 1 BGB zugrunde gelegt. Es hat entschieden, dass es im Rahmen des richterlichen Ermessens liege, den Wert der privaten Nutzung eines Kraftfahrzeuges für jeden Kalendermonat mit 1 % des inländischen Listenpreises im Zeitpunkt der Erstzulassung zuzüglich der Kosten für Sonderausstattungen einschließlich Umsatzsteuer anzusetzen.

Die Auswirkungen des Urteils des BAG vom 27.5.1999 verführen den Arbeitgeber, auch einen unberechtigten Entzug des Dienstfahrzeuges vorzunehmen. Während nach der Tabelle von *Sanden/Danner/Küppersbusch* die Ersatzpflicht bei einem Mittelklassewagen **pro Tag** 40 bis 62 EUR beträgt, beläuft sich der Wert des steuerlichen Sachbezugs auf **monatlich** beim Gehalt einbehaltene 1 % vom Listenpreis, ist also regelmäßig deutlich geringer. Wirksamen Schutz gegen die Inanspruchnahme des Arbeitgebers bei Entzug des Dienstwagens bietet eine Verzichtsvereinbarung mit dem Arbeitnehmer, die gleichzeitig die nach der Rechtsprechung zulässige Entziehung des Dienstfahrzeuges durch den Arbeitgeber regelt.[63]

Liegt die Benutzung eines Dienstfahrzeuges im Interesse des Arbeitgebers und least der Arbeitgeber ein Firmenfahrzeug für den Arbeitnehmer, das dieser auch privat nutzen darf, so ist eine Vertragsvereinbarung zwischen Arbeitgeber und Arbeitnehmer, wonach der Arbeitnehmer bei Eigenkündigung die Rechte und Pflichten aus dem Leasingvertrag zu übernehmen und den Arbeitgeber von den Verpflichtungen aus dem Leasingvertrag freizustellen hat, unangemessen. Diese Regelung ist wegen eines Verstoßes gegen Treu und Glauben unwirksam, wenn die monatliche Leasingrate im Verhältnis zum monatlichen Einkommen des Arbeitnehmers so hoch ist, dass sie der Arbeitnehmer ohne Gefährdung seiner wirtschaftlichen Existenzgrundlage kaum bewältigen kann.[64]

B. Texte

I. Dienstwagenvereinbarungen

1. Muster: Dienstwagenvereinbarung mit Nutzungspauschale für Privatfahrten
⬇

(1) Der Mitarbeiter verpflichtet sich, im Rahmen der Erfüllung seiner arbeitsvertraglichen Aufgaben notwendig werdende Fahrten im Pkw durchzuführen.

(2) Die Firma behält sich vor, in Einzelfällen, wenn dies aus geschäftlichen Gründen notwendig erscheint, eine Bahn- oder Flugreise anzusetzen. Der Mitarbeiter ist berechtigt, von sich aus mit der Bahn zu fahren, wenn die Witterung es erfordert.

In diesen Fällen ist von dem bei der Firma bestehenden Großkundenabonnement Gebrauch zu machen.

(3) Die Firma überlässt ab ▬▬▬ das Fahrzeug ▬▬▬ mit dem polizeilichen Kennzeichen ▬▬▬ dem Mitarbeiter zur dienstlichen und privaten Nutzung (auch durch Familienangehörige).

(4) Für die Fahrzeuggestellung einschließlich der Privatnutzung gelten die folgenden Bedingungen:
a) Die lohnsteuerrechtliche Behandlung der Privatnutzung richtet sich nach den jeweiligen maßgeblichen Vorschriften. Demnach ist zurzeit zu versteuern:

monatlich 1 % vom Brutto-Listenpreis = ▬▬▬ EUR

Soweit steuerpflichtige Fahrten zwischen Wohnung und Arbeitsstätte (Abschnitt 31 Abs. 7 Nr. 1 LStR) anfallen, werden zusätzlich 0,03 % des Listenpreises/Entfernungskilometer angesetzt.

---

[62] BAG 27.5.1999 – 8 AZR 415/98, NZA 1999, 1038.
[63] Muster 2210 (§ 10); Muster 2215 (Ziffer 2 Abs. 3).
[64] LAG München 30.5.2001 – 9 Sa 8/01, LAGE § 611 BGB Inhaltskontrolle Nr. 5 = FA 2002, 117.

§ 2 Zusatzvereinbarungen zu Arbeits- und Anstellungsverträgen

b) Die Firma übernimmt die Kosten des Fahrzeugbetriebes. Die Betriebskosten für Öl, Benzin usw. bei Urlaubsfahrten und sonstigen Privatfahrten über 50 km übernimmt jedoch der Mitarbeiter.

Vor Auslandsfahrten ist eine ADAC-Auslandsschutzbrief-Versicherung abzuschließen.

Zum Monatsende ist der Firma der jeweilige Kilometerstand unaufgefordert auf der monatlichen Tankrechnung mitzuteilen.

c) Der Mitarbeiter hat der Firma seinen Führerschein vor Übernahme des Wagens und danach jeweils in halbjährlichem Abstand unaufgefordert vorzulegen. Sollte zu einem späteren Zeitpunkt ein Führerscheinentzug erfolgen, ist dies der Firma sofort mitzuteilen.

d) Der Kraftfahrzeugschein ist neben der Fahrerlaubnis ständig mitzuführen und sorgfältig zu verwahren. Das Gleiche gilt für die von der Firma zur Verfügung gestellte grüne Versicherungskarte.

e) Der Wagen ist möglichst in einer Garage einzustellen. Der Mietpreis ist vom Mitarbeiter zu tragen.

f) Es ist selbstverständlich, dass das Fahrzeug jederzeit einer ordnungsgemäßen Pflege und Wartung unterzogen und in betriebssicherem Zustand gehalten wird. Die notwendigen Maßnahmen ergeben sich aus dem beigefügten Kundendienstscheckheft des Kfz-Herstellers.

Sämtliche Kundendienstarbeiten und Reparaturen müssen in autorisierten Werkstätten der gefahrenen Automarke durchgeführt werden. Zuwiderhandlungen gehen zu Lasten des Mitarbeiters. Notwendig erscheinende Reparaturen sind der Geschäftsleitung unverzüglich anzuzeigen. Reparaturen bedürfen der vorherigen Zustimmung der Geschäftsleitung. Unfälle sind dieser sofort zu melden.

g) Der Mitarbeiter haftet für Schäden am Kraftfahrzeug, die durch unsachgemäße Behandlung entstehen und als sog. Betriebsschäden von der Kaskoversicherung grundsätzlich ausgenommen sind, z.B. einen Motorschaden wegen ungenügenden Ölstandes.

Ferner hat der Mitarbeiter die Firma von allen Haftpflichtansprüchen Dritter freizustellen, die wegen seines Verhaltens durch die Kraftfahrzeug-Haftpflichtversicherung nicht gedeckt sind. Dies kommt u.a. in Betracht, wenn ein Unfall auf abgefahrene Reifen zurückzuführen ist; ferner, wenn eine Obliegenheit verletzt wird, die bei Eintritt des Versicherungsfalles vom Lenker des Fahrzeuges zu erfüllen gewesen wäre. Zu den Obliegenheitsverletzungen gehören z.B. Fahrerflucht, ungenügende Aufklärung des Versicherers über den Unfallhergang, keine oder unwahre Angaben über Alkoholgenuss, wenn hiernach gefragt ist.

h) Zur Ausstattung gehören 2 Sätze Schlüssel, 1 Warndreieck, 1 vorschriftsmäßiger Verbandskasten, 1 Warnweste. Das Fahrzeug ist mit Stahl-Gürtelreifen ausgerüstet (für Sommer und Winterbetrieb). Die Reifen inkl. Ersatzreifen müssen nach einer gewissen Zeit umgesetzt werden, damit alle Reifen gleichmäßig abgefahren werden. Bei Ersatzbeschaffung von Reifen müssen Gürtelreifen angeschafft werden. Die Rechnung geht auch in diesem Fall an die Firma. Der Mitarbeiter teilt der Firma den km-Stand und die Ersatzbeschaffung mit.

i) Falls sich im Kraftfahrzeug eine Kontrolleinrichtung befindet, hat der Mitarbeiter diese zu benutzen und die Kontrollbelege auf Anforderung vorzulegen. Darüber hinaus ist er verpflichtet, ein Fahrtenbuch zu führen.

j) Der Mitarbeiter verpflichtet sich, auf allen Dienstfahrten stets den Sicherheitsgurt anzulegen und darauf hinzuwirken, dass auch mitgenommene Dritte dies tun.

Der Mitarbeiter verpflichtet sich weiter, bei allen Arbeiten am Fahrzeug im Gefahrenbereich des fließenden Verkehrs stets die mitgeführte Warnweste zu tragen (§ 50 Abs. 5 UVV 12).

k) Die Gebrauchsüberlassung ist an das bestehende Arbeitsverhältnis gebunden und endet automatisch mit dem Ende des Arbeitsverhältnisses. Die Firma behält sich vor, nach Kündigung des Arbeitsverhältnisses, insbesondere im Falle einer Freistellung des Mitarbeiters, das Fahrzeug vorzeitig herauszuverlangen. In diesem Fall erhält der Mitarbeiter als Ersatz für den entgehenden geldwerten Vorteil monatlich einen Betrag in Höhe von ▄▄▄ EUR. Auch bei einer Versetzung in den Innendienst ist der Dienstwagen zurückzugeben. In diesem Fall erhält der Mitarbeiter für die Dauer von ▄▄▄ Monaten als Ersatz für den entgehenden geldwerten Vorteil monatlich einen Betrag in Höhe von ▄▄▄ EUR.

(5) Im Übrigen ist die Firma berechtigt, das Fahrzeug alle zwei Jahre gegen ein fabrikneues Fahrzeug der gleichen Klasse auszutauschen.

2. Muster: Betriebs-Kraftfahrzeug für Dienst- und Privatfahrten (Abrechnung nach Einzelnachweis)

↓

Zwischen

der Firma ▪▪▪

– nachstehend: Firma –

und

Herrn ▪▪▪

– nachstehend: Mitarbeiter –

wird folgender Kfz-Überlassungsvertrag vereinbart:

§ 1 Vertragsgegenstand
a) Benutzung des Fahrzeuges bei Dienstfahrten

Für seine berufliche Reisetätigkeit überlässt die Firma dem Mitarbeiter den firmeneigenen Kraftwagen, Typ ▪▪▪, Baujahr ▪▪▪, mit dem polizeilichen Kennzeichen ▪▪▪, zur uneingeschränkten Nutzung. Zum Wagen gehören die vorgeschriebenen Zubehörteile (Warndreieck, Verbandskasten usw.). Außerdem sind vorhanden: ▪▪▪

b) Benutzung des Fahrzeuges bei Privatfahrten

Während der Freizeit sind dem Mitarbeiter Privatfahrten im In- und Ausland gestattet. Die Gestattung der privaten Nutzung ist jederzeit widerruflich, insbesondere im Falle einer Freistellung des Mitarbeiters, siehe § 4. Die Abrechnung des privaten Nutzungsanteils erfolgt gemäß Abschnitt 31 Abs. 7 Nr. 2 LStR anhand des Fahrtenbuches und der vom Mitarbeiter zu fertigenden Aufzeichnungen. Kraftstoffkosten für längere Urlaubsfahrten trägt der Mitarbeiter unmittelbar.

§ 2 Steuer, Haftpflicht- und Vollkaskoversicherung
Die Kfz-Steuer und die Versicherungsbeiträge trägt die Firma. Es bestehen folgende Versicherungen:

a) Kfz-Haftpflichtversicherung (Deckungssumme ▪▪▪ EUR);

b) Vollkaskoversicherung mit einer Selbstbeteiligung des Arbeitnehmers von ▪▪▪ EUR/Teilkaskoversicherung ▪▪▪;

c) Insassenunfallversicherung;

d) Rechtsschutzversicherung.

§ 3 Fahrzeugpapiere
Der Mitarbeiter bestätigt mit seiner Unterschrift unter diese Vereinbarung, den Fahrzeugschein und ein Fahrtenbuch erhalten zu haben. Das Fahrtenbuch ist lückenlos und genau zu führen. Es ist einmal monatlich der Personalabteilung zur Einsicht vorzulegen.

In das Fahrtenbuch trägt der Mitarbeiter an jedem Abend ein:

a) Kilometerstand des Fahrzeuges, zurückgelegte Strecke (Kilometerzahl und Ortsangaben), getrennt nach beruflichen und privaten Fahrten;

b) Auslagen für Treibstoff, Öl, Reparaturen und Wartungsarbeiten; Belege sind beizufügen;

c) Grund der jeweiligen Fahrt, so dass dienstliche und private Veranlassung gesondert erkennbar sind.

§ 4 Widerruf der Überlassung
Die Firma kann die Überlassung des Fahrzeuges an den Mitarbeiter jederzeit mit einer Ankündigungsfrist von ▪▪▪ Kalendertagen ohne Angabe von Gründen widerrufen. Insbesondere behält sie sich vor, das Fahrzeug bei einer Erkrankung, während der Kündigungsfrist, nach einer Freistellung oder während des Urlaubs des Mitarbeiters anderweitig einzusetzen.

Während des Beschäftigungsverbots gemäß §§ 3 Abs. 1, 4 MuSchG und während einer Schutzfrist gemäß §§ 3 Abs. 2, 6 Abs. 1 MuSchG kann die Firma die Rückgabe des FirmenFahrzeuges gegen Zahlung eines Entschädigungsbetrages für den Wegfall des Sachbezuges in Höhe von täglich ▪▪▪ EUR verlangen.

Der Mitarbeiter verfügt bei einem Herausgabeverlangen der Firma über kein Zurückbehaltungsrecht.

§ 5 Pflicht des Mitarbeiters zur Wartung
Die Firma trägt die Kosten für Wartung und Reparatur. Der Mitarbeiter hat für ordnungsgemäße Pflege, rechtzeitige Wartung und unverzügliche Reparatur des Fahrzeuges zu sorgen. Inspektionen sind rechtzeitig nach Vorschrift des Herstellers auf Kosten der Firma durchzuführen. Die Kosten für Pflege und Garage übernimmt der Mitarbeiter. Der Wagen ist im Allgemeinen alle zwei Wochen zu waschen. Der Mitarbeiter ist dafür verantwortlich, dass sich das Fahr-

zeug immer in betriebs- und verkehrssicherem Zustand befindet. Soweit für ungewöhnliche Reparaturen oder für eine notwendige Ergänzung des Wagenzubehörs und der Wagenausstattung Aufwendungen von mehr als ■■■ EUR entstehen, hat der Mitarbeiter vor der Auftragserteilung die Zustimmung der Firma einzuholen, notfalls fernmündlich oder durch Telefax.

§ 6 Meldepflicht
Am Fahrzeug aufgetretene Mängel und Beschädigungen, Unfälle und Diebstähle sind der Firma unverzüglich mündlich oder fernmündlich mitzuteilen. Im Falle eines Verkehrsunfalls ist ein schriftlicher Bericht über das Unfallereignis nachzureichen. Anschrift und Rufnummer des Haftpflichtversicherers und der Unfallbeteiligten sind anzugeben. Die Abgabe eines Schuldanerkenntnisses sollte der Mitarbeiter unterlassen.

§ 7 Haftung
(1) Bei allen Verkehrsunfällen, auch solchen, die der Mitarbeiter selbst verschuldet hat, ist unverzüglich die Polizei hinzuzuziehen. Über den Unfallablauf hat der Mitarbeiter unverzüglich einen Bericht abzufassen. Rechte, die das Kraftfahrzeug betreffen, kann der Mitarbeiter im Interesse der Firma geltend machen.

(2) Bei Dienstfahrten haftet der Mitarbeiter für Schäden, die er vorsätzlich oder grob fahrlässig verursacht, allein. Sind die Schäden durch eine Kaskoversicherung gedeckt, haftet der Mitarbeiter in der Höhe der Selbstbeteiligung. Er hat ebenfalls denjenigen Schaden zu tragen, der der Firma durch Verlust oder durch Herabstufung des Schadensfreiheitsrabatts entsteht. Bei mittlerer Fahrlässigkeit haftet der Mitarbeiter anteilmäßig. Bei Schäden oder Wertminderungen am Fahrzeug, die außerhalb des Fahrzeugbetriebs entstehen (z.B. mangelhafte Pflege oder Wartung, unterlassene Reparatur, nachlässige Beaufsichtigung, unsachgemäße Behandlung), haftet er für jedes Verschulden uneingeschränkt.

(3) Bei Privatfahrten haftet der Mitarbeiter uneingeschränkt. Soweit die Kaskoversicherung den Schaden trägt, haftet der Mitarbeiter in Höhe der Selbstbeteiligung und in Höhe des herabgestuften Schadensfreiheitsrabatts.

§ 8 Mitfahrer
Auf Dienstfahrten ist dem Mitarbeiter nur gestattet, Repräsentanten von Kunden, Lieferanten und Mitarbeiter der Firma (z.B. Reisevertreter) mitzunehmen. Auf Privatfahrten ist nur die Mitnahme von Familienangehörigen gestattet, von denen ein jeder eine Haftungsausschlusserklärung zu Gunsten der Firma zu unterzeichnen hat. Die Führung des Kraftfahrzeuges darf keinem anderen Fahrer überlassen werden. Das Vermieten oder Verleihen des Fahrzeuges ist untersagt.

§ 9 Sonstiges
Dieser Vertrag endet spätestens mit Ablauf des zwischen den Parteien geschlossenen Arbeitsvertrages. Außerdem kann jede Vertragspartei den Kfz-Nutzungsvertrag mit einer Frist von einem Monat unabhängig vom Besteheren des Arbeitsvertrages kündigen. Änderungen oder Ergänzungen des Vertrages bedürfen zu ihrer Wirksamkeit der Schriftform.

3. Muster: Dienstwagenvereinbarung mit Nutzungspauschale für Privatnutzung (Arbeitsvertragsergänzung)

Zwischen

der Firma ■■■

– nachstehend: Firma –

und

Herrn ■■■

– nachstehend: Mitarbeiter –

wird über die Benutzung eines firmeneigenen Kraftwagens Folgendes vereinbart:

§ 1 Kraftfahrzeugüberlassung
Für seine Tätigkeit überlässt die Firma dem Mitarbeiter den firmeneigenen Kraftwagen, Typ ■■■ mit dem amtlichen Kennzeichen ■■■.

Der Wagen ist mit dem vorgeschriebenen Zubehör (Sicherheitsgurte, Warndreieck, Verbandskasten) ausgestattet; außerdem sind vorhanden: 1 Reservereifen, 4 Winterreifen, 1 Reservekanister, 1 Werkzeugtasche mit Inhalt, 1 Abschleppseil, 1 Warnweste.

§ 2 Versicherung und Kraftfahrzeugsteuer

Die Kfz-Steuer und die Versicherungsbeiträge werden von der Firma bezahlt. Es bestehen folgende Versicherungen:

a) Kfz-Haftpflichtversicherung, Deckungssumme unbegrenzt, 3.800.000 EUR bei Personenschäden;

b) Vollkaskoversicherung mit Selbstbeteiligung 335 EUR;

c) Insassen-Unfallversicherung.

§ 3 Fahrzeugpapiere

Der Mitarbeiter bestätigt, den Fahrzeugschein erhalten zu haben.

§ 4 Wartungspflicht

Der Mitarbeiter hat für ordnungsgemäße Pflege und Wartung des Fahrzeuges zu sorgen.

Ölwechsel und Kundendienst sind nach Fabrikvorschrift durchzuführen. Mindestens zweimal im Monat muss der Wagen gewaschen werden.

Dringende Reparaturen sind unverzüglich vorzunehmen; soweit hierfür oder für eine notwendige Ergänzung des Wagenzubehörs Aufwendungen von über 100 EUR entstehen, hat der Mitarbeiter vor Auftragserteilung bzw. Beschaffung, notfalls fernmündlich, die Zustimmung der Firma einzuholen.

Der Mitarbeiter ist allein dafür verantwortlich, dass sich das Fahrzeug ständig in einem vorschriftsmäßigen Zustand befindet.

§ 5 Umfang der Benutzung

Für berufliche Fahrten sowie für Fahrten von seiner Wohnung und zurück steht der Wagen dem Mitarbeiter uneingeschränkt zur Verfügung.

Privatfahrten am Abend sowie am Wochenende sind dem Mitarbeiter bis auf Widerruf gestattet. Der geldwerte Vorteil wird durch pauschale Berechnung des Nutzungsvorteils gemäß Abschnitt 31 Abs. 9 Nr. 1 LStR mit monatlich 0,03 % des inländischen Listenpreises des Kfz für jeden Kilometer der Entfernung zwischen Wohnung und Arbeitsstätte ermittelt. Benzinkosten gehen im Urlaub zu Lasten des Mitarbeiters.

§ 6 Mitfahrer

Auf beruflichen Fahrten darf der Mitarbeiter nur Kunden, Lieferanten oder andere Mitarbeiter der Firma mitnehmen. Einem anderen Fahrer darf der Wagen nicht überlassen werden. Auch das Verleihen oder Vermieten des Fahrzeuges, selbst wenn dabei der Mitarbeiter fährt, ist untersagt.

Die Firma haftet bei solchen Personenschäden, die mit dem Fahrzeug anlässlich von Dienstfahrten verursacht werden, nur insoweit, als durch die bestehenden Versicherungen Deckungsschutz gewährt wird.

§ 7 Abrechnung

Die Firma erstattet dem Mitarbeiter die von ihm für Treibstoff, Öl, Reparaturen, Wartungsarbeiten, notwendige Ergänzungen des Wagenzubehörs, Hauptuntersuchungen, Abgassonderuntersuchungen aufgewandten Beträge, sofern die entsprechenden Belege vorgelegt werden.

Die Abrechnung hat jeweils monatlich zu erfolgen, bei Urlaubsfahrten nach Urlaubsrückkehr.

§ 8 Meldepflicht

Am Fahrzeug aufgetretene Mängel oder Beschädigungen, Unfälle und Diebstähle sind der Firma unverzüglich mitzuteilen, bei mündlicher oder fernmündlicher Meldung ist binnen 24 Stunden ein schriftlicher Bericht nachzureichen.

Anschrift und Rufnummer des Haftpflichtversicherers der anderen Unfallbeteiligten sowie die Nummer des Versicherungsvertrages sind anzugeben. Die Abgabe eines Schuldanerkenntnisses ist dem Mitarbeiter nicht gestattet.

§ 9 Haftung

Der Mitarbeiter haftet für Schäden oder Wertminderungen, die am Fahrzeug durch sein Verschulden (auch durch mangelhafte Pflege oder Wartung sowie durch unterlassene Reparatur) entstehen. Dasselbe gilt für Schäden, die der Mitarbeiter bei Benutzung des Wagens Dritten zufügt.

Bei Diebstahl oder Beschädigung des Fahrzeuges, die nicht bei dessen Betrieb entstanden sind, haftet der Mitarbeiter ebenfalls für eigenes Verschulden, insbesondere auch für mangelhafte Beaufsichtigung, nachlässige Abstellung oder unsachgemäße Behandlung.

Die Haftung des Mitarbeiters entfällt, soweit ein Versicherer für den Schaden aufkommt und nicht auf die Firma Rückgriff genommen wird.

§ 10 Widerruf der Überlassung

(1) Dem Mitarbeiter wird ein Pkw zur dienstlichen Nutzung überlassen und auch zur Privatnutzung. Soweit die Firma eine dienstliche Nutzung des Pkws nicht mehr für erforderlich hält oder durch eine vertraglich zulässige Änderung des Aufgabengebietes oder der Aufgabenstellung die Nutzung eines Dienstfahrzeuges nicht mehr sachlich geboten ist, entfällt auch die Privatnutzung des Dienstfahrzeuges entschädigungslos. Das Gleiche gilt für Zeiten, für die kein Vergütungsanspruch besteht.

(2) Wird das Arbeitsverhältnis gekündigt, kann der Mitarbeiter von der Arbeitsleistung freigestellt werden. Er hat dann das Dienstfahrzeug auf Verlangen sofort herauszugeben. Ein Anspruch auf Ersatz für die entgehende Privatnutzung besteht nicht.

§ 11 Sonstiges

Dieser Vertrag endet spätestens mit Ablauf des am ▪▪▪ zwischen den Parteien abgeschlossenen Arbeitsvertrages. Der Mitarbeiter kann die Kfz-Nutzung mit einmonatiger Frist zum Monatsende jederzeit kündigen.

Änderungen oder Ergänzungen des vorstehenden Vertrages bedürfen zu ihrer Rechtswirksamkeit der Schriftform.

4. Muster: Widerrufliche Kfz-Überlassungsvereinbarung (Nutzungspauschale für Privatnutzung)

Zwischen

der Firma ▪▪▪

– nachstehend: Firma –

und

Herrn ▪▪▪

– nachstehend: Arbeitnehmer –

wird nachfolgende Vereinbarung über die Kraftfahrzeugbenutzung geschlossen:

(1) Die Firma überlässt das Kraftfahrzeug (Marke, polizeiliches Kennzeichen, Fahrgestell Nr. ▪▪▪) dem Arbeitnehmer zur Benutzung. Der Arbeitnehmer bestätigt, den Kraftfahrzeugschein Nr. ▪▪▪, ausgestellt von ▪▪▪, am ▪▪▪ erhalten zu haben.

(2) Die Überlassung ist jederzeit ohne Angabe von Gründen widerruflich. Die Freistellung des Arbeitnehmers gilt als Widerruf der Vereinbarung.

Bei Widerruf oder Freistellung hat der Arbeitnehmer das Kraftfahrzeug mit Schlüsseln und Fahrzeugpapieren unverzüglich, spätestens an dem auf den Tag des Zuganges der Mitteilung über den Widerruf bzw. die Freistellung folgenden Werktag an den Geschäftsführer der Firma oder an eine von diesem bevollmächtigte Person am Sitz der Firma herauszugeben. Über den Zustand des Fahrzeuges bei der Übergabe ist ein Protokoll auszufertigen, das von beiden Parteien zu unterschreiben ist.

Mit dem Kraftfahrzeug dürfen Privatfahrten – jederzeit widerruflich – ausgeführt werden. Der Arbeitnehmer erkennt an, dass es sich insoweit um eine freiwillige Leistung der Firma handelt, auf die kein Rechtsanspruch – auch in der Zukunft – besteht oder begründet wird. Diese Gestattung kann von der Firma jederzeit ohne Angabe von Gründen widerrufen werden. Ein Anspruch des Arbeitnehmers auf Ersatz des Nutzungsausfalls besteht in diesem Falle nicht.

(3) Überlässt die Firma dem Arbeitnehmer ein anderes Fahrzeug, so gilt dieser Vertrag entsprechend.

(4) Das Kraftfahrzeug darf grundsätzlich nur für betriebliche oder geschäftliche Zwecke im Zusammenhang mit dem Arbeitsverhältnis benutzt werden.

(5) Die Privatnutzung wird vom Arbeitnehmer durch Nutzungspauschale und für Fahrten zwischen Wohnung und Arbeitsstätte mit monatlich 0,03 % des inländischen Listenpreises des Kfz für jeden Kilometer der Entfernung zwischen Wohnung und Arbeitsstätte versteuert. Ein Lohn- oder Gehaltsanspruch des Arbeitnehmers gegen die Firma wird durch diese steuerliche Behandlung nicht begründet.

(6) Die Firma trägt die Kosten des Betriebes sowie für Reparaturen und Wartung des Fahrzeuges. Sie unterhält eine Haftpflichtversicherung mit einer Deckungssumme von ▪▪▪ EUR und eine Teilkasko/Vollkaskoversicherung.

(7) Bei Leasingfahrzeugen trägt die Firma die Kosten des Betriebes sowie der Miete des Fahrzeuges. Die Wartungskosten gehen zu Lasten der Leasingfirma. Diese ist im Falle der Beeinträchtigung der Verkehrssicherheit des Fahrzeuges zu verständigen. Reparaturrechnungen werden von ihr erstattet. Sie sind auf ihren Namen auszustellen.

(8) Treibstoffkosten werden nur gegen Vorlage der Belege ersetzt. Treibstoffkosten für Privatfahrten trägt ausschließlich der Arbeitnehmer.

(9) Der Arbeitnehmer verpflichtet sich, am Ende jeden Monats eine Abrechnung über die Betriebskosten vorzulegen. Bei der Abrechnung ist der Anfangs- und Endstand des Tachometers anzugeben. Überschreitet der Arbeitnehmer den Abrechnungszeitraum um zwei Wochen, so ist die Firma nicht mehr zum Ersatz der Kosten verpflichtet.

(10) Der Arbeitnehmer ist verpflichtet,
a) den Kraftfahrzeugschein bei Fahrten mitzuführen und ansonsten sorgfältig zu verwahren;
b) ein Fahrtenbuch zu führen;
c) für rechtzeitige und ordnungsgemäße Pflege und Wartung des Fahrzeuges zu sorgen.

(11) Der Arbeitnehmer wird das Kraftfahrzeug stets sorgfältig fahren. Er verpflichtet sich auch gegenüber der Firma, die Verkehrsvorschriften einzuhalten. Nach Alkoholgenuss ist die Benutzung des Wagens verboten.

(12) Der Arbeitnehmer ist verpflichtet, die Firma unverzüglich zu unterrichten, wenn ihm die Fahrerlaubnis zeitweilig oder auf Dauer entzogen wird. Während des Entzuges der Fahrerlaubnis ist die Benutzung des Kraftfahrzeuges zu unterlassen und dieses auf Verlangen an die Firma herauszugeben.

(13) Unfälle, Verluste, Beschädigungen des Kraftfahrzeuges hat der Arbeitnehmer unverzüglich der Firma zu melden.

(14) Bei Kraftfahrzeugunfällen, bei denen der Schaden voraussichtlich mehr als 50 EUR beträgt, sowie bei allen Unfällen mit Personenschäden ist in jedem Fall die Polizei hinzuzuziehen, auch wenn der Unfall von dem Arbeitnehmer selbst verschuldet worden ist.

(15) Der Arbeitnehmer haftet für alle vorsätzlich oder grob fahrlässig verursachten Beschädigungen des Kraftfahrzeuges auf vollen Schadensersatz. Bei anderen fahrlässig verursachten Schäden ist der Arbeitnehmer verpflichtet, sich nach dem Grad seines Verschuldens angemessen am Schaden zu beteiligen.

(16) Bei auf Privatfahrten entstandenen Schäden haftet der Arbeitnehmer in jedem Fall allein und im vollen Umfang. Dies gilt auch für den Fall, dass der Unfall unverschuldet oder aufgrund leichtester Fahrlässigkeit passiert ist.

(17) Der Arbeitnehmer haftet nicht, soweit der Schaden durch eine Versicherung abgedeckt wird. Die Firma ist berechtigt, im Falle des Verlustes des Schadensfreiheitsrabattes diesen von dem Arbeitnehmer ersetzt zu verlangen.

(18) Eine Überlassung des Fahrzeuges an Dritte ist unzulässig. Dies gilt auch für Familienangehörige bei erlaubten Privatfahrten. Der Arbeitnehmer haftet für jeden Schaden, der im Zusammenhang mit der Kraftfahrzeugbenutzung durch Dritte entsteht.

(19) Dritte Personen sollen nur mitgenommen werden, wenn hierfür ein betriebliches oder geschäftliches Interesse besteht. Bei Mitnahme sonstiger Personen – auch Familienangehörigen – ist die Haftung der Firma auszuschließen. Hat der Arbeitnehmer die Haftung nicht ausgeschlossen, hat er die Firma von jeder Haftung freizustellen.

(20) Überlässt der Arbeitnehmer das Fahrzeug an Dritte oder Familienangehörige, so hat er für jeden Schaden einzustehen. Dies gilt selbst dann, wenn der Schaden nicht verschuldet ist. Der Firma steht offen, im Falle einer Überlassung des Fahrzeuges an Dritte, von dem Arbeitnehmer Schadensersatz zu verlangen bzw. diese Vereinbarung mit sofortiger Wirkung zu widerrufen.

(21) Der Arbeitnehmer ist berechtigt, etwaige das Fahrzeug betreffende Rechte im Interesse der Firma geltend zu machen.

(22) Die Firma kann jederzeit ohne Angabe von Gründen mündlich die Rückgabe des Fahrzeuges verlangen. Ein Zurückbehaltungsrecht des Arbeitnehmers ist ausgeschlossen.

(23) Der Arbeitnehmer hat das Fahrtenbuch an dem Tag abzugeben, der als Ende dieser Vereinbarung in dem Widerruf benannt wird. An diesem Tag hat der Arbeitnehmer auch die Abrechnung bzgl. der Betriebskosten gemäß Ziff. 9 dieser Vereinbarung fertig zu stellen.

(24) Änderungen oder Ergänzungen dieses Vertrages bedürfen der Schriftform.

(25) Sind einzelne Bestimmungen des Vertrages unwirksam, so wird hiervon die Wirksamkeit der übrigen Bestimmungen nicht berührt.

5. Muster: Umfangreiche Dienstwagenvereinbarung mit Privatnutzungsanspruch und vereinbarter steuerlicher Nutzungspauschalen[65]

§ 1 Grundlage der Nutzung
Dieser Kraftfahrzeugnutzungsvertrag wird auf der Grundlage des zwischen den Vertragsparteien bestehenden Arbeitsverhältnisses sowie der fahrzeugbezogen getroffenen Überlassungsvereinbarung geschlossen.

---

[65] *Hümmerich*, Gestaltung von Arbeitsverträgen, § 1 Rn 1839.

§ 2 Eigentum

Das dem Mitarbeiter zur Nutzung überlassene Kraftfahrzeug ist Eigentum der Firma. Änderungen und Einbauten durch den Mitarbeiter sind nicht zulässig.

§ 3 Art und Umfang der Nutzung

(1) Dienstliche Nutzung

Die dienstliche Nutzung des firmeneigenen Kraftfahrzeuges erfolgt auf der Grundlage der Betriebsvereinbarung für Geschäftsreisen. Der Mitarbeiter ist bereit, auf die Nutzung des Kraftfahrzeuges aus kurzfristigen, dringenden betrieblichen Gründen vorübergehend zu Gunsten einer anderweitigen dienstlichen Nutzung durch firmenangehörige Mitarbeiter/Mitarbeiterinnen zu verzichten. In diesem Falle wird dem Mitarbeiter ein anderweitiges Fahrzeug gestellt oder für die entgangene Nutzung finanzieller Ersatz geleistet.

(2) Private Nutzung

Die private Nutzung umfasst Fahrten zwischen Wohnung und Arbeitsstätte sowie – in angemessenem Rahmen – die Nutzung für sonstige private Zwecke. Im Rahmen der privaten Nutzung darf das Kraftfahrzeug Dritten grundsätzlich nicht überlassen werden, es sei denn, es handelt sich um Familienangehörige oder sonstige, der Hausgemeinschaft des Mitarbeiters angehörende Personen.

§ 4 Kosten der Nutzung

(1) Kostentragung

Die Firma trägt die Kosten der Kraftfahrzeugnutzung. Ausgenommen hiervon sind Kosten für Orientierungsmaterial und die Unterbringung des Fahrzeuges in einer Garage. Der Geschäftswagen darf für Urlaubsfahrten genutzt werden. Die Kosten für den Unterhalt des Geschäftswagens trägt in diesem Falle der Mitarbeiter, mit Ausnahme einer ersten Vollbetankung des Fahrzeuges vor Antritt des Urlaubs (letzter Arbeitstag).

(2) Abrechnung

Der Mitarbeiter rechnet die Fahrzeugnutzung kalendermonatlich auf dem vorgesehenen Formular ab. Für Nutzungskosten tritt der Mitarbeiter in Vorlage, sofern keine anderweitige Regelung getroffen wird. Der Kostenersatz erfolgt nach der Abrechnung. Die Firma behält sich vor, den Kostenersatz für die Nutzung des firmeneigenen Kraftfahrzeuges mit der monatlichen Entgeltabrechnung vorzunehmen. Bagatellbeträge unter 25 EUR werden erst mit der nächstfolgenden Kostenabrechnung ausgezahlt. Der Mitarbeiter hat darauf zu achten, dass die das firmeneigene Kraftfahrzeug betreffenden Rechnungen das polizeiliche Kennzeichen des Fahrzeuges enthalten und auf die Firma ausgestellt sind.

§ 5 Versteuerung geldwerter Vorteile

(1) Grundlagen

Der Mitarbeiter ist nach Maßgabe der steuerlichen Vorschriften verpflichtet, die aus der Überlassung des Kraftfahrzeuges zur privaten Nutzung entstehenden geldwerten Vorteile zu versteuern und hierauf ggf. entfallende Sozialversicherungsbeiträge zu entrichten.

(2) Geldwerter Vorteil Privatnutzung

Gemäß den Richtlinien der Finanzbehörden ist im Zuge der Privatnutzung des überlassenen Geschäftswagens der geldwerte Vorteil durch den Mitarbeiter zu versteuern. Der aus der Überlassung zur privaten Nutzung folgende geldwerte Vorteil beträgt derzeit 1% des aus der Grund- und Sonderausstattung folgenden Bruttolistenpreises einschließlich Mehrwertsteuer. Soweit gesetzlich zulässig, wird ein eventuell geleisteter Eigenanteil des Mitarbeiters im Rahmen der 1%-Versteuerung berücksichtigt. Eine Reduzierung des steuerlich maßgeblichen Bruttowertes aufgrund eines Eigenanteils des Mitarbeiters ist nicht zulässig.

(3) Geldwerter Vorteil Wohnung/Arbeitsstätte

Der Mitarbeiter hat den geldwerten Vorteil aus der Nutzung des Fahrzeuges für Fahrten zwischen Wohnung und Arbeitsstätte nach Maßgabe der geltenden Vorschriften zu versteuern. Im Regelfalle wird die Versteuerung jahresbezogen für 180 Tage vorgenommen.

(4) Mitteilungspflicht

Der Mitarbeiter ist verpflichtet, der Firma die einfache Entfernung zwischen Wohnung und Arbeitsstätte und jede Veränderung dieses Wertes unaufgefordert mitzuteilen.

(5) Durchführung der Versteuerung

Die aus der Versteuerung der geldwerten Vorteile erwachsenden Belastungen werden monatlich im Zuge der Entgeltabrechnung verrechnet.

§ 6 Obliegenheiten, Sorgfaltspflichten, Haftung

(1) Wartung und Pflege

Als Eigentum der Firma ist das Kraftfahrzeug durch den Mitarbeiter pfleglich zu behandeln. Der Mitarbeiter hat dafür Sorge zu tragen, dass die vom Hersteller vorgeschriebenen Wartungsdienste rechtzeitig durchgeführt werden. Gleiches gilt für die Durchführung notwendiger Reparaturen.

(2) Verhalten im Straßenverkehr

Der Mitarbeiter ist verpflichtet, die gesetzlichen Verkehrsbestimmungen einzuhalten und zu beachten, insbesondere für einen stets betriebs- und verkehrssicheren Zustand des Kraftfahrzeuges zu sorgen. Darüber hinaus verpflichtet sich der Mitarbeiter zu vorsichtigem Fahrverhalten, auch um Schaden am Ansehen der Firma zu vermeiden. Die Einnahme von alkoholischen Getränken und Drogen vor oder während der Fahrt mit dem firmeneigenen Fahrzeug ist nicht gestattet. Bei Einnahme von Medikamenten hat der Mitarbeiter auf die entsprechende Indikation und die Erläuterungen im Beipackzettel zu achten. Der Mitarbeiter trägt von ihm veranlasste Bußgelder und sonstige Geldstrafen, die gegen den Halter des firmeneigenen Kraftfahrzeuges oder den Fahrer verhängt werden.

(3) Anzeige- und Meldepflichten

Unfälle, Verlust, Beschädigungen, Veränderungen und/oder Wertminderungen des Fahrzeuges hat der Mitarbeiter unverzüglich schriftlich dem zuständigen Fuhrparkbüro anzuzeigen. Bei Verkehrsunfällen ist das Unfall-Meldeformular zu benutzen. Das zuständige Fuhrparkbüro ist erreichbar unter folgender Adresse: ▪▪▪

(4) Haftung

Wird das Fahrzeug während einer betrieblich veranlassten Tätigkeit beschädigt, haftet der Arbeitnehmer vollumfänglich für Vorsatz und grobe Fahrlässigkeit. Verursacht der Arbeitnehmer den Schaden fahrlässig oder leicht fahrlässig, bestimmt sich der Haftungsumfang nach dem Grad des Verschuldens des Arbeitnehmers. Wird das Fahrzeug während einer Privatfahrt des Arbeitnehmers beschädigt, haftet er für die Beschädigung oder Zerstörung des Fahrzeuges vollumfänglich und verschuldensunabhängig. Der Arbeitnehmer stellt den Arbeitgeber von allen Schadensersatzansprüchen Dritter in diesem Falle frei. Wird der Arbeitgeber nicht in Regress genommen, da ein Versicherer für den Schaden aufkommt, wird die Haftung des Arbeitnehmers insoweit beschränkt oder entfällt gänzlich. Dann sind von dem Arbeitnehmer lediglich die Kosten der Selbstbeteiligung an der Kaskoversicherung sowie ein etwaiger Verlust des Schadensfreiheitsrabattes zu tragen. Bei einer unberechtigten Überlassung des Fahrzeuges entgegen § 3 Abs. 2 haftet der Mitarbeiter verschuldensunabhängig für jeden Schaden.

§ 7 Versicherung

(1) Kraftfahrzeug-Haftpflichtversicherung

Die Firma schließt für das Kraftfahrzeug eine Haftpflichtversicherung mit unbegrenzter Deckung ab.

(2) Fahrzeugversicherung

Die Firma trägt die Gefahr der Beschädigung, Zerstörung und des Verlustes des Fahrzeuges nach Maßgabe der Allgemeinen Bedingungen für die Kraftfahrzeugversicherung (Teil c §§ 12–15 AKB Fahrzeugversicherungen – Vollversicherung).

§ 8 Schlussvorschriften

(1) Dauer der Nutzung

Die regelmäßige Nutzungsdauer richtet sich nach der jeweils geltenden Betriebsvereinbarung „Geschäftswagenordnung" (zurzeit Regelkilometerleistung 170.000 km Benzin-Kfz oder 200.000 km Diesel-Kfz bzw. Regelbetriebszeit 5 Jahre). Der Mitarbeiter ist verpflichtet, der zuständigen Personalabteilung/Kfz-Stelle den voraussichtlichen Zeitpunkt, zu dem die Regelnutzungsdauer enden wird, rechtzeitig vor Antritt des Zeitpunkts, d.h. 10.000 Kilometer vor Erreichen der Regelkilometerleistung oder drei Monate vor Erreichung der Regelbetriebszeit, mitzuteilen.

(2) Beendigung der Überlassung/Nutzung/Fahrzeugrückgabe

Die Firma ist berechtigt, diese Vereinbarung jederzeit aufzuheben, wenn die firmenseitigen oder persönlichen Voraussetzungen für die Überlassung eines firmeneigenen Kraftfahrzeuges nach Maßgabe der jeweils geltenden Überlassungsvereinbarung nicht mehr gegeben sind. Bei Wegfall der Voraussetzungen für die Überlassung des firmeneigenen Kraftfahrzeuges bzw. bei Beendigung der Nutzungsberechtigung ist der Mitarbeiter verpflichtet, das firmeneigene Kraftfahrzeug unverzüglich an die Firma zurückzugeben.

(3) Schriftform

Die Firma und der Mitarbeiter vereinbaren, dass Änderungen und Ergänzungen des Nutzungsvertrages der Schriftform bedürfen.

6. Muster: Dienstwagenvereinbarung bei Leasingfahrzeug (Übernahme der Leasingkosten durch den Mitarbeiter bei Ausscheiden)

Zwischen

der Firma ▪▪▪

– nachstehend: Firma –

und

Herrn ▪▪▪

– nachstehend: Mitarbeiter –

wird folgende Vereinbarung über die Nutzung eines Dienstwagens mit dem amtlichen Kennzeichen ▪▪▪ und der Spezifikation gemäß dem beigefügten Kfz-Schein vereinbart.

Diese Vereinbarung gilt vom ▪▪▪ bis spätestens ▪▪▪.

1. Rechte und Pflichten
Diese Dienstwagen-Nutzungsvereinbarung regelt die Rechte und Pflichten des Mitarbeiters bei Nutzung des von der Firma zur Verfügung gestellten Dienstwagens.

2. Privatnutzung
Die Firma stellt dem Mitarbeiter einen Dienstwagen zur Verfügung, der auch privat genutzt werden darf. Das Fahrzeug darf vom Mitarbeiter nicht vermietet, verliehen oder einem Dritten überlassen werden. Erlaubt ist die Nutzung aus dienstlichen Gründen durch Mitarbeiter der Firma und eine Mitbenutzung durch in häuslicher Gemeinschaft lebende Familienangehörige bzw. Lebenspartner.

3. Laufzeit und Kilometer
Der Mitarbeiter legt die Laufzeit des Vertrages sowie seine Kilometerleistung fest.

4. Leasingrate
Für den Pkw übernimmt der Mitarbeiter die entsprechende Leasingrate in Höhe von ▪▪▪ EUR/Monat.

Über- oder Unterschreitungen der festgelegten Kilometer gehen zu Lasten bzw. zu Gunsten des Mitarbeiters. Falls der Anteil der freien Tantieme nicht zur Abdeckung der Leasing-Rate reicht, zahlt der Mitarbeiter den Restbetrag aus seinen Netto-Bezügen. Abrechnungszeitraum ist das Jahr, für das die Tantiemezahlung erfolgt.

5. Benzinkosten
Die Firma trägt die Treibstoffkosten für den Pkw. Bei privater Nutzung sind die Kosten vom Mitarbeiter zu tragen, ausgenommen Fahrten zwischen Wohnung und Arbeitsstätte sowie Kurzfahrten.

6. Versteuerung
Der Mitarbeiter ist über die gültigen steuerlichen Bestimmungen über ein Merkblatt informiert und sorgt über die Personalabteilung für die notwendige Versteuerung.

7. Verkehrssicherheit
Der Mitarbeiter trägt Sorge für die rechtzeitige Einhaltung der notwendigen Wartungs-, Inspektions-, TÜV- und ASU-Termine. Der Mitarbeiter veranlasst notwendige Reparaturen und die Pflege des Fahrzeuges.

8. Unfall
Bei Unfällen (ausgenommen Bagatellschäden) unterrichtet der Mitarbeiter ohne Rücksicht auf das Verschulden die Polizei. Er unternimmt alles Erforderliche und Zumutbare, um Beweise über den Unfallhergang zu sichern. Ein Schuldanerkenntnis darf nicht abgegeben werden.

9. Versicherung
Der Mitarbeiter kann seinen Schadensfreiheitsrabatt für Haftpflicht- und Kaskoversicherung in den Leasingvertrag einbringen. Anderenfalls schließt die Firma eine Versicherung ab.

Bei einem durch den Mitarbeiter auf einer Privatfahrt (z.B. Urlaub) verschuldeten Unfall trägt dieser den Vollkasko-Selbstbehalt von 500 EUR.

10. Technische Veränderungen
Technische Veränderungen am Dienstwagen sind nicht zulässig.

11. Nutzungsende
Die Nutzung des Dienstwagens ist an das bestehende Arbeitsverhältnis mit der Firma gebunden und endet automatisch mit Ende des Arbeitsverhältnisses.

Bei Ausscheiden des Mitarbeiters gehen die Rechte und Pflichten aus dem Leasing-Vertrag für die Restlaufzeit auf ihn über.[66]

12. Unterlagen

Mit dem Fahrzeug sind dem Mitarbeiter übergeben worden:
- Kfz-Schein;
- Technik-Creditcard;
- Dienstwagen-Richtlinie;
- Nutzungsvereinbarung;
- Merkblatt Steuerbestimmungen.

13. Angaben (vom Mitarbeiter auszufüllen)

Ich wähle ❏ Pauschalversteuerung bzw. ❏ Einzelnachweisregelung.
Die Entfernung von der Wohnung zur Arbeitsstätte beträgt ▬▬▬ Entfernungskilometer.

II. Korrespondenz zu Dienstwagen und Dienstfahrten

1. Muster: Erlaubnis der Benutzung eines arbeitnehmereigenen Kraftfahrzeuges für Dienstfahrten

Zwischen

dem Arbeitgeber ▬▬▬

und

dem Arbeitnehmer ▬▬▬

wird in Ergänzung des Arbeitsvertrages folgende Vereinbarung über die betriebliche Benutzung eines arbeitnehmereigenen Kraftfahrzeuges getroffen:

§ 1 Nutzungsumfang

(1) Dem Arbeitnehmer wird gestattet, zu betriebsbedingten Zwecken sein Kraftfahrzeug, Marke ▬▬▬, polizeiliches Kennzeichen ▬▬▬, gegen Kostenerstattung durch den Arbeitgeber zu benutzen.

(2) Zu dienstlichen Zwecken benutzt der Arbeitnehmer das Fahrzeug, soweit es ihm im Einzelfalle oder global gestattet ist, für dienstliche Anlässe sein Fahrzeug zu benutzen. Fahrten zwischen der Wohnung und dem Arbeitsplatz gelten nicht als betrieblich bedingte Fahrten.

§ 2 Kosten

(1) Für jeden zu betriebsbedingten Zwecken gefahrenen Kilometer erhält der Arbeitnehmer ein Kilometergeld in Höhe von ▬▬▬ EUR. Mit dem erhöhten Kilometergeld sind alle Schäden, die dem Arbeitnehmer an seinem Kraftfahrzeug während der betrieblichen Nutzung entstanden sind, abgegolten.

(2) Der Arbeitgeber beteiligt sich an einer vom Arbeitnehmer zu schließenden Vollkaskoversicherung seines Fahrzeuges mit ▬▬▬%.

(3) Die Abrechnung der Kosten gemäß Abs. 1 erfolgt monatlich, sonstige Kosten nach Vorlage der Rechnung.

§ 3 Haftung

(1) Für im Zusammenhang mit der betriebsbedingten Kraftfahrzeugnutzung eintretende Personen- oder Sachschäden haftet der Arbeitgeber, es sei denn, der Arbeitnehmer hat den Schadensfall vorsätzlich oder grob fahrlässig herbeigeführt.

(2) Übernimmt der Arbeitgeber solche Personen- oder Sachschäden, so tritt der Arbeitnehmer seine ihm gegen Dritte aus dem gleichen Schadensereignis zustehenden Schadensersatzansprüche in entsprechender Höhe an den Arbeitgeber ab. Der Arbeitgeber nimmt die Abtretung an.

§ 4 Teilkündigung

Diese Vereinbarung kann, unabhängig vom Bestand des Arbeitsverhältnisses, von beiden Parteien ohne Angabe von Gründen jederzeit mit einer Frist von einem Monat gekündigt werden.

§ 5 Sonstige Bestimmungen

(1) Mündliche Nebenabreden haben die Parteien nicht getroffen. Nebenabreden und Änderungen bedürfen der Schriftform. Dies gilt auch für eine Änderung des Schriftformerfordernisses.

---

66 Ziffer 11 Abs. 2 ist nach Ansicht des BAG (9.9.2003 – 9 AZR 574/02, NZA 2004, 484) unwirksam.

§ 2 Zusatzvereinbarungen zu Arbeits- und Anstellungsverträgen

(2) Sind oder werden einzelne Bestimmungen dieses Vertrages ganz oder teilweise unwirksam, berührt dies die Wirksamkeit des Vertrages im Übrigen nicht. Lückenhafte oder unwirksame Regelungen sind so zu ergänzen, dass eine andere angemessene Regelung gefunden wird, die wirtschaftlich dem am nächsten steht, was die Parteien unter Berücksichtigung der mit dieser Vereinbarung verfolgten Zwecke gewollt hätten, wenn sie die Lückenhaftigkeit oder Unwirksamkeit bedacht hätten.

2. Muster: Haftungs-Verzichtserklärung eines Mitfahrers

Hiermit erkläre ich im Verhältnis zu meinem Arbeitgeber und zu dem Fahrer und Halter des Fahrzeuges, Marke ▬▬▬, amtliches Kennzeichen ▬▬▬, dass ich aus sämtlichen Schäden, die sich aus meiner Mitfahrt in dem vorgenannten Fahrzeug ergeben können, keine Ersatzansprüche geltend machen werde. Meine Verzichtserklärung erstreckt sich nur auf solche Schadensereignisse, die von dem Fahrer des vorgenannten Fahrzeuges nicht vorsätzlich herbeigeführt wurden. Mit dieser Erklärung binde ich nicht nur mich selbst, sondern auch meine sämtlichen Rechtsnachfolger, insbesondere im Falle meines durch einen Verkehrsunfall herbeigeführten Todes.

▬▬▬ (Ort, Datum, Unterschrift Arbeitnehmer)

3. Muster: Unfallmeldung

Unfalltag: ▬▬▬   Ort: ▬▬▬   Zeit: ▬▬▬

Fahrzeug
Marke: ▬▬▬   Typ: ▬▬▬
Amtl. Kennzeichen: ▬▬▬   Fahrgestell-Nr.: ▬▬▬   nächste HU: ▬▬▬

Fahrer
Name, Vorname: ▬▬▬   geb. am: ▬▬▬
wohnhaft in: ▬▬▬   Straße: ▬▬▬
Fahrerlaubnis Klasse(n): ▬▬▬   seit: ▬▬▬   Abteilung: ▬▬▬

Unfallbeteiligte
Name, Vorname: ▬▬▬   Anschrift: ▬▬▬
Kfz-Typ: ▬▬▬   Amtl. Kennzeichen: ▬▬▬   Haftpflichtversicherung: ▬▬▬
Name, Vorname: ▬▬▬   Anschrift: ▬▬▬
Kfz-Typ: ▬▬▬   Amtl. Kennzeichen: ▬▬▬   Haftpflichtversicherung: ▬▬▬
Name, Vorname: ▬▬▬   Anschrift: ▬▬▬
Kfz-Typ: ▬▬▬   Amtl. Kennzeichen: ▬▬▬   Haftpflichtversicherung: ▬▬▬

Unfallzeugen
Name, Vorname: ▬▬▬   Anschrift: ▬▬▬
Name, Vorname: ▬▬▬   Anschrift: ▬▬▬
Name, Vorname: ▬▬▬   Anschrift: ▬▬▬
Sachverständiger (von der Polizei Anschrift: ▬▬▬ hinzugezogen/selbst beauftragt): ▬▬▬

Eigener Schaden   **Fremdschaden**
Personenschaden: ▬▬▬   Personenschaden: ▬▬▬
Sachschaden Fahrer: ▬▬▬   Sachschaden: ▬▬▬
Sachschaden Firma: ▬▬▬   Sonstiges: ▬▬▬

Aufnehmende Dienststelle
Dienststelle: ▬▬▬   Name des Beamten: ▬▬▬   Tagebuch-Nr. (soweit bekannt): ▬▬▬

Unfallschilderung (Darstellung des Unfallgeschehens auf Beiblatt)
▬▬▬ (Ort, Datum, Unterschrift Fahrer)

Kapitel 3: Ausbildungsfinanzierung und Arbeitgeberdarlehen

Literatur

Becker/Schaffner, Die Rechtsprechung zur Rückerstattung von Ausbildungskosten, DB 1991, 1016; *Berger-Delhey*, Arbeitsrechtliche Probleme des Arbeitgeberdarlehens, DB 1990, 837; *Eule*, Der Begriff des Ausbilders nach dem BBiG, BB 1991, 2366; *Fangmann*, Die Rechtsstellung des Praktikanten, AuR 1977, 201; *Gamillscheg*, Darlehen, AR-Blattei SD 570; *Günther*, Besteuerung von Zinsersparnissen bei Arbeitgeberdarlehen, GStB 2003, 256; *Hennige*, Rückzahlung von Aus- und Fortbildungskosten, NZA-RR 2000, 617; *Hunold*, Ausgewählte Rechtsprechung zur Vertragskontrolle im Arbeitsverhältnis, NZA-RR 2002, 225; *Hurlebaus*, Neue Rechtsprechung zum Berufsbildungsgesetz, GewArchiv 1999, 143; *Jesse/Schellen*, Arbeitgeberdarlehen und Vorschuss, 1990; *Kania*, Nichtarbeitsrechtliche Beziehungen zwischen Arbeitgeber und Arbeitnehmer, 1990; *Knigge*, Übersicht über das Recht der Berufsbildung, AR-Blattei SD 400.1 und 400.2; *ders.*, Volontär und Praktikant, AR-Blattei SD 1740; *Knopp/Kraegeloh*, Berufsbildungsgesetz; *Krause*, Schriftform für den Ausbildungsvertrag, AR-Blattei ES 220.2 Nr. 16; *Kreutzfeld/Kramer*, Rechtsfragen der Kündigung des Berufsausbildungsverhältnisses, DB 1995, 975; *Kurz/Schellen*, Zu Rechtsfragen bei der Gewährung von Arbeitgeberdarlehen, FS Gaul, 1987, S. 121; *Mayer*, Rückzahlung von Ausbildungskosten – Anmerkung zur Entscheidung des BAG vom 16.3.1994, AiB 1994, 662; *Meyer*, AR-Blattei, Darlehen; *Ressel*, Neue Rechtsvorschriften für die Berufsbildung, AuA 1990, 209; *Richter/Richter*, Darlehensgewährung durch den Arbeitgeber, NWB Fach 6, 4425; *Sander*, Fortbildungsvertrag und Fortbildungskosten im Arbeitsverhältnis, BuW 2003, 868; *Scherer*, Verträge mit Praktikanten, NZA 1986, 80; *Schirdewahn*, Mitbestimmung bei Arbeitgeberdarlehen aus laufenden Mitteln?, BB 1980, 891; *Schmidt*, Das Praktikantenverhältnis nach dem neuen Berufsausbildungsgesetz, BB 1971, 313; *Seifert*, Gestaltungsspielräume bei Geschenken, Arbeitgeberdarlehen und Gutscheinen nutzen, GStB 2006, 73; *Strohmer*, Versteuerung fiktiver Zinsvorteile bei Arbeitgeberdarlehen, DB 2005, 2046; *Voßkuhl*, Lohnsteuerliche Behandlung zinsgünstiger Darlehen und ähnlicher Vorteile an Arbeitnehmer, insbesondere von Kreditinstituten, DStR 1998, 12; *Warnke*, Zinsersparnisse und Zinszuschüsse bei Arbeitgeberdarlehen, EStB 2003, 395; *Weuster*, Der Aufhebungsvertrag – Gestaltungsmöglichkeiten zur Vermeidung von Streitfragen, BuW 2000, 510; *Winkelhake*, Rückzahlung von Ausbildungskosten, AuA 2003, Nr. 12, 14; *Woortmann*, Kursänderungen im BBiG, RdJB 1998, 11; *Zeranski*, Rückzahlung von Ausbildungskosten bei Kündigung des Ausbildungsverhältnisses, NJW 2000, 336.

A. Erläuterungen

I. Arbeitgeberdarlehen

1. Abgrenzung zu sonstigen finanziellen Leistungen

Das Arbeitgeberdarlehen ist ein gewöhnliches Darlehen, für dessen Zustandekommen die Bestimmungen des BGB gelten. Bei der Auszahlung kleinerer Beträge ohne ausführliche Vertragsgestaltung muss geprüft werden, ob überhaupt ein Arbeitgeberdarlehen gewährt werden sollte. In Frage kommen stattdessen ein Vorschuss oder eine Abschlagszahlung. Abschlagszahlungen sind Leistungen des Arbeitgebers auf das bereits verdiente, aber noch nicht abgerechnete Entgelt. Vorschüsse sind Leistungen auf künftiges Arbeitsentgelt. Aus dieser Abgrenzung ergibt sich eine Reihe von Konsequenzen. Unter anderem kann beim Darlehen eine Aufrechnung mit künftigen Vergütungsansprüchen des Arbeitnehmers nur im Umfang des nicht im Bereich der Pfändungsfreigrenzen angesiedelten Gehalts für wirksam erklärt werden. Der Vorschuss kann nach allgemeiner Auffassung auch auf den unpfändbaren Teil des Arbeitseinkommens angerechnet werden.[1] Soweit darlehenstypische Absprachen zwischen Arbeitgeber und Arbeitnehmer über Verzinsung, Kündigung und Rückzahlung getroffen sind, ist im Zweifel davon auszugehen, dass ein Arbeitgeberdarlehen gewollt war.[2]

Wird im Rahmen einer Notiz oder einer kleinen Vertragsergänzung zum Arbeitsvertrag zwischen den Parteien geregelt, dass der Mitarbeiter einen Betrag von X EUR für mehrere Monate erhält und dieser Betrag monatlich zu gleichen Teilen mit dem Arbeitsentgelt verrechnet wird, ist nicht sichergestellt, dass es sich um ein Darlehen handelt.[3]

Abgrenzungsprobleme, wie sie bei Arbeitgeberdarlehen auftreten, bestehen bei der Übernahme von Ausbildungskosten durch den Arbeitgeber im Allgemeinen nicht. Aus den Fortbildungsverträgen geht regelmäßig

---

1 BAG 9.2.1956 – 1 AZR 329/55, AP § 394 BGB Nr. 1; BAG 11.2.1987 – 4 AZR 144/86, AP § 850 ZPO Nr. 11.
2 LAG Düsseldorf 14.7.1955 – 2a Sa 158/55, AP § 614 BGB Gehaltsvorschuss Nr. 1.
3 LAG Bremen 21.12.1960 – 1 Sa 147/60, DB 1961, 243; LAG Düsseldorf 14.7.1955 – 2a Sa 158/55, AP § 614 BGB Nr. 1.

der Zweck der finanziellen Zuwendung bereits hervor. In diesen Verträgen ranken sich die Rechtsfragen überwiegend um die Rückzahlungsproblematik.

2. Gesetzliche Grenzen

a) Rückzahlungsraten und Pfändungsfreigrenzen

131 Bei der Gestaltung von Arbeitgeberdarlehensverträgen ist zu beachten, dass die Modalitäten der Rückzahlung grundsätzlich im Belieben der Parteien stehen. Allerdings sollten die **Fälligkeit** und die **Höhe von Rückzahlungsraten** im Darlehensvertrag festgelegt werden. Soll die Rückzahlung in der Weise geschehen, dass aus dem laufenden Entgeltanspruch Raten durch Aufrechnung einbehalten werden, sind stets die **Pfändungsgrenzen** nach § 394 BGB, insbesondere die Grenzen gemäß § 850c ZPO zu beachten. Dem Arbeitnehmer muss unter Berücksichtigung seiner Unterhaltspflichten nach Abzug der Darlehensraten der unpfändbare Teil seines Entgelts verbleiben. Bei einer Verteilung des pfändbaren Betrages gehen Vorpfändungen und zeitlich früher erfolgte Lohnabtretungen vor. Es ist daher zu empfehlen, in den Darlehensvertrag eine Klausel aufzunehmen, die die Rückzahlung durch eine Lohnabtretung in Höhe der monatlichen, unter Beachtung der Pfändungsgrenzen zulässigen Rückzahlungsrate sichert. Diese Empfehlung berücksichtigt das Muster 2500 (§ 4 Abs. 3). Einen anderen Weg wählen das Muster 2520 (Schuldanerkenntnis) und das Muster 2510 (Sicherungsübereignung eines Pkw). Das Muster 2500 wählt unter § 3 Abs. 1 und § 4 Abs. 1 zudem die Möglichkeit, die konkret festgelegten monatlichen Rückzahlungsraten jeweils am Fälligkeitstag der Lohn- und Gehaltszahlung mit dieser zu verrechnen. Diese Methode ist zulässig.[4]

b) Zinsen

132 Ein **Zinsanspruch des Arbeitgebers** besteht nach § 488 Abs. 2 BGB nur, wenn der Darlehensvertrag eine ausdrückliche Vereinbarung enthält. Ohne Zinsvereinbarung wird nicht etwa der gesetzliche Zinssatz geschuldet, in diesem Falle handelt es sich vielmehr um ein zinsloses Darlehen.[5] Werden für eine Mehrzahl von Arbeitnehmern Darlehen durch den Arbeitgeber gewährt und liegen die Zinsen günstiger, als sie auf dem aktuellen Kapitalmarkt zu zahlen sind, handelt es sich um eine Vergünstigung, auf die auch andere Arbeitnehmer unter dem Gesichtspunkt des Gleichbehandlungsgrundsatzes Anspruch erheben können.[6] Auch ist es unzulässig, Teilzeitkräfte vom Bezug zinsgünstiger Darlehen auszuschließen.[7] Soweit in einem Betrieb generell zinsbegünstigte Darlehen gewährt werden, stellt die Darlehensvergabe eine Frage der betrieblichen Lohngestaltung dar und ist nach § 87 Abs. 1 Nr. 10 BetrVG mitbestimmungspflichtig.[8]

133 Gewährt der Arbeitgeber das Darlehen zu günstigeren als marktüblichen Konditionen, sind die Zinsvorteile für den Arbeitnehmer Arbeitslohn. Dies gilt auch, wenn der Arbeitgeber zu einem Darlehen einer Bank Zinszuschüsse gewährt.[9] Nach Abschnitt 31 Abs. 11 LStR sind Zinsvorteile als Sachbezug zu erfassen, wenn die Summe der noch nicht getilgten Darlehen am Ende des Lohnzahlungszeitraums 2.600 EUR übersteigt und soweit der Effektivzins 6 v.H. unterschreitet, wobei mehrere Darlehen hinsichtlich des Zinssatzes, nicht aber hinsichtlich der Geringfügigkeitsgrenze von 2.600 EUR, auch dann getrennt zu beurteilen sind, wenn sie einem einheitlichen Verwendungszweck dienen. Insofern empfiehlt es sich, auch wenn der Arbeitgeber generell nicht haftet,[10] den Darlehensnehmer auf die Lohnsteuerpflichtigkeit eines Zinsvorteils hinzuweisen.[11]

c) Wirkung von Ausschlussfristen

134 Die Auffassung des BAG, wonach das Darlehen seinen **Rechtsgrund** nicht im Arbeitsverhältnis hat und daher nicht dem Arbeitsrecht unterliegt, wird nicht einheitlich beurteilt. Während das LAG Hamm[12] mit dem BAG[13] das Darlehen nicht für eine Leistung aus dem Arbeitsverhältnis hält, vertritt das LAG Niedersachsen im Hinblick auf tarifliche Ausschlussfristen die Auffassung, der Anspruch der Arbeitgeberin auf Rückzah-

---

[4] BAG 10.10.1966 – 3 AZR 177/66, AP § 392 BGB Nr. 2.
[5] Palandt/*Putzo*, BGB, § 608 Rn 1; Küttner/*Griese*, Personalbuch, 22 Rn 5.
[6] LAG Hamm 19.3.1993 – 10 Sa 1511/92, BB 1993, 1593.
[7] BAG 27.7.1994 – 10 AZR 538/93, DB 1994, 2348.
[8] BAG 9.12.1980 – 1 ABR 80/77, AP § 87 BetrVG 1972 Lohngestaltung Nr. 5.
[9] FG Hessen 5.3.1990 – 4 K 85/86, EFG 1990, 523.
[10] BFH 25.10.1985 – VI R 130/82, BStBl. II 1986, 98.
[11] Muster 2500 (§ 2 Satz 2).
[12] LAG Hamm 28.4.1995 – 10 Sa 1386/94, LAGE § 794 ZPO Ausgleichsklausel Nr. 1.
[13] BAG 23.9.1992 – 5 AZR 569/91, BB 1993, 1438.

lung eines dem Arbeitnehmer gewährten Darlehens falle unter die Ausschlussfrist des § 16 BRTV-Bau, wenn sich aus dem Darlehensvertrag ergebe, dass dieser seine Grundlage in der arbeitsvertraglichen Beziehung der Parteien habe.[14]

d) Arbeitgeberdarlehen und Verbraucherschutzrecht

Auf Darlehensverträge zwischen Arbeitgeber und Arbeitnehmer (im entschiedenen Fall handelte es sich um ein Darlehen eines Arbeitnehmers an den Arbeitgeber) fanden in der Vergangenheit bereits die Vorschriften des AGB-Gesetzes Anwendung.[15] Seit der Schuldrechtsreform ist der Arbeitnehmer Verbraucher. Schon über den Verbraucherbegriff in § 13 BGB kommt man zu dem Ergebnis, dass die Vorschriften der §§ 491 ff. BGB auch bei einem Darlehen, das der Arbeitgeber dem Arbeitnehmer gewährt, Anwendung finden. § 491 Abs. 2 Nr. 2 BGB erlaubt zusätzlich im Umkehrschluss die Feststellung, dass immer dann, wenn ein Arbeitgeber mit seinem Arbeitnehmer einen Darlehensvertrag zu Zinsen abschließt, die über den marktüblichen Sätzen liegen, die §§ 491 ff. BGB anzuwenden sind. Bei Arbeitgeberdarlehen sind daher, vom Sonderfall des § 491 Abs. 2 Nr. 2 BGB abgesehen, grundsätzlich die Schriftform und die Formvorschriften des § 492 BGB zu beachten. Der Arbeitnehmer hat beim Arbeitgeberdarlehen ein Widerrufsrecht gemäß § 495 BGB. Ein Einwendungsverzicht gemäß § 496 BGB ist unwirksam. Das Kündigungsrecht wegen Zahlungsverzugs ergibt sich aus § 498 BGB. Auch nach alter Rechtslage war bereits eine jederzeitige Kündigungsmöglichkeit des Arbeitgeberdarlehens durch den Arbeitgeber im Hinblick auf eine gleichzeitige, langfristige Tilgungsvereinbarung unwirksam.[16]

Der Darlehensvertrag darf den Arbeitnehmer nicht unangemessen benachteiligen, § 307 BGB.[17] *Preis*[18] hält die einseitigen Leistungsbestimmungsrechte i.S.d. Zivilrechtsprechung zu den Preisnebenabreden für kontrollfähig. Der Vertragspartner des Verwenders soll vor der unangemessenen Verkürzung oder Modifikation der vollwertigen Leistung, die er nach Gegenstand und Zweck des Vertrages erwarten durfte, geschützt werden, was sich auch aus § 307 Abs. 2 Nr. 2 BGB ergebe. Eine Klausel, die den Arbeitnehmer zur Zahlung des ihm im Rahmen des Verkaufs eines Werkswagens eingeräumten Preisnachlasses verpflichtet, wenn ihm binnen eines Jahres nach Auslieferung des Fahrzeuges fristlos gekündigt wird, ist unwirksam, wenn die Höhe des Preisnachlasses nicht aus dem Vertrag hervorgeht.[19]

Fälligkeitsklauseln oder Verzugszinsregelungen bei Arbeitgeberdarlehen werden kontrollfähig bleiben. Die BGH-Rechtsprechung über Zusatzboni ist nicht übertragbar, da jede Art von Bonus Teil der Vergütung und damit Bestandteil der nicht kontrollfähigen Hauptleistungspflichten des Arbeitgebers ist.[20] Inwieweit in Aufhebungs- oder Abwicklungsverträgen geregelte Abfindungen, beispielsweise unter Hinweis auf die Rechtsprechung zu Ausgleichsansprüchen des Handelsvertreters,[21] kontrollfähig sind, ist umstritten. § 1a Abs. 2 KSchG wird überwiegend nicht als gesetzlich verbindliche Abfindungsregelung angesehen, da die Verbindlichkeit der Abfindung bei einer betriebsbedingten Kündigung nicht aus dem Gesetz folgt, sondern aus der Hinnahme der Kündigung durch den keine Kündigungsschutzklage erhebenden Arbeitnehmer.[22]

3. Rückzahlungsklauseln

Wird das Arbeitsverhältnis beendet, tritt nicht automatisch Fälligkeit des Darlehens ein. Es kann nicht ohne weiteres angenommen werden, dass der weitere Fortbestand des Arbeitsverhältnisses Geschäftsgrundlage des Darlehensvertrages war.[23]

Sind Rückzahlungsmodalitäten oder ein Rückzahlungstermin nicht vereinbart, können Arbeitgeber und Arbeitnehmer das Darlehen nach §§ 489 ff. BGB unter Beachtung der Kündigungsfrist **kündigen**. Eine vertragliche Bestimmung, die die sofortige Rückzahlung des Darlehens bei Beendigung des Arbeitsverhältnisses vorsieht, ist nicht generell wirksam. Eine derartige Vereinbarung ist unwirksam, wenn sie für den Fall der

---

14 LAG Niedersachsen 9.11.1999 – 7 Sa 321/99, NZA-RR 2000, 484.
15 BAG 23.9.1992 – 5 AZR 569/91, BB 1993, 1438; LAG Hamm 19.2.1993 – 10 Sa 1397/92, DB 1994, 1243; LAG Saarland 29.4.1987 – 1 Sa 91/86, NZA 1988, 164.
16 LAG Hamm 19.2.1993 – 10 Sa 1397/92, BB 1993, 1517.
17 H/S-*Reiserer*, Das arbeitsrechtliche Mandat, § 5 Rn 201.
18 ErfK/*Preis*, §§ 305–310 BGB Rn 39.
19 BAG 26.5.1993 – 5 AZR 219/92, AP § 23 AGBG Nr. 3.
20 *Hümmerich*, Gestaltung von Arbeitsverträgen, § 1 Rn 452.
21 BGH 20.11.2002 – VIII ZR 146/01, NJW 2003, 1241.
22 *Grobys*, DB 2003, 2174; *Thüsing/Stelljes*, BB 2003, 1673.
23 LAG Baden Württemberg 15.7.1969 – 7 Sa 20/69, AP § 607 BGB Nr. 3.

Kündigung des Arbeitnehmers vereinbart ist (Argument aus § 622 Abs. 6 BGB), und sie ist unwirksam, wenn der Arbeitgeber aus betriebsbedingten Gründen kündigt (Argument aus § 612 BGB).[24] Diesen Anforderungen wird § 3 in Muster 2510 gerecht.[25]

140 Zulässig ist schließlich für den Fall einer ordentlichen Arbeitnehmerkündigung eine Klausel, die Zinsvergünstigungen ab Beendigung des Arbeitsverhältnisses entfallen lässt und die Darlehensbedingungen an den aktuellen Kapitalmarkt anpasst.[26] Dementsprechend ist § 5 Abs. 2 in Muster 2500 formuliert. Ein rückwirkender Wegfall von Zinsvergünstigungen hält einer gerichtlichen Billigkeitskontrolle nicht stand.[27] Auch eine Vereinbarung, die die Zinsvergünstigung bereits mit dem ersten Tag der Elternzeit wegfallen lässt, wenn der Arbeitnehmer das Arbeitsverhältnis nach Ende der Elternzeit nicht fortsetzt, wird für unzulässig gehalten.[28]

II. Aus- und Fortbildungsverträge

1. Rückzahlungsklauseln bei Fortbildungsverträgen

a) Beschränkungen im BBiG

141 Im Bereich der Fortbildungsverträge gehören vor allem die Rückzahlungsklauseln zu einem umstrittenen Themenbereich. Zunächst einmal besteht im Rahmen von **Berufsausbildungsverhältnissen** ein Verbot vertraglicher Rückzahlungsklauseln, § 12 BBiG.[29] Diese Vorschrift ist jedoch auf Arbeitsverhältnisse nur begrenzt übertragbar und einer Verallgemeinerung oder gar analogen Anwendung über § 26 BBiG nicht zugänglich.[30] § 12 BBiG erfasst nur die Erstausbildung, nicht aber die berufliche Weiterbildung und Umschulungsverträge.[31] § 12 Abs. 1 Satz 1 BBiG führt zur Nichtigkeit einer Vereinbarung, durch die der Auszubildende für die Zeit nach Beendigung des Berufsausbildungsverhältnisses in der Ausübung seiner beruflichen Tätigkeit beschränkt wird.[32]

142 Die Investition in Human Ressources muss in Übereinstimmung gebracht werden mit dem Grundrecht des Arbeitnehmers auf freie Wahl des Arbeitsplatzes nach Art. 12 GG. Nach Auffassung des BAG muss daher geprüft werden, ob Rückzahlungsverpflichtungen den Arbeitnehmer nach Treu und Glauben nicht in unzumutbarer Weise an den Arbeitgeber binden.[33] Der Arbeitnehmer müsse mit der Ausbildungsmaßnahme eine angemessene Gegenleistung für die Rückzahlungsverpflichtung erhalten. Darüber hinaus komme es auch auf die Dauer der Bindung, den Umfang der Fortbildungsmaßnahme, die Höhe des Rückzahlungsbetrages und dessen Abwicklung an. Das Verhältnis der einzelnen Beurteilungskriterien untereinander ist von der Rechtsprechung nicht abschließend bestimmt worden.

b) Beschränkungen durch AGB-Recht

143 Weiterbildungsverträge mit Rückzahlungsverpflichtung sind aufgrund der Bindung und ratenweisen Verminderung der Höhe der Rückzahlungsverpflichtung **Dauerschuldverhältnisse**, auf die gemäß Art. 229 § 5 Satz 1 EGBGB vom 1.1.2003 an die §§ 305 ff. BGB anwendbar sind.[34] Auf jedwede Weiterbildungsverträge ist daher das AGB-Recht anwendbar. Der 9. Senat hat dementsprechend zu Rückzahlungsklauseln über Ausbildungskosten im Zuge der AGB-Inhaltskontrolle entschieden, dass eine Vereinbarung in einem Formulararbeitsvertrag, nach der ein Arbeitnehmer vom Arbeitgeber getragene Ausbildungskosten in jedem Fall (anteilig) zurückzuzahlen hat, wenn das Arbeitsverhältnis vor Ablauf einer bestimmten Frist endet, zu weit gefasst sei. Sie sei unwirksam, weil die Rückzahlungspflicht ohne Rücksicht auf den Beendigungsgrund gelten soll.[35] Eine derartige Rückzahlungsklausel hält einer Inhaltskontrolle nach Auffassung des BAG gemäß § 307 BGB nicht stand. Sie benachteiligt nach Auffassung des BAG den Arbeitnehmer unangemessen, weil sie die Rückzahlungsverpflichtung auch dann auslösen würde, wenn der Grund für die Beendigung des Ar-

---

[24] Schaub/*Schaub*, Arbeitsrechts-Handbuch, § 70 Rn 15.
[25] Muster 2520 (Ziffer 3) § 2 Rn 169.
[26] LAG Saarland 29.4.1987 – 1 Sa 91/86, NZA 1988, 164; BAG 23.2.1999 – 9 AZR 737/97, BB 1999, 1981.
[27] BAG 16.10.1991 – 5 AZR 35/91, DB 1992, 1000.
[28] BAG 16.10.1991 – 5 AZR 35/91, DB 1992, 1000.
[29] *Natzel*, DB 2005, 610.
[30] BAG 20.2.1975 – 5 AZR 240/74, EzA Art. 12 GG Nr. 12 zum damaligen, gleichlautenden § 19 BBiG a.F.
[31] BAG 20.2.1975 – 5 AZR 240/74, AP § 611 BGB Ausbildungsbeihilfe Nr. 2.
[32] BAG 5.7.2000 – 5 AZR 883/98, NZA 2001, 394; BAG 15.12.1993 – 5 AZR 279/93, BB 1994, 433.
[33] BAG 18.8.1976 – 5 AZR 399/75, EzA Art. 12 GG Nr. 13.
[34] BAG 17.11.2005 – 6 AZR 160/05, NZA 2006, 872.
[35] BAG 11.4.2006 – 9 AZR 610/05, NZA 2006, 1042.

beitsverhältnisses allein in die Verantwortungs- oder Risikosphäre des Arbeitgebers fällt. Die geltungserhaltende Reduktion einer derartigen Klausel scheidet aus.[36]

c) Prüfungsschema des BAG

Die Prüfung, ob Fortbildungskosten überhaupt mit einer Rückzahlungsklausel versehen werden dürfen, hat nach **mehreren Stufen** zu erfolgen. Zunächst muss festgestellt werden, welche Vertragspartei das größere Interesse an der Fortbildung des Arbeitnehmers hat.[37] Sei das Interesse des Arbeitnehmers an der Fortbildung im Vergleich zu dem des Arbeitgebers gering, verbiete sich jede Beteiligung des Arbeitnehmers an den Fortbildungskosten über eine Rückzahlungsabsprache. Im Rahmen dieser **Interessenabwägung** stellt das BAG auf Seiten des Arbeitnehmers entscheidend darauf ab, ob und inwieweit er mit der Fortbildung einen **geldwerten Vorteil** im Sinne einer Verbesserung seiner beruflichen Möglichkeiten erlangt. Der dem Arbeitnehmer infolge der Fortbildung zugeflossene Vorteil müsse eine angemessene Gegenleistung des Arbeitgebers für die durch die Rückzahlungsklausel bewirkte Bindung darstellen.[38] Eine Kostenbeteiligung ist dem Arbeitnehmer danach umso eher zuzumuten, je größer der mit der Fortbildung verbundene berufliche Vorteil für ihn ist.

144

Der aus einer Weiterbildungsmaßnahme resultierende **berufliche Vorteil** kann beispielsweise darin bestehen, dass sich dem Arbeitnehmer bislang verschlossene berufliche Möglichkeiten auf dem Arbeitsmarkt eröffnen, dass er die gewonnenen zusätzlichen Kenntnisse und Fähigkeiten somit in anderweitigen Arbeitsverhältnissen verwerten kann.[39] Es kommt nicht darauf an, ob der Arbeitnehmer die Vorteile aus einer Fortbildung tatsächlich zieht. Ausreichend ist, dass der Arbeitnehmer die Möglichkeit einer beruflichen Verbesserung hat. Eine solche Verbesserung kann auch aus einer höher dotierten Stelle beim eigenen Arbeitgeber bestehen.[40] Nur theoretische Aufstiegschancen sind keine angemessene Gegenleistung für die durch die Rückzahlungsklausel eingegangene Betriebsbindung.[41] Ernsthaft in Betracht zu ziehende Chancen stellen dagegen einen beruflichen Vorteil dar.

145

Um die entscheidende Prüfungsfrage, wann Ausbildungskosten dem Grunde nach einen beruflichen Vorteil für den Arbeitnehmer bedeuten, rankt sich eine detaillierte Rechtsprechung. Der 5. Senat des BAG hat in Anlehnung an eine Entscheidung des BVerfG zur Bürgschaft seine Befugnis unter Hinweis auf § 242 BGB entwickelt, die konkurrierenden Grundrechtspositionen des Arbeitgebers und des Arbeitnehmers bei Überprüfung von Klauseln zur Rückzahlung von Weiterbildungskosten gegeneinander abzuwägen.[42] Auch tarifliche Rückzahlungsklauseln unterliegen der Inhaltskontrolle durch die Arbeitsgerichte, wobei das BAG eine Vermutung der Angemessenheit wegen der Sachnähe der Tarifparteien aufgestellt hat.[43] Einen beruflichen Vorteil bedeutet der Führerschein zum Omnibusfahrer[44] und zum Verkehrspiloten,[45] so dass die vom Arbeitgeber finanzierten Ausbildungskosten mit einer Rückzahlungsklausel verbunden werden können. Gleiches gilt für einen Angestellten des einfachen Sparkassendienstes, der an seinen Arbeitgeber herantritt, um für den Aufstieg in den gehobenen Sparkassendienst zu einem halbjährigen Lehrgang angemeldet zu werden. Erklärt sich der Arbeitgeber hierzu bereit, ist es ihm auch gestattet, auf den weiteren Verbleib des Arbeitnehmers im Sparkassendienst durch Vereinbarung einer bedingten Rückzahlungspflicht hinzuwirken.[46] Die Finanzierung eines Hochschulstudiums rechtfertigt regelmäßig, eine Rückzahlungsvereinbarung zu treffen.[47]

146

In die Rückzahlungsvereinbarung können auch die Erstattung von Studien- und Prüfungsgebühren, Mietzuschüssen sowie Reisekosten aufgenommen werden. Nachdem eine Mitarbeiterin, die auf Kosten einer Raiffeisen- und Volksbank über den Besuch einer Berufsakademie den staatlich anerkannten Abschluss einer Betriebswirtin (BA) erlangt hatte, kündigte diese kurze Zeit nach Beginn ihrer Tätigkeit in einer Bankfiliale. In einem Berufsausbildungs- und Studienvertrag hatte die Mitarbeiterin mit der Bank Folgendes vereinbart:

147

---

36 BAG 11.4.2006 – 9 AZR 610/05, NZA 2006, 1042.
37 BAG 24.1.1963 – 5 AZR 100/62, AP Art. 12 GG Nr. 29; BAG 18.8.1976 – 5 AZR 399/75, EzA Art. 12 GG Nr. 13.
38 BAG 18.8.1976 – 5 AZR 399/75, EzA Art. 12 GG Nr. 13.
39 BAG 18.8.1976 – 5 AZR 399/75, EzA Art. 12 GG Nr. 13.
40 BAG 16.3.1994 – 5 AZR 339/92, NZA 1994, 937.
41 BAG 23.2.1983 – 5 AZR 531/80, EzA § 611 BGB Ausbildungsbeihilfe Nr. 3.
42 BAG 16.3.1994 – 5 AZR 339/92, BAGE 76, 155 = NZA 1994, 937; siehe hierzu auch *Hennige*, NZA-RR 2000, 617; *Griebeling*, FS Schaub, 1998, S. 219.
43 BAG 6.6.1984 – 5 AZR 605/82, n.v.; BAG 5.7.2000 – 5 AZR 883/98, BB 2000, 2208.
44 BAG 24.1.1963 – 5 AZR 100/62, AP Art. 12 GG Nr. 29.
45 BAG 24.6.1999 – 8 AZR 339/98, NZA 1999, 1275.
46 BAG 29.6.1962 – 1 AZR 343/61, AP Art. 12 GG Nr. 25; BAG 11.4.1984 – 5 AZR 430/82, EzA § 611 BGB Ausbildungsbeihilfe Nr. 4; BAG 23.2.1983 – 5 AZR 531/80, DB 1983, 1210; BAG 23.4.1986 – 5 AZR 159/85, EzA § 611 BGB Ausbildungsbeihilfe Nr. 5.
47 BAG 12.12.1979 – 5 AZR 1056/77, EzA § 70 BAT Nr. 11.

„1. Die Bank verpflichtet sich, die für den Besuch der Berufsakademie in ▪▪▪ entstehenden Studiums-, Unterbringungs- und Reisekosten zu übernehmen.

2. Im Gegenzug verpflichtet sich Frau ▪▪▪, nach Studiumsende mindestens 36 Monate als Mitarbeiterin tätig zu sein. Scheidet Frau ▪▪▪ aus ihrem Verschulden oder auf eigenen Wunsch innerhalb von 36 Monaten nach Studiumsende aus den Diensten der Bank aus, so hat sie der Bank die Aufwendungen für die Studiums-, Unterbringungs- und Reisekosten wie folgt zu erstatten:

- in voller Höhe bei Ausscheiden innerhalb des ersten Jahres nach Studiumsende;
- zu 80 % bei Ausscheiden innerhalb des 2. Jahres des Studiumsende;
- zu 50 % bei Ausscheiden innerhalb des 3. Jahres nach Studiumsende."

148 Das BAG entschied, dass die Bank Anspruch auf Rückzahlung der geleisteten Zahlung nach § 812 Abs. 1 Satz 1 BGB habe.[48] Soweit die Qualifizierungsvereinbarung einer Inhaltskontrolle nach den Grundsätzen zur Rückzahlung von Ausbildungskosten in einem Arbeitsverhältnis zu unterziehen ist, wäre sie wirksam und habe deshalb ebenfalls eine Erstattungspflicht der Mitarbeiterin ausgelöst. Die Mitarbeiterin habe durch die Ausbildung einen geldwerten Vorteil erlangt. Die Ausbildung zur Betriebswirtin (BA) stelle eine gehobene Qualifikation dar. Sie ermögliche der Mitarbeiterin eine kaufmännisch-betriebliche Tätigkeit in der Wirtschaft ähnlich einem Betriebswirt (FH).

149 Aufgrund dieser Ausbildung sei die Mitarbeiterin zudem berechtigt, bei Fachhochschulen weiterführende Studiengänge zu besuchen, die zu einem berufsqualifizierenden Abschluss führten. Da diese Studiengänge so zu gestalten seien, dass sie einschließlich der Prüfung innerhalb eines Jahres abgeschlossen werden könnten, habe die Mitarbeiterin eine Qualifikation erfahren, die einem Hochschulabschluss nahezu wertgleich sei. Bei einer dreijährigen Ausbildungsdauer mit 1,2 Zeitanteil für ein Studium, sei eine Bindungsdauer von drei Jahren zur Vermeidung der Rückzahlung der vom Arbeitgeber für das Studium aufgewendeten Kosten rechtlich nicht zu beanstanden.[49]

d) Rückzahlungsklauseln bei betriebsbezogener Fortbildung

150 Rückzahlungsklauseln für **betriebsbezogene Fortbildungsmaßnahmen** berechtigen den Arbeitgeber nach der Rechtsprechung häufig nicht zur Vereinbarung eines wirksamen Rückzahlungsvorbehalts.[50] Unwirksam sind Rückzahlungsklauseln bei kurzen Lehrgängen im bisherigen Berufsfeld des Arbeitnehmers, die keinen qualifizierten Abschluss vermitteln.[51] Unwirksam ist ein Rückzahlungsvorbehalt bei einem allgemeinen dreiwöchigen Bankfortbildungsseminar, das lediglich dazu diente, die in der bisherigen Tätigkeit bereits benötigten Kenntnisse zu erweitern, aufzufrischen und zu vertiefen, dem Arbeitnehmer aber keine neue Qualifikation erbrachten.[52]

151 Unwirksam sind Rückzahlungsklauseln mit Mitarbeitern, die in Schulungsveranstaltungen mit den spezifischen Anforderungen ihres neuen Arbeitsplatzes vertraut gemacht werden, die eingewiesen oder eingearbeitet werden.[53] Wird die Finanzierung eines Sprachkurses vom Arbeitgeber in erster Linie im Hinblick auf einen geplanten Einsatz des Mitarbeiters im Ostblock übernommen, geht es nach Auffassung des BAG weniger um eine Aus- oder Weiterbildung, als um eine Einarbeitung für einen bestimmten Arbeitsplatz.[54]

152 Die von einer großen Anzahl von Krankenhäusern aus Anlass der an einen Arbeitnehmer erfolgten Übertragung einer „stellvertretenden Stationsleitung" gewünschte Absolvierung des Fortbildungskurses „Stationsleitung" löst trotz entgegenstehender vertraglicher Vereinbarung keine Zahlungsverpflichtung des Arbeitnehmers aus, wenn dieser den Arbeitgeber auf eigenen Wunsch vor dem Ende eines vereinbarten Bindungszeitraums verlässt.[55] Wendet der Arbeitgeber Schulungskosten weniger dafür auf, eine Ausbildung oder

---

[48] BAG 5.12.2002 – 6 AZR 537/00, AP § 5 BBiG Nr. 11.
[49] BAG 5.12.2002 – 6 AZR 537/00, AP § 5 BBiG Nr. 11.
[50] BAG 20.2.1975 – 5 AZR 240/74, EzA Art. 12 GG Nr. 12; BAG 18.8.1976 – 5 AZR 399/75, EzA Art. 12 GG Nr. 13; BAG 15.11.1989 – 5 AZR 590/88, EzA § 611 BGB Berufssport Nr. 7; LAG Bremen 25.1.1984 – 4 Sa 122/83, AP § 611 BGB Ausbildungsbeihilfe Nr. 7; LAG Frankfurt 7.9.1988 – 2 Sa 359/88, LAGE § 611 BGB Ausbildungsbeihilfe Nr. 3.
[51] LAG Frankfurt 20.3.1986 – 9 Sa 165/85, NZA 1986, 753.
[52] LAG Rheinland-Pfalz 23.10.1981 – 6 Sa 353/81, EzA Art. 12 GG Nr. 18.
[53] BAG 3.7.1985 – 5 AZR 573/84, n.v.; LAG Bremen 25.1.1984 – 4 Sa 122/83, AP § 611 BGB Ausbildungsbeihilfe Nr. 7.
[54] BAG 3.7.1985 – 5 AZR 573/84, n.v.
[55] LAG Bremen 26.8.1999 – 4 Sa 256/98, AE 2000, 29.

Weiterbildung des Arbeitnehmers zu erreichen, sondern um die Einarbeitung für einen bestimmten Arbeitsplatz zu erzielen, ist eine Rückzahlungsklausel unwirksam.[56]

Die in der betrieblichen Praxis verbreitete Übung, wonach die Kosten für das sog. TÜV-Schweißer-Zeugnis an eine Rückzahlungsklausel gebunden werden, ist rechtswidrig. Wer an den Lehrgängen für dieses Zeugnis teilnimmt, verfügt als Arbeitnehmer bereits über die entsprechenden Fertigkeiten als Schweißer. Mit dem TÜV-Schweißer-Zeugnis geht es nur noch um den Nachweis der öffentlich-rechtlichen Gestattung. Dieser Nachweis aber liegt im überwiegenden Interesse des Arbeitgebers. Da die Prüfung außerdem regelmäßig zu wiederholen ist, würde die Anerkennung einer Rückzahlungsklausel im Ergebnis zu einer Dauerbindung des Schweißers an seinen Arbeitgeber führen. Deshalb kann eine Rückzahlungsklausel für Prüfungskosten aus Anlass von TÜV-Schweißer-Prüfungszeugnissen unwirksam sein, wenn die Ablegung der Prüfung allein im Interesse des Arbeitgebers liegt und dem Arbeitnehmer hierdurch berufliche Vorteile nicht erwachsen.[57]

Kurze, nur wenige Wochen andauernde **Lehrgänge**, die im Wesentlichen der **Einweisung** und **Einarbeitung** in einen neuen Arbeitsplatz dienen, können auch beim selbständigen Handelsvertreter trotz entsprechender Vereinbarung keinen Anspruch auf Rückzahlung von Ausbildungskosten begründen. Das LAG Hamm[58] hat offen gelassen, ob die vom BAG entwickelten Rechtsgrundsätze über die Rückzahlung von Ausbildungskosten auch beim Handelsvertreter anzuwenden sind. Wenn der Handelsvertreter als Einfirmenvertreter arbeitnehmerähnliche Person ist, verstößt nach Auffassung des LAG Hamm eine Rückzahlungsvereinbarung, die nur der Einweisung und Einarbeitung in einen neuen Arbeitsplatz dient, gegen das Verbot der unangemessenen Benachteiligung nach § 9 AGBG (jetzt: § 307 Abs. 2 BGB).

Erweist sich die Fortbildungsmaßnahme als ein geldwerter Vorteil im Sinne einer Verbesserung der beruflichen Möglichkeiten des Arbeitnehmers, besteht der **zweite Prüfungsschritt** in der zulässigen **inhaltlichen Ausgestaltung**, also im „Wie" der Bindungsintensität. Die vorliegenden Muster enthalten eine Reihe von Freizeilen oder Regelungen über die Rückzahlungsmodalitäten. Diese sind in sinnentsprechender Anwendung der nachfolgenden Grundsätze der BAG-Rechtsprechung auszufüllen.

e) Ausmaß der Bindungsdauer

Das gesetzliche Höchstmaß der **Bindungsdauer** ergibt sich aus § 624 BGB.[59] Nach der Rechtsprechung ist die Ausschöpfung der Höchstdauer nur in seltenen Ausnahmefällen gerechtfertigt, so beispielsweise dann, wenn der Arbeitnehmer bei bezahlter Freistellung und vollständiger Kostenübernahme eine besonders hohe Qualifikation erworben hat, die mit überdurchschnittlichen Vorteilen für ihn verbunden ist.[60] Das Beispielsurteil betraf ein Hochschulstudium für einen Sozialarbeiter.

Die **Rechtsprechung** zur Bindungsdauer ist **einzelfallorientiert**. Der Verwender der Rückzahlungsklauseln in den hier abgedruckten Fortbildungsverträgen sollte sich für seinen Anwendungsfall den möglichst vergleichbaren, in der Rechtsprechung bereits entschiedenen Sachverhalt aus den nachfolgenden Beispielen heraussuchen: Eine Lehrgangsdauer mit Arbeitsbefreiung bis zu zwei Monaten kann eine Bindung bis zu einem Jahr, eine darüber hinausgehende Ausbildungszeit von bis zu einem Jahr auch bei gleichzeitiger Freistellung des Arbeitnehmers keine längere Bindung als drei Jahre rechtfertigen.[61] Das BAG hat eine Bindung von maximal drei Jahren bei 16 Monaten Fortbildungszeit und 22,2 % Arbeitsleistung für wirksam gehalten.[62] Die Bindung von drei Jahren bei Kosten von 5.112,91 EUR und einer Ausbildungsdauer von 48 Arbeitstagen hat das LAG Düsseldorf für wirksam gehalten.[63] Musterberechtigungen zum Führen von Flugzeugen sind allgemein anerkannte Qualifikationsnachweise. Wegen der Besonderheiten der Musterberechtigungen (gegenständliche Begrenzung usw.) ist unabhängig von deren Art und der vom Arbeitgeber für die Ausbildung aufgewandten Kosten regelmäßig nur eine Bindungsdauer von einem Jahr zulässig.[64]

---

[56] LAG Düsseldorf 29.3.2001 – 11 Sa 1760/00, NZA-RR 2002, 292.
[57] LAG Düsseldorf 7.11.1990 – 4 Sa 1295/90, LAGE § 611 BGB Ausbildungsbeihilfe Nr. 5.
[58] LAG Hamm 15.5.1998 – 10 Sa 1465/97, NZA-RR 1999, 405.
[59] Fünf Jahre; außerdem § 42 Abs. 2 Soldatengesetz: doppelte Ausbildungszeit.
[60] BAG 12.12.1979 – 5 AZR 1056/77, DB 1980, 1704.
[61] BAG 15.12.1993 – 5 AZR 279/93, DB 1994, 1040; hier war eine Verkäuferin zur Substitutin in einem Kaufhaus mit 31 Lehrgangstagen ausgebildet worden; die Kosten beliefen sich auf etwas mehr als zwei Monatsgehälter.
[62] BAG 15.5.1985 – 5 AZR 161/84, AP § 611 BGB Ausbildungsbeihilfe Nr. 9.
[63] LAG Düsseldorf 23.1.1989 – 4 Sa 1518/88, DB 1989, 1295.
[64] BAG 16.3.1994 – 5 AZR 339/92, NZA 1994, 937.

158 Im Regelfall angemessenes Verhältnis von Qualifizierungsmaßnahmen und Bindungsdauer:[65]

Dauer Qualifizierungsmaßnahme	Zulässige Bindungsdauer	BAG, Urteil vom
bis zu zwei Monaten	ein Jahr	15.12.1993 = NZA 1994, 835
drei bis vier Monate	zwei Jahre	6.9.1995 = NZA 1996, 314
bis zu sechs Monaten	drei Jahre	23.2.1983 = NJW 1983, 1781 L
bis zu 12 Monaten	drei Jahre	23.2.1983 = NJW 1983, 1781 L 11.4.1984 = NZA 1984, 288
bis zu 16 Monaten	drei Jahre	15.5.1985 = NZA 1986, 741
länger als zwei Jahre	fünf Jahre	19.6.1974 = NJW 1974, 2151 12.12.1979 = AP § 611 BGB Ausbildungs-beihilfe Nr. 4
vier Jahre	fünf Jahre	12.12.1979 = AP § 611 BGB Ausbildungs-beihilfe Nr. 4

159 Zur **Darlegungs- und Beweislast** besteht die Grundregel nach der BAG-Rechtsprechung, wonach der Arbeitgeber etwaige Zweifel an der Wirksamkeit der Rückzahlungsabrede auszuräumen hat, also dartun muss, dass der Tatbestand einer rechtshindernden Norm nicht erfüllt ist.[66]

160 Ist der Arbeitnehmer eine **unzumutbar** lange Bindungsfrist eingegangen, besteht die Rechtsfolge in einer **Anpassung an das zulässige Maß**. Bei einer Reduzierung von fünf auf drei Jahre ist dann pro Jahr ein Drittel der Fortbildungskosten anzusetzen.[67] Es wird im Übrigen in der Rechtsprechung nicht beanstandet, wenn für verschiedene, aufeinander aufbauende Lehrgänge mit dem Arbeitnehmer jeweils getrennte, auf die Einzelmaßnahme abstellende Rückzahlungsvereinbarungen getroffen werden, auch wenn hierdurch eine längere Bindung als insgesamt drei Jahre entsteht.[68]

161 Rückzahlungstatbestände sind nicht nur die Kündigung des Arbeitnehmers, sondern auch ein auf Wunsch des Arbeitnehmers geschlossener **Aufhebungsvertrag**.[69] Die Rückzahlungspflicht entfällt, wenn der Arbeitnehmer kündigt, weil der Arbeitgeber einen wichtigen Grund hierfür gesetzt hat.[70] Wechselt ein Arbeitnehmer des **öffentlichen Dienstes** zu einem anderen Arbeitgeber des öffentlichen Dienstes, kann er sich wegen einer eingegangenen Rückzahlungspflicht nicht darauf berufen, wegen des Grundsatzes der Einheit des öffentlichen Dienstes sei der Rückzahlungstatbestand nicht erfüllt.[71]

162 Unwirksam sind einzelvertragliche Abreden über die Rückzahlung von Ausbildungskosten, soweit sie eine Erstattung vom Arbeitnehmer auch für den Fall einer betriebsbedingten Kündigung durch den Arbeitgeber vorsehen.[72] Das BAG hält vertragliche Rückzahlungsklauseln in den Fällen betriebsbedingter Kündigung für einen Verstoß gegen §§ 138 Abs. 2, 242 BGB. Fortbildungsvereinbarungen müssen den vom BAG mit Urteil vom 6.5.1998 entschiedenen Sachverhalt nicht regeln, die Unwirksamkeitsfolge gemäß §§ 138, 242 BGB tritt hiervon unabhängig ein. Gleichwohl kann es der Vollständigkeit halber Sinn machen, die Fallkonstellation der betriebsbedingten Kündigung in die Fortbildungsvereinbarung aufzunehmen.[73]

f) Rechtsprechungsänderung zur Rückführung der Bindungsfrist

163 In der Vergangenheit führte das BAG eine zu lange Bindungsfrist im Zuge der geltungserhaltenden Reduktion auf das zulässige Maß zurück.[74] Mit dem Urteil des 9. Senats vom 11.4.2006 hat sich diese Rechtslage grundlegend geändert. Der Senat hat entschieden, dass unwirksame Klauseln grundsätzlich nicht auf einen

---

65 Zusammenstellung nach *Hennige* (Clemenz), NZA-RR 2000, 617 (624); weitere Beispiele aus der Rechtsprechung: *Hümmerich*, Gestaltung von Arbeitsverträgen, § 1 Rn 600.
66 BAG 18.8.1976 – 5 AZR 399/75, EzA Art. 12 GG Nr. 13; BAG 11.4.1990 – 5 AZR 308/89, DB 1990, 2222; BAG 16.3.1994 – 5 AZR 339/92, NZA 1994, 937.
67 BAG 6.9.1995 – 5 AZR 241/94, DB 1996, 532.
68 BAG 23.4.1986 – 5 AZR 159/85, DB 1986, 2135.
69 LAG Köln 10.9.1992 – 5 Sa 476/92, BB 1993, 223.
70 LAG Bremen 25.2.1994 – 4 Sa 13/93, DB 1994, 2630.
71 BAG 15.5.1985 – 5 AZR 161/84, AP § 611 BGB Ausbildungsbeihilfe Nr. 9.
72 BAG 6.5.1998 – 5 AZR 535/97, NJW 1999, 443.
73 Muster 2610 (Abs. 7).
74 BAG 6.9.1995 – 5 AZR 241/94, NZA 1996, 314 = NJW 1996, 1916; BAG 16.3.1994 – 5 AZR 339/92, NZA 1994, 937.

mit dem Recht der Allgemeinen Geschäftsbedingung zu vereinbarenden Regelungsgehalt zurückzuführen seien. § 306 BGB sehe eine solche Rechtsfolge nicht vor.[75] Eine Teilung von Vertragsklauseln in einen zulässigen und in einen unzulässigen Teil komme nur in Betracht, wenn der unzulässige Teil sprachlich eindeutig abtrennbar sei. Gesetzliche Vorschriften oder richterrechtliche Rechtsgrundsätze, die nach § 306 Abs. 2 BGB anstelle der unwirksamen Rückzahlungsklausel zur Anwendung kommen und einen Rückzahlungsanspruch begründen könnten, bestünden nicht. Daher sei eine **geltungserhaltende Reduktion ausgeschlossen**. Eine **ergänzende Auslegung** der Rückzahlungsklausel mit dem Inhalt, dass eine Rückzahlungsverpflichtung nur bei einer dem Arbeitnehmer zurechenbar veranlassten Vertragsbeendigung anzunehmen sei, würde dem Arbeitgeber das Risiko der unzulässig zu weit gefassten Klausel vollständig nehmen und eine Vertragshilfe allein zu seinen Gunsten darstellen. Die Unwirksamkeit der verwendeten Klausel führe nicht zu einer derart krassen Störung des Gleichgewichts, dass eine ergänzende Vertragsauslegung zugunsten des Arbeitgebers geboten sei. Es hätte am Arbeitgeber gelegen, sich gegen das Risiko durch eine wirksame, einschränkende Fassung der Rückzahlungsklausel abzusichern.[76]

2. Rückzahlungsvereinbarung aus sonstigen Gründen

Die Vereinbarung mit einem Arbeitnehmer, der auf einem von der Bundesagentur für Arbeit subventionierten Arbeitsplatz beschäftigt wird, rund 16 % seiner Nettovergütung an den Arbeitgeber zwecks Weiterbeschäftigung von Mitarbeitern auf nicht geförderten Arbeitsplätzen zurückzuzahlen, verstößt jedenfalls dann nicht gegen das Anstandsgefühl aller billig und gerecht Denkenden, wenn der Arbeitnehmer auch nur in einem zeitlich reduzierten Umfang beschäftigt wird. Ein etwaiger Subventionsbetrug gegenüber der Bundesagentur für Arbeit berührt die Wirksamkeit der getroffenen Vereinbarung nicht.[77]

Ausbildungs- oder Umzugsbeihilfen des Arbeitgebers mit zeitlich begrenzter Rückzahlungsvereinbarung sind grundsätzlich verlorene Leistungen, die unter der auflösenden Bedingung einer Mindestverweildauer stehen. Die Einschränkungen, die die Rechtsprechung für derartige Rückzahlungsvereinbarungen, wie beispielsweise für den Fall betriebsbedingter Kündigungen entwickelt hat, sind nicht auf unbedingt und uneingeschränkt rückzahlbare Arbeitgeberdarlehen übertragbar, auch wenn sie zur Finanzierung eines Umzugs gegeben werden. Solche Umzugsbeihilfen sind auch im Falle betriebsbedingter Kündigungen zurückzuzahlen, wobei allenfalls diskutiert werden kann, ob eine für den Fall vorzeitiger Beendigung des Arbeitsverhältnisses vereinbarte Fälligstellungsklausel gilt.[78]

3. Beteiligung des Arbeitgebers an den Ausbildungskosten

Nach geltender Rechtslage besteht nicht nur die Möglichkeit für den Arbeitgeber, die Betriebstreue des Arbeitnehmers durch gestaffelte Rückzahlungsklauseln zu verstärken, sondern auch dadurch, dass er von vornehrein mit dem Arbeitnehmer eine Beteiligung an spezifischen Ausbildungskosten vereinbart. So ist eine Vereinbarung, nach der der Bewerber um die Stelle eines Flugzeugführers ein Drittel der Kosten für den Erwerb der erforderlichen Musterberechtigung selbst trägt, wirksam und hält der richterlichen Inhaltskontrolle auch bei einem weniger verbreiteten Flugzeugtyp stand.[79] Im konkreten Fall hatte die Fluggesellschaft mit dem Arbeitnehmer vereinbart, dass sie zwei Drittel der Ausbildungskosten, der Arbeitnehmer ein Drittel der Kosten tragen solle.

---

75 BAG 11.4.2006 – 9 AZR 610/05, NZA 2006, 1042, 1045.
76 BAG 11.4.2006 – 9 AZR 610/05, NZA 2006, 1042, 1046.
77 LAG Berlin 7.1.2000 – 6 Sa 1849/99, NZA-RR 2000, 460.
78 LAG Köln 25.6.1999 – 11 Sa 46/99, FA 2000, 97 = AE 2000, 30.
79 BAG 21.11.2001 – 5 AZR 158/00, BB 2002, 628.

B. Texte

I. Arbeitgeberdarlehen

1. Muster: Arbeitgeberdarlehensvertrag

Zwischen

▬▬▬

– nachstehend: Darlehensgeber –

und

Herrn ▬▬▬

– nachstehend: Darlehensnehmer –

wird folgender Vertrag geschlossen:

§ 1 Arbeitgeberdarlehen

Der Darlehensgeber gewährt dem Darlehensnehmer im Hinblick auf das bestehende Arbeitsverhältnis ein Darlehen in Höhe von ▬▬▬ EUR. Das Darlehen ist am ▬▬▬ zur Auszahlung fällig.

§ 2 Zinsen

Das Darlehen ist mit ▬▬▬ % beginnend mit dem ▬▬▬ jährlich zu verzinsen. Soweit sich hiernach ein lohnsteuerpflichtiger Zinsvorteil ergibt, trägt der Darlehensnehmer die zu zahlende Lohnsteuer.

§ 3 Tilgung und Zinszahlung

(1) Das Darlehen ist vom Darlehensnehmer in monatlichen Raten beginnend mit dem Monat ▬▬▬ in Höhe von je ▬▬▬ EUR zu tilgen. Die Tilgungsraten werden gleichzeitig mit der jeweiligen Monatsvergütung fällig. Der Darlehensnehmer ist berechtigt, das Darlehen ganz oder teilweise zu tilgen.

(2) Die Zinsen werden kalendervierteljährlich berechnet und sind zusätzlich zu der letzten Tilgungsrate des Kalendervierteljahres, beginnend mit dem ▬▬▬, fällig.

§ 4 Verrechnung

(1) Die Tilgungsraten und Zinszahlungen werden im Fälligkeitszeitpunkt mit dem auszuzahlenden pfändbaren Arbeitsentgelt verrechnet.

(2) Soweit eine Verrechnung auf diese Weise nicht möglich ist, hat der Darlehensnehmer die nicht verrechneten Beträge an den Darlehensgeber im Fälligkeitszeitpunkt zu zahlen.

(3) Der Darlehensnehmer tritt sein Gehalt in Höhe der monatlichen, unter Beachtung der Pfändungsfreigrenze zulässigen Rückzahlungsrate (Zins und Tilgung) zur Sicherung des Darlehens an den Arbeitgeber ab.

§ 5 Beendigung des Arbeitsverhältnisses

(1) Im Falle der Beendigung des Arbeitsverhältnisses ist der Darlehensgeber berechtigt, den Darlehensvertrag mit einer Frist von drei Monaten zu kündigen. Dies gilt nicht bei einer fristlosen Eigenkündigung des Arbeitnehmers aus wichtigem Grund.

(2) Soweit eine Kündigung nach Abs. 1 ausgeschlossen ist oder nicht ausgesprochen wird, ist die zum Zeitpunkt der Beendigung des Arbeitsverhältnisses bestehende Darlehensrestschuld mit 2% über dem jeweiligen Diskontsatz der Deutschen Bundesbank zu verzinsen und mit monatlichen Raten von ▬▬▬ EUR zu tilgen.

(3) Die Tilgungsraten und Zinszahlungen sind jeweils am ▬▬▬ eines Monats fällig.

2. Muster: Darlehensvertrag mit Sicherungsübereignung eines Pkw

Zwischen

der Firma ▪▪▪

– nachstehend: Firma –

und

Herrn ▪▪▪

– nachstehend: Arbeitnehmer –

wird folgender Darlehensvertrag geschlossen:

§ 1 Darlehensvaluta

Der Arbeitnehmer erhält ein Darlehen über ▪▪▪ EUR zum ▪▪▪, das mit ▪▪▪% verzinst wird. Die Zinsen werden kalendervierteljährlich nachschüssig berechnet.

§ 2 Rückzahlung

Ab dem ▪▪▪ ist das Darlehen in monatlichen Raten zurückzuzahlen. Die monatlichen Raten werden mit den monatlichen Vergütungsansprüchen verrechnet.

§ 3 Fälligkeit bei vorzeitiger Beendigung

Endet das Arbeitsverhältnis durch Aufhebungs-, Abwicklungsvertrag oder Kündigung, wird das Darlehen zum letzten Tag des Arbeitsverhältnisses vollständig fällig gestellt. Die Fälligkeit besteht nicht, wenn das Arbeitsverhältnis von der Firma betriebsbedingt gekündigt wurde. In diesem Fall kann das Darlehen von beiden Parteien mit gesetzlicher Frist gekündigt werden.

§ 4 Stille Zession

Bereits jetzt tritt der Arbeitnehmer für den Fall einer Beendigung des Arbeitsverhältnisses vor Rückzahlung des Gesamtdarlehensbetrages seinen jeweils pfändbaren Vergütungsanspruch gegen etwaige spätere Arbeitgeber an die Firma ab. Die Firma legt die Abtretung nur offen, wenn der Arbeitnehmer am Ausscheidenstage nicht das Darlehen vollständig zurückführen konnte und die Parteien eine Ratenzahlung vereinbart haben. Von dieser Abtretung wird die Firma nur bis zur Höhe des noch nicht getilgten Darlehens Gebrauch machen.

§ 5 Anzeigepflichten des Arbeitnehmers

Der Arbeitnehmer verpflichtet sich, Anschriftenänderungen, Pfändungen, Verpfändungen oder Abtretungen seiner Vergütungsansprüche sowie Namen und Anschriften künftiger Arbeitgeber unverzüglich anzuzeigen.

§ 6 Sicherungsübereignung

Der Arbeitnehmer übereignet der Firma zur Sicherung des in diesem Vertrage vereinbarten Darlehens seinen Pkw, Marke ▪▪▪, Fahrgestellnummer ▪▪▪, mit dem polizeilichen Kennzeichen ▪▪▪ und übergibt der Firma zur Sicherung ihrer Forderung den Kfz-Brief.

Nach vollständiger Tilgung des Darlehens gibt die Firma den Kraftfahrzeugbrief an den Arbeitnehmer heraus. Während des Besitzes der Firma am Kfz-Brief übereignet der Arbeitnehmer sicherungshalber das Fahrzeug an die Firma.

§ 7 Freihändiger Verkauf

Kommt der Arbeitnehmer seiner Darlehensverpflichtung mit mehr als zwei Raten nicht nach, ist der Arbeitgeber berechtigt, den Pkw freihändig zu veräußern. Der Kaufpreis darf den von einem vereidigten Sachverständigen zu ermittelnden Schätzwert maximal in Höhe von 20% unterschreiten. Die Kosten des Sachverständigen sind vom Arbeitnehmer zu tragen. Der Arbeitnehmer ist jederzeit verpflichtet, den Pkw zum Zweck der Schätzung oder unter den vorgenannten Voraussetzungen zur Veräußerung des Fahrzeuges auf Verlangen der Firma herauszugeben.

§ 8 Schriftform

Jede Änderung dieses Vertrages bedarf der Schriftform.

3. Muster: Arbeitgeberdarlehen mit Schuldanerkenntnis

Darlehensvertrag und Schuldanerkenntnis

Zwischen

■■■

– nachstehend: Arbeitgeber –

und

Herrn ■■■

– nachstehend: Arbeitnehmer –

wird mit Rücksicht auf das Arbeitsverhältnis nachfolgender Darlehensvertrag mit Schuldanerkenntnis vereinbart:

(1) Der Arbeitgeber gewährt dem Arbeitnehmer ein Darlehen in Höhe von ■■■ EUR (in Worten: ■■■ Euro), das mit ■■■% Zinsen pro Jahr zu verzinsen ist. Der effektive Jahreszins beträgt ■■■%. Der Zinsvorteil ist von dem Arbeitnehmer als Sachbezug zu versteuern. Der Arbeitgeber wird die Lohnsteuer für den Sachbezug in Abzug bringen.

(2) Das Darlehen ist in monatlichen Raten von ■■■ EUR, erstmals am ■■■ zurückzuzahlen. Die Zinsen werden kalendervierteljährlich berechnet. Sie sind jeweils bis zum ■■■ des auf das Abrechnungsquartal folgenden Monats zusätzlich zu der fälligen Rückzahlungsrate zu bezahlen. Die Zahlungsraten und Zinsraten sind gleichzeitig mit der jeweiligen Monatsvergütung fällig.

(3) Endet das Arbeitsverhältnis, so wird der Darlehensbetrag auf einmal fällig, sofern nicht der Arbeitgeber betriebsbedingt oder der Arbeitnehmer gekündigt und der Arbeitgeber hierzu einen wichtigen Grund gesetzt hat. Das Darlehen ist bei der Beendigung des Arbeitsverhältnisses zurückzuzahlen. Der Arbeitgeber ist berechtigt, am Fälligkeitstag bestehende Vergütungsansprüche sowie den Anspruch auf Abfindung gemäß Ziffer ■■■ des Aufhebungsvertrages vom ■■■ mit den Rückzahlungsverpflichtungen des Arbeitnehmers zu verrechnen.

(4) Der Arbeitnehmer anerkennt, dem Arbeitgeber den Betrag in Höhe von ■■■ EUR zu schulden.

(5) Zur Sicherung der Forderung aus Darlehensvertrag und Schuldanerkenntnis tritt der Arbeitnehmer den jeweils pfändbaren Teil seiner gegenwärtigen und zukünftigen Gehaltsansprüche gegen seinen jeweiligen Arbeitgeber in Höhe der noch geschuldeten Raten und Zinsen an den Arbeitgeber ab. Der Arbeitnehmer versichert, dass er zur unbeschränkten Verfügung über die Vergütungsforderung berechtigt ist, insbesondere dass sie nicht an Dritte abgetreten oder verpfändet und nicht gepfändet ist.

(6) Der Arbeitnehmer verpflichtet sich, jede Änderung seiner Adresse, eine Pfändung, Verpfändung oder Abtretung seiner Vergütungs- oder Abfindungsansprüche unverzüglich anzuzeigen.

II. Fortbildungsverträge

1. Muster: Fortbildungsvertrag 1

Zwischen ■■■

– nachstehend: Firma –

und

Herrn ■■■

– nachstehend: Arbeitnehmer –

wird Folgendes vereinbart:

§ 1

Der Mitarbeiter nimmt vom ■■■ bis zum ■■■ an folgender Fortbildungsmaßnahme teil: ■■■

§ 2

Für diese Zeit wird der Mitarbeiter unter Fortzahlung seiner durchschnittlichen Vergütung in den letzten drei Monaten von der Arbeit freigestellt. Fortbildungszeit, die über die ausfallende Arbeitszeit hinausgeht, wird nicht vergütet. Durch die Fortbildungsmaßnahme wird die Betriebszugehörigkeit i.S.d. § ■■■ (Betriebsrente) dieses Vertrages nicht unterbrochen. Der Mitarbeiter ist während der Fortbildungszeit in jeder Hinsicht (Urlaub, Vergütungsfortzahlung im Krankheitsfall, Weihnachtsgratifikation etc.) den übrigen Mitarbeitern gleichgestellt.

Die Firma übernimmt sämtliche Kosten der Fortbildungsmaßnahme, soweit sie nicht von einem anderen Leistungsträger übernommen werden.

§ 3
Kündigt der Mitarbeiter das Arbeitsverhältnis, ohne hierfür einen wichtigen Grund zu haben, oder wird das Arbeitsverhältnis aus einem vom Mitarbeiter zu vertretenden Grunde von der Firma gekündigt, so ist der Mitarbeiter zur Rückzahlung der für die Dauer der Fortbildungsmaßnahme empfangenen Vergütung und der von der Firma übernommenen Kosten der Fortbildung verpflichtet. Dieselbe Verpflichtung besteht auch bei schuldhafter Nichterreichung des Fortbildungszieles. Für jeden vollen Tätigkeitsmonat nach Beendigung der Fortbildungsmaßnahme vermindert sich der Rückzahlungsbetrag um 1/36.

2. Muster: Fortbildungsvertrag 2

Zwischen

■■■

– nachstehend: Arbeitgeber –

und

Herrn ■■■

– nachstehend: Arbeitnehmer –

wird folgender

Fortbildungsvertrag

geschlossen:

(1) Der Arbeitnehmer nimmt von ■■■ bis ■■■ auf eigenen Wunsch an folgender Fortbildungsmaßnahme teil: ■■■
(2) Die Teilnahme des Arbeitnehmers erfolgt im Interesse seiner beruflichen Fort- und Weiterbildung.
(3) Der Arbeitgeber stellt den Arbeitnehmer von der Arbeit frei. Die Freistellung erfolgt unter Fortzahlung der Bezüge. Die Vergütung wird entsprechend dem Durchschnittsverdienst der letzten drei Monate berechnet.
(4) Der Arbeitgeber trägt die Kosten der Fortbildungsmaßnahme. Diese bestehen aus den Kosten der Schulung, den Kosten für Unterkunft und Verpflegung sowie den An- und Abreisekosten.
(5) Soweit die Agentur für Arbeit, ein sonstiger Sozialversicherungsträger oder eine andere Stelle Kosten übernimmt bzw. Förderungsmittel gewährt, sind diese in Anspruch zu nehmen und auf die Leistungen des Arbeitgebers anzurechnen mit der Folge, dass insoweit ein Kostenerstattungsanspruch des Arbeitnehmers nicht besteht.
(6) Der Arbeitnehmer ist zur Rückzahlung der für die Dauer der Fortbildungsmaßnahme empfangenen Bezüge und der von dem Arbeitgeber übernommenen Kosten der Fortbildungsmaßnahme verpflichtet, wenn er das Arbeitsverhältnis selbst kündigt oder wenn das Arbeitsverhältnis vom Arbeitgeber aus einem Grund gekündigt wird, den der Arbeitnehmer zu vertreten hat. Für jeden Monat der Beschäftigung nach Beendigung der Fortbildungsmaßnahme werden dem Arbeitnehmer 1/36 des gesamten Rückzahlungsbetrages erlassen.
(7) Eine Rückzahlungsverpflichtung des Arbeitnehmers besteht nicht im Falle einer betriebsbedingten Kündigung des Arbeitsverhältnisses durch den Arbeitgeber.

3. Muster: Fortbildungsvertrag mit gestaffelter Rückzahlungsklausel

Zwischen
der Firma ■■■

– nachstehend: Firma –

und
dem Arbeitnehmer ■■■

– nachstehend: Arbeitnehmer –

wird folgende Rückzahlungsvereinbarung getroffen.

§ 2 Zusatzvereinbarungen zu Arbeits- und Anstellungsverträgen

§ 1

(1) Der Arbeitnehmer nimmt vom ▬▬▬ bis ▬▬▬ an einem Fortbildungskurs für ▬▬▬ teil.

(2) Die Parteien sind sich darüber einig, dass die Teilnahme des Arbeitnehmers im Interesse seiner beruflichen Fort- und Weiterbildung erfolgt.

§ 2

(1) Die Firma ▬▬▬ wird den Arbeitnehmer ▬▬▬ unter Fortzahlung der Bezüge von der Arbeit freistellen. Die Vergütung wird entsprechend dem durchschnittlichen Bruttomonatsverdienst der letzten drei Monate berechnet.

(2) Die Lehrgangskosten, bestehend aus Unterrichtsgebühr, Übernachtungs- und Tagungskosten sowie der Anreise- und Abreisekosten, übernimmt die Firma ▬▬▬ ganz. Die Erstattung erfolgt nur gegen Beleg.

(3) Ein Kostenerstattungsanspruch besteht nicht, soweit die Agentur für Arbeit oder ein sonstiger Sozialversicherungsträger Kosten übernimmt.

§ 3

Die von der Firma ▬▬▬ getragenen Aufwendungen einschließlich der Gehaltszahlungen und der Soziallasten werden endgültig von der Firma ▬▬▬ übernommen, wenn der Arbeitnehmer ▬▬▬ noch ▬▬▬ Jahre im Dienste der Firma ▬▬▬ verblieben ist. Bei vorzeitiger Kündigung des Arbeitnehmers ▬▬▬ oder wenn die Firma ▬▬▬ dem Arbeitnehmer ▬▬▬ aus wichtigem Grund kündigt, sind die Aufwendungen wie folgt zurückzuzahlen:

- bis zum Ablauf des ersten Jahres zu 100 %,
- bis zum Ablauf des zweiten Jahres zu 66 % (2/3),
- bis zum Ablauf des dritten Jahres zu 33 % (1/3).

§ 4

Die Verminderung des Rückzahlungsbetrages um je ▬▬▬ EUR pro ▬▬▬ erfolgt nur unter der Voraussetzung, dass das Arbeitsverhältnis in diesem Bindungszeitraum nicht ruht.

§ 3 Arbeitsrechtstexte der Personalarbeit

Kapitel 1: Einstellung

Literatur

Adomeit/Mohr, Benachteiligung von Bewerbern (Beschäftigten) nach dem AGG als Anspruchsgrundlage für Entschädigung und Schadensersatz, NZA 2007, 179; *Altenburg/Leister*, Der Widerspruch des Arbeitnehmers beim umwandlungsbedingten Betriebsübergang und seine Folgen, NZA 2005, 15; *Annuß*, Das Allgemeine Gleichbehandlungsgesetz im Arbeitsrecht, BB 2006, 1629; *Bauer/Baeck/Marten*, Scientology – Fragerecht des Arbeitgebers und Kündigungsmöglichkeiten, DB 1997, 2534; *Becker-Schaffner*, Die Rechtsprechung zur Frage der Erstattung von Vorstellungskosten, BlStSozArbR 1985,161; *Bellgardt*, Der Personalfragebogen gemäß § 94 Abs. 1 BetrVG als Mitbestimmungsproblem, AiB 1984, 61; *Bohlen*, Das Fragerecht des Einstellenden, Personal 1993, 30; *Brors*, Berechtigtes Informationsinteresse und Diskriminierungsverbot – Welche Fragen darf der Arbeitgeber bei Einstellung eines behinderten Bewerbers stellen?, DB 2003, 1734; *Buchner*, Freiheit und Bindung des Arbeitgebers bei Einstellungsentscheidungen, NZA 1991, 577; *ders.*, Die Neuordnung des Mutterschaftsgeldzuschusses als Chance zur Korrektur sozialpolitischer Fehlentwicklung, NZA 2004, 1121; *Cramer*, Die Neuerungen im Schwerbehindertenrecht des SGB IX, NZA 2004, 698; *Däubler*, Gläserne Belegschaften? Datenschutz für Arbeiter, Angestellte und Beamte, 1993; *Ehrich*, Fragerecht des Arbeitgebers bei Einstellungen, DB 1999, 421; *ders.*, Widerspruchsrecht des Betriebsrates bei Neubesetzung der Stelle eines befristet beschäftigten Arbeitnehmers, BB 1992, 1483; *Falkenberg*, Fragen des Arbeitgebers an den einzustellenden Arbeitnehmer, BB 1970, 1013; *Fischer*, Die Rücknahme der Arbeitgeberkündigung vor und im Kündigungsschutzprozess – rechtliche und taktische Überlegungen, NZA 1999, 459; *Gola*, Die Zulässigkeit der Datenerhebung im arbeitsrechtlichen Anbahnungsverhältnis, DuD 1985, 269; *Gottwald*, Nochmals: Verhaltensbedingte Kündigung bei krankhaftem Alkoholismus, NZA 1999, 180; *Griebeling*, Neues im Sonderkündigungsschutz schwerbehinderter Menschen, NZA 2005, 494; *Grobys*, Organisationsmaßnahmen des Arbeitgebers nach dem neuen Allgemeinen Gleichbehandlungsgesetz, NJW 2006, 2950; *Großmann*, Schwerbehinderte im Konflikt zwischen Statusrecht und Offenbarungspflicht, NZA 1989, 702; *Heither*, Die Rechtsprechung des BAG zum Datenschutz für Arbeitnehmer, BB 1988, 1049; *Hellmann*, Rechtsprobleme von Einstellungsuntersuchungen, AuA 1995, 157; *Herbert*, Zugangsverzögerung einer Kündigung per Einschreiben und Lauf der Klagefrist des § 4 KSchG, NJW 1997, 1829; *Hofmann*, Zur Offenbarungspflicht des Arbeitnehmers, ZfA 1975, 1; *Hohenstatt/Stamer/Hinrichs*, Background Checks von Bewerbern in Deutschland, Was ist erlaubt?, NZA 2006, 1065; *Hohmeister*, Beweisschwierigkeiten beim Zugang einer Kündigung, BB 1998, 1477; *Hümmerich*, Der Schutz der Beschäftigten vor der Aufnahme ärztlicher Gutachten in Personalakten und Datenbanken, DB 1975, 1893; *ders.*, Erfassungsschutz im arbeitsvertraglichen Anbahnungsverhältnis, Diss., 1978; *ders.*, Rechte des Betriebsrats bei der Erfassung von Bewerber-Daten, RdA 1979, 143; *ders.*, Rechtsschutzlücken in zur Neige gehenden Arbeitsverhältnis, DB 1999, 1264; *ders.*, Wonach darf der Arbeitnehmer bei der Einstellung gefragt werden?, BB 1979, 428; *ders.*, Aufklärungspflichten des Arbeitgebers im Anbahnungsverhältnis bei ungesicherter Beschäftigung des Arbeitnehmers, NZA 2002, 1305; *Hümmerich/Gola*, Auswirkungen des Bundesdatenschutzgesetzes auf das Personalwesen, BB 1977, 146; *Hunold*, Aktuelle Rechtsprobleme der Personalauswahl, DB 1993, 228; *Janker*, Das Fragerecht des Arbeitgebers, AuA 1991, 264; *Joussen*, Schwerbehinderung, Fragerecht und positive Diskriminierung nach dem AGG, NZA 2007, 174; *Kappenhagen/Zimmer*, Kein Sonderkündigungsschutz wegen Abwerbung, FA 2003, 261; *Kasper*, Abschied vom Fragerecht des Arbeitgebers nach der Schwangerschaft?, FA 2000, 243; *Kleinebrink*, Angebot zur Änderung von Arbeitsbedingungen und Änderungskündigung, ArbRB 2005, 150; *Knorr/Bichlmeier/Kremhelmer*, Handbuch des Kündigungsrechts, 4. Aufl. 1998; *Kursawe*, Anbahnungsverhältnis und Aufklärungspflichten des Arbeitgebers, NZA 1997, 245; *Laber*, Besonderheiten bei der vorzeitigen Auflösung von Berufsausbildungsverhältnissen, ArbRB 2005, 182; *Laber/Klein*, Bewerbung und dann?, ArbRB 2002, 171; *Leipold*, Einstellungsfragebögen und Recht auf Arbeit, AuR 1971, 161; *Lichtenberg/Schücking*, Stand der arbeitsrechtlichen Diskussion zur HIV-Infektion und Aids-Erkrankung, NZA 1990, 41; *Linnenkohl*, Arbeitsverhältnis und Vorstrafen-Fragen, AuR 1983, 129; *ders.*, Arbeitnehmerdatenschutz und BAG-Rechtsprechung, RDV 1990, 61; *Löw*, Aktuelle Rechtsfragen zum Arbeitszeugnis, NJW 2005, 3605; *Löwisch*, Arbeitsrechtliche Fragen von AIDS-Erkrankung und AIDS-Infektion, DB 1987, 936; *Meyer*, Neue Fragen einer Kündigung bei Widerspruch gegen „Betriebsübergang", NZA 2005, 9; *ders.*, Sind Einstellungen, Ein- bzw. Umgruppierungen oder Versetzungen ohne Beteiligung des Betriebsrats gegenüber dem betreffenden Arbeitnehmer wirksam?, BB 1982, 1614; *Messingschlager*, „Sind sie schwerbehindert?" – Das Ende einer (un-)beliebten Frage, NZA 2003, 301; *Moritz*, Fragerecht des Arbeitgebers sowie Auskunfts- und Offenbarungspflicht des Arbeitnehmers bei der Anbahnung von Arbeitsverhältnissen, NZA 1987, 329; *Oberthür*, Antragstellung auf Elternzeit und Teilzeitarbeit unter Berücksichtigung der neuesten BAG-Rechtsprechung, ArbRB 2005, 189; *Preis*, Aktuelle Tendenzen im Kündigungsschutzrecht, NZA 1997, 1073; *Raab*, Das Fragerecht des Arbeitgebers nach schwebenden Strafverfahren und die Unschuldsvermutung des Bewerbers, RdA 1995, 36; *Richardi*, Arbeitsrechtliche Probleme bei Einstellung und Entlassung AIDS-infizierter Arbeitnehmer, NZA 1988, 73; *Rieble*, Kollektivwiderspruch nach § 613a VI BGB, NZA 2005, 1; *Schierbaum*,

Ärztliche Untersuchungen an Arbeitnehmern, AiB 1997, 458; *Schaub*, Ist die Frage nach der Schwerbehinderung zulässig?, NZA 2003, 299; *Schlewing*, Der Sonderkündigungsschutz schwerbehinderter Menschen nach der Novelle des SGB IX, NZA 2005, 1218; *Schönfeld/Gennen*, Mitbestimmung bei Assessment-Centern. Beteiligungsrechte des Betriebsrats und des Sprecherausschusses, NZA 1989, 543; *Schwab*, Diskriminierende Stellenanzeigen durch Personalvermittler, NZA 2007, 178; *Sieber/Wagner*, Keine Zahlungspflicht des Arbeitgebers bei Vorstellungsgesprächen, NZA 2003, 1312; *Stiller*, Der Zeugnisanspruch in der Insolvenz des Arbeitgebers, NZA 2005, 330; *Stürmer*, Bewerbung und Schwangerschaft, NZA 2001, 527; *Teske*, Personaldatenverarbeitung und Persönlichkeitsschutz, ZIP 1987, 960; *Thüsing/Lambrich*, Das Fragerecht des Arbeitgebers – aktuelle Probleme zu einem klassischen Thema, BB 2002, 1146; *Wedde*, Fragen privater Arbeitgeber nach MfS-Tätigkeiten, CR 1992, 679; *Wenning-Morgenthaler*, Zustimmungsverweigerungsrecht des Betriebsrats bei befristeten Einstellungen, BB 1989, 156; *Wisskirchen*, Der Umgang mit dem Allgemeinen Gleichbehandlungsgesetz – Ein „Kochrezept" für Arbeitgeber, DB 2006, 1491; *Wisskirchen/Bissels*, Das Fragerecht des Arbeitgebers bei Einstellung unter Berücksichtigung des AGG, NZA 2007, 169; *Wohlgemuth*, Fragerecht und Erhebungsrecht – Zu den Grenzen des Informationsbeschaffungsrechts des Arbeitgebers, AuR 1992, 46; *ders.*, Datenschutz und Arbeitnehmer; *ders.*, Der Arbeitnehmer-Datenschutz, AiB 1990, 335; *ders.*, Neuere Entwicklungen im Arbeitnehmer-Datenschutz, BB 1992, 281; *Zeller*, Die arbeitsrechtlichen Aspekte des Personalfragebogens als Mittel der Personalauswahl, BB 1987, 1522; *ders.*, Die Einstellungsuntersuchung, BB 1987, 2439.

A. Erläuterungen

1 Im Rechtssinne haben wir es bei der **Bewerberauswahl** mit der Anbahnung eines Arbeitsverhältnisses zu tun. Die Einstellungsphase reicht von der Stellenausschreibung über die Bewerbung, die Personalauswahl, die Mitbestimmung des Betriebsrats bis hin zum Abschluss des Arbeitsvertrages. Die **wechselseitigen Informationspflichten** zwischen Bewerber und Arbeitgeber, das Fragerecht des Arbeitgebers und die Offenbarungspflichten des Arbeitnehmers, prägen das Anbahnungsverhältnis. Daneben können die Kosten des Auswahlverfahrens zum Streitpunkt werden.

I. Vorstellungskosten

2 Die Kosten einer **Bewerbungsmappe** ist Sache des Arbeitnehmers. Der Arbeitnehmer trägt die **Beschaffungskosten** für Lebenslauf, Arbeitszeugnisse, Schul- oder Hochschulbescheinigungen, Ausbildungsnachweise, Referenzen und Lichtbilder.[1] Zu den Beschaffungskosten gehören auch die Übermittlungskosten. Unverlangt eingehende Bewerbungen braucht der Arbeitgeber nicht kostenpflichtig zurückzusenden, wenn der Bewerber keinen Freiumschlag beigelegt hat. Meldet sich der Bewerber nicht innerhalb einer angemessenen Frist, können die Unterlagen vernichtet werden, wobei sogar die Meinung vertreten wird, dass sich das Recht der Vernichtung auch auf Originale erstreckt.[2] Fordert der Arbeitgeber den Arbeitnehmer auf, sich persönlich vorzustellen, werden die hiermit verbundenen Aufwendungen auch ohne besondere Vereinbarung verkehrsüblich vom Arbeitgeber von vornherein übernommen oder gegen Beleg erstattet.[3] Ausreichend ist, dass der Arbeitnehmer sich mit Wissen und Wollen des Arbeitgebers vorstellt.[4] Die Kostentragungspflicht soll den Arbeitgeber auch treffen, wenn er den aus einer Initiativbewerbung stammenden Arbeitnehmer zum Vorstellungsgespräch einlädt. Der Anspruch auf Ersatz der Vorstellungskosten kann ausgeschlossen werden, wenn der Arbeitnehmer, wie im Muster 3053, hierauf von vornherein hingewiesen wird.[5]

3 **Rechtsgrundlage** des Vorstellungskostenerstattungsanspruchs des Bewerbers bilden die §§ 662 bis 676 BGB.[6] Die Höhe der Erstattungspflicht des Arbeitgebers ist umstritten. Taxikosten sollen erstattungsfähig sein,[7] Flugkosten hat der Arbeitgeber in der Regel nur zu tragen, wenn er die Übernahme zuvor zugesagt hat.[8] Übernachtungskosten sind zu übernehmen, wenn dem Arbeitnehmer nach der zeitlichen Lage des Vorstellungsgesprächs eine taggleiche An- und Abreise nicht zumutbar war.[9] Weitgehend Einigkeit besteht, dass Zeitaufwand nicht vom Arbeitgeber auszugleichen ist, weder ein genommener Urlaubstag noch ein etwaiger

---

1 Küttner/*Reinecke*, Personalbuch, 128 Rn 2.
2 *Laber/Klein*, ArbRB 2002, 171.
3 Küttner/*Reinecke*, Personalbuch, 128 Rn 4.
4 LAG Nürnberg 25.7.1995 – 2 Sa 74/94, LAGE § 670 BGB Nr. 12; BAG 29.6.1988 – 5 AZR 433/87, NZA 1989, 468; a.A. *Sieber/Wagner*, NZA 2003, 1312.
5 ArbG Kempten 12.4.1994 – 4 Ca 720/94, BB 1994, 1504.
6 BAG 14.2.1977 – 5 AZR 171/76, DB 1977, 1193.
7 ArbG Köln 20.5.2005 – 2 Ca 10220/04, NZA-RR 2005, 577.
8 ArbG Hamburg 2.11.1994 – 13 Ca 24/94, NZA 1995, 428.
9 Küttner/*Reinecke*, Personalbuch, 128 Rn 5.

Verdienstausfall, weil der Arbeitgeber wegen des Entgeltfortzahlungsanspruchs des Bewerbers gegen seinen bisherigen Arbeitgeber gemäß § 616 Abs. 1 Satz 1 BGB nicht zwingend mit einer wirtschaftlichen Einbuße rechnen muss.[10] Der Vorstellungskostenerstattungsanspruch nach Auftragsrecht entsteht unabhängig davon, ob das Arbeitsverhältnis zustande kommt oder nicht.[11] Der **Gerichtsstand** für einen Prozess gegen den Arbeitgeber auf Erstattung der Bewerbungskosten ist der Sitz des Arbeitgebers.[12]

Die Bewerbungsunterlagen eines abgelehnten Bewerbers sind dem Betriebsrat im Rahmen des Verfahrens nach § 99 BetrVG vorzulegen.[13] Zu den Bewerbungsunterlagen gehört nicht nur die vom Bewerber eingereichte Bewerbungsmappe. In der Regel zählen auch diejenigen Unterlagen zu den Bewerberdaten, die der Arbeitgeber über den Erwerber erstellt hat.[14]

II. Fragerecht des Arbeitgebers und Offenbarungspflicht des Arbeitnehmers

Die Rechtsprechung differenziert zwischen einem Fragerecht des Arbeitgebers und einer Offenbarungspflicht des Arbeitnehmers. Die **Offenbarungspflicht** besteht für den Arbeitnehmer unabhängig davon, ob der Arbeitgeber ihn nach einer Information befragt hat. Wann ein Fragerecht und wann eine Offenbarungspflicht besteht, entschied die Rechtsprechung danach, ob ein **sachlicher Zusammenhang** zwischen der Information, die den Arbeitgeber über den Arbeitnehmer interessieren könnte, und dem Arbeitsplatz, den ihm der Arbeitgeber anbietet, besteht.[15] Ein Fragerecht gestand das BAG dem Arbeitgeber immer dann zu, wenn er ein berechtigtes, billigenswertes und schutzwürdiges Interesse an der Beantwortung einer Frage hat, die für das Arbeitsverhältnis von Bedeutung ist.[16] Ohne eine entsprechende Frage des Arbeitgebers bestand eine Offenbarungspflicht für den Arbeitnehmer nur bei solchen Tatsachen, deren Mitteilung der Arbeitgeber nach Treu und Glauben erwarten durfte.[17] Das BAG hat diese Grundsätze durch Fallbeispiele zu einzelnen Daten wie Perlen auf eine Stange gereiht, so dass sich im Laufe der Jahre eine Reihe von Rechtssätzen zum Fragerecht und zur Offenbarungspflicht etablierte. Dabei unterlag die Rechtsprechung immer wieder auch Änderungen, wie man am Beispiel der Frage der Schwangerschaft darstellen kann. Früher hielt das BAG diese Frage, wenn sie in angemessener Form gestellt wurde, für einen Ausfluss des Fragerechts des Arbeitgebers,[18] später schränkte das BAG die Zulässigkeit je nachdem, ob sich auf den Arbeitsplatz ausschließlich Frauen oder auch Männer beworben hatten, ein.[19] Schließlich änderte das **BAG** seine Rechtsprechung erneut, indem es nunmehr die **Frage nach der Schwangerschaft** für eine **unzulässige Geschlechtsdiskriminierung** hält.[20]

Das gesamte Recht des Erfassungsschutzes im arbeitsvertraglichen Anbahnungsverhältnis ist über § 11 AGG, wonach ein Arbeitsplatz nicht unter Verstoß gegen § 7 Abs. 1 AGG ausgeschrieben werden darf, unter einen neuen Blickwinkel gestellt worden. Nach § 7 Abs. 1 AGG dürfen Beschäftigte nicht wegen eines in § 1 AGG genannten Grundes benachteiligt werden. Folge ist, dass niemand bereits im Anbahnungsverhältnis, somit im Bewerbungsgespräch und über Personalfragebogen wegen seiner Rasse, wegen der ethnischen Herkunft, wegen des Geschlechts, wegen der Religion oder Weltanschauung, wegen einer Behinderung, wegen des Alters oder wegen sexueller Identität benachteiligt werden darf. Noch ist gegenwärtig nicht abschließend untersucht, welche Auswirkungen auf die bisherige Rechtsprechung des BAG zum Fragerecht und zur Offenbarungspflicht diese neuen Parameter haben. In einer Stellenausschreibung dürfen keine Kriterien i.S.d. § 1 AGG künftig erwähnt werden. **Mindest- oder Höchstalter**, soweit nicht durch Gesetz vorgeschrieben, sind in Stellenausschreibungen ebenso zu vermeiden wie Formulierungen, die man häufig in Stellenanzeigen liest: „Sie sind zwischen 25 und 30 Jahre alt." Weiterhin gestattet ist die Frage nach der **Berufserfahrung**, auch wenn sich hieraus mittelbar in Einzelfällen Rückschlüsse auf das Alter ziehen lassen. In jedem Falle sind Stellenausschreibungen **geschlechtneutral** zu formulieren. Auch die Frage nach dem Geburtsort kann zu

---

10 MüKo-BGB/*Schwerdtner*, § 629 Rn 20; Staudinger/*Preis*, § 629 BGB Rn 25; Bauer/Lingemann/Diller/Haußmann/*Lingemann*, Anwalts-Formularbuch Arbeitsrecht, Kap. 1, S. 1; a.A ArbG Berlin 25.6.1975 – 10 Ca 681/74, DB 1975, 1609; Schaub/*Schaub*, Arbeitsrechts-Handbuch, § 26 Rn 5.
11 Schaub/*Schaub*, Arbeitsrechts-Handbuch, § 26 Rn 5.
12 ArbG Hanau 21.12.1995 – 2 CA 699/95, NZA-RR 1996, 186.
13 BAG 10.11.1992 – 1 ABR 21/92, AP § 99 BetrVG 1972 Nr. 100.
14 BAG 14.12.2004 – 1 ABR 55/03, NZA 2005, 827.
15 *Hümmerich*, Erfassungsschutz im arbeitsvertraglichen Anbahnungsverhältnis, S. 131; *ders.*, BB 1979, 428; *Leipold*, AuR 1971, 161; *Moritz*, NZA 1987, 329; *Wohlgemuth*, AuR 1992, 46.
16 BAG 7.6.1984 – 2 AZR 270/83, DB 1984, 2706; BAG 11.11.1993 – 2 AZR 467/93, DB 1994, 939.
17 BAG 21.2.1991 – 2 AZR 449/90, DB 1991, 1934.
18 BAG 22.9.1961 – 1 AZR 241/60, DB 1961, 1522.
19 BAG 20.2.1986 – 2 AZR 244/85, DB 1986, 2287.
20 BAG 15.10.1992 – 2 AZR 227/92, DB 1993, 435; ebenso zuvor EuGH 8.11.1990 – C-177/88, BB 1991, 692.

einer ethnischen oder rassistischen Benachteiligung führen und sollte deshalb in Zukunft aus den Einstellungsgesprächen, aber auch Stellenbeschreibungen herausgenommen werden.

7   In allen Betrieben ist eine Überprüfung des Fragenkatalogs im Personalfragebogen, aber auch mit Blick auf Checklisten bei Einstellungsgesprächen erforderlich. Bewerbungsmasken sind genauso wie Auswahlrichtlinien auf ihre Neutralität zu überprüfen. Auch Fragen nach dem Familienstand und Zahl der Unterhaltsberechtigten sollten aus dem Anbahnungsverhältnis verband werden. Denn derartige Fragen können als Benachteiligung der sexuellen Identität i.S.v. § 1 AGG gewertet werden.

8   **Personalfragebogen** wie die Muster 3010 und 3020 dürfen die Frage nach der Schwangerschaft nicht mehr enthalten, selbst wenn die Mitarbeiterin für eine Stelle eingestellt werden soll, bei der ein Beschäftigungsverbot für Schwangere besteht.[21] Derartige Beschäftigungsverbote gelten für Stewardessen ab dem dritten Schwangerschaftsmonat, bei Arzthelferinnen in Praxen für Labormedizin und vergleichbaren Berufen. Nur in den Fällen, in denen die ausgeschriebene Stelle ein **Beschäftigungsverbot für schwangere Mitarbeiterinnen** nach sich zieht, war die Frage nach dem Bestehen einer Schwangerschaft im Personalfragebogen in der Vergangenheit noch gestattet. Nach Auffassung des EuGH[22] und des LAG Hamm[23] ist allerdings selbst bei solchen Bewerberinnen, die sich auf einem Beschäftigungsverbot unterliegende Stellen beworben haben, die Frage nach der Schwangerschaft nicht mehr zulässig. Im Jahre 2000[24] entschied der **EuGH**, dass Arbeitgeber die Einstellung schwangerer Frauen sogar dann nicht ablehnen dürfen, wenn diese wegen des Beschäftigungsverbots erst nach der Geburt des Kindes in der angestrebten Position arbeiten können. Die Weigerung, eine schwangere Bewerberin einzustellen, könne auch nicht damit gerechtfertigt werden, dass der Arbeitgeber einen finanziellen Nachteil erleide, wenn er die Arbeitnehmerin nicht einsetzen könne.

9   Diese Rechtsprechung stand zeitweilig im Widerspruch zu der Rechtsprechung des BAG, wonach eine Offenbarungspflicht des Arbeitnehmers besteht, wenn die fraglichen Umstände dem Arbeitnehmer die Erfüllung der arbeitsvertraglichen Leistungspflicht unmöglich machen oder jedenfalls sonst für den in Betracht kommenden Arbeitsplatz von ausschlaggebender Bedeutung sind.[25] Mit Urteil vom 6.2.2003 zog das BAG[26] mit der Rechtsprechung des EuGH gleich. Nunmehr ist die Frage nach dem Bestehen einer Schwangerschaft – ob im Personalfragebogen oder mündlich geäußert, ob die Folge eines Beschäftigungsverbots besteht oder nicht – generell unzulässig. *Kasper*[27] hatte vermutet, dass das BAG seine Rechtsprechung erneut in Übereinstimmung mit der EuGH-Rechtsprechung bringen wird. Die Auflage der Arbeitsverwaltung an eine Entleiherfirma, das Arbeitsvertragsmuster, das nach dem Bestehen einer Schwangerschaft fragte, zu ändern unter Hinweis auf die BAG-Judikatur zur Frage nach der Schwangerschaft, hielt das BSG[28] für nicht hinreichend bestimmt. Generell gilt nach Auffassung des BAG,[29] dass der Anfechtungsbefugnis des Arbeitgebers bei wahrheitswidriger Beantwortung einer zulässigen Frage durch den Arbeitnehmer der Umstand nicht entgegensteht, dass der Personalfragebogen ohne Zustimmung des Personalrats eingeführt wurde.

10 Zur **Offenbarungspflicht des Arbeitnehmers** gelten heute folgende Grundsätze, die stets bei der Gestaltung von Bewerber- oder Personalfragebogen zu beachten sind:

11 Hat der Bewerber demnächst eine **Haftstrafe** anzutreten, muss er dies dem Arbeitgeber offenbaren.[30] Eine Geschlechtsumwandlung muss nicht mitgeteilt werden, wie sich aus dem Schutzzweck des Transsexuellengesetzes ergibt. Eine Anfechtung des Arbeitgebers wegen Irrtums über eine verkehrswesentliche Eigenschaft des Arbeitnehmers gemäß § 119 Abs. 2 BGB kommt allerdings in Betracht.[31] Die bisherige Rechtsprechung, wonach das Bestehen einer **Schwangerschaft** zu offenbaren war, wenn während der Schwangerschaft die potentielle Mitarbeiterin die geschuldete Tätigkeit nicht oder nach einer gewissen Zeit nicht mehr erbringen

---

21 Anders noch die ältere Rechtsprechung, BAG 1.7.1993 – 2 AZR 25/93, DB 1993, 1978.
22 EuGH 5.5.1994 – C-421/92, DB 1994, 1089; EuGH 14.7.1994 – C-32/93, DB 1994, 1522.
23 LAG Hamm 1.3.1999 – 19 Sa 2596/98, 1999, 2114; ebenso ArbG Leipzig 31.8.2000 – 1 Ca 5749/00, NZA-RR 2000, 628.
24 EuGH 3.2.2000 – C-207/98, FA 2000, 84.
25 BAG 21.2.1991 – 2 AZR 449/90, DB 1991, 1934.
26 BAG 6.2.2003 – 2 AZR 621/01, NZA 2003, 848 = ArbRB 2003, 229.
27 FA 2000, 243.
28 BSG 6.4.2000 – B 11/7 AL 10/99 R, NZA-RR 2000, 453.
29 BAG 2.12.1999 – 2 AZR 724/98, BB 2000, 1092.
30 Küttner/*Kreitner*, Personalbuch, 79 Rn 6.
31 BAG 21.2.1991 – 2 AZR 449/90, DB 1991, 1934.

konnte (so bei einem Mannequin oder einer Sportlehrerin) oder wenn eine Tätigkeit einem Nachtarbeitsverbot i.S.v. § 8 MuSchG oder einem Beschäftigungsverbot unterliegt, ist aufgehoben worden.[32]

Bei der **Schwerbehinderung** besteht keine Offenbarungspflicht, es sei denn, der Bewerber vermag aufgrund seiner Behinderung die vertraglich geschuldete Tätigkeit nicht zu leisten.[33] Beantwortet der Schwerbehinderte die Frage nach der Schwerbehinderteneigenschaft falsch, konnte der Arbeitgeber seine Willenserklärung, die zum Abschluss des Arbeitsvertrages geführt hat, anfechten und zugleich auch die fristlose Kündigung aussprechen.[34] Ficht der Arbeitgeber im Anschluss an eine krankheitsbedingte Arbeitsunfähigkeit des Arbeitnehmers den Arbeitsvertrag wegen arglistiger Täuschung über die Schwerbehinderteneigenschaft an, so wirkt die Anfechtung entgegen der bisherigen Rechtsprechung des BAG gemäß § 142 BGB rückwirkend.[35] Generell führt eine Behinderung nicht zu einer Offenbarungspflicht. Gegenwärtig wird dem Arbeitgeber aber weiterhin ein tätigkeitsbezogenes Fragerecht durch den 2. Senat des BAG zugestanden.[36] Der Arbeitgeber ist ausnahmsweise zur Anfechtung des Arbeitsvertrages wegen Falschbeantwortung der Frage nach der Schwerbehinderteneigenschaft nicht berechtigt, wenn die Schwerbehinderung („Funktionseinschränkung der Gliedmaßen und des Rumpfs bei angeborenem Minderwuchs") für den Arbeitgeber offensichtlich war und deshalb ein Irrtum bei ihm nicht entstanden ist.[37]

Die Rechtsprechung zur Frage nach der **Schwerbehinderteneigenschaft** ist im Fluss. Nach Auffassung von *Messingschlager*[38] ist ihr durch die Neuregelung in § 81 Abs. 2 SGB IX der Boden entzogen. Jedenfalls dann, wenn die Behinderung keine Einschränkungen für den in Aussicht genommenen Arbeitsplatz mit sich bringt, wird die Frage nach der Schwerbehinderteneigenschaft in der Literatur inzwischen für unzulässig gehalten.[39] *Schaub*[40] vertritt dagegen die Auffassung, die Frage nach der Schwerbehinderung bleibe weiterhin zulässig. *Wisskirchen/Bissels*[41] und *Joussen*[42] halten die Frage nach der Schwerbehinderteneigenschaft nunmehr generell für unzulässig nach § 81 Abs. 2 SGB IX und als eine vom Arbeitgeber geschuldete Präventivmaßnahme nach §§ 2 Abs. 1, 12 Abs. 1 AGG. Mit einer Rechtsänderung muss gerechnet werden, weil der Diskriminierungsschutz, wie er über die Richtlinie 2000/78/EG auf europäischer Ebene besteht, auch Behinderte einschließen sollte.[43] Personalabteilungen müssen sich jedenfalls darauf einstellen, dass die Frage nach der Schwerbehinderteneigenschaft nicht auf Dauer in der bisherigen, generellen Form zulässig bleiben wird.

Mit der Entscheidung des EuGH[44] ist klargestellt, dass nicht jede körperliche Beeinträchtigung, insbesondere aufgrund einer vorübergehenden Krankheit, in den Schutzbereich der §§ 7 Abs. 1, 1 AGG fällt. Das ArbG Berlin hatte bereits vor Inkrafttreten des AGG über einen Fall zu befinden, bei dem eine Bewerberin als Beste den Auswahltest bestanden hatte, allerdings aufgrund eines betriebsärztlichen Befundes nicht eingestellt worden war, weil der Arzt die Auffassung vertreten hatte, die Bewerberin sei infolge einer **Neurodermitis** wahrscheinlich in höherem Maße krankheitsanfällig und daher für die vorgesehene Stelle in der Parkraumbewirtschaftung ungeeignet. Wegen der Neurodermitis war bei der Bewerberin eine Behinderung mit einen Grad von 40 % festgestellt worden (§ 69 Abs. 1 Satz 1 SGB IX). Die Nichtberücksichtigung der Bewerberin verstieß gegen das EU-rechtliche, zwischenzeitlich durch §§ 7 Abs. 1, 1 AGG gesetzlich normierte Benachteiligungsverbot. Das **Benachteiligungsverbot nach §§ 7 Abs. 1, 1 AGG** greift damit schon bei solchen Behinderungen, die nicht zur Anerkennung als Schwerbehinderter oder Gleichgestellter führen und damit den Diskriminierungsschutz des § 81 Abs. 2 Satz 1 SGB IX auslösen. Der gemeinschaftsrechtliche Begriff der Behinderung geht somit weiter als der Begriff der Schwerbehinderung in §§ 2 Abs. 2, 68 Abs. 1 SGB IX.

---

32 BAG 8.9.1988 – 2 AZR 102/88, DB 1989, 585; BAG 15.10.1992 – 2 AZR 227/92, DB 1993, 435; BAG 1.7.1993 – 2 AZR 25/93, DB 1993, 1978; zu beachten allerdings: EuGH 14.7.1994 – C-32/93, DB 1994, 1522; EuGH 5.5.1994 – C-421/92, DB 1994, 1089.
33 BAG 1.8.1985 – 2 AZR 101/83, DB 1986, 2238.
34 BAG 1.8.1985 – 2 AZR 101/83, BAGE 49, 214; BAG 11.11.1993 – 2 AZR 467/93, BB 1994, 357; BAG 5.10.1995 – 2 AZR 923/94, BB 1996, 696; BAG 3.12.1998 – 2 AZR 754/97, AP § 123 BGB Nr. 49; BAG 18.10.2000 – 2 AZR 380/99, BAGE 96, 123; weitere Nachweise siehe *Hümmerich*, Erfassungsschutz im arbeitsvertraglichen Anbahnungsverhältnis, S. 123.
35 BAG 3.12.1998 – 2 AZR 754/97, NZA 1999, 584.
36 BAG 18.10.2000 – 2 AZR 380/99, BB 2001, 627; BAG 3.12.1998 – 2 AZR 754/97, AP § 123 BGB Nr. 49; BAG 5.10.1995 – 2 AZR 923/94, NZA 1996, 371; BAG 11.11.1993 – 2 AZR 467/93, DB 1994, 939; BAG 1.8.1985 – 2 AZR 101/83, DB 1986, 2238; a.A. ArbG Siegburg 22.3.1994 – 1 Ca 3454/93, NZA 1995, 943; *Düwell*, BB 2006, 1741; *Großmann*, NZA 1989, 702; *Thüsing*, NZA 2006, 136.
37 BAG 3.12.1998 – 2 AZR 754/97, AP § 123 BGB Nr. 49.
38 NZA 2003, 301; ebenso *Düwell*, BB 2006, 627.
39 *Düwell*, BB 2001, 1527; *Thüsing/Lambrich*, BB 2002, 1146 (1148); *Messingschlager*, NZA 2003, 301; differenzierend: *Brors*, DB 2003, 1734.
40 NZA 2003, 299.
41 NZA 2007, 169 (170).
42 NZA 2007, 174 (177).
43 BT-Drucks. 14/5074, S. 113.
44 EuGH 11.7.2006 – C-13/05, BB 2006, 1640 Ls. (Chacón Navas).

15 Das tätigkeitsneutrale Fragerecht des Arbeitgebers nach der BAG-Rechtsprechung wird vermutlich einer allenfalls tätigkeitsbezogenen Fragebefugnis des Arbeitgebers weichen. Nicht auszuschließen ist, dass auf dem Hintergrund des § 7 Abs. 1 AGG das Fragerecht nach Behinderungen generell für die Zukunft fortfällt. Im Muster 3010 wird davon ausgegangen, dass nur noch die Frage nach einer Behinderung, die den Bewerber in der Ausübung der betroffenen Stelle beeinträchtigen könnte, auf Dauer zulässig sein wird.

16 Die **Altersdiskriminierung** wird zu den größten Herausforderungen des AGG gezählt.[45] Unklar ist noch das Verhältnis zwischen Altersdiskriminierung nach §§ 7, 1 AGG und zulässiger unterschiedlicher Behandlung nach § 8 AGG. Man wird nicht so weit gehen können und verlangen, dass vom Bewerber eingereichte Unterlagen wie Zeugnisse oder Diplomurkunden, die das Alter des Bewerbers erkennen lassen, vom Unternehmen wieder zurückzusenden sind. Vor allem Tarifverträge, die eine Reihe von Leistungen, wie z.B. einen verlängerten Urlaub, an das Alter knüpfen, werden auf dem Prüfstand des AGG in der Zukunft stehen. Man wird in der Zukunft auch danach unterscheiden müssen, ob eine Information über den Bewerber im Anbahnungsverhältnis benötigt wird oder ggf. erst nach Abschluss des Arbeitsvertrages. In der Bewerbungssituation benötigt die Firma noch keine Information über unterhaltsberechtigte Kinder oder das Alter des Bewerbers, wohingegen Tarifverträge, die von diesen Daten die Höhe zu gewährender Leistungen abhängig machen, erst nach Vertragsschluss zu berücksichtigen sind. Nach Vertragsschluss muss es dem Arbeitgeber gestattet sein, Daten, die für die Gehaltsberechnung oder für die Gewährung sonstiger Leistungen notwendig sind, selbst wenn sie unter den Diskriminierungskatalog des § 1 AGG fallen, zu erheben. Die Rechtsprechung, die in der Vergangenheit zwischen dem Fragerecht im Anbahnungsverhältnis und dem Fragerecht im Arbeitsverhältnis wenig differenzierte, wird vermutlich für die Zukunft deutlich nach dem **Zeitpunkt der Datenerhebung** unterscheiden müssen. Daneben werden Tarifverträge auf den Prüfstand des AGG gestellt werden, da nach § 7 Abs. 2 AGG auch die Bestimmungen in Tarifverträgen das Benachteiligungsverbot und damit den Diskriminierungsschutz des § 1 AGG zu beachten haben.

17 Fragen des Arbeitgebers nach **Vorstrafen** waren bisher zulässig, soweit sie für die Art des zu besetzenden Arbeitsplatzes von Bedeutung sind.[46] Sie können nach dem AGG unzulässig werden, wenn sie ein Verhalten des Arbeitnehmers, das seiner Religion oder Weltanschauung, seiner ethnischen Herkunft oder seiner sexuellen Identität zugeordnet werden kann, betreffen. Bislang ist die Frage nach Vermögensdelikten bei Kassierern oder Verkehrsdelikten bei Kraftfahrern zulässig. Vorstrafen, die nicht nach § 30 BZRG in ein polizeiliches Führungszeugnis aufzunehmen sind oder für die gemäß § 51 BZRG ein Verwertungsverbot besteht, brauchen nicht wahrheitsgemäß beantwortet zu werden.[47] Eine Offenbarungspflicht bei Vorstrafen besteht für den Bewerber grundsätzlich nicht. Selbst die Frage nach einem noch nicht abgeschlossenen Ermittlungs- bzw. Strafverfahren soll wegen der allgemeinen Unschuldsvermutung nach Art. 6 Abs. 2 der Europäischen Menschenrechtskonvention unzulässig sein.[48] Bei der Einstellung in den Polizeidienst kann sie aber zulässig sein.[49] Die von einem Gruppenleiter in einer Behindertenwerkstatt bei der Einstellung verschwiegene rechtskräftige Verurteilung wegen eines Sittlichkeitsdeliktes an einem von ihm betreuten Jugendlichen berechtigt den Arbeitgeber dann nicht mehr zur Anfechtung des Arbeitsvertrages, wenn das Arbeitsverhältnis nahezu 10 Jahre gedauert hat, die Strafe im Bundeszentralregister gelöscht wurde und der Arbeitnehmer während der gesamten Dauer des Arbeitsverhältnisses nicht einschlägig in Erscheinung getreten ist.[50] Fragen nach Tätigkeiten für das Ministerium für Staatssicherheit, die vor 1970 abgeschlossen sind, sind regelmäßig unzulässig, ohne dass dies im Sinne einer Stichtagsregelung zu verstehen ist.[51]

18 Eine Offenbarungspflicht hat der Arbeitnehmer, falls bei ihm ein **Wettbewerbsverbot** besteht.[52] Eine allgemeine Offenbarungspflicht über ausgeheilte oder akute **Erkrankungen** kennt die Arbeitsrechtsprechung nicht. Auch eine nur **latente Gesundheitsgefährdung** muss nicht offenbart werden.[53] Zu offenbaren sind dagegen solche Erkrankungen, die den Arbeitnehmer wegen Ansteckungsgefahr oder wegen der Schwere der Erkrankung an der Arbeitsleistung dauerhaft hindern.[54] Inwieweit auf dem Hintergrund von § 1 AGG jeden-

---

45 *Richardi*, NZA 2006, 881, 884.
46 BAG 18.9.1987 – 7 AZR 507/86, BB 1988, 632; BAG 21.2.1991 – 2 AZR 449/90, DB 1991, 1934; *Hümmerich*, BB 1979, 428; *Linnenkohl*, AuR 1983, 129.
47 BAG 21.2.1991 – 2 AZR 449/90, DB 1991, 1934.
48 ArbG Münster 20.11.1992 – 3 Ca 1459/92, NZA 1993, 461; a.A. *Raab*, RdA 1995, 36.
49 BAG 20.5.1999 – 2 AZR 320/98, DB 1999, 1859.
50 LAG Köln 3.5.2000 – 2 Sa 78/00, ZTR 2001, 43.
51 BVerfG 21.7.1999 – 1 BvR 1584/98, NZA 1999, 1095.
52 Küttner/*Kreitner*, Personalbuch, 79 Rn 12.
53 LAG Berlin 6.7.1973 – 3 Sa 48/73, BB 1974, 510.
54 BAG 7.2.1964 – 1 AZR 251/63, DB 1964, 555; LAG Frankfurt 13.10.1972 – 5 Sa 406/72, DB 1972, 2359.

falls für den Fall, dass die Krankheit gleichzeitig eine Behinderung darstellt, die bisherige Rechtsprechung aufrechterhalten wird, bleibt abzuwarten. **Alkoholabhängigkeit** hat ein Berufskraftfahrer im Bewerbungsgespräch zu offenbaren.[55] Bei **Aids-Erkrankung** besteht ein Fragerecht des Arbeitgebers, wenn aufgrund der Schwere der Erkrankung unmittelbare Auswirkungen auf die Leistungsfähigkeit des Arbeitnehmers zu befürchten sind.[56] Bei der Frage nach einer Aids-Infektion richtet sich die Zulässigkeit danach, ob die Gesundheitsbeeinträchtigung Auswirkungen auf die geschuldete Tätigkeit hat. So ist es heutige Auffassung, dass ein Fragerecht bei sämtlichen Heilberufen wegen des Blutkontaktes besteht; ebenso bei Floristen, wohl auch bei Piloten und Berufskraftfahrern.[57] Befindet sich der Bewerber zum Zeitpunkt der geplanten Arbeitsaufnahme in Kur, besteht eine Offenbarungspflicht.[58]

Fragen zum **beruflichen Werdegang**, wie sie in den Mustern 3010 und 3030 enthalten sind, sind unbedenklich zulässig.[59] Selbst dann, wenn ein Mitarbeiter eine frühere Entziehungstherapie verheimlichen möchte, um seine Wiedereingliederung in das Arbeitsleben zu erleichtern, ist er nicht von der Rechtspflicht befreit, vollständige Angaben über Art und Dauer seiner Vorbeschäftigungen zu machen.[60]

Die Frage nach der **Gewerkschaftszugehörigkeit** ist grundsätzlich unzulässig, wie auch die Frage nach einer **Religions- oder Parteizugehörigkeit**, es sei denn, der Bewerber will seine Tätigkeit in einem Tendenzunternehmen aufnehmen.[61] Im Hinblick auf Rechte aus dem Tarifvertrag wird man bei der Frage nach der Gewerkschaftszugehörigkeit differenzieren müssen. Solange sich der Arbeitnehmer im Anbahnungsverhältnis befindet, ist die Frage unzulässig, sobald der einem Arbeitgeberverband angehörende Arbeitgeber seinen tarifvertraglichen Pflichten nachkommen muss, wird nach hier vertretener Auffassung die Frage nach der Gewerkschaftszugehörigkeit als wirksam erachtet. Einem nicht organisierten Arbeitnehmer gegenüber ist ein tarifgebundener Arbeitgeber nicht verpflichtet, tarifliche Leistungen zuzusagen. Bei einem Arbeitnehmer in Vertrauensstellung soll die Frage nach einer Scientology-Mitgliedschaft zulässig sein.[62]

Fragen, die **Sicherheitsthemen** betreffen, sind sowohl innerhalb als auch außerhalb des öffentlichen Dienstes zulässig, soweit sie in einem sachlichen Zusammenhang mit dem angestrebten Arbeitsverhältnis stehen.[63] Soweit in den Mustern 3010, 3020 und 3030 Fragen zur Berufstätigkeit der Ehefrau und Kinder, insbesondere zur Tätigkeit in Konkurrenzunternehmen, enthalten sind, besteht hierzu noch keine höchstrichterliche Rechtsprechung; die Fragen dürften allerdings unter Sicherheitsgesichtspunkten statthaft sein.

Nach **Alkohol- und Drogenkonsum** oder **Alkohol- oder Drogenabhängigkeit** darf der Arbeitgeber fragen.[64] Die Frage nach einer Alkohol- und Drogenabhängigkeit kann unzulässig sein, wenn die Abhängigkeit als Krankheit und diese wiederum als Behinderung i.S.v. §§ 1 Abs. 1 Satz 1, 7 Abs. 1 AGG verstanden wird.[65]

Die Frage, ob jemand **Raucher** ist oder nicht, galt bisher als unzulässig.[66] Durch das AGG hat sich an dieser Rechtslage nichts geändert. Die Rauchereigenschaft zählt nicht zu den Diskriminierungsmerkmalen des AGG.

Die Frage nach der Zugehörigkeit zu **Scientology** hält das BAG für zulässig, da es diese Organisation nicht als Religions- oder Weltanschauungsgemeinschaft ansieht.[67] *Wisskirchen/Bissels* regen an, auf die Frage nach der Zugehörigkeit zu Scientology zu verzichten, da bereits in anderen Ländern wie USA und Frankreich anerkannt sei, dass es sich bei der Scientology-Organisation um eine **Religionsgemeinschaft** handele.[68]

Die Frage nach einer **Aufenthalts- und Arbeitserlaubnis** kann nach dem In-Kraft-Treten des AGG als ein Verstoß gegen das Merkmal „ethnische Herkunft" und/oder „Rasse" i.S.d. AGG angesehen werden. Da der Arbeitgeber das Recht haben muss, die Grundvoraussetzungen einer legalen Aufnahme der Arbeit zu prü-

---

55 ArbG Kiel 21.1.1982 – 2c Ca 2062/81, BB 1982, 804.
56 *Richardi*, NZA 1988, 73; *Löwisch*, DB 1987, 936; *Heilmann*, BB 1989, 1413.
57 BAG 16.2.1989 – 2 AZR 347/88, DB 1989, 2382; *Richardi*, NZA 1988, 73; *Lichtenberg/Schücking*, NZA 1990, 41.
58 LAG Berlin 18.4.1978 – 3 Sa 115/77, BB 1979, 1145.
59 *Richardi*, NZA 1988, 73.
60 LAG Köln 13.11.1995 – 3 Sa 832/95, NZA-RR 1996, 403.
61 BAG 28.5.1998 – 2 AZR 549/97, NZA 1998, 1052; *Hümmerich*, BB 1979, 428.
62 *Bauer/Baeck/Marten*, DB 1997, 2534.
63 *Buchner*, NZA 1991, 577; BAG 17.5.1983 – 1 AZR 1249/79, DB 1984, 139.
64 *Bengelsdorf*, NZA-RR 2004, 118.
65 *Wisskirchen/Bissels*, NZA 2007, 169 (171) unter Bezugnahme auf EuGH 11.7.2006 – Rs. C-13/05, NZA 2006, 839.
66 BVerwG 13.9.1984 – 2 C 33/82, NJW 1985, 876.
67 BAG 22.3.1995 – 5 AZB 21/94, NZA 1995, 823.
68 *Wisskirchen/Bissels*, NZA 2007, 169 (173).

fen,⁶⁹ muss es zumindest zulässig sein, dem Arbeitnehmer bei Einstellungsgesprächen die Frage zu stellen, ob er aus den EU-Staaten, aus der Schweiz oder aus den neuen 10 EU-Beitrittsländern oder dem sonstigen Ausland kommt.[70]

26 Die Muster 3010 und 3020 enthalten keine Angaben über die **frühere Vergütung** des Bewerbers, wenngleich zahlreiche Personalfragebogen derartige Fragen vorsehen. Nur wenn die bisherige Vergütung für die begehrte Stelle aussagekräftig sei oder der Bewerber sie von sich aus als Mindestvergütung gefordert habe, solle die Frage nach der bisherigen Vergütung berechtigt sein.[71] Im Regelfalle, jedenfalls außerhalb des öffentlichen Dienstes, sind diese Voraussetzungen nicht erfüllt. Personalfragebogen von Bewerbern, die nicht eingestellt wurden, dürfen vom Arbeitgeber grundsätzlich nicht aufbewahrt werden und sind deshalb entweder an den Bewerber zu senden oder zu vernichten.[72]

27 Im Fragenkatalog zum Bewerbungsgespräch[73] ist eine Reihe von Fragen enthalten, die nicht in das starre Schema zulässiger und unzulässiger Fragen passen. Ob jemand Sport treibt, wie er die Betreuung seiner Kinder organisiert oder welches Buch er gerade liest, sind keine Fragen, die der Arbeitnehmer beantworten muss. Aus Sicht des Personalberaters sind Antworten auf diese Fragen von Bedeutung. Sie geben Auskunft über die Persönlichkeit des Bewerbers. Aus Sicht des Arbeitsrechts stehen diese Fragen nur in einem mittelbaren Zusammenhang mit den den Bewerber erwartenden Rechten und Pflichten. Der Mitarbeiter muss diese Fragen somit nicht beantworten. Verweigert der Bewerber die Antwort, muss er allerdings damit rechnen, dass sich sein Verhalten nachteilig auf den Gang des weiteren Bewerbungsverfahrens auswirkt. Aus diesem Grund spricht die Rechtsprechung dem Arbeitnehmer ein **„Recht auf Lüge"** im Hinblick auf solche Fragen zu, bei denen **keine Offenbarungspflicht** besteht und die auch nicht vom **Fragerecht** des Arbeitgebers gedeckt sind.[74] Alle Fragen, die zu einer Diskriminierung gemäß §§ 7, 1 AGG führen, werden vom „Recht auf Lüge" künftig erfasst.

28 Nicht nur den Arbeitnehmer, auch den **Arbeitgeber** treffen **Offenbarungspflichten**. Wenn der Arbeitgeber Anlass zu Zweifeln hat, ob er in der Lage sein wird, die in absehbarer Zeit fälligen Löhne und Gehälter auszuzahlen, muss er vor Abschluss neuer Arbeitsverträge die Bewerber auf diesen Umstand hinweisen, soweit er seine Zahlungsschwierigkeiten nicht als bekannt voraussetzen kann.[75] Allerdings sind die Aufklärungspflichten des Arbeitgebers im Anbahnungsverhältnis bei ungesicherter Beschäftigung des Arbeitnehmers, auch in der Instanzrechtsprechung, umstritten.[76]

III. Mitbestimmungsrechte des Betriebsrats beim Personalfragebogen und bei Beurteilungsgrundsätzen

29 Das Muster 3020 ist ein Personalfragebogen i.S.v. § 94 BetrVG. Soweit im Unternehmen ein Betriebsrat existiert, ist der **Wortlaut** dieses Fragebogens **mitbestimmungspflichtig**. Als **Personalfragebogen** gilt jedes Formular, in dem personenbezogene Fragen nach einem bestimmten Schema zusammengestellt sind, die ein Arbeitnehmer oder ein Bewerber um einen Arbeitsplatz schriftlich beantworten soll, um dem Arbeitgeber Aufschluss über seine Person und Qualifikation zu geben.[77] Das BAG hat darüber hinaus entschieden, dass auch mündliche Befragungen in der Form von Tests oder Interviews, die anhand von Checklisten und einer anschließenden schriftlichen Fixierung der Antworten erfolgen, unter § 94 BetrVG zu subsumieren seien.[78]

30 Der Betriebsrat verfügt bei Personalfragebogen und Beurteilungsgrundsätzen nicht über ein **Initiativrecht**; nur dann, wenn der Arbeitgeber Fragebogen wie das Muster 3020 verwendet, erwächst das Mitbestimmungsrecht.[79] Nicht der Mitbestimmung unterliege der ärztliche Fragebogen im Rahmen der Einstellungsuntersuchung, da die Anamnese des Arztes vom Weisungsrecht des Arbeitgebers unabhängig ist und die Beant-

---

[69] *Wisskirchen/Bissels*, NZA 2007, 169, 171.
[70] *Schiefer/Ettwig/Krych*, AGG, 2006, Rn 98.
[71] BAG 19.5.1983 – 2 AZR 171/81, DB 1984, 298.
[72] BAG 6.6.1984 – 5 AZR 286/81, AP § 611 BGB Persönlichkeitsrecht Nr. 7 = NJW 1984, 2910.
[73] Muster 3030 § 3 Rn 53.
[74] *Leipold*, AuR 1971, 161; *Hümmerich*, Erfassungsschutz im arbeitsvertraglichen Anbahnungsverhältnis, S. 192 ff.
[75] BAG 24.9.1974 – 3 AZR 589/73, NJW 1975, 708 = DB 1975, 307.
[76] *Hümmerich*, NZA 2002, 1305; *Kappenhagen/Zimmer*, FA 2003, 261 ff.
[77] BAG 21.9.1993 – 1 ABR 28/93, AP § 94 BetrVG 1972 Nr. 4.
[78] BAG 21.9.1993 – 1 ABR 28/93, AP § 94 BetrVG 1972 Nr. 4; so auch *Hanau*, BB 1972, 451; a.A. *Hümmerich*, Rechte des Betriebsrates bei der Erfassung von Bewerber-Daten, RdA 1979, 143.
[79] LAG Düsseldorf 24.7.1984 – 2 TaBV 67/84, DB 1985, 134; LAG Frankfurt/M. 8.1.1991 – 5 TaBV 162/90, DB 1992, 534.

wortung der Fragen durch den Arbeitnehmer der ärztlichen Schweigepflicht des Arztes unterliegt und auch nur in der Gestalt des Befundbogens[80] Eingang in die Personalakte findet.

Beurteilungsgrundsätze unterliegen ebenfalls der Mitbestimmung des Betriebsrats. Als Beispiele werden im Schrifttum die Grundsätze über die Effektivität der Arbeit, die Sorgfalt der Ausführung der Arbeit, über Selbständigkeit und Belastbarkeit, Zusammenarbeit und Anpassungsfähigkeit des Arbeitnehmers erwähnt.[81] Daraus folgt, dass auch das Muster 3300 und das Muster 3310 der Mitbestimmung des Betriebsrats unterliegen. Bei der Bewerberbeurteilung werden allgemeine, im Betrieb gültige und bei zahlreichen Bewerbern verwendete Beurteilungsgrundsätze benutzt, beim Fragenkatalog zum Bewerbungsgespräch geschieht das Gleiche. Das Muster 3030 ist auch deshalb mitbestimmungspflichtig, weil es sich hierbei um mündliche Fragen handelt, die in Form des Interviews anhand einer Checkliste gestellt und als schriftliche Antworten des Bewerbers niedergelegt werden.[82]

IV. Personalauswahl

Die Auswahlfreiheit des Arbeitgebers in der Bewerbungssituation ist durch verschiedene **gesetzliche und tarifliche Beschäftigungsverbote und -gebote** begrenzt. Einschränkungen enthalten §§ 71 Abs. 1 und 2, 81 Abs. 3 SGB IX mit der Pflicht des Arbeitgebers zur Beschäftigung von mindestens 5 % schwerbehinderter Menschen. Einschränkungen ergeben sich aus dem Mutterschutzgesetz, dem Jugendarbeitsschutzgesetz, dem Arbeitsplatzschutzgesetz etc. Für den öffentlichen Dienst gelten Beschränkungen über die Frauenförderungsgesetze der Länder, § 82 SGB IX und Art. 33 Abs. 2 GG.

Die Bestandsfestigkeit einer Einstellungsentscheidung wird auch dadurch geprägt, dass sie die Anforderungen des AGG erfüllt. Die Auswahlentscheidungen und die hierüber erstellten Unterlagen dürfen keine Benachteiligungsmerkmale enthalten, die sich als entscheidungserhebliche Kriterien erweisen. Gerade bei Gegenüberstellungen, wie sie in der Personalarbeit gebräuchlich sind, die die unterschiedlichen Fähigkeiten und Eindrücke, die man über den Bewerber gewonnen hat, sichtbar machen, müssen die Diskriminierungs- und Benachteiligungsverbote des AGG gewahrt sein.

Testverfahren und **Eignungsuntersuchungen** wie auch die früher gebräuchlichen graphologischen Gutachten sind bei der Personalauswahl nur statthaft mit Zustimmung des Bewerbers.[83] Auch die Personalauswahl in den sich zunehmend verbreitenden **Assessment-Centern** oder in **Auswahlseminaren** bedarf der Zustimmung des Bewerbers.[84] Eine derartige Abgrenzung zwischen zulässiger und unzulässiger Personalauswahl dürfte allerdings weitgehend theoretischer Natur sein. Derjenige Bewerber, der der Überprüfung seiner Leistungsfähigkeit im Vergleich mit Mitbewerbern durch mehrere Beobachter nicht zustimmt, hat keine Chance, den in Aussicht genommenen Arbeitsplatz zu erhalten. *Hohenstatt/Stamer/Hinrichs*[85] sind der Meinung, der Arbeitgeber könne, wenn ein sachlicher Zusammenhang mit dem zu besetzenden Arbeitsplatz bestehe, schon nach geltendem Recht in umfangreicher Weise geeignete Unterlagen vom Bewerber verlangen. Die Anforderungen des Zeugnisses zu den fachlichen Fähigkeiten Bewerbers sowie – nach Zustimmung des Bewerbers – von ärztlichen, fachpsychologischen und graphologischen Gutachten seien zulässig, sofern die einzelnen Dokumente inhaltlich auf die angestrebte Tätigkeit beschränkt seien. Die Autoren meinen weiterhin, der Arbeitgeber könne ein Führungszeugnis sowie eine Schufa-Auskunft verlangen, wenn im Unternehmen geeignete Sicherungsinstrumente zur Berücksichtigung der Interessen des Bewerbers vorhanden seien.

Der Arbeitgeber hat eine **Obhuts- und Sorgfaltspflicht** bei den vom Bewerber eingereichten Bewerbungsunterlagen. Er muss den Lebenslauf, die eingereichten Zeugnisse, Arbeitsproben, das Lichtbild und dergleichen zurückgeben, wenn das Bewerbungsverfahren erfolglos verlaufen ist.[86] Auch besteht ein Beseitigungsanspruch gemäß § 1004 BGB analog hinsichtlich des ausgefüllten Personalfragebogens.

---

[80] *Hümmerich*, DB 1975, 1983.
[81] GK-BetrVG/*Kraft*, § 94 Rn 28; ErfK/*Hanau/Kania*, § 94 BetrVG Rn 4.
[82] BAG 21.9.1993 – 1 ABR 28/93, AP § 94 BetrVG 1972 Nr. 4.
[83] BAG 16.9.1982 – 2 AZR 228/80, DB 1983, 2780; LAG Düsseldorf 30.9.1971 – 3 Sa 305/71, DB 1971, 2071.
[84] *Hunold*, DB 1993, 228.
[85] NZA 2006, 1065.
[86] BAG 6.6.1984 – 5 AZR 286/81, DB 1984, 2626.

36 Eine Pflicht zur **Verwahrung** und **Rücksendung** besteht nicht bei **Blindbewerbungen**, also unverlangt beim Arbeitgeber eingehenden Bewerbungsunterlagen. Die Bewerbungsunterlagen sind nur in den Fällen zurückzusenden, wenn der Bewerber einen Freiumschlag beigelegt hat.[87] Hat der Arbeitgeber, beispielsweise gemäß dem Muster 3050, zum Vorstellungsgespräch eingeladen, sind die Vorstellungskosten zu ersetzen. Das Muster 3050 enthält einen mit der Rechtsprechung abgestimmten Erstattungsmodus.[88] Beim Muster 3055 entfällt eine Vorstellungskostenerstattung durch den Arbeitgeber.

37 Angesichts der Beweislastumkehr in § 22 AGG hat jeder Arbeitgeber ein Interesse daran, dass abgelehnten Bewerbern möglichst wenig Anknüpfungspunkte einer diskriminierenden Entscheidung gegeben werden. Deshalb sollte das **Absageschreiben** so neutral und inhaltsleer wie möglich formuliert werden.[89] In der Praxis wird sich wahrscheinlich einbürgern, dass diskriminierungsfreie Ablehnungsgründe listenmäßig zusammengestellt und in der Liste enthaltene Gründe zur Begründung einer Absage gegenüber einem Bewerber verwendet werden.

38 *Wisskirchen*[90] empfiehlt wegen der Frist zur Geltendmachung von Entschädigungen nach § 15 Abs. 4 AGG, zumindest bei „Risikobewerbern" einen Zugangsnachweis des Ablehnungsschreibens zu beschaffen. Zu empfehlen ist immer die Übersendung Einschreiben mit Rückschein oder die Versendung per Fax oder E-Mail.

V. Stellenausschreibung

39 Mit dem AGG sind neue Regeln für Stellenausschreibungen und Bewerberauswahl aufgestellt worden. § 11 AGG verpflichtet den Arbeitgeber, Arbeitsplätze **neutral** auszuschreiben. Die Verpflichtung zur neutralen Ausschreibung betrifft auch den Bereich der beruflichen Aus- und Weiterbildung.[91] Die geschlechtsneutrale Formulierung von Stellenausschreibungen nach § 11 AGG ist an für sich nichts Neues, denn über § 611b BGB hatte sich in den Unternehmen bereits eine gewisse Routine eingestellt.[92] Die Routine aus dem Bereich der Geschlechtsneutralität ist bei Stellenausschreibungen nunmehr auch auf die übrigen Benachteiligungs- und Diskriminierungsverbote zu erweitern. **Doppeldeutige Formulierungen** sind zu vermeiden. Akzentfreies „Deutsch" oder „Muttersprachlichkeit" als Anforderungskriterien in einer Stellenbeschreibung benachteiligen Bevölkerungskreise, die eine andere als eine deutsche ethnische Herkunft aufweisen. Bei unabdingbaren Eigenschaften für eine Stelle, die von bestimmten Gruppen nicht erfüllt werden, sollte eine ausreichende Dokumentation, ein Erklärungsmodell für geforderte Merkmale formuliert werden.

40 *Wisskirchen*[93] mahnt an, die Pflicht zur diskriminierungsfreien Stellenausschreibung wegen der Beweiserleichterung in § 22 AGG ernst zu nehmen, da eine nicht geschlechtsneutrale Stellenausschreibung als Anhaltspunkt einer **Diskriminierung** dient.[94] Verletzt ein Stellenvermittler (Headhunter), dessen sich der Arbeitgeber bedient, die Pflicht zur neutralen Stellenausschreibung, wird diese Pflichtverletzung haftungsrechtlich dem Arbeitgeber zugerechnet.[95] In dem Urteil vom 5.2.2004 ließ der 8. Senat zwar offen, welche gesetzliche Zurechnungsnorm einschlägig sei. Er meinte lediglich, den Arbeitgeber treffe im Fall der Fremdausschreibung die Sorgfaltspflicht, die Ordnungsgemäßheit der Ausschreibung zu überwachen. Diese Pflicht bestehe auch im Falle der Einschaltung eines Personalberatungsunternehmens. Dabei geht es nach Auffassung des BAG nicht um die Zurechnung des Verschuldens des eingeschalteten Dritten, sondern allein um die Zurechnung seines Handlungsbeitrags.

41 Der Betriebsrat kann nach § 93 BetrVG vom Arbeitgeber bei neu zu besetzenden Arbeitsplätzen eine **vorherige innerbetriebliche Stellenausschreibung** verlangen. Außerdem kann er seit dem 1.9.1994 nach § 93 BetrVG anregen, dass die Arbeitsplätze auch als Teilzeitarbeitsplätze ausgeschrieben werden. Unter „Ausschreibung einer Stelle" i.S.v. § 93 BetrVG versteht das BAG eine allgemeine Aufforderung an alle oder an eine bestimmte Gruppe von Arbeitnehmern des Betriebes, sich für einen bestimmten Arbeitsplatz im Betrieb

---

[87] Küttner/*Reinecke*, Personalbuch, 127 Rn 3.
[88] BAG 14.2.1977 – 5 AZR 171/76, DB 1977, 1193; LAG Nürnberg 25.7.1995 – 2 Sa 73/94, LAGE § 670 BGB Nr. 12.
[89] *Wisskirchen*, DB 2006, 1491, 1494.
[90] DB 2006, 1491, 1494.
[91] BT-Drucks. 16/1780, S. 36.
[92] *Wisskirchen*, DB 2006, 1491, 1493.
[93] DB 2006, 1491, 1493.
[94] BT-Drucks. 16/1780, S. 47.
[95] BAG 5.2.2004 – 8 AZR 112/03, DB 2004, 1944.

zu bewerben.⁹⁶ Im Einzelfall kann der Betriebsrat die innerbetriebliche Ausschreibung verlangen, wenn die Stellen mit freien Mitarbeitern besetzt werden sollen.⁹⁷ Ein bestimmter Inhalt bei einer innerbetrieblichen Stellenausschreibung ist nicht zu beachten.⁹⁸ Üblicherweise gilt als Mindestinhalt eine detaillierte Beschreibung des zu besetzenden Arbeitsplatzes, Angaben über die geforderte Qualifikation, Hinweise auf die tarifliche Eingruppierung, der Besetzungstermin, die beim Bewerbungsverfahren einzureichenden Unterlagen und die Bezeichnung der Stelle, an die die Bewerbung zu richten ist. Diesen Anforderungen genügt das Muster 3110. Art und Inhalt der Ausschreibung werden nicht vom Betriebsrat bestimmt, sondern vom Arbeitgeber einseitig festgelegt.⁹⁹

Das Initiativrecht des Betriebsrats besteht nicht nur von Fall zu Fall, also im Hinblick auf einzelne Arbeitsplätze; der Betriebsrat kann nur generell verlangen, dass Stellenausschreibungen vor Besetzung durch externe Bewerber zunächst intern zu erfolgen haben.¹⁰⁰ Schließlich richtet sich das Initiativrecht nach § 93 BetrVG allein auf den Betrieb; der Betriebsrat kann nicht verlangen, dass Stellen unternehmens- oder konzernweit ausgeschrieben werden.¹⁰¹

VI. Zusammenarbeit mit dem Betriebsrat bei Einstellungen

Neben informellen Gesprächen zwischen dem Personalleiter und dem Betriebsratsvorsitzenden oder dem Vorsitzenden des Personalausschusses vollzieht sich in vielen Fällen die Durchführung des Mitbestimmungsrechts nach § **99 BetrVG** in **formalisierten Verfahren**. Das Muster 3200 enthält alle wesentlichen Informationen, die der Arbeitgeber zu liefern hat, und zugleich die **Kontrollüberlegungen** (Subsumtionsschema), die der Betriebsrat anzustellen hat. In der Praxis wird von den Betriebsräten häufig mit der Zustimmungsfiktion nach § 99 Abs. 3 Satz 2 BetrVG gearbeitet. Wichtig ist deshalb eine Dokumentation des Zugangs des Formularantrags an den Betriebsrat. Wie hier sinnvollerweise die Dokumentation erfolgt, muss anhand der betrieblichen Gegebenheiten beantwortet werden. Verfügt der Betriebsrat über einen eigenen Briefkasten, so reicht eine Notiz über den Tag und die Uhrzeit des Einwurfs in den Briefkasten aus. Mit dem darauf folgenden Arbeitstag wird die Frist des § 99 Abs. 3 Satz 1 BetrVG in Lauf gesetzt.¹⁰² Eine Verkürzung der Frist des § 99 Abs. 3 BetrVG durch Regelungsabsprache oder Betriebsvereinbarung zwischen Arbeitgeber und Betriebsrat ist unzulässig, eine Verlängerung hingegen möglich.¹⁰³

Bei der Verweigerung der Zustimmung durch den Betriebsrat, wie sie im Antwortteil des Musters 3200 formularmäßig vorgesehen ist, reicht eine formelhafte, die bloße Wiederholung des Gesetzeswortlauts darstellende Begründung nicht aus.¹⁰⁴ Das Muster 3200 muss also spezifisch unter Berücksichtigung des einzelnen Falles vom Betriebsrat ausgefüllt werden. Ein Nachschieben neuer Widerspruchsgründe nach Ablauf der Wochenfrist ist nicht zulässig.¹⁰⁵

Das Formular 3220 ist eine **Checkliste für Betriebsräte**. Mit Hilfe dieses Musters können Betriebsräte ausführlich überprüfen, ob Gründe für eine Zustimmungserteilung oder Zustimmungsverweigerung bestehen. Das Muster 3220 kann sowohl intern als Checkliste für Betriebsräte als auch als isoliertes Antwortschreiben in Fällen der vom Arbeitgeber beantragten Zustimmung zu einer Einstellung verwendet werden. Wird das Muster 3200 nicht als Guideline, sondern als Schreiben an den Arbeitgeber verwendet, sind nur geringfügige Änderungen anzubringen.

VII. Aufklärungspflichten im Anbahnungsverhältnis

Zunehmend wird in der Literatur gefordert, dass den Arbeitgeber im Anbahnungsverhältnis Aufklärungspflichten treffen, auch im Hinblick auf eine u.U. ungesicherte Beschäftigung des Arbeitnehmers, der sich aus

---

96 BAG 23.2.1988 – 1 ABR 82/86, DB 1988, 1452.
97 *Hromadka*, SAE 1994, 133.
98 BAG 23.2.1988 – 1 ABR 82/86, DB 1988, 1452.
99 BAG 27.10.1992 – 1 ABR 4/92, DB 1993, 885; BAG 23.2.1988 – 1 ABR 82/86, DB 1988, 1452; BAG 31.5.1983 – 1 ABR 6/80, DB 1983, 2311.
100 LAG Berlin 27.9.1982 – 9 TaBV 3/82, DB 1983, 776; LAG Köln 1.4.1993 – 10 TaBV 97/02, LAGE § 93 BetrVG 1972 Nr. 2.
101 LAG München 8.11.1988 – 2 Sa 691/88, DB 1989, 1880.
102 ErfK/*Hanau/Kania*, § 99 BetrVG Rn 37.
103 BAG 17.5.1983 – 1 ABR 5/80, AP § 99 BetrVG 1972 Nr. 18.
104 BAG 24.7.1979 – 1 ABR 78/77, AP § 99 BetrVG 1972 Nr. 11.
105 BAG 3.7.1984 – 1 ABR 74/82, AP § 99 BetrVG 1972 Nr. 20; BAG 15.4.1986 – 1 ABR 55/84, AP § 99 BetrVG 1972 Nr. 36; BAG 10.8.1993 – 1 ABR 22/93, NZA 1994, 187.

einem ungekündigten Arbeitsverhältnis beworben hat.[106] Auch das BAG hat sich zwischenzeitlich der Auffassung angeschlossen, dass die Aufklärungspflicht gegenüber einem Bewerber im Anbahnungsverhältnis eine Offenbarungspflicht begründet, wenn ein möglicher Stellenabbau zur Nichteinstellung des Bewerbers führen kann.[107] Nicht erst, wenn diesbezügliche unternehmerische Entscheidungen bereits wirksam und endgültig getroffen sind, sondern auch bereits dann, wenn sie sich abzeichnen, besteht die Pflicht zur Aufklärung. Ein Arbeitgeber, der Vertragsverhandlungen eingeht, dürfe bestehende Umstände, gleich welcher Art, die die vollständige Durchführung des Rechtsverhältnisses in Frage stellen können, nicht verschweigen, soweit sie ihm bekannt seien oder bekannt sein müssten.[108]

47 Die nötige Gewissheit, aus der sich die Aufklärungspflicht ableite, sei erst dann gegeben, wenn sich der Arbeitgeber im Grundsatz dazu entschlossen habe, bestimmte Stellen zu streichen. Der **Stellenabbau** müsse hinreichend bestimmt und in Einzelheiten bereits absehbar sein; seine bloße Möglichkeit reiche nicht aus. Allein das Bestehen einer schlechten wirtschaftlichen Lage, die dem Arbeitnehmer zudem bekannt sei, in der aber noch keine konkrete Planung bestehe, einen Arbeitsplatz zu streichen, begründe noch keine Aufklärungspflicht.

VIII. Befristung von Arbeitsverhältnissen

48 Wird ein Arbeitnehmer eingestellt, dessen Arbeitsverhältnis befristet werden soll, ist darauf zu achten, dass der **Vertragsschluss vor der tatsächlichen Beschäftigung** des Arbeitnehmers vorgenommen wird. Das BAG hat nämlich entschieden, wenn die Parteien mündlich ein befristetes Arbeitsverhältnis vereinbart haben, der Arbeitnehmer mit der Arbeit beginnt und einige Tage später ihm dann erst der schriftliche, befristete Arbeitsvertrag vorgelegt wird, dass ein derartiger Verfahrensablauf zur Vereinbarung eines unbefristeten Arbeitsverhältnisses führt. Die nach Vertragsbeginn und nach Aufnahme der Arbeit erfolgte schriftliche Niederlegung der mündlich vereinbarten Befristung in einem schriftlichen Arbeitsvertrag habe nicht zur Folge, dass die Befristung rückwirkend wirksam werde. Eine solche Rechtsfolge ergebe sich auch nicht aus § 141 Abs. 2 BGB. Diese Vorschrift sei auf die nach Vertragsbeginn ergangene schriftliche Fixierung einer zunächst nur mündlich getroffenen Befristungsvereinbarung in einem wirksamen Arbeitsvertrag nicht anwendbar.[109]

49 Auch bei einer **sachgrundlosen Befristung** ist darauf zu achten, dass die Vereinbarung vor Aufnahme der Tätigkeit des Arbeitnehmers getroffen wird. Wird ein sachgrundlos befristeter Arbeitsvertrag nach § 14 Abs. 2 Satz 1 TzBfG verlängert, muss die Vereinbarung über das Hinausschieben des Beendigungszeitpunkts hinaus vor Abschluss der Laufzeit des bisherigen Vertrages schriftlich getroffen werden und es muss der Vertragsinhalt ansonsten unverändert bleiben.[110] Die Parteien können anlässlich der Verlängerung Anpassungen des Vertragstextes an die zum Zeitpunkt der Verlängerung geltende Rechtslage vornehmen. Um eine solche Anpassung handelt es sich, wenn bereits zuvor vereinbarte Änderungen der Vertragsbedingungen in der Urkunde festgehalten werden oder die geänderten Vertragsbedingungen von den Parteien vereinbart worden wären, sofern der Arbeitnehmer in einem unbefristeten Arbeitsverhältnis stünde. Einer Verlängerung i.S.d. § 14 Abs. 2 Satz 1 TzBfG steht nicht entgegen, dass die Parteien in der Verlängerungsvereinbarung die Vertragsbedingungen des befristeten Arbeitsvertrages an die zum Zeitpunkt der Verlängerung geltende Rechtslage anpassen.[111]

---

106 *Hümmerich*, NZA 2002, 1305.
107 BAG 14.7.2005 – 8 AZR 300/04, NZA 2005, 1298.
108 BAG 14.7.2005 – 8 AZR 300/04, NZA 2005, 1298.
109 BAG 1.12.2004 – 7 AZR 198/04, NZA 2005, 575.
110 BAG 18.1.2006 – 7 AZR 178/05, NZA 2006, 605; BAG 19.10.2005 – 7 AZR 31/05, NZA 2006, 154; BAG 25.5.2005 – 7 AZR 286/04, EzA § 14 TzBfG Nr. 19.
111 BAG 23.8.2006 – 7 AZR 12/06, NZA 2007, 204.

B. Texte

I. Bewerberauswahl

1. Muster: Bewerberbeurteilung

↓

Name des Bewerbers: ▪▪▪
Vorgesehene Stelle: ▪▪▪ ❏ extern ❏ innerbetrieblich

1. Bewerbungsunterlagen

1.1 Äußere Form ❏ ansprechend ❏ mangelhaft

1.2 Vollständigkeit
    Bewerbungsschreiben ❏ vorhanden ❏ nicht vorhanden
    Lebenslauf ❏ ❏
    Zeugnisse ❏ ❏
    Fortbildungsbescheinigungen ❏ ❏
    Lichtbild ❏ ❏

1.3 Bewerbungsschreiben
    Layout ansprechend ❏ ja ❏ nein
    Umfang bis zwei Seiten ❏ ❏
    Anrede persönlich ❏ ❏
    Interpunktion fehlerfrei ❏ ❏
    Sprache flüssig ❏ ❏
    Satzbau kurz ❏ ❏
    Formulierungen positiv ❏ ❏

2. Beurteilungen
❏ sehr gut ❏ negativ
❏ gut ❏ vollständig
❏ durchschnittlich ❏ unvollständig

3. Qualifikationen
❏ branchenfremd ❏ durchschnittlich
❏ stellenbezogene Qualifikation ❏ mangelhaft
  ❏ überqualifiziert

4. Gehaltsvorstellungen und Verfügbarkeit

4.1 Gehaltswünsche: ▪▪▪
4.2 Möglicher Eintrittstermin: ▪▪▪

5. Bewerbungsgrund

▪▪▪

6. Lebenslauf

6.1 Inhaltliche Fragen: ▪▪▪
6.2 Offen gebliebene Fragen: ▪▪▪

7. Beurteilung auf der Grundlage des Bewerbungsgesprächs

7.1 Auftreten
  ❏ unsicher ❏ ungezwungen
  ❏ aufgeregt ❏ selbstbewusst

7.2 Kleidung
  ❏ nachlässig ❏ geschmackvoll
  ❏ angemessen ❏ elegant

7.3 Äußeres Erscheinungsbild
  ❏ ungepflegt ❏ ansprechend
  ❏ gepflegt ❏ unvorteilhaftes Aussehen

7.4 Auftreten
  ❏ kontaktfreudig ❏ entgegenkommend

❑ zurückhaltend   ❑ höflich
7.5 Sprechweise
    ❑ langsam, unbeholfen   ❑ klar, gut artikuliert
    ❑ leise, zögernd   ❑ ansprechend
    ❑ schnell, undeutlich
7.6 Redegewandtheit
    ❑ schweigsam   ❑ sprachgewandt
    ❑ gesprächig   ❑ geschwätzig
7.7 Auffassungsgabe
    ❑ schnell   ❑ besonders schnell
    ❑ langsam
7.8 Typeneignung
    ❑ nicht geeignet   ❑ gut geeignet
    ❑ bedingt geeignet   ❑ sehr gut geeignet
7.9 Fachliche Eignung
    ❑ nicht geeignet   ❑ gut geeignet
    ❑ bedingt geeignet   ❑ sehr gut geeignet
7.10 Berufserfahrung
    ❑ keine   ❑ langjährige
    ❑ wenig   ❑ absoluter Profi
7.11 Einstellung zur Position
    ❑ Übergangslösung   ❑ interessiert
    ❑ unentschlossen   ❑ sehr interessiert und motiviert

8. Gesamteindruck
    ❑ nicht geeignet   ❑ gut geeignet
    ❑ unter Umständen geeignet ❑ sehr gut geeignet
    ❑ noch geeignet

9. Zusatzbemerkungen
▪▪▪

10. Absprachen
10.1 Bedenkzeit vom Bewerber bis ▪▪▪
10.2 Bedenkzeit vom Unternehmen bis ▪▪▪
10.3 Anfangsgehalt ▪▪▪
10.4 Probezeit ▪▪▪
10.5 Besondere Vertragsvereinbarungen: ▪▪▪

↑

2. Muster: Fragebogen an Bewerber

↓

Familienname (ggf. Geburtsname), Vorname: ▪▪▪[112]
Wohnanschrift: ▪▪▪
Staatsangehörigkeit: ▪▪▪
Bankverbindung: ▪▪▪   Kontonummer: ▪▪▪   BLZ: ▪▪▪
Gegenwärtige Beschäftigung: ▪▪▪
Sind Angehörige in einem Konkurrenzunternehmen tätig? ▪▪▪
Schulabschluss: ▪▪▪
Berufsausbildung: ▪▪▪

---

[112] Das Geburtsdatum darf nach §§ 11, 7, 1 AGG zur Vermeidung einer Altersdiskriminierung, der Geburtsort zur Vermeidung einer rassistischen oder ethnischen Benachteiligung nicht mehr gefragt werden. Ebenfalls wird geraten, künftig nicht mehr nach dem Familienstand und nach unterhaltsberechtigten Kindern zu fragen, weil die Frage Auskunft über die sexuelle Identität geben könnte.

Abschlussprüfung als: ▄▄▄ am: ▄▄▄
Zusätzliche Qualifikationen: ▄▄▄
Vorletzte Stelle als: ▄▄▄ bei Firma: ▄▄▄
Unterliegen Sie einem Wettbewerbsverbot? ▄▄▄ Wenn ja, in welchem Umfang? ▄▄▄
Haben Sie eine Behinderung, die Sie in der Ausübung der geplanten Stelle beeinträchtigt? ▄▄▄[113]
Haben Sie einen Antrag auf Anerkennung gestellt? ▄▄▄ Wenn ja, wann? ▄▄▄
Sind Sie arbeitsunfähig erkrankt? ▄▄▄ Seit wann? ▄▄▄
Leiden Sie an einer ansteckenden oder chronischen Krankheit? ▄▄▄
Leiden Sie an einer Krankheit oder an Beschwerden, die Sie bei der Ausübung der vorgesehenen Tätigkeit beeinträchtigen? ▄▄▄
Endete das letzte Arbeitsverhältnis aus gesundheitlichen Gründen? ▄▄▄
Haben Sie einen Kurantrag gestellt oder wurde bereits eine Kurmaßnahme bewilligt? ▄▄▄
Haben Sie Wehr-/Zivildienst abgeleistet? ▄▄▄
Besteht gegenwärtig ein Einberufungsbescheid? ▄▄▄
Haben Sie Ihren künftigen Arbeitslohn abgetreten oder liegen Lohnpfändungen vor? ▄▄▄
Haben Sie die eidesstattliche Versicherung abgeleistet? ▄▄▄
Bestehen Vorstrafen, die für die vorgesehene Position von Belang sein könnten? ▄▄▄
Müssen Sie aus Ihnen heute bekannten Gründen innerhalb der nächsten zwölf Monate mit längerer Abwesenheit vom Arbeitsplatz (länger als eine Woche) rechnen? ▄▄▄

Ich versichere, dass meine vorstehenden Angaben wahrheitsgemäß sind. Ich habe nichts verschwiegen, was den Umständen nach zu offenbaren gewesen wäre. Mir ist bekannt, dass eine bewusst falsche oder unvollständige Beantwortung einzelner Fragen unser Unternehmen zu einer Anfechtung des Arbeitsvertrages wegen arglistiger Täuschung berechtigen würde.

▄▄▄ (Ort, Datum, Unterschrift Bewerber)

3. Muster: Personalfragebogen

1. Angaben zur Person[114]
Name: ▄▄▄ Vorname: ▄▄▄
Geburtsname: ▄▄▄
geboren am: ▄▄▄ geboren in: ▄▄▄
Wohnanschrift: ▄▄▄ Telefon: ▄▄▄
Staatsangehörigkeit: ▄▄▄
Kontonummer: ▄▄▄ bei Bank: ▄▄▄ BLZ: ▄▄▄
Name und Anschrift des gesetzlichen Vertreters: ▄▄▄
Krankenkasse: ▄▄▄

2. Beruflicher Werdegang
Schulabschluss: ▄▄▄
Sonstige Ausbildungen und Prüfungen: ▄▄▄ Note: ▄▄▄
Führerschein: ▄▄▄ Fremdsprachen: ▄▄▄
Erlernter Beruf: ▄▄▄
Ausbildung von ▄▄▄ bis ▄▄▄

---

[113] Aus §§ 7 und 1 AGG folgt, dass ein weitergehender Behindertenbegriff zu wählen ist, als ihn der deutsche Gesetzgeber in § 81 Abs. 2 Satz 1 SGB IV zur Grundlage macht. Der EuGH hat diese Auffassung des ArbG Berlin (13.7.2005 – 86 Ca 24618/04, NZA-RR 2005, 608) und von *Thüsing* (NZA 2006, 136) bestätigt (EuGH 11.7.2006 – C-13/05, BB 2006, 1640 Ls. – Chacón Navas). Gegenwärtig gilt noch die Rechtsprechung des 2. Senats, wonach der Arbeitgeber tätigkeitsneutral nach der Behinderung fragen darf (BAG 18.10.2000 – 2 AZR 380/99, BB 2001, 627). *Düwell* (BB 2006, 1741, 1743) hält diese Rechtsprechung seit Inkrafttreten des § 81 Abs. 2 SGB IX für überholt. – Vorliegend wird die Frage nur noch als tätigkeitsbezogenes Merkmal gestattet.
[114] Früher übliche Fragen, wie die Frage nach dem Alter, nach Kindern, nach dem Status (ledig/verheiratet), sind im Fragebogen gemäß §§ 11, 7, 1 AGG nicht mehr enthalten.

Name und Anschrift des Ausbilders: ▬▬▬
Bisherige Arbeitsverhältnisse:
von ▬▬▬ bis ▬▬▬
Name und Anschrift des Arbeitgebers: ▬▬▬
Ausgeübte Tätigkeit: ▬▬▬
von ▬▬▬ bis ▬▬▬
Name und Anschrift des Arbeitgebers: ▬▬▬
Ausgeübte Tätigkeit: ▬▬▬
von ▬▬▬ bis ▬▬▬
Name und Anschrift des Arbeitgebers: ▬▬▬
Ausgeübte Tätigkeit: ▬▬▬
Letztes Arbeitsverhältnis beendet durch: ▬▬▬
Hochschulstudium: ▬▬▬
Abschluss als: ▬▬▬

3. Zivildienst/Wehrdienst
Als wehrtauglich gemustert? ▬▬▬
Bereitstellungs- oder Einberufungsbescheid? ▬▬▬
Wehrdienst geleistet von ▬▬▬ bis ▬▬▬
Dienstgrad: ▬▬▬
Ersatzdienst geleistet von ▬▬▬ bis ▬▬▬

4. Gesundheitszustand
Chronische oder ansteckende Erkrankungen, die für die Ausübung der angestrebten Tätigkeit von Bedeutung sein könnten? ▬▬▬
Wollen Sie Mitglied der Betriebskrankenkasse werden? ▬▬▬

5. Diverses
Beziehen Sie eine Rente? ▬▬▬
Haben Sie gegen einen früheren Arbeitgeber einen Anspruch auf eine Betriebsrente? ▬▬▬
Besteht eine Anwartschaft? ▬▬▬
Haben Sie ein öffentliches Ehrenamt? ▬▬▬
Haben Sie im laufenden Urlaubsjahr Urlaub oder Urlaubsabgeltung erhalten? ▬▬▬
Wie viele Urlaubstage? ▬▬▬
Besteht für Sie ein Wettbewerbsverbot? ▬▬▬

Dieser Personalfragebogen ist Bestandteil Ihres Arbeitsvertrages. Unvollständige oder unrichtige Angaben berechtigten das Unternehmen zur Anfechtung des Arbeitsvertrages oder zur fristlosen Kündigung des Arbeitsverhältnisses.

▬▬▬ (Ort, Datum, Unterschrift Mitarbeiter)
▬▬▬ (bei minderjährigen Arbeitnehmern: Unterschrift der gesetzlichen Vertreter)

4. Muster: Fragenkatalog zum Bewerbungsgespräch

Familienname (ggf. Geburtsname), Vorname: ▬▬▬[115]
Wohnanschrift: ▬▬▬
Interviewer: ▬▬▬   Datum des Interviews: ▬▬▬
Wodurch sind Sie auf uns/die ausgeschriebene Stelle aufmerksam geworden? ▬▬▬
Erzählen Sie uns einmal kurz Ihren beruflichen Werdegang! ▬▬▬
Haben Sie die Berufstätigkeit einmal unterbrochen? ▬▬▬
Wenn ja: warum? ▬▬▬
Warum haben Sie sich für die ausgeschriebene Stelle beworben? ▬▬▬

---

[115] Fragen nach der Herkunft, dem Alter, der Staatsangehörigkeit oder dem Familienstand werden zur Vermeidung einer Diskriminierung nicht mehr gestellt (§§ 11, 7, 1 AGG).

Wie könnte man Ihre derzeitige Stelle, Ihre derzeitige Tätigkeit umschreiben? ■■■
Aus welchen Gründen wollen Sie Ihren derzeitigen Arbeitsplatz aufgeben? ■■■
Was interessiert Sie an unserem Unternehmen? ■■■
Was würde sich mit der ausgeschriebenen Stelle für Sie ändern? ■■■
Welche Karriereziele haben Sie? ■■■
Wie sähe Ihre Idealposition aus? ■■■
Wie haben Sie sich den zeitlichen Rahmen für Ihre Karriere gesteckt? ■■■
Was haben Sie zu Ihrer Fortbildung unternommen? ■■■
Beschreiben Sie Ihre Stärken und Schwächen! ■■■
Nennen Sie uns Ihre größten Erfolge und Ihre größten Misserfolge! ■■■
Wofür engagieren Sie sich in Ihrer Freizeit? ■■■
Treiben Sie Sport? ■■■
Welches Buch lesen Sie gerade? ■■■
Nennen Sie uns Ihren künftigen Einkommenswunsch! ■■■
Welche Kündigungsfrist müssen Sie beachten? ■■■
Üben Sie eine Nebentätigkeit aus? ■■■
Unterliegen Sie einem Wettbewerbsverbot? ■■■
Da bei uns keine Möglichkeit zum Rauchen besteht: Können Sie während der Arbeitszeit in unseren Betriebsräumen auf Rauchen verzichten? ■■■

5. Muster: Zwischennachricht

Herrn/Frau ■■■

Ihre Bewerbung vom ■■■ als ■■■

Sehr geehrte(r) Frau/Herr ■■■,

Ihre Bewerbungsunterlagen haben wir erhalten. Für Ihr Interesse an unserem Unternehmen bedanken wir uns.
Gegenwärtig sichten wir die Vielzahl der eingegangenen Bewerbungsunterlagen. Die Bearbeitung bedarf noch einiger Zeit.
Sobald wir uns entschieden haben, Sie zu einem Bewerbungsgespräch einzuladen, setzen wir uns mit Ihnen zwecks Terminsvereinbarung in Verbindung. Bis dahin bitten wir noch ein wenig um Geduld.
Anliegend übersenden wir Ihnen zur Beschleunigung des Bewerbungsverfahrens einen Bewerberfragebogen und bitten Sie, uns diesen mit eventuell noch fehlenden Unterlagen umgehend zurückzusenden.
Zu Ihrer Information fügen wir eine Broschüre über unser Haus bei, damit Sie erste Informationen über die Entstehung, Entwicklung und Produktpalette unseres Unternehmens sammeln können.

Mit freundlichen Grüßen

6. Muster: Einladung zum Vorstellungsgespräch mit Kostenübernahme

Herrn/Frau ■■■

Ihre Bewerbung vom ■■■ als ■■■

Sehr geehrte(r) Frau/Herr ■■■,

zunächst möchten wir uns bei Ihnen für die zügige Rücksendung des ausgefüllten Fragebogens bedanken. Wir haben zwischenzeitlich sämtliche Bewerberunterlagen gesichtet und uns entschlossen, Sie zu einem ersten Gespräch in unserem Hause

am ■■■ um ■■■ in ■■■

einzuladen. Ihr Gesprächspartner wird Herr/Frau ■■■ sein.

Bitte lassen Sie uns, möglichst schriftlich, wissen, ob Sie Zeit haben, uns zu dem vorgesehenen Termin zu besuchen. Sollten Sie verhindert sein, lassen Sie uns dies bitte umgehend wissen, damit wir einen ggf. telefonisch mit Ihnen abgestimmten Gesprächstermin vereinbaren können.

Die Ihnen entstehenden Reisekosten erstatten wir Ihnen im Umfang von 0,50 EUR je gefahrenen Kilometer oder nach Maßgabe der Kosten eines 1. Klasse-Tickets der Deutschen Bahn.

Wir freuen uns auf Ihren Besuch.

Mit freundlichen Grüßen

7. Muster: Einladung zum Vorstellungsgespräch ohne Kostenübernahme

Herrn/Frau ▄▄▄

Ihre Bewerbung vom ▄▄▄ als ▄▄▄

Sehr geehrte(r) Frau/Herr ▄▄▄,

wir haben zwischenzeitliche Bewerberunterlagen gesichtet. Danach schließen wir nicht aus, dass Sie zu den aussichtsreicheren Bewerbern gehören. Wir überlassen daher die Entscheidung, ob Sie sich bei uns vorstellen wollen.

Wenn Sie an einem Bewerbungsgespräch teilnehmen wollen, lassen Sie uns dies bitte wissen, damit wir einen ggf. telefonisch mit Ihnen abgestimmten Gesprächstermin vereinbaren können.

Die Ihnen entstehenden Kosten können wir angesichts der Vielzahl der Bewerber aus Gründen der Gleichbehandlung nicht übernehmen.

Wir würden uns freuen, Sie kennen zu lernen.

Mit freundlichen Grüßen

8. Muster: Zusage

Herrn/Frau ▄▄▄

Ihre Bewerbung vom ▄▄▄ als ▄▄▄

Sehr geehrte(r) Frau/Herr ▄▄▄,

wir können Ihnen die erfreuliche Mitteilung machen, dass wir uns für Sie entschieden haben. Auf diesem Wege möchten wir Sie als künftigen Mitarbeiter unseres Unternehmens begrüßen.

Einzelheiten sollten wir in einem weiteren Gespräch klären.

Ihr Arbeitsvertrag wird gegenwärtig vorbereitet. Wir bitten Sie, einen Termin zur Unterzeichnung des Vertrages in unserem Hause sowie zur Klärung weiterer üblicher Einzelheiten zu vereinbaren.

Mit freundlichen Grüßen

9. Muster: Absage

Herrn/Frau ▄▄▄

Ihre Bewerbung vom ▄▄▄ als ▄▄▄

Sehr geehrte(r) Frau/Herr ▄▄▄,

leider müssen wir Ihnen die Mitteilung machen, dass wir Ihre Bewerbung nicht berücksichtigen konnten. Die uns überreichten Bewerbungsunterlagen senden wir anliegend zurück.[116]

Mit freundlichen Grüßen

---

[116] Um sich nicht dem Risiko von Schadensersatzansprüchen wegen Diskriminierung auszusetzen (§ 21 Abs. 2 AGG), wird empfohlen, bei Absageschreiben generell auf die Mitteilung einer Begründung zu verzichten. Eine Begründungspflicht bei Absagen besteht für den Arbeitgeber nicht.

10. Muster: Einwilligung in ärztliche Untersuchung, psychologische und graphologische Untersuchung

Hiermit gebe ich mein Einverständnis zu einer werks- oder vertrauensärztlichen Untersuchung/einem graphologischen Gutachten/einer psychologischen Eignungsuntersuchung. Den untersuchenden Arzt entbinde ich von seiner Schweigepflicht in dem Maße, in dem sein Befund zur Beurteilung meiner Eignung für die vorgesehene Stelle erforderlich ist.

II. Stellenbeschreibung

1. Muster: Einfache Stellenbeschreibung

1. Stellenbeschreibung: ▬▬▬
2. Hierarchiestufe: ▬▬▬
3. Kurzbeschreibung des Aufgabengebietes: ▬▬▬
4. Disziplinarvorgesetzter: ▬▬▬
5. Fachliche(r) Vorgesetzte(r): ▬▬▬
6. Stelleninhaber(in) ist disziplinarische(r) Vorgesetzte(r) folgender Mitarbeiter: ▬▬▬
7. Stelleninhaber(in) ist Vorgesetzte(r) folgender Mitarbeiter(innen): ▬▬▬
8. Stelleninhaber(in) vertritt: ▬▬▬
9. Stelleninhaber(in) wird vertreten von: ▬▬▬
10. Spezielle Vollmachten und Berechtigungen: ▬▬▬
11. Beschreibung der Tätigkeit, die Stelleninhaber(in) selbständig durchzuführen hat: ▬▬▬

▬▬▬ (Datum, Unterschrift Stelleninhaber(in))
▬▬▬ (Datum, Unterschrift unmittelbare(r) Vorgesetzte(r))
▬▬▬ (Datum, Unterschrift nächsthöhere(r) Vorgesetzte(r))
▬▬▬ (Datum, Unterschrift einführende Stelle)

Änderungen: ▬▬▬   Datum: ▬▬▬

2. Muster: Interne Stellenausschreibung (Aushang)

1. Abteilung: ▬▬▬
2. Zeitpunkt: ▬▬▬
3. Aufgabenbereich:
   Stellenbezeichnung: ▬▬▬
   Arbeitsplatzbeschreibung: ▬▬▬
4. Anforderungsprofil:
   Kenntnisse/Fähigkeiten: ▬▬▬
   Fachliche Voraussetzungen: ▬▬▬
   Persönliche Voraussetzungen: ▬▬▬
   Eingruppierung: ▬▬▬
5. Bewerbung:
   Bewerbung ist zu richten an: ▬▬▬
   Bewerbungsfrist/Beizufügende Unterlagen: ▬▬▬

▬▬▬ (Personalabteilung)

3. Muster: Job Description

↓

Employee Name: ▪▪▪
Job Title: ▪▪▪
Department (& Group) Name: ▪▪▪
Location: ▪▪▪
Line-Manager & Job Title: ▪▪▪
Date Updated: ▪▪▪
Department Description: ▪▪▪ (Summary of the main purpose and fundamental goals of the Department/Group)
Organisational Relationships: ▪▪▪ (key reporting relationships, cross-functional interfaces, „customers" and Authorities)
Representation: ▪▪▪ (who deputises fort his position in case of absence, which positions does this job holder deputise for?)
Key Tasks & Responsibilities: ▪▪▪ (focus on entire processes and results achieved in order of priority and time spent)
Person specification: ▪▪▪ (general guidelines for the typical minimum requirements for this position)
- Education and Qualifications: ▪▪▪
- Professional Skills & Experience: ▪▪▪
- Interpersonal Skills & Experience: ▪▪▪
- Other Requirements: ▪▪▪

↑

4. Muster: Fragebogen zur Erarbeitung einer Stellenbeschreibung

↓

Fragebogen zur Erarbeitung einer Stellenbeschreibung

Firma ▪▪▪
Angestellte/r ▪▪▪

Allgemeine Angaben zur Stelle
Nummer im Stellenplan: ▪▪▪
Bezeichnung der Tätigkeit: ▪▪▪
Abteilung: ▪▪▪

Angaben zum Arbeitsplatz
I. Regelmäßig durchzuführende Arbeiten (genaue Angaben zu Arbeitsablauf/Zeitraum): ▪▪▪
II. Unregelmäßig durchzuführende Arbeiten: ▪▪▪
III. Umfang der Entscheidungskompetenz
- Entscheidungen, die selbständig ohne Rücksprache mit dem Vorgesetzten getroffen werden können: ▪▪▪
- Entscheidungen, die nur nach Rücksprache mit dem Vorgesetzten getroffen werden können: ▪▪▪
IV. Störungen im Arbeitsablauf
- treten nicht auf: ▪▪▪
- treten auf: Art der Störung: ▪▪▪   Ursache: ▪▪▪   Häufigkeit: ▪▪▪

Angaben zu Weisungsfragen/innerbetrieblicher Zusammenarbeit
I. Direkter Vorgesetzter: ▪▪▪
II. Sonstige Weisungsberechtigte:
    Name/Stelle: ▪▪▪   Inhalt der Anweisung: ▪▪▪
III. Erteilen Sie selbst Anweisungen?
    Empfänger der Anweisung: ▪▪▪   Inhalt der Anweisung: ▪▪▪

IV. Regelmäßige Zusammenarbeit mit folgenden Stellen:
Stelle/Nr. im Stellenplan: ▪▪▪   Art der Zusammenarbeit: ▪▪▪
Angaben zu Vertretungsfragen
I. Während Ihres Urlaubs/Ihrer Krankheit übernimmt die Vertretung:
Name/Stelle: ▪▪▪   Umfang der zu übernehmenden Arbeiten: ▪▪▪
II. Sie übernehmen die Urlaubs-/Krankheitsvertretung für
Name/Stelle: ▪▪▪   Umfang der zu übernehmenden Arbeiten: ▪▪▪
Kritik/Verbesserungsvorschläge
I. Ihre Entscheidungskompetenz könnte erweitert werden
▪ nein ▪▪▪
▪ ja, um folgende Bereiche: ▪▪▪
II. Die innerbetriebliche Zusammenarbeit könnte verbessert werden
▪ nein ▪▪▪
▪ ja – und zwar folgendermaßen: ▪▪▪
III. Die Regelungen zur Urlaubs-/Krankheitsvertretung könnten verbessert werden
▪ nein ▪▪▪
▪ ja – und zwar folgendermaßen: ▪▪▪
IV. Sonstige Verbesserungsvorschläge: ▪▪▪
▪▪▪ (Datum, Unterschrift)

↑

III. Mitbestimmung des Betriebsrats bei Einstellung

1. Muster: Antrag auf Zustimmung zur Einstellung mit Antwortformular für den Betriebsrat

64

↓

3200

An: Betriebsrat, z. Hd. der/des Vorsitzenden
von: Personalabteilung
Datum: ▪▪▪
Betreff: Einstellung eines neuen Mitarbeiters/einer neuen Mitarbeiterin
Wir möchten Sie über die beabsichtigte Einstellung von Frau/Herrn ▪▪▪ informieren. Die geplante Einstellung soll ab dem ▪▪▪ unbefristet/befristet bis zum ▪▪▪ erfolgen.
Angaben zur Person:
Name, Vorname: ▪▪▪   Geburtsdatum: ▪▪▪
Wohnort: ▪▪▪   Straße: ▪▪▪
Ausbildung: ▪▪▪
bisherige Tätigkeiten: ▪▪▪
besondere Hinweise: ▪▪▪
Vorgesehener Arbeitsplatz:
Tätigkeit: ▪▪▪
Abteilung: ▪▪▪
Eingruppierung:
in der Probezeit: ▪▪▪   nach Probezeit: ▪▪▪
außertarifliches Gehalt: ▪▪▪
Auswirkungen der Einstellung: ▪▪▪
Sonstige Bewerber: ▪▪▪
Die Bewerbungsunterlagen sind beigefügt.
▪▪▪ (Ort, Datum, Unterschrift Personalabteilung)

Angaben des Betriebsrats: ▪▪▪

Wir geben folgende Stellungnahme ab (Zutreffendes ankreuzen):

❏ Der Betriebsrat stimmt der beabsichtigten Maßnahme zu.

❏ Der Betriebsrat hat von der beabsichtigten Maßnahme Kenntnis genommen, er will dazu keine Stellungnahme abgeben.

❏ Der Betriebsrat verweigert zu der beabsichtigten Einstellung seine Zustimmung gemäß § 99 Abs. 2 Nr. ▪▪▪ BetrVG. Die Zustimmungsverweigerung basiert auf folgenden konkreten Gründen: ▪▪▪

▪▪▪ (Ort, Datum, Unterschrift Betriebsratsvorsitzende(r))

↑

2. Muster: Bekanntgabe der Einstellung eines leitenden Angestellten an den Betriebsrat

↓

An den Betriebsrat ▪▪▪

Betrifft: Einstellung eines leitenden Angestellten (§ 105 BetrVG)

Wir möchten folgende personelle Veränderung bekannt geben:

Herr/Frau ▪▪▪

nimmt am ▪▪▪

folgende leitende Tätigkeit in unserer Firma auf: ▪▪▪

Aus folgenden Gründen ist die Qualifikation zum/zur leitenden Angestellten gegeben:

- Alternative 1: Berechtigung zur selbständigen Einstellung/Entlassung der im Betrieb beschäftigten Arbeitnehmer (§ 5 Abs. 3 Nr. 1 BetrVG)
- Alternative 2: Erteilung von Einzelprokura/Gesamtprokura (§ 5 Abs. 3 Nr. 2 BetrVG)
- Alternative 3: Erteilung der Handlungsvollmacht und Übernahme der selbständigen Leitung von Einkauf/Verkauf (§ 5 Abs. 3 Nr. 3 BetrVG)

▪▪▪ (Datum, Unterschrift)

↑

3. Muster: Guideline für Betriebsräte zur Prüfung der Voraussetzungen einer Zustimmungserteilung

↓

Name des Bewerbers: ▪▪▪   Vorname: ▪▪▪
Geburtsdatum: ▪▪▪   Zahl der Unterhaltsberechtigten: ▪▪▪
Familienstand: ▪▪▪
vorgesehene Tätigkeit: ▪▪▪   vorgesehene Eingruppierung: ▪▪▪
Eingang der Mitteilung über beabsichtigte Einstellung: ▪▪▪
Letzter Tag zur Stellungnahme des Betriebsrats: ▪▪▪
Nächste Betriebsratssitzung: ▪▪▪
Geplanter Einstellungstermin: ▪▪▪

	ja	nein
Neubesetzung einer Stelle?	❏	❏
Neu geschaffene Stelle		
▪ intern ausgeschrieben?	❏	❏
▪ extern ausgeschrieben?	❏	❏
Stelle im Stellenplan ausgewiesen?	❏	❏
Stellenbeschreibung vorhanden?	❏	❏
Stimmt Eingruppierungsvorschlag mit Tarifgruppe überein?	❏	❏
Liegen Bewerbungsunterlagen aller Bewerber vor?	❏	❏

	ja	nein

Besteht ein Verstoß gegen allgemeine Vorschriften
- gegen den Gleichbehandlungsgrundsatz (§ 75 BetrVG)? ❑ ❑
- gegen sonstige, gesetzliche, tarifliche oder einzelvertragliche Vorschriften? ❑ ❑

Kann Zustimmung zur Einstellung verweigert werden mit folgender Begründung:
1. Verstoß gegen geltendes Recht
- gegen Gesetz? ❑ ❑
- Verordnung? ❑ ❑
- Unfallverhütungsvorschrift? ❑ ❑
- Tarifvertrag? ❑ ❑
- Betriebsvereinbarung? ❑ ❑
- gerichtliche Entscheidung? ❑ ❑
- behördliche Anordnung? ❑ ❑
2. Verstoß gegen Auswahlrichtlinien? ❑ ❑
3. Besorgnis, dass infolge der Einstellung im Betrieb Beschäftigte
- gekündigt werden? ❑ ❑
- sonstige Nachteile erleiden? ❑ ❑
- Nichtberücksichtigung eines gleich geeigneten befristet Beschäftigten, ohne dass ❑ ❑
  dies aus betrieblichen oder persönlichen Gründen gerechtfertigt ist.
4. Benachteiligung einer betroffenen Arbeitnehmerin/eines
   betroffenen Arbeitnehmers? ❑ ❑
5. Unterlassen einer internen Stellenausschreibung? ❑ ❑
6. Begründete Besorgnis, dass durch den in Aussicht genommenen Bewerber/die in
   Aussicht genommene Bewerberin der Betriebsfrieden gestört wird durch
- gesetzwidriges Verhalten? ❑ ❑
- durch grobe Verletzung der in § 75 Abs. 1 BetrVG enthaltenen Grundsätze? ❑ ❑
- durch rassistische oder fremdenfeindliche Betätigung ❑ ❑
7. Vermehrte Einstellung geringfügig Beschäftigter? ❑ ❑

▬▬▬ (Ort, Datum, Unterschrift Betriebsratsvorsitzende(r))

↑

Kapitel 2: Administration bestehender Arbeitsverhältnisse

Literatur

Abmahnung:

Adam, Die Abmahnungsberechtigung, DB 1996, 476; *Becker-Schaffner*, Die Abmahnung in der Praxis, BB 1995, 2526; *Hümmerich*, Streitfragen um Personalakten in der Privatwirtschaft, DB 1977, 541; *Hunold*, Die Rechtsprechung zur Abmahnung und Kündigung bei Vertragsstörungen im Vertrauensbereich, NZA-RR 2003, 57; *Kammerer*, Die „letzte Abmahnung" in der Rechtsprechung des BAG, BB 2002, 1747; *ders.*, Personalakte und Abmahnung; *Leisten*, Das Nachschieben von Abmahnungsgründen, AuR 1991, 206; *Pauly*, Der Anspruch auf Entfernung einer Abmahnung aus der Personalakte, MDR 1996, 121; *ders.*, Hauptprobleme der arbeitsrechtlichen Abmahnung, NZA 1995, 449; *Pflaum*, Die Abmahnung im Arbeitsrecht als Vorstufe zur Kündigung, 1992; *Schunck*, Gescheiterte Abmahnung – Kündigungsrechtliche Konsequenzen?, NZA 1993, 828; *v. Hoyningen-Huene*, Die Abmahnung im Arbeitsrecht, AuA 1993, 137, 266; *Walker*, Fehlentwicklungen bei Abmahnung im Arbeitsrecht, NZA 1995, 601; *Zuber*, Das Abmahnungserfordernis vor Ausspruch verhaltensbedingter Kündigungen, NZA 1999, 1142.

Elternzeit/Erziehungsurlaub:

Bäuml, Erziehungsurlaub trotz Sonderurlaubs, SAE 1998, 183; *Buchner/Becker*, Mutterschutzgesetz und Bundeserziehungsgeldgesetz; *Düwell*, Fragen zur Inanspruchnahme von Erziehungsurlaub, AuA 1997, 114; *Eickelpasch*, Auswirkungen des Erziehungsurlaubs auf das Arbeitsverhältnis, 1997; *Glatzel*, Erziehungsgeld und Erziehungsurlaub, AR-Blattei SD 680; *Gosch*, Teilzeitbeschäftigung während des Erziehungsurlaubs als Einstellung, AiB 1999, 230; *Grönert*, Erziehungsgeld, Mutterschutz, Elternzeit, 2005; *Ipsen*, Erziehungsgeld und Erziehungsurlaub, PersR 1992, 129; *Joussen*, Elternzeit und Verringerung der Arbeitszeit, NZA 2005, 336; *Köster/Schiefer/Überakker*, Arbeits- und sozialversicherungsrechtliche Fragen des BErzGG 1992, DB 1992, Beil. 10, 1; *Leßmann*, Der Anspruch auf Verringerung der Arbeitszeit im neuen Bundeserziehungsgeldgesetz, DB 2001, 94; *Meisel/Sowka*, Mutterschutz und Erziehungsurlaub; *Oberthür*, Antragstellung auf Elternzeit und Teilzeitarbeit unter Berücksichtigung der neuesten BAG-Rechtsprechung, ArbRB 2005, 189; *Peters-Lange/Rolfs*, Reformbedarf und Reformgesetzgebung im Mutterschutz- und Erziehungsgeldrecht, NZA 2000, 682; *Reinecke*, Elternzeit statt Erziehungsurlaub, FA 2001, 10; *Richardi/Annuß*, Gesetzliche Neuregelung von Teilzeitarbeit, BB 2000, 2201; *Schirge*, Weihnachtsgeld und Erziehungsurlaub, AiB 1996, 26; *Sowka*, Handbuch zum Erziehungsurlaub; *ders.*, Offene Fragen des Erziehungsurlaubs, NZA 1998, 347; *Stevens-Bartol*, Bundeserziehungsgeldgesetz, 2. Aufl. 1989; *Stichler*, Der Kündigungsschutz des Teilzeitarbeitsverhältnisses während des Erziehungsurlaubs, BB 1995, 355; *Zmarzlik*, Bundeserziehungsgeldgesetz, BB 1992, 130; *ders.*, Einzelfragen zum Bundeserziehungsgeldgesetz 1992, BB 1992, 852; *Zmarzlik/Zipperer/Viethen/Vieß*, Mutterschutzgesetz, Mutterschaftsleistungen, Kommentar. Mit Mutterschutzverordnung, 9. Aufl. 2005.

Mutterschutz:

Buchner, Die Neuordnung des Mutterschaftsgeldzuschusses als Chance zur Korrektur sozialpolitischer Fehlentwicklung, NZA 2004, 1121; *Budde*, Neues Mutterschutzrecht, AiB 1997, 313; *Coester*, Mutterschutz – Beschäftigungsverbot – Arbeitsunfähigkeit, SAE 1997, 27; *Glatzel*, Mutterschutz, AR-Blattei SD 1220; *Grönert*, Erziehungsgeld, Mutterschutz, Elternzeit, 2005; *Gröninger/Thomas*, Mutterschutzgesetz, Kommentar, 1989; *Joussen*, Das neue Mutterschutzgesetz, NZA 2002, 702; *Lembke*, Mutterschutzlohn und Entgeltfortzahlung, NZA 1998, 349; *Lenz*, Änderungen im Mutterschutzrecht, NJW 1997, 1419; *Marburger*, Änderungen des Mutterschutzrechts, BB 1997, 521; *Meisel/Sowka*, Mutterschutz und Erziehungsurlaub, 5. Aufl. 1999; *Oetker*, Neues zur Arbeitnehmerhaftung durch § 619a BGB?, BB 2002, 43; *Oppermann*, Mutterschutz und Elternzeit in der Personal- und Abrechnungspraxis, 2. Aufl. 2002; *Sowka*, Änderungen im Mutterschutzrecht und im Jugendarbeitsschutzrecht, NZA 1997, 296; *ders.*, Mutterschutzrichtlinien, NZA 1997, 927; *Weber*, Mutterschutzgesetz, 22. Aufl. 2002; *Will*, Änderung des Mutterschutzgesetzes, FA 2002, 268; *Zmarzlik*, Die Neufassung des Mutterschutzgesetzes, DB 1997, 474; *Zmarzlik/Zipperer/Viethen/Vieß*, Mutterschutzgesetz, Mutterschaftsleistungen, Kommentar. Mit Mutterschutzverordnung, 9. Aufl. 2005.

Schwerbehinderung:

Bitzer, Sonderkündigungsschutz schwerbehinderter Menschen, NZA 2006, 1082; *Cramer*, Schwerbehindertengesetz, 5. Aufl. 1998; *ders.*, Die Schwerbehindertenvertretung, 1990; *ders.*, Die Neuerungen im Schwerbehindertenrecht des SGB IX, NZA 2004, 698; *Düwell*, Neu geregelt: Die Stellung der Schwerbehinderten im Arbeitsrecht, BB 2001, 1527; *Feldes/Kamm/Peiseler*, Schwerbehindertenrecht, 8. Aufl. 2004; *Griebeling*, Neues im Sonderkündigungsschutz schwerbehinderter Menschen, NZA 2005, 494; *Gröninger/Thomas*, Schwerbehindertengesetz, Loseblatt, Stand 2001; *Großmann*, Geltendmachung und Nachweis der Schwerbehinderteneigenschaft bei Kündigungen, NZA 1992, 2; *Schlewing*, Der Sonderkündigungsschutz schwerbehinderter Menschen nach der Novelle des SGB IX, NZA 2005, 1218.

Urlaub:

Hohmeister, Aktuelle Urlaubsrechtsprechung des BAG, BB 1997, 1149; *ders.*, Die Rechtsprechung des Bundesarbeitsgerichts zum Urlaubsrecht im Jahr 1997/98, BB 1998, 1054; *Krasshöfer*, Der Anspruch des Arbeitnehmers auf Urlaub, AuA 1995, 299; *Leinemann/Linck*, Berechnung der Urlaubsdauer bei regel- und unregelmäßig verteilter Arbeitszeit, DB 1999, 1498; *dies.*, Urlaubsrecht, Kommentar, 2. Aufl. 2001; *Natzel*, Bundesurlaubsrecht, 4. Aufl. 1988; *Neumann*, Urlaubsrecht mit Erläuterungen, 12. Aufl. 2001; *Neumann/Fenski*, Bundesurlaubsgesetz, 9. Aufl. 2003; *Schäfer*, Urlaubsabgeltung bei fortbestehendem Arbeitsverhältnis, NZA 1993, 204; *Weber*, Die Ansprüche auf Urlaub, Urlaubsentgelt und Urlaubsabgeltung, RdA 1995, 229.

Sonstiges:

Altenburg/Leister, Der Widerspruch des Arbeitnehmers beim umwandlungsbedingten Betriebsübergang, NZA 2005, 15; *Beckschulte*, Die Durchsetzbarkeit des Teilzeitanspruchs in der betrieblichen Praxis, DB 2000, 2598; *Bengelsdorf*, Alkohol im Betrieb – Die Aufgaben des Vorgesetzten, NZA 1999, 1304; *Braun*, Rechtlicher Rahmen bei der Abwerbung von Arbeitnehmern, DB 2002, 1326; *ders*, Headhunting – Auch ein arbeitsrechtliches Problem?, NZA 2003, 633; *Busch/Dendorfer*, Abwerbung von Mitarbeitern, BB 2002, 301; *Conze*, Personalbuch TVöD, 2006; *Düwell*, Das Gesetz zur Einführung des Elterngeldes, FA 2007, 44; *Gola/Hümmerich*, Die Personalakte des Arbeitnehmers, BB 1974, 1167; *Grimm/Böker*, Die arbeits- und sozialversicherungsrechtliche Due Diligence, NZA 2002, 193; *Hoß*, Vorbereitung einer späteren Konkurrenztätigkeit, ArbRB 2002, 87; *Jedzig*, Einführung standardisierter Verfahren zur Leistungsbeurteilung von Arbeitnehmern, DB 1991, 753; *Karlsfeld*, Probleme bei der Wiedereingliederung, ArbRB 2002, 278; *Klage*, Leistung fordert regelmäßige Bewertung, BB 1994, 1144; *Kleinebrink*, Die materielle und prozessuale Bedeutung von Verschlimmerungsattesten, NZA 2002, 716; *Laber/Roos*, § 613a Abs. 5 und 6 BGB – ein unlösbares Problem?, ArbRB 2002, 268; *Löw*, Aktuelle Rechtsfragen zum Arbeitszeugnis, NJW 2005, 3605; *Mästle*, Sexuelle Belästigungen im Betrieb – angemessene Reaktionsmöglichkeiten des Arbeitgebers, BB 2002, 250; *Meyer*, Neue Fragen einer Kündigung bei Widerspruch gegen „Betriebsübergang", NZA 2005, 9; *Natzel*, Das neue Berufsbildungsgesetz, DB 2005, 610; *Rieble*, Kollektivwiderspruch nach § 613a VI BGB, NZA 2005, 1; *Schmiedl*, Mitarbeiterabwerbung durch Kollegen während des laufenden Arbeitsverhältnisses, BB 2003, 1120; *Stiller*, Der Zeugnisanspruch in der Insolvenz des Arbeitgebers, NZA 2005, 331; *Taubert*, Neuregelungen im Berufsbildungsrecht, NZA 2005, 503; *Veit*, Die Sicherung des Mitbestimmungsrechts des Betriebsrats bei Eingruppierungen, RdA 1990, 325.

A. Erläuterungen

I. Leistungsbeurteilung

Gemäß § 82 Abs. 2 BetrVG kann der Arbeitnehmer selbst in angemessenen Zeitabständen vom Arbeitgeber die **Durchführung eines Beurteilungsgesprächs** verlangen. In einem solchen Mitarbeitergespräch soll der Mitarbeiter eine Einschätzung des Arbeitgebers zu seiner Leistungsfähigkeit erhalten und er soll die Gelegenheit haben, die Möglichkeiten seiner beruflichen Entwicklung mit der Personalabteilung zu erörtern.[1] Regelmäßig werden in den Unternehmen die – weitgehend formalisierten – Beurteilungsgespräche in Betriebsver-

---

[1] *Klage*, BB 1994, 1144.

einbarungen geregelt.² Schriftliche Beurteilungen, wie sie beispielsweise anhand der Muster 3300 und 3310 gefertigt werden, sind gemäß § 83 BetrVG zur Personalakte zu nehmen. Enthalten schriftliche Beurteilungen unzutreffende Behauptungen oder grob fehlerhafte Wertungen, kann der Arbeitnehmer die Entfernung aus der Personalakte verlangen.³ Der Mitarbeiter kann ein Mitglied des Betriebsrats zu seinem Beurteilungsgespräch hinzuziehen, § 82 Abs. 2 Satz 2 BetrVG. Bei den Mustern 3300 und 3310 handelt es sich um Formulare zur Leistungsbeurteilung, insbesondere zur Messung der Effektivität der Arbeitsleistung des einzelnen Arbeitnehmers.

68 **Allgemeine Beurteilungsgrundsätze** unterliegen der **Mitbestimmung** des Betriebsrats gemäß § 94 Abs. 2 BetrVG. Beurteilungsgrundsätze enthalten die Muster 3300 und 3310, weil mit ihrer Hilfe die Bewertung des Verhaltens oder der Leistung von Arbeitnehmern objektiviert und nach einheitlichen Kriterien ausgerichtet wird, so dass Beurteilungserkenntnisse miteinander verglichen werden können.⁴ Nicht der Mitbestimmung des Betriebsrats unterliegen reine Arbeitsplatz- oder Stellenbeschreibungen, da sie keine Leistungs- bzw. Verhaltensbeurteilungen enthalten.⁵ Auch soweit die Mitarbeiter angewiesen werden, ihre Tätigkeit zur Fertigung einer späteren Stellenbeschreibung in Erfassungsbögen einzutragen, wie im Muster 3130 vorgesehen, ist dies mitbestimmungsfrei.⁶

69 Wenn die hier vorgelegten Muster 3300 und 3310 nur in einem Einzelfall und nicht generell im Betrieb verwendet werden, besteht kein Mitbestimmungsrecht des Betriebsrats.⁷ Hat die Leistungsbeurteilung Auswirkungen auf die Höhe des Entgelts des Arbeitnehmers, beispielsweise im Zusammenhang mit Zulagen, die auf Basis einer Leistungsbeurteilung gewährt werden, steht dem Betriebsrat nach § 80 Abs. 2 BetrVG ein Einblicksrecht in die Leistungsbeurteilung zu.⁸

II. Änderung von Arbeitsbedingungen

70 Soweit die Änderung von Arbeitsbedingungen **einvernehmlich** erfolgt, stellt sie in individualarbeitsrechtlicher Hinsicht kein Problem dar. Stets ist zu prüfen, ob ein **Mitbestimmungsrecht** des Betriebsrats besteht. Bei der Versetzung, soweit sie einen Zeitraum von mehr als einem Monat erfasst, ist stets das Mitbestimmungsrecht des Betriebsrats nach § 99 BetrVG zu beachten. Kein Mitbestimmungsrecht besteht dagegen, wenn ein Weiterbeschäftigungsangebot zu geänderten Arbeitsbedingungen unterbreitet wird, ohne dass – wie im Muster 3360 – das Direktionsrecht oder der Versetzungsvorbehalt gemäß Arbeitsvertrag überschritten wird. Das Muster 3360 gibt eine gebräuchliche Vorgehensweise der Personalabteilung wieder, die allerdings inhaltlich eine Änderungskündigung darstellt, je nachdem, wie sie formuliert wird. Wird das Weiterbeschäftigungsangebot zu geänderten Arbeitsbedingungen ultimativ mit der Kündigungserklärung verknüpft, ist vor Ausspruch des Angebots und Ankündigung der Änderungskündigung der Betriebsrat nach § 102 BetrVG anzuhören. Bei dem Muster 3320 handelt es sich um einen Nachtrag zum Arbeitsvertrag, wie er erforderlich wird, wenn Arbeitgeber und Arbeitnehmer das Vollzeitarbeitsverhältnis in ein Teilzeitarbeitsverhältnis gemäß § 8 TzBfG umgewandelt haben. Im TzBfG findet sich kein Hinweis, dass derartige Änderungen grundsätzlich befristet vorzunehmen sind und dass der Arbeitnehmer zu irgendeinem Zeitpunkt verlangen kann, wieder vollschichtig zu arbeiten.⁹ Stellt der Arbeitnehmer den Antrag, seine Arbeitszeit verkürzen zu lassen, so ist umstritten, ob die Folge bei Versäumung der Drei-Monats-Frist die gleiche ist, wie bei § 15 Abs. 7 Satz 1 Nr. 5 BErzGG, wonach erst 8 Wochen später ein solcher Antrag gestellt werden kann. Vertritt man die Auffassung des ArbG Oldenburg,¹⁰ ist die Frist des § 8 Abs. 2 Satz 1 TzBfG keine materielle Wirksamkeitsvoraussetzung und es verschiebt sich die Verkürzung der Arbeitszeit nach dem hypothetischen Willen des Antragstellers um den der Verfristung entsprechenden Zeitraum. Hält man dagegen § 15 BErzGG für anwendbar, kann die Personalabteilung den Antrag auf Verkürzung der Arbeitszeit mit folgendem Wortlaut ablehnen:

---

2 *Jedzig*, DB 1991, 859.
3 LAG Frankfurt 6.3.1990 – 5 Sa 1202/89, DB 1991, 1027.
4 BAG 23.10.1984 – 1 ABR 2/83, DB 1985, 495.
5 BAG 14.1.1986 – 1 ABR 82/83, DB 1986, 1286.
6 BAG 24.11.1981 – 1 ABR 108/79, DB 1982, 1116.
7 Küttner/*Kreitner*, Personalbuch, 273 Rn 11.
8 BAG 20.12.1988 – 1 ABR 63/87, DB 1989, 1032.
9 BAG 13.11.2001 – 9 AZR 442/00, NZA 2002, 1047.
10 ArbG Oldenburg 26.3.2002 – 6 Ga 3/02, NZA 2002, 908.

Sehr geehrte Frau ▬▬▬,

Sie möchten ab ▬▬▬ nur noch ▬▬▬ Stunden pro Woche arbeiten. Dies hätten Sie spätestens am ▬▬▬ beantragen müssen. Da Ihr Antrag erst am ▬▬▬ eingegangen ist, ist er unwirksam. Wir stellen daher anheim, einen neuen Antrag unter Beachtung der Drei-Monats-Frist des § 8 Abs. 2 Satz 1 TzBfG zu stellen.

Ein Verfügungsgrund für den Erlass einer einstweiligen Verfügung auf Reduzierung der Arbeitszeit in der Elternzeit ist nur dann gegeben, wenn der Arbeitnehmer auf die sofortige Erfüllung seines Anspruchs dringend angewiesen ist.[11] Hieran fehlt es, wenn der Arbeitnehmer nicht glaubhaft machen kann, dass Schwierigkeiten bei der Gestaltung der Kindesbetreuung unmittelbar und konkret bevorstehen.[12]

Bei Änderungskündigungen wird häufig von Personalabteilungen übersehen, dass vom Arbeitnehmer nicht verlangt werden kann, die **vorbehaltlose Annahme** des Änderungsangebots **innerhalb weniger Tage** zu erklären. Setzt der Arbeitgeber keine Frist, muss es zumindest ausreichen, wenn der Arbeitnehmer sich noch vor dem Tag äußert, an dem der Arbeitgeber letztmalig hätte fristgerecht kündigen können.[13] Die vorbehaltlose Annahme des in einer Änderungskündigung enthaltenen Änderungsangebots ist nicht an die Höchstfrist von drei Wochen nach Zugang der Kündigung gebunden. Zu der Frage, wann der Arbeitgeber unter regelmäßigen Umständen (§ 147 BGB) eine Antwort auf das in seiner Änderungskündigung enthaltene Änderungsangebot erwarten darf, hat sich das BAG in der Weise geäußert, dass die Einhaltung der Drei-Wochen-Frist des § 2 Satz 2 KSchG ausreichend sein kann.

Die **Wiedereingliederung** eines seit längerer Zeit arbeitsunfähig erkrankten Arbeitnehmers hat in § 74 SGB V ein sinnvolles Instrument der stufenweisen Rehabilitierung des Arbeitnehmers gefunden. Weder für den Arbeitgeber noch für den Arbeitnehmer besteht allerdings die Verpflichtung zum Abschluss eines Vertrages über die Wiedereingliederung.[14]

Die **Erteilung einer Prokura** ist für einen Mitarbeiter, auch aus der Innensicht eines Unternehmens, mit einer Beförderung gleichzusetzen. Der Prokurist hat in vielen Betrieben eine angesehene Stellung, ohne dass die rechtsgeschäftliche Vertretungsbefugnis durch Prokura arbeitsrechtlich von Bedeutung wäre, sieht man einmal vom Fall des § 5 Abs. 3 Satz 2 BetrVG ab. Soweit ein Angestellter über die Prokuraerteilung zum leitenden Angestellten wird, entfällt die Zuständigkeit des Betriebsrats. Andernfalls ist die Prokuraerteilung nur mitbestimmungspflichtig, wenn sie mit einer Höhergruppierung oder Umsetzung i.S.v. § 99 BetrVG verbunden ist.

Die Anweisung an Sachbearbeiter, in Geschäftsbriefen auch ihre Vornamen anzugeben, betrifft das Arbeitsverhalten und ist daher nicht nach § 87 Abs. 1 Nr. 1 BetrVG mitbestimmungspflichtig.[15] Soweit die Änderung von Arbeitsbedingungen verhandelt oder ein Konfliktgespräch mit der Personalabteilung geführt werden soll, hat der Arbeitnehmer keinen Anspruch darauf, dass zu dem Gespräch ein Anwalt zugelassen wird.[16] Personalgespräche sind höchstpersönlich wahrzunehmen; dies ergibt sich aus dem personenbezogenen Charakter des Arbeitsverhältnisses. Selbst einen Anspruch, ein Mitglied des Betriebsrats zu dem Gespräch hinzuzunehmen, besteht nicht immer.[17]

III. Urlaub

Der Urlaubsanspruch ist ein **Freistellungsanspruch des Arbeitnehmers gegen den Arbeitgeber**, durch den der Arbeitnehmer von seiner Arbeitspflicht befreit wird, ohne dass die übrigen Rechte und Pflichten aus dem Arbeitsverhältnis tangiert werden.[18] Entgegen einem weit verbreiteten Missverständnis wird der Urlaub vom Arbeitgeber gemäß § 7 Abs. 1 Satz 1 BUrlG nach den dort genannten Kriterien gewährt. Der Arbeitgeber hat zwar kein beliebiges Recht zur Urlaubserteilung, insbesondere muss er nach billigem Ermessen entscheiden.[19] Die Festlegung des Urlaubszeitpunktes gehört jedoch zur Konkretisierung der dem Arbeitgeber obliegenden,

---

11 Muster 6650 § 6 Rn 343.
12 ArbG Düsseldorf 9.1.2002 – 10 Ga 114/01, FA 2002, 81.
13 BAG 6.2.2003 – 2 AZR 674/01, DB 2003, 1178.
14 BAG 29.1.1992 – 5 AZR 37/91, NZA 1992, 643; *Karsfeld*, ArbRB 2002, 278.
15 BAG 8.6.1999 – 1 ABR 67/98, NZA 1999, 1288.
16 LAG Hamm 23.5.2001 – 14 Sa 497/01, MDR 2001, 1361.
17 BAG 16.11.2004 – 1 ABR 53/03 m. Anm. *Hümmerich*, RdA 2005, 314.
18 BAG 19.4.1994 – 9 AZR 713/92, BB 1994, 1569; BAG 7.7.1988 – 8 AZR 472/86, DB 1988, 2315; einen informativen Überblick über die Urlaubs-Rechtsprechung gibt *Hohmeister*, BB 1997, 1149 und BB 1998, 1054.
19 BAG 18.12.1986 – 8 AZR 502/94, DB 1987, 1362

durch die Regelung des § 7 BUrlG auch im Übrigen bestimmten Pflicht.[20] Eines Urlaubsantrags, wie er als Muster 3550 vorgelegt wird, bedarf es daher grundsätzlich nicht. Andererseits entspricht es ständiger Praxis, dass der Arbeitnehmer ein Leistungsverlangen auf Urlaub geltend macht, um den Arbeitgeber zur Erfüllung des Urlaubsanspruchs zu veranlassen.[21] Das Muster 3560 entspricht der Konkretisierung des Arbeitgeberrechts auf Urlaubsgewährung gemäß § 7 Abs. 1 Satz 1 BUrlG.

77 Im Muster 3570 wird dem Arbeitnehmer **unbezahlter Urlaub** gewährt, häufig im Urlaubsrecht auch als **Sonderurlaub** oder neuerdings als **Sabbatical** bezeichnet. Unbezahlten Urlaub kann der Arbeitgeber nicht einseitig anordnen. Von einigen gesetzlichen Sonderregelungen abgesehen, wie bei Wahlbewerbern gemäß Art. 48 Abs. 1 GG, lässt sich auch ein Anspruch des Arbeitnehmers auf Gewährung unbezahlten Urlaubs kaum aus der Fürsorgepflicht ableiten. Dem Arbeitnehmer kann nur bei schwerwiegenden Gründen gemäß § 242 BGB ein Anspruch auf unbezahlten Urlaub erwachsen. Maßgeblich ist eine sorgfältige Interessenabwägung, die einerseits die Dauer der begehrten Freistellung und das Gewicht des geltend gemachten Freistellungsgrundes, andererseits die konkret entgegenstehenden betrieblichen Belange angemessen berücksichtigen muss.[22]

78 Anders ist die Rechtslage im **öffentlichen Dienst**. Hier wurde eine dem Arbeitnehmer günstigere Regelung in § 50 Abs. 2 BAT (jetzt: § 28 TVöD) geschaffen.[23] Klauseln in **Sonderurlaubsvereinbarungen**, wonach es dem Arbeitgeber freisteht, wann er den Arbeitnehmer wieder zur Arbeitsleistung auffordert, sind nichtig. Die Lücke soll in der Weise durch ergänzende Vertragsauslegung geschlossen werden, dass – notfalls durch ein Arbeitsgericht – eine angemessene Dauer der Beurlaubung festgelegt wird.[24] Nichtig sind außerdem Klauseln, wonach das Arbeitsverhältnis endet, sofern der Arbeitnehmer nicht pünktlich nach Ablauf des Urlaubs einschließlich des Sonderurlaubs an seinen Arbeitsplatz zurückkehrt.[25] Auch war ein Vorbehalt des Arbeitgebers des öffentlichen Dienstes, nach Gewährung eines bezahlten Sonderurlaubs gemäß § 50 Abs. 1 BAT die Freistellung eventuell mit dem tariflichen Erholungsurlaub zu verrechnen, unwirksam.[26] Nach TVöD wurde die Rechtslage nunmehr wie folgt gestaltet: **Sonderurlaub** wird nach § 28 TVöD als unbezahlter Urlaub gewährt, wenn ein wichtiger Grund vorliegt. Der TVöD lässt offen, was als wichtiger Grund anzusehen ist. Es muss sich jedenfalls um wichtige persönliche Gründe handeln, denen dienstliche Gründe nicht entgegenstehen dürfen.[27] Als solche **wichtigen Gründe** sind familiäre Gründe, Berufsbildung, die Fortführung eines Studiums, der Besuch von Fortbildungsveranstaltungen sowie Maßnahmen der medizinischen Vorsorge und Rehabilitation anerkannt. In Fällen unbezahlten Urlaubs vermindert sich der Erholungsurlaub einschließlich eines Zusatzurlaub um 1/12 für jeden vollen Kalendermonat des Sonderurlaubs, § 26 Abs. 2c TVöD.

IV. Abmahnung

1. Wesen der Abmahnung

79 Mit der früher gesetzlich nicht geregelten Abmahnung rügt man konkretes Fehlverhalten und warnt mit einer Kündigungsandrohung vor weiteren Verstößen.[28] Sowohl dem Arbeitnehmer als auch dem Arbeitgeber steht das Abmahnungsrecht zu. Mit der Schuldrechtsmodernisierung hat das Institut der Abmahnung auch in das Recht der Leistungsstörung Eingang gefunden, § 281 Abs. 3 BGB. Der ungewöhnliche Fall der Abmahnung durch den Arbeitnehmer (Muster 3932) betrifft meist die Nichtgewährung des Gehalts. Nach ständiger Rechtsprechung darf der Arbeitnehmer das Arbeitsverhältnis wegen **Gehaltsrückstands** nur dann fristlos kündigen, wenn der Arbeitgeber entweder zeitlich oder dem Betrage nach erheblich in Verzug kommt und eine vorangegangene Abmahnung durch den Arbeitnehmer erfolglos geblieben ist.[29]

---

20 BAG 18.12.1986 – 8 AZR 502/94, DB 1987, 1362; BAG 31.1.1996 – 2 AZR 282/95, n.v.
21 BAG 28.11.1990 – 8 AZR 570/89, DB 1991, 2671.
22 LAG Hamm 14.4.1982 – 2 (11) Sa 1604/81, DB 1982, 1328.
23 Wegen der Ausgestaltung und des Umfangs der Ansprüche des Arbeitnehmers siehe BAG 12.1.1989 – 8 AZR 251/88, NZA 1989, 848; BAG 25.1.1994 – 9 AZR 540/91, NZA 1994, 546.
24 BAG 13.8.1980 – 5 AZR 296/78, AP § 1 BUrlG Unbezahlter Urlaub Nr. 1 = BB 1981, 974.
25 BAG 19.12.1974 – 2 AZR 565/73, AP § 620 BGB Bedingung Nr. 3 = NJW 1975, 1531.
26 BAG 1.10.1991 – 9 AZR 290/90, AP § 7 BUrlG Nr. 12 = NZA 1992, 1078.
27 *Conze*, Personalbuch TVöD, Rn 1214.
28 BAG 17.2.1994 – 2 AZR 616/93, DB 1994, 1477; H/S-*Hümmerich/Holthausen*, Das arbeitsrechtliche Mandat, § 10 Rn 318.
29 LAG Schleswig-Holstein 26.9.2003 – 2 Sa 976/02, n.v.; LAG Schleswig-Holstein 28.5.1986 – 7 (2) Sa 532/85, ARST 1986, 55.

Kapitel 2: Administration bestehender Arbeitsverhältnisse

Die Abmahnung ist Wirksamkeitsvoraussetzung für die auf vertragswidriges Verhalten gestützte einseitige Auflösung oder Abänderung von Arbeitsverhältnissen durch Kündigung und Änderungskündigung[30] oder durch Versetzung.[31] Die Abmahnung hat eine **Hinweis- und Warnfunktion**; vor einer einseitigen Beendigung des Arbeitsverhältnisses trifft Arbeitgeber und Arbeitnehmer die Pflicht zur Abmahnung.[32] Für arbeitnehmerseitige, einseitige Beendigungen gilt die Pflicht zur Abmahnung nur bei außerordentlichen Kündigungen, so bei Gehaltsrückstand oder wenn eine Werkswohnung in nicht mehr zumutbarem Zustand ist. Wenn ein Arbeitgeber seinen ausländischen Arbeitnehmern nach einer Beanstandung beim Einzug und der Zusage der Abhilfe keine vertragsgemäße Unterkunft zuweist, bedarf es vor einer von den Arbeitnehmern ausgesprochenen fristlosen Kündigung grundsätzlich der Abmahnung.[33]

Abzugrenzen ist die Abmahnung von Vorstufen wie Ermahnung, Vorhaltungen, Verwarnungen. Derartige Hinweise des Arbeitgebers beinhalten – anders als die Abmahnung – keine Kündigungsandrohung.

Ein **objektiver Verstoß gegen arbeitsvertragliche Pflichten** reicht aus, um eine Abmahnung aussprechen zu dürfen.[34] Die Abmahnung ist nicht gerechtfertigt, wenn sie auf einer unzutreffenden rechtlichen Bewertung des Verhaltens des Arbeitnehmers beruht.[35] Anhand dieser beiden Urteile kann man eine wesentliche Voraussetzung für eine ordnungsgemäße Abmahnung erkennen: Im Abmahnungsschreiben soll der Sachverhalt möglichst konkret geschildert werden.[36] In einem zweiten Schritt soll dargestellt werden, dass es sich um einen Pflichtenverstoß handelt, also der konkrete Verstoß gegen Arbeitsvertragspflichten benannt wird (Muster 3913).

Eine Abmahnung kann nur dann die Funktion erfüllen, den Arbeitnehmer zu warnen, dass ihm bei der nächsten gleichartigen Pflichtverletzung die Kündigung droht, wenn der Arbeitnehmer diese **Drohung ernst nehmen** muss. Wurde jahrelang eine Kündigung stets nur angedroht, nicht jedoch ausgesprochen, meint das BAG, dass die Warnfunktion der Abmahnung so abgeschwächt sei, dass sie ihre kündigungsvorbereitende Warnfunktion nicht mehr erfülle.[37] Der Arbeitgeber müsse, wenn er zahlreiche Abmahnungen wegen gleichartiger Pflichtverletzungen bereits ausgesprochen hat, denen keine Konsequenzen gefolgt seien, bei dieser Fallkonstellation die **letzte Abmahnung** vor Ausspruch einer Kündigung **besonders eindringlich gestalten**, um dem Arbeitnehmer klar zu machen, dass weitere derartige Pflichtverletzungen nunmehr zum Ausspruch einer Kündigung führen.[38] Obwohl das BAG bei wiederholter Unpünktlichkeit des Arbeitnehmers die kündigungsrechtlichen Fragen deutlich entschieden hatte,[39] sah es in seinem Urteil vom 15.11.2001 von einer Betrachtung unter rein kündigungsrechtlicher Perspektive ab. Während das BAG im Urteil vom 27.2.1997 entschieden hatte, dass ein Arbeitnehmer, der verschiedentlich zu spät gekommen und deswegen abgemahnt worden sei, Vorsorge gegen die Wiederholung von Verspätungen treffen müsse, beispielsweise durch Überprüfung der Fahrtüchtigkeit seines Kfz oder durch Anschaffung eines lauteren Weckers, beschränkte sich das BAG im Urteil vom 15.11.2001 auf eine rein psychologische Betrachtungsweise. Wenn die in der Abmahnung enthaltene Warnung beim Arbeitnehmer die Hoffnung offen lässt, der Arbeitgeber werde vielleicht „Gnade vor Recht ergehen lassen", weil er in der Vergangenheit „Milde walten" ließ, so entwertet dies die Warnung nicht. Ansonsten wäre gerade der ruhig und verständig abwägende, im Zweifel eher zur Nachsicht neigende Arbeitgeber benachteiligt.[40] Mit dieser Entscheidung hat das BAG die Wirkung des Urteils vom 15.11.2001 wieder ein wenig abgeschwächt.

Für Personalabteilungen hat die neue Rechtslage zur Folge, dass sie mit Abmahnungen haushalten und weitaus früher Kündigungen aussprechen müssen, als dies ggf. in der Vergangenheit der Fall war. In der Praxis gilt die Regel, dass **nicht mehr als drei Abmahnung** im einschlägigen Pflichtenkreis ausgesprochen werden sollten, spätestens danach muss der Arbeitgeber seinen unmissverständlichen Beendigungswillen durch Ausspruch einer verhaltensbedingten Kündigung zum Ausdruck bringen.[41]

---

30 BAG 21.11.1985 – 2 AZR 21/85, DB 1986, 2133.
31 BAG 30.10.1985 – 7 AZR 216/83, DB 1986, 2188.
32 BAG 28.10.1971 – 2 AZR 15/71, DB 1972, 489.
33 BAG 19.6.1967 – 2 AZR 287/66, EzA § 124 GewO Nr. 1.
34 BAG 7.9.1988 – 5 AZR 625/87, DB 1989, 284.
35 BAG 30.5.1996 – 6 AZR 537/95, NZA 1997, 145.
36 Bestimmtheitsgebot, BAG 21.11.1985 – 2 AZR 21/85, AP § 1 KSchG 1969 Nr. 12; *Gola/Hümmerich*, BB 1974, 1167 (1170 f.).
37 BAG 15.11.2001 – 2 AZR 609/00, FA 2002, 143 = ArbRB 2002, 127 = DB 2002, 689.
38 BAG 15.11.2001 – 2 AZR 609/00, FA 2002, 143 = ArbRB 2002, 127 = DB 2002, 689.
39 BAG 27.2.1997 – 2 AZR 302/96, BB 1997, 1949.
40 BAG 16.9.2004 – 2 AZR 406/03, NZA 2005, 459.
41 *Kammerer*, BB 2002, 1747.

2. Pflichtverletzungen im Leistungsbereich

85 Bei Pflichtverletzungen im **Leistungsbereich** muss vor einer Kündigung grundsätzlich eine vergebliche Abmahnung ausgesprochen worden sein.[42] Zum Leistungsbereich gehören als Hauptpflichten die **Arbeits- und Vergütungspflicht**, der sog. **Betriebsbereich** und die **Treuepflichten**. Ein typischer Pflichtenverstoß aus dem Bereich der Hauptpflichten ist die **Arbeitsbummelei**.[43] Es sei aber davor gewarnt, in einem Abmahnungsschreiben dem Arbeitnehmer nur „Arbeitsbummelei" vorzuwerfen. Es muss dann schon näher dargelegt werden, an welchen Tagen der Arbeitnehmer langsam gearbeitet hat und auch woraus sich ergibt, dass es sich bei seinem Verhalten um ein besonders langsames Arbeiten handelt. Der **häufigste Fehler** in Abmahnungsschreiben besteht in bloßen Werturteilen, die nach Ort und Zeit darüber hinaus den Sachverhalt nicht näher aufgreifen, weswegen der Arbeitnehmer abgemahnt werden soll. Zu den Pflichtverletzungen zählt weiterhin die verspätete Arbeitsaufnahme[44] oder das Überziehen von Pausen[45] oder das fehlerhafte Arbeiten,[46] das Nichteinholen der Zustimmung des Arbeitgebers zu einer Nebentätigkeit[47] und das Nichtbefolgen von Arbeitsanweisungen.[48]

86 Der erste Schritt besteht in der Schilderung des Sachverhalts, der möglichst präzise unter Angabe von Datum, Uhrzeit und sonstigen Merkmalen des Geschehens schriftlich niedergelegt werden sollte. Der zweite Schritt besteht in der Bewertung des sich aus dem Sachverhalt ergebenden Verhaltens als arbeitsvertragliche Pflichtverletzung. Der Pflichtenverstoß muss hinreichend genau präzisiert werden. Nicht jede Gewerkschaftswerbung während der Arbeitszeit bedeutet einen Verstoß gegen arbeitsvertragliche Pflichten. Deshalb rechtfertigt das Übersenden von E-Mails durch einen Arbeitnehmer von zu Hause aus außerhalb der Arbeitszeit an seine Arbeitskollegen im Betrieb, mit denen er versucht, die anderen Arbeitnehmer für die Mitgliedschaft in der Gewerkschaft zu werben, nicht generell eine Abmahnung.[49]

87 Bei der Feststellung, ob ein Verhalten eine abmahnungsfähige Pflichtverletzung darstellt, ist der Grundsatz der **Verhältnismäßigkeit** zu beachten. Bagatellfälle, wie einmaliges geringfügiges Zuspätkommen oder ein Schreibfehler, der einer Schreibkraft unterläuft, reichen nicht aus, um als erhebliche Pflichtverletzung mit einer Abmahnung bedacht zu werden.[50]

88 Eine Abmahnung ist auch nicht im Hinblick auf das Fehlverhalten einer Arbeitnehmerin gerechtfertigt, wenn diese bei einer Terminsbesprechung mit ihrer Vorgesetzten und ihren Kollegen nach einer Terminsauseinandersetzung mit ihrer Vorgesetzten ein größeres Blatt mit dem Satz „Frau S. ist stolz" beschreibt. Die Abmahnung ist in diesem Falle aus der Personalakte zu entfernen.[51]

89 Es gibt keinen Rechtsgrundsatz, wonach eine Abmahnung unzulässig ist, wenn der mit ihr verfolgte Zweck auch auf schonendere Weise als durch förmliche Abmahnung erreicht werden kann. Eine Abmahnung ist im Rahmen der Verhältnismäßigkeitsprüfung nur auf einen Verstoß gegen das Übermaßverbot und auf Rechtsmissbrauch zu überprüfen. Die an der Erforderlichkeit zu messende Verhältnismäßigkeitsprüfung würde zu einer erheblichen Rechtsunsicherheit führen. Der Arbeitgeber hätte stets zu prüfen, ob er auf einen Vertragsverstoß mit einer Abmahnung oder überhaupt nicht reagieren darf. Angesichts des dem Arbeitgeber im Rahmen seiner Beurteilung zuzubilligenden Ermessens würden hier bereits nicht hinnehmbare Abgrenzungsschwierigkeiten entstehen. Deshalb ist eine Abmahnung nur dann unverhältnismäßig, wenn der Arbeitgeber „Lächerlichkeiten und Banalitäten" abmahnt und damit gleichsam mit „Kanonen auf Spatzen" schießt.[52]

90 In einem dritten Schritt kann man den Mitarbeiter auch auffordern, in Zukunft seine arbeitsvertraglichen Pflichten einzuhalten. Viertes, notwendiges Element einer jeden Abmahnung ist die **Warnung**, mit der unmissverständlich zum Ausdruck gebracht wird, dass im Wiederholungsfall mit weitergehenden arbeitsrechtlichen Maßnahmen gerechnet werden muss. Zu den Störungen im Bereich der Treuepflichten gehört die stän-

---

42 BAG 17.2.1994 – 2 AZR 616/93, DB 1994, 1477.
43 BAG 27.1.1988 – 5 AZR 604/86, ZTR 1988, 309.
44 BAG 17.3.1988 – 2 AZR 576/87, DB 1989, 329.
45 BAG 7.9.1988 – 5 AZR 625/87, DB 1989, 284.
46 BAG 7.9.1988 – 5 AZR 625/87, DB 1989, 284.
47 BAG 11.12.2001 – 9 AZR 464/00, BAGE 100, 70.
48 BAG 15.1.1986 – 5 AZR 70/84, DB 1986, 1075.
49 LAG Schleswig-Holstein 1.12.2000 – 6 Sa 562/99, FA 2001, 145.
50 LAG Berlin 22.10.1984 – 12 Sa 66/84, DB 1985, 339; LAG Bremen 28.6.1989 – 2 Sa 39/89, DB 1990, 742; H/S-*Regh*, Das arbeitsrechtliche Mandat, § 6 Rn 407 ff.
51 ArbG Frankfurt a.M. 11.4.2001 – 7 Ca 5505/00, NZA-RR 2002, 77.
52 LAG Schleswig-Holstein 11.5.2004 – 5 Sa 170 c/02, NZA-RR 2005, 244.

dig verspätete Krankmeldung. Bei den **Störungen im Betriebsbereich** handelt es sich um Störungen der Betriebsordnung wie Verstoß gegen Rauch- oder Alkoholverbote (Muster 3920 und Muster 3928),[53] der Verstoß gegen feuerpolizeiliche Anweisungen (Muster 3930) oder Tätlichkeiten gegenüber Mitarbeitern.[54]

Im **Vertrauensbereich** angesiedeltes Verhalten, das vom Arbeitgeber als Anlass zur ordentlichen oder außerordentlichen Kündigung genommen wird, muss nicht zunächst mit einer Abmahnung bedacht werden.[55] Bei Manipulationen an der Stempelkarte,[56] bei der Annahme von Schmiergeldern,[57] beim Fälschen von Arbeitsunfähigkeitsbescheinigungen[58] oder bei Tätlichkeiten gegenüber dem Arbeitgeber[59] bedarf die fristlose wie fristgerechte Kündigung nicht zu ihrer Wirksamkeit einer vorherigen Abmahnung.

Nur bei gleichartigen **Wiederholungsfällen** ist eine erneute Abmahnung vor Ausspruch der Kündigung entbehrlich.[60] Abmahnung und Kündigungsgrund müssen danach in engem Zusammenhang stehen. In der Rechtsprechung spricht man hier vom „gleichen Pflichtenkreis".[61]

Ein Sonderproblem bilden **Sammelabmahnungen**. Wenn in einem Abmahnungsschreiben mehrere Pflichtverletzungen gleichzeitig gerügt werden und eine einzelne Rüge auf einer unzutreffenden rechtlichen Bewertung oder Tatsachenannahme beruht, ist die Abmahnung in ihrer Gesamtheit nicht wirksam gewesen und das Abmahnungsschreiben ist vollständig aus der Personalakte zu entfernen.[62] Das Abmahnungsschreiben kann nicht teilweise aufrechterhalten werden. Eine Abmahnung kann in einem solchen Falle nicht nach den zu §§ 139, 140 BGB entwickelten Rechtsgrundsätzen teilweise mit Einschränkung aufrechterhalten bleiben.[63] Allerdings kann der Arbeitnehmer nicht einwenden, wenn der Arbeitgeber anschließend die in einer Sammelabmahnung mit teilweise unrichtigen Annahmen enthaltene Abmahnung durch Einzelabmahnungen, die einen zutreffend dargestellten Sachverhalt und zutreffende rechtliche Bewertungen enthalten, ersetzt, mit Erfolg den Einwand der Verwirkung erheben.[64] Stellt sich eine teilweise Unrichtigkeit in einer Sammelabmahnung heraus, ist es dem Arbeitgeber unbenommen, den wirksamen Teil oder die wirksamen Abmahnungen in Form von Einzelabmahnungen anschließend erneut auszusprechen. Allerdings bleibt auch das Risiko, dass der Arbeitgeber sich mit dem Einwand bei einer zu hohen Zahl einzelner Abmahnungen auseinandersetzen muss, das Abmahnungsrecht sei durch zu viele ausgesprochene Abmahnungen verbraucht.[65]

3. Form der Abmahnung

Die Abmahnung kann auch **mündlich** ausgesprochen werden,[66] aus Beweisgründen empfiehlt sich jedoch die **Schriftform**. Denjenigen, der die Abmahnung ausgesprochen haben will, trifft die Darlegungs- und Beweislast.[67] Notwendig ist nicht, dass im Abmahnungsschreiben das Wort „Abmahnung" enthalten ist. Die Funktion einer Abmahnung wird durch ein Schreiben erfüllt, das die Hinweis- und Warnfunktion, ausgerichtet an den Maßstäben der Rechtsprechung, erfüllt.[68]

Abmahnungsberechtigt ist jeder, der dem Betroffenen gegenüber weisungsbefugt ist.[69] Dies kann, bei entsprechender Bevollmächtigung, auch ein Rechtsanwalt sein.[70] Ein technischer Betriebsleiter kann ebenfalls abmahnungsberechtigt sein. Als abmahnungsberechtigte Personen kommen nicht nur kündigungsberechtigte Vorgesetzte, sondern alle Mitarbeiter in Betracht, die befugt sind verbindliche Anweisungen zum Ort, zur Zeit sowie der Art und Weise der arbeitsvertraglich geschuldeten Arbeitsleistung zu erteilen, wobei die Zu-

---

53 BAG 22.7.1982 – 2 AZR 30/81, DB 1983, 180.
54 BAG 12.7.1984 – 2 AZR 320/83, DB 1985, 340.
55 BAG 10.11.1988 – 2 AZR 215/88, DB 1989, 1427.
56 LAG Hamm 20.2.1986 – 4 Sa 1288/85, DB 1986, 1338.
57 LAG Köln 4.1.1984 – 5 Sa 1217/83, DB 1984, 1101.
58 LAG Bremen 15.2.1985 – 1 Sa 196/84, BB 1985, 1129.
59 BAG 9.1.1986 – 1 ABR 24/85, DB 1986, 1339.
60 BAG 21.5.1987 – 2 AZR 313/86, DB 1987, 2367.
61 BAG 16.1.1992 – 2 AZR 412/91, NZA 1992, 1023.
62 LAG Hamm 10.1.2006 – 19 Sa 1258/05, NZA-RR 2006, 290; BAG 13.3.1991 – 5 AZR 133/90, NZA 1991, 768.
63 LAG Düsseldorf 18.11.1996 – 3 Sa 1387/86, NZA 1987, 354.
64 LAG Köln 16.5.1997 – 11 Sa 828/96, ARST 1997, 262.
65 BAG 15.11.2001 – 2 AZR 609/00, BAGE 99, 340 = NZA 2002, 968.
66 BAG 4.3.1981 – 7 AZR 104/79, BAGE 35, 118; LAG Hamm 1.2.1983 – 13 Sa 1313/82, LAGE § 611 BGB Fürsorgepflichten Nr. 6.
67 BAG 13.3.1987 – 7 AZR 601/85, DB 1987, 1494; BAG 15.8.1984 – 7 AZR 228/82, BAGE 46, 163.
68 BAG 18.1.1980 – 7 AZR 260/78, DB 1980, 1351.
69 BAG 18.1.1980 – 7 AZR 260/78, DB 1980, 1351.
70 BAG 15.7.1992 – 7 AZR 466/91, DB 1993, 438.

weisung einer derartigen Vorgesetztenfunktion in der Regel auch eine stillschweigende Vollmacht für Abmahnung beinhaltet.[71]

96 Häufig bilden **mehrere Sachverhalte** Anlass für eine Abmahnung. Es empfiehlt sich aus Rechtsgründen, in ein Abmahnungsschreiben nur jeweils einen Sachverhalt aufzunehmen. Denn sobald ein weiterer Sachverhalt in einem Abmahnungsschreiben unrichtig wiedergegeben ist, kann der Arbeitnehmer vom Arbeitgeber verlangen, dass das gesamte Abmahnungsschreiben aus der Akte entfernt wird.[72]

97 Der Arbeitnehmer hat nach § 83 Abs. 2 BetrVG das Recht, neben dem **Entfernungsanspruch** bei einer unrichtigen Abmahnung eine **Gegendarstellung** in die Personalakte aufnehmen zu lassen.[73] Der Betriebsrat muss vor einer Abmahnung nicht angehört werden. Es entspricht ständiger Rechtsprechung des BAG, dass der Betriebsrat kein Mitbestimmungsrecht hat, wenn ein Mitarbeiter abgemahnt wird.[74]

98 Der Arbeitgeber ist vor Ausspruch der Abmahnung grundsätzlich nicht verpflichtet, den Arbeitnehmer **anzuhören**.[75] Allerdings enthalten einige Tarifverträge die Verpflichtung des Arbeitgebers, den Arbeitnehmer vor Ausspruch der Abmahnung bzw. vor Aufnahme einer Abmahnung in die Personalakte Gehör zu gewähren. Wichtigste tarifrechtliche Bestimmung ist § 13 Abs. 2 BAT/BAT-O, § 14 a Abs. 2 MTB II, MTL II, MT ArbO und die entsprechenden Vorschriften in den zahlreichen, an den BAT angelehnten Bestimmungen kirchlicher „Tarifverträge". Unterließ der Arbeitgeber die Anhörung des Mitarbeiters, bevor er die Abmahnung in die Personalakte aufnahm, war die Abmahnung formell unwirksam.[76] Bei einer **formell rechtswidrigen Abmahnung** war diese zwar aus der Personalakte zu entfernen, ihre materiell-rechtliche Wirkung behielt sie gleichwohl und der Arbeitgeber konnte sich in einem späteren Kündigungsschutzprozess auf die Abmahnung berufen, wenn sie sachlich berechtigt war.[77] Mit dieser unübersichtlichen Rechtslage hat der TVöD aufgeräumt. Die Abmahnung regelt der TVöD zwar nicht, eine Anhörungspflicht vor Aufnahme der Abmahnung in die Personalakte, wie sie beispielsweise § 13 Abs. 2 BAT vorsah, enthält der TVöD nicht mehr. Der Anspruch auf Entfernung einer Abmahnung unterliegt nicht der 6-monatigen Ausschlussfrist des § 37 TVöD, denn er entsteht immer neu, solange sich die Abmahnung in den Personalakten befindet.[78] Die früher gegenteilige Rechtsprechung hat das BAG mit Urteil vom 14.12.1994[79] aufgegeben. Die Abmahnung unterliegt auch nicht der dreijährigen **Verjährung** nach § 195 BGB. Sie unterliegt allenfalls den Rechtsprechungsgrundsätzen zur **Verwirkung**.

4. Prüfungsreihenfolge: Abmahnungen

99 Um bei Ausspruch einer Abmahnung keinen Fehler zu machen, empfiehlt es sich, die maßgeblichen Informationen vor Ausspruch einer Abmahnung über eine Checkliste zu überprüfen:

1. Anlass
- Schilderung des Anlasses oder der Anlässe, die zur Abmahnung herausfordern. Genau angegeben werden müssen dabei:
- Name/n des/der beteiligten Arbeitnehmer/s
- Ort, Datum und Uhrzeit
- Auswirkungen des Vorfalls

2. Beweise
- Fotos
- Zeugen/Urkunden
- Aufzeichnungen von Fahrtenschreibern, Stempeluhren, Dateien etc.

---

71 LAG Rheinland-Pfalz 4.8.2004 – 10 Sa 222/04, n.v.
72 BAG 13.3.1991 – 5 AZR 133/90, NZA 1991, 768; LAG Köln 12.3.1966 – 5 Sa 1191/85, LAGE § 611 BGB Abmahnung Nr. 3; LAG Düsseldorf 18.11.1986 – 3 Sa 1387/86, LAGE § 611 BGB Abmahnung Nr. 7; diesen Aspekt berücksichtigt Muster 3688 für die gerichtliche Geltendmachung eines Entfernungsanspruchs aus der Personalakte.
73 *Gola/Hümmerich*, BB 1974, 1170; *Hümmerich*, DB 1977, 541.
74 BAG 17.10.1989 – 1 ABR 100/88, NZA 1990, 193.
75 BAG 21.5.1992 – 2 AZR 551/91, AP § 1 KSchG 1969 Verhaltensbedingte Kündigung Nr. 28; a.A. ArbG Frankfurt/Oder 7.4.1999 – 6 Ca 61/99, NZA-RR 1999, 467.
76 BAG 16.11.1989 – 6 AZR 64/88, DB 1990, 841.
77 BAG 16.11.1989 – 6 AZR 64/88, AP § 13 BAT Nr. 2.
78 *Conze*, Personalbuch TVöD, Rn 12.
79 BAG 14.12.1994 – 5 AZR 137/94, ZTR 1995, 175.

- sonstige Urkunden, Erklärungen/Ausreden des Arbeitnehmers; ggf. zusätzliche Beweise ermitteln!

3. Worin besteht die Pflichtverletzung?
- Gegen welche Anweisung oder Unfallverhütungsvorschrift u.a. hat der Arbeitnehmer durch sein Verhalten verstoßen?
- Worin besteht die Pflichtverletzung gemäß Arbeitsvertrag, Tarifvertrag etc.?

4. Handelt es sich um einen schuldhaften Verstoß?
- Nur wenn ein vorwerfbares, schuldhaftes Verhalten des Arbeitnehmers vorliegt, ist die Abmahnung wirksam. War dem Arbeitnehmer die Anweisung oder sonstige Vorschrift bekannt (z.B.: Unfallverhütungsvorschrift ausgehängt?)? Wie kann die Kenntnis des Arbeitnehmers nachgewiesen werden?
- Was kann der Arbeitnehmer evtl. zu seiner Entlastung vorbringen? Fehlen Beweismittel, ist der Arbeitnehmer rechtzeitig zu befragen.

5. Vorangegangene Abmahnung/en
- Ist der Arbeitnehmer wegen eines Verstoßes im gleichen Pflichtenkreis schon einmal abgemahnt worden?
- Wie lange ist die Abmahnung her?
- Wie viele Abmahnungen bestehen bereits?
- Auf welche Arten von Pflichtenverstößen (Schlechtleistung/Vertrauensbereich/Zuverlässigkeit) beziehen sich vorangegangene Abmahnungen?

6. Frist
Innerhalb welcher Frist soll der Arbeitnehmer das beanstandete Verhalten abstellen? Achtung: Bei Leistungsmängeln kann im konkreten Einzelfall u.U. eine Besserungsfrist von bis zu vier Wochen erforderlich sein.

7. Übermittlung der Abmahnung an den Arbeitnehmer
- Übergabe gegen Empfangsquittung
- Einschreiben/Rückschein
- Übergabe unter Zeugen (wer soll Zeuge sein?)
- Ist Übersetzung in eine fremde Sprache (Sprachrisiko!) erforderlich?

8. Schlussentscheidung: Erteilung der Abmahnung
Die Abmahnung muss folgenden Inhalt haben:
- Tatbestand (gewünschtes Verhalten – tatsächliches Verhalten)
- Angabe des Verstoßes
- Androhung konkreter Konsequenzen
- Aushändigung/Zustellung

5. Verwirkung

Das Rechtsinstitut der Verwirkung gemäß § 242 BGB ist auch bei der Abmahnung zu beachten. Zeitmoment und Umstandsmoment stehen in einer Wechselbeziehung zueinander. An das zeitliche Element sind umso geringere Anforderungen zu stellen, je deutlicher das Umstandsmoment ausgeprägt ist. Vermittelt der Arbeitgeber unmittelbar nach Kenntnisnahme des Vertragsverstoßes etwa durch eine allgemein gehaltene Äußerung den Eindruck, dass die Angelegenheit für ihn abgeschlossen sei, ist das für die Verwirkung erforderliche Zeitmoment bereits nach dreieinhalb Monaten der Untätigkeit bis zum Ausspruch der Abmahnung erfüllt.[80]

V. Auskunft

Während eines laufenden Arbeitsverhältnisses wird der Arbeitgeber verschiedentlich um Auskünfte von Seiten des Arbeitnehmers gebeten. Die meisten dieser Auskünfte beziehen sich auf Gehaltsfragen, insbesondere Abrechnungsfragen. Soweit der Arbeitnehmer über eine betriebliche Altersversorgung verfügt, wird der

---

80 LAG Köln 23.9.2003 – 13 (12) Sa 1137/02, AuR 2004, 235.

Arbeitgeber ebenfalls gelegentlich von Arbeitnehmern mit Fragen zur Höhe einer erworbenen Anwartschaft oder zur Berechnung seiner Altersversorgungsansprüche konfrontiert, insbesondere bei Änderungen von Betriebsvereinbarungen, die die Grundlage der betrieblichen Altersversorgung bilden.

102 Nimmt der Arbeitgeber **Berechnungen zur betrieblichen Altersversorgung** vor und erweisen sich diese im Nachhinein als fehlerhaft, haftet er in Höhe des Schadens, der dem Arbeitnehmer dadurch entsteht, dass dieser auf Basis der arbeitgeberseitigen Berechnung eine Entscheidung im Bereich der betrieblichen Altersversorgung getroffen hat.[81] Im konkreten Fall konnte der Arbeitnehmer zwischen einer Fortsetzung der bisherigen Zusage auf Versorgungsleistungen nach Maßgabe des Hamburger Ruhegeldgesetzes und einer Versicherung ab einem bestimmten Stichtag bei der VBL wählen. Die Berechnung des Arbeitgebers hatte ergeben, dass der Wechsel zur VBL zu höheren Versorgungsleistungen führen würde. Tatsächlich erwies sich im Nachhinein, dass der Arbeitnehmer höhere Versorgungsleistungen gehabt hätte, wenn er die Versorgungsleistungen nach Maßgabe des Hamburger Ruhegeldgesetzes in Anspruch genommen hätte. Auch aufgrund des Vorbringens des Arbeitgebers ging das BAG davon aus, dass sich der Arbeitnehmer bei sachlich richtiger Auskunft nicht für einen Wechsel zur VBL entschieden hätte. Wegen seiner falschen Auskunft war daher der Arbeitgeber zum Ersatz des sich hieraus ergebenen Schadens verpflichtet. Der Arbeitnehmer musste sich kein Mitverschulden entgegenhalten lassen. Er durfte sich darauf verlassen, dass der Arbeitgeber, der auf sachkundige Hilfe Dritte zurückgreifen konnte, bei der von ihm angestellten Modellrechnung die notwendige Sorgfalt anwenden würde.

VI. Abwerbung von Mitarbeitern

103 An Personalabteilungen wird, meist aus den einzelnen Betriebsteilen, manchmal aber auf von Seiten der Geschäftsführung, die Frage herangetragen, in welchem Umfang qualifizierte Mitarbeiter beim Wettbewerber abgeworben werden dürfen. Die Jagd nach qualifizierten Mitarbeitern (**war of talents**) findet auch in Zeiten dauerhafter Massenarbeitslosigkeit statt.[82]

104 Die Grenze zwischen erlaubter Abwerbung, vor allem durch Headhunter, und wettbewerbswidriger Abwerbung ist fließend. Die Rechtsprechung verlagert die maßgebliche Fragestellung auf eine Bewertungsnotwendigkeit im Einzelfall. Von Abwerbung spricht man bei einem mittelbaren oder unmittelbaren, nachhaltigen Einwirken auf einen vertraglich gebundenen Arbeitnehmer mit dem Ziel, diesen zur Begründung eines neuen Arbeitsverhältnisses mit dem Abwerbenden oder einen Dritten zu veranlassen.[83] Eine Abwerbung im Rechtssinne erfordert deshalb zunächst, dass auf den vertraglich gebundenen Arbeitnehmer mit einer gewissen Ernsthaftigkeit und Beharrlichkeit eingewirkt wird,[84] das mehr oder weniger unverbindliche, gemeinsame Pläneschmieden von mehreren Arbeitnehmern[85] oder die schlichte Mitteilung eines geplanten Stellenwechsels.[86] Die rechtlichen Maßstäbe eines Fehlverhaltens sind auch dann anzulegen, wenn die Abwerbung nicht zum Erfolg geführt hat. Es kommt darauf an, ob mit einer gewissen Intensität auf den Abzuwerbenden eingewirkt worden ist.[87] Einen Sonderkündigungsschutz nach erfolgter, zulässiger Abwerbung wegen unterbliebener Aufklärung im Anbahnungsverhältnis lehnen *Kappenhagen/Zimmer*[88] ab.

105 Die **rechtswidrige** Abwerbung durch **Headhunter** oder Konkurrenzunternehmen beginnt, wenn der mit der Abwerbung verfolgte Zweck oder die hierzu eingesetzten Mittel und Methoden gegen das Verbot der sittenwidrigen Schädigung gemäß § 826 BGB verstoßen, einen Eingriff in den eingerichteten und ausgeübten Gewerbebetrieb nach § 823 Abs. 1 BGB darstellen oder die Unzulässigkeit nach § 3 UWG begründen. Ein klassisches, sittenwidriges Abwerben stellt die Verleitung von Arbeitnehmern durch Headhunter unter Verstoß gegen die vom BGH[89] aufgestellten Grundsätze zum Vertragsbruch dar.[90] Bezweckt der Abwerbungsversuch die Schädigung des bisherigen Arbeitgebers, beispielsweise indem ein Konkurrenzunternehmen ein ganzes Team mit dem Ziel abwirbt, die in der entsprechenden Abteilung betreuten Kunden zu übernehmen,

---

[81] BAG 21.11.2000 – 3 AZR 13/00, AP § 1 BetrAVG Auskunft Nr. 1.
[82] *Schmiedl*, BB 2003, 1120.
[83] LAG Rheinland-Pfalz 7.2.1992 – 6 Sa 528/91, NZA 1993, 265; OLG Stuttgart 17.12.1999 – 2 U 133/99, DB 2000, 372 f.; OLG Karlsruhe 25.7.2001 – 6 U 145/00, MDR 2002, 165.
[84] ErfK/*Müller-Glöge*, § 626 BGB Rn 87.
[85] LAG Rheinland-Pfalz 7.2.1992 – 6 Sa 528/91, NZA 1993, 265.
[86] *Stahlhacke/Preis/Vossen*, Rn 680.
[87] LAG Schleswig-Holstein 6.7.1989 – 4 Sa 601/88, LAGE § 626 BGB Nr. 42; *Busch/Dendorfer*, BB 2002, 301.
[88] FA 2003, 261; a.A. *Hümmerich*, NZA 2002, 1305.
[89] BGH 4.3.2004 – I ZR 221/01, NZA 2004, 794.
[90] BGH 17.3.1961 – I BR 26/60, BB 1961, 639; OLG Oldenburg 26.10.1995 – 1 U 103/95, EWiR § 1 UWG 25/95, 1223.

geheimes Know-how nutzbar zu machen oder die Wettbewerbssituation des Konkurrenten zu schwächen, spielt die äußere Form der Kontaktanbahnung keine entscheidende Rolle mehr.[91] Die planmäßige Abwerbung mit solcher Zielsetzung gilt auch dann als wettbewerbswidrig, wenn die Ansprache der Mitarbeiter außerhalb der Arbeitszeit und nicht am Arbeitsplatz erfolgt.[92] Eine planmäßige Vorgehensweise soll dann nicht gegeben sein, wenn der mögliche neue Arbeitgeber sich darauf beschränkt, auf an ihn herangetragene Wechselwünsche positiv zu reagieren und entsprechende, auch finanziell besonders attraktive, Einstellungsangebote zu unterbreiten.[93]

Als **sittenwidrig** ist es anzusehen, die Abwerbung durch unrichtige oder herabsetzende Äußerungen über den bisherigen Arbeitgeber zu flankieren oder einen Mitarbeiter zu veranlassen, unter Ausnutzung des mit seiner Tätigkeit verbundenen Vertrauensvorschusses Kollegen abzuwerben.[94] Auch die Situation, dass ein Konkurrenzunternehmen bei einem kurz vor der Insolvenz stehenden Mitbewerber ein Mitarbeiterteam abwirbt mit der Folge, dass Insolvenzantrag gestellt werden muss oder das Konzept des Insolvenzverwalters zur Unternehmensveräußerung scheitert, kann unter dem Gesichtspunkt einer sittenwidrigen Handlung Schadensersatzansprüche auslösen.[95]

106

Seit dem Urteil des BGH vom 4.3.2004[96] herrscht Klarheit darüber, in welchem Umfang **Headhunter** Arbeitnehmer an ihrem Arbeitsplatz abwerben dürfen. Es ist nicht wettbewerbswidrig, wenn ein Arbeitnehmer von einem Personalberater an seinem Arbeitsplatz angerufen und in einer ersten Kontaktaufnahme nach seinem Interesse an einer bestimmten Stelle befragt wird. Setzt sich der Personalberater über eine ablehnende Stellungnahme des Arbeitnehmers hinweg, handelt er wettbewerbswidrig. Es spielt auch keine Rolle, ob der Headhunter über Festnetz oder Handy angerufen hat.[97] Entscheidend ist, ob der Anruf über eine **erste Kontaktaufnahme** hinausgeht.

107

VII. Unterrichtungspflicht gemäß § 613a Abs. 5 und 6 BGB

Mit der Unterrichtung gemäß § 613a Abs. 5 BGB soll dem Arbeitnehmer die Möglichkeit gegeben werden, zu entscheiden, ob sein Arbeitsverhältnis bei einem Betriebsübergang gemäß § 613a Abs. 1 BGB auf den Betriebserwerber übergehen oder nach Ausübung des Widerspruchsrechts gemäß § 613 Abs. 6 BGB beim Betriebsveräußerer verbleiben soll.

108

§ 613a Abs. 5 BGB stellt eine Unterrichtungspflicht der am Betriebsübergang beteiligten Arbeitgeber auf. Die Unterrichtung kann durch den Betriebsveräußerer oder den Betriebserwerber erfolgen. Betriebsveräußerer und Betriebserwerber sollten sich allerdings zuvor verständigen, wer in welcher Form die Verpflichtung erfüllt, eine gemeinsame Erklärung ist möglich.[98] Gegenüber beiden am Betriebsübergang beteiligten Unternehmen kann der Arbeitnehmer bei unterbliebener, unvollständiger oder fehlerhafter Unterrichtung seine Rechte geltend machen.[99] Wer zu den zu unterrichtenden Arbeitnehmern zählt, ergibt sich wie bisher aus der Vereinbarung zwischen Betriebsveräußerer und Betriebserwerber.[100]

109

Die Bundesregierung verweist zur Begründung der unmittelbaren Information der Arbeitnehmer auf die mit einem Betriebsinhaberwechsel verbundenen, wesentlichen Änderungen der Arbeitsbedingungen und beruflichen Entwicklungsmöglichkeiten.[101] Die Unterrichtung hat unabhängig von der Betriebsgröße des Betriebsveräußerers zu erfolgen.[102] Lediglich eine **vollständige Information** der betroffenen Arbeitnehmer lässt nach ihrem Zugang die Widerspruchsfrist gemäß § 613a Abs. 6 BGB laufen. Eine vollständige objektive Information ist bereits aufgrund der Fülle der Detailinformationen im Hinblick auf jeden einzelnen Arbeitnehmer

110

---

[91] BGH 19.11.1965 – 1b ZR 122/63, GRUR 1966, 263.
[92] *Busch/Dendorfer*, BB 2002, 301; *Braun*, DB 2002, 2326; *Schmiedl*, BB 2003, 1120.
[93] LG Frankfurt a.M. 2.2.1994 – 2/6 O 298/93, ZIP 1994, 209.
[94] BGH 19.11.1965 – 1b ZR 122/63, GRUR 1996, 263; OLG Celle 25.3.1961 – 8 U 94/60, DB 1961, 507.
[95] LAG Baden-Württemberg 21.7.1997 – 15 Sa 47/97, NZA-RR 1998, 10.
[96] BGH 4.3.2004 – I ZR 221/01, NZA 2004, 794.
[97] BGH 9.2.2006 – I ZR 73/02, NZA 2006, 500.
[98] *Willemsen/Lembke*, NJW 2002, 1159.
[99] *Laber/Roos*, ArbRB 2002, 268.
[100] *Worzalla*, NZA 2002, 353.
[101] BT-Drucks. 14/7760, S. 41.
[102] BT-Drucks. 14/7760, S. 41.

schwerlich möglich, so dass Auskünfte genügen müssen, die eine verlässliche Grundlage für weitere Erkundigungen des Arbeitnehmers geben.[103]

111 Das BAG hat die **Grundsätze zu einer ordnungsgemäßen Unterrichtung** wie folgt umschrieben: Eine Unterrichtung nach § 613a Abs. 5 BGB erfordert eine verständliche, arbeitsplatzbezogene und zutreffende Information. Sie muss u.a. Angaben über die Identität des Erwerbers, den Gegenstand und den rechtlichen Grund des Betriebsübergangs sowie eine korrekte Darstellung der rechtlichen Folgen des Betriebsübergangs für den Arbeitnehmer enthalten.[104] Mit Urteil vom 24.5.2005 entschied das BAG, dass dann, wenn der Arbeitnehmer über einen Betriebsübergang nicht ordnungsgemäß nach § 613a Abs. 5 BGB unterrichtet wird, die einmonatige Widerspruchsfrist gemäß § 613a Abs. 6 Satz 1 BGB nicht läuft. Die Verletzung der Unterrichtungspflicht nach § 613a Abs. 5 BGB führt aber auch unter Berücksichtigung des Grundsatzes von Treu und Glauben nicht zu einer Unwirksamkeit der Kündigung.[105] Wird der Arbeitnehmer fehlerhaft oder gar nicht über die Haftung des bisherigen Arbeitgebers und die Verpflichtungen des neuen Betriebsinhabers in Kenntnis gesetzt, beginnt die in § 613a Abs. 6 BGB geregelte Widerspruchsfrist nicht zu laufen.[106] Da für den Arbeitnehmer bei Ausübung des Widerspruchs das Risiko des Ausspruchs einer sozial gerechtfertigten betriebsbedingten Kündigung durch den Betriebsveräußerer besteht, wenn zukünftig seine Beschäftigungsmöglichkeit entfällt, sollte man ihn über diesen Umstand bereits im Informationsschreiben aufklären (Muster 3370 und Muster 3380). Die Unterrichtung muss gemäß § 613a Abs. 5 BGB den Zeitpunkt, den Grund, die Folgen und die Maßnahmen enthalten.[107] Wird das Widerspruchsrecht nach dem Betriebsübergang ausgeübt, wirkt es auf den Zeitpunkt des Betriebsübergangs zurück.[108] Die Ansicht von *Pröpper*,[109] dass dem Arbeitnehmer nach Ablauf eines Monats kein Widerspruchsrecht nach § 613a Abs. 6 BGB mehr zusteht, sollte sich die Unterrichtung nachträglich als objektiv fehlerhaft herausstellen, solange der verwertbare Teil der erfolgten Unterrichtung aus den inhaltlichen Anforderungen des § 613a Abs. 5 Nr. 1 bis 4 BGB genügt, hat sich nicht durchgesetzt. Eine unterbliebene oder fehlerhafte Unterrichtung des Arbeitnehmers führt nicht zum Fristbeginn.[110] Vielmehr entfällt zunächst eine zeitliche Schranke, wenn die Unterrichtung nicht ordnungsgemäß war.

112 Das **Widerrufsrecht** kann allerdings **verwirken**,[111] wovor sich der Arbeitnehmer mit einem **Verwirkungsschutzschreiben** (Muster 3383) bewahren kann. Eine fehlerhafte Unterrichtung über Rechtsfragen ist im Rahmen des § 613a Abs. 5 BGB dann nicht unwirksam, wenn der Unterrichtungspflichtige die Rechtslage gewissenhaft geprüft und einen vertretbaren Rechtsstandpunkt eingenommen hat.[112]

113 Hat der Arbeitnehmer den Widerspruch wirksam erklärt, kann er diesen als einseitige empfangsbedürftige Willenserklärung nicht einseitig nach Zugang beim Erklärungsadressaten widerrufen oder mit einem Vorbehalt versehen.[113] Eine Widerspruchserklärung ist gemäß §§ 133, 157 BGB auszulegen. Bei der Ermittlung des Erklärungsinhalts finden die Grundsätze zur Auslegung formbedürftiger Willenserklärungen Anwendung, auch die so genannte **Andeutungsformel** oder **Andeutungstheorie**. Danach dürfen bei der Auslegung außerhalb der Urkunde liegende Umstände auch dann berücksichtigt werden, wenn der rechtsgeschäftliche Wille der Parteien in der Urkunde einen unvollkommenen oder andeutungsweisen Ausdruck gefunden hat.[114] Auch bei einem Ausbildungsverhältnis besteht eine Unterrichtungspflicht des Betriebsveräußerers. Das Ausbildungsverhältnis geht im Wege des Betriebsübergangs auf den Betriebserwerber über.[115]

114 Ein **kollektiver Widerspruch** durch eine Vielzahl von Arbeitnehmern gegen einen Betriebsübergang ist nicht generell rechtsmissbräuchlich. Ein sachlicher Grund ist nicht erforderlich. Ein kollektiver Widerspruch kann gemäß § 242 BGB rechtsmissbräuchlich und daher unwirksam sein, wenn er dazu eingesetzt wird, andere

---

[103] *Meyer*, AuA 2002, 159; *Laber/Roos*, ArbRB 2002, 268.
[104] BAG 13.7.2006 – 8 AZR 305/05, DB 2006, 2406 = NZA 2006, 1268.
[105] BAG 24.5.2005 – 8 AZR 398/04, DB 2005, 2472.
[106] BAG 14.11.2006 – 8 AZR 763/05 (Pressemitteilung).
[107] *Willemsen/Lembke*, NJW 2002, 1159; *Worzalla*, NZA 2002, 353; *Meyer*, AuA 2002, 159; *Grobys*, BB 2002, 726; *Gaul/Otto*, DB 2002, 634; *Laber/Roos*, ArbRB 2002, 268.
[108] BAG 13.7.2006 – 8 AZR 305/05, NZA 2006, 1268; BAG 13.7.2006 – 8 AZR 382/05, NZA 2006, 1406.
[109] DB 2003, 2011.
[110] BAG 13.7.2006 – 8 AZR 303/05, NZA 2006, 1273; BAG 13.7.2006 – 8 AZR 305/05, NZA 2006, 1268.
[111] BAG 13.7.2006 – 8 AZR 382/05, NZA 2006, 1046; BAG 15.2.2007 – 8 AZR 431/06 (Pressemitteilung).
[112] BAG 13.7.2006 – 8 AZR 303/05, NZA 2006, 1273.
[113] BAG 30.10.2003 – 8 AZR 491/02, BAGE 108, 199.
[114] BAG 13.7.2006 – 8 AZR 382/05, NZA 2006, 1406.
[115] BAG 13.7.2003 – 8 AZR 383/05, NZA 2006, 1406.

Zwecke als die Sicherung der arbeitsvertraglichen Rechte und die Beibehaltung des bisherigen Arbeitgebers herbeizuführen.[116] Die Entscheidung ist kritisiert worden, wenngleich das Anliegen des BAG akzeptiert wird, dass sich das kollektiv ausgeübte Widerspruchsrecht, das dem Arbeitnehmer zusteht, nicht als ein Instrument der Betriebsratsarbeit zur Verhinderung eines Betriebsinhaberwechsels erweisen darf.[117]

VIII. Antragstellung auf Eltern- und korrespondierende Teilzeitarbeit

Das bisherige Bundeserziehungsgeldgesetz ist schrittweise außer Kraft getreten. Zum 1.1.2007 trat der Zweite Abschnitt des Bundeserziehungsgeldgesetzes in der Fassung vom 9.2.2004[118] außer Kraft. Die restlichen Teile des Bundeserziehungsgeldgesetzes treten am 31.12.2008 außer Kraft. Ab dem 1.1.2007 gilt für alle Neufälle nicht mehr das Bundeserziehungsgeldgesetz, sondern das **Bundeselterngeld- und Elternzeitgesetz (BEEG)**.[119] Viele Vorschriften sind gleich geblieben. Zum Teil befinden sich die bisherigen Regelungen auch in den gleichen Paragraphen. Das Elterngeld hat sich nach § 2 BEEG erhöht und beträgt pro Kind 300 EUR für die Zeit bis zur Vollendung des 14. Lebensmonats eines Kindes.

Elternzeit wird durch den einseitigen Antrag des Arbeitnehmers/der Arbeitnehmerin, der rechtzeitig sieben Wochen vor dem gewünschten Beginn nach § 16 Abs. 1 BEEG gestellt sein muss, begründet. Im **Antrag** ist anzugeben, für welche Zeiten innerhalb von zwei Jahren Elternzeit genommen werden soll. Rechtzeitig vor Ablauf der Zwei-Jahres-Frist kann der Arbeitnehmer die Elternzeit einseitig um weitere zwölf Monate verlängern, so dass selbst bei einer beabsichtigten Elternzeit von drei Jahren zunächst eine Antragstellung über einen Zeitraum von zwei Jahren ausreichend ist.[120] Soweit der Antrag auf Elternzeit **kombiniert** wird mit einem **Antrag auf Teilzeitarbeit**, der nach § 15 Abs. 6 und 7 BEEG ebenfalls gestellt werden kann, handelt es sich gleichwohl um zwei selbständige Ansprüche. Diese Ansprüche können allerdings miteinander kombiniert werden; es kann der Antrag auf Elternzeit unter die Bedingung gestellt werden, dass der beantragten Teilzeittätigkeit stattgegeben wird.[121]

Für den **Teilzeitantrag** sieht das Gesetz ein zweistufiges Verfahren vor. Zunächst soll auf den Antrag des Arbeitnehmers hin versucht werden, innerhalb von vier Wochen eine Einigung herbeizuführen, § 15 Abs. 5 BEEG. Die Anträge auf Elternzeit und Teilzeit können miteinander verbunden werden. Der Antrag auf Teilzeitarbeit muss so bestimmt formuliert sein, dass er mit einem bloßen „Ja" angenommen werden kann.[122] Wenn die Arbeitnehmerin eine Reduzierung der Arbeitszeit auf ein Volumen von 19,25 bis 25 Stunden verlangt, ist ihr Antrag nicht hinreichend bestimmt.[123] Mit Blick auf die gewünschte Teilzeit hat der Arbeitnehmer, anders als beim allgemeinen Teilzeitanspruch nach § 8 TzBfG, keinen Anspruch auf eine bestimmte Arbeitszeitverteilung. Die Angabe der gewünschten Verteilung der verringerten Arbeitszeit, ob also beispielsweise montags und mittwochs nicht gearbeitet werden soll, ist nicht Voraussetzung für einen Teilzeitantrag im Rahmen der Elternzeit.

Nach Auffassung des LAG Hamm hat der Arbeitgeber bei der **Festlegung der Arbeitszeit** die Grundsätze des billigen Ermessens (§ 315 Abs. 1 BGB) zu beachten. Im Rahmen der betrieblichen Möglichkeiten kann der Arbeitgeber verpflichtet sein, auf die Erfordernisse der Kinderbetreuung Rücksicht zu nehmen.[124] Wenn der Arbeitnehmer auf einen bestimmten Zeitrahmen im Zuge der Elternzeit angewiesen ist, gestattet ihm das BAG, den Teilzeitantrag auch an die Bedingung zu knüpfen, dass dem Wunsch nach einer bestimmten Arbeitszeitverteilung auch tatsächlich stattgegeben wird.[125] Nach neuerer Rechtsprechung kann sich der Arbeitnehmer beim allgemeinen Teilzeitanspruch nach § 8 TzBfG entscheiden, ob er ausschließlich die Herabsetzung der vertraglich vereinbarten Arbeitszeit beansprucht oder ob er zusätzlich eine bestimmte Verteilung der verringerten Arbeitszeit verlangt.[126]

---

116 BAG 30.9.2004 – 8 AZR 462/03, NZA 2005, 43.
117 *Rieble*, NZA 2005, 1.
118 BGBl. I, S. 206.
119 Vom 5.12.2006, BGBl. I, S. 2748; zum Überblick: *Düwell*, FA 2007, 44.
120 HWK/*Gaul*, § 17 BErzGG Rn 4.
121 *Düwell*, AuA 2002, 58; *Oberthür*, ArbRB 2005, 189.
122 LAG Niedersachsen, 11.4.2003 – 10 Sa 1746/02, LAGReport 2003, 321.
123 BAG 18.5.2001 – 9 AZR 319/03, ArbRB 2004, 361.
124 LAG Hamm 28.7.2003 – 8 Sa 1493/02, LAGReport 2004, 173.
125 BAG 18.2.2003 – 9 AZR 356/02, ArbRB 2003, 260.
126 BAG 23.11.2004 – 9 AZR 644/03, NZA 2005, 769.

119 Will der Arbeitnehmer die Teilzeitarbeit nur unter der Bedingung einer im Antrag näher bestimmten Verteilung der verringerten Arbeitszeit geltend machen, empfiehlt sich eine Formulierung, wonach die Teilzeitarbeit nur unter der **Bedingung** beantragt wird, dass es zu der vom Arbeitnehmer gewünschten Arbeitszeitverteilung kommt.[127]

120 Ob die Nichteinhaltung der Frist umgedeutet werden kann wie beim allgemeinen Teilzeitantrag nach § 8 TzBfG,[128] ist derzeit noch offen.[129] Die Teilzeitarbeit muss nicht nahtlos an den Ablauf der Mutterschutzfrist anschließen, sondern kann auch zu einem späteren Zeitpunkt beginnen.[130] Bei einer vollständigen Freistellung während der Elternzeit kann der Arbeitnehmer/die Arbeitnehmerin nachträglich die Aufnahme einer Teilzeittätigkeit verlangen.[131] Der Arbeitnehmer hat auch die Möglichkeit, während der Elternzeit seine Teilzeittätigkeit noch einmal zu verändern. Allerdings muss die Vorankündigungsfrist von acht Wochen eingehalten werden.

121 Der Arbeitgeber hat einmal die Möglichkeit, einem Antrag des Arbeitnehmers stattzugeben. Kann er sich mit dem Arbeitnehmer nicht über die Teilzeittätigkeit während der Elternzeit einigen, muss er den Anspruch schriftlich und mit konkreter Begründung ablehnen. Die **Ablehnung** ist nur dann berechtigt, wenn der Teilzeittätigkeit dringende betriebliche Gründe entgegenstehen.[132]

IX. Antrag auf Teilzeitarbeit nach § 8 TzBfG

122 Will der Arbeitnehmer eine Verringerung seiner Arbeitszeit erreichen, muss er nach § 8 Abs. 2 TzBfG drei Monate vor dem geplanten Beginn der reduzierten Arbeitszeit beim Arbeitgeber einen Antrag stellen. Der Antrag muss den Umfang der Verringerung und soll die gewünschte Verteilung der Arbeitszeit angeben, § 8 Abs. 2 TzBfG. Das Arbeitsverhältnis muss sechs Monate bestanden haben, der Betrieb muss 15 Arbeitnehmer beschäftigen. Es ist anerkannt, dass der Arbeitnehmer den Antrag auf Verteilung der reduzierten Arbeitszeit nicht bereits mit dem Verringerungsantrag geltend machen muss. Den Antrag auf konkrete Verteilung der Arbeitszeit kann der Arbeitnehmer noch bis zum Erörterungsgespräch mit dem Arbeitgeber vorbringen.[133] Hat der Arbeitnehmer die **Drei-Monats-Frist** für die Geltendmachung der Arbeitszeitverringerung nicht eingehalten, wird die Inanspruchnahme der Teilzeit nicht ausgeschlossen.[134] Das Verringerungsverlangen wird im Zweifel darauf gerichtet sein, zum nächstmöglichen Zeitpunkt vom Arbeitgeber gestattet zu werden.[135] Der Antrag des Arbeitnehmers auf Verringerung der Arbeitszeit ist nicht formgebunden.[136] Auch bei einem mündlichen Antrag muss innerhalb der gesetzlichen Frist reagiert werden.[137] Wird keine Änderung der Arbeitszeitlage konkret vom Arbeitnehmer beantragt, kann der Arbeitgeber die Arbeitszeit gestalten. Der Arbeitnehmer kann seinen Verteilungswunsch im Rechtsstreit nicht mit Erfolg nachschieben.[138]

123 Ein weites Feld bilden die **Ablehnungsgründe**, die nach der vom BAG entwickelten **dreistufigen Prüfungsreihe** vom Arbeitgeber schriftlich dargelegt werden müssen, wenn sie wirksam sein sollen.

1. Im ersten Schritt ist das vom Arbeitgeber aufgestellte und durchgeführte Organisationskonzept festzustellen, das der vom Arbeitgeber als betrieblich erforderlich angesehenen Arbeitszeitdauer und Arbeitszeitregelung entspricht. Die dem Organisationskonzept zugrunde liegenden unternehmerischen Aufgabenstellungen und die daraus abgeleiteten organisatorischen Entscheidungen sind hinzunehmen, soweit sie nicht willkürlich sind.[139]

2. Im zweiten Schritt ist zu prüfen, ob die vom Organisationskonzept bedingte Dauer der Arbeitzeit und Arbeitszeitregelung tatsächlich der gewünschten Änderung der Arbeitszeit entgegenstehen. Dabei ist zu prüfen, ob durch eine Änderung betrieblicher Abläufe oder des Personaleinsatzes die betrieblich erforderliche

---

127 Bauer/Diller/Lingemann/Haußmann/*Lingemann*, Anwalts-Formularbuch Arbeitsrecht, Muster 6.6.6; zur Zulässigkeit der Bedingung: LAG Düsseldorf 3.3.2004 – 12 Sa 1765/03, LAGReport 2004, 196.
128 BAG 20.7.2004 – 9 AZR 626/03, ArbRB 2004, 328; ArbG Oldenburg 26.3.2002 – 6 Ga 3/02, NZA 2002, 908.
129 Offen gelassen: BAG 20.7.2004 – 9 AZR 626/03, ArbRB 2004, 328.
130 *Oberthür*, ArbRB 2005, 189.
131 BAG 19.4.2005 – 9 AZR 233/04, BAGE 114, 206 = NZA 2005, 1354.
132 HWK/*Gaul*, § 15 BErzGG Rn 17 ff.
133 BAG 23.11.2004 – 9 AZR 644/03, NZA 2005, 769.
134 HWK/*Schmalenberg*, § 8 TzBfG Rn 9.
135 BAG 20.7.2004 – 9 AZR 626/03, NZA 2004, 1091.
136 BAG 23.11.2004 – 9 AZR 644/03, NZA 2005, 769.
137 HWK/*Schmalenberg*, § 8 TzBfG Rn 11.
138 BAG 23.11.2004 – 9 AZR 644/03, NZA 2005, 769.
139 BAG 27.4.2004 – 9 AZR 522/03, NZA 2004, 1225.

Arbeitszeitregelung unter Wahrung des Organisationskonzepts mit dem individuellen Arbeitszeitwunsch des Arbeitnehmers in Einklang gebracht werden kann.[140]

3. Im dritten Schritt schließlich muss geklärt werden, ob das Gewicht der entgegenstehenden betrieblichen Gründe so erheblich ist, dass die Erfüllung des Teilzeitverlangens und des Arbeitszeitwunsches des Arbeitnehmers zu einer wesentlichen Beeinträchtigung der Arbeitsorganisation, des Arbeitsablaufs, der Sicherung des Betriebs oder zu einer unverhältnismäßigen Belastung des Betriebs führen würde.[141] Maßgeblicher Beurteilungszeitpunkt ist der Zeitpunkt, zu dem der Arbeitgeber die Ablehnungsentscheidung getroffen hat.[142]

B. Texte

I. Mitarbeiterbeurteilung

1. Muster: Leistungsbeurteilungsbogen

↓

Name, Vorname: ▪▪▪
Personalnummer: ▪▪▪
Abteilung: ▪▪▪
Tätigkeit: ▪▪▪
Bewertungsskala:
 0 = unterdurchschnittlich
 1 = durchschnittlich
 2 = gut
 3 = sehr gut

Fachliche/Persönliche Fähigkeiten	0	1	2	3
Arbeitsqualität:	☐	☐	☐	☐
Arbeitstempo:	☐	☐	☐	☐
Selbständiges Arbeiten:	☐	☐	☐	☐
Zuverlässigkeit/Pünktlichkeit:	☐	☐	☐	☐
Organisationsfähigkeit:	☐	☐	☐	☐
Konzeptionelles Arbeiten:	☐	☐	☐	☐
Initiative:	☐	☐	☐	☐
Kreativität:	☐	☐	☐	☐
Durchsetzungsfähigkeit:	☐	☐	☐	☐
Belastbarkeit:	☐	☐	☐	☐
Verantwortungsbereitschaft:	☐	☐	☐	☐
Verhandlungsgeschick:	☐	☐	☐	☐
Lernverhalten:	☐	☐	☐	☐
Weiterbildungsinteresse:	☐	☐	☐	☐
Soziales Verhalten				
Kontaktfähigkeit:	☐	☐	☐	☐
Hilfsbereitschaft:	☐	☐	☐	☐
Fähigkeit zur Teamarbeit:	☐	☐	☐	☐
Verhalten gegenüber Kollegen:	☐	☐	☐	☐
Verhalten gegenüber Vorgesetzten:	☐	☐	☐	☐

Fachkenntnisse: ▪▪▪

---

140 BAG 27.4.2004 – 9 AZR 522/03, NZA 2004, 1225.
141 BAG 9.12.2003 – 9 AZR 16/03, NZA 2004, 921.
142 BAG 23.11.2004 – 9 AZR 644/03, NZA 2005, 769.

§ 3 Arbeitsrechtstexte der Personalarbeit

Gesamtbeurteilung:
Aus dem Durchschnitt der Einzelbewertungen ergibt sich die Gesamtbeurteilung ■■■.

■■■ (Unterschrift Vorgesetzte/r)

■■■ (Unterschrift Beurteilte/r)

↑

2. Muster: Mitarbeiterbeurteilung

↓

Name: ■■■
Vorname: ■■■
Abteilung: ■■■

	trifft zu	trifft eher zu	trifft eher nicht zu	trifft nicht zu	keine Meinung
1. Persönlichkeit					
a) Selbstorganisation					
kann Termine und Absprachen einhalten	☐	☐	☐	☐	☐
kann Aufgaben aus eigenem Antrieb erkennen und lösen	☐	☐	☐	☐	☐
kann sich selbständig Informationen Verschaffen	☐	☐	☐	☐	☐
organisiert selbst seine Weiterbildung	☐	☐	☐	☐	☐
kann sich schnell auf neue Situationen einstellen	☐	☐	☐	☐	☐
behält bei komplexen Situationen den Überblick	☐	☐	☐	☐	☐
ist bereit, bei Engpässen auszuhelfen	☐	☐	☐	☐	☐
handelt verantwortungsbewusst und hat die Folgen seines Tuns vor Augen	☐	☐	☐	☐	☐
nimmt Kritik an und arbeitet an seinen Schwächen	☐	☐	☐	☐	☐
b) Außendarstellung					
sicheres Auftreten	☐	☐	☐	☐	☐
gute Manieren	☐	☐	☐	☐	☐
entgegenkommend gegenüber anderen Personen	☐	☐	☐	☐	☐
fügt sich gut in das Team ein	☐	☐	☐	☐	☐
redet und schreibt gewandt	☐	☐	☐	☐	☐
2. Fachkompetenz					
a) Qualität der Arbeit					
arbeitet zügig und konzentriert	☐	☐	☐	☐	☐
arbeitet i.d.R. ohne größere Fehler	☐	☐	☐	☐	☐
kann Prioritäten setzen	☐	☐	☐	☐	☐
hat eine schnelle Auffassungsgabe	☐	☐	☐	☐	☐
beachtet betriebliche Belange	☐	☐	☐	☐	☐
b) Menge der geleisteten Arbeit					
hält Termine ein	☐	☐	☐	☐	☐
zeigt Ausdauer und Stetigkeit auch bei unangenehmen Arbeiten	☐	☐	☐	☐	☐

↑

Kapitel 2: Administration bestehender Arbeitsverhältnisse

II. Änderung von Arbeitsbedingungen

1. Muster: Umwandlungsvereinbarung

↓

Umwandlungsvertrag

zwischen

der Firma ▪▪▪

– nachfolgend „Arbeitgeber" genannt –

und

Herrn ▪▪▪

– nachfolgend „Mitarbeiter" genannt –

1. Der Mitarbeiter hat mit Schreiben vom ▪▪▪ gemäß § 8 TzBfG eine Verringerung seiner vertraglich vereinbarten Arbeitszeit geltend gemacht. In einer Erörterung am ▪▪▪ haben die Parteien die Gegenstand dieser Vereinbarung bildende Verringerung der Arbeitszeit/anderweitige Verteilung der Arbeitszeit vereinbart.

2. Die tägliche Arbeitszeit des Mitarbeiters bestimmt sich künftig wie folgt: Montags bis freitags ▪▪▪.

3. Mit der vereinbarten Verringerung findet eine Verringerung der im Arbeitsvertrag vom ▪▪▪ vereinbarten Arbeitszeit in Höhe von ▪▪▪ % statt. Das Arbeitsentgelt ändert sich damit, mit Ausnahme der vermögenswirksamen Leistungen, auf monatlich ▪▪▪ EUR.

4. Die Parteien sind sich darüber einig, dass die vereinbarte Arbeitszeitverringerung bis auf weiteres/bis zum ▪▪▪ gültig ist.

5. Durch den Umwandlungsvertrag ändern sich ausschließlich die Arbeitsbedingungen des Mitarbeiters im Bereich der Arbeitszeit und des Arbeitsentgelts. Im Übrigen bleibt der Arbeitsvertrag vom ▪▪▪, soweit die Umwandlungsvereinbarung keine Abweichungen enthält, unverändert fortbestehen.

6. Der Mitarbeiter wird darauf hingewiesen, dass er gemäß § 8 Abs. 6 TzBfG eine weitere Verringerung der Arbeitszeit nicht vor Ablauf von zwei Jahren verlangen kann. Der Arbeitgeber weist bereits jetzt darauf hin, dass ohne eine wesentliche Beeinträchtigung der betrieblichen Belange eine weitere Verringerung der Arbeitszeit nicht denkbar ist.

▪▪▪ (Ort, Datum, Unterschriften)

↑

2. Muster: Vereinbarung zur Übernahme eines Arbeitsverhältnisses innerhalb des Konzerns

↓

Zwischen

Herrn ▪▪▪

– nachstehend: Arbeitnehmer –

der X-Gesellschaft

– nachstehend: bisheriger Arbeitgeber –

sowie

der Y-Gesellschaft

– nachstehend: neuer Arbeitgeber –

wird die nachstehende Vereinbarung getroffen:

1. Das Arbeitsverhältnis des Arbeitnehmers mit dem bisherigen Arbeitgeber gemäß dem Anstellungsvertrag vom ▪▪▪ wird mit Wirkung zum ▪▪▪ vom neuen Arbeitgeber übernommen.

2. Die Rechte und Pflichten der Arbeitsvertragsparteien gehen unverändert auf den neuen Arbeitgeber über. Der soziale Besitzstand des Arbeitnehmers wird nicht angetastet.

3. Es besteht Einigkeit darüber, dass zum bisherigen Arbeitgeber mit der Vertragsübernahme durch den neuen Arbeitgeber alle rechtlichen Beziehungen des Arbeitnehmers enden.

4. Sollte die Zustimmung Dritter zu dieser Vertragsübernahme oder zur Übernahme von Rechten und/oder Pflichten aus dem Arbeitsverhältnis erforderlich sein, so verpflichten sich hiermit die Parteien dieser Vereinbarung, alle zur Erteilung der Zustimmung erforderlichen und zulässigen Mitwirkungshandlungen, einschließlich der Abgabe von Willenserklärungen, zu erbringen.

5. Sollte diese Vereinbarung oder einzelne Elemente dieser Vereinbarung unwirksam sein oder werden, so verpflichten sich die Parteien dieser Vereinbarung, selbige oder deren unwirksamen Elemente durch wirksame zu ersetzen, die dieser nach dem beabsichtigten Zweck so nahe wie möglich kommen.

■■■ (Unterschrift Arbeitnehmer)

■■■ (Unterschrift X-Gesellschaft – Bisheriger Arbeitgeber)

■■■ (Unterschrift Y-Gesellschaft – Neuer Arbeitgeber)

3. Muster: Vereinbarung zur Absicherung des Arbeitgeberwechsels bei Betriebs(teil)übergang innerhalb des Konzerns

Zwischen

Herrn ■■■

– nachstehend: Arbeitnehmer –

der X-Gesellschaft

– nachstehend: bisheriger Arbeitgeber –

sowie

der Y-Gesellschaft

– nachstehend: neuer Arbeitgeber –

wird die nachstehende Vereinbarung getroffen:

Die Parteien dieser Vereinbarung gehen davon aus, dass aufgrund eines Betriebs(-teil)-übergangs das Arbeitsverhältnis gemäß § 613a BGB mit Wirkung zum ■■■ auf den neuen Arbeitgeber übergeht. Zur rechtlichen Absicherung dieses Ergebnisses, das von den Vertragsparteien ausdrücklich gewollt wird, vereinbaren die Parteien Folgendes:

1. Sollte rechtlich – gleich aus welchen Gründen – kein Betriebs(-teil)-übergang erfolgen, so wird das Arbeitsverhältnis des Arbeitnehmers mit dem bisherigen Arbeitgeber gemäß dem Anstellungsvertrag vom ■■■ mit Wirkung zum ■■■ vom neuen Arbeitgeber aufgrund dieser Vereinbarung rechtsgeschäftlich übernommen.

2. Die Rechte und Pflichten der Arbeitsvertragsparteien gehen unverändert auf den neuen Arbeitgeber über. Der soziale Besitzstand des Arbeitnehmers wird nicht angetastet.

3. Es besteht Einigkeit darüber, dass zum bisherigen Arbeitgeber mit der Vertragsübernahme durch den neuen Arbeitgeber alle rechtlichen Beziehungen des Arbeitnehmers enden.

4. Sollte die Zustimmung Dritter zu dieser Vertragsübernahme oder zur Übernahme von Rechten und/oder Pflichten aus dem Arbeitsverhältnis erforderlich sein, so verpflichten sich hiermit die Parteien dieser Vereinbarung, alle zur Erteilung der Zustimmung erforderlichen und zulässigen Mitwirkungshandlungen, einschließlich der Abgabe von Willenserklärungen, zu erbringen.

5. Sollte diese Vereinbarung oder einzelne Elemente dieser Vereinbarung unwirksam sein oder werden, so verpflichten sich die Parteien dieser Vereinbarung, selbige oder deren unwirksamen Elemente durch wirksame zu ersetzen, die dieser nach dem beabsichtigten Zweck so nahe wie möglich kommen.

■■■ (Unterschrift Arbeitnehmer)

■■■ (Unterschrift X-Gesellschaft – Bisheriger Arbeitgeber)

■■■ (Unterschrift Y-Gesellschaft – Neuer Arbeitgeber)

4. Muster: Versetzungsvereinbarung (Entsendung in ausländisches Tochterunternehmen)

Versetzungsvereinbarung

zwischen

■■■

– nachstehend „Arbeitgeber" genannt –

und

■■■

– nachstehend „Arbeitnehmerin" genannt –

§ 1 Vorbemerkung

Die Arbeitnehmerin ist nach Maßgabe des Arbeitsvertrages vom ▬▬▬ in Verbindung mit der Vertragsänderung vom ▬▬▬ derzeit als ▬▬▬ bei dem Arbeitgeber beschäftigt. Aus Anlass einer beabsichtigten Versetzung der Arbeitnehmerin zu dem mit dem Arbeitgeber wirtschaftlich verbundenen und im Ausland ansässigen Tochterunternehmen wird diese Versetzungsvereinbarung geschlossen.

§ 2 Versetzung

(1) Die Arbeitnehmerin wird ab dem ▬▬▬ als ▬▬▬ bei ▬▬▬ tätig werden. Die dortige Tätigkeit muss der jetzigen Tätigkeit als ▬▬▬ inhaltlich – insbesondere hinsichtlich Vergütung, Arbeitszeit, Urlaub etc. – mindestens gleichwertig sein. Die Arbeitnehmerin erhält eine monatliche Auslandszulage von ▬▬▬. Die Auslandstätigkeit wird zunächst ▬▬▬ betragen, kann aber einvernehmlich verlängert oder später sogar auf Dauer angelegt werden.

(2) Nach eventueller Beendigung der Auslandstätigkeit oder Nichteinhaltung der in diesem Vertrag vereinbarten Umstände der Auslandsbeschäftigung hat die Arbeitnehmerin einen Anspruch darauf, wieder für den Arbeitgeber tätig zu werden. Es steht ihr frei, innerhalb einer angemessenen Ankündigungsfrist (2 Monate) auch schon vor Ablauf ▬▬▬ die Weiterbeschäftigung beim Arbeitgeber im Inland zu verlangen.

(3) Die Arbeitnehmerin wird von der Auslandsgesellschaft einen selbständigen Arbeitsvertrag erhalten, der die zwischen der Arbeitnehmerin und der Auslandsgesellschaft bestehenden Rechte und Pflichten abschließend regelt. Ab dem Zeitpunkt des In-Kraft-Tretens dieses Auslandsarbeitsvertrages ruht der derzeitige Arbeitsvertrag zwischen dem Arbeitgeber und der Arbeitnehmerin. Die Beschäftigungszeit bei der Auslandsgesellschaft wird im vollen Umfang auf die Beschäftigungszeit bei dem Arbeitgeber angerechnet.

§ 3 Rückkehr

(1) Nach Beendigung des Arbeitsverhältnisses zwischen der Arbeitnehmerin und der Auslandsgesellschaft lebt das ruhende Arbeitsverhältnis mit dem Arbeitgeber nahtlos wieder auf. Etwaige Urlaubsansprüche aus der Auslandsbeschäftigung werden auf das ruhende Arbeitsverhältnis übertragen.

(2) Die Arbeitnehmerin wird in diesem Fall entsprechend ihren Kenntnissen und Fähigkeiten eingesetzt werden. Dabei wird die Auslandsbeschäftigung positiv berücksichtigen. Im Falle der Höherwertigkeit der Auslandstätigkeit muss die Weiterbeschäftigung im Inland dieser entsprechen.

(3) Der Arbeitgeber kann der Arbeitnehmerin eine gleichwertige Weiterbeschäftigung auch in einem mit ihm wirtschaftlich verbundenen Inlandsunternehmen anbieten. Die Arbeitnehmerin hat aber einen primären Anspruch auf Beschäftigung beim Arbeitgeber; sie ist nicht verpflichtet, eine ihr angebotenen Stelle in einem anderen, mit dem Arbeitgeber verbundenen Unternehmen anzunehmen.

(4) Die Bezüge der Arbeitnehmerin im Falle der Rückkehr richten sich nach der von ihr zu übernehmenden Position. Die Auslandstätigkeit wird hierbei positiv berücksichtigt. Das Gehalt wird keinesfalls unter dem derzeitigen und bis zur Rückkehr als Schattengehalt fortgeschriebenen und entsprechend den im Inland jeweils geltenden Regeln angepassten Gehalt liegen. Falls das Auslandsgehalt über dieses Schattengehalt hinaus geht, so darf dieses nicht unterschritten werden.

(5) Das ruhende Arbeitsverhältnis lebt dann nicht wieder auf, sondern erlischt, wenn das Arbeitsverhältnis aus einem in der Person der Arbeitnehmerin oder ihrem Verhalten liegenden Grund beendet worden ist, der nach deutschem Recht eine Kündigung durch die Auslandsgesellschaft gerechtfertigt hätte.

§ 4 Umzugskosten

(1) Der Arbeitgeber übernimmt die der Arbeitnehmerin entstehenden Kosten für die Suche nach einer ihren jetzigen Wohnverhältnissen entsprechenden Wohnung ▬▬▬. Sollte am Sitz der Auslandsgesellschaft eine vergleichbare Wohnung nur zu einem höherem Mietzins als dem jetzigen der Arbeitnehmerin (▬▬▬) anzumieten sein, so trägt der Arbeitgeber den Differenzbetrag.

(2) Darüber hinaus kommt der Arbeitgeber für die Kosten auf, die der Arbeitnehmerin durch die Wohnungssuche entstehen (z.B. Anzeigen, Reisekosten für Besichtigungstermine vom Wohnsitz der Arbeitnehmerin aus).

(3) Verpackungs- und Transportkosten für die Verbringung der Wohnungseinrichtung vom derzeitigen Wohnort zum Sitz der Auslandsgesellschaft und für den Fall der Rückkehr bei Weiterbeschäftigung beim Arbeitgeber im Inland trägt der Arbeitgeber bis zu einer Höhe von maximal ▬▬▬ EUR. Die Beauftragung eines geeigneten Umzugsunternehmens ist vorab mit dem Arbeitgeber abzustimmen.

(4) Alle Kosten, die der Arbeitnehmerin im Zusammenhang mit behördlichen Genehmigungen oder Anmeldungen, die durch die Versetzung verursacht sind, entstehen, werden vom Arbeitgeber erstattet.

§ 5 Heimreise

Der Arbeitgeber verpflichtet sich, während der Dauer des Auslandsaufenthalts die Kosten von zwei Heimreisen an den jetzigen Wohnsitz der Arbeitnehmerin zu finanzieren.

§ 6 Steuern, Abgaben und Sozialversicherungsbeiträge

(1) Sämtliche Zahlungen nach diesem Vertrag erfolgen – unbeschadet der grundsätzlichen Verantwortlichkeit der Arbeitnehmerin gemäß Absatz 2 und 3 – abzüglich der vom Arbeitgeber einzubehaltenden Steuern, Abgaben und Sozialversicherungsbeiträge. Steuern auf geldwerte Vorteile sind von der Arbeitnehmerin zu tragen.

(2) Die Arbeitnehmerin ist verpflichtet, die steuerlichen Vorschriften in Deutschland und im Ausland zu beachten und die sich daraus ergebenden Verpflichtungen zu erfüllen. Davon unberührt bleibt die Verpflichtung der Arbeitgeberin und der Auslandsgesellschaft zur ordnungsgemäßen Abführung von Steuern und Sozialversicherungsbeiträgen nach den jeweiligen nationalen Vorschriften.

§ 7 Verhalten

Die Arbeitnehmerin ist verpflichtet, die Gesetze und Bestimmungen am Sitz der Auslandsgesellschaft zu beachten und die dort herrschenden Sitten und Gebräuche zu respektieren.

§ 8 Informationspflicht/persönliche Daten

Die Arbeitnehmerin ist verpflichtet, dem Arbeitgeber jede Änderung der persönlichen Daten und der Anschrift mitzuteilen. Sämtliche Folgen, die aus einer Missachtung der oben genannten Meldeverpflichtung entstehen, gehen zu Lasten der Arbeitnehmerin, sofern dieser ein Verschulden anzulasten ist. Dies gilt insbesondere dann, wenn es dem Arbeitgeber aufgrund der nicht gemeldeten Anschrift unmöglich ist, der Arbeitnehmerin eine Mitteilung zuzustellen. Für diesen Fall gilt die Mitteilung des Arbeitgebers zu dem Zeitpunkt des Zugangsversuchs als zugestellt, sofern die Zustellung später nachgeholt wird.

§ 9 Anrechnung von Entschädigungen und Doppelzahlungen

(1) Wird die Arbeitnehmerin nach Beendigung ihrer Tätigkeit bei der Auslandsgesellschaft beim Arbeitgeber nach Maßgabe des § 3 dieser Vereinbarung weiter beschäftigt, so verzichtet sie auf die Zahlung eventuell ihr nach den Gesetzen oder Betriebsüblichkeiten im Ausland zustehender Abgangs-/oder Entlassungsentschädigungen oder sonstiger Zahlungen aufgrund der Beendigung ihrer Tätigkeit im Ausland. Erfolgen derartige Zahlungen ungeachtet dieses Verzichts, so sind sie von der Arbeitnehmerin an den Arbeitgeber abzuführen bzw. ist dieser berechtigt, sie mit Ansprüchen der Arbeitnehmerin an den Arbeitgeber zu verrechnen.

(2) Erhält die Arbeitnehmerin von der Auslandsgesellschaft aus Anlass ihrer dortigen Tätigkeit Leistungen, die nach Art und Zweck mit Zahlungen des Arbeitgebers aufgrund dieses Vertrag wie gemäß §§ 4, 5 vergleichbar sind, so wird die Arbeitnehmerin den Arbeitgeber hierüber unverzüglich unterrichten. Es besteht Einigkeit darüber, dass die Arbeitnehmerin derartige Leistungen nur einmal zu erhalten berechtigt ist. Maßgeblich ist der jeweils höhere Betrag. Im Falle von bereits erfolgten Doppelzahlungen ist die Arbeitnehmerin zur Abführung an den Arbeitgeber verpflichtet bzw. dieser berechtigt, sie mit Ansprüchen der Arbeitnehmerin gegen den Arbeitgeber zu verrechnen.

§ 10 Vertraulichkeit

Diese Vereinbarung ist vertraulich zu behandeln.

§ 11 Rechtswahl/Gerichtsstand

(1) Auf diesen Vertrag findet ausschließlich das Recht der Bundesrepublik Deutschland in der jeweils geltenden Fassung Anwendung.

(2) Gerichtsstand für alle Streitigkeiten aus und in Verbindung mit diesem Vertrag und seiner Beendigung ist ▬▬▬.

§ 12 Schlussvorschriften

(1) Änderungen und Ergänzungen dieses Vertrages sind nur wirksam, wenn sie schriftlich erfolgen. Die Schriftform ist unverzichtbar.

(2) Sollten einzelne Bestimmungen dieses Vertrages unwirksam sein, so bleiben die übrigen Bestimmungen dieses Vertrages hiervon unberührt.

(3) Die unwirksamen Bestimmungen sollen durch solche wirksamen Bestimmungen ersetzt werden, die dem vertraglichen Zweck, wie er sich aus der Gesamtheit der Bestimmungen ergibt, am nächsten kommen.

(4) Jeder Unterzeichner bestätigt mit seiner Unterschrift zugleich den Erhalt einer von dem anderen Vertragspartner gegengezeichneten Vertragsausfertigung.

▬▬▬ (Ort, Datum, Unterschriften)

5. Muster: Versetzung

An
Frau/Herrn ▪▪▪
im Hause

Zuweisung einer anderweitigen Tätigkeit

Sehr geehrte(r) Frau/Herr ▪▪▪,

in dem mit Ihnen am ▪▪▪ geschlossenen Arbeitsvertrag haben wir uns in § ▪▪▪ das Recht vorbehalten, Sie bei dringenden betrieblichen Erfordernissen zu versetzen bzw. Ihnen eine andere Tätigkeit zuzuweisen. Mit Wirkung vom ▪▪▪ werden Sie in der Abteilung ▪▪▪ mit den Aufgaben eines/einer ▪▪▪ betraut.

Eine Gehaltsminderung ist mit dieser Versetzung nicht verbunden.

Die Versetzung erfolgt aus folgenden Gründen: ▪▪▪

Zum Zeichen Ihres Einverständnisses mit der geplanten Versetzung bitten wir um Unterzeichnung des beigefügten Doppels dieses Schreibens. Der Betriebsrat ist ordnungsgemäß gehört worden und hat der Versetzung zugestimmt.

▪▪▪ (Ort, Datum, Unterschrift Firma)

Aushändigungserklärung

Die Versetzungsmitteilung habe ich am ▪▪▪ erhalten und zur Kenntnis genommen./Ich bin mit der Versetzung einverstanden.

▪▪▪ (Ort, Datum, Unterschrift Mitarbeiter)

6. Muster: Zustimmung des Mitarbeiters zum Betriebsübergang (mit Informationen des Arbeitgebers gemäß § 613a BGB)

Information zum Betriebsübergang nach § 613a BGB

Sehr geehrte(r) Frau/Herr ▪▪▪,

die Marktentwicklung im ▪▪▪-Geschäft erfordert eine leistungsfähige und flexible Organisation der Gesellschaft. Um die Wettbewerbsfähigkeit der Unternehmen zu erhalten bzw. zu verbessern, ist eine nachhaltige strukturelle Neuausrichtung erforderlich.

In einem ersten Schritt werden die ▪▪▪-Gesellschaften zum ▪▪▪ gesellschaftsrechtlich neu strukturiert. Dabei wird ein Organisationsgefüge geschaffen, das den heutigen Bedingungen des ▪▪▪-Geschäftes Rechnung trägt. Neben einer Finanz- und einer operativen Holding wird der neue formierte Teilkonzern innerhalb der ▪▪▪ AG im Wesentlichen aus einer Dienstleistungsgesellschaft sowie ▪▪▪ Regionalgesellschaften bestehen. In einem zweiten Schritt werden ab ▪▪▪ in den jeweiligen ▪▪▪-Gesellschaften weitere Restrukturierungsmaßnahmen vorgenommen.

Vor diesem Hintergrund haben die ▪▪▪ und die ▪▪▪ vereinbart, dass Betriebsteile der ▪▪▪ in die ▪▪▪, die künftige operative Holding, integriert werden.

Die vorstehende Veränderung berührt auch Ihr Beschäftigungsverhältnis. Die für sie wesentlichen Informationen haben wir im Folgenden zusammengestellt.

Der Übergang von Betriebsteilen der ▪▪▪ in die ▪▪▪ erfolgt durch Kaufvertrag zwischen der ▪▪▪ und der ▪▪▪. Da die Betriebsteile der ▪▪▪ hierbei in ihrem Bestand unverändert bleibt, vollzieht sich der für den ▪▪▪ geplante Übergang der Arbeitsverhältnisse der bei ▪▪▪ beschäftigten Arbeitnehmer/innen im Zuge des Betriebsübergangs nach § 613a BGB.

Als Anlage beigefügt übersenden wir Ihnen auch einen Vordruck, mit dem Sie Ihre Einwilligung zum Übergang Ihres Beschäftigungsverhältnisses erklären. Bitte leiten Sie uns die unterschriebene Erklärung innerhalb eines Monats an die folgende Anschrift zurück: ▪▪▪

Sie haben im Übrigen das Recht, dem Übergang Ihres Arbeitsverhältnisses zu widersprechen. Der Widerspruch muss gegenüber Ihrem bisherigen Personalbereich oder dem Personalbereich des neuen Arbeitgebers innerhalb eines Monats nach Zugang dieses Schreibens schriftlich erklärt werden. Für die Einhaltung dieser Frist ist der Zugang Ihres Widerspruchs bei einer der oben genannten Stellen maßgebend.

Widersprechen Sie als Arbeitnehmer dem Übergang Ihres Arbeitsverhältnisses nicht innerhalb der genannten Frist, finden für Sie, sofern Sie tariflicher Beschäftigter sind, die zum geplanten Zeitpunkt des Übergangs bei Ihrem neuen

Arbeitgeber geltenden Tarifverträge und Betriebsvereinbarungen gemäß § 613a Abs. 1 Satz 3 BGB Anwendung. Dies sind im Wesentlichen der Manteltarifvertrag, der Entgeltrahmentarifvertrag, der Entgelttarifvertrag, der Tarifvertrag über besondere Arbeitsbedingungen und die tariflichen Regelungen zur betrieblichen Altersversorgung.

Weiterhin gelten für Sie nach dem Betriebsübergang die betrieblichen Regelungen (Betriebsvereinbarungen etc.) Ihres neuen Arbeitgebers.

Die jeweiligen ■■■-Gesellschaften haben mit der Gewerkschaft ■■■ für tarifliche Arbeitnehmer Überleitungsregelungen vereinbart, die wir Ihnen im Folgenden kurz darstellen möchten:

Bezahlung
Künftig gelten für alle Gesellschaften die tariflichen Regelungen der ■■■, die sich von den Regelungen der ■■■ und ■■■ größtenteils nur hinsichtlich des Entgelts unterscheiden. Die Tarifvertragsparteien haben jedoch bisher sichergestellt, dass auch nach der Überleitung weiterhin die bisherige Bezahlung (Entgeltgruppe, Gruppenstufe) maßgebend bleibt. Darüber hinaus erfolgt zum ■■■ für Arbeitnehmer, die zurzeit nach den Entgelttabellen der ■■■ bezahlt werden, sogar die Anhebung auf die höhere Bezahlung der Entgelttabellen der ■■■.

Variables Entgelt
Bis zu einer Neuregelung erhalten Sie weiterhin Leistungsentgelt bzw. ergebnisbezogenes Entgelt nach dem Ihnen bekannten System.

Beurlaubungspraxis/Rückkehrrecht für Arbeitnehmer
Bisher bestehende Beurlaubungen werden unverändert übernommen. Im Anschluss daran erhalten die Arbeitnehmer der ■■■ ein zeitlich befristetes Rückkehrrecht.

Schichtarbeitsregelungen
Die bestehenden Schichtarbeitsregelungen der ■■■ finden auch nach der Überleitung vorerst weiter Anwendung.

Arbeitszeitregelungen
Die betrieblichen Regelungen zur Arbeitszeit gelten weiterhin standortbezogen bis zu einer Neuregelung in der neuen Organisationsstruktur weiter.

Telearbeit
Für alle ■■■-Gesellschaften wird ein Tarifvertrag Telearbeit geschlossen.

Hiernach ist die teilweise häusliche Arbeit möglich, wenn sich Arbeitgeber und Arbeitnehmer hierüber einigen.

Es ist unser gemeinsames Ziel, dass alle Restrukturierungsmaßnahmen von sozialverträglichen Regelungen begleitet werden.

Im Rahmen des Betriebsübergangs ist weiterhin Folgendes von Bedeutung:

- Die Dauer Ihrer Betriebszugehörigkeit bei Ihrem bisherigen Arbeitgeber wird vom neuen Arbeitgeber anerkannt.
- Der neue Arbeitgeber tritt in die Versorgungsverpflichtungen aus bestehenden Zusagen der betrieblichen Altersversorgung ein.
- Im Falle des Betriebsübergangs ist die Ausfertigung eines neuen Arbeitsvertrages nicht erforderlich.
- Ihre betriebliche Interessenvertretung bleibt im Übrigen erhalten, da jede Gesellschaft über einen Betriebsrat verfügt bzw. Übergangsmandate für Betriebsräte bestehen.

Ab ■■■ erfolgen nach der Schaffung der neuen Gesellschaftsstruktur weiterführende Restrukturierungsmaßnahmen. Durch eine vereinfachte Managementstruktur und Nutzung von Synergieeffekten sollen positive betriebswirtschaftliche Auswirkungen erzielt werden. Die bisherigen Planungen sehen dabei auch Standortoptimierungen und Personalbedarfsreduzierungen vor.

Mit dem Konzernbetriebsrat wurde diesbezüglich ein Interessenausgleich und Sozialplan geschlossen.

Im Interessenausgleich sind die Restrukturierungsmaßnahmen beschrieben. Darüber hinaus ist festgelegt, in welchem Umfang Personalbedarfsreduzierungen vorgenommen werden und es wird definiert, welche Standorte in der neuen Gesellschaftsstruktur erhalten bleiben. In den von Personalüberhängen berührten Bereichen findet ein Identifizierungsverfahren statt, bei dem die dort eingesetzten Beschäftigten nach persönlichen, sozialen und betrieblichen Gesichtspunkten verglichen werden. Dieses Verfahren wird durch ein örtliches Umsetzungsteam durchgeführt, das aus Vertretern des Betriebsrats und des Arbeitgebers besteht.

Soweit möglich, werden den identifizierten Beschäftigten freie zumutbare Arbeitsplätze innerhalb des Konzerns angeboten. Sollte dieses nicht möglich sein, besteht ein Anspruch auf eine Abfindungszahlung oder einen Wechsel in die Vermittlungs- und Qualifizierungseinheit der ■■■ AG. Beschäftigten, die sich für eines dieser Angebote entscheiden, kann nicht betriebsbedingt gekündigt werden.

Die Vermittlungs- und Qualifizierungseinheit ist im Wesentlichen ein internes Arbeitsamt, das Beschäftigte auf Dauerarbeitsplätze im Konzern vermitteln soll bzw. Beschäftigte zur besseren Vermittlung qualifiziert.

Im Übrigen wurden in einem Sozialplan Nachteilsausgleiche für identifizierte Beschäftigte vereinbart. Hierzu zählen u.a. Entgeltsicherungen, Abfindungszahlungen und Fahrmehrkostenregelungen.

Wir sind davon überzeugt, dass mit der Restrukturierung, auch vor dem Hintergrund der bevorstehenden Investorenbeteiligungen, hervorragende Voraussetzungen für die nachhaltige und langfristige Sicherung von Beschäftigungsmöglichkeiten sowie eine erfolgreiche Geschäftsentwicklung geschaffen werden.

Sollten Sie weiterführende Fragen haben, wenden Sie sich bitte an den Personalbereich:

	Telefonnummer
Herrn ▬▬▬	▬▬▬
Herrn ▬▬▬	▬▬▬
Frau ▬▬▬	▬▬▬

Darüber hinaus haben Sie die Möglichkeit, Informationsbedarf zu den Betriebsübergängen über folgende E-Mail-Hotline zu adressieren: ▬▬▬

Mit freundlichen Grüßen

Anlagen:
1. Vordruck § 613a BGB
2. Wortlaut § 613a BGB

Erklärung zum Betriebsübergang

Die ▬▬▬ und die ▬▬▬ haben vereinbart, dass Betriebsteile der ▬▬▬ in die ▬▬▬, die künftige operative Holding, integriert werden sollen.

Mit Schreiben vom ▬▬▬ informierten Sie mich über die rechtlichen Hintergründe zum Übergang meines Beschäftigungsverhältnisses auf die ▬▬▬.

Zu dieser Maßnahme erkläre ich hiermit mein Einverständnis.

▬▬▬ (Ort, Datum, Unterschrift Mitarbeiter)

§ 613a BGB Rechte und Pflichten bei Betriebsübergang

(1) Geht ein Betrieb oder Betriebsteil durch Rechtsgeschäft auf einen anderen Inhaber über, so tritt dieser in die Rechte und Pflichten aus den im Zeitpunkt des Übergangs bestehenden Arbeitsverhältnissen ein. Sind diese Rechte und Pflichten durch Rechtsnormen eines Tarifvertrages oder durch eine Betriebsvereinbarung geregelt, so werden sie Inhalt des Arbeitsverhältnisses zwischen dem neuen Inhaber und dem Arbeitnehmer und dürfen nicht vor Ablauf eines Jahres nach dem Zeitpunkt des Übergangs zum Nachteil des Arbeitnehmers geändert werden. Satz 2 gilt nicht, wenn die Rechte und Pflichten bei dem neuen Inhaber durch Rechtsnormen eines anderen Tarifvertrages oder durch eine andere Betriebsvereinbarung geregelt werden. Vor Ablauf der Frist nach Satz 2 können die Rechte und Pflichten geändert werden, wenn der Tarifvertrag oder die Betriebsvereinbarung nicht mehr gilt oder bei fehlender beiderseitiger Tarifgebundenheit im Geltungsbereich eines anderen Tarifvertrages dessen Anwendung zwischen dem neuen Inhaber und dem Arbeitnehmer vereinbart wird.

(2) Der bisherige Arbeitgeber haftet neben dem neuen Inhaber für Verpflichtungen nach Absatz 1, soweit sie vor dem Zeitpunkt des Übergangs entstanden sind und vor Ablauf von einem Jahr nach diesem Zeitpunkt fällig werden, als Gesamtschuldner. Werden solche Verpflichtungen nach dem Zeitpunkt des Übergangs fällig, so haftet der bisherige Arbeitgeber für sie jedoch nur in dem Umfang, der dem im Zeitpunkt des Übergangs abgelaufenen Teil ihres Bemessungszeitraums entspricht.

(3) Absatz 2 gilt nicht, wenn eine juristische Person oder eine Personenhandelsgesellschaft durch Umwandlung erlischt.

(4) Die Kündigung des Arbeitsverhältnisses eines Arbeitnehmers durch den bisherigen Arbeitgeber oder durch den neuen Inhaber wegen des Übergangs eines Betriebs oder eines Betriebsteils ist unwirksam. Das Recht zur Kündigung des Arbeitsverhältnisses aus anderen Gründen bleibt unberührt.

(5) Der bisherige Arbeitgeber oder neue Inhaber hat die von einem Übergang betroffenen Arbeitnehmer vor dem Übergang in Textform zu unterrichten über:
1. den Zeitpunkt oder den geplanten Zeitpunkt des Übergangs,
2. den Grund für den Übergang,

3. die rechtlichen, wirtschaftlichen und sozialen Folgen des Übergangs für die Arbeitnehmer und
4. die hinsichtlich der Arbeitnehmer in Aussicht genommenen Maßnahmen.

(6) Der Arbeitnehmer kann dem Übergang des Arbeitsverhältnisses innerhalb eines Monats nach Zugang der Unterrichtung nach Absatz 5 schriftlich widersprechen. Der Widerspruch kann gegenüber dem bisherigen Arbeitgeber oder dem neuen Inhaber erklärt werden.

7. Muster: Unterrichtung über Betriebsübergang

Betriebsübergang von ▬▬▬ auf Firma ▬▬▬ zum ▬▬▬

Frau/Herr

Name: ▬▬▬   Vorname: ▬▬▬

Wir möchten Sie hiermit darüber informieren, dass zum ▬▬▬ Ihr Arbeitsverhältnis mit der Firma ▬▬▬ auf die Firma ▬▬▬ übergehen wird. Grund für den Übergang ist ▬▬▬.

Für Sie bedeutet der Betriebsübergang, dass Ihr Arbeitsvertrag einschließlich evtl. Ansprüche auf betriebliche Altersversorgung nach § 613a BGB von der Firma ▬▬▬ übernommen wird. Sie behalten grundsätzlich Ihren Arbeitsplatz, allerdings bei einem neuen Arbeitgeber, der Firma ▬▬▬. Diese tritt in alle Rechte und Pflichten Ihres derzeit bestehenden Arbeitsverhältnisses ein.

(Im Fall des § 613a Abs. 1 Satz 2 BGB: Soweit Rechte und Pflichten in Ihrem Arbeitsverhältnis durch einen Tarifvertrag oder eine Betriebsvereinbarung geregelt sind, gelten diese für ein Jahr nach dem o.g. Zeitpunkt des Betriebsübergangs unverändert fort.)

(Im Fall des § 613a Abs. 1 Satz 3 BGB: Rechte und Pflichten aus Ihrem Arbeitsverhältnis richten sich auch nach einem Tarifvertrag und/oder einer Betriebsvereinbarung. Mit dem Zeitpunkt des Betriebsübergangs bestimmen sich diese Rechte und Pflichten nach dem bei der Firma ▬▬▬ anzuwendenden Tarifvertrag ▬▬▬ und/oder der Betriebsvereinbarung ▬▬▬.)

Ein Wechsel des Arbeitgebers kann Ihnen nicht aufgezwungen werden. Deshalb können Sie spätestens innerhalb eines Monats nach Empfang dieses Schreibens dem Übergang Ihres Arbeitsverhältnisses auf die Firma ▬▬▬ widersprechen. Der Widerspruch muss bis zu diesem Termin bei ▬▬▬ in schriftlicher Form vorliegen (siehe unten). Sie können den Widerspruch sowohl uns gegenüber als auch gegenüber der Firma ▬▬▬ erklären. Wenn Sie nicht widersprechen, geht Ihr Arbeitsverhältnis gemäß § 613a BGB auf die Firma ▬▬▬ über, andernfalls besteht es mit uns fort. Ein Widerspruch kann die Folge haben, dass wir Ihr Arbeitsverhältnis aus betriebsbedingten Gründen wegen Wegfall des Arbeitsplatzes und fehlender Weiterbeschäftigungsmöglichkeit kündigen müssen. Eine Kündigung wegen des Betriebsübergangs ist dagegen gemäß § 613a Abs. 4 BGB unzulässig.

Etwaige Rückfragen bzw. Erläuterungen bitten wir bis spätestens zum ▬▬▬ schriftlich an uns zu richten. Andernfalls gehen wir davon aus, dass die erteilten Informationen für Sie i.S.v. § 613a Abs. 5 BGB ausreichend sind.

Mit freundlichen Grüßen

Empfangsbestätigung

Datum ▬▬▬

Unterschrift ▬▬▬

Widerspruch

Zurück an ▬▬▬

Hiermit widerspreche ich dem Übergang meines Arbeitsverhältnisses auf die Firma ▬▬▬. Über die hiermit verbundenen möglichen Folgen bin ich informiert.

Betrieb: ▬▬▬

Name, Vorname: ▬▬▬

Personalnummer: ▬▬▬

Datum: ▬▬▬

Unterschrift: ▬▬▬

8. Muster: Verwirkungsschutz zum Widerspruch bei Betriebsübergang[143]

Sehr geehrte Damen und Herren,

wir bestellen uns für unseren Mandanten ■■■.

Sie haben unserem Mandanten eine Mitteilung darüber zukommen lassen, dass der Betrieb ■■■ nach § 613a BGB auf den Erwerber ■■■ übergegangen sei. Dieses Schreiben enthält nach unserer Auffassung eine ganze Reihe von Ungereimtheiten und Unvollständigkeiten, so dass wir erwägen, dem Betriebsübergang zu widersprechen. Da der Sachverhalt für uns noch nicht ausreichend aufgeklärt ist, erklären wir zum gegenwärtigen Zeitpunkt in Vollmacht unseres Mandanten noch keinen Widerspruch. Unser Mandant behält sich allerdings vor, zu einem späteren Zeitpunkt den Widerspruch auszusprechen.

Mit freundlichen Grüßen

(Rechtsanwalt)

9. Muster: Erteilung einer Prokura

Prokura

Die Firma ■■■, vertreten durch ■■■, erteilt hiermit Frau/Herrn ■■■, wohnhaft in ■■■,

Prokura.

Die Prokura ist als Gesamtprokura ausgestattet. Frau/Herr ■■■ kann gemeinschaftlich mit einem weiteren Prokuristen oder einem Geschäftsführer die Firma vertreten. Die Prokura gilt für sämtliche Niederlassungen der Firma/nur für die Niederlassung ■■■.

Frau/Herr ■■■ ist auch/nicht befugt, Grundstücke zu veräußern und zu belasten.

Frau/Herr ■■■ ist von den Beschränkungen des § 181 BGB befreit/nicht befreit.

■■■ (Ort, Datum, Unterschrift Firma)

10. Muster: Erteilung einer Handlungsvollmacht

Handlungsvollmacht

1. Ergänzend zum Anstellungsvertrag wird Frau/Herrn ■■■ gemäß § 54 Abs. 1 HGB mit Wirkung ab ■■■

Handlungsvollmacht

erteilt.

2. Die Handlungsvollmacht wird als Einzelvollmacht erteilt und umfasst alle Geschäfte und Rechtshandlungen, die der Betrieb der Firma gewöhnlich mit sich bringt, mit Ausnahme von

- Aufnahme von Darlehen;
- Erwerb/Veräußerung von Grundstücken, grundstücksgleichen Rechten oder Verfügung jedweder Art hierüber;
- Führung von Prozessen;
- Ausstellung und Akzeptierung von Wechseln;
- Abgabe von Bürgschafts-, Garantie- und anderen Haftungserklärungen für fremde Schuld;
- Vermittlerverträgen.

---

[143] Angesichts des Urteils des BAG vom 13.7.2006 (BAG 13.7.2006 – 8 AZR 382/05, NZA 2006, 1406) kann das Recht des Arbeitnehmers, dem Betriebsübergang zu widersprechen, verwirken. Um dem Betriebsveräußerer den Einwand der Verwirkung zu nehmen, insbesondere kein Umstandsmoment eintreten zu lassen, auf das sich der Veräußerer berufen könnte, empfiehlt es sich für den Arbeitnehmer beim Betriebsübergang, ein Schreiben an seinen bisherigen Arbeitgeber zu senden, in dem er sich die Ausübung des Widerspruchsrechts vorbehält. Durch diesen Vorbehalt wird ausgeschlossen, dass das Umstandsmoment begründet wird, wonach entsprechend den Grundsätzen von Treu und Glauben der Veräußerer das über einen langen Zeitraum festzustellende Schweigen des Arbeitnehmers als Verwirkungstatbestand ansehen könnte.

3. Die Handlungsvollmacht ist durch den Vorstand frei widerruflich und endet in jedem Fall zu dem Zeitpunkt, in dem Frau/Herr ▓▓▓ oder die Firma eine Kündigung des Anstellungsvertrages ausgesprochen hat bzw. eine Aufhebung des Arbeitsverhältnisses vereinbart wurde.

Mit seiner/ihrer Unterschrift bestätigt Frau/Herr ▓▓▓, ein Exemplar dieser Handlungsvollmacht erhalten zu haben und für ihre Einhaltung Sorge zu tragen.

▓▓▓ (Ort, Datum, Unterschrift)

11. Muster: Wiedereingliederungsvertrag

Wiedereingliederungsvertrag

Zwischen

der Firma ▓▓▓

und

Herrn/Frau ▓▓▓

wird folgender Wiedereingliederungsvertrag geschlossen:

1. Vertragsgegenstand

Herr/Frau ▓▓▓ wird probeweise und befristet zur Wiedereinarbeitung nach längerer Krankheit eingestellt. Der Personalbogen vom ▓▓▓ ist Gegenstand dieses Vertrages.

Die Vertragspartner wünschen, dass Herr/Frau ▓▓▓ sich in der Firma als EDV-Sachbearbeiter/in soweit wieder einarbeiten wird, dass das Arbeitsverhältnis aufgrund des Vertrages vom ▓▓▓ weitergeführt werden kann.

2. Beginn und Ende der Wiedereinarbeitung

Das Wiedereingliederungsverhältnis beginnt am ▓▓▓. Die Zeit der Einarbeitung wird auf sechs Monate beschränkt. Sie endet mit Fristablauf.

Bereits vor Fristablauf kann jeder Vertragspartner mit einer Frist von 2 Wochen ohne Angabe von Gründen das Wiedereingliederungsverhältnis kündigen.

Die Wiedereingliederungszeit kann verlängert werden. Es bedarf dazu jedoch einer ausdrücklichen Vereinbarung. Bei einer Tätigkeit über den Fristablauf hinaus gilt das Wiedereingliederungsverhältnis nicht als stillschweigend verlängert. Ein Widerspruch i.S.d. § 625 BGB ist nicht erforderlich.

3. Arbeitszeit und -aufgaben

Die Einarbeitungszeit gliedert sich in zwei Abschnitte.

Für die Zeit bis zum ▓▓▓ wird Herr/Frau ▓▓▓ pro Tag ▓▓▓ Stunden mit ▓▓▓ betraut.

Ab dem ▓▓▓ bis zum ▓▓▓ erhöht sich die tägliche Arbeitszeit auf ▓▓▓ Stunden.

Nach diesem Zeitpunkt kann eine Erhöhung der täglichen Arbeitszeit nur in Übereinstimmung mit und auf Anraten des behandelnden Arztes von Herrn/Frau ▓▓▓ erfolgen.

Während der gesamten Vertragszeit wird in Abständen von zwei Wochen mit Herrn/Frau ▓▓▓ der bis dahin erzielte Einarbeitungserfolg besprochen.

Bei diesen Gesprächen sollen auch die weiteren Abschnitte der Einarbeitung miteinbezogen werden, die eine phasenweise Steigerung der Anforderungen am Arbeitsplatz anstreben, um das Ziel einer weiteren Gewöhnung und eine Steigerung der bisherigen Leistung unter Berücksichtigung des gesundheitlichen Zustandes des/r Herrn/Frau ▓▓▓ zu erreichen.

Vor Abschluss der Wiedereinarbeitungszeit findet ein Gespräch statt, indem abschließend über den weiteren Verlauf des ursprünglichen Arbeitsverhältnisses entschieden werden soll.

4. Vergütung

Eine Vergütung wird während der Wiedereingliederung nicht gezahlt.

5. Urlaub und Entgeltfortzahlung

Herr/Frau ▓▓▓ hat während der Zeit der Wiedereingliederung weder einen Anspruch auf Urlaub noch auf Entgeltfortzahlung im Krankheitsfall.

6. Auswirkungen auf das ursprüngliche Arbeitsverhältnis

Während der Wiedereingliederung ruht das ursprüngliche Arbeitsverhältnis. Die Pflichten aus dem Arbeitsvertrag vom ▬▬▬ sind für diese Zeit suspendiert.

Eine eventuelle krankheitsbedingte Kündigung dieses Arbeitsverhältnisses wird durch den Wiedereingliederungsversuch nicht ausgeschlossen. In der Wiedereingliederung ist insbesondere kein Verzicht auf ein solches Kündigungsrecht zu erblicken.

7. Pflichten des Herrn/der Frau ▬▬▬

Herr/Frau ▬▬▬ verpflichtet sich, dem Geschäftsführer der Firma Überforderung durch die ihm/ihr zugewiesenen Tätigkeiten unverzüglich anzuzeigen und nicht über die in diesem Vertrag vereinbarte Arbeitszeit hinaus tätig zu sein.

Des Weiteren verpflichtet er/sie sich, bei der Bundesagentur für Angestellte einen Antrag auf Arbeitgeberzuschuss für berufsfördernde Leistungen gemäß § 17 SGB VI zu stellen.

▬▬▬ (Ort, Datum, Unterschrift Firma)

▬▬▬ (Ort, Datum, Unterschrift Herr/Frau)

12. Muster: Vereinbarung über alternierende Telearbeit

Vereinbarung

Zwischen

der Firma ▬▬▬

– nachstehend Arbeitgeber genannt –

und

Herrn/Frau ▬▬▬

– nachstehend Arbeitnehmer/in genannt –

wird Folgendes vereinbart:

§ 1

(1) Herrn/Frau ▬▬▬ wird ab ▬▬▬ die Möglichkeit eingeräumt, die ihm/ihr übertragenen Tätigkeit ▬▬▬ im Rahmen einer **alternierenden Telearbeit** auch außerhalb der betrieblichen Arbeitsstätte, d.h. an der häuslichen Arbeitsstätte zu erledigen.

Der Status eines/einer Arbeitnehmers/in bleibt durch diese Maßnahme unangetastet.

(2) Die im Arbeitsvertrag vom ▬▬▬ getroffenen Vereinbarungen gelten weiterhin.

(3) Die häusliche Arbeitsstätte ist die unter der oben aufgeführten Anschrift bestehende Wohnung des/der Arbeitnehmers/in.

§ 2

(1) Die arbeitsvertraglich vereinbarte regelmäßige wöchentliche Arbeitszeit von ▬▬▬ Stunden ist wie folgt zu erbringen:

- Erledigung der Arbeiten an der häuslichen Arbeitsstätte: ▬▬▬
- Erledigung der Arbeiten an der betrieblichen Arbeitsstätte: ▬▬▬

Bei einer freien Einteilung der an der häuslichen Arbeitsstätte zu erbringenden Arbeitszeiten hat der/die Arbeitnehmer/in die Bestimmungen des Arbeitszeitgesetzes zu beachten.

(2) Fahrten zwischen der häuslichen und der betrieblichen Arbeitsstätte gelten nicht als Arbeitszeit.

(3) Überstunden müssen vom Arbeitgeber im Voraus angeordnet werden; eine nachträgliche Genehmigung ist nicht möglich.

(4) Zuschläge für Arbeitsleistungen zu ungünstigen Zeiten werden nur dann gemäß den tarifvertraglichen Regelungen gezahlt, wenn entsprechende Arbeitsleistungen an den einen solchen Anspruch begründenden Zeiten vom Arbeitgeber verlangt/angeordnet worden sind.

(5) Der/Die Arbeitnehmer/in erfasst alle geleisteten Arbeitszeiten in einem Arbeitstagebuch, das dem jeweiligen unmittelbaren Vorgesetzten spätestens bis zum 05. des auf den Aufzeichnungsmonat folgenden Monats unaufgefordert vorzulegen ist.

§ 3

(1) Die notwendigen technischen Arbeitsmittel für die häusliche Arbeitsstätte werden vom Arbeitgeber kostenlos zur Verfügung gestellt und bleiben Eigentum des Arbeitgebers. Der Auf- und Abbau sowie die Wartung der bereitgestellten Arbeitsmittel erfolgt durch den Arbeitgeber. Der Arbeitgeber führt über diese Arbeitsmittel eine Inventarliste, die von der/die Arbeitnehmer/in gegenzuzeichnen ist.

(2) Die Nutzung der vom Arbeitgeber zur Verfügung gestellten Arbeitsmittel für private Zwecke ist untersagt.

(3) Der/Die Arbeitnehmer/in ist verpflichtet, die bereitgestellten Arbeitsmittel vor dem Zugriff Dritter zu schützen.

(4) Die Einrichtung der häuslichen Arbeitsstätte mit Büromöbeln unterliegt grundsätzlich dem/der Arbeitnehmer/in. Dabei ist darauf zu achten, dass die Büromöbel den Erfordernissen der Arbeitsergonomie und der Arbeitssicherheit entsprechen.

§ 4

(1) Der/Die Arbeitnehmer/in hat auf den Schutz von Daten und Informationen gegenüber Dritten an der häuslichen Arbeitsstätte besonders zu achten. Er/Sie hat insbesondere dafür Sorge zu tragen, dass Dritte keine Einsicht in vertrauliche Informationen und Passwörter nehmen können.

(2) Notwendige Arbeitsunterlagen können mit Zustimmung des unmittelbaren Vorgesetzten in der häuslichen Arbeitsstätte benutzt werden. Vertrauliche Unterlagen sind sodann verschlossen aufzubewahren.

§ 5

Vertreter des Arbeitgebers, der Beschäftigtenvertreter sowie Datenschutzbeauftragte haben nach vorheriger Abstimmung mit dem/der Arbeitnehmer/in Zugang zur häuslichen Arbeitsstätte.

§ 6

(1) Für die der häuslichen Arbeitsstätte zuzuordnenden Haftungs- und Versicherungsschutzangelegenheiten gelten die gleichen Regelungen wie in der betrieblichen Arbeitsstätte.

(2) Schadensersatzansprüche Dritter, die berechtigt sind und ursächlich im Zusammenhang mit der häuslichen Arbeitsstätte stehen, übernimmt der Arbeitgeber im Falle der leichten Fahrlässigkeit.

(3) Die zur Verfügung gestellten Arbeitsmittel sind nicht durch die Hausratversicherung der/des Arbeitnehmers/in mitzuversichern, sondern bleiben in die Versicherung des Arbeitgebers einbezogen.

§ 7

(1) Der/Die Arbeitnehmer/in erhält für die ihr/ihm im Zusammenhang mit der häuslichen Arbeitsstätte anfallenden Kosten eine Aufwandsentschädigung in Höhe von ■■■ EUR monatlich. Damit sind alle entstehenden Kosten für Strom, Heizung, Miete, Reinigung etc. abgegolten.

(2) Die zu dienstlichen Zwecken nachweislich angefallenen Telekommunikationskosten werden vom Arbeitgeber erstattet.

§ 8

(1) Diese Vereinbarung kann von beiden Seiten mit einer Frist von 2 Wochen zum Monatsende ohne Angabe von Gründen gekündigt werden.

Gleichwohl kann diese Vereinbarung jederzeit im gegenseitigen Einvernehmen beendet werden. Darüber hinaus bleibt die Möglichkeit einer fristlosen Kündigung aus wichtigem Grund i.S.d. § 626 BGB unberührt.

(2) Der dem Arbeitsverhältnis zugrunde liegende Arbeitsvertrag wird von einer Kündigung bzw. Beendigung dieser Vereinbarung nicht berührt.

(3) Diese Vereinbarung endet – ohne dass es einer Kündigung bedarf – mit Beendigung des zugrunde liegenden Arbeitsverhältnisses oder mit einem Wohnungswechsel des/der Arbeitnehmers/in.

(4) Bei Beendigung der Telearbeit hat der Arbeitnehmer/in die ihm/ihr vom Arbeitgeber zur Verfügung gestellten Arbeitsmittel unverzüglich herauszugeben.

§ 9

(1) Änderungen und Ergänzungen dieser Vereinbarung bedürfen zu ihrer Gültigkeit der Schriftform.

(2) Diese Vereinbarung ist in zwei Exemplaren ausgefertigt. Der/die Arbeitnehmer/in hat eine Ausfertigung erhalten.

■■■ (Ort, Datum, Unterschrift Arbeitgeber)

■■■ (Ort, Datum, Unterschrift Arbeitnehmer/in)

13. Muster: Bestehen der Probezeit

Betr.: Probezeit

Sehr geehrte(r) ▬▬▬,

wir dürfen Ihnen die erfreuliche Mitteilung machen, dass Sie die nach Ihrem Arbeitsvertrag zu Beginn Ihres Arbeitsverhältnisses vorgesehene Probezeit erfolgreich bestanden haben.

Wir wünschen uns viele Jahre guter Zusammenarbeit mit Ihnen und verbleiben

mit freundlichen Grüßen

14. Muster: Verlängerung der Probezeit durch Aufhebungsvertrag[144]

1. Die Probezeit des Arbeitsverhältnisses gemäß § ▬▬▬ Arbeitsvertrag vom ▬▬▬ endet am ▬▬▬. Nach derzeitigem Erkenntnisstand kann die Firma noch nicht mit der gebotenen Gewissheit feststellen, dass die Probezeit erfolgreich bestanden wurde.

2. Das Arbeitsverhältnis wird vier Monate nach Ablauf der Probezeit beendet. Die Zeit zwischen dem Ende der Probezeit und dem Ende des Arbeitsverhältnisses wird dem Arbeitnehmer gewährt, um sich im Arbeitsverhältnis zu bewähren.

3. Mit diesem Aufhebungsvertrag endet das Arbeitsverhältnis am ▬▬▬. Sollte sich der Arbeitnehmer in der Zeit bis zum Ende des Arbeitsverhältnisses hinreichend bewähren, wird die Firma ihm ein Wiedereinstellungsangebot unter den bisherigen Bedingungen seines Arbeitsvertrages unterbreiten. Ein Rechtsanspruch auf Wiedereinstellung entsteht durch den vorliegenden Aufhebungsvertrag nicht.

15. Muster: Mitteilung der Zweckerreichung

Betr.: Zweckerreichung Ihres Arbeitsverhältnisses

Sehr geehrte(r) ▬▬▬,

wir hatten Sie, wie Sie wissen, mit Arbeitsvertrag vom ▬▬▬ zu dem Zweck eingestellt, um die wegen Erkrankung von Herrn ▬▬▬ unbesetzte Stelle auszufüllen. Zwischenzeitlich ist Herr ▬▬▬ wieder genesen. Er wird am ▬▬▬ seine Arbeit wieder aufnehmen.

Damit ist der Zweck Ihres Arbeitsverhältnisses, Vertretung während der Erkrankung von Herrn ▬▬▬, erreicht. Aufgrund der Zweckerreichung endet gemäß § 15 Abs. 2 TzBfG Ihr Arbeitsverhältnis am ▬▬▬. Gemäß § 37b SGB III müssen Sie sich innerhalb von drei Tagen bei der zuständigen Agentur für Arbeit arbeitslos melden. Wenn Sie diese Frist versäumen, kann das Arbeitsamt eine einwöchige Sperrzeit anordnen.

Wir danken Ihnen für die von Ihnen geleistete Arbeit. Wir werden, sofern wir noch einmal Bedarf haben, gerne wieder auf Sie zukommen.

Für Ihre weitere berufliche Zukunft wünschen wir Ihnen alles erdenklich Gute.

Mit freundlichen Grüßen

---

144 Die Vereinbarung entspricht dem gleichgelagerten Sachverhalt eines Urteils des BAG (BAG 7.3.2002 – 2 AZR 93/01, NZA 2002, 1000).

16. Muster: Ruhensvereinbarung

Vereinbarung

zwischen

der Firma ■■■

– nachfolgend „Gesellschaft" genannt –

und

Herrn ■■■

– nachfolgend „Geschäftsführer" genannt –

Präambel

Der Geschäftsführer steht seit dem ■■■ in einem Arbeitsverhältnis mit verschiedenen Gesellschaften des Konzerns. Grundlage der gegenwärtigen Beschäftigung ist der „Anstellungsvertrag Oberer Führungskreis" mit der Gesellschaft vom ■■■. Im Rahmen dieses Arbeitsverhältnisses nimmt der Geschäftsführer die Aufgaben des Vorsitzenden der Geschäftsführung einer GmbH (Tochtergesellschaft) wahr.

Seit ■■■ führt die Gesellschaft mit der Firma ■■■ und anderen Unternehmen Gespräche über den Verkauf (von Aktivitäten) der Tochtergesellschaft. Um einerseits diesen Verkauf zu fördern, andererseits die angestammten Rechte des Geschäftsführers zu erhalten, sichert die Gesellschaft dem Geschäftsführer im Fall des Zustandekommens eines Verkaufs (von Aktivitäten) der Tochtergesellschaft auf dessen Verlangen ein Recht auf Weiterbeschäftigung auf einem seinen Kenntnissen und Fähigkeiten entsprechenden, freien Arbeitsplatz in der Gesellschaft oder im Konzern zu. Die Weiterbeschäftigung, der u.a. die Bestimmungen der Konzernbetriebsvereinbarungen (z.B. über die Anerkennung von Vordienstzeiten in Unternehmen des Konzerns) zugrunde liegen, erfolgt nach Maßgabe der folgenden Bestimmungen:

1. Für die Zeit, während der zwischen dem Geschäftsführer und einem Erwerber (von Aktivitäten) der Tochtergesellschaft ein Dienstverhältnis als Geschäftsführer zustande kommt, ruhen die Rechte und Pflichten aus dem zwischen den Parteien bestehenden Arbeitsverhältnis.

2. Der Geschäftsführer erhält das Recht, durch einseitige Erklärung gegenüber der Gesellschaft unter Einhaltung einer Ankündigungsfrist von drei Monaten das ruhend gestellte Arbeitsverhältnis (Anstellungsvertrag vom ■■■) zu aktivieren. Das Recht zur Aktivierung des Arbeitsverhältnis besteht nicht, wenn der Geschäftsführeranstellungsvertrag des Geschäftsführers mit dem Erwerber (von Aktivitäten) der Tochtergesellschaft wegen des Versuchs oder der Vollendung der strafbaren Handlung arbeitgeberseits außerordentlich beendet und der Kündigungsgrund rechtskräftig festgestellt wurde.

3. Für den Fall, dass die Gesellschaft bis zum Ablauf der in Ziff. 2 Satz 1 genannten Ankündigungsfrist feststellt, dass eine den Kenntnissen und Fähigkeiten des Geschäftsführers entsprechende, vergleichbare, freie Stelle innerhalb der Gesellschaft oder des Konzerns nicht vorhanden ist, entfällt die Verpflichtung der Gesellschaft zur Weiterbeschäftigung des Geschäftsführers. Das zwischen den Parteien ruhende Arbeitsverhältnis wird in diesem Falle mit Ablauf der Ankündigungsfrist beendet. Vergleichbar im Sinne von Satz 1 sind Stellen einer der von dem Geschäftsführer zuletzt vor Ruhensbeginn ausgeübten Tätigkeit entsprechenden Stellenwertgruppe.

Für den damit verbundenen Verlust des Arbeitsplatzes des Geschäftsführers auf Veranlassung des Arbeitgebers aus betriebsbedingten Gründen zahlt die Gesellschaft eine Abfindung gemäß §§ 9, 10 KSchG i.V.m. § 3 Nr. 9 EStG in Höhe eines halben Bruttomonatsgehalts pro Jahr des Bestehens des Arbeitsverhältnisses im Konzern (seit ■■■) sowie darüber hinaus von sechs weiteren Bruttomonatsgehältern. Die Berechnung der Abfindung erfolgt auf Basis des vom Geschäftsführer zuletzt vor seinem Ausscheiden beim Erwerber (von Aktivitäten) der Tochtergesellschaft bezogenen und durch Verdienstbescheinigung gegenüber der Gesellschaft nachgewiesenen Monatsverdienstes. Der Monatsverdienst entspricht 1/12 des regelmäßigen Jahresverdienstes unter ausschließlicher Zugrundelegung des Fixgehaltes sowie der leistungsabhängigen und unternehmenserfolgsabhängigen, variablen Vergütungsbestandteile, jedoch ohne Einmalzahlungen oder sonstige (vergütungsähnliche) Arbeitgeberleistungen (wie z.B. Stock-Options). Die Auszahlung der Abfindung ist am Ende des dem Ablauf der Ankündigungsfrist folgenden Monats fällig.

4. Die Ansprüche des Geschäftsführers aus dem Pensionsvertrag vom ■■■ bleiben für die Zeit des Ruhens des Arbeitsverhältnisses unberührt. Als Dienstzeit im Sinne von § 2 des Pensionsvertrages gilt zusätzlich die Zeit des Ruhens des Arbeitsverhältnisses.

■■■ (Ort, Datum, Unterschriften)

17. Muster: Dienstreiseantrag

Name: ▪▪▪ Vorname: ▪▪▪
Reiseziel: ▪▪▪
Beginn der Dienstreise: Datum: ▪▪▪ Uhrzeit: ▪▪▪
Ende der Dienstreise: Datum: ▪▪▪ Uhrzeit: ▪▪▪
Fahrt mit: a) Bahn ▪▪▪
  b) Privat-Pkw ▪▪▪
  c) Firmen-Pkw ▪▪▪ wird benötigt von Datum: ▪▪▪ Uhrzeit: ▪▪▪
    bis Datum: ▪▪▪ Uhrzeit: ▪▪▪
  d) Flugzeug ▪▪▪
  e) Sonstiges ▪▪▪

Grund der Reise: ▪▪▪
Stellungnahme des Vorgesetzten: ▪▪▪
▪▪▪ (Ort, Datum, Unterschrift)
genehmigt: ▪▪▪

III. Urlaub

1. Muster: Urlaubsantrag

Name, Vorname: ▪▪▪
geb. am: ▪▪▪
Resturlaub Vorjahr (Der Urlaub muss bis spätestens 31.3. des laufenden Jahres genommen werden) ▪▪▪ Tage
Urlaubsanspruch laufendes Jahr ▪▪▪ Tage
Anspruch zum Zeitpunkt des Antrags ▪▪▪ Tage
Ich beantrage Urlaub vom ▪▪▪ bis ▪▪▪ ▪▪▪ Tage
verbleibender Resturlaub ▪▪▪ Tage

Während des Urlaubs vertritt mich: Herr/Frau ▪▪▪
▪▪▪ (Ort, Datum, Unterschrift Antragsteller)

Der Antrag auf Urlaub
❑ wird befürwortet/genehmigt. ❑ wird nicht befürwortet/genehmigt.
Bei Ablehnung bitte Begründung: ▪▪▪
▪▪▪ (Ort, Datum, Unterschrift Vorgesetzter)

Bearbeitungsvermerk Personalstelle: ▪▪▪
▪▪▪ (Ort, Datum, Unterschrift Personalstelle)

2. Muster: Genehmigung bezahlten Urlaubs

Sehr geehrte(r) Frau/Herr ▪▪▪,
Ihnen wird gemäß Ihrem Antrag vom ▪▪▪ Erholungsurlaub für die Zeit vom ▪▪▪ bis ▪▪▪ bewilligt.
Erkranken Sie während des Urlaubs, müssen Sie die Erkrankung unverzüglich unter Beifügung einer ärztlichen Bescheinigung der Firma anzeigen. Dauert die Erkrankung länger als in der ärztlichen Bescheinigung vermerkt, ist eine

weitere Arbeitsunfähigkeitsbescheinigung zu übersenden. Der Urlaub verlängert sich nicht um die in der ärztlichen Bescheinigung angegebenen Tage. Vielmehr wird der Urlaub durch eine Erkrankung unterbrochen. Resturlaub muss neu beantragt und erteilt werden.

Mit freundlichen Grüßen

3. Muster: Genehmigung unbezahlten Urlaubs/Sabbatical

Sehr geehrte(r) Frau/Herr ▬▬▬,

gemäß Ihrem Antrag vom ▬▬▬ erhalten Sie unbezahlten Urlaub, beginnend mit dem ▬▬▬ und endend am ▬▬▬. Während der Dauer der Beurlaubung ruhen Ihre Rechte und Pflichten aus dem Arbeitsverhältnis, insbesondere die Arbeits- und die Lohnzahlungspflicht. Sie sind deshalb weder kranken- noch renten- noch arbeitslosenversichert. Für die Absicherung der vorgenannten Risiken während Ihres unbezahlten Urlaubs müssen Sie daher selbst Sorge tragen.

Mit freundlichen Grüßen

4. Muster: Anwesenheitsprämie durch bezahlten Urlaub

Sehr geehrte(r) Frau/Herr ▬▬▬,

Sie erhalten als pauschalen Ausgleich für besondere Leistungen in Zeiten von Personalausfällen in einem Kalenderjahr unabhängig von der Vergütung von Überstunden jeweils im folgenden Kalenderjahr sechs zusätzliche Urlaubstage. Soweit Ihr Arbeitsverhältnis nicht während des gesamten Bezugsjahres bestand, erhalten Sie für jeden vollen Monat der Betriebszugehörigkeit einen halben zusätzlichen Urlaubstag. Bruchteile eines Urlaubstages können weder auf- noch abgerundet werden. Für Bruchteile von weniger als einem halben Tag kann kein zusätzlicher Urlaub, sondern nur eine Urlaubsabgeltung verlangt werden.

Eine Übertragung des als Anwesenheitsprämie gewährten zusätzlichen Urlaubs auf das folgende Jahr ist nicht möglich. Wird der zusätzliche Urlaub, beispielsweise wegen Beendigung des Arbeitsverhältnisses, in dem folgenden Jahr nicht gewährt, so ist er mit der Fälligkeit am 31.12. abzugelten. Wir räumen Ihnen weiterhin die Möglichkeit ein, die vorgezogene Erteilung des für das folgende Jahr zustehenden zusätzlichen Urlaubs im Zeitraum vom 22.12. bis 31.12. des laufenden Jahres in Natura zu verlangen.

Der in diesem Schreiben gewährte, zusätzliche Urlaub ist eine freiwillige und jederzeit widerrufliche Leistung der Firma. Einen Rechtsanspruch wollen wir mit dieser Zusage nicht begründen.

Außerdem knüpfen wir den zusätzlichen Urlaub an folgende Bedingung: Für jeden Tag der Abwesenheit von der Arbeit, gleichgültig aus welchem Grund, kürzen wir den zusätzlichen Urlaub um einen Dritteltag. Die Tage des Erholungsurlaubs, bis zu fünf Tagen Abwesenheit wegen Arbeitsunfähigkeit und bis zu drei Tagen entschuldigter Arbeitsverhinderung im Jahr zählen dabei nicht als Fehltage.

Bitte unterzeichnen Sie zum Zeichen Ihres Einverständnisses ein Doppel dieses Schreibens und senden es an die Personalabteilung zurück.

Mit freundlichen Grüßen

5. Muster: Urlaubsbescheinigung gemäß § 6 Abs. 2 BUrlG

Herr/Frau ▬▬▬, geboren am ▬▬▬, wohnhaft in ▬▬▬, war vom ▬▬▬ bis ▬▬▬ als ▬▬▬ in unserem Werk beschäftigt.

Der volle Urlaubsanspruch beträgt ▬▬▬ Tage im Kalenderjahr.

Es sind Herrn/Frau im Jahre ▬▬▬ in Natura ▬▬▬ Tage Urlaub gewährt worden.

Ferner wurden ▬▬▬ Tage abgegolten. Es wurden ▬▬▬ Tage Zusatzurlaub für ▬▬▬ gewährt.

Der Resturlaubsanspruch beträgt ▬▬▬ Tage.

Kapitel 2: Administration bestehender Arbeitsverhältnisse

IV. Mutterschaft/Elternzeit

1. Muster: Schreiben des Arbeitgebers einige Wochen vor der Niederkunft

persönlich/vertraulich

Frau ■■■

im Hause

Niederkunft

Sehr geehrte Frau ■■■,

wie Sie uns mitgeteilt haben, erwarten Sie ein Baby und haben damit Anspruch auf die Rechte nach dem Mutterschutzgesetz. Für die noch vor Ihnen liegende Zeit der Schwangerschaft wünschen wir Ihnen und Ihrem Baby alles Gute. Lassen Sie uns bitte freundlicherweise wissen, wann die Schwangerschaft voraussichtlich beendet sein wird und Sie Ihr Baby zur Welt gebracht haben werden.

Sie wissen, dass Sie vor dem von Ihrem Frauenarzt errechneten Geburtstermin Anspruch auf Arbeitsbefreiung für die Dauer von sechs Wochen haben. Nach der Geburt beträgt Ihre Schutzfrist acht Wochen, in denen Sie sich unter Fortzahlung Ihrer Bezüge Ihrem Baby widmen können. Bei Früh- oder Mehrlingsgeburten erhöht sich der Mutterschaftsurlaub nach der Geburt auf zwölf Wochen.

Vater und Mutter des neuen Erdenbürgers haben nach dem Bundeselterngeld- und Elternzeitgesetz das Recht, Elternzeit im Anschluss an den Mutterschutz zu erhalten bis zu dem Tag, an dem Ihr Kind 19 Monate alt wird. Das Recht auf Elternzeit steht jeweils einem Elternteil zu. Während der Elternzeit können mal der Vater und mal die Mutter das Recht auf Elternzeit in Anspruch nehmen.

Während der Elternzeit erhalten Sie von uns kein Arbeitsentgelt und dürfen nur einer Teilzeittätigkeit von nicht mehr als 19 Wochenstunden gegen Entgelt nachgehen.

Lassen Sie uns bitte vier Wochen vor der beabsichtigten Inanspruchnahme der Elternzeit wissen, wann und ob Sie die Elternzeit antreten und ob Sie ggf. die Elternzeit im Wechsel mit dem Vater Ihres Kindes wahrnehmen wollen.

Lassen Sie uns bitte ferner wissen, ob Sie beabsichtigen, während der Elternzeit einer Teilzeittätigkeit in unserem Hause nachzugehen.

Für unsere Personalplanung ist es wichtig, welche Absichten Sie im Hinblick auf die Entwicklung Ihres Arbeitsverhältnisses nach Beendigung der Elternzeit haben. Sie haben sicherlich Verständnis dafür, dass wir im Interesse Ihrer Kolleginnen und Kollegen, aber auch im Interesse unserer Kunden, die Stellen in unserem Hause optimal besetzen müssen und deshalb entscheiden müssen, ob die Stelle mit einer vorübergehenden Vertretung besetzt werden soll oder damit zu rechnen ist, dass Sie nach der Elternzeit gänzlich ausscheiden und deshalb von vornherein eine auf Dauer angelegte Neubesetzung Ihrer Position in Betracht kommt.

Erfahrungsgemäß sehen sich manche Mütter erst in den ersten Wochen nach der Geburt in der Lage, in dieser Frage zu einer endgültigen Entschließung zu kommen. Lassen Sie uns deshalb zu dem frühest möglichen Zeitpunkt, spätestens aber drei Wochen nach der Niederkunft wissen, ob Sie die Elternzeit in Anspruch nehmen wollen und ob Sie nach einer Inanspruchnahme der Elternzeit das Arbeitsverhältnis fortzusetzen beabsichtigen.

Mit freundlichen Grüßen

2. Muster: Mitteilung der Schwangerschaft an das Gewerbeaufsichtsamt

An das Gewerbeaufsichtsamt

in ■■■

Einstellung einer werdenden Mutter

Wir kommen der gesetzlichen Auflage nach und teilen Ihnen mit, dass wir Frau ■■■, geb. am ■■■, eingestellt haben. Frau ■■■ nimmt Ihre Arbeit am ■■■ auf/hat ihre Arbeit am ■■■ aufgenommen. Sie befindet sich im ■■■ Monat der Schwangerschaft.

3. Muster: Antrag auf Elternzeit (vollständige Freistellung)

↓

An die Firma ▬▬▬

Antrag des Arbeitnehmers auf Elternzeit gemäß § 16 BEEG

Sehr geehrte Damen und Herren,

im Anschluss an die Mutterschutzfrist nach dem Mutterschutzgesetz beantrage ich, ▬▬▬, die Gewährung von Elternzeit bis zu dem Tage, an dem mein Kind 24 Monate alt wird. Über eine etwaige Verlängerung der Elternzeit werde ich Sie rechtzeitig informieren.[145] Die voraussichtlichen Daten teile ich mit:

Entbindungstag: ▬▬▬

Ablauf der Mutterschutzfrist: ▬▬▬

Ich beabsichtige,

❑ das Arbeitsverhältnis nach Beendigung der Elternzeit fortzusetzen.

❑ das Arbeitsverhältnis nach Beendigung der Elternzeit nicht fortzusetzen und werde rechtzeitig kündigen.

▬▬▬ (Ort, Datum, Unterschrift)

↑

4. Muster: Antrag auf Elternzeit (mit Teilzeittätigkeit)

↓

An die Firma ▬▬▬

Antrag des Arbeitnehmers auf Elternzeit gemäß § 16 BEEG

Sehr geehrte Damen und Herren,

im Anschluss an die Mutterschutzfrist nach dem Mutterschutzgesetz beantrage ich, ▬▬▬, die Gewährung von Elternzeit bis zu dem Tage, an dem mein Kind 24 Monate alt wird. Über eine etwaige Verlängerung der Elternzeit werde ich Sie rechtzeitig informieren.[146] Bedingung für die Inanspruchnahme der Elternteilzeit ist, dass bis zu deren Beginn eine Einigung über die von mir beantragte Teilzeittätigkeit getroffen wird. Ich beabsichtige, für die Dauer der Elternzeit ab dem ▬▬▬ mit einer Wochenarbeitszeit von ▬▬▬ Stunden in Teilzeit weiterzuarbeiten. Die Arbeitszeit soll möglichst auf die Tage von Montag bis Mittwoch, jeweils von 8.00 bis 13.00 Uhr, verteilt werden. Ich bitte hierzu um Ihre Zustimmung.

Die voraussichtlichen Daten teile ich mit:

Entbindungstag: ▬▬▬

Ablauf der Mutterschutzfrist: ▬▬▬

▬▬▬ (Ort, Datum, Unterschrift)

↑

5. Muster: Schreiben des Arbeitgebers nach der Geltendmachung der Elternzeit

↓

Sehr geehrte/r Frau/Herr ▬▬▬,

herzlichen Glückwunsch zur Geburt Ihres Sohnes ▬▬▬/Ihrer Tochter ▬▬▬. Sie haben uns inzwischen mitgeteilt, dass Sie im Anschluss an die achtwöchige Schutzfrist nach der Entbindung die gesetzliche Elternzeit in Anspruch nehmen werden. Sie haben uns aber bisher nicht darüber unterrichtet, ob Sie beabsichtigen, das Arbeitsverhältnis nach Beendigung der Elternzeit fortzusetzen.

Unser Unternehmen muss im Interesse aller Mitarbeiter die Personalplanung ordnungsgemäß und rechtzeitig einleiten. Teilen Sie uns daher alsbald, spätestens bis zum ▬▬▬ mit, ab wann Sie das Arbeitsverhältnis mit uns fortsetzen wollen.

Ihnen und Ihrem Kind wünschen wir alles Gute.

↑

---

[145] Rechtzeitig vor Ablauf der Zwei-Jahres-Frist kann der Arbeitnehmer die Elternzeit einseitig um weitere 12 Monate verlängern, HWK/*Gaul*, § 17 BErzGG Rn 4.

[146] Rechtzeitig vor Ablauf der Zwei-Jahres-Frist kann der Arbeitnehmer die Elternzeit einseitig um weitere 12 Monate verlängern, HWK/*Gaul*, § 17 BErzGG Rn 4.

6. Muster: Ablehnung des Arbeitgebers einer während der Elternzeit gewünschten Teilzeittätigkeit

Sehr geehrte/r Frau/Herr ▄▄▄,

wir können Ihrem Antrag auf Teilzeitarbeit während der Elternzeit leider nicht entsprechen. Wir haben uns intensiv bemüht, anderweitige Mitarbeiter/Mitarbeiterinnen zu finden, die bereit wären, ebenfalls in Teilzeit zu arbeiten. Weder Stellenausschreibungen noch wiederholte Nachfragen bei der Agentur für Arbeit haben dazu geführt, dass wir geeignete Bewerber gefunden hätten.

Wir bedauern, Ihnen keine andere Nachricht übermitteln zu können.

7. Muster: Checkliste Elternzeit

I. Persönliche Angaben des Antragstellers (Berechtigten)
1. Name: ▄▄▄
   Anschrift: ▄▄▄
   Telefon: ▄▄▄
2. Berufliche Tätigkeit: ▄▄▄
3. Arbeitszeit: ▄▄▄
4. Monatliches Bruttoeinkommen: ▄▄▄
   Urlaubs-/Weihnachtsgeld: ▄▄▄
   Gratifikationen: ▄▄▄
   Provisionsvereinbarungen: ▄▄▄
   Betriebliche Altersversorgung: ▄▄▄
5. Persönliche Verhältnisse zum Kind: ▄▄▄
6. Geburtstag des Kindes: ▄▄▄

II. Anspruchsberechtigter (§ 15 Abs. 1 und 2 BEEG)
1. Arbeitnehmer/Auszubildender
   ❏ Ja   ❏ Nein
2. Personensorgeberechtigter
   ❏ Mutter/Vater
   ❏ Adoptivmutter/Adoptivvater
   ❏ Vormund/Pfleger, wenn sie die Personensorge für das Kind haben
3. Arbeitnehmer lebt mit dem Kind in einem Haushalt
   ❏ Ja   ❏ Nein
4. Arbeitnehmer betreut und erzieht selbst das Kind
   ❏ Ja   ❏ Nein
5. Der mit dem Arbeitnehmer in einem Haushalt lebende andere Elternteil ist erwerbstätig und nimmt keine Elternzeit in Anspruch
   ❏ Ja   ❏ Nein
6. Ausschluss wegen gleichzeitigem Mutterschutz
   ❏ Ja   ❏ Nein

III. Antragstellung
1. Formlos
2. Spätestens vier Wochen vor Beginn der Elternzeit
   Beginn der Elternzeit: ▄▄▄
   Gleichzeitige Erklärung, für welchen Zeitraum Elternzeit in Anspruch genommen werden soll
   Voraussichtliches Ende der Elternzeit: ▄▄▄

IV. Ende der Elternzeit
1. Grundsätzlich zu dem Zeitpunkt, bis zu dem Elternzeit beantragt wurde.
   Beantragtes Ende der Elternzeit: ▄▄▄

2. Spätestens bei Vollendung des dritten Lebensjahres des Kindes (§ 15 Abs. 2 Satz 1 BEEG)
   Geburtstag des Kindes: ▄▄▄
   Spätester Beendigungszeitpunkt: ▄▄▄
3. Spätestens drei Wochen nach dem Tod des Kindes (§ 16 Abs. 4 BEEG)
   Todestag des Kindes: ▄▄▄
   Beendigungszeitpunkt: ▄▄▄
4. Keine Beendigung oder Unterbrechung der laufenden Elternzeit durch die Geburt eines weiteren Kindes. Demnach auch kein Anspruch auf Mutterschaftsgeld gegen den Arbeitgeber (§ 14 MuSchG).

V. Verkürzung und Verlängerung der Elternzeit, mehrmalige Inanspruchnahme, Wechsel der Berechtigten

1. Vorzeitige Beendigung der Elternzeit vor dem ursprünglich beantragten Ende nur mit Einwilligung des Arbeitgebers (§ 16 Abs. 3 Satz 1 BEEG)
   Antrag auf vorzeitige Beendigung ❑ Ja ❑ Nein
   Neuer Endtermin: ▄▄▄
   Einwilligung des Arbeitgebers ❑ Ja ❑ Nein
2. Verlängerung der Elternzeit über den ursprünglichen Beendigungszeitpunkt hinaus grundsätzlich nur mit Zustimmung des Arbeitgebers
   Antrag auf Verlängerung ❑ Ja ❑ Nein
   Neuer Endtermin: ▄▄▄
   Zustimmung des Arbeitgebers ❑ Ja ❑ Nein
3. Bis zum dritten Geburtstag des Kindes darf maximal zweimal Elternzeit in Anspruch genommen werden (§ 16 Abs. 1 Satz 5 BEEG). Mitteilung der verschiedenen Zeiträume, in denen Elternzeit in Anspruch genommen werden soll, an den Arbeitgeber bereits vor der erstmaligen Inanspruchnahme.
   Inanspruchnahme der Elternzeit
   vom ▄▄▄ bis ▄▄▄
   vom ▄▄▄ bis ▄▄▄
   vom ▄▄▄ bis ▄▄▄
4. Wechsel in der Person des Berechtigten. Jeder einzelne Arbeitnehmer muss eine Erklärung gegenüber seinem Arbeitgeber abgeben. Dafür genügt jeweils die Einhaltung der Vierwochenfrist vor der jeweils erstmaligen Inanspruchnahme.
   Arbeitnehmer ▄▄▄ Elternzeit
   vom ▄▄▄ bis ▄▄▄
   vom ▄▄▄ bis ▄▄▄
   Arbeitnehmer ▄▄▄ Elternzeit
   vom ▄▄▄ bis ▄▄▄
   vom ▄▄▄ bis ▄▄▄
   Arbeitnehmer ▄▄▄ Elternzeit
   vom ▄▄▄ bis ▄▄▄
   vom ▄▄▄ bis ▄▄▄

VI. Kündigung des Arbeitsverhältnisses

1. Sonderkündigungsschutz (§ 18 BEEG)
   ❑ Ab Geltendmachung der Elternzeit
   Geltendmachung am ▄▄▄
   ❑ Höchstens acht Wochen vor Beginn der Elternzeit
   Beginn der Elternzeit: ▄▄▄
   Beginn der Achtwochenfrist: ▄▄▄
2. Kündigung des Arbeitsverhältnisses durch den Arbeitgeber möglich mit Zulässigkeit der obersten Landesbehörde (§ 18 Abs. 1 Satz 3 BEEG). In folgenden Fällen sollen die Voraussetzungen für eine Zulässigkeitserklärung vorliegen:
   ❑ Einstellung des Betriebs
   ❑ Auflösung einer Betriebsabteilung, sofern der Arbeitnehmer nicht in einem anderen Bereich untergebracht werden kann:
      Beschäftigungsmöglichkeit in einem anderen Betrieb ❑ Ja ❑ Nein
   ❑ Verlegung des Betriebes oder eines Betriebsteils, wenn der Arbeitnehmer eine Weiterbeschäftigung an einem neuen Ort ablehnt.
      Weiterbeschäftigung ❑ abgelehnt ❑ angenommen

3. Weiterhin zulässig bleiben
   - ❏ Abschluss einer Aufhebungsvereinbarung
   - ❏ Eigenkündigung des Arbeitnehmers
   - ❏ Zeitablauf bei einem befristeten Arbeitsvertrag
   - ❏ Anfechtung eines Arbeitsvertrages
   - ❏ Bedingungseintritt usw.
4. Besonderes Kündigungsrecht des Arbeitnehmers/der Arbeitnehmerin (§ 19 BEEG)
   - ❏ Zum Ende der Elternzeit
       Voraussichtlicher Endtermin der Elternzeit: ▄▄▄
   - ❏ Kündigungsfrist von drei Monaten eingehalten

V. Datenschutz und Verhaltensgrundsätze

1. Muster: Verpflichtungserklärung auf das Datengeheimnis

Das am 1.1.1978 in Kraft getretene Bundesdatenschutzgesetz (BDSG) gilt nunmehr in der Fassung vom 14.1.2003 (BGBl I 2003, 3322). In § 5 dieses Gesetzes wird bestimmt, dass allen in der Datenverarbeitung beschäftigten Personen untersagt ist, geschützte personenbezogene Daten zu einem anderen als dem zur jeweiligen rechtmäßigen Aufgabenerfüllung gehörenden Zweck zu erheben, zu verarbeiten, bekannt zu geben, zugänglich zu machen oder sonst zu nutzen. Da zur Datenverarbeitung hierbei das Erfassen, Aufnehmen, Aufbewahren, Übermitteln, Verändern, Löschen, Nutzen, Erheben und Sperren von personenbezogenen Daten zählt, und Sie hiermit beruflich zu tun haben, machen wir Sie auf die Bestimmungen über die Einhaltung des Datengeheimnisses aufmerksam.

Sie sind zum verschwiegenen Umgang mit personenbezogenen Daten verpflichtet. Auf diese Verschwiegenheit weisen wir Sie hiermit gemäß § 5 BDSG noch einmal gesondert hin. Ihre Verpflichtung auf das Datengeheimnis besteht auch nach Beendigung des Arbeitsverhältnisses fort.

Das Merkblatt zum Datengeheimnis haben wir Ihnen zur Verfügung gestellt. Mit Ihrer Unterschrift unter das vorliegende Schreiben erklären Sie, dass Sie das Merkblatt über das Datengeheimnis zur Kenntnis genommen haben.

Mit freundlichen Grüßen

Den Empfang der vorliegenden Mitteilung bestätige ich hiermit.

▄▄▄ (Datum, Name, Unterschrift)

2. Muster: Verpflichtung zur Wahrung von Betriebsgeheimnissen

Herr ▄▄▄

ist heute darüber belehrt worden, dass alle in der Firma ▄▄▄

bearbeiteten Entwicklungen, Konstruktionen, Produktionsverfahren und Geschäftsvorgänge sowie der Inhalt seines Anstellungsvertrages als Betriebsgeheimnisse gelten.

Der Unterzeichnete verpflichtet sich hiermit ausdrücklich, über die während der Dauer des Arbeitsverhältnisses gewonnenen Kenntnisse und Erfahrungen sowie Tatsachen, Betriebs- und Geschäftsgeheimnisse, die ihm vermöge seiner Stellung im Betrieb bekannt geworden sind, Schweigen zu bewahren, sie in keiner Form Dritten zugänglich zu machen und sie auch nicht für eigene Zwecke auszuwerten.

Alle schriftlichen Unterlagen, wie Zeichnungen, Pausen, Entwicklungsberichte usw., die ihm in dienstlicher Eigenschaft zugänglich sind, müssen entsprechend den dafür erlassenen Bestimmungen behandelt und sicher gegen Kenntnisnahme durch unbefugte Personen aufbewahrt werden.

Der Unterzeichnete verpflichtet sich zum Ersatz des Schadens, der daraus entsteht, dass er ein Betriebs- oder Geschäftsgeheimnis zu Zwecken des Wettbewerbs oder aus Eigennutz oder in der Absicht, der Firma ▄▄▄ Schaden zuzufügen oder in sonstigen Fällen einer Treuepflichtverletzung unbefugt verwertet oder jemandem in irgendeiner Form zugänglich macht.

Der Unterzeichnete hat vor Abgabe dieser Verpflichtungserklärung eingehend Kenntnis genommen vom Inhalt der §§ 1 bis 11 des Gesetzes gegen den unlauteren Wettbewerb – UWG – (s. unten). Er hat sich ausdrücklich bereiterklärt, sich nach diesen Bestimmungen zu verhalten und unverzüglich die Geschäftsleitung zu unterrichten, falls er Kenntnis erhält von Bestrebungen, Versuchen usw., die darauf gerichtet sind, unrechtmäßig in den Besitz von Betriebsgeheimnissen der Firma ▄▄▄ zu gelangen.

3. Muster: Merkblatt zum Datengeheimnis

Merkblatt zum Datengeheimnis

Neben den besonderen Geheimhaltungsvorschriften in unserem Betrieb und sonstigen Geheimhaltungsvorschriften (z.B. § 17 UWG) gilt für Sie aufgrund Ihrer Aufgabenstellung das Datengeheimnis nach § 5 Bundesdatenschutzgesetz (BDSG).

Hiernach ist den bei der Datenverarbeitung beschäftigten Mitarbeitern untersagt, geschützte personenbezogene Daten unbefugt zu einem anderen als dem zur jeweiligen rechtmäßigen Aufgabenerfüllung gehörenden Zweck zu erheben, zu verarbeiten, bekannt zu geben, zugänglich zu machen oder sonst zu nutzen. Die „Befugnis" des Mitarbeiters zur Verarbeitung von Daten ergibt sich zunächst aus den Regelungen des Bundesdatenschutzgesetzes bzw. speziellen Datenschutzvorschriften sowie aus der Aufgabenstellung im Betrieb und den zur Wahrung des Datenschutzes bestehenden betrieblichen Grundsätzen. Eine missbräuchliche Nutzung der anvertrauten Daten liegt daher auch vor, wenn die im beruflichen Bereich bekannt gewordenen Angaben zu privaten Zwecken verwendet werden.

Gemäß gesetzlichen Bestimmungen muss jeder bei der Verarbeitung personenbezogener Daten beschäftigte Mitarbeiter ausdrücklich formell auf das Datengeheimnis hingewiesen werden. Die Verpflichtung zur Wahrung des Datengeheimnisses besteht auch nach Beendigung der jeweiligen Tätigkeit, d.h. auch nach Ausscheiden aus unserer Firma, weiter. Verstöße gegen das Datengeheimnis können gemäß § 43 BDSG und anderen einschlägigen Rechtsvorschriften mit Freiheits- oder Geldstrafen geahndet werden. Ferner können Schadensersatzverpflichtungen des Mitarbeiters sowie arbeitsrechtliche Konsequenzen entstehen.

Der Schutz personenbezogener Daten nach dem BDSG erstreckt sich auf in Dateien gespeicherte Daten, ungeachtet der bei der Verarbeitung angewandten Verfahren. Das Gesetz schützt grundsätzlich alle Datensammlungen mit personenbezogenen Daten (z.B. Karteien, Erfassungsformulare, Lochkarten, Magnetbänder, Mikrofilmaufzeichnungen). Der Schutz erstreckt sich auch auf die Verfahren, mit denen solche Daten verarbeitet werden. Neben den Vorschriften des BDSG sind spezielle datenschutzrechtliche Vorschriften zu beachten. So sind bei der Verarbeitung von Daten für firmeneigene Zwecke durch die Buchhaltung und das Rechnungswesen die Grundsätze der ordnungsgemäßen Datenverarbeitung im Sinne der ordnungsgemäßen Buchführung einzuhalten. Bei der Verarbeitung von Personaldaten sind neben den Bestimmungen des BDSG die Grundsätze des Personaldatenrechts zu beachten.

Wir sind verpflichtet, die dem Datengeheimnis unterliegenden Mitarbeiter mit diesen Datenschutzvorschriften vertraut zu machen. Auch in Ihrem eigenen Interesse bitten wir Sie, die hierzu zur Verfügung gestellten Unterlagen sowie das vorliegende Merkblatt zu beachten und die angebotenen Informationsmöglichkeiten zu nutzen.

4. Muster: Benutzerrichtlinien für das Internet

1. Allgemeines

Für einzelne PC im Bereich ▄▄▄ ist ein Internetzugang hergestellt worden. Als Mitarbeiter/in, der/die für die Nutzung der Dienste berechtigt ist, sind Sie über diese von außen (mittelbar bzw. unmittelbar) erreichbar. Desgleichen können Sie firmeninterne Informationen über E-Mail oder das Internet an andere übermitteln bzw. bereitstellen.

Durch die Nutzung der genannten Kommunikationsmöglichkeiten können sich Bedrohungen ergeben, die sich gegen die nachstehend aufgeführten Sicherheitsanforderungen an IT-Systeme und Daten richten:

Integrität

Eine Änderung der Informationen ist nur durch Befugte in beabsichtigter Weise möglich. Eine Modifizierung der Informationen durch Unbefugte findet nicht statt.

Vertraulichkeit

Die Informationen dürfen nur Befugten zugänglich gemacht werden. Eine unbefugte Informationsgewinnung ist nicht erlaubt.

Authentizität

Zweifelsfreie Erkennung von Partnern bei der Herstellung einer Verbindung und Erhaltung dieses Zustandes für die Dauer der Verbindung.

Verfügbarkeit

Die Verfügbarkeit eines IT-Systems und seiner Daten muss gewährleistet sein und darf auch nicht vorübergehend beeinträchtigt werden.

Zur Abwehr von Bedrohungen, die sich gegen die vorstehenden Sicherheitsanforderungen richten, ist die konsequente und gewissenhafte Anwendung der Benutzerrichtlinien unverzichtbar.

Die Kenntnis der nachfolgenden Regelungen und deren Einhaltung ist eine wesentliche Voraussetzung zur Gewährleistung und Verbesserung des vorhandenen Sicherheitsniveaus der Firma. Jede Missachtung und Nichteinhaltung dieser Regelungen gefährdet nicht nur die Sicherheit des eigenen IT-Systems sondern auch die ■■■.

Die Benutzerrichtlinien ergänzen die sonstigen Regelungen und Vorschriften für die Anwendung von Informationstechniken und den Umfang mit personenbezogenen oder sonstigen schutzwürdigen Daten.

2. Verantwortung

Jede/r Berechtigte hat in ihrem/seinem eigenen Zuständigkeitsbereich die vollständige und korrekte Anwendung der geltenden Regelungen, Anweisungen und Vorschriften zur Gewährleistung von Datenschutz und Datensicherheit einzuhalten. Besondere Verantwortung besteht für die in ihrem Zuständigkeitsbereich vorgesehenen und vorhandenen Zugriffssicherungen und -maßnahmen (z.B. Dokumenten- und Passwortverwaltung, Virenschutz).

3. Nutzung des Internetzugangs

Die Genehmigung zur Nutzung des Internetzugangs wird durch ■■■ erteilt. Die Schaffung der technischen Voraussetzungen und die Vergabe der Benutzeridentität erfolgt durch ■■■.

Das Einbringen von Hard- und/oder Software in das lokale Netz sowie das Ausführen von Programmen oder von ausführbaren Progammcodes, die aus dem bzw. über das Internet beschafft wurden, ist ohne vorherige Prüfung durch ■■■ untersagt.

Die Einrichtung und der Betrieb eines nicht genehmigten Anschlusses an ein öffentlich zugängliches Netz (mittels selbst beschaffter Datenübertragungseinrichtungen wie MODEM, ISDN-Einbaukarten usw.) ist nicht zulässig, weil dadurch unkontrollierbare und ungesicherte Übergänge in das lokale Netz geschaffen werden.

Die Nutzung von Internetdiensten ist lediglich in dem Umfang gestattet, wie es dienstlich notwendig ist. Die Nutzung aller über die Aufgabenerfüllung hinausgehenden Dienste ist nicht gestattet; insbesondere ist die Nutzung für private Zwecke strikt untersagt.

Internetdienste, besonders aufwendige Recherchen, sind möglichst zu Zeiten durchzuführen, in denen erfahrungsgemäß eine schnelle und damit kostengünstige Abwicklung zu erwarten ist.

Die Recherche, das Ausforschen und die Benutzung fremder Identifikationsmittel (z.B. Benutzerkennungen, Passwort) und sonstiger Authentifizierungshilfsmittel ist unzulässig.

Die Weitergabe und das Zurverfügungstellen von eigenen Benutzerkennungen und dazugehörigen Authentifizierungshilfsmitteln für eine Benutzung durch Dritte ist unzulässig. Es wird ausdrücklich darauf hingewiesen, dass in einem derartigen Fall aus den Protokolldaten Ihre Identität hervorgeht. Jegliche – auch unzulässige – Aktivität durch diesen Dritten wird Ihnen zugeschrieben.

4. Übertragung von sensiblen Daten

Die Übertragung von sensiblen, schutzwürdigen und insbesondere von personenbezogenen Daten (z.B. mittels E-Mail) über das Internet ist grundsätzlich nicht gestattet. Ausnahmen sind nur nach vorheriger Genehmigung durch die Datenschutzbeauftragte und zur Wahrung der Vertraulichkeit ausschließlich in verschlüsselter Form zulässig. Die Übertragung von als „Nur für den Dienstgebrauch" und höher eingestuften Daten ist untersagt.

5. Sicherheitsrelevante Ereignisse

Alle sicherheitsrelevanten Ereignisse (z.B. unerklärliches Systemverhalten, Verlust oder Veränderung von Daten und Programmen, Verdacht auf Missbrauch der eigenen Benutzerkennung usw.) sind sofort an ■■■ zu melden. Der Angelegenheit wird von dort aus nachgegangen.

Eigene Aufklärungsversuche sind zu unterlassen, damit eventuelle wertvolle Hinweise und Spuren weder verwischt werden noch verloren gehen.

6. Kontrollen

Die Einhaltung dieser Richtlinien kann stichprobenartig und/oder anlassbezogen kontrolliert werden.

7. Sanktionen

Zuwiderhandlungen und Verstöße gegen die Richtlinie werden dienstrechtlich/arbeitsvertraglich verfolgt. Verstöße können strafrechtliche Folgen haben.

Sie – als Benutzer/in –

- bestätigen die Kenntnisnahme der vorstehenden Regelungen,
- verpflichten sich zu deren Einhaltung und
- bestätigen durch die nachfolgende Unterschrift den Erhalt einer Abschrift.

Die zweite Ausfertigung erhält . Die dritte Ausfertigung wird zur Personalakte genommen.

 (Ort, Datum, Unterschrift Nutzer/in)

 (Ort, Datum, Unterschrift Administrator/in)

5. Muster: Verhaltensregeln zur Verhinderung von Korruption (Einzelhandel)

Vorwort der Geschäftsführung

Die Glaubwürdigkeit und der Erfolg unseres Unternehmens stehen im direkten Zusammenhang mit der persönlichen Integrität und Ehrlichkeit aller Mitarbeiter. Um diesen Erfolg zu gewährleisten, wurden die in dieser Anweisung aufgestellten Grundsätze erarbeitet.

Ziel dieser Grundsätze ist ein einwandfreies Verhalten am Arbeitsplatz, geprägt von Ehrlichkeit und Fairness im Umgang mit anderen Mitarbeitern sowie mit Kunden, Lieferanten, Mitbewerbern, Behörden und der Öffentlichkeit.

Die Integrität und der gute Ruf eines Unternehmens liegen in den Händen aller Mitarbeiter.

Alle Mitarbeiterinnen und Mitarbeiter müssen sich so verhalten, dass keine persönlichen Abhängigkeiten oder Verpflichtungen entstehen.

Bei allen geschäftlichen Entscheidungen und Handlungen sind die geltenden Gesetze und sonstigen maßgebenden internen und externen Bestimmungen zu beachten. Eine stabile geschäftliche Zusammenarbeit zum Nutzen aller kann es nur bei einem fairen Wettbewerb und strikter Einhaltung der Rechtsordnung geben. Korruption, Untreue und Betrug verzerren den Wettbewerb, führen zu höheren Kosten, zerstören das Vertrauen von Kunden und Lieferanten, gefährden unsere Wettbewerbsfähigkeiten und letztlich unsere Arbeitsplätze.

Die Geschäftsführung sorgt dafür, dass die betroffenen Mitarbeiter die relevanten Gesetze und Bestimmungen kennen und befolgen. Sie ist dafür verantwortlich, dass Rahmenbedingungen geschaffen werden, die Korruption verhindern. Zu diesem Zweck werden die in diesen Richtlinien enthaltenen Grundsätze der Geschäftsführung dieses Unternehmens bekannt gemacht und auf die darin enthaltenen ethischen Grundsätze verpflichtet. Die Einhaltung der Grundsätze wird überprüft.

Die Geschäftsführung duldet unter keinen Umständen korrupte Verhaltensweisen.

Gegen diese Grundsätze verstößt u.a., wer:

- einem Kunden, Lieferanten, Dienstleistungsunternehmen oder dessen Mitarbeiter für eine Bevorzugung bei Auftragsvergabe oder Belieferung einen Vorteil anbietet, verspricht, gewährt oder dies billigt;
- umgekehrt für sich für eine Bevorzugung eines Kunden, Lieferanten, Dienstleistungsunternehmen oder dessen Mitarbeiter bei Belieferung oder Auftragsvergabe einen Vorteil fordert, sich versprechen lässt oder annimmt;
- zu Lasten des Auftraggebers sich selbst oder Dritten direkt oder indirekt unberechtigte Vorteile verschafft.

Leitsätze für die Mitarbeiter

1. Wir gehen korrekt mit Kunden, Lieferanten, Dienstleistungsunternehmen und anderen um.

Das Unternehmen lässt nicht zu, dass durch Bestechung, Betrug, Wirtschaftsspionage, Diebstahl, Nötigung u.a. eine Vorteilsnahme zugunsten der Firma herbeigeführt wird.

2. Kunden, Lieferanten, Dienstleistungsunternehmen und andere gehen korrekt mit uns um.

Versuche von Kunden, Lieferanten oder Dienstleistungsunternehmen, Mitarbeiter in ihrer Entscheidung unlauter zu beeinflussen, werden nicht geduldet; sie sind dem zuständigen Vorgesetzten anzuzeigen.

Mitarbeiter, die sich in unlauterer Weise von Kunden, Lieferanten oder Dienstleistungsunternehmen beeinflussen lassen, werden – ungeachtet strafrechtlicher Konsequenzen – disziplinarisch und arbeitsrechtlich zur Verantwortung gezogen.

3. Umgang mit Geschenken und Warenmustern

Geschenke und Warenmuster werden grundsätzlich nicht angenommen oder verteilt.

Dies gilt für Geld- und Sachgeschenke. Geldgeschenke sind Beträge in jeder Form und Währung. Sachgeschenke sind jegliche Gegenstände von Wert, die nicht als Werbegeschenke betrachtet werden können. Auch Reisen, Dienstleistungen, Eintrittskarten für Sport-, Musik- oder sonstige Kulturveranstaltungen, Werbeprämien und Rabatte sind als Geschenk anzusehen.

Werbegeschenke sollten wertmäßig so gestaltet sein, dass ihre Annahme den Empfänger nicht in eine verpflichtende Abhängigkeit bringt. Diese müssen dem Prinzip folgen, beim Geber und Nehmer jeglichen Anschein von Unredlichkeit und Inkorrektheit zu vermeiden Hierbei wird ein Maximalwert von 5 EUR unterstellt. Im Zweifelsfall ist die Entscheidung des Vorgesetzten einzuholen.

Warenmuster im üblichen Umfang werden ausschließlich vom Einkauf entgegengenommen, um entsprechende Prüfungen, Untersuchungen und Archivierungen vornehmen zu können.

4. Wir trennen klar zwischen Geschäfts- und Privatbereich

Für Aufwendungen, bei denen sich Geschäftliches und Privates so vermischen, dass eine genaue Trennung schwierig ist, müssen die Kosten insbesondere auch für Geschenke oder Bewirtungen privat übernommen werden.

Falls es zu „unvermeidbaren" Bewirtungen seitens Dritter kommt, ist dies dem nächst höheren Vorgesetzten mitzuteilen.

Bei Bewirtungen durch Lieferanten, Dienstleistungsunternehmen und anderer ist darauf zu achten, dass keine einseitige „Einladungskultur" entsteht. Falls es für die Interessen der Firma zweckdienlich ist, sollten die Bewirtungskosten abwechselnd auch von unserem Unternehmen übernommen werden, um dem Gegenüber zu signalisieren, dass z.B. ein gemeinsames Abendessen als echtes objektives Arbeitsessen betrachtet wird.

Über Essenseinladungen hinausgehende Dinge sind in diesen Leitsätzen geregelt. Falls es trotzdem zu „missverständlichen" Einladungen kommen sollte, ist der Vorsitzende der Geschäftsführung zu informieren.

5. Wir vermeiden Interessenkonflikte durch Nebentätigkeit bzw. Kapitalbeteiligungen

a) Nebentätigkeit

Der Mitarbeiter hat seine volle Arbeitskraft der Firma zur Verfügung zu steilen. Jede auf Erwerb gerichtete Nebentätigkeit bedarf der vorherigen schriftlichen Zustimmung des Vorsitzenden der Geschäftsführung. Das Gleiche gilt für eine tätige Beteiligung an einem Wirtschaftsunternehmen sowie für die Mitwirkung in Aufsichtsorganen anderer Gesellschaften.

Nebenbeschäftigungen für Unternehmen, mit denen die Firma im Wettbewerb steht, sind untersagt.

Veröffentlichungen und Vorträge des Mitarbeiters, die die Interessen der Firma berühren, bedürfen der Zustimmung des Vorsitzenden der Geschäftsführung.

b) Kapitalbeteiligungen

Kapitalbeteiligungen an Unternehmen mit bestimmender, gegenseitiger Einflussnahme, mit denen die Firma in geschäftlichen Beziehungen steht, sind vom Mitarbeiter vorab schriftlich anzuzeigen und durch den Vorsitzenden der Geschäftsführung zu genehmigen.

6. Über Spenden entscheidet die Geschäftsführung

Spenden haben sich im Rahmen der Rechtsordnung zu bewegen und werden ausschließlich von der Unternehmensführung geregelt.

Mitteilungspflicht des Mitarbeiters

Die Geschäftsführung ist angehalten, Korruption zu verhindern. Sie erwartet, dass die Mitarbeiter ihrer Mitteilungspflicht über korruptes Verhalten nachkommen. Jeder Mitarbeiter trägt Mitverantwortung, wenn er von korruptem Verhalten Kenntnis hat und dieses nicht meldet.

Einem Mitarbeiter, der seiner Mitteilungspflicht nachkommt, darf hieraus kein Nachteil entstehen. Aus diesem Grunde werden seine Mitteilungen vertraulich behandelt.

Kontrolle

Menschliche Erfahrung zeigt, dass organisatorische Grundsätze nur Erfolg haben, wenn entsprechende Kontrollmaßnahmen sie begleiten. Diese sind in Gestalt angemessener Kontrollen und Plausibilitätsprüfungen vorzunehmen.

Sanktionen

Bei Verstößen gegen die Verhaltensrichtlinien und gegen gesetzliche Vorschriften sind die erforderlichen organisatorischen, disziplinarischen und rechtlichen Maßnahmen zu ergreifen, um – ungeachtet strafrechtlicher Konsequenzen –

Bestätigung

Hiermit bestätige ich die Kenntnisnahme und den Erhalt der „Verhaltensregeln zur Verhinderung von Korruption im Innen- und Außenverhältnis".

6. Muster: Der Firmen-Ethik-Kodex

Einhaltung von Gesetzen und Vorschriften

Wir werden stets die geltenden internationalen, nationalen und regionalen Gesetze und Vorschriften bei der Führung unserer Geschäfte einhalten.

Gesundheit und Sicherheit

Wir werden uns für ein gesundes und sicheres Arbeitsumfeld einsetzen. Sicherheit wird bei allen unseren unternehmerischen Entscheidungen oberste Priorität genießen, und wir werden in diesem Bereich keinen Kompromiss eingehen.

Chancengleichheit

Wir verpflichten uns, allen Beschäftigten Chancengleichheit zu gewähren und sie fair zu behandeln. Wir werden keine Art von Diskriminierung oder Belästigung dulden.

Umweltschutz

Wir werden bei unseren Geschäftstätigkeiten auf größtmögliche Umweltverträglichkeit achten und uns dafür einsetzen, dass überall dort, wo wir tätig sind, die Auswirkungen unseres Handelns auf die Umwelt so gering wie möglich ausfallen.

Fairness in Geschäftsbeziehungen

Die Beziehungen zu unseren Kunden und Lieferanten sowie das Verhältnis zu unseren Wettbewerbern werden auf den Grundsätzen der Fairness und Aufrichtigkeit fußen.

Interessenkonflikte und Integrität

Wir werden jede Situation vermeiden, in der es zu einem Konflikt zwischen privaten Interessen und Interessen des Konzerns kommen könnte. Dies gilt vor allem im Hinblick auf finanzielle Interessen, Tätigkeiten außerhalb des ▬▬▬-Konzerns, Familienbeziehungen sowie für die Annahme von Geschenken und Einladungen bzw. für das Verteilen von Geschenken und die Aussprache von Einladungen.

Aktionäre und Börsenmarkt

Wir werden die Rechte der Aktionäre wahren. Wir werden weder direkt noch indirekt auf der Grundlage nicht öffentlich zugänglicher Informationen mit Aktien börsennotierter Unternehmen des ▬▬▬-Konzerns handeln.

Vertraulicher Umgang mit Informationen

Wir werden keine vertraulichen Informationen über den Konzern oder seine Geschäftstätigkeiten preisgeben. Nur autorisierte Mitarbeiter dürfen Fragen der Presse oder anderer Institutionen beantworten. Hierbei werden sie die Grundsätze der Offenheit, der Ehrlichkeit und des Verantwortungsbewusstseins anwenden. Alle offen gelegten Informationen werden richtig und vollständig sein und im Einklang mit den allgemein anerkannten Bilanzierungsgrundsätzen stehen.

Erhaltung des Firmeneigentums

Wir werden die Vermögensgegenstände des Konzerns ordnungsgemäß und umsichtig behandeln und jede Art von Verschwendung oder Missbrauch vermeiden. Wir werden sie nur für Zwecke einsetzen, die in einem unmittelbaren Bezug zur Geschäftstätigkeit des Konzerns stehen.

Geschäftsunterlagen

Wir werden alle notwendigen Geschäftsunterlagen führen und aufbewahren.

Kapitel 2: Administration bestehender Arbeitsverhältnisse

VI. Bescheinigungen für den Arbeitgeber und Erklärungen des Arbeitnehmers

1. Muster: Einwilligung in eine werks- oder vertrauensärztliche Untersuchung

161

Hiermit erkläre ich mich mit einer werks- oder vertrauensärztlichen Untersuchung einverstanden. Den untersuchenden Arzt entbinde ich von der ärztlichen Schweigepflicht, soweit Auskünfte für die Frage der Eignung und meine Tätigkeit im Rahmen meines jetzigen bzw. eines künftigen Arbeitsplatzes untersucht wird.

■■■ (Ort, Datum, Unterschrift Mitarbeiter)

2. Muster: Abstraktes Schuldversprechen

162

Der Unterzeichner/die Unterzeichnerin, Frau/Herr ■■■, wohnhaft in ■■■, erkennt an, der Firma ■■■ in ■■■ einen Betrag von ■■■ EUR nebst ■■■ % Zinsen seit dem ■■■ zu schulden.
Der Unterzeichner/die Unterzeichnerin verpflichtet sich, diesen Betrag in Monatsraten von ■■■ EUR, beginnend mit dem ■■■, an die Firma zu zahlen.
Bleibt der Unterzeichner/die Unterzeichnerin mit einer Rate ganz oder teilweise länger als ■■■ Tage in Rückstand, wird der noch offen stehende Restbetrag auf einmal fällig.

■■■ (Ort, Datum, Unterschrift Mitarbeiter/in)

3. Muster: Erklärung/Protokoll über Einsichtnahme

163

Name, Vorname: ■■■
Personalnummer: ■■■
Ich erkläre hiermit
am: ■■■
um: ■■■
in: ■■■
bei: ■■■
Einsicht in meine Personalakte sowie weitere Personalunterlagen genommen zu haben.
Ein Betriebsratsmitglied meines Vertrauens war bei der Einsichtnahme anwesend:
❏ ja ❏ nein
wenn ja: Name des Betriebsratsmitgliedes: ■■■
Es wurden Erklärungen zum Inhalt der Personalakte abgegeben.
❏ ja ❏ nein
■■■
■■■ (Ort, Datum, Unterschrift Mitarbeiter/in)
■■■ (Ort, Datum, Unterschrift Personalabteilung)

4. Muster: Anschreiben wegen Ermittlung eines leidensgerechten Arbeitsplatzes und Entbindung von der ärztlichen Schweigepflicht

164

Sehr geehrter Herr ■■■,
wegen Ihrer derzeitigen Erkrankung machen wir uns ernsthafte Sorgen, ob Sie zur weiteren Ausübung Ihrer Arbeitstätigkeit dauerhaft in der Lage sind. Mit hausärztlichem Attest vom ■■■ bescheinigt Ihr Arzt Dr. ■■■, dass Sie aus gesundheitlichen Gründen „keine Tätigkeit mit regelhaftem Heben von Lasten über 15 bis 20 kg, mit ständig bückenden Zwangshaltungen und mit ständigem Überkopfarbeiten verrichten" dürfen.

Angesichts Ihres Aufgabenfeldes als Kraftfahrer einerseits, als Lagerarbeiter andererseits, stellt sich daher für uns die Frage, ob diese Bescheinigung sich auf einen Dauerzustand bezieht oder ob die Bescheinigung nur einen vorübergehenden Zustand beschreibt. Als Lagerarbeiter müssen Sie sowohl ständig Lasten von über 20 kg heben wie auch Überkopfarbeiten verrichten. Als Lkw-Fahrer kommen ebenfalls regelmäßig hebende Bewegungen mit Lasten über 20 kg vor, da die Barken am Lkw ständig von Ihnen geöffnet und wieder geschlossen werden müssen. Außerdem müssen z.B. Zementsäcke oder Steine auf dem Lkw auch per Hand von Ihnen bewegt und damit auch gehoben werden.

In jedem Fall stellt sich die weitere Frage der Krankheitsprognose. Wie wird sich aus Sicht des Sie behandelnden Arztes die Erkrankung entwickeln? Offenbar handelt es sich ja um ein Rückenleiden, das bereits Anlass für die Kur im Frühjahr dieses Jahres war.

Wir bitten Sie hiermit, Ihren Arzt von der Schweigepflicht uns gegenüber zu entbinden, damit wir die Prognose über den voraussichtlichen weiteren Krankheitsverlauf, mögliche bzw. beabsichtigte Heilmaßnahmen, die möglichen künftigen Fehlzeiten und die weiteren Einsatzmöglichkeiten als Lkw-Fahrer einerseits, als Lagerarbeiter andererseits einigermaßen verlässlich abschätzen können.

Bitte füllen Sie die beiliegende Schweigepflicht-Entbindungserklärung zweifach aus und geben Sie Ihrem Arzt davon ein Exemplar, ein weiteres Exemplar benötigen wir für unsere Personalakte. Eine weitere Abschrift ist für Sie selbst bestimmt.

Zur Erledigung notieren wir uns vorsorglich als Abgabetermin den ■■■.

Mit freundlichen Grüßen

Schweigepflicht-Entbindungserklärung

Hiermit entbinde ich, ■■■, den/die mich behandelnde/n Arzt/Ärztin/Ärzte ■■■ gegenüber meinem Arbeitgeber ■■■ von der ärztlichen Schweigepflicht.

■■■ (Ort, Datum, Unterschrift Mitarbeiter)

5. Muster: Antrag auf Gleichstellung mit einem schwerbehinderten Menschen

An die

Agentur für Arbeit ■■■

Sehr geehrte Damen und Herren,

hiermit beantrage ich, mich einem schwerbehinderten Menschen gemäß § 2 Abs. 3 SGB IX gleichzustellen. Meinen Antrag begründe ich wie folgt:

Ich bin am ■■■ geboren und seit dem ■■■ bei der Firma ■■■ beschäftigt. Ich bin deutscher/ausländischer Staatsangehöriger (bei Ausländern folgender Zusatz: und halte mich rechtmäßig im Gebiet der Bundesrepublik Deutschland auf. Eine Fotokopie meiner Aufenthaltsgenehmigung füge ich bei). Das Versorgungsamt hat bei mir einen Grad der Behinderung von ■■■ v.H. festgestellt. Eine Fotokopie des Feststellungsbescheides füge ich bei. Meine Gleichstellung mit einem schwerbehinderten Menschen ist erforderlich, weil ich ohne Gleichstellung keinen geeigneten Arbeitsplatz erlangen/behalten kann. Mein Arbeitgeber hat angekündigt, dass er Personalreduzierungen vornehmen muss. Ich arbeite als ■■■.

Wegen meiner Behinderung kann ich jedoch eine Reihe von Arbeiten nicht verrichten ■■■. Es ist daher anzunehmen, dass mein Arbeitgeber versuchen wird, mir aus personenbedingten Gründen zu kündigen. Bin ich dagegen Gleichgestellter, werde ich bei einer Sozialauswahl anders berücksichtigt. Deshalb bitte ich, die Gleichstellung mit Wirkung auf den Antragseingang zu bescheiden.

Mit freundlichen Grüßen

6. Muster: Vereinbarung über Haftungsfreistellung einer Sicherheitsbeauftragten

Vereinbarung über Haftungsfreistellung

zwischen

der ■■■ GmbH

– nachfolgend: Arbeitgeber –

und
Frau ▮▮▮

– nachfolgend: Arbeitnehmerin –

In Ergänzung zum Anstellungsvertrag vom ▮▮▮ schließen die Parteien folgende Vereinbarung:

§ 1 Risikospezifische Haftungsfreistellung
Der Arbeitgeber stellt die Arbeitnehmerin im Verhältnis zu Dritten von allen Verbindlichkeiten frei, die aus der Ausübung der Aufgabe Sicherheitsbeauftragte im Betrieb X resultieren.

§ 2 Versicherung der Risiken
Der Arbeitgeber erklärt hiermit, dass er die mit der Ausübung der Tätigkeit verbundenen Risiken in versicherungsüblicher Weise versichert hat, vorliegend durch folgende Versicherung(en):
Betriebshaftpflichtversicherung bei der V-Versicherungs-AG

§ 3 Haftungsmaßstab
Für im Zusammenhang mit der Ausübung der Aufgabe Sicherheitsbeauftragte verbundene Schäden haftet die Arbeitnehmerin im Verhältnis zum Arbeitgeber nur bei vorsätzlichem Verhalten (Tun oder Unterlassen).

§ 4 Beweislastregelung
Ist ein Schaden entstanden und lässt sich aufgrund der Gesamtumstände ein vorsätzliches Verhalten des Arbeitnehmers nicht ausschließen, so trifft die Beweislast im Verhältnis zwischen Arbeitnehmerin und Arbeitgeber die Arbeitnehmerin.

▮▮▮ (Ort, Datum, Unterschrift Arbeitgeber)
▮▮▮ (Ort, Datum, Unterschrift Arbeitnehmerin)

7. Muster: Mankovereinbarung

Zwischen
der Firma ▮▮▮

– im Folgenden Arbeitgeber genannt –

und
Frau/Herrn ▮▮▮

– im Folgenden Arbeitnehmer genannt –

wird Folgendes vereinbart:

§ 1 Mankoübernahme
(1) Der Arbeitnehmer übernimmt den in der Inventur vom ▮▮▮ gemeinsam mit ihm ermittelten Warenbestand des Lagers in ▮▮▮ in Höhe von ▮▮▮ EUR. Ergibt sich bei einer späteren, in seiner Anwesenheit durchgeführten Inventur ein Manko, haftet er für das Manko, sofern er sich nicht von jeglichem Verschulden entlasten kann.

(2) Auf die Unrichtigkeit von in seiner Gegenwart durchgeführten Inventuren kann sich der Arbeitnehmer nicht berufen.

§ 2 Mankogeld
Für die Übernahme der Mankohaftung erhält der Arbeitnehmer ein Mankogeld in Höhe von ▮▮▮ EUR monatlich.

§ 3 Haftungsbegrenzung
Die Haftung ist pro Jahr begrenzt auf das Zwölffache des dem Arbeitnehmer monatlich gezahlten Mankogeldes. Bei nachgewiesenem Vorsatz oder grober Fahrlässigkeit gilt die Haftungsbegrenzung nicht.

§ 4 Mankoabzug
(1) Ein etwaiges Manko kann im Rahmen der Pfändungsfreigrenzen vom Entgelt des Arbeitnehmers abgezogen werden. Der Arbeitgeber ist berechtigt, als Ersatz den Wareneinkaufspreis einzusetzen.

(2) Das tarifliche Entgelt bleibt dem Arbeitnehmer trotz eines zu zahlenden Ersatzes für ein entstandenes Manko in jedem Fall erhalten.

▮▮▮ (Ort, Datum, Unterschrift Arbeitgeber)
▮▮▮ (Ort, Datum, Unterschrift Arbeitnehmer)

8. Muster: Meldung einer Diensterfindung

persönlich/vertraulich

Herrn Geschäftsführer ▪▪▪

im Hause

Meldung einer Diensterfindung

Sehr geehrter Herr ▪▪▪,

hiermit melde ich eine Diensterfindung.

Die Erfindung löst folgendes technisches Problem: ▪▪▪.

Sie baut hinsichtlich des Standes der Technik auf folgende Erfindungen auf: ▪▪▪.

Gelöst wird durch die Erfindung folgendes, bisher bestehendes Problem: ▪▪▪.

Meine erfinderische Lösung lässt sich unter Berücksichtigung der nachfolgenden Gestaltungsmerkmale, Verfahrensschritte, Stoffkomponenten und vorteilhaften Wirkungen wie folgt beschreiben: ▪▪▪.

Mit dieser Erfindung habe ich versucht, das schon seit längerem in unserem Hause bekannte Problem ▪▪▪ zu lösen. Andere Personen als der Unterzeichner haben am Zustandekommen dieser Erfindung nicht mitgewirkt. Mir wurden nur Materialien, insbesondere aus der Abteilung ▪▪▪, sowie mehrere Berichte über Erfahrungen zur Verfügung gestellt.

Zum besseren Verständnis meiner Erfindung füge ich eine Funktionsbeschreibung der konstruktiven Merkmale, drei Laborberichte, zwei Schaltpläne, fünf Skizzen, zwei Zeichnungen und 32 Versuchsberichte bei.

Ich darf Sie höflichst gemäß § 5 Abs. 1 Satz 3 ArbNErfG um Eingangsbestätigung meines heutigen Schreibens bitten.

Mit freundlichen Grüßen

9. Muster: Kündigung und Mitteilung der Unverbindlichkeit eines Wettbewerbsverbots

Sehr geehrter Herr ▪▪▪,

hiermit kündige ich mein Dienstverhältnis zum 30.9.2007.

Mein Arbeitsverhältnis endete am 31.12.2006. Das im Arbeitsvertrag enthaltene Wettbewerbsverbot ist unverbindlich. Es verstößt gegen § 74 Abs. 2 HGB, wonach mir mindestens die Hälfte der zuletzt bezogenen vertragsmäßigen Leistungen als Karenz zu zahlen wären. In § 8 meines Arbeitsvertrages ist mir nur eine jährliche Entschädigung in Höhe von 50% der Gehaltsbezüge zugesagt. Dienstwagen und Tantieme gehören mit zu den vertragsmäßigen Leistungen, werden aber in der Karenzentschädigungsregelung in § 8 Nr. 3 meines Vertrages nicht berücksichtigt.

Da das Wettbewerbsverbot unverbindlich ist, mache ich von meinem Recht Gebrauch, mich an das Wettbewerbsverbot nicht zu halten.

Mit freundlichen Grüßen

10. Muster: Vergütungsvereinbarung für Arbeitnehmererfindung

Zwischen

▪▪▪

– nachfolgend Firma genannt –

und

▪▪▪

– nachfolgend Mitarbeiter genannt –

wird folgende

Vergütungsvereinbarung für Arbeitnehmererfindungen

geschlossen:

§ 1 Vertragsgegenstand

Die Diensterfindung des Mitarbeiters ■■■, die die Firma im Schreiben vom ■■■ unbeschränkt in Anspruch genommen hat, bildet Gegenstand des nachfolgenden Vertrages.

§ 2 Ermittlung der Erfindervergütung

(1) Die Parteien vereinbaren, die Erfindervergütung nach den Amtlichen Vergütungsrichtlichen für Arbeitnehmererfindungen im privaten Dienst (RL) zu ermitteln. Der Ermittlung zugrunde gelegt wird die Methode der Lizenzanalogie.

(2) Die Lizenzgebühr beträgt ■■■ %, bezogen auf den von der Firma im Vergütungszeitraum erlangten Werksabgabepreis.

(3) Bei der Ermittlung der Lizenzgebühr bleiben Umsatzsteuer, Kosten für Verpackung, Versicherungen, sonstige Steuern oder Fracht außer Ansatz. Erstattungsleistungen des Unternehmens aufgrund der Stornierung von Aufträgen werden in Abzug gebracht.

(4) Der während der Schutzrechtsdauer erlangte vergütungspflichtige Gesamtumsatz gemäß der Tabelle RL Nr. 11 wird abgestaffelt.

§ 3 Miterfinderanteile

Zwischen den Parteien besteht Einigkeit, dass folgende Miterfinderanteile zu berücksichtigen sind:

(1) Bei Herrn ■■■:   ■■■ %

(2) Bei Frau ■■■:   ■■■ %

§ 4 Anteilsfaktor

Der Anteilsfaktor errechnet sich wie folgt:

(1) Für Herrn ■■■:   ■■■ %   (Wertzahl a = ■■■, Wertzahl b = ■■■, Wertzahl c = ■■■)

(2) Für Frau ■■■:   ■■■ %   (Wertzahl a = ■■■, Wertzahl b = ■■■, Wertzahl c = ■■■)

§ 5 Risikoabschlag

(1) Mangels Bestandskräftigkeit des Schutzrechts vereinbaren die Parteien einen Risikoabschlag in Höhe von ■■■ %. Die Erfindervergütung wird um diesen Abschlag solange gemindert, bis das europäische Schutzrechtserteilungsverfahren bestandskräftig abgeschlossen ist. Wird das Schutzrecht in dem beantragten Schutzumfang erteilt, wird der Risikoabschlag mit Bestandskraft nachentrichtet, im anderen Falle erfolgt eine eingeschränkte Nachzahlung.

(2) Sofern das Schutzrecht rechtskräftig versagt wird, entfällt eine Nachzahlung.

(3) Die vorläufige Vergütung endet mit der endgültigen Versagung des Schutzrechts.

(4) Das Unternehmen behält sich das Recht vor, den Risikoabschlag bei Veränderungen im Erteilungsverfahren nach billigem Ermessen anzupassen.

§ 6 Außerbetriebliche Verwertung

Wird die Erfindung außerbetrieblich durch Lizenzvergabe oder Austauschvertrag verwertet, können die Parteien eine gesonderte Vereinbarung treffen. Die festgelegten Miterfinderanteile und die Anteilsfaktoren behalten ihre Gültigkeit. Bei Lizenzeinnahmen wird die auf die Diensterfindung entfallende Bruttolizenzeinnahme nach Abzug eines etwaigen Know-how-Anteils zur Ermittlung des Erfindungswertes mit einem Umrechnungsfaktor von ■■■ % multipliziert.

§ 7 Vergütungsbeiträge

Für den Nutzungszeitraum vom ■■■ bis zum ■■■ errechnen sich die nachfolgenden Vergütungsbeiträge:

(1) Für Herrn ■■■:   ■■■ EUR

(2) Für Frau ■■■:   ■■■ EUR

§ 8 Fälligkeit

Die Vergütungsbeiträge werden innerhalb einer Frist von 10 Tagen nach Unterzeichnung dieser Vereinbarung durch sämtliche Miterfinder fällig, spätestens jedoch eine Woche nach Ablauf der in § 10 vereinbarten Widerrufsfrist.

§ 9 Abrechnungszeitraum

Die Vergütungsbeiträge sind, soweit zwischen den Parteien keine anderweitige Vereinbarung getroffen wird, neben den laufenden Verwertungshandlungen auch gültig für zukünftige Verwertungshandlungen. Zwischen den Parteien besteht Einigkeit, dass die Vergütung für ein Geschäftsjahr jeweils zum 30. Juli des Folgejahres abzurechnen und nach Rechnungslegung innerhalb der Frist des § 8 fällig ist.

§ 10 Widerrufsrecht

(1) Alle Beteiligten behalten sich ein Widerrufsrecht vor, sofern nicht sämtliche Miterfinder bis zum ▄▄▄ diese Vereinbarung unterzeichnet haben. Das Widerrufsrecht ist durch eingeschriebenen Brief gegenüber allen anderen Vertragspartnern bis zum ▄▄▄ auszuüben.

(2) Der Widerruf eines Beteiligten führt zur Aufhebung dieser Vereinbarung im Ganzen. Er erfasst auch die Vereinbarung zwischen solchen Beteiligten, die von ihrem Widerrufsrecht nicht Gebrauch gemacht haben.

(3) Im Falle des Widerrufs ist der Arbeitgeber berechtigt und verpflichtet, eine Festsetzung der Vergütung gemäß § 12 Abs. 3 ArbnErfG vorzunehmen.

VII. Abmahnung und Konfliktbewältigung

1. Muster: Checkliste zur Konfliktanalyse

1. Beteiligte
- einzelner Mitarbeiter
- mehrere Mitarbeiter

2. Anzeichen für den Konflikt
Verhalten des Mitarbeiters/der Mitarbeiterin
- beschweren
- Informationen zurückhalten
- Streit suchen
- Arbeit nach Vorschrift
- Beleidigungen
- nicht grüßen
- Körperverletzungen
- Gespräche meiden
- widersprechen
- häufige Fehlzeiten

3. Konfliktauslöser: persönliches Verhältnis von Mitarbeitern

Beteiligte	Lösungsmöglichkeiten
zwei Mitarbeiter	■ Konflikt von persönlicher Ebene auf sachliche Ebene zurückführen ■ Verständnis für den anderen wecken ■ Aussprache organisieren
Gruppenkonflikt	■ Ursache für den Konflikt ermitteln ■ Lösungsmöglichkeiten mit den verschiedenen Gruppen diskutieren ■ Rivalitäten beseitigen

4. Konfliktauslöser: betriebliche Ebene

Gründe	Lösungsmöglichkeiten
Unterschiedliche Zielvorstellungen zwischen Mitarbeitern	■ Klärung über verbindliches Ziel herbeiführen
Mitarbeiter haben das gleiche Ziel, aber unterschiedliche Wege	■ Klärung über verbindlichen Weg herbeiführen
Verteilungskonflikt bei knappen Ressourcen	■ Regelung für die Verteilung aufstellen

5. Konfliktauslöser: Führungsebene
- Bevorzugung von Mitarbeitern
- Kritik an Mitarbeitern vor Dritten üben
- fehlende Information von Mitarbeitern
- Überlastung von Mitarbeitern
- ungerechte Beurteilung
- Kompetenzen von Mitarbeitern nicht beachten

6. Lösung des Konflikts
- Beseitigung der Konfliktursache
- Schaffung von Richtlinien, nach denen der Konflikt ausgetragen werden soll
- Herabholen des Konflikts auf eine „sachliche Ebene"

2. Muster: Abmahnungsformular

172

Abmahnung

Anschrift Arbeitnehmer: ▀▀▀
Anschrift Arbeitgeber: ▀▀▀
Personalnummer: ▀▀▀
Abteilung: ▀▀▀

Sehr geehrte/r Frau/Herr ▀▀▀,

folgende Pflichten aus Ihrem Arbeitsvertrag haben Sie am ▀▀▀ um ▀▀▀ in Betriebsteil/Abteilung ▀▀▀ verletzt:

- ❏ unentschuldigtes Fehlen
- ❏ Arbeitsverweigerung
- ❏ verspätetes Erscheinen am Arbeitsplatz
- ❏ Vortäuschen von Krankheit/Arbeitsunfähigkeit
- ❏ unbefugtes Verlassen des Arbeitsplatzes
- ❏ Arbeit trotz Krankheit/Arbeitsunfähigkeit
- ❏ Schlechtleistung
- ❏ Überziehen der Pausenzeit
- ❏ eigenmächtiger Urlaubsantritt
- ❏ nicht genehmigte Nebentätigkeit
- ❏ Sonstige Beanstandungen: ▀▀▀

Im Einzelnen richtet sich die Abmahnung gegen folgenden Verstoß Ihrer arbeitsvertraglichen Pflichten: ▀▀▀

Wir fordern Sie auf, Ihren Pflichten aus dem Arbeitsvertrag in Zukunft ordnungsgemäß nachzukommen. Im Wiederholungsfall müssen Sie sonst mit der Auflösung Ihres Arbeitsverhältnisses rechnen.

▀▀▀ (Datum, Unterschrift Arbeitgeber)

Ich bestätige hiermit den Empfang der Abmahnung und versichere, dass ich den Inhalt gelesen und verstanden habe.

▀▀▀ (Datum, Unterschrift Arbeitnehmer)

3. Muster: Rahmentext eines Abmahnungsschreibens

173

Sehr geehrte(r) Frau/Herr ▀▀▀,

zu unserem Bedauern müssen wir feststellen, dass Ihnen Folgendes vorzuwerfen ist: ▀▀▀
Zeugen dieses Vorfalls waren ▀▀▀.
Ihr Verhalten stellt eine Pflichtwidrigkeit dar, denn ▀▀▀.
Wir bitten Sie ganz eindringlich, in Zukunft Ihren arbeitsvertraglichen Pflichten nachzukommen. Im Wiederholungsfall sind wir leider gezwungen, das Arbeitsverhältnis mit Ihnen zu beenden.
Wir bedauern diesen Schritt, sehen jedoch aufgrund Ihres unverständlichen, nicht mehr zu akzeptierenden Verhaltens keinen anderen Weg.
Eine Ausfertigung dieser Abmahnung werden wir zu Ihren Personalunterlagen nehmen. Eine weitere Ausfertigung wird dem Betriebsrat zur Kenntnisnahme zugeleitet.
Mit freundlichen Grüßen

Erklärung des Mitarbeiters

Die Abmahnung ist mir am ▬▬▬ ausgehändigt worden.

Ich habe den Inhalt zur Kenntnis genommen und erkenne die gegen mich erhobenen Vorwürfe in tatsächlicher Hinsicht als zutreffend an.

▬▬▬ (Datum, Unterschrift Empfänger)

4. Muster: Abmahnung wegen Verstoß gegen Alkoholverbot

Abmahnung

Sehr geehrte(r) Frau/Herr ▬▬▬,

am ▬▬▬ wurden Sie, offensichtlich alkoholisiert, an Ihrem Arbeitsplatz angetroffen. Deutliche Indizien Ihrer Alkoholisierung waren ▬▬▬.

Wie Ihnen bekannt ist, besteht in unserem Betrieb ein allgemeines Verbot von Alkoholgenuss während der Arbeitszeit. Zu unserer Überzeugung steht fest, dass Sie gegen das Alkoholverbot verstoßen haben. Zeuge sind: ▬▬▬

Wir mahnen Sie wegen des festgestellten Pflichtverstoßes hiermit förmlich ab.

Wir weisen darauf hin, dass Sie im Wiederholungsfalle mit weitergehenden arbeitsrechtlichen Schritten rechnen müssen, die bis hin zu einer Kündigung des Arbeitsverhältnisses reichen können.

Diese Abmahnung nehmen wir zu Ihrer Personalakte.

Mit freundlichen Grüßen

5. Muster: Abmahnung wegen unentschuldigten Fehlens

Abmahnung

Sehr geehrte(r) Frau/Herr ▬▬▬,

am ▬▬▬ von ▬▬▬ Uhr bis einschließlich ▬▬▬ Uhr sind Sie nicht zur Arbeit erschienen. Gründe für Ihr Fernbleiben haben Sie uns trotz entsprechender Nachfrage bis heute nicht mitgeteilt. Damit sind Sie unentschuldigt von der Arbeit ferngeblieben. Dieses Verhalten stellt einen Verstoß gegen Ihre Arbeitsleistungspflicht dar.

Wegen des festgestellten Pflichtverstoßes mahnen wir Sie hiermit ab.

Wir weisen darauf hin, dass Sie im Wiederholungsfalle mit weitergehenden arbeitsrechtlichen Schritten rechnen müssen, die bis hin zu einer Kündigung des Arbeitsverhältnisses reichen können.

Wir werden diese Abmahnung zu Ihrer Personalakte nehmen.

Mit freundlichen Grüßen

6. Muster: Letztmalige Abmahnung wegen Verspätung

Sehr geehrte Frau ▬▬▬,

Ihre tägliche Arbeitszeit beginnt, wie Ihnen bekannt ist, um ▬▬▬ Uhr. Tatsächlich sind Sie in den vergangenen drei Wochen insgesamt ▬▬▬ mal zu spät zur Arbeit erschienen. Im Einzelnen hat sich Folgendes herausgestellt:

Am ▬▬▬ erschienen Sie um ▬▬▬ Uhr.
Am ▬▬▬ erschienen Sie um ▬▬▬ Uhr.
Am ▬▬▬ erschienen Sie um ▬▬▬ Uhr.
Am ▬▬▬ erschienen Sie um ▬▬▬ Uhr.
Am ▬▬▬ erschienen Sie um ▬▬▬ Uhr.

Außerdem haben Sie sich am ▬▬▬ unentschuldigt von Ihrem Arbeitsplatz entfernt, haben das Betriebsgelände verlassen und sind erst um ▬▬▬ Uhr wieder an Ihrer Arbeitsstelle erschienen.

Kapitel 2: Administration bestehender Arbeitsverhältnisse

Schließlich wurde festgestellt, dass Sie am ▬▬▬ Ihre Mittagspause um ▬▬▬ Minuten überzogen haben.

Sie sind in der Vergangenheit bereits vor diesen Ereignissen mehrfach ermahnt und einmal mit Schreiben vom ▬▬▬ abgemahnt worden. Ihnen ist damit bekannt, dass Sie durch Ihre Unpünktlichkeit und durch Ihr wiederholtes unentschuldigtes Entfernen vom Arbeitsplatz Pflichtverletzungen begehen.

Heute mahnen wir Sie zum letzten Mal förmlich ab. Sollte auch dieses Schreiben nicht zu einem geänderten, pünktlichen Verhalten führen, werden wir ohne weitere Ankündigung nunmehr das Arbeitsverhältnis kündigen.

Wir sind der Meinung, dass Sie die Geduld der Geschäftsleitung und Ihrer Kollegen bereits übermäßig strapaziert haben und dass, wenn auch dieses Schreiben nicht zu einer Verhaltensänderung bei Ihnen führt, weitere Ermahnung und Abmahnung zwecklos sein werden.

Mit freundlichen Grüßen

7. Muster: Abmahnung wegen Übertretung des Rauchverbots

Sehr geehrter Herr ▬▬▬,

Sie sind am ▬▬▬ zum zweiten Mal dabei angetroffen worden, als Sie sich in der Abteilung ▬▬▬ eine Zigarette angezündet und geraucht haben. Zuletzt waren Sie am ▬▬▬ wegen desselben Verstoßes gegen die Betriebsordnung abgemahnt worden und verwarnt worden.

Ihnen ist bekannt, dass das Zünden einer offenen Flamme und das Rauchen in dieser Abteilung streng untersagt sind, weil erhöhte Brandgefahr besteht und durch ein falsches Verhalten die Produktionshalle abbrennen könnte. Unter Bezug auf Ihre arbeitsvertraglichen Pflichten mahnen wir Sie ab. Wir weisen nachdrücklich darauf hin, dass Sie bei einer Wiederholung dieses Vorgangs oder bei einem anderen Verstoß gegen Ihre Pflichten mit der Kündigung Ihres Arbeitsverhältnisses rechnen müssen.

Mit freundlichen Grüßen

8. Muster: Ermahnung wegen Umgangs mit offenem Feuer

Sehr geehrter Herr ▬▬▬,

wir müssen Sie ermahnen, weil Sie gestern ▬▬▬ an Ihrem Arbeitsplatz in der Abteilung ▬▬▬ offenes Feuer gezündet haben. Dadurch haben Sie zahlreiche Belegschaftsmitglieder und Teile des Betriebes erheblich gefährdet. Es ist Ihnen bekannt, dass wegen hoher Feuergefährlichkeit kein offenes Feuer im Betriebsteil ▬▬▬ gezündet werden darf.

Der zuständige Abteilungsleiter hat Sie deshalb an Ort und Stelle zur Rede gestellt.

Durch Ihr Verhalten haben Sie leichtfertig gegen das betriebliche Verbot, offenes Feuer zu zünden, das in der Betriebsordnung vom ▬▬▬ aufgeführt ist, verstoßen, gleichzeitig haben Sie Ihre arbeitsvertraglichen Pflichten grob schuldhaft verletzt.

Wir sprechen Ihnen gegenüber deshalb eine Ermahnung aus. Wir erwarten von Ihnen, dass Sie sich künftig arbeitsvertragskonform verhalten.

Mit freundlichen Grüßen

9. Muster: Abmahnung wegen Störung des Betriebsfriedens

Sehr geehrter Herr ▬▬▬,

zu unserem Bedauern müssen wir feststellen, dass Ihnen Folgendes vorzuwerfen ist:

Am ▬▬▬ sprachen Sie gegen ▬▬▬ Uhr Ihre Kollegin, Frau ▬▬▬, auf dem Flur an. Sie teilten ihr mit, sie sei in der Woche vom ▬▬▬ bis zum ▬▬▬, in der sie krankgeschrieben war, von mehreren Leuten in ▬▬▬ beim Einkaufen gesehen worden. Sie hätten insoweit Beweise und eidesstattliche Versicherungen. Sie hätten sie somit in der Hand.

Des Weiteren äußerten Sie gegenüber Ihren Kollegen Herrn ▬▬▬ und Frau ▬▬▬, Sie hätten Frau ▬▬▬ in der Hand. Frau ▬▬▬ wäre während ihrer Krankheit in ▬▬▬ beim Einkaufen gesehen worden. Sie hätten Zeugen und eidesstattliche Versicherungen.

Die von Ihnen gegenüber Frau ▬▬▬ erhobenen Vorwürfe sind nachweislich unwahr. Durch Ihr Verhalten haben Sie mutwillig den Betriebsfrieden gestört. Gleichermaßen haben Sie Ihre Kollegin, Frau ▬▬▬, derart massiv bedroht und eingeschüchtert, dass diese sich am ▬▬▬ außerstande sah, ihren Dienst zu verrichten.

Ihr vorbeschriebenes Verhalten stellt einen Verstoß gegen Ihre arbeitsvertraglichen Pflichten dar. Wir bitten Sie ganz eindringlich, in Zukunft Ihren arbeitsvertraglichen Pflichten nachzukommen und entsprechende Störungen des Betriebsfriedens und Einschüchterungen von Kollegen zu unterlassen. Wir weisen darauf hin, dass Sie im Wiederholungsfalle mit weitergehenden arbeitsrechtlichen Schritten rechnen müssen, die bis hin zu einer Kündigung des Arbeitsverhältnisses reichen können.

Diese Abmahnung nehmen wir zu Ihrer Personalakte.

Mit freundlichen Grüßen

▬▬▬ (Unterschrift Arbeitgeber)

Ich bestätige, die Abmahnung erhalten zu haben und erkläre, dass ich gegen ihren Inhalt in tatsächlicher Hinsicht keine Einwendungen habe.

▬▬▬ (Unterschrift Arbeitnehmer)

10. Muster: Abmahnung des Arbeitgebers durch den Arbeitnehmer wegen Gehaltsrückstand

Abmahnung

Sehr geehrter Herr ▬▬▬,

seit 14 Tagen warte ich auf mein ▬▬▬-Gehalt. Auch vom ▬▬▬-Gehalt fehlen mir noch ▬▬▬ EUR. Ihr Verhalten stellt einen Pflichtenverstoß dar, denn Ihre Hauptleistungspflicht nach dem Arbeitsvertrag besteht darin, mir zum vereinbarten Fälligkeitstag das Gehalt zu zahlen.

Aus diesem Grunde mahne ich Sie hiermit förmlich ab. Sollte die Gehaltszahlung nicht innerhalb einer Woche nachgeholt werden oder sollten erhebliche Gehaltsrückstände wiederholt vorkommen, werde ich weitergehende arbeitsrechtliche Maßnahmen ergreifen, die bis hin zu einer fristlosen Kündigung reichen können.

Mit freundlichen Grüßen

VIII. Teilzeitverlangen nach § 8 TzBfG

1. Muster: Antrag auf Reduzierung der Arbeitszeit

Hiermit beantrage ich ▬▬▬, beschäftigt seit ▬▬▬, meine Arbeitszeit von bislang ▬▬▬ Stunden/Woche ab dem ▬▬▬ um ▬▬▬ Stunden auf ▬▬▬ Stunden zu reduzieren.

Folgende alternative Verteilung käme in Betracht, wobei ich die erste Variante sehr bevorzugen würde:

	1. Variante	2. Variante
Montag		
Dienstag		
Mittwoch		
Donnerstag		
Freitag		
Samstag		
Sonntag		

Ich gehe davon aus, dass die von mir gewünschte Arbeitszeitreduzierung und die vorgeschlagene Verteilung Ihre Zustimmung finden werden. Sollten organisatorische Probleme dem entgegenstehen, bin ich gerne bereit, gemeinsam mit Ihnen eine Lösung zu suchen.

▬▬▬ (Datum, Unterschrift)

2. Muster: Antrag auf Teilzeittätigkeit

Personalabteilung

Antrag nach § 8 TzBfG

Sehr geehrte Damen und Herren,

hiermit beantrage ich, meine Arbeitszeit von bisher 40 Wochenstunden auf ▪▪▪ zu reduzieren. Als konkrete Arbeitszeiten rege ich folgende zeitliche Verteilung an: ▪▪▪

Ich bin seit länger als sechs Monaten in der Firma tätig und die Firma beschäftigt auch mehr als 15 Arbeitnehmer.

Meinen Antrag auf Verringerung der Arbeitszeit stelle ich unter die Bedingung, dass es zu der von mir angeregten Arbeitszeitverteilung kommt.

Es würde mich freuen, wenn Sie meinen Antrag positiv bescheiden könnten. Zu ergänzenden Angaben in einem Gespräch stehe ich Ihnen gerne zur Verfügung.

Mit freundlichen Grüßen

↑

3. Muster: Zurückweisung wegen verspäteter Antragstellung

Betr.: Ihr Antrag nach § 8 TzBfG

Sehr geehrte(r) Frau/Herr ▪▪▪,

mit Schreiben vom ▪▪▪ haben Sie den Antrag gestellt, Ihre wöchentliche Arbeitszeit von ▪▪▪ auf ▪▪▪ zu reduzieren. Sie wünschten eine Abänderung Ihrer Arbeitszeitregelung ab dem ▪▪▪. Nach § 8 Abs. 2 TzBfG ist der Antrag drei Monate vor dem gewünschten Beginn der Arbeitszeitreduzierung zu stellen. Ihr Antrag ging bei der Personalabteilung am ▪▪▪ ein. Damit ist die Frist zwischen Ihrer Antragstellung und dem geänderten Arbeitszeitbeginn von drei Monaten nicht eingehalten.

Lassen Sie uns bitte wissen, ob Sie diesen Antrag als zu einem anderen Zeitpunkt gestellt betrachten. Solange wir keine weitere Nachricht von Ihnen erhalten haben, gehen wir davon aus, dass sich Ihr Antrag erledigt hat.[147]

Mit freundlichen Grüßen

↑

4. Muster: Ablehnung des Antrags auf Arbeitszeitreduzierung

Betr.: Ihr Antrag nach § 8 TzBfG

Sehr geehrte(r) Frau/Herr ▪▪▪,

mit Schreiben vom ▪▪▪ haben Sie geltend gemacht, dass Ihre Arbeitszeit ab ▪▪▪ verringert und neu verteilt werden soll.

Am ▪▪▪ fand mit Ihnen eine Erörterung mit dem Ziel statt, zu einer Vereinbarung über die Verringerung zu gelangen. Wir konnten jedoch, wie Sie wissen, keine Einigung erzielen. Gegenwärtig stehen betriebliche Gründe der Verringerung und Neuverteilung Ihrer Arbeitszeit entgegen. Ihrer Tätigkeit liegt ein Organisationskonzept der Firma zugrunde, mit dem die folgenden unternehmerischen Aufgaben im Betrieb verwirklicht werden sollen: ▪▪▪

Diesem Organisationskonzept steht die von Ihnen gewünschte Änderung der Arbeitszeit entgegen, denn bei einem verringerten Einsatz durch Sie würden sich folgende betriebliche Abläufe und der Personaleinsatz in Ihrer Abteilung insgesamt wie folgt ändern: ▪▪▪

Leider ist das Gewicht der einer Änderung entgegenstehenden Gründe so erheblich, dass Ihr Teilzeitverlangen zu einer wesentlichen Beeinträchtigung der Arbeitsorganisation führt. Insofern mussten wir Ihren Antrag ablehnen.

Mit freundlichen Grüßen

↑

---

147 Die Rechtsprechung geht davon aus, dass es dem Arbeitnehmer vor allem um das „Ob" der Verringerung und erst in zweiter Linie um den Zeitpunkt der Verringerung geht (BAG 20.7.2004 – 9 AZR 626/03, NZA 2004, 1091). Die Literatur geht davon aus, dass sich durch einen zu spät gestellten Antrag der verlangte Beginn der Verkürzung entsprechend nach hinten verschiebt (*Beckschulze*, DB 2000, 2598; *Richardi/Annuß*, BB 2000, 2201, 2202; HWK/*Schmalenberg*, § 8 TzBfG Rn 9; a.A. ErfK/*Preis*, § 8 TzBfG Rn 13; MünchArbR/*Schüren*, Erg.-Bd., § 162 Rn 59, 60).

185 5. Muster: Stattgeben des Antrags auf Arbeitszeitreduzierung[148]

Betr.: Ihr Antrag nach § 8 TzBfG

Sehr geehrte(r) Frau/Herr ▄▄▄,

Sie haben mit Schreiben vom ▄▄▄ einen Antrag auf Reduzierung Ihrer Arbeitszeit und eine neue Verteilung erbeten. In unserem Erörterungsgespräch haben wir Ihnen bereits erläutert, dass wir uns mit folgender Modifikation ▄▄▄ in der Lage sehen, Ihrem Antrag stattzugeben.

Bitte unterzeichnen Sie freundlicherweise die Durchschrift dieses Schreibens zum Zeichen Ihres Einverständnisses. Dieses Schreiben bedeutet zugleich den Nachtrag Nr. ▄▄▄ Ihres Arbeitsvertrages vom ▄▄▄. Sämtliche Rechte und Pflichten aus dem Arbeitsverhältnis bleiben bestehen, mit Ausnahme der nunmehr geänderten Arbeitszeit und ihrer Verteilung.

Mit freundlichen Grüßen

---

[148] Dieses Schreiben ist zweifach dem Arbeitnehmer zu übersenden. Ein Exemplar enthält den Zusatz: „Mit der vorstehenden Regelung bin ich einverstanden." und ist vom Arbeitnehmer in einem unter dieser Zeile angesiedelten Unterschriftenfeld gegenzuzeichnen. Dieses Exemplar des Schreibens hat der Arbeitnehmer an die Personalabteilung zurückzureichen. Es wird als Nachtrag zum Arbeitsvertrag in die Personalakte genommen, § 83 BetrVG.

Kapitel 3: Zeugnistexte

Literatur

Becker, Zur ökonomischen Perspektive von Leistungsbeurteilungen, AuR 1993, 298; *Becker-Schaffner*, Die Rechtsprechung zum Zeugnisrecht, BB 1989, 2105; *Böhme*, Zeugnis für den Arbeitnehmer, AuA 1992, 23; *Brill*, Rund um das Arbeitszeugnis, AuA 1994, 230; *Dachrodt*, Zeugnisse lesen und verstehen, 7. Aufl. 2003; *ders.*, Praxis vor Logik – Die unvermeidliche „vollste Zufriedenheit", BB 1992, 638; *ders.*, Zeugnisgestaltung und Zeugnissprache zwischen Informationsfunktion und Werbefunktion, BB 1992, 58; *Friederich*, Zeugnisse im Beruf richtig schreiben, 1989; *Göldner*, Die Problematik der Zeugniserteilung im Arbeitsrecht, ZfA 1991, 225; *Haupt*, Zeugnissprache – Quadratur des Kreises?, FA 1999, 280; *Hohmeister*, Das Arbeitszeugnis, PersR 1992, 399; *Huber*, Das Arbeitszeugnis in Recht und Praxis: Rechtsgrundlagen, Formulierungshilfen, Textbausteine und Zeugnisanalysen, 11. Aufl. 2006; *Hümmerich/Gola*, Personaldatenrecht im Arbeitsverhältnis, 1993; *Kempe*, Zeugnisse, AuA 1999, 532; *Kölsch*, Die Haftung des Arbeitgebers bei nicht ordnungsgemäßer Zeugniserteilung, NZA 1985, 382; *Liedke*, Der Anspruch auf ein qualifiziertes Arbeitszeugnis, NZA 1988, 270; *Löw*, Aktuelle Rechtsfragen zum Arbeitszeugnis, NJW 2005, 3605; *Moderegger*, Zeugnisse – Sein oder Schein?, ArbRB 2006, 240; *Mülhausen*, Die Erwähnung von Ausfallzeiten im Arbeitszeugnis, NZA-RR 2006, 337; *Nowak*, Pflichten des Arbeitgebers beim Erteilen eines Zeugnisses, AuA 1992, 68; *Pfleger*, Anm. zu LAG Baden-Württemberg vom 19.6.1992, DB 1993,1041; *Popp*, Die Bekanntgabe des Austrittsgrunds im Arbeitszeugnis, NZA 1997, 588; *Schleßmann*, Das Arbeitszeugnis, 17. Aufl. 2004; *ders.*, Das Arbeitszeugnis, BB 1988, 1320; *Schmid*, Leistungsbeurteilungen in Arbeitszeugnissen und ihre rechtliche Problematik, DB 1982, 1111; *ders.*, Aussagen über Führungsleistungen in Arbeitszeugnissen und ihre rechtliche Problematik, DB 1986, 1334; *ders.*, Zur Interpretation von Zeugnisinhalten, DB 1988, 2253; *ders.*, Das „geknickte" Zeugnis, DB 2000, 412; *ders.*, Zum Zeugnisanspruch des Arbeitnehmers im Konkurs einer Handelsgesellschaft, DB 1991, 1930; *Schulz*, Alles über Arbeitszeugnisse, 7. Aufl. 2003; *ders.*, Zur Auskunftserteilung unter Arbeitgebern über Arbeitnehmer, NZA 1990, 717; *Schweres*, Zwischen Wahrheit und Wohlwollen, BB 1986, 1572; *Spiegelhalter*, Beck'sches Personalhandbuch Bd. 1, Arbeitsrechtslexikon Loseblatt, Stichwort Zeugnis; *Stiller*, Der Zeugnisanspruch in der Insolvenz des Arbeitgebers, NZA 2005, 331; *Weuster*, Arbeitsgerichtliche Zeugnisprozesse, AiB 1995, 701; *Witt*, Die Erwähnung des Betriebsratsamts und der Freistellung im Arbeitszeugnis, BB 1996, 2194.

A. Erläuterungen

I. Rechtsgrundlagen und Begriffe

Rechtsgrundlagen des Zeugnisrechts bilden § 109 GewO, § 630 BGB, § 73 HGB, § 16 BBiG sowie beispielsweise § 35 TVöD. Mit dem Dritten Gesetz zur Änderung der Gewerbeordnung und sonstiger gewerberechtlicher Vorschriften vom 24.8.2002[1] kodifizierte der Gesetzgeber einheitlich für alle Bundesländer einige arbeitsrechtliche Grundsätze in der Gewerbeordnung. Über § 6 Abs. 2 GewO n.F. wurde klargestellt, dass die in der Gewerbeordnung nunmehr aufgeführten Grundsätze nicht nur für die von der GewO erfassten Gewerbe, sondern umfassend für die Arbeitnehmer in allen Arbeitsverhältnissen Geltung beanspruchen.[2] Damit hat der Gesetzgeber diesen Teil der GewO zu einer Art arbeitsrechtlichem Grundgesetz ausgestaltet.[3] § 630 BGB, der stets als die Kernvorschrift des Zeugnisrechts galt, ist nur noch auf dienstverpflichtete und arbeitnehmerähnliche Personen anwendbar.[4] Eine wesentliche Rechtsänderung ist durch § 109 GewO nicht eingetreten.

186

Weiterhin wird zwischen dem einfachen und dem qualifizierten Zeugnis unterschieden. Das **einfache Zeugnis** muss gemäß § 109 Abs. 1 Satz 2 GewO nur Angaben zu Art und Dauer der Tätigkeit enthalten. Das **qualifizierte Zeugnis** erstreckt sich gemäß § 109 Abs. 1 Satz 3 GewO auf Angaben über Leistung und Verhalten des

187

---

[1] BGBl. I 2002 S. 3412.
[2] BT-Drucks. 14/9254.
[3] *Düwell*, Geänderte Gewerbeordnung – Neues Grundgesetz des Arbeitsrechts, FA 2003, 2.
[4] *Düwell*, FA 2003, 5.

§ 3 Arbeitsrechtstexte der Personalarbeit

Arbeitnehmers im Arbeitsverhältnis. Der frühere Begriff „Führung" wurde durch den Begriff „Verhalten" zeitentsprechend angepasst.

188 Versäumt wurde, zwischen dem **Endzeugnis** und dem **Zwischenzeugnis** zu unterscheiden. Das qualifizierte Zeugnis kann weiterhin nur auf Verlangen des Arbeitnehmers erteilt werden. Der Arbeitnehmer hat auch dann einen Anspruch auf Erteilung eines qualifizierten Zeugnisses, wenn ihm zuvor auf sein Verlangen ein einfaches Zeugnis erteilt wurde. Die Ansprüche gemäß § 109 Abs. 1 Satz 2 und 3 GewO schließen einander nicht aus.

II. Rechtsnatur

189 Der **Anspruch auf Zeugniserteilung** ist **unabdingbar** und kann daher nicht für die Zukunft ausgeschlossen oder erlassen werden. Hingegen ist umstritten, ob der Anspruch nach Beendigung des Arbeitsverhältnisses erlassen werden kann.[5] Der Anspruch auf Zeugniserteilung unterliegt wie jeder schuldrechtliche Anspruch der Verwirkung.[6] Ob der Anspruch von einer tariflichen Ausschlussfrist erfasst wird, ist im Wege der Auslegung zu ermitteln. Die Ausschlussfrist des § 70 BAT erfasst den Anspruch auf Zeugniserteilung.[7] Allgemein gehaltene Ausgleichsklauseln – etwa in Vergleichen, die einen Kündigungsschutzprozess beenden – können nicht ohne weiteres dahin ausgelegt werden, dass sie auch den Verzicht auf ein qualifiziertes Zeugnis enthalten.[8]

190 Der Anspruch auf Erteilung des Zeugnisses ist grundsätzlich eine **Holschuld**.[9] Aus Gründen der nachwirkenden Fürsorge kann aus der Holschuld aber eine Schickschuld werden. Dies wird dann angenommen, wenn die Abholung für den Arbeitnehmer mit unverhältnismäßig hohen Kosten oder besonderer Mühe verbunden wäre[10] oder der Arbeitnehmer seinen Wohnort inzwischen an einen weit entfernten Ort verlegt hat.[11] Das Gleiche gilt, wenn der Arbeitnehmer die Erteilung des Zeugnisses rechtzeitig vor der Beendigung des Arbeitsverhältnisses verlangt hat, es jedoch bis zur Beendigung des Arbeitsverhältnisses aus Gründen, die in der Sphäre des Arbeitgebers liegen, nicht zur Abholung bereit liegt.[12]

III. Anspruchsberechtigte

191 Nach § 630 BGB haben dienstverpflichtete und arbeitnehmerähnliche Personen, nach § 109 GewO haben alle Arbeitnehmer bei Beendigung eines Arbeitsverhältnisses Anspruch auf Erteilung eines Zeugnisses. Daneben besteht der Zeugnisanspruch für kaufmännische Angestellte nach § 73 HGB und für Auszubildende nach § 8 BBiG. Einen Anspruch auf Zeugniserteilung haben alle Voll- und Teilzeitbeschäftigten, haupt- oder nebenberuflich tätigen Arbeitnehmer einschließlich der leitenden Angestellten,[13] Volontäre, Praktikanten,[14] arbeitnehmerähnliche Personen oder auch Heimarbeiter, Einfirmenvertreter (§ 92a HGB) und „kleine" Handelsvertreter (§ 84 Abs. 2 HGB). Auch Organvertreter ohne oder mit nur unwesentlichen Geschäftsanteilen haben Anspruch auf ein Zeugnis.[15] Dienstverpflichtete, die selbständige Arbeit verrichten, hatten nach früherer Rechtsprechung keinen Anspruch auf Zeugniserteilung,[16] können diesen Anspruch dagegen in Zukunft aus § 630 BGB ableiten.

---

5 Dafür: Schaub/Linck, Arbeitsrechts-Handbuch, § 146 I 7; Staudinger/Preis, § 630 BGB Rn 7; dagegen: MüKo-BGB/Schwerdtner, § 630 Rn 45.
6 BAG 17.2.1988 – 5 AZR 638/86, AP § 630 BGB Nr. 17; LAG Hamm 16.3.1989 – 12 (13) Sa 1149/88, BB 1989, 1486; LAG Saarland 28.2.1990 – 1 Sa 209/89, LAGE § 630 BGB Nr. 9.
7 BAG 23.2.1983 – 5 AZR 515/80, AP § 70 BAT Nr. 10.
8 BAG 16.9.1974 – 5 AZR 255/74, AP § 630 BGB Nr. 9.
9 BAG 8.3.1995 – 5 AZR 848/93, AP § 630 BGB Nr. 21; LAG Düsseldorf 18.12.1962 – 8 Sa 392/62, DB 1963, 419; LAG Frankfurt 1.3.1984 – 10 Sa 858/83, DB 1984, 2200; ArbG Wetzlar 21.7.1971 – Ga 3/71, BB 1972, 222.
10 LAG Frankfurt 1.3.1984 – 10 Sa 858/83, DB 1984, 2200.
11 ArbG Wetzlar 21.7.1971 – Ga 3/71, BB 1972, 222.
12 LAG Frankfurt 1.3.1984 – 10 Sa 858/83, DB 1984, 2200.
13 LAG Hamm 12.7.1994 – 4 Sa 192/94, LAGE § 630 BGB Nr. 27.
14 BAG, Urt. v. 3.9.1998 – 8 AZR 14/97, n.v.
15 KG Berlin 6.11.1978 – 2 U 2290/78, BB 1979, 988.
16 RG 7.1.1916 – III 246/15, RGZ 87, 440, 443; BGH 9.11.1967 – III ZR 64/67, BGHZ 49, 30.

IV. Anspruchsverpflichteter

1. Arbeitgeber

Die Pflicht zur Ausstellung des Zeugnisses trifft den **Arbeitgeber**. Der Arbeitgeber kann sich bei der Zeugniserteilung eines weisungsbefugten Erfüllungsgehilfen bedienen, sofern dieser erkennbar ranghöher als der betreffende Arbeitnehmer ist.[17] Die Weisungsbefugnis des Zeugnisausstellers muss aus dem Zeugnis hervorgehen.[18] Dieser Grundsatz gilt auch für den Bereich des öffentlichen Dienstes.[19] Die Zeugniserteilung durch einen Außenstehenden oder einen Rechtsanwalt ist unzulässig.[20] Auch der Erbe ist zur Erteilung eines Zeugnisses verpflichtet, soweit ihm die Informationsbeschaffung möglich ist. Dabei muss sich der Erbe aus den verfügbaren Unterlagen unterrichten.[21] Erlöscht eine GmbH, so trifft die Verpflichtung den Liquidator.[22]

192

2. Zeugnisausstellung bei Insolvenz

Bei der **Insolvenz** des Arbeitgebers muss danach unterschieden werden, wann das Arbeitsverhältnis beendet ist. Zunächst einmal ist zu beachten, dass der Anspruch auf Zeugniserteilung „bei Beendigung eines Arbeitsverhältnisses" (§ 109 GewO) entsteht. Dementsprechend kommt es darauf an, wann das Arbeitsverhältnis beendet wurde.

193

Für die Zeit bis Eröffnung des Insolvenzverfahrens hat nach h.M. ausschließlich der bisherige Arbeitgeber das Zeugnis zu erteilen, wenn der Arbeitnehmer vor Eröffnung des Insolvenzverfahrens aus dem Arbeitsverhältnis ausgeschieden ist und Zeugnisklage erhoben hat.[23] *Karsten Schmidt*[24] und *Berscheid*[25] vertreten die Ansicht, es bestehe eine ungeteilte Abwicklungszuständigkeit des Insolvenzverwalters, die auch die Erfüllung des Zeugnisanspruchs umfasse.

194

Wenn der Insolvenzverwalter den Betrieb weiterführt und der Arbeitnehmer nach Insolvenzeröffnung weiterbeschäftigt worden ist, trifft nach h.A. die Pflicht zur Zeugniserteilung den Insolvenzverwalter.[26] Die Pflicht zur Zeugniserteilung besteht unabhängig davon, wie lange das Arbeitsverhältnis nach der Eröffnung des Insolvenzverfahrens fortbestanden hat.[27] Da der Insolvenzverwalter alleine im Besitz der für die Erteilung eines Zeugnisses erforderlichen Unterlagen, wie Personalakte, Firmenbriefbögen und Firmenstempel, ist, kann nur der Insolvenzverwalter in diesen Fällen das Zeugnis ausstellen. Wenn sich Insolvenzverwalter damit herausreden wollen, sie seien nicht in der Lage, ein Zeugnis zu erstellen, weil sie nichts über die bisherige Beschäftigung des Arbeitnehmers persönlich wüssten, sollte man sie daran erinnern, dass das BAG ausdrücklich entschieden hat, dass sich der Insolvenzverwalter die für die Zeugniserteilung erforderlichen Angaben zu beschaffen hat, wobei er ggf. auch Auskünfte beim Arbeitnehmer einholen muss.[28]

195

Nicht unumstritten ist die Frage, ob den Insolvenzverwalter eine Zeugniserteilungspflicht trifft, wenn die Kündigungsfrist zwar nach Eröffnung des Insolvenzverfahrens abläuft, der Insolvenzverwalter den Arbeitnehmer aber nicht weiterbeschäftigt, etwa weil der Betrieb bereits vor Eröffnung des Insolvenzverfahrens stillgelegt wurde oder der Betrieb vom Insolvenzverwalter zwar fortgeführt, aber ein Teil der Arbeitnehmer freigestellt wurde. Überwiegend wird die Auffassung vertreten, der Insolvenzverwalter sei auch dann zur Zeugniserstellung verpflichtet, wenn die Kündigungsfrist nach Eröffnung des Insolvenzverfahrens ablaufe und er den Arbeitnehmer tatsächlich nicht weiterbeschäftigt hat. Denn auch hier gilt, dass maßgeblich der Entstehungszeitpunkt des Zeugnisanspruchs ist („bei Beendigung des Arbeitsverhältnisses").[29]

196

---

17 LAG Düsseldorf 5.3.1968 – 3 Sa 531/68, DB 1969, 534; LAG Köln 14.7.1994 – 4 Sa 579/94, NZA 1995, 685; ArbG Köln 5.1.1968 – 2 Ca 391/64, DB 1968, 534.
18 BAG 26.6.2001 – 9 AZR 392/00, NZA 2002, 34.
19 BAG 4.10.2005 – 9 AZR 507/04, ArbRB 2006, 101 m. Anm. *Oetker*.
20 LAG Hamm 2.11.1966 – 3 Ta 72/66., DB 1966, 1815.
21 ArbG Münster 10.4.1990 – 3 Ca 2109/89, BB 1990, 2266.
22 BAG 9.7.1981 – 2 AZR 329/79, AP § 50 ZPO Nr. 4.
23 BAG 30.1.1991 – 5 AZR 32/90, NZA 1991, 599 = NJW 1991, 1971; BAG 28.11.1966 – 5 AZR 190/66, BAGE 19, 146, 152; *Eisenbeis/Mues*, Arbeitsrecht in der Insolvenz, 2000, Rn 168; Steindorf/*Regh*, Arbeitsrecht in der Insolvenz, 2002, § 3 Rn 29; *Stiller*, NZA 2005, 331.
24 DB 1991, 1930.
25 *Berscheid*, ZInsO 1999, 205.
26 BAG 30.1.1991 – 5 AZR 32/90, NZA 1991, 599 = NJW 1991, 1971; LAG Köln 30.7.2001 – 2 Sa 1457/00, ZIP 2002, 181; Kübler/Prütting/*Moll*, InsO, § 113 Rn 14; KR/*Weigand*, §§ 113, 120 InsO Rn 118.
27 *Stiller*, NZA 2005, 330, 332.
28 BAG 30.1.1991 – 5 AZR 32/90, NZA 1991, 599; LAG Köln 30.7.2001 – 2 Sa 1457/00, ZIP 2002, 181.
29 *Stiller*, NZA 2005, 330, 334.

197 Endete das Arbeitsverhältnis bereits vor Eröffnung des Insolvenzverfahrens und nach Anordnung der vorläufigen Insolvenzverwaltung, kommt es hinsichtlich des Zeugnisverpflichteten darauf an, ob ein „starker Verwalter" oder ein „schwacher Insolvenzverwalter" eingesetzt wurde. Ein ehemaliger Arbeitnehmer des Schuldners, dessen Arbeitsverhältnis vor der Verfahrenseröffnung endet, kann den (endgültigen) Insolvenzverwalter nur dann auf Erteilung eines Zeugnisses in Anspruch nehmen, wenn dieser zum Zeitpunkt der Beendigung des Arbeitsverhältnisses bereits zum vorläufigen Insolvenzverwalter mit Erlass eines allgemeinen Verfügungsverbots nach § 21 Abs. 2 Nr. 2 Alt. 1 InsO bestellt war und damit die Stellung eines vorläufigen „starken" Insolvenzverwalters hatte.[30]

198 Die **Vollstreckung** eines titulierten Zeugnisanspruchs gegen den Insolvenzverwalter richtet sich nach § 888 Abs. 1 ZPO.[31] Hiernach kann eine unvertretbare Handlung, worunter auch die Pflicht zur Ausstellung eines Zeugnisses fällt,[32] durch Zwangsmittel (Zwangsgeld, Zwangshaft) erreicht werden. Einschränkungen können sich ergeben, wenn der Insolvenzverwalter bei der Zeugniserteilung auf die Mitwirkung des Arbeitnehmers oder von Vorgesetzten des Arbeitnehmers angewiesen ist. Bei Beendigung eines Arbeitsverhältnisses vor Insolvenzeröffnung bleibt der Arbeitgeber Schuldner des Zeugnisanspruchs eines ausgeschiedenen Arbeitnehmers. Den vorläufigen Insolvenzverwalter trifft die Verpflichtung zur Zeugniserteilung vor Insolvenzeröffnung nur, wenn nur dem Schuldner ein allgemeines Verfügungsverbot (§ 22 Abs. 1 oder 2 InsO) auferlegt ist.[33]

199 Der gegen den Arbeitgeber eingeleitete Rechtsstreit über ein Zeugnis wird durch die Eröffnung des Insolvenzverfahrens nicht gemäß § 240 ZPO unterbrochen. Erklärt der Arbeitnehmer, er wolle den Rechtsstreit gegen den Insolvenzverwalter „aufnehmen" und verlangt er nunmehr von ihm ein Endzeugnis, liegt hierin ein gewillkürter Parteiwechsel, der eine Klagerücknahme gegenüber dem Insolvenzschuldner enthält, der dieser gemäß § 269 Abs. 1 ZPO nicht zustimmen muss. Das Arbeitszeugnis hat der Arbeitgeber zu erteilen, der diese Stellung im Zeitpunkt der Beendigung des Arbeitsverhältnisses innehatte. Hat das Arbeitsverhältnis vor Insolvenzeröffnung geendet, bleibt grundsätzlich der Insolvenzschuldner zur Erteilung verpflichtet. § 108 Abs. 1 InsO fingiert keine Arbeitgeberstellung des Insolvenzverwalters für bereits beendete Arbeitsverhältnisse.[34]

V. Fälligkeit des Zeugnisanspruchs

200 Der Anspruch auf Erteilung des Zeugnisses entsteht bei der **Beendigung des Arbeitsverhältnisses**. Früher vertrat man die Auffassung, wegen des Zusammenhangs zwischen § 630 BGB und § 629 BGB solle mit dem Zeugnis dem Arbeitnehmer die Bewerbung bei einem neuen Arbeitgeber erleichtert werden, so dass der Anspruch infolge einer an Treu und Glauben orientierten Auslegung anlässlich der Beendigung gegeben, nicht erst mit der rechtlichen Beendigung des Arbeitsverhältnisses entstanden sei.[35] Auch nach dem Wortlaut des § 109 GewO besteht der Anspruch „bei Beendigung eines Arbeitsverhältnisses", kann also vom Arbeitnehmer auch bereits vor der rechtlichen Beendigung geltend gemacht werden. Ein fristgerecht entlassener Arbeitnehmer hat spätestens mit Ablauf der Kündigungsfrist oder bei seinem tatsächlichen Ausscheiden Anspruch auf ein qualifiziertes Zeugnis, nicht lediglich auf ein Zwischenzeugnis, auch wenn die Parteien in einem Kündigungsschutzprozess über die Wirksamkeit der Kündigung streiten.[36] Darüber hinausgehend wird teilweise vertreten, der Zeugnisanspruch entstünde bereits eine angemessene Zeit vor der Beendigung[37] bzw. dann, wenn aufgrund fristgerechter Kündigung, Ablauf einer Befristung oder aufgrund eines Aufhebungsvertrages die Beendigung absehbar sei.[38] Der Arbeitnehmer habe bereits mit Ausspruch der Kündigung[39] bzw. mit Beginn der Kündigungsfrist einen Anspruch auf Zeugniserteilung, wenn der Arbeitgeber die Kündigung vor Beginn der Kündigungsfrist erklärt.[40] Bei fristloser Kündigung ist das Zeugnis vom Arbeitgeber unverzüglich i.S.d. § 121 BGB zu erteilen.

---

30 LAG Hessen, 1.8.2003 – 12 Sa 568/03, n.v.; *Stiller*, NZA 2005, 330, 335.
31 LAG Düsseldorf 7.11.2003 – 16 Ta 571/03, ZIP 2004, 631; Palandt/*Putzo*, BGB, § 630 Rn 13.
32 Zöller/*Stöber*, ZPO, § 888 Rn 3.
33 BAG 23.6.2004 – 10 AZR 495/03, ArbRB 2004, 331.
34 BAG 23.6.2004 – 10 AZR 495/03, ArbRB 2004, 331.
35 BAG 27.2.1987 – 5 AZR 710/85, AP § 630 BGB Nr. 16.
36 BAG 27.2.1987 – 5 AZR 710/85, AP § 630 BGB Nr. 16.
37 MüKo-BGB/*Schwerdtner*, § 630 Rn 22; Staudinger/*Preis*, § 630 BGB Rn 12; Schaub/*Linck*, Arbeitsrechts-Handbuch, § 146 I 4.
38 Küttner/*Reinecke*, Personalbuch, 480 Rn 9.
39 Küttner/*Reinecke*, Personalbuch, 480 Rn 9.
40 Schaub/*Linck*, Arbeitsrechts-Handbuch, § 146 I 4.

VI. Zwischenzeugnis

Gegebenenfalls kann der Arbeitnehmer bereits zu einem früheren Zeitpunkt ein Zwischenzeugnis verlangen. Einen Anspruch auf Erteilung eines Zwischenzeugnisses hat der Arbeitnehmer dann, wenn ein **berechtigtes Interesse** besteht. Ein derartiges Interesse kann sich aus dem Wechsel eines Vorgesetzten,[41] aus einer Änderung des Konzern- oder Unternehmensgefüges, aus einer vom Arbeitgeber in Aussicht gestellten Kündigung, aus einer Versetzung oder aus einer anstehenden längeren Arbeitsunterbrechung wie Elternzeit, Wehr- oder Zivildienst ergeben. Auch der Bedarf zur Vorlage bei Gericht, Behörden oder Banken gilt als berechtigtes Interesse. Ein Anspruch besteht auch dann, wenn das Zwischenzeugnis für Fortbildungskurse von Interesse ist. Der Arbeitnehmer muss sein berechtigtes Interesse gegenüber dem Arbeitgeber nicht offenbaren; denn - wenn er mitteilen würde, dass er sich beruflich verändern möchte, muss er gegebenenfalls damit rechnen, dass dies für ihn im weiteren Verlauf des Arbeitsverhältnisses nachteilige Konsequenzen haben könnte. Deshalb wird überwiegend die Ansicht vertreten, dass im Zwischenzeugnis auch kein berechtigtes Interesse dargelegt werden muss.[42] Zu **Form** und **Inhalt** des Zwischenzeugnisses gilt das Gleiche wie beim Schlusszeugnis.

201

Der Anspruch auf ein Zwischenzeugnis wird auch verschiedentlich statt mit „berechtigtem Interesse" mit „triftigen Gründen" für berechtigt gehalten. Von „triftigen Gründen" spricht das BAG[43] und das LAG Hessen.[44] Als triftiger Grund für einen Zwischenzeugnisanspruch wird üblicherweise die Versetzung angesehen.[45] Ein triftiger Grund für die Erteilung eines Zwischenzeugnisses liegt hingegen nicht vor, wenn der Angestellte das Zeugnis allein deshalb verlangt, weil er es in einem Rechtsstreit, in dem er seine Höhergruppierung anstrebt, als Beweismittel verwenden will.[46] Liegt zwischen dem Zeitpunkt der Erteilung eines Zwischenzeugnisses und der Erteilung des Endzeugnisses ein vergleichsweise kurzer Zeitraum, ist der Arbeitgeber in aller Regel an den Inhalt des Zwischenzeugnisses gebunden.[47]

202

Zu beachten ist, dass die im Schlusszeugnis verwendeten Formulierungen nicht denen des Zwischenzeugnisses entsprechen müssen.[48] Der Arbeitgeber kann jedoch bei gleicher Beurteilungsgrundlage seine im Zwischenzeugnis zum Ausdruck gekommenen Beurteilungen im Schlusszeugnis nicht ändern.[49] Hat der Arbeitgeber ein Zwischenzeugnis erteilt, darf er von seinen Bewertungen im später erteilten Endzeugnis nur dann nach unten abweichen, wenn sich an den Leistungen oder dem Verhalten des Arbeitnehmers tatsächlich etwas Gravierendes geändert hat.[50]

203

VII. Funktion des Zeugnisses

Das Zeugnis dient auf der einen Seite dem Arbeitnehmer als **Bewerbungsunterlage**, so dass er durch eine Unterbewertung gefährdet werden kann.[51] Auf der anderen Seite dient das Zeugnis dem neuen Arbeitgeber zur **Unterrichtung**, so dass er durch eine Überbewertung der Leistungen des Arbeitnehmers gefährdet werden kann.[52] Der Arbeitgeber soll sich anhand des Zeugnisses ein genaues Bild über die Eigenschaften des Arbeitnehmers, seine frühere Beschäftigung und seine Verwendungsmöglichkeiten machen können.[53] Die gesamte Rechtsprechung zum Zeugnisrecht bekennt sich einerseits zur Wahrheitspflicht,[54] andererseits zur Formel vom verständigen Wohlwollen.[55] Dem Arbeitnehmer darf das weitere Fortkommen nicht ungerechtfertigt erschwert werden.[56] Weder Schönfärberei noch zynisch negative Bemerkungen finden zwischen beiden Polen

204

---

41 BAG 1.10.1998 – 6 AZR 176/97, DB 1999, 1120 bzgl. § 61 Abs. 2 BAT-KF.
42 Haupt/Welslau, in: HzA, Gruppe 1, Rn 2112; Küttner/Reinecke, Personalbuch, 480 Rn 11; a.A. Schleßmann, Das Arbeitszeugnis, S. 42 ff.
43 BAG 1.10.1998 – 6 AZR 176/97, NZA 1999, 894;
44 LAG Hessen 28.3.2003 – 12 SaGa 1744/02, LAGReport 2004, 215.
45 MüKo-BGB/Schwerdtner, § 630 Rn 40.
46 BAG 21.1.1993 – 6 AZR 171/92, AP § 61 BAT Nr. 1.
47 LAG Köln 8.7.1993 – 10 Sa 275/93, LAGE § 630 BGB Nr. 18.
48 LAG Düsseldorf 2.7.1976 – 9 Sa 727/76, DB 1976, 2310.
49 LAG Köln 22.8.1997 – 11 Sa 235/97, NZA 1999, 771.
50 BAG 21.6.2005 – 9 AZR 352/04, ArbRB 2005, 356.
51 BAG 23.6.1960 – 5 AZR 560/58, AP § 73 HGB Nr. 1.
52 BAG 23.6.1960 – 5 AZR 560/58, AP § 73 HGB Nr. 1.
53 MüKo-BGB/Schwerdtner, § 630 Rn 9.
54 BAG 23.6.1960 – 5 AZR 560/58, AP § 73 HGB Nr. 1.
55 BAG 12.8.1976 – 3 AZR 720/75, AP § 630 BGB Nr. 11 m. Anm. Schleßmann; siehe ferner Hümmerich/Gola, Personaldatenrecht im Arbeitsverhältnis, S. 158 f.; Schulz, Alles über Arbeitszeugnisse, S. 80.
56 BAG 8.2.1972 – 1 AZR 189/71, AP § 630 BGB Nr. 7; BAG 3.3.1993 – 5 AZR 182/92, AP § 630 BGB Nr. 20.

Platz. Zeugnisse haben für den Arbeitnehmer auch die Bedeutung, dass sie für ihn Maßstab dafür sind, wie der Arbeitgeber seine Leistung und Führung beurteilt.[57] Daraus folgt, dass der Arbeitgeber sich mangels entgegenstehender Vorbehalte an der Beurteilung, die er dem Arbeitnehmer hat zukommen lassen, auch diesem gegenüber festhalten lassen muss. Diese Bindung besteht auch bei bewusst unrichtigem Inhalt.[58]

VIII. Inhalt des Zeugnisses

205 Hinsichtlich des Inhalts des Zeugnisses ist zwischen dem Inhalt des einfachen und dem des qualifizierten Zeugnisses zu differenzieren. Soweit für den Inhalt des qualifizierten Zeugnisses keine Besonderheiten gelten, gelten die Ausführungen zum Inhalt des einfachen Zeugnisses auch für den Inhalt des qualifizierten Zeugnisses.

1. Einfaches Zeugnis

206 Beim einfachen Zeugnis sind **Art und Dauer der Beschäftigung** darzustellen. Aus dem Zeugnis müssen zwingend **Name, Vorname und Beruf** (akademischer Grad) des Arbeitnehmers hervorgehen, während Anschrift und Geburtsdatum nur mit Einverständnis des Arbeitnehmers in das Zeugnis aufzunehmen sind.[59] Das Zeugnis muss die Tätigkeiten, die der Arbeitnehmer im Laufe des Arbeitsverhältnisses ausgeübt hat, so vollständig und genau bezeichnen, dass sich künftige Arbeitgeber ein klares Bild machen können.[60] Unerwähnt dürfen solche Tätigkeiten bleiben, denen bei einer Bewerbung des Arbeitnehmers keine Bedeutung zukommt. Danach muss das Zeugnis eine Beschreibung des Arbeitsplatzes, besondere Leitungsbefugnisse, Sonderaufgaben und durchgeführte Fortbildungsmaßnahmen enthalten. Nimmt der Arbeitnehmer verschiedene Aufgaben nebeneinander oder nacheinander wahr, sind diese Aufgaben insgesamt zu beschreiben, ohne dass ein Anspruch auf getrennte Zeugnisse besteht.[61] Wurde dem Arbeitnehmer nicht für die gesamte Dauer des Arbeitsverhältnisses Prokura erteilt, so können die konkreten Daten angegeben werden.[62]

207 Die im Zeugnis anzugebende **Dauer** des Arbeitsverhältnisses richtet sich nach dem rechtlichen Bestand des Arbeitsverhältnisses. Bei außerordentlichen Kündigungen ist die tatsächliche Dauer anzugeben.[63] Kürzere Unterbrechungen (z.B. durch Urlaub, Krankheit, Wehrdienst) sind nicht in das Zeugnis aufzunehmen.[64] Nicht unumstritten ist, in welchem Umfang **Ausfallzeiten** des Arbeitnehmers im Zeugnis darzulegen sind.[65] Das BAG grenzt danach ab, ob die Ausfallzeit wesentlich oder unwesentlich war. Ist eine Elternzeit des Arbeitnehmers oder der Arbeitnehmerin wegen ihres zeitlichen Anteils an der Gesamtdauer der Beschäftigung wesentlich, gehört sie ins Zeugnis.[66] War ein Arbeitnehmer längere Zeit freigestelltes Betriebsratsmitglied, gelten die gleichen Grundsätze.[67] Für den Zeugnisleser muss sich ein **objektives Bild** ergeben. Das Arbeitszeugnis soll sich auf alle Ausfallzeiten erstrecken, an deren Kenntnis ein künftiger Arbeitgeber ein berechtigtes und verständiges Interessen haben kann.[68]

208 Um sich ein klares Bild von einem Bewerber machen zu können, benötigt der Arbeitgeber eine vollständige und genaue Beschreibung der **Tätigkeiten** während der gesamten Dauer des Arbeitsverhältnisses.[69] Wahrheit rangiert vor Wohlwollen. Der Grund des Ausscheidens ist nur auf Verlangen des Arbeitnehmers anzugeben.[70] Auch die Tatsache einer erfolgten fristlosen Kündigung ist nicht aufzunehmen, da sich die Beendigung durch fristlose Kündigung schon regelmäßig aus dem Beendigungszeitpunkt ergibt.[71] Die Tätigkeit oder **Mitgliedschaft im Betriebsrat** ist nur auf Verlangen des Arbeitnehmers anzugeben, da sie mit der Tätigkeit nichts zu tun hat und gegen das Benachteiligungsverbot des § 78 Satz 2 BetrVG (§ 8 BPersVG) ver-

---

57 BAG 3.3.1993 – 5 AZR 182/92, AP § 630 BGB Nr. 20.
58 BAG 3.3.1993 – 5 AZR 182/92, AP § 630 BGB Nr. 20.
59 Schaub/*Linck*, Arbeitsrechts-Handbuch, § 146 Rn 12.
60 BAG 12.8.1976 – 3 AZR 720/75, AP § 630 BGB Nr. 11.
61 Küttner/*Reinecke*, Personalbuch, 480 Rn 22.
62 LAG Baden-Württemberg 19.6.1992 – 15 Sa 19/92, NZA 1993, 127.
63 Küttner/*Reinecke*, Personalbuch, 480 Rn 22.
64 Schaub/*Linck*, Arbeitsrechts-Handbuch, § 146 Rn 12.
65 *Mühlhausen*, NZA-RR 2006, 337.
66 BAG 10.5.2005 – 9 AZR 261/04, NZA 2005, 1237; LAG Sachsen 30.1.1996 – 5 Sa 996/95, NZA-RR 1997, 47.
67 *Witt*, BB 1996, 2194 m.w.N.
68 *Mühlhausen*, NZA-RR 2006, 337, 339.
69 BAG 10.5.2005 – 9 AZR 261/04, NZA 2005, 1237.
70 LAG Baden-Württemberg 27.10.1966 – 4 Sa 53/66, DB 1967, 48.
71 LAG Düsseldorf 22.1.1988 – 2 Sa 1654/87, NZA 1988, 399; LAG Köln 8.11.1989 – 5 Sa 799/89, BB 1990, 856.

stößt.[72] Andernfalls dürfen auch keine mittelbaren Aussagen gemacht werden, die ein derartiges Engagement des Arbeitnehmers nahe legen.

2. Qualifiziertes Zeugnis

Das qualifizierte Zeugnis erstreckt sich über die Angabe von Art und Dauer der Beschäftigung hinaus auch auf **Verhalten und Leistung**. Bei der Beurteilung der Leistung muss sich der Arbeitgeber an der jeweiligen Arbeitsaufgabe und den entsprechenden Anforderungen orientieren. Das Zeugnis muss genaue und zuverlässige Angaben über die vom Arbeitnehmer tatsächlich verrichtete Tätigkeit enthalten und durch eine wahrheitsgemäße, nach sachlichen Maßstäben ausgerichtete und nachprüfbare Gesamtbewertung die Leistung des Arbeitnehmers beschreiben. Die Führung des Arbeitnehmers betrifft neben seinem Sozialverhalten gegenüber Vorgesetzten, Kollegen, Dritten sowie gegenüber nachgeordneten Mitarbeitern auch die Beachtung der betrieblichen Ordnung.[73]

209

Dem **Arbeitgeber** steht bei der Beurteilung von Leistung und Verhalten ein **Beurteilungsspielraum** zu.[74] Er ist frei in seiner Entscheidung, welche Leistungen und Eigenschaften er mehr hervorheben oder zurücktreten lassen will.[75] Der Wortlaut des Zeugnisses steht im Ermessen des Arbeitgebers. Der Arbeitnehmer hat keinen Anspruch auf bestimmte Formulierungen.[76] Der Arbeitgeber muss das Zeugnis nach Form und Stil aber objektiv abfassen und dabei auch der Verkehrsauffassung Rechnung tragen. Das Zeugnis muss in sich schlüssig sein. Die einzelnen Abschnitte müssen aufeinander abgestimmt sein und dürfen keine Widersprüche enthalten. Die einzelnen Beurteilungen müssen sich daher mit der **Schlussnote** decken.[77] Der Arbeitgeber darf dort nicht schweigen, wo allgemein mit einer Aussage gerechnet wird.[78] Wird branchenüblich die Erwähnung einer bestimmten Eigenschaft verlangt, so muss der Arbeitgeber zu dieser Stellung nehmen. Ehrlichkeit ist einem Arbeitnehmer zu bescheinigen, der einer Berufsgruppe angehört, die eine besondere Vertrauensstellung voraussetzt (z.B. einer Kassiererin). Nachteilig zu bewertende Tatsachen müssen nicht verschwiegen werden, wenn sie für die Beurteilung der Leistung des Arbeitnehmers von Bedeutung sind. Läuft gegen einen als Heimerzieher beschäftigten Arbeitnehmer ein Strafverfahren wegen Missbrauchs der ihm anvertrauten Jugendlichen, kann der Arbeitnehmer nach der Entlassung von seinem bisherigen Arbeitgeber nicht verlangen, dass dieser das Strafverfahren in dem Zeugnis unerwähnt lässt.[79]

210

Das Zeugnis muss der **Wahrheit** entsprechen.[80] Gleichzeitig soll es von verständigem **Wohlwollen** getragen sein,[81] da das Zeugnis das Fortkommen des Arbeitnehmers nicht unnötig erschweren soll. Nach dem Grundsatz der **Zeugniswahrheit** ist die Erwähnung der Elternzeit im Zeugnis rechtens. Zwar lässt sich nach Auffassung des BAG nicht generell sagen, **Elternzeit** sei im Zeugnis zu erwähnen. Vielmehr sei im Einzelfall eine Abwägung der Interessen des Mitarbeiters an wohlwollender Zeugnisformulierung einerseits und potentieller späterer Arbeitgeber an zuverlässiger Information über tatsächliche Berufserfahrung andererseits vorzunehmen. Wenn aber der Arbeitnehmer, wie in dem vom BAG entschiedenen Fall, in ca. 70 % der Gesamtlaufzeit des Vertrages nicht gearbeitet, sondern sich in Elternzeit befunden habe, dürfe der Arbeitgeber die Elternzeit im Zeugnis erwähnen.[82] Die Information im Zeugnis, dass gegen die Mitarbeiterin ein Ermittlungsverfahren vor der Staatsanwaltschaft wegen Diebstählen aus den Räumen des Arbeitgebers läuft, ist grundsätzlich nicht in das Zeugnis aufzunehmen, weil das Arbeitszeugnis nur Tatsachen, dagegen keine bloße Verdächtigungen enthalten darf.[83]

211

Da das Zeugnis Leistung und Verhalten während der gesamten Dauer des Arbeitsverhältnisses charakterisieren soll, muss es **alle wesentlichen Tatsachen und Bewertungen** enthalten, die für die Gesamtbeurteilung von

212

---

72 BAG 19.8.1992 – 7 AZR 262/91, AP § 8 BPersVG Nr. 5; LAG Hamm 12.4.1976 – 9 Sa 29/76, DB 1976, 1112; LAG Hamm 6.3.1991 – 3 Sa 1279/90, DB 1991, 1527; ArbG Ludwigshafen 13.8.1987 – 2 Ca 281/87, DB 1987, 1364.
73 LAG Hamm 12.7.1994 – 4 Sa 564/94, LAGE § 630 BGB Nr. 26; LAG Hamm 12.7.1994 – 4 Sa 192/94, LAGE § 630 BGB Nr. 27.
74 BAG 23.2.1983 – 5 AZR 515/00, AP § 70 BAT Nr. 10; BAG 17.2.1988 – 5 AZR 638/86, AP § 630 BGB Nr. 17; LAG Frankfurt 6.9.1991 – 13 Sa 250/91, LAGE § 630 BGB Nr. 14.
75 BAG 29.7.1971 – 2 AZR 250/70, AP § 630 BGB Nr. 6.
76 BAG 29.7.1971 – 2 AZR 250/70, AP § 630 BGB Nr. 6; LAG Hamm 20.2.1976 – 3 Sa 1443/75, BB 1976, 603; LAG Düsseldorf 2.7.1976 – 9 Sa 727/76, BB 1976, 1562.
77 BAG 23.9.1992 – 5 AZR 573/91, EzA § 630 BGB Nr. 16.
78 BAG 29.7.1971 – 2 AZR 250/70, AP § 630 BGB Nr. 6.
79 BAG 5.8.1976 – 3 AZR 491/75, AP § 630 BGB Nr. 10.
80 BAG 23.6.1960 – 5 AZR 560/58, AP § 73 HGB Nr. 1.
81 BAG 23.6.1960 – 5 AZR 560/58, AP § 73 HGB Nr. 1.
82 BAG 10.5.2005 – 9 AZR 261/04, NZA 2005, 1237.
83 LAG Düsseldorf 3.5.2005 – 3 Sa 359/05, DB 2005, 1799.

Bedeutung und für den Dritten von Interesse sind.[84] Die Beurteilung darf nicht nur auf bestimmte Zeiträume beschränkt werden. Einmalige Vorfälle oder Umstände sind nur dann in das Zeugnis aufzunehmen, wenn sie für den Arbeitnehmer, seine Leistung oder sein Verhalten charakteristisch sind. Auch der Beendigungstatbestand ist ohne Verlangen nur dann im Zeugnis anzugeben, wenn er für den Arbeitnehmer charakteristisch ist.[85] Für die verschiedenen Beendigungstatbestände werden regelmäßig folgende Formulierungen verwendet: Bei einer Kündigung durch den Arbeitgeber findet sich die Formulierung: „Das Arbeitsverhältnis endete am …" Bei Eigenkündigung wird häufig formuliert: „Er verlässt unser Unternehmen auf eigenen Wunsch." Eine einvernehmliche Beendigung des Arbeitsverhältnisses kann der Arbeitgeber durch die Formulierung „Das Arbeitsverhältnis endete im besten beiderseitigen Einvernehmen" zum Ausdruck bringen. Erfolgte ein Aufhebungsvertrag auf Initiative des Arbeitgebers, findet sich die Formulierung: „Unsere besten Wünsche begleiten ihn."

213 **Außerdienstliches Verhalten** darf im Zeugnis nur dann erwähnt werden, wenn es sich dienstlich auswirkt (z.B. unbefugte Nutzung eines Dienstfahrzeuges zu einer Privatfahrt im fahruntüchtigen Zustand).[86] Das Zeugnis darf nur dann Angaben über den **Gesundheitszustand** enthalten, wenn dadurch das Arbeitsverhältnis grundsätzlich beeinflusst wird.[87]

214 Das Zeugnis muss zwingend eine **zusammenfassende Beurteilung der Leistung** des Arbeitnehmers enthalten (Muster 3940). Will ein Arbeitgeber einem Arbeitnehmer ein „gehobenes Befriedigend" bescheinigen, ist dies mit der Formulierung „zur vollen Zufriedenheit" zum Ausdruck zu bringen.[88]

215 **Wettbewerbsverbote** haben weder mit der „Art und Dauer" des Arbeitsverhältnisses noch mit „Leistung und Verhalten" des Arbeitnehmers etwas zu tun und dürfen daher nicht erwähnt werden.[89] **Pünktlichkeit** ist ein selbstverständliches Verhalten, dessen besondere Erwähnung im Arbeitszeugnis negativ auffällt.[90] Straftaten dürfen nur dargestellt werden, wenn sie eine dienstliche Pflichtverletzung darstellten, der Arbeitnehmer deswegen rechtskräftig verurteilt und das Arbeitsverhältnis deswegen beendet wurde.[91] Angaben oder Andeutungen zur Betriebsratstätigkeit darf das Arbeitszeugnis nicht enthalten, es sei denn, dass der Arbeitnehmer dies ausdrücklich wünscht.[92]

216 **Erhebliche Ausfallzeiten** wie im Falle der **Elternzeit** dürfen im Zeugnis erwähnt werden, wenn die Ausfallzeit nach Dauer und Lage so erheblich ist, dass bei der Nichterwähnung für Dritte sonst ein unzutreffender Eindruck über den objektiven Verlauf des Arbeitsverhältnisses entstehen würde.[93] Der **Beendigungsgrund** sowie die **Beendigungsmodalitäten** dürfen im Arbeitszeugnis grundsätzlich nicht aufgenommen werden, da beide Angaben nicht zwingend etwas mit der Art und Dauer des Arbeitsverhältnisses zu tun haben.[94] Der Umstand, wie das Arbeitsverhältnis beendet wurde – durch Kündigung, Aufhebungsvertrag oder Eigenkündigung des Arbeitnehmers – ist eine Beendigungsmodalität, die keiner Erwähnung im Arbeitszeugnis bedarf, wenn nicht der Arbeitnehmer hierauf Wert legt.[95] Üblicherweise hat der Arbeitnehmer ein Interesse daran, dass eine Eigenkündigung in das Zeugnis aufgenommen wird.

217 Das Arbeitszeugnis darf nur **Tatsachen** enthalten; Verdächtigungen haben im Zeugnis nichts zu suchen. Es darf nicht erwähnt werden, dass ein Ermittlungsverfahren gegen den Arbeitnehmer anhängig ist, da ein Ermittlungsverfahren nicht als abgeschlossene und feststehende Tatsache angesehen wird.[96]

218 **Dankes- und Bedauernsformeln** sind nicht notwendiger Bestandteil des Arbeitszeugnisses; ein Anspruch des Arbeitnehmers auf Aufnahme der Formel in das Zeugnis besteht nicht.[97] Entscheidet sich ein Arbeitgeber

---

84 BAG 23.6.1960 – 5 AZR 560/58, AP § 73 HGB Nr. 1; BAG 12.8.1976 – 3 AZR 720/75, AP § 630 BGB Nr. 11.
85 LAG Hamm 24.9.1985 – 13 Sa 883/85, AR-Blattei D, Arbeitsvertragsbruch, Entscheidung 25.
86 BAG 29.1.1986 – 4 AZR 479/84, AP § 48 TVAL II Nr. 2.
87 ArbG Hagen 17.4.1969 – 2 Ca 1160/68, DB 1969, 886.
88 LAG Hamm 22.5.2002 – 3 Sa 231/02, NZA-RR 2003, 71.
89 *Löw*, NJW 2005, 3605.
90 *Löw*, NJW 2005, 3605, 3607.
91 *Löw*, NJW 2005, 3605, 3607.
92 *Löw*, NJW 2005, 3605, 3607.
93 BAG 10.5.2005 – 9 AZR 261/04, ArbRB 2005, 355 m. Anm. *Range-Ditz*.
94 *Moderegger*, ArbRB 2006, 242.
95 LAG Hamm 17.6.1999 – 4 Sa 309/98, n.v.
96 LAG Düsseldorf 3.5.2005 – 3 Sa 359/05, DB 2005, 1799.
97 BAG 20.2.2001 – 9 AZR 44/00, NZA 2001, 843; a.A.: LAG Hessen 17.6.1999 – 14 Sa 1157/98, BB 2000, 155; ArbG Darmstadt 22.12.2000 – 3 Ca 444/00, AE 2001, 72. LAG Berlin 10.12.1998 – 10 Sa 106/98, BB 1999, 851; ArbG Bremen 11.2.1992 – 4a Ca 4168/91, NZA 1992, 800; LAG Köln 29.11.1990 – 10 Sa 801/90, LAGE § 630 BGB Nr. 11, wonach nachteilige Rückschlüsse durch eine Dankes-Bedauerns-Formel vermieden werden könnten.

ungeachtet dessen für die Aufnahme der Formel, so darf diese nicht im Widerspruch zum sonstigen Zeugnisinhalt stehen und diesen nicht relativieren.[98] Zuvor unterlassene negative Wertungen dürfen nicht versteckt mit einer knappen, „lieblosen" Schlussformel nachgeholt werden.[99] Das ArbG Berlin[100] hat sich mit Recht gegen die Rechtsprechung des BAG gestellt und entschieden, der Arbeitnehmer habe Anspruch auf Aufnahme der üblichen Dankes- und Schlussklausel in sein Zeugnis. Dieser Anspruch ergebe sich aus der Fürsorgepflicht des Arbeitgebers sowie der Berufsausübungsfreiheit des Arbeitnehmers. Dieser Entscheidung ist beizupflichten, weil das Fehlen einer Dankes- und Schlussformel eine unter dem Gesichtspunkt der Üblichkeit im Personalwesen negative Information beinhaltet und aus der Sicht eines Fachmanns, der ein Zeugnis liest, bedeutet, dass der Arbeitnehmer im Streit mit dem Arbeitgeber auseinander gegangen ist. Die meisten Personalfachleute werden von der Aufnahme eines solchen Mitarbeiters in den Betrieb Abstand nehmen, dessen Zeugnis keine übliche Dankes- und Schlussformel enthält.

Die nachfolgenden Muster sind in der Weise aufgebaut, dass keine Formulierungsmuster für die Beschreibung der einzelnen Tätigkeiten, die ein Arbeitnehmer im Verlaufe seines Arbeitsverhältnisses erbracht hat, vorgelegt werden. Die Vielzahl denkbarer Arbeitsplätze lässt es nicht als sinnvoll erscheinen, in diesem Buch Textvorschläge zu unterbreiten. Formalisierter ist beim Zeugnis dagegen die Vorgehensweise bei der Beurteilung des Mitarbeiters. Aus diesem Grund enthält ein Teil der Muster die formelmäßigen Wendungen zur **Beurteilung von Mitarbeiterleistungen**. Die Werturteile reichen von „sehr gut" bis „mangelhaft". In diesem Buch ist an anderer Stelle die Bewertungsskala des LAG Hamm wiedergegeben.[101] Die Mustertextbausteine schließen mit verschiedenen „Dankes- und Bedauerns-Formeln" für alle Arbeitnehmergruppen.[102]

IX. Form des Zeugnisses

Das Zeugnis ist in verkehrsüblicher Weise, also maschinenschriftlich und auf dem Geschäftspapier des Arbeitgebers, zu erstellen.[103] Es darf keine Flecken, Radierungen, Verbesserungen oder Ähnliches enthalten.[104] Das Zeugnis darf nicht bereits durch seine äußere Form den Eindruck erwecken, als distanziere sich der Aussteller von seinem Inhalt. Schreibfehler sind zu berichtigen, wenn sie negative Folgen für den Arbeitnehmer haben könnten.[105]

Der Arbeitnehmer hat nach einer Entscheidung des BAG keinen Anspruch auf ein ungeknicktes Zeugnis.[106] Der Arbeitgeber darf den Zeugnisbogen falten, um ihn in einem Umschlag kleineren Formats unterzubringen. Während das LAG Schleswig-Holstein den Anspruch auf ein ungeknicktes Zeugnis bereits vor dieser BAG-Entscheidung abgelehnt hatte,[107] hatte das LAG Hamburg einen Anspruch auf ein ungeknicktes Zeugnis angenommen.[108] Mit der Neuregelung des Zeugnisrechts in § 109 GewO ist bestimmt worden, dass Zeugnisse nicht in elektronischer Form ausgestellt werden dürfen, § 109 Abs. 3 GewO.

Der Arbeitnehmer hat einen Anspruch darauf, dass sein Zeugnis **auf den letzten Arbeitstag ausgestellt** wird, selbst wenn der Wortlaut erst später, beispielsweise in einem Arbeitsgerichtsprozess, festgelegt wurde.[109]

Das Zeugnis schließt mit der **eigenhändigen Unterschrift** des Arbeitgebers oder des für ihn handelnden Vertreters. Faksimile oder kopierte Unterschriften genügen nicht.[110] Bei einem qualifizierten Zeugnis muss der Unterzeichner erkennbar ranghöher sein als der beurteilte Mitarbeiter.[111] Zwar ist nicht erforderlich, dass der Arbeitgeber oder sein gesetzliches Vertretungsorgan das Zeugnis fertigt und unterzeichnet. Es genügt die Unterzeichnung durch einen unternehmensangehörigen Vertreter des Arbeitgebers. Im Zeugnis ist deutlich zu machen, dass dieser Vertreter dem Arbeitnehmer gegenüber weisungsbefugt war. Die Stellung des das Zeug-

---

98 LAG Hamm 12.7.1994 – 4 Sa 564/94, LAGE § 630 BGB Nr. 26.
99 LAG Hamm 17.6.1999 – 4 Sa 2527/98, n.v.
100 ArbG Berlin 7.3.2003 – 88 Ca 604/03, ArbRB 2005, 9.
101 Muster 3955 § 3 Rn 247.
102 Muster 3970 § 3 Rn 250.
103 BAG 3.3.1993 – 5 AZR 182/92, AP § 630 BGB Nr. 20.
104 BAG 3.3.1993 – 5 AZR 182/92, AP § 630 BGB Nr. 20.
105 ArbG Düsseldorf 19.12.1984 – 6 Ca 5682/84, NZA 1985, 812.
106 BAG 21.9.1999 – 9 AZR 893/98, AP § 630 BGB Nr. 23.
107 LAG Schleswig-Holstein 9.12.1997 – 5 Ta 97/96, BB 1998, 275.
108 LAG Hamburg 7.9.1993 – 7 Ta 7/93, NZA 1994, 890.
109 BAG 9.9.1992 – 5 AZR 509/91, AP § 630 BGB Nr. 19.
110 LAG Bremen 23.6.1989 – 4 Sa 320/88, BB 1989, 1825.
111 BAG 16.11.1995 – 8 AZR 983/84, EzA § 630 BGB Nr. 20; LAG Düsseldorf 5.3.1969 – 3 Sa 531/68, DB 1969, 534; LAG Köln 14.7.1994 – 4 Sa 579/94, NZA 1995, 685.

nis Unterzeichnenden muss sich aus dem Zeugnis ablesen lassen.[112] Ist ein Arbeitnehmer der Geschäftsleitung direkt unterstellt gewesen, ist das Zeugnis von einem Mitglied der Geschäftsleitung auszustellen. Der Unterzeichnende muss in dem Zeugnis außerdem auf seine Position als Mitglied der Geschäftsleitung hinweisen.[113] Die Ausstellung des Zeugnisses durch einen in einem freiberuflichen Verhältnis zu einer Anwaltskanzlei stehenden Rechtsanwalts ist unzulässig.[114]

X. Haftung des Arbeitgebers

224 Der Arbeitgeber haftet gegenüber dem Arbeitnehmer für die **schuldhafte Nichterteilung, verspätete Erteilung** oder **Erteilung eines unrichtigen Zeugnisses**.[115] Der zu ersetzende Schaden kann zum einen in dem Verdienstausfall liegen, den der Arbeitnehmer dadurch erleidet, dass er wegen der aufgrund des Verhaltens des Arbeitgebers gegebenen Unfähigkeit zur Vorlage eines ordnungsgemäßen Zeugnisses keinen Arbeitsplatz findet. Zum anderen kann sich der Schaden aus einem Minderverdienst ergeben, den der Arbeitnehmer hinzunehmen hat, weil er aufgrund des fehlenden ordnungsgemäßen Zeugnisses zu schlechteren Arbeitsbedingungen eingestellt wird.

225 Die **Darlegungs- und Beweislast** dafür, dass die Nichterteilung, verspätete Erteilung oder die Erteilung eines unrichtigen Zeugnisses für den Schaden des Arbeitnehmers ursächlich gewesen ist, liegt beim Arbeitnehmer.[116] Es gibt keinen allgemeinen Erfahrungssatz, wonach das Fehlen eines Zeugnisses für den Misserfolg bei Bewerbungen um einen anderen Arbeitsplatz ursächlich ist.[117] Der Arbeitnehmer muss darlegen und im Streitfall beweisen, dass ein bestimmter Arbeitgeber bereit gewesen wäre, ihn einzustellen, sich dann aber wegen des fehlenden Zeugnisses davon habe abhalten lassen. Dem Arbeitnehmer kommen aber die Beweiserleichterungen von § 252 Satz 2 BGB, § 287 ZPO zugute, wonach der Nachweis von Tatsachen genügt, die den Schadenseintritt wahrscheinlich machen.[118]

226 Der Arbeitgeber haftet gegenüber dem neuen Arbeitgeber aus vorsätzlicher, sittenwidriger Schädigung nach § 826 BGB, wenn der Arbeitgeber in dem Zeugnis wissentlich falsche Angaben über einen die Verlässlichkeit des Arbeitnehmers im Kern berührenden Punkt gemacht hat, sich der Möglichkeit schädlicher Folgen bewusst war und diese billigend in Kauf genommen hat.[119] Hat der Arbeitgeber nachträglich erkannt, dass das Zeugnis beispielsweise wegen der Untreue eines Buchhalters grob unrichtig ist und dass ein bestimmter Dritter durch Vertrauen auf dieses Zeugnis Schaden zu nehmen droht, dann haftet er für den durch die Unterlassung der Warnung entstandenen Schaden.[120]

XI. Änderung und Neuerteilung des Zeugnisses

227 Der Arbeitnehmer hat Anspruch auf Berichtigung des Zeugnisses, wenn das Zeugnis nicht den **formalen oder inhaltlichen Anforderungen** entspricht. Der Arbeitgeber muss dem Arbeitnehmer ein neues Zeugnis ausstellen. Dabei muss er das Zeugnis so gestalten, als ob es sich um eine Erstausfertigung handeln würde.[121] Der Arbeitnehmer kann die Berichtigung im Wege der Klage geltend machen.[122]

228 Ein transsexueller Arbeitnehmer kann von einem früheren Arbeitgeber die Neuerteilung des Zeugnisses mit geändertem Vornamen bzw. mit geändertem Geschlecht verlangen.[123] Selbst dann, wenn die Personalakte des Arbeitnehmers infolge Zeitablaufs vernichtet sein sollte, kann der Arbeitgeber die Neuerteilung eines Zeugnisses nicht unter Berufung auf Verwirkung verweigern, da das ursprünglich erteilte Zeugnis zurückzugeben ist und der Arbeitgeber dieses ohne jegliche inhaltliche Überprüfung nur hinsichtlich des geänderten

---

[112] BAG 4.10.2005 – 9 AZR 507/04, NZA 2006, 436.
[113] BAG 26.6.2001 – 9 AZR 392/00, AP § 630 BGB Nr. 27.
[114] LAG Hamm 2.11.1966 – 3 Ta 72/66, DB 1966, 1815; LAG Hamm 17.6.1999 – 4 Sa 2587/96, AE 2000, 28.
[115] BAG 25.10.1967 – 3 AZR 456/66, AP § 73 HBG Nr. 6.
[116] BAG 25.10.1967 – 3 AZR 456/66, AP § 73 HGB Nr. 6; BAG 26.2.1976 – 3 AZR 215/75, AP § 252 BGB Nr. 3.
[117] BAG 25.10.1967 – 3 AZR 456/66, AP § 73 HGB Nr. 6; BAG 24.3.1977 – 3 AZR 232/76, DB 1977, 1369.
[118] BAG 25.10.1967 – 3 AZR 456/66, AP § 73 HGB Nr. 6; BAG 26.2.1976 – 3 AZR 215/75, AP § 252 BGB Nr. 3.
[119] BGH 26.11.1963 – VI ZR 221/62, AP § 826 BGB Nr. 10; BGH 22.9.1970 – VI ZR 193/69, AP § 826 BGB Nr. 16; BGH 15.5.1979 – VI ZR 230/76, AP § 630 BGB Nr. 13.
[120] BAG 15.5.1979 – VI ZR 230/76, AP § 630 BGB Nr. 13.
[121] LAG Baden-Württemberg 27.10.1966 – 4 Sa 53/66, DB 1967, 48.
[122] Muster 6759 § 6 Rn 382.
[123] LAG Hamm 17.12.1998 – 4 Sa 1337/98, NZA-RR 1999, 455.

Namens und Geschlechts und der sich daraus ergebenden grammatikalischen Änderungen umformulieren muss.

Der Arbeitgeber kann das Zeugnis **widerrufen** und Herausgabe des Zeugnisses Zug um Zug gegen Neuerteilung verlangen, wenn er sich bei der Erteilung geirrt hat.[124] Hat der Arbeitgeber das Zeugnis dagegen bewusst unrichtig erteilt, kann er das Zeugnis grundsätzlich nicht zurückfordern.[125]

XII. Darlegungs- und Beweislast

Der Arbeitgeber ist für die Tatsachen beweispflichtig, die der Zeugniserteilung und den darin enthaltenen Tatsachen zugrunde liegen.[126] Bei einem Streit über den Umfang der dem Arbeitnehmer übertragenen Aufgaben muss der Arbeitnehmer beweisen, dass ihm die Aufgaben übertragen wurden und er diese auch tatsächlich wahrgenommen hat.

Für die **Gesamtbeurteilung** gilt eine **abgestufte Darlegungs- und Beweislast**: Der Arbeitnehmer hat einen Anspruch auf eine durchschnittliche Bewertung, wenn der Arbeitgeber Defizite nicht substantiiert darlegt und notfalls beweist.[127] Fordert der Arbeitnehmer die Bescheinigung überdurchschnittlicher Leistungen, trifft ihn die Darlegungs- und Beweislast.[128] Erteilt der Arbeitgeber dem Arbeitnehmer auf seinen Wunsch ein qualifiziertes Zeugnis, so hat der Arbeitnehmer Anspruch darauf, dass seine Leistung der Wahrheit gemäß beurteilt wird. Bei deren Einschätzung hat der Arbeitgeber einen Beurteilungsspielraum, der von den Gerichten für Arbeitssachen nur beschränkt überprüfbar ist.[129] Voll überprüfbar sind dagegen die Tatsachen, die der Arbeitgeber seiner Leistungsbeurteilung zugrunde gelegt hat. Hat der Arbeitgeber dem Arbeitnehmer insgesamt eine „durchschnittliche" Leistung bescheinigt, hat der Arbeitnehmer die Tatsachen vorzutragen und zu beweisen, aus denen sich eine bessere Beurteilung ergeben soll.[130] Hat der Arbeitgeber den Arbeitnehmer als „unterdurchschnittlich" beurteilt, obliegt dem Arbeitgeber, die seiner Beurteilung zugrunde liegenden Tatsachen darzulegen und zu beweisen.[131]

XIII. Versteckte Botschaften

Häufig entzündet sich der Streit um die Frage, ob in einer Leistungsbeurteilung versteckte Bewertungen enthalten sind, ob der Aussteller eines Zeugnisses durch „beredtes Schweigen"[132] Botschaften an einen künftigen Arbeitgeber senden darf und welche Formulierungen noch dasjenige vermitteln, was sie auf den ersten Blick auszudrücken scheinen. Steht in einem Zeugnis, jemand sei ein „gewissenhafter Mitarbeiter", heißt dies für Personalfachleute, er sei zwar immer zur Stelle, wenn man ihn brauche, mehr leiste er aber nicht. Wird beim Kassierer oder beim Bankmitarbeiter in einem Zeugnis nichts über die Ehrlichkeit gesagt, bedeutet dieses Weglassen für den nächsten Arbeitgeber, dass es an einer für einen Bankmitarbeiter wesentlichen Eigenschaft gefehlt hat. Beschränkt sich dagegen das Zeugnis über einen Manager auf die Hervorhebung, er sei ehrlich gewesen sei, fehlte es dem Mitarbeiter nach Ansicht des Zeugnisausstellers an wichtigen Kompetenzen wie Einfallsreichtum, Entwicklung kreativer Lösungen, Sozialkompetenz, Durchsetzungsvermögen und Fleiß.

Eine allgemeine „Geheimsprache", sozusagen ein Lexikon der verschlüsselten Botschaften durch unauffällige Formulierungen, gibt es nicht. Nicht jede negativ interpretierbare Formulierung gestattet die Rechtsprechung, auf dem Klagewege korrigieren zu lassen. Eine grobe Hilfe, verschlüsselte Botschaften zu erkennen, bietet die **Kontrollüberlegung** bei jeder wertenden Formulierung: Was attestiert der Aussteller mit den von ihm gewählten Worten nicht? Erkennt man, was die Formulierung nicht hergibt, erkennt man meist auch,

---

124 ArbG Passau 15.10.1990 – 2 Ca 354/90D, BB 1991, 350.
125 BAG 8.2.1972 – 1 AZR 189/71, AP § 630 BGB Nr. 7.
126 BAG 23.6.1960 – 5 AZR 560/58, AP § 73 HGB Nr. 1.
127 BAG 24.3.1977 – 3 AZR 232/76, AP § 630 BGB Nr. 12; LAG Düsseldorf 26.2.1985 – 8 Sa 1873/84, DB 1985, 2692; LAG Frankfurt 9.6.1991 – 13 Sa 250/91, LAGE § 630 BGB Nr. 14; LAG Hamm 16.3.1989 – 12 (13) Sa 1149/88, BB 1989, 1486; LAG Hamm 13.2.1992 – 4 Sa 1077/91, LAGE § 630 BGB Nr. 16; LAG Hamm 22.5.2002 – 3 Sa 231/02, NZA-RR 2003, 71; LAG Köln 26.4.1996 – 11 (13) Sa 1231/95, NZA-RR 1997, 84.
128 LAG Düsseldorf 26.2.1985 – 8 Sa 1873/84, DB 1985, 2692; LAG Düsseldorf 12.3.1986 – 15 Sa 13/86, LAGE § 630 BGB Nr. 2; LAG Frankfurt 6.9.1991 – 13 Sa 250/91, LAGE § 630 BGB Nr. 14; LAG Köln 26.4.1996 – 11 (13) Sa 1231/95, NZA-RR 1997, 84.
129 BAG 14.10.2003 – 9 AZR 12/03, NJW 2004, 2770 = NZA 2004, 843.
130 LAG Bremen 9.11.2000 – 4 Sa 101/00, NZA-RR 2001, 287; ArbG Frankfurt a.M. 2.5.2001 – 9 Ca 6813/00, NZA-RR 2002, 182, 183.
131 BAG 14.10.2003 – 9 AZR 12/03, NJW 2004, 2770 = NZA 2004, 843.
132 Küttner/*Reinecke*, Personalbuch, 480 Rn 28.

was an negativer Leistungs- oder Verhaltensbewertung der Zeugnisschreiber übermitteln wollte. Botschaften und Zeugnisse müssen stets auf ihren individuellen Wortlaut überprüft werden.

234 Unter Personalchefs ist es beliebt, Informationen über Zeugnisse auszutauschen, die sich dem Arbeitnehmer bei der Lektüre nicht ohne weiteres erschließen. Formuliert der Aussteller des Zeugnisses, der Arbeitnehmer habe sich „bemüht" oder „interessiert gezeigt", wird damit zum Ausdruck gebracht, dass über Bemühen oder Interesse die Leistung des Arbeitnehmers nicht hinausgegangen sei. Die Verwendung des Begriffs „sich bemühen" sowie die Bescheinigung von Pünktlichkeit und korrekter Ausnutzung der Arbeitszeit stellen in einem Zeugnis letztlich eine negative Beurteilung dar und entsprechen nicht dem Erfordernis eines wohlwollenden Zeugnisses.[133] Zu den klassischen Angaben über Mitarbeiter, die mehr der Geselligkeit als der Arbeitsleistung zugetan sind, gehören Formulierungen wie „er hat sich bei Betriebsfeiern um eine gute Atmosphäre gekümmert".

235 Solche „geheime Zeichen" durften Arbeitszeugnisse schon in der Vergangenheit nicht enthalten, soweit durch sie der Arbeitnehmer in negativer Hinsicht gekennzeichnet wurde.[134] Mit der Neuregelung des § 109 GewO verankerte der Gesetzgeber diese Rechtsprechung gesetzlich. Nach § 109 Abs. 2 GewO muss das Zeugnis **klar und verständlich** formuliert sein. Es darf keine Merkmale oder Formulierungen enthalten, die den Zweck haben, andere als aus der äußeren Form oder dem Wortlaut ersichtliche Aussagen über den Arbeitnehmer zu treffen.

Beispiele für positiv scheinende Formulierungen mit in Wahrheit negativem Inhalt:[135]

Zeugnisformulierung	Wirkliche Bedeutung
„gründlich, fleißig und gewissenhaft" als einzige Leistungsbeschreibung	kaum brauchbar
die ihm übertragenen Aufgaben	sonst keine Aufgaben
in der ihm eigenen Art	uneffektiv
ordentliche Aufgabenerledigung	bürokratisch
genaue Arbeitsweise	unterdurchschnittliches Arbeitstempo
mit Interesse	ohne Erfolg
„aufrichtige und anständige Gesinnung" ohne weitere Leistungsbeschreibung	kein Fleiß
umgänglich	nicht sehr beliebt
Fähigkeit zu delegieren	faul
verständnisvoller und toleranter Vorgesetzter/ kooperativer Führungsstil	kein Durchsetzungsvermögen
Engagement für die Interessen der Arbeitnehmer	Betriebsratsmitglied
Engagement für die Interessen der Arbeitnehmer auch außerhalb des Unternehmens	Gewerkschaftsmitglied
Neuem gegenüber aufgeschlossen	konnte Neuerungen nicht nutzen
bei Kunden sehr beliebt	zu viele Zugeständnisse
gesellige Art/„er stand stets voll hinter uns"	Alkohol im Dienst
wusste sich gut zu verkaufen	Wichtigtuer
galt als ...	war es nicht
vertrat immer offen seine Meinungen	Querulant, Nörgler, Wichtigtuer
im Rahmen seiner Kenntnisse	geringe Kenntnisse
Arbeitgeber wünscht in der Schlussformel Gesundheit	krankheitsbedingte Fehlzeiten
Erwähnung von Mitarbeitern vor Vorgesetzten (etwa „bei Mitarbeitern und Vorgesetzten sehr geschätzt")	Bei Vorgesetzten weniger
insgesamt	teilweise nicht
nicht unwesentlich	nicht sonderlich

---

[133] ArbG Neubrandenburg 12.2.2003 – 1 Ca 1579/02, NZA-RR 2003, 465.
[134] BAG 23.6.1960 – 5 AZR 560/58, AP § 73 HGB Nr. 1; LAG Hamm 20.2.1976 – 3 Sa 1443/75, BB 1976, 603.
[135] *Schleßmann*, Das Arbeitszeugnis, S. 170 ff.

XIV. Prozessuales

Der Anspruch auf Zeugniserteilung und der Anspruch auf Zeugnisberichtigung können im **Klageweg** geltend gemacht werden. Der Klageantrag richtet sich auf die Erstellung des Zeugnisses, wenn der Arbeitgeber kein Zeugnis erteilt hat. Begehrt der Arbeitnehmer die Berichtigung eines Zeugnisses, muss im Klageantrag im Einzelnen angegeben werden, welchen Wortlaut das prozessual angestrebte Zeugnis haben soll.[136] Da das Zeugnis ein einheitliches Ganzes ist und seine Teile nicht ohne die Gefahr der Sinnentstellung auseinander gerissen werden können, sind die Gerichte befugt, gegebenenfalls das gesamte Zeugnis zu überprüfen und unter Umständen neu zu formulieren.[137] Der Arbeitgeber muss dann das Zeugnis erteilen, ohne auf das Urteil zu verweisen.[138] Das Zeugnis ist auf den Tag der Erstausstellung **zurückzudatieren**.[139]

Solange der Arbeitgeber noch kein Zeugnis erteilt hat, kann der Arbeitnehmer nicht bestimmte Formulierungen (beispielsweise in einem Parallelrechtsstreit zu einem Kündigungsschutzprozess) verlangen.[140]

Bei der Erteilung oder Berichtigung eines qualifizierten Zeugnisses beträgt der **Streitwert** in der Regel ein Bruttomonatseinkommen.[141] Bei einem Streit über die Erteilung eines Zwischenzeugnisses beläuft sich der Streitwert auf ein halbes Bruttomonatseinkommen.[142]

Die **Vollstreckung** eines stattgebenden Urteils richtet sich nach § 888 ZPO.[143] Die Zeugniserteilung ist eine unvertretbare Handlung, da das Zeugnis eigenhändig unterschrieben werden muss.

Der Anspruch auf Zeugniserteilung **verjährt** nach § 195 BGB in drei Jahren. Der Zeugnisanspruch unterliegt daneben den Rechtsregeln der Verwirkung, § 242 BGB. Das Zeitmoment ist nach Auffassung des BAG erfüllt, wenn der Arbeitnehmer nach der Übersendung des Arbeitszeugnisses zehn Monate zugewartet hat, ohne seinen Anspruch auf Erteilung eines vollständigen Zeugnisses weiter zu verfolgen.[144] In einem anderen Fall hat das BAG bereits den Zeitraum von fünf Monaten als ausreichend erachtet, um eine Verwirkung anzunehmen.[145]

In Ausnahmefällen kann auch ein Zeugnisberichtigungsanspruch im Wege der **einstweiligen Verfügung** durchgesetzt werden. Dazu bedarf es neben der Glaubhaftmachung, dass ein Obsiegen im Verfahren zur Hauptsache überwiegend wahrscheinlich ist (Verfügungsanspruch), auch der Darlegung und Glaubhaftmachung, dass das erteilte Zeugnis schon nach der äußeren Form und seinem Inhalt als Grundlage für eine Bewerbung ungeeignet ist (Verfügungsgrund).[146]

B. Texte

1. Muster: Beurteilung bei sehr guten Leistungen

Herr ▬▬▬ war ein äußerst fleißiger Mitarbeiter, der die ungewöhnliche Fülle seiner Aufgaben in bemerkenswert kurzer Zeit erledigte. Mit der Güte seiner Arbeitsergebnisse waren wir jederzeit überaus zufrieden. Seine Aufgaben führte er außerordentlich sorgfältig, zuverlässig und rationell aus. Darüber hinaus zeichnete er sich durch seine überdurchschnittliche Auffassungsgabe, Belastbarkeit, Vielseitigkeit und Initiative aus. Herr ▬▬▬ war an allen geschäftlichen Vorgängen sehr stark interessiert und arbeitete völlig selbständig. Insgesamt hat er die ihm übertragenen Aufgaben jederzeit zu unserer vollsten Zufriedenheit erledigt.

---

[136] LAG Düsseldorf 21.8.1973 – 8 Sa 258/73, DB 1973, 1853; LAG Hamm 13.2.1992 – 4 Sa 1077/91, LAGE § 630 BGB Nr. 16.
[137] BAG 23.6.1960 – 5 AZR 560/58, AP § 73 HGB Nr. 1; BAG 24.3.1977 – 3 AZR 232/76, AP § 630 BGB Nr. 12.
[138] LAG Baden-Württemberg 27.10.1966 – 4 Sa 53/66, BB 1967, 161.
[139] BAG 9.9.1989 – 5 AZR 509/91, AP § 630 BGB Nr. 19; LAG Bremen 23.6.1989 – 4 Sa 320/88, BB 1989, 1825; ArbG Karlsruhe 19.9.1985 – 6 Ca 654/85, NZA 1986, 169.
[140] BAG 14.3.2000 – 9 AZR 246/99, n.v.
[141] BAG 20.1.1967 – 2 AZR 232/65, AP § 12 ArbGG 1953 Nr. 16; LAG Düsseldorf 26.8.1982 – 7 Ta 191/82, EzA § 12 ArbGG 1979 Streitwert Nr. 18; LAG Frankfurt, 9.12.1970 – 5 Ta 76/69, BB 1971, 653; LAG Hamm 19.6.1986 – 8 Ta 142/86, AnwBl 1987, 497; LAG Schleswig-Holstein 18.3.1986 – 2 Ta 31/86, AnwBl 1987, 497.
[142] LAG Hamm 23.2.1989 – 8 Ta 3/89, DB 1989, 1344.
[143] BAG 29.1.1986 – 4 AZR 479/84, AP § 48 TVAL II Nr. 2; LAG Frankfurt 25.6.1980 – 8 Ta 75/80, DB 1981, 534.
[144] BAG 17.2.1988 – 5 AZR 638/86, NJW 1988, 1616 = NZA 1988, 427.
[145] BAG 17.10.1972 – 1 AZR 86/72, AP § 630 BGB Nr. 8.
[146] LAG Köln 5.5.2003 – 12 Ta 133/03, LAGE § 630 BGB 2002 Nr. 1 = LAGReport 2003, 304.

Aufgrund seines immer freundlichen, hilfsbereiten Wesens und seiner ständigen Bereitschaft zur Zusammenarbeit war er überall besonders beliebt. Seine Führung und sein Verhalten gegenüber Vorgesetzten waren in jeder Beziehung vorbildlich.

Wir bedauern außerordentlich, diesen hervorragenden Mitarbeiter zu verlieren und können ihn jederzeit bestens empfehlen. Für seinen weiteren Berufs- und Lebensweg wünschen wir ihm alles Gute.

2. Muster: Beurteilung guter Leistungen

Frau ▬▬▬ war eine sehr fleißige Mitarbeiterin, die die Fülle ihrer Aufgaben stets in kurzer Zeit erledigte. Mit der Güte ihrer Arbeitsergebnisse waren wir jederzeit besonders zufrieden. Sie führte ihre Aufgaben immer sorgfältig, zuverlässig und rationell aus. Besonders zeichnete sie sich durch überdurchschnittliche Auffassungsgabe, Belastbarkeit, Vielseitigkeit und Initiative aus. Frau ▬▬▬ war an allen geschäftlichen Vorgängen stark interessiert und arbeitete sehr selbständig. Insgesamt hat sie die ihr übertragenen Aufgaben jederzeit zu unserer vollen Zufriedenheit erledigt.

Aufgrund ihres freundlichen Wesens und ihrer Bereitschaft zur Zusammenarbeit war sie überall beliebt. Ihre Führung und ihr Verhalten gegenüber Vorgesetzten und Mitarbeitern waren stets vorbildlich.

Wir bedauern sehr, diese tüchtige Mitarbeiterin zu verlieren. Für ihren weiteren Berufs- und Lebensweg wünschen wir ihr alles Gute.

3. Muster: Beurteilung einer befriedigenden Leistung

Herr ▬▬▬ war ein fleißiger Mitarbeiter, der seine Aufgaben stets rechtzeitig erledigte. Mit der Güte seiner Arbeitsergebnisse waren wir jederzeit voll zufrieden. Seine Arbeiten führte er zuverlässig und rationell aus. Herr ▬▬▬ bewies gute Auffassungsgabe, Belastbarkeit, Vielseitigkeit und Initiative, war an allen geschäftlichen Vorgängen interessiert und arbeitete selbständig. Insgesamt hat er die ihm übertragenen Aufgaben zu unserer vollen Zufriedenheit erledigt.

Aufgrund seines freundlichen Wesens und seiner Bereitschaft zur Zusammenarbeit war er allgemein beliebt. Seine Führung und sein Verhalten gegenüber Vorgesetzten und Mitarbeitern waren einwandfrei.

Wir bedauern es, diesen Mitarbeiter zu verlieren und wünschen ihm für seinen weiteren Berufs- und Lebensweg alles Gute.

4. Muster: Beurteilung bei ausreichenden Leistungen

Frau ▬▬▬ erledigte ihre Aufgaben rechtzeitig. Die Güte ihrer Arbeitsergebnisse hat uns zufrieden gestellt. Sie führte ihre Aufgaben im Allgemeinen sorgfältig und zuverlässig aus.

Auffassungsgabe, Belastbarkeit, Vielseitigkeit, Initiative und Selbständigkeit entsprachen im Allgemeinen den Anforderungen. Insgesamt hat sie die ihr übertragenen Aufgaben zu unserer Zufriedenheit erledigt.

Ihre Führung und ihr Verhalten gegenüber Vorgesetzten und Mitarbeitern waren nicht zu beanstanden.

Wir wünschen ihr für die Zukunft alles Gute.

5. Muster: Beurteilung bei mangelhaften Leistungen

Herr ▬▬▬ war bestrebt, seine Aufgaben rechtzeitig zu erfüllen. Er hat sich auch bemüht, die erforderliche Güte seiner Arbeitsergebnisse zu gewährleisten. Seine Aufgaben versuchte er sorgfältig und zuverlässig auszuführen. Sein Arbeitseinsatz war ausreichend. Die ihm übertragenen Aufgaben hat er im Großen und Ganzen zu unserer Zufriedenheit erledigt.

Seine Führung und sein Verhalten gegenüber Vorgesetzten und Mitarbeitern waren in der Regel nicht zu beanstanden.

6. Muster: Beurteilungsskala nach LAG Hamm[147]

Er hat die ihm übertragenen Aufgaben:	
1. stets zu unserer vollsten Zufriedenheit erledigt	= sehr gute Leistungen
2. stets zu unserer vollen Zufriedenheit erledigt	= gute Leistungen
3. zu unserer vollen Zufriedenheit erledigt	= vollbefriedigende Leistungen
4. stets zu unserer Zufriedenheit erledigt	= befriedigende Leistungen
5. zu unserer Zufriedenheit erledigt	= ausreichende Leistungen
6. im Großen und Ganzen zu unserer Zufriedenheit erledigt	= mangelhafte Leistungen
7. zu unserer Zufriedenheit zu erledigen versucht	= unzureichende Leistungen

7. Muster: Benotungsskala nach der Rechtsprechung

stets zur vollsten Zufriedenheit	sehr gute Leistung
stets zur vollen Zufriedenheit	gute Leistung (BAG 24.10.2003 – 9 AZR 12/03, NJW 2004, 2770 = NZA 2004, 843)
zur vollen Zufriedenheit	Durchschnittsleistung (BAG 14.10.2003 – 9 AZR 12/03, NJW 2004, 2770 = NZA 2004, 843; LAG Bremen 9.11.2002, NZA-RR 2001, 287)
zur Zufriedenheit	unterdurchschnittliche/ausreichende Leistung (LAG Köln 2.7.1999, NZA 2000, 235; LAG Hessen 10.9.1987, DB 1988, 1071)
im Großen und Ganzen zur Zufriedenheit	mangelhafte Leistung (HWK/Gäntgen, § 109 GewO Rn 23)
Er führte die ihm übertragenen Aufgaben mit großem Fleiß und Interesse durch.	ungenügende Leistung (BAG 24.3.1977, DB 1977, 1369)
Er war stets bestrebt, seinen Aufgaben gerecht zu werden.	ungenügende Leistung (LAG Hamm 16.3.1989, BB 1989, 1486)

8. Muster: Sozialverhalten leitender Angestellter gegenüber Internen[148]

I. Sehr gute Beurteilung

Alternative 1: Durch seine charakterliche Integrität und sein aktives und kooperatives Wesen war er stets beim Vorstand, im Management und bei den Mitarbeitern gleichermaßen sehr anerkannt und beliebt. Er trug in hohem Maße zu einem effizienten und harmonischen Betriebsklima bei.

Alternative 2: Wegen seines Kooperationsvermögens, seiner Vertrauenswürdigkeit und seiner verbindlichen, aber bestimmten Verhaltensweise war er bei Vorgesetzten, Kollegen und Mitarbeitern gleichermaßen anerkannt und sehr geschätzt. Auch in unseren Zweigwerken wurde er stets gern gesehen.

Alternative 3: Sein Verhalten gegenüber Vorgesetzen, Kollegen und Mitarbeitern war stets einwandfrei.

II. Gute Beurteilung

Alternative 1: Durch ihre Integrität und ihr aktives und kooperatives Wesen war sie beim Vorstand, im Management und bei den Mitarbeitern gleichermaßen sehr anerkannt und beliebt. Sie trug wesentlich zu einem effizienten und harmonischen Betriebsklima bei.

Alternative 2: Wegen seiner Vertrauenswürdigkeit und seiner verbindlichen, aber bestimmten Verhaltensweise war er bei Vorgesetzten, Kollegen und Mitarbeitern gleichermaßen anerkannt und geschätzt. Auch in unseren Zweigwerken wurde er gern gesehen.

---

147 LAG Hamm 13.2.1992 – 4 Sa 1077/91, LAGE § 630 BGB Nr. 16.
148 Zitiert nach *Weuster/Scheer*, Arbeitszeugnisse in Textbausteinen, S. 326 ff.

Alternative 3: Sein Verhalten gegenüber Vorgesetzten, Kollegen und Mitarbeitern war einwandfrei.

III. Befriedigende Beurteilung

Alternative 1: Durch ihr Wesen war sie beim Vorstand, im Management und bei den Mitarbeiterinnen und Mitarbeitern gleichermaßen anerkannt und beliebt.

Alternative 2: Wegen seiner Vertrauenswürdigkeit und seiner verbindlichen, aber bestimmten Verhaltensweise war er bei Mitarbeitern, Kollegen und Vorgesetzten gleichermaßen anerkannt und geschätzt.

Alternative 3: Sein Verhalten gegenüber Mitarbeitern, Kollegen und Vorgesetzten war einwandfrei.

IV. Ausreichende Beurteilung

Alternative 1: Aufgrund seines kooperativen Wesens war er allseits anerkannt.

Alternative 2: Wegen seiner verbindlichen Verhaltensweise war er bei den Mitarbeitern anerkannt und geschätzt.

Alternative 3: Ihr Verhalten gegenüber Vorgesetzten, Kollegen und Mitarbeitern war zufrieden stellend.

V. Mangelhafte Beurteilung

Alternative 1: Durch seine kooperationsgeneigte Art war er bei den Mitarbeitern und auch im Management anerkannt.

Alternative 2: Seine verbindliche Verhaltensweise wird allseits anerkannt und geschätzt.

Alternative 3: Ihr Verhalten gegenüber Vorgesetzten, Kollegen und Mitarbeitern war insgesamt einwandfrei.

9. Muster: Dankes-Bedauerns-Formel für alle Arbeitnehmergruppen[149]

I. Bereich „sehr gut"

1. Alternative: Wir bedauern sehr, eine so exzellente Fach- und Führungskraft zu verlieren. Für die stets vorbildliche Leitung unseres Bereiches ▬▬▬ sind wir ihm zu großem Dank verpflichtet. Er hat einen entscheidenden Beitrag zur Entwicklung des Unternehmens und des Goodwills geleistet.

2. Alternative: Wir danken Herrn ▬▬▬ für die stets sehr gute und produktive Zusammenarbeit und bedauern sehr, ihn zu verlieren. Zugleich haben wir Verständnis dafür, dass er die ihm gebotene (einmalige) Chance nutzt.

3. Alternative: Wir danken Frau ▬▬▬ für ihre stets sehr hohen Leistungen und bedauern den Verlust dieser sehr guten Facharbeiterin. (Ihren späteren Wiedereintritt würden wir begrüßen.)

II. Bereich „gut"

Alternative 1: Wir bedauern, eine so gute Fach- und Führungskraft zu verlieren. Für die stets gute Leitung unseres Bereiches ▬▬▬ sind wir ihm zu großem Dank verpflichtet. Er hat einen großen Beitrag zur Unternehmensentwicklung geleistet.

Alternative 2: Wir danken Herrn ▬▬▬ für die stets gute Zusammenarbeit und bedauern sehr, ihn zu verlieren. Zugleich haben wir Verständnis dafür, dass er die ihm gebotene (einmalige) Chance nutzt.

Alternative 3: Wir danken Frau ▬▬▬ für ihre hohen Leistungen und bedauern den Verlust dieser guten Facharbeiterin.

III. Bereich „befriedigend"

Alternative 1: Wir bedauern, eine so gute Fach- und Führungskraft zu verlieren. Für die gute Leitung unseres Bereiches ▬▬▬ danken wir.

Alternative 2: Wir danken Herrn ▬▬▬ für die gute Zusammenarbeit und bedauern, ihn zu verlieren. Zugleich haben wir Verständnis dafür, dass er die ihm gebotene Chance nutzt.

Alternative 3: Wir danken Frau ▬▬▬ für die gute Leistung und bedauern den Verlust dieser Facharbeiterin.

IV. Bereich „ausreichend"

Alternative 1: Für die Leitung unseres Bereiches ▬▬▬ bedanken wir uns.

Alternative 2: Wir bedanken uns (für die Zusammenarbeit).

Alternative 3: Wir bedanken uns für die Zugehörigkeit zu unserem Hause.

V. Bereich „mangelhaft"

Alternative 1: Für das stete Bestreben, unseren Bereich ▬▬▬ gut zu leiten, bedanken wir uns.

Alternative 2: Wir bedanken uns für das stete Interesse an einer guten Zusammenarbeit.

Alternative 3: Wir können unseren Dank für die stets gegebene Arbeitsbereitschaft nicht versagen.

---

[149] Zitiert nach *Weuster/Scheer*, Arbeitszeugnisse in Textbausteinen, S. 370 ff.

§ 4 Beendigung von Arbeitsverhältnissen

Kapitel 1: Kündigung von Arbeitsverhältnissen

Literatur

Bauer/Winzer, Vom Personalleiter zum Pförtner?, BB 2006, 266; *Becker/Schaffner*, Die Änderungskündigung aus materiell-rechtlicher und prozessualer Sicht, BB 1991, 129; *Belling*, Das Mitbestimmungsrecht des Betriebsrats bei Versetzungen, DB 1985, 335; *Berger-Delhey*, Die Leitungs- und Weisungsbefugnis des Arbeitgebers, DB 1990, 2266; *Berkowsky*, Der Arbeitsrichter in der Flugsicherung – Überlegungen zur Sozialauswahl bei betriebsbedingten Änderungskündigungen, DB 1990, 834; *Brill*, Probleme der Änderungskündigung, AuR 1986, 236; *Dänzer-Vanotti*, Sozialauswahl bei Änderungskündigung, AuR 1987, 183 (Anm. zu BAG v. 13.6.1986, AuR 1987, 182); *Ehrich*, Widerspruchsrecht des Betriebsrats bei Neubesetzung der Stelle eines befristet beschäftigten Arbeitnehmers, BB 1992, 1483; *Fischer*, Die Rücknahme der Arbeitgeberkündigung im und im Kündigungsschutzprozess – rechtliche und taktische Überlegungen, NZA 1999, 459; *Gerauer*, Keine Mitbestimmung bei Versetzungen aufgrund einer Umsetzungs- oder Versetzungsklausel, BB 1995, 406; *Gottwald*, Nochmals: Verhaltensbedingte Kündigung bei krankhaftem Alkoholismus, NZA 1999, 180; *Herbert*, Zugangsverzögerung einer Kündigung per Einschreiben und Lauf der Klagefrist des § 4 KSchG, NJW 1997, 1829; *Hohmeister*, Beweisschwierigkeiten beim Zugang einer Kündigung, BB 1998, 1477; *ders.*, Die Beteiligung des Betriebsrats bei unter Vorbehalt angenommener Änderungskündigung, DB 1994, 1777; *v. Hoyningen-Huene*, Grundlagen und Auswirkungen einer Versetzung, NZA 1993, 145; *v. Hoyningen-Huene/Boemke*, Die Versetzung, 1991; *Hromadka*, Änderung von Arbeitsbedingungen, 1990; *ders.*, Das allgemeine Weisungsrecht, DB 1995, 2601; *ders.*, Das Leistungsbestimmungsrecht des Arbeitgebers, DB 1995, 1609; *ders.*, Möglichkeiten und Grenzen der Änderungskündigung, NZA 1996, 1; *Hümmerich*, Der Schutz der Beschäftigten vor der Aufnahme ärztlicher Gutachten in Personalakten und Datenbanken, DB 1975, 1893; *ders.*, Erfassungsschutz im arbeitsvertraglichen Anbahnungsverhältnis, Diss., 1978; *ders.*, Rechte des Betriebsrats bei der Erfassung von Bewerber-Daten, RdA 1979, 143; *ders.*, Rechtsschutzlücken im zur Neige gehenden Arbeitsverhältnis, DB 1999, 1264; *ders.*, Wonach darf der Arbeitnehmer bei der Einstellung gefragt werden?, BB 1979, 428; *ders.*, Aufklärungspflichten des Arbeitgebers im Anbahnungsverhältnis bei ungesicherter Beschäftigung des Arbeitnehmers, NZA 2002, 1305; *ders.*, Verfestigte Rechtsprechung zur Betriebsratsanhörung nach § 102 BetrVG, RdA 2000, 345; *Hümmerich/Gola*, Auswirkungen des Bundesdatenschutzgesetzes auf das Personalwesen, BB 1977, 146; *Hümmerich/Mauer*, Neue BAG-Rechtsprechung zur Anhörung des Betriebsrats bei Kündigungen, DB 1997, 165; *Hunold*, Aktuelle Rechtsprobleme der Personalauswahl, DB 1993, 228; *Janker*, Das Fragerecht des Arbeitgebers, AuA 1991, 264; *Kappenhagen/Zimmer*, Kein Sonderkündigungsschutz wegen Abwerbung, FA 2003, 261; *Kappes*, Zustimmungsverweigerung des Betriebsrats bei Höhergruppierungen, DB 1991, 333; *Kasper*, Abschied vom Fragerecht des Arbeitgebers nach der Schwangerschaft?, FA 2000, 243; *Klein*, Die Kündigung „i.A." – Kennzeichen mangelnder Schriftform?, NZA 2004, 1198; *Kock*, Weiterbeschäftigung trotz Wegfall des Arbeitsplatzes, MDR 2006, 961; *Krause*, Die Änderungskündigung zum Zweck der Entgeltreduzierung, DB 1995, 574; *Kursawe*, Anbahnungsverhältnis und Aufklärungspflichten des Arbeitgebers, NZA 1997, 245; *Leipold*, Einstellungsfragebögen und Recht auf Arbeit, AuR 1971, 161; *Leßmann*, Die Grenzen des arbeitgeberseitigen Direktionsrechts, DB 1992, 1137; *Lichtenberg/Schücking*, Stand der arbeitsrechtlichen Diskussion zur HIV-Infektion und Aids-Erkrankung, NZA 1990, 41; *Linnenkohl*, Arbeitsverhältnis und Verstrafen-Fragen, AuR 1983, 129; *ders.*, Arbeitnehmerdatenschutz und BAG-Rechtsprechung, RDV 1990, 61; *Löwisch*, Arbeitsrechtliche Fragen von AIDS-Erkrankung und AIDS-Infektion, DB 1987, 936; *ders.*, Die Änderung von Arbeitsbedingungen auf individualrechtlichem Wege, insbesondere durch Änderungskündigung, NZA 1988, 633; *Messingschlager*, „Sind sie schwerbehindert?" – Das Ende einer (un-)beliebten Frage, NZA 2003, 301; *Meyer*, Sind Einstellungen, Ein- bzw. Umgruppierungen oder Versetzungen ohne Beteiligung des Betriebsrats gegenüber dem betreffenden Arbeitnehmer wirksam?, BB 1982, 1614; *Moritz*, Fragerecht des Arbeitgebers sowie Auskunfts- und Offenbarungspflicht des Arbeitnehmers bei der Anbahnung von Arbeitsverhältnissen, NZA 1987, 329; *Preis*, Aktuelle Tendenzen im Kündigungsschutzrecht, NZA 1997, 1073; *Raab*, Das Fragerecht des Arbeitgebers nach schwebenden Strafverfahren und die Unschuldsvermutung des Bewerbers, RdA 1995, 36; *Richardi*, Arbeitsrechtliche Probleme bei Einstellung und Entlassung AIDS-infizierter Arbeitnehmer, NZA 1988, 73; *Schaub*, Ist die Frage nach der Schwerbehinderung zulässig?, NZA 2003, 299; *Schierbaum*, Ärztliche Untersuchungen an Arbeitnehmern, AiB 1997, 458; *Schönfeld/Gennen*, Mitbestimmung bei Assessment-Centern. Beteiligungsrechte des Betriebsrats und des Sprecherausschusses, NZA 1989, 543; *Strybny*, Ändern, nicht beenden – neue Hürden des Bundesarbeitsgerichts für Beendigungskündigungen, FA 2006, 362; *Stürmer*, Bewerbung und Schwangerschaft, NZA 2001, 527; *Teske*, Personaldatenverarbeitung und Persönlichkeitsschutz, ZIP 1987, 960; *Thüsing/Lambrich*, Das Fragerecht des Arbeitgebers – aktuelle Probleme zu einem klassischen Thema, BB 2002, 1146; *Vossen*, Die Anhörung des Betriebsrats (§ 102 Abs. 1 BetrVG) – Ein aktueller Rechtsprechungsüberblick, FA 2007, 66; *Weber/Ehrich*, Direktionsrecht und Änderungskündigung bei Veränderungen im Arbeitsverhältnis, BB 1996, 2246; *Wedde*, Fragen privater Arbeitgeber nach MfS-Tätigkeiten, CR 1992, 679; *Wenning-Morgenthaler*, Zustimmungsverweigerungsrecht des Betriebsrats bei befristeten Einstellungen, BB 1989, 156; *Wohlgemuth*, Fragerecht und Erhebungsrecht – Zu den Grenzen des Informationsbeschaffungsrechts des Arbeitgebers, AuR 1992, 46; *ders.*, Der Arbeitnehmer-Datenschutz, AiB 1990, 335; *ders.*, Neuere Entwicklungen im Arbeitnehmer-Datenschutz, BB 1992, 281; *Zeller*, Die arbeitsrechtlichen Aspekte des Personalfragebogens als Mittel der Personalauswahl, BB 1987, 1522; *ders.*, Die Einstellungsuntersuchung, BB 1987, 2439; *Zirnbauer*, Die Änderungskündigung, NZA 1995, 1073.

A. Erläuterungen

I. Schriftformerfordernis gemäß § 623 BGB

1 Gemäß **§ 623 BGB** bedarf die Beendigung von Arbeitsverhältnissen durch Kündigung oder Auflösungsvertrag zu ihrer Wirksamkeit der **Schriftform**.[1] Die elektronische Form (§ 126a BGB) ist ausgeschlossen. Schon vor Einführung des Schriftformerfordernisses nach § 623 BGB konnten Berufsausbildungsverhältnisse (§ 22 Abs. 3 BBiG), die Arbeitsverhältnisse von Frauen in der Mutterschutzfrist (§ 9 Abs. 3 MuSchG) und die Arbeitsverhältnisse von Seeleuten (§ 62 Abs. 1 SeemG) nur schriftlich wirksam gekündigt werden. Auch ergaben sich häufig Schriftformerfordernisse aus Betriebsvereinbarung, Tarifvertrag oder Arbeitsvertrag. Aufgrund des durch das Gesetz zur Vereinfachung und Beschleunigung des arbeitsgerichtlichen Verfahrens[2] eingeführten § 623 BGB gilt seit dem 1.5.2000 ein **allgemeines konstitutives Schriftformerfordernis für die Kündigung von Arbeitsverhältnissen**.[3] Dieses Schriftformerfordernis kann weder durch Arbeitsvertrag noch durch Tarifvertrag oder Betriebsvereinbarung abbedungen werden.[4] Allerdings können Tarifverträge oder Betriebsvereinbarungen strengere Formvorschriften normieren. So schrieb etwa § 54 des Bundesmanteltarifvertrages für Arbeiter gemeindlicher Verwaltungen und Betriebe (BMT-G II) fest, dass Kündigungen durch den Arbeitgeber nach der Probezeit und fristlose Entlassungen der Schriftform unter Angabe des Grundes bedürfen.[5] Die tariflich festgelegte Schriftform (§ 54 BMT-G-O in der bis 31.12.2001 geltenden Fassung, wonach Kündigungen durch den Arbeitgeber nach Ablauf der Probezeit der Schriftform unter Angabe des Grundes bedurften) galt als eine durch Gesetz vorgeschriebene Schriftform i.S.d. § 126 Abs. 1 BGB, deren Verletzung die Nichtigkeit wegen Formmangels zur Folge hatte. Soweit Tarifverträge die Kündigung unter Angabe des Grundes vorsehen, kommt es auf den Einzelfall an, in welchem Umfang die Gründe beschrieben werden müssen. Eine eingehende Substantiierung wie im Prozess kann nicht grundsätzlich und allgemein gefordert werden. Die Gründe müssen aber so genau bezeichnet sein, dass der Kündigungsempfänger genügend klar erkennen kann, was gemeint ist. Hierzu sind grundsätzlich die für die Kündigung maßgeblichen Tatsachen anzugeben. Pauschale Schlagworte und Werturteile genügen regelmäßig nicht.[6]

2 Ausweislich der Begründung des Gesetzgebers zielt das Formerfordernis des § 623 BGB auf eine **Entlastung der Gerichte** ab und soll **Rechtssicherheit** schaffen.[7] Damit sind die mit der Einschränkung der grundsätzlich gewährleisteten Formfreiheit verbundenen Gesetzeszwecke angesprochen, nämlich den Erklärenden wegen der schwerwiegenden Rechtsfolgen vor einer übereilten Entscheidung zu schützen (**Warnfunktion**) und klarzustellen, ob und mit welchem Inhalt die Erklärung erfolgt ist (**Beweisfunktion**).[8]

3 Die notarielle Beurkundung oder die Aufnahme in ein nach den Vorschriften der ZPO errichtetes Protokoll über einen Vergleichsabschluss (Prozessvergleich) wahren die Schriftform (§§ 126 Abs. 4, 127a BGB).[9] Zur Wahrung der Schriftform bestimmt § 126 Abs. 1 BGB, dass die Urkunde von dem Aussteller eigenhändig durch Namensunterschrift oder mittels notariell beglaubigten Handzeichens unterzeichnet werden muss. Es muss somit über die Kündigung eine schriftlich abgefasste und **eigenhändig unterschriebene Urkunde** vorliegen.[10] § 126 Abs. 1 BGB ist nicht genügt, wenn eine eigenhändig unterschriebene Urkunde per Fax oder Telegramm[11] übermittelt wird. Als empfangsbedürftige Willenserklärung muss die Kündigung in der vorge-

---

[1] § 623 BGB: BGBl. I 2000, 333 (mit Wirkung v. 1.5.2000); BGBl. I 2000, 1966 (mit Wirkung v. 1.1.2001) und BGBl. I 2001, 1542 (mit Wirkung v. 1.8.2001).
[2] BGBl. I 2000, 333.
[3] *Richardi*, NZA 2001, 57; *Kleinebrink*, FA 2001, 354; *ders.*, FA 2000, 174; *Böhm*, NZA 2000, 561; *Preis/Gotthardt*, NZA 2000, 348.
[4] ErfK/*Müller-Glöge*, § 623 BGB Rn 23; AnwK-ArbR/*Hümmerich*, § 623 BGB Rn 6.
[5] BAG 10.2.1999 – 2 AZR 848/98, AP BMT-G II § 54 Nr. 3; BAG 10.2.1999 – 2 AZR 176/98, AP BMT-G II § 54 Nr. 2.
[6] BAG 27.3.2003 – 2 AZR 173/02, AP § 54 BMT-G II Nr. 4.
[7] BT-Drucks. 14/626, S. 11; krit. *Böhm*, NZA 2000, 561.
[8] Kittner/Zwanziger/*Appel*, Arbeitsrecht Handbuch, § 89 Rn 3.
[9] ErfK/*Müller-Glöge*, § 623 BGB Rn 25; AnwK-ArbR/*Hümmerich*, § 623 BGB Rn 24.
[10] BGH 24.9.1997 – XII ZR 234/95, NJW 1998, 58.
[11] ArbG Franfurt a.M. 9.1.2001 – 8 Ca 5663/00, ZInsO 2001, 776.

schriebenen Form nicht nur erstellt, sondern auch zugegangen sein.[12] Wird die gesetzliche Formvorschrift des § 623 BGB nicht beachtet, ergibt sich die Rechtsfolge aus § 125 Satz 1 BGB. Das Rechtsgeschäft ist nichtig. Eine Heilung ist nicht möglich. Die Kündigung muss unter Wahrung der Form neu ausgesprochen werden. Aufgrund des in § 623 BGB normierten Schriftformerfordernisses sind Kündigungen per **Telefon** ebenso wie Kündigungen per **Telefax, Telegramm oder E-Mail ausnahmslos formunwirksam.**

Klein[13] rät von der Verwendung des Kürzels „i.A." bei der Unterschriftsleistung unter ein Kündigungsschreiben ab. Die Verwendung dieses Kürzels statt „i.V." indiziere ein Handeln als Bote. Bei der Abgrenzung von Bote und Vertreter seien darüber hinaus immer auch die weiteren begleitenden Umstände und die soziale Stellung des Handelnden maßgeblich zu berücksichtigen. Je untergeordneter und je weniger mit eigenen Entscheidungsspielräumen in Personalangelegenheiten verbunden die Stellung in Betrieb ist, desto eher sei bei Verwendung des Kürzels „i.A." im Zusammenhang mit der Unterzeichnung einer Kündigung ein Handeln als Bote anzunehmen und damit das Schriftformerfordernis nach § 623 BGB nicht erfüllt.   4

Nicht richtig ist nach hier vertretener und bei weitem nicht herrschender Ansicht[14] die These, das Kündigungsschreiben müsse das **Wort „Kündigung"** nicht enthalten.[15] Soweit zur Begründung ältere BAG-Rechtsprechung[16] herangezogen wird,[17] eignet sich als Unterstützungsargument nicht, da sie aus einer Zeit lange vor dem Inkrafttreten des § 623 BGB stammt, als noch keine Formstrenge bestand und mündliche Erklärungen des Arbeitgebers auf ihre kündigungsrechtliche Bedeutung hin auszulegen waren. § 623 BGB wurde zur Stärkung der Rechtssicherheit geschaffen. Die Vorschrift soll überflüssige Auslegungs- und Zweifelsfragen, die zu Rechtsstreitigkeiten führen können, vermeiden. Das Schriftformerfordernis ist an die beiden häufigsten Tatbestände der Beendigung eines Arbeitsverhältnisses geknüpft (von Tod oder Auflösung gemäß § 9 KSchG abgesehen), nämlich **Kündigung** und **einvernehmliche Vertragsaufhebung**. Da Dauerschuldverhältnisse über die Gestaltungserklärung „Kündigung" für die Zukunft beendet werden, tritt ihre Wirkung üblicherweise auch nur ein, wenn gegenüber dem Erklärungsempfänger unmissverständlich der Begriff „Kündigung" gebraucht wird. Ist statt von einer Kündigung in einem Schreiben von „vorübergehender Ausstellung" die Rede, hat der Erklärende keine Kündigung ausgesprochen.[18] Eine Kündigung muss so hinreichend deutlich sein, dass der Gekündigte Klarheit über die Auflösung seines Arbeitsverhältnisses erhält.[19]   5

Bei einer **Änderungskündigung** bedarf – unabhängig von der gewählten rechtlichen Konstruktion (bedingte oder unbedingte Kündigung) – nicht nur die **Kündigungserklärung**, sondern auch das **Änderungsangebot** der Schriftform.[20] Denn in jedem Fall ist die Änderungskündigung geeignet, unabhängig vom weiteren Verhalten des die Kündigung erklärenden Arbeitgebers die Beendigung des Arbeitsverhältnisses herbeizuführen.[21] Bei der Änderungskündigung handelt es sich um einen einheitlichen Tatbestand von Kündigungserklärung und Änderungsangebot, was ein **umfassendes Schriftformerfordernis** begründet.[22] Soll ein Arbeitsverhältnis in ein freies Dienstverhältnis umgewandelt werden, bedarf die vertragliche Vereinbarung zu ihrer Wirksamkeit der Schriftform nach § 623 BGB.[23]   6

Wird eine (weitere) Kündigung während des Kündigungsrechtsstreits durch den Prozessbevollmächtigten in einem Schriftsatz erklärt, erfordert § 623 BGB, dass eine vom Bevollmächtigten[24] unterzeichnete Ausfertigung des Schriftsatzes dem Kündigungsempfänger persönlich oder einem Empfangsbevollmächtigten zugeht.[25] Die Schriftform des § 623 BGB ist bei einer vom Prozessbevollmächtigten des Arbeitgebers ausgesprochenen Schriftsatzkündigung dabei grundsätzlich nur dann gewahrt, wenn die dem Arbeitnehmer zugehende Abschrift vom Prozessbevollmächtigten des Arbeitgebers als Erklärendem unterzeichnet ist.   7

---

12 BGH 4.7.1986 – V ZR 41/86, WM 1986, 1419.
13 NZA 2004, 1198.
14 AnwK-ArbR/*Hümmerich*, § 623 BGB Rn 30.
15 ErfK/*Müller-Glöge*, § 623 BGB Rn 22; Staudinger/*Oetker*, § 623 BGB Rn 50.
16 BAG 11.6.1959 – 2 AZR 334/57, AP § 130 BGB Nr. 1; BAG 23.1.1958 – 2 AZR 206/55, AP § 1 KSchG Nr. 50.
17 APS/*Preis*, § 623 BGB Rn 18.
18 LAG Rheinland-Pfalz 14.7.2004 – 8 Ta 140/04, NZA-RR 2005, 274.
19 APS/*Preis*, Grundlagen D Rn 33.
20 *Preis/Gotthardt*, NZA 2000, 348 (351); *Müller-Glöge/v. Senden*, AuA 2000, 199 (200); *Gaul*, DStR 2000, 691.
21 ErfK/*Müller-Glöge*, § 623 BGB Rn 26.
22 Kittner/Zwanziger/*Appel*, Arbeitsrecht Handbuch, § 89 Rn 6.
23 LAG Berlin 5.3.2003 – 17 Sa 2269/02, LAGReport 2003, 266.
24 Zu beachten ist insoweit § 174 BGB. Der handelnde Anwalt sollte deshalb immer eine auf ihn lautende Originalvollmacht vorlegen, die ihn ausdrücklich zur Kündigung berechtigt.
25 ErfK/*Müller-Glöge*, § 623 BGB Rn 26.

§ 4 Beendigung von Arbeitsverhältnissen

Ausnahmsweise ist die Schriftform des § 623 BGB auch gewahrt, wenn die dem Prozessbevollmächtigten des Arbeitnehmers zugegangene Abschrift beglaubigt ist und der Prozessbevollmächtigte des Arbeitgebers den Beglaubigungsvermerk selbst unterschrieben hat und der Prozessbevollmächtigte des Arbeitnehmers zum Empfang der Kündigung bevollmächtigt ist.[26] Es gilt die Zugangsrechtsprechung des BAG,[27] wonach die Prozessvollmacht, aufgrund derer eine Kündigung mit der allgemeinen Feststellungsklage nach § 256 ZPO angegriffen wird, den Prozessbevollmächtigten zur Entgegennahme aller Kündigungen bevollmächtigt, die den mit dem Feststellungsantrag verbundenen weiteren Streitgegenstand betreffen. Es kommt nicht darauf an, ob und wann die Kündigung auch dem Arbeitnehmer selbst zugegangen ist.

II. Bestimmtheitserfordernis

8 Als einseitiges Rechtsgeschäft ist die **Kündigung** eines Arbeitsverhältnisses **bedingungsfeindlich**. Die Verbindung mit einer unzulässigen (auflösenden) Bedingung führt zur Unwirksamkeit der Kündigung.[28] Erklärt beispielsweise der Arbeitgeber mit der Kündigung, im Fall einer Neubeauftragung des Arbeitgebers werde der Arbeitnehmer weiterbeschäftigt und die Kündigung sei gegenstandslos, handelt es sich in der Regel um eine auflösende Bedingung, die zur Unwirksamkeit der Kündigung führt.[29] Gleichermaßen unzulässig ist eine Kündigung für den Fall, dass der Arbeitnehmer seine Leistung nicht verbessert oder am nächsten Tag seinen Urlaub eigenmächtig antritt.[30] Die Bedingungsfeindlichkeit der Kündigung als Gestaltungsrecht folgt zwingend aus dem Gebot der Rechtssicherheit. Einschränkungen der Bedingungsfeindlichkeit ergeben sich im Bereich der Rechts- und Potestativbedingungen. Da der Eintritt der Bedingung bei der Änderungskündigung vom Kündigungsempfänger abhängt, ist sie als Potestativbedingung rechtlich zulässig. Gleiches gilt für die sog. **Verbund- oder Zweitkündigung** (außerordentliche Kündigung und vorsorgliche ordentliche Kündigung). Die ordentliche Kündigung wird für den Fall der Unwirksamkeit der außerordentlichen Kündigung ausgesprochen. Es liegt eine zulässige Rechtsbedingung vor.[31] Auch ist eine hilfsweise bzw. vorsorglich ausgesprochene weitere Kündigung, die einer bereits ausgesprochenen Kündigung nachfolgt, zulässig. Zwar ist sie durch die Wirksamkeit der vorausgehenden Kündigung bedingt. Dies ist aber eine Rechtsbedingung.

9 Aus dem für die Kündigung geltenden **Bestimmtheitsgrundsatz** folgt, dass sie nicht von Umständen abhängig gemacht werden darf, durch die der Kündigungsempfänger in Unsicherheit über die Beendigung des Arbeitsverhältnisses oder den Lauf der Kündigungsfrist gesetzt wird.[32] **Kündigungserklärungen** müssen **klar** und **eindeutig** sein. Das Bestimmtheitserfordernis findet seine Rechtfertigung in dem Umstand, dass die Kündigung gravierend in die Rechte der Arbeitsvertragsparteien eingreift und der Eingriff einseitig erfolgt. Der Kündigungsempfänger kann weder den Zeitpunkt noch den Inhalt der Kündigung bestimmen. Eine Kündigungserklärung, die jemandem zugeht, kann diesem nur mit dem Inhalt als zugegangen zugerechnet werden, wie er sie vernünftigerweise verstehen konnte. **Unklarheiten** gehen deshalb zu **Lasten des Kündigenden**.[33] Einer Kündigungserklärung fehlt die erforderliche Bestimmtheit und Eindeutigkeit, wenn in ihr mehrere Termine für die Beendigung des Arbeitsverhältnisses genannt werden und für den Erklärungsempfänger nicht erkennbar ist, welcher Termin gelten soll.[34]

10 Die **vorsorgliche Kündigung** ist eine unbedingte Kündigung und daher unbedenklich zulässig.[35] Bei der vorsorglichen Kündigung behält sich der Kündigende vor, die Kündigung ggf. zurückzunehmen. Diese Motivation ist jedoch unverbindlich. Für die Rücknahme der vorsorglichen Kündigung gelten die allgemeinen Grundsätze, da es sich um eine unbedingte Kündigung handelt. Der Arbeitnehmer muss auch die vorsorgliche Kündigung nach § 4 KSchG rechtzeitig durch Klage angreifen, da sonst die Wirkungen des § 7 KSchG eintreten.[36]

---

26 LAG Niedersachsen 30.11.2001 – 10 Sa 1046/01, NZA-RR 2002, 242 = LAGE § 623 BGB Nr. 2.
27 BAG 21.1.1988 – 2 AZR 581/86, NZA 1988, 651.
28 BAG 15.3.2001 – 2 AZR 705/99, NZA 2001, 1070; BAG 27.6.1968 – 2 AZR 329/67, AP § 626 BGB Bedingung Nr. 1 = EzA § 626 BGB Nr. 9.
29 BAG 15.3.2001 – 2 AZR 705/99, ArbRB 2001, 39.
30 Schaub/*Linck*, Arbeitsrechts-Handbuch, § 123 Rn 41; Berscheid/Kunz/Brand/*Hänsch*, Praxis des Arbeitsrechts, Teil 4 Rn 331.
31 ErfK/*Müller-Glöge*, § 620 BGB Rn 173.
32 Berscheid/Kunz/Brand/*Hänsch*, Praxis des Arbeitsrechts, Teil 4 Rn 331.
33 BAG 11.6.1959 – 2 AZR 334/57, DB 1959, 892.
34 BAG 21.10.1981 – 7 AZR 407/79, n.v.; KR/*Friedrich*, § 13 KSchG Rn 298 a.
35 BAG 12.10.1954 – 2 AZR 36/53, AP § 3 KSchG Nr. 5; APS/*Preis*, Grundlagen D. Rn 17.
36 APS/*Preis*, Grundlagen D. Rn 17.

III. Kündigungsberechtigung

Bei Ausspruch einer Kündigung sollte darauf geachtet werden, dass derjenige, der das Kündigungsschreiben unterzeichnet, auch eine **Kündigungsberechtigung** besitzt. Kündigungsberechtigt sind Personalleiter,[37] im Einzelfall Personalsachbearbeiter[38] und immer solche Personen, die gesetzlicher oder satzungsmäßiger Vertreter des Arbeitgebers sind, also beispielsweise über Prokura oder Handlungsvollmacht verfügen.[39] In Zweifelsfällen sollte derjenige, der die Kündigung ausspricht, eine Originalvollmacht beifügen, um dem Arbeitnehmer oder seinem Anwalt die Möglichkeit zu nehmen, die Kündigung gemäß § 174 BGB mangels Vorlage einer Vollmacht unverzüglich zurückzuweisen. Ein Personalleiter darf dem Marketingleiter des Betriebes, auch wenn sie beide auf der gleichen Hierarchiestufe stehen, kündigen; die Zurückweisung der Kündigung nach § 174 BGB ist wirkungslos.[40]

Erfolgreich zurückweisen kann eine Arbeitnehmerin eine Kündigungserklärung nach § 174 Satz 2 BGB, wenn derjenige, der die Kündigung ausgesprochen hat, zu einem Zeitpunkt zum „Human Ressources Manager" ernannt wurde, als die Mitarbeiterin schon nicht mehr – wegen Freistellung – im Betrieb arbeitete. Nach der ständigen Rechtsprechung des BAG liegt ein In-Kenntnis-Setzen i.S.d. § 174 Satz 2 BGB gegenüber den Betriebsangehörigen in aller Regel darin, dass der Arbeitgeber bestimmte Mitarbeiter durch die Bestellung zum Leiter der Personalabteilung in eine Stellung beruft, mit der das Kündigungsrecht verbunden zu sein pflegt.[41] Voraussetzung für die Anwendung dieses Grundsatzes ist aber, dass die Arbeitnehmerin, der gegenüber die Kündigung ausgesprochen wird, Kenntnis davon hatte, dass die die Kündigung erklärende Person die Stellung des Leiters bzw. der Leiterin einer Personalabteilung innehatte.[42] Für jemanden, der nicht mehr im Betrieb tätig war, ist nicht ersichtlich, woher er Kenntnis davon hätte haben sollen, dass jemand zwei Monate später Personalleiter geworden ist.[43]

Im Übrigen verweist das ArbG Hamburg darauf, dass der zusammen mit einer Unterschrift in einem Kündigungsschreiben enthaltene Zusatz „Human Ressources Manager" nicht eindeutig im Sinne von Personalleiter zu übersetzen ist, sondern auch Sachbearbeiter der Personalabteilung bedeuten kann. Treffen beide Umstände aufeinander – Unklarheit hinsichtlich der Stellung des „Human Ressources Manager" und Unkenntnis von der Bestellung des Kündigenden zum Personalleiter – ist der die Kündigung aussprechende Personalleiter nicht in der Lage, ohne Vorlage einer Originalvollmacht das Arbeitsverhältnis wirksam zu kündigen und die Zurückweisung nach § 174 Satz 2 BGB ist deshalb erfolgreich.

Die Verquickung zwischen Gesellschaftsrecht und Recht der Willenserklärung führt dazu, dass bei **GmbH-Geschäftsführern** strenge Maßstäbe an die Kündigungsbefugnis gestellt werden müssen. Sieht ein Gesellschaftsvertrag vor, dass der Geschäftsführer bei der Vornahme aller Geschäfte und Rechtshandlungen, die der Betrieb der Gesellschaft nicht gewöhnlich mit sich bringt, der Zustimmung der Gesellschafterversammlung bedarf, ist in der Regel auch die außerordentliche Kündigung des Arbeitsverhältnisses einer im Innenverhältnis mit umfassenden Befugnissen ausgestatteten Mitgesellschafterin und Prokuristin zustimmungsbedürftig.[44]

Der Amtsleiter einer Großstadt kann unter Berücksichtigung der Bestimmungen einer Allgemeinen Dienst- und Geschäftsanweisung für die Stadtverwaltung kündigungsbefugt sein, jedenfalls wenn es sich um Arbeitsverhältnisse mit einfachen Büro- bzw. Reinigungskräften handelt. In diesen Fällen ist der Abschluss eines Arbeitsvertrages wie dessen Kündigung ein „Geschäft der laufenden Verwaltung".[45] Der Stellvertreter eines Geschäftsführers eines Staatsbetriebes ist nicht organschaftlicher Vertreter; auf Rechtsgeschäfte, die er vornimmt, ist § 174 BGB anwendbar. War der Arbeitnehmer gemäß § 174 Satz 2 BGB von der Bevollmächtigung in Kenntnis gesetzt, ist die Zurückweisung der Kündigung nach § 174 Satz 1 BGB nicht schon allein deshalb möglich, weil der Vertreter unleserlich unterschrieben hat und der Name auch nicht sonst im Kündi-

---

[37] BAG 30.5.1972 – 2 AZR 298/71, EzA § 174 BGB Nr. 1.
[38] BAG 29.6.1989 – 2 AZR 482/88, NZA 1990, 63.
[39] BAG 9.10.1975 – 2 AZR 332/74, EzA § 626 BGB n.F. Nr. 43.
[40] LAG Niedersachsen 19.9.2003 – 16 Sa 694/03, NZA-RR 2004, 195 = MDR 2004, 159.
[41] BAG 30.5.1972 – 2 AZR 298/71, BAGE 24, 273; BAG 18.5.1994 – 2 AZR 920/93, BAGE 77, 13; BAG 22.1.1998 – 2 AZR 267/97, ZIP 1998, 748.
[42] BAG 30.5.1972 – 2 AZR 298/71, BAGE 24, 273; BAG 18.5.1994 – 2 AZR 920/93, BAGE 77, 13; BAG 22.1.1998 – 2 AZR 267/97, ZIP 1998, 748.
[43] ArbG Hamburg 8.11.2001 – 26 Ca 220/00, AE 2002, 62.
[44] BAG 11.3.1998 – 2 AZR 287/97, NZA 1998, 997 = NJW 1999, 234.
[45] LAG Hessen 7.12.2000 – 12 Sa 1986/99, NZA-RR 2002, 194.

§ 4 Beendigung von Arbeitsverhältnissen

gungsschreiben genannt ist. Die nach § 623 BGB für die Wirksamkeit der Kündigung erforderliche Schriftform verlangt nicht die Lesbarkeit des Namenszugs des Kündigenden.[46]

IV. Angaben zum Kündigungsgrund

16 Ungeachtet des in § 623 BGB normierten konstitutiven Schriftformerfordernisses besteht grundsätzlich **keine Verpflichtung,** die ordentliche oder die außerordentliche Kündigung zu **begründen.**[47] Im Regelfall müssen die Kündigungsgründe nicht einhergehend mit der Kündigungserklärung mitgeteilt werden.[48] Gesetzliche Ausnahmen von diesem Grundsatz sind in § 9 Abs. 3 MuSchG und § 22 Abs. 3 BBiG normiert. Gemäß den vorbenannten Regelungen muss die Kündigung unter Angabe der Gründe erfolgen. Auch Tarifverträge oder Arbeitsverträge können eine schriftliche Begründung der Kündigung fordern. Wird die durch Gesetz oder Tarifvertrag vorgegebene Form nicht eingehalten, ist die Kündigung nichtig.[49]

17 Gemäß § 626 Abs. 2 Satz 3 BGB muss der Kündigende dem anderen Teil auf Verlangen den Kündigungsgrund **unverzüglich schriftlich mitteilen.** Die Verletzung dieser gesetzlichen Verpflichtung führt indes nicht zur Unwirksamkeit der Kündigung. Aus der pflichtwidrigen Nichtangabe des Kündigungsgrundes kann sich aber für den Gekündigten ein Schadensersatzanspruch wegen der Kosten des Prozesses ergeben, den der Gekündigte im Vertrauen darauf anhängig gemacht hat, dass für die Kündigung kein wichtiger Grund vorlag.[50]

18 Beim **Nachschieben nachträglich bekannt gewordener Gründe** für eine außerordentliche Kündigung findet § 626 Abs. 2 BGB keine Anwendung.[51] Nachgeschoben werden können nur solche Kündigungsgründe, die bereits zum Zeitpunkt der Kündigung vorlagen.[52] Die Beurteilung, ob das Nachschieben von Kündigungsgründen zulässig ist, hängt entscheidend davon ab, ob eine Anhörung des Betriebsrats gemäß § 102 Abs. 1 BetrVG erforderlich ist oder nicht.[53] Insoweit ist das Nachschieben von Kündigungsgründen unter dem materiellrechtlichen Aspekt einerseits und dem betriebsverfassungsrechtlichen Aspekt andererseits zu betrachten.[54] Ist in einem Kündigungsrechtsstreit entschieden, dass das Arbeitsverhältnis durch eine bestimmte Kündigung nicht aufgelöst worden ist, so kann der Arbeitgeber eine erneute Kündigung nicht auf Kündigungsgründe stützen, die er schon zur Begründung der ersten Kündigung vorgebracht hat und die in dem ersten Kündigungsschutzprozess materiell geprüft worden sind mit dem Ergebnis, dass sie die Kündigung nicht rechtfertigen können. Das **Wiederholungsverbot für Kündigungen bei gleich bleibendem Kündigungsgrund** lässt sich auch aus der Rechtsnatur der Kündigung als Gestaltungserklärung herleiten. Das Gestaltungsrecht ist nach einmaliger Ausübung verbraucht.[55]

V. Zugang der Kündigungserklärung

19 Der Zugang der Kündigung spielt prozessual und bei außergerichtlichen Verhandlungen unter zwei Gesichtspunkten eine entscheidende Rolle. Einmal bei der Frage, ob die **Zwei-Wochen-Frist des § 626 Abs. 2 BGB** eingehalten ist[56] und zum anderen bei der Frage, ob die **Drei-Wochen-Frist** zur Anrufung des Arbeitsgerichts zur Überprüfung der sozialen Rechtfertigung der Kündigung gemäß **§ 4 KSchG** beachtet wurde. Darüber hinaus ist der Zeitpunkt, in dem die Kündigung zugeht, entscheidend für den **Beginn der Kündigungsfrist.**

1. Zugang unter Anwesenden

20 Das Gesetz normiert nur den Zugang einer Willenserklärung unter Abwesenden (§ 130 Abs. 1 Satz 1 BGB). Der Zugang unter Anwesenden ist hingegen nicht ausdrücklich geregelt. Die zu § 130 BGB aufgestellten

---

46 BAG 20.9.2006 – 6 AZR 82/06, NZA 2007, 377.
47 BAG 21.3.1959 – 2 AZR 375/56, AP § 1 KSchG Nr. 55.
48 Tschöpe/*Schulte*, Teil 3 C Rn 22.
49 BAG 25.11.1976 – 2 AZR 751/75, DB 1977, 868; BAG 22.2.1972 – 2 AZR 205/71, BAGE 24, 133 = AP § 15 BBiG Nr. 1; Kittner/Zwanziger/*Appel*, Arbeitsrecht Handbuch, § 89 Rn 16; *Stahlhacke/Preis/Vossen*, Rn 75.
50 BAG 17.8.1972 – 2 AZR 415/71, EzA § 626 BGB n.F. Nr. 22; KR/*Fischermeier*, § 626 BGB Rn 37; ErfK/*Müller-Glöge*, § 626 BGB Rn 300; *Stahlhacke/Preis/Vossen*, Rn 440 f.
51 BAG 4.6.1997 – 2 AZR 362/96, NZA 1997, 1158; BAG 18.1.1980 – 7 AZR 260/78, AP § 626 BGB Nachschieben von Kündigungsgründen Nr. 1.
52 BAG 4.6.1997 – 2 AZR 362/96, NZA 1997, 1158; BAG 11.4.1985 – 2 AZR 239/84, AP § 102 BetrVG 1972 Nr. 39.
53 KR/*Etzel*, § 102 BetrVG Rn 185 ff.
54 Tschöpe/*Schulte*, Teil 3 C Rn 25; Küttner/*Eisemann*, Personalbuch, 255 Rn 71 ff.
55 BAG 22.5.2003 – 2 AZR 485/02, BB 2003, 1905.
56 §§ 88 Abs. 3 und 91 Abs. 5 SGB IX.

Grundsätze sind aber für das Wirksamwerden einer Willenserklärung unter Anwesenden entsprechend anwendbar.[57] Bei einer in einem Schriftstück verkörperten Kündigungserklärung wird die Kündigung mit **Aushändigung** des Schriftstücks an den Erklärungsempfänger wirksam, ohne dass es darauf ankommt, ob der Empfänger das ihm übergebene Schreiben tatsächlich liest.[58] Beispielsweise kann die Kündigung dem Arbeitnehmer im Betrieb ausgehändigt werden. Mit Blick auf die Bedeutung des Nachweises des Zugangs in einem späteren Rechtsstreit sollten der Übergabe Zeugen beiwohnen. Im Idealfall quittiert der Kündigungsempfänger den Empfang des Kündigungsschreibens auf einer mit Datum versehenen Durchschrift des Kündigungsschreibens. Wird dem Arbeitnehmer das Original eines Kündigungsschreibens zur Empfangsbestätigung vorgelegt und ihm nach Unterzeichnung eine Fotokopie ausgehändigt, gilt die Kündigung als ordnungsgemäß zugegangen.[59]

2. Zugang unter Abwesenden

Gemäß § 130 Abs. 1 Satz 1 BGB wird eine Willenserklärung, die einem anderen gegenüber abzugeben ist, wenn sie in dessen Abwesenheit abgegeben wird, in dem Zeitpunkt wirksam, in dem sie ihm zugeht. Eine schriftliche Willenserklärung ist nach § 130 Abs. 1 Satz 1 BGB **zugegangen**, sobald sie in verkehrsüblicher Weise in die tatsächliche Verfügungsgewalt des Empfängers bzw. eines empfangsberechtigten Dritten gelangt ist und für den Empfänger unter gewöhnlichen Verhältnissen die Möglichkeit besteht, von dem Inhalt des Schreibens Kenntnis zu nehmen.[60] Wenn für den Empfänger diese **Möglichkeit unter gewöhnlichen Verhältnissen** besteht, ist es unerheblich, wann er die Erklärung tatsächlich zur Kenntnis genommen hat oder ob er daran durch Krankheit, zeitweilige Abwesenheit oder andere besondere Umstände zunächst gehindert war.[61] Entscheidend ist, wann der Empfänger von der Kündigung Kenntnis nehmen konnte.[62]

Auch dann, wenn dem Arbeitgeber bekannt ist, dass der Arbeitnehmer **urlaubsbedingt ortsabwesend** ist, kann ihm eine Kündigung auch während des Urlaubs durch Einwurf in den Hausbriefkasten am Wohnsitz zugehen. Ein Arbeitnehmer, der auf mehrfache Weise (Anrufbeantworter, Briefe) Kenntnis von einer ausgesprochenen Kündigung erhält, ist gehalten, eine Einschreibsendung bald (unter Berücksichtigung seines Gesundheitszustandes und der Witterungsverhältnisse) abzuholen.[63] Da es auf die **Möglichkeit der Kenntnisnahme unter verkehrsüblichen Voraussetzungen** ankommt, findet eine angemessene Verteilung des Übermittlungsrisikos statt. Derjenige trägt das Übermittlungsrisiko, der die Gefahr am ehesten beherrschen kann und in dessen Sphäre ein zugangsvereitelnder Umstand fällt. Dem Erklärenden fällt danach das Übermittlungsrisiko solange zu, bis er das nach den Umständen Erforderliche getan hat, um dem Empfänger die hinreichend sichere Möglichkeit der Kenntnisnahme zu verschaffen.[64]

Konnte der Adressat eine schriftliche Kündigung wegen **fehlender Sprachkenntnis** nicht verstehen, geht sie ihm erst nach einer angemessenen Zeitspanne zu, die zur Übersetzung benötigt wird.[65] Der Adressat einer persönlich übergebenen schriftlichen Kündigungserklärung kann ihren Zugang nicht dadurch hinauszögern oder verhindern, dass er den Brief **ungeöffnet** an den Überbringer zurückgibt. Ausreichend für den Zugang i.S.d. § 130 BGB ist vielmehr, dass er ohne weiteres Kenntnis vom Inhalt des Schreibens hätte erlangen können. Dem Arbeitnehmer ist in diesem Fall auch verwehrt, in einem späteren Prozess mit Nichtwissen zu bestreiten, dass der Umschlag tatsächlich ein Kündigungsschreiben enthielt.[66] Wer als Arbeitgeber die ordentliche Frist zur Kündigung in der Weise ausnutzen will, dass er dem Arbeitnehmer am Abend des letzten Tages des Monats die Kündigungserklärung am Arbeitsplatz übergeben will, kann sich nicht auf Zugangsvereitelung durch den Arbeitnehmer berufen, wenn dieser kurz vor Arbeitsschluss bereits gegangen ist.[67]

---

57 BAG 9.8.1984 – 2 AZR 400/83, NZA 1985, 124 = DB 1984, 2703.
58 BAG 16.2.1983 – 7 AZR 134/81, DB 1983, 1663 = NJW 1983, 2958.
59 LAG Hamm 4.12.2003 – 4 Sa 900/03, ArbRB 2004, 69.
60 BAG 2.3.1989 – 2 AZR 275/88, NZA 1989, 635; BAG 16.1.1976 – 2 AZR 619/74, AP § 130 BGB Nr. 7; BAG 13.10.1976 – 5 AZR 510/75, AP § 130 BGB Nr. 8; KR/*Friedrich*, § 4 KSchG Rn 102.
61 BAG 16.1.1976 – 2 AZR 619/74, AP § 130 BGB Nr. 7.
62 BAG 11.11.1992 – 2 AZR 328/92, DB 1993, 487.
63 ArbG Frankfurt a.M. 26.5.1999 – 9 Ca 2388/97, n.v.
64 BAG 13.10.1976 – 5 AZR 510/75, EzA § 130 BGB Nr. 7.
65 LAG Hamm 4.1.1979 – 8 Ta 105/78, EzA § 130 BGB Nr. 9 = NJW 1979, 2488; a.A. LAG Köln 24.3.1988 – 8 Ta 46/88, NJW 1988, 1870.
66 LAG Sachsen 11.2.2003 – 7 Sa 292/02, ZInsO 2004, 352; Revision mit PKH-Antrag eingelegt, PKH-Antrag verworfen, BAG 7.1.2004 – 2 AZR 388/03, ZInsO 2005, 671.
67 LAG Köln 20.4.2006 – 14 (4) Sa 61/06, NZA-RR 2006, 466.

24 Die vorgenannten Grundsätze sind insbesondere bei postalischer Übermittlung oder der Übermittlung durch Boten zu beachten. Bei **Einwurf in den Briefkasten** bestimmt sich der Zeitpunkt des Zugangs danach, wann der Briefkasten üblicherweise geleert wird.[68] Es kommt nicht darauf an, wann der Empfänger den Brief tatsächlich zur Kenntnis nimmt und liest, sondern darauf, wann mit der Kenntnisnahme üblicherweise gerechnet werden kann. Maßgeblich ist, wann nach der Verkehrsanschauung mit der **Leerung des Briefkastens** zu rechnen ist. Ist das Kündigungsschreiben in den Hausbriefkasten geworfen worden, ist es dem Empfänger zugegangen, wenn damit zu rechnen ist, dass dieser den Briefkasten leert.[69] Pflegt jemand nur einmal täglich im Briefkasten nachzuschauen, etwa morgens gegen 11.00 Uhr, geht ein nachmittags eingeworfenes Kündigungsschreiben dem Arbeitnehmer erst am darauf folgenden Tage zu.[70] Hält sich der Arbeitnehmer während einer Krankheit oder einer sonstigen Arbeitsfreistellung gewöhnlich zu Hause auf, so ist von ihm nach der Verkehrsanschauung nicht zu erwarten, dass er nach den allgemeinen Postzustellungszeiten seinen Wohnungsbriefkasten nochmals überprüft. Wird ein Kündigungsschreiben erst erhebliche Zeit nach der allgemeinen Postzustellung in seinen Wohnungsbriefkasten geworfen (gegen 16.30 Uhr), so geht ihm die Kündigung erst am nächsten Tag zu.[71] Verfügt ein Wohnhaus mit mehreren Mietparteien über keine Briefkästen und erfolgt die Postzustellung durch Einwurf in den dafür vorgesehenen Briefschlitz an der Haustür, ist ein auf diesem Weg durch einen Boten zugestelltes Kündigungsschreiben in den Machtbereich des Empfängers gelangt und diesem zugegangen. Auf die tatsächliche Kenntnisnahme des Adressaten kommt es nicht an.[72] Wurde das Kündigungsschreiben noch zu einer allgemein üblichen Postzeit (etwa 10.30 Uhr) in den Briefkasten eingeworfen, so gilt es selbst dann noch am selben Tag als zugegangen, wenn die Briefzustellung durch die Post in diesem Gebiet regelmäßig zu einem früheren Zeitpunkt erfolgt.[73] Ob diese Rechtsprechung noch zeitgemäß ist, erscheint zweifelhaft.

25 In die BAG-Rechtsprechung, dass ein Kündigungsschreiben erst am nächsten Tag zugegangen ist, wenn der Mitarbeiter bereits vormittags den **Briefkasten geleert** hat und der Brief erst nachmittags gegen 16.00 Uhr eingeworfen wird,[74] ist Bewegung geraten. Jedenfalls dann, wenn der Arbeitnehmer nach vorangegangenen gescheiterten Verhandlungen über einen Aufhebungsvertrag damit rechnen musste, dass der Arbeitgeber ihm das Kündigungsschreiben noch durch Boten überbringen lässt, ist das Kündigungsschreiben noch am gleichen Tag zugegangen, wenn es erst gegen 16.00 Uhr in den Briefkasten gelegt wurde.[75] Die Kammer wies zu Recht darauf hin, dass sich die Verhaltensgewohnheiten der Menschen beim Leeren von Briefkästen geändert haben, zumal heutzutage Kurierdienste existieren, die zu jeder Tages- und Nachtzeit noch den Einwurf von Schreiben bewirken können. Insofern scheint auch die bei Palandt/*Heinrichs*[76] vertretene Auffassung, nur ein Einwurf bis 18.00 Uhr bewirke noch den Zugang am selben Tage, antiquiert. Das LAG Hamm[77] vertritt die Auffassung, dass ein durch Boten gegen 12.40 Uhr in den Briefkasten eines Arbeitnehmers eingeworfenes Kündigungsschreiben auch dann am selben Tag zugegangen ist, wenn der Briefträger normalerweise gegen 10.30 Uhr die Post einwirft.

26 Für den **Zugang** der Erklärung trägt derjenige die **Beweislast**, der sich auf den Zugang beruft. Soweit es auf die Einhaltung einer Frist ankommt, gilt dies auch für den Zeitpunkt des Zugangs. Für den Nachweis der Zustellungen von gewöhnlichen Briefsendungen genügt nicht der Beweis des ersten Anscheins. Dies gilt insbesondere dann, wenn die Anschrift auch noch unvollständig oder teilweise falsch ist.[78]

27 Geht dem Arbeitnehmer eine Arbeitgeberkündigung per **Einschreiben** zu, so ist die Klagefrist des § 4 KSchG auch dann grundsätzlich ab der Aushändigung des Einschreibebriefs zu berechnen, wenn der Postbote den Arbeitnehmer nicht antrifft und dieser das Einschreiben zwar nicht alsbald, aber noch innerhalb der ihm von der Post mitgeteilten Aufbewahrungsfrist beim zuständigen Postamt abholt oder abholen lässt. Der Zugang

---

[68] BAG 24.6.2004 – 2 AZR 461/03, NZA 2004, 1330.
[69] BAG 2.3.1989 – 2 AZR 275/88, EzA § 130 BGB Nr. 22; BAG 11.11.1992 – 2 AZR 328/92, EzA § 130 BGB Nr. 24.
[70] BAG 14.11.1984 – 7 AZR 174/83, EzA § 242 BGB Nr. 38; LAG Nürnberg 21.8.1980 – 1 Sa 23/80, AMBl BY 1981, C 1–2; LAG Hamm 8.6.1967 – 2 Sa 742/66, DB 1967, 1272.
[71] BAG 8.12.1983 – 2 AZR 337/82, NZA 1984, 31 = NJW 1984, 1651.
[72] LAG Düsseldorf 19.9.2000 – 16 Sa 925/00, MDR 2001, 145.
[73] LAG Nürnberg 5.1.2004 – 9 Ta 162/03, NZA-RR 2004, 631.
[74] BAG 8.12.1983 – 2 AZR 337/82, NZA 1984, 31.
[75] LAG Berlin 11.12.2003 – 16 Sa 1926/03, NZA-RR 2004, 528.
[76] § 130 BGB Rn 6.
[77] LAG Hamm 26.5.2004 – 14 Sa 182/04, LAGReport 2004, 319 = EzA-SD 2004, Nr. 17, 10 = Personal 2004, Nr. 10, 53.
[78] BAG 14.7.1960 – 2 AZR 173/59, NJW 1961, 2132.

wird nicht dadurch bewirkt, dass der Postbote den Benachrichtigungsschein in den Briefkasten einwirft.[79] Holt der Arbeitnehmer das **Übergabe-Einschreiben** trotz Benachrichtigung nicht ab, so wird er jedenfalls dann so behandelt, als sei ihm das Kündigungsschreiben mit der Benachrichtigung zugegangen, wenn der kündigende Arbeitgeber seinerseits alles unternimmt, um den Zugang sicherzustellen, also z.B. nach Kenntnis von der unterbliebenen Abholung erneut kündigt.[80] Gleiches gilt, wenn die Übersendung im Wege der **Postzustellung mit Postzustellungsurkunde** bewirkt wird, es sei denn, sie geschieht „durch Vermittlung eines Gerichtsvollziehers" (§ 182 Abs. 1 ZPO).[81] Das von der Deutsche Post AG seit dem 1.9.1997 alternativ zum Übergabe-Einschreiben angebotene **Einwurf-Einschreiben**[82] geht wie ein einfacher Brief zu. Es hat nur einen begrenzten Beweiswert, da ein voller Beweis nur durch eine öffentliche Urkunde erbracht werden kann. Die Deutsche Post AG kann eine solche Urkunde nicht ausstellen. Legt die Partei eine Kopie des Auslieferungsbelegs vor, wird dadurch allein bewiesen, dass das Call-Center der Deutsche Post AG eine entsprechende Erklärung abgegeben hat. Wird der Zusteller ermittelt und als Zeuge benannt, ist fraglich, ob dieser sich an den Vorgang erinnern kann. Nach der bisherigen Rechtsprechung ist nicht damit zu rechnen, dass aus dem Einlieferungsschein ein Beweis des ersten Anscheins folgt.[83] Anders als beim Übergabe-Einschreiben oder beim Einschreiben mit Rückschein kann durch das Einwurf-Einschreiben nicht der Nachweis erbracht werden, dass die Kündigungserklärung an den Empfänger ausgehändigt worden ist.[84]

Auch die Kündigungszustellung durch **Einschreiben mit Rückschein** weist erhebliche Unsicherheiten auf. Zwar besteht beim Einschreiben mit Rückschein eine Kontrolle, ob und wann der Einschreibebrief zugeht, jedoch kann der Kündigungsempfänger den Zugang leicht dadurch vereiteln, dass er das Einschreiben nicht abholt. Bei Angabe einer postlagernden oder **Postfachanschrift** geht die Kündigung zu, sobald die Post sie zum Abholen bereit hält oder in das Postfach einlegt und üblicherweise noch mit dem Abholen gerechnet werden kann.[85]

28

Angesichts der bestehenden Rechtsunsicherheiten und Beweisschwierigkeiten ist von der postalischen Zustellung der Kündigung im Wege des Übergabe-Einschreibens, Einwurf-Einschreibens oder Einschreibens mit Rückschein abzuraten.[86] Der umsichtige Anwalt wird seinem Mandanten angesichts der vielfältigen Fehlerquellen bei der Sicherstellung des Zugangs der Kündigung stets dazu raten, das Kündigungsschreiben dem Kündigungsempfänger selbst zu übergeben. Die **Übergabe** sollte unter Beweisgesichtspunkten stets **in Anwesenheit von Zeugen** erfolgen. Die Entgegennahme des Schreibens sollte vom Kündigungsempfänger **quittiert** werden. Es kommt häufiger vor, dass der bei der Entgegennahme eines Kündigungsschreibens emotionalisierte Arbeitnehmer erklärt, er werde den Empfang des Schreibens nicht durch seine Unterschrift bestätigen. Ein Beweisnachteil für den Arbeitgeber ist damit nicht verbunden, wenn er das Schreiben in Anwesenheit von Zeugen übergeben hat. Von diesen (möglichst zwei) Zeugen sollte er sich eine schriftliche Bestätigung der Übergabe des Kündigungsschreibens geben lassen und es nicht versäumen, diesen Zeugen vor Übergabe des Briefes Gelegenheit zu geben, in den Briefumschlag hineinzuschauen und sich selbst zu vergewissern, welchen Inhalt das meist in einem Briefumschlag übergebene Kündigungsschreiben tatsächlich hat.

29

Ist der Arbeitnehmer abwesend, wird geraten, entweder zwei Mitarbeiter zur Wohnung des Erklärungsempfängers zu schicken, diese in den Briefkasten das Kündigungsschreiben einwerfen und hierüber eine Notiz fertigen zu lassen oder die **Zustellung durch den Gerichtsvollzieher** vorzunehmen. Bei einer Zustellung durch den Gerichtsvollzieher gilt der Brief dann, wenn der Kündigungsempfänger nicht anwesend ist und die Zustellung durch Niederlegung gemäß § 182 ZPO erfolgt, mit der Niederlegung des Briefes und Einwurf der entsprechenden Mitteilung in den Briefkasten als zugegangen.[87]

30

Es genügt, wenn ein Brief an eine Person ausgehändigt wird, die nach der Verkehrsauffassung als ermächtigt anzusehen ist, den Empfänger bei der Empfangnahme zu vertreten. Es ist nicht erforderlich, dass dem Dritten, der die schriftliche Willenserklärung für den Empfänger entgegennimmt, eine besondere Vollmacht oder

31

---

79 BAG 25.4.1996 – 2 AZR 13/95, NZA 1996, 1227 = NJW 1997, 146; LAG Köln 21.10.1994 – 13 Sa 610/94, ZTR 1995, 371; LAG Rheinland-Pfalz 10.1.2001 – 10 Sa 949/00, n.v.
80 Kittner/Zwanziger/*Appel*, Arbeitsrecht Handbuch, § 89 Rn 28; BGH 26.11.1997 – VIII ZR 22/97, AP § 130 BGB Nr. 19.
81 LAG Köln 21.10.1994 – 13 Sa 610/94, ZTR 1995, 371.
82 *Friedrich*, FA 2002, 104.
83 Schaub/*Linck*, Arbeitsrechts-Handbuch, § 123 Rn 26 f.; Kittner/Zwanziger/*Appel*, Arbeitsrecht Handbuch, § 89 Rn 29.
84 *Bauer/Diller*, NJW 1998, 2795.
85 BGH 31.7.2003 – III ZR 353/02, NJW 2003, 3270; Küttner/*Eisemann*, Personalbuch, 255 Rn 52.
86 *Worzalla*, in: Leinemann/Wagner/Worzalla, Kap. 2, Rn 17; *Laber*, FA 1998, 170; *Ettwig*, FA 1998, 368.
87 Zöller/*Stöber*, § 182 ZPO Rn 5.

Ermächtigung erteilt worden ist.[88] Ohne besondere Vollmacht sind nach der Verkehrsauffassung **Familienangehörige** zum Empfang der Kündigung ermächtigt.[89] Der Zugang erfolgt auch, wenn das Kündigungsschreiben einem **Lebensgefährten** überreicht wurde.[90] Lehnt ein als **Empfangsbote** anzusehender Familienangehöriger des abwesenden Arbeitnehmers die Annahme des Kündigungsschreibens des Arbeitgebers ab, muss der Arbeitnehmer die Kündigung nur dann als zugegangen gegen sich gelten lassen, wenn er auf die Annahmeverweigerung, etwa durch vorherige Absprache mit dem Angehörigen, Einfluss genommen hat.[91] Da es für die Ermächtigung zur Entgegennahme der schriftlichen Willenserklärung auf die in der Bundesrepublik bestehende Verkehrssitte ankommt, ist es unerheblich, welche Stellung in der Familie die Ehefrau allgemein nach den in der Türkei herrschenden Anschauungen einnimmt, ob die Ehefrau des Klägers tatsächlich Empfangsvollmacht hatte oder aus in ihrer Person liegenden Gründen nicht in der Lage war, die mögliche Bedeutung des Schreibens für ihren Ehemann zu erkennen und seine Weiterleitung an ihn zu veranlassen.[92] Der Alleingeschäftsführer eines Kleinstbetriebes, einer GmbH ohne eigenes Geschäftslokal und mit nur einem, in diesem Falle klagenden Arbeitnehmer, handelt sorgfaltswidrig im Sinne der Wiedereinsetzungsregeln, wenn er Kenntnis von einem Prozess gegen die Gesellschaft hat und gleichwohl in den Urlaub fährt, ohne irgendwelche Vorkehrungen wegen möglicher Zustellungen des Gerichts zu treffen.[93]

32 Geht es um den Nachweis des **Zugangs einer Mitteilung über die Schwangerschaft**, also zu Gunsten einer Arbeitnehmerin, ist die Rechtsprechung des BAG weitaus großzügiger als beim Nachweis des Zugangs eine Kündigung durch den Arbeitgeber. Das Überschreiten der 2-Wochen-Frist, innerhalb derer die Arbeitnehmerin ihre Schwangerschaft dem Arbeitgeber mitteilen muss, um in den Genuss des Kündigungsverbots nach § 9 Abs. 1 MuSchG zu gelangen, ist nach Auffassung des BAG[94] unschädlich, wenn es auf einem von der Frau nicht zu vertretenden Grund beruht und die Mitteilung unverzüglich nachgeholt wird. Im konkreten Fall hatte die Mitarbeiterin behauptet, sie habe einen Brief mit der Mitteilung in einen Briefkasten der Post eingeworfen und den Ehemann als Zeugen benannt.

33 Der **Prozessbevollmächtigte** ist zur Empfangnahme eines Kündigungsschreibens nur dann ermächtigt, wenn er über eine **entsprechende Vollmacht** verfügt. Ohne entsprechende Vollmacht geht die Kündigungserklärung deshalb erst mit Aushändigung an den Mandanten zu.[95] Auch bei einer erneuten Kündigung im Kündigungsschutzprozess ist zu ermitteln, welchen Inhalt die Vollmacht des Prozessbevollmächtigten hat. Wird während eines Kündigungsschutzprozesses eine zweite schriftliche Kündigung erklärt, ist nach der punktuellen Streitgegenstandstheorie davon auszugehen, dass sich die Prozessvollmachten der Prozessbevollmächtigten grundsätzlich nicht auf die Erklärung und die Entgegennahme der zweiten Kündigung beziehen. Die Prozessvollmacht hat in der Regel einen standardisierten Inhalt. Sie umfasst nur solche Prozesshandlungen, die zur Rechtsverfolgung und Verteidigung notwendig sind. Es bedarf mithin einer besonderen Bevollmächtigung.[96] Ist ein Schreiben von einem empfangsberechtigten Vertreter entgegengenommen, ist der Zugang selbst dann bewirkt, wenn der Vertreter das Schreiben wieder zurücksendet und nicht dem Empfangsberechtigten aushändigt.[97] Bei einem **betreuten Arbeitnehmer** unter Einwilligungsvorbehalt, der die Vermögensvorsorge erfasst, muss die Kündigungserklärung dem Betreuer zugehen.[98] Dieser Schutz wird auch durch die in § 1903 Abs. 1 Satz 2 BGB angeordnete Anwendung von § 113 BGB nicht aufgehoben.

34 Auch bei **längerer Abwesenheit** des Kündigungsempfängers, etwa wegen **Urlaubs**, ist nicht darauf abzustellen, wann der Empfänger die Kündigungserklärung tatsächlich zur Kenntnis genommen hat. Unerheblich ist, ob er durch zeitweilige Abwesenheit oder andere besondere Umstände in seinem Bereich darin gehindert worden ist, sie alsbald zur Kenntnis zu nehmen.[99] Dies gilt auch, wenn der kündigende Arbeitgeber die Urlaubsadresse des Arbeitnehmers kennt. Er kann die Kündigung gleichwohl an die Heimatanschrift des Arbeitnehmers schicken. Lediglich bei besonderen Umständen des Einzelfalles kann sich aus § 242 BGB eine

---

[88] BAG 8.12.1983 – 2 AZR 354/82, n.v.; BAG 16.1.1976 – 2 AZR 619/74, AP § 130 BGB Nr. 7; BAG 13.10.1976 – 5 AZR 510/75, AP § 130 BGB Nr. 8; BAG 18.2.1977 – 2 AZR 770/75, AP § 130 BGB Nr. 10.
[89] LAG Hamm 28.7.1988 – 8 Ta 222/88, DB 1988, 1759; LAG Hamburg 6.7.1990 – 1 Ta 3/90, LAGE § 130 BGB Nr. 16.
[90] LAG Bremen 17.2.1988 – 3 Ta 79/87, NZA 1988, 548.
[91] BAG 11.11.1992 – 2 AZR 328/92, NZA 1993, 259; RAG 4.2.1941 – RAG 157/40, DR 1941, 1796.
[92] BAG 8.12.1983 – 2 AZR 354/82, n.v.
[93] BAG 26.9.2001 – 5 AZB 40/00, ArbRB 2002, 13.
[94] BAG 16.5.2002 – 2 AZR 730/00, NJW 2003, 308.
[95] LAG Baden-Württemberg 25.9.1967 – 7 Ta 11/67, BB 1967, 1424.
[96] *Schaub*/Linck, Arbeitsrechts-Handbuch, § 123 Rn 13.
[97] BAG 13.10.1976 – 5 AZR 510/75, EzA § 130 BGB Nr. 7.
[98] LAG Berlin 22.6.2006 – 18 Sa 385/06, jurisPR-ArbR 12/2007 Nr. 5.
[99] Palandt/*Heinrichs*, § 130 BGB Rn 5.

abweichende Würdigung ergeben. Eine dann an sich verspätete Klage kann aber nach § 5 KSchG nachträglich zugelassen werden.[100] Ein an die Heimatanschrift des Arbeitnehmers gerichtetes Kündigungsschreiben geht diesem grundsätzlich auch dann zu, wenn dem Arbeitgeber bekannt ist, dass sich der Arbeitnehmer in Untersuchungshaft oder in Auslieferungshaft im Ausland (Frankreich) befindet.[101]

Bei einem **Umzug** ist eine Kündigung an die bisherige Anschrift möglich, solange die neue Anschrift nicht mitgeteilt und kein Nachsendeantrag gestellt ist. Der Empfänger kann sich auf den verspäteten Zugang nicht berufen, wenn er nichts getan hat, dass ihn das Schreiben an der richtigen Anschrift erreicht.[102] 35

Hindernisse, die in der **Sphäre des Empfängers** liegen, hat dieser zu verantworten. Das aus dem Fehlen eines Briefkastens erwachsende Zugangsrisiko trifft den Arbeitnehmer. Wird ihm deshalb ein Brief in den Türspalt der Wohnungstür geklemmt, so kann er sich nicht darauf berufen, den Brief erst 20 Stunden später im Hausflur gefunden zu haben.[103] Hat der Bote den Brief mangels Verfügbarkeit eines Hausbriefkastens nach vergeblichem Klingeln auffällig zwischen Glasscheibe und Metallgitter der von der Straße nicht einsehbaren Haustür des Einfamilienhauses des Kündigungsempfängers gesteckt, ist das Kündigungsschreiben zugegangen.[104] Verweigert der Empfänger grundlos die Annahme der Kündigung, gilt sie ohne Wiederholung als zugegangen.[105] Wird ein Brief wegen fehlerhafter Frankierung nicht oder verspätet zugeleitet oder weist der Kündigungsempfänger ihn wegen des Nachportos zurück, trägt der Kündigende das Risiko.[106] Kündigt der Arbeitgeber unmittelbar nach Erteilung der Zustimmung des Integrationsamtes dem schwerbehinderten Arbeitnehmer fristlos durch Einschreiben, das nach erfolglosem Zustellversuch bei der Postanstalt niedergelegt, nach Ablauf der siebentägigen Lagerfrist an den Arbeitgeber zurückgesandt und erst dann dem Arbeitnehmer zugestellt wird, dann kann es dem Arbeitnehmer nach Treu und Glauben verwehrt sein, sich darauf zu berufen, die Kündigung sei nicht unverzüglich i.S.d. § 91 Abs. 5 SGB IX (ehemals § 18 Abs. 6 SchwbG) erklärt worden, wenn ihm der Benachrichtigungsschein über die Niederlegung des Einschreibebriefs bei der Postanstalt (durch Einwurf in den Hausbriefkasten) i.S.d. § 130 BGB zugegangen ist. Das ist der Fall, wenn der Arbeitnehmer weiß, dass bei dem Integrationsamt ein Zustimmungsverfahren anhängig ist, dieser den Benachrichtigungsschein tatsächlich erhält oder die Unkenntnis von dessen Zugang zu vertreten hat. Hierbei ist zu berücksichtigen, dass er in dem Zeitraum, in dem er mit einer Kündigung rechnen muss, seine Post sorgfältig durchzusehen hat.[107] 36

Immer wieder zu Streit zwischen Arbeitgeber und Arbeitnehmer führen **Wohnungswechsel** des Arbeitnehmers. Verschiedentlich wird beim Ausspruch der Kündigung nicht bedacht, dass der Arbeitnehmer eine neue Wohnanschrift hat, wobei nachlässige oder nur mittelbare Mitteilungen zur Änderung der Wohnungsanschrift vom Arbeitgeber nicht seinerseits mit Nachlässigkeiten begegnet werden sollte. Eine schriftliche Kündigung wird erst in dem Zeitpunkt, indem sie dem Arbeitnehmer zugeht, nach § 130 Abs. 1 BGB wirksam. Dieser Grundsatz gilt auch dann, wenn der Zugang durch ein Verhalten des Arbeitnehmers verzögert wird. Ein Arbeitnehmer, der seine Wohnung wechselt, kann die Anschriftenänderung dem Arbeitgeber in der Weise mitteilen, dass er während seiner Erkrankung eine ärztliche Arbeitsunfähigkeitsbescheinigung einreicht, in der die neue Anschrift eingetragen ist. Es bedarf dann nicht noch eines ausdrücklichen Hinweises des Arbeitnehmers auf den Wohnungswechsel.[108] Schickt der Arbeitgeber bei der hier geschilderten Fallkonstellation das Kündigungsschreiben an die frühere Anschrift des Arbeitnehmers und verzögert sich deshalb der Zugang der Kündigung, handelt der Arbeitnehmer nicht treuwidrig, wenn er sich auf den späteren Zugang beruft.[109] Muss ein Arbeitnehmer mit dem Zugang einer Kündigung rechnen, so verletzt er die ihm obliegende Sorgfaltspflichten erheblich, wenn er, obwohl dem Arbeitgeber seine derzeitige Anschrift nicht bekannt ist, bei der Übersendung einer Arbeitsunfähigkeitsbescheinigung dem Arbeitgeber als Absender eine Anschrift mitteilt, unter der er tatsächlich (etwa durch Botenzustellung) nicht erreichbar ist.[110] 37

---

100 BAG 16.3.1988 – 7 AZR 587/87, NZA 1988, 875; Berscheid/Kunz/Brand/*Hänsch*, Praxis des Arbeitsrechts, Teil 4 Rn 359.
101 BAG 2.3.1989 – 2 AZR 275/88, NZA 1989, 635; BAG 16.3.1988 – 7 AZR 587/87, EzA § 130 BGB Nr. 16.
102 Schaub/*Linck*, Arbeitsrechts-Handbuch, § 123 Rn 20 m.w.N.
103 ArbG Köln 16.3.1981 – 6 Ca 9206/80, BB 1981, 1642.
104 LAG Hamm 25.2.1993 – 8 Ta 333/92, NZA 1994, 32.
105 BAG 11.11.1992 – 2 AZR 328/92, NZA 1993, 259; BAG 4.3.1965 – 2 AZR 261/64, DB 1965, 747; Berscheid/Kunz/Brand/*Hänsch*, Praxis des Arbeitsrechts, Teil 4 Rn 361.
106 Schaub/*Linck*, Arbeitsrechts-Handbuch, § 123 Rn 18.
107 BAG 3.4.1986 – 2 AZR 258/85, AP § 18 SchwbG Nr. 9 = DB 1986, 2336.
108 BAG 18.2.1977 – 2 AZR 770/75, DB 1977, 1194 = AP § 130 BGB Nr. 10.
109 BAG 18.2.1977 – 2 AZR 770/75, DB 1977, 1194 = AP § 130 BGB Nr. 10.
110 BAG 22.9.2005 – 2 AZR 366/04, NZA 2006, 204.

38 Ein Arbeitnehmer ist verpflichtet, dem Arbeitgeber jede Änderung der im Arbeitsvertrag angegebenen **Anschrift** mitzuteilen. Diese Pflicht besteht insbesondere dann, wenn ihm eine Kündigung angekündigt wird. Wiederholt der Arbeitnehmer nach Kündigungsankündigung mit dem Übersenden einer Arbeitsunfähigkeitsbescheinigung seine nicht mehr zutreffende Anschrift und erreicht ihn deshalb eine durch Boten überbrachte Kündigung nicht am vorgesehenen Tag, kann er sich nach Treu und Glauben nicht auf den verspäteten Zugang der Kündigung – nach Angabe der richtigen Anschrift gegenüber dem Arbeitgeber – berufen. Auch die Einrichtung eines Nachsendeauftrags bei der Post kann den Verstoß gegen Treu und Glauben nicht verhindern.[111] Diese Entscheidung konkretisiert die Rechtsprechung des BAG zu den Folgen einer **selbstverschuldeten Zugangsverzögerung**, die mit dem Urteil des BAG vom 25.4.1996[112] begründet wurde und sich in weiteren Entscheidungen[113] fortsetzt. Sie entspricht auch der Rechtsprechung des BGH,[114] der ebenfalls die Auffassung vertritt, dass nach Eingehung von Vertragsbeziehungen geeignete Vorkehrungen getroffen werden müssen, dass erwartete rechtserhebliche Erklärungen den Vertragspartner auch erreichen.

39 Zur **treuwidrigen Vereitelung des Zugangs** eines Kündigungsschreibens hat das BAG mit Urteil vom 22.9.2005[115] entschieden, dass sich der Empfänger einer Willenserklärung nach Treu und Glauben nicht auf den verspäteten Zugang der Willenserklärung berufen kann, wenn er die Zugangsverzögerung selbst zu vertreten hat. Der Erklärungsempfänger muss sich dann so behandeln lassen, als habe der Erklärende die entsprechenden Fristen gewahrt. Auch bei schweren Sorgfaltsverstößen kann der Adressat nach Treu und Glauben regelmäßig aber nur dann so behandelt werden, als habe ihn die Willenserklärung erreicht, wenn der Erklärende alles Erforderliche und ihm Zumutbare getan hat, damit seine Erklärung den Adressaten erreichen konnte. In dem häufigen Fall, dass ein Arbeitnehmer mit dem Zugang einer Kündigung rechnet, verletzt er die ihm obliegende Sorgfaltspflichten erheblich, wenn er, obwohl dem Arbeitgeber seine derzeitige Anschrift nicht bekannt ist, bei der Übersendung einer Arbeitsunfähigkeitsbescheinigung dem Arbeitgeber als Absender eine Anschrift mitteilt, unter der er tatsächlich (etwa durch Botenzustellung) nicht erreichbar ist.

40 Befindet sich der Arbeitnehmer in **Untersuchungshaft** oder in **Auslieferungshaft** im Ausland, wenn während ein an seine Heimatanschrift gerichtetes Kündigungsschreiben eingeht, liegt generell ein Zugang des Kündigungsschreibens vor.[116] Allerdings kann in Fällen, in denen sich der Arbeitnehmer in Haft befand, eine nachträgliche Zulassung der Klage gemäß § 5 KSchG in Betracht kommen, wenn der Arbeitnehmer wegen der Inhaftierung gehindert war, eine Kündigungsschutzklage zu erheben.

VI. Rücknahme der Kündigung

41 Die Rücknahme der Kündigung durch den Arbeitgeber kann durch verschiedene Gründe motiviert sein. Einerseits kommt eine **Änderung der Sachlage nach Ausspruch der Kündigung** in Betracht, beispielsweise wenn die betriebsbedingten Gründe nachträglich weggefallen sind, weil sich die Unschuld eines verdächtigten Arbeitnehmers herausgestellt hat oder eine Klärung der Rechtslage ergibt, dass die Kündigung aller Voraussicht nach unwirksam ist. Andererseits kann eine Rücknahme der Kündigung auch rein auf taktischem Kalkül beruhen. So kann der Arbeitgeber etwa davon ausgehen, der Arbeitnehmer habe so und so nicht vor, das Arbeitsverhältnis fortzusetzen, weil er bereits eine neue Anstellung in Aussicht oder bereits angenommen habe.[117]

42 Die Kündigung ist ein einseitiges empfangsbedürftiges Rechtsgeschäft. Da mit dem Zugang der Kündigung ihre Gestaltungswirkung unmittelbar herbeigeführt wird, kann der Kündigende die einmal ausgesprochene, zugegangene Kündigung entgegen einer weit verbreiteten Fehlvorstellung nicht mehr einseitig zurücknehmen.[118] Eine **einseitige Rücknahme** der Kündigung scheidet nach ihrem Zugang auch dann aus, wenn der Gekündigte von ihr tatsächlich noch keine Kenntnis erlangt hatte.[119] Gemäß § 130 Abs. 1 Satz 2 BGB wird

---

111 BAG 22.9.2005 – 2 AZR 366/04, EzA-SD 2005, Nr. 26, 8.
112 BAG 25.4.1996 – 2 AZR 13/95, BAGE 83, 73.
113 BAG 27.6.2002 – 2 AZR 382/01, BAGE 102, 49; BAG 7.11.2002 – 2 AZR 475/01, BAGE 103, 277.
114 BGH 26.11.1997 – VIII ZR 22/97, BGHZ 137, 205.
115 BAG 22.9.2005 – 2 AZR 366/04, NZA 2006, 204.
116 BAG 2.3.1989 – 2 AZR 275/88, AP § 130 BGB Nr. 17 = NZA 1989, 635.
117 *Fischer*, NZA 1999, 459.
118 BAG 6.2.1992 – 2 AZR 408/91, BB 1992, 790; BAG 17.4.1986 – 2 AZR 308/85, NZA 1987, 17 = DB 1986, 2240; BAG 19.8.1982 – 2 AZR 230/80, AP § 9 KSchG 1969 Nr. 9; BAG 29.1.1981 – 2 AZR 1055/78, AP § 9 KSchG 1969 Nr. 6.
119 ErfK/*Müller-Glöge*, § 620 BGB Rn 229.

die Willenserklärung nur dann nicht wirksam, wenn dem Kündigungsempfänger vor Zugang der Kündigung oder gleichzeitig ein **Widerruf** zugeht.[120]

Lässt der Arbeitnehmer die Klagefrist verstreichen, gilt auch die zurückgenommene sozialwidrige oder nach § 626 BGB unwirksame Kündigung nach den §§ 4, 7 KSchG von Anfang an als rechtswirksam. Außerhalb des Geltungsbereichs des Kündigungsschutzgesetzes oder bei Unwirksamkeitsgründen, die nicht aus dem KSchG folgen, wird die zurückgenommene Kündigung wirksam, wenn die Kündigungsschutzklage verwirkt wäre.[121]

Die Rücknahme der Kündigung stellt ein **Angebot** des Arbeitgebers dar, entweder ein neues Arbeitsverhältnis abzuschließen oder das alte als nicht gekündigt zu den bisherigen Bedingungen fortzusetzen.[122] Dieses Angebot kann der Arbeitnehmer ausdrücklich, stillschweigend oder durch schlüssiges Handeln annehmen.[123] Nimmt der Arbeitnehmer das Angebot zur Fortführung des Arbeitsverhältnisses an, kommt ein Vertrag über die Aufhebung der Kündigung zustande, dessen Rechtsfolge die unveränderte Fortsetzung des Arbeitsverhältnisses ist.[124] Eine einverständliche Kündigungsrücknahme in Form eines außergerichtlichen oder gerichtlichen Vergleichs führt erst dann zur Beseitigung des arbeitgeberseitigen Annahmeverzugs, wenn der Arbeitgeber die ihm obliegende Mitwirkungshandlung vornimmt, das heißt, einen funktionsfähigen Arbeitsplatz zur Verfügung stellt und dem Arbeitnehmer Arbeit zuweist bzw. die versäumte Arbeitsaufforderung nachholt.[125]

Nimmt der Arbeitgeber die Kündigung zurück, entfällt hierdurch nicht das **Rechtsschutzinteresse** für die anhängige Kündigungsschutzklage. Die Rücknahme der Kündigung nimmt dem Arbeitnehmer auch nicht das Recht, nach erklärter Rücknahme gemäß § 9 KSchG die Auflösung des Arbeitsverhältnisses zu beantragen.[126] In der Erhebung der Kündigungsschutzklage liegt keine antizipierte Zustimmung des Arbeitnehmers zur Rücknahme der Kündigung des Arbeitgebers.[127] In der Stellung des Auflösungsantrages gemäß § 9 KSchG nach der erklärten Kündigungsrücknahme durch den Arbeitnehmer liegt in der Regel die Ablehnung des Arbeitgeberangebots, die Wirkungen der Kündigung einverständlich rückgängig zu machen und das Arbeitsverhältnis fortzusetzen.[128]

VII. Kündigungsfristen

1. Allgemeines

Durch das Kündigungsfristengesetz (KündFG) vom 7.10.1993[129] gelten für die ordentliche Kündigung **einheitliche Kündigungsfristen für Arbeiter und Angestellte**.[130] Zentral geregelt sind die Kündigungsfristen in § 622 BGB. Seit der Neuregelung in § 622 Abs. 1 BGB gilt eine **Grundkündigungsfrist** von vier Wochen zum Fünfzehnten oder zum Ende eines Kalendermonats. Für **arbeitgeberseitige Kündigungen** verlängert sich die Kündigungsfrist nach der gestuften Regelung des § 622 Abs. 2 Satz 1 BGB von einem Monat zum Ende eines Kalendermonats ab einer zweijährigen Beschäftigung bis zu sieben Monaten zum Ende des Kalendermonats nach zwanzigjähriger Tätigkeit (Nr. 1 bis 7). Zeiten vor Vollendung des 25. Lebensjahres werden nicht berücksichtigt (§ 622 Abs. 2 Satz 2 BGB).

Bei der Berechnung der Beschäftigungsdauer nach § 622 Abs. 2 BGB ist ein Berufsausbildungsverhältnis, aus dem der Auszubildende in ein Arbeitsverhältnis übernommen wurde, zu berücksichtigen, soweit die Ausbildung im Unternehmen nach der Vollendung des 25. Lebensjahres des Auszubildenden erfolgte.[131] Darüber hinaus finden sich Sonderregelungen etwa in § 86 SGB IX, § 22 BBiG, § 63 SeemG und § 113 Abs. 1 Satz 2 InsO.[132] Auf Hausangestellte finden die verlängerten Kündigungsfristen nach § 622 Abs. 2 BGB keine An-

---

120 BAG 19.8.1982 – 2 AZR 230/80, AP § 9 KSchG 1969 Nr. 9; *Fischer*, NZA 1999, 459.
121 Küttner/*Eisemann*, Personalbuch, 255 Rn 63; *Stahlhacke/Preis/Vossen*, Rn 122.
122 BAG 19.8.1982 – 2 AZR 230/80, BAGE 40, 56 = AP § 9 KSchG 1969 Nr. 9.
123 APS/*Ascheid*, § 4 KSchG Rn 129; KR/*Friedrich*, § 4 KSchG Rn 53; *Fischer*, NZA 1999, 459 f.
124 BAG 19.8.1982 – 2 AZR 230/80, AP § 9 KSchG 1969 Nr. 9; *Tschöpe/Schulte*, Teil 3 C Rn 129.
125 BAG 19.1.1999 – 9 AZR 679/97, EzA § 615 BGB Nr. 93; KR/*Spilger*, § 11 KSchG 24; kritisch Küttner/*Eisemann*, Personalbuch, 255 Rn 64.
126 BAG 29.1.1981 – 2 AZR 1055/78, BAGE 35, 30 = AP § 9 KSchG 1969 Nr. 6.
127 BAG 16.3.2000 – 2 AZR 75/99, NZA 2000, 1332.
128 BAG 19.8.1982 – 2 AZR 230/80, BAGE 40, 56 = AP § 9 KSchG 1969 Nr. 9.
129 BGBl. I 1993, 1668.
130 Zur Rechtslage bis zum 15.10.1993 *Diller*, NZA 2000, 293 (294).
131 BAG 2.12.1999 – 2 AZR 139/99, NZA 2000, 720.
132 Zu § 113 InsO: BAG 16.6.1999 – 4 AZR 191/98, EzA § 113 InsO Nr. 9; Küttner/*Eisemann*, Personalbuch, 261 Rn 6 ff.

wendung, da der Haushalt weder Betrieb noch Unternehmen ist.[133] Bei arbeitnehmerähnlichen Personen sind die Kündigungsfristen des § 621 Nr. 3 BGB maßgeblich, wenn sie aufgrund eines Dienstvertrages beschäftigt werden. Im Fall des Geschäftsführers einer GmbH, der am Kapital der Gesellschaft nicht beteiligt ist, findet § 622 Abs. 1 und Abs. 2 BGB entsprechende Anwendung.[134]

48 Die maßgebliche **Dauer der Beschäftigung** bemisst sich nach dem Zeitpunkt des Zugangs der Kündigung und nicht des Kündigungstermins. Maßgebend ist der rechtliche Bestand des Arbeitsverhältnisses. Tatsächliche Unterbrechungen der Beschäftigung wirken sich auf die Dauer des Arbeitsverhältnisses nicht aus.[135] Beschäftigungszeiten aus früheren Arbeitsverhältnissen mit demselben Arbeitgeber werden grundsätzlich nicht berücksichtigt, es sei denn, zwischen den Beschäftigungsverhältnissen besteht ein enger zeitlicher und sachlicher Zusammenhang.[136] Eine feste Begrenzung für den Zeitraum, bis zu dem Unterbrechungen außer Betracht bleiben können, besteht nicht. Je länger die zeitliche Unterbrechung gedauert hat, desto gewichtiger müssen die für einen sachlichen Zusammenhang sprechenden Umstände sein. Beträgt der zeitliche Abstand zwischen dem früheren und dem neuen Arbeitsverhältnis fast sieben Wochen und damit jenseits der Zeitdauer, die bisher als unschädlich angesehen worden ist, sind nur außergewöhnlich gewichtige Umstände in der Lage, einen sachlichen Zusammenhang zu begründen.[137] Zeiten eines freien Mitarbeiterverhältnisses sind mitzuzählen, wenn sich durch die Übernahme in ein Arbeitsverhältnis die Art der bisherigen Tätigkeit nicht ändert.[138]

49 Nach § 2 Abs. 1 Nr. 9 NachwG zählen die Fristen für die Kündigung des Arbeitsverhältnisses zu den wesentlichen Vertragsbedingungen, die der Arbeitgeber spätestens einen Monat nach dem vereinbarten Beginn des Arbeitsverhältnisses schriftlich niederzulegen, zu unterzeichnen und dem Arbeitnehmer auszuhändigen hat. Die Angabe kann ersetzt werden durch einen Hinweis auf die einschlägigen Tarifverträge, Betriebs- oder Dienstvereinbarungen und ähnlichen Regelungen, die für das Arbeitsverhältnis gelten. Ist die gesetzliche Regelung maßgebend, kann auf sie verwiesen werden (§ 2 Abs. 3 NachwG).

50 Die verlängerten Kündigungsfristen gelten nach § 622 Abs. 2 BGB nur für die Kündigung durch den Arbeitgeber. Für arbeitnehmerseitige Kündigungen gilt hingegen immer die Grundkündigungsfrist des § 622 Abs. 1 BGB, d.h. eine Frist von vier Wochen zum Fünfzehnten oder zum Ende eines Kalendermonats.

51 In der **Probezeit**, längstens jedoch für die Dauer von sechs Monaten, kann das Arbeitsverhältnis mit der verkürzten Frist des § 622 Abs. 3 BGB, d.h. mit einer Frist von zwei Wochen, gekündigt werden. Wird eine längere Probezeit vereinbart, gilt nach Ablauf von sechs Monaten die allgemeine Grundkündigungsfrist.[139] Die Abkürzung der Kündigungsfrist tritt bei vereinbarter Probezeit von Rechts wegen ein. Es bedarf keiner gesonderten Vereinbarung der abgekürzten Kündigungsfrist. Die **verkürzte Kündigungsfrist in der Probezeit** greift, wenn die Kündigung innerhalb der Probezeit dem Kündigungsempfänger zugeht.[140] So kann einem Angestellten des öffentlichen Dienstes auch noch am letzten Tage seiner Probezeit (§ 5 BAT) mit der Frist von zwei Wochen zum Monatsschluss (§ 53 Abs. 1 BAT) gekündigt werden.[141]

52 Nach § 622 Abs. 4 BGB dürfen durch **Tarifvertrag** die Grundkündigungsfrist, die verlängerte Frist und die Frist während der Probezeit abgekürzt werden. Für die Abkürzung der Kündigungsfristen besteht keine Untergrenze. Die durch Tarifvertrag verkürzten Fristen gelten auch zwischen nicht tarifgebundenen Arbeitgebern und Arbeitnehmern, wenn ihre Anwendung zwischen ihnen einzelvertraglich vereinbart ist. Tariflich geregelte Kündigungsfristen sind angesichts ihrer weiten Verbreitung für den im Arbeitsrecht tätigen Anwalt von großer Bedeutung.

53 § 622 Abs. 5 BGB regelt, dass im Rahmen von **Aushilfsarbeitsverhältnissen** und bei Beteiligung von Kleinunternehmen einzelvertraglich eine verkürzte Grundkündigungsfrist vereinbart werden kann.[142] Gemäß § 622

---

133 KR/*Spilger*, § 622 BGB Rn 65.
134 BGH 29.1.1981 – II ZR 92/80, AP § 622 BGB Nr. 14; Tschöpe/*Schulte*, Teil 3 C Rn 149.
135 ErfK/*Müller-Glöge*, § 622 BGB Rn 19; *Wank*, NZA 1993, 961 (965).
136 BAG 23.9.1976 – 2 AZR 309/75, AP § 1 KSchG 1969 Wartezeit Nr. 1 = NJW 1977, 1311; BAG 10.5.1989 – 7 AZR 450/88, NZA 1990, 221; BAG 4.2.1993 – 2 AZR 416/92, AP § 21 SchwbG Nr. 2 = NZA 1994, 214.
137 BAG 22.5.2003 – 2 AZR 426/02, AP § 1 KSchG 1969 Wartezeit Nr. 18.
138 BAG 6.12.1978 – 5 AZR 545/77, NJW 1980, 1304.
139 Küttner/*Eisemann*, Personalbuch, Nr. 261 Rn 16.
140 BAG 25.2.1981 – 7 AZR 25/79, NJW 1981, 2831.
141 BAG 21.4.1966 – 2 AZR 264/65, NJW 1966, 1478.
142 KR/*Spilger*, § 622 BGB Rn 156 ff.

Abs. 5 Satz 3 BGB können einzelvertraglich längere als die gesetzlichen Kündigungsfristen vereinbart werden. Kündigungstermine sind abdingbar.[143]

Zu beachten ist die Vorschrift des § 624 BGB, die regelt, dass, wenn das Dienstverhältnis für die Lebenszeit einer Person oder für längere Zeit als fünf Jahre eingegangen ist, es von dem Verpflichteten nach dem Ablauf von fünf Jahren mit einer Frist von sechs Monaten gekündigt werden kann.

Nach § 622 Abs. 6 BGB dürfen die Kündigungsfristen für den Arbeitnehmer nicht länger sein als die entsprechenden Fristen des Arbeitgebers.

Die **Kündigungsfrist** berechnet sich nach den §§ 187 Abs. 1, 188 Abs. 1 Satz 1 BGB. Die Kündigungsfrist beginnt an dem Tag, der auf den Tag des Zugangs der Kündigung folgt (§ 187 Abs. 1 BGB). Sie endet mit dem Ablauf desjenigen Tages der letzten Woche, welcher durch seine Benennung dem Tage entspricht, an dem die Kündigung zugegangen ist (§ 188 Abs. 2 BGB). Fehlt bei einer nach Monaten bestimmten Frist im letzten Monat der für ihren Ablauf maßgebende Tag, endet die Frist mit dem Ablauf des letzten Tag dieses Monats (§ 188 Abs. 3 BGB). Wird das Arbeitsverhältnis mit einer zu kurzen Frist gekündigt, führt dies nicht zur Unwirksamkeit der Kündigung. Vielmehr wirkt eine verspätete Kündigung zum nächst zulässigen Kündigungstermin.[144] Der Ablauf der Kündigungsfrist muss im Kündigungsschreiben nicht mit dem exakten Datum bezeichnet werden. Die Kündigungserklärung „**zum nächstmöglichen Zeitpunkt**" reicht aus. Ist die Kündigungsfrist falsch berechnet, kann der Arbeitnehmer diesen Mangel auch außerhalb der Frist des § 4 KSchG beim Arbeitsgericht mit Erfolg geltend machen.[145]

2. Verhältnis von Kündigungsfrist und Kündigungstermin

Diller[146] schildert einen Fall, der dem Arbeitsrechtler in der Praxis immer wieder begegnet: Im Arbeitsvertrag ist eine Kündigungsfrist von sechs Wochen oder drei Monaten zum Quartal vorgesehen. Der gekündigte Arbeitnehmer hat aufgrund längeren Bestands des Arbeitsverhältnisses eine gesetzliche Kündigungsfrist gemäß § 622 Abs. 2 BGB von zwei, drei, vier oder mehr Monaten, jeweils zum Ende des Kalendermonats. § 622 Abs. 5 BGB untersagt die einzelvertragliche Vereinbarung von Kündigungsfristen, die kürzer als die gesetzlichen Fristen sind. Mit Blick hierauf stellt sich die Frage, welcher Maßstab bei dem erforderlichen **Günstigkeitsvergleich** anzulegen ist. Bezieht sich der Günstigkeitsvergleich („kürzere Frist") nur auf die Kündigungsfrist (sechs Wochen, drei Monate) oder auch auf den Kündigungstermin (Monatsende, Quartalsende)? Und falls Letzteres der Fall sein sollte, ist etwa eine Frist von sechs Wochen zum Quartal günstiger als zwei Monate zum Monatsende?

Maßgeblich für die Lösung der vorstehenden Fragen ist, ob die Arbeitsvertragsparteien mit der von ihnen vereinbarten Vertragsfassung die **Kündigungsfrist konstitutiv** oder lediglich **deklaratorisch** regeln wollten.[147] Haben die Parteien zu Informationszwecken nur die gesetzliche Regelung wiederholt, ohne eine eigenständige Regelung treffen zu wollen, findet sich eine klare Lösung. An die Stelle des Verweises auf die alte Gesetzeslage tritt die Verweisung auf die nunmehr geltende Gesetzeslage. Sowohl hinsichtlich der Frist als auch hinsichtlich des Termins gilt ausschließlich § 622 BGB in der ab 1993 geltenden Fassung. Die frühere Quartalskündigungsfrist ist obsolet. Maßgeblich sind allein die Monatskündigungsfristen des BGB. Entsprechend führt das BAG in seiner Entscheidung vom 4.7.2001[148] aus, dass, sofern es keine Anhaltspunkte für einen entgegenstehenden Parteiwillen gibt, aus einer 1971 getroffenen Vereinbarung (Kündigungsfrist von drei Monaten zum Quartalsende) in der Regel nicht geschlossen werden kann, dass der vertragliche Kündigungstermin (Quartalsende) auch dann Bestand haben sollte, wenn nach einer Gesetzesänderung der Gesamtvergleich von Kündigungsfrist und Kündigungstermin zu dem Ergebnis führt, dass die gesetzliche Regelung für den Arbeitnehmer stets günstiger ist.

Schwieriger gestaltet sich die Entscheidung, wenn die Vertragsparteien eine **konstitutive Quartalskündigungsfrist** vereinbart haben.[149] Konstitutiv sind auf jeden Fall Quartalskündigungsfristen mit Arbeitern sowie in nach Oktober 1993 abgeschlossenen Arbeitsverträgen mit Angestellten. Bei konstitutiven Quartals-

---

[143] KR/*Spilger*, § 622 BGB Rn 177; einschränkend Berscheid/Kunz/Brand/*Berscheid*, Praxis des Arbeitsrechts, Teil 4 Rn 486.
[144] BAG 18.4.1985 – 2 AZR 197/84, EzA § 622 n.F. BGB Nr. 21.
[145] BAG 15.12.2005 – 2 AZR 148/05, DB 2006, 1116.
[146] Instruktiv *Diller*, NZA 2000, 293 ff.
[147] KR/*Spilger*, § 622 BGB Rn 280 ff.
[148] BAG 4.7.2001 – 2 AZR 469/00, AP § 622 BGB Nr. 59 = NZA 2002, 380.
[149] LAG Nürnberg 13.4.1999 – 6 (5) Sa 182/98, NZA-RR 2000, 80.

kündigungsfristen ist ein Günstigkeitsvergleich mit den gesetzlichen Kündigungsfristen nach § 622 BGB vorzunehmen. Im Wege eines „**Gesamt-Vergleichs**" sind Kündigungsfristen und -termine als Paket zu bewerten. Die längeren Fristen können also nicht ohne weiteres im Sinne einer „Rosinentheorie" mit den vertraglich vereinbarten Quartalsterminen kombiniert werden.[150] Etwas anderes gilt ausnahmsweise dann, wenn der Vereinbarung der Quartalstermine aufgrund besonderer Umstände eine eigenständige Bedeutung zukommt. Unter Aspekten der Rechtsklarheit ist es sachgerecht, den Günstigkeitsvergleich zwischen vertraglicher Quartalskündigungsfrist und gesetzlicher Monatskündigungsfrist bezogen auf die Umstände des konkreten Einzelfalles in Abhängigkeit vom Tag des Ausspruchs einer Kündigung zu ermitteln.[151]

60 Die gesetzliche Kündigungsfrist von sieben Monaten zum Ende eines Kalendermonats nach 20jährigem Bestehen eines Arbeitsverhältnisses (§ 622 Abs. 2 Satz 1 Nr. 7 BGB) ist bei einem Gesamtvergleich von Frist und Termin in jedem Falle günstiger als eine vertraglich vereinbarte Kündigungsfrist von drei Monaten zum Quartalsende. Ein abstrakter Günstigkeitsvergleich hat im Regelfalle nach dem Maßstab zu erfolgen, welche der Kündigungsregelungen für die längere Zeit innerhalb des Kalenderjahres den besseren Schutz gibt oder ob auf den konkreten Einzelfall abzustellen ist. Abgelehnt wird vom BAG eine Sichtweise, bei der zwischen Kündigungstermin und Kündigungsfrist isoliert der Günstigkeitsvergleich vorgenommen wird. Der Arbeitnehmer hat in dem hier maßgeblichen Fall also nicht einen Anspruch auf eine Kündigungsfrist von sieben Monaten (gesetzliche Regelung) zum Ende eines Quartals (vertraglicher Kündigungstermin).

3. Tarifvertragliche Regelungen

61 Die Ausgestaltung und Abänderung der Kündigungsfristen des BGB ist in ihren verschiedenen Variationsformen, als Grundkündigungsfrist, als verlängerte Kündigungsfrist und als Kündigungsfrist während der Probezeit **tarifdispositiv**. Das heißt, gemäß der umfassenden **Öffnungsklausel** in **§ 622 Abs. 4 BGB** können sowohl die Kündigungsfristen, die Voraussetzungen für das Eingreifen bestimmter längerer Kündigungsfristen (Betriebszugehörigkeit, Alter) als auch die Kündigungstermine durch die Tarifpartner abweichend (günstiger oder ungünstiger) von der Gesetzeslage geregelt werden. Die tarifliche Abkürzung der Kündigungsfrist kann u.U. bis zum Kündigungsfristausschluss führen. Mit der Öffnungsklausel in § 622 Abs. 4 BGB wollte der Gesetzgeber den Tarifparteien die Möglichkeit eröffnen, den Besonderheiten einzelner Wirtschaftsbereiche und Beschäftigungsgruppen ausreichend Rechnung zu tragen.[152] Allerdings sind auch die Tarifpartner gemäß § 622 Abs. 6 BGB an das Benachteiligungsverbot zu Lasten der Arbeitnehmer gebunden, weil die Vorschrift im Gegensatz zu § 622 Abs. 5 BGB a.F. keine Beschränkung auf einzelvertragliche Regelungen mehr enthält.[153]

62 Nach ständiger Rechtsprechung des BAG[154] ist bei Tarifverträgen jeweils durch Auslegung zu ermitteln, inwieweit die Tarifvertragsparteien eine selbständige, das heißt eine in ihrer normativen Wirkung von der außertariflichen Norm unabhängige eigenständige Regelung treffen wollten. Dieser Wille muss im Tarifvertrag einen hinreichend erkennbaren Ausdruck gefunden haben. Das ist regelmäßig anzunehmen, wenn die Tarifvertragsparteien eine im Gesetz nicht oder anders enthaltene Regelung treffen oder eine gesetzliche Regelung übernehmen, die sonst nicht für die betroffenen Arbeitsverhältnisse gelten würde. Für einen rein deklaratorischen Charakter der Übernahme spricht hingegen, wenn einschlägige gesetzliche Vorschriften wörtlich oder inhaltlich unverändert übernommen werden. Liegt bei Anwendung dieser Maßstäbe eine konstitutive Klausel vor, ist diese an Art. 3 Abs. 1 GG zu messen. Zu prüfen ist, ob eine tarifliche Differenzierung zwischen Arbeitern und Angestellten sachlich gerechtfertigt ist.[155] Bei der Beantwortung dieser Frage stellt das BAG vorrangig auf ein erhöhtes Bedürfnis an personalwirtschaftlicher Flexibilität ab.[156]

63 Eine deklaratorische Klausel erschöpft sich in der Übernahme der gesetzlichen Regelung. Insoweit gilt nichts anderes als bei der individualvertraglichen Absprache. Wird das Gesetz aufgehoben oder geändert, gilt auch

---

150 A.A. KR/*Spilger*, § 622 BGB Rn 178.
151 A.A. *Diller*, der im Wege einer abstrakt-generellen Betrachtung ermitteln will, welche Regelung während der jeweils längeren Zeit des Jahres den besseren Schutz bietet, *Diller*, NZA 2000, 293 ff.
152 BT-Drucks. 12/4902, S. 7 und 9.
153 *Stahlhacke/Preis/Vossen*, Rn 378.
154 BAG 14.2.1996 – 2 AZR 201/95, NZA 1996, 1166; BAG 5.10.1995 – 2 AZR 1028/94, EzA § 622 BGB n.F. Nr. 52; BAG 10.5.1994 – 3 AZR 721/93, AP § 1 TVG Tarifverträge Verkehrsgewerbe Nr. 3; BAG 16.9.1993 – 2 AZR 697/92, NZA 1994, 221; BAG 4.3.1993 – 2 AZR 355/92, NZA 1993, 995; BAG 23.9.1992 – 2 AZR 231/92, n.v.; BAG 23.1.1992 – 2 AZR 470/91, NZA 1992, 739.
155 BAG 21.3.1991 – 2 AZR 323/84 (A), NZA 1991, 797; *Stahlhacke/Preis/Vossen*, Rn 386 ff.
156 BAG 4.3.1993 – 2 AZR 355/92, NZA 1993, 995; BAG 16.9.1993 – 2 AZR 697/92, NZA 1994, 221.

die Tarifbestimmung nicht mehr bzw. nur noch in geänderter Form.[157] Haben die Tarifpartner bei einer Kündigungsfristenregelung in nicht verfassungskonformer Weise von der in § 622 BGB enthaltenen Tariföffnungsklausel Gebrauch gemacht, ist die dadurch entstandene Lücke durch Anwendung der tarifdispositiven Gesetzesnorm zu schließen. Das heißt, es gelten die gesetzlichen Kündigungsfristen.[158]

4. Umdeutung nicht frist- und nicht termingerechter Kündigungen

Fehlt es am rechtzeitigen Zugang oder wird die Kündigung mit einer zu kurzen Frist erklärt, gilt die Kündigung im Zweifel als zum nächsten zulässigen Kündigungstermin erklärt.[159] Kann bei einer Massenentlassung eine Kündigung eines Angestellten wegen später ablaufender Sperrfrist nicht zu dem im Kündigungsschreiben genannten Kündigungstermin rechtswirksam werden, so wirkt die Kündigung – ebenso wie bei einer ordentlichen Kündigung, bei der die gesetzliche, tariflich oder vertragliche Kündigungsfrist nicht gewahrt ist – erst zum nächstzulässigen Kündigungstermin.[160] Der Arbeitgeber muss daher im eigenen Interesse durch eine rechtzeitige und ggf. vorsorglich erstattete Massenentlassungsanzeige dafür Sorge tragen, dass der gesetzlich oder tariflich vorgeschriebene Kündigungstermin in der Freifrist liegt.[161] Die Einhaltung einer längeren als der vorgeschriebenen Kündigungsfrist ist grundsätzlich unschädlich. Etwas anderes gilt indes dann, wenn durch die verfrühte Kündigung die Anwendung des KSchG umgangen werden soll.[162]

64

VIII. Kommunikation bei der Kündigung mit Dritten

Als Dritte, mit denen der Arbeitgeber vor Ausspruch der Kündigung in ein Anhörungs- oder Zustimmungsverfahren eintreten muss, kommen das **Integrationsamt**, der **Betriebsrat** und der **Sprecherausschuss** in Frage. Soll einer Mitarbeiterin gekündigt werden, die sich in Mutterschaft oder Schwangerschaft oder Elternzeit befindet, ist, von Ausnahmefällen abgesehen, die Zustimmung des Regierungspräsidenten einzuholen. Einzelheiten dieser Sachverhaltskonstellationen werden an anderer Stelle in Mustern behandelt.[163]

65

Mit Urteil vom 17.6.2003 hat das BAG[164] klargestellt, dass der Arbeitgeber die Kündigung auch dann wirksam aussprechen kann, wenn eine Zulässigerklärung der Landesbehörde vorliegt, gegen die die Schwangere vor den Verwaltungsgerichten klagt. Die Kündigung einer Schwangeren ist nach § 9 Abs. 1 MuSchG nicht unzulässig, wenn zum Zeitpunkt ihres Ausspruchs eine Zulässigerklärung der zuständigen Landesbehörde vorliegt. Eine Bestandskraft des Verwaltungsakts ist nicht zu fordern. Bis zur rechtskräftigen Entscheidung über den Widerspruch und die Anfechtungsklage ist die Kündigung vielmehr schwebend unwirksam. Bei dieser Fallkonstellation werden die Rechte der schwangeren Arbeitnehmerin gewahrt. Sollte nämlich der Bescheid über die Zulässigerklärung der Kündigung vor den Verwaltungsgerichten aufgehoben werden, bleibt der Arbeitnehmerin die Möglichkeit einer Wiederaufnahme des arbeitsgerichtlichen Verfahrens.[165]

66

Es wird geraten, Sorgfalt auf die Mitteilungen an Dritte zu verwenden. Die hier vorgelegten Textbausteine sind nur Muster, die einer Individualisierung bedürfen. Insbesondere Fehler bei den Mitteilungen im Rahmen des Anhörungsverfahrens gemäß § 102 BetrVG an den Betriebsrat und nach § 31 SprAuG können zur Folge haben, dass die Kündigung nichtig ist. Eine unvollständige Unterrichtung des Betriebsrats hat das BAG mit einer nicht erfolgten Anhörung des Betriebsrats gemäß § 102 Abs. 1 Satz 3 BetrVG gleichgesetzt.[166] Es gilt der **Grundsatz der subjektiven Determination**.[167] Im Streitfall muss stets der Arbeitgeber beweisen, dass der Betriebsrat oder zumindest sein Vorsitzender über das zur Urteilsbildung erforderliche Wissen verfügte.[168]

67

Wird das Muster 4230 im Rahmen einer ordentlichen Änderungskündigung verwendet, wird darum gebeten, stets zu prüfen, ob die Maßnahme nicht zugleich auch eine mitbestimmungspflichtige Versetzung i.S.d. § 99

68

---

157 Berscheid/Kunz/Brand/*Berscheid*, Praxis des Arbeitsrechts, Teil 4 Rn 483.
158 BAG 10.3.1994 – 2 AZR 323/84, NZA 1994, 799.
159 BAG 18.4.1985 – 2 AZR 197/84, NZA 1986, 229; BAG 4.2.1960 – 3 AZR 25/58, BAGE 9, 36 = AP § 1 KSchG Betriebsbedingte Kündigung Nr. 5.
160 LAG Hamm 25.7.1986 – 16 Sa 312/86, RzK I 8b Nr. 6 (Leitsatz 1); LAG Frankfurt a.M. 16.3.1990 – 6 Sa 1298/90, DB 1991, 658.
161 BAG 21.5.1970 – 2 AZR 294/69, BB 1970, 1302 = NJW 1970, 2045; Berscheid/Kunz/Brand/*Berscheid*, Praxis des Arbeitsrechts, Teil 4 Rn 505.
162 Kittner/Zwanziger/*Appel*, Arbeitsrecht Handbuch, § 90 Rn 33.
163 § 3 Rn 148 ff.
164 BAG 17.6.2003 – 2 AZR 245/02, BAGE 106, 293 = NZA 2003, 1329.
165 BAG 17.6.2003 – 2 AZR 245/02, BAGE 106, 293 = NZA 2003, 1329.
166 BAG 17.2.2000 – 2 AZR 913/98, AP § 102 BetrVG 1972 Nr. 113; zum Überblick über die Rechtsprechung *Hümmerich*, RdA 2000, 345; *Hümmerich/Mauer*, DB 1997, 165.
167 BAG 18.5.1994 – 2 AZR 920/93, DB 1994, 1984; BAG 11.7.1991 – 2 AZR 119/91, AP § 102 BetrVG 1972 Nr. 57.
168 H/S-*Hümmerich/Holthausen*, Das arbeitsrechtliche Mandat, § 10 Rn 149.

BetrVG darstellt. In diesem Falle ist nämlich zusätzlich das Zustimmungsverfahren nach § 99 BetrVG durchzuführen, das leider verschiedentlich vergessen wird.

69 Zu beachten ist im Rahmen des Anhörungsverfahrens nach § 102 BetrVG, dass die Mitteilung der Kündigungsfrist an den Betriebsrat nur dann unterbleiben kann, wenn sie dem Betriebsrat bekannt ist.[169] Das BAG verlangt grundsätzlich auch, dass der **Zeitpunkt des Kündigungsausspruchs** angegeben wird.[170] Ausreichend ist, wenn die Mitteilung an den Betriebsrat die Absicht des Arbeitgebers enthält, alsbald nach Abschluss des Anhörungsverfahrens die Kündigung auszusprechen.[171] Eine dementsprechende Formulierung enthalten die Muster 4230 und 4240.

70 Bei der Kündigung eines **Probearbeitsverhältnisses** sind die Anforderungen nach § 102 BetrVG nicht so streng. Stützt der Arbeitgeber seinen Entschluss von vornherein nur auf subjektives Empfinden, braucht er auch nur dieses Empfinden dem Betriebsrat mitzuteilen.[172]

IX. Besonderer Kündigungsschutz bei Wahl eines Betriebsrats

71 Personalabteilungen müssen, wenn sie einem Mitarbeiter kündigen, den besonderen Kündigungsschutz von **Wahlbewerbern** für das Amt des Wahlvorstands, von gewählten und gerichtlich bestellten Wahlvorständen, von Betriebsräten und Mitgliedern der Jugend- und Auszubildendenvertretung beachten. Das nachfolgende Schaubild zeigt die Dauer des besonderen Kündigungsschutzes.[173]

Geschützte Person	Norm	Dauer des Schutzes	
		Zustimmungserfordernis nach § 103 BetrVG: ja	Zustimmungserfordernis nach § 103 BetrVG: nein
Mitglied des Betriebsrats	§ 15 Abs. 1 KSchG	Während Amtszeit	1 Jahr Nachwirkung
Mitglied der Jugend- und Auszubildendenvertretung	§ 15 Abs. 1 KSchG	Während Amtszeit	1 Jahr Nachwirkung
Mitglied des Wahlvorstands	§ 15 Abs. 3 KSchG	Bis zur Bekanntgabe des Wahlergebnisses	6 Monate Nachwirkung
Wahlbewerber	§ 15 Abs. 3 KSchG	Bis zur Bekanntgabe des Wahlergebnisses	6 Monate Nachwirkung
Arbeitnehmer, der zu einer Betriebs- oder Wahlversammlung einlädt	§ 15 Abs. 3a KSchG		Bis zur Bekanntgabe des Wahlergebnisses bzw. 3 Monate
Arbeitnehmer, der eine Bestellung eines Wahlvorstands beantragt	§ 15 Abs. 3 a KSchG		Bis zur Bekanntgabe des Wahlergebnisses bzw. 3 Monate

X. Änderungskündigung

72 Die Änderungskündigung konnte früher mit verschiedenen Formulierungen ausgesprochen werden. Der klassische Weg ergibt sich aus § 2 KSchG. Daneben waren Verhandlungslösungen gebräuchlich. Durch die Annahme des Angebots des Arbeitgebers schließen die Parteien einen **Änderungsvertrag**. Das Angebot des Arbeitgebers muss allerdings nach § 145 BGB einen bestimmten oder zumindest bestimmbaren Inhalt haben. Wenn der Arbeitnehmer das Angebot mit einem „Ja" annehmen kann, ist das Angebot von ausreichender Bestimmtheit.[174] Es reicht der Satz, dass die Firma dem Arbeitnehmer anbietet, das bestehende Arbeitsverhältnis zu einem bestimmten Zeitpunkt zu näher zu bezeichnenden Bedingungen fortzusetzen und dass es im Übrigen bei den bisherigen vertraglichen Regelungen verbleibt. In diesem Falle kann der Arbeitnehmer bis zu

---

169 BAG 29.1.1986 – 7 AZR 257/84, EzA § 102 BetrVG 1972 Nr. 64.
170 BAG 28.2.1974 – 2 AZR 455/73, EzA § 102 BetrVG 1972 Nr. 8.
171 BAG 29.1.1986 – 7 AZR 257/84, EzA § 102 BetrVG 1972 Nr. 64.
172 BAG 26.1.1995 – 2 AZR 386/94, EzA § 102 BetrVG 1972 Nr. 87; LAG Düsseldorf 15.11.2001 – 15 Sa 1223/01, n.v.
173 *Nägele/Nestel*, BB 2002, 354.
174 BAG 17.5.2001 – 2 AZR 460/00, EzA § 620 BGB Kündigung Nr. 3.

einem vom Arbeitgeber vorgesehenen Datum das Angebot annehmen. Mit der Einverständniserklärung des Arbeitnehmers kommt die Vertragsänderung zustande.

Die daneben in der Vergangenheit gebräuchliche **Verhandlungslösung**, die aus einem qualifizierten Änderungsangebot zur Vorbereitung einer Beendigungskündigung bestand, scheidet seit einer Entscheidung des 2. Senats aus dem Jahre 2005 aus.[175] Bei einer Verhandlungslösung, bei der der Arbeitgeber vor Ausspruch einer Kündigung dem Arbeitnehmer das Angebot macht, den Vertrag der noch bestehenden Weiterbeschäftigungsmöglichkeit anzupassen, ist der Arbeitgeber regelmäßig nach dem Verhältnismäßigkeitsgrundsatz trotzdem verpflichtet, wenn der Arbeitnehmer dieses Angebot ablehnt, eine Änderungskündigung auszusprechen. Die von *Kleinebrink*[176] unterbreiteten Vorschläge qualifizierter Änderungsangebote lassen sich bei Änderungskündigungen deshalb zwischenzeitlich nicht mehr rechtswirksam umsetzen.

Es wird deshalb bei Änderungskündigungen künftig nur noch die reine **Kündigungslösung** empfohlen. Die Kündigungslösung besteht darin, dass zugleich das Angebot zur Änderung des Arbeitsvertrages mit einer Beendigung des Arbeitsverhältnisses verbunden und damit eine Änderungskündigung ausgesprochen wird.[177] Die Kündigung kann in zweierlei Weise erfolgen, einmal als unbedingte Änderungskündigung (Muster 4130 und 4140)[178] oder als bedingte Kündigung (Muster 4145).[179]

Die Änderungskündigung hat aufgrund zweier Entscheidungen des BAG vom 21.4.2005[180] an Bedeutung gewonnen. Das BAG hat jetzt den Grundsatz der Verhältnismäßigkeit in der Weise konkretisiert, dass der **Vorrang der Änderungskündigung vor der Beendigungskündigung** bedeutet, dass selbst dann, wenn der Arbeitnehmer in einem Vorgespräch die Änderungen der Arbeitsbedingungen abgelehnt hat, zunächst eine Änderungskündigung ausgesprochen werden muss und nur dann, wenn der Arbeitnehmer das Änderungsangebot nicht annimmt, die Voraussetzungen einer Beendigungskündigung erfüllt sind. Nur in Extremfällen gestattet der 2. Senat künftig, dass aufgrund eindeutiger Erklärungen des Arbeitnehmers, das Änderungsangebot nicht anzunehmen, anstelle der Änderungskündigung sogleich eine Beendigungskündigung treten kann, die dem Verhältnismäßigkeitsgrundsatz entspricht.[181]

XI. Anhörung des Betriebsrats/Personalrats

1. Zeitliche Aspekte der Unterrichtung

Der Arbeitgeber ist nach dem Grundsatz der vertrauensvollen Zusammenarbeit (§ 2 Abs. 1 BetrVG) dazu verpflichtet, ein Anhörungsverfahren nach § 102 BetrVG grundsätzlich **während der Arbeitszeit des Betriebsratsvorsitzenden** oder (bei dessen Verhinderung) des Stellvertreters einzuleiten. Der Betriebsratsvorsitzende oder (bei dessen Verhinderung) der Stellvertreter sind berechtigt, aber grundsätzlich nicht verpflichtet, eine Mitteilung des Arbeitgebers nach § 102 Abs. 1 BetrVG außerhalb der Arbeitszeit und außerhalb der Betriebsräume entgegenzunehmen. Die widerspruchslose Entgegennahme einer Mitteilung des Arbeitgebers i.S.d. § 102 Abs. 1 BetrVG durch den Betriebsratsvorsitzenden oder (bei dessen Verhinderung) den Stellvertreter setzt auch dann die Wochenfrist des § 102 Abs. 2 Satz 1 BetrVG in Lauf, wenn die Mitteilung außerhalb der Arbeitszeit und außerhalb der Betriebsräume erfolgt.[182]

Die **Mitteilung der Kündigungsgründe** durch den Arbeitgeber muss **vor** dem **Ausspruch der Kündigung** erfolgen. Eine schriftliche Kündigung ist i.S.d. § 102 Abs. 1 Satz 3 BetrVG ausgesprochen, wenn das Kündigungsschreiben den Machtbereich des Arbeitgebers verlassen hat, etwa das Kündigungsschreiben zur Post gegeben worden ist. Die Kündigung ist unwirksam, wenn in diesem Zeitpunkt weder dem Arbeitgeber die Stellungnahme des Betriebsrats vorliegt noch die Anhörungsfristen des § 102 Abs. 2 BetrVG verstrichen sind.[183] Der vom Arbeitgeber zu wahrende Mindestzeitraum zwischen Unterrichtung des Betriebsrats und geplantem

---

[175] BAG 21.4.2005 – 2 AZR 132/04, NZA 2005, 1289.
[176] ArbRB 2005, 150, 151.
[177] LAG Köln 20.11.2003 – 6 Sa 645/03, LAGReport 2004, 204.
[178] BAG 16.9.2004 – 2 AZR 628/03, ArbRB 2005, 100.
[179] BAG 27.9.2001 – 6 AZR 404/00, BAGReport 2002, 7; a.A. *Berkowsky*, Die Änderungskündigung, § 2 Rn 32.
[180] BAG 21.4.2005 – 2 AZR 132/04, EzA § 2 KSchG Nr. 53; BAG 21.4.2005 – 2 AZR 244/04, EzA § 2 KSchG Nr. 52.
[181] *Bauer/Winzer*, BB 2006, 266; *Strybny*, FA 2006, 362.
[182] BAG 27.8.1982 – 7 AZR 30/80, AP § 102 BetrVG 1972 Nr. 25 = NJW 1983, 2835.
[183] BAG 13.11.1975 – 2 AZR 610/74, AP § 102 BetrVG 1972 Nr. 7 = NJW 1976, 1766; differenzierend BAG 8.4.2003 – 2 AZR 515/02, NZA 2003, 961.

Ausspruch der Kündigung ergibt sich mittelbar aus den Stellungnahmefristen des Betriebsrats nach § 102 Abs. 2 BetrVG.[184]

78 Bedenken gegenüber einer **ordentlichen Kündigung** hat der Betriebsrat dem Arbeitgeber gemäß § 102 Abs. 2 Satz 1 BetrVG spätestens **innerhalb einer Woche** schriftlich mitzuteilen. Hat der Betriebsrat gegen eine **außerordentliche Kündigung** Bedenken, so hat er diese unter Angabe der Gründe dem Arbeitgeber unverzüglich, spätestens jedoch **innerhalb von drei Tagen**, schriftlich mitzuteilen (§ 102 Abs. 2 Satz 3 BetrVG). Da das Gesetz nicht auf Werk- oder Arbeitstage abstellt, sind Kalendertage gemeint.[185] Für die Fristberechnung gelten die §§ 187, 193 BGB. Nach abschließender Stellungnahme des Betriebsrats kann der Arbeitgeber vor Ablauf der Anhörungsfrist die Kündigung aussprechen.

79 Fraglich ist das Vorliegen einer **abschließenden Stellungnahme**, wenn der Betriebsrat lediglich mitteilt, er habe die Kündigungsabsicht zur Kenntnis genommen oder äußere sich zur Kündigungsabsicht nicht. In diesem Fall ist durch Auslegung – auf Grundlage der Gepflogenheiten, wie der Betriebsrat sich in einem solchen Fall normalerweise äußert – zu ermitteln, ob der Betriebsrat lediglich eine Art Empfangsbekenntnis abgeben wollte oder ob er signalisieren wollte, er habe sich mit der Kündigungsabsicht befasst und seine Stellungnahme sei diejenige, keine Stellungnahme hierzu abgeben zu wollen. Im letztgenannten Fall kann der Arbeitgeber die Kündigung aussprechen.[186] Der Betriebsrat soll vor seiner Stellungnahme den betroffenen Arbeitnehmer hören. Hat der Betriebsrat zu der Kündigungsabsicht innerhalb der Frist des § 102 Abs. 2 Satz 1 BetrVG keine Stellung genommen, führt es nicht zur Unwirksamkeit der Kündigung, wenn der Arbeitgeber bereits am letzten Tag der Äußerungsfrist bei Dienstschluss das Kündigungsschreiben einem Kurierdienst übergeben und gleichzeitig dafür gesorgt hat, dass eine Zustellung erst so spät erfolgt, dass er sie noch verhindern kann, wenn der Betriebsrat wider Erwarten doch zu der Kündigungsabsicht Stellung nimmt.[187]

80 Die nach Anhörung ausgesprochene Kündigung muss im zeitlichen Zusammenhang mit der Anhörung erfolgen. Dabei können sich im Einzelfall Auslegungsprobleme bei der Frage ergeben, ob eine **Kündigung noch im Zusammenhang mit der Anhörung** erfolgt ist. Nach § 102 Abs. 1 Satz 3 BetrVG ist eine ohne Anhörung des Betriebsrats ausgesprochene Kündigung unwirksam. Nach Satz 1 der Norm ist der Betriebsrat **vor jeder Kündigung** zu hören. Das Anhörungsverfahren nach § 102 BetrVG entfaltet nur für die Kündigung Wirksamkeit, für die es eingeleitet worden ist. Der Arbeitgeber hat demnach grundsätzlich für jede Kündigung ein Anhörungsverfahren nach § 102 BetrVG durchzuführen. Einer (erneuten) Anhörung des Betriebsrats bedarf es schon immer, wenn der Arbeitgeber bereits nach Anhörung des Betriebsrats eine Kündigung erklärt hat, das heißt, wenn die erste Kündigung dem Arbeitnehmer zugegangen ist und der Arbeitgeber damit seinen Kündigungswillen bereits verwirklicht hat und nunmehr eine neue (weitere) Kündigung aussprechen will. Das gilt auch, wenn der Arbeitgeber die Kündigung auf den gleichen Sachverhalt stützt. Dieses Gestaltungsrecht und die damit im Zusammenhang stehende Betriebsratsanhörung ist mit dem Zugang der Kündigungserklärung verbraucht..[188] Dies gilt insbesondere auch in den Fällen, in denen der Arbeitgeber wegen Bedenken gegen die Wirksamkeit der ordentlichen Kündigung vorsorglich erneut kündigt. Etwas anderes kommt nur in den Ausnahmefällen in Betracht, in denen der Arbeitgeber seinen Kündigungsentschluss noch nicht verwirklicht hat. Nur dann kann eine erneute Beteiligung des Betriebsrats entbehrlich sein, wenn das frühere Anhörungsverfahren ordnungsgemäß war, der Betriebsrat der Kündigung vorbehaltlos zugestimmt hat und eine Wiederholungskündigung in angemessenem zeitlichen Zusammenhang ausgesprochen und auf denselben Sachverhalt gestützt wird.[189] Eine **Vorratsanhörung** entspricht nicht dem gesetzlichen Gebot, dass der Betriebsrat vor jeder Kündigung zu hören ist.[190] Weder § 102 BetrVG noch der Rechtsprechung kann ein fester Zeitkorridor entnommen werden, innerhalb dessen der Kündigungsausspruch realisiert werden muss. § 88 Abs. 3 SGB IX gilt nicht entsprechend.[191] Während das BAG[192] den zeitlichen Zusammenhang zwischen Anhörung und Kündigung nach Ablauf von drei Monaten verneinte, fehlt es nach Auffassung des LAG

---

184 ErfK/*Hanau/Kania*, § 102 BetrVG Rn 3.
185 KR/*Etzel*, § 102 BetrVG Rn 90.
186 BAG 18.8.1982 – 7 AZR 437/80, EzA § 102 BetrVG 1972 Nr. 48; BAG 12.3.1987 – 2 AZR 176/86, EzA § 102 BetrVG 1972 Nr. 71.
187 BAG 8.4.2003 – 2 AZR 515/02, NZA 2003, 961.
188 BAG 10.11.2005 – 2 AZR 623/04, n.v.; BAG 16.9.1993 – 2 AZR 267/93, BAGE 74, 185; BAG 5.9.2002 – 2 AZR 523/01, AP § 78 LPVG Sachsen Nr. 1.
189 BAG 10.11.2005 – 2 AZR 623/04, n.v.; BAG 16.9.1993 – 2 AZR 267/93, BAGE 74, 185.
190 BAG 16.9.1993 – 2 AZR 267/93, NZA 1994, 311; BAG 26.5.1977 – 2 AZR 201/76, AP § 102 BetrVG 1972 Nr. 14 = NJW 1978, 603.
191 *Hümmerich*, RdA 2000, 345 (347).
192 BAG 14.10.1965 – 2 AZR 455/64, AP § 66 BetrVG Nr. 26.

Hamm[193] bereits bei einem Zeitraum von zehn Wochen am erforderlichen zeitlichen Zusammenhang. Bei der außerordentlichen Kündigung ergibt sich der zeitliche Zusammenhang zwischen Anhörungsverfahren und Kündigungsausspruch aus der Präklusionsgrenze des § 626 Abs. 2 BGB.[194] Die Drei-Tages-Frist für die Anhörung wird auf die Zwei-Wochen-Frist nach § 626 Abs. 2 Satz 1 BGB angerechnet.[195]

2. Form der Unterrichtung

Die Anhörung des Betriebsrats erfolgt durch **schriftliche oder mündliche Unterrichtung**. Eine zwingende Form ist nicht vorgeschrieben.[196] Gleichwohl ist aus Beweisgründen eine schriftliche Mitteilung zu empfehlen. Die Anhörung gemäß § 102 Abs. 1 BetrVG bedarf auch dann nicht der Schriftform bzw. der Übergabe vorhandener schriftlicher Unterlagen, wenn der Kündigungssachverhalt ungewöhnlich komplex ist. Im Kündigungsschutzprozess sind auch solche Tatsachen verwertbar, die der Arbeitgeber dem Betriebsrat im Anhörungsverfahren erst auf Nachfrage mitteilt. Dies gilt jedenfalls dann, wenn der Arbeitgeber vor der Kündigung nochmals die Frist des § 102 Abs. 2 BetrVG bzw. die abschließende Stellungnahme des Betriebsrats abwartet.[197]

81

Gemäß § 26 Abs. 2 Satz 2 BetrVG hat die **Mitteilung zu Händen des Betriebsratsvorsitzenden** bzw. bei dessen Verhinderung zu Händen seines Stellvertreters zu erfolgen. Ist ein besonderer Ausschuss (Personalausschuss) gebildet, dem der Betriebsrat die Mitbestimmung bei Kündigungen (§ 102 BetrVG) übertragen hat, ist der Ausschussvorsitzende zur Entgegennahme der Erklärungen des Arbeitgebers im Anhörungsverfahren berechtigt. Der Betriebsrat oder der Ausschuss kann ein anderes Betriebsratsmitglied zur Entgegennahme ermächtigen. Nur dann, wenn kein zur Entgegennahme Berechtigter vorhanden ist (etwa wegen Urlaubsabwesenheit und keine Vertretungsregelung besteht), ist jedes Betriebsratsmitglied berechtigt und verpflichtet, Erklärungen des Arbeitgebers für den Betriebsrat entgegenzunehmen.[198] Erfolgt die Übergabe eines Anhörungsschreibens oder eine mündliche Information über Kündigungsabsicht und Kündigungsgründe gegenüber einem sonstigen Mitglied des Betriebsrats, wird das Anhörungsverfahren nur und erst dann in Gang gesetzt, wenn das Betriebsratsmitglied das Anhörungsschreiben oder die Information an den Betriebsratsvorsitzenden oder den zur Entgegennahme berechtigten Vertreter weitergegeben hat. Da das einzelne Betriebsratsmitglied Erklärungsbote des Arbeitgebers ist, trägt der Arbeitgeber das Risiko der zeitlichen Verzögerung und unvollständigen Übermittlung.[199]

82

3. Inhalt der Unterrichtung

a) Allgemeines

Der Inhalt der Unterrichtung wird vom **Grundsatz der subjektiven Determination** bestimmt. Der Arbeitgeber hat dem Betriebsrat den aus seiner Sicht maßgeblichen Kündigungssachverhalt mitzuteilen.[200] Sinn und Zweck des Anhörungsverfahrens nach § 102 Abs. 1 Satz 1 BetrVG ist es, dem Betriebsrat Gelegenheit zu geben, auf den Kündigungsentschluss des Arbeitgebers Einfluss zu nehmen. Um diesem Sinn und Zweck der Anhörung vor Ausspruch einer Kündigung zu entsprechen, hat der Arbeitgeber dem Betriebsrat seine **Kündigungsabsicht** rechtzeitig vorher mitzuteilen und ihn dabei so zu informieren, dass er sich über die Person des Arbeitnehmers und über die Kündigungsgründe für seine Stellungnahme ein eigenes Bild machen kann. Dazu hat der Arbeitgeber dem Betriebsrat insbesondere die Personalien des zu kündigenden Arbeitnehmers, die Kündigungsabsicht, die Kündigungsart (z.B. ordentliche oder außerordentliche Kündigung), ggf. auch den Kündigungstermin und die Kündigungsfristen sowie deutlich genug die Kündigungsgründe mitzuteilen. Nur bei Mitteilung dieser Tatsachen kann nach der ständigen Rechtsprechung des BAG von einer wirksamen Anhörung des Betriebsrats gemäß § 102 Abs. 1 Satz 1 BetrVG ausgegangen werden.[201] Der Arbeitgeber

83

---

193 LAG Hamm 18.2.1975 – 6 Sa 1076/74, ARST 1977, 62.
194 *Hümmerich*, RdA 2000, 345 (347).
195 ErfK/*Hanau/Kania*, § 102 BetrVG Rn 3.
196 BAG 26.1.1995 – 2 AZR 386/94, EzA § 102 BetrVG 1972 Nr. 87; *Hohmeister*, NZA 1991, 213; KR/*Etzel*, § 102 BetrVG Rn 76.
197 BAG 6.2.1997 – 2 AZR 265/96, EzA § 102 BetrVG 1972 Nr. 96 = NZA 1997, 656.
198 BAG 27.6.1985 – 2 AZR 412/84, AP § 102 BetrVG 1972 Nr. 37; BAG 4.8.1975 – 2 AZR 266/74, AP § 102 BetrVG 1972 Nr. 4; LAG Hessen 23.3.1976 – 9 Sa 1182/75, ARST 1977, 100.
199 BAG 16.10.1991 – 2 AZR 156/91, EzA § 102 BetrVG 1972 Nr. 83.
200 BAG 6.7.2006 – 2 AZR 520/05, EzA § 1 KSchG Soziale Auswahl Nr. 68; BAG 24.2.2000 – 8 AZR 167/99, DB 2000, 1420 = NZA 2000, 764; BAG 6.2.1997 – 2 AZR 265/96, AP § 102 BetrVG 1972 Nr. 85 = EzA § 102 BetrVG 1972 Nr. 96; BAG 15.11.1995 – 2 AZR 974/94, AP § 102 BetrVG 1972 Nr. 73 = EzA § 102 BetrVG 1972 Nr. 89.
201 BAG 16.9.1993 – 2 AZR 267/93, AP § 102 BetrVG 1972 Nr. 62 = NZA 1994, 311.

braucht keine Angaben zur sozialen Auswahl zu machen, wenn sich aus der Anhörung ergibt, dass eine soziale Auswahl wegen Kündigung aller Beschäftigten nicht erfolgen kann.[202]

84 Zu den notwendigen Angaben bei der Anhörung gehören immer die **Personaldaten des zu kündigenden Arbeitnehmers**, jedenfalls in dem Umfang, wie sie für den Betriebsrat zur Identifizierung des Arbeitnehmers erforderlich sind.[203] Die Anschrift des Arbeitnehmers gehört nicht zu den zwingend notwendigen Angaben. Wird sie dem Betriebsrat unrichtig mitgeteilt, weil der Arbeitnehmer seine Adressenänderung dem Arbeitgeber nicht angezeigt hat, führt dies nicht zur Unwirksamkeit der Anhörung.[204] Etwas anderes gilt, wenn der Arbeitgeber die Adresse eines wegen Arbeitsunfähigkeit nicht im Betrieb anzutreffenden Arbeitnehmers bewusst falsch mitgeteilt hat. Die **bewusst unrichtige Unterrichtung** des Betriebsrats führt zur **Fehlerhaftigkeit des Anhörungsverfahrens**.[205] Zwingend muss in der Anhörung die Kündigungsabsicht des Arbeitgebers mitgeteilt werden.[206]

85 Die Mitteilung hat grundsätzlich auch die für den betroffenen Arbeitnehmer geltende **Kündigungsfrist** zu enthalten.[207] Die Mitteilung der Kündigungsfrist kann nur ausnahmsweise unterbleiben, wenn sie dem Betriebsrat bekannt ist.[208] Das BAG verlangt grundsätzlich, dass der **Zeitpunkt des Kündigungsausspruchs** angegeben wird.[209] Ausreichend ist, wenn die Mitteilung an den Betriebsrat die Absicht des Arbeitgebers enthält, alsbald nach Abschluss des Anhörungsverfahrens die Kündigung auszusprechen.[210] Die unrichtige Angabe des Kündigungstermins führt alleine nicht zur Unwirksamkeit der Kündigung.[211]

86 Auch die **Art der Kündigung** muss mitgeteilt werden, also ob es sich um eine außerordentliche oder um eine ordentliche Kündigung handelt.[212] Wurde der Betriebsrat zu einer außerordentlichen Kündigung angehört, kann im Prozess eine Umdeutung der wegen des Fehlens eines wichtigen Grundes unwirksamen außerordentlichen Kündigung in eine ordentliche Kündigung nicht wirksam erfolgen. Etwas anderes gilt nur dann, wenn der Betriebsrat, der lediglich zu einer außerordentlichen Kündigung angehört wurde, ausdrücklich erklärt hat, er stimme der fristlosen Kündigung vorbehaltlos zu, und keine Umstände dafür ersichtlich sind, dass der Betriebsrat sich bei Unwirksamkeit der außerordentlichen Kündigung gegen eine ordentliche Kündigung gewendet hätte.[213]

87 Nach dem Grundsatz der subjektiven Determinierung muss die Mitteilung grundsätzlich konkrete Tatsachen beinhalten, die die Grundlage des Kündigungsentschlusses des Arbeitgebers bilden. Lediglich schlagwort- oder stichwortartige Bezeichnungen des Kündigungsgrundes reichen nicht aus.[214] Die Angaben des Arbeitgebers müssen so genau sein, dass es dem Betriebsrat möglich ist, ohne zusätzliche eigene Nachforschungen die Stichhaltigkeit der Kündigungsgründe zu überprüfen und sich über seine Stellungnahme schlüssig zu werden.[215] Nicht erforderlich ist die Vorlage von Beweismaterial oder die Benennung von Zeugen.[216] Da der Inhalt der Mitteilung den Betriebsrat in die Lage versetzen soll, die Stichhaltigkeit der Kündigungsgründe zu prüfen und sich über seine eigene Stellungnahme klar zu werden, ist der Arbeitgeber auch gehalten, **wesentliche, gegen die Kündigung sprechende Tatsachen** dem Betriebsrat im Anhörungsverfahren mitzuteilen.[217] Der Betriebsrat soll auf die Mitteilung mit Zweckmäßigkeitserwägungen, eigenen betrieblichen Erfahrungen oder der Einbringung sozialer Gesichtspunkte aus der Person des einzelnen Betroffenen reagieren können.[218] Auch in der Probe- und Wartezeit sind dem Betriebsrat die Gründe für die Kündigung mitzuteilen.[219] Nach Auffas-

---

202 LAG Hamburg 26.3.2003 – 5 Sa 8/03, n.v.
203 BAG 15.11.1995 – 2 AZR 974/94, NZA 1996, 419.
204 LAG Hamm 27.2.1992 – 4 (9) Sa 1437/90, LAGE § 1 KSchG Personenbedingte Kündigung Nr. 10.
205 BAG 23.9.1992 – 2 AZR 63/92, EzA § 1 KSchG Krankheit Nr. 37.
206 *Stahlhacke/Preis/Vossen*, Rn 260.
207 BAG 29.3.1990 – 2 AZR 420/89, EzA § 102 BetrVG 1972 Nr. 79; BAG 16.9.1993 – 2 AZR 267/93, EzA § 102 BetrVG 1972 Nr. 84.
208 BAG 29.1.1986 – 7 AZR 257/84, EzA § 102 BetrVG 1972 Nr. 64; LAG Hamm 15.7.1993 – 17 Sa 428/93, ZTR 1994, 85.
209 BAG 28.2.1974 – 2 AZR 455/73, EzA § 102 BetrVG 1972 Nr. 8.
210 BAG 29.1.1986 – 7 AZR 257/84, EzA § 102 BetrVG 1972 Nr. 64.
211 BAG 29.1.1986 – 7 AZR 257/84, EzA § 102 BetrVG 1972 Nr. 64.
212 BAG 29.8.1991 – 2 AZR 59/91, AP § 102 BetrVG 1972 Nr. 58.
213 BAG 16.3.1978 – 2 AZR 424/76, EzA § 102 BetrVG 1972 Nr. 32; BAG 20.9.1984 – 2 AZR 633/82, EzA § 626 BGB n.F. Nr. 91.
214 BAG 11.7.1991 – 2 AZR 119/91, EzA § 102 BetrVG 1972 Nr. 81.
215 BAG 22.9.1994 – 2 AZR 31/94, EzA § 102 BetrVG 1972 Nr. 86.
216 BAG 26.1.1995 – 2 AZR 386/94, EzA § 102 BetrVG 1972 Nr. 87; BAG 6.2.1997 – 2 AZR 265/96, EzA § 102 BetrVG 1972 Nr. 96; *Hümmerich/Mauer*, DB 1997, 165.
217 BAG 31.8.1989 – 2 AZR 453/88, EzA § 102 BetrVG 1972 Nr. 75.
218 BAG 13.7.1978 – 2 AZR 798/77, EzA § 102 BetrVG 1972 Nr. 36; BAG 11.7.1991 – 2 AZR 119/91, EzA § 102 BetrVG 1972 Nr. 81.
219 BAG 3.12.1998 – 2 AZR 234/98, NZA 1999, 477.

sung des LAG Berlin genügt der Arbeitgeber vor Ablauf der Wartefrist nach § 1 Abs. 1 KSchG seiner Pflicht zur Mitteilung der Kündigungsgründe nach § 102 Abs. 1 Satz 2 BetrVG, wenn er dem Betriebsrat vor Ausspruch einer Kündigung lediglich mitteilt, „der Arbeitnehmer genügt nach unserer allgemeinen, subjektiven Einschätzung unseren Anforderungen nicht".[220] Stützt der Arbeitgeber aber seinen Entschluss von vornherein nur auf sein subjektives Empfinden, braucht er auch nur dieses Empfinden dem Betriebsrat mitzuteilen.[221]

Nachgeschobene Kündigungsgründe, die bereits vor Ausspruch der Kündigung entstanden und dem Arbeitgeber bekannt waren, die er aber dem Betriebsrat nicht mitgeteilt hat, sind im Kündigungsschutzprozess jedenfalls dann nicht zu verwerten, wenn der Betriebsrat der Kündigung nicht bereits aufgrund der ihm mitgeteilten Gründe zugestimmt hat. Dies gilt auch dann, wenn der Betriebsrat der Kündigung aufgrund dieser ihm nachträglich mitgeteilten Gründe zugestimmt hat.[222] Betriebsverfassungsrechtlich können Kündigungsgründe, die bei Ausspruch der Kündigung bereits entstanden waren, dem Arbeitgeber aber erst später bekannt geworden sind, im Kündigungsschutzprozess nachgeschoben werden, wenn der Arbeitgeber zuvor den Betriebsrat hierzu erneut angehört hat.[223] Im Kündigungsschutzprozess sind auch solche Tatsachen verwertbar, die der Arbeitgeber dem Betriebsrat im Anhörungsverfahren erst auf Nachfrage mitteilt. Dies gilt jedenfalls dann, wenn der Arbeitgeber vor der Kündigung nochmals die Frist des § 102 Abs. 2 BetrVG bzw. die abschließende Stellungnahme des Betriebsrats abwartet.[224] Der Arbeitgeber ist nicht gehindert, im Kündigungsschutzprozess Tatsachen nachzuschieben, die ohne wesentliche Veränderung des Kündigungssachverhaltes lediglich der Erläuterung und Konkretisierung der dem Betriebsrat mitgeteilten Kündigungsgründe dienen.[225] Vorhandene schriftliche Unterlagen müssen dem Betriebsrat nicht zur Verfügung gestellt werden.[226]

88

Verfügt der Betriebsrat bei Einleitung des Anhörungsverfahrens bereits über den erforderlichen **Kenntnisstand**, um über die konkret beabsichtigte Kündigung eine Stellungnahme abgeben zu können, bedarf es keiner weiteren Darlegung der Kündigungsgründe durch den Arbeitgeber.[227] Auch im Rahmen eines Anhörungsverfahrens muss sich der Betriebsrat grundsätzlich nur das Wissen eines zur Entgegennahme von Erklärungen gemäß § 26 Abs. 2 Satz 2 BetrVG berechtigten oder hierzu ausdrücklich ermächtigten Betriebsratsmitgliedes zurechnen lassen. Unterlässt es der Arbeitgeber, den Betriebsrat über die Gründe der Kündigung zu unterrichten, in der irrigen oder vermeintlichen Annahme, dass dieser bereits über den erforderlichen und aktuellen Kenntnisstand verfügt, liegt keine ordnungsgemäße Anhörung vor.[228] Die Verpflichtung des Arbeitgebers zu einer genauen und umfassenden Darlegung der Kündigungsgründe entfällt, wenn der Arbeitgeber den Betriebsrat bereits vor Beginn des Anhörungsverfahrens aufgrund bestimmter Umstände erschöpfend über die Kündigungsgründe unterrichtet hatte. In einem solchen Fall genügt der Arbeitgeber seiner Verpflichtung zur Mitteilung der Kündigungsgründe, wenn er im Anhörungsverfahren pauschal auf die bereits mitgeteilten Kündigungsgründe verweist.[229]

89

Die Anhörungspflicht nach § 102 Abs. 1 Satz 1 BetrVG besteht vor jeder Kündigung, ordentlichen und außerordentlichen Kündigungen, Beendigungs- und Änderungskündigungen. Nach Sinn und Zweck der Vorschrift, den Betriebsrat Gelegenheit zu geben, auf den Kündigungsentschluss des Arbeitgebers Einfluss zu nehmen, kann ein Anhörungsverfahren grundsätzlich nur für die Kündigung Wirksamkeit entfalten, für die es eingeleitet worden ist.[230] Das Anhörungsverfahren nach § 102 BetrVG ist nur für die Kündigung von Bedeutung, für die es eingeleitet worden ist. Der Arbeitgeber muss grundsätzlich für jede Kündigung ein Anhörungsverfahren nach § 102 BetrVG durchführen. Insbesondere muss der Arbeitgeber den Betriebsrat erneut anhören, wenn nach Anhörung des Betriebsrats die erste Kündigung dem Arbeitnehmer zugegangen ist und der Arbeitgeber nunmehr eine neue, auf den gleichen Sachverhalt gestützte Kündigung ausspricht.[231]

90

---

220 LAG Berlin 22.1.1998 – 16 Sa 136/97, LAGE § 102 BetrVG 1972 Nr. 68.
221 BAG 18.5.1994 – 2 AZR 920/93, DB 1994, 1984 = NZA 1995, 24.
222 BAG 2.4.1987 – 2 AZR 418/86, AP § 626 BGB Nr. 96; BAG 18.12.1980 – 2 AZR 1006/78, AP § 102 BetrVG 1972 Nr. 22.
223 BAG 11.4.1985 – 2 AZR 239/84, AP § 102 BetrVG 1972 Nr. 39; BAG 18.12.1980 – 2 AZR 1006/78, AP § 102 BetrVG 1972 Nr. 22.
224 BAG 6.2.1997 – 2 AZR 265/96, AP § 102 BetrVG 1972 Nr. 85 = NZA 1997, 656.
225 BAG 11.4.1985 – 2 AZR 239/84, AP § 102 BetrVG 1972 Nr. 39; BAG 18.12.1980 – 2 AZR 1006/78, AP § 102 BetrVG 1972 Nr. 22.
226 BAG 10.11.2005 – 2 AZR 44/05, EzA § 1 KSchG Krankheit Nr. 52.
227 LAG Rheinland-Pfalz 30.6.2005 – 1 Sa 123/05, NZA-RR 2005, 629.
228 BAG 27.6.1985 – 2 AZR 412/84, AP § 102 BetrVG 1972 Nr. 37 = NZA 1986, 426.
229 BAG 19.5.1993 – 2 AZR 584/92, AP § 2 KSchG 1969 Nr. 31 = NZA 1993, 1075.
230 BAG 11.10.1989 – 2 AZR 88/89, AP § 102 BetrVG 1972 Nr. 55.
231 BAG 10.11.2005 – 2 AZR 623/04, NZA 2006, 491.

b) Betriebsbedingte Kündigung

91 Bei betriebsbedingten Kündigungen gilt der Grundsatz, dass die Mitteilungspflicht einen „**dreiaktigen Tatbestand**"[232] umfasst:

- den Wegfall eines konkreten Arbeitsplatzes,
- das Fehlen einer anderweitigen Beschäftigungsmöglichkeit und
- die Darstellung der Sozialauswahl.

92 Bei der Darstellung des **Wegfalls des konkreten Arbeitsplatzes** sind die für den Eintritt des Beschäftigungsmangels maßgeblichen außer- oder innerbetrieblichen Ursachen zu erläutern. Pauschale Hinweise auf eine Rationalisierung oder einen Auftragsmangel reichen nicht aus.[233] Gleiches gilt bezüglich der getroffenen Unternehmerentscheidung und ihrer Kausalität für den Wegfall des betroffenen Arbeitsplatzes.[234] Soll ein Betrieb in Etappen stillgelegt werden, muss der Arbeitgeber mitteilen, in welcher zeitlichen Abfolge welche Teile eingeschränkt, welche Arbeitnehmer zunächst weiterbeschäftigt und wann welche Arbeitnehmer entlassen werden sollen.[235] Nach dem Grundsatz der subjektiven Determination braucht der Arbeitgeber nur seine persönlichen Auswahlgründe mitzuteilen.[236] Auswahlgesichtspunkte, die bei der Abwägung des Arbeitgebers von diesem nicht angestellt wurden, muss er nicht mitteilen. Das Anhörungsverfahren bleibt trotzdem ordnungsgemäß i.S.v. § 102 BetrVG.[237]

93 Stets mitzuteilen sind die **Sozialdaten** des zu kündigenden Arbeitnehmers und der mit ihm vergleichbaren Arbeitnehmer. Anzugeben sind in jedem Fall die **Dauer** der Betriebszugehörigkeit, das **Alter**, die **Unterhaltspflichten** des Arbeitnehmers und ab dem 1.1.2004 die Angaben zu einer bestehenden **Schwerbehinderung**.[238] Ebenfalls anzugeben sind Umstände, die einen **besonderen Kündigungsschutz** begründen können, und zwar sowohl hinsichtlich des betroffenen Arbeitnehmers wie auch anderer Arbeitnehmer mit vergleichbarer Tätigkeit, sofern der Arbeitgeber derartige Umstände in seine Auswahlentscheidung einbezogen hat.[239] Die Mitteilungspflicht des Arbeitgebers im Hinblick auf die Sozialdaten des Arbeitnehmers erstreckt sich nur auf solche Daten, die ihm aktuell bekannt sind. Der Arbeitgeber darf sich grundsätzlich auf die Mitteilungen des Arbeitnehmers verlassen. Hat der Arbeitnehmer, beispielsweise weil seine berufstätige Ehefrau im öffentlichen Dienst tätig ist und aus diesem Grunde einen erhöhten Ortszuschlag erhält, seine Kinder nicht auf seiner Lohnsteuerkarte eintragen lassen, sondern auf der Lohnsteuerkarte seiner Ehefrau, und sind dem Arbeitgeber die unterhaltsberechtigten Kinder dadurch nicht bekannt, wird die Kündigung nicht nichtig gemäß § 102 Abs. 1 Satz 3 BetrVG, wenn der Arbeitgeber unter Bezugnahme auf die Lohnsteuerkarte dem Betriebsrat mitgeteilt hat, der Arbeitnehmer habe keine unterhaltsberechtigten Kinder.[240]

c) Personenbedingte Kündigung

94 Bei personenbedingten Kündigungen hat der Arbeitgeber dem Betriebsrat nach dem Grundsatz der subjektiven Determination alle Umstände mitzuteilen, auf die sich sein Kündigungswille stützt. Bei der krankheitsbedingten Kündigung, gehört zu einer ordnungsgemäßen Anhörung die Mitteilung der **bisherigen Fehlzeiten**, aber auch die als Folge der Fehlzeiten entstandenen und noch zu erwartenden **Betriebsbeeinträchtigungen** und **wirtschaftlichen Belastungen** für das Unternehmen.[241] Der nur globale Hinweis auf wiederholte Fehlzeiten wegen Arbeitsunfähigkeit oder die Gesamtzahl addierter Fehlzeiten reicht nicht aus.[242] Ausreichend ist, wenn der Arbeitgeber dem Betriebsrat EDV-Ausdrucke übergibt, aus denen sich die konkreten Ausfallzeiten des zu kündigenden Arbeitnehmers ablesen lassen. Einer besonderen Auswertung der EDV-Ausdrucke bedarf es nicht.[243]

---

[232] Tschöpe/Moll/Seitz, Teil 3 J Rn 42.
[233] Tschöpe/Moll/Seitz, Teil 3 J Rn 44.
[234] Däubler/Kittner/Klebe, § 102 BetrVG Rn 91 m.w.N.
[235] LAG Hamm 17.2.1995 – 5 Sa 1066/94, LAGE § 102 BetrVG 1972 Nr. 54.
[236] BAG 16.1.1987 – 7 AZR 495/85, EzA § 1 KSchG Betriebsbedingte Kündigung Nr. 48; BAG 21.7.1988 – 2 AZR 75/88, DB 1989, 485.
[237] Tschöpe/Moll/Seitz, Teil 3 J Rn 45; a.A. Hanau, Anm. EzA § 102 BetrVG 1972 Nr. 37.
[238] BAG 18.10.1984 – 2 AZR 543/83, EzA § 1 KSchG Betriebsbedingte Kündigung Nr. 34.
[239] BAG 29.3.1984 – 2 AZR 429/83 (A), 2 AZR 429/83, AP § 102 BetrVG 1972 Nr. 31; BAG 16.9.1993 – 2 AZR 267/93, AP § 102 BetrVG 1972 Nr. 62.
[240] LAG Baden-Württemberg 9.11.1990 – 15 Sa 86/90, LAGE § 102 BetrVG 1972 Nr. 25; a.A. ArbG Stuttgart 31.10.1991 – 6 Ca 2171/91, AiB 1992, 360.
[241] BAG 24.11.1983 – 2 AZR 347/82, AP § 102 BetrVG 1972 Nr. 30.
[242] BAG 18.9.1986 – 2 AZR 638/85, n.v.
[243] LAG Hamm 25.11.1987 – 14 Sa 2302/85, NZA 1988, 483.

Bei der **Prognoseentscheidung** über die Gesundheitsentwicklung des Arbeitnehmers kann sich der Arbeitgeber grundsätzlich mit der Indizwirkung von Fehlzeiten in der Vergangenheit begnügen.[244] Angaben zur künftigen Gesundheitsentwicklung sind auch dann entbehrlich, wenn der Arbeitgeber dem Betriebsrat ein vom Arbeitnehmer vorgelegtes ärztliches Attest übergibt, aus dem sich bereits die eingeschränkte Arbeitsfähigkeit des Arbeitnehmers für die Zukunft ergibt.[245] Entbindet der Arbeitnehmer seinen Arzt nicht von der Schweigepflicht, kann der Arbeitgeber auch über die Indizwirkung bisheriger Fehlzeiten hinaus zur Gesundheitsprognose keine weiteren Angaben machen. Die Betriebsablaufstörungen sind durch konkrete Tatsachen zu belegen.[246]

95

Besteht die Kündigungsabsicht beim Arbeitgeber gleichzeitig aus personenbedingten und verhaltensbedingten Gründen, weil entschuldigt krankheitsbedingte und unzutreffend als unentschuldigt angesehene Fehlzeiten den Arbeitgeber zur Kündigung bestimmt haben, kann die Vermengung beider Sachverhalte ohne klare Trennung zwischen personenbedingter und verhaltensbedingter Kündigung zur Fehlerhaftigkeit des Anhörungsverfahrens führen.[247]

96

d) Verhaltensbedingte Kündigung

Beabsichtigt der Arbeitgeber, einem Mitarbeiter aus verhaltensbedingten Gründen zu kündigen, muss er neben den aus seiner Sicht die Kündigung begründenden Umständen auch die Aspekte darlegen, die im Rahmen der vorzunehmenden **Interessenabwägung** von Bedeutung sind, sofern sie von ihm bedacht wurden.[248] Es kann auch erforderlich sein, dem Betriebsrat gegen die Kündigung sprechende Umstände mitzuteilen.[249] Soweit einer verhaltensbedingten Kündigung eine Abmahnung vorausgegangen ist, muss dem Betriebsrat im Rahmen einer ordnungsgemäßen Anhörung auch eine **vorangegangene Abmahnung** mitgeteilt werden.[250] Mitzuteilen ist dem Betriebsrat die umfangreiche, zu den Personalakten gelangte **Gegenvorstellung des betroffenen Arbeitnehmers**.[251] *Moll/Seitz*[252] empfehlen bei verhaltensbedingten Kündigungen im Rahmen der Anhörung des Betriebsrats folgende Checkliste:

97

- Mitteilung der verletzten arbeitsvertraglichen Haupt- oder Nebenpflicht;
- Mitteilung des tatsächlichen Eintritts einer Störung mit nachteiligen Auswirkungen im Bereich des Arbeitgebers und des Arbeitsverhältnisses;[253]
- Mitteilung der aufgrund einer Negativprognose festgestellten Wiederholungsgefahr;
- Mitteilung der bei der Abwägung berücksichtigten widerstreitenden Interessen von Arbeitgeber und Arbeitnehmer;
- Angaben über die Beachtung des Ultima-ratio-Prinzips.

Im Anhörungsverfahren muss deutlich werden, dass die Kündigung aus verhaltensbedingten Gründen erfolgen soll. Ein Wechsel im Vortrag zwischen betriebsbedingter und verhaltensbedingter Kündigung im Rahmen einer späteren Kündigungsschutzklage ist dem Arbeitgeber verwehrt.[254] Auch umgekehrt ist der Wechsel von einer verhaltens- zu einer personenbedingten Kündigung im späteren Kündigungsschutzprozess ausgeschlossen.[255] Wurde der Betriebsrat zu dem Kündigungsvorwurf angehört, der Arbeitnehmer habe den Arbeitgeber bestohlen, kann der Arbeitgeber die Kündigung im Prozess nicht darauf stützen, dieser Vorwurf sei zwar nicht erwiesen, es bestehe aber ein so dringender Verdacht hierfür, dass die erforderliche Vertrauensbasis entfallen sei. Hierbei handelt es sich um einen neuen, anderen Kündigungsgrund, der nicht in den Prozess eingeführt werden kann, weil der Betriebsrat hierzu nicht angehört wurde.[256]

98

---

244 KR/*Etzel*, § 102 BetrVG Rn 63 mit Hinweis auf BAG 12.4.1984 – 2 AZR 76/83 und 439/83; *Rummel*, NZA 1984, 77; Tschöpe/*Moll/Seitz*, Teil 3 J Rn 54.
245 LAG Hamm 25.11.1987 – 14 Sa 2302/85, NZA 1988, 483.
246 Tschöpe/*Moll/Seitz*, Teil 3 J Rn 55.
247 BAG 23.9.1992 – 2 AZR 63/92, EzA § 1 KSchG Krankheit Nr. 37.
248 BAG 2.3.1989 – 2 AZR 280/88, EzA § 626 BGB n.F. Nr. 118.
249 BAG 2.3.1989 – 2 AZR 280/88, EzA § 626 BGB n.F. Nr. 118.
250 *Stahlhacke/Preis/Vossen*, Rn 278; KR/*Etzel*, § 102 BetrVG Rn 64; Tschöpe/*Moll/Seitz*, Teil 3 J Rn 58.
251 BAG 31.8.1989 – 2 AZR 453/88, EzA § 102 BetrVG 1972 Nr. 75.
252 Tschöpe/*Moll/Seitz*, Teil 3 J Rn 59.
253 BAG 27.2.1997 – 2 AZR 302/96, EzA § 1 KSchG Verhaltensbedingte Kündigung Nr. 51.
254 BAG 5.2.1981 – 2 AZR 1135/78, EzA § 102 BetrVG 1972 Nr. 47.
255 LAG Hamburg 22.2.1991 – 6 Sa 81/90, LAGE § 102 BetrVG 1972 Nr. 28.
256 BAG 11.4.1985 – 2 AZR 239/84, EzA § 102 BetrVG 1972 Nr. 62.

99 Jedenfalls gilt, dass **neuer Sachverhalt** dann in den Kündigungsschutzprozess eingeführt werden kann und ohne erneute Kündigung gerichtlich verwertbar ist, wenn dem Arbeitgeber der Umstand bei Ausspruch der Kündigung nicht bekannt war und er den Betriebsrat nachträglich zu den neuen Tatsachen angehört hat.[257]

e) Außerordentliche Kündigung

100 Auch bei außerordentlichen Kündigungen gilt der Grundsatz der subjektiven Determination im Anhörungsverfahren. Dem Betriebsrat sind grundsätzlich folgende Informationen zu übermitteln:

- diejenigen Tatsachen, die den Kündigungsgrund tragen sollen;
- der Zeitpunkt der Kenntniserlangung beim Arbeitgeber von den die Kündigung begründenden Tatsachen;
- die Unzumutbarkeitsgründe, die sich auf die Fortsetzung des Arbeitsverhältnisses beziehen;
- die im Rahmen der Interessenabwägung zu berücksichtigenden widerstreitenden Interessen von Arbeitgeber und Arbeitnehmer;
- etwaige Abmahnungen und Gegendarstellungen.

f) Verdachtskündigung

101 Bei der Verdachtskündigung muss der Arbeitgeber die ihm bekannten **Verdachtsmomente** und seine **vergeblichen Bemühungen** zur Aufklärung des Sachverhalts sowie die Umstände mitteilen, aus denen sich die **Unzumutbarkeit der Weiterbeschäftigung** aufgrund des Verdachts ergibt.[258] Die Mitteilung an den Betriebsrat hat auch den Inhalt und die Ergebnisse der **Anhörung** des Arbeitnehmers zu enthalten.[259] Es kann sich aus taktischen Gründen empfehlen, eine Tatkündigung und hilfsweise eine Verdachtskündigung auszusprechen.

g) Änderungskündigung

102 Bei Änderungskündigungen bestehen keine Besonderheiten im Anhörungsverfahren. Bei Änderungskündigungen, die in der Form der fristlosen und fristgerechten Kündigung vorkommen, aber auch als verhaltensbedingte, personenbedingte und betriebsbedingte Änderungskündigung denkbar sind, gelten die zu den jeweiligen Kündigungsarten maßgeblichen Grundsätze im Anhörungsverfahren. Hinzu tritt nur, dass die Informationspflicht des Arbeitgebers sich auch auf den **Inhalt des Änderungsangebotes** erstreckt.[260] Will sich der Arbeitgeber eine Beendigungskündigung vorbehalten und dann eine erneute Anhörung ersparen, muss er zugleich verdeutlichen, dass er im Fall der Ablehnung des Änderungsangebots die Beendigungskündigung beabsichtigt.[261]

4. Sphärenzuordnung bei Verfahrensfehlern

103 Die Rechtsprechung nimmt eine **Sphärenzuordnung bei Verfahrensfehlern im Anhörungsverfahren** vor. Fallen Fehler im Anhörungsverfahren in den Zuständigkeits- und Verantwortungsbereich des **Arbeitgebers**, lösen sie die Nichtigkeitsfolge nach § 102 Abs. 1 Satz 3 BetrVG aus.[262] Dagegen wirken sich auf die Ordnungsmäßigkeit der Anhörung in aller Regel solche Mängel nicht aus, die in den Zuständigkeits- und Verantwortungsbereich des **Betriebsrats** fallen, auch wenn der Arbeitgeber im Zeitpunkt der Kündigung weiß oder vermuten kann, dass die Behandlung der Angelegenheit durch den Betriebsrat nicht fehlerfrei gewesen ist.[263]

104 Zu den insoweit denkbaren Fehlern zählen die nicht ordnungsgemäße Einladung zu der fraglichen Betriebsratssitzung, die Abstimmung unter Beteiligung von Ersatzmitgliedern trotz eines nicht gegebenen Verhinderungsfalls und die Abgabe einer Stellungnahme ohne vorangegangene Anhörung des Arbeitnehmers.[264] Der Arbeitgeber ist nur zur wirksamen Einleitung des Anhörungsverfahrens, der vollständigen Unterrichtung des Betriebsrats und ggf. der Wahrung der Fristen gemäß § 102 Abs. 2 BetrVG verpflichtet. Ist der Betriebsrat

---

257 BAG 11.4.1985 – 2 AZR 239/84, EzA § 102 BetrVG 1972 Nr. 62.
258 KR/*Etzel*, § 102 BetrVG Rn 64 b; Tschöpe/*Moll/Seitz*, Teil 3 J Rn 75.
259 *Griese*, BB 1990, 1901.
260 BAG 30.11.1989 – 2 AZR 197/89, EzA § 102 BetrVG 1972 Nr. 77.
261 BAG 30.11.1989 – 2 AZR 197/89, AP § 102 BetrVG 1972 Nr. 53.
262 BAG 4.8.1975 – 2 AZR 266/74, AP § 102 BetrVG 1972 Nr. 4.
263 BAG 24.4.2004 – 2 AZR 461/03, EzA § 102 BetrVG 2001 Nr. 9; BAG 6.2.1997 – 2 AZR 265/96, EzA § 102 BetrVG 1972 Nr. 96; BAG 2.4.1976 – 2 AZR 513/75, AP § 102 BetrVG 1972 Nr. 9; BAG 4.8.1975 – 2 AZR 266/74, AP § 102 BetrVG 1972 Nr. 4.
264 BAG 18.8.1982 – 7 AZR 437/80, EzA § 102 BetrVG 1972 Nr. 48.

bei der Beschlussfassung nicht ordnungsgemäß zusammengesetzt, erfolgt die Beschlussfassung im Umlaufverfahren oder wird der Betriebsrat durch einen eigenmächtigen Betriebsratsvorsitzenden überhaupt nicht unterrichtet, fällt dies mit Drittwirkung für den betroffenen Arbeitnehmer in den Verantwortungsbereich des Betriebsrats. Der Arbeitnehmer kann die aus dem Verantwortungsbereich des Betriebsrats stammenden Verfahrensfehler im Kündigungsschutzprozess nicht mit Erfolg rügen.[265] Etwas anderes soll nach einer Entscheidung des BAG vom 28.3.1974 dann gelten, wenn der Betriebsratsvorsitzende im unmittelbaren Anschluss an die Mitteilung der Kündigungsabsicht auf Befragen des Arbeitgebers erklärt, er stimme der beabsichtigten Kündigung zu. In dieser Fallkonstellation wisse der Arbeitgeber, dass der aus mehreren Mitgliedern bestehende Betriebsrat sich noch nicht mit dem Kündigungsfall befasst haben könne. Das Anhörungsverfahren des § 102 Abs. 1 BetrVG sei damit noch nicht abgeschlossen. Die Erklärung des Betriebsratsvorsitzenden sei rechtlich ohne Bedeutung.[266]

5. Reaktionen des Betriebsrats

a) Ausdrückliche oder fingierte Zustimmung des Betriebsrats

Der Betriebsrat kann der beabsichtigten Kündigung zustimmen. Dann ist die Kündigung aus betriebsverfassungsrechtlichen Gründen unanfechtbar.[267] Die fehlende Zustimmung des Betriebsrats oder das Nichtabwarten der gesetzlichen Anhörungsfristen kann durch eine nachträgliche Zustimmung des Betriebsrats (Genehmigung i.S.v. § 184 BGB) nicht geheilt werden. Die **vorherige Anhörung** ist auch im **Eilfall** erforderlich.[268] Der Verzicht des Betriebsrats auf eine Stellungnahme innerhalb der gesetzlich vorgesehenen Frist gilt als Zustimmung (§ 102 Abs. 2 Satz 2 BetrVG). 105

Der Arbeitgeber kann die Kündigung vor Ablauf der Äußerungsfristen des § 102 Abs. 2 BetrVG aussprechen, wenn der Betriebsrat, ohne sachlich zu der Kündigungsabsicht Stellung zu nehmen, lediglich erklärt hat, er werde sich zu der Kündigung **nicht äußern** und darin eine **abschließende Stellungnahme** liegt.[269] Die Stellungnahme des Betriebsrats, gegen die beabsichtigte ordentliche Kündigung keine Bedenken zu haben, schließt das Anhörungsverfahren ab. Der Arbeitgeber muss nach dieser Erklärung nicht mehr den Ablauf der Wochenfrist abwarten. Es wäre ein überflüssiger Formalismus, nach der vorgenannten Stellungnahme noch den Ablauf der Anhörungsfrist zu verlangen.[270] 106

Verlangt der Betriebsrat vom Arbeitgeber, einem bestimmten Arbeitnehmer zu kündigen, liegt in dem **Kündigungsverlangen** bereits die Zustimmung zur Kündigung, so dass der Arbeitgeber den Betriebsrat nicht erneut beteiligen muss, wenn er sich zur Kündigung entschließt.[271] 107

b) Bedenken des Betriebsrats

Innerhalb der Wochen- bzw. Drei-Tage-Frist kann der Betriebsrat Bedenken gegen die beabsichtigte Kündigung schriftlich äußern. Konkrete Rechtsfolgen werden durch die **Äußerung von Bedenken** nicht ausgelöst. Sie haben für den Kündigungsschutzprozess grundsätzlich keine Bedeutung und können keinen besonderen Weiterbeschäftigungsanspruch des Arbeitnehmers gemäß § 102 Abs. 5 BetrVG begründen. Durch die Äußerung von Bedenken gibt der Betriebsrat zu erkennen, dass er mit einer geplanten Kündigung nicht einverstanden ist. Der Arbeitgeber kann sich den Bedenken des Betriebsrats anschließen oder nicht. Überzeugen ihn die Bedenken nicht, kann er die Kündigung aussprechen. 108

c) Widerspruch des Betriebsrats

Der Betriebsrat kann bei Vorliegen eines des in § 102 Abs. 3 BetrVG genannten Grundes innerhalb der Wochenfrist einer geplanten ordentlichen Kündigung widersprechen. Bei der außerordentlichen Kündigung besteht die Möglichkeit des Widerspruchs nicht. Kündigt der Arbeitgeber, obwohl der Betriebsrat der or- 109

---

265 ErfK/*Hanau/Kania*, § 102 BetrVG Rn 26.
266 BAG 28.3.1974 – 2 AZR 472/73, NJW 1974, 1726 = AP § 102 BetrVG 1972 Nr. 3; BAG 28.2.1974 – 2 AZR 455/73, AP § 102 BetrVG 1972 Nr. 2.
267 KR/*Etzel*, § 102 BetrVG Rn 124.
268 Schaub/*Linck*, Arbeitsrechts-Handbuch, § 123 Rn 105.
269 BAG 12.3.1987 – 2 AZR 176/86, AP § 102 BetrVG 1972 Nr. 47 = NZA 1988, 137.
270 BAG 16.9.2004 – 2 AZR 511/03, AP § 102 BetrVG 1972 Nr. 142; BAG 16.1.2003 – 2 AZR 707/01, AP § 102 BetrVG 1972 Nr. 129; BAG 18.8.1982 – 7 AZR 437/80, BAGE 40, 42.
271 BAG 15.5.1997 – 2 AZR 519/96, AP § 99 BetrVG 1972 Versetzung Nr. 17.

dentlichen Kündigung fristgemäß widersprochen hat, ist dem Arbeitnehmer mit der Kündigung eine Abschrift der Stellungnahme des Betriebsrats zuzuleiten.

110 Der Widerspruch des Betriebsrats begründet einen **Weiterbeschäftigungsanspruch** des Arbeitnehmers bei erhobener Kündigungsschutzklage über die Kündigungsfrist hinaus (§ 102 Abs. 5 Satz 1 BetrVG). Diesem Weiterbeschäftigungsanspruch kann sich der Arbeitgeber durch Antrag auf Erlass einer einstweiligen Verfügung unter den in § 102 Abs. 5 BetrVG genannten, selten vorliegenden Voraussetzungen entziehen.[272] Beruft sich der Arbeitgeber auf eine unzumutbare wirtschaftliche Belastung durch die vorläufige Weiterbeschäftigung des Arbeitnehmers gemäß § 102 Abs. 5 Satz 2 Nr. 2 BetrVG muss er die Tatsachen, die die vorläufige Weiterbeschäftigung als wirtschaftlich unzumutbar erscheinen lassen, glaubhaft machen. Allgemeine Angaben des Arbeitgebers, z.B. gesunkene Umsätze, Arbeitsmangel, finanzielle Schwierigkeiten genügen zur Begründung nicht. Es ist die Angabe konkreter und detaillierter Daten über die wirtschaftliche und finanzielle Lage des Betriebes und Unternehmens und eine Prognose der künftigen Entwicklung erforderlich.[273]

111 Ein Arbeitnehmer hat keinen Anspruch auf Weiterbeschäftigung nach § 102 Abs. 5 Satz 1 BetrVG, wenn der Betriebsrat der Kündigung **nicht ordnungsgemäß widersprochen** hat. So besteht kein Weiterbeschäftigungsanspruch nach § 102 Abs. 5 Satz 1 BetrVG, wenn die Widerspruchsbegründung des Betriebsrats die Minimalia einer beachtlichen Widerspruchsbegründung nicht erfüllt.[274] Nach der Rechtsprechung des BAG ist zwar nicht erforderlich, dass der Betriebsrat im Widerspruchsschreiben Tatsachen angibt, die schlüssig einen Widerspruchsgrund i.S.v. § 102 Abs. 3 BetrVG ergeben. Jedoch ist dem Betriebsrat ein Mindestmaß an konkreter Argumentation abzuverlangen. Beispielsweise reicht ein Widerspruch, dass im Betrieb irgendeine anderweitige Beschäftigungsmöglichkeit vorhanden sei, nicht aus. Der Betriebsrat muss in einem solchen Fall konkret darlegen, auf welchem (freien) Arbeitsplatz eine Weiterbeschäftigung des Arbeitnehmers in Betracht kommt. Hierbei muss der Arbeitsplatz zumindest in bestimmbarer Weise angegeben und der Bereich bezeichnet werden, in dem der Arbeitnehmer anderweitig beschäftigt werden kann.[275] Das LAG Schleswig-Holstein[276] hat speziell zum Fall der **sozialen Auswahl** gefordert, dass der Betriebsrat darlegen müsse, warum die soziale Auswahl nicht zutreffend sei. Es hat nicht einmal den Satz ausreichen lassen: „Unserer Meinung nach sind die Unterhaltsverpflichtungen nicht ordnungsgemäß berücksichtigt worden." Es fehle an jeglicher konkreten Auseinandersetzung mit dem Bewertungsschema des Arbeitgebers. Eine derartige Verfahrensweise verstoße gegen die Konkretisierungspflicht. Die schlichte Behauptung, Unterhaltspflichten seien nicht ausreichend berücksichtigt, lasse nicht einmal erahnen, welche Pflichten der Betriebsrat meine. Gerade angesichts der weit reichenden Folgen des Widerspruchs sei vom Sinn und Zweck der Regelung eine handfestere Begründung angezeigt. Das LAG Schleswig-Holstein hat darauf verwiesen, das Gebot der vertrauensvollen Zusammenarbeit des § 2 Abs. 1 BetrVG erfordere es, dass der Arbeitgeber nicht mit verknappten vagen Formulierungen versorgt werde, die sich überhaupt nicht mit den von ihm den Betriebsrat mitgeteilten sozialen Auswahlüberlegungen auseinandersetzen. Der Betriebsrat müsse angeben, welche Arbeitnehmer aus welchen Gründen sozial besser gestellt und daher anstelle des vom Arbeitgeber zur Kündigung vorgesehenen Arbeitnehmers auszuwählen seien, damit der Arbeitgeber sich gegebenenfalls danach richten könne. Ebenso hat das LAG München[277] verlangt, der Betriebsrat müsse die Arbeitnehmer namentlich bezeichnen, die nach den angegebenen Sozialdaten anstelle des vom Arbeitgeber vorgesehenen Arbeitnehmers zu entlassen seien. Für einen ordnungsgemäßen Widerspruch des Betriebsrats nach § 102 Abs. 3 Nr. 3 BetrVG reicht es nicht aus, wenn der Betriebsrat auf Personalengpässe bei Arbeiten hinweist, die im Betrieb von einem Subunternehmer aufgrund eines Werkvertrags erledigt werden.[278]

112 Ein auf § 102 Abs. 3 Nr. 1 BetrVG gestützter Widerspruch des Betriebsrats bei einer krankheitsbedingten Kündigung, der in der Sache einen Appell an die Fürsorgepflicht des Arbeitgebers gegenüber einem langjährig beschäftigten Arbeitnehmer darstellt, ist kein „ordnungsgemäßer Widerspruch". Wird ein solches „Widerspruchsschreiben" dem Arbeitnehmer mit der Kündigung nicht zugeleitet, ist § 102 Abs. 4 BetrVG nicht

---

[272] LAG Köln 31.3.2005 – 5 Ta 52/05, LAGE § 78a BetrVG 2001 Nr. 2.
[273] LAG Hamburg 16.5.2001 – 4 Sa 33/01, NZA-RR 2002, 25.
[274] LAG Köln 30.5.2003 – 4 Sa 553/03, n.v.
[275] BAG 11.5.2000 – 2 AZR 54/99, AP § 102 BetrVG 1972 Weiterbeschäftigung Nr. 13; BAG 17.6.1999 – 2 AZR 608/98, AP § 102 BetrVG 1972 Weiterbeschäftigung Nr. 11 = NZA 1999, 1154.
[276] LAG Schleswig-Holstein 22.11.1999 – 4 Sa 514/99, AP § 102 BetrVG 1972 Weiterbeschäftigung Nr. 12.
[277] LAG München 2.8.1983 – 6 Sa 439/83, AMBl BY 1985, C9.
[278] BAG 11.5.2000 – 2 AZR 54/99, AP § 102 BetrVG 1972 Weiterbeschäftigung Nr. 13 = NZA 2000, 1055.

verletzt, so dass es auf die – abzulehnende – Mindermeinung nicht ankommt, wonach die Verletzung des § 102 Abs. 4 BetrVG die Unwirksamkeit der Kündigung zur Konsequenz habe.[279]

Die sachliche Begründetheit des hinreichend konkret formulierten Widerspruchs des Betriebsrats ist keine Anspruchsvoraussetzung für den Weiterbeschäftigungsanspruch nach § 102 Abs. 5 Satz 1 BetrVG bis zum rechtskräftigen Abschluss des Kündigungsschutzprozesses.[280] Ist der Widerspruch nicht nur frist- und ordnungsgemäß eingelegt, sondern liegt auch der behauptete Widerspruchsgrund tatsächlich vor, ist die Kündigung, soweit der Arbeitnehmer dem KSchG unterfällt, nach § 1 Abs. 2 KSchG sozial ungerechtfertigt. Es liegt ein absoluter Sozialwidrigkeitsgrund vor.[281]

6. Kündigung von Betriebsratsmitgliedern

Die Hürden für den Arbeitgeber, sich von einem Betriebsratsmitglied zu trennen, sind sowohl im Betriebsverfassungsgesetz (§ 103 BetrVG) als auch im KSchG (§ 15 KSchG) hoch.[282] Mitglieder des Betriebsrats laufen stets Gefahr, aufgrund des Interessengegensatzes zwischen Arbeitgeber und Arbeitnehmern durch unbegründete Kündigungen des Arbeitgebers aus dem Betrieb entfernt zu werden. Ohne das Arbeitsverhältnis zu berühren, kann sich der Arbeitgeber vom Betriebsrat in seiner Amtsfunktion nur gemäß § 23 Abs. 1 BetrVG trennen. Der Sonderkündigungsschutz der Mandatsträger sichert die Unabhängigkeit der Mitglieder des Betriebsrats, indem der einzelne Mandatsträger vor dem Verlust seines Arbeitsplatzes geschützt wird. § 15 KSchG erstreckt den Sonderkündigungsschutz auch auf die Mitglieder der Jugend- und Auszubildendenvertretung, der Bordvertretung, des Seebetriebsrats, der Personalvertretung und der Jugendvertretung.

Beabsichtigt der Arbeitgeber, das Arbeitsverhältnis zu kündigen, ist dies nur im Rahmen und unter den Voraussetzungen einer außerordentlichen Kündigung möglich, die der Zustimmung der übrigen Betriebsratsmitglieder gemäß § 103 Abs. 1 BetrVG bedarf. Verweigert der Betriebsrat seine Zustimmung, kann das Arbeitsgericht auf Antrag des Arbeitgebers die fehlende Zustimmung des Betriebsrats ersetzen, § 103 Abs. 2 BetrVG. Im Falle tariflicher Unkündbarkeit eines Betriebsratsmitglieds bedarf es für dessen außerordentliche Kündigung nach § 15 Abs. 4 oder 5 KSchG nicht der Zustimmung des Betriebsrats.[283]

Durch die Beschränkung des Kündigungsrechts auf **außerordentliche Kündigungen mit Zustimmungserfordernis** ist gewährleistet, dass der Arbeitgeber die Arbeit der Arbeitnehmervertretung als Gremium nicht behindert oder gar unmöglich macht. § 15 KSchG dient damit nicht nur den Einzelinteressen der Arbeitnehmervertreter, sondern auch dem Interesse der gesamten Belegschaft an einer unabhängigen Amtsführung der Arbeitnehmervertretung.[284] Der Sonderkündigungsschutz eines **Ersatzbetriebsratsmitglieds** entfällt nicht schon dann, wenn sich im Nachhinein herausstellt, dass ein Vertretungsfall in Wahrheit nicht vorgelegen hat. Ausgeschlossen ist der Schutz vielmehr nur, wenn der Vertretungsfall durch kollusive Absprachen zum Schein herbeigeführt wird oder das Ersatzmitglied weiß oder sich ihm aufdrängen muss, dass kein Vertretungsfall vorliegt.[285]

Wird ein Betrieb **stillgelegt**, normiert § 15 Abs. 4 KSchG eine Ausnahme vom ordentlichen Kündigungsverbot nach § 15 Abs. 1 KSchG. Der Arbeitgeber ist im Fall der Stilllegung berechtigt, gegenüber dem Mandatsträger frühestens zum Zeitpunkt der Stilllegung eine ordentliche Kündigung auszusprechen, es sei denn, die Kündigung ist nicht zu einem früheren Zeitpunkt durch zwingende betriebliche Erfordernisse bedingt. Zwar ist der Arbeitgeber, wenn es zur Stilllegung einer Betriebsabteilung kommt, gemäß § 15 Abs. 5 Satz 1 BetrVG u.U. verpflichtet, für das dort beschäftigte Betriebsratsmitglied in einer anderen Betriebsabteilung einen geeigneten Arbeitsplatz freizukündigen.[286] Dabei sind jedoch die sozialen Belange des hiervon betroffenen Arbeitnehmers und die berechtigten betrieblichen Interessen an seiner Weiterbeschäftigung einerseits gegen die Interessen der Belegschaft an der Kontinuität der Besetzung des Betriebsrats und die Interessen des durch § 15 KSchG geschützten Arbeitnehmers an seiner Weiterbeschäftigung andererseits gegeneinander abzuwägen.[287]

---

[279] LAG Köln 19.10.2000 – 10 Sa 342/00, MDR 2001, 517.
[280] LAG Köln 24.11.2005 – 6 Sa 1172/05, AuR 2006, 212.
[281] ErfK/*Hanau/Kania*, § 102 BetrVG Rn 16.
[282] *Diller*, NZA 1998, 1163 f.
[283] BAG 18.9.1997 – 2 ABR 15/97, AP § 103 BetrVG 1972 Nr. 35.
[284] BAG 28.4.1994 – 8 AZR 209/93, NZA 1995, 168; *Mues/Eisenbeis/Legerlotz/Laber*, Hdb. zum Kündigungsrecht, Teil 2, Rn 932.
[285] LAG Köln 14.7.2004 – 7 Sa 108/04, AuR 2005, 236.
[286] BAG 13.6.2002 – 2 AZR 391/01, EzA § 15 n.F. KSchG Nr. 55.
[287] LAG Düsseldorf 15.9.2005 – 11 Sa 788/05, AE 2006, 42; LAG Düsseldorf 25.11.1997 – 8 Sa 1358/97, LAGE § 15 KschG Nr. 16.

7. Kündigung schwerbehinderter Menschen

118 Das Schwerbehindertenförderungsgesetz vom 23.4.2004[288] modifizierte den Sonderkündigungsschutz schwerbehinderter Arbeitnehmerinnen und Arbeitnehmer. Durch den neu eingefügten § 90 Abs. 2a SGB IX trat eine Reihe von Auslegungsfragen auf, die inzwischen auch zu Reaktionen in Rechtsprechung und Schrifttum geführt haben. Unverändert bedarf die Kündigung des Arbeitsverhältnisses eines schwerbehinderten Menschen durch den Arbeitgeber der **vorherigen Zustimmung des Integrationsamtes** (§ 85 SGB IX). Dieses Zustimmungserfordernis besteht nach dem Wortlaut des § 90 Abs. 2a SGB IX nicht, wenn zum Zeitpunkt der Kündigung die Eigenschaft als schwerbehinderter Mensch nicht nachgewiesen ist oder das Versorgungsamt nach Ablauf der Frist des § 69 Abs. 1 Satz 2 SGB IX eine Feststellung wegen fehlender Mithilfe nicht treffen konnte.

119 Die gesetzliche Neuregelung wurde allgemein als widersprüchlich, zumindest aber für missglückt gehalten.[289] Umstritten sind folgende Fragen:

- Ob das Zustimmungserfordernis des § 85 SGB IX automatisch dann entfällt, wenn der schwerbehinderte Mensch die Feststellung seiner Schwerbehinderung beim Versorgungsamt erst drei bis sieben Wochen vor dem Zugang der Kündigung beantragt hat.
- Ob das Zustimmungserfordernis entfällt, wenn der schwerbehinderte Mensch seinen Feststellungsantrag zeitnah eingereicht und seine Mitwirkungspflichten ordnungsgemäß erfüllt hat, das Versorgungsamt jedoch nachlässig gearbeitet und den Antrag rechtswidrig abgelehnt hat, so dass erst Rechtsmittel nach Zugang der Kündigung zum Erfolg führen.

120 Nach bisheriger Rechtsprechung des BAG griff der **Sonderkündigungsschutz des § 85 SGB IX**

- bei Offenkundigkeit der Schwerbehinderung,[290]
- bei Feststellung der Schwerbehinderung durch Bescheid vor Zugang der Kündigung beim Arbeitnehmer,
- bei Erlass des Gleichstellungsbescheids vor Zugang der Kündigung beim Arbeitnehmer,
- angesichts eines Feststellungsantrags/Verschlimmerungsantrags des Arbeitnehmers vor Zugang der Kündigung, wenn der Antrag später mit rückwirkender Kraft positiv beschieden wurde,[291]
- bei einem Gleichstellungsantrag vor Zugang der Kündigung, wenn der Antrag später mit rückwirkender Kraft, ab dem Zeitpunkt des Antragseingangs, positiv beschieden wurde und
- bei einem Feststellungsantrag/Verschlimmerungsantrag, der erst nach Zugang der Kündigung eingeht, wenn der Arbeitnehmer den Arbeitgeber zuvor bereits über seine Beeinträchtigungen und über die beabsichtigte Antragstellung beim Versorgungsamt informiert hatte.[292]

Die bisherige Rechtsprechung des BAG lief darauf hinaus, dass der Arbeitnehmer dem Arbeitgeber spätestens einen Monat seit Zugang der Kündigung eine etwaige Schwerbehinderung, Gleichstellung oder Antragstellung mitteilen musste, um Sonderkündigungsschutz zu erhalten.[293]

121 Mit Urteil vom 1.3.2007[294] beendete der 2. Senat die Diskussion um den Bedeutungsinhalt des § 90 Abs. 2a SGB IX. Vom Zustimmungserfordernis werden nach Auffassung des 2. Senats nur Kündigungen gegenüber solchen Arbeitnehmern erfasst, die bei Zugang der Kündigung bereits als Schwerbehinderte anerkannt sind oder den Antrag auf Anerkennung mindestens drei Wochen vor dem Zugang gestellt haben. Gleiches gelte für Arbeitnehmer, die einem schwerbehinderten Menschen gleichgestellt seien. Auch sie seien vom Sonderkündigungsschutz ausgeschlossen, wenn sie den Gleichstellungsantrag nicht innerhalb von drei Wochen vor der Kündigung gestellt haben.

122 Der 2. Senat beendete damit eine Debatte, die er mit seinem Urteil vom 12.1.2006[295] vorsichtig ausgelöst hatte. Die Entscheidungsgründe des Urteils vom 1.3.2007 liegen derzeit noch nicht vor. Deshalb ist die Reichweite der Entscheidung mit letzter Klarheit noch nicht bekannt. Es kann nicht ausgeschlossen werden,

---

288 BGBl. I S. 606.
289 ArbG Düsseldorf 11.5.2005 – 10 Ca 610/05, BeckRS 2005, 44037; *Griebeling*, NZA 2005, 494; *Schlewing*, NZA 2005, 1218; *Bitzer*, NZA 2006, 1082.
290 BAG 18.10.2000 – 2 AZR 380/99, NZA 2001, 315; BAG 20.1.2005 – 2 AZR 675/03, NZA 2005, 689.
291 BAG 11.5.2000 – 2 AZR 276/99, NZA 2000, 1106.
292 BAG 7.3.2002 – 2 AZR 612/00, BAGE 100, 355 = NZA 2002, 1145; BAG 20.1.2005 – 2 AZR 675/03, NZA 2005, 689.
293 BAG 20.1.2005 – 2 AZR 675/03, NZA 2005, 689.
294 BAG 1.3.2007 – 2 AZR 217/06, n.v.
295 BAG 12.1.2006 – 2 AZR 539/05, FA 2006, 305.

dass weiterhin der Fall eintreten kann, dass dem Arbeitnehmer zum Zeitpunkt des Ausspruchs der Kündigung eine Anerkennung als schwerbehinderter Mensch nicht bekannt ist. Das LAG Köln[296] meint nämlich, eine erst im Widerspruchsverfahren oder im Zuge einer Klage vor dem Verwaltungsgericht getroffene Feststellung, dass der Arbeitnehmer ein schwerbehinderter Mensch sei, wirke auf den Zeitpunkt der Antragstellung zurück. Sei der Antrag spätestens drei Wochen vor Ausspruch der Kündigung gestellt, verbleibe für den Arbeitgeber das Risiko, dass selbst ein zunächst ablehnender Antrag auf Ausstellung eines Schwerbehindertenausweises späterhin zur Feststellung der Schwerbehinderteneigenschaft führe und sich damit erst nach einer Reihe von Jahren erweise, dass die Kündigung unwirksam war. Die Ansicht des ArbG Freiburg,[297] wonach die Gleichstellung bereits zum Zeitpunkt der Kündigung vom Arbeitnehmer nachgewiesen sein müsse, damit der besondere Kündigungsschutz nach §§ 85, 68, 2 Abs. 3 SGB IX greife, ist bislang noch eine Einzelmeinung.

Das OVG Koblenz geht – entgegen dem LAG Köln[298] – von einer anderen Rechtslage aus und stützt sich bei seiner Entscheidung vom 7.3.2006[299] auf ein Urteil des LAG Düsseldorf[300] und des LAG Rheinland-Pfalz.[301] Herrschende Ansicht sei, dass der „Nachweis" der Schwerbehinderung i.S.d. § 90 Abs. 2a Alt. 1 SGB IX nicht durch einen rückwirkenden Bescheid des Versorgungsamtes im Rechtsmittelverfahren geführt werden könne. Hat das Versorgungsamt zum Zeitpunkt der Kündigung noch keine Entscheidung getroffen oder, wie in dem vom OVG Koblenz entschiedenen Fall, eine ablehnende Entscheidung gefällt, ändere eine nachträgliche Korrektur dieses Bescheids im Rechtsmittelverfahren nach Ausspruch der Kündigung nichts daran, dass es der Zustimmung des Integrationsamtes nach § 85 SGB IX nicht bedurfte. Die Entscheidung des OVG Koblenz wird kritisiert.[302] Als Ausfluss der Entscheidung des OVG Koblenz wurde im Schrifttum angesehen, dass die „3-7-Wochen-Problematik" i.S.d. verbreiteten Auffassung entschieden sei, wonach der Sonderkündigungsschutz auch ohne Mitwirkungsverschulden des Arbeitnehmers entfalle, wenn der Feststellungsantrag des Arbeitnehmers/der Arbeitnehmerin in einem Zeitraum von lediglich drei bis sieben Wochen vor dem Kündigungszugang gestellt wurde.[303]

123

Der 2. Senat hat zum Themenkomplex „Kündigung eines schwerbehinderten Menschen" außerdem entschieden, dass die **Durchführung des Präventionsverfahrens** nach § 84 Abs. 1 SGB IX keine Wirksamkeitsvoraussetzung einer Kündigung sei.[304] Kündige der Arbeitgeber einem schwerbehinderten Arbeitnehmer, ohne zuvor dieses Präventionsverfahren durchlaufen zu haben, führe dieser Umstand für sich genommen nicht zur Unwirksamkeit der Kündigung. Die Einhaltung des Präventionsverfahrens sei keine formelle Wirksamkeitsvoraussetzung für Kündigungen gegenüber Schwerbehinderten. Stehe die Pflichtverletzung in keinem Zusammenhang mit der Behinderung und verspreche das Verfahren von vornherein keinen Erfolg, so brauche es nicht durchgeführt zu werden. Könne dagegen das Präventionsverfahren beim schwerbehinderten Menschen im Arbeitsverhältnis auftretende Schwierigkeiten beseitigen, so könne die Unterlassung des Verfahrens zu Lasten des Arbeitgebers bei der Bewertung des Kündigungsgrundes Berücksichtigung finden.

124

Eine weitere Problemstellung bei der Kündigung schwerbehinderter Menschen zeigt sich angesichts eines sehr formalen Urteils des LAG Baden-Württemberg.[305] Das Integrationsamt stellte dem Arbeitgeber den vor Kündigungsausspruch gegenüber einem Schwerbehinderten erforderlichen **Zustimmungsbescheid** durch eingeschriebenen Brief über die Post zu. Nach § 4 VwZG-BW (wie auch nach den Verwaltungszustellungsgesetzen anderer Bundesländer) gilt eine **Zustellung durch die Post durch eingeschriebenen Brief** erst mit dem dritten Tag nach der Aufgabe zur Post als zugestellt, es sei denn, dass das zuzustellende Schriftstück nicht oder zu einem späteren Zeitpunkt zugegangen ist. Nach dem Wortlaut des § 88 Abs. 3 SGB IX kommt es bei einer ordentlichen Kündigung nicht auf eine möglicherweise telefonische Mitteilung der Entscheidung des Integrationsamtes an den Arbeitgeber an, sondern auf die „Zustellung" des Zustimmungsbescheids nach § 81 SGB IX.

125

---

296 LAG Köln 16.6.2006 – 12 Sa 168/06, NZA-RR 2007, 133.
297 ArbG Freiburg 31.3.2006 – 16 Ca 19/06, jurisPR-ArbR 8/2007 Nr. 1 m. Anm. *Kohte*.
298 LAG Köln 16.6.2006 – 12 Sa 168/06, NZA-RR 2007, 133.
299 OVG Koblenz 7.3.2006 – 7 A 11298/05, NZA 2006, 1108.
300 LAG Düsseldorf 22.3.2005 – 6 Sa 1938/04, LAGE § 90 SGB IX Nr. 1.
301 LAG Rheinland-Pfalz 16.3.2005 – 9 Sa 961/04, BeckRS 2005, 41784.
302 *Bitzer*, NZA 2006, 1082.
303 *Griebeling*, NZA 2005, 494; *Schlewing*, NZA 2005, 1218; *Grimm/Brock*, DB 2005, 282.
304 BAG 7.12.2006 – 2 AZR 182/06 (Pressemitteilung).
305 LAG Baden-Württemberg 22.9.2006 – 18 Sa 28/06, jurisPR-ArbR 10/2007 Nr. 5.

126 Eine ordentliche Kündigung, die ein Arbeitgeber dem Schwerbehinderten zwar nach Kenntnis von der Zustimmungsentscheidung des Integrationsamtes, aber vor Ablauf der gesetzlich normierten Drei-Tages-Frist ausspricht, ist nach Auffassung des LAG Baden-Württemberg unwirksam. Die **Drei-Tages-Frist** gelte auch, wenn der Bescheid dem Empfänger unstreitig vor Ablauf der Frist zugegangen sei. Eine Ausnahme von der gesetzlich normierten Zustellungsfiktion sehe das Gesetz nur für den Fall vor, dass das Schriftstück nachweislich später zugegangen sei, nicht aber für den Fall des früheren Zugangs.

127 Schließlich sollte ein eine außerordentliche Kündigung eines schwerbehinderten Menschen aussprechender Arbeitgeber nicht der Annahme verfallen, mit dem bestandskräftigen, zustimmenden Verwaltungsakt des Integrationsamtes stehe zugleich fest, dass die Zwei-Wochen-Frist des § 626 Abs. 2 Satz 1 BGB gewahrt sei. Von den Gerichten für Arbeitssachen ist die Einhaltung der Frist des § 626 Abs. 2 Satz 1 BGB unabhängig von einer etwaigen Zustimmungsentscheidung des Integrationsamtes eigenständig zu prüfen.[306]

B. Texte

I. Kündigungsschreiben

1. Ordentliche Kündigung allgemein

128 a) Muster: Mindestinhalt eines Kündigungsschreibens

Frau/Herrn ■■■

Sehr geehrte(r) Frau/Herr ■■■,

hiermit kündige ich den mit Ihnen bestehenden Arbeitsvertrag vom ■■■ fristgemäß zum ■■■.

Wir weisen Sie darauf hin, dass Sie sich aus Anlass der Beendigung Ihres Arbeitsverhältnisses innerhalb von drei Monaten vor Beendigung (alternativ: drei Tage nach Zugang des Kündigungsschreibens) bei der Agentur für Arbeit arbeitssuchend melden müssen (§ 37b SGB III). Wir stellen Sie hierzu frei. Kommen Sie Ihrer Verpflichtung nicht fristgerecht nach, kann die Agentur für Arbeit eine einwöchige Sperrzeit anordnen, in der Sie kein Arbeitslosengeld erhalten (§ 144 Abs. 1 Satz 2 Nr. 7 SGB III).

Mit freundlichen Grüßen

129 b) Muster: Mindestinhalt eines Kündigungsschreibens (englisch)

To ■■■

Dear ■■■,

herewith we have to inform you that we terminate your employment contract dated ■■■ with due notice as of ■■■.

In reference to the termination of your employment contract we advise you that you have to register with the local government employment office 3 month before the termination of your contract (alt.: 3 days after you have been noticed of the termination) (§ 37b SGB III). For this we will grant you leave. Should you fail to comply with this obligation the governmental employment office may reduce your unemployment compensation for one week (§ 144 Abs. 1 Satz 2 Nr. 7 SGB III).

Yours sincerely

130 c) Muster: Ausführliches Kündigungsschreiben ohne Begründung

Frau/Herrn ■■■

Kündigung des Arbeitsverhältnisses

Sehr geehrte(r) Frau/Herr ■■■,

---

[306] BAG 2.3.2006 – 2 AZR 640/05, FA 2006, 304.

hiermit kündigen wir den zwischen uns am ▬▬▬ geschlossenen Arbeitsvertrag unter Einhaltung der vertraglichen/tarifvertraglichen/gesetzlichen Frist zum ▬▬▬. Rein vorsorglich kündigen wir zum nächstmöglichen Termin.

Der Betriebsrat ist vor Ausspruch der Kündigung angehört worden. Er hat der Kündigung zustimmt/widersprochen/sich nicht geäußert.

Bis zum Ablauf der Kündigungsfrist stehen Ihnen für das Urlaubsjahr ▬▬▬ noch ▬▬▬ Urlaubstage, für das Urlaubsjahr ▬▬▬ noch ▬▬▬ Urlaubstage zu. Diesen Urlaub erteilen wir Ihnen für die Zeit bis zur Beendigung des Arbeitsverhältnisses.

Sie müssen daher am ▬▬▬ zum letzten Mal zur Arbeit erscheinen.

Ihre Arbeitspapiere werden Ihnen am letzten Arbeitstag ausgehändigt. Sollten Sie vorab für evtl. Bewerbungen ein Zwischenzeugnis oder sonstige Unterlagen benötigen, geben Sie bitte kurz in der Personalabteilung Bescheid.

Wir haben Verständnis dafür, dass unsere Entscheidung Sie hart trifft. Aber aus den Ihnen mündlich erläuterten Gründen blieb uns keine andere Wahl.

Wir weisen Sie darauf hin, dass Sie sich aus Anlass der Beendigung Ihres Arbeitsverhältnisses innerhalb von drei Monaten vor Beendigung (alternativ: drei Tage nach Zugang des Kündigungsschreibens) bei der Agentur für Arbeit arbeitssuchend melden müssen (§ 37b SGB III). Wir stellen Sie hierzu frei. Kommen Sie Ihrer Verpflichtung nicht fristgerecht nach, kann die Agentur für Arbeit eine einwöchige Sperrzeit anordnen, in der Sie kein Arbeitslosengeld erhalten (§ 144 Abs. 1 Satz 2 Nr. 7 SGB III).

Mit freundlichen Grüßen

▬▬▬ (Unterschrift Arbeitgeber)

Das Original habe ich am ▬▬▬ erhalten.

▬▬▬ (Ort, Datum, Unterschrift Mitarbeiter/in)

2. Betriebsbedingte Kündigung

a) Muster: Betriebsbedingte Kündigung wegen Auftragsrückgangs

Frau/Herrn ▬▬▬

Sehr geehrte(r) Frau/Herr ▬▬▬,

hiermit kündigen wir das mit Ihnen bestehende Arbeitsverhältnis ordentlich aus betriebsbedingten Gründen.

In den letzten Jahren ist der Auftragseingang im Bereich ▬▬▬ kontinuierlich zurückgegangen. Im laufenden Wirtschaftsjahr verzeichnen wir einen weiteren Rückgang um ▬▬▬%. Während wir im Jahre ▬▬▬ einen Auftragsumfang von ▬▬▬ EUR mit ▬▬▬ Mitarbeitern bewältigt haben, hat sich bis heute ein Arbeitskräfteüberhang entwickelt, wie der unmittelbare Zahlenvergleich ergibt. In diesem Jahr verfügen wir über einen Auftragsumfang von ▬▬▬ EUR und beschäftigen ▬▬▬ Mitarbeiter. Wir waren daher aus Kostengründen und zur Erhaltung unserer Wettbewerbsfähigkeit gehalten, ▬▬▬ Mitarbeitern zu kündigen.

Wir haben eine Sozialauswahl zwischen den vergleichbaren Arbeitnehmern entsprechend den gesetzlichen Vorgaben vorgenommen. Die Sozialauswahl hat dazu geführt, dass u.a. Ihnen gekündigt werden musste.

Die Kündigungsfrist bis zur Beendigung des Arbeitsverhältnisses beträgt ▬▬▬, so dass angesichts unserer mit heutigem Schreiben ausgesprochenen Kündigung das Arbeitsverhältnis zum ▬▬▬ endet.

Der Betriebsrat ist vor Ausspruch der Kündigung ordnungsgemäß angehört worden. Er hat sich innerhalb der gesetzlichen Frist nicht geäußert/der Kündigung zugestimmt/der Kündigung widersprochen. Eine Kopie der Stellungnahme des Betriebsrats fügen wir als Anlage bei.

Wir bitten Sie für unsere Entscheidung um Verständnis.

Wir weisen Sie darauf hin, dass Sie sich aus Anlass der Beendigung Ihres Arbeitsverhältnisses innerhalb von drei Monaten vor Beendigung (alternativ: drei Tage nach Zugang des Kündigungsschreibens) bei der Agentur für Arbeit arbeitssuchend melden müssen (§ 37b SGB III). Wir stellen Sie hierzu frei. Kommen Sie Ihrer Verpflichtung nicht fristgerecht nach, kann die Agentur für Arbeit eine einwöchige Sperrzeit anordnen, in der Sie kein Arbeitslosengeld erhalten (§ 144 Abs. 1 Satz 2 Nr. 7 SGB III).

Mit freundlichen Grüßen

132 b) Muster: Betriebsbedingte Kündigung wegen Leistungsverdichtung

↓

Frau/Herrn ▄▄▄

Sehr geehrte(r) Frau/Herr ▄▄▄,

hiermit kündigen wir das mit Ihnen bestehende Arbeitsverhältnis ordentlich aus betriebsbedingten Gründen.

Wir haben uns entschlossen, einige organisatorische Änderungen einzuführen und in diesem Zusammenhang die Arbeit mit weniger Personal zu erledigen. Wir halten es für betriebswirtschaftlich notwendig, die Arbeit in dem Bereich ▄▄▄, die bislang von ▄▄▄ Mitarbeitern erledigt wurde, durch eine Mitarbeiterzahl von ▄▄▄ künftig bewältigen zu lassen. Ferner wollen wir in der Abteilung ▄▄▄ künftig statt mit ▄▄▄ Mitarbeitern mit ▄▄▄ Mitarbeitern die anstehenden Aufgaben erledigen.

Organisatorisch ändert sich dadurch Folgendes: ▄▄▄

Wir haben nach Maßgabe des Gesetzes eine Sozialauswahl unter den mit Ihnen vergleichbaren Arbeitnehmern vorgenommen. Dabei hat sich ergeben, dass Ihnen zu kündigen war.

Die Kündigungsfrist bis zur Beendigung des Arbeitsverhältnisses beträgt ▄▄▄, so dass angesichts unserer mit heutigem Schreiben ausgesprochenen Kündigung das Arbeitsverhältnis zum ▄▄▄ endet.

Der Betriebsrat ist vor Ausspruch der Kündigung ordnungsgemäß angehört worden. Er hat sich innerhalb der gesetzlichen Frist nicht geäußert/der Kündigung zugestimmt/der Kündigung widersprochen. Eine Kopie der Stellungnahme des Betriebsrats fügen wir als Anlage bei.

Wir bitten Sie für unsere Entscheidung um Verständnis.

Wir weisen Sie darauf hin, dass Sie sich aus Anlass der Beendigung Ihres Arbeitsverhältnisses innerhalb von drei Monaten vor Beendigung (alternativ: drei Tage nach Zugang des Kündigungsschreibens) bei der Agentur für Arbeit arbeitssuchend melden müssen (§ 37b SGB III). Wir stellen Sie hierzu frei. Kommen Sie Ihrer Verpflichtung nicht fristgerecht nach, kann die Agentur für Arbeit eine einwöchige Sperrzeit anordnen, in der Sie kein Arbeitslosengeld erhalten (§ 144 Abs. 1 Satz 2 Nr. 7 SGB III).

Mit freundlichen Grüßen

↑

133 c) Muster: Betriebsbedingte Kündigung wegen Produktionsrückgangs

↓

Frau/Herrn ▄▄▄

Sehr geehrte(r) Frau/Herr ▄▄▄,

hiermit kündigen wir das mit Ihnen bestehende Arbeitsverhältnis ordentlich aus betriebsbedingten Gründen.

Wie Sie selbst in den vergangenen Wochen/Monaten beobachtet haben werden, haben wir einen deutlichen Produktionsrückgang zu verzeichnen. Statt, wie bislang üblich, ▄▄▄ Teile pro Tag/pro Woche zu produzieren, fertigen wir nunmehr nur noch ▄▄▄ Teile pro Tag/pro Woche. Wir müssen deshalb dringend Personal abbauen, um die Existenz des Unternehmens nicht zu gefährden. Wir mussten außerdem in den letzten Jahren mit Rücksicht auf den Wettbewerb Preiskonzessionen machen. So betrug der Preis für ▄▄▄ noch bis zum Jahre ▄▄▄ ▄▄▄ EUR, während wir heute am Markt einen Preis von ▄▄▄ EUR erzielen können. Den dadurch eingetretenen Gewinnverfall haben wir nicht länger aufhalten können, wobei wir in den vergangenen Jahren alle organisatorischen Maßnahmen ausgeschöpft haben, um nicht über Personalmaßnahmen reagieren zu müssen. Wir haben, wie Sie wissen, ▄▄▄.

Wir haben nach Maßgabe des Kündigungsschutzgesetzes eine Sozialauswahl unter den in Frage kommenden Mitarbeiterinnen und Mitarbeitern vorgenommen. Die Sozialauswahl hat im Ergebnis dazu geführt, dass wir Ihnen, zusammen mit anderen betroffenen Mitarbeitern, kündigen müssen.

Die Kündigungsfrist bis zur Beendigung des Arbeitsverhältnisses beträgt ▄▄▄, so dass angesichts unserer mit heutigem Schreiben ausgesprochenen Kündigung das Arbeitsverhältnis zum ▄▄▄ endet.

Der Betriebsrat ist vor Ausspruch der Kündigung ordnungsgemäß angehört worden. Er hat sich innerhalb der gesetzlichen Frist nicht geäußert/der Kündigung zugestimmt/der Kündigung widersprochen. Eine Kopie der Stellungnahme des Betriebsrats fügen wir als Anlage bei.

Wir bitten Sie für unsere Entscheidung um Verständnis.

Wir weisen Sie darauf hin, dass Sie sich aus Anlass der Beendigung Ihres Arbeitsverhältnisses innerhalb von drei Monaten vor Beendigung (alternativ: drei Tage nach Zugang des Kündigungsschreibens) bei der Agentur für Arbeit arbeitssuchend melden müssen (§ 37b SGB III). Wir stellen Sie hierzu frei. Kommen Sie Ihrer Verpflichtung nicht fristgerecht nach, kann die Agentur für Arbeit eine einwöchige Sperrzeit anordnen, in der Sie kein Arbeitslosengeld erhalten (§ 144 Abs. 1 Satz 2 Nr. 7 SGB III).

Mit freundlichen Grüßen

d) Muster: Betriebsbedingte Kündigung wegen Betriebsteilstilllegung

Frau/Herrn ▃▃▃

Sehr geehrte(r) Frau/Herr ▃▃▃,

hiermit kündigen wir das mit Ihnen bestehende Arbeitsverhältnis ordentlich aus betriebsbedingten Gründen.

Die Geschäftsleitung hat sich entschlossen, den Betriebsteil ▃▃▃ stillzulegen. Eine über Jahre kontinuierlich zu beobachtende Nachfrageschwäche unserer Artikel, ein aus unserer Sicht ruinöser Preiswettbewerb und der Umstand, dass für die nächsten Jahre keine Trendwende erkennbar ist, haben die Geschäftsleitung zu der Betriebsteilstilllegung bewogen. Damit muss allen Mitarbeitern des Betriebsteils ▃▃▃ gekündigt werden, somit auch Ihnen. In anderen Betriebsteilen sind derzeit leider keine Stellen vakant, die wir Ihnen alternativ hätten zur Verfügung stellen können.

Die Kündigungsfrist bis zur Beendigung des Arbeitsverhältnisses beträgt ▃▃▃, so dass angesichts unserer mit heutigem Schreiben ausgesprochenen Kündigung das Arbeitsverhältnis zum ▃▃▃ endet.

Der Betriebsrat ist vor Ausspruch der Kündigung ordnungsgemäß angehört worden. Er hat sich innerhalb der gesetzlichen Frist nicht geäußert/der Kündigung zugestimmt/der Kündigung widersprochen. Eine Kopie der Stellungnahme des Betriebsrats fügen wir als Anlage bei.

Wir bitten Sie für unsere Entscheidung um Verständnis.

Wir weisen Sie darauf hin, dass Sie sich aus Anlass der Beendigung Ihres Arbeitsverhältnisses innerhalb von drei Monaten vor Beendigung (alternativ: drei Tage nach Zugang des Kündigungsschreibens) bei der Agentur für Arbeit arbeitssuchend melden müssen (§ 37b SGB III). Wir stellen Sie hierzu frei. Kommen Sie Ihrer Verpflichtung nicht fristgerecht nach, kann die Agentur für Arbeit eine einwöchige Sperrzeit anordnen, in der Sie kein Arbeitslosengeld erhalten (§ 144 Abs. 1 Satz 2 Nr. 7 SGB III).

Mit freundlichen Grüßen

e) Muster: Betriebsbedingte Kündigung mit Abfindungsanspruch

Frau/Herrn ▃▃▃

Sehr geehrte(r) Frau/Herr ▃▃▃,

hiermit kündigen wir das mit Ihnen bestehende Arbeitsverhältnis wegen dringender betrieblicher Erfordernisse nach § 1 Abs. 2 Satz 1 KSchG fristgerecht zum ▃▃▃. Sollten Sie gegen diese Kündigung keine Kündigungsschutzklage beim Arbeitsgericht erheben, können Sie nach Verstreichenlassen der Klagefrist von drei Wochen zum Tag der Beendigung Ihres Arbeitsverhältnisses eine Abfindung beanspruchen, die sich gemäß § 1a Abs. 2 KSchG wie folgt berechnet: Für jedes Jahr des Bestehens des Arbeitsverhältnisses beträgt die Abfindung 0,5 Monatsverdienste. Bei der Ermittlung der Dauer des Arbeitsverhältnisses wird ein Zeitraum von mehr als sechs Monaten auf ein volles Jahr aufgerundet.

Wir weisen Sie darauf hin, dass Sie sich aus Anlass der Beendigung Ihres Arbeitsverhältnisses innerhalb von drei Monaten vor Beendigung (alternativ: drei Tage nach Zugang des Kündigungsschreibens) bei der Agentur für Arbeit arbeitssuchend melden müssen (§ 37b SGB III). Wir stellen Sie hierzu frei. Kommen Sie Ihrer Verpflichtung nicht fristgerecht nach, kann die Agentur für Arbeit eine einwöchige Sperrzeit anordnen, in der Sie kein Arbeitslosengeld erhalten (§ 144 Abs. 1 Satz 2 Nr. 7 SGB III).

Mit freundlichen Grüßen

136 f) Muster: Betriebsbedingte Kündigung mit Angebot eines Abwicklungsvertrages

↓

Frau/Herrn ▪▪▪

Sehr geehrte(r) Frau/Herr ▪▪▪,

die betrieblichen Verhältnisse zwingen uns dazu, das mit Ihnen bestehende Arbeitsverhältnis unter Einhaltung der für Sie maßgeblichen Kündigungsfrist von ▪▪▪ Monaten zum ▪▪▪ zu kündigen. Sie sind nicht der einzige Mitarbeiter, von dem wir uns aus betriebsbedingten Gründen trennen müssen. Der Betriebsrat ist gemäß § 102 Abs. 1 BetrVG gehört worden. Wir hatten eine Sozialauswahl zu treffen, die zum Ergebnis hat, dass Ihnen und anderen Mitarbeitern gekündigt werden musste.

Sie gehören zu den seit längerem in unserem Unternehmen tätigen Mitarbeitern. Für den Fall, dass Sie unsere Entscheidung akzeptieren, bieten wir Ihnen eine Entlassungsentschädigung in Höhe von ▪▪▪ EUR an. Wir würden dann mit Ihnen einen Abwicklungsvertrag schließen, in dem wir uns zur Zahlung der vorgenannten Abfindung verpflichten.

Bitte teilen Sie uns Ihre Entscheidung bis zum ▪▪▪ mit.

Wir weisen Sie darauf hin, dass Sie sich aus Anlass der Beendigung Ihres Arbeitsverhältnisses innerhalb von drei Monaten vor Beendigung (alternativ: drei Tage nach Zugang des Kündigungsschreibens) bei der Agentur für Arbeit arbeitssuchend melden müssen (§ 37b SGB III). Wir stellen Sie hierzu frei. Kommen Sie Ihrer Verpflichtung nicht fristgerecht nach, kann die Agentur für Arbeit eine einwöchige Sperrzeit anordnen, in der Sie kein Arbeitslosengeld erhalten (§ 144 Abs. 1 Satz 2 Nr. 7 SGB III).

Mit freundlichen Grüßen

↑

137 g) Muster: Stilllegungsbeschluss der Gesellschafter einer GmbH zur Vorbereitung betriebsbedingter Kündigungen

↓

Die Unterzeichner bilden die Gesellschafterversammlung der Firma ▪▪▪. Unter Verzicht auf alle Formen und Fristen der Einberufung und Durchführung beschließen sie einstimmig Folgendes:

1. Der Betrieb der Firma ▪▪▪ in ▪▪▪ wird mit Ablauf des ▪▪▪ stillgelegt.

2. Die Geschäftsführer der Firma ▪▪▪ werden angewiesen, die dazu erforderlichen Maßnahmen durchzuführen, insbesondere allen dem Betrieb ▪▪▪ angehörenden Mitarbeitern zu kündigen.

▪▪▪ (Datum, Unterschrift Gesellschafter)

↑

3. Verhaltensbedingte Kündigung

138 a) Muster: Verhaltensbedingte Kündigung

↓

Frau/Herrn ▪▪▪

Sehr geehrte(r) Frau/Herr ▪▪▪,

hiermit kündigen wir das mit Ihnen bestehende Arbeitsverhältnis ordentlich aus verhaltensbedingten Gründen.

▪▪▪ (Schilderung des Geschehens).

Wegen der gleichen arbeitsvertraglichen Pflichtwidrigkeit sind Sie bereits mehrfach abgemahnt worden, und zwar am ▪▪▪ und am ▪▪▪.

Trotz wiederholter Abmahnungen haben Sie Ihr Verhalten nicht geändert. Damit besteht die Gefahr weiterer Verstöße. Wir sehen uns deshalb gezwungen, das Arbeitsverhältnis durch Kündigung nunmehr zu beenden.

Die Kündigungsfrist beträgt in Ihrem Falle ▪▪▪ Monate zum Monatsende. Das Arbeitsverhältnis endet somit am ▪▪▪.

Der Betriebsrat ist vor Ausspruch der Kündigung ordnungsgemäß angehört worden. Er hat der Kündigung zugestimmt/der Kündigung widersprochen/sich nicht innerhalb der gesetzlichen Frist geäußert.

Wir weisen Sie darauf hin, dass Sie sich aus Anlass der Beendigung Ihres Arbeitsverhältnisses innerhalb von drei Monaten vor Beendigung (alternativ: drei Tage nach Zugang des Kündigungsschreibens) bei der Agentur für Arbeit arbeitssuchend melden müssen (§ 37b SGB III). Wir stellen Sie hierzu frei. Kommen Sie Ihrer Verpflichtung nicht fristgerecht nach, kann die Agentur für Arbeit eine einwöchige Sperrzeit anordnen, in der Sie kein Arbeitslosengeld erhalten (§ 144 Abs. 1 Satz 2 Nr. 7 SGB III).

Mit freundlichen Grüßen

4. Personenbedingte Kündigung

a) Muster: Personenbedingte Kündigung wegen langanhaltender Krankheit

Frau/Herrn ▄▄▄
Sehr geehrte(r) Frau/Herr ▄▄▄,
hiermit kündigen wir das mit Ihnen bestehende Arbeitsverhältnis ordentlich aus personenbedingten Gründen.
Sie haben in den letzten vier Jahren folgende Arbeitsunfähigkeitszeiten wegen Krankheit aufzuweisen:
Vom ▄▄▄ bis zum ▄▄▄ haben Sie krankheitsbedingt gefehlt, somit ▄▄▄ Tage.
Vom ▄▄▄ bis zum ▄▄▄ haben Sie krankheitsbedingt gefehlt, somit ▄▄▄ Tage.
Vom ▄▄▄ bis zum ▄▄▄ haben Sie krankheitsbedingt gefehlt, somit ▄▄▄ Tage.
Vom ▄▄▄ bis zum ▄▄▄ haben Sie krankheitsbedingt gefehlt, somit ▄▄▄ Tage.
Vom ▄▄▄ bis zum ▄▄▄ haben Sie krankheitsbedingt gefehlt, somit ▄▄▄ Tage.
Vom ▄▄▄ bis zum ▄▄▄ haben Sie krankheitsbedingt gefehlt, somit ▄▄▄ Tage.
Vom ▄▄▄ bis zum ▄▄▄ haben Sie krankheitsbedingt gefehlt, somit ▄▄▄ Tage.
Vom ▄▄▄ bis zum ▄▄▄ haben Sie krankheitsbedingt gefehlt, somit ▄▄▄ Tage.
Vom ▄▄▄ bis zum ▄▄▄ haben Sie krankheitsbedingt gefehlt, somit ▄▄▄ Tage.
Insgesamt ergeben sich damit innerhalb von ▄▄▄ Jahren ▄▄▄ Fehltage.
Die Anzahl Ihrer bisherigen Fehltage ergibt eine negative Gesundheitsprognose. Auf unsere Frage im Personalgespräch vom ▄▄▄, aufgrund welcher Umstände wir zu der Annahme kommen sollen, dass sich für Sie in Zukunft eine andere gesundheitliche Entwicklung ergibt, konnten Sie uns keine Tatsachen benennen.
Ihre andauernden Fehlzeiten haben zu erheblichen Störungen im Betriebsablauf und zu erheblichen wirtschaftlichen Belastungen des Unternehmens geführt. Insgesamt sind durch Sie im Zeitraum von ▄▄▄ Jahren ▄▄▄ EUR Entgeltfortzahlungskosten entstanden, die wir, unabhängig von den Betriebsablaufstörungen, nicht länger hinnehmen können.
Wir haben schließlich eine Interessenabwägung durchgeführt, um zwischen Ihrem Interesse am Erhalt des Arbeitsplatzes und unseren Interessen abzuwägen. Wir haben die Ursachen Ihrer Erkrankung, die Dauer Ihrer Betriebszugehörigkeit, Ihren Familienstand u.v.m. berücksichtigt. Wir sind jedoch zu dem Ergebnis gekommen, dass die harten Fakten, nämlich ständige Betriebsablaufstörungen und die hohen Kosten, die unser Unternehmen bislang getragen hat, in der heutigen Wettbewerbssituation zwingend überwiegen.
Die Kündigungsfrist für die Beendigung Ihres Arbeitsverhältnisses beträgt ▄▄▄ Monate. Ihr Arbeitsverhältnis endet damit zum ▄▄▄.
Der Betriebsrat ist vor Ausspruch der Kündigung ordnungsgemäß angehört worden. Er hat der Kündigung zugestimmt/der Kündigung widersprochen/sich nicht innerhalb der gesetzlichen Frist geäußert.
Wir weisen Sie darauf hin, dass Sie sich aus Anlass der Beendigung Ihres Arbeitsverhältnisses innerhalb von drei Monaten vor Beendigung (alternativ: drei Tage nach Zugang des Kündigungsschreibens) bei der Agentur für Arbeit arbeitssuchend melden müssen (§ 37b SGB III). Wir stellen Sie hierzu frei. Kommen Sie Ihrer Verpflichtung nicht fristgerecht nach, kann die Agentur für Arbeit eine einwöchige Sperrzeit anordnen, in der Sie kein Arbeitslosengeld erhalten (§ 144 Abs. 1 Satz 2 Nr. 7 SGB III).

Mit freundlichen Grüßen

5. Außerordentliche Kündigung

140 a) Muster: Außerordentliche Kündigung

↓

Frau/Herrn ▬▬▬

Sehr geehrte(r) Frau/Herr ▬▬▬,

hiermit erklären wir die außerordentliche, fristlose Kündigung Ihres Arbeitsverhältnisses.

Unsere Kündigungsentscheidung basiert auf folgendem Sachverhalt: ▬▬▬

Außerdem kündigen wir das Arbeitsverhältnis aus den vorgenannten Gründen hilfsweise fristgemäß zum ▬▬▬.

Der Betriebsrat ist zu der außerordentlichen Kündigung sowie der hilfsweisen ordentlichen Kündigung angehört worden und hat den Kündigungen zugestimmt/widersprochen/sich nicht innerhalb der gesetzlichen Frist geäußert.

Zwecks Abwicklung Ihres Arbeitsverhältnisses setzen Sie sich bitte mit der Personalabteilung in Verbindung.

Wir weisen Sie darauf hin, dass Sie sich aus Anlass der Beendigung Ihres Arbeitsverhältnisses innerhalb von drei Tagen nach Zugang des Kündigungsschreibens bei der Agentur für Arbeit arbeitsuchend melden müssen (§ 37b SGB III). Kommen Sie Ihrer Verpflichtung nicht fristgerecht nach, kann die Agentur für Arbeit eine einwöchige Sperrzeit anordnen, in der Sie kein Arbeitslosengeld erhalten (§ 144 Abs. 1 Satz 2 Nr. 7 SGB III).

Mit freundlichen Grüßen

6. Ordentliche Änderungskündigung

141 a) Muster: Unbedingte ordentliche Änderungskündigung

↓

Frau/Herrn ▬▬▬

Sehr geehrte(r) Frau/Herr ▬▬▬,

wir sehen uns zu unserem Bedauern gezwungen, Ihr Arbeitsverhältnis aus betriebsbedingten/personenbedingten/verhaltensbedingten Gründen unter Einhaltung der bei Ihnen bestehenden Kündigungsfrist zu kündigen.

Ihr Arbeitsverhältnis endet demzufolge zum ▬▬▬.

Die Kündigung erfolgt aus folgenden Gründen: ▬▬▬

Wir bieten Ihnen gleichzeitig an, das Arbeitsverhältnis ab dem ▬▬▬ (Datum identisch mit Ende der Kündigungsfrist) zu folgenden neuen Bedingungen fortzusetzen:

Ihre Tätigkeit umfasst künftig folgenden Bereich: ▬▬▬

Als Vergütung erhalten Sie künftig ▬▬▬.

Im Übrigen gelten die Bedingungen Ihres Arbeitsvertrages unverändert fort.

Teilen Sie uns innerhalb einer Woche nach Zugang dieses Schreibens mit, ob Sie mit den geänderten Arbeitsbedingungen und mit einer Fortsetzung des Arbeitsverhältnisses einverstanden sind. Andernfalls endet das Arbeitsverhältnis mit Ablauf der Kündigungsfrist.

Der Betriebsrat wurde vor Ausspruch dieser Kündigung ordnungsgemäß gehört, er hat der Änderungskündigung zugestimmt/widersprochen/sich nicht innerhalb der gesetzlichen Frist geäußert.

Wir weisen Sie darauf hin, dass Sie sich aus Anlass der Beendigung Ihres Arbeitsverhältnisses innerhalb von drei Monaten vor Beendigung (alternativ: drei Tage nach Zugang des Kündigungsschreibens) bei der Agentur für Arbeit arbeitsuchend melden müssen (§ 37b SGB III). Wir stellen Sie hierzu frei. Kommen Sie Ihrer Verpflichtung nicht fristgerecht nach, kann die Agentur für Arbeit eine einwöchige Sperrzeit anordnen, in der Sie kein Arbeitslosengeld erhalten (§ 144 Abs. 1 Satz 2 Nr. 7 SGB III).

Mit freundlichen Grüßen

b) Muster: Unbedingte ordentliche Änderungskündigung wegen Organisationsänderung im öffentlichen Dienst 142

↓

Frau/Herrn ■■■

Sehr geehrte(r) Frau/Herr ■■■,

aufgrund der mit Ihnen im Einzelnen ausführlich besprochenen Notwendigkeit, die Organisationsstruktur der Abteilung ■■■ zu ändern, ist Ihre Weiterbeschäftigung zu den bisherigen Arbeitsbedingungen nicht möglich. Aus der Abteilung ■■■ wird der Bereich ■■■ ausgegliedert. Im Verantwortungsbereich Ihrer bisherigen Abteilung verbleibt damit nur noch der Bereich ■■■. Aufgrund des Wegfalls wesentlicher Aufgaben Ihres Verantwortungsbereichs ist Ihre Position neu bewertet worden.

Daher kündigen wir das mit Ihnen bestehende Arbeitsverhältnis zum ■■■. Wir bieten Ihnen jedoch an, das Arbeitsverhältnis ab dem ■■■ zu geänderten Bedingungen fortzusetzen. Verbunden mit Ihrer neuen Aufgabenstellung sollen Sie ab dem ■■■ in die Vergütungsgruppe ■■■ eingruppiert werden.

Bitte teilen Sie uns innerhalb von drei Wochen nach Zustellung dieses Schreibens schriftlich mit, ob Sie dieses Angebot annehmen. Andernfalls endet das Arbeitsverhältnis zum ■■■.

Der Personalrat hat der Änderungskündigung und der Herabgruppierung zugestimmt/widersprochen/sich nicht innerhalb der gesetzlichen Frist geäußert.

Wir weisen Sie darauf hin, dass Sie sich aus Anlass der Beendigung Ihres Arbeitsverhältnisses innerhalb von drei Monaten vor Beendigung (alternativ: drei Tage nach Zugang des Kündigungsschreibens) bei der Agentur für Arbeit arbeitssuchend melden müssen (§ 37b SGB III). Wir stellen Sie hierzu frei. Kommen Sie Ihrer Verpflichtung nicht fristgerecht nach, kann die Agentur für Arbeit eine einwöchige Sperrzeit anordnen, in der Sie kein Arbeitslosengeld erhalten (§ 144 Abs. 1 Satz 2 Nr. 7 SGB III).

Mit freundlichen Grüßen

↑

c) Muster: Bedingte ordentliche Änderungskündigung 143

↓

Frau/Herrn ■■■

Sehr geehrte(r) Frau/Herr ■■■,

hiermit kündigen wir das mit Ihnen bestehende Arbeitsverhältnis fristgerecht zum ■■■, falls Sie nicht bereit sind, das Arbeitsverhältnis ab dem ■■■ zu folgenden geänderten Bedingungen fortzusetzen: ■■■. Im Übrigen würde es bei den bisherigen arbeitsvertraglichen Regelungen verbleiben. Teilen Sie uns bitte bis zum ■■■ Ihr eventuelles Einverständnis mit. Erfolgt Ihre Einverständniserklärung nicht oder nicht fristgerecht, tritt die Kündigung in Kraft.[307]

Der Betriebsrat hat der Änderungskündigung zugestimmt/widersprochen/sich nicht innerhalb der gesetzlichen Frist geäußert.

Wir weisen Sie darauf hin, dass Sie sich aus Anlass der Beendigung Ihres Arbeitsverhältnisses innerhalb von drei Monaten vor Beendigung (alternativ: drei Tage nach Zugang des Kündigungsschreibens) bei der Agentur für Arbeit arbeitssuchend melden müssen (§ 37b SGB III). Wir stellen Sie hierzu frei. Kommen Sie Ihrer Verpflichtung nicht fristgerecht nach, kann die Agentur für Arbeit eine einwöchige Sperrzeit anordnen, in der Sie kein Arbeitslosengeld erhalten (§ 144 Abs. 1 Satz 2 Nr. 7 SGB III).

Mit freundlichen Grüßen

↑

7. Außerordentliche Änderungskündigung

a) Muster: Außerordentliche Änderungskündigung 144

↓

Frau/Herrn ■■■

Sehr geehrte(r) Frau/Herr ■■■,

hiermit erklären wir die außerordentliche fristlose Kündigung Ihres Arbeitsverhältnisses.

---

307 *Kleinebrink*, ArbRB 2005, 150, 152.

Unsere Kündigungsentscheidung basiert auf folgendem Sachverhalt: ■■■

Außerdem kündigen wir das Arbeitsverhältnis aus den vorgenannten Gründen hilfsweise fristgemäß zum ■■■.

Wir bieten Ihnen gleichzeitig an, das Arbeitsverhältnis ab sofort zu folgenden neuen Bedingungen fortzusetzen:

Ihre Tätigkeit umfasst künftig folgenden Bereich: ■■■

Als Vergütung erhalten Sie künftig ■■■.

Im Übrigen gelten die Bestimmungen Ihres Arbeitsvertrages unverändert fort.

Teilen Sie uns bitte umgehend mit, ob Sie mit den geänderten Arbeitsbedingungen und mit einer Fortsetzung des Arbeitsverhältnisses einverstanden sind. Anderenfalls endet das Arbeitsverhältnis mit sofortiger Wirkung.

Der Betriebsrat wurde zu der außerordentlichen Kündigung sowie der hilfsweisen ordentlichen Kündigung angehört. Er hat den Kündigungen zugestimmt/widersprochen/sich nicht innerhalb der gesetzlichen Frist geäußert.

Wir weisen Sie darauf hin, dass Sie sich aus Anlass der Beendigung Ihres Arbeitsverhältnisses innerhalb von drei Tagen nach Zugang des Kündigungsschreibens bei der Agentur für Arbeit arbeitsuchend melden müssen (§ 37b SGB III). Kommen Sie dieser Verpflichtung nicht fristgerecht nach, kann die Agentur für Arbeit eine einwöchige Sperrzeit anordnen, in der Sie kein Arbeitslosengeld erhalten (§ 144 Abs. 1 Satz 2 Nr. 7 SGB III).

Mit freundlichen Grüßen

8. Arbeitnehmerreaktionen[308]

 a) Muster: Aufforderung, die Gründe der Sozialauswahl mitzuteilen

An die
Personalabteilung
im Hause

Betr.: Meine betriebsbedingte Kündigung

Sehr geehrte Damen und Herren,

mit Schreiben vom ■■■ haben Sie mein Arbeitsverhältnis zum ■■■ gekündigt. Sie haben mir mitgeteilt, dass betriebsbedingte Gründe hierfür den Ausschlag gegeben haben.

Gemäß § 1 Abs. 3 KSchG fordere ich Sie auf, mir die Gründe mitzuteilen, die im Rahmen der Sozialauswahl dazu geführt haben, dass ich als sozial Stärkerer im Verhältnis zu anderen Arbeitsplatzinhabern gelte.

In der Abteilung ■■■ werden meines Wissens mehrere jüngere Kolleginnen und Kollegen beschäftigt, die keine Unterhaltsverpflichtungen haben.

Ich bitte um kurzfristige Beantwortung meiner Anfrage.

Mit freundlichen Grüßen

 b) Muster: Aufforderung, die Gründe einer außerordentlichen Kündigung mitzuteilen

An die
Personalabteilung
im Hause

Betr.: Meine fristlose Kündigung

Sehr geehrte Damen und Herren,

Sie haben mit Schreiben vom ■■■ mein Arbeitsverhältnis fristlos gekündigt. Sie haben mir die Gründe Ihrer Entscheidung bislang nicht mitgeteilt. Gemäß § 626 Abs. 2 BGB fordere ich Sie hiermit auf, mir unverzüglich die Gründe der außerordentlichen Kündigung mitzuteilen.

Mit freundlichen Grüßen

---

[308] Soweit die Reaktionen nicht durch den Arbeitnehmer, sondern durch seinen Anwalt erfolgen, wird angeregt, die Muster 6372 bis 6378 (§ 6 Rn 277 ff.) zu verwenden.

c) Muster: Außerordentliche Kündigung durch den Arbeitnehmer wegen Gehaltsrückstands

An die

Personalabteilung

im Hause

Betr.: Außerordentliche Kündigung

Sehr geehrte Damen und Herren,

hiermit erkläre ich die außerordentliche, fristlose Kündigung meines Arbeitsverhältnisses.

Seit ▬▬▬ Wochen warte ich auf mein Gehalt für den Monat ▬▬▬. Auch vom ▬▬▬-Gehalt fehlen mir noch ▬▬▬ EUR. Aus diesem Grund habe ich Sie mit Schreiben vom ▬▬▬ abgemahnt und für den Fall der weiteren Verzögerung der Zahlung die fristlose Kündigung angedroht. Da seither keinerlei Zahlungen an mich geleistet wurden, sehe ich mich dazu gezwungen, das Arbeitsverhältnis mit sofortiger Wirkung zu kündigen.

Außerdem kündige ich das Arbeitsverhältnis aus den vorgenannten Gründen hilfsweise fristgemäß zum ▬▬▬.

Das noch ausstehende Gehalt bitte ich umgehend auf mein Konto zu überweisen.

Mit freundlichen Grüßen

↑

II. Kommunikation bei der Kündigung mit Betriebsrat, Sprecherausschuss und Integrationsamt

1. Muster: Einholung der Zustimmung des Integrationsamtes[309]

An das

Integrationsamt

Betr.: Schwerbehinderter: ▬▬▬ (Name, Vorname, Geburtsdatum, falls bekannt: Aktenzeichen des zuständigen Versorgungsamtes)

Sehr geehrte Damen und Herren,

wir beantragen die Zustimmung zur ordentlichen Kündigung des Schwerbehinderten ▬▬▬ (Name, Adresse, Geburtsdatum, falls bekannt: Aktenzeichen des Versorgungsamtes).

Der Schwerbehinderte ist ledig/verheiratet/verwitwet/geschieden. Er hat einen Grad der Behinderung von ▬▬▬%. Er hat folgende Unterhaltsverpflichtungen: ▬▬▬. Die Schwerbehinderung ist nachgewiesen durch ▬▬▬/nicht nachgewiesen. Ein Antrag auf Feststellung des Grades der Schwerbehinderung ist beim Versorgungsamt ▬▬▬ am ▬▬▬ gestellt worden.

Der Schwerbehinderte wurde am ▬▬▬ eingestellt. Er ist als ▬▬▬ tätig. Das letzte Bruttomonatsgehalt betrug ▬▬▬ EUR.

Die Kündigung soll mit einer gesetzlichen Kündigungsfrist von ▬▬▬ zum ▬▬▬ erfolgen (alternativ: Wir beabsichtigen, dem Schwerbehinderten außerordentlich fristlos zu kündigen).

Die Kündigung ist erforderlich, weil ▬▬▬.

Durch die Kündigung wird Frau/Herr ▬▬▬ nicht behindertenspezifisch benachteiligt.

Der Antragsteller beschäftigt ▬▬▬ Arbeitnehmer. Die Pflichtzahl beträgt ▬▬▬. Zurzeit werden ▬▬▬ Schwerbehinderte beschäftigt. Hiervon sind ▬▬▬ älter als 50 Jahre. Bei ▬▬▬ Arbeitnehmern/Arbeitnehmerinnen liegen die Voraussetzungen des § 72 SGB IX vor.

Für weitere Auskünfte steht Ihnen Herr ▬▬▬ zur Verfügung.

Wir fügen die Stellungnahme des Betriebsrats der Schwerbehindertenvertretung bei.

Die Fürsorgestelle der Stadt ▬▬▬ hat eine Kopie dieses Schreibens unmittelbar erhalten.

---

[309] Muster in Anlehnung an *Pauly/Steinweg*, in: Heidel/Pauly/Amend, AnwaltFormulare, 3. Rn 365.

2. Muster: Antrag auf Zustimmung zur Kündigung in der Elternzeit

An den
Regierungspräsidenten

Betr.: Antrag auf Zustimmung zur ordentlichen Kündigung des/der ▪▪▪

Sehr geehrte Damen und Herren,

wir beabsichtigen, Frau/Herrn ▪▪▪ ordentlich zu kündigen. Wir bitten Sie um Ihre Zustimmung gemäß § 18 Abs. 1 Satz 2 und 3 BEEG. Wir begründen unseren Antrag wie folgt:

Frau/Herr ▪▪▪ ist bei uns als ▪▪▪ seit ▪▪▪ beschäftigt. Sie/Er verdient zurzeit ▪▪▪ EUR brutto/monatlich. Wir beabsichtigen, Herrn/Frau ▪▪▪ zum ▪▪▪ zu kündigen. Die maßgebliche Kündigungsfrist beträgt ▪▪▪.

Herr/Frau ▪▪▪ ist seit dem ▪▪▪ und noch bis zum ▪▪▪ in der Elternzeit.

Wir beabsichtigen, die Kündigung aus folgenden Gründen auszusprechen:

Unser Betrieb in ▪▪▪ wird bis zum ▪▪▪ stillgelegt. Alle Arbeitnehmer werden spätestens bis zu diesem Zeitpunkt entlassen sein. Irgendeine Weiterbeschäftigungsmöglichkeit besteht nicht.

Unter diesen Voraussetzungen liegt ein „besonderer Fall" i.S.v. § 18 Abs. 1 Satz 2 BEEG vor, der uns nach Maßgabe von § 2 Abs. 1 Nr. 1 der Allgemeinen Verwaltungsvorschriften zum Kündigungsschutz bei Elternzeit zur Kündigung berechtigt. Wir bitten daher, der beabsichtigten Kündigung zuzustimmen.

Im Betrieb werden weniger als 20 Mitarbeiter beschäftigt, ein Betriebsrat besteht nicht.

3. Muster: Anhörung des Betriebsrats vor ordentlicher Kündigung

An den Betriebsrat ▪▪▪

Betr.: Beabsichtigte ordentliche Kündigung (§ 102 BetrVG)

Die Firma beabsichtigt,

zum ▪▪▪

fristgerecht unter Einhaltung der Kündigungsfrist von ▪▪▪

zum ▪▪▪

folgendem Arbeitnehmer zu kündigen:

Name:	▪▪▪
Adresse:	▪▪▪
Geburtsdatum:	▪▪▪
Familienstand:	▪▪▪
Anzahl minderjähriger Kinder:	▪▪▪ (laut Steuerkarte)
beschäftigt seit:	▪▪▪
Beschäftigungsort:	▪▪▪
Tätigkeit/Arbeitsplatz:	▪▪▪
Abteilung:	▪▪▪

Die Firma hält eine Kündigung aus folgenden Gründen für erforderlich: ▪▪▪

Es ist beabsichtigt, unmittelbar nach Abschluss des Anhörungsverfahrens die Kündigung auszusprechen.

Der Betriebsrat wird gebeten, binnen Wochenfrist seine Stellungnahme bzw. etwaige Bedenken/einen beabsichtigten Widerspruch schriftlich darzulegen.

▪▪▪ (Datum, Unterschrift)

4. Muster: Anhörung des Betriebsrats vor außerordentlicher Kündigung

↓

An den Betriebsrat ▪▪▪

Betr.: Beabsichtigte außerordentliche Kündigung (§ 102 BetrVG)

Die Firma beabsichtigt,

fristlos, bei Unwirksamkeit der fristlosen Kündigung vorsorglich fristgerecht zum nächstmöglichen Kündigungstermin, folgendem Arbeitnehmer zu kündigen:

Name:	▪▪▪
Adresse:	▪▪▪
Geburtsdatum:	▪▪▪
Familienstand:	▪▪▪
Anzahl minderjähriger Kinder:	▪▪▪ (laut Steuerkarte)
beschäftigt seit:	▪▪▪
Beschäftigungsort:	▪▪▪
Tätigkeit/Arbeitsplatz:	▪▪▪
Abteilung:	▪▪▪

Die Firma hält eine außerordentliche Kündigung aus folgenden Gründen für erforderlich: ▪▪▪

Es ist beabsichtigt, unmittelbar nach Abschluss des Anhörungsverfahrens die Kündigung auszusprechen.

Der Betriebsrat wird gebeten, unverzüglich bzw. spätestens innerhalb von drei Tagen seine Stellungnahme/etwaige Bedenken schriftlich darzulegen.

▪▪▪ (Datum, Unterschrift)

↑

5. Muster: Anhörung des Betriebsrats vor einer ordentlichen Änderungskündigung

↓

An den Betriebsrat ▪▪▪

Betr.: Beabsichtigte ordentliche Änderungskündigung (§§ 99, 102 BetrVG)

Die Firma beabsichtigt,

fristgerecht unter Einhaltung der Kündigungsfrist von ▪▪▪

zum ▪▪▪

folgendem Arbeitnehmer zu kündigen:

Name:	▪▪▪
Adresse:	▪▪▪
Geburtsdatum:	▪▪▪
Familienstand:	▪▪▪
Anzahl minderjähriger Kinder:	▪▪▪ (laut Steuerkarte)
beschäftigt seit:	▪▪▪
Beschäftigungsort:	▪▪▪
Tätigkeit/Arbeitsplatz:	▪▪▪
Abteilung:	▪▪▪

Die Firma hält eine Kündigung aus folgenden Gründen für erforderlich: ▪▪▪

Die Firma beabsichtigt, dem Arbeitnehmer die Fortsetzung des Arbeitsverhältnisses zu folgenden geänderten Bedingungen anzubieten: ▪▪▪

Es ist beabsichtigt, unmittelbar nach Abschluss des Anhörungsverfahrens die Kündigung auszusprechen.

Der Betriebsrat wird gebeten, binnen Wochenfrist seine Stellungnahme bzw. etwaige Bedenken schriftlich darzulegen.

▪▪▪ (Datum, Unterschrift)

153   6. Muster: Anhörung des Sprecherausschusses

↓

An den
Sprecherausschuss
z. Hd. des Vorsitzenden
im Hause

Sehr geehrter Herr ■■■,

unser Unternehmen erwägt, Frau/Herrn ■■■ unter Wahrung einer Frist von ■■■ Monaten zu kündigen. Folgende Daten über den Mitarbeiter/die Mitarbeiterin geben wir Ihnen zur Kenntnis:

Name:	■■■
Adresse:	■■■
Geburtsdatum:	■■■
Familienstand:	■■■
Anzahl minderjähriger Kinder:	■■■ (laut Steuerkarte)
beschäftigt seit:	■■■
Beschäftigungsort:	■■■
Tätigkeit/Arbeitsplatz:	■■■
Abteilung:	■■■

Für die Kündigung sind folgende Gründe maßgebend: ■■■

Wir sind auch bereit, die Kündigung mit Ihnen in einem vertraulichen Gespräch zu beraten.

Sofern der Sprecherausschuss Bedenken gegen die Kündigung hat, bitten wir um schriftliche Mitteilung gemäß § 31 Abs. 2 Satz 4 SprAuG unter Wahrung der gesetzlichen Frist.

Mit freundlichen Grüßen

↑

III. Arbeitspapiere

154   1. Muster: Ausgleichsquittung

↓

Ich bestätige, folgende Unterlagen am ■■■ ausgefüllt erhalten zu haben:

1. Lohnsteuerkarte für das Jahr ■■■
2. Sozialversicherungs-Nachweisheft einschließlich Versicherungskarte und Sozialversicherungsausweis ■■■
3. Arbeitsbescheinigung für die Agentur für Arbeit
4. Zeugnis
5. Urlaub für das Urlaubsjahr ■■■ bis einschließlich ■■■
6. Urlaubsbescheinigung
7. Lohn-/Gehaltsabrechnung
8. Urlaubsabgeltung
9. Restlohn/Restgehalt
10. Zwischenbescheinigung
11. Sonstiges

Das in der Abrechnung aufgeführte Gehalt sowie die Urlaubsabgeltung werden auf das Konto ■■■ überwiesen. Ich bestätige, dass die Abrechnung von Gehalt und Urlaubsabgeltung zutreffend sind.

Darüber hinaus bestätige ich, dass keine weitergehenden Ansprüche aus und in Verbindung mit dem Arbeitsverhältnis und seiner Beendigung gegen die Firma bestehen. Gegen die Kündigung erhebe ich keine Einwendungen.

Ferner bestätige ich, dass ich keine Ansprüche auf betriebliche Altersversorgung habe.

Die vorstehende Ausgleichsquittung habe ich sorgfältig gelesen.

↑

2. Muster: Angebot auf Abfindung nach § 3 BetrAVG

Sehr geehrte(r) Frau/Herr ▬▬▬,

wie Sie aus unserer Bescheinigung vom ▬▬▬ über die Höhe Ihrer unverfallbaren Ansprüche aus unserer betrieblichen Altersversorgung ersehen haben, beträgt Ihr unverfallbarer Anspruch auf Altersrente ▬▬▬ EUR.

Der Gesetzgeber hat für kleinere Anwartschaften ausgeschiedener Arbeitnehmer vorgesehen, dass dem ausgeschiedenen Arbeitnehmer mit seiner Zustimmung eine einmalige Abfindung gewährt werden kann. Ihre Anwartschaft liegt unterhalb der maßgeblichen Grenze.

In Ihrem Falle betrüge die nach § 3 Abs. 2 BetrAVG ermittelte Abfindung der unverfallbaren Ansprüche auf Alters-, Invaliden- und Hinterbliebenenleistungen ▬▬▬ EUR.

Falls Sie von der Möglichkeit einer Abfindung dieser geringfügigen Versorgung Gebrauch machen wollen, lassen Sie uns dies bitte wissen. Sollten Sie eine Abfindung wünschen, würden wir Ihnen den Betrag von ▬▬▬ EUR auf Ihr Konto überweisen.

IV. Arbeitsunterlagen des Betriebsrats

1. Muster: Checkliste für Betriebsräte zur Prüfung der Zustimmungsvoraussetzungen bei Versetzung und Umgruppierung

Name des Bewerbers: ▬▬▬   Vorname: ▬▬▬
Geburtsdatum: ▬▬▬
Zahl der Unterhaltsberechtigten: ▬▬▬
Familienstand: ▬▬▬
vorgesehene Tätigkeit: ▬▬▬
vorgesehene Eingruppierung: ▬▬▬
Eingang der Mitteilung über die beabsichtigte Versetzung/Umgruppierung: ▬▬▬
Letzter Tag zur Stellungnahme des Betriebsrats: ▬▬▬
Nächste Betriebsratssitzung: ▬▬▬
Wann soll die Versetzung/Umgruppierung erfolgen? ▬▬▬

	ja	nein
Ist Mitarbeiter/in		
■ Schwerbehinderte(r)/Gleichgestellte(r)?	☐	☐
■ sonstige schutzbedürftige Person?	☐	☐
Ist die Umgruppierung mit einer Versetzung verbunden?	☐	☐
Ist die/der betroffene Mitarbeiter/in mit der		
■ Versetzung einverstanden?	☐	☐
■ Höhergruppierung einverstanden?	☐	☐
■ Abgruppierung einverstanden?	☐	☐
Liegt ein Verstoß gegen allgemeine Vorschriften vor wie		
■ den Gleichbehandlungsgrundsatz?	☐	☐
■ sonstige gesetzliche, tarifliche oder einzelvertragliche Vorschriften?	☐	☐
Kann Zustimmung zur Versetzung/Höher- oder Abgruppierung verweigert werden wegen:		
1. Verstoß gegen geltendes Recht, nämlich		
■ Gesetz?	☐	☐
■ Verordnung?	☐	☐
■ Unfallverhütungsvorschrift?	☐	☐
■ Tarifvertrag?	☐	☐

§ 4 Beendigung von Arbeitsverhältnissen

	ja	nein
■ Betriebsvereinbarung?	☐	☐
■ gerichtliche Entscheidung?	☐	☐
■ behördliche Anordnung?	☐	☐
2. Verstoß gegen Regeln in Auswahlrichtlinie zu Versetzung oder Umgruppierung?	☐	☐

3. Besorgnis, dass infolge der Versetzung oder Umgruppierung im Betrieb Beschäftigte/n

■ gekündigt werden?	☐	☐
■ sonstige Nachteile erleiden?	☐	☐
■ wegen Nichtberücksichtigung eines gleich geeigneten befristet Beschäftigten, ohne dass dies aus betrieblichen oder persönlichen Gründen gerechtfertigt ist	☐	☐
4. Benachteiligung der/des betroffenen Mitarbeiters/Mitarbeiterin	☐	☐
5. Wurde die Stelle intern ausgeschrieben?	☐	☐

6. Begründete Besorgnis, dass Mitarbeiter/in bei Übernahme der in Aussicht genommenen Stelle den Betriebsfrieden durch

■ gesetzwidriges Verhalten stören wird?	☐	☐
■ grobe Verletzung der in § 75 Abs. 1 BetrVG enthaltenen Grundsätze stören wird?	☐	☐
■ rassistische oder fremdenfeindliche Betätigung stören wird?	☐	☐

Kann der Änderungskündigung widersprochen werden, weil:

■ der Arbeitgeber bei Auswahl des/der von einer etwaigen Kündigung betroffenen Mitarbeiters/Mitarbeiterin soziale Gesichtspunkte nicht oder nicht ausreichend berücksichtigt hat?	☐	☐
■ die Kündigung gegen eine Richtlinie nach § 95 BetrVG verstößt?	☐	☐
■ die/der zur kündigende Mitarbeiter/in an einem anderen Arbeitsplatz im selben Betrieb oder in einem anderen Betrieb des Unternehmens weiterbeschäftigt werden kann?	☐	☐
■ die Weiterbeschäftigung des Mitarbeiters/der Mitarbeiterin nach zumutbaren Umschulungs- oder Fortbildungsmaßnahmen möglich ist?	☐	☐
■ eine Weiterbeschäftigung des Mitarbeiters/der Mitarbeiterin unter geänderten Vertragsbedingungen möglich ist und das Einverständnis des Mitarbeiters/der Mitarbeiterin vorliegt?	☐	☐

Stimmt der Betriebsrat

■ der Versetzung zu?	☐	☐
■ der Höhergruppierung zu?	☐	☐
■ der Abgruppierung zu?	☐	☐

Erläuterung der Gründe einer Zustimmungsverweigerung: ▪▪▪

▪▪▪ (Ort, Datum, Unterschrift Betriebsratsvorsitzende/r)

↑

V. Massenentlassungen

1. Muster: Sozialdaten-Liste

↓

▪▪▪

- Lfd. Nr.: ▪▪▪
- Name: ▪▪▪
- Ausgeübte Tätigkeit: ▪▪▪
- In anderen Tätigkeiten einsetzbar: ▪▪▪
- Hierarchieebene der ausgeübten Tätigkeit: ▪▪▪
- Beschäftigungsort: ▪▪▪
- Arbeitsvertragliche Versetzungsklausel: ▪▪▪

- Arbeitsvertragliche Kündigungsfrist:
- Teilzeit:
- Besonderer Kündigungsschutz/Unkündbarkeit:
- Eintrittsdatum:
- Geburtsdatum:
- Tatsächliche Unterhaltspflichten (nicht nach Lohnsteuerkarte):
- Schwerbehinderung:
- Leistungsträger/besondere Kenntnisse:

Kapitel 2: Abwicklungs- und Aufhebungsverträge

Literatur

Bauer, Arbeitsrechtliche Aufhebungsverträge, 7. Aufl. 2004; *ders.*, Beiderseitige und einseitige Ausschlussfristen, NZA 1987, 440; *ders.*, Ausscheiden leitender Angestellter und Mitwirkung des Sprecherausschusses, BB 1991, 274; *ders.*, Steuerliche Optimierung von Abfindungen, NZA 1991, 617; *ders.*, Beseitigung von Aufhebungsverträgen, NZA 1992, 1015; *ders.*, Unwirksame Aufhebungsverträge, NJW 1994, 980; *ders.*, Kündigung und Kündigungsschutz vertretungsberechtigter Organmitglieder, BB 1994, 855; *ders.*, Spiel mit Worten, NZA 1994, 440; *ders.*, Grundregeln erfolgreicher Verhandlungsführung, NZA 1994, 578; *ders.*, Outsourcing out?, BB 1994, 1433; *ders.*, Steuerliche Tücken bei Aufhebungsverträgen, NZA 1996, 729; *ders*, Neue Spielregeln für Aufhebungs- und Abwicklungsverträge durch das geänderte BGB?, NZA 2002, 169; *ders.*, Sachgrundlose Altersbefristung nach den „Hartz-Gesetzen", NZA 2003, 30; *Bauer/Baeck*, Die Anrechnung anderweitigen Verdienstes bei der Freistellung eines Arbeitnehmers, NZA 1989, 784; *Bauer/Diller*, Indirekte Wettbewerbsverbote, DB 1995, 426; *dies.*, Karenzentschädigung und bedingte Wettbewerbsverbote bei Organmitgliedern, BB 1995, 1134; *dies.*, Zur Inhaltskontrolle von Aufhebungsverträgen, DB 1995, 1810; *dies.*, Zulässige und unzulässige Bedingungen in Wettbewerbsverboten, DB 1997, 94; *dies.*, Wechselwirkungen zwischen Wettbewerbstätigkeit, Ruhestand und betrieblicher Altersversorgung, BB 1997, 990; *dies.*, Allgemeine Erledigungsklausel und nachvertragliches Wettbewerbsverbot – eine unendliche Geschichte?, BB 2004, 1274; *Bauer/Haußmann*, Der Rücktritt vom Aufhebungsvertrag, BB 1996, 901; *Bauer/Hümmerich*, Nichts Neues zu Aufhebungsvertrag und Sperrzeit, NZA 2003, 1076; *Bauer/Kock*, Arbeitsrechtliche Auswirkungen des neuen Verbraucherschutzrechts, DB 2002, 42; *Bauer/Krieger*, Das Ende der außergerichtlichen Beilegung von Kündigungsstreitigkeiten?, NZA 2004, 640; *dies.*, Rien ne vas plus – „Nachkarten" nach Abwicklungsvertrag ausgeschlossen, NZA 2006, 306; *Bauer/Lingemann/Diller/Haußmann*, Anwalts-Formularbuch Arbeitsrecht, 2. Aufl. 2004; *Bauer/Röder*, Anrechnung von Abfindungen auf das Arbeitslosengeld nach neuem Recht (§ 115a AFG, § 140 SGB III), BB 1997, 834; *dies.*, Aufhebungsverträge bei Massenentlassungen und bei Betriebsänderungen, NZA 1985, 201; *Becker/Schaffner*, Der Aufhebungsvertrag in der Rechtsprechung, BB 1981, 1340; *Bengelsdorf*, Der gesetz- und verfassungswidrige Zugriff auf die arbeitsrechtliche Beendigungsfreiheit, NZA 1994, 193; *ders.*, Arbeitsrechtlicher Aufhebungsvertrag und gestörte Vertragsparität, BB 1995, 978; *ders.*, Plädoyer für Beendigungsfreiheit, BB 1996, 904; *Berger-Delhey*, Arbeitsrechtliche Probleme des Arbeitgeberdarlehens, DB 1990, 837; *Beuthien*, Das fehlerhafte Arbeitsverhältnis als bürgerlich-rechtliches Abwicklungsproblem, RdA 1969, 161; *Birnbaum*, Was sind die „im Arbeitsrecht geltenden Besonderheiten"?, NZA 2003, 944; *Boecken*, Berücksichtigung anderweitigen Erwerbs gemäß § 615 Satz 2 BGB, NJW 1995, 3218; *ders.*, Entstehung und Fälligkeit eines Anspruchs auf Abfindung bei Frühpensionierung, NZA 2002, 421; *Boecken/Hümmerich*, Gekündigt, abgewickelt, gelöst, gesperrt, DB 2004, 2046; *Boemke*, Höhe der Verzugszinsen für Entgeltforderungen des Arbeitnehmers, BB 2002, 96; *Buchner*, Wettbewerbsverbote, 1996; *Buschbeck-Bülow*, Der Aufhebungsvertrag, AR-Blattei 260; *Cecior/Dietz/Vallendar*, Das Personalvertretungsrecht in Nordrhein-Westfalen, Loseblatt; *Compensis*, Die Vererblichkeit von Sozialplanansprüchen und anderen Abfindungen, DB 1992, 888; *Däubler*, Die Auswirkungen der Schuldrechtsmodernisierung auf das Arbeitsrecht, NZA 2001, 1329; *ders.*, Altersteilzeit – „Störfälle" und andere unvorhergesehene Ereignisse, NZA 2001, 1285; *Dieterich*, Grundgesetz und Privatautonomie im Arbeitsrecht, RdA 1995, 129; *ders.*, Erwiderung zu Bauer/Diller, DB 1995, 1810, 1813; *Diller*, Das neue Gesetz zur Absicherung flexibler Arbeitszeitregelung („Flexi-Gesetz"), NZA 1998, 792; *Dörner*, Anfechtung im Arbeitsrecht, AR-Blattei SD 60; *Ehrich*, Recht des Arbeitnehmers zum Widerruf eines Aufhebungsvertrages wegen „Überrumpelung" durch den Arbeitgeber?, DB 1992, 2239; *ders.*, Unwirksamkeit eines Aufhebungsvertrages wegen „Überrumpelung" durch den Arbeitgeber, NZA 1994, 438; *von Einem*, Das Gesetz zur Förderung eines gleitenden Übergangs in den Ruhestand, BB 1996, 1883; *Ernst*, Aufhebungsverträge zur Beendigung von Arbeitsverhältnissen, 1993; *Felix*, Zulässigkeit und Besonderheiten auflösend bedingter Arbeitsverträge, NZA 1994, 1111; *Gagel*, Sicherung des sozialen Schutzes durch „richtige" Wahl des Zeitpunktes für die Auflösung des Arbeitsverhältnisses und den Antrag auf Sozialleistung, AuR 1992, 255; *ders.*, Sperrzeitfragen bei arbeitsgerichtlichen Vergleichen, NZA 2005, 1328; *Gagel/Vogt*, Beendigung von Arbeitsverhältnissen, 5. Aufl. 1996; *Gaul/Otto*, Personalabbau durch „Turboprämie", ArbRB 2005, 344; *Geiger*, Neues zu Aufhebungsvertrag und Sperrzeit, NZA 2003, 838; *Gerauer*, Die Fälligkeit der Abfindung vor Beendigung des Arbeitsverhältnisses, BB 1988, 1817; *Gitter/Boerner*, Altersgrenzen in Tarifverträgen, RdA 1990, 129; *Große*, Rechtliche Gestaltungsmöglichkeiten zur vorzeitigen Beendigung des Berufsausbildungsverhältnisses, BB 1993, 2081; *Grunewald*, Der arbeitsrechtliche Abwicklungsvertrag – Alternative oder Ende des arbeitsrechtlichen Aufhebungsvertrages?, NZA 1994, 441; *Grunsky*, Voraussetzungen einer Entschädigungszusage nach § 74 Abs. 1 HGB, NZA 1988, 713; *Hanel*, Nichtigkeit und Anfechtbarkeit von Arbeitsverträgen, Personal 1990, 85; *Heidsiek*, Anfechtung des Arbeitsvertrages wegen Verschweigens von Stasi-Tätigkeiten, BB 1994, 2496; *Heldmann*, Lohnsteuernachforderungen des Finanzamts und ihr Ausgleich im Arbeitsverhältnis, NZA 1992, 489; *Henssler*, Das Anstellungsverhältnis der Organmitglieder, RdA 1992, 289; *ders.*, Was ist von der Altersgrenze geblieben, DB 1993, 1669; *Heuchemer/Insam*, Keine Sperrzeit nach Freistellung im Aufhebungsvertrag, BB 2004, 1562; *dies.*, Keine Bevorzugung von Abwicklungsverträgen gegenüber Aufhebungsverträgen bei der Verhängung von Sperrzeiten, BB 2004, 1679; *Holthäuser/Rolfs*, Die Beendigung des Arbeitsverhältnisses mit älteren Arbeitnehmern, DB 1995, 1074; *Hoß*, Regelung von Störfällen in der Altersteilzeit, ArbRB 2001, 28; *ders.*, Widerrufsrecht beim Abschluss von Aufhebungsverträgen, ArbRB 2002, 28; *Hoß/Ehrich,* Hinweis- und Aufklärungspflichten des Arbeitgebers beim Abschluss von Aufhebungsverträgen, DB 1997, 625; *Hromadka,* Zur Anfechtung eines Arbeitsvertrages wegen arglistiger Täuschung aufgrund wahrheitswidriger Beantwortung der Frage nach einer Schwerbehinderteneigenschaft, EWiR 1999, 439; *ders.,* Anfechtung von Aufhebungsverträgen und Verwirkung, FS Zöllner 1998, S. 785; *ders.,* Aufhebungsvertrag nach Drohung mit tristloser Kündigung – Klageweise Geltendmachung der Nichtigkeit des Vertrages, EWiR 1998, 251; *Hümmerich,* Aufhebungsvertrag und Abwicklungsvertrag, 2. Aufl. 2003; *ders.,* Die arbeitsgerichtliche Abfindung, NZA 1999, 342; *ders.,* Abschied vom arbeitsrechtlichen Aufhebungsvertrag, NZA 1994, 200; *ders.,* Die zum Ausscheiden vereinbarte Kündigungsschutzklage, DB 1994, 1722; *ders.,* Der Abwicklungsvertrag, in: Brennpunkte des Arbeitsrechts, 1995, S. 249; *ders.,* Letztmals: Abschied vom arbeitsrechtlichen Aufhebungsvertrag, NZA 1994, 833; *ders.,* Plädoyer für den arbeitsrechtlichen Abwicklungsvertrag, AuR 1994, 256 ff.; *ders.,* Abwicklungsvertrag contra Aufhebungsvertrag, NJW 1996, 2081; *ders.,* Neue Einflussgrößen für Aufhebungs- und Abwicklungsvertrag, NZA 1997, 409; *ders.,* Von der Verantwortung der Arbeitsrechtsprechung für die Volkswirtschaft, NZA 1996, 1289; *ders.,* Acht aktuelle Vorteile beim Abwicklungsvertrag – Ein Leistungsvergleich zwischen Aufhebungs- und Abwicklungsvertrag nach neuem Recht, BB 1999, 1868; *ders.,* Neues zum Abwicklungsvertrag, NZA 2001, 1280; *ders.,* Hausverbot bei Kündigung – Kraftmeierei oder Rechtsinstitut, DB 2001, 1778; *ders.,* Erweiterte Arbeitnehmerrechte durch Verbraucherschutz, AnwBl 2002, 671; *ders.,* „... denn sie wissen nicht, was sie tun", AE 2004, 147; *ders.,* Widerrufsvorbehalte in Formulararbeitsverträgen, NJW 2005, 59; *ders.,* Mitsprache des Betriebsrats bei Aufhebungsverträgen, RdA 2005, 314; *ders.,* Aufhebungs- und Abwicklungsvertrag in einem sich wandelnden Arbeitsrecht, NJW 2004, 2921; *ders.,* Aufhebungs- und Abwicklungsvertrag in der Diskussion, SAE 2005, 100; *ders.,* Alea iacta est, Aufhebungsvertrag kein Haustürgeschäft, NZA 2004, 809; *ders.,* Sperrzeitrechtsprechung im Umbruch, NJW 2007, 1025; *Hümmerich/ Holthausen,* Der Arbeitnehmer als Verbraucher, NZA 2002, 173; *Hümmerich/Holthausen/Welslau,* Arbeitsrechtliches im Ersten Gesetz für moderne Dienstleistungen am Arbeitsmarkt, NZA 2003, 7; *Hümmerich/Mauer,* Neue BAG-Rechtsprechung zur Anhörung des Betriebsrats bei Kündigungen, DB 1997, 165; *Hümmerich/Spirolke,* Das arbeitsrechtliche Mandat, 4. Aufl. 2007; *dies.,* Sozialplanabfindung und Eigenkündigung des Arbeitnehmers, BB 1995, 42; *dies.,* Steuerehrliche Gestaltung von Abfindungen, NZA 1998, 225; *dies.,* Betriebsbedingte Kündigung im Wandel – Neue Wege zum rechtssicheren Personalabbau, NZA 1998, 797; *dies.,* Die arbeitsrechtliche Abfindung im neuen Steuerrecht, NJW 1999, 1663; *Hümmerich/Schmidt-Westphal,* Integrierte Aufhebungsvereinbarungen im Dienstvertrag des GmbH-Geschäftsführers, DB 2007, 222; *Jaeger,* Der Anstellungsvertrag des GmbH-Geschäftsführers, 4. Aufl. 2000; *Joussen,* Arbeitsrecht und Schuldrechtsreform, NZA 2001, 745; *Keppeler,* Der Aufhebungsvertrag – wirklich ein mitbestimmungsfreier Raum?, AuR 1996, 263; *Kleinebrink,* Ausschluss von Abfindungsleistungen in Sozialplänen, ArbRB 2004, 268; *Kothe-Häggemann/Dahlbender,* Ist der GmbH-Geschäftsführer nach Abberufung weiterhin zur Arbeitsleistung verpflichtet?, GmbHR 1996, 56; *Küchenhoff,* Faktische Vertragsverhältnisse und faktische Arbeitsverhältnisse, RdA 1958, 121; *Kunz,* Betriebs- und Geschäftsgeheimnisse und Wettbewerbsverbot während der Dauer und nach Beendigung des Anstellungsverhältnisses, DB 1993, 2482; *Lindemann/Simon,* Die Freistellung von der Arbeitspflicht – neue Risiken und Nebenwirkungen, BB 2005, 2462; *Lingemann,* Allgemeine Geschäftsbedingungen und Arbeitsvertrag, NZA 2002, 181; *ders.,* Neues zum arbeitsrechtlichen Aufhebungsvertrag – Klarstellung des BAG, NJW 1997, 640; *Löwisch,* Mitwirkungsrechte des Sprecherausschusses beim Ausscheiden leitender Angestellter aufgrund von Aufhebungsverträgen, BB 1990, 1412; *ders.,* Zweifelhafte Folgen des geplanten Leistungsstörungsrechts für das Arbeitsvertragsrecht, NZA 2001, 465; *Luckey,* Suspendierung und Schmerzensgeldanspruch des Arbeitnehmers, NZA 1992, 873; *Mauer,* Personaleinsatz im Ausland, 2003; *Meinhof,* Neuerungen im modernisierten Verbrauchervertragsgesetz durch das OLG-Vertretungsänderungsgesetz, NJW 2002, 2273; *Moderegger,* Aufhebungsvereinbarung oder Altersteilzeitvertrag?, ArbRB 2002, 177; *ders.,* Transferleistungen: Eine Ergänzung zur Abfindung, ArbRB 2005, 23; *Molkenbur,* Pflicht zur Geheimniswahrung nach Ende des Arbeitsverhältnisses?, BB 1990, 1196; *Moll,* Altersgrenzen in Kollektivverträgen, DB 1992, 475; *Moll/Reufels,* Aufhebungsverträge – Sozialversicherungsrechtliche und steuerrechtliche Aspekte, MDR 2001, 1024; *Moritz,* Die Ausgleichsquittung – Privatautonomie im Arbeitsrecht?, BB 1979, 1610; *Müller,* Schriftformgebot bei Kündigungen, AuR 1992, 147; *ders.,* Besteuerung von Abfindungen, ArbR 2002, 25; *Nägele,* Aufklärungs- und Hinweispflichten des Arbeitgebers bei Abschluss eines Aufhebungsvertrages, BB 1992, 1274; *ders.,* Probleme beim Einsatz von Dienstfahrzeugen, NZA 1997, 1196; *Natzel,* Schutz des Arbeitnehmers als Verbraucher?, NZA 2002, 595; *Nebendahl,* Ansprüche eines GmbH-Geschäftsführers aus betrieblicher Übung?, NZA 1992, 289; *Neef/Schrader,* Behandlung der Abfindung nach dem SGB III, DB 1999, 281; *Offerhaus,* Gestaltungsspielräume bei an Arbeitnehmer gezahlten Abfindungen und Entschädigungen, DB 1982, Beil. 10; *ders.,* Steuerrechtliche Vorteile bei vorzeitiger (Teil-)Beendigung eines Dienstverhältnisses, FR 1989, 138; *ders.,* Zur Besteuerung von Arbeitgeberleistungen bei Auflösung und Änderung eines Dienstverhältnisses, DB 1991, 2456; *ders.,* Zu den Voraussetzungen für eine Zusammenballung von Arbeitgeberentschädigungsleistungen, DB 1993, 651; *ders.,* Zur Steuerbegünstigung von Entschädigungsleistungen eines Arbeitgebers, DStZ 1994, 225; *ders.,* Zur Besteuerung von Arbeitgeberleistungen bei Auflösung eines Dienstverhältnisses oder bei Nichtwiedereinstellung, DB 1994, 167; *ders.,* Neue Steuerrechtsfragen zur Entschädigung von Arbeitnehmern bei Auflösung des Dienstverhältnisses, DStZ 1997, 108; *Oßwald,* Der (bedingte) Aufhebungsvertrag im Arbeitsrecht und Privatautonomie im Kündigungsschutzrecht, Diss. 1990; *Ostheimer,* Die Auslegung von Versorgungsverträgen, DB 1993, 1974; *Peters-Lange/Gagel,* Arbeitsförderungsrechtliche Konsequenzen aus § 1a KSchG, NZA 2005, 740; *Phade,* Altersteilzeit, AiB 1998, 194; *Plander,* Die Ausgleichsquittung als Rechtsanwendungs- und Gesetzgebungsproblem, DB 1986, 1873; *Preis,* Grundfragen der

Vertragsgestaltung im Arbeitsrecht, 2. Aufl. 2005; *Preis/Gotthardt*, Schriftformerfordernis für Kündigungen, Aufhebungsverträge und Befristungen nach § 623 BGB, NZA 2000, 348; *Preis/Schneider*, Das 5. SGB-III-Änderungsgesetz – Ein Übergangsgesetz schafft neue Probleme, NZA 2006, 177; *Propp*, Abfindungen aus dem Arbeitsverhältnis, DB 1993, 734; *Reinecke*, Kontrolle allgemeiner Arbeitsbedingungen nach dem Schuldrechtsmodernisierungsgesetz, DB 2002, 585; *ders.*, Hinweis-, Aufklärungs- und Beratungspflichten im Betriebsrentenrecht, RdA 2005, 129; *Reufels*, Aufklärungs- und Hinweispflichten des Arbeitgebers beim Abschluss von Aufhebungsverträgen, ArbRB 2001, 26; *Reufels/Schmülling*, Gestaltung von Aufhebungsverträgen mit Vorstandsmitgliedern, ArbRB 2004, 191; *Riesenhuber/Domröse*, Richtlinienkonforme Auslegung der §§ 17, 18 KSchG und Rechtsfolgen fehlerhafter Massenentlassungen, NZA 2005, 568; *Rittweber*, Sonderfragen der tariflichen Altersteilzeit, NZS 1999, 126; *ders.*, Arbeits- und Beschäftigungsverhältnis – kein Sozialversicherungsschutz bei endgültiger Freistellungen, NZA 2004, 590; *Rockstroh/Polduwe*, Berücksichtigung von Abfindungen beim Arbeitslosengeld, DB 1999, 529; *Röder/Beck*, Interessenausgleich und Sozialplan, 3. Aufl. 2000; *Röder/Lingemann*, Schicksal von Vorstand und Geschäftsführer bei Unternehmensumwandlungen und Unternehmensveräußerungen, DB 1993, 1341; *Rolfs*, Sperrzeit wegen verspäteter Meldung als arbeitssuchend (§ 144 Abs. 1 Satz 2 Nr. 7 SGB III), DB 2006, 1009; *Schaub*, Gesetz zur Vereinfachung und Beschleunigung des arbeitsgerichtlichen Verfahrens, NZA 2000, 344; *Schiefer/Köster*, Pro und Contra des arbeitsrechtlichen Aufhebungsvertrages, WiB 1995, 489 und 531; *Schlachter*, Anfechtung eines aufgrund einer Drohung des Arbeitgebers mit Strafanzeige geschlossenen Aufhebungsvertrages, EWiR 1998, 1065; *Schleßmann*, Das Arbeitszeugnis, 17. Aufl. 2004; *Schmidt*, Ablösung verbindlicher Wiedereinstellungszusagen, FR 1993, 359; *Schmidt/Berkowsky*, Rechtsmissbräuchliche Umgehung des Altersteilzeitgesetzes durch arbeitsvertragliche Individualvereinbarung, NZA 1999, 411; *Schmits*, Die Vertretung der Aktiengesellschaft gegenüber ausgeschiedenen Vorstandsmitgliedern, AG 1992, 149; *Schmitt/Rolfes*, Aufhebungs- und Abwicklungsvertrag unter Berücksichtigung der Abfindungsregelung nach § 1a KSchG, NZA 2005, 3; *Schulz*, Trennung – Eine Katastrophe oder eine Chance für den Neubeginn?, BB 1990, 1054; *Schwerdtner*, Der Abwicklungsvertrag, in: Brennpunkte des Arbeitsrechts, 1995, S. 261; *von Seggern*, Sperrzeit gegen Arbeitslose wegen Lösung des Beschäftigungsverhältnisses, AuR 1997, 99; *Sowka*, Befristete Aufhebungsverträge nach dem Beschäftigungsförderungsgesetz, BB 1997, 677; *Strick*, Die Anfechtung von Arbeitsverträgen durch den Arbeitgeber, NZA 2000, 695; *Strunk*, Die einkommensteuerrechtliche Behandlung von Entlassungsentschädigungen an Arbeitnehmer, DStR 1994, 249; *Stück*, Arbeiterkündigung im Altersteilzeitverhältnis, NZA 2000, 749; *Thüsing/Wege*, Sozialplanabfindung: Turboprämie ausgebremst?, DB 2005, 2634; *Tschöpe*, Steuerliche Begünstigung von Abfindungen – nicht für Abfindungen nach § 1a KSchG?, NZA 2006, 23; *Tschöpe/Schulte*, Der arbeitsrechtliche Aufhebungsvertrag, 4. Aufl. 2005, S. 1109 ff.; *Voelzke*, Die Erstattungspflicht des Arbeitgebers bei Entlassung älterer Arbeitnehmer – Eine Bestandsaufnahme, DB 2001, 1990; *Waltermann*, Sozialrechtliche Konsequenzen arbeitsrechtlicher Aufhebungsverträge, NJW 1992, 1136; *Weber/Ehrich*, Prozessuale Folgen der Unwirksamkeit von Aufhebungsvereinbarungen bei Kündigungsschutzklagen, DB 1995, 2369; *dies.*, Anfechtung eines Aufhebungsvertrages – der verständig denkende Arbeitgeber NZA 1997, 414; *Weber/Ehrich/Burmester*, Handbuch der arbeitsrechtlichen Aufhebungsverträge, 4. Aufl. 2004; *Weber-Grellet*, Abfindungen und Entschädigungen in Vergangenheit, Gegenwart und Zukunft, DStR 1993, 261; *Wichmann*, Die Frage nach der Bindungswirkung in der Anpassungsauskunft, DStR 1989, 771; *Winderlich*, Annahmeverzug bei einseitiger Freistellung, BB 1991, 271; *Wisskirchen*, Wahrheitswidrige Verneinung der Frage nach der Schwerbehinderteneigenschaft bei Abschluss eines Aufhebungsvertrages, EWiR 1994, 329; *ders.*, Aktuelle Fragen zu arbeitsrechtlichen Aufhebungsverträgen, DB 1994, 577; *ders.*, Die steuerliche Behandlung von Entlassungsentschädigungen ab 1999, NZA 1999, 405; *Wisskirchen/Worzalla*, Aktuelle Fragen zu arbeitsrechtlichen Aufhebungsverträgen, DB 1994, 577; *Wlotzke*, Einschränkungen des Kündigungsschutzes durch Anhebung der Schwellenzahl und Veränderungen bei der Sozialauswahl, DB 1997, 414; *Wolf*, Die beiden Gesetze zur Fortentwicklung der Altersteilzeit, NZA 2000, 637; *Wolff*, Anhörung des Betriebsrats vor Kündigungen im Zusammenhang mit Abwicklungsverträgen?, FA 2004, 293; *Zimmer*, Kündigungen im Management: § 623 BGB gilt nicht für GmbH-Geschäftsführer und AG-Vorstände, BB 2003, 1175; *Zwanziger*, Aufhebungsverträge und Vertragsfreiheit, BB 1996, 903.

A. Erläuterungen

I. Abgrenzung des Abwicklungsvertrages vom Aufhebungsvertrag

1. Definitionen

158 Es hat sich inzwischen eingebürgert, zwischen Aufhebungs- und Abwicklungsvertrag zu unterscheiden. In der Rechtsprechung des BAG wurde der Abwicklungsvertrag zunächst nicht näher definiert. In den Entscheidungen, in denen er Erwähnung fand,[1] wurden Inhalt und Tragweite dieses Vertragstyps nicht näher thematisiert. Erstmalig mit dem Beschluss des 1. Senats vom 28.6.2005[2] befasste sich das BAG mit der **Abgrenzung**

---

1 BAG 20.6.2000 – 3 AZR 52/00, DB 2000, 1414; BAG 14.3.2000 – 9 AZR 212/99, BB 2000, 725 = FA 2000, 198; BAG 14.3.2000 – 9 AZR 204/99, ZTR 2001, 278 = DB 2000, 680; BAG 18.1.2000 – 9 AZR 929/98, n.v.
2 BAG 28.6.2005 – 1 ABR 25/04, NZA 2006, 48.

des Abwicklungsvertrages vom Aufhebungsvertrag. **Merkmal des Abwicklungsvertrages** sei, so der 1. Senat, dass er auf Seiten beider Arbeitsvertragsparteien keine auf die Beendigung des Arbeitsverhältnisses gerichtete Willenserklärung enthalte. Werde im Vertrag eine Vereinbarung über die Beendigung des Arbeitsverhältnisses getroffen, handele es sich um einen Aufhebungsvertrag. Fehle es an einer solchen Erklärung, liege ein Abwicklungsvertrag vor. In dem vom BAG entschiedenen Sachverhalt fanden sich zu Beginn des Abwicklungsvertrages die Worte „dem Arbeitnehmer ist am ... unter Zugang am ... fristgerecht mit Wirkung zum ... gekündigt worden."[3] Das BAG zog aus dieser Formulierung den Schluss, dass es sich schon nach dem Wortlaut lediglich um eine Erklärung der Parteien über bestimmte Tatsachen gehandelt habe.[4] Eine auf die Herbeiführung bestimmter Rechtsfolgen gerichtete Willenserklärung sei mit der Erklärung nicht verbunden gewesen. Auch das ArbG Wesel hat inzwischen ausgeführt, dass die beabsichtigte Rechtsfolge eines Abwicklungsvertrages im Gegensatz zum Aufhebungsvertrag nicht die Beendigung des Arbeitsverhältnisses, sondern die Regelung der Abwicklung eines durch Kündigung zuvor wirksam beendeten Arbeitsverhältnisses zum Inhalt habe.[5]

Die Rechtsprechung des BSG hat sich u.a. in zwei herausragenden Entscheidungen[6] mit dem Abwicklungsvertrag näher befasst und grenzt ihn vom Aufhebungsvertrag dadurch ab, dass beim **Abwicklungsvertrag** keine Willenserklärung abgegeben werde, die auf eine Beendigung des Arbeitsverhältnisses abziele. Während der **Aufhebungsvertrag** das Arbeitsverhältnis durch übereinstimmende Willenserklärungen beendet, enthält der Abwicklungsvertrag nur Regelungen, die unter der Bedingung einer Beendigung des Arbeitsverhältnisses durch einseitiges Rechtsgeschäft stehen, § 158 Abs. 1 BGB. Die Entscheidung vom 18.12.2003[7] betrifft allerdings einen Mischfall, in dem die Parteien sich darüber geeinigt hatten, dass das bestehende Arbeitsverhältnis aufgrund einer fristgerechten Kündigung geendet habe. Insofern lag dem Urteil des BSG vom 18.12.2003 kein Abwicklungs-, sondern ein Aufhebungsvertrag zugrunde.[8]

Gebräuchlich ist zwischenzeitlich die **Definition**, wonach durch einen **Aufhebungsvertrag das Arbeitsverhältnis originär-einvernehmlich von den Parteien gelöst wird, ohne dass das Arbeitsverhältnis durch eine Kündigung beendet** wurde.[9] Im Abwicklungsvertrag bringt der Arbeitnehmer zum Ausdruck, die Kündigung hinzunehmen und regelt mit dem Arbeitgeber einvernehmlich Pflichten und Rechte im Zusammenhang mit der Beendigung des Arbeitsverhältnisses.[10] Diese Unterscheidung hat sich nach anfänglicher Kritik[11] durchgesetzt.[12] Nach *Schulte*[13] hat die Praxis des Arbeitsrechts inzwischen die Unterscheidung zwischen Aufhebungs- und Abwicklungsvertrag übernommen. Die im Jahre 1994 von mir entwickelte Abgrenzung[14] hat sich zwischenzeitlich als herrschende Meinung[15] etabliert.

Der wesentliche **Unterschied** zwischen Aufhebungs- und Abwicklungsvertrag besteht in der das Arbeitsverhältnis beendenden Willenserklärung. Während beim Abwicklungsvertrag das Arbeitsverhältnis nicht durch den Vertrag, sondern durch die vom Arbeitgeber ausgesprochene einseitige, Gestaltungswirkung auslösende Kündigung endet, heben beim Aufhebungsvertrag die übereinstimmenden Willenserklärungen von Arbeitgeber und Arbeitnehmer originär das Vertragsverhältnis auf.

Die Definition **schließt aus**, dass ein Vertrag, in dem **nach Eigenkündigung des Arbeitnehmers** eine vertragliche Regelung über Beendigungsmodalitäten getroffen wurde, ein **Abwicklungsvertrag** ist. Der Abwicklungsvertrag setzt eine **arbeitgeberseitige Kündigung** des Arbeitsverhältnisses voraus. Ob der Kündigung des Arbeitgebers verhaltensbedingte, personenbedingte oder betriebsbedingte oder gar keine Kündigungsgründe

---

3 BAG 28.6.2005 – 1 ABR 25/04, NZA 2006, 48, 50.
4 Bauer/Krieger, NZA 2006, 306.
5 ArbG Wesel 27.4.2005 – 3 Ca 4775/04, NZA-RR 2005, 527.
6 BSG 9.11.1995 – 11 RAr 27/95, BSGE 77, 48 = NZA-RR 1997, 109; BSG 18.12.2003 – B 11 AL 35/03 R, NZA 2004, 661.
7 BSG 18.12.2003 – B 11 AL 35/03 R, NZA 2004, 661.
8 *Hümmerich*, AE 2004, 147.
9 *Bauer*, Arbeitsrechtliche Aufhebungsverträge, Rn I 20; *ders.*, NZA 2002, 169; *Hümmerich*, NZA 2001, 1280; *Bauer/Hümmerich*, NZA 2003, 1076; *Werner*, NZA 2002, 262.
10 BAG 28.6.2005 – 1 ABR 25/04, NZA 2006, 48; ArbG Wesel 27.4.2005 – 3 Ca 4775/04, NZA-RR 2005, 527; *Hümmerich*, in: Brennpunkte des Arbeitsrechts, 1995, S. 249; *ders.*, NZA 1994, 200; *ders.*, NJW 1996, 2081; *ders.*, AuR 1994, 256 f.; *ders.*, NZA 2001, 1280.
11 *Grunewald*, NZA 1994, 441; *Bauer*, NZA 1994, 440.
12 *Bauer*, NZA 2002, 169; *Grunewald*, AuR 1994, 260; *Holly/Friedhofen*, DB 1995, 454; *Holthäuser/Rolfs*, DB 1995, 1074; *Schiefer/Köster*, WiB 1995, 489; *Bauer*, Arbeitsrechtliche Aufhebungsverträge, Rn I-20, I-198; *Hümmerich*, BB 1999, 1868.
13 *Tschöpe/Schulte*, Teil 3 B Rn 1.
14 NZA 1994, 200.
15 *Bauer*, Arbeitsrechtliche Aufhebungsverträge, Rn I-20; Palandt/*Putzo*, vor § 620 BGB Rn 5a; ErfK/*Müller-Glöge*, § 620 BGB Rn 7; HWK/*Kliemt*, Anh. § 9 KSchG Rn 6; *Welslau*, in: Handbuch der Personalpraxis, Rn 4166a; *Tschöpe/Schulte*, Teil 3 B Rn 1.

i.S.d. KSchG zugrunde liegen, ist nach der Definition des Abwicklungsvertrages unerheblich. Wesentlich ist, dass die Kündigung arbeitgeberseitig erfolgte.

163 In der Praxis zeigt sich allerdings, dass den Anwendungsfällen des Abwicklungsvertrages überwiegend betriebsbedingte, in seltenen Fällen personenbedingte Kündigungen vorausgehen. Kündigt der Arbeitgeber aus verhaltensbedingten Gründen, kann zwar ebenfalls ein Abwicklungsvertrag geschlossen werden. Verhaltensbedingte Kündigungen, denen ein Abwicklungsvertrag folgt, bieten für den Arbeitnehmer jedoch nicht die gleichen Vorteile wie Abwicklungsverträge, bei denen personen- oder betriebsbedingte Kündigungen den Anlass bildeten. Aus arbeitsförderungsrechtlichen Gründen ist der Abwicklungsvertrag nach verhaltensbedingter Kündigung für den Arbeitnehmer nicht sonderlich attraktiv. Bei einem Abwicklungsvertrag nach verhaltensbedingter Kündigung ist für die Agentur für Arbeit die Anordnung einer Sperrzeit gemäß § 144 Abs. 1 Nr. 1 Hs. 2 SGB III wegen vertragswidrigen Verhaltens die sichere Folge, weil Kündigungsgrund eine Pflichtverletzung des Arbeitnehmers war.

164 Daraus folgt, dass die sozialrechtlichen Folgen beim Abschluss von Abwicklungsverträgen nicht einheitlich sind. Da die meisten Abwicklungsverträge nach betriebsbedingten oder personenbedingten Kündigungen geschlossen werden, liegt der reale **Anwendungsbereich** des **Abwicklungsvertrages** meist nur im Gefolge personen- oder betriebsbedingter Kündigungen. Abwicklungsverträge nach verhaltensbedingten Kündigungen werden meist in der Form des Prozessvergleichs im Verlaufe eines Kündigungsschutzprozesses vor dem Arbeitsgericht geschlossen.

165 Seit die Kündigung gemäß § 623 BGB der Schriftform bedarf, zeigen sich in der Praxis auch keine Abgrenzungsschwierigkeiten mehr zwischen Aufhebungs- und Abwicklungsvertrag. Ist der Gestaltung von Vertragsmodalitäten eine dem Schriftformerfordernis des § 623 BGB entsprechende, arbeitgeberseitige Kündigung vorausgegangen, schließen die Parteien einen Abwicklungsvertrag. Bietet der Arbeitgeber dem Arbeitnehmer den Abschluss eines Aufhebungsvertrages an, ohne zuvor oder danach eine Kündigung erklärt zu haben, stehen die Parteien in Verhandlungen über den Abschluss eines Aufhebungsvertrages. Während solcher Verhandlungen besteht für den Arbeitnehmer kein Anspruch auf Entgeltfortzahlung. In dem Angebot des Arbeitgebers auf Abschluss eines Aufhebungsvertrages ist keine Erklärung enthalten, der Arbeitnehmer müsse während der Verhandlungen seiner Arbeitspflicht nicht nachkommen, sofern der Arbeitgeber eine solche Erklärung nicht ausdrücklich abgegeben hat.[16]

2. Definitorische Abgrenzung nach *Bauer*

166 *Bauer* benutzt den Begriff „Aufhebungsvertrag" sowohl als Typisierung des durch Rechtsgeschäft beendeten Arbeitsverhältnisses als auch als Gattungsbegriff und zwar in dem Sinne, dass damit alle Arten von Verträgen umschrieben werden, in denen es um die Beendigung von Arbeitsverhältnissen im weitesten Sinne geht, selbst dann, wenn der Vertrag die rechtsgeschäftliche Beendigung des Arbeitsverhältnisses nicht herbeiführt.[17] *Bauer* unterscheidet zusätzlich zwischen **echtem** und **unechtem Abwicklungsvertrag**.[18] Echte Abwicklungsverträge seien solche, die zeitlich nach Ausspruch der Kündigung, ohne jegliche Vorfeldabsprache zwischen Arbeitgeber und Arbeitnehmer geschlossen würden. Derartige „echte" Abwicklungsverträge schließe der Arbeitnehmer meist in den drei Wochen nach Zugang der Kündigung (§ 4 KSchG) oder als Prozessvergleich im Laufe eines Kündigungsschutzprozesses. Unechte Abwicklungsverträge nennt *Bauer* solche Verträge, die als Abwicklungsverträge bezeichnet, tatsächlich aber bereits zwischen dem Arbeitgeber und dem Arbeitnehmer oder deren Anwälten vor Ausspruch der Kündigung ausgehandelt worden seien (Stichwort: **Vorfeldabsprache**). Den Begriff „Abwicklungsvertrag" versteht er in diesen Fällen als Tarnbezeichnung; unechten Abwicklungsverträgen gehe stets eine Vorfeldabsprache zwischen Arbeitgeber und Arbeitnehmer voraus.

167 Das BAG hat in der Entscheidung vom 28.6.2005 herausgearbeitet, dass ein im Sinne von *Bauer* „unechter Abwicklungsvertrag" kein Aufhebungsvertrag ist. Es fehle bereits an der Schriftform nach § 623 BGB.[19] Damit hat es der Entscheidung des BSG vom 9.11.1995[20] den Boden entzogen, wobei die Entscheidung des BSG vom 9.11.1995 unter einer anderen Rechtslage erging als die Entscheidung des BAG vom 28.6.2005.

---

16 LAG Brandenburg 24.4.2001 – 2 Sa 326/00, n.v.
17 Arbeitsrechtliche Aufhebungsverträge, Rn. I-20.
18 Arbeitsrechtliche Aufhebungsverträge, Rn I-20, I-198; *Bauer/Hümmerich*, NZA 2003, 1076.
19 BAG 28.6.2005 – 1 ABR 25/04, NZA 2006, 48.
20 BSG 9.11.1995 – 11 RAr 27/95, BSGE 77, 48 = NZA-RR 1997, 109.

§ 623 BGB verlangt die Schriftform bei Aufhebungsverträgen erst seit dem 1.5.2000.[21] *Bauer/Krieger*[22] kritisieren, dass das BAG in seiner Entscheidung vom 28.6.2005 den „Blick aufs Ganze" vernachlässigt habe und daher zu Unrecht gemeint habe, das Arbeitsverhältnis werde in der zugrunde liegenden Fallkonstellation einseitig durch Kündigung beendet. Das BAG verkenne den Unterschied zwischen echtem und unechtem Abwicklungsvertrag, der eine einvernehmliche Vertragsauflösung beinhalte. Der vom BAG gewählte Ansatz sei zu formalistisch und auch im Ergebnis wenig überzeugend. Die Autoren fragen, welchen Sinn eine Anhörung des Betriebsrats zu (vorgeschobenen) Kündigungsgründen haben solle, wenn sich der Arbeitnehmer und Arbeitgeber bereits über eine Vertragsauflösung einig seien.

Gaul[23] hat eine persönliche Vermutung zu einer gerichtsbekannten Tatsache erhoben, als er meinte, es gehöre zum regelmäßigen Ablauf bei einem Kündigungsausspruch und Abwicklungsvertrag, dass dem Arbeitnehmer eine Abwicklungsvereinbarung **in Aussicht** gestellt werde. Damit verbreitete er die nicht belegbare These, Abwicklungsverträge seien im Regelfall „unechte" Abwicklungsverträge i.S.d. Definition von *Bauer*. Ob gewollt oder ungewollt hat er damit den Kritikern des Abwicklungsvertrages, insbesondere dem BSG,[24] eine Argumentation vorgelegt, die arbeitsförderungsrechtlichen Konsequenzen so zu ordnen, dass aus der bloßen Hinnahme einer Kündigung eine aktive Mitwirkung am Abwicklungsvertrag herausgelesen wird.

168

II. Abriss des angrenzenden Steuerrechts

Zum 1.1.2006 ist § 3 Nr. 9 EStG, der steuerfreie Abfindungen vorsah, außer Kraft getreten. Seither werden Abfindungen nur noch unter den Voraussetzungen der §§ 34, 24 EStG steuerlich privilegiert. Man spricht hier von der sog. **Fünftelungs-Regelung**. Sie bietet bei Spitzenverdienern keine steuerlichen Vorteile und ist nur für den Normalfall der Beendigung von Arbeitsverhältnissen noch von einer gewissen Bedeutung.

169

1. Überblick

§ 34 Abs. 1 EStG ist durch Art. 1 des Gesetzes zur Fortsetzung der Unternehmenssteuerreform[25] neu gefasst worden. Für eine Entschädigung (Abfindung) gemäß §§ 34 Abs. 1, 24 Nr. 1 a, 2 a und b EStG gelten bestimmte Voraussetzungen:

170

- Es muss sich um eine Entschädigung für entgehende Einnahmen i.s.v. § 24 Nr. 1 a EStG oder für die Aufgabe der Nichtausübung einer Tätigkeit nach § 24 Nr. 1 b EStG handeln und
- es müssen außerordentliche Einkünfte vorliegen.

Zu einer steuerermäßigten Abfindung gemäß §§ 34, 24 EStG gelangt man deshalb, wenn vier Voraussetzungen erfüllt sind.

171

- Entschädigung
  - als Ersatz für entgangene oder entgehende Einnahmen oder
  - für die Aufgabe oder Nichtausübung einer Tätigkeit,
- unmittelbar dazu bestimmt, Verlust entgangener oder entgehender Einnahmen zumindest teilweise auszugleichen,
- auf einer neuen Rechts- oder Billigkeitsgrundlage beruhende Ersatzleistung,
- Zusammenballung von Einkünften in einem Veranlagungszeitraum.

2. Die tatbestandlichen Voraussetzungen gemäß § 24 EStG

a) Entschädigung als Ersatz für Einnahmen oder Aufgabe einer Tätigkeit

Wer selbst und ohne jeden Zwang etwas preisgibt, dem „entgeht" nichts; wer aus eigenem Antrieb ein Ereignis herbeigeführt hat, erleidet dadurch keinen Schaden. Wenn er indessen unter einem **nicht unerheblichen rechtlichen, wirtschaftlichen oder tatsächlichen Druck** gehandelt hat, dann ist die Ausgleichszahlung als Ersatzleistung anzusehen für „entgangene oder entgehende", weil an sich erstrebte Einnahmen.[26] Erhält der

172

---

21 BGBl. I 2000, 333.
22 NZA 2006, 306 (307).
23 BB 2003, 2457 (2459).
24 BSG 18.12.2003 – B 11 AL 35/03 R, NZA 2004, 661.
25 BGBl. I 1997, 2590; inzwischen gilt eine weitere Neufassung: BGBl. I 1999, 402.
26 BFH 13.2.1987 – VI R 230/83, BFHE 149, 182 = BStBl. II 1987, 386.

Arbeitnehmer im Zusammenhang mit einer Änderungskündigung eine Abfindung, weil er beispielsweise zukünftig auf einem geringer dotierten Arbeitsplatz tätig sein soll, so kommt eine Steuerbefreiung mangels Beendigung des Arbeitsverhältnisses nicht in Betracht,[27] wohl aber eine steuerbegünstigte Entschädigung als Ersatz für entgehende Einnahmen.[28]

173 Die Rechtsprechung des BFH fordert allerdings nicht immer, dass die Aufgabe der Tätigkeit auf tatsächlichem, rechtlichem oder wirtschaftlichem Druck des Arbeitgebers zu beruhen hat. In einem Ausnahmefall hielt sie ein arbeitsvertragliches Optionsrecht (hier für eine Stewardess, mit Vollendung des 32. Lebensjahres gegen Zahlung einer Abfindung aus dem Arbeitsverhältnis auszuscheiden) für eine ausreichende Regelung einer Entschädigung für die Aufgabe oder Nichtausübung der Tätigkeit i.S.v. § 24 Nr. 1 b EStG.[29]

174 Diese Entscheidung ist insofern systemfremd, als die Entschädigung hier (neben dem fehlenden sachlichen, rechtlichen oder wirtschaftlichen Druck des Arbeitgebers) auch nicht auf einer neuen Rechts- oder Billigkeitsgrundlage beruhte, die für steuerbegünstigte Entschädigungen ansonsten vom BFH gefordert wird.[30] Generell gilt, dass die Steuerbegünstigung für Beträge ausgeschlossen ist, auf die der Arbeitnehmer bereits einen Anspruch erworben hat. Insoweit deckt sich diese Voraussetzung mit der Bedingung der Steuerfreiheit in § 3 Nr. 9 EStG, wonach die Abfindung eine Gegenleistungsfunktion für den Verlust des Arbeitsplatzes haben muss. Beträge, die nur einen aus dem Dienstverhältnis bestehenden Anspruch abgelten, werden ausgeschlossen.[31]

175 Vorsicht geboten ist deshalb bei der Gestaltung mit vertraglich für den Fall des Ausscheidens vereinbarten Abfindungszahlungen. Das FG München[32] vertritt die Auffassung, dass in unbefristeten Anstellungsverträgen vereinbarte Abfindungen für den Fall einer arbeitgeberseitig veranlassten Kündigung weder zur Steuerfreiheit nach § 3 Nr. 9 EStG noch zur steuerlichen Privilegierung gemäß §§ 34 Abs. 2 Nr. 2, 24 Nr. 1 b EStG führten. Die Gegenmeinung[33] ist der Ansicht, es sei unschädlich, wenn eine Abfindung auf einer bereits im ursprünglichen Anstellungs- oder Arbeitsvertrag enthaltenen Regelung beruhe und damit von vornherein festgelegt sei. Der sichere Weg ist vorgezeichnet, wenn die Abfindung im Sinne eines **Optionsrechts** gemäß dem Stewardessenfall im Arbeitsvertrag ausgestaltet und späterhin in einem Aufhebungsvertrag niedergelegt wird. In diesem Fall schaffen die Parteien eine neue Rechts- oder Billigkeitsgrundlage.

176 Dies gilt auch, wenn bei einem befristeten Vertrag (z.B. mit einem Vorstand) das rechtliche Ende des Anstellungsverhältnisses vorverlegt wird. Wenn in diesen Fällen Vergütungsansprüche kapitalisiert und als Abfindung gezahlt werden, fällt der Steuervorteil gemäß §§ 3 Nr. 9, 34, 24 EStG nicht weg, es handelt sich auch nicht um einen unzulässigen Umgehungstatbestand gemäß § 42 AO.[34]

177 Wird ein Arbeitnehmer im Hinblick auf eine in seinem Arbeitsvertrag bestehende, **konzernweite Versetzungs- und Rückrufklausel ins Ausland** versetzt und erhält er zum Ausgleich der finanziellen Nachteile, die mit der Versetzung verbunden waren, eine „Sonderzuwendung", hängt die Möglichkeit der ermäßigten Besteuerung nach Auffassung des BFH davon ab, ob das neue Dienstverhältnis als Fortsetzung des bisherigen Dienstverhältnisses zu beurteilen ist.[35] Eine rein formale Betrachtung, die sich ausschließlich an der zivilrechtlichen Personenidentität orientiert, wird nach Auffassung des Finanzgerichts der Zielsetzung der §§ 24 Nr. 1 a, 34 Abs. 1 und 2 EStG nicht gerecht. Die einzelnen Konzernunternehmen seien unter der einheitlichen Leitung des herrschenden Unternehmens zusammengefasst, § 18 AktG. Trotz der rechtlichen Selbständigkeit der Arbeitgeber könnten das alte und das neue Arbeitsverhältnis in einer Weise verbunden sein, die gegen eine Auflösung spreche. Die Entscheidung müsse deshalb immer das Gesamtbild des Arbeitsverhältnisses im Einzelfall berücksichtigen. Wenn das alte und das neue Dienstverhältnis derart miteinander verknüpft seien, dass das bestehende Dienstverhältnis zwar mit dem neuen Arbeitgeber, aber im Übrigen in Bezug auf den Arbeitsbereich, die Entlohnung und Wahrung des sozialen Besitzstands im Wesentlichen unverändert fortgesetzt werde, habe der Arbeitnehmer den Arbeitsplatz nicht verloren. In einem solchen Falle sei das Arbeits-

---

[27] BFH 10.10.1986 – VI R 178/83, DB 1987, 515.
[28] *Offerhaus*, DB 1991, 2457.
[29] BFH 8.8.1986 – VI R 28/84, BStBl. II 1987, 106; ebenso BFH 13.2.1987 – VI R 230/83, BStBl. II 1987, 386.
[30] BFH 20.10.1978 – VI R 107/77, BStBl. II 1979, 176; BFH 21.6.1990 – X R 46/86, BStBl. II 1990, 1020; BFH 27.2.1991 – XI R 8/87, BStBl. II 1991, 703.
[31] FG München 16.9.1999 – 16 K 4486/97, EFG 2000, 67.
[32] FG München 16.9.1999 – 16 K 4486/97, EFG 2000, 67.
[33] BFH 13.2.1987 – VI R 230/83, DB 1987, 1070; für einen GmbH-Geschäftsführer: FG Münster 13.8.1997 – 1 K 3455/97 E, GmbHR 1997, 1113; ebenso *Bauer*, Arbeitsrechtliche Aufhebungsverträge, Rn VII-38f; *Offerhaus*, DB 2000, 396.
[34] BFH 10.10.1986 – VI R 178/83, BFHE 148, 257.
[35] FG Köln 8.2.2001 – 10 K 4874/96, EFG 2001, 570; zitiert nach *Müller*, Besteuerung von Abfindungen, ArbRB 2002, 25.

verhältnis nicht im steuerrechtlichen Sinne beendet worden, insbesondere dann nicht, wenn das Arbeitsverhältnis im Heimatland ruhe und der Arbeitnehmer die Möglichkeit der jederzeitigen Rückkehr auf seinen früheren Arbeitsplatz habe. In einen solchen Falle unterliege die Abfindung nicht dem ermäßigten Steuersatz.

Keine Entschädigung i.S.v. § 24 Nr. 1 a und Nr. 1 b EStG nimmt die Rechtsprechung an, wenn das Arbeitsverhältnis nach einem Betriebsübergang oder Betriebsteilübergang fortgesetzt wird. Bei einem **Betriebsübergang** nach § 613a BGB kann die tarifbegünstigte Besteuerung der Abfindung entfallen, wenn der Arbeitnehmer das Arbeitsverhältnis zwar mit dem neuen Arbeitgeber fortsetzt, vom alten Arbeitgeber aber noch eine Abfindung erhält. In diesem Fall ist die Abfindung nur tarifbegünstigt, wenn das zugrunde liegende Arbeitsverhältnis auch tatsächlich beendet wird.[36] Entsprechendes gilt auch bei Fortsetzung des Arbeitsverhältnisses bei **Betriebsteilübergängen**. Der BFH entschied, dass ein Betriebsteilübergang von der einen Gesellschaft auf die andere Gesellschaft nicht zur endgültigen Beendigung des bestehenden Dienstverhältnisses führe, selbst wenn das bestehende Dienstverhältnis mit dem neuen Arbeitgeber mit teilweise geänderten Konditionen fortgesetzt werde. Enthalte der Arbeitsvertrag mit dem neuen Arbeitgeber die Klausel, dass die Vorzeiten im Arbeitsverhältnis mit dem vormaligen Arbeitgeber angerechnet würden, liege keine Beendigung des Vertragsverhältnisses im steuerrechtlichen Sinne vor, § 24 Nr. 1 a und Nr. 1 b EStG sei nicht anwendbar.[37]

178

Auch die **Reduzierung einer vertraglich eingeräumten Pensionszusage** ist keine Entschädigung und damit nicht steuerbegünstigt, wenn das Arbeitsverhältnis im Übrigen unverändert fortgesetzt wird. In diesem Falle fehle es an der Beendigung des bisherigen Einkommenserzielungstatbestandes.[38] Auch die bloße Einschränkung der Arbeitsleistung des Arbeitnehmers führt nicht zu einer Tätigkeitsaufgabe und zu entgehenden Einnahmen i.S.v. § 24 EStG. Der BFH hat für eine Abfindungszahlung einer Versicherung an ihren Bezirksdirektor für die Substanzverluste durch die Gebietsverkleinerung keine Steuermäßigung nach § 24 Nr. 1 a EStG zugelassen. Die Versicherung wollte ursprünglich den mit der Gebietsabtretung verbundenen erheblichen Substanzverlust in 10-Jahresraten abgelten. Der Arbeitnehmer setzte im Rahmen eines schriftlichen Abfindungsvertrages eine Einmalzahlung über 730.000 DM im Streitjahr durch. Der Anstellungsvertrag mit der Versicherung galt mit dem verkleinerten Gebiet weiter. Gut zwei Jahre nach Abschluss der Abfindungsvereinbarung verstarb der Mitarbeiter. Ein Teilrückzahlungsgrund war für diesen Fall ausdrücklich im Abfindungsvertrag ausgeschlossen. Der BFH stellte fest, dass eine Entschädigung i.S.v. § 24 Nr. 1 a EStG nicht vorliege.[39] Der BFH verwies die Sache allerdings an das Finanzgericht zurück. Das Finanzgericht sollte feststellen, ob und ggf. mit welchem Umfang die Abfindung für die Nichtausübung der Tätigkeit in dem bisherigen Bezirk des Mitarbeiters bezahlt werden sollte.

179

b) Kausalität zwischen Abfindung und Verlust entgangener oder entgehender Einnahmen

In der Literatur ist man der Meinung, dass es nicht darauf ankomme, wann die den Anspruch begründende Vereinbarung abgeschlossen wurde. Der Dienstnehmer erhalte im Austausch Lohn gegen Arbeit. Der Abfindungsanspruch beruhe auf einer anderen Rechtsgrundlage, die den Anforderungen des § 24 Nr. 1 EStG gerecht werde. Die Beendigung sei vom Dienstgeber vereinbart, dadurch entgingen dem Arbeitnehmer Einnahmen für die Arbeitsleistung und hierfür leiste die Abfindung einen Ersatz. Dass sich die Parteien vorab und nicht erst bei Beendigung des Dienstverhältnisses auf das „Ob" und die Höhe der Zahlung geeinigt haben, könne dem Entschädigungscharakter und der Kausalität nicht entgegenstehen.[40]

180

Die Steuervergünstigung nach §§ 34, 24 Nr. 1 b EStG kommt auch bei **Karenzentschädigungen** in Betracht.[41] Stets muss es sich bei den Entschädigungen gleichzeitig um außerordentliche Einkünfte des Arbeitnehmers handeln. Diese Voraussetzung ist erfüllt, wenn die Entschädigung für entgangene oder entgehende Einnahmen, die sich bei normalen Ablauf auf mehrere Jahre verteilt hätten, vollständig in einem Betrag gezahlt wird[42] oder wenn die Entschädigung nur Einnahmen eines Jahres ersetzt, sofern sie im Jahr der Zahlung mit weiteren Einkünften zusammenfallen und der Steuerpflichtige im Jahr der entgangenen Einnahmen

181

---

36 BFH 10.10.2001 – XI R 54/00, NZA-RR 2002, 371.
37 BFH 12.4.2000 – XI R 1/99, BFH/NV 2000, 1195; BFH 22.6.2001 – XI B 27/01, BFH/NV 2001, 1551.
38 FG Köln 22.3.2001 – 10 K 7067/97, EFG 2001, 1448.
39 BFH 23.1.2001 – XI R 7/00, BStBl. II 2001, 541.
40 *Offerhaus*, DStZ 1997, 108, 109; *Bauer*, Arbeitsrechtliche Aufhebungsverträge, Rn VII 48.
41 BFH 12.6.1996 – XI R 43/94, BStBl. II 1996, 516.
42 BFH 18.9.1991 – XI R 9/90, BFH/NV 1992, 102.

keine weiteren nennenswerten Einnahmen hatte.[43] Gleiches gilt für Entschädigungen i.S.v. § 24 Nr. 1 b EStG.[44]

182 Die Entschädigung muss **nicht in einem Betrag gezahlt** werden; es ist aber notwendig, dass sie **in einem Veranlagungszeitraum geleistet** wird. Für den Progressionsnachteil ist es unerheblich, ob die Zahlung im selben Veranlagungszeitraum auf mehrere Raten verteilt wird.[45] Nur in zwei Ausnahmefällen hat der BFH darüber hinaus zugelassen, dass eine Entschädigungszahlung auf zwei Veranlagungszeiträume mit dem ermäßigten Steuersatz besteuert werden kann, und zwar wenn von vornherein eine Zahlung in einer Summe vorgesehen war, aber wegen der ungewöhnlichen Höhe und der besonderen Verhältnisse des Arbeitgebers dieser Betrag auf zwei Jahre verteilt werden musste,[46] und wenn der Entschädigungsempfänger bar aller Existenzmittel dringend auf den Bezug einer Vorauszahlung angewiesen war.[47] Inzwischen ist eine weitere Ausnahme hinzugetreten: Leistet ein Arbeitgeber seinem (früheren) Arbeitnehmer wegen Auflösung des Arbeitsverhältnisses eine einmalige Abfindung und zur Überbrückung der Arbeitslosigkeit monatliche Ausgleichszahlungen, so sind diese Leistungen insgesamt auch dann im Jahr ihrer Zahlung tarifvergünstigt zu besteuern, wenn die Ausgleichszahlungen in einem späteren Veranlagungszeitraum fortgeführt werden.[48]

183 Ein häufiger Gestaltungsfehler bei Abfindungsregelungen ist die mangelnde Berücksichtigung von **Sachleistungen**. Kann der Angestellte einen Dienstwagen oder eine verbilligte Wohnung über den Veranlagungszeitraum hinaus, in dem die Abfindung gezahlt wird, nutzen, stellt dies einen geldwerten Vorteil dar, der die Zusammenballung der einheitlichen Abfindung und damit die Steuerbegünstigung insgesamt aufhebt.[49]

184 Aus dem gleichen Grunde wird davon abgeraten, **Aufstockungsbeträge**, beispielsweise im Zusammenhang mit Sozialplanabfindungen, vorzusehen, die in späteren Jahren nach dem Ausscheiden aus dem Arbeitsverhältnis gezahlt werden. Die Anweisungslage bei verschiedenen Finanzämtern[50] sieht vor, dass eine auf einem ungewissen Ereignis in der Zukunft beruhende Aufstockung als eine Verteilung auf mehrere, in verschiedenen Veranlagungszeiträumen liegende Auszahlungspunkte zu beurteilen ist, so dass auch der ursprünglich gezahlte Anteil der Abfindung seinen Charakter als steuerbegünstigte Entschädigung verliert.

185 Ungewöhnlich großzügig entschied der BFH,[51] dass eine Entlassungsentschädigung, die ein Arbeitnehmer wegen der Auflösung seines Arbeitsverhältnisses erhält, auch dann steuerbegünstigt ist, wenn der Arbeitgeber für eine gewisse Übergangszeit aus sozialer Fürsorge ergänzende Entschädigungszusatzleistungen gewährt. Im Urteilsfall hatte der Arbeitnehmer mit seinem Arbeitgeber eine Abfindungssumme von 500.000 DM vereinbart. Diese wurde ausbezahlt. Der Arbeitgeber verpflichtete sich zusätzlich, die Kosten einer so genannten Outplacement-Beratung bis zu max. 50.000 DM zu übernehmen. Wichtig: Die gesamte Entschädigungszahlung wäre nicht steuerbegünstigt gewesen, wenn sich der Arbeitnehmer den zusätzlichen Beratungsbetrag wahlweise hätte auszahlen lassen.

186 Wenn die Abfindung zusammen mit dem im Jahr der Zahlung geflossenen Gehalt betragsmäßig ein Jahresgehalt ergibt oder unterschreitet und der Steuerpflichtige keine weiteren Einnahmen bezieht, die er bei Fortsetzung des Arbeitsverhältnisses nicht bezogen hätte, kann man nach Auffassung des BFH nicht mehr von einer Zusammenballung von Einkünften sprechen.[52]

187 Hieraus ergibt sich für die Praxis die Konsequenz, dass u.U. bereits eine geringfügige Erhöhung der Abfindung in der Weise, dass die Einkünfte bei Fortbestand des Arbeitsverhältnisses überschritten werden, aufgrund des dann eingreifenden § 34 EStG zu einer deutlich höheren Nettoabfindung führen kann.[53]

188 Unschädlich ist eine Gestaltung von Aufhebungsverträgen, die eine **Aufteilung** nach einer **steuerfreien Abfindung** nach § 3 Nr. 9 EStG und einen **steuerermäßigten Anteil** nach §§ 34, 24 Nr. 1 EStG vorsieht und ferner regelt, dass beide Teile in verschiedenen Veranlagungszeiträumen zur Auszahlung gebracht werden.[54]

---

43 BFH 12.3.1975 – I R 180/73, BStBl. II 1975, 485.
44 BFH 16.3.1993 – XI R 10/92, BStBl. II 1993, 497.
45 *Offerhaus*, DB 1991, 2456.
46 BFH 21.4.1993 – XI R 67/92, BFH/NV 1994, 224.
47 BFH 6.9.2000 – XI R 19/00, BFH/NV 2001, 431; BFH 2.9.1992 – XI R 63/89, BStBl. II 1993, 831.
48 BFH 24.1.2002 – XI R 43/99, NZA-RR 2003, 94.
49 BFH 21.3.1996 – XI R 51/95, BStBl. II 1996, 416.
50 OFD Hannover, Verfügung v. 24.10.1996 – S 2290 2 StO 212/S 2290.
51 BFH 14.8.2001 – XI R 22/00, BStBl. II 2002, 180.
52 BFH 6.9.1995 – XI R 71/94, BFH/NV 1996, 204; zuletzt bestätigt in BFH 4.3.1998 – XI R 46/97, BStBl. II 1998, 787.
53 *Wisskirchen*, NZA 1999, 405; *Hümmerich/Spirolke*, NJW 1999, 1663.
54 BFH 2.9.1992 – XI R 44/91, DB 1992, 2602; *Hümmerich/Spirolke*, NZA 1998, 231.

Hat der Arbeitgeber keine oder zu geringe Steuern einbehalten, was beispielsweise bei einer Lohnsteuer-Außenprüfung nach § 42f EStG beim Arbeitgeber festgestellt werden würde, hat das Finanzamt den Arbeitgeber durch **Haftungsbescheid** in Anspruch zu nehmen. Die Haftung des Arbeitgebers, gesamtschuldnerisch mit dem Arbeitnehmer, ergibt sich aus § 42d EStG. Das Finanzamt kann die Steuerschuld nach pflichtgemäßem Ermessen allerdings gegenüber jedem Gesamtschuldner geltend machen. Ermessensfehlerhaft handelt das Finanzamt, wenn die Steuer beim Arbeitgeber nacherhoben wird obwohl sie beim Arbeitnehmer ebenso schnell und einfach nacherhoben werden kann.[55] Ermessensfehlerhaft kann ein gegen den Arbeitgeber gerichteter Haftungsbescheid sein, weil der Arbeitgeber den Steuerabzug wegen entschuldbaren Rechtsirrtums unterlassen hat.[56] Eine Inanspruchnahme des Arbeitgebers durch Lohnsteuer-Haftungsbescheid oder Nachforderungsbescheid kann schließlich aus verfahrensrechtlichen Gründen ermessensfehlerhaft sein.[57]

189

c) Zusammenballung von Einkünften im Sinne der BFH-Rechtsprechung

Die **Tarifbegünstigung nach §§ 24, 34 EStG** beruht auf dem Gedanken der Steuergerechtigkeit, weil durch die Entschädigung in einem Veranlagungszeitraum Einnahmen zufließen, die sich bei normalem Verlauf über mehrere Jahre verteilt hätten mit der Folge, dass sie einer geringeren Steuerprogression unterfallen wären.[58] Durch die Steuerbegünstigung soll der Progressionsnachteil abgefangen werden.

190

Bislang haben die Finanzämter die Auffassung vertreten, dass bei der **Einmalabfindung** infolge der Beendigung des Arbeitsverhältnisses grundsätzlich nicht davon ausgegangen werden kann, dass lediglich die Einnahmen eines Kalenderjahres entschädigt werden, und zwar auch dann nicht, wenn sie der Höhe nach in etwa den Betrag eines früheren Jahresgehalts nicht übersteigt.[59] Mit Urteil vom 4.3.1998[60] hat der BFH ausdrücklich entschieden, dass die Auffassung der Finanzverwaltung unzutreffend ist, die Finanzverwaltung hat dieser Rechtsprechung zwischenzeitlich Rechnung getragen.[61]

191

In dem **Urteil vom 4.3.1998** stellte der **BFH** fest, dass das Merkmal der Zusammenballung von Einkünften nicht erfüllt ist, wenn die anlässlich der Beendigung eines Arbeitsverhältnisses gezahlte Entschädigung die bis zum Ende des Veranlagungszeitraums entgehenden Einnahmen nicht übersteigt und der Steuerpflichtige keine weiteren Einnahmen erzielt, die er bei Fortsetzung des Arbeitsverhältnisses nicht gehabt hätte. Der Senat stellt diese Ansicht in den Zusammenhang seiner bisherigen Rechtsprechung ein.[62] Bereits aus der Begründung zum Einkommensteuergesetz 1934 gehe hervor, dass mit der Ermäßigung des Steuersatzes progressionsbedingte Härten gemildert werden sollen. Bei dieser Betrachtungsweise komme es nicht darauf an, ob die Entschädigung entgehende Einnahmen mehrerer Jahre abdecken solle. Entscheidend sei allein, ob es unter Einschluss der Entschädigung infolge der Beendigung des Arbeitsverhältnisses in dem jeweiligen Veranlagungszeitraum insgesamt zu einer über die normalen Verhältnisse hinausgehenden Zusammenballung von Einkünften komme.

192

Nur dann könne eine progressionsbedingte Härte auftreten. Die Frage, ob die Entschädigung nach dem Willen der Parteien für den Einnahmeverlust mehrerer Jahre gewährt werden solle, sei ohne Bedeutung. Bezugspunkt sei nicht die Zusammenballung der Entschädigung als solcher, sondern allein die entschädigungsbedingte Zusammenballung der Gesamtbezüge des Veranlagungszeitraums. Diese Auffassung widerspreche auch nicht der ständigen Rechtsprechung des BFH,[63] nach der es auf einen tatsächlich eintretenden Progressionsnachteil nicht ankomme. Auch in Fällen, in denen es infolge der Höhe der Einkünfte zu keiner entschädigungsbedingten steuerlichen Progressionsbelastung kommen kann, müsse eine Zusammenballung von Einkünften gegeben sein. Zutreffend sei, dass es im Einzelfall auch bei relativ geringfügiger Überschreitung der bei ungestörter Fortsetzung des Arbeitsverhältnisses erzielbaren Beträge zu einer erheblichen Steuerbelastung kommen könne. Auch wird sich eine günstigere Belastung ergeben, je näher das Beendigungsdatum am Ende des Veranlagungszeitraums und damit des Kalenderjahres liegt. Diese Konsequenzen ergäben sich aber aus der vom Gesetz vorgegebenen Einkünfteermittlung für den einzelnen Veranlagungszeitraum.

193

---

55 BFH 12.1.1968 – VI R 117/66, BStBl. II 1968, 324; BFH 30.11.1966 – VI 164/65, BStBl. III 1967, 331.
56 BFH 18.9.1981 – VI R 44/77, BStBl. II 1981, 801.
57 BFH 15.5.1992 – VI R 183/88, BStBl. II 1993, 829.
58 *Hümmerich/Spirolke*, NJW 1999, 1663 ff.
59 BMF, Schreiben v. 18.11.1997 – IV B – S 2290-2/97; OFD Karlsruhe, Schreiben v. 19.1.1996 – S 2290 A – St 221.
60 BFH 4.3.1998 – XI R 46/97, BFHE 185, 429 = NZA-RR 1998, 418 = DB 1998, 1266.
61 BMF, Schreiben v. 18.12.1998 – IV A 5 – S 2290-18/98 sowie BMF-Schreiben v. 24.5.2004 – IV A 5 S 2290-20/04 Rn 11.
62 BFH 6.9.1995 – XI R 71/94, BFH/NV 1996, 204; BFH 16.7.1997 – XI R 13/97, BFHE 183, 535 = NJW 1997, 3464.
63 BFH 17.12.1982 – III R 136/79, BFHE 137, 345 = BStBl. II 1983, 221; BFH 21.3.1996 – XI R 51/95, BFHE 180, 152 = BStBl. II 1996, 416.

§ 4 Beendigung von Arbeitsverhältnissen

194 Diese eindeutige BFH-Rechtsprechung entspricht seit einiger Zeit der Auffassung der Finanzverwaltung,[64] was im Sinne einer einheitlichen Handhabung der Steuerbegünstigungstatbestände zu begrüßen ist. Noch im BMF-Schreiben von 1997[65] hieß es, die Frage der Zusammenballung von Einkünften könne nicht anhand der objektiven Zahlen beantwortet werden, entscheidend seien vielmehr die Gründe, die die Vertragsparteien zur Aufhebung des Dienstverhältnisses veranlasst und die in der Auflösungsvereinbarung sowie bei den Modalitäten der Abfindung ihren Niederschlag gefunden hätten. Hiervon ist das BMF nunmehr abgerückt. Auch das BMF nimmt nunmehr an, dass eine Zusammenballung nur dann vorliegt, wenn die im Arbeitsverhältnis bis zur Beendigung verdienten Bezüge, die Entschädigungsleistung einschließlich der Abfindung bis zum Freibetrag des § 3 Nr. 9 EStG sowie weitere Einnahmen aus nichtselbstständiger Arbeit, beispielsweise einem nachfolgenden Arbeitsverhältnis oder aus dem Progressionsvorbehalt unterliegender Lohnersatzleistungen gemäß § 32b EStG (beispielsweise Arbeitslosengeld), insgesamt das Einkommen des Vorjahres übersteigen. Im Schreiben des BMF vom 24.5.2004[66] sind mehrere Beispiele und Fallkonstellationen dargestellt, aus denen abzulesen ist, wann die Finanzverwaltung die Voraussetzungen einer Zusammenballung von Einkünften anzunehmen hat.

195 Die Überlegung, dass eine Abfindung in den nächsten Veranlagungszeitraum verschoben werden sollte, da im gegenwärtigen Jahr Einkünfte nicht oder nur in geringerem Umfang erwartet werden und so die „Fünftelungs-Regelung" optimal genutzt werden könne, ist grundsätzlich unrichtig, da es aufgrund der häufig (beispielsweise wegen Arbeitslosigkeit) geringen weiteren Einkünfte im Jahr der Abfindungszahlung an einer Zusammenballung fehlt, mit der Folge, dass es zu keiner Steuerbegünstigung nach §§ 34, 24 EStG kommt. Intelligent ist eine solche Verschiebung des Auszahlungszeitpunkts der Abfindung demgegenüber dann, wenn der Arbeitnehmer in dem Jahr der Abfindungszahlung nur ganz geringe oder gar keine Einnahmen mit Ausnahme der Abfindungszahlung hat und der persönliche Steuersatz damit gegenüber den Vorjahren um ein Vielfaches niedriger ausfällt, was dann weiterhin zur Folge haben kann, dass der über den Betrag des § 3 Nr. 9 EStG hinaus gehende Abfindungsbetrag mit einer niedrigeren Steuer belegt wird, als sie bei Anwendung der Privilegierung nach § 34 EStG zu zahlen wäre.

196 Insgesamt gilt eine neue Erlasslage des BMF bei Leistungen im Zusammenhang mit der Aufhebung des Arbeitsverhältnisses, die sich erst in Folgejahren auswirken, wie z.B. Verzicht des Arbeitgebers auf die ratierliche Kürzung der betrieblichen Altersversorgung nach § 2 BetrAVG, Auszahlung einer vorgezogenen betrieblichen Altersversorgung, vertragliche Zusicherung einer Unverfallbarkeit nach § 1 BetrAVG oder einer Versorgungsordnung nach verfallbaren Anspruchs.[67] Insbesondere die Finanzämter in Nordrhein-Westfalen hatten hierin in der Vergangenheit einen Bestandteil der Abfindung gesehen, der die Gesamtentschädigung faktisch auf mehrere Jahre verteilte, mit der fatalen Folge, dass auf diesem Weg die Steuerbegünstigung für die gesamte Abfindung beseitigt wurde.[68] Bei Zweifelfragen im Zusammenhang mit der ertragsteuerlichen Behandlung von Entlassungsentschädigungen wird ein Blick in das Schreiben des Bundesministers der Finanzen empfohlen.[69]

197 Sämtliche Zweifelsfragen werden dadurch nicht beseitigt. Wird in einem Aufhebungsvertrag vereinbart, dass zum Ende des Kalenderjahres das Arbeitsverhältnis endet, zu diesem Zeitpunkt auch die Barabfindung zu zahlen ist, wird dem Arbeitnehmer jedoch gestattet, darüber hinaus den Firmen-Pkw noch für eine bestimmte Anzahl von Monaten im Folgejahr (nächster Veranlagungszeitraum) zu nutzen, wird eine Zusammenballung der Einkünfte für den Arbeitnehmer von mehreren Finanzgerichten gleichwohl – allerdings nicht einheitlich – angenommen.[70] Folgt man konsequent dem Urteil des BFH vom 4.3.1998,[71] stellt die Sachleistung der Weiternutzung eines Pkw eine Entschädigungsleistung in einem anderen Veranlagungszeitraum dar, so dass es an einer Zusammenballung von Einkünften für einen Veranlagungszeitraum fehlen wird.

198 Zweifel und Ungewissheit, ob in einem weiteren Veranlagungszeitraum vom Arbeitgeber erbrachte Leistungen den Zusammenballungseffekt unterlaufen, lassen sich nicht völlig beseitigen, weil noch manche Sachver-

---

[64] Seit dem BMF-Schreiben v. 18.12.1998 – IV A 5 – S 2290-18/98; ebenfalls BMF-Schreiben v. 24.5.2004 – IV A 5 – S 2290-20/04 Rn 11.
[65] IV B 1 – S 2290-72/97, BStBl. I 1997, 973.
[66] BMF-Schreiben v. 24.5.2004 – IV A 5 – S 2290-20/04 Rn 10–12.
[67] Rundschreiben des BMF v. 24.5.2004 – IV A 5 – S 2290-20/04), Rn 5–8, insbes. Rn 6.
[68] Der Spiegel 45/1997, S. 125.
[69] Zweifelsfragen im Zusammenhang mit der ertragsteuerlichen Behandlung von Entlassungsentschädigungen, BMF-Schreiben v. 24.5.2004 – IV A 5 – S 2290-20/04).
[70] FG Niedersachsen 21.5.2001 – 15 K 800/98, EFG 2001, 1131; FG Düsseldorf 23.4.2001 – 7 K 7144/97 E, EFG 2001, 894; FG Baden-Württemberg 20.6.2000 – 1 K 80/99, EFG 2000, 1126.
[71] BFH 4.3.1998 – XI R 46/97, NZA-RR 1998, 418 = DB 1998, 1266.

haltskonstellation nicht gerichtsanhängig war. Die Zahlung von Übergangsgeld neben einer Abfindung kann steuerschädlich sein, wie eine Entscheidung des FG Düsseldorf[72] belegt. Der Arbeitnehmer schied in dem vom FG Düsseldorf entschiedenen Fall zum 31.8.1992 aus. Er sollte bis zum 31.12.1992 eine Vergütung in Höhe von 50 % seiner bisherigen Bezüge erhalten, wurde sofort freigestellt, sollte dem Arbeitgeber jedoch weiterhin für Informationsgespräche zur Verfügung stehen. Der Arbeitgeber verpflichtete sich, dem Arbeitnehmer im Jahre 1993 eine Abfindung in Höhe von 500.000 DM zu zahlen. Das Finanzgericht sah die Übergangsgeldzahlungen als Teil der Gesamtentschädigung an. Das Übergangsgeld sei nicht mehr im Gegenseitigkeitsverhältnis erbracht worden. Es sei für die Zeit nach dem vereinbarten Ausscheidungstermin gezahlt worden. Die Zahlungen sollten auch nur erfolgen bis zu einer etwaigen Übernahme einer anderen Tätigkeit. Die Zahlungsdauer sei nicht an der von dem Arbeitnehmer zu leistenden Arbeit, sondern an der Dauer des Verdienstausfalls orientiert gewesen. Der Arbeitnehmer sei schließlich freigestellt gewesen. Dass er noch für Informationsgespräche zur Verfügung stehen sollte, sei keine Gegenleistung für die Fortzahlung der Bezüge, sondern eine nachträglich zu erfüllende Nebenpflicht aus dem Arbeitsverhältnis gewesen. Diese Verpflichtung zur Mitwirkung an Informationsgesprächen hätte auch bestanden, wenn der Arbeitnehmer unmittelbar nach dem Ende des Arbeitsverhältnisses eine neue Tätigkeit gefunden hätte. Lediglich das Übergangsgeld wäre dann entfallen. Aus diesem Grunde setzte sich die Entschädigung daher aus dem Übergangsgeld einerseits und der Barabfindung andererseits zusammen, die jeweils in unterschiedlichem Veranlagungszeitraum gezahlt worden seien. Daher sei eine Steuerermäßigung nicht in Betracht gekommen.

Abweichend entschied der BFH im Urteil vom 24.1.2002,[73] dass Überbrückungsleistungen, die ein Arbeitgeber seinem früheren Arbeitnehmer wegen Auflösung des Arbeitsverhältnisses neben einer einmaligen Abfindung zur Überbrückung der Arbeitslosigkeit als monatliche Ausgleichszahlungen gewährt, auch dann im Jahr ihrer Zahlung tarifvergünstigt zu besteuern seien, wenn die Ausgleichszahlungen in einem späteren Veranlagungszeitraum fortgeführt würden. In dieser Entscheidung wird die Zusammenballung von Einkünften in dem Jahr, in dem die Abfindung gezahlt wurde, nicht verneint, auch wenn in einem oder mehreren späteren Veranlagungszeiträumen weitere monatliche Überbrückungsgelder gezahlt werden. Diese Entscheidung steht im Widerspruch zu der vorerwähnten Entscheidung des Finanzgerichts Düsseldorf.

Als **Beraterhinweis** lässt sich daher nur formulieren, man sollte möglichst alle Entschädigungen, Abfindungen, Sachleistungen nur für einen Veranlagungszeitraum vorsehen. Treten beim Arbeitgeber Liquiditätsfragen in den Vordergrund, sollte der Berater des Arbeitnehmers anderweitige Finanzierungsmöglichkeiten für den Arbeitgeber, z.B. Erhöhung seines Kontokorrent-Kredits, ins Spiel bringen.

3. Berechnungsweg der Steuerermäßigung, § 34 EStG

An den Grundsätzen der §§ 34, 24 EStG hat sich in den letzten Jahren nichts geändert. Geändert hat sich der Steuersatz. Der Steuersatz für Entschädigungen gemäß § 24 EStG beträgt gemäß § 34 EStG nicht mehr 50 % des Steuersatzes des Steuerpflichtigen, sondern errechnet sich nach den Regeln des jetzigen Gesetzeswortlauts. Der Gesetzeswortlaut ist kompliziert. An die Stelle des Halbsteuersatzes ist eine so genannte **Fünftelungs-Regelung** getreten. Die Fünftelungs-Regelung des § 34 EStG bedeutet aber entgegen einer weit verbreiteten Auffassung nicht, dass sich die auf die Abfindung entfallende Steuer auf fünf Kalenderjahre verteilt. Vielmehr wird die gesamte Steuer in dem Jahr fällig, in dem die Abfindung zufließt. Allerdings wird die Steuer so berechnet, als sei die Abfindung verteilt auf fünf Jahre zugeflossen. Die **Berechnungsschritte** kann man wie folgt zusammenfassen:

- Anhand der allgemeinen Steuertabellen wird die Steuer auf das gesamte zu versteuernde Einkommen des Kalenderjahres, mit Ausnahme der Abfindung, ermittelt;
- im zweiten Schritt wird die normale Steuer auf das gesamte zu versteuernde Einkommen ermittelt, diesmal unter Hinzurechnung eines Fünftels der Abfindung;
- im dritten Schritt wird die Differenz aus den Steuerbeträgen gemäß den ersten beiden Schritten ermittelt, somit der auf das Fünftel der Abfindung entfallende Steuerbetrag;
- der im dritten Schritt errechnete Betrag wird mit fünf multipliziert und bildet die auf die Abfindung entfallende Einkommensteuer;

---

72 FG Düsseldorf 29.11.2000 – 17 K 2101/98, EFG 2001, 443.
73 BFH 24.1.2002 – XI R 43/99, DB 2002, 877.

- die gesamte Steuerbelastung ermittelt sich aus der normalen Steuer auf das üblicherweise im Jahr zu versteuernde Einkommen zzgl. des im vorletzten Rechenschritt ermittelten, auf die Abfindung entfallenden Betrags.

202 Der steuerliche Effekt der Fünftelungs-Regelung nimmt mit steigendem Einkommen ab. Ab einem zu versteuernden Jahreseinkommen von 55.008 EUR bei Alleinstehenden und 110.016 EUR bei Verheirateten erweist sich eine ermäßigte Besteuerung nach der Fünftelungs-Regelung der §§ 24, 24 EStG nicht mehr als vorteilhafter im Vergleich zu einer nach Tarif besteuerten Abfindung.[74] Nur soweit Verluste geltend gemacht werden können, lässt sich die Steuerlast erfolgreich senken. Je niedriger sich der Arbeitnehmer in der Progression befindet, desto günstiger wirkt sich die Neuregelung für ihn aus. Bei solchen Arbeitnehmern dagegen, insbesondere Führungskräften, Vorständen, GmbH-Geschäftsführern, die mit ihrem Gehalt bereits die höchste Progressionsstufe erreicht haben, führt § 34 EStG dazu, dass die Entschädigungsleistung des Arbeitgebers gemäß § 24 EStG vollständig der Steuer unterworfen ist. Interessant ist dagegen die Neuregelung für Arbeitnehmer, die von einer Frühpensionierungsregelung Gebrauch machen, 32 Monate lang Arbeitslosengeld beziehen und demnach in den auf das Jahr der Zusammenballung folgenden Jahren entweder nicht zu versteuerndes Arbeitslosengeld oder nicht zu versteuerndes Altersruhegeld beziehen. In diesen Fällen dürfte die gesetzliche Neuregelung sogar günstiger sein als die bisherige Regelung, die den halben Steuersatz vorsah.

203 In der Literatur zur Vermögensberatung[75] wird empfohlen, in einem Jahr, in dem eine beträchtliche Abfindung bezogen wird, ein steuerorientiertes Kapitalanlageprodukt wie die Beteiligung an einem geschlossenen Immobilienfonds zu erwerben, um sich die Fünftelungs-Regelung optimiert zunutze zu machen. Die Vorteile können erheblich sein, sie können aber auch recht bald eine große Reue beim Steuerpflichtigen auslösen, dann nämlich, wenn der Fonds nicht die in ihn gesetzten Erwartungen erfüllt. Aufgabe des Arbeitsrechtlers kann es nicht sein, seinen Mandanten im Zuge von Abfindungsverhandlungen entsprechend zu beraten, nicht weil die Steueroptimierungsüberlegungen der Vermögensberater generell unseriös wären, sondern weil es nicht zu den Aufgaben eines Arbeitsrechtsanwalts gehört, Vermögensberatung zu betreiben. Vermögensberatung in diesem Sinne ist nicht Teil der Rechtsberatung. Hier gilt das Gleiche wie bei der eigentlichen Steuerberatung, die nicht in den Pflichtenkreis des Rechtsanwalts fällt.[76] Darauf aufmerksam zu machen, dass man derartige Überlegungen zusammen mit einem Fachmann anstellen kann, schadet allerdings nicht.

204 In einer interessanten Entscheidung hat das LAG Hamm eine Reihe von Fragen geklärt, die sich um die Fünftelungs-Regelung in § 34 EStG n.F. ranken.[77] Ein Arbeitnehmer hatte geltend gemacht, der Arbeitgeber habe den die steuerfreie Abfindung nach § 3 Nr. 9 EStG übersteigenden, nach § 34 EStG zu behandelnden Steuerbetrag im Lohnsteuerabzugsverfahren dem ermäßigten Steuersatz zu unterwerfen.

205 Zunächst stellte das LAG Hamm fest, dass die Arbeitsgerichte und nicht die Finanzgerichte für derartige Anträge nach § 2 Abs. 1 Nr. 3 a ArbGG zuständig seien.[78] Weiterhin zeigte das LAG Hamm auf, dass der Arbeitgeber gegenüber dem Arbeitnehmer nicht verpflichtet sei, bei einer Abfindung die gesetzlich mögliche Lohnsteuerermäßigung nach § 34 EStG zu realisieren. Im Grunde gehe es um das spezielle Lohnsteuerverfahren nach § 39b EStG. Diese Vorschrift habe den Arbeitgeber als Normadressaten. § 39b Abs. 3 Satz 9 EStG regele den Lohnsteuerabzug bei einem sonstigen Bezug i.S.d. § 34 Abs. 1 Nr. 2 und Nr. 4 EStG. Zu einem derartigen „sonstigen Bezug" sei auch die den Steuerfreibetrag übersteigende Abfindung zu rechnen. Die Anwendung des so genannten Fünftelungsprinzips bei der Ermittlung des ermäßigten Steuersatzes für die Abfindung setze allerdings voraus, dass er die Jahreslohnsteuer nach dem maßgebenden Jahresarbeitslohn ermitteln könne, § 39b Abs. 3 Satz 5 EStG. Der Arbeitgeber könne wegen des Ausscheidenszeitpunkts des Arbeitnehmers mitten in einem Veranlagungszeitraum und der völligen Ungewissheit, ob der Arbeitnehmer auch noch über andere Einkünfte verfüge, die nicht auf der Lohnsteuerkarte eingetragen seien, keine Ermittlung des voraussichtlichen Jahresarbeitslohns vornehmen. Bei dieser Sachlage sei der Arbeitgeber nicht verpflichtet, sich dem Risiko einer steuerlichen Haftung gegenüber dem Finanzamt auszusetzen, wenn er das Fünftelungsverfahren anwende, ohne dass die tatsächlichen Grundlagen nachweisbar vorlägen. Der Arbeitnehmer habe es selbst in der Hand, beim zuständigen Betriebsstättenfinanzamt nach § 42e EStG eine Anru-

---

[74] *Bauer*, Arbeitsrechtliche Aufhebungsverträge, Rn VII-82a.
[75] *Lamberty/Türschman*, Vermögen & Steuern 9/2000, 16; *Lamberty*, Handelsblatt v. 23.8.2000, S. 52.
[76] Mit der Folge, dass der Rechtsanwalt auch nicht haftet, LG Gießen 7.7.1999 – 1 S 5/99, FA 1999, 327.
[77] LAG Hamm 6.12.2000 – 14 Sa 1615/00, LAGE § 2 ArbGG 1979 Nr. 37.
[78] Ebenso LAG Sachsen-Anhalt 1.9.1995 – 5 Ta 104/95, BB 1996, 275.

fungsauskunft einzuholen und damit sicherzustellen, dass eine mögliche Steuerersparnis nicht erst im Wege des Jahreslohnsteuerausgleichs oder der Einkommensteuerermittlung realisiert werde.

In einer weiteren Entscheidung hat das LAG Hamm klargestellt, dass aus der „rechnerischen Verteilung auf fünf Jahre" in § 34 Abs. 1 EStG nicht folgt, der Arbeitgeber habe die Abfindung über einen Zeitraum von fünf Jahren zu verteilen. Die Verteilung auf fünf Jahre erfolge lediglich rechnerisch zum Zwecke der Progressionsabschwächung.[79] Die Abfindung wird als außerordentliche Einkünfte nur im Jahr des Zuflusses versteuert.

Wer in den letzten Jahren wegen vorzeitiger Aufhebung seines Anstellungsvertrages eine Entschädigungszahlung ordnungsgemäß als „ermäßigt besteuerte Entschädigung" in seiner Steuerklärung angegeben hat, ohne dass das Finanzamt weitere Nachforschungen anstellte, ob dies auch zutrifft, braucht nach einer Entscheidung des Finanzgerichts Köln nicht mehr mit einer Änderung seines Steuerbescheides zu rechnen, vorausgesetzt der Steuerbescheid ist bestandskräftig geworden. Nach Treu und Glauben ist es auch den Finanzbehörden verwehrt, nach Ablauf der Einspruchsfrist von einem Monat den Steuerbescheid wegen anderer steuerrechtlicher Beurteilung wieder zum Nachteil des Steuerpflichtigen zu ändern, wenn das Finanzamt pflichtwidrig weitere Umstände des Sachverhalts nicht erforscht hat.[80]

Die Übergangsregelung vom Halbsteuersatz zur Fünftelungs-Regelung im Steuerentlastungsgesetz 1999/2000/2001 für 1998 vereinbarte und im Jahre 1999 ausgezahlte Abfindungen hält der BFH für verfassungswidrig (Verstoß gegen das Rechtsstaatsprinzip wegen Rückwirkung) und hat diese Frage dem BVerfG zur Entscheidung vorgelegt.[81]

4. Lohnsteueranrufungsauskunft

Um sich vor Überraschungen bei der Auslegung eines Wortlauts oder generell vor unterschiedlichen steuerrechtlichen Interpretationen der Gestaltung von Aufhebungsverträgen zu schützen, empfiehlt es sich, vor Abschluss eines Aufhebungsvertrages eine Lohnsteueranrufungsauskunft einzuholen.[82] Auf diese Weise erfährt man, wie das zuständige Finanzamt die Abfindung behandeln möchte. Die Anrufungsauskunft kann vom Arbeitgeber und Arbeitnehmer einzeln, aber auch gemeinsam gestellt werden.

Eine **Bindungswirkung** durch die Auskunft tritt grundsätzlich nur demjenigen gegenüber ein, der die Auskunft eingeholt hat,[83] also regelmäßig gegenüber dem Arbeitgeber. Häufig müssen aufgrund von Fristen oder unternehmensinternen Zwängen Aufhebungs- und Abwicklungsverträge schnell geschlossen werden. Mit einer Antwort des Finanzamtes auf eine Lohnsteueranrufungsauskunft kann nicht innerhalb weniger Tage, sondern meist erst nach mehreren Wochen gerechnet werden. Das Instrument der Lohnsteueranrufungsauskunft versagt deshalb in vielen Verhandlungssituationen als Unterstützungsinstrument, um zu einer rechtssicheren, offiziellen steuerrechtlichen Bewertung von Abfindungsregelungen zu gelangen.

Die Bindungswirkung der Auskunft relativiert sich, wenn sie vom Arbeitgeber eingeholt wurde und das Betriebsstättenfinanzamt und das Wohnsitzfinanzamt des Arbeitnehmers nicht identisch sind. Dadurch wird der Wert der Lohnsteueranrufungsauskunft zusätzlich gemindert. Nach Auffassung des BFH[84] bindet nämlich die Auskunft nicht das für den Arbeitnehmer zuständige Wohnsitzfinanzamt im Rahmen der Einkommensteuerveranlagung.

5. Steuerliche Abzugsfähigkeit der Kostennote eines Rechtsanwalts

Lässt sich der Arbeitnehmer im Zusammenhang mit einer Beendigung seines Dienst- oder Arbeitsverhältnisses anwaltlich beraten oder vertreten, können die dabei anfallenden gesetzlichen oder vereinbarten Anwaltsgebühren und Gerichtskosten als Werbungskosten gemäß § 9 EStG geltend gemacht werden.[85] Soweit *Bauer*[86] unter Hinweis auf eine Entscheidung des BFH vom 30.1.1986[87] bei über den Steuerfreibetrag hi-

---

79 LAG Hamm 21.1.2002 – 19 Sa 1596/01, NZA-RR 2003, 38.
80 FG Köln 14.2.2001 – 14 K 5161/00, EFG 2001, 1016.
81 BFH 6.11.2002 – XI R 42/01, BStBl. II 2003, 257 (Az. beim BVerfG: 2 BvL 1/03).
82 Muster 4810 § 4 Rn 706.
83 BFH 13.11.1959 – VI 124/59 U, BStBl. III 1960, 108.
84 BFH 9.10.1992 – VI R 97/90, DB 1993, 73.
85 *Hümmerich*, FA 2000, 2.
86 *Bauer*, Arbeitsrechtliche Aufhebungsverträge, Rn VII-104.
87 BFH 30.1.1986 – IV R 247/84, BStBl. II 1986, 401.

nausgehenden Abfindungen ein teilweises Abzugsverbot vertreten hat, hat sich dieser Einwand seit dem Außerkrafttreten des § 3 Nr. 9 EStG erledigt.

6. Vereinbarung über die Erstattung von Krankenversicherungsbeiträgen

213 Wenn ein Arbeitgeber in einer Vorruhestandsvereinbarung die Erstattung der vom Vorruheständler zu leistenden Krankenversicherungsbeiträge zusagt, liegt in einem solchen Versprechen noch keine Netto(lohn)vereinbarung. Der Arbeitgeber ist daher nicht verpflichtet, die auf diesen Teil der Vorruhestandsbezüge entfallende Lohnsteuer zu tragen.[88]

III. Abriss des angrenzenden Arbeitsförderungs- und Rentenrechts

1. Verstecktes Arbeitsentgelt

214 **Abfindungen** sind **generell nicht beitragspflichtig**, solange sie nicht verstecktes Arbeitsentgelt darstellen.[89] Kündigt der Arbeitgeber einem seit langem beschäftigten, älteren Arbeitnehmer fristlos und einigen sich die Parteien anschließend in einem außergerichtlichen oder gerichtlichen Vergleich auf eine Abfindung von 11.000 EUR, die den Bruttobezügen bis zum Ende der ordentlichen Kündigungsfrist entspricht, und lassen die Parteien das Arbeitsverhältnis zum Tag des Ausspruchs der außerordentlichen Kündigung enden, wird keine Beitragspflicht wegen der Abfindung begründet. Einigen sich die Parteien dagegen wirtschaftlich mit dem gleichen Inhalt, nämlich über den Betrag von 11.000 EUR, lassen das Arbeitsverhältnis aber erst zum Ende der ordentlichen Kündigungsfrist enden, nehmen eine Erledigungsklausel in den Vergleich mit auf, so dass ab dem Tag des Ausspruchs der Kündigung bis zum Ende der Kündigungsfrist keine Gehälter mehr vom Arbeitgeber zu zahlen sind, liegt ein verstecktes Arbeitsentgelt vor und über den Betrag von 11.000 EUR hinaus wird eine Beitragspflicht an die Arbeitslosenversicherung begründet.[90]

215 Von verstecktem (mancherorts spricht man von „verdecktem") Arbeitsentgelt ist auch die Rede, wenn eine rückdatierte Kündigung ausgesprochen wird und die Parteien im Aufhebungs- oder Abwicklungsvertrag eine Abfindung vereinbaren, die sich in Wahrheit aus Arbeitsentgelt zusammensetzt, das für die Zeit zwischen dem Vertragsschluss und dem Ende der Kündigungsfrist zu zahlen wäre. Mit einer solchen, durchaus verbreiteten Manipulation beseitigen die Parteien die Sozialabgabenfreiheit der Abfindung.[91]

2. Anspruch auf Arbeitslosengeld

216 Eine Anwartschaft auf Arbeitslosengeld wird durch eine beitragspflichtige Beschäftigung erworben, die mindestens zwölf Monate dauern muss (§ 123 SGB III). Diese zwölf Monate müssen nicht in einem Block zusammenhängen, sondern können seit dem 1.1.2006 innerhalb eines Rahmens von zwei Jahren liegen (§ 124 SGB III). Die Anwartschaft kann damit auch aus mehreren Beschäftigungszeiten zusammengestückelt werden, solange die Rahmenfrist eingehalten wird.[92] Mit dem Nachweis der Mindestanwartschaft von zwölf Monaten in der Rahmenfrist von zwei Jahren erwächst ein Anspruch auf Arbeitslosengeld von sechs Monaten gemäß § 127 Abs. 2 SGB III.

217 Die Dauer des Bezugs von Arbeitslosengeld richtet sich gemäß § 127 SGB III n.F. nach folgender Tabelle:

Nach Versicherungspflichtverhältnissen mit einer Dauer von insgesamt mindestens ... Monaten	und nach Vollendung des ... Lebensjahres	... Monate
12		6
16		8
20		10
24		12
30	55.	15
36	55.	18

---

88 LAG Hamm 1.3.2000 – 14 Sa 2144/99, NZA-RR 2001, 46.
89 BSG 21.2.1990 – 12 RK 20/88, NZA 1990, 751; BAG 9.11.1988 – 4 AZR 433/88, NZA 1989, 270.
90 BSG 21.2.1990 – 12 RK 20/88, NZA 1990, 751; BSG 21.2.1990 – 12 RK 65/87, EzA § 9 KSchG n.F. Nr. 37.
91 BSG 28.1.1999 – B 12 KR 6/98 R, BB 1999, 1928.
92 *Rüttweger*, NZS 1997, 516.

§ 127 SGB III n.F. trat durch das Gesetz zu Reformen am Arbeitsmarkt in Kraft. Für eine Übergangszeit von zwei Jahren bis zum 31.1.2006 galt noch § 127 SGB III a.F., der folgenden Inhalt hatte:

218

Nach Versicherungspflichtverhältnissen mit einer Dauer von insgesamt mindestens ... Monaten	und nach Vollendung des ... Lebensjahres	... Monate
12		6
16		8
20		10
24		12
28	45.	14
32	45.	16
36	45.	18
40	47.	20
44	47.	22
48	52.	24
52	52.	26
56	57.	28
60	57.	30
64	57.	32

Im Übrigen gelten die bekannten Grundsätze für die Gewährung von Arbeitslosengeld: Der Arbeitnehmer muss sich bei der Agentur für Arbeit seines Wohnortes arbeitslos melden und Arbeitslosengeld beantragen (§ 122 SGB III). Die Anspruchsvoraussetzungen sind durch die vom Arbeitgeber auszufüllende **Arbeitsbescheinigung** nachzuweisen (§ 312 SGB III). Die beschäftigungs- und altersmäßigen Voraussetzungen müssen bei Beginn des Anspruchs auf Arbeitslosengeld erfüllt sein.[93] Arbeitslosengeld wird erst vom Tag der Arbeitslosmeldung an gewährt (§ 117 Abs. 1 SGB III). Der Arbeitnehmer erhält eine Sperrzeit von einer Woche, wenn er sich nicht drei Monate vor Beendigung des Arbeitsverhältnisses arbeitssuchend meldet oder wenn die Frist bis zur Beendigung des Arbeitsverhältnisses kürzer ausfällt, die Meldung durch den Arbeitnehmer nicht innerhalb von drei Tagen nach Kenntnis von der Kündigung erfolgt (§§ 37b, 144 Abs. 1 Satz 2 Nr. 7 SGB III).[94]

219

Das Arbeitslosengeld beträgt grundsätzlich 60 % des letzten durchschnittlichen Nettowochenarbeitsentgelts, für Arbeitslose, die selbst oder deren Ehegatte mindestens ein steuerlich zu berücksichtigendes Kind haben, 67 % (§ 129 SGB III). Der Bemessungszeitraum, der zur Ermittlung der 60 % bzw. 67 % als pauschaliertes Nettoentgelt zugrunde zu legen ist, umfasst nach § 130 Abs. 1 SGB III in der seit Hartz III geltenden Fassung den Entgeltabrechnungszeitraum des letzten Jahres beim Ausscheiden des Arbeitslosen aus dem letzten Versicherungsverhältnis vor der Entstehung des Anspruchs. Der **Bemessungsrahmen** wird in Ausnahmefällen auf zwei Jahre erweitert (§ 130 Abs. 3 SGB III). **Bemessungsentgelt** ist das durchschnittlich auf den Tag entfallende beitragspflichtige Arbeitsentgelt (§ 131 Abs. 1 SGB III). Einmalige Arbeitsentgelte, die der Arbeitslose wegen der Beendigung des Arbeitsverhältnisses erhält oder die im Hinblick auf die Arbeitslosigkeit vereinbart worden sind, bleiben außer Betracht (§ 131 Abs. 2 Nr. 1 SGB III). Während der Arbeitsunfähigkeit wird Arbeitslosengeld für die Dauer von bis zu sechs Wochen weitergezahlt (§ 126 Abs. 1 Satz 1 SGB III). Sowohl der Rechtsanwalt als auch die Naturalpartei haben die Möglichkeit, mit inzwischen über das Internet angebotenen Programmen kostenlos das zu erwartende Arbeitslosengeld des Arbeitnehmers zu errechnen. Hierzu wird u.a. empfohlen: www.algrechner.de.

220

Vorstandsmitglieder von Aktiengesellschaften sind nicht rentenversicherungspflichtig nach §§ 1 Satz 3, 229 Abs. 1 SGB VI.[95] Bei Vorstandsmitgliedern besteht auch Versicherungsfreiheit in der Arbeitslosenversicherung (§ 27 Abs. 1 Nr. 5 SGB III). Bei abhängigen **GmbH-Geschäftsführern**, deren Tätigkeit als sozialversi-

221

---

93 BSG 14.2.1989 – 7 RAr 56/87, SozSich 1989, 314.
94 *Rolfs*, DB 2006, 1009.
95 BSG 4.9.1979 – 7 RAr 57/78, DB 1980, 166.

cherungspflichtiges Beschäftigungsverhältnis angesehen wird,⁹⁶ besteht dagegen Sozialversicherungspflicht. Der GmbH-Geschäftsführer, dessen Arbeitsverhältnis durch Aufhebungsvertrag oder Kündigung endet, hat deshalb Anspruch auf Arbeitslosengeld, wenn er Fremdgeschäftsführer oder Gesellschafter-Geschäftsführer ohne beherrschenden Einfluss war. Sein Arbeitslosengeldanspruch hängt nicht von der tatsächlichen Entrichtung von Beiträgen ab, sondern von der Ausübung einer die Beitragspflicht begründenden Beschäftigung (§ 25 SGB III). Auch die widerspruchslose Entgegennahme der Beiträge durch die Krankenkasse lässt keinen Anspruch auf Versicherungsleistung aus der Arbeitslosenversicherung entstehen.⁹⁷

3. Ruhen des Anspruchs auf Arbeitslosengeld

a) Sperrzeittatbestände

222 Das Gesetz kennt folgende Tatbestände des **Ruhens eines Anspruchs auf Arbeitslosengeld**:
- Soweit der Arbeitnehmer Arbeitsentgelt erhält oder zu beanspruchen hat (§ 143 SGB III);
- bei Bezug einer Entlassungsentschädigung unter Verkürzung der Kündigungsfrist (§ 143a SGB III);
- bei Anordnung einer Sperrzeit wegen Arbeitsaufgabe u.a. (§ 144 SGB III);
- bei Säumniszeit (§ 145 SGB III); und
- während eines Arbeitskampfes (§ 146 SGB III).

223 § 143 SGB III erfasst außerdem den Fall der **Urlaubsabgeltung**, die ein Arbeitnehmer erhalten oder von seinem Arbeitgeber zu beanspruchen hat. In diesem Fall beginnt ein Ruhenszeitraum mit dem Ende des Arbeitsverhältnisses, in dem der Urlaubsanspruch entstanden war.

224 § 144 SGB III entspricht noch heute in seinen Grundzügen den früheren §§ 119, 119a AFG. Nach § 144 Abs. 3 SGB III tritt eine **Sperrzeit** ein, wenn sich der Arbeitslose versicherungswidrig verhält. Hauptanwendungsfälle sind, dass der Arbeitslose das Beschäftigungsverhältnis gelöst oder durch ein arbeitsvertragswidriges Verhalten Anlass für die Lösung des Beschäftigungsverhältnisses gegeben hat und dadurch vorsätzlich oder grob fahrlässig die Arbeitslosigkeit herbeigeführt hat, ohne für sein Verhalten einen wichtigen Grund zu haben. § 144 SGB III muss im Zusammenhang mit § 128 Abs. 1 Nr. 4 SGB III gesehen werden. Die Sperrzeit von 12 Wochen bei Arbeitsaufgabe in § 144 Abs. 3 SGB III ist eine Mindestfrist, wenn nicht die Tatbestände von § 144 Abs. 3 lit. a oder b SGB III vorliegen. Bei Arbeitnehmern, die einen über ein Jahr hinausgehenden Anspruch auf den Bezug von Arbeitslosengeld haben, beträgt gemäß § 128 Abs. 1 Nr. 4 SGB III die Kürzung der Anspruchsdauer in Wahrheit ein Viertel. Nach der übergangsweise über den 31.12.2003 hinaus noch für zwei Jahre bestehenden Regelung des § 127 Abs. 2 SGB III (a.F.) i.V.m. § 434j Abs. 1 SGB III reduziert sich für einen älteren Arbeitnehmer, der für die Dauer von 32 Monaten das Recht auf Arbeitslosengeldbezug hat, der über eine Sperrzeit verkürzte Bezugszeitraum auf 24 Monate, mithin um acht Monate. Bei einem älteren Arbeitnehmer, der gemäß § 127 Abs. 2 SGB III n.F. ab dem 1.1.2006 maximal für die Dauer von 18 Monaten Arbeitslosengeld beanspruchen kann, folgt aus einer Sperrzeitanordnung nach § 144 Abs. 1 SGB die Verkürzung der Anspruchsdauer um maximal 4,5 Monate. Nach der gesetzlichen Neuregelung über das Gesetz zu Reformen am Arbeitsmarkt, die keine Änderung in § 128 Abs. 1 Nr. 4 SGB III vorgenommen hat (auch Hartz III und IV enthalten insoweit keine Änderungen), verursacht die Sperrzeit eines älteren Arbeitnehmers nach § 144 Abs. 3 SGB III „nur" noch eine maximale Verkürzung der Anspruchsdauer statt des Regelfalles von 12 Wochen in § 144 SGB III auf 4,5 Monate gemäß § 128 Abs. 1 Nr. 4 SGB III.

225 Ein **Irrtum über das Vorliegen der Sperrzeitvoraussetzungen** begründete in der Vergangenheit eine besondere Härte i.S.d. § 144 Abs. 3 SGB III a.F., wenn er unverschuldet war.⁹⁸ In einer Folgeentscheidung konkretisierte das BSG seine Auffassung in der Weise, dass die Annahme einer besonderen Härte voraussetze, dass der Irrtum durch die konkrete Auskunft einer hiermit betrauten Stelle, in der Regel einer Dienststelle der Bundesagentur für Arbeit, hervorgerufen oder gestützt wurde.⁹⁹ Eine vergleichbare Anknüpfungsvorschrift enthält § 144 SGB III in der durch Hartz III ab 1.1.2005 veränderten Fassung nicht mehr.

---

96 BSG 24.6.1982 – 12 RK 43/81, BB 1984, 1049; BSG 8.8.1990 – 11 RAr 77/89, NZA 1991, 324.
97 BSG 29.10.1986 – 7 RAr 43/85, BB 1987, 406.
98 BSG 13.3.1997 – 11 RAr 25/96, NZS 1997, 583.
99 BSG 5.6.1997 – 7 RAr 22/96, NZS 1998, 136.

b) „Lösen" i.S.v. § 144 SGB III

Bei der Gestaltung von Aufhebungs- und Abwicklungsverträgen hat unter arbeitslosenversicherungsrechtlichen Gesichtspunkten § 144 Abs. 1 Nr. 1 SGB III besondere Bedeutung. Gibt der Arbeitnehmer Anlass zur Kündigung durch ein schuldhaftes, vertragswidriges Verhalten, liegt also eine **verhaltensbedingte Kündigung** vor, greift regelmäßig der **Sperrzeittatbestand des § 144 Abs. 1 Nr. 1 SGB III** ein. Gleiches gilt, wenn der Arbeitnehmer eine **Eigenkündigung** vornimmt. Auch in diesem Falle hat der Arbeitnehmer das Arbeitsverhältnis gelöst. Schließt der Arbeitgeber mit dem Arbeitnehmer einen Aufhebungsvertrag, liegt grundsätzlich ein „Lösen" des Arbeitsverhältnisses vor und § 144 Abs. 1 Nr. 1 SGB III greift. Von geringen Ausnahmen abgesehen, hatte der **Aufhebungsvertrag** bislang die **Sperrzeitanordnung** zur Folge, während der **Abwicklungsvertrag** Fallgestaltungen, insbesondere den **Prozessvergleich** und das keine Angebotsannahme erfordernde **Anschreiben des Arbeitgebers** kennt, die nach der BSG-Rechtsprechung und nach der Durchführungsanweisung der Bundesagentur für Arbeit zu § 144 SGB III nicht als **Lösungssachverhalt** behandelt wurden.

226

Durch das Urteil des BSG vom 18.12.2003[100] erfüllt der Abwicklungsvertrag wegen der tatsächlichen Einigung über die Wirkungen einer Kündigung die Voraussetzungen des Begriffs „Lösen" i.S.v. § 144 SGB III. Zu den Ungereimtheiten dieses Urteils gehört, dass bei einem Abwicklungsvertrag als Prozessvergleich die tatsächlich vor Gericht stattfindende Einigung nicht generell als „Lösen" vom BSG im Urteil vom 18.12.2003 gewertet wird. Denn in der Entscheidung heißt es an einer Stelle: „Eine besondere Betrachtung könnte für Vereinbarungen geboten sein, die ... in einem arbeitsgerichtlichen Verfahren geschlossen werden."[101] Als widersprüchlich muss auch die Tatsache gelten, dass das BSG den außergerichtlichen Abwicklungsvertrag mit Abfindungsregelung vor Ablauf der Klagefrist, also in der Drei-Wochen-Frist des § 4 KSchG, als „Lösen" i.S.v. § 144 SGB III ansieht,[102] während der außergerichtliche Abwicklungsvertrag ohne Abfindung nach Ablauf der Klagefrist kein „Lösen" i.S.v. § 144 SGB III darstellen soll. So heißt es im Urteil des BSG: „Eine Ausnahme ... könnte insoweit zu bilden sein, wenn in einer nach Ablauf der Frist für die Erhebung einer Kündigungsschutzklage ..."[103]

227

Die Bundesagentur ist in ihren **Durchführungsanweisungen** der Rechtsprechung des BSG gefolgt. Unter Ziffer 144.7 der Durchführungsanweisung zu § 144 formuliert sie, dass unter dem Tatbestandsmerkmal „gelöst" die Kündigung des Arbeitnehmers, der Aufhebungsvertrag, Beteiligungssachverhalte und die tatsächliche Aufgabe der Beschäftigung (Wegbleiben) zu verstehen seien. Ein Beteiligungssachverhalt liege nicht vor, wenn eine Arbeitgeberkündigung lediglich hingenommen werde. Dies gelte auch, wenn die Kündigung offensichtlich rechtswidrig sei.[104] Von zwei Ausnahmen abgesehen hieß eine **Regel** bislang, dass der **Aufhebungsvertrag** grundsätzlich eine **Sperrzeit** auslöst. „Ob das Arbeitsverhältnis auch durch rechtmäßige Kündigung beendet werden konnte, ist für die Entscheidung über das Vorliegen eines Beendigungssachverhalts unerheblich."[105] Die beiden **Ausnahmen** ergeben sich aus zwei Entscheidungen des BSG. Befindet sich der Name eines Arbeitnehmers auf einer Namensliste zu einem Interessenausgleich, so kann der Arbeitnehmer einen Aufhebungsvertrag mit dem Arbeitgeber schließen, ohne dass ein Sperrzeittatbestand i.S.v. § 144 SGB III gegeben ist.[106] Ist der Arbeitnehmer leitender Angestellter nach § 14 Abs. 2 Satz 2 KSchG, ist es ihm ebenfalls unbenommen, einen Aufhebungsvertrag zu schließen, ohne eine Sperrzeit befürchten zu müssen.[107] Die beiden Ausnahmen betreffen Sachverhalte, in denen sich der Arbeitnehmer aus Rechtsgründen nicht mehr erfolgreich gegen die Beendigung seines Arbeitsverhältnisses zur Wehr setzen kann – in dem einen Fall, weil für die Wirksamkeit der Kündigung die Vermutung der Betriebsbedingtheit nach § 1 Abs. 5 Satz 1 KSchG spricht, in dem anderen Fall, weil der Arbeitgeber ohne weitere Gründe wegen der herausgehobenen Position des Arbeitnehmers nach § 14 Abs. 2 Satz 2 KSchG stets einen Auflösungsantrag mit Erfolg stellen kann, der Arbeitnehmer mithin nicht verhindern kann, dass das Arbeitsverhältnis gegen seinen Willen beendet wird. In diesen Fällen betrachtet das BSG die Unterscheidung zwischen Aufhebungs- und Abwicklungs-

228

---

100 BSG 18.12.2003 – B 11 AL 35/03 R, NZA 2004, 661.
101 BSG 18.12.2003 – B 11 AL 35/03 R, NZA 2004, 661, 663.
102 BSG 18.12.2003 – B 11 AL 35/03 R, NZA 2004, 661 (erster Leitsatz).
103 BSG 18.12.2003 – B 11 AL 35/03 R, NZA 2004, 661, 663.
104 Durchführungsanweisung der Bundesagentur für Arbeit, DA 144.18.
105 Bundesagentur für Arbeit, DA 144.10 und 144.11.
106 BSG 25.4.2002 – B 11 AL 65/01 R, BSGE 89, 243.
107 BSG 17.11.2005 – B 11a/11 AL 69/04 R, SozR 4-4300 § 144 Nr. 11.

vertrag als bloße Förmelei, weshalb das BSG keinen zur Anordnung einer Sperrzeit berechtigenden Beteiligungssachverhalt annimmt.

229 Mit Urteil vom 12.7.2006[108] hat das BSG inzwischen angekündigt, für Streitfälle ab 1.1.2004 unter Hinziehung der Grundsätze des § 1a KSchG auf eine ausnahmslose Prüfung der Rechtmäßigkeit der Arbeitgeber-Kündigung zu verzichten, wenn die Abfindungshöhe die in § 1 Abs. 2 KSchG vorgesehene Grenze nicht überschreitet.

230 In der Tendenz ist feststellbar, dass das BSG die sperrzeitrechtlichen Wirkungen von Aufhebungs- und Abwicklungsvertrag aneinander anpasst.[109] Der Grundsatz, Aufhebungsverträge führten generell zur Sperrzeitanordnung, gilt nicht mehr, auch wenn es hierzu noch an konkreten Urteilen des BSG fehlt. Die früher gebräuchliche Formulierung in Aufhebungsverträgen, der Vertragsschluss erfolge „zur Vermeidung einer ansonsten unumgänglichen Kündigung", ist wieder sperrzeitrechtlich aktuell, denn das Urteil des BSG vom 12.7.2006[110] gilt sowohl für den Fall der vom Arbeitgeber ausgesprochenen Kündigung (LS 2) als auch für eine vom Arbeitgeber angedrohte Kündigung (Rz 19. d.U.).

231 Die nachträgliche Einigung durch arbeitsgerichtlichen Vergleich löst, parallel zu den Aussagen des BSG im Urteil vom 18.12.2003, nach Meinung der Bundesagentur „in aller Regel keine Sperrzeit aus".[111] Wie auch das BSG geht die Bundesagentur davon aus, dass die Sperrzeit beim Abwicklungsvertrag, wenn er in der Zeit zwischen Ausspruch der Kündigung und möglicher Erhebung der Kündigungsschutzklage geschlossen wird, als wichtiger Grund für die Auflösung des Beschäftigungsverhältnisses anzusehen ist, wenn die Kündigung rechtmäßig war.[112] Für Kündigungen nach § 1a KSchG hält die Bundesagentur eine besondere Privilegierung bereit. „Bei der Beendigung des Arbeits- bzw. Beschäftigungsverhältnisses durch rechtmäßige ordentliche Kündigung durch den Arbeitgeber liegt in der Regel auch bei Zahlung einer Abfindung oder Gewährung einer ähnlichen Leistung kein versicherungswidriges Verhalten und somit auch kein Sperrzeittatbestand vor. Kein Auflösungssachverhalt liegt vor, wenn die arbeitgeberseitige Kündigung auf betriebsbedingte Gründe gestützt wird und mit einer Abfindung gemäß § 1a KSchG verbunden ist."[113]

c) „Wichtiger Grund" i.S.v. § 144 Abs. 1 Satz 2 SGB III

232 Von Bedeutung ist, ob dem Arbeitslosen ein wichtiger Grund zur Seite steht. Als **wichtige Gründe**, die dem Arbeitnehmer ausnahmsweise gestatten, das Arbeitsverhältnis zu lösen, sind anerkannt:
- Nichtzahlung des tariflichen oder ortsüblichen Arbeitsentgelts;
- Nichteinhaltung von Arbeitsschutzvorschriften;
- Verstoß der Arbeit gegen ein Gesetz oder die guten Sitten.[114]

233 Das BSG nimmt in einer Einzelentscheidung einen wichtigen Grund beim Ausscheiden eines älteren, von Personalabbau betroffenen Arbeitnehmers durch Aufhebungsvertrag auch dann an, wenn bei einem größeren Betrieb in einer krisenhaften Situation der Zwang zu einem drastischen und kurzfristig durchzuführenden Personalabbau besteht, um den Betrieb zu erhalten, und die drohende Arbeitslosigkeit der freizusetzenden Arbeitnehmer durch den örtlichen Arbeitsmarkt nicht ohne weiteres aufgefangen werden kann.[115] Hierbei verlangt das BSG Anhaltspunkte dafür, dass der Arbeitnehmer durch sein vorzeitiges Ausscheiden aus dem Betrieb einem anderen Mitarbeiter die Entlassung erspart hat. Dabei soll die Annahme eines wichtigen Grundes auf besonders gelagerte Einzelfälle beschränkt werden.

234 Wichtiger Grund kann eine **Eigenkündigung** des Arbeitnehmers sein, wenn der Arbeitnehmer aufgrund von Spannungen mit dem Vorgesetzten erkrankt ist,[116] wenn er zum künftigen Ehepartner oder Lebenspartner

---

[108] BSG 12.7.2006 – B 11 a AL 47/05 R, AuR 2006, 280 = ZfS 2006, 244 = NJW 2006, 3514.
[109] *Hümmerich*, NJW 2007, 1025.
[110] BSG 12.7.2006 – B 11 a AL 47/05 R, AuR 2006, 280 = ZfS 2006, 244.
[111] Bundesagentur für Arbeit, DA 144.15.
[112] Bundesagentur für Arbeit, DA 144.103.
[113] Bundesagentur für Arbeit, DA 144.19.
[114] *Hümmerich*, NZA 1994, 202.
[115] BSG 13.3.1997 – 11 RAr 17/96, NZA-RR 1997, 495.
[116] BSG 21.10.2003 – B 7 AL 92/02 R, FA 2004, 95.

umzieht[117] sowie (bei einem Berufskraftfahrer), wenn der Arbeitgeber wiederholt die Verletzung von Vorschriften über Lenk- und Ruhezeiten verlangt hat.[118]

Ein wichtiger Grund, der den Arbeitnehmer zur **Eigenkündigung** berechtigt, wird auch angenommen, wenn der Arbeitnehmer aus einer unbefristeten in eine befristete, besser dotierte und weitergehende Einsatzmöglichkeiten bietende Stelle wechselt. Aus der Berufswahlfreiheit folgt, dass eine berufliche **Weiterentwicklung** mit einem geringeren Sozialschutz verbunden sein kann, ohne dass der Arbeitnehmer eine Obliegenheitsverletzung im Verhältnis zur Versichertengemeinschaft begeht.[119] 235

Die **Drohung** des Arbeitgebers mit einer rechtmäßigen ordentlichen Kündigung kann für den Betroffenen nach Meinung des BayLSG[120] ein wichtiger Grund zum Abschluss eines Aufhebungsvertrages sein, wenn dabei die für den Arbeitgeber geltende Kündigungsfrist beachtet wird. Es erweise sich deshalb gerade in Fällen, in denen ein Arbeitnehmer einem Aufhebungsvertrag zustimme, weil er sich einer rechtmäßigen Kündigung ausgesetzt sehe, gegen die er sich wehren könne, als unzumutbar, die drohende Kündigung des Arbeitgebers abzuwarten. Das verfassungsrechtliche Übermaßverbot verbiete deshalb die Verhängung einer Sperrzeit. 236

Ein **Wohnortwechsel** kann einen wichtigen Grund darstellen, wenn z.B. der Umzug zum Lebenspartner der Versorgung der Familie dient.[121] Hierbei hat das BSG in seiner früheren Rechtsprechung bislang allein den Zuzug zum Ehegatten als wichtigen Grund anerkannt, wenn der Arbeitslose von der gemeinsamen Wohnung aus den Arbeitsplatz nicht zumutbar erreichen konnte.[122] Nunmehr hat das BSG in neueren Entscheidungen[123] betont, dass der Umstand, dass die **nichteheliche Partnerschaft** nicht unter dem Schutz des Art. 6 Abs. 1 GG stehe und für die Partner keine gesetzlich normierte Pflicht zum Zusammenleben bestehe, für sich genommen nicht zur Verneinung des wichtigen Grundes ausreiche. Die bisherige Rechtsprechung berücksichtigte nicht hinreichend, dass § 144 SGB III keinen wichtigen Grund mit Verfassungsrang und keine bestimmte Verhaltenspflicht als Grundlage fordert. Im Hinblick auf sich wandelnde Gesellschaftsstrukturen im Bereich der Familie müsse die bisherige Rechtsprechung überprüft und modifiziert werden. Deshalb gab der erkennende Senat bekannt, er werde künftig davon ausgehen, dass die persönlichen Interessen des Arbeitslosen nicht grundsätzlich hinter die Interessen der Versichertengemeinschaft zurückzutreten hätten, wenn die Arbeitsplatzaufgabe zu dem Zweck erfolge, durch Umzug vom arbeitsplatznahen Wohnort zum Ort der gemeinsamen Wohnung ein engeres Zusammenleben mit dem Partner zu ermöglichen, mit dem eine eheähnliche, dauerhaft verfestigte, ernsthafte und intensive Beziehung bestehe. 237

Angesichts der **restriktiven Praxis der Agenturen für Arbeit** bei der Gewährung von Arbeitslosengeld kann man sich in seiner Lebensplanung nicht darauf verlassen, dass ein dem Betroffenen noch so wichtig erscheinender Grund, das Arbeitsverhältnis zu lösen, eine gleichartige Bewertung durch den jeweils zuständigen Mitarbeiter der Agentur für Arbeit erfährt. Das LSG Rheinland-Pfalz hat einen wichtigen Grund für den Fall verneint, dass dem Arbeitnehmer bei fehlendem Abschluss des Aufhebungsvertrages arbeitgeberseitig gekündigt worden wäre.[124] Im Interesse der Versichertengemeinschaft sei es dem Arbeitnehmer in der Regel zuzumuten, die arbeitgeberseitige Kündigung abzuwarten und dagegen ggf. rechtliche Schritte zu unternehmen. Ein wichtiger Grund liege auch nicht darin, dass der Arbeitgeber allein bei Abschluss des Aufhebungsvertrages bereit gewesen sei, eine Wiedereinstellungszusage zu geben. Diese Entscheidung ist, jedenfalls dann, wenn eine Abfindung im Umfang von § 1 Abs. 2 KSchG gezahlt wird, angesichts des BSG-Urteils vom 12.7.2006[125] obsolet. 238

In der sozialrechtlichen Rechtsprechung ist die Bereitschaft zu beobachten, dem wichtigen Grund in § 144 Abs. 1 SGB III künftig größere Aufmerksamkeit zu widmen. So hat das BSG[126] entschieden, dass ein wichtiger Grund für die Lösung des Beschäftigungsverhältnisses auch darin bestehen könne, dass der Arbeitgeber eine fristgemäße, sozial gerechtfertigte Kündigung angedroht habe und der Arbeitnehmer nicht durch sein 239

---

117 BSG 17.10.2002 – B 7 AL 72/00 R, NZS 2003, 667; BSG 20.4.1977 – 7 RAr 112/75 BSGE 43, 269; BSG 17.11.2005 – B 11 a/11 AL 49/04 R, AuR 2006, 39.
118 BSG 6.2.2003 – B 7 AL 72/01 R, NZA-RR 2003, 662.
119 BSG 12.7.2006 – B 11 a AL 47/05 R, zfs 2006, 245.
120 BayLSG 9.1.2003 – L 11 AL 147/00, NZA-RR 2003, 496.
121 BSG 12.11.1981 – 7 RAr 21/81, BSGE 52, 276.
122 BSG 20.4.1977 – 7 RAr 112/75, BSGE 43, 269.
123 BSG 17.10.2002 – B 7 AL 96/00 R, BSGE 90, 90; BSG 29.4.1998 – B 7 AL 56/97 R, EzA § 144 SGB III Nr. 1.
124 LSG Rheinland-Pfalz 26.10.1998 – L 1 Ar 3/98, n.v.; BSG 25.4.2002 – B 11 AL 100/01 R, n.v.; a.A. LSG NRW 17.12.2001 – L 1 AL 21/01, n.v.
125 BSG 12.7.2006 – B 11a AL 47/05 R, AuR 2006, 280 = NJW 2006, 3514.
126 BSG 25.4.2002 – B 11 AL 65/01 R, NZA 2002, 1026.

Verhalten Anlass für die Kündigung gegeben habe. Das Thüringer Landessozialgericht[127] hält einen wichtigen Grund für die Lösung des Beschäftigungsverhältnisses durch Aufhebungsvertrag für gegeben, wenn dem Arbeitnehmer eine nach Arbeitsrecht rechtmäßige Kündigung aus einem von seinem Verhalten unabhängigen Grunde zu dem Zeitpunkt drohe, zu dem er selbst das Arbeitsverhältnis löse. In einer Entscheidung vom gleichen Tage hat das BSG allerdings auch klargestellt, dass die Fälle der bloßen Hinnahme einer Kündigung nicht zur Anordnung einer Sperrzeit berechtigen. Ein Bedürfnis, den Begriff der Lösung des Beschäftigungsverhältnisses im Wege der Rechtsfortbildung „offener" zu fassen, bestehe nicht.[128] Ausdrücklich wird im obiter dictum darauf verwiesen, dass dies eine Klarstellung zum hier verschiedentlich unter dem Aspekt von **falsa demonstratio non nocet** besprochenen Urteil vom 9.11.1995[129] bedeute. Um so erstaunter war man, als das BSG die „**Abwicklungsvertragsentscheidung**" vom 18.12.2003[130] fällte, über die es den Begriff des Lösens – weg von der rechtsgeschäftlichen Betrachtung[131] – zu einem in den Bereich des Tatsächlichen verlegten „offeneren" Lösungsbegriffs entwickelte.

240 Die Rechtslage hat dadurch eine weitere Verschärfung zu Lasten des Arbeitslosen erfahren, dass mit dem Ersten Gesetz für moderne Dienstleistungen am Arbeitsmarkt in § 144 Abs. 1 Satz 4 SGB III die **Beweislast** für den wichtigen Grund hinsichtlich solcher Umstände auferlegt wurde, die sich in der Sphäre des Arbeitnehmers befinden: „Der Arbeitslose hat die für die Beurteilung eines wichtigen Grundes maßgebenden Tatsachen darzulegen und nachzuweisen, wenn diese in seiner Sphäre oder seinem Verantwortungsbereich liegen." Es erscheint daher denkbar, dass die zeitweilige Tendenz in der Rechtsprechung der Sozialgerichte, sich offener und arbeitnehmerfreundlicher mit den Gründen des Arbeitslosen für einer Trennung von seinem Arbeitgeber zu befassen, abnimmt, sofern nicht die Abfindungshöhe gemäß § 1a KSchG eingehalten ist.

4. Abfindungsanrechnung auf Arbeitslosengeld

241 Nach § 143a Abs. 1 Satz 1 SGB III gilt die **Grundregel**, dass der Anspruch auf Arbeitslosengeld von dem Ende des Arbeitsverhältnisses an bis zu dem Tage ruht, an dem das Arbeitsverhältnis bei Einhaltung der ordentlichen Kündigungsfrist geendet hätte. Einen unverzeihlichen Gestaltungsfehler stellt es dar, wenn in einem Aufhebungsvertrag **auf die Einhaltung der ordentlichen Kündigungsfrist verzichtet wird, obwohl damit zu rechnen war,** dass der Mitarbeiter oder die Mitarbeiterin späterhin nach Beendigung des Arbeitsverhältnisses **arbeitslos** sein würde.

242 Wird die Kündigungsfrist eingehalten, bleibt für eine Anrechnung der Abfindung auf das Arbeitslosengeld kein Raum. Hintergrund der Regelung ist die Vermutung, dass eine Abfindung immer auch Arbeitsentgelt enthält, wenn das Arbeitsverhältnis vorzeitig beendet wird.[132] Bei Einhaltung der Kündigungsfrist hätte der Arbeitnehmer für die Dauer dieser Frist Anspruch auf Arbeitsentgelt. Bei Erhalt einer Abfindung beinhaltet diese aber auch einen Anteil, der den Anspruch auf Arbeitsentgelt abdeckt. Es ist jedoch ausgeschlossen, dass ein Arbeitsloser für einen Zeitraum, für den er Arbeitsentgelt beanspruchen kann, gleichzeitig Arbeitslosengeld als Ersatz für das Arbeitsentgelt erhält.

243 Ist die ordentliche Kündigung ausgeschlossen, gilt bei zeitlich unbegrenztem Ausschluss ein Ruhen für die Dauer von 18 Monaten (§ 143a Abs. 1 Satz 3 Nr. 1 SGB III), bei zeitlich begrenztem Ausschluss oder bei Vorliegen der Voraussetzungen für eine fristgebundene Kündigung aus wichtigem Grund die Kündigungsfrist, die ohne den Ausschluss der ordentlichen Kündigung maßgebend gewesen wäre (§ 143a Abs. 1 Satz 3 Nr. 2 SGB III). Außerdem gilt die Regel des § 143a Abs. 2 Satz 1 SGB III, wonach der **Anspruch auf Arbeitslosengeld längstens für die Dauer eines Jahres** ruht.

244 § 143a SGB III regelt im Grunde **zwei Sachverhalte**, die leicht miteinander vermischt werden. Zum einen regelt er den Ruhenszeitraum, zum anderen stellt er Regeln auf, nach denen eine Entlassungsentschädigung bei Nichteinhaltung der Kündigungsfrist auf das Arbeitslosengeld angerechnet wird. Der beim Arbeitslosengeld zu berücksichtigende Teil der Abfindung errechnet sich nach folgender Tabelle:

---

[127] Thüringer LSG 30.8.2001 – L 3 AL 531/99, n.v.
[128] BSG 25.4.2002 – B 11 AL 89/01 R, NZA-RR 2003, 162; APS/*Steinmeyer*, SozR Rn 450.
[129] BSG 9.11.1995 – 11 RAr 27/95, NZA-RR 1997, 109 = BSGE 77, 48.
[130] BSG 18.12.2003 – B 11 AL 35/03 R, NZA 2004, 661.
[131] *Boecken/Hümmerich*, DB 2004, Heft 37; *Hümmerich*, AE 3/2004, 147; *Rolfs*, in: 50 Jahre BAG, S. 446.
[132] *Rockstroh/Polduwe*, DB 1999, 529.

Betriebs- oder Unternehmenszugehörigkeit	Lebensalter bei Beendigung des Arbeitsverhältnisses					
	unter 40 J.	ab 40 J.	ab 45 J.	Ab 50 J.	ab 55 J.	ab 60 J.
weniger als 5 Jahre	60%	55%	50%	45%	40%	35%
5 und mehr Jahre	55%	50%	45%	40%	35%	30%
10 und mehr Jahre	50%	45%	40%	35%	30%	25%
15 und mehr Jahre	45%	40%	35%	30%	25%	25%
20 und mehr Jahre	40%	35%	30%	25%	25%	25%
25 und mehr Jahre	35%	30%	25%	25%	25%	25%
30 und mehr Jahre	–	25%	25%	25%	25%	25%
35 und mehr Jahre	–	–	25%	25%	25%	25%

Die Anwendung der vorstehenden Tabelle soll anhand eines **Beispiels** erläutert werden.

Beispiel: Ein Arbeitsverhältnis mit einer 56 Jahre alten Mitarbeiterin wird zum 31.12. beendet, obwohl es aufgrund der vertraglich vereinbarten Kündigungsfrist erst zum 30.6. des Folgejahres hätte beendet werden können. Das monatliche Bruttogehalt der betroffenen Mitarbeiterin beträgt 3.000 EUR, die im Aufhebungsvertrag vereinbarte Abfindung 40.000 EUR. Das Arbeitsverhältnis bestand bis zum Ausscheidungszeitpunkt 15 Jahre.

Nach der aus § 143a Abs. 2 SGB III entwickelten Tabelle sind für die Errechnung des Ruhenszeitraums 25 % der Abfindung zu berücksichtigen, konkret also ein Betrag von 10.000 EUR (40.000 EUR x 25 %). Bei einem Einkommen von 3.000 EUR monatlich beläuft sich das kalendertägliche Einkommen auf 100 EUR. Um die hier berücksichtigungsfähigen 10.000 EUR aus der Abfindung im Arbeitsverhältnis zu verdienen, müsste die Mitarbeiterin insgesamt 100 Tage arbeiten. Im Beispielsfall ruht somit der Anspruch auf Arbeitslosengeld für einen Zeitraum von 100 Kalendertagen.

Die heutige, zunächst ab 1.4.1999 gültige, durch das Dritte Gesetz für moderne Dienstleistungen am Arbeitsmarkt erneut modifizierte Fassung des § 143a SGB III war zunächst das Ergebnis einer Vereinbarung zwischen Arbeitgeberverbänden, Gewerkschaften und der Bundesregierung in einer Arbeitsgruppe der Bündnisgespräche, die das Bundeskabinett in seiner Sitzung am 10.2.1999 billigte.[133] Die Teilnehmer der Bündnisgespräche machten seinerzeit klar, dass die ab 1.4.1999 gültige Regelung nur eine Übergangsregelung sein sollte. Damals nahm man an, die Bündnisgespräche würden fortgesetzt mit dem Ziel, dem Gesetzgeber eine Neuregelung vorzuschlagen.[134]

5. Anrechnung von Nebenverdienst

Arbeitslosen, die in Zeiten, in denen sie Arbeitslosengeld oder Arbeitslosengeld II erhalten, Nettoeinkommen erzielen, wird nach Abzug eines Freibetrags die bewilligte Leistung entsprechend gekürzt. Seit dem 1.8.1999 beträgt dieser **Mindestfreibetrag 165 EUR**. Wenn es jedoch für den Arbeitnehmer günstiger war, berücksichtigte das Arbeitsamt (jetzt: Agentur für Arbeit) stattdessen 20 % des monatlichen Arbeitslosengeldes (vgl. § 141 SGB III a.F.). Seit dem 1.1.2004 ist die 20 %-Regelung in § 141 Abs. 1 Satz 1 SGB III ersatzlos gestrichen worden, so dass die Hinzuverdienstgrenze auf 165 EUR begrenzt wurde. Ausnahmen gestattet der Gesetzgeber bei selbständiger Tätigkeit (§ 141 Abs. 1 Satz 2 SGB III) und nach einer neu eingefügten Vorschrift im Falle der finanziellen Unterstützung durch den Arbeitgeber bei Maßnahmen der Weiterbildung (§ 141 Abs. 4 SGB III).

6. Anspruchsübergang auf die Bundesagentur für Arbeit

Während der Verhandlung von Aufhebungsverträgen wird eine bei der Gestaltung wichtige Frage häufig übersehen, dass nämlich mit der eingestellten Zahlung des Arbeitsentgelts durch den Arbeitgeber und mit dem Bezug von Arbeitslosengeld durch den Arbeitnehmer ein **Anspruchsübergang** nach **§ 115 Abs. 1 SGB X** auf die Bundesagentur für Arbeit stattfindet.[135] Das BAG[136] hält rückwirkende Aufhebungsvereinbarungen

---

[133] Information des Bundesministers für Arbeit, http://www.bma.de, v. 11.2.1999.
[134] BT-Drucks. 14/394, S. 1.
[135] BAG 9.10.1996 – 5 AZR 246/95, DB 1997, 680.
[136] BAG 23.9.1981 – 5 AZR 527/79, ZIP 1981, 1364; BAG 17.4.1986 – 2 AZR 308/85, AP § 615 BGB Nr. 40.

zwar grundsätzlich für wirksam, entstandene Entgeltansprüche erlöschen aber nicht mehr durch sie, weil sie bereits auf die Bundesagentur für Arbeit übergegangen sind. Damit muss der Arbeitgeber der Bundesagentur für Arbeit in Höhe des gezahlten Arbeitslosengelds für die Zeit zwischen dem vereinbarten Beendigungstermin und dem Abschluss des Aufhebungsvertrages Gehalt nachzahlen.

249 Etwas anderes soll dagegen gelten, wenn der vereinbarte Beendigungstermin in eine Zeit gelegt wird, für die das Bestehen des Arbeitsverhältnisses streitig ist. Auch das Sozialrecht darf die Parteien nicht daran hindern, einen Streit in einer ihnen geeignet erscheinenden Weise zu beenden.[137] Namentlich bei fristlosen Kündigungen, die die sofortige Einstellung der Entgeltzahlungen durch den Arbeitgeber zur Folge haben, stellt sich dieses Gestaltungsproblem. Eine Anrechnung auf das Arbeitslosengeld kann über eine Abfindung erfolgen (Stichwort: **verstecktes Arbeitsentgelt**).

250 Durch die Überleitungsanzeige gehen die Ansprüche des Arbeitnehmers auf Entgelt und Abfindung gemäß § 115 SGB X auf die Bundesagentur für Arbeit über. Die **Überleitungsanzeige** bewirkt einen gesetzlichen Forderungsübergang nach § 412 BGB. Mit der Überleitungsanzeige zeigt die Agentur für Arbeit dem Arbeitgeber den Anspruchsübergang meist unmittelbar im Anschluss an die Arbeitslosmeldung des Arbeitnehmers an. Die Klärung der Frage, ob übergegangene Ansprüche zu berücksichtigen sind, nimmt meist einige Zeit in Anspruch. Oft sind es praktische Umsetzungsprobleme, die den Parteien Schwierigkeiten machen. Wurde ein Arbeitsverhältnis fristlos gekündigt, wurde im Prozessvergleich die Kündigung in eine ordentliche Kündigung umgewandelt, hat die Agentur für Arbeit aufgrund der Angaben des Arbeitnehmers eine Sperrzeit angeordnet, geht die Überleitungsanzeige regelmäßig ins Leere. Gleichwohl muss der Arbeitgeber erst eine entsprechende Erklärung des Arbeitsamtes abwarten, bevor er Zahlung leistet, um vor Doppelzahlungen geschützt zu sein. Zwischen der Erfassung von Sachverhalten und der EDV-technischen bzw. administrativen Abwicklung vergeht häufig ein beträchtlicher Zeitraum. Es empfiehlt sich deshalb, in Aufhebungs- und Abwicklungsverträgen eine Formulierung aufzunehmen, wonach sich die Leistungen (Abfindung bzw. Gehalt) des Arbeitgebers um die auf die Bundesagentur für Arbeit übergegangenen Ansprüche reduzieren. Eine solche Regelung kann man auch mit einer Passage über die Fälligkeit verbinden:

Der Abfindungsanspruch entsteht mit der Unterzeichnung dieser Vereinbarung. Von diesem Zeitpunkt an ist er vererbbar. Die Zahlung der Abfindung ist fällig mit Zugang des zu erwartenden Bescheids der Bundesagentur für Arbeit über etwaige Zahlungsverpflichtungen der Firma gegenüber der Bundesagentur gemäß § 115 SGB X. Die Netto-Abfindung abzüglich etwaiger Ansprüche der Bundesagentur für Arbeit wird auf das Gehaltskonto des Mitarbeiters überwiesen.

251 Wird eine solche Formulierung im Aufhebungs- oder Abwicklungsvertrag vergessen, kann der Fall eintreten, dass der Arbeitnehmer aus einem Prozessvergleich wegen der Abfindung vollstreckt, obwohl dem Arbeitgeber ein Leistungsverweigerungsrecht gemäß § 115 SGB X zusteht.

252 Ein Rückzahlungsanspruch des Arbeitgebers, der sich auf eine Überzahlung gründet, die im Zusammenhang mit einem nach § 115 SGB X übergeleiteten Anspruch der Agentur für Arbeit steht, entfällt nicht durch eine Ausgleichs- oder Erledigungsklausel.[138] Macht die Bundesagentur für Arbeit geltend, ein Teil der zwischen Arbeitnehmer und Arbeitgeber vereinbarten Abfindung für den Verlust des Arbeitsplatzes sei wegen der Gewährung von Arbeitslosengeld auf sie übergegangen, ist für die gegen den Arbeitnehmer gerichtete Klage auf Zustimmung zur Auszahlung des vom Arbeitgeber hinterlegten Betrags das Arbeitsgericht und nicht das Sozialgericht zuständig.[139] Zahlt der frühere Arbeitgeber eines Arbeitslosen eine Abfindung trotz Forderungsübergangs auf die Bundesagentur für Arbeit wirksam an einen Gläubiger des Arbeitslosen, hat der Arbeitslose der Bundesagentur für Arbeit den durch die Schuldtilgung erlangten Anteil in Höhe des Arbeitslosengelds zu erstatten. Hat der frühere Arbeitgeber die Abfindung in Kenntnis des Forderungsübergangs auf die Bundesagentur für Arbeit an den Gläubiger des Arbeitslosen gezahlt, kann die Bundesagentur für Arbeit die Zahlung an den Gläubiger genehmigen und den Erstattungsanspruch gegen den Arbeitslosen geltend machen, ohne zuvor gegen den Arbeitgeber vorzugehen.[140]

253 Bei Gleichwohlgewährung, also der Zahlung von Arbeitslosengeld durch die Agentur für Arbeit, während der Arbeitnehmer Kündigungsschutzklage vor dem Arbeitsgericht erhoben hat, tritt bei der Rückabwicklung eine Reihe von Detailproblemen auf. Obsiegt der Arbeitnehmer vor dem Arbeitsgericht, hatte er also einen Entgeltanspruch während des Arbeitslosengeldbezugs gegen den Arbeitgeber, wird im Rahmen der Rückab-

---

137 BAG 29.8.1968 – 5 AZR 424/67, BB 1968, 1330; BSG 14.2.1978 – 7 RAr 57/76, BSGE 46, 20.
138 BAG 9.10.1996 – 5 AZR 246/95, NZA 1997, 376.
139 BAG 12.6.1997 – 9 AZB 5/97, NZA 1997, 1070.
140 BSG 24.6.1999 – B 11 AL 7/99 R, NZS 2000, 201.

wicklung nach der Rechtsprechung des BSG lediglich die durch den „Verbrauch" eingetretene Verringerung des Gesamtanspruchs auf Arbeitslosengeld korrigiert.[141] Im Schrifttum[142] wird beklagt, dass die weiteren Nachteile, die dem Arbeitnehmer in der Arbeitslosenversicherung erwachsen können, selbst dann bestehen bleiben, wenn die Bundesagentur für Arbeit die erbrachten Leistungen im Rahmen der Rückgewährung vollständig erstattet erhält. *Schmidt*[143] regt an, der Arbeitnehmer solle mit der Kündigungsschutzklage bereits mögliche Schäden, die ihm arbeitslosenversicherungsrechtlich trotz einer Rückabwicklung drohen, geltend machen.

7. Aufgehobene und geänderte Vorschriften im SGB III

§ 147a SGB III über die Erstattung des Arbeitgebers von Arbeitslosengeld an die Bundesagentur gilt nunmehr nur noch in der nach § 434l SGB III gemäß dem Gesetz zu Reformen am Arbeitsmarkt verabschiedeten Fassung. Nach § 434l Abs. 3 SGB III ist § 147a SGB III in der am 31.12.2003 geltenden Fassung nur noch anzuwenden, wenn der Anspruch auf Arbeitslosengeld bis zu diesem Tage entstanden ist oder wenn der Arbeitgeber das Arbeitsverhältnis bis zum 26.9.2003 beendet hat.[144] § 147a SGB III ist auch nicht mehr anzuwenden für Ansprüche auf Arbeitslosengeld, deren Dauer sich nach § 127 Abs. 2 SGB III in der vom 1.1.2004 an geltenden Fassung richtet. Da in der nach § 127 Abs. 2 SGB III in der vom 1.1.2004 an geltenden Fassung die Anspruchsdauer für ältere Arbeitnehmer von bis zu 32 Monaten auf maximal 18 Monate verkürzt wurde und diese Regelung zum 1.2.2006 uneingeschränkt in Kraft trat, hat § 147a SGB III für die Arbeitgeber bei der Kündigung älterer Arbeitnehmer seit dem 1.2.2006 jegliche Bedeutung verloren. Eine Erstattung von Arbeitslosengeld an die Bundesagentur findet deshalb mit mehr statt.

Auch die Sonderregelung für Arbeitnehmer, die durch ein nachvertragliches Wettbewerbsverbot gebunden sind und bei denen den Arbeitgeber eine Erstattungspflicht in der Vergangenheit nach § 148 SGB III traf, wurde aufgehoben.[145]

Geändert hat der Gesetzgeber die sog. 58er-Regelung in § 428 SGB III. Danach können 58 Jahre alte Arbeitslose Arbeitslosengeld unter erleichterten Voraussetzungen erhalten. Sie müssen der Arbeitsvermittlung nicht mehr zur Verfügung stehen[146] und dürfen gemäß § 4 EAO[147] 17 Wochen im Jahr, statt normalerweise drei Wochen, für die Arbeitsagentur nicht erreichbar sein.[148] Zum Wechsel zwischen dem Jahr 2005 und 2006 wurde die Regelung zur frühzeitigen Meldepflicht nach § 37b SGB III geändert. Die Meldeobliegenheit hat nunmehr folgenden Inhalt: „Personen, deren Arbeits- oder Ausbildungsverhältnis endet, sind verpflichtet, sich spätestens drei Monate vor dessen Beendigung persönlich bei der Agentur für Arbeit arbeitsuchend zu melden. Liegen zwischen der Erkenntnis des Beendigungszeitpunkts und der Beendigung des Arbeits- oder Ausbildungsverhältnisses weniger als drei Monate, hat die Meldung innerhalb von drei Tagen nach Kenntnis des Beendigungszeitpunkts zu erfolgen. Die Pflicht zur Meldung besteht unabhängig davon, ob der Fortbestand des Arbeits- oder Ausbildungsverhältnisses gerichtlich geltend oder vom Arbeitgeber in Aussicht gestellt wird. Damit entfällt die früher bestehende Pflicht, sich „unverzüglich" arbeitslos zu melden.

§ 37b SGB III erlangt seine Bedeutung nicht mehr in Verbindung mit § 140 SGB III, wonach dem Arbeitnehmer das Arbeitslosengeld gekürzt werden konnte, wenn er seiner Meldeobliegenheit nicht oder nicht rechtzeitig nachkam. Auch ist damit das Urteil des BSG vom 25.5.2005 obsolet, wonach die Agentur für Arbeit eine Kürzung des Arbeitslosengeldes nur vornehmen durfte, wenn dem Arbeitnehmer die Meldepflicht bekannt war.[149] Der Gesetzgeber hatte den Kreislauf der Informationspflichten bis zum 31.12.2005 in der Weise geschlossen, dass er nach § 2 Abs. 2 Nr. 3 SGB III vom Arbeitgeber verlangte, er solle den Arbeitnehmer mit der Kündigung auf die Meldeobliegenheit nach § 37b SGB III und die Kürzungsmöglichkeiten beim Arbeitslosengeld nach § 140 SGB III aufmerksam machen. Während ein Teil der Literatur aus dem geschlossenen, gesetzgeberischen Informationskreis ableitete, dass eine unterbliebene Unterrichtung des Arbeitnehmers durch den Arbeitgeber nach § 2 Abs. 2 Nr. 3 SGB III gemäß § 280 Abs. 1 BGB zum Schadensersatz

---

141 BSG 24.7.1986 – 7 RAr 4/85, BSGE 60, 168; BSG 29.9.1987 – 7 RAr 59/86, SozR 4100, § 117 AFG Nr. 20.
142 *Schmidt*, NZA 2002, 1384.
143 NZA 2002, 1384.
144 Gesetz v. 24.12.2003, BGBl. I S. 3002.
145 Gesetz v. 23.12.2003, BGBl. I S. 2848.
146 *Gagel/Winkler*, SGB III, § 428 Rn 3.
147 Anordnung des Verwaltungsrates der Bundesanstalt für Arbeit zur Pflicht des Arbeitslosen, Vorschlägen des Arbeitsamtes zur beruflichen Eingliederung zeit- und ortsnah Folge leisten zu können.
148 *Preis/Schneider*, NZA 2006, 177, 178.
149 BSG 25.5.2005 – B 11a/11 AL 81/04 R, NJW 2005, 3803.

verpflichte,[150] etablierte sich zunächst eine gegenteilige Instanzrechtsprechung,[151] der sich schließlich das BAG anschloss.[152] Der gesamte Meinungsstreit ist inzwischen ohne Bedeutung, da der Gesetzgeber mit dem 5. Gesetz zur Änderung des Dritten Sozialgesetzbuches und anderer Gesetzes vom 22.12.2005[153] § 140 SGB III ersatzlos aufgehoben hat. Stattdessen **sanktioniert** der Gesetzgeber die **unterlassene Meldung** jetzt mit einer **einwöchigen Sperrzeit gemäß § 144 Abs. 1 Satz 2 Nr. 7 SGB III**. Da das BSG in seiner Entscheidung vom 18.8.2005 die Meinung geäußert hatte, dass sowohl die verhaltenssteuernde Funktion der Vorschrift als auch verfassungsrechtliche Erwägungen dafürsprechen, nur fahrlässige Obliegenheitsverletzungen mit einer für den Arbeitslosen nachteiligen Folge zu bedenken, schließt hieraus *Rolfs*,[154] dass diese Erwägungen auch für die Neuregelung der Sperrzeit anstelle der Arbeitslosengeldkürzung zu gelten hätten.

8. Rentenversicherungsrecht

258 Rentenversicherungsrechtliche Fragen sind bei der Gestaltung von Aufhebungs- und Abwicklungsverträgen grundsätzlich nur von Bedeutung, wenn es um **ältere Arbeitnehmer** geht. Wird die Beendigung eines Arbeitsverhältnisses mit einem älteren Arbeitnehmer angestrebt, wird als Bemessungsgrundlage für die Höhe der Abfindung häufig nicht die zurückgelegte Betriebszugehörigkeit gewählt, sondern es werden die **Vermögenseinbußen** des Arbeitnehmers bis zum frühestmöglichen Zeitpunkt der Inanspruchnahme einer Rente aus der gesetzlichen Rentenversicherung betragsmäßig in der Abfindung berücksichtigt. **Regelaltersrente** können Versicherte beziehen, die das 65. Lebensjahr vollendet und die allgemeine Wartezeit von 5 Jahren erfüllt haben, §§ 35, 50 SGB VI. Auch nach mehrfachen Gesetzesänderungen, um die Frühpensionierungen zu Lasten der Sozialversicherungskassen einzudämmen, enthält das SGB VI noch eine Anzahl von Anspruchsgrundlagen, die den Bezug von Altersruhegeld vor Vollendung des 65. Lebensjahres ermöglicht, wenn auch teilweise mit finanziellen Einbußen.

259 Gemäß § 36 SGB VI können langjährig Versicherte **Altersrente** in Anspruch nehmen, wenn sie das **62. Lebensjahr vollendet** und eine **Wartezeit von 35 Jahren** erfüllt haben. Die Wartezeit kann sowohl durch echte Beitragszeiten als auch durch Anrechnungs- und Ersatzzeiten erfüllt werden. Ob die Wartezeit erfüllt ist, lässt sich einer **Rentenauskunft** der zuständigen Versicherungsanstalt entnehmen (§ 109 SGB III). Eine solche Rentenauskunft sollte vor Abschluss einer entsprechenden Aufhebungsvereinbarung eingeholt werden. Die Rentenauskunft gibt nicht nur Aufschlüsse über die derzeitige Rentenhöhe, sondern ebenfalls über die Erfüllung der verschiedenen Wartezeiten sowie über die Höhe der Beitragszahlung, die gegebenenfalls zum Ausgleich einer Rentenminderung bei vorzeitiger Inanspruchnahme einer Rente erforderlich ist. Gemäß § 41 Abs. 3 SGB VI wird die Altersgrenze von 63 Jahren für Versicherte, die nach dem 31.12.1936 geboren sind, in monatlichen Schritten auf 65 Jahre angehoben. Dabei bleibt die Inanspruchnahme der Altersrente mit 62 Jahren möglich, für jeden Monat der vorzeitigen Inanspruchnahme, der sich aus Anlage 21 zum SGB VI ergibt, muss der Versicherte jedoch einen Abschlag in Höhe von 0,3 % in Kauf nehmen. Dieser Abschlag kann durch freiwillige Zahlung eines Einmalbetrags ausgeglichen werden. Über die Höhe des zu leistenden Einzelbetrags erteilt ebenfalls der Rentenversicherungsträger Auskunft. Auch die in größeren Betrieben und Behörden tätigen Versicherungsältesten leisten oft wertvolle Hilfe. Übernimmt der Arbeitgeber eine solche einmalige Beitragszahlung, bleibt diese gemäß § 140 Abs. 1 Satz 2 SGB III bei der Anrechnung von Entlassungsentschädigungen auf das Arbeitslosengeld unberücksichtigt.

---

150 *Düwell*, FA 2003, 108; *Hümmerich*, NJW 2004, 2921; *Seel*, MDR 2005, 241.
151 ArbG Verden 27.11.2003 – 3 Ca 1567/03, NZA-RR 2004, 108; LAG Düsseldorf 29.9.2004 – 12 Sa 1323/04, DB 2004, 2645; LAG Hamm 23.12.2004 – 11 Sa 1210/04, n.v.
152 BAG 29.9.2005 – 8 AZR 571/04, NZA 2005, 1406.
153 BGBl. I S. 3676.
154 DB 2006, 1009, 1010.

Die **Anlage 21 zum SGB VI** hat folgenden Inhalt:
Anhebung der Altersgrenze von 63 Jahren

Versicherte	Anhebung um	auf Altersgrenze		vorzeitige Inanspruchnahme möglich ab Alter
Geburtsjahr Geburtsmonat	Monate	Jahr	Monat	Jahr
1937				
Januar	1	63	1	63
Februar	2	63	2	63
März	3	63	3	63
April	4	63	4	63
Mai	5	63	5	63
Juni	6	63	6	63
Juli	7	63	7	63
August	8	63	8	63
September	9	63	9	63
Oktober	10	63	10	63
November	11	63	11	63
Dezember	12	64	0	63
1938				
Januar	13	64	1	63
Februar	14	64	2	63
März	15	64	3	63
April	16	64	4	63
Mai	17	64	5	63
Juni	18	64	6	63
Juli	19	64	7	63
August	20	64	8	63
September	21	64	9	63
Oktober	22	64	10	63
November	23	64	11	63
Dezember	24	65	0	63
1939 und später	24	65	0	63

Schwerbehinderte Menschen können gemäß § 37 SGB VI Altersrente in Anspruch nehmen, wenn sie das 63. Lebensjahr vollendet haben, bei Beginn der Altersrente als schwerbehinderte Menschen i.S.d. § 2 Abs. 2 SGB IX (vormals § 1 SchwbG) anerkannt sind und eine Wartezeit von 35 Jahren erfüllt haben. Für sich aus der Übergangsnorm (§ 236a SGB VI i.V.m. der Anlage 22 zum SGB VI) ergebende, bestimmte Jahrgänge gilt vorübergehend noch die frühere Altersgrenze von 60 Jahren. Arbeitnehmer, die mit einem Grad der Behinderung von 30 gemäß § 2 Abs. 3 SGB IX (vormals § 2 SchwbG) durch Bescheid des Versorgungsamtes schwerbehinderten Menschen ausdrücklich gleichgestellt worden sind, haben keinen Anspruch auf vorgezogene Altersrente nach dieser Vorschrift, da sie nicht schwerbehindert i.S.d. § 2 Abs. 2 SGB IX sind. Schwerbehinderung setzt einen Grad der Behinderung von mindestens 50 % voraus.

262 Die **Anlage 20 zum SGB VI** hat folgenden Inhalt:

Anhebung der Altersgrenze bei der Altersrente für Frauen

Versicherte	Anhebung um	auf Altersgrenze		vorzeitige Inanspruchnahme möglich ab Alter
Geburtsjahr Geburtsmonat	Monate	Jahr	Monat	Jahr
1940				
Januar	1	60	1	60
Februar	2	60	2	60
März	3	60	3	60
April	4	60	4	60
Mai	5	60	5	60
Juni	6	60	6	60
Juli	7	60	7	60
August	8	60	8	60
September	9	60	9	60
Oktober	10	60	10	60
November	11	60	11	60
Dezember	12	61	0	60
1941				
Januar	13	61	1	60
Februar	14	61	2	60
März	15	61	3	60
April	16	61	4	60
Mai	17	61	5	60
Juni	18	61	6	60
Juli	19	61	7	60
August	20	61	8	60
September	21	61	9	60
Oktober	22	61	10	60
November	33	61	11	60
Dezember	24	62	0	60
1942				
Januar	25	62	1	60
Februar	26	62	2	60
März	27	62	3	60
April	28	62	4	60
Mai	29	62	5	60
Juni	30	62	6	60
Juli	31	62	7	60
August	32	62	8	60
September	33	62	9	60
Oktober	34	62	10	60
November	35	62	11	60
Dezember	36	63	0	60

Versicherte	Anhebung um	auf Altersgrenze		vorzeitige Inanspruchnahme möglich ab Alter
Geburtsjahr Geburtsmonat	Monate	Jahr	Monat	Jahr
1943				
Januar	37	63	1	60
Februar	38	63	2	60
März	39	63	3	60
April	40	63	4	60
Mai	41	63	5	60
Juni	42	63	6	60
Juli	43	63	7	60
August	44	63	8	60
September	45	63	9	60
Oktober	46	63	10	60
November	47	63	11	60
Dezember	48	64	0	60
1944				
Januar	49	64	1	60
Februar	50	64	2	60
März	51	64	3	60
April	52	64	4	60
Mai	53	64	5	60
Juni	54	64	6	60
Juli	55	64	7	60
August	56	64	8	60
September	57	64	9	60
Oktober	58	64	10	60
November	59	64	11	60
Dezember	60	65	0	60
1945 und später	60	65	0	60

Der bedeutsamste Tatbestand der vorzeitigen Inanspruchnahme von Altersrente in Zusammenhang mit einer Aufhebungsvereinbarung ist die **Altersrente wegen Arbeitslosigkeit nach § 237 SGB VI** (früher nach § 38 SGB VI). Danach besteht u.a. ein Anspruch auf Altersrente nach Vollendung des 60. Lebensjahres, wenn der Arbeitnehmer nach Vollendung eines Lebensalters von 58 Jahren und 6 Monaten zuvor insgesamt 52 Wochen arbeitslos war, er die Wartezeit von 15 Jahren erfüllt hat und er 8 Jahre Pflichtbeitragszeiten in den letzten 10 Jahren vor Rentenbeginn aufweist. Bei dieser Rentenart wird die Altersgrenze von 60 Jahren nach § 237 Abs. 3 SGB VI für Versicherte, die nach dem 31.12.1936 geboren sind, angehoben. Die Anhebung wird nach dem dargestellten Muster vorgenommen und ist im Einzelnen in der Anlage 19 zu SGB VI zu entnehmen. Vorzeitige Inanspruchnahme und Ausgleich durch eine Einmalzahlung sind auch hier möglich.

264 Die **Anlage 19 zum SGB VI** hat folgenden Inhalt:

Anhebung der Altersgrenze bei Altersrente wegen Arbeitslosigkeit oder nach Altersteilzeitarbeit

Versicherte	Anhebung um	auf Altersgrenze		vorzeitige Inanspruchnahme möglich ab Alter
Geburtsjahr Geburtsmonat	Monate	Jahr	Monat	Jahr
1937				
Januar	1	60	1	60
Februar	2	60	2	60
März	3	60	3	60
April	4	60	4	60
Mai	5	60	5	60
Juni	6	60	6	60
Juli	7	60	7	60
August	8	60	8	60
September	9	60	9	60
Oktober	10	60	10	60
November	11	60	11	60
Dezember	12	61	0	60
1938				
Januar	13	61	1	60
Februar	14	61	2	60
März	15	61	3	60
April	16	61	4	60
Mai	17	61	5	60
Juni	18	61	6	60
Juli	19	61	7	60
August	20	61	8	60
September	21	61	9	60
Oktober	22	61	10	60
November	23	61	11	60
Dezember	24	62	0	60
1939				
Januar	25	62	1	60
Februar	26	62	2	60
März	27	62	3	60
April	28	62	4	60
Mai	29	62	5	60
Juni	30	62	6	60
Juli	31	62	7	60
August	32	62	8	60
September	33	62	9	60
Oktober	34	62	10	60
November	35	62	11	60
Dezember	36	63	0	60

Versicherte Geburtsjahr Geburtsmonat	Anhebung um Monate	auf Altersgrenze Jahr	Monat	vorzeitige Inanspruchnahme möglich ab Alter Jahr
1940				
Januar	37	63	1	60
Februar	38	63	2	60
März	39	63	3	60
April	40	63	4	60
Mai	41	63	5	60
Juni	42	63	6	60
Juli	43	63	7	60
August	44	63	8	60
September	45	63	9	60
Oktober	46	63	10	60
November	47	63	11	60
Dezember	48	64	0	60
1941				
Januar	49	64	1	60
Februar	50	64	2	60
März	51	64	3	60
April	52	64	4	60
Mai	53	64	5	60
Juni	54	64	6	60
Juli	55	64	7	60
August	56	64	8	60
September	57	64	9	60
Oktober	58	64	10	60
November	59	64	11	60
Dezember	60	65	0	60
1942 und später	60	65	0	60

Bei der Bestimmung des Begriffs der Arbeitslosigkeit vor Rentenbeginn wird auf die entsprechenden Vorschriften des SGB III zurückgegriffen (§§ 122, 124 SGB III). Der Versicherte darf nicht in einem Arbeitsverhältnis gestanden haben, er muss arbeitsfähig sein und der Arbeitsverwaltung zur Vermittlung zur Verfügung stehen. Zwar ist nicht Voraussetzung, dass der Versicherte auch arbeitslos gemeldet ist. Fehlt es aber an der Arbeitslosmeldung, muss der Versicherte nachweisen, dass er bereit ist, eine neue Arbeit anzutreten.[155] Um sich diesem Risiko von Anfang an nicht auszusetzen, ist eine Arbeitslosmeldung in jedem Falle anzuraten.

Die Rente kann nach § 42 SGB VI als **Vollrente** oder **Teilrente** in Höhe eines Drittels, der Hälfte oder Zweidrittel der Vollrente in Anspruch genommen werden. Die Inanspruchnahme einer Teilrente soll nach der Vorstellung des Gesetzgebers dem Versicherten einen gleitenden Übergang in den Ruhestand ermöglichen. Der Versicherte soll seinen Lebensunterhalt teilweise noch durch Erwerbstätigkeit erwirtschaften können. Dabei ist zu berücksichtigen, dass er im Rahmen der parallel ausgeübten Teilzeitbeschäftigung weiterhin der Versicherungspflicht unterliegt und somit weitere Pflichtbeitragszeiten ansammelt, die zu einer Erhöhung der späteren Vollrente führen.[156]

---

155 BSG, SozR 2200, § 1259 RVO Nr. 22.
156 *Weber/Ehrich/Burmester*, Handbuch der arbeitsrechtlichen Aufhebungsverträge, Teil 1 Rn 329.

§ 4 Beendigung von Arbeitsverhältnissen

267 Der Versicherte hat jedoch gegenüber seinem Arbeitgeber keinen Rechtsanspruch auf eine entsprechende **Teilzeittätigkeit**. Er kann gemäß § 42 Abs. 3 SGB VI lediglich verlangen, dass der Arbeitgeber mit ihm die Möglichkeit einer entsprechenden Teilzeittätigkeit erörtert. Macht der Versicherte hierzu für seinen Arbeitsbereich Vorschläge, hat der Arbeitgeber zu diesen Vorschlägen Stellung zu nehmen.

268 Vorsicht ist geboten, wenn neben der gesetzlichen Rentenversicherung eine **Zusatzversorgung** bei einer Zusatzversorgungskasse besteht, wie es im öffentlichen Dienst oder in kirchlichen Arbeitsverhältnissen regelmäßig der Fall ist. In den Satzungen der Zusatzversorgungskassen sind eigene Wartezeiten festgelegt. Auch wird bei den Zusatzversorgungskassen zwischen geringeren, **statischen Versicherungsrenten** und **dynamischen Versorgungsrenten** unterschieden. Sollte der Mitarbeiter bei einer solchen Zusatzversorgungskasse versichert sein, kann nur empfohlen werden, hier ebenfalls eine Rentenauskunft einzuholen. Die Zusatzversorgungskassen erteilen Rentenauskünfte regelmäßig auf der Grundlage der Rentenauskunft des gesetzlichen Rentenversicherungsträgers.

IV. Abriss der Rechtsfragen bei streitiger Arbeitnehmereigenschaft

269 Ist zwischen den Parteien streitig, ob sie ein Arbeitsverhältnis geschlossen haben, wie regelmäßig im Gefolge von Festanstellungsklagen, und wollen die Parteien den Streit durch Abschluss eines Abfindungsvergleichs außergerichtlich beenden, so sind einige Besonderheiten zu beachten. Der vermeintliche Arbeitgeber möchte, dass nicht im Aufhebungsvertrag zum Ausdruck kommt, dass ein Arbeitsverhältnis bestanden hat. Denn andernfalls muss der Arbeitgeber mit Nachforderungen der Sozialversicherungsträger und der Finanzbehörden rechnen, welchen Inhalt der Aufhebungsvertrag auch immer haben sollte.

270 Das Interesse des freien Mitarbeiters, der sich für einen **Scheinselbständigen**[157] hält, geht dahin, sich durch Abschluss des Vertrages Nachversicherungsansprüche offen zu halten. Schließt das Unternehmen in einem solchen Fall einen Aufhebungsvertrag, räumt u. U. der Unternehmer inzidenter ein, dass ein Arbeitsverhältnis bestand und eröffnet damit den Finanzbehörden wie den Sozialversicherungsträgern eine erleichterte Chance, Abgaben oder Sozialversicherungsbeiträge durchzusetzen. Will der Arbeitgeber dieses Risiko vermindern, sollten die Parteien sowohl auf die Parteibezeichnung „Arbeitgeber" und „Arbeitnehmer" als auch auf eine nähere rechtliche Einordnung des Vertragsverhältnisses verzichten. Aus diesem Grunde sehen manche Textmuster des Aufhebungsvertrages vor, dass nur von einem „Vertragsverhältnis" die Rede ist und dass im Rubrum der Name des Unternehmens und des „freien Mitarbeiters" erscheinen.

271 Die üblicherweise im Rahmen einer Abfindung gewählte Formulierung, „zum Ausgleich für den Verlust des Arbeitsplatzes", kann nicht in einem solchen Vertrag verwendet werden, ohne das Risiko der Qualifizierung der Rechtsbeziehung als Arbeitsverhältnis auszulösen. Außerdem war in der Vergangenheit vor Außerkrafttreten des § 3 Nr. 9 EStG zu beachten, dass die Regelungen des Steuerfreibetrags bei einem freien Mitarbeiterverhältnis nicht anwendbar waren. Möglich und empfehlenswert ist immer, im Aufhebungsvertrag die **Anwendung** des **Steuersatzes** gemäß §§ 24, 34 EStG **vorzusehen**. Diese steuerliche Privilegierung gilt auch, wenn ein freies Mitarbeiterverhältnis oder eine sonstige selbständige Tätigkeit auf Veranlassung des anderen Vertragsteils beendet wird.[158]

272 Versuche, im Aufhebungsvertrag mit einem eventuell Scheinselbständigen durch Absprache einer Formulierung den Rechtszustand des freien Mitarbeiterverhältnisses zu zementieren, ist keine Aussicht auf Erfolg beschieden. Nach der Rechtsprechung kommt es nicht darauf an, wie die Parteien das Vertragsverhältnis bezeichnen, so dass sich Nachforderungen aus dem **Sozialversicherungs- und Steuerbereich** nicht auf diese Weise wirksam abwenden lassen.

273 Der Unternehmer hat ein Interesse daran, im Aufhebungsvertrag eine Regelung zu finden, wonach etwaige Rückforderungen des Finanzamtes vom „freien Mitarbeiter" zu erstatten sind bzw. mit einer Abfindung verrechnet werden können. Rechtlich unschädlich ist es, wenn eine solche Vereinbarung in wechselseitigen Bestätigungsschreiben unter Anwälten getroffen wird. Bei einem solchen Verfahrensweg ist zu beachten, dass Arbeitnehmer und Arbeitgeber für das Finanzamt bei der Nacherhebung von Steuern Gesamtschuldner sind. Wenn sich die Steuer ebenso schnell und einfach beim Arbeitnehmer wie beim Arbeitgeber nacherheben lässt, ist eine Inanspruchnahme des Unternehmens nach Auffassung des BFH[159] ermessensfehlerhaft. Eine

---

157 *Rolfs*, NZA 2003, 65 f.
158 *Schmidt/Seeger*, EStG, § 24 Rn 60.
159 BFH 12.1.1968 – VI R 117/66, BStBl. II 1968, 324; BFH 30.11.1966 – VI 164/65, BStBl. III 1967, 331.

Rückerstattungsregelung ist deshalb in der Höhe der Hälfte eines etwaigen Nachforderungsbetrags entbehrlich, weil der Mitarbeiter als Gesamtschuldner nach § 426 BGB den hälftigen Ausgleich verlangen kann.

Diller/Schuster[160] empfehlen, in den Aufhebungsvertrag eine ausdrückliche Bestätigung des Mitarbeiters aufzunehmen, wonach dieser sämtliche erhaltenen Beträge ordnungsgemäß versteuert hat. Zwar schütze diese Vertragsklausel das Unternehmen nicht im Ernstfall vor der Lohnsteuer-Ausfallhaftung, falls die Finanzverwaltung von einem Arbeitsverhältnis ausgehe. Bei vorsätzlich falscher Auskunft des Mitarbeiters ergäben sich dann aber neben zivilrechtlichen Rückgriffsansprüchen aus dem Arbeitsverhältnis[161] die deliktischen Rückgriffsansprüche gemäß § 823 Abs. 2 BGB, § 263 StGB.

274

Einen besonderen Problembereich bei der Aufhebung von in ihrer rechtlichen Qualifizierung strittigen Arbeitsverhältnissen stellt der Umgang mit dem Phänomen **Umsatzsteuer** dar. Der Mitarbeiter hat die Umsatzsteuer als **Betriebsausgabe** geltend gemacht. Fehlt dem Mitarbeiter die Unternehmereigenschaft, war er gemäß §§ 15, 2 UStG nicht vorsteuerabzugsberechtigt. In einem neuen Umsatzsteuerbescheid kann das Finanzamt die vom Mitarbeiter bisher zu Unrecht bei allen Rechnungen seiner Lieferanten, Kunden etc. vorgenommenen Vorsteuerabzüge nachfordern, ohne dass der als Arbeitnehmer behandelte frühere freie Mitarbeiter die von ihm selbst an das Finanzamt geleistete Umsatzsteuer zurückfordern kann. Nach der Rechtsprechung des BFH[162] schuldet auch ein Nicht-Unternehmer die Umsatzsteuer, wenn er sie wie ein Unternehmer in einer Rechnung gesondert ausgewiesen hat.

275

Auf ähnlich nachteilige Folgen für das Unternehmen ist hinzuweisen. Die vom Mitarbeiter in Rechnung gestellte Umsatzsteuer kann das Finanzamt nicht mehr als Vorsteuer abziehen, weil gemäß § 15 Abs. 1 UStG Voraussetzung des Vorsteuerabzugs ist, dass die Umsatzsteuer von einem Unternehmer in Rechnung gestellt wurde. Das Unternehmen muss also in Höhe des geleisteten, unzulässigen Vorsteuerabzugs eine Nachentrichtung an das Finanzamt vornehmen.

276

Führt ein Arbeitgeber eine **Umlage zu einer tariflichen Zusatzaltersversorgung** für einen Arbeitnehmer verspätet ab, weil er bei einer unklaren Rechtslage irrig von der Wirksamkeit einer Regelung eines einschlägigen Versorgungstarifvertrages ausging, so kann dem Arbeitgeber dieser Irrtum nach einem Urteil des BAG[163] nicht zum Vorwurf gemacht werden. Ein Schadensersatzanspruch des Arbeitnehmers, der Steuern auf die Umlage entrichten muss, die nach dem Tarifvertrag der Arbeitgeber im Wege der Pauschalversteuerung hätte tragen müssen, wird daher vom BAG abgelehnt. Allerdings steht dem Arbeitnehmer in der Höhe, wie der Arbeitgeber die Belastung hätte tragen müssen, ein Bereicherungsanspruch zu.

277

Für den freien Mitarbeiter ist es, anders als in der Vergangenheit, nicht immer vorteilhaft, wenn **Sozialversicherungsbeiträge** nachzuentrichten sind. Für das Unternehmen kann die **Nachentrichtung** katastrophale Ausmaße annehmen.[164] Der Arbeitgeber ist Schuldner des Gesamtsozialversicherungsbeitrages für Arbeitgeber- und Arbeitnehmeranteile gemäß § 28e Abs. 1 SGB IV. Dem Mitarbeiter gegenüber ist der Arbeitgeber in der Geltendmachung der Arbeitnehmeranteile zur Sozialversicherung beschränkt. Er kann sie nur im Lohnabzugsverfahren nach § 28g SGB IV geltend machen. Nur bei den nächsten drei Lohn- und Gehaltszahlungen darf ein unterbliebener Abzug gemäß § 28g Satz 2 SGB IV nachgeholt werden, es sei denn, der Beschäftigte ist seinen Pflichten vorsätzlich oder grob fahrlässig nicht nachgekommen, § 28g Satz 4 SGB IV. War jemand als Scheinselbständiger tätig, stellt sich die Frage, ob die Wahl der Beschäftigungsform grob fahrlässig falsch war. Gemäß der einfachen Vermutungsregel des Gesetzes ist grobe Fahrlässigkeit künftig stets gegeben. Schließen die Parteien einen Aufhebungsvertrag, ohne dass noch eine Vergütung geschuldet wird, ist das Lohnabzugsverfahren nicht mehr durchführbar.

278

Mit Abschluss eines Aufhebungsvertrages zwischen einem Unternehmen und einem Scheinselbständigen entsteht also die Rechtslage, dass der **Sozialversicherungsträger**, sofern die Arbeitnehmereigenschaft rechtswirksam festgestellt ist, regelmäßig die **Arbeitgeber- und Arbeitnehmeranteile zur Sozialversicherung nachfordern** kann, ohne dass gegenüber dem Mitarbeiter noch ein Einbehalt möglich ist. Auch eine Verpflichtung des Mitarbeiters auf Erstattung der an den Sozialversicherungsträger abgeführten Beträge ist ausgeschlossen, da die Rechtsprechung des BAG[165] die Regelung in § 28g Satz 2 SGB IV als Begrenzungstatbestand zum

279

---

160 *Diller/Schuster*, FA 1998, 139.
161 BAG 14.6.1974 – 3 AZR 456/73, EzA § 72 MTB II Nr. 1; BAG 19.1.1979 – 3 AZR 330/77, EzA § 670 BGB Nr. 13.
162 BFH 8.12.1988 – V R 28/84, BStBl. II 1989, 250.
163 BAG 14.12.1999 – 3 AZR 713/98, NZA 2000, 1348 = BB 2000, 2209 = DB 2000, 2534.
164 *Diller/Schuster*, FA 1998, 140.
165 BAG 14.1.1988 – 8 AZR 238/85, EzA §§ 394, 395 RVO Nr. 2.

§ 4 Beendigung von Arbeitsverhältnissen

Haftungsumfang des Arbeitnehmers qualifiziert, sofern keine gesonderte Parteivereinbarung besteht oder § 28g Satz 4 SGB IV gilt. Klarheit herrscht in derartigen Fällen immer, wenn sich der Mitarbeiter zur Rückzahlung der vereinbarten Abfindung in derjenigen Höhe verpflichtet, in der der Sozialversicherungsträger eine Nachentrichtung geltend macht bzw. erreichen kann. In der einzigen hierzu bekannten Entscheidung[166] ist eine solche Regelung für wirksam gehalten worden. Diese Regelung verstoße weder unmittelbar gegen § 32 Abs. 1 SGB I noch diene sie einer objektiv funktionswidrigen Umgehung dieser Vorschrift. Es bleibe dem Mitarbeiter unbenommen, sich für die Inanspruchnahme sozialversicherungsrechtlicher Vorteile zu entscheiden. Die finanziellen Nachteile, nämlich die Rückzahlung der Abfindung, benachteiligten ihn nicht unangemessen i.S.v. § 138 BGB.

280 Die Effizienz einer solchen Regelung ist u.a. davon abhängig, dass der Abfindungsbetrag die Höhe des vierjährig nachzuentrichtenden Sozialversicherungsbeitrages im Umfang der Arbeitnehmeranteile erreicht. Als weiteren Nachteil wird man sehen müssen, dass derartige Klauseln natürlich, wenn sie einem Sozialversicherungsträger bekannt werden, einen Ermittlungsanreiz in eine von beiden Parteien nicht gewollte Richtung setzen.

281 Gerade angesichts der vielfältigen steuerrechtlichen und sozialversicherungsrechtlichen Folgefragen bei Abschluss eines Aufhebungsvertrages mit einem Selbständigen ist **größte Aufmerksamkeit bei der Verwendung von Erledigungsklauseln** geboten. Mit einer Erledigungsklausel würde das Unternehmen rechtswirksam auf steuer- und sozialversicherungsrechtliche Rückforderungsansprüche gegenüber dem Mitarbeiter verzichten, weshalb bei der Verwendung von Erledigungsklauseln allenfalls zur Benutzung einseitiger Regelungen geraten werden kann.

V. Abriss des Rechts der Aufhebungs- und Abwicklungsverträge mit GmbH-Geschäftsführern und AG-Vorständen

282 Für die Abberufung von **GmbH-Geschäftsführern** ist die Gesellschafterversammlung zuständig (§ 46 Nr. 5 GmbHG). Soweit keine andere Regelung in der Satzung enthalten ist, können GmbH-Geschäftsführer, soweit nicht die Mitbestimmungsgesetze anwendbar sind, jederzeit und mit sofortiger Wirkung von ihrem Amt abberufen werden (§ 38 Abs. 1 GmbH). Die Gesellschafterversammlung einer GmbH ist im Rahmen ihrer Annexkompetenz auch zuständig für den Abschluss, die Änderung und Beendigung des Anstellungsvertrages sowie andere Regelungen, die materiell das zugrunde liegende Anstellungsverhältnis des Geschäftsführers betreffen, soweit nach Gesetz oder Satzung keine anderweitige Kompetenz bestimmt ist. Fasst die Gesellschafterversammlung den Beschluss, einem Geschäftsführer zu einem bestimmten Termin zu kündigen, so ist der Abschluss eines Aufhebungsvertrages, der zudem ein Widerrufsrecht bzw. eine Fortsetzungsoption sowie eine umfassende Abgeltungsklausel enthält, nicht von der Beschlussfassung gedeckt, so dass der Aufhebungsvertrag unwirksam ist. Unentschieden bleibt, ob bei Fehlen eines entsprechenden Beschlusses eine nachträgliche Genehmigung durch die Gesellschafter möglich ist.[167]

283 Anders ist die Rechtslage bei den **Vorstandsmitgliedern** einer Aktiengesellschaft. Wenn die Bestellung eines Vorstandsmitglieds widerrufen werden soll, bedarf es eines wichtigen Grundes, für dessen Feststellung das gesamte Plenum des Aufsichtsrats ausschließlich zuständig ist.[168] Im Gegensatz zum Widerruf der Bestellung kann der Aufsichtsrat die Kündigung des Anstellungsvertrages auf einen Personalausschuss delegieren.[169]

284 Dennoch besteht kein wirksamer Schutz des Vorstandsmitglieds vor unbegründetem Bestellungswiderruf und Kündigung des Anstellungsvertrages, denn die Sofortwirkung des Widerrufs kann nicht mit einem Antrag auf einstweilige Verfügung zur vorläufigen Aufhebung der Abberufung überwunden werden, es sei denn, es fehlt überhaupt an jeglichem Aufsichtsratsbeschluss oder der Beschluss ist wegen eines Verstoßes gegen formelle Voraussetzungen, wie bei nicht ordnungsgemäßer Einberufung der Aufsichtsratssitzung, nichtig.[170]

285 Hilfreich im Kampf um die **Abfindung** für einen **Vorstand** ist ein Urteil des – österreichischen – OGH.[171] Im gerichtlichen Verfahren über die Rechtswirksamkeit eines Widerrufs einer Vorstandsbestellung können über die im Widerrufsbeschluss des Aufsichtsrats genannten Gründe hinaus keine weiteren Gründe nachgescho-

---

166 ArbG Köln 21.6.1996 – 2 Ca 9187/95, NZA-RR 1996, 324.
167 LAG Hessen 21.6.2000 – 13 Sa 1300/99, NZA-RR 2000, 604.
168 §§ 112, 107 Abs. 3 Satz 2, 84 Abs. 3 Satz 1 AktG.
169 BGH 23.10.1975 – II ZR 90/73, BGHZ 65, 190.
170 OLG Stuttgart 15.4.1985 – 2 U 57/85, ZIP 1985, 539; KölnKomm-AktG/*Mertens*, § 84 Rn 98.
171 OGH 25.5.1999 – 1 Ob 11/99w, NZG 2000, 95; ebenso BGH 29.3.1973 – II ZR 20/71, BGHZ 60, 333 (336).

ben werden. Über weitere Gründe muss ein gesonderter Aufsichtsratsbeschluss vorliegen. Diese Entscheidung ist deshalb hilfreich, weil häufig nach und nach Gründe im Bestandsrechtsstreit vor den Kammern für Handelssachen von Seiten der Gesellschaft vorgetragen werden, wenn sich der eine oder andere ursprüngliche Abberufungs- oder Kündigungsgrund als nicht zutreffend erwiesen hat. Die Entscheidung des OGH kann auch im deutschen Rechtsraum verwendet werden. Rechtsprechung und Schrifttum im Aktienrecht zitieren einander wechselseitig, da in Österreich das gleiche Aktiengesetz gilt wie in Deutschland.

Will man einen **Aufhebungsvertrag** für ein Organmitglied schließen, so ist beim **GmbH-Geschäftsführer** zu beachten, dass **Vertragspartner** die **Gesellschaft** ist. Die Gesellschaft wird entweder durch einen von der Gesellschafterversammlung gesondert bestellten Gesellschafter oder durch einen oder mehrere Geschäftsführer beim Abschluss des Vertrages vertreten. An den **Abberufungsbeschluss** sind keine besonderen Voraussetzungen geknüpft. Der abberufene Geschäftsführer kann nicht verlangen, vor einer Beschlussfassung über die Abberufung gehört zu werden.[172]

286

Für den **Widerruf der Bestellung** ist beim **Vorstand** der Aktiengesellschaft der Aufsichtsrat zuständig. Die Delegation auf einen Personalausschuss ist wegen der akzessorischen Regelungskompetenz nicht möglich; der Personalausschuss darf durch seine Entscheidungen nicht der Widerrufsentscheidung des Aufsichtsratsplenums vorgreifen.[173] Der Personalausschuss darf deshalb den Anstellungsvertrag nicht kündigen, solange nicht das Plenum über die Beendigung der Organstellung entschieden hat. Da die Kündigung als Gestaltungserklärung bedingungsfeindlich ist, kann sie vom Personalausschuss auch nicht unter der aufschiebenden Bedingung ausgesprochen werden, dass das Plenum die Bestellung widerruft.[174] Der Personalausschuss kann dagegen die Kündigung mit der Maßgabe beschließen, dass der Vorsitzende ermächtigt wird, sie erst und nur dann dem Vorstandsmitglied zu erklären, wenn das Aufsichtsratsplenum den Widerruf der Bestellung beschlossen hat. Sofern das Aufsichtsratsplenum die Kündigungskompetenz nicht auf einen Personalausschuss delegiert hat, ist bei mitbestimmten Gesellschaften stets zu beachten, dass die Kündigung im Verfahren nach § 29 MitbestG erst durchgeführt werden darf, wenn es zuvor im Verfahren nach § 31 MitbestG den Widerruf der Bestellung beschlossen hat.[175] Wenn das Dienstverhältnis einvernehmlich in ein gewöhnliches Anstellungsverhältnis umgewandelt worden ist, obliegt dem Vorstand als dem gesetzlichen Vertretungsorgan der AG das Recht zur Kündigung.[176]

287

Besonderheiten beim Abschluss eines **Aufhebungsvertrages mit einem GmbH-Geschäftsführer** sind nicht zu beachten. Da die Gesellschafterversammlung für die Abberufung zuständig ist, obliegt ihr ebenfalls die Kündigung des Geschäftsführers,[177] sofern in der Satzung keine abweichende Regelung enthalten ist, wie die Zuständigkeit eines fakultativen Aufsichtsrats oder eines Beirats. Der fristlosen Kündigung des Dienstvertrages muss auch – anders als im Arbeitsrecht – keine Abmahnung vorausgehen.[178] Die Gesellschaft wird durch die Gesellschafterversammlung oder durch von ihr beauftragte Geschäftsführer beim Abschluss des Aufhebungsvertrages vertreten. Hier gilt die Rechtslage wie bei Vertragsschluss oder Vertragsänderung.[179] Fasst die Gesellschafterversammlung den Beschluss, einem Geschäftsführer zu einem bestimmten Termin zu kündigen, so ist der Abschluss eines Aufhebungsvertrages, der zudem ein Widerrufsrecht bzw. eine Fortsetzungsoption sowie eine umfassende Abgeltungsklausel enthält, nicht von der Beschlussfassung gedeckt, so dass der Aufhebungsvertrag unwirksam ist.[180] Bei der einvernehmlichen Beendigung des Anstellungsvertrages mit einem Vorstandsmitglied ist, wenn von ihr gleichzeitig das Ausscheiden aus der Organstellung abhängt, immer darauf zu achten, dass der häufig für Anstellungsfragen eingerichtete Personalausschuss die Abberufungsentscheidung des Aufsichtsratsplenums nicht durch eine vorzeitige Vertragsbeendigung beeinflussen darf.[181] Will man die mit der Aufhebung des Anstellungsvertrages zwangsläufig verbundenen Fragen über die finanziellen Konditionen des Ausscheidens nicht gleichzeitig mit der Abberufung im Aufsichtsratsplenum beraten und entscheiden, so bleibt nur folgender Weg: Der Personalausschuss verhandelt, beschließt und vereinbart den Vertrag über die einvernehmliche Beendigung des Anstellungsvertrages mit dem Vor-

288

---

172 BGH 8.9.1997 – II ZR 165/96, DB 1997, 2266.
173 BGH 14.11.1983 – II ZR 33/83, BGHZ 89, 48 (56); BGH 25.2.1982 – II ZR 102/81, BGHZ 83, 144, 150.
174 *Hoffmann-Becking*, FS Stimpel, S. 589, 595.
175 *Flieger*, Personalentscheidungen des Aufsichtsrats, S. 175 f.
176 BGH 13.2.1984 – II ZR 2/83, WM 1984, 532.
177 BGH 18.11.1968 – II ZR 121/67, BB 1969, 107.
178 BGH 14.2.2000 – II ZR 218/98, NZA 2000, 543.
179 BGH 24.1.1975 – I ZR 85/73, WM 1975, 249 ff.
180 LAG Hessen 21.6.2000 – 13 Sa 1300/99, NZA-RR 2000, 604.
181 BGH 24.11.1980 – II ZR 182/79, BGHZ 79, 38.

standsmitglied schon vor der Entscheidung des Aufsichtsratsplenums. Der Vertragsabschluss erfolgt jedoch unter der aufschiebenden Bedingung, dass das Plenum in seiner nachfolgenden Sitzung der einvernehmlichen Beendigung der Organstellung zustimmt.[182]

289 Dass bei der Gestaltung eines Aufhebungsvertrages mit einem **Vorstandsmitglied** an die Vereinbarung der **aufschiebenden Bedingung** stets gedacht wird, ist auch aus einem weiteren Grunde zu beachten: Der Abschluss eines Aufhebungsvertrages mit einem Vorstandsmitglied hat regelmäßig die Verkürzung der Amtszeit zum Inhalt. An die Erfüllung von Amtszeiten sind regelmäßig Pensionsansprüche, sei es dem Grunde oder sei es der Höhe nach, geknüpft. Wird nun die Amtszeit verkürzt, kann es geschehen, dass Voraussetzungen für Pensionszusagen dem Grunde nach nicht mehr gegeben sind. Wird nun übersehen, im Aufhebungsvertrag eine aufschiebende Bedingung vorzusehen, kann der Fall eintreten, dass Personalausschuss und/oder Aufsichtsrat den Aufhebungsvertrag nicht genehmigen, der Vertrag aber unbedingt mit dem Aufsichtsratsvorsitzenden geschlossen wurde und zwischenzeitlich nach Abschluss des Aufhebungsvertrages eine Amtsniederlegungserklärung vertragsgemäß vom Vorstandsmitglied unterzeichnet wurde, mit der Folge, dass die Pensionsvoraussetzungen nicht mehr erfüllt werden können. In einem solchen Falle hilft auch nicht eine neben den Voraussetzungen des Pensionsvertrages zusätzlich im Aufhebungsvertrag geschaffene Rechtsgrundlage, denn der Aufhebungsvertrag ist in diesem Falle nicht wirksam zustande gekommen. Der Aufsichtsratsvorsitzende hat als Vertreter ohne Vertretungsmacht gehandelt. Inwieweit in diesem Falle eine Schadensersatzpflicht des Aufsichtsratsvorsitzenden besteht, mag dahinstehen. Zumindest ein Mitverschulden wird sich das Vorstandsmitglied anrechnen lassen müssen, da ihm aufgrund seiner Tätigkeit als Vorstandsmitglied bekannt sein musste, dass der Aufsichtsratsvorsitzende nur als Vertreter des Personalausschusses bzw. des Aufsichtsrats handelt und handeln darf.

290 Die **Schwierigkeit** bei Aufhebungsverträgen mit Geschäftsführern und Vorständen besteht deshalb in der **Formulierung der Ausgleichsklausel**. Die Aktiengesellschaft kann auf ihre Ersatzansprüche erst drei Jahre nach der Entstehung der Ansprüche verzichten oder sich über sie vergleichen und dies auch nur dann, wenn die Hauptversammlung zustimmt und nicht eine Minderheit von mindestens 10 v.H. des Grundkapitals zu Protokoll widerspricht (§ 93 Abs. 4 Satz 3 AktG). Durch die Entlastung billigt die Hauptversammlung nur die Verwaltung der Gesellschaft durch die Mitglieder des Vorstands und des Aufsichtsrats,[183] ein Verzicht auf Ersatzansprüche ist damit nicht verbunden. Angesichts der Regelung in § 93 AktG kann daher mit einer Ausgleichsklausel im Aufhebungsvertrag kein verbindlicher Verzicht der Aktiengesellschaft auf mögliche Ersatzansprüche geregelt werden.

291 Eine Möglichkeit, bei einer etwaigen späteren prozessualen Auseinandersetzung wirksam einwenden zu können, die Gesellschaft verhalte sich widersprüchlich, wenn sie nunmehr Ersatzansprüche fordere, bieten **Bestätigungsklauseln**.[184] Hat die Gesellschaft einmal im Aufhebungsvertrag bestätigt, dass das Vorstandsmitglied während seiner aktiven Dienstzeit seiner Sorgfaltspflicht und Verantwortlichkeit treu und gewissenhaft nachgekommen ist, wird sie späterhin schwerlich eine entgegengesetzte Position einnehmen können. Beim GmbH-Geschäftsführer empfiehlt sich, in die Ausgleichsklausel aufzunehmen, dass ein Entlastungsbeschluss nach § 46 Nr. 5 GmbHG gefasst wird.

292 Eine Besonderheit bei der Beendigung von Dienstverträgen mit Organmitgliedern ergibt sich, wenn das Organmitglied **vor seiner Bestellung Arbeitnehmer der Gesellschaft** war. Haben die Parteien nicht ausdrücklich den Anstellungsvertrag aufgehoben, sollte nach einem Urteil des BAG vom 9.5.1985 das Arbeitsverhältnis eines Arbeitnehmers nach dessen Bestellung zum Organmitglied im Zweifel als ruhendes Arbeitsverhältnis neben dem Dienstverhältnis fortbestehen.[185] Die Fortführung des Arbeitsverhältnisses neben dem Dienstverhältnis wurde insbesondere dann angenommen, wenn sich an den Bedingungen des bisherigen Arbeitsvertrages nichts oder nichts Wesentliches geändert hat, der Verlust des Kündigungsschutzes also nicht durch eine wesentlich höhere Vergütung aufgewogen wurde.[186]

293 Diese Rechtsprechung hat der Senat später relativiert und angedeutet, dass eher eine Vermutung dafür spreche, dass Parteien, die einen neuen Dienstvertrag abschließen, damit im Zweifel den alten Arbeitsvertrag

---

[182] *Hoffmann-Becking*, FS Stimpel, S. 597 ff.
[183] *Bauer*, DB 1992, 1421.
[184] *Reufels/Schmülling*, ArbRB 2004, 191.
[185] BAG 9.5.1985 – 2 AZR 330/84, DB 1986, 1474.
[186] BAG 12.3.1987 – 2 AZR 336/86, DB 1987, 2659.

Kapitel 2: Abwicklungs- und Aufhebungsverträge

aufheben wollten.[187] In einer weiteren Entscheidung hat der Senat[188] ausgeführt, wenn ein vollständig neuer Vertrag mit eigenständigen Regelungen für einen Geschäftsführer geschlossen werde, ergäben sich keine Anhaltspunkte dafür, dass ein früheres Arbeitsverhältnis nur ruhen solle, wenn jedenfalls als Geschäftsführer eine um etwa 11,36 % höhere Vergütung gezahlt werde. In seinem Urteil vom 8.6.2000[189] gab der 2. Senat für den Fall der Bestellung im Zusammenhang mit der Ausgründung eines Geschäftsbereichs auf eine neue Gesellschaft seine alte Rechtsprechung auf. In der Zwischenzeit hat das BAG mit Urteil vom 25.4.2002[190] entschieden, dass mit Abschluss eines Geschäftsführer-Dienstvertrages das ursprüngliche Arbeitsverhältnis des Arbeitnehmer konkludent aufgehoben wurde, jedenfalls bis zum Inkrafttreten des § 623 BGB. Von **integrierten Aufhebungsvereinbarungen** in Geschäftsführerverträgen wird abgeraten, den arbeitsrechtlichen Aufhebungsvertrag schließt in diesen Fällen mit dem Vertreter der Gesellschafterversammlung nicht das vertretungsbefugte Organ.[191]

Mit Inkrafttreten des § 623 BGB ist die gesamte frühere Rechtsprechung zu den schlüssig aufgehobenen Arbeitsverträgen künftiger Organmitglieder obsolet. Auflösungsverträge bedürfen nach § 623 BGB der Schriftform, gleichgültig, ob es sich um Auflösungsverträge von Arbeitsverhältnissen oder um Auflösungsverträge von Dienstverträgen handelt. Bei Aufhebungsverträgen mit Organmitgliedern sollte deshalb der Berater darauf achten, dass außerhalb des neuen Dienstvertrages ein separater, arbeitsrechtlicher Aufhebungsvertrag geschlossen wird.

VI. Abriss der Inhaltskontrolle von Klauseln in Aufhebungs- und Abwicklungsverträgen

1. Einbeziehungsnormen für Arbeitsverträge

Das AGB-Recht kennt drei Einbeziehungsnormen, über die Vertragsklauseln der Wirksamkeitsprüfung unterzogen werden. Erste Einbeziehungsnorm ist **§ 305 Abs. 1 BGB**, der voraussetzt, dass der Vertrag Allgemeine Geschäftsbedingungen enthält. Nach § 305 Abs. 1 Satz 1 BGB sind Allgemeine Geschäftsbedingungen alle für eine Vielzahl von Verträgen formulierten Vertragsbedingungen, die eine Vertragspartei (Verwender) der anderen Vertragspartei bei Abschluss eines Vertrages stellt. Das BAG ist in seinen ersten Entscheidungen zur Inhaltkontrolle den Weg gegangen, in jedem einzelnen Falle zu prüfen, ob der Arbeitsvertrag der Definition Allgemeiner Geschäftsbedingungen gemäß § 305 Abs. 2 Sätze 1 und 2 BGB entspricht.[192]

Daneben bestehen die Einbeziehungsnormen des § 310 Abs. 3 BGB. Über § 310 Abs. 3 Nr. 1 und 2 BGB erschließt sich ebenfalls die Möglichkeit, Arbeitsverträge auf ihre Wirksamkeit nach AGB-Recht zu überprüfen. Der 5. Senat des BAG hat sich mit Urteil vom 25.5.2005[193] der h.M. angeschlossen, wonach der Arbeitnehmer Verbraucher ist.[194] Die Vertreter der Mindermeinung (relativer Verbraucherbegriff) sind der Ansicht, der Arbeitnehmer sei nur bei einzelnen Rechtsgeschäften, Kauf von Dienstkleidung oder Abschluss von Versicherungsverträgen am Arbeitsplatz, als Darlehensnehmer im Rahmen eines Arbeitgeberdarlehens oder bei vergleichbaren Rechtsgeschäften Verbraucher i.S.d. § 13 BGB.[195] Da der Arbeitnehmer nach der Recht-

---

187 BAG 7.10.1993 – 2 AZR 260/93, DB 1994, 428; eine genaue Darstellung der schrittweisen Aufgabe der BAG-Rechtsprechung findet sich bei *Reiserer/ Heß-Emmerich*, Der GmbH-Geschäftsführer, S. 74 ff.
188 BAG 10.12.1996 – 5 AZB 20/96, DB 1997, 833.
189 BAG 8.6.2000 – 2 AZR 207/99, DB 2000, 1918.
190 BAG 25.4.2002 – 2 AZR 352/01, NZA 2003, 272.
191 *Hümmerich/Schmidt-Westphal*, DB 2007, 222.
192 BAG 4.3.2004 – 8 AZR 196/03, NZA 2004, 727; BAG 12.1.2005 – 5 AZR 364/04, NZA 2005, 465.
193 BAG 25.5.2005 – 5 AZR 572/04, NZA 2005, 1111.
194 APS/*Schmidt*, AufhebVTRG Rn 88; Bamberger/Roth/*Schmidt-Raentsch*, § 13 BGB Rn 6; *Boemke*, BB 2002, 96; *Boudon*, ArbRB 2003, 150; *Bülow/Artz*, Verbraucherprivatrecht, S. 20; *Däubler*, NZA 2001, 1333; Däubler/Dorndorf/*Däubler*, Einl. 60 ff.; Däubler/*Zwanziger*, TVG, § 4 Rn 1203; *Diehn*, NZA 2004, 130; Eckert/Dellbrück/*Reuther*, S. 99, 109; ErfK/*Dörner*, § 616 BGB Rn 20; ErfK/*Müller-Glöge*, § 620 BGB Rn 13; ErfK/*Preis*, § 611 BGB Rn 208; Falke/*Barthel*, BuW 2003, 255, 257; *Gotthardt*, Arbeitsrecht nach der Schuldrechtsmodernisierung, Rn 20; *Gotthardt*, ZIP 2002, 278; *Grundstein*, FA 2003, 41; *Hanau*, Anm. zu BAG 7.3.2001 – GS 1/00 – AP § 288 BGB Nr. 4; Henssler/v. Westphalen/*Westphalen*, § 310 BGB Rn 15; *Holtkamp*, AuA 2002, 250; *Hümmerich*, AnwBl 2002, 675; *Hümmerich*, NZA 2003, 753; *Hümmerich/Holthausen*, NZA 2002, 178; HWK/*Gotthardt*, § 310 BGB Rn 6; Kittner/Zwanziger/*Bachner*, Arbeitsrecht Handbuch, § 104 Rn 81; *Klevemann*, AiB 2002, 580; *Lakies*, NZA-RR 2002, 337, 343; *Lindemann*, AuR 2002, 84; Lorenz/*Riehm*, Lehrbuch zum neuen Schuldrecht, Rn 93; Lorenz/*Canaris*, Karlsruher Forum 2002, S. 179; *Lorenz/Wolf*, Karlsruher Forum 2002, S. 184; MüKo-BGB/*Micklitz*, § 14 Rn 25; *Preis*, Sonderbeil. NZA 16/2003, 19; *Preis*, in: 50 Jahre BAG, 2004, S. 123; *Reim*, DB 2002, 2434; *Reinecke*, DB 2002, 586; Schaub/*Schaub*, Arbeitsrechts-Handbuch, § 8 Rn 9a; *Schaub*, GS Blomeyer, S. 334, 338 f.; Schimmel/Buhlmann/*Ziemann*, Rn 209 f.; *Schleusener*, NZA 2002, 950; *Schuster*, AiB 2002, 274; Staudinger/*Neumann*, Vorb. §§ 620 ff. BGB Rn 4, 14; *Stoffels*, AGB-Recht, Rn 197; *Stoffels*, Sonderbeil. NZA 1/2004, 19; *Thüsing*, BB 2002, 2666; Thüsing/*Leder*, BB 2004, 42; *Walter*, AiB 2002, 381; *Wedde*, NZA 2002, 269; ArbG Berlin 2.4.2003 – 31 Ca 33694/02, n.v.; ArbG Bonn 19.12.2002 – 3 Ca 2803/02, n.v.; ArbG Hamburg 1.8.2002 – 15 Ca 48/02, ZGS 2003, 79.
195 *Annuß*, BB 2002, 458; *Annuß*, NJW 2002, 2844; *Bauer/Kock*, DB 2002, 44; *Bauer/Diller*, NJW 2002, 1609; *Berger-Delhey*, ZTR 2002, 66; *Berkowsky*, AuA 2002, 15; *Clemens*, ZGS 2003, 80; *Fiebig*, DB 2002, 1608; *Henssler*, RdA 2002, 133; *Hönn*, ZfA 2003, 325, 344; *Hromadka*, NJW 2002, 2524; *Joussen*, NZA 2001, 745; *Krebs*, DB 2002, 517; *Lieb*, Arbeitsrecht, Rn 111; *Lingemann*, NZA 2002, 184; *Löwisch*, FS Wiedemann, S. 315; *Natzel*, NZA 2002, 595;

sprechung des 5. Senats und der h.M. Verbraucher ist, finden neben § 305 Abs. 1 BGB bei der Inhaltskontrolle von Arbeitsverträgen die den Anwendungsbereich des AGB-Recht erweiternden Einbeziehungsnormen des § 310 Abs. 3 Nr. 1 und Nr. 2 BGB Anwendung, somit aber nicht nur bei der Überprüfung der Wirksamkeit von Arbeitsverträgen, sondern auch bei der Wirksamkeitskontrolle von Aufhebungs- und Abwicklungsverträgen. Denn beim Abschluss von Aufhebungs- und Abwicklungsverträgen wechselt der Arbeitnehmer seine Rechtsstellung nicht. Er bleibt Arbeitnehmer, der sich gegenüber dem Verwender auf einen Vertrag im Zusammenhang mit der Beendigung des Arbeitsverhältnisses verständigt. Neben § 305 Abs. 1 BGB kommen damit die erleichterten Einbeziehungsnormen aus § 310 Abs. 3 BGB bei der Inhaltskontrolle von Aufhebungs- und Abwicklungsverträgen zur Anwendung.

2. Ablehnung einer Inhaltskontrolle bei Aufhebungs- und Abwicklungsverträgen im Haustürgeschäfts-Urteil

297 In Nr. 5 der Orientierungssätze zum **Haustürgeschäfts-Urteil**[196] führen die Richterinnen und Richter des BAG aus, weil die unmittelbaren Hauptleistungspflichten eines Aufhebungsvertrages, wie Höhe der Abfindung, Verzicht auf den Ausspruch einer außerordentlichen Kündigung und Beendigungszeitpunkt individuell ausgehandelt würden, handele es sich beim Wortlaut von Aufhebungsverträgen nicht um vorformulierte Vertragsbedingungen, mithin nicht um Allgemeine Geschäftsbedingungen i.S.d. §§ 305 Abs. 1, 310 Abs. 3 BGB. Abgesehen davon, dass man auf nicht belegte, sachverhaltsmäßige Verallgemeinerungen keinen Rechtssatz stützen sollte, findet sich im Haustürgeschäfts-Urteil eine vergleichbar deutliche Aussage nicht. Der 2. Senat hat nur ausgeführt, selbst wenn die Arbeitnehmerin Verbraucherin wäre und auf die Verwendung des Textes der Beendigungsvereinbarung keinen Einfluss habe nehmen können, finde eine Angemessenheitskontrolle nicht statt, weil die Beendigungsvereinbarung keine Allgemeinen Geschäftsbedingungen enthalte, durch die von Rechtsvorschriften abgewichen oder diese ergänzende Regelungen vereinbart worden seien. Denn nach § 307 Abs. 3 BGB seien nur solche Allgemeinen Geschäftsbedingungen kontrollfähig, die von Rechtsvorschriften abweichen oder diese ergänzenden Regelungen enthielten. Abreden über den unmittelbaren Gegenstand der Hauptleistung unterlägen aber aus Gründen der Vertragsfreiheit regelmäßig keiner Inhaltskontrolle. Der 2. Senat bezieht sich hier auf die Rechtsprechung des BGH.[197]

298 Der Senat übersah, dass die Hauptleistungspflicht beim Abwicklungsvertrag per se nicht die Beendigung des Arbeitsverhältnisses ist, denn beim Abwicklungsvertrag findet die Beendigung über die arbeitgeberseitige Kündigung statt. Aber auch beim Aufhebungsvertrag ist die Beendigung nicht eine Hauptleistungspflicht, sondern im Aufhebungsvertrag werden regelmäßig eine Mehrzahl von gleichwertigen Pflichten und gleichwertigen Rechten vereinbart. Die Vereinbarungen reichen vom Wortlaut des Zeugnisses über die Höhe einer Abfindung, von der Veräußerung eines Dienstwagens bis zur Rückgabe von Laptop und Handy. Outplacement-Beratung oder nachvertragliche Informationspflichten bilden einen selbstverständlichen Standard heutiger Aufhebungsverträge. Mit der gleichen Argumentation, wie sie der 2. Senat in der Haustürgeschäfts-Entscheidung getroffen hat, könnte man jeden Arbeitsvertrag als nicht kontrollfähig bezeichnen. Denn die beiden *essentialia* eines Aufhebungs- wie eines Arbeitsvertrages gleichen einander sehr. Beim Aufhebungsvertrag geht es vor allem um das Ende des Arbeitsverhältnisses (Datum) und die Abfindung (Geld), beim Arbeitsvertrag stehen der Beginn des Arbeitsverhältnisses (Datum) und die Vergütung (Geld) im Vordergrund.

299 Seit dem Urteil des BAG vom 25.5.2005[198] sind der Orientierungssatz Nr. 5 und die in den Textziffern 60 und 61 des Haustürgeschäfts-Urteils enthaltenen Ausführungen obsolet. Da der 5. Senat dem Arbeitnehmer den Verbraucherstatus zuerkannt hat, gilt als **Einstiegsnorm** zur **Inhaltskontrolle** von Aufhebungs- und Abwicklungsverträgen auch § 310 Abs. 3 BGB, der selbst bei einer Einmalverwendung den Vertrag für kontrollfähig erklärt, soweit der Verbraucher aufgrund der Vorformulierung auf ihren Inhalt keinen Einfluss nehmen konnte. Aufhebungs- und Abwicklungsvertragstexte werden in der Regel vom Arbeitgeber gestellt, schon allein deshalb, damit sich nicht andere Arbeitnehmer späterhin auf abweichende Formulierungen

---

Olzen/Wank, Die Schuldrechtsreform 2002, Rn 487; Otto, Arbeitsrecht, Rn 231 a.E.; Palandt/Heinrichs, § 13 BGB Rn 3; Reichold, ZTR 2002, 202; Reichold, in: 50 Jahre BAG, 2004, S. 153; Richardi, NZA 2002, 1009; Richardi, Sonderbeil. NZA 16/2003, 14, 17; Rieble/Klumpp, ZIP 2002, 2158; Soergel/Pfeiffer, § 13 BGB Rn 44; Tschöpe/Wisskirchen, Teil I C Rn 378; ArbG Weiden, 16.7.2003 – 1 Ca 1912/02, ZTR 2003, 629 = ARST 2004, 73; LAG Rheinland-Pfalz 14.5.2004 – 3 Sa 82/04, AuA 2004, 48.

196 BAG 27.11.2003 – 2 AZR 135/03, NZA 2004, 597.
197 BGH 15.1.1987 – III ZR 153/85, NJW 1987, 2014, 2015; BGH 12.3.1987 – VII ZR 37/86, BGHZ 100, 158; BGH 9.5.2001 – IV ZR 121/00, BGHZ 147, 354.
198 BAG 25.5.2005 – 5 AZR 572/04, NZA 2005, 1111.

berufen können. Vorformuliert werden die Aufhebungs- und Abwicklungsvertragstexte von den Firmen, sie verwenden im Betrieb gebräuchliche Textbausteine oder Formularmuster. Auch kann der Arbeitnehmer in der Regel auf den Text keinen Einfluss nehmen; seine Verhandlungsmacht erlaubt es – je nach Einzelfall – allenfalls, Einfluss zu nehmen auf die im Vertrag protokollierte Abfindungshöhe, auf das Beendigungsdatum oder auch auf den Wortlaut eines Zeugnisses. Im Urteil vom 15.2.2007[199] wendet das BAG inzwischen die Unklarheitenregel (§ 305c Abs. 1 BGB) bei einem Aufhebungsvertrag an, so dass die Inhaltskontrolle von Klauseln in Aufhebungs- und Abwicklungsverträgen zwischenzeitlich auch für das BAG außer Zweifel steht. Spätestens seit der Entscheidung vom 25.5.2005 findet auch auf Aufhebungs- und Abwicklungsverträge eine Inhaltskontrolle, zumindest über § 310 Abs. 3 Nr. 2 BGB, statt.

3. Reichweite des Arbeitsvertragsbegriffs, § 310 Abs. 4 Satz 2 BGB

§ 310 Abs. 4 Satz 2 BGB enthält eine modifizierte Auslegungsregel für Arbeitsverträge. Wenn eine Klausel im Arbeitsvertrag an sich unwirksam ist, tritt diese Rechtsfolge nicht ein, wenn eine angemessene Berücksichtigung der im Arbeitsrecht geltenden Besonderheiten die Annahme der Wirksamkeit der Klausel gebietet. § 310 Abs. 4 Satz 2 BGB lässt diese Besonderheit „bei der Anwendung auf **Arbeitsverträge**" zu, von **Aufhebungs-** oder **Abwicklungsverträgen** ist in § 310 Abs. 4 Satz 2 BGB nicht die Rede.

Anwendungsobjekt des Berücksichtigungsvorbehalts in Satz 2 des § 310 Abs. 4 BGB sind damit allein Arbeitsverträge, nicht hingegen Aufhebungs- und Abwicklungsverträge.[200] Andere Autoren[201] vertreten die Auffassung, dass der Gesetzgeber unter dem Begriff „Arbeitsvertrag" alle arbeitsrechtlichen Verträge, also auch den Aufhebungsvertrag, eingeordnet sehen wolle. *Bauer* hält es für einen Wertungswiderspruch, wenn man den Begriff „Arbeitsvertrag" in § 310 Abs. 4 Satz 2 BGB wörtlich nehmen würde. Dagegen ist einzuwenden, dass es durchaus Sinn machen kann, Aufhebungs- und Abwicklungsverträge einer strengeren Inhaltskontrolle zu unterziehen als Arbeitsverträge. Angesichts der auf langfristige Zusammenarbeit angelegten Arbeitsverhältnisse (Arbeitsverträge) und des Veränderungsaufwands, der sich im Individualarbeitsrecht durch die Inhaltskontrolle ergibt, besteht ein Interesse des Gesetzgebers, die Rechtsveränderungen im Laufe der Jahre behutsam und ohne nachhaltige negative Auswirkungen auf das Gefüge des Individualarbeitsrechts wachsen zu lassen. Daher macht es Sinn, den Berücksichtigungsvorbehalt nur beim Dauerschuldverhältnis, dem Arbeitsvertrag, vorzusehen. Beim einmaligen Rechtsgeschäft des Aufhebungs- oder Abwicklungsvertrages entfallen das Behutsamkeits- und das Nachhaltigkeitsargument.

4. Keine unangemessene Benachteiligung bei formularmäßigem Verzicht auf Kündigungsschutzklage

Das LAG Baden-Württemberg[202] vertritt die Ansicht, die formularmäßige Verzichtserklärung einer Arbeitnehmerin unterliege einer Inhaltskontrolle nach § 307 BGB und stelle eine unangemessene Benachteiligung dar, wenn im Gegenzug zu der Verzichtserklärung keine kompensatorische Gegenleistung des Arbeitgebers erbracht werde. Das LAG begründet seine Auffassung unter Hinweis auf eine Reihe von Entscheidungen[203] und Meinungen im Schrifttum.[204]

Die Meinung des LAG Baden-Württemberg erscheint zweifelhaft. Es bedarf zur Abgabe einer Verzichtserklärung keiner kompensatorischen Gegenleistung, denn eine Verzichtserklärung ist nicht per se missbräuchlich, weil der Verwender dem Vertragspartner keinen angemessenen Ausgleich zugesteht. Gerade in dem vom LAG Baden-Württemberg entschiedenen Fall, bei dem es darum ging, dass mehrere Mitarbeiterinnen in dem Verdacht standen, für den Verlust der Tageseinnahmen einer Verkaufsstelle verantwortlich zu sein, konnte die Verzichtserklärung auch als Gegenleistung zum Inhalt haben, auf eine Strafanzeige zu verzichten, keine Schadensersatzansprüche gegenüber der Mitarbeiterin geltend zu machen u.v.a.m. Ebenso wenig wie man bei einem Aufhebungsvertrag von einer unangemessenen Benachteiligung ausgehen kann, wenn keine Abfindung für den Arbeitnehmer vereinbart wurde (§ 307 Abs. 2 Nr. 1 BGB), weil es keinen Anspruch auf eine Abfindung gibt, kann man aus einer formularmäßigen Verzichtserklärung des Arbeitnehmers, keine Rechte nach dem Kündigungsschutzgesetz herzuleiten, auf eine unangemessene und mit Treu und Glauben nicht in Ein-

---

[199] BAG 15.2.2007 – 6 AZR 286/06 (Pressemitteilung).
[200] *Hümmerich*, AnwBl 2002, 671; *Hümmerich*, NJW 2004, 2921; *Birnbaum*, NZA 2003, 944.
[201] *Bauer*, NZA 2002, 169, 172; *Lingemann*, NZA 2002, 181.
[202] LAG Baden-Württemberg 19.7.2006 – 2 Sa 123/05 (Revision beim BAG).
[203] LAG Schleswig-Holstein 24.9.2003 – 3 Sa 6/03, NZA-RR 2004, 74; LAG Hamburg 29.4.2004 – 1 Sa 47/03, NZA-RR 2005, 151; LAG Düsseldorf 13.4.2005 – 12 Sa 154/05, DB 2005, 1463.
[204] *Reinecke*, DB 2002, 583, 586; *Preis*, Sonderbeil. NZA 16/2003, 19, 29.

klang stehende Benachteiligung schließen. Da nur in Ausnahmefällen nach dem Kündigungsschutzgesetz eine Abfindung als Kompensation für die Beendigung des Arbeitsverhältnisses vorgesehen ist, existiert kein Recht, in dem der Arbeitnehmer durch unterlassene Vereinbarung einer Abfindung gegen Treu und Glauben benachteiligt wird.

VII. Klauselformulierungen im Rechtskontext

1. Abfindungsklauseln

a) Funktion der Abfindung

304 Traditionell hat die Abfindung eine **Entschädigungsfunktion**. Sie ist grundsätzlich ein vermögensrechtliches Äquivalent für den Verlust des Arbeitsplatzes.[205] Der Entschädigungsfunktion hat der Gesetzgeber im Wortlaut von § 24 Nr. 1 EStG Rechnung getragen. Mit der Abfindung wird der Arbeitnehmer für wirtschaftliche Nachteile entschädigt, die er dadurch erleidet, dass er seine Erwerbsquelle verliert, so dass sich aus den Umständen des Einzelfalls zugleich die Bemessungskriterien einer Abfindung ergeben.[206]

305 Eine allgemeingültige, arbeitsrechtliche **Definition** der Abfindung besteht nicht. Auch ideelle Aspekte wie der Verlust einer vertrauten Umgebung, der Zwangsabschied von Arbeitskollegen und Unbequemlichkeiten bei einer neuen Arbeitsstelle sollen mit der Abfindung entschädigt werden.[207] Eine Notlage des Arbeitnehmers kann genauso gut in die Berechnung der Abfindung Eingang finden wie der Anteil des Arbeitnehmers an der Verursachung der Arbeitsverhältnisbeendigung.[208] *Kreßel*[209] meint, dass die Rechtsprechung des BAG immer stärker dazu übergehe, der Abfindung bei Arbeitslosigkeit nach dem Ende des Arbeitsverhältnisses eine veränderte Funktion zuzuweisen.[210] Gerade bei Sozialplanabfindungen zeichne sich ein Argumentationswandel des BAG ab, meist in Verbindung mit Gleichbehandlungsüberlegungen. In neueren Entscheidungen hat das BAG[211] der Abfindung auch eine **Aufstockungsfunktion** zum Arbeitslosengeld und damit eine **Versorgungsfunktion** für den Arbeitnehmer zuerkannt.

306 Der Bedeutungswandel der Abfindung, zumindest der **Sozialplanabfindung**, zeigt sich am deutlichsten im Urteil des 10. Senats vom 9.11.1994.[212] Der Sozialplan gewährte Arbeitnehmern keine Abfindung, die wegen der Schließung des Betriebs eine Eigenkündigung ausgesprochen hatten und vor dem Tag der Stilllegung ausgeschieden waren. Bei diesem Sachverhalt stellte der Senat den Leitsatz auf, dass Sozialplanansprüche ihrem Zweck nach keine Entschädigung für den Verlust des Arbeitsplatzes seien. Ob diese Aussage in apodiktischer Form gerechtfertigt ist, muss angesichts des Wortlauts des Steuergesetzgebers (bis zum 31.12.2005 zusätzlich § 3 Nr. 9 EStG) bezweifelt werden. Der Mannesmann-Prozess, in dem es allerdings um Prämien und nicht um Abfindungen ging, hat das Problembewusstsein über die Multifunktionalität von Abfindungszahlungen gestärkt.[213]

307 In der Abfindung kann auch **Schadensersatz** enthalten sein. Bei der Beurteilung, ob einem „gemobbten" Arbeitnehmer eine billige Entschädigung in Geld wegen eines immateriellen Schadens nach § 253 Abs. 2 BGB zu gewähren ist, kann auch eine bereits gezahlte, außergewöhnlich hohe Abfindung berücksichtigt werden, was zum Ausschluss einer weitergehenden Entschädigung führen kann.[214] Wurde ein Arbeitsverhältnis gerichtlich aufgelöst, schließt die im Zuge des Auflösungsurteils gewährte Abfindung einen vertraglichen Schadensersatzanspruch des Arbeitnehmers wegen des Verlustes des Arbeitsentgelts für die Zeit nach der gerichtlichen Auflösung des Arbeitsverhältnisses aus.[215] Aus sozialhilferechtlicher Sicht dient die Abfindung dem Lebensunterhalt und ist eine Zuwendung, die sich der Arbeitnehmer nach früherem Sozialhilferecht beim Bezug von Sozialhilfe anrechnen lassen musste.[216] Arbeitslose müssen sich an den Kosten eines

---

205 BAG 25.6.1987 – 2 AZR 504/86, NZA 1988, 466 (zur damaligen Rechtsprechung, wonach der Erblasser das Ende seines Arbeitsverhältnisses nicht erleben musste, um die Abfindung zu vererben); *Kreßler*, NZA 1997, 1140.
206 AnwK-ArbR/*Eylert*, § 10 KSchG Rn 14 f.
207 BVerfG 12.5.1976 – 1 BvL 31/73, NJW 1976, 2117 = AP § 117 AFG Nr. 1.
208 Begr. zu § 8 KSchG, Reg.-Entw. 1951, RdA 1951, 64; LAG Düsseldorf 29.11.1994 – 16 Sa 1597/94, LAGE § 10 KSchG Nr. 2.
209 NZA 1997, 1138 (1140).
210 BAG 22.5.1996 – 10 AZR 907/95, NZA 1997, 386 = DB 1997, 280.
211 BAG 9.11.1994 – 10 AZR 281/94, NZA 1995, 644; BAG 19.6.1996 – 10 AZR 23/96, NZA 1997, 562; BAG 24.1.1996 – 10 AZR 155/95, NZA 1996, 834.
212 BAG 9.11.1994 – 10 AZR 281/94, NZA 1995, 644.
213 Zum Überblick: *Jahn*, ZRP 2004, 179.
214 LAG Köln 13.1.2005 – 6 Sa 1154/04, NZA-RR 2005, 575.
215 BAG 22.4.1971 – 2 AZR 205/70, AP § 7 KSchG Nr. 24; BAG 15.2.1973 – 2 AZR 16/72, BAGE 25, 43 = BB 1973, 984.
216 VG Arnsberg 8.3.1985 – 5 K 373/84, n.v.

Rechtsstreits beteiligen, wenn sie eine Abfindung erhalten haben. Es kann von ihnen verlangt werden, dass sie eine erhaltene Abfindung hierfür einsetzen.[217]

Die **Offenheit** des **Abfindungsbegriffs** treibt zuweilen Blüten. So meinte das OLG Düsseldorf,[218] auch die Vereinbarung eines Speditionsvertrages für einen ausscheidenden Speditionsleiter, der sich selbständig machen wolle, mit einem Transportvolumen von 16 Mio. EUR in fünf Jahren sei eine Abfindung und dürfe daher vom Rechtsanwalt gebührenmäßig nach § 12 Abs. 7 Satz 1 ArbGG (jetzt: § 42 Abs. 4 Satz 1 GKG) nicht berücksichtigt werden. Dass die mehrwertsteuerpflichtigen Zahlungen des (früheren) Arbeitgebers in einem Gegenseitigkeitsverhältnis zu vom Speditionsunternehmen zu erbringenden Transportleistungen standen, berücksichtigte das Oberlandesgericht nicht.

Angesichts der Multifunktionalität von Abfindungen erscheint es angebracht, entweder **unterschiedliche Funktionen** der Abfindung im Einzelfall anzuerkennen oder Abfindungen einen **einheitlichen, verbindlichen Rechtssinn** zu geben. Denn die Frage, welche Funktion die Abfindung hat, ist durchaus von Bedeutung für eine Reihe von Einzelauswirkungen, wie z.B. der Frage nach der Entstehung des Abfindungsanspruchs. Kauft sich der Arbeitgeber aus dem Risiko des Unterliegens im Kündigungsschutzprozess frei, ist die Abfindung eine **Gegenleistung für die Einwilligung des Arbeitnehmers zur Beendigung des Rechtsstreits**.[219] In derartigen Fällen nimmt der 2. Senat an, dass der Abfindungsanspruch mit Abschluss des Prozessvergleichs entstanden ist, so dass er den Entstehungszeitpunkt des Abfindungsanspruchs auf den Tag der Vereinbarung legt.[220]

Wird die Abfindung zum Ausgleich von Einkommensnachteilen wegen der vorzeitigen Inanspruchnahme von Altersruhegeld geleistet, nimmt der 9. Senat eine Entstehung des Anspruchs erst mit dem Ende des Arbeitsverhältnisses an.[221] Angesichts der Vielzahl von Faktoren, die mono- wie multikausal verursachen können, dass eine Abfindung in einer bestimmten Höhe gezahlt wird, bietet es sich an, zwischen der **Funktion** einer Abfindung und der **Verwendung** des Abfindungsbetrags zu differenzieren. Die Funktionen von Abfindungen sind zahlreich: Angst des Arbeitgebers vor der Presse oder vor Bekanntwerden des Trennungswillens gegenüber einem beliebten Mitarbeiter und Sorge vor damit einhergehender Unruhe im Betrieb; Dank an einen verdienten Mitarbeiter, dessen Leistungen aus Altersgründen nachgelassen haben; Opferrolle im Rahmen eines personalpolitischen Schachzugs, weil die Stelle mit einem Günstling der Geschäftsleitung besetzt werden soll; Unzufriedenheit seit Jahren mit den Leistungen des Arbeitnehmers; Kommunikationsstörungen; zwingender Personalabbau aus betriebswirtschaftlichen Gründen u.v.a.m. Wie will man ermitteln, welcher dieser Anlässe letztlich zum Trennungsentschluss auf Arbeitgeberseite geführt hat?

Sicher ist, dass in allen Fällen die Abfindung die Funktion einer **Entschädigung** für den Verlust des Arbeitsplatzes hat, für die Gegenleistung, entweder freiwillig (Aufhebungsvertrag) den Arbeitsplatz zu räumen oder eine Kündigung hinzunehmen (Abwicklungsvertrag). Es wäre ein Gewinn an Rechtssicherheit, wenn man sich generell in der Rechtsprechung auf die **Gegenleistungsfunktion für den Verlust des Arbeitsplatzes**, die immer gegeben ist, verständigen würde. Wie der Arbeitnehmer eine Abfindung verwendet, ob er sich von dem erlangten Geldbetrag ein Boot kauft, das letzte Darlehen, das er wegen einer Eigentumswohnung aufgenommen hat, tilgt oder monatlich den Differenzbetrag zwischen Arbeitslosengeld und seinem bisherigen Netto ausgleicht, muss den Arbeitgeber nicht interessieren. Hier handelt es sich um Maßnahmen der persönlichen Lebensführung des Arbeitnehmers. Wünschenswert wäre, wenn zwischen den Senaten des BAG eine Verständigung über die **einheitliche Funktion** der Abfindung herbeigeführt würde.[222] Aus Gründen der Rechtssicherheit und auch aus steuerrechtlichen Gründen ist ein **einheitlicher Abfindungsbegriff** geboten.

b) Abfindungshöhe

Abfindungen regelt man üblicherweise im Aufhebungs- oder Abwicklungsvertrag mit folgender Formulierung:

Der Mitarbeiter erhält für den Verlust des Arbeitsplatzes aufgrund arbeitgeberseitiger Veranlassung eine Abfindung gemäß §§ 24, 34 EStG, §§ 9, 10 KSchG in Höhe von ▪▪▪ EUR (brutto). Die Abfindungszahlung ist am ▪▪▪ fällig.

---

217 LAG Baden-Württemberg 8.7.2004 – 4 Ta 7/04, ArbRB 2004, 261.
218 OLG Düsseldorf 12.4.2005 – I 24 U 66/04, OLGR Düsseldorf 2005, 651.
219 *Karlsfeld*, ArbRB 2004, 159, 160.
220 BAG 22.5.2003 – 2 AZR 250/02, BB 2004, 894; BAG 25.6.1987 – 2 AZR 504/86, NZA 1988, 466.
221 BAG 26.8.1997 – 9 AZR 227/96, NZA 2002, 421; BAG 16.5.2000 – 9 AZR 277/99, NZA 2000, 1236.
222 *Hümmerich*, NJW 2004, 2921, 2931.

313 Weiterhin können folgende Formulierungen gewählt werden:

Der Mitarbeiter erhält als Entschädigung für künftig entfallende Einnahmen eine Abfindung gemäß §§ 9, 10 KSchG, §§ 24, 34 EStG in Höhe von ▪▪▪ EUR (brutto).

314 Außerdem ist noch folgende Formulierung gebräuchlich:

Der Mitarbeiter erhält als Ausgleich für den Verlust seines sozialen Besitzstandes eine Abfindung gemäß §§ 9, 10 KSchG, §§ 24, 34 EStG in Höhe von ▪▪▪ EUR (brutto).

315 Die Höhe gezahlter Abfindungen ist, je nach Status des betroffenen Arbeitnehmers (Arbeiter, Angestellter, Manager), Ausscheidensanlass, wirtschaftliche Lage des Unternehmens, Eilbedürftigkeit der Personalmaßnahme u.Ä. unterschiedlich.

316 Eine Studie über die in Deutschland bei den Arbeitsgerichten in den Jahren 1998 und 1999 gezahlten Abfindungen hat ergeben, dass in 75 % der Fälle die **Faustformel** für **zwei Beschäftigungsjahre ein Bruttomonatsgehalt** angewendet wird.[223] Die Faustformel ist ein apokryphes Gesetz, von dem niemand weiß, auf welchen Ursprung es sich gründet und wie es sich über die Generationen deutscher Arbeitsrichter hinweg behaupten konnte. An manchen Arbeitsgerichten werden differenzierte „Faustformeln" verwendet, wie am ArbG Frankfurt/Main. Dort erhalten regelmäßig Arbeitnehmer bis zu 40 Jahren ein halbes Bruttomonatsgehalt pro Beschäftigungsjahr, Arbeitnehmer im Alter von 40 bis 50 Jahren 75 % des Monatsgehalts pro Beschäftigungsjahr und ab 55 Jahre pro Beschäftigungsjahr ein Bruttomonatsgehalt.[224] Eine Kammer des ArbG Saarlouis dagegen berechnet die Abfindung aus der Differenz zwischen Arbeitslosengeld und bisherigem Nettolohn für die Zeit der zu schätzenden Arbeitslosigkeit.[225]

317 Dennoch hat sich bei der **Höhe** der Abfindung die **Faustformel „ein halbes Bruttomonatsgehalt pro Beschäftigungsjahr"** eingebürgert. Allerdings gelten in vielen Fällen, insbesondere bei Führungskräften, andere Regeln. Bei **Führungskräften** mit befristeten Arbeitsverträgen ist die Kapitalisierung der Restvertragslaufzeit üblich. Bei leitenden Angestellten hat sich „ein Bruttomonatsgehalt pro Beschäftigungsjahr" in Großunternehmen vermehrt als Abfindungsformel etabliert. Die Performance eines Unternehmens ist für die Abfindungshöhe ebenso entscheidend wie Verschuldenselemente beim Arbeitnehmer im Zusammenhang mit dem Trennungswillen des Arbeitgebers.[226]

318 Manchmal ist die Höhe der Abfindung auch das Ergebnis einer Risikoabwägung. Insbesondere gerichtliche Vergleichsvorschläge führen meist nicht zur Anwendung der Faustformel, weil verschiedentlich ein Prozessrisikozuschlag zu Lasten des klagenden Arbeitnehmers berücksichtigt wird. Man kann es schon als ein *Paradoxon* bezeichnen, dass verschiedentlich Richter in Güte- oder Kammerverhandlungen darauf hinweisen, sie hätten noch keine abschließende Rechtsmeinung und mit dieser Unsicherheit bei den Prozessparteien erzeugenden Aussage, die, wenn sie der Wahrheit entspricht, auch eine mangelhafte richterliche Vorbereitung einschließen kann, zur Annahme eines Vergleichsvorschlags bringen, der eine durch die Rechtslage nicht gerechtfertigte Abfindungshöhe vorsieht.

319 *Bauer*[227] ist beizupflichten, dass vor allem Führungskräfte schlecht beraten sind, die den Versuch unternehmen, den Abfindungsbetrag bis auf den letzten Pfennig auszureizen und dabei emotionale Reizschwellen ihres Gegenübers zu verletzen. Taktisch unklug ist es, wenn immer wieder versucht wird, Abfindungen durch den Hinweis auch noch auf den geringsten bisherigen Sachbezug in die Höhe zu treiben. „Der Arbeitnehmer läuft hier Gefahr, sich durch kleinkariertes Verhandeln die letzten Sympathien beim Arbeitgeber zu verscherzen."

320 Die Faustformel „ein halbes Bruttomonatsgehalt pro Beschäftigungsjahr" gilt nicht bei **Sozialplanabfindungen**. Hier haben sich recht unterschiedliche Methoden und Systeme etabliert.[228] Eine Gleichbehandlung bei der Höhe von Abfindungen, auch aus dem Gesichtspunkt mittelbarer Geschlechterdiskriminierung, kann nicht verlangt werden.[229] Der Gesichtspunkt der Gleichbehandlung treibt in der Rechtsprechung allerdings Blüten. Geht es um ein Betriebsratsmitglied, ist vom arbeitsrechtlichen Gleichbehandlungsgrundsatz bei

---

[223] *Hümmerich*, NZA 1999, 342.
[224] *Hümmerich*, NZA 1999, 342, 352.
[225] *Hümmerich*, NZA 1999, 342, 356.
[226] *Hümmerich*, NZA 1999, 342 ff.
[227] *Bauer*, Arbeitsrechtliche Aufhebungsverträge, IV-Rn 330.
[228] *Thannheiser*, Sozialplanabfindungen, Berechnungsmethoden und ihre Auswirkungen, AiB 2000, 460.
[229] EuGH 14.9.1999 – C-249/97, EuGHE I 1999, 5295.

Kapitel 2: Abwicklungs- und Aufhebungsverträge

Abfindungen in Einzelfällen unverständlicherweise nicht die Rede. Selbst dann, wenn ein Betriebsratsmitglied im Zuge eines Aufhebungsvertrages unter Verstoß gegen das Begünstigungsverbot des § 78 Satz 2 Hs. 1 BetrVG eine höhere Abfindung wegen Verlustes seines Arbeitsplatzes als andere Arbeitnehmer aufgrund eines Sozialplans oder eines eigenen Aufhebungsvertrages erhält, können die so benachteiligten Arbeitnehmer weder nach § 75 Abs. 1 BetrVG, noch gemäß dem arbeitsrechtlichen Gleichbehandlungsgrundsatz eine entsprechend höhere Abfindung verlangen.[230] Auch wenn in einer vertraulichen Anlage zu einem Sozialplan für ein Betriebsratsmitglied eine zusätzliche Abfindung von zwölf Monatsgehältern vereinbart wird, soll die Vereinbarung nicht als Verstoß gegen das Begünstigungsverbot von Betriebsräten nach § 78 Satz 2 BetrVG unwirksam sein.[231] Eingeschränkt ist dagegen der Gestaltungsspielraum der Betriebsparteien bei einem Sozialplan, wenn sie für eine Berechnungsformel zur Höhe der Sozialplanabfindung die Zeiten von Erziehungsurlaub (Elternzeit) herausnehmen. Die Betriebspartner sind durch den Schutzbereich des Art. 6 Abs. 1, 2 GG eingeschränkt und müssen die Elternzeit der Zeit des Beschäftigungsverhältnisses gleich setzen.[232]

321 Wie *Bauer*[233] ausführt, hat in der Güteverhandlung diejenige Seite die besseren Karten, die den Prozess in rechtlicher und tatsächlicher Hinsicht besser vorbereitet hat. *Bauer* empfiehlt außerdem, nicht einen etwaigen Vorschlag des Gerichts abzuwarten, sondern selbst die Initiative zu ergreifen und ein bestimmtes (erstes) Angebot zur Sprache zu bringen. Das Gericht werde sich häufig – mit mehr oder weniger großen Zu- oder Abschlägen – daran orientieren.

c) Besonderheiten bei Sozialplanabfindungen

322 Gewährt ein Sozialplan für die Zeit zwischen Ausscheiden und vorgezogener Altersrente Anspruch auf Zahlung einer monatlichen Abfindung in Höhe der Differenz zwischen Arbeitslosengeld und 80 % des letzten Nettoentgelts, so obliegt es regelmäßig dem Arbeitnehmer, durch Wahl der günstigeren Steuerklasse nach § 137 Abs. 3, 4 SGB III den Arbeitslosengeldanspruch auszuschöpfen. Verletzt er diese Obliegenheit schuldhaft, so erhöht sich dadurch sein Abfindungsanspruch um den nicht ausgeschöpften Betrag nicht.[234]

323 Manchmal empfiehlt es sich, eine Klausel in den Aufhebungsvertrag einzuarbeiten, wonach der Abfindungsanspruch entfällt, wenn das Arbeitsverhältnis vor dem vorgesehenen Beendigungstermin beendet wird. Stellt sich beispielsweise heraus, dass der Arbeitnehmer Straftatbestände verwirklicht hat, und wird deswegen nach Abschluss des Aufhebungsvertrages und vor Beendigung des Arbeitsverhältnisses eine **fristlose Kündigung** ausgesprochen, wird auf diese Weise klargestellt, dass der aufgrund der Vererbbarkeitsklausel vorgezogen entstandenen Abfindungsanspruch gleichwohl wieder untergeht, wenn der Arbeitnehmer die Beendigungsgründe zu vertreten hat. Im Übrigen entspricht es ständiger Rechtsprechung, dass der Aufhebungsvertrag unter der aufschiebenden Bedingung steht, dass das Arbeitsverhältnis bis zum vereinbarten Auflösungszeitpunkt fortgesetzt wird. Löst eine außerordentliche Kündigung das Arbeitsverhältnis vor dem vorgesehenen Auflösungszeitpunkt auf, wird der Aufhebungsvertrag – einschließlich einer vereinbarten Abfindung – grundsätzlich gegenstandslos.[235]

324 Soweit es sich bei der Abfindung um **Sozialplanabfindungen** handelt, kann der Arbeitnehmer nicht ohne weiteres im Rahmen seines Aufhebungsvertrages gegen Abfindungszahlung auf Sozialplanleistungen verzichten. Die Herausnahme von aus betriebsbedingten Gründen per Aufhebungsvertrag ausgeschiedenen Arbeitnehmern aus Sozialplanleistungen ist regelmäßig nicht möglich.[236] Der betrieblich veranlasste Aufhebungsvertrag steht insoweit unter dem Diktat der Gleichbehandlung der betriebsbedingten Kündigungen.[237] Allerdings können die Betriebspartner in einem Sozialplan vereinbaren, dass Arbeitnehmer, die nach Bekanntwerden eines vom Arbeitgeber zunächst geplanten Personalabbaus einen Aufhebungsvertrag vereinbaren, eine geringere Abfindung erhalten als diejenigen, die eine ordentliche Arbeitgeberkündigung abwarten oder eine Aufhebungsvereinbarung erst nach Abschluss des Sozialplans treffen.[238] Nach der Rechtsprechung ist es auch gestattet, Arbeitnehmer gänzlich aus Sozialplanabfindungen auszunehmen, die ihr Arbeitsverhältnis

---

230 LAG Düsseldorf 13.9.2001 – 11 (4) Sa 906/01, BB 2002, 306 = ARST 2002, 30.
231 ArbG Nürnberg 27.1.1997 – 12 Ca 7897/96, BB 1997, 2165.
232 BAG 12.11.2002 – 1 AZR 58/02, BAGE 103, 321 = NZA 2003, 1287; LAG Hessen 19.5.1998 – 4 Sa 773/97, ARST 1999, 58.
233 *Bauer*, Arbeitsrechtliche Aufhebungsverträge, IV-Rn 329.
234 LAG Sachsen-Anhalt 29.9.1998 – 8 Sa 905/97, NZA-RR 1999, 611.
235 BAG 29.1.1997 – 2 AZR 292/96, NZA 1997, 813.
236 BAG 28.4.1993 – 10 AZR 222/92, EzA, § 112 BetrVG 1972, Nr. 68.
237 BAG 20.4.1994 – 10 AZR 323/93, EzA § 112 BetrVG 1972, Nr. 75.
238 BAG 24.11.1993 – 10 AZR 311/93, EzA, § 112 BetrVG 1972 Nr. 71; a.A. *Hümmerich/Spirolke*, BB 1995, 42.

durch Aufhebungsvertrag gelöst haben, nachdem sie eine neue Beschäftigung gefunden haben.[239] Will der Arbeitnehmer verhindern, dass er von Sozialplanabfindungen ausgeschlossen wird, empfiehlt es sich, im Aufhebungsvertrag die folgende Formulierung zu wählen:

Vereinbart der Arbeitgeber mit dem Betriebsrat in den auf den Abschluss des Aufhebungsvertrages folgenden zwölf Monaten einen Interessenausgleich mit dem Betriebsrat oder nimmt er eine sozialplanpflichtige Betriebsänderung vor, zahlt er an den Arbeitnehmer eine Abfindung. Die Abfindung bemisst sich nach der Höhe, wie sie sich für den Arbeitnehmer unter der Voraussetzung der Beendigung des Arbeitsverhältnisses zu dem im Aufhebungsvertrag vereinbarten Zeitpunkt errechnet. Die Abfindung ist nur zu zahlen, wenn der Arbeitsplatz des Arbeitnehmers von der Betriebsänderung erfasst würde, sofern er zum Zeitpunkt des Abschlusses des Sozialplans noch bestehen würde. Abweichende Regelungen im Sozialplan gehen dieser Vereinbarung im Aufhebungsvertrag nicht vor.

325 Hat der Arbeitnehmer Anlass zu der Annahme, dass die im Aufhebungsvertrag vereinbarte Abfindung u.U. niedriger ist als die Abfindung, die ihm nach dem Sozialplan zustehen könnte, bietet es sich an, im Aufhebungs- oder Abwicklungsvertrag Folgendes zu vereinbaren:

Schließt der Arbeitgeber mit dem Betriebsrat in den nächsten auf den Abschluss des Aufhebungsvertrages folgenden zwölf Monaten einen Sozialplan, den Abfindungsformel bei Anwendung auf den Arbeitnehmer zu einer höheren Abfindung geführt hätte, ist der Differenzbetrag zwischen der im Aufhebungsvertrag vereinbarten Abfindung und der im Sozialplan vorgesehenen Abfindung vom Arbeitgeber innerhalb von 14 Tagen nach Abschluss des Sozialplans gegenüber dem Arbeitnehmer durch eine nachträgliche Zahlung auszugleichen.

326 Die gegenteilige Folge tritt ein, wenn eine Klausel in den Aufhebungsvertrag aufgenommen wird, wonach dem Arbeitnehmer ein Anspruch auf die nach dem Sozialplan maßgebliche Abfindung zusteht, wenn innerhalb der nächsten Monate ein Sozialplan abgeschlossen wird, der eine höhere als die vereinbarte Abfindung vorsieht.

327 Stellt ein Sozialplan für die Bemessung der Abfindung wegen Verlustes des Arbeitsplatzes auf die Dauer der Betriebszugehörigkeit ab, so zählen als Zeiten der Betriebszugehörigkeit auch solche, in denen der Arbeitnehmer wegen Ruhens seines Arbeitsverhältnisses (z.B. Elternzeit) tatsächliche Arbeitsleistungen nicht erbracht hat.[240] Spätere Erhöhungen der Abfindung schaden nicht einer tarifbegünstigten Besteuerung nach § 34 Abs. 1 Satz 1 EStG. Wird einem Arbeitnehmer anlässlich der betriebsbedingten Aufhebung seines Arbeitsvertrages eine Erhöhung seiner Entlassungsentschädigung für den Fall zugesagt, dass künftig ein für ihn günstigerer Sozialplan aufgestellt werden sollte, so steht eine solche in einem späteren Veranlagung zufließenden Nachbesserung der tarifbegünstigten Besteuerung der Hauptentschädigung auch dann nicht entgegen, wenn sie 42,3 % der Hauptentschädigung beträgt.[241]

328 Nach der Rechtsprechung des BAG[242] haben die Betriebspartner bei der Beurteilung der wirtschaftlichen Nachteile einer Betriebsänderung und der Ausgestaltung der darauf gerichteten Ausgleichsmaßnahmen einen weiten Spielraum. Ein Rückgriff auf die Dauer der Betriebszugehörigkeit zur pauschalen Bewertung der mit dem Arbeitsplatzverlust verbundenen Nachteile ist zulässig. Bei dieser Bewertung können die Betriebspartner auch nach Zeiten der Teilzeit- und Vollzeitbeschäftigung differenzieren.

329 Einzelne Arbeitnehmer können im Sozialplan vom Abfindungsbezug ausgenommen werden. Ein Sozialplan kann vorsehen, dass Arbeitnehmer keine Abfindung erhalten, wenn sie durch **Vermittlung** des Arbeitgebers einen neuen Arbeitsplatz erhalten können. Dabei kann im Sozialplan „Vermittlung" als jedes Handeln des Arbeitgebers definiert werden, durch das der von einer Betriebsänderung betroffene Arbeitnehmer unterstützt wurde, eine neue Arbeitsstelle zu erhalten.[243] Wirksam ist auch eine Regelung einer Einigungsstelle, wonach dem Arbeitnehmer bei Ausschlagung eines zumutbaren Arbeitsplatzes nur die Hälfte der Abfindung zusteht, die er bei Ablehnung eines unzumutbaren Arbeitsplatzes erhalten würde.[244]

330 Auch die Möglichkeit, unmittelbar nach Beendigung des Arbeitsverhältnisses vorgezogenes Altersruhegeld beziehen zu können, berechtigt die Betriebspartner, die betroffenen Arbeitnehmer vom Bezug einer Sozialplanabfindung auszunehmen.[245] Die Betriebspartner können auch Arbeitnehmer von Sozialplanabfindungen

---

[239] BAG 25.11.1993 – 2 AZR 324/93, EzA, § 242 BGB Gleichbehandlung Nr. 58; a.A. *Hümmerich/Spirolke*, BB 1995, 42.
[240] LAG Hessen 19.5.1998 – 4 Sa 773/97, ARST 1999, 58.
[241] BFH 21.1.2004 – XI R 33/02, NZA-RR 2005, 269.
[242] BAG 14.8.2001 – 1 AZR 760/00, AP § 112 BetrVG 1972 Nr. 142 = DB 2002, 153.
[243] BAG 19.6.1996 – 10 AZR 23/96, AP § 112 BetrVG 1972 Nr. 102 = NZA 1997, 562.
[244] BAG 27.10.1987 – 1 ABR 9/86, NZA 1988, 203.
[245] BAG 3.8.1999 – 1 AZR 677/98, n.v.; BAG 26.7.1988 – 1 AZR 156/87, AP § 112 BetrVG 1972 Nr. 45.

ausnehmen, die zum Zeitpunkt der Beendigung des Arbeitsverhältnisses die Voraussetzungen für den übergangslosen Rentenbezug nach einem sich an die Beendigung des Arbeitsverhältnisses anschließenden Bezug von Arbeitslosengeld erfüllen. Einen Verstoß gegen den Gleichbehandlungsgrundsatz stellt diese Schlechterstellung älterer Arbeitnehmer gegenüber den jüngeren Mitarbeitern nicht dar.[246]

Ausgeschlossen ist es im Sozialplan, Arbeitnehmer von Abfindungen auszunehmen, die eine **Kündigungsschutzklage** erheben.[247] In zwei Entscheidungen aus dem Jahre 2005 bestätigten der 1. und 9. Senat diese Rechtsprechung, wonach der Anspruch auf eine Abfindung aus einem Sozialplan nicht von einem Verzicht des Arbeitnehmers auf eine Kündigungsschutzklage abhängig gemacht werden darf.[248] Die Entscheidungen des BAG sind von *Thüsing/Wege*[249] kritisiert, von anderen Autoren gutgeheißen worden.[250] Der 1. Senat hat es zugelassen, dass in einer gesonderten, freiwilligen Betriebsvereinbarung Zusatzzahlungen (ergänzende Abfindungsleistungen) davon abhängig gemacht werden, dass keine Kündigungsschutzklage erhoben wird.[251]

331

Steht dem Arbeitnehmer ein Anspruch auf Nachteilsausgleich zu, weil der Arbeitgeber es nach erfolglosem Verhandeln über einen Interessenausgleich versäumt hat, die Einigungsstelle anzurufen, und hat der Arbeitnehmer nach einem zwischen den Betriebspartnern beschlossenen Sozialplan einen Anspruch auf Sozialplanabfindung, kann die Firma den Anspruch auf Nachteilsausgleich mit dem Sozialplanabfindungsanspruch **verrechnen**.[252] Der gesetzliche Anspruch auf Nachteilsausgleich dient, wie die Sozialplanabfindung, dem Ausgleich des wirtschaftlichen Nachteils, den Arbeitnehmer in Folge ihrer Entlassung aufgrund einer Betriebsstilllegung erleiden. Infolge dieser Zweckidentität darf der Arbeitgeber beide Forderungen miteinander verrechnen. Auch der weitergehende Zweck des Nachteilsausgleichs, ein betriebsverfassungswidriges Verhalten des Arbeitgebers zu sanktionieren, schließt eine Verrechnung nicht aus.

332

Rechtsnachfolger, die einen Betrieb in einem **Insolvenzverfahren** erworben haben, für den ein nicht zur Ausführung gelangter Sozialplan bestand, sind grundsätzlich zur Zahlung der nach dem Sozialplan vorgesehenen Abfindungen verpflichtet.[253] Die Ansprüche aus einem Abfindungsvergleich zur Beendigung eines Kündigungsschutzprozesses nach Insolvenzeröffnung stellen eine Masseschuld dar.[254]

333

d) Abfindungen in gerichtlichen Abwicklungsverträgen

Die Abfindungsvereinbarung im gerichtlichen Vergleich kann auch mit einer **Bürgschaftserklärung** oder einer sonstigen Sicherheit zu Gunsten des Arbeitnehmers verbunden werden. Eine Bürgschaftserklärung im gerichtlichen Abwicklungsvertrag kann folgenden Wortlaut haben:

334

Der Arbeitgeber verpflichtet sich, dem Arbeitnehmer eine über den Abfindungsbetrag lautende Bürgschaft einer deutschen Großbank oder Sparkasse spätestens innerhalb von 14 Tagen nach Abschluss des Abwicklungsvertrages zur Verfügung zu stellen. Sobald der Abfindungsbetrag gezahlt ist, wird der Arbeitnehmer die Bürgschaftsurkunde herausgeben.

Wird dieser Wortlaut in einem **Prozessvergleich** gewählt, ist zu beachten, dass bei der Vollstreckung Schwierigkeiten auftreten können. Der Arbeitgeber schuldet zwar dem Arbeitnehmer die Bürgschaftsurkunde. Mit Zwangsmitteln (Zwangsgeld oder Zwangshaft) kann die unvertretbare Handlung bei ihm jedoch nicht beigetrieben werden, weil die geschuldete Leistung die Leistung eines Dritten ist. Findet der Arbeitgeber keine Bank, die die von ihm nach dem Vergleich geschuldete Bürgschaftserklärung abgibt, kann er im Verfahren nach § 888 ZPO mit dem Einwand gehört werden, der Arbeitnehmer vollstrecke wegen der unvertretbaren Handlung eines Dritten.[255] Greift diese Argumentation, könnte sich der Arbeitgeber als Schuldner aus dem Vergleich seiner Leistungspflicht entziehen. Will der Arbeitgeber die Bedingungen seiner Bank nicht akzeptieren, die – neben einer Avalprovision – eventuell die Sicherungsübereignung von Wertgegenständen zur Bedingung macht, kann der Arbeitgeber die Vollstreckbarkeit seiner Pflicht zur Sicherheitsleistung durch

335

---

246 BAG 31.7.1996 – 10 AZR 45/96, AP § 112 BetrVG 1972 Nr. 103.
247 BAG 20.12.1983 – 1 AZR 442/82, DB 1984, 723.
248 BAG 15.2.2005 – 9 AZR 116/04, DB 2005, 2245; BAG 31.5.2005 – 1 AZR 254/04, DB 2005, 1744, *Gaul/Otto*, ArbRB 2005, 344.
249 DB 2005, 2634.
250 *Riesenhuber*, NZA 2005, 1100, *v. Steinau-Steinrück*, NJW-Spezial 2005, 420.
251 BAG 15.2.2005 – 9 AZR 116/04, DB 2005, 2245.
252 BAG 20.11.2001 – 1 AZR 97/01, NZA 2002, 992 = ZIP 2002, 817 = DB 2002, 950.
253 BAG 30.10.2001 – 1 AZR 65/01, NZA 2002, 449 = MDR 2002, 764.
254 BAG 12.6.2002 – 10 AZR 180/01, ArbRB 2002, 265 = BB 2002, 2609.
255 OLG Stuttgart 9.7.1986 – 2 W 44/86, NJW-RR 1986, 1501.

Bürgschaftserklärung dadurch vereiteln, dass er die Sicherungsübereignung nicht vornimmt, wovon der Arbeitnehmer meist keine Kenntnis erlangt.

336 Will man die Durchsetzungshindernisse bei der Vollstreckung einer nicht beigebrachten Bürgschaftsurkunde vermeiden, bietet sich alternativ an, die Klausel wie folgt zu fassen:

Der Arbeitgeber verpflichtet sich, dem Arbeitnehmer eine über den Abfindungsbetrag lautende Bürgschaft einer Deutschen Großbank oder Sparkasse spätestens innerhalb von 14 Tagen nach Abschluss des Abwicklungsvertrages zur Verfügung zu stellen. Geht dem Arbeitnehmer die Bürgschaftserklärung nicht innerhalb der vereinbarten Frist zu, ist der Abfindungsanspruch am nächsten auf die Frist folgenden Werktag entstanden und fällig und kann vom Arbeitnehmer im Vollstreckungswege beigetrieben werden.

337 Wird die vorbezeichnete Regelung im gerichtlichen Vergleich getroffen, kann die Zwangsvollstreckung durch Pfändung oder, was meist effektiver ist, durch Pfändungs- und Überweisungsbeschluss in ein Konto des Arbeitgebers betrieben werden. Wird eine derartige Vereinbarung außergerichtlich getroffen, muss der Arbeitnehmeranwalt darauf achten, dass der Vergleich als Anwaltsvergleich nach § 1044b ZPO ausgestaltet wird, um zügig vollstrecken zu können.

338 Die **Vollstreckung** von Abfindungszahlungen aus Prozessvergleichen trifft auf vielfältige Schwierigkeiten. Beauftragt der Gläubiger auf Basis eines gerichtlichen Vergleichs den Schuldner, eine Vollstreckung wegen einer Geldforderung vorzunehmen, kann der Schuldner gegenüber dem Gerichtsvollzieher einwenden, er habe die Zahlung erbracht. In diesem Falle nimmt der Gerichtsvollzieher häufig von der Vollstreckung Abstand und fordert den Gläubiger auf, den Nachweis darüber zu erbringen, dass keine Zahlung des Schuldners eingegangen sei. Diesen Nachweis zu führen ist im Zwangsvollstreckungsverfahren äußerst schwierig, weshalb angeregt wird, in den Vergleich aufzunehmen, dass der Schuldner die Nachweispflicht übernimmt. Eine solche Vereinbarung hat zur Folge, dass der Gläubiger von seiner Nachweispflicht, eine Zahlung nicht erhalten zu haben, entbunden wird. Die Formulierung kann folgendermaßen lauten:

Der zur Zahlung Verpflichtete (beklagte Arbeitgeber) erklärt für den Fall einer nicht fristgerechten, in diesem Vergleich übernommenen Zahlungsverpflichtung, dass er zur Abwendung der Zwangsvollstreckung nur dann berechtigt sein will, wenn er die fristgerechte Zahlung gegenüber dem Gerichtsvollzieher durch Original-Urkunden nachweisen kann.

339 Wer bei einem **konzernabhängigen Unternehmen** beschäftigt ist und fürchtet, dass die Zahlung der Abfindung aus einem Vergleich nicht sichergestellt ist, dem wird die Vereinbarung eines **Schuldbeitritts** empfohlen. Eine solche Klausel kann sowohl in einen außergerichtlichen Aufhebungs- oder Abwicklungsvertrag als auch in einen Prozessvergleich aufgenommen werden. Als Wortlaut eignet sich:

Die Abfindung wird gesichert durch Schuldbeitritt der Konzernmutter.

340 Betreibt der Arbeitnehmer nach Abschluss eines gerichtlichen Abwicklungsvertrages, der eine Abfindung für ein erst in mehreren Monaten zu Ende gehendes Arbeitsverhältnis vorsieht, nach Abschluss des gerichtlichen Vergleichs sofort die Zwangsvollstreckung, verbleibt dem Arbeitgeber die Einreichung einer Vollstreckungsabwehrklage gemäß § 767 ZPO, verbunden mit dem Antrag auf einstweilige Einstellung der Zwangsvollstreckung gemäß § 768 ZPO. Betreibt der Arbeitnehmervertreter die Zwangsvollstreckung unter Hinweis auf eine Entscheidung des LAG Hamm,[256] wonach die Abfindung sofort fällig ist, ist im Zwangsvollstreckungsverfahren darzustellen, dass es sich bei der Entscheidung des LAG Hamm um eine Mindermeinung handelt, der die Rechtsprechung des BAG und eine Reihe von Instanzgerichten entgegensteht, wonach grundsätzlich die Abfindung erst zum vertraglich vereinbarten Beendigungszeitpunkt fällig ist.

341 Hat die Bundesagentur für Arbeit eine Überleitungsanzeige gemäß § 115 SGB X vorgenommen, weil der Arbeitnehmer Arbeitslosengeld bezieht, droht dem Arbeitgeber auf der einen Seite die Vollstreckung, auf der anderen Seite muss er vor Auszahlung der Abfindung die mit dem Arbeitsamt abzustimmenden Nachzahlungsbeträge berechnen. Damit tritt das Gestaltungsproblem der Fälligkeit einer Abfindung vor allem aus der Sicht des Arbeitgebers auf, der vor Doppelzahlungen geschützt sein möchte.

342 Empfohlen wird für Arbeitgeber, die Doppelzahlungen vorbeugen wollen, eine Klausel im gerichtlichen Abwicklungsvertrag mit folgendem Inhalt:

Der Kläger erhält für den Verlust des Arbeitsplatzes in entsprechender Anwendung der §§ 9, 10 KSchG i.V.m. §§ 24, 34 EStG eine Entschädigung in Höhe von brutto ■■■ EUR. Der Abfindungsanspruch entsteht mit der Protokollierung dieses

---

[256] LAG Hamm 16.5.1991 – 8 Ta 181/91, NZA 1991, 940.

Vergleichs. Die Zahlung der Abfindung ist fällig mit Zugang des Bescheids der Bundesagentur für Arbeit über etwaige Zahlungsverpflichtungen der Firma gegenüber der Bundesagentur nach § 115 SGB X und Bereitstellung der steuerlichen Lohnunterlagen durch den Kläger gegenüber dem Beklagten für das Jahr ■■■. Die Netto-Abfindung abzüglich etwaiger Zahlungsverpflichtungen gegenüber der Bundesagentur für Arbeit wird auf das Gehaltskonto des Klägers überwiesen.

Da es verschiedentlich zu Kommunikationsfehlern zwischen der Buchhaltung und den Agenturen für Arbeit kommt, bietet es sich an, vorsorglich in die Abfindungsklausel folgende Regelung aufzunehmen: 343

Sollte der Beklagte von der Bundesagentur für Arbeit nach § 115 SGB X in Anspruch genommen werden, kann er insoweit wegen der gegenüber dem Kläger noch bestehenden Ansprüche aufrechnen. Soweit eine Aufrechnung ausgeschlossen ist, steht der Beklagten gegen den Kläger in Höhe des an die Bundesagentur für Arbeit gezahlten Betrags ein sofort fälliger Erstattungsanspruch zu. Diese Regelung gilt sinngemäß bei etwaigen Erstattungspflichten der Beklagten gemäß §§ 147a und 147b SGB III.

Zahlt der Arbeitgeber dem Arbeitnehmer eine Abfindung in voller Höhe (brutto) aus, obwohl ein Teilbetrag auf die Bundesagentur für Arbeit übergegangen ist, hat er, sofern er dadurch der Bundesagentur gegenüber nicht mit befreiender Wirkung gezahlt hat, gegen den Arbeitnehmer einen Anspruch auf die Überzahlung nach den Grundsätzen der ungerechtfertigten Bereicherung.[257] 344

e) Abfindung und Sozialversicherungsrecht

Der Zusatz, dass die Abfindung ohne Abzug von **Sozialversicherungsabgaben** gezahlt wird, ist natürlich nur gerechtfertigt, wenn kein verstecktes Arbeitsentgelt, das für die Vergangenheit geschuldet wurde, in der Abfindung enthalten ist. Ansonsten gilt, dass eine Abfindung, die wegen Beendigung einer versicherungspflichtigen Beschäftigung als Entschädigung für die Zeit danach gezahlt wird, kein beitragspflichtiges Arbeitsentgelt ist.[258] Auch Abfindungen, die durch Auflösungsurteil nach §§ 9, 10 KSchG dem Arbeitnehmer zugesprochen wurden, unterliegen nicht der Beitragspflicht zur Sozialversicherung, selbst wenn für sie Einkommen- oder Lohnsteuer abzuführen ist.[259] 345

Nichtig sind Vereinbarungen zwischen Arbeitgeber und Arbeitnehmer über die Verrechnung künftiger Rentenansprüche mit Ansprüchen auf eine Abfindung nach §§ 9, 10 KSchG, auch wenn geregelt ist, dass die Abfindung bis zum vollständigen Aufbrauch aus Betriebsrentenansprüchen verrechnet werden soll.[260] Das BAG nimmt in derartigen Fällen einen Verstoß gegen § 3 BetrAVG an. Nach § 3 BetrAVG kann der Arbeitnehmer, dessen verfallbare Anwartschaften bei Beendigung des Arbeitsverhältnisses nur unter eingeschränkten Voraussetzungen abgefunden werden, bei unverfallbaren Anwartschaften im Versorgungsfall seine Betriebsrente ungekürzt verlangen. Das Urteil des BAG vom 24.3.1998 muss allerdings unter den geänderten, ab 1.1.1999 gültigen Voraussetzungen der Abfindung geringwertiger Versorgungsanwartschaften gemäß § 3 BetrAVG gesehen werden. 346

Zu wenig wird in der Praxis der Versuch unternommen, mit dem Arbeitgeber eine Einigung über rentenversicherungsrechtliche Ausgleichszahlungen nach § 187a SGB VI anstelle oder in Ergänzung der Abfindung herbeizuführen. Bei vorzeitiger Inanspruchnahme wird das Altersruhegeld regelmäßig pro Monat um 0,3 % gekürzt (§ 77 Abs. 2 SGB VI). Zur Vermeidung von Nachteilen in der gesetzlichen Rentenversicherung räumt § 187a SGB VI dem Arbeitnehmer das Recht ein, bis zur Vollendung des 65. Lebensjahres auf sein Konto der gesetzlichen Rentenversicherung Beiträge einzuzahlen, um die mit der vorzeitigen Inanspruchnahme einer Altersrente verbundenen Rentenminderungen auszugleichen (§ 187a Abs. 1 und Abs. 2 Satz 1 SGB VI). Führt der Arbeitgeber Teile Abfindung an den Rentenversicherungsträger zur Aufstockung des Altersruhegelds ab, ist ein Ruhen des Arbeitslosengeldanspruchs des Arbeitnehmers nach § 143a SGB III ausgeschlossen. Da die Zahlung unmittelbar durch den Arbeitgeber an die Deutsche Rentenversicherung erfolgt, genügt eine bloße Zweckbestimmung gegenüber dem Arbeitslosen nicht.[261] Zur Vermeidung von Streit über die Frage, welcher Teil der Abfindung für eine Ausgleichszahlung zu verwenden ist und damit 347

---

[257] ArbG Wetzlar 7.5.1986 – 2 Ca 74/86, BB 1986, 1779.
[258] BSG 21.2.1990 – 12 RK 20/88, BSGE 66, 219 = DB 1990, 1520 = MDR 1990, 1045.
[259] BAG 9.11.1988 – 4 AZR 433/88, BAGE 60, 127 = NJW 1989, 1381 = NZA 1989, 270; LAG Hessen 25.3.1996 – 16 Sa 1919/95, ARST 1996, 247.
[260] BAG 24.3.1998 – 3 AZR 800/96, BAGE 88, 212 = NZA 1998, 1280.
[261] Hauck/Noftz/*Valgolio*, SGB III, § 143a Rn 63; Hennig u.a./*Henke*, SGB III, § 143a Rn 17.

deutlich wird, dass der Arbeitgeber die Leistung unmittelbar an den Rentenversicherungsträger zu erbringen hat, wird empfohlen, im Aufhebungsvertrag folgende Regelung zu treffen:[262]

> Der Arbeitgeber verpflichtet sich, von der sich aus in Ziffer ■■■ vereinbarten Abfindungszahlung und dem sich daraus ergebenden Nettobetrag einen Betrag in Höhe von ■■■ an den für den Arbeitnehmer zuständigen Rentenversicherungsträger bis zum ■■■ zu zahlen.

348 Trifft der Arbeitnehmer eine solche Regelung, sollte darauf geachtet werden, dass der Aufstockungsbetrag nach § 3 Nr. 28 EStG nur in Höhe der Hälfte steuerfrei ist. Dabei ist die Rechtslage, ob Ausgleichszahlungen nach § 187a SGB VI von § 3 Nr. 28 EStG erfasst werden noch nicht einmal unumstritten. *Schrader*[263] verweist darauf, dass der Wortlaut von § 3 Nr. 28 EStG nicht eindeutig sei. Unter die Norm könnten nur Ausgleichszahlungen im Zusammenhang mit Altersteilzeitvereinbarungen, aber auch sonstige Aufstockungsbeträge im Zuge von Beendigungsvereinbarungen subsumiert werden.

f) Abfindung und Steuerrecht

349 Zum 1.1.2006 trat das Gesetz zum Einstieg in ein steuerliches Sofortprogramm in Kraft,[264] das die Abschaffung der bisher in § 3 Nr. 9 EStG geregelten Steuerfreibeträge bei Abfindungen wegen einer vom Arbeitgeber veranlassten oder gerichtlich ausgesprochenen Beendigung des Dienstverhältnisses beinhaltete. Die Übergangsregelung ist auf Abfindungen wegen einer am 31.12.2005 anhängigen Klage erweitert worden. § 3 Nr. 9 EStG gilt auch noch für Abfindungen, die dem Arbeitnehmer vor dem 1.1.2008 zufließen, bei vor dem 1.1.2006 abgeschlossenen Verträgen oder vor dem 1.1.2006 entstandenen Ansprüchen. Maßgeblich ist durch die Übergangsregelung in § 52 Abs. 4 Buchst. a) 1 EStG nicht mehr der Zeitpunkt der Vereinbarung des Anspruchs und seiner Voraussetzungen, sondern der Zeitpunkt des Entstehens.[265] Zugunsten von Arbeitnehmern, bei denen im Jahre 2005 Rationalisierungsabkommen oder Sozialpläne geschlossen wurden, wirkt sich die Übergangsregelung nicht aus, denn Ansprüche aus Rationalisierungsabkommen[266] und Sozialplänen[267] entstehen erst zum Zeitpunkt des Zugangs einer Kündigung oder des Ablaufs der Kündigungsfrist. Insofern läuft die Übergangsfrist im Wesentlichen auf diejenigen Fälle hinaus, in denen vor dem 31.12.2005 wegen einer bereits ausgesprochenen Kündigung Klage erhoben wurde. Rechtsfragen zur **steuerfreien Abfindung** sind daher weitgehend nur noch für Altfälle von Bedeutung.

350 Gleichwohl wird angeregt, weiterhin bei der Formulierung der Abfindung den Zusatz „auf arbeitgeberseitige Veranlassung", wie er aus § 3 Nr. 9 EStG stammt, zu verwenden, denn auch für das Arbeitslosenförderungsrecht, für das Sozialversicherungsrecht und für die Entschädigungsleistung nach § 24 EStG kann es von Bedeutung sein, dass der Wille zur Beendigung des Arbeitsverhältnisses nicht vom Arbeitnehmer, sondern vom Arbeitgeber ausgegangen ist. Zu § 3 Nr. 9 hatte der BFH am 10.11.2004[268] entschieden, dass im Regelfalle davon ausgegangen werden könne, dass bei Zahlung einer Abfindung der Arbeitgeber die Auflösung veranlasst habe. Mit Blick auf § 24 EStG besteht eine solche Rechtsprechung nicht, aber auch für die steuerermäßigte Abfindung nach § 24 EStG wird vom BFH gefordert, dass der Arbeitnehmer unter einem nicht unerheblichen rechtlichen, wirtschaftlichen oder tatsächlichen Druck gehandelt hat.[269] Wählt man trotz Fortfalls von § 3 Nr. 9 EStG weiterhin die Formulierung „arbeitgeberseitige Veranlassung", bringt man damit zugleich zum Ausdruck, dass der Arbeitnehmer nicht ganz freiwillig den Aufhebungsvertrag geschlossen hat und macht damit inzidenter klar, dass der Arbeitnehmer auf einen zur Anwendbarkeit von §§ 24, 34 EStG erforderlichen äußeren Druck gehandelt hat.

351 Bei der Ausgestaltung einer Abfindungsregelung ist zu beachten, dass es aus steuerrechtlichen Gründen den Parteien des Arbeitsvertrages verwehrt ist, die **Umwandlung** einer fristlosen in eine ordentliche Kündigung in der Weise vorzunehmen, dass sie den in die Kündigungszeit fallenden Nettolohn als Abfindung gemäß §§ 9, 10 KSchG ausweisen. Die in die Kündigungszeit fallenden Löhne sind in derartigen Fällen nachträglich zu ermitteln und es sind für sie Lohnsteuer, Kirchensteuer und Sozialabgaben abzuführen. Dabei hat der Ar-

---

262 *Schrader*, ArbRB 2004, 283.
263 ArbRB 2004, 283.
264 Gesetz v. 21.12.2005, BGBl I S. 3682.
265 *Tschöpe*, NZA 2006, 23.
266 BAG 22.5.1996 – 10 AZR 907/95, NZA 1997, 386.
267 BAG 25.9.1996 – 10 AZR 311/96, NZA 1997, 163.
268 BFH 10.11.2004 – XI R 64/03, DStR 2005, 102 = NZA-RR 2005, 147.
269 BFH 13.2.1987 – VI R 230/83, BFHE 149, 182 = BStBl. II 1987, 386.

beitgeber die Abgaben in voller Höhe zu übernehmen.[270] Umgekehrt ist es dem Finanzamt verwehrt, einen Teil der Abfindung mit der Begründung, es handele sich insoweit um Gehalt für Zeit bis zu der nach dem Arbeitsvertrag möglichen Beendigung des Arbeitsverhältnisses, der Einkommensteuer zu unterwerfen. Wird ein Arbeitsverhältnis durch einen vor dem Arbeitsgericht geschlossenen Vergleich vorzeitig beendet und erhält der Arbeitnehmer „eine Abfindung gemäß §§ 9, 10 KSchG", hat das Finanzamt den vereinbarten Betrag als Abfindung im steuerrechtlichen Sinne zu akzeptieren.[271]

Zweifel unter den Beteiligten entstehen verschiedentlich, wie in denjenigen Fällen zu verfahren ist, in denen entweder vom Arbeitgeber **zu wenig** oder **zu viel Lohnsteuer einbehalten** wurde. Hat ein Arbeitgeber von den Einkünften des Arbeitnehmers zu wenig Lohnsteuer einbehalten und an das Finanzamt abgeführt, kann der Arbeitgeber nach Inanspruchnahme durch das Finanzamt und Nachzahlung der Lohnsteuer Erstattung vom Arbeitnehmer nach § 670 BGB verlangen.[272] Dieser Erstattungsanspruch besteht aber nur, wenn das Finanzamt den Arbeitgeber zu Recht in Anspruch genommen hat. Haben die Parteien eine Vereinbarung getroffen, wonach bei vorzeitigem Ausscheiden zusätzlich das bisherige Bruttogehalt als Abfindung gezahlt wird (**Sprinter-Prämie**), endet das Arbeitsverhältnis mit dem vom Arbeitnehmer gewählten Zeitpunkt. Bei einer solchen zusätzlichen Geldleistung vereinbaren die Parteien eine Abfindung, nicht eine Arbeitsvergütung. Geht das Finanzamt trotzdem für die Monate des vorzeitigen Ausscheidens des Arbeitnehmers aus den Diensten des Arbeitgebers von einem zu versteuernden Bruttogehalt aus, kann der Arbeitgeber vom Arbeitnehmer Erstattung der an das Finanzamt gezahlten Nachsteuer nur dann verlangen, wenn er alles ihm Zumutbare getan hat, um die unberechtigte Nachforderung der Finanzbehörde abzuwehren. Zu den Pflichten des Arbeitgebers gehört es in diesem Zusammenhang auch, dass er den Arbeitnehmer frühzeitig von dem Nachversteuerungsverlangen der Finanzbehörde umfassend unterrichtet und ihm damit Gelegenheit gibt, sich selbst um die richtige Behandlung seiner Steuerangelegenheit zu bemühen.[273] Verpflichtet sich der Arbeitgeber in einem Vergleich, eine Nettoabfindung zu zahlen und führt er in Erfüllung dieser Verpflichtung mehr Steuern hierauf ab, als er nach den bindenden Feststellungen der Finanzverwaltung hätte leisten müssen mit der Folge, dass der Arbeitnehmer im Rahmen des Einkommensteuerausgleichs den zuviel gezahlten Betrag zurückerhält, ist der Arbeitnehmer aufgrund der im Vergleich obliegenden Redlichkeitspflicht gemäß § 242 BGB verpflichtet, diesen Betrag an den Arbeitgeber abzuführen.[274] Schließen Arbeitgeber und Arbeitnehmer einen Abfindungsvergleich und behält der Arbeitgeber bei Zahlung der Abfindung zuviel Lohnsteuer ein, darf er eine Erstattung an den Arbeitnehmer nur nach Maßgabe der steuerrechtlichen Bestimmungen vornehmen. Ist der Arbeitgeber unter den Voraussetzungen des § 41c Abs. 3 EStG zur Erstattung an den Arbeitnehmer nicht berechtigt, ist die vom Arbeitnehmer betriebene Zwangsvollstreckung aus dem Abfindungsvergleich in Höhe der zuviel einbehaltenen Lohnsteuer unzulässig. Der ausgeschiedene Arbeitnehmer muss sich auf die Steuererstattungsmöglichkeiten durch das Finanzamt verweisen lassen.[275]

352

Häufig hat der Arbeitgeber – und wenn bei ihm nachgefragt wird der Arbeitgeberanwalt – mit der Fallkonstellation zu tun, dass ein titulierter Vergleich über einen Abfindungsbetrag vorliegt, der Arbeitnehmer aber die zur Auszahlung erforderliche Lohnsteuerkarte (**Lohnbescheinigung**) nicht beim Arbeitgeber einreicht. Wenn der Arbeitnehmer beim Arbeitgeber nachfragt, warum die Abfindung nicht ausgezahlt wird, erhält er aus der Buchhaltung die Antwort, es fehle noch die Lohnsteuerkarte. Arbeitnehmer kommen manchmal ihrer Mitwirkungspflicht deshalb nicht nach, weil sie sich noch in der Wartezeit des neuen Arbeitsverhältnisses befinden und fürchten, sobald der frühere Arbeitgeber von dem neuen Arbeitsverhältnis über die Lohnsteuerkarte (Lohnbescheinigung) Kenntnis erlangt, bestehe die Gefahr, dass der alte Arbeitgeber sich mit dem neuen Arbeitgeber in Verbindung setze und ihn über für den Arbeitnehmer nachteilige Vorkommnisse aus dem früheren Arbeitsverhältnis unterrichte. Manchmal ist es auch reine Bequemlichkeit, dass Arbeitnehmer die Lohnsteuerkarte nicht wieder dem alten Arbeitgeber zur Verfügung stellen. In diesen Fällen muss sich der Arbeitgeber vor Vollstreckungsmaßnahmen schützen. Den einfachsten Schutz bietet ihm § 39c EStG. Der Arbeitgeber sollte den Arbeitnehmer schriftlich auffordern, innerhalb einer angemessenen Frist die Lohnsteuerkarte vorzulegen. Kommt der Arbeitnehmer dieser Aufforderung nicht nach, versteuert der Arbeitgeber die Abfindung nach Lohnsteuerklasse VI. § 39c Abs. 1 EStG gibt ihm hierzu die Handhabe. Solange der unein-

353

---

270 ArbG Wetzlar 6.1.1987 – 1 Ca 368/86, DB 1987, 896.
271 FG Bremen 23.11.1977 – I 26/77, DStR 1978, 264.
272 BAG 20.3.1984 – 3 AZR 124/82, AP § 670 BGB Nr. 22.
273 LAG Düsseldorf 14.10.2002 – 10 Sa 869/02, n.v.
274 LAG Düsseldorf 15.12.1993 – 4 Sa 250/93, LAGE § 611 BGB Aufhebungsvertrag Nr. 11.
275 LAG Köln 19.12.1986 – 9 Sa 1093/86, BB 1987, 763.

geschränkt einkommensteuerpflichtige Arbeitnehmer dem Arbeitgeber eine Lohnsteuerkarte schuldhaft nicht vorlegt oder die Rückgabe der ihm ausgehändigten Lohnsteuerkarte schuldhaft verzögert, hat der Arbeitgeber die Lohnsteuer nach der Lohnsteuerklasse VI zu ermitteln. Die Lohnsteuerrichtlinien besagen unter R 124 Abs. 1 Satz 2, dass ein schuldhaftes Verhalten vorliege, wenn der Arbeitnehmer vorsätzlich oder fahrlässig die Vorlage oder Rückgabe der Lohnsteuerkarte verzögere. Ein Arbeitgeber, der es unterlässt, auf diesem Wege die Auszahlung und Versteuerung der Abfindung vorzunehmen, riskiert, dass er vom Arbeitnehmer-Anwalt mit Vollstreckungsmaßnahmen belegt wird, eine zumindest im Verhältnis zu den Banken für den Arbeitgeber immer unangenehme Botschaft.

354 Selbst ein **vorläufiges Zahlungsverbot** kann den Arbeitgeber bei den Banken in Misskredit bringen. Mit Formulierungen im Aufhebungs- und Abwicklungsvertrag kann man den Vollstreckungsmaßnahmen nur schwer vorbeugen. Es besteht allerdings auch die Möglichkeit, sich durch die nachfolgende Formulierung vor Vollstreckungsmaßnahmen als Arbeitgeber zu schützen:

Die Abfindung ist in jedem Falle erst fällig, wenn der Arbeitnehmer dem Arbeitgeber die Lohnsteuerkarte aus dem Jahre ▪▪▪ zur Verfügung gestellt hat. Der Arbeitnehmer ist beweispflichtig für den Zugang der Lohnsteuerkarte beim Arbeitgeber.

355 Keine Nachzahlungsverpflichtung des Arbeitgebers besteht nach Auffassung des LAG Hamm[276] bei folgender Fallgestaltung: In einem Sozialplan wird eine Abfindung in der Weise vereinbart, dass für die Übergangszeit zwischen dem (vorzeitigen) Ausscheiden aus dem Betrieb und dem Beginn von monatlichen Ratenzahlungen die Differenz zwischen der Arbeitslosenunterstützung und dem durchschnittlichen monatlichen Nettogehalt des Arbeitnehmers gezahlt wird. In einem solchen Falle hat der Arbeitgeber den tatsächlichen Nettobetrag zugrunde zu legen. Erfährt der Arbeitnehmer später bei einer vom Finanzamt durchgeführten Veranlagung zur Einkommensteuer einen steuerlichen Nachteil durch die Auswirkung des sog. Progressionsvorbehalts gemäß § 32b EStG, ist der Arbeitgeber nicht zur Nachzahlung des höheren Lohnsteuerbetrags an den Arbeitnehmer verpflichtet, um den Steuernachteil wieder auszugleichen.

356 Die Arbeitsrechtsprechung reagiert recht unsensibel, wenn es um vertraglich vereinbarte **Stichtagsregelungen** zur Fälligkeit der Abfindung im Vergleich geht. So hat das LAG Bremen[277] entschieden, dass immer dann, wenn die Parteien in einem Kündigungsschutzprozess im Vergleich die Beendigung des Arbeitsverhältnisses zum 31.12. sowie die Zahlung der Abfindungssumme zum darauf folgenden 1.1. vereinbaren, kein Verstoß des Arbeitgebers gegen seine Vertragspflichten aus dem Vergleich vorliege, wenn er die Überweisung des Abfindungsbetrags so terminiere, dass diese bereits im Dezember dem Konto des Arbeitnehmers gutgeschrieben werde. Für steuerliche Nachteile, die dadurch entstehen, dass der Abfindungsbetrag nicht – wie vom Arbeitnehmer gewünscht – erst im Folgejahr auf seinem Konto eingegangen ist, haftet der Arbeitgeber nicht. Dass eine Partei grundsätzlich vor der Fälligkeit zu leisten berechtigt ist, ändert nichts an dem Umstand, dass die Parteien in einem derartigen Vergleich ein konkretes Datum vereinbart und dieses Datum bewusst gewählt haben. In einem Jahr, in dem der Arbeitnehmer nach dem Ende des Arbeitsverhältnisses arbeitslos ist, hat er regelmäßig einen weitaus niedrigeren Steuersatz als in einem Jahr, in dem er noch einen guten Verdienst und zudem noch eine Abfindung erhalten hat. Wenn die Parteien also durch die Festlegung des Datums in dem folgenden Kalenderjahr die Auszahlung bestimmt haben und dem Arbeitnehmer durch die vorzeitige Zahlung ein wirtschaftlicher Schaden entstanden ist, weil die Abfindung, gezahlt im Jahr des Arbeitsverhältnisses, einem höheren Steuersatz unterliegt, als sie im Folgejahr unterlegen hätte, ist der Arbeitgeber verpflichtet, nach § 280 Abs. 1 BGB diesen Schaden zu ersetzen. Es gibt keinen Grund, mangelnde Sorgfalt bei der Vertragserfüllung für den Schuldner der Leistung zu privilegieren.

357 Im Zusammenhang mit Abfindungsregelungen ist die Formulierung verbreitet:

Das Steuerrisiko trägt der Arbeitnehmer.

358 Diese Formulierung bezieht sich sowohl auf den Grund der als Abfindung bezeichneten Zahlung als auch auf die Höhe. Ob die Abfindung als steuerlich privilegierte Entschädigungsleistung anerkannt wird, verbleibt durch die vorerwähnte Formulierung im Risikobereich des Arbeitnehmers. Außerdem haftet der Arbeitgeber für die Lohnsteuer nach den gesetzlichen Vorschriften.

---

276 LAG Hamm 2.2.1989 – 10 Sa 1135/88, LAGE § 112 BetrVG 1972 Nr. 14.
277 LAG Bremen 3.11.2005 – 3 Sa 111/05, NZA-RR 2006, 260.

Ausstehende Gehaltsbestandteile werden im Zweifel nicht mit einer Abfindung nach betriebsbedingter Kündigung abgegolten. Allein die Zahlung einer erhöhten Abfindung führt nicht dazu, von einem stillschweigenden Verzichtsvertrag über die noch ausstehenden Gehaltsbestandteile auszugehen.[278] Soweit das Arbeitsgericht Frankfurt die Auffassung vertritt, die Einbindung ausstehender Gehaltsbestandteile in einen Abfindungsanspruch sei rechtswidrig,[279] kann ihm nicht gefolgt werden. Steuerlich sind Gehaltszahlungen, die in der Zukunft verdient worden wären, unbedenklich als Abfindung (Entlassungsentschädigung) anzusehen. Die Abfindungspraxis, gerade bei befristeten Verträgen mit Managern, besteht im Wesentlichen in einer Kapitalisierung der Restvertragslaufzeit. Eine Begründung, warum die „Einarbeitung" von Gehaltsbestandteilen in eine Abfindung unzulässig sein soll, gibt das Arbeitsgericht Frankfurt nicht. Wenn einem Arbeitnehmer in einem Aufhebungs- oder Abwicklungsvertrag die Zahlung einer Abfindung zugesagt wird, handelt es sich mangels einer eindeutigen Regelung im Allgemeinen um einen Bruttobetrag.[280]

g) Brutto- und Nettoabfindungen

Häufig formulieren die Parteien im Aufhebungs- oder Abwicklungsvertrag:

Die Abfindung in Höhe von ■■■ EUR ist brutto = netto.

In einem solchen Fall muss der Arbeitnehmer gleichwohl die anfallende Lohnsteuer tragen. Hat der Arbeitgeber die auf den Abfindungsbetrag entfallenden Steuern an das Finanzamt abgeführt, kann der Arbeitnehmer nicht die Auszahlung des vollen, ungekürzten Abfindungsbetrags an sich verlangen.[281] Wird eine Abfindung „brutto für netto" vereinbart, ergibt sich daraus kein Hinweis auf eine echte Nettolohnvereinbarung, bei der der Arbeitgeber die Steuerlast als zusätzliche Abfindung schulden würde. Es kann nicht rechtswirksam vereinbart werden, dass der Arbeitgeber den Lohnsteuerabzug unterlässt und die Abführung der Einkommensteuer entgegen § 38 Abs. 3 EStG nicht als „Quellensteuer" erfolgt.[282]

Vereinbaren die Arbeitsvertragsparteien die Beendigung des Arbeitsverhältnisses gegen Zahlung einer Abfindung, so ist nur dann „netto" zu zahlen, wenn es hierüber eine eindeutige Vereinbarung gibt. Die bloße Bezugnahme auf die §§ 9, 10 KSchG (früher: §§ 7, 8 KSchG) reicht hierzu nicht aus.[283] Ist dagegen in einem gerichtlichen Vergleich vom Arbeitgeber anlässlich der Beendigung des Arbeitsverhältnisses dem Arbeitnehmer wegen des Verlustes des Arbeitsplatzes eine Abfindung gemäß §§ 9, 10 KSchG unter gleichzeitigem Hinweis auf § 3 Nr. 9 EStG mit dem Zusatz zugesagt worden, die Zahlung solle „netto" erfolgen, so ist damit gemeint, dass der Arbeitgeber die steuerliche Belastung trägt, wenn die Finanzverwaltung entgegen der Erwartung der Vertragsschließenden keine Steuerfreiheit anerkennt.[284] Nachdem § 3 Nr. 9 EStG entfallen ist, führt die Übertragung dieses Urteils auf die heutige Rechtslage, dass immer dann, wenn vereinbart wurde, die Abfindung solle „netto" erfolgen, die **Steuerlast** beim **Arbeitgeber** verbleibt.

Sagt der Arbeitgeber in einer Vorruhestandsvereinbarung die Erstattung der vom Vorruheständler zu leistenden Krankenversicherungsbeiträge zu, so liegt hierin noch keine Netto(lohn)vereinbarung. Der Arbeitgeber ist daher nicht verpflichtet, die auf diesen Teil der Vorruhestandsbezüge entfallende Lohnsteuer zu tragen.[285]

h) Entstehung und Fälligkeit der Abfindung

aa) Fälligkeit

Wenn im außergerichtlichen Aufhebungs- oder Abwicklungsvertrag oder im gerichtlichen Abwicklungsvertrag nicht ausdrücklich geregelt ist, wann die Abfindung zu zahlen ist, kann die Leistungszeit zweifelhaft sein. Nach § 271 Abs. 1 BGB kann der Gläubiger die Leistung sofort verlangen, wenn eine Zeit für die Leistung weder bestimmt noch aus den Umständen zu entnehmen ist. Wird der Zeitpunkt der Beendigung des Arbeitsverhältnisses im Aufhebungsvertrag vereinbart und darüber hinaus bestimmt, dass „wegen" oder „aus Anlass" der Beendigung eine Abfindung gezahlt wird, besteht nach herrschender Auffassung die Fällig-

---

278 ArbG Frankfurt 27.10.1999 – 7 Ca 2961/99, FA 2000, 55.
279 ArbG Frankfurt 27.10.1999 – 7 Ca 2961/99, FA 2000, 55.
280 LAG Berlin 21.2.1994 – 9 Sa 126/93, NZA 1995, 792.
281 LAG Köln 18.12.1995 – 4 (11) Sa 962/95, ARST 1996, 163; siehe auch BAG 11.10.1989 – 5 AZR 585/88, NZA 1990, 309.
282 LAG Köln 13.2.1997 – 10 Sa 918/96, FA 1998, 54; LAG Hessen 7.12.1988 – 10 Sa 1059/88, DB 1989, 2080.
283 LAG Düsseldorf 17.3.1970 – 8 Sa 62/70, DB 1970, 784.
284 LAG Bremen 15.7.1980 – 4 Sa 118/79, n.v.
285 LAG Hamm 1.3.2000 – 14 Sa 2144/99, NZA-RR 2001, 46.

keit der Abfindung **zum Tag der Beendigung des Arbeitsverhältnisses**.[286] Das Kernargument der h.M. wird aus der Funktion der Abfindung – wie immer man sie definieren mag – hergeleitet. Wird sie als Gegenleistung für die Beendigung vereinbart, kann sie erst mit der rechtlichen Beendigung des Arbeitsverhältnisses fällig werden.

365 Das LAG Hamm hat demgegenüber die Auffassung vertreten, dass der in einem arbeitsgerichtlichen Vergleich titulierte Abfindungsanspruch mangels anderweitiger Vereinbarungen auch dann sofort zur Zahlung fällig werde, wenn das Arbeitsverhältnis im Zeitpunkt des Vergleichsabschlusses noch nicht beendet sei.[287] Die besseren Argumente sprechen für die herrschende Ansicht.[288] § 271 Abs. 1 BGB nimmt eine sofortige Fälligkeit nur dann an, wenn die Zeit für die Leistung weder bestimmt **noch aus den Umständen zu entnehmen** ist. Solange es aus den Umständen keine abweichenden Anhaltspunkte gibt, besteht ein Bedarf für den Ausgleich wirtschaftlicher Nachteile erst in dem Moment, in dem die Gegenleistung des Arbeitnehmers, das Ausscheiden aus dem Arbeitsverhältnis, erbracht wurde.

bb) Entstehung

366 Wann die Abfindung **entstanden** ist, wird in der Rechtsprechung nicht einheitlich beantwortet. Diese Frage ist vor allem dann von Bedeutung, wenn der Arbeitnehmer in dem Zeitraum zwischen Abschluss des Aufhebungsvertrages oder Abwicklungsvertrages oder Prozessvergleichs und dem Zeitpunkt der Beendigung des Arbeitsverhältnisses verstirbt. Schuldrechtliche Ansprüche entstehen zwar regelmäßig mit Abschluss des Rechtsgeschäfts, durch das die Rechtsbeziehungen der Vertragsschließenden geregelt werden.[289] Dieser Grundsatz gilt allerdings nicht, wenn der Entstehungszeitpunkt nach der im Aufhebungsvertrag verlautbarten Interessenlage der Parteien auf einen späteren Termin festgelegt ist.[290] Fehlt dagegen eine Bestimmung, aus der sich der Entstehungszeitpunkt des Abfindungsanspruchs herleiten lässt, nimmt die Rechtsprechung, mit Ausnahme des 2. Senats, die Entstehung zum Zeitpunkt der Beendigung des Arbeitsverhältnisses an.[291] Stirbt der Arbeitnehmer in der Zeit zwischen Unterzeichnung der Aufhebungsvereinbarung und dem letzten Arbeitstag, haben die Erben keinen Anspruch auf die Abfindung. Wenn eine Abfindung für den Verlust des Arbeitsplatzes gezahlt wird, muss nach Auffassung des 9. Senats das Arbeitsverhältnis zum vorgesehenen Beendigungstermin noch bestanden haben.[292] Soweit im **Nicht-Erlebens-Fall** die Abfindung an die Erben gezahlt werden soll, ist eine ausdrückliche Formulierung im Aufhebungsvertrag erforderlich. Eine solche **Vererbbarkeitsklausel** ist zulässig.[293]

367 Den vom BAG zum Problemkreis der Anspruchsentstehung entschiedenen Fällen liegt kein einheitlicher Sachverhalt zugrunde, denn mal war über eine Sozialplanabfindung, mal über eine Abfindung aus Anlass einer Frühpensionierung zu befinden.

368 Der 2. Senat hat – in gewisser Weise abweichend von den übrigen Senaten – die Auffassung vertreten, dass nicht als Regelfall angenommen werden könne, ein Abfindungsvergleich werde hinfällig, wenn der Arbeitnehmer den Auflösungstermin nicht erlebe.[294] Der Senat begründet diese Sicht mit der „stets vom Tode bedrohten Existenz des Menschen", durch die ohnehin „eine gewisse Unsicherheit über die Lebensdauer des Vertragspartners" bestehe. Da es ein Erbrecht gebe, hänge grundsätzlich der Fortbestand der Verträge nicht davon ab, wie lange der Vertragspartner lebe. Mit der entgegenstehenden Rechtsprechung des 9. Senats setzt sich der 2. Senat nicht auseinander.

369 *Bauer*[295] vertritt die Meinung, wenn keine ausdrückliche Regelung zum Entstehungszeitpunkt der Abfindung vorliege, stehe die Abfindungsregelung unter der aufschiebenden Bedingung, dass das Arbeitsverhältnis bis

---

286 BAG 15.7.2004 – 2 AZR 630/03, NZA 2005, 292; LAG München 11.10.2001 – 2 Ta 326/01, n.v.; LAG Niedersachsen 12.9.2003 – 16 Sa 621/03, NZA-RR 2004, 478; LAG Köln 21.9.1983 – 9 Ta 148/83, DB 1984, 568; LAG Düsseldorf 23.5.1989 – 16 Sa 475/89, DB 1989, 2031; ArbG Passau 27.5.1997 – 3 Ca 651/97, BB 1997, 2114; *Bauer*, Arbeitsrechtliche Aufhebungsverträge, Rn IV-341; *Klar*, NZA 2003, 543; *Gerauer*, BB 1991, 2002.
287 LAG Hamm 16.5.1991 – 8 Ta 181/91, NZA 1991, 940; ebenso KR/*Spilger*, § 10 KSchG Rn 19a.
288 *Karlsfeld*, ArbRB 2004, 159, 160.
289 BAG 13.11.1986 – 2 AZR 771/85, AP § 613a BGB Nr. 57.
290 *Bauer*, Arbeitsrechtliche Aufhebungsverträge, Rn IV-343.
291 BAG 27.6.2006 – 1 AZR 322/05, jurisPR-ArbR 51/2006 Nr. 1 m. Anm. *Bertzbach*; BAG 22.5.1996 – 10 AZR 907/95, NZA 1997, 386; BAG 25.9.1996 – 10 AZR 311/96, NZA 1997, 163; BAG 26.8.1997 – 9 AZR 227/96, BB 1998, 700 = NZA 1998, 643; BAG 16.5.2000 – 9 AZR 277/99, NZA 2000, 1236; BAG 9.12.1987 – 4 AZR 561/87, NZA 1988, 329; LAG Rheinland-Pfalz 13.11.1987 – 6 Sa 704/87, BB 1988, 140; für § 1a KSchG: ArbG Siegen 9.6.2005 – 1 Ca 843/05, NZA 2005, 935.
292 BAG 26.8.1997 – 9 AZR 227/96, NZA 1998, 643.
293 BAG 16.10.1969 – 2 AZR 373/68, DB 1970, 259; LAG Rheinland-Pfalz 13.11.1987 – 6 Sa 704/87, BB 1988, 140.
294 BAG 22.5.2003 – 2 AZR 250/02, BB 2004, 894; BAG 25.6.1987 – 2 AZR 504/86, NZA 1988, 466.
295 Arbeitsrechtliche Aufhebungsverträge, Rn IV-343.

zum vereinbarten Auflösungszeitpunkt fortgesetzt werde. Sterbe der Arbeitnehmer vorzeitig, werde der Aufhebungsvertrag einschließlich der darin vereinbarten Abfindung gegenstandslos. Im Interesse des Arbeitnehmers könne daraus nur das Fazit geschlossen werden, bei erheblicher Diskrepanz zwischen dem Zeitpunkt des Abschlusses des Aufhebungsvertrages und dem rechtlichen Ende Arbeitsverhältnisses empfehle sich eine klarstellende Regelung, dass der Abfindungsanspruch mit Unterzeichnung entstehe.

Die herrschende Rechtsprechung des BAG wurde von *Boecken*[296] kritisiert. Ein schuldrechtlicher Anspruch entstehe grundsätzlich mit dem Abschluss des Rechtsgeschäfts, also mit dem Setzen des Rechtsgrunds, wobei es für die Entstehung des Anspruchs ohne Bedeutung sei, ob der Gläubiger in diesem Zeitpunkt die Leistung auch verlangen könne, diese also fällig sei. Die Frage, ob der Anspruch auf die Abfindung bei einem Versterben des Arbeitnehmers vor dem vereinbarten Ausscheidenstermin geltend gemacht werden könne, sei allein davon abhängig, ob die entsprechenden Vertragsbedingungen trotz des vor dem vereinbarten Ausscheidenstermin eingetretene Beendigungstatbestands noch erfüllt werden könne. Solle der Anspruch auf die Abfindung für den Fall, dass das Arbeitsverhältnis vor dem vertraglich festgelegten Zeitpunkt aus anderen Gründen endet, ausgeschlossen werden, bedürfe es insoweit einer besonderen Vereinbarung.

370

Wenn der Anspruch mit dem Abschluss des Rechtsgeschäfts entsteht und seine Fälligkeit mit der Beendigung des Arbeitsverhältnisses eintritt, ist er **vererbbar**. Die in der Vergangenheit vom BAG geäußerte Annahme, wegen der höchstpersönlichen Natur des Arbeitsverhältnisses bedürfe der Fälligkeitszeitpunkt auch des Erlebensfalls des Arbeitnehmers, findet in § 271 BGB keine Grundlage. Die höchstpersönliche Natur des Arbeitsverhältnisses endet mit seiner Beendigung. Mit der Entschädigungsleistung „Abfindung" hat der Entschädigungsanspruch schon vor der Beendigung des Arbeitsverhältnisses seinen personenbezogenen Charakter verloren.[297] Eine höchstpersönlich zu erbringende Arbeitsleistung wird – oft mit Freistellung verknüpft, mithin gar nicht mehr geschuldet – zeitlich befristet und daneben tritt ein von jeglicher personenbezogener Verbundenheit freier Anspruch auf eine gewöhnliche Geldleistung. Von dem Augenblick an, ab dem der Arbeitgeber eine Kompensation für die Beendigung des sich auf höchstpersönlichen Diensten gründenden Arbeitsverhältnisses zugesagt hat, erwirbt der Arbeitnehmer daher nach hier vertretener Ansicht eine beleihbare, ihn als Anspruchsinhaber ausweisende Geldforderung, die wie jede andere Geldforderung das Schicksal des Übergangs auf die Erben nach § 1922 BGB teilt.[298]

371

Die Rechtslage bleibt allerdings solange unsicher, wie sich die betroffenen Senate des BAG nicht auf eine einheitliche **Funktionsbestimmung** der Abfindung verständigen können. Solange die Rechtslage noch nicht verbindlich geklärt ist, empfiehlt sich aus Sicht des Arbeitnehmers oder des seine Interessen wahrnehmenden Vertragsgestalters, in jeden Aufhebungs- und Abwicklungsvertrag eine sog. **Vererbbarkeitsklausel** aufzunehmen, die folgenden Inhalt haben kann:

372

Die Parteien vereinbaren, dass der Abfindungsanspruch mit Unterzeichnung dieser Vereinbarung (dieses Vergleichs) entstanden und vererbbar ist.

Auswirkungen hat die Vererbbarkeitsklausel allerdings auch in denjenigen Fällen, in denen nach Abschluss des Aufhebungs- und Abwicklungsvertrages, in Einzelfällen (bei Aufhebungsverträgen) noch bis zum Beendigungszeitpunkt, eine **ordentliche Kündigung** ausgesprochen wird, weil dann, wenn sich die Kündigungserklärung auf verhaltensbedingte Gründe stützt, z.B. auf vom Arbeitnehmer begangene Unterschlagungen, die erst nach Abschluss des Aufhebungsvertrages bekannt geworden sind, die Abfindung wegen ihrer Entstehung mit Abschluss des Vergleichs und ihrer Fälligkeit mit dem Ende des Arbeitsverhältnisses gleichwohl vom Arbeitgeber gezahlt werden muss.[299] Die Entscheidung des ArbG Siegburg ist konsequent, denn sie differenziert sorgfältig zwischen Entstehung und Fälligkeit des Abfindungsanspruchs. In dem vom ArbG Siegburg entschiedenen Fall hieß es in einem Aufhebungsvertrag:

373

Die Abfindung wird im Beendigungszeitpunkt fällig. Der Abfindungsanspruch entsteht mit Unterzeichnung dieser Vereinbarung.

Um den in der Praxis vorkommenden Fällen nachträglich festgestellten Fehlverhaltens beim Arbeitnehmer nach Abschluss des Aufhebungsvertrages gerecht zu werden, wird angeregt, im Aufhebungsvertrag eine **Ergänzungsregelung** zur Anspruchsentstehung und -fälligkeit aufzunehmen:

374

---

296 NZA 2002, 421.
297 *Hümmerich*, NJW 2004, 2921, 2931.
298 *Hümmerich*, NJW 2004, 2921, 2931.
299 ArbG Siegburg 18.11.1999 – 4 Ca 786/99 G, AE 2000, 17.

Die Abfindung wird zum im vorliegenden Vertrag vereinbarten Beendigungszeitpunkt fällig. Der Abfindungsanspruch entsteht mit Unterzeichnung dieser Vereinbarung. Er geht jedoch unter, falls der Arbeitgeber das Arbeitsverhältnis aus ihm gegenwärtig noch nicht bekannten, verhaltensbedingten Gründen, außerordentlich oder ordentlich wirksam kündigt.

375 Eine derartige, zusätzliche Vereinbarung ist erforderlich, weil nach Auffassung des BAG die Geschäftsgrundlage für einen betriebsbedingten Aufhebungsvertrag nicht ohne weiteres wegfällt, wenn nach dessen Abschluss zum gleichen Auflösungszeitpunkt auch noch eine verhaltensbedingte ordentliche Kündigung ausgesprochen wird.[300] Nach *Bauer*[301] entfällt die Geschäftsgrundlage für die Abfindung selbst dann, wenn das Arbeitsverhältnis schon beendet ist und der Arbeitgeber nachträglich von einer gravierenden Pflichtverletzung Kenntnis erlangt. Ist die Abfindung schon ausbezahlt worden, könne sie der Arbeitgeber nach den Grundsätzen der ungerechtfertigten Bereicherung zurückverlangen. *Bauer* empfiehlt, eine Klausel mit folgendem Inhalt in den Aufhebungs- oder Abwicklungsvertrag aufzunehmen:

Dem Arbeitgeber sind zum Zeitpunkt des Abschlusses des Aufhebungsvertrages keine Pflichtverletzungen des Arbeitnehmers bekannt, die eine außerordentliche Kündigung aus wichtigem Grund nach § 626 BGB rechtfertigen könnten. Auch gehen beide Parteien davon aus, dass der Arbeitnehmer bis zum rechtlichen Ende des Arbeitsverhältnisses keinen solchen wichtigen Grund liefern wird. Sollte jedoch der Arbeitgeber wider Erwarten bis zur rechtlichen Beendigung des Arbeitsverhältnisses Kenntnis von einem solchen wichtigen Grund erlangen, ist er berechtigt, das Anstellungsverhältnis fristlos zu kündigen; in diesem Fall fällt die Geschäftsgrundlage für die Abfindung weg.

Sollte der Arbeitgeber erst nach der rechtlichen Beendigung des Arbeitsverhältnisses Kenntnis von einer während des Bestehens des Arbeitsverhältnisses begangenen Pflichtverletzung erlangen, die während des Bestehens des Arbeitsverhältnisses einen wichtigen Grund i.S.d. § 626 Abs. 1 BGB geliefert hätte, so fällt die Geschäftsgrundlage für die Abfindung ebenfalls weg. Eine schon ausbezahlte Abfindung ist zurückzuzahlen. Allerdings ist der Arbeitgeber in analoger Anwendung von § 626 Abs. 2 BGB verpflichtet, sich insoweit gegenüber dem Arbeitnehmer innerhalb von zwei Wochen seit Kenntniserlangung zu erklären.[302]

376 Man kann den gleichen Effekt auch mit einer kürzeren Formulierung erzielen, wenn man nämlich hinter jede Abfindungsvereinbarung den nachfolgenden Satz setzt:

Der Abfindungsanspruch entfällt, wenn das Arbeitsverhältnis, gleich aus welchem Grund, vorzeitig oder aus einem anderen Grund zum gleichen Termin endet.

i) Abfindung im Vollstreckungsrecht

377 Abfindungen sind Arbeitseinkommen i.S.d. § 850 Abs. 1 ZPO. Dabei macht es keinen Unterschied, ob sie aufgrund eines Auflösungsurteils nach §§ 9, 10 KSchG oder aufgrund eines gerichtlichen oder außergerichtlichen Aufhebungs- oder Abwicklungsvertrages oder als Sozialplanabfindung zu zahlen sind.[303] Sie können deshalb nach Maßgabe der §§ 850a, 850k ZPO gepfändet werden.[304] Das BAG begründet seine Auffassung damit, dass die Vorschriften über den **Lohnpfändungsschutz** den Lebensunterhalt sichern sollen, indem sie bestimmen, dass dem Schuldner ein Teil der gepfändeten Forderungen verbleiben soll.[305]

378 Da die Abfindung als Arbeitseinkommen angesehen wird, erfasst ein formularmäßig erlassener Pfändungs- und Überweisungsbeschluss auch die Abfindung. Für die Abfindungen gelten aber nicht die Pfändungsfreigrenzen des § 850c ZPO. Diese Vorschrift setzt nämlich Arbeitseinkommen für einen fest umrissenen Zeitraum voraus.[306] Maßgeblich ist dagegen § 850i ZPO, wonach bei der Pfändung einer „nicht wiederkehrend zahlbaren Vergütung für persönlich geleistete Arbeiten oder Dienste" das Gericht dem Schuldner auf Antrag soviel zu belassen hat, wie er während eines angemessenen Zeitraums für seinen Lebensunterhalt benötigt.[307] Handelt es sich um eine durch Urteil gemäß §§ 9, 10 KSchG festgesetzte Abfindung, gelten die Grundsätze zur Pfändbarkeit ebenfalls.[308] Wenn ein Pfändungsschutzantrag nach § 850i Abs. 1 ZPO oder eine entsprechende Entscheidung des Vollstreckungsgerichts fehlt, ist die Abfindung in vollem Umfang pfändbar. Den

---

[300] BAG 29.1.1997 – 2 AZR 292/96, NZA 1997, 813.
[301] Arbeitsrechtliche Aufhebungsverträge, Rn IV-347.
[302] *Bauer*, Arbeitsrechtliche Aufhebungsverträge, RN IV-348.
[303] BAG 13.11.1991 – 4 AZR 20/91, NZA 1992, 384; *Bauer*, Arbeitsrechtliche Aufhebungsverträge, Rn II-155.
[304] BAG 12.9.1979 – 4 AZR 420/77, DB 1980, 358.
[305] *v. Hoyningen-Huene/Linck*, KSchG, § 10 Rn 24; KR/*Spilger*, § 10 KSchG Rn 17; *Löwisch*, KSchG, § 10 Rn 23; *Thomas/Putzo*, § 580i ZPO, Rn 2a.
[306] *Bauer*, Arbeitsrechtliche Aufhebungsverträge, Rn II-156.
[307] OLG Düsseldorf 28.8.1979 – 3 W 191/79, NJW 1979, 2520.
[308] *Bauer*, Arbeitsrechtliche Aufhebungsverträge, Rn II-156.

Arbeitgeber trifft keine Fürsorgepflicht, den Arbeitnehmer über die Möglichkeit eines Vollstreckungsschutzantrags nach § 850i ZPO zu belehren, weil insoweit allein das Rechtsverhältnis des Arbeitnehmers zu dessen Gläubigern betroffen ist, für das der Arbeitgeber keine Schutzpflichten hat.[309]

Bei Abfindungen, die an vertretungsberechtigte Organmitglieder gezahlt werden, gelten die gleichen Grundsätze wie bei Arbeitnehmern. Diese Aussage lässt sich schon mit dem Wortlaut des § 850 Abs. 2 ZPO begründen, der ausdrücklich auch „Dienstlöhne" als Arbeitseinkommen i.S.d. § 850 ZPO erwähnt. Der BGH hat sogar entschieden, dass die fortlaufenden Dienst- und Versorgungsbezüge von Vorstandsmitgliedern einer Aktiengesellschaft dem Pfändungsschutz nach §§ 850 ff. ZPO unterliegen.[310]

j) Abfindung und Familienrecht

Auch die familienrechtlichen Auswirkungen von Abfindungsregelungen sind in manchen, krisenhaften Lebenssituationen, die sich auch in der Beendigung eines Arbeitsverhältnisses äußern können, zu bedenken. Lebt der Arbeitnehmer im Güterstand der Zugewinngemeinschaft nach § 1363 BGB, tritt nach § 1384 BGB bei Ehescheidung für die Berechnung des Zugewinns nach § 1373 BGB anstelle der Beendigung des Güterstands der Zeitpunkt der Rechtshängigkeit des Scheidungsantrags, §§ 253 Abs. 1, 622 ZPO. Bewertungsstichtag für das Endvermögen (§ 1375 BGB) ist der Tag der Zustellung des Scheidungsantrags. Dadurch soll verhindert werden, dass der ausgleichspflichtige Ehegatte zum Nachteil seines Ehepartners während des Scheidungsverfahrens die Höhe des Anspruchs auf Zugewinn verringert. Da auch Forderungen zum Vermögen gehören, unterliegt eine bereits vor dem Stichtag vereinbarte Abfindung dem Zugewinnausgleich, unabhängig davon, ob sie vor oder nach dem Stichtag ausbezahlt wird.[311]

Nach Auffassung des BGH ist eine Abfindung dann ausgleichspflichtig, wenn sie einen objektivierbaren Wert hat, also bei einem für den Bewertungsstichtag unterstellten Erbfall auf die Erben übergehen würde.[312] Daher sind vor dem Stichtag vereinbarte, aber erst nach dem Stichtag fällig werdende Abfindungszahlungen beim Endvermögen zu berücksichtigen. Etwas anderes gilt dann, wenn das Arbeitsverhältnis nach dem Stichtag enden und die Entstehung des Abfindungsanspruchs von weiteren, nach dem Stichtag eintretenden Bedingungen abhängen soll. Gerade mit Blick auf die umstrittene Frage der Entstehung des Abfindungsanspruchs[313] kann die Regelung des Entstehungszeitpunkts im Aufhebungs- oder Abwicklungsvertrag von Bedeutung sein. Handelt es sich nämlich bei der Abfindung im Vergleich um einen künftigen Anspruch, der nicht bereits mit Abschluss des Aufhebungs- oder Abwicklungsvertrages, sondern erst nach dem Stichtag mit Bedingungseintritt entsteht, ist die Abfindung nicht ausgleichspflichtig. Die Entscheidung des BGH,[314] wonach noch nicht fällig gewordene Abfindungen nicht im Endvermögen zu berücksichtigen sind, kann sich nur auf Ansprüche beziehen, die nicht bereits aufgrund einer vor dem Stichtag getroffenen Vereinbarung entstanden sind, sondern erst nach dem Stichtag zum Zeitpunkt der Fälligkeit anfallen.[315] Kann der Arbeitnehmer aufgrund einer arbeitsrechtlichen Auseinandersetzung mit einer Abfindung rechnen, kann eine solche Ausgangslage Anlass zu Gestaltungsüberlegungen wegen des günstigsten Zeitpunkts der Einreichung des Scheidungsantrags beim Familiengericht führen. Wird eine Abfindung erst nach Zustellung des Scheidungsantrags vereinbart, ist sie bei der Berechnung des nachehelichen Unterhalts zu berücksichtigen.[316] Zur Unterhaltsberechnung ist die Abfindung auf eine angemessene Zeit, in der Regel mehrere Jahre, zu verteilen.[317]

k) Abfindung in der Insolvenz

Nachdem § 61 KO entfallen ist, ergibt sich die insolvenzrechtliche Behandlung von Abfindungen aus deren Entstehungszeitpunkt. Ansprüche auf Abfindungen gemäß §§ 9, 10 KSchG analog aufgrund eines vor Eröffnung eines Insolvenzverfahrens geschlossenen Prozessvergleichs (Abwicklungsvertrages) oder außergerichtlichen Aufhebungsvertrages sind in der Insolvenz keine Masseschulden. Sie sind vielmehr **einfache Insolvenzforderungen** gemäß §§ 38, 102 Abs. 2 InsO. Einfache Insolvenzforderungen sind auch Abfindungen aufgrund eines Auflösungsurteils nach §§ 9, 10 KSchG, es sei denn, dem Urteil liegt eine vom vorläufigen Insol-

---

309 BAG 13.11.1991 – 4 AZR 20/91, NZA 1992, 384.
310 BGH 8.12.1977 – II ZR 219/75, BB 1978, 275.
311 BGH 9.6.1983 – IX ZR 56/82, NJW 1983, 2142; BGH 13.11.1997 – IX ZR 37/97, NJW 1998, 749.
312 BGH 29.10.1981 – IX ZR 94/80, BGHZ 82, 145, 147.
313 § 4 Rn 366 ff.
314 BGH 6.5.1982 – IX ZA 1/82, NJW 1982, 1982.
315 Bauer, Arbeitsrechtliche Aufhebungsverträge, Rn IV-342.
316 BGH 14.1.1987 – Ivb ZR 89/85, NJW 1987, 1554.
317 BGH 14.1.1987 – Ivb ZR 89/85, NJW 1987, 1554.

venzverwalter erklärte Kündigung zugrunde. Dann ist gemäß § 55 Abs. 2 InsO von einer Masseschuld auszugehen.[318] Abfindungsforderungen, die auf einem vor Insolvenzeröffnung abgeschlossenen Tarifvertrag beruhen und durch eine Kündigung des Insolvenzverwalters ausgelöst werden, sind keine Masseforderungen i.S.v. § 55 Abs. 1 InsO.[319]

383 Einigen sich nach Verfahrenseröffnung der starke Insolvenzverwalter und der Arbeitnehmer auf einen außergerichtlichen Aufhebungsvertrag oder auf einen gerichtlichen Abwicklungsvertrag und vereinbaren eine Abfindung, besteht ein Masseschuldanspruch nach § 55 Abs. 1 Nr. 1 InsO.[320] Nach Ansicht des BAG verstößt es nicht gegen den arbeitsrechtlichen Gleichbehandlungsgrundsatz, wenn von einer entsprechenden Regelungen diejenigen Arbeitnehmer ausgenommen werden, die sich bereits in Kenntnis des Antrags auf Eröffnung des Insolvenzverfahrens mit der Beendigung des Arbeitsverhältnisses ausdrücklich einverstanden erklärt haben.[321] Bei finanziell unsicherer Lage des Unternehmens kann sich der Arbeitnehmer einmal durch Schuldbeitritt eines Dritten, z.B. der Konzernmutter, oder durch eine Bürgschaftserklärung absichern.[322] Auch verbleibt dem Arbeitnehmer das Gestaltungsmittel, Aufhebungs- und Abwicklungsvertrag unter eine auflösende Bedingung zu stellen (sog. **Monte-Carlo-Modell**).[323] Auch nach Ansicht von *Bauer*[324] stellt die Vereinbarung einer auflösenden Bedingung keinen Unwirksamkeitsgrund nach § 133 InsO wegen vorsätzlicher Gläubigerbenachteiligung dar. Der Insolvenzverwalter kann nach § 133 InsO Rechtshandlungen, die der Gemeinschuldner in einer dem anderen (also dem Arbeitnehmer) bekannten Absicht, seine Gläubiger zu benachteiligen, vorgenommen hat, anfechten. Die **Gläubigerbenachteiligungsabsicht** verlangt einen auf den Erfolg der Gläubigerbenachteiligung gerichteten Willen.[325] Es genügt, wenn die Benachteiligung neben anderen Zielen ins Auge gefasst wird. Erforderlich ist aber, dass die Schädigung der Gläubiger gewollt oder gebilligt wird. Hat der Arbeitnehmer beim Abschluss des auflösend bedingten Aufhebungsvertrages mit seinem wirtschaftlich schlecht dastehenden Arbeitgeber die Benachteiligung anderer Gläubiger des Arbeitgebers zwar als möglich angesehen, aber nicht gewollt oder gebilligt, fehlt eine Gläubigerbenachteiligungsabsicht.[326] Auch eine Anfechtung nach § 3 Abs. 2 AnfG scheidet aus, denn der gewöhnliche Arbeitnehmer wird im Gegensatz zum Prokuristen oder Leiter der Buchhaltung in aller Regel nicht als dem Schuldner nahe stehende Person (§ 138 InsO) zu qualifizieren sein.[327]

384 Daher sind folgende Regelungen zum Abschluss eines aufschiebend bedingten Aufhebungsvertrages sowie eines entsprechenden Abwicklungsvertrages denkbar:

Sollte vor Zahlung der Abfindung ein Insolvenzverfahren eröffnet oder die Eröffnung mangels Masse abgelehnt werden, gilt der Aufhebungsvertrag als nicht geschlossen mit der Folge, dass das Arbeitsverhältnis ungekündigt fortbesteht.[328]

385 Beim Abwicklungsvertrag ist vor allem an den Fall zu denken, dass eine Kündigungsschutzklage erhoben ist und das Arbeitsverhältnis über einen Prozessvergleich gegen Zahlung einer Abfindung beendet wird. In diesem Falle sind zwei Varianten denkbar:

Wird die Abfindung fristgerecht zum ▪▪▪ gezahlt, nimmt der Kläger nach Zahlungseingang seine vor dem Arbeitsgericht ▪▪▪ erhobene Kündigungsschutzklage, Az.: ▪▪▪, zurück. Der Beklagte erteilt vorab für diesen Fall seine Zustimmung.[329]

386 Diese Variante eignet sich in den Fällen, in denen die Kündigung ausgesprochen, eine Kündigungsschutzklage erhoben, aber entweder noch kein Gütetermin durchgeführt wurde oder die Vereinbarung außergerichtlich in den Zeitraum zwischen Güte- und Kammertermin fällt. In dem Fall, in dem der gerichtliche Abwicklungsvergleich, sei es im Güte-, sei es im Kammertermin, geschlossen wird, bietet sich folgende Ergänzung an:

---

[318] *Bauer*, Arbeitsrechtliche Aufhebungsverträge, Rn V-13.
[319] LAG Köln 28.4.2005 – 5 Sa 1409/04, NZA-RR 2005, 597.
[320] *Lohkemper*, KTS 1996, 1, 36; MüKo/*Löwisch/Caspers*, InsO, § 113 Rn 36.
[321] BAG 27.10.1998 – 1 AZR 94/98, NZA 1999, 719.
[322] § 4 Rn 339.
[323] *Hümmerich*, NZA 2001, 1280, 1282.
[324] Arbeitsrechtliche Aufhebungsverträge, Rn V-16.
[325] BAG 29.7.1967 – 3 AZR 55/66, BAGE 20, 11; BGH 11.11.1993 – IX ZR 257/92, ZIP 1994, 40.
[326] *Bauer*, Arbeitsrechtliche Aufhebungsverträge, Rn V-16.
[327] Nerlich/Römermann/*Nehrlich*, InsO, § 138 Rn 21; *Hümmerich*, NZA 2001, 1280, 1283.
[328] *Bauer*, Arbeitsrechtliche Aufhebungsverträge, Rn V-15.
[329] *Hümmerich*, NZA 2001, 1280, 1282.

Sofern die Abfindung nicht spätestens zum ▪▪▪ bei dem Kläger eingegangen ist, ist der Abwicklungsvertrag/ Prozessvergleich vom heutigen Tage hinfällig und das ruhend gestellte Kündigungsschutzverfahren wird wieder aufgenommen.[330]

Für Sozialpläne aus den letzten drei Monaten vor dem Antrag auf Eröffnung des Insolvenzverfahrens sieht § 124 InsO keine Begrenzung des Volumens vor. Sowohl dem Insolvenzverwalter als auch dem Betriebsrat steht aber ein Widerrufsrecht zu. Sofern der Sozialplan nicht widerrufen wird, werden die Ansprüche dann Masseschulden, wenn der Abschluss durch einen vorläufigen Insolvenzverwalter mit Verfügungsbefugnis erfolgte.[331] Ansonsten sind sie einfache Insolvenzforderungen i.S.v. § 38 InsO.[332] Diese Rechtslage gilt auch im Hinblick auf Nachteilsausgleichsansprüche.[333]

l) Verjährung von Abfindungen

Eine vertraglich vereinbarte Abfindung wegen des Verlustes des Arbeitsplatzes unterlag nach der Rechtsprechung des BAG der zweijährigen Verjährungsfrist nach § 196 Abs. 1 Nr. 8, 9 BGB a.F.[334] Der durch Urteil oder in einem Prozessvergleich festgelegte Abfindungsanspruch verjährte gemäß § 218 Abs. 1 BGB a.F. in 30 Jahren. Die kurze Verjährungsfrist des § 196 BGB a.F. erfasste nach einem Urteil des BAG vom 30.10.2001[335] nicht eine Sozialplanabfindung. Diese sei kein Arbeitseinkommen oder Ersatz für Arbeitsentgelt i.S.v. § 196 BGB. Die Sozialplanabfindung werde nicht durch die Tätigkeit des Arbeitnehmers während seines Arbeitsverhältnisses verdient. Sie bezwecke vielmehr den zukunftsgerichteten Ausgleich oder die Milderung der Nachteile, die einem Arbeitnehmer durch eine Betriebsänderung entstehen. Durch die am 1.1.2002 in Kraft getretene Änderung des BGB, nach der die regelmäßige Verjährungsfrist nur noch drei Jahre beträgt, sind die früheren Streitfragen vom Gesetzgeber entschieden.

Haben die Parteien in einem vor dem 1.1.2002 geschlossenen Aufhebungsvertrag vereinbart, der Arbeitnehmer erhalte für den Verlust des Arbeitsplatzes eine einmalige Abfindung nach §§ 9, 10 KSchG, galt nach dem bis zum 31.12.2001 geltenden Verjährungsrecht grundsätzlich die regelmäßige Verjährung von 30 Jahren nach § 195 BGB.[336] Nach Art. 229 § 6 Abs. 1 Satz 1 EGBGB gilt für „bestehende und noch nicht verjährte Ansprüche" das mit Wirkung zum 1.1.2002 eingeführte Recht. Im Interesse des Schuldnerschutzes vollendet sich die Verjährung einer kürzeren Frist nach bisherigem Recht, Art. 229 § 6 Abs. 3 EGBGB. Eine längere Frist wird zugunsten des Schuldners zwar verkürzt, wegen des gebotenen Gläubigerschutzes beginnt ihr Lauf aber erst mit dem 1.1.2002, Art. 229 § 6 Abs. 4 EGBGB.

m) Abfindungsrückzahlungsklauseln

Bei konzernangehörigen Unternehmen entsteht die Gefahr, dass der Arbeitnehmer die eine Firma mit einer Abfindungsvereinbarung verlässt und in einem anderen Unternehmen, das zum gleichen Konzern gehört, ein neues Arbeitsverhältnis aufnimmt. Der Konzern kann kein Interesse daran haben, dass in diesem Falle eine Abfindung gezahlt wird. Dabei ist zu unterscheiden zwischen denjenigen Fällen, in denen unmittelbar nach Beendigung des Arbeitsverhältnisses ein neues Arbeitsverhältnis bei einem konzernzugehörigen, anderen Unternehmen aufgenommen wird, und denjenigen Fällen, in denen der Arbeitnehmer zu einem wesentlich späteren Zeitpunkt, weil sich diese Entwicklung im Laufe seiner Bewerbungsbemühungen ergeben hat, in ein konzernabhängiges Unternehmen eintritt. Für den Fall, dass man eine Rückzahlungsregelung vereinbaren will, die den Fall des **unmittelbaren Anschlussarbeitsverhältnisses in einem konzernzugehörigen Unternehmen** erfassen soll, wird folgende Formulierung vorgeschlagen:

Der Abfindungsanspruch entfällt, wenn der Mitarbeiter im Anschluss an das Vertragsverhältnis ein neues Vertragsverhältnis unter Anrechnung der bisherigen Betriebszugehörigkeit mit einem konzernverbundenen Unternehmen eingeht, es sei denn, dieses neue Arbeitsverhältnis wird sechs Monate nach Beendigung dieses Vertrages vom neuen Arbeitge-

---

[330] *Hümmerich*, NZA 2001, 1280, 1282.
[331] *Bauer*, Arbeitsrechtliche Aufhebungsverträge, Rn V-18.
[332] BAG 31.7.2002 – 10 AZR 275/01, NZA 2002, 1332.
[333] BAG 4.12.2002 – 10 AZR 16/02, AP § 38 InsO Nr. 2; BAG 8.4.2003 – 2 AZR 15/02, ZIP 2003, 1260.
[334] BAG 7.5.1986 – 4 AZR 556/83, BAGE 52, 33 = AP § 4 BAT Nr. 12; *Bauer*, Arbeitsrechtliche Aufhebungsverträge, Rn 765; a.A. aber LAG Niedersachsen 26.1.2001 – 10 Sa 1753/00, NZA-RR 2001, 240 (n.rkr.; Az. beim BAG: 9 AZR 154/01): „Abfindungen, die als Entschädigung für den Verlust des Arbeitsplatzes gezahlt werden, unterliegen der regelmäßigen Verjährungsfrist von 30 Jahren gemäß § 195 BGB. Sie sind kein Äquivalent für die erbrachte Arbeitsleistung des Arbeitnehmers und daher kein Gehalt bzw. Lohn i.S.d. § 196 Abs. 1 Nr. 8 BGB bzw. § 196 Abs. 1 Nr. 9 BGB."
[335] BAG 30.10.2001 – 1 AZR 65/01, NZA 2002, 449 = DB 2002, 903.
[336] BAG 15.6.2004 – 9 AZR 513/03, NZA 2005, 295.

ber gekündigt; in diesem Fall ist die hier vereinbarte Abfindung bei Beendigung des neuen Arbeitsverhältnisses zu zahlen.

391 Eine differenziertere Regelung zur Abfindung ist angebracht, wenn der Arbeitnehmer erst im Laufe der Zeit, jedenfalls innerhalb eines Jahres nach Beendigung des Arbeitsverhältnisses, ein neues Arbeitsverhältnis zu einem konzernzugehörigen Unternehmen eingeht. Für diesen Sachverhalt können die Parteien das Folgende regeln:

Die Abfindung ist brutto zurückzuzahlen, wenn der Mitarbeiter innerhalb von zwölf Monaten nach Beendigung dieses Vertrages ein neues Arbeitsverhältnis mit einem konzernverbundenen Unternehmen unter Anrechnung der bisherigen Betriebszugehörigkeit eingeht und dieses neue Arbeitsverhältnis sechs Monate ungekündigt besteht; in diesem Fall ist die Abfindung nach Ablauf des sechsten Monats des neuen Arbeitsverhältnisses zur Rückzahlung fällig. Von der Rückzahlung ausgenommen ist ein Betrag 1/12 des Bruttoabfindungsbetrags für jeden Monat der Arbeitslosigkeit zwischen der Beendigung dieses Arbeitsverhältnisses und dem Beginn des neuen Arbeitsverhältnisses.

n) Abfindungsverlustklausel

392 Arbeitet der Mitarbeiter in einem Konzern, ist es denkbar, dass er bei seinem konzernabhängigen Arbeitgeber ausscheidet, eine Abfindung erhält und schon nach kurzer Zeit wieder eine Stelle in einem anderen konzernabhängigen Unternehmen antritt. Für diese Fälle besteht ein Bedürfnis, eine Rückzahlungsklausel zu vereinbaren, die darauf abstellt, ob der Arbeitnehmer in einem bestimmten Zeitraum ein Arbeitsverhältnis mit einem anderen, konzernabhängigen Unternehmen vereinbart. Zur Vermeidung einer Abfindungszahlung gegenüber einem Arbeitnehmer, der letztlich nicht sozial schutzbedürftig ist, weil er innerhalb des Konzerns nach dem Ausscheiden aus der einen Firma in eine andere Gesellschaft wechselt, bietet sich folgende Klausel an:

Die Abfindung ist in voller Höhe zurückzuzahlen, sofern der Mitarbeiter innerhalb von zwölf Monaten nach Beendigung des Arbeitsverhältnisses ein neues Arbeitsverhältnis mit einem Unternehmen der ■■■-Gruppe eingeht.

2. Abfindung nach § 1a KSchG

393 Der Wortlaut einer Kündigung nach § 1a KSchG kann wie folgt formuliert werden:

Sehr geehrter Herr ■■■,

hiermit kündigen wir das Arbeitsverhältnis wegen dringender betrieblicher Erfordernisse nach § 1 Abs. 2 Satz 1 KSchG. Wenn Sie innerhalb von drei Wochen nach Zugang dieses Schreibens keine Klage auf Feststellung erheben, dass das Arbeitsverhältnis durch die Kündigung nicht aufgelöst ist, haben Sie mit Ablauf der Kündigungsfrist Anspruch auf eine Abfindung. Die Höhe der Abfindung beträgt 0,5 Monatsverdienste für jedes Jahr des Bestehens des Arbeitsverhältnisses. Einzelheiten ergeben sich aus § 1a Abs. 2 KSchG.

Mit freundlichen Grüßen

394 Anfänglich drehte sich die Diskussion bei § 1a KSchG um die Frage, welche Folgen sich aus dem Umstand ergeben, dass ein Arbeitnehmer auf eine Kündigung nach § 1a KSchG mit einer Kündigungsschutzklage reagiert. Verliert der Arbeitnehmer den Anspruch auf Abfindung oder kann er zumindest den durch Erhebung der Kündigungsschutzklage zunächst verlorenen Anspruch durch Klagerücknahme zurückgewinnen, da § 269 Abs. 3 ZPO regelt, dass ein Rechtsstreit bei Klagerücknahme als nicht anhängig geworden anzusehen ist? Diese Frage dürfte inzwischen weitgehend außer Streit sein. Die h.M. geht davon aus, dass es sich bei dem Anspruch auf Abfindung nach § 1a KSchG um einen Anspruch aus einem gesetzlichen Schuldverhältnis handelt,[337] so dass dieser Anspruch schon nach dem Wortlaut des § 1 KSchG nicht entsteht, wenn der Arbeitnehmer bis zum Ablauf der Frist des § 4 Satz 1 KSchG eine Klage auf Feststellung erhebt, wonach das Arbeitsverhältnis durch die Kündigung nicht aufgelöst sei. Bei denjenigen Autoren, die von einer Vertragskonstruktion bei § 1a KSchG ausgehen,[338] kommt man zum gleichen Ergebnis. Wenn das bloße Verstreichenlassen der Frist des § 4 Satz 1 KSchG ein Angebot ist, dass der Arbeitnehmer konkludent annimmt, wobei der Zugang der Annahmeerklärung nach § 151 Satz 1 BGB für entbehrlich gehalten wird,[339] muss

---

[337] *Bader*, NZA 2004, 65; *Giesen/Besgen*, NJW 2004, 185; *Grobys*, DB 2003, 2174; *Hümmerich*, NJW 2004, 2921; 2922; KR-*Spilger*, § 1a KSchG Rn 36 ff.; *Lienfeld/Spellbrink*, RdA 2005, 88, 94; *Maschmann*, AuA 2003, 6, 10; *Quecke*, RdA 2004, 86, 94; *Willemsen/Annuß*, NJW 2004, 177, 182.
[338] APS/*Ascheid*, § 1a KSchG Rn 5; *Bauer/Krieger*, NZA 2004, 77; *Däubler*, NZA 2004, 177; *Löwisch*, BB 2004, 154; *Pauly/Osnabrügge*, Hdb. KündigungsR, § 4 Rn 7; Schaub/*Linck*, Arbeitsrechts-Handbuch, § 131 Rn 62; *Preis*, DB 2004, 70.
[339] *Preis*, DB 2004, 70, 71; *Wolff*, BB 2004, 378.

sich der Wille des Arbeitnehmers auch auf die Nichterhebung der Klage beziehen, so dass die Wirkung des § 269 Abs. 3 Satz 1 ZPO nach beiden Theorien nicht dazu führt, dass der mit Klageerhebung erloschene Anspruch wieder auflebt. Daraus folgt: Dem Arbeitnehmer steht der Anspruch auf Abfindung nach § 1a Abs. 2 KSchG nicht zu, wenn er innerhalb der Frist des § 4 KSchG Kündigungsschutzklage erhebt.

Auf den Anspruch auf Abfindung nach § 1a Abs. 2 KSchG kann der Arbeitnehmer weder im Vorhinein verzichten[340] noch im Nachhinein, wenn im Laufe der Kündigungsfrist ein Abwicklungsvertrag mit dem Ziel der vorfristigen Beendigung des Arbeitsverhältnisses und einer geringeren Abfindung geschlossen wird.[341] In diesem Falle handelt es sich übrigens nicht um einen Abwicklungsvertrag, wie *Altenburg/Reufels/Leister* formulieren, sondern um einen Aufhebungsvertrag. Denn durch diese Vereinbarung wird das Arbeitsverhältnis konstitutiv nachträglich durch zwei übereinstimmende Willenserklärungen und eben gerade nicht durch die ursprünglich ausgesprochene Kündigung beendet. Mit Recht verweisen die Autoren darauf, dass angesichts des eingetretenen gesetzlichen Schuldverhältnisses im Nachhinein ein Vorausverzicht auf den Abfindungsanspruch aus § 1a KSchG nicht wirksam ist, wobei § 1a KSchG hierzu selbst keine Anhaltspunkte bietet, sondern in der Tat der Vorausverzicht auf den Abfindungsanspruch nach § 134 BGB unwirksam ist.[342]

395

Das Kündigungsschreiben des Arbeitgebers muss sorgfältig formuliert werden. Der Hinweis des Arbeitgebers im Kündigungsschreiben, der Arbeitnehmer habe bei **Rechtskraft der Kündigung** einen Abfindungsanspruch, erfüllt nicht die Voraussetzungen des § 1a Abs. 1 Satz 2 KSchG, da der Begriff der Rechtskraft der Kündigung weitergehender ist als der des Verstreichenlassens der Klagefrist.[343]

396

Merkwürdigerweise nicht streitig ist gegenwärtig, zu welchem Zeitpunkt der Abfindungsanspruch aus § 1a Abs. 2 KSchG **entsteht**. Es herrscht in der Literatur Einigkeit, dass der Anspruch auf Abfindung gemäß § 1a Abs. 1 Satz 1 KSchG mit Ablauf der Kündigungsfrist, also im Zeitpunkt der rechtlichen Beendigung des Arbeitsverhältnisses, entsteht.[344]

397

Auch das ArbG Siegen[345] hat sich dieser Auffassung angeschlossen und für den Fall, dass zwischen Zugang des Kündigungsschreibens nach § 1a KSchG und dem Ende des Arbeitsverhältnisses der Arbeitnehmer verstirbt, entschieden, dass der Abfindungsanspruch nicht auf die Erben übergehe. Das ArbG Siegen begründete mit der h.M. seine Ansicht unter Hinweis auf den Gesetzeswortlaut. In § 1a Abs. 1 Satz 1 KSchG heiße es, kündige der Arbeitgeber wegen dringender betrieblicher Erfordernisse … und erhebe der Arbeitnehmer … keine Klage auf Feststellung, habe der Arbeitnehmer **mit dem Ablauf der Kündigungsfrist Anspruch auf eine Abfindung**. Das LAG Hamm[346] hat die Ansicht des ArbG Siegen bestätigt.

398

Die Argumentation der h.M. überzeugt nicht. Der Wortlaut des § 1a KSchG macht keinen Unterschied zwischen Entstehung und Fälligkeit. Er besagt auch nicht, dass der Anspruch erst „mit dem Ablauf der Kündigungsfrist entsteht, sondern spricht davon, dass zu diesem Zeitpunkt „Anspruch auf eine Abfindung" bestehe. Ein Anspruch besteht, wenn er fällig ist. Insoweit mag der Gesetzgeber vielleicht nicht sorgfältig genug formuliert haben, aus dem Wortlaut des Gesetzes selbst jedenfalls lässt sich nicht entnehmen, dass die Benennung des Ablaufs der Kündigungsfrist als Zeitpunkt des Anspruchs auf eine Kündigung erst zum Ende der Kündigungsfrist den Anspruch entstehen lässt. An dem Grundsatz, dass ein Anspruch mit dem Abschluss des Rechtsgeschäfts oder dem Setzen des Rechtsgrunds entsteht, ändert sich durch den Wortlaut des § 1a Abs. 1 Satz 1 KSchG nichts. Gerade beim gesetzlichen Schuldverhältnis liegt es nahe, dass mit dem Eintritt der Bedingung, dem Verstreichenlassen der Frist zur Erhebung einer Kündigungsschutzklage, der Rechtsgrund gesetzt ist. Weitere Voraussetzungen müssen nicht mehr erfüllt werden. Weder der Arbeitgeber noch der Arbeitnehmer haben irgendeine weitere Rechtshandlung nach Ablauf der Klageerhebungsfrist vorzunehmen, außer der Auszahlung der Abfindung durch den Arbeitgeber zum Beendigungszeitpunkt. Die Auszah-

399

---

340 *Altenburg/Reufels/Leister*, NZA 2006, 71.
341 Beispiel bei *Altenburg/Reufels/Leister*, NZA 2006, 71.
342 *Altenburg/Reufels/Leister*, NZA 2006, 71, 76.
343 LAG Hamm 7.6.2005 – 12 Sa 2165/04, NZA 2005, 1123; Wortgenauigkeit fordert ebenfalls LAG Baden-Württemberg 26.6.2006 – 4 Sa 24/06, n.v.
344 BT-Drucks. 15/1204, S. 12; *Däubler*, NZA 2004, 177; ErfK/*Ascheid*, § 1a KSchG Rn 10; *Giesen/Besgen*, NJW 2004, 185, 186; HWK/*Quecke*, § 1a KSchG Rn 19; *Kittner/Zwanziger/Becker*, Arbeitsrecht Handbuch, § 92 Rn 68; KR-*Spilger*, § 1a KSchG Rn 86 ff.; *Maschmann*, AuA 2003, 6, 11; *Preis*, DB 2004, 70; *Quecke*, RdA 2004, 86, 98; *Raab*, RdA 2005, 1; *Altenburg/Reufels/Leister*, NZA 2006, 71; *Schaub/Linck*, Arbeitsrechts-Handbuch, § 31 Rn 65; *Willemsen/Annuß*, NJW 2004, 177, 181; *Wolff*, 2004, 378, 381.
345 ArbG Siegen 9.6.2005 – 1 Ca 843/05 O, NZA 2005, 935 = DB 2005, 1975.
346 LAG Hamm 8.11.2005 – 19 Sa 1491/05, LAGE § 1a KSchG Nr. 3 (Revision beim BAG; Az: 2 AZR 45/06).

lung, die Erstarkung des entstandenen Anspruchs zu einem Zahlungsanspruch, berührt die Frage der Fälligkeit, nicht die der Anspruchsentstehung.

400 Auch eine Kontrollüberlegung bestätigt die Richtigkeit des Ergebnisses. Würde der Anspruch erst zum Tag der Beendigung des Arbeitsverhältnisses entstehen, stünde er noch jederzeit zur Disposition der Vertragsparteien. Gesetzliche Ansprüche bewegen sich gerade nicht in der Verfügung der Naturalparteien. Außerdem lässt sich ins Feld führen, dass das von *Altenburg/Reufels/Leister* berichtete Beispiel ergäbe, dass es noch jederzeit möglich wäre, für die Parteien bis zum Ende des Arbeitsverhältnisses wirksam eine abweichende Vereinbarung über den Beendigungszeitpunkt und die Höhe der Abfindung zu treffen. Zu einem gesetzlichen Verbot der Abänderung des Abfindungsanspruchs gelangt man aber nur, wenn der Abfindungsanspruch bereits entstanden und damit aufgrund des gesetzlichen Schuldverhältnisses der rechtsgeschäftlichen Parteidisposition entzogen ist.

401 Da die hier vertretene Auffassung gegenwärtig noch keine Mehrheit im Schrifttum gefunden hat, wird empfohlen, zumindest zwischen den Parteien klarzustellen, von welchem Entstehungszeitpunkt sie ausgehen. Hierzu bietet sich folgende Formulierung an:

Die Parteien sind sich darüber einig, dass der Abfindungsanspruch nach § 1a KSchG mit dem Zeitpunkt des Ablaufs der Frist zur Erhebung einer Kündigungsschutzklage am ▬▬▬ bereits entstanden und somit auch nach dem Willen der Parteien vererbbar ist.

402 Anwälte, die in ihrer Sprechstunde von Arbeitnehmern aufgesucht werden, denen in einem Schreiben entsprechend den Anforderungen von § 1a KSchG gekündigt wurde, stehen verschiedentlich vor einer schwierigen Aufgabe. Zum einen können sie in dem Zeitraum von drei Wochen oft nicht überprüfen, ob tatsächlich dringende betriebliche Erfordernisse vorgelegen haben. Zwar hat der Arbeitnehmeranwalt das Recht, nach § 1 Abs. 3 Satz 1 Hs. 2 KSchG vom Arbeitgeber zu verlangen, unverzüglich die Gründe mitzuteilen, die zu der getroffenen Sozialauswahl geführt haben.[347] Der **Anspruch auf unverzügliche Mitteilung** wird aber in verschiedenen Fällen nicht zeitnah vor Ablauf der Klageerhebungsfrist erfüllt. In diesem Falle steht nach Auffassung von *Ulrici/Mohnke*[348] dem Arbeitnehmer kein Schadensersatzanspruch aus § 280 Abs. 1 BGB wegen Schlechtleistung zu, wie die Autoren annehmen, wenn der Arbeitgeber falsche Auskünfte erteilt hat. Richtig ist, dass die gesetzliche Auskunftspflicht nur innerprozessuale Bedeutung im Kündigungsschutzprozess hat. Der Zweck des § 1a KSchG besteht gerade darin, den Rechtsstreit zu vermeiden und damit auch dem Arbeitnehmer keinen innerprozessualen Auskunftsanspruch zu gewähren. Schließlich spricht der Gesetzgeber nicht von einer betriebsbedingten Kündigung, sondern macht es allein zur Voraussetzung, dass der Arbeitgeber im Kündigungsschreiben erklärt hat, dass die Kündigung auf dringende betriebliche Erfordernisse gestützt ist und der Arbeitnehmer bei Verstreichenlassen der Klagefrist die Abfindung beanspruchen kann.

403 Um das Risiko eines Rechtsstreits zu vermeiden, der für den Arbeitnehmer eine Prozessniederlage oder eine niedrigere Abfindung als 0,5 Bruttogehälter pro Beschäftigungsjahr zur Folge haben kann, treten Rechtsanwälte in Verhandlungen mit dem Arbeitgeber ein, in denen über zusätzliche Zahlungen verhandelt wird. Fordert der Arbeitnehmeranwalt eine höhere Abfindung, riskiert er, dass das Rechtskonstrukt des § 1a KSchG nicht mehr zur Anwendung kommt, mit allen für den Arbeitnehmer fatalen Auswirkungen, beispielsweise im Bereich des Arbeitsförderungsrechts oder dadurch, dass der Arbeitgeber sich nach Ablauf der Kündigungsfrist weigert, die Abfindung zu zahlen. Das Urteil des LAG Hamm[349] zeigt, mit welcher Formstrenge die Rechtsprechung den Inhalt von Kündigungsschreiben nach § 1a KSchG beurteilt. Dem verhandelnden Anwalt verbleibt in derartigen Fällen nur, eine Sonderprämie, also einen besonderen Gehaltsbestandteil für im vergangenen Jahr erbrachte Leistungen des Arbeitnehmers zu fordern. Derartige Zusagen kann der Arbeitgeber mit einem gesonderten Schreiben in der Drei-Wochen-Frist des § 4 KSchG zusagen.

3. Abwicklungsvertrag als Anschreiben

404 Der Abwicklungsvertrag muss nicht in der Form eines von beiden Parteien unterzeichneten Vertragstextes geschlossen werden, da das Schriftformerfordernis beim Abwicklungsvertrag nach § 623 BGB nicht gilt.[350]

---

347 *v. Hoyningen-Huene/Linck*, KSchG, § 1 Rn 491.
348 *Ulrici/Mohnke*, NZA 2006, 77.
349 LAG Hamm 7.6.2005 – 12 Sa 2165/04, NZA 2005, 1123.
350 LAG Hamm 25.10.2001 – 8 Sa 956/01, n.v.; *Appel/Kaiser*, AuR 2000, 281; APS/*Preis*, § 623 BGB Rn 9; *Bauer*, NZA 2002, 169; *Däubler*, AiB 2000, 188; ErfK/*Müller-Glöge*, § 623 BGB Rn 14; *Hümmerich*, NZA 2001, 1280; *Rolfs*, NJW 2000, 1277; a.A. *Berscheid*, ZInsO 2000, 208; *Richardi*, NZA 2001, 57; *Schaub*, NZA 2000, 344.

Beim Abwicklungsvertrag tritt die Beendigung des Arbeitsverhältnisses nicht durch den Vertrag, sondern durch die vorangegangene Kündigung ein. Da § 623 BGB von „Auflösungsvertrag" spricht, der Abwicklungsvertrag aber kein „Lösen" des Arbeitsverhältnisses bedeutet, unterliegt der Abwicklungsvertrag nicht dem Schriftformerfordernis des § 623 BGB.

Daher besteht die Möglichkeit, den Abwicklungsvertrag durch Anschreiben des Arbeitgebers, das in seiner Struktur Ähnlichkeiten mit der Kündigung gemäß § 1a KSchG aufweist, zu schließen. Der Abwicklungsvertrag durch Anschreiben ist – anders als die Kündigung nach § 1a KSchG – nicht durch Gesetz geregelt, so dass über einen Abwicklungsvertrag als Anschreiben dem Arbeitnehmer ein rechtsgeschäftlicher Anspruch gewährt wird. In Ermangelung einer gesetzlichen Vorgabe ist es daher denkbar, dass der Arbeitgeber entweder zusammen mit dem Kündigungsschreiben oder in zwei getrennten Schreiben (einem Kündigungsschreiben und einem zusätzlichen Anschreiben) dem Arbeitnehmer Angebote zu den Modalitäten der Beendigung des Arbeitsverhältnisses unterbreitet.[351] Ein derartiges Anschreiben vermeidet eine Willenserklärung des Arbeitnehmers, die unmittelbar auf die Beendigung des Arbeitsverhältnisses gerichtet wäre.

405

Ein Abwicklungsvertrag über die Angelegenheiten im Zusammenhang mit der Beendigung des Arbeitsverhältnisses kommt in diesem Falle dadurch zustande, dass nach § 151 Satz 1 BGB entweder eine beantwortende Erklärung nach der Verkehrssitte durch den Arbeitnehmer nicht zu erwarten ist, was beispielsweise dadurch sichergestellt werden kann, dass der Arbeitnehmer keine Kündigungsschutzklage erhebt oder der Arbeitgeber im Anschreiben zum Ausdruck bringt, dass er keine Erklärung über die Annahme des Angebots für erforderlich hält. Beide Varianten führen nach § 151 Satz 1 BGB zum Zustandekommen eines Abwicklungsvertrages.[352]

406

Ein Abwicklungsvertrag durch Anschreiben des Arbeitgebers kann folgenden Wortlaut haben:

407

Sehr geehrter Herr ■■■,

hiermit kündigen wir das mit Ihnen bestehende Arbeitsverhältnis ordentlich unter Wahrung der bei Ihnen zu beachtenden Kündigungsfrist zum ■■■.

Wir gewähren Ihnen eine Abfindung von ■■■ EUR. Sie erhalten das aus der Anlage ersichtliche Zeugnis. Der Dienstwagen ist am letzten Tag des Arbeitsverhältnisses zurückzugeben. Gemäß § 151 Satz 1 BGB verzichten wir auf den Zugang der Annahmeerklärung unseres Angebots und halten uns hieran bis zum oben genannten Ende des Arbeitsverhältnisses gebunden.

Mit freundlichen Grüßen

Die Eleganz dieses Beendigungsmodells folgt der Erkenntnis, dass es der Gesetzgeber zur Entlastung der Arbeitsgerichte als wünschenswert ansieht, durch einseitige Schreiben dem Arbeitnehmer die Möglichkeit zu geben, auf die Erhebung einer Kündigungsschutzklage zu verzichten. Insofern folgt der Abwicklungsvertrag durch einseitiges Schreiben des Arbeitgebers einem gesetzlich erwünschten Beendigungsmodell. Der Vorteil besteht auch darin, dass von der Regel des § 1a Abs. 2 KSchG abweichende Abfindungen, sei es nach oben, sei es nach unten, vereinbart werden können, ohne die Existenz des Anspruchs zu gefährden. Diese Problematik stellt sich bei einem Abfindungsanspruch nach § 1a Abs. 2 KSchG, ebenfalls, wenn Streit über die Höhe des der „Faustformel" zugrunde zu legenden Gehalts zwischen den Parteien besteht.

408

Schließlich liegt bei Verwendung des Abwicklungsvertrages in der Form eines einseitigen Anschreibens des Arbeitgebers kein **Beteiligungssachverhalt** i.S.v. § 144 SGB III vor. Nach der maßgeblichen Durchführungsanordnung[353] liegt kein Beteiligungssachverhalt vor, wenn eine Arbeitgeberkündigung lediglich hingenommen wird. Der Abwicklungsvertrag ist unter den „Beteiligungssachverhalten", die zur Anordnung einer Sperrzeit nach § 144 SGB III führen, nicht aufgeführt.[354] Soweit die Bundesagentur die Beteiligung an der Beendigung bei Abschluss eines Abwicklungsvertrages annimmt, geht sie von einem zweiseitig unterzeichneten Vertrag aus, denn sie spricht davon, dass Einzelheiten „in einem Abwicklungsvertrag festgehalten werden",[355] was bei einem in einem Anschreiben formulierten Abwicklungsvertrag nicht geschieht. Schließlich hebt die Rechtsprechung des BSG im Urteil vom 18.12.2003[356] hervor, dass das tatsächliche Mitwirken an der Beendigung des Arbeitsverhältnisses, und sei es nur die Unterschrift unter einen Abwicklungsvertrag, zu

409

---

351 *Hümmerich*, SAE 2005, 100, 102.
352 *Bauer/Krieger*, NZA 2004, 640; *Hümmerich*, SAE 2005, 100, 102; *Hümmerich*, AE 2004, 147.
353 Bundesagentur für Arbeit, DA 144.18.
354 Bundesagentur für Arbeit, DA 144.7.
355 Bundesagentur für Arbeit, DA 144.14.
356 BSG 18.12.2003 – B 11 AL 35/03 R, NZA 2004, 661.

einem „Lösen" i.S.v. § 144 SGB III führen könne. Durch ein Anschreiben des Arbeitgebers, das den Arbeitnehmer von der Annahmeerklärung nach § 151 Satz 1 BGB befreit, wird weder ein rechtliches noch ein tatsächliches Mitwirken des Arbeitnehmers ausgelöst.

4. Abwicklungsvertrag mit Rückkehrperspektive

410 In einer Zeit, in der man sich vermehrt mit der Frage beschäftigt, ob nicht nur statt reiner Beendigungsmodelle auch andere Ansätze in Frage kommen,[357] lassen sich Gestaltungsalternativen zum herkömmlichen Abwicklungsvertrag entwickeln, die die Möglichkeit der Wiedereinstellung beinhalten. *Dollmann*[358] hat ein **Neubegründungsmodell** vorgeschlagen, das bei jedem außergerichtlichen, aber auch gerichtlichen Abwicklungsvertrag realisierbar ist. Der Wortlaut:

Die Beklagte verpflichtet sich, dem Kläger den Abschluss eines neuen Arbeitsvertrages schriftlich anzubieten, sofern sie in der Zeit vom ▄▄▄ bis ▄▄▄ ungelernte Arbeitskräfte einstellt. Die Beklagte ist nur zum einmaligen Angebot eines neuen Arbeitsvertrages verpflichtet. Das Angebot hat unter Beachtung der Kündigungsfristen eines zwischenzeitlich begründeten Arbeitsverhältnisses mit einem Dritten zu erfolgen. Der Kläger kann das Angebot der Beklagten nur binnen einer Frist von zwei Wochen ab Zugang annehmen. Der Kläger verpflichtet sich, der Beklagten einen Wohnsitzwechsel unverzüglich mitzuteilen.

411 Diese Vereinbarung bietet sich an, wenn zuvor die Beendigung des Arbeitsverhältnisses durch Kündigung und die Zahlung eines Abfindungsbetrags gemäß §§ 9, 10 KSchG protokolliert wurden. Die von *Dollmann* vorgeschlagene Klausel beinhaltet keine unbeschränkte Wiedereinstellungszusage, sondern ist zeitlich befristet und darüber hinaus aufschiebend bedingt. Das gewählte Beispiel betrifft ungelernte Arbeitskräfte, so dass sich eine Präzisierung des Angebots mit Blick auf eine bestimmte Stelle nicht zwingend anbietet.

412 Ergänzend regt *Dollmann*[359] an, eine **Anrechnungsklausel** aufzunehmen:

Im Falle der Neubegründung eines Arbeitsverhältnisses sind sich die Parteien einig, die bisherige Beschäftigungsdauer auf das neu begründete Arbeitsverhältnis anzurechnen.

413 Weiterhin besteht die Möglichkeit, eine vollständige oder teilweise Rückzahlungsvereinbarung über die gezahlte Abfindung im Falle der Wiedereinstellung zu treffen:

Der Kläger verpflichtet sich, im Falle der Neubegründung des Arbeitsverhältnisses die nach Abzug etwaiger Steuern gezahlte Abfindung in monatlichen Raten á EUR ▄▄▄ an die Beklagte zurückzuzahlen, die die monatlichen Raten unter Beachtung der Pfändungsfreigrenze vom Nettolohn einbehalten darf. Wird das neu begründete Arbeitsverhältnis vor vollständiger Erfüllung des Rückzahlungsanspruchs beendet, wird dem Kläger der noch offene Rückzahlungsbetrag erlassen.

414 Die Rückzahlungsklausel ist wirksam. Aus der Rechtsprechung des BAG zum Wegfall der Geschäftsgrundlage eines innerhalb der Kündigungsfrist getroffenen Prozessvergleichs mit Wiedereinstellung[360] lässt sich entnehmen, dass bei Wiedereinstellung eine Rückzahlungsverpflichtung bestehen und somit in jedem Falle privatautonom vereinbart werden kann. Die Frage, ob die Steuerfreiheit nach § 3 Nr. 9 EStG bei Zusage einer Wiedereinstellung unter bestimmten Voraussetzungen gefährdet ist, wurde nach außer Kraft treten dieser Vorschrift zum 1.1.2006 obsolet. Wird der Abwicklungsvertrag mit Rückkehrperspektive als gerichtlicher Vergleich geschlossen, besteht trotz des Urteils des BSG vom 18.12.2003[361] kein Beteiligungssachverhalt, der zur Auslösung einer Sperrzeit nach § 144 SGB III führt. Denn das BSG hat ausdrücklich ausgeführt, dass eine nachträgliche Einigung durch arbeitsgerichtlichen Vergleich in aller Regel keine Sperrzeit auslöst, da der Arbeitslose nach aller Erfahrung nicht mehr die Möglichkeit hat, eine Fortsetzung des Beschäftigungsverhältnisses und damit eine Beendigung seiner Arbeitslosigkeit durchzusetzen. Die Vereinbarung einer Rückkehrperspektive dient zudem der Beseitigung entstehender Arbeitslosigkeit und dürfte schon aus diesem Grunde zusätzlich als wichtiger Grund i.S.d. § 144 SGB III anzusehen sein, so dass auch der außergerichtliche Abwicklungsvertrag in diesem Falle sperrzeitunschädlich ist.

415 Es ist zweifelhaft, ob der Arbeitnehmer einen Auskunftsanspruch gegenüber dem Arbeitgeber hat, um festzustellen, welche Arbeitnehmer in dem vereinbarten Zeitraum eingestellt wurden. Zwar ist in der Rechtspre-

---

357 *Hümmerich/Welslau*, NZA 2005, 610 ff.
358 *Dollmann*, BB 2005, 2297.
359 BB 2005, 2297.
360 BAG 4.12.1997 – 2 AZR 140/97, BB 1998, 1108.
361 BSG 18.12.2003 – B 11 AL 35/03 R, NZA 2004, 661.

chung des BAG anerkannt, dass Auskunftsansprüche nach Treu und Glauben bestehen können, wenn es die Rechtsbeziehungen zwischen den Parteien mit sich bringen, dass der Berechtigte in entschuldbarer Weise über Bestehen und Umfang seines Rechts im Ungewissen ist und der Verpflichtete die zur Beseitigung der Ungewissheit erforderliche Auskunft unschwer geben kann.[362] Hieraus abzuleiten, dass dem Arbeitnehmer ein entsprechender Auskunftsanspruch zusteht, wäre kühn. Dem Mitarbeiter bleibt es allerdings unbenommen, sich ein **Auskunftsrecht** vertraglich zu sichern. Eine solche Regelung kann wie folgt lauten:

Die Beklagte verpflichtet sich, über die Anzahl und den Inhalt der mit vergleichbaren Mitarbeitern getroffenen Abreden mit Neubegründungsangebot sowie über geplante oder erfolgte Einstellungen im vereinbarten Zeitraum die erforderlichen Auskünfte zu erteilen und entsprechend § 259 Abs. 2 BGB die Richtigkeit und Vollständigkeit der Auskünfte an Eides Statt zu versichern.[363]

Vollstreckbar sind die Ansprüche aus dem erweiterten Abwicklungsvergleich nach § 894 ZPO nicht. § 894 ZPO findet auf einen gerichtlichen Vergleich, der eine Verpflichtung zur Abgabe einer Willenserklärung enthält, keine Anwendung.[364] Da der Anspruch bedingt und befristet, somit von weiteren Voraussetzungen abhängig ist, scheidet auch eine unmittelbare Vollstreckung aus dem Vergleich nach § 888 ZPO aus.[365] Vielmehr ist es erforderlich, mit einer neuen Leistungsklage die im Vergleich niedergelegte Angebotsverpflichtung gegen den ehemaligen Arbeitgeber vor dem Arbeitsgericht geltend zu machen. *Dollmann*[366] schlägt vor, in diesem Falle den Antrag zu stellen, in Anlehnung an die Geltendmachung des Wiedereinstellungsanspruchs den Arbeitgeber zu verurteilen, „ein Beschäftigungsangebot mit dem Inhalt des zum ... beendeten Arbeitsverhältnisses zu unterbreiten". 416

Mit Rechtskraft des stattgebenden Urteils gilt das Angebot des Arbeitgebers als abgegeben und kann vom Arbeitnehmer angenommen werden. Lehnt der Arbeitnehmer das Angebot auf Wiedereinstellung ab und bezieht er Arbeitslosengeld I oder II, muss er mit sozialversicherungsrechtlichen Sanktionen rechnen. Wer Arbeitslosengeld bezieht, wird eine Sperrzeit nach § 144 Abs. 1 Satz 1 Nr. 2 SGB III erhalten, weil er ein ihm zumutbares Arbeitsangebot abgelehnt hat. 417

Vereinbarungen über ein Rückkehrrecht stehen unter dem Vorbehalt, dass der Betriebsrat die Zustimmung nach § 99 Abs. 1 BetrVG erteilt. Die Rückkehr eines Arbeitnehmers in den Betrieb ist, auch wenn sie arbeitsvertraglich bei einem ausscheidenden Arbeitnehmer als Perspektive vereinbart wurde, eine Neueinstellung, die nach § 99 Abs. 1 BetrVG mitbestimmungspflichtig ist. Aus diesem Grunde wird angeregt, in jedem Falle bei Abwicklungsverträgen mit Rückkehrperspektive eine Klausel aufzunehmen, die besagt: 418

Die von der Beklagten eingegangene Verpflichtung steht unter dem Vorbehalt der Zustimmung des Betriebsrats nach § 99 BetrVG.

Unterlässt es der Arbeitgeber, einen derartigen **Vorbehalt** auszusprechen, könnte der Fall eintreten, dass der Arbeitnehmer nach der Rückkehrzusage, deren Voraussetzungen erfüllt sind, zur Wiedereinstellung verpflichtet wäre, sämtliche Pflichten aus der Rückkehrzusage und dem sich daran anschließenden Arbeitsverhältnis zu erfüllen hätte, mit Ausnahme der Beschäftigung, weil der Betriebsrat die Zustimmung zur Einstellung nach § 99 Abs. 2 BetrVG verweigert hat und ein Zustimmungsersetzungsverfahren nach § 99 Abs. 3 BetrVG für den Arbeitgeber, ggf. wegen vorhersehbarer Erfolglosigkeit, nicht in Betracht kommt. Der Arbeitsvertrag bleibt auch dann wirksam, wenn bei der Einstellung das Mitbestimmungsrecht des Betriebsrats verletzt wurde.[367] Der Betriebsrat kann in diesem Falle verlangen, dass der Arbeitnehmer im Betrieb nicht beschäftigt wird, mit der Folge, dass der Arbeitgeber das Gehalt zu zahlen hat, der Arbeitnehmer allerdings nicht beschäftigt wird.[368] Das betriebsverfassungsrechtliche Beschäftigungsverbot greift in die individualrechtlichen Beziehungen zwischen dem Arbeitgeber und dem einzelnen Arbeitnehmer ein.[369] 419

---

362 BAG 1.12.2004 – 5 AZR 664/03, BB 2005, 1168; BAG 21.11.2000 – 9 AZR 665/99, BB 2001, 2059.
363 *Dollmann*, BB 2005, 2297, 2302.
364 BGH 19.6.1986 – IX ZR 141/85, NJW 1986, 2704.
365 *Zöller/Stöber*, § 888 ZPO Rn 11; *Dollmann*, BB 2005, 2297, 2302.
366 *Dollmann*, BB 2005, 2297, 2302.
367 BAG 5.4.2001 – 2 AZR 580/99, AP § 99 BetrVG 1972 Einstellung Nr. 32; BAG 2.7.1980 – 5 AZR 56/79, AP § 101 BetrVG 1972 Nr. 5; *Raab*, ZfA 1995, 479.
368 BAG 2.7.1980 – 5 AZR 56/79, AP § 101 BetrVG 1972 Nr. 5.
369 BAG 3.5.1994 – 1 ABR 58/93, BAGE 77, 1, 8.

5. Announcement-Klauseln

420 Das betriebsinterne und das betriebsexterne Announcement (**Pressemeldung**) spielen für die Reputation eines ausscheidenden Arbeitnehmers eine nicht zu unterschätzende Rolle. Die Branchen sind klein, zumindest übersichtlich und jedes überraschende Ausscheiden eines Arbeitnehmers bietet rasch Anlass zu Verdächtigungen. Für den Arbeitnehmer, dessen Ausscheiden wertneutral nach außen kommuniziert wurde, bietet das Announcement zudem den Vorteil, dass ihn manch einer anrufen wird, der an der Vermittlung einer neuen Position Interesse hat, sei es der Wettbewerb, sei es ein Personalberater.

421 Auch die betriebsinterne Kommunikation darf, je nach Firmengröße, nicht unterschätzt werden. In Extremfällen pflegen Führungskräfte ihre Trennungsentscheidung, ohne dass eine Kündigung ausgesprochen wurde oder ohne dass bereits ein Aufhebungsvertrag geschlossen wurde, zeitgleich mit dem Verlassen des Betriebsgeländes im Intranet bekannt zu geben. Meist werden derartige E-Mails ihrem Wortlaut nach so gefasst, als sei die Trennung bereits juristisch geregelt. Oft werden auch schon die Nachfolger oder die Verteilung der Aufgaben des ausscheidenden Mitarbeiters publiziert. Was jedem Mitarbeiter am Meisten schadet, nämlich das Gerücht, die hinter seinem Rücken kolportierten und nicht steuerbaren Informationen, lassen sich durch ein Announcement nur bedingt einschränken.

422 Ein offizielles Firmen-Statement bietet demgegenüber den Vorteil, dass zumindest offen bleibt, inwieweit die Führungskraft das Unternehmen verlassen wollte oder verlassen hat. Deshalb ist Arbeitnehmern in größeren Unternehmen anzuraten, das betriebsinterne Announcement inhaltlich miteinander abzustimmen und im Aufhebungs- und Abwicklungsvertrag den vereinbarten Wortlaut niederzulegen. Selbst wenn, wie beim Abwicklungsvertrag, eine Kündigung vorausgegangen ist, kann ein danach neutral und ausgewogen formuliertes Announcement den bereits eingetretenen Ansehensverlust in Grenzen halten. Ein **internes Announcement** kann beispielsweise lauten:

Herr Meier, der seit dem ▪▪▪ in unserem Hause tätig ist, wird mit Wirkung zum ▪▪▪ ausscheiden. Herr Meier leitete zunächst die Exportabteilung und übernahm vor vier Jahren die Stabsstelle Auslandsinvestitionen. In dieser Zeit hat er den Ausbau zweier Tochtergesellschaften in Brasilien und Polen mit großem Erfolg begleitet. Das Unternehmen dankt Herrn Meier für seine geleisteten Dienste. Herr Meier wird am ▪▪▪ ausscheiden. Die Stabsstelle Auslandsinvestitionen wird zum ▪▪▪ aufgelöst und der Finanzabteilung organisatorisch zugewiesen. Bis zur Bestellung eines neuen Abteilungsleiters wird sie von unserem kaufmännischen Direktor kommissarisch geleitet.

423 **Externe Announcements** werden regelmäßig knapp gehalten, zumal wenn der Trennung schwelende Konflikte vorausgegangen sind oder der Führungskraft fristlos gekündigt wurde. In einem solchen Falle wählt man eine Presseerklärung mit folgendem Inhalt:

Herr ▪▪▪, zuletzt Vorstandsvorsitzender der ▪▪▪, scheidet nach einer Übereinkunft mit dem Aufsichtsrat am ▪▪▪ aus. Beide Seiten machten zu den Gründen keine näheren Angaben. Herr ▪▪▪ wird sich künftig anderen Aufgaben im Bereich der Folienproduktion widmen.

424 Üblich ist auch eine Vereinbarung über Presseveröffentlichungen mit folgendem Wortlaut:

Presseveröffentlichungen und andere Verlautbarungen an einen unbestimmten Personenkreis werden die Parteien jeweils nur in einer vorab miteinander abgestimmten Form und Wortwahl abgeben.
Soweit der Mitarbeiter von der Gesellschaft redaktionelle Dienstleistungen übernimmt, werden die Parteien gemeinsam eine interne und externe Kommunikation hierüber erarbeiten und werden Presseveröffentlichungen und andere Verlautbarungen an einen unbestimmten Personenkreis nur in einer vorab miteinander abgestimmten Form und Wortwahl abgeben.

425 Hilfreich ist, auch wenn eine derartige Vereinbarung weder vollstreckbar (bei gerichtlichen Vergleichen) noch einklagbar ist, dass man das Announcement mit einer **Auskunftsbeschränkung** verknüpft, etwa in dem Sinne:

Die Firma wird gegenüber Dritten nur Auskünfte mit dem Inhalt des Announcements erteilen.

6. Aufhebungsklauseln

426 Nur in Aufhebungsverträgen beenden die Parteien einvernehmlich das Arbeitsverhältnis über eine Aufhebungsklausel. Dem Abwicklungsvertrag sind Aufhebungsklauseln fremd, weil beim Abwicklungsvertrag die Beendigung nicht über eine Willenserklärung des Arbeitnehmers, sondern über das einseitige Rechtsgeschäft Kündigung durch den Arbeitgeber erfolgt. **Aufhebungsklauseln** formuliert man üblicherweise wie folgt:

Kapitel 2: Abwicklungs- und Aufhebungsverträge

Das zwischen den Parteien bestehende Arbeitsverhältnis wird auf arbeitgeberseitige Veranlassung (unter Wahrung der ordentlichen Kündigungsfrist) einvernehmlich zum ▪▪▪ beendet.

Damit nicht schon wegen Nichteinhaltung der ordentlichen Kündigungsfrist eine Ruhensanordnung nach § 143a SGB III erfolgt, ist es wichtig, dass für den Sachbearbeiter der Agentur für Arbeit aus dem Tag der Unterzeichnung des Aufhebungsvertrages und aus dem in der Aufhebungsklausel als Beendigungsdatum bezeichneten Ende des Arbeitsverhältnisses hervorgeht, welche Fristen von den Parteien gewahrt wurden. Anhand des Arbeitsvertrages, anhand von § 622 BGB oder aufgrund eines einschlägigen Tarifvertrages kann der Sachbearbeiter der Agentur feststellen, ob die **Kündigungsfrist** eingehalten wurde. 427

Weiterhin sollte aus der Beendigungsformulierung immer auch hervorgehen, dass die Beendigung des Arbeitsverhältnisses **auf Initiative des Arbeitgebers** zurückgeht, sofern nicht der Arbeitnehmer mit dem Beendigungswunsch an den Arbeitgeber herangetreten ist. Üblicherweise verwendet man hier die **Formulierung** „auf Veranlassung des Arbeitgebers …". Auch wenn diese Formulierung § 3 Nr. 9 EStG, der zum 1.1.2006 außer Kraft getreten ist, entstammt, hat sie sich über das Steuerrecht hinaus zur Kennzeichnung der Arbeitsvertragspartei, von der die Initiative für die Beendigung ausgegangen ist, eingebürgert. Die Formulierung ist weiterhin nützlich, wenn der Arbeitnehmer von der Steuerbegünstigung gemäß §§ 34, 24 EStG Gebrauch machen will, denn sowohl § 24 Nr. 1 a EStG als auch § 24 Nr. 1 b EStG enthalten Tatbestände, die bedingen, dass der Verlust künftiger Einnahmen auf eine Initiative des Arbeitgebers zurückgeht. Am deutlichsten wird dieser Zusammenhang in § 24 Nr. 1 a EStG, wenn von „Entschädigungen als Ersatz für entgangene oder entgehende Einnahmen" die Rede ist. Hat man selbst die Initiative zur Beendigung des Arbeitsverhältnisses gesetzt, entgeht einem nichts. Nur wenn man dem Willen des Arbeitgebers gefolgt ist, auf den Arbeitsplatz zu verzichten, kann gedanklich von einer entgangenen oder entgehenden Einnahme die Rede sein. 428

Zu beachten ist, dass in einem Prozessvergleich, wenn man einen Aufhebungsvertrag schließen will, nicht vereinbart werden darf, dass das Arbeitsverhältnis „aufgrund einer arbeitgeberseitigen Kündigung" sein Ende findet, denn in dieser Formulierung wird von der Rechtsprechung[370] kein Auflösungsvertrag gesehen. 429

Vor **Rückdatierungen** wird gewarnt. Es wird beispielhaft auf die Entscheidung des Arbeitsgerichts Wetzlar[371] verwiesen. Der Aufhebungsvertrag verliert mit der Rückdatierung seine Wirksamkeit.[372] Allerdings kann ein Arbeitsverhältnis durch Aufhebungsvertrag rückwirkend aufgelöst werden, wenn es bereits außer Vollzug gesetzt wurde.[373] Nicht empfohlen werden kann die Aufhebungsklausel: 430

Der Arbeitsvertrag vom ▪▪▪ wird einvernehmlich zwischen den Parteien aufgehoben.

Zwar wirkt eine solche Klausel nur „*ex nunc*", da ein Arbeitsverhältnis allein mit Wirkung für die Gegenwart beseitigt werden kann.[374] Die Aufhebung kann daher keine Rechtsbeziehungen für die Vergangenheit beseitigen („*ex tunc*"). Der Arbeitsvertrag enthält allerdings einige Pflichten, die über die Dauer des Arbeitsverhältnisses hinauswirken wie die Verschwiegenheitspflicht des Arbeitnehmers oder die Verpflichtung des Arbeitgebers, eine betriebliche Altersversorgung zu erbringen. Wer im Aufhebungsvertrag nicht nur das Arbeitsverhältnis, sondern auch den Arbeitsvertrag in seiner Gesamtheit beseitigt, hebt damit die Anspruchsgrundlage nachwirkender Pflichten für die Zukunft auf, soweit die vertraglichen Pflichten nicht auch gleichzeitig gesetzlich geregelt sind. In verschiedenen Aufhebungsverträgen wird formuliert: 431

Zur Vermeidung einer ansonsten unumgänglichen, fristgerechten betriebsbedingten Kündigung einigen sich die Parteien unter Wahrung der ordentlichen Kündigungsfrist auf die Beendigung des Arbeitsverhältnisses zum ▪▪▪.

Mit Urteil vom 17.12.2001 entschied das LSG NRW,[375] dass es ein **wichtiger Grund** für die Lösung des Arbeitsverhältnisses i.S.v. § 144 Abs. 1 Nr. 1 SGB III sei, wenn der Arbeitnehmer mit dem Abschluss des Aufhebungsvertrages die von vielen als Makel angesehene Kündigung vermieden und damit seine Chance auf einen neuen Arbeitsplatz verbessert habe. In dem vor dem LSG NRW entschiedenen Fall war der Arbeitsplatz einer Mitarbeiterin betriebsbedingt weggefallen. Die Mitarbeiterin kam einer Kündigung zuvor und 432

---

370 BAG 16.9.1998 – 10 AZR 398/97, ARST 1999, 114.
371 ArbG Wetzlar 24.8.1993 – 1 Ca 209/93, ARST 1994, 26.
372 A.A. LAG Hamm 27.11.1997 – 8 Sa 1263/97, LAGE § 611 BGB Aufhebungsvertrag Nr. 22; LAG Baden-Württemberg 22.5.1991 – 12 Sa 160/90, LAGE § 611 BGB Aufhebungsvertrag Nr. 4.
373 BAG 10.12.1998 – 8 AZR 324/97, ARST 1999, 187.
374 BAG 3.12.1998 – 2 AZR 754/97, NZA 1999, 584; H/S-*Alpers*, Das arbeitsrechtliche Mandat, § 3 Rn 593 ff.; Schaub/*Schaub*, Arbeitsrechts-Handbuch, § 35 Rn 34.
375 LSG NRW 17.12.2001 – L 1 AL 21/01, n.v.

schloss mit ihrem Arbeitgeber einen Aufhebungsvertrag, der die Zahlung einer Abfindung vorsah. Motiv für den Abschluss des Aufhebungsvertrages war für die Mitarbeiterin einerseits die Abfindung, die bei einer Kündigung durch den Arbeitgeber nicht oder in geringerer Höhe geflossen wäre. Weiteres Motiv bildete für die Mitarbeiterin, dass mit Abschluss eines Aufhebungsvertrages aus ihrer Sicht die Chancen auf eine neue Stelle verbessert wurden. Das LSG NRW vertritt die Auffassung, dass die Motive der Klägerin, einen Aufhebungsvertrag zu schließen und nicht eine betriebsbedingte Kündigung hinzunehmen, als wichtiger Grund für die Lösung des Beschäftigungsverhältnisses anzusehen sind. Das BayLSG vertritt ebenfalls die Auffassung, dass die **Drohung** des Arbeitgebers mit einer rechtmäßigen ordentlichen Kündigung für den Betroffenen ein wichtiger Grund zum Abschluss einer Aufhebungsvereinbarung sein könne, wenn bei dieser die für den Arbeitgeber geltende Kündigungsfrist beachtet werde. Es erweise sich gerade in Fällen, in denen ein Arbeitnehmer einem Aufhebungsvertrag zustimme, weil er sich einer rechtmäßigen Kündigung ausgesetzt sähe, gegen die er sich nicht wehren könne, als unzumutbar, die drohende Kündigung des Arbeitgebers abzuwarten. Das verfassungsrechtliche Übermaßverbot verbiete deshalb die Verhängung einer Sperrzeit.[376]

433 Das BSG[377] teilte lange Zeit diese Auffassung nicht. Es wiederholte mit Urteil vom 25.4.2002[378] seinen Grundsatz, dass es keinen wichtigen Grund zur Nichtanordnung einer Sperrzeit darstelle, wenn der Arbeitnehmer dem Ausspruch einer drohenden Kündigung des Arbeitgebers über einen Abwicklungsvertrag zuvorkommen wolle. Es bestätigte damit seine frühere Rechtsprechung.[379] Nur in zwei Fällen ließ das BSG die angedrohte Kündigung ausnahmsweise als wichtigen Grund zu. Wird der Name eines zu kündigenden Arbeitnehmers auf einer Namensliste als Anlage zu einem Interessenausgleich geführt (§ 1 Abs. 5 KSchG), kann der Arbeitnehmer einen Aufhebungsvertrag schließen, ohne eine Sperrzeit befürchten zu müssen, denn in einem solchen Fall ist die Sozialauswahl nach § 1 Abs. 5 Satz 2 KSchG gerichtlich nur auf grobe Fahrlässigkeit zu überprüfen. Der Arbeitnehmer habe in einem solchen Falle faktisch keine Möglichkeit, eine betriebsbedingte Kündigung erfolgreich gerichtlich anzugreifen. Aus diesem Grunde sei ausnahmsweise ein wichtiger Grund zur Lösung des Arbeitsverhältnisses durch einen Aufhebungsvertrag gegeben.[380]

434 Der zweite Anwendungsfall der Ausnahmeregelung ergibt sich bei einvernehmlicher Aufhebung eines Beschäftigungsverhältnisses eines leitenden Angestellten, wenn ihm die Auflösung des Arbeitsverhältnisses gemäß §§ 9, 14 Abs. 2 Satz 2 KSchG droht.[381] Der Arbeitnehmer war in dem vom BSG entschiedenen Fall bereits freigestellt. Da sich der Arbeitnehmer als leitender Angestellter gegen eine Beendigung des Arbeitsverhältnisses durch Auflösungsantrag des Arbeitgebers im Falle einer Kündigungsschutzklage nicht hätte wehren können, nahm das BSG bei dieser Fallkonstellation ausnahmsweise einen wichtigen Grund an, so dass der Aufhebungsvertrag nicht sperrzeitauslösend wirkte.

435 Die Rechtslage änderte sich insofern, als Aufhebungs- und Abwicklungsverträge, in denen Abfindungen in den Grenzen des § 1a Abs. 2 KSchG versprochen werden, künftig nicht mehr auf die Rechtmäßigkeit des Beendigungstatbestands überprüft werden.[382] Auch in der Durchführungsanweisung der Bundesagentur ist dieser Grundsatz festgehalten: „Ob das Arbeitsverhältnis auch durch rechtmäßige Kündigung beendet werden konnte, ist für die Entscheidung über das Vorliegen eines Beendigungssachverhalts unerheblich."[383]

436 Will man der Agentur plausibel machen, dass ein wichtiger Grund zur Aufhebung des Arbeitsverhältnisses bestand, bietet es sich an, die **Gründe der Aufhebung** des Arbeitsverhältnisses in die Aufhebungsklauseln mit aufzunehmen:

Die Beendigung erfolgt, weil die Mutter des Arbeitnehmers zwischenzeitlich zu einem Pflegefall geworden ist, sich weigert, in ein Pflegeheim zu ziehen und deshalb nur noch versorgt werden kann, wenn der Arbeitnehmer seinen Arbeitsplatz aufgibt und in das elterliche Haus, in dem sich die Mutter befindet, einzieht.

437 Der Aufhebungsvertrag kann auch als **dreiseitiges Rechtsgeschäft** zustande kommen. Ein Aufhebungsvertrag, der anlässlich eines **Betriebsübergangs** mit dem Veräußerer geschlossen wird, ist wegen objektiver Gesetzesumgehung nichtig, wenn er lediglich die Beseitigung der Kontinuität des Arbeitsverhältnisses bei gleichzeiti-

---

376 BayLSG 9.1.2003 – L 11 AL 147/00, NZA-RR 2003, 496.
377 BSG 25.4.2002 – B 11 AL 100/01 R, zfs 2002, 243 = ArbuR 2002, 239.
378 BSG 25.4.2002 – B 11 AL 100/01 R, zfs 2002, 243 = ArbuR 2002, 239.
379 BSG 12.4.1984 – 7 RAr 28/83, DBlr § 119 AFG Nr. 2959.
380 BSG 25.4.2002 – B 11 AL 65/01 R, SozR 3-4300 § 144 Nr. 8.
381 BSG 17.11.2005 – B 11a/11 AL 69/04 R, SozR 4-4300 § 144 Nr. 11.
382 BSG 12.7.2006 – B 11a AL 47/05 R, AuR 2006, 280.
383 Bundesagentur für Arbeit, DA 144.10, 144.11.

gem Erhalt des Arbeitsplatzes bezweckt. Diesem Zweck dient der Abschluss eines Aufhebungsvertrages, wenn zugleich ein neues Arbeitsverhältnis zum Betriebsübernehmer vereinbart oder zumindest verbindlich in Aussicht gestellt wird.[384] Wenn dagegen die Vereinbarung auf das endgültige Ausscheiden des Arbeitnehmers aus dem Betrieb gerichtet ist, können die Parteien einen wirksamen Aufhebungsvertrag vereinbaren.[385] Wirksam ist ein Aufhebungsvertrag ferner, wenn die mit einer Vertragsgestaltung aus Anlass eines Betriebsübergangs verbundenen Verschlechterungen der Arbeitsbedingungen für die Arbeitnehmer sachlich berechtigt sind. Das kann nach Auffassung des 8. Senats beim Abschluss eines dreiseitigen Vertrages unter Einschaltung einer Beschäftigungs- und Qualifizierungsgesellschaft zur Vermeidung einer Insolvenz der Fall sein.[386] Verabreden ein **Arbeitnehmer**, sein **bisheriger Arbeitgeber** sowie ein **potentieller neuer Arbeitgeber** im Zuge eines einheitlichen Rechtsgeschäfts, dass der Arbeitnehmer ab einem bestimmten Tage nur noch mit dem neuen Arbeitgeber im Arbeitsverhältnis stehen und für diesen ausschließlich tätig werden soll, beinhaltet dieses Dreiecksgeschäft im Verhältnis zwischen dem Arbeitnehmer und seinem bisherigen Arbeitgeber einen Aufhebungsvertrag i.S.v. § 623 BGB. Wird das Dreiecksgeschäft ausschließlich **mündlich** geschlossen, ist der Aufhebungsvertrag nicht formwahrend und somit nichtig, §§ 623, 125 Satz 1 BGB. In diesem Falle besteht das Arbeitsverhältnis zwischen dem Arbeitnehmer und seinem bisherigen Arbeitgeber fort.

Beruft sich der Arbeitnehmer später auf den Fortbestand des Arbeitsverhältnisses zum bisherigen Arbeitgeber, sind an den Einwand der Treuwidrigkeit strenge Anforderungen zu stellen, erst recht dann, wenn der bisherige Arbeitgeber und der neue Arbeitgeber einen **Gemeinschaftsbetrieb zweier Unternehmen** im Sinne des Kündigungsschutzrechts unterhalten. Die formnichtige Aufhebung des Arbeitsverhältnisses zwischen Arbeitnehmer und bisherigem Arbeitgeber kann nicht nach § 140 BGB in eine Suspendierung der beiderseitigen Hauptleistungspflichten umgedeutet werden. Die Formnichtigkeit der Aufhebung des Arbeitsverhältnisses zwischen Arbeitnehmer und bisherigem Arbeitgeber hat, jedenfalls im Gemeinschaftsbetrieb zweier Unternehmen, nicht die Unwirksamkeit der Begründung eines Arbeitsverhältnisses zwischen Arbeitnehmer und neuem Arbeitgeber durch das mündliche Rechtsgeschäft zur Folge. Vielmehr verbleibt es bei der Begründung eines Arbeitsverhältnisses zwischen Arbeitnehmer und neuem Arbeitgeber, so dass der Arbeitnehmer im Ergebnis im **Arbeitsverhältnis mit zwei Arbeitgebern gleichzeitig** steht. Das nur teilweise formnichtige Dreiecksgeschäft ist jedoch nach § 140 BGB einheitlich in die Begründung von **Gläubiger- und Schuldnermehrheit** umzudeuten, so dass beide Arbeitgeber nach § 428 Abs. 1 BGB die Arbeitsleistung von dem Arbeitnehmer nur einmal verlangen können, der Arbeitnehmer von den Arbeitgebern nur einmal Entgelt und Beschäftigung fordern kann.

438

Steht der Arbeitnehmer mit zwei Arbeitgebern in Gläubigermehrheit in Arbeitsverhältnissen, so hat er kein **Wahlrecht** aus § 428 Abs. 1 BGB, an wen er seine Arbeitsleistung erbringen möchte, da das arbeitgeberseitige **Direktionsrecht** Vorrang genießt. Die **Freistellungserklärung** eines Arbeitgebers in Gläubigermehrheit schlägt gemäß § 429 Abs. 1 BGB auf den anderen Arbeitgeber durch, begründet ggf. einen einheitlichen Annahmeverzug beider Arbeitgeber. Diese außergewöhnliche Fallkonstellation entschied in der dargestellten Weise das ArbG Berlin.[387]

439

In außergerichtlichen Abwicklungsverträgen, aber auch in Prozessvergleichen findet sich wiederholt die folgende Formulierung:

440

Die Parteien sind sich darüber einig, dass das bestehende Arbeitsverhältnis aufgrund einer fristgerechten betriebsbedingten Kündigung zum ▬▬▬ endet.

Der Satz, dass sich die Parteien über die Beendigung des Arbeitsverhältnisses zu einem bestimmten Zeitpunkt einig sind, hat in einem **Abwicklungsvertrag** nichts zu suchen.[388] Immer dann, wenn Parteien Vereinbarungen treffen, die die Beendigung des Arbeitsverhältnisses unmittelbar berühren, handelt sich bei einem vom Arbeitnehmer angenommenen, bindenden Angebot um einen den Bestand des Arbeitsverhältnisses berührenden **Aufhebungsvertrag** und nicht um einen Abwicklungsvertrag. Deshalb war auch der zwischen dem Automobilclub und dem Arbeitnehmer geschlossene Vertrag, den das BSG in seinem Urteil vom 18.12.2003 zum Anlass für eine Änderung der Rechtslage beim Lösungsbegriff in § 144 Abs. 1 SGB III nahm,[389] kein

441

---

[384] BAG 10.12.1998 – 8 AZR 324/97, DB 1999, 537; BAG 28.4.1987 – 3 AZR 75/86, NZA 1988, 198 = ZIP 1988, 120.
[385] BAG 10.12.1998 – 8 AZR 324/97, DB 1999, 537.
[386] BAG 18.8.2005 – 8 AZR 523/04, DB 2006, 107; BAG 23.11.2006 – 8 AZR 349/06, AuR 2006, 447 = FA 2007, 22.
[387] ArbG Berlin 4.9.2002 – 30 Ca 8920/02, LAGE § 611 BGB Aufhebungsvertrag Nr. 27.
[388] *Hümmerich*, AE 2004, 147.
[389] BSG 18.12.2003 – B 11 AL 35/03 R, NZA 2004, 661.

Abwicklungsvertrag. Die Vorinstanz hatte richtig darauf erkannt, dass es sich bei der Aufhebungsklausel, die identisch ist mit der hier Vorgestellten, um einen Aufhebungsvertrag handelte. Es ist angesichts der Folgen, die das BSG aus jedweder Mitwirkungshandlung, erst recht aus einer rechtsgeschäftlichen Erklärung zur Beendigung des Arbeitsverhältnisses zieht, davon abzuraten, über die durch Kündigung herbeigeführte Beendigung zusätzlich eine Einvernehmlichkeitserklärung zu stülpen. Welches Rechtsgeschäft, die Kündigung durch den Arbeitgeber oder das in der Aufhebungsklausel bestätigte Einvernehmen über den Beendigungszeitpunkt bei der rechtlichen Bewertung den Vorrang genießt, kann dahingestellt bleiben. In jedem Falle existiert bei einer solchen Klausel mit zweifacher rechtsgeschäftlicher Beendigungswirkung ein vom Arbeitnehmer ausgehendes Willenserklärungselement mit Beendigungsabsicht und sei die Willenserklärung auch nur so zu werten, dass Einigkeit über die Wirksamkeit der Kündigung niedergelegt (protokolliert) wird. Da auch nach dem Urteil des BSG vom 18.12.2003 kein Beteiligungssachverhalt vorliegt, bewirkt die Dokumentation jeglichen Einvernehmens, das über die Hinnahme einer Kündigung hinausgeht, dass die Voraussetzungen einer Sperrzeitanordnung nach § 144 Abs. 1 Satz 1 SGB III erfüllt sind. Nach der Durchführungsanweisung der Bundesagentur gilt der gleiche Grundsatz, dass nämlich die lediglche Hinnahme einer Kündigung kein Beteiligungssachverhalt ist. Dieses Prinzip wendet die Bundesagentur auch dann an, wenn die Kündigung offensichtlich rechtswidrig ist.[390]

442 Solange das Zustandekommen eines Aufhebungsvertrages zwischen den Parteien streitig ist, befindet sich der Arbeitgeber nicht im Annahmeverzug, wenn der Arbeitnehmer kein tatsächliches Angebot der Arbeitsleistung abgegeben hat.[391] Gerade in Fällen länger dauernder Verhandlungen zwischen Arbeitgeber und Arbeitnehmer, die später u.U. abgebrochen werden und in denen der Arbeitgeber weder das Nichterscheinen des Arbeitnehmers am Arbeitsplatz gerügt hat noch eine Freistellung ausgesprochen wurde, ist das Urteil des BAG vom 7.12.2005 von großer Bedeutung. Der Arbeitnehmer muss den Nachweis führen, dass er tatsächlich seine Arbeitsleistung während der Verhandlungen angeboten und der Arbeitgeber das Arbeitsangebot des Arbeitnehmers ausgeschlagen hat.

7. Aufklärungsklauseln

a) Beendigungsinitiative und Aufklärungspflicht

443 Der Umfang von Hinweis- und Aufklärungspflichten des Arbeitgebers beim Abschluss von Abwicklungs- und Aufhebungsverträgen beurteilt sich zunächst danach, von welcher Vertragspartei die **Initiative zur Vereinbarung des Rechtsgeschäfts** ausgegangen ist.[392] Bittet der Arbeitnehmer um die Aufhebung eines Arbeitsverhältnisses, trifft den Arbeitgeber grundsätzlich keine Aufklärungspflicht.[393] Der Mitarbeiter, der selbst um einen Aufhebungsvertrag gebeten hat, muss sich über die Konsequenzen seines Handelns und der Klauseln eines Aufhebungs- und Abwicklungsvertrages selbst informieren.[394] Kritisiert wird, dass die Rechtsprechung diesen Grundsatz nicht stringent einhält.[395]

444 Liegt die **Beendigungsinitiative** beim **Arbeitgeber**, beurteilen Rechtsprechung und Schrifttum die Aufklärungspflichten des Arbeitgebers wie folgt: Der Arbeitgeber hat nach Auffassung einiger Instanzgerichte alles dafür zu tun, um **eventuelle Schäden abzuwenden**, die dem Arbeitnehmer durch Abschluss eines Aufhebungsvertrages entstehen könnten.[396] Der 3. Senat des BAG vertritt die (herrschende) Auffassung, dass ohne Vorliegen **besonderer Umstände** keine Aufklärungspflicht für den Arbeitgeber im Verhältnis zum ausscheidenden Arbeitnehmer bestehe.[397] Nur ausnahmsweise gebiete die Fürsorgepflicht des Arbeitgebers, den Arbeitnehmer auf die für ihn nachteiligen Folgen des Aufhebungsvertrages hinzuweisen.[398] Ein solcher Ausnahmefall liegt nach Meinung des 8. Senats des BAG vor, wenn die Abwägung der beiderseitigen Interessen unter Billigkeitsgesichtspunkten und unter Berücksichtigung aller Umstände des Einzelfalles ergibt, dass der Arbeitnehmer durch sachgerechte, vom Arbeitgeber redlicherweise zu erwartende Aufklärung vor der Auflö-

---

390 Bundesagentur für Arbeit, DA 144.18.
391 BAG 7.12.2005 – 5 AZR 19/05, NZA 2006, 435.
392 BAG 11.12.2001 – 3 AZR 339/00, NZA 2002, 1150; BAG 17.10.2000 – 3 AZR 605/99, DB 2001, 286 = NZA 2001, 206.
393 BAG 10.3.1988 – 8 AZR 420/85, AP § 611 BGB Fürsorgepflicht Nr. 99.
394 BAG 3.7.1990 – 3 AZR 382/89, AP § 1 BetrAVG Nr. 24 = NZA 1990, 971.
395 *Bauer*, AnwBl 1993, 58.
396 ArbG Hamburg 10.12.1990 – 21 Ca 252/90, BB 1991, 625; ArbG Freiburg 20.6.1991 – 2 Ca 145/91, DB 1991, 2600; ArbG Wetzlar 29.8.1995 – 1 Ca 273/95, NZA-RR 1996, 84; ArbG Wetzlar 7.8.1990 – 1 Ca 48/90, DB 1991, 976; BAG 17.10.2000 – 3 AZR 605/99, DB 2001, 286.
397 BAG 3.7.1990 – 3 AZR 382/89, AP § 1 BetrAVG Nr. 24.
398 BAG 13.6.1996 – 2 AZR 431/95, DB 1996, 1832.

sung des Arbeitsverhältnisses geschützt werden müsse, weil der Arbeitnehmer sich anderenfalls aus Unkenntnis selbst schädigen würde.[399] Die blumenreichen Kriterien des 8. Senats eignen sich in der Praxis nicht als trennscharfe Abgrenzungsmerkmale.

Während die Rechtsprechung des 3. Senats auf „besondere Umstände", beispielsweise einen besonderen Vertrauenstatbestand, abstellt, um eine Hinweispflicht zu entwickeln,[400] wählen der 8. Senat und das LAG Hamburg einen nicht ganz identischen, gleichwohl vergleichbaren Weg: Aus einer Abwägung der Interessen der Beteiligten unter Billigkeitsgesichtspunkten soll sich ergeben, ob und in welchem Umfang der Arbeitgeber beispielsweise einen Arbeitnehmer darüber unterrichten müsse, welche Auswirkungen die einvernehmliche Aufhebung des Arbeitsverhältnisses auf den Anspruch auf Arbeitslosengeld habe. Konkret hat der 8. Senat entschieden, der Arbeitgeber habe erst seiner Hinweispflicht genügt, wenn er einem Arbeitnehmer, der von sich aus um Aufhebung des Arbeitsverhältnisses gegen Zahlung einer Abfindung gebeten habe, mitteile, dass er mit einer **Sperrzeit** nach § 119 AFG (jetzt: § 144 SGB III) zu rechnen habe.[401] Hier zeigt sich der Bruch mit der übrigen Rechtsprechung, wonach jegliche Hinweispflicht entfällt, wenn die Initiative zur Arbeitsverhältnisbeendigung vom Arbeitnehmer ausgegangen ist.[402] *Bauer* vertritt die Auffassung, jede Hinweispflicht des Arbeitgebers entfalle, wenn der Arbeitnehmer durch einen Anwalt oder durch einen Gewerkschaftssekretär vertreten werde oder der Aufhebungsvertrag als Prozessvergleich geschlossen werde.[403]

445

Der Arbeitnehmer wurde darauf hingewiesen, dass er bei vorzeitiger einvernehmlicher Beendigung des Arbeitsverhältnisses ohne Einhaltung der Kündigungsfrist mit einem Ruhen des Arbeitslosengeldanspruchs und einer teilweisen Anrechnung seiner Abfindung auf das Arbeitslosengeld bei Bezug von Arbeitslosengeld rechnen muss. Ferner wurde dem Arbeitnehmer erläutert, dass die Agentur für Arbeit im Regelfalle bei Abschluss eines Aufhebungsvertrages eine Sperrzeit nach § 144 SGB III anordnet.

Den **Abwägungs- und Abgrenzungskriterien** der BAG-Rechtsprechung fehlt die aus Sicht der Praxis wünschenswerte Präzision. Es bleibt einer individuellen Wertung überlassen, welche Sachverhaltskonstellationen als „besondere Umstände" gelten sollen und welche nicht. Zu bemängeln ist weiterhin, dass die Entscheidungen vom 13.11.1984 und 10.3.1988[404] ebenso wenig eine praktikable Handlungsvorgabe enthalten wie das geringfügig neuere Urteil vom 3.7.1990.[405] Im Schrifttum werden Hinweis- und Aufklärungspflichten des Arbeitgebers beim Abschluss von Abwicklungs- und Aufhebungsverträgen auf breiter Front abgelehnt.[406] In neuerer Zeit stellte das BAG[407] den Grundsatz auf, ohne zu erläutern, inwieweit damit eine Rechtsprechungsänderung verbunden sein soll, dass beim Abschluss von Aufhebungsverträgen **jede Vertragspartner selbst für die Wahrnehmung seiner Interessen zu sorgen** habe. Hinweis- und Aufklärungspflichten beruhten auf den besonderen Umständen des Einzelfalles und seien das Ergebnis einer umfassenden Interessenabwägung.[408] In diese Interessenabwägung sei regelmäßig einzustellen, ob der Arbeitgeber den Eindruck erweckt habe, der Arbeitnehmer werde von ihm vor unbedachten versorgungsrechtlichen Nachteilen bewahrt, ob der Arbeitnehmer auf Eigeninitiative ausscheide oder ob sich ein außergewöhnliches Informationsbedürfnis dadurch ergeben würde, dass die drohenden Versorgungseinbußen ungewöhnlich hoch sein würden. Geht ein Arbeitnehmer für den Arbeitgeber deutlich erkennbar davon aus, er habe eine unverfallbare Versorgungsanwartschaft erworben, die von einem selbständigen Verein zu erbringen sei, so muss der Arbeitgeber den Arbeitnehmer nach Ansicht des LAG Rheinland-Pfalz wegen der damit zusammenhängenden Fragen an den Verein verweisen.[409]

446

---

399 BAG 10.3.1988 – 8 AZR 420/85, AP § 611 BGB Fürsorgepflicht Nr. 99 = NZA 1988, 837.
400 BAG 13.11.1984 – 3 AZR 255/84, AP § 1 BetrAVG Zusatzversorgungskassen Nr. 5 = BAGE 47, 169; BAG 3.7.1990 – 3 AZR 382/89, DB 1990, 2431.
401 BAG 10.3.1988 – 8 AZR 420/85, NZA 1988, 837; LAG Hamburg 20.8.1992 – 2 Sa 16/92, LAGE § 611 BGB Aufhebungsvertrag Nr. 9.
402 BAG 3.7.1990 – 3 AZR 382/89, AP § 1 BetrAVG Nr. 24 = NZA 1990, 971.
403 *Bauer*, Arbeitsrechtliche Aufhebungsverträge, Rn I-155; HWK/*Kliemt*, Anh. § 9 KSchG Rn 19.
404 BAG 13.11.1984 – 3 AZR 255/84, AP § 1 BetrAVG Zusatzversorgungskassen Nr. 5; BAG 10.3.1988 – 8 AZR 420/85, AP § 611 BGB Fürsorgepflicht Nr. 99.
405 BAG 3.7.1990 – 3 AZR 382/89, AP § 1 BetrAVG Nr. 24.
406 *Bauer*, Arbeitsrechtliche Aufhebungsverträge, Rn I-155 f.; H/S-*Hümmerich*, Das arbeitsrechtliche Mandat, § 11 Rn 179; *Nägele*, BB 1992, 1274; *Wisskirchen/Worzalla*, DB 1994, 577; *Weber/Ehrich/Burmester*, Handbuch der arbeitsrechtlichen Aufhebungsverträge, Teil 1 Rn 67 ff.; einschränkend BAG 11.12.2001 – 3 AZR 339/00, NZA 2002, 1150.
407 BAG 11.12.2001 – 3 AZR 339/00, NZA 2002, 1150 = DB 2002, 2387.
408 *Reinecke*, RdA 2005, 129 m.w.N.
409 LAG Rheinland-Pfalz 14.1.1992 – 10 Sa 531/91, ARST 1993, 60.

b) Keine Pflicht zur Ankündigung eines künftigen Sozialplans

447 Der 10. Senat hat entschieden, dass der Arbeitgeber, der einem Arbeitnehmer einen Aufhebungsvertrag anbiete, nicht zu dem Hinweis verpflichtet sei, dass er Entlassungen plane, die zusammen genommen sozialplanpflichtig werden könnten. Willigt der Arbeitnehmer ein, kann er nach einem späteren Sozialplan keine Abfindung verlangen.[410] Auf die Möglichkeit höherer Abfindungsansprüche aus dem bevorstehenden Abschluss eines Sozialplans muss der Arbeitgeber nur dann hinweisen, wenn absehbar ist, dass die Sozialplanregelungen auch auf den Arbeitnehmer anwendbar sein werden.[411] Im Grundsatz erkennt das BAG nunmehr an, dass den Arbeitgeber Hinweis- und Aufklärungspflichten treffen, wenn der Arbeitgeber den Aufhebungsvertrag initiiert und den Eindruck erweckt hat, er werde die sozialen und finanziellen Belange des Arbeitnehmers angemessen berücksichtigen.[412]

Der Arbeitgeber weist den Arbeitnehmer darauf hin, dass gegenwärtig Sozialplanverhandlungen geführt werden. Der Arbeitnehmer erklärt sein Einverständnis, dass es bei den im Aufhebungsvertrag getroffenen Regelungen verbleiben soll, selbst wenn einzelne Regelungen des Sozialplans für ihn günstiger sein sollten und er unter den Anwendungsbereich des Sozialplans fallen sollte.

c) Aufklärungspflicht bei Verkürzung der Kündigungsfrist

448 **Aufklärungsbelastet** ist der **Arbeitgeber** unabhängig von der Beendigungsinitiative, wenn die **Kündigungsfrist** im Aufhebungsvertrag **reduziert** wird. Der Arbeitgeber muss den Arbeitnehmer darauf hinweisen, dass er mit einer Ruhensanordnung und mit einer Sperrzeit zu rechnen hat,[413] über deren Dauer die Agentur für Arbeit entscheidet.[414] Seit der durch das Erste Gesetz für moderne Dienstleistungen am Arbeitsmarkt eingeführten und zum 1.1.2006 geänderten[415] Meldepflicht des Arbeitnehmers nach Erhalt einer Kündigung und nach Abschluss eines Aufhebungsvertrages (§ 37b SGB III) besteht daneben eine obligatorische **Hinweispflicht des Arbeitgebers gemäß § 2 Abs. 2 Nr. 3 SGB III**, die nach h.M. bei Unterlassen durch den Arbeitgeber nicht zu Schadensersatz führt.[416] Das BAG hat mit Urteil vom 29.9.2005 die Schadensersatzpflicht des Arbeitgebers abgelehnt, der es versäumt hat, den Arbeitnehmer auf die damals bestehende unverzügliche Meldung der drohenden Arbeitslosigkeit gemäß §§ 2 Abs. 2 Satz 3 Nr. 3, 37b SGB III hinzuweisen. Er ist damit der überwiegend in Rechtsprechung und Schrifttum vertretenen Ansicht gefolgt, weil es sich bei § 2 Abs. 2 Satz 2 Nr. 3 SGB III um eine öffentlich-rechtliche Sollvorschrift handele, die der Gesetzgeber unschwer auch als Mussvorschrift hätte ausgestalten können, dies allerdings unterlassen habe, folge neben dem rein sozialrechtlichen Regelungszusammenhang,[417] dass die Norm zu keiner Schadensersatzpflicht des Arbeitgebers bei Nichtbeachtung führen solle.[418] Eine andere Auffassung hält den Schadensersatzanspruch gemäß § 280 Abs. 1 BGB, § 2 Abs. 2 Nr. 3 SGB III schon deshalb für gegeben, weil die Pflichtverletzung in der Nichtbeachtung einer Sollvorschrift besteht, der Fahrlässigkeitsmaßstab erfüllt ist und auch ein kausaler Schaden beim Arbeitnehmer nach § 140 SGB III durch Kürzung des Arbeitslosengeldes eintritt.[419]

449 Trotz der Rechtsprechung des BAG wird angeraten, den Arbeitnehmer auf die Pflicht zur Meldung bei der Agentur für Arbeit hinzuweisen. Dabei bietet es sich an, dieser **Hinweispflicht** entweder dadurch zu genügen, dass man eine gesonderte Information in den Aufhebungsvertrag aufnimmt oder bereits in das Kündigungsschreiben:

Der Arbeitgeber hat darauf hingewiesen, dass sich der Arbeitnehmer, wenn sein Arbeitsverhältnis endet, spätestens drei Monate vor dessen Beendigung persönlich bei der Agentur für Arbeit arbeitsuchend melden muss. Liegen zwischen der Kenntnis des Beendigungszeitpunkts und der Beendigung des Arbeitsverhältnisses weniger als drei Monate,

---

410 BAG 13.11.1996 – 10 AZR 340/96, AP § 620 BGB Aufhebungsvertrag Nr. 4 = NZA 1997, 390.
411 BAG 22.4.2004 – 2 AZR 281/03, ArbRB 2004, 299.
412 BAG 22.4.2004 – 2 AZR 281/03, ArbRB 2004, 299.
413 BAG 14.2.1996 – 2 AZR 234/95, NZA 1996, 811; BAG 10.3.1988 – 8 AZR 420/85, AP § 611 BGB Fürsorgepflicht Nr. 99.
414 BAG 10.3.1988 – 8 AZR 420/85, AP § 611 BGB Fürsorgepflicht Nr. 99.
415 Fünftes Gesetz zur Änderung des Dritten Buches Sozialgesetzbuch und anderer Gesetze v. 22.12.2005, BGBl. I S. 3676.
416 BAG 29.9.2005 – 8 AZR 571/04, NZA 2005, 1406; LAG Hamm 7.6.2005 – 19 (2) Sa 30/05, NZA-RR 2005, 606; LAG Düsseldorf 29.9.2004 – 12 Sa 1323/04, DB 2004, 2645; ArbG Verden 27.11.2003 – 3 Ca 1567/03, NZA-RR 2004, 108.
417 *Hanau*, ZIP 2003, 1573; *Bauer/Krets*, NJW 2003, 537; *Vetter*, BB 2005, 891.
418 LAG Düsseldorf 29.9.2004 – 12 Sa 1323/04, LAGE § 2 SGB III Nr. 2; LAG Baden-Württemberg 27.1.2005 – 11 Sa 110/04, n.v.; LAG Düsseldorf 2.3.2005 – 4 Sa 1919/04, AR-Blattei ES 1400 Nr. 71; LAG Berlin 29.4.2005 – 13 SHa 724/05, MDR 2005, 1177; ArbG Verden 27.11.2003 – 3 Ca 1567/03, LAGE § 2 SGB III Nr. 1 = BB 2004, 1632 m. Anm. *Heins/Höstermann*, BB 2004, 1633.
419 *Brune*, AR-Blattei SD 1510 Rn 56 f.; *Düwell*, FA 2003, 108, 110; *Gabke*, AuR 2005, 160, 161; *Gaul/Otto*, DB 2002, 2486; *Hümmerich*, NJW 2004, 2921; *Seel*, MDR 2005, 241; *Urmersbach*, SGb 2004, 684; *Zieglmeier*, DB 2004, 1830.

hat die Meldung innerhalb von drei Tagen nach Kenntnis von der Kündigung zu erfolgen. Die Pflicht zur Meldung besteht unabhängig davon, ob der Fortbestand des Arbeitsverhältnisses gerichtlich geltend gemacht oder vom Arbeitgeber in Aussicht gestellt wird.

d) Aufklärungspflicht über Versorgungsanwartschaften

Während das BAG dazu tendiert, grundsätzlich eine Aufklärungspflicht des Arbeitgebers wegen der sozialrechtlichen Auswirkungen von Aufhebungs- und Abwicklungsvertrag anzunehmen,[420] differenziert das ArbG Frankfurt[421] wegen sonstiger Auswirkungen des Aufhebungsvertrages danach, ob der Arbeitgeber aufgrund seiner überlegenen Sachkunde ohne weiteres zu vom Arbeitnehmer begehrten Auskünften in der Lage und der Arbeitnehmer zur sachgerechten Entscheidung erkennbar nur nach entsprechender Aufklärung durch den Arbeitgeber imstande ist. Das ArbG Frankfurt[422] geht von einer Hinweispflicht des Arbeitgebers aus, wenn der Arbeitnehmer in den Verhandlungen zum Ausdruck bringe, dass er entsprechenden Rat benötige und der Arbeitgeber ohne weiteres zu einer sachgerechten Aufklärung imstande ist. Die Beweislast dafür, dass der Arbeitnehmer um eine Aufklärung gebeten hat, liegt im Falle eines Schadensersatzprozesses gegen den Arbeitgeber beim Arbeitnehmer.[423]

450

Das LAG Berlin[424] vertritt die Ansicht, dem geltenden Recht lasse sich nicht entnehmen, dass der Arbeitgeber umfassend die Aufgabe eines Sachverwalters der wirtschaftlichen Interessen des Arbeitnehmers zu übernehmen habe. Dadurch würde der Arbeitgeber überfordert. Dies gelte insbesondere im Lohnsteuerrecht. Insoweit stünden dem Arbeitnehmer zur sachkundigen und kompetenten Beratung die entsprechenden Leistungsträger oder beruflich ausgebildete Sachkundige zur Verfügung, an die sich der Arbeitnehmer in Zweifelsfragen wenden könne. *Weber/Ehrich/Burmester* verlangen, dass sich der Mitarbeiter über die steuerliche Gestaltung des Aufhebungsvertrages entweder rechtzeitig vor Vertragsunterzeichnung selbst informiert oder zumindest, wenn er Zweifel über die möglichen steuerrechtlichen Folgen hat, in den Verhandlungen den Arbeitgeber ausdrücklich anspricht.[425] Über den **Verlust von Versorgungsanwartschaften** muss der Arbeitgeber den Arbeitnehmer nach der BAG-Rechtsprechung grundsätzlich nicht von sich aus vor Abschluss des Aufhebungsvertrages unterrichten. Eine Aufklärungspflicht kann daraus herrühren, dass der Arbeitgeber die Initiative für den Abschluss des Aufhebungsvertrages ergriffen hat und angesichts dieser Initiative die Fallkonstellation zu einem atypischen Versorgungsfall führt.[426]

451

Bei **Versorgungsanwartschaften** besteht eine Tendenz des BAG zur Annahme einer Hinweispflicht, wenn der Arbeitnehmer aufgrund besonderer Umstände darauf vertrauen durfte, der Arbeitgeber werde bei der vorzeitigen Beendigung des Arbeitsverhältnisses die Interessen des Arbeitnehmers wahren und ihn in redlicher Weise vor unbedachten, nachteiligen Folgen seines vorzeitigen Ausscheidens bewahren.[427] Eine Schadensersatzpflicht nimmt das LAG Hessen[428] dann an, wenn ein Arbeitgeber einem Arbeitnehmer eine fehlerhafte Auskunft über die zu erwartende betriebliche Altersversorgung erteilt hat. Als Schadensersatz ist in diesem Falle nicht notwendig die fehlerhafte zu hoch berechnete Rente anzusetzen. Vielmehr ist festzustellen, welche Versorgung der Arbeitnehmer bei richtiger Auskunft nach dem gewöhnlichen Lauf der Dinge oder nach den besonderen Umständen, insbesondere nach den getroffenen Vorkehrungen durch Abschluss einer zusätzlichen privaten Versorgung erhalten hätte.

452

Vom **Fehlen einer Aufklärungspflicht** ging das BAG aus, obwohl einer Arbeitnehmerin durch Abschluss eines Aufhebungsvertrages eine Anwartschaft auf eine Altersversorgung verloren ging, die nur drei Wochen später unverfallbar geworden wäre.[429] In diesem Fall begründete das BAG seine Entscheidung damit, dass der Mitarbeiterin die Versorgungsordnung ausgehändigt worden sei, aus der die Stichtags- und Fristenregelung für sie eindeutig zu erkennen gewesen sei. Es liege in der Eigenart von Stichtags- und Fristenregelungen, dass auch nur kurze Über- und Unterschreitungen zu Rechtsnachteilen führten. Anders beurteilte das BAG Ver-

453

---

420 BAG 17.10.2000 – 3 AZR 605/99, NZA 2001, 206.
421 ArbG Frankfurt 21.11.1995 – 4 Ca 3589/95, n.v.
422 ArbG Frankfurt 21.11.1995 – 4 Ca 3589/95, n.v.
423 *Hoß/Ehrich*, DB 1997, 625.
424 LAG Berlin 18.1.1999 – 9 Sa 107/98, ARST 1999, 107.
425 *Weber/Ehrich/Burmester*, Handbuch der arbeitsrechtlichen Aufhebungsverträge, Teil 1 Rn 79.
426 BAG 13.11.1984 – 3 AZR 255/84, AP § 1 BetrAVG Zusatzversorgungskassen Nr. 5; BAG 18.9.1984 – 3 AZR 118/82, AP § 1 BetrAVG Zusatzversorgungskassen Nr. 6.
427 BAG 3.7.1990 – 3 AZR 382/89, DB 1990, 2431.
428 LAG Hessen 22.8.2001 – 8 Sa 146/00, NZA-RR 2002, 323 = BB 2002, 416.
429 BAG 3.7.1990 – 3 AZR 382/89, AP § 1 BetrAVG Nr. 24.

sorgungsnachteile, deren Kenntnis sich einer Mitarbeiterin nicht ohne weiteres aus den ihr vorliegenden Unterlagen erschlossen hätten.[430] Trete in einem solchen Falle der Arbeitnehmer an den Arbeitgeber mit der Bitte um Auskunft über die Versorgungsregelung heran, müsse der Arbeitgeber die Auskunft erteilen, soweit er hierzu in der Lage sei. Anderenfalls müsse der Arbeitgeber den Arbeitnehmer an eine zuverlässige oder kompetente Stelle verweisen.[431]

454 In seiner Rechtsprechung ist das BAG nicht konsequent. Mit Urteil vom 17.10.2000[432] entschied es, der Arbeitgeber sei zwar nicht verpflichtet, einer Mitarbeiterin die genaue Höhe der drohenden Versorgungsnachteile vor Abschluss eines Aufhebungsvertrages mitzuteilen und ihr die versorgungsrechtlichen Einzelheiten wie die Abgrenzung von Versorgungs- und Versicherungsrente zu erläutern. Der Arbeitgeber sei auch insoweit berechtigt, die Mitarbeiterin an die Zusatzversorgungskasse zu verweisen. Er habe aber die Mitarbeiterin wenigstens darauf hinzuweisen, dass bei der Zusatzversorgung mit sehr hohen Einbußen zu rechnen sei und dieses Risiko auf der angebotenen, vorzeitigen Beendigung des Arbeitsverhältnisses beruhe. Dadurch, dass die Parteien einen Aufhebungsvertrag im Januar zu Ende Februar schlossen, erhielt die Mitarbeiterin statt einer Versorgungsrente in Höhe von 472,54 EUR, die ihr zugestanden hätte, wenn das Arbeitsverhältnis bis zum August fortgeführt worden wäre, lediglich – nach dem früheren System von VBL und ZVK – eine monatliche Versichertenrente in Höhe von 80,43 EUR. Die Entscheidung ist bedenklich, da die Zusatzversorgungskasse die Arbeitnehmerin in einer Rentenprobeberechnung ausdrücklich darauf hingewiesen hatte, dass sie bei einer Beendigung ihres Arbeitsverhältnisses vor Eintritt des Versicherungsfalles nicht die dynamisierte Versorgungsrente von 472,54 EUR, sondern nur monatlich 80,43 EUR erhalten werde. Der Fall wurde zwar zur weiteren Sachaufklärung an das LAG Köln zurückverwiesen, er zeigt aber, dass der 3. Senat seiner eigenen Rechtsprechung nicht immer treu ist. Nach der BAG-Rechtsprechung[433] darf der Arbeitgeber die Arbeitnehmerin an die zuständige Versorgungskasse verweisen. Damit erlischt seine Aufklärungspflicht. Wenn ein Arbeitnehmer von dort einen zutreffenden Warnhinweis erhält, bleibt für die Annahme eines Aufklärungsdefizits durch den Arbeitgeber kein Raum mehr.

e) Keine Aufklärungspflicht wegen des Zeitpunkts einer Erwerbsunfähigkeitsrente

455 Sieht ein **Tarifvertrag** vor, dass sich die Abfindung für jeden Rentenbezugsmonat um einen bestimmten Betrag vermindert, wenn der Arbeitnehmer innerhalb von 15 Monaten seit Beendigung des Arbeitsverhältnisses **Erwerbsunfähigkeitsrente** bezieht, so ist der Arbeitgeber nach Ansicht des BAG nicht verpflichtet, den Arbeitnehmer bei Abschluss des Aufhebungsvertrages auf den für ihn günstigsten Zeitpunkt zur Stellung eines Antrags auf Erwerbsunfähigkeitsrente hinzuweisen, um die Rückzahlung der Abfindung zu vermeiden.[434]

Der Arbeitgeber macht den Arbeitnehmer darauf aufmerksam, dass sich durch die Beendigung des Arbeitsverhältnisses Nachteile im Bereich der betrieblichen Altersversorgung ergeben können, die ■■■ zur Folge haben.

f) Aufklärung über Auswirkungen bei 58er-Regelung

456 Umfangreiche Hinweise auf die sozialversicherungs- und steuerrechtlichen Auswirkungen des Abschlusses einer 58er-Regelung erteilten die Rheinischen Sparkassen in einem Mustertext mit folgendem Inhalt:

Die Beendigung Ihres Arbeitsverhältnisses hat sozialversicherungs- und steuerrechtliche Auswirkungen. Hinweise über die rentenrechtlichen Auswirkungen des Abschlusses eines Aufhebungsvertrages erteilt Ihnen die Bundesversicherungsanstalt für Angestellte (10704 Berlin, Bitte Versicherungsnummer angeben!). Die Sparkasse hat Sie darauf hingewiesen, dass Sie eine Beratung des Versichertenberaters in Ihrer Nähe in Anspruch nehmen können. Die Sparkasse hat Ihnen angeboten, die Anschrift des nächsten Versichertenberaters mitzuteilen (auch zu ermitteln über das Internet unter www.bfa.de).

Die Sparkasse hat Sie darüber aufgeklärt, dass Sie in der Rheinischen Zusatzversorgungskasse pflichtversichert sind. Die Pflichtversicherung endet mit Ihrem Ausscheiden aus dem Arbeitsverhältnis und wandelt sich in eine beitragsfreie Versicherung, wenn Sie bereits 60 Umlagemonate oder Beitragsmonate zurückgelegt haben. Zusätzliche Rentenbausteine werden nach Ihrem Ausscheiden nicht mehr erworben. Eine Dynamisierung der Anwartschaft durch Bonusversorgungspunkte erfolgt nur, wenn Sie bereits 120 Umlagemonate oder Beitragsmonate zurückgelegt haben. Nähere

---

430 BAG 13.11.1984 – 3 AZR 255/84, AP § 1 BetrAVG Zusatzversorgungskassen Nr. 5.
431 BAG 13.11.1984 – 3 AZR 255/84, AP § 1 BetrAVG Zusatzversorgungskassen Nr. 5.
432 BAG 17.10.2000 – 3 AZR 605/99, DB 2001, 286 = NZA 2001, 206.
433 BAG 13.11.1984 – 3 AZR 255/84, AP § 1 BetrAVG Zusatzversorgungskassen Nr. 5.
434 BAG 28.10.1999 – 6 AZR 288/98, NZA 2000, 778 ff.

Auskünfte hierüber erteilt Ihnen die Rheinische Zusatzversorgungskasse, Mindener Straße 2, 50679 Köln. Bei vorzeitiger Inanspruchnahme einer Rente mindert sich die Leistung der Rheinischen Zusatzversorgungskasse für jeden Monat, für den Zugangsfaktor nach § 77 SGB VI herabgesetzt ist, um 0,3%, höchstens jedoch um insgesamt 10,8%.

g) Sonderkündigungsschutz

Gilt bei einem Arbeitnehmer besonderer Kündigungsschutz wie bei Betriebsratsmitgliedern, Schwangeren, Arbeitnehmern in der Elternzeit oder Schwerbehinderten, trifft den Arbeitgeber vor Abschluss eines Aufhebungsvertrages keine Pflicht, auf den Sonderkündigungsschutz hinzuweisen.[435] Von einem dieser Gruppe angehörenden Arbeitnehmer kann erwartet werden, dass er sich über seinen Sonderkündigungsschutz selbst informiert. Auch ein spezifisches Anfechtungsrecht werdender Mütter oder schwerbehinderter Menschen nach § 119 Abs. 1 und 2 BGB wegen der mutterschutzrechtlichen und arbeitslosenrechtlichen Folgen des Abschlusses eines Aufhebungsvertrages lehnt das BAG ab.[436] Übersieht ein Mitarbeiter das Bestehen eines besonderen Kündigungsschutzes, stellt diese Nachlässigkeit lediglich einen unbeachtlichen Rechtsfolgeirrtum dar. An den Nachweis eines Inhaltsirrtums werden hohe Anforderungen gestellt. Der Arbeitnehmer muss beweisen, dass er nicht wusste, dass er einen Aufhebungsvertrag unterzeichnete. Meint ein Arbeitnehmer, er habe mit seiner Unterschriftsleistung unter einen Aufhebungsvertrag eine Vereinbarung über die Suspendierung laufender Wiedereingliederungsmaßnahmen getroffen, muss er beweisen, dass der von ihm angeführte Irrtum tatsächlich vorlag.[437]

h) Eigenkündigung

Von Ausnahmefällen abgesehen[438] trifft den Arbeitgeber keine Aufklärungspflicht, wenn der Arbeitnehmer eine Eigenkündigung vornimmt. Selbst dann, wenn der Arbeitnehmer nicht über die Folgen einer Eigenkündigung im Einzelnen informiert ist, ist ihm in der Regel bekannt, dass mit seinem Schritt im Vergleich zur arbeitgeberseitigen Kündigung negative Konsequenzen verbunden sind, so dass er erst recht Veranlassung hat, sich selbst Klarheit zu verschaffen.[439] Auch gegenüber einem alkoholkranken Arbeitnehmer geht die Fürsorgepflicht des Arbeitgebers nicht so weit, dass er ein vom Arbeitnehmer während eines Abmahngesprächs gemachtes Auflösungsangebot ablehnen müsste.[440]

i) Rechtsfolgen bei Verletzung der Aufklärungspflicht

Erteilt der Arbeitgeber, der eine Hinweis- und Aufklärungspflicht hat, eine **falsche** oder **nur unvollständige** oder **irreführende Auskunft**, ist er zum Schadensersatz verpflichtet.[441] Hat der Arbeitgeber seine Hinweispflicht verletzt, führt dies nicht zur Unwirksamkeit des Aufhebungsvertrages.[442] Es entsteht in diesem Falle ein **Schadensersatzanspruch** des Arbeitnehmers.[443] Die Haftung folgt aus einer Verletzung arbeitsvertraglicher Nebenpflichten durch den Arbeitgeber.[444] Der Arbeitgeber haftet wegen positiver Vertragsverletzung nach § 280 BGB und nicht wegen Verletzung vorvertraglicher Aufklärungspflichten nach § 311 Abs. 2 BGB. Die Rechtsprechung geht davon aus, dass der Arbeitnehmer bei einer sachgemäßen Belehrung seine Eigeninteressen in vernünftiger Weise gewahrt hätte.[445] Der Anspruch ist auf Geldersatz gerichtet, also bei einem Vermögensschaden aus der betrieblichen Altersversorgung auf monatliche Rente (oder wirtschaftlich gleichwertiger Nachversicherung), die der Arbeitnehmer erhalten hätte, wenn das schadensstiftende Ereignis nicht eingetreten wäre. Eine Naturalrestitution durch Beseitigung des Aufhebungsvertrages gemäß § 249 BGB und Fortsetzung des Arbeitsverhältnisses kann der Arbeitnehmer dagegen nicht verlangen.[446] Regelmäßig fehlt es an einer Kausalität zwischen Fürsorgepflichtverletzung und Schaden.[447] Ergibt sich aus einer unrichtigen

---

[435] MünchArbR/*Wank*, § 112 Rn 12; *Weber/Ehrich/Burmester*, Handbuch der arbeitsrechtlichen Aufhebungsverträge, Teil 1 Rn 85.
[436] BAG 16.2.1983 – 7 AZR 134/81, AP § 123 BGB Nr. 22; BAG 6.2.1992 – 2 AZR 408/91, NJW 1992, 2173.
[437] LAG Düsseldorf 22.6.2001 – 14 Sa 491/01, NZA-RR 2002, 12.
[438] LAG Hamm 1.3.1985 – 16 Sa 1537/84, BB 1985, 1920.
[439] LAG Düsseldorf 10.7.2001 – 8 Sa 515/01, EzA-SD 2001, Nr. 17, 7.
[440] LAG Köln 13.2.2006 – 2 Sa 1271/05, NZA-RR 2006, 463.
[441] BAG 3.7.1990 – 3 AZR 382/89, AP § 1 BetrAVG Nr. 24; BAG 21.11.2000 – 3 AZR 13/00, NZA 2002, 618.
[442] *Reufels*, ArbRB 2001, 26.
[443] BAG 14.2.1996 – 2 AZR 234/95, NZA 1996, 811; *Hoß/Erich*, DB 1997, 625.
[444] BAG 10.3.1988 – 8 AZR 420/85, NZA 1988, 837.
[445] BAG 18.12.1984 – 3 AZR 168/82, AP § 1 BetrAVG Zusatzversorgungskassen Nr. 3.
[446] BAG 14.2.1996 – 2 AZR 234/95, NZA 1996, 811; BAG 10.3.1988 – 8 AZR 420/85, AP § 611 BGB Fürsorgepflicht Nr. 99.
[447] *Ehrich*, DB 1992, 2239 (2242); a.A. *Bengelsdorf*, Aufhebungsvertrag und Abfindungsvereinbarungen, S. 30; zweifelnd: ArbG Freiburg 20.6.1991 – 2 Ca 145/91, DB 1991, 2600; ArbG Wetzlar 7.8.1990 – 1 Ca 48/90, DB 1991, 976.

§ 4 Beendigung von Arbeitsverhältnissen

Modellrechnung, mit der der Arbeitgeber den Arbeitnehmer bei Aufhebungsverhandlungen falsch beraten hat, dass die eine Versorgungsalternative, die der Arbeitnehmer gewählt hat, günstiger ist als die, die der Arbeitnehmer nicht gewählt hat, muss der Arbeitgeber den Arbeitnehmer so stellen, als habe der Arbeitnehmer die für ihn günstiger Versorgungszusage gewählt.[448]

460 Kein Schadensersatz wegen Verletzung von Aufklärungspflichten besteht, wenn Arbeitgeber und Arbeitnehmer als Abfindung die Differenz zwischen Arbeitslosengeld und zuletzt bezogenem Nettoarbeitsentgelt im Aufhebungsvertrag vereinbart haben und durch eine spätere Gesetzesänderung, die zu einer Minderung des Arbeitslosengelds führt, der Abfindungsbetrag nicht mehr ausreicht, um die Differenz zwischen Arbeitslosengeld und früherem Nettoentgelt zu schließen.[449]

461 Bei einer hauswirtschaftlichen Mitarbeiterin, der der Arbeitgeber außerordentlich gekündigt hatte und die im Rahmen eines Kündigungsschutzprozesses durch arbeitsgerichtliches Urteil mit Zahlung einer Abfindung in Höhe von 7.700 EUR ausgeschieden war, nahm das BAG[450] keinen Schadensersatzanspruch nach § 628 Abs. 2 BGB an. Der Rückkaufwert der Lebensversicherung hatte 3.998,47 EUR betragen. Die Argumentation, ohne das vertragswidrige Verhalten des Arbeitgebers wäre die Anwartschaft unverfallbar geworden und deshalb stehe der zu Unrecht gekündigten Arbeitnehmerin Schadensersatz zu, überzeugte das BAG nicht. Ein Schadensersatzanspruch komme weder nach § 628 Abs. 2 BGB, noch nach den Regeln der positiven Vertragsverletzung in Betracht. Als Schadensposition ist der Verlust der Anwartschaft auf die betriebliche Altersversorgung bei der Festsetzung der Abfindung zu berücksichtigen. Er ist daneben nicht nach § 628 Abs. 2 BGB erstattungsfähig.

462 Eine **Anfechtung** des Aufhebungsvertrages wegen **arglistiger Täuschung** kommt angesichts einer Verletzung von Hinweispflichten nicht in Betracht.[451] Um Schadensersatzansprüche wegen der Verletzung möglicher Hinweispflichten zu vermeiden, empfiehlt *Nägele*,[452] eine Klausel aufzunehmen, mit der der Arbeitnehmer auf Hinweise des Arbeitgebers zu möglichen Konsequenzen des Aufhebungsvertrages verzichtet.[453] **Verzichtsvereinbarungen** sind zulässig und wirksam.[454] Eine solche Klausel kann folgenden Wortlaut haben:

Die Firma hat dem Mitarbeiter angeboten, ihn über die rechtlichen Konsequenzen dieser Vereinbarung zu informieren. Im Hinblick auf den Umstand, dass der Mitarbeiter anwaltlich vertreten ist, hat er gegenüber der Firma erklärt, dass er auf Hinweise zu den sozialversicherungs-, arbeitslosenversicherungs-, steuer- und arbeitsrechtlichen Folgen des Aufhebungsvertrages/Abwicklungsvertrages verzichte.

463 Keine Aufklärungspflicht besteht für den Arbeitgeber, wenn der Arbeitnehmer **anwaltlich vertreten** ist. So hat das LAG Berlin[455] entschieden, dass der Arbeitgeber vor Abschluss eines Aufhebungsvertrages mit einer sich im Erziehungsurlaub befindlichen Arbeitnehmerin, auf deren Initiative der Aufhebungsvertrag zustande kommt und die durch einen Fachanwalt für Arbeitsrecht vertreten wird, nicht verpflichtet ist, darauf hinzuweisen, dass die Arbeitnehmerin mangels anwartschaftsbegründender Zeiten möglicherweise kein Arbeitslosengeld erhalten wird.

8. Aufstockungsklauseln

a) Aufstockungsklauseln nach § 187a SGB VI

464 Unter dem Begriff „**Aufstockungsklausel**" werden mehrere Arten von Aufstockungszahlungen zusammengefasst. Als Aufstockungsbetrag bezeichnet man zum einen die Zuzahlung des Arbeitgebers in die Rentenversicherung gemäß § 187a SGB VI. Die Deutsche Rentenversicherung ermittelt den Aufstockungsbetrag auf Antrag des Arbeitnehmers. Der Aufstockungsbetrag dient dazu, die Rentenverluste, die durch die Inanspruchnahme vorzeitigen Altersruhegelds entstehen, aufzufangen. Regelt man in einem Aufhebungs- oder Abwicklungsvertrag, dass der Arbeitnehmer einen Aufstockungsbetrag gemäß § 187a SGB VI durch den Arbeitgeber erhält, ist zu beachten, dass der Aufstockungsbetrag, wenn auch nach gesonderten Regeln, zu

---

[448] BAG 21.11.2000 – 3 AZR 13/00, FA 2002, 53.
[449] LAG Düsseldorf 15.3.1995 – 4 Sa 1805/94, DB 1995, 1240.
[450] BAG 12.6.2003 – 8 AZR 341/02, BAGE 106, 286.
[451] *Bauer*, Arbeitsrechtliche Aufhebungsverträge, Rn I-157; a.A. ArbG Wetzlar 7.8.1990 – 1 Ca 48/90, DB 1991, 976.
[452] *Nägele*, BB 1992, 1274.
[453] Muster 4710 (§ 13) § 4 Rn 697.
[454] *Bauer*, Arbeitsrechtliche Aufhebungsverträge, Rn I-148, 192; *Bengelsdorf*, Aufhebungsvertrag und Abfindungsvereinbarungen, S. 30; *Nägele*, DB 1992, 1274 (1278).
[455] LAG Berlin 13.1.2006 – 13 Sa 1957/05, DB 2006, 1120.

versteuern ist. Gemäß § 3 Nr. 28 EStG ist die Hälfte des Aufstockungsbetrags als Zahlung des Arbeitgebers zur Übernahme der Beiträge i.S.d. § 187a SGB VI steuerfrei, der Restbetrag muss vom Arbeitnehmer versteuert werden. Den Parteien steht es allerdings frei, Vereinbarungen zu treffen, über die sich der Arbeitgeber ganz oder teilweise an dem verbleibenden Steuerbetrag beteiligt.

Ein Textmuster lautet wie folgt: 465

Die Firma verpflichtet sich, Rentenminderungen beim Arbeitnehmer, die durch die vorzeitige Inanspruchnahme der Rente wegen Alter/Arbeitslosigkeit entstehen, durch Beitragszahlungen auszugleichen (§ 187a SGB VI). Das Verfahren nach § 187a Abs. 2 SGB VI wird angewendet. Als Zeitpunkt der vorzeitigen Inanspruchnahme der Altersrente legen die Parteien den ▬▬▬ fest, da der Arbeitnehmer am ▬▬▬ sein 60. Lebensjahr vollendet.

Eine ausführlichere Fassung der Aufstockungsregelung kann folgenden Wortlaut haben: 466

(1) Die Gesellschaft verpflichtet sich, Rentenminderungen beim Geschäftsführer, die durch die vorzeitige Inanspruchnahme der Rente wegen Alter/Arbeitslosigkeit entstehen, durch Beitragszahlungen auszugleichen (§ 187a SGB VI). Das Verfahren nach § 187a Abs. 2 SGB VI wird angewendet. Als Zeitpunkt der vorzeitigen Inanspruchnahme der Altersrente legen die Parteien den ▬▬▬ zugrunde, da der Geschäftsführer am ▬▬▬ sein 60. Lebensjahr entsprechend der Regelung des § 237 SGB VI vollendet.
(2) Der Aufstockungsbetrag wird gemäß § 3 Nr. 28 EStG zur Hälfte besteuert. Die Gesellschaft übernimmt die Steuern für den ermittelten Aufstockungsbetrag.
(3) Die Gesellschaft verpflichtet sich, den Aufstockungsbetrag durch eine schriftliche Auskunft beim Rentenversicherungsträger zu ermitteln. Die Gesellschaft stellt dem Geschäftsführer von der schriftlichen Auskunft des Versicherungsträgers eine Kopie zur Verfügung.
(4) Die Zahlung des Aufstockungsbetrags an den Rentenversicherungsträger hat unmittelbar nach Beendigung des Dienstverhältnisses, spätestens jedoch am ▬▬▬ zu erfolgen.

b) Aufstockungsbetrag nach § 3 Abs. 1 Nr. 1 Buchst. a ATG

Der Begriff „**Aufstockungsbetrag**" findet sich ferner in § 3 Abs. 1 Nr. 1 Buchst. a ATG und meint die Erhöhung des Arbeitsentgelts um mindestens 20 % während der Altersteilzeit. Heißt es in einem Tarifvertrag zur Altersteilzeit in Verbindung mit § 3 Abs. 1 Nr. 1 Buchst. a ATG, dass beim bisherigen Bruttoarbeitsentgelt die „gesetzlich gewöhnlich anfallenden" Abzüge zu berücksichtigen sind, gehört der Kirchensteuerhebesatz auch dann zu den zu berücksichtigenden Abzügen, wenn der Arbeitnehmer keiner kirchensteuererhebenden Religionsgemeinschaft angehört.[456] Der Begriff „Aufstockungsbetrag" wird in diesem Zusammenhang im Altersteilzeitgesetz in § 2 Abs. 2 Nr. 2 Hs. 2 erwähnt. Der Begriff „Aufstockungsbetrag" ist weiterhin gebräuchlich im Zusammenhang mit Leistungen gemäß § 4 Abs. 2 ATG. 467

Ein Textbeispiel für eine Aufstockungsvereinbarung in einer Altersteilzeitregelung lautet wie folgt: 468

Der Arbeitnehmer erhält eine Aufstockungszahlung von 35 % des Arbeitsentgelts für die Dauer der Altersteilzeit. Der Aufstockungsbetrag ist ein Nettobetrag und beläuft sich unverändert während der gesamten Dauer der Altersteilzeit auf ▬▬▬ EUR.

c) Aufstockungsklauseln bei 58er-Regelungen

Verschiedentlich wird auch in Sozialplänen von Aufstockungsbeträgen gesprochen, dann nämlich, wenn der Differenzbetrag zwischen dem Arbeitslosengeld und dem Netto-Gehalt eines älteren Arbeitnehmers ganz oder teilweise in der Form eines Abfindungsbetrags ausgeglichen wird. 469

Aufstockungsklauseln sind daher nicht gleich Aufstockungsklauseln. Hinter dem Begriff „Aufstockungsklauseln" verbergen sich verschiedenartige Erhöhungsbeträge. 470

9. Ausgleichsklauseln

Allgemeine Ausgleichsklauseln (**Erledigungsklauseln**) können sich auf **Ansprüche aus dem Arbeitsverhältnis**, auf **sämtliche Ansprüche** oder auf **alle finanziellen Ansprüche** zwischen den Parteien beziehen. Je nach Wortwahl ist die Erledigungsklausel auszulegen. Erfasst eine Ausgleichsklausel die Ansprüche aus dem Arbeitsverhältnis, sind damit auch die Ansprüche aus der Beendigung des Arbeitsverhältnisses gemeint.[457] Ein 471

---

456 BAG 29.7.2003 – 9 AZR 450/02, NZA 2005, 308.
457 BAG 30.11.1994 – 10 AZR 79/94, DB 1995, 781.

Darlehen ist generell keine Leistung aus dem Arbeitsverhältnis. Das Arbeitsverhältnis ist allenfalls Motiv für die Gewährung eines Darlehens, so dass Darlehensansprüche bei dieser Formulierung nicht erfasst werden.[458]

472 Ausgleichsklauseln werden üblicherweise wie folgt formuliert:

Die Parteien sind sich darüber einig, dass mit der Erfüllung dieser Vereinbarung sämtliche Ansprüche der Parteien aus dem Arbeitsverhältnis erledigt sind.

473 Vor der Vereinbarung einer Ausgleichsklausel sollte der Gestalter eines Aufhebungsvertrages deshalb zunächst die Parteien befragen und sorgfältig **prüfen**, ob **keine anderweitigen Ansprüche** (mehr) bestehen. Eine Anfechtung der Ausgleichsklausel mit der Begründung, Forderungen, die zum Zeitpunkt des Abschlusses des Auflösungsvertrages bestanden hätten, seien übersehen worden, ist in der Regel nicht wirksam, weil es an den Voraussetzungen der §§ 119, 123 BGB fehlt.[459] Die Ausgleichsklausel wird manchmal vorschnell vereinbart. Oft wird übersehen, dass noch Spesen abzurechnen sind, dass Rückforderungsansprüche des Arbeitgebers aus Provisionsvorschüssen oder Ansprüche aus einem Arbeitgeberdarlehen bestehen. Bei Vertriebsmitarbeitern empfiehlt sich in Erledigungsklauseln immer der Zusatz:

Von der Erledigungsklausel werden nicht erfasst noch abzurechnende Vorschüsse, Ansprüche auf Reisekostenerstattung und Spesen sowie Sachleistungen wie Telefonkosten für den in der Wohnung des Mitarbeiters genutzten Internetanschluss.

474 Wählen die Parteien die Formulierung, alle **gegenseitigen** oder alle **wechselseitigen** Ansprüche seien mit Abschluss der Aufhebungsvereinbarung erledigt, werden durch beide Formulierungen stets **alle** Ansprüche erfasst, die einer Partei gegen die andere zustehen. Die Gegenseitigkeit bezieht sich nicht nur auf solche Ansprüche, die in einem synallagmatischen Gegenseitigkeitsverhältnis i.S.v. § 320 BGB zueinander stehen.[460] Nach der Rechtsprechung des LAG Hamm[461] soll eine Ausgleichsklausel, die in einem Aufhebungsvertrag vereinbart worden ist, keine unstreitig bestehenden Lohnansprüche erfassen, die noch nicht abgerechnet worden sind und über die kein Streit besteht. Ein Verzicht, bei dem die Parteien im Rahmen eines Erlassvertrages von dem Bestand der Forderung ausgehen und vereinbaren, dass diese nicht mehr erfüllt werden soll, könne nicht angenommen werden. An die Feststellung des Willens, auf eine Forderung zu verzichten, seien strenge Anforderungen zu stellen. Der Verzicht auf ein Recht sei nicht zu vermuten. Die Ausgleichsklausel besitze vielmehr die Qualität eines deklaratorischen negativen Schuldanerkenntnisses, das der Durchsetzung des Anspruchs nicht entgegenstehe, wenn die Forderung unstreitig bestehe.

475 Auf eine nachhaltige Beseitigung etwaiger Zweifel an noch bestehenden Ansprüchen und zur Herbeiführung eines uneingeschränkten Rechtsfriedens ist die folgende Regelung gerichtet:

Alle Ansprüche aus dem beendeten Arbeitsverhältnis sind, seien sie bekannt oder unbekannt, betagt oder gegenwärtig, gleich aus welchem Rechtsgrund, mit der Erfüllung dieses Vertrages abgegolten, beendet und für die Zukunft ausgeschlossen.

476 Enthält eine Ausgleichsklausel die Formulierung, **alle Ansprüche aus dem beendeten Arbeitsverhältnis**, gleich aus welchem Rechtsgrund, seien erledigt, werden Rückzahlungsansprüche wegen überzahlten Gehalts aus § 812 BGB selbst dann mit erfasst, wenn sich der Rückzahlungsanspruch erst aus den Bedingungen des Aufhebungsvertrages ergibt.[462] Ob diese Rechtsprechung im Zuge der Inhaltskontrolle aufrechterhalten bleibt, könnte zweifelhaft sein. Ausgleichsklauseln werden vor allem in Zukunft nach § 307 Abs. 1 Satz 2 BGB auf ihre Klarheit und Verständlichkeit zu überprüfen sein. Auf der anderen Seite ist die Formulierung „alle Ansprüche" unmissverständlich und wird darüber hinaus noch in der nachfolgenden Formulierung erläutert, so dass die sehr weit reichende, absolute Ausgleichsklausel im Ergebnis einer Inhaltskontrolle standhalten dürfte.

477 Führt nach Abschluss eines Aufhebungsvertrages eine Tariferhöhung dazu, dass der Arbeitnehmer einen Gehaltserhöhungsanspruch bis zum Zeitpunkt der Beendigung des Arbeitsverhältnisses hat, kann sich der Arbeitgeber nicht wirksam auf eine Erledigungsklausel im Aufhebungsvertrag berufen.[463] Auch der An-

---

[458] LAG Hamm 28.4.1995 – 10 Sa 1386/94, LAGE § 794 ZPO Ausgleichsklausel Nr. 1; a.A. OLG Düsseldorf 9.7.1997 – 3 U 11/97, NZA-RR 1998, 1.
[459] *Weber/Ehrich/Burmester*, Handbuch der arbeitsrechtlichen Aufhebungsverträge, Teil 1 Rn 643; *Diller*, FA 2000, 270.
[460] *Bauer*, Arbeitsrechtliche Aufhebungsverträge, Rn IV-379.
[461] LAG Hamm 7.12.2000 – 16 Sa 1152/00, NZA-RR 2002, 15.
[462] BAG 5.4.1973 – 5 AZR 574/72, EzA § 794 ZPO Nr. 1.
[463] LAG Köln 5.10.1995 – 10 Sa 665/95, LAGE § 611 Aufhebungsvertrag Nr. 19.

spruch auf ein Zeugnis⁴⁶⁴ und auf **Herausgabe der Arbeitspapiere** wird nicht durch eine Erledigungsklausel erfasst. Gleiches gilt nach inzwischen h.M. in der Rechtsprechung bei **Ansprüchen aus betrieblicher Altersversorgung**.⁴⁶⁵ Wird in einem Aufhebungsvertrag vom Arbeitnehmer zugleich der Erhalt der Arbeitspapiere bestätigt und im Anschluss an den Aufhebungsvertrag zusätzlich eine umfassende Ausgleichsquittung unterzeichnet, so erfasst diese auch den vertraglichen Anspruch des Arbeitnehmers auf ein anteiliges 13. Monatsgehalt.⁴⁶⁶ Auch Vorstellungskosten aus Anlass der Eingehung des Arbeitsverhältnisses werden, wenn sich aus den Umständen nichts anderes ergibt, von einer Ausgleichsklausel in einem gerichtlichen Vergleich erfasst, die eine Erledigung „aller eventueller finanzieller Ansprüche aus dem Arbeitsverhältnis und seiner Beendigung vorsieht."⁴⁶⁷

Eine **allgemeine Ausgleichsklausel** im Aufhebungs- oder Abwicklungsvertrag führte nach früherer Rechtsprechung nicht zur Beseitigung eines im Arbeitsvertrag vereinbarten **nachvertraglichen Wettbewerbsverbots**.⁴⁶⁸ Falls von den Parteien beabsichtigt, musste nach früherer Ansicht des BAG das nachvertragliche Wettbewerbsverbot ausdrücklich (wörtlich) im Auflösungsvertrag aufgehoben werden. Mit Urteil des BAG vom 19.11.2003⁴⁶⁹ hat sich die Rechtslage tendenziell geändert. Das BAG entschied, eine Erledigungsklausel in einem Aufhebungsvertrag sei weit auszulegen und könne deshalb auch ein nachvertragliches Wettbewerbsverbot ausschließen. Maßgeblich war für das BAG der konkrete Wortlaut der Erledigungsklausel im Aufhebungsvertrag, der allerdings das Wettbewerbsverbot nicht erwähnte. Die Sache wurde vom BAG an das LAG zurückverwiesen. *Bauer/Diller*⁴⁷⁰ werten die Entscheidung kritisch, mahnen zu einem bedachten Umgang mit Erledigungsklauseln und halten es für ausgeschlossen, das Verhältnis von Fortgeltung einer Wettbewerbsabrede und Erledigungsklausel über eine allgemein gültige Auslegungsregel zu beantworten.⁴⁷¹ Zweifelhaft soll nach Auffassung von *Hoß*⁴⁷² sein, ob eine Klausel, wonach die Gesellschaft mit sofortiger Wirkung auf das nachvertragliche Wettbewerbsverbot verzichtet, die Pflicht des Unternehmens zur Zahlung der Karenzentschädigung erfasst.

478

Eine Ausgleichsklausel bewirkt weder den Verzicht auf gesetzliche **Urlaubsansprüche**⁴⁷³ noch das Erlöschen des gekürzten Vollurlaubsanspruchs nach § 5 Abs. 1 Buchst. c BUrlG.⁴⁷⁴ Auch ein als Schadensersatz geltend gemachter Verschaffungsanspruch wegen unterbliebener Einbeziehung in eine betriebliche Altersversorgung wird nicht durch eine Ausgleichsklausel erfasst.⁴⁷⁵ Wegen der nur losen Verbindung mit dem Arbeitsverhältnis gehen auch Ansprüche auf **Arbeitnehmererfinder**-Vergütung grundsätzlich nicht in einer allgemeinen Erledigungsklausel unter.⁴⁷⁶

479

Von einer Erledigungsklausel werden **unverzichtbare Rechte und Ansprüche generell nicht** erfasst. Ein Verzicht auf **tarifliche Rechte** ist nur in einem von den Tarifvertragsparteien gebilligten Vergleich zulässig (§ 4 Abs. 4 Satz 1 TVG). Das Verzichtsverbot erstreckt sich auf alle tariflichen Rechte, auch auf einen tariflichen Wiedereinstellungsanspruch.⁴⁷⁷ Wenn dagegen zwischen den Parteien Streit oder Ungewissheit über die tatsächlichen Voraussetzungen eines tariflichen Anspruchs bestehen, kann der Streit mit Hilfe einer Erledigungsklausel wirksam beendet werden. In diesem Falle hat man es mit einem sog. Tatsachenvergleich zu tun, der eine objektive oder subjektive Ungewissheit über die tatsächlichen Voraussetzungen des tariflichen Anspruchs im Wege gegenseitigen Nachgebens ausräumt.⁴⁷⁸ Ein Verzicht auf **Rechte aus einer Betriebsvereinbarung** ist gemäß § 77 Abs. 4 BetrVG nur mit Zustimmung des Betriebsrats möglich.⁴⁷⁹

480

---

464 BAG 16.9.1974 – 5 AZR 255/74, AP § 630 BGB Nr. 9.
465 BAG 14.8.1990 – 3 AZR 301/89, NZA 1991, 174; BAG 22.9.1987 – 3 AZR 194/86, AP § 17 BetrAVG Nr. 13; BAG 9.11.1973 – 3 AZR 66/73, DB 1974, 487.
466 BAG 28.7.2004 – 10 AZR 661/03, NZA 2004, 1098.
467 LAG Nürnberg 29.9.2003 – 6 Sa 882/02, NZA-RR 2004, 290.
468 BAG 20.10.1981 – 3 AZR 1013/78, AP § 74 HGB Nr. 39; LAG Baden-Württemberg 22.9.1995 – 5 Sa 28/95, NZA-RR 1996, 163; *Hoß*, DB 1997, 1818.
469 BAG 19.11.2003 – 10 AZR 174/03, BB 2004, 1280.
470 BB 2004, 1274.
471 *Hümmerich*, Aufhebungsvertrag und Abwicklungsvertrag, § 9 Rn 117.
472 *Hoß*, DB 1997, 1818 (1820).
473 Gesetzliche Urlaubsansprüche sind gemäß § 13 Abs. 1 BUrlG grundsätzlich unverzichtbar.
474 BAG 9.6.1998 – 9 AZR 43/97, DB 1999, 52.
475 BAG 17.10.2000 – 3 AZR 69/99, DB 2001, 117.
476 *Bauer*, Arbeitsrechtliche Aufhebungsverträge, Rn IV-396.
477 BAG 22.2.1961 – 4 AZR 44/59, DB 1961, 575.
478 BAG 21.12.1972 – 5 AZR 319/72, AP § 9 LFZG Nr. 1; BAG 23.8.1994 – 3 AZR 825/93, AP § 3 BetrAVG Nr. 3.
479 BAG 30.3.2004 – 1 AZR 85/03, AP § 112 BetrVG 1972 Nr. 170; BAG 28.4.1993 – 10 AZR 222/92, BB 1993, 1807.

481 Mit der Ausgleichsklausel kann der Arbeitnehmer auf die Erhebung einer **Kündigungsschutzklage** verzichten.[480] Elegant ist die Formulierung:

Gegen die Kündigung werden keine Einwendungen erhoben.

482 Während dieser Wortlaut in der Vergangenheit im Abwicklungsvertrag ausreichend war, um dem Arbeitgeber Rechtssicherheit zu geben, dass der Arbeitnehmer keine Kündigungsschutzklage erhebt, ist diese Formulierung im Abwicklungsvertrag seit dem Urteil des BSG vom 18.12.2003[481] nicht mehr zu empfehlen. Denn jegliches rechtsgeschäftliche Verhalten des Arbeitnehmers, so auch eine Verzichtserklärung, wird nach dem Urteil des BSG als Mitwirkung am „Lösen" des Arbeitsverhältnisses verstanden. Die Formulierung, dass gegen die Kündigung keine Einwendungen erhoben werden, empfiehlt sich daher nur im Aufhebungsvertrag.

483 Das LAG Köln hat in einem Urteil[482] die auf dem Kündigungsschreiben enthaltene und vom Arbeitnehmer unterschriebene Erklärung,

zur Kenntnis genommen und hiermit einverstanden,

als wirksamen Klageverzicht auf den gesetzlichen Kündigungsschutz gedeutet.

484 Kein wirksamer Verzicht auf Kündigungsschutz liegt dagegen vor, wenn es in einer Ausgleichsquittung heißt:

Ich erkläre hiermit, dass mir aus Anlass der Beendigung des Arbeitsverhältnisses keine Ansprüche mehr zustehen.[483]

485 Durch einen in Bezug auf eine konkrete Arbeitgeberkündigung rechtswirksam abgegebenen Klageverzicht begibt sich der Arbeitnehmer auch eines – möglicherweise bestehenden – Wiedereinstellungsanspruchs.[484] Eine allgemeine Ausgleichsklausel erfasst nicht einen titulierten Anspruch, der schon bei Abschluss des Prozessvergleichs oder außergerichtlichen Aufhebungsvertrages feststand.[485] Ebenso wenig bezieht eine Erledigungsklausel einen Rückzahlungsanspruch des Arbeitgebers wegen einer nach § 115 SGB X übergeleiteten Forderung der Agentur für Arbeit ein, wenn der Arbeitgeber den Arbeitnehmer überzahlt hat.[486]

486 Enthält eine Ausgleichsklausel ein **konstitutives negatives Schuldanerkenntnis**, so soll der Arbeitgeber dieses Schuldanerkenntnis nach § 812 Abs. 2 BGB wegen ungerechtfertigter Bereicherung zu Unrecht erlangt haben, wenn der Anerkennende nachweisen kann, dass er vom Nichtbestehen der Forderung ausgegangen ist, sie aber tatsächlich doch bestand.[487] Ein „Anspruch aus dem Arbeitsverhältnis" im Sinne einer einfachen allgemeinen Ausgleichsklausel in einem Beendigungsvergleich ist auch ein etwaiger bereicherungsrechtlicher Rückzahlungsanspruch des Arbeitgebers im Fall der nachträglichen Feststellung eines einheitlichen Arbeitsverhältnisses eines zunächst als „freier Mitarbeiter" und später als Arbeitnehmer Beschäftigten. Auch wenn der Arbeitgeber daran bei Vergleichsabschluss nicht gedacht hat, aber damit rechnen konnte.[488]

487 Erste Ansätze, Ausgleichsklauseln einer Inhaltskontrolle zu unterziehen, hat das LAG Düsseldorf[489] gewählt. Die in einer vom Arbeitgeber **vorformulierten Ausgleichsquittung** enthaltene Erklärung des Arbeitnehmers, auf alle Ansprüche aus dem Arbeitsverhältnis und seiner Beendigung werde verzichtet, stelle regelmäßig eine unangemessene Benachteiligung des Arbeitnehmers dar und sei daher nach § 307 Abs. 1 Satz 1 BGB unwirksam. Die Verzichtserklärung könne daneben, je nach dem Erscheinungsbild der Ausgleichsquittung, eine Überraschungsklausel (§ 305c Abs. 1 BGB) sein und – mangels verständlicher und klarer Darstellung der wirtschaftlichen Folgen – gegen das Transparenzgebot (§ 307 Abs. 1 Satz 2 BGB) verstoßen.

488 Nach Auffassung des LAG Hamburg[490] ist eine Ausgleichsquittung in vorformulierten Vertragsbedingungen nach § 307 Abs. 1 Satz 1 BGB unwirksam, wenn der Arbeitnehmer für einen Klageverzicht nichts erhält. Die Entscheidung ist zweifelhaft, denn aus § 307 Abs. 1 Satz 1 BGB ergibt sich eine unangemessene Benachteiligung im Sinne eines Automatismus, wenn der Klageverzicht ohne erkennbare, materielle Gegenleistung

---

[480] BAG 29.6.1978 – 2 AZR 681/76, DB 1978, 1842; BAG 3.5.1979 – 2 AZR 679/77, NJW 1979, 2267; BAG 6.4.1977 – 4 AZR 721/75, AP § 4 KSchG 1969 Nr. 4.
[481] BSG 18.12.2003 – B 11 AL 35/03 R, NZA 2004, 661.
[482] LAG Köln 22.2.2000 – 13 (10) Sa 1388/99, NZA-RR 2001, 85.
[483] BAG 3.5.1979 – 2 AZR 679/77, AP § 4 KSchG 1969 Nr. 6.
[484] ArbG Düsseldorf 4.10.1999 – 7 Ca 4497/99, DB 2000, 2022.
[485] LAG Frankfurt 7.6.1985 – 13 Sa 31/85, BB 1986, 136.
[486] BAG 9.10.1996 – 5 AZR 246/95, NZA 1997, 376.
[487] BAG 6.4.1977 – 4 AZR 721/75, DB 1977, 1559.
[488] ArbG Berlin 31.8.2005 – 7 Ga 18429/05, EzA-SD 2005, Nr. 22, 9.
[489] LAG Düsseldorf 13.4.2005 – 12 Sa 154/05, DB 2005, 1463.
[490] LAG Hamburg 29.4.2004 – 1 Sa 47/03, NZA-RR 2005, 151.

ausgesprochen wird. Jedermann kann auch Gründe haben, die im außerökonomischen Umfeld angesiedelt sind und die ihn zu einem Klageverzicht veranlassen, beispielsweise der Gedanke, dass spätere Sozialkontakte nicht ausgeschlossen sind, die sich der Arbeitnehmer in einer weniger belasteten Weise erhalten möchte, als sie vorlägen, wenn die zwischenmenschlichen Beziehungen über die Durchführung eines Klageverfahrens belastet worden wären.

In Einzelfällen können weit gefasste Ausgleichsquittungen, Ausgleichsklauseln und Erledigungsklauseln als **überraschende Klauseln** gemäß § 305c BGB zu werten sein und bei fehlendem besonderem Hinweis oder drucktechnischer Hervorhebung zur Unwirksamkeit der Verzichtserklärung führen.[491]

489

Die Vereinbarung einer allgemeinen Erledigungsklausel kann **rechtsmissbräuchlich** sein, wenn der Arbeitnehmer dem Arbeitgeber durch eine vorsätzliche Vertragsverletzung oder vorsätzliche unerlaubte Handlung Schaden zugefügt hat und der Arbeitgeber bei Vereinbarung der Klausel hiervon keine Kenntnis hatte.[492]

490

Die häufige Formulierung,

491

mit Erfüllung dieser Vereinbarung sind alle gegenseitigen Ansprüche – gleichgültig, ob bekannt oder unbekannt – des Arbeitnehmers gegen die Firma und umgekehrt aus dem Arbeitsverhältnis und seiner Beendigung erledigt,

ergibt im Wege der Auslegung, dass es sich um ein negatives Schuldanerkenntnis i.S.v. § 397 Abs. 2 BGB handelt.[493] Für diese Klausel gilt, dass eine Kondiktion nach § 812 Abs. 1 Satz 2 BGB ausscheidet, weil Rechtsgrund des geleisteten Anerkenntnisses der durch gegenseitiges Nachgeben zustande gekommene Abfindungsvergleich ist (§ 779 BGB).

Bei **ausländischen Arbeitnehmern** ist die ständige Rechtsprechung zu beachten, wonach eine Erledigungsklausel nur dann wirksam Rechte des Arbeitnehmers ausschließen kann, wenn dieser die Klausel verstanden hat.[494] Vereinbart ein ehemaliger Gesellschaftergeschäftsführer, der zugleich als Architekt für eine GmbH tätig war, in einer allgemeinen Erledigungsklausel im Rahmen der Übertragung des Gesellschaftsanteils einen generellen Haftungsverzicht, erfasst eine solche Erledigungsklausel nicht etwaige Ansprüche, die die Gesellschaft wegen überzahlten Architektenhonorars hat,[495] auch für einen Arbeitnehmer, der neben seinen arbeitsvertraglichen Verpflichtungen Ehrenämter oder vergleichbare Funktionen beim Arbeitgeber wahrgenommen hat, ist die Entscheidung des BGH von Bedeutung. Derartige Mitarbeiter sollten darauf achten, dass die Erledigungsklausel auch ihre sonstige Stellung als Kassierer einer Betriebssportgruppe u.Ä. erfasst.

492

10. Auslauffristen

Auslauffristen im Aufhebungsvertrag formuliert man üblicherweise wie folgt:

493

Die Parteien vereinbaren, dass das Arbeitsverhältnis unter Überschreitung (Verlängerung) der ordentlichen Kündigungsfrist mit einer sozialen Auslauffrist zum ■■■ endet.

Geht die vereinbarte Auslauffrist um ein Vielfaches über die Kündigungsfrist hinaus und fehlt es auch an sonstigen, einen Aufhebungsvertrag kennzeichnenden Vereinbarungen, dann ist der Vertrag nach einem BAG-Urteil[496] nicht auf eine Beendigung, sondern auf eine befristete Fortsetzung des Arbeitsverhältnisses gerichtet. Ein solcher Vertrag soll damit in Wahrheit kein Aufhebungsvertrag sein, sondern eine nachträgliche Befristung zum Inhalt haben, die der allgemeinen, von der Rechtsprechung entwickelten Befristungskontrolle unterliegt.

494

Dem BAG ist zuzugeben, dass der seiner Entscheidung zugrunde liegende Sachverhalt nicht frei von Merkwürdigkeiten war. Das Arbeitsverhältnis mit einem Hausmeister der TU Dresden sollte, wie es im Aufhebungsvertrag hieß, „aus betriebsbedingten Gründen" zu einem Zeitpunkt in dreieinhalb Jahren beendet werden. Weitere Einzelheiten enthielt der Aufhebungsvertrag nicht. Gewiss fragt man sich, worin die „dringenden betrieblichen Erfordernisse i.S.v. § 1 Abs. 2 Satz 1 KSchG" liegen sollen, wenn die Beendigung des Arbeitsverhältnisses noch dreieinhalb Jahre Zeit hat. Gleichwohl bestehen Bedenken an der Richtigkeit der Argumentation des BAG. Das BAG hat übersehen, dass das Wesen des Aufhebungsvertrages darin zu sehen ist, dass bei einem unbefristeten Arbeitsverhältnis ein Vertragsende vereinbart wird. Beim befristeten Ar-

495

---

491 LAG Berlin 18.1.1993 – 12 Sa 120/92, LAGE § 4 KSchG Ausgleichsquittung Nr. 3; *Ziemann*, ArbRB 2001, 46 (48).
492 BAG 9.3.1972 – 1 AZR 165/71, BB 1972, 1276.
493 LAG München 24.4.1997 – 2 Sa 1004/96, BB 1998, 269.
494 LAG Hamm 2.1.1976 – 3 Sa 1121/75, BB 1976, 553; zum „Sprachrisiko" des ausländischen Arbeitnehmers *Hümmerich*, BlStSozArbR 1976, 273.
495 BGH 18.9.2000 – II ZR 15/99, NJW 2001, 223.
496 BAG 12.1.2000 – 7 AZR 48/99, AP § 620 BGB Aufhebungsvertrag Nr. 16.

beitsverhältnis, das eines Sachgrundes bedarf, werden zeitgleich Vertragsbeginn und Vertragsende vereinbart. Mit dem Aufhebungsvertrag wird kein neuer Vertragsbeginn eingeleitet, sondern nur eine Vereinbarung über das Vertragsende eines bereits bestehenden unbefristeten Arbeitsverhältnisses getroffen. Dennoch, das Urteil vom 12.1.2000 mahnt den Gestalter von Aufhebungs- und Abwicklungsverträgen zum vorsichtigen Umgang mit sozialen Auslauffristen. Im Zweifel wird angeregt, auf über die Kündigungsfrist hinausgehende Verlängerungszeiträume zu verzichten.

11. Beendigungsbegründungsklauseln

496 In Aufhebungs- wie in Abwicklungsverträgen finden sich Beendigungsbegründungsklauseln, ohne dass sie einen regelnden Inhalt haben und daher nicht zwingend in die Verträge aufgenommen werden müssen. Die Beendigungsbegründungsklausel sucht man deshalb im Text des Vertrages meist auch vergebens. In den meisten Fällen wird eine solche Klausel allenfalls als Präambel dem Text des Aufhebungs- oder Abwicklungsvertrages vorausgeschickt. Formulierungsbeispiel:

Nachdem die Zulassungsstudie des Pharmaprodukts CITO von der amerikanischen Muttergesellschaft durch Vorstandsbeschluss vom 3.1.2003 mit sofortiger Wirkung abgebrochen wurde, besteht für den im Bereich von HIV-Infektionen geplanten Vertrieb von CITO weltweit keine Realisierungschance mehr. Der in den letzten neun Monaten aufgebaute Deutschland-Vertrieb wird daher eingestellt. Für keinen der ausschließlich mit CITO beschäftigten Mitarbeiter besteht noch eine Beschäftigungsmöglichkeit in der Firma ▪▪▪. Im Betrieb sind gegenwärtig weder im Vertrieb noch im Bereich Pharmaprodukte Stellen frei. Da die Firma derzeit auch keine Einführung neuer Produkte plant, muss sie aufgrund dringender betrieblicher Bedürfnisse die Arbeitsverhältnisse aller Mitarbeiter, die im CITO-Vertriebsbereich beschäftigt sind, kündigen.

497 Der Vorteil der Beendigungsbegründungsklausel besteht darin, dass der Agentur für Arbeit aus arbeitsförderungsrechtlicher und dem Finanzamt aus steuerrechtlicher Sicht die Hintergründe, die zur Kündigung geführt haben, frei Haus mit dem Vertrag erläutert werden. Eine Präambel ist nicht mehr als eine Auslegungshilfe; durch sie erschließt sich jedoch dem Sachbearbeiter der jeweiligen Behörde, ohne dass er an den Wortlaut einer Präambel gebunden ist, welche Hintergründe zum Abschluss der Vereinbarung geführt haben.

498 Für die Agentur für Arbeit ist es oft hilfreich festzustellen, im Rahmen welcher unternehmerischen Entscheidungen die Kündigung ausgesprochen wurde. Hat man beispielsweise im Unternehmen seit mehreren Jahren Personalabbau betrieben oder hat ein Betriebsübergang stattgefunden, ist der Arbeitsplatz an einen mehrere hundert Kilometer entfernt liegenden Ort verlegt worden und wollte die Familie des Arbeitnehmers nicht umziehen, so werden durch die Darstellung die Gründe einer betriebsbedingten Beendigung des Arbeitsverhältnisses aufgearbeitet, was in einer Präambel durchaus facettenreich dargestellt werden kann und der Agentur den Anlass des Aufhebungs- oder Abwicklungsvertrages erhellt. Die Beweislast für das Vorliegen der Voraussetzungen eines Sperrzeittatbestandes liegt in Anwendung des Amtsermittlungsgrundsatzes letztlich bei der Agentur für Arbeit.[497]

499 Für den wichtigen Grund i.S.v. § 144 Abs. 1 SGB III hat der Gesetzgeber eine **Beweislastumkehr** zu Lasten des Arbeitnehmers vorgenommen. Der Arbeitnehmer hat die für die Beurteilung eines wichtigen Grundes maßgebenden Tatsachen darzulegen und nachzuweisen, wenn diese in seiner Sphäre oder in seinem Verantwortungsbereich liegen, § 144 Abs. 1 Satz 4 SGB III.

500 Hat der Arbeitgeber eine **(Wieder-)Einstellungszusage** erteilt, bedarf es meist keiner ausführlichen Beendigungsbegründung. Werden Arbeitskräfte saisonal beschäftigt, findet regelmäßig eine Beendigung zu einem bestimmten Zeitpunkt statt, eine Wiederaufnahme des Arbeitsverhältnisses zu den Konditionen des bisherigen Arbeitsvertrages wird vom Arbeitgeber mit der Wiedereinstellungszusage angeboten.[498] Die Einstellungszusage kann in zwei Formen, als **einfache Einstellungszusage** und als **bedingte Einstellungszusage** erfolgen.[499] Bei der einfachen Einstellungszusage ist allerdings zu beachten, dass nach einem Urteil des ArbG Bonn der bloße Satz des Arbeitgebers in Richtung des Arbeitnehmers, er werde im Frühjahr wieder eingestellt, nicht zwingend bedeutet, dass eine Einstellungszusage erteilt wurde.[500] Das ArbG Bonn war der Auffassung, eine Wiedereinstellungserklärung sei im Hinblick auf den Grundsatz von Treu und Glauben mit Rücksicht auf die

---

[497] *Boecken/Hümmerich*, DB 2004, 2046.
[498] *Moll/Reufels*, Anmerkung zu ArbG Bonn 13.10.1999 – 5 Ca 1311/99, EWiR 2000, 317.
[499] Siehe zu dieser Differenzierung *Schrader/Straube*, NZA-RR 2003, 337.
[500] ArbG Bonn 13.10.1999 – 5 Ca 1311/99, EWiR 2000, 317.

Verkehrssitte dahin gehend zu interpretieren, dass eine Wiedereinstellung nur im Rahmen der betrieblichen Möglichkeiten und des Auftragsbestandes erfolge.

12. Berufsausbildungsverhältnisse

Bei Berufsausbildungsverhältnissen gelten einige Besonderheiten im Zusammenhang mit der Beendigung. Berufsausbildungsverhältnisse sind **befristet**. Sie enden mit dem Ablauf der Ausbildungszeit oder mit dem Ablauf der letzten Stufe bei einer Stufenausbildung (§ 21 Abs. 1 Satz 1, 2 BBiG) oder mit der Bekanntgabe des Ergebnisses durch den Prüfungsausschuss bei Bestehen der Abschlussprüfung vor Ablauf der Ausbildungszeit (§ 21 Abs. 2 BBiG). Die **automatische** Beendigung des Berufsausbildungsverhältnisses gilt auch dann, wenn der Auszubildende die Abschlussprüfung nicht besteht oder zu dieser nicht zugelassen wird.[501] Der Ausbilder muss dem **Verlängerungsverlangen** des Auszubildenden selbst dann stattgeben, wenn damit zu rechnen ist, dass der Auszubildende erneut die Prüfung nicht besteht.[502] Hat der Auszubildende die Verlängerung des Berufsausbildungsverhältnisses nicht verlangt und wird er gleichwohl nach nicht bestandener Abschlussprüfung weiterbeschäftigt, ist nach § 24 BBiG ein Arbeitsverhältnis auf unbestimmte Zeit entstanden, das ordnungsgemäß zu vergüten ist.

501

Zwar kann auch ein Ausbildungsverhältnis jederzeit einvernehmlich durch Aufhebungsvertrag beendet werden. Allerdings dürfen nach Auffassung des BAG dabei nicht zwingende **Schutzvorschriften des BBiG** umgangen werden. Eine Umgehung des Kündigungsschutzes hat das BAG angenommen, wenn ein Aufhebungsvertrag unter der Bedingung geschlossen wird, dass der Auszubildende im nächsten Berufsschulzeugnis in bestimmten Fächern nicht mehr die Note „mangelhaft" erhält.[503]

502

Auch bei Aufhebungsverträgen mit Auszubildenden gilt das **Schriftformerfordernis**. Auch wenn das Ausbildungsverhältnis kein Arbeitsverhältnis ist und somit § 623 BGB nicht unmittelbar anwendbar ist,[504] gilt § 623 BGB zumindest wegen § 10 Abs. 2 BBiG auch für Berufsausbildungsverhältnisse.[505] Nach § 22 Abs. 3 BBiG bedarf jede Kündigung des Berufsausbildungsverhältnisses der Schriftform.

503

Der minderjährige Auszubildende kann weder selbst kündigen noch kann ihm gegenüber gekündigt werden. Vielmehr ist die Kündigung durch seinen gesetzlichen Vertreter bzw. diesem gegenüber zu erklären (§§ 106, 111 BGB).[506] Nach h.M. genügt, wenn ein Elternteil das Kündigungsschreiben erhält.[507]

504

In betriebsratsabhängigen Betrieben ist der Betriebsrat vor Ausspruch einer Kündigung durch den Ausbilder nach § 102 BetrVG zu hören. Dieses **Anhörungsrecht** entfällt, wenn die Ausbildung in einem reinen Ausbildungsbetrieb erfolgt.[508]

505

Innerhalb der Probezeit, die zwischen einem und vier Monaten betragen kann (§ 20 Satz 2 BBiG), kann das Berufsausbildungsverhältnis von beiden Parteien jederzeit ohne Angabe von Gründen und ohne Wahrung einer bestimmten Frist gekündigt werden (§ 22 Abs. 1 BBiG). Nach Ablauf der Probezeit sind die Kündigungsmöglichkeiten stark eingeschränkt. Der Auszubildende kann wegen Berufsaufgabe das Ausbildungsverhältnis nach § 22 Abs. 2 Nr. 2 BBiG kündigen; der Ausbilder hat nur noch die Möglichkeit, das Ausbildungsverhältnis aus wichtigem Grund unter gleichzeitiger Angabe der Kündigungsgründe im Kündigungsschreiben fristlos zu kündigen (§ 22 Abs. 3 Nr. 2 BBiG). Enthält das Kündigungsschreiben keine Kündigungsgründe, ist die Kündigung nichtig (§ 22 Abs. 3 BBiG, § 125 BGB).[509]

506

Nach Ausspruch einer fristlosen Kündigung durch den Arbeitgeber ist ein **Schlichtungsverfahren** nach § 111 Abs. 2 ArbGG durchzuführen. Vor Erhebung einer Kündigungsschutzklage ist zunächst der Ausschuss nach § 111 Abs. 2 Satz 4 ArbGG zur Vermittlung anzurufen. Eine Frist enthält das Gesetz nicht. Deshalb bis zur Grenze der Verwirkung die Anrufung des Ausschusses möglich sein.[510] Die Vermittlung ist nach Auffassung des BAG unverzichtbare Prozessvoraussetzung und ersetzt das arbeitsgerichtliche Güteverfahren.[511] Wird der

507

---

[501] HWK/*Hergenröder*, § 14 BBiG Rn 1; *Leinemann/Taubert*, BBiG, § 14 Rn 7.
[502] *Laber*, ArbRB 2005, 182.
[503] BAG 5.12.1985 – 2 AZR 61/85, AP § 620 BGB Bedingung Nr. 10.
[504] AnwK-ArbR/*Hümmerich*, § 623 BGB Rn 5.
[505] *Laber*, ArbRB 2005, 182.
[506] BAG 25.11.1976 – 2 AZR 751/75, EzB-VjA § 15 Abs. 3 BBiG Nr. 11.
[507] LAG Hessen 15.12.1975 – 10 (8) Sa 813/75, EzB-VjA § 15 Abs. 3 BBiG Nr. 9; HWK/*Hergenröder*, § 15 BBiG Rn 10.
[508] BAG 21.7.1993 – 7 ABR 35/92, MDR 1994, 809.
[509] BAG 17.6.1998 – 2 AZR 741/97, EzB-VjA § 15 Abs. 2 Nr. 1 BBiG Nr. 83.
[510] BAG 13.4.1989 – 2 AZR 441/88, AP § 4 KSchG 1969 Nr. 21.
[511] BAG 13.4.1989 – 2 AZR 441/88, AP § 4 KSchG 1969 Nr. 21.

von dem Ausschuss gefällte Spruch nicht innerhalb von einer Woche von beiden Parteien anerkannt, kann binnen zwei Wochen nach ergangenem Spruch Klage beim Arbeitsgericht erhoben werden (§ 111 Abs. 2 Satz 3 ArbGG). Als Prozessvoraussetzung der Klage vor dem Arbeitsgericht ist die Anrufung des Schlichtungsausschusses von Amts wegen zu prüfen. Ist sie unterblieben, ist die Klage ohne weiteres als unzulässig abzuweisen. Auf die Durchführung des Schlichtungsverfahrens kann nicht verzichtet werden.[512]

13. Betriebliche Altersversorgung

a) Fünf Durchführungswege

aa) Direktzusage (unmittelbare Zusage)

508 Bei einer unmittelbaren Zusage (Direktzusage) verspricht der Arbeitgeber, die zu beanspruchende Betriebsrente aus dem eigenen Vermögen zu erfüllen. Der Arbeitgeber allein soll im Versorgungsfall zur Leistung verpflichtet sein. Eine Möglichkeit, um sich vor dem Versorgungsrisiko und den damit verbundenen Kosten abzusichern, besteht für den Arbeitgeber etwa darin, eine **Rückdeckungsversicherung** abzuschließen. Im Fall einer rückgedeckten Direktzusage tritt der Arbeitgeber als Bezugsberechtigter gegenüber dem Rückdeckungsversicherer auf. Der Arbeitnehmer kann dagegen keine Rechte gegenüber dem Rückversicherer geltend machen, sondern muss sich im Versorgungsfall weiterhin allein an den Arbeitgeber halten.

509 Begründet werden Direktzusagen häufig durch Kollektivvereinbarung oder individualrechtliche Zusagen mit kollektivem Bezug (Gesamtzusage, betriebliche Übung), seltener durch eine echte Individualabrede. Im Aufhebungs- oder Abwicklungsvertrag werden nur in Ausnahmefällen Versorgungsleistungen erstmals zugesagt; häufiger finden sich Klauseln, durch die auf eine bestehende Direktzusage eingewirkt werden soll. Die Gestaltungsmöglichkeiten sind dabei gesetzlich beschränkt. Gewöhnlich wird im Aufhebungsvertrag lediglich klargestellt, ob die gesetzliche Unverfallbarkeitsfrist des § 1b BetrAVG erfüllt ist. Besteht tatsächlich noch eine verfallbare Anwartschaft, so kann in der Aufhebungsvereinbarung die Anwartschaft vertraglich unverfallbar gestellt werden, wodurch sie jedoch nicht dem auf gesetzlich unverfallbare Anwartschaften beschränkten Insolvenzschutz gemäß § 7 BetrAVG unterliegt. In diesem Fall ist es auch für den Arbeitnehmer von besonderer Bedeutung, eine anderweitige Absicherung vor der Insolvenz des Arbeitgebers zu erhalten, etwa indem das Bezugsrecht einer Rückdeckungsversicherung an den Arbeitnehmer verpfändet wird. Ist die Betriebsrentenanwartschaft bereits gesetzlich unverfallbar, so kann in dem Aufhebungsvertrag nach § 3 BetrAVG dagegen grundsätzlich nicht auf die betriebliche Altersversorgung verzichtet oder anderweitig wirtschaftlich abgefunden werden. Eine Abfindung des Anwartschaftsrechts ist nur bei Kleinstrenten möglich (für 2006: Rentenanwartschaft bis 24,50 EUR; Anwartschaft aus Kapitalzusagen bis 2.940 EUR). Verbesserungen der betrieblichen Altersversorgung können dagegen in weitem Rahmen im Aufhebungs- und Abwicklungsvertrag vereinbart werden. So bietet es sich insbesondere seit Wegfall der Steuerfreiheit für Abfindungen gemäß § 3 Nr. 9 EStG an, statt dessen die Versorgungsanwartschaft zu erhöhen, da eine solche Steigerung bei Direktzusagen weiterhin steuer- und abgabenfrei bis zum Beginn der Leistungsphase bleibt.

510 Bei einer Aufhebungsvereinbarung könnte etwa folgende, im Wesentlichen deklaratorische Klausel aufgenommen werden, mit der der Arbeitgeber auch seiner Auskunftspflicht gemäß § 4a BetrAVG nachkommt:

Herrn ▬▬▬ steht aus der Versorgungszusage vom ▬▬▬ gemäß § 1b BetrAVG eine unverfallbare Anwartschaft zu. Die Höhe der unverfallbaren Anwartschaft beläuft sich gemäß § 2 BetrAVG auf ▬▬▬ EUR.
Optional:
Zur Absicherung der Versorgungsanwartschaft wird Herrn ▬▬▬ das Bezugsrecht aus der bei der ▬▬▬-Versicherungs AG am ▬▬▬ abgeschlossenen Rückdeckungsversicherung – Versicherungsschein-Nr. ▬▬▬ – verpfändet.

bb) Direktversicherung

511 Bei einer Direktversicherung schließt der Arbeitgeber eine Lebensversicherung auf das Leben des Arbeitnehmers ab, bei der dem Arbeitnehmer oder seinen Hinterbliebenen gegenüber der Versicherung als Bezugsberechtigte das Bezugsrecht auf die Leistungen der Versicherung eingeräumt wird (§ 1b Abs. 2 BetrAVG). Durch die Einschaltung eines Lebensversicherers kommt es zu einem **Dreiecksverhältnis** zwischen Arbeitgeber, Arbeitnehmer und Lebensversicherer. Neben das arbeitsrechtliche Versorgungsverhältnis zwischen Arbeitgeber und Arbeitnehmer tritt das Deckungsverhältnis zwischen dem Arbeitgeber als Versicherungsnehmer und dem Versicherer sowie das Leistungsverhältnis zwischen dem Arbeitnehmer bzw. dessen Hinter-

---

[512] BAG 13.4.1989 – 2 AZR 441/88, AP § 4 KSchG 1969 Nr. 21.

Kapitel 2: Abwicklungs- und Aufhebungsverträge

bliebenen als Bezugsberechtigte und dem Versicherer. Eine gesicherte Rechtsposition im Leistungsverhältnis erlangt der Arbeitnehmer erst dann, wenn im Deckungsverhältnis das **Bezugsrecht unwiderruflich** erklärt wurde.[513] Ein widerrufliches Bezugsrecht kann der Arbeitgeber dagegen aufgrund seiner Stellung als Versicherungsnehmer auch gegen den Willen des Arbeitnehmers beeinträchtigen, selbst wenn er damit eine Pflicht aus dem arbeitsrechtlichen Grundverhältnis verletzt.[514]

Wird das Arbeitsverhältnis nach Erfüllung der Unverfallbarkeitsfrist beendet, so richtet sich die Höhe der unverfallbaren Anwartschaft aus der Direktversicherungszusage grundsätzlich nach dem sog. **Quotierungsverfahren**, d.h. dass die Versorgungsleistung anteilig nach der Dauer der Betriebszugehörigkeit gekürzt wird. Oftmals ist der sich nach diesem Prinzip ergebende Betrag jedoch durch die Versicherungsprämien zum Zeitpunkt der Beendigung des Arbeitsverhältnisses noch nicht ausfinanziert. Der Arbeitgeber hat in diesem Fall den Differenzanspruch aus dem eigenen Vermögen wie bei einer Direktzusage zu erbringen. Das Betriebsrentengesetz gestattet dem Arbeitgeber jedoch, durch die Wahl der sog. **versicherungsförmigen Lösung** die Höhe der Versorgungsanwartschaft auf den ausfinanzierten Teil zu begrenzen, wenn gemäß § 2 Abs. 2 Satz 2 BetrAVG folgende Voraussetzungen erfüllt werden: 512

- Dem Arbeitnehmer muss ein unwiderrufliches Bezugsrecht eingeräumt sein; Abtretungen oder Beleihungen des Rechts aus dem Versicherungsvertrag durch den Arbeitgeber und Beitragsrückstände sind nicht vorhanden;
- die Überschussanteile werden nur zur Verbesserung der Versicherungsleistung verwendet; und
- dem ausgeschiedenen Arbeitnehmer wird nach dem Versicherungsvertrag das Recht zur Fortsetzung der Versicherung mit eigenen Beiträgen eingeräumt.

Die genannten Voraussetzungen sind nach § 1b Abs. 5 BetrAVG zwingend bei Direktversicherungen zu erfüllen, die auf einer Entgeltumwandlung beruhen. Bei arbeitgeberfinanzierten Zusagen steht dem Arbeitgeber das Wahlrecht zu, ob er anstelle des Quotierungsverfahrens die versicherungsförmige Lösung wählt. Eine Abfindung der Versorgungsanwartschaft kann nach § 3 BetrAVG nur bei sog. Kleinstanwartschaften verlangt werden. 513

Von besonderer Bedeutung ist künftig der für Direktversicherungszusagen, die ab dem 1.1.2005 erteilt wurden, eingeführte **Anspruch auf Übertragung** gemäß § 4 Abs. 3 BetrAVG. Hiernach kann der ausscheidende Arbeitnehmer innerhalb eines Jahres nach Beendigung des Arbeitsverhältnisses von seinem ehemaligen Arbeitgeber verlangen, dass der Übertragungswert, der dem zum Übertragungszeitpunkt gebildeten Deckungskapital entspricht, auf den neuen Arbeitgeber übertragen wird, wenn die betriebliche Altersversorgung über einen Pensionsfonds, eine Pensionskasse oder eine Direktversicherung durchgeführt worden ist und der Übertragungswert die Beitragsbemessung in der allgemeinen Rentenversicherung nicht übersteigt. Hat der Arbeitgeber die versicherungsförmige Lösung gewählt, so richtet sich der Anspruch gegen die Versicherung, weshalb dieser Weg – neben der Haftungsbegrenzung bezüglich der Höhe der unverfallbaren Versorgungsanwartschaft – regelmäßig zu empfehlen ist. Der neue Arbeitgeber ist verpflichtet, eine dem Übertragungswert wertgleiche Zusage zu erteilen und über einen Pensionsfonds, eine Pensionskasse oder eine Direktversicherung durchzuführen. 514

Folgender Text, mit dem bei Bestand einer unverfallbaren Direktversicherungsanwartschaft die versicherungsförmige Lösung gewählt wird, kann empfohlen werden: 515

Herrn ■■■ steht eine gesetzlich unverfallbare Versorgungsanwartschaft aus der Versorgungszusage vom ■■■ zu, die über die ■■■-Versicherungs AG durchgeführt wird (Versicherungs-Nr. ■■■).

Der Arbeitgeber wählt die versicherungsförmige Lösung gemäß § 2 Abs. 2 Satz 2 BetrAVG. Das Bezugsrecht aus der Direktversicherung ist unwiderruflich und weder abgetreten noch beliehen; die Versicherung weist keine Beitragsrückstände auf. Sämtliche Überschussanteile seit Beginn der Versicherung bzw. seit Beginn der Betriebszugehörigkeit dienen ausschließlich der Verbesserung der Versicherungsleistung. Herrn ■■■ wird das Recht zur Fortsetzung der Versicherung mit eigenen Beiträgen eingeräumt.

---

[513] BAG 26.2.1991 – 3 AZR 213/90, NZA 1991, 845; zur Behandlung sog. eingeschränkt unwiderruflicher Bezugsrechte BAG 26.6.1990 – 3 AZR 2/89, AP § 1 BetrAVG Lebensversicherung Nr. 12; OLG Düsseldorf 30.1.2001 – 4 U 93/00, VersR 2002, 86.
[514] BAG 8.6.1999 – 3 AZR 136/98, NZA 1999, 1103; BAG 26.2.1991 – 3 AZR 213/90, NZA 1991, 845.

cc) Pensionskasse

516 Bei einer Pensionskassenzusage wird eine rechtsfähige **Versorgungseinrichtung** eingeschaltet, die dem Arbeitnehmer bzw. dessen Hinterbliebenen einen Rechtsanspruch auf ihre Leistungen gewährt (vgl. § 1b Abs. 3 BetrAVG). Im Unterschied zur Direktversicherung erlangt der Arbeitnehmer in diesem Fall von Beginn an eine gesicherte, nicht einseitig durch den Arbeitgeber zu beseitigende Rechtsposition gegenüber der Versorgungseinrichtung. Pensionskassen unterliegen der Versicherungsaufsicht und werden regelmäßig in der Rechtsform eines Versicherungsvereins auf Gegenseitigkeit (VVaG) geführt, können aber auch als Aktiengesellschaft auftreten. Die Arbeitnehmer werden in die Pensionskasse (in der Form einer VVaG) als Mitglied aufgenommen und nehmen die Stellung als **Versicherungsnehmer** ein. Durch Satzung kann bestimmt werden, dass auch die Arbeitnehmer eigene Beiträge an die Pensionskasse zu leisten haben.[515]

517 Pensionskassenzusagen sind bei vorzeitiger Beendigung des Arbeitsverhältnisses im Wesentlichen wie Direktversicherungszusagen zu behandeln. So kann der Arbeitgeber bei arbeitgeberfinanzierten Zusagen ebenfalls entscheiden, ob die Höhe einer unverfallbaren Anwartschaft nach dem Quotierungsverfahren bemessen wird oder ob er die versicherungsförmige Lösung wählt, bei der das Erfordernis eines ausdrücklich für unwiderruflich erklärten Bezugsrechts entfällt, da dem Arbeitnehmer ein einseitig nicht einschränkbarer Rechtsanspruch gegenüber der Pensionskasse zusteht.

518 Nachfolgende textliche Regelung wird häufig gebraucht:

Herrn ■■■ steht eine gesetzlich unverfallbare Versorgungsanwartschaft aus der Versorgungszusage vom ■■■ zu, die über die ■■■-Pensionskasse VVaG durchgeführt wird. Der Arbeitgeber verpflichtet sich, die Voraussetzungen der versicherungsförmigen Lösung gemäß § 2 Abs. 3 Satz 2 und 3 BetrAVG zu erfüllen.

dd) Pensionsfonds

519 Nach der **Legaldefinition** des § 1b Abs. 3 BetrAVG handelt es sich bei einem Pensionsfonds – gleich einer Pensionskasse – um eine rechtsfähige Versorgungseinrichtung, die dem Arbeitnehmer bzw. dessen Hinterbliebenen einen **Rechtsanspruch** auf die Leistung einräumt. Der Pensionsfonds, der in den §§ 112 ff. VAG ausführlich geregelt wird, zeichnet sich gegenüber der Pensionskasse insbesondere dadurch aus, dass er bei der Vermögensverwaltung eine größere Anlagefreiheit genießt. Der Pensionsfonds darf als Altersleistungen nur lebenslange Renten oder Auszahlungspläne mit Restverrentung erbringen. Einmalkapitalzahlungen oder befristete Renten sind dagegen nicht zulässig (§ 112 Abs. 1 Nr. 4 VAG).

520 Obwohl ein Pensionsfonds einer Pensionskasse oder einem Lebensversicherer nahe steht, wird bei einer vorzeitigen Beendigung des Arbeitsverhältnisses die Pensionsfondszusage wie eine Direktzusage behandelt, d.h. dass die Anwartschaftshöhe sich nach dem **Quotierungsprinzip** berechnet und die versicherungsrechtliche Lösung nicht gewählt werden kann. Allerdings wird regelmäßig eine Pensionsfondszusage als beitragsorientierte Leistungszusage oder als Beitragszusage mit Mindestleistung ausgestaltet sein, so dass sich in diesen Sonderfällen die Anwartschaftshöhe gemäß § 2 Abs. 5a oder 5b BetrAVG auf die nach dem Pensionsplan gebildeten Deckungsrückstellungen beschränkt. Im Hinblick auf den Anspruch auf Übertragung gemäß § 4 Abs. 3 BetrAVG wird die Pensionsfondszusage dagegen wie eine Direktversicherungszusage behandelt. Des weiteren müssen Pensionsfondszusagen, die durch Entgeltumwandlung finanziert werden, den Voraussetzungen des § 1b Abs. 5 BetrAVG entsprechen, so dass etwa dem Arbeitnehmer bei vorzeitiger Beendigung des Arbeitsverhältnisses auch das Recht auf Fortsetzung der Versorgung mit eigenen Beiträgen eingeräumt werden muss.

521 Verbreitet ist bei arbeitgeberfinanzierten Pensionsfondszusagen der nachfolgende Text im Beendigungsvertrag, der lediglich deklaratorischen Charakter hat:

Herrn ■■■ steht eine gesetzlich unverfallbare Versorgungsanwartschaft aus der Versorgungszusage vom ■■■ zu, die über den ■■■-Pensionsfonds durchgeführt wird. Die Höhe der unverfallbaren Versorgungsanwartschaft richtet sich nach § 2 BetrAVG.

ee) Unterstützungskasse

522 Bei Durchführung der betrieblichen Altersversorgung über eine Unterstützungskasse wird eine rechtsfähige Versorgungseinrichtung eingeschaltet, die – anders als Pensionskasse oder Pensionsfonds – keinen Anspruch auf die Leistungen einräumt. Der **Ausschluss** des Leistungsrechts dient dem Zweck, der Versicherungsauf-

---

515 BAG 13.5.1997 – 3 AZR 79/96, DB 1998, 213.

sicht zu entgehen. Sowohl für das arbeitsrechtliche Versorgungsverhältnis als auch für das Leistungsverhältnis zwischen Arbeitnehmer und Unterstützungskasse hat die Rechtsprechung entschieden, dass der formale Leistungsausschluss in einen aus sachlichen Gründen widerruflichen Leistungsanspruch umzuinterpretieren ist.[516] Unterstützungskassenleistungen werden im Betriebsrentengesetz im Wesentlichen wie unmittelbare Zusagen behandelt, so dass die dort beschriebenen Besonderheiten zu beachten sind.

In Aufhebungsvereinbarungen bietet sich der nachfolgende Vertragstext oftmals an:

523

Herrn ▪▪▪ steht eine gesetzlich unverfallbare Versorgungsanwartschaft aus der Versorgungszusage vom ▪▪▪ zu, die über die ▪▪▪-Unterstützungskasse durchgeführt wird. Die Höhe der unverfallbaren Anwartschaft richtet sich nach § 2 BetrAVG und beläuft sich auf ▪▪▪ EUR.
Optional:
Zur Absicherung der Versorgungsanwartschaft wird Herrn ▪▪▪ das Bezugsrecht aus der bei der ▪▪▪-Versicherungs AG am ▪▪▪ abgeschlossenen Rückdeckungsversicherung – Versicherungsschein-Nr. ▪▪▪ – verpfändet.

b) Entgeltumwandlung

Die Umwandlung von Entgeltansprüchen in Versorgungsanwartschaften (**Entgeltumwandlung**) ist spätestens seit dem Urteil des BAG vom 26.6.1990[517] eine anerkannte Form der betrieblichen Altersversorgung und vom Gesetzgeber zwischenzeitlich ausdrücklich in § 1 Abs. 2 Nr. 3 BetrAVG geregelt. Nach § 1b Abs. 5 BetrAVG sind Entgeltumwandlungszusagen, die nach dem 31.12.2000 geschlossen wurden, unmittelbar gesetzlich unverfallbar. Bei Entgeltumwandlungszusagen, die vor diesem Zeitpunkt geschlossen wurden, ergibt sich die sofortige Unverfallbarkeit aus dem Versorgungsvertrag. Die lediglich vertragliche Unverfallbarkeit hat jedoch zur Folge, dass der Insolvenzschutz nach § 7 BetrAVG erst dann eingreift, wenn auch die für arbeitgeberfinanzierte Versorgungszusagen geltenden Unverfallbarkeitsfristen erfüllt sind. Darüber hinaus hat der Arbeitgeber dafür zu sorgen, dass dem Arbeitnehmer bei Wahl eines der Versorgungsträger Lebensversicherung, Pensionskasse oder Pensionsfonds die Möglichkeit zur Fortsetzung der Versicherung bzw. Versorgung eingeräumt wird und die Überschussanteile allein zu Verbesserung der Leistung verwendet werden. Weiter muss das Recht des Arbeitgebers zur Verpfändung, Abtretung oder Beleihung ausgeschlossen werden. Bei Direktversicherungszusagen ist dem Arbeitnehmer von Beginn an ein unwiderrufliches Bezugsrecht einzuräumen. Diese Erfordernisse entsprechen im Wesentlichen den Voraussetzungen zur Wahl der versicherungsförmigen Lösung bei Direktversicherungs- und Pensionskassenzusagen.

524

Im Zusammenhang mit Aufhebungsverträgen hat seit der Streichung des Steuerfreibetrags für Abfindungszahlungen die Möglichkeit an Attraktivität gewonnen, den Abfindungsbetrag zur Verbesserung der betrieblichen Altersversorgung zu verwenden. Bei Direktversicherungs-, Pensionskassen- oder Pensionsfondszusagen werden die aus Anlass der Beendigung des Arbeitsverhältnisses geleisteten Beiträge an den Versorgungsträger gemäß § 3 Nr. 63 Satz 4 EStG bis zu einer Höhe von 1.800 EUR, multipliziert mit der Anzahl der Beschäftigungsjahre, steuerfrei gestellt, soweit der Steuerfreibetrag in den jeweiligen Jahren nicht bereits ausgeschöpft wurde. Bei Direktzusagen und Unterstützungskassenzusagen findet unabhängig von der Höhe des Beitrags eine nachgelagerte Besteuerung statt. Zwar mag es dogmatisch fraglich sein, ob eine aus Anlass der Beendigung des Arbeitsverhältnis gewährte Verbesserung der betrieblichen Altersversorgung eine Entgeltumwandlung darstellt – ein umzuwandelnder Abfindungsanspruch wird gewöhnlich noch nicht begründet sein –, doch empfiehlt es sich sehr, bei Wahl eines externen Versorgungsträgers (Lebensversicherer, Pensionskasse oder Pensionsfonds) die Voraussetzungen des § 1b Abs. 5 BetrAVG zu erfüllen.

525

Der Aufhebungsvertrag könnte folgende Formulierung enthalten (für Direktversicherungs-, Pensionskassen- oder Pensionsfondszusagen):

526

Der Arbeitgeber zahlt aus Anlass der Beendigung des Arbeitsverhältnisses einen Beitrag in Höhe von ▪▪▪ EUR zur Verbesserung der Versorgungszusage vom ▪▪▪ an die/den ▪▪▪-Lebensversicherung/Pensionskasse/Pensionsfonds. Die Höhe der sich hieraus ergebenden Steigerung der unverfallbaren Versorgungsanwartschaft richtet sich nach dem Versicherungsvertrag. Die Überschussanteile stehen Herrn ▪▪▪ zu. Herrn ▪▪▪ wird das Recht zur Fortsetzung der Versicherung bzw. Versorgung mit eigenen Beiträgen eingeräumt. Das Recht zur Verpfändung, Abtretung oder Beleihung durch den Arbeitgeber wird ausgeschlossen.
Zusätzlich bei Direktversicherung: Herrn ▪▪▪ wird ein unwiderrufliches Bezugsrecht eingeräumt.

---

[516] St. Rspr., BAG 17.5.1973 – 3 AZR 381/72, NJW 1973, 1946; BAG 17.4.1985 – 3 AZR 72/83, NZA 1986, 57; BAG 17.11.1992 – 3 AZR 76/92, NZA 1993, 938.
[517] BAG 26.6.1990 – 3 AZR 641/88, NZA 1991, 144.

c) Sicherung durch Bürgschaft

527 Insolvenzschutz-Klauseln bieten sich an, wenn im Aufhebungsvertrag versorgungsrechtliche Zusagen erteilt werden, für die der Pensionssicherungsverein nicht eintritt. Als Sicherungsweg bieten sich eine Bürgschaft, aber auch eine Rückdeckungsversicherung an. Eine Bürgschaft kann wie folgt formuliert werden:

(1) Die Gesellschaft hat gegenüber dem Geschäftsführer eine Versorgungszusage übernommen. Die Parteien vereinbaren zusätzlich, dass die Versorgungsanwartschaft des Geschäftsführers unverfallbar ist.

(2) Die Gesellschaft verpflichtet sich, die sich aus der Versorgungszusage ergebenden Anwartschaften des Geschäftsführers für den Fall der Insolvenz der Gesellschaft abzusichern. Die Insolvenzversicherung der Versorgungsanwartschaft durch die Gesellschaft erfolgt durch den Abschluss einer Bankbürgschaft. Spätestens ein Monat nach Unterzeichnung dieser Vereinbarung wird die Gesellschaft zu Gunsten des Geschäftsführers einen Bürgschaftsvertrag abschließen und an den Geschäftsführer aushändigen, der die Versorgungsanwartschaft des Klägers sichert. Entsprechend dem prognostizierten versicherungsmathematischen Wert der Versorgungszusage im Zeitpunkt der Vollendung des 65. Lebensjahres des Geschäftsführers wird die Bürgschaft über einen Betrag in Höhe von ▬▬▬ EUR abgeschlossen. Der vorgenannte Betrag spiegelt den Gesamtwert der Versorgungszusage im Erlebensfall durch den Geschäftsführer wider. Die Bürgschaft wird für den Zeitraum bis zur erstmaligen Zahlung des Versorgungsbetrags, d.h. bis zum ▬▬▬, abgeschlossen. Alle für die Zeit bis zum ▬▬▬ anfallenden Avalprovisionen wird die Gesellschaft im Wege einer Einmalzahlung bei Abschluss des Bürgschaftsvertrages leisten. Außer zur Sicherung der Versorgungsansprüche des Geschäftsführers dient die Bürgschaft auch der Sicherung etwaiger Versorgungsansprüche seines Ehegatten und seiner Kinder. Spätestens zwei Monate nach Abschluss der vorliegenden Vereinbarung wird die Gesellschaft dem Geschäftsführer die Bürgschaftsurkunde übergeben.

(3) Der Geschäftsführer erhält spätestens acht Wochen nach Beendigung des Dienstverhältnisses eine Auskunft gemäß § 4a BetrAVG.

14. Betriebsgeheimnisklauseln

528 Eine typische Betriebsgeheimnisklausel in Aufhebungs- und Abwicklungsverträgen lautet wie folgt:

Der Arbeitnehmer verpflichtet sich, alle ihm während seiner Tätigkeit für die Firma zur Kenntnis gelangten betriebsinternen Vorgänge, insbesondere Geschäfts- und Betriebsgeheimnisse, auch nach seinem Ausscheiden geheim zu halten.

529 Auch **nach Beendigung** des Arbeitsverhältnisses ist der Arbeitnehmer verpflichtet, **Stillschweigen über Geschäfts- und Betriebsgeheimnisse** seines bisherigen Arbeitgebers zu bewahren.[518] Die nachwirkende Pflicht zur Verschwiegenheit erstreckt sich auf sämtliche Tatsachen, die im Zusammenhang mit dem Geschäftsbetrieb stehen, nur einem eng begrenzten Personenkreis bekannt sind, nicht offenkundig sind und nach dem Willen des Arbeitgebers aufgrund eines berechtigten wirtschaftlichen Interesses geheim gehalten werden sollen.[519] Dementsprechend kommt Klauseln, in denen der Arbeitnehmer auf die Nachwirkung seiner Verschwiegenheitspflicht hingewiesen wird, grundsätzlich nur deklaratorische Bedeutung zu. Das Urteil des BGH vom 3.5.2001[520] hat die Funktion arbeitsvertraglicher Verschwiegenheitsklauseln für den Arbeitgeber verwässert.

530 Gleichwohl wird – mehr aus psychologischen Gründen – dazu geraten, über Betriebsgeheimnisklauseln im Aufhebungs- oder Abwicklungsvertrag den ausscheidenden Mitarbeiter an seine Pflicht zu erinnern, Betriebs- und Geschäftsgeheimnisse zu wahren. Die nachwirkende Verschwiegenheitsverpflichtung verbietet es keinem Arbeitnehmer – ebenso wenig Führungskräften bis hin zu Vorständen –, Kunden der bisherigen Firma nach dem Ausscheiden zu umwerben.[521] Man kann auch im Aufhebungsvertrag ein **Verbot der Kundenumwerbung** vereinbaren,[522] wobei die Wirksamkeit umstritten ist. Mit einem solchen Verbot rückt man nahe an die Funktion einer Kundenschutzklausel mit dem Gewicht eines Wettbewerbsverbots, das gemäß dem Grundsatz der bezahlten Karenz in § 74 Abs. 2 HGB nicht entschädigungslos wirksam vereinbart werden kann.[523]

531 Betriebsgeheimnisklauseln können in Aufhebungs- und Abwicklungsverträgen effizienter gestaltet werden, wenn sie mit einem **Vertragsstrafeversprechen** verknüpft werden. Vertragsstrafeversprechen unterliegen der

---

[518] BAG 15.12.1987 – 3 AZR 474/86, AP § 611 BGB Betriebsgeheimnis Nr. 5.
[519] BAG 15.12.1987 – 3 AZR 474/86, AP § 611 BGB Betriebsgeheimnis Nr. 5; BAG 16.3.1982 – 3 AZR 83/79, AP § 611 BGB Betriebsgeheimnis Nr. 1.
[520] BGH 3.5.2001 – I ZR 153/99, WM 2001, 1824.
[521] BAG 15.12.1987 – 3 AZR 474/86, AP § 611 BGB Betriebsgeheimnis Nr. 5.
[522] Nach BAG 15.12.1987 – 3 AZR 474/86, NZA 1988, 502 zweifelhaft.
[523] BAG 15.12.1987 – 3 AZR 474/86, DB 1988, 1020.

Inhaltskontrolle und sind anhand der bislang ergangenen Rechtsprechung[524] auf ihre Wirksamkeit zu überprüfen.

15. Diensterfindungen

Einzelheiten zu den Diensterfindungen regelt das **Arbeitnehmererfindungsgesetz (ArbNErfG)** vom 27.7.1957. Als Ausgleich für das Verwertungsrecht an einer Erfindung hat der Arbeitgeber dem Arbeitnehmer eine angemessene Vergütung zu zahlen (§ 9 Abs. 1 ArbNErfG). Aufgrund von § 11 ArbNErfG hat der Bundesminister für Arbeit Richtlinien über die Bemessung der Vergütung erlassen. Von Vorschriften des ArbNErfG kann grundsätzlich nicht zu Ungunsten des Arbeitnehmers abgewichen werden (§ 22 Satz 1 ArbNErfG), auch nicht durch Kollektivvereinbarungen.[525] Gemäß §§ 22, 23 ArbNErfG sind aber Vereinbarungen zwischen Arbeitnehmer und Arbeitgeber über Diensterfindungen zulässig nach ihrer Meldung, über freie Erfindungen und technische Verbesserungsvorschläge nach ihrer Mitteilung, soweit sie nicht in erheblichem Maße unbillig sind.

532

Eine **Schlussabfindungsregelung** für Diensterfindungen kann folgenden Wortlaut haben:

533

1. Für sämtliche Erfindungen, die auf den Mitarbeiter als Erfinder oder Miterfinder zurückgehen, erhält der Mitarbeiter eine Schlussabfindung von ▬▬▬ EUR. Mit dieser Zahlung sind sämtliche Ansprüche des Mitarbeiters aus dem Gesetz über Arbeitnehmererfindungen vom 25.7.1957 in der zuletzt gültigen Fassung für sämtliche, während der Dauer des Arbeitsverhältnisses gemeldeten Diensterfindungen, Schutzrechte und Schutzrechtsanmeldungen, die auf den Mitarbeiter als Erfinder oder Miterfinder zurückgehen, erledigt.

2. In der Schlussabfindung sind auch solche Vergütungen für Diensterfindungen eingeschlossen, die bei einer eventuellen Benutzung einer Erfindung durch die Firma entstehen würden oder entstanden, jedoch noch nicht vergütet sind. Die Auszahlung der Pauschalvergütung erfolgt unter Abzug der gesetzlichen Steuern.

Bei der Formulierung von Schlussabfindungen für Diensterfindungen in Aufhebungsverträgen stellt sich die Frage, ob eine abschließende Regelung in Form einer **Einmalzahlung** wirksam vereinbart werden kann. Die §§ 22, 23 ArbNErfG könnten dem entgegenstehen, denn mit einer solchen Einmalzahlung wird gleichzeitig der Verzicht auf die dem Arbeitnehmer gesetzlich auch über das Arbeitsverhältnis hinaus zustehende Erfindervergütung erklärt. *Bauer*[526] vertritt die Auffassung, wie bei nachvertraglichen Wettbewerbsverboten, so sei auch bei Diensterfindungen eine einvernehmliche Aufhebung eines bestehenden Anspruchs möglich. Ein Verzicht des Arbeitnehmers auf Erfindervergütung muss aber in jedem Falle deutlich und unmissverständlich erklärt werden; allgemeine Ausgleichsklauseln genügen diesen Anforderungen nicht.[527]

534

16. Dienstwagenklauseln

a) Rückgabeorte

Dienstwagenregelungen zum Ende eines Arbeitsverhältnisses können in vielfältiger Weise getroffen werden. Soll das Fahrzeug am letzten Arbeitstag ordnungsgemäß herausgegeben werden, kann man wie folgt formulieren:

535

Der Mitarbeiter gibt am Tag der Beendigung des Arbeitsverhältnisses den Dienstwagen mit dem amtl. Kennzeichen ▬▬▬, Marke ▬▬▬, einschließlich der Fahrzeugpapiere, dreier Fahrzeugschlüssel, des Autotelefons mit Twincard, der Tankkarte und vier Winterreifen sowie eines ADAC-Schutzbriefs an die Firma auf dem Parkplatz P 2 zurück.

Bei der Formulierung von Dienstwagenregelungen sollte darauf geachtet werden, dass auch der Ort bezeichnet wird, an dem das Fahrzeug zurückgegeben werden soll. Gerade bei Außendienstmitarbeitern ist es nicht selbstverständlich, dass das Fahrzeug zum Arbeitgeber zurückgebracht wird. Haben die Parteien nichts anderes vereinbart, ist der Wohnsitz des Außendienstmitarbeiters **Erfüllungsort für die Rückgabe** des Dienstwagens.[528]

536

---

524 BAG 4.3.2004 – 8 AZR 196/03, BAGE 110, 8 = NZA 2004, 727; BAG 21.4.2005 – 8 AZR 425/04, NZA 2005, 1053; BAG 18.8.2005 – 8 AZR 65/05, NZA 2006, 34.
525 *Bartenbach/Volz*, § 22 ArbNErfG Rn 7.
526 *Bauer*, Arbeitsrechtliche Aufhebungsverträge, Rn IV-166.
527 *Bartenbach/Volz*, § 26 ArbNErfG Rn 60.
528 BAG 12.6.1986 – 2 AZR 398/85, NJW-RR 1988, 482; nicht zutreffend die Auffassung bei *Weber/Ehrich/Burmester*, Handbuch der arbeitsrechtlichen Aufhebungsverträge, Teil 1 Rn 598, Erfüllungsort für die Rückgabeverpflichtung hinsichtlich des Dienstwagens nach Beendigung des Arbeitsverhältnisses sei grundsätzlich die Betriebsstätte des Arbeitgebers.

b) Erwerb durch den Arbeitnehmer

537 Oft wird vorgesehen, den Mitarbeiter freizustellen, den Dienstwagen am Tag der Beendigung des Arbeitsverhältnisses zurückzugeben oder zu erwerben. Eine Vertragspassage zu diesem Sachverhalt kann wie folgt lauten:

> Der Mitarbeiter gibt das Fahrzeug, Marke ■■■, amtl. Kennzeichen ■■■, mangelfrei am Tag der Beendigung des Arbeitsverhältnisses mit sämtlichen Wagenpapieren und Schlüsseln zurück oder er erwirbt den Pkw unter Ausschluss jeglicher Gewährleistung zum Schätzwert des von einem Kfz-Sachverständigen auf den Beendigungszeitpunkt ermittelten Kaufpreises. Die Kosten des Sachverständigen trägt der Arbeitgeber. Entscheidet sich der Mitarbeiter für den käuflichen Erwerb des Fahrzeuges, wird ihm der Dienstwagen am Beendigungstag unter Aushändigung der Wagenpapiere übergeben. Der Kaufpreis wird mit dem Nettobetrag der Abfindung verrechnet.

538 Als **Kaufpreis** darf kein geringerer Wert als der Schätzwert zum Veräußerungszeitpunkt gewählt werden, weil andernfalls die Umsatzsteuer verkürzt würde und der vom Arbeitnehmer zu versteuernde, geldwerte Vorteil zu Lasten des Fiskus verringert würde. Der Erwerb eines Gebrauchtwagens vom Arbeitgeber führt beim Arbeitnehmer zum Zufluss von Arbeitslohn, wenn der gezahlte Kaufpreis hinter dem nach § 8 Abs. 2 Satz 1 EStG zu bestimmenden Wert des Fahrzeuges zurückbleibt. Für den danach maßgeblichen üblichen Endpreis des Fahrzeuges ist nicht auf den Händlereinkaufspreis abzustellen, sondern auf den Preis, den das Fahrzeug unter Berücksichtigung der vereinbarten Nebenleistungen auf dem Gebrauchtwagenmarkt tatsächlich erzielen würde.[529] Wird für zur Bestimmung des üblichen Endpreises eine Schätzung erforderlich, kann sich die Wertermittlung an den im Verkehr anerkannten Marktübersichten für gebrauchte Pkw orientieren. Das Ergebnis dieser Schätzung ist in der Revision nur eingeschränkt überprüfbar.[530] Auch der BFH hat in seiner Entscheidung vom 17.6.2005 ausgeführt, dass sich die erforderliche Schätzung des üblichen Endpreises entweder über zeitnahe Sachverständigengutachten oder aussagekräftige Kaufpreiserhebungen an den im Rechtsverkehr anerkannten Marktübersichten für den Wert gebrauchter Pkw orientieren kann. Hierzu zähle auch die sog. Schwacke-Liste.[531] Deshalb lässt man den Schätzwert üblicherweise durch einen Sachverständigen oder durch eine Vertragswerkstatt ermitteln.

539 Es ist fehlerhaft, wenn im Vertrag geregelt wird, der Mitarbeiter übernehme den Dienstwagen zum Buchwert.[532] Der Verkauf zu einem niedrigeren als dem Marktpreis nach § 8 Abs. 2 Satz 1 EStG führt zu einem steuerpflichtigen Zufluss von Arbeitslohn. Der Buchwert, der 1 EUR betragen kann, liegt bei älteren Fahrzeugen meist deutlich unter dem tatsächlichen Wert des Gebrauchtwagens. Ein häufiger Fehler bei der Vertragsgestaltung zeigt sich, wenn die Parteien die Mehrwertsteuerpflicht des Fahrzeugverkaufs durch die Firma an den Mitarbeiter vergessen haben.

540 Vielfach beliebt ist, weil sich der Arbeitnehmer oft auch an seinen Dienstwagen gewöhnt hat, dass dem Arbeitnehmer das Fahrzeug **unentgeltlich übereignet** wird. In diesem Falle ist aber daran zu erinnern, dass das Rechtsgeschäft (Schenkung oder gemischte Schenkung) steuerrechtlich einen Sachbezug zum Gegenstand hat, also einen zusätzlich zu versteuernden Arbeitslohn, wobei den Arbeitnehmer die Steuerlast trifft. Vor dem 1.1.2006 war es in einem solchen Falle sinnvoll, das Fahrzeug zum „amtlichen Schätzwert entgeltlich zu erwerben", wenn der Arbeitgeber, der ansonsten keine Abfindung zahlt, um diesen Betrag die Abfindung erhöht und der Steuerfreibetrag nicht überschritten wird. Auf diese Weise fiel beim Arbeitnehmer beim unentgeltlichen Erwerb keine zusätzliche Steuerlast an. Diese Konstruktion hat mit dem Fortfall der steuerfreien Abfindungsbeträge gemäß § 3 Nr. 9 EStG zum 1.1.2006 ausgedient.

541 Soll der Arbeitgeber die Steuern tragen, die bei einer unentgeltlichen Zuwendung des Dienstwagens an den Arbeitnehmer anfallen, empfiehlt es sich, die folgende Formulierung zu wählen:

> Der Arbeitgeber übereignet das Fahrzeug mit dem amtlichen Kennzeichen ■■■ auf den Arbeitnehmer unentgeltlich als Nettosachbezugswert.

542 Der Begriff „Sachbezug" entstammt dem Lohnsteuerrecht. Nach der Sachbezugsverordnung regelt sich die Bewertung geldwerter Vorteile. Entsprechend den Regeln des § 6 SachBezVO bestimmt sich die Bewertung sonstiger Sachwerte, die nicht unter §§ 1 bis 4 SachBezVO fallen. Bei dem geldwerten Vorteil, der dem Dienstberechtigten aus der unentgeltlichen Übereignung eines Dienstwagens entsteht, handelt es sich um

---
[529] BFH 17.6.2005 – VI R 84/04, NZA-RR 2005, 539.
[530] BFH 17.6.2005 – VI R 84/04, NZA-RR 2005, 539.
[531] BFH 18.10.2001 – V R 106/98, BFHE 196, 363 = DStR 2001, 2199.
[532] *Bauer/Lingemann/Diller/Haußmann*, Anwalts-Formularbuch Arbeitsrecht, M 23.1 (§ 6).

einen Sachbezug nach § 6 SachBezVO. Vereinbaren die Parteien eine Übereignung des Gegenstands als „Nettosachbezugswert", vereinbaren sie damit, dass dem Arbeitnehmer keine finanziellen Lasten im Zusammenhang mit der Übertragung des Gegenstands treffen sollen.

Hier ist es so wie bei der Nettolohnvereinbarung. Regeln die Parteien, dass der Arbeitnehmer ein Nettogehalt erhält, trägt der Arbeitgeber die Lohnsteuer.[533] Nettolohnvereinbarungen sind zulässig und wirksam, wie sich aus H 122 der Lohnsteuer-Richtlinien, Amtliche Hinweise 2004, ergibt. Übernimmt der Arbeitgeber die Lohnsteuer, spricht man von einer „**Nettolohnvereinbarung**", übernimmt der Arbeitgeber die Steuerlast beim unentgeltlichen Sachbezug, spricht man von einem „**Nettosachbezugswert**". 543

Der **entgeltliche Erwerb** des Dienstwagens löst, da der Arbeitnehmer Verbraucher ist,[534] die Regeln des Verbrauchsgüterkaufs aus, §§ 474 ff. BGB. Damit kann die Gewährleistung für den Dienstwagen für die Dauer eines Jahres nicht ausgeschlossen werden, § 475 Abs. 2 BGB. Zeigt sich innerhalb von sechs Monaten seit Gefahrübergang ein Sachmangel, wird vermutet, dass die Sache bereits bei Gefahrübergang mangelhaft war, § 476 BGB. Eine Reihe von interessenwidrig erscheinenden Ergebnissen ist die Folge dieser Rechtslage. Der Arbeitnehmer, der den Dienstwagen erwirbt, kennt das Fahrzeug regelmäßig besser als der veräußernde Unternehmer (Arbeitgeber). Er hat das Fahrzeug meist seit mehreren Jahren täglich genutzt. Trotzdem ist ein diesem Umstand Rechnung tragender Verzicht des Arbeitnehmers auf Gewährleistungsansprüche gemäß § 475 Abs. 1 BGB unwirksam. Man wird überlegen müssen, ob bei dieser Fallkonstellation eine teleologische Reduktion der Vermutungsregel des § 476 BGB angebracht ist, da das Gesetz davon ausgeht, dass der Verbraucher-Erwerber das Fahrzeug allenfalls einmal während einer kurzen Probefahrt selbst gefahren hat und nicht, wie der Arbeitnehmer als Erwerber seines eigenen Dienstfahrzeuges, den Wagen seit Jahren benutzt. Das Schutzbedürfnis beim Erwerber besteht nicht in gleicher Weise, wenn man einen gebrauchten Pkw bereits selbst über einen längeren Zeitraum genutzt hat. 544

c) Nutzungsarten

Der Dienstwagen kann rein dienstlich genutzt werden, er kann aber auch dienstlich und privat genutzt werden. Wird eine rein dienstliche Nutzung vereinbart, überwacht der Arbeitgeber aber nicht, ob der Arbeitnehmer auch eine Privatnutzung vornimmt, ist die steuerliche Rechtsprechung widersprüchlich. Das FG Saarland[535] behauptet, es spreche eine allgemeine Lebenserfahrung dafür, dass ein zur Verfügung gestellter Dienstwagen auch privat genutzt werde, wenn der Arbeitgeber das Nutzungsverbot nicht überwache. Das FG Niedersachsen[536] hat dagegen entschieden, dass sich aus einer mangelnden Überwachung durch den Arbeitgeber keine negativen Folgen für den Arbeitnehmer ergäben. Es könne nicht davon ausgegangen werden, dass das private Nutzungsverbot nur zum Schein ausgesprochen worden sei. Wird ein Fahrzeug, das nur dienstlich genutzt werden sollte, tatsächlich auch privat genutzt, setzt das FG Saarland gemäß Abschnitt 31 Abs. 9 Nr. 1 LStR die Nutzungspauschale in Höhe von 1 % des auf volle 100 EUR abgerundeten Bruttolistenpreises an. Bei einem Fahrzeug, das nur zur dienstlichen Verwendung überlassen ist, ist die gesamte Nutzung anhand eines Fahrtenbuches nach Abschnitt 31 Abs. 9 Nr. 2 LStR festzuhalten. 545

Wird dem Arbeitnehmer ein Dienstwagen nur zur dienstlichen Nutzung überlassen, erlangt der Arbeitnehmer grundsätzlich weder eine Besitzstellung an diesem, noch einen Anspruch auf Nutzung des Fahrzeuges bis zur Beendigung des Arbeitsverhältnisses.[537] Der Arbeitgeber kann daher das Fahrzeug jederzeit entschädigungslos herausverlangen.[538] 546

Wurde dem Arbeitnehmer auch das Recht der privaten Nutzung des Dienstwagens eingeräumt, stellt das private Nutzungsrecht einen Teil des Arbeitsentgelts in Form einer Naturalvergütung dar und muss, soweit nicht etwas anderes geregelt wurde, durchgehend geleistet werden.[539] 547

Zahlreiche Fragen ranken sich um die Nutzung des Dienstwagens, vor allem um die meist im Arbeitsvertrag dem Arbeitnehmer, manchmal auch seinen Familienangehörigen, gestattete **Privatnutzung** des Dienstwagens. Wird das Fahrzeug bis zur rechtlichen Beendigung des Anstellungsverhältnisses zu den bisherigen Konditio- 548

---

533 BFH 28.2.1992 – VI R 146/87, DB 1992, 1761 = DStR 1992, 1017.
534 BAG 25.5.2005 – 5 AZR 572/04, NZA 2005, 1111.
535 FG Saarland 7.12.2004 – 1 K 312/00, EFG 2005, 270.
536 FG Niedersachsen 25.11.2003 – 1 K 191/02, FGReport 2004, 65.
537 *Nägele*, Der Dienstwagen, S. 16.
538 LAG Berlin 26.5.1986 – 9 Sa 24/86, DB 1987, 542; ArbG Stuttgart 12.5.1995 – 26 Ca 2051/94, n.v.
539 LAG Hamm 13.7.1992 – 17 Sa 1824/91, LAGE § 249 BGB Nr. 5; BAG 16.11.1995 – 8 AZR 240/95, AP § 611 BGB Sachbezüge Nr. 4; LAG Köln 19.5.1998 – 13 Sa 280/98, n.v.; ErfK/*Preis*, § 611 BGB Rn 87; *Maier*, NZA 1997, 298.

nen, auch zur privaten Nutzung, überlassen, entstehen auf Seiten des Arbeitnehmers keine Ansprüche auf Nutzungsentschädigung. Hat der Arbeitnehmer das Fahrzeug allerdings an den Arbeitgeber auf dessen Wunsch vorzeitig zurückgegeben und wird in einem arbeitsgerichtlichen Vergleich statt einer fristlosen Kündigung vereinbart, dass das Arbeitsverhältnis unter Beachtung der ordentlichen Kündigungsfrist beendet wird und das Gehalt bis zur Beendigung des Arbeitsverhältnisses nachzuzahlen ist, gehört der vertragliche Anspruch eines Arbeitnehmers auf private Nutzung eines ihm vorenthaltenen Dienstwagens grundsätzlich nicht zu den geschuldeten Zahlungsansprüchen aus einem arbeitsgerichtlichen Vergleich.[540]

549 In einem arbeitsgerichtlichen Vergleich einigten sich die Parteien, dass der beklagte Arbeitgeber das Arbeitsverhältnis mit dem Kläger bis zum Beendigungszeitpunkt „vertragsgemäß abrechnet". Im Übrigen waren nach dem Wortlaut des Vergleichs „alle gegenseitigen Ansprüche aus dem Arbeitsverhältnis und aus diesem Rechtsstreit erledigt". Das BAG verneinte einen vertraglichen Zahlungsanspruch für die Vorenthaltung des Dienstwagens, da nach dem Arbeitsvertrag nur die tatsächliche Überlassung, nicht jedoch ein finanzieller Ersatz im Falle der Vorenthaltung geschuldet gewesen sei. Auch aus dem Prozessvergleich habe sich kein Zahlungsanspruch abgeleitet, da gerade nur die vertraglichen Ansprüche abzurechnen gewesen seien. Damit habe der Arbeitnehmer nur Geldansprüche, nicht aber die nicht mehr nachzuholende Naturalleistung „Überlassung des Dienstwagens" abzurechnen gehabt.

550 Wenn es in einem **Prozessvergleich** heißt, der Arbeitgeber verpflichte sich zur „**vertragsgemäßen Abrechnung**", beinhaltet diese Klausel nicht, auch wenn sich die Parteien zuvor über Entschädigungsansprüche über den Entzug der Dienstwagennutzung gestritten haben, dass der Arbeitnehmer vom Arbeitgeber aufgrund der Formulierung „vertragsgemäß" noch Nutzungsentschädigung für Zeiten der Vorenthaltung des Dienstfahrzeuges verlangen kann.[541]

551 Die Rechtsprechung zur **Rechtsnatur des Nutzungsanspruchs** am Dienstwagen ist nicht einheitlich. Mit Urteil vom 27.5.1999 hatte das BAG den Anspruch wegen Vorenthaltung des privat nutzbaren Dienstwagens als Schadensersatzanspruch eingeordnet.[542] Kurz darauf änderte das BAG seine Auffassung und nahm im Anschluss an *Meier*[543] einen echten Annahmeverzugsanspruch an.[544] Als „dogmatisch unklar" bezeichnete der 8. Senat schließlich seine letzte Qualifizierung des Nutzungsanspruchs des Arbeitnehmers.[545] Die h.M. in der Literatur versteht den Anspruch auf private Nutzung des Dienstwagens als echten Verzugslohnanspruch.[546]

552 Die Entscheidung des BAG vom 5.9.2002 war gewiss auch durch die bindende Auslegung des Wortlauts eines Prozessvergleichs durch die Vorinstanz geprägt. Jeder vernünftige Berater sollte vermeiden, dass die Auslegung eines Prozessvergleichs wegen der nicht geregelten Ersatzansprüche zur vorenthaltenen Nutzung des Dienstwagens erforderlich wird.

553 Zur Kapitalisierung von Nutzungsansprüchen wegen vorenthaltener, privater Dienstwagennutzung empfiehlt sich die folgende Formulierung:

Der Arbeitgeber zahlt an den Arbeitnehmer für die Zeit vom ▄▄▄ bis zum ▄▄▄ einen monatlichen Verzugslohn wegen der vorenthaltenen, privaten Nutzung des Dienstwagens mit dem amtlichen Kennzeichen ▄▄▄ in Höhe von ▄▄▄ EUR.

554 Enthält ein Prozessvergleich statt der vorgenannten Formulierung nur die Verpflichtung des Arbeitgebers zur „vertragsgemäßen Abwicklung", ist die vorenthaltene Dienstwagennutzung nicht von der im Vergleich gewählten Formulierung erfasst, selbst wenn die vorenthaltene Nutzung des Firmenfahrzeuges Gegenstand der schriftsätzlichen Darstellung des Arbeitnehmers im Arbeitsgerichtsprozess bildete.[547]

555 Eine Gestaltungsvariante in Aufhebungs- und Abwicklungsverträgen besteht in der Rückgabe des Fahrzeuges vor der Beendigung des Arbeitsverhältnisses gegen Entschädigung der entgehenden Privatnutzung. Weiterhin kann vereinbart werden, dass das Kraftfahrzeug an den Arbeitnehmer zum Zeitpunkt der Freistellung veräußert wird. Bei Veräußerung des Fahrzeuges sollte der Arbeitgeber stets darauf achten, auch Gewährleistungs-

---

540 EWiR 1/03 m. Anm. *Mauer* zu BAG 5.9.2002 – 8 AZR 702/01, EzA § 615 BGB Nr. 109.
541 BAG 5.9.2002 – 8 AZR 702/01, NZA 2003, 973.
542 BAG 27.5.1999 – 8 AZR 415/98, BAGE 91, 379.
543 NZA 1999, 1083.
544 BAG 2.12.1999 – 8 AZR 849/98, n.v.
545 BAG 25.1.2001 – 8 AZR 412/00, n.v.
546 ErfK/*Preis*, § 611 BGB Rn 782; *Meier*, NZA 1999, 1083; MünchArbR/*Hanau*, § 68 Rn 12; MüKo-BGB/*Schaub*, § 612 Rn 27; a.A. *Nägele*, NZA 1997, 1196; Küttner/*Griese*, Personalbuch, 142 Rn 11.
547 BAG 5.9.2002 – 8 AZR 702/01, NZA 2003, 973.

fragen zu regeln, also beispielsweise bei einem gebrauchten Fahrzeug den Ausschluss jeglicher Gewährleistung zu vereinbaren.

Soweit die Zahlung der Abfindung und eine nachvertragliche Privatnutzung innerhalb eines Kalenderjahres erfolgen, ist die Privatnutzung gemäß §§ 24, 34 EStG zu versteuern.[548] Im BMF-Schreiben vom 18.12.1998[549] wird ausdrücklich ausgeführt, dass die weitere unentgeltliche oder teilentgeltliche (zeitlich befristete) Nutzung des Dienstwagens, der nicht in das Eigentum des Arbeitnehmers übergeht, regelmäßig Teil der Entschädigung ist. In diesen Fällen wird dieser Teil des Entschädigungsanspruchs durch die weitere Nutzung in dem jeweiligen Kalenderjahr fällig. In diesen Fällen kann § 34 EStG nicht angewendet werden, wenn die Wirtschaftsgüter auch in einem anderen als dem Veranlagungszeitraum genutzt werden, in dem die übrige Entschädigung zufließt. 556

Auch ein nach § 37 Abs. 2 BetrVG von der beruflichen Tätigkeit vollständig befreites Betriebsratsmitglied hat Anspruch auf Überlassung eines Firmenfahrzeuges zur privaten Nutzung, wenn ihm der Arbeitgeber vor der Freistellung zur Erfüllung seiner dienstlichen Aufgaben ein Firmenfahrzeug zur Verfügung gestellt hatte und er dieses aufgrund einer vertraglichen Vereinbarung auch privat Nutzen durfte.[550] 557

d) Leasing

Kompliziert sind regelmäßig Vereinbarungen, bei denen ein Leasingfahrzeug, das als Dienstwagen benutzt wird, von der Leasinggesellschaft an den Mitarbeiter veräußert wird. Hier muss der beratende Anwalt mit der Leasinggesellschaft oder durch den Arbeitgeber mit der Leasinggesellschaft zunächst Rücksprache nehmen, ob die Veräußerung an den Mitarbeiter nach den Bedingungen des Leasingvertrages möglich ist. Es kommt häufiger vor, dass Abstandssummen (Differenz zwischen geschätztem Verkaufserlös und kalkulatorischem Restbuchwert) vom Arbeitgeber im Verhältnis zur Leasinggesellschaft getragen werden müssen, wenn das Fahrzeug an den Arbeitnehmer veräußert werden soll. Es muss in diesen Fällen darauf geachtet werden, wer die Abstandssumme letztendlich leistet und ob sie vom Arbeitnehmer zu versteuern ist. Wird die unentgeltliche Übereignung des Leasingfahrzeuges bei gleichzeitiger Herabsetzung der Abfindung zu einem späteren Zeitpunkt vereinbart, sollte wegen § 323 BGB eine ausdrückliche Regelung für den Fall der Unmöglichkeit (Totalschaden, Fahrzeugbrand, Diebstahl) in die Dienstwagenklausel aufgenommen werden, da andernfalls der Arbeitgeber, der eine niedrigere Abfindung als vorgesehen zahlt, ersatzlos frei wird. 558

Ist das Fahrzeug geleast und darf der Arbeitnehmer das Firmenfahrzeug auch privat nutzen, so ist eine Vertragsvereinbarung unwirksam, wonach der Arbeitnehmer bei Eigenkündigung die Rechte und Pflichten aus dem Leasingvertrag zu übernehmen und den Arbeitgeber von den Verpflichtungen aus dem Leasingvertrag freizustellen hat. Das LAG München[551] gründet diese Auffassung auf § 242 BGB. Es sei mit Treu und Glauben nicht zu vereinbaren, wenn die monatliche Leasingrate im Verhältnis zum monatlichen Einkommen des Arbeitnehmers so hoch sei, dass sie der Arbeitnehmer ohne Gefährdung seiner wirtschaftlichen Existenzgrundlage kaum bewältigen könne. 559

Haben Arbeitgeber und Arbeitnehmer vereinbart, dass der Arbeitnehmer bei einem Leasingfahrzeug, das ihm als Firmenfahrzeug zur Verfügung gestellt wird, den Unterschiedsbetrag zwischen der Normalausstattung und der Sonderausstattung übernimmt, kann er vom Arbeitgeber arbeitsvertraglich nicht wirksam verpflichtet werden, im Falle der vorzeitigen Rückgabe des Fahrzeuges die noch anfallenden Differenzraten zu zahlen.[552] Das Arbeitsverhältnis der Parteien endete aufgrund betriebsbedingter Kündigung des Arbeitgebers wegen Schließung der Niederlassung. Bis dahin hatte der Arbeitnehmer das Dienstfahrzeug 10 Monate genutzt. Der Arbeitgeber hielt vom letzten Gehalt die noch offenen 26 Differenzraten ein, zu Unrecht, wie das BAG feststellte. 560

Hat der Arbeitgeber dem Arbeitnehmer einen geleasten Dienstwagen auch zur privaten Nutzung überlassen und wird die Lohnsteuer wegen des dem Arbeitnehmer zufließenden geldwerten Vorteils nach der sog. 1 %-Regelung (§ 8 Abs. 2 Satz 2 EStG) ermittelt, kann der Arbeitgeber verpflichtet sein, dem Arbeitnehmer Auskunft über die tatsächlich mit der Fahrzeughaltung verbundenen Kosten zu erteilen (§ 8 Abs. 2 Satz 4 561

---

548 *Hoß/Ehrich*, DB 1997, 625.
549 IV A 5 – S 2290/1898, 15, 16, DB 1999, 303.
550 BAG 23.6.2004 – 7 AZR 514/03, FA 2005, 46.
551 LAG München 30.5.2001 – 9 Sa 8/01, EzA-SD 2001, Nr. 18, 9.
552 BAG 9.9.2003 – 9 AZR 574/02, n.v.

EStG), damit dieser wegen einer nur geringen Privatnutzung möglicherweise überzahlte Lohnsteuer vom Finanzamt erstattet verlangen kann.[553]

e) Sonstiges zur Rückgabe

562 Es sollte schließlich bei einer Vereinbarung auch darauf geachtet werden, ob der Mitarbeiter einen **Schadensfreiheitsrabatt** auf die Versicherung des Dienstfahrzeuges übertragen hatte und ob dem Mitarbeiter der Schadensfreiheitsrabatt mit Rückgabe des Fahrzeuges wieder zurückgewährt wird, damit er ihn bei einem anderen Pkw eines anderen Arbeitgebers oder bei der Haftpflichtversicherung seines privaten Pkw geltend machen kann. Ein Anspruch des Mitarbeiters auf Rückgewährung des Schadensfreiheitsrabatts besteht nicht, so dass dieser Sachverhalt regelungsbedürftig ist. Man kann eine solche Rückübertragungspflicht, insbesondere weil hier Mitwirkungshandlungen des Arbeitgebers erforderlich sind, wie folgt formulieren:

Die Firma überträgt die auf den Namen des Mitarbeiters lautende Versicherung ▄▄▄ einschließlich des Schadensfreiheitsrabatts zum Tag der Beendigung des Arbeitsverhältnisses zurück und wird eine entsprechende Anzeige gegenüber der Versicherung unverzüglich nach Unterzeichnung des Aufhebungsvertrages vornehmen. Willigt die Versicherung nicht in die Rückübertragung ein, hat die Firma dem Mitarbeiter den aus dem Verlust seines Schadensfreiheitsrabatts entstehenden Schaden in vollem Umfang zu ersetzen.

563 Schließlich empfiehlt es sich, in allen Fällen ein **Rückgabeprotokoll** zu fertigen. Der Wortlaut eines Rückgabeprotokolls kann folgenden Inhalt haben:

Der Firmenwagen ist in einem der Nutzungsdauer entsprechend gepflegten, verkehrs- und betriebssicheren Zustand (laut den Bedingungen des Leasingvertrages) zu übergeben. Der Fahrzeugzustand wird bei Rückgabe in einem Protokoll festgehalten, das ein von dem Arbeitgeber Beauftragter mit unterzeichnet. In dem Protokoll werden insbesondere der Kilometerstand und vorhandene Schäden und Mängel erfasst.

564 Befindet sich der Pkw nicht in einem der Laufzeit und Laufleistung entsprechenden Zustand und/oder sind Schäden aufgrund unsachgemäßer Handhabung feststellbar, so gehen diese Aufwendungen im Fall der Nichtübernahme durch den Kaskoversicherer zu Lasten des Arbeitnehmers, sofern der Arbeitgeber zur Aufwandsentschädigung herangezogen wird.

17. Freistellungsklauseln

a) Inhaltskontrolle

565 Eine Freistellungsklausel in einem Arbeitsvertrag kann eine **unangemessene Benachteiligung** darstellen.[554] Der BGH sieht als vertragszweckgefährdende Klauseln aus dem Bereich des Kaufrechts stets solche an, die Modifizierungen der Hauptleistungspflichten beinhalten.[555] Die einseitige Untersagung der Arbeitsleistungspflicht stellt zumindest eine Einschränkung einer wesentlichen Rechtsposition des Arbeitnehmers als Vertragspartei dar.[556] Gerade bei bestehenden Konflikten zwischen dem Arbeitnehmer und seinem Vorgesetzten kann sich die Einflussmöglichkeit des Arbeitnehmers auf das Geschehen deutlich verbessern, wenn der Arbeitnehmer seine Sicht unter den Kollegen und Vorgesetzten im Betrieb weiterhin vermitteln kann, selbst wenn ihm gekündigt oder die einvernehmliche Beendigung seines Arbeitsverhältnisses angekündigt wurde. Selbst wenn man die Beschäftigungspflicht auf das allgemeine Persönlichkeitsrecht reduziert und nicht von einer Hauptpflichtverletzung, sondern bei der Freistellung allein vom Verstoß gegen eine Nebenpflicht ausgeht, reicht der Verweis auf die Kündigungsschutzklage voraussichtlich nicht, um die Unwirksamkeit einer Freistellungsklausel abzuwenden. Folgt das BAG dem BGH, führt die Inhaltskontrolle nach § 307 Abs. 2 Satz 2 BGB auch dann zur Unwirksamkeit einer eine Kardinalpflicht suspendierenden Klausel, wenn Neben- oder Schutzpflichten des Verwenders ausgeschlossen werden, die für den anderen Vertragsteil von grundlegender Bedeutung sind.[557]

---

[553] BAG 19.4.2005 – 9 AZR 188/04, NZA 2005, 983.
[554] *Beckmann*, NZA 2004, 1131; *Fischer*, NZA 2004, 233; *Hümmerich*, NZA 2003, 753, 762; Preis/*Preis*, Der Arbeitsvertrag, II F 10, 9; ArbG Berlin 4.2.2005 – 9 Ga 1155/05, EzA-SD 2005, Nr. 8, 11; ArbG Frankfurt a.M. 19.11.2003 – 2 Ga 251/03, DB 2004, 934; ArbG Stuttgart 18.3.2005 – 26 Ga 4/05, EzA-SD 2005, Nr. 14, 8; a.A. LAG Hamm 3.2.2004 – 19 Sa 120/04, NZA-RR 2005, 358.
[555] BGH 12.3.1987 – VII ZR 37/86, NJW 1987, 1931, 1933.
[556] *Hümmerich*, Gestaltung von Arbeitsverträgen, Rn 1389.
[557] BGH 20.6.1984 – VIII ZR 137/83, NJW 1985, 914, 916.

Die Kontrolle von Freistellungsklauseln wird zunächst auf der Ebene des Arbeitsvertrages stattfinden, wobei im Arbeitsvertrag Freistellungsklauseln unter der Bedingung des Ausspruchs einer Kündigung stehen. Im Aufhebungsvertrag, sofern er nicht individuell ausgehandelt ist und nur einen Vollzug der bereits im Arbeitsvertrag enthaltenen Regelung darstellt, wird man in jedem Falle erneut zwischen einer **angemessenen** und einer **unangemessenen** Benachteiligung des Arbeitnehmers i.S.v. § 307 Abs. 1 BGB unterscheiden müssen. Es wird Fallgestaltungen geben wie bei einem Arbeitnehmer, der wegen Vergewaltigung verurteilt wurde oder eine Manipulation am Computersystem vorgenommen hat, bei denen man die Regelung nicht für eine unangemessene Benachteiligung hält, und es wird andere Fallgestaltungen geben, die Zweifel an der Wirksamkeit der Klausel aufkommen lassen.

566

Die **missbräuchliche Freistellung** eines Arbeitnehmers stellt einen Verstoß gegen das Maßregelungsverbot nach § 612a BGB dar, so dass eine Vertragsklausel, die einen Gesetzesverstoß möglich macht, gegen § 307 Abs. 2 Nr. 1 BGB und § 307 Abs. 1 Satz 1 BGB verstößt. Richtigerweise wird man dem Arbeitgeber daher auch im Aufhebungsvertrag nur ein Suspendierungsrecht zubilligen, wenn die Inanspruchnahme auf schutzwürdige Interessen des Arbeitgebers beschränkt bleibt. Gefordert wird zusätzlich, dass im Arbeitsvertrag weiterhin die Regelung aufgenommen wird, dass dem Arbeitnehmer in Fällen der Persönlichkeitsrechtsverletzung durch missbräuchliche Inanspruchnahme der Freistellungsbefugnis ein vertraglicher Mindestschadensersatzanspruch gewährt wird.[558]

567

In Aufhebungsvertragsverhandlungen hat die Inhaltskontrolle der Klausel geringe Bedeutung, weil in den meisten Fällen bereits eine kontrollfähige Freistellungsklausel im Arbeitsvertrag existiert und in den wenigen anderen Fällen die Freistellung durch beide Parteien aus- und verhandelt ist. Steht nämlich das einvernehmliche Vertragsende fest (Aufhebungsvertrag) oder haben sich die Parteien über die Modalitäten der Beendigung abschließend geregelt (Abwicklungsvertrag), hat der Arbeitnehmer in den meisten Fällen kein Interesse mehr an der Fortsetzung seiner Beschäftigung.

568

Stellt der Arbeitgeber einen Arbeitnehmer mangels Beschäftigungsmöglichkeit bis zum Ablauf der Kündigungsfrist frei und hat er dem Arbeitnehmer betriebsbedingt mangels Arbeit gekündigt, ist die Freistellung keine mitbestimmungspflichtige Versetzung.[559]

569

b) Unwiderrufliche Freistellung

Die **unwiderrufliche Freistellung** regelt man üblicherweise wie folgt:

570

Arbeitgeber und Arbeitnehmer schreiben fest, dass der Arbeitnehmer bis zur Beendigung des Arbeitsverhältnisses unwiderruflich von der Arbeitsleistung freigestellt wird.

Diese, in der Vergangenheit gebräuchliche Formulierung kann sich für den Arbeitnehmer zwischenzeitlich als nachteilig erweisen. Die Spitzenverbände der Renten- und Krankenversicherungsträger sind nämlich inzwischen der Meinung, dass die Vereinbarung einer unwiderruflichen Freistellung beim Arbeitnehmer eine Nichtbeschäftigung bewirke, so dass auch keine Sozialversicherungspflicht mehr bestehe.[560] Die Sozialversicherungspflicht entfalle nicht bei einer widerruflichen Freistellung oder bei einer einseitigen Freistellung, die sich bereits aus dem Arbeitsvertrag ergebe.

571

Wird ein Arbeitnehmer im Aufhebungsvertrag unwiderruflich freigestellt, muss er damit rechnen, dass er sich vom ersten Tag der Freistellung selbst die vollständigen Beiträge zur Krankenversicherung leisten muss und auch keinen Arbeitgeberanteil mehr zur Renten-, Arbeitslosen- und Pflegeversicherung erhält. Die Spitzenverbände haben ihre Schlussfolgerung aus dem Urteil des BSG vom 25.4.2002[561] gezogen, weil das BSG unter Hinweis auf § 7 Abs. 4 SGB IV von einem versicherungspflichtigen Beschäftigungsverhältnis nur ausgeht, wenn der Arbeitnehmer tatsächlich **beschäftigt** wird. Mit der unwiderruflichen Freistellung wird die tatsächliche Beschäftigung aufgehoben. In der Literatur finden sich gewichtige Stimmen, die die Schlussfolgerung der Spitzenverbände ablehnen.[562] Gleichwohl ist die Umsetzung der Meinung der Spitzenverbände bei einigen Arbeitgebern selbstverständlicher Brauch geworden.

572

---

558 *Hümmerich*, Gestaltung von Arbeitsverträgen, Rn 1397 f.
559 BAG 28.3.2000 – 1 ABR 17/99, DB 2000, 728; ebenso Hess. LAG 2.2.1999 – 4 TaBV 65/98, ARST 2000, 75; anders ist der Fall zu beurteilen, dass sich an die Freistellung eine anderweitige Tätigkeit anschließt, siehe hierzu ArbG Kassel 3.5.1977 – 1 BV 3/76, DB 1977, 1417.
560 Niederschrift der Spitzenverbände v. 5./6.7.2005, n.v.; Personalmagazin 2005, 42 f.; *Moderegger*, ArbRB 2006, 90; *Laber/Goetzmann*, ArbRB 2006, 122; *Lindemann/Simon*, BB 2005, 2462; *Felser*, AiB 2006, 74.
561 BSG 25.4.2002 – B 11 AL 65/01 R, BSGE 89, 243.
562 *Bauer/Krieger*, DB 2005, 2242; *Schlegel*, NZA 2005, 972; *Lindemann/Simon*, BB 2005, 2462.

c) Widerrufliche Freistellung

573 Die **widerrufliche Freistellung** hat meistens folgenden Wortlaut:

Der Arbeitgeber stellt den Arbeitnehmer widerruflich von der Arbeitsleistung bis zur Beendigung des Arbeitsverhältnisses frei.

574 Die widerrufliche Freistellung bietet den Vorteil, dass während der Freistellungsphase die Sozialversicherungspflicht des Arbeitgebers nicht entfällt. Ihr Nachteil ist allerdings, dass Zweifel entstehen können, ob der bloße Vorbehalt des Widerrufs ausreichend ist, um dem Bestimmtheitserfordernis des § 307 Abs. 1 Satz 2 BGB zu genügen. Gerade seit dem Urteil des BAG vom 12.1.2005[563] erfüllen Widerrufsvorbehalte das Bestimmtheitserfordernis nur, wenn auch die Widerrufsgründe in der entsprechenden vertraglichen Regelung enthalten sind. Unterliegt ein Aufhebungs- oder Abwicklungsvertrag der Inhaltskontrolle und soll der Arbeitgeber den Arbeitnehmer jederzeit bis zur Beendigung des Arbeitsverhältnisses wieder an den Arbeitsplatz zurückholen können, macht es Sinn, in die Freistellungsklausel auch die Widerrufsgründe aufzunehmen, wie z.B. stärkerer Krankenstand, Auftragsüberhang, Schwangerschaftsvertretung, nur unter Mitwirkung des freigestellten Arbeitnehmers erledigbare Sachfragen oder unerwartete Projekte.

575 Bei der widerruflichen Freistellung ist eine Klausel seit der Entscheidung des BAG vom 12.1.2005 nur noch wirksam, wenn die Widerrufsgründe benannt werden. Die Klausel, mit der der Arbeitnehmer widerruflich freigestellt wird, muss also seit Inkrafttreten der Schuldrechtsreform um eine weitere Klausel ergänzt werden, die beispielsweise folgenden Wortlaut haben kann:

Widerrufsgründe bilden ein über 2,5 % liegender Krankenstand, ein unvorhergesehener Bedarf als Schwangerschaftsvertretung, ein unvorhergesehener Auftragsüberhang sowie zum Zeitpunkt der Freistellung unerwartete Projekte oder ein aus sonstigen Gründen entstandener, akuter Bedarf an der Tätigkeit des Arbeitnehmers.

576 Bei der Rückrufklausel wird angeregt, eine Ankündigungsfrist wie bei Bedarfsarbeitsverträgen nach § 12 Abs. 2 TzBfG mit vier Tagen zu vereinbaren.

d) Zwischenverdienst

577 Enthält die Freistellungsklausel keine Regelung über die „Anrechnung von Zwischenverdienst", ist der Arbeitnehmer nicht verpflichtet, sich etwaigen während der Freistellung verdienten Zwischenverdienst auf sein Arbeitsentgelt anrechnen zu lassen.

578 Da der Arbeitgeber während einer einvernehmlichen Freistellung keinen Anspruch auf Arbeitsleistung des Arbeitnehmers hat, ist er nicht mehr Gläubiger der Arbeitsleistung. Mangels Anspruchs auf Arbeitsleistung befindet sich der Arbeitgeber bei einer einvernehmlichen Freistellung nicht im Gläubigerverzug. Der Arbeitnehmer macht keinen Lohnanspruch nach §§ 611, 615 Satz 1 BGB („Lohn ohne Arbeit") in Verbindung mit dem Arbeitsvertrag geltend. Eine unmittelbare Anwendung der Anrechnungsnorm des § 615 Satz 2 BGB scheidet deshalb unter normsystematischen Gesichtspunkten bei einvernehmlicher Freistellung aus.[564]

579 Mit Urteil vom 19.3.2002[565] hat sich das BAG unter Abkehr von seiner früheren Rechtsprechung[566] zu der Auffassung entschlossen, dem Arbeitnehmer sei durch die rechtswirksame Freistellung von Arbeit die Arbeitsleistung vorübergehend rechtlich unmöglich geworden, § 297 BGB. Der Arbeitgeber könne insoweit nicht in Gläubigerverzug geraten. Dies gelte für die Freistellung in gleichem Maße wie für die Urlaubsgewährung. Wenn aber § 615 Satz 1 BGB im Falle einer Freistellung nicht anwendbar sei, komme auch eine Anrechnungspflicht in Höhe eines anderweitig erzielten Verdienstes nach § 615 Satz 2 BGB nicht in Betracht. Im Ergebnis erfolgt somit keine Anrechnung von Zwischenverdienst in der Freistellungsphase, sofern die Parteien nichts anderes vereinbart haben. Regeln die Parteien nur die Freistellung, muss sich der Arbeitnehmer keinen anderweitigen Verdienst anrechnen lassen.

---

563 BAG 12.1.2005 – 5 AZR 364/04, NZA 2005, 465 = NJW 2005, 1820.
564 *Bauer*, Arbeitsrechtliche Aufhebungsverträge, IV-88; *Bauer/Baeck*, NZA 1989, 784.
565 BAG 19.3.2002 – 9 AZR 16/01, BB 2002, 1703 = FA 2002, 321.
566 BAG 2.8.1971 – 3 AZR 121/71, DB 1971, 2217; BAG 6.2.1964 – 5 AZR 93/63, AP § 615 BGB Nr. 24; a.A.: Das LAG Köln (21.8.1991 – 7/5 Sa 385/91, LAGE § 615 BGB Nr. 30) meint, eine Anrechnung anderweitigen Erwerbs brauche nicht zu erfolgen, wenn in einem Prozessvergleich zwischen Arbeitnehmer und Arbeitgeber eine Freistellung des Arbeitnehmers von der Arbeit erfolgt sei; der Arbeitgeber trage für einen gegenteiligen Willen die Darlegungs- und Beweislast; zustimmend zur neueren Rechtsprechung des BAG: *Nägele*, BB 2003, 45.

Will man eine Abführungspflicht begründen, muss man für die Zukunft formulieren: 580

Zwischenverdienst während der Freistellung führt der Arbeitnehmer an den Arbeitgeber ab.

Wer Arbeitnehmer bei Abschluss eines Aufhebungs- oder Abwicklungsvertrages vertritt und davon ausgeht, 581
dass der Arbeitgeber die mit Urteil vom 19.3.2002 begründete Rechtsprechung des BAG nicht kennt, wird
versuchen, keine Regelung über den Zwischenverdienst im Zuge einer Freistellungsvereinbarung in den
Vertragstext aufzunehmen.

Nägele[567] empfiehlt mit Rücksicht auf die Rechtsprechungsänderung des BAG für den Fall, dass eine An- 582
rechnungsregelung anderweitigen Zwischenverdienstes in die Freistellungsklausel aufgenommen werden soll,
folgende Formulierung:

Übersteigt die Freistellungszeit die Resturlaubsdauer, muss sich der Arbeitnehmer gegenüber dem Vergütungsanspruch dasjenige anrechnen lassen, was er durch anderweitigen Einsatz seiner Arbeitskraft erwirbt.

Will der Arbeitgeber dem Arbeitnehmer die Möglichkeit einräumen, zweifelsfrei während der Freistellung, 583
unabhängig vom Urteil des BAG vom 19.3.2002,[568] in der Freistellungsphase einer nicht anzurechnenden
Erwerbstätigkeit nachzugehen, empfehlen *Ebert/Schar*[569] folgende Klauseln:

Die Parteien sind sich darüber einig, dass die Rechtsfolge des § 615 Satz 2 BGB ausgeschlossen ist.

Der Arbeitnehmer ist in der Verwertung seiner Arbeitskraft frei. Während der Freistellungsphase findet § 615 Satz 2
BGB keine Anwendung.

Der Vorschlag von *Ebert/Schar*[570] ist insofern bedenklich, als das BAG der Auffassung ist, dass bei Anwen- 584
dung von § 615 Satz 2 BGB keine Anrechnung anderweitigen Erwerbs stattfindet, d.h., die von den Autoren
vorgeschlagenen Klauseln arbeiten mit der noch weit verbreiteten Unterstellung, die alte Rechtslage sei maßgeblich, dass sich nämlich im Regelfalle sich aus § 615 Satz 2 BGB eine Anrechnungspflicht ergibt.[571]

Bei **Vorständen** und **GmbH-Geschäftsführern** ist die maßgebliche Rechtslage zum Zwischenverdienst wäh- 585
rend einer Freistellung gegenwärtig noch abweichend von der Rechtsprechung des BAG.[572] Der BGH hat mit
Urteil vom 9.10.2000[573] entschieden, dass die Freistellung von der Dienstpflicht Annahmeverzug i.S.v. § 615
Satz 1 BGB begründe. Der notwendige Verzug ergebe sich schon daraus, dass die Gesellschaft auf die Dienste
des Geschäftsführers verzichtet habe. Konsequenterweise kam der BGH dann auch zu einer Anrechnungspflicht nach § 615 Satz 2 BGB.

Der **Abschluss** einer Freistellungsvereinbarung im Aufhebungsvertrag ist **nicht zwingend**. Es gibt durchaus 586
eine Reihe von Arbeitsverhältnissen, bei denen eine Freistellung des Mitarbeiters nicht ratsam ist. Insbesondere bei Steuerberatern und Wirtschaftsprüfern, die noch Abschlüsse vorzubereiten oder fertig zu stellen
haben, kann meist bis zur Restvertragslaufzeit nicht auf die tatsächliche Beschäftigung verzichtet werden.
Andererseits ist ein Mitarbeiter, der bereits die Beendigung des Arbeitsverhältnisses mit dem Arbeitgeber
vereinbart hat, regelmäßig nicht ausreichend motiviert. Manchmal trägt er auch zu einem ungünstigen Betriebsklima in der Belegschaft bei.

e) Anrechnung von Urlaub

Wird in einem Aufhebungs- oder Abwicklungsvertrag die Freistellung des Arbeitnehmers geregelt und wird 587
dabei nichts über den noch bestehenden Resturlaub vereinbart, bleibt der **Urlaubsanspruch** erhalten.[574]
Urlaubsgewährung finde nur dann statt, wenn der Arbeitgeber dem Arbeitnehmer erkennbar macht, er wolle
den Urlaubsanspruch erfüllen. Für die wirksame Anrechnung des Urlaubsanspruchs auf die Zeit der Freistellung ist es nicht erforderlich, dass der Arbeitgeber den Urlaub des Arbeitnehmers innerhalb der längeren
Kündigungsfrist zeitlich festlegt. Es genügt vielmehr die unwiderrufliche Freistellung während der Kündi-

---

567 BB 2003, 45.
568 BAG 19.3.2002 – 9 AZR 16/01, BB 2002, 1703 = FA 2002, 321.
569 ArbRB 2003, 215 (217 f.).
570 ArbRB 2003, 215 (217 f.).
571 LAG Hamm 27.2.1991 – 2 Sa 1289/90, DB 1991, 1577; Bengelsdorf, Aufhebungsvertrag und Abfindungsvereinbarungen, S. 132; Weber/Ehrich/Burmester, Handbuch der arbeitsrechtlichen Aufhebungsverträge, Teil 1 Rn 563.
572 Weshalb vor einer Rechtsprechungsänderung die Anrufung des Gemeinsamen Senats der Bundesgerichte nahe gelegen hätte.
573 BGH 9.10.2000 – II ZR 75/99, BB 2000, 2434.
574 St. Rspr., BAG 9.6.1998 – 9 AZR 43/97, NZA 1999, 80 = DB 1999, 52.

gungsfrist unter Anrechnung etwaiger Urlaubsansprüche.[575] Unterlässt es der Arbeitgeber, die Freistellung mit dem Zusatz „unter Anrechnung auf sämtliche noch bestehenden Urlaubsansprüche" zu verbinden, kann der Arbeitnehmer trotz monatelanger Freistellung für seine restlichen Urlaubstage Urlaubsabgeltung verlangen.[576] Zur Vermeidung eines zusätzlichen Urlaubsabgeltungsanspruchs wird deshalb der Zusatz bei Freistellungsvereinbarungen vorgeschlagen:

Der Arbeitnehmer wird unter Anrechnung auf noch bestehende Urlaubsansprüche von der Arbeitsleistung bis zur Beendigung des Arbeitsverhältnisses freigestellt.

588 Die Befugnis des Arbeitgebers, Urlaub während der Freistellung nach § 7 Abs. 1 BUrlG anzuordnen, besteht nach Auffassung des BAG nur bei unwiderruflicher Freistellung.[577] Bei unwiderruflicher Freistellung begibt sich allerdings der Arbeitnehmer in die Gefahr, seine Sozialversicherungsansprüche während des Freistellungszeitraums zu verlieren, so dass jede unwiderrufliche Freistellung heutzutage für die Parteien zu unauflöslichen Zielkonflikten führt.

589 Da Urlaubsansprüche nur während des Zeitraums der unwiderruflichen Freistellung auf Weisung des Arbeitgebers erfüllt werden, bietet sich an, die Freistellung zunächst unwiderruflich für die Dauer des Urlaubs und danach widerruflich zu erteilen. Aus Arbeitgebersicht empfiehlt es sich, dabei den während der Freistellung, außerhalb des Urlaubszeitraums erzielten Verdienst durch vertragliche Vereinbarung zur Anrechnung zu bringen. Eine diesen Anforderungen entsprechende Freistellungsklausel kann folgenden Wortlaut haben:

Der Mitarbeiter wird mit sofortiger Wirkung von der Pflicht zur Arbeitsleitung unter Fortzahlung der vereinbarten Vergütung freigestellt. Die Freistellung erfolgt zunächst unwiderruflich für die Dauer noch offener Urlaubsansprüche oder Freizeitausgleichsansprüche, die mit der gewährten Freistellung erledigt sind. Im Anschluss daran bleibt die Freistellung bis zur Beendigung des Arbeitsverhältnisses aufrechterhalten. Die Freistellung nach Abschluss des Urlaubs ist widerruflich. Die Widerruflichkeit erfolgt, um im Zusammenhang mit der Abwicklung des Vertragsverhältnisses auftretende Fragen zu klären oder eine vorübergehend notwendig gewordene Tätigkeit des Mitarbeiters aus betrieblichen Gründen zu ermöglichen. Bis zur Beendigung des Vertragsverhältnisses bestehen die Verpflichtungen des Mitarbeiters aus dem Arbeitsverhältnis bis zur Beendigung fort. Soweit der Mitarbeiter außerhalb des Urlaubszeitraums während einer Freistellung anderweitigen Verdienst erzielt, ist dieser auf das Arbeitsentgelt anzurechnen.

590 Erhebt der Arbeitnehmer Kündigungsschutzklage, bedeutet dies nicht, dass er zugleich seine Urlaubsansprüche geltend gemacht hat.[578] Ist der Anspruch nach § 7 Abs. 3 BUrlG nach dem 31.3. des Folgejahres erloschen, entfällt ein Abgeltungsanspruch. Die bloße Erhebung einer Kündigungsschutzklage sichert weder einen Urlaubsabgeltungsanspruch noch führt sie dazu, dass dem Arbeitnehmer Schadensersatzansprüche wegen nicht genommenen Urlaubs erwachsen.

f) Abfeiern von Überstunden

591 Ordnet der Arbeitgeber Freistellung an und verfügt er gleichzeitig, in beträchtlichem Umfange angefallene Überstunden sollten abgefeiert werden, ist ein arbeitsvertraglich vereinbarter Vergütungsanspruch für geleistete Überstunden gleichwohl erwachsen. Ist zur Zeit der Freistellung bereits ein Anspruch auf Überstundenvergütung entstanden und fällig geworden, kann dieser nicht durch einseitig angeordnete Arbeitsbefreiung erfüllt werden. Dazu bedarf es der Vereinbarung einer Ersetzungsbefugnis. Eine solche Befugnis des Arbeitgebers kann sich aus Tarifvertrag, Arbeitsvertrag oder Parteivereinbarung ergeben. Verlässt der Arbeitnehmer auf die einseitig ausgesprochene Anordnung den Betrieb, darf der Arbeitgeber das Verhalten des Arbeitnehmers nicht als Zustimmung zum Abfeiern der Überstunden verstehen. Schweigen kann dann regelmäßig nicht als Annahme eines Vertragsangebots verstanden werden, wenn damit ein Verzicht auf einen fälligen Geldanspruch verbunden wäre.[579]

g) Sperrzeitvorteil durch Freistellung

592 Vereinbaren Arbeitnehmer und Arbeitgeber im Abwicklungs- oder Aufhebungsvertrag eine Freistellung von der Arbeitsleistung, besteht ein arbeitslosenversicherungsrechtlicher Vorteil des Arbeitnehmers für den Fall, dass ihm eine Sperrzeit gemäß § 144 Abs. 1 Nr. 1 Hs. 1 SGB III droht, darin, dass in § 144 SGB III nicht

---

[575] BAG 14.3.2006 – 9 AZR 11/05, AP § 7 BUrlG Nr. 32; LAG Köln 16.3.2000 – 10 (11) Sa 1280/99, LAGE § 7 BUrlG Nr. 37.
[576] BAG 9.6.1998 – 9 AZR 43/97, NZA 1999, 80; a.A. *Bauer*, Arbeitsrechtliche Aufhebungsverträge, IV-43.
[577] BAG 14.3.2006 – 9 AZR 11/05, AP § 7 BUrlG Nr. 32.
[578] BAG 18.9.2001 – 9 AZR 570/00, ArbRB 2002, 35; BAG 21.9.1999 – 9 AZR 705/98, AP § 7 BUrlG Abgeltung Nr. 77.
[579] BAG 18.9.2001 – 9 AZR 307/00, BB 2002, 359.

vom Arbeitsverhältnis, sondern vom **Beschäftigungsverhältnis** die Rede ist. Beschäftigungsverhältnis meint (auch) ein tatsächliches Arbeiten des Arbeitnehmers, so dass nach einem Urteil des BSG vom 25.4.2002[580] die tatsächliche Nichtbeschäftigung, die durch die Freistellung entsteht,[581] bewirkt, dass eine etwaige Sperrzeit ab dem Zeitpunkt der vereinbarten Freistellung zu berechnen ist. Damit kann bei entsprechend langer Freistellungszeit und rechtzeitiger Arbeitslosmeldung (§ 37b SGB III) eine Sperrzeitanordnung für den Arbeitnehmer, der während der Sperrzeit sein Gehalt unter gleichzeitiger Freistellung bezieht, wirtschaftlich bedeutungslos werden, wenn der Arbeitslosengeldanspruch nicht noch ein zweites Mal geltend gemacht wird.

h) Freistellung und Krankheit

Wird ein Arbeitnehmer freigestellt und erkrankt er über einen längeren Zeitraum als sechs Wochen während der Freistellung an ein und derselben Krankheit, kann er nicht vom Arbeitgeber aufgrund einer im Vergleich getroffenen Freistellungsvereinbarung fordern, während der gesamten Freistellungsphase das vollständige Gehalt zu beziehen. Das BAG hat in einer Entscheidung vom 29.9.2004[582] festgestellt, dass mit der Vereinbarung einer unwiderruflichen Freistellung von der Arbeit unter Fortzahlung der Vergütung regelmäßig kein Rechtsgrund für eine Entgeltzahlungspflicht des Arbeitgebers geschaffen wird, die über die gesetzlich geregelten Fälle der Entgeltfortzahlung bei krankheitsbedingter Arbeitsunfähigkeit hinausgeht. Dem Arbeitgeber ist es zwar unbenommen, unabhängig von der Arbeitsfähigkeit des Arbeitnehmers die Zahlung der Arbeitsvergütung während der Freistellung zuzusagen. Für die Annahme einer Zusage aufgrund einer Freistellungsvereinbarung bedarf es einer ausdrücklich im Vertragstext erkennbar geäußerten Erklärung des Arbeitgebers.

593

18. Insolvenzschutzklauseln zur Pensionssicherung

In Aufhebungsverträgen mit Führungskräften zeigt sich, dass vermehrt ein Bedarf an Vereinbarungen zur Insolvenzsicherung von Pensionsregelungen besteht. Grundsätzlich gelten die Regelungen des BetrAVG zwar nur für Arbeitnehmer. Gemäß § 17 Abs. 1 Satz 2 BetrAVG finden sie auch auf Personen Anwendung, die nicht Arbeitnehmer sind, wenn ihnen Leistungen der Alters-, Invaliditäts- oder Hinterbliebenenversorgung aus Anlass ihrer Tätigkeit für ein Unternehmen zugesagt worden sind. Vorstände, Geschäftsführer und sonstige Personen (Berater) gehören zu diesem Personenkreis.

594

Weil manche Führungskräfte ihre Positionen kaum mehr für die Dauer der heute gültigen Anwartschaftszeit von fünf Jahren (§ 1b BetrAVG) wahrnehmen können, fehlt in diesen Fällen den in einem Aufhebungsvertrag zugesagten Pensionen die Insolvenzfestigkeit. Nicht bindend für den Pensionssicherungsverein können auch Pensionsversprechen sein, soweit sie die Höchstgrenzen nach § 7 Abs. 3 Satz 1 BetrAVG überschreiten oder wenn sie dem Pensionssicherungsverein als unangemessen hoch erscheinen, § 7 Abs. 5 BetrAVG. Bei Rechtsmissbrauch zwischen Arbeitgeber und Arbeitnehmer scheidet eine Eintrittspflicht des Pensionssicherungsvereins aus.[583] Die fiktive Anrechnung von Nachdienstzeiten, wenn sie in Aufhebungsverträgen zur Erfüllung einer Anwartschaftszeit führt, bindet zwar den Arbeitgeber,[584] ist allerdings nicht insolvenzgeschützt.

595

Wirksamen Insolvenzschutz erfährt der ausscheidende Vorstand oder Geschäftsführer nur dann, wenn die Gesellschaft für das im Aufhebungsvertrag erklärte Pensionsversprechen eine Rückdeckungsversicherung schließt, vertraglich sicherstellt, dass die Versicherungsprämien mit Abschluss des Aufhebungsvertrages als Einmalbetrag geleistet werden und die Gesellschaft die Rückdeckungsversicherung an den Vorstand, Geschäftsführer oder Arbeitnehmer verpfändet.[585] Wichtig ist, dass diese drei Merkmale in die Insolvenzklausel aufgenommen werden. Abzuraten ist von einer Abtretung statt Verpfändung, weil dann die abgetretene Forderung zur allgemeinen Tabelle anzumelden ist und nur quotal befriedigt wird.

596

Eine die Interessen des Vorstands, Mitarbeiters oder Geschäftsführers hinreichend berücksichtigende Insolvenzschutzklausel für Ruhegehaltsleistungen kann wie folgt formuliert werden:

597

---

580 BSG 25.4.2002 – B 11 AL 65/01 R, BSGE 89, 243 = NZA-RR 2003, 105; ebenso BSG 3.6.2004 – B 11 AL 70/03 R, NZA-RR 2005, 52.
581 *Heuchemer/Insam*, BB 2004, 1562; *Schlegel*, NZA 2005, 972.
582 BAG 29.9.2004 – 5 AZR 99/04, BB 2005, 51.
583 BAG 10.3.1992 – 3 AZR 140/91, DB 1992, 2251; BAG 8.5.1990 – 3 AZR 121/89, DB 1990, 2375.
584 *Bauer*, Arbeitsrechtliche Aufhebungsverträge, Rn IV-277.
585 *Bauer*, Arbeitsrechtliche Aufhebungsverträge, Rn IV-277.

§ 4 Beendigung von Arbeitsverhältnissen

Der Mitarbeiter wird hinsichtlich seines Pensionsvertrages vom ▬▬▬ wirtschaftlich und vertraglich so gestellt, als sei er erst zum Ablauf des ▬▬▬ ausgeschieden. Die Pensionsvereinbarung in ihrer aktuellen Fassung gilt insoweit fort. Die Ruhegehaltsleistungen werden, wie im Pensionsvertrag vorgesehen, jährlich geprüft und angepasst. Der Mitarbeiter hat nach Vollendung des 62. Lebensjahres nach dem Pensionsvertrag und der heutigen Vereinbarung Anspruch auf ein monatliches Ruhegehalt von ▬▬▬ EUR brutto. Zur Absicherung des Pensionsanspruchs im Insolvenzfall der Gesellschaft vereinbaren die Parteien zu Gunsten des Mitarbeiters, dass die Gesellschaft eine Rückdeckungsversicherung schließt, für die die Prämien von der Gesellschaft als Einmalbetrag innerhalb von 14 Tagen nach Abschluss dieses Aufhebungsvertrages an die Rückdeckungsversicherung gezahlt werden. Außerdem verpfändet die Gesellschaft die Rückdeckungsversicherung mit Unterzeichnung des Aufhebungsvertrages an den Mitarbeiter.

598 Hat der Versorgungsberechtigte eine Versorgungsanwartschaft aus der Versorgungszusage erworben, ist diese jedoch nicht durch den Pensionssicherungsverein gesichert, empfiehlt sich, über die Rückdeckungsversicherung folgende Verpfändungsvereinbarung zu schließen:

1. Der Versorgungsberechtigte hat eine Versorgungsanwartschaft aus der Versorgungszusage vom ▬▬▬ erworben.

Diese Versorgungsanwartschaft ist durch den Versicherungsvertrag Nr. ▬▬▬, bestehend zwischen der Firma und der ▬▬▬ Lebensversicherung, rückgedeckt. Aus dem vorgenannten Versicherungsvertrag ist ausschließlich die Firma berechtigt und verpflichtet.

2. Zur Sicherung der Teile der Ansprüche aus der in Ziff. I genannten Versorgungszusage, die aufgrund der jeweils gültigen Höchstgrenze gemäß § 7 Abs. 3 BetrAVG nicht gesetzlich insolvenzgeschützt sind, räumt die Firma

a) den Versorgungsberechtigten ein Pfandrecht hinsichtlich der Altersrente, vorzeitigen Altersrente und der Berufsunfähigkeitsrente,

b) den mit dem Versorgungsberechtigten verheirateten Ehegatten ein Pfandrecht hinsichtlich der auf ihn entfallenden Witwenrente ein.

Die Pfandrechte erstrecken sich auf die Forderungen, welche aufgrund des in Ziff. I genannten Versicherungsvertrages bestehen, und umfassen auch den Anspruch auf den Rückkaufwert und die Überschussanteile.

3. Die Pfandrechte des Ehegatten gehen zu Lebzeiten dem Pfandrecht des Versorgungsberechtigten im Range nach.

4. Der Versorgungsberechtigte (nach seinem Tod die Übrigen Begünstigten) ist zur Einziehung der Forderung aus dem in Ziff. 1 genannten Versicherungsvertrag berechtigt, sobald Pfandreife eingetreten ist. Pfandreife ist gegeben, wenn einer der in der Versorgungszusage bezeichneten Versorgungsfälle eintritt und die Firma mit einer völligen Leistung länger als zwei Wochen rückständig ist.

5. Bei Fälligkeit von laufenden Leistungen (Renten) aus der Versicherung vor Pfandreife ist das Versicherungsunternehmen abweichend von § 1281 BGB berechtigt, diese an die Firma auszuzahlen. Diese Berechtigung endet, sobald der Versorgungsberechtigte oder seine Hinterbliebenen dem Versicherungsunternehmen schriftlich angezeigt haben, dass Pfandreife eingetreten ist.

6. Die Firma zeigt die Verpfändung dem Versicherungsunternehmen unverzüglich durch Vorlage einer Ausfertigung der Verpfändungsvereinbarung schriftlich an. Mit Eingang der Verpfändungsanzeige beim Versicherungsunternehmen wird die Verpfändung wirksam.

▬▬▬ (Ort, Datum, Unterschrift Firma)

▬▬▬ (Ort, Datum, Uhrzeit, Unterschrift Versorgungsberechtigter)

▬▬▬ (Ort, Datum, Uhrzeit, Unterschrift Ehegatte)

599 Die vorstehende Regelung beachtet die Voraussetzungen des Urteils des BGH,[586] wonach zu Sicherungszwecken im Insolvenzfall **Pfandreife** eingetreten sein muss. Unwiderrufliche Versorgungszusagen, deren Erstarkung zu einem Versorgungsanspruch noch vom Eintritt künftiger ungewisser Ereignisse abhängt, berechtigen außerhalb des Anwendungsbereichs des Betriebsrentengesetzes nur zu einer Hinterlegung. Versorgungsrechte, die auf den Träger der Insolvenzsicherung übergehen, werden in einen Zahlungsanspruch umgewandelt. Um für durch eine Rückdeckungsversicherung und nicht durch Unverfallbarkeit gesicherte Ansprüche den gleichen Sicherungsgrad herzustellen, ist die Pfandreife zu besorgen und die Verpfändung dem Rückversicherer anzuzeigen.

600 Weiterhin besteht die Möglichkeit, eine Pensionsvereinbarung insolvenzgesichert im Aufhebungs- oder Abwicklungsvertrag zu treffen, in dem sich die Gesellschaft verpflichtet, bis zum ersten Monat der Zahlung einer Pension aus einer Direktversicherung oder eines Trägerunternehmens (Unterstützungskasse oder Pensi-

---

[586] BGH 10.7.1997 – IX ZR 161/96, NJW 1998, 312; BGH 10.1.1991 – IX ZR 247/90, BGHZ 113, 207.

onsfonds) eine unwiderrufliche Bankbürgschaft in Höhe des Barwerts der Pensionsvereinbarung zu stellen. Diese Rechtskonstruktion macht sich den Umstand zu Nutze, dass nach § 7 Abs. 1 BetrAVG die Versorgungsansprüche, die geleistet werden, bis zur Höchstgrenze gemäß § 7 Abs. 3 BetrAVG insolvenzgeschützt sind. Es ist nicht erforderlich, dass diese Ansprüche aus einer unverfallbaren Anwartschaft hervorgegangen sind.[587] Ebenso wenig ist erforderlich, dass Versorgungsleistungen aus einer aufrechterhaltenen Anwartschaft gemäß § 2 BetrAVG berechnet wurden. Auch Leistungen, die für den Versorgungsempfänger günstiger sind, werden geschützt. Versorgungsansprüche werden selbst dann geschützt, wenn die Versorgungszusage erst beim Eintritt des Versorgungsfalles erteilt wurde, also keine Anwartschaftsphase dem Anspruch vorgelagert war.[588]

Daraus folgt: Es muss nur die erste monatliche Zahlung zum Zeitpunkt der Fälligkeit der Pension oder der Hinterbliebenenversorgung geleistet worden sein, damit anschließend der Pensionssicherungsverein eintrittspflichtig wird. Bei Gestaltung einer dieser Erkenntnis folgenden Absicherung bleibt ungewiss, ob der Arbeitgeber jemals Leistungen zu erbringen hat, ob er jemals insolvent wird oder wann der ausscheidende Mitarbeiter Pensionsansprüche erwirbt. Verstirbt der Mitarbeiter als Witwer ohne Kinder vor dem vereinbarten Bezugsdatum, wird der Arbeitgeber keine Versorgungsleistungen zu erbringen haben. Verstirbt der Arbeitnehmer vor dem Bezugsdatum, erhält seine Witwe den im Pensionsvertrag zu ihren Gunsten vereinbarten monatlichen Anteil als Hinterbliebenenversorgung.

Um allen diesen Eventualitäten Rechnung zu tragen, kann der Arbeitgeber über eine Bankbürgschaft Gewähr dafür übernehmen lassen, dass das bis zur erstmaligen Zahlung der Pension an den Mitarbeiter erforderliche Kapital für sämtliche in Frage kommenden Fallgestaltungen von der Bank aufgebracht wird. Nach der ersten monatlichen Zahlung übernimmt der Pensionssicherungsverein die Leistungen, falls der Arbeitgeber zwischenzeitlich insolvent geworden sein sollte. Eine entsprechende Klausel kann lauten:

Die Insolvenzsicherung der sich aus der Pensionszusage der Gesellschaft vom ▬▬▬ ergebenden Versorgungsanwartschaft erfolgt über eine Bankbürgschaft. Spätestens einen Tag nach Unterzeichnung dieser Vereinbarung wird die Gesellschaft für den Geschäftsführer einen Bürgschaftsvertrag zur Sicherung der Pensionszusage schließen und das Original des Vertrages nebst Bürgschaftsurkunde zwei Wochen nach Unterzeichnung dieser Vereinbarung an den Geschäftsführer aushändigen. Entsprechend dem prognostizierten versicherungsmathematischen Wert der Pensionszusage, berechnet auf den Zeitpunkt der Vollendung des 62. Lebensjahres, wird die Bürgschaft über einen Betrag in Höhe von ▬▬▬ EUR zwischen der Gesellschaft und der Bank vereinbart. Der vorgenannte Betrag gibt den Gesamtwert der Versorgungszusage im Erlebensfall durch den Geschäftsführer wieder. Sämtliche für die Zeit bis zum 62. Lebensjahr des Geschäftsführers anfallenden Avalprovisionen werden von der Gesellschaft, ratierlich gekürzt, innerhalb von zwei Wochen nach Abschluss dieser Vereinbarung als Einmalzahlung an die Bank überwiesen. Außer zur Sicherung der Versorgungsansprüche des Geschäftsführers dient die Bürgschaft der Sicherung der Versorgungsansprüche der Hinterbliebenen des Geschäftsführers.

19. Outplacement-Klauseln

Zunehmend sind Unternehmen bereit, einem leitenden Mitarbeiter, auf dessen Dienste für die Zukunft verzichtet wird, bei der Suche nach einer neuen Tätigkeit behilflich zu sein. Outplacement-Berater übernehmen diese Aufgabe. Über Outplacement-Klauseln übernimmt der Arbeitgeber die Kosten der Outplacement-Beratung.

Outplacement-Berater beschäftigen sich mit dem Werdegang des Mitarbeiters, erarbeiten sein Know-how-Profil, ermitteln die Eignung und die Neigungen des Probanden, seine Selbsteinschätzungen, seine Erfolgsbilanz, aber auch seine Fremdeinschätzung oder Berufs- und Lebensziele. In der Outplacement-Beratung werden die Kenntnisse des Marktes und das Profil des Mitarbeiters zusammengeführt. Ziel der Outplacement-Beratung ist es, den gekündigten Arbeitnehmer nicht mehr als Bittsteller am Arbeitsmarkt auftreten zu lassen, sondern als Leistungsanbieter, der sein Fach beherrscht und seinem möglichen neuen Partner einen Nutzen anzubieten hat. Der Outplacement-Berater entwickelt eine Angebotsstrategie für den gekündigten Arbeitnehmer, plant den Positionswechsel strategisch, nutzt die in verschiedene Unternehmen hinein wirkenden Kontakte und entwickelt einen Maßnahmeplan, der auch eine intensive Schulung von Probanden beinhaltet.

---

[587] *Blomeyer/Otto*, DB 1977, 585 (586).
[588] *Höfer*, BetrAVG, § 7 Rn 2726.

605 Die Einzelmaßnahmen des Outplacement-Beraters (Coaching, Supervision, training-on-the-job) lassen sich teilweise bei Abschluss eines Aufhebungs- und Abwicklungsvertrages nicht vorhersehen.[589] Der Outplacement-Berater will sich vielleicht nicht festlegen. Der Arbeitsrechtsanwalt kann Umfang und Nutzen nicht beurteilen. Deshalb geht man häufig dazu über, nicht auf den Inhalt der Outplacement-Beratung abzustellen, sondern den Arbeitgeber dazu zu verpflichten, definierte Kosten, ggf. auch für definierte Leistungen des Outplacement-Beraters zu übernehmen und ggf. den – meist mit der Firma zusammenarbeitenden – Outplacement-Berater namentlich im Vertrag zu benennen. Die Kosten einer Outplacement-Beratung liegen zwischenzeitlich zwischen 20.000 und 45.000 EUR, je nach Berater und Branche.

606 Wie die Entscheidung des BFH[590] gezeigt hat, besteht eine Gratwanderung, wenn die Leistungen des Outplacement-Beraters, wie in den meisten Fällen, nicht mehr nur in dem Veranlagungszeitraum erbracht werden, in dem die Abfindung gezahlt wird und deshalb eine Zusammenballung von Einkünften vorliegt. Der BFH hat, im Gegensatz zur Vorinstanz, entschieden, dass eine Entlassungsentschädigung, die ein Arbeitnehmer wegen der Auflösung seines Arbeitsverhältnisses erhält, auch dann steuerbegünstigt ist, wenn der Arbeitgeber für eine gewisse Übergangszeit aus sozialer Fürsorge ergänzende Zusatzleistungen, wie Outplacement-Beratung, gewährt. Auch wenn die Rechte und Pflichten im Rahmen einer Outplacement-Beratungsklausel nachfolgend nur unzureichend definiert werden, besitzt die allein auf den Namen des Beraters und die maximale Höhe der Outplacement-Kosten abzielende Klausel der Üblichkeit:

Die Firma verpflichtet sich, Outplacement-Beratungskosten des Mitarbeiters bis zur Höhe von 20.000 EUR netto zu übernehmen. Der Mitarbeiter verpflichtet sich, als Outplacement-Berater die für die Firma tätige ▬▬▬-Beratung zu wählen. Die Outplacement-Beratung muss innerhalb des Veranlagungszeitraums durchgeführt werden, in dem die Abfindung gezahlt wird.

607 Nicht ausgeschlossen werden kann, dass das Finanzamt den für Outplacement-Beratung bereitgestellten Betrag auf Seiten des Arbeitnehmers als geldwerten Vorteil versteuert.[591] Um dieser Gefahr vorzubeugen, empfiehlt sich der Zusatz in der Outplacement-Klausel:

Ohne Zusicherung einer Outplacement-Beratung und Übernahme der Kosten hätte der Arbeitnehmer keinen Aufhebungsvertrag geschlossen. (Beim Abwicklungsvertrag: ▬▬▬ die Kündigung hingenommen.)

608 Auf diese Weise wird klar gestellt, dass die Outplacement-Regelung im eigenbetrieblichen Interesse des Arbeitgebers liegt.

20. Praxisveräußerungsklausel

609 Schließt man für Angestellte in leitender Tätigkeit, die gleichzeitig über die Genehmigung zur Ausübung einer freiberuflichen Tätigkeit verfügen, einen Aufhebungsvertrag, bietet sich als zusätzliche steuerliche Variante eine Vertragsgestaltung gemäß §§ 18 Abs. 1 und Abs. 3, 16, 34 EStG an. Scheidet ein Chefarzt eines Krankenhauses aus, dem in seinem Arbeitsvertrag ein Liquidationsrecht für ambulante und privatärztliche, stationäre Behandlung eingeräumt ist, besteht die Möglichkeit, durch die Rückgabe des Liquidationsrechts an das Krankenhaus und alle hiermit verbundenen Wirtschaftsgüter und Patientenbeziehungen eine Veräußerung des Geschäftsanteils (Privatliquidation) vorzunehmen, der über § 18 EStG den Privilegien einer Betriebsveräußerung nach § 16 EStG unterliegt. Bis zum Betrag von 54.0000 EUR ist diese Vereinbarung über die Rückveräußerung steuerfrei, bis zum Betrag von 150.000 EUR, also über den Betrag von 96.000 EUR, ist der vom Chefarzt erzielte Veräußerungsgewinn nur dem halben Steuersatz unterworfen.

610 Ähnliche Konstruktionen lassen sich denken bei Führungspositionen, die mit einer schriftstellerischen, unterrichtenden oder erzieherischen Tätigkeit verbunden sind, bei angestellten Tierärzten, Rechtsanwälten, Patentanwälten oder Vermessungsingenieuren, Architekten oder Wirtschaftsprüfern.

611 Für gemeinnützige Krankenhäuser kann die Titulierung von Zahlungen an den ausscheidenden Chefarzt als Veräußerungsgewinne gemeinnützigkeitsrechtliche Probleme aufwerfen. Um eine Zahlung steuerrechtlich als Veräußerungsgewinn deklarieren zu können und damit für den Chefarzt in den Genuss des Halbsteuersatzes zu kommen, müsste der Krankenhausträger eine private Liquidationspraxis des Chefarztes erwerben. Darin könnte eine (aktivierungspflichtige) Ausgabe des Krankenhausträgers gesehen werden mit der Folge, dass es sich um eine satzungswidrige Mittelverwendung und damit um einen Verstoß gegen das Gebot der Selbstlo-

---

[589] *Bauer*, Arbeitsrechtliche Aufhebungsverträge, Rn IV-366.
[590] BFH 14.8.2001 – XI R 22/00, BStBl. II 2002, 180.
[591] *Bauer*, Arbeitsrechtliche Aufhebungsverträge, Rn VII-77.

sigkeit gemäß § 55 AO handelt. Es ist außerdem nicht ausgeschlossen, dass die Finanzverwaltung die Zahlung des Veräußerungsgewinns als eine lohnsteuerpflichtige Abfindung betrachtet und der Krankenhausträger zumindest als Sekundärschuldner haftet.

21. Probezeitverlängerungsklausel

Eine nachträgliche Befristung des unbefristet eingegangenen Arbeitsverhältnisses zum Zweck der weiteren Erprobung ist nicht zulässig. Zwar ist nach § 14 Abs. 1 Nr. 5 TzBfG die Befristung zur Erprobung ein sachlicher Grund. Angesichts der gesetzlichen Wertung in § 622 Abs. 3 BGB und § 1 KSchG kann der Sachgrund der Befristung zu Erprobungszwecken jedoch nur für die anfängliche Befristung einer Probezeit herangezogen werden. Eine sachgrundlose Befristung, um die Probezeit zu verlängern, ist nicht empfehlenswert, da eine solche Befristung unzulässig ist, wenn mit demselben Arbeitgeber bereits zuvor ein befristetes oder ein unbefristetes Arbeitsverhältnis bestanden hat, § 14 Abs. 2 Satz 2 TzBfG. Im Zweifel rieten Berater in der Vergangenheit dazu, das Arbeitsverhältnis während der Probezeit zu beenden, wenn in der Zeit der Erprobung der Arbeitnehmer nicht seine Leistungsfähigkeit zweifelsfrei unter Beweis stellen konnte.

612

Mit dem Urteil vom 7.3.2002[592] zeigt das BAG einen Weg zur **Verlängerung der Probezeit** auf. Vereinbart der Arbeitgeber mit dem Arbeitnehmer einen vorsorglichen Aufhebungsvertrag zum Ende der Probezeit und verbindet ihn mit einer Wiedereinstellungszusage für den Fall der Bewährung, stellt ein derartiger Aufhebungsvertrag keine Umgehung des allgemeinen Kündigungsschutzes nach § 1 KSchG dar. Zur Begründung weist das BAG darauf hin, der Aufhebungsvertrag werde in diesem Falle zu einem Zeitpunkt geschlossen, zu dem der Mitarbeiter noch über keinen Kündigungsschutz verfüge.[593]

613

Eine dem Urteil vom 7.3.2002 nachempfundene Aufhebungsvereinbarung kann folgenden Wortlaut haben:

614

Die mit dem Mitarbeiter vereinbarte, sechsmonatige Probezeit endet am ▪▪▪. Nach derzeitigem Stand hat der Mitarbeiter die Probezeit nicht bestanden, so dass eine Probezeitkündigung ausgesprochen werden müsste. Andererseits hält es die Firma für möglich, dass der Mitarbeiter in einem zusätzlichen Einarbeitungszeitraum von vier Monaten die nötige Qualifikation für seinen Arbeitsplatz unter Beweis stellt. Da eine befristete Probezeitverlängerung nicht zulässig ist, vereinbaren die Parteien, was folgt: Das Arbeitsverhältnis zwischen den Parteien endet einvernehmlich in vier Monaten am ▪▪▪, ohne dass es einer Kündigung bedarf. Weist der Mitarbeiter bis zu diesem Zeitpunkt die erforderliche Qualifikation für seinen Arbeitsplatz nach, erklärt sich die Firma bereit, den heutigen Aufhebungsvertrag wieder aufzuheben und das ursprünglich begründete Arbeitsverhältnis unbefristet fortzusetzen.[594]

Dem Arbeitnehmer gibt das vom BAG entschiedene Modell keine Rechtssicherheit, künftig nach einer weiteren Erprobung beschäftigt zu werden. Der Arbeitnehmer ist weder vor Willkür geschützt, noch kann er aus dem Aufhebungsvertrag ein Recht auf Weiterbeschäftigung herleiten, falls er qualifiziert und gut gearbeitet hat. Auch muss der Arbeitnehmer damit rechnen, dass ihm eine Sperrzeit nach § 144 SGB III auferlegt wird, weil der Abschluss eines Aufhebungsvertrages stets als Beteiligungssachverhalt angesehen wird. Ob die Chance auf Erhaltung des Arbeitsplatzes durch Aufhebungsvertrag in der Probezeit als „wichtiger Grund" von der Sozialrechtsprechung angesehen wird, ist noch nicht entschieden, läge allerdings unter Beachtung der Ratio des § 144 SGB III nahe. Kündigt der Arbeitgeber zum Ende der Probezeit, hat der Arbeitnehmer das Arbeitsverhältnis nicht gelöst und ist daher anspruchsberechtigt. Nutzt der Arbeitnehmer die Chance zum Erhalt seines Arbeitsplatzes, muss er wegen Abschluss eines Aufhebungsvertrages mit einer Sperrzeit wegen Arbeitsaufgabe rechnen. Hier liegt nahe, den Vertragsschluss als „wichtigen Grund" i.S.d. § 144 SGB III anzuerkennen. Die Entscheidung des BAG ist systemfremd, vergleicht man sie mit dem Urteil des BAG vom 12.1.2000.[595] Der Aufhebungsvertrag zu Erprobungszwecken ist nicht auf die Beendigung, sondern auf die befristete Fortsetzung des Arbeitsverhältnisses gerichtet und vermeidet damit den Befristungszweck „Erprobung", § 14 Abs. 1 Nr. 5 TzBfG. § 14 Abs. 2 Satz 2 TzBfG wird umgangen.

615

22. Provisionsregelungen

Vertriebsmitarbeiter erhalten neben ihrem Fixum (Grundvergütung) regelmäßig zusätzlich eine **Provision**. Wird das Arbeitsverhältnis beendet, steht ihnen die Provision auch für solche Geschäfte zu, die sie vor der Beendigung des Geschäfts abgeschlossen oder vermittelt haben, sofern dieser Anspruch nicht ausnahmsweise

616

---

[592] BAG 7.3.2002 – 2 AZR 93/01, DB 2002, 1997 = FA 2002, 317 = BB 2002, 2070.
[593] *Lembke*, DB 2002, 2649.
[594] SPA 4/2003, 4.
[595] BAG 12.1.2000 – 7 AZR 48/99, AP § 620 BGB Aufhebungsvertrag Nr. 16.

vertraglich ausgeschlossen wurde. Vertriebsmitarbeiter haben ferner Anspruch auf Provision für solche Geschäfte, die innerhalb angemessener Frist nach Beendigung des Arbeitsverhältnisses zustande kommen, wenn sie das betreffende Geschäft vermittelt oder es so eingeleitet oder vorbereitet haben, dass der Abschluss des Geschäfts überwiegend auf ihre Tätigkeit zurückzuführen ist (§ 87 Abs. 3 HGB). Die Regelung ist **dispositiv**, der Arbeitsvertrag kann hiervon abweichende Regelungen treffen.[596]

617 Gestaltungsfragen ergeben sich meist, wenn die Provision von einem bestimmten Jahresergebnis (Beispiel: Zielvorgabe) des Mitarbeiters abhängig ist und der **Mitarbeiter mitten im Jahr ausscheidet**. Ist dieser Sachverhalt im Arbeitsvertrag nicht geregelt, muss die Provisionsabsprache im Wege der ergänzenden Vertragsauslegung erweitert werden.[597] Die Parteien sollten in diesem Falle einvernehmlich im Auflösungsvertrag regeln, nach welchen Parametern (Beispiel: Umsatz oder Zielerreichungsgrad) sich die *pro-rata-temporis*-Provisionshöhe errechnet.

23. Prozessprotokollierungsvereinbarung

618 Gerade bei Abwicklungsverträgen kommt es vor, dass **zunächst Kündigungsschutzklage** gegen eine Kündigung erhoben wird, sich danach der Arbeitgeber mit dem Anwalt des Arbeitnehmers in Verbindung setzt und die Modalitäten der Beendigung vereinbart. Da einem solchen Vertragsschluss eine Kündigung vorausgegangen ist, handelt es sich, sofern die Kündigung nicht einvernehmlich mit Zustimmung des Arbeitnehmers zurückgenommen wird, um einen Abwicklungsvertrag.

619 Bei dieser Sachlage kann in Frage kommen, dass der zwischen Arbeitgeber und Arbeitnehmer außergerichtlich geschlossene Abwicklungsvertrag zusätzlich noch einmal **gerichtlich protokolliert** wird. Ein Grund kann darin bestehen, lästigen Nachfragen der Rechtsschutzversicherung des Arbeitnehmers aus dem Weg zu gehen. Ein anderer besteht häufig darin, über den gerichtlichen Vergleich einen Titel zu erlangen, aus dem wegen der Abfindung oder wegen des Zeugniswortlauts zügig und ohne zusätzlichen Aufwand vollstreckt werden kann. Gebührenrechtlich führt nach RVG das Verhandeln eines Vergleichs nach Rechtshängigkeit der Klage gemäß inzwischen überwiegender Auffassung[598] zu einer Terminsgebühr gemäß Nr. 3104 VV RVG.

620 Formulieren die Parteien im Auflösungsvertrag, der Vergleich solle später noch gerichtlich protokolliert werden, kommt die Auflösungsvereinbarung erst mit Abschluss des Prozessvergleichs zustande.[599] Deshalb empfiehlt es sich, in eine Protokollierungsvereinbarung außerdem den Zusatz aufzunehmen, dass der Vergleich gleichwohl bereits mit dem Zeitpunkt der Unterzeichnung durch beide Parteien zustande gekommen ist und die Wirksamkeit des Auflösungsvertrages nicht erst mit einer gerichtlichen Protokollierung eintreten soll. Formulierungsbeispiel:

> Die Parteien vereinbaren, dass mit Unterzeichnung dieses Abwicklungsvertrages der Vergleich bereits zustande gekommen ist. Dass die Vereinbarung auch gerichtlich protokolliert werden soll, entspricht zusätzlich dem Willen beider Vertragsparteien, ohne dass dieser Wille Auswirkungen auf die Wirksamkeit der außergerichtlichen Vergleichsvereinbarung haben soll.

621 Wird die Fälligkeit einer Abfindung im außergerichtlichen Vergleich nicht geregelt, tritt der Schuldnerverzug binnen 30 Tagen, gerechnet ab dem Datum des Abschlusses des außergerichtlichen Vergleichs, gemäß § 286 Abs. 3 Satz 1 BGB ein.[600]

622 Aus Vereinfachungsgründen, um den Parteivertretern die Anreise zu einem Gerichtstermin zu ersparen, wird vermehrt in der Praxis von der Möglichkeit Gebrauch gemacht, den außergerichtlich zwischen den Anwälten ausgehandelten Vergleich durch Beschluss des Gerichts nach § 278 Abs. 6 ZPO niederlegen zu lassen.

24. Rückgabevereinbarungen

623 In nahezu jeden Aufhebungs- und Abwicklungsvertrag gehört eine Vereinbarung über die Rückgabe von Gegenständen, die der Arbeitnehmer vom Arbeitgeber zur dienstlichen Benutzung erhalten hat. Wer Gegenstände vom Arbeitgeber ausschließlich zu dienstlichen Zwecken übernommen hat, wie z.B. einen Laptop, ist

---

[596] *Bauer*, Arbeitsrechtliche Aufhebungsverträge, Rn IV-264; *Weber/Ehrich/Burmester*, Handbuch der arbeitsrechtlichen Aufhebungsverträge, Teil 1 Rn 554.
[597] BAG 20.8.1996 – 9 AZR 471/95, DB 1996, 2292.
[598] BAG 20.6.2006 – 3 AZB 78/05, n.v.; BGH 27.10.2005 – III ZB 42/05, BB 2005, 2600.
[599] BAG 16.1.1997 – 2 AZR 35/96, AP § 779 BGB Nr. 14.
[600] *Emmert/Wisskirchen*, DB 2002, 428.

während der Dauer des Arbeitsverhältnisses ausschließlich Besitzdiener nach § 855 BGB.[601] Der Arbeitgeber bleibt also an seinem Eigentum gleichzeitig Besitzer, der Arbeitnehmer ist deshalb nach § 861 BGB mit der Beendigung des Arbeitsverhältnisses zur Herausgabe verpflichtet. Herausgabevereinbarungen formuliert man üblicherweise wie folgt:

Der Arbeitnehmer gibt bis zum ▬▬▬ sämtliche im Eigentum des Arbeitgebers stehenden Unterlagen und Gegenstände an den Arbeitgeber zurück. An Unterlagen sind sämtliche Kundenlisten, Kalkulationsdaten und Rechnungskopien, an Gegenständen ein Laptop der Marke ▬▬▬, ein Handy der Marke ▬▬▬ und ein Drucker der Marke ▬▬▬ zurückzugeben.

Eine vollständigere Klausel über die Rückgabe von Unterlagen lautet wie folgt: 624

Am Tage der Beendigung sind sämtliche Firmenunterlagen vollständig zurückzugeben. Zu den Firmenunterlagen zählten sämtliche Geschäftspapiere, Hard- und Software inkl. Disketten, sämtliche gespeicherten Daten und Informationen, die die Firma oder die Unternehmensgruppe betreffen, Zeichnungen, Skizzen, Briefe, Besprechungsberichte, Versuchsauswertungen, handschriftliche Notizen sowie Literatur einschließlich der Abschriften solcher Unterlagen.

Eine auf die zuvor dem Mitarbeiter zur Verfügung gestellten Unterlagen und Informationen Bezug nehmende Herausgabeklausel kann folgenden Wortlaut haben: 625

1. Der Mitarbeiter ist verpflichtet, alle in seinem Besitz befindlichen oder sonstigen, den Geschäftsbetrieb der Firma oder mit der Firma verbundene Unternehmen betreffenden Gegenstände wie Schlüssel, Zugangskarten, Dienstwagen, Tankkarte, Handy, Laptop, Drucksachen, Disketten, Daten und Datenträger, Aufzeichnungen, Notizen, Entwürfe sowie Kopien hiervon vollständig mit seinem tatsächlichem Ausscheiden bis zum ▬▬▬ bei ▬▬▬ zurückzugeben.

2. Der Mitarbeiter sichert zu, etwaige Daten nur mit schriftlicher Zustimmung der Firma zu löschen. Auch etwaige Kopien dürfen nur mit Zustimmung der Firma erstellt oder gelöscht werden. Der Mitarbeiter wird der Firma auf Verlangen, spätestens an dem Tag der Beendigung des Arbeitsverhältnisses oder am letzten Arbeitstag vor einer Freistellung, eine Aufstellung sämtlicher Passwörter, Schreibschutzcodes oder ähnlicher Zugangscodes, die er auf den von ihm im Betrieb genutzten PCs verwendet hat, zur Verfügung zu stellen. Ein Zurückbehaltungsrecht besteht nicht.

Soweit der Arbeitnehmer einen **Domainnamen** des Arbeitgebers benutzt hat, ist er ebenfalls zur Herausgabe verpflichtet und nicht befugt, sich unter Verwendung des Domainnamens nach dem Ausscheiden als Wettbewerber zu betätigen. Das BAG[602] vertritt zwar die Auffassung, dass ein Unterlassungsanspruch der Nutzung einer Internetadresse nicht aus einer nachwirkenden arbeitsvertraglichen Nebenpflicht folge. Dagegen bestehe ein markenrechtlicher Unterlassungsanspruch, wenn es sich bei der als Domainnamen verwendeten Bezeichnung um den Teil eines Firmennamens und eine damit geschützte, geschäftliche Bezeichnung handelt. Aus diesem Grunde kann es sich in der Zukunft empfehlen, in Aufhebungsverträgen auch Vereinbarungen über den Umgang mit dem bisher in der Firma benutzten Domainnamen aufzunehmen. 626

25. Salvatorische Klausel

Eine typische Reduktionsklausel wird wie folgt formuliert: 627

Sollten einzelne Bestimmungen dieser Vereinbarung ganz oder teilweise unwirksam sein oder werden, so wird hierdurch die Gültigkeit der übrigen Bestimmungen nicht berührt. Anstelle der unwirksamen Bestimmung gilt diejenige wirksame Bestimmung als vereinbart, die dem Sinn und Zweck der unwirksamen Bestimmung am nächsten kommt. Dies gilt auch dann, wenn die Unwirksamkeit einer Bestimmung auf einem Maß der Leistung oder der Zeit beruht; es gilt dann das rechtlich zulässige Maß.

Eine salvatorische Klausel, die nur die Gültigkeit des restlichen Vertrages nach Feststellung der Unwirksamkeit einer Vertragsbestimmung anordnet, formuliert man wie folgt: 628

Sollten einzelne Bestimmungen dieses Vertrages rechtswidrig, nichtig oder undurchführbar sein oder werden oder sollte der Vertrag eine Lücke enthalten, wird die Gültigkeit des Vertrages im Übrigen hiervon nicht berührt.

Bei individuell ausgehandelten Aufhebungs- und Abwicklungsverträgen, in denen nicht die wesentlichen der vom Arbeitgeber vorgegebenen Formulierungen übernommen wurden, kann es sinnvoll sein, salvatorische Klauseln zu vereinbaren. Wenig Sinn macht es, solche Klauseln zu wählen, die nur die Wirksamkeit des restlichen Vertrages anordnen, falls eine Vertragsbestimmung unwirksam sein soll. Empfehlenswert ist eine salvatorische Klausel, die auch anordnet, dass anstelle der unwirksamen Bestimmung eine dieser Bestimmung 629

---

601 OLG Düsseldorf 12.2.1986 – 11 U 76/85, NJW 1986, 2513.
602 BAG 7.9.2004 – 9 AZR 545/03, ArbRB 2005, 47.

möglichst nahe kommende Regelung getroffen wird. Anderenfalls besteht die Gefahr, dass ein Torso-Aufhebungsvertrag verbleibt, der nicht mehr interessengerecht ist und nur für eine Partei günstige Regelungen ohne die dazu korrespondierenden sonstigen Rechte festschreibt. Ist ein wesentlicher Bestandteil des Aufhebungsvertrages nichtig, bleibt der Aufhebungsvertrag trotz einer salvatorischen Klausel in seiner Gesamtheit nichtig.[603]

630 Soweit ein Aufhebungs- oder Abwicklungsvertrag der Inhaltskontrolle unterliegt, gilt nach § 306 Abs. 2 BGB das Verbot der geltungserhaltenden Reduktion. Folge ist, dass salvatorische Klauseln – gleichgültig, ob als Ersetzungs- oder als Reduktionsklauseln ausgestaltet – in Formulararbeitsverträgen ebenso wie in Formularaufhebungsverträgen unwirksam sind. Besonderheiten des Arbeitsrechts nach § 310 Abs. 4 Satz 2 BGB stehen dem Verbot der geltungserhaltenden Reduktion bei Arbeitsverträgen nicht entgegen,[604] da allein der Hinweis auf die Tatsache, dass im Arbeitsrecht an die Stelle des fehlenden dispositiven Rechts in beträchtlichem Umfang Richterrecht getreten ist, keine Besonderheit i.S.v. § 310 Abs. 4 Satz 2 BGB zu begründen vermag.[605] Da nach § 310 Abs. 4 Satz 2 BGB der Berücksichtigungsvorbehalt nur bei **Arbeitsverträgen**, nicht bei **Aufhebungs-** und **Abwicklungsverträgen** gilt,[606] scheidet die Gestattung einer salvatorischen Klausel auf dem Umweg über § 310 Abs. 4 Satz 2 BGB aus.

26. Schuldanerkenntnisse

631 Die Rechtsprechung zur Wirksamkeit von Schuldanerkenntnissen aus Anlass der Beendigung eines Arbeitsverhältnisses durch sofortigen Aufhebungsvertrag ist **einzelfallorientiert**. Es kommt nach der Rechtsprechung im Wesentlichen darauf an, ob bei der Anhörung der verdächtigen Angestellten rechtsstaatliche Erfordernisse eingehalten sind. Insbesondere kommt es darauf an, dass die Mitarbeiter die Möglichkeit haben, eine Person ihres Vertrauens vor ihrer Entscheidung hinzuzuziehen, insbesondere einen Rechtsanwalt.

632 Die in der Rechtsprechung behandelten Sachverhalte zu Schuldanerkenntnissen in Aufhebungsverträgen betreffen im Wesentlichen Mitarbeiter und Mitarbeiterinnen des Einzelhandels, insbesondere Kassierer(innen), die entgegen einer Kassendienstanweisung Einkäufe von Angehörigen abgerechnet und dabei Manipulationen begangen haben,[607] oder Kassierer(innen), die unberechtigt Geld aus der Kasse eines Supermarktes entnommen haben.[608] Wenn die Mitarbeiter(innen) auf frischer Tat ertappt wurden, geht man davon aus, dass es sich bei den festgestellten Taten nicht um Einzelfälle handelte, sondern dass solche strafbaren Handlungen bereits wiederholt von diesen Mitarbeiter(innen) begangen wurden.

633 Wenn die Drohung des Arbeitgebers mit einer Strafanzeige wegen schädigender Handlungen des Arbeitnehmers dazu diente, den Arbeitnehmer zur Wiedergutmachung des Schadens zu veranlassen, handelt der Arbeitgeber in der Regel nicht widerrechtlich, wenn er den geforderten Schadensersatz aufgrund der Angaben des Arbeitnehmers für berechtigt halten durfte.[609]

634 Anders lag der Fall des LAG Thüringen.[610] Eine Auszubildende war über Videoaufnahmen beobachtet worden. Sie hatte zusammen mit drei weiteren Mitarbeiterinnen Waren- bzw. Geldentnahmen zu Lasten eines Selbstbedienungsmarktes getätigt. Aufgrund der Videoaufnahmen, die dies bestätigten, fand anschließend ein Gespräch mit der Auszubildenden statt. Ihr und drei anderen Mitarbeiterinnen wurde der Text eines Schuldanerkenntnisses vorgelegt und sie sollten dort, hochgerechnet auf die Gesamtzeit, in der sie die Manipulationen begangen hatten, Schuldsummen selbst eintragen, die ihrer Meinung nach dem Schaden entsprachen, die sie bei der Firma angerichtet hatten. Die Auszubildende trug einen Betrag von 40.903,35 EUR ein. Das Schuldanerkenntnis der Auszubildenden wurde noch einmal in einer notariellen Urkunde mit Zwangsvollstreckungsunterwerfungsklausel errichtet. Die Anfechtungserklärung der Auszubildenden hatte Erfolg.

635 Das LAG Thüringen stellte den Grundsatz auf, der Arbeitgeber dürfe zur Beschaffung eines Schuldanerkenntnisses einer Kassen- und Warenveruntreuung verdächtigen Angestellten diese nicht in eine Zwangssituation bringen, in der ihre wirtschaftliche Entscheidungsfreiheit ausgeschaltet werde. Bei der Anhörung einer

---

[603] BGH 8.4.1976 – II ZR 203/74, WM 1976, 1027 ff.
[604] ErfK/*Preis*, §§ 305–310 BGB Rn 99; Däubler/Dorndorf/*Dorndorf*, § 307 BGB Rn 135; HWK/*Gotthardt*, § 305 BGB Rn 4; *Reinecke*, DB 2002, 583, 586; a.A. *Annuß*, BB 2002, 458; MüKo-BGB/*Basedow*, § 310 Rn 92; Palandt/*Weidenkaff*, Einf. v. § 611 BGB Rn 75c.
[605] *Stoffels*, Sonderbeil. NZA 1/2004, 19, 26; *Hromadka*, NJW 2002, 2524; *Thüsing*, NZA 2002, 594.
[606] AnwK-ArbR/*Hümmerich*, § 310 BGB Rn 25.
[607] BAG 22.10.1998 – 8 AZR 457/97, NJW 1999, 2059 = NZA 1999, 417.
[608] LAG Thüringen 10.9.1998 – 5 Sa 104/97, NZA-RR 1999, 399.
[609] BAG 22.10.1998 – 8 AZR 457/97, NJW 1999, 2059; Fortführung von BAG 3.5.1963 – 1 AZR 136/62, AP § 781 BGB Nr. 1.
[610] LAG Thüringen 10.9.1998 – 5 Sa 104/97, NZA-RR 1999, 399.

der Kassen- und Warenveruntreuung verdächtigen Angestellten müsse der Arbeitgeber rechtsstaatliche Erfordernisse einhalten. Er dürfe weder die Bewegungsfreiheit der Angestellten beschränken noch ihr das Recht abschneiden, den Rat einer Person ihres Vertrauens bzw. eines Rechtsanwalts einzuholen. Wenn für ein Schuldanerkenntnis die Berechnung des von der Angestellten verursachten Schadens nur im Wege einer Hochrechnung erfolgen könne, müsse sichergestellt sein, dass die Hochrechnung frei von Denk- und Rechenfehlern sei und auf hinreichend abgesicherter Grundlage beruhe.[611]

Das OLG Düsseldorf[612] erklärte ein notarielles Schuldanerkenntnis wegen **Sittenwidrigkeit** für nichtig, in dem eine 19-jährige Auszubildende nach einem mehr als drei Stunden dauernden intensiven Verhör durch mehrere Personen und sofort anschließender Fahrt zum Notar einen Vollstreckungstitel über 30.677,51 EUR nebst 9 % Zinsen unterschrieb. Dem lag ein Diebstahl der Auszubildenden zugrunde, wobei die Summe von 30.677,51 EUR den unmittelbaren Diebstahlschaden von 1.786,45 EUR und die mit 25.564,59 EUR bezifferten Detektivkosten noch um mehr als 3.067,75 EUR überstieg.

636

Ein wirksames Schuldanerkenntnis kann folgenden Wortlaut haben:

637

Zur selbständigen Begründung der Verpflichtung erkenne ich hiermit an, dass ich ▬▬▬ einen Betrag von ▬▬▬ EUR nebst ▬▬▬ % Zinsen seit dem ▬▬▬ meinem Arbeitgeber, der Firma ▬▬▬, schulde. Ich verpflichte mich, diesen Betrag in monatlichen Raten in Höhe von ▬▬▬ EUR zurückzuzahlen.

Soweit ein solches Schuldanerkenntnis vor einem Notar abgegeben wird, kommt eine Verstärkung insoweit in Betracht, als das Schuldanerkenntnis auch noch mit einer sofortigen Unterwerfung unter die Zwangsvollstreckung verbunden werden kann. In diesen Fällen wählen die Notare regelmäßig die folgende Formulierung:

638

Wegen der genannten, der Firma ▬▬▬ zustehenden Forderung nebst Zinsen unterwerfe ich mich der sofortigen Zwangsvollstreckung in mein gesamtes Vermögen.

27. Sprinterprämie

In Auflösungsverträge kann eine Abfindungshydraulik eingearbeitet werden, indem dem Arbeitnehmer die Möglichkeit eröffnet wird, das Arbeitsverhältnis durch Erklärung vorzeitig zu beenden, wobei die vorzeitige Beendigung dem Wunsch und dem Interesse des Arbeitgebers entspricht und die Abfindung um die frei werdenden Gehälter ganz oder teilweise erhöht wird. Umgangssprachlich wird eine solche Klausel unter Anwälten auch „Sprinterprämie" genannt. Die übliche Formulierung lautet:

639

Der Arbeitnehmer ist berechtigt, das Arbeitsverhältnis mit einer Frist von einer Woche vor dem ▬▬▬ vorzeitig zu beenden. Eine derartige Beendigung entspricht ausdrücklich dem Wunsch der Firma. Die Abfindung erhöht sich um jeden vollen Monat bei vorzeitiger Beendigung um ▬▬▬ EUR.

Dem Arbeitnehmer wird auf diese Weise die Möglichkeit gegeben, **steuerunschädlich und flexibel** auf ein neues Arbeitsangebot zu reagieren, während der Arbeitgeber, der den Arbeitnehmer u.U. ohnehin freigestellt hat, die Sozialversicherungsabgaben und auch, je nach monatlichem Abfindungserhöhungsbetrag, Teile des Gehalts einspart. Für den Arbeitgeber ist die Sprinterprämie nicht immer von Vorteil, denn hat der Arbeitnehmer eine neue Arbeitsstelle gefunden, müsste er sich, wenn ihn der Arbeitgeber nicht aus dem Arbeitsvertrag entlässt, seinen Verdienst im neuen Arbeitsverhältnis nach § 615 Satz 2 BGB anrechnen lassen, sofern die Freistellung eine Anrechnungsregelung im Hinblick auf die geänderte BAG-Rechtsprechung[613] enthält.

640

Die Vereinbarung einer Sprinterprämie ist steuerrechtlich unschädlich, weil die arbeitgeberseitige Veranlassung der vorzeitigen Beendigung durch die Erklärung des Arbeitnehmers nicht entfällt, wenn hinreichend zum Ausdruck gebracht wird, dass nicht nur die vereinbarte, sondern auch die vorzeitige (vom Arbeitnehmer mitveranlasste) Beendigung in seinem Interesse liegt. In der Kausalkette steht vor der Erklärung des Arbeitnehmers die arbeitgeberseitige Veranlassung der Arbeitsverhältnisbeendigung.[614] Auch im Hinblick auf die **Einarbeitung von Gehältern** in die Abfindung ist die Sprinterprämie (**hydraulische Klausel**) steuerrechtlich unschädlich, weil das kapitalisierte Gehalt nur die restlichen Beschäftigungsmonate nach Abschluss des Abwicklungs- oder Aufhebungsvertrages betrifft und, falls bereits eine Abfindung vorgesehen wurde, das

641

---

611 LAG Thüringen 10.9.1998 – 5 Sa 104/97, NZA-RR 1999, 399.
612 OLG Düsseldorf 26.2.1999 – 22 U 193/98, NZA-RR 1999, 397.
613 BAG 19.3.2002 – 9 AZR 16/01, BB 2002, 1703 = FA 2002, 321.
614 *Bauer*, Arbeitsrechtliche Aufhebungsverträge, Rn VII-8; Berscheid/Kunz/Brand/*Kunz*, Praxis des Arbeitsrechts, Teil 4 Rn 108.

Zusammenballungsargument des BFH greift. Im Hinblick auf künftige Gehälter ist es steuerrechtlich unschädlich, diese in eine Abfindung einzurechnen.[615]

28. Stock Options

642 Sagt ein ausländisches Unternehmen einem Mitarbeiter seiner deutschen Tochtergesellschaft Aktienoptionen zu, so werden die Ansprüche auf die Optionen nicht Bestandteil des Arbeitsverhältnisses mit der deutschen Tochtergesellschaft. Der Arbeitnehmer muss Ansprüche aus den Stock Options unmittelbar gegenüber der ausländischen Muttergesellschaft geltend machen. Das gilt nach Meinung des LAG Düsseldorf[616] auch dann, wenn anlässlich des Ausscheidens des Mitarbeiters aus der deutschen Tochtergesellschaft mit dieser ein Aufhebungsvertrag geschlossen wird, nach dem die Ansprüche auf die Stock Options auch nach Beendigung des Arbeitsverhältnisses bestehen bleiben.

643 Gleicher Ansicht ist das BAG.[617] Schließt der Arbeitnehmer eine Vereinbarung über die Gewährung von Aktienoptionen nicht mit seinem Arbeitgeber, sondern mit einem anderen Konzernunternehmen ab, so können Ansprüche aus dieser Vereinbarung grundsätzlich nur gegenüber dem vertragsschließenden Konzernunternehmen geltend gemacht werden und werden nicht Bestandteil des Arbeitsverhältnisses mit einer Tochtergesellschaft. Der Vertrag über die Gewährung von Aktienoptionen steht rechtlich selbständig neben dem Arbeitsvertrag des Arbeitnehmers mit der Tochtergesellschaft. Geht bei einer solchen Vertragskonstellation das Arbeitsverhältnis nach § 613a BGB über, ist ein Eintritt des Erwerbers in die Rechte und Pflichten aus der Aktienoptionsvereinbarung ausgeschlossen.[618]

644 Anderer Ansicht ist die 10. Kammer des LAG Hessen.[619] Ist ein Wettbewerbsverbot für Arbeitnehmer im Aktienoptionsplan stets Bestandteil einer amerikanischen Konzerngesellschaft (hier Procter & Gamble, Cincinnati, Ohio) oder zu einer in Deutschland tätigen Tochtergesellschaft, zu der der Arbeitnehmer arbeitsvertragliche Beziehungen unterhält, wird es vom Arbeitsvertragsstatut erfasst. Das materiell anzuwendende Recht bestimmt sich folglich nach Art. 30 EGBGB. Enthält der Aktienoptionsplan die Regelung, dass für den Plan und seine Auslegung das Recht des US-Bundesstaates Ohio gelten solle, beurteilt sich die Zulässigkeit einer solchen Teilrechtswahl nach deutschem internationalem Privatrecht. Art. 30 EGBGB erlaubt im Gegensatz zu Art. 27 EGBGB nicht ausdrücklich die Teilrechtswahl im Bereich von Arbeitsverhältnissen. Hält man die Teilrechtswahl für zulässig, muss geprüft werden, ob durch die Teilrechtswahl dem Arbeitnehmer der Schutz entzogen wird, der ihm durch die zwingenden Bestimmungen des ohne Rechtswahl kraft objektiver Anknüpfung anzuwendenden Rechts gewährt wird.

645 Anders als das LAG Düsseldorf vertritt das Hessische LAG die Auffassung, dass bei Vereinbarungen aus Konzernregelungen US-amerikanischer Unternehmen zu Stock Options die Zuständigkeit der deutschen Arbeitsgerichte gegeben ist. Das Urteil der 10. Kammer des LAG Hessen ist sorgfältig und ausführlich begründet. Für den nationalen Rechtsanwender bietet es den Vorteil, dass in Aufhebungs- und Abwicklungsverträgen vor deutschen Arbeitsgerichten, aber auch außergerichtlich, Regelungen über Stock Options US-amerikanischer Muttergesellschaften aufgenommen werden können.

646 Da der Aufhebungs- und Abwicklungsvertrag mit der deutschen Tochter einer US-amerikanischen Gesellschaft im Regelfalle unter Beachtung des von der Muttergesellschaft ausgegebenen Stock-Options-Plan geschlossen wird, tritt vermehrt die Praxis ein, den meist in der EDV der Personalabteilung gespeicherten, aktuellen Stand von *shares* und *stocks* auszudrucken und als Kopie zur Anlage des Vertrages zu nehmen. Weiterhin regelt man üblicherweise unter Beachtung des Stock-Options-Plan, innerhalb welchen Zeitraums die Option nach Beendigung des Arbeitsverhältnisses ausgeübt werden kann.

29. Tantiemeregelungen

647 In den Verträgen mit Führungskräften, insbesondere mit AG-Vorständen und GmbH-Geschäftsführern, finden sich regelmäßig Tantiemeregelungen. Über die Tantieme wird der Mitarbeiter am Geschäftsgewinn des Unternehmens oder eines Unternehmensteils beteiligt. Ähnlich der Provision wird damit eine Anreizsituation für den Mitarbeiter geschaffen. Aus steuerlichen Gründen, um dem Finanzamt sichtbar zu machen, dass

---

[615] BFH 17.5.1977 – VI R 150/76, BB 1977, 1288; BFH 13.10.1978 – VI R 91/77, BB 1979, 304; BFH 18.12.1981 – III R 133/78, BB 1982, 538.
[616] LAG Düsseldorf 3.3.1998 – 3 Sa 1452/97, NZA 1999, 981; LAG Hessen 19.11.2001 – 16 Sa 971/01, DB 2002, 794.
[617] BAG 12.2.2003 – 10 AZR 299/02, BAGE 104, 324.
[618] A.A. *Lipinski/Melms*, BB 2003, 150.
[619] LAG Hessen 14.8.2000 – 10 Sa 982/99, IPRspr 2000, Nr. 40, 82.

Tantiemen, die in der Vergangenheit verdient wurden, nicht pflichtwidrig in eine Abfindung eingerechnet wurden, wird folgende Formulierung im Aufhebungsvertrag angeregt:

Mit Rücksicht auf den Umstand, dass noch nicht feststeht, in welchem Umfang dem Mitarbeiter aus dem Jahr ▬▬▬ eine Tantieme zusteht, weil die Gesellschafterversammlung für das Jahr ▬▬▬ die Bilanz noch nicht festgestellt hat, wird die Tantieme für die Zeit vom ▬▬▬ bis ▬▬▬ mit ▬▬▬ EUR pauschaliert. Der Mitarbeiter erhält die pauschalierte Tantieme am Tag der Beendigung seines Arbeitsverhältnisses.

Der Anspruch auf Tantieme wird fällig, sobald die Bilanz festgestellt ist oder bei ordnungsgemäßem Geschäftsgang hätte festgestellt sein können.[620] Scheidet der Mitarbeiter vor Ablauf des Geschäftsjahrs aus, beschränkt sich sein Tantiemeanspruch auf den seiner Beschäftigungszeit entsprechenden Teilbetrag.[621] Die anteiligen Ansprüche sollten im Auflösungsvertrag geschätzt bzw. einvernehmlich festgelegt werden. Aus steuerlichen Gründen dürfen bereits zum Zeitpunkt der Vereinbarung des Aufhebungs- oder Abwicklungsvertrages erworbene Tantiemeansprüche nicht in die Abfindung eingerechnet werden, will man die privilegierte Steuerentschädigung für den gesamten Abfindungsbetrag nicht gefährden.[622] Regelungen im Arbeits- oder Anstellungsvertrag, dass eine Gewinnbeteiligung bei einem Ausscheiden des Mitarbeiters vor Feststellung der Bilanz entfällt, sind wirksam.[623] In diesen Fällen ist die Vereinbarung eines Tantiemebetrags reine Verhandlungssache.

648

30. Urlaubs- und Urlaubsabgeltungsklauseln

Die Vertragsfreiheit gestattet den Parteien für die Restvertragslaufzeit, aber auch für den Zeitraum einer etwaigen Freistellung, den Arbeitnehmer **Resturlaub** nehmen zu lassen. Kann der Resturlaub nicht genommen werden, ist der Urlaub nach § 7 Abs. 4 BUrlG abzugelten. Eine **Abgeltungsklausel** formuliert man wie folgt:

649

Der Resturlaub von ▬▬▬ Werktagen wird mit einem Betrag von ▬▬▬ EUR abgegolten.[624]

Die Erhebung einer Kündigungsschutzklage hat regelmäßig nicht die Geltendmachung von Urlaubs- oder Urlaubsabgeltungsansprüchen zum Inhalt. Mit der Beendigung eines Arbeitsverhältnisses wandelt sich nach § 7 Abs. 4 BUrlG ein bis dahin noch nicht erfüllter Urlaubsanspruch des Arbeitnehmers in einen Abgeltungsanspruch, ohne dass es weiterer Handlungen des Arbeitgebers oder des Arbeitnehmers bedarf. Einigen sich die Parteien nach Erhebung einer Kündigungsschutzklage des Arbeitnehmers in einem Vergleich über eine rückwirkende Auflösung des Arbeitsverhältnisses, ist der Abgeltungsanspruch bereits mit dem vereinbarten Ende des Arbeitsverhältnisses entstanden. Sofern die Parteien keine abweichende Regelung getroffen haben, bestehen keine Schadensersatzansprüche des Arbeitnehmers für den infolge Fristablaufs erloschenen Urlaubsabgeltungsanspruch, wenn sich der Arbeitgeber nicht mit der Gewährung des Urlaubs in Verzug befunden hatte.[625]

650

Der **gesetzliche Urlaubsanspruch** ist **unverzichtbar**, §§ 13 Abs. 1 Satz 3, 7 Abs. 4 BUrlG.[626] Ebenso stehen tariflich abgesicherte Urlaubsabgeltungsansprüche gemäß § 4 Abs. 4 TVG nicht zur Disposition der Arbeitsvertragsparteien. Auf den Urlaubsabgeltungsanspruch kann der Arbeitnehmer nicht wirksam im Rahmen eines Aufhebungsvertrages verzichten,[627] wenn nicht der vertragliche Urlaub, soweit er über den gesetzlichen Urlaub hinausgeht, in Rede steht. Keinen Verzicht bedeutet es, wenn der Arbeitnehmer seinen Arbeitgeber den Urlaubsanspruch im Rahmen der Freistellung erfüllen lässt. Eine gebräuchliche Formulierung lautet:

651

Mit der Freistellung werden restliche Urlaubsansprüche ausgeglichen.[628]

Denkbar ist ein sog. **Tatsachenvergleich**. Voraussetzung für einen Tatsachenvergleich ist, dass die Parteien Meinungsverschiedenheiten darüber hatten, wie viele Urlaubstage der Arbeitnehmer tatsächlich bereits erhalten bzw. verbraucht hat.[629] Als Vertragstext kommt in Frage:

652

---

620 LAG Baden-Württemberg 31.3.1969 – 4 Sa 4/69, DB 1969, 1023; LAG Berlin 7.10.1975 – 4 Sa 62/75, DB 1976, 636.
621 *Weber/Ehrich/Burmester*, Handbuch der arbeitsrechtlichen Aufhebungsverträge, Teil 1 Rn 550.
622 BFH 13.10.1978 – VI R 91/77, BB 1979, 304; *Hümmerich/Spirolke*, NZA 1998, 225 (228).
623 BAG 25.4.1991 – 6 AZR 532/89, AP § 611 BGB Gratifikation Nr. 137; BAG 4.9.1985 – 5 AZR 655/84, AP § 611 BGB Gratifikation Nr. 123; *Bauer*, Arbeitsrechtliche Aufhebungsverträge, Rn IV-249; a.A. *Bengelsdorf*, Aufhebungsvertrag und Abfindungsvereinbarung, S. 129.
624 Preis/*Peters-Lange*, Der Arbeitsvertrag, II A 100 Rn 16 f.
625 BAG 21.9.1999 – 9 AZR 705/98, BB 2000, 881.
626 BAG 31.5.1990 – 8 AZR 132/89, NZA 1990, 935.
627 BAG 31.7.1967 – 5 AZR 112/67, NJW 1967, 2376; BAG 21.7.1978 – 6 AZR 1/77, NJW 1979, 566.
628 Preis/*Stoffels*, Der Arbeitsvertrag, II U 20 Rn 34 f.
629 BAG 20.1.1998 – 9 AZR 812/96, DB 1998, 1236 = NZA 1998, 816.

Da zwischen den Parteien nicht geklärt werden konnte, in welchem Umfang der Arbeitnehmer bereits im Jahre ▪▪▪ Urlaub genommen hat, verständigen sich die Parteien im Wege gegenseitigen Nachgebens auf folgende Resturlaubsansprüche/Urlaubsabgeltungsansprüche des Arbeitnehmers: ▪▪▪

653 Eine Forderung auf Urlaubsabgeltung stellt eine höchstpersönliche Forderung dar, deren Inhalt sich verändern würde, wenn die Leistung an einen anderen als den ursprünglichen Gläubiger erfolgen würde. Deshalb kann gegen eine Forderung auf Urlaubsabgeltung nicht aufgerechnet werden.[630] Der Urlaubsabgeltungsanspruch ist auch nicht vererblich.[631]

654 Bei einem Verzicht oder einem Erlass auf gesetzliche oder vertragliche Urlaubsansprüche geht die Finanzverwaltung, wenn außerdem eine Abfindung gezahlt wird, regelmäßig davon aus, dass der wirtschaftliche Wert der Urlaubsabgeltung in der Abfindung enthalten ist. Das FG Köln vertritt demgegenüber die Auffassung, dass eine Abfindung nicht zwingend die Urlaubsabgeltung enthalten müsse und damit in voller Höhe steuerbegünstigt sein könne, wenn der Verzicht aus wirtschaftlich sinnvollen und gebotenen Erwägungen erfolge sei.[632]

655 Manchmal entsteht Fallkonstellation, dass ein Arbeitnehmer bis zum Ende der Kündigungsfrist im Unternehmen noch benötigt wird, seinen Urlaub deshalb nicht antreten kann und dass in Kenntnis sich anschließender Arbeitslosigkeit der Urlaubsabgeltungsanspruch im Aufhebungs- oder Abwicklungsvertrag geregelt wird. Eine solche Gestaltung ist aus Arbeitnehmersicht unglücklich gewählt. Gemäß § 143 Abs. 2 SGB III ruht der Anspruch auf Arbeitslosengeld für die Zeit des abgegoltenen Urlaubs, wenn der Arbeitslose wegen Beendigung des Arbeitsverhältnisses eine Urlaubsabgeltung erhalten hat.

656 Im Interesse des Arbeitnehmers empfehlenswert ist wegen § 143 Abs. 2 SGB III eine Regelung, über die sich das Arbeitsverhältnis, wenn der Urlaub ganz oder teilweise nicht mehr genommen werden konnte, im Sinne einer **sozialen Auslauffrist** um die Zahl der Tage verlängert, die der Mitarbeiter noch Urlaub zu beanspruchen hat. In dieser Zeit der sozialen Auslauffrist wird dann der Urlaub gewährt. Eine Reduzierung des Anspruchs auf Arbeitslosengeld wird auf diese Weise vermieden.

31. Vererbbarkeitsklauseln

657 Arbeitnehmer können ein Interesse daran haben, eine Vererbbarkeitsklausel zu vereinbaren, die wie folgt lauten kann:

Die Parteien vereinbaren, dass der Abfindungsanspruch mit Unterzeichnung dieser Vereinbarung entstanden und vererbbar ist.

658 Die Vererbbarkeitsklausel folgt den Regeln anwaltlicher Vorsicht bei der Vertretung von Arbeitnehmern, weil zwischen den Senaten des BAG keine Einigkeit besteht, zu welchem Zeitpunkt der Anspruch auf Abfindung aus einem Aufhebungs- oder Abwicklungsvertrag **entstanden** ist.

659 Fehlt eine Bestimmung, aus der sich der Entstehungszeitpunkt des Abfindungsanspruchs herleiten lässt, nimmt die Rechtsprechung, mit Ausnahme des 2. Senats, die Entstehung zum Zeitpunkt der Beendigung des Arbeitsverhältnisses an.[633] Stirbt der Arbeitnehmer in der Zeit zwischen Unterzeichnung der Aufhebungsvereinbarung und dem letzten Arbeitstag, haben die Erben keinen Anspruch auf die Abfindung. Wenn eine Abfindung für den Verlust des Arbeitsplatzes gezahlt wird, muss nach Auffassung des 9. Senats das Arbeitsverhältnis zum vorgesehenen Beendigungstermin noch bestanden haben.[634] Soweit im Nicht-Erlebens-Fall die Abfindung an die Erben gezahlt werden soll, ist eine ausdrückliche Formulierung im Aufhebungsvertrag erforderlich. Eine solche Vererbbarkeitsklausel ist zulässig.[635]

660 Den vom BAG zum Problemkreis der Anspruchsentstehung entschiedenen Fällen liegt kein einheitlicher Sachverhalt zugrunde, denn mal war über eine Sozialplanabfindung, mal über eine Abfindung aus Anlass einer Frühpensionierung zu befinden. Der 2. Senat hat – in gewisser Weise abweichend von den übrigen

---

630 LAG Nürnberg 24.7.1998 – 2 (6) Sa 101/96, ARST 1999, 109.
631 BAG 21.1.1988 – 2 AZR 581/86, AP § 4 KSchG Nr. 19.
632 FG Köln 10.8.1999 – 14 K 1049/97, EFG 2000, 173.
633 BAG 22.5.1996 – 10 AZR 907/95, NZA 1997, 386; BAG 25.9.1996 – 10 AZR 311/96, NZA 1997, 163; BAG 26.8.1997 – 9 AZR 227/96, BB 1998, 700; BAG 16.5.2000 – 9 AZR 277/99, NZA 2000, 1236, BAG 9.12.1987 – 4 AZR 561/87, NZA 1988, 329; BAG 26.8.1997 – 9 AZR 227/96, NZA 1998, 643; LAG Rheinland-Pfalz 13.11.1987 – 6 Sa 704/87, BB 1988, 140; für § 1a KSchG: ArbG Siegen 9.6.2005 – 1 Ca 843/05, NZA 2005, 935.
634 BAG 26.8.1997 – 9 AZR 227/96, NZA 1998, 643.
635 BAG 16.10.1969 – 2 AZR 373/68, DB 1970, 259; LAG Rheinland-Pfalz 13.11.1987 – 6 Sa 704/87, BB 1988, 140.

Senaten – die Auffassung vertreten, dass nicht als Regelfall angenommen werden könne, ein Abfindungsvergleich werde hinfällig, wenn der Arbeitnehmer den Auflösungstermin nicht erlebe.[636] Der Senat begründet diese Sicht mit der „stets vom Tode bedrohten Existenz des Menschen", durch die ohnehin „eine gewisse Unsicherheit über die Lebensdauer des Vertragspartners" bestehe. Da es ein Erbrecht gebe, hänge grundsätzlich der Fortbestand der Verträge nicht davon ab, wie lange der Vertragspartner lebe. Mit der entgegenstehenden Rechtsprechung des 9. Senats setzt sich der 2. Senat nicht auseinander.

Bauer[637] vertritt die Meinung, wenn keine ausdrückliche Regelung zum Entstehungszeitpunkt der Abfindung vorliege, stehe die Abfindungsregelung unter der aufschiebenden Bedingung, dass das Arbeitsverhältnis bis zum vereinbarten Auflösungszeitpunkt fortgesetzt werde. Sterbe der Arbeitnehmer vorzeitig, werde der Aufhebungsvertrag einschließlich der darin vereinbarten Abfindung gegenstandslos. Im Interesse des Arbeitnehmers könne daraus nur das Fazit geschlossen werden, bei erheblicher Diskrepanz zwischen dem Zeitpunkt des Abschlusses des Aufhebungsvertrages und dem rechtlichen Ende Arbeitsverhältnisses empfehle sich eine klarstellende Regelung, dass der Abfindungsanspruch mit Unterzeichnung entstehe.

661

Wenn der Anspruch mit dem Abschluss des Rechtsgeschäfts entsteht und seine Fälligkeit mit der Beendigung des Arbeitsverhältnisses eintritt, ist er vererbbar. Die in der Vergangenheit vom BAG geäußerte Annahme, wegen der höchstpersönlichen Natur des Arbeitsverhältnisses bedürfe der Fälligkeitszeitpunkt auch des Erlebensfalls des Arbeitnehmers, findet in § 271 BGB keine Grundlage. Die höchstpersönliche Natur des Arbeitsverhältnisses endet mit der Beendigung des Arbeitsverhältnisses. Mit der Entschädigungsleistung „Abfindung" hat der Entschädigungsanspruch schon vor der Beendigung des Arbeitsverhältnisses seinen personenbezogenen Charakter verloren.[638] Eine höchstpersönlich zu erbringende Arbeitsleistung wird seit der Freistellung nicht mehr geschuldet. Daneben tritt ein von jeglicher personenbezogener Verbundenheit freier Anspruch auf eine gewöhnliche Geldleistung. Von dem Augenblick an, ab dem der Arbeitgeber eine Kompensation für die Beendigung des sich auf höchstpersönlichen Diensten gründenden Arbeitsverhältnisses zugesagt hat, erwirbt der Arbeitnehmer daher nach hier vertretener Ansicht eine beleihbare, ihn als Anspruchsinhaber ausweisende Geldforderung, die wie jede andere Geldforderung das Schicksal des Übergangs auf die Erben nach § 1922 BGB teilt.[639]

662

Die Rechtslage bleibt allerdings solange unsicher, wie sich die betroffenen Senate des BAG nicht auf eine einheitliche Funktionsbestimmung der Abfindung verständigen können. Solange die Rechtslage noch nicht verbindlich geklärt ist, empfiehlt sich aus Sicht des Arbeitnehmers deshalb stets die Vereinbarung einer Vererbbarkeitsklausel über die Abfindung.

663

32. Versprechen ordnungsgemäßer Abwicklung

Arbeitsrichter formulieren gerne nach der Festlegung des Datums der Beendigung des Arbeitsverhältnisses zur Zufriedenheit aller Beteiligten wie folgt:

664

Bis zur Beendigung wird das Arbeitsverhältnis ordnungsgemäß abgewickelt.

Das Versprechen des Arbeitgebers, das Arbeitsverhältnis bis zum vereinbarten oder hingenommenen Beendigungszeitpunkt ordnungsgemäß abzuwickeln, meint einmal, dass die Vergütung bis zum Vertragsende gezahlt wird. Außerdem sollen sonstige, üblicherweise nach dem Arbeitsvertrag geschuldete Leistungen in der Zeit zwischen Vergleichsschluss und Arbeitsverhältnisende vom Arbeitgeber erbracht werden. Einen vollstreckungsfähigen Inhalt hat die gebräuchliche Formulierung „zur ordnungsgemäßen Abwicklung" nicht. Verschiedentlich wirft sie mehr Fragen auf, als sie an Antworten bereithält.

665

Die Zusage, das Arbeitsverhältnis ordnungsgemäß abzuwickeln, bedeutet grundsätzlich, dass Ansprüche der Vertragspartner, die zum Zeitpunkt des Vertragsschlusses (noch) existieren, erfüllt werden sollen, ohne dass sie von diesem Zeitpunkt an Einwendungen ausgesetzt sein sollen, die den Ansprüchen durch Zeitablauf oder aus anderen Gründen drohen könnten.[640]

666

---

636 BAG 22.5.2003 – 2 AZR 250/02, BB 2004, 894; BAG 25.6.1987 – 2 AZR 504/86, NZA 1988, 466.
637 Arbeitsrechtliche Aufhebungsverträge, Rn IV-343.
638 *Hümmerich*, NJW 2004, 2921, 2931.
639 *Hümmerich*, NJW 2004, 2921, 2931.
640 LAG Köln 8.8.1997 – 11 Sa 175/97, AR-Blattei ES 1280 Nr. 46.

667 Wird eine zusätzliche Klausel über die ordnungsgemäße Abwicklung des Vertragsverhältnisses mit einer Freistellungsklausel verbunden, sind sämtliche vertraglich geschuldete Bezüge durch den Arbeitgeber bis zum Vertragsende weiter zu zahlen, ggf. auch anteilig. Strittig ist zwischen den Parteien allerdings häufiger, welche Bezüge, Boni-Anteile, Tantiemen (eventuell zeitanteilig) zur „ordnungsgemäßen Abwicklung" gehören. Enthält der Aufhebungsvertrag eine Erledigungsklausel, schließt diese ebenfalls nicht aus, dass der Arbeitnehmer für die Restvertragslaufzeit an der tariflichen Gehaltserhöhung teilnimmt.[641]

668 So gebräuchlich die Formulierung über das Versprechen des Arbeitgebers, das Arbeitsverhältnis ordnungsgemäß abzuwickeln, sein mag, die Anforderung an die **Bestimmtheit** nach § 307 Abs. 1 Satz 2 BGB werden nicht erfüllt. Zu viele Leistungspflichten können in die Formulierung „ordnungsgemäße Abwicklung" hineininterpretiert werden. Ist eine Sonderzahlung zum Jahreswechsel rückzahlbar, wenn der Arbeitnehmer zum 31.3. des Folgejahres nicht mehr bei dem Arbeitgeber beschäftigt ist, bleibt völlig unklar, ob durch die Formulierung, dass das Arbeitsverhältnis bis zum 31.3. ordnungsgemäß abgewickelt wird, gemeint ist, dass die Sonderzahlung vom Arbeitgeber zurückgefordert werden kann oder beim Arbeitnehmer verbleibt. Um solchen und anderen Unklarheiten entgegenzuwirken, wird angeregt, die Leistungen, die mit dem Oberbegriff „ordnungsgemäß abgewickelt" gemeint sein sollen, präzise zu bestimmen und auch in dem hier dargestellten Fall der Sonderleistung festzulegen, dass der Anspruch des Arbeitgebers auf Rückforderung der Sonderleistung entfällt.

669 Wird die Formel „ordnungsgemäße Abwicklung" im Vergleich gewählt und fällt in den Freistellungszeitraum eine turnusmäßig anstehende Gehaltserhöhung, kann der Mitarbeiter die Gehaltserhöhung erfolgreich unter Hinweis auf die Formulierung „ordnungsgemäße Abwicklung" geltend machen.[642]

33. Vollstreckungsklausel

670 Mit dem Rechtspflege-Vereinfachungsgesetz vom 17.12.1990[643] ist der so genannte **Anwaltsvergleich** als § 1044b ZPO in das Zehnte Buch der ZPO eingefügt worden. Nach der Gesetzesbegründung sollte damit die Bereitschaft der Parteien, sich vorgerichtlich zu einigen, gefördert werden.[644] Sind Rechtsanwälte hinzugezogen, können die Parteien eine vergleichsweise Einigung schriftlich niederlegen und, sofern sie sich der sofortigen Zwangsvollstreckung aus der von den Anwälten mitunterschriebenen Vereinbarung unterwerfen, einen vollstreckbaren Titel ermöglichen. In der arbeitsrechtlichen Praxis konnte vom Anwaltsvergleich zunächst kein Gebrauch gemacht werden. § 102 Abs. 3 ArbGG schloss ausdrücklich die Anwendung des Zehnten Buches der ZPO und damit auch § 1044b ZPO aus.[645] Der falsche systematische Standort des Anwaltsvergleichs war daher ein Hindernis für die erfolgreiche außergerichtliche Streitbeilegung in Arbeitssachen.[646] Durch das Gesetz zur Neuregelung des Schiedsverfahrensrechts (SchiedsVfG) vom 22.12.1997[647] wurde dieses Hindernis unauffällig beseitigt worden. Die Vorschriften über den Anwaltsvergleich sind durch Art. 1 Nr. 4, Art. 5 Abs. 1 SchiedsVfG mit Wirkung zum 1.1.1998 in §§ 796a, 796b und 796 c ZPO eingefügt und damit in das Achte Buch der ZPO verpflanzt worden.

671 Ein vollstreckbarer Anwaltsvergleich ist jetzt auch auf dem Gebiet des Arbeitsrechts zulässig.[648] Das ergibt sich aus der Verweisung in § 62 Abs. 2 Satz 1 ArbGG auf das Achte Buch der ZPO. Mit dieser Bezugnahme ist die gerichtliche Vollstreckbarerklärung des Anwaltsvergleichs in die Zuständigkeit der Gerichte für Arbeitssachen gelangt. Trotz der Gesetzeskorrektur hat der Aufhebungsvertrag als Anwaltsvergleich keine praktische Bedeutung erlangt.

34. Wettbewerbsverbotsklauseln

672 Nachvertragliche Wettbewerbsverbote, die sich an den geltenden Grundsätzen für wirksame Wettbewerbsverbote orientieren, können auch noch im Aufhebungsvertrag vereinbart werden und damit ein Wettbewerbsverbot erstmalig zwischen den Parteien begründen. Bei der Vereinbarung eines nachvertraglichen

---

641 LAG Köln 5.10.1995 – 10 Sa 665/95, LAGE § 611 BGB Aufhebungsvertrag Nr. 19.
642 LAG Köln 5.10.1995 – 10 Sa 665/95, LAGE § 611 BGB Aufhebungsvertrag Nr. 19; siehe ferner BAG 16.9.1998 – 10 AZR 398/97, DB 1999, 591.
643 BGBl. I 1997, 2847.
644 BT-Drucks. 11/8283, S. 62.
645 LAG Düsseldorf 4.3.1997 – 7 Ta 18/97, NZA 1997, 848; ebenso *Fiege*, NJW 1991, 1580, 1582; *Baumbach/Lauterbach/Albers/Hartmann*, § 1044b ZPO Rn 2; *Rosenberg/Gaul/Schilken*, Zwangsvollstreckungsrecht, § 13 V, S. 189; *Schwab/Walter*, Schiedsgerichtsbarkeit, Kap. 36 Rn 1; a.A. *Stein/Jonas*, § 1044b ZPO Rn 2; *Zöller/Geimer*, § 1044b ZPO Rn 11; *Lindemann*, AnwBl 1992, 457 (458).
646 *Düwell*, FA 1998, 50.
647 BGBl. I 1997, 3224.
648 *Voit/Geweke*, NZA 1998, 400 ff.

Wettbewerbsverbots im Aufhebungs- oder Abwicklungsvertrag finden die §§ 74 ff. HGB über § 110 GewO Anwendung, wenn das Wettbewerbsverbot noch im Zusammenhang mit dem Arbeitsverhältnis und seiner Abwicklung vereinbart ist.[649] Ein nachvertragliches Wettbewerbsverbot, das mehrere Monate vor Beendigung des Arbeitsverhältnisses im Rahmen eines Aufhebungsvertrages vereinbart wird, ist nichtig, wenn keine Karenzentschädigung vereinbart wird.[650] Eine für den Verlust des Arbeitsplatzes zugesagte Abfindung ist keine Karenzentschädigung i.S.v. § 74 HGB,[651] während umgekehrt in steuerlicher Hinsicht eine Karenzentschädigung eine Abfindung i.S.v. §§ 34, 24 EStG bei Zusammenballung in einem Veranlagungszeitraum[652] sein kann.

Soll ein nachvertragliches Wettbewerbsverbot bestehen bleiben, formuliert man: 673

Das nachvertragliche Wettbewerbsverbot gemäß Vertrag vom ■■■ bleibt aufrechterhalten.

Einvernehmlich kann ein Wettbewerbsverbot von beiden Parteien mit sofortiger Wirkung aufgehoben werden. Häufig heißt es in Abwicklungs- oder Aufhebungsverträgen: 674

Die Parteien heben ein etwaig bestehendes nachvertragliches Wettbewerbsverbot mit sofortiger Wirkung auf. Ansprüche des Arbeitnehmers auf Karenzentschädigung bestehen nicht.

Eine **vertragliche Aufhebung** des Wettbewerbsverbots ist jederzeit möglich, muss sich aber aus Gründen der Rechtssicherheit deutlich aus dem Wortlaut der Vereinbarung ergeben. Eine allgemeine Erledigungsklausel im Abwicklungs- oder Aufhebungsvertrag führt nicht zur Beseitigung des nachvertraglichen Wettbewerbsverbots.[653] 675

35. Widerrufs- und Rücktrittsklausel

Ein gesetzliches Widerrufsrecht nach §§ 312, 355 BGB hat der Arbeitnehmer, der einen Aufhebungs- oder Abwicklungsvertrag schließt, nicht. Das BAG hat in drei Urteilen[654] die Ansicht geäußert, Aufhebungs- und Abwicklungsvertrag seien keine Haustürgeschäfte, wenn der Vertrag am Arbeitsplatz, also im Betrieb, geschlossen werde. Die Entscheidung ist kritisiert worden.[655] Solange sich die Rechtsprechung des 2. Senats nicht ändert, ist ein Widerruf nur auf Basis einer vertraglich vereinbarten Widerrufsklausel, ein Rücktritt nur aufgrund einer Rücktrittsklausel möglich, soweit nicht Tarifverträge Widerruf und Rücktritt gestatten. Eine Reihe von Tarifverträgen sieht Rücktritts- und Widerrufsrechte vor, so beispielsweise § 10 Abs. 9 MTV Einzelhandel NW: „Auflösungsverträge bedürfen der Schriftform. Jede der Parteien kann eine Bedenkzeit von drei Werktagen in Anspruch nehmen. Ein Verzicht hierauf ist schriftlich zu erklären."[656] Soweit – wie die Einzelhandelstarifverträge – ein Verzicht auf das Widerrufs- und Rücktrittsrecht im Aufhebungsvertrag vereinbart werden kann, sollten Arbeitgeber eine entsprechende Klausel in den Aufhebungsvertrag aufnehmen: 676

Der Arbeitnehmer erklärt hiermit schriftlich seinen Verzicht auf das ihm tarifvertraglich eingeräumte Recht zu Widerruf und Rücktritt.

36. Zeugnisklauseln[657]

Die Formulierung des Zeugnisses ist ein Recht und zugleich eine Pflicht des Arbeitgebers.[658] Das Zeugnis soll zwar **wohlwollend**, es muss aber auch **wahr** sein.[659] 677

---

649 BAG 3.5.1994 – 9 AZR 606/92, AP § 74 HGB Nr. 65.
650 *Weber/Ehrich/Burmester*, Handbuch der arbeitsrechtlichen Aufhebungsverträge, Teil 1 Rn 576.
651 BAG 3.5.1994 – 9 AZR 606/92, AP § 74 HGB Nr. 65.
652 BFH 12.6.1996 – XI R 43/94, BStBl. II 1996, 516.
653 BAG 20.10.1981 – 3 AZR 1013/78, BB 1982, 861; LAG Baden-Württemberg 22.9.1995 – 5 Sa 28/95, NZA-RR 1996, 163; *Hoß*, DB 1997, 1818; eine Auslegungsfrage nach BAG 31.7.2002 – 10 AZR 513/01, NZA 2003, 101.
654 BAG 27.11.2003 – 2 AZR 135/03, NZA 2004, 597; BAG 27.11.2003 – 2 AZR 177/03, BB 2004, 1858; BAG 22.4.2004 – 2 AZR 281/03, AP § 620 BGB Aufhebungsvertrag Nr. 27.
655 *Hümmerich*, NZA 2004, 809.
656 Ähnlich: § 23 MTV Einzelhandel Baden-Württemberg; § 18 Abs. 9 MTV Einzelhandel Bayern.
657 Siehe auch § 3 Rn 186 ff.
658 BAG 29.7.1971 – 2 AZR 250/70, AP § 630 BGB Nr. 6; BAG 12.8.1976 – 3 AZR 720/75, AP § 630 BGB Nr. 11. Für Arbeitsverhältnisse jetzt nicht mehr in § 630 BGB (dort nur noch für freie Mitarbeiter und Dienstverpflichtete), für Arbeitsverhältnisse jetzt in §§ 109, 6 Abs. 2 GewO geregelt.
659 BAG 8.2.1972 – 1 AZR 189/71, AP § 630 BGB Nr. 7; BAG 5.8.1976 – 3 AZR 491/75, AP § 630 BGB Nr. 10.

678 Bei der Gestaltung des Auflösungsvertrages ergeben sich mit Blick auf das für das Fortkommen des Arbeitnehmers bedeutsame Zeugnis zwei Möglichkeiten: Entweder man nimmt den Wortlaut des meist vom Arbeitnehmer vorformulierten und vom Arbeitgeber in die Endfassung gebrachten Zeugniswortlauts als **Anlage** zum Aufhebungs- oder Abwicklungsvertrag oder man formuliert globale Anforderungen an den Wortlaut des vom Arbeitgeber zu erstellenden Zeugnisses. So sind in gerichtlichen Vergleichen Formulierungen gebräuchlich wie „der Arbeitnehmer erhält vom Arbeitgeber ein wohlwollendes, berufsförderndes Zeugnis" oder „der Arbeitnehmer erhält ein Zeugnis vom Arbeitgeber, das ihn in seinem beruflichen Fortkommen nicht behindert".

679 Die „Dankes-Bedauern"-Formel[660] und die allgemeine abschließende Leistungsbewertung sollten in keinem Zeugnis fehlen. Aus Arbeitnehmersicht ist eine Vereinbarung von Vorteil, die den kompletten Wortlaut des Zeugnisses oder, wenn dies aus Gründen der Eile nicht anders möglich ist, die Eckdaten als Anlage zum Aufhebungs- oder Abwicklungsvertrag nimmt. Eine verbindliche Regelung im Aufhebungsvertrag, die besagt, dem Arbeitnehmer werde das Recht eingeräumt, sein eigenes Zeugnis zu schreiben, sind wegen Sittenwidrigkeit nichtig, § 138 BGB. Andere Arbeitgeber haben einen Anspruch auf ein von einem Arbeitgeber verfasstes Zeugnis, auch wenn der Entwurf unverbindlich vom Arbeitnehmer gefertigt werden kann und in der Praxis häufig gefertigt wird. Liegt zwischen Abschluss und rechtlicher Beendigung des Arbeitsverhältnisses ein längerer Zeitraum, sollten zunächst die umgehende Erteilung des Zwischenzeugnisses bzw. der Wortlaut und der späterhin maßgebliche Wortlaut des Zeugnisses vereinbart werden.

680 Jeder Arbeitnehmer sollte darauf achten, dass sein Zeugnis von einem ranghöheren Mitarbeiter unterzeichnet ist. Veranlasst der Arbeitgeber, dass ein auf gleicher Hierarchieebene angesiedelte Arbeitnehmer das Zeugnis unterzeichnet oder eventuell noch ein unter dem Arbeitnehmer stehender Mitarbeiter, bringt er damit gegenüber einem anderen Arbeitgeber zum Ausdruck, dass ihm an dem Mitarbeiter nicht viel gelegen hat. Der Arbeitnehmer hat auch einen Anspruch darauf, dass das Zeugnis von einer ranghöheren Person unterschrieben ist. Dieser Anspruch besteht auch im Bereich des öffentlichen Dienstes.[661]

681 Da der Arbeitgeber Auskünfte an andere Arbeitgeber über den ausgeschiedenen oder ausscheidenden Arbeitnehmer ohne Zustimmung des Betroffenen erteilen kann,[662] empfiehlt es sich, im Auflösungsvertrag zu vereinbaren, dass sich der Arbeitgeber verpflichtet, nur solche Auskünfte zu erteilen, die inhaltsgleich im Zeugnis enthalten sind. Als Text bietet sich an:

Der Arbeitgeber wird gegenüber Dritten Auskünfte über den Arbeitnehmer nur mit dem Inhalt des erteilten Zeugnisses geben.

682 Diese Regelung ist weder vollstreckbar noch für den Arbeitnehmer überprüfbar. Gleichwohl hat sie eine Warnfunktion und könnte auch den Arbeitgeber zum Schadensersatz verpflichten, wenn er abweichende, negative Auskünfte gegenüber Dritten erteilt hat. Über Dritte geschieht es verschiedentlich, dass der Arbeitnehmer von Auskünften über ihn Kenntnis erlangt.

683 Eine allgemeine Ausgleichsklausel erfasst, soweit der Verzicht überhaupt möglich ist, im Zweifel den Zeugnisanspruch nicht.[663] Der Anspruch auf Erteilung eines Zeugnisses kann allerdings wie jeder andere schuldrechtliche Anspruch verwirkt werden.[664]

---

660 Auf die nach Auffassung des BAG (20.2.2001 – 9 AZR 44/00, NZA 2001, 843) kein Anspruch besteht. Ebenso: ArbG Bremen 11.2.1992 – 4a Ca 4168/91, NZA 1992, 800; die vom BAG und vom ArbG Bremen vertretene Ansicht lässt völlig unberücksichtigt, dass die „Dankes-Bedauern-Formel" für jeden Personalchef ein wichtiger Indikator ist, aus dem er die Gründe der Beendigung des Arbeitsverhältnisses und die Wertschätzung, die dem Arbeitnehmer im Unternehmen entgegengebracht wurde, präzise ablesen kann. Deshalb – abweichend von BAG und ArbG Bremen – ist die Ansicht in den nachfolgenden Entscheidungen, die einen Anspruch auf eine angemessene Formel annehmen, zutreffend: LAG Hessen 17.6.1999 – 14 Sa 1157/98, MDR 2000, 404; LAG Berlin 10.12.1998 – 10 Sa 106/98, BB 1999, 851; LAG Köln 29.11.1990 – 10 Sa 801/90, LAGE § 630 BGB Nr. 11.
661 BAG 4.10.2005 – 9 AZR 507/04, NZA 2006, 436.
662 BAG 25.10.1957 – 1 AZR 434/55, AP § 630 BGB Nr. 1.
663 BAG 16.9.1974 – 5 AZR 255/74, NJW 1975, 407.
664 BAG 17.2.1988 – 5 AZR 638/86, DB 1988, 1071.

B. Texte

I. Aufhebungs- und Abwicklungsverträge mit GmbH-Geschäftsführern

1. Muster: Ausführlicher Aufhebungsvertrag (deutsch)

Zwischen

■■■, vertreten durch den besonders bevollmächtigten Gesellschafter ■■■

– nachstehend: Gesellschaft –

und ■■■

Bevollmächtigte: ■■■

– nachstehend: Geschäftsführer –

wird folgender Aufhebungsvertrag geschlossen:

§ 1 Aufhebungsklausel

Die Parteien sind sich darüber einig, dass das zwischen ihnen bestehende Anstellungsverhältnis auf Veranlassung der Gesellschaft im beiderseitigen Einverständnis mit dem ■■■ sein Ende finden wird.

§ 2 Vorzeitige Beendigung

Der Geschäftsführer ist berechtigt, das Anstellungsverhältnis vor dem ■■■ mit einer Ankündigungsfrist von 14 Tagen zum Monatsende vorzeitig zu beenden. Eine derartige Beendigung entspricht ausdrücklich dem Wunsch der Gesellschaft.

§ 3 Freistellung

Die Gesellschaft stellt den Geschäftsführer mit Unterzeichnung dieser Vereinbarung bis zur Beendigung des Dienstverhältnisses unter Anrechnung auf seine Resturlaubsansprüche unwiderruflich von der Dienstleistung frei. Während der Zeit der Freistellung zahlt die Gesellschaft dem Geschäftsführer die vertragsgemäßen Bezüge in Höhe von monatlich ■■■ EUR brutto fort. Zu den vertragsgemäßen Bezügen zählen ferner ■■■.

§ 4 Abfindung

Die Gesellschaft zahlt dem Geschäftsführer für den Verlust des Arbeitsplatzes und zum Ausgleich für den Verlust des sozialen Besitzstandes gemäß den §§ 34, 24 EStG eine Abfindung in Höhe von ■■■ EUR brutto. Die Abfindung erhöht sich für jeden vollen Monat des vorzeitigen Ausscheidens gemäß § 2 dieser Vereinbarung um ■■■ EUR brutto. Die Parteien vereinbaren, dass der Abfindungsanspruch mit Unterzeichnung dieser Vereinbarung entstanden und vererbbar ist. Die Abfindung wird bei Beendigung des Anstellungsverhältnisses zur Zahlung fällig.

§ 5 Tantiemen

Mit Rücksicht auf den Umstand, dass zurzeit noch nicht festgestellt werden kann, ob und in welchem Umfang dem Geschäftsführer in den Jahren ■■■ eine Tantieme zusteht, wird die vertraglich vereinbarte Tantieme hiermit für den Zeitraum von ■■■ bis ■■■ mit einem Betrag in Höhe von ■■■ EUR pauschaliert. Der Geschäftsführer erhält die pauschalierte Tantieme bis zum ■■■.

§ 6 Wettbewerbsverbot

Das zwischen den Parteien vereinbarte nachvertragliche Wettbewerbsverbot wird einvernehmlich mit sofortiger Wirkung aufgehoben. Ein Anspruch auf Karenzentschädigung besteht nicht.

§ 7 Betriebliche Altersversorgung

Der Geschäftsführer hat aufgrund der ihm mit Vertrag erteilten Zusage einen Anspruch auf betriebliche Altersversorgung gegen die Gesellschaft. Berechnungsgrundlage der Altersversorgung ist die derzeitige monatliche Festvergütung in Höhe von ■■■ EUR. Die Anwartschaft auf diese Versorgungszusage bleibt gemäß § 1 Abs. 1 BetrAVG aufrechterhalten. (Auf eine ratierliche Kürzung wird verzichtet.) Der Geschäftsführer erhält spätestens 6 Wochen nach Ausscheiden eine Auskunft gemäß § 4a BetrAVG.

§ 8 Direktversicherung

Die Gesellschaft räumt mit Beendigung des Dienstverhältnisses dem Geschäftsführer das Recht ein, die bei der ■■■ Versicherung, Versicherungsnummer ■■■, abgeschlossene Direktversicherung fortzuführen und wird die dazu notwendigen Erklärungen gegenüber dem Versicherer abgeben. Im Falle einer Fortführung der Versicherung durch den Geschäftsführer werden die für die Übertragung anfallenden Kosten von der Gesellschaft getragen.

§ 9 Vortragstätigkeiten

Der Geschäftsführer hat mit Unterzeichnung dieser Vereinbarung das Recht, Vortragstätigkeiten, Schulungsmaßnahmen oder Veröffentlichungen auf eigene Rechnung ohne weitere Genehmigung durch die Gesellschaft auszuüben. Die im Rahmen dieser Tätigkeiten erzielten Einkünfte werden nicht auf die nach dieser Vereinbarung von Seiten der Gesellschaft zu leistenden Zahlungen angerechnet.

§ 10 Freistellung

Während seiner Freistellung ist der Geschäftsführer weiterhin befugt, sämtliche Büroeinrichtungen einschließlich des in seiner Wohnung installierten Diensttelefons auf Kosten der Gesellschaft für Bewerbungsaktivitäten zu nutzen.

§ 11 Zeugnis

Der Geschäftsführer erhält das diesem Vertrag beigefügte Zwischenzeugnis. Zum Beendigungstermin wird dem Geschäftsführer ein auf dieses Datum ausgestelltes Schlusszeugnis erteilt, das inhaltlich mit dem Zwischenzeugnis übereinstimmt. Die Gesellschaft wird Auskünfte nur im Sinne dieses Zeugnisses erteilen.

§ 12 Dienstwagen

Der Geschäftsführer ist berechtigt, den ihm zur Verfügung gestellten Dienstwagen einschließlich des Autotelefons bis zur Beendigung des Dienstverhältnisses im bisherigen Umfang auch zu privaten Zwecken zu nutzen. Die Gesellschaft erwirbt den Pkw mit dem amtlichen Kennzeichen ▪▪▪ von der Leasinggesellschaft und überträgt den Pkw unentgeltlich an den Geschäftsführer als Nettosachbezugswert.

§ 13 Firmenwohnung

Das von dem Geschäftsführer derzeit als Mieter bewohnte Haus steht diesem bis zum ▪▪▪ zur Verfügung. Der Anschluss an die Warnanlage des Werkschutzes wird bis zu diesem Termin aufrechterhalten. Zieht der Geschäftsführer vor dem ▪▪▪ um, so werden die Kosten für den Umzug an einen anderen deutschen Wohnort im üblichen Umfang von der Gesellschaft übernommen.

§ 14 Rückgabe von Unterlagen

Der Geschäftsführer gibt innerhalb von zwei Wochen nach Unterzeichnung dieser Vereinbarung die in seinem Besitz befindlichen, jedoch im Eigentum der Gesellschaft stehenden Unterlagen und Gegenstände an die Gesellschaft zurück.

§ 15 Darlehen

Der zwischen den Parteien geschlossene Darlehensvertrag vom ▪▪▪ wird zu den vereinbarten Konditionen fortgeführt. Der Geschäftsführer hat das Recht, die noch offene Darlehensschuld in Höhe von ▪▪▪ EUR (Stand ▪▪▪) vorzeitig durch eine Einmalzahlung abzulösen.

§ 16 Betriebs- und Geschäftsgeheimnisse

Der Geschäftsführer verpflichtet sich, alle ihm während seiner Tätigkeit für die Gesellschaft zur Kenntnis gelangten betriebsinternen Vorgänge, insbesondere Geschäfts- und Betriebsgeheimnisse, auch nach dem Ausscheiden geheim zu halten.

§ 17 Announcement

Presseveröffentlichungen und interne Verlautbarungen an einen unbestimmten Personenkreis werden die Vertragsparteien jeweils nur in einer miteinander abgestimmten Form abgeben. Nach Abschluss des Aufhebungsvertrages wird die Gesellschaft ein Announcement mit folgendem Wortlaut aussenden: ▪▪▪.

§ 18 Erledigungserklärung, Änderungen und Ergänzungen

Mit dieser Vereinbarung ist der Fortbestand des Dienstverhältnisses zwischen der Gesellschaft und dem Geschäftsführer bis zum ▪▪▪ und dessen Beendigung zu diesem oder einem früheren Zeitpunkt gemäß § 2 dieser Vereinbarung abschließend geregelt. Die Gesellschafterversammlung wird innerhalb von zwei Wochen nach Abschluss dieses Vertrages, ergänzend zur Beschlussfassung über diesen Vertrag, einen Entlastungsbeschluss gemäß § 46 Nr. 5 GmbHG fassen. Zugleich sind mit Erfüllung der Verpflichtungen aus dieser Vereinbarung sämtliche wechselseitigen Ansprüche der Parteien endgültig erledigt. Nebenabreden sind nicht getroffen. Änderungen und Ergänzungen dieses Vertrages bedürfen zu ihrer Wirksamkeit der Schriftform.

§ 19 Beraterkosten

Jede Partei trägt ihre Kosten und die Kosten ihrer Berater im Zusammenhang mit dem Abschluss und der Durchführung dieses Vertrages.

§ 20 Verzicht auf Hinweise

Der Geschäftsführer hatte Gelegenheit, sich über die steuer- und sozialrechtlichen Konsequenzen dieser Vereinbarung bei den zuständigen Behörden – insbesondere der Agentur für Arbeit, dem Finanzamt und einer Beratungsstelle der Bundesversicherungsanstalt – zu informieren.

§ 21 Salvatorische Klausel

Sollte eine Bestimmung dieses Vertrages unwirksam sein oder werden, so wird dadurch die Wirksamkeit der anderen Bestimmungen dieses Vertrages nicht berührt. An die Stelle der unwirksamen Bestimmung tritt eine rechtlich zulässige, die Sinn und Zweck der unwirksamen Bestimmung so nahe wie möglich kommt.

2. Muster: Aufhebungsvertrag mit Wettbewerbsverbot (deutsch/englisch)

Aufhebungsvereinbarung	**Separation Agreement**
Zwischen	Between
▪▪▪	▪▪▪
– nachstehend: Gesellschaft –	– „Company" –
und	and
▪▪▪	▪▪▪
– nachstehend: Mitarbeiter –	– „Employee" –
wird folgende Vereinbarung geschlossen:	the following Agreement is made:
Im Rahmen der Restrukturierung der Gesellschaft ist die vom Mitarbeiter bekleidete Position ersatzlos weggefallen. Zur Vermeidung einer betriebsbedingten Kündigung kommt es auf Veranlassung der Gesellschaft daher zu dieser Aufhebungsvereinbarung. Einer Weiterbeschäftigung des Mitarbeiters im Unternehmen steht entgegen, dass die Gesellschaft nicht über eine andere, gleichwertige, den Qualifikationen und der Erfahrung des Mitarbeiters gerecht werdende Position verfügt.	In the process of restructuring the Company the position taken by the Employee has been eliminated. In order to avoid a termination for business reasons the parties conclude this separation agreement on the initiative of the Company. The Employee cannot further be employed in the Company because there is no other comparable vacant position that is suitable with respect to the qualifications and experience of the Employee.
§ 1	**§ 1**
Die Parteien sind sich daher darüber einig, dass ihr Anstellungsverhältnis auf Veranlassung der Gesellschaft aus betriebsbedingten Gründen unter Einhaltung der Kündigungsfrist zum ▪▪▪ (nachfolgend „Beendigungsdatum") beendet wird.	The parties therefore agree that, upon the Company's initiative, the employment relationship shall end effective as of ▪▪▪ (hereinafter the „Termination Date") for compelling business reasons in compliance with the notice period.
Der Mitarbeiter hat das Recht, das Arbeitsverhältnis vorzeitig mit einer Ankündigungsfrist von 14 Tagen zum Monatsende zu beenden. In diesem Falle gilt dieses vorzeitige Datum als „Beendigungsdatum".	The Employee has the right to terminate the employment relationship early with an announcement period of 14 days with effect to the end of a calendar month. In this event this earlier date shall be the "Termination Date".
§ 2	**§ 2**
Der Mitarbeiter wird mit Wirkung vom ▪▪▪ widerruflich von der Verpflichtung zur Arbeitsleistung befreit. Er ist verpflichtet, innerhalb des Freistellungszeitraums seinen Resturlaub zu nehmen und die beabsichtigte zeitliche Festlegung des Urlaubs der Gesellschaft rechtzeitig anzuzeigen. Die Gesellschaft wird dem Urlaubsantrag stattgeben, es sei denn, dringende betriebliche Belange stehen dem entgegen.	The Employee is hereby released with effect of ▪▪▪ from his duty to work until further notice. He is obliged to take outstanding vacation within the period of release and to inform the Company of the envisaged dates of his holiday in due course. The Company will grant the vacation request unless urgent business reasons prevent the vacation from being taken.
Das Wettbewerbsverbot gemäß § 60 HGB bleibt während der Kündigungsfrist bestehen.	The prohibition to compete according to Section 60 German Commercial Code (Handelsgesetzbuch) remains applicable during the notice period.

§ 3

Bis zum Beendigungsdatum erhält der Mitarbeiter seine vertragliche Vergütung, die sich nach der Vereinbarung der Parteien wie folgt zusammensetzt:

- ▄▄▄ EUR (brutto)/Monat
- 13. Monatsgehalt, Urlaubsgeld, Treueprämie, Fahrtkostenzuschuss und VWL (soweit ein Anlagevertrag besteht) entsprechend den Regelungen unter Ziffer 3. des Manteltarifvertrags ▄▄▄
- 30 % des Zielbonus für das Kalenderjahr ▄▄▄, soweit die in dem mit dem Mitarbeiter vereinbarten Bonusplan vorgesehenen Unternehmensziele erreicht werden, fällig entsprechend den Regelungen im Bonusplan.

Die Gesellschaft hat auf das Leben des Mitarbeiters bei ▄▄▄ einen Versicherungsvertrag mit der Nummer ▄▄▄ abgeschlossen. Die Gesellschaft überträgt diesen Versicherungsvertrag mit Wirkung zum Beendigungsdatum zu den bestehenden Bedingungen auf den Mitarbeiter und beide Parteien verpflichten sich, die dazu gegenüber der Versicherung notwendigen Erklärungen abzugeben. Rechte des Mitarbeiters aus der unmittelbaren Versorgungszusage ▄▄▄ bleiben von dieser Aufhebungsvereinbarung unberührt.

§ 4

Für den Zeitraum von neun Monaten zwischen dem ▄▄▄ und dem ▄▄▄ besteht Einigkeit zwischen den Parteien, dass der Mitarbeiter an das Wettbewerbsverbot mit folgender Maßgabe gebunden ist:

Für den Zeitraum der Geltung des nachvertraglichen Wettbewerbsverbots erhält der Mitarbeiter eine monatliche Karenzentschädigung in Höhe von ▄▄▄ EUR brutto.

Übt der Mitarbeiter während der Geltung des nachvertraglichen Wettbewerbsverbots eine das Verbot nicht verletzende anderweitige Tätigkeit aus, hat er dies der Gesellschaft unverzüglich anzuzeigen. Anstelle einer Anrechnung des anderweitigen Verdienstes des Mitarbeiters wird die Karenzentschädigung ab einem Monat nach Aufnahme der anderweitigen Tätigkeit des Mitarbeiters auf einen Betrag von ▄▄▄ EUR brutto reduziert. Im Übrigen ist eine zwingend zu zahlende Karenzentschädigung mit der Abfindung nach § 5 dieser Vereinbarung abgegolten.

§ 5

Zum Ausgleich für den Verlust des Arbeitsplatzes zahlt die Gesellschaft dem Mitarbeiter eine Abfindung in entsprechender Anwendung der §§ 9, 10 Kündigungsschutzgesetz, §§ 24, 34 Einkommensteuergesetz in Höhe von ▄▄▄ EUR brutto. Die Abfindung wird zum ▄▄▄ fällig.

Jede Verpflichtung zur Abfindungszahlung ist mit Unterzeichnung dieses Aufhebungsvertrages entstanden, vererbbar und zu den vereinbarten Zeitpunkten fällig.

§ 3

Until the termination date, the Employee shall receive his contractual remuneration, which the parties hereby agree to be composed as follows:

- ▄▄▄ EUR (gross)/month
- 13th monthly salary, holiday payment, travel allowance and capital accumulation benefits (if saving plan is established) according to No. 3. of the skeleton collective bargaining agreement between the company and ▄▄▄
- 30 % of target bonus for the calendar year ▄▄▄ if company targets of the bonus plan agreed with the Employee will be reached, due to be paid according to the regulations of the bonus plan.

The Company has concluded an insurance contract with the number ▄▄▄ on the life of the Employee with ▄▄▄. The Company shall transfer this insurance contract under the current conditions with effect of the Termination Date to the Employee. Both parties are obliged to undertake all necessary declarations vice versa the insurance. Any rights of the Employee under the direct pension commitment ▄▄▄ remain unaffected by this separation agreement.

§ 4

For the time period of nine months between ▄▄▄ and ▄▄▄ it is agreed between the Parties that the Employee will be bound by the post-contractual non-compete obligation with the following proviso:

For the time period of applicability of the post-contractual non-compete obligation the Employee will receive a monthly compensation in the amount of ▄▄▄ EUR gross.

If the Employee takes up other activities that do not violate the post-contractual non-compete obligation, he will have to notify the Company immediately. Instead of setting off income from such other activity the compensation will as of one month after the other activity commenced be reduced to ▄▄▄ EUR gross. Any further mandatory compensation is covered by the severance pay in accordance with clause 5 of this Agreement.

§ 5

As compensation for the Employee's loss of his employment, the Company shall pay to the Employee as severance pay according to Section 9, 10 Termination Protection Act, Section 24, 34 Income Tax Act a total gross amount of ▄▄▄ EUR. The severance payment is due on ▄▄▄.

Any obligation of severance payments arises with signing of this separation agreement, is inheritable and is payable on the agreed due dates.

Kapitel 2: Abwicklungs- und Aufhebungsverträge

Der Mitarbeiter trägt das Risiko, dass die vereinbarte Abfindungszahlung aufgrund des späten Fälligkeitstermins nicht mehr steuerlich als Abfindung anerkannt wird und ist einverstanden, dass die Gesellschaft ggf. entsprechende Lohnsteuerabführungen vornimmt.

§ 6

Der Mitarbeiter wird bis zum ▬▬▬ eine abschließende Reisekostenabrechnung einreichen. Unter Anrechnung etwaig gezahlter Vorschüsse wird die Gesellschaft sodann abrechnen. Überzahlte Vorschüsse sind umgehend an die Gesellschaft zu erstatten.

§ 7

Der Mitarbeiter gibt alle der Gesellschaft oder einem mit ihr verbundenen Unternehmen zustehenden Gegenstände am Beendigungsdatum an deren Geschäftssitz zu Händen von ▬▬▬ zurück, insbesondere:
- das derzeitige Dienstfahrzeug in ordnungsgemäßem Zustand nebst sämtlichen Papieren und Schlüsseln,
- Kreditkarten,
- Büroschlüssel,
- sämtliche Geschäftsunterlagen und Kopien hiervon, gleich auf welchem Datenträger,
- den derzeitig genutzten Laptop, das derzeitig genutzte Blackberry und/oder Handy.

Ein Zurückbehaltungsrecht an vorgenannten Gegenständen steht dem Mitarbeiter nicht zu.

Der Mitarbeiter verpflichtet sich, spätestens bis zum Beendigungsdatum auf ihm gehörenden Datenträgern gespeicherte Daten und Softwareprogramme der Gesellschaft auf einen Datenträger der Gesellschaft zu übertragen und auf seinem Datenträger dauerhaft zu löschen.

§ 8

Die Gesellschaft erteilt dem Mitarbeiter ein wohlwollendes, qualifiziertes Zwischenzeugnis und zum Beendigungszeitpunkt ein entsprechendes Endzeugnis.

§ 9

Der Mitarbeiter ist auch über das Beendigungsdatum hinaus verpflichtet, alle ihm anvertrauten oder sonst bekannt gewordenen geschäftlichen, betrieblichen, technischen oder sonstigen Informationen, die sich auf die Gesellschaft oder verbundene Gesellschaften beziehen und vertraulichen Charakter haben, Dritten nicht zu offenbaren. Er sichert zu, Stillschweigen über den Inhalt dieser Vereinbarung gegenüber jedermann zu wahren, es sei denn, dass er gesetzlich zur Auskunft verpflichtet oder die Auskunft aus steuerlichen oder sozialversicherungsrechtlichen Gründen erforderlich ist.

The Employee bears the risk that the agreed severance payments will not be recognized as severance payments regarding its tax treatment because of the late payment date and agrees that the Company makes the necessary wage tax deductions, if required.

§ 6

The Employee shall until ▬▬▬ submit a complete final travel expense report. The Company shall then settle the accounts upon crediting any advances which may have been paid. Overpaid advances are to be paid back to the Company immediately.

§ 7

The Employee shall return all items pertaining to the Company or any of its affiliates at the location of its business offices on Termination Date to the attention of ▬▬▬ in particular:
- the current Company car used, in proper condition, including all documents and keys,
- credit cards,
- office keys,
- all business documents and copies thereof, irrespective of the data carrier,
- the current Laptop used, the current Blackberry and/or Mobile.

The Employee shall have no right of retention to the above mentioned items.

The Employee is obliged to transfer any data or software programs stored on data carriers belonging to him to data carriers of the Company and to delete such data and software programs on his data carriers.

§ 8

The Company shall provide the Employee with a favourable, qualified intermediate reference and on Termination Date a corresponding final reference.

§ 9

The Employee is obliged, even after the Termination Date, not to disclose to any third party any confidential business, company, technical or other information relating to the Company or its affiliates which has become known to him or with which he was entrusted during the term of his employment. The Employee shall keep confidential the contents of this Agreement unless he is obliged by statutory laws to divulge such information or the information is required for tax or social security purposes.

§ 10

Dem Mitarbeiter ist bekannt, dass die Gesellschaft keine verbindlichen Auskünfte über sozialversicherungsrechtliche oder steuerrechtliche Konsequenzen dieser Vereinbarung geben kann, sondern die zuständigen Behörden hierzu berufen und verpflichtet sind.

Die Gesellschaft weist den Mitarbeiter auf seine Verpflichtung hin, sich unverzüglich bei der für ihn zuständigen Agentur für Arbeit (früher: Arbeitsamt) arbeitsuchend zu melden sowie sich frühzeitig vor Beendigung des Arbeitsverhältnisses eigenverantwortlich um neue Beschäftigung zu bemühen.

§ 11

Mit dieser Vereinbarung möchten die Parteien ihre gesamten Rechtsbeziehungen regeln. Sie sind sich darüber einig, dass mit Ausnahme der vorgenannten Ansprüche wechselseitig aus und im Zusammenhang mit dem Anstellungsverhältnis und seiner Beendigung keine weiteren Ansprüche mehr bestehen, gleich aus welchem Rechtsgrund, ob bekannt oder unbekannt und unabhängig vom Zeitpunkt des Entstehens. Hiervon ausgenommen sind unverzichtbare Rechte.

§ 12

Presseveröffentlichungen und andere Verlautbarungen an einen unbestimmten Personenkreis werden die Parteien jeweils nur in einer vorab miteinander abgestimmten Form und Wortwahl abgeben.

§ 13

Im Zweifelsfall hat die deutsche Fassung Vorrang.

§ 10

The Employee is aware that the Company is not competent to give binding information about the legal consequences of this Agreement under social or tax law, but that the appropriate authorities are competent and obliged to give such information.

The Company points out to the Employee that he is obliged to immediately register as a jobseeker at the appropriate Employment Office and to look upon his own responsibility for a new job in good time prior to the end of his employment relationship.

§ 11

With this Agreement, the Parties intend to regulate their entire legal relationship. The parties agree that, with the exception of the above-mentioned claims, neither party hereto shall have any further rights or claims against the other party resulting from and in connection with the employment relationship and its termination, be they known or unknown, of whatever kind and irrespective of the date on which they originate. Not included hereunder are nonforfeitable rights.

§ 12

Press releases and other announcements to an unspecified group of persons shall be made by the parties only in a form and wording agreed beforehand upon between the parties.

§ 13

In case of doubt, the German version shall prevail.

3. Muster: Ausführlicher Abwicklungsvertrag (deutsch/englisch)

Aufhebungsvereinbarung

Zwischen

— nachstehend: Gesellschaft —

und

— nachstehend: Geschäftsführer —

wird zwecks Beendigung des Anstellungsverhältnisses nachfolgende Vereinbarung getroffen:

§ 1

Die Parteien sind sich darüber einig, dass das zwischen ihnen bestehende Anstellungsverhältnis aufgrund der von der Gesellschaft am ▬▬▬ erklärten ordentlichen Kündigung mit Ablauf des ▬▬▬ sein einvernehmliches Ende nehmen wird.

Settlement Agreement

Between

▬▬▬

— hereinafter referred to as „Company" —

and

▬▬▬

— hereinafter referred to as „Managing Director" —

In order to terminate the service relationship the parties agree as follows:

§ 1

The parties are in agreement that their service relationship shall terminate effective ▬▬▬ in mutual agreement, based on the ordinary notice of termination given by the Company on ▬▬▬.

§ 2

(1) Das Anstellungsverhältnis wird bis zum ▄▄▄ unter Berücksichtigung der nachstehenden Regelungen ordnungsgemäß abgewickelt. Insbesondere stehen dem Geschäftsführer bis zu diesem Zeitpunkt seine vollen vertragsgemäßen Ansprüche auf regelmäßige Vergütung (Grundgehalt: ▄▄▄ EUR brutto pro Monat) und Nebenleistungen (wie Dienstfahrzeug, Pauschalsteuer für Direktversicherung, Sozialversicherungsbeiträge, Unfall- und Luftpassagierversicherung) zu.

(2) Die Parteien sind sich darüber einig, dass der Geschäftsführer verpflichtet bleibt, seine Dienste für die Gesellschaft bis zum ▄▄▄ zu erbringen. Mit Wirkung zum ▄▄▄ wird der Geschäftsführer hiermit unwiderruflich und unter Anrechnung auf etwaige Urlaubs- oder Resturlaubsansprüche von seinen Verpflichtungen zur Erbringung weiterer Dienstleistungen für die Gesellschaft freigestellt wird. Die Parteien sind sich darüber einig, dass dadurch alle Urlaubsansprüche des Geschäftsführers abgegolten sind. Die Rechte der Gesellschaft aus § 38 Abs. 1 GmbHG bleiben unberührt.

§ 3

Die Gesellschaft wird an der Übertragung des zugunsten des Geschäftsführers bestehenden Direktversicherungsvertrages auf den Geschäftsführer bei Beendigung des Anstellungsverhältnisses mitwirken.

§ 4

Für das abgelaufene Geschäftsjahr ▄▄▄ hat die Gesellschaft die Ansprüche des Geschäftsführers auf einen Bonus gemäß dem ▄▄▄ (Geschäftsbereich ▄▄▄) bereits ordnungsgemäß abgewickelt und ausbezahlt.

§ 5

(1) Die Gesellschaft gewährt dem Geschäftsführer für seine Tätigkeit für die Gesellschaft im Kalenderjahr ▄▄▄ eine Bonuszahlung, die sich auf einen Betrag von ▄▄▄ EUR brutto beläuft und mit Beendigung des Dienstverhältnisses fällig wird.

(2) Die Parteien sind sich darüber einig, dass darüber hinaus gehende Ansprüche des Geschäftsführers auf Bonuszahlungen oder vergleichbare Sondervergütungen, insbesondere unter dem ▄▄▄ Plan und Vorgängerplänen, nicht bestehen.

§ 6

Als Ausgleich für den Verlust seiner Dienststellung wird die Gesellschaft an den Geschäftsführer eine Abfindungszahlung in Anlehnung an die anwendbaren Vorschriften des Einkommensteuergesetzes in Höhe von ▄▄▄ EUR brutto zahlen; es besteht Einvernehmen zwischen beiden Parteien, dass der Geschäftsführer die mit der Abfindung verbundene Steuerlast tragen wird. Der vorgenannte Betrag ist mit Beendigung des Dienstverhältnisses zur Zahlung fällig. Die Auszahlung der Abfindungssumme steht allerdings unter dem Vorbehalt der vorherigen schriftlichen Bestätigung gemäß § 16.

§ 2

(1) The employment relationship will be wound up correctly up to ▄▄▄, in accordance with the regulations set forth hereunder. Particularly, the Managing Director will be entitled to his contractually stipulated regular remuneration (base salary: ▄▄▄ EUR gross per month) and fringe benefits (such as company car, lump sum taxes tor direct life insurance, contributions to social security, accident and flight passenger insurance).

(2) The parties are in agreement that the Managing Director shall remain obliged to render his services to the Company until ▄▄▄. With effect from ▄▄▄ the Managing Director is herewith irrevocably released from his duties to render further services to the Company; possible entitlements to vacation or remaining vacation shall be credited during such release period. The Parties are in agreement that any outstanding vacation entitlements are thereby settled. The Company's rights under Sec. 38 Para. 1 of the German Act on Limited Liability Companies shall remain unaffected.

§ 3

The Company will cooperate in transferring the direct life insurance contract existing to the benefit of the Managing Director to him upon termination of the service relationship.

§ 4

For the expired fiscal year ▄▄▄, the Company has already orderly calculated and fulfilled the entitlements of the Managing Director in accordance with the ▄▄▄.

§ 5

(1) In consideration to the services of the Managing Director for the Company in the calendar year ▄▄▄ the Company grants a Bonus Payment, which shall amount to ▄▄▄ EUR gross, and shall become due on the termination date.

(2) The parties are in agreement that the Managing Director is not entitled to any further bonus payments or comparable extra pays, particularly not under the ▄▄▄ Plan or forerunner plans.

§ 6

The Company will pay to the Managing Director in consideration for the loss of his Job position a severance payment according to the applicable regulations of the German Income Tax Act in the amount of ▄▄▄ EUR gross. Both parties are in agreement that the Managing Director shall bear any tax burden in relation to the severance payment. The aforementioned amount is due upon termination of the service relationship. The payment of the severance payment shall, however, be subject to the prior written confirmation according to Sec. 16 below.

§ 7

Die Parteien sind sich darüber einig, dass der Geschäftsführer die ihm von der ▬▬▬ gewährten und noch nicht ausgeübten Aktienoptionen nach Maßgabe der zugrunde liegenden Vereinbarungen mit der ▬▬▬ innerhalb von 90 Tagen nach dem Ende seines Dienstverhältnisses ausüben kann, soweit er sie bis zum Beendigungstermin endgültig erworben hat („vested options").

§ 8

Es besteht Einigkeit, dass der Geschäftsführer gegenüber der Gesellschaft keine Ansprüche im Hinblick auf sog. „Restriced Stock Units (RSUs)" hat, die die ▬▬▬ ausgegeben hat.

§ 9

Dem Geschäftsführer stehen gesetzlich unverfallbare Anwartschaften auf Alters-/Invaliditäts- und Hinterbliebenenvorsorge gemäß der Zusage der Gesellschaft vom ▬▬▬ (mit Ergänzungsvereinbarung vom ▬▬▬) zu. Die Altersrente kann frühestens ab dem ▬▬▬ beansprucht werden.

§ 10

Das ihm zur Verfügung gestellte Dienstfahrzeug wird der Geschäftsführer spätestens am ▬▬▬ in ordnungsgemäßem Zustand samt aller Schlüssel und Kfz-Papiere an die Gesellschaft an deren Sitz in ▬▬▬ herausgeben.

§ 11

Der Geschäftsführer verpflichtet sich, alle in seinem Besitz befindlichen Arbeitsmittel und Arbeitsunterlagen der Gesellschaft einschließlich Kopien hiervon mit dem Tage seiner Freistellung, auf Verlangen der Gesellschaft auch schon vorher, an die Gesellschaft herauszugeben.

§ 12

Die Gesellschaft wird dem Geschäftsführer auf Verlangen ein sich auf Führung und Leistung während seines Anstellungsverhältnisses erstreckendes wohlwollendes Zeugnis erteilen, das ihn in seinem beruflichen Fortkommen fördert, eine sehr gute Leistungs-, Führungs- und Gesamtbeurteilung sowie die Schlussformel enthält, die den Dank für die geleistete Arbeit und das Bedauern über das Ausscheiden des Geschäftsführers sowie beste Wünsche für die Zukunft zum Ausdruck bringt.

§ 13

(1) Der Geschäftsführer verpflichtet sich, auch nach Beendigung seines Anstellungsverhältnisses über alle ihm bekannten geschäftlichen und betrieblichen Angelegenheiten der Gesellschaft, insbesondere über Geschäfts- und Betriebsgeheimnisse, absolutes Stillschweigen zu bewahren.

§ 7

The parties agree that the Managing Director shall be entitled to exercise the not yet exercised Stock Options granted to him by ▬▬▬ in accordance with the underlying agreements with ▬▬▬ within 90 days after termination of his service relationship to the extent they have become vested by this time.

§ 8

It is the parties' common understanding that the Managing Director has no rights in relation to the „Restricted Stock Units (RSUs)" issued by ▬▬▬.

§ 9

The Managing Director has acquired statutorily vested expectancies to old age/invalidity and survivors' pensions under the Company's commitment of ▬▬▬ (including supplementary agreement of ▬▬▬). The old age pension cannot be claimed before ▬▬▬.

§ 10

The Managing Director will return to the Company at its seat in ▬▬▬ the Company Car with which he was provided no later than ▬▬▬, in proper condition and together with all keys and official papers.

§ 11

The Managing Director is obliged to return to the Company all working materials and documents of the Company, including the copies thereof which have been in his possession in connection with his services for the Company upon the day of his release, or earlier if requested by the Company.

§ 12

The Company undertakes to issue upon the Managing Director's request a benevolent reference letter with respect to his conduct and performance during the duration of the service relationship; the letter shall promote the occupational advancement of the Managing Director, shall contain a very good appraisal of his conduct, his leadership qualities and his over-all performance as well as a complimentary close which expresses the Company's thanks his services and its regret that he leaves together with best wishes for the future.

§ 13

(1) Even after the termination of the service relationship, the Managing Director is obliged to keep absolutely confidential any information concerning business related matters of the Company of which he has become aware during the course of the employment relationship, in particular concerning operational and business secrets.

(2) Während der Restlaufzeit des Dienstvertrages wird der Geschäftsführer sich an das vertragsimmanente Wettbewerbsverbot halten.

§ 14

(1) Die Gesellschaft verpflichtet sich, dafür Sorge zu tragen, dass

(i) der Geschäftsführer unverzüglich nach seiner Freistellung gemäß § 2 von allen Geschäftsführer- oder Direktorenämtern innerhalb der ■■■-GmbH und verbundene Unternehmen im Sinnes des § 15 AktG abberufen wird,

(ii) ihm für seine Amtstätigkeiten bis zum Datum dieses Vertrages Entlastung erteilt wird und

(iii) ihm für den Zeitraum bis zu seiner Freistellung erneut Entlastung erteilt wird, soweit bis dahin nicht sachliche Gründe vorliegen, die einer Entlastung entgegenstehen.

(2) Als alleinige Gesellschafterin der ■■■ hält die ■■■ hiermit unter Verzicht auf alle Form- und Fristvorschriften für die Einberufung und Abhaltung eine Gesellschafterversammlung, eine Gesellschafterversammlung der ■■■ ab und beschließt was folgt: Herrn ■■■ wird Entlastung erteilt.

§ 15

Die Parteien sind sich darüber einig, dass mit Erfüllung dieser Vereinbarung alle wechselseitigen Ansprüche aus dem Anstellungsverhältnis und im Zusammenhang mit dessen Beendigung – gleich, ob bekannt oder unbekannt – ausgeschlossen und erledigt sind.

§ 16

Unmittelbar nach Beendigung des Dienstverhältnisses werden der Geschäftsführer und die Gesellschaft sich gegenseitig schriftlich die ordnungsgemäße Abwicklung dieser Aufhebungsvereinbarung bis zum Dienstende und damit die Erstreckung der Ausgleichsklausel gemäß § 15 oben auf die Zeit bis zur Beendigung des Dienstverhältnisses bestätigen. Die Gesellschaft ist berechtigt, ihre Zahlung gemäß § 6 oben zurückzuhalten, solange ihr die Bestätigung des Geschäftsführers nicht vorliegt, es sei denn, die Gesellschaft ist ihrerseits ihren Verpflichtungen nach dieser Aufhebungsvereinbarung noch nicht ordnungsgemäß nachgekommen.

(2) During the remaining term of the service relationship, the Managing Director will comply with his implicit non-competition obligations.

§ 14

(1) The Company hereby undertakes to arrange for

(i) the removal of the Managing Director from all his offices as director or managing director (Geschäftsführer within ■■■-GmbH and affiliates with the meaning of Sec. 15 German Stock Corporation Act) without undue delay right after his release under Sec. 2 above,

(ii) the approval of his managerial activities as of the date of this Agreement and

(iii) a new approval of his managerial activities up to the day of his release as far as no facts will have become known, which are in opposition to such approval.

(2) Waiving all formalities and notice periods with regard to the convening and holding of a shareholders' meeting, ■■■ as sole shareholder of ■■■ hereby holds a shareholders' meeting of ■■■ and resolves the following: ■■■ managerial activities are hereby approved.

§ 15

Upon fulfillment of this agreement, any and all claims between the parties relating to the employment relationship and in connection with the termination of the employment agreement – irrespective of whether known or unknown – are settled and excluded.

§ 16

Right after termination of the service relationship, the Managing Director and the Company will mutually confirm towards each other in writing the proper winding up of this Termination Agreement until the final termination of services; thereby, they will confirm the extension of the scope of the exclusion clause in Sec. 15 above to the time period until the final termination date. The Company is entitled to withhold any payment under Sec. 6 above, until it receives the Managing Director's confirmation, unless the Company itself, at that time, has not yet properly fulfilled its obligations under this Termination Agreement.

4. Muster: Ausführlicher Aufhebungsvertrag (deutsch/englisch)

Aufhebungsvertrag	**Termination Agreement**
zwischen	between
▄▄▄	▄▄▄
– nachstehend auch „die Gesellschaft" –	– hereinafter also referred to as „the company" –
und	and
▄▄▄	▄▄▄
– nachstehend auch „der Geschäftsführer" –	– hereinafter also referred to as „the managing director" –

§ 1
Die Parteien sind sich einig, dass der zwischen ihnen mit Wirkung vom ▄▄▄ geschlossene Geschäftsführeranstellungsvertrag am ▄▄▄ sein vertragsgemäßes Ende gefunden hat.

Section 1
The parties agree that the service contract between the parties entered into with effect of ▄▄▄ ended on ▄▄▄.

§ 2
Der Geschäftsführer wurde von seinen dienstvertraglichen Pflichten freigestellt.

Der Urlaubsanspruch für die Jahre ▄▄▄ und ▄▄▄ ist mit dieser Freistellung genauso vollständig abgegolten und erledigt wie auch etwa geleistete Mehrarbeit.

Section 2
The managing director was released from further activities under his employment.

The annual holiday entitlement for ▄▄▄ and ▄▄▄ as well as any other claims for over-time that the managing director may have are fully compensated and settled by this release.

§ 3
Der Geschäftsführer hat seine Vergütung bis einschließlich ▄▄▄ erhalten. Weitere Vergütungsansprüche (einschließlich Dienstwagenpauschale und der sog. Directors fee) bestehen nicht.

Section 3
The managing director has received his remuneration until ▄▄▄. He is not entitled to further remuneration (including car allowance and directors fee).

§ 4
(1) Die Gesellschaft zahlt dem Geschäftsführer zum Ausgleich für den Verlust des Arbeitsplatzes und als Entschädigung für künftig entgehende Einnahmen eine Abfindung entsprechend §§ 9, 10 KSchG, §§ 34, 24 EStG in Höhe von ▄▄▄ EUR brutto. Bis zu einem Betrag von ▄▄▄ EUR ist die Abfindung steuerfrei. Im Übrigen wird die Gesellschaft §§ 34 Abs. 1, 39b Abs. 3 Satz 9 EStG (Fünftelregelung) anwenden, soweit gesetzlich zulässig. Der Geschäftsführer trägt die Einkommensteuer auf die Abfindung.

(2) Die Abfindung ist spätestens zum ▄▄▄ fällig. Die Parteien vereinbaren, dass der Abfindungsanspruch vererbbar und bereits mit Unterzeichnung dieses Vertrages entstanden ist.

Section 4
(1) The company will pay a compensation for dismissal and for earnings shortfall in future referring to sec. 9, 10 KSchG, sec. 34, 24 EStG a gross amount of ▄▄▄ EUR to the managing director. To the amount of ▄▄▄ EUR the compensation will be non-taxable. Furthermore the company will apply to sec. 34 subsection 1, 39b subsection 3 sentence 9 EStG (fifth part regulation) to the extent legally permissible. The managing director bears all income tax.

(2) The compensation is payable by ▄▄▄ at the latest. The parties agree that the managing director's claim to the compensation is inheritable and has come into existence by signature of this contract.

§ 5
Der Geschäftsführer hat das gesamte Firmeneigentum, das sich in seinem Besitz oder unter seiner Kontrolle befand, in gutem Zustand und guter Ordnung an die Gesellschaft herauszugeben.

Section 5
The managing director has to return all property of the company which is in his possession or under his control in good condition and order.

§ 6

(1) Vor und nach Beendigung des Anstellungsverhältnisses bleibt der Geschäftsführer verpflichtet, alle vertraulichen betriebsinternen Angelegenheiten, u.a. Geschäftsgeheimnisse der Gesellschaft oder damit verbundener Unternehmen, streng geheim zu halten.

(2) Der Geschäftführer wird nicht ohne die Zustimmung der Gesellschaft – es sei denn, er ist dazu kraft Gesetzes verpflichtet – irgendwelche Geschäftsgeheimnisse oder vertrauliche Informationen betreffend der Gesellschaft oder ihrer verbundenen Unternehmen oder irgendeinen der jeweiligen Kunden, Vertreter, Lieferanten oder Klienten enthüllen oder zum Vorteil einer anderen Person oder Gesellschaft verwenden.

§ 7

Die Gesellschaft und der Geschäftsführer vereinbaren, die Regelungen und Bedingungen dieser Vereinbarung vertraulich zu behandeln und keine Information betreffend die Beendigung des Anstellungsverhältnisses gegenüber Dritten zu enthüllen, mit Ausnahme von den Rechtsanwälten oder Steuerberatern oder falls dies von Gesetzes wegen vorgeschrieben sein sollte. Im Rahmen dieses Paragraphen gilt als Gesellschaft jedes Unternehmen, das zum ▬▬▬-Konzern gehört.

§ 8

Die Gesellschaft wird dem Geschäftsführer das anliegende, sich auf Führung und Leistung während seines Dienstverhältnisses erstreckende Zeugnis erteilen. Das Zeugnis wird entsprechend der bei der Gesellschaft geltenden Vertretungsbefugnis von dem/den neuen Geschäftsführer(n) der Gesellschaft unterschrieben. Die Gesellschaft verpflichtet sich, dem Geschäftsführer ein auf den ▬▬▬ datiertes Zwischenzeugnis auszustellen.

§ 9

Die Gesellschaft wird an der Übertragung des zugunsten des Geschäftsführers bestehenden Direktversicherungsvertrages (▬▬▬ Lebensversicherung, Versicherungsscheinnummer ▬▬▬) auf den Geschäftsführer bei Beendigung des Anstellungsverhältnisses mitwirken, soweit dies nicht bereits geschehen ist.

§ 10

Die Gesellschaft erteilt dem Geschäftsführer Entlastung für seine Tätigkeit als Geschäftsführer der ▬▬▬, eingetragen im Handelsregister ▬▬▬ unter HRB ▬▬▬; ▬▬▬, eingetragen im Handelsregister ▬▬▬ unter HRB ▬▬▬; ▬▬▬, eingetragen im Handelsregister ▬▬▬ unter HRA ▬▬▬.

(2) Die Gesellschaft verpflichtet sich weiter, dafür Sorge zu tragen, dass dem Geschäftsführer unverzüglich nach Unterzeichnung dieser Vereinbarung Entlastung für alle Geschäftsführer- und/oder Direktorentätigkeiten in der ▬▬▬ mit Sitz in ▬▬▬, eingetragen im Handelsregister ▬▬▬

Section 6

(1) Before and after the termination of employment, the managing director is compelled to keep all confidential business affairs including but not limited to business secrets of the company or its affiliates strictly secret.

(2) The managing director will not without the consent of the company disclose any business secret or confidential information concerning the company or its affiliates or any of their respective customers, agents suppliers or clients to another person or make use of it for the benefit of any other person or company – unless he is compelled to do so by law.

Section 7

The company and the managing director agree to keep the facts and terms described in this termination agreement confidential and not to disclose any information concerning the terms and conditions of the termination of the employment agreement to anyone, except legal and accounting advisors or if compelled by law. For the purpose of this section company means any legal entity belonging to the ▬▬▬-group of companies.

Section 8

The company is obliged to hand out the attached job reference letter including the appraisal of conduct and performance of the managing director during the duration of the relationship. The job reference will be signed by the new managing director(s) of the company in regard to its representation rules. The company is obliged to hand out an interims reference letter to the managing director dated on ▬▬▬.

Section 9

The company will cooperate in transferring the direct life insurance contract (▬▬▬ life insurance company, insurance policy number ▬▬▬) existing to the benefit of the managing director to him after the end of the service relationship if this has not happened yet.

Section 10

(1) The company hereby gives formal approval of his activities as managing director of ▬▬▬, GmbH with registered office in ▬▬▬ and registered at the commercial register in ▬▬▬ (HRB ▬▬▬); ▬▬▬, GmbH with registered office in ▬▬▬ and registered at the commercial register in ▬▬▬ (HRB ▬▬▬); ▬▬▬, GmbH with registered office in ▬▬▬ and registered at the commercial register in ▬▬▬ (HRA ▬▬▬).

(2) Furthermore the company is obliged to arrange the formal approval of all activities as managing director or non-executive director of ▬▬▬ with registered office in ▬▬▬ and registered at the commercial register in ▬▬▬ (HRB ▬▬▬); ▬▬▬ with registered office in ▬▬▬ and regis-

unter HRB ███; ███ mit Sitz in ███, eingetragen im Handelsregister ███ unter HRB ███; ███, registriert in ███ (No. ███) mit Sitz in ███, erteilt wird.

(3) Die Gesellschaft wird dem Geschäftsführer unverzüglich die entsprechenden Gesellschafterbeschlüsse im Original übergeben.

§ 11

Der Geschäftsführer nimmt unverzüglich nach Erfüllung dieses Aufhebungsvertrages die beim Landgericht ███ anhängige Klage – ███ – zurück. Der Geschäftsführer wird unverzüglich nach Unterzeichnung des Aufhebungsvertrages im Hinblick auf den für ███ anberaumten Termin zur mündlichen Verhandlung das Ruhen des Verfahrens beantragen. Die Gesellschaft wird keinen Kostenantrag stellen. Die Kosten des Rechtsstreits werden gegeneinander aufgehoben, d.h., jede Partei trägt ihre Rechtsanwaltskosten selbst. Die angefallenen Gerichtskosten werden zwischen den Parteien hälftig geteilt. Insoweit hat der Geschäftsführer einen Kostenerstattungsanspruch gegen die Gesellschaft in der Höhe der hälftigen nachgewiesenen Gerichtskosten für das Verfahren ███, Landgericht ███.

§ 12

(1) Mit Erfüllung dieser Vereinbarung sind sämtliche gegenseitigen Ansprüche der Parteien, gleich aus welchem Rechtsgrund, bekannter und unbekannter Art, aus dem Arbeitsverhältnis, aus seiner Beendigung oder aus anderen Gründen, endgültig erfüllt und erledigt.

(2) Zwischen den Parteien besteht weiter Einigkeit, dass keine Ansprüche gegen oder Anstellungsverhältnisse mit anderen Gesellschaften der ███-Gruppe bestehen und der Geschäftsführer keine Ansprüche gegen andere Gesellschaften der ███-Gruppe geltend machen wird.

(3) Ausgenommen hiervon sind Ansprüche des Geschäftsführers gegen die ███ im Zusammenhang mit Aktienoptionen aus dem Long Term Incentive Plan und dem Overseas Savings Related Share Option Scheme, die in einer gesonderten Vereinbarung mit der ███ geregelt werden.

§ 13

Sollte eine Bestimmung dieses Vertrages ganz oder teilweise rechtsunwirksam sein oder werden, so wird die Gültigkeit der übrigen Bestimmungen dieses Vertrages hiervon nicht berührt. Eine unwirksame Bestimmung soll durch eine Bestimmung ersetzt werden, die dem wirtschaftlichen Zweck der unwirksamen Bestimmung so nahe wie möglich kommt.

§ 14

Änderungen und Ergänzungen dieser Vereinbarung, einschließlich dieser Klausel, bedürfen zu ihrer Wirksamkeit der Schriftform.

§ 15

Diese Vereinbarung unterliegt deutschem Recht.

tered at the commercial register in ███ (HRB ███); ███, registered in ███ No. ███, registered office in ███ immediately after signing this agreement.

(3) The company will hand out immediately the original documents concerning the shareholder resolutions to the managing director.

Section 11

The managing director will withdraw the pending law suit ███ at the regional court ███ immediately after fulfilment of this agreement. The managing director will immediately after signing this agreement in regard to the court hearing scheduled for ███ apply for suspension of proceedings. The company will not apply for any kind of reimbursement of the legal costs. The legal costs will be compensated in the meaning of bearing the own costs and expenses by every party. The parties will bear the accrued court fees one half to each. The managing director will have a claim to payment of his costs of the proceedings against the company to the amount of a half of the proved court fees concerning the pending law suit ███ at the regional court ███.

Section 12

(1) Upon performance of all provisions contained in this Agreement, all mutual claims between the parties under the employment relationship and its termination or otherwise, whether known or unknown, shall be deemed finally settled and satisfied, irrespective of the legal grounds such claims may be based on.

(2) The parties agree that no claims against or employment contracts with other companies of the ███-group exist and that the managing director will not raise any claims against another company of the ███-group.

(3) Claims of the managing director against ███ in relation to stock options granted under the Long Term Incentive Plan and the Overseas Savings Related Share Option Scheme, are exempted from this clause; these claims are governed by a separate agreement with ███.

Section 13

If any provision of this agreement is or becomes invalid, the validity of the remaining provisions of this agreement shall not be affected thereby. Any invalid provision shall be replaced by a provision that comes as close as possible to the economic purpose pursued by the parties by means of the invalid provision.

Section 14

Each modification of and supplement to this Agreement, including any modification of this provision, must be in writing to be effective.

Section 15

This Agreement is subject to German law.

§ 16

Die Vereinbarung ist in deutscher und englischer Fassung ausgefertigt. Im Fall einer Unstimmigkeit oder eines Widerspruchs zwischen der deutschen und der englischen Fassung hat die deutsche Fassung Vorrang.

Section 16

This Agreement is drafted in both German and English versions. In case of discrepancies or contradictions between the German and the English version the German version shall prevail.

5. Muster: Kurzer Abwicklungsvertrag (deutsch/englisch)

Abwicklungsvertrag

Zwischen

■■■

               – nachstehend: Gesellschaft –

und

■■■

               – nachstehend: Geschäftsführer –

wird folgender Abwicklungsvertrag geschlossen:

Präambel

Die Gesellschaft hat das Dienstverhältnis fristgerecht aus betriebsbedingten Gründen am ■■■ mit einer sozialen Auslauffrist zum ■■■ gekündigt. Hintergrund der Kündigung bildet die Schließung des Deutschland-Büros. Aus diesem Grund muss das gesamte Personal entlassen werden.

§ 1 Abfindung

Die Gesellschaft zahlt dem Geschäftsführer zum Ausgleich für den Verlust des Arbeitsplatzes eine Abfindung entsprechend §§ 9, 10 KSchG, § 3 Nr. 9 EStG in Höhe von ■■■ EUR (in Worten: ■■■ Euro).

Die Gesellschaft zahlt die Abfindung bis zum ■■■ auf das Gehaltskonto des Geschäftsführers aus.

Die Gesellschaft verpflichtet sich, dem Geschäftsführer eine über den Abfindungsbetrag lautende Bürgschaft einer deutschen Großbank oder Sparkasse spätestens innerhalb von 14 Tagen nach Abschluss dieses Vertrages zur Verfügung zu stellen. Geht dem Geschäftsführer die Bürgschaftserklärung nicht innerhalb der vereinbarten 14 Tage zu, ist der Abfindungsanspruch am nächsten auf die Frist folgenden Werktag entstanden und fällig und kann vom Geschäftsführer im Vollstreckungswege beigetrieben werden.

Die Parteien vereinbaren, dass der Abfindungsanspruch vererbbar und bereits mit Unterzeichnung dieses Vertrages entstanden ist.

§ 2 Ordnungsgemäße Abwicklung

Bis zur Beendigung seines Dienstverhältnisses erhält der Geschäftsführer seine bisherigen Bezüge in Höhe von ■■■ EUR x monatlich ■■■ EUR weitergezahlt.

Das Dienstverhältnis wird bis zu seiner Beendigung von beiden Seiten ordnungsgemäß abgewickelt.

Zum ■■■ beantragt die Gesellschaft mit Zustimmung des Geschäftsführers dessen Löschung im Handelsregister.

Contract of liquidation

Between

■■■

               – Company –

and

■■■

               – Statutory Manager –

agree upon the following settlement agreement:

Preamble

On ■■■ the Company has given due notice of dismissal to the Statutory Manager to take effect on ■■■ on social expiry. The notice of termination of employment is based on operational reasons: closure of the German branch. For this reason the company has to dismiss the whole staff.

§ 1 Compensation for dismissal

The compensation for dismissal pursuant to §§ 9, 10 KSchG, § 3 No. 9 EStG is ■■■ EUR (in words: ■■■ Euro).

The Company has to transfer the compensation to the employee's salary account by ■■■.

The Company engages to submit to the Statutory Manager – at the latest two weeks after conclusion of this contract – a surety covering the full compensation issued by a German big bank or any savings bank. In case the surety is not provided to the Statutory Manager within the set deadline of two weeks, the title to compensation incurs and becomes due the next working day following the deadline and may be collected by the Statutory Manager by way of enforcement.

The parties agree that the employee's claim to this compensation is inheritable and constituted by signature of this contract.

§ 2 Execution of liquidation

The company will pay the monthly salary of ■■■ EUR ■■■ times to the Statutory manager until the employment is terminated.

Both parties will perform their contractual duties until the employment is terminated.

With the Statutory Manager's consent, the company applies for his registration in the commerical register with effect on ■■■.

§ 3 Zeugnis

Die Gesellschaft verpflichtet sich, dem Geschäftsführer ein Zwischenzeugnis bis zum ▪▪▪ auszustellen, ansonsten spätestens bis zur Beendigung seiner Tätigkeit ein Endzeugnis zu erteilen.

§ 4 Rückgabe von Gegenständen

Der Geschäftsführer verpflichtet sich, alle in seinem Besitz befindlichen Arbeitsmittel und Arbeitsunterlagen der Gesellschaft, einschließlich Kopien hiervon, umgehend an die Gesellschaft herauszugeben.

Der Geschäftsführer verpflichtet sich, den ihm zur Verfügung gestellten Dienstwagen spätestens am ▪▪▪ in ordnungsgemäßem Zustand einschließlich aller Kfz-Schlüssel und Kfz-Papiere an die Gesellschaft herauszugeben.

Die Herausgabe der Arbeitsmittel und Arbeitsunterlagen sowie des Dienstwagens hat am Sitz der Gesellschaft zu erfolgen.

§ 5 Aufklärung

Der Geschäftsführer erklärt, über die möglichen Auswirkungen dieses Aufhebungsvertrages auf seinen möglichen Anspruch auf Arbeitslosengeld durch die Gesellschaft in Kenntnis gesetzt worden zu sein.

§ 6 Betriebliche Altersversorgung

Der Geschäftsführer hat aufgrund der ihm mit Vertrag erteilten Zusage einen Anspruch auf betriebliche Altersversorgung gegen die Gesellschaft. Berechnungsgrundlage der Altersversorgung ist die derzeitige monatliche Festvergütung in Höhe von ▪▪▪ EUR brutto. Als Eintrittsdatum gilt gemäß Schreiben vom ▪▪▪, wie auch in den Berechnungen der ▪▪▪-Pensionsmanagement vom ▪▪▪ festgehalten, der ▪▪▪, da der Geschäftsführer vom ▪▪▪ bis ▪▪▪ und danach ununterbrochen seit dem ▪▪▪ bei der Gesellschaft beschäftigt ist. Die Anwartschaft auf diese Versorgungszusage bleibt gemäß § 1 Abs. 1 BetrAVG aufrechterhalten. Der Geschäftsführer erhält spätestens 8 Wochen nach Abschluss dieses Vertrages eine Bestätigung gemäß § 2 Abs. 6 BetrAVG.

§ 7 Erledigungsklausel

Die Parteien sind sich darüber einig, dass mit der Erfüllung dieser Vereinbarung sämtliche Ansprüche der Parteien aus dem Dienstverhältnis erledigt sind. Gegen die Kündigung werden vom Geschäftsführer keine Einwendungen erhoben.

§ 8 Anwendbares Recht

Der Vertrag unterliegt deutschem Recht.

Bei Zweifeln über den Wortlaut dieses Vertrages gilt die deutschsprachige Textversion.

§ 3 Testimonial

The Statutory Manager is entitled to an intermediate report issued by the Company until ▪▪▪ or a written testimonial – at the latest – by termination of the employment.

§ 4 Return of company-owned property

The Statutory Manager is obliged to immediately return any working materials and documents of the Company, including any copies thereof which have been in his possession in connection with his services for the Company.

The Statutory Manager is obliged to return the company car which he was provided with in proper condition at the latest on ▪▪▪, including any vehicle documents and the car keys.

The return of the documents and the company car must take place at the Company site.

§ 5 Obligation to give information

The Statutory Manager declares that he has been informed by the Company on any possible consequences of this Contract of Liquidation with respect to his possible employment benefits entitlement.

§ 6 Pension

The Statutory Manager is entitled to the company pension scheme, granted by contract. The basis for the calculation of the company pension is the actual monthly gross salary of ▪▪▪ EUR. According to a letter dated ▪▪▪, the date of entry is ▪▪▪, as has also been indicated in the calculation established by ▪▪▪-Pensions-Management on ▪▪▪, due to the fact that the Statutory Manager has been employed with the Company from ▪▪▪ through ▪▪▪ and as of ▪▪▪ uninterruptedly. The expectancy of such pension commitment is maintained according to § 1 Abs. 1 BetrAVG. The Statutory Manager will receive a pertinent confirmation according to § 2 Abs. 6 BetrAVG at the latest 8 weeks after conclusion of this contract.

§ 7 Settlement of claims

The parties agree that through performance of this contract any claims of the parties involved – based on the employment contract – are satisfied. The employee will not raise any objection against the notice of termination of his employment.

§ 8 Applicable law

This contract is governed by German law.

In case of doubt with regard to the wording of the contract, the German text shall prevail.

II. Aufhebungsverträge mit AG-Vorständen

1. Muster: Aufhebungsvertrag mit freigestelltem Vorstandsvorsitzenden

↓

Zwischen

der ▄▄▄,

vertreten durch den Aufsichtsrat, dieser vertreten durch seinen Vorsitzenden ▄▄▄

– nachstehend: AG –

und

Herrn Vorstandsvorsitzenden ▄▄▄

wird folgende Vereinbarung getroffen:

§ 1

Herr ▄▄▄ ist seit dem ▄▄▄ bei der AG tätig und gehört dem Vorstand seit dem ▄▄▄ an. Seit dem ▄▄▄ ist er zugleich dessen Vorsitzender. Gegenwärtig gilt der Anstellungsvertrag vom ▄▄▄ mit den Zusatzvereinbarungen Nr. ▄▄▄ bis Nr. ▄▄▄. Gemäß Zusatzvereinbarung Nr. ▄▄▄ erstrecken sich Bestellung und Vertragslaufzeit auf einen Zeitraum bis zum ▄▄▄.

§ 2

Herr ▄▄▄ gibt sein Mandat als Vorsitzender des Vorstands mit Wirkung zum ▄▄▄ in beiderseitigem Einvernehmen zurück. Die Niederlegung seines Amtes als Mitglied des Vorstands erlangt Wirksamkeit mit Unterzeichnung dieser Aufhebungs- und Abfindungsvereinbarung, des bestätigenden Beschlusses des Aufsichtsrats und der Vereinbarung über eine Presseerklärung.

Zwischen den Parteien besteht Einigkeit, dass keine Gründe in der Person von Herrn ▄▄▄ bestehen, die die AG berechtigen würden, Rechte gemäß § 626 BGB, § 84 Abs. 3 Sätze 1 und 2 AktG auszuüben. Demgemäß sind sich die AG und Herr ▄▄▄ einig, dass Herr ▄▄▄ Anspruch auf Erfüllung dieses Vertrages samt der Zusatzvereinbarungen sowie Wahrung seines sonstigen sozialen Besitzstands beanspruchen kann. Zwischen den Parteien besteht weiterhin Einigkeit, dass durch die einvernehmliche Amtsniederlegung die Rechte von Herrn ▄▄▄ aus dem bestehenden Anstellungsvertrag vom ▄▄▄ mit sämtlichen Zusatzvereinbarungen unberührt bleiben, soweit nicht nachfolgend Abweichendes vereinbart ist.

§ 3

Der Aufsichtsrat und Herr ▄▄▄ sind sich einig, dass Herr ▄▄▄ ab dem ▄▄▄ von seiner vertraglichen Verpflichtung zur Leistung von Diensten freigestellt ist. Unbeschadet dieser Regelung wird Herr ▄▄▄ in der Zeit vom ▄▄▄ bis ▄▄▄ im Einzelfall auf Wunsch der Gesellschaft für die Erteilung von Auskünften, die seine bisherige Tätigkeit bei der Gesellschaft oder den mit ihr verbundenen Unternehmen betreffen, zur Verfügung stehen.

Herr ▄▄▄ wird seine Ämter als Vorstandsmitglied, Geschäftsführer, Mitglied des Aufsichtsrats, Beiratsmitglied etc. innerhalb der Unternehmensgruppe der AG oder sonstiger rechtlich und wirtschaftlich mit der AG verbundener Unternehmen bis zum ▄▄▄ niederlegen.

§ 4

Bis zum ▄▄▄ wird das Dienstverhältnis vertragsgemäß abgerechnet. Das Jahresgrundgehalt für ▄▄▄ wurde mit Beschluss des Aufsichtsrats vom ▄▄▄ auf ▄▄▄ EUR festgelegt. Das Jahresgrundgehalt ist bis zum ▄▄▄ in demselben Maße anzupassen wie bei den aktiv tätigen Mitgliedern des Vorstands. Die Anpassung wird in der Weise vorgenommen, dass jährlich der durchschnittliche Prozentsatz der Steigerung der Jahresgrundgehälter der übrigen Vorstandsmitglieder ermittelt wird. Mit diesem Prozentsatz steigt jährlich das Jahresgrundgehalt von Herrn ▄▄▄.

Für die Zeit vom ▄▄▄ bis zum ▄▄▄ erhält Herr ▄▄▄ eine Gewinnbeteiligung (Tantieme), die abweichend von § ▄▄▄ des Anstellungsvertrages auf jährlich ▄▄▄ EUR festgeschrieben wird. Im Übrigen gilt § ▄▄▄ des Anstellungsvertrages vom ▄▄▄ in der Fassung der Zusatzvereinbarungen unverändert.

§ 5

Auf Veranlassung der Gesellschaft wird der Anstellungsvertrag vom ▄▄▄ nicht über den ▄▄▄ hinaus verlängert. Als Ausgleich für den Verlust der Dienststellung und des sozialen Besitzstandes zahlt die Gesellschaft eine Abfindung (Übergangsentschädigung) in Höhe des ▄▄▄-fachen Jahresgrundgehalts, wobei sich die Höhe aus dem im Jahr ▄▄▄ gezahlten Jahresgrundgehalt ergibt. Die Abfindung ist am ▄▄▄ fällig. Die Steuerlast trägt Herr ▄▄▄.

§ 6

Mit Ende des aktiven Dienstverhältnisses zum ▬▬▬, somit nach Erreichung des ▬▬▬ Lebensjahres von Herrn ▬▬▬, ist ein monatlich nachträglich zu zahlendes Übergangsgeld bis zum Eintritt des Versorgungsfalles (§ ▬▬▬ des Anstellungsvertrages vom ▬▬▬), längstens jedoch auf die Dauer von fünf Jahren fällig. Das Übergangsgeld berechnet sich gemäß § ▬▬▬ des Anstellungsvertrages vom ▬▬▬. Es wird erstmalig fällig zum ▬▬▬.

Das Übergangsgeld wird in Höhe der erreichten Anwartschaften vom monatlichen Jahresgrundgehalt nach § ▬▬▬ des Anstellungsvertrages gezahlt; dieses beträgt am ▬▬▬ ▬▬▬% des im Jahre ▬▬▬ bezogenen Jahresgrundgehalts, multipliziert mit dem Faktor ▬▬▬. Das Übergangsgeld wird für die Dauer von ▬▬▬ Jahren, mithin letztmalig am ▬▬▬ gezahlt. Herr ▬▬▬ gibt der AG die Zahlstelle rechtzeitig auf.

Das Übergangsgeld begründet keine Verlängerung des Vertragsverhältnisses. Für die Zahlung des Übergangsgeldes sind die steuerlichen Vorschriften durch die AG zu beachten.

Entgegen dem Anstellungsvertrag vom ▬▬▬ vereinbaren die AG und Herr ▬▬▬, dass das Übergangsgeld als fest vereinbart gilt. Entgelt aus einer anderweitigen Beschäftigung während der Laufzeit des Übergangsgeldes wird nicht angerechnet. Herr ▬▬▬ verzichtet im Gegenzug darauf, eine Beschäftigung gegen Entgelt auf dem Gebiet ▬▬▬ anzunehmen.

§ 7

Für die Ansprüche aus betrieblicher Altersversorgung gelten der Anstellungsvertrag vom ▬▬▬ einschließlich der Zusatzvereinbarungen Nr. ▬▬▬ bis Nr. ▬▬▬ sowie die gesetzlichen Regelungen. Die Bezugsgröße für die Berechnung des Rentenzuschusses ist das Halbjahresgehalt im Jahre ▬▬▬, multipliziert mit dem Faktor ▬▬▬.

§ 8

Herr ▬▬▬ kann seinen Dienstwagen, Marke ▬▬▬, amtliches Kennzeichen ▬▬▬, bis zum ▬▬▬ kostenlos privat nutzen (§ ▬▬▬ des Anstellungsvertrages). Zum ▬▬▬ kann Herr ▬▬▬ von seinem Wahlrecht nach § ▬▬▬ des Anstellungsvertrages Gebrauch machen und das Fahrzeug entweder an die AG zurückgeben oder unentgeltlich als Nettosachbezugswert erwerben. Die Karte des Autotelefons ist am ▬▬▬ zurückzugeben.

§ 9

Herr ▬▬▬ wird alle Schriftstücke, Korrespondenzen, Aufzeichnungen, Entwürfe, Berechnungen und dergleichen, die sich auf Angelegenheiten der AG beziehen und die sich in seinem Besitz befinden zum ▬▬▬ an die AG zurückgeben. Diese Verpflichtung erstreckt sich auch auf Duplikate und Ablichtungen.

Herrn ▬▬▬ steht kein Zurückbehaltungsrecht an den in Abs. 1 genannten Gegenständen zu.

§ 10

Die AG bestätigt, dass Herr ▬▬▬ während seiner aktiven Dienstzeit seiner Sorgfaltspflicht und Verantwortlichkeit nach § ▬▬▬ des Anstellungsvertrages vom ▬▬▬, auch im Jahre ▬▬▬, gewissenhaft nachgekommen ist.

Die AG erteilt Herrn ▬▬▬ ein qualifiziertes, berufsförderndes Zeugnis. Die AG ist bereit, auf Vorschläge von Herrn ▬▬▬ zu Eckdaten eines solchen Zeugnisses im Rahmen des anstellungsrechtlich Zulässigen einzugehen.

Herr ▬▬▬ hat mit Unterzeichnung dieser Vereinbarung das Recht, Vortragstätigkeiten, Schulungsmaßnahmen oder Veröffentlichungen auf eigene Rechnung ohne weitere Genehmigung durch die Gesellschaft auszuüben. Die im Rahmen dieser Tätigkeiten erzielten Einkünfte werden nicht auf die nach dieser Vereinbarung von Seiten der AG zu leistenden Zahlungen angerechnet.

§ 11

Mit dieser Vereinbarung ist der Fortbestand des Anstellungsverhältnisses zwischen der AG und Herrn ▬▬▬ bis zum ▬▬▬ abschließend geregelt. Zugleich sind mit Erfüllung der Verpflichtungen aus diesem Vertrag sämtliche wechselseitigen Ansprüche der Parteien erledigt, soweit nicht der Anstellungsvertrag vom ▬▬▬ und die Zusatzvereinbarungen Nr. ▬▬▬ bis Nr. ▬▬▬ nachwirkende Regelungen enthalten. Insbesondere die §§ ▬▬▬ des Anstellungsvertrages vom ▬▬▬ gelten fort.

§ 12

Die AG wird aus Anlass des Ausscheidens von Herrn ▬▬▬ die dieser Aufhebungs- und Abfindungsvereinbarung als Anlage beiliegende, zwischen den Vertragsparteien abgestimmte Presseerklärung herausgeben.

Über die Presseerklärung gemäß Abs. 1 hinausgehende öffentliche Erklärungen und Stellungnahmen in Bezug auf das Ausscheiden von Herrn ▬▬▬ aus dem Vorstand der Gesellschaft sind nur im Einvernehmen mit Herrn ▬▬▬ zulässig.

Die AG und Herr ▬▬▬ verpflichten sich, über den Inhalt und das Zustandekommen dieser Vereinbarung Stillschweigen zu bewahren, soweit nicht aus rechtlichen Gründen oder zum Zwecke der Durchführung der Vereinbarung eine vollstän-

Kapitel 2: Abwicklungs- und Aufhebungsverträge 4

dige oder teilweise Offenbarung gegenüber Dritten geboten ist. Im letzteren Falle sind die Mitteilungsempfänger im Rahmen des rechtlich und tatsächlich Möglichen in gleicher Weise zur Verschwiegenheit zu verpflichten.

§ 13

Sollte eine Bestimmung dieser Vereinbarung aus irgendwelchen jetzt bestehenden oder künftig entstehenden Gründen unwirksam sein oder werden, so soll die Unwirksamkeit nicht die Nichtigkeit der gesamten Vereinbarung zur Folge haben. Die unwirksame Bestimmung ist im Rahmen des rechtlich Zulässigen durch eine Abrede zu ersetzen, die dem ursprünglichen Willen der Parteien entspricht oder wirtschaftlich am Nächsten kommt.

Für alle Rechtsstreitigkeiten aus oder im Zusammenhang mit dieser Vereinbarung ist das Landgericht ▬▬▬ ausschließlich zuständig, soweit nicht durch zwingende gesetzliche Vorschriften eine andere Zuständigkeit begründet ist.

§ 14

Der Aufsichtsrat der AG hat dem Inhalt der vorstehenden Aufhebungs- und Abfindungsvereinbarung in seiner Sitzung vom ▬▬▬ zugestimmt und den Vorsitzenden des Aufsichtsrats zu ihrem Abschluss bevollmächtigt und zur Ausfertigung dieser Vereinbarung ermächtigt.

2. Muster: Aufhebungsvertrag mit Vorstand einer konzernverbundenen AG

690

4610

Zwischen

der Aktiengesellschaft ▬▬▬,

vertreten durch den Personalausschuss des Aufsichtsrats,

dieser vertreten durch den Aufsichtsratsvorsitzenden Herrn ▬▬▬

– nachstehend: Gesellschaft –

und

Herrn ▬▬▬

– nachstehend: Vorstand –

wird unter der aufschiebenden Bedingung, dass das Plenum des Aufsichtsrats alsbald einer einvernehmlichen Beendigung der durch Beschluss des Aufsichtsrats vom ▬▬▬ begründeten Bestellung von Herrn ▬▬▬ zum Vorstand zustimmt, der nachfolgende Aufhebungsvertrag geschlossen:

§ 1

Die Parteien sind sich darüber einig, dass das zwischen ihnen bestehende Anstellungsverhältnis auf Veranlassung der Gesellschaft im beiderseitigen Einverständnis mit dem ▬▬▬ sein Ende finden wird.

§ 2

Die Gesellschaft stellt den Vorstand mit Unterzeichnung dieser Vereinbarung bis zur Beendigung des Dienstvertrages unwiderruflich von der Dienstleistung frei. Während der Zeit der Freistellung zahlt die Gesellschaft dem Vorstand die vertragsgemäßen Bezüge fort. Übersteigt die Freistellungszeit die Resturlaubsdauer, muss sich der Arbeitnehmer gegenüber dem Vergütungsanspruch dasjenige anrechnen lassen, was er durch anderweitigen Einsatz seiner Arbeitskraft erwirbt oder böswillig zu verdienen unterlässt.

§ 3

Die Gesellschaft zahlt dem Vorstand eine Abfindung in Höhe von ▬▬▬ EUR (in Worten: ▬▬▬ Euro) brutto. Die Parteien vereinbaren, dass der Abfindungsanspruch mit Unterzeichnung dieser Vereinbarung entstanden und vererbbar ist. Die Abfindung wird bei Beendigung des Anstellungsverhältnisses sofort zur Zahlung fällig.

§ 4

Mit Rücksicht auf die Ertragslage der Gesellschaft verzichtet der Vorstand auf die in § ▬▬▬ vereinbarte erfolgs- und leistungsabhängige variable Vergütung für das Jahr ▬▬▬. Die Gesellschaft nimmt die Verzichtserklärung an.

§ 5

Der Vorstand hat in § ▬▬▬ seines Anstellungsvertrages eine Pensionszusage erhalten. Zusätzlich wurde mit ihm durch Vertrag vom ▬▬▬ vereinbart, dass die bisherige Pensionszusage der Konzerntochter ▬▬▬ mit sofortiger Wirkung durch die Gesellschaft übernommen wird. Der Vorstand hat damit eine Pensionszusage seit dem ▬▬▬. Unverfallbarkeit ist damit am ▬▬▬ (5 Jahre später) eingetreten. Der Vorstand hat damit aufgrund der ihm vertraglich erteilten Zusage einen Anspruch auf betriebliche Altersversorgung gegen die Gesellschaft. Die Gesellschaft verzichtet ausdrücklich auf die in der Versorgungsordnung vorgesehene ratierliche Kürzung der Versorgungsansprüche. Der Vorstand nimmt die Verzichtserklärung an. Berechnungsgrundlage der Altersversorgung ist die derzeitige monatliche Festvergütung in Höhe von ▄▄▄ EUR. Die Anwartschaft auf diese Versorgungszusage bleibt gemäß § 1 Abs. 1 BetrAVG aufrechterhalten. Der Vorstand erhält spätestens 8 Wochen nach Ausscheiden eine verbindliche Auskunft nach § 4a BetrAVG.

§ 6

Der Vorstand hat mit Unterzeichnung dieser Vereinbarung das Recht, Vortragstätigkeiten, Schulungsmaßnahmen oder Veröffentlichungen auf eigene Rechnung ohne weitere Genehmigung durch die Gesellschaft auszuüben. Die im Rahmen dieser Tätigkeiten erzielten Einkünfte werden nicht auf die nach dieser Vereinbarung von Seiten der Gesellschaft zu leistenden Zahlungen angerechnet.

§ 7

Der Vorstand erhält das diesem Vertrag beigefügte Schlusszeugnis. Die Gesellschaft wird Auskünfte nur im Sinne dieses Zeugnisses erteilen.

§ 8

Der Vorstand ist berechtigt, den ihm zur Verfügung gestellten Dienstwagen mit dem amtlichen Kennzeichen ▄▄▄, einschließlich des Autotelefons bis zur Beendigung des Dienstverhältnisses im bisherigen Umfang auch zu privaten Zwecken zu nutzen. Am Tag der Beendigung des Dienstverhältnisses erwirbt der Vorstand das Fahrzeug einschließlich Diensttelefon nach den im Konzern bestehenden Richtlinien (Kaufpreis = Zeitwert des Fahrzeuges zum Ausscheidungstag) zu Eigentum. Der Kaufpreis kann mit der Abfindung gemäß § 3 verrechnet werden.

Der Vorstand gibt innerhalb von zwei Wochen nach Unterzeichnung dieser Vereinbarung die in seinem Besitz befindlichen, jedoch im Eigentum der Gesellschaft stehenden Unterlagen und Gegenstände an die Gesellschaft zurück.

§ 9

Der Vorstand hat noch Urlaubsansprüche in Höhe von ▄▄▄ Arbeitstagen. Da der Urlaub nicht mehr genommen werden kann, ist er kraft Gesetzes abzugelten. Die Gesellschaft nimmt eine Abgeltung von Urlaubsansprüchen des Vorstands im Umfang von ▄▄▄ Arbeitstagen mit ▄▄▄ EUR vor. Die Urlaubsabgeltung ist mit der Zahlung des letzten Gehalts fällig.

§ 10

Der Vorstand verpflichtet sich, alle ihm während seiner Tätigkeit für die Gesellschaft zur Kenntnis gelangten betriebsinternen Vorgänge, insbesondere Geschäfts- und Betriebsgeheimnisse, auch nach dem Ausscheiden geheim zu halten.

§ 11

Presseveröffentlichungen und andere Verlautbarungen an einen unbestimmten Personenkreis werden die Vertragsparteien jeweils nur in einer miteinander abgestimmten Form abgeben. Die Parteien werden als Richtschnur dafür unverzüglich nach Abschluss dieses Vertrages einen Wortlaut ausarbeiten.

§ 12

Mit dieser Vereinbarung ist der Fortbestand des Dienstverhältnisses zwischen der Gesellschaft und dem Vorstand bis zum ▄▄▄ und dessen Beendigung zu diesem Zeitpunkt abschließend geregelt. Zugleich sind mit Erfüllung der Verpflichtungen aus dieser Vereinbarung sämtliche wechselseitigen Ansprüche der Parteien endgültig erledigt. Nebenabreden sind nicht getroffen. Änderungen und Ergänzungen dieses Vertrages bedürfen zu ihrer Wirksamkeit der Schriftform.

§ 13

Sollte eine Bestimmung dieses Vertrages unwirksam sein oder werden, so wird dadurch die Wirksamkeit der anderen Bestimmungen dieses Vertrages nicht berührt. An die Stelle der unwirksamen Bestimmung tritt eine rechtlich zulässige, die Sinn und Zweck der unwirksamen Bestimmung so nahe wie möglich kommt.

III. Aufhebungsverträge mit Arbeitnehmern

1. Muster: Ausführlicher Aufhebungsvertrag

Zwischen

der Firma ▄▄▄

– nachstehend: Arbeitgeber –

und

Herrn ■■■, geb. am ■■■, wohnhaft in ■■■, Tel. ■■■

– nachstehend: Arbeitnehmer –

wird folgender Aufhebungsvertrag geschlossen:

Präambel

Der Arbeitgeber ist wegen Gewinnverfalls zu einem forcierten Personalabbau gezwungen. In diesem Zusammenhang wird auch die Betriebsabteilung ■■■, in der der Arbeitnehmer beschäftigt ist, geschlossen. Ein anderweitiger freier und zumutbarer Arbeitsplatz steht nicht zur Verfügung und wird auch in absehbarer Zeit nicht zur Verfügung stehen. Eine Umschulung des Arbeitnehmers scheidet ebenfalls aus. Vor diesem Hintergrund treffen die Parteien die folgende Vereinbarung.

§ 1 Einvernehmliche Beendigung des Arbeitsverhältnisses

Das zwischen den Parteien bestehende Arbeitsverhältnis wird auf arbeitgeberseitige Veranlassung aus betriebsbedingten Gründen zum ■■■ unter Einhaltung der ordentlichen Kündigungsfrist einvernehmlich beendet.

§ 2 Freistellung

Bis zum unter § 1 genannten Zeitpunkt wird der Arbeitnehmer unter Fortzahlung des Arbeitsentgelts von der Arbeitsleistung widerruflich freigestellt.

Der Arbeitgeber kann den Arbeitnehmer während der Freistellungsperiode jederzeit ganz oder teilweise unter Einhaltung einer Ankündigungsfrist von 4 Tagen an den Arbeitsplatz zurückrufen.

Dem Arbeitnehmer steht es frei, seine Arbeitskraft schon im Freistellungszeitraum anderweitig zu verwerten. Etwaiger Zwischenverdienst wird angerechnet. Ausgeschlossen von der Befugnis anderweitiger Beschäftigung unter Anrechnung des Zwischenverdienstes nachzugehen, ist die Tätigkeit in einem Konkurrenzunternehmen.

Als solches gilt namentlich, aber nicht ausschließlich ■■■.

§ 3 Abwicklung offener Urlaubsansprüche

Der dem Arbeitnehmer bis zur rechtlichen Beendigung des Arbeitsverhältnisses zustehende Resturlaub von ■■■ Tagen wird während des Freistellungszeitraums von ■■■ bis ■■■ gewährt.

Kann der Arbeitnehmer Urlaub wegen der Beendigung des Arbeitsverhältnisses nicht nehmen, so erhält er eine Urlaubsabgeltung von ■■■ EUR, zahlbar nach dem in § 1 genannten Zeitpunkt.

§ 4 Abfindung/Entschädigung

Der Arbeitnehmer erhält für den Verlust des Arbeitsplatzes eine Abfindung nach §§ 24, 34 EStG, §§ 9, 10 KSchG in Höhe von ■■■ EUR.

Die Abfindungszahlung ist am ■■■ fällig. Eine Zahlung vor Fälligkeit ist ausgeschlossen.

Die Abfindung wird ohne Abzug von Sozialversicherungsabgaben ausgezahlt. Das Steuerrisiko trägt der Arbeitnehmer.

Die Abfindung reduziert sich um den Betrag, der gemäß § 115 SGB X auf die Bundesagentur für Arbeit übergegangen ist. Die Abfindung wird erst dann fällig, wenn die zuständige Agentur für Arbeit der Firma einen entsprechenden Bescheid erteilt hat.

Sollte der Arbeitnehmer das Ende des Arbeitsverhältnisses nicht erleben, geht der Abfindungsanspruch auf seine Erben über. Sollte das Arbeitsverhältnis vor dem vorgesehen Beendigungstermin aus sonstigen, vom Arbeitnehmer zu vertretenden Gründen beendet werden, entfällt der Abfindungsanspruch.

Der Arbeitnehmer kann das Arbeitsverhältnis unter Einhaltung einer Frist von 2 Wochen auch vor dem in § 1 genannten Zeitpunkt durch Erklärung gegenüber dem Arbeitgeber beenden. Die vorzeitige Beendigung entspricht dem Wunsch des Arbeitgebers und liegt im Interesse des Arbeitnehmers. Die hierdurch entfallenden Bezüge erhöhen in folgendem Umfang die Abfindung:

Für jeden Monat der vorzeitigen Beendigung erhöht sich die Abfindung um ■■■ EUR.

Falls ein Sozialplan in den nächsten ■■■ Monaten abgeschlossen wird und sich nach diesem Sozialplan eine höhere Abfindung ergeben würde, erhält der Arbeitnehmer die nach dem Sozialplan maßgebliche Abfindung unabhängig davon, ob der Anspruch dem Grunde nach besteht.

§ 5 Hinweise

Der Arbeitnehmer wurde darauf hingewiesen, dass er bei vorzeitiger einvernehmlicher Beendigung des Arbeitsverhältnisses ohne Einhaltung der Kündigungsfrist und ohne dass betriebsbedingte Gründe bestehen, mit einem Ruhen des

Arbeitslosengeldanspruchs und mit einer Sperrzeit von bis zu drei Monaten bei der Agentur für Arbeit rechnen muss, falls er Arbeitslosengeld in Anspruch nehmen möchte.

§ 6 Betriebliche Altersversorgung
Die Parteien sind sich darüber einig, dass wegen des vorzeitigen Ausscheidens kein Anspruch auf eine unverfallbare Anwartschaft nach dem BetrAVG erworben wurde.

§ 7 Zeugnis
Der Arbeitnehmer erhält zunächst das anliegende Zwischenzeugnis. Das Endzeugnis wird, soweit rechtlich zulässig, mit dem Zwischenzeugnis übereinstimmen.

§ 8 Wettbewerbsvereinbarung
Das vereinbarte Wettbewerbsverbot wird mit sofortiger Wirkung aufgehoben.

§ 9 Geheimhaltung
Der Arbeitnehmer wird auch nach Beendigung des Arbeitsverhältnisses Verschwiegenheit über Betriebs- und Geschäftsgeheimnisse sowie den Inhalt dieses Aufhebungsvertrages wahren.
Hierzu gehören insbesondere folgende Sachverhalte: ▄▄▄

§ 10 Dienstwagen
Der Arbeitnehmer wird den ihm überlassenen Firmenwagen am Tag der rechtlichen Beendigung des Arbeitsverhältnisses zurückgeben. Zu diesem Zeitpunkt wird der Schätzwert durch ein Gutachten eines unabhängigen Kfz-Sachverständigen ermittelt. Der Arbeitnehmer hat die Möglichkeit, den Firmenwagen zu diesem Schätzwert zu übernehmen. Die Kosten des Sachverständigen tragen die Parteien je zur Hälfte.
Das Nähere regelt ein gesonderter Kaufvertrag.

§ 11 Firmenunterlagen
Der Arbeitnehmer wird folgende Firmenunterlagen am ▄▄▄ zurückgeben: ▄▄▄

§ 12 Arbeitsentgelt
Restliches Arbeitsentgelt wird am ▄▄▄ gezahlt.
Dem Arbeitnehmer wird trotz des vorzeitigen Ausscheidens eine Jahressonderzahlung in Höhe von ▄▄▄ EUR am ▄▄▄ zu ▄▄▄% anteilig gezahlt.
Die vereinbarten Ziele gelten als zu ▄▄▄% erfüllt. Der Arbeitnehmer erhält dementsprechend einen Betrag von ▄▄▄ EUR.

§ 13 Zurückbehaltungsrecht
Dem Arbeitgeber steht kein Zurückbehaltungsrecht hinsichtlich der aus dem Vertrag resultierenden Verbindlichkeiten zu.

§ 14 Nachwirkende Fürsorgepflichten
Dem Arbeitnehmer steht es frei, auch nach Beendigung des Arbeitsverhältnisses folgende betriebliche Einrichtungen zu den jeweils gültigen Regelungen und Entgelten zu nutzen:
- Betriebsrestaurant;
- Bücherei;
- Schwimmbad.

Darüber hinaus nimmt der Arbeitnehmer an den jährlichen Jubilar- und Weihnachtsfeiern teil.

§ 15 Ausgleich aller Ansprüche
Die Parteien sind sich darüber einig, dass mit vorstehender Vereinbarung sämtliche Ansprüche aus dem Arbeitsverhältnis, aus seiner Beendigung und für die Zeit nach der Beendigung erledigt und abgegolten sind, soweit nicht vorstehend etwas anderes bestimmt worden ist.
Dies gilt nicht für folgende Ansprüche: ▄▄▄

§ 16 Wiedereinstellungsanspruch
Der Arbeitnehmer ▄▄▄ verzichtet auf einen etwaigen Wiedereinstellungsanspruch.

2. Muster: Aufhebungsvertrag (deutsch/englisch)

Aufhebungsvereinbarung

Zwischen

■■■

      – nachstehend: Arbeitgeber –

und

■■■

      – nachstehend: Arbeitnehmer –

wird zwecks Beendigung des Arbeitsverhältnisses nachfolgende Vereinbarung getroffen.

§ 1

Die Parteien sind sich darüber einig, dass das zwischen ihnen bestehende Arbeitsverhältnis mit Ablauf des ■■■ aufgrund arbeitgeberseitiger Veranlassung sein Ende findet.

Der Arbeitnehmer bleibt von seinen ihm obliegenden Verpflichtungen zur Erbringung der Arbeitsleistung freigestellt. Die Freistellung erfolgt unter Anrechnung auf möglicherweise bestehende Urlaubsansprüche.

§ 2

Der Arbeitgeber zahlt dem Arbeitnehmer zum Ausgleich für den Verlust des Arbeitsplatzes eine Abfindung entsprechend §§ 9, 10 KSchG, §§ 24, 34 EStG in Höhe von ■■■ EUR (in Worten: ■■■ Euro).

Der Arbeitgeber zahlt die Abfindung bis zum letzten Tag des Arbeitsverhältnisses auf das Gehaltskonto des Arbeitnehmers aus.

Die Abfindung reduziert sich um den Betrag, der gemäß § 115 SGB X auf die Bundesagentur für Arbeit übergegangen ist. Die Abfindung wird erst dann fällig, wenn das zuständige Arbeitsamt der Firma einen entsprechenden Bescheid erteilt hat.

Die Parteien vereinbaren, dass der Abfindungsanspruch vererbbar und bereits mit Unterzeichnung dieses Vertrages entstanden ist.

§ 3

Bis zur Beendigung seines Arbeitsverhältnisses erhält der Arbeitnehmer seine bisherigen Bezüge weitergezahlt.

Das Arbeitsverhältnis wird bis zu seiner Beendigung von beiden Seiten ordnungsgemäß abgewickelt.

Der Arbeitnehmer ist berechtigt, das Arbeitsverhältnis mit einer Ankündigungsfrist von 14 Tagen vorzeitig zu beenden. Die vorzeitige Beendigung entspricht dem ausdrücklichen Wunsch des Arbeitgebers. Für jeden vollen Monat der vorzeitigen Beendigung erhöht sich die Abfindung um ■■■ EUR.

Termination Agreement

between

■■■

      – hereinafter referred to as Employer –

and

■■■

      – hereinafter referred to as Employee –

In order to terminate the employment relationship the parties agree as follows:

§ 1

The employment relationship between the parties will expire effective ■■■. The termination of the employment is caused by the Employer.

The Employee is irrevocably released from his duties with immediate effect. The possible remaining vacation entitlement is taken into account.

§ 2

The compensation for dismissal pursuant to §§ 9, 10 KSchG, §§ 24, 34 EStG is ■■■ EUR (in words: ■■■ Euro).

The employer has to transfer the compensation to the employee's salary account until the last day of the employement.

The compensation will be reduced by the amount which is transferred – acc. to § 115 SGB (Court of Social Law) X – to the Bundesagentur für Arbeit (Federal Insurance Office for Salaried Employees). The compensation will only become due after the Labour Office belonging to the company has placed the corresponding advice.

The parties agree that the employee's claim to the compensation is inheritable and constituted by signature of this contract.

§ 3

The employer will pay the monthly salary to the employee until the employment is terminated.

Both parties will perform their contractual duties until the employment is terminated.

The employer is entitled to terminate the agreement of employment with a period of notice of 14 days. The premature termination corresponds with the employers intention. For each and every month of premature termination the compensation increases by ■■■ EUR.

§ 4

Als Ausgleich für jegliche Ansprüche aus dem Bereich der Gratifikationen für die Jahre ▬▬▬ und ▬▬▬ erhält der Arbeitnehmer am letzten Tag des Arbeitsverhältnisses einen Betrag in Höhe von ▬▬▬ EUR.

§ 5

Der Arbeitnehmer verpflichtet sich, auch nach Beendigung seines Arbeitsverhältnisses über alle ihm bekannten geschäftlichen und betrieblichen Angelegenheiten des Arbeitgebers, insbesondere über Geschäfts- und Betriebsgeheimnisse, absolutes Stillschweigen zu bewahren.

§ 6

Der Arbeitnehmer verpflichtet sich, alle in seinem Besitz befindlichen Arbeitsmittel und Arbeitsunterlagen des Arbeitgebers einschließlich Kopien hiervon umgehend an den Arbeitgeber herauszugeben.

Der Arbeitnehmer verpflichtet sich, den ihm zur Verfügung gestellten Dienstwagen am letzten Tag des Arbeitsverhältnisses in ordnungsgemäßem Zustand einschließlich aller Kfz-Schlüssel und Kfz-Papiere an den Arbeitgeber herauszugeben.

Die Herausgabe der Arbeitsmittel und Arbeitsunterlagen sowie des Dienstwagens hat am Sitz des Arbeitgebers zu erfolgen.

§ 7

Der Arbeitgeber wird dem Arbeitnehmer das sich auf Führung und Leistung während seines Arbeitsverhältnisses erstreckende wohlwollende Zeugnis erteilen. Der Arbeitgeber verpflichtet sich, dem Arbeitnehmer ein entsprechendes Zwischenzeugnis bis zum ▬▬▬ auszustellen.

§ 8

Der Arbeitnehmer erklärt, über die möglichen Auswirkungen dieses Aufhebungsvertrages auf seinen möglichen Anspruch auf Arbeitslosengeld durch den Arbeitgeber in Kenntnis gesetzt worden zu sein.

§ 9

Die Parteien sind sich darüber einig, dass mit Erfüllung dieser Vereinbarung alle wechselseitigen Ansprüche aus dem Arbeitsverhältnis und im Zusammenhang mit dessen Beendigung – gleich, ob bekannt oder unbekannt – ausgeschlossen und erledigt sind.

§ 10

Der Vertrag unterliegt deutschem Recht. Im Zweifel gilt die deutschsprachige Version.

§ 4

As compensation for any entitlements of the Employee based on the Bonus Plan the Employee at the last day of the employement an amount of ▬▬▬ EUR.

§ 5

Even after the termination of this employment relationship, the Employee is obliged to keep absolutely confidential any information concerning business related matters of the Employer of which he has become aware during the course of the employment relationship, in particular concerning operational und business secrets.

§ 6

The Employee is obliged to return immediately all working materials and documents of the Employer, including the copies thereof which have been in his possession in connection with his services for the Employer.

The Employee is obliged to return the company car with which he was provided at the last day of the employement in proper conditions, including all vehicle documents and car keys.

The return of the documents and the company car must take place at the plant of the Employer.

§ 7

The Employer is obliged to issue the benevolent reference letter with respect to the conduct and performance of the Employee during the duration of the employment relationship in accordance with the attached draft. The employee is entitled also to a written testimonial as of ▬▬▬.

§ 8

The Employee declares that he has been informed by the Employer on the possible consequences of this Termination agreement with respect to his possible employment benefits entitlement.

§ 9

Upon conclusion of this agreement, any and all claims between the parties relating to the employment relationship and in connection with the termination of the employment agreement – irrespective of whether known or unknown – are settled and excluded.

§ 10

This contract is governed by German law. The decisive text is the German version.

3. Muster: Kurzer Aufhebungsvertrag

Zwischen

der Firma ▬▬▬

– nachstehend: Firma –

und

Herrn ▬▬▬

wird folgende Vereinbarung getroffen:

§ 1 Beendigung des Arbeitsverhältnisses

Die Parteien sind sich darüber einig, dass das Arbeitsverhältnis zwischen der Firma und Herrn ▬▬▬ auf Veranlassung der Firma zur Vermeidung einer sonst unumgänglichen betriebsbedingten Kündigung wegen Wegfalls des Arbeitsplatzes am ▬▬▬ endet.

§ 2 Freistellung/Gehaltszahlung

Die Firma stellt Herrn ▬▬▬ mit sofortiger Wirkung bei Fortzahlung der vollen vertraglichen Bezüge widerruflich von jeder weiteren Tätigkeit frei.

Die Firma wird anderweitigen Erwerb in der Zeit der Freistellung vollständig anrechnen.

§ 3 Tantieme

Zur Abgeltung der ihm für das laufende Geschäftsjahr zustehenden Tantieme erhält Herr ▬▬▬ zeitanteilig von ▬▬▬ % des ausgewiesenen Jahresgewinns einen Pauschalbetrag von ▬▬▬ EUR.

Die Tantieme wird mit der Abfindung (§ 5) ausgezahlt.

§ 4 Gratifikation

Herr ▬▬▬ erhält am Fälligkeitstage eine Weihnachtsgratifikation in Höhe eines halben Monatsgehalts.

§ 5 Abfindung

Zum Ausgleich für den Verlust des Arbeitsplatzes zahlt die Firma Herrn ▬▬▬ im Zeitpunkt des Ausscheidens unter Bezugnahme auf §§ 9, 10 KSchG, §§ 24, 34 EStG eine Abfindung in Höhe von ▬▬▬ EUR.

Die Parteien vereinbaren, dass die Abfindung vererbbar und mit dem Tag der Unterzeichnung dieses Vertrages entstanden ist.

§ 6 Urlaub

Herr ▬▬▬ hat für das laufende Urlaubsjahr noch einen Urlaubsanspruch von ▬▬▬ Werktagen. Herr ▬▬▬, der gemäß § 2 dieser Vereinbarung bis zur Beendigung seiner Tätigkeit von jeder Arbeit freigestellt ist, nimmt in dieser Zeit den ihm noch zustehenden Urlaub.

§ 7 Darlehensrückzahlung

Herr ▬▬▬ schuldet der Firma aus einem ihm gewährten Umzugskostenvorschuss noch einen Restbetrag von ▬▬▬ EUR.

Herr ▬▬▬ verpflichtet sich, diesen Betrag bis zur Beendigung seines Arbeitsverhältnisses zurückzuzahlen.

§ 8 Herausgabe des Dienstwagens

Herr ▬▬▬ gibt den ihm überlassenen Dienstwagen, polizeiliches Kennzeichen ▬▬▬ einschließlich der Wagenpapiere im Laufe der nächsten 3 Tage an die Firma zurück. Die Firma gewährt Herrn ▬▬▬ für die vorzeitige Herausgabe bei seinem Ausscheiden eine Ausgleichszahlung von ▬▬▬ EUR.

§ 9 Arbeitszeugnis

Die Firma erteilt Herrn ▬▬▬ ein wohl wollendes Dienstzeugnis, das sich auf Verhalten und Leistung erstreckt.

§ 10 Betriebsgeheimnisse

Herr ▬▬▬ verpflichtet sich, alle ihm während seiner Tätigkeit zur Kenntnis gelangten betriebsinternen Vorgänge, insbesondere Geschäfts- und Betriebsgeheimnisse, auch nach seinem Ausscheiden geheim zu halten.

§ 11 Geschäfts- und Arbeitsunterlagen

Herr ▬▬▬ wird innerhalb der nächsten 3 Tage alle in seinem Besitz befindlichen Geschäfts- und Arbeitsunterlagen an die Firma herausgeben.

§ 12 Wiedereinstellungsanspruch
Herr ▬▬▬ verzichtet auf einen etwaigen Wiedereinstellungsanspruch.

§ 13 Anschlussarbeitsverhältnis
Herr ▬▬▬ verpflichtet sich, die Abfindung gemäß § 5 an die Firma zurückzuzahlen, sollte er bei Abschluss des Aufhebungsvertrages bereits eine Vereinbarung mit einem anderen Arbeitgeber über ein unmittelbares Arbeitsverhältnis getroffen haben.

§ 14 Ausgleichsklausel, Widerrufsrecht
Die Parteien sind sich darüber einig, dass mit der Erfüllung dieser Vereinbarung alle wechselseitigen Ansprüche aus dem Arbeitsverhältnis und seiner Beendigung abgegolten sind.

4. Muster: Aufhebungsvertrag mit einem Ingenieur

Zwischen

der Firma ▬▬▬

und

Herrn ▬▬▬

wird Folgendes vereinbart:

§ 1 Vertragsende
Zwischen den Parteien besteht Einigkeit, dass das Arbeitsverhältnis auf arbeitgeberseitige Veranlassung unter Wahrung der gesetzlichen Kündigungsfrist mit Ablauf des ▬▬▬ einvernehmlich sein Ende finden wird.

§ 2 Entschädigung
(1) Wegen der Beendigung des Arbeitsverhältnisses zahlt die Firma an Herrn ▬▬▬ eine am ▬▬▬ fällige Abfindung i.S.d. §§ 9, 10 KSchG, §§ 24, 34 EStG in Höhe von ▬▬▬ EUR (in Worten: ▬▬▬ Euro).

(2) Die Abfindung ist vom Tag der Unterzeichnung dieser Vereinbarung an entstanden und ist ab diesem Tage vererbbar. Sie ist fällig am ▬▬▬. Sie reduziert sich für den Fall, dass Herr ▬▬▬ innerhalb von drei Monaten nach Beendigung des Arbeitsverhältnisses ein Anschlussarbeitsverhältnis eingeht, und zwar um ▬▬▬ EUR, sobald er die Probezeit im neuen Arbeitsverhältnis erfolgreich absolviert hat.

(3) Die Abfindung reduziert sich um den Betrag, der gemäß § 115 SGB X auf die Bundesagentur für Arbeit übergegangen ist. Die Abfindung wird erst dann fällig, wenn die zuständige Agentur für Arbeit der Firma einen entsprechenden Bescheid erteilt hat.

(4) Herr ▬▬▬ ist verpflichtet, die Aufnahme eines Anschlussarbeitsverhältnisses innerhalb einer Woche der Firma schriftlich mitzuteilen. Er ist verpflichtet, einen sich aus einem Anschlussarbeitsverhältnis gemäß § 2 Abs. 2 ergebenden, überzahlten Abfindungsbetrag an die Firma zurückzuzahlen.

§ 3 Beurlaubung
(1) Herr ▬▬▬ wird widerruflich mit Wirkung vom ▬▬▬ unter Fortzahlung der vertragsmäßigen Bezüge in Höhe von ▬▬▬ EUR monatlich beurlaubt. Im Übrigen wird das Arbeitsverhältnis ordnungsgemäß abgewickelt. Eventuell noch bestehende Spesen- und Reisekostenerstattungsansprüche sind bis zum ▬▬▬ geltend zu machen und verfallen bei nicht fristgerechter Vorlage der erforderlichen Unterlagen.

(2) Die Firma behält sich vor, Herrn ▬▬▬ während der Restlaufzeit des Vertrages teilweise oder ganz an den Arbeitsplatz zurückzurufen. Urlaubs- und Abwesenheitszeiten sind mit der Firma zuvor abzusprechen. Während seiner Beurlaubung ist Herr ▬▬▬ befugt, sämtliche bei ihm zu Hause befindlichen Büroeinrichtungen der Firma einschließlich des installierten Diensttelefons auf Kosten der Firma zu Bewerbungszwecken zu nutzen.

(3) Übersteigt die Freistellungszeit die Resturlaubsdauer, muss sich der Arbeitnehmer gegenüber dem Vergütungsanspruch dasjenige anrechnen lassen, was er durch anderweitigen Einsatz seiner Arbeitskraft erwirbt oder böswillig zu verdienen unterlässt.

§ 4 Gewinnbeteiligung, Gratifikation
(1) Herr ▬▬▬ hat für das laufende Geschäftsjahr Anspruch auf Gewinnbeteiligung in Höhe von ▬▬▬ vom Hundert des Jahresgewinnes. Wegen der vorzeitigen Beendigung des Arbeitsverhältnisses am ▬▬▬ wird die Gewinnbeteiligung zu ▬▬▬/12 gezahlt. Die Auszahlung erfolgt nach Ablauf des Geschäftsjahres einen Monat nach Erstellung der Bilanz.

Kapitel 2: Abwicklungs- und Aufhebungsverträge

(2) Die vertraglich zugesagte Gratifikation erhält Herr ▬▬▬ in diesem Jahr zu ▬▬▬%, die Auszahlung erfolgt zusammen mit der Abfindung.

§ 5 Dienstwagen

(1) Herr ▬▬▬ erwirbt den Dienstwagen am ▬▬▬ käuflich als Eigentum zum Buchwert. Der Kaufpreis beträgt ▬▬▬ EUR (zzgl. Mehrwertsteuer). Das Fahrzeug nebst ▬▬▬ wird unter Aushändigung der Fahrzeugpapiere Herrn ▬▬▬ übergeben. Der Kaufpreis wird mit dem Nettobetrag der Abfindung nach § 2 verrechnet.

(2) Bis zur Beendigung des Arbeitsverhältnisses kann der Dienstwagen zu privaten Zwecken weiterhin genutzt werden.

§ 6 Rückgabe von Unterlagen

(1) Herr ▬▬▬ gibt am ▬▬▬ sämtliche Schlüssel zu Firmengebäuden und -einrichtungen sowie den Werksausweis ab.

(2) Er wird darauf hingewiesen, dass er außerdem in den nächsten drei Tagen alle ihm von der Firma überlassenen Gegenstände, Waren, Geräte und alle Unterlagen, die im Zusammenhang mit seiner Tätigkeit bei der Firma entstanden sind, vollständig zurückzugeben hat.

(3) Zu den Firmenunterlagen zählen u.a. sämtliche Geschäftspapiere, Hard- und Software inkl. Disketten, alle gespeicherten Daten und Informationen, die die Firma oder die Unternehmensgruppe betreffen, Zeichnungen, Skizzen, Briefe, Besprechungsberichte, Versuchsauswertungen, handschriftliche Notizen sowie Literatur einschl. Abschriften solcher Unterlagen.

§ 7 Schlussabfindung für Diensterfindungen

(1) Für sämtliche Erfindungen, die auf Herrn ▬▬▬ als Erfinder oder Miterfinder zurückgehen, erhält Herr ▬▬▬ eine Schlussabfindung von ▬▬▬ EUR. Mit dieser Zahlung sind sämtliche Ansprüche des Herrn ▬▬▬ aus dem Gesetz über Arbeitnehmererfindungen vom 25.7.1957 i.d.F. vom 15.8.1986 für sämtliche, während der Dauer des Arbeitsverhältnisses gemeldeten Diensterfindungen, Schutzrechte und Schutzrechtsanmeldungen, die auf Herrn ▬▬▬ als Erfinder oder Miterfinder zurückgehen, erledigt.

(2) In der Schlussabfindung gemäß § 7 Abs. 1 sind auch solche Vergütungen für Diensterfindungen eingeschlossen, die bei einer eventuellen Benutzung einer Erfindung durch die Firma entstehen würden oder entstanden, jedoch noch nicht vergütet sind. Die Auszahlung der Pauschalvergütung erfolgt unter Abzug der gesetzlichen Steuern.

§ 8 Betriebliche Altersversorgung

(1) Zu Gunsten von Herrn ▬▬▬ besteht ein unverfallbarer Anspruch auf betriebliche Altersversorgung. Dieser Anspruch auf eine Zusatzrente, die – außer bei Invalidität – ab dem 65. Lebensjahr einsetzt, beträgt nach jetzigen Feststellungen voraussichtlich ▬▬▬ EUR.

(2) Die Parteien vereinbaren, diese Altersrente gemäß § 3 Abs. 2 des Gesetzes zur Verbesserung der betrieblichen Altersversorgung versicherungsmathematisch abzufinden. Herr ▬▬▬ erhält deshalb einen einmaligen Pauschalbetrag von ▬▬▬ EUR, fällig am ▬▬▬. Mit der Erfüllung der Abfindungszahlung sind sämtliche Ansprüche aus der betrieblichen Altersversorgung erledigt. Herr ▬▬▬ erklärt, sich über die versicherungsmäßigen und rechtlichen Zusammenhänge informiert zu haben.

§ 9 Nachvertragliches Wettbewerbsverbot

(1) Das im Arbeitsvertrag vom ▬▬▬ geregelte nachvertragliche Wettbewerbsverbot gilt für die Zeit vom ▬▬▬ bis ▬▬▬. Die für dieses Wettbewerbsverbot zu zahlende Karenzentschädigung bildet einen Bestandteil der in § 2 Abs. 1 vereinbarten Entschädigung.

(2) Im Übrigen gelten für das nachvertragliche Wettbewerbsverbot die Regelungen im Anstellungsvertrag fort sowie die §§ 74 ff. HGB entsprechend.

§ 10 Nachwirkung der Verschwiegenheitsverpflichtung

Herr ▬▬▬ wird auch nach Beendigung des Arbeitsverhältnisses sämtliche ihm während seiner Tätigkeit bekannt gewordenen betriebsinternen Angelegenheiten, vor allem Geschäfts- und Betriebsgeheimnisse, geheim halten.

§ 11 Zeugnis und Arbeitsbescheinigung

(1) Herr ▬▬▬ erhält das als Anlage zu dieser Vereinbarung genommene Zwischenzeugnis. Am ▬▬▬ erhält Herr ▬▬▬ ein mit dem Zwischenzeugnis übereinstimmendes Endzeugnis, dessen Schlussformel wie folgt lauten wird: „Herr ▬▬▬ ist am ▬▬▬ auf eigenen Wunsch ausgeschieden."

(2) In der Arbeitsbescheinigung für die Agentur für Arbeit wird die Firma als Grund des Ausscheidens Folgendes angeben: ▬▬▬

§ 12 Beraterkosten

(1) Die Firma erstattet Herrn ▬▬▬ die für das Aushandeln dieses Vertrages angefallenen Anwaltsgebühren auf Basis eines Gegenstandswertes von ▬▬▬ EUR im Umfang einer 3,0-Gebühr nebst Auslagen.

(2) Die Firma übernimmt die Kosten einer Outplacement-Beratung im Umfang von bis zu ▬▬▬ EUR. Als Berater regt die Firma an, ▬▬▬ in Anspruch zu nehmen, mit dem andere ausscheidende Mitarbeiter der Firma bislang gute Erfahrungen gemacht haben.

§ 13 Bürgschaft

(1) Die Firma sichert zu, innerhalb von zwei Wochen nach Unterzeichnung des vorliegenden Aufhebungsvertrages eine selbstschuldnerische unwiderrufliche und unbefristete Bankbürgschaft einer deutschen Bank in Höhe von ▬▬▬ EUR zur Sicherung der gemäß §§ 2, 4, 7, 8 geschuldeten Leistungen Herrn ▬▬▬ auszuhändigen. Mit Erfüllung der Verpflichtungen ist die Bürgschaft unverzüglich zurückzugeben.

(2) Sollte die Bankbürgschaft nicht, nicht fristgerecht oder nicht entsprechend den rechtlichen Anforderungen gemäß Abs. 1 vorgelegt werden, gilt der Aufhebungsvertrag als nicht geschlossen und das Arbeitsverhältnis wird unter unveränderten Bedingungen fortgesetzt.

§ 14 Erledigungsklausel

Die Parteien sind sich darüber einig, dass mit der Erfüllung sämtlicher Verpflichtungen aus diesem Aufhebungsvertrag sämtliche Ansprüche aus dem Arbeitsverhältnis, aus seiner Beendigung und für die Zeit nach der Beendigung erledigt und abgegolten sind, soweit nicht in diesem Vertrag etwas anderes bestimmt worden ist.

§ 15 Sonstiges

(1) Herr ▬▬▬ verzichtet auf Erläuterungen zu den rechtlichen und wirtschaftlichen Auswirkungen dieses Vertrages durch die Firma. In Teilbereichen wie betrieblicher Altersversorgung oder Leistungen nach dem SGB III hat er sich selbst informiert.

(2) Die Firma verzichtet auf etwaige Zurückbehaltungsrechte und das Recht der Aufrechnung.

(3) Herr ▬▬▬ verzichtet auf einen etwaigen Wiedereinstellungsanspruch.

5. Muster: Aufhebungsvertrag mit Praxisübergabevertrag für Chefarzt

Zwischen

der Krankenanstalt ▬▬▬, vertreten durch ▬▬▬

– nachstehend „Krankenanstalt" genannt –

und

Herrn Chefarzt Dr. med. ▬▬▬, vertreten durch ▬▬▬

– nachstehend „Chefarzt" genannt –

wird folgender Aufhebungsvertrag geschlossen:

1. Das Arbeitsverhältnis zwischen dem Krankenhaus und dem Chefarzt wird auf Veranlassung des Krankenhauses einvernehmlich zum ▬▬▬ beendet.

2. Der Chefarzt erhält für den Verlust seines Arbeitsplatzes und zum Ausgleich für den Verlust des sozialen Besitzstandes gemäß §§ 34, 24 EStG in entsprechender Anwendung der §§ 9, 10 KSchG eine Abfindung in Höhe von ▬▬▬ EUR brutto. Die Parteien vereinbaren, dass der Abfindungsanspruch mit Unterzeichnung dieser Vereinbarung entstanden und vererbbar ist. Die Abfindung wird am Tag der Beendigung des Arbeitsverhältnisses fällig.

3. Der Chefarzt erhält das zur Anlage genommene Zeugnis.

4. Bis zur Beendigung des Arbeitsverhältnisses wird das Arbeitsverhältnis ordnungsgemäß abgewickelt. Eingehende Patientenzahlungen aus Privatliquidation werden nach Abzug des an das Krankenhaus abzuführenden Anteils auch nach Beendigung des Arbeitsverhältnisses unverzüglich an den Chefarzt ausgezahlt.

5. Weitere Einzelheiten über die Beendigung des Arztes auf dem Gebiet der privatärztlichen Tätigkeit vereinbaren die Parteien über den Abschluss eines Praxisübergabevertrages, der als Anlage zu diesem Aufhebungsvertrag genommen wird.

6. Dem Chefarzt wird bis maximal sechs Monate über die Beendigung des Arbeitsverhältnisses hinaus das zur Bearbeitung seiner administrativen Vorgänge (Erstellung von Gutachten, Rechnungen, Korrespondenz und Abrechnungen) erforderliches Personal zur Verfügung gestellt.

7. Der Chefarzt verpflichtet sich, alle ihm während seiner Tätigkeit für das Krankenhaus zur Kenntnis gelangten, betriebsinternen Vorgänge, insbesondere Geschäfts- und Betriebsgeheimnisse, auch nach dem Ausscheiden geheim zu halten.

Anlage: Praxisübergabevertrag

Zwischen

dem ▬▬▬ Krankenhaus, vertreten durch ▬▬▬

– nachstehend „Erwerber" genannt –

und

Herrn Chefarzt Dr. med. ▬▬▬

– nachstehend „Chefarzt" genannt –

wird folgender Praxisübergabevertrag geschlossen:

§ 1 Gegenstand der Veräußerung

Gegenstand der Veräußerung bildet die gesamte freiberufliche Praxis des Chefarztes, die er aufgrund des ihm eingeräumten Liquidationsrechts für die stationär behandelten Wahlleistungspatienten und in ambulanter Nebentätigkeit in der Funktion als Chefarzt am ▬▬▬ Krankenhaus (KV-Ermächtigung, Privatambulanz) in den Räumen des Krankenhauses betreibt. Dazu gehören sämtliche vorhandenen Sachgüter sowie der Goodwill, insbesondere der Wert der Patienten-Beziehungen.

§ 2 Kauf, Übertragung

Der Chefarzt verkauft den vorstehenden Gegenstand der Veräußerung mit sämtlichen materiellen und immateriellen Werten an das Krankenhaus. Die Übertragung schließt das Liquidationsrecht ein und erfolgt mit rechtlicher und wirtschaftlicher Wirkung zum ▬▬▬ um ▬▬▬ Uhr.

§ 3 Kaufpreis

Der Kaufpreis wird insbesondere in Ansehung der durch die lange Tätigkeit des Chefarztes geschaffenen Praxiswert einvernehmlich auf ▬▬▬ EUR brutto (in Worten: ▬▬▬ Euro brutto) festgesetzt.

Der Kaufpreis wird in zwei Raten dem Chefarzt gezahlt, er ist mit Unterzeichnung dieser Vereinbarung entstanden und wird fällig zu 50% am ▬▬▬ und zu 50% am ▬▬▬.

Sollte die jeweilige Rate nicht fristgerecht bei dem Chefarzt eingehen, tritt Verzug des Krankenhauses ein, ohne dass es einer besonderen Mahnung bedarf.

Ab Verzugseintritt ist der jeweilige Ratenbetrag mit dem gesetzlichen Zinssatz (8% über dem Basiszinssatz) zu verzinsen.

Falls der Chefarzt vor Auszahlung des Kaufpreises oder eines Teiles des Kaufpreises verstirbt, steht der Kaufpreis seinen Erben zu.

§ 4 Patientenübernahme

Die in Behandlung befindlichen Patienten werden ab dem ▬▬▬ übernommen[665] und sachgerecht versorgt.

§ 5 Ausschluss der Gewährleistung

Der Chefarzt übernimmt keine Gewährleistung oder Garantie für die Erhaltung oder Fortführung des Patientenstammes oder für die zukünftige Honorarentwicklung oder den Fortbestand der KV-Ermächtigung.

§ 6 Archivierungspflichtige Unterlagen

Die archivierungspflichtigen Unterlagen werden vom Krankenhaus übernommen und aufbewahrt. Die entstehenden Kosten übernimmt das Krankenhaus.

§ 7 Vertragskosten

Die Kosten dieses Vertrages trägt das Krankenhaus.

§ 8 Schlussbestimmungen

Änderungen, Ergänzungen und die Aufhebung dieses Vertrages bedürfen der Schriftform. Nebenabreden bestehen nicht. Sollten einzelne Bestimmungen dieses Vertrages unwirksam sein oder werden, wird dadurch die Wirksamkeit des Vertrages im Übrigen nicht berührt. Die ungültigen oder unwirksamen Bestimmungen sind durch gesetzlich zulässige zu ersetzen, mit denen die wirtschaftlichen und vertraglichen Zwecke in gleicher Weise erreicht werden.

---

[665] Dieses Datum ist identisch mit dem Datum in § 2 des Vertrages.

IV. Abwicklungsverträge mit Arbeitnehmern

1. Muster: Abwicklungsvertrag vor Erhebung der Kündigungsschutzklage

Zwischen

■■■, vertreten durch ■■■

– nachstehend: Arbeitgeber –

und

■■■, vertreten durch ■■■

– nachstehend: Arbeitnehmer –

wird Folgendes vereinbart:

§ 1 Gegenstand des Vertrages
Der Arbeitgeber hat das Arbeitsverhältnis fristgerecht und betriebsbedingt unter Wahrung der ordentlichen Kündigungsfrist zum ■■■ gekündigt.

§ 2 Abfindung
Der Arbeitgeber zahlt dem Arbeitnehmer zum Ausgleich für den Verlust des Arbeitsplatzes eine Abfindung entsprechend §§ 9, 10 KSchG, §§ 24, 34 EStG in Höhe von ■■■ EUR (in Worten: ■■■ Euro).

Der Arbeitgeber zahlt die Abfindung bis zum ■■■ auf folgendes Konto: ■■■

Die Parteien vereinbaren, dass der Abfindungsanspruch mit dem Tag der Unterzeichnung dieser Vereinbarung entstanden und vererbbar ist.

§ 3 Freistellung
Der Arbeitnehmer erhält bis zur Beendigung des Arbeitsverhältnisses Gelegenheit, seinen ihm zustehenden Urlaub zu nehmen und wird im Übrigen vom Arbeitgeber widerruflich von der Arbeitsleistung freigestellt. Bis zur Beendigung seines Arbeitsverhältnisses erhält der Arbeitnehmer seine bisherigen Bezüge. Er ist in der Zeit der Freistellung in der Verwertung seiner Arbeitskraft frei, wobei ihm jede Beteiligung oder Tätigkeit für ein Konkurrenzunternehmen untersagt ist. Während der Zeit der Freistellung finden §§ 326 Abs. 2 Satz 2, 615 Satz 2 BGB (keine) Anwendung. Durch die Freistellung sind sämtliche Urlaubsansprüche und Ansprüche auf Freizeitausgleich abgegolten.

§ 4 Tantieme/Bonus
Der Arbeitnehmer hat für das laufende Geschäftsjahr Anspruch auf Gewinnbeteiligung in Höhe von ■■■ EUR. Trotz der Beendigung des Arbeitsverhältnisses vor Ablauf des Jahres wird die Tantieme/Bonus mit der Beendigung des Arbeitsverhältnisses vollständig gezahlt.

§ 5 Dienstwagen
Der Arbeitnehmer ist verpflichtet, den Dienstwagen nebst sämtlichen Fahrzeugpapieren, Schlüsseln, sämtlichem Zubehör sowie der Tankkarte mit dem Tag der Unterzeichnung dieser Vereinbarung an die Firma zurückzugeben.

§ 6 Geschäfts- und Betriebsgeheimnisse
Der Arbeitnehmer ist verpflichtet, sämtliche ihm während seiner Tätigkeit bekannt gewordenen betriebsinternen Angelegenheiten, vor allem Geschäfts- und Betriebsgeheimnisse, geheim zu halten.

§ 7 Herausgabe von Unterlagen
Der Arbeitnehmer wird zum Beendigungszeitpunkt sein Büro räumen und alle im Zusammenhang mit dem Dienstverhältnis erhaltenen oder gefertigten Gegenstände und insbesondere Unterlagen herausgeben, ohne Abschriften oder Kopien oder Mehrstücke für sich zu behalten.

Der Arbeitnehmer wird insbesondere keinerlei Besitz mehr an Datenträgern, welcher Art auch immer, behalten, auf welchen sich Daten bzw. Informationen befinden, die die Gesellschaften einschließlich Ober-, Tochter- und Schwestergesellschaften oder Geschäftspartner bzw. Kunden betreffen oder auf solche Daten oder Informationen Bezug nehmen.

Der Arbeitnehmer teilt den Gesellschaften alle Codes, Passwörter, Zugangssperren im Hinblick auf EDV-Nutzung mit und wird von diesen selber keinen Gebrauch mehr machen.

Ein Zurückbehaltungsrecht gegenüber den in dieser Klausel geregelten Verpflichtungen steht dem Arbeitnehmer nicht zu.

§ 8 Zeugnis
Der Arbeitgeber verpflichtet sich, dem Arbeitnehmer bis zur Beendigung seiner Tätigkeit ein qualifiziertes, wohlwollendes und berufsförderndes Zeugnis über die Gesamtdauer seiner Beschäftigung zu erteilen. Der Wortlaut des auszufertigenden Zeugnisses ist als Anlage zu diesem Abwicklungsvertrag genommen.

§ 9 Wiedereinstellungsanspruch
Der Arbeitnehmer verzichtet auf einen etwaigen Wiedereinstellungsanspruch.

§ 10 Zurückbehaltungsrecht
Dem Arbeitgeber steht kein Zurückbehaltungsrecht wegen der sich aus diesem Vertrag ergebenden Verpflichtungen zu.

§ 11 Aufrechnungsverbot
Eine Aufrechnung des Arbeitgebers gegenüber den sich aus diesem Vertrag ergebenden finanziellen Verpflichtungen ist ausgeschlossen.

§ 12 Arbeitsbescheinigung
Der Arbeitgeber stellt dem Arbeitnehmer eine Arbeitsbescheinigung gemäß § 312 SGB III aus. Als Grund für die Beendigung des Arbeitsverhältnisses wird angegeben, ▪▪▪.

§ 13 Belehrung
Der Arbeitnehmer bestätigt, dass er über etwaige Nachteile beim Bezug von Arbeitslosengeld belehrt ist und hierüber das Arbeitsamt verbindlich entscheidet, das zur Erteilung von Auskünften berufen und verpflichtet ist.
Zur Aufrechterhaltung ungekürzter Ansprüche auf Arbeitslosengeld ist der Arbeitnehmer nach § 37b SGB III verpflichtet, sich drei Monate vor Beendigung des Arbeitsverhältnisses/innerhalb von drei Tagen nach Kenntnis von der Kündigung persönlich bei der Agentur für Arbeit arbeitsuchend zu melden. Durch diesen Hinweis kommt der Arbeitgeber seiner Verpflichtung nach § 2 Abs. 2 Satz 2 Nr. 2 SGB III nach.

§ 14 Erledigungsklausel
Die Parteien sind sich darüber einig, dass mit der Erfüllung dieser Vereinbarung sämtliche Ansprüche der Parteien aus dem Arbeitsverhältnis erledigt sind.

2. Muster: Abwicklungsvertrag nach Erhebung der Kündigungsschutzklage

Zwischen

▪▪▪, vertreten durch ▪▪▪

– nachstehend: Arbeitgeber –

und

▪▪▪, vertreten durch ▪▪▪

– nachstehend: Arbeitnehmer –

wird Folgendes vereinbart:

§ 1 Gegenstand des Vertrages
Der Arbeitgeber hat das Arbeitsverhältnis fristgerecht und betriebsbedingt unter Wahrung der ordentlichen Kündigungsfrist zum ▪▪▪ gekündigt.

§ 2 Abfindung
Der Arbeitgeber zahlt dem Arbeitnehmer zum Ausgleich für den Verlust des Arbeitsplatzes eine Abfindung entsprechend §§ 9, 10 KSchG, §§ 24, 34 EStG in Höhe von ▪▪▪ EUR (in Worten: ▪▪▪ Euro).
Der Arbeitgeber zahlt die Abfindung bis zum ▪▪▪ auf folgendes Konto: ▪▪▪
Die Parteien vereinbaren, dass der Abfindungsanspruch mit dem Tag der Unterzeichnung dieser Vereinbarung entstanden und vererbbar ist.

§ 3 Freistellung
Der Arbeitnehmer erhält bis zur Beendigung des Arbeitsverhältnisses Gelegenheit, seinen ihm zustehenden Urlaub zu nehmen und wird im Übrigen vom Arbeitgeber widerruflich von der Arbeitsleistung freigestellt. Bis zur Beendigung seines Arbeitsverhältnisses erhält der Arbeitnehmer seine bisherigen Bezüge. Er ist in der Zeit der Freistellung in der Verwertung seiner Arbeitskraft frei, wobei ihm jede Beteiligung oder Tätigkeit für ein Konkurrenzunternehmen unter-

sagt ist. Während der Zeit der Freistellung finden §§ 326 Abs. 2 Satz 2, 615 Satz 2 BGB (keine) Anwendung. Durch die Freistellung sind sämtliche Urlaubsansprüche und Ansprüche auf Freizeitausgleich abgegolten.

§ 4 Tantieme/Bonus

Der Arbeitnehmer hat für das laufende Geschäftsjahr Anspruch auf Gewinnbeteiligung in Höhe von ▬▬▬ EUR. Trotz der Beendigung des Arbeitsverhältnisses vor Ablauf des Jahres wird die Tantieme/Bonus mit der Beendigung des Arbeitsverhältnisses vollständig gezahlt.

§ 5 Dienstwagen

Der Arbeitnehmer ist verpflichtet, den Dienstwagen nebst sämtlichen Fahrzeugpapieren, Schlüsseln, sämtlichem Zubehör sowie der Tankkarte mit dem Tag der Unterzeichnung dieser Vereinbarung an die Firma zurückzugeben.

§ 6 Geschäfts- und Betriebsgeheimnisse

Der Arbeitnehmer ist verpflichtet, sämtliche ihm während seiner Tätigkeit bekannt gewordenen betriebsinternen Angelegenheiten, vor allem Geschäfts- und Betriebsgeheimnisse, geheim zu halten.

§ 7 Herausgabe von Unterlagen

Der Arbeitnehmer wird zum Beendigungszeitpunkt sein Büro räumen und alle im Zusammenhang mit dem Dienstverhältnis erhaltenen oder gefertigten Gegenstände und insbesondere Unterlagen herausgeben, ohne Abschriften oder Kopien oder Mehrstücke für sich zu behalten.

Der Arbeitnehmer wird insbesondere keinerlei Besitz mehr an Datenträgern, welcher Art auch immer, behalten, auf welchen sich Daten bzw. Informationen befinden, die die Gesellschaften einschließlich Ober-, Tochter- und Schwestergesellschaften oder Geschäftspartner bzw. Kunden betreffen oder auf solche Daten oder Informationen Bezug nehmen. Der Arbeitnehmer teilt den Gesellschaften alle Codes, Passwörter, Zugangssperren im Hinblick auf EDV-Nutzung mit und wird von diesen selber keinen Gebrauch mehr machen.

Ein Zurückbehaltungsrecht gegenüber den in dieser Klausel geregelten Verpflichtungen steht dem Arbeitnehmer nicht zu.

§ 8 Zeugnis

Der Arbeitgeber verpflichtet sich, dem Arbeitnehmer bis zur Beendigung seiner Tätigkeit ein qualifiziertes, wohl wollendes und berufsförderndes Zeugnis über die Gesamtdauer seiner Beschäftigung zu erteilen. Der Wortlaut des auszufertigenden Zeugnisses ist als Anlage zu diesem Abwicklungsvertrag genommen.

§ 9 Wiedereinstellungsanspruch

Der Arbeitnehmer verzichtet auf einen etwaigen Wiedereinstellungsanspruch.

§ 10 Zurückbehaltungsrecht

Dem Arbeitgeber steht kein Zurückbehaltungsrecht wegen der sich aus diesem Vertrag ergebenden Verpflichtungen zu.

§ 11 Aufrechnungsverbot

Eine Aufrechnung des Arbeitgebers gegenüber den sich aus diesem Vertrag ergebenden finanziellen Verpflichtungen ist ausgeschlossen.

§ 12 Arbeitsbescheinigung

Der Arbeitgeber stellt dem Arbeitnehmer eine Arbeitsbescheinigung gemäß § 312 SGB III aus. Als Grund für die Beendigung des Arbeitsverhältnisses wird angegeben: ▬▬▬

§ 13 Belehrung

Der Arbeitnehmer verzichtet auf Hinweise über die sozial- und steuerrechtlichen Folgen des Abschlusses dieses Abwicklungsvertrages. Dennoch weist der Arbeitgeber auf Folgendes hin:

Zur Aufrechterhaltung ungekürzter Ansprüche auf Arbeitslosengeld ist der Arbeitnehmer nach § 37b SGB III verpflichtet, sich drei Monate vor Beendigung des Arbeitsverhältnisses/innerhalb von drei Tagen nach Kenntnis von der Kündigung persönlich bei der Agentur für Arbeit arbeitsuchend zu melden. Durch diesen Hinweis kommt der Arbeitgeber seiner Verpflichtung nach § 2 Abs. 2 Satz 2 Nr. 2 SGB III nach.

§ 14 Erledigungsklausel

Die Parteien sind sich darüber einig, dass mit der Erfüllung dieser Vereinbarung sämtliche Ansprüche der Parteien aus dem Arbeitsverhältnis erledigt sind.

§ 15 Vergleich

Mit Unterzeichnung dieser Vereinbarung nimmt der Arbeitnehmer unverzüglich seine vor dem Arbeitsgericht ▬▬▬ anhängige Kündigungsschutzklage, Az.: ▬▬▬, zurück.

(Alternativ: Die Parteien überreichen den vorliegenden Abwicklungsvertrag mit der Bitte an das Arbeitsgericht ▬▬▬, dass unter dem Az.: ▬▬▬ ein Beschluss gemäß § 278 Abs. 6 ZPO mit dem Inhalt des vorliegenden Abwicklungsvertrages geschlossen wird.)

3. Muster: Prozessvergleich mit Monte-Carlo-Klausel

1. Die Parteien sind sich einig, dass das Arbeitsverhältnis aufgrund ordentlicher, betriebsbedingter Kündigung der Beklagten vom ▬▬▬ mit Ablauf des ▬▬▬ endet.
2. Die Beklagte verpflichtet sich, an den Kläger zum Ausgleich für den Verlust des Arbeitsplatzes eine Abfindung gemäß §§ 9, 10 KSchG, §§ 34, 24 EStG in Höhe von ▬▬▬ EUR zum ▬▬▬ zu zahlen.
3. Wird die vereinbarte Abfindung nicht zu dem unter Ziff. 2 vereinbarten Zeitpunkt von der Beklagten geleistet, ist der zwischen den Parteien geschlossene Vergleich hinfällig und der bis zu diesem Zeitpunkt ruhend gestellte Rechtsstreit wird fortgesetzt.
4. Mit der Mitteilung fristgerechten Eingangs der Zahlung gemäß Ziff. 2 durch den Kläger ist der vorliegende Rechtsstreit erledigt.

4. Muster: Abwicklungsvertrag als Anschreiben

Sehr geehrter Herr ▬▬▬,

hiermit kündigen wir das mit Ihnen bestehende Arbeitsverhältnis ordentlich unter Wahrung der bei Ihnen zu beachtenden Kündigungsfrist zum ▬▬▬.

Wir gewähren Ihnen eine Abfindung in Höhe von ▬▬▬ EUR. Sie erhalten das aus der Anlage ersichtliche Zeugnis. Der Dienstwagen ist am letzten Tag des Arbeitsverhältnisses zurückzugeben.

Gemäß § 151 Satz 1 BGB verzichten wir auf den Zugang der Annahmeerklärung unseres Angebots und halten uns hieran bis zum oben genannten Ende des Arbeitsverhältnisses gebunden.

5. Muster: Abwicklungsvertrag (deutsch/englisch)

Abwicklungsvertrag	**Settlement Agreement**
Zwischen	Between
▬▬▬	▬▬▬
– nachstehend: Arbeitgeber –	– employer –
und	and
▬▬▬	▬▬▬
– nachstehend: Arbeitnehmer –	– employee –
wird folgender Abwicklungsvertrag geschlossen:	agree upon the following settlement agreement:
Präambel	**Preamble**
Der Arbeitgeber hat das Arbeitsverhältnis fristgerecht aus betriebsbedingten Gründen am ▬▬▬ zum ▬▬▬ gekündigt. Hintergrund der Kündigung ist ▬▬▬. Aus diesem Grund muss das Personal deutlich verringert werden.	▬▬▬ the employer has given due notice of dismissal to take effect on ▬▬▬. The notice of termination of employment is based on operational reasons: ▬▬▬. For this reason the employer has to reduce the number of staff.

§ 1 Abfindung

Der Arbeitgeber zahlt dem Arbeitnehmer zum Ausgleich für den Verlust des Arbeitsplatzes eine Abfindung entsprechend §§ 9, 10 KSchG, §§ 24, 34 EStG in Höhe von ▄▄▄ EUR (in Worten: ▄▄▄ Euro).

Bis zu einem Betrag von ▄▄▄ EUR (in Worten: ▄▄▄ Euro) ist die Abfindung brutto gleich netto.

Der Arbeitgeber zahlt die Abfindung bis zum ▄▄▄ auf das Gehaltskonto des Arbeitnehmers aus.

Die Abfindung reduziert sich um den Betrag, der gemäß § 115 SGB X auf die Bundesagentur für Arbeit übergegangen ist. Die Abfindung wird erst dann fällig, wenn die zuständige Agentur für Arbeit der Firma einen entsprechenden Bescheid erteilt hat.

Die Parteien vereinbaren, dass der Abfindungsanspruch vererbbar und bereits mit Unterzeichnung dieses Vertrages entstanden ist.

§ 1 Compensation for dismissal

The compensation for dismissal pursuant to §§ 9, 10 KSchG, §§ 24, 34 EStG is ▄▄▄ EUR (in words: ▄▄▄ Euro).

To the amount of ▄▄▄ EUR the compensation is a net payment.

The employer has to transfer the compensation to the employee's salary account until ▄▄▄.

The compensation will be reduced by the amount which is transferred – acc. to § 115 SGB (Court of Social Law) X – to the Bundesagentur für Arbeit (Federal Insurance Office for Salaried Employees). The compensation will only become due after the Labour Office belonging to the company has placed the corresponding advice.

The parties agree that the employee's claim to the compensation is inheritable and constituted by signature of this contract.

§ 2 Ordnungsgemäße Abwicklung

Bis zur Beendigung seines Arbeitsverhältnisses erhält der Arbeitnehmer seine bisherigen Bezüge weitergezahlt.

Das Arbeitsverhältnis wird bis zu seiner Beendigung von beiden Seiten ordnungsgemäß abgewickelt.

§ 2 Execution of liquidation

The employer will pay the monthly salary to the employee until the employment is terminated.

Both parties will perform their contractual duties until the employment is terminated.

§ 3 Zeugnis

Der Arbeitgeber verpflichtet sich, dem Arbeitnehmer ein Zwischenzeugnis bis zum ▄▄▄ auszustellen, ansonsten spätestens bis zur Beendigung seiner Tätigkeit ein Endzeugnis zu erteilen.

§ 3 Testimonial

The employee is entitled to a written testimonial as of ▄▄▄ or – at the latest – by termination of the employment.

§ 4 Erledigungsklausel

Die Parteien sind sich darüber einig, dass mit der Erfüllung dieser Vereinbarung sämtliche Ansprüche der Parteien aus dem Arbeitsverhältnis erledigt sind. Gegen die Kündigung werden vom Arbeitnehmer keine Einwendungen erhoben.

§ 4 Settlement of claims

The parties agree that the performance of this contract has the effect that all their claims based on the employment contract are satisfied. The employee will not raise any objection against the notice of termination of employment.

§ 5 Anwendbares Recht

Der Vertrag unterliegt deutschem Recht.

§ 5 Applicable law

This contract is governed by German law.

6. Muster: Abwicklungsvertrag bei Betriebsstättenverlegung

Zwischen

der Firma ▄▄▄

– nachstehend: Arbeitgeber –

und Frau ▄▄▄, vertreten durch ▄▄▄

– nachstehend: Mitarbeiterin –

wird Folgendes vereinbart:

Präambel

Der Arbeitgeber hat das Arbeitsverhältnis fristgerecht aus betriebsbedingten Gründen am ▄▄▄ zum ▄▄▄ gekündigt. Der Arbeitgeber ist nach ▄▄▄ verzogen. Über die Konditionen, unter denen die Mitarbeiterin in ▄▄▄ hätte weiterbeschäftigt werden können, konnte keine Einigung erzielt werden.

§ 1 Abfindung

Der Arbeitgeber zahlt der Mitarbeiterin zum Ausgleich für den Verlust des Arbeitsplatzes eine Abfindung entsprechend §§ 9, 10 KSchG, §§ 24, 34 EStG in Höhe von ▬▬▬ EUR (in Worten: ▬▬▬ Euro).

Der Arbeitgeber zahlt die Abfindung am ▬▬▬ auf das Gehaltskonto der Mitarbeiterin.

Die Parteien vereinbaren, dass der Abfindungsanspruch vererbbar und bereits mit Unterzeichnung dieses Vertrages entstanden ist.

§ 2 Freistellung

Die Mitarbeiterin erhält bis zur Beendigung des Arbeitsverhältnisses Gelegenheit, den ihr zustehenden Urlaub zu nehmen und wird im Übrigen vom Arbeitgeber unter Verzicht auf die Anrechnung eines etwaigen Zwischenverdienstes von der Arbeitsleistung freigestellt. Bis zur Beendigung ihres Arbeitsverhältnisses erhält die Mitarbeiterin ihre bisherigen Bezüge in Höhe von monatlich ▬▬▬ EUR einschließlich eines Urlaubsgelds zum ▬▬▬ in Höhe von ▬▬▬ EUR und eines 13. Monatsgehalts in Höhe von ▬▬▬ EUR zum ▬▬▬ weitergezahlt. Etwaige Ansprüche auf Überstundenvergütung oder Freizeitausgleich sind durch diese Freistellungsvereinbarung abgegolten.

§ 3 Zeugnis

Der Arbeitgeber verpflichtet sich, der Mitarbeiterin das als Anlage zu diesem Vertrag beigefügte Zeugnis mit sofortiger Wirkung als Zwischenzeugnis, ansonsten spätestens bis zur Beendigung ihrer Tätigkeit als Endzeugnis zu erteilen.

§ 4 Hinweis- und Erledigungsklausel

Die Parteien sind sich darüber einig, dass mit der Erfüllung dieser Vereinbarung sämtliche Ansprüche der Parteien aus dem Arbeitsverhältnis erledigt sind. Gegen die Kündigung werden keine Einwendungen erhoben. Die Mitarbeiterin verzichtet auf Hinweise zu den rentenversicherungsrechtlichen, arbeitslosenversicherungsrechtlichen, steuerrechtlichen und arbeitsvertragsrechtlichen Auswirkungen dieses Abwicklungsvertrages.

7. Muster: Abwicklungsvertrag als 58er-Regelung

Zwischen

der Firma ▬▬▬

– nachstehend: Firma –

und

Herrn ▬▬▬

– nachstehend: Mitarbeiter –

wird Folgendes vereinbart:

§ 1 Beendigung des Arbeitsverhältnisses

Die Firma hat das Arbeitsverhältnis mit dem Mitarbeiter am ▬▬▬ zum ▬▬▬ aus nicht verhaltensbedingten Gründen gekündigt. Gegen die Kündigung werden vom Mitarbeiter keine Einwendungen erhoben.

§ 2 Antrag auf Arbeitslosengeld

Der Mitarbeiter erklärt, sich spätestens am ersten Tag nach Beendigung des Arbeitsverhältnisses bei der zuständigen Agentur für Arbeit arbeitslos zu melden und Arbeitslosengeld zu beantragen. Die Parteien vereinbaren, dass der Mitarbeiter den Bewilligungsbescheid über die Zahlung des Arbeitslosengeldes unverzüglich nach Erhalt der Firma vorlegt.

§ 3 Antrag auf Altersrente

(1) Der Mitarbeiter verpflichtet sich, frühestmöglich einen Rentenantrag auf vorzeitige Inanspruchnahme von Altersruhegeld wegen Arbeitslosigkeit oder (bei Bestehen einer Schwerbehinderung) einen Antrag auf vorgezogene Altersrente (§ 37 SGB VI) sowie (bei Frauen) einen Antrag auf Altersrente für Frauen (§ 39 SGB VI) zu stellen.

(2) Kommt der Mitarbeiter der Verpflichtung nach Abs. 1 nicht nach und entsteht daraus der Firma ein Schaden bzw. ein zusätzlicher wirtschaftlicher Aufwand, verpflichtet sich der Mitarbeiter, diesen Schaden bzw. den zusätzlichen Aufwand zu ersetzen.

§ 4 Betriebliche Altersversorgung

Der Mitarbeiter erhält aufgrund einer unverfallbaren Anwartschaft eine betriebliche Altersversorgung gemäß ▬▬▬.

§ 5 Zahlung einer Abfindung

(1) Zum Ausgleich dafür, dass der Mitarbeiter seinen Arbeitsplatz verliert, erhält er von der Firma eine einmalige Brutto-Abfindung in Höhe von ▬▬▬ EUR, die am 13. des auf die Beendigung des Arbeitsverhältnisses folgenden Monats gezahlt wird.

(2) Wird die vorgezogene Altersrente nicht gewährt, weil der Mitarbeiter Einnahmen hat, über die die Hinzuverdienstgrenze überschritten wird, werden keine zusätzlichen Ansprüche des Mitarbeiters gegen die Firma begründet.

(3) Die Abfindung reduziert sich um den Betrag, der gemäß § 115 SGB X auf die Bundesagentur für Arbeit übergegangen ist. Die Abfindung wird erst dann fällig, wenn die zuständige Agentur für Arbeit der Firma einen entsprechenden Bescheid erteilt hat.

(4) Die Parteien haben bei der Bestimmung der Abfindungshöhe die zum Zeitpunkt des Vertragsschlusses geltenden Bestimmungen des Sozialgesetzbuches III, des Sozialgesetzbuches VI, des ▬▬▬-Tarifvertrages und die für die betriebliche Altersversorgung geltende Satzung (Betriebsvereinbarung) berücksichtigt. Die Abfindungshöhe bildete Gegenstand von Verhandlungsgesprächen zwischen den Parteien.

§ 6 Urlaub

Die im Jahr der Beendigung des Arbeitsverhältnisses dem Mitarbeiter zustehenden Urlaubstage sowie noch vorhandene Resturlaubstage aus dem Vorjahr sind bis zum Ende des Arbeitsverhältnisses zu nehmen.

§ 7 Sonstige Ansprüche

Zwischen den Parteien besteht Einigkeit, dass mit der Erfüllung der Leistungen aus diesem Vertrag jegliche Ansprüche aus Anlass und in Verbindung mit der Beendigung des Arbeitsverhältnisses, gleich aus welchem Rechtsgrund, erfüllt sind und nicht mehr bestehen.

§ 8 Hinweise

(1) Hinweise über die rentenrechtlichen Auswirkungen des Abschlusses eines Aufhebungsvertrags erteilen die Deutsche Rentenversicherung und die Unterstützungskasse ▬▬▬ für die betriebliche Altersversorgung. Die Firma hat den Mitarbeiter zusätzlich darauf hingewiesen, dass er eine Beratung durch den Versichertenältesten in Anspruch nehmen kann. Über die steuerlichen Auswirkungen des Abwicklungsvertrages erteilt das Wohnsitzfinanzamt Auskünfte, die auch in Form einer Lohnsteueranrufungsauskunft eingeholt werden können. Auskünfte über die arbeitslosenrechtlichen Folgen des Abwicklungsvertrages erteilt die Agentur für Arbeit.

(2) Nachdem der Mitarbeiter auf die Möglichkeit der Inanspruchnahme von Beratung durch die vorgenannten Stellen hingewiesen wurde und Gelegenheit hatte, sich bei den vorerwähnten Stellen über die wirtschaftlichen und rechtlichen Auswirkungen des Abwicklungsvertrages zu informieren, verzichtet er auf weitergehende Hinweise durch die Firma.

§ 9 Ausfertigungen dieses Vertrages

Jede Vertragspartei erhält eine Originalausfertigung dieses Abwicklungsvertrages.

▬▬▬ (Ort, Datum, Unterschrift Firma)

▬▬▬ (Ort, Datum, Unterschrift Mitarbeiter)

Anlage:

▬▬▬

Orientierungshilfe zur Ermittlung der Abfindungshöhe für die im Rahmen der 58er-Regelung an den Mitarbeiter ▬▬▬ zu zahlende Abfindung.

1. ▬▬▬% des letzten Jahresnettogehaltes, umgerechnet auf den Zeitraum der Arbeitslosigkeit ▬▬▬ EUR
2. Davon: voraussichtliche Gesamtleistung der Agentur für Arbeit im Zeitraum der Arbeitslosigkeit von ▬▬▬ bis ▬▬▬ (in Gruppe ▬▬▬, Steuerklasse ▬▬▬) Nettoauszahlungsbetrag ▬▬▬ EUR x ▬▬▬ Wochen ▬▬▬ EUR
3. Ferner: Abfindung der Firma für die Zeit der Arbeitslosigkeit bis zum vorgezogenen Rentenbeginn (Nr. 1 – Nr. 2) ▬▬▬ EUR
4. Erhöhungsbetrag auf die Abfindung (3) wegen Kranken- und Pflegeversicherung ▬▬▬ EUR
5. Gesamtauszahlungsbetrag (Nr. 3 + Nr. 4) ▬▬▬ EUR
6. Zahlung am 13. ▬▬▬ (aufgerundeter Betrag Nr. 5) ▬▬▬ EUR
7. Steuerlast auf Abfindung (wird von Firma für Mitarbeiter an das Finanzamt entrichtet) ▬▬▬ EUR

Gesamtabfindungsbetrag: ▬▬▬ EUR

Diese Angaben sind unverbindlich, es lassen sich hieraus keine Rechtsansprüche für den Mitarbeiter ableiten.

8. Muster: Abwicklungsvertrag unter Mitwirkung des Integrationsamtes

↓

Zwischen

der Firma ▪▪▪

– nachstehend: Arbeitgeber –

und

Herrn ▪▪▪

– nachstehend: Arbeitnehmer –

wird folgende Vereinbarung getroffen:

§ 1
Der Arbeitgeber hat bei dem Integrationsamt ▪▪▪ die Zustimmung zur Kündigung des Arbeitsverhältnisses beantragt.

§ 2
(1) Zwischen den Beteiligten hat unter Leitung der örtlichen Fürsorgestelle ▪▪▪ am ▪▪▪ eine mündliche Verhandlung nach § 88 Abs. 1 SGB IX mit dem Ziel der gütlichen Einigung stattgefunden.

(2) Die Leitung der örtlichen Fürsorgestelle hat nach ausführlicher Anhörung erklärt, dass sie die Zustimmung zur Kündigung des Arbeitnehmers nach § 85 SGB IX erteilen wird.

(3) Die Parteien vereinbaren, dass das Kündigungsschreiben sowie die Zustimmungserklärung des Integrationsamtes als Anlage zu diesem Abwicklungsvertrag genommen werden.

§ 3
(1) Die Beteiligten sind darüber einig, dass auf Veranlassung des Arbeitgebers das Arbeitsverhältnis mit Ablauf der gesetzlichen Kündigungsfrist am ▪▪▪ endet.

(2) Das Arbeitsverhältnis wird aufgelöst, weil

a) der Arbeitnehmer die zuletzt ausgeübte Tätigkeit aus gesundheitlichen Gründen nicht mehr verrichten kann und vom Arbeitgeber auch auf anderen Arbeitsplätzen im Betrieb nicht zumutbar einsetzbar ist;

b) aus betrieblichen Gründen der Arbeitsplatz weggefallen ist und eine Umsetzungsmöglichkeit im Betrieb nicht vorhanden ist.

(3) Freie Arbeitsplätze beim Arbeitgeber, die der Qualifikation des Arbeitnehmers als ▪▪▪ entsprechen, stehen derzeit nicht zur Verfügung.

§ 4
Die Vertragsparteien sind darüber einig, dass der Arbeitnehmer unwiderruflich mit sofortiger Wirkung von der Arbeitsverpflichtung bis zum ▪▪▪ unter Anrechnung der Urlaubsansprüche freigestellt wird.

§ 5
Der Arbeitgeber verpflichtet sich, bis zur Beendigung das Arbeitsverhältnis ordnungsgemäß abzuwickeln.

§ 6
Der Arbeitgeber verpflichtet sich, dem Arbeitnehmer ein qualifiziertes, berufsförderndes Zeugnis bezüglich Führung und Leistung mit einer ▪▪▪ Bewertung (zur ▪▪▪ Zufriedenheit) zu erteilen und bis spätestens ▪▪▪ an den Arbeitnehmer auszuhändigen.

§ 7
Der Arbeitgeber verpflichtet sich, an den Arbeitnehmer wegen Verlustes des Arbeitsplatzes und Aufgabe des sozialen Besitzstandes eine Abfindung gemäß §§ 9, 10 KSchG, §§ 34, 24 EStG in Höhe von ▪▪▪ EUR – in Worten: ▪▪▪ Euro – zu zahlen. Die Abfindung ist am ▪▪▪ fällig und ab Fälligkeit mit 5 % über dem jeweiligen Basiszinssatz der EZB (derzeit ▪▪▪ %) zu verzinsen.

§ 8
Der bei dem Integrationsamt gestellte Antrag auf Zustimmung zur Kündigung ist durch die Erteilung der Zustimmung gegenstandslos geworden.

§ 9
Mit der Erfüllung der Verpflichtungen aus dieser Vereinbarung sind sämtliche wechselseitige Ansprüche der Beteiligten aus dem beendeten Arbeitsverhältnis einschließlich etwaiger Versorgungsansprüche endgültig erledigt.

(Ort, Datum, Unterschrift Arbeitgeber)
(Ort, Datum, Unterschrift Arbeitnehmer)
(Unterschrift Fürsorgestelle)

9. Muster: Abwicklungsvertrag nach Auslandsentsendung

Zwischen

der ▪▪▪

sowie

der ▪▪▪

– nachstehend „Company" genannt –
– einerseits –

und

▪▪▪

– andererseits –

wird Folgendes vereinbart:

1. Die Parteien sind sich darüber einig, dass das zwischen ihnen bestehende Dienstverhältnis im gegenseitigen Einvernehmen aus betrieblichen Gründen mit Wirkung zum ▪▪▪ beendet wird. Zum gleichen Zeitpunkt endet auch das ▪▪▪ Foreign-Assignment.

2. Das Arbeitsverhältnis wird bis zu seiner Beendigung ordnungsgemäß abgerechnet. Zur ordnungsgemäßen Abrechnung gehören bis zur Beendigung die Aufrechterhaltung des sozialversicherungsrechtlichen Status in Deutschland die Krankenversicherung für Herrn ▪▪▪ und seine Ehefrau in ▪▪▪, die Übernahme der Krankenversicherungs- und der Pflegeversicherungs-Anwartschaften für Herrn ▪▪▪ und seine Frau in Deutschland, die bestehende Gruppenunfallversicherung, der Dienstwagen und die Miete und die Nebenkosten für die Unterkunft in ▪▪▪ unter gleichzeitigem Abzug einer hypothetischen Miete in Deutschland. Zur ordnungsgemäßen Abwicklung gehört weiterhin bis zur Beendigung die Zahlung des Gehalts und pro Jahr ein Hin- und Rückflug in Business Class für Herrn ▪▪▪ und seine Frau sowie die Übernahme der Kosten eines Mietwagens während des Heimataufenthalts in Deutschland gemäß dem International Relocation Agreement der Company.

3. Der Bonus für das Jahr ▪▪▪ wird in Anwendung der Company-Regeln für ▪▪▪ gewährt. Ein Zu- oder Abschlag auf Basis persönlicher Performance entfällt. Die Zahlung des Bonus erfolgt zum üblichen Auszahlungszeitpunkt, spätestens zum ▪▪▪.

4. Mit Kündigungsschreiben vom ▪▪▪ wurde Herr ▪▪▪ unwiderruflich unter Anrechnung auf bestehende Resturlaubsansprüche von der Arbeit freigestellt. Zum gleichen Zeitpunkt wurde Herr ▪▪▪ als Managing Director ▪▪▪ abberufen. Die Freistellungsregelung gilt nicht, soweit Herr ▪▪▪ das Angebot der Company annimmt, für den Zeitraum ▪▪▪ bis ▪▪▪ für Europa eine Aufgabenstellung im Rahmen des Projektes ▪▪▪ zu übernehmen. Seine Bereitschaft zur Mitwirkung am Projekt ▪▪▪ hat Herr ▪▪▪ erklärt. Er erwartet hierzu noch ein schriftliches Angebot durch den Vertragspartner zu 1).

5. Für den Verlust des Arbeitsplatzes erhält Herr ▪▪▪ eine Abfindung in Höhe von ▪▪▪ EUR brutto.

6. Die Abfindung wird zusammen mit dem letzten Monatsgehalt gezahlt.

7. Herr ▪▪▪ ist berechtigt, ihm von der Company erteilte Stock Options bis zum ▪▪▪ wahrzunehmen. Voraussetzung ist, dass die Wartefrist bis zum ▪▪▪ erfüllt ist.

8. Der Anspruch aus der Herrn ▪▪▪ am ▪▪▪ erteilten Direktzusage beträgt gemäß dem versicherungsmathematischen Sachverständigengutachten auf den ▪▪▪ monatlich ▪▪▪ EUR. Diese Berechnungen müssen noch auf den ▪▪▪ angepasst werden. Die Pensionsleistung kann von Herrn ▪▪▪ oder seinen Hinterbliebenen unter den in der Zusage vom ▪▪▪ vereinbarten Voraussetzungen in Anspruch genommen werden. Das versicherungsmathematische Gutachten wird als Anlage 1 zum Vertrag genommen.

9. Herr ▪▪▪ erhält das aus der Anlage 2 ersichtliche Zeugnis.

10. Herr ▪▪▪ erhält seine Ansprüche aus dem Relocation Agreement, abweichend von der Policy, für einen Umzug, der bis zum ▪▪▪ durchgeführt werden kann. Relocation Allowance und Temporary Living Expenses werden auf einen Betrag von pauschal ▪▪▪ EUR brutto konkretisiert. Sollte Herr ▪▪▪ bis zum ▪▪▪ nicht aus ▪▪▪ in ein anderes Land umgezogen

sein, erhält er zum Ausgleich sämtlicher mit der Übersiedlung verbundener Kosten und Ansprüche einen Betrag von ▬▬▬ EUR brutto, fällig zum ▬▬▬.

11. Herr ▬▬▬ verpflichtet sich, alle in seinem Besitz befindlichen Dokumente, Papiere, Kreditkarten, Schlüssel und weitere Gegenstände einschließlich Laptop, Mobiltelefon und Dienstwagen, welche Eigentum der Company oder eines zum Konzern gehörenden Unternehmens sind, der Company in deren Geschäftsstelle zu einem von beiden Parteien zu vereinbarenden Zeitpunkt und Ort zu übergeben, jedoch spätestens an dem Tag, an dem das Arbeitsverhältnis endet.

12. Herr ▬▬▬ bestätigt hiermit noch einmal, diejenigen Bestimmungen seines Dienstvertrages, die auch nach seinem Ausscheiden fortwirken, zu beachten, in diesem Fall die Geheimhaltungspflicht und die Verpflichtung, keinen Gebrauch von ihm im Rahmen seiner Tätigkeit zur Kenntnis gelangten Geschäftsgeheimnisse oder vertraulichen Geschäftsinformationen zu machen.

13. Der Klarstellung halber wird festgehalten, dass entsprechend den Regelungen für Foreign Assignments die Company die Kosten für die Inanspruchnahme einer internationalen Steuerberatungsgesellschaft für die Steuererklärungen des Herrn ▬▬▬ in Deutschland und in ▬▬▬ bis zu dem Steuerjahr, das den letzten Tag des Arbeitsverhältnisses von Herrn ▬▬▬ mit der Company erfasst, von der Company übernommen werden.

14. Mit Erfüllung dieses Vertrages sind alle Ansprüche aus dem endenden Dienstverhältnis und aus Anlass seiner Beendigung gegeneinander ausgeglichen. Unberührt bleiben die Ansprüche aus der Direktzusage vom ▬▬▬. Nach Eingang zweier unterzeichneter Ausfertigungen dieses Vertrages nimmt Herr ▬▬▬ seine beim Arbeitsgericht ▬▬▬ unter dem Aktenzeichen ▬▬▬ anhängige Klage zurück. Wegen des auf den ▬▬▬ anberaumten Gütetermins wird ein Vertagungsantrag gestellt.

15. Dieser Vertrag unterliegt dem deutschen Recht.

▬▬▬ (Ort, Datum, Unterschrift Vertragspartner 1)

▬▬▬ (Ort, Datum, Unterschrift Mitarbeiter)

▬▬▬ (Ort, Datum, Unterschrift Vertragspartner 2)

V. Sonstige Regelungen

1. Muster: Aufhebungsvertrag mit einem freien Mitarbeiter

Zwischen

der Firma ▬▬▬

– nachstehend: Unternehmen –

und

Herrn ▬▬▬

wird das am ▬▬▬ vereinbarte Vertragsverhältnis nach Maßgabe der folgenden Regelungen beendet:

§ 1

Die Partner sind sich darüber einig, dass das zwischen ihnen bestehende Vertragsverhältnis gemäß Vertrag vom ▬▬▬ mit Wirkung zum ▬▬▬ auf Veranlassung des Unternehmens endet.

§ 2

Als Entschädigung für entgangene bzw. in der Zukunft entgehende Einnahmen zahlt das Unternehmen an Herrn ▬▬▬ eine Abfindung in Höhe von ▬▬▬ EUR. Die Abfindung ist fällig am ▬▬▬.

Sollte angesichts des beendeten Vertragsverhältnisses das Unternehmen wirksam und rechtskräftig zur Nachentrichtung von Sozialversicherungsbeiträgen herangezogen werden, hat Herr ▬▬▬ in dem vom Sozialversicherungsträger festgestellten Umfang die erhaltene Abfindung zurückzuzahlen. Soweit die zurückzuzahlenden Beiträge die Höhe der Abfindung überschreiten, findet eine Rückzahlung durch Herrn ▬▬▬ nicht statt.[666]

§ 3

Herr ▬▬▬ erklärt verbindlich, dass er sämtliche Honorare, die er von dem Unternehmen im Rahmen des Vertragsverhältnisses vom ▬▬▬ erhalten hat, ordnungsgemäß versteuert hat.

---

[666] § 2 Abs. 2 kann auch in einem von beiden Parteien unterzeichneten Sideletter festgehalten werden.

§ 4
Mit der Erfüllung aller in diesem Aufhebungsvertrag geregelten Ansprüche des Herrn ▬▬▬ gegen das Unternehmen sind sämtliche finanziellen Ansprüche des Herrn ▬▬▬ gegen das Unternehmen erledigt.

§ 5
Sollte eine Bestimmung dieses Vertrages unwirksam sein, so wird die Wirksamkeit der übrigen Bestimmungen hiervon nicht berührt. Die Parteien verpflichten sich, eine etwaige unwirksame Bestimmung durch eine dieser in Interessenlage und Bedeutung möglichst nahe kommende, wirksame Vereinbarung zu ersetzen.

2. Muster: Lohnsteueranrufungsauskunft

An das Finanzamt ▬▬▬
– Lohnsteuerstelle –

Lohnsteueranrufungsauskunft

Sehr geehrte Damen und Herren,

ich beabsichtige, mein Arbeitsverhältnis bei der Firma ▬▬▬ am ▬▬▬ zu beenden. Die Veranlassung erfolgte durch die Firma. Die Lohnsteuerkarte habe ich erhalten.

Zwischen der Firma ▬▬▬ und mir soll der in Kopie beiliegende Aufhebungsvertrag geschlossen werden. Danach soll mir eine Abfindung von ▬▬▬ EUR zustehen.

Ich bitte Sie, mir gemäß § 42e EStG verbindlich mitzuteilen, dass aus der Abfindung ▬▬▬ EUR steuerfrei sind und mir sofort in Höhe von ▬▬▬ EUR ausbezahlt werden kann. Ich bitte, mir deshalb verbindlich mitzuteilen, in welcher Höhe die Firma Lohnsteuer einbehalten darf.

Für eine baldige Antwort wäre ich Ihnen dankbar.

Mit freundlichen Grüßen

3. Muster: Announcement-Klauseln

1. Herr ▬▬▬, Mitglied des Vorstands der ▬▬▬ AG, hat die Gesellschaft zum ▬▬▬ in beiderseitigem bestem Einvernehmen auf eigenen Wunsch verlassen, um sich zukünftig anderen Aufgaben zu widmen. Vorstand und Aufsichtsrat haben sich bei Herrn ▬▬▬ für seine bisher geleisteten Dienste ihren Dank ausgesprochen.

2. Aufgrund unterschiedlicher Auffassungen in der künftigen Geschäftspolitik haben sich die ▬▬▬ GmbH und ihr Geschäftsführer ▬▬▬ zum ▬▬▬ einvernehmlich getrennt.

3. Herr ▬▬▬, bislang im Vorstand zuständig für Marketing und Vertrieb, scheidet zum ▬▬▬ aus persönlichen Gründen aus. Seine Aufgaben werden zunächst kommissarisch vom Vorstandsvorsitzenden, ab dem ▬▬▬ durch seinen Nachfolger, Herrn ▬▬▬, übernommen.

4. Herr ▬▬▬, Vorstand Finanzen der ▬▬▬ AG, scheidet zum ▬▬▬ aus dem Vorstand des Unternehmens auf eigenen Wunsch einvernehmlich aus. Er wird der ▬▬▬ Gruppe in Zukunft als unabhängiger Berater zur Verfügung stehen.

Kapitel 3: Altersteilzeitverträge

Literatur

Abeln/Gaudernack, Keine Altersrente nach Altersteilzeit bei völliger Freistellung schon während der Arbeitsphase im so genannten Blockmodell, BB 2005, 43; *Ahlbrecht/Ickenroth*, Altersteilzeit im Blockmodell – Rechtlicher Rahmen und Sonderprobleme, BB 2002, 2440; *Ahrend/Förster/Rühmann*, Betriebsverfassungsgesetz zur Verbesserung der betrieblichen Altersversorgung, 10. Aufl. 2005; *Ahrend/Förster/Rößler*, Steuerrecht der betrieblichen Altersversorgung, Loseblatt; *dies*., Zur Insolvenzsicherung von Versorgungszusagen an Gesellschafter-Geschäftsführer, GmbHR 1980, 229; *Andelewski*, Auswirkungen des Altersteilzeitgesetzes auf die ehrenamtlichen Richter an Arbeits- und Landesarbeitsgerichten, NZA 2002, 655; *Andresen*, Frühpensionierung und Altersteilzeit, 3. Aufl. 2003; *Bauer*, Rechtliche und taktische Probleme der Altersteilzeit, NZA 1997, 401; *Bauer/Diller*, Wechselwirkungen zwischen Wettbewerbstätigkeit, Ruhestand und betrieblicher Altersversorgung, BB 1997, 990; *Beckmann*, Zeitbefristung, jurisPR-ArbR 18/2006, Anm. 1; *Bescheid*, Altersteilzeit in der Insolvenz nach Betriebsübergang, jurisPR-ArbR 10/2006, Anm. 5; *Blomeyer/Otto*, BetrAVG, 4. Aufl. 2006; *Boecken*, Das Altersteilzeitgesetz 1996, NJW 1996, 3386; *ders*., Entstehung und Fälligkeit eines Anspruchs auf Abfindung bei Frühpensionierung, NZA 2002, 421; *Christiansen*, Bilanzierung von Rückstellungen für Lohnzahlungen bei Altersteilzeit, HFR 2006, 356; *Decrupe*, Kündigung in der Arbeitsphase der Block-Arbeitszeit, jurisPR-ArbR 2/2006, Anm. 6; *Debler*, Altersteilzeit – „Störfälle" und andere unvorhergesehene Ereignisse, NZA 2001, 1285; *Diel*, Neuregelungen zur Frühverrentung, DB 1996, 1518; *Dziesiaty*, Altersteilzeit in der Insolvenz, jurisPR-InsR 12/2005, Anm. 6; *Engesser-Means/Clauss*, Eintritt in Altersteilzeitvertrag bei Arbeitgeberwechsel, NZA 2006, 293; *Gaul/Cepl*, Wichtige Änderungen im Altersteilzeitgesetz, BB 2000, 1727; *Gaul/Süßbrich*, Verschärfung der Insolvenzsicherung bei Altersteilzeit, ArbRB 2004, 249; *Griebeling*, Betriebliche Altersversorgung, 2. Aufl. 2003; *Hamm*, Insolvenzschutz von Arbeitszeitkonten, AiB 2005, 92; *Heubeck/Höhne/Paulsdörfer/Rau/Weinert*, Kommentar zum Betriebsrentengesetz, 1. Band: §§ 1–18 Arbeitsrechtliche Vorschriften, 1998; 2. Band: §§ 19–32 Steuerrechtliche Vorschriften und Übergangs- und Schlussvorschriften, 1997; *Höfer/Reiners/Wüst*, BetrAVG, Loseblatt; *Hoß*, Neue Spielregeln für die Altersteilzeit, ArbRB 2004, 146; *Kallhoff*, Umbau des Altersteilzeitgesetzes im Rahmen von „Hartz III", NZA 2004, 692; *Knospe*, Die Verpflichtung zum Insolvenzschutz für Vertragsparteien einer Wertguthabenvereinbarung im Rahmen flexibler Arbeitszeitgestaltung, NZA 2006, 187; *Langohr-Plato/Teslau*, Das Alterseinkünftegesetz und seine arbeitsrechtlichen Konsequenzen für die betriebliche Altersversorgung – Teil I, NZA 2004, 1297; *Medla*, Kollektivrechtliche Beteiligungsrechte des Altersteilzeitarbeitnehmers in der Freistellungsphase, FA 2002, 2; *Moderegger*, Gesetz zur Fortentwicklung der Altersteilzeit, DB 2000, 90; *Oberhofer/Wroblewski*, Die Altersteilzeit und das BAG in der Insolvenz, ZInsO 2005, 695; *Oberthür*, Die vollständige Freistellung in der Altersteilzeit – ein riskantes Trennungsmodell, NZA 2005, 377; *Olbert*, Altersteilzeit, AuA 2005, 226; *Plagemann*, Grundzüge der Altersteilzeit, ZAP Fach 17, 873; *Podewin*, Aktuelle Entscheidungen des Bundesarbeitsgerichts zur Altersteilzeit, FA 2004, 298; *Preis*, Das Altersteilzeitgesetz, SGb 1998, 147; *Rittweger/Petri/Schweikert*, Altersteilzeit, Kommentar, 2. Aufl. 2002; *Schlegel*, Schwerpunkte des Altersteilzeitgesetzes, FA 2000, 238; *Rothländer*, Rechtsprechungsübersicht zu Fragen der Altersteilzeit, PersR 2006, 68; *Schmidbauer/Schmidbauer*, Das neue Altersteilzeitgesetz 2003, ABC der Altersteilzeitarbeit; *Schrader/Straube*, Die Behandlung von Entgeltansprüchen aus einem Altersteilzeitverhältnis nach Insolvenzeröffnung, ZInsO 2005, 184; *Schulz*, Sozialversicherungsrechtliche Regelungen bei flexibler Arbeitszeit und Altersteilzeitarbeit, Die Beiträge 2005, 129; *ders*., Sozialversicherungsrechtliche Regelungen bei flexibler Arbeitszeit und Altersteilzeitarbeit, Die Beiträge 2005, 193; *ders*., Sozialversicherungsrechtliche Regelungen bei flexibler Arbeitszeit und Altersteilzeitarbeit, Die Beiträge 2005, 257; *Steinmeyer*, Betriebliche Altersversorgung und Arbeitsverhältnis, 1991; *Stiefermann*, Arbeitszeitflexibilisierung wird erleichtert, Arbeitgeber 1998, 207; *Stück*, Arbeitgeberkündigung im Altersteilzeitverhältnis, NZA 2000, 749; *ders*., Freistellungen im Spannungsfeld, AuA 2005, 704; *Thau*, Grundsätzlich keine Urlaubsabgeltung bei Altersteilzeit im Blockmodell, jurisPR-ArbR 48/2005, Anm. 1; *Viefhues*, Altersteilzeit und Vorruhestand, FF 2006, 103; *Weisemann*, Altersteilzeit in der Insolvenz, jurisPS-InsR 2/2005, Anm. 2; *Wellisch/Quast*, Bilanzierung von Rückstellungen bei „verblockter" Altersteilzeit und Lebensarbeitszeitkonten, BB 2006, 763; *Welslau*, Altersteilzeit in der betrieblichen Praxis, 2000; *Wolf*, Die beiden Gesetze zur Fortentwicklung der Altersteilzeit, NZA 2000, 637; *Wonneberger*, Das Gesetz zur sozialrechtlichen Absicherung flexibler Arbeitszeitregelungen, DB 1998, 982; *Ziemann*, Vergütungsberechnung bei Altersteilzeit im Blockmodell, jurisPR-ArbR 19/2006, Anm. 5; *Zwanziger*, Struktur, Probleme und Entwicklung des Altersteilzeitrechts – ein Überblick, RdA 2005, 226.

A. Erläuterungen

I. Zielsetzungen des Altersteilzeitgesetzes (ATG)

708 Das Altersteilzeitgesetz (ATG) bildet den gesetzlichen Rahmen für ältere Arbeitnehmer, einen gleitenden Übergang vom Erwerbsleben in den Ruhestand zu vereinbaren. Zahlreiche Branchen und Unternehmen haben Tarifverträge zur Altersteilzeit vereinbart, die Grundlage für einzelvertragliche Regelungen bilden. Das Dritte Gesetz für moderne Dienstleistungen am Arbeitsmarkt[1] hat das Altersteilzeitgesetz mit Wirkung ab dem 1.7.2004 geändert. Dabei wurde im ATG u.a. das **Regelarbeitsentgelt** als neue **Berechnungsbasis** für den Aufstockungsbetrag und die zusätzlichen Rentenversicherungsbeiträge eingeführt, die Insolvenzsicherung bei Altersteilzeitarbeit im Blockmodell näher ausgestaltet, die Erbringung von Aufstockungsleistungen einschließlich der zusätzlichen Rentenversicherungsbeiträge bei Krankheit nach Ablauf des Entgeltfortzahlungszeitraums durch den Arbeitgeber geregelt und die Anwendbarkeit des Gesetzes erleichtert.[2] Die neue Rechtslage findet Anwendung, wenn mit der Altersteilzeit nach dem 30.6.2004 begonnen wurde. Dabei ist nicht der Zeitpunkt des Vertragsabschlusses, sondern der rechtswirksame Beginn der Altersteilzeit maßgebend. Weitere Änderungen im Bereich der Altersteilzeit ergeben sich durch die zum 1.1.2005 in Kraft getretenen Änderungen durch das Vierte Gesetz für moderne Dienstleistungen am Arbeitsmarkt.[3] Diese Änderungen betreffen die Beschäftigung der Bezieher von Arbeitslosengeld II.

709 Die Frühverrentungspraxis belastet sowohl die Arbeitslosenversicherung als auch die gesetzliche Rentenversicherung mit erheblichen Kosten.[4] Der Gesetzgeber verfolgt mit dem ATG arbeitsmarktpolitische Zielsetzungen (vgl. § 1 Abs. 2 ATG). Die Bundesagentur für Arbeit fördert durch Leistungen nach dem ATG die Teilzeitarbeit älterer Arbeitnehmer, die ihre Arbeitszeit ab Vollendung des 55. Lebensjahres spätestens ab dem 31.12.2009 auf die Hälfte vermindern und damit die Einstellung eines sonst arbeitslosen Arbeitnehmers ermöglichen. Die gesetzliche Regelung ist bis zum 31.12.2009 befristet. Förderleistungen können daher für die Zeit ab dem 1.1.2010 nur noch erbracht werden, wenn die Altersteilzeit vor diesem Zeitpunkt begonnen hat.

710 Arbeitgeber und Arbeitnehmer müssen die Altersteilzeit **vor** ihrem Beginn vereinbaren. Die Vereinbarung ist so zu gestalten, dass die Altersteilzeit zumindest bis zum frühestmöglichen Zeitpunkt reicht, zu dem der Arbeitnehmer eine unter Umständen auch geminderte Altersrente beanspruchen kann. Endet die vereinbarte Altersteilzeit vor dem Erreichen des Rentenalters, liegen die Voraussetzungen des ATG nicht vor. Aus diesem Grunde sollte der Arbeitnehmer im Vorfeld des Abschlusses einer Altersteilzeitvereinbarung detaillierte Informationen über seinen persönlichen Versicherungsverlauf beim zuständigen Rentenversicherungsträger einholen. Durch die Auskunft des zuständigen Rentenversicherungsträgers ist der Zeitpunkt des frühestmöglichen Rentenbeginns nachweisbar.

711 Bei der **Auslegung** einer Altersteilzeitvereinbarung (§§ 133, 157 BGB) sind die zwingenden gesetzlichen Voraussetzungen zu berücksichtigen, die an die sozialversicherungsrechtliche Anerkennung von Altersteilzeit gestellt werden. Das betrifft sowohl den Anspruch auf Altersrente nach Altersteilzeit (§ 237 SGB VI) als auch die Berücksichtigung der vom Arbeitgeber zusätzlich nach § 3 Abs. 1 Nr. 1 Buchst. b ATG abzuführenden Beiträge zur Rentenversicherung.[5]

712 Gegenwärtig existieren in nahezu allen Branchen der Wirtschaft und dem öffentlichen Dienst tarifliche Regelungen zur Altersteilzeit. Die etwa 400 Tarifverträge erfassen über 14 Mio. Beschäftigte.[6] In der Privatwirtschaft sind vor allem die Altersteilzeit-Tarifverträge für die Metall- und Chemische Industrie von hoher praktischer Bedeutung. Das findet seinen Grund maßgeblich darin, dass die gesetzliche Aufstockungsregelung gemäß § 3 ATG nicht hinreichend attraktiv ist, weil sich der gesetzlich festgelegte (Mindest-) Aufstockungsbetrag von 20% auf mindestens 70% des Regelarbeitsentgelts oftmals als nicht ausreichend erweist.[7]

---

[1] Gesetz v. 23.12.2003, BGBl. I S. 2848.
[2] Rundschreiben der Spitzenverbände der Sozialversicherung v. 9.3.2004, S. 2.
[3] Gesetz v. 24.12.2003, BGBl. I S. 2954.
[4] BT-Drucks. 13/4336, S. 14.
[5] BAG 11.4.2006 – 9 AZR 369/05, DB 2006, 1685.
[6] Moll/*Reinfeld*, Münchener Anwaltshandbuch Arbeitsrecht, § 71 Rn 5; *Moderegger*, DB 2000, 1225 (1226).
[7] Moll/*Reinfeld*, Münchener Anwaltshandbuch Arbeitsrecht, § 71 Rn 5.

II. Altersteilzeitmodelle

Das ATG räumt den Vertragsparteien bei der konkreten Ausgestaltung des Altersteilzeitarbeitsverhältnisses einen weiten Gestaltungsspielraum ein. In der betrieblichen Praxis lassen sich zwei Formen der Altersteilzeit unterscheiden:

- kontinuierliche Arbeitszeitmodelle, wie etwa die „klassische" Halbtagsbeschäftigung; und
- das so genannte Blockmodell.

1. Kontinuierliche Verringerung der Arbeitszeit

Bei der kontinuierlichen Verringerung der Arbeitszeit erfolgt üblicherweise eine Halbierung der Arbeitszeit über die gesamte Dauer der Altersteilzeitvereinbarung. In Absprache mit dem Arbeitgeber kann die Verteilung der Arbeitszeit aber auch in anderer Weise geregelt werden. So kann der ältere Arbeitnehmer täglich mit verminderter Stundenzahl oder an bestimmten Tagen der Woche oder im wöchentlichen oder im monatlichen Wechsel arbeiten. Bedingung ist lediglich, dass über einen Gesamtzeitraum von bis zu drei Jahren die Arbeitszeit im Durchschnitt halbiert wird (§ 2 Abs. 2 ATG). Die bisherige Arbeitszeit, die Grundlage der rechtlichen Betrachtung bildet, ist die wöchentliche Arbeitszeit, die mit dem Arbeitnehmer unmittelbar vor dem Übergang in die Altersteilzeit vereinbart war, jedoch höchstens die im Durchschnitt der letzten 24 Monate vereinbarte Arbeitszeit.

Beim Antrag eines Arbeitnehmers auf Altersteilzeit, basierend auf einem Tarifvertrag und verbunden mit dem Wunsch auf kontinuierliche Verringerung der Arbeitszeit, hat der Arbeitgeber nach billigem Ermessen zu entscheiden. Dabei darf er auch Schwierigkeiten bei der Besetzung eines verbleibenden Rumpfarbeitsplatzes berücksichtigen.[8] Der Arbeitgeber genügt seiner Darlegungslast, wenn er die von ihm erwarteten Wiederbesetzungsprobleme während der Altersteilzeit erläutert. Handelt es sich bei dem Antragsteller um eine Frau, führt die Ablehnung nach den Grundsätzen des billigen Ermessens nicht zu einer mittelbaren Diskriminierung.[9] Auch verstößt die Pflicht, während des Altersteilzeitarbeitsverhältnisses die individuelle Arbeitszeit um die Hälfte zu senken, nicht gegen europäisches Recht.[10]

2. Blockmodell

Anders als beim kontinuierlichen Modell teilt sich die Altersteilzeit beim Blockmodell über die Gesamtdauer in eine **Arbeitsphase** und eine sich anschließende **Freistellungsphase**. In der Arbeitsphase geht der Arbeitnehmer in Vollzeit seinen Arbeitspflichten nach und spart auf diese Weise „Arbeitszeitguthaben" (Wertguthaben i.S.d. § 7 Abs. 1a SGB IV) an, die er in der Freistellungsphase aufbraucht (z.B. Altersteilzeit von vier Jahren bis zur Rente: zwei Jahre Vollzeitbeschäftigung und anschließend zwei Jahre Freistellung). Der nach ATG höchstzulässige Verteilzeitraum für Altersteilzeitvereinbarungen beträgt ohne tarifliche Grundlage drei Jahre (1,5 Jahre Arbeit, gefolgt von 1,5 Jahren Freizeit; vgl. § 2 Abs. 2 Nr. 1 1. Alt. ATG). In der Praxis wird in etwa 90 % der Fälle das Blockmodell gewählt.[11]

Vereinbaren beim Blockmodell Arbeitgeber und Arbeitnehmer, dass der Arbeitnehmer auch während der Arbeitsphase keine Arbeitsleistung zu erbringen hat, entfällt der Anspruch auf vorzeitige Altersrente nach Altersteilzeit gemäß § 237 SGB VI. Der Anspruch besteht nur, wenn die Altersteilzeitvereinbarung die Voraussetzungen von § 2 Abs. 1 Nr. 2 ATG erfüllt. Danach muss die Arbeitszeit auf die Hälfte der bisherigen wöchentlichen Arbeitszeit vermindert werden, eine völlige Freistellung von der Arbeitsleistung erfüllt diese Voraussetzungen nicht.[12]

In dem Angebot eines Arbeitgebers auf Abschluss eines Altersteilzeitarbeitsverhältnisses liegt gegenüber dem Arbeitnehmer die Erklärung, er könne bei Annahme dieses Angebots einen Anspruch auf vorzeitige Altersrente wegen Altersteilzeit erwerben. Wird der Arbeitnehmer durch die objektiv falsche Erklärung seines Arbeitgebers über die Möglichkeit der Inanspruchnahme einer vorzeitigen Altersrente nach Altersteilzeit zum Abschluss einer Altersteilzeitvereinbarung veranlasst, kann er verlangen, so behandelt zu werden, als ob die Altersteilzeitvereinbarung nicht zustande gekommen wäre, also das volle Gehalt bis zum 65. Lebensjahr.[13]

---

[8] BAG 26.6.2001 – 9 AZR 244/00, ArbRB 2002, 7.
[9] BAG 26.6.2001 – 9 AZR 244/00, ArbRB 2002, 7; BSG 29.1.2001 – B 7 AL 98/99 R, NZA-RR 2001, 596.
[10] BAG 26.6.2001 – 9 AZR 244/00, ArbRB 2002, 7.
[11] Tschöpe/*Schulte*, Teil 7 B Rn 5.
[12] BAG 10.2.2004 – 9 AZR 401/02, NZA 2004, 606.
[13] BAG 10.2.2004 – 9 AZR 401/02, NZA 2004, 606.

§ 4 Beendigung von Arbeitsverhältnissen

Mit Blick auf diese erheblichen wirtschaftlichen Risiken wird davon abgeraten, eine vollständige Freistellung in der Altersteilzeit zu vereinbaren, wenngleich sich das Risiko nicht verwirklicht, wenn der Arbeitnehmer nach dem Ende der Altersteilzeit das 65. Lebensjahr vollendet hat und nahtlos Altersruhegeld beziehen kann.[14]

719 Aus förderungsrechtlicher Sicht ist die Verbindung von Wertguthaben, die durch Vorarbeit bereits vor Beginn der Altersteilzeit angespart wurden, mit Altersteilzeitarbeit grundsätzlich möglich. Als **Wertguthaben** werden alle Guthaben erfasst, die im Rahmen der vertraglich vereinbarten flexiblen Arbeitszeitregelung erzielt werden. Das gilt unabhängig davon, ob die Guthaben als Geld- oder Zeitguthaben geführt werden. Wertguthaben, die vor Beginn der Altersteilzeit angesammelt wurden, können somit die Arbeitsphase im Blockmodell verkürzen oder im kontinuierlichen Arbeitszeitmodell zur Erhöhung des Freizeitanteils bei reduzierter Wochenarbeitszeit verwendet werden. Förderungsrechtlich hat es keine Auswirkungen, wenn während der Arbeitsphase im Blockmodell Mehrarbeit (Überstunden) geleistet werden. Voraussetzung ist allerdings, dass die Arbeitszeit durch einen entsprechenden Freizeitausgleich im Durchschnitt des gesamten Förderzeitraums die Hälfte der bisherigen wöchentlichen Arbeitszeit nicht überschreitet. Die geleistete Mehrarbeit kann aber auch z.B. zur Verkürzung der Arbeitsphase verwendet werden.

III. Förderung der Altersteilzeitarbeit

1. Erstattungsleistungen der Bundesagentur für Arbeit

720 Die Bundesagentur für Arbeit fördert die Altersteilzeitarbeit durch Erstattungsleistungen an den Arbeitgeber, wenn die in den §§ 2 und 3 ATG normierten arbeitnehmer- bzw. arbeitgeberbezogenen Voraussetzungen erfüllt sind (vgl. § 4 ATG). Das ATG ist kein Gesetz, das dem Schutz der Arbeitnehmer dient. Es handelt sich um ein **sozialrechtliches Leistungsgesetz**.[15] Gemäß § 4 Abs. 1 ATG erstattet die Bundesagentur für Arbeit dem Arbeitgeber für längstens sechs Jahre den Aufstockungsbetrag in Höhe von 20 % des für die Altersteilzeitarbeit gezahlten Regelarbeitsentgelts sowie die Aufwendungen für die zusätzlichen Beiträge zur gesetzlichen Rentenversicherung in Höhe des Beitrags, der sich aus 80 % des Regelarbeitsentgelts für die Altersteilzeit ergibt, begrenzt auf den Unterschiedsbetrag zwischen 90 % der monatlichen Beitragsbemessungsgrenze und dem Regelarbeitsentgelt. **Förderungsfähig** sind nach § 1 Abs. 2 ATG Altersteilzeitarbeitsfälle, die bis zum 31.12.2009 beginnen.[16]

2. Arbeitnehmerbezogene Voraussetzungen

721 Die Förderung der Altersteilzeit durch die Agentur für Arbeit setzt auf Seiten des Arbeitnehmers nach § 2 Abs. 1 ATG voraus, dass er

- das 55. Lebensjahr vollendet hat (§ 2 Abs. 1 Nr. 1 ATG),
- seine Arbeitszeit durch eine nach dem 14.2.1996 mit dem Arbeitgeber geschlossene Vereinbarung, die sich bis zum Rentenalter erstreckt, auf die Hälfte der bisherigen wöchentlichen Arbeitszeit vermindert hat und dass er versicherungspflichtig nach dem SGB III beschäftigt ist (§ 2 Abs. 1 Nr. 2 ATG) und
- innerhalb der letzten fünf Jahre vor Beginn der Altersteilzeitarbeit mindestens 1.080 Kalendertage in einer versicherungspflichtigen Beschäftigung nach dem Dritten Buch Sozialgesetzbuch (SGB III) oder nach den Vorschriften eines Mitgliedstaates, in dem die Verordnung (EWG) Nr. 1408/71 des Rates der Europäischen Union Anwendung findet, gestanden hat,
- noch keinen Anspruch auf ungeminderte Rente hat.

722 Diese Voraussetzungen erfüllen nach § 2 Abs. 1 ATG auch Arbeitnehmer, die

- beim Übergang in die Altersteilzeitarbeit bereits älter als 55 Jahre sind,
- innerhalb der letzten fünf Jahre vor dem Übergang in die Altersteilzeitarbeit zeitweise Arbeitslosengeld, Arbeitslosenhilfe, Arbeitslosengeld II oder eine Entgeltersatzleistung (Krankengeld) bezogen haben.

723 Mit dem ATG wird der gleitende Übergang von der Arbeit in die Rente gefördert. Personen, die mindestens 24 Kalendermonate Altersteilzeitarbeit ausgeübt haben, können daher – bei Vorliegen der sonstigen Voraussetzungen – grundsätzlich eine Altersrente nach Altersteilzeitarbeit beanspruchen (vgl. § 237 SGB VI). Diese

---

14 *Abeln/Gaudernack*, BB 2005, 43; *Oberthür*, NZA 2005, 377.
15 *Kittner/Zwanziger/Winkelmann*, Arbeitsrecht Handbuch, § 130 Rn 8.
16 Rundschreiben der Spitzenverbände der Sozialversicherung v. 9.3.2004, S. 2.

Rente können aber nur Versicherte erhalten, die vor 1952 geboren sind. Das Rentenversicherungs-Nachhaltigkeitsgesetz sieht vor, dass die Altersgrenze für die vorzeitige Inanspruchnahme dieser Altersrente für alle nach 1945 geborenen Versicherten in der Zeit von 2006 bis 2008 vom 60. auf das 63. Lebensjahr angehoben wird. Diese Regelung gilt jedoch nicht für Versicherte, die bereits vor dem 1.1.2004 rechtswirksam Altersteilzeitarbeit vereinbart haben.

Auch ein **teilzeitbeschäftigter** Arbeitnehmer kann Altersteilzeitarbeit in Anspruch nehmen. Bezugsgröße für die Berechnung der Arbeitszeit und die Aufstockungsleistungen bilden in diesem Fall die Arbeitszeit und das Arbeitsentgelt der Teilzeitbeschäftigung. Teilzeitbeschäftigte Arbeitnehmerinnen, die ihre bisherige Arbeitszeit verringern, ohne nach § 3 Abs. 1 TV ATZ einen Altersteilzeitarbeitsvertrag zu schließen, haben keinen Anspruch auf den tariflichen Aufstockungsbetrag. Durch den Ausschluss von den tariflichen Leistungen, die Altersteilzeitarbeitnehmer erhalten, werden teilzeitbeschäftigte Frauen weder unmittelbar noch mittelbar diskriminiert.[17]

3. Arbeitgeberbezogene Voraussetzungen

a) Anspruchsvoraussetzungen nach § 3 ATG

Die Voraussetzungen, die der Arbeitgeber erfüllen muss, um die Förderungsleistungen der Bundesagentur für Arbeit in Anspruch zu nehmen, sind in § 3 ATG normiert. Der Arbeitgeber muss

- das Entgelt und die Rentenbeiträge gemäß den gesetzlichen Vorgaben auf Grund eines Tarifvertrages, einer Regelung der Kirchen und der öffentlich-rechtlichen Religionsgesellschaften, einer Betriebsvereinbarung oder einer Vereinbarung mit dem Arbeitnehmer aufstocken (§ 3 Abs. 1 Nr. 1 ATG),
- den durch die Altersteilzeit frei werdenden Arbeitsplatz wiederbesetzen oder eine Ersatzeinstellung vornehmen (§ 3 Abs. 1 Nr. 2 ATG).

Der Arbeitgeber kann die ihn treffende **Wiederbesetzungspflicht** entweder durch die Einstellung eines bei der Agentur für Arbeit arbeitslos gemeldeten Arbeitnehmers oder die Einstellung bzw. Übernahme eines Arbeitnehmers nach Abschluss der Ausbildung auf dem freigemachten/freigewordenen Arbeitsplatz erfüllen. Für Kleinunternehmen bis zu 50 Arbeitnehmern (Auszubildende und schwerbehinderte Menschen zählen nicht mit, § 7 ATG) schreibt das Gesetz eine erleichterte Wiederbesetzung vor. Darüber hinaus ist bei Kleinunternehmen anstelle der Wiederbesetzung auch die Beschäftigung eines Auszubildenden in einem anerkannten Ausbildungsberuf förderungsbegründend.

Die Wiederbesetzung durch einen bei der Agentur für Arbeit arbeitslos gemeldeten Arbeitnehmer oder Ausgebildeten muss stets in dem gleichen Umfang erfolgen, in dem der ältere Arbeitnehmer seinen Arbeitsplatz freigemacht hat. Das Gesamtvolumen der bisherigen Arbeitszeit muss grundsätzlich erhalten bleiben. Geringfügige Abweichungen von bis zu 10 % des Gesamtvolumens der bisherigen Arbeitszeit sind unschädlich.

Die Bundesagentur für Arbeit verlangt, dass die Altersteilzeitarbeit **vor** ihrem **Beginn** vereinbart wird. Die Altersteilzeitarbeit beginnt nach Abschluss der schriftlichen Vereinbarung mit dem Vorliegen der hierfür maßgeblichen Voraussetzungen. Die Altersteilzeitvereinbarung kann nur für die Zukunft abgeschlossen werden. Rückwirkende Vereinbarungen werden nicht gefördert. Abgelaufene Arbeitszeiten, in denen tatsächlich keine Altersteilzeitarbeit geleistet wurde, können nicht in Zeiten der Altersteilzeitarbeit umgewandelt werden. Eine **Rückdatierung** von Altersteilzeitverträgen ist rechtlich ausgeschlossen.[18] Hat der Arbeitgeber über die gesetzlich vorgeschriebenen Leistungen hinaus aufgrund individual- oder kollektivvertraglicher Vereinbarung zusätzliche Aufstockungsleistungen und Beitragszahlungen zur gesetzlichen Rentenversicherung erbracht, sind diese nicht erstattungsfähig.

Zum Schutz kleinerer Betriebe vor übermäßigen Belastungen sieht § 3 Abs. 1 Nr. 3 ATG, dass die freie Entscheidung des Arbeitgebers beim Abschluss von Altersteilzeitvereinbarungen nicht durch tarifvertragliche Bestimmungen beeinträchtigt werden darf, wenn mehr als 5 % der Arbeitnehmer des Unternehmens Altersteilzeit nach dem ATG in Anspruch nehmen wollen. Der Überforderungsschutz greift nicht, wenn die zusätzlichen Arbeitgeberleistungen von einer Ausgleichskasse oder einer gemeinsamen Einrichtung der Tarifvertragsparteien übernommen werden.[19]

---

[17] BAG 20.8.2002 – 9 AZR 710/00, NZA 2003, 510.
[18] Kittner/Zwanziger/*Winkelmann*, Arbeitsrecht Handbuch, § 130 Rn 19; Rundschreiben der Spitzenverbände der Sozialversicherung v. 9.3.2004, S. 30.
[19] Berscheid/Kunz/Brand/*Langohr-Plato*, Praxis des Arbeitsrechts, Teil 4 A. Rn 301 f.

b) Aufstockungsleistungen

730 Gemäß § 3 Abs. 1 Nr. 1 ATG hat der Arbeitgeber Aufstockungsleistungen nach Maßgabe des § 3 Abs. 1 Nr. 1 Buchst. a ATG und Rentenbeitragszahlungen i.S.d. § 3 Abs. 1 Nr. 1 Buchst. b ATG zu erbringen. Zu den Leistungen muss der Arbeitgeber auf Grund eines Tarifvertrages, einer kirchenrechtlichen Regelung, einer Betriebsvereinbarung oder kraft einer Individualvereinbarung mit dem Altersteilzeiter verpflichtet sein. Hierdurch wird garantiert, dass die Erbringung der vorgenannten Leistungen als (eine) Voraussetzung für den Anspruch auf Erstattung nach § 4 Abs. 1 ATG nicht unter einen Freiwilligkeitsvorbehalt des Arbeitgebers und damit in sein Belieben gestellt werden kann. Eine öffentliche Förderung von Altersteilzeitarbeit kommt nur in Betracht, wenn der Arbeitgeber (vertrags-)rechtlich zur Erbringung der in § 3 Abs. 1 Nr. 1 ATG genannten Leistungen verpflichtet ist.

731 Die Aufstockung des Altersteilzeitentgelts beruht auf der Überlegung, dass jeder Arbeitnehmer fixe Kosten für den Lebensunterhalt hat, wie z.B. für Wohnen, Kleidung, Auto, Versicherungen, Lebensmittel usw. Würde der Lohn entsprechend der halbierten Arbeitszeit auf nur noch die Hälfte herabgesetzt, verbliebe den Betroffenen zu wenig für ihre Lebensführung. Diesem misslichen Befund, der die Bereitschaft zum Abschluss einer Altersteilzeit de facto auf null setzt, soll durch die Aufstockungsleistung entgegengewirkt werden.[20]

732 Stockt der Arbeitgeber dem Arbeitnehmer das Regelarbeitsentgelt für die Teilzeitarbeit nach den Maßgabe des § 3 Abs. 1 Nr. 1 Buchst. a ATG um mindestens 20 % auf und entrichtet er Beiträge zur Rentenversicherung nach der Maßgabe des § 1 Abs. 1 Nr. 1 Buchst. b ATG, erstattet die Agentur für Arbeit dem Arbeitgeber diese Leistungen. Arbeitsentgeltbestandteile des Regelarbeitsentgelts, die dem in Altersteilzeit beschäftigten Arbeitnehmer – wie dem in Vollzeit tätigen Mitarbeiter – für den gesamten Zeitraum der vereinbarten Altersteilzeit in unverminderter Höhe weiter gezahlt werden, wie etwa ein geldwerter Vorteil oder vermögenswirksame Leistungen, können durch vertragliche Vereinbarung von der Aufstockung zum Arbeitsentgelt ausgenommen werden (§ 3 Abs. 1a ATG). Ist der Arbeitgeber arbeitsrechtlich verpflichtet, die ungeminderten Arbeitsentgeltbestandteile aufzustocken, sind auch diese Aufstockungsleistungen grundsätzlich erstattungsfähig.

733 Nach früherer Rechtslage musste das Arbeitsentgelt mindestens um 20 % des für die Altersteilzeitarbeit gezahlten Bruttoarbeitsentgelts aufgestockt werden. Die Aufstockung musste dabei mindestens so hoch sein, dass der Arbeitnehmer 70 % des pauschalierten Nettoarbeitsentgelts erhielt, das er erhalten hätte, wenn er seine Arbeitszeit nicht im Rahmen der Altersteilzeit vermindert hätte. Dieser 70-Prozent-Wert wurde jährlich vom Bundesarbeitsministerium für jede Steuerklasse je nach Arbeitsentgelt in der so genannten Mindestnettobetrags-Verordnung bestimmt.

734 Nunmehr gilt seit dem Dritten Gesetz für moderne Dienstleistungen am Arbeitsmarkt anstelle des Mindestnettobetrags das **Regelarbeitsentgelt** als Bezugsgröße, das künftig zu Beginn der Förderung festgelegt wird und grundsätzlich während der gesamten Förderperiode für die Ermittlung des Aufstockungsbetrags maßgeblich bleibt (§ 12 Abs. 2 Satz 1 ATG). Eine Anpassung erfolgt nur, wenn sich das zugrunde liegende berücksichtigungsfähige Arbeitsentgelt verringert (§ 12 Abs. 2 Satz 2 ATG).

735 Das **Regelarbeitsentgelt** nach § 3 Abs. 1 Nr. 1 Buchst. a ATG i.V.m. § 6 Abs. 1 ATG ist das auf einen Monat entfallende sozialversicherungspflichtige Arbeitsentgelt, das der Arbeitgeber im Rahmen des Altersteilzeitverhältnisses regelmäßig zu erbringen hat. Es handelt sich somit grundsätzlich um die Hälfte des ohne Altersteilzeitarbeit maßgeblichen laufenden Arbeitsentgelts (so genanntes **Vollzeitarbeitsentgelt**). Bei Vereinbarungen nach § 7 Abs. 1a SGB IV ist für Zeiten der tatsächlichen Arbeitsleistung und der Freistellung das in dem jeweiligen Zeitraum fällige laufende Arbeitsentgelt als Regelarbeitsentgelt maßgebend. Das Regelarbeitsentgelt ist ggf. jeden Monat neu festzusetzen, wie etwa bei Vorliegen variabler Lohnbestandteile. Dabei darf das Regelarbeitsentgelt die monatliche Beitragsbemessungsgrenze des SGB III nicht überschreiten.

736 Zum **Regelarbeitsentgelt** können – neben dem laufenden Arbeitsentgelt – z.B. gehören: Vermögenswirksame Leistungen, Prämien und Zulagen, Zuschläge für Sonntags-, Feiertags- und Nachtarbeit, Sachbezüge und sonstige geldwerte Vorteile wie Kraftfahrzeugüberlassung zum privaten Gebrauch des Arbeitnehmers. Arbeitsentgelte, die einmalig (z.B. Jahressondervergütungen), nicht regelmäßig oder nicht für die vereinbarte Arbeitszeit (z.B. Mehrarbeitsvergütung) gezahlt werden, bleiben unberücksichtigt. Einmalzahlungen, die arbeitsrechtlich zulässig in jedem Kalendermonat zu einem Zwölftel ausgezahlt werden, verlieren ihren Charakter als Einmalzahlungen. Die entsprechenden Beträge erhöhen das laufende Regelarbeitsentgelt. Zulagen

---

[20] *Rittweger*, in: Rittweger/Petri/Schweikert, § 3 ATG Rn 5.

gehören zum Regelarbeitsentgelt, wenn sie für bestimmte Arbeiten gewährt werden, die nach dem Arbeitsvertrag regelmäßig (monatlich) zu leisten sind und auch künftig durch den Arbeitgeber abgefordert werden sollen. Hierzu können z.B. Schmutzzulagen, Leistungs- und Erschwerniszulagen und Zulagen für Rufbereitschaft gehören. Unschädlich ist, wenn der Arbeitnehmer die Zulagen begründende Tätigkeit in einzelnen Monaten tatsächlich nicht ausübt. Zum regelmäßig zu zahlenden sozialversicherungspflichtigen Arbeitsentgelt gehören auch solche Zulagen, deren Anfall nicht von vorneherein feststeht, wenn eine rückschauende Betrachtung ergibt, dass sie tatsächlich zuletzt regelmäßig erzielt worden sind. Hierfür ist Monat für Monat, in dem jeweils eine versicherungspflichtige Zulage erzielt worden ist, festzustellen, ob diese Zulage in den jeweiligen zurückliegenden drei Monaten durchgehend als versicherungspflichtiger Entgeltbestandteil angefallen ist. Ist dies der Fall, zählt die im jeweiligen Abrechnungsmonat zu zahlende Zulage zum Regelarbeitsentgelt, anderenfalls nicht. Zeiten einer Abwesenheit des Arbeitnehmers, etwa wegen Urlaub oder Krankheit, werden bei der Festlegung des jeweiligen Referenzzeitraumes von drei Monaten ausgeklammert.[21]

Die Leistungen des Arbeitgebers sind von **Steuern** und **Sozialabgaben freigestellt**, die Aufstockungsbeträge unterliegen allerdings – wie das Arbeitslosengeld, das Arbeitslosengeld II und die übrigen Lohn- und Einkommensersatzleistungen – dem **Progressionsvorbehalt**. Das bedeutet: Die Aufstockungsbeträge bleiben unterjährig bei der Ermittlung der vom Arbeitgeber einzubehaltenden Lohnsteuer unberücksichtigt. Bei der Einkommensteuerveranlagung führen sie jedoch zu einer besonderen Ermittlung des Einkommensteuersatzes für das zu versteuernde Einkommen. Zu diesem Zweck werden die Aufstockungsbeträge dem tatsächlich zu versteuernden Einkommen (das sich aus dem erzielten Arbeitslohn und etwaigen weiteren Einkünften ergibt) hinzugerechnet, als ob sie steuerpflichtig wären. Für das so erhöhte zu versteuernde Einkommen werden die Einkommensteuer und der Steuersatz (Verhältnis der Steuer zum erhöhten Einkommen) ermittelt. Dieser höhere Steuersatz wird anschließend jedoch nur auf das tatsächlich zu versteuernde Einkommen (also ohne Aufstockungsbeträge) angewendet. Durch die Anwendung des Progressionsvorbehalts können sich bei der Einkommensteuerveranlagung Steuernachforderungen ergeben; für künftige Jahre kann das Finanzamt eventuell Vorauszahlungen festsetzen. Deshalb ist bei Überlegungen zum Eintritt in die Altersteilzeit auch zu prüfen, ob und ggf. in welchem Umfang sich die Anwendung des Progressionsvorbehalts auswirkt.

Hat ein Arbeitnehmer während der Altersteilzeit im Rahmen der sog. Schattenbesteuerung höhere Einkommensteuern zu entrichten, besteht kein Ersatzanspruch des Arbeitnehmers gegen den Arbeitgeber, jedenfalls dann, wenn die Parteien vereinbart hatten, dass die Aufstockung nach den bei „Arbeitnehmern gewöhnlich anfallenden Abzügen" zu bemessen sei.[22] Verdeutlicht wird die vom Arbeitgeber vorzunehmende **Aufstockung** durch das nachfolgende Berechnungsbeispiel:

Beispiel: Altersteilzeit-Lohnabrechnung Juli 2005

Monatlich anfallender Lohn	2.250 EUR
Beitragspflichtige Zulagen, die zwar monatlich, aber in unterschiedlicher Höhe anfallen	320 EUR
Jährliches Urlaubsgeld	1.130 EUR
Einmalige Jubiläumsprämie	1.500 EUR
Mehrarbeitsvergütung einschließlich Zuschläge	180 EUR

Das Regelarbeitsentgelt beträgt im Beispiel im Juli 2005 insgesamt 2.570 EUR (2.250 EUR + 320 EUR). Das Urlaubsgeld, die Jubiläumsprämie und die Mehrarbeitsvergütung (einschließlich Zuschläge) sind nicht zu berücksichtigen, da diese Leistungen nicht regelmäßig jeden Monat (Urlaubsgeld, Jubiläumsprämie) bzw. nicht für die vereinbarte Arbeitszeit (Mehrarbeitsvergütung) gezahlt werden. Der gesetzliche Aufstockungsbetrag berechnet sich dementsprechend folgendermaßen: 20 % von 2.570 EUR = 514 EUR.

Um dem Arbeitnehmer seine zukünftigen Bezüge als Altersteilzeiter nachhaltig vor Augen zu führen ist es unerlässlich, vor Abschluss einer Altersteilzeitvereinbarung eine Probeabrechnung der Personalabteilung anzufordern, aus der sich die Höhe der zukünftigen Vergütung ergibt. Ergänzende Informationen zur Berechnung des Aufstockungsbetrags können dem von der Bundesagentur für Arbeit herausgegebenen **Merkblatt** „Gleitender Übergang in den Ruhestand – Hinweise für Arbeitgeber und Arbeitnehmer" entnommen werden, dem das vorstehende Berechnungsbeispiel entstammt.

---

21 Rundschreiben der Spitzenverbände der Sozialversicherung v. 9.3.2004, S. 30.
22 BAG 25.6.2002 – 9 AZR 155/01, BAGE 101, 351.

c) Beitragszahlung zur gesetzlichen Rentenversicherung

741 Der Arbeitgeber muss für den Arbeitnehmer neben der Entgeltaufstockung auch zusätzliche Beiträge zur gesetzlichen Rentenversicherung zahlen (§ 3 Abs. 1 Nr. 1 Buchst. b ATG). Die Höhe der rentenbezogenen Aufstockungsleistung errechnet sich aus 80 % des Regelarbeitsentgelts. Das ATG begrenzt die zusätzlichen Rentenversicherungsbeiträge auf den Unterschiedbetrag zwischen 90 % der monatlichen Beitragsbemessungsgrenze (2005: 5.200 EUR West und 4.400 EUR Ost; 2006: 5.250 EUR West und 4.400 EUR) und dem Regelarbeitsentgelt entfallen. Der Arbeitgeber ist jedoch berechtigt, darüber hinaus zusätzliche Beiträge, höchstens bis zur Beitragsbemessungsgrenze, zu zahlen. Einmalig gezahltes Arbeitsentgelt ist bei der Berechnung der zusätzlichen Rentenversicherungsbeiträge nicht zu berücksichtigen. Die zusätzlichen, das gesetzlich vorgeschriebene Maß übersteigenden Beiträge zur Rentenversicherung trägt der Arbeitgeber alleine.

742 Zur Veranschaulichung der Rentenaufstockung dient das nachfolgende Beispiel (Stand 2006). Da nachstehend 80 % des Regelarbeitsentgelts den Höchstbetrag überschreiten, greift die gesetzliche Kappung ein.

743 **Beispiel:** Rentenaufstockung

90 % der BBG (2006: West 5.250 EUR)	4.725,00 EUR
Regelarbeitsentgelt	2.750,00 EUR
Differenzbetrag/Höchstbetrag	1.975,00 EUR
80 % des Regelarbeitsentgelts	2.200,00 EUR
Zusätzlicher Beitrag zur Rentenversicherung (= 19,5 % aus 1.975 EUR)	385,13 EUR

744 Unverminderte Arbeitsentgeltbestandteile des Regelarbeitsentgelts, z.B. vermögenswirksame Leistungen, gehören zum Regelarbeitsentgelt, das der Beitragsberechnung zugrunde zu legen ist.

745 Übt ein Arbeitnehmer neben seiner Altersteilzeitarbeit eine Beschäftigung oder eine selbstständige Tätigkeit aus, die die Geringfügigkeitsgrenze des § 8 SGB IV überschreitet, führt diese Zweitbeschäftigung nach Maßgabe des § 5 Abs. 3 Satz 1 ATG zum Ruhen des arbeitgeberseitigen Anspruchs auf Erstattungsleistungen nach § 4 Abs. 1 ATG. Mit Blick darauf sollte – sofern nicht eine entsprechende kollektivvertragliche Regelung besteht – in dem zwischen Arbeitgeber und Arbeitnehmer abzuschließenden Altersteilzeitvertrag ein Beschäftigungsverbot verbunden mit der auflösenden Bedingung, dass bei Vorliegen der Voraussetzungen des § 5 Abs. 3 Satz 1 ATG die Arbeitgeberleistungen i.S.d. § 3 Abs. 1 Nr. 1 ATG wegfallen, aufgenommen werden.[23]

d) Wiederbesetzung bzw. Ersatzeinstellung

746 Der Anspruch des Arbeitgebers auf Erstattungsleistungen nach § 4 Abs. 1 ATG setzt nach § 3 Abs. 1 Nr. 2 ATG die Einstellung eines Arbeitnehmers oder Auszubildenden im Zusammenhang mit dem durch den in Altersteilzeit gewechselten Arbeitnehmer frei gewordenen (Teil-)Arbeitsplatz voraus. Grundsätzlich hat der Arbeitgeber einen bei der Agentur für Arbeit arbeitslos gemeldeten Arbeitnehmer oder einen Arbeitnehmer nach Abschluss der Ausbildung auf dem frei gemachten oder auf einem in diesem Zusammenhang durch Umsetzung frei gewordenen Arbeitsplatz versicherungspflichtig im Sinne des Dritten Sozialgesetzbuches zu beschäftigen (§ 3 Abs. 1 Nr. 2 Buchst. a ATG). Die Beschäftigung des Wiederbesetzers muss der Arbeitslosenversicherungspflicht unterliegen. Der Wiederbesetzer muss deshalb mehr als geringfügig (vgl. § 8 SGB IV) beschäftigt werden.

747 **Mehr als geringfügig** sind Beschäftigungen, aus denen im Monat Arbeitsentgelt von regelmäßig mehr als 400 EUR erzielt wird. Ab dem 1.1.2005 werden auch Bezieher von Arbeitslosengeld II als arbeitslos gemeldete Arbeitnehmer anerkannt, sofern eine Kostenzusage durch den zuständigen Träger der Grundsicherung erteilt wird. Die **Kostenzusage** muss vor der Einstellung des Wiederbesetzers erfolgen. Bei der Einstellung eines arbeitslos gemeldeten Arbeitnehmers ist von Gesetzes wegen nicht gefordert, dass dieser für eine bestimmte Dauer arbeitslos gemeldet gewesen sein muss. Insofern reicht jede, auch eine nur kurzfristige Arbeitslosmeldung, wenn nicht eine solche rechtsmissbräuchlich allein zu dem Zweck herbeigeführt wird, die Möglichkeit zur Zuschussgewährung an den einstellenden Arbeitgeber zu eröffnen.[24]

748 Das Erfordernis der Einstellung eines Arbeitnehmers nach dem Abschluss der Ausbildung ist erfüllt, wenn die übernommene Person eine berufsqualifizierende Ausbildung beliebiger Art – etwa im Sinne des Berufsbil-

---

[23] *Reichling/Wolf*, NZA 1997, 422 (426).
[24] *Diller*, NZA 1996, 847 (849 f.); *Boecken*, NJW 1996, 3386 (3389).

dungsgesetzes oder auch ein Studium – abgeschlossen hat. Darüber hinaus ist erforderlich, dass die Einstellung unmittelbar im Anschluss an die Beendigung der Ausbildung erfolgt. Arbeitgeber, die in der Regel nicht mehr als 50 Arbeitnehmer beschäftigen, können nach § 3 Abs. 1 Nr. 2 Buchst. b ATG die Wiederbesetzungspflicht auch durch die versicherungspflichtige Beschäftigung eines Auszubildenden erfüllen. Ob ein Arbeitgeber in der Regel nicht mehr als 50 Arbeitnehmer beschäftigt, bestimmt sich nach der Regelung des § 7 Abs. 1 und 3 ATG. Nach § 7 Abs. 3 ATG bleiben bei der Feststellung der Zahl der beschäftigten Arbeitnehmer nach Abs. 1 und 2 der Vorschrift schwerbehinderte Menschen und Gleichgestellte im Sinne des SGB IX sowie Auszubildende außer Ansatz.

Der arbeitslos gemeldete oder soeben erst ausgebildete Arbeitnehmer muss „auf dem frei gemachten oder auf einem in diesem Zusammenhang durch Umsetzung frei gewordenen Arbeitsplatz" (§ 3 Abs. 1 Nr. 2 Buchst. a ATG) beschäftigt werden. Damit wird ein **sachlicher Zusammenhang** zwischen der Einstellung der genannten Personen und der frei gewordenen Arbeitskapazität gefordert, dem auch durch eine so genannte **Umsetzungskette** Rechnung getragen werden kann. Diese ist der Agentur für Arbeit gegenüber lückenlos durch die konkrete Benennung der wechselnden und nachfolgenden Arbeitnehmer sowie der betroffenen Arbeitsplätze darzustellen. Der Arbeitsplatz muss auch nach einer auf technischer Entwicklung oder einem strukturellen Wandel beruhenden Veränderung in seiner wesentlichen Funktion erhalten bleiben. Für Arbeitgeber, die in der Regel nicht mehr als 50 Arbeitnehmer beschäftigen, ist der Nachweis eines sachlichen Zusammenhangs zwischen der Einstellung und der frei gewordenen Arbeitskapazität nicht erforderlich. Gemäß § 3 Abs. 1 Nr. 2 Buchst. a Hs. 2 ATG wird bei Kleinbetrieben unwiderleglich vermutet, dass der Arbeitnehmer auf dem frei gemachten oder auf einem im Zusammenhang mit der Einstellung durch Umsetzung frei gewordenen Arbeitsplatz beschäftigt wird.

749

Die Wiederbesetzung des frei gemachten oder durch Umsetzung freigewordenen Arbeitsplatzes muss des Weiteren in einem zeitlichen Zusammenhang mit der Begründung des Altersteilzeit-Arbeitsverhältnisses erfolgen. Je größer der Abstand zwischen dem Übergang in die Altersteilzeitarbeit und der Wiederbesetzung ist, desto höhere Anforderungen sind an die Darlegung der Kausalität zu stellen. Unterbrechungen der Wiederbesetzung – etwa deshalb, weil der angestellte Arbeitnehmer das Arbeitsverhältnis beendet – führen nach § 5 Abs. 2 Satz 2 Alt. 1 ATG nicht zum Wegfall des Anspruchs auf Erstattungsleistungen nach § 4 Abs. 1 ATG, wenn innerhalb von drei Monaten eine erneute Wiederbesetzung erfolgt. Ist das nicht der Fall, so besteht der Erstattungsanspruch nach § 5 Abs. 2 Satz 1 ATG nicht, solange der Arbeitgeber auf dem frei gemachten oder durch Umsetzung frei gewordenen Arbeitsplatz keinen Arbeitnehmer mehr beschäftigt, der bei Beginn der Beschäftigung die Voraussetzungen des § 3 Abs. 1 Nr. 2 ATG erfüllt hat. Nach Ablauf der Drei-Monats-Frist hat der Arbeitgeber bei einer Wiederbesetzung erst ab dem Zeitpunkt der Einstellung wieder Anspruch auf die Leistungen nach § 4 Abs. 1 ATG.

750

Bei einer Beendigung des „Wiederbesetzungs-Beschäftigungsverhältnisses" entfällt der Anspruch auf Erstattungsleistungen auch ohne erneute Wiederbesetzung nicht, wenn der Arbeitgeber die Leistungen nach § 4 Abs. 1 ATG bereits für vier Jahre erhalten hat. In diesem Fall wird nicht davon ausgegangen, dass die Nichtbesetzung des Arbeitsplatzes noch etwas mit der ursprünglichen Begründung eines Altersteilzeit-Arbeitsverhältnisses zu tun hat. Der arbeitgeberseitige Anspruch auf Erstattungsleistungen bleibt dann bis zur Höchstdauer von sechs Jahren erhalten. Endet die Wiederbesetzung wegen einer Befristung des Arbeitsvertrages, muss der Arbeitsplatz innerhalb von drei Monaten entweder mit dem bisherigen Arbeitnehmer oder einer anderen, die Erfordernisse des § 3 Abs. 1 Nr. 2 ATG erfüllenden Person wiederbesetzt werden. Eine dauernde Wiederbesetzung mit Arbeitnehmern in befristeten Arbeitsverträgen ist – vorbehaltlich der Beachtung des Teilzeit- und Befristungsgesetzes – altersteilzeitrechtlich zulässig.

751

4. Leistungen der Bundesagentur für Arbeit

Die Bundesagentur für Arbeit erstattet dem Arbeitgeber die Aufwendungen, die ihm entstehen durch die Aufstockung des Arbeitsentgelts (§ 4 Abs. 1 Nr. 1 ATG) und die zusätzlichen Beiträge zur Rentenversicherung (§ 4 Abs. 1 Nr. 2 ATG). Voraussetzung für die Erstattungsleistungen ist, dass der Arbeitgeber die Aufstockungsleistungen in der gesetzlich vorgesehenen Mindesthöhe auch tatsächlich erbracht hat. Erbringt der Arbeitgeber andererseits z.B. aufgrund eines Tarifvertrages höhere Leistungen, werden Zuschüsse nur in Höhe der gesetzlich festgeschriebenen Höhe gewährt.

752

Ist der in Altersteilzeitarbeit beschäftigte Arbeitnehmer von der Versicherungspflicht in der gesetzlichen Rentenversicherung befreit, können dem Arbeitgeber vergleichbare Aufwendungen erstattet werden, die er

753

zu Gunsten des Arbeitnehmers für dessen private Altersversorgung erbracht hat. Diese Erstattungsleistungen sind jedoch der Höhe nach auf den Beitrag begrenzt, den die Bundesagentur zu tragen hätte, wenn der Arbeitnehmer nicht von der Versicherungspflicht befreit wäre (§ 4 Abs. 2 Satz 2 ATG). Weil die Wiederbesetzung des freigemachten Arbeitsplatzes bzw. die Einstellung eines Auszubildenden Voraussetzung für die Förderleistungen der Bundesagentur ist, entsteht der Anspruch auf Leistungen frühestens mit der Erfüllung dieser Voraussetzung. Im Blockzeitmodell erarbeitet der ältere Arbeitnehmer während der Arbeitsphase sein Arbeitszeitguthaben für die Freizeitphase. Deshalb kann in diesem Fall der Anspruch erst dann entstehen, wenn der ältere Arbeitnehmer in die Freizeitphase einmündet. Die Leistungen der Bundesagentur für Arbeit können längstens für einen Zeitraum von sechs Jahren gewährt werden (§ 4 Abs. 1 ATG), maximal jedoch so lange, bis der Arbeitnehmer einen ungeminderten Rentenanspruch erworben hat oder eine Altersrente tatsächlich bezieht.

754 Der Anspruch auf Leistungen nach dem ATG **besteht nicht**, wenn der Arbeitgeber den Wiederbesetzer nicht mehr auf dem frei gemachten oder durch Umsetzung frei gewordenen Arbeitsplatz beschäftigt und den Arbeitsplatz nicht innerhalb von drei Monaten erneut besetzt (§ 5 Abs. 2 ATG). Entsprechendes gilt für die Beschäftigung eines Auszubildenden. Wird ein Wiederbesetzer in einem Kleinunternehmen mit bis zu 50 Arbeitnehmern umgesetzt oder ausgetauscht, ist dies für die Leistungsgewährung unschädlich, wenn der bisherige Wiederbesetzer weiterhin entsprechend der bisherigen Arbeitszeit beschäftigt wird. Entsprechendes gilt für die Umsetzung oder den Austausch des Wiederbesetzers in eigenständigen Organisationseinheiten mit nicht mehr als 50 Arbeitnehmern. Der Förderanspruch bleibt in diesem Fall erhalten, wenn der Wiederbesetzer weiterhin entsprechend der bisherigen Arbeitszeit und in derselben Organisationseinheit beschäftigt wird. Auf die Förderung wirken sich Zeiten ohne Beschäftigung aufgrund von Beschäftigungsverboten (z.B. Mutterschutzgesetz), Ableistung von Wehr- oder Zivildienst oder Elternzeit nicht aus. Das Ausscheiden des Wiederbesetzers ist generell unschädlich, wenn der Arbeitgeber insgesamt für vier Jahre die Leistungen nach dem Altersteilzeitgesetz erhalten hat (dies entspricht im Blockmodell einer Förderungsdauer von zwei Jahren).

755 Der Anspruch auf Leistungen nach dem ATG **ruht** während der Zeit, in der der Arbeitnehmer neben seiner Altersteilzeitarbeit noch eine weitere Beschäftigung oder selbstständige Tätigkeit in mehr als geringfügigem Umfang ausübt oder aufgrund einer solchen Beschäftigung eine Entgeltersatzleistung erhält (§ 5 Abs. 3 Satz 1 ATG). Die Ruhensvorschriften finden dagegen keine Anwendung, wenn der Arbeitnehmer bereits innerhalb der letzten fünf Jahre vor Beginn der Altersteilzeitarbeit ständig neben seiner Arbeitnehmertätigkeit eine mehr als geringfügige Beschäftigung oder selbstständige Tätigkeit ausgeübt hat und diese während der Altersteilzeitarbeit fortführt. Mehr als geringfügig ist eine Beschäftigung oder selbstständige Tätigkeit nur dann, wenn diese mindestens 15 Stunden wöchentlich ausgeübt wird oder das aus dieser Beschäftigung/Tätigkeit erzielte Arbeitsentgelt mehr als 400 EUR monatlich beträgt (vgl. § 8 SGB IV).

756 Der Anspruch auf Leistungen ruht auch während der Zeit, in der der Arbeitnehmer über die Altersteilzeitarbeit hinaus Mehrarbeit leistet, die den Umfang der oben genannten Geringfügigkeitsgrenze überschreitet (§ 5 Abs. 4 ATG).

757 Der Anspruch auf Leistungen nach dem ATG **erlischt**, wenn der Arbeitnehmer
- die Altersteilzeitarbeit beendet hat (§ 5 Abs. 1 Nr. 1 ATG);
- das 65. Lebensjahr vollendet hat (§ 5 Abs. 1 Nr. 1 ATG): Der Anspruch erlischt auf Dauer mit Ablauf des Monats, in dem der Arbeitnehmer das 65. Lebensjahr vollendet. Für Arbeitnehmer, die am 1. des Monats geboren sind, erlischt der Anspruch mit Ablauf des Vormonats, eine ungeminderte Altersrente beanspruchen kann (§ 5 Abs. 1 Nr. 2 ATG);
- eine geminderte oder ungeminderte Altersrente (ggf. auch als Teilrente) oder Knappschaftsausgleichsleistung bezieht (§ 5 Abs. 1 Nr. 3 ATG);
- eine der Altersrente ähnliche Leistung öffentlich-rechtlicher Art bezieht, z.B. eine ausländische Altersrente (§ 5 Abs. 1 Nr. 3 ATG);
- eine mehr als geringfügige Beschäftigung von 150 Kalendertagen und mehr ausgeübt oder in entsprechendem Umfang Mehrarbeit geleistet hat. Hierbei sind alle Ruhenszeiträume innerhalb des Förderzeitraumes zu berücksichtigen (§ 5 Abs. 3 Satz 3 ATG).

758 Den Altersrenten der gesetzlichen Rentenversicherung stehen vergleichbare Leistungen einer Versicherungs- oder Versorgungseinrichtung oder eines Versicherungsunternehmens gleich, wenn der Arbeitnehmer von der Versicherungspflicht in der gesetzlichen Rentenversicherung befreit ist. Ob eine Altersrente wegen vorzeitiger

Inanspruchnahme vor dem für den Versicherten maßgebenden Rentenalter um einen Abschlag an Entgeltpunkten gemindert wäre, richtet sich nach § 63 Abs. 5 i.V.m. § 77 Abs. 2 Nr. 1 SGB VI. Auskunft hierüber erteilt der zuständige Rentenversicherungsträger.

Altersteilzeit-Arbeitnehmer haben nach Maßgabe der einschlägigen Regelungen und Erfüllung der jeweiligen Voraussetzungen wie jeder andere Arbeitnehmer Anspruch auf Rehabilitationsleistungen (§§ 9 ff. SGB VI) und Renten (§§ 33 ff. SGB VI). Spezifisch zugeschnitten unter anderem auf Altersteilzeit-Arbeitnehmer ist die in § 237 SGB VI geregelte Altersrente wegen Arbeitslosigkeit oder nach Altersteilzeitarbeit.

5. Soziale Sicherung des Arbeitnehmers

a) Entgeltersatzleistungen der Agentur für Arbeit (z.B. Arbeitslosengeld)

Wird die Altersteilzeitarbeit vor Eintritt in die Altersrente beendet (z.B. bei Insolvenz des Arbeitgebers) und sind die Voraussetzungen für den Bezug von Arbeitslosengeld erfüllt, werden die Entgeltersatzleistungen nach dem Arbeitsentgelt bemessen, das der Arbeitnehmer erzielt hätte, wenn er seine Arbeitszeit nicht im Rahmen der Altersteilzeitarbeit vermindert hätte (§ 10 Abs. 1 ATG). Das gilt aber nur bis zu jenem Zeitpunkt, zu dem der Arbeitnehmer eine Rente wegen Alters (ggf. auch mit einer Rentenminderung) in Anspruch nehmen kann. Wird die Rente nicht in Anspruch genommen, ist das Bemessungsentgelt ohne Berücksichtigung der genannten Sonderregelung neu festzusetzen. Wird während der Altersteilzeitarbeit Kurzarbeitergeld oder Winterausfallgeld bezogen (§ 10 Abs. 4 ATG), hat der Arbeitgeber die Aufstockungsleistungen nach dem Altersteilzeitgesetz in dem Umfang zu erbringen, als hätte der Arbeitnehmer in der vereinbarten Arbeitszeit gearbeitet.

b) Entgeltersatzleistungen anderer Leistungsträger (z.B. Krankengeld)

Bei dem Bezug von
- Krankengeld,
- Krankentagegeld von einem privaten Versicherungsunternehmen,
- Versorgungskrankengeld,
- Verletztengeld und
- Übergangsgeld

während der Altersteilzeit finden für die Bemessung dieser Leistungen die Aufstockungsbeträge zum Arbeitsentgelt und die zusätzlichen Beiträge zur Rentenversicherung keine Berücksichtigung. Deshalb tritt in Fällen des Bezugs einer solchen Entgeltersatzleistung die Bundesagentur für Arbeit an die Stelle des Arbeitgebers (§ 10 Abs. 2 ATG) und erstattet den Aufstockungsbetrag zum Arbeitsentgelt unmittelbar dem Arbeitnehmer. Die Beiträge zur Rentenversicherung werden dem individuellen Versichertenkonto beim zuständigen Rentenversicherungsträger direkt gutgeschrieben. Seit Hartz III kann auch der Arbeitgeber nach § 10 Abs. 2 Satz 2 ATG die Aufstockungsleistungen direkt an den in Altersteilzeit Beschäftigten erbringen. Gemäß § 12 Abs. 2 Satz 4 ATG kann sich der Arbeitgeber bei Vorliegen aller Voraussetzungen die gezahlten Leistungen von der Bundesagentur erstatten lassen.

Im Falle des Bezugs von Krankengeld (oder einer vergleichbaren Entgeltersatzleistung) bemisst sich der Aufstockungsbetrag nach dem Teilzeitarbeitsentgelt, das der Arbeitnehmer im letzten Entgeltabrechnungszeitraum vor Beginn der Arbeitsunfähigkeit (bzw. medizinischen Rehabilitationsmaßnahme) erzielt hat; einmalig gezahltes Arbeitsentgelt ist nicht zu berücksichtigen. Wird die Einmalzahlung während des Krankengeldbezugs aufgrund arbeitsrechtlicher Vorschriften vom Arbeitgeber gewährt und auch aufgestockt, darf die Einmalzahlung bei der Erstattung im Rahmen des § 10 Abs. 2 ATG nicht unberücksichtigt bleiben. Bei Vorleistung der Aufstockungsbeträge durch den Arbeitgeber erstattet die Agentur für Arbeit die für die Bundesagentur für Arbeit verauslagten Aufstockungsleistungen zum Arbeitsentgelt unmittelbar dem Arbeitgeber (wie sonst auch) und nicht dem Arbeitnehmer. Die Zahlung und maschinelle Meldung der Aufstockungsbeträge nach § 3 Abs. 1 Nr. 1 Buchst. b ATG an den Rentenversicherungsträger (vgl. § 38 DEÜV) erfolgt jedoch auch in diesen Fällen durch die Agentur für Arbeit. Bezieher von Krankentagegeld eines privaten Versicherungsunternehmens müssen zunächst über die Antragspflichtversicherung (§ 4 Abs. 3 Satz 1 Nr. 2 SGB VI) für einen Grundbeitrag sorgen, damit die Agentur für Arbeit den für die Altersteilzeitarbeit maßgebenden zusätzlichen Rentenversicherungsbeitrag entrichten kann. Für Arbeitnehmer, die Krankentagegeld beziehen

§ 4 Beendigung von Arbeitsverhältnissen

und keinen Antrag nach § 4 Abs. 3 Satz 1 Nr. 2 SGB VI stellen, können für die Dauer des Leistungsbezugs allein die Aufstockungsleistungen zum Arbeitsentgelt erbracht werden.

IV. Problemzonen bei der Gestaltung von Altersteilzeitvereinbarungen

1. Arbeitsunfähigkeit während der Altersteilzeit

763 Eine Erkrankung während der Altersteilzeit wird gleich behandelt wie bei einem Halbtagsbeschäftigten. Es gelten dieselben Regelungen zwecks Krankmeldung und Arbeitszeit. Dies gilt nicht beim Blockmodell in der zweiten Phase.

764 Für die ersten sechs Wochen einer Erkrankung in der Arbeitsphase ist das Entgelt fortzuzahlen einschließlich der Aufstockungsbeträge. Auch das Wertguthaben nimmt in dieser Zeit zu, da die Erkrankung für diesen Zeitraum nicht als Ausfall der Arbeit gewertet wird. Bei Fortdauer der Erkrankung über sechs Wochen hinaus wird Krankengeld gezahlt, jedoch ist Bemessungsgrundlage des Krankengeldes nur das Altersteilzeitentgelt ohne die Aufstockungsbeträge, so dass in dieser Zeit der Arbeitnehmer seine Lebenshaltungskosten meist nicht bestreiten kann. Zwar ist in § 10 Abs. 2 ATG vorgesehen, dass die Bundesagentur für Arbeit die Aufstockungsbeträge dann unmittelbar an den Arbeitnehmer erbringt. Dies gilt aber nur für den Fall, dass es sich auch tatsächlich um ein gefördertes Altersteilzeitverhältnis, also eines mit Wiederbesetzung, handelt.

765 Wird der Rentensachverhalt des § 237 Abs. 1 Nr. 3 Buchst. b SGB VI erfüllt, muss eine Halbierung der Arbeitszeit, die auch mit Verblockung über mehrere Jahre erreicht werden kann, vorgenommen werden mit der Folge, dass der Freizeitphase auch eine entsprechende Arbeitsphase, in der tatsächlich Wertguthaben angespart wird, gegenüber steht. Bei Aufstockungen auch während des Krankengeldbezugs, insbesondere Aufstockung des Rentenbeitrags, gilt auch bei längerer Krankheit die gesamte Zeit als rentenrechtliche Zeit. Allerdings muss auf die Ausgewogenheit zwischen Arbeitszeit und Freizeitblock geachtet werden, so dass die Hälfte der Krankheitszeit in der Freizeitphase nachzuarbeiten ist.

766 Eine Arbeitsunfähigkeit in der Freistellungsphase des Blockmodells bleibt unbeachtlich, weil während der Freistellungsphase keine Arbeitsverpflichtung mehr aufgrund des in der ersten Hälfte erworbenen Zeitguthabens besteht. Der Arbeitnehmer erhält aufgrund seiner vorgeleisteten Arbeit das Altersteilzeitentgelt und die Aufstockungsleistung nach § 3 Abs. 1 Nr. 1 ATG.[25]

767 Der Arbeitnehmer erhält daher bei einer Krankheit in der Freistellung nicht etwa Krankenbezüge, sondern seine Vergütung oder seinen Lohn weiter gezahlt, unabhängig von der Länge der Krankheit.[26] Bei den gesetzlichen Krankenkassen wird bei einer Arbeitsunfähigkeit in der Freistellungsphase kein Krankengeld gezahlt, weil der Anspruch auf Krankengeld nach § 49 Abs. 1 Nr. 6 SGB V ruht.

768 Die Träger der Rentenversicherung erbringen medizinische Rehabilitationsleistungen mit dem Ziel, die Erwerbsfähigkeit der Versicherten zu erhalten, zu verbessern, vorzeitiges Ausscheiden aus dem Erwerbsleben zu vermeiden sowie möglichst dauerhaft eine Eingliederung in das Erwerbsleben zu erreichen. Diese Ziele können auch noch bei in verblockter Altersteilzeit-Beschäftigten kurz vor dem Eintritt in die Freizeitphase verwirklicht werden.[27] Es ist deshalb nicht ausgeschlossen, dass noch kurz vor der Blockfreistellung bei Altersteilzeitern Maßnahmen der Rehabilitation durchgeführt werden.

2. Urlaub

769 Die Handhabung des Urlaubs ist abhängig vom gewählten Modell. Beim Blockmodell besteht Urlaubsanspruch während der Arbeitsphase, während der Freistellungsphase gibt es keinen Urlaub. Im Kalenderjahr des Übergangs von der Beschäftigung zur Freistellung hat man für jeden vollen Beschäftigungsmonat Anspruch auf 1/12 des Jahresurlaubs. Bei der täglichen Reduzierung zählt ein Urlaubstag wie bei einem Halbtagsbeschäftigten (in der Regel 3,85 h).

770 Beginnt für einen Arbeitnehmer in Altersteilzeit die Blockfreizeit, stellt dieser Zeitraum keine Beendigung des Arbeitsverhältnisses dar. Offene Urlaubsansprüche sind daher nach der gesetzlichen Regelung nicht abzugelten. Das Risiko, dass ein Urlaub wegen andauernder Arbeitsunfähigkeit vor Beginn der Freistellungsphase nicht mehr eingebracht werden kann, trägt der Arbeitnehmer.[28]

---

[25] *Debler*, NZA 2001, 1285.
[26] LAG Köln 11.5.2001 – 11 Sa 228/01, NZA-RR 2002, 580.
[27] LSG München 25.7.2006 – L 5 KR 83/06, jurisPR-ArbR 7/2007 Nr. 5 m. Anm. *Gagel*.
[28] BAG 15.3.2005 – 9 AZR 143/04, DB 2005, 1858.

3. Dienstwagen

Bei der Bemessung des Aufstockungsbetrags, um den der Arbeitgeber das Arbeitsentgelt des Arbeitnehmers in Teilzeit gemäß § 3 ATG erhöhen muss, muss der Wert der Dienstwagennutzung Berücksichtigung finden.[29] Hieran bei der Gestaltung der Alterteilzeitvereinbarung frühzeitig zu denken empfiehlt sich aus einer Reihe von Gründen. Unter anderem auch deshalb, weil dem Arbeitgeber der tatsächlich geleistete Aufstockungsbetrag unter den Voraussetzungen des § 4 ATG zurückerstattet wird.

771

Die private Dienstwagennutzung ist ein Teil der Arbeitsvergütung.[30] Bleibt der Dienstwagen dem Arbeitnehmer während der Freistellungsphase überlassen, ist der geldwerte Vorteil bei der Berechnung des Aufstockungsbetrags nach § 3 Abs. 1a ATG außer Betracht zu lassen. Wird in der Alterteilzeitvereinbarung dagegen vereinbart, dass der Dienstwagen ab der Freistellungsphase oder während der Alterteilzeit generell zurückzugeben ist, kann sich der Arbeitnehmer einen Abfindungsbetrag in Höhe des Wertes der Nutzung zahlen und diesen Wert in die Bemessung des Aufstockungsbetrags einbeziehen lassen.

772

4. Vorzeitige Beendigung des Altersteilzeitverhältnisses

Die vorzeitige Beendigung des Altersteilzeitverhältnisses stellt die Praxis vor eine Vielzahl ungelöster Probleme. Hauptgründe vorzeitiger Beendigung bilden der Tod des Arbeitnehmers, ordentliche und außerordentliche Kündigung des Alterteilzeitarbeitsverhältnisses durch den Arbeitgeber, Eintritt von Erwerbsunfähigkeit oder Umwandlung einer Zeitrente in eine Dauerrente sowie Insolvenz des Betriebes. Der Gesetzgeber fasst alle diese Fälle in § 23b SGB IV in der Formulierung „nicht vereinbarungsgemäße Verwendung des Wertguthabens" zusammen. In allen diesen Fällen findet ein Wertausgleich statt, der nach verschiedenen Berechnungsmethoden zu ermitteln ist.[31]

773

Sieht ein Tarifvertrag vor, dass das Alterteilzeitarbeitsverhältnis sofort endet, wenn ein Arbeitnehmer während des Bezugs durch Anerkennung als Schwerbehinderter die Möglichkeit der Inanspruchnahme eines vorzeitigen Renteneintritts hat, entstehen zwei Abwicklungsprobleme. Bei Eintritt des Störfalls müssen Beiträge für das noch nicht ausgezahlte Arbeitsentgelt in die Sozialversicherungen gezahlt werden. Das übrige Arbeitsentgelt kommt zur Auszahlung an den Arbeitnehmer. Bei der Berechnung des auszuzahlenden Entgelts an den Arbeitnehmer stellt sich die Frage, ob der Arbeitgeber die von ihm während der laufenden Alterteilzeit geleisteten Aufstockungsbeiträge sowie die geleisteten Zusatzbeiträge zur Rentenversicherung in voller Höhe auf das auszuzahlende Arbeitsentgelt anrechnen darf. Das BAG[32] entschied, dass eine Anrechnung der Aufstockungsbeträge zum Arbeitsentgelt möglich, eine Anrechnung der Höherversicherungsbeiträge zur Rentenversicherung jedoch nicht zulässig ist. Das BAG hielt sich in seinem Urteil streng an den Wortlaut der speziellen, tarifvertraglichen Anrechnungsklausel.[33]

774

In einer weiteren Entscheidung[34] hatte es das BAG mit einem Störfall zu tun, bei dem ebenfalls durch die Möglichkeit des Bezugs der Altersrente ohne Abschläge zu einem früheren Zeitraum als vorgesehen eine sofortige Beendigung des Alterteilzeitarbeitsverhältnisses die Folge war. Im Tarifvertrag war für den Fall der vorzeitigen Beendigung des Altersteilzeitverhältnisses vorgesehen, dass der Arbeitnehmer nur einen Anspruch auf die Auszahlung der Differenz zwischen den Alterteilzeitbezügen einschließlich der Aufstockungsleistung und den Bezügen für den Zeitraum der tatsächlichen Beschäftigung hat, die er ohne Eintritt in die Alterteilzeit erzielt hätte. Beim Vergleich dieses sog. Hätte-Entgelts mit dem erhaltenen Alterteilzeitentgelt zzgl. Aufstockungsleistungen hatte der Arbeitgeber festgestellt, dass das Alterteilzeitentgelt mit Aufstockungsleistung das Hätte-Entgelt bereits überschritt. Aus diesem Grunde hatte er eine Auszahlung von Restgehalt abgelehnt. Das BAG hat ihn in seiner Rechtsauffassung bestätigt. Die Klausel im Tarifvertrag sei auch nicht wirksam, sie bewege sich im Rahmen des durch Art. 9 Abs. 3 GG gewährten Gestaltungsspielraums der Tarifparteien. Einen rechtsmissbräuchlichen Lohnsteuerklassenwechsel des Arbeitnehmers für die Bemessung des Aufstockungsbetrags muss der Arbeitgeber nicht berücksichtigen. Ein **Rechtsmissbrauch** ist anzunehmen, wenn die Änderung nur erfolgt, um die Aufstockungsleistungen des Arbeitgebers zu erhöhen. Das gilt insbesondere, wenn die gewählte Lohnsteuerklassenkombination offensichtlich steuerlich nachteilig ist.[35]

775

---

29 *Nägele*, Der Dienstwagen, III Rn 4.
30 BAG 16.11.1995 – 8 AZR 240/95, AP § 611 BGB Sachbezüge Nr. 4; *Nägele*, Der Dienstwagen, III Rn 5.
31 *Debler*, NZA 2002, 1285 (1289 ff.).
32 BAG 18.11.2003 – 9 AZR 270/03, FA 2004, 212.
33 *Podewin*, FA 2004, 298.
34 BAG 14.10.2003 – 9 AZR 146/03, FA 2004, 245.
35 BAG 9.9.2003 – 9 AZR 554/02, BAGE 107, 248.

5. Altersteilzeit und Insolvenz

a) Grundlagen

776 Um die Wertguthaben der Altersteilzeiter im Blockmodell vor Wertverlust zu schützen, hat der Gesetzgeber mit **§ 8a ATG** (**Insolvenzsicherung**) eine spezielle Sicherung gesetzlich geregelt.[36] Führt eine Vereinbarung über die Altersteilzeitarbeit im Sinne von § 2 Abs. 2 ATG zum Aufbau eines Wertguthabens, das den Betrag des Dreifachen des Regelarbeitsentgelts nach § 6 Abs. 1 ATG einschließlich des darauf entfallenden Arbeitgeberanteils am Gesamtsozialversicherungsbeitrag übersteigt, ist der Arbeitgeber verpflichtet, das Wertguthaben einschließlich des darauf entfallenden Arbeitgeberanteils am Sozialversicherungsbeitrag mit der ersten Gutschrift in geeigneter Weise gegen das Risiko seiner Zahlungsunfähigkeit abzusichern (§ 8a Abs. 1 Satz 1 ATG). Eine Verrechnung von steuer- und beitragsfreien Aufstockungsleistungen mit den beitragspflichtigen Entgelten im Wertguthaben ist nicht zulässig. Bilanzielle Rückstellungen sowie zwischen Konzernunternehmen (vgl. § 18 AktG) begründete Einstandspflichten, insbesondere Bürgschaften, Patronatserklärungen oder Schuldbeitritte, gelten nicht als geeignete Sicherungsmittel im Sinne des Gesetzes (§ 8a Abs. 1 Satz 2 ATG).

777 Nach § 8a Abs. 3 ATG hat der Arbeitgeber dem Arbeitnehmer die zur Sicherung des Wertguthabens ergriffenen Maßnahmen mit der ersten Gutschrift und danach alle sechs Monate in Textform nachzuweisen. Die Betriebsparteien können eine andere gleichwertige Art und Form des Nachweises vereinbaren. Kommt der Arbeitgeber seiner Verpflichtung nach § 8a Abs. 3 ATG nicht nach oder sind die nachgewiesenen Maßnahmen nicht geeignet und weist er auf die schriftliche Aufforderung des Arbeitnehmers nicht innerhalb eines Monats eine geeignete Insolvenzsicherung des bestehenden Wertguthabens in Textform nach, kann der Arbeitnehmer verlangen, dass Sicherheit in Höhe des bestehenden Wertguthabens geleistet wird (§ 8a Abs. 4 ATG).

778 Geeignete **Insolvenzsicherungsmodelle** sind:

- Bankbürgschaften (Muster 4920);
- Absicherung im Wege dinglicher Sicherheiten (Verpfändung von Wertpapieren, insbesondere Fonds) zu Gunsten der Arbeitnehmer (Muster 4900);
- bestimmte Versicherungsmodelle der Versicherungswirtschaft;
- das Modell der doppelseitigen Treuhand (Muster 4950).

b) Kündigung in der Insolvenz

779 Eine Kündigung des Insolvenzverwalters wegen Betriebsstilllegung während der Freistellungsphase bei einer Altersteilzeitvereinbarung im Blockmodell ist nicht gemäß § 1 Abs. 2 KSchG durch dringende betriebliche Erfordernisse gerechtfertigt.[37] Der mit einer Betriebsstilllegung verbundene Wegfall aller Beschäftigungsmöglichkeiten erfordere dann keine Kündigung, wenn der in Altersteilzeit befindliche Arbeitnehmer die geschuldete Arbeitsleistung bereits in vollem Umfang erbracht habe und der Arbeitgeber ihn deshalb nicht weiterbeschäftigen müsse. Die Besonderheiten des Insolvenzverfahrens rechtfertigen keine abweichende Beurteilung. Auch § 113 InsO setze ein dringendes betriebliches Erfordernis voraus. Allein das Fehlen hinreichender finanzieller Mittel stelle keinen ausreichenden Kündigungsgrund dar.

c) Altersteilzeit und Sperrzeit

780 Schließt der Arbeitnehmer mit dem Arbeitgeber einen Altersteilzeitvertrag und hebt somit für die Zeit nach dem Ende der Altersteilzeit das Arbeitsverhältnis auf, kann er in der Folge Arbeitslosengeld nur in der Kombination mit einer Sperrzeit nach § 144 SGB III beziehen. Dass der Arbeitnehmer mit dem Abschluss einer Altersteilzeitvereinbarung dem arbeitsmarktpolitischen Ziel des Gesetzgebers entspricht, die Arbeitslosigkeit zu bekämpfen und damit einen durch Altersteilzeit früher frei werdenden Arbeitsplatz einem jüngeren Arbeitnehmer zur Verfügung stellt, lässt die Voraussetzungen des § 144 SGB nicht entfallen. Insbesondere ist in diesem Ziel nach Auffassung des SG Karlsruhe kein wichtiger Grund i.S.v. § 144 SGB III zu sehen.[38]

---

[36] Muster 4920 (§ 4 Rn 786); Muster 4950 (§ 4 Rn 789).
[37] LAG Niedersachsen 24.5.2002 – 3 Sa 1629/01, NZA-RR 2003, 17; BAG 5.12.2002 – 2 AZR 571/01, BAGE 104, 131.
[38] SG Karlsruhe 25.5.2004 – S 2 AL 2/03, NZA-RR 2005, 275.

d) Haftung des GmbH-Geschäftsführers

Sind von einer GmbH keine Vorkehrungen getroffen worden, die der „Erfüllung der Wertguthaben" aus Altersteilzeitverhältnissen bei Zahlungsunfähigkeit der GmbH dienen, so haftet der Geschäftsführer der GmbH im Hinblick auf eine unterlassene Insolvenzsicherung vor Inkrafttreten des § 8a ATG nicht persönlich, wie das BAG mit Urteil vom 13.12.2005[39] ausgeführt hat. Wertguthaben sind nach Ansicht des 9. Senats keine sonstigen Rechte i.S.d. § 823 Abs. 1 BGB. § 7d SGB IV sei kein Schutzgesetz i.S.d. § 823 Abs. 2 BGB. Ausdrücklich nicht entschieden hat der Senat, ob der Ausschluss der persönlichen Haftung des GmbH-Geschäftsführers für die unterbliebene Insolvenzsicherung von Wertguthaben auch nach Inkrafttreten des § 8a ATG ab 1.7.2004 gilt.

6. Verlust von Ehrenämtern während der Altersteilzeit

Solange der Altersteilzeiter noch im Betrieb beschäftigt ist – sei es im Rahmen einer kontinuierlichen Verringerung während der gesamten Altersteilzeit, sei es in der Ansparphase im Zuge eines Blockmodells –, kann er seine Ehrenämter als Arbeitnehmervertreter im Aufsichtsrat, als Mitglied des Betriebsrats oder als ehrenamtlicher Richter aus dem Arbeitnehmerkreis gemäß § 21 Abs. 1 Satz 2 ArbGG beibehalten. Befindet er sich dagegen in der Freistellungsphase, erlischt sein Mandat als Arbeitnehmervertreter im Aufsichtsrat.[40] Auch seinem Mandat als ehrenamtlicher Richter ist die Grundlage entzogen, da er auf Dauer nicht mehr als Arbeitnehmer „tätig" ist.[41] Bei Altersteilzeit in Form des Blockmodells verliert der Arbeitnehmer mit Beginn der Freistellungsphase sein Wahlrecht als Betriebsrat, wenn er danach nicht in den Betrieb zurückkehrt, was die Regel sein dürfte.[42]

7. Außerhalb von Tarifverträgen kein Anspruch auf Altersteilzeit

Soweit nicht Tarifverträge einen Anspruch des Arbeitnehmers unter dort näher genannten Voraussetzungen vorsehen, besteht aufgrund des ATG **kein Anspruch** des Arbeitnehmers, einen Altersteilzeitvertrag mit dem Arbeitgeber abzuschließen. Auch soweit Tarifverträge die Möglichkeit der Inanspruchnahme von Altersteilzeit einräumen, ergibt sich für einen behinderten Menschen kein Anspruch auf Altersteilzeit, wenn er in dem geplanten Altersteilzeit-Zeitraum eine ungeminderte Rente nach § 236 SGB VI in Anspruch nehmen kann. So hat das BAG entschieden, dass es keine ungerechtfertigte Benachteiligung eines Schwerbehinderten darstellt, wenn der Arbeitgeber dem Arbeitnehmer die Inanspruchnahme einer Altersteilzeit verweigert, wenn dem Arbeitnehmer bereits innerhalb des geplanten Altersteilzeit-Zeitraums eine ungeminderte Rente nach § 236a SGB VI zusteht.[43] Zwar gelte § 81 Abs. 2 Satz 1 SGB IX, der festlege, dass Arbeitgeber schwerbehinderte Beschäftigte nicht wegen ihrer Behinderung benachteiligen dürfen, auch für die Tarifvertragsparteien und die Betriebsparteien. Jedoch verstoße die tarifvertragliche Regelung nicht gegen diese Vorschrift. Selbst wenn durch die Festlegung der Beendigung der Altersteilzeit mit dem Anspruch auf eine ungeminderte Altersrente eine mittelbare Diskriminierung behinderter Menschen vorliege, sei diese durch arbeitsmarktpolitische Zielsetzungen gerechtfertigt.

---

39 BAG 13.12.2005 – 9 AZR 436/04, ZIP 2006, 1213 = jurisPR-ArbR 30/2006 Nr. 2 m. Anm. *Beckmann*.
40 BAG 25.10.2000 – 7 ABR 18/00, NZA 2001, 461.
41 *Andelewski*, NZA 2002, 655.
42 *Fitting u.a.*, BetrVG, § 7 Rn 32; *Rieble/Gutzeit*, BB 1998, 638; a.A. *Däubler*, AiB 2001, 684; *Natzel*, NZA 1998, 1262.
43 BAG 27.4.2004 – 9 AZR 18/03, FA 2005, 53 = ArbRB 2005, 12.

B. Texte

1. Muster: Altersteilzeitvertrag[44]

Zwischen

der Firma ▬▬▬

– nachstehend: Arbeitgeber –

und

Herrn/Frau ▬▬▬

– nachstehend: Arbeitnehmer –

wird folgende Vereinbarung getroffen:

§ 1 Beginn der Altersteilzeit

Das am ▬▬▬ zwischen den Parteien geschlossene Arbeitsverhältnis wird unter Abänderung und Ergänzung nach Maßgabe der folgenden Vorschriften vom ▬▬▬ an als Altersteilzeitarbeitsverhältnis fortgeführt.

Altersteilzeitarbeit wird nach dem Gesetz erst mit Vollendung des 55. Lebensjahres gefördert. Der Altersteilzeitarbeitsvertrag kann also erst mit dem 55. Geburtstag beginnen.

§ 2 Tätigkeit

(1) Der Arbeitnehmer übt seine bisherige Tätigkeit weiter aus, soweit die Umwandlung in ein Altersteilzeitarbeitsverhältnis keine Veränderung notwendig macht.

(2) Der Arbeitgeber behält sich vor, im Rahmen betriebswirtschaftlicher Notwendigkeit dem Arbeitnehmer eine andere zumutbare Arbeit zu übertragen.

§ 3 Arbeitszeit

(1) Die Arbeitszeit beträgt im Jahresdurchschnitt die Hälfte der bisherigen wöchentlichen Arbeitszeit von ▬▬▬, mindestens jedoch ▬▬▬ Stunden.

(2) Hinsichtlich der Verteilung der Arbeitszeit über den das Altersteilzeitarbeitsverhältnis erfassenden Zeitraum wird Folgendes vereinbart: ▬▬▬

(3) Der Arbeitnehmer ist verpflichtet, im Anforderungsfall Mehrarbeit zu leisten. Diese ist innerhalb der folgenden ▬▬▬ Monate durch entsprechende Freizeit auszugleichen.

§ 4 Arbeitsentgelt

Der Arbeitnehmer erhält für die Dauer des Altersteilzeitarbeitsverhältnisses Entgelt nach Maßgabe der gemäß § 3 reduzierten Arbeitszeit. Das Arbeitsentgelt ist unabhängig von der Verteilung der Arbeitszeit fortlaufend zu zahlen. Das Arbeitsentgelt für die Altersteilzeit ist unabhängig von deren Verteilung zu entrichten. Auch im Blockmodell ist beispielsweise über fünf Jahre der Arbeitslohn ratierlich zu zahlen. Dies bedeutet, dass der Arbeitslohn sowohl in der Zeit der Vollbeschäftigung als auch in der arbeitsfreien Zeit zu entrichten ist. Darüber hinaus erhöht oder verringert sich das Arbeitsentgelt mit jeder entsprechenden entgeltwirksamen Vereinbarung, sei sie tariflich oder betrieblich begründet.

§ 5 Altersteilzeitleistungen

(1) Der Arbeitnehmer erhält gemäß § 3 Abs. 1 Nr. 1 Buchst. a ATG Aufstockungsleistungen in Höhe von 20% des Regelarbeitsentgelts für die Altersteilzeitarbeit.

(2) Der Arbeitgeber entrichtet für den Arbeitnehmer zusätzlich Beiträge zur gesetzlichen Rentenversicherung mindestens in Höhe des Betrags, der auf 80% des Regelarbeitsentgelt für die Altersteilzeitarbeit, begrenzt auf den unter Unterschiedsbetrag zwischen 90% der monatlichen Beitragsbemessungsgrenze und dem Regelarbeitsentgelt, entfällt, höchstens bis zur Beitragsbemessungsgrenze.

§ 6 Krankheit

(1) Im Falle krankheitsbedingter Arbeitsunfähigkeit leistet der Arbeitgeber Lohnfortzahlung nach den für das Arbeitsverhältnis jeweils geltenden Bestimmungen.

(2) Im Falle des Bezugs von Krankengeld, Versorgungskrankengeld, Verletztengeld oder Übergangsgeld nach Ablauf der Entgeltfortzahlung tritt der Arbeitnehmer seine Ansprüche auf Altersteilzeitleistungen gegen die Bundesagentur

---

[44] Muster nach *Reichling/Wolf*, NZS 1997, 164 ff.

für Arbeit (§ 10 Abs. 2 ATG) an den Arbeitgeber ab. Der Arbeitgeber erbringt Altersteilzeitleistungen insoweit anstelle der Bundesagentur für Arbeit im Umfang der abgetretenen Ansprüche an den Arbeitnehmer.

§ 7 Ruhen und Erlöschen des Anspruchs auf Altersteilzeitleistungen

(1) Der Anspruch auf die Altersteilzeitleistungen nach § 5 ATG ruht während der Zeit, in der der Arbeitnehmer über die Altersteilzeit hinaus eine Beschäftigung oder selbstständige Tätigkeit ausübt, die den Umfang der Geringfügigkeitsgrenze in § 8 SGB IV überschreitet oder aufgrund solcher Beschäftigungen seine Lohnersatzleistung erhält. Beschäftigungen oder selbstständige Tätigkeiten bleiben unberücksichtigt, soweit sie der Arbeitnehmer bereits innerhalb der letzten fünf Jahre vor Beginn der Altersteilzeit ständig ausgeübt hat.

(2) Der Anspruch auf die Altersteilzeitleistungen erlischt, wenn er mindestens 150 Tage geruht hat. Mehrere Ruhenszeiten werden zusammengezählt.

§ 8 Verbot der Aufnahme oder Ausübung von Nebentätigkeiten

(1) Der Arbeitnehmer verpflichtet sich, keine Beschäftigung oder selbstständige Tätigkeit auszuüben, die die Geringfügigkeitsgrenze des § 8 SGB IV überschreitet. Beschäftigungen nach § 5 Abs. 3 Satz 4 bleiben unberücksichtigt.

(2) Der Arbeitnehmer verpflichtet sich, dem Arbeitgeber jeden möglichen Schaden aus einer Zuwiderhandlung gegen § 8 Abs. 1 ATG zu ersetzen.

§ 9 Mitwirkungs- und Erstattungspflichten

(1) Der Arbeitnehmer hat Änderungen der ihn betreffenden Verhältnisse, die für die Altersteilzeitleistungen nach § 5 ATG erheblich sind, dem Arbeitgeber unverzüglich anzuzeigen.

(2) Der Arbeitgeber hat ein Zurückbehaltungsrecht, wenn der Arbeitnehmer seinen Mitwirkungspflichten nicht nachkommt oder vorsätzlich oder grob fahrlässig unvollständige oder unrichtige Auskünfte gibt.

(3) Zu Unrecht empfangene Leistungen hat der Arbeitnehmer zu erstatten.

§ 10 Ende des Altersteilzeitarbeitsverhältnisses

(1) Das Altersteilzeitarbeitsverhältnis endet ohne Kündigung am ▄▄▄. Es endet insbesondere ferner,
- wenn der Arbeitnehmer das 65. Lebensjahr vollendet hat;
- mit Ablauf des Kalendermonats vor dem Kalendermonat, für den der Arbeitnehmer eine Rente wegen Alters, eine Knappschaftsausgleichsleistung, eine Leistung öffentlich-rechtlicher Art oder, wenn er von der Versicherungspflicht in der gesetzlichen Rentenversicherung befreit ist, eine vergleichbare Leistung einer Versicherungs- oder Versorgungseinrichtung oder eines Versicherungsunternehmens beanspruchen kann;
- wenn der Anspruch auf die Altersteilzeitleistungen gemäß § 5 ATG erlischt;
- mit dem Tod des Arbeitnehmers.

(2) Im Übrigen bleibt das Recht zur Kündigung nach Maßgabe des Arbeitsvertrages vom ▄▄▄ und der Gesetze unberührt.

§ 11 Besicherung

(1) Der Arbeitgeber besichert die Altersteilzeitansprüche des Arbeitnehmers entsprechend den gesetzlichen Vorgaben in § 8a ATG. Zu diesem Zweck richtet er für den Arbeitnehmer ein eigenes Depotkonto bei einer Kapitalanlagegesellschaft ein.

(2) Sämtliche dem Arbeitnehmer geschuldeten Leistungen aus dem Altersteilzeitverhältnis einschließlich der Arbeitgeberanteile zur Sozialversicherung werden auf das Depot des Arbeitnehmers eingezahlt.

(3) Der Arbeitgeber bestellt zu Gunsten des Arbeitnehmers an den eingezahlten Fondsanteilen ein Pfandrecht, das bis zur Beendigung des Altersteilzeitverhältnisses andauert.

(4) Vor Ablauf des Pfandrechts dürfen der Arbeitgeber und der Arbeitnehmer nur gemeinsam über die in dem verpfändeten Depot geführten Anteile verfügen. Das Pfandrecht besteht jeweils in Höhe der zu sichernden Entgeltansprüche des Arbeitnehmers einschließlich der Arbeitgeberanteile an der Sozialversicherung.

§ 12 Auslegungsfragen

(1) Für die Auslegung dieses Vertrages ist maßgeblich das ATG in seiner jeweils geltenden Fassung.

(2) Sollte eine Vorschrift dieses Vertrages unwirksam sein oder sollte eine Vorschrift dazu führen, dass von der Bundesagentur für Arbeit – bei Vorliegen der sonstigen gesetzlichen Voraussetzungen – Leistungen gemäß § 4 ATG nicht erbracht werden können, sind die Vertragsparteien verpflichtet, den Vertrag so zu ändern, dass die Voraussetzungen für die Leistungen erfüllt werden.

§ 13 Vertragsänderungen

(1) Mündliche Nebenabreden bestehen nicht. Änderungen und Ergänzungen dieses Vertrages bedürfen der Schriftform.
(2) Im Übrigen gelten die Bestimmungen des Arbeitsvertrages vom ▬▬▬ weiter.

2. Muster: Altersteilzeitvereinbarung

Zwischen
der Firma ▬▬▬

– nachstehend: Arbeitgeber –

und
Herrn/Frau ▬▬▬

– nachstehend: Arbeitnehmer –

wird folgende Altersteilzeitvereinbarung geschlossen:

§ 1 Beginn und Ende des Altersteilzeitarbeitsverhältnisses

Das zwischen den Parteien bestehende Arbeitsverhältnis wird unter Abänderung und Ergänzung des Arbeitsvertrages mit Wirkung ab ▬▬▬ als Altersteilzeitarbeitsverhältnis fortgeführt.

Das Altersteilzeit-Arbeitsverhältnis endet ohne Kündigung am ▬▬▬.

§ 2 Tätigkeit, Arbeitszeit und zusätzliche Arbeit

Der Arbeitnehmer wird bei Beginn der Altersteilzeitarbeit als ▬▬▬ beschäftigt.

Die regelmäßige wöchentliche Arbeitszeit des Arbeitnehmers beträgt die Hälfte seiner bisherigen regelmäßigen wöchentlichen Arbeitszeit von ▬▬▬ Stunden (= ▬▬▬ Stunden).

Hinsichtlich der täglichen Lage und Verteilung der Arbeitszeit wird Folgendes vereinbart:

Die Arbeitszeit ist so zu verteilen, dass in der ersten Hälfte des Altersteilzeit-Arbeitsverhältnisses die regelmäßige wöchentliche Arbeitszeit von derzeit ▬▬▬ Stunden geleistet wird und der Arbeitnehmer anschließend entsprechend des von ihm erworbenen Zeitguthabens von der Arbeit ohne Arbeitsverpflichtung freigestellt wird.

Der Arbeitnehmer arbeitet täglich ▬▬▬ Stunden zuzüglich jeweiliger lt. gültiger Betriebsvereinbarung geltender Vollzeit.

§ 3 Vergütung

Der Arbeitnehmer erhält für die Dauer des Altersteilzeit-Arbeitsverhältnisses das Entgelt für die Altersteilzeitarbeit. Es beträgt fest für den gesamten Zeitraum ▬▬▬ EUR netto. Hierin ist der Aufstockungsbetrag enthalten (siehe § 4).

§ 4 Aufstockungszahlung

Der Arbeitnehmer erhält eine Aufstockungszahlung in Höhe von 40% des Arbeitsentgelts für die Altersteilzeitarbeit. Dieser Aufstockungsbetrag ist ein Nettobetrag und beträgt ▬▬▬ EUR fest für den Zeitraum der Altersteilzeit.

Das Entgelt für die Altersteilzeit sowie der Aufstockungsbetrag verändern sich im gesamten Zeitraum der Altersteilzeit nicht.

Der Arbeitgeber erbringt keinen Ausgleich für steuerliche Belastungen, die der Arbeitnehmer durch die Einbeziehung des steuerfreien Aufstockungsbetrags in den Progressionsvorbehalt zu tragen hat.

Der Arbeitgeber entrichtet neben den vom Arbeitgeber für das Altersteilzeitarbeitsentgelt zu tragenden Sozialversicherungsbeiträgen zusätzlich für den Arbeitnehmer Beiträge zur gesetzlichen Rentenversicherung in Höhe des Beitrags, der auf 80% des Regelarbeitsentgelts für die Altersteilzeitarbeit, begrenzt auf den Unterschiedsbetrag zwischen 90% der monatlichen Beitragsbemessungsgrenze und dem Regelarbeitsentgelt, entfällt, höchstens bis zur Beitragsbemessungsgrenze.

§ 5 Nebenbeschäftigung

Der Arbeitnehmer darf neben seiner Altersteilzeitarbeit keine Beschäftigungen oder selbstständigen Tätigkeiten ausüben, die die Geringfügigkeitsgrenze des § 8 SGB IV (400 EUR) überschreiten. Dies gilt auch dann, wenn der Arbeitnehmer aufgrund einer solchen Beschäftigung eine Lohnersatzleistung erhält. Bei einem Überschreiten der Geringfügigkeitsgrenze ruht der Anspruch auf die Leistungen nach § 4.

Für die Mitteilungs- und Erstattungspflicht gilt § 8 des Vertrages.

§ 6 Leistung bei Lohnersatzleistungen

Im Falle des Bezugs von Kranken(tage)geld, Versorgungskrankengeld, Verletztengeld oder Übergangsgeld gewährt der Arbeitgeber dem Arbeitnehmer für die jeweilige Dauer des Bezugs dieser Leistungen die oben genannte Aufstockungszahlung weiter. Insoweit tritt der Arbeitnehmer schon heute seine ggf. gemäß § 10 Abs. 2 ATG gegen die Bundesagentur für Arbeit bestehenden Ansprüche auf Altersteilzeitleistungen an den Arbeitgeber ab. Der Arbeitgeber nimmt die Abtretung an.

§ 7 Sonstige Leistungen (Betriebliche Altersversorgung)

Im Hinblick auf die Leistungsansprüche aus der betrieblichen Altersversorgung wird der Arbeitnehmer für die Dauer des Altersteilzeitarbeitsverhältnisses nach der Bestimmung der Versorgungsordnung für Teilzeitbeschäftigung behandelt.

Bei der Berechnung des rentenfähigen Einkommens als Grundlage für die betrieblichen Versorgungsleistungen werden im letzten vollen Kalenderjahr vor Rentenbeginn diverse Leistungen laut zusätzlicher Vereinbarung berücksichtigt.

§ 8 Mitteilungs- und Erstattungspflichten

Der Arbeitnehmer verpflichtet sich, dem Arbeitgeber alle Umstände und deren Änderungen, die seinen Vergütungsanspruch oder deren Anspruch auf Aufstockungszahlung berühren können, unverzüglich mitzuteilen. Er hat insbesondere den Arbeitgeber über Nebentätigkeiten zu unterrichten.

Der Arbeitnehmer ist verpflichtet, frühestmöglich den Antrag auf eine Rente wegen Alters oder vergleichbare Leistungen, die zum Erlöschen des Altersteilzeitarbeitsverhältnisses führen, zu stellen und den Arbeitgeber hierüber unverzüglich zu unterrichten. Der Arbeitnehmer hat auf Verlangen des Arbeitgebers den frühestmöglichen Zeitpunkt mitzuteilen, ab dem er eine solche Altersrente oder eine vergleichbare Leistung beanspruchen kann.

Der Arbeitgeber hat ein Zurückbehaltungsrecht, wenn der Arbeitnehmer seine Mitwirkungs- oder Mitteilungspflichten nicht erfüllt oder es um unrichtige oder unvollständige Angaben oder Auskünfte geht, die seinen Vergütungsanspruch, seinen Anspruch auf Aufstockungszahlung oder Beiträge zur Rentenversicherung berühren können. Zu Unrecht empfangene Leistungen hat der Arbeitnehmer zurückzuerstatten.

§ 9 Kündigung

Die Möglichkeit der Kündigung bestimmt sich nach den bisher für den Arbeitsvertrag geltenden Regelungen.

§ 10 Vertragsänderung

Mündliche Nebenabreden bestehen nicht. Änderungen und Ergänzungen dieses Vertrages bedürfen der Schriftform.

Im Übrigen gelten die Bestimmungen des weiterlaufenden Arbeitsvertrages sowie das Gesetz zur Förderung des gleitenden Übergangs in den Ruhestand in der Fassung vom ▄▄▄.

3. Muster: Altersteilzeitvereinbarung mit geblockter Arbeitszeit[45]

Zwischen

der Firma ▄▄▄

– nachstehend: Arbeitgeber –

und

Herrn/Frau ▄▄▄

– nachstehend: Arbeitnehmer –

wird – aufgrund betrieblicher Veranlassung – folgende Altersteilzeitvereinbarung geschlossen:

§ 1 Beginn und Ende der Altersteilzeit

Das bestehende Arbeitsverhältnis wird unter Abänderung und Ergänzung des Arbeitsvertrages mit Wirkung vom ▄▄▄ als Altersteilzeitarbeitsverhältnis fortgeführt.

Das Altersteilzeitarbeitsverhältnis endet ohne Kündigung am ▄▄▄. Ab ▄▄▄ hat der Arbeitnehmer aufgrund der vorgelegten Auskunft der gesetzlichen Rentenversicherung Anspruch auf eine gesetzliche Rente wegen Alters.

Das Altersteilzeitarbeitsverhältnis endet in jedem Fall vorzeitig, wenn sich vor dem vereinbarten Ende ein Anspruch auf eine gesetzliche Rente wegen Alters ohne Abschlag ergibt und zwar mit Ablauf des Kalendermonats vor dem Kalender-

---

45 Die Altersteilzeitvereinbarung ist konzipiert in Verbindung mit der Gesamtbetriebsvereinbarung in Muster 5163 (§ 5 Rn 78) und nimmt in einzelnen Vorschriften hierauf Bezug.

monat, ab dem dieser Anspruch besteht. Gleiches gilt entsprechend, wenn eine Rente wegen Alters mit Abschlag vor dem vereinbarten Ende des Altersteilzeitarbeitsverhältnisses bezogen wird.

§ 2 Arbeitszeit und zusätzliche Arbeit

Die wöchentliche Arbeitszeit des Arbeitnehmers beträgt die Hälfte seiner üblichen, dem bisherigen Arbeitsverhältnis zugrunde liegenden Arbeitszeit von wöchentlich 40 Stunden. Sie beträgt mindestens jedoch 15 Stunden. Die Vorschriften des Manteltarifvertrages für ■■■ finden keine Anwendung.

Die Arbeitszeit wird so verteilt, dass sie in der ersten Hälfte des Altersteilzeitarbeitsverhältnisses (= Zeit vom ■■■ bis ■■■) geleistet wird und der Arbeitnehmer anschließend entsprechend der von ihm erworbenen Zeitguthaben von der Arbeit ohne Arbeitsverpflichtung freigestellt wird (= Zeit vom ■■■ bis ■■■).

§ 3 Vergütung und Aufstockungszahlung

Der Arbeitnehmer erhält für die Dauer des Altersteilzeitarbeitsverhältnisses das Entgelt für die Altersteilzeitarbeit.

Zusätzlich erhält er eine Aufstockungszahlung in Höhe von 40 % des Arbeitsentgelts für die Altersteilzeitarbeit. Das Arbeitsentgelt wird jedoch auf mindestens 85 % des Regelarbeitsentgelts für die Altersteilzeitarbeit aufgestockt.

Die Aufstockungszahlung ist zzt. steuer- und sozialversicherungsbeitragsfrei, sie unterliegt jedoch im Rahmen der Einkommensteuerveranlagung dem Progressionsvorbehalt. Dadurch kann sich der Steuersatz für das zu versteuernde Gesamteinkommen erhöhen, die Aufstockungszahlung selbst bleibt steuerfrei.

Der Arbeitnehmer erhält außerdem die Leistungen gemäß den §§ 7, 8, 9, 10 und 11 der „Gesamtbetriebsvereinbarung ■■■ über Altersteilzeit".

§ 4 Nebenbeschäftigungsverbot

Der Arbeitnehmer darf neben seiner Altersteilzeitarbeit keine Beschäftigungen oder selbstständige Tätigkeiten ausüben, die die Geringfügigkeitsgrenze des § 8 SGB IV (2007: 400 EUR/Monat) überschreiten. Dies gilt auch dann, wenn der Arbeitnehmer aufgrund einer solchen Beschäftigung eine Lohnersatzleistung erhält. Bei einem Überschreiten der Geringfügigkeitsgrenze ruht der Anspruch auf die Aufstockungszahlung.

§ 5 Mitteilungs-, Erstattungs- und Abtretungspflichten

Der Arbeitnehmer verpflichtet sich, dem Arbeitgeber alle Umstände und deren Änderungen, die seinen Anspruch auf die Vergütung, die Aufstockungszahlung oder die sonstigen Leistungen berühren können, unverzüglich mitzuteilen. Er hat insbesondere den Arbeitgeber über Nebentätigkeiten zu unterrichten.

Der Arbeitnehmer ist außerdem verpflichtet, dem Arbeitgeber unverzüglich mitzuteilen, wenn ein Anspruch auf eine gesetzliche Rente wegen Alters ohne Abschlag besteht und diesen Anspruch frühestmöglich geltend zu machen. Er muss dem Arbeitgeber zudem unverzüglich mitteilen, wenn er eine gesetzliche Rente wegen Alters mit Abschlag bezieht.

Der Arbeitgeber hat ein Zurückbehaltungsrecht, wenn der Arbeitnehmer seine Mitwirkungs- und Mitteilungspflichten nicht erfüllt oder es um unrichtige oder unvollständige Angaben oder Auskünfte geht, die seinen Anspruch auf die Vergütung, die Aufstockungszahlung oder die sonstigen Leistungen berühren können. Zu Unrecht empfangene Leistungen hat der Arbeitnehmer zurückzuerstatten.

Im Falle des Bezugs von Krankengeld, Versorgungskrankengeld, Verletztengeld oder Übergangsgeld tritt der Arbeitnehmer seine Ansprüche auf Altersteilzeitleistungen gegen die Bundesagentur für Arbeit (§ 10 Abs. 2 ATG) an den Arbeitgeber ab. Der Arbeitgeber erbringt Aufstockungsleistungen insoweit anstelle der Bundesagentur für Arbeit im Umfang der abgetretenen Ansprüche an den Arbeitnehmer.

§ 6 Kündigung

Die Möglichkeit der Kündigung bestimmt sich nach den bisher für den Arbeitsvertrag geltenden Regelungen.

§ 7 Besicherung

Der Arbeitgeber schließt mit der ■■■-Bank einen Avalkreditrahmenvertrag zur Absicherung der Ansprüche des Arbeitnehmers aus der Alterteilzeitvereinbarung. Von dem Bürgschaftsvertrag werden die noch ausstehenden Entgeltansprüche des Arbeitnehmers aus der Arbeitsphase im Blockmodell erfasst. Hierzu rechnen auch die auf diese Lohnansprüche entfallenden Arbeitgeberanteile an den Beiträgen zur Sozialversicherung sowie nicht ausgezahlte, anteilige Sonderzahlungen zur Finanzierung des Aufstockungsbetrags auf einem Langbetrags, auf einem Langzeitkonto aufgesparte, noch nicht verbrauchte Eigenanteile des Arbeitnehmers und nicht ausgezahlte Urlaubsvergütungen.

Die ■■■-Bank kann aus der Bürgschaft nur in Anspruch genommen werden, wenn ihr der schriftliche Nachweis über die Eröffnung oder Ablehnung des Insolvenzverfahrens über den Arbeitgeber vorliegt.

Der Arbeitnehmer hat den schriftlichen Nachweis des Insolvenzverwalters oder des Arbeitgebers zu erbringen, in welcher Höhe Sozialversicherungsbeiträge und Steuern abzuführen sind und auf welchen Betrag sich der Nettolohn beläuft.

Im Insolvenzfall zahlt aus der Bürgschaft die ▬▬▬-Bank nur das Nettoentgelt an den Arbeitnehmer und führt die Sozialversicherungsbeiträge unmittelbar an die Einzugsstelle und die Steuern unmittelbar an das Finanzamt ab.

Im Übrigen gelten die Regelung des § 8a ATG.

§ 8 Sonstige Vereinbarungen

Mündliche Nebenabreden bestehen nicht. Änderungen und Ergänzungen dieses Vertrages bedürfen der Schriftform.

Im Übrigen gelten die Bestimmungen des weiterlaufenden Arbeitsvertrages, die Bestimmungen des „Gesetzes zur Förderung des gleitenden Übergangs in den Ruhestand" (Altersteilzeitgesetz) vom 23.7.1996 in der Fassung vom ▬▬▬, die Bestimmungen des „Manteltarifvertrages" und die Bestimmungen der „Gesamtbetriebsvereinbarung" über Altersteilzeit (ATZ)" vom ▬▬▬.

4. Muster: Altersteilzeitvereinbarung mit geblockter Arbeitszeit im öffentlichen Dienst

Zwischen

▬▬▬

– nachstehend: Arbeitgeber –

und

Herrn/Frau ▬▬▬

– nachstehend: Arbeitnehmer –

wird auf der Grundlage

a) des Altersteilzeitgesetzes vom 23.7.1996 (BGBl. I S. 1078) in der Fassung vom ▬▬▬ (BGBl. I S. ▬▬▬)

b) des Tarifvertrages zur Regelung der Altersteilzeitarbeit (TV ATZ) vom 5.5.1998 – in der jeweils geltenden Fassung –

zum Arbeitsvertrag vom ▬▬▬ folgender Änderungsvertrag geschlossen.

§ 1 Altersteilzeitarbeitsverhältnis

Das Arbeitsverhältnis wird nach Maßgabe der folgenden Vereinbarung ab ▬▬▬ als Altersteilzeitarbeitsverhältnis fortgeführt. Zwischen den Parteien besteht Einigkeit, dass das Arbeitsverhältnis auf arbeitgeberseitige Veranlassung unbeschadet des § 9 Abs. 2 TV ATZ mit dem ▬▬▬ sein Ende finden wird.

§ 2 Arbeitszeit

(1) Die regelmäßige wöchentliche Arbeitszeit des Arbeitnehmers beträgt die Hälfte der bisherigen wöchentlichen Arbeitszeit des Arbeitnehmers von ▬▬▬ Stunden. Sie beträgt mindestens jedoch ▬▬▬ Stunden.

(2) Die Arbeitszeit ist so zu verteilen, dass sie in der ersten Hälfte des Altersteilzeitarbeitsverhältnisses geleistet wird und der Arbeitnehmer anschließend entsprechend der von ihm erworbenen Zeitguthaben von der Arbeitsverpflichtung freigestellt wird.

Daraus ergibt sich folgendes Blockmodell:

Arbeitsphase: vom ▬▬▬ bis ▬▬▬

Freizeitphase: vom ▬▬▬ bis ▬▬▬

§ 3 Arbeitsentgelt, Aufstockungsleistungen

(1) Der Arbeitnehmer erhält für die Dauer des Altersteilzeitarbeitsverhältnisses Entgelt nach Maßgabe der reduzierten Arbeitszeit. Entgeltänderungen wirken sich auch während der Freistellungsphase auf das Arbeitsentgelt aus. Das Arbeitsentgelt ist unabhängig von der Verteilung der Arbeitszeit fortlaufend zu zahlen.

(2) Außerdem erhält der Arbeitnehmer Aufstockungsleistungen/tarifliche Abfindungszahlungen nach Maßgabe des § 5 TV ATZ. Die Aufstockungszahlungen sind zzt. steuer- und sozialversicherungsfrei, sie unterliegen jedoch im Rahmen der Einkommensveranlagung dem Progressionsvorbehalt. Dadurch kann sich der Steuersatz für das zu versteuernde Gesamteinkommen erhöhen, die Aufstockungsleistungen selber bleiben steuerfrei.

(3) Zusätzlich werden dem Arbeitnehmer Beihilfen im Krankheits- und Todesfall sowie Sterbegeld gemäß BAT nicht entsprechend dem Arbeitszeitfaktor (50 % bei ATZ) gekürzt, sondern in voller Höhe gewährt.

§ 4 Nebenbeschäftigungsverbot

(1) Der Arbeitnehmer verpflichtet sich, keine Beschäftigung oder selbstständige Tätigkeit auszuüben, die die Geringfügigkeitsgrenze des § 8 SGB IV überschreitet. Beschäftigungen oder selbstständige Tätigkeiten bleiben unberücksichtigt, soweit sie der Arbeitnehmer bereits innerhalb der letzten fünf Jahre vor Beginn der Altersteilzeit ständig ausgeübt hat.

(2) Der Arbeitnehmer verpflichtet sich, dem Arbeitgeber jeden möglichen Schaden aus einer Zuwiderhandlung gegen Abs. 1 Satz 1 zu ersetzen, insbesondere ruht bei einem Überschreiten der Geringfügigkeitsgrenzen der Anspruch auf die Aufstockungszahlung nach § 3 Abs. 2 des Vertrages.

§ 5 Mitwirkungs- und Erstattungspflichten

(1) Der Arbeitnehmer hat Änderungen der ihn betreffenden Verhältnisse, die für die Altersteilzeitleistungen erheblich sind, dem Arbeitgeber unverzüglich mitzuteilen (§ 11 Abs. 1 ATG). Er ist außerdem verpflichtet, dem Arbeitgeber unverzüglich mitzuteilen, wenn ein Anspruch auf eine gesetzliche Rente wegen Alters ohne Abschlag besteht, und diesen Anspruch frühestmöglich geltend zu machen. Unterlässt er die Geltendmachung des Rentenanspruchs, wird er von dem Zeitpunkt der möglichen Inanspruchnahme der Rente an ohne Abschläge gleichwohl so behandelt, als ob er die Rente bezogen haben würde. Er muss dem Arbeitgeber zudem unverzüglich mitteilen, wenn er eine gesetzliche Rente wegen Alters mit Abschlag bezieht.

(2) Zu Unrecht erbrachte Leistungen der Bundesagentur für Arbeit an den Arbeitgeber hat der Arbeitnehmer gemäß § 11 Abs. 2 des Altersteilzeitgesetzes der Bundesagentur für Arbeit zu erstatten.

(3) Der Arbeitnehmer hat dem Arbeitgeber zu Unrecht gezahlte Leistungen, die die im Altersteilzeitgesetz vorgesehenen Leistungen übersteigen, zu erstatten, wenn er die unrechtmäßige Zahlung dadurch bewirkt hat, dass er Mitwirkungspflichten nach Abs. 1 verletzt hat.

(4) Der Arbeitgeber hat ein Zurückbehaltungsrecht, wenn der Arbeitnehmer seine Mitwirkungs- und Mitteilungspflichten nicht erfüllt oder er unrichtige oder unvollständige Angaben und Auskünfte erteilt hat, die seinen Vergütungsanspruch, seinen Anspruch auf Aufstockungszahlung oder Beiträge zur Rentenversicherung berühren könnten.

(5) Im Falle des Bezugs von Krankengeld, Versorgungskrankengeld, Verletztengeld oder Übergangsgeld tritt der Arbeitnehmer seine Ansprüche auf Altersteilzeitleistungen gegen die Bundesagentur für Arbeit an den Arbeitgeber ab (§ 10 Abs. 2 ATG). Der Arbeitgeber erbringt Aufstockungsleistungen insoweit anstelle der Bundesagentur für Arbeit im Umfang der abgetretenen Ansprüche für den Arbeitnehmer.

§ 6 Rechtsverbindliche Auskünfte

Der Arbeitnehmer wurde darauf hingewiesen, dass nicht der Arbeitgeber, sondern die jeweiligen Stellen zuständig sind für verbindliche Auskünfte über die Folgen, die sich aus dem Abschluss eines Altersteilzeitvertrages ergeben.

Auskünfte erteilt die Bundesversicherungsanstalt/Landesversicherungsanstalt im Hinblick auf die rentenrechtlichen Auswirkungen des Abschlusses dieses Altersteilzeitvertrages, wobei der Arbeitgeber dem Mitarbeiter Gelegenheit gibt, eine Beratung durch den Versichertenältesten in Anspruch zu nehmen. Die VBL (ZVK etc.) erteilen Auskünfte über die Auswirkungen des Abschlusses dieses Altersteilzeitvertrages im Hinblick auf die Zusatzrente.

Weiterhin können beim Wohnsitzfinanzamt Auskünfte über die steuerliche Behandlung der Abfindung des Progressionsvorbehaltes eingeholt werden.

Der Mitarbeiter bestätigt mit seiner Unterschrift unter diese Vereinbarung, dass er ausreichend Zeit und Gelegenheit hatte, sich bei den vorerwähnten Stellen über die wirtschaftlichen und rechtlichen Auswirkungen des Altersteilzeitvertrages zu informieren.

5. Muster: Altersteilzeitvertrag (Buch- und Zeitschriftenverlage) mit Sicherung des Arbeitszeitwertguthabens durch Treuhandregelung[46] (alte gesetzliche Aufstockungsregelung)

Zwischen

▄▄▄

– nachstehend: Firma –

und

Frau ▄▄▄

– nachstehend: Mitarbeiterin –

wird folgende Vereinbarung getroffen:

Präambel

Die Parteien schließen auf der Grundlage des Altersteilzeitgesetzes und des Tarifvertrag zur Förderung der Altersteilzeit im Bereich der Buch- und Zeitschriftenverlage vom 30.11.1998 folgenden Altersteilzeitvertrag.

Der Altersteilzeitvertrag wird unter der aufschiebenden Bedingung geschlossen, dass die Arbeitsverwaltung die Bezugnahme auf den vorgenannten Tarifvertrag, der sich ausdrücklich nur auf Vollzeitbeschäftigte bezieht, indessen vor Erweiterung des Altersteilzeitgesetztes (ATG) auch für Teilzeitbeschäftigte (BGBl. I 1999, 2494) abgeschlossen wurde, für die Vereinbarung einer sechsjährigen Blockzeit i.S.v. § 2 Abs. 2 ATG als ausreichend anerkennt und eine Förderungsfähigkeit nicht aus diesem Grunde verneint. Lehnt die Arbeitsverwaltung die Förderung des Altersteilzeitverhältnisses nach §§ 3 ff. ATG ab, weil die persönlichen Voraussetzungen nach § 2 Abs. 2 ATG nicht vorliegen, besteht das Arbeitsverhältnis in bisherigem Umfang nach den bisherigen Regelungen fort.

§ 1 Altersteilzeit

(1) Das Arbeitsverhältnis wird mit den nachfolgenden Abänderungen und Ergänzungen des Arbeitsvertrages mit Wirkung vom ▄▄▄ als Altersteilzeit-Arbeitsverhältnis fortgeführt. Für das Arbeitsverhältnis gelten die Bestimmungen des Tarifvertrages zur Förderung der Altersteilzeit vom 30.11.1998.

(2) Das Altersteilzeit-Arbeitsverhältnis endet, ohne dass es einer Kündigung bedarf, am ▄▄▄.

(3) Das Recht zur Kündigung nach den gesetzlichen, tariflichen und vertraglichen Bestimmungen bleibt unberührt.

§ 2 Arbeitszeit und zusätzliche Arbeit

(1) Die bisherige individuelle regelmäßige wöchentliche Arbeitszeit der Mitarbeiterin von 20 Stunden wird durch die Altersteilzeit halbiert und beträgt ab Beginn der Altersteilzeit 10 Stunden/Woche.

(2) Die Arbeitszeit wird in der ersten Hälfte des Altersteilzeitverhältnisses voll geleistet (Arbeitsblock vom ▄▄▄ bis ▄▄▄), anschließend wird die Mitarbeiterin in der zweiten Hälfte bis zum Ende des Altersteilzeitarbeitsverhältnisses im Umfang des angesparten Wertguthabens von der Arbeitsleistung freigestellt (Freizeitblock vom ▄▄▄ bis ▄▄▄). Dadurch halbiert sich die Arbeitszeit über die Dauer der Altersteilzeit-Vereinbarung.

(3) Leistet die Mitarbeiterin aufgrund einer Anordnung der Firma über den festgelegten Umfang der Teilzeitarbeit hinaus zusätzliche Arbeit, ist diese innerhalb einer Frist von drei Monaten durch entsprechende Freizeit auszugleichen. Kann der Zeitausgleich wegen Krankheit, Urlaub oder aus ähnlichen Gründen nicht erfolgen, ist er in den darauf folgenden drei Monaten vorzunehmen.

(4) Mehrarbeit, die den Umfang der Geringfügigkeitsgrenze des § 8 SGB IV überschreitet, ist ausgeschlossen.

§ 3 Entgelt

(1) Die Mitarbeiterin erhält über die gesamte Laufzeit dieser Vereinbarung unabhängig von der Verteilung der Arbeitszeit in Arbeits- und Freizeitblock das Altersteilzeitentgelt in Höhe von ▄▄▄ EUR brutto. Darüber hinaus erhält die Mitarbeiterin die Vermögenswirksamen Leistungen in der bisherigen Höhe von ▄▄▄ EUR brutto monatlich unverändert weiter. Weiterhin erhält die Mitarbeiterin die Sonderzahlungen im Juni und im November eines jeden Jahres in Höhe von je ▄▄▄ EUR brutto.

(2) Aus dem nach Abs. (1) reduzierten Arbeitsentgelt errechnet sich eine Aufstockungsleistung gemäß § 5 Nr. 3 des Tarifvertrages in Höhe von 30%. Das Altersteilzeitentgelt ist auf mindestens 80% des um die gesetzlichen Abzüge, die bei Arbeitnehmern gewöhnlich anfallen, verminderten bisherigen Arbeitsentgelts aufzustocken. Zugrunde gelegt wird die jeweils aktuelle Mindestnettobetrags-Verordnung. Bei der Aufstockungsleistung bleiben die in bisheriger Höhe

---

[46] Der mit dieser Vereinbarung korrespondierende Treuhandvertrag ist das nachfolgende Muster 4950 (§ 4 Rn 789).

gezahlten Vermögenswirksamen Leistungen unberücksichtigt. Weiterhin bleiben die Jubiläumsgelder unberücksichtigt, die gleichfalls in bisheriger Höhe gezahlt werden.

(3) Die Firma entrichtet für die Mitarbeiterin zusätzlich Beiträge zur gesetzlichen Rentenversicherung nach § 3 Abs. 1 Nr. 1 Buchst. b ATG in Höhe des Betrags, der auf die Differenz zwischen dem Beitrag für 90% des bisherigen Bruttoarbeitsentgelts einschließlich der bisher gewährten jährlichen Sonderzahlungen im Juni und November eines jeden Jahres und dem Beitrag für das Altersteilzeitentgelt entfällt, höchstens bis zur Beitragsbemessungsgrenze.

(4) Der Aufstockungsbetrag ist nach § 3 Nr. 28 EStG steuerfrei, er unterliegt jedoch dem Progressionsvorbehalt. Die Auswirkungen der Steuerprogression werden von der Firma nicht ausgeglichen.

§ 4 Krankheit

(1) Im Falle der Arbeitsunfähigkeit erfolgt die Fortzahlung des Entgelts einschließlich der Aufstockungsbeträge nach den gesetzlichen und tariflichen Vorschriften, derzeit für die Dauer von 6 Wochen.

(2) Im Falle des Bezugs von Krankengeld, Versorgungskrankengeld, Verletztengeld oder Übergangsgeld gewährt die Firma weiterhin die Aufstockungszahlungen nach § 3 Abs. 2 bis 4 des Tarifvertrages, sofern nicht die Mitarbeiterin entsprechende Zahlungen nach § 10 Abs. 2 ATG von der Bundesagentur für Arbeit erhält.[47]

(3) Die Mitarbeiterin ist verpflichtet, ihre Arbeitsunfähigkeit nachzuweisen und Bewilligungsbescheide für Kranken-, Krankentage- bzw. Übergangsgeld sowie privates Krankentagegeld sofort vorzulegen. Der Anspruch auf die Aufstockungszahlungen wird beschränkt auf die Differenz zwischen dem Nettobetrag des Altersteilzeitentgeltes einschließlich der Aufstockungsleistungen und der erhaltenen Entgeltersatzleistung. Die Mitarbeiterin ist verpflichtet, die entsprechenden Zeiten unter Verkürzung des Freizeitblocks zur Hälfte nachzuarbeiten.

§ 5 Urlaub

Der Urlaubsanspruch während der Altersteilzeit richtet sich nach den bisherigen vertraglichen Regelungen. Vor Eintritt in den Freizeitblock sind die bis dahin erworbenen Urlaubsansprüche vollständig abzuwickeln. Mit dem Freizeitblock gelten alle tariflichen, vertraglichen und gesetzlichen Urlaubsansprüche als erfüllt. Im Kalenderjahr des Übergangs von der Beschäftigung zur Freistellung hat die Mitarbeiterin für jeden angefangenen Beschäftigungsmonat Anspruch auf ein Zwölftel des Jahresurlaubs.

§ 6 Betriebliche Altersversorgung

(1) Zwischen den Parteien besteht eine unmittelbare Versorgungszusage und eine Vereinbarung zur Entgeltumwandlung. Im Rahmen der unmittelbaren Versorgungszusage wird die Mitarbeiterin so gestellt, als wenn sie das Arbeitsverhältnis mit der bisherigen Stundenzahl fortgesetzt hätte. Ein Ausgleich für Abschläge aufgrund vorzeitiger Inanspruchnahme erfolgt nicht.

(2) Die Mitarbeiterin wird der Firma rechtzeitig mitteilen, ob die Höhe des umzuwandelnden Entgelts im Rahmen der Vereinbarung zur Entgeltumwandlung angepasst werden soll.

§ 7 Nebenbeschäftigung

(1) Die Mitarbeiterin verpflichtet sich, keine Beschäftigung oder selbstständige Tätigkeit auszuüben, die die Geringfügigkeitsgrenze des § 8 SGB IV in seiner jeweiligen Fassung überschreitet.

(2) Der Anspruch auf Aufstockungsleistungen nach § 3 Abs. 2 bis 4 des Vertrages ruht während der Zeit, in der die Mitarbeiterin neben ihrer Altersteilzeitarbeit entgegen Abs. 1 eine Nebenbeschäftigung ausübt oder aufgrund einer solchen Beschäftigung Entgeltersatzleistungen erhält. Der Anspruch auf die Aufstockungsleistungen erlischt, wenn er 150 Kalendertage geruht hat, mehrere Ruhenszeiträume sind zusammenzurechnen.

§ 8 Beendigung des Altersteilzeitverhältnisses – Störfallregelung

(1) Das Arbeitsverhältnis endet

a) mit Ablauf des Altersteilzeitverhältnisses nach § 1 des Vertrages;

b) mit Ablauf des Kalendermonats, in dem die Mitarbeiterin das 65. Lebensjahr vollendet;

c) mit Ablauf des Kalendermonats, vor dem Kalendermonat, für den die Mitarbeiterin eine Rente wegen Alters oder vergleichbare Leistungen nach § 5 Abs. 1 Nr. 2 ATG ohne Rentenabschläge beanspruchen kann;

d) mit Beginn des Kalendermonats, für den die Mitarbeiterin eine Rente wegen Alters oder eine entsprechende Leistung nach § 5 Abs. 1 Nr. 3 ATG, auch unter Hinnahme von Rentenabschlägen tatsächlich bezieht;

e) mit Beginn des Kalendermonats, in dem die Mitarbeiterin eine Rente wegen Erwerbs- oder Berufsunfähigkeit erhält.

---

[47] Alternativ ist folgende Regelung denkbar: „(2) Im Falle des Bezugs von Krankengeld, Versorgungskrankengeld, Verletztengeld oder Übergangsgeld gewährt die Firma weiterhin die Aufstockungszahlungen nach § 3 Abs. 2 bis 4 des Vertrages. Die Mitarbeiterin tritt ihre Ansprüche gegen die Bundesagentur für Arbeit auf die gesetzlichen Aufstockungsbeträge nach § 10 Abs. 2 ATG im Voraus an die Firma ab."

(2) Bei einer vorzeitigen Beendigung des Arbeitsverhältnisses zahlt die Firma die eventuelle Differenz zwischen den ausgezahlten Leistungen (Altersteilzeitentgelt und Aufstockungsbetrag) und dem Entgelt für die tatsächliche Beschäftigung. Der Anspruch wird mit der nächsten regelmäßigen Gehaltszahlung nach Eintritt des Störfalles fällig. Das verbleibende Wertguthaben wird unter Berücksichtigung des § 23b SGB IV ausgezahlt.

§ 9 Verzicht auf Arbeitslosengeld-Antrag[48]

(1) Weil die Mitarbeiterin in der Altersteilzeit weniger als 15 Stunden/Woche beschäftigt ist, erklärt sie, während beider Blöcke der Altersteilzeit keinen Antrag auf Arbeitslosengeld stellen zu wollen, um nicht den beabsichtigten Rentenbeginn sowie die Förderansprüche des Arbeitgebers zu gefährden.

(2) Bezieht die Mitarbeiterin gleichwohl während der Altersteilzeit Arbeitslosengeld entfällt die sozialversicherungsrechtliche Geschäftsgrundlage der Altersteilzeit mit der Folge, dass die Firma zur Weitergewährung der Aufstockungsleistungen nach § 3 Abs. 2 bis 4 des Vertrages nicht verpflichtet ist.

§ 10 Mitteilungs- und Mitwirkungspflichten

(1) Die Mitarbeiterin verpflichtet sich, der Firma alle Umstände und deren Änderungen, die ihren Vergütungsanspruch, den Aufstockungsbetrag und die zusätzlichen Beiträge zur Rentenversicherung berühren können, unverzüglich mitzuteilen. Hierzu zählen insbesondere:

- Nebentätigkeiten;
- selbstständige Tätigkeiten;
- Eintritt von Erwerbs-/Berufsunfähigkeit oder Anspruch auf Erwerbsminderungsrente;
- Rentenberechtigung wegen Anerkennung zusätzlicher Rentenzeiten.

(2) Die Firma hat ein Zurückbehaltungsrecht, wenn die Mitarbeiterin ihren Mitteilungs- und Mitwirkungspflichten nicht nachkommt sowie vorsätzlich oder grob fahrlässig unvollständige oder unrichtige Auskünfte gibt.

(3) Zu Unrecht empfangene Leistungen hat die Mitarbeiterin der Firma zurückzuerstatten; sie gelten als Vorschuss. Gegebenenfalls hat die Mitarbeiterin der Firma Schadensersatz zu leisten. Die Erstattungspflichten gegenüber der Bundesagentur für Arbeit nach § 11 Abs. 2 ATG bleiben unberührt.

§ 11 Absicherung der Arbeitszeitwertguthaben

(1) Zur Absicherung der Arbeitszeitwertguthaben, insbesondere zum Insolvenzschutz nach § 8a ATG hat die Firma einen Treuhandvertrag abgeschlossen, der zur Kenntnis der Mitarbeiterin in der Anlage beigefügt wird. Der Treuhandvertrag regelt einen unmittelbaren Anspruch der Mitarbeiterin gegenüber dem Treuhänder als Vertrag zu Gunsten Dritter nach § 328 BGB.

(2) Die Firma erteilt der Mitarbeiterin monatlich Auskunft über die Höhe ihres Arbeitszeitwertguthabens.

§ 12 Bestätigung der Mitarbeiterin über Aufklärung

(1) Die Mitarbeiterin bestätigt, dass sie umfassend über die allgemeinen Folgen des Altersteilzeitarbeitsverhältnisses, auf die sozialversicherungsrechtlichen Folgen, über ihre Mitteilungs- und Mitwirkungspflichten sowie über die Rechtsfolgen einer Verletzung derer hingewiesen wurde. Die Voraussetzungen und Folgen des Progressionsvorbehalts, der für die Aufstockung des Entgelts gilt, wurden der Mitarbeiterin erläutert.

(2) Der Altersteilzeitvereinbarung liegt die von der Mitarbeiterin überreichte Rentenauskunft vom ■■■ zugrunde, nach der die Mitarbeiterin unmittelbar nach Beendigung des Altersteilzeitverhältnisses eine Rente wegen Alters mit Abschlägen oder eine Altersrente für Frauen ohne Abschläge zum ■■■ in Anspruch nehmen kann.

§ 13 Schlussbestimmungen

(1) Mündliche Nebenabreden bestehen nicht. Änderungen und Ergänzungen dieser Vereinbarung bedürfen der Schriftform.

(2) Sollte eine Bestimmung dieses Vertrages unwirksam sein oder werden, wird hierdurch die Wirksamkeit der übrigen Bestimmungen nicht berührt. Die Parteien verpflichten sich, in diesem Fall eine der unwirksamen Bestimmung möglichst nahe kommende Regelung zu treffen.

---

[48] Voraussetzung für die Altersteilzeit ist, dass auch nach der Reduzierung der Arbeitszeit ein versicherungspflichtiges Arbeitsverhältnis besteht; mit anderen Worten, dass nicht nur lediglich eine geringfügige Beschäftigung vorliegt. Ab 1.4.2003 liegt hierfür die Entgeltgrenze bei 400 EUR. Vorsicht ist geboten, wenn die Arbeitszeit der Altersteilzeiter unter 15 Stunden fällt. Damit liegt dann zwar keine geringfügige Beschäftigung vor, aber die Betroffenen dürfen Arbeitslosengeld oder Arbeitslosengeld II beziehen nach §§ 118 Abs. 2, 190, 198 SGB III. Stellen die betroffenen Mitarbeiter trotz laufender Altersteilzeit, insbesondere in der Freizeitphase des Blockmodells, Antrag auf Arbeitslosengeld, entfällt gemäß § 27 Abs. 5 SGB III wegen des Leistungsbezugs die Versicherungspflicht. Als Konsequenz verliert der Arbeitgeber einen Anspruch auf Förderung nach dem ATG. § 9 will hier vorbeugen, indem in Abs. 1 geregelt wird, dass die Mitarbeiterin keinen Arbeitslosengeldantrag stellen wird, und in Abs. 2 für den Fall, dass die Mitarbeiterin Absatz 1 zuwider handelt, die Weitergewährung der Aufstockungsleistungen ausgeschlossen ist.

6. Muster: Treuhandvertrag (doppelseitige Treuhand) zum Insolvenzschutz[49]

Zwischen

Herrn Steuerberater ▄▄▄

– nachstehend: Treuhänder –

und

▄▄▄

– nachstehend: Treugeber –

wird folgender Vertrag geschlossen:

§ 1 Treuhandverhältnis

(1) Inhalt des Treuhandverhältnisses ist die Verwaltung eines Treuhandkontos, das der Sicherung der Ansprüche von Arbeitnehmern des Treugebers aus einem aus Vorleistung der Arbeit angesparten Zeitguthaben (insbesondere Altersteilzeit im Blockmodell) dient.

(2) Der Treugeber überweist zu Gunsten des Treuhänders auf ein von diesem zu dem in Abs. 1 genannten Zweck unterhaltenes Treuhandkonto monatlich den Betrag, der sich aus der Differenz des von den Mitarbeitern erarbeiteten Entgelts und des nach den Altersteilzeitverträgen auszuzahlenden Entgelts nach § 2 (Treugut) ergibt. Übersteigt das Guthaben des Treuhandkontos den Wert des Treuguts nach § 2 hat der Treuhänder den Überschuss an den Treugeber auszuzahlen. Der Treuhänder verwendet das Treugut ausschließlich zu Gunsten der Arbeitnehmer im Sinne dieses Vertrages.

(3) Der Treugeber vergütet die Tätigkeit des Treuhänders mit monatlich/jährlich ▄▄▄ EUR zuzüglich der gesetzlichen Mehrwertsteuer.

§ 2 Treugut, Arbeitnehmer

(1) Treugut bilden die Arbeitszeitwertguthaben, die sich für die Summe der Arbeitnehmer nach Abs. 3 ergeben. Das einzelne Arbeitszeitwertguthaben errechnet sich nach den Bestimmungen des Abs. 2.

(2) Arbeitszeitwertguthaben ist die Differenz zwischen der Vergütungshöhe einschließlich der Arbeitgeberanteile zur Sozialversicherung, die sich aus der Regelung der Arbeitsvertragsparteien zur Vergütungshöhe im Zeitpunkt des Abschlusses des jeweiligen Altersteilzeitvertrages und der tatsächlich abgeleisteten Arbeitszeit errechnen würde, zu dem tatsächlich ausgezahlten Arbeitsentgelt einschließlich der nach § 3 Abs. 2 und 3 der Altersteilzeitverträge gezahlten Aufstockungsbeträge und der abgeführten Arbeitgeberanteile zur Sozialversicherung. Die Differenz nach Satz 1 hat Sonderzahlungen auf beiden Seiten der Vergleichsberechnung in dem Monat zu berücksichtigen, in dem der Anspruch auf die Sonderzahlung dem Grunde nach fällig wird. Die Saldierung setzt sich in der Freistellungsphase unter Hinzurechnung des Weiteren ausgezahlten Entgelts nach § 3 Abs. 1 bis 3 sowie nach § 8 Abs. 2 der Altersteilzeitverträge

---

[49] Im Bereich der *deferred compensation*, insbesondere soweit sie der Altersversorgung dient, aber auch bereits im Zusammenhang mit der Altersteilzeit, wird das Treuhandmodell als Sicherungsmöglichkeit diskutiert. Dabei fehlt dem Treuhandmodell allerdings noch die Anerkennung und Billigung durch die höchstrichterliche Rechtsprechung von BAG und BGH. In der Literatur ist die Insolvenzfestigkeit eines sog. doppelseitigen Treuhandmodells anerkannt. Das doppelseitige Treuhandmodell besteht darin, dass als Treugeber der Arbeitgeber auftritt. Dies ist deswegen erforderlich, weil die zu sichernden Vergütungsbestandteile zum Zeitpunkt der Arbeitsleistung noch nicht dem Arbeitnehmer zufließen dürfen, da dieser sie sonst auch in diesem Zeitpunkt versteuern müsste. Dann kann aber auch der Arbeitnehmer die Vergütungsbestandteile nicht dem Treuhänder zuwenden. Diese Zuwendung muss vielmehr durch den Arbeitgeber erfolgen. Um dem Unmittelbarkeitsprinzip Rechnung zu tragen, tritt der Arbeitgeber also als Treugeber auf. Im Verhältnis zwischen Treugeber und Treuhänder handelt es sich um eine echte, fremdnützige Verwaltungstreuhand. Zu Gunsten der Arbeitnehmer werden diesen unmittelbare Ansprüche für den Sicherungsfall gegen den Treuhänder eingeräumt. Insoweit fließt in den Treuhandvertrag ein echter Vertrag zu Gunsten Dritter nach § 328 BGB ein. Im Verhältnis zwischen Treuhänder und Arbeitnehmer handelt es sich dann um eine Sicherungstreuhand. – Nach Eröffnung des Insolvenzverfahrens über das Vermögen des Arbeitgebers/Treugebers erlöschen die zwischen dem insolventen Treugeber und dem Treuhänder bestehenden Auftrags- bzw. Geschäftsbesorgungsverhältnisse; insofern entfällt deshalb zwar die gegenüber dem Treugeber bestehende Verwaltungstreuhand. Die gegenüber den Mitarbeitern bestehende Sicherungstreuhand als eigenständiges Rechtsverhältnis bleibt jedoch auch nach Eintritt des Sicherungsfalls weiterhin bestehen und begründet ein entsprechendes Absonderungsrecht des Treuhänders. Nach § 119 InsO sind Vereinbarungen, durch die im Voraus die Anwendung der §§ 103 bis 118 InsO ausgeschlossen oder beschränkt wird, unwirksam. Nach § 115 Abs. 1 InsO erlischt durch die Eröffnung des Insolvenzverfahrens ein vom Schuldner erteilter Auftrag, der sich auf das zur Insolvenzmasse gehörende Vermögen bezieht; gleiches gilt nach § 116 Satz 1 InsO für Geschäftsbesorgungsverträge. Die doppelseitige Treuhand verstößt aber nach der Literaturmeinung nicht gegen die genannten Bestimmungen der Insolvenzordnung, weil neben dem Vertrag zwischen Treugeber und Treuhänder zusätzlich eine eigenständige Rechtsbeziehung zwischen Treuhänder und den Mitarbeitern begründet wird, die nicht unmittelbar dem § 116 InsO unterliegen dürfte. – Allerdings gewährt die verbleibende Sicherungstreuhand kein Aussonderungsrecht nach § 47 InsO, sondern nur ein Absonderungsrecht. Der Treuhänder muss danach das Treugut an den Insolvenzverwalter herausgeben, der es jedoch nur für den gesicherten Dritten, also die Arbeitnehmer verwerten darf (MüKo-InsO/*Ganter*, § 47 Rn 387–389; *Fischer/Thoms-Meyer*, Privatrechtlicher Insolvenzschutz für Arbeitnehmeransprüche aus deferred compensation, DB 2000, 1861; *Bode/Bergt/ Obenberger*, Doppelseitige Treuhand als Instrument der privatrechtlichen Insolvenzsicherung im Bereich der betrieblichen Altersversorgung, DB 2000, 1864; *Fischer*, Insolvenzsicherung für Altersteilzeit, Arbeitszeitkonten und Altersversorgung – Vermögensdeckung mit doppelseitiger Treuhand in der Praxis, DB 2001, Beil. 5, 21).

solange fort, bis sich als Berechnungsergebnis der Wert „Null" ergibt. Ein negativer Wert entsteht nicht. Eine Verzinsung des Arbeitszeitwertguthabens erfolgt nicht.

(3) Arbeitnehmer im Sinne dieses Treuhandvertrages sind Arbeitnehmer des Treugebers, die mit dem Treugeber einen Vertrag über Altersteilzeit nach dem Altersteilzeitgesetz geschlossen haben. Der Treugeber gibt dem Treuhänder unmittelbar nach Abschluss eines Altersteilzeitvertrages den Namen des Arbeitnehmers bekannt und überlässt ihm eine Durchschrift des Altersteilzeitvertrages.

§ 3 Sicherung der Arbeitnehmer

(1) Für den Fall, dass der Treugeber die Ansprüche der Arbeitnehmer aus dem angesparten Zeitguthaben nach Eintritt der Fälligkeit im Falle der vorzeitigen Beendigung und Rückabwicklung nach § 8 der Altersteilzeitverträge nicht befriedigt, weil

1. über das Vermögen des Treugebers das Insolvenzverfahren eröffnet worden ist,
2. der Antrag des Treugebers auf Eröffnung des Insolvenzverfahrens mangels Masse abgewiesen wurde oder
3. der Treugeber die Betriebstätigkeit im Inland vollständig eingestellt hat und

soweit die Arbeitnehmer keinen Anspruch auf Insolvenzausfallgeld nach §§ 183 ff. SGB III gegen die Bundesagentur für Arbeit haben, haben die Arbeitnehmer aus diesem Treuhandvertrag (Vertrag zu Gunsten Dritter gemäß § 328 BGB) einen eigenständigen Anspruch unmittelbar gegen den Treugeber in Höhe der jeweils fälligen Ansprüche nach § 8 Abs. 2 der Altersteilzeitverträge, bis zur Höhe der Deckung durch das Treugut.

(2) Die Rechte aus Abs. 1 kommen den Arbeitnehmern auch dann zu, wenn der Treugeber mit der Zahlung fälliger Vergütung aus Zeitguthaben mehr als 3 Wochen in Verzug kommt. Der Zahlungsanspruch der Arbeitnehmer gegen den Treugeber ist in diesen Fällen des Abs. 2 gegenüber dem Treuhänder durch einen rechtskräftigen Titel nachzuweisen.

(3) Übersteigen die Ansprüche der Arbeitnehmer die Höhe des Treugutes, werden die Arbeitnehmer vom Treuhänder im Verhältnis ihrer Ansprüche zueinander befriedigt.

§ 4 Sicherung des Treugebers

(1) Für den Fall der Eröffnung des Insolvenzverfahrens über das Vermögen des Treuhänders oder der Ablehnung der Eröffnung mangels Masse, tritt der Treuhänder hiermit die Forderungsrechte aus dem Treuhandkonto an den Treugeber ab.

(2) Der Treugeber ist für diesen Fall verpflichtet, einen neuen Treuhänder gemäß den Bestimmungen dieses Vertrages zu verpflichten.

§ 5 Beendigung des Treuhandverhältnisses

(1) Das Treuhandverhältnis kann von jeder Vertragspartei unter Einhaltung einer Frist von drei Monaten zum Monatsende ordentlich gekündigt werden. Das Recht zu außerordentlichen Kündigung bleibt unberührt. Tritt ein Sicherungsfall nach § 3 ein, ist das Kündigungsrecht des Treugebers ausgeschlossen.

(2) Der Treuhänder tritt bereits jetzt mit Wirkung ab dem Zeitpunkt der Absendung der Kündigung die Forderungsrechte aus dem Treuhandkonto an den Treugeber ab.

(3) Zur Wahrung der Sicherungsfunktion des Treuhandverhältnisses ist der Treugeber gegenüber den Arbeitnehmern verpflichtet, einen den Bestimmungen dieses Vertrages entsprechenden Treuhandvertrag mit einem anderen Treuhänder abzuschließen.

§ 6 Schriftform

Änderungen dieses Vertrages bedürfen der Schriftform, soweit nicht durch das Gesetz eine andere Form vorgeschrieben ist. Auch diese Schriftformklausel kann nur schriftlich geändert werden.

§ 7 Salvatorische Klausel

Sollte eine Bestimmung dieses Vertrages unwirksam sein oder werden, wird hierdurch die Wirksamkeit der übrigen Bestimmungen nicht berührt. Die Parteien verpflichten sich, in diesem Fall eine der unwirksamen Bestimmung möglichst nahe kommende Regelung zu treffen. Das Gleiche gilt für den Fall, dass sich eine Bestimmung dieses Vertrages als undurchführbar erweisen sollte.

§ 5 Betriebsvereinbarungen

Kapitel 1: Freiwillige Betriebsvereinbarungen

Literatur

Adomeit, Thesen zur betrieblichen Mitbestimmung nach dem neueren Betriebsverfassungsgesetz, BB 1972, 53; *Ahrens*, Eingeschränkte Rechtskontrolle von Betriebsvereinbarungen, NZA 1999, 686; *Annuß*, Das Allgemeine Gleichbehandlungsgesetz im Arbeitsrecht, BB 2006, 1629; *Bauer*, Betriebliche Bündnisse für Arbeit vor dem Aus?, NZA 1999, 958; *Berg/Platow*, Unterlassungsanspruch der Gewerkschaft gegenüber tarifwidrigen betrieblichen Regelungen, DB 1999, 2362; *Blomeyer*, Das Günstigkeitsprinzip in der Betriebsverfassung, NZA 1996, 337; *ders.*, Kündigung und Neuabschluss einer Betriebsvereinbarung über technische teilmitbestimmungspflichtige Sozialleistungen, DB 1985, 2506; *ders.*, Nachwirkung und Weitergeltung abgelaufener Betriebsvereinbarungen über „freiwillige" Sozialleistungen, DB 1990, 173; *Buchner*, Betriebsräte auf schwierigem Terrain – die Viessmann-Entscheidungen des Arbeitsgerichts Marburg, NZA 1996, 1304; *ders.*, Der Unterlassungsanspruch der Gewerkschaften – Stabilisierung oder Ende des Verbandstarifvertrages?, NZA 1999, 897; *Düwell*, Die Neuregelung des Verbots der Benachteiligung wegen Benachteiligung im AGG, BB 2006, 1741; *Ehrich*, Die Neuregelung des § 41 Abs. 4 Satz 3 SGB VI – nun doch wieder mit 65 Jahren in Rente?, BB 1994, 1633; *Ehrmann/Schmidt*, Betriebsvereinbarungen und Tarifverträge, NZA 1995, 193; *Gaul*, Die Beendigung der Betriebsvereinbarung im betriebsratslosen Betrieb, NZA 1986, 628; *Hanau*, Aktuelle Probleme der Mitbestimmung über das Arbeitsentgelt gem. § 87 Abs. 1 Nr. 10 BetrVG, BB 1977, 350; *Haußmann/Krets*, EDV-Betriebsvereinbarungen im Praxistest, NZA 2005, 259; *Heinze*, Regelungsabrede, Betriebsvereinbarungen und Spruch der Einigungsstelle, NZA 1994, 580; *Herschel*, Entwicklungstendenzen des Arbeitsrechts, RdA 1956, 161; *Hromadka*, § 77 Abs. 3 BetrVG und die teilmitbestimmte Betriebsvereinbarung, FS Schaub, 1998, S. 337; *Hümmerich*, Flexibilisierung der Arbeitszeit durch Betriebsvereinbarung, DB 1996, 1182; *Jacobs*, Die vereinbarte Nachwirkung bei freiwilligen Betriebsvereinbarungen, NZA 2000, 69; *Käppler*, Die Betriebsvereinbarung als Regelungsinstrument in sozialen Angelegenheiten, FS Kissel, 1994, S. 475; *Kort*, Arbeitszeitverlängerndes „Bündnis für Arbeit" zwischen Arbeitgeber und Betriebsrat – Verstoß gegen die Tarifautonomie, NJW 1997, 1476; *Leinemann*, Die Wirkung von Tarifverträgen und Betriebsvereinbarungen auf das Arbeitsverhältnis, DB 1990, 732; *Löwisch*, Kollektivverträge und Allgemeines Gleichbehandlungsgesetz, DB 2006, 1729; *Loritz*, Die Kündigung von Betriebsvereinbarungen und die Diskussion um eine Nachwirkung freiwilliger Betriebsvereinbarungen, RdA 1991, 65; *Müller*, Sanierungstarifvertrag als unzulässige Lohnverwendungsabrede, DB 2000, 770; *Pfarr/Kocher*, Arbeitnehmerschutz und Gleichberechtigung durch Verfahren, NZA 1999, 358; *Preis*, Die Kündigung von Betriebsvereinbarungen, NZA 1991, 81; *Rech*, Die Nachwirkung freiwilliger Betriebsvereinbarungen, 1997; *Reuter*, Betriebsverfassung und Tarifvertrag, RdA 1994, 152; *Richardi*, Die Betriebsvereinbarung als Rechtsquelle des Arbeitsverhältnisses, ZfA 1992, 307; *Rieble*, Der Fall Holzmann und seine Lehren, NZA 2000, 225; *Roßmanith*, Die Kündigung von Betriebsvereinbarungen über betriebliche Altersversorgung, DB 1999, 634; *Schaub*, Die Beendigung von Betriebsvereinbarungen, BB 1995, 1639; *Schirge*, Kündigung und Nachwirkung von Betriebsvereinbarungen über betriebliche übertarifliche Leistungen, DB 1991, 441; *Trappmehl/Lambrich*, Unterlassungsanspruch der Gewerkschaft – das Ende für betriebliche „Bündnisse für Arbeit"?, NJW 1999, 3217; *v. Hoyningen-Huene*, Die Inhaltskontrolle von Betriebsvereinbarungen der betrieblichen Altersversorgung, BB 1992, 1640; *Waltermann*, Gestaltung von Arbeitsbedingungen durch Vereinbarung mit dem Betriebsrat, NZA 1996, 357; *Wlotzke*, Die Änderungen des Betriebsverfassungsgesetzes und das Gesetz über Sprecherausschüsse der leitenden Angestellten, DB 1989, 173; *Wohlfahrt*, Stärkung der Koalitionsfreiheit durch das BAG, NZA 1999, 962.

A. Erläuterungen

I. Vorbemerkungen

1. Keine Behandlung von Tarifverträgen

In diesem Formularbuch sind keine Tarifverträge und auch keine Erläuterungen hierzu enthalten. Die konsiliarische Einbeziehung des Arbeitsrechtsanwalts in der betrieblichen Praxis ist im Regelfall auf Betriebsvereinbarungen beschränkt und umfasst nur selten Tarifverträge. Anwälte, die bei Tarifverträgen beraten, verfügen über Spezialkenntnisse und greifen auf ein Werk der vorliegenden Art im Allgemeinen nicht zurück. Wer als Anwalt zur Erarbeitung eines Haustarifvertrages herangezogen wird, sei auf die einschlägige Literatur verwiesen.

2 Zum **Firmentarifvertrag** im Schrifttum: NZA 1987, 481; NZA 1989, 211; NZA 1994, 111; NZA 1989, 11; NZA 1993, 302; NZA 1995, 878; NZA 1998, 1214. Zum **Haustarifvertrag** im Schrifttum: *Braun*, Verbandstarifliche Normen in Firmentarifverträgen und Betriebsvereinbarungen, BB 1986, 1428; *Henschel*, Zur Zulässigkeit von Firmentarifverträgen mit verbandsangehörigen Unternehmen, RdA 1985, 65; *von Hoyningen-Huene*, Die Rolle der Verbände bei Firmentarifverträgen, ZfA 1980, 453; *Krichel*, Ist der Firmentarifvertrag mit einem verbandsangehörigen Arbeitgeber bestreikbar?, NZA 1986, 731; *Wieland*, Recht der Firmentarifverträge, 1998.

2. Betriebskollektive Auswirkungen des AGG

3 Verbotsadressat des AGG ist, wie sich aus der Begründung des Gesetzesentwurfs ergibt, primär der Arbeitgeber, wobei sich die Benachteiligungsverbote neben dem Arbeitgeber auch gegen Arbeitskollegen und Dritte richten.[1] Auch der Betriebsrat kann nach hier vertretener Auffassung als Adressat des AGG gelten. Deshalb sind alle Betriebsvereinbarungen darauf zu überprüfen, ob sie **unzulässige Differenzierungsverbote** enthalten, ob sie unmittelbar wie mittelbar bei einzelnen Arbeitnehmergruppen zu Benachteiligungen führen, die nicht durch die allgemeine Rechtfertigungsklausel des § 8 Abs. 1 AGG gedeckt sind. Auch Kollektivverträge unterstehen über die in § 2 Abs. 1 Nr. 1 AGG genannten Auswahlkriterien und Einstellungsbedingungen dem Diskriminierungsverbot, denn die Nennung in § 2 Abs. 1 Nr. 2 AGG hat nur den Charakter einer Hervorhebung.[2] Vor allem das **Alter** wird in den Diskussionen um die Wirksamkeit einzelner Betriebsvereinbarungen künftig eine große Rolle spielen. Weiterhin wird die Diskussion dadurch belebt werden, dass nach der Legitimität bisher mit einzelnen Betriebsvereinbarungen verfolgter **Ziele** i.S.v. § 10 Satz 1 AGG gefragt werden wird. Eine gesetzliche Regelung, die Arbeitsvertragsparteien, Betriebspartnern und Tarifvertragsparteien die Befugnis einräumt, ihrerseits vorzusehen, welche Ungleichbehandlungen zulässig sein sollen und welche nicht, hält *Löwisch* für mit Art. 6 der Gleichbehandlungsrichtlinie unvereinbar.[3] Die in kollektivvertraglichen Kündigungsverboten für ältere Arbeitnehmer liegende unmittelbare Benachteiligung jüngerer Arbeitnehmer ist durch § 10 Satz 3 Nr. 7 AGG ausdrücklich zugelassen.

4 Noch nicht beantwortet ist die Frage, ob die **Staffelung von Arbeitszeiten** in Tarifverträgen und Betriebsvereinbarungen nach dem **Lebensalter** mit § 3 Abs. 1 AGG als unmittelbare Benachteiligung jüngerer Arbeitnehmer vereinbar ist. Auch **Staffelungen der Entgelte** nach dem Lebensalter stellen eine unmittelbare Benachteiligung nach § 3 Abs. 1 AGG dar. Dabei lassen sich derartige Staffelungen dem Ausnahmekatalog des § 10 Satz 3 AGG kaum zuordnen.[4] Die Überlegung, durch den Anstieg der Vergütung mit dem Lebensalter werde der Zuwachs an Lebenserfahrung honoriert, ist zu vage, um als angemessene Benachteiligung jüngerer Arbeitnehmer gelten zu können.[5]

5 Im Bereich der **mittelbaren Benachteiligung** hat das BAG auch für kollektivrechtliche Regelungen ein **Prüfmuster** entwickelt, bei dem der erste Schritt darin besteht, **Vergleichsgruppen** zu ermitteln. Es sind die von einer Regelung Begünstigten und die von ihr Benachteiligten einander gegenüberzustellen. In einem zweiten Schritt ist innerhalb der Vergleichsgruppen das zahlenmäßige Verhältnis der Geschlechter zu ermitteln. Diese Geschlechterrelationen sind miteinander zu vergleichen. Mittelbar benachteiligt ist das Geschlecht, dessen Anteil an der benachteiligten Gruppe größer ist als sein Anteil an der Begünstigten.[6]

6 *Löwisch* hält dieses Prüfmuster auch auf kollektivrechtliche Regelungen zur Bestimmung mittelbarer Benachteiligungen nach dem AGG für übertragbar. Mache eine betriebliche Regelung den Erhalt einer Leistung vom Bestehen eines deutschen **Sprachtests** abhängig, lasse sich auf diese Weise feststellen, ob Arbeitnehmer bestimmter ethnischer Herkunft dem zahlenmäßigen Verhältnis nach den Anspruch auf die Leistung seltener erwerben als Arbeitnehmer anderer ethnischer Herkunft. Sei das nicht der Fall, etwa weil die Arbeitnehmer dieser Gruppe keine Probleme mit dem Sprachtest hätten, liege schon keine mittelbare Benachteiligung vor. Treffe es zu, sei von einer mittelbaren Benachteiligung auszugehen und zu fragen, ob diese sachlich gerechtfertigt sei, etwa weil das Beherrschen der deutschen Sprache für die zu leistende Arbeit wichtig sei.[7]

---

[1] Begr. RegE, BR-Drucks. 329/06, S. 36; *Annuß*, BB 2006, 1629.
[2] *Löwisch*, DB 2006, 1729.
[3] *Löwisch*, DB 2006, 1729 (1730).
[4] *Löwisch*, DB 2006, 1729.
[5] *Schmidt/Senne*, RdA 2002, 80 (82).
[6] BAG 10.12.1997 – 4 AZR 264/96, DB 1998, 1289.
[7] *Löwisch*, DB 2006, 1729 (1731).

Nach § 7 Abs. 2 AGG führt der **Verstoß** einer kollektivvertraglichen Regelung gegen die Gleichbehandlungsgebote des AGG zur Unwirksamkeit der betreffenden Regelung. Darüber hinaus führt der Verstoß kollektivvertraglicher Regelungen gegen Gleichbehandlungsgebote zu einem Anspruch der benachteiligten Mitarbeiter und Mitarbeiterinnen auf Gleichstellung mit den nicht Benachteiligten.[8] Da das AGG in seinem arbeitsrechtlichen Abschnitt keine Übergangsvorschriften enthält, werden die Rechtsfolgen auch bei solchen Betriebsvereinbarungen eintreten, die bereits vor In-Kraft-Treten des AGG geschlossen wurden. Sämtliche der nachfolgenden Betriebsvereinbarungen werden deshalb in den nächsten Jahren auf dem Prüfstand der Rechtsprechung auf Basis des AGG stehen. **Schadensersatzansprüche** muss der Arbeitgeber nach § 15 Abs. 3 AGG aus vor In-Kraft-Treten des AGG geschlossenen Betriebsvereinbarungen nicht fürchten, denn er ist in diesen Fällen nach § 15 Abs. 3 AGG nur zur Entschädigung verpflichtet, wenn er das Benachteiligungsverbot vorsätzlich oder grob fahrlässig verletzt hat. Eine vor In-Kraft-Treten des AGG mit dem Betriebsrat vereinbarte Benachteiligung erfüllt die Voraussetzungen des § 15 Abs. 3 AGG nicht.

Das AGG schreibt den Unternehmen vor, präventive Maßnahmen zu ergreifen, um das Risiko der Entstehung von Diskriminierungen zu minimieren. **§ 12 AGG** ist eine Art Grundgesetz für die Unternehmen, durch „Maßnahmen und Pflichten des Arbeitgebers" dafür Sorge zu tragen, dass sich die Mitarbeiter und Mitarbeiterinnen in einem möglichst diskriminierungsfreien Unternehmen befinden. § 12 AGG bildet die **Kernvorschrift der arbeitgeberseitigen Organisationspflichten**.[9]

Ein Weg, neben den inhaltlichen Komponenten in den Betriebsvereinbarungen Geschlechterdiskriminierung zu vermeiden, besteht in der Verwendung geschlechtsneutraler Formulierungen in Betriebsvereinbarungen. Während die in diesem Formularbuch verwendeten Muster bei Arbeitsverträgen oder Aufhebungsverträgen mal den männlichen Arbeitnehmer, mal den weiblichen Arbeitnehmer als Vertragspartner wählen, werden in den hier abgedruckten Betriebsvereinbarungen geschlechtsneutrale Formulierungen gewählt oder die männliche und die weibliche Form nebeneinander gestellt.

II. Begriff und Rechtsnatur der Betriebsvereinbarung

Im BetrVG findet sich keine Legaldefinition der Betriebsvereinbarung. Die Betriebsvereinbarung ist das Rechtsinstitut, das der Gesetzgeber den Betriebspartnern zur Verfügung stellt und in § 77 Abs. 2 bis 6 BetrVG näher ausgestaltet. Die Betriebsvereinbarung ist ein **schriftlicher Vertrag** zwischen Arbeitgeber und Betriebsrat, der **generell betriebliche und betriebsverfassungsrechtliche Fragen regelt** sowie die **individuellen Rechtsbeziehungen zwischen Arbeitgeber und Arbeitnehmer** bestimmt. Insofern liegt es nahe, wenn man die Betriebsvereinbarung griffig als das durch schriftliche Vereinbarung der Organe der Betriebsverfassung (Arbeitgeber und Betriebsrat) geschaffene **Gesetz des Betriebs** bezeichnet.[10] Soweit ein Spruch der Einigungsstelle die Einigung zwischen Arbeitgeber und Betriebsrat über die generelle Regelung einer betrieblichen oder betriebsverfassungsrechtlichen Frage ersetzt, ist auch dieser Spruch als eine Betriebsvereinbarung anzusehen (arg. § 77 Abs. 2 BetrVG).[11]

Von besonderer Bedeutung ist die **Normwirkung** der Betriebsvereinbarung.[12] Die Normen einer Betriebsvereinbarung wirken wie tarifliche Normen **unmittelbar** und **zwingend** auf die Arbeitsverhältnisse der im Betrieb beschäftigten Arbeitnehmer ein, so dass es **keiner Umsetzung** der vereinbarten Regelung **in das Einzelarbeitsverhältnis mehr bedarf**.[13] Obwohl sie nicht zum Bestandteil des Arbeitsvertrages werden, gestalten sie unabhängig vom Willen und der Kenntnis der Vertragspartner das Arbeitsverhältnis.[14] Aufgrund der zwingenden Wirkung einer Betriebsvereinbarung kann von ihren Regelungen nicht zu Ungunsten der Arbeitnehmer durch abweichende Absprachen der Arbeitsvertragsparteien abgewichen werden. Lediglich günstigere einzelvertragliche Vereinbarungen gehen der Betriebsvereinbarung vor (sog. **Günstigkeitsprinzip**).[15] Die Betriebspartner können die Betriebsvereinbarung jederzeit **einvernehmlich aufheben** oder **abändern**. Auch können sie die zwingende Wirkung einer Betriebsvereinbarung zur Disposition stellen und ähnlich wie tarif-

---

8 BAG 7.3.1995 – 3 AZR 282/94, DB 1995, 2020; EuGH 7.2.1991 – C-184/89, DB 1991, 660.
9 *Grobys*, NJW 2006, 2950.
10 *Fitting u.a.*, BetrVG, § 77 Rn 12.
11 *Etzel*, BetrVG, Rn 1084.
12 *Fitting u.a.*, BetrVG, § 77 Rn 124 ff.
13 H/S-*Spirolke*, Das arbeitsrechtliche Mandat, § 12 Rn 453.
14 *Fitting u.a.*, BetrVG, § 77 Rn 125; BAG 21.9.1989 – 1 AZR 454/88, AP § 77 BetrVG 1972 Nr. 43.
15 Küttner/*Kreitner*, Personalbuch, 125 Rn 1.

§ 5 Betriebsvereinbarungen

lichen Öffnungsklauseln die Arbeitsvertragsparteien durch **Öffnungsklauseln** von der zwingenden Wirkung der Betriebsvereinbarung entbinden.[16]

12   Im **Verhältnis zwischen Betriebsvereinbarung und Arbeitsvertrag** bestimmt sich die Wirkung, wie vorstehend erwähnt, nach dem **Günstigkeitsprinzip**. Das BAG leitet diese Kollisionslösung arbeitsvertraglicher Gestaltungsfaktoren aus dem allgemeinen arbeitsrechtlichen Schutzprinzip und der Bedeutung des Günstigkeitsprinzips für die gesamte Arbeitsrechtsordnung her.[17] Gegen die Regelungen einer Betriebsvereinbarung verstoßende, ungünstigere Absprachen im Arbeitsvertrag oder einer arbeitsvertraglichen Zusatzvereinbarung sind zwar nicht nichtig, sie werden von der Betriebsvereinbarung aber verdrängt.[18] Bei einem ersatzlosen Wegfall der Betriebsvereinbarung bleiben dem Arbeitnehmer die Ansprüche aufgrund arbeitsvertraglicher Vereinbarungen oder Zusatzvereinbarungen erhalten. Haben Arbeitgeber und Arbeitnehmer ihre arbeitsvertraglichen Vereinbarungen **betriebsvereinbarungsoffen** so gestaltet, dass sie einer anderen günstigeren oder ungünstigeren Regelung einer Betriebsvereinbarung den Vorrang einräumen, wird die vertragliche Absprache durch die Betriebsvereinbarung abgelöst.[19] Gleiches gilt, wenn in einer arbeitsvertraglichen Vereinbarung ausdrücklich auf die jeweils geltende Betriebsvereinbarung Bezug genommen wird;[20] dynamische Klauseln in Arbeitsverträgen sind zulässig.[21] Das Verhältnis von Betriebsvereinbarungen zu **betrieblichen Einheitsregelungen** ist ebenfalls nach dem individualarbeitsrechtlichen Ansatz, also dem Günstigkeitsprinzip zu beurteilen.[22] Bei allgemeinen Sozialleistungen des Arbeitgebers, insbesondere bei Leistungen der Altersversorgung, bestehen demgegenüber Besonderheiten. Hier muss statt des individuellen Günstigkeitsprinzips ein sog. **kollektiver Günstigkeitsvergleich** vorgenommen werden.[23]

13   Die **Rechtsnatur** der Betriebsvereinbarung ist umstritten, ohne dass sich daraus in der Praxis nennenswerte Folgen ergeben würden. Den Vertretern der **Vertragstheorie** stehen die Verfechter der **Satzungstheorie** gegenüber.[24] Nach der Satzungstheorie stellt die Betriebsvereinbarung eine durch übereinstimmende, parallele Beschlüsse der Organe der Betriebsverfassung zustande kommende Normenordnung im Sinne einer autonomen Satzung des Betriebs dar, während sie nach der Vertragstheorie als ein privatrechtlich kollektiver Normenvertrag angesehen wird, den Arbeitgeber und Betriebsrat abschließen und der kraft staatlicher Ermächtigung unmittelbar und zwingend die betrieblichen Arbeitsverhältnisse normativ gestaltet.[25]

14   Bei betriebskollektiven Absprachen zwischen Arbeitgeber und Betriebsrat unterscheidet man zwischen freiwilligen Betriebsvereinbarungen, erzwingbaren Betriebsvereinbarungen, Gruppenvereinbarungen und Regelungsabsprachen. Den Abschluss **freiwilliger Betriebsvereinbarungen** kann der Betriebsrat nicht erzwingen. Einigen sich die Betriebspartner nicht, kann die Einigungsstelle, die beim Scheitern von Verhandlungen über eine Betriebsvereinbarung zuständig ist, nur tätig werden, wenn beide Seiten einverstanden sind.[26] **Erzwingbare Betriebsvereinbarungen** sind Betriebsvereinbarungen, deren Regelungssachverhalte im Gesetz normiert sind. Zu Regelungsgegenständen der erzwingbaren Betriebsvereinbarung kann der Betriebsrat über den Spruch der Einigungsstelle eine Betriebsvereinbarung erzwingen (§ 76 Abs. 6 BetrVG). Die **Gruppenvereinbarung** wurde durch das BetrVerfReformG[27] in § 28a Abs. 2 in das BetrVG eingefügt. Hintergrund ist der grundlegende Wandel der Unternehmens- und Betriebsstrukturen, der insbesondere durch eine starke Dezentralisierung und Flexibilisierung der Entscheidungs- und Arbeitsablaufstrukturen gekennzeichnet war bzw. ist. § 28a BetrVG erlaubt es Arbeitgeber und Betriebsrat, die Wahrnehmung von Aufgaben des Betriebsrats, insbesondere auch die Wahrnehmung von Mitwirkungs- und Mitbestimmungsrechten auf Arbeitsgruppen zu delegieren.[28]

---

16 *Fitting u.a.*, BetrVG, § 77 Rn 130.
17 BAG 16.9.1986 – GS 1/82, AP § 77 BetrVG 1972 Nr. 17.
18 BAG 21.9.1989 – 1 AZR 454/88, AP § 77 BetrVG 1972 Nr. 43.
19 BAG 12.8.1982 – 6 AZR 1117/79, AP § 77 BetrVG 1972 Nr. 4, BAG 3.11.1987 – 8 AZR 316/81, AP § 77 BetrVG 1972 Nr. 25.
20 BAG 20.11.1987 – 2 AZR 284/86, AP § 620 BGB Altersgrenze Nr. 2.
21 *Hümmerich*, Gestaltung von Arbeitsverträgen, § 1 Rn 2327.
22 BAG 16.9.1986 – GS 1/82, AP § 77 BetrVG 1972 Nr. 17.
23 BAG 16.9.1986 – GS 1/82, AP § 77 BetrVG 1972 Nr. 17; *Hümmerich*, Gestaltung von Arbeitsverträgen, § 1 Rn 990.
24 *Fitting u.a.*, BetrVG, § 77 Rn 13.
25 *Fitting u.a.*, BetrVG, § 77 Rn 13.
26 § 76 Abs. 6 BetrVG.
27 Gesetz zur Reform des Betriebsverfassungsgesetzes vom 23.7.2001 (BGBl. I S. 1852).
28 *Fitting u.a.*, BetrVG, § 28a Rn 1 ff.

Kapitel 1: Freiwillige Betriebsvereinbarungen

Die Betriebsvereinbarung ist von der sog. **Regelungsabrede abzugrenzen**.[29] In Fällen, in denen der Abschluss einer Betriebsvereinbarung möglich ist, ist es dem Betriebsrat auch gestattet, sein Mitbestimmungsrecht in Form einer Regelungsabrede auszuüben.[30] Eine Regelungsabrede kommt ferner dort in Betracht, wo eine Regelung durch Betriebsvereinbarung unzulässig wäre. So können Regelungen über Arbeitsentgelte oder sonstige Arbeitsbedingungen auch dann getroffen werden, wenn entsprechende Tarifverträge bestehen oder üblicherweise bestehen und Betriebsvereinbarungen deshalb nach § 77 Abs. 3 BetrVG unzulässig wären.[31] Die Regelungsabrede bedarf keiner Form, sollte jedoch aus Beweisgründen möglichst schriftlich erfolgen. Sie bedarf zu ihrer Wirksamkeit eines entsprechenden Betriebsratsbeschlusses.[32] Sie ist ein schuldrechtlicher Vertrag und weist keine der Betriebsvereinbarung vergleichbare normative Wirkung auf.[33] Ist eine als Betriebsvereinbarung vorgesehene Abmachung zwischen Arbeitgeber und Betriebsrat etwa wegen Formmangels als Betriebsvereinbarung unwirksam oder haben die Betriebspartner für ihre Abrede von vornherein keine Schriftform vorgesehen, kann die Vereinbarung als formlose Regelungsabrede aufrechterhalten werden, soweit für den zu regelnden Gegenstand keine Betriebsvereinbarung erforderlich ist. Dies gilt insbesondere auch für die mitbestimmungspflichtigen Angelegenheiten i.S.v. § 87 BetrVG.[34] Durch eine Regelungsabrede können auch Mitbestimmungsrechte des Betriebsrats erweitert werden.[35] Indes entfaltet eine Regelungsabrede keine Rechte im Verhältnis zwischen Arbeitgeber und Arbeitnehmer, da der Regelungsabrede **keine normative Wirkung** zukommt. So kann etwa Kurzarbeit mit bindender Wirkung für die Arbeitnehmer nicht durch eine Regelungsabrede eingeführt werden.[36] Gleichfalls können Arbeitnehmer aus der Missachtung einer Regelungsabrede durch den Arbeitgeber keine Rechte herleiten. Soll beispielsweise der Betriebsrat nach einer mit dem Arbeitgeber getroffenen Regelungsabrede auch außerhalb gesetzlicher Mitbestimmungsrechte bei jeder Anrechnung einer Tariferhöhung auf eine übertarifliche Zulage mitbestimmen und missachtet der Arbeitgeber eine solche Regelungsabrede, führt das nicht zur Unwirksamkeit der Anrechnung im Verhältnis zum Arbeitnehmer.[37]

15

Im Rahmen der Betriebsverfassungsreform hat der Gesetzgeber mit den sog. **Gruppenvereinbarungen** in § 28a BetrVG ein Regelungsinstrument geschaffen, das der Betriebsvereinbarung ähnelt. Ziel des Gesetzgebers war es, eine bereits sehr häufig anzutreffende Praxis in den Betrieben und Verwaltungen auf ein rechtliches Fundament zu stellen. Das in § 28a BetrVG niedergelegte Delegationsrecht ermöglicht eine unmittelbare Beteiligung der Arbeitnehmer im Rahmen der Arbeitsorganisation. Als Regelungsgegenstände von Gruppenvereinbarungen kommen u.a. in Betracht: die Urlaubsplanung, die Festlegung des Qualifizierungsbedarfes und seine Planung, die Organisation der Arbeit bzw. die Gestaltung der Arbeitsbedingungen (Arbeitswechsel in der Gruppe, Reihenfolge der Arbeitsabwicklung, Zusammenarbeit in der Gruppe), die Einbeziehung in Steuerungsgremien, die Mitwirkung bei Personalentscheidungen, die Förderung der Gleichstellung, Pausen- und Vertretungsregelungen und die Berücksichtigung leistungsschwächerer Arbeitnehmer. Da § 77 BetrVG entsprechende Anwendung findet, hat eine Gruppenvereinbarung, unmittelbare und zwingende Wirkung. Aufgrund der entsprechenden Anwendung des § 77 BetrVG sind auch bei der Gruppenvereinbarung Schriftformzwänge zu beachten. Es gelten die Regelungen über das grundsätzliche Verzichts- und Verwirkungsverbot, über das Recht zur Kündigung der Vereinbarung und über die Nachwirkung der Abrede bei mitbestimmungspflichtigen Tatbeständen.[38]

16

Das **Verhältnis** einer schriftlichen Gruppenvereinbarung zu einer allgemeinen Betriebsvereinbarung bestimmt sich nach den **Grundsätzen der Spezialität**.[39] Dementsprechend genießt die Gruppenvereinbarung in der Regel Vorrang vor einer allgemeinen Betriebsvereinbarung. Dies gilt unabhängig von einer Günstigkeitsbe-

17

---

[29] LAG Hamm 17.10.1996 – 4 Sa 1516/95, n.v.
[30] BAG 10.3.1992 – 1 ABR 31/91, AP § 77 BetrVG 1972 Regelungsabrede Nr. 1; BAG 16.9.1986 – GS 1/82, AP § 77 BetrVG 1972 Nr. 17; BAG 9.7.1985 – 3 AZR 546/82, AP § 1 BetrAVG Ablösung Nr. 6.
[31] *Adomeit*, BB 1972, 53; *Hanau*, BB 1977, 350; a.A. ArbG Marburg 7.8.1996 – 1 BV 6/96 , NZA 1996, 1331; ArbG Marburg 7.8.1996 – 1 BV 10/96, NZA 1996, 1337 (Viessmann-Fälle).
[32] LAG Schleswig-Holstein 4.9.2002 – 4 TaBV 8/02, LAGE § 98 ArbGG 1979 Nr. 39.
[33] BAG 14.8.2001 – 1 AZR 744/00, NZA 2002, 342; BAG 14.2.1991 – 2 AZR 415/90, DB 1991, 1990; *Küttner/Kreitner*, Personalbuch, 125 Rn 2.
[34] LAG Hamm 17.10.1996 – 4 Sa 1516/95, n.v.
[35] BAG 14.8.2001 – 1 AZR 744/00, NZA 2002, 342.
[36] BAG 14.2.1991 – 2 AZR 415/90, EzA § 87 BetrVG 1972 Kurzarbeit Nr. 1.
[37] BAG 14.8.2001 – 1 AZR 744/00, NZA 2002, 342.
[38] *Fitting u.a.*, BetrVG, § 28a Rn 32.
[39] *Natzel*, DB 2001, 1363; zweifelnd *Däubler*, AiB 2001, 383.

trachtung, da aufgrund der Anwendung des § 77 BetrVG die Grundsätze gelten, die das Verhältnis mehrerer Betriebsvereinbarungen zueinander bestimmen.[40]

III. Auslegung und Billigkeitskontrolle

18 Nach ständiger höchstrichterlicher Rechtsprechung sind Betriebsvereinbarungen entsprechend den Tarifverträgen **wie Gesetze auszulegen**.[41] Danach ist maßgeblich auf den im Wortlaut der Betriebsvereinbarung zum Ausdruck gelangten Willen der Betriebspartner abzustellen. Neben der Feststellung des Zwecks der Betriebsvereinbarung sind als weitere Auslegungsmittel der Gesamtzusammenhang der Betriebsvereinbarung sowie ihre Entstehungsgeschichte zu berücksichtigen.[42] Die Auslegung einer Betriebsvereinbarung hat sich daran zu orientieren, ob ihr Ergebnis in sich verständlich und umsetzbar ist. Im Zweifel gebührt derjenigen Auslegung der Vorzug, die zu einer vernünftigen, sachgerechten, zweckorientierten und praktisch brauchbaren Regelung führt. Hierbei kann auch von Bedeutung sein, wie die Betriebsvereinbarung im Betrieb über längere Zeit hin tatsächlich gehandhabt wurde.[43] Für die bei Zweifeln mögliche Heranziehung weiterer Auslegungskriterien (**Entstehungsgeschichte**, praktische **Betriebsübung** etc.) gibt es keinen Zwang zu einer bestimmten Reihenfolge.[44] Die Auslegung einer Betriebsvereinbarung obliegt auch dem **Revisionsgericht**.[45]

19 Betriebsvereinbarungen unterliegen neben einer **Rechtskontrolle** einer **gerichtlichen Billigkeitskontrolle**.[46] Maßstab ist hierbei die Verpflichtung der Betriebspartner, dem Wohl des Betriebes und seiner Arbeitnehmer unter Berücksichtigung des Gemeinwohls zu dienen. Die Grundsätze der Verhältnismäßigkeit und des Vertrauensschutzes sind zu beachten,[47] ebenso der Gleichbehandlungsgrundsatz.[48] Im Rahmen dieser Verpflichtung haben die Betriebspartner den billigen Ausgleich zwischen den Interessen der Belegschaft und dem Betrieb sowie den Ausgleich zwischen den verschiedenen Teilen der Belegschaft selbst zu suchen, wobei ihnen ein weiter Ermessensspielraum eröffnet ist.[49]

20 Werden Außendienstmitarbeiter in einer Betriebsvereinbarung über eine betriebliche Altersversorgung unter Verstoß gegen § 75 Abs. 1 BetrVG aus dem Kreis der Anspruchsberechtigten ausgenommen, steht ihnen im Regelfall nicht ein einzelvertraglicher Anspruch auf der Grundlage des Gleichbehandlungsgrundsatzes zu. Vielmehr beruht ihr Anspruch unmittelbar auf der Betriebsvereinbarung. Der Ausschluss der Außendienstmitarbeiter ist nämlich wegen des Verstoßes gegen § 75 Abs. 1 BetrVG unwirksam, § 134 BGB. Die Nichtigkeit der Versorgungsordnung in diesem Einzelpunkt führt regelmäßig nicht zur Unwirksamkeit der gesamten Versorgungsordnung, § 139 BGB.[50]

IV. Zustandekommen von Betriebsvereinbarungen

21 Gemäß § 77 Abs. 2 BetrVG sind Betriebsvereinbarungen von Betriebsrat und Arbeitgeber gemeinsam zu beschließen und schriftlich niederzulegen. Sie sind, sofern sie nicht auf einem Spruch der Einigungsstelle beruhen (vgl. § 76 Abs. 3 Satz 3 BetrVG), von beiden Seiten zu unterzeichnen und der Arbeitgeber hat sie an geeigneter Stelle im Betrieb auszulegen. Auf Arbeitgeberseite ist der Vertragspartner des Betriebsrats bei Abschluss einer Betriebsvereinbarung der Inhaber des Betriebes oder derjenige, der die Arbeitgeberfunktion im Betrieb wahrnimmt. Dies kann sowohl der Geschäftsführer als auch ein leitender Angestellter sein.

22 Der Arbeitgeber hat nach § 77 Abs. 2 Satz 3 BetrVG Betriebsvereinbarungen an geeigneter Stelle im Betrieb auszulegen. Die **Bekanntmachung** der Betriebsvereinbarung hat keine konstitutive Wirkung. Die Betriebsvereinbarung ist so auszulegen oder auszuhändigen, dass sämtliche Arbeitnehmer, auch neu eingestellte Mitarbeiter, in der Lage sind, sich ohne besondere Umstände mit dem Inhalt vertraut zu machen. Diesen

---

40 *Fitting u.a.*, BetrVG, § 28a Rn 34.
41 BAG 29.1.2002 – 1 AZR 227/01, n.v.; BAG 19.10.1999 – 1 AZR 816/98, n.v.; BAG 4.6.1987 – 2 AZR 393/86, n.v.
42 *Fitting u.a.*, BetrVG, § 77 Rn 15; H/S-*Spirolke*, Das arbeitsrechtliche Mandat, § 12 Rn 410.
43 BAG 22.5.2001 – 3 AZR 491/00, EzA § 1 BetrAVG Betriebsvereinbarung Nr. 3 = NZA 2002, 408; *Etzel*, BetrVG, Rn 1098.
44 LAG Köln 25.1.2001 – 5 Sa 1276/00, NZA-RR 2001, 487.
45 BAG 10.11.1992 – 1 AZR 293/90, n.v.
46 BAG 11.6.1975 – 5 AZR 217/74, EzA § 77 BetrVG 1972 Nr. 1; BAG 11.3.1976 – 3 AZR 334/75, EzA § 242 BGB Ruhegeld Nr. 51.
47 BAG 20.11.1990 – 3 AZR 573/89, EzA § 77 BetrVG 1972 Nr. 38.
48 LAG Hamm 27.2.1997 – 17 Sa 1889/96, LAGE § 242 BGB Gleichbehandlung Nr. 21.
49 BAG 11.6.1975 – 5 AZR 217/74, EzA § 77 BetrVG 1972 Nr. 1; *Etzel*, BetrVG, Rn 1099.
50 LAG Düsseldorf 29.6.2001 – 18 Sa 495/01, NZA-RR 2002, 38.

Anforderungen trägt die Verteilung von Abschriften, ein Anschlag im Betrieb am Schwarzen Brett oder die Veröffentlichung in der Werkzeitung Rechnung.[51]

Unabdingbare Voraussetzung für die Wirksamkeit der Betriebsvereinbarung ist, dass sie **vom Betriebsrat und Arbeitgeber unterzeichnet** worden ist (§ 77 Abs. 2 Satz 2 Hs. 1 BetrVG).[52] Die Betriebsvereinbarung bedarf zwingend der **Schriftform**. Eine nur mündlich getroffene „Betriebsvereinbarung" ist nichtig, § 125 Satz 1 BGB. Sie kann in Form einer Regelungsabrede aufrechterhalten werden. In diesem Fall entfällt aber die normative Wirkung der Absprache. Die Betriebsvereinbarung muss die Unterschriften beider Organe der Betriebsverfassung bzw. der bevollmächtigten Vertreter gemäß § 126 Abs. 2 Satz 1 BGB auf derselben Urkunde aufweisen.[53]

23

Das **Schriftformerfordernis** des § 77 Abs. 2 Satz 1 BetrVG ist nicht erfüllt, wenn der Arbeitgeber die Fotokopie eines Beschlusses des Betriebsrats unterzeichnet, selbst wenn das Original des Beschlusses von sämtlichen Betriebsratsmitgliedern unterzeichnet war. Ein Anspruch des Arbeitgebers auf Unterzeichnung einer Betriebsvereinbarung besteht auch dann nicht, wenn der Betriebsrat durch Beschluss dem Entwurf einer Betriebsvereinbarung zugestimmt hat. Ein Beschluss über den Abschluss einer Betriebsvereinbarung wird für den Betriebsrat erst dann bindend, wenn er im Rahmen des § 77 Abs. 2 Satz 1 BetrVG gefasst ist und die Formvorschriften eingehalten worden sind. Bis zu diesem Zeitpunkt kann der Beschluss wieder aufgehoben werden.[54] Ein Austausch von Urkunden, die je nur von einer Seite unterzeichnet sind, genügt nicht.[55]

24

Eine Betriebsvereinbarung ist nicht wegen Verstoßes gegen § 77 Abs. 2 Satz 1 und Satz 2 BetrVG unwirksam, wenn eine in der vom Betriebsrat und Arbeitgeber unterschriebenen Betriebsvereinbarung in Bezug genommene **Anlage** selbst nicht unterschrieben ist, aber durch Heftklammer aus einer Heftmaschine an die Betriebsvereinbarung angetackert ist.[56] Die Schriftform des § 77 Abs. 2 Satz 1 BetrVG ist auch dann gewahrt, wenn die Betriebsvereinbarung auf eine schriftliche, den Arbeitnehmern bekannt gemachte Gesamtzusage des Arbeitgebers verweist. Die Gesamtzusage muss weder in der Betriebsvereinbarung wiederholt noch als Anlage angeheftet werden. Die Anforderungen des § 126 BGB können auf Normenverträge nicht unbesehen übernommen werden. Nach § 126 BGB muss die Urkunde das gesamte formbedürftige Rechtsgeschäft enthalten. Bezugnahmen sind unzulässig, wenn sich Angaben, die für den Vertragsinhalt wesentlich sind, ausschließlich aus Umständen außerhalb der Urkunde ergeben. Diese Anforderung dient dem Übereilungsschutz. Er spielt beim Abschluss von Tarifverträgen oder Betriebsvereinbarungen keine Rolle. Bei ihnen soll die Schriftform Zweifel über den Inhalt der vereinbarten Normen ausschließen. Die erforderliche Klarheit kann auch bei einer Verweisung auf genau bezeichnete andere schriftliche Regelungen bestehen.[57] Ein schlichter Verweis auf vom Arbeitgeber noch auszuhängende, den Arbeitnehmern unbekannte Bekanntmachungen genügt jedoch nicht dem Formerfordernis des § 77 Abs. 2 BetrVG. So genügt der Verweis auf vom Arbeitgeber auszuhängende Listen in einer Betriebsvereinbarung höchstens dem Mitbestimmungsrecht des Betriebsrats nach § 87 Abs. 1 Nr. 3 BetrVG, suspendiert aber nicht die Arbeitspflicht und den Vergütungsanspruch solcher Arbeitnehmer, die der Kurzarbeit widersprechen. Dies folgt aus § 77 Abs. 2 BetrVG i.V.m. dem Prinzip der Normklarheit.[58]

25

Die Betriebsvereinbarung muss auf Seiten des Betriebsrats auf einem **ordnungsgemäßen (wirksamen) Betriebsratsbeschluss** nach § 33 BetrVG beruhen. Anderenfalls ist sie nichtig. Das heißt, der Betriebsrat als Gremium muss die Zustimmung zum Abschluss der vom Arbeitgeber vorgelegten Betriebsvereinbarung erteilen. Erst danach ist der Betriebsratsvorsitzende (§ 26 Abs. 2 Satz 1 BetrVG) berechtigt, die vom Arbeitgeber vorgelegte Betriebsvereinbarung zu unterschreiben. Der Betriebsratsvorsitzende hat alle Mitglieder des Betriebsrats unter Mitteilung der Tagesordnung rechtzeitig zu laden. Ladung und Beschlussfassung auf einer ordnungsgemäß einberufenen Sitzung sind unverzichtbare Voraussetzungen für das Zustandekommen eines wirksamen Betriebsratsbeschlusses. Eine Beschlussfassung des Betriebsrats im Umlaufverfahren ist unzuläs-

26

---

51 *Fitting u.a.*, BetrVG, § 77 Rn 24.
52 H/S-*Spirolke*, Das arbeitsrechtliche Mandat, § 12 Rn 458; *Etzel*, BetrVG, Rn 1085; BAG 21.8.1990 – 3 AZR 422/89, NZA 1991, 507.
53 BAG 21.8.1990 – 3 AZR 422/89, AP § 6 BetrAVG Nr. 19; BAG 14.2.1978 – 1 AZR 154/76, AP Art. 9 GG Arbeitskampf Nr. 60.
54 LAG Berlin 6.9.1991 – 2 TaBV 3/91, DB 1991, 2593.
55 *Etzel*, BetrVG, Rn 1085.
56 LAG Hamm 25.9.1985 – 12 TaBV 66/85, DB 1986, 919.
57 BAG 3.6.1997 – 3 AZR 25/96, AP § 77 BetrVG 1972 Nr. 69.
58 LAG Hessen 14.3.1997 – 17/13 Sa 162/96, NZA-RR 1997, 479.

§ 5 Betriebsvereinbarungen

27 sig.[59] Eine vom Betriebsratsvorsitzenden ohne entsprechenden Betriebsratsbeschluss abgeschlossene Betriebsvereinbarung kann vom Betriebsrat **durch schlüssiges Verhalten** gebilligt und dadurch wirksam werden.[60]

Im Rahmen seiner originären Zuständigkeit nach § 50 Abs. 1 BetrVG – die Angelegenheit betrifft mehrere Betriebe oder das Gesamtunternehmen – kann auch der **Gesamtbetriebsrat** Betriebsvereinbarungen schließen, im Rahmen der Auftragszuständigkeit nach § 50 Abs. 2 BetrVG ist Vertragspartner der Betriebsrat, für den der Gesamtbetriebsrat lediglich Abschlussvollmacht hat.[61] Entsprechendes gilt für den **Konzernbetriebsrat**. Die **Arbeitsgruppe** kann im Rahmen der ihr übertragenen Aufgaben ebenfalls Vereinbarungen abschließen, auf die die Vorschriften über die Betriebsvereinbarung entsprechend anwendbar sind, § 28a Abs. 2 Satz 2 BetrVG. Auf Arbeitgeberseite ist Vertragspartner der **Inhaber des Betriebs**, bei juristischen Personen das **Unternehmen**, bei einem **gemeinsamen Betrieb** mehrerer Unternehmen die aus dem Zusammenschluss entstandene Gemeinschaft, in der Regel eine BGB-Gesellschaft. Schließen Betriebsrat, Arbeitgeber und zuständige **Gewerkschaft** einen „Konsolidierungsvertrag", der die Verkürzung von Ansprüchen aus einem Tarifvertrag vorsieht, in dessen fachlichem und räumlichem Geltungsbereich sich der Betrieb befindet, so handelt es sich im Zweifel um einen (Haus-)Tarifvertrag, da eine Betriebsvereinbarung mit diesem Inhalt nach § 77 Abs. 3 BetrVG unwirksam wäre.[62] Sind durch eine Betriebsvereinbarung rechtliche Interessen der leitenden Angestellten berührt, hat der Arbeitgeber vor Abschluss einer Betriebsvereinbarung nach § 2 Abs. 1 Satz 2 SprAuG den Sprecherausschuss anzuhören.

28 Eine **nichtige Betriebsvereinbarung** liegt vor, wenn die Schriftform nicht gewahrt ist, kein ordnungsgemäßer Beschluss des Betriebsrats zum Abschluss der Betriebsvereinbarung vorliegt, die Betriebsratswahl nichtig war oder eine der abschließenden Parteien nicht zuständig ist, etwa wenn der Gesamtbetriebsrat unter Missachtung des § 50 BetrVG eine Gesamtbetriebsvereinbarung mit dem Arbeitgeber getroffen hat. Nichtigkeit kann sich aus dem Verstoß gegen zwingendes höherrangiges Recht ergeben, insbesondere aus dem Verbot, dem Tarifvorrang unterliegende Arbeitsbedingungen in einer Betriebsvereinbarung zu regeln (§ 77 Abs. 3 BetrVG). Nichtigkeit kann sich aber auch aus mangelnder Zuständigkeit des Betriebsrats, beispielsweise durch Vereinbarung eines generellen Nebentätigkeitsverbots für alle Mitarbeiter,[63] ergeben. Auch ist der Betriebsrat unzuständig, eine generelle Teilnahme an Betriebsausflügen oder Betriebsfeiern zu begründen, selbst wenn sie während der Arbeitszeit stattfinden.[64] Eine nichtige Betriebsvereinbarung erzeugt keine Rechtswirkung, ihre **Umdeutung** in individualrechtlich wirksame Rechtsgeschäfte wie Gesamtzusage, Vertrag zu Gunsten Dritter oder betriebliche Übung ist generell nicht möglich.[65] Denkbar ist aber, dass **Teilnichtigkeit** vorliegt, also nur einzelne Bestimmungen der Betriebsvereinbarung nichtig sind und der übrige Teil wirksam bleibt, sofern noch eine sinnvolle und in sich geschlossene Regelung vorhanden ist.[66] Eine **rückwirkende Anfechtung** der Betriebsvereinbarung aufgrund von Willensmängeln ist ausgeschlossen. Eine Anfechtung einer Betriebsvereinbarung, beispielsweise wegen arglistiger Täuschung oder Drohung, wirkt nur für die Zukunft.[67]

V. Grenzen der Regelungsmacht der Betriebspartner

29 Die Regelungsbefugnis der Betriebspartner ist durch zwingende gesetzliche Vorschriften beschränkt. Die Betriebsvereinbarung hat **zwingendes staatliches Recht** zu beachten. Hierzu zählen staatliche Gesetze und Verordnungen, die öffentlich-rechtlichen Unfallverhütungsvorschriften der Berufsgenossenschaften, sofern staatliches Recht nur abweichende Regelungen in Tarifverträgen gestattet (vgl. §§ 616 Abs. 2, 622 Abs. 4 BGB, § 4 Abs. 4 EFZG, § 13 BUrlG, § 7 ArbZG, §§ 21 a und 21 b JArbSchG), sowie die durch Richterrecht gestalteten Rechtsgrundsätze.[68] So ist es den Betriebspartnern verwehrt, eine von den Vorschriften des BUrlG

---

[59] ArbG Heilbronn 13.6.1989 – 4 Ca 116/89, BB 1989, 1897.
[60] LAG Köln 5.10.1988 – 2 Sa 696/88, LAGE § 26 BetrVG 1972 Nr. 1.
[61] *Fitting u.a.*, BetrVG, § 77 Rn 18.
[62] BAG 7.11.2000 – 1 AZR 175/00, NZA 2001, 727.
[63] BAG 25.5.1970 – 3 AZR 384/69, AP § 60 HGB Nr. 4; BAG 13.11.1979 – 6 AZR 934/77, AP § 1 KSchG 1969 Krankheit Nr. 5.
[64] BAG 4.12.1970 – 5 AZR 242/70, AP § 7 BUrlG Nr. 5.
[65] BAG 19.7.1977 – 1 AZR 483/74, AP § 77 BetrVG 1972 Nr. 1; BAG 13.8.1980 – 5 AZR 325/78, AP § 77 BetrVG 1972 Nr. 2; LAG Hamm 22.10.1998 – 8 Sa 1353/98, NZA-RR 2000, 27.
[66] BAG 12.10.1994 – 7 AZR 398/93, AP § 87 BetrVG 1972 Arbeitszeit Nr. 66; BAG 28.4.1981 – 1 ABR 53/79, AP § 87 BetrVG 1972 Vorschlagswesen Nr. 1; BAG 28.7.1981 – 1 ABR 79/79, AP § 87 BetrVG 1972 Nr. 2; BAG 20.12.1983 – 1 AZR 442/82, AP § 112 BetrVG 1972 Nr. 17; BAG 18.12.1990 – 1 ABR 11/90, AP § 1 TVG Tarifverträge Metallindustrie Nr. 98.
[67] BAG 15.12.1961 – 1 AZR 207/59, AP § 615 BGB Kurzarbeit Nr. 1.
[68] *Fitting u.a.*, BetrVG, § 77 Rn 53.

zu Ungunsten der Arbeitnehmer abweichende Urlaubsregelung zu treffen (vgl. § 13 BUrlG). Ebenso wenig können sie durch Betriebsvereinbarung die Folgen der Teilnahme von Arbeitnehmern an einem Arbeitskampf regeln. Eine Betriebsvereinbarung, die die Folgen der Teilnahme der von dem Betriebsrat vertretenen Arbeitnehmer an einem Arbeitskampf regeln würde, wäre rechtlich unzulässig, denn der Betriebsrat unterliegt im Falle von Arbeitskämpfen gemäß § 74 BetrVG einer Neutralitätspflicht. Er ist ferner durch den Interessenkonflikt, einerseits aus Arbeitnehmern zu bestehen, die andererseits ihr Betriebsratsamt wahrnehmen, daran gehindert, im Falle von Arbeitskampfmaßnahmen Mitbestimmungsrechte der Arbeitnehmer wahrzunehmen.[69]

Die Betriebspartner müssen des Weiteren das Benachteiligungsverbot wegen des Geschlechts (§ 611a BGB) und das Lohngleichheitsgebot des Art. 141 EG-Vertrag, das auch eine mittelbare Diskriminierung wegen des Geschlechts verbietet, beachten (jetzt: §§ 3 Abs. 2, 1, 7 Abs. 1 AGG).[70] Auch ein Verstoß gegen die allgemeinen Grundsätze des Kündigungs- und Kündigungsschutzrechts führt zur Unwirksamkeit entsprechender Regelungen in einer Betriebsvereinbarung.[71] Eine Regelung durch Betriebsvereinbarung ist gleichermaßen ausgeschlossen, soweit gesetzliche Mindestansprüche im Mutterschutzgesetz oder im Schwerbehindertenrecht (SGB IX) betroffen sind. Zum zwingenden staatlichen Recht gehört auch das BetrVG. In einer Betriebsvereinbarung darf dem Arbeitgeber die Befugnis zur einseitigen Gestaltung mitbestimmungspflichtiger Angelegenheiten nur soweit eingeräumt werden, wie sie die Substanz der Mitbestimmungsrechte unberührt lässt.[72] **Unzulässig** sind Betriebsvereinbarungen, die die Kostentragungspflicht des Arbeitgebers für von ihm zu stellende Arbeits- und Schutzkleidung auf die Arbeitnehmer ganz oder teilweise abwälzen.[73] Etwas anderes gilt nur, wenn dem Arbeitnehmer die Verwendung dieser Kleidung im privaten Bereich gestattet ist und vom Arbeitnehmer gewünscht wird.[74]

30

Die praktisch bedeutsamste Beschränkung der Regelungsmacht von Arbeitgeber und Betriebsrat findet sich in § 77 Abs. 3 BetrVG (sog. **Tarifvorrang**). Hiernach können **Arbeitsentgelte und sonstige Arbeitsbedingungen, die durch Tarifvertrag geregelt sind oder üblicherweise geregelt werden, nicht Gegenstand einer Betriebsvereinbarung** sein. Eine Ausnahme gilt nur dann, wenn der Tarifvertrag ausdrücklich eine sog. **Öffnungsklausel** enthält, mit der die Tarifvertragsparteien den Betriebspartnern eine Regelungskompetenz zuweisen, § 77 Abs. 3 Satz 2 BetrVG. Die Regelungssperre des Abs. 3 bezieht sich auf Arbeitsentgelte und sonstige Arbeitsbedingungen. Arbeitsentgelt ist jede in Geld zahlbare Vergütung oder Sachleistung des Arbeitgebers, z.B. Lohn, Prämien, Gratifikationen, Gewinnbeteiligungen oder Deputate. Unter „**sonstigen Arbeitsbedingungen**" versteht man alle Regelungen, die Gegenstand der Inhaltsnormen eines Tarifvertrages sein können. Sowohl formelle als auch materielle Arbeitsbedingungen fallen hierunter.[75] Die Vorschrift soll die **Funktionsfähigkeit der Tarifautonomie** sicherstellen, indem sie den Tarifvertragsparteien den Vorrang zur Regelung von Arbeitsbedingungen einräumt. Diese Befugnis soll nicht dadurch ausgehöhlt werden, dass Arbeitgeber und Betriebsrat ergänzende oder abweichende Regelungen vereinbaren. Es geht um die Sicherung der ausgeübten und aktualisierten Tarifautonomie.[76] Ausgehend von diesem Normzweck kann die **Sperrwirkung** nicht davon abhängen, ob ein Arbeitgeber tarifgebunden ist oder nicht. Es soll vorrangig Aufgabe der Tarifpartner sein, Arbeitsbedingungen kollektivrechtlich zu regeln. Die Funktionsfähigkeit der Tarifautonomie würde auch dann gestört, wenn die **nicht tarifgebundenen Arbeitgeber** kollektivrechtliche „Konkurrenzregelungen" in der Form von Betriebsvereinbarungen erreichen könnten. Soweit ein Bedürfnis nach betriebsnaher Regelung besteht, stehen Firmentarifverträge als kollektives Gestaltungsmittel zur Verfügung.

31

Darüber hinaus können ergänzende Betriebsvereinbarungen durch entsprechende tarifliche Öffnungsklauseln zugelassen werden. Es entspricht somit zu Recht ganz überwiegender Auffassung, dass die Sperrwirkung auch Betriebe nicht tarifgebundener Arbeitgeber erfasst.[77] Der von § 77 Abs. 3 Satz 1 BetrVG bezweckte

32

---

69 LAG Hessen 3.10.1984 – 2 Sa 310/84, AR-Blattei ES 170.1 Nr. 23.
70 LAG Hessen 10.11.1989 – 13 Sa 255/89, LAGE § 611a BGB Nr. 6.
71 BAG 16.2.1962 – 1 AZR 164/61, AP § 4 TVG Günstigkeitsprinzip Nr. 11; *Etzel*, BetrVG, Rn 1090 ff.
72 BAG 7.9.1956 – 1 AZR 646/54, AP § 56 BetrVG Nr. 2; BAG 26.7.1988 – 1 AZR 54/87, AP § 87 BetrVG 1972 Provision Nr. 6; BAG 28.4.1992 – 1 ABR 68/91, AP § 50 BetrVG 1972 Nr. 11.
73 BAG 1.12.1992 – 1 AZR 260/92, AP § 87 BetrVG 1972 Ordnung des Betriebes Nr. 20; BAG 10.3.1976 – 5 AZR 34/75, AP § 618 BGB Nr. 17; BAG 19.5.1998 – 9 AZR 307/96, AP § 1 TVG Tarifverträge: Spielbanken Nr. 3.
74 BAG 1.12.1992 – 1 AZR 260/92, AP § 87 BetrVG 1972 Ordnung des Betriebes Nr. 20.
75 BAG 9.4.1991 – 1 AZR 406/90, AP § 77 BetrVG 1972 Tarifvorbehalt Nr. 1.
76 BAG 24.2.1987 – 1 ABR 18/85, AP § 77 BetrVG 1972 Nr. 21; BAG 22.6.1993 – 1 ABR 62/92, AP § 23 BetrVG 1972 Nr. 22.
77 BAG 24.1.1996 – 1 AZR 597/95, NZA 1996, 948.

§ 5 Betriebsvereinbarungen

Schutz der Tarifautonomie ist jedoch nur dort erforderlich und angebracht, wo die Tarifvertragsparteien auch von ihrer Regelungskompetenz Gebrauch machen und ihre tarifliche Autonomie in aktualisierter Form tatsächlich ausüben. Wo dies nicht der Fall ist, bedürfen die Tarifvertragsparteien keines besonderen Schutzes, der dann rein abstrakt ausfiele und sich als ein Verbot entsprechender normativer Regelungen auf betrieblicher Ebene insbesondere für die Arbeitnehmerschaft kontraproduktiv auswirkte. Es entspricht demgemäß nahezu allgemeiner Meinung, dass der Tarifvorbehalt in § 77 Abs. 3 Satz 1 BetrVG die Tarifautonomie nur in ihrer **ausgeübten und aktualisierten Form** schützt. Voraussetzung ist somit, dass für den räumlichen, betrieblichen, fachlichen und persönlichen Geltungsbereich, in den der Betrieb fällt, Tarifverträge abgeschlossen sind oder üblicherweise abgeschlossen werden.[78] Nur soweit der Tarifvertrag bestimmte Arbeitsbedingungen tatsächlich regelt, wird die Sperrwirkung nach Abs. 3 ausgelöst. Der Tarifvertrag muss eine inhaltliche Sachregelung enthalten. Maßgeblich ist, ob nach dem Willen der Tarifvertragsparteien die betreffende Angelegenheit abschließend geregelt werden sollte.[79] Eine reine Negativregelung, d.h. die ausdrückliche oder konkludente Feststellung der Tarifparteien, für bestimmte Angelegenheiten eine tarifliche Regelung nicht zu treffen oder sogar auszuschließen, löst keine Sperrwirkung aus.[80] Auch wenn die Tarifparteien eine bestimmte Angelegenheit einfach nicht geregelt haben, weil sie sich hierüber nicht haben einigen können, wird keine Sperrwirkung ausgelöst.[81] Keine Regelung durch Tarifvertrag liegt vor, wenn der Tarifvertrag nur noch kraft Nachwirkung gilt, da ihm in diesem Stadium keine zwingende Wirkung mehr zukommt. Allerdings wird sich die Sperrwirkung dann in der Regel aus dem Gesichtspunkt der Tarifüblichkeit ergeben.[82]

33 Unter Verstoß gegen die Regelungssperre des § 77 Abs. 3 BetrVG abgeschlossene Betriebsvereinbarungen sind **nichtig**. Ein **Günstigkeitsvergleich** zwischen Betriebsvereinbarung und Tarifvertrag findet nicht statt.[83]

34 **Unzulässig** sind Betriebsvereinbarungen, die ohne Vorliegen besonderer Gründe das tarifliche Entgelt nur erhöhen wollen.[84] Gleiches gilt für Betriebsvereinbarungen über sog. **Anwesenheits- und Pünktlichkeitsprämien**, da es sich um verdeckte Zuschläge auf den Tariflohn handeln kann.[85] Unzulässig sind auch sonstige Zulagen, die für die bloße Erfüllung arbeitsvertraglicher Pflichten gezahlt werden.[86] Nimmt eine Betriebsvereinbarung eine anstehende Tariflohnerhöhung für den Betrieb vorweg, unterliegt sie der Sperrwirkung und ist unwirksam.[87] Unzulässig ist auch eine Betriebsvereinbarung über die Verteilung der Arbeitszeit, die nach § 87 Abs. 1 Nr. 2 BetrVG grundsätzlich geschlossen werden kann, wenn sie zugleich Regelungen über die Dauer der wöchentlichen bzw. jährlichen Arbeitszeit enthält, die im Widerspruch zu einem für den Betrieb geltenden Tarifvertrag stehen.[88] Werden dagegen Zulagen an andere tatbestandliche Voraussetzungen geknüpft, als sie die tarifliche Regelung enthält und sind derartige Zulagen auch nicht durch die Tarifregelung ausgeschlossen, liegt kein Verstoß gegen § 77 Abs. 3 BetrVG vor.[89]

35 § 77 Abs. 1 Satz 2 BetrVG untersagt dem Betriebsrat, durch einseitige Handlung in die **Leitung des Betriebes** einzugreifen. Betriebsvereinbarungen dürfen daher keine Anordnungsbefugnisse des Betriebsrats vorsehen oder etwa dem Betriebsrat den Widerruf von Anordnungen des Arbeitgebers einräumen. Verstößt der Betriebsrat grob gegen das Verbot des Eingriffs in die Betriebsleitung, kann der Arbeitgeber beim Arbeitsgericht die Auflösung des Betriebsrats oder die Amtsenthebung einzelner Betriebsratsmitglieder nach § 23 Abs. 1 BetrVG beantragen.[90]

36 Die Regelungsmacht der Betriebspartner findet weitere Grenzen in einem **kollektivfreien Individualbereich**.[91] Die Betriebspartner dürfen nicht regeln, wie die Arbeitnehmer ihr Leben außerhalb des Betriebs verbringen. Nebenbeschäftigungsverbote, Regelungen, wie Arbeitnehmer ihre freie Zeit oder ihren Urlaub verbringen, sind den Betriebspartnern entzogen. Gleichfalls entzieht sich der Regelungskompetenz eine Verpflichtung der

---

78 LAG Köln 16.3.1999 – 13 TaBV 27/98, NZA-RR 1999, 481.
79 BAG 3.4.1979 – 6 ABR 29/77, AP § 87 BetrVG 1972 Nr. 2.
80 BAG 1.12.1992 – 1 AZR 234/92, AP § 77 BetrVG 1972 Tarifvorbehalt Nr. 3.
81 BAG 23.10.1985 – 4 AZR 119/84, AP § 1 TVG Tarifverträge: Metallindustrie Nr. 33.
82 Fitting u.a., BetrVG, § 77 Rn 183.
83 BAG 13.8.1980 – 5 AZR 325/78, DB 1981, 274; BAG 26.2.1986 – 4 AZR 535/84, NZA 1986, 790.
84 BAG 17.12.1985 – 1 ABR 6/84, AP § 87 BetrVG 1972 Tarifvorrang Nr. 5.
85 BAG 29.5.1964 – 1 AZR 281/63, AP § 59 BetrVG Nr. 24.
86 BAG 13.8.1980 – 5 AZR 325/78, AP § 77 BetrVG 1972 Nr. 2.
87 BAG 7.12.1962 – 1 AZR 245/61, AP Art. 12 GG Nr. 28.
88 BAG 22.6.1993 – 1 ABR 62/92, AP § 23 BetrVG 1972 Nr. 22.
89 Fitting u.a., BetrVG, § 77 Rn 78.
90 Fitting u.a., BetrVG, § 77 Rn 10.
91 Fitting u.a., BetrVG, § 77 Rn 55 m.w.N.

Arbeitnehmer zur **Teilnahme an Betriebsfeiern**, auch wenn sie während der Arbeitszeit stattfinden.[92] Durch Betriebsvereinbarungen können gleichermaßen keine **Lohnverwendungsabreden** getroffen werden. Lohnabzüge zu Gunsten kirchlicher, politischer, sozialer oder gemeinnütziger Organisationen sind unzulässig.[93] Lohnabtretungsverbote können durch Betriebsvereinbarungen geregelt werden, wenn der Lohnanspruch von vornherein so entsteht, dass er vor Auszahlung durch den Arbeitgeber nicht abgetreten werden kann.[94] Zulässig sind in Betriebsvereinbarungen Abtretungen an Träger der Sozialversicherungen, die dem Arbeitnehmer zur Erhaltung seiner Existenz Leistungen gewähren.[95] Die Stundung oder der Erlass eines bereits fälligen Lohnanspruches kann nicht durch Betriebsvereinbarung geregelt werden.[96] Individualrechtliche Versorgungsansprüche können nicht durch Betriebsvereinbarung geschmälert werden.[97] Auch unverfallbare Versorgungsanwartschaften können wegen ihres eigentumsähnlichen Charakters nicht grundlos gekürzt oder entzogen werden.[98]

Bei Betriebsvereinbarungen über die **Altersgrenze** des Arbeitnehmers gilt zwischenzeitlich § 41 Abs. 4 Satz 3 SGB VI, wonach eine Beendigungsvereinbarung wegen der Möglichkeit der Beantragung von Altersruhegeld, die vor dem 65. Lebensjahr wirksam werden soll, dem Arbeitnehmer gegenüber als auf die Vollendung des 65. Lebensjahres abgeschlossen gilt, es sei denn, sie wird innerhalb der letzten drei Jahre vor der erstmaligen Möglichkeit der Antragstellung schriftlich bestätigt. Diese Regelung stellt die Rechtslage, wie sie vor dem Rentenreformgesetz 1992 galt, wieder her.[99]

37

VI. Räumlicher, persönlicher und zeitlicher Geltungsbereich

Räumlich gilt eine Betriebsvereinbarung für den Betrieb, für den sie abgeschlossen wurde. Dabei können durchaus für einzelne Betriebe unterschiedliche Regelungen getroffen werden. Der Gesamtbetriebsrat ist auch im Rahmen seiner originären Zuständigkeit befugt, einzelne Betriebe aus dem Geltungsbereich einer Gesamtbetriebsvereinbarung auszunehmen. Ein Betrieb ohne Betriebsrat wird von einer vom Gesamtbetriebsrat abgeschlossenen Betriebsvereinbarung allerdings nicht erfasst.[100]

38

In **persönlicher** Hinsicht erstreckt sich die Betriebsvereinbarung grundsätzlich auf alle Arbeitnehmer des Betriebes i.S.d. § 5 Abs. 1 BetrVG. Enthält der Tarifvertrag eine Öffnungsklausel für Betriebsvereinbarungen, so sind sämtliche Mitarbeiter eines Betriebes, unabhängig von ihrer Gewerkschaftszugehörigkeit, in den persönlichen Geltungsbereich einer Betriebsvereinbarung einbezogen.[101] Es ist unerheblich, ob das Arbeitsverhältnis bereits bei Abschluss einer Betriebsvereinbarung bestanden hat. Auch für später in einen Betrieb eintretende Arbeitnehmer entfaltet eine bestehende Betriebsvereinbarung normative Wirkung nach § 77 Abs. 4 BetrVG.[102] Betriebsvereinbarungen gelten grundsätzlich nicht für Pensionäre[103] sowie für Arbeitnehmer, die im Zeitpunkt des In-Kraft-Tretens der Betriebsvereinbarung bereits ausgeschieden sind. Mit seinem Ausscheiden verliert der Arbeitnehmer gegenüber dem Arbeitgeber einen selbstständigen schuldrechtlichen Anspruch. Nur soweit die Betriebsvereinbarung ausdrücklich Regelungen für Pensionäre enthält, können ausgeschiedene Arbeitnehmer noch anspruchsberechtigt sein.[104] Generell nicht in den persönlichen Geltungsbereich einer Betriebsvereinbarung einbezogen sind leitende Angestellte. Leitende Angestellte werden selbst durch einen Sozialplan nicht erfasst.[105]

39

Der **zeitliche Geltungsbereich** wird durch die Betriebsvereinbarung selbst bestimmt. Enthält die Betriebsvereinbarung keine Regelung, tritt sie am Tag ihrer Unterzeichnung in Kraft.[106] Denkbar ist auch eine rückwirkende Geltung, soweit es sich um eine **Rückwirkung** handelt, die Vertrauensschutzgesichtspunkte angemes-

40

---

92 BAG 4.12.1970 – 5 AZR 242/70, DB 1971, 295.
93 BAG 20.12.1957 – 1 AZR 237/56, AP § 399 BGB Nr. 1.
94 BAG 5.9.1960 – 1 AZR 509/57, AP § 399 BGB Nr. 4.
95 BAG 2.6.1966 – 2 AZR 322/65, AP § 399 BGB Nr. 8.
96 LAG Baden-Württemberg 27.4.1977 – 8 Sa 203/76, BB 1977, 996.
97 BAG 24.11.1977 – 3 AZR 732/76, AP § 242 BGB Ruhegehalt Nr. 177.
98 BAG 17.1.1980 – 3 AZR 456/78, AP § 242 BGB Ruhegehalt Nr. 185; BAG 19.6.1980 – 3 AZR 958/79, AP § 1 BetrAVG Wartezeit Nr. 8; BAG 21.8.1980 – 3 AZR 143/80, AP § 1 BetrAVG Wartezeit Nr. 7.
99 *Ehrich*, BB 1994, 1633; *Baeck/Diller*, NZA 1995, 360; a.A. *Boecken*, NZA 1995, 145.
100 BAG 16.8.1983 – 1 AZR 544/81, AP § 50 BetrVG 1972 Nr. 5.
101 BAG 18.8.1987 – 1 ABR 30/86, DB 1987 2257.
102 BAG 5.9.1960 – 1 AZR 509/57, DB 1960, 1309.
103 BAG 30.1.1970 – 3 AZR 44/68, BB 1970, 1097.
104 BAG 25.10.1988 – 3 AZR 483/86, BB 1989, 1548.
105 BAG 31.1.1979 – 5 AZR 454/77, BB 1979, 833.
106 BAG 21.7.1998 – 1 AZR 60/98, n.v.

sen berücksichtigt. Die Beschränkung der Rückwirkung von Gesetzen und sonstiger Rechtsnormen beruht außerhalb des Art. 14 Abs. 1 GG auf dem Rechtsstaatsprinzip des Art. 20 Abs. 3 GG. Die Regeln über die Rückwirkung von Rechtsnormen unterscheiden zwischen echter und unechter Rückwirkung. **Echte Rückwirkung** liegt vor, wenn eine Rechtsnorm nachträglich ändernd in abgeschlossene, der Vergangenheit angehörende Tatbestände eingreift. Sie ist verfassungsrechtlich grundsätzlich unzulässig. **Unechte Rückwirkung** liegt vor, wenn eine Rechtsnorm auf gegenwärtige, noch nicht abgeschlossene Sachverhalte und Rechtsbeziehungen einwirkt und damit zugleich betroffene Rechtspositionen nachträglich entwertet. Sie ist verfassungsrechtlich grundsätzlich zulässig. Grenzen der Zulässigkeit können sich aus dem Grundsatz des Vertrauensschutzes und dem Verhältnismäßigkeitsprinzip ergeben. Das ist dann der Fall, wenn die vom Normgeber angeordnete unechte Rückwirkung zur Erreichung des Normzwecks nicht geeignet oder nicht erforderlich ist oder wenn die Bestandsinteressen der Betroffenen die Veränderungsgründe der Neuregelung überwiegen.[107] Eine unechte Rückwirkung kommt danach nur in Betracht, wenn der Normadressat im Zeitpunkt des rückwirkenden In-Kraft-Tretens der Norm keinen hinreichenden Vertrauensschutz auf den Fortbestand der bisherigen Rechtslage mehr genießt. Dies ist etwa dann anzunehmen, wenn er mit einer abweichenden Neuregelung rechnen musste, ferner wenn die geltende Regelung unklar oder verworren war, schließlich wenn er sich (z.B. wegen widersprüchlicher Rechtsprechung) nicht auf eine bestimmte Auslegung der Norm verlassen durfte. So entfällt der Vertrauensschutz in den Fortbestand einer tariflichen Regelung etwa dann, wenn die Tarifvertragsparteien eine „gemeinsame Erklärung" über den Inhalt der Tarifänderung und den beabsichtigten Zeitpunkt ihres In-Kraft-Tretens vor Abschluss des Tarifvertrages abgeben und diese den betroffenen Kreisen bekannt gemacht wird.[108] Dabei macht es keinen Unterschied, ob die Betriebsvereinbarung von den Betriebspartnern abgeschlossen wird oder durch Spruch der Einigungsstelle zustande kommt. Eine auf den Zeitpunkt einer Tariferhöhung zurückwirkende Betriebsvereinbarung über die Anrechnung übertariflicher Zulagen kommt in Betracht, wenn der Arbeitgeber zunächst mitbestimmungsfrei das Zulagenvolumen und – unter Beibehaltung der bisherigen Verteilungsrelationen – auch die einzelnen Zulagen kürzt, zugleich aber bekannt gibt, dass er eine Änderung der Verteilungsrelationen erreichen will und dem Betriebsrat eine entsprechende rückwirkende Betriebsvereinbarung vorschlägt. Soll eine belastende Betriebsvereinbarung rückwirkend in Kraft treten, so muss das in ihr jedoch deutlich zum Ausdruck gebracht werden. Im Zweifel ist eine Rückwirkung nicht gewollt.[109]

VII. Beendigung und Nachwirkung der Betriebsvereinbarung

1. Zeitablauf und Zweckerreichung

41 Die **Geltungsdauer** einer Betriebsvereinbarung kann durch die Betriebspartner frei vereinbart werden. Eine Betriebsvereinbarung kann des Weiteren durch **Zweckerreichung** enden. Haben die Betriebspartner eine Angelegenheit durch Betriebsvereinbarung geregelt, können sie diese Betriebsvereinbarung auch **einvernehmlich aufheben** und dieselbe Angelegenheit durch eine neue Betriebsvereinbarung regeln. Die neue Betriebsvereinbarung tritt an die Stelle der früheren und löst diese ab. Im Verhältnis zweier aufeinander folgender Betriebsvereinbarungen gilt das **Ablösungsprinzip**, die jüngere Norm ersetzt die ältere.[110] Das gilt auch dann, wenn die neue Regelung für die Arbeitnehmer ungünstiger ist als die frühere.[111] Sehen die Betriebspartner nur in einer Protokollnotiz vor, dass einzelvertraglich begründete Rechtspositionen verschlechtert werden sollen, so ist im Zweifel nicht anzunehmen, dass sie in dieser Form eine ablösende Betriebsvereinbarung schaffen wollen.[112] Eine Betriebsvereinbarung kann nicht durch eine Regelungsabrede abgelöst werden, weil eine Regelungsabrede keine normative Wirkung entfaltet. Die Regelungsabrede ist gegenüber der Betriebsvereinbarung eine niederrangigere Rechtsquelle.[113]

2. Kündigung der Betriebsvereinbarung

42 Betriebsvereinbarungen sind nach § 77 Abs. 5 BetrVG kündbar. Mangels anderweitiger Regelung in der Betriebsvereinbarung beträgt die **Kündigungsfrist drei Monate**. Die Ausübung des Kündigungsrechts bedarf

---

107 BAG 15.11.2000 – 5 AZR 310/99, NZA 2001, 900.
108 BAG 20.4.1999 – 1 AZR 631/98, NZA 1999, 1059.
109 BAG 19.9.1995 – 1 AZR 208/95, NZA 1996, 386.
110 BAG 22.5.1990 – 3 AZR 128/89, NZA 1990, 813.
111 BAG 10.8.1994 – 10 ABR 61/93, NZA 1995, 314; BAG 16.9.1986 – GS 1/82, AP § 77 BetrVG 1972 Nr. 17.
112 BAG 9.12.1997 – 1 AZR 330/97, NZA 1998, 609.
113 BAG 27.6.1985 – 6 AZR 392/81, AP § 77 BetrVG 1972 Nr. 14; BAG 20.11.1990 – 1 AZR 643/89, NZA 1991, 426.

keiner **Rechtfertigung** und unterliegt **keiner inhaltlichen Kontrolle**.[114] Dies gilt unabhängig vom Regelungsgegenstand, also auch dann, wenn es um eine betriebliche Altersversorgung geht. Von der Möglichkeit der Kündigung sind ihre **Rechtsfolgen** zu trennen. Die **Kündigung einer Betriebsvereinbarung über betriebliche Altersversorgung** bewirkt nicht lediglich eine Schließung des Versorgungswerks für die Zukunft. Auch Arbeitnehmer, die zum Zeitpunkt des Ausspruchs der Kündigung durch die Betriebsvereinbarung begünstigt wurden, sind von der Kündigung betroffen. Die Wirkung der Kündigung einer Betriebsvereinbarung über betriebliche Altersversorgung ist jedoch mit Hilfe der Grundsätze des Vertrauensschutzes und der Verhältnismäßigkeit zu begrenzen. Je weiter der Arbeitgeber mit seiner Kündigung in Besitzstände und Erwerbschancen eingreifen will, umso gewichtigere Eingriffsgründe braucht er. Es darf lediglich ein abgestufter Eingriff in erworbene Besitzstände erfolgen.[115] Dabei ist auf das Prüfungsschema zurückzugreifen, das das BAG für ablösende Betriebsvereinbarungen entwickelt hat.[116] Soweit hiernach die Wirkungen der Kündigung einer Betriebsvereinbarung über betriebliche Altersversorgung beschränkt sind, bleibt die Betriebsvereinbarung als Rechtsgrundlage erhalten. Die nach Kündigung der Betriebsvereinbarung verbleibenden Rechtspositionen genießen unverändert den Schutz des § 77 Abs. 4 BetrVG.[117]

Kündigt der Arbeitgeber eine Betriebsvereinbarung über eine **freiwillige Leistung**, so endet die normative Wirkung der kollektiven Regelung mit Ablauf der Kündigungsfrist. Die Arbeitnehmer können dann keine Ansprüche mehr auf der Grundlage der Betriebsvereinbarung erwerben. Dies gilt grundsätzlich auch für teilmitbestimmte Leistungen, bei denen der Betriebsrat nur hinsichtlich des Leistungsplans mitzubestimmen hat, der Arbeitgeber hingegen frei ist in seiner Entscheidung, ob er überhaupt eine freiwillige Leistung erbringen will. Das BAG bejaht allerdings eine Nachwirkung dann, wenn der Arbeitgeber mit der Kündigung nicht beabsichtigt, die freiwillige Leistung vollständig entfallen zu lassen, sondern nur das zur Verfügung gestellte Volumen zu reduzieren und den Verteilungsschlüssel zu ändern.[118] Wird ein Sozialplan von einem neuen Sozialplan mit rückwirkender Kraft abgelöst, so können aufgrund des ersten Sozialplans entstandene Ansprüche der Arbeitnehmer grundsätzlich nicht zu ihren Ungunsten verändert werden, es sei denn, die Geschäftsgrundlage für den ersten Sozialplan ist weggefallen und das Festhalten an ihm mit dem bisherigen Inhalt ist nach Treu und Glauben nicht zumutbar.[119]

Neben der gesetzlich geregelten ordentlichen Kündigungsmöglichkeit kann jede Betriebsvereinbarung **fristlos aus wichtigem Grund** gekündigt werden, sofern besonders schwerwiegende Gründe vorliegen, die eine sofortige Beendigung der Betriebsvereinbarung unabdingbar machen. Das außerordentliche Kündigungsrecht ist unabdingbar.[120] An das Vorliegen eines wichtigen Grundes sind indes strenge Anforderungen zu stellen. Selbst verheerende Kalkulationsfehler sollen keinen wichtigen Grund darstellen.[121] Ausgeschlossen ist die Teilkündigung einzelner Bereiche einer Betriebsvereinbarung, sofern nicht die Zulässigkeit einer Teilkündigung ausdrücklich vereinbart worden ist.[122] Durch einzelvertragliche Änderungskündigung mit dem Arbeitnehmer kann der Arbeitgeber eine Betriebsvereinbarung nicht beseitigen.[123]

3. Nachwirkung von Betriebsvereinbarungen

Die Wirkung einer Betriebsvereinbarung über den Zeitraum ihrer vereinbarten Geltungsdauer hinaus ist unterschiedlich bei freiwilligen und bei erzwingbaren Betriebsvereinbarungen. In Angelegenheiten der über die Einigungsstelle **erzwingbaren Mitbestimmung** gelten Betriebsvereinbarungen nach Auslaufen der Kündigungsfrist oder einer Befristung weiter, bis sie durch eine andere Abmachung ersetzt werden, § 77 Abs. 6 BetrVG. Im **Nachwirkungszeitraum** wirken die Regelungen der Betriebsvereinbarung zwar noch unmittelbar auf die Arbeitsverhältnisse ein, sind jedoch nicht mehr zwingend. Die jederzeitige Ablösung durch eine andere Abmachung ist möglich. **Freiwillige Betriebsvereinbarungen**, die keinen Gegenstand der erzwingbaren Mitbestimmung regeln, wirken nach ihrer Beendigung nicht kraft Gesetzes nach.[124] Die Betriebspartner kön-

---

114 BAG 26.4.1990 – 6 AZR 278/88, NZA 1990, 814; BAG 17.1.1995 – 1 ABR 29/94, NZA 1995, 1010.
115 BAG 17.3.1987 – 3 AZR 64/84, DB 1987, 1639.
116 BAG 26.8.1997 – 3 AZR 235/96, AP § 1 BetrAVG Ablösung Nr. 27.
117 BAG 11.5.1999 – 3 AZR 21/98, NZA 2000, 322.
118 BAG 26.10.1993 – 1 AZR 46/93, AP § 77 BetrVG 1972 Nachwirkung Nr. 6.
119 BAG 10.8.1994 – 10 ABR 61/93, AP § 112 BetrVG 1972 Nr. 86.
120 BAG 17.1.1995 – 1 ABR 29/94, NZA 1995, 1010.
121 *Schaub*, BB 1995, 1639.
122 LAG Köln 12.12.2001 – 8 TaBV 72/01, NZA-RR 2002, 425; BAG 17.4.1959 – 1 AZR 83/58, DB 1959, 767.
123 LAG Düsseldorf 11.9.1974, DB 1975, 747.
124 H/S-*Spirolke*, Das arbeitsrechtliche Mandat, § 12 Rn 471 m.w.N.

nen eine entsprechende Nachwirkung aber vereinbaren. Eine solche Vereinbarung ist im Regelfall dahin auszulegen, dass die Nachwirkung auch gegen den Willen einer Seite beendet werden kann. Im Zweifel ist eine Konfliktlösungsmöglichkeit gewollt, die derjenigen bei der erzwingbaren Mitbestimmung entspricht. Scheitern die Bemühungen um eine einvernehmliche Neuregelung, kann von jedem Betriebspartner die Einigungsstelle angerufen werden, die verbindlich entscheidet.[125] Eine Betriebsvereinbarung über einen freiwilligen Verdienstausgleich entfaltet Nachwirkung, wenn der Arbeitgeber mit der Kündigung die Zahlung nicht völlig einstellt, sondern einseitig für eine Übergangszeit reduzierte Zahlungen festlegt.[126] Der Vereinbarung wird jedoch die Grundlage entzogen, wenn der Arbeitgeber die Leistung in vollem Umfang und ersatzlos streichen will.[127]

46 Regelt eine Betriebsvereinbarung nur **einen konkreten Sachverhalt**, beispielsweise die Gratifikation nur für ein bestimmtes Jahr, so gilt ihre Nachwirkung als Regelung eines einmaligen Sachverhalts als vertraglich ausgeschlossen.[128] Hat ein Arbeitgeber die nur für einen Teil der in seinem Betrieb beschäftigten Arbeitnehmer bestehende freiwillige Betriebsvereinbarung über eine Jahressonderzahlung gekündigt, so führt der Umstand, dass andere Arbeitnehmer auf anderer rechtlicher Grundlage weiterhin ähnliche Leistungen erhalten, nicht zu einer Nachwirkung der teilmitbestimmten Betriebsvereinbarung.[129]

47 Eine gekündigte Regelungsabrede wirkt analog § 77 Abs. 6 BetrVG zwischen Arbeitgeber und Betriebsrat bis zum Abschluss einer neuen Vereinbarung weiter, wenn Gegenstand der Regelungsabrede eine mitbestimmungspflichtige Angelegenheit ist.[130]

VIII. Betriebliche Bündnisse für Arbeit

48 In der betrieblichen Praxis wie auch in der jüngsten gesetzespolitischen Reformdiskussion wird der **Vorrang des Tarifvertrages nach § 77 Abs. 3 BetrVG** zunehmend in Frage gestellt.[131] Aufgrund schwieriger wirtschaftlicher Rahmenbedingungen und internationaler Konkurrenz ist zu beobachten, dass Unternehmen betriebliche Bündnisse für Arbeit fordern, die eine Unterschreitung der tariflichen Arbeitbedingungen gegen Arbeitsplatzsicherung ermöglichen, um auf diese Weise dem verschärften Konkurrenzdruck am Markt standhalten und den Arbeitnehmer eine zukunftssichere Perspektive bieten zu können.

49 Den Gewerkschaften stehen zur Sicherung der Tarifautonomie und ihrer Grundrechte aus Art. 9 Abs. 3 GG nach höchstrichterlicher Rechtsprechung Unterlassungsansprüche zu. Entsprechend können die Gewerkschaften gerichtlich gegen Betriebsvereinbarungen vorgehen, die den Tarifvorrang nach § 77 Abs. 3 BetrVG verletzen. Die Regelungssperre des § 77 Abs. 3 BetrVG betrifft indes nicht Regelungsabreden und vertragliche Einheitsregelungen, sondern nur Betriebsvereinbarungen.[132] § 77 Abs. 3 BetrVG stellt eine Grundnorm der betriebsverfassungsrechtlichen Ordnung dar. Sie weist dieser ihren Platz innerhalb der arbeitsrechtlichen Rechtsordnung zu und verpflichtet die Betriebspartner, diese Ordnung bei der Regelung von Arbeitsbedingungen durch Betriebsvereinbarung zu beachten. Ein Verstoß gegen diese Verpflichtung stellt daher für den Betriebsrat eine Verletzung seiner gesetzlichen Pflichten i.S.v. § 23 Abs. 1 BetrVG und für den Arbeitgeber einen Verstoß gegen seine Verpflichtungen aus diesem Gesetz i.S.v. § 23 Abs. 3 BetrVG dar.[133]

50 Während bei einer tarifwidrigen Betriebsvereinbarung Unterlassungsansprüche nach § 23 BetrVG zu prüfen sind, kommt im Fall tarifwidriger Regelungsabreden § 1004 BGB in analoger Anwendung ins Spiel. In seiner „Burda"-Entscheidung führt der 1. Senat des BAG hierzu wie folgt aus: „Eine vertragliche Einheitsregelung, die das Ziel verfolgt, normativ geltende Tarifbestimmungen zu verdrängen, ist geeignet, die Tarifvertragsparteien in ihrer kollektiven Koalitionsfreiheit (Art. 9 Abs. 3 GG) zu verletzen. Das liegt insbesondere dann nahe, wenn ein entsprechendes Regelungsziel zwischen Arbeitgeber und Betriebsrat in Form einer Regelungsabrede vereinbart wird. Zur Abwehr von Eingriffen in die kollektive Koalitionsfreiheit steht der betroffenen Gewerkschaft ein Unterlassungsanspruch entsprechend § 1004 BGB zu. Diese kann gegebenenfalls auch verlangen, dass der Arbeitgeber die Durchführung einer vertraglichen Einheitsregelung unterlässt. Es ist

---

[125] BAG 28.4.1998 – 1 ABR 43/97, NZA 1998, 1348.
[126] LAG Hamm 31.5.1995 – 2 Sa 1145/94, LAGE § 77 BetrVG 1972 Nachwirkung Nr. 1.
[127] LAG Frankfurt 2.2.1995 – 5 TaBV 59/94, LAGE § 77 BetrVG 1972 Nachwirkung Nr. 2.
[128] BAG 17.1.1995 – 1 AZR 784/94, n.v.
[129] LAG Köln 15.8.2002 – 5 (3) Sa 617/02, LAGE § 77 BetrVG 1972 Nachwirkung Nr. 5; in Abgrenzung zu BAG 26.10.1993 – 1 AZR 46/93, NZA 1994, 572.
[130] BAG 23.6.1992 – 1 ABR 53/91, NZA 1992, 1098.
[131] *Fabricius*, RdA 1973, 126; *Ehrmann/Schmidt*, NZA 1995, 196; *Feudner*, DB 1993, 2231.
[132] BAG 20.4.1999 – 1 ABR 72/98, NZA 1999, 887.
[133] BAG 20.8.1991 – 1 ABR 85/90, NZA 1992, 317.

daran festzuhalten, dass bei einem Günstigkeitsvergleich von tariflichen und vertraglichen Regelungen nach § 4 Abs. 3 TVG nur sachlich zusammenhängende Arbeitsbedingungen vergleichbar und deshalb zu berücksichtigen sind (sog. **Sachgruppenvergleich**). § 4 Abs. 3 TVG lässt es nicht zu, dass Tarifbestimmungen über die Höhe des Arbeitsentgelts und über die Dauer der regelmäßigen Arbeitszeit mit einer betrieblichen Arbeitsplatzgarantie verglichen werden."[134]

Wie bereits ausgeführt, besteht der Zweck **betrieblicher Bündnisse für Arbeit** in der **Standortsicherung**. Der Verzicht auf (meist tarifliche) Gehaltsansprüche wird vom Arbeitgeber in einem Bündnis für Arbeit mit dem Verzicht auf betriebsbedingte Kündigungen für einen näher vereinbarten Zeitraum bedacht. Berücksichtigt man die vorstehenden Leitsätze des BAG im „Burda"-Beschluss,[135] steht die Zukunft betrieblicher Bündnisse für Arbeit zumindest derzeit auf keiner tragfähigen eigenständigen Rechtsbasis. Unproblematisch und gängige Praxis sind Bündnisse für Arbeit, wenn eine Tariföffnungsklausel besteht.[136] Eine Reihe von Tarifverträgen sieht ausdrücklich Öffnungsklauseln zum Abschluss von Bündnissen für Arbeit vor, wenn sich die wirtschaftliche Lage eines Unternehmens derart verschlechtert und infolgedessen die Personalkosten für einen befristeten Zeitraum zum Erhalt von Arbeitsplätzen abgesenkt werden müssen.[137]

51

Schon in den **Viessmann-Entscheidungen**[138] lehnte die Rechtsprechung ein Bündnis für Arbeit grundsätzlich ab. Die Amtsenthebungsverfahren gegen Betriebsräte, die dieses Bündnis für Arbeit geschlossen hatten und der Gewerkschaft nicht angehörten, scheiterten nur daran, dass das Arbeitsgericht Marburg das in Fällen des § 23 Abs. 3 BetrVG gebotene Verschulden bei den Betriebsräten wegen der Komplexität der Materie nicht feststellen konnte. Trotzdem hatte das Bündnis für Arbeit als betriebliches Bündnis keinen Bestand. Am LAG Hessen wurde durch richterliche Vermittlung mit dem zuständigen hessischen Arbeitgeberverband ein den Flächentarifvertrag ergänzender Verbandstarifvertrag geschlossen[139] und auf diese Weise das als Regelungsabrede geschlossene betriebsverfassungsrechtliche Bündnis mit im Übrigen modifiziertem Inhalt in eine tarifvertragliche Vereinbarung überführt. Auch im **Holzmann-Fall** wurde die ursprünglich als betriebliches Bündnis konzipierte Vereinbarung späterhin zum Gegenstand einer tariflichen Vereinbarung zwischen dem Arbeitgeberverband der Bauindustrie und der IG-Bau.[140]

52

Für den Gestalter von Betriebsvereinbarungen und Regelungsabreden im Zusammenhang mit Bündnissen für Arbeit lassen sich gegenwärtig folgende Erkenntnisse zusammenfassen: Wenngleich in der Literatur heftig kritisiert nimmt das BAG an, dass aus Art. 9 Abs. 3 GG folge, dass Betriebsvereinbarungen und Regelungsabreden, die mit der Regelungssperre des § 77 Abs. 3 BetrVG nicht in Einklang stehen, die negative Koalitionsfreiheit von Tarifvertragsparteien verletzen können. Zwar wendet der 1. Senat § 77 Abs. 3 BetrVG bei Regelungsabreden nicht unmittelbar an. Im zweiten Leitsatz des Beschlusses vom 20.4.1999[141] stellt er aber im Ergebnis die Regelungsabrede mit der Betriebsvereinbarung gleich.

53

Wer **Arbeitsplatzsicherung in Verbindung mit Personalkostenabsenkung** betreiben will, dabei aber als Arbeitgeber der Tarifbindung unterliegt, hat im Wege eines Bündnisses für Arbeit zumindest derzeit noch nur die Möglichkeit, sein Ziel über veränderte gesellschaftsrechtliche Konstruktionen und damit einhergehende veränderte Tarifbindungen zu erreichen. Vernünftigerweise wird man allerdings gesellschaftsrechtliche Veränderungen in Unternehmen nur dann in Angriff nehmen, wenn sie unternehmensstrategisch und aus steuerlichen Gründen Sinn machen. Der Burda-Fall hat dabei das Drehbuch geliefert, nach dem der anwaltliche Gestalter den Weg zu seinem Ziel, einen tarifunabhängigen, auf niedrigerem Personalkostenniveau arbeitenden Betrieb organisieren kann. Die dem Arbeitgeberverband Druck angehörende Burda GmbH wurde zunächst in zwei Betriebe gespalten, in eine Burda Dienstleistungs GmbH und in eine Burda Druck GmbH. Sind die beiden gespaltenen Betriebe nicht mehr im Arbeitgeberverband, finden die Tarifverträge keine Anwendung mehr, soweit sie nicht für allgemeinverbindlich erklärt worden sind, was aber bei der Druckindustrie seit jeher nicht der Fall war. Auch etwaige Verweisungsklauseln in Arbeitsverträgen verlieren

54

---

134 BAG 20.4.1999 – 1 ABR 72/98, NZA 1999, 887.
135 BAG 20.4.1999 – 1 ABR 72/98, DB 1999, 1555 = NZA 1999, 887.
136 BAG 20.4.1999 – 1 AZR 631/98, ARST 1999, 165.
137 Eine entsprechende Öffnungsklausel findet sich etwa in § 6 des Beschäftigungssicherungs-Tarifvertrags Metall NW v. 2.11.1998.
138 ArbG Marburg 7.8.1996 – 1 BV 6/96, NZA 1996, 1331; ArbG Marburg 7.8.1996 – 1 BV 10/96, NZA 1996, 1337; ArbG Frankfurt 28.10.1996 – 1 Ca 6331/96, NZA 1996, 1340; *Buchner*, NZA 1996, 1304.
139 SPA 20/1997, 1; SPA 8/1998, 1.
140 FAZ v. 24.12.1999, S. 14; FAZ v. 20.1.2000, S. 23; FAZ v. 22.1.2000, S. 16; FAZ v. 28.1.2000, S. 13; FAZ v. 29.1.2000, S. 14; FAZ v. 1.2.2000, S. 17; FAZ v. 3.2.2000, S. 69; FAZ v. 8.2.2000, S. 21; FAZ v. 10.2.2000, S. 17; FAZ v. 1.3.2000, S. 17; FAZ v. 5.4.2000, S. 17; FAZ v. 6.4.2000, S. 19 und 69; *Müller*, DB 2000, 770; *Rieble*, NZA 2000, 225.
141 BAG 20.4.1999 – 1 ABR 72/98, NZA 1999, 887.

ihre Gültigkeit. Mit einem Betriebsübergang durch Spaltung verlieren nach der Rechtsprechung des BAG sog. **Gleichstellungsabreden in Arbeitsverträgen** ihre Gültigkeit.[142] Treffen nun Arbeitgeber und Betriebsrat der beiden neuen Betriebe (im Beispielsfall Burda Dienstleistungs GmbH und Burda Druck GmbH) eine Regelungsabrede, in der Einzelheiten zur Vergütung abweichend von dem früher angewendeten Tarifvertrag geregelt werden, entsteht ein „Bündnis für Arbeit", wenn die Geschäftsleitungen der beiden Betriebe sich im Gegenzug verpflichten, keine betriebsbedingten Kündigungen innerhalb eines vereinbarten Zeitraums auszusprechen. Zur Wirksamkeit bedarf ein solches Bündnis für Arbeit zusätzlich der einzelvertraglichen Vereinbarung, um die Wirkung des § 613a Abs. 1 Satz 2 BGB entfallen zu lassen. Bei der Verabschiedung des Gesetzes über Reformen am Arbeitsmarkt gaben die Mitglieder des Vermittlungsausschusses folgende Erklärung am 14.12.2003 zu Protokoll: „Wir erwarten von den Tarifvertragsparteien, dass sie sich in den nächsten zwölf Monaten auf eine neue Balance zwischen Regelungen auf tarifvertraglicher und betrieblicher Ebene verständigen." Aus dieser Erklärung wird abgeleitet, dass der Weg zu einer weitgehenden Regelung von Arbeitsbedingungen in betrieblichen Bündnissen oder Betriebsvereinbarungen für die Zukunft eingeschlagen ist.

IX. Gegenstand freiwilliger Betriebsvereinbarungen

55 Die Rechtsgrundlage für freiwillige Betriebsvereinbarungen bildet § 88 BetrVG. Die freiwilligen Betriebsvereinbarungen sind, wie die erzwingbaren, gleichermaßen vollwertige, die Arbeitsverhältnisse und Betriebsabläufe bestimmende Vereinbarungen.[143] Wesentliche Unterschiede zeigen sich jedoch im Bereich der **Nachwirkung**.[144] Freiwillige Betriebsvereinbarungen können im Bereich der nicht erzwingbaren Mitwirkung des Betriebsrats geschlossen werden. Derartige Betriebsvereinbarungen kommen für den Bereich der Innerbetriebsrats-Organisation wie im Hinblick auf betriebsübliche Gepflogenheiten bei der Freistellung von Betriebsratsmitgliedern in Betracht (§ 38 Abs. 1 BetrVG).

56 Die Einrichtung einer **ständigen Einigungsstelle** nach § 76 Abs. 1 BetrVG muss nicht durch Betriebsvereinbarung geregelt werden. Der Vorsitzende der Einigungsstelle kann beispielsweise jederzeit wechseln oder durch Regelungsabsprache zwischen den Betriebspartnern gefunden werden. Es kann aber auch im Wege einer Betriebsvereinbarung nach § 76 Abs. 1 BetrVG eine ständige Einigungsstelle eingerichtet und beispielsweise auch der Fall geregelt werden, dass der Arbeitgeber sich in Fragen der Mitwirkung dem Spruch einer Einigungsstelle unterwirft (§ 76 Abs. 6 Satz 1 BetrVG).

57 Die Regelung des **Beschwerdeverfahrens** in § 86 BetrVG oder der weiteren sozialen Angelegenheiten in § 88 BetrVG kann in einer freiwilligen Betriebsvereinbarung ebenso ihren Niederschlag finden wie eine Betriebsvereinbarung über interne Stellenausschreibungen nach § 93 BetrVG.

58 Von der Einrichtung einer Pensionskasse mit Beitragsleistungen der Arbeitnehmer über Regelungen zu freiwilligen Sozialleistungen oder zur Dauer der wöchentlichen Arbeitszeit,[145] über die Urlaubsdauer bis hin zum betrieblichen Umweltschutz und zum Arbeits- und Gesundheitsschutz (§ 87 Abs. 1 Nr. 7 BetrVG) können freiwillige Betriebsvereinbarungen getroffen werden. Die Betriebsvereinbarung über die Behandlung von Suchtproblemen im Betrieb ist ein Beispiel hierfür (Muster 5170).

59 Neben den freiwilligen Betriebsvereinbarungen kennt das Arbeitsrecht sog. **teilmitbestimmungspflichtige Betriebsvereinbarungen**. Hierbei handelt es sich um Bereiche, die nur zum Teil der erzwingbaren Mitbestimmung unterliegen, wie beispielsweise der Mitbestimmung bei der Gewährung freiwilliger Leistungen gemäß § 87 Abs. 1 Nr. 10 BetrVG, wobei der Betriebsrat lediglich hinsichtlich des sog. Leistungsplans ein erzwingbares Mitbestimmungsrecht besitzt, der Dotierungsrahmen jedoch als Arbeitgeberentscheidung mitbestimmungsfrei ist.[146] In die Kategorie derartiger Betriebsvereinbarungen fällt die Betriebsvereinbarung über Gruppenarbeit oder die Betriebsvereinbarung über einen europäischen Betriebsrat (Muster 5115) auf Basis des Art. 6 der Richtlinie 94/95/EG v. 22.9.1994, § 1 EBRG.

---

[142] BAG 4.8.1999 – 5 AZR 642/98, FA 1999, 406.
[143] BAG 16.9.1986 – GS 1/82, AP § 77 BetrVG 1972 Nr. 17.
[144] *Rech*, Die Nachwirkung freiwilliger Betriebsvereinbarungen, 1997, S. 120.
[145] BAG 18.8.1987 – 1 ABR 30/86, AP § 77 BetrVG 1972 Nr. 23.
[146] BAG 21.8.1990 – 1 ABR 73/89, DB 1991, 232.

X. Geltungsumfang freiwilliger Betriebsvereinbarungen

Freiwillige Betriebsvereinbarungen sind nur innerhalb der Schranken der Gesetze zulässig, für sie gelten ebenfalls die allgemeinen Vorschriften des § 77 BetrVG über das Zustandekommen, die Wirkung und die Kündbarkeit. Zum Wesen der freiwilligen Betriebsvereinbarung gehört, dass sie nach Auslaufen der Kündigungsfrist **keine Nachwirkung** entfaltet.[147] In einer freiwilligen Betriebsvereinbarung kann allerdings die Nachwirkung ausdrücklich vereinbart werden.[148]

Vereinbaren die Betriebspartner in einer freiwilligen Betriebsvereinbarung für den Fall der Kündigung, dass die Betriebsvereinbarung bis zum Abschluss einer neuen nachwirke, hat dies nicht zur Folge, dass bei einer späteren Nichteinigung über eine Folgebetriebsvereinbarung die freiwillige Betriebsvereinbarung ad infinitum weiter gilt. Das BAG hat mit Beschluss vom 28.4.1998[149] entschieden, dass mit einer solchen Klausel in einer freiwilligen Betriebsvereinbarung im Zweifel eine Konfliktlösungsmöglichkeit gewollt sei, die derjenigen bei einer erzwingbaren Mitbestimmung entspreche. Scheiterten die Bemühungen um eine einvernehmliche Neuregelung, könne von jedem Betriebspartner die Einigungsstelle angerufen werden. Diese treffe dann eine verbindliche Entscheidung darüber, ob die gekündigte freiwillige Betriebsvereinbarung weitergelte.

Die Kündigungsfrist bei freiwilligen erzwingbaren Betriebsvereinbarungen beträgt gemäß § 77 Abs. 5 BetrVG, soweit die Parteien keine andere Frist in der Betriebsvereinbarung vereinbart haben, drei Monate. Bei teilmitbestimmungspflichtigen Betriebsvereinbarungen entfällt die Nachwirkung.[150] Anders ist die Rechtslage, wenn weiterhin Leistungen zur Verfügung gestellt werden.[151]

B. Texte

I. Konflikte, interne Kommunikation und Personalwirtschaft

1. Muster: Arztbesuche in der Arbeitszeit

Zwischen

der Firma ▄▄▄

und

dem Betriebsrat der Firma ▄▄▄

wird folgende Betriebsvereinbarung geschlossen:

(1) Arztbesuche während der Arbeitszeit sollen grundsätzlich vermieden werden.

(2) Ist der Besuch eines Arztes während der Arbeitszeit aus gesundheitlichen Gründen des Arbeitnehmers oder aus organisatorischen, beim Arzt liegenden Gründen unvermeidbar, legt der Mitarbeiter/die Mitarbeiterin dem Arzt ein Formblatt vor, das über die Personalabteilung und über den Betriebsrat erhältlich ist.

(3) Das Formblatt, das dem Arzt vorzulegen ist, hat folgenden Wortlaut:

„Bescheinigung des behandelnden Arztes zur Vorlage beim Arbeitgeber

Name des Mitarbeiters/der Mitarbeiterin: ▄▄▄

Der Mitarbeiter/die Mitarbeiterin hat mich am ▄▄▄ in der Zeit von ▄▄▄ Uhr bis ▄▄▄ Uhr zur Behandlung aufgesucht. Die Behandlung musste während der Arbeitszeit des Mitarbeiters/der Mitarbeiterin ausgeführt werden, da ▄▄▄.

▄▄▄, den ▄▄▄

Praxisstempel

Unterschrift des Arztes"

---

[147] BAG 16.3.1956 – GS 1/55, AP § 57 BetrVG Nr. 1; BAG 9.2.1989 – 8 AZR 310/87, BB 1989, 2112; BAG 26.4.1990 – 6 AZR 278/88, DB 1990, 1871; BAG 17.1.1995 – 1 ABR 29/94, BB 1995, 1643.
[148] BAG 9.2.1984 – 6 ABR 10/81, BB 1984, 1746; LAG Schleswig-Holstein 20.8.1987 – 4 Sa 37/87, NZA 1988, 35; LAG Düsseldorf 23.2.1988 – 16 TaBV 13/88, DB 1988, 2651 = NZA 1988, 813.
[149] BAG 28.4.1998 – 1 ABR 43/97, AP § 77 BetrVG 1972 Nachwirkung Nr. 11.
[150] BAG 21.8.1990 – 1 ABR 73/89, DB 1991, 232.
[151] BAG 26.10.1993 – 1 AZR 46/93, NZA 1994, 572; BAG 17.1.1995 – 1 ABR 29/94, DB 1995, 1918.

(4) Macht der Arzt für das Ausfüllen des Formulars Kosten geltend, so werden diese von der Firma bis zu einem Betrag von 7,50 EUR getragen.

(5) Diese Betriebsvereinbarung kann von beiden Parteien bei einer Frist von ▬▬▬ gekündigt werden.

2. Muster: Betriebsjubiläen

(1) Die Beschäftigten des Betriebes begehen nach einer Betriebszugehörigkeit von jeweils 5, 10, 20, 25 und 35 Jahren ein Betriebsjubiläum. Als anrechenbare Zeit der Betriebszugehörigkeit gelten dabei auch Zeiten, die ein Beschäftigter in einem anderen Betrieb des Unternehmens oder eines verbundenen Unternehmens zurückgelegt hat. Unterbrechungen des Arbeitsverhältnisses sind unschädlich, soweit Beschäftigungszeiten nach den geltenden tariflichen Regelungen zusammenzurechnen sind.

(2) Nach Vollendung des 10., 25. und 35. Jahres der Betriebszugehörigkeit erhalten die Beschäftigten eine Geldzuwendung in Höhe von

500 EUR bei 10-jährigem Jubiläum,

1.200 EUR bei 25-jährigem Jubiläum und

1.800 EUR bei 35-jährigem Jubiläum.

(3) Die Jubiläumszuwendungen werden jährlich anlässlich einer gemeinsamen von Betriebsrat und Arbeitnehmer auszurichtenden Jubiläumsveranstaltung überreicht. Zu der Jubiläumsveranstaltung werden auch die Jubilare mit 5-jährigem und 20-jährigem Jubiläum eingeladen.

Im Rahmen der Jubiläumsveranstaltung erhalten die Jubilare mit 5-jährigem Jubiläum ein Sachgeschenk, das sich wertmäßig im Bereich der Aufmerksamkeiten gemäß Abschnitt 73 der Lohnsteuerrichtlinien bewegt.

Jubilare mit 20-jährigem Betriebsjubiläum erhalten ein Sachgeschenk im Wert von 750 EUR. Die auf dieses Sachgeschenk entfallenden Steuern werden gemäß § 40 Abs. 2 EStG pauschal vom Arbeitgeber entrichtet.

3. Muster: Diskriminierungsschutz ausländischer Arbeitnehmer

Zwischen

der Firma ▬▬▬

und

dem Betriebsrat der Firma ▬▬▬

wird folgende freiwillige Betriebsvereinbarung geschlossen:

Präambel

Niemand darf gemäß Art. 3 GG wegen seines Geschlechtes, seiner Abstammung, seiner Rasse, seiner Sprache, seiner Heimat und Herkunft, seines Glaubens, seiner religiösen oder politischen Anschauung benachteiligt oder bevorzugt werden. Nach § 75 Abs. 1 BetrVG haben Arbeitgeber und Betriebsrat darüber zu wachen, dass jede unterschiedliche Behandlung von Personen wegen ihrer Abstammung, Religion, Nationalität, Herkunft, politischen oder gewerkschaftlichen Betätigung oder Einstellung oder wegen ihres Geschlechts unterbleibt. Arbeitgeber und Betriebsrat haben die Eingliederung ausländischer Arbeitnehmer im Betrieb und das Verständnis zwischen ihnen und deutschen Arbeitnehmern zu fördern, § 80 Abs. 1 Nr. 7 BetrVG. Auf diesem rechtlichen Hintergrund vereinbaren die Parteien was folgt:

§ 1 Betrieblicher Gleichbehandlungsgrundsatz

(1) Das Zusammenleben zwischen deutschen und ausländischen Arbeitnehmern im Betrieb soll gefördert werden.

(2) Die Personalverwaltung hat bei allen personellen Einzelmaßnahmen die Gleichbehandlung der Belegschaftsmitglieder nach einheitlichen Auswahlmerkmalen zu beachten. Zur betrieblichen Gleichbehandlung gehört insbesondere die Einstellung, Versetzung, Entgeltfestsetzung, Beförderung und Qualifizierung.

§ 2 Berufsbildung

Die Auswahl von Bewerberinnen und Bewerbern für die Einstellung in Ausbildungsarbeitsverhältnissen soll bei Deutschen wie Ausländern für alle Ausbildungsberufe nach gleichen Auswahlmerkmalen erfolgen. Eine Quotenbildung ist unzulässig. Maßgeblich hat das Gesamtbild des Bewerbers aus Testergebnis, persönlichem Eindruck und Feststellung der sonstigen Qualifikationsmerkmale zu sein. Personalabteilung und Geschäftsleitung haben darauf hinzuwirken, dass ausländische Arbeitnehmer in gleicher Weise vom Fort- und Weiterbildungsangebot Gebrauch machen können.

§ 3 Sozialleistungen

(1) Deutsche und ausländische Arbeitnehmer haben auf freiwillige betriebliche Sozialleistungen in gleicher Weise Anspruch, vorausgesetzt, dass die jeweiligen Anspruchsvoraussetzungen erfüllt sind.

(2) Die Personalabteilung wird verpflichtet, in gleicher Weise ausländischen Arbeitnehmern wie deutschen Arbeitnehmern Werkswohnungen zur Verfügung zu stellen.

§ 4 Durchführung der Betriebsvereinbarung

(1) Die Betriebspartner haben im Rahmen ihrer Einflussmöglichkeiten auf die Durchführung dieser Betriebsvereinbarung zu achten, um Verstöße gegen die betrieblichen Grundsätze der Gleichbehandlung zu verhindern.

(2) Soweit durch Diskriminierung ein Verstoß gegen den Gleichbehandlungsgrundsatz entsteht, verpflichten sich die Betriebspartner, entsprechende Maßnahmen jeweils im Rahmen ihrer Zuständigkeiten einzuleiten.

(3) Ausländische Mitarbeiterinnen oder Mitarbeiter, die sich durch das Verhalten deutscher Belegschaftsmitglieder diskriminiert fühlen, haben die Möglichkeit, sich beim Betriebsrat zu melden. Der Betriebsrat benennt für derartige Fälle eine besondere Vertrauensperson, die die Mitarbeiterin oder den Mitarbeiter berät und unterstützen wird.

§ 5 In-Kraft-Treten und Kündigung

Diese Vereinbarung ist eine freiwillige Betriebsvereinbarung, der keine Nachwirkung im Falle ihrer Kündigung durch eine Partei zukommt und die am ▪▪▪ in Kraft tritt. Sie kann gekündigt werden mit einer Frist von drei Monaten zum Monatsende.

4. Muster: Diskriminierung und Mobbing[152]

Zwischen

der Firma ▪▪▪

– nachstehend: Unternehmen –

und

dem Betriebsrat der Firma ▪▪▪

– nachstehend: Betriebsrat –

wird folgende Betriebsvereinbarung getroffen:

Präambel

Eine Unternehmenskultur, die geprägt ist von durchgängiger Information und partnerschaftlichem Verhalten am Arbeitsplatz, bildet die Basis für ein positives innerbetriebliches Arbeitsklima und ist damit eine wichtige Voraussetzung für den wirtschaftlichen Erfolg eines Unternehmens.

Das Unternehmen verpflichtet sich, transparente und ehrliche Information sowie ein partnerschaftliches Klima zu fördern und aufrechtzuerhalten, indem Unterdrückung von arbeitsnotwendigen Informationen, Desinformation, Mobbing, sexuelle Belästigung und Diskriminierung unterbunden werden. Dies gilt auch für die Werbung und Darstellung in der inner- und außerbetrieblichen Öffentlichkeit.

§ 1 Geltungsbereich

Die Betriebsvereinbarung gilt persönlich für alle Mitarbeiter/Mitarbeiterinnen der ▪▪▪ AG sowie für alle von der ▪▪▪ AG beschäftigten Dritten. Räumlich gilt sie für alle Werke der ▪▪▪ AG.

§ 2 Grundsätze

(1) Das Vorenthalten von Informationen, Desinformation, Mobbing gegen Einzelne oder Gruppen, sexuelle Belästigung, die sich meist gegen Frauen richtet, sowie Diskriminierung nach Herkunft, Hautfarbe oder Religion stellen am Arbeitsplatz eine schwerwiegende Störung des Arbeitsfriedens dar.

---

152 Eine solche Betriebsvereinbarung kann der Betriebsrat über den Anspruch auf Bildung einer Einigungsstelle, die nicht offensichtlich unzuständig ist, erreichen, LAG Düsseldorf 27.7.2004 – 5 TaBV 38/04, AiB 2005, 122.

(2) Die in § 2 Abs. 1 erwähnten Beispielsfälle gelten als Verstoß gegen die Menschenwürde sowie als Verletzung des Persönlichkeitsrechts, sie schaffen im Unternehmen ein eingeengtes, stressbelastetes und entwürdigtes Arbeits- und Lernumfeld und begründen nicht zuletzt gesundheitliche Störungen.

(3) Die Mitarbeiter/Mitarbeiterinnen zeitgerecht zu informieren, eigenes Wissen und damit eventuellen Vorsprung vor anderen aufzugeben, ist Teil einer fairen partnerschaftlichen Unternehmens- und Kommunikationskultur. Informationspolitik muss offen und frei von Hierarchien erfolgen, um zur Vertrauensbildung beizutragen.

(4) Alle Mitarbeiter/Mitarbeiterinnen sind verpflichtet, an der Einhaltung des Arbeitsfriedens und eines guten Arbeitsklimas mitzuwirken. Hierzu gehört vor allem, die Persönlichkeit der Mitarbeiter/Mitarbeiterinnen zu respektieren. Zur Verletzung dieser Würde des Einzelnen gehört insbesondere das bewusste, gezielte und fahrlässige Herabwürdigen bis hin zu/zur

Mobbing, wie beispielsweise:
- absichtliches Zurückhalten von arbeitsnotwendigen Informationen oder sogar Desinformation, d.h., jede Führungskraft ist verpflichtet, alle Informationen, die die Mitarbeiter/Mitarbeiterinnen zur umfassenden und selbständigen Bearbeitung ihrer Aufgaben benötigen, vollständig, durchgängig und unmittelbar weiterzugeben. Dazu gehören auch Informationen, die es Mitarbeiter/Mitarbeiterinnen ermöglichen, Unternehmensziele und -zusammenhänge zu verstehen oder zu erkennen. Darüber hinaus sind alle Mitarbeiter/Mitarbeiterinnen verpflichtet, Informationen an Vorgesetzte, Kollegen und die Organe des Unternehmens umfassend und schnell weiterzugeben, die diese zur Bewältigung ihrer Aufgaben benötigen.
- Verleumden oder Verbreiten von Gerüchten über Firmenangehörige oder deren Familien,
- Drohungen und Erniedrigungen,
- Beschimpfung, verletzende Behandlung, Hohn und Aggressivität,
- unwürdige Behandlung durch Vorgesetzte, wie z.B. die Zuteilung kränkender, unlösbarer, sinnloser oder gar keiner Aufgaben.

sexuellen Belästigung

Was als sexuelle Belästigung empfunden wird, ist durch das subjektive Empfinden der Mitarbeiter/Mitarbeiterinnen bestimmt, wie beispielsweise:
- unerwünschter Körperkontakt,
- anzügliche Bemerkungen, Kommentare und Witze zur Person,
- Aufforderung zu sexuellen Handlungen,
- Zeigen sexistischer und pornographischer Darstellungen,
- Andeutungen, dass sexuelles Entgegenkommen berufliche Vorteile bringen könnte.

Diskriminierung
- aus rassistischem, ausländerfeindlichem oder religiösem Grund, der in mündlicher oder schriftlicher Form geäußert wird, bzw. diesbezügliche Handlungen gegenüber Mitarbeiter/Mitarbeiterinnen oder deren Familien.

§ 3 Beschwerderecht

(1) Betroffene Mitarbeiter/Mitarbeiterinnen, die sich durch Missachtung der unter § 2 beschriebenen Grundsätze beeinträchtigt fühlen, können sich an die nachfolgenden Stellen wenden:
- den/die betrieblichen Vorgesetzten
- den Betriebsrat,
- das Personalwesen,
- den betriebsärztlichen Dienst.

(2) Die in § 3 Abs. 1 genannten Stellen haben die Aufgabe, unverzüglich, spätestens innerhalb einer Woche nach Kenntnis des Vorfalls:
- die Mitarbeiter/Mitarbeiterinnen zu beraten und zu unterstützen,
- in getrennten oder gemeinsamen Gesprächen mit den Mitarbeitern/Mitarbeiterinnen den Sachverhalt festzustellen und zu dokumentieren,
- die Mitarbeiter/Mitarbeiterinnen über die tatsächlichen und arbeitsrechtlichen Zusammenhänge und Folgen im vorgenannten Sinne aufzuklären,
- allen – auch vertraulichen – Hinweisen und Beschwerden nachzugehen,

- auf Wunsch die Mitarbeiter/Mitarbeiterinnen bei allen Gespräch/en und Besprechungen zu begleiten, zu beraten und sie in ihrer Vertretung zu unterstützen.

(3) Ist im Rahmen dieser Beratung keine Klärung erfolgt, so ist im unmittelbaren Anschluss ein Gremium zu bilden, das sich aus Vertretern des Betriebsrats, des Personalwesens, ggf. der/dem Vorgesetzten und dem betriebsärztlichen Dienst zusammensetzt, um Gegenmaßnahmen und ggf. arbeitsrechtliche Konsequenzen im Rahmen der bestehenden Vereinbarungen vorzuschlagen.

(4) Die §§ 84 und 85 des Betriebsverfassungsgesetzes über das allgemeine Beschwerderecht bleiben unberührt.

§ 4 Vertraulichkeit

Über die Information und Vorkommnisse, persönlichen Daten und Gespräche ist absolutes Stillschweigen gegenüber Dritten zu bewahren.

§ 5 Maßnahmen

(1) Einvernehmlich mit dem Betriebsrat kann das Unternehmen eine Beratung bzw. Therapie anbieten oder die dem Einzelfall angemessenen betrieblichen Maßnahmen wie z.B.

- Belehrung
- Verwarnung
- Verweis
- Geldbuße

oder arbeitsrechtliche Maßnahmen, wie z.B.

- Versetzung
- Abmahnung
- Kündigung

ergreifen.

(2) Die Durchführung erfolgt in Abstimmung mit dem Betriebsrat. Im Übrigen gelten die einschlägigen gesetzlichen Bestimmungen.

§ 6 Fördermaßnahmen

(1) Im Interesse einer umfassenden Information und Aufklärung werden die partnerschaftlichen Verhaltensgrundsätze gegen Diskriminierung und Mobbing für die Belegschaft zugänglich gemacht.

(2) Im Rahmen der beruflichen Aus- und Weiterbildung von Mitarbeitern/Mitarbeiterinnen sind die Grundsätze dieser Betriebsvereinbarung zu vermitteln. Eine besondere Verantwortung übernehmen

- betriebliche Vorgesetzte,
- Ausbilder/Ausbilderinnen,
- Beschäftigte der Personalabteilung,
- der betriebsärztliche Dienst,
- der Betriebsrat.

§ 7 Schlussbestimmung

Diese Betriebsvereinbarung tritt mit Unterschrift in Kraft. Sie kann mit einer Frist von drei Monaten, erstmals zum ▬▬▬ gekündigt werden.

5. Muster: Frauenförderung

Zwischen

der Firma ▬▬▬

— nachstehend: Unternehmen —

und

dem Betriebsrat der Firma ▬▬▬

— nachstehend: Betriebsrat —

wird folgende Betriebsvereinbarung zur Frauenförderung geschlossen:

§ 5 Betriebsvereinbarungen

Präambel

Ziel dieser Betriebsvereinbarung ist die grundgesetzlich garantierte Gleichberechtigung von Frauen und Männern. Bestehende Nachteile sollen beseitigt werden. Unter Beachtung des Vorranges von Eignung, Befähigung und fachlicher Leistung werden die beruflichen Chancen von Frauen sowie die Vereinbarkeit von Familie und Beruf für Frauen und Männer gefördert. Durch Entwicklung von Zielvorgaben wird der Frauenanteil in allen Vergütungsgruppen sowie in allen Funktions- und Leistungsebenen erhöht. Die Benachteiligung von Frauen wird vermieden.

§ 1 Ausschreibung und Einstellung

(1) Ein Arbeitsplatz darf nicht nur für Frauen oder nur für Männer ausgeschrieben werden, es sei denn, ein bestimmtes Geschlecht ist unabdingbare Voraussetzung für die ausgeschriebene Tätigkeit. Stellenausschreibungen sind so abzufassen, dass sich auch Frauen bewerben.

(2) In Aufgabenbereichen, in denen Frauen unterrepräsentiert sind, ist in Stellenausschreibungen darauf hinzuweisen, dass im Unternehmen Frauen beruflich gefördert werden. Das Unternehmen sei daher insbesondere an Bewerbungen von Frauen interessiert.

§ 2 Maßnahmen bei der Aus- und Fortbildung

(1) Das Unternehmen wird im Rahmen der Aus- und Fortbildung der Mitarbeiter Frauen vermehrt die Gelegenheit geben, im Rahmen ihrer Fähigkeiten, der dienstlichen Erfordernisse und ihrer beruflichen Entwicklung an diesen Fortbildungsmaßnahmen teilzunehmen, die Zusatzqualifikationen verschaffen und die beruflichen Chancen verbessern.

(2) Fortbildungsveranstaltungen sollen zeitlich so gelegt werden, dass auch Beschäftigte mit Familienpflichten daran teilnehmen können.

(3) Mitarbeiterinnen, die wegen Mutterschutzes oder Elternzeit nicht arbeiten, werden die im Unternehmen verteilten Aus- und Fortbildungsangebote sowie entsprechende Mitarbeiterinformationen und sonstige Materialien während ihrer Betriebsabwesenheit zugesandt.

§ 3 Einweisung in höher vergütete Stellen

(1) Beförderungen werden nach Eignung, Befähigung und fachlicher Leistung ohne Rücksicht auf Geschlecht, Abstammung, Rasse, Glauben, religiöse oder politische Anschauung, Herkunft oder Beziehungen vorgenommen.

(2) Soweit im Bereich des Betriebes oder der Betriebsabteilung im jeweiligen Fachbereich weniger Frauen als Männer beschäftigt sind, sind Frauen bei gleicher Eignung, Befähigung und fachlicher Leistung bevorzugt zu befördern.

§ 4 Maßnahmen zur Erleichterung des Wiedereinstiegs nach familienbedingter Beurlaubung

(1) Die Beschäftigung von Frauen und deren berufliche Wiedereingliederung nach der Familiengründung werden gefördert. Die Teilzeitbeschäftigung ist eine besonders geeignete Form, Beruf und Familie miteinander zu verbinden.

(2) Mitarbeiterinnen, die nach Ablauf der Mutterschutzfrist oder der Elternzeit weiter arbeiten wollen, sollen den betrieblichen Vorgesetzten und die zuständige Personalabteilung mindestens drei Monate vor dem Ende der Betriebsabwesenheit unterrichten. Sie sollen dabei angeben, ob sie in Vollzeit oder Teilzeit arbeiten wollen. Ist die Beschäftigung an dem alten Arbeitsplatz nicht möglich, so wird der Mitarbeiterin ein gleichwertiger Vollarbeitsplatz an anderer Stelle oder ein Teilzeitarbeitsplatz angeboten. Auf Wunsch der Mitarbeiterin soll stets geprüft werden, ob der bisherige Vollzeitarbeitsplatz in einen Teilzeitarbeitsplatz umgewandelt werden kann.

(3) Mitarbeiterinnen, die wegen der Geburt ihres Kindes oder nach Ablauf der gesetzlichen Schutzfrist oder der Elternzeit ausgeschieden sind, werden vorrangig wieder eingestellt, wenn freie Arbeitsplätze zur Verfügung stehen.

§ 5 Familiengerechte Arbeitszeit

Im Rahmen der gesetzlichen, tarifvertraglichen oder sonstigen Regelungen der Arbeitszeit und der betrieblichen Möglichkeiten sind Beschäftigten mit Familienpflichten, wenn möglich und beantragt, geänderte tägliche und wöchentliche Arbeitszeiten einzuräumen.

§ 6 Teilzeitbeschäftigung

(1) Das Unternehmen wird im Rahmen der Möglichkeiten ein ausreichendes Angebot an Teilzeitbeschäftigungen schaffen.

(2) Teilzeitbeschäftigte dürfen gegenüber Vollzeitbeschäftigten nicht benachteiligt werden.

§ 7 In-Kraft-Treten

Die Betriebsvereinbarung tritt am ▬▬▬ in Kraft. Sie entfaltet im Falle der Kündigung durch eine Partei keine Nachwirkung.

6. Muster: Innerbetriebliche Stellenausschreibung

Zwischen

der Firma ▪▪▪

und

dem Betriebsrat der Firma ▪▪▪

wird folgende Betriebsvereinbarung über innerbetriebliche Stellenausschreibung gemäß § 93 BetrVG geschlossen:

§ 1 Geltungsbereich
Diese Vereinbarung gilt für alle Mitarbeiterinnen und Mitarbeiter (Arbeitnehmer i.S.d. § 5 BetrVG) der Firma ▪▪▪.

§ 2 Zweckbestimmung
Die innerbetriebliche Stellenausschreibung soll es jeder Mitarbeiterin und jedem Mitarbeiter ermöglichen, entsprechend den Fähigkeiten, Neigungen und beruflichen Vorstellungen die innerbetrieblichen Entwicklungs- und Aufstiegsmöglichkeiten wahrzunehmen.

§ 3 Grundsätze
(1) Die innerbetriebliche Stellenausschreibung erfolgt in Zusammenarbeit zwischen der Personalabteilung, der suchenden Betriebsstelle und dem Betriebsrat.

(2) Arbeitsplätze werden vor ihrer Besetzung intern ausgeschrieben.

(3) Bei Stellen, die zusätzlich extern ausgeschrieben werden, erfolgt die interne Stellenausschreibung spätestens zeitgleich mit der externen Ausschreibung.

(4) Die innerbetriebliche Stellenausschreibung wird für die Dauer von mindestens 15 Arbeitstagen an den „Schwarzen Brettern" ausgehängt. Extern arbeitende Mitarbeiterinnen und Mitarbeiter erhalten die Stellenausschreibungen auf geeigneten Wegen und gleichzeitig mit dem Aushang an den „Schwarzen Brettern".

(5) Die innerbetriebliche Stellenausschreibung enthält mindestens folgende Angaben:

- Anfordernde Stelle (Bereich und Arbeitsgruppe)
- Stellenbezeichnung und Leitungsebene
- Beschreibung der Aufgaben
- Beschreibung der Arbeitsbedingungen einschließlich der Angaben über den Einsatz im externen Geschäft
- fachliche und persönliche Anforderungen
- Tarifgruppe oder ungefähres AT-Gehalt
- Aussagen zur Entwicklungsmöglichkeit
- Zeitpunkt der Arbeitsaufnahme
- Bewerbungsfrist
- Form der Bewerbung
- Annahmestelle.

(6) Von allen Stellenausschreibungen erhält der Betriebsrat spätestens zum Zeitpunkt der Veröffentlichung ein Exemplar.

(7) Um eine ausgeschriebene Stelle kann sich jede Mitarbeiterin/jeder Mitarbeiter bewerben. Jede interne Bewerbung wird mit der gleichen Vertraulichkeit behandelt wie eine externe Bewerbung. Der Schriftwechsel wird, wenn die Bewerberin/der Bewerber dies wünscht, über die Privatadresse abgewickelt. Die/der derzeitige Vorgesetzte der Bewerberin/des Bewerbers soll von dieser/diesem selbst über die Bewerbung unterrichtet werden. Dies soll aus Personalplanungsgründen spätestens jedoch zu dem Zeitpunkt erfolgen, zu dem die Bewerberin/der Bewerber in die engere Wahl gekommen ist. Hierüber erhält sie/er eine entsprechende Nachricht.

(8) Aus der Bewerbung dürfen der Bewerberin/dem Bewerber keine Nachteile erwachsen.

(9) Liegt zwischen einer innerbetrieblichen Stellenausschreibung und der Besetzung der Stelle ein Zeitraum von mehr als sechs Monaten, so wird die Stellenausschreibung wiederholt.

§ 4 Auswahl

(1) Für die Auswahl der Bewerberin/des Bewerbers sind ausschließlich fachliche und persönliche Qualifikationen maßgeblich. Interne und externe Bewerberinnen/Bewerber werden nach gleichen Kriterien beurteilt. Bei gleichen Voraussetzungen erhält die interne Bewerberin/der interne Bewerber den Vorzug.

(2) Bei Einigung über die Person der Bewerberin/des Bewerbers wird die Zustimmung zu einer Versetzung oder Einstellung nach § 99 BetrVG beim Betriebsrat unter Vorlage aller Bewerbungsunterlagen eingeholt.

(3) Mit allen internen Bewerberinnen/Bewerbern ist innerhalb eines Monats nach Eingang der Bewerbung durch eine der zuständigen Stellen ▬▬▬ ein Bewerbungsgespräch zu führen.

(4) Sofern interne Bewerberinnen/Bewerber für die zu besetzende Stelle nicht in Betracht kommen, wird ihnen dies persönlich mitgeteilt. Eingereichte Bewerbungsunterlagen werden unverzüglich zurückgegeben.

(5) Der Betriebsrat erhält alle Bewerbungsunterlagen und ihm werden die Gründe für die getroffene Auswahl mitgeteilt.

§ 5 Verfahren bei Versetzungen

(1) Die Versetzung und alle im Zusammenhang damit getroffenen Vereinbarungen werden der Bewerberin/dem Bewerber schriftlich bestätigt.

(2) Hat sich die anfordernde Stelle für eine Bewerberin/einen Bewerber entschieden, so ist die Mitarbeiterin/der Mitarbeiter innerhalb von sechs Monaten von der abgebenden Stelle freizugeben. Im gegenseitigen Einvernehmen der Beteiligten (angebende Stelle, anfordernde Stelle, Bewerberin/Bewerber, Betriebsrat) kann diese Frist um bis zu drei Monate verlängert werden, falls eine frühere Freistellung aus vertraglichen und/oder terminlichen Gründen in Bezug auf die Realisierung eines Projektes/Auftrages Schwierigkeiten mit dem Kunden zur Folge hat.

(3) Die Einarbeitung darf die für diesen Arbeitsplatz angemessene Probezeit nicht überschreiten. Kommt es innerhalb dieses Zeitraumes nicht zu einer Festübernahme auf den neuen Arbeitsplatz, so hat die Mitarbeiterin/der Mitarbeiter das Recht, unter den alten Bedingungen an den alten Arbeitsplatz zurückzukehren. Ist dieser zwischenzeitlich besetzt oder aufgelöst, so wird eine Versetzung auf einen gleichwertigen Arbeitsplatz im Betrieb vorgenommen.

(4) Bei einer zeitlich befristeten Versetzung wird die Mitarbeiterin/der Mitarbeiter nach Ablauf der Frist an den alten Arbeitsplatz zurückversetzt.

Ist wegen rückläufiger Auftragslage in Bezug auf den alten Arbeitsbereich eine Rückversetzung nicht vertretbar, erhält die Mitarbeiterin/der Mitarbeiter ein gleichwertiges Aufgabengebiet in einem anderen Arbeitsbereich.

§ 6 Schlussbestimmungen

(1) Diese Vereinbarung tritt am ▬▬▬ in Kraft. Sie ist auf ein Jahr getroffen und verlängert sich jeweils um ein weiteres Jahr, wenn sie nicht von einem der beiden Vertragspartner mit dreimonatiger Frist vor Ablauf gekündigt wird. Einvernehmliche Änderungen oder Erweiterungen sind jederzeit möglich.

(2) Im Falle einer Kündigung gelten die Regelungen dieser Vereinbarung weiter, bis sie durch eine andere Vereinbarung ersetzt werden.

7. Muster: Mitarbeiterbeschwerden

↓

Zwischen

der Firma ▬▬▬

– nachstehend: Arbeitgeber –

und

dem Betriebsrat der Firma ▬▬▬

– nachstehend: Betriebsrat –

wird folgende Regelung zur Beilegung von Mitarbeiterbeschwerden getroffen:

§ 1

Wendet sich eine Mitarbeiterin/ein Mitarbeiter mit einer Beschwerde an den Betriebsrat und erachtet der Betriebsrat die Beschwerde ganz oder teilweise für berechtigt, legt er die Beschwerde dem Arbeitgeber mit einer ausführlichen Stellungnahme vor, ggf. verbunden mit einem Lösungsvorschlag. Im Rahmen seiner Stellungnahme benennt der Betriebsrat ausdrücklich die Beschwerdepunkte, die er für berechtigt erachtet.

§ 2
Der Arbeitgeber verpflichtet sich, binnen 14 Tagen nach Eingang der Beschwerde diese zu bescheiden. Sollte der Beschwerdegegenstand umfangreiche Gespräche oder sonstige Prüfungen erfordern, hat er dies dem Betriebsrat mitzuteilen. In diesem Fall verlängert sich die Frist um weitere 14 Tage auf insgesamt 28 Tage.

§ 3
Hilft der Arbeitgeber der Beschwerde nicht ab, sind die Parteien verpflichtet, eine innerbetriebliche Schlichtungsstelle anzurufen. Diese setzt sich aus je zwei Vertretern des Betriebsrats und des Arbeitgebers zusammen. Erklärt eine Seite die Verhandlungen vor der innerbetrieblichen Schlichtungsstelle für gescheitert, kann die Einigungsstelle nach § 85 BetrVG angerufen werden. Die Beteiligten sind sich einig, dass für das Einigungsstellenverfahren bzgl. Mitarbeiterbeschwerden von jeder Seite zwei Beisitzer benannt werden.

§ 4
Wendet sich eine Mitarbeiterin/ein Mitarbeiter mit seiner Beschwerde unmittelbar an den Arbeitgeber, so soll nach einem Gespräch mit dem Beschwerdeführer binnen vier Wochen eine schriftliche Bescheidung erfolgen, es sei denn, der Beschwerdegegenstand hat sich zwischenzeitlich erledigt.

§ 5
Die Betriebsvereinbarung über die Behandlung von Mitarbeiterbeschwerden kann mit einer Frist von drei Monaten zum Jahresende, erstmals zum ▪▪▪ gekündigt werden. Eine Nachwirkung dieser Betriebsvereinbarung findet nicht statt.

8. Muster: Mitarbeitergespräche

Zwischen

der Firma ▪▪▪

– nachstehend: Gesellschaft –

und

dem Betriebsrat der Firma ▪▪▪

– nachstehend: Arbeitnehmervertretung –

wird folgende Vereinbarung geschlossen:

Präambel
Der Erfolg des Konzerns und seiner Unternehmen kann dauerhaft nur gesichert werden, wenn wir uns der schwierigen Marktsituation und dem ständigen Veränderungsprozess stellen. Die Veränderungen in der Bankenbranche machen eine noch striktere Orientierung an den Kundenbedürfnissen notwendig. Diese Entwicklung verlangt auch von den Mitarbeiterinnen und Mitarbeitern weiterhin eine hohe Leistungsfähigkeit und -bereitschaft. Somit hat die Förderung und Entwicklung der Mitarbeiterinnen und Mitarbeiter eine ganz besondere Bedeutung. Förderung und Entwicklung sind im „Mitarbeitergespräch" von besonderem Gewicht, denn die hohe Motivation der Mitarbeiterinnen und Mitarbeiter und ihre Identifikation mit den Aufgaben tragen maßgeblich zum Erfolg unseres Unternehmens und Konzerns bei. Die in Zusammenhang mit o.g. Entwicklung bestehenden vielfältigen Chancen für die Mitarbeiterinnen und Mitarbeiter sollen durch das „Mitarbeitergespräch" gezielt aufgezeigt werden. Um o.g. Ziele zu unterstützen, soll das „Mitarbeitergespräch" eingeführt werden, das auf dialog-, beteiligungs- und förderungsorientierten Führungsbeziehungen basiert. Dialogorientiert heißt, intensiv miteinander kommunizieren. Beteiligungsorientiert heißt, Mitarbeiterinnen und Mitarbeiter haben die Möglichkeit, auf Fragen, die sie in ihrer täglichen Arbeit betreffen, Einfluss zu nehmen. Förderungsorientiert heißt, die fachlichen und sozialen Qualifikationen der Mitarbeiterinnen und Mitarbeiter gezielt weiterzuentwickeln.

§ 1 Ziele des Verfahrens
(1) Das „Mitarbeitergespräch" dient der Verständigung über Aufgaben und Ziele, der Förderung und Beurteilung von Mitarbeiterinnen und Mitarbeitern, der Förderung einer konstruktiven Kommunikation sowie insgesamt der Stärkung der Leistungsfähigkeit und Leistungsbereitschaft durch Unterstützung zur Zielerreichung und durch Festlegung gezielter Maßnahmen zur Entwicklung der Mitarbeiterin/des Mitarbeiters.

(2) Über den Aufgabenbereich der Mitarbeiterin/des Mitarbeiters hinausgehende Entwicklungsmöglichkeiten sind vom Vorgesetzten zu berücksichtigen.

(3) Das „Mitarbeitergespräch" dient ausschließlich der Personalführung und -förderung. Es geht somit um:
- die vom Arbeitsalltag entkoppelte Kommunikation und Verständigung über Arbeitssituation, Aufgaben, Zusammenarbeit, gegenseitige Einschätzung und sonstige relevante Fragen durch einen regelmäßigen Dialog;
- die Förderung der Mitarbeiterin/des Mitarbeiters, deren/dessen Stärken ausgebaut und deren/dessen Schwächen durch entsprechende Personalentwicklungsmaßnahmen abgebaut werden sollen;
- die Abstimmung von Aufgaben und Zielen;
- die Offenlegung unbearbeiteter Konflikte und deren konstruktive Behandlung;
- das aufgaben- und zielorientierte Feedback für die Mitarbeiterinnen und Mitarbeiter sowie die Anerkennung der geleisteten Arbeit unter Berücksichtigung der Arbeitssituation;
- die Feststellung der Personalentwicklungserfordernisse des Unternehmens sowie der Personalentwicklungsbedürfnisse und -wünsche der Mitarbeiterinnen/der Mitarbeiter, die planbar gemacht werden.

Es dient nicht der Fundierung maßregelnder Personalentscheidungen. Mitarbeiterinnen/Mitarbeiter zu beurteilen ist ein wesentlicher Teil der Personalführung im Unternehmen. Das „Mitarbeitergespräch" dient dazu:
- Ziele und Standards für die Leistung von Mitarbeiterinnen und Mitarbeitern zu vereinbaren und ggf. über den besten Weg zu ihrer Realisierung Einvernehmen zu erzielen,
- soweit erforderlich, Unterstützung für die tägliche Arbeit zu geben,
- Vertrauen zwischen der Mitarbeiterin/dem Mitarbeiter und Führungskraft zu stärken, damit Arbeitsergebnisse verbessert werden können und gleichzeitig Arbeitsfreude (Motivation zur Leistung) gefördert wird.

§ 2 Grundsätze

(1) Diese Rahmenvereinbarung gilt für alle Mitarbeiterinnen und Mitarbeiter des Unternehmens mit Ausnahme von leitenden Angestellten gemäß § 5 BetrVG bzw. dem Personenkreis nach § 89 Abs. 2 und 3 BPersVG; Mitarbeitern, die sich in einer speziellen Ausbildung (z.B. interne Traineeprogramme) befinden; befristet Beschäftigten sowie Auszubildenden.

(2) Die Modalitäten für die Freiwilligkeit einer Teilnahme am Mitarbeitergespräch für Mitarbeiterinnen und Mitarbeiter im rentennahen Alter bleiben der einvernehmlichen Regelung der Parteien in den Unternehmen überlassen.

(3) Die Führungskraft wie auch die Mitarbeiterin/der Mitarbeiter haben die Möglichkeit, das „Mitarbeitergespräch" zu unterbrechen, um neue Erkenntnisse zu gewinnen oder Klärungen vorzunehmen. Das Gespräch soll dann innerhalb von 14 Tagen erneut aufgenommen werden.

(4) Grundlage des „Mitarbeitergesprächs" ist die jeweilige Tätigkeit sowie insbesondere die spezifischen Aufgaben- bzw. Zielvereinbarungen aus dem vorhergegangenen „Mitarbeitergespräch". Bestehende Tätigkeits-, Aufgaben- und/oder Stellenbeschreibungen werden einbezogen.

(5) Das „Mitarbeitergespräch" ist dialog-, beteiligungs- und förderungsorientiert zu gestalten.

(6) Der Beurteilungsprozess besteht aus zwei Schritten:
- der Vereinbarung von Zielen und Wegen zur Zielerreichung am Anfang des Beurteilungszeitraumes und
- der Ergebnisbewertung und einem Gespräch am Ende der Beurteilungsperiode.

(7) Bestandteil dieser Vereinbarung ist der „Gesprächsbogen". Informationen zur Durchführung (siehe auch § 7) werden den Arbeitnehmervertretungen zum Abgleich mit den Inhalten der Rahmenvereinbarung vor Veröffentlichung zur Kenntnis gebracht, wobei sachlich begründete Einwände zu berücksichtigen sind.

(8) Der Gesprächsbogen wird erst ausgefüllt, nachdem die Führungskraft und die Mitarbeiterin/der Mitarbeiter ihre Sichtweisen ausgetauscht und über die einzelnen Punkte eingehend gesprochen haben, also während des „Mitarbeitergesprächs" oder unmittelbar danach.

§ 3 Personeller Rahmen, Turnus und Anlässe

(1) Das „Mitarbeitergespräch" erfolgt in der Regel einmal jährlich. Der Gesprächstermin ist mindestens zwei Wochen vorher zwischen der Mitarbeiterin/dem Mitarbeiter und ihrer/seiner Führungskraft zu vereinbaren.

(2) Beurteilender im Rahmen des „Mitarbeitergesprächs" ist in der Regel die/der direkte Vorgesetzte. Sachlich begründete Ausnahmen davon (z.B. Projektleiter, wenn die/der Mitarbeiterin/Mitarbeiter überwiegend in einem Projekt tätig war/ist) sind denkbar. In Zweifelsfällen entscheidet die Konfliktkommission aufgrund der betrieblichen Gegebenheiten.

(3) Neu eingetretene Mitarbeiterinnen und Mitarbeiter werden erstmalig nach 12 Monaten mittels dieses Beurteilungssystems beurteilt. Dabei muss sichergestellt sein, dass die Zielsetzung sechs Monate vor der Beurteilung, frühestens jedoch sechs Monate nach Eintritt erfolgt.

(4) Außerhalb des Regelturnusses ist die zusätzliche Durchführung eines „Mitarbeitergesprächs" bei besonderen Anlässen möglich, z.B.:
- auf Wunsch der Mitarbeiterin/des Mitarbeiters,
- bei Versetzung (auch im Sinne von Förderung und Beförderung, Rotationsaufenthalte, Festlegung von Zielen und Aufgaben),
- bei einem Wechsel des Vorgesetzten (Festlegung von Zielen und Aufgaben),
- bei Beginn und nach befristetem Ausscheiden (z.B. Erziehungsurlaub, Wehrdienst),
- bei Übernahme im Anschluss an die Probezeit (Förderung, Festlegung von Zielen und Aufgaben).

(5) Für das „Mitarbeitergespräch" ist ausreichend Zeit einzuplanen. Für seinen störungsfreien Ablauf ist Sorge zu tragen.

(6) Auf Wunsch der Mitarbeiterin/des Mitarbeiters kann ein Mitglied der Arbeitnehmervertretung ihrer/seiner Wahl am „Mitarbeitergespräch" teilnehmen.

(7) Über die Beurteilung wird im „Mitarbeitergespräch" gemeinsam zwischen der Führungskraft und der Mitarbeiterin/dem Mitarbeiter (Selbst- und Fremdeinschätzung) ein konstruktiver, offener und vertrauensvoller Dialog geführt.

§ 4 Unterschriften

Jede Mitarbeiterin/jeder Mitarbeiter erhält eine Kopie ihres/seines „Mitarbeitergesprächs" nach Abschluss des Gesprächs für ihren/seinen persönlichen Gebrauch. Der fertig ausgefüllte Gesprächsbogen ist von der Führungskraft und der Mitarbeiterin/dem Mitarbeiter zum Abschluss des Gesprächs, spätestens jedoch innerhalb einer Woche danach, zu unterschreiben. Die Mitarbeiterin/der Mitarbeiter bestätigt mit ihrer/seiner Unterschrift die Durchführung des „Mitarbeitergesprächs" und die Kenntnisnahme der Gesprächsergebnisse.

§ 5 Konfliktlösung

(1) Die Thematisierung strittiger Punkte gehört ausdrücklich zu den Personalführungszielen des „Mitarbeitergesprächs". Konflikte sollen von den Beteiligten in sachlicher Weise angesprochen und mit dem Willen zur Einigung möglichst einer Lösung zugeführt werden. Kann in einzelnen Punkten dennoch keine Übereinstimmung erzielt werden, gibt es folgende Möglichkeiten:
- Die konträren Auffassungen werden im Bogen festgehalten und nebeneinander stehen gelassen, wenn die Beteiligten gemeinsam der Auffassung sind, dass eine völlige Klärung nicht unbedingt erforderlich ist.
- Kommt zu bestimmten Punkten keine Einigung zustande, kann die Mitarbeiterin/der Mitarbeiter ihre/seine anders lautende Meinung schriftlich niederlegen und ein Einigungsgespräch mit dem nächsthöheren Vorgesetzten herbeiführen. Auf Wunsch der Mitarbeiterin/des Mitarbeiters kann ein Mitglied der Arbeitnehmervertretung an dem Gespräch teilnehmen.

(2) Erfolgt in diesem Gespräch keine Einigung, hat jede/r der Beteiligten das Recht, sich an die Arbeitnehmervertretung des jeweiligen Unternehmens zu wenden oder ein paritätisch besetztes Gremium, das sich aus je zwei Mitgliedern des Unternehmens und der jeweiligen Arbeitnehmervertretung zusammensetzt, anzurufen. Diese paritätische Kommission soll innerhalb von zwei Wochen nach Anrufung tagen. Kann keine Einigung erzielt werden, kommt § 85 BetrVG zum Tragen. Bei Anwendung des § 85 BetrVG werden individuelle Rechtsansprüche nicht geprüft.

(3) Die Prüfung der strittigen Punkte erfolgt durch Aussprache, bei der alle relevanten Fakten erörtert werden. Die Kommission ist berechtigt, Beurteilungs- und andere maßgebliche Unterlagen (z.B. Stellenbeschreibungen) einzusehen und beteiligte Personen zu hören.

(4) Die Kommission soll eine Lösung herbeiführen und kann prüfen,
- ob wesentliche Tatsachen hinreichend berücksichtigt wurden und
- ob die Bestimmungen dieser Vereinbarung eingehalten wurden.

§ 6 Dokumentation

Die Inhalte und Ergebnisse der letzten drei Regelbeurteilungen im Rahmen des „Mitarbeitergesprächs" werden in der Personalakte abgelegt. Die Mitarbeiterin/der Mitarbeiter und die Führungskraft erhalten eine Kopie. Ältere als die letzten drei Regelbeurteilungen sowie deren Kopien werden vernichtet bzw. auf Wunsch der Mitarbeiterin/des Mitarbeiters an diese/diesen ausgehändigt. Eine maschinelle Erfassung, Speicherung und Auswertung der Daten des „Mitarbeitergesprächs" erfolgt nicht. Das gilt nicht, soweit Teilinformationen zweckmäßigerweise für Verwaltungsaufgaben (z.B. Personalentwicklungsplanung) verarbeitet werden müssen. Diese Teile sind im Einzelnen und abschließend in einer Anlage, die Bestandteil der jeweiligen Betriebs-/Dienstvereinbarung wird, zukünftig zu vereinbaren. Darüber hinaus können mit der Arbeitnehmervertretung Ausnahmen vereinbart werden.

§ 7 Information der Beteiligten

Alle Mitarbeiterinnen und Mitarbeiter erhalten über die Einführung des „Mitarbeitergesprächs" eine ausführliche schriftliche Information. Für die Führungskraft ist eine vorangehende eingehende Schulung in den Grundprinzipien des „Mitarbeitergesprächs" obligatorisch. Bei Bedarf werden auch sog. Anschlussschulungen angeboten. Die gesetzlichen Mitbestimmungsrechte bleiben unberührt. Für interessierte Mitarbeiterinnen/Mitarbeiter werden ebenfalls Schulungen durchgeführt. Bei entsprechendem Bedarf können hierzu auch Workshops vor Ort (in den einzelnen Filialen/Abteilungen) – auch unter Einsatz von entsprechend geschulten Multiplikatoren – durchgeführt werden.

§ 8 Schlussbestimmungen

(1) Diese Vereinbarung tritt mit ihrer Unterzeichnung in Kraft. Sie kann von beiden Seiten mit einer Frist von sechs Monaten zum Ende eines Kalenderjahres gekündigt werden.

(2) Diese Vereinbarung wirkt nach. Unternehmen und Arbeitnehmervertretung können beschließen, dass bestimmte Organisationseinheiten erst zu einem späteren Zeitpunkt das „Mitarbeitergespräch" anwenden. Der konkrete Umsetzungstermin wird vom Unternehmen im Einvernehmen mit der Arbeitnehmervertretung festgesetzt.

Anhänge zur Rahmenvereinbarung Kriterienkatalog Mitarbeitergespräch – Fassung vom ▪▪▪

Hinweise zur Anwendung

(1) Die gemeinsame Festlegung der einzelnen Kriterien durch Führungskraft und Mitarbeiterin bzw. Mitarbeiter am Anfang der Beurteilungsperiode dient der Schaffung einer größtmöglichen Transparenz für die zu beurteilenden Mitarbeiterinnen und Mitarbeiter. Sie ist somit ein wesentlicher Beitrag zu einer vertrauensvollen Zusammenarbeit zwischen Mitarbeiterinnen und Mitarbeitern und den jeweiligen Führungskräften. Ziel der angestrebten Transparenz ist insbesondere ein hoher Grad an Akzeptanz und Identifikation mit den jeweiligen Beurteilungsergebnissen. Indem die Mitarbeiterinnen und Mitarbeiter die jeweiligen Beurteilungskriterien kennen, haben sie außerdem bessere Möglichkeiten der Selbstkontrolle bzw. Selbstbeurteilung.

(2) Um die Festlegung der Verhaltenskriterien zur Verhaltenseinschätzung zu erleichtern, werden fünf Bereiche vorgeschlagen.

(3) Die Auswahl der einzelnen Kriterien richtet sich nach den jeweiligen wesentlichen Anforderungen, die sich aus dem jeweiligen Arbeitsplatz ergeben bzw. die an die betreffende Mitarbeiterin/den betreffenden Mitarbeiter gestellt werden. Hierbei ist Ziel, die jeweils charakteristischen Kriterien auszuwählen und eindeutige Prioritäten zu setzen.

(4) Die jeweiligen innerhalb der fünf Bereiche aufgeführten Unterpunkte enthalten einen zusammenfassenden Merksatz (kursive Schreibweise), der zumeist durch nachgestellte Stichworte (mit Spiegelstrichen gekennzeichnet) näher erläutert wird.

Inhalt

1. Verhalten im Aufgabenbereich
1.1 Akquisitionsverhalten
1.2 Qualitätsverhalten
1.3 Anwendung von Kenntnissen
1.4 Serviceverhalten/-orientierung
1.5 Entscheidungsverhalten
1.6 Anwendung von Sprachkenntnissen
1.7 Global-international ausgerichtetes Verhalten
1.8 Arbeitssicherheitsverhalten
2. Persönliches Verhalten
2.1 Einsatzverhalten/Leistungsmotivation
2.2 Selbstsicherheit/selbstsicheres Verhalten
2.3 Denkverhalten
2.4 Veränderungsverhalten
2.5 Identifikationsverhalten
2.6 Verantwortungsverhalten
2.7 Umweltbewusstes/ökologisches Verhalten

3. Soziales Verhalten
3.1 Kommunikationsverhalten
3.2 Informationsverhalten
3.3 Teamverhalten/kollegiales Verhalten
4. Führungsverhalten
4.1 Motivations-/Überzeugungskraft
4.2 Mitarbeiterorientiertes Verhalten
4.3 Mitarbeiterförderung
4.4 Ergebnisorientiertes Verhalten
4.5 Teambildung
4.6 Innovations-/Qualitätsförderung
4.7 Delegationsverhalten
4.8 Adäquater Einsatz von Expertinnen/Experten
5. Wirtschaftliches Denken und Handeln
5.1 Unternehmerische Initiative
5.2 Risikoverhalten
5.3 Ertrags- und kostenorientiertes Verhalten
5.4 Denken und Handeln im Gesamtunternehmens-/Konzerninteresse
5.5 Strategisches Denken und Handeln

1. Verhalten im Aufgabenbereich

1.1 Akquisitionsverhalten

Kundinnen/Kunden werden gewonnen, Produkte werden erfolgreich angeboten. Die Mitarbeiterin/der Mitarbeiter geht planmäßig, systematisch und zielgerichtet bei der Akquisition von Kundinnen/Kunden am Markt vor und sucht das (Neu-)Kundengeschäft.

1.2 Qualitätsverhalten

Es erfolgt eine Qualitätsorientierung und -optimierung im Hinblick auf Dienstleistungen und Produkte sowie eigene Arbeitsabläufe. Die Mitarbeiterin/der Mitarbeiter
- beachtet die Qualität der eigenen Arbeit,
- erhält und fördert das Güteniveau der Dienstleistung/des Produktes,
- optimiert eigene Arbeitsabläufe,
- beachtet Planung und Organisation (strukturiertes Arbeitsverhalten, um zu optimalen Ergebnissen in der Aufgabenerfüllung zu kommen),
- hat Übersicht und gleichzeitig einen Blick für wesentliche Details.

1.3 Anwendung von Kenntnissen

Wissen und Erfahrung werden erfolgreich im Fachgebiet eingebracht. Die Mitarbeiterin/der Mitarbeiter verfügt über Fach-/Bank-/wirtschaftliche Kenntnisse
- das eigene Unternehmen, den Konzern, den Markt betreffend,
- im eigenen Fachgebiet,
- außerhalb des eigenen Fachgebietes

und wendet sie an.

1.4 Serviceverhalten/-orientierung

Interne/externe Kundenbedürfnisse stehen im Mittelpunkt (Kundenorientierung). Die Mitarbeiterin/der Mitarbeiter
- zeichnet sich durch Beratungsqualität Kundinnen/Kunden/MA/Kolleginnen/Kollegen gegenüber aus,
- kann sich in Bedürfnisse, Interessen und Ziele der Kundinnen/Kunden/MA/Kolleginnen/Kollegen hineinversetzen.

1.5 Entscheidungsverhalten

Der Mitarbeiter/die Mitarbeiterin handelt problemlösungsorientiert und leitet entsprechende Maßnahmen ein.

1.6 Anwendung von Sprachkenntnissen

Sprachwissen und Spracherfahrung werden erfolgreich im Fachgebiet eingebracht. Die Mitarbeiterin/der Mitarbeiter

- verfügt über die für den jeweiligen Aufgabenbereich ggf. erforderlichen Fremdsprachenkenntnisse (in Abhängigkeit vom jeweiligen Aufgabengebiet kann der Grad von erforderlichen Grundlagenkenntnissen bis zum verhandlungssicheren Beherrschen einer oder mehrerer Fremdsprachen reichen).

1.7 Global-international ausgerichtetes Verhalten

Die Mitarbeiterin/der Mitarbeiter zeigt im Rahmen ihrer/seiner jeweiligen Funktion und Aufgabe Bereitschaft, den besonderen Anforderungen des internationalen Geschäfts gerecht zu werden. Er/sie verfügt über Fremdsprachenkenntnisse und hat Kenntnisse und Verständnis über Gebräuche und Verhaltensweisen anderer Kulturen.

1.8 Arbeitssicherheitsverhalten

Die Mitarbeiterin/der Mitarbeiter verhält sich sicherheitsbewusst. Die Mitarbeiterin/der Mitarbeiter

- ist über die im eigenen Arbeitsbereich geltenden Sicherheitsvorschriften und -regeln informiert und verhält sich entsprechend,
- vermeidet Sicherheitsrisiken, hält aktiv nach Gefahrenquellen Ausschau und bemüht sich um deren Abstellung.

2. Persönliches Verhalten

2.1 Einsatzverhalten/Leistungsmotivation

Aus eigenem Antrieb (selbständig) sowie auch in schwierigen Situationen versucht die Mitarbeiterin/der Mitarbeiter qualitativ als auch quantitativ gute Arbeitsergebnisse zu erzielen (Eigeninitiative). Die Mitarbeiterin/der Mitarbeiter

- gibt Impulse, greift aus sich selbst heraus steuernd in Prozesse ein und treibt diese dadurch voran,
- arbeitet selbständig,
- zeigt sich engagiert und zielorientiert,
- übernimmt freiwillig Aufgaben und initiiert Maßnahmen,
- macht konstruktive und neue Vorschläge.

Die Mitarbeiterin/der Mitarbeiter

- bearbeitet Aufgaben kontinuierlich (Leistungskonstanz),
- kann gesteckte Ziele konsequent verfolgen und führt die Dinge zu Ende,
- vertritt eigene Belange ausdauernd, ggf. auch gegen Widerstände,
- bleibt nach demoralisierenden Erlebnissen weiterhin aktiv.

Zu beachten sind aber auch die individuell unterschiedlichen Belastungsgrenzen sowie besondere Umstände (persönliche/berufliche Sondersituation).

2.2 Selbstsicherheit/selbstsicheres Verhalten

Dieses Kriterium kann nicht für alle Arbeitsplätze relevant sein. Es darf nur verwendet werden, wenn Aufgabe und Funktion dies notwendig machen. Es ist auch wegen der zu beachtenden Persönlichkeitsrechte jedes Einzelnen nur dann anzuwenden, wenn die Aufgabe es erforderlich macht (z.B. bei Kundenkontakt).

Wirkung der Persönlichkeit auf andere

- Vorbild,
- ist Vorbild im Auftreten und Handeln und wird als solches auch akzeptiert,
- zeigt Übereinstimmung zwischen Denken, Sagen und Handeln, wirkt dadurch glaubwürdig und kongruent.

Ausstrahlung

- Wirkt in sich ruhend, ausgeglichen und sicher,
- wirkt positiv durch Erscheinen und Auftreten,
- gewinnt Sympathie und Anhänger für die Sache und die eigene Person,
- Vertreten des eigenen Standpunktes,
- Vertritt den eigenen Standpunkt oder die eigenen Argumente im Sinne der Sache mit Nachdruck und Konsequenz.

Darstellungsverhalten/Präsentationsverhalten

- Kann sich präsentieren,

- stellt Inhalte und Ergebnisse strukturiert und anschaulich sowie lebendig und interessant dar,
- erzielt Glaubwürdigkeit.

2.3 Denkverhalten

Komplexe und schwierige Sachverhalte und/oder Zusammenhänge werden schnell verstanden, sicher beurteilt und kreativ zu neuen Lösungen verarbeitet.

Vernetztes Denken
- Denkt mehrdimensional und vernetzt,
- berücksichtigt komplexe Wirkungen,
- unterscheidet Wesentliches von Unwesentlichem (strategisches Denken),
- mittel-/langfristige Entwicklungen sowie zukünftige Probleme und Erfordernisse werden erkannt und Steuerungsmaßnahmen werden beachtet,
- neuartige Zusammenhänge werden hergestellt,
- Kausalitäten werden erkannt.

Auffassung
- Erkennt, worauf es ankommt,
- findet schnell den Einstieg,
- erfasst umfangreiche Sachverhalte,
- greift Ideen rasch auf und nutzt diese,
- verfügt über geistige Flexibilität.

Kreativität
- Verfügt über die Fähigkeit, schöpferisch neue Lösungen zu erarbeiten,
- erarbeitet konstruktive und kreative Lösungsansätze,
- kann kombinieren und neue Aspekte integrieren.

2.4 Veränderungsverhalten

Offenheit Neuem gegenüber sowie Beweglichkeit im Denken und Handeln.

Lernverhalten
- Ist interessiert und in der Lage, neue Inhalte (Themen, Wissensgebiete, Verfahren etc.) aufzunehmen und umzusetzen,
- kann sich schnell auf neue Sachverhalte einstellen,
- sucht und übernimmt gerne neue Tätigkeiten.

Aufgeschlossenheit gegenüber Neuerungen
- Ist bereit, Bestehendes und Bewährtes zu hinterfragen,
- begegnet Neuem mit Interesse und Aufgeschlossenheit, hält nicht an Gewohntem fest,
- ist bereit, Neues zu erproben.

Flexibilität und Mobilität
- Verfügt über Beweglichkeit im Denken und Handeln sowie über Bereitschaft zur Veränderung,
- zeigt hohes Reaktionsvermögen in neuen Situationen,
- passt sich situativ richtig an.

Selbstkritik
- Schätzt die eigenen Fähigkeiten richtig ein,
- hat ein realistisches Selbstbild,
- ist in der Lage, sich selbst immer wieder als Persönlichkeit in Frage zu stellen und das eigene Verhalten zu überprüfen,
- zeigt Bereitschaft, Feedback aufzunehmen und kann Kritik konstruktiv verarbeiten.

2.5 Identifikationsverhalten

Loyalität und Identifikationswille werden grundsätzlich erwartet. Inwieweit diese Kriterien der Beurteilung unterliegen, hängt im Wesentlichen von Aufgabe und Funktion ab. Sie sind nur unter besonderer Beachtung der Persönlichkeitsrechte anzuwenden (z.B. i.d.R. erst ab mittlerer Führungsebene an aufwärts). Die Mitarbeiterin/der Mitarbeiter identifiziert sich mit den Unternehmenszielen.

Loyalität
- Ist vertrauenswürdig und zuverlässig,
- hält sich an die Grundsätze des Unternehmens,
- Identifikationswille,
- tritt für die Belange des Konzerns/der Bank nach außen ein,
- ist bereit, nach bestem Wissen und Gewissen übergeordnete Ziele mit persönlichen Beiträgen zu unterstützen.

2.6 Verantwortungsverhalten
Die Mitarbeiterin/der Mitarbeiter übernimmt Verantwortung für übertragene Aufgaben und für unterlaufene Fehler.
- Ist bereit, Verantwortung zu übernehmen,
- verfügt über Pflichtbewusstsein und steht für unterlaufene Fehler ein,
- erledigt übertragene Aufgaben zuverlässig,
- nutzt ihren/seinen Handlungsspielraum voll aus,
- rechtfertigt sich im Nachhinein nicht lange bei tatsächlichem/vermeintlichem Misserfolg.

2.7 Umweltbewusstes/ökologisches Verhalten
Die Mitarbeiterin/der Mitarbeiter verhält sich umweltbewusst. Die Mitarbeiterin/der Mitarbeiter
- vermeidet die unnötige Verschwendung von Ressourcen,
- achtet auf die Verwendung ökologisch möglichst unbedenklicher Materialien,
- entwickelt Vorschläge und Ideen zur Verbesserung des Umweltschutzes,
- vermeidet Lärm- und andere Umweltbelastungen für die Kolleginnen/Kollegen und sich selbst.

3. Soziales Verhalten

3.1 Kommunikationsverhalten
Erfolgreiches Mitteilen sowie konstruktive Auseinandersetzung mit anderen.

Kontaktverhalten
- Ist freundlich im Umgang mit Führungskräften/Kolleginnen/Kollegen/Kundinnen/Kunden/Mitarbeiterinnen/Mitarbeitern,
- verhält sich verbal als auch nonverbal anderen gegenüber zugewandt und baut somit rasch eine Beziehung zu Gesprächspartnerinnen/Gesprächspartnern auf,
- berücksichtigt die Situation (Bedürfnisse, Motive, Probleme) der Gesprächspartnerin/des Gesprächspartners, denkt sich in diesen hinein, zeigt Verständnis,
- schafft in Gesprächen eine entspannte Atmosphäre.

Verhandlungsverhalten/Überzeugungsverhalten
- Verliert das Ziel, die Interessen der Bank nicht aus den Augen,
- kann die Argumentationsweise der aktuellen Situation anpassen,
- kann sich anhand durchdachter Argumente sowie durch souveränes Auftreten anderen gegenüber Akzeptanz verschaffen,
- gewinnt Gesprächspartnerinnen/Gesprächspartner für eigene Ziele,
- entkräftet Einwände der Gesprächspartnerin/des Gesprächspartners durch Argumente,
- strahlt Glaubwürdigkeit, Sicherheit und Souveränität aus.

Mündlicher/schriftlicher Ausdruck
- Kann komplexe Sachverhalte klar und verständlich darstellen,
- kommuniziert empfängergerecht,
- kann ihre/seine Gedanken auf den Punkt bringen und unmissverständlich darstellen,
- findet die richtigen Worte und Formulierungen.

Kritik-/Konflikt- und Konsensverhalten
- Spricht konsequent und sachlich Kritik- bzw. Problempunkte an, reagiert sachlich, ohne das Vertrauensklima zu zerstören,
- erkennt Konflikte frühzeitig, kann sie aushalten und konstruktiv angehen,
- verteidigt den eigenen Standpunkt angemessen und sucht nach konsensfähigen Lösungen.

Aktives Zuhören
- Hört der Gesprächspartnerin/dem Gesprächspartner zu, unterbricht nicht, geht auf sie/ihn ein.

3.2 Informationsverhalten
Aktives Einholen, Nutzen und Weitergeben von Information.
- Verschafft sich selbständig Information,
- gibt wichtige Information aktiv und unaufgefordert weiter.

3.3 Teamverhalten/kollegiales Verhalten
Sachorientierte, konstruktive und vertrauensvolle Zusammenarbeit mit anderen, Intra-Teamverhalten (in der Arbeitseinheit) Inter-Teamverhalten (über die eigene Arbeitseinheit hinaus).
- Gestaltet die Teamarbeit aktiv mit und greift Ideen anderer auf,
- verfügt über die Fähigkeit, eigene Schwächen durch heranziehen des Teams auszugleichen,
- akzeptiert Rolle, Aufgaben und Kompetenzen anderer Teammitgliederinnen/Teammitglieder,
- unterstützt kooperativ und partnerschaftlich Kolleginnen/Kollegen,
- nimmt Rücksicht auf andere.

4. Führungsverhalten

4.1 Motivations- und Überzeugungskraft
Mitarbeiterinnen und Mitarbeiter für die eigene Sache gewinnen und begeistern.
- Regt und leitet andere an,
- beeinflusst das Verhalten anderer zielorientiert,
- schafft Handlungsspielräume,
- strahlt Glaubwürdigkeit, Sicherheit und Souveränität aus,
- räumt Zweifel und kritische Fragen aus.

4.2 Mitarbeiterorientiertes Verhalten
Mit Mitarbeiterinnen und Mitarbeitern kooperativ zusammenarbeiten, sie unterstützen.
- Kann Vertrauensklima schaffen,
- richtet ihr/sein Führungsverhalten auf ihre/seine Mitarbeiterinnen und Mitarbeiter aus,
- fördert den Teamgedanken,
- überprüft das Leistungsverhalten der Mitarbeiterinnen und Mitarbeiter sachorientiert,
- arbeitet mit ihren/seinen Mitarbeiterinnen und Mitarbeitern eng zusammen.

4.3 Mitarbeiterförderung
Mitarbeiterinnen und Mitarbeiter in ihrer fachlichen und persönlichen Entwicklung fördern.
- Kann andere gut einschätzen und beurteilen und setzt sie entsprechend ihrer Eignung ein,
- gibt Anerkennung und Kritik,
- unterstützt die Mitarbeiterinnen und Mitarbeiter in ihren Aufgaben und Zielen,
- spricht ausführlich und gezielt über berufliche Perspektiven.

4.4 Ergebnisorientiertes Verhalten
Zielorientiertes Arbeiten und Treffen von Entscheidungen.
- Legt sich fest, kommt zu Ergebnissen und Entscheidungen,
- arbeitet zielorientiert und pragmatisch,
- wägt Chancen/Gefahren ab,

- verschafft sich Akzeptanz,
- vertritt klar ihre/seine Absichten,
- setzt Lösungsvorschläge durch,
- insistiert, beharrt und verfolgt die Ziele.

4.5 Teambildung
Konstruktives Entwickeln von Teams, Einbeziehung in die Entscheidungsvorbereitung.
- Steuert Teams prozessorientiert,
- ist zielorientiert und verfügt über Entscheidungsbereitschaft,
- ist in der Lage, verschiedene Fachdisziplinen zu integrieren,
- verfügt über Verhandlungsgeschick,
- organisiert und koordiniert das Vorgehen in der Gruppe,
- kann Teambewusstsein entwickeln,
- erkennt, fördert und integriert Rollen und individuelle Stärken der Teammitglieder,
- nimmt Spannungen im Team wahr und nutzt sie konstruktiv.

4.6 Innovations- und Qualitätsförderung
Unterstützung neuer Werte, Aufgeschlossenheit gegenüber Neuem, mit dem Ziel der Qualitätserhaltung und -steigerung.
- Unterstützt Neues mit Interesse, Aufgeschlossenheit,
- transportiert aktiv Innovation,
- kontinuierliches Bemühen, die Qualität des Produktes/der Dienstleistung zu steigern.

4.7 Delegationsverhalten
Mitarbeiterinnen und Mitarbeitern Aufgaben und damit verbundene Verantwortung und Entscheidungskompetenz entsprechend ihrer Qualifikation übertragen.
- Verteilt Aufgaben mitarbeitergerecht und motivierend,
- Leistung und Verantwortung durch Delegation von Kompetenzen fördern.

4.8 Adäquater Einsatz von Expertinnen/Experten
Expertinnen/Experten werden kompetent, gezielt und effektiv genutzt.

5. Wirtschaftliches Denken und Handeln

5.1 Unternehmerische Initiative
Dieses Kriterium ist nur dann anzuwenden, wenn Aufgabe und Funktion dies erforderlich machen. Chancen und Risiken werden erkannt und entsprechende Maßnahmen ergriffen. Die Mitarbeiterin/der Mitarbeiter
- verfolgt das gesamtunternehmerische Ziel,
- erkennt frühzeitig Entwicklungstendenzen,
- agiert der Situation entsprechend,
- geht ggf. unkonventionelle Wege, um das Chancenpotential für den Konzern/das Unternehmen zu nutzen.

5.2 Risikoverhalten
Risiken werden erkannt. Durch eigenes Handeln wird für deren kontrollierte Begrenzung gesorgt Hierzu gehört auch, mögliche Konsequenzen für andere Funktionsbereiche zu bedenken und zuständige Stellen rechtzeitig einzuschalten.

5.3 Ertrags- und kostenorientiertes Verhalten
Im Hinblick auf Budgets und Ressourcen wird ertrags- und kostenorientiert gedacht und gehandelt. Die Mitarbeiterin/der Mitarbeiter
- erkennt Vorteile und Nachteile für das Unternehmen,
- berücksichtigt die Effektivität von Maßnahmen und schöpft Leistungspotentiale konsequent aus.

5.4 Denken und Handeln im Gesamtunternehmens- und Konzerninteresse

Dieses Kriterium ist nur dann anzuwenden, wenn Aufgabe und Funktion dies erforderlich machen. Wirtschaftliche Auswirkungen auf den Konzern werden wahrgenommen. Die Probleme des Konzerns (z.B. Personal, Kosten, Markt) werden bewusst in Handlungen berücksichtigt. Die Mitarbeiterin/der Mitarbeiter

- gibt erkannte Geschäftschancen außerhalb des Verantwortungsbereiches konsequent weiter,
- arbeitet funktions- und bereichsübergreifend und nutzt das interne Netzwerk und die vorhandene Infrastruktur,
- berücksichtigt bei Entscheidungen im eigenen Verantwortungsbereich gesamtunternehmensspezifische Aspekte,
- stellt die Gesamtbankzielerreichung vor eigene Erfolgsoptimierung und Interessen.

5.5 Strategisches Denken und Handeln

Langfristige Entwicklungen sowie zukünftige Erfordernisse werden erkannt und Steuerungsmaßnahmen werden bedacht.

- Erkennen wesentlicher Zusammenhänge,
- konzeptionelles mittel-/langfristiges Denken,
- ressortübergreifendes Denken.

Mitarbeitergespräch in der Firma ▪▪▪

Gesprächsbögen

I. Einschätzung der Arbeitssituation
II. Leistungsbeurteilung Aufgaben- und Zielerreichung Verhaltenseinschätzung
III. Künftige Aufgaben und Ziele
IV. Entwicklungsmöglichkeiten und Maßnahmen

Mitarbeiterin/Mitarbeiter:	▪▪▪	Pers.-Nr.:	▪▪▪
Gesprächsanlass:	▪▪▪	Organisationseinheit:	▪▪▪
Termin:	▪▪▪	Führungskraft:	▪▪▪
Derzeitige Funktion:	▪▪▪		

Die Mitarbeiterin/der Mitarbeiter wird von mir als zuverlässig nach § 14 Geldwäschegesetz beurteilt:

▪▪▪ (Unterschrift der Führungskraft)

Das Mitarbeitergespräch wurde geführt:

▪▪▪ (Unterschrift der nächsthöheren Führungskraft)

Diese Seite dient der Mitarbeiterin/dem Mitarbeiter zur Gesprächsvorbereitung; sie verbleibt bei der Mitarbeiterin/dem Mitarbeiter.

I. Einschätzung der Arbeitssituation

(aus Sicht der Mitarbeiterin/des Mitarbeiters)

	trifft immer zu	trifft meistens zu	trifft selten zu	trifft gar nicht zu	keine klare Aussage möglich
Ich kenne meine Aufgaben					
Ich bin mit meinen Aufgaben zufrieden					

§ 5 Betriebsvereinbarungen

	trifft immer zu	trifft meistens zu	trifft selten zu	trifft gar nicht zu	keine klare Aussage möglich
Ich verfüge über genügend Handlungsspielraum					
Ich werde gut informiert					
Ich werde bei den mir übertragenen Aufgaben gut unterstützt					
Ich kann neue Ideen einbringen					
Ich bekomme regelmäßige Rückmeldung					
Ggf. Ergänzung:					

(Die Mitarbeiterin/der Mitarbeiter berücksichtigt sowohl den eigenen Beitrag, das betriebsstellenbezogene Umfeld als auch den Beitrag der Führungskraft zur Gestaltung der einzelnen Aspekte der Arbeitssituation.)

II. Leistungsbeurteilung

Aufgaben und Zielerreichung

- Was waren die Hauptaufgaben der Mitarbeiterin/des Mitarbeiters?

(Hier werden die Hauptaufgaben zusammengefasst.)

- Was waren die wichtigsten Ziele seit der letzten Zielvereinbarung?

1.
2.
■■■

- Wurden die Ziele erreicht/zum Teil erreicht/nicht erreicht?

zu 1.
zu 2.
zu ■■■

- Wenn die Ziele nur teilweise oder nicht erreicht wurden, welche Hinderungsgründe (z.B. nicht vorherzusehende besondere Situationen) gab es?

Verhaltenseinschätzung

Nachfolgend wird das Verhalten der Mitarbeiterin/des Mitarbeiters in der derzeitigen Funktion eingeschätzt. Pro zutreffenden Verhaltensbereich werden vor dem Beurteilungszeitraum zwei bis drei für die Mitarbeiterin/den Mitarbeiter zur Erfüllung der Aufgaben und Ziele relevante Kriterien festgelegt. Die Mitarbeiterin/der Mitarbeiter nutzt die Verhaltenseinschätzung zur Selbsteinschätzung als Gesprächsvorbereitung. Im bzw. nach dem Gespräch füllt die Führungskraft den Bogen aus.

Je Kriterium wird ein Kästchen angekreuzt:

	wenig ausgeprägt	zufrieden stellend ausgeprägt	gut ausgeprägt	sehr gut ausgeprägt
1. Verhalten im Aufgabenbereich				
■■■				
■■■				
Beschreibung des Verhaltens:				

Kapitel 1: Freiwillige Betriebsvereinbarungen 5

	wenig ausgeprägt	zufrieden stellend ausgeprägt	gut ausgeprägt	sehr gut ausgeprägt
2. Persönliches Verhalten				
▬▬▬				
Beschreibung des Verhaltens:				
3. Soziales Verhalten				
▬▬▬				
▬▬▬				
Beschreibung des Verhaltens:				
4. Führungsverhalten				
▬▬▬				
▬▬▬				
Beschreibung des Verhaltens:				
5. Wirtschaftliches Denken und Handeln				
▬▬▬				
▬▬▬				
Beschreibung des Verhaltens:				

III. Künftige Aufgaben und Ziele

Die Hauptaufgaben der Mitarbeiterin/des Mitarbeiters werden sein:

Die wichtigsten Ziele für das nächste Geschäftsjahr (inklusive terminlicher Festlegung) sind:

1. ▬▬▬
2. ▬▬▬

▬▬▬

IV. Entwicklungs- und Fördermaßnahmen

Im zurückliegenden Zeitraum durchgeführte Entwicklungs- und Fördermaßnahmen, die im vorherigen Mitarbeitergespräch festgelegt wurden: ▬▬▬

Gab es weitere geplante Maßnahmen, die nicht durchgeführt werden konnten? Falls ja, geben Sie bitte eine kurze Erläuterung dafür: ▬▬▬

Maßnahmen zur Unterstützung der Erfüllung der zukünftigen Aufgaben und Ziele: ▬▬▬ am Arbeitsplatz: für andere Funktionen/Aufgaben: ▬▬▬

Raum für eventuelle Stellungnahmen der Mitarbeiterin/des Mitarbeiters zu den Punkten I–IV: ▬▬▬

▬▬▬   ▬▬▬

(Mitarbeiterin/Mitarbeiter)   (Führungskraft)

(bestätigt mit ihrer/seiner Unterschrift die Durchführung eines Mitarbeitergesprächs und die Kenntnisnahme der Gesprächsergebnisse)

↑

9. Muster: Personalplanung

Zwischen

der Firma ▄▄▄

und

dem Betriebsrat der Firma ▄▄▄

wird folgende Betriebsvereinbarung über Personalplanung vereinbart:

§ 1

Ziel der Personalplanung ist es, durch Zusammenarbeit zwischen Geschäftsleitung und Betriebsrat die bei den jeweiligen Betriebspartnern vorhandenen Informationen aus der Belegschaft oder aus der Führung des Unternehmens wechselseitig durch Informationsaustausch und Beratung wirksam werden zu lassen.

§ 2

Die Zusammenarbeit im Bereich der Personalplanung findet in einem paritätisch von Arbeitgeber und Betriebsrat besetzten Personalausschuss statt. Dem Ausschuss gehören zwei Mitarbeiter auf der Arbeitgeberseite und zwei vom Betriebsrat gewählte Mitglieder des Betriebsrats an. Der Ausschuss tagt monatlich. Weitere Sitzungen sind auf Wunsch einer Seite anzuberaumen. Die Sitzungen sind nicht öffentlich.

§ 3

Vierteljährlich erhält der Personalausschuss eine Absatz- und Produktionsprognose sowie einen Personalstatus und eine Personalprognose. Die Unterlagen des Arbeitgebers müssen einen Vergleich der Ist-Belegschaft mit der Soll-Belegschaft, unterteilt nach Betriebsabteilungen und Qualifikationen ermöglichen. Die Vorausberechnung des künftigen Personalbedarfs macht Veränderungen bei Stellenbesetzungen aufgrund von Fluktuationen (Rentenfälle etc.), Einführung zusätzlicher Produkte, Auswirkungen von Investitionen und Rationalisierungsmaßnahmen sichtbar.

§ 4

Der Personalausschuss wird vom Arbeitgeber zeitnah und umfassend über alle personalpolitischen Auswirkungen unterrichtet, die sich aus beabsichtigten unternehmerischen Entscheidungen ergeben. Die Mitglieder des Personalausschusses können verlangen, dass ein Geschäftsführer die vorgelegten Daten erläutert.

§ 5

Diese Betriebsvereinbarung tritt am ▄▄▄ in Kraft. Sie ist mit einer Frist von drei Monaten kündbar.

II. Betriebsratsarbeit – Organisation des Betriebsrats

1. Muster: Arbeitsfreistellung und Vergütung von Betriebsratsmitgliedern

Zwischen

der Firma ▄▄▄

– nachstehend: Gesellschaft –

und

dem Gesamtbetriebsrat ▄▄▄

wird die nachfolgende Betriebsvereinbarung geschlossen:

I. Abschnitt: Arbeitsfreistellung von Betriebsratsmitgliedern

Betriebsratsmitglieder werden, soweit es nach Umfang und Art des Betriebs zur ordnungsgemäßen Durchführung ihrer Betriebstätigkeit erforderlich ist, im Rahmen der §§ 37 und 38 BetrVG von der Arbeit freigestellt. Für die Freistellung gilt nachstehende Regelung:

A. Freigestellte Betriebsratsmitglieder

1. Die Anzahl der ganztägig freigestellten Betriebsratsmitglieder richtet sich nach der Anzahl der im Betrieb nicht nur vorübergehend beschäftigten Arbeitnehmer ausschließlich der leitenden Angestellten im Sinne des § 5 Abs. 3 BetrVG. Sie berechnet sich aus der in der Anlage 1 enthaltenen Staffel, die Bestandteil dieser Vereinbarung ist.

2. Grundlage für die Feststellung der Beschäftigtenzahl ist die vom Direktionsbereich Personal- und Sozialwesen monatlich erstellte Statistik.

3. Vorübergehende Schwankungen des Personalstandes bleiben ohne Einfluss auf die Gesamtzahl der ganztägig freigestellten Betriebsratsmitglieder. Daher erfolgt eine Freistellung erst, wenn die jeweilige in der Staffel aufgezeigte Grenze mindestens seit 3 Monaten überschritten und abzusehen ist, dass sie innerhalb der folgenden 3 Monate voraussichtlich nicht unter die jeweilige Grenze absinken wird.

Andererseits wird eine Freistellung erst aufgehoben, wenn der Personalstand seit mindestens 6 Monaten unter die jeweilige Grenze abgesunken und abzusehen ist, dass sie innerhalb der folgenden 6 Monate nicht wieder überschritten wird.

4. Die Verteilung der Freistellungen auf die Vertreter der Arbeiter- und Angestelltengruppe erfolgt unter Berücksichtigung der in den §§ 10 und 38 Abs. 2 BetrVG niedergelegten Grundsätzen.

5. Zusätzlich zu den für die einzelnen Betriebsräte nach der vorstehenden Regelung freigestellten Betriebsratsmitgliedern werden, unabhängig vom Personalstand, insgesamt 2 Mitglieder der Betriebsräte der ▬▬▬ für Aufgaben des Gesamtbetriebsrats ganztägig von der Arbeit freigestellt. Die Zugehörigkeit zum entsendenden Betriebsrat wird durch die Übernahme der Gesamtbetriebsrats-Aufgaben nicht berührt. Die Berufung und Abberufung geschieht in Abstimmung mit dem Direktor Personal- und Sozialwesen.

B. Nicht freigestellte Betriebsratsmitglieder

Jeweils zu Beginn einer Amtsperiode treffen der Betriebsrat und der zuständige Leiter Industrial Relations eine Absprache über den zeitlichen Umfang der Betriebsratstätigkeit der nicht freigestellten Betriebsratsmitglieder, die wahlweise eine der beiden nachstehenden Regelungen zum Inhalt haben muss:

1. Die nicht freigestellten Betriebsratsmitglieder werden bis zu 30% ihrer individuellen regelmäßigen Arbeitszeit zu Betriebsratsaufgaben einschließlich der Teilnahme an den regelmäßigen Betriebsratssitzungen, jedoch ausschließlich der Teilnahme an den Sondersitzungen des Betriebsrats, herangezogen.

Oder

2. Die Anzahl der nicht freigestellten Betriebsratsmitglieder wird mit 20% der regelmäßigen betrieblichen Arbeitszeit multipliziert. Für jeweils 100% sich aufgrund dieser Regelung ergebenden Prozente erfolgt eine zusätzliche, über die Anzahl der oben unter A.1. genannten Staffel hinausgehende Freistellung. Ein Rest von 50% und mehr wird auf 100% aufgerundet, so dass hierfür gegebenenfalls eine weitere Freistellung anfällt.

Die danach noch verbleibenden, nicht freigestellten Betriebsratsmitglieder werden in der Woche maximal bis zu 10% – ausgenommen regelmäßige Betriebsratssitzungen – für Betriebsratsaufgaben eingesetzt.

C. Ersatzmitglieder

1. Bei einer vorübergehenden Verhinderung eines ordentlichen Betriebsratsmitglieds wird grundsätzlich ein Ersatzmitglied durch den Betriebsrat bestellt, wenn die Verhinderung voraussichtlich länger als 5 Arbeitstage andauert. Dieser Grundsatz gilt nicht für die Teilnahme an einer Betriebsratssitzung.

2. Im Falle einer derartigen vorübergehenden Verhinderung eines freigestellten Betriebsratsmitglieds teilt der Betriebsrat dem zuständigen Leiter Labor Relations den Namen des vertretenden Betriebsratsmitglieds und/oder des Ersatzmitglieds mit.

Vor Beschlussfassung des Betriebsrats über die Vertretung eines freigestellten oder nicht freigestellten Betriebsratsmitglieds erfolgt eine Beratung mit dem zuständigen Leiter Industrial Relations bzw. Leiter Labor Relations, um betriebliche Belange mit zu berücksichtigen.

Der Leiter Labor Relations veranlasst die im Zusammenhang mit der vorübergehenden Arbeitsfreistellung stehenden erforderlichen Maßnahmen.

3. Für die Bestellung eines Ersatzmitglieds bei vorübergehender Verhinderung eines nicht freigestellten Betriebsratsmitglieds gilt die Regelung der Ziff. 2 entsprechend. In diesem Fall erfolgt die Inanspruchnahme des Ersatzmitglieds nur in dem Umfang, wie das nicht freigestellte Betriebsratsmitglied nach oben stehender Regelung (I.B.) zu Betriebsratsaufgaben herangezogen werden könnte.

II. Abschnitt: Bezahlung von Betriebsratsmitgliedern

A. Ganztägig freigestellte Betriebsratsmitglieder

Die Bezahlung der ganztägig freigestellten Betriebsratsmitglieder erfolgt nach dem Grundsatz, dass dem Betriebsratsmitglied aus seiner Freistellung weder Vorteile noch Nachteile erwachsen sollen.

1. Lohnempfänger

a) Freigestellte Betriebsratsmitglieder, die als Lohnempfänger im Unternehmen tätig sind, behalten den Monatslohn ihres Arbeitsplatzes vor der Freistellung.

b) Die Vergütung setzt sich aus der Grundvergütung und einer gesondert ausgewiesenen Pauschale auf der Basis von 37 Stunden einschließlich Äquivalenzstunden (= in Grundstunden umgerechnete Mehrarbeitszuschläge) zusammen. Basis für die Grundvergütung sind die jeweils geltenden tarifvertraglich oder sonstig festgelegten Stunden.

c) Für die Berechnung der monatlichen Vergütung wird eine entsprechend höhere Stundenzahl zugrunde gelegt, wenn die Vergleichspersonen des freigestellten Betriebsratsmitglieds – bzw. bei erstmaliger Freistellung das freigestellte Betriebsratsmitglied selbst – durchschnittlich mehr als die unter b) aufgeführten Stunden einschließlich Äquivalenzstunden pro Monat gearbeitet haben.

Für die Ermittlung der durchschnittlichen monatlichen Stundenzahl werden die letzten 12 abgerechneten Monate herangezogen. Monate mit Krankheitszeiten über 6 Wochen, unbezahltem Urlaub, unbezahlten Fehltagen und Kurzarbeit bleiben unberücksichtigt.

d) Zusätzlich zu der nach b) ermittelten Vergütung wird ggf. eine Schichtzulage als Pauschale gezahlt. Die Höhe ergibt sich aus dem Durchschnitt der an die Vergleichspersonen – bzw. bei erstmaliger Freistellung an das freigestellte Betriebsratsmitglied selbst – bezahlten Spät- und/oder Nachtarbeitsstunden und/oder Wochenendschichten, multipliziert mit dem entsprechenden Geldwert. Die Summe der Einzelergebnisse wird auf volle EUR aufgerundet und der sich ergebende Betrag der Pauschale gemäß b) zugerechnet.

Für die Ermittlung werden die letzten 12 abgerechneten Monate herangezogen. Monate ohne volle Arbeitsleistung bleiben unberücksichtigt.

2. Gehaltsempfänger

a) Freigestellte Betriebsratsmitglieder, die als Gehaltsempfänger im Unternehmen tätig sind, behalten das Gehalt, das sie zum Zeitpunkt der Freistellung beziehen.

Für die tarifliche Leistungsbeurteilung wird die Gesamtpunktzahl entsprechend dem Unternehmensdurchschnitt einheitlich für alle Standorte in NRW festgelegt.

b) (1) Tarifangestellte: Die Vergütung setzt sich zusammen aus dem Grundgehalt und einer gesonderten ausgewiesenen Pauschale auf der Basis von 37 Stunden einschließlich Äquivalenzstunden (= in Grundstunden umgerechnete Mehrarbeitszuschläge).

(2) AT-Angestellte: Die Vergütung setzt sich zusammen aus dem Grundgehalt und einer gesondert ausgewiesenen Pauschale auf der Basis von 25 Stunden.

(3) Management-Angehörige: Das Grundgehalt für Management-Angehörige bleibt unverändert bestehen. Eine gesonderte Pauschale wird nicht gezahlt.

Basis für die Grundvergütung sind die jeweils geltenden tarifvertraglichen oder sonstig festgelegten Stunden.

c) Für die Berechnung der monatlichen Vergütung der T- und AT-Angestellten wird eine entsprechend höhere Stundenzahl zugrunde gelegt, wenn die Vergleichspersonen des freigestellten Betriebsratsmitglieds – bzw. bei erstmaliger Freistellung das freigestellte Betriebsratsmitglied selbst – durchschnittlich mehr als die unter b) aufgeführten Stunden einschließlich Äquivalenzstunden pro Monat gearbeitet haben.

Für die Ermittlung der durchschnittlichen monatlichen Stundenzahl werden die letzten 12 abgerechneten Monate herangezogen. Monate mit Krankheitszeiten über 6 Wochen, unbezahltem Urlaub, unbezahlten Fehltagen und Kurzarbeit bleiben unberücksichtigt.

d) Zusätzlich zu der nach b) ermittelten Vergütung wird ggf. eine Schichtzulage als Pauschale gezahlt. Die Höhe ergibt sich aus dem Durchschnitt der an die Vergleichspersonen – bzw. bei erstmaliger Freistellung an das freigestellte Betriebsratsmitglied selbst – bezahlten Spät- und/oder nach und/oder Wochenendschichten, multipliziert mit dem entsprechenden Geldwert.

Die Summe der Einzelergebnisse wird auf volle EUR aufgerundet und der sich ergebende Betrag der Pauschale gemäß b) zugerechnet.

Für die Ermittlung werden die letzten 12 abgerechneten Monate herangezogen. Monate ohne volle Arbeitsleistung bleiben unberücksichtigt.

3. Gemeinsame Vorschriften

a) Vergütung

(1) Ausgehend von dem Grundsatz, dass freigestellte Betriebsratsmitglieder in ihrer Lohn- bzw. Gehaltsgestaltung so behandelt werden sollen, als wenn sie auf ihrem alten Arbeitsplatz geblieben wären, wird die Vergütung im Rahmen von Lohn- und Gehaltsveränderungen überprüft und ggf. berichtigt. Die Korrektur erfolgt auf individueller Basis.

(2) Die Berechnung und Überprüfung der Löhne und Gehälter der freigestellten Betriebsmitglieder erfolgt durch die zuständigen Leiter Industrial Relations bzw. Labor Relations.

(3) Mit der Vergütung sind alle im Laufe eines Monats evtl. anfallenden Mehr-, Nacht-, Spät-, Sonn- und Feiertagsarbeitsstunden einschließlich der ggf. anfallenden Zuschläge und Zulagen abgegolten. Gleichzeitig ist damit jede Betriebsratstätigkeit vergütet, die aus betriebsbedingten Gründen außerhalb der Arbeitszeit durchzuführen ist.

(4) Soweit sich bei Arbeitsverhinderung des freigestellten Betriebsratsmitglieds kein Anspruch auf Erstattung des Verdienstausfalls aus Gesetz, Tarifvertrag bzw. Einzelvertrag ergibt, wird pro Fehltag der Anteil abgezogen, der sich ergibt, wenn die Gesamtvergütung (einschließlich Pauschalen) durch die Tage Montag bis Freitag des jeweiligen Abrechnungsmonats geteilt wird.

b) Berufliche Weiterbildung

(1) Vergleichsarbeitsplatz ist der Arbeitsplatz, den das freigestellte Betriebsratsmitglied zum Zeitpunkt der Freistellung innehatte.

(2) Vergleichspersonen sind die auf dem Vergleichsarbeitsplatz eingesetzten Mitarbeiter. Bei mehr als einer Vergleichsperson erfolgt die Auswahl von bis zu 3 Vergleichspersonen durch den zuständigen Leiter Industrial Relations bzw. den Leiter Labor Relations in Abstimmung mit dem betroffenen Betriebsratsmitglied.

(3) Ergibt sich im Verlauf der Freistellung eine Änderung durch Wegfall oder Veränderung des ursprünglichen Vergleichsarbeitsplatzes oder durch berufliche Weiterentwicklung bzw. Ausscheiden der Vergleichspersonen, werden neue Vergleicharbeitsplätze und/oder Vergleichspersonen durch den zuständigen Leiter Industrial Relations bzw. den Leiter Labor Relations in Abstimmung mit dem betroffenen Betriebsratsmitglied festgelegt.

(4) Betriebsratsmitglieder, deren Vergleichspersonen eine betriebsbezogene höhere Qualifikation erworben und eine diesbezügliche berufliche Weiterentwicklung erfahren haben, werden entsprechend behandelt, wenn sie den entsprechenden bzw. gleichen Qualifikationsnachweis erbracht haben.

(5) In Einzelfällen, in denen zur Feststellung von Vergleichsarbeitsplätzen, Vergleichspersonen und einer möglichen beruflichen Weiterentwicklung von freigestellten Betriebsratsmitgliedern eine abschließende Übereinstimmung zwischen dem jeweils zuständigen Leiter Industrial Relations und dem betroffenen Betriebsratsmitglied nicht herbeigeführt werden kann, erfolgt auf Antrag des zuständigen Betriebsratsvorsitzenden über den Betriebsausschuss des Gesamtbetriebsrats eine Nachprüfung und Entscheidung durch den Arbeitsdirektor.

B. Zeitweises Nachrücken von nicht freigestellten Betriebsratsmitgliedern und Ersatzmitgliedern

Nicht freigestellte Betriebsratsmitglieder oder Ersatzmitglieder, die vorübergehend entsprechend C.1 halbtageweise freigestellt werden, erhalten eine Vergütung auf der Basis des Durchschnitts der letzten sechs abgerechneten Monate pro Tag der Freistellung, jedoch mindestens auf der unter II. A.1 b bzw. 2 b aufgeführten Basis.

III. Abschnitt: Abwesenheit von Betriebsratsmitgliedern

1. Wenn freigestellte Betriebsratsmitglieder außerhalb des Hauses tätig werden, melden sie sich bei dem jeweiligen Betriebsratsvorsitzenden oder dessen Stellvertreter ab. Bei Abwesenheit von mehr als einem Tag erfolgt zusätzlich eine Information an den zuständigen Leiter Labor Relations. Bei Teilnahme an Lehrgängen zu Schulungszwecken ist eine Abstimmung mit dem zuständigen Leiter Labor Relation erforderlich.

2. Wenn nicht freigestellte Betriebsratsmitglieder im Rahmen des Betriebsverfassungsgesetzes ihren Arbeitsplatz verlassen müssen, melden sie sich beim Vorgesetzten ab. Sofern sie außerhalb des Hauses tätig werden, kommt zusätzlich Absatz 1 zur Anwendung.

3. Wenn der Vorsitzende des Betriebsrats außerhalb des Hauses tätig wird, erfolgt eine Information an den Leiter Industrial Relations, bei Teilnahme an Lehrgängen zu Schulungszwecken erfolgt eine Abstimmung mit dem Leiter Industrial Relations.

IV. Abschnitt: Beendigung der Freistellung

1. Wird die Freistellung eines Betriebsratsmitglieds aufgehoben, so wird das Betriebsratsmitglied grundsätzlich an dem Arbeitsplatz eingesetzt, der seiner Einstufung entspricht. Soweit dem im Ausnahmefall betriebliche oder in der Person des Betroffenen liegende Gründe entgegenstehen, wird sichergestellt, dass das betroffene Betriebsratsmitglied eine gleichwertige Tätigkeit ausüben kann, sofern die dafür notwendigen Voraussetzungen vorliegen.

2. Soweit an einem neuen Arbeitsplatz eine zusätzliche Ausbildung notwendig wird, übernehmen die Gesellschaft die hierfür gegebenenfalls anfallenden Kosten.

3. Im Übrigen bleiben bestehende Rechte nach dem Betriebsverfassungsgesetz unberührt.

V. Abschnitt: Bürokraft für den Betriebsrat

Zur Erledigung der anfallenden Sekretariatsarbeiten wird dem Gesamtbetriebsrat und jedem Betriebsrat, der aus 11 und mehr Mitgliedern besteht, jeweils eine Vollzeitbürokraft zur Verfügung gestellt. Der Einsatz von Bürokräften bei

Betriebsräten mit weniger als 11 Mitgliedern erfolgt in Absprache mit dem örtlich zuständigen IR-Leiter. Ab 35 Betriebsratsmitgliedern werden 2 Bürokräfte zur Verfügung gestellt.

VI. Abschnitt: Schlussbestimmungen

1. Diese Vereinbarung tritt am ▪▪▪ in Kraft.
2. Sie ersetzt alle bisher getroffenen Absprachen und Betriebsvereinbarungen über Arbeitsfreistellung von Betriebsratsmitgliedern und Bezahlung freigestellter Betriebsratsmitglieder und Ersatzmitglieder.
3. Soweit sich durch betrieblich bedingte Gründe oder durch Neufassung von gesetzlichen oder tariflichen Bestimmungen die Notwendigkeit ergibt, die Aufgaben oder die Entlohnung der freigestellten und nicht freigestellten Betriebsratsmitglieder neu zu regeln, sind sich die Parteien dieser Vereinbarung einig, dass über den Umfang der Freistellungen und der für Betriebsratstätigkeit notwendigen Arbeitszeit für nicht freigestellte Betriebsratsmitglieder oder die Entlohnung erneut mit dem Ziel des Abschlusses einer neuen Vereinbarung zu verhandeln ist.
4. Diese Vereinbarung kann mit einer Frist von 3 Monaten zum Ende eines Kalenderjahres gekündigt werden.
5. Die gekündigte Betriebsvereinbarung gilt bis zum Abschluss einer neuen weiter.

Anlage 1: Anlage zur Betriebsvereinbarung „Arbeitsfreistellung von Betriebsratsmitgliedern und Bezahlung freigestellter Betriebsratsmitglieder und Ersatzmitglieder"

Arbeitnehmer	Freistellungen	Arbeitnehmer	Freistellungen	Arbeitnehmer	Freistellungen
bis 150	0	6.801–7.400	14	16.901–17.700	28
151–300	1	7.401–8.000	15	17.701–18.500	29
301–800	2	8.001–8.700	16	18.501–19.400	30
801–1.300	3	8.701–9.400	17	19.401–20.300	31
1.301–1.800	4	9.401–10.100	18	20.301–21.200	32
1.801–2.300	5	10.101–10.800	19	21.201–22.100	33
2.301–2.800	6	10.801–11.500	20	22.101–23.000	34
2.801–3.300	7	11.501–12.200	21	23.001–25.000	35
3.301–3.800	8	12.201–12.900	22	25.001–27.000	36
3.801–4.400	9	12.901–13.700	23	27.001–29.000	37
4.401–5.000	10	13.701–14.500	24	29.001–31.000	38
5.001–5.600	11	14.501–15.300	25	31.001–33.000	39
5.601–6.200	12	15.301–16.100	26		
6.201–6.800	13	16.101–16.900	27		

Bei mehr als 33.000 Arbeitnehmern erhöht sich die Zahl der Freistellungen für je weitere 2.000 Mitarbeiter um ein zusätzliches Mitglied.

Anlage 2: Berechnung der Stundenbasis für freigestellte BR-Mitglieder – Lohn/Gehalt

Die Feststellung gemäß Abschnitt II. A. 1 c) bzw. 2 c) der Betriebsvereinbarung, ob eine über II. A. 1 b) bzw. 2 b) übersteigende Stundenbasis heranzuziehen ist, wird wie folgt vorgenommen:

a) Der Monatslohn bzw. das Grundgehalt zuzüglich dem Entgelt für Mehr-, Sonn- und Feiertagsarbeit einschließlich der entsprechenden Arbeitszeitzuschläge, der Feiertags-, Krankheits- und Urlaubsdurchschnittsvergütung sowie der Durchschnittsvergütung für bezahlte Abwesenheit wird pro Monat, der bei der Berechnung zu berücksichtigen ist, durch die jeweilige Stundenrate, die dem Monatslohn bzw. Grundgehalt zugrunde liegt, dividiert. Es ergeben sich Stunden pro Monat einschließlich Äquivalenzstunden.

b) Die monatlichen Einzelergebnisse nach a) werden addiert und durch die Anzahl Monate geteilt, die bei der Berechnung zu berücksichtigen waren. Das Ergebnis ist die Durchschnittsstundenzahl pro Monat einschließlich Äquivalenz-Vergütung, soweit sie über den unter II. A. 1 b) bzw. 2 b) aufgeführten Stunden liegt.

2. Muster: Betriebliche Einigungsstelle

§ 1 Besetzung der Einigungsstelle

(1) Die Einigungsstelle besteht aus fünf Mitgliedern. Zwei Beisitzer werden vom Betriebsrat, zwei Beisitzer werden vom Arbeitgeber gestellt. Für die Dauer von drei Jahren wird Herr Richter am Arbeitsgericht ▪▪▪ zum Vorsitzenden der

Einigungsstelle bestellt. Widersprechen Betriebsrat und Arbeitgeber nicht innerhalb von sechs Monaten vor Ablauf der Amtszeit des Einigungsstellenvorsitzenden, verlängert sich die Amtszeit jeweils um weitere drei Jahre.

(2) Im Falle der Verhinderung wird zum Vorsitzenden der Einigungsstelle bestellt Herr Richter am Arbeitsgericht ▄▄▄.

(3) Auf Seiten des Betriebsrats wie auf Seiten des Arbeitgebers kann jeweils ein Mitglied der Einigungsstelle tätig werden, das nicht dem Betrieb angehört. Die Vergütung eines außerbetrieblichen Mitglieds der Einigungsstelle erfolgt gemäß § 76a BetrVG.

(4) Die Beisitzer der Einigungsstelle werden jeweils für eine Sitzung oder für einen Verhandlungsgegenstand von der jeweiligen Seite bestellt, für den Arbeitgeber durch den Personaldirektor ▄▄▄ und für den Betriebsrat durch Beschluss des Betriebsrats.

(5) Scheidet der Vorsitzende der Einigungsstelle während seiner Amtszeit aus, bestellen Arbeitgeber und Betriebsrat unverzüglich einen Nachfolger. Können sich die Parteien nicht auf einen Vorsitzenden einigen, erfolgt die Bestellung durch das örtlich zuständige Arbeitsgericht (§ 98 ArbGG).

§ 2 Anrufung der Einigungsstelle

(1) Sehen Gesetz, Tarifvertrag oder Betriebsvereinbarung Einvernehmen zwischen Arbeitgeber und Betriebsrat vor und ist es den Betriebspartnern nicht gelungen, in Verhandlungen das entsprechende Einvernehmen herzustellen, können Betriebsrat und Arbeitgeber die Einigungsstelle anrufen. Mit dem Anrufungsschreiben sind die wesentlichen, die Meinungsverschiedenheiten zwischen Arbeitgeber und Betriebsrat erhellenden Unterlagen beizufügen.

(2) Die Einigungsstelle ist zur Entscheidung von Regelungsstreitigkeiten zwischen Arbeitgeber und Betriebsrat zuständig.

(3) Die Einigungsstelle ist zuständig, wenn sie von beiden Betriebspartnern, unabhängig vom Rechtsgrund, einvernehmlich angerufen wird. In diesen Fällen wird die Einigungsstelle nur tätig, wenn beide Seiten mit ihrer einvernehmlichen Anrufung dem Vorsitzenden der Einigungsstelle mitteilen, dass sie einen etwaigen Spruch der Einigungsstelle als für beide Seiten verbindlich ansehen.

(4) Nach Anrufung der Einigungsstelle durch einen Betriebspartner lädt der Vorsitzende innerhalb von 10 Tagen die Mitglieder und zieht mit der Ladung die notwendigen Beweismittel bei, insbesondere Urkunden. Mit der Ladung können ferner Zeugen, Sachverständige und sonstige Beteiligte zum Termin hinzugezogen werden.

§ 3 Verfahren vor der Einigungsstelle

(1) Die Sitzungen der Einigungsstelle sind nicht öffentlich.

(2) Die Sitzungen der Einigungsstelle werden vom Vorsitzenden geleitet.

(3) Der Vorsitzende führt in den wesentlichen Streitstand ein.

(4) Arbeitgeber und Betriebsrat erhalten Gelegenheit, ihre Standpunkte zu erläutern.

(5) Der Vorsitzende der Einigungsstelle berät danach mit den Betriebspartnern gemeinsam und/oder getrennt. Hält er es für erforderlich, werden anschließend präsente Beweise erhoben.

(6) Bei allen Abstimmungen findet zunächst nur eine Abstimmung mit den Beisitzern statt. Stimmenthaltungen sind dabei zulässig. Kommt bei der Abstimmung eine Mehrheit nicht zustande, beraten die Betriebspartner zunächst weiter. Findet eine zweite Abstimmung statt, stimmt der Vorsitzende der Einigungsstelle mit ab.

(7) Über den Verfahrensverlauf und über die wesentlichen Diskussionspunkte fertigt der Vorsitzende der Einigungsstelle ein Protokoll. Das Protokoll wird vom Vorsitzenden unterzeichnet.

§ 4 Spruch der Einigungsstelle

(1) Die Einigungsstelle ist beschlussfähig, wenn sie ordnungsgemäß und vollständig besetzt ist. Entscheidungen können mit einfacher Mehrheit getroffen werden.

(2) Entscheidet die Einigungsstelle in einer Angelegenheit, bei der für den Betriebsrat ein Mitbestimmungsrecht besteht, durch Spruch, bindet der Spruch die Beteiligten. Im Falle einer Ermessensüberschreitung der Einigungsstelle entscheidet das Arbeitsgericht verbindlich.

§ 5 Kosten der Einigungsstelle

Die notwendigen Kosten der Einigungsstelle trägt der Arbeitgeber. Reisekosten und Spesen werden nicht erstattet. Honorare an den Vorsitzenden und an etwaige außerbetriebliche Beisitzer erfolgen nach Maßgabe von § 76a BetrVG. Über die Höhe des Streitwertes befinden die nichtbetriebsangehörigen Beisitzer. Betriebsangehörige werden für die Tätigkeit in der Einigungsstelle unter Fortzahlung ihrer Bezüge freigestellt. Für ihre Tätigkeit erhalten sie kein Honorar.

§ 6 In-Kraft-Treten

Diese Betriebsvereinbarung tritt mit ihrer Unterzeichnung in Kraft. Sie kann mit einer Frist von drei Monaten gekündigt werden. Zum Zeitpunkt der Kündigung anhängige Verfahren werden nach den Regeln dieser Betriebsvereinbarung zu Ende geführt.

3. Muster: Betriebsversammlungen

Zwischen

der Firma ▪▪▪

und

dem Betriebsrat der Firma ▪▪▪

wird gemäß § 43 BetrVG eine Betriebsvereinbarung über die regelmäßige Betriebsversammlung geschlossen.

§ 1 Planung der Betriebsversammlung

Die regelmäßigen Betriebsversammlungen (§ 43 Abs. 1 BetrVG) finden in ▪▪▪ statt. Der Termin der Betriebsversammlung wird durch den Betriebsrat bestimmt. Die für die Betriebsratsversammlung notwendigen Räume werden durch die Firma angemietet.

§ 2 Teilversammlung

(1) Die Betriebsversammlung wird wegen der Eigenart des Betriebes am Terminstage in Teilversammlungen um 9.00 Uhr und um 15.30 Uhr durchgeführt (§§ 42 Abs. 1, 44 Abs. 1 BetrVG).

(2) An der Teilversammlung um 9.00 Uhr können solche Arbeitnehmerinnen und Arbeitnehmer nicht teilnehmen, die an diesem Tage Frühschicht, Tagschicht sowie Büroarbeitszeit haben. An der Teilversammlung um 15.30 Uhr können solche Arbeitnehmerinnen und Arbeitnehmer nicht teilnehmen, die an diesem Tage Mittagschicht haben. Alle vorstehenden nicht besonders aufgeführten Arbeitnehmerinnen und Arbeitnehmer können nach ihrer Wahl an der Teilversammlung um 9.00 Uhr oder um 15.30 Uhr teilnehmen.

§ 3 Arbeitsfreistellung und Entgeltzahlung

(1) Arbeitnehmerinnen und Arbeitnehmer, die in Früh-, Tagschicht oder im Bürodienst arbeiten und deren Arbeitszeit nach 16.00 Uhr endet, werden ab 15.00 Uhr ohne Verdienstminderung von der Arbeit freigestellt. Arbeitnehmerinnen und Arbeitnehmer, die in Außenstellen arbeiten, werden so rechtzeitig von der Arbeit freigestellt, dass sie die Betriebsversammlung erreichen. Die Firma wird Autobusse für den rechtzeitigen Antransport bereitstellen. Die Freistellung erfolgt ab dem Zeitpunkt, zu dem Autobusse bereitgestellt werden oder bereitgestellt werden müssen.

(2) Die in Abs. 1 genannten Arbeitnehmerinnen und Arbeitnehmer erhalten während der Teilnahme an der Betriebsversammlung für die Zeit zwischen normalem Arbeitsende und Versammlungsende ihren Stundenlohn bzw. anteiliges Gehalt ohne Mehrarbeitszuschläge.

§ 4 Entgeltzahlung während der Betriebsversammlung

(1) Arbeitnehmerinnen und Arbeitnehmer, die an Teilversammlungen außerhalb der regelmäßigen Arbeitszeit teilnehmen, erhalten für die Dauer der Betriebsversammlung ihren Stundenlohn bzw. ihr anteiliges Gehalt.

(2) Die regelmäßige Arbeitsvergütung wird während der Dauer der Betriebsversammlung auch für solche Arbeitnehmerinnen und Arbeitnehmer gezahlt, für die Gleitzeitarbeitszeit vereinbart worden ist und deren Stammarbeitszeit vor 16.00 Uhr endet.

§ 5 Nachweis der Teilnahme

(1) Die Mitarbeiterin/der Mitarbeiter erhält die Arbeitsvergütung nach dieser Betriebsvereinbarung nur, wenn sie/er nachweist, dass sie/er an der Betriebsversammlung teilgenommen hat. Der Nachweis ist mit einer Kontrollkarte zu führen, die bis 1/2 Stunde nach Beginn der Betriebsvereinbarung ausgegeben und nach Beendigung der Betriebsversammlung persönlich am Ausgang abgegeben wird.

(2) In die Kontrollkarte sind Name, Anschrift und Personalnummer einzutragen.

§ 6 In-Kraft-Treten

Die Betriebsvereinbarung tritt am ▪▪▪ in Kraft. Sie kann mit einer Frist von drei Monaten zum Jahresende gekündigt werden.

4. Muster: Einheitlicher Betrieb[153]

Zwischen

der A-GmbH

und

der A-Tel-GmbH

und

dem Betriebsrat der A-GmbH

wird folgende Betriebsvereinbarung geschlossen:

Durch die vorliegende dreiseitige Betriebsvereinbarung erkennen die A-GmbH sowie die A-Tel-GmbH das Vorliegen eines einheitlichen Betriebes mit gemeinsamer Zuständigkeit des Betriebsrats der A-GmbH unter den nachfolgenden Konditionen an.

§ 1

Das Mandat des Betriebsrats für die A-Tel-GmbH endet, wenn keines der nachfolgenden Kriterien für einen gemeinsamen Betrieb der A-GmbH sowie der A-Tel-GmbH mehr zutreffen:

- Einheitlicher Leitungsapparat in Bezug auf Entscheidungen im Bereich der personellen und sozialen Angelegenheiten.
- Gemeinsame Nutzung von Betriebsmitteln (===, Drucker, Fax, Telefonanlage).
- Gemeinsame räumliche Unterbringung und exakte Übereinstimmung der Anschriften und Telefonnummern.
- Personelle, technische und organisatorische Verknüpfung der Arbeitsabläufe.
- Gemeinsame Lohnbuchhaltung.
- Gemeinsames Sekretariat.

§ 2

Soweit Streit über das Vorliegen der vorgenannten Kriterien besteht, entscheidet hierüber eine dreiköpfige Einigungsstelle unter Vorsitz eines einvernehmlich zu besetzenden Berufsrichters eines deutschen Arbeitsgerichtes. Die beiden anderen Beisitzer der Einigungsstelle werden paritätisch mit je einem Vertreter der A-GmbH sowie des Betriebsrats besetzt. Kommt keine Einigung über die Besetzung der Person des Vorsitzenden zustande, so entscheidet auf Antrag einer der beiden Parteien hierüber das Arbeitsgericht.

§ 3

Bis zum Zeitpunkt der Beendigung des Mandats des Betriebsrats für die A-Tel-GmbH hat dieser alle Rechte nach dem Betriebsverfassungsgesetz, insbesondere Informations-, Beteiligungs- und Mitwirkungsrechte nach dem Betriebsverfassungsgesetz im Hinblick auf die durchzuführenden Umstrukturierungen.

---

153 Bei fehlender Einigung über eine betriebsratsfähige Organisationseinheit stehen den Beteiligten die Rechte nach § 18 Abs. 2 BetrVG offen. Das Muster 5115 vermeidet eine streitige Auseinandersetzung, die in einem Beschlussverfahren münden würde (BAG 17.8.2005 – 7 ABR 62/04, n.v.).

5. Muster: Europäischer Betriebsrat[154]

Zwischen

der A&B-Gruppe

und

dem besonderen Verhandlungsgremium der A&B-Gruppe

wird nachfolgende Vereinbarung i.S.d. Artikel 6 der Richtlinie 94/95/EG vom 22.9.1994, S 1 EBRG geschlossen:

Präambel

Zielsetzung dieser Vereinbarung ist die Stärkung des Rechts auf grenzüberschreitende Unterrichtung und Anhörung zwischen Arbeitgebern und Arbeitnehmern auf europäischer Ebene. Die Bildung eines Europäischen Betriebsrats dient dem europaweiten Informations- und Meinungsaustausch auf der Basis einer vertrauensvollen Zusammenarbeit zwischen Arbeitnehmern und Arbeitgebern der im A&B-Konzern vertretenen Unternehmen.

§ 1 Organisation

(1) Die Arbeitnehmervertreter der A&B-Gruppe innerhalb des in Anlage 1 definierten Geltungsbereichs bestellen nach Maßgabe des in Anlage 2 niedergelegten Organisationsstatuts einen Europäischen Betriebsrat. Die Anlagen 1 und 2 sind Bestandteil dieser Vereinbarung.

(2) Das zentrale Management der A&B-Europa-AG und der Europäische Betriebsrat kommen vorbehaltlich von Sitzungen aus Anlass außergewöhnlicher Umstände i.S.v. § 2 Nr. 2 einmal im Jahr zu einer gemeinsamen eintätigen Sitzung zusammen. Sitzungsort ist ▬▬▬. Die Sitzungen sollen im ▬▬▬ eines jeden Jahres stattfinden. Die Sitzungen werden von dem Arbeitgebervertreter geleitet. Tagesordnung, Sitzungstermin, Sitzungsort und zu versendende Unterlagen werden zwischen dem Vorsitzenden des Europäischen Betriebsrats und dem zentralen Management abgestimmt.

(3) Die A&B-Europa-AG ist berechtigt, Vertreter der Arbeitgeberseite auch von der A&B-Europa-AG mit Sitz in Österreich zu entsenden. Darüber hinaus sollen Vertreter der zentralen Leitung teilnehmen. Weitere mögliche Teilnehmer sind die Leitungen der einbezogenen Unternehmen, sowie Mitglieder je nach Themen betroffener Arbeitsgruppen von A&B.

(4) Außerdem kann an den Sitzungen je ein entsprechend Nr. II.3 des Organisationsstatuts (Anlage 2) bestellter Arbeitnehmervertreter aus ▬▬▬ und ▬▬▬ als Gast teilnehmen. Für Gastländer wird keine zusätzliche Übersetzungsinfrastruktur bereitgestellt.

(5) Die Sitzungssprache ist deutsch. Einladungen und Protokolle werden in die Landessprache der Unternehmen des Geltungsbereichs übersetzt. Für die Sitzungstage werden Simultanübersetzungen sichergestellt.

§ 2 Information und Anhörung

(1) Die Information und Anhörung, sofern sie mindestens zwei Betriebe oder zwei Unternehmen in verschiedenen Mitgliedstaaten des Geltungsbereichs betrifft, bezieht sich vor allem auf folgende Bereiche:

- Struktur des Unternehmens oder der Unternehmensgruppe sowie die wirtschaftliche und finanzielle Lage,
- die voraussichtliche Entwicklung der Geschäfts-, Produktions- und Absatzlage,
- die Beschäftigungslage und ihre voraussichtliche Entwicklung,
- Investitionen (Investitionsprogramme),
- grundlegende Änderungen der Organisation,
- die Einführung neuer Arbeits- und Fertigungsverfahren,
- die Verlegung von Unternehmen, Betrieben oder wesentlichen Betriebsteilen sowie Verlagerungen der Produktion,
- Zusammenschlüsse oder Spaltungen von Unternehmen und Betrieben,
- die Einschränkung oder Stilllegung von Unternehmen, Betrieben oder wesentlichen Betriebsteilen,
- Massenentlassungen,

---

[154] Ein von der Schweiz aus geleitetes Unternehmen ist verpflichtet, dem Gesamtbetriebsrat des deutschen Unternehmens die Auskünfte zu erteilen, die zur Bildung eines europäischen Betriebsrats erforderlich sind (BAG 29.6.2004 – 1 ABR 32/99, NZA 2005, 118 = BB 2005, 440). Weiterhin entschied das BAG, dass der fingierten zentralen Leitung einer gemeinschaftsweit tätigen Unternehmensgruppe gemäß § 2 Abs. 2 Satz 3, Satz 4 EBRG die Erfüllung eines Auskunftsanspruchs nach § 5 Abs. 1 EBRG nicht bereits deswegen subjektiv unmöglich i.S.v. § 275 Abs. 1 BGB ist, weil sie selbst die erforderlichen Kenntnisse nicht besitzt, sondern sich diese erst von anderen Unternehmen der Gruppe beschaffen muss. Es steht insbesondere angesichts des Urteils des EuGH vom 13.1.2004 (Rs. C-440/00) keineswegs fest, dass ihr eigener Auskunftsanspruch gegen die Gruppenunternehmen in den übrigen Mitgliedstaaten der Europäischen Union dort nicht durchgesetzt werden könne.

- Informationen über sonstige wesentliche, die Mitarbeiterinteressen länderübergreifend herrührende Themen (z.B. Sicherheit, Hygiene und Umweltpolitik).

(2) Über außergewöhnliche Umstände, die erhebliche Auswirkungen auf die Interessen der Arbeitnehmer haben, hat die zentrale Leitung den Europäischen Betriebsrat rechtzeitig unter Vorlage der erforderlichen Unterlagen zu unterrichten und auf Verlangen anzuhören. Als außergewöhnliche Umstände gelten insbesondere

a) die Verlegung von Unternehmen, Betrieben oder wesentlichen Betriebsteilen,

b) die Stilllegung von Unternehmen, Betrieben oder wesentlichen Betriebsteilen,

c) Massenentlassungen.

(3) Die Unterlagen zu den jeweiligen Themen werden dem Europäischen Betriebsrat rechtzeitig zur Verfügung gestellt. Rechtzeitig heißt, den Europäischen Betriebsrat in einem Zeitpunkt anzuhören, in dem auf die geplante Maßnahme noch Einfluss genommen werden kann.

§ 3 Geheimhaltung, Vertraulichkeit

(1) Eine Informationspflicht nach § 2 dieser Vereinbarung besteht nur, soweit dadurch nicht Betriebs- oder Geschäftsgeheimnisse des Unternehmens oder der Unternehmensgruppe gefährdet werden.

(2) Die Mitglieder und Ersatzmitglieder des Europäischen Betriebsrats sind verpflichtet, Betriebs- und Geschäftsgeheimnisse, die ihnen wegen ihrer Zugehörigkeit zum Europäischen Betriebsrat bekannt geworden und von der Geschäftsleitung ausdrücklich als geheimhaltungsbedürftig bezeichnet sind, nicht zu offenbaren und zu verwerten. Dies gilt auch nach dem Ausscheiden aus dem Europäischen Betriebsrat.

§ 4 Schutz inländischer Arbeitnehmervertreter

Die Mitglieder des Europäischen Betriebsrats genießen bei der Wahrnehmung ihrer Aufgaben den gleichen Schutz und gleichartige Sicherheiten wie die Arbeitnehmervertreter nach den innerstaatlichen Rechtsvorschriften und/oder Gepflogenheiten des Landes, in dem sie beschäftigt sind.

§ 5 In-Kraft-Treten, Geltungsdauer, Fortentwicklung

(1) Die Vereinbarung tritt mit ihrer Unterzeichnung in Kraft.

(2) Sie ist beiderseits mit einer Frist von sechs Monaten zum Jahresende kündbar, erstmals zum ▬▬▬. Sie gilt bis zum Abschluss einer neuen Vereinbarung fort.

(3) Beide Seiten bekunden ihren Willen, bei Bedarf diese Vereinbarung zu verändern und sie dynamisch neuen Anforderungen des sozialen Dialogs in Europa einvernehmlich anzupassen.

Anlage 1

(1) Der Geltungsbereich der Vereinbarung erstreckt sich auf Unternehmen des A&B-Konzerns, für die die A&B-Deutschland-AG kontrollierendes Unternehmen i.S.v. § 6 des deutschen Gesetzes über Europäische Betriebsräte vom 28.10.1996 ist.

(2) Dies sind zum Zeitpunkt des Abschlusses der Vereinbarung folgende Unternehmen: ▬▬▬

Anlage 2

Nach § 1 Abs. 1 der Vereinbarung über die Zusammenarbeit zwischen der A&B-Gruppe und dem Europäischen Betriebsrat der A&B-Gruppe werden folgende Regelungen der Organisation des Europäischen Betriebsrats durch die zentrale Leitung anerkannt:

I. Name, Geltungsbereich

(1) Der Name des Gremiums lautet: „Europäischer Betriebsrat".

(2) Der Geltungsbereich ist in Anlage 1 zur Vereinbarung über die Zusammenarbeit zwischen der A&B-Gruppe und dem Europäischen Betriebsrat definiert.

II. Mitglieder

(1) Mitglieder im Europäischen Betriebsrat können nur frei gewählte und demokratisch legitimierte betriebliche Arbeitnehmervertreter sein, die in den Unternehmen der A&B-Gruppe im Geltungsbereich nach den bestehenden gesetzlichen Regelungen ausreichend vertreten sind.

(2) Die Dauer der Mitgliedschaft im Europäischen Betriebsrat beträgt vier Jahre, wenn sie nicht durch Abberufung oder aus anderen Gründen vorzeitig endet. Die Mitgliedschaft beginnt mit der Bestellung.

(3) Für die Zusammensetzung gilt: ▬▬▬

Alle zwei Jahre, vom Tage der konstituierenden Sitzung des Europäischen Betriebsrats an gerechnet, hat die zentrale Leitung zu prüfen, ob sich die Arbeitnehmerzahlen in den einzelnen Mitgliedstaaten derart geändert haben, dass sich eine andere Zusammensetzung des Europäischen Betriebsrats errechnet, wobei die Firma in Deutschland mit maximal drei Mitgliedern vertreten sein wird. Sie hat das Ergebnis dem Europäischen Betriebsrat mitzuteilen. Ist danach eine andere Zusammensetzung des Europäischen Betriebsrats erforderlich, veranlasst dieser bei den zuständigen Stellen, dass die Mitglieder des Europäischen Betriebsrats in den Mitgliedstaaten neu bestellt werden, in denen sich eine gegenüber dem vorhergehenden Zeitraum abweichende Anzahl der Arbeitnehmervertreter ergibt; mit der Neubestellung endet die Mitgliedschaft der bisher aus diesen Mitgliedstaaten stammenden Arbeitnehmervertreter im Europäischen Betriebsrat. Die Sätze 1 bis 3 gelten entsprechend bei Berücksichtigung eines bisher im Europäischen Betriebsrat nicht vertretenen Mitgliedstaats.

(4) Zum Zeitpunkt des Abschlusses der Vereinbarung ergibt dies die folgende Zusammensetzung des Europäischen Betriebsrats:

Deutschland	3
Frankreich	2
Italien	2
Österreich	1
Portugal	1

Es können Ersatzmitglieder bestellt werden.

(5) Die jeweiligen Mitglieder des Europäischen Betriebsrats werden nach den Regelungen der jeweiligen Vorschriften der innerstaatlichen Umsetzungsgesetze zur Richtlinie 94/95/EG vom 22.9.1994 bestellt. Gleiches gilt für ihre Abberufung.

(6) Die Mitgliedschaft im Europäischen Betriebsrat endet mit dem Erlöschen der Befugnis, nach den jeweiligen inländischen Vorschriften die Arbeitnehmer zu vertreten, durch Amtsniederlegung oder Abberufung durch das entsendende inländische Gremium.

(7) Die inländischen Arbeitnehmervertretungen teilen der zentralen Leitung die Namen der Mitglieder des Europäischen Betriebsrats, ihre Anschriften sowie die jeweilige Betriebszugehörigkeit unverzüglich mit.

III. Struktur

(1) Der Europäische Betriebsrat wählt auf seiner konstituierenden Sitzung aus seiner Mitte einen Vorsitzenden und einen stellvertretenden Vorsitzenden.

(2) Der Vorsitzende des Europäischen Betriebsrats, oder im Falle seiner Verhinderung der Stellvertreter, vertritt den Europäischen Betriebsrat im Rahmen der von ihm gefassten Beschlüsse. Zur Entgegennahme von Erklärungen, die dem Europäischen Betriebsrat gegenüber abzugeben sind, ist der Vorsitzende oder im Fall seiner Verhinderung der Stellvertreter berechtigt.

(3) Der Europäische Betriebsrat hat das Recht, am Sitzungstag nach § 1 Abs. 2 der Vereinbarung über die Zusammenarbeit zwischen der A&B-Gruppe und dem Europäischen Betriebsrat eine eigene Sitzung sowie Vor- und Nachbesprechungen am Sitzungsort durchzuführen und hierzu einzuladen. Der genaue Zeitpunkt ist mit der zentralen Leitung abzustimmen. Die Sitzungen des europäischen Betriebsrats sind nicht öffentlich. Die Sitzungen leitet der Vorsitzende, im Falle seiner Verhinderung der Stellvertreter.

(4) Der Europäische Betriebsrat bildet aus seiner Mitte einen Ausschuss von drei Mitgliedern, dem neben dem Vorsitzenden zwei weitere zu wählende Mitglieder angehören. Die Mitglieder des Ausschusses sollen in verschiedenen Mitgliedstaaten beschäftigt und der deutschen Sprache mächtig sein. Der Ausschuss führt die laufenden Geschäfte des Europäischen Betriebsrats.

(5) Die Beschlüsse des Europäischen Betriebsrats werden mit der Mehrheit der Stimmen der anwesenden Mitglieder gefasst.

IV. Kostenübernahme

(1) Die durch die Bildung und Tätigkeit des Europäischen Betriebsrats entstehenden Kosten trägt das Unternehmen. Gleiches gilt für laufende Allgemeinkosten, für Schrift- und Telefonverkehr sowie Büromaterial.

(2) Der Europäische Betriebsrat und der Ausschuss können sich durch einen Sachverständigen ihrer Wahl unterstützen lassen, soweit dies zur ordnungsgemäßen Erfüllung ihrer Aufgaben erforderlich ist. Der Sachverständige kann auch Beauftragter von Gewerkschaften sein. Der Europäische Betriebsrat hat einen Antrag auf Kostenübernahme unter Beifügung eines Kostenvoranschlags mit Kostenhöchstgrenze an die zentrale Leitung zu richten. Die Beauftragung erfolgt nur im Einvernehmen mit der zentralen Leitung.

III. Sonstige Regelungssachverhalte

1. Muster: Alkoholmissbrauch

Zwischen

der Firma ▄▄▄

und

dem Betriebsrat der Firma ▄▄▄

wird die nachfolgende Betriebsvereinbarung über Alkoholmissbrauch geschlossen:

§ 1 Mitnahme alkoholischer Getränke

Die Mitnahme alkoholischer Getränke in den Betrieb ist grundsätzlich verboten. Die Mitnahme ist nur aus besonderem Anlass gestattet. Ein solcher Anlass können betriebliche Feiern, Jubiläen oder Geschenksituationen sein, bei denen von einer Mitarbeiterin/einem Mitarbeiter einer anderen Mitarbeiterin/einem anderen Mitarbeiter eine Flasche Wein etc. zum Geschenk gemacht wird.

§ 2 Alkoholgenuss im Betrieb

Der Genuss von Alkohol im Betrieb während der Arbeitszeit ist grundsätzlich verboten. Das Alkoholverbot gilt auch während der Pausen. Jede Mitarbeiterin/Jeder Mitarbeiter hat den Betrieb in nüchternem Zustand zu betreten. Ausnahmen vom Verbot des Alkoholgenusses sind nur im Zusammenhang mit betrieblichen Feiern u.Ä. Gelegenheiten gestattet, wenn eine Zustimmung des zuständigen Vorgesetzten vorliegt.

§ 3 Verhinderung von Alkoholgenuss im Betrieb

Vorgesetzte mit Führungsverantwortung, der Sicherheitsingenieur, die Betriebs-, Bereichs- und Abteilungsleiter sind verpflichtet, im Rahmen ihrer Möglichkeiten dafür Sorge zu tragen, dass keine alkoholischen Getränke am Arbeitsplatz oder im Betrieb getrunken werden.

§ 4 Sofortmaßnahmen bei festgestellter Alkoholisierung

Stellt eine Mitarbeiterin/ein Mitarbeiter oder Vorgesetzter fest, dass Verdacht auf Angetrunkenheit oder Volltrunkenheit besteht, ist eine sofortige Entscheidung über die Nichtbeschäftigung der Mitarbeiterin/des Mitarbeiters herbeizuführen. Angetrunkenheit erkennt man erfahrungsgemäß an unsicherem Gang, Alkoholfahne sowie Beeinträchtigungen im Sprechen. Mitarbeiterinnen/Mitarbeiter, die derartige Merkmale feststellen, haben die Vorgesetzten zu unterrichten, Vorgesetzte haben eine Messung der Blutalkoholkonzentration bei der Mitarbeiterin/dem Mitarbeiter zu veranlassen.

Die Mitarbeiterin/Der Mitarbeiter soll in einem solchen Falle befragt werden, ob sie/er damit einverstanden ist, dass sie/er sich einem Atem-Alkohol-Test oder einer Blutentnahme durch einen Arzt unterzieht. Der Mitarbeiterin/Dem Mitarbeiter soll angeboten werden, dass bei der Alkoholüberprüfung ein Mitglied des Betriebsrats zugegen ist. Erklärt sich die Mitarbeiterin/der Mitarbeiter einverstanden, soll die Maßnahme durchgeführt werden. Erklärt sich die Mitarbeiterin/der Mitarbeiter nicht einverstanden, haben die Beteiligten einen Vermerk zu fertigen, aus dem die Feststellungen zur Alkoholisierung der Mitarbeiterin/des Mitarbeiters hervorgehen. Die Mitarbeiterin/Der Mitarbeiter ist sofort nach Hause zu schicken. Es ist sicherzustellen, dass sie/er nicht ihr/sein privates Kraftfahrzeug auf dem Nachhauseweg benutzt.

Der Vermerk ist der Personalabteilung unverzüglich vorzulegen. Der Vermerk ist vorab von dem Vorgesetzten und etwaigen Zeugen zu unterzeichnen.

§ 5 Häufigkeit des Fehlverhalten

Bei einmaligem Fehlverhalten durch Alkoholmissbrauch ist die Mitarbeiterin/der Mitarbeiter abzumahnen. Bei mehrmaligem Alkoholmissbrauch ist nach Abwägung aller Umstände des Einzelfalles eine ordentliche Kündigung auszusprechen, in extremen Fällen kann auch eine fristlose Kündigung als geeignetes Mittel in Betracht kommen, insbesondere dann, wenn aufgrund bestehender Unfallverhütungsvorschriften die Beschäftigung einer/eines wiederholt alkoholisierten Mitarbeiterin/Mitarbeiters in bestimmten Bereichen wie Außendienst, als Kraftfahrer, Bagger- oder Kranfahrer etc. untersagt ist.

Stellt sich heraus, beispielsweise aufgrund von Feststellungen des Werkschutzes, dass der Alkoholgenuss bei der Mitarbeiterin/dem Mitarbeiter Suchtcharakter hat, ist die Mitarbeiterin/der Mitarbeiter verpflichtet, sich einer Entziehungskur (Entgiftung und Reha-Maßnahme) zu unterziehen. Kommt sie/er dieser Aufforderung nicht nach, kann nach Abwägung aller Interessen eine ordentliche Kündigung ausgesprochen werden. Kommt die Mitarbeiterin/der Mitarbeiter der

§ 5 Betriebsvereinbarungen

Aufforderung nach, wird sie/er jedoch rückfällig, ist ebenfalls eine verhaltensbedingte Kündigung im Regelfalle gerechtfertigt.

§ 6 Geltungsbereich, In-Kraft-Treten
Die Betriebsvereinbarung gilt für alle Mitarbeiter i.S.d. Betriebsverfassungsgesetzes einschließlich der Auszubildenden. Sie tritt am Tage ihrer Unterzeichnung in Kraft. Sie kann mit einer Frist von drei Monaten gekündigt werden und wirkt nach bis zu dem Zeitpunkt, an dem sie durch eine andere Betriebsvereinbarung ersetzt wird.

2. Muster: Altersteilzeit (Bereich Chemie)[155]

Geschäftsführung und Gesamtbetriebsrat der ▬▬▬ schließen in Ergänzung zum Sozialplan folgende freiwillige Gesamtbetriebsvereinbarung über Altersteilzeit (ATZ):

Präambel
Die Vereinbarung regelt die Anwendung des „Gesetzes zur Förderung eines gleitenden Übergangs in den Ruhestand" (Altersteilzeitgesetz = ATG) vom 23.7.1996, des „Tarifvertrages zur Förderung der Altersteilzeit" in der Chemischen Industrie (TV-ATZ) vom 29.3.1996 in der Fassung vom 17.7.1996 und des Manteltarifvertrages für akademisch gebildete Angestellte in der Chemischen Industrie (MTV-AKAD) vom 5.3.1976 in der Fassung vom 23.10.1996.

§ 1 Geltungsbereich
Die Vereinbarung gilt für unbefristet beschäftigte Mitarbeiterinnen und Mitarbeiter der Firma, mit Ausnahme der leitenden Angestellten gemäß § 5 Abs. 3 BetrVG. Ebenfalls ausgenommen sind alle Beschäftigten der Niederlassung ▬▬▬.

§ 2 Anspruchsvoraussetzungen
(1) ATZ-Arbeit kann mit Mitarbeiterinnen und Mitarbeitern vereinbart werden, die
- das 55. Lebensjahr (bei Beginn des ATZ-Vertrages) vollendet haben und
- in den letzten fünf Jahren (vor Beginn der ATZ) mindestens 1.080 Kalendertage in einer versicherungspflichtigen Beschäftigung nach dem SGB III gestanden haben.

(2) Mitarbeiterinnen und Mitarbeiter, für die der TV-ATZ gilt (= Tarif-Mitarbeiter), haben einen Rechtsanspruch auf ATZ-Beschäftigung.

(3) Mitarbeiterinnen und Mitarbeiter, die dem MTV-AKAD unterstellt sind (= AT-Mitarbeiter), haben keinen Rechtsanspruch auf ATZ-Beschäftigung. Ihnen kann jedoch ATZ-Arbeit auf Basis des § 5 Nr. 5 MTV-AKAD angeboten werden.

§ 3 Überforderungsschutz
Die Firma behält sich für jede Niederlassung die Anwendung der Überforderungsschutzregelung des § 3 TV-ATZ vor.

§ 4 Verteilung der Arbeitszeit
(1) Die wöchentliche Arbeitszeit der Mitarbeiterin/des Mitarbeiters in ATZ beträgt die Hälfte der bisherigen wöchentlichen Arbeitszeit (d.h. bei der 37,5 Stunden-Woche 18,75 Stunden). Soweit vor Beginn der ATZ die Arbeitszeit nach § X MTV – bis zweieinhalb Stunden längere oder kürzere Wochenarbeitszeit – geregelt war, beträgt die wöchentliche Arbeitszeit die Hälfte der vereinbarten Arbeitszeit. Darüber hinaus gelten die besonderen Bestimmungen des § X TV-ATZ. Für AT-Mitarbeiter gelten die obigen Regelungen auf Basis der abrechnungstechnisch relevanten Arbeitszeit sinngemäß.

(2) Die ATZ-Arbeit gemäß Abs. 1 kann im Rahmen von zwei Modellen geleistet werden:

a) ATZ – Modell I
Bei diesem Modell wird die Arbeitszeit, die sich aus der Dauer des ATZ-Arbeitsverhältnisses von mindestens 24 bis höchstens 60 Monate ergibt, frei verteilt. Die Verteilung kann so erfolgen, dass die Mitarbeiterin/der Mitarbeiter z.B. regelmäßig halbtags oder in einem anderen Zeitrhythmus arbeitet.

Die Firma kann das Verlangen der Mitarbeiterin/des Mitarbeiters auf ATZ-Arbeit nach Modell I aus betriebsbedingten Gründen ablehnen, wenn sie ihr/ihm stattdessen eine Beschäftigung nach Modell II anbietet.

---

[155] Der Gesetzgeber hat einen neuen Begriff des Regelarbeitsentgelts gewählt (§ 4 Rn 708 ff.). Im Bereich Chemie wurden keine Anpassungen tarifvertraglich bei den Aufstockungszahlungen vorgenommen, so dass für Betriebsvereinbarungen zur Altersteilzeit weiterhin die frühere Rechtslage unverändert maßgeblich ist.

b) ATZ – Modell II

Bei diesem Modell wird die Arbeitszeit, die sich aus der Dauer des ATZ-Arbeitsverhältnisses von mindestens 24 bis höchstens 60 Monate ergibt, so verteilt, dass die Arbeitszeit unverändert in der ersten Hälfte des ATZ-Arbeitsverhältnisses geleistet wird (= Arbeitsphase) und die Mitarbeiterin/der Mitarbeiter in der zweiten Hälfte aufgrund des in der ersten Hälfte erworbenen Zeitguthabens von der Arbeit freigestellt wird (= Freistellungsphase).

(3) Für Mitarbeiterinnen/Mitarbeiter in ATZ-Arbeit entfällt der Anspruch auf Altersfreizeiten nach § 2a) MTV und § 5 Nr. 4 MTV-AKAD.

§ 5 Beantragung und Vereinbarung

(1) Die ATZ-Arbeit muss spätestens 3 Monate vor dem vorgesehenen Beginn des ATZ-Arbeitsverhältnisses beantragt werden. Bei Anwendung des Überforderungsschutzes gemäß § 3 können andere Fristen festgelegt werden.

(2) Aufgrund des Antrages erhält die Mitarbeiterin/der Mitarbeiter eine Auskunft über das zu erwartende Entgelt während des ATZ-Arbeitsverhältnisses und die nach dessen Beendigung zu erwartende Firmenpension. Im Zusammenhang mit der Auskunft wird die Mitarbeiterin/der Mitarbeiter außerdem über die in ihrem/seinem Fall mögliche Verteilung der ATZ-Arbeit informiert. Das gilt auch für AT-Mitarbeiter, wenn ihnen die Firma ATZ-Arbeit anbietet.

(3) Die ATZ-Vereinbarung wird mindestens einen Monat vor dem vertraglichen Beginn der ATZ-Arbeit zwischen der Firma und der Mitarbeiterin/dem Mitarbeiter schriftlich abgeschlossen.

(4) Das ATZ-Arbeitsverhältnis dauert mindestens 24 Monate, längstens jedoch fünf Jahre. Es endet durch den Übergang in den Ruhestand. Die Dauer des ATZ-Arbeitsverhältnisses und die Verteilung der ATZ-Arbeit werden in der ATZ-Vereinbarung festgelegt.

§ 6 Vergütung während ATZ

(1) Die Mitarbeiterin/Der Mitarbeiter erhält für die Dauer des ATZ-Verhältnisses das Arbeitsentgelt für die geleistete ATZ-Arbeit sowie eine Aufstockungszahlung.

(2) Die Aufstockungszahlung beträgt nach dem ATZ-TV 40% des Arbeitsentgelts für die geleistete ATZ-Arbeit, zusammen mit dem Arbeitsentgelt mindestens jedoch 85% des Nettoarbeitsentgelts, das die Mitarbeiterin/der Mitarbeiter ohne Eintritt in die ATZ-Arbeit erzielt hätte. Sofern sich nach dem ATG im Rahmen von jeweils sechs Kalendermonaten eine insgesamt höhere als die nach dem ATZ-TV im gleichen Zeitraum geleistete Aufstockungszahlung ergibt, erhält die Mitarbeiterin/der Mitarbeiter zusätzlich die Differenz.

Nicht zur Berechnungsgrundlage für die Aufstockungszahlung nach dem TV-ATZ gehören die steuerfreien Sonntags-, Feiertags- und Nachtarbeitszuschläge, das Urlaubsgeld, die vermögenswirksamen Leistungen, die Jahresleistung (Jahresendvergütung), die Jahressondervergütung/GVC-Leistung und die Jubiläumszuwendung. Alle etwaigen sonstigen, nicht arbeitszeitabhängigen Leistungen werden für die Berechnung der Aufstockungszahlung in jedem Fall nur in Höhe der Hälfte der Vollzeit-Leistung berücksichtigt.

Für die Berechnung des Nettoarbeitsentgelts sind die nach dem ATG erlassene Rechtsverordnung und die sich aus der Lohnsteuerkarte ergebende Steuerklasse maßgebend.

(3) Für Mitarbeiterinnen/Mitarbeiter in vollkontinuierlicher oder teilkontinuierlicher Wechselschichtarbeit berechnen sich die Zuschläge für Sonntags-, Feiertags- und Nachtarbeit nach dem tatsächlichem Umfang der geleisteten Sonntags-, Feiertags- und Nachtarbeit. Für die Aufstockungszahlung werden diese Zuschläge nur berücksichtigt, soweit sie steuerpflichtig sind.

Diese Mitarbeiterinnen/Mitarbeiter erhalten beim ATZ-Modell II für die Dauer der Freistellung eine Aufstockungszahlung, die zusammen mit dem in dieser Phase gezahlten Entgelt für die im Voraus geleistete ATZ-Arbeit mindestens 80% des theoretischen Vollzeitnettoarbeitsentgelts ergibt.

(4) Liegen die Voraussetzungen des § X MTV vor, erhalten Tarif-Mitarbeiter nach § 9 Abs. 2 TV-ATZ eine Aufstockungszahlung in Höhe des tariflichen Zuschusses bzw. der tariflichen Zuwendung und nach § 9 Abs. 3 TV-ATZ die Leistungen nach § Abs. 2 ATG.

(5) Während des Bestehens des ATZ-Arbeitsverhältnisses werden tarifliche Entgeltveränderungen bei beiden ATZ-Modellen entsprechend Mitarbeiterinnen/Mitarbeitern in Vollzeitarbeit berücksichtigt, d.h. unter Berücksichtigung der Modalitäten der jeweiligen ATZ-Modelle sowie der individuellen Arbeitszeit, bei ATZ-Modell II auch in der Freistellungsphase.

Gleiches gilt für betriebliche Entgeltregelungen wie Erfahrungszuwachsstufen und leistungsbezogene Vergütungen. Für die leistungsbezogene Vergütung wird die letzte Vergütungskategorie (VK), unabhängig davon, ob positiv oder negativ, vor der Freistellungsphase festgeschrieben und für die Entgeltverwaltung während der gesamten Freistellungsphase in Ansatz gebracht.

Während eines ATZ-Arbeitsverhältnisses wird aus betriebsbedingten Gründen keine Reduzierung des Basismonatsentgelts vorgenommen.

(6) Verminderungen der Vergütung, die durch Steuerpflicht entstehen, werden von der Firma nicht ausgeglichen.

Die Firma erbringt auch keinen Ausgleich für steuerliche Belastungen, die der Mitarbeiterin/dem Mitarbeiter dadurch entstehen, dass die Aufstockungszahlung dem Progressionsvorbehalt unterliegt.

(7) Die vorstehenden Vergütungsbestimmungen, mit Ausnahme des § 6 Abs. 3, gelten auch für AT-Mitarbeiter. § 6 Abs. 4 gilt analog für AT-Mitarbeiter.

§ 7 Zusatzbeitrag zur gesetzlichen Rentenversicherung

Neben den von der Firma zu tragenden Sozialversicherungsbeiträgen für das ATZ-Arbeitsverhältnis entrichtet die Firma für die Mitarbeiterin/den Mitarbeiter gemäß § 3 Abs. 1 Nr. 1 b ATG Beiträge zur gesetzlichen Rentenversicherung in Höhe des Unterschiedsbetrages zwischen 90 % des Entgelts, das die Mitarbeiterin/der Mitarbeiter erhalten hätte, wenn ihre/seine Arbeitszeit nicht durch das ATZ-Arbeitsverhältnis vermindert worden wäre, und dem Arbeitsentgelt für die ATZ-Arbeit, höchstens jedoch bis zur Beitragsbemessungsgrenze.

§ 8 Urlaub und Arbeitszeitverkürzung

Mitarbeiterinnen/Mitarbeiter, die auf der Basis des ATZ-Modell II beschäftigt werden, müssen Urlaubsansprüche und sonstige Zeitguthaben, die sich nicht aus dem ATZ-Modell II selbst ergeben, in der Zeit abbauen, in der sie noch zur Arbeitsleistung verpflichtet sind (Arbeitsphase). Nicht in der Arbeitsphase genommene Zeitguthaben verfallen, es erfolgt keine finanzielle Abgeltung. Für die Zeit der Freistellung von der Arbeit (Freistellungsphase) besteht kein Urlaubsanspruch.

§ 9 Sonstige Leistungen

(1) Während der Arbeitsphase des ATZ-Modell II erwirbt die Mitarbeiterin/der Mitarbeiter einen Anspruch auf eine ungekürzte Jahresendvergütung (zurzeit 95 % des tariflichen Vollarbeitszeitentgelts). Im Jahr des Übergangs von der Arbeitsphase in die Freistellungsphase wird der Anspruch anteilig gewährt.

In der Freistellungsphase erhält die Mitarbeiterin/der Mitarbeiter pro Monate 1/12 des jährlichen Anspruchs auf Jahresendvergütung nach dem „Tarifvertrag zur Förderung der Altersteilzeit".

(2) Urlaubsgeld und vermögenswirksame Leistungen werden für Tarif-Mitarbeiter in der Höhe gezahlt, die der TV-ATZ vorsieht. Während der Freistellungsphase erhält die Mitarbeiterin/der Mitarbeiter pro Monat 1/12 des jährlichen Urlaubsgeldanspruchs.

(3) Sofern eine Jahressondervergütung/GVC-Leistung gewährt wird, wird diese Leistung bei ATZ-Modell I jeweils zu 50 % bei jährlicher Betrachtungsweise für die Gesamtzeit der ATZ-Arbeit gezahlt, im Ein- und Austrittsjahr jedoch anteilig.

Bei ATZ-Modell II erfolgt die Gewährung zu 100 % für die Arbeitsphase, im Jahr des Übergangs in die Freistellungsphase entsprechend anteilig.

(4) Für AT-Mitarbeiter wird die monatliche FlexComp-Rückstellung für die Dauer des ATZ-Arbeitsverhältnisses in Höhe von 50 % des Vollzeit-Betrages gebildet.

Wahlweise kann für AT-Mitarbeiter, die nach ATZ-Modell II beschäftigt werden, für die Dauer der Arbeitsphase die Bildung der FlexComp-Rückstellung in Höhe des Vollzeit-Betrages erfolgen. In diesem Fall entfällt jedoch die Bildung von Rückstellungen in der Freistellungsphase.

(5) Fällt ein Firmenjubiläum in das ATZ-Arbeitsverhältnis, so erhält die Mitarbeiterin/der Mitarbeiter die jeweilige Jubiläumszuwendung unabhängig vom vereinbarten ATZ-Modell. Hat die Mitarbeiterin/der Mitarbeiter Anspruch auf die Zahlung eines Basismonatsentgelts, so wird das letzte Basismonatsentgelt vor Eintritt in die ATZ zugrunde gelegt.

(6) Verstirbt eine Mitarbeiterin/ein Mitarbeiter während des ATZ-Arbeitsverhältnisses, so erhalten die Anspruchsberechtigten die bisherigen laufenden Monatsbezüge für den Sterbemonat und die Leistungen aus der Sterbegeldordnung auf der Basis der zuletzt erhaltenen Bezüge (siehe hierzu auch § 5 Nr. 3. TV-ATZ).

§ 10 Betriebliche Altersversorgung

(1) Für die Gewährung von Versorgungsleistungen unter der jeweils maßgebenden Pensions-/Versorgungsordnung wird die Mitarbeiterin/der Mitarbeiter für die Dauer des ATZ-Arbeitsverhältnisses bis zu dessen Beendigung so gestellt, wie wenn sie/er in Vollzeit gearbeitet hätte. Dies wird dadurch erreicht, dass für die Dauer des ATZ-Arbeitsverhältnisses statt des tatsächlichen Beschäftigungsgrades von 50 % ein Beschäftigungsgrad von 100 % berücksichtigt wird. Für Mitarbeiterinnen/Mitarbeiter, die am 31.12.1996 das 55. Lebensjahr noch nicht vollendet haben, wird der bis dahin erworbene Besitzstand nach den Vorschriften der maßgebenden Pensions-/Versorgungsordnung dynamisiert, jedoch auf der Grundlage des Basisentgelts bei Vollzeit-Arbeit.

(2) Die erworbene Alterspension der Firma wird wegen der vorgezogenen Gewährung nach ATZ-Arbeit versicherungsmathematisch nicht gekürzt.

§ 11 Ausgleich für Kürzung der gesetzlichen Rente

Wird die gesetzliche Rente wegen der nach Ende der Altersteilzeit vorzeitigen Inanspruchnahme gekürzt, erhält die Mitarbeiterin/der Mitarbeiter von der Firma hierfür eine pauschale Abfindung. Der Höchstpauschalbetrag beträgt für Tarif-Mitarbeiter 12.800 EUR brutto und für AT-Mitarbeiter 15.500 EUR brutto. Der individuelle Pauschalbetrag ergibt sich aus dem Verhältnis des für die Mitarbeiterin/den Mitarbeiter maßgebenden %-Satzes der Kürzung zum maximal möglichen %-Satz der Kürzung, das mit dem zutreffenden Höchstpauschalbetrag multipliziert wird. Die Zahlung des Pauschalbetrages erfolgt innerhalb der letzten drei Kalendermonate vor der Beendigung des ATZ-Arbeitsverhältnisses.

§ 12 Freiwilligkeitsvorbehalt

Die in dieser Betriebsvereinbarung über den TV-ATZ oder das ATG hinausgehenden Leistungen werden nur den Mitarbeiterinnen/den Mitarbeitern gewährt, mit denen die Firma eine ATZ-Vereinbarung aufgrund betrieblicher Veranlassung geschlossen hat.

§ 13 Nebenbeschäftigung

(1) Die Mitarbeiterin/Der Mitarbeiter darf während des ATZ-Arbeitsverhältnisses keine Beschäftigungen oder selbständige Tätigkeiten ausüben, die die Geringfügigkeitsgrenze des § 8 SGB IV überschreiten oder für die sie/er aufgrund einer solchen Beschäftigung eine Lohnersatzleistung erhält. Unberücksichtigt bleiben Tätigkeiten, die die Mitarbeiterin/der Mitarbeiter schon innerhalb der letzten fünf Jahre vor Beginn der Teilzeitarbeit ständig ausgeübt hat.

(2) Wird durch Nebenbeschäftigungen oder Nebentätigkeiten die Geringfügigkeitsgrenze überschritten, entfällt der Anspruch auf die Aufstockungszahlung. Leistungen, die zu Unrecht bezogen worden sind, müssen erstattet werden.

§ 14 Schlussbestimmungen

(1) Diese Vereinbarung tritt mit Unterzeichnung in Kraft und endet ohne Nachwirkung am ▄▄▄. Für Mitarbeiterinnen/Mitarbeiter, die bis zum ▄▄▄ in ATZ eingetreten sind, gelten die Bestimmungen bis zum Ende ihres ATZ-Arbeitsverhältnisses weiter.

(2) Unabhängig von § 14 Abs. 1 kann diese Vereinbarung mit der gesetzlichen Frist von drei Monaten gekündigt werden, ohne dass eine Nachwirkung eintritt. Die Kündigung kann erstmals frühestens zum ▄▄▄ erfolgen.

(3) Künftige gesetzliche oder tarifliche Änderungen finden auf diese Vereinbarung Anwendung. Etwaige hierdurch für die Mitarbeiterinnen/Mitarbeiter entstehende Nachteile werden von der Firma nicht ausgeglichen.

(4) Soweit in dieser Betriebsvereinbarung oder in den ATZ-Vereinbarungen mit den Mitarbeiterinnen/Mitarbeitern nichts Abweichendes vereinbart ist, gelten für die Begründung und Abwicklung von ATZ-Arbeitsverhältnissen das ATG und der Tarifvertrag in der jeweils gültigen Fassung.

(5) Ergibt sich im Zuge der Anwendung dieser Vereinbarung ein zusätzlicher Regelungsbedarf, werden die entsprechenden Punkte durch gemeinsame Protokollnotizen zu dieser Vereinbarung geregelt.

Beide Seiten sind sich einig, dass für die technische Abwicklung verwaltungsfreundliche Lösungen unter Berücksichtigung der hierzu angebotenen Standardsoftware gefunden werden sollen. Dies gilt insbesondere für die Administration der ▄▄▄-Zuschläge in der Freistellungsphase.

3. Muster: Betriebsrente

Zwischen

der Firma ▄▄▄, vertreten durch ▄▄▄

und

dem Gesamtbetriebsrat der Firma ▄▄▄, vertreten durch den Gesamtbetriebsratsvorsitzenden ▄▄▄

wird folgende Betriebsvereinbarung über betriebliche Altersversorgung geschlossen:

Präambel

Die betriebliche Altersversorgung ist eine freiwillige soziale Leistung der Firma. Sie ergänzt die gesetzliche Rentenversicherung. Eine Anrechnung der Leistungen der gesetzlichen Rentenversicherung auf die Leistungen der betrieblichen Altersversorgung findet nicht statt.

§ 1 Leistungen

(1) Die Firma gewährt Leistungen der Alters-, Invaliden- und Hinterbliebenenversorgung.

(2) Eine Mitarbeiterin/Ein Mitarbeiter erhält

1. Altersruhegeld, wenn sie/er die Wartezeit erfüllt hat, ihr/sein Arbeitsverhältnis nach Vollendung des 65. Lebensjahres endet oder sie/er vor Erreichen der festen Altersgrenze vorgezogene Altersrente in Anspruch nimmt (Versorgungsfall);

2. Invalidenrente, wenn sie/er die Wartezeit erfüllt hat und ihre/seine Betriebszugehörigkeit vor Vollendung des 65. Lebensjahres wegen Erwerbs- oder Berufsunfähigkeit i.S. der gesetzlichen Rentenversicherung endet (Versorgungsfall). Die Zahlung von Invalidenrente entfällt mit dem Wegfall der Erwerbs- oder Berufsunfähigkeit vor Vollendung des 65. Lebensjahres.

(3) Der überlebende Ehegatte eines Versorgungsberechtigten erhält Hinterbliebenenrente, wenn der Versorgungsberechtigte bei Eintritt seines Todes die Wartezeit erfüllt hat. Hinterbliebenengeld wird nur gewährt, wenn die Ehe vor Eintritt des Versorgungsfalles, spätestens vor Vollendung des 65. Lebensjahres geschlossen worden ist. Die Zahlung des Hinterbliebenengeldes beginnt frühestens mit Vollendung des 45. Lebensjahres des Ehegatten. Vor Vollendung des 45. Lebensjahres beginnt die Zahlung des Hinterbliebenengeldes nur dann, wenn die Erwerbsfähigkeit um mindestens 50 v.H. gemindert ist oder ein nach Abs. 3 versorgungsberechtigtes Kind vorhanden ist. Die Zahlung des Hinterbliebenengeldes endet mit der Wiederverheiratung der Witwe.

(4) Kinder- und Waisengeld wird an Kinder von Versorgungsberechtigten gezahlt, wenn bei diesen ein Versorgungsfall eingetreten ist. Anspruchsberechtigt sind eheliche, für ehelich erklärte, als Kinder angenommene und nichteheliche Kinder. Kinder- und Waisengeld wird nur bis zur Vollendung des 18. Lebensjahres eines Kindes gezahlt. Nach Vollendung des 18. Lebensjahres, längstens jedoch bis zum 21. Lebensjahr wird Kinder- und Waisengeld nur gezahlt, wenn die Schul- und Berufsausbildung noch nicht beendet ist oder die Zeit des Grundwehrdienstes oder zivilen Ersatzdienstes andauert.

(5) Versorgungsleistungen werden nur gewährt, wenn der Arbeitnehmer bis zum Eintritt des Versorgungsfalles eine anrechnungsfähige Betriebszugehörigkeit von 10 Jahren erreicht hat.

§ 2 Höhe der Versorgungsleistungen

(1) Für jedes vollendete Jahr der Betriebszugehörigkeit wird ein nach Leistungsgruppen gestaffelter Betrag gezahlt. Die Einreihung in die Versorgungsgruppen erfolgt nach der Einreihung in die tariflichen Lohn- und Gehaltsgruppen.

(2) Das Ruhegeld beträgt in

Leistungsgruppe	Beträge	tarifliche Lohngruppe
A 1	1,69 EUR	A 1
A 2	2,48 EUR	A 2
usw. bis z.B. A 3	3,27 EUR	A 3

(3) Im Falle der Berufsunfähigkeit beträgt das Ruhegeld 2/3 der bei Erwerbsfähigkeit zu gewährenden Invalidenrente.

(4) Das Hinterbliebenengeld beträgt 60 v.H. des Ruhegeldes, das der verstorbene Ehegatte bezieht oder das er bezogen hätte, wenn er am Todestage erwerbsfähig geworden wäre.

(5) Das Kinder- und Waisengeld beträgt für jedes Kind 50 EUR/Monat.

§ 3 Bemessungsgrößen

(1) Als Zeiten der Betriebszugehörigkeit gelten nur solche Zeiten, die im Dienst der Firma oder solcher Unternehmen zurückgelegt sind, an denen die Firma mehrheitlich beteiligt ist. Wird das Arbeitsverhältnis ohne Verschulden der Mitarbeiterin/des Mitarbeiters unterbrochen, so gilt die Unterbrechung als nicht erfolgt, wenn sie nicht länger als sieben Tage, nach den ersten 10 Jahren nicht länger als 26 Wochen, bei 25 Jahren Betriebszugehörigkeit 65 Wochen, 40 Jahren 117 Wochen dauert. Bei längeren unverschuldeten Unterbrechungen werden die Dienstzeiten zusammengerechnet.

(2) Für die Zuordnung zu einer Leistungsgruppe ist bei der Altersrente der Stand fünf Jahre vor Eintritt des Versorgungsfalles, in allen übrigen Leistungsarten der Stand bei Eintritt des Versorgungsfalles entscheidend.

(3) War eine Mitarbeiterin/ein Mitarbeiter ganz oder vorübergehend teilzeitbeschäftigt, so wird die Versorgungsleistung der gesamten anrechenbaren Betriebszugehörigkeit im Verhältnis der vereinbarten zur tariflichen Arbeitszeit gekürzt.

§ 4 Anpassung der Renten

Alle laufenden Versorgungsleistungen werden nach § 16 BetrAVG alle drei Jahre angepasst.

§ 5 Anpassung der Versorgungsanwartschaft

Die Versorgungsanwartschaften werden alle drei Jahre, erstmals zum ▬▬▬, für danach eintretende Versorgungsfälle auf Anpassung überprüft. Bei der Überprüfung sind insbesondere die Ergebnisse der gesetzlichen Anpassungsüberprüfung und die wirtschaftliche Lage der Firma zu berücksichtigen.

§ 6 Anzeige- und Meldepflicht

Alle Empfänger von Versorgungsbezügen sind verpflichtet, der die Versorgungsleistung zahlenden Stelle unverzüglich jede Änderung anzuzeigen im Hinblick auf:

1. Personen- und Familienstand,
2. Anschrift,
3. Konto und Bankverbindung,
4. Wegfall der Berufs- und Erwerbsfähigkeit vor Vollendung des 65. Lebensjahres.

§ 7 In-Kraft-Treten

(1) Die Versorgungsordnung tritt am ▬▬▬ in Kraft.

(2) Diese Betriebsvereinbarung gilt für alle Mitarbeiterinnen/Mitarbeiter, die am ▬▬▬ in einem Arbeitsverhältnis zur Firma ▬▬▬ stehen oder danach mit ihr ein Arbeitsverhältnis begründet haben. Sie gilt nicht für solche Mitarbeiterinnen/Mitarbeiter, denen die Firma eine einzelvertragliche Versorgungszusage erteilt hat.

4. Muster: Suchtprobleme

Bezüglich der Handhabung von Suchtproblemen in der Firma haben sich die Geschäftsführung und der Gesamtbetriebsrat auf das nachstehende Verfahren geeinigt:

§ 1

Dieses Verfahren gilt für alle Beschäftigten der Firma im Inland. Für die entsandten Beschäftigten im Ausland müssen individuelle Regelungen gefunden werden, die sich inhaltlich so weit wie möglich an das im Inland geltende Verfahren anlehnen.

§ 2

Sucht im Sinne dieses Verfahrens ist in erster Linie die Gefährdung durch die Abhängigkeit von Alkohol, Medikamenten und Drogen.

§ 3

Ziele dieses Verfahrens sind insbesondere:
- die Gesundheit der Beschäftigten zu erhalten,
- Suchtgefährdeten und -kranken möglichst frühzeitig ein Hilfsangebot zu unterbreiten,
- dem Suchtmittelmissbrauch entgegenzuwirken,
- die Gleichbehandlung der Betroffenen sicherzustellen,
- die Durchführung präventiver Maßnahmen für Mitarbeiterinnen/Mitarbeiter der Firma.

§ 4

Das Anbieten alkoholhaltiger Getränke, Nahrungs- und Genussmittel unterbleibt. Beschäftigte dürfen sich nach § ▬▬▬ der Unfallverhütungsvorschriften nicht durch Alkoholgenuss, Medikamente oder Drogen in einen Zustand versetzen, durch den sie sich selbst oder andere gefährden können.

§ 5

Suchterkrankungen sind von Fachleuten zu behandeln. In der Regel wird ▬▬▬ als Betriebssozialdienst und Beratungsstelle für die Firma im Rahmen präventiver Maßnahmen tätig. Die individuelle Fallbehandlung erfolgt in den Einrichtungen der vorgenannten Stelle. Zu den präventiven Maßnahmen, die diese durchzuführen hat, gehört insbesondere, dass sämtliche Vorgesetzten und der Betriebsrat systematisch über Abhängigkeitserkrankungen zu schulen sind. Diese Schulung ist deshalb von besonderer Bedeutung, weil das Thema Sucht enttabuisiert werden muss und vor allem die Vorgesetzten und der Betriebsrat immer wieder sachbezogene Gespräche mit Betroffenen führen müssen.

§ 6

(1) Fällt ein/e Mitarbeiter/in wegen suchtbedingter Verletzungen seiner/ihrer arbeitsvertraglichen Pflichten auf und entsteht der Eindruck, dass er/sie suchtgefährdet ist, so führt der/die unmittelbare Vorgesetzte mit ihm/ihr ein vertrauliches Gespräch. Dieser/e Vorgesetzte hat im Gespräch mit dem/der Betroffenen Wege zur Hilfe aufzuzeigen, z.B. die in § 5 bezeichnete Stelle.

Über das Gespräch mit dem/der Betroffenen wird Stillschweigen bewahrt. Es werden keine Aufzeichnungen gefertigt. Von dem/der Vorgesetzten wird der Zeitpunkt des Gesprächs festgehalten.

(2) Ist im Verhalten des/der Betroffenen in übersehbarer Zeit (ca. sechs Wochen) keine positive Veränderung festzustellen und verletzt der/die Betroffene weiterhin seine/ihre arbeitsvertraglichen Pflichten, so ist auf Veranlassung des/der unmittelbaren Vorgesetzten ein weiteres Gespräch zu führen. Das Gespräch hat keine personellen Konsequenzen. Der/die Betroffene wird auf den weiteren Fortgang des Verfahrens laut Gesprächsprotokoll hingewiesen. Ihm/ihr werden erneut Wege zur Hilfe aufgezeigt. Der Zeitpunkt des Gesprächs wird von dem/der Vorgesetzten festgehalten.

(3) Ändert sich das Verhalten des/der Betroffenen in der nächsten Zeit (ca. weitere vier bis sechs Wochen) nicht, führen Abteilungsleitung und Betriebsrat ein gemeinsames Gespräch mit ihm/ihr.

Dem/der Betroffenen wird noch einmal eindringlich geraten, das Hilfsangebot in Form der Beratungsstelle anzunehmen. Er/sie werden auf das weitere Verfahren laut Gesprächsprotokoll hingewiesen, das die Einschaltung der Personalabteilung im nächsten Schritt beinhaltet.

Ist in dem Verhalten des/der Betroffenen in einem überschaubaren Zeitraum (mindestens weitere vier Wochen) noch immer keine positive Veränderung festzustellen, so findet auf Veranlassung der Abteilungsleitung ein neues Gespräch statt, an dem neben dem in § 6 Abs. 3 Satz 1 genannten Personenkreis auch der/die Leiter/in der Personalabteilung teilnimmt. Der/die Betroffene erhält eine mündliche Verwarnung und die Auflage, ein konkretes Hilfsangebot in einem Zeitraum von zwei Wochen wahrzunehmen. Im Gespräch stellt der/die Leiter/in der Personalabteilung klar, dass bei Ablehnung des Hilfsangebots unmittelbar nach der Bedenkzeit von zwei Wochen arbeitsrechtliche Konsequenzen gezogen werden, d.h. Umwandlung der mündlichen Verwarnung in eine schriftliche Abmahnung.

(4) Verletzt der/die Kranke danach weiterhin seine arbeitsvertraglichen Pflichten und lehnt er/sie immer noch eine ambulante bzw. therapeutische Maßnahme ab, so führt der/die Leiter/in der Personalabteilung mit ihm/ihr ein weiteres Gespräch unter Beteiligung der Abteilungsleitung und des Betriebsrats. In dem Gespräch erteilt der/die Personalleiter/in eine schriftliche Abmahnung und kündigt eine zweite schriftliche Abmahnung bei einem weiteren Verstoß gegen arbeitsvertragliche Pflichten an.

(5) Tritt keine Veränderung im Verhalten ein und ist der/die Kranke nach ca. zwei weiteren Wochen nicht bereit, eine ambulante Behandlung bzw. therapeutische Maßnahme anzunehmen, wird seitens der Personalabteilung die zweite schriftliche Abmahnung ausgesprochen und damit die Kündigung angedroht. Der/dem Betroffenen wird ein erneutes Hilfsangebot gemacht, mit der Verpflichtung, die Beratungsstelle dem/der Personalleiter/in gegenüber von der Schweigepflicht über die Häufigkeit der Kontakte, nicht über Inhalte, zu entbinden.

(6) Verstößt der/die Betroffene weiterhin gegen die arbeitsvertraglichen Pflichten und ist er/sie nicht bereit, eine ambulante Behandlung bzw. therapeutische Maßnahme anzunehmen, wird nach einer Bedenkzeit von einer Woche eine fristgerechte Kündigung ausgesprochen. Der/die Leiter/in der Personalabteilung weist darauf hin, dass frühestens nach einem Jahr über eine Wiedereinstellung gesprochen werden kann.

§ 7

(1) Bricht der/die Betroffene die individuelle ambulante Behandlung bzw. Therapie ab oder wird er/sie nach erfolgreicher Behandlung bzw. Therapie rückfällig und verstößt gegen arbeitsrechtliche Pflichten, spricht der/die Personalleiter/in eine schriftliche Abmahnung aus. In dem Gespräch wird der/die Betroffene eindringlich darauf hingewiesen, die Behandlung wieder aufzunehmen. Der/die Betroffene wird davon in Kenntnis gesetzt, dass bei einem erneuten Abbruch der Behandlung bzw. Therapie und einem weiteren Verstoß gegen arbeitsrechtliche Pflichten die fristgerechte Kündigung ausgesprochen wird.

(2) Bricht der/die Betroffene ein zweites Mal die individuelle ambulante Behandlung bzw. Therapie ab oder wird er nach zweiter erfolgreicher Behandlung bzw. Therapie rückfällig und verstößt gegen arbeitsrechtliche Pflichten, erhält er/sie die fristgerechte Kündigung.

§ 8

Die in dem Interventionsplan (§§ 6, 7) vorgesehenen Schritte können immer nur als Richtwerte und Richtzeiten angesehen werden und müssen im Einzelfall individuell und indikationsbedingt definiert und festgelegt werden. Hieran wirken Personalabteilung, Betriebsrat und behandelnde/r Therapeut/in einvernehmlich mit.

§ 9
Bei Rückkehr eines/r Suchtkranken, vor allem nach einer stationären Langzeittherapie, wird ihm/ihr nach Möglichkeit der bisherige Arbeitsplatz oder eine andere gleichwertige Stelle angeboten. Der/die Mitarbeiter/in muss einen Nachweis seitens der Beratungs- und Behandlungsinstitutionen vorlegen, dass er an allen erforderlichen Therapiemaßnahmen teilgenommen hat.

§ 10
Neben diesen von der Firma in die Wege geleiteten Hilfsmaßnahmen hat selbstverständlich jede/jeder Betroffene die Möglichkeit, sich persönlich und direkt außerhalb des Betriebes an die Beratungsstelle oder an andere ähnliche Einrichtungen zu wenden.

5. Muster: Übertarifliche Zulagen

§ 1 Geltungsbereich
(1) Diese Betriebsvereinbarung gilt für alle wahlberechtigten Arbeitnehmerinnen/Arbeitnehmer des Betriebes i.S.v. § 5 BetrVG.
(2) Die Betriebsvereinbarung regelt nur die Höhe allgemeiner, übertariflicher Zulagen. Sie erfasst nicht die Gewährung tariflicher Zulagen wie für Schicht-, Nacht- und Mehrarbeit, die tarifliche Erschwerniszulage sowie arbeitsplatzbezogene Zulagen.

§ 2 Bemessung der Zulage
(1) Die Geschäftsführung allein bestimmt, welchem Mitarbeiter bzw. welcher Mitarbeiterin im Einzelfall eine allgemeine, übertarifliche Zulage gewährt wird. Die Zulagengewährung kann mit einer Ankündigungsfrist von einem Monat jederzeit von der Geschäftsleitung widerrufen werden. Die Zulage kann befristet gewährt werden, es ist jedoch nicht zulässig, die Zulage an Bedingungen zu knüpfen.
(2) Die allgemeine, übertarifliche Zulage beträgt pro Beschäftigungsjahr ▬▬▬ EUR.

§ 3 Anrechnung bei Tariflohnerhöhungen
Zwischen den Parteien besteht Einigkeit, dass eine allgemeine, übertarifliche Zulage vom Arbeitgeber jederzeit auf Tariflohnerhöhungen angerechnet werden kann.[156]

§ 4 Kontrollbefugnisse des Betriebsrats
Zur Kontrolle der Einhaltung dieser Betriebsvereinbarung steht dem Betriebsrat sein Einsichtsrecht in die Bruttolohn- und Gehaltslisten zu. Außerdem verpflichtet sich die Geschäftsleitung, einmal jährlich den Betriebsrat über den Durchschnittswert der übertariflichen Zulagen zu unterrichten.

§ 5 Kündigung
Die Betriebsvereinbarung kann von beiden Parteien mit einer Frist von drei Monaten zum Monatsende gekündigt werden.

---

156 BAG 1.3.2006 – 5 AZR 363/05, DB 2006, 1377; BAG 7.2.1996 – 1 AZR 657/95, DB 1996, 1630.

6. Muster: Umweltschutz[157]

Zwischen

der Firma ▬▬▬, vertreten durch ▬▬▬

und

dem Betriebsrat der Firma ▬▬▬, vertreten durch den Betriebsratsvorsitzenden ▬▬▬

wird folgende freiwillige Betriebsvereinbarung zum Schutze der Umwelt geschlossen:

§ 1 Betrieblicher Umweltausschuss

(1) Zur Information und Beratung von Problemen und Maßnahmen im Umweltschutz bilden Unternehmensleitung und Betriebsrat einen Umweltausschuss.

(2) Der Ausschuss setzt sich aus einer gleichen Anzahl von Vertretern der Unternehmensleitung und des Betriebsrats sowie dem Umweltschutzbeauftragten zusammen. Auf Beschluss des Umweltausschusses kann dieser sachkundige Arbeitnehmerinnen/Arbeitnehmer aus dem Umweltschutz-Arbeitskreis in den Ausschuss benennen, die jedoch kein Stimmrecht haben.

(3) Der Ausschuss tritt regelmäßig einmal im Quartal zusammen. Sondersitzungen können jederzeit durch einzelne Ausschussmitglieder beantragt werden. Der Ausschussvorsitz wechselt jeweils von Jahr zu Jahr zwischen der Unternehmensleitung und den Arbeitnehmervertretern.

§ 2 Aufgaben des Ausschusses

Im Umweltausschuss werden alle in diesem Bereich anfallenden bzw. mit ihm in Verbindung stehenden Aufgaben und Maßnahmen beraten sowie betriebsinterne Aktivitäten koordiniert. Dazu gehören im Einzelnen:

- Erstellung einer sozial-ökologischen Betriebsbilanz
- Erarbeitung von Umweltkonzepten für Produktionsverfahren und Produkte
- Entwicklung eigener Konzepte zur Aus- und Weiterbildung zum Umweltschutz und deren Koordination
- Anregung und Unterstützung von betrieblichen Umweltschutz-Arbeitskreisen
- Überwachung und Koordination der Arbeit des Umweltschutzbeauftragten
- Information der Belegschaft über eventuelle Störfälle
- Beratung der Investitionen im Bereich des Umweltschutzes und Maßnahmen der Umweltvorsorge bei der Errichtung neuer Produktionsanlagen oder bei wesentlichen Veränderungen bestehender Anlagen.

§ 3 Informationspflichten

(1) Die Mitglieder des Umweltausschusses werden von der Unternehmensleitung jederzeit über die für sie notwendigen Maßnahmen unterrichtet. Außerdem muss den Mitgliedern auf deren Verlangen von der Unternehmensleitung das Recht eingeräumt werden, in die betrieblichen Akten Einsicht zu nehmen.

(2) Neben der Präsentation der jährlichen sozial-ökologischen Betriebsbilanz unterrichtet der Ausschuss in regelmäßigen Veröffentlichungen die Belegschaft über seine Arbeit zum Umweltschutz.

(3) Bei Störfällen aller Art werden die Ausschussmitglieder durch die Unternehmensleitung sowie die Belegschaft durch den Umweltausschuss sofort und umfassend informiert.

§ 4 Betriebliches Vorschlagswesen

(1) Für den Zeitraum von 12 Monaten nach In-Kraft-Treten dieser Betriebsvereinbarung werden sämtliche umweltpolitisch ausgerichteten Verbesserungsvorschläge nach dem Vergütungssatz des betrieblichen Verbesserungswesens honoriert.

(2) Nach Ablauf dieser Frist nehmen Unternehmensleitung und Betriebsrat unverzüglich darüber Verhandlungen auf, ob das Thema Umweltschutz als ständiger Themenschwerpunkt in das betriebliche Vorschlagswesen aufgenommen wird.

---

[157] Mit dem Betriebsverfassungsreformgesetz vom 23.7.2001 (BGBl. I S. 1852, Neufassung BGBl. I S. 2518) wurden mehrere Vorschriften in das Betriebsverfassungsgesetz eingefügt, die sich auf den betrieblichen Umweltschutz beziehen. Bisher gab es keine Norm, die dem Betriebsrat ausdrücklich eine Zuständigkeit für den betrieblichen Umweltschutz zuwies. Ausführlich: *Wiese*, Beteiligung des Betriebsrats beim betrieblichen Umweltschutz nach dem Gesetz zur Reform des Betriebsverfassungsgesetzes, BB 2002, 674.

§ 5 Umweltschutzbeauftragter

(1) Die Unternehmensleitung bestellt in Abstimmung mit dem Betriebsrat einen Umweltschutzbeauftragten.

(2) Um den Umweltschutzbeauftragten bei der Wahrnehmung seiner Aufgaben abzusichern, gelten für ihn die gleichen Kündigungsschutzregelungen wie bei Betriebsräten. Vor seiner Abberufung oder der Änderung seiner Aufgaben ist der Betriebsrat anzuhören.

§ 6 Umweltschutz-Arbeitskreise

(1) Interessierte Beschäftigte können jederzeit einen betrieblichen Arbeitskreis zum Umweltschutz bilden, der durch den Umweltausschuss unterstützt wird. Die jeweiligen Themen werden der Belegschaft bekannt gegeben.

(2) Die Vorschläge aus dem Arbeitskreis werden dem Umweltausschuss vorgelegt. Dieser muss in einer angemessenen Frist darüber entscheiden, ob und wie mögliche Vorschläge umgesetzt werden können; die Entscheidung ist dann der Unternehmensleitung und dem Arbeitskreis zuzuleiten. Sollte die Unternehmensleitung dem Vorschlag des Arbeitskreises und des Ausschusses nicht folgen, muss sie dies schriftlich begründen, um dem Arbeitskreis oder dem Ausschuss die Möglichkeit zu geben, den Vorschlag zu überarbeiten.

§ 7 Schlussbestimmungen

(1) Weitergehende Mitwirkungs- und Mitbestimmungsrechte des Betriebsrats und des Umweltschutzbeauftragten bleiben durch diese Vereinbarung unberührt.

(2) Die Vereinbarung tritt am ▄▄▄ in Kraft. Sie kann mit einer Frist von drei Monaten zum Ende eines Kalenderjahres gekündigt werden. Die Kündigung bedarf der Schriftform.

Kapitel 2: Erzwingbare Betriebsvereinbarungen

A. Erläuterungen

I. Gegenstand erzwingbarer Betriebsvereinbarungen

83 Immer dann, wenn der Betriebsrat über ein erzwingbares Mitbestimmungsrecht verfügt, kann er auch durch **Anrufung der Einigungsstelle**, sofern die Verhandlungen gescheitert sind, erreichen, dass es zum Abschluss einer Betriebsvereinbarung kommt.[1]

84 Gegenstand erzwingbarer Betriebsvereinbarungen können als Normenvertrag Regelungen über Inhalt, Abschluss und Beendigung von Arbeitsverhältnissen, sog. Inhaltsnormen (Muster 5365), aber auch Gegenstände betrieblicher und betriebsverfassungsrechtlicher Fragen sein.[2] Gegenstand erzwingbarer Betriebsvereinbarungen bilden die gesetzlichen Beteiligungsrechte in sozialen, personellen und wirtschaftlichen Angelegenheiten. Im Zentrum der erzwingbaren Betriebsvereinbarungen steht § **87 Abs. 1 BetrVG** mit seinem **Katalog der 13 Einzeltatbestände**. Allgemeine Betriebsordnungen gehören nach § 87 Abs. 1 Nr. 1 BetrVG (Muster 5360, 5370 und 5375) hierzu ebenso wie Regelungen zur Arbeitszeit (§ 87 Abs. 1 Nr. 2 BetrVG; Muster 5300, 5305, 5310, 5315 oder 5325). Regelungen über die Verhütung von Arbeitsunfällen (§ 87 Abs. 1 Nr. 7; Muster 5505) ermöglichen dem Betriebsrat erzwingbare Betriebsvereinbarungen wie auch Regelungsgegenstände im Bereich des betrieblichen Vorschlagswesens (§ 87 Abs. 1 Nr. 12; Muster 5480 und 5485).

85 Tatbestände der erzwingbaren Mitbestimmung sind auch außerhalb von § 87 BetrVG, so bei den personellen Angelegenheiten, geregelt. Beispielsweise der Tatbestand einer Auswahlrichtlinie ermöglicht dem Betriebsrat nach § 95 Abs. 1 BetrVG die Durchsetzung einer Betriebsvereinbarung (Muster 5470 und 5475). Der Wortlaut von Personalfragebogen unterliegt nach § 94 BetrVG ebenso der vollen Mitbestimmung des Betriebsrats wie die Durchführung von Maßnahmen der betrieblichen Berufsbildung (§ 98 Abs. 1 BetrVG).

86 Die Einführung eines Personalinformationssystems wie PAISY unterliegt der erzwingbaren Mitbestimmung sowohl nach § 87 Abs. 1 Nr. 1 BetrVG als auch nach § 87 Abs. 1 Nr. 6 BetrVG.[3] Die Betriebsvereinbarung Muster 5427 entspricht dieser Anforderung. Fragen der Arbeitszeitgestaltung haben ihre Rechtsgrundlage in § 87 Abs. 1 Nr. 2 BetrVG (Muster 5300, 5305, 5310, 5315, 5325 und 5330). Mit der Reform des BetrVG im Jahre 2001[4] wurde ein neuer Mitbestimmungstatbestand bei Gruppenarbeit in § 87 Abs. 1 Nr. 13 BetrVG n.F. geschaffen.

II. Nachwirkungen erzwingbarer Betriebsvereinbarungen

87 Mit ihrer Beendigung verliert die Betriebsvereinbarung zwar grundsätzlich ihre unmittelbare und zwingende Wirkung.[5] Gemäß § 87 Abs. 4 BetrVG entfalten Betriebsvereinbarungen im Bereich der erzwingbaren Mitbestimmung jedoch Nachwirkung. Sie gelten fort, bis sie durch eine andere Abmachung, die nicht eine Betriebsvereinbarung sein muss, ersetzt werden. Nachwirkung besteht grundsätzlich auch bei befristeten Betriebsvereinbarungen, die mit Zeitablauf enden.[6] Die Nachwirkung kann allerdings in jeder Betriebsvereinbarung ausgeschlossen werden.[7]

III. Verbotene Regelungsgegenstände

88 Zu den **unzulässigen** Regelungsgegenständen in einer Betriebsvereinbarung gehört, aus Betriebsbußen erlangte Gelder dem Betriebsrat zuzusprechen. Das BAG hat außerdem am 29.9.2004[8] entschieden, Arbeitgeber und Betriebsrat könnten keine wirksame Vereinbarung treffen, durch die sich der Arbeitgeber verpflichte, an den Betriebsrat im Falle der Verletzung von Mitbestimmungsrechten eine Vertragsstrafe zu zahlen. Der Betriebsrat sei grundsätzlich nicht vermögensfähig. Eine Ausnahme bestehe nur insoweit, als § 40 BetrVG

---

[1] BAG 9.2.1989 – 8 AZR 310/87, EzA § 77 BetrVG 1972 Nr. 27.
[2] *Fitting u.a.*, BetrVG, § 77 Rn 45.
[3] BAG 14.9.1984 – 1 ABR 23/82, AP § 87 BetrVG 1972 Überwachung Nr. 9; BAG 23.4.1985 – 1 ABR 39/81, AP § 87 BetrVG 1972 Überwachung Nr. 11; BAG 11.3.1986 – 1 ABR 12/84, AP § 87 BetrVG 1972 Überwachung Nr. 14; *Hümmerich/Gola*, Personaldatenrecht im Arbeitsverhältnis, S. 22.
[4] Gesetz zur Reform des Betriebsverfassungsgesetzes vom 23.7.2001 (BGBl. I S. 1852).
[5] BAG 26.4.1990 – 6 AZR 278/88, DB 1990, 1871.
[6] *Fitting u.a.*, BetrVG, § 77 Rn 152.
[7] BAG 17.1.1995 – 1 ABR 29/94, NZA 1995, 1010.
[8] BAG 29.9.2004 – 1 ABR 30/03, BAGE 112, 96 = NZA 2005, 163.

Kapitel 2: Erzwingbare Betriebsvereinbarungen

Ansprüche auf Erstattung der durch die Tätigkeit des Betriebsrats entstehenden Kosten vorsehe. An den Betriebsrat zu zahlende Vertragsstrafen kenne das Gesetz nicht.

B. Texte

I. Arbeitszeit

1. Muster: Arbeiten an Wochenenden und Feiertagen

Zwischen

der Firma ■■■

und

dem Betriebsrat der Firma ■■■

wird folgende Betriebsvereinbarung über die Durchführung von Arbeiten an Wochenenden und Feiertagen geschlossen:

Präambel

Geschäftsführung und Betriebsrat haben das gemeinsame Ziel, alle Arbeiten innerhalb der betrieblichen Arbeitszeit nach § 2 letzter Satz der Betriebsvereinbarung über Arbeitszeitregelung (Muster 5305) in der Fünftagewoche von montags bis freitags durchzuführen.

Arbeitseinsätze an Wochenenden und Feiertagen sind deshalb nach Möglichkeit zu vermeiden. Die Planung des Arbeitsanfalls ist auf dieses Ziel hin auszurichten.

Die Geschäftsführung hat vor der Beantragung von Arbeitseinsätzen für Wochenenden und/oder Feiertagen sorgfältig zu prüfen, ob die erforderlichen Arbeiten nicht durch andere geeignete Maßnahmen (z.B. andere Arbeitsverteilung, Verschiebung von Prioritäten und Terminen usw.) erledigt werden können.

Für die Erreichung dieses Zieles ist die erforderliche Personalplanung durchzuführen.

Mit dieser Betriebsvereinbarung werden einzelvertragliche Rechte der Mitarbeiterinnen/Mitarbeiter nicht berührt.

Für gleichwohl sich aus betrieblichen Notwendigkeiten ergebende unvermeidliche Arbeitseinsätze an Wochenenden und/oder Feiertagen schließen Geschäftsführung und Betriebsrat die nachstehende Betriebsvereinbarung ab:

§ 1 Geltungsbereich

(1) Diese Vereinbarung gilt für alle Mitarbeiterinnen und Mitarbeiter (Arbeitnehmer i.S.d. § 5 BetrVG) der ■■■. Ausgenommen sind die Schülerinnen und Schüler der ■■■-Schule.

(2) Diese Vereinbarung regelt das Mitbestimmungsverfahren bei jedweder Wochenend- und/oder Feiertagsarbeit insbesondere

- im Falle von Projektarbeiten,
- im Zusammenhang mit Arbeitseinsätzen bei der Produktionsdurchführung sowie bei Notfällen,
- bei der Durchführung geplanter Installations- und Instandsetzungsarbeiten, die zur Vermeidung der Störung der Wochenproduktion am Wochenende bei der stillgelegten Anlage durchgeführt werden sollen.

(3) Diese Betriebsvereinbarung gilt nicht für Bereitschaftsdienste einschließlich der Arbeitseinsätze im Bereitschaftsdienst.

(4) Hinsichtlich der Begriffsbestimmung von Samstags-/Sonntagsarbeit und Feiertagsarbeit wird auf die Begriffsbestimmung in § 6 der Betriebsvereinbarung über Arbeitszeitregelung (Muster 5305) verwiesen. Die dortige Begriffsbestimmung ist kalendarisch zu verstehen. Die Anlage 1 zur Betriebsvereinbarung über Arbeitszeitregelung (Schichtdienst) bleibt unberührt.

§ 2 Antrags- und Genehmigungsverfahren im Zusammenhang mit Projektarbeiten und geplanten Installations- und Instandsetzungsarbeiten

(1) Bei erkennbarer Notwendigkeit von Wochenend- und/oder Feiertagsarbeit im Rahmen eines Projektes, insbesondere in der Schlussphase eines Projektes vor dem Übergabe- und Einführungstermin, ist beim Betriebsrat die Genehmigung dieser Arbeit an Wochenenden und/oder Feiertagen zu beantragen.

Hierbei sind die voraussichtlich betroffenen Mitarbeiterinnen und Mitarbeiter dem Betriebsrat ebenso wie die geschätzten Arbeitsstunden und ihre Verteilung auf die Wochenenden mitzuteilen.

Dieser Antrag auf Zustimmung zu Samstags-, Sonntags- und/oder Feiertagsarbeit beinhaltet eine dem frühen Zeitpunkt der Meldung angemessene quantitative Schätzung über die betroffenen Mitarbeiterinnen und Mitarbeiter und die erforderlichen Arbeitszeiten, die nicht in vollem Umfange der endgültigen Durchführung entsprechen muss.

(2) Der Antrag auf Zustimmung ist dem Betriebsrat spätestens zwei Wochen vor Beginn des betreffenden Kalendermonats, in dem die erwarteten Wochenend- und/oder Feiertagsarbeiten anfallen werden, bezogen auf den Kalendermonat, zur Genehmigung vorzulegen. Dem Betriebsrat steht nach Eingang des Antrags eine Frist von fünf Arbeitstagen zur Verfügung, in denen er dem Antrag zustimmen, teilweise zustimmen oder ihn ablehnen kann.

Lehnt der Betriebsrat ganz oder teilweise den Antrag ab, so hat er dies der Geschäftsführung in Stichworten nachvollziehbar zu begründen. Für Antrag und Antragsablehnung gilt die Schriftform.

Die Pflicht zur Begründung bei teilweiser oder ganzer Ablehnung des Antrages hat keinen Einfluss auf die Wirksamkeit der Entscheidung des Betriebsrats.

Lässt der Betriebsrat die Frist verstreichen, ohne eine Stellungnahme abzugeben, so gilt die beantragte Wochenend- und/oder Feiertagsarbeit als genehmigt.

(3) Wenn sich im Rahmen eines Projektes Situationen ergeben, durch die kurzfristiger Handlungsbedarf entsteht – z.B. weil absehbar ist, dass die gemäß Abs. 1 beantragten Zeiten überschritten werden könnten –, ist die geschätzte erforderliche Wochenend- und/oder Feiertagsarbeit beim Betriebsrat spätestens sieben Arbeitstage vor dem geplanten Einsatz zu beantragen.

Die Frist für den Betriebsrat verkürzt sich auf drei Arbeitstage. Im Übrigen gelten die Bestimmungen des Abs. 2.

Für Arbeitseinsätze nach Abs. 3 gilt eine jährliche Obergrenze von 0,75 Stunden pro beschäftigter Mitarbeiterin/beschäftigtem Mitarbeiter mit Ausnahme der Schülerinnen und Schüler der ▄▄▄-Schule.

Bei Überschreitung dieser jährlichen Obergrenze bedarf eine Ablehnung des Antrags der Geschäftsführung auf Arbeitseinsatz an Wochenenden und/oder Feiertagen keiner Begründung durch den Betriebsrat.

(4) Der Antrag der Geschäftsführung enthält folgende Angaben:
- Name der Mitarbeiterin/des Mitarbeiters,
- Datum des/der Tage/s, an dem/denen der/die Einsätze geplant sind,
- Anzahl der an den jeweiligen Tagen geschätzten Einsatzstunden,
- Grund des Arbeitseinsatzes.

(5) Die vorstehenden Bestimmungen gelten entsprechend für Arbeitseinsätze an Wochenenden und/oder Feiertagen bei geplanten Installations- und Instandsetzungsarbeiten gemäß § 1 Abs. 2.

§ 3 Antrags- und Genehmigungsverfahren bei Notfällen

(1) Werden im Rahmen der täglichen Produktionsdurchführung (z.B. Abstimmläufe, Programmfehler, Maschinenausfall, Jobablauffehler und Datenbankreorganisation nach Programmabstürzen) oder wegen dringendster Kundenwünsche Arbeitseinsätze an Wochenenden und/oder Feiertagen kurzfristig erforderlich, so sind diese unmittelbar nach Bekanntwerden der Erforderlichkeit spätestens um 9.00 Uhr des letzten Arbeitstages vor der notwendigen Wochenend- und/oder Feiertagsarbeit zu stellen.

Für die Dringlichkeit des Kundenwunsches gelten sinngemäß die Verpflichtungen des Abs. 5.

Der Antrag enthält in diesen Fällen – neben den unter § 2 Abs. 4 genannten Angaben – auch eine stichwortartige, gleichwohl nachvollziehbare Begründung dafür, dass der Antrag nicht früher gestellt werden konnte, also eine frühere Planbarkeit nicht gegeben war.

Die Zustimmung, teilweise Zustimmung oder Ablehnung der beantragten Wochenend- und/oder Feiertagsarbeit durch den Betriebsrat erfolgt bis 14.00 Uhr des letzten Arbeitstages vor dem geplanten Wochenend- und/oder Feiertagseinsatz. Gibt der Betriebsrat bis zu diesem Zeitpunkt keine Stellungnahme ab, gilt die beantragte Wochenend- und/oder Feiertagsarbeit als genehmigt.

(2) Die vorstehenden Bestimmungen gelten entsprechend für Arbeitseinsätze an Wochenenden und/oder Feiertagen für Installations- und Instandsetzungsarbeiten gemäß § 1 Abs. 2 dieser Betriebsvereinbarung.

(3) Die Fälle, in denen die Erforderlichkeit der Arbeit an Wochenenden und/oder Feiertagen nachweislich so spät bekannt wird, dass eine vorherige Meldung bis spätestens um 9.00 Uhr des letzten Arbeitstages vor dem betreffenden Wochenende und/oder Feiertag nicht mehr möglich ist, sind von der Geschäftsführung unverzüglich dem Betriebsrat, spätestens mit Ablauf des zweiten Arbeitstages der darauf folgenden Woche zu melden. Hierbei handelt es sich um unvorhergesehene Notfälle nach § 4.

Diese Information erfolgt schriftlich und enthält neben den unter § 2 Abs. 4 genannten Angaben auch eine nachvollziehbare Begründung dafür, dass der Antrag nicht früher gestellt werden konnte.

Arbeitseinsätze an Wochenenden und/oder Feiertagen, die vom Betriebsrat nach den Bestimmungen des vorstehend geregelten Verfahrens ganz oder teilweise abgelehnt wurden, können hinsichtlich des abgelehnten Teils auch nicht als Notfall durchgeführt werden.

(4) Für Arbeitseinsätze gemäß Abs. 3 von Mitarbeiterinnen und Mitarbeitern an Wochenenden und/oder Feiertagen gilt eine Obergrenze pro Mitarbeiterin/pro Mitarbeiter von zwei Arbeitseinsätzen pro Quartal.

(5) Soweit sich die Notwendigkeit zu kurzfristigen Arbeitseinsätzen an Wochenenden und/oder Feiertagen aufgrund von dringenden Kundenaufträgen ergibt, hat die Geschäftsführung das in ihren Kräften stehende und ihr wirtschaftlich Zumutbare zu tun, diese Kundenaufträge in der Zeit von Montag bis Freitag abzuwickeln und den Abgabetermin möglichst nicht auf den Monat zu vereinbaren.

§ 4 Notfalldefinition

(1) Die Erforderlichkeit von Arbeitseinsätzen an Wochenenden und/oder Feiertagen muss unabhängig von dem Willen des Arbeitgebers eintreten, d.h. von ihm selbst nicht vorsätzlich oder fahrlässig herbeigeführt worden sein.

(2) Als Notfälle im Sinne dieser Betriebsvereinbarung sind alle Situationen anzusehen, die sich einer vorherigen Planung entziehen und in denen die Nichtdurchführung des Arbeitseinsatzes an Wochenenden und/oder Feiertagen einen erheblich wirtschaftlichen Schaden für die Firma herbeiführen würde.

(3) Ein drohender wirtschaftlicher Schaden/Wettbewerbsnachteil kann auch darin entstehen, dass dieser bei einem Kunden eintreten würde und durch Arbeiten in der Zeit von montags bis freitags nicht verhindert werden könnte. Sinngemäß gelten die Verpflichtungen aus § 3 Abs. 5. Notfallarbeiten sind auf vorübergehende Arbeiten zu beschränken.

§ 5 Folgen der Ablehnung

Einsätze an Wochenenden und/oder Feiertagen, die nicht ordnungsgemäß beantragt oder zu denen die Zustimmung vom Betriebsrat ganz oder teilweise nicht erteilt wurde, dürfen hinsichtlich des abgelehnten Teils nicht angeordnet oder geduldet werden. Ein erneuter Antrag der Geschäftsführung auf Zustimmung zu einem bereits abgelehnten Einsatz ist nicht zulässig, es sei denn, dass sich neue Gründe für die Notwendigkeit der Durchführung des Arbeitseinsatzes/der Arbeitseinsätze an Wochenenden und/oder Feiertagen ergeben haben.

§ 6 Information der Mitarbeiterinnen und Mitarbeiter

(1) Die Geschäftsführung wird die betroffenen Mitarbeiterinnen und Mitarbeiter über die getroffene Entscheidung des Betriebsrats in Bezug auf die Arbeitseinsätze unterrichten und dafür Sorge tragen, dass die Entscheidung befolgt wird.

(2) Zeiten, die die Mitarbeiterinnen und Mitarbeiter an Wochenenden und/oder Feiertagen ohne Veranlassung der Geschäftsführung und ohne Bezug zur dienstlichen Tätigkeit zu privaten Zwecken in den Geschäftsräumen der Firma verbringen, gelten nicht als Arbeitseinsätze im Sinne dieser Betriebsvereinbarung. Diese Zeiten sind festzuhalten.

Auf Verlangen des Betriebsrats hat die Geschäftsführung durch Befragen der Mitarbeiterin/des Mitarbeiters dem Betriebsrat den nicht dienstlichen Charakter des Aufenthaltes der Mitarbeiterin/des Mitarbeiters nachvollziehbar darzulegen.

(3) Arbeitseinsätze der Mitarbeiterinnen und Mitarbeiter im Rahmen dieser Vereinbarung erfolgen in der Regel einvernehmlich. Soweit eine einvernehmliche Regelung nicht erzielt werden kann, ist die Geschäftsführung in Ausnahmefällen auch berechtigt, den Arbeitseinsatz anzuordnen. Sie hat hierbei auf wichtige private Gründe (z.B. Erkrankung eines nahen Angehörigen) Rücksicht zu nehmen.

§ 7 Besonderheiten

(1) An- und/oder Abreisen zu/von eigenen Schulungen gelten pauschal als durch den Betriebsrat genehmigt.

(2) Notwendige Zeiten für Wege von und zum Arbeitsplatz bei Arbeiten an Wochenenden und/oder Feiertagen nach § 2 Abs. 3 gelten mit 25 % als Arbeitszeit und werden entsprechend abgerechnet; für Arbeitseinsätze nach § 3 Abs. 1 gilt ein Satz von 50 %, für Arbeitseinsätze nach § 3 Abs. 3 gilt ein Satz von 100 %.

§ 8 Zusätzliche Information des Betriebsrats

(1) Der Betriebsrat erhält am zweiten Arbeitstag nach jedem Wochenende und/oder Feiertag zur Kontrolle in Bezug auf die Einhaltung dieser Betriebsvereinbarung eine Kopie der Pförtnerliste bzw. für die Außenstellen eine Kopie der Sekretariatsliste. Diese Listen enthalten folgende Angaben:

- Name der Mitarbeiterin/des Mitarbeiters
- Uhrzeit, zu der das Gebäude betreten wurde
- Uhrzeit, zu der das Gebäude verlassen wurde
- Grund der Anwesenheit.

Die Geschäftsführung gewährleistet, dass diese Listen ordnungsgemäß geführt werden.

(2) Der Betriebsrat erhält monatlich, spätestens am 15. Arbeitstag des Folgemonats, unaufgefordert eine Liste, aus der pro Mitarbeiterin/pro Mitarbeiter hervorgeht, an wie vielen Samstagen, an wie vielen Sonntagen, an wie vielen Feiertagen gearbeitet wurde und wie viele Arbeitsstunden an den einzelnen Tagen geleistet wurden. Diese Liste enthält die Summen dieser Zahlen für die Fachbereiche aller Ebenen und für die Firma insgesamt.

§ 9 Bewertung der Arbeitseinsätze

Die Abgeltung der Arbeitseinsätze an Wochenenden und/oder Feiertagen richtet sich nach der Betriebsvereinbarung über Arbeitszeitregelung (Muster 5305).

§ 10 Personelle Maßnahmen

Personelle Maßnahmen, die im Zusammenhang mit der Anwendung dieser Betriebsvereinbarung stehen, sind nur im Einvernehmen mit dem Betriebsrat zulässig.

§ 11 Folgen von Verstößen gegen diese Betriebsvereinbarung

(1) Verstößt die Geschäftsführung gegen die Bestimmungen dieser Betriebsvereinbarung, so verpflichtet sie sich, für jeden nachgewiesenen verschuldeten Verstoß gegen die Bestimmungen dieser Betriebsvereinbarung, einen Betrag in Höhe von ▪▪▪ EUR an einen betrieblichen Sozialfonds abzuführen. Über die Verwendung der Beträge in diesem Sozialfonds entscheiden Geschäftsführung und Betriebsrat gemeinsam.

(2) Für Verstöße gegen die Bestimmungen dieser Betriebsvereinbarung, für die die Geschäftsführung einen solchen Betrag an den betrieblichen Sozialfonds abzuführen hat, wird der Betriebsrat die Verhängung eines Zwangsgeldes nach § 23 Abs. 3 BetrVG nicht beantragen. Dies schließt eine rechtliche Verwertung nach § 23 Abs. 3 BetrVG in der Folgezeit nicht aus.

(3) Der Anspruch des Betriebsrats auf Zahlung des Betrages in den betrieblichen Sozialfonds nach dieser Bestimmung kann während drei Monaten nach Kenntnisnahme schriftlich geltend gemacht werden. Spätestens nach Ablauf von neun Monaten nach dem Vorfall ist die Geltendmachung ausgeschlossen. Der Anspruch ist dann verfallen.

Für die fristgerechte Geltendmachung genügt die inhaltliche Rüge eines bestimmten Verstoßes.

§ 12 Schlussbestimmungen

(1) Diese Vereinbarung tritt am ▪▪▪ in Kraft. Sie gilt vorerst bis zum ▪▪▪ und verlängert sich jeweils um ein weiteres Jahr, wenn sie nicht von einer der beiden Vertragsparteien mit dreimonatiger Frist vor Ablauf schriftlich gekündigt wird.

(2) Änderungen bzw. Ergänzungen im Einvernehmen zwischen beiden Vertragsparteien sind jederzeit möglich.

(3) Im Falle einer Kündigung gelten die Regelungen dieser Vereinbarung weiter, bis sie durch eine andere Abmachung ersetzt werden.

2. Muster: Arbeitszeitregelung zur Sollzeit

Zwischen

der Geschäftsführung der ▪▪▪

und

dem Betriebsrat der ▪▪▪

wird folgende Betriebsvereinbarung über Arbeitszeitregelung getroffen:

§ 1 Geltungsbereich

Diese Vereinbarung gilt für alle Mitarbeiterinnen und Mitarbeiter (Arbeitnehmer i.S.d. § 5 BetrVG) der ▪▪▪. Ausgenommen sind die Schüler der ▪▪▪.

§ 2 Bestimmung der monatlichen Sollzeit

Die tägliche Arbeitszeit für die Berechnung der monatlichen Sollzeit, die zurzeit 7,6 Stunden als Tagesnorm beträgt, wird festgelegt durch den Manteltarifvertrag in seiner jeweils gültigen Fassung. Arbeitstage sind alle Wochentage von Montag bis Freitag (Fünftagewoche) mit Ausnahme der gesetzlichen Feiertage.

§ 3 Besonderheiten bezogen auf die Sollzeit

Ausnahmeregelungen bedürfen einer besonderen Vereinbarung zwischen Geschäftsführung und Betriebsrat. Der bisherige Besitzstand findet dabei Berücksichtigung. Rosenmontag wird wie ein gesetzlicher Feiertag behandelt. Am Donnerstag vor Fastnacht (Weiberfastnacht) beträgt die Sollzeit 4 Stunden, am Fastnachtsdienst 5,5 Stunden. Zusätzlich ist in den Jahren, in denen keine ganztägige betriebliche Veranstaltung stattfindet, ein weiterer Arbeitstag arbeitsfrei, der einvernehmlich zwischen Geschäftsführung und Betriebsrat festgelegt wird.

Für Mitarbeiterinnen/Mitarbeiter, die aus betrieblichen Gründen an einem der arbeitsfreien Tage arbeiten müssen, sowie für Teilzeitkräfte ist mit dem Betriebsrat eine Ersatzlösung zu vereinbaren.

§ 4 Berechnung der monatlichen Sollstunden

Die monatlichen Sollstunden sind das Produkt aus Arbeitstagen x Tagesnorm nach § 2, korrigiert um eventuelle Ausnahmeregelungen.

§ 5 Gleitzeit, Kernzeit

Die Gleitzeit gilt für die offiziellen Arbeitstage vertraglich als vereinbart. Sie beginnt um 6.00 Uhr und endet um 20.00 Uhr (Normalarbeitszeit). Eine Kernzeit wird nicht festgelegt. Die Mitarbeiterin/der Mitarbeiter ist jedoch verpflichtet, ihre/seine An- bzw. Abwesenheitszeiten zwischen 9.00 Uhr und 15.00 Uhr (freitags zwischen 9.00 Uhr und 14.00 Uhr) in Abstimmung mit ihrem/seinem direkten Vorgesetzten so zu planen, dass eine sinnvolle Zusammenarbeit mit den Kolleginnen/Kollegen und die Auskunftsbereitschaft gegenüber Kunden gewährleistet ist. Geschäftsführung und Betriebsrat verpflichten sich, Verhandlungen aufzunehmen, wenn aus betrieblichen Gründen die Einführung einer Kernzeit notwendig erscheint.

§ 6 Begriffsbestimmung der unterschiedlichen Arbeitszeiten

Richtungsweisend für die monatliche Abrechnung durch den Monatsbericht bzw. Erfassungsbogen ist die nachstehende Darstellung:

Begriffsbestimmung	Zeitfestlegung	Bewertung
Normalarbeitszeit	6.00 Uhr bis 20.00 Uhr	Faktor 1,0 zur Abdeckung der Sollzeit Faktor 1,25 für Mehrarbeit
Nachtarbeitszeit	20.00 Uhr abends bis 6.00 Uhr morgens	Faktor 1,5
Samstagsarbeitszeit		
– Tag	6.00 Uhr bis 20.00 Uhr	Faktor 1,5
– Nacht	0.00 Uhr bis 6.00 Uhr 20.00 Uhr bis 24.00 Uhr	Faktor 1,75
Sonn-/Feiertagsarbeitszeit		
– Tag	6.00 Uhr bis 20.00 Uhr	Faktor 2,0
– Nacht	0.00 Uhr bis 6.00 Uhr 20.00 Uhr bis 24.00 Uhr	Faktor 2,25

Arbeitszeit in der Nacht, an Samstagen sowie an Sonn- und Feiertagen ist – ausgenommen in Notfällen – nur in Abstimmung mit dem Bereichs-/Abteilungsleiter und nach Genehmigung durch den Betriebsrat zulässig. Voraussetzung ist, dass ein wichtiger Grund vorliegt.

§ 7 Ermittlung von Mehrarbeit und Fehlzeiten

Mehrarbeit (Überstunden) bzw. Fehlzeiten werden zunächst aus der Differenz zwischen Sollstunden und Iststunden aus der monatlichen Normarbeitszeit ermittelt.

Differenz	Mehrarbeit	Fehlzeiten
0	nein	nein
> 0	nein	ja
< 0	ja	nein

Nacht-, Samstags-, Sonn- und Feiertagsstunden zählen grundsätzlich als Mehrarbeit (Überstunden). Kann die Mitarbeiterin/der Mitarbeiter aus einem für sie/ihn sehr wichtigen Grund ihre/seine Sollstunden nicht während der Normalarbeitszeit erfüllen und wünscht den Ausgleich durch Nacht-, Samstags- und/oder Sonn- und Feiertagsarbeit, so ist hierfür eine Sondergenehmigung vom Bereichs-/Abteilungsleiter erforderlich, die im Vorhinein einzuholen ist. Wird das Ansinnen der Mitarbeiterin/des Mitarbeiters akzeptiert, erfolgt in solchen Fällen eine 1 : 1 Verrechnung, und zwar bis zur Erfüllung der Sollzeit.

Ist aus geschäftlichen oder wirtschaftlichen Gründen eine Verschiebung der Sollzeit außerhalb der Normalarbeitszeit ganz oder teilweise erforderlich oder sinnvoll, bedarf dies der vorherigen Zustimmung des Betriebsrats.

§ 8 Verrechnung von Fehlzeiten

Ergibt sich aus der Differenz Sollstunden minus Iststunden aus der monatlichen Normalarbeitszeit eine Fehlzeit, so erfolgt automatisch eine Verrechnung mit dem Überstundenvortrag aus der Normalarbeitszeit der Vormonate unter Berücksichtigung des Bewertungsfaktors. Ist kein Guthaben aus der Normalarbeitszeit der Vormonate vorhanden oder reicht dieses Guthaben nicht aus, erfolgt in Abstimmung mit der Mitarbeiterin/dem Mitarbeiter ein Zugriff auf die Überstunden aus den übrigen Zeiten (Nachtarbeitszeit etc.) der Vormonate und des laufenden Monats, und zwar auch hier unter Berücksichtigung des jeweiligen Bewertungsfaktors. Die Mitarbeiterin/der Mitarbeiter hat darauf zu achten, dass ohne Abstimmung mit dem Bereichs-/Abteilungsleiter nicht mehr als 10 Minusstunden auf den neuen Monat vorgetragen werden. Ein Minusstunden-Vortrag ist 1 : 1 abzuleisten.

§ 9 Überstundenabrechnung, Freizeitverrechnung

Durch entsprechende Eintragung im Monatsbericht bzw. Erfassungsbogen reguliert die Mitarbeiterin/der Mitarbeiter ihre/seine Überstundenabrechnung in Bezug auf abzurechnende und/oder vorzutragende Stunden. Nimmt die Mitarbeiterin/der Mitarbeiter das Recht für sich in Anspruch, den Überstundenvortrag unter Berücksichtigung des Bewertungsfaktors in Freizeit umzusetzen, so ist die zeitliche Einplanung der Freizeit nur in Abstimmung mit dem direkten Vorgesetzten möglich, und zwar unter Berücksichtigung der betrieblichen Erfordernisse.

§ 10 Berechnung der Überstundenvergütung

Für die Überstundenbezahlung gilt die Formel:

Monatsbezüge lt. Vertrag: Monatssatz x (Überstunden x maßgeblicher Bewertungsfaktor)

Der Monatssatz, der zurzeit 162 Stunden beträgt, ist festgelegt im Manteltarifvertrag. Es gilt die jeweils gültige Fassung.

Anstelle der Monatsbezüge wird in diese Formel das höchste Tarifgehalt einschließlich der tariflichen Zulagen (Verantwortungszulage plus Sozialzulage) zuzüglich 10% eingesetzt, falls die Monatsbezüge diese Obergrenze übersteigen. Die Obergrenze beträgt zurzeit 3.789,18 EUR.

§ 11 Urlaubsentgelt aus Überstunden

Werden der Mitarbeiterin/dem Mitarbeiter in einem Kalenderjahr mehr als 50 Überstunden bezahlt, so erhält sie/er im Februar des übernächsten Jahres für jeden Urlaubstag des dem Bezugsjahr folgenden Jahres einen Jahresanteil von der abgerechneten Mehrarbeitsvergütung (ohne Nachtzuschläge) des Bezugsjahres als Urlaubsentgelt. Der Jahresanteil, der zurzeit 1/220 beträgt, ist festgelegt im Manteltarifvertrag. Es gilt die jeweils gültige Fassung. Übersteigt der errechnete Betrag für das Urlaubsentgelt 65% der Obergrenze nach § 10 (Höchstbetrag), so tritt anstelle des errechneten Betrages der Höchstbetrag.

§ 12 Regelung für Teilzeitkräfte

Die Überstunden aus der monatlichen Normalarbeitszeit von Teilzeitkräften werden erst dann mit Zuschlägen für Mehrarbeit bedacht, wenn die monatliche Sollzeit für Vollzeitkräfte überschritten wird. Das heißt, die errechneten Überstunden, die in der Differenz zwischen Sollstunden für Vollzeitkräfte und Sollstunden bezogen auf die Teilzeitkräfte liegen, werden mit dem Faktor 1,0 bewertet. Ansonsten gelten die gleichen Bedingungen wie für Vollzeitkräfte.

§ 13 Anpassung an den Manteltarifvertrag

Sieht ein neuer bzw. geänderter Manteltarifvertrag günstigere Bedingungen vor als diese Regelungen, so erfolgt eine Anpassung. Änderungen, die diese Betriebsvereinbarung betreffen, werden den Mitarbeiterinnen und Mitarbeitern schriftlich mitgeteilt. Insbesondere gilt dies für die tägliche Arbeitszeit (siehe § 2), den Monatssatz sowie die Obergrenze (siehe § 10) und den Jahresanteil (siehe § 11).

§ 14 Regelung für den Schichtbetrieb

Für die Mitarbeiterinnen/Mitarbeiter im Schichtbetrieb gilt diese Arbeitszeitregelung in allen Punkten, in denen weder der Manteltarifvertrag für das private Versicherungsgewerbe noch die Arbeitszeitregelung für den Schichtbetrieb (siehe Anlage 1) Abweichungen vorsieht.

§ 15 Schlussbestimmungen

(1) Diese Vereinbarung tritt am ▬▬▬ in Kraft. Sie ist auf ein Jahr getroffen und verlängert sich jeweils um ein weiteres Jahr, wenn sie nicht von einer der beiden Vertragspartner mit dreimonatiger Frist zum Ablauf schriftlich gekündigt wird.

Änderungen bzw. Ergänzungen im Einvernehmen zwischen beiden Vertragspartnern sind jederzeit möglich.

(2) Im Falle einer Kündigung gelten die Regelungen dieser Vereinbarung weiter, bis sie durch eine andere Abmachung ersetzt werden.

Anlage 1 zur Betriebsvereinbarung vom ▬▬▬ über die Sonderregelung der Arbeitszeit für den Schichtbetrieb (siehe § 14)

1. Bereich A

1.1

1. Schicht (Frühschicht): 6.00 Uhr bis 13.35 Uhr (7,58 Stunden)
2. Schicht (Spätschicht): 13.35 Uhr bis 21.10 Uhr (7,58 Stunden)

1.2 Die Zeit, die die Mitarbeiterin/der Mitarbeiter nach 20.00 Uhr arbeitet, ist gesondert zu erfassen. Nach Erreichen von jeweils 80 Stunden aus der Sondererfassung hat die Mitarbeiterin/der Mitarbeiter Anspruch auf eine Freischicht. Diese Regelung ist eine freiwillige, außertarifliche Leistung des Arbeitgebers.

2. Bereich B

2.1

1. Schicht (Frühschicht): 6.00 Uhr bis 13.00 Uhr (7 Stunden)
2. Schicht (Spätschicht): 13.00 Uhr bis 20.00 Uhr (7 Stunden)
3. Schicht (Nachtschicht): 19.45 Uhr bis 4.30 Uhr (8,75 Stunden)

2.2 Die Nachtschicht ist mit mindestens zwei Personen zu besetzen. Dies gilt nicht in Notfällen und bei kurzfristigem krankheits- bzw. unfallbedingtem Ausfall, der sich einer vorherigen Planung entzieht. Der Arbeitgeber verpflichtet sich, die darauf folgende Nachtschicht wieder mit mindestens zwei Personen zu besetzen, es sei denn, es tritt ein neuer Notfall im vorgenannten Sinne auf.

2.3 Ändert der Arbeitgeber den bereits vom Betriebsrat genehmigten Schichtplan, darf den betroffenen Mitarbeiterinnen/Mitarbeitern kein Nachteil entstehen. Gegebenenfalls erfolgt eine Zeitgutschrift zur Erreichung der monatlichen Sollzeit.

2.4 Die Mitarbeiterinnen/Mitarbeiter des Operatings haben Anspruch auf Freischichten. Die Regelung ergibt sich aus § 11 Nr. 5 des Manteltarifvertrages für das private Versicherungsgewerbe in der jeweils gültigen Fassung.

2.5 Die Nachtarbeitszuschläge (+25%) werden unabhängig von der tatsächlichen Anwesenheit mindestens bis 1.00 Uhr nachts der Mitarbeiterin/dem Mitarbeiter gutgeschrieben.

3. Muster: Flexibilisierung der Arbeitszeit

Zwischen

der Geschäftsleitung der ▬▬▬

und

dem Betriebsrat der ▬▬▬

wird nachfolgende Betriebsvereinbarung über die Flexibilisierung der Arbeitszeit geschlossen:

§ 1

Mit dem Ziel einer kurzfristigen Anpassung an den in unserem Hause bereichsweise unterschiedlich auftretenden Kapazitätsbedarf, bedingt durch Schwankungen in der Auftragssituation, sowie zur Verbesserung unserer Wettbewerbsfähigkeit durch Senkung der Kosten, wird vornehmlich für den aktuellen Fall ▬▬▬, darüber hinaus aber auch für Terminengpässe in der Zukunft, für den Zeitraum ▬▬▬ bis ▬▬▬ eine flexible Arbeitszeitregelung vereinbart, wonach bis zum ▬▬▬ die regelmäßige wöchentliche Arbeitszeit auf bis zu ▬▬▬ Stunden verlängert werden kann.

§ 2

Es kommt die in § ▬▬▬ MTV zwischen den Tarifparteien vereinbarte Regelung, wonach die Verteilung der individuellen regelmäßigen Wochenarbeitszeit ungleichmäßig auf mehrere Wochen verteilt werden kann, zur Anwendung.

Es ist jedoch erforderlich, dass die individuelle regelmäßige Arbeitszeit von zurzeit ▬▬▬ Stunden wöchentlich im Durchschnitt von längstens 12 Kalendermonaten, d.h. im Zeitraum 1. Oktober bis 30. Oktober, erreicht wird.

§ 3

Die Verteilung der durch die Bereiche bedarfsweise unterschiedlich festgelegten wöchentlichen Arbeitszeit kann auf fünf Werktage (montags bis freitags) festgelegt werden. Sie kann von ▬▬▬ bis zu ▬▬▬ Stunden wöchentlich betragen.

Persönliche Belange der einzelnen Arbeitnehmerinnen und Arbeitnehmer sind zu berücksichtigen.

Die erforderlichen Pläne hierzu sind im Einvernehmen mit dem Betriebsrat vier Wochen im Voraus aufzustellen. Sie beinhalten ggf. auch erforderliche flexible tägliche Arbeitszeitregelungen (Beginn und Ende der täglichen Arbeitszeit sowie der Pausen).

§ 4

Der Ausgleichszeitraum bestimmt sich nach den Tarifregelungen und beträgt 12 Monate. Dies bedeutet, dass Mehrleistungen innerhalb von 12 Kalendermonaten (1. Oktober bis 30. September) durch Freizeit (reduzierte Wochenarbeitszeit) auszugleichen sind.

Sofern dies aus betrieblichen Gründen nicht realisierbar ist, sind die bis zum 30.9.1995 nicht durch Ausgleich abgegoltenen Stunden entsprechend § ▬▬▬ MTV wie Mehrarbeit zu behandeln.

§ 5

Diese Betriebsvereinbarung gilt für alle Mitarbeiter und Mitarbeiterinnen i.S.d. § ▬▬▬ MTV, soweit sie innerhalb ihrer Bereiche in die Flexibilisierung der wöchentlichen Arbeitszeit einbezogen werden.

§ 6

Während der Laufzeit dieser Vereinbarung, d.h. bis zum Ablauf des Ausgleichszeitraumes – 30. September – werden keine betriebsbedingten Kündigungen ausgesprochen.

§ 7

Die bis zum 30. September aufgelaufenen Freizeitguthaben fallen nicht unter die vereinbarte Ausgleichsregelung. Sie werden entsprechend § ▬▬▬ der Betriebsvereinbarung über die Arbeitszeitregelung ab ▬▬▬ behandelt.

§ 8

Diese Betriebsvereinbarung tritt am ▬▬▬ in Kraft und ist zunächst bis zum ▬▬▬ befristet.

Rechtzeitig zum ▬▬▬ werden die bis dahin gewonnenen Erkenntnisse zum Anlass genommen, über eine unbefristete Fortführung zu verhandeln.

4. Muster: Gleitende Arbeitszeit

Zwischen

der Firma ▬▬▬, vertreten durch die Geschäftsleitung

– nachstehend: Unternehmen –

und

dem Betriebsrat der Firma ▬▬▬, vertreten durch den Vorsitzenden

– nachstehend: Betriebsrat –

wird folgende Betriebsvereinbarung über gleitende Arbeitszeit getroffen:

§ 1 Allgemeines

(1) Gegenstand dieser Betriebsvereinbarung ist die Regelung der gleitenden Arbeitszeit. Mit dieser Arbeitszeitregelung soll allen Mitarbeiterinnen und Mitarbeitern die Gelegenheit gegeben werden, ihre Arbeitszeiten unter Berücksichtigung gesetzlicher und tariflicher Vorschriften sowie sonstiger betrieblicher und arbeitsvertraglicher Vereinbarungen und der betrieblichen Notwendigkeiten selbst zu gestalten.

(2) Die einschlägigen Regelungen der „Tarifverträge für ▬▬▬" gelten auch für diese Betriebsvereinbarung.

(3) Das Unternehmen und der Betriebsrat bekennen sich zum Grundsatz der Arbeitszeitsouveränität der Mitarbeiterinnen und Mitarbeiter. Wegen der selbständigen und eigenverantwortlichen Gestaltung der Tagesarbeitszeit innerhalb einzelner Organisationseinheiten haben sich in erster Linie die Mitarbeiterinnen und Mitarbeiter selbst abzustimmen.

(4) Können sich die zeitautonomen Arbeitsgruppen nicht darüber verständigen, wie sie den ordnungsgemäßen Betriebsablauf sichern wollen, entscheidet der Vorgesetzte unter Berücksichtigung der Interessen der Mitarbeiterinnen und Mitarbeiter. Es ist Aufgabe der Führungskräfte darauf zu achten, dass einzelne Mitarbeiterinnen und Mitarbeiter nicht benachteiligt werden.

(5) Ansonsten gelten die Bestimmungen der Betriebsvereinbarung „Konfliktregelung bei der Arbeitszeitflexibilisierung".

§ 2 Geltungsbereich

Diese Betriebsvereinbarung gilt für alle Mitarbeiterinnen und Mitarbeiter des Unternehmens, mit Ausnahme von leitenden Angestellten, Auszubildenden, Praktikanten und Aushilfskräften. Weitere Ausnahmen können zwischen dem Unternehmen und dem Betriebsrat vereinbart werden und sind als Anlage 1 Bestandteil dieser Betriebsvereinbarung.

§ 3 Tägliche Sollarbeitszeit

(1) Die Tagessollarbeitszeit beträgt für Vollzeitbeschäftigte Montag bis Freitag jeweils ein Fünftel der tariflichen Wochenarbeitszeit.

(2) Bei Teilzeitbeschäftigten erfolgt eine einzelfallbezogene Sollarbeitszeitregelung. Bei Teilzeitbeschäftigten, die zeitweise in Vollzeit beschäftigt sind, gelten für die Dauer der Tätigkeit die Regelungen zur Sollarbeitszeit analog den Vollzeitbeschäftigten. Hierbei sind die Mitbestimmungsrechte des Betriebsrats zu beachten.

§ 4 Rahmenarbeitszeit

(1) Montag bis Freitag: 6.00 bis 20.00 Uhr. Die Mitarbeiterinnen und Mitarbeiter können unter Maßgabe des § 5 und unter Einhaltung der gesetzlich vorgeschriebenen Ruhezeit Beginn und Ende ihrer Arbeitszeit innerhalb der Rahmenarbeitszeit selbst bestimmen.

(2) Die tägliche Arbeitszeit – ohne Pausen und Reisezeiten – darf auch im Falle von Überstunden 10 Stunden grundsätzlich nicht überschreiten. Bei Mitarbeiterinnen unter 18 Jahre, die unter das Mutterschutzgesetz fallen, liegt die Grenze bei 8,0 Stunden; bei Mitarbeiterinnen über 18 Jahre, die unter das Mutterschutzgesetz fallen und bei Jugendlichen liegt diese Grenze bei 8,5 Stunden.

(3) Die Neufestlegung der Rahmenarbeitszeiten bedarf einer gesonderten Vereinbarung zwischen dem Unternehmen und dem Betriebsrat.

§ 5 Kernrichtzeit

(1) Montag bis Donnerstag: 10.00 Uhr bis 14.00 Uhr; Freitag: 10.00 Uhr bis 13.00 Uhr. Innerhalb dieses Zeitraumes sind die Mitarbeiterinnen und Mitarbeiter grundsätzlich zur Anwesenheit verpflichtet, um als Ansprechpartner zur Verfügung zu stehen. Bei geplanter Abwesenheit während der Kernrichtzeit sind Abstimmungen innerhalb des jeweiligen Tätigkeitsbereiches zwingende Voraussetzung. Protokollnotiz: Die Einhaltung der gesetzlich vorgeschriebenen Ruhezeit zwischen zwei Arbeitstagen von zurzeit 11 Std. ist kein Verstoß gegen die Kernrichtzeit.

(2) Für Teilzeitbeschäftigte ist für jeden der für sie festgelegten Arbeitstage die Kernrichtzeit in der Weise festzusetzen, dass zumindest in Teilen Übereinstimmung mit der vorgesehenen Kernrichtzeit besteht. Ist für Teilbeschäftigte eine ungleichmäßige Verteilung in der Weise vorgesehen, dass sie an einzelnen Wochentagen wie Vollzeitbeschäftigte arbeiten, so ist für diese Tage die für Vollzeitbeschäftigte geltende Kernrichtzeit maßgebend.

§ 6 Funktionszeit und Betriebsbereitschaft

(1) Wenn es nach den jeweiligen betrieblichen Verhältnissen zweckmäßig ist, kann anstelle der Kernrichtzeit eine Funktionszeit mit dem Betriebsrat für einzelne Organisationseinheiten, Arbeitsgruppen oder Abteilungen vereinbart werden. Sie kann auch nur für bestimmte Wochentage vereinbart werden.

(2) Funktionszeit ist die Zeitspanne, innerhalb der die jeweilige Organisationseinheit die Betriebsbereitschaft üblicherweise sicherzustellen hat.

(3) Im Rahmen der vorgegebenen Rahmenarbeitszeit sind – differenziert nach dem betrieblichen Bedarf und in Abstimmung mit innerbetrieblichen Organisationseinheiten – die Funktionszeiten von den jeweiligen Führungskräften der Organisationseinheiten unter Mitwirkung der Mitarbeiterinnen und Mitarbeiter festzulegen.

(4) Die Organisationseinheiten regeln die Gewährleistung der Betriebsbereitschaft selbst. Grundsätzlich bilden Abteilungen und Arbeitsgruppen ab jeweils 8 besetzten Stellen im Sinne dieser Betriebsvereinbarung Organisationseinheiten, die eine angemessene Betriebsbereitschaft gewährleisten.

(5) Funktionszeiten, Betriebsbereitschaft, Mindestbesetzung der Organisationseinheiten während der Funktionszeit usw. werden mit dem Betriebsrat abgestimmt. Nach erfolgter Abstimmung sind die dann verbindlich formulierten Funktionszeiten der Organisationseinheiten, dem Personalwesen, dem Betriebsrat und den betroffenen Mitarbeiterinnen und Mitarbeitern zur Kenntnis zu geben.

§ 7 Pausen

(1) Die Arbeitszeit ist grundsätzlich zusammenhängend zu legen. Dauer, Zeitpunkt und Häufigkeit der Pausen können von den Mitarbeiterinnen und Mitarbeitern unter Beachtung der gesetzlichen Bestimmungen und in Absprache mit dem jeweiligen Arbeitsbereich frei gestaltet werden.

(2) Zurzeit sind folgende Pausen gesetzlich vorgeschrieben:
Bei einer Gesamtarbeitszeit von
- bis zu 6 Stunden 0 Minuten
- bis zu 9 Stunden 30 Minuten
- mehr als 9 Stunden 45 Minuten (davon gelten 15 Minuten als bezahlte Arbeitszeit).

(3) Unbezahlte Pausen oder Arbeitsunterbrechungen sollen arbeitstäglich 1 Stunde nicht überschreiten.

(4) Die Anordnung, Arbeitszeit in mehreren Arbeitszeitblöcken zu erbringen, ist nicht zulässig.

§ 8 Gleitzeitkonto

(1) Es wird ein Gleitzeitkonto geführt, das den Mitarbeiterinnen und Mitarbeitern eine kurzfristige Disposition der Arbeitszeit ermöglicht.

(2) Das Zeitkonto wird im Sinne eines „Girokontos" geführt. Zeitguthaben und Zeitschulden, die sich aus der Saldierung von Ist- und Sollarbeitszeiten am Ende eines Monats unter Verrechnung des Übertrags aus dem Vormonat in Form eines Monatssaldos ergeben, dürfen grundsätzlich nicht mehr als 30 Stunden betragen.

(3) Die Inanspruchnahme von Gleittagen und Blockfreizeiten, auch im Vorgriff, ist unter Berücksichtigung der Funktionsfähigkeit der Organisationseinheit uneingeschränkt möglich.

(4) Das Zeitkonto ist in drei Ampelzonen eingeteilt:

a) Grüne Zone: bis +/- 20 Stunden

Innerhalb dieses Rahmens disponiert die Mitarbeiterin/der Mitarbeiter seine Arbeitszeit eigenverantwortlich.

b) Gelbe Zone: bis +/- 30 Stunden

Bei Über- bzw. Unterschreiten eines Zeitsaldos von +/- 20 Stunden ist sicherzustellen, dass der/die direkte Vorgesetzte die entsprechende Meldung des Zeiterfassungssystems erhält. Beim Erreichen der Zone sprechen Mitarbeiterin/ Mitarbeiter und Vorgesetzte/r geeignete Maßnahmen ab, um den Zeitsaldo in angemessener Zeit wieder in die grüne Zone zurückzuführen. Die Vorgesetzten sind verpflichtet, wenn das Erreichen der roten Zone sich abzeichnet, einen Überstundenantrag zu stellen.

Protokollnotiz: Bei manueller Erfassung der Arbeitszeit gilt die monatliche Abgabe des Erfassungsbogens als entsprechende Meldung.

c) Rote Zone: über +/- 30 Stunden

Diese Zone darf nur ausnahmsweise und vorübergehend genutzt werden. Die Vorgesetzten haben zusammen mit den betroffenen Mitarbeiterinnen/Mitarbeitern entsprechende Maßnahmen zu ergreifen, die es ermöglichen, die rote Zone unverzüglich wieder zu verlassen. Über die Nutzung dieser Zone ist der Betriebsrat in jedem Einzelfall unverzüglich schriftlich zu informieren.

(5) Gerät eine Mitarbeiterin oder ein Mitarbeiter innerhalb eines Halbjahres mehrfach oder geraten innerhalb einer Abteilung/einer Organisationseinheit überdurchschnittlich viele Mitarbeiterinnen/Mitarbeiter in die rote Zone, findet eine gemeinsame Beratung des Personalwesens, des Betriebsrats und des Leiters der betroffenen Abteilungs-/ Organisationseinheit statt, in der Änderungen zur Arbeitsorganisation und Personalplanung zu vereinbaren sind. Die Initiative zu einem solchen Gespräch kann von jeder der örtlichen Betriebsparteien ausgehen.

(6) Bei Erreichen des Zeitschuldensaldos von 30 Stunden ist zwischen dem Vorgesetzten und der Mitarbeiterin/dem Mitarbeiter zwingend ein Gespräch über den geplanten Ausgleich zu führen.

(7) Die über 30 Stunden hinausgehenden Zeitguthaben werden dem Überstundenkonto gutgeschrieben und auf einer Liste des Zeiterfassungssystems ausgegeben.

(8) Für Teilzeitkräfte gelten die gleichen Grenzwerte.

(9) Zeitguthaben sind in Freizeit abzugelten. Eine Bezahlung ist nicht zulässig.

(10) Bei Ausscheiden einer Mitarbeiterin/eines Mitarbeiters ist für einen rechtzeitigen Zeitausgleich zu sorgen. Bestehende Zeitguthaben/Zeitschulden, die aus zwingenden betrieblichen oder persönlichen Gründen nicht ausgeglichen werden können, werden mit dem Gehalt verrechnet.

§ 9 Überstunden und Überstundenkonto

(1) Überstunden nennt man die Arbeit, die über die tägliche Sollarbeitszeit hinaus angeordnet und geleistet wurde sowie angeordnete oder geduldete Arbeit, die außerhalb der Rahmenarbeitszeit, an Wochenenden, gesetzlichen Feiertagen, tariflich vereinbarten arbeitsfreien Tagen oder über den betrieblich geregelten Gleitzeitübertrag hinaus geleistet wurde (alternativ: Überstunden sind in § ▪▪▪ des Manteltarifvertrags definiert). Sie sind zu vermeiden. Sollten Überstunden dennoch anfallen, werden sie durch Freizeit abgegolten. Die Mitbestimmungsrechte des Betriebsrats sind zu beachten.

(2) Zur Verwaltung der Überstunden wird ein Überstundenkonto geführt. Auf diesem werden alle Überstunden einschließlich der Zuschläge in Zeit gutgeschrieben und verwaltet.

(3) Die Inanspruchnahme des Guthabens in Form von Freistunden, freien Tagen und Blockfreizeiten ist unter Berücksichtigung der Funktionsfähigkeit der Organisationseinheit uneingeschränkt möglich.

(4) Kann aus innerbetrieblichen oder persönlichen Gründen das Konto innerhalb von sechs Monaten nicht ausgeglichen werden, muss dieses gegenüber dem Betriebsrat begründet werden. Innerhalb von 12 Monaten ist der Ausgleich des Kontos durch das Unternehmen zwingend durchzuführen.

(5) Bei Ausscheiden einer Mitarbeiterin/eines Mitarbeiters ist für einen rechtzeitigen Ausgleich des Überstundenkontos zu sorgen. Bestehende Zeitguthaben, die aus zwingenden betrieblichen oder persönlichen Gründen nicht ausgeglichen werden können, werden in begründeten Ausnahmefällen finanziell abgegolten.

(6) Der Betriebsrat erhält monatlich eine Aufstellung der Guthaben auf den Überstundenkonten.

§ 10 Abwesenheitszeiten mit Anspruch auf Zeitgutschrift

(1) Bei Abwesenheit wegen Urlaub, Arbeitsbefreiungen, Kur, Heilverfahren oder Krankheit wird die entsprechende Sollarbeitszeit gutgeschrieben.

(2) Bei verspäteter Arbeitsaufnahme bzw. vorzeitigem Verlassen des Arbeitsplatzes infolge von Gründen, die die Arbeitsaufnahme oder Weiterarbeit unmöglich machen, erfolgt die Gutschrift über die Differenz bis zur täglichen Sollarbeitszeit an dem betreffenden Tag. Teilzeitbeschäftigte erhalten eine Zeitgutschrift bis zur Höhe der mit ihnen individuell vereinbarten Arbeitszeit.

(3) Arztbesuche, Heilbehandlungen u.Ä. sollen außerhalb der Kernrichtzeit terminiert werden. In folgenden Fällen gelten Arztbesuche ab 7.00 Uhr als bezahlte Abwesenheitszeit, für die eine entsprechende Zeitgutschrift erfolgt:
- amts- oder vertrauensärztliche Untersuchungen,
- ärztlicherseits angeordnete Test- und Laboruntersuchungen, Röntgenuntersuchungen, Spezialbehandlungen usw. sowie
- unaufschiebbare Arzttermine, auf deren Terminierung die Mitarbeiterin/der Mitarbeiter keinen Einfluss hat oder die nur zu einer bestimmten Tageszeit durchgeführt werden können.

(4) Für die Wahrnehmung dienstlich oder amtlich angeordneter Termine (z.B. als Zeuge oder Schöffe) erfolgt eine Zeitgutschrift in Höhe der hierdurch bedingten Abwesenheit.

(5) Für sonstige ganztägige Abwesenheitszeiten, für die aufgrund gesetzlicher, tariflicher oder betrieblicher Bestimmungen eine bezahlte Freistellung vorgesehen ist, wird die jeweilige tägliche Sollarbeitszeit gutgeschrieben.

(6) An seinem Geburtstag erhält die Mitarbeiterin/der Mitarbeiter eine Zeitgutschrift von 1 Stunde. Die Kernrichtzeit verkürzt sich an diesem Tag entsprechend.

§ 11 Dienstgänge/Dienstreisen/Weiterbildung/Dienstliche Veranstaltungen

(1) Bei Dienstgängen, z.B. bei Kundenbesuchen oder Messebetreuung, erfolgt eine Zeitgutschrift für die tatsächliche Zeit der Abwesenheit. Am Dienstsitz stattfindende Weiterbildungsmaßnahmen und sonstige, dienstlich bedingte Veranstaltungen werden wie Dienstgänge behandelt.

(2) Bei Dienstreisen wird die tatsächliche Zeit der dienstlichen Inanspruchnahme einschließlich der Reisezeit gutgeschrieben. Auswärts stattfindende Weiterbildungsmaßnahmen und sonstige, dienstlich bedingte Veranstaltungen werden wie Dienstreisen behandelt.

(3) Bei ganztägigen Maßnahmen außerhalb der Arbeitsstätte wird mindestens die tägliche Sollarbeitszeit gutgeschrieben.

(4) Reisezeiten werden grundsätzlich dem Überstundenkonto gutgeschrieben. Auf Wunsch der Mitarbeiterin/des Mitarbeiters können sie auch dem Gleitzeitkonto gutgeschrieben oder finanziell abgegolten werden.

(5) Der Betriebsrat erhält monatlich eine Aufstellung der angefallenen Reisezeiten.

§ 12 Verstöße

(1) Verstöße gegen wesentliche Bestimmungen dieser Betriebsvereinbarung können zum befristeten oder dauerhaften Ausschluss von der Teilnahme an der Gleitenden Arbeitszeit führen.

(2) Betrugstatbestände können arbeitsrechtliche Konsequenzen haben.

§ 13 Schlussbestimmungen

(1) Die Betriebsvereinbarung tritt am ▬▬▬ in Kraft. Damit sind alle bisherigen Vereinbarungen im Zusammenhang mit der gleitenden Arbeitszeit aufgehoben.

(2) Sie kann mit einer beiderseitigen Frist von sechs Monaten zum Jahresende ganz oder teilweise gekündigt werden. Die Kündigung hat schriftlich zu erfolgen. Bis zum Abschluss einer neuen Vereinbarung gelten die Regelungen dieser Vereinbarung weiter.

(3) Sollte eine Vorschrift dieser Vereinbarung nicht mit dem geltenden Recht im Einklang stehen und deshalb unwirksam sein, behalten die anderen Regelungen dieser Vereinbarung ihre Gültigkeit. Die unwirksame Regelung ist rechtskonform so auszulegen, dass sie dem beiderseitigen Wollen der Parteien entspricht.

5. Muster: Gleitende Arbeitszeit und elektronische Zeiterfassung

Zwischen

der Firma ▬▬▬

und

dem Betriebsrat der Firma ▬▬▬

wird gemäß §§ 77 und 87 BetrVG folgende Betriebsvereinbarung geschlossen:

I. Regelungen zur Arbeitszeit

§ 1 Geltungsbereich

(1) Die gleitende Arbeitszeit gilt grundsätzlich für alle Mitarbeiter und Mitarbeiterinnen mit Ausnahme der leitenden Angestellten.

(2) Besondere Arbeitszeitregelungen gelten für die folgenden Mitarbeiter und Mitarbeiterinnen:

- Kraftfahrer
- Hausmeister
- Empfang
- Teilzeitbeschäftigte.

(3) Die Parteien dieser Betriebsvereinbarung können einvernehmlich andere Mitarbeiter und Mitarbeiterinnen von dieser Betriebsvereinbarung ausnehmen, wenn dies betrieblich notwendig ist.

(4) Die Arbeitszeit der Mitarbeiter und Mitarbeiterinnen, die nach Abs. 2 und 3 von dieser Betriebsvereinbarung ausgeschlossen sind bzw. werden, wird einzelvertraglich, mit Beteiligung des Betriebsrats, geregelt.

§ 2 Allgemeine Bestimmungen über die Arbeitszeit

(1) Die regelmäßige wöchentliche Arbeitszeit richtet sich nach den entsprechenden Bestimmungen des Tarifvertrages. Sie beträgt zzt. 38 Stunden und 30 Minuten (ohne Pausen). Die tägliche regelmäßige Arbeitszeit beträgt:

montags	8 Stunden 15 Minuten
dienstags	8 Stunden 15 Minuten
mittwochs	8 Stunden
donnerstags	8 Stunden
freitags	6 Stunden

(2) Die tatsächliche tägliche Arbeitszeit darf gemäß Arbeitszeitrechtsgesetz vom 6.6.1994 grundsätzlich 10 Stunden, ausschließlich der Mittagspause, nicht überschreiten.

(3) Die Mittagspause beträgt montags bis donnerstags mindestens 30 Minuten. Sie kann auf bis zu 120 Minuten ausgedehnt werden und ist in der Zeit zwischen 12.00 Uhr und 14.00 Uhr zu nehmen.

Beträgt die Arbeitszeit freitags mehr als 6 Stunden, so ist eine 30-minütige Mittagspause einzulegen.

§ 3 Gleitzeit

(1) Der tägliche Arbeitszeitrahmen gliedert sich wie folgt in eine Gleitzeitspanne morgens, eine Kernarbeitszeit vormittags, eine Mittagsgleitzeitspanne, eine Kernarbeitszeit nachmittags und eine Gleitzeitspanne nachmittags:

a) Gleitzeit morgens
- Montag bis Freitag 7.00 Uhr bis 9.00 Uhr

b) Kernarbeitszeit vormittags
- Montag bis Donnerstag 9.00 Uhr bis 12.00 Uhr
- Freitag 9.00 Uhr bis 13.00 Uhr

c) Gleitzeit mittags
- Montag bis Donnerstag 12.00 Uhr bis 14.00 Uhr

d) Kernarbeitszeit nachmittags
- Montag und Dienstag 14.00 Uhr bis 15.45 Uhr
- Mittwoch und Donnerstag 14.00 Uhr bis 15.30 Uhr

e) Gleitzeit nachmittags
- Montag und Dienstag 15.45 Uhr bis 18.30 Uhr
- Mittwoch und Donnerstag 15.30 Uhr bis 18.30 Uhr
- Freitag 13.00 Uhr bis 15.30 Uhr

(2) Innerhalb der Gleitzeit kann jeder Mitarbeiter/jede Mitarbeiterin, unter Berücksichtigung der dienstlichen Belange, Beginn und Ende seiner/ihrer täglichen Arbeitszeit selbst bestimmen.

Falls aus betrieblichen Gründen die Notwendigkeit dazu besteht, kann der Vorgesetzte bis zu zweimal im Monat eine bestimmte Arbeitszeit vorgeben (Anfang und Ende).

(3) Während der Kernarbeitszeit besteht Anwesenheitspflicht.

(4) Die Zeiten dienstlicher Tätigkeiten vor 7.00 Uhr und nach 18.30 Uhr (freitags nach 15.30 Uhr) werden nicht als Arbeitszeit angerechnet.

Ausnahme: Angeordnete Mehrarbeit.

§ 4 Stundensoll

(1) Die Arbeitszeit und die Mittagspause ergeben zusammen ein regelmäßig zu erbringendes Stundensoll von:

montags	8 Stunden 45 Minuten
dienstags	8 Stunden 45 Minuten
mittwochs	8 Stunden 30 Minuten
donnerstags	8 Stunden 30 Minuten
freitags	6 Stunden

Auf dieser Basis wird für jeden Monat durch die Personalabteilung das allgemeine Stundensoll für den Monat vorgegeben.

(2) Dem allgemeinen (38,5 Stunden in der Woche) steht das persönliche Stundensoll gegenüber. Mit dem persönlichen Stundensoll werden am Ende des Monats die tatsächlich erbrachten Arbeitsstunden (Kommt-/Geht-Buchungen, Dienstgänge und Dienstreisen) verglichen.

Hinzugerechnet werden dem persönlichen Stundensoll ferner die im Laufe des Monats angefallenen Tage für Urlaub und Krankheit und gegebenenfalls der Übertrag des Gleitzeitsaldos vom Vormonat. Ein negativer Gleitzeitsaldo ist dem allgemeinen Stundensoll des Folgemonats hinzuzurechnen.

(3) Jeder Mitarbeiter/jede Mitarbeiterin hat seine/ihre Arbeitszeit so einzurichten, dass er/sie grundsätzlich das vorgegebene allgemeine bzw. persönliche monatliche Stundensoll einhält.

Unterschreiten oder Überschreiten die im Laufe eines Monats tatsächlich erbrachten Arbeitsstunden das persönliche monatliche Stundensoll, so können jeweils bis zu 16 Plus- oder 10 Minusstunden in den nächsten Monat übertragen werden. Minusstunden sind bis zum jeweiligen Quartalsende auszugleichen.

Minusstunden können mit Urlaub ausgeglichen werden.

§ 5 Gleitzeitentnahme

(1) Zu Lasten seines/ihres Gleitzeitguthabens kann jeder Mitarbeiter/jede Mitarbeiterin mit Zustimmung des zuständigen Vorgesetzten, auch während der Kernarbeitszeit, maximal dreimal im Monat, jedoch höchstens 12 Stunden monatlich und maximal einmal einen ganzen Arbeitstag, abwesend sein.

(2) Der Feiertag gilt als ganzer Arbeitstag. Aufgrund des frühen Kernzeitendes darf am Freitag kein halber Gleitzeittag in Anspruch genommen werden.

(3) Gleitzeitentnahme für einen halben oder ganzen Tag ist nicht möglich direkt vor oder im Anschluss an den Erholungsurlaub bzw. Arbeitsbefreiung nach ▬▬▬.

(4) Die Weigerung der Zustimmung zur Gleitzeitentnahme hat der Vorgesetzte mit einem Terminvorschlag für die Gleitzeitentnahme im laufenden Monat zu verbinden. Ist die Gleitzeitentnahme wegen der Verweigerung im laufenden Monat nicht mehr möglich, so werden die entstandenen Plusstunden, soweit sie 16 Stunden übersteigen, in den Folgemonat als Mehrarbeit i.S.v. § 8 übertragen.

§ 6 Arbeitsbefreiung

(1) Zur Erfüllung allgemeiner staatsbürgerlicher Pflichten nach deutschem Recht wird der Mitarbeiter/die Mitarbeiterin freigestellt. Bei ganztägiger Inspruchnahme wird das tägliche Stundensoll gemäß § 2 angerechnet.

(2) Arztbesuche haben grundsätzlich außerhalb der Kernarbeitszeit stattzufinden. Ist ein Arztbesuch während der Kernarbeitszeit unumgänglich, so wird dem Mitarbeiter/der Mitarbeiterin die Zeit des Arztbesuchs einschließlich der Wegezeiten als Arbeitszeit angerechnet, wenn die Anwesenheit durch die Praxis bescheinigt wird.

In begründeten Fällen kann der Arbeitgeber von dem Arbeitnehmer/der Arbeitnehmerin eine Bescheinigung der medizinischen Notwendigkeit des Arztbesuches innerhalb der Kernarbeitszeit anfordern. Die evtl. anfallenden Kosten für eine solche Bescheinigung trägt der Arbeitgeber.

§ 7 Dienstreisen und Dienstgänge

(1) Bei Dienstreisen, eintägigen und mehrtägigen, und bei Dienstgängen gilt die tatsächliche Dauer der dienstlichen Inspruchnahme am auswärtigen Geschäftsort als Arbeitszeit. Bei Dienstreisen wird jedoch für jeden Tag einschließlich der Reisetage mindestens die betriebsübliche Arbeitszeit berücksichtigt.

(2) In die Dienstreisezeit fallende Wochenenden und (deutsche) gesetzliche Feiertage sind als Mehrarbeit zu berücksichtigen, soweit an ihnen tatsächlich gearbeitet worden ist.

(3) In der Frage des Zeitausgleichs wird auf § 8 verwiesen.

§ 8 Mehrarbeit (= angeordnete Überstunden)

(1) Mehrarbeit ist die zusätzliche Arbeitszeit, die auf vorheriger Anordnung beruht und die tägliche Stundenzahl von 8 Stunden 15 Minuten (montags und dienstags), von 8 Stunden (mittwochs und donnerstags) und von 6 Stunden (freitags) sowie am Monatsende die nach § 4 Abs. 3 in den Folgemonat übertragbare Stundenzahl überschreitet. Mehrarbeit ist auch die an arbeitsfreien Tagen auf Anordnung erbrachte Arbeitszeit. Die Bestimmung findet auf Mitarbeiter i.S.v. § 1 Abs. 1 und 2 keine Anwendung.

(2) Der zeitliche Ausgleich der Mehrarbeit erfolgt in Absprache mit dem Vorgesetzten. Der Zeitausgleich für Mehrarbeit sollte bis zum Quartalsende erfolgen.

(3) Ist der Zeitausgleich für Mehrarbeit aus dienstlichen Gründen bis zum Quartalsende nicht möglich, so wird das Mehrarbeitsguthaben abgegolten.

(4) Der Zeitausgleich für Mehrarbeit erfolgt stundenweise oder für ganze oder halbe Tage. Für einen ganzen Tag ist montags und dienstags ein Guthaben von 8 Stunden 15 Minuten, für einen halben Tag ein Guthaben von 4 Stunden und 8 Minuten erforderlich. Für einen ganzen Tag ist mittwochs und donnerstags ein Guthaben von 8 Stunden, für einen halben Tag ein Guthaben von 4 Stunden erforderlich. Für freitags ist ein Guthaben von 6 Stunden erforderlich.

Der Eindeutigkeit wegen wird auf Folgendes hingewiesen:

a) Zeitausgleich für Mehrarbeit ist unabhängig von Gleitzeitguthaben bzw. -entnahme.

b) Da Dienstreisen angeordnet werden, unterliegt dabei anfallende Mehrarbeit diesem Verfahren.

§ 9 Einhaltung der arbeitsrechtlichen Bestimmungen

Bei der Wahl der täglichen Arbeitszeit hat jeder Mitarbeiter/jede Mitarbeiterin die Bestimmungen über die täglich zulässige Höchstarbeitszeit selbst zu beachten. Nach dem Arbeitszeitrechtsgesetz darf die tägliche Arbeitszeit in der Regel 10 Stunden (ohne Pause) nicht überschreiten.

Mutterschutzgesetz, Jugendarbeitsschutzgesetz, SGB IX können im Einzelfall eine geringere Höchstarbeitszeit festlegen. Die Betroffenen dürfen die für sie festgesetzte tägliche Arbeitszeit weder über- noch unterschreiten. Nur in diesem Rahmen können sie an der gleitenden Arbeitszeit teilnehmen.

§ 10 Vorgesetzte

Vorgesetzte im Sinne dieser Betriebsvereinbarung sind der jeweilige Dienstvorgesetzte, der Bereichsleiter oder dessen Stellvertreter, sowie der Vorstand oder dessen Vertreter. Die Vorgesetzten sind gehalten, auf die Einhaltung der gesetzlichen Bestimmungen, insbesondere derjenigen des Arbeitszeitrechtsgesetzes, sowie der Gesetze über Jugendschutz und Mutterschutz, zu achten. Im Übrigen hat jeder Mitarbeiter/jede Mitarbeiterin für die Einhaltung dieser Bestimmungen Sorge zu tragen.

§ 11 Inkraftsetzung

Diese Betriebsvereinbarung tritt am ▬▬▬ in Kraft und ersetzt die Betriebsvereinbarung vom ▬▬▬, soweit nicht die elektronische Zeiterfassung betroffen ist. Diese Betriebsvereinbarung kann von jeder Partei mit einer Frist von drei Monaten zum Quartalsende gekündigt werden.

II. Regelungen zur Zeiterfassung

§ 1 Zeiterfassung

(1) Die Zeiten des Arbeitsbeginns und des Arbeitsendes werden durch das elektronische Zeiterfassungssystem von jedem Mitarbeiter/jeder Mitarbeiterin durch die entsprechende Zeiterfassungskarte eingegeben.

(2) Eine Zeiterfassung ist grundsätzlich auch für jede Abwesenheit zwischen Arbeitsbeginn und Arbeitsende vorzunehmen. In der Mittagspause nehmen nur diejenigen Mitarbeiter und Mitarbeiterinnen eine Zeiterfassung vor, die das Haus verlassen. Die Zeiterfassung während der Mittagspause wird nur insoweit als Gleitzeitentnahme berücksichtigt, als sie die Pausenzeit von 30 Minuten übersteigt.

(3) Folgende nicht durch die elektronische Zeiterfassung erfassten Vorgänge sind handschriftlich auf dem entsprechenden Vordruck der Personalabteilung vorzulegen:
- Karte vergessen
- Dienstgang
- Fortbildungsmaßnahmen
- Erkrankung während der Arbeit
- Arztbesuch während der Kernarbeitszeit
- GLAZ-Freizeit
- Ausgleich Mehrarbeit
- Urlaub (Erholungsurlaub, Sonderurlaub BAT/MTB, Bildungsurlaub)
- Mutterschutz, Elternzeit
- Kur
- Sonstiges

§ 2 Monatlicher Abschluss

(1) Dem allgemeinen (38,5 Stunden in der Woche) steht das persönliche Stundensoll gegenüber. Mit dem persönlichen Stundensoll werden am Ende des Monats die tatsächlich erbrachten Arbeitsstunden (Kommt/Geht-Buchungen, Dienstgänge und Dienstreisen) verglichen. Hinzugerechnet werden dem persönlichen Stundensoll ferner die im Laufe des Monats angefallenen Tage für Urlaub und Krankheit und gegebenenfalls der Übertrag des Gleitzeitsaldos vom Vormonat. Ein negativer Gleitzeitsaldo ist dem allgemeinen Stundensoll des Folgemonats hinzuzurechnen.

(2) Zu Beginn eines jeden Monats erhält jeder Mitarbeiter/jede Mitarbeiterin von der Personalabteilung für den abgelaufenen Monat eine Monatsübersicht über die Soll- und Ist-Stunden. Diese Auflistung ist vom Mitarbeiter/von der Mitarbeiterin zu überprüfen. Beanstandungen sind spätestens bis zum 10. des Folgemonats zwecks Klärung der Personalabteilung mitzuteilen.

(3) Die ganztägige Abwesenheit wegen Urlaub oder Krankheit wird montags und dienstags mit 8 Stunden 15 Minuten, mittwochs und donnerstags mit 8 Stunden und freitags mit 6 Stunden angesetzt.

Die Differenz zwischen dem „Ist" und „persönlichen Soll" ergibt den Monatssaldo.

(4) Der Mitarbeiter/die Mitarbeiterin bestätigt mit seiner/ihrer Unterschrift auf dem Monatsblatt die Richtigkeit des Abschlusses und legt dieses seinem/ihrem Vorgesetzten zur Abzeichnung vor.

Dieser bestätigt mit seiner Unterschrift die Richtigkeit der Angaben. Das Monatsblatt wird anschließend der Personalabteilung wieder zugeleitet.

Abgeschlossene Monatsblätter werden grundsätzlich nach einer Aufbewahrungszeit von 12 Monaten von der Personalabteilung vernichtet.

§ 3 Datenschutz

Zum Schutz der betroffenen Mitarbeiter/Mitarbeiterinnen sind hinsichtlich der erfassten Arbeitszeitdaten folgende Grundsätze zu beachten:
- Es dürfen nur die Daten aufgezeichnet werden, die für die Abrechnung erforderlich sind.
- Durch geeignete technische und organisatorische Maßnahmen ist eine unbefugte Kenntnisnahme der Zeitdaten durch Dritte zu verhindern.

§ 5 Betriebsvereinbarungen

- Die erfassten Daten dürfen nur den mit der Abrechnung und Kontrolle dieser Aufzeichnungen beauftragten Stellen zugänglich sein. Diese dürfen die Daten zu keinem anderen als zum Zweck der Gleitzeitabrechnung und -kontrolle verarbeiten, bekannt geben oder sonst nutzen.
- Die aufgezeichneten Daten sind zu löschen, wenn ihre Kenntnis für die Kontrollzwecke der Personalabteilung nicht mehr erforderlich ist und schutzwürdige Belange des betroffenen Mitarbeiters/der betroffenen Mitarbeiterin durch die Löschung nicht beeinträchtigt werden. Grundsätzlich ist eine Aufbewahrungsdauer von 12 Monaten ausreichend und angemessen.

§ 4 Verlust der Ausweiskarte
(1) Der Verlust oder das Wiederauffinden einer verloren gegangenen Ausweiskarte sind der Personalabteilung unverzüglich mitzuteilen.

(2) Muss die Karte aufgrund von Vorsatz oder fahrlässigem Verhalten des Karteninhabers/der Karteninhaberin neu ausgestellt werden, wird der Herstellungspreis der Karte (zzt. ■■■ EUR) in Ansatz gebracht. Ein schuldhaftes Handeln in diesem Sinne liegt vor, wenn der Karteninhaber/die Karteninhaberin die Karte bewusst beschädigt, vernichtet oder durch Veränderung unbrauchbar gemacht hat.

§ 5 Missbrauch
(1) Jeder Mitarbeiter/jede Mitarbeiterin muss selbst buchen. Es ist unzulässig, Buchungen durch andere vornehmen zu lassen oder Buchungen für einen anderen vorzunehmen.

(2) Ein Missbrauch der Regelungen über die gleitende Arbeitszeit kann nach erfolgloser Abmahnung – unbeschadet anderweitiger Rechtsfolgen – zum sofortigen Ausschluss von dieser Betriebsvereinbarung führen, mit der Folge, dass die tägliche Arbeitszeit vom Vorstand festgesetzt wird.

§ 6 Inkraftsetzung
(1) Diese Betriebsvereinbarung tritt am ■■■ in Kraft und ersetzt für die elektronische Zeiterfassung die Betriebsvereinbarung vom ■■■.

(2) Diese Betriebsvereinbarung kann von jeder Partei mit einer Frist von drei Monaten zum Quartalsende gekündigt werden.

6. Muster: KAPOVAZ-Abrede

Zwischen
der Firma ■■■

– nachstehend: Firma –

und

dem Betriebsrat der Firma ■■■

– nachstehend: Betriebsrat –

wird folgende Betriebsvereinbarung über kapazitätsorientierte variable Arbeitszeit (KAPOVAZ) geschlossen.

§ 1 Gegenstand und Zweck
(1) Arbeitgeber und Betriebsrat sind sich einig, dass wegen des branchentypisch wechselnden Arbeitsanfalls eine Anpassung der individuellen Arbeitszeit der Mitarbeiterinnen/Mitarbeiter an die auftragsbezogene Auslastung des Betriebs erforderlich ist bei gleichzeitiger Sicherung einer verstetigten Vergütung der Mitarbeiterinnen/Mitarbeiter unter Berücksichtigung ihrer Interessen.

(2) Die nach Maßgabe der Betriebsvereinbarung vom Arbeitgeber angeordnete Arbeitszeit ist mitbestimmt; Abweichungen bedürfen im Rahmen des § 87 Abs. 1 Nr. 2 und 3 BetrVG der Zustimmung des Betriebsrats.

(3) Zwingende Arbeitnehmerschutzbestimmungen und die Befugnisse des Arbeitgebers nach dem ArbZG bleiben unberührt.

§ 2 Geltungsbereich
(1) Die Betriebsvereinbarung gilt für alle vollbeschäftigten Mitarbeiterinnen/Mitarbeiter (Angestellte, Arbeiter und Auszubildende) mit Ausnahme der im Verkaufsaußendienst Beschäftigten, der Abteilungsleiter und Prokuristen, der Monteure und Fahrer.

(2) Soweit Mitarbeiterinnen/Mitarbeiter aushilfsweise als Monteure oder Fahrer tätig sind, fallen sie für die Zeit ihrer Aushilfstätigkeit nicht unter den Geltungsbereich der Betriebsvereinbarung. Mit ihnen werden individuelle Regelungen getroffen.

§ 3 Dauer und Lage der wöchentlichen Arbeitszeit

(1) Die wöchentliche Arbeitszeit der Mitarbeiterinnen/Mitarbeiter umfasst einen Rahmen von 30 bis 44 Stunden ohne Pausen.

(2) Arbeitstage sind die Tage von Montag bis Freitag. Die Arbeit an Samstagen bedarf der gesonderten Zustimmung des Betriebsrats.

(3) Die tägliche Arbeitszeit liegt zwischen 6.00 Uhr und 18.00 Uhr.

(4) Die betriebsübliche wöchentliche Arbeitszeit beträgt 37 Stunden. Sie entspricht der tariflichen wöchentlichen Arbeitszeit ähnlicher Betriebe.

§ 4 Individuelle Arbeitszeit

(1) Die individuelle Arbeitszeit der Mitarbeiter wird vom Arbeitgeber abteilungsbezogen für die Dauer von zwei Kalenderwochen festgelegt.

(2) Die Ankündigungsfrist beträgt grundsätzlich zwei Wochen.

(3) Der Arbeitgeber ist berechtigt, ohne nähere Begründung die Ankündigungsfrist abteilungsbezogen auf eine Woche zu verkürzen. Dieses Recht steht ihm für jede Abteilung 6 x im Jahr zu.

(4) Der Arbeitgeber ist berechtigt, in Notfällen (z.B. unvorhergesehener Ausfall von Mitarbeiterinnen/Mitarbeitern, der zur erheblichen Arbeitsverzögerungen führen würde) die bereits festgelegte Arbeitszeit zu erhöhen. Die Änderung ist der/dem betroffenen Mitarbeiterin/Mitarbeiter spätestens am Morgen des vorhergehenden Tages mitzuteilen.

(5) Die Festlegung der individuellen Arbeitszeit erfolgt grundsätzlich durch Aushang, nach Wahl des Arbeitgebers durch schriftliche Einzelmitteilung. Mitarbeiterinnen/Mitarbeiter, die wegen Abwesenheit keine Gelegenheit zur Einsichtnahme in den Aushang haben, sollen sich über ihre Arbeitszeit informieren. Ist das nicht möglich, gilt für den ersten Arbeitstag nach Rückkehr aus einer Abwesenheitszeit die 37-Stunden-Woche mit einer täglichen Arbeitszeit von 7,5 Stunden (Montag bis Donnerstag) und 7 Stunden (Freitag).

(6) Der Betriebsrat erhält jeweils eine Ablichtung der Aushänge. Über Änderungen nach Abs. 4 wird er unverzüglich informiert.

§ 5 Arbeitszeitkonto

(1) Für jede Mitarbeiterin/jeden Mitarbeiter wird ein Arbeitszeitkonto eingerichtet. Es dient der Feststellung der geleisteten Arbeitszeit und der Vergütung im Saldierungszeitraum.

(2) Dem Betriebsrat werden unaufgefordert jeweils zum 10. eines Monats die Arbeitszeitkonten der Mitarbeiterinnen/Mitarbeiter für den vorangegangenen Monat in Kopie zur Verfügung gestellt.

(3) Saldierungszeiträume sind jeweils die Zeiträume von 1. März bis 30. August und vom 1. September bis 28./29. Februar des Folgejahres. Rumpfzeiträume werden anteilig berechnet.

(4) Neben den tatsächlich geleisteten Stunden werden der Mitarbeiterin/dem Mitarbeiter für jeden Tag, an dem sie/er durch Krankheit, Urlaub oder aus sonstigen triftigen Gründen an der Arbeitsleistung verhindert ist, die ihr/ihm am Fehltag angeordneten Stunden angerechnet. Fehlt es an einer konkretisierten individuellen Arbeitszeit, gelten die für alle Mitarbeiterinnen/Mitarbeiter der Abteilung einheitlich angeordneten Stunden, andernfalls wöchentlich 37 Stunden, arbeitstäglich 7,5 Stunden (Montag bis Donnerstag) oder 7 Stunden (Freitag) als angeordnet. Letzteres gilt auch für die wegen eines Feiertags ausfallende Arbeitszeit. Für die auf Kurzarbeit entfallenden Zeiträume wird der Mitarbeiterin/dem Mitarbeiter die betriebsübliche regelmäßige Arbeitszeit angerechnet.

(5) Ist die Mitarbeiterin/der Mitarbeiter im Kalenderjahr 90% der Arbeitstage ihrer/seiner Arbeitspflicht nachgekommen, erhält sie/er eine Gutschrift auf ihrem/seinem Arbeitszeitkonto in Höhe von 4 Stunden. Ist die Mitarbeiterin/der Mitarbeiter an 95% der Arbeitstage ihrer/seiner Arbeitspflicht nachgekommen, erhöht sich die Gutschrift auf 7,4 Stunden und bei 98% auf 22,2 Stunden. Urlaub und Freizeitausgleich gelten als Erfüllung der Arbeitspflicht. Eintretende Mitarbeiterinnen/Mitarbeiter erhalten die Prämie gequotelt unter Berücksichtigung ihres Anteils an Beschäftigungsmonaten im laufenden Kalenderjahr.

§ 6 Zeiterfassung

Die Zeiterfassung erfolgt gemäß dem betrieblichen Zeiterfassungssystem. Einzelheiten ergeben sich aus der Betriebsvereinbarung „Zeiterfassung" vom ■■■.

§ 7 Monatsvergütung

(1) Die Mitarbeiterin/Der Mitarbeiter erhält eine monatliche Vergütung, berechnet auf der Basis von 37 Wochenstunden unbeschadet der tatsächlichen individuellen Arbeitszeit.
(2) Fehlstunden ohne Vergütungsanspruch mindern das monatliche Entgelt.
(3) Mehrarbeitsstunden werden jeweils am Ende eines Saldierungszeitraums gemäß § 5 Abs. 3 ermittelt und vergütet.
(4) Die Vergütungszahlung im Krankheitsfall hat sich an den zwingenden Vorschriften des Entgeltfortzahlungsgesetzes zu orientieren.
(5) Ist gemäß §§ 169 bis 179 SGB III Kurzarbeit angezeigt und anerkannt, bemisst sich das Arbeitsentgelt abweichend von Abs. 1 nach der tatsächlichen individuellen Arbeitszeit.

§ 8 Pausenzeit

(1) Die Mittagspause dauert 45 Minuten. Sie wird vom Mitarbeiter – abteilungsweise verschoben – zwischen 12.00 und 13.00 Uhr genommen.
(2) Die Frühstückspause dauert 15 Minuten. Sie wird ebenfalls abteilungsweise verschoben genommen.

§ 9 Mehrarbeit, Überstunden

(1) An Tagen, an denen die Mitarbeiterin/der Mitarbeiter Arbeitsstunden in einem Umfang erbringt, der über acht Stunden hinausgeht, kann für jede Arbeitsstunde im Arbeitszeitkonto ein Zuschlag gutgeschrieben werden. Die Zuschlagshöhe bleibt individualarbeitsrechtlichen Regelungen vorbehalten.
(2) Überstunden werden am Ende des jeweiligen Saldierungszeitraums errechnet.
Überstunden sind solche Arbeitsstunden, die im jeweiligen Saldierungszeitraum die regelmäßige Arbeitsstundenzahl, berechnet auf der Grundlage der wöchentlichen Arbeitszeit von 37 Stunden, überschreiten.
(3) Überstunden können im folgenden Saldierungszeitraum durch Freizeit oder Vergütung abgegolten werden.

§ 10 Übergangs- und Schlussbestimmungen

(1) Mit dieser Betriebsvereinbarung wird die Betriebsvereinbarung ▬▬▬ aufgehoben.
(2) Firma und Betriebsrat vereinbaren, sobald eine Partei unvorhergesehene Sachverhalte als verhandlungsbedürftig bezeichnet, in neue Verhandlungen über eine Anpassung der Betriebsvereinbarung einzutreten.
Die Verhandlungen müssen das Ziel haben, den nicht hinreichend berücksichtigten Sachverhalt in der Weise zu regeln, wie ihn die Verhandlungspartner bei Abschluss der Betriebsvereinbarung geregelt haben würden, hätten sie den Sachverhalt bereits bedacht.
(3) Bei Meinungsverschiedenheiten über Anwendung, Auslegung oder Notwendigkeit der Neuverhandlung der Betriebsvereinbarung entscheidet die Einigungsstelle, wenn sich die Parteien nicht einigen können.
(4) Die Betriebsvereinbarung kann mit einer Frist von 3 Monaten zum Ende eines Saldierungszeitraumes gekündigt werden. Sie wirkt nach, solange keine ergänzende Betriebsvereinbarung geschlossen wurde.
(5) Die vorliegende Betriebsvereinbarung schließt die Vereinbarung zwischen den Betriebspartnern von Brückentagen nicht aus.
(6) Diese Betriebsvereinbarung tritt am ▬▬▬ in Kraft.

7. Muster: Projektbezogene Rufbereitschaft

Zwischen

der Firma ▬▬▬, vertreten durch die Geschäftsleitung

– nachstehend: Unternehmen –

und

dem Betriebsrat der Firma ▬▬▬, vertreten durch den Vorsitzenden

– nachstehend: Betriebsrat –

wird folgende Betriebsvereinbarung zur Regelung von projektbezogener Rufbereitschaft getroffen:

Präambel

Das Unternehmen und der Betriebsrat sind sich darüber einig, dass zur Aufrechterhaltung des Betriebsablaufes und aus Wettbewerbsgründen die Notwendigkeit besteht, Rufbereitschaft einzurichten, um unseren Auftraggebern und Kooperationspartnern die zugesicherten DV-Dienstleistungen zu erfüllen. Im Rahmen der Rufbereitschaft sind die Mitarbeiterinnen und Mitarbeiter verpflichtet, Schäden für das Unternehmen im Rahmen ihrer Möglichkeiten abzuwenden.

§ 1 Allgemeines

(1) Gegenstand dieser Betriebsvereinbarung ist die Regelung von projektbezogener Rufbereitschaft. Diese Vereinbarung soll sowohl den an das Unternehmen gestellten Anforderungen gerecht werden als auch Mitarbeiterwünsche berücksichtigen.

(2) Die einschlägigen Regelungen der „Tarifverträge für ▬▬▬" gelten auch für diese Betriebsvereinbarung.

(3) Das Unternehmen und der Betriebsrat bekennen sich zum Grundsatz der Selbständigkeit und Eigenverantwortung der Mitarbeiterinnen und Mitarbeiter. Es gilt der Grundsatz der Freiwilligkeit. (Alternativ: Können sich die betroffen Gruppen nicht darüber verständigen, wie sie den ordnungsgemäßen Betriebsablauf sichern wollen, entscheidet der Vorgesetzte unter Berücksichtigung der Interessen der Mitarbeiterinnen und Mitarbeiter. Es ist Aufgabe der Führungskräfte, darauf zu achten, dass einzelne Mitarbeiterinnen und Mitarbeiter nicht benachteiligt werden.)

(4) Das Unternehmen verpflichtet sich, durch organisatorische Maßnahmen und technische Einrichtungen die Belastung für die Einzelnen so gering wie möglich zu halten.

§ 2 Geltungsbereich

Diese Betriebsvereinbarung gilt für alle Mitarbeiterinnen und Mitarbeiter des Unternehmens, mit Ausnahme von leitenden Angestellten, Auszubildenden und Praktikanten. Weitere Ausnahmen können zwischen dem Unternehmen und dem Betriebsrat vereinbart werden und sind als Anlage 1 Bestandteil dieser Betriebsvereinbarung. Anweisungen leitender Angestellter dürfen nicht gegen diese Betriebsvereinbarung verstoßen.

§ 3 Begriffsbestimmungen

(1) Rufbereitschaft ist die Zeit, in der sich die Mitarbeiterin/der Mitarbeiter für einen Einsatz außerhalb ihrer/seiner üblichen Arbeitszeit bereitzuhalten hat. Sie dient der Behebung von evtl. Störfällen im Rahmen des Softwareentwicklungsprozesses (z.B. bei Einsätzen von Neuprogrammen oder Programmänderungen).

(2) Als anfordernde Stelle gelten die jeweils verantwortlichen Führungskräfte (z.B. Gruppen- oder Projektleitung). Weitere Stellen können zwischen dem Unternehmen und dem Betriebsrat vereinbart werden und sind als Anlage 2 Bestandteil dieser Betriebsvereinbarung.

(3) Wird die Mitarbeiterin/der Mitarbeiter während der Rufbereitschaft tätig, wird diese Zeit als Einsatz bezeichnet. Der Einsatz beginnt mit dem Anruf und endet entweder mit dem Abschluss von Telefongespräch bzw. Rückruf oder durch Beendigung des Einsatzes mit dem Erreichen des Ausgangsortes. Einsätze gelten als Mehrarbeit im Sinne der jeweils geltenden Betriebsvereinbarung über Gleitende Arbeitszeit.

(4) Als Nachteinsätze im Sinne dieser Vereinbarung gelten Einsätze in der Zeit von 22.00 Uhr bis 6.00 Uhr. Unberührt bleiben die Bestimmungen für Nachtarbeit gemäß Tarifvertrag (insb. Vergütungen).

§ 4 Durchführung der Rufbereitschaft

(1) Rufbereitschaft wird personenbezogen und stundenweise – i.d.R. für mindestens fünf Stunden – beantragt.

(2) Die Dauer der Rufbereitschaft soll pro Mitarbeiterin/Mitarbeiter eine Woche oder zwei Wochenenden im Monat bzw. vier Wochenenden im Quartal nicht überschreiten. Ausnahmen sind zu begründen.

(3) Anträge auf Rufbereitschaft sind mit den Mitarbeiterinnen und Mitarbeitern nach Kenntnis der Sachlage unverzüglich abzustimmen und dem Betriebsrat mit entsprechender Begründung zur Mitbestimmung vorzulegen.

(4) Die Mitarbeiterin/der Mitarbeiter kann während der Rufbereitschaft ihren/seinen Aufenthaltsort selbst bestimmen. Sie/er ist jedoch verpflichtet, dafür zu sorgen, dass sie/er von der anfordernden Stelle erreichbar ist. Die Mitarbeiterin/der Mitarbeiter hat unverzüglich, d.h. innerhalb von 30 Minuten, zurückzurufen und, soweit erforderlich, i.d.R. innerhalb einer Stunde persönlich am Einsatzort zu erscheinen.

(5) Während der Teilnahme an der Rufbereitschaft werden die Mitarbeiterinnen/Mitarbeiter mit einem Cityfunkgerät, Europieper, Funktelefon o.Ä. ausgerüstet. Private Telefonnummern werden an Dritte nicht weitergegeben. Für Notfälle privater Art ist es der Mitarbeiterin/dem Mitarbeiter gestattet, das Funktelefon zu benutzen, wenn die Benutzung des eigenen Telefons nicht möglich ist.

(6) Die Verwendung von Laptops wird separat geregelt. Ausnahmen in Einzelfällen bedürfen der Zustimmung des Betriebsrats.

§ 5 Einsatz während der Rufbereitschaft

(1) Während der Einsatzzeit sind die Pausenregelung und die sonstigen Bestimmungen des Arbeitszeitgesetzes (z.B. 11 Stunden Ruhezeit zwischen Einsatzende und Arbeitsbeginn) sowie anderer gesetzlicher Schutzvorschriften (z.B. Ju-

gendarbeitsschutzgesetz, Mutterschutzgesetz, SGB IX) einzuhalten. Die Kernrichtzeitregelung der Betriebsvereinbarung „Gleitende Arbeitszeit" entfällt für den nächsten Tag.

(2) Damit die Mitarbeiterin/der Mitarbeiter aus der Teilnahme an der Rufbereitschaft keine Nachteile hat, wird an dem auf dem Einsatz folgenden Arbeitstag mindestens die tägliche Sollarbeitszeit gutgeschrieben. Protokollnotiz 1: Die Parteien sind sich darüber einig, dass die Zeit zwischen üblichen und tatsächlichen Arbeitsbeginn gutgeschrieben wird, wenn die Regelungen aus dieser Betriebsvereinbarung eine frühere Arbeitsaufnahme ausschließen.

(3) Wird eine Mitarbeiterin/ein Mitarbeiter zu einem Nachteinsatz herangezogen, sollte sie/er am Folgetag nicht zur regulären Arbeit erscheinen. In diesem Fall verlängert sich die Rufbereitschaft bis zum Folgetag bis 12.00 Uhr. Die verlängerte Rufbereitschaft endet jedoch, wenn die Mitarbeiterin/der Mitarbeiter wieder die reguläre Arbeit aufnimmt. Die bestehende Rufbereitschaft bleibt davon unberührt.

(4) Fallen an Sonn- oder Feiertagen in erheblichem Umfang Einsätze an, wird die Mitarbeiterin/der Mitarbeiter i.d.R. am Folgetag, mindestens aber innerhalb von zwei Wochen freigestellt. Es wird ihr/ihm die tägliche Sollarbeitszeit gutgeschrieben. Die bestehende Rufbereitschaft bleibt davon unberührt. Protokollnotiz 2: Die Parteien sind sich darüber einig, dass ein Einsatz in erheblichem Umfang dann vorliegt, wenn die Summe der Einsatzzeiten zzgl. der tariflichen Zuschläge größer ist, als die tägliche Sollarbeitszeit.

(5) Monatlich wird dem Betriebsrat eine vollständige Aufstellung aller geleisteten Einsätze pro Mitarbeiterin/Mitarbeiter vorgelegt.

§ 6 Abgeltung von Rufbereitschaft

(1) Rufbereitschaft wird stundenweise gutgeschrieben, mindestens jedoch für fünf Stunden pro Tag.
(2) Rufbereitschaft und Zuschläge sind grundsätzlich in Freizeit auszugleichen. Die Zeitgutschrift beträgt 1/3 der Rufbereitschaft und wird auf dem Mehrarbeitskonto verwaltet.
(3) In Ausnahmefällen (persönliche bzw. betriebliche Belange) kann stattdessen eine Vergütung erfolgen. Sie beträgt ▪▪▪ EUR/Std. Die Vergütung wird in Anlehnung an Tariferhöhungen angepasst.
(4) An Sonnabenden erfolgt ein Zuschlag von 50%, an Sonn- und Feiertagen sowie an Bankfeiertagen von 100%.
alternativ:
(1) Rufbereitschaft wird mit ▪▪▪ EUR/Std. vergütet, mindestens jedoch für fünf Stunden pro Tag. Die Vergütung wird in Anlehnung an Tariferhöhungen angepasst.
(2) An Sonnabenden, Sonn- und Feiertagen sowie tariflich freien Tagen werden Zuschläge analog den Regelungen bzgl. Mehrarbeit im Manteltarifvertrag gezahlt, d.h. zzt. an Sonnabenden 50%, an Sonn- und Feiertagen sowie an tariflich freien Tagen 100%.
(3) Auf Wunsch der Mitarbeiterin/des Mitarbeiters erfolgt statt der Vergütung eine Zeitgutschrift, sofern dem keine dringenden betrieblichen Belange entgegenstehen. Die Zeitgutschrift beträgt 1/3 der Rufbereitschaftszeit (zzgl. der Zuschläge) und wird auf dem Überstundenkonto verwaltet.

§ 7 Abgeltung bei Einsätzen

(1) Der Anspruch auf Vergütung aus der Rufbereitschaft bleibt bei Einsätzen in voller Höhe erhalten. Darüber hinaus wird an Tagen mit Rufbereitschaft keine Mehrarbeit geleistet.
(2) Einsatzzeiten werden je angefangene halbe Stunde auf 30 Minuten aufgerundet. Mehrere Einsätze innerhalb einer halben Stunde werden grundsätzlich zusammengerechnet. Für Nachteinsätze werden mindestens drei Stunden (zzgl. Zuschlägen) gutgeschrieben. An- und Abfahrtzeiten gelten als Arbeitszeiten.
(3) Aufwendungen und Auslagen anlässlich der Rufbereitschaft (z.B. Fahrt- und Telefonkosten) werden erstattet.

§ 8 Versicherung/Haftung

(1) Notwendige Fahrten im Rahmen der Rufbereitschaft (auch zwischen Ausgangs- und Einsatzort) werden einer Dienstfahrt gleichgestellt. Anlässlich von Dienstfahrten ist die Mitarbeiterin/der Mitarbeiter im Rahmen einer Gruppen-Unfallversicherung geschützt.
(2) Schäden bei genehmigten oder geduldeten Fahrten mit dem privaten Fahrzeug trägt das Unternehmen. Aus versicherungsrechtlichen Gründen darf bei Einsätzen nach 20.00 Uhr das eigene Fahrzeug nicht benutzt werden.
(3) Es gelten die Grundsätze zur Haftungsbeschränkung bei gefahrgeneigter Handlung, d.h. die Haftung wird auf Vorsatz oder grobe Fahrlässigkeit begrenzt.

§ 9 Konfliktmechanismus

(1) Ergeben sich aus den Regelungen der Betriebsvereinbarung Meinungsverschiedenheiten zwischen den örtlichen Betriebsparteien, so ist zunächst ein betriebsinterner Einigungsversuch auf Betriebsebene vorzunehmen.

(2) Führt dieser Einigungsversuch nicht zu einem einvernehmlichen Ergebnis, kann jede Betriebspartei eine Schiedsstelle anrufen, die aus zwei Mitgliedern des Betriebsrats sowie zwei Vertretern der Unternehmensseite besteht.
(3) Die Schiedsstelle klärt u.a.
- Fälle, in denen Widersprüche gegen Entscheidungen der/des Vorgesetzten geltend gemacht werden, und
- Eingaben von Beschäftigten.
(4) Kommt eine Einigung auch in der Schiedsstelle nicht zustande, so entscheidet die Einigungsstelle.

§ 10 Rechte und Beteiligung der Beschäftigten
Jede Mitarbeiterin und jeder Mitarbeiter hat das Recht, sich über Entscheidungen des unmittelbaren Vorgesetzten bzw. der Personalfunktion bei dem Betriebsrat zu beschweren. Hieraus dürfen ihr/ihm keine Nachteile entstehen.

§ 11 Schlussbestimmungen
(1) Der Betriebsrat erhält monatlich eine Aufstellung der angefallenen Rufbereitschafts- und Einsatzzeiten.
(2) Abweichungen von den getroffenen Regelungen sind mit dem Betriebsrat zu vereinbaren.
(3) Die Betriebsvereinbarung tritt mit ihrer Unterzeichnung in Kraft. Damit sind alle bisherigen Vereinbarungen im Zusammenhang mit Rufbereitschaft usw. aufgehoben.
(4) Sie kann mit einer beiderseitigen Frist von drei Monaten zum Jahresende ganz oder teilweise gekündigt werden. Die Kündigung hat schriftlich zu erfolgen. Bis zum Abschluss einer neuen Vereinbarung gelten die Regelungen dieser Vereinbarung weiter.
(5) Sollte eine Vorschrift dieser Vereinbarung nicht mit dem geltenden Recht im Einklang stehen und deshalb unwirksam sein, behalten die anderen Regelungen dieser Vereinbarung ihre Gültigkeit. Die unwirksame Regelung ist rechtskonform so auszulegen, dass sie dem beiderseitigen Wollen der Parteien entspricht.

8. Muster: Variable Arbeitszeit

Zwischen

der Firma ▪▪▪

und

dem Betriebsrat der Firma ▪▪▪

werden folgende Ausführungsbestimmungen zur variablen Arbeitszeit vereinbart:

§ 1 Variable Arbeitszeit
Variable Arbeitszeit ist die Anpassung von Angebot und Nachfrage an Arbeitszeit unter Berücksichtigung der betrieblichen und persönlichen Belange bei voller Wahrung aller arbeits- und tarifrechtlichen Vorschriften.

§ 2 Praktische Auswirkungen
Jeder Mitarbeiter (im weiteren Text: auch Mitarbeiterinnen) hat innerhalb der Brandbreite (siehe § 3) die Möglichkeit, Arbeitsbeginn, Arbeitsende sowie persönlich bedingte Arbeitsunterbrechungen selbst zu bestimmen und somit seine Arbeitszeit variabel zu gestalten.

Diese Regelung setzt voraus, dass ein vorübergehend nicht besetzter Arbeitsplatz in dringenden Fällen ohne Beeinträchtigung des Betriebsablaufs von einem Mitarbeiter übernommen werden kann.

Unternehmensbereiche, die zur Verrichtung ihrer Tätigkeiten in hohem Maße auf gegenseitige Kontakte angewiesen sind, werden angehalten, nur kontaktunabhängige Arbeiten auf Zeiten außerhalb der Normaldienstzeit (siehe § 4) zu verlegen.

Ist die ordnungsgemäße Abwicklung einzelner Arbeitsabläufe von der Anwesenheit bestimmter Mitarbeiter abhängig, so ist eine Einigung auf einen verbindlichen Arbeitsbeginn und ein verbindliches Arbeitsende erforderlich; insoweit kann die Variierungsmöglichkeit eingeschränkt werden.

Vorgesetzte haben sicherzustellen, dass Mitarbeiter nur dann von der Möglichkeit Gebrauch machen, Arbeiten auf Zeiten außerhalb der Normaldienstzeit zu verlegen, wenn die volle arbeitsmäßige Auslastung gewährleistet ist.

In begründeten Ausnahmefällen und insbesondere im Kundeninteresse hat der Vorgesetzte nach Anhörung des Mitarbeiters das Recht, auch während der Bandbreite innerhalb einer Zeitgrenze

morgens	ab 7.30 Uhr bis 10.00 Uhr
nachmittags	ab 15.00 Uhr bis Ende der Bandbreite bzw.
donnerstags	ab 17.00 Uhr bis Ende der Bandbreite

Einfluss auf die Arbeitszeit der Mitarbeiter zu nehmen.

Die Arbeitsaufnahme vor Beginn der Bandbreite und die Arbeitsbeendigung nach Ende der Bandbreite müssen vom Vorgesetzten – ggf. generell – genehmigt sein. Das Gleiche gilt für die Arbeit an Tagen, an denen normalerweise nicht gearbeitet wird.

§ 3 Bandbreite

Die Bandbreite umfasst den arbeitstäglichen zeitlichen Rahmen, in dem der Mitarbeiter seine Arbeitszeit ableisten muss; sie wird auf die Zeit zwischen 7.30 Uhr und 18.30 Uhr festgelegt.

Sonderregelungen werden im Einzelfall den betreffenden Unternehmensbereichen bekannt gegeben.

§ 4 Normaldienstzeit

Als Normaldienstzeit gilt wöchentlich:

Montag bis Mittwoch	7.45 Uhr bis 12.45 Uhr
	13.45 Uhr bis 16.30 Uhr
Donnerstag	7.45 Uhr bis 12.45 Uhr
	13.45 Uhr bis 18.15 Uhr
Freitag	7.45 Uhr bis 12.30 Uhr
	13.30 Uhr bis 15.45 Uhr

Diese Normaldienstzeiten beinhalten täglich eine Frühstückspause von 15 Minuten sowie eine Pause am Donnerstagnachmittag von ebenfalls 15 Minuten.

Bestehende Sonderregelungen in Form von zeitlichen Verschiebungen bzw. durchgehenden Öffnungszeiten bei einigen Unternehmensbereichen gelten unverändert fort.

§ 5 Sollzeit

Die tarifliche Wochenarbeitszeit beträgt 38,5 Stunden.

Für die Dauer des derzeit geltenden Tarifvertrages wird eine 15-minütige Pause angerechnet. Daraus ergibt sich eine tägliche Sollzeit von:

Montag bis Mittwoch	7,50 Stunden (7 Stunden, 30 Minuten)
Donnerstag	9,00 Stunden
Freitag	6,75 Stunden (6 Stunden, 45 Minuten)

= wöchentliche Sollzeit 38,25 Stunden.

Ein VA-Abrechnungszeitraum beträgt drei Monate und endet am 20. der Monate Februar, Mai, August und November. Seine Sollzeit errechnet sich aus den Arbeitstagen des Abrechnungszeitraumes.

Für jede Zeiterfassungsanlage wird von der Personalabteilung eine Tabelle geliefert, aus der die kumulierte Soll-Anwesenheitszeit bis zum jeweiligen Arbeitstag und die Soll-Anwesenheitszeit des Abrechnungszeitraumes zu ersehen sind (= kumulierte Soll-Anwesenheitszeit am letzten Arbeitstag).

§ 6 Variable Arbeitszeit und Urlaub

Zwischen Variabler Arbeitszeit und Urlaubsanspruch besteht kein verrechenbarer Zusammenhang. Demnach sollen Zeitguthaben nicht in Urlaubsgutschriften und Urlaubsguthaben nicht in Zeitgutschriften umgewandelt werden.

§ 7 Variable Arbeitszeit und Überstunden

Die Variable Arbeitszeit ist von den i.S.d. Bundes-Angestelltentarifvertrages zu bezahlenden Überstunden zu trennen.

Die beim Verfahren der Variablen Arbeitszeit über die Soll-Anwesenheitszeit hinausgehenden Arbeitszeiten können grundsätzlich nicht als vergütungsberechtigte Überstunden gelten. Vergütungsberechtigte Überstunden können nur dann entstehen, wenn vom Vorstand oder einem dazu Berechtigten eine Anordnung ausgesprochen wurde.

Für alle Unternehmensbereiche einheitlich angeordnete Überstunden können über die Zeiterfassungsanlage durch Sollzeiterhöhung registriert werden.

§ 8 Höchstarbeitszeit

Die tägliche Höchstarbeitszeit einschließlich evtl. angeordneter Überstunden ist auch beim Verfahren der Variablen Arbeitszeit auf 10 Stunden begrenzt. Für Mutterschutz genießende Mitarbeiterinnen beträgt die tägliche Höchstarbeitszeit 8 1/2 Stunden. Dadurch entstehende Fehlzeiten (Donnerstag) sind an anderen Tagen auszugleichen.

§ 9 Pausen

Jeder Mitarbeiter ist für die Einhaltung der den Vorschriften der Arbeitszeitordnung entsprechenden Ruhepausen selbst verantwortlich; eine zeitliche Unterschreitung der nachstehenden Ruhepausen ist nicht zulässig. Unabhängig von der gesetzlichen Pausenregelung ist eine 1/2-stündige Mittagspause unbedingt einzuhalten.

§ 10 Pausen für Frauen

Länger als 4 1/2 Stunden hintereinander dürfen Frauen nicht ohne Ruhepause beschäftigt werden. Als Ruhepause i.S.d. AZRG gelten nur Arbeitsunterbrechungen von mindestens einer Viertelstunde.

Frauen haben Anspruch auf Ruhepausen in folgendem Umfang:
- bei einer täglichen Arbeitszeit von mehr als 6–8 Stunden: 30 Minuten,
- bei einer täglichen Arbeitszeit von mehr als 8–9 Stunden: 45 Minuten,
- bei einer täglichen Arbeitszeit von mehr als 9 Stunden: 60 Minuten.

§ 11 Pausen für Männer

Nach mehr als sechs Stunden Arbeitszeit stehen Männern eine Ruhepause von 30 Minuten oder zwei viertelstündige Ruhepausen zu.

§ 12 Arbeitsbefreiung

Auf die Arbeitszeit anrechenbar sind die im Arbeitsvertrag vereinbarten Fälle von Arbeitsbefreiung.

Diese Vereinbarung tritt am ▄▄▄ in Kraft. Sie kann beiderseits mit einer Frist von vier Monaten zum Jahresende gekündigt werden.

II. Betriebliche Ordnung

1. Muster: Allgemeine Arbeitsordnung

Präambel

Im Interesse eines gedeihlichen Zusammenwirkens aller Mitarbeiterinnen und Mitarbeiter im Betrieb, zur Wahrung der bei Organisationsabläufen notwendigen Klarheit und zur Verwirklichung der Unternehmensziele durch alle Mitarbeiterinnen und Mitarbeiter vereinbaren Arbeitgeber und Betriebsrat die nachfolgende Allgemeine Betriebsordnung. Zwischen Betriebsrat und Arbeitgeber und Betriebsrat besteht Einigkeit, dass die Allgemeine Arbeitsordnung kein statisches Regelwerk sein soll, sondern in Abständen zur Anpassung an veränderte Wettbewerbs- und Arbeitsbedingungen angepasst werden muss.

Gemäß § 77 Abs. 3 BetrVG wirkt die Arbeitsordnung in ihrer jeweils gültigen Fassung unmittelbar und zwingend auf das Arbeitsverhältnis jedes einzelnen Arbeitnehmers ein.

A. Einstellung

§ 1 Einstellungsvoraussetzungen

(1) Alle Bewerberinnen/Bewerber müssen die üblichen Arbeitspapiere, wie Lohnsteuerkarte, Versicherungsnachweisheft, Nachweisheft, Urlaubsbescheinigung des letzten Arbeitgebers, Ausweise, Zeugnisse und den ausgestellten Einstellungsfragebogen bei der Personalabteilung einreichen. Die Personalabteilung fordert außerdem die Anfertigung von Passbildern für Personalabteilung und Werkausweis an.

(2) Die Bewerberinnen/Bewerber haben Fragen über ihre persönlichen und beruflichen Verhältnisse wahrheitsgemäß und vollständig zu beantworten. Über Vorstrafen, die für die vorgesehene Tätigkeit von Bedeutung sind, müssen die Bewerberinnen/Bewerber wahrheitsgemäß Auskunft erteilen.

(3) Wer unrichtige Ausweispapiere oder Zeugnisse vorlegt oder im Einstellungsfragebogen bewusst wahrheitswidrige oder unvollständige Angaben macht, muss mit einer fristlosen Kündigung oder einer Anfechtung seiner Willenserklärung bei Abschluss des Arbeitsvertrages rechnen.

(4) Blindbewerbungen werden dem Betriebsrat gebündelt im Verfahren des § 99 BetrVG zugeleitet.

(5) Abgelehnte Bewerbungen und abgelehnte Blindbewerbungen reicht die Personalabteilung schnellstmöglich und vollständig an die Bewerber zurück.

§ 2 Ärztliche Untersuchung

(1) Innerhalb der ersten drei Monate nach der Einstellung unterzieht sich jede Bewerberin/jeder Bewerber einer gesundheitlichen Eignungsuntersuchung beim Werkarzt. Befund und Befundunterlagen verbleiben in den Akten des Werkarztes. Der Werkarzt fertigt einen Bescheid, in dem er der Personalabteilung Mitteilung über die gesundheitliche Eignung macht.

(2) Hält der Werkarzt die Mitarbeiterin/den Mitarbeiter nicht für gesundheitlich geeignet, endet das Arbeitsverhältnis 14 Tage nach Zugang einer Kopie des werkärztlichen Bescheids.

(3) Hält die Personalabteilung über die werkärztliche Untersuchung hinausgehende, weitergehende fachärztliche Feststellungen für erforderlich, hat sich die Mitarbeiterin/der Mitarbeiter der Untersuchung eines von der Firma beauftragten Arztes zu unterziehen. Die Kosten trägt die Firma.

(4) Mit der Beschäftigung von Jugendlichen darf nur begonnen werden, wenn die nach dem JArbSchG vorgesehene ärztliche Untersuchung durchgeführt worden ist. Gleiches gilt für solche Arbeitnehmerinnen/Arbeitnehmer, für deren Beschäftigung auf bestimmten Arbeitsplätzen eine ärztliche Untersuchung gesetzlich vorgesehen ist.

(5) Jede Mitarbeiterin/Jeder Mitarbeiter ist verpflichtet, wenn sie/er eine ansteckende Krankheit hat oder in einer Weise erkrankt ist, dass sich hierdurch eine Gefährdung der übrigen Mitarbeiter ergeben könnte, die Personalabteilung unverzüglich zu unterrichten.

§ 3 Werksausweis

(1) Jede Mitarbeiterin/Jeder Mitarbeiter erhält mit der Arbeitsaufnahme einen Werksausweis. Der Werksausweis ist beim Betreten und Verlassen des Betriebsgeländes dem Pförtner unaufgefordert vorzuzeigen bzw. zur Öffnung von Toren und Absperrungen zu benutzen.

(2) Der Werksausweis ist Eigentum der Firma und bei Beendigung des Arbeitsverhältnisses Zug um Zug mit der Aushändigung der Arbeitspapiere zurückzugeben. Ein etwaiger Verlust des Werksausweises ist, sobald die Mitarbeiterin/der Mitarbeiter dies bemerkt, dem Werkschutz unter Angabe der Umstände, bei denen der Verlust eingetreten ist, zu melden.

§ 4 Einstellungsverfahren

(1) Arbeitsverträge werden schriftlich geschlossen.

(2) Schriftform ist auch bei Teilzeitkräften, Aushilfsmitarbeitern und befristeten Arbeitsverhältnissen unabdingbar.

(3) Alle krankenversicherungspflichtigen Mitarbeiterinnen/Mitarbeiter werden Mitglied der Betriebskrankenkasse. Ausnahmen sind nur möglich, wenn die Mitarbeiterin/der Mitarbeiter Mitglied einer öffentlich-rechtlichen Kranken- oder Ersatzkasse ist oder der Bundesknappschaft angehört.

§ 5 Belehrung, Einweisung

(1) Jede Mitarbeiterin/Jeder Mitarbeiter hat vor Arbeitsaufnahme in ihre/seine künftige Arbeit von ihrem/seinem Vorgesetzten oder einer/einem Kollegin/Kollegen eingewiesen zu werden.

(2) Außerdem ist sie/er zu belehren über die Art ihrer/seiner Tätigkeit und ihrer/seiner Einordnung in den Arbeitsablauf des Betriebes, über die bestehenden Unfall- und Gesundheitsgefahren, über entsprechende Abwehrmaßnahmen und über die in der Firma bestehenden Maßnahmen zur Sicherung des Umweltschutzes.

§ 6 Probe- und Aushilfsarbeitsverhältnisse

(1) Mit jeder Arbeitnehmerin/jedem Arbeitnehmer wird regelmäßig zunächst ein Probearbeitsverhältnis begründet. Bei gewerblichen Arbeitnehmern dauert die Probezeit drei Monate, bei Angestellten beträgt die Probezeit sechs Monate. Der Arbeitgeber ist auch befugt, das Probearbeitsverhältnis als befristetes Arbeitsverhältnis auszugestalten.

(2) Aushilfsarbeitsverträge bedürfen der Schriftform. Der Grund der Befristung ist im Arbeitsvertrag anzugeben.

B. Allgemeine Verhaltenspflichten

§ 7 Pflicht zur Erbringung der Arbeitsleistung

(1) Die Mitarbeiterin/Der Mitarbeiter stellt ihre/seine volle Arbeitskraft in den Dienst der Firma. Sie/Er verpflichtet sich, die ihr/ihm übertragenen Arbeiten mit höchstmöglicher Qualität auszuführen, zur Aufrechterhaltung der Ordnung und Sicherheit im Betrieb beizutragen und alles zu unterlassen, was den Betriebsablauf, den Betriebsfrieden oder die Betriebssicherheit stören könnte.

(2) Im Betrieb auftretende Meinungsverschiedenheiten sollten innerhalb des Betriebes durch Gespräche zur Auflösung von Konflikten beigelegt werden. Dabei ist ein Mitglied des Betriebsrats, wenn die Arbeitnehmerin/der Arbeitnehmer dies wünscht, hinzuzuziehen.

(3) Die Mitarbeiterin/Der Mitarbeiter hat die Weisungen der Geschäftsleitung zu befolgen. Jeder Abmahnung sollte zunächst mindestens eine in angemessener Form ausgesprochene Ermahnung vorausgehen.

§ 8 Veränderungen in den persönlichen Verhältnissen

(1) Alle Veränderungen in den persönlichen Verhältnissen, deren Kenntnis für die Personalabteilung oder andere Stellen im Betrieb von Bedeutung sein könnte, insbesondere Adressänderungen, Änderungen in den familiären Verhältnissen oder beispielsweise Verlust der Schwerbehinderteneigenschaft hat die Mitarbeiterin/der Mitarbeiter von sich aus und ohne Aufforderung durch Vorgesetzte oder die Personalabteilung unverzüglich mitzuteilen. Soweit erforderlich, sind amtliche Belege über die Veränderungen beizufügen.

(2) Hat eine Mitarbeiterin/ein Mitarbeiter die Meldung ihres/seines Wohnungswechsels unterlassen, gelten alle Erklärungen, die an die letzte bekannte Anschrift verschickt wurden, am zweiten Tage nach Aufgabe zur Post als an diesem Tage ordnungsgemäß zugegangen, auch für den Fall, dass sie mit der Mitteilung „unbekannt verzogen" zurückgesandt werden.

§ 9 Verschwiegenheitspflicht

(1) Jede Mitarbeiterin/Jeder Mitarbeiter hat über Geschäfts- und Betriebsgeheimnisse sowie über betriebliche Angelegenheiten, bei denen sie/er annehmen darf, dass sie vertraulich zu behandeln sind, absolutes Stillschweigen zu bewahren und ihre/seine Informationen über solche Angelegenheiten ausschließlich für betriebsinterne Zwecke zu verwenden. Die Verschwiegenheitspflicht besteht auch gegenüber anderen Mitarbeiterinnen/Mitarbeitern des Betriebes, wenn diese nicht mit entsprechenden Aufgaben betraut sind und die Mitarbeiterin/der Mitarbeiter annehmen darf, dass die Informationen für diese Mitarbeiterinnen/Mitarbeiter nicht bestimmt sind. Die Verschwiegenheitsverpflichtung endet nicht mit Beendigung des Arbeitsverhältnisses, sondern wirkt darüber hinaus auf unbegrenzte Zeit fort.

(2) Die Mitarbeiterin/Der Mitarbeiter ist nicht berechtigt, Arbeitsgeräte, Modelle, Geschäftspapiere o.Ä. nachzubilden, aus den Geschäftsräumen zu entfernen oder sie einem Dritten zu übergeben. Ebenfalls ist es unzulässig, sich Aufzeichnungen und Notizen oder Fotokopien von geschäftlichen Unterlagen zu fertigen.

(3) Strengstens untersagt ist es, Fotoapparate, Videokameras o.Ä. in den Betrieb mitzubringen und dort zu benutzen, es sei denn, der Werkschutz ist informiert (beispielsweise wegen einer Betriebsfeier).

(4) Es verstößt gegen die Verschwiegenheitsverpflichtung, wenn Berichte über Vorgänge im Betrieb an außerbetriebliche Stellen gegeben werden, sofern nicht vorgesetzte Stellen hierzu eine Erlaubnis erteilt haben.

(5) Es ist nicht gestattet, Personen am Arbeitsplatz zu empfangen, seien es Privatpersonen, seien es Dritte, seien es Kunden oder Lieferanten. In diesen Fällen sind stets die zur Verfügung stehenden Sozialräume oder Besucherzimmer zu verwenden.

§ 10 Privatsachen

(1) Alle Gegenstände, die die Mitarbeiterin/der Mitarbeiter nicht während der Anwesenheit im Betrieb benötigt, dürfen in den Betrieb nicht eingebracht werden. Insbesondere nicht erlaubt ist die Einbringung von Rundfunk-, Fernseh- oder anderen Musikempfängern.

(2) Für die mitgebrachten Kleidungsstücke, die bei der Arbeit nicht getragen werden, stellt die Firma abschließbare Schränke oder offene Kleiderablagen mit verschließbaren Wertsachenfächern zur Verfügung. Die Schränke und Wertsachenfächer müssen stets geschlossen gehalten werden. Unternehmenseigene Gegenstände dürfen in Kleiderschränken oder Kleiderablagen nicht aufbewahrt werden.

(3) Die Firma haftet für abhanden gekommene Privatsachen nur, soweit sie die ihr obliegenden Pflichten nicht erfüllt hat. Für den Verlust von Geld, Schmuck oder sonstigen Wertsachen haftet die Firma nicht.

(4) Die Benutzung des Firmenparkplatzes geschieht auf eigene Gefahr.

§ 11 Nebentätigkeit

(1) Eine Nebentätigkeit darf die Mitarbeiterin/der Mitarbeiter nur mit vorheriger schriftlicher Zustimmung der Firma ausüben. Gleiches gilt für die Übernahme oder Beteiligung an einem gewerblichen Unternehmen, für die Veröffentlichung in Wort, Schrift und Bild, soweit die Veröffentlichungen den Tätigkeitsbereich der Firma tangieren.

(2) Die Zustimmung zur Nebentätigkeit wird erteilt, wenn durch die Nebentätigkeit berechtigte Interessen der Firma nicht berührt werden und der Umfang der zu erwartenden Nebentätigkeit die Arbeitnehmerin/den Arbeitnehmer nicht in ihrer/seiner Leistungsfähigkeit beeinträchtigt. Äußert sich der Arbeitgeber zu einem Nebentätigkeitsantrag nicht innerhalb eines Monats, gilt die Nebentätigkeit als gestattet.

§ 12 Geschenke

(1) Keiner Mitarbeiterin/Keinem Mitarbeiter ist es gestattet, von Personen oder Firmen, die zum Unternehmen eine Geschäftsverbindung anstreben oder unterhalten, Geschenke oder andere Vorteile zu fordern, sich versprechen zu

lassen oder anzunehmen. Die Geschäftsleitung ist unverzüglich zu unterrichten, wenn der Mitarbeiterin/dem Mitarbeiter derartige Angebote gemacht worden sind.

(2) Abs. 1 gilt nicht, soweit es sich um geringfügige kleine Geschenke handelt, wie Kugelschreiber, Taschenkalender etc.

§ 13 Anzeige strafbarer Handlungen

(1) Wer feststellt, dass im Betrieb eine Straftat begangen wird, ist verpflichtet, seinem Vorgesetzten unverzüglich über seine Beobachtungen Mitteilung zu machen, wenn durch die Straftat ein Personen- oder Sachschaden entstanden ist oder entstehen könnte.

(2) Fundsachen sind beim Werkschutz abzuliefern.

§ 14 Rauchverbot, Sicherheitsmaßnahmen, Unfallverhütungsvorschriften

(1) Rauchen ist nur in den hierfür freigegebenen Zonen im Betrieb gestattet.

(2) Mit Feuer, feuergefährlichen Gegenständen und Chemikalien wie Säuren und Giften, aber auch mit elektrischer Energie ist mit größtmöglicher Vorsicht unter Beachtung der Sicherheitsvorschriften umzugehen.

(3) Bei allen Arbeiten ist stets darauf zu achten, dass die Unfallverhütungsvorschriften der Berufsgenossenschaft strengstens eingehalten werden.

§ 15 Personalakte

(1) Jede Mitarbeiterin/Jeder Mitarbeiter hat das Recht, in die über sie/ihn geführten Personalakten während der Arbeitszeit Einsicht zu nehmen. Sie/Er kann hierzu ein Mitglied des Betriebsrats hinzuziehen. Das Mitglied des Betriebsrats hat über den Inhalt der Personalakten Stillschweigen zu bewahren, sofern die Mitarbeiterin/der Mitarbeiter das Betriebsratsmitglied nicht ausdrücklich von seiner Verpflichtung zur Verschwiegenheit entbindet.

(2) Die Mitarbeiterin/Der Mitarbeiter darf sich Notizen aus der Personalakte fertigen. Gegen Erstattung der Kosten können Fotokopien von Teilen der Akte verlangt werden.

(3) Die Mitarbeiterin/Der Mitarbeiter darf das Recht auf Einsichtnahme auf einen Dritten, insbesondere einen Rechtsanwalt übertragen.

(4) Auf Verlangen der Mitarbeiterin/des Mitarbeiters ist die Personalabteilung verpflichtet, Erklärungen wie Gegendarstellungen etc. zur Personalakte zu nehmen.

C. Arbeitszeit

§ 16 Regelmäßige Arbeitszeit

(1) Die Dauer der regelmäßigen Arbeitszeit richtet sich nach den gesetzlichen bzw. den für den Betrieb geltenden tarifvertraglichen Bestimmungen. Beginn und Ende der regelmäßigen täglichen Arbeitszeit und der Pausen werden mit dem Betriebsrat vereinbart und am Schwarzen Brett bekannt gegeben.

(2) Jede Mitarbeiterin/Jeder Mitarbeiter ist verpflichtet, zur festgesetzten Uhrzeit die Arbeit an ihrem/seinem Arbeitsplatz aufzunehmen und die geltende Arbeitszeit einzuhalten. Die Arbeitsaufnahme hat, soweit dies notwendig ist, in Arbeitskleidung zu erfolgen. Maßgeblich für die Arbeitszeit ist die Betriebsuhr.

(3) Umziehen, Waschen und ähnliche Vorbereitungsmaßnahmen haben außerhalb der Arbeitszeit zu erfolgen.

(4) Bei Verspätung oder vorzeitigem Verlassen des Arbeitsplatzes ist der unmittelbare Vorgesetzte zu unterrichten. Bei geringfügigen Zeitunter- bzw. -überschreitungen erfolgt keine Änderung des Arbeitsentgelts, wenn die Mitarbeiterin/der Mitarbeiter nachweist, dass sie/er die Verspätung bzw. die Notwendigkeit des vorzeitigen Verlassens des Arbeitsplatzes nicht zu vertreten hat.

(5) Mitarbeiterinnen/Mitarbeiter, die mehr als eine Stunde zu spät zur Schicht erscheinen, können an dem betreffenden Tag nicht beschäftigt werden und erhalten für diesen Arbeitstag auch kein Arbeitsentgelt.

(6) Der Betrieb und die Arbeitsräume dürfen nur durch die hierfür vorgesehenen Eingänge betreten und verlassen werden. Soweit Zeiterfassungsgeräte aufgestellt sind, sind zur Feststellung der Einhaltung der Arbeitszeit die Zeiterfassungsgeräte zu benutzen.

§ 17 Mehrarbeit

(1) Mehrarbeitsstunden werden nur vergütet, wenn sie von einem zuständigen Vorgesetzten angeordnet oder in unvorhergesehenen Fällen aus betrieblichen Gründen notwendig waren und ihre Anerkennung spätestens am Tag darauf beantragt worden ist.

(2) Erscheint bei durchlaufenden Schichten die Ablösung nicht rechtzeitig am Arbeitsplatz, hat die Mitarbeiterin/der Mitarbeiter dies unverzüglich ihrem/seinem Vorgesetzten mitzuteilen. Der Vorgesetzte hat sich sofort um einen Ersatz

zu kümmern. Bis zum Eintreffen des Ersatzmannes hat die Mitarbeiterin/der Mitarbeiter am Arbeitsplatz weiterzuarbeiten und nur die zusätzlichen, durch Unfallverhütungsvorschriften oder sonstige Bestimmungen verpflichtenden Pausen einzuhalten.

D. Verhalten bei der Arbeit

§ 18 Arbeitsausführung

(1) Jede Mitarbeiterin/Jeder Mitarbeiter ist verpflichtet, mit Materialien, Rohstoffen und Energien sparsam umzugehen und die Betriebsmittel pfleglich und sachgemäß zu behandeln.

(2) In Notfällen oder bei Arbeitsmangel ist die Mitarbeiterin/der Mitarbeiter auch verpflichtet, andere Arbeiten zu verrichten, die nicht in ihrem/seinem Arbeitsvertrag vereinbart sind.

(3) Keine Mitarbeiterin/Kein Mitarbeiter darf sich bei ihrer/seiner Arbeit von einer/einem anderen vertreten lassen, es sei denn, ein Vorgesetzter hat hierzu eine vorherige Zustimmung erteilt.

(4) Jede Mitarbeiterin/Jeder Mitarbeiter hat ihren/seinen Arbeitsplatz ordentlich und sauber zu halten und vor jedem Verlassen aufzuräumen.

§ 19 Umgang mit Arbeitsmitteln

(1) Alle Gegenstände der Firma sind sachgemäß und pfleglich zu behandeln, vor Beschädigungen zu schützen und an dem für sie bestimmten Platz aufzubewahren.

(2) Mängel an Materialien, Maschinen, Werkzeugen oder Arbeitsstücken sind immer dem Vorgesetzten unverzüglich zu melden. Auf Fehlerquellen in den Arbeitsabläufen sind die Vorgesetzten unverzüglich hinzuweisen.

(3) Soweit es die Art der Tätigkeit erfordert oder durch die Unfallverhütungsvorschriften vorgeschrieben ist, hat jede Mitarbeiterin/jeder Mitarbeiter eine unfallsichere Arbeitskleidung zu tragen. Die Arbeitskleidung wird durch die Firma unentgeltlich zur Verfügung gestellt.

E. Arbeitsentgelt

§ 20 Entgeltgrundsätze

(1) Die Höhe der Arbeitsvergütung richtet sich bei tarifgebundenen Mitarbeiterinnen/Mitarbeitern nach den tariflichen Bestimmungen. Bei allen übrigen Mitarbeiterinnen/Mitarbeitern ergibt sich die Höhe der Vergütung aus dem Arbeitsvertrag bzw. den hierzu vereinbarten Ergänzungen.

(2) Vergütet wird nur die tatsächlich geleistete Arbeit.

(3) Übertarifliche Bestandteile des Arbeitsentgelts können mit tariflich vereinbarten Lohn- und Gehaltssteigerungen verrechnet werden. Übertarifliche Leistungen können auf Erhöhungen des Tariflohns angerechnet werden.

§ 21 Abrechnung des Arbeitsentgelts

(1) Das Arbeitsentgelt wird monatlich nachträglich ausgezahlt.

(2) Der Arbeitnehmerin/Dem Arbeitnehmer ist ein monatlicher Gehaltszettel zur Verfügung zu stellen, aus dem sich die Abrechnung des Verdienstes ergibt. Die Abrechnung ist drei Tage vor Ende eines Monats dem Mitarbeiter auszuhändigen.

§ 22 Auszahlung des Arbeitsentgelts

(1) Das Arbeitsentgelt wird zum letzten Werktag eines Monats auf das angegebene Bankkonto überwiesen.

(2) Fällt das Fälligkeitsdatum auf einen Sonntag, einen Samstag oder einen Feiertag, erfolgt die Überweisung des Entgelts so, dass es auf dem Konto des Arbeitnehmers am vorhergehenden Werktag verfügbar ist.

(3) Jede Arbeitnehmerin/Jeder Arbeitnehmer hat auf ihre/seine Kosten ein Konto einzurichten bzw. zu unterhalten.

§ 23 Abzüge vom Arbeitsentgelt

Bei der Abrechnung des Arbeitsentgelts werden abgezogen

- die gesetzlichen Steuern und Beiträge zur Sozialversicherung;
- gepfändete oder mit Zustimmung der Firma abgetretene Teile des Arbeitsentgelts;
- Abschlagszahlungen, Vorschüsse und Raten für vom Betrieb gewährte Darlehen;
- Kosten für die Bearbeitung von Lohnpfändungen.

§ 24 Einsprüche gegen die Berechnung des Arbeitsentgelts

(1) Bestehen Meinungsverschiedenheiten über die Höhe des Arbeitsentgelts, hat die Mitarbeiterin/der Mitarbeiter innerhalb von fünf Wochen bei der Personalabteilung einen Einspruch zu erheben.

(2) Überzahlungen des Arbeitsentgelts hat die Mitarbeiterin/der Mitarbeiter an die Firma zurückzuzahlen.

(3) Tarifliche Verfall- und Ausschlussfristen bleiben für tarifgebundene Arbeitnehmer unberührt.

§ 25 Abtretungsverbot und Pfändungskosten

(1) Eine Abtretung der Arbeitsvergütung ohne vorherige Zustimmung der Firma ist nichtig.

(2) Wird das Arbeitsentgelt der Mitarbeiterin/des Mitarbeiters gepfändet, werden zur Deckung der durch Bearbeitung anfallenden Kosten pro bearbeiteter Pfändung 10,23 EUR erhoben, die beim Arbeitsentgelt einbehalten werden.

F. Urlaub und Arbeitsversäumnis

§ 26 Urlaub

(1) Die Dauer des Urlaubs richtet sich nach dem Manteltarifvertrag ▬▬▬ sowie bei nicht tarifgebundenen Arbeitnehmerinnen/Arbeitnehmern nach den individualarbeitsrechtlich getroffenen Regelungen.

(2) Bis zum 31. Januar eines jeden Jahres wird für jede Betriebsabteilung ein Urlaubsplan aufgestellt. Jede Mitarbeiterin/Jeder Mitarbeiter hat bis zum 31. Dezember des Vorjahres sich in den Urlaubsplan einzutragen. Kollidieren einzelne Arbeitnehmerinteressen mit den betrieblichen Belangen, hat der Vorgesetzte ein Gespräch unter den betroffenen Arbeitnehmerinnen/Arbeitnehmern zu organisieren und in diesem Gespräch zu versuchen, eine Einigung zwischen allen Beteiligten herbeizuführen. Zu diesem Gespräch kann ein Mitglied des Betriebsrats hinzugezogen werden. Gelingt die Einigung nicht, entscheidet der Vorgesetzte verbindlich.

(3) Führt die Firma Werkferien durch, sind die Werkferien für alle Mitarbeiterinnen/Mitarbeiter verbindlich.

(4) Auf Verlangen des Vorgesetzten hat die Mitarbeiterin/der Mitarbeiter vor Antritt ihrer/seiner Urlaubsreise ihre/seine Passwörter im Computer und ihre/seine Urlaubsanschrift bekannt zu geben.

§ 27 Arbeitsversäumnis

(1) Ist eine Mitarbeiterin/ein Mitarbeiter infolge Krankheit oder aus anderen Gründen außerstande, zur Arbeit zu kommen, hat sie/er die Gründe und die Dauer seines voraussichtlichen Fernbleibens zwei Stunden vor Schichtbeginn unaufgefordert dem zuständigen Vorgesetzten telefonisch mitzuteilen.

(2) Im Falle einer Erkrankung ist die Mitarbeiterin/der Mitarbeiter außerdem verpflichtet, vor Ablauf des dritten Kalendertages nach Beginn der Arbeitsunfähigkeit eine ärztliche Bescheinigung über die Arbeitsunfähigkeit sowie deren voraussichtliche Dauer nachzureichen. Dauert die Erkrankung länger als in der Bescheinigung angegeben, ist die Mitarbeiterin/der Mitarbeiter verpflichtet, eine neue ärztliche Bescheinigung beizubringen.

(3) Spätestens einen Tag vor Ablauf einer Arbeitsunfähigkeitsbescheinigung hat die Mitarbeiterin/der Mitarbeiter ihren/seinen Vorgesetzten anzurufen und ihm mitzuteilen, ob mit einer Verlängerung der Arbeitsunfähigkeit zu rechnen ist oder ob die Mitarbeiterin/der Mitarbeiter voraussichtlich mit Ablauf der Arbeitsunfähigkeit wieder am Arbeitsplatz erscheinen wird.

§ 28 Kur- und Heilverfahren

(1) Beantragt eine Mitarbeiterin/ein Mitarbeiter ein Heil- oder Kurverfahren bei einem Träger der Sozialversicherung, hat sie/er die Firma unverzüglich von ihrer/seiner Antragstellung und ebenso unverzüglich von der Entscheidung über eine bewilligte Kur zu unterrichten. Eine Kopie über den Bescheid hat die Mitarbeiterin/der Mitarbeiter der Personalabteilung über den Vorgesetzten unverzüglich vorzulegen.

(2) Erkrankt die Mitarbeiterin/der Mitarbeiter während der Durchführung einer Kur, hat sie/er die Firma unverzüglich über die Unterbrechung des Kurverfahrens zu unterrichten. Kuren, deren Kosten ein Sozialversicherungsträger übernimmt, werden nicht auf den Erholungsurlaub angerechnet.

G. Sonstige Verhaltensregeln

§ 29 Politische und gewerkschaftliche Betätigung

(1) Parteipolitische Betätigung im Betrieb ist verboten. Alle Mitarbeiterinnen/Mitarbeiter haben alles zu unterlassen, wodurch der Arbeitsablauf oder der Betriebsfrieden beeinträchtigt werden könnte.

(2) Es ist nicht erlaubt, ohne Zustimmung der Firma Plakate anzukleben oder Wände zu beschriften, Flugblätter oder Druckschriften zu verteilen, Handels- oder Tauschgeschäfte jedweder Art innerhalb des Betriebes durchzuführen, Geld-Beiträge oder Unterschriften zu sammeln, es sei denn, es handelt sich um Anlässe wie Geburtstage, Betriebsjubiläen etc.

(3) Die Ausgabe oder Verteilung von Informationsmaterial einer Gewerkschaft hat außerhalb des Betriebes stattzufinden. Die Durchführung gewerkschaftlicher Versammlungen oder das Werben für eine Gewerkschaft auf dem Betriebsgelände ist nicht gestattet.

§ 30 Alkohol

(1) Es ist nicht gestattet, in angetrunkenem oder betrunkenem Zustand zur Arbeit zu erscheinen. Unzulässig ist ebenfalls der Gebrauch alkoholischer Getränke am Arbeitsplatz.

(2) Wird eine Mitarbeiterin/ein Mitarbeiter in angetrunkenem Zustand am Arbeitsplatz angetroffen, ist der zuständige Vorgesetzte zu informieren. Der Vorgesetzte ist befugt, die betroffene Mitarbeiterin/den betroffenen Mitarbeiter dem Werkarzt zu überführen und Feststellungen über den Grad der Alkoholabhängigkeit der Mitarbeiterin/des Mitarbeiters treffen zu lassen. Der Werkarzt ist befugt, die Blutalkoholkonzentration festzustellen.

§ 31 Werkstraßen

(1) Auf allen Werkstraßen und Werkwegen gilt die Straßenverkehrsordnung. Verbotenes und Gebotenes ist durch die im allgemeinen Straßenverkehr üblichen Verkehrszeichen bekannt gemacht und für alle Teilnehmer am Werkstraßenverkehr verbindlich.

(2) Bei Verkehrsunfällen innerhalb des Werkgeländes ist sofort der Werkschutz zu unterrichten.

§ 32 Verhalten bei Betriebsunfällen

(1) Im Falle eines Unfalls ist jede Mitarbeiterin/jeder Mitarbeiter verpflichtet, erste Hilfe zu leisten, die Unfallstation oder den Werkarzt zu benachrichtigen. Veränderungen am Unfallort sind zu unterlassen, soweit sie nicht zur Durchführung der ersten Hilfe notwendig sind.

(2) Alle Unfälle, auch geringfügige Unfälle, sind den Vorgesetzten oder der Personalabteilung oder dem Werkschutz zu melden.

§ 33 Privatarbeiten

(1) Privatarbeiten dürfen während der Arbeitszeit nicht erledigt werden, es sei denn, es liegt eine ausdrückliche Erlaubnis des Vorgesetzten vor.

(2) Außerhalb der Arbeitszeiten dürfen Privatarbeiten im Betrieb oder auf dem Betriebsgelände durchgeführt werden, wenn der Vorgesetzte dies erlaubt hat.

§ 34 Verbesserungsvorschläge

(1) Für Erfindungen und Verbesserungsvorschläge gelten die gesetzlichen Bestimmungen bzw. die Betriebsordnung über technische Verbesserungsvorschläge.

(2) Jede Mitarbeiterin/Jeder Mitarbeiter ist verpflichtet, Erfindungen und technische Verbesserungsvorschläge, die während der Arbeitszeit entwickelt wurden, zunächst der Firma anzubieten.

H. Beendigung des Arbeitsverhältnisses

§ 35 Beendigungsgründe

(1) Das Arbeitsverhältnis endet mit Ablauf des Datums, für das es eingegangen wurde, mit Ablauf des Kalendermonats, in dem die Mitarbeiterin/der Mitarbeiter das 65. Lebensjahr vollendet hat, in Fällen der Erwerbs- oder Berufsunfähigkeit mit Ablauf des Kalendermonats, in dem der Mitarbeiterin/dem Mitarbeiter der Bescheid über den Eintritt der Erwerbs- oder Berufsunfähigkeit zugestellt worden ist.

(2) Das Arbeitsverhältnis endet ferner durch Tod der Mitarbeiterin/des Mitarbeiters, durch fristlose oder fristgerechte Kündigung auf Arbeitnehmer- wie auf Arbeitgeberseite sowie durch Aufhebungs- oder Abwicklungsvertrag.

§ 36 Ordentliche Kündigung

(1) Für die ordentliche Kündigung gelten die tariflichen, arbeitsvertraglichen oder gesetzlichen Fristen.

(2) Vor jeder ordentlichen Kündigung ist der Betriebsrat nach § 102 BetrVG anzuhören. Die Anhörung erfolgt in schriftlicher Form unter Angabe der wesentlichen Kündigungsgründe.

(3) Nach Ausspruch einer Kündigung ist der Arbeitgeber berechtigt, die Mitarbeiterin/den Mitarbeiter bis zum Ablauf der Kündigungsfrist unter Fortzahlung der Bezüge von der Arbeit freizustellen. § 102 Abs. 5 BetrVG wird nicht eingeschränkt.

(4) Nach Ausspruch einer Kündigung ist der Mitarbeiterin/dem Mitarbeiter unaufgefordert ein Zwischenzeugnis auszustellen.

§ 37 Außerordentliche Kündigung

(1) Das Arbeitsverhältnis kann fristlos gekündigt werden, wenn die kündigende Partei einen wichtigen Grund hat, § 626 BGB.

(2) Als grobe Verstöße sehen es die Betriebspartner an, wenn eine Mitarbeiterin/ein Mitarbeiter drei oder mehr Tage unentschuldigt fernbleibt oder wiederholte unentschuldigte kürzere Fehlzeiten veranlasst. Wichtige Gründe sind ebenfalls grobe Verstöße gegen die Unfallverhütungsvorschriften trotz vorangegangener Ermahnung oder Abmahnung, Trunkenheit am Arbeitsplatz, strafbares Verhalten wie Diebstahl, Betrug oder Unterschlagung, Verstöße gegen die Geheimhaltungspflicht oder Manipulationen am Zeiterfassungsgerät oder einer Tachoscheibe. Als wichtige Gründe gelten ferner besonders nachhaltige Störungen des Betriebsfriedens, beispielsweise durch Tätlichkeit oder grobe Beleidigung eines Vorgesetzten oder anderer Mitarbeiterinnen/Mitarbeiter im Betrieb.

§ 38 Rückgabe von Werkeigentum

(1) Alle Gegenstände, die im Eigentum der Firma stehen, aber von der Mitarbeiterin/vom Mitarbeiter benutzt werden, wie beispielsweise Werkzeuge, der Werksausweis, Geschäftsunterlagen, dienstliche Aufzeichnungen, Schlüssel oder die Arbeitskleidung, sind bei Ausspruch einer Kündigung durch den Arbeitgeber auf Verlangen unverzüglich herauszugeben.

(2) Auch Dienstwagen sind, selbst wenn eine private Nutzungsmöglichkeit vereinbart wurde, auf Verlangen des Arbeitgebers unverzüglich mit sämtlichen Schlüsseln und Papieren zurückzugeben. Eine Anrechnung des Dienstwagens nach der 1%-Methode entfällt ab dem Tage der Rückgabe des Fahrzeugs.

(3) Kommt eine Mitarbeiterin/ein Mitarbeiter nicht fristgerecht ihrer/seiner Pflicht zur Herausgabe von im Eigentum des Arbeitgebers stehenden Gegenständen oder Unterlagen nach, macht sie/er sich schadensersatzpflichtig.

§ 39 Aushändigung von Unterlagen

(1) Mit Beendigung des Arbeitsverhältnisses hat der Arbeitgeber der Arbeitnehmerin/dem Arbeitnehmer die Arbeitspapiere gegen Empfangsbescheinigung zurückzugeben.

(2) Das noch ausstehende Arbeitsentgelt wird fristgerecht überwiesen.

(3) Der Mitarbeiterin/Dem Mitarbeiter sind ferner mit Beendigung des Arbeitsverhältnisses eine Urlaubsbescheinigung sowie ein Zeugnis über die Art und Dauer ihrer/seiner Tätigkeit auszustellen und sämtliche Unterlagen, die sie/er dem Arbeitgeber zur Verfügung gestellt hat, auszuhändigen.

(4) Die Rückgabe von Unterlagen unterfällt nach dem Willen der Betriebspartner nicht der tariflichen Ausschlussfrist.

I. Übergangs- und Schlussbestimmungen

§ 40 Geltungsbereich

(1) Die Allgemeine Arbeitsordnung gilt für alle Arbeitnehmerinnen/Arbeitnehmer i.S.d. BetrVG. Sie gilt nicht, soweit ihr zwingende gesetzliche oder tarifvertragliche Bestimmungen entgegenstehen. Gegenüber für die Mitarbeiterin/den Mitarbeiter günstigeren vertraglichen Vereinbarungen tritt sie zurück.

(2) Zusammen mit dem unterzeichneten Arbeitsvertrag erhält jede Mitarbeiterin/jeder Mitarbeiter ein Exemplar der Arbeitsordnung. Die Arbeitsordnung liegt außerdem in der Personalabteilung und beim Betriebsrat zur Einsichtnahme aus. Jede Mitarbeiterin/Jeder Mitarbeiter hat die Pflicht, Aushändigung und Kenntnisnahme der Arbeitsordnung schriftlich zu bestätigen.

§ 41 In-Kraft-Treten

Die Allgemeine Arbeitsordnung tritt am ▬▬▬ in Kraft.

§ 42 Änderung und Kündigung

(1) Die Arbeitsordnung oder Einzelne ihrer Bestimmungen können mit einer Frist von drei Monaten zum Monatsende gekündigt werden. Die Kündigung wird der Belegschaft durch Aushang oder Mitteilung in der Werkzeitung bekannt gemacht.

(2) Die gekündigten Bestimmungen der Arbeitsordnung bleiben bis zum Abschluss einer neuen Arbeitsordnung oder der gekündigten Teile der Arbeitsordnung in Kraft (Nachwirkung).

2. Muster: Arbeitsvertragsgestaltung (Rahmenrichtlinien)

Rahmenrichtlinien

der Firmen der M-Gruppe (Industrieservice)

§ 1 Geltungsbereich

(1) Betrieblicher Geltungsbereich

Diese Vereinbarung gilt für alle M-Betriebe in der Bundesrepublik Deutschland.

(2) Persönlicher Geltungsbereich

Diese Vereinbarung gilt für alle gewerblichen Arbeitnehmer und für die Angestellten der M-Betriebe.

§ 2 Beginn und Ende des Arbeitsverhältnisses

(1) Einstellung

Die Arbeitnehmerinnen/Arbeitnehmer werden unter Beachtung der gesetzlichen Rechte des Betriebsrats eingestellt.

Der Arbeitnehmerin/Arbeitnehmer hat die üblichen Arbeitspapiere, zu denen auch eine Bescheinigung des letzten Arbeitgebers über den im laufenden Kalenderjahr bereits erhaltenen Urlaub gehört, bei der Einstellung gegen Bestätigung dem Arbeitgeber zu übergeben. Darüber hinaus hat sie/er einen Personalfragebogen wahrheitsgemäß auszufüllen.

Die Einstellungsbedingungen sind in einem Arbeitsvertrag, der als Muster[9] für gewerbliche Arbeitnehmer und für Angestellte dieser Vereinbarung beigefügt ist, schriftlich festzuhalten und vom Arbeitgeber und von der Arbeitnehmerin/vom Arbeitnehmer zu unterzeichnen.

Ein Exemplar des Arbeitsvertrages ist der Arbeitnehmerin/dem Arbeitnehmer auszuhändigen. Alle Änderungen des Vertrages bedürfen der Schriftform.

Dem gewerblichen Arbeitnehmer ist die Lohngruppe, in die sie/er eingestuft wird, bei der Einstellung bzw. falls für die Probezeit eine andere Einstufung gilt, spätestens zum Ablauf der Probezeit schriftlich mitzuteilen.

Der/Dem Angestellten ist die Gehaltsgruppe und die Art ihrer/seiner Tätigkeit bei der Einstellung bzw. falls für die Probezeit eine andere Einstufung gilt, spätestens zum Ablauf der Probezeit schriftlich mitzuteilen.

(2) Probezeit und befristete Arbeitsverhältnisse

Arbeitnehmerinnen/Arbeitnehmer werden grundsätzlich zunächst in einem befristeten Probearbeitsverhältnis eingestellt. Das Arbeitsverhältnis endet mit Ablauf der Probezeit, ohne dass es einer Kündigung bedarf. Die Probezeit beträgt grundsätzlich sechs Monate, falls nicht wegen der Art der Tätigkeit eine längere Probezeit sachdienlich ist. Der Arbeitgeber kann die Probezeit um längstens drei Monate verlängern. Während der Probezeit gilt die kürzestzulässige gesetzliche Kündigungsfrist als vereinbart.

Befristete Einstellungen (Fristverträge) für eine abgegrenzte Aufgabe sind zulässig. Diese Arbeitsverhältnisse enden, ohne dass es einer Kündigung bedarf, nach Ablauf der vereinbarten Frist. Wird eine Arbeitnehmerin/ein Arbeitnehmer, die/der befristet eingestellt wurde, darüber hinaus weiterbeschäftigt, so bedarf es einer weiteren befristeten Fortführung des Arbeitsvertrages oder das Arbeitsverhältnis wird als unbefristetes Arbeitsverhältnis mit entsprechender Einstufung fortgeführt.

Eine zweimalige befristete Verlängerung des Arbeitsvertrages ist möglich.

(3) Ende des Arbeitsverhältnisses

Das Arbeitsverhältnis endet durch schriftliche Kündigung des Arbeitgebers oder der Arbeitnehmerin/des Arbeitnehmers. Es gelten die jeweils im Arbeitsvertrag festgelegten bzw. die gesetzlichen Kündigungsfristen. Bestehen für die Arbeitgeberkündigung längere Kündigungsfristen, so gelten diese Fristen auch für die Kündigung der Arbeitnehmerin/des Arbeitnehmers.

Bei Vorliegen eines wichtigen Grundes kann das Arbeitsverhältnis ohne Einhaltung einer Kündigungsfrist gekündigt werden.

Insbesondere soll der Arbeitnehmerin/dem Arbeitnehmer regelmäßig gekündigt werden, wenn sie/er
- Schwarzarbeit leistet oder im Falle der Arbeitsunfähigkeit einer Erwerbstätigkeit nachgeht,
- unentschuldigt der Arbeitsleistung nicht nachkommt (Fehlschichten),

---

[9] Der Betriebsrat verfügt hinsichtlich des Wortlauts des Arbeitsvertrages über kein Mitbestimmungsrecht (BAG 19.10.1999 – 1 ABR 75/98, AP § 80 BetrVG 1972 Nr. 58; BAG 18.10.1988 – 1 ABR 33/87, AP § 99 BetrVG 1972 Nr. 57; Richardi/*Thüsing*, BetrVG, § 99 Rn 139; *Hümmerich*, Gestaltung von Arbeitsverträgen, § 1 Rn 231 ff.).

- entgegen der ausdrücklichen Anweisungen die Sicherheitsvorschriften nicht einhält,
- sich irgendwelcher strafrechtlichen Vergehen schuldig macht, ohne dass es einer Einleitung eines Verfahrens bedarf,
- erhebliche Störungen des Betriebsfriedens verursacht.

Arbeitnehmerinnen/Arbeitnehmer, die altersmäßig die Voraussetzungen für den Bezug von Altersruhegeld oder gesundheitlich die Voraussetzungen für Erwerbsunfähigkeitsrente bzw. Berufsunfähigkeitsrente aus der gesetzlichen Rentenversicherung bzw. Berufsgenossenschaft erfüllen, scheiden mit Ablauf des Monats, in dem sie die Voraussetzungen erfüllen, aus dem Arbeitsverhältnis aus.

(4) Zeugnis

Der Arbeitnehmerin/Dem Arbeitnehmer steht ein Zeugnis über Art und Dauer des Arbeitsverhältnisses und die ausgeübte Tätigkeit zu. Auf Verlangen kann das Zeugnis auf Leistung und Führung im Dienst ausgedehnt werden. Auf Verlangen ist ein Zwischenzeugnis auszustellen.

§ 3 Arbeitszeit

(1) Beginn und Ende der Arbeitszeit

Die Arbeitszeit beginnt und endet an den betrieblichen Arbeitsstellen bzw. an den vereinbarten Sammelstellen. Beginn und Ende der regelmäßigen Arbeitszeit und der Ruhepausen werden vom Arbeitgeber/Niederlassungsleitungen im Einvernehmen mit dem Betriebsrat festgelegt und bekannt gegeben.

Bei Verwendung von Arbeitszeitmessgeräten werden die Messergebnisse als bindend anerkannt und werden zur Grundlage der Lohn- und Gehaltsabrechnung.

Gleitende Arbeitszeit kann für Angestellte durch Betriebsvereinbarung eingeführt werden.

(2) Dauer und Verteilung der Arbeitszeit

Die regelmäßige wöchentliche Arbeitszeit beträgt ausschließlich der Pausen an den Werktagen 40 Stunden. Die regelmäßige werktägliche Arbeitszeit ausschließlich der Ruhepausen beträgt acht Stunden. Die Arbeitszeit gilt nicht für Schichtarbeiten, Teilzeitbeschäftigte und Rufbereitschaft. Eine abweichende Vereinbarung kann aus betrieblichen Gründen vom Arbeitgeber/Niederlassungsleitungen im Einvernehmen mit dem Betriebsrat festgelegt werden.

Die Bestimmungen des Arbeitszeitgesetzes sind zu beachten.

(3) Ruhepausen

Den Arbeitnehmerinnen/Arbeitnehmern sind die gesetzlich vorgeschriebenen Ruhepausen zu gewähren. Sie dienen der Erholung und zur Einhaltung der gesetzlich vorgeschriebenen Ruhepflichten insbesondere bei Kraftfahrern oder bei Arbeiten unter erschwerten Bedingungen.

Wird die Arbeit aus technischen Gründen unvorhergesehen unterbrochen, so kann die Pause in die Unterbrechungszeit verlegt werden. Die Gewährung von Pausen darf nicht zu unzumutbaren Mehrbelastungen einzelner beteiligter Arbeitnehmer oder Arbeitnehmergruppen führen. Die Pausen von Arbeitsgruppen sind zeitlich so aufeinander abzustimmen, dass keine mehr als notwendigen Betriebsunterbrechungen verursacht werden.

(4) Mehrarbeit

Mehrarbeit ist die über die festgelegte wöchentliche Arbeitszeit hinausgehende Arbeitszeit ausschließlich der Pausen, soweit sie angeordnet war. Mehrarbeit kann aus betrieblichen Gründen angeordnet werden.

Mehrarbeit oder ausfallende Arbeitszeit (Arbeits- oder Beschäftigungsmangel) kann während des Monats durch Verkürzung und Verlängerung der festgelegten Arbeitszeiten an Werktagen ausgeglichen werden. Ein übrig bleibender Saldo von bis zu 20 Mehrarbeitsstunden pro Monat wird auf das Mehrarbeitsstundenkonto des Arbeitnehmers gutgeschrieben. In beschäftigungsarmen Zeiten werden diese Mehrarbeitsstunden ausgeglichen (Freizeitausgleich). Das Mehrarbeitsstundenkonto soll den Betrag einer Monatsregelarbeitszeit nicht übersteigen. Übersteigende Beträge werden durch Auszahlung oder Freizeitausgleich entlohnt. Der Freizeitausgleich ist in der Regel durch Freistellung an ganzen Tagen zu gewähren.

Übersteigen die zuschlagspflichtigen Mehrarbeitsstunden pro Monat die Grenze von 20 Stunden, erfolgt eine entgeltliche Auszahlung einschließlich der Zuschläge. Überstunden, die bei angeordneten Sonderarbeiten (Noteinsätze) anfallen, werden voll abgerechnet.

(5) Nachtarbeit

Als zuschlagspflichtige Nachtarbeit gilt die in der Zeit von 23.00 Uhr bis 6.00 Uhr geleistete Arbeit. Der Frühbeginn einer Tagesschicht (5.00 Uhr) gilt nicht als Nachtarbeit. Nachtarbeit kann aus betrieblichen Gründen angeordnet werden.

(6) Sonn- und Feiertagsarbeit

Als zuschlagspflichtige Sonn- und Feiertagsarbeit gilt jede Arbeit in der Zeit zwischen 0.00 Uhr und 24.00 Uhr an Sonn- und Feiertagen. Sonn- und Feiertagsarbeit kann aus betrieblichen Gründen angeordnet werden.

(7) Rufbereitschaft

Rufbereitschaftsdienst kann außerhalb der betriebsgewöhnlichen Arbeitszeit verlangt werden, wenn betriebliche Gründe dies erfordern. Rufbereitschaft wird von der Niederlassungsleitung angeordnet. Für die Rufbereitschaft wird eine Zulage gezahlt.

(8) Verpflichtung der Mitarbeiterin/des Mitarbeiters

Die Mitarbeiterin/Der Mitarbeiter ist zur Leistung von Mehrarbeit, Nachtarbeit, Sonn- und Feiertagsarbeit und Rufbereitschaftsdienst verpflichtet.

§ 4 Zuschläge

Die Zuschläge für Mehr-, Nacht-, Sonn- und Feiertagsarbeit bzw. Rufbereitschaft betragen

- für Mehrarbeit (ab der 8. Tagesarbeitsstunde) 25 %
- für Nachtarbeit 25 %
- für Sonn- und Feiertagsarbeit 50 %
- für Arbeiten an Festtagen 100 %
  (Ostern, Pfingsten, Weihnachten und Neujahr)

Fallen mehrere Tatbestände für Zuschläge zusammen, werden sie additiv gezahlt. Zuschläge für Arbeiten an Festtagen und Sonn- und Feiertagen werden nicht additiv gewährt.

Zuschläge werden nur für volle und halbe Arbeitsstunden berechnet. Angebrochene Arbeitsstunden werden zur halben Arbeitsstunde aufgerundet, wenn mehr als eine Viertelstunde gearbeitet wurde und werden zur vollen Arbeitsstunde aufgerundet, wenn mehr als 45 Minuten gearbeitet wurde.

Die Zuschläge werden für gewerbliche Arbeitnehmer vom letzten vereinbarten Normalstundenlohn (ohne Sonderzuschläge wie z.B. Schichtzulagen, Treuezulagen, etc.; Ausnahme Funktionszuschlag) berechnet.

Bei Angestellten werden die Zuschläge pro Arbeitsstunde auf 1/173 des Monatsgehaltes berechnet.

Als Rufbereitschaftszulage wird für eine 24-stündige Rufbereitschaft 20 EUR brutto gezahlt. Die Rufbereitschaft an Wochenenden (Freitag Nachmittag bis Montag früh) wird mit 50 EUR pauschal vergütet.

§ 5 Kurzarbeit

Im Bedarfsfalle kann Kurzarbeit für Niederlassungen, Betriebe oder Betriebsabteilungen unter Beachtung der gesetzlichen Mitbestimmungsrechte des Betriebsrats mit einer Ankündigungsfrist von fünf Werktagen eingeführt werden. Arbeitgeber und Betriebsrat können eine kürzere Ankündigungsfrist vereinbaren.

§ 6 Freistellung von der Arbeit

Der Arbeitnehmerin/Dem Arbeitnehmer ist ohne Anrechnung auf ihren/seinen Urlaub und ohne Verdienstminderung Freizeit wie folgt zu gewähren:

1. aus Anlass der eigenen Eheschließung — 2 Tage
2. aus Anlass der Entbindung der Ehefrau — 1 Tag
3. bei ihrer/seiner Silbernen Hochzeit — 1 Tag
4. bei Wohnungswechsel mit eigenem Hausstand — 1 Tag
5. bei schwerer Erkrankung von zur häuslichen Gemeinschaft gehörigen Familienangehörigen auf ärztliche Bescheinigung bis zu — 2 Tage/Jahr
6. bei Tod und Teilnahme an Beisetzungen von Ehegatten, Kindern, Eltern und Geschwistern, soweit sie in häuslicher Gemeinschaft mit dem Arbeitnehmer lebten — 1 Tag
7. bei ärztlicher Behandlung, die nach ärztlicher Bescheinigung während der Arbeitszeit notwendig ist, für die als erforderlich nachgewiesene Zeit (ärztliche Bescheinigung)
8. bei Arbeitsversäumnissen aufgrund öffentlich-rechtlicher Verpflichtungen (öffentliche Ehrenämter). Der Arbeitnehmer ist jedoch verpflichtet, die öffentlich-rechtliche Vergütung in Anspruch zu nehmen. Der Unterschiedsbetrag zwischen öffentlicher Vergütung und Verdienst wird vom Arbeitgeber getragen.

Die Arbeitnehmerin/Der Arbeitnehmer hat in allen Fällen der Arbeitsversäumnisse oder der berechtigten Freistellung von der Arbeit den Arbeitgeber ohne schuldhaftes Zögern über die Gründe für die Arbeitsbefreiung oder über das Arbeitsversäumnis zu unterrichten.

§ 7 Arbeitsversäumnis bei Arbeitsunfähigkeit

Ist die Arbeitnehmerin/der Arbeitnehmer durch Krankheit an der Arbeitsleistung verhindert, so hat sie/er dem Arbeitgeber unverzüglich – spätestens innerhalb von zwei Tagen – durch entsprechende ärztliche Arbeitsunfähigkeitsbescheinigung ihre/seine Arbeitsunfähigkeit nachzuweisen. Auch bei Kurzerkrankungen von ein bis drei Tagen kann der Arbeitgeber die Vorlage eines ärztlichen Zeugnisses verlangen. Bei Arbeitsunfähigkeit im Ausland hat die Arbeitnehmerinnen/der Arbeitnehmer sich die Arbeitsunfähigkeit ebenfalls bescheinigen zu lassen und unverzüglich den Arbeitgeber zu informieren.

Die Arbeitnehmerin/Der Arbeitnehmer hat den Arbeitgeber unverzüglich vom Nichtantritt zur Arbeit telefonisch zu unterrichten. Sie/Er hat alles ihr/ihm Mögliche und Zumutbare zu unternehmen, um die Niederlassung über den Nichtantritt zur Arbeit in Kenntnis zu setzen, damit geeigneter Ersatz auf der Einsatzstelle gestellt werden kann.

Die Arbeitnehmerin/Der Arbeitnehmer ist verpflichtet, den Arbeitgeber unverzüglich von dem Antrag auf eine Kur und von der Bewilligung zu unterrichten.

Für die Fortzahlung des Entgeltes im Krankheitsfall sowie bei Kur gelten die gesetzlichen Vorschriften.

§ 8 Lohn und Gehalt

Der Lohn und das Gehalt für die gewerblichen Arbeitnehmer und Angestellten werden aufgrund einzelvertraglicher Regelungen festgelegt.

Zwischen den Löhnen und Gehältern männlicher und weiblicher Arbeitnehmer besteht bei gleicher Tätigkeit kein Unterschied.

§ 9 Lohngruppen

Die gewerblichen Arbeitnehmer sind auf der Grundlage der tatsächlichen Tätigkeit, Aufgabe und Verantwortung im Betrieb in die entsprechende Lohngruppe einzugruppieren. Übt eine Arbeitnehmerin/ein Arbeitnehmer innerhalb ihres/seines Arbeitsbereiches ständig wiederkehrend mehrere Tätigkeiten aus, auf die verschiedene Lohngruppen zutreffen, so ist sie/er in die Lohngruppe einzugruppieren, deren Tätigkeitsfeld er überwiegend ausfüllt.

Für gewerbliche Arbeitnehmer werden folgende Lohngruppen festgelegt:

(1) Fachwerker

Das sind gewerbliche Arbeitnehmer mit abgeschlossener Berufsausbildung und Arbeitnehmer, die nach einer mindestens zweijährigen betrieblichen Einarbeitung in allen Tätigkeitsbereichen umfassend eingesetzt werden können.

(2) Werker

Das sind gewerbliche Arbeitnehmer, die nach einjähriger betrieblichen Einarbeitung und entsprechender Eignung in den meisten fachlichen betrieblichen Einsatzbereichen eingesetzt werden können.

(3) Helfer

Das sind gewerbliche Arbeitnehmer, die als Hilfsarbeiter nach kurzer betrieblicher Einarbeitung und Einweisung betriebliche Arbeiten als Mitarbeiter von Fachwerkern oder Fachwerker-Vorarbeitern ausführen können.

(4) Maschinenführer

Das sind gewerbliche Arbeitnehmer, die nach abgeschlossener Berufsausbildung oder besonderer betrieblicher oder außerbetrieblicher Ausbildung die Eignung und Fähigkeit erworben haben, selbstfahrende Arbeitsmaschinen zu fahren, zu bedienen und zu unterhalten.

(5) Werkstattmechaniker

Das sind gewerbliche Arbeitnehmer, die nach abgeschlossener Berufsausbildung als Schlosser oder Kfz-Schlosser oder besonderer betrieblicher oder außerbetrieblicher Ausbildung die Eignung und Fähigkeit erworben haben, Werkstattaufgaben für Kfz und Arbeitsmaschinen durchzuführen.

(6) Vorarbeiter

Das sind Fachwerker, Maschinenführer und Sanierer mit entsprechender Ausbildung und Berufserfahrung, die geeignet sind, Arbeitsgruppen auf den Baustellen zu führen und vom Arbeitgeber schriftlich zum Vorarbeiter einer Arbeitsgruppe ernannt worden sind.

Kapitel 2: Erzwingbare Betriebsvereinbarungen

(7) Sanierer

Das sind gewerbliche Arbeitnehmer mit abgeschlossener Berufsausbildung und mindestens zweijähriger Berufserfahrung im Bereich z.B. der Asbest- oder PCB-Sanierung. Der Sanierer besitzt die Tauglichkeit nach G 1.2 und G 26 II der berufsgenossenschaftlichen Grundsätze.

(8) Reiniger

Reiniger sind gewerbliche Arbeitnehmer, die vorzugsweise Reinigungsarbeiten nach Anweisung durchführen.

§ 10 Gehaltsgruppen

Für Angestellte gelten folgende Gehaltsgruppen:

(1) Baustellenleiter

Baustellenleiter sind Angestellte, die nach einer abgeschlossenen technischen oder kaufmännischen Berufsausbildung oder einer besonderen betrieblichen oder außerbetrieblichen Ausbildung die Eignung und Fähigkeit besitzen, einen Auftrag in seiner technischen Durchführung vorzubereiten, die Auftragsabwicklung zu überwachen, die Baustellendokumentation ordnungsgemäß zu führen und die vertragsgemäße Abwicklung zu unterstützen.

(2) Werkstattleiter

Werkstattleiter sind Angestellte, die nach abgeschlossener Berufsausbildung als Schlosser oder Kfz-Schlosser und besonderer betrieblicher oder außerbetrieblicher Fortbildung die Eignung und Fähigkeit erworben haben, Werkstattaufgaben für Kfz und Arbeitsmaschinen zu leiten und durchzuführen und vom Arbeitgeber schriftlich zum Werkstattleiter ernannt worden sind.

(3) Disponent

Disponenten sind Angestellte, die nach abgeschlossener Berufsausbildung oder mindestens zweijähriger vergleichbarer betrieblicher Ausbildung die Fähigkeit und Eignung besitzen, die Fahrzeugflotte und andere Einsatzgeräte einer Niederlassung nach technischen und kaufmännischen Gesichtspunkten zu disponieren.

(4) Kfm. Angestellter

Kfm. Angestellte sind Angestellte, die nach abgeschlossener Berufsausbildung oder vergleichbarer kaufmännischer Ausbildung von mindestens zwei Jahren die Fähigkeit und Eignung besitzen, alle buchhalterischen Arbeiten, die Lohn- und Gehaltsabrechnung sowie andere Büroarbeiten durchzuführen.

(5) Sekretärin/Schreibkraft

Sekretärinnen oder Schreibkräfte sind Angestellte, die aufgrund einer qualifizierenden Ausbildung die Fähigkeit und Eignung besitzen, alle Sekretariats- und Schreibaufgaben sowie andere Bürotätigkeiten auszuführen.

(6) Verkäufer

Verkäufer sind Angestellte, die aufgrund einer abgeschlossenen technischen oder kaufmännischen Berufsausbildung die Fähigkeit und Eignung besitzen, für die einzelnen Niederlassungen neue Kunden zu akquirieren und den bestehenden Kundenstamm zu pflegen, das Produkt- und Dienstleistungsprogramm des Unternehmens zu präsentieren, Auftragsvorkalkulationen durchzuführen und schließlich in eine zutreffende vertragliche Form zu überführen.

Die Beschreibung der Berufsbilder ist nicht abschließend. Nach Bedarf werden die Berufsbilder sowohl im gewerblichen Arbeitnehmerbereich als auch bei den Angestellten ergänzt.

§ 11 Lohnstruktur

Die Lohnstruktur für die gewerblichen Mitarbeiterinnen/Mitarbeiter wird wie folgt festgelegt:

Berufserfahrung	0–2 Jahre	3–5 Jahre	> 5 Jahre
Fachwerker	9,10 EUR	9,36 EUR	9,61 EUR
Werker	8,79 EUR	9,00 EUR	9,20 EUR
Helfer	8,44 EUR	8,60 EUR	8,69 EUR
Reiniger	7,67 EUR	7,93 EUR	8,18 EUR
Maschinenführer	9,71 EUR	10,02 EUR	10,33 EUR
Werkstattmechaniker	9,71 EUR	10,02 EUR	10,33 EUR
Sanierer	9,71 EUR	10,02 EUR	10,33 EUR
Vorarbeiterzulage	0,51 EUR	0,77 EUR	1,02 EUR

Als Berufserfahrung wird die betriebliche Berufserfahrung als auch die außerbetriebliche Berufserfahrung im gleichen Einsatzbereich angerechnet.

Vorarbeiter der Arbeitsgruppen erhalten einen pauschalen Stundenlohnzuschlag als Funktionszuschlag. Mit Wegfall der Vorarbeiterfunktion besteht kein Anspruch mehr auf diesen Funktionszuschlag.

Während der Probezeit bzw. Einarbeitungszeit kann von der oben genannten Lohnstruktur abgewichen werden.

Über die vorgenannten Lohngruppen hinaus sind einzelvertragliche Lohnzuschläge, die die jeweiligen speziellen Qualifikationen berücksichtigen, zulässig.

Den Arbeitnehmerinnen/Arbeitnehmern ist die Zugehörigkeit zur jeweiligen Lohngruppe schriftlich zu bestätigen.

§ 12 Leistungslohn

Arbeiten im Leistungslohn sind zulässig. Bei Arbeiten im Leistungslohn wird die Stundenlohnabrechnung sowie die Abrechnung nach Stundenlohnzuschlägen (Ausnahme: Nacht-, Sonn- und Feiertagszuschläge, Funktionszuschlag und Erschwerniszuschläge) ausgesetzt.

§ 13 Erschwerniszuschläge

Die gewerblichen Arbeitnehmer haben für die Zeit, in der sie Arbeiten unter erschwerten Bedingungen ausführen, Anspruch auf die nachstehend aufgeführten Erschwerniszuschläge bezogen auf den Normalstundenlohn.

Es gelten folgende Erschwerniszuschläge:

1. Arbeiten in Räumen mit über 40 Grad Celsius im Arbeitsbereich	1,00 EUR
2. Arbeiten in Arbeitsbereichen mit außergewöhnlich hoher Verschmutzung bzw. Staubentwicklung, bei welchen eine Staubschutzmaske (P2-Maske) getragen wird	0,80 EUR
3. Arbeiten mit Schutzanzug und Atemmaske mit Filter (P3)	1,00 EUR
4. Arbeiten mit Schutzanzug und Atemmaske mit Filter (P3) und Profi	1,30 EUR
5. Arbeiten mit Vollschutzanzug und schwerem Atemgerät	2,50 EUR
6. Arbeiten mit Vollschutzanzug und schwerem Atemgerät in Flüssigkeiten	4,00 EUR

Bei besonderen Arbeitserschwernissen wird in Abstimmung mit der Geschäftsleitung im Einzelfall über die Gewährung besonderer Erschwerniszuschläge entschieden.

Treffen mehrere Erschwernisse der verschiedenen Kategorien zusammen, werden die entsprechenden Zuschläge additiv gewährt.

§ 14 Gehaltsbandbreiten

entfällt

§ 15 Fahrtkosten, Auslösung

entfällt, siehe Reisekostenregelung

§ 16 Urlaub

(1) Urlaubsanspruch

Der Urlaub dient der Erholung und der Erhaltung der Arbeitskraft. Während des Urlaubs darf die Arbeitnehmerin/der Arbeitnehmer keiner Erwerbstätigkeit nachgehen. Der Zeitpunkt des Urlaubsantritts ist zwischen Arbeitnehmerin/Arbeitnehmer und Arbeitgeber so abzustimmen, dass auf die betrieblichen Belange Rücksicht genommen wird.

Das Urlaubsjahr ist das Kalenderjahr. Die Arbeitnehmerin/Der Arbeitnehmer hat für jedes Kalenderjahr Anspruch auf bezahlten Urlaub. Beginnt oder endet das Beschäftigungsverhältnis im Laufe des Urlaubsjahres, so beträgt der Urlaubsanspruch 1/12 für jeden vollen Kalendermonat, in dem das Beschäftigungsverhältnis während des Urlaubsjahres besteht.

Der volle Urlaubsanspruch kann bei Neueinstellungen erstmals nach sechs Monaten der ununterbrochenen Beschäftigung geltend gemacht werden.

Der Urlaub ist spätestens bis 31. März des Folgejahres zu gewähren und zu nehmen. Der Urlaubsanspruch erlischt, wenn er nicht bis zu diesem Zeitpunkt genommen wurde. Ausnahmen hiervon sind in Abstimmung mit der Geschäftsleitung möglich.

(2) Urlaubsdauer

Der Grundurlaub beträgt für alle Arbeitnehmerinnen/Arbeitnehmer 28 Arbeitstage im Urlaubsjahr. Basis ist die Fünf-Arbeitstage-Woche.

Der maximale Urlaub kann jedoch insgesamt 30 Tage im Jahr nicht überschreiten.

Für Jugendliche und Schwerbeschädigte gelten die Zusatzurlaubsansprüche nach den gesetzlichen Regelungen.

(3) Bildungsurlaub

Bildungsurlaub ist gemäß der gesetzlichen Regelung zu gewähren.

§ 17 Gratifikationen

(1) Weihnachts- und Urlaubsgeld

Weihnachts- und Urlaubsgeld sind freiwillige Leistungen, auf die ein Rechtsanspruch weder dem Grunde noch der Höhe nach besteht. Die Leistung wird vom Arbeitgeber nach eigenem Ermessen jährlich neu festgelegt. Wesentlich für die Festsetzung eines Weihnachts- oder Urlaubsgeldes ist die wirtschaftliche Lage des Unternehmens. Von den freiwilligen Leistungen in Form von Weihnachts- und Urlaubsgeld sind Arbeitnehmerinnen/Arbeitnehmer ausgeschlossen, die

- durch ihr Verhalten zu ernstlichen Beanstandungen Anlass gegeben haben,
- sich am Auszahlungstag in einem gekündigten Arbeitsverhältnis befinden,
- sich am Auszahlungstag in der Probezeit befinden.

Scheidet eine Arbeitnehmerin/ein Arbeitnehmer nach Zahlung des Weihnachts- oder Urlaubsgeldes bis zum 31. März des Folgejahres (Weihnachtsgeld) oder bis zum 30. September (Urlaubsgeld) aus, ist das Weihnachts- oder Urlaubsgeld in voller Höhe zurückzuzahlen.

(2) Tantiemen und Sonderprämien

Zur Motivation und Verbesserung der Arbeitsergebnisse, der Kundenfreundlichkeit, der Baustellenabrechnung, der Gerätepflege und der Einsatzbereitschaft können Prämien oder Tantiemen gewährt werden. Mitarbeiterinnen/Mitarbeiter können nach einem festgelegten Schlüsselsystem am Geschäftserfolg der Niederlassung beteiligt oder einzelfallbezogen prämiert werden. Voraussetzung für die Beteiligung an der Tantiemeregelung ist die 12-monatige ununterbrochene Zugehörigkeit zum Unternehmen sowie ein ungekündigtes Beschäftigungsverhältnis. Tantiemen werden nach positivem Abschluss des Geschäftsjahres für die Niederlassung gezahlt.

Darüber hinaus können für herausragende technische Leistungen oder herausragende Tagesleistungen, die auch zu zusätzlichen Umsätzen für die Niederlassung führen, Sonderprämien vergeben werden.

§ 18 Vermögenswirksame Leistungen

Arbeitnehmerinnen/Arbeitnehmer erhalten als vermögenswirksame Leistungen nach Beendigung der Probezeit 13,29 EUR und nach einer Betriebszugehörigkeit von 12 Monaten 26,59 EUR. Die gesetzlichen Vorschriften zur Gewährung von vermögenswirksamen Leistungen sind zu beachten.

§ 19 Arbeitssicherheit

Arbeitgeber und Arbeitnehmerin/Arbeitnehmer haben unter Beachtung der einschlägigen gesetzlichen Vorschriften, insbesondere der Arbeitsstättenverordnung und der Unfallverhütungsvorschriften, darauf zu achten, dass Arbeitsräume, Arbeitsplätze, Arbeitsverfahren, Arbeitsabläufe und Arbeitsumgebung so eingerichtet werden, dass so weit wie möglich Unfall- und Gesundheitsgefahren ausgeschlossen sind. Arbeitsaufgaben sind so zu gestalten, dass insbesondere im Hinblick auf eine Leistungsvergütung zu erwartende gesteigerte Anstrengungen der Arbeitnehmer nicht zu Unfall- und Gesundheitsgefahren führen.

Die Arbeitnehmerinnen/Arbeitnehmer sind verpflichtet, die geltenden Arbeitsschutzbestimmungen und Unfallverhütungsvorschriften zu beachten und einzuhalten und die vom Arbeitgeber zur Verfügung gestellte Arbeitsschutzkleidung sowie Sicherheits- und Sicherungsmittel zu tragen und anzuwenden.

Anordnungen zur Sicherheit sind Folge zu leisten. Anweisungen, gleich welchen Charakters, die von der Einhaltung der Sicherheitsvorschriften absehen, sind von vornherein unwirksam. Erkennbare Gefahren hat jeder Arbeitnehmer sofort und unmittelbar seinem Vorgesetzten, der Niederlassungsleitung oder der Geschäftsführung zu melden.

Der Genuss von Alkohol oder anderen berauschenden Mitteln ist während der Arbeitszeit und auf dem Betriebsgelände nicht erlaubt.

Verstöße gegen die Arbeitssicherheit stellen einen fristlosen Entlassungsgrund dar.

§ 20 In-Kraft-Treten

Diese Rahmenrichtlinie tritt am ▬▬▬ in Kraft.

3. Muster: Betriebsordnung (Kurzfassung)

§ 1 Betriebsfremde Betätigung

(1) Die Erledigung privater Tätigkeiten während der Arbeitszeit ist grundsätzlich verboten, es sei denn, der Vorgesetzte hat eine solche Tätigkeit ausdrücklich erlaubt.

(2) Jeder Handel zwischen Belegschaftsmitgliedern auf dem Betriebsgelände ist untersagt.

(3) Eine Aufforderung an Mitarbeiterinnen/Mitarbeiter zur Beteiligung an Sammlungen im Betrieb ist nur mit Zustimmung der Geschäftsleitung gestattet.

(4) Private Telefongespräche im Ortsverkehr sind im angemessenen Maße kostenfrei zulässig. Generell dürfen die Mitarbeiterinnen/Mitarbeiter aber nur in Ausnahmefällen selbst Anrufe tätigen. Bei Ferngesprächen hat die Mitarbeiterin/der Mitarbeiter die Vorwahl ▬▬▬ zu wählen. Über ihre/seine Telefonate erhält sie/er eine monatliche Gebührenrechnung.

(5) Politische Betätigung auf dem Betriebsgelände ist nicht gestattet. Auch das Tragen von Plaketten, die wegen ihren meinungsbekennenden Inhalts zu einer Störung des Betriebsfriedens führen können, ist nicht gestattet.

§ 2 Werkverkehr

(1) Fahrzeuge und Fahrräder dürfen nur auf den hierfür gekennzeichneten Stellen auf dem Firmenparkplatz geparkt werden.

(2) Die amtlichen Kennzeichen von auf dem Betriebsparkplatz abgestellten Pkw sind von der Mitarbeiterin/dem Mitarbeiter dem Werkschutz zu melden.

(3) Die Firma übernimmt keine Haftung für auf dem Firmenparkplatz abgestellte Fahrzeuge.

(4) Fahrzeuge, die auf dem Firmenparkplatz nicht innerhalb der vorgesehenen Markierungen oder auf einem Behindertenparkplatz, ohne dass Halter oder Fahrer Behindertenstatus genießen, oder auf dem Firmengelände nicht ordnungsgemäß abgestellt sind, können von der Firma auf Kosten der Mitarbeiterin/des Mitarbeiters durch Abschleppunternehmen abtransportiert werden.

(5) Auf dem Firmengelände darf nicht mehr als 25 km/h gefahren werden.

§ 3 Kontrollen

Die Betriebspartner sind sich darüber einig, dass zum Schutze des Eigentums der Mitarbeiterinnen/Mitarbeiter, aber auch zum Schutze des Eigentums des Arbeitgebers Kontrollen am Arbeitsplatz und an den Werktoren durchgeführt werden dürfen. Die Kontrollen sind auf das notwendige Maß zu beschränken. Der Betriebsrat erhält spätestens eine Woche nach Durchführung einer komplexeren Kontrollmaßnahme Nachricht über die Maßnahme und das dabei erzielte Ergebnis.

§ 4 Alkohol und Rauchen

(1) Alkoholgenuss während der Arbeitszeit ist verboten. Nur in begründeten Ausnahmefällen wie bei Betriebsfeiern können vom Vorgesetzten Ausnahmen zugelassen werden.

(2) Bei dem Genuss von Tabak ist stets auf die Wünsche und die Gesundheit der übrigen Kollegen Rücksicht zu nehmen. In Räumen, in denen mehr als eine Mitarbeiterin/ein Mitarbeiter untergebracht ist, darf nur am Arbeitsplatz geraucht werden, wenn alle Mitarbeiterinnen/Mitarbeiter hiermit einverstanden sind.

(3) Das Rauchen ist im Übrigen nur an den im Betrieb durch kein Rauchverbotszeichen gekennzeichneten Räumen gestattet.

4. Muster: Betriebsordnung (Langfassung)

§ 1 Geltungsbereich

(1) Die Tarif- und Arbeitsordnung gilt für alle Mitarbeiterinnen/Mitarbeiter der Unternehmensgruppe ▬▬▬.

(2) Ausgenommen sind die Mitglieder der Geschäftsleitung und die Handlungsbevollmächtigten (leitende Angestellte) sowie die Aushilfskräfte.

(3) Die Unternehmensgruppe besteht aus den Firmen: ▬▬▬

§ 2 Wirksamkeit

Diese Fassung der Betriebsordnung gilt mit Wirkung vom ▬▬▬.

§ 3 Beginn und Beendigung des Beschäftigungsverhältnisses

(1) Arbeitsverhältnisse mit gewerblichen Arbeitnehmern und Angestellten (außer Aushilfen) werden vor Aufnahme der Arbeit mit einem schriftlichen Arbeitsvertrag auf der Basis dieser Betriebsordnung begründet.

Kapitel 2: Erzwingbare Betriebsvereinbarungen

(2) Es kann eine Probezeit vereinbart werden. Diese soll bei gewerblichen Arbeitnehmern 6 Wochen, bei Angestellten 3 Monate nicht überschreiten.

Während der Probezeit kann das Probearbeitsverhältnis für gewerbliche Arbeitnehmer von beiden Seiten mit einer Frist von zwei Wochen, bei Angestellten von beiden Seiten mit einer Frist von einem Monat zum Monatsende gekündigt werden.

(3) Das Arbeitsverhältnis endet durch Kündigung oder bei befristeten Arbeitsverhältnissen durch Zeitablauf. Die Kündigung bedarf der Schriftform.

(4) Das Arbeitsverhältnis eines gewerblichen Arbeitnehmers oder eines Angestellten kann mit einer Frist von vier Wochen zum 15. oder zum Ende eines Kalendermonats gekündigt werden.

(5) Für eine Kündigung durch den Arbeitgeber beträgt die Kündigungsfrist, wenn das Arbeitsverhältnis

- zwei Jahre bestanden hat: einen Monat zum Ende eines Kalendermonats;
- fünf Jahre bestanden hat: zwei Monate zum Ende eines Kalendermonats;
- acht Jahre bestanden hat: drei Monate zum Ende eines Kalendermonats;
- 10 Jahre bestanden hat: vier Monate zum Ende eines Kalendermonats;
- 12 Jahre bestanden hat: fünf Monate zum Ende eines Kalendermonats;
- 20 Jahre bestanden hat: sieben Monate zum Ende eines Kalendermonats.

Bei der Berechnung der Beschäftigungsdauer werden Zeiten, die vor der Vollendung des 25. Lebensjahres der Arbeitnehmerin/des Arbeitnehmers liegen, nicht berücksichtigt.

(6) Das Arbeitsverhältnis kann von jedem Arbeitsvertragspartner aus wichtigem Grund ohne Einhaltung einer Kündigungsfrist gekündigt werden, wenn Tatsachen vorliegen, aufgrund derer dem Kündigenden unter Berücksichtigung aller Umstände des Einzelfalles und unter Abwägung der Interessen beider Vertragsteile die Fortsetzung des Arbeitsverhältnisses bis zum Ablauf der Kündigungsfrist oder bis zu der vereinbarten Beendigung des Arbeitsverhältnisses nicht zugemutet werden kann.

Die Kündigung kann nur innerhalb von zwei Wochen erfolgen. Die Frist beginnt mit dem Zeitpunkt, in dem der Kündigungsberechtigte von den für die Kündigung maßgebenden Tatsachen Kenntnis erlangt. Der Kündigende muss dem anderen Teil auf Verlangen den Kündigungsgrund unverzüglich schriftlich mitteilen.

(7) Stichtag für die Berechnung des Lebensalters und der Betriebszugehörigkeit ist der dem 1. Januar folgende Arbeitstag. Eine frühere Betriebszugehörigkeit wird nicht angerechnet, wenn das Arbeitsverhältnis länger als ein Jahr zusammenhängend unterbrochen war oder durch freiwillige Aufgabe des Arbeitsverhältnisses beendet wurde.

(8) Unberührt bleiben die gesetzlichen Bestimmungen über die fristlose Auflösung des Arbeitsverhältnisses.

(9) Schwarzarbeit berechtigt zur fristlosen Kündigung des Arbeitsverhältnisses. Schwarzarbeit ist die in das Gewerbe fallende Arbeit, die vom Arbeitnehmer für andere Betriebe oder sonstige Auftraggeber verrichtet oder auf eigene Rechnung gegen Entgelt durchgeführt wird.

(10) Verzichtet der Arbeitgeber während der Kündigungsfrist auf die Dienste des Angestellten, so sind, wenn der Angestellte neben einem Festgehalt Provisionen erhält, seine Bezüge wie bei Krankheit zu berechnen.

(11) Nach Beendigung des Arbeitsverhältnisses hat die Arbeitnehmerin/der Arbeitnehmer Anspruch auf ein qualifiziertes Zeugnis. Auf Wunsch der Arbeitnehmerin/des Arbeitnehmers wird auch ein qualifiziertes Zwischenzeugnis erteilt.

(12) Eine fristlose Kündigung, die als solche unwirksam ist, gilt als fristgemäße Kündigung zum nächstmöglichen Zeitpunkt.

(13) Löst die Arbeitnehmerin/der Arbeitnehmer das Arbeitsverhältnis rechtswidrig auf oder kommt sie/er vorsätzlich einer wesentlichen Dienstpflicht nicht nach, so steht dem Arbeitgeber

a) bei Arbeitern

ohne Nachweis des entstandenen Schadens ein Ersatzanspruch gemäß § 124b Gewerbeordnung in Höhe eines Wochenlohnes zu;

b) bei Angestellten

ohne Nachweis des entstandenen Schadens ein Ersatzanspruch in Höhe eines halben Monatsgehaltes zu.

(14) Im Falle des Ausscheidens ist die Arbeitnehmerin/der Arbeitnehmer verpflichtet, unaufgefordert sämtliche in ihrem/seinem Besitz befindlichen Geschäftsunterlagen sowie vom Arbeitgeber gestellte Werkzeuge und Arbeitskleidung diesem auszuhändigen. Für Verlust und schuldhafte Beschädigung hat er dem Arbeitgeber Schadensersatz zu leisten, der gegen Lohn-/Gehaltsforderungen aufgerechnet wird.

§ 4 Arbeitszeit

(1) Die regelmäßige Arbeitszeit ergibt sich aus den Arbeitszeitregelungen.

(2) Beginn und Ende der täglichen Arbeitszeit einschließlich der Pausen und die Verteilung der Arbeitszeiten auf einzelne Wochentage werden in den einzelnen Firmen bzw. in den Firmenbereichen und/oder Betriebsstellen nach Maßgabe der betrieblichen Erfordernisse gesondert geregelt.

Die Regelungen werden von den Betriebsstellen-Leitern erarbeitet und der Geschäftsleitung zur Genehmigung vorgeschlagen. Die Arbeitszeit an den Tagen vor Weihnachten und Neujahr endet um 12.00 Uhr, und zwar bei voller Bezahlung.

(3) Die Überschreitung der regelmäßigen Arbeitszeit bei gewerblichen Arbeitnehmern ist Mehrarbeitszeit. Diese wird im Rahmen der folgenden Bestimmungen des § 5 durch Zuschläge vergütet. Die Mehrheit bei gewerblichen Arbeitnehmern der ▬▬▬ wird im Rahmen der folgenden Bestimmungen (§ 5) erst ab der 5. Stunde vergütet.

Die Überschreitung der regelmäßigen Arbeitszeit bei Angestellten ist ebenfalls Mehrarbeitszeit. Diese wird vergütet und zwar nach Maßgabe der Bestimmungen des § 5. Mehrarbeit soll auf Ausnahmefälle nach Maßgabe der betrieblichen Erfordernisse beschränkt bleiben.

(4) Für Jugendliche gelten die Bestimmungen des Jugendarbeitsschutzgesetzes in seiner jeweils geltenden Fassung.

(5) Aus dringenden betrieblichen Gründen, z.B. zur Vermeidung von Entlassungen oder vorübergehenden Stilllegungen, auch als unmittelbare Auswirkung eines Streiks, kann für die gesamte Belegschaft oder für einen Teil (nicht jedoch für einzelne Arbeitnehmer) eine kürzere als die regelmäßige Arbeitszeit (Kurzarbeit) nach einer Ankündigungsfrist von acht Arbeitstagen eingeführt werden. Für die Ankündigung genügt ein Aushang im Betrieb und in den betroffenen Betriebsstellen. Die Ankündigungsfrist gilt als gewahrt, wenn die Einführung der Kurzarbeit innerhalb von acht Tagen erfolgt.

Wird einer Arbeitnehmerin/einem Arbeitnehmer vor Einführung, bei Beginn oder während der Kurzarbeit gekündigt, so hat sie/er für die Dauer der Kündigungsfrist Anspruch auf den vollen Verdienst der regelmäßigen Arbeitszeit. Der Anspruch mindert sich, soweit ein Anspruch auf Kurzarbeitergeld besteht. Der Anspruch entfällt, wenn die Kündigung aus wichtigem Grunde erfolgt. Im Übrigen gelten die gesetzlichen Bestimmungen.

§ 5 Mehr-, Nacht-, Sonn- und Feiertagsarbeit

(1) Allgemeines

a) Mehr-, Nacht-, Sonn- und Feiertagsarbeit ist nach Möglichkeit zu vermeiden. Soweit sie in dringenden Fällen erforderlich ist, wird sie betrieblich geregelt, und zwar liegt die Zuständigkeit hierfür bei den Betriebsstellen-Leitern.

b) Anspruch auf Entgelt für geleistete Mehr-, Nacht-, Sonn- und Feiertagsarbeit besteht nur dann, wenn sie vom Arbeitgeber bzw. dem zuständigen Betriebsstellenleiter angeordnet und in allen Einzelheiten geregelt und genehmigt worden ist.

c) Mehrarbeit ist die über die regelmäßige Arbeitszeit täglich hinausgehende Arbeitszeit. Fehlstunden sind zuvor bei der Berechnung auszugleichen. Berechnungsperiode ist hierfür der Abrechnungsmonat.

d) Nachtarbeit ist die zwischen 20.00 Uhr und 06.00 Uhr geleistete Arbeit.

e) Sonn- und Feiertagsarbeit ist jede an diesen Tagen zwischen 0.00 Uhr und 24.00 Uhr geleistete Arbeit.

(2) Zuschläge für Mehr-, Nacht-, Sonn- und Feiertagsarbeit

Es werden folgende Zuschläge gezahlt und zwar bezogen auf das reguläre Brutto-Entgelt je Stunde, wobei die jeweiligen Monatsstunden pro Jahr bei Gehaltsempfängen oder Monatslöhnen zugrunde gelegt werden:

a) für Mehrarbeit 25 %
b) für Nachtarbeit 25 %
c) für Sonn- und Feiertagsarbeit 50 %.

(3) Sonstiges

a) Die Regelungen über Nacht- und Feiertagsarbeit gelten nicht für die Beschäftigten an den Tankstellen.

b) Beim Zusammentreffen mehrerer Zuschläge wird nur ein Zuschlag, und zwar der höhere, berechnet.

c) Die Auszahlung des Entgeltes für geleistete Überzeitarbeit erfolgt bei der nächstmöglichen Entgeltzahlung.

d) Die Regelungen über Mehr-, Nacht-, Sonn- und Feiertagsarbeit gelten nicht für Angestellte, die neben einem Festgehalt Provisionen beziehen.

(4) Freizeitgewährung bei geleisteter Mehrarbeit

Bei Vereinbarung von Mehrarbeit gemäß § 4 ist gleichzeitig im Zusammenwirken mit den Betriebsstellen-Leitern zu regeln, ob die geleistete Mehrarbeit bezahlt oder mit bezahlter Freistellung von der Arbeit abgegolten wird.

Wird Letzteres vereinbart, gilt Folgendes:

a) Die Abgeltung durch bezahlte Freizeit gemäß § 4 hat innerhalb von zwei Lohn-/Gehaltsperioden zu erfolgen, die Lohn-/Gehaltsperiode mit eingeschlossen, in der die Mehrarbeit anfiel.

b) Für eine Stunde Mehrarbeit gibt es eine Stunde bezahlte Freistellung von der Arbeit.

Die Regelungen für Freizeitgewährung gelten nicht für Angestellte im Außendienst.

Die Geschäftsleitung kann für einzelne Sonderfälle von betrieblich bedingter und im Einzelfall anzuordnender Mehrarbeit gesonderte, ggf. auch zeitlich begrenzte Regelungen für bestimmte Teile der Unternehmensgruppe ▬▬▬ einführen.

§ 6 Eingruppierung

Allgemeine Eingruppierungsmerkmale

1. Sämtliche Arbeitnehmerinnen/Arbeitnehmer werden entsprechend ihrer Tätigkeit in Tätigkeitsgruppen eingruppiert.
2. Maßgebend für die Eingruppierung sind die Gruppenmerkmale, d.h. die ausgeübte Tätigkeit und/oder die berufliche Ausbildung.
3. Übt eine Arbeitnehmerin/ein Arbeitnehmer Tätigkeiten aus, die mehreren Gruppen angehören, so wird sie/er in diejenige Gruppe eingruppiert, die der überwiegenden Tätigkeit entspricht.
4. Bei Änderung einer dauernden Tätigkeit wird die Eingruppierung überprüft und ggf. neu vorgenommen.
5. Jede Änderung der Eingruppierung wird mit der Arbeitnehmerin/dem Arbeitnehmer abgestimmt.

Gruppenbeispiele, Gruppierungsmerkmale, Beispiele

1. Gewerbliche Arbeitnehmer
(Lohnempfänger)
L 1 – L 5
Monatslöhne Fahrer
F 1 – F 3

2. Angestellte und Meister
(Gehaltsempfänger)
G 1 – G 5
GM 1 – GM 3 (Meister)

3. Auszubildende
A 1 – A 4

L 1, Arbeitnehmer ohne einschlägige Fachkenntnisse (ungelernte)
- Hilfskräfte (gewerblich, technisch)
- Lagerarbeiter
- Platzarbeiter

L 2, Arbeitnehmer, die nach betrieblicher Einarbeitung mit so erworbenen Kenntnissen nach Anweisung in Teilbereichen einfache Arbeiten ausführen
- Kieswerker (Muldenkipperfahrer und Laderfahrer)
- Anlagenführer
- Kfz-Mechaniker
- Tankwarte (als Hilfskräfte)
- Lackierer (als Hilfskräfte)

L 3, Facharbeiter, die unter Aufsicht einfache Facharbeiten ausführen (für diese Gruppenzuordnung ist eine Gesellenprüfung Voraussetzung, soweit eine solche üblich ist)
- Kfz-Mechaniker
- Lackierer
- Monteure, Maschinisten
- Schlosser
- Kieswerker
- Baggerführer
- Raupenführer
- Wiegemeister

L 4, Facharbeiter, die auf Grund ihrer Ausbildung und ihrer fachlichen Erfahrung
a) selbständig arbeiten
b) bestqualifiziert sind

c) Altgesellen sind
- Kfz-Mechaniker
- Lackierer
- Kieswerker
- Vorarbeiter
- stellv. Betriebsleiter

L 5, Facharbeiter, die selbständig, in eigener Verantwortung, ohne Anweisung (ausgenommen allgemeine Betriebsanweisung) arbeiten und deren Tätigkeit eine Fachausbildung und mehrjährige Berufserfahrung erfordert

F 1, Lkw-Fahrer, bis zu drei Jahren tätig

F 2, Lkw-Fahrer, bis zu fünf Jahren tätig

F 3, Lkw-Fahrer, insbesondere Berufskraftfahrer und Sonderfahrzeugfahrer

GM 1, Betriebsmeister, die als solche ausdrücklich angestellt sind und eingesetzt werden (Meisterprüfung nicht erforderlich)
- Kfz-Bereich
- Kieswerker (evtl.)

GM 2, Meister mit bestandener Meisterprüfung, die Beaufsichtigungsbefugnisse und Anweisungsbefugnisse haben
- Kfz-Bereich
- Kieswerker (evtl.)

GM 3, Meister mit bestandener Meisterprüfung, die auf Grund ihrer Fähigkeiten und umfassender betrieblicher Fachkenntnisse und mehrjähriger Berufserfahrung Abteilungen leiten, ein Aufgabengebiet selbständig und verantwortlich bearbeiten
- Kfz-Bereich
- Kieswerker (evtl.)

G 1, Angestellte für einfache Tätigkeiten schematischer Art ohne Vorkenntnisse (ungelernt)
- Hilfskräfte (Werkstatt, Lager)
- Bürodienste aller Art
- einfache Schreibarbeiten, Kartei, Fotokopierer, Registratur
- Botengänge

G 2

a) Angestellte mit abgeschlossener Berufsausbildung (im 1. und 2. Gehilfenjahr)

b) Angestellte mit betrieblicher Ausbildung (Erledigung genau umrissener Aufgaben).

Der betrieblichen Ausbildung können Kenntnisse, die in mindestens zweijähriger praktischer Tätigkeit erworben worden sind, gleichgesetzt werden.
- Schreibkräfte für einfache Arbeiten
- einfache Buchhaltungsarbeiten
- einfache Arbeiten im Verkaufs- und Lagerbereich
- Telefonbedienung
- EDV (Datenerfassung)
- einfache Verkaufsaufgaben
- Tankstellen-Kassen

G 3, Angestellte mit erfolgreich abgeschlossener Ausbildung
- selbständige Erledigung bestimmter Aufgabe (Ersatz für Berufsausbildung; praktische und theoretische Kenntnisse können auch durch mehrjährige einschlägige Tätigkeit erworben worden sein)
- Sekretärinnen
- Schreibkräfte (Steno, Phono, Textverarbeitung)
- Buchhalter
- Lohnbuchhalter
- Sachbearbeiter
  - Lager
  - Verkauf
  - Einkauf/Disposition
  - Kasse
  - Personal
  - Fakturierung

- Verkäufer
- Kundendienst-Mitarbeiter
- Telefonbedienung (größere Anlage)
- EDV, Operating und einfache Programmierung

G 4, Angestellte mit erfolgreich abgeschlossener Berufsausbildung
- selbständig
- verantwortlich tätig
- mit besonderen Fachkenntnissen für
- Buchhalter
- Lohnbuchhalter
- Lagerverwalter
- Sachbearbeiter
  - Kundendienst
  - Hauptkasse
  - Verkauf/Einkauf/Disposition
  - Personal
- Sekretärinnen
- Verkäufer
- EDV, Operating, Programmierung

G 5, Angestellte mit erfolgreich abgeschlossener Berufsausbildung
- selbständig
- verantwortlich tätig
- mehrjährige, einschlägige Berufserfahrung
- Entscheidungsbefugnisse für Gruppenleiter
  - Verkauf/Einkauf/Disposition
  - Personal
  - Buchhaltung
  - Lager
- Stellvertretende von Leitern der
  - Bereiche
  - Abteilungen
  - Betriebsstellen

Auszubildende
A 1   1. Ausbildungsjahr
A 2   2. Ausbildungsjahr
A 3   3. Ausbildungsjahr
A 4   4. Ausbildungsjahr

§ 7 Entgeltgrundsätze

(1) Für gewerbliche Arbeitnehmer (Lohnempfänger) gilt das Zeitlohnentgelt oder das Monatslohnentgelt.

(2) Für Angestellte (Gehaltsempfänger) wird das Arbeitsentgelt als monatliches Bruttoentgelt geleistet (besondere Vereinbarungen vgl. Abs. 6).

(3) Bei gewerblichen Arbeitnehmern kann die Arbeit auch im Leistungslohn oder nach Prämiensystem ausgeführt werden. Voraussetzungen und Bedingungen sind in gesonderten Regelungen festzulegen.

(4) Die Höhe des Arbeitsentgeltes richtet sich nach der Lohn- und Gehaltstabelle (Anlage). Die Tabelle orientiert sich an bestehenden Tarifvereinbarungen der in der Unternehmensgruppe ■■■ vorkommenden Geschäftszweige (Kraftfahrzeuggewerbe, Verkehrsgewerbe, Bau-Steine-Erden).

(5) Es können Zulagen auf die in der Lohn-/Gehaltstabelle enthaltenen Beträge vereinbart werden.
Bei generellen Anpassungen der Löhne und Gehälter an veränderte wirtschaftliche Verhältnisse können diese Zulagen immer auf die neuen Ansprüche angerechnet werden.

(6) Mit Angestellten, die neben einem monatlichen Festgehalt Provisionen beziehen, sind Entgeltsvereinbarungen gesondert schriftlich festzulegen.

(7) Die Lohn-/Gehaltstabelle gilt jeweils für ein Jahr. Eine generelle Überprüfung wird zum 1. Juli eines jeden Jahres vorgenommen.

§ 8 Entgeltzahlung

(1) Das Arbeitsentgelt wird jeweils zum Ende des Monatszeitraums (Abrechnungsperiode) nachträglich gezahlt.

(2) Die Arbeitnehmerin/Der Arbeitnehmer erhält eine Abrechnung, aus der die Zahl der geleisteten Arbeitsstunden, der Bruttoverdienst, der Abrechnungszeitraum, evtl. Abschlagszahlungen, die Zuschläge und Abzüge im Einzelnen ersichtlich sind.

(3) Alle Zahlungen werden bargeldlos auf ein vom Arbeitnehmer anzugebendes Konto geleistet.

(4) Auf Wunsch der Arbeitnehmerin/des Arbeitnehmers, jedoch nur mit ausdrücklicher Zustimmung des Arbeitgebers, können Zahlungen auch an von der Arbeitnehmerin/vom Arbeitnehmer zu benennende Dritte geleistet werden.

(5) Der Arbeitnehmerin/Dem Arbeitnehmer ist es nicht gestattet, gegenwärtige oder zukünftige Lohn-/Gehaltsforderungen ohne Einverständnis des Arbeitgebers an Dritte abzutreten. Solche Abtretungen sind gegenüber dem Arbeitgeber unwirksam.

(6) Vorschusszahlungen können nur in Einzelfällen erfolgen. Zuständig ist der betreffende Betriebsstellen-Leiter.

§ 9 Sonderzahlungen

(1) Jede Arbeitnehmerin/Jeder Arbeitnehmer erhält ab dem Kalenderjahr 1985 neben ihrem/seinem Arbeitsentgelt eine jährliche Sonderzahlung (Urlaubsgeld) in Höhe von 40% ihres/seines monatlichen Bruttoarbeitsentgeltes.

Bemessungsgrundlage für diese Sonderzahlung ist:

a) bei gewerblichen Arbeitnehmern (Lohnempfängern) der vereinbarte Stundenlohn bezogen auf die Regelarbeitszeit

b) bei Angestellten (Gehaltsempfängern) das vereinbarte monatliche Brutto-Gehalt bzw. das Festgehalt

c) bei Auszubildenden die Bruttoausbildungsvergütung.

Die Sonderzahlung wird mit je 1/12 zusammen mit dem monatlichen Arbeitsentgelt abgerechnet und geleistet.

Das Urlaubsgeld für die Auszubildenden wird ab ▬▬▬ zweimal jährlich, mit der Abrechnung Mai und mit der Abrechnung November, ausgezahlt.

(2) Der Arbeitgeber erbringt für jede Arbeitnehmerin/jeden Arbeitnehmer vermögenswirksame Leistungen.

Die vermögenswirksamen Leistungen betragen ▬▬▬ EUR monatlich, für Auszubildende ▬▬▬ EUR monatlich (Teilzeitbeschäftigte erhalten die Leistung zeitanteilig).

Eine Barauszahlung ist ausgeschlossen. Die vermögenswirksame Anlage ist dem Arbeitgeber vor Zahlung, durch die Vorlage eines entsprechenden Antrages, nachzuweisen.

(3) Der Arbeitgeber wird jährlich bis zum 30. November eine weitere Sonderzahlung leisten.

Die Höhe kann von Fall zu Fall unterschiedlich sein und steht im freien Ermessen des Arbeitgebers.

(4) Die Arbeitnehmerinnen/Die Arbeitnehmer erhalten bei einer ununterbrochenen Betriebszugehörigkeit von 10 Jahren und 25 Jahren eine Jubiläumszuwendung in Höhe der im Rahmen der Lohnsteuerrichtlinien steuerfreien Beträge:

600 EUR   bei 25 Jahren
300 EUR   bei 10 Jahren.

Zahlungen werden erstmals für Jubiläen geleistet, die nach dem 30.6.1985 eingetreten sind bzw. eintreten.

Bei den Arbeitnehmerinnen/Arbeitnehmern, die aus saisonalen Gründen jährlich entlassen werden, sind die Arbeitslosenzeiten als Beschäftigungszeiten anzusehen. Die Beschäftigung durch einen anderen Arbeitgeber unterbricht die Betriebszugehörigkeit.

(5) Die Arbeitnehmerinnen/Arbeitnehmer erhalten eine Heiratsbeihilfe in folgender Höhe, die im Rahmen der Lohnsteuerrichtlinien steuerfrei ist.

Die Heiratsbeihilfe richtet sich nach der Betriebszugehörigkeit und ist durch die Heiratsurkunde nachzuweisen:

bis fünf Jahre Betriebszugehörigkeit   200 EUR
bis 10 Jahre Betriebszugehörigkeit   250 EUR
über 10 Jahre Betriebszugehörigkeit   300 EUR.

Diese Regelung gilt mit Wirkung vom ▬▬▬. Bei der Berechnung der Betriebszugehörigkeit werden auch die Ausbildungszeiten mitgerechnet.

§ 10 Entgeltzahlungen an Feiertagen

(1) a) Für die Arbeitszeit, die infolge eines gesetzlichen Feiertages ausfällt, ist vom Arbeitgeber den Arbeitnehmerinnen/Arbeitnehmern der Arbeitsverdienst zu zahlen, den sie ohne den Arbeitsausfall erhalten hätten. Die Arbeitszeit,

die an einem gesetzlichen Feiertag gleichzeitig infolge von Kurzarbeit ausfällt und für die an anderen Tagen als an den gesetzlichen Feiertagen Kurzarbeit geleistet wird, gilt als infolge eines gesetzlichen Feiertages ausgefallen (d.h. Durchschnitt aus den letzten drei Monaten).

b) Für die Beschäftigten der ■■■, Abteilung Spedition, gilt:

Für die Arbeitszeit, die infolge eines gesetzlichen Feiertages ausfällt, ist vom Arbeitgeber der Arbeitnehmerin/dem Arbeitnehmer der Arbeitsverdienst zu zahlen, der sich aus dem Monatslohn ergibt (d.h. 10 Std. x Stundenlohn); evtl. gearbeitete Überstunden werden nicht berücksichtigt.

c) Für die Beschäftigten der ■■■, Abteilung Gruben, gilt:

Für die Arbeitszeit, die infolge eines gesetzlichen Feiertages ausfällt, ist vom Arbeitgeber der Arbeitnehmerin/dem Arbeitnehmer der Arbeitsverdienst zu zahlen, der sich aus der Durchschnittsberechnung des letzten Jahres ergibt. In die Durchschnittsberechnung werden alle regelmäßigen Zahlungen einbezogen.

(2) Ist der Arbeitgeber zur Fortzahlung des Arbeitsentgeltes für den gesetzlichen Feiertag nach den gesetzlichen Vorschriften über die Entgeltfortzahlung im Krankheitsfalle verpflichtet, so bemisst sich die Höhe des fortzuzahlenden Arbeitsentgeltes für diesen Feiertag nach den Vorschriften im Krankheitsfalle.

(3) Arbeitnehmerinnen/Arbeitnehmer, die am letzten Arbeitstag vor oder am ersten Arbeitstag nach Feiertagen unentschuldigt der Arbeit fernbleiben, haben keinen Anspruch auf Bezahlung für diese Feiertage.

§ 11 Entgeltzahlung im Krankheitsfall

(1) Bei Arbeitsunfähigkeit infolge Krankheit gelten die jeweils gültigen Vorschriften des Gesetzes über die Zahlung des Arbeitsentgeltes im Krankheitsfalle.

(2) Ist die Arbeitnehmerin/der Arbeitnehmer durch Krankheit oder sonstige unvorhergesehene Ereignisse an der Arbeitsleistung verhindert, so ist dem Arbeitgeber unverzüglich unter Angabe von Gründen Mitteilung zu machen.

(3) Auch ist sie/er verpflichtet, vor Ablauf des dritten Kalendertages nach Beginn der Arbeitsunfähigkeit eine ärztliche Bescheinigung über die Arbeitsunfähigkeit sowie über deren voraussichtliche Dauer nachzureichen.

(4) In Fällen unverschuldeter, mit Arbeitsunfähigkeit verbundener Krankheit einschließlich eines wegen dieser Krankheit von dem Versicherungsträger bewilligten Heilverfahrens erhält die Arbeitnehmerin/der Arbeitnehmer für die Dauer von sechs Wochen Lohnfortzahlung nach den gesetzlichen Bestimmungen.

(5) Das fortzuzahlende Arbeitsentgelt ist derzeit wie folgt zu berechnen:

a) Die Höhe der Entgeltfortzahlung im Krankheitsfall beträgt 80% des der Arbeitnehmerin/dem Arbeitnehmer bei der für sie/ihn maßgebenden regelmäßigen Arbeitszeit zustehenden Arbeitsentgelts. Ein Anspruch auf Lohnfortzahlung entsteht erst nach vierwöchiger ununterbrochener Dauer des Arbeitsverhältnisses.

b) Die Arbeitnehmerinnen/Die Arbeitnehmer, die nach Stundenlohn vergütet werden, erhalten 80% des Durchschnittsverdienstes der letzten drei Monate.

c) Für die Beschäftigten bei der ■■■, Abteilung Spedition, gilt:

Für die Arbeitszeit, die infolge Krankheit der Arbeitnehmerin/des Arbeitnehmers ausfällt, ist vom Arbeitgeber der Arbeitnehmerin/dem Arbeitnehmer der Arbeitsverdienst zu zahlen, der sich aus dem Monatslohn ergibt (d.h. 10 Stunden x Stundenlohn), evtl. gearbeitete Überstunden werden nicht berücksichtigt.

d) Für die Beschäftigten der ■■■, Abteilung Gruben, gilt:

Für die Arbeitszeit, die infolge Krankheit der Arbeitnehmerin/des Arbeitnehmers ausfällt, ist vom Arbeitgeber der Arbeitnehmerin/dem Arbeitnehmer der Arbeitsverdienst zu zahlen, der sich aus der Durchschnittsberechnung des letzten Jahres ergibt. In die Durchschnittsberechnung werden alle regelmäßigen Zahlungen einbezogen.

e) Bei Kurzarbeit kann eine Arbeitnehmerin/ein Arbeitnehmer im Krankheitsfall kein höheres Entgelt beanspruchen, als wenn sie/er gearbeitet hätte. Die verkürzte Arbeitszeit ist zugrunde zu legen.

f) Die Auszahlung des fälligen Arbeitsentgelts erfolgt in der betriebsüblichen Art und Weise, die Krankheitstage werden in der Lohn-/Gehaltsperiode zu den betriebsüblichen Lohn-/Gehaltszahlungsterminen abgerechnet.

g) Wird die Arbeitsunfähigkeit der Arbeitnehmerin/des Arbeitnehmers durch einen Dritten verursacht, ist der Arbeitnehmer verpflichtet, die ihm gegen diesen Dritten zustehenden Schadensersatzansprüche in Höhe des ihm während der Arbeitsunfähigkeit gezahlten Lohnes einschl. des darauf entfallenden Sozialversicherungsbeitrages des Arbeitgebers abzutreten oder an den Arbeitgeber abzuführen.

Die Arbeitnehmerin/Der Arbeitnehmer ist verpflichtet, dem Arbeitgeber die zur Rechtsverfolgung dienlichen Auskünfte zu geben und Beweismittel zur Verfügung zu stellen.

(6) Bei Angestellten, die neben einem Festgehalt Provisionen beziehen, gilt folgende Regelung:

Das Entgelt besteht aus dem Festgehalt und der Provision. Die Letztere wird ermittelt, indem für jeden Arbeitstag 1/300 der während der letzten 12 Monate gezahlten Provisionssumme eingesetzt wird.

Bei kürzerer Beschäftigungsdauer ist ein entsprechender Durchschnittssatz aus der seit Beginn der Tätigkeit gezahlten Provisionssumme zu bilden.

§ 12 Unterstützung im Sterbefall

(1) Hinterlässt eine Arbeitnehmerin/ein Arbeitnehmer einen unterhaltspflichtigen Ehegatten oder unterhaltspflichtige Kinder unter 18 Jahren, deren Berufsausbildung noch nicht beendet ist, ist das Entgelt vom Sterbetag an gerechnet für einen Monat weiterzuzahlen.

Zusätzlich sind ab einer ununterbrochenen Betriebszugehörigkeit von

10 Jahren	ein voller Monatsverdienst
20 Jahren	zwei volle Monatsverdienste

zu zahlen.

(2) Wenn der Tod auf einen Arbeitsunfall zurückzuführen ist, so erhalten die Angehörigen, die in häuslicher Gemeinschaft mit dem Verstorbenen lebten, zwei volle Monatsverdienste, nach 5-jähriger Betriebszugehörigkeit drei volle Monatsverdienste.

(3) Stichtag für die Berechnung der Betriebszugehörigkeit ist der dem 1. Januar folgende Arbeitstag.

(4) Der Durchschnittsverdienst ergibt sich aus dem Durchschnittsverdienst der letzten drei Monate.

(5) Sind mehrere Anspruchsberechtigte vorhanden, so wird der Arbeitgeber durch Zahlung an einen Anspruchsberechtigten befreit.

(6) Bei Angestellten, die neben einem Festgehalt Provisionen beziehen, ist das Monatsgehalt das doppelte Festgehalt.

§ 13 Urlaub

A. Urlaubsanspruch

(1) Jede Arbeitnehmerin/Jeder Arbeitnehmer hat in jedem Jahr Anspruch auf Urlaub unter Fortzahlung des Entgelts.

(2) Urlaubsjahr ist das Kalenderjahr.

(3) Der erste Anspruch auf einen vollen Jahresurlaub entsteht nach einer ununterbrochenen 6-monatigen Beschäftigungsdauer. Bei Wiedereintritt in den Betrieb ist die Wartezeit neu zu erfüllen.

(4) Der Urlaubsanspruch entsteht und berechnet sich zeitanteilig entsprechend der Beschäftigungsdauer im Kalenderjahr.

(5) Der Urlaub soll nach Möglichkeit im Urlaubsjahr zusammenhängend in Anspruch genommen werden, sofern nicht berechtigte Belange des Betriebes entgegenstehen. Der Urlaubsanspruch erlischt mit Ablauf des Kalenderjahres. Falls der Urlaub während des Kalenderjahres aus betrieblichen oder persönlichen Gründen nicht gewährt bzw. in Anspruch genommen werden kann, muss er bis zum 31.3. des Folgejahres gewährt und in Anspruch genommen werden, ansonsten ist der Urlaub verfallen.

B. Urlaubsdauer

(1) Der Jahresurlaub beträgt für alle Arbeitnehmer 30 Arbeitstage.

(2) Schwerbehinderte Menschen i.S.d. § 69 SGB IX erhalten den gesetzlichen Zusatzurlaub:
- fünf Tage bei einer 5-Tage-Woche
- sechs Tage bei einer 6-Tage-Woche.

(3) Als Urlaubs- bzw. Arbeitstage zählen alle Arbeitstage laut Arbeitszeitvereinbarung mit Ausnahme der Sonntage und der gesetzlichen Feiertage.

C. Urlaubsentgelt

(1) a) Die Bezahlung während des Urlaubs (Urlaubsentgelt) bemisst sich bei den gewerblichen Arbeitnehmern (Lohnempfängern) nach dem durchschnittlichen Arbeitsverdienst, den der gewerbliche Arbeitnehmer in den letzten drei abgerechneten Monaten vor dem Beginn des Urlaubs erhalten hat. Bei Verdiensterhöhungen nicht nur vorübergehender Natur, die während des Berechnungszeitraumes oder des Urlaubs eintreten, ist vom erhöhten Verdienst auszugehen.

b) Für die Beschäftigten bei der ■■■, Abteilung Spedition, gilt:

Für die Arbeitszeit, die infolge Urlaub ausfällt, ist vom Arbeitgeber der Arbeitnehmerin/dem Arbeitnehmer der Arbeitsverdienst zu zahlen, der sich aus dem Monatslohn ergibt (d.h. 10 Std. x Stundenlohn); evtl. gearbeitete Überstunden werden nicht berücksichtigt.

c) Für die Beschäftigten bei der ■■■, Abteilung Gruben, gilt:

Für die Arbeitszeit, die infolge Urlaub ausfällt, ist vom Arbeitgeber der Arbeitnehmerin/dem Arbeitnehmer der Arbeitsverdienst zu zahlen, der sich aus der Durchschnittsberechnung des letzten Jahres ergibt. In die Durchschnittsberechnung werden nur regelmäßige Zahlungen einbezogen.

d) Bei Angestellten, die neben einem Festgehalt Provisionen erhalten, gilt folgende Regelung:

Das Entgelt besteht aus dem Festgehalt und der Provision. Der der Provision entsprechende Betrag wird ermittelt, indem für jeden Arbeitstag 1/250 der während der letzten 12 Monate gezahlten Provisionssumme eingesetzt wird. Bei kürzerer Beschäftigungsdauer ist ein entsprechender Durchschnittssatz aus der seit Beginn der Tätigkeit gezahlten Provisionssumme zu bilden.

(2) Verdienstkürzungen, die im Berechnungszeitraum infolge von Kurzarbeit, Arbeitsausfällen oder unverschuldeter Arbeitsversäumnisse entstehen, bleiben für die Berechnung des Urlaubsentgeltes außer Betracht.

(3) Eine Abgeltung des Urlaubs ist grundsätzlich zu vermeiden. Ein beim Ausscheiden aus dem Betrieb fälliger Urlaubsanspruch ist möglichst während der Kündigungsfrist zu erfüllen. Lassen die betrieblichen Verhältnisse dies nicht zu oder scheidet der Arbeitnehmer fristlos aus, so kann eine Abgeltung in Geld erfolgen.

D. Sonstige Urlaubsbestimmungen

(1) Für jede Betriebsstelle wird vom Betriebsstellen-Leiter ein jährlicher Urlaubsplan aufgestellt, der mit den Arbeitnehmerinnen/Arbeitnehmern abgestimmt wird.

(2) Erkrankt eine Arbeitnehmerin/ein Arbeitnehmer während des Urlaubs, so werden die durch ärztliches Zeugnis nachgewiesenen Tage der Arbeitsunfähigkeit auf den Jahresurlaub angerechnet im Rahmen des Entgeltfortzahlungsgesetzes, falls die Arbeitnehmerin/der Arbeitnehmer dies wünscht.

(3) Wird der Arbeitnehmerin/dem Arbeitnehmer von einem Träger der Sozialversicherung, einer Verwaltungsbehörde der Kriegsopferversorgung oder einem sonstigen Sozialleistungsträger eine Vorbeugungs-, Heil- oder Genesungskur gewährt, so darf die hierauf entfallende Zeit auf den Urlaub angerechnet werden im Rahmen des Entgeltfortzahlungsgesetzes.

(4) Während des Urlaubs darf die Arbeitnehmerin/der Arbeitnehmer keine dem Urlaubszweck widersprechende Erwerbstätigkeit leisten.

§ 14 Freistellung von der Arbeit

(1) In den nachfolgenden Fällen wird der Arbeitnehmerin/dem Arbeitnehmer Freizeit ohne Anrechnung auf den Urlaub unter Fortzahlung ihres/seines Verdienstes gewährt, und zwar

- bei seiner Eheschließung   2 Arbeitstage
- bei Eheschließung von Familienangehörigen   1 Arbeitstag
- bei seiner silbernen Hochzeit   1 Arbeitstag
- bei Niederkunft der Ehefrau   2 Arbeitstage
- bei Tod des Ehegatten   3 Arbeitstage
- bei Todesfällen im engeren Familienkreis (Geschwister, Eltern, Kinder, Schwiegereltern)   1 Arbeitstag.

Bei einem Anspruch von mehreren Tagen brauchen diese nicht unbedingt zeitlich hintereinander zu liegen. Der Tag kann bei den vorgenannten Familienangehörigen wahlweise für den Begräbnistag genommen werden.

(2) Bei plötzlich eintretender nachzuweisender schwerer Erkrankung des Ehegatten oder der in häuslicher Gemeinschaft lebenden Kinder, die die Anwesenheit der Arbeitnehmerin/des Arbeitnehmers unbedingt notwendig machen, wird die erforderliche Zeit, höchstens jedoch ein Arbeitstag, bezahlt.

§ 15 Sonstige Arbeitsverhinderungsgründe

(1) Ein Anspruch auf Fortzahlung des Entgelts besteht nur dann, wenn von dritter Seite keine Entschädigung gezahlt wird oder werden muss.

(2) Bei der Erfüllung staatsbürgerlicher Pflichten, denen sich die Arbeitnehmerin/der Arbeitnehmer kraft Gesetzes während der Arbeitszeit nicht entziehen kann, wird die Zeit bezahlt, die nachweislich für die Erledigung dieser Angelegenheiten benötigt wird.

(3) Schwerbehinderten ist die für die Dauer der amtlichen Untersuchung zwecks Rentenfestsetzung erforderliche Zeit der Verdienst weiterzuzahlen, soweit die Untersuchung sich nicht außerhalb der Arbeitszeit regeln lässt.

(4) Dasselbe trifft zu für ärztliche Untersuchungen, die von behördlichen Stellen durchgeführt werden oder aufgrund gesetzlicher Bestimmungen vorgenommen werden müssen.

(5) In nachstehenden Fällen ist der Arbeitnehmerin/dem Arbeitnehmer bezahlte Freizeit bis zur Höchstdauer von drei Arbeitstagen pro Monat zu gewähren, ohne dass eine Anrechnung auf den Urlaub stattfinden darf:
- beim Aufsuchen eines Arztes, sofern dies während der Arbeitszeit unvermeidbar ist;
- bei Vorladung von Behörden und Ämtern;
- bei Vorladung von Gerichten entfällt die Vergütung in den Fällen, in denen die Arbeitnehmerin/der Arbeitnehmer im Strafverfahren Beschuldigter oder im Zivilverfahren Partei ist. Eine eventuelle Kostenerstattung ist aufzurechnen.

In den vorgenannten Fällen ist eine entsprechende Bescheinigung vorzulegen. Der Anspruch auf Erstattung eines etwaigen Verdienstausfalles entsteht erst dann, wenn von dritter Stelle nachweislich kein Ersatz zu leisten ist. Die Arbeitnehmerin/Der Arbeitnehmer hat dem Arbeitgeber unverzüglich die zur Geltendmachung des Ersatzanspruches erforderlichen Angaben zu machen.

§ 16 Sonstiges

(1) Bereitschaftsdienst

Ab dem ■■■ erhalten die Mitarbeiterinnen/Mitarbeiter, die am Bereitschaftsdienst teilnehmen, 50 EUR brutto pro Woche für die Bereithaltung. Die Zeit des evtl. Einsatzes wird mit den entsprechenden Zuschlägen gesondert vergütet.

(2) Dienstfahrzeuge

Wird von der Geschäftsleitung ein Firmenfahrzeug zur Verfügung gestellt, so ist dieses zu Lasten der Arbeitnehmerin/des Arbeitnehmers den Lohnsteuerrichtlinien entsprechend zu versteuern.

(3) Direktversicherungen

Direktversicherungen werden nur gegen Aufrechnung auf das Gehalt/Lohn bearbeitet. Die pauschale Lohn- und Kirchensteuer hat die Arbeitnehmerin/der Arbeitnehmer zu tragen.

(4) Fahrgeld bei Lehrgängen

a) bei Angestellten und Arbeitern

Angestellten und Arbeitern wird in der Regel ein Firmenfahrzeug zur Verfügung gestellt. Kann dies aus betrieblichen Gründen nicht erfolgen, so sind pro gefahrenem km 0,21 EUR steuerfrei für das Privatfahrzeug auszuzahlen.

b) bei Auszubildenden

Bei Auszubildenden, die an überbetrieblichen Lehrgängen teilnehmen, sind die Fahrtkosten in der jeweils für das Unternehmen günstigsten Form (Bus, Pkw) zu übernehmen. Es muss sich hierbei um Lehrgänge handeln, die für das Ausbildungsverhältnis zwingend notwendig sind.

Bezahlt wird nur eine Hinfahrt und eine Rückfahrt pro Woche, da die Auszubildenden dort übernachten können, es sei denn, in der Woche ist die Berufsschule zu besuchen.

(5) Nebentätigkeit

Nebentätigkeiten dürfen nur nach vorheriger Rücksprache mit der Geschäftsleitung übernommen werden.

(6) Schwerbehinderte

Jede Arbeitnehmerin/Jeder Arbeitnehmer ist verpflichtet, den Schwerbehindertenausweis (falls vorhanden) vorzulegen und dem Arbeitgeber mitzuteilen, wenn sie/er einen Antrag auf Feststellung der Schwerbehinderteneigenschaft beim Versorgungsamt einreicht.

(7) Verpflegungsmehraufwendungen

Die Mitarbeiterinnen/Mitarbeiter erhalten pro Tag Fahrtätigkeit generell 8,50 EUR Spesen (bei Arbeiten auf dem Platz werden keine Spesen gezahlt), die nach den gesetzlichen Bestimmungen teilweise steuerfrei gezahlt werden.

Können die Mitarbeiterinnen/Mitarbeiter durch betriebliche Einteilungen nicht zu Hause übernachten, werden 25 EUR Spesen gezahlt, die nach den gesetzlichen Bestimmungen teilweise steuerfrei sind. Bei Zahlung der Übernachtungspauschale werden keine täglichen Spesenzahlungen mehr geleistet.

Wird den Beschäftigten ein Firmenfahrzeug zwecks Fahrten zur Baustelle zur Verfügung gestellt, so wird diesen Arbeitnehmerinnen/Arbeitnehmern die Fahrzeit bis zum Einsatzort nicht vergütet.

5. Muster: Werksparkplatz

Zwischen

der Firma ▪▪▪

und

dem Betriebsrat der Firma ▪▪▪

wird folgende Betriebsvereinbarung über einen Werksparkplatz geschlossen:

§ 1 Geltungsbereich

Diese Betriebsvereinbarung über einen Werksparkplatz betrifft die folgenden Parkflächen am Standort ▪▪▪.

§ 2 Parkplatzbenutzung

(1) Jede Mitarbeiterin/Jeder Mitarbeiter darf ihr/sein Fahrzeug auf dem in § 1 beschriebenen Parkplatz abstellen, um ihren/seinen Arbeitsplatz aufzusuchen. Ein Rechtsanspruch auf einen Parkplatz besteht jedoch nicht.

(2) Parken ist nur innerhalb der markierten Flächen erlaubt.

(3) Bei Schneefall und Eisglätte ist entsprechend den witterungsbedingten Möglichkeiten so zu parken, dass Behinderungen der Streufahrzeuge und der übrigen parkenden Fahrzeuge vermieden werden.

(4) Es ist nicht erlaubt, beim Straßenverkehrsamt abgemeldete Fahrzeuge auf dem Werksparkplatz abzustellen.

(5) Es ist nicht erlaubt, Wartungsarbeiten am Fahrzeug oder Autowäsche auf dem Werksparkplatz vorzunehmen.

§ 3 Besucher- und Sonderparkplätze

Besucher- und Sonderparkplätze dürfen nur von den dazu Berechtigten, insbesondere Kunden, benutzt werden.

§ 4 Verkehrsvorschriften

(1) Auf dem Werksparkplatz gelten die Vorschriften der Straßenverkehrsordnung, soweit in dieser Betriebsvereinbarung nichts Abweichendes geregelt ist.

(2) Auf dem Werksparkplatz gilt eine Höchstgeschwindigkeit von 30 km/h.

(3) Aus Parkfeldern ausfahrende Fahrzeuge sind wartepflichtig gegenüber dem fließenden Verkehr auf den Fahrstraßen.

§ 5 Haftung

Die Firma haftet nur für Schäden, die ihre beauftragten Personen bei Erfüllung ihrer Aufgaben vorsätzlich oder grob fahrlässig verursacht haben.

§ 6 Kontrollen durch den Werkschutz

(1) Der Werkschutz beaufsichtigt den Parkplatz durch unregelmäßige Kontrollgänge.

(2) Die Mitarbeiterinnen/Mitarbeiter verpflichten sich, bei der Benutzung des Werksparkplatzes den Anweisungen der Mitarbeiterinnen/Mitarbeiter des Werkschutzes Folge zu leisten.

§ 7 Verkehrsunfälle

Ereignet sich auf dem Werksparkplatz ein Verkehrsunfall, so gilt Folgendes:

(1) Bei Sachschäden ist eine Regelung unter den Beteiligten herbeizuführen. Auf Wunsch eines Beteiligten können Polizei oder Werkschutz hinzugezogen werden. Die Verständigung der Polizei erfolgt durch den Werkschutz.

(2) Wird bei einem Verkehrsunfall Firmeneigentum (Beleuchtungskörper, Hinweistafeln, Zaun etc.) beschädigt, hat die Mitarbeiterin/der Mitarbeiter unverzüglich den Werkschutz zu unterrichten.

(3) Entsteht durch einen Verkehrsunfall auf dem Parkplatz ein Personenschaden, ist unverzüglich der Werkschutz zu unterrichten, der die zuständigen Stellen (Krankenwagen, Polizei etc.) verständigt.

§ 8 Verstöße gegen die Betriebsvereinbarung

(1) Die Geschäftsleitung kann falsch parkende Fahrzeuge auf Kosten des Fahrers bzw. Halters sofort ohne weitere Unterrichtung abschleppen lassen, wenn durch falsches Parken Rettungswege versperrt oder andere Parkplatzbenutzer

behindert werden oder außerhalb der markierten Parkflächen, auf Fußgängerwegen oder auf Sperrflächen geparkt wird. Die Mitarbeiterinnen/Mitarbeiter erklären sich weiterhin damit einverstanden, dass auf ihre Kosten ihr Fahrzeug von der Geschäftsleitung ohne weitere Unterrichtung abgeschleppt werden darf, wenn es sich auf dem Besucher- oder Sonderparkplatz befindet.

(2) Die Betriebspartner vereinbaren, dass die Kosten des Abschleppens im Lohn- und Gehaltseinzugsverfahren einbehalten werden.

(3) Der Standort eines abgeschleppten Fahrzeugs kann beim Werkschutz erfragt werden.

(4) Die Einleitung arbeitsrechtlicher Schritte, die von Ermahnung, Abmahnung bis hin zur Kündigung im mehrfachen Wiederholungsfalle reichen können, bleibt von den Regelungen dieser Betriebsvereinbarung unberührt.

III. EDV und Telekommunikation[10]

1. Muster: Arbeit an Bildschirmgeräten

Zwischen

der Geschäftsführung der ▄▄▄

und

dem Gesamtbetriebsrat

wird folgende Betriebsvereinbarung zur Arbeit an Bildschirmgeräten geschlossen:

§ 1

Gegenstand dieser Betriebsvereinbarung ist die Einführung, jede Änderung und die Anwendung von Bildschirmgeräten.

§ 2

(1) Bildschirmgeräte sind Geräte, die in Verbindung mit computergestützten Informations- und Datenverarbeitungssystemen betrieben werden und der Datenerfassung, der Datenausgabe oder beiden Zwecken (Dialogverkehr) dienen, sowie Mikrofilmlesegeräte und ähnliche Geräte.

(2) Sofern in dieser Betriebsvereinbarung nichts anderes bestimmt ist, sind „Geräte" im Sinne dieser Betriebsvereinbarung die in Abs. 1 genannten Geräte.

§ 3

(1) Vor Aufnahme der Arbeit an einem Gerät muss für jeden/e Arbeitnehmer/in, der/die für die Arbeit an einem Gerät vorgesehen ist, eine augenärztliche Untersuchung durch einen Facharzt durchgeführt werden und die Unbedenklichkeit für die Arbeit an diesen Geräten bescheinigt werden (Tauglichkeitsuntersuchung). Auf Wunsch des/der Arbeitnehmers/in ist auch eine neurologische und/oder orthopädische Untersuchung zum gleichen Zwecke durchzuführen.

(2) In regelmäßigen Abständen von mindestens 12 Monaten sind die augenärztlichen Untersuchungen durch einen Facharzt bei den Arbeitnehmerinnen/Arbeitnehmern zu wiederholen (Kontrolluntersuchungen), die mindestens 30% ihrer durchschnittlichen Arbeitszeit an Geräten arbeiten. Der untersuchende Facharzt kann auch kürzere Abstände festlegen.

(3) Der Facharzt bescheinigt dem Arbeitgeber die Tatsache der Eignung oder Nichteignung. Die Weitergabe aller weiteren Untersuchungsergebnisse bedarf der ausdrücklichen Zustimmung des/der Arbeitnehmers/in.

(4) Die Untersuchungsergebnisse der Untersuchungen nach Abs. 1, 2 und 3 sind ausschlaggebend für die Beschäftigung oder die Weiterbeschäftigung an einem Gerät.

(5) Sofern bei einer ärztlichen Untersuchung festgestellt wurde, dass eine Beschäftigung an einem Gerät nicht möglich ist, darf dieses nicht zur Kündigung oder zur Verringerung der Eingruppierung führen.

---

10 Im Bereich der Datenverarbeitung existieren zahlreiche gesetzliche und von der Rechtsprechung gezogene Grenzen des Eingriffs in das Persönlichkeitsrecht des Arbeitnehmers/der Arbeitnehmerin (BDSG, Telekommunikationsgesetz, Teledienste und Teledienstedatenschutzgesetz). Die Wirksamkeit von Betriebsvereinbarungen, die die Verarbeitung personenbezogener Daten zum Inhalt haben, ist stets an den erwähnten gesetzlichen Regelungen zu messen. Verstöße gegen Datenschutzregelungen führen nicht nur zur Unwirksamkeit der Regelungen in Betriebsvereinbarungen, sie führen auch zu einem Beweisverwertungsverbot der gewonnenen Daten im Kündigungsschutzprozess des dieserhalb gekündigten Arbeitnehmers/der Arbeitnehmerin, siehe *Haußmann/Krets*, NZA 2005, 259.

(6) Sofern bei einer ärztlichen Untersuchung festgestellt wurde, dass eine Beschäftigung an einem Gerät nicht mehr möglich ist, muss dem/der Arbeitnehmer/in ein anderer gleichwertiger Arbeitsplatz bei gleicher Bezahlung in demselben Betrieb angeboten werden. Dem/der Arbeitnehmer/in darf deshalb nicht gekündigt werden.

(7) Ist die Beschäftigung oder die Weiterbeschäftigung aufgrund der Untersuchungsergebnisse nur mit Einschränkungen möglich, so sind Arbeitsplatz und Arbeitsbedingungen den medizinischen Erfordernissen anzupassen. Dabei eventuell notwendig werdende Umschulungsmaßnahmen sind während der Arbeitszeit durchzuführen. Nach Beendigung der Umschulungsmaßnahme hat der/die Arbeitnehmer/in Anspruch auf einen gleichwertigen Arbeitsplatz in demselben Betrieb. Zu den Maßnahmen, die aufgrund von Satz 1 zu treffen sind, hat der Betriebsrat ein Initiativrecht, für das die Voraussetzungen des § 87 Abs. 1 Nr. 7 BetrVG als erfüllt gelten.

(8) Für die Untersuchungen nach Abs. 1, 2 und 3 hat der/die Arbeitnehmer/in das Recht auf freie Arztwahl.

(9) Die Kosten der Untersuchungen nach Abs. 1, 2 und 3, etwaiger Hilfsmittel sowie der Umschulungsmaßnahmen nach Abs. 6 trägt die Firma in voller Höhe, soweit sie nicht von der zuständigen Krankenkasse übernommen werden. Bemessungsgrundlage für die Kostenübernahme für Hilfsmittel sind die beihilfefähigen Aufwendungen. Davon abweichend übernimmt die Geschäftsleitung bei Brillen für die beiden Gläser 100 EUR und für das Gestell 50 EUR. Von diesen Aufwendungen sind etwaige Krankenkassenzuschüsse abzuziehen.

(10) Die fachärztlichen Untersuchungen werden während der Arbeitszeit durchgeführt. Die Untersuchungsergebnisse gemäß Abs. 3 werden zur Personalakte genommen.

§ 4
(1) Werden durch die Einführung, Änderung oder Anwendung von Geräten Arbeitsplätze wegrationalisiert, so hat die Geschäftsleitung den davon betroffenen Arbeitnehmerinnen/Arbeitnehmern gleichwertige Arbeitsplätze in demselben Betrieb anzubieten. Dabei darf keine Verschlechterung des Entgelts für die betroffenen Arbeitnehmerinnen/Arbeitnehmer eintreten.

(2) Dem/der Arbeitnehmer/in darf nicht gekündigt werden, wenn durch die Einführung, Änderung oder Anwendung von Geräten Arbeitsplätze wegrationalisiert werden.

(3) Ist eine Weiterbeschäftigung auf dem bestehenden oder auf einem gleichwertigen Arbeitsplatz nicht oder nicht mehr möglich, ist dem/der Arbeitnehmer/in die Teilnahme an einer geeigneten Umschulungsmaßnahme anzubieten. Der/die Arbeitnehmer/in wirkt bei der Auswahl der Maßnahmen mit. Verweigert der/die Arbeitnehmer/in die Teilnahme an der Maßnahme, entfallen die Schutzvorschriften gemäß Abs. 1 und 2.

§ 5
Ist der/die Arbeitnehmer/in infolge seiner/ihrer Arbeit an einem Gerät in seiner/ihrer bisherigen Vergütungsgruppe nicht mehr voll leistungsfähig und kann er/sie deshalb nur in einer niedrigeren Vergütungsgruppe weiterbeschäftigt werden, gelten die Voraussetzungen des Tarifvertrages für eine Herabgruppierung als erfüllt.

§ 6
Arbeitnehmerinnen/Arbeitnehmer, die durch die Arbeit an einem Gerät berufsunfähig geworden sind, sind nach Wiederherstellung der Berufsfähigkeit auf Antrag in demselben Betrieb wiedereinzustellen, und zwar auf einem Arbeitsplatz, der dem vorherigen Arbeitsplatz gleichwertig ist.

§ 7
(1) Die Arbeitsbedingungen – insbesondere die Beschaffenheit und Gestaltung der Geräte sowie die Arbeitsumgebung – müssen ergonomisch, arbeitsphysikalisch und arbeitsmedizinisch so gestaltet werden, dass keine zusätzlichen Belastungen für die betroffenen Arbeitnehmerinnen/Arbeitnehmer auftreten. Die von der Bundesausführungsbehörde für Unfallversicherung herausgegebenen Sicherheitsregeln für Bildschirmarbeitsplätze im Bürobereich sind in ihrer jeweils gültigen Fassung Bestandteil dieser Vereinbarung und entsprechend anzuwenden.

(2) Die Arbeitsbedingungen an Geräten sind regelmäßig – mindestens einmal jährlich – zu überprüfen und ggf. zu ändern. Dabei sind neue und gesicherte Erkenntnisse, die zu einer Verbesserung der Arbeitsbedingungen an den Geräten beitragen, umgehend zu berücksichtigen.

(3) Zu den Maßnahmen, die aufgrund von Abs. 1 und 2 zu treffen sind, steht dem Betriebsrat ein Initiativrecht zu, für das die Voraussetzungen von § 87 Abs. 1 Nr. 7 BetrVG als erfüllt gelten.

§ 8
Die maschinelle Erfassung und Auswertung arbeitsplatzbezogener Daten zum Zwecke der Leistungsmessung, des Leistungsvergleichs, der Leistungskontrolle und/oder der Verhaltenskontrolle bei der Arbeit an Geräten ist unzulässig.

§ 9

(1) Bei der Einführung, Änderung oder Anwendung von Geräten sind einseitige und monotone Arbeitsplätze weitestgehend zu verhindern. Die Arbeitsbereiche sind so zu gestalten, dass Mischarbeitsplätze geschaffen werden. Bei der Gestaltung von Mischarbeitsplätzen ist die bisherige Qualifikation des/der Arbeitnehmers/in zu erhalten; im Übrigen gilt § 10.

(2) Die Einrichtung oder Veränderung des einzelnen Arbeitsplatzes ist – unter Wahrung der Rechte des Betriebsrats – mit dem/der am Arbeitsplatz tätigen Arbeitnehmer/in zu beraten.

(3) Arbeitnehmerinnen/Arbeitnehmer, denen Aufgaben an Geräten übertragen werden oder deren Aufgaben an Geräten geändert werden sollen, sind, falls erforderlich, durch eine qualifizierte Aus- bzw. Weiterbildung auf ihre zukünftige Arbeit rechtzeitig vorzubereiten. Die Aus- bzw. Weiterbildung erfolgt während der Arbeitszeit. Die Kosten trägt die Firma. Die §§ 96 bis 98 BetrVG sind anzuwenden.

§ 10

Werden durch die Einführung oder Änderung und/oder Anwendung der Geräte die bisherigen Arbeitsinhalte von Arbeitnehmerinnen/Arbeitnehmern ganz oder teilweise verändert, darf dies nicht zur Änderung der bisherigen Eingruppierung oder zur Kündigung führen, es sei denn, die veränderten Arbeitsinhalte entsprechen einer tariflich höher bewerteten Tätigkeit.

§ 11

(1) Bei Arbeit an Geräten muss zusätzlich zu tariflichen und gesetzlichen Regelungen bei einer ununterbrochenen Arbeitsdauer von je 60 Minuten eine zusätzliche bezahlte Erholungszeit von je 15 Minuten eingehalten werden. Eine Kumulierung der Erholungszeiten ist nicht möglich.

(2) Die Tätigkeit an Geräten darf in der Regel nicht mehr als vier Stunden täglich überschreiten. Die Arbeit an Geräten darf nicht zur Schichtarbeit führen.

§ 12

(1) Schwangere dürfen an Bildschirmgeräten nur mit ihrem Einverständnis beschäftigt werden. Schwangeren, die weiterhin an Bildschirmgeräten arbeiten wollen, muss ein strahlungsfreier Bildschirm zur Verfügung gestellt werden. Sobald die Schwangerschaft der Personalabteilung mitgeteilt worden ist, hat diese unverzüglich die Installation eines solchen Bildschirms zu veranlassen. Außerdem ist die Betroffene schriftlich auf die Arbeitszeit- und Pausenregelungen im § 11 hinzuweisen.

(2) Bei der Beschäftigung von Schwerbehinderten und Gleichgestellten i.S.d. SGB IX an Geräten sind die Vorschriften des SGB IX zu beachten.

§ 13

Bei Maßnahmen i.S.v. § 1 ist der zuständige Betriebsrat rechtzeitig und umfassend anhand von Unterlagen zu unterrichten, so dass dieser durch seine Vorschläge auf die Maßnahmen Einfluss nehmen kann. Die betroffenen Arbeitnehmerinnen/Arbeitnehmer werden ebenfalls rechtzeitig über die geplante Maßnahme unterrichtet und angehört. Ihnen wird die Gelegenheit zur Stellungnahme und für Vorschläge gegeben.

Sind die in § 14 genannten Punkte noch nicht in vollem Umfang darstellbar oder ergeben sich dazu spätere Änderungen, so wird darüber in den folgenden Planungsphasen weiter unterrichtet. Sonstige Rechte des Betriebsrats und der Arbeitnehmerinnen/Arbeitnehmer aus dem BetrVG bleiben unberührt.

§ 14

Die Unterrichtung gemäß § 13 wird insbesondere über Folgendes Auskunft geben:
- Ziele, Zwecke, Umfang, Vor- und Nachteile der Maßnahme;
- Auswirkungen auf Personalbedarf, mögliche Um- und Freisetzungen, Qualifikation, Leistung und Arbeitsintensität und Eingruppierung;
- Auswirkungen auf Arbeitsbedingungen (wie z.B. Arbeitsqualität, Arbeitsablauf und -organisation, Arbeitsplatzgestaltung, Arbeitsbelastung und -beanspruchung, Arbeitsumgebung, Arbeitszeit, Pausen);
- Veränderung von Aufgaben und Arbeitsplätzen;
- betroffene Arbeitnehmerinnen/Arbeitnehmer und Arbeitsbereiche;
- Vor- und Nachteile für Arbeitnehmerinnen/Arbeitnehmer.

§ 15

(1) Die Beteiligung des Betriebsrats richtet sich nach dem Betriebsverfassungsgesetz und den zwischen der Firma und dem Gesamtbetriebsrat getroffenen Vereinbarungen.

(2) Entstehen bei der Anwendung dieser Betriebsvereinbarung Meinungsverschiedenheiten zwischen der Geschäftsführung und dem Gesamtbetriebsrat/dem Betriebsrat und sind diese Meinungsverschiedenheiten nicht zu beheben, kann eine der genannten Stellen die Einigungsstelle anrufen. Der Spruch der Einigungsstelle ersetzt die Einigung zwischen Geschäftsführung und dem Gesamtbetriebsrat/dem Betriebsrat.

Diese Betriebsvereinbarung tritt am Tage der Unterzeichnung in Kraft. Sie kann mit einer Frist von drei Monaten zum Ende eines Kalendervierteljahres, erstmals zum ■■■, gekündigt werden.

2. Muster: E-Mail und Internet

Zwischen

der ■■■ GmbH, vertreten durch den Geschäftsführer ■■■

und

dem Betriebsrat der ■■■ GmbH, vertreten durch den Betriebsratsvorsitzenden ■■■

wird folgende Betriebsvereinbarung zu E-Mail und Internet geschlossen:

§ 1 Gegenstand

Gegenstand dieser Betriebsvereinbarung ist die Einführung von E-Mail und die Nutzung von Internet-Diensten durch die Beschäftigten der GmbH.

§ 2 Geltungsbereich

(1) Diese Betriebsvereinbarung gilt für alle Beschäftigten der GmbH.

(2) Die GmbH vereinbart bei Verträgen mit Dritten, dass diese Betriebsvereinbarung auch im Rahmen der Dienstleistung des Dritten für die GmbH eingehalten wird.

§ 3 Zweckbestimmung

(1) E-Mail dient der Kommunikation der Beschäftigten untereinander sowie mit externen Stellen.

(2) Die Nutzung der Internet-Dienste dient dem Zugriff auf weltweit verfügbare Informationen und Daten und dem Angebot firmenbezogener Informationen.

(3) Eine private Nutzung von E-Mail und Internet-Diensten während der Dienstzeiten ist untersagt.

(4) Die bei der Nutzung der E-Mail und der Internet-Dienste anfallenden personenbezogenen Daten (Protokoll- oder Verbindungsdaten) dürfen nicht zu einer Leistungs- und Verhaltenskontrolle verwendet werden. Personenbezogene Daten, die zur Sicherstellung eines ordnungsgemäßen Betriebs der E-Mail/Internet-Dienste erhoben und gespeichert werden, unterliegen der besonderen Zweckbestimmung nach § 31 Bundesdatenschutzgesetz (BDSG).

§ 4 Begriffe

(1) Personenbezogene Daten (Personaldaten) sind Einzelangaben über persönliche und sachliche Verhältnisse bestimmter oder bestimmbarer natürlicher Personen (Beschäftigte der GmbH).

(2) Im Übrigen gelten die Begriffsbestimmungen des BDSG.

§ 5 Netze

(1) Als Netz werden alle technischen Einrichtungen bezeichnet, die es ermöglichen, Daten zwischen zwei oder mehr Computern in Form von elektromagnetischen oder optischen Signalen zu senden, zu übertragen, zu vermitteln, zu empfangen, zu steuern oder zu kontrollieren.

(2) Die Einrichtungen des Netzes sind angemessen zu sichern, insbesondere Server, Router und ähnliche Netzeinrichtungen sind in Räumen aufzustellen, zu denen nur besonders Berechtigte Zugang haben. Die Verkabelung ist vor unberechtigten Zugriffen zu schützen. Angemessen ist die Sicherung (Satz 2), wenn der für die Schutzmaßnahmen zu erbringende technische und wirtschaftliche Aufwand verhältnismäßig zur Bedeutung der zu schützenden Daten und der zu sichernden Anlagen und dem Risiko ihrer Verletzlichkeit ist.

§ 6 E-Mail

(1) E-Mail-Server sind zentral aufgestellte Computer, die der Verteilung, Zwischenspeicherung und gegebenenfalls auch der Speicherung von E-Mail dienen. Klienten sind die Arbeitsplatzrechner der Beschäftigten, auf denen E-Mail erstellt, empfangen, gelesen und verarbeitet wird.

(2) E-Mail-Server sind so aufzustellen, dass Unberechtigte keinen Zugang haben. Auf den Servern sind E-Mails gegen unberechtigte Zugriffe besonders zu sichern.

(3) E-Mail darf nur auf den dafür vorgesehenen E-Mail-Servern zwischengespeichert und an die Empfänger verteilt und zugestellt werden.

(4) Eingehende E-Mail kann auf dem Arbeitsplatzcomputer des Empfängers, ausgehende auf dem des Absenders gespeichert werden.

(5) Die E-Mail-Server sind in Anlage 1 aufgeführt. Anlage 2 enthält die in der GmbH eingesetzte E-Mail-Software für E-Mail-Server und Klienten.

§ 7 Verwendung von E-Mail

(1) E-Mail wird zum Empfang und zur Versendung von elektronischer Post genutzt. Sie kann zur Weitergabe von Dateien und Vorgängen benutzt werden. Eine automatisierte Vorgangssteuerung mittels E-Mail wird hiermit nicht eingeführt. Eine derartige Vorgangssteuerung bedarf zur Einführung einer gesonderten Betriebsvereinbarung.

(2) Die GmbH kann zur Information der Beschäftigten ein „Schwarzes Brett" im E-Mail-System einrichten, um E-Mail an alle Beschäftigten zu versenden. E-Mail mit identischem Inhalt an alle Beschäftigten muss nicht verschlüsselt werden. Solange nicht alle Beschäftigten einen Arbeitsplatzrechner mit Zugriff auf E-Mail haben, werden sie auf herkömmliche Art (z.B. durch Aushänge oder Rundschreiben) informiert.

(3) Der Betriebsrat der GmbH erhält auf Wunsch die gleichen E-Mail-Möglichkeiten zur Information der Beschäftigten wie die Geschäftsleitung.

(4) Das Löschen von unerwünschter E-Mail (SPAM) geschieht nach vom Arbeitgeber zur Verfügung gestellten Regeln. Die Aktivierung dieser Regeln erfolgt durch den Beschäftigten.

§ 8 Verschlüsselung

(1) E-Mail mit vertraulichem Inhalt oder mit personenbezogenen Daten Dritter darf innerhalb der GmbH sowie an externe Stellen nur verschlüsselt versendet werden. Nachrichten mit Inhalten nach Satz 1 dürfen an externe Stellen nicht per E-Mail übermittelt werden, soweit diese nicht in der Lage sind, verschlüsselte E-Mail zu lesen.

(2) Das E-Mail-System muss ermöglichen, ausgehende E-Mail mit dem öffentlichen Schlüssel des Empfängers zu verschlüsseln. Das Format der ausgehenden verschlüsselten E-Mail soll einem offenen Standard für verschlüsselte E-Mail genügen.

(3) Zur Verschlüsselung der E-Mail stellt der Arbeitgeber ein Public-Key-Verschlüsselungsschema zur Verfügung. Jeder Beschäftigte erhält einen öffentlichen und einen geheimen Schlüssel. Öffentliche Schlüssel werden allgemein zugänglich gemacht und in geeigneter Weise vor Manipulationen gesichert (zertifiziert). Der geheime Schlüssel eines Beschäftigten wird ihm geschützt übergeben, so dass Dritte von ihm keine Kenntnis erlangen können. Geheime Schlüssel dürfen nicht dupliziert und an keiner zentralen Stelle innerhalb der GmbH gespeichert werden.

(4) Schlüsselpaare nach Abs. 3 werden nach allgemein anerkannten Regeln generiert. Die zur Generierung der Schlüssel erforderlichen Daten werden nach der Schlüsselgenerierung unverzüglich gelöscht. Die technischen Einrichtungen orientieren sich am § 16 SigV (Verordnung zur digitalen Signatur); die geheimen Schlüssel werden bevorzugt auf Chipkarten gespeichert.

(5) Die GmbH ist berechtigt, die E-Mail-Adressen und die öffentlichen Schlüssel der Beschäftigten Dritten zugänglich zu machen. Die erforderliche Einwilligung im Sinne des BDSG wird auf den Anträgen zur Einrichtung eines E-Mail-Accounts eingeholt.

§ 9 Vertretungsregelung

(1) Das E-Mail-System muss über die Funktion Auto-Forward und Auto-Reply verfügen.

(2) Jeder Beschäftigte erhält zwei E-Mail-Adressen: eine funktionsbezogene (dienstliche) und eine namensbezogene (persönliche) Adresse. Eine funktionsbezogene E-Mail-Adresse kann sich auch auf eine Gruppe von Beschäftigten beziehen (z.B. auf eine Abteilung oder ein Referat). Die E-Mail an beide Adressen landet in derselben Mailbox. Für normale Dienstgeschäfte wird die funktionsbezogene E-Mail-Adresse benutzt.

a) Eine E-Mail an die funktionsbezogene Adresse wird bei Abwesenheit automatisch an den Stellvertreter weitergeleitet (Auto-Forward) oder der Absender wird automatisch über die Abwesenheit informiert (Auto-Reply). Vor vorhersehbarer Abwesenheit (z.B. Urlaub, Dienstreise) wird dieser Automatismus durch den Beschäftigten in Absprache mit dem

Stellvertreter aktiviert. Bei unvorhersehbarer Abwesenheit (z.B. Krankheit) kann das Verfahren für diese funktionsbezogene Adresse durch den Postmaster (§ 11) auf Veranlassung des Vorgesetzten und in Absprache mit dem Stellvertreter aktiviert werden. Der Zeitpunkt ist schriftlich festzuhalten und dem Beschäftigten nach Rückkehr mitzuteilen.

b) Eine E-Mail an die namensbezogene Adresse wird grundsätzlich nicht weitergeleitet. Jeder Beschäftigte kann die Absender automatisch über seine Abwesenheit informieren (Auto-Reply).

§ 10 Posteingangsbuch

(1) Die GmbH führt ein elektronisches Posteingangsbuch. Dabei werden alle von außen eingehenden E-Mails an funktionsbezogene Adressen gemäß § 9 Abs. 2 mit Absender, Empfänger, E-Mail-ID, Datum und Uhrzeit in einer Log-Datei gespeichert.

(2) In E-Mail-Systemen kann man sich mittels der Optionen „die E-Mail ist auf dem Zielrechner angekommen" (Zustellungsbestätigung) oder „der Empfänger hat die E-Mail gelesen" (Lesebestätigung) davon überzeugen, ob eine Nachricht angekommen ist. Diese Optionen dürfen nicht zur Verhaltens- oder Leistungskontrolle von Beschäftigten verwendet werden. Im E-Mail-System wird standardmäßig keine Lesebestätigung angegeben. Von Beschäftigten darf nicht verlangt werden, die Lesebestätigung zu aktivieren.

§ 11 Postmaster

Für die Verwaltung des E-Mail-Systems sind sog. Postmaster zuständig. Sie müssen mit den Bestimmungen des Fernmeldegeheimnisses im TKG und den Vorschriften des BDSG vertraut sein und sie sind auf das Datengeheimnis gemäß § 5 BDSG zu verpflichten. Über alle Informationen, die sie durch ihre Tätigkeit erhalten, haben sie Stillschweigen zu bewahren. Dies gilt insbesondere auch für die unbeabsichtigte Kenntnisnahme von E-Mails dienstlichen oder persönlichen Inhalts.

§ 12 Zugriffsrechte und Passworte

(1) Jeder Benutzer des E-Mail-Systems erhält eine Zugriffsberechtigung (Passwort) und einen eigenen Datenbereich (Mailbox).

(2) Passworte bestehen aus mindestens sechs Zeichen, davon mindestens ein Sonderzeichen; damit sind alle Wörter ausgeschlossen, die im Duden stehen. Benutzer müssen ihre Passworte sorgfältig auswählen und geheim halten. Es ist untersagt, Passworte an andere weiterzugeben.

(3) Ohne Kenntnis und Zustimmung der Beschäftigten dürfen Dritte keine Einsicht in die E-Mail eines Beschäftigten nehmen. Kenntnis und Zustimmung werden unterstellt, wenn E-Mail in Bereiche weitergeleitet wird, die für Dritte zugänglich sind.

(4) Soweit die E-Mail dienstliche Inhalte betrifft, kann der Vorgesetzte verlangen, dass der Beschäftigte die E-Mail für ihn ausdruckt.

§ 13 Archivierung

(1) Soweit zu Dokumentationszwecken erforderlich, werden ein- und ausgehende E-Mails ausgedruckt und wie Schriftstücke aufbewahrt. Die zugrunde liegenden Dateien werden im Rahmen der normalen Datensicherung gesichert (Anlage zu § 9 BDSG) und nicht archiviert.

(2) Dienstliche E-Mail, die verschlüsselt empfangen und zu Nachweiszwecken noch benötigt wird, ist auszudrucken und zu den Akten zu nehmen.

§ 14 Internet-Dienste

(1) Alle Beschäftigten, die Zugang zum Internet haben, können die in der Anlage 3 aufgeführten Internet-Dienste dienstlich nutzen. Bei deren Nutzung sind die in Anlage 4 enthaltenen Vorschriften und Regeln zu beachten.

(2) Soweit zum effektiven Zugriff auf das Internet Proxy- oder Cache-Server installiert werden, werden die Log-Dateien nur anonymisiert geschrieben.

(3) Eine personenbezogene Kontrolle der Internet-Nutzung findet nur beim konkreten Verdacht der missbräuchlichen Benutzung statt. Die anfallenden Protokolldaten werden nur zur Klärung des konkreten Verdachts ausgewertet. Der Betriebsrat ist zu beteiligen.

(4) Eine Auswertung der Nutzungsinformationen des www-Browsers auf der lokalen Festplatte eines Benutzers ist nur unter sinngemäßer Anwendung des Abs. 3 zulässig.

(5) Der Arbeitgeber ist berechtigt, den Zugriff auf offensichtlich dienstlich nicht erforderliche Inhalte zu sperren.

§ 15 Information der Beschäftigten

Die Beschäftigten sind über die besonderen Probleme der E-Mail und der Internet-Dienste zu unterrichten. Insbesondere ist auf Folgendes hinzuweisen:

a) gesetzliche Regelungen zum Fernmeldegeheimnis,
b) Anwendung der Datenschutzvorschriften (BDSG),
c) Zugänglichkeit unverschlüsselter E-Mail bei Transport im Netz,
d) Probleme der Archivierung,
e) dienstliche (arbeitsrechtliche), gesetzliche und ethische Grundsätze und Vorschriften bei der Nutzung von Internet-Diensten.

§ 16 Kontrolle der Betriebsvereinbarung
(1) Der Betriebsrat hat das Recht, die Einhaltung dieser Betriebsvereinbarung zu überprüfen.

(2) Der Betriebsrat kann zur Durchführung seiner aus dieser Betriebsvereinbarung resultierenden Aufgaben nach Abstimmung mit der GmbH Sachverständige seiner Wahl hinzuziehen; die notwendigen Kosten trägt die GmbH.

§ 17 Verstöße
(1) Der Datenschutzbeauftragte, der Arbeitgeber und der Betriebsrat sind unverzüglich über Missbrauch und Missbrauchsversuche des E-Mail-Systems zu informieren. Alle Beschäftigten haben das Recht, vermutete oder tatsächliche Verstöße den Genannten vorzutragen. Das Beschwerderecht der Beschäftigten gemäß §§ 84 und 85 BetrVG bleibt hiervon unberührt.

(2) Personenbezogene Daten, die entgegen dieser Betriebsvereinbarung erfasst oder gespeichert werden, dürfen nicht verwendet werden. Personelle Maßnahmen, die auf Informationen beruhen, die unter Verstoß gegen die Zweckbestimmung gemäß § 3 gewonnen wurden, sind unwirksam. Der unberechtigte Zugriff auf personenbezogene Daten hat arbeitsrechtliche Konsequenzen.

§ 18 In-Kraft-Treten
Diese Betriebsvereinbarung tritt mit ihrer Unterzeichnung in Kraft. Sie kann mit einer Frist von drei Monaten zum Ende eines Kalenderjahres gekündigt werden. Bis zum Abschluss einer neuen Betriebsvereinbarung gilt die vorliegende Vereinbarung weiter.

Anlage Betriebsvereinbarung: Code of Conduct
Unzulässig ist jede Internetnutzung, die geeignet erscheint, den Interessen der GmbH oder deren Ansehen in der Öffentlichkeit zu schaden, oder die gegen geltende Gesetze oder Verordnungen verstößt, z.B.

- das Abrufen oder Anbieten von Inhalten, die gegen datenschutzrechtliche, persönlichkeitsrechtliche, urheberrechtliche oder strafrechtliche Bestimmungen verstoßen,
- das Abrufen oder Anbieten von weltanschaulicher, politischer oder kommerzieller Werbung,
- das Abrufen oder Anbieten von beleidigenden, verleumderischen, verfassungsfeindlichen, rassistischen, sexistischen oder pornographischen Äußerungen oder Abbildungen.

Anbieten heißt: verbreiten über das Internet oder das Einstellen in Newsgruppen oder Diskussionsforen in einer Art, dass die Firmenzugehörigkeit erkennbar ist (z.B. durch die E-Mail-Adresse des Absenders) oder unter Verwendung von EDV-Anlagen der GmbH. Abrufen heißt: auf im Netz vorhandene Informationen mit EDV-Anlagen der GmbH zugreifen.

3. Muster: Beteiligung des Betriebsrats vor Einführung neuer DV-Systeme

Zwischen

dem Vorstand der

und

dem Gesamtbetriebsrat der ■■■

wird folgende Betriebsvereinbarung über die Beteiligung des Betriebsrats vor Einführung neuer DV-Systeme geschlossen:

§ 1 Ist-Analyse
Findet beim Arbeitgeber bzw. bei einem von ihm beauftragten Dritten durch Projektantrag einer Abteilung bzw. durch eigene Aufgabenstellung eine Untersuchung eines gegebenen Zustandes (Ist-Analyse) mit dem Ziel statt, diesen Zustand durch Einführung neuer und/oder wesentlicher Änderung/Erweiterung vorhandener Hard- und/oder Software zu verändern (Projekt), so ist der Gesamtbetriebsrat vorher darüber zu unterrichten (s. Anlage 1).

§ 2 Unterrichtung und Prüfung des Mitbestimmungsrechts

Nach Abschluss der Problemanalyse (Ermittlung von Lösungsansätzen für den zu erreichenden Sollzustand) wird der Gesamtbetriebsrat anhand der vorhandenen Unterlagen unterrichtet. Der Arbeitgeber prüft, ob bei Verwirklichung des Projekts ein Mitbestimmungsrecht des Gesamtbetriebsrats gegeben ist. Das Ergebnis der Prüfung wird dem Gesamtbetriebsrat mitgeteilt. Bei Meinungsstreit setzt das Verfahren gemäß § 5 ein.

§ 3 Soll-Konzeption

Die Soll-Konzeption über den Einsatz von neuer bzw. wesentlich geänderter vorhandener Hard- und/oder Software wird mit dem Gesamtbetriebsrat beraten, bevor diese Konzeption vom Arbeitgeber endgültig schriftlich festgelegt wird. Hierzu wird dem Gesamtbetriebsrat die Konzeption präsentiert. Die Präsentation kann durch formlose Besprechung oder in gemeinsamer Sitzung erfolgen. Dazu sind dem Gesamtbetriebsrat die vorhandenen Unterlagen vorzulegen (s. Anlage 2).

§ 4 Test

Ist nach der dv-technischen Fertigstellung des Projekts eine Testphase erforderlich, so teilt der Arbeitgeber dem Gesamtbetriebsrat dies vorher mit. Ein Test im Sinne dieser Vereinbarung liegt nur vor, wenn der Beginn der Phase vom Arbeitgeber ausdrücklich als Test deklariert worden ist und der Gesamtbetriebsrat zugestimmt hat.

Der Test gilt nach sechs Monaten ab Deklarierung als beendet, sofern nichts anderes schriftlich zwischen den Betriebspartnern vereinbart worden ist.

§ 5 Feststellung des Mitbestimmungsrechts

Nach Abschluss der Testphase, über deren Ergebnis der Gesamtbetriebsrat unterrichtet wird, bzw. vor Einführung des Projektes findet zwischen den Betriebspartnern die endgültige Klärung über das Bestehen eines Mitbestimmungsrechts statt.

Besteht Einvernehmen über das Mitbestimmungsrecht, wird dessen Inhalt und Umfang bestimmt.

Besteht Streit über das Bestehen bzw. den Inhalt und Umfang des Mitbestimmungsrechts, ist über die strittigen Fragen mit dem ernsten Willen zur Einigung zu verhandeln und sind Vorschläge für die Beilegung der Meinungsverschiedenheiten zu machen. Kommt keine Einigung zustande, so entscheidet die ständige Einigungsstelle.

§ 6 Zulässigkeit der Einführung

Die Einführung neuer bzw. wesentlich geänderter vorhandener Hard- und/oder Software ist erst zulässig, wenn die Voraussetzungen gemäß § 5 erfüllt sind, es sei denn, der Gesamtbetriebsrat stimmt der Einführung schriftlich zu.

§ 7 Schlussbestimmung

Die Betriebsvereinbarung tritt am Tage ihrer Unterzeichnung in Kraft. Sie kann von beiden Seiten mit 6-monatiger Frist zum Ende eines Kalenderjahres, jedoch frühestens zum ▬▬▬, gekündigt werden. In diesem Falle wirkt sie bis zum Abschluss einer neuen Betriebsvereinbarung nach. Eine einvernehmliche Beendigung ist jederzeit möglich.

Anlage 1

Die Unterrichtung ist anhand des Projektantrages oder anderer gleichwertiger Unterlagen, aus denen sich insbesondere

- die Zielbestimmung
- die betroffenen Arbeitnehmer
- die grobe Zeitbedarfsschätzung
- der Beginn und Form der Erhebung

der Untersuchung ergeben, vorzunehmen.

Anlage 2

Die Informationen müssen erkennen lassen, welche arbeitstechnischen, organisatorischen und personellen Veränderungen beabsichtigt sind und wie geplant ist, sie durchzuführen.

Sie müssen enthalten:

- Auftragsbeschreibung (Ausgangssituation, Problemstellung, Zielsetzung etc.)
- Kosten-/Nutzenanalyse (Ermittlung der Wirtschaftlichkeit)
- Zusammenhänge mit anderen Aufträgen
- Benutzung/Verwendung personenbezogener Daten von Arbeitnehmerninnen/Arbeitnehmer
- Aussagen über die Auswirkungen auf

- die Arbeitsplätze
- die Arbeitsinhalte
- die Arbeitsqualifikationen
- die Arbeitsabläufe und
- die Arbeitsplatzgestaltung
- Darstellung der Vor- und Nachteile/Alternativkonzepte
- EDV-Sachlogisches Konzept
- Sachmitteleinsatz
- Aussagen über Softwareergonomie und Arbeitsgestaltung
- Nennung der sämtl. betroffenen Abteilungen und Arbeitsplätze
- Realisierungszeitplan/Prioritätenvergabe

4. Muster: Einführung, Einsatz und Weiterentwicklung von DV-/IT-Systemen

Zwischen

der Firma ▬▬▬, vertreten durch die Geschäftsleitung

– nachstehend: Unternehmen –

und

dem Betriebsrat der Firma ▬▬▬

– nachstehend: Betriebsrat –

wird folgende Betriebsvereinbarung über die Einführung, den Einsatz und die Weiterentwicklung von DV-/IT-Systemen geschlossen:

Präambel

(1) Das Unternehmen und der Betriebsrat legen mit dieser Betriebsvereinbarung Rahmenbedingungen für den Einsatz von DV-/IT-Systemen mit dem Ziel fest, die Persönlichkeitsrechte der Mitarbeiterinnen und Mitarbeiter unter Beachtung aller maßgeblichen Bestimmungen zu sichern und eine soziale Kommunikation bei weit reichender technischer Unterstützung sicherzustellen. Auf der Grundlage gegenseitigen Vertrauens werden damit betriebliche Regeln entwickelt, die den Interessen beider Seiten gerecht werden. Vor dem Hintergrund des Bundesdatenschutzgesetzes und des Betriebsverfassungsgesetzes sowie der EU-Richtlinien und weiterer Gesundheits- und Arbeitsschutzbestimmungen wird folgende Vereinbarung geschlossen.

(2) Die einschlägigen Regelungen der „Tarifverträge für ▬▬▬" gelten auch für diese Betriebsvereinbarung.

§ 1 Begriffsbestimmungen

(1) Personenbezogene und/oder personenbeziehbare Daten sind Einzelangaben über persönliche oder sachliche Verhältnisse einer bestimmten oder (auch mit Zusatzwissen) bestimmbaren Person i.S.d. § 3 Abs. 1 BDSG.

(2) Verarbeiten ist das Speichern, Verändern, Übermitteln, Sperren und Löschen personenbezogener und/oder personenbeziehbarer Daten i.S.d. § 3 Abs. 5 BDSG.

(3) Systemfunktionen sind Programme und Programmteile, Auswertungen, Datenfelder, Verarbeitungsanweisungen, Listings u.Ä. Systemfunktionen schließen Dateninhalte nicht unbedingt mit ein.

(4) Informations- und Techniksysteme (IT-Systeme) sind Hard- und Software incl. sämtlicher Peripheriegeräte, digitale Nebenstellenanlagen, Netze.

(5) Projekt ist ein Vorhaben, das durch die Einmaligkeit der Bedingungen in ihrer Gesamtheit, durch eine Zielvorgabe, die Begrenzung zeitlicher, personeller oder anderer Art, Abgrenzung gegenüber anderen Vorhaben und eine projektspezifische Organisation gekennzeichnet ist.

(6) Projektmitglieder sind die einem Projekt zugeordneten Mitarbeiterinnen und Mitarbeiter, die nicht mit der Projektleitung oder -koordination oder deren Stellvertretung beauftragt sind.

§ 2 Grundsätze

(1) Es gilt der Grundsatz der persönlichen und der nicht-maschinellen Kommunikation.

(2) DV-/IT-Systeme dürfen weder zu disziplinarischen Maßnahmen noch zu Anweisungen genutzt werden, die Auswirkungen auf Arbeitsplatz, -zeit und -organisation haben.

(3) Termin- und andere Vereinbarungen gelten nur dann als getroffen, wenn sie von den beteiligten Seiten jeweils bestätigt sind.

(4) Workflow-Systeme sind so zu organisieren, dass jede Mitarbeiterin/jeder Mitarbeiter für sich die Reihenfolge des Dokumenten- oder Aufgabenflusses flexibel gestalten kann. Eine zeitliche Bindung zur Aufgabenerfüllung besteht nur, wenn sie von beiden Seiten bestätigt wurde.

(5) Jegliche automatisierte Verarbeitung von Daten ist nur im Rahmen der jeweiligen Zweckbestimmung und der gesetzlichen Bestimmung zulässig.

(6) Nachteile aufgrund des Einsatzes von DV-/IT-Systemen, v. a. Kündigungen, Herabgruppierungen, Qualifikations- und Kompetenzeinbußen, sind ausgeschlossen.

§ 3 Geltungsbereich

(1) Sachlicher Geltungsbereich

Die Betriebsvereinbarung gilt für die Verarbeitung von personenbezogenen und/oder personenbeziehbaren Daten unabhängig davon, in welchen Systemen diese Daten gespeichert sind und ob die Verarbeitung in standardisierter oder individueller Form erfolgt. Sie gilt nicht für Personalinformations- und -verwaltungssysteme. Für diese sind gesonderte Betriebsvereinbarungen abzuschließen.

(2) Persönlicher Geltungsbereich

Die Betriebsvereinbarung erstreckt sich auf alle Mitarbeiterinnen und Mitarbeiter des Unternehmens, mit Ausnahme der leitenden Angestellten gemäß § 5 Abs. 3 BetrVG. Diese dürfen nicht gegen die Betriebsvereinbarung verstoßen.

(3) Räumlicher Geltungsbereich

Die Betriebsvereinbarung gilt für alle Betriebsteile des Unternehmens. Sie gilt auch bei Telearbeit außerhalb der Geschäftsräume.

(4) Aufträge an Dritte dürfen dieser Vereinbarung nicht widersprechen. Verträge mit Dritten sind so zu gestalten, dass die Kontrollrechte des Betriebsrats auch gegenüber Dritten wahrgenommen werden können.

§ 4 Erprobung der DV-/IT-Systeme

(1) Beide Seiten sind sich darüber einig, neue DV-/IT-Systeme als Arbeitsmittel unterstützend für die betrieblichen Abläufe, ggf. zunächst in einer Erprobungsphase, einzusetzen. In dieser Phase sollen die Mitarbeiterinnen und Mitarbeiter nach einem abgestimmten Plan die Systeme nutzen können.

(2) Während der Erprobung findet durch einen projektspezifischen (alternativ: noch zu benennenden, paritätisch besetzten) Arbeitskreis unter Beteiligung von betroffenen Mitarbeiterinnen und Mitarbeitern eine begleitende Überprüfung der Einsatzauswirkungen statt mit dem Ziel, jederzeit steuernd eingreifen zu können. Der Betriebsrat hat ein Teilnahme- und umfassendes Informationsrecht. (Ein Eingreifen erfordert das konsensuelle Vorgehen beider Seiten.)

§ 5 Gestaltung

(1) Während der Erprobungsphase sind die Mitarbeiterinnen und Mitarbeiter aufgerufen, Hinweise für eine bessere Gestaltung an den projektspezifischen (alternativ: paritätischen) Arbeitskreis zu geben. Der projektspezifische (alternativ: paritätische) Arbeitskreis wird von sich aus eigene Untersuchungen über die Gestaltungsnotwendigkeiten durchführen. Insofern hat er die Einwilligung der Geschäftsleitung bzw. des zuständigen Geschäftsleitungsmitglieds.

(2) Ergeben sich durch den Einsatz des DV-/IT-Systems Hinweise auf Arbeitsbehinderungen durch die Arbeitsorganisation, entwickelt der projektspezifische (alternativ: paritätische) Arbeitskreis Maßnahmen zur Beseitigung dieser Hindernisse. Ein Umsetzungsrecht hat er nicht.

(3) Die Beteiligungsrechte des Betriebsrats bleiben davon unberührt.

§ 6 Einführungsmodalitäten

(1) Es werden nur die Systeme und Systemfunktionen verwandt, die dem Betriebsrat benannt wurden. Alle Aktivitäten bei der Einführung weiterer Systeme und Funktionen werden rechtzeitig im projektspezifischen (alternativ: paritätischen) Arbeitskreis geplant und diskutiert. Es gilt § 8.

(2) Es wird ein Forum (z.B. eine Diskussionsdatenbank) eingerichtet, in dem die Mitarbeiterinnen und Mitarbeiter ihre Erfahrungen, erkennbare Schwachstellen und Verbesserungsvorschläge einbringen können. Dieses Forum wird auch vom projektspezifischen (alternativ: paritätischen) Arbeitskreis zur Informationsgewinnung und zur Weitergabe von Hinweisen genutzt.

(3) Die Freischaltung von DV-/IT-Systemen am einzelnen Arbeitsplatz und damit die Berechtigung der Nutzung sollen erst nach beendeter Qualifizierung der Mitarbeiterin/des Mitarbeiters an diesem Platz geschehen.

(4) Es wird ein Verfahren festgelegt, wie neue und ausscheidende Mitarbeiterinnen und Mitarbeiter an die Systemadministratoren gemeldet werden.

(5) Einträge in Adressdatenbanken mit Ausnahme von dienstlichen Adressierungsmerkmalen (Abteilung, Telefon, Fax, E-Mail usw.) unterliegen der Autorenschaft der Eingetragenen.

§ 7 Verhaltensregeln

(1) Es wird eine Sammlung von Verhaltensregeln über die Form der Kommunikation für alle Teilnehmer erarbeitet (z.B. analog zur Nettikette im Internet).

(2) Projektmitglieder dürfen Informationen zu personenbezogenen und/oder personenbeziehbaren Daten, die sie im Rahmen ihrer Projektarbeit erhalten, nicht nach außerhalb ihres Arbeitsbereiches weitergeben.

(3) Im Rahmen des Projektmanagements erfasste personenbezogene und/oder personenbeziehbare Daten sind nur den mit der Projektsteuerung beauftragten Mitarbeiterinnen/Mitarbeitern zugänglich. Sie dürfen nur in anonymisierter und kumulierter Form weitergegeben werden.

(4) Die Systemadministratoren dürfen innerhalb ihrer Organisationseinheit alle die Maßnahmen selbständig ergreifen, die in Ihrem Aufgabenbereich zur Aufrechterhaltung des Systems notwendig sind. Sie dürfen jedoch betriebliche oder persönliche Informationen nicht nach außerhalb ihres Arbeitsbereiches weitergeben.

(5) Es ist den Systemadministratoren nicht erlaubt, personenbezogene und/oder personenbeziehbare Daten oder Dateien aus einem Berechtigungskreis in einen anderen zu übertragen. Dienstliche Anweisungen dieser Art sind nicht erlaubt und von der Systemadministration abzulehnen.

(6) Ausnahmen bedürfen der Vereinbarung. Maßnahmen, die zur Aufrechterhaltung des ordnungsgemäßen Betriebs von DV-/IT-Systemen unabdingbar sind (z.B. Störungsbeseitigung an Hard- und Software), können vorab durchgeführt werden. In diesen Fällen müssen die Beteiligungsrechte des Betriebsrats nachträglich gewahrt werden.

§ 8 Mitbestimmungsverfahren bei Einführung neuer bzw. Erweiterung bestehender Systeme

(1) Gegenstand

Die Einführung zusätzlicher Systeme, die Schaffung von Schnittstellen zu weiteren DV-/IT-Systemen, Zugriffsberechtigungskonzepte, die Verarbeitung und Auswertung personenbezogener und/oder personenbeziehbarer Daten, Qualifizierungskonzepte usw. sind mitbestimmungspflichtig. Die Änderung vorhandener Anwendungen unterliegt dann der Mitbestimmung, wenn personenbezogene und/oder personenbeziehbare Daten hinzukommen oder neue Auswertungen auf vorhandene personenbezogene und/oder personenbeziehbare Datenfelder vorgenommen werden. Bei einem Wechsel des Releases des DV-/IT-Systems ist der Betriebsrat vorher zu informieren. Falls mit dem Release-Wechsel neue Anwendungen eingeführt werden, ist das Mitbestimmungsverfahren im Sinne dieser Betriebsvereinbarung durchzuführen. Alle Maßnahmen, die auf Einführung, Ergänzung oder Änderung von DV-/IT-Systemen gerichtet sind, werden dem Betriebsrat so rechtzeitig bekannt gegeben, dass dieser Gestaltungsalternativen einbringen kann.

(2) Information

Der Informationsumfang erstreckt sich auf:

- Anwendungsziele und -zwecke, Planungsschritte sowie Einbindung des Systems in die DV-/IT-Strategie des Unternehmens
- Beschreibung der Einsatzfelder
- Beschreibung der technischen Komponenten und Programmunterlagen auf der Grundlage der Programmdokumentation
- Beschreibung der Auswirkungen auf die Mitarbeiterinnen und Mitarbeiter.

(3) Prüfung

Im Mitbestimmungsverfahren überprüft der Betriebsrat vorrangig die Sicherstellung der in § 10 genannten Sachverhalte. Verstößt das System oder Teile des Systems gegen gesetzliche, tarifvertragliche oder betriebliche Bestimmungen, widerspricht der Betriebsrat der Einführung.

(4) Dokumentation

Nach erfolgter Zustimmung werden im Einvernehmen mit dem Betriebsrat folgende Anlagen erstellt:

Systeme und Systemfunktionen werden in Anlage 1 (Softwareverzeichnis) mit folgenden Angaben beschrieben:

- Bezeichnung und Funktionsbeschreibung des Systems
- Rechnerbasis (HOST, LAN-Server, PC, ...)
- unternehmensweites System/lokales System

- Verarbeitung personenbezogenen Daten (ja/nein)
- Vereinbarungen zur Erprobungsphase (Dauer, Verfahren nach Ende der Erprobung, ▪▪▪).

In Anlage 2 (Hardware-Verzeichnis) werden alle relevanten Hardwarebestandteile und die Netzwerkstruktur aufgeführt.

Alle Auswertungen und Datenaggregationen personenbezogener und/oder personenbeziehbare Daten mit Hilfe von DV-/IT-Systemen, die Verknüpfung von Daten verschiedener Systeme und der Datenexport zur anderweitigen Verarbeitung von Daten werden incl. zugehöriger Vereinbarungen in Anlage 3 (Auswertungsverzeichnis) dokumentiert.

Zugriffsberechtigungskonzepte sind zu erstellen und in Anlage 4 (Berechtigungsverzeichnis) zu dokumentieren. Die Systemadministratoren sind namentlich zu benennen.

(5) Kontrolle

Der Betriebsrat hat das Recht, durch lesenden Zugriff auf alle Systemfunktionen jederzeit die Einhaltung dieser Betriebsvereinbarung zu kontrollieren und zu überprüfen. Mitarbeiterinnen und Mitarbeiter der Systemadministration/Anwendungsentwicklung sind dem Betriebsrat zu Auskünften über Systeminhalte und deren Anwendungen verpflichtet. Anfallende Protokolle können eingesehen werden und sind ggf. zu erläutern.

§ 9 Weitere Rechte des Betriebsrats

(1) Unbeschadet der gesetzlichen Mitbestimmung informiert das Unternehmen den Betriebsrat regelmäßig umfassend über die laufende DV-/IT-Planung.

(2) Der Betriebsrat hat im Rahmen der gesetzlichen Aufgaben das Recht, sich durch externe Sachverständige beraten zu lassen. Der Betriebsrat informiert darüber vorher die Geschäftsleitung. Die Kosten werden durch das Unternehmen getragen.

(1. Alternative: Der Betriebsrat hat im Rahmen der gesetzlichen Aufgaben das Recht, sich durch externe Sachverständige beraten zu lassen. Die Kosten bis zu einem Beratungsumfang von 20 Tagen p.a. gelten als genehmigt. Darüber hinaus gehender Beratungsbedarf erfordert nähere Vereinbarungen mit der Geschäftsleitung.)

(2. Alternative: Der Betriebsrat kann bei der Durchführung seiner Aufgaben nach näherer Vereinbarung mit der Geschäftsleitung Sachverständige hinzuziehen. Gibt das Unternehmen innerhalb einer Woche nach Antragstellung auf Kostenübernahme keine ablehnende Stellungnahme ab, so gilt der Antrag als genehmigt.)

(3) Der Betriebsrat hat das Recht, die Funktion „Nachricht an alle" zu nutzen. Auf Anforderung werden dem Betriebsrat Anwendungen zur Verfügung gestellt, wie z.B.:

- „elektronisches Schwarzes Brett" für Informationen an alle Mitarbeiterinnen und Mitarbeiter
- betriebsinterne Datenbank
- Diskussionsdatenbanken zur Kommunikation zwischen Mitarbeiterinnen, Mitarbeitern und Betriebsrat zu unterschiedlichen Themen
- zusätzliche Informationsdatenbanken zur Nutzung durch Betriebsräte und alle Mitarbeiterinnen und Mitarbeiter

§ 10 Leistungs- und Verhaltenskontrolle

(1) Eine automatisierte Verarbeitung von Daten zur Leistungs- und/oder Verhaltenskontrolle von Mitarbeiterinnen und Mitarbeitern ist unzulässig. Ausnahmen bedürfen der Vereinbarung.

(2) Im Rahmen des Projektmanagements erfasste Daten und durchgeführte Auswertungen dienen ausschließlich der Planung, Zeit- und Kostenkontrolle des Projekts.

(3) Bei Prüfungen, die aufgrund gesetzlicher oder tariflicher Vorschriften und Verordnungen erforderlich sind, wird der Betriebsrat unverzüglich von der entsprechenden Maßnahme in Kenntnis gesetzt. Der Betriebsrat erhält seitens der mit der Prüfung beauftragten Stelle alle erforderlichen Informationen über die beabsichtigte Prüfung und hat das Recht, daran teilzunehmen.

(4) Personelle Maßnahmen, die auf Informationen (auch zufälligen) beruhen, die unter Verletzung dieser Betriebsvereinbarung gewonnen wurden, sind unwirksam und rückgängig zu machen.

§ 11 Rechte der Mitarbeiterinnen und Mitarbeiter

(1) Die Mitarbeiterinnen und Mitarbeiter werden über den Inhalt dieser Betriebsvereinbarung informiert. Sie wird zusätzlich allgemein zugänglich abgelegt.

(2) Jede Mitarbeiterin/jeder Mitarbeiter erhält auf Wunsch einen kostenlosen Ausdruck aller über sie/ihn gespeicherten relevanten Daten in verständlicher Form.

Im Übrigen gelten die im Bundesdatenschutzgesetz geregelten „Rechte der Betroffenen" in der jeweils gültigen Fassung.

(3) Werden von Mitarbeiterinnen und Mitarbeitern gespeicherte Daten begründet beanstandet, so ist das Unternehmen unverzüglich zur Korrektur verpflichtet. Nachteile aufgrund falscher Daten entstehen den Mitarbeiterinnen und Mitarbeitern nicht bzw. sind entsprechend rückgängig zu machen.

§ 12 Datenschutz

(1) Jede Verarbeitung von schutzwürdigen personenbezogenen und/oder personenbeziehbaren Daten, auch der unberechtigte Zugriff, wird revisionssicher protokolliert.

(2) Die/der betriebliche Datenschutzbeauftragte erstellt eine Datenschutzkonzeption, in der die technischen und organisatorischen Maßnahmen zum Schutz der personenbezogenen und/oder personenbeziehbaren Daten berücksichtigt sind. Der Betriebsrat ist zu informieren.

(3) Die/der Datenschutzbeauftragte legt dem Betriebsrat und der Geschäftsleitung jährlich einen Bericht vor, in dem die datenschutzrechtlichen Aspekte berücksichtigt sind.

(4) Das Unternehmen verarbeitet innerhalb von DV-/IT-Systemen Personaldaten nur, soweit dies aufgrund gesetzlicher oder tarifvertraglicher Vorschriften oder von Adressierungen erforderlich ist.

(5) Personaldaten, für die der Speicherzweck entfallen ist, werden sofort physikalisch gelöscht.

(6) Personaldaten, die nur für statistische Zwecke benötigt werden, sind unverzüglich zu anonymisieren.

(7) Protokolldateien werden nach fünf Tagen überschrieben und damit auch physikalisch gelöscht. Ausnahmen bedürfen der Vereinbarung.

§ 13 Ergonomie und Grundsätze der Arbeitsplatzgestaltung

Einzelheiten werden in einer zu entwickelnden und abzuschließenden Betriebsvereinbarung Bildschirmarbeit geregelt. Dies gilt gleichermaßen für den Gesundheitsschutz und weitere Schutzregelungen.

§ 14 Qualifizierungsgrundsätze

(1) Vor der Einführung von DV-/IT-Systemen i.S.v. § 1 Abs. 4 ist mit dem Betriebsrat ein Qualifizierungskonzept abzustimmen. Hierin sind mindestens die Lernziele, Kerninhalte, Teilnehmer/Teilnehmerinnen, Termine und Ort der Bildungsmaßnahme enthalten. Das Qualifizierungskonzept enthält, abhängig von den Bedingungen des jeweiligen Systems, auch Anteile von ergonomischer Gestaltung und Grundsätzen des Datenschutzes in vernetzten Systemen.

(2) Vor dem Einsatz von Geräten und Anwendungen i.S.v. § 1 Abs. 4 sowie vor technischen und organisatorischen Änderungen beim Einsatz dieser Geräte und Anwendungen sind die betroffenen Mitarbeiterinnen und Mitarbeiter rechtzeitig und umfassend über die Arbeitsmethoden und über ihre Aufgaben zu unterrichten und zu qualifizieren.

(3) Neue Mitarbeiterinnen und Mitarbeiter werden entsprechend ihrer persönlichen Vorkenntnisse qualifiziert.

§ 15 Anlagen

Die Anlagen 1 bis 4 sind Bestandteil dieser Betriebsvereinbarung. Sie können einvernehmlich ergänzt oder verändert werden.

§ 16 Schlussbestimmungen

(1) Das Unternehmen und der Betriebsrat verpflichten sich, bei Streitigkeiten, die Auslegung und Anwendung dieser Betriebsvereinbarung betreffen, unverzüglich Verhandlungen mit dem Ziel einer einvernehmlichen Regelung aufzunehmen. Ist über einzelne Fragen kein Einvernehmen zu erzielen, so wird die Einigungsstelle angerufen. Bis zu einer Entscheidung durch die Einigungsstelle darf eine beabsichtigte Maßnahme nicht vorgenommen werden.

(2) Verstöße gegen diese Betriebsvereinbarung werden bei Erkennen umgehend abgestellt.

(3) Die Betriebsvereinbarung tritt mit ihrer Unterzeichnung in Kraft. Sie kann in beiderseitigem Einvernehmen ergänzt oder verändert werden.

(4) Die Zeit bis zum ▪▪▪ gilt als Erprobungsphase, während der die Betriebsvereinbarung mit einer Frist von drei Monaten zum Quartalsschluss schriftlich gekündigt werden kann. Danach kann sie mit einer Frist von sechs Monaten zum Jahresende ganz oder teilweise gekündigt werden. Die Kündigung hat schriftlich zu erfolgen. Bis zum Abschluss einer neuen Vereinbarung gelten die Regelungen dieser Vereinbarung weiter.

(5) Sofern dies nicht ausdrücklich schriftlich erklärt wird, wird durch diese Betriebsvereinbarung keine andere Betriebsvereinbarung abgelöst. Sollten sich daraus widersprüchliche Regelungen ergeben, so sind diese in einer angemessenen Frist zu regeln.

(6) Sollte eine Vorschrift dieser Vereinbarung nicht mit dem geltenden Recht im Einklang stehen und deshalb unwirksam sein, behalten die anderen Regelungen dieser Vereinbarung ihre Gültigkeit. Die unwirksame Regelung ist rechtskonform so auszulegen, dass sie dem beiderseitigen Wollen der Parteien entspricht.

Zwischen

der Firma ▪▪▪, vertreten durch die Geschäftsleitung

– nachstehend: Unternehmen –

und

dem Betriebsrat der Firma ▪▪▪

– nachstehend: Betriebsrat –

wird als

Anlage zur Betriebsvereinbarung DV/IT

folgende

Sicherheitsvereinbarung für die Benutzung des Internets

geschlossen. Sie gilt gleichzeitig als Arbeitsanweisung für die Benutzung des Internets.
Verteiler: alle Mitarbeiter

§ 1 Ziel und Zweck

Ziel und Zweck dieses Dokumentes ist es, allen (internen und externen) Mitarbeiterinnen und Mitarbeitern einen Leitfaden in die Hand zu geben, damit sie sich bei der Benutzung des Internets verantwortungsbewusst i.S.d. Unternehmens verhalten können. Bitte drucken Sie die Nutzungsvereinbarung im Anhang aus und senden Sie das Original unterschrieben zurück an Datenschutzbeauftrager Herr ▪▪▪, Raum ▪▪▪.

§ 2 Geltungsbereich

Diese Arbeitsanweisung gilt für alle Mitarbeiterinnen und Mitarbeiter des Unternehmens. Dazu gehören alle beschäftigte Personen (interne und externe), auszubildende Personen und Aushilfen, mit denen das Unternehmen Verträge zur Leistungserbringung vereinbart hat. Neue Versionen ersetzen die alten Versionen dieses Dokuments vollständig, sofern dies nicht anders ausgewiesen ist.

§ 3 Hintergrund der Sicherheitsmaßnahmen

Das Internet ist ein rasant wachsendes Kommunikationsnetz mit allen Vor- und Nachteilen eines offenen weltweiten Netzes. Nützliche wie auch unwichtige, sogar kriminelle Informationen sind verfügbar. Die erste Priorität der unternehmensweiten Sicherheit beim Internet hat zum Ziel, Mitarbeitern ein Höchstmaß an Transparenz für das Internet bei gleichzeitigem Schutz unternehmensinterner Systeme und Informationen zu bieten.

§ 4 Gefahrenpotential

Es ist wichtig, sich der Tatsache bewusst zu sein, dass

- das Internet auch von Personen benutzt wird, die nicht immer das Wohl des Unternehmens im Auge haben;
- alle über das Internet ausgetauschten Informationen von einer Vielzahl unbekannter Personen (Kriminelle, Spione, Saboteure, Geheimdienste etc.) gelesen und missbraucht werden können;
- die Computer-Viren, Computer-Würmer, Trojanische Pferde oder sonstige Schädlinge über das Internet unkontrolliert verbreitet und große materielle und immaterielle Schäden verursachen können.

§ 5 Sicherheitsmaßnahmen des Unternehmens

Ein Schutz vor den möglichen Gefahrenpotentialen in unserem Unternehmen kann nur dann gewährleistet werden, wenn alle betroffenen Mitarbeiterinnen und Mitarbeiter des Unternehmens mit PC-Arbeitsplätzen diese Arbeitsanweisung beachten und danach handeln.

Arbeitsanweisung

§ 1 Verantwortlichkeit für den Computer-Arbeitsplatz

Jeder Computer-Arbeitsplatz ist einem Benutzer bzw. einer Benutzergruppe zugeordnet. Für jeden Arbeitsplatz gibt es mindestens einen Verantwortlichen, in der Regel ist das der Besitzer. Der Besitzer ist für die Beachtung der Vorschriften und Arbeitsanweisungen des Unternehmens verantwortlich.

§ 2 Nutzung von zugelassener Hard- und Software

Jeder Computer-Arbeitsplatz darf grundsätzlich nur die vom Unternehmen zugelassene bzw. genehmigte Hard- und Software beinhalten. Diese sind alle offiziell erworbenen, lizenzierten, überlassenen bzw. selbstentwickelten Hard- und Softwareprodukte. Erweiterungen, die Fremdanschlüsse schaffen, sind genehmigungspflichtig (siehe Genehmigungen).

§ 3 Schutz vor unbefugtem Zugriff

Jede Mitarbeiterin/Jeder Mitarbeiter hat ihren/seinen Computer-Arbeitsplatz vor unbefugtem Zugriff zu schützen.

§ 4 Internet-Zulassung

Aufgrund der schnell verändernden Internet-Technologien muss jeder neue Dienst durch die Netzwerk-Betreiber auf Sicherheitsrelevanz überprüft werden, bevor er zum Einsatz kommt. Für die Internet-Zulassung muss der Benutzer die Internet-Nutzungsvereinbarung anerkennen. Es sind sinngemäß folgende Verpflichtungserklärungen abzugeben:

1. Der Benutzer handelt im Sinne und im Interesse des Unternehmens.
2. Die Benutzung steht grundsätzlich im Zusammenhang mit dem Aufgabenumfeld.
3. Der Benutzer ist sich über die Gefahren und Risiken im Internet bewusst.

§ 5 Berechtigung für Internet-Dienste

Zum Internet gehören verschiedene Internet-Dienste, z.B.:

- E-Mail
- WWW
- FTP
- News
- Telnet.

Der Benutzer ist nach Annerkennung der Internet-Nutzungsvereinbarung berechtigt, die zugelassenen Dienste entsprechend in Anspruch zunehmen.

§ 6 Speicherung von Internet-Zugriffen

(1) Jede Benutzeraktivität bzw. Transaktion im Internet wird gespeichert (protokolliert) und für eine bestimmte Zeitdauer aufbewahrt. Der Umfang der gespeicherten Daten wird in Anlage 3 der Betriebsvereinbarung DV/IT abschließend dokumentiert. Somit ist eine Nutzung, das Speichern/Herunterladen von Software, Dateien und Internet-Seiten nachweisbar. Dieses Logging-Verfahren ist notwendig, um potentielle Angriffe (Hacking, Spionage, Sabotage etc.) festzustellen und an die zuständigen Strafverfolgungsbehörden weiterleiten zu können (siehe Auswertung).

(2) Die Inhalte von E-Mails und Dateien sind von der Protokollierung unberührt.

(3) In einem Servicefall sind die zuständigen Stellen im Unternehmen berechtigt, den jeweiligen PC zu überprüfen und ggf. Änderungen vorzunehmen.

§ 7 Auswertung von Internet-Zugriffen

(1) Die gespeicherten Internet-Zugriffe (Protokolldaten) dürfen laut

- Bundesdatenschutzgesetz (§ 31) sowie
- Betriebsverfassungsgesetz (div. Mitbestimmungsrechte) und
- Betriebsvereinbarung über Einführung, Einsatz und Weiterentwicklung von DV-/IT-Systemen des Unternehmens

nicht zur Auswertung personenbezogener/personenbeziehbarer Daten verwendet werden.

(2) Im Hinblick auf die Wahrung der Interessen der Mitarbeiterinnen und Mitarbeiter und im Sinne des Datenschutzes werden folgende Maßnahmen ergriffen:

a) Zugriff auf gespeicherte Daten

Es wird gewährleistet, dass nur autorisierte Personen in begründeten Fällen die gespeicherten Daten einsehen und auswerten. Die Auswertung der gespeicherten Daten erfolgt unter Einbindung der EDV-Revision, des Betriebsrats und der Geschäftsleitung bzw. einer von ihr beauftragten Person. Über die Auswertung wird die/der betroffene Mitarbeiterin/Mitarbeiter informiert. Es wird ein ausführliches Protokoll über die Auswertung erstellt. Die/Der betroffene Mitarbeiterin/Mitarbeiter erhält eine Kopie dieses Protokolls.

b) Speicherungsdauer der Daten

Die gespeicherten Daten werden vor dem Zugriff nicht autorisierter Personen geschützt aufbewahrt. Die Aufbewahrungsdauer der Daten beträgt maximal 12 Monate. (Auswertungen sind jedoch nur in den ersten 90 Tagen nach Speicherung zulässig.) Sofern aufgrund allgemeiner Vorgaben (z.B. gesetzliche Auflagen) eine längere Aufbewahrungsfrist erforderlich wird, wird diese dem Betriebsrat rechtzeitig vorher unter Angabe der Gründe mitgeteilt. Nach Ablauf der Aufbewahrungsfrist werden die gespeicherten Daten i.S.d. Bundesdatenschutzgesetzes gelöscht.

c) Leistungs- und Verhaltenskontrolle

Eine Verhaltens- oder Leistungskontrolle der Mitarbeiterinnen und Mitarbeiter durch Auswertung der gespeicherten Daten erfolgt nicht (siehe auch § 10 der Betriebsvereinbarung über Einführung, Einsatz und Weiterentwicklung von DV-/IT-Systemen des Unternehmens).

§ 8 Maßnahmen bei Verstößen gegen die Arbeitsanweisung

(1) Die Zugangsberechtigung erlischt, wenn das Internet fahrlässig und unzulässig für solche Zwecke eingesetzt wird, die das Unternehmen materiell bzw. immateriell schädigen, und damit gegen diese Arbeitsanweisung verstoßen wird.

(2) Bei schweren Verstößen oder Missbrauchsfällen können neben dem Internet-Zulassungsentzug weitere disziplinäre und arbeitsrechtliche Maßnahmen eingeleitet werden.

(3) Zum schweren Verstoß gehört die grobe Fahrlässigkeit bzw. Missbrauch bezogen auf die Nutzung, die Speicherung und die Weitergabe der folgenden Daten:

- sittenwidrige, obszöne und respektlose Angebote
- menschenverachtende und rassistische Propagandadaten
- Sekten-Propaganda bzw. -Mitgliederwerbung jeder Art
- unbefugtes Software-Herunterladen für Privatzwecke, wenn dadurch grob fahrlässig Lizenzrechte verletzt werden.

§ 9 Kontrolle über die Einhaltung von Arbeitsanweisung

(1) Die EDV-Revision ist zuständig für die Überprüfung/Kontrolle der Einhaltung von Arbeitsanweisungen zum Thema Internet. Ansprechpartner bei Rückfragen:

Name: ■■■
Telefon: ■■■
Fax: ■■■
E-Mail: ■■■@■■■

(2) Definitionen der Begriffe

Autorisierte Personen

Die „autorisierten Personen" für die Auswertung im Sinne dieser Arbeitsanweisung sind die Internet-Systemadministratoren der Netzwerkbetreiber.

Auswertung

Eine Auswertung im Sinne dieser Arbeitsanweisung ist notwendig, sofern die gespeicherten Internet-Zugriffe zur Feststellung der potentiellen Angriffe (z.B. Hacking, Spionage, Sabotage) bzw. der schweren Verstöße gegen diese Arbeitsanweisung es erforderlich machen, grobe Fahrlässigkeit bzw. den Missbrauchsfall unter Einbindung der zuständigen EDV-Revision, des zuständigen Betriebsrats und der Geschäftsleitung bzw. einer von ihr beauftragten Person zu überprüfen bzw. nachzuweisen.

Besitzer

Besitzer eines Computer-Arbeitsplatzes ist in der Regel ein Mitarbeiter/eine Mitarbeiterin.

Computer-Arbeitsplatz

Computer-Arbeitsplätze sind Systeme im Sinne dieser Arbeitsanweisung, wenn sie in festen bzw. mobilen Arbeitsumgebungen Zugriff auf das Internet haben (PC, Notebook, Laptop, NC usw.).

Computer-Viren

Computer-Viren gehören zu den Programmen mit Schadensfunktionen. Ein Computer-Virus ist eine nicht selbständige Programmroutine, die sich selbst reproduziert und dadurch vom Anwender nicht kontrollierbare Manipulationen in Systembereichen, an anderen Programmen oder deren Umgebung vornimmt. Ein Virus infiziert andere Programme mit einer Kopie von sich selbst. Bösartige Viren beschädigen andere Programme oder Daten, löschen die Plattenverzeichnisstruktur oder richten andere Schäden an. Die verschiedenen Virentypen sind:

Programm-Viren: fügen sich bestehende Programmdateien auf Speichermedien ein und werden beim Aufruf des Wirtsprogramms ausgeführt.

System-Viren: befallen Systembereiche (Bootsektor, Master-Boot-Sektor, Partitionstabelle) von Disketten oder Festplatten.

Direct-Action-Viren: infizieren bei der Ausführung des infizierten Programms sofort weitere Programmdateien, führen sofort eine Schadensroutine aus und geben dann wieder die Kontrolle an das Gast-Programm ab.

Stealth-Viren: versuchen ihr Vorhandensein im System zu verbergen. Dazu überwachen sie die Systemaktivitäten und verschleiern ihre Existenz.

Polymorphe-Viren: verschlüsseln infizierte Programmteile, um zu verhindern, dass Antiviren-Programme die Virus-typischen Merkmale entdecken. Manche Viren verwenden eine Technik, heißt „Tunneling", um die Antiviren-Überwachungsprogramme zu umgehen.

Slow-Viren: führen erst nach einem längeren Zeitraum ihre Schadensroutine aus.

Makro-Viren: werden auf der Basis der in vielen Software-Produkten integrierten Makro-Sprachen entwickelt. Sie „klinken" sich z.B. in Formatvorlagen von Textverarbeitungssystemen (z.B. WinWord-Dokument) ein. Sie sind nicht in der Lage, ohne eine spezifische Makro-Ausführungumgebung zu laufen.

Computer-Würmer

Bei Computer-Würmern handelt es sich um Störprogramme, die sich selbständig in einem Computer-Netzwerk ausbreiten. Diese Störprogramme können sich reproduzieren und mit Hilfe von Netzwerkfunktionen sich selbst auf andere Computer kopieren. Die Programm-Kopien können sogar andere Funktionen übernehmen als das Ursprungsprogramm.

Datenträgermedium und -laufwerk

Datentragermedium ist das Speichermedium für die Daten und Programme (Festplatte, Floppy-, Diskette, PCMCIA, CD, Zip-Medium, Jaz-Medium, Streamer-Cassette, Magneto-Optische Platte usw.). Datenträgerlaufwerk ist das jeweilige Steuerungsinstrument des Datenträgers zum Lesen und Speichern von Daten und Programmen.

Firewall

Eine Firewall als zentraler Übergang zum Internet ist eine Kombination von Hardware- und Software-Komponenten, der eine sichere Verbindung zwischen dem Netzwerk des Unternehmens und Netzwerken erlaubt, die nicht unter der Kontrolle des Unternehmens sind. Die Systemkonfiguration und die Filterregeln müssen gewährleisten, dass nur die erlaubten Verbindungen zugelassen werden. Es gibt folgende Möglichkeiten der Filterung:

Packet-Filter: benutzen die Informationen z.B. Rechnernummer und Dienst.

Application-Gateway: benutzen die Informationen der Anwendungsschicht, um Verbindungen aufzubauen oder abzubauen.

Fremdanschlüsse

Möglichkeit, über definierte Kommunikationsschnittstellen (z.B. externe/interne Modems und ISDN-Geräte) externe DV-Einrichtungen (z.B. Rechnersysteme, Internet) zu erreichen bzw. von ihnen erreicht zu werden. Fremdanschlüsse sind alle nicht Primär- oder Sekundär-Datennetze zu den Benutzern des Unternehmens und Partnern des Kooperationsverbundes.

Genehmigungen

für Fremdanschlüsse: Firma ■■■, Beauftragter für die IT-Infrastruktur (Ansprechpartner).

Internet-Dienste

WWW (World Wide Web): Leicht bedienbare Anwenderprogramme, die den Zugriff auf Informationen mit Hilfe des Protokolls HTTP (HyperText Transfer Protocol) ermöglicht.

E-Mail (Electronic Mail): Ein Internet-Dienst zum Versenden und Empfangen von elektronischen Nachrichten.

FTP (File Transfer Protocol): Ein Internet-Dienst zur Übertragung von Dateien von und zu entfernten Rechnern.

News: Ein Internet-Dienst als Diskussionsforum zu verschiedenen Themen, an denen jeder Internet-Benutzer teilnehmen kann.

Telnet: Ein Internet-Dienst zum Einloggen und Arbeiten auf einem entfernten Rechner.

Modem und ISDN-Gerät

Modems (Modulator-Demodulator) und ISDN-Geräte (Integrated Services Digital Network) sind Datenübertragungsgeräte.

Protokollierung

Die Protokollierung im Sinne dieser Arbeitsanweisung liegt vor, sofern die Daten über die Internet-Zugriffe gespeichert und verwendet werden, um diese später auswerten zu können.

Trojanische Pferde

Trojanische Pferde sind Sabotage-Programme, die unter falschem Namen bzw. falscher Identität ins Computersystem gelangen. Der Name eines „Trojanischen Pferdes" suggeriert häufig eine nützliche Funktion oder ist sogar identisch mit dem Namen eines bekannten Software-Programms. Den wahren Charakter zeigen die Trojanischen Pferde bei der Ausführung, indem sie die zerstörerischen Funktionen ausführen.

Anlage: Internet-Nutzungsvereinbarung

(Vom Antragsteller auszufüllen)

Hiermit bestätige ich Erhalt und Kenntnisnahme der „Arbeitsanweisung für die Benutzung des Internets" der Firma ▪▪▪. Mir ist bewusst, dass bei Verstößen gegen diese Arbeitsanweisung Maßnahmen entsprechend dieser Arbeitsanweisung eingeleitet werden können.

Name: ▪▪▪

Personal-Nr: ▪▪▪

Firma: ▪▪▪

Abteilung: ▪▪▪

erklärt Folgendes:

1. Die Arbeitsanweisung für die Benutzung des Internets wird eingehalten.
2. Der Benutzer handelt im Sinne und Interesse des Unternehmens.
3. Die Internet-Benutzung steht grundsätzlich im Zusammenhang mit dem Aufgabenumfeld.
4. Der Benutzer ist sich über die Gefahren und Risiken im Internet bewusst.

▪▪▪

(Datum, Unterschrift Mitarbeiterin/Mitarbeiter)

5. Muster: Einsatz von SAP-HR-TIM

Zwischen

der Firma ▪▪▪

und

dem Betriebsrat der Firma ▪▪▪

wird folgende Betriebsvereinbarung über den Einsatz von SAP-HR-TIM geschlossen:

§ 1 Gegenstand

Gegenstand dieser Vereinbarung ist die Einführung und Nutzung des SAP-Anwendungssystems „HR-TIM". Diese Vereinbarung dient dem Schutz der Mitarbeiterinnen und Mitarbeiter vor missbräuchlicher Nutzung des Systems.

§ 2 Geltungsbereich

Diese Vereinbarung gilt für die Mitarbeiterinnen und Mitarbeiter des Standortes

 ▪▪▪

 ▪▪▪

sowie für die Mitarbeiterinnen und Mitarbeiter von im Rahmen der sozialen Einheit des Standortes noch hinzukommenden rechtlich selbständigen Unternehmen.

§ 3 Systemnutzung

Das System dient der

- Erfassung und Auswertung der An- und Abwesenheitszeiten
- Unterstützung der betrieblichen Personaldisposition und der administrativen Ablauforganisation
- Ermittlung von entgeltrelevanten Daten für die Verdienstabrechnung
- Durchführung der Gleitenden Arbeitszeit
- Führung von Ausgleichszeitkonten.

§ 4 Systembeschreibung

(1) Hardware

Sie besteht aus

- ▪▪▪
- ▪▪▪

(2) Software

Eingesetzt wird das dialog-orientierte SAP-Softwaresystem HR-TIM, Betriebssystem R 3, in realtime-Arbeitsweise sowie hardwarespezifische Software.

(3) Durchführung der Zeiterfassung

Die Mitarbeiterinnen und Mitarbeiter erhalten einen Werkausweis mit Induktiv-Codierung. Sie sind verpflichtet, beim Betreten und Verlassen des Werkes (außer Pausen) an dem für ihren Arbeitsplatz vorgesehenen INCA-Zeiterfassungsterminal die Kommt- oder Geht-Zeit zu registrieren. Die Ausweise sind pfleglich zu behandeln; bei leichtfertiger Beschädigung oder wiederholtem Verlust von Ausweisen kann die Mitarbeiterin/der Mitarbeiter für die Kosten der Neuerstellung in Anspruch genommen werden.

Die Zeitsalden der Ausgleichskonten A und B sowie der Gleitzeitsaldo können jeweils mit dem Stand des Vortages von der Mitarbeiterin/vom Mitarbeiter an den Zeiterfassungsterminals abgerufen werden; während der Nachtschichtwoche stehen die Zeitsalden des Vortages erst zum Schichtende zur Verfügung.

(4) Datenverarbeitung

Die über die INCA-Zeiterfassungsterminals registrierten Zeitbuchungen werden über das DEC-Rechnersystem an die Datenbank transferiert und stehen den Zugriffsberechtigten zur online-Abfrage zur Verfügung. Die vom Zeitbeauftragten durchgeführten online-Erfassungen der Abwesenheiten, der sonstigen nicht über die Zeitregistrierung erfassten Anwesenheiten sowie Schichtplanabweichungen und die Registrierung sonstiger entgeltrelevanter Daten laufen unmittelbar auf die Datenbank und sind für die Zugriffsberechtigten online verfügbar. Die abrechnungstechnische Bewertung (Ermittlung der datums- und uhrzeitabhängigen Zulagen und Zuschläge etc.) sowie die Zeitsaldenmitteilung erfolgt auf dem DEC-Rechnersystem in Nachtverarbeitung.

§ 5 Datenauswertung

Die Zeitdaten werden nur zu den unter Ziffer 3 genannten Zwecken ausgewertet. Die verarbeiteten Daten sowie die Bildschirmanzeigen und Druckerausgaben, soweit diese regelmäßig wiederkehrende Auswertungen betreffen, sind zu dokumentieren. Bei Ad-hoc-Auswertungen mit Personenbezug ist der Betriebsrat über den Zweck und Inhalt vorher zu informieren. Davon ausgenommen sind Bildschirmanzeigen und Auswertungen, die keinen Rückschluss auf einzelne Arbeitnehmer zulassen.

§ 6 Zugriffsrechte

Zugriffsrechte werden nur im Rahmen der jeweiligen Fachaufgaben und Zuständigkeiten eingeräumt. Die Namen der Zugriffsberechtigten sowie Art und Umfang der Zugriffsberechtigung sind in einem Verzeichnis zu erfassen.

§ 7 Schlüsselverzeichnis

Anlage 2 enthält die Angabe der verwendeten Schlüssel und deren Bedeutung im Klartext.

§ 8 Schnittstellenbeschreibung

Schnittstelle im Sinne dieser Vereinbarung ist jede Übermittlung von Daten an ein anderes System.

Die Anlage enthält ein Verzeichnis aller Daten, die an andere EDV-Systeme übergeben oder von anderen EDV-Systemen übernommen werden.

§ 9 Datenübermittlung

Eine Übermittlung personenbezogener Daten an Dritte i.S.d. Bundesdatenschutzgesetzes, die zu Aussagen über Leistung und Verhalten verwertet werden können, ist über gesetzlich geregelte Übermittlungen hinaus unzulässig. Der Datenschutzbeauftragte erstattet dem Betriebsrat im Rahmen einer Betriebsratssitzung jeweils im vierten Quartal des Kalenderjahres einen ausführlichen mündlichen Bericht über seine Erkenntnisse in Bezug auf das Zeiterfassungssystem.

§ 10 Kontrolle des Systems

Der Betriebsrat hat Anspruch, zur Überprüfung der Einhaltung dieser Betriebsvereinbarung
- die Systemdokumentation
- die verwendeten Tabellen und Schlüsselverzeichnisse

einzusehen und sich ggf. aushändigen zu lassen. Nach Maßgabe des § 80 Abs. 3 BetrVG kann der Betriebsrat einen Sachverständigen hinzuziehen. Der Betriebsrat ist vor jedem Releasewechsel zu unterrichten.

§ 11 Systemschulung

Die Zeitbeauftragten und sonstigen Anwender erhalten eine ausreichende Systemunterweisung sowie einen Leitfaden für die Erfassung der Zeitdaten. Darüber hinaus stehen die Mitarbeiter der Personalabteilung in Fragen der Systemanwendung als Ansprechpartner zur Verfügung.

Diese Betriebsvereinbarung tritt zum ▬▬▬ in Kraft. Sie kann beiderseits mit einer Frist von sechs Monaten zum Jahresende gekündigt werden.

6. Muster: Elektronische Kommunikationssysteme und informationstechnische Infrastruktur

Zwischen

der Firma ▬▬▬

und

dem Betriebsrat der Firma ▬▬▬

wird folgende Betriebsvereinbarung über Elektronische Kommunikationssysteme und informationstechnische Infrastruktur geschlossen:

§ 1 Gegenstand und Geltungsbereich

Diese Vereinbarung regelt die Grundsätze für Einsatz und Anwendung elektronischer Kommunikationssysteme sowie der informationstechnischen Infrastruktur bei der Firma ▬▬▬ und gilt für alle Beschäftigten, die mit solchen Systemen arbeiten.

Diese Vereinbarung umfasst im Einzelnen

- das E-Mail-System,
- den Zugang zum Internet und
- das konzerninterne Netz und dessen Verwaltung.

Spezielle Anwendungssysteme sowie der Einsatz der Telekommunikationsanlage sind nicht Gegenstand dieser Vereinbarung.

§ 2 Zielsetzung

(1) Ziel dieser Vereinbarung ist es, den Einsatz einer leistungsfähigen und zeitgemäßen Technik und die in absehbarer Zukunft erforderlichen Neuerungen offener informations- und kommunikationstechnischer Infrastruktur mit dem Schutz der Persönlichkeitsrechte für die betroffenen Mitarbeiterinnen und Mitarbeiter zu verbinden.

(2) Die zur Verfügung gestellten Dienste dienen der Information und Kommunikation im Interesse der Firma. Bei ihrer Nutzung muss die Sicherheit des IV-Systems bzw. Firmennetzes gewährleistet bleiben.

§ 3 Dokumentation

Die für die Benutzer und den Server-Betrieb eingesetzte Software ist in der Abteilung IS dokumentiert. Der Betriebsrat hat das Recht, diese Dokumentation einzusehen und sich erläutern zu lassen.

§ 4 Nutzung der Kommunikationstechniken

(1) Das elektronische Post-System (E-Mail), der Internet-Zugang und weitere konzerninterne Informations- und Kommunikationsdienste stehen – je nach Tätigkeit – als Arbeitsmittel zur Verfügung und dienen insbesondere der Verbesserung interner wie externer Kommunikation in den Arbeitsprozessen, der Erzielung einer höheren Transparenz und einer Beschleunigung der Geschäftsprozesse.

(2) Das Ausmaß einer privaten Nutzung ist auf den gelegentlichen Gebrauch zu begrenzen und darf die Arbeitsabläufe nicht stören sowie keine zusätzlichen Kosten verursachen.

(3) Insbesondere ist jede Nutzung unzulässig, die geeignet ist, den Interessen des Unternehmens oder dessen Ansehen in der Öffentlichkeit zu schaden, die Sicherheit des Firmennetzes zu beeinträchtigen oder die gegen geltende Rechtsvorschriften und die Richtlinie des Unternehmens über die Nutzung der elektronischen Kommunikationsmittel verstößt, wie vor allem

- das Abrufen oder Verbreiten von Inhalten, die gegen datenschutzrechtliche, persönlichkeitsrechtliche, urheberrechtliche oder strafrechtliche Bestimmungen verstoßen,
- das Abrufen oder Verbreiten von beleidigenden, verleumderischen, verfassungsfeindlichen, rassistischen oder pornografischen Äußerungen oder Abbildungen.

(4) Die Verbindungsdaten für externe Mail-Versendungen und den Internet-Zugang können mit Angaben von
- Datum/Uhrzeit der aufgerufenen Seiten,
- Adressen von Absender und Empfänger und
- übertragener Datenmenge

protokolliert werden. Diese Protokolle werden ausschließlich zu den Zwecken
- Analyse und Korrektur technischer Fehler,
- Gewährleitung der Systemsicherheit,
- Optimierung des Netzes,
- zur statistischen Feststellung der Nutzungsdauer und -häufigkeit und
- für die Zwecke der Auswertungen gemäß § 5 dieser Vereinbarung (Missbrauchkontrolle)

verwendet und nach zwei Monaten (laufender und abgeschlossener Monat) automatisch gelöscht. Der Zugriff ist auf die mit der Netzwerkadministration betrauten Personen begrenzt.

(5) Die Firma behält sich vor, bei Verstößen gegen diese Vereinbarung die Nutzung des Firmensystems für den privaten Gebrauch im Einzelfall einzuschränken oder zu untersagen.

(6) Besondere Regelungen zur Elektronischen Post

Jeder vernetzte Arbeitsplatzrechner wird mit der Möglichkeit elektronischer Post ausgestattet. Auf persönliche Mail-Accounts haben ausschließlich die Benutzer Zugriff; sie entscheiden über die Speicherung, Löschung und Weitergabe ihrer Mails.

Für den Fall von Abwesenheiten stellt das E-Mail-System den Benutzern die Funktion Auto-Reply (die Absender von eingehender E-Mail erhalten eine automatische Benachrichtigung über die Abwesenheit des Benutzers mit der Option der Weiterleitung an eine vom Benutzer angegebene andere Adresse) zur Verfügung. Die Mitarbeiterin/Der Mitarbeiter kann eine Vertrauensperson bestimmen, die im Falle einer unverhofften Abwesenheit mit voraussichtlich mehr als drei Tagen diese Auto-Reply-Funktion einstellen kann. Diese Vertrauensperson ist jedoch nicht berechtigt, darüber hinaus selbst Einsicht zu nehmen oder anderen Personen die Einsichtnahme zu ermöglichen.

Mails von Mitarbeiterinnen und Mitarbeiter, die das Unternehmen verlassen haben, werden ohne Ansicht ihres Inhalts gelöscht. Die Mail-Accounts von für längere Zeit nicht erreichbaren Mitarbeitenden werden gesperrt. Abweichungen von diesem Verfahren sind bei Missbrauchsverdacht sowie auf Antrag der betroffenen Person unter Beachtung des Verfahrens gemäß § 5 möglich.

(7) Zugang zum Internet

Der Zugang zum Internet wird Mitarbeiterinnen und Mitarbeitern nach Genehmigung durch den Vorgesetzten zur Verfügung gestellt, wenn die Internet-Nutzung für deren Arbeit notwendig ist.

(8) Konzerninternes Netz

Zur Inventarführung der eingesetzten Hard- und Software sowie zur Netzwerkadministration und zur Benutzerunterstützung wird die in Anlage 1 dokumentierte Software auf einem lokalen Server eingesetzt.

Aufzeichnungen und Auswertungen der System- oder systemnahen Software über Benutzeraktivitäten (Login/Logout, aufgerufene Programme, verbrauchte Systemressourcen, Zugang zu PC-Netzwerkservern usw.) dürfen ausschließlich zu den folgenden Zwecken benutzt werden:
- Gewährleitung der Systemsicherheit,
- Feststellung der Nutzungsdauer und -häufigkeit,
- Analyse und Korrektur von technischen Fehlern im System,
- Optimierung des Computersystems,
- statistische Auswertungen ohne individuelle Kennung über den Zugriff auf Ressourcen im Netz und
- Missbrauchskontrolle unter Beachtung des Verfahrens gemäß § 5.

Der Zugriff auf die entsprechenden Funktionen ist auf diejenigen Personen begrenzt, die für die Wartung der Hard- und Software sowie die Netzwerkadministration zuständig sind.

Die entsprechenden Dateien werden nur so lange gespeichert, wie dies zur Erfüllung der oben genannten Zwecke erforderlich ist.

Soweit mittels Software zur Unterstützung der Netzwerkverwaltung ein Zugriff auf die Arbeitsplatzrechner von Mitarbeiterinnen/Mitarbeitern möglich ist, so wird diese so installiert, dass nur die berechtigten Administratoren Zugriff auf die Endgeräte haben können und jeder Endbenutzer diesen Zugriff ausdrücklich erlauben muss und seinerseits jederzeit auch wieder beenden kann.

Der Einsatz von Softwareprodukten mit Eskalationsmanagement (automatische Erzeugung von Alarm- und Aufmerksamkeitsmeldungen) bleibt auf technische Fehlermeldungen der Server- und Systemsoftware begrenzt. Darüber hinaus können die Mitarbeiterinnen und Mitarbeiter Software mit solchen Leistungsmerkmalen einsetzen, um sich selbst auf die Einhaltung von Fristen oder die Durchführung termingebundener Arbeiten aufmerksam zu machen.

§ 5 Maßnahmen bei Verstößen/Missbrauchsregelung

(1) Bei Verdacht auf missbräuchliche Nutzung der Informations- und kommunikationstechnischen Systeme oder ihrer Nutzung zu betrügerischen Zwecken kann eine Überprüfung der Daten nach vorheriger Zustimmung des Betriebsrats durchgeführt werden. Die Überprüfung erfolgt durch eine Untersuchungsgruppe, bestehend aus einen Netzwerk-Administrator, einem Vertreter des Bereichs Human Resources und einem Vertreter des Bereichs Datenschutz, die gegebenenfalls weitere Untersuchungsmaßnahmen veranlasst (z.B. Offenlegung der IP-Adresse des benutzen PCs oder weitere Überwachungsmaßnahmen) und auf Basis dieser Untersuchung einen Bericht erstellt, der dem Betriebsrat zur Verfügung gestellt wird. Der Bericht ist auch den ermittelten Mitarbeiterinnen und Mitarbeitern auszuhändigen; diese sind anschließend dazu zu hören. Diese Untersuchungsgruppe regt evtl. weiterführende Maßnahmen an.

(2) Werden Verstöße gegen die Sicherheit des Netzes bzw. die Verbreitung von Dateien diskriminierenden, ehrverletzenden, politischen, sexistischen, rassistischen, radikalen oder verhetzenden Inhalts festgestellt, kann dies personelle Einzelmaßnahmen bis hin zur sofortigen Entlassung zur Folge haben.

§ 6 Änderungen und Erweiterungen

(1) Das Unternehmen wird den Betriebsrat jährlich und auf Antrag des Betriebsrats über seine längerfristige Strategie des Einsatzes der informations- und kommunikationstechnischen Infrastruktur informieren, insbesondere auch über geplante Aktivitäten in Richtung E-Commerce. Dabei werden vor allem die möglichen Auswirkungen auf Arbeitsplätze, Arbeitskräfteeinsatz, Arbeitsbedingungen und Qualifikationsanforderungen beraten.

(2) Geplante Änderungen der in Anlage 1 dokumentierten Systeme werden dem Betriebsrat so rechtzeitig mitgeteilt, dass er die Gelegenheit einer Einflussnahme auf die anstehende Entscheidung nutzen kann.

(3) Beide Seiten prüfen dabei, ob durch die geplante Änderung die Bestimmungen dieser Vereinbarung eingehalten bleiben. Ist dies nach Auffassung einer Seite nicht der Fall, so werden Verhandlungen um eine diese Vereinbarung ergänzende Regelung aufgenommen. Gleiches gilt, wenn eine Seite geltend macht, dass durch zwischenzeitlich geänderten Umgang mit den Systemen die Bestimmungen dieser Vereinbarung verletzt sind oder sich neuer Regelungsbedarf i.S.d. § 87 Abs. 1 Nr. 6 BetrVG (Schutz vor Überwachung) ergeben hat.

(4) Kommt in den Fällen, in denen diese Vereinbarung die Zustimmung des Betriebsrats bzw. das Einvernehmen beider Seiten vorsieht, eine Einigung nicht zu Stande, so entscheidet eine gemäß § 76 Abs. 5 BetrVG zu bildende Einigungsstelle.

§ 7 Schlussbestimmungen

Diese Vereinbarung tritt mit ihrer Unterzeichnung in Kraft. Sie kann mit einer Frist von drei Monaten zum Monatsende, frühestens jedoch zum ■■■, gekündigt werden. Im Falle einer Kündigung wirkt sie nach bis zum Abschluss einer neuen Vereinbarung.

7. Muster: Nutzung der neuen Medien

Zwischen

der ■■■-Bank

– nachfolgend: Bank –

und

dem Betriebsrat der ■■■-Bank

wird folgende Betriebsvereinbarung geschlossen:

§ 1 Präambel

Die Bereitstellung der Internetdienste und eines E-Mail-Zugangs für alle Mitarbeiterinnen und Mitarbeiter in dem von der Bank bestimmten Umfang ist Ausdruck des Vertrauens des Vorstandes in den verantwortungsvollen Umgang mit diesen Medien.

(1) Chancen und Risiken der neuen Medien

Das Internet bietet mit der Möglichkeit zur Information, zur Kommunikation und zum Datentransfer über E-Mail-Programme vielfältige neue Arbeits- und Kooperationsformen sowie Marktbearbeitungs- und damit Geschäftschancen. Da das Internet ein weltweit offenes Kommunikationsnetz ist, sind mit dem Einsatz dieser neuen Medien aber auch erhöhte Risiken verbunden. Wir alle müssen uns der Tatsache bewusst sein, dass

- im Internet neben nützlichen auch unwichtige oder falsche Informationen und sogar strafrechtlich relevante Inhalte verfügbar sind,
- das Internet von einer Vielzahl unbekannter Personen benutzt und missbraucht werden kann,
- der Kommunikationspartner im Internet nicht derjenige sein muss, der er zu sein vorgibt,
- Nachrichten auf dem Übertragungsweg ausgespäht und manipuliert werden können,
- E-Mail-Anhänge möglicherweise Computer-Viren und Würmer enthalten, die trotz entsprechender Schutzmaßnahmen technisch nicht erkannt werden können, und
- das Herunterladen, aber auch schon das Anschauen bzw. Ausdrucken von Dateien Schäden auf Rechnern und Servern anrichten kann.

Die negativen Folgen für die Bank können vielfältig sein:

- Der Geschäftsbetrieb kann durch Einschränkungen beim Internetzugang sowie durch Programm- und Funktionsstörungen massiv beeinträchtigt werden.
- Die Vertraulichkeit der übertragenen sowie der im Netz der Bank gespeicherten Daten ist nicht mehr gewährleistet, und die Daten sind nicht mehr geschützt.

Solche Vorkommnisse wären nicht nur mit massiven finanziellen Einbußen, sondern auch mit erheblichen Imageschäden für unser Institut verbunden, für die – im Falle grober Fahrlässigkeit und Vorsatz – auch die Mitarbeiterin/der Mitarbeiter selbst haftet.

Neben den Führungskräften und den Spezialisten muss sich auch jede Mitarbeiterin/jeder Mitarbeiter der möglichen Risiken bewusst sein und selbst zur Sicherheit des Netzes und der Daten beitragen.

(2) Sicherheitsmaßnahmen

Sicherheit, Schutz von Vertraulichkeit und Integrität der Daten haben erste Priorität für die Bank. Bei Angriffsversuchen, z.B. mit Viren, kann es notwendig sein, den Zugang ohne vorherige Ankündigung und ohne Rücksicht auf laufende Benutzertätigkeiten abzuschalten. Die ständige Verfügbarkeit kann deshalb nicht immer gewährleistet werden. Des Weiteren können auch Wartungs- und Administrationsarbeiten eine längere Abschaltung erforderlich machen.

Im Gegensatz zu einem lokalen Netz kann die Sicherheit der öffentlichen Kommunikationsnetze vom Anwender nicht umfassend beurteilt und beeinflusst werden. Dem kann durch den Einsatz systemtechnischer Maßnahmen (speziell: Firewall-Systeme) durch die Bank und durch die Beachtung der Nutzungsrichtlinien (siehe § 2) begegnet werden.

(3) Datenschutz

Bei der Benutzung aller Kommunikationsmedien sind Vorschriften über das Dienstgeheimnis und den Datenschutz zu beachten. Mitarbeiterinnen und Mitarbeiter unterliegen der Schweigepflicht hinsichtlich dienstlicher Angelegenheiten. Die Verletzung der Schweigepflicht ist strafbar und kann arbeitsrechtliche Konsequenzen haben.

Die Regelungen des Datenschutzgesetzes im Umgang mit personenbezogenen Daten sind zu beachten. Dritten außerhalb der eigenen Abteilung dürfen solche Daten nur dann zur Kenntnis gebracht werden, wenn dienstliche Erfordernisse unter Berücksichtigung der Rechtsgrundlagen dies erlauben.

Indem Sie dieser Dienstvereinbarung nicht ausdrücklich widersprechen, erlauben Sie den Zugriff von Dritten aus betriebsorganisatorischen Gründen (z.B. Vertreter, Administrator) auf Ihren Postkorb. Diese Zugriffe von Dritten sind nur bei dienstlicher Veranlassung erlaubt.

Sollten Sie sich mit diesem Zugriff von Dritten auf Ihren Postkorb nicht einverstanden erklären, ist Ihnen mit Eingang Ihres Widerspruchs im Bereich Personal die private Nutzung des Internets untersagt.

Wenden Sie sich bei Fragen an den Datenschutzbeauftragten der Bank.

(4) Protokollierung der Internetaktivitäten

Es werden automatisch Protokolle der Internetnutzung angefertigt. Aufgezeichnet werden dabei insbesondere Daten, die nachvollziehbar machen, welche Mitarbeiterin/welcher Mitarbeiter an welchem Tag zu welcher Uhrzeit welches Dokument aufgerufen hat. Folglich sind sowohl dienstliche als auch private Aktivitäten erfasst. Die Protokolldaten werden zum Zwecke der Datensicherung und Datenschutzkontrolle, der Abwehr von Schäden oder zur Ermittlung von Missbrauchsfällen gespeichert und vor dem Zugriff nicht autorisierter Personen geschützt aufbewahrt.

Die Aufbewahrungsdauer der Protokolle beträgt maximal 120 Tage bei allen Internetaktivitäten, sofern nicht aufgrund z.B. gesetzlicher Auflagen eine andere Aufbewahrungsfrist erforderlich ist. Nach Ablauf der Aufbewahrungsfrist werden die gespeicherten Daten im Sinne des Bundesdatenschutzgesetzes gelöscht.

Somit ist das Speichern, Herunterladen und Nutzen von Software, Dateien und Internet-Seiten sowie die Benutzeridentität nachweisbar. Dieses Logging-Verfahren ist notwendig, um potenzielle Angriffe feststellen und an die zuständigen Strafverfolgungsbehörden weiterleiten zu können.

§ 2 Nutzungsrichtlinien für Internet und E-Mails

(1) Generelle Nutzungsrichtlinien

Alle Mitarbeiterinnen und Mitarbeiter einschließlich Auszubildender, die zur Nutzung eines PC-Arbeitsplatzes der Bank zugelassen sind und/oder Zugang zum Internet in dem von der Bank zur Verfügung gestellten Umfang haben, verpflichten sich:

a) bei allen Internet-Aktivitäten

- jede Internetnutzung zu unterlassen, die den Interessen der Bank oder deren Ansehen in der Öffentlichkeit schaden könnte oder gegen geltende Rechtsvorschriften, Richtlinien und Organisationsanweisungen des Unternehmens verstößt;
- keine Inhalte, die gegen datenschutz-, persönlichkeits-, urheber- oder strafrechtliche Bestimmungen verstoßen, sowie keine beleidigenden, verleumderischen, verfassungsfeindlichen, rassistischen oder pornografischen Äußerungen oder Abbildungen abzurufen oder zu verbreiten;
- persönliche Chip- und Magnetkarten, durch die der Zugang zu Geschäftsräumen und Rechnern der Bank ermöglicht wird, nicht an dritte Personen weiterzugeben;
- ihre Benutzerkennungen (z.B. den OSPlus-User) in Kombination mit den dazugehörigen Passwörtern keiner weiteren Person bekannt zu geben;
- bei Verdacht eines unberechtigten Zugangs oder anderen kritischen Ereignissen unverzüglich den Vorgesetzten zu benachrichtigen;
- keine falschen Identitäten vorzuspiegeln und nicht unter fremden Namen aufzutreten;
- keine Hard- und Software sowie keine ausführbaren Programme in die Systeme der Bank einzubringen und keine neuen Programme oder Updates herunterzuladen, es sei denn, sie wurden dafür ausdrücklich dienstlich durch den jeweiligen Kompetenzträger autorisiert;
- bei allen internet-bezogenen Tätigkeiten das transferierte Datenvolumen wegen Geschwindigkeit und Kosten so klein wie möglich zu halten.

Alle Mitarbeiter einschließlich Auszubildender verpflichten sich ferner:

b) bei ihren E-Mail-Aktivitäten

- ihre E-Mail-Anschrift der Bank nur zu dienstlichen Zwecken zu verwenden;
- ihren E-Mail-Posteingang sooft wie möglich zu bearbeiten, mindestens aber zweimal pro Arbeitstag;
- bei Abwesenheit von mehr als einem Tag eine automatische Abwesenheitsnachricht einzustellen, aus der hervorgeht, wann die Bearbeitung/Beantwortung voraussichtlich erfolgen wird;
- für die Bearbeitung des Postkorbes bei Abwesenheit möglichst zwei ständige Vertreter zu bestellen;
- ihre Abwesenheit in ihrem elektronischen Kalender zu vermerken;
- aufgrund der umfangreichen Fälschungs- und Missbrauchsrisiken beim Umgang mit E-Mails besonders vorsichtig zu sein;
- keine E-Mails mit unbekanntem Absender oder suspektem Betreff zu öffnen, sondern in diesem Fall sofort den Benutzerservice und die Revision zu informieren, damit Absender und Hintergrund ermittelt werden können;
- bei eingegangenen E-Mails mit Datenanhang ohne den Hinweis auf die automatisch erfolgte Virenprüfung auf jeden Fall den Benutzerservice zu informieren;
- sich im Zweifelsfall vor dem Öffnen von E-Mail-Anhängen nicht verifizierbarer Herkunft an den Benutzerservice zu wenden;
- keine Kettenbriefe zu versenden oder weiterzuleiten, auch nicht hausintern im Intranet;
- keine gleichlautenden E-Mails an mehr als zehn Kunden zu versenden, sondern in diesem Fall die Vorgehensweise und den Zeitpunkt des Versands mit dem Online-Vertrieb abzustimmen;
- keine vertraulichen Daten von Kunden aktiv anzufordern;

- personenbezogene bzw. vertrauliche Informationen nur dann zu übertragen, wenn die Vertraulichkeit der Informationen bei der Übertragung beispielsweise durch Verschlüsselung gewährleistet ist. Dies gilt nicht nur für den Inhalt der E-Mail, sondern auch für beigefügte Anlagen (Attachments);
- konto- und kundenbezogene Auskünfte (z.B. Kontostände, Kontonummern, Pfändungen) nur dann per E-Mail zu übermitteln, wenn dies ausdrücklich auf Kundenwunsch geschieht und die Vertraulichkeit auf dem Übermittlungsweg gewährleistet ist;
- keine Sachverhalte, für die der Gesetzgeber die Schriftform vorsieht, sowie Schriftverkehr mit verbindlichen und verpflichtenden Rechtsfolgen (z.B. Verträge, Kündigungen) per E-Mail zu übermitteln.

Und schließlich verpflichten sich alle Mitarbeiter einschließlich Auszubildender:

c) bei der privaten Nutzung

- das Internet zu privaten Zwecken nur außerhalb der Arbeitszeit zu nutzen und dabei zu beachten, dass dienstliche Belange sowie der ordnungsgemäße Betriebsablauf nicht beeinträchtigt werden;
- den dienstlichen Postkorb in Lotus Notes nicht für private Zwecke, sondern außerhalb der Arbeitszeit so genannte „Freemail-Anbieter", z.B. freenet.de, gmx.de, web.de, zu nutzen;
- keine privaten Dateien auf den Laufwerken der Bank abzulegen;
- unverlangt erhaltene private Dateianhänge unmittelbar nach Empfang zu löschen (der Dateianhang darf vor der Löschung an einen einzigen Empfänger außerhalb der Bank – z.B. das persönliche Freemail-Konto – weitergeleitet werden; der Absender ist dann unter Nutzung der privaten E-Mail-Adresse zu informieren, dass die dienstliche E-Mail-Adresse für solche Zusendungen nicht genutzt werden darf).

(2) Regelungen zum Umgang mit freigeschalteten CD-ROM- bzw. Diskettenlaufwerken

Alle Mitarbeiter, die über ein freigeschaltetes CD-ROM- bzw. Diskettenlaufwerk verfügen, verpflichten sich ferner:

- alle Dateien, die über das Disketten-/CM-ROM-Laufwerk bewegt werden, nicht privat, sondern nur im Sinne der Bank zu nutzen;
- vor jedem Zugriff auf externe Dateien einen Viren-Check durchzuführen und in dem Fall, dass das Programm Viren findet, unmittelbar den Benutzerservice zu informieren und die Dateien zu Kontroll- und Rekonstruktionszwecken, entsprechend dem Erfordernis, sicher aufzubewahren;
- auf keinen Fall eigenständig Programme auf Rechnern im Netzwerk der Bank zu installieren.

§ 3 Anpassungen

Aufgrund möglicher Gesetzesänderungen und der Schnelllebigkeit der erfassten Medien wird diese Betriebsvereinbarung bei Bedarf den neuen Gegebenheiten angepasst. Aktualisierungen werden allen Mitarbeiterinnen und Mitarbeitern durch eine Anzeige auf ihrem Bildschirm bekannt gegeben.

Die Betriebsvereinbarung ist verpflichtend für alle Mitarbeiterinnen und Mitarbeiter einschließlich Auszubildender, die zur Nutzung eines PC-Arbeitsplatzes der Bank zugelassen sind und/oder Zugang zum Internet in dem von der Bank zur Verfügung gestellten Umfang haben.

§ 4 Konsequenzen bei Missachtung der Betriebsvereinbarung

In begründeten Fällen, d.h. bei einem konkreten Verdacht auf Schadens- und Missbrauchsfälle (z.B. Verrat von Geschäftsgeheimnissen oder rassistischen Aktivitäten), werden die personenbezogen protokollierten Internetaktivitäten (vgl. § 1 Abs. 4) ausgewertet.

Zur Wahrung der Interessen der Mitarbeiterin/des Mitarbeiters und im Sinne des Datenschutzes dürfen nur der Datenschutzbeauftragte sowie durch den jeweiligen Zentralbereichsleiter autorisierte Personen aus den Bereichen Revision sowie Personal und im Bedarfsfalle der Organisation die gespeicherten Daten auswerten.

Die Revision wird die Einhaltung dieses Verfahrens im Rahmen ihrer Aufgabenstellung stichprobenartig und anlassbezogen prüfen.

Die Zugangsberechtigung wird gesperrt, wenn die Mitarbeiterin/der Mitarbeiter das Internet fahrlässig und unzulässig für Zwecke einsetzt, die gegen diese Betriebsvereinbarung verstoßen. Bei Verstößen können neben dem Internet-Zugangsentzug weitere disziplinarische Maßnahmen bis hin zur fristlosen Kündigung eingeleitet werden.

§ 5 Schlussbestimmungen

Diese Betriebsvereinbarung tritt am ▬▬▬ in Kraft.

Die Kündigung dieser Betriebsvereinbarung kann nur schriftlich erfolgen. Sie kann von beiden Vertragspartnern unter Wahrung einer Kündigungsfrist von sechs Monaten zu jedem Monatsschluss gekündigt werden. Eine Nachwirkung ist ausgeschlossen.

8. Muster: Betriebsvereinbarung PAISY

Zwischen

der Geschäftsführung ▄▄▄

und

dem Gesamtbetriebsrat ▄▄▄

wird folgende Betriebsvereinbarung über die Einführung und Anwendung eines Personal-/Abrechnungs- und Informationssystems (PAISY) geschlossen:

Präambel

Geschäftsführung und Gesamtbetriebsrat ▄▄▄ schließen, ausgehend von dem verfassungsrechtlich gewährleisteten Recht des Einzelnen, grundsätzlich selbst über die Verwendung seiner persönlichen Daten zu bestimmen, und dem Grundsatz, den Arbeitnehmer vor unzulässigem Gebrauch seiner personenbezogenen Daten zu schützen, die folgende Betriebsvereinbarung ab:

§ 1 Ziel und Zweck von PAISY

(1) Das EDV-System PAISY dient der ordnungsgemäßen Lohn- und Gehaltsabrechnung, der Erfüllung von Verpflichtungen aus Gesetzen, Tarifverträgen, Betriebsvereinbarungen und einzelvertraglichen Zusagen sowie der Durchführung einer geordneten Personalwirtschaft.

(2) Erhebung, Erfassung, Speicherung, Übermittlung, Veränderung, Auswertung und Löschung der Personaldaten sind nur zulässig, soweit sie zum Erreichen der Zweckbestimmung i.S.d. § 1 Abs. 1 unbedingt erforderlich sind.

Eine Verknüpfung mit personenbezogenen Daten aus anderen EDV-Systemen ist in beide Richtungen ausgeschlossen.

§ 2 Geltungsbereich

(1) Die Vereinbarung regelt die Einführung und Anwendung von PAISY. Alle aufgeführten Anlagen sind Bestandteil dieser Betriebsvereinbarung.

(2) Die Vereinbarung gilt für alle Mitarbeiterinnen und Mitarbeiter im Inland und die entsandten Auslandsmitarbeiterinnen und Auslandsmitarbeiter.

(3) Daten ehemaliger Mitarbeiterinnen und Mitarbeiter dürfen nur dann verarbeitet werden, wenn dies zu einem späteren Zeitpunkt im Rahmen behördlicher Anordnungen oder Anfragen verlangt wird.

Hierfür nicht in Frage kommende Daten sind zwei Jahre nach dem Ausscheiden der Mitarbeiterinnen und Mitarbeiter im System zu löschen und ggf. außerhalb des Systems zu dokumentieren.

(4) Daten von Bewerberinnen und Bewerber werden mit Einverständnis des/der Betroffenen im Rahmen einer zu führenden Bewerberdatei verarbeitet.

§ 3 Dokumentation des Systems

(1) Eingesetzte Geräte

PAISY wird technisch entsprechend der Systembeschreibung der Firma ▄▄▄ beschrieben. Diese liegt zur Einsicht in der Personalabteilung sowie im Büro des Betriebsrats aus.

Der Gesamtbetriebsrat erhält als Anlage 1 eine Übersicht über die Endgeräte (Bildschirmterminals, Drucker) mit Angaben ihres Typs, Standorts sowie des Benutzers, von denen aus PAISY im Dialogbetrieb genutzt werden kann. Änderungen werden dem Gesamtbetriebsrat mitgeteilt. Die Anlagen sind im Betriebsratsbüro einzusehen.

Es ist technisch sicherzustellen, dass PC-Benutzer aus anderen EDV-Systemen keinerlei Zugriff auf die PAISY-Daten haben.

(2) Datenkatalog

In Anlage 2 sind alle Daten vereinbart, die zum Erreichen der Zweckbestimmung dieser Betriebsvereinbarung (s. § 1 Abs. 1) über die Beschäftigten in der Firma gespeichert werden (Stamm- und Bewegungsdaten). Die Anlagen sind im Betriebsratsbüro einzusehen.

Andere personenbezogene Daten der Mitarbeiterinnen/Mitarbeiter werden nicht verarbeitet.

Eine Weitergabe von personenbezogenen Daten innerhalb des Unternehmens und an Stellen außerhalb des Unternehmens ist nur im Rahmen der Zweckbestimmung dieser Betriebsvereinbarung möglich.

Vor der Inbetriebnahme von PAISY wird dem Gesamtbetriebsrat ein Datenfeldstammsatz entsprechend der PAISY-Systematik mit einem Schlüsselverzeichnis zur Verfügung gestellt.

(3) Auswertungen

In Anlage 3 sind alle Auswertungen, die mit Hilfe von PAISY im Rahmen der Zweckbestimmung dieser Betriebsvereinbarung erstellt werden, aufgelistet. Die Anlagen sind im Betriebsratsbüro einzusehen.

Folgende Angaben sind dabei vorzusehen:
- Arbeitsnummer,
- Name und Zweck der Auswertung,
- Kurzbeschreibung,
- Empfänger der Auswertung,
- Daten, die in der Auswertung verarbeitet sind,
- Zeitpunkt der Auswertung.

Alle Auswertungen werden mit einer Arbeitsnummer versehen, dokumentiert und in einer Programmbibliothek abgelegt, die Protokolldatei mit dem Namen ▬▬▬ wird jeweils zum 15. eines Monats an den Betriebsrat übersandt.

Darüber hinausgehende Auswertungen bedürfen der Mitbestimmung des Gesamtbetriebsrats.

(4) Zugriffsberechtigungen

In Anlage 4 sind die vergebenen Berechtigungen für PAISY abschließend vereinbart. Sie enthält:
- Funktion des/der Zugriffsberechtigten,
- Umfang des Zugriffsrechts,
- Art des Zugriffsrechts.

Es werden keine Zugriffsberechtigungen vergeben, die eine Entwicklung von Programmen bei gleichzeitigem Zugriff auf Echtdaten erlauben. Die Anlagen sind im Betriebsratsbüro einzusehen.

(5) Matchcodes

Matchcodes haben die Funktion, das Auffinden von Daten einer Mitarbeiterin/eines Mitarbeiters zu erleichtern. Matchcodes werden zunächst nur für Personalstammdaten erstellt. Abweichungen bedürfen der Zustimmung des Betriebsrats.

§ 4 Protokollierung und Datenschutz

(1) Es wird automatisch ein lückenloses Protokoll aller Auswertungsläufe, Datenübermittlungen und Datenzugriffe einschließlich der Versuche erstellt. Es ist technisch zu gewährleisten, dass das System PAISY nicht ohne diese Protokollierung betrieben werden kann. Die Vergabe, Änderung und Löschung von Zugriffsberechtigungen werden ebenfalls elektrisch protokolliert.

(2) Die Protokolle werden vom Leiter der Personalabteilung für ein Jahr aufbewahrt.

(3) Die Geschäftsführung gewährleistet, dass die mit PAISY verarbeiteten Daten der Mitarbeiterinnen/Mitarbeiter umfassend gemäß den Vorschriften des Bundesdatenschutzgesetzes gegen unzulässige Verwendung gesichert werden.

§ 5 Änderungen des Systems

(1) Über alle geplanten Änderungen des Systems PAISY wird der Gesamtbetriebsrat anhand schriftlicher Unterlagen informiert.

(2) Änderungsanträge sind mitbestimmungspflichtig und werden mit dem Ziel einer einvernehmlichen Regelung unter Beteiligung des betrieblichen Datenschutzbeauftragten beraten. Auch der Gesamtbetriebsrat hat das Recht, Änderungsanträge zu stellen.

(3) Kommt über einen beantragten Änderungsantrag keine Einigung zustande, haben beide Seiten das Recht, die Einigungsstelle anzurufen.

(4) Ausgenommen von diesem Verfahren sind Änderungen, soweit sie die Erfüllung einer durch Gesetz, Rechtsverordnung, Unfallverhütungsvorschriften, Tarifvertrag oder Betriebsvereinbarung festgelegten Aufgabe oder der Erfüllung der Wartungsverträge dienen und nicht inhaltlicher Art sind.

§ 6 Kontrollrechte des Gesamtbetriebsrats

(1) Der Gesamtbetriebsrat benennt drei fachkundige Mitarbeiterinnen/Mitarbeiter zur Ausübung seiner Kontrollrechte. Er hat das Recht,
- sämtliche Systemunterlagen einzusehen und sich erläutern zu lassen (dazu gehören alle neuen oder ergänzenden/korrigierenden Beschreibungen der Software und neue Versionen);
- sämtliche Protokolldateien einzusehen;

■ sich den gesamten PAISY-Begriffskatalog (Inhaltsverzeichnis aller Satzarten) und die vergebenen Zugriffsberechtigungen ausdrucken zu lassen.

(2) Der Gesamtbetriebsrat kann zur ordnungsgemäßen Erfüllung seiner Kontrollaufgaben externe Sachverständige i.S.d. § 80 Abs. 3 BetrVG hinzuziehen.

§ 7 Rechte der einzelnen Mitarbeiterinnen und Mitarbeiter

(1) Nach In-Kraft-Treten dieser Vereinbarung und der Installation des Systems PAISY erhalten alle Beschäftigten kostenlos einen vollständigen Ausdruck sämtlicher über sie gespeicherten Daten in verständlicher Form in einem verschlossenen Umschlag. An Dritte übermittelte Daten sind unter Angabe des Empfängers kenntlich gemacht. Gleiches gilt für Neueingestellte.

(2) Einmal jährlich im Oktober erhalten die Mitarbeiterinnen/Mitarbeiter kostenlos einen neuen Ausdruck. Diese Bestimmung ersetzt § 4 Abs. 4 der Betriebsvereinbarung Datenschutz. Alle sonstigen Regelungen dieser Betriebsvereinbarung, insbesondere zur Berichtigung und Löschung von Daten, bleiben in Kraft.

§ 8 Sonstige Regelungen

(1) Löschfristen für Bewegungsdaten

Bewegungsdaten werden nur für das laufende Jahr und das Vorjahr im Direktzugriff des Systems PAISY gespeichert, danach erfolgt eine Archivierung. Archivdaten dürfen nur zu einzelfallbezogenen Nachweiszwecken verwandt werden.

(2) Bildschirmarbeit

Die Regelungen der Betriebsvereinbarung zur Bildschirmarbeit gelten unverändert fort.

(3) Schulung

Die mit PAISY arbeitenden Mitarbeiterinnen/Mitarbeiter werden im erforderlichen Umfang geschult.

§ 9 Schlussbestimmungen, Kündigung und Nachwirkung

(1) Durch diese Betriebsvereinbarung werden gesetzliche und tarifliche Bestimmungen sowie Regelungen aus anderen Betriebsvereinbarungen nicht berührt. Dies gilt insbesondere für die Rechte und Pflichten des betrieblichen Datenschutzbeauftragten.

(2) Geschäftsführung und Gesamtbetriebsrat werden bei der Durchführung und Überwachung dieser Betriebsvereinbarung eng mit dem/der betrieblichen Datenschutzbeauftragten zusammenarbeiten.

(3) Die Betriebsvereinbarung tritt zum ▬▬▬ in Kraft.

Sie kann mit einer Frist von sechs Monaten zum Ende eines Kalenderjahres, erstmals zum ▬▬▬ gekündigt werden. Im Falle einer Kündigung wirkt diese Betriebsvereinbarung bis zum Abschluss einer neuen Vereinbarung nach.

9. Muster: Personalinformationssystem

Zwischen

dem Vorstand der Gesellschaft ▬▬▬

und

dem Gesamtbetriebsrat der Gesellschaft ▬▬▬

wird im Hinblick auf die Verarbeitung personenbezogener Daten der in der Gesellschaft beschäftigten Mitarbeiter die nachfolgende Betriebsvereinbarung geschlossen:

A. Allgemeiner Teil

§ 1 Geltungsbereich und Gegenstand der Betriebsvereinbarung

(1) Die Betriebsvereinbarung gilt im Hinblick auf die Verarbeitung personenbezogener Daten der im Unternehmen beschäftigten Mitarbeiter durch das Informationssystem ▬▬▬.

(2) Als Verarbeiten von Daten gelten die in § 3 Abs. 5 BDSG geregelten Phasen (Speichern, Verändern, Übermitteln, Sperren und Löschen).

§ 2 Sonderregelung für Gesundheitsdaten

(1) Gesundheitsdaten über den Mitarbeiter oder die Mitarbeiterin, soweit sie Operationen, Krankheitsverläufe, erbliche Vorbelastungen, Labordaten etc. betreffen (Befunddaten), verbleiben grundsätzlich in den Dateien, Karteien und

Akten des Werksarztes. Die Befunddaten dürfen nicht ohne Zustimmung des Mitarbeiters an die Personalabteilung weitergeleitet werden.

(2) Befunddaten dürfen in das Informationssystem auch mit Zustimmung des Mitarbeiters oder der Mitarbeiterin nicht aufgenommen werden.

(3) Bescheiddaten, also solche Informationen, mit denen der Werksarzt die Personalabteilung darüber unterrichtet, welche Tätigkeiten der Mitarbeiter oder die Mitarbeiterin im Unternehmen verrichten darf, dürfen im Personalinformationssystem gespeichert werden. Sie sind jedoch so zu sperren, dass kein Unbefugter auf sie zugreifen kann.

§ 3 Verarbeitung von Mitarbeiterdaten

(1) Alle personenbezogenen Daten von Mitarbeitern/Mitarbeiterinnen dürfen nur im Rahmen der Zweckbestimmung des Arbeitsverhältnisses verarbeitet werden.

(2) Die Geschäftsleitung verpflichtet sich, nur solche Auswertungsprogramme zu erstellen, einzusetzen, die mit der in der Systemdarstellung aufgeführten Zielsetzung in Einklang stehen.

(3) Unzulässig ist die Erstellung von Auswertungen, die durch programmgesteuerte Verknüpfung von Arbeitsplatzdaten und Mitarbeiterdaten folgende Auswertung zum Gegenstand haben:
- automatisierte Überprüfung der Eignung des Mitarbeiters/der Mitarbeiterin für einen Arbeitsplatz;
- automatisierter Vergleich der Eignung mehrerer Mitarbeiter/Mitarbeiterinnen;
- automatisierte Ermittlung zu versetzender oder zu kündigender Mitarbeiter/Mitarbeiterinnen.

§ 4 Verwendung von Mitarbeiterdaten

(1) Unzulässige Verwendung personenbezogener Daten von Mitarbeitern/Mitarbeiterinnen ist zu unterlassen. Die Geschäftsleitung hat Mitarbeiter/Mitarbeiterinnen vor unberechtigter Veränderung, Übermittlung und Löschung ihrer Daten zu schützen.

(2) Die Geschäftsleitung verpflichtet sich, personenbezogene Daten von Mitarbeitern/Mitarbeiterinnen nicht an Dritte, also außerhalb des Unternehmensbereichs, zu übermitteln. Unberührt bleiben Übermittlungen aufgrund gesetzlicher Vorschriften wie DüVo, an die Finanzämter etc. Übermittlungen von Daten an Dritte sind im Übrigen nur gestattet mit Einwilligung des betroffenen Mitarbeiters bzw. der betroffenen Mitarbeiterin.

B. Rechte des Mitarbeiters/der Mitarbeiterin

§ 5 Auskunftserteilung

Die Gesellschaft verpflichtet sich, auf Verlangen des Mitarbeiters bzw. der Mitarbeiterin bis zweimal im Jahr unentgeltlich eine vollständige Übersicht der über den Mitarbeiter/die Mitarbeiterin im Informationssystem gespeicherten Daten entschlüsselt und lesbar auszuhändigen.

§ 6 Veränderung gespeicherter Daten auf Verlangen des Mitarbeiters

Über einen Mitarbeiter bzw. eine Mitarbeiterin gespeicherte personenbezogene Daten sind auf Verlangen des/der Betroffenen zu berichtigen oder zu ergänzen, wenn der Mitarbeiter/die Mitarbeiterin die Unrichtigkeit oder Unvollständigkeit von Daten nachweist. Personenbezogene Daten, deren Richtigkeit vom Mitarbeiter bzw. von der Mitarbeiterin bestritten und vom Unternehmen nicht nachgewiesen werden, sind zu löschen, soweit nicht gesetzliche Vorschriften über die Aufbewahrung von Informationen entgegenstehen.

C. Rechte des Betriebsrats

§ 7 Unterrichtung des Betriebsrats

(1) Der Betriebsrat wird über die Planung und jede Änderung der Planung des Informationssystems rechtzeitig und umfassend unterrichtet. Auf Wunsch sind ihm erläuternde Unterlagen zur Verfügung zu stellen.

(2) Die Unterrichtung beginnt mit der Aufnahme der Planungsarbeiten. Der Betriebsrat wird laufend über die Installation bis zur Inbetriebnahme unterrichtet.

§ 8 Gegenstand der Unterrichtung

(1) Aus der Unterrichtung und Beratung muss für den Betriebsrat erkennbar sein, welche arbeitstechnischen Organisationen und/oder personellen Veränderungen beabsichtigt sind und wie sie durchgeführt werden.

(2) Die Unterrichtung erstreckt sich insbesondere auf
- Zielsetzung und wirtschaftlichen Umfang des Systems;
- sich aus dem System ergebende unmittelbare und mittelbare Rationalisierungspotentiale sowie die personellen Auswirkungen im Einzelfall;

- Auswirkungen auf die bisherigen Aufgaben und Arbeitsplätze;
- Veränderung der Arbeitsbedingungen;
- Auswirkungen auf den arbeitsplatzbezogenen Sachmitteleinsatz;
- von Veränderungen betroffene Werke, Abteilungen und Arbeitsplätze.

(3) Die Unterrichtung des Betriebsrats hat in jedem Falle so rechtzeitig zu erfolgen, dass Anregungen und Bedenken des Betriebsrats noch bei der Planung berücksichtigt werden können.

(4) Der Betriebsrat verpflichtet sich, seine Stellungnahmen jeweils unverzüglich abzugeben, um den Planungsverlauf nicht zu verzögern.

§ 9 Einsichtnahme durch den Betriebsrat

(1) Dem Betriebsrat wird auf Verlangen Einsicht in Ablauf und Funktionsweise des Systems und die dabei gefertigten Unterlagen gewährt. Einsicht erhält der Betriebsrat auf Wunsch in alle Anwendungen und Bedienungsvorschriften, Abläufe und in die Programmdokumentation.

(2) Der Betriebsrat erhält Einblick in personenbezogene Daten der betroffenen Mitarbeiter nur im Rahmen seiner Rechte nach dem BetrVG.

D. Schlussbestimmungen

§ 10 Bestellung eines Datenschutzbeauftragten

(1) Die Geschäftsleitung verpflichtet sich, den Datenschutzbeauftragten nur mit Zustimmung des Betriebsrats zu bestellen.

(2) Der Betriebsrat bildet einen Ausschuss für den Datenschutz, in dem der Datenschutzbeauftragte auf Wunsch des Betriebsrats jederzeit zu berichten hat.

§ 11 In-Kraft-Treten

Die Betriebsvereinbarung tritt am ▬▬▬ in Kraft. Sie kann mit einer Frist von drei Monaten zum Monatsende gekündigt werden.

10. Muster: Telefonanlage[11]

Zwischen

der Firma ▬▬▬

und

dem Betriebsrat der Firma ▬▬▬

wird folgende Betriebsvereinbarung über den Einsatz einer Telefonanlage getroffen:

§ 1

(1) Die Anlage dient ausschließlich dem Führen von Telefongesprächen sowie der Kostenerfassung und Kostenkontrolle von Dienst- und Privatgesprächen.

Telefongespräche von Mitarbeiterinnen/Mitarbeiter werden nicht abgehört oder aufgezeichnet. Besteht die Möglichkeit des Mithörens durch Dritte, so ist die Mitarbeiterin/der Mitarbeiter vorher davon zu unterrichten.

(2) Änderungen der Programme und der Hardware sind nur nach vorheriger Zustimmung des Betriebsrats zulässig.

§ 2 Leistungsmerkmale

Die Anlage wird ausschließlich mit den Standard-Leistungsmerkmalen und den in der Anlage 1 genannten zusätzlichen Leistungsmerkmalen ausgestattet.

§ 3 Erfassungsdaten

(1) Hausinterne Gespräche werden nicht erfasst.

(2) Bei Nahbereichsgesprächen werden die gesamten Gebühreneinheiten für die Firma in einer Summe erfasst.

---

11 Zu beachten ist, dass nach der Neufassung des Telekommunikationsgesetzes v. 25.6.2004 (BGBl. I S. 1190) bei Speicherung von Einzelnachweisen in Betrieben und Behörden die Mitteilung der Telefondaten nur zulässig ist, wenn der Teilnehmer in Textform erklärt hat, dass die Mitarbeiter informiert sind und künftige Mitarbeiter unverzüglich informiert werden (§ 99 Abs. 1 TKG); *Schimmelpfennig/Wenning*, DB 2006, 2290.

(3) Bei dienstlichen Ferngesprächen werden folgende Daten erfasst:
- Nebenstelle
- Gebühreneinheiten.

(4) Bei privaten Ferngesprächen werden folgende Daten erfasst:
- Nebenstelle
- Datum
- Gebühreneinheiten.

§ 4 Auswertung von Daten
(1) Dienstliche Ferngespräche werden pro Nebenstelle in einer monatlichen Kostensumme ausgewertet.
(2) Die Mitarbeiterinnen/Mitarbeiter können private Telefongespräche in dringenden Fällen während der Dienstzeit führen. Die Unterscheidung zwischen dienstlichen und privaten Ferngesprächen geschieht durch Vorwahl einer vierstelligen Kennziffer.
Private Ferngespräche werden entsprechend dem in der Anlage 2 aufgeführten Formular ausgewertet.

§ 5 Verwendung der Daten
(1) Für seine/ihre dienstlichen Ferngespräche erhält der/die Mitarbeiter/in für seine/ihre Nebenstelle die monatliche Telefonkostensumme schriftlich mitgeteilt. Die Geschäftsführung und die Abteilungsleiterinnen/Abteilungsleiter bekommen monatlich für ihren Zuständigkeitsbereich eine Telefonkostenübersicht.
(2) Für ihre/seine Privatferngespräche erhält die Mitarbeiterin/der Mitarbeiter in einem verschlossenen Umschlag monatlich eine Telefonkostenabrechnung entsprechend Anlage 2. Die Kasse erhält die Telefongebühren pro individuellen Verursacher in einer Summe. Innerhalb eines Monats sind die Telefonrechnungen an der Kasse zu bezahlen.

§ 6 Nutzung und Aufbewahrungsfristen
(1) Die elektronisch gespeicherten Daten der dienstlichen und privaten Telefongespräche werden nach der monatlichen Auswertung gelöscht.
(2) Die Aufbewahrungsfristen richten sich nach den gesetzlichen Bestimmungen.

§ 7 Datenschutz und Datensicherung
(1) Bei der Gebührenerfassung und -auswertung sind die Vorschriften des Schutzes personenbeziehbarer Daten einzuhalten.
(2) Eine über die Regelung dieser Vereinbarung hinausgehende Auswertung und Weiterverarbeitung erfolgt nicht.
(3) Zwischen Geschäftsführung und Betriebsrat vereinbarte Änderungen der Software und der Leistungsmerkmale der Telefonanlage können nur unter Aufsicht des innerbetrieblichen Datenschutzbeauftragten erfolgen. Für diese Aufgabe erhält er einen Schlüssel, ohne den eine Änderung nicht möglich ist.

§ 8 Meinungsverschiedenheiten
Entstehen bei der Anwendung dieser Betriebsvereinbarung Meinungsverschiedenheiten zwischen der Geschäftsführung und dem Betriebsrat, kann eine der genannten Seiten die Einigungsstelle anrufen. Der Spruch der Einigungsstelle ersetzt die Einigung zwischen Geschäftsführung und Betriebsrat.

§ 9 In-Kraft-Treten
Diese Betriebsvereinbarung tritt am ▬▬▬ in Kraft. Sie ist mit einer Frist von sechs Monaten, frühestens zum ▬▬▬, kündbar.

Anlage 1 – Zusätzliche Leistungsmerkmale
A. Für die Abfragestelle:
Nebenstellen-Besetztanzeige
Mitbenutzung der Kurzwahl-Zentrale für externe Ziele

B. Für die Nebenstellen:
Automatischer Rückruf
Kurzwahl-Zentrale für ▬▬▬ externe Ziele
Wahlwiederholung extern
Anrufumleitung variabel

Anlage 2

Telefonübersicht für private Ferngespräche von

Herrn/Frau ▪▪▪

Monat ▪▪▪

Lfd.-Nr.	Nebenstelle	Datum	Gebühreneinheiten	Betrag
▪▪▪	▪▪▪	▪▪▪	▪▪▪	▪▪▪
▪▪▪				
Summe privater Ferngespräche:				▪▪▪

11. Muster: Telefonanlage ACD[12]

Zwischen

der Geschäftsleitung der Firma ▪▪▪

und

dem Betriebsrat der Firma ▪▪▪

wird über die „ACD-Anlage" Meridian Automatic Call Distribution gemäß § 87 Abs. 1 Nr. 6 und 7 i.V.m. § 77 BetrVG folgende Betriebsvereinbarung geschlossen:

Präambel

(1) Mit dem Betreiben bzw. der Erweiterung der „Automatischen Anrufverteilung" wird der technische Fortschritt durch die Firma ▪▪▪ genutzt, um die Aufgabenerledigung im Telefonservice zu unterstützen.

(2) Die Geschäftsleitung und der Betriebsrat sind sich darüber einig, dass eine Nutzung der „Automatischen Anrufverteilung" einerseits der Verbesserung des Kundenservices und der Optimierung des Arbeitsablaufes dient, andererseits aber auch berechtigte Interessen der Mitarbeiter berücksichtigen soll. Daher bedarf die Anwendung der ACD-Anlage der vertrauensvollen Zusammenarbeit zwischen Geschäftsleitung und Betriebsrat.

§ 1 Ziel und Zweck der Vereinbarung

(1) Diese Betriebsvereinbarung dient dem Schutz der Beschäftigten vor Gefahren und negativen Auswirkungen der Nutzung interner Telekommunikationsanlagen mit ACD. Sie gewährleistet die Einhaltung der gesetzlichen Regelungen des Datenschutzes im Anwendungsfall und die Humanisierung der Arbeit. Für die Mitarbeiter soll Transparenz bei der Anwendung, eine Nutzerbeteiligung sowie Grundzüge der Ergonomie festgelegt werden.

(2) Zweck dieser Betriebsvereinbarung ist es, entsprechende Grundsätze, Regelungen und Beteiligungsinstrumente für alle Beschäftigten bei Planung und Einführung bzw. Anwendung festzulegen. Diese Betriebsvereinbarung gilt inhaltlich für Phasen und Komponenten der Nutzung von Telekommunikationsanlagen im Rahmen von ACD-Systemen. Zu den Komponenten zählen Hardware, Software, Netze, Schnittstellen, Daten und Arbeitsmethoden. Zu den Phasen zählen Planung, Pilotierung, Schulung, Entwicklung, Einführung, Anwendung, Änderung und Erweiterungen.

(3) Des Weiteren werden zum Schutz der Persönlichkeitsrechte des Einzelnen Regelungen über die Erhebung, Verarbeitung und Nutzung von personenbezogenen und beziehbaren Daten sowie über Schnittstellen festgelegt. Die wichtigsten Elemente des Datenschutzes werden konkretisiert und Kontrollmöglichkeiten für die Betriebsräte geschaffen. Individuelle Leistungs- und Verhaltenskontrollen werden ausgeschlossen.

§ 2 Geltungsbereich

Diese Betriebsvereinbarung gilt:

(1) sachlich für den Betrieb und die Einführung der in der Anlage 1 beschriebenen Automatischen Anrufverteilungsanlage (Meridian ACD-Anlage der Northern Telecom GmbH),

(2) räumlich für die Betriebsstätten der Firma ▪▪▪ und

(3) persönlich für alle Mitarbeiter, soweit hierfür die Bestimmungen des Betriebsverfassungsgesetzes Anwendung finden.

---

[12] Zu beachten ist, dass nach der Neufassung des Telekommunikationsgesetzes v. 25.6.2004 (BGBl. I S. 1190) bei Speicherung von Einzelnachweisen in Betrieben und Behörden die Mitteilung der Telefondaten nur zulässig ist, wenn der Teilnehmer in Textform erklärt hat, dass die Mitarbeiter informiert sind und künftige Mitarbeiter unverzüglich informiert werden (§ 99 Abs. 1 TKG); *Schimmelpfennig/Wenning*, DB 2006, 2290.

§ 3 Begriffsbestimmungen

(1) Sofern in dieser Betriebsvereinbarung der Begriff „Telekommunikationsanlage" verwandt wird, gelten die unter Abs. 1 bis 3 festgelegten Definitionen. Gleiches gilt, wenn nachfolgend der Begriff „Telekomminikationsanlage" als TK-Anlage abgekürzt wird. ACD bezeichnet eine Zusatzfunktion dienstlicher TK-Anlagen, die im Kundenservice eingesetzt werden.

(2) Soweit für die Datenverarbeitung innerhalb der TK-Anlagen zwischen Stamm-, Verbindungs-, Betriebs-, Statistik-, Revisions- und Installationsdaten unterschieden wird, sind darunter im Einzelnen zu verstehen:

Stammdaten: personenbezogene Daten, die das Nutzungsverhältnis des jeweiligen Teilnehmers festlegen;

Verbindungsdaten: personenbezogene Daten, die zur Bereitstellung der Verbindung erforderlich sind; unter anderem Rufnummern des anrufenden und angerufenen Teilnehmers, Beginn und Ende der jeweiligen Verbindung, genutzte Leistungsmerkmale;

Betriebsdaten: Daten, die zum Zwecke der Störungseingrenzung und Störungsbeseitigung erforderlich sind;

Statistikdaten: auf die Arbeitsgruppen Telefonberatung und Infoservice verdichtete Verbindungsdaten, ohne die Rufnummern der Teilnehmer;

Revisionsdaten: personenbezogene Daten, die bei der Protokollierung von Betriebsaktivitäten anfallen;

Inhaltsdaten: Daten über Inhalt von Telefongesprächen.

(3) Wesentliche über Abs. 1 und 2 hinausgehende Begriffe sind in Anlage 1 definiert. Darüber hinaus gelten die Begriffsbestimmungen des Bundesdatenschutzgesetzes (BDSG).

(4) Sofern in dieser Betriebsvereinbarung Personen und Personenkreise definiert werden (Benutzer, Mitarbeiter), wird dafür nur aus grammatikalischer Vereinfachung die männliche Ausdrucksform benutzt. Die Definitionen gelten für Frauen und Männer gleichermaßen.

(5) Telefonservice im Sinne dieser Betriebsvereinbarung bezeichnet Tätigkeiten in der Telefonberatung und im Infoservice.

§ 4 Kurzbeschreibung des Systems

(1) Das genannte System dient der Optimierung des Kunden- und Telefonservices. Es zielt auf die gleichmäßige Auslastung der angeschlossenen Telefonplätze, der Erhebung, Verarbeitung und Nutzung statistischer Daten zur ausreichenden Personalbereitstellung sowie zur Ansprache des Kunden während seiner Wartezeit.

(2) Zur Realisierung dieser Absichten wird eine ACD-Anlage mit der TK-Anlage verbunden und den Nutzern getrennt davon Informationsverarbeitungssysteme zur Verfügung gestellt, die die notwendige Information für den Telefon- und Kundenservice bereitstellen.

(3) Die Mitarbeiter können in die präzise Beschreibung des ACD-Systems Einsicht nehmen. Programmveränderungen werden den betroffenen Benutzern vor einer Implementierung zur Kenntnis gebracht. Die Mitarbeiter erhalten Kenntnis über

- alle im System festgehaltenen Datenfelder und Auswertungen,
- Systemarchitektur und das Konzept der Zugriffsberechtigungen,
- Hinweise auf die Benutzerbetreuung,
- den Text dieser Betriebsvereinbarung.

§ 5 Dokumentation des Systems/Bestandsverzeichnisse

(1) Folgende Anlagen, die Bestandteil dieser Betriebsvereinbarung sind, dokumentieren das System abschließend:

Anlage 1: Es werden ausschließlich die in der Anlage 2 genannten Hardwarebestandteile eingesetzt.

Anlage 2: Es findet ausschließlich die in der Anlage 2 genannte Software (Betriebsführungsprogramme) Verwendung (Release-Stand).

Anlage 3: ACD verfügt ausschließlich über die in Anlage 3 genannten Leistungsmerkmale auf Anwenderebene, die getrennt nach Systemmanager, System-Supervisor (Aufsichtsplatz) und Bedienerplatz aufgelistet werden (Auflistung der Zugriffsberechtigten).

Anlage 4: Angaben der Schnittstellen und der Vernetzung mit anderen Informations- und Kommunikationssystemen (zu welchen Systemen bestehen welche Art von Vernetzungen). Zweckbestimmungen auch bei Schnittstellen und Vernetzung mit anderen I&K-Systemen, bei personenbezogenen Daten und deren Auswertung.

Anlage 5: Musterausdruck der personenbezogenen Daten, die dort verarbeitet werden, bzw. Mitteilung, dass dort keine personenbezogenen Daten verarbeitet werden.

Anlage 6: Auflistung der verwendeten Statistiken.

Kapitel 2: Erzwingbare Betriebsvereinbarungen

(2) Die Anlagen werden laufend aktualisiert. Der Betriebsrat wird an der Fortentwicklung der Bestandsverzeichnisse entsprechend § 87 BetrVG beteiligt.

§ 6 Schutz personenbezogener Daten

(1) Anlage 5 enthält von allen zugelassenen Auswertungen und Ausgaben ein Muster. Andere als die darin genannten Daten werden nicht erhoben, verarbeitet und genutzt. Die Daten werden maximal für die Dauer eines Monats gespeichert, anschließend werden die Daten physikalisch gelöscht. Andere Ausgaben sind unzulässig und werden programmtechnisch unterbunden. Die Systemadministratoren werden nachweislich darauf hingewiesen, sie sind dem Betriebsrat zur Auskunft verpflichtet.

(2) Die real-time Anzeige des Status der einzelnen Plätze erfolgt nicht namensbezogen und dient ausschließlich der kurzfristigen Personalbereitstellung in ausreichendem Umfang. Die real-time Anzeige wird nicht abgespeichert und ausgedruckt, sie wird den Mitarbeitern erläutert und ist jederzeit zugänglich.

(3) Personenbezogene Daten werden im ACD-System ausschließlich im Rahmen folgender Zweckbestimmung erhoben, verarbeitet und genutzt:

Stammdaten sind personenbezogene Daten, die das Nutzungsverhältnis des jeweiligen Teilnehmers festlegen: Identifikation von eingesetzten Beschäftigten als Teil einer Arbeitsgruppe ohne einzelplatzbezogene Anwesenheitskontrolle durch ACD.

Verbindungsdaten: statistische Zwecke ohne Nachweis einzelner Verbindungen.

Betriebsdaten: Maßnahmen entsprechend § 31 BDSG.

Statistikdaten: Ermittlung des Anrufverhaltens der Kunden zur Feststellung einer ausreichenden Personalbereitstellung.

Inhaltsdaten von Telefongesprächen: einseitige Ansagetexte von MMO.

(4) Es werden im Rahmen der ACD-Nutzung nur Daten erhoben, verarbeitet und genutzt, die unmittelbar den vorstehenden Zweckbestimmungen dienen.

(5) Rufnummern von internen und externen Teilnehmern, von ankommenden oder abgehenden Gesprächen werden weder erhoben, verarbeitet noch genutzt.

(6) Inhalte von Telefongesprächen zwischen Kunden und Mitarbeitern werden nicht abgehört. Für Kunden eingerichtete Sprachspeicher- oder Anrufbeantwortersysteme werden nicht zur Erteilung von Arbeitsaufträgen an einzelne Mitarbeiter genutzt.

(7) Programmtechnisch ist verhindert, dass eine einzelplatzbezogene Statistik (Report 4) erstellt wird.

(8) Die Verwendung von Daten und Auswertungen ist nur im Rahmen der dienstlichen Aufgaben der jeweiligen Nutzer zulässig. Insofern ist auch die innerbetriebliche Weitergabe der Daten eingeschränkt.

(9) Eine Priorisierung von Abfrageplätzen wird ausgeschlossen.

§ 7 Schutz vor Leistungs- und Verhaltenskontrollen, Statistiken

(1) Es dürfen nur die in der Anlage 6 genannten Statistiken installiert und verwendet werden.

(2) Die in Abs. 1 genannten Statistiken werden auf den in der Anlage genannten Druckern ausgegeben. Der Ausdruck ist durch ein Passwort zu schützen und darf nur von GL, Supervisoren und Abteilungsleitern aktiviert werden.

(3) Der Betriebsrat erhält auf Anforderung alle Statistiken gemäß Abs. 1 angefertigt/ausgedruckt.

(4) ACD-Anlagen sind potentiell geeignet, Daten zur Leistung und zum Verhalten der Mitarbeiter zu erheben, zu verarbeiten und zu nutzen, insbesondere hinsichtlich

- der Anzahl der geführten Gespräche,
- der Dauer der geführten Gespräche,
- der Erreichbarkeit und der Wartezeit,
- der Gesprächsverluste (Abbruchs des Anrufs durch den Kunden).

(5) Die unter Abs. 4 genannten Daten und Auswertungen werden weder zu individuellen Leistungs- und Verhaltenskontrolle verwertet, noch dazu, arbeitsrechtliche Maßnahmen zu veranlassen und/oder zu begründen; auch werden diese Daten nicht zur Anwesenheitskontrolle oder zur Kontrolle des Arbeitsstatus einzelner Mitarbeiter genutzt.

(6) Statistische Daten werden ausschließlich zur Ermittlung des Auslastungsgrades der Arbeitsgruppen verwendet. Sofern in Einzelfällen diese Gruppen nur eine minimale Größe haben und deswegen Rückschlüsse auf einzelne Personen möglich wären, werden derartige Statistiken nicht dazu genutzt, personelle Entscheidungen gegenüber diesen Mitarbeitern zu treffen.

§ 8 Schnittstellen und technisch-organisatorische Schutzmaßnahmen

(1) Das in § 4 beschriebene System wird über die in Anlage 4 dokumentierte Auflistung der Schnittstelle verbunden, darin enthalten sind:

- datenabgebende und empfangende Stellen
- Art der Daten und der Auswertung
- Zweck und Zeitpunkt der Übergabe
- Löschfristen
- Art der Übergabe.

(2) ACD-Anlagen werden nur mit betrieblichen TK-Anlagen verknüpft. Eine Verknüpfung mit anderen DV-Systemen ist nicht zulässig. Schnittstellen im Sinne dieser Betriebsvereinbarung sind die Stellen, an denen Daten aus anderen DV-Systemen in ACD-Anlagen übernommen werden oder an andere DV-Systeme übergeben werden. Auch wenn Daten auf dem Papier- oder Listenwege an andere DV-Systeme weitergegeben oder übermittelt werden, ist dies in der Schnittstellenbeschreibung zu dokumentieren.

(3) Die Revisions- und Betriebsdaten sind gegen unbefugten Zugriff geschützt. Die Speicherung und Auswertung erfolgt ausschließlich zu Zwecken der Datenschutzkontrolle, der Datensicherung sowie der Sicherstellung eines ordnungsgemäßen Betriebes der ACD-Anlage. Zu diesem Zweck haben auch die Systemadministratoren Zugriff zu diesen Daten. Sie werden nachweislich darauf hingewiesen, dass die Erhebung, Verarbeitung und Nutzung der Daten aus dem ACD-System nicht für individuelle Leistungs- oder Verhaltenskontrollen erfolgen darf. Die Systemadministratoren sind den Betriebsräten zur Auskunft verpflichtet.

(4) Auf alle Auswertungen, insbesondere mit Betriebs-, Revisions- und Statistikdaten, müssen präzise Zweckbindung, User-Kennziffer, Benutzungszeitpunkt und Empfänger vermerkt sein.

(5) Eine unmittelbare Signalisierung des Auslastungsgrades, beziehbar auf einzelne Beschäftigte und des Status der einzelnen Bedienerplätze wird programmtechnisch verhindert. Zentralzeigedisplays sind nicht vorgesehen.

(6) Die Beschäftigten haben das Recht, sich zur Nachbearbeitung von Kundenfragen aus dem System auszuschalten. Die Nachbearbeitungszeiten werden durch den Beschäftigten selbst aktiviert oder verlängert.

(7) Bildschirmausdrucke der Online-Zustände sind ausschließlich zu Servicezwecken erlaubt.

§ 9 Datenschutz Rechte der Betroffenen

(1) Der ACD-Server wird in einem verschlossenen Raum aufbewahrt. Die Zutrittsberechtigung zum Server ist wie folgt festgelegt: Der in dieser Betriebsvereinbarung festgelegte Systemzustand ist gegen technische Veränderungen zu sichern und durch Passwort zu schützen.

(2) Jeder betroffene Mitarbeiter ist über die in den ACD-Anlagen verwendeten und auf ihn bezogenen oder beziehbaren Datenfelder und deren Zweckbestimmung wie folgt zu informieren: schriftlich, unentgeltlich und in einer für den Betroffenen verständlichen Form. Diese Informationen können die Beschäftigten jederzeit verlangen. § 34 BDSG bleibt unberührt. Die Information erfolgt bei Verfahrensänderungen erneut, auch bei wesentlichen Erweiterungen der TK- bzw. ACD-Anlage und einer Änderung der Zweckbestimmung der Datennutzung.

(3) Beschwerden von Mitarbeitern über Missachtung der persönlichen Rechte aus dem Bundesdatenschutzgesetz oder dieser Betriebsvereinbarung ist unverzüglich nachzugehen. Der Betriebsrat ist über alle dienstlichen Beschwerden zu unterrichten. Den Mitarbeitern dürfen bei Inanspruchnahmen des Beschwerderechts nicht gemaßregelt werden und keine Nachteile haben.

(4) Personelle Maßnahmen, die auf Informationen beruhen, die unter Verletzung dieser Betriebsvereinbarung gewonnen wurden, sind zurückzunehmen und sind als nicht existent (nichtig) zu betrachten.

§ 10 Wartung und Systemverwaltung

(1) Muss das in § 4 beschriebene System gewartet werden, wird der Betriebsrat rechtzeitig von der Notwendigkeit unterrichtet. Ihm wird darüber hinaus mitgeteilt, wann die Wartung beginnen soll. Der Betriebsrat hat während der Wartungszeit Zugangsrecht. Die Systemverwaltung wird von Beschäftigten des Hauses vorgenommen. Eine Übernahme der Systemverwaltung durch den Hersteller oder Dritte ist unzulässig.

(2) Die Wartung, Reparatur bzw. das Beheben von Störungen durch den Hersteller erfolgt ausschließlich im Hause.

(3) Alle Wartungs-, Reparatur- und Systemverwaltungsarbeiten sowie die Nutzung von Anwendungsprogrammen sind generell zu protokollieren.

(4) Die Zugriffsberechtigten auf System- und Anwendungsprogramme sowie Dateien sind in Anlage 3 (gemäß § 4 Abs. 1) festgeschrieben.

§ 11 Rechte der Beschäftigten

(1) Alle Beschäftigten werden umfassend in die Eigenschaften des Systems eingewiesen, um ein grundsätzliches Verständnis für diese Technik und die damit zusammenhängenden Probleme zu bekommen (Transparenz des Systemverhaltens). Hierzu zählen insbesondere:

- die Leistungsmerkmale der ACD-Anlage,
- die Darstellung der Kommunikationsumgebung,
- die individuell nutzbaren Leistungsmerkmale,
- die Funktionsweise der Telefonnebenstellenanlage,
- die Inhalte dieser BV.

(2) Im internen und externen Telefonverkehr werden keine Rufnummern gesperrt.

(3) Die Umleitung von Gesprächen auf andere Nebenstellen ist nur nach dem Einverständnis der Betroffenen zulässig.

(4) Bei Einführung des Telefonservice werden zur Gestaltung der Arbeitserledigung folgende Grundsätze eingehalten:

- Es sollen keine einseitigen, körperlichen oder psychischen Dauerbelastungen entstehen;
- die Aufgabenerledigung soll möglichst in Form von Mischarbeitsplätzen im Wechsel zwischen DV-gestützten und DV-freien Tätigkeiten erfolgen.

(5) Die Einführung und Fortentwicklung des Telefonservice berücksichtigt die jeweils neuesten arbeitswissenschaftlichen gesicherten Erkenntnisse und den Stand der Technik.

(6) Die Arbeit im Telefonservice wird an Bildschirmarbeitsplätzen verrichtet. Die Tätigkeit erfordert in der Regel arbeitstäglich mindestens 2 Stunden ständigen Blickkontakt zum Bildschirm. Deswegen wird zur Entlastung und Vermeidung von physischer Überbeanspruchung für jede Stunde Tätigkeit am Bildschirm nach Maßgabe des § 7 TV 366 eine zehnminütliche bezahlte Pause für alle betroffenen Mitarbeiter gewährt.

§ 12 Rechte des Betriebsrats

(1) Über Maßnahmen, die ACD und Telefonservice betreffen, sind die Betriebsräte rechtzeitig und umfassend zu unterrichten. Die Information und die Beteiligung haben so rechtzeitig zu erfolgen, dass Vorschläge, Anregungen oder Bedenken der Betriebsräte bei Entscheidungen berücksichtigt werden können und noch keine betrieblichen Sachzwänge geschaffen sind. Rechtzeitig ist die Unterrichtung dann, wenn sie erfolgt, solange noch unterschiedliche Lösungsalternativen im Interesse der Mitarbeiter berücksichtigt werden können.

(2) Der Betriebsrat hat zum Zwecke der Kontrolle der Betriebsvereinbarung Zugang zu allen Geräten des Systems. Die für das System zuständigen Mitarbeiter sind ihm zur Auskunft verpflichtet. Die Betriebsräte können sich zur sachgerechten Wahrnehmung ihrer Aufgaben Informationen und Hilfen des Arbeitgebers bedienen. Der Betriebsrat hat das Recht, im Rahmen des § 37 Abs. 6 BetrVG externe Schulungen zu besuchen, um sich die notwendigen Kenntnisse zur Wahrnehmung ihrer Aufgaben bei der Einführung und Anwendung von ACD und Telefonservice anzueignen. Der Betriebsrat hat das Recht, gemäß § 80 Abs. 3 BetrVG einen Sachverständigen seiner Wahl hinzuzuziehen. Hierfür entstehende Kosten trägt der Arbeitgeber.

(3) Der Betriebsrat kann jederzeit die Systemprotokolle gemäß § 9 Abs. 3 dieser Betriebsvereinbarung vorlegen lassen. Er hat das Recht, den Ausdruck der Systemdaten jederzeit zu verlangen.

(4) Über geplante Änderungen und Erweiterungen des Systems ist der Betriebsrat rechtzeitig, d.h. vor Auftragsvergabe, anhand von aussagefähigen Unterlagen zu informieren.

(5) Alle Anlagen sind Bestandteil dieser Betriebsvereinbarung, jede Änderung und Erweiterung der Anlagen bedarf der Zustimmung des Betriebsrats.

(6) Der Betriebsrat wird im Rahmen seiner Beteiligungsrechte einbezogen, wenn ACD-Auswertungen für die Berechnung der personellen Ausstattung der Niederlassung herangezogen werden.

§ 13 Schlussbestimmungen, In-Kraft-Treten und Kündigung

(1) Die Geschäftsleitung und der Betriebsrat verpflichten sich, Meinungsverschiedenheiten bzw. Auslegungsstreitigkeiten, die sich bei der Anwendung und Auslegung der Betriebsvereinbarung ergeben, nach Möglichkeit einvernehmlich zu lösen. Wenn dieses Einvernehmen nicht erzielt wird, entscheidet die Einigungsstelle im Rahmen des BetrVG.

(2) Bei einer gravierenden und durch diese Betriebsvereinbarung nicht mehr abgedeckten Weiterentwicklung von ACD und Telefonservice verpflichtet sich die Niederlassungsleitung, die hier getroffenen Regelungen in eine neue Betriebsvereinbarung entsprechend zu übernehmen. Gleiches gilt für den Fall der Ablösung von ACD oder Teilen davon durch ein anderes DV-System. In beiden Fällen werden bis zum Abschluss einer neuen Betriebsvereinbarung die neuen Komponenten/Anlagen nicht genutzt. Ein Probebetrieb findet nicht statt.

(3) Diese Betriebsvereinbarung tritt zum ▬▬▬ in Kraft. Sie kann unter Einhaltung einer Frist von drei Monaten zum Schluss eines Kalenderjahres gekündigt werden. Nach Eingang der Kündigung müssen unverzüglich Verhandlungen über eine neue Betriebsvereinbarung aufgenommen werden. Bis zum Abschluss der neuen Betriebsvereinbarung gilt diese Vereinbarung weiter. Streitigkeiten über die Auslegung dieser Betriebsvereinbarung entscheidet die Einigungsstelle.

12. Muster: Telefonieren mit betrieblichem Handy

Zwischen

der Firma ▬▬▬

– im Folgenden „Firma" genannt –

und

dem Betriebsrat der Firma ▬▬▬

wird folgende Betriebsvereinbarung geschlossen:

§ 1 Ziel und Zweck der Vereinbarung

Die Firma stellt Mobilfunkgeräte zur betrieblichen Nutzung zur Verfügung. Mit dieser Betriebsvereinbarung (im Folgenden „BV" genannt) sollen Regelungen bereitgestellt werden, die es ermöglichen, den Arbeitnehmerdatenschutz zu sichern sowie die Nutzer betrieblicher Mobilfunkeinrichtungen vor unberechtigten arbeitsrechtlichen und steuerlichen Nachteilen zu schützen. Letzteres gilt auch für die Firma. Diese BV soll es erleichtern, nichtbetrieblich veranlasste Telefonkosten zu vermeiden.

§ 2 Geltungsbereich

Diese BV gilt für alle Beschäftigten der Firma, soweit sie unter den Geltungsbereich des BetrVG fallen.

§ 3 Bereitstellung von Mobilfunkgeräten

(1) Nach Entscheidung der Kostenverantwortlichen stellt die Firma den unter § 2 genannten Beschäftigten im erforderlichen Umfang Mobilfunkgeräte und Telekarten (D-Netz) unentgeltlich zur Verfügung. Die Bereitstellung erfolgt arbeitsplatzbezogen bzw. für die Erledigung einer bestimmten Aufgabe.

(2) Bei der Überlassung der Mobilfunkeinrichtungen muss der Nutzer die in Anlage 1 beigefügte Erklärung unterschreiben.

§ 4 Nutzung der Mobilfunkeinrichtungen

Alle Mobilfunkeinrichtungen sind nur für Gespräche/SMS oder ähnliche Dienste zu nutzen, die im betrieblichen Interesse geführt werden. Privatgespräche, private SMS oder ähnliche Dienste zu Lasten der dienstlichen Karte sind untersagt. Anrufe zu Hause, die dienstlich veranlasst sind, werden nicht ausgeschlossen.

§ 5 Prüfung der Nutzung von Mobilfunkeinrichtungen

(1) Prüfungen sind erforderlich, um die ordnungsgemäße Nutzung der Mobilfunkeinrichtungen sicher zu stellen und damit die an den Betreiber der Mobilfunkanlagen entrichteten Beträge nicht der Umsatzsteuer unterfallen.

(2) Die Parteien gehen davon aus, dass jeder Nutzer für die in § 4 beschriebene Nutzung monatlich maximal 75 EUR verbraucht. Soweit der monatliche Rechnungsbetrag eines Mobilfunkgerätes 75 EUR übersteigt, erhält der betroffene Nutzer einen Einzelverbindungsnachweis, anhand dessen er die Nutzung gemäß § 4 zunächst selbst überprüfen kann. Sollten im Ausnahmefall nicht betrieblich veranlasste Gespräche geführt worden sein, sind diese Gespräche/SMS vom Nutzer zu kennzeichnen und die dafür aufkommenden Verbindungsentgelte zu erstatten, indem sie mit der nächsten Gehaltsabrechnung verrechnet werden. Weiterhin führen der Nutzer sowie dessen Vorgesetzter ein Gespräch, in dem die Vermeidung unnötiger Mobilfunk-Kosten erörtert wird. Dieses Gespräch wird mindestens sieben Tage vorher vereinbart, um dem Betriebsrat die Möglichkeit der Teilnahme an diesem Gespräch zu eröffnen.

(3) Bei monatlichen Rechnungsbeträgen von unter 75 EUR überprüft die Firma stichprobenartig anhand von Einzelverbindungsnachweisen, ob die Regelungen des § 4 eingehalten wurden. Die Art und Weise der Überprüfung ergibt sich aus der Anlage 3. Weitere Prüfungen und Prüfungen zu anderen Zwecken sind ausgeschlossen.

(4) Eine Überprüfung der Rechnungsbeträge findet nicht statt bei Betriebsräten, Jugend- und Auszubildendenvertreter, Schwerbehindertenvertreter, Sozialarbeiter, Betriebsärzte, Datenschutzbeauftragte und Gleichstellungsbeauftragte, soweit die jeweilige Personengruppe im Betrieb vorhanden ist.

§ 6 Datenschutz, Schutz vor Missbrauch

(1) Der Einzelverbindungsnachweis der Netzbetreiber darf folgende Angaben enthalten:

- Kartennummer, Funkrufnummer
- Datum des Gesprächs
- Uhrzeit des Gesprächs
- Dauer des Gesprächs
- Zielrufnummer
- Nettopreise

(2) Der Schutz der in dieser BV erhobenen und genutzten Daten ist in Anlage 2 dargestellt.

§ 7 Pflichten des Nutzers von Mobilfunkgeräten

Jeder Beschäftigte, dem Mobilfunkgeräte zur Erledigung seiner Aufgaben zur Verfügung gestellt werden, ist verpflichtet, die Geräte sorgfältig zu behandeln und sicher aufzubewahren. Im Falle eines Verlustes oder eines Diebstahls ist sofort die für die Ausgabe der Geräte zuständige Stelle zu informieren. Der Nutzer haftet für den Verlust oder die Beschädigung von Mobilfunkgeräten ab mittlerer Fahrlässigkeit.

§ 8 Schlussbestimmungen

Mobilfunkeinrichtungen für die dienstliche Nutzung werden ausschließlich nach den Regelungen dieser BV überlassen.

Diese BV tritt mit Wirkung vom ■■■ in Kraft und kann von jeder Seite mit einer Frist von 6 Monaten zum Monatsende gekündigt werden. Im Falle der Kündigung wirkt diese BV bis zum Abschluss einer neuen BV nach.

Die Anlagen dieser BV sind deren Bestandteil.

Durch diese BV werden die Bestimmungen des BetrVG weder eingeschränkt noch erweitert.

Anlage 1 der BV über den innerbetrieblichen Einsatz von Mobilfunkgeräten vom ■■■

Frau/Herr ■■■

werden von der Firma ein D-■■■-Netz Mobilfunkgerät und eine D-■■■-Telekarte

Karten-Nummer: ■■■

Ruf-Nummer: ■■■

für betriebliche Zwecke zur Verfügung gestellt. Für die Erledigung der Aufgaben ist der Einsatz eines Mobilfunkgerätes erforderlich. Das Mobilfunkgerät und die Telekarte werden auf Anweisung des Vorgesetzten arbeitsplatzbezogen bzw. für bestimmte Aufgaben eingesetzt und darf nicht für private Zwecke verwendet werden.

Auf das Verbot der privaten Nutzung gemäß der BV vom ■■■ wurde die Mitarbeiterin/der Mitarbeiter hingewiesen.

Der Nutzer des Gerätes ist dafür verantwortlich, dass eine missbräuchliche Nutzung ausgeschlossen ist und dass das Gerät sicher aufbewahrt wird. Disziplinarrechtliche/arbeitsrechtliche Maßnahmen sollen nur bei erheblichem Missbrauch ins Auge gefasst werden.

Der Nutzer haftet für den Verlust oder die Beschädigung von Mobilfunkgeräten gemäß der Regelung der BV über den innerbetrieblichen Einsatz von Mobilfunkgeräten.

Gerät und Telekarte habe ich erhalten, die Bedingungen sind mir bekannt.

Ich erkläre mich informiert im Sinne von § 99 Abs. 1 Telekommunikationsgesetz.

(Datum/Unterschrift)

Anlage 2 der BV über den innerbetrieblichen Einsatz von Mobilfunkgeräten vom ■■■ – Datenschutz und Datensicherungskonzept

1. Ziel und Zweck

Das Unternehmen stellt Mobilfunkgeräte zur betrieblichen Nutzung zur Verfügung. Mit dieser Betriebsvereinbarung sollen Regelungen bereitgestellt werden, die es ermöglichen, den Arbeitnehmerdatenschutz zu sichern sowie die Nutzer betrieblicher Mobilfunkeinrichtungen vor unberechtigten arbeitsrechtlichen und steuerlichen Nachteilen zu schützen. Letzteres gilt auch für die Firma. Diese BV soll es erleichtern, nichtbetrieblich veranlasste Telefonkosten zu vermeiden. Prüfungen sind auch erforderlich, damit die an den Betreiber der Mobilfunkanlagen entrichteten Beträge nicht der Umsatzsteuer unterfallen.

2. Allgemeine Schutzmaßnahmen

Personen, die mit der Verarbeitung personenbezogener Daten aus dieser BV beschäftigt sind, ist es gemäß § 5 BDSG untersagt, diese Daten unbefugt zu verarbeiten oder zu nutzen.

Diese Beschäftigten werden in einer gesonderten Unterweisung auf die Einhaltung des Datenschutzes besonders hingewiesen.

Der Personenkreis ist dem Betriebsrat mitzuteilen.

3. Organisatorische Maßnahmen

Nach § 9 BDSG sind Maßnahmen zu treffen, die nach Art der zu schützenden personenbezogenen Daten dazu geeignet sind, diese zu schützen.

Aufwand und Umfang der Maßnahmen zur Datensicherung müssen dem Zugewinn an Datensicherheit sowie der Bedeutung und dem Schutzbedürfnis angemessen sein. Danach gelten für die Benutzung der Einzelverbindungsnachweise folgende Grundsätze.

Den mit den Einzelverbindungsnachweisen befassten Beschäftigten ist es untersagt, die geschützten personenbezogenen Daten zu einem anderen Zweck als dem zur jeweiligen rechtmäßigen Aufgabenerfüllung gehörenden Zweck zu verarbeiten, bekannt zu geben, zugänglich zu machen oder sonst zu nutzen.

Es wird sichergestellt, dass keine anderen Personen außer die in der BV genannten Personen und Stellen (Human Ressources, Betriebsrat, die entsprechende Mitarbeiterin bzw. der entsprechende Mitarbeiter und der betreffende Vorgesetzte bzw. Kostenverantwortliche) Zugang zu den Einzelverbindungsnachweisen erhalten.

Nach Gebrauch der Einzelverbindungsnachweise werden diese vernichtet, sofern die Aufbewahrung nicht aus steuerlichen Gründen geboten ist. Aus Vereinfachungsgründen und um einen schnellen Zugriff auf die geprüften Einzelverbindungsnachweise bei Lohnsteuer-Außenprüfungen zu ermöglichen, sind die Einzelverbindungsnachweise daher in gesonderten Akten bei den oben genannten Stellen aufzubewahren.

Transportkontrolle: Die Transportkontrolle stellt sicher, dass bei der Übermittlung personenbezogener Daten sowie beim Transport diese nicht unbefugt gelesen, verändert oder gelöscht werden können.

Eine darüber hinausgehende maschinelle Speicherung und Auswertung der Daten erfolgt nicht.

Anlage 3 der BV über den innerbetrieblichen Einsatz von Mobilfunkgeräten vom ▬▬▬ – Durchführung der Überprüfungen

Die Geschäftsleitung, vertreten durch Human Ressources (HR), und der Betriebsrat (BR), legen gemeinsam drei aufeinander folgende Monate im Jahr fest, an denen eine Überprüfung anhand der Einzelverbindungsnachweise stattfinden soll. In diesen Monaten werden je 5 % der Rufnummern überprüft, bei denen das Gebührenaufkommen inklusive Grundgebühr eine Gesamtsumme von 75 EUR nicht übersteigt. Sofern ein Nutzer mehr als 75 EUR monatlich verbraucht, wird das in der BV beschriebene Verfahren angewandt. HR ermittelt für den jeweils festgelegten Monat die in Frage kommenden Rufnummern.

Aus diesen wird gemeinsam mit dem BR die oben genannte Anzahl (5 %) ausgelost, für die ein Einzelverbindungsnachweis angefordert werden soll.

Die Anforderung erfolgt dann für die auf die jeweilige Auslosung folgenden drei Abrechnungsmonate. Der Mitarbeiter ist über die bevorstehende Überprüfung nachweislich zu unterrichten. Der Netzbetreiber wird dann um Zusendung der entsprechenden Einzelverbindungsnachweise gebeten.

Den Einzelverbindungsnachweis erhält HR und leitet ihn an die jeweilige Mitarbeiterin/den jeweiligen Mitarbeiter weiter.

Die Mitarbeiterin/Der Mitarbeiter kontrolliert ihren/seinen Einzelverbindungsnachweis und versieht ihn ggf. mit dem Hinweis „kein Privatgespräch geführt" oder § 6 (2) findet Anwendung.

Nachdem sie/er ihn unterzeichnet hat, leitet sie/er den Einzelverbindungsnachweis an seinen Kostenstellenverantwortlichen weiter.

Der Kostenstellenverantwortliche prüft den Einzelverbindungsnachweis und schickt ihn anschließend mit seiner Unterschrift versehen an HR zurück.

Die geprüften Einzelverbindungsnachweise werden dort anschließend in einem gesonderten Ordner summarisch und chronologisch aufbewahrt und nach Ablauf der Aufbewahrungsfristen bzw. nach Ende der Lohnsteuer-Außenprüfung vernichtet.

13. Muster: Video- und Kameraüberwachung[13]

Zwischen

der Firma ▪▪▪

– nachstehend: GmbH –

und

dem Betriebsrat der Firma ▪▪▪

– nachstehend: Betriebsrat –

wird folgende Betriebsvereinbarung zur Video- und Kameraüberwachung geschlossen:

§ 1 Geltungsbereich
Die Betriebsvereinbarung gilt für die Einführung und Anwendung des Kameraüberwachungssystems ▪▪▪. Sie gilt für alle Beschäftigten der GmbH in den Standorten ▪▪▪.

§ 2 Zweckbindung
Das Kameraüberwachungssystem dient ausschließlich

- der Verringerung bzw. Verhütung von Diebstählen auf dem Firmengelände
- ▪▪▪

§ 3 Leistungs- und Verhaltenskontrolle
Das Kameraüberwachungssystem wird nicht zu Zwecken der Leistungs- und Verhaltenskontrolle, zum Leistungsvergleich oder zur Leistungsbemessung der Beschäftigten genutzt.

§ 4 Betroffene Abteilungen
Eine Ganzhausüberwachung ist ausgeschlossen. Die Einführung und Anwendung von Kameras erfolgt ausschließlich in den in der Anlage 1 aufgelisteten Abteilungen.

§ 5 Systemdokumentation
Das Kameraüberwachungssystem wird nachfolgend abschließend dokumentiert. Die Anlagen sind Bestandteil der Betriebsvereinbarung und von beiden Seiten zu unterzeichnen.

(1) Geräte: In Anlage 2.1 sind alle eingesetzten Geräte mit den Standorten dokumentiert.

(2) Systembeschreibung: Anlage 2.2 enthält die Systembeschreibung mit dem Vernetzungskonzept.

(3) Position: In Anlage 2.3 sind die Positionen der Kameras mit ihrer tatsächlichen Reichweite anhand von Skizzen dokumentiert.

§ 6 Schnittstellen, Übermittlung der Daten
(1) Intern: Bilddaten des Kameraüberwachungssystems werden digital ausschließlich in einem eigenständigen und mit keinem anderen verbundenen System verarbeitet. Daten werden nicht an andere interne technische Systeme übermittelt.

(2) Extern: Bilddaten des Kameraüberwachungssystems werden nur innerhalb des Betriebes verarbeitet und nicht an Dritte i.S.d. BDSG weitergegeben. Eine Ausnahme besteht nur im Deliktsfall an polizeiliche Dienststellen.

§ 7 Aufzeichnungen
Eine Aufzeichnung erfolgt nicht ganztägig, sondern nur zeitweise. Die Mitarbeiterinnen und Mitarbeiter des Werkschutzes schalten in eigenem Ermessen und nur bei einem zu erwartenden Diebstahl das Aufzeichnungsgerät ein.

§ 8 Aufbewahrung und Löschung der Videobänder
(1) Eingesetzte Videobänder werden durchnummeriert und mit dem Datum der Aufnahme versehen. Bespielte Bänder sind im Monitorraum unter Verschluss zu halten.

(2) Die Bänder (bzw. Bilddateien) werden jeweils am Tagesende, spätestens mit Beginn des nächsten Arbeitstages gelöscht oder vernichtet.

(3) Videobänder (bzw. Bilddateien) mit aufgezeichneten Delikten werden nach Wegfall ihres Zweckes gelöscht.

(4) Werden Delikte von Beschäftigten weitergeleitet, wird der Betriebsrat unverzüglich informiert. Die Aufzeichnung wird ausschließlich in Anwesenheit des Betriebsrats ausgewertet.

---

13 Abdruck aus RDV 2000, 18.

§ 9 Rechte und Pflichten des Werkschutzes

(1) Die Mitarbeiterinnen und Mitarbeiter des Werkschutzes nehmen ausschließlich Überwachungen nach dieser Betriebsvereinbarung vor. Sie geben keine Information über die Beschäftigten an Mitarbeiterinnen/Mitarbeiter der GmbH oder an Dritte weiter.

(2) Die Mitarbeiterinnen und Mitarbeiter des Werkschutzes werden auf Einhaltung der Regelungen dieser Betriebsvereinbarung verpflichtet.

§ 10 Rechte der Beschäftigten

(1) Die GmbH stellt sicher, dass alle Beschäftigten über Einsatz und Leistungsumfang des Überwachungssystems umfassend informiert sind. Eine heimliche Überwachung ist ausgeschlossen.

(2) Alle Beschäftigten werden vor der Anwendung des Kameraüberwachungssystems über die Regelungen dieser BV informiert. Den Beschäftigten der betroffenen Abteilungen wird mit Inbetriebnahme die Reichweite der Kameras an den Monitoren demonstriert. Dies gilt in gleicher Weise für neu eingestellte Beschäftigte.

§ 11 Rechte des Betriebsrats

Bei Ausübung seiner Kontrollrechte kann der Betriebsrat den Raum mit den Monitoren unangemeldet betreten. Die Mitarbeiterinnen und Mitarbeiter des Werkschutzes sind dem Betriebsrat zur Auskunft verpflichtet.

§ 12 Zugang zum Monitorraum, Zugriffsberechtigungen

(1) Zugang zu dem Raum mit den Monitoren und Zugriff auf das Kamerasystem einschließlich der Videobänder (bzw. Bilddateien) haben ausschließlich die in Anlage 3 aufgelisteten Mitarbeiterinnen und Mitarbeiter des Werkschutzes.

(2) Zugang oder Zugriff anderer Personen (insb. Vorgesetzter/Geschäftsführung) erfolgt nur mit Zustimmung des Betriebsrats. Hierbei ist mindestens ein Mitglied des Betriebsrats anwesend.

(3) Wartungs- und Reinigungspersonal hat nur Zugang zu dem Raum im Rahmen seiner Aufgaben.

(4) Die Anwesenheit aller Personen im Monitorraum wird in einem Logbuch protokolliert.

§ 13 Änderungen und Erweiterungen

(1) Änderungen und Erweiterungen der Anlage sind nur mit Zustimmung des Betriebsrats zulässig.

(2) Der Betriebsrat wird bereits im Planungsstadium einer Änderung oder Erweiterung eingeschaltet, so dass Vorschlägen und Bedenken des Betriebsrats Rechnung getragen werden kann.

§ 14 Abschaffung des Kameraüberwachungssystems

(1) Überwachung durch Kameras ist nur statthaft, wenn alle anderen Möglichkeiten, den in § 2 genannten Zweck des Einsatzes zu erfüllen, erschöpft sind.

(2) Die Kameraüberwachung wird dann abgeschafft, wenn alternative und wirksame Sicherungsmethoden auf dem Markt sind. Die Sicherungssysteme sind dann als wirksam anzusehen, wenn sie

- den in § 2 genannten Zweck erfüllen können und
- den Kontrolldruck der Beschäftigten zu verringern in der Lage sind.

§ 15 In-Kraft-Treten und Kündigung

Diese Betriebsvereinbarung tritt mit Unterzeichnung in Kraft. Sie gilt bis zum ▬▬▬.

IV. Entgeltregelungen

1. Muster: Freiwillige Gratifikation

Zwischen

der Firma ▬▬▬

und

dem Betriebsrat der Firma ▬▬▬

wird die nachfolgende Betriebsvereinbarung über Zahlung einer freiwilligen Gewinnbeteiligung geschlossen.

§ 1 Geltungsbereich

(1) Gewinnbeteiligt sind alle Mitarbeiterinnen und Mitarbeiter, die im jeweiligen Geschäftsjahr ununterbrochen als Arbeitnehmerinnen oder Arbeitnehmer für die Firma in einem ungekündigten Arbeitsverhältnis tätig sind.

(2) An der Gewinnbeteiligung nehmen nicht teil Mitarbeiterinnen und Mitarbeiter, die mehr als 10 Wochen im Geschäftsjahr wegen Beurlaubung, Krankheit, Wehrdienst, Mutterschaft oder aus vergleichbaren Gründen keine Arbeitsleistung erbracht haben, sowie die Auszubildenden, Praktikanten und Volontäre. Teilzeitbeschäftigte Arbeitnehmerinnen und Arbeitnehmer erhalten entsprechend ihrem Arbeitszeitanteil eine Gewinnbeteiligung. Befristet beschäftigte Mitarbeiterinnen und Mitarbeiter erhalten eine Gewinnbeteiligung, wenn sie für die Dauer eines Geschäftsjahres in der Firma tätig waren.

§ 2 Berechnung des Gewinnanteils

(1) 6 % des in einem Geschäftsjahr nach Abzug von Steuern erzielten Gewinns stellt die Firma den Mitarbeiterinnen und Mitarbeitern zur Verfügung. An einem Verlust nehmen die Mitarbeiterinnen und Mitarbeiter nicht teil.

(2) Der ausgeschüttete Gewinnanteil ist zu teilen durch die Gesamtzahl der für sämtliche Mitarbeiterinnen und Mitarbeiter errechneten Punkte.

(3) Die Punkte werden von dem Vorgesetzten jedes Mitarbeiters in Form einer abschließenden, jährlichen Leistungsbeurteilung vergeben. Für eine nicht ausreichende Leistung wird kein Punkt vergeben. Für eine ausreichende Leistung erhält der Mitarbeiter 5 Punkte, für eine befriedigende Leistung erhält er 10 Punkte, für eine gute Leistung werden 20 Punkte und für eine besonders hervorragende Leistung werden 40 Punkte in Ansatz gebracht.

§ 3 Fälligkeit

(1) Die Gewinnanteile sind spätestens neun Monate nach Abschluss eines Geschäftsjahres oder zwei Monate nach Feststellung des Jahresabschlusses fällig.

(2) Jede Mitarbeiterin/Jeder Mitarbeiter kann innerhalb einer Frist von zwei Monaten nach Fälligkeit Einwendungen gegen die Berechnung erheben. In diesem Falle findet eine Besprechung zwischen einem zuständigen Mitarbeiter der Firma und einem Betriebsratsmitglied in Anwesenheit des Beschwerdeführers und des Vorgesetzten des Beschwerdeführers statt. Können sich in dieser Besprechung die Parteien nicht einigen, bleibt der Mitarbeiterin/dem Mitarbeiter der Weg zu den Arbeitsgerichten.

§ 4 Freiwilligkeitsvorbehalt

Bei der Betriebsvereinbarung über eine freiwillige Gewinnbeteiligung handelt es sich um eine freiwillige Vereinbarung der Firma mit dem Betriebsrat zu Gunsten der Belegschaft. Diese Vereinbarung kann, ohne dass sie eine Nachwirkung entfaltet, mit einer Frist von drei Monaten zum Monatsende gekündigt werden. Wird die Kündigung während eines laufenden Geschäftsjahres ausgesprochen, entfallen in dem Geschäftsjahr die Zahlung der Gewinnbeteiligung und auch die Zahlung einer anteiligen Gewinnbeteiligung.

2. Muster: Prämiensystem für Mitarbeiter im Verkauf

Zwischen

der Firma ▬▬▬

und

dem Betriebsrat der Firma ▬▬▬

wird folgende Betriebsvereinbarung über ein Prämiensystem für Mitarbeiter im Verkauf geschlossen:

§ 1 Regelungsgegenstand und Zweck der Vereinbarung

(1) Regelungsgegenstand dieser Betriebsvereinbarung ist die Einführung eines freiwilligen Prämiensystems für die im Verkauf der Firma beschäftigten Mitarbeiterinnen und Mitarbeiter.

(2) Zweck dieser Regelung ist die Schaffung von Leistungsanreizen für die Mitarbeiterinnen und Mitarbeiter durch Einführung einer Leistungsprämie.

(3) Die Einführung der Prämienregelung erfolgt freiwillig und begründet keine Rechtsansprüche über die Geltungsdauer der Betriebsvereinbarung hinaus.

§ 2 Persönlicher Anwendungsbereich

(1) Diese Betriebsvereinbarung regelt die Prämienleistungen für Mitarbeiterinnen und Mitarbeiter der Firma, die im Bereich des Verkaufs beschäftigt sind.

(2) Die Gewährung der Prämien setzt voraus, dass die einzelne Mitarbeiterin/der einzelne Mitarbeiter bereits sechs Monate in der Firma beschäftigt ist. Aushilfsmitarbeiterinnen/Aushilfsmitarbeitern wird keine Prämienzahlung gewährt.

(3) Die Prämienregelung findet keine Anwendung auf Personen, die den Regelungen der § 4 Abs. 3 Satz 1 Nr. 1 MuSchG oder § 23 Abs. 1 Nr. 1 JArbSchG unterfallen.

§ 3 Verhältnis zur tariflichen Vergütung
(1) Die für die Einzelarbeitsverträge maßgebliche tarifliche Vergütung bleibt von der Prämienregelung unberührt.

(2) Die von dieser Regelung erfassten Prämien sind freiwillige und außertarifliche Vergütungen für besondere Leistungen.

§ 4 Voraussetzungen und Höhe der Prämienzahlung; Einschränkungen der Prämienzahlung
(1) Die Gewährung der Prämie ist abhängig von dem erzielten Umsatz der einzelnen Mitarbeiterin/des einzelnen Mitarbeiters. Bei Nichtarbeit (Urlaub, Krankheit u.a.) erfolgt keine Prämienzahlung. Die Prämienzahlung erfolgt unabhängig von der geleisteten Arbeitszeit der Mitarbeiterin/des Mitarbeiters.

(2) Die Höhe der Prämie wird für jede/jeden im Verkauf beschäftigte/beschäftigten Mitarbeiterin/Mitarbeiter auf der Basis des von ihr/ihm erwirtschafteten Umsatzes nach der von der Firma erstellten Prämientabelle berechnet. Die Prämientabelle kann von der Firma jederzeit abgeändert werden. Die Prämientabelle ergibt sich aus der jeweils durch Aushang am schwarzen Brett bekannt gemachten Fassung.

(3) Die Auszahlung der Prämie erfolgt für jede Mitarbeiterin/jeden Mitarbeiter im Monat nach der Einreichung des jeweiligen Umsatzes.

(4) Mitarbeiterinnen/Mitarbeiter, die von der Firma eine schriftliche Abmahnung erhalten haben, können nach billigem Ermessen der Firma für einen angemessenen Zeitraum von der Prämienregelung ausgenommen werden. Ein klagbarer Anspruch auf Leistung der Prämie besteht nicht.

§ 5 Befristung, Kündigung
(1) Die Betriebsvereinbarung wird auf unbestimmte Zeit geschlossen, im Falle ihrer Kündigung durch einen Betriebspartner besteht Einigkeit, dass sie keine Nachwirkung entfaltet.

(2) Die Betriebsvereinbarung kann von beiden Seiten mit einer Frist von einem Monat zum Monatsschluss gekündigt werden. Ein Kündigungsgrund ist nicht erforderlich.

§ 6 Übergangs- und Schlussbestimmungen
Diese Vereinbarung tritt am ▬▬▬ in Kraft.

V. Sonstige Regelungssachverhalte

1. Muster: Alternierende Telearbeit

Zwischen

der Firma ▬▬▬

und

dem Betriebsrat der Firma ▬▬▬

wird folgende Betriebsvereinbarung zur alternierenden Telearbeit getroffen:

Präambel

Die Firma ▬▬▬ beabsichtigt, alternierende Telearbeit als neue Arbeitsform einzuführen. Durch alternierende Telearbeit
- kann eine bessere Vereinbarung von Beruf und individueller Lebensführung erreicht werden,
- sind die Fahrten zwischen Wohnung und Arbeitsplatz reduziert und damit Verkehr und Umwelt entlastet und
- wird die Motivation gefördert.

Die Firma ▬▬▬ ermöglicht im Geltungsbereich dieser Betriebsvereinbarung den Beschäftigten die Form der „alternierenden Telearbeit". Dies bedeutet eine Kombination aus Arbeit im Betrieb und regelmäßiger oder gelegentlicher Telearbeit zu Hause. Die Einführung der ausschließlich alternierenden Telearbeit soll sicherstellen, dass die sozialen, arbeitsorganisatorischen und kommunikativen Kontakte zur betrieblichen Arbeitsstätte aufrechterhalten bleiben.

Die alternierende Telearbeit ist beispielsweise für solche Tätigkeiten geeignet,
- die eigenständig und eigenverantwortlich durchgeführt werden können,
- die im konzeptionellen und kreativen Bereich angesiedelt sind,

- die einen hohen Autonomiegrad aufweisen und
- die ergebnisorientiert bewertet werden können.

Dies kann zu einer Steigerung von Effektivität und Produktivität führen, verbunden mit einem höheren Grad an Motivation und Arbeitszufriedenheit.

Die alternierende Telearbeit bietet ein größeres Maß an Flexibilität und Individualität bei der Gestaltung der Arbeitszeit und Arbeitsorganisation der Beschäftigten und bietet die Chance, im Rahmen von familiär bedingten Unterbrechungen der Berufstätigkeit, wie z.B. Erziehungsurlaub, Anschluss an den Beruf zu halten. Dies bietet insbesondere auch Männern die Chance, mehr als bisher Familienaufgaben zu übernehmen.

Mit der Einrichtung von alternierender Telearbeit entfällt das tägliche Pendeln zwischen Wohnung und Betrieb. Dies kann zu Zeit- und Kostenersparnis führen und zur Reduzierung des Individualverkehrs, somit also auch einen Beitrag zum Umweltschutz leisten.

§ 1 Geltungsbereich

Diese Dienstvereinbarung gilt für die gesamte Firma ■■■.

§ 2 Grundsätze

Die Einrichtung von und die Beschäftigung in Telearbeit erfolgt nach dem Prinzip der Freiwilligkeit.

Die in der alternierenden Telearbeit Beschäftigten haben weiterhin ihren Arbeitsplatz im Betrieb. Sie behalten ihren Arbeitnehmerstatus mit allen Rechten und Pflichten. Alternierende Telearbeit ist somit keine Heimarbeit i.S.d. Heimarbeitsgesetzes.

Zwischen Betrieb und örtlicher Personalverwaltung ist für die jeweilige Abteilung innerhalb von 6 Monaten nach In-Kraft-Treten der Betriebsvereinbarung festzulegen, welche Tätigkeiten innerhalb der Abteilungen für eine alternierende Telearbeit geeignet sind und wie viele Beschäftigte einbezogen werden können.

Die Auswahl soll sicherstellen, dass gleichermaßen Männer und Frauen an der alternierenden Telearbeit teilnehmen können und dass familiäre Gründe, wie z.B. Kindererziehung oder Betreuung und Pflege naher Familienangehöriger, den Vorrang bei der Bewilligung haben.

Vollzeit- und Teilzeitbeschäftigte können an der alternierenden Telearbeit teilnehmen. Teilzeitbeschäftigte, deren wöchentliche Arbeitszeit unter der Hälfte der wöchentlichen Arbeitszeit einer/eines Vollzeitbeschäftigten liegt, können in Ausnahmefällen an der alternierenden Telearbeit teilnehmen.

Alternierende Telearbeit soll auch für Beschäftigte mit Vorgesetztenfunktion möglich sein.

Die Anwendung dieser neuen Arbeitsform setzt einen kooperativen Führungsstil voraus. Die Überprüfung von Leistungen wird durch Zielvereinbarungen und Erfolgskontrolle ersetzt.

Bei der Einrichtung von alternierenden Telearbeitsplätzen sind die gesetzlichen Vorgaben des Gesundheits- und Arbeitsschutzes einzuhalten.

Auf Antrag des/der Beschäftigten oder des Betriebsrats werden Arbeitsabläufe und -organisation auf die Möglichkeit der Verbesserung untersucht. Hierfür bietet die Firma ■■■ eine fachkundige Beratung an. Dies gilt auch für Fragen der Informations- und Kommunikationstechnik einschließlich des Datenschutzes.

§ 3 Benachteiligungsverbot

Die Teilnahme an der alternierenden Telearbeit darf nicht zur Benachteiligung von Beschäftigten führen.

Beschäftigte in alternierender Telearbeit dürfen bei der Inanspruchnahme von Fortbildung nicht benachteiligt werden.

Die Telearbeit darf nicht dazu führen, dass den in Telearbeit Beschäftigten geringerwertige Tätigkeiten übertragen werden.

Vor Beginn der alternierenden Telearbeit ist innerhalb der Organisationseinheit zu prüfen, ob durch die alternierende Telearbeit einer/eines Beschäftigten der Aufgabenzuschnitt zu ändern ist. Es ist darauf zu achten, dass bei organisatorischen Veränderungen im Zuge der Genehmigung von alternierender Telearbeit den im Betrieb zurückbleibenden Beschäftigten keine geringerwertigen Aufgaben übertragen werden. Der Aufgabenzuschnitt wird protokolliert.

Es ist sicherzustellen, dass die in alternierender Telearbeit Beschäftigten an Dienstbesprechungen teilnehmen können sowie alle Rundschreiben, Fort- und Weiterbildungsangebote, Termine für Betriebsversammlungen und alle für ihre Arbeit notwendigen Informationen erhalten. Zum Ausgleich zeitlicher Verzögerungen bei Informationen können Betriebsrat und Gewerkschaften in eigener inhaltlicher Verantwortung Informationen per Intranet/Internet anbieten.

Die bei der Anwendung von Informationstechnologie im Rahmen der Telearbeit anfallenden Daten dürfen zur Verhaltens- und Leistungsüberwachung der Beschäftigten nur mit Zustimmung des Betriebsrats und nur im Rahmen der üblichen Dienst- und Fachaufsicht verwendet werden. Von der Einleitung und dem Inhalt solcher Kontrollmaßnahmen ist der Beschäftigte zuvor zu unterrichten.

§ 4 Teilnahmevoraussetzung

Die Einrichtung eines Arbeitsplatzes in der Wohnung erfolgt ausschließlich auf begründeten Antrag einer/eines Beschäftigten.

Der veränderte Arbeitsablauf ist zwischen dem Betrieb und der/dem Beschäftigten schriftlich zu vereinbaren.

Die Einrichtung eines Telearbeitsplatzes erfolgt grundsätzlich für einen Mindestzeitraum von einem Jahr.

§ 5 Einrichtung des Arbeitsplatzes in der Wohnung

Ein eigenes Arbeitszimmer ist nicht zwingend erforderlich.

Die Firma ••• übernimmt keine Miet- und Mietnebenkosten.

Die Arbeitsstätte in der Wohnung kann nur eingerichtet werden, wenn sie für die allgemeine Arbeitsplatzanforderungen geeignet ist. Für diese Feststellung und zur ergonomischen Überprüfung hat der Arbeits- und Sicherheitstechnische Dienst nach vorheriger Terminabsprache Zugang zu einer solchen Arbeitsstätte. Dies gilt auch für den Datenschutzbeauftragten bei Vorliegen berechtigter Interessen. Der Betriebsrat hat die Möglichkeit der Teilnahme.

Der Zugang aus anderen dienstlichen Gründen ist auf das Unabwendbare zu begrenzen; eine vorherige Terminabstimmung ist vorzunehmen. Kontrollbesuche sind nicht zulässig. Auf Wunsch des/der Beschäftigten kann Beauftragten der Dienststelle und Interessenvertretungen Zugang gewährt werden.

Die Firma ••• übernimmt die Ausstattung des Telearbeitsplatzes mit Möbeln und der erforderlichen technischen Infrastruktur auf seine Kosten. Dies gilt auch für den Auf- und Abbau der gestellten Arbeitsmittel sowie Wartung, Miete, Service und die Kosten der Datenübertragung. Stromkosten werden pauschal übernommen. Der Online-Zugriff für den Telearbeitsplatz erfolgt über •••. Hierzu wird von der Firma ••• ein ISDN-Hauptanschluss am Telearbeitsplatz mit entsprechender Kommunikationstechnik, einschließlich Telefonanschluss zur ausschließlichen dienstlichen Nutzung, eingerichtet und funktionsbereit übergeben.

Die Einrichtungen des Telearbeitsplatzes dienen ausschließlich der dienstlichen Nutzung und dürfen grundsätzlich nicht für private Zwecke genutzt werden.

§ 6 Beendigung der Telearbeit

Die Arbeitsstätte in der Wohnung kann von Seiten der Beschäftigten ohne Angabe von Gründen fristlos und mit sofortiger Wirkung gekündigt werden.

Die Kündigung einer solchen Arbeitsstätte von Seiten der Firma ••• kann nur aus wichtigem Grund mit einer Frist von einem Monat zum Ende des folgenden Kalendermonats erfolgen. Der Betriebsrat ist zu beteiligen.

Nach Aufgabe der Arbeitsstätte in der Wohnung sind die gestellten Arbeitsmittel unverzüglich der Firma ••• zu überlassen. Die Kosten für den Abbau der Arbeitsgeräte übernimmt die Firma •••.

§ 7 Haftung

Die Firma ••• haftet für die installierte Hard- und Software sowie die Telekommunikationseinrichtungen im Falle von Beschädigung und Diebstahl, es sei denn, dass Vorsatz oder grobe Fahrlässigkeit des/der Beschäftigten nachgewiesen wird.

§ 8 Arbeitszeit

In welchem Rhythmus die alternierende Telearbeit erfolgt, wird zwischen der/dem Beschäftigten, dem Betrieb und dem Betriebsrat vereinbart. Dabei ist mindestens ein Fünftel der regelmäßigen wöchentlichen Arbeitszeit in der betrieblichen Arbeitsstätte festzulegen. Teilzeitbeschäftigte sollen einmal wöchentlich in der betrieblichen Arbeitsstätte anwesend sein.

Die gesetzliche Mindest- und Höchstarbeitszeit sind einzuhalten. Die Arbeitszeit wird durch Selbstaufschreibung festgehalten. Zusätzlicher Planungs- und Organisationsaufwand ist Arbeitszeit.

Es ist zwischen „selbstbestimmter" und „betriebsbestimmter" Arbeitszeit zu unterscheiden.

„Betriebsbestimmte Arbeitszeit" ist die Zeit, die die Firma ••• für die Anwesenheit der/des Beschäftigten am häuslichen Arbeitsplatz festlegt, sowie die tägliche Verteilung dieser Arbeitszeit (Präsenzpflicht).

„Selbstbestimmte Arbeitszeit" ist die Zeit, die der Beschäftigte flexibel gestalten kann. Der Anteil der „selbstbestimmten Arbeitszeit" soll unter Berücksichtigung der jeweils konkreten Arbeitsaufgaben so groß wie möglich sein.

Die Festlegung der Arbeitszeit für die alternierende Telearbeit sowie die Anteile der Anwesenheiten in der betrieblichen Arbeitsstätte sind schriftlich festzulegen. Der Betriebsrat ist zu beteiligen.

Aus begründetem aktuellem Anlass können die Beschäftigten jederzeit einen Teil oder die gesamte für die häusliche Arbeitsstätte vorgesehene Arbeitszeit an der betrieblichen Arbeitsstätte ableisten. Die voraussichtliche Zeitdauer der Unterbrechung ist anzuzeigen.

Betriebsbedingte Fahrzeiten zwischen betrieblicher und häuslicher Arbeitsstätte werden auf die Arbeitszeit angerechnet.

Zuschläge zu Arbeitsleistungen zu ungünstigen Zeiten werden nur dann gezahlt, wenn es sich um „betriebsbedingte" Zeiten handelt.

§ 9 Datenschutz

Die Firma ▬▬▬ verpflichtet sich, die gebotenen technischen und organisatorischen Maßnahmen für die Datensicherung und den Datenschutz zu treffen.

Beschäftigte, die alternierende Telearbeit ausüben, haben das Datengeheimnis zu beachten. Die Beschäftigten sind verpflichtet, vertrauliche Daten und Informationen so zu schützen, dass Dritte keine Einsicht bzw. keinen Zugriff nehmen können.

Eine Verarbeitung von Personaldaten bleibt für die häusliche Arbeitsstätte ausgeschlossen.

§ 10 Geltungsdauer

Die Dienstvereinbarung tritt am Tag nach der Unterzeichnung durch die Vertragsparteien in Kraft. Sie kann nach Ablauf von zwei Jahren jeweils mit einer Kündigungsfrist von sechs Monaten zum Jahresende von beiden Vertragsparteien gekündigt werden.

Bestehende Arbeitsverhältnisse im Rahmen der alternierenden Telearbeit bleiben von der Kündigung unberührt.

2. Muster: Außerbetriebliche Arbeitsstätten

Zwischen

der Firma ▬▬▬, vertreten durch die Geschäftsleitung

– nachstehend: Unternehmen –

und

dem Betriebsrat der Firma ▬▬▬

– nachstehend: Betriebsrat –

wird folgende Betriebsvereinbarung über außerbetriebliche Arbeitsstätten geschlossen:

§ 1 Allgemeines

(1) Das Unternehmen kann die Einrichtung außerbetrieblicher Arbeitsstätten in der Wohnung von Mitarbeiterinnen und Mitarbeitern in Gestalt der alternierenden Telearbeit anbieten. Mit der Errichtung außerbetrieblicher Arbeitsstätten stärkt das Unternehmen seine Wettbewerbsposition als innovativer und sozialer Arbeitgeber. Gleichzeitig fördert es dabei die Chancengleichheit, die Vereinbarkeit von Beruf und Familie sowie die Bindung von qualifizierten Mitarbeiterinnen und Mitarbeitern an das Unternehmen.

(2) Alternierende Telearbeit liegt dann vor, wenn die Mitarbeiterin/der Mitarbeiter ihre/seine individuelle regelmäßige Arbeitszeit teilweise zu Hause (häusliche Arbeitsstätte) und teilweise im Betrieb des Unternehmens (betriebliche Arbeitsstätte) erbringt. Die häusliche Arbeitsstätte ist mit der zentralen Betriebsstätte durch elektronische Kommunikationsmittel verbunden.

(3) Das Unternehmen und der Betriebsrat sehen es als selbstverständlich an, dass Mitarbeiterinnen und Mitarbeiter in außer- und innerbetrieblichen Arbeitsstätten gleichgestellt sind.

§ 2 Gegenstandsbereich

(1) Gegenstand dieser Vereinbarung sind Rahmenbedingungen für die Einrichtung, Nutzung und Auflösung einer außerbetrieblichen Arbeitsstätte in der Wohnung von Mitarbeiterinnen/Mitarbeitern.

(2) Sofern in dieser Betriebsvereinbarung nichts anderes ausdrücklich geregelt ist, gelten bestehende betriebliche Regelungen unverändert bzw. sinngemäß für die Mitarbeiterinnen und Mitarbeiter, die eine außerbetriebliche Arbeitsstätte in ihrer Wohnung haben.

§ 3 Geltungsbereich

Diese Vereinbarung gilt für alle Mitarbeiterinnen und Mitarbeiter des Unternehmens i.S.d. § 5 BetrVG, soweit sie sich nicht in der Ausbildung befinden.

§ 4 Teilnahmevoraussetzungen

(1) Die Teilnahme an der Einrichtung außerbetrieblicher Arbeitsstätten ist freiwillig.

(2) Grundsätzlich können sich alle Mitarbeiterinnen und Mitarbeiter zur Teilnahme an der Errichtung außerbetrieblicher Arbeitsstätten und an der Beschäftigung in alternierender Telearbeit bereit erklären.

(3) Mitarbeiterinnen und Mitarbeiter, für die die außerbetriebliche Arbeitsstätte in der Wohnung aus sozialen Gründen wünschenswert ist, sollen bevorzugt in Betracht gezogen werden. Hierbei ist der Betriebsrat zu beteiligen.

(4) Grundsätzlich sind solche Tätigkeiten für alternierende Telearbeit geeignet, die eigenständig und eigenverantwortlich durchführbar sind und die ohne Beeinträchtigung des Betriebsablaufs bei eingeschränktem unmittelbarem Kontakt zum Betrieb verlagert werden können.

(5) Die häusliche Arbeitsstätte muss in der Wohnung der Mitarbeiterin oder des Mitarbeiters in einem Raum sein, der für einen dauernden Aufenthalt zugelassen und vorgesehen sowie für die Aufgabenerledigung unter Berücksichtigung der allgemeinen Arbeitsplatzanforderungen geeignet ist. Diese Voraussetzungen werden durch eine Begehung geprüft, die durch den zuständigen Vertreter des Unternehmens gemeinsam mit einem Vertreter des Betriebsrats und ggf. mit der Fachkraft für Arbeitssicherheit durchgeführt wird.

(6) Die Einrichtung einer außerbetrieblichen Arbeitsstätte in der Wohnung einer Mitarbeiterin/eines Mitarbeiters erfolgt aufgrund schriftlicher Vereinbarung des Unternehmens mit der Mitarbeiterin/dem Mitarbeiter. Die Rechte des Betriebsrats sind zu beachten.

(7) In der schriftlichen Vereinbarung (Anlage 1) wird auf die Regelungen dieser Betriebsvereinbarung, auf die weitergeltenden betrieblichen Vorschriften bzw. Betriebsvereinbarungen und auf die einschlägigen gesetzlichen und tarifvertraglichen Bestimmungen verwiesen.

(8) Der arbeits- und sozialversicherungsrechtliche Status der Mitarbeiterin/des Mitarbeiters bleibt unverändert. Es besteht Versicherungsschutz bei Unfällen am außerbetrieblichen Arbeitsplatz durch die Berufsgenossenschaft. Bei Dienstreisen, die vom Telearbeitsort aus angetreten werden, besteht zusätzlich eine Dienstreiseunfallversicherung.

§ 5 Arbeitszeit

(1) Die Zuständigkeit des Betriebsrats hinsichtlich der Verteilung der Arbeitszeit bleibt unberührt. Die Gewährung von Entscheidungsspielräumen für Mitarbeiterinnen und Mitarbeiter mit einer außerbetrieblichen Arbeitsstätte erfordert hinsichtlich Aufteilung und Verteilung der Arbeitszeit klare Abgrenzungen.

(2) Umfang der Arbeitszeit

Die zu leistende Arbeitszeit ist die tarifvertragliche bzw. arbeitsvertragliche durchschnittliche regelmäßige Arbeitszeit. Bestehende kollektivrechtliche bzw. arbeitsvertragliche Regelungen sind dabei zu beachten.

(3) Aufteilung der Arbeitszeit

Die Arbeitszeit ist sowohl auf die betriebliche als auch auf die außerbetriebliche Arbeitsstätte aufzuteilen. Hierbei ist der Anteil der auf die betriebliche Arbeitsstätte entfallenden Arbeitszeit so zu gestalten, dass der soziale Kontakt zum Betrieb aufrechterhalten bleibt. Die Aufteilung der Arbeitszeit sowie die Verteilung und Lage der Arbeitszeit ist in der schriftlichen Vereinbarung festgelegt.

(4) Verteilung der außerbetrieblichen Arbeitszeit

Die Verteilung der nach Abs. 2 vorgesehenen außerbetrieblichen Arbeitszeit auf die einzelnen Wochentage kann sowohl von dem Unternehmen als auch von der Mitarbeiterin/vom Mitarbeiter vorgenommen werden.

a) Betriebsbestimmte Verteilung

Eine betriebsbestimmte Verteilung der Lage der Arbeitszeit an/in den Arbeitstagen/Arbeitswochen/Arbeitsmonaten liegt dann vor, wenn sie vom Vorgesetzten vorgegeben oder sie von der Verfügbarkeit notwendiger, von dem Unternehmen gestellter Arbeitsmittel bestimmt wird. Insofern gelten die betrieblichen Regelungen zur gleitenden Arbeitszeit.

b) Selbstbestimmte Verteilung

Eine selbstbestimmte Verteilung der Arbeitszeit liegt dann vor, wenn die Mitarbeiterin/der Mitarbeiter über die Verteilung selbst entscheidet und sie selbst vornimmt. Der Anteil der selbstbestimmten Arbeitszeit soll unter Berücksichtigung der jeweils konkreten Arbeitsaufgaben so groß wie möglich gestaltet werden.

(5) Mehrarbeit

Für Mehrarbeit gelten die gleichen Regelungen wie für betriebliche Arbeitsstätten.

(6) Fahrzeiten

Fahrzeiten zwischen betrieblicher und außerbetrieblicher Arbeitsstätte gelten als nicht betriebsbedingt und somit nicht als Arbeitszeit; es sei denn, diese Fahrten werden betriebsbedingt bzw. angeordnet an einem Tag notwendig, an dem in der häuslichen Arbeitsstätte gearbeitet werden sollte.

(7) Urlaub und Arbeitsunfähigkeit

Hinsichtlich Urlaub und Arbeitsunfähigkeit gelten die gleichen Regelungen wie für betriebliche Arbeitsstätten.

§ 6 Zeiterfassung

(1) Die Erfassung aller Arbeitszeiten erfolgt durch die Mitarbeiterin/den Mitarbeiter in einem Arbeitsnachweis (Arbeitstagebuch), der der/dem Vorgesetzten jeden Monat vorzulegen ist.

(2) Der Betriebsrat hat das Recht, Einblick in die erfassten geleisteten Arbeitszeiten zu nehmen.

§ 7 Arbeitsmittel

(1) Die notwendigen technischen Arbeitsmittel sowie die erforderlichen Büromöbel für die außerbetriebliche Arbeitsstätte werden für die Zeit des Bestehens dieser Arbeitsstätte von dem Unternehmen kostenlos zur Verfügung gestellt. Einzelheiten werden in der schriftlichen Vereinbarung mit der Mitarbeiterin/dem Mitarbeiter geregelt.

(2) Der Auf- und Abbau der gestellten Arbeitsmittel sowie eine eventuelle Wartung oder Reparatur erfolgt durch das Unternehmen. Die hierbei entstehenden Kosten werden unternehmensseitig übernommen.

(3) Bei Defekten an der technischen Ausrüstung bzw. einem Unmöglichwerden der Arbeitsleistung aus sonstigen Gründen (z.B. Stromausfall) besteht eine Lohnzahlungspflicht des Unternehmens.

(4) Sollten im Ausnahmefall Arbeitsmittel von der Mitarbeiterin/dem Mitarbeiter gestellt werden, so werden die Aufwendungen gegen Nachweis erstattet.

(5) Die für den Arbeitseinsatz in der Wohnung erforderlichen Geräte und deren Installation müssen den gesicherten arbeitswissenschaftlichen Erkenntnissen entsprechen.

§ 8 Kontakt zum Betrieb

(1) Der Kontakt der Mitarbeiterinnen/Mitarbeiter zum Betrieb und zu ihren Vorgesetzten ist von großer Bedeutung. Die Gestaltung der aufgabengerechten und sozialen Kontakte der Mitarbeiterinnen/Mitarbeiter innerhalb ihrer Organisationseinheit, zu den Führungskräften, zum Unternehmen, zum Konzern und zu den Mitarbeitervertretungen bedarf entsprechender Maßnahmen.

(2) Mitarbeiterinnen/Mitarbeiter mit einer außerbetrieblichen Arbeitsstätte können bei ihrer Führungskraft eine Mitarbeiterbesprechung für einen Tag beantragen, an dem sie betriebsbestimmt im Betrieb arbeiten werden, wenn dies aus Gründen der Zusammenarbeit (z.B. längere Abwesenheit) erforderlich erscheint. Bei der Terminierung sind die beiderseitigen Interessen angemessen zu berücksichtigen.

(3) Die Teilnahme an betrieblichen Versammlungen, Betriebsversammlungen und Betriebsratssprechstunden zählt als Arbeitszeit. Das Recht zur Teilnahme an Betriebsversammlungen und Betriebsratssprechstunden bleibt unberührt.

(4) Betriebsinterne Medien (Informationsumläufe, Rundschreiben, Mitarbeiterzeitschriften usw.) sind rechtzeitig der Mitarbeiterin/dem Mitarbeiter zugänglich zu machen. Der/die Beschäftigte hat das Recht, sofern vorhanden, auch an der häuslichen Arbeitsstätte das unternehmensspezifische elektronische Informationssystem zu nutzen.

(5) Wegen der Teilnahme an der alternierenden Telearbeit darf die Mitarbeiterin/der Mitarbeiter beim beruflichen Fortkommen und bei der Teilnahme an internen und externen Weiterbildungs- und Qualifizierungsmaßnahmen nicht benachteiligt werden.

§ 9 Aufwandserstattungen

Folgende, durch die außerbetriebliche Arbeitsstätte bedingte Aufwendungen werden der Mitarbeiterin/dem Mitarbeiter erstattet:

1. Raum- und Energiebereitstellung

Für die Bereitstellung des Raumes sowie für Energie wird eine monatliche Pauschale (steuerfrei und ruhegehaltsfähig) in Höhe der für diesen Raum anteilig anfallenden Wohnkosten vergütet, mindestens aber 100 EUR. Diese Pauschale wird jährlich überprüft.

2. Telekommunikationskosten

Das Unternehmen erstattet gegen Nachweis sämtliche Telekommunikationsaufwendungen (z.B. Anschlusskosten, Kosten für den laufenden Betrieb), die an der außerbetrieblichen Arbeitsstätte anfallen.

3. Erstattung gegen Nachweis

Macht eine Mitarbeiterin/ein Mitarbeiter einen höheren Aufwand geltend, so wird dieser gegen Nachweis erstattet. Bei Meinungsverschiedenheiten wird der Betriebsrat hinzugezogen.

4. Fahrtkosten

Fahrkosten zwischen betrieblicher und außerbetrieblicher Arbeitsstätte werden grundsätzlich nicht erstattet, es sei denn, diese Fahrten werden angeordnet bzw. betriebsbedingt notwendig.

5. Essengeldzuschuss

Der Essengeldzuschuss oder vergleichbare Leistungen aufgrund der außerbetrieblichen Arbeitsstätte in der Wohnung reduzieren sich anteilig entsprechend der Anzahl der Arbeitstage in der Betriebsstätte.

§ 10 Zugang zur häuslichen Arbeitsstätte

Der jeweilige Vertreter des Unternehmens sowie des Betriebsrats haben Zugang zur häuslichen Arbeitsstätte nach Zustimmung der Mitarbeiterin/des Mitarbeiters mit Voranmeldung. Dies gilt auch für die Begehung nach § 4. Die Verweigerung des Zutritts kann nur die Nichtteilnahme an der außerbetrieblichen Arbeitsstätte bzw. ihre Aufgabe zur Konsequenz haben.

§ 11 Daten- und Informationsschutz

Auf den Schutz von vertraulichen Daten und Informationen gegenüber Dritten ist bei der häuslichen Arbeitsstätte besonders zu achten. Vertrauliche Daten und Informationen sind von Unternehmen und Mitarbeiterin/Mitarbeiter so zu schützen, dass Dritte keine Einsicht und/oder Zugriff nehmen können. Das Unternehmen hat organisatorisch und technisch die Sicherstellung des Datenschutzes zu gewährleisten.

§ 12 Qualifizierung

(1) Die Teilnehmerinnen und Teilnehmer an der Beschäftigung in außerbetrieblichen Arbeitsstätten sind umfassend zu unterrichten und zu qualifizieren. Neben einer Qualifizierung in der Handhabung der Technik (Hard- und Software) umfasst die Qualifizierung Unterweisungen insbesondere in

- der ergonomischen Gestaltung des Bildschirmarbeitsplatzes,
- Datenschutz und Datensicherung und
- Techniken des Selbstmanagements (u.a. Zeitmanagement).

(2) Im Übrigen gelten die gleichen Regelungen wie für betriebliche Arbeitsstätten.

§ 13 Haftung

(1) Die Haftung der Mitarbeiterin/des Mitarbeiters sowie der in dem jeweiligen Haushalt lebenden Familienangehörigen und von Besuchern für Beschädigung und Abhandenkommen der in der Wohnung eingesetzten Geräte und Hard- bzw. Softwareeinrichtungen ist auf Vorsatz beschränkt. Der Arbeitgeber schließt eine gesonderte Versicherung ab.

(2) Die Haftungsbeschränkung auf Vorsatz bezieht sich auch auf Haftungsfälle wegen Verstoßes gegen das Bundesdatenschutzgesetz und auf berechtigte Schadenersatzansprüche Dritter, wenn sie in ursächlichem Zusammenhang mit der außerbetrieblichen Arbeitsstätte stehen.

(3) Aufrechnungserklärungen von Schadensersatzansprüchen des Unternehmens gegen den Entgeltanspruch der Mitarbeiterin/des Mitarbeiters sind nicht zulässig.

(4) Bei Meinungsverschiedenheiten im Schadensfall wird der Betriebsrat hinzugezogen. Hieraus dürfen sich für die Mitarbeiterin/den Mitarbeiter keine arbeitsrechtlichen Konsequenzen ergeben.

§ 14 Aufgabe der außerbetrieblichen Arbeitsstätte

(1) Die häusliche Arbeitsstätte kann von beiden Seiten ohne Angabe von Gründen mit einer Ankündigungsfrist von drei Monaten zum Ende des Kalendermonats aufgegeben werden. Für jedes Jahr des Bestehens der außerbetrieblichen Arbeitsstätte verlängert sich die Ankündigungsfrist um einen Monat. Maximal beträgt die Ankündigungsfrist sechs Monate. Bei der Kündigung/Aufgabe der Wohnung gelten diese Fristen nicht. Die Aufgabeankündigung hat schriftlich zu erfolgen.

(2) Wird die außerbetriebliche Arbeitsstätte aufgegeben, so sind die vom Unternehmen gestellten Arbeitsmittel vom Unternehmen abzuholen. Die Mitarbeiterin/der Mitarbeiter ist verpflichtet, hierfür den Zugang zu ermöglichen.

(3) Einen bevorstehenden Wohnungswechsel hat die Mitarbeiterin/der Mitarbeiter unverzüglich dem Unternehmen anzuzeigen. Soll die außerbetriebliche Arbeitsstätte aufrechterhalten bleiben, ist ein neues Antragsverfahren durchzuführen.

§ 15 Projektbegleitung

(1) Für die Planung, Durchführung und Kontrolle von Projekten zur Einführung von außerbetrieblichen Arbeitsstätten bzw. der alternierenden Telearbeit wird eine Arbeitsgruppe „Telearbeit" eingerichtet, an der Betriebsräte beteiligt werden.

(2) Die Arbeitsgruppe „Telearbeit" hat insbesondere folgende Aufgaben wahrzunehmen:
- Auswahl geeigneter Tätigkeiten
- Auswahl von Mitarbeiterinnen und Mitarbeitern
- aufgaben- und menschengerechte Einrichtung der außerbetrieblichen Arbeitsstätten
- Sicherstellung des Arbeits- und Gesundheitsschutzes
- Sicherstellung der Integration der Mitarbeiterinnen und Mitarbeiter ins betriebliche Geschehen
- Gewährleistung von Schulungs- und Trainingsmaßnahmen sowie
- Institutionalisierung eines Erfahrungs- und Informationsaustausches.

(3) Über Pilotprojekte zur Einführung alternierender Telearbeit treffen Unternehmen und Betriebsrat eine ergänzende Vereinbarung, die als Anlage 2 Bestandteil dieser Betriebsvereinbarung wird.

§ 16 Schlussbestimmungen

(1) Es gelten die Bestimmungen der Betriebsvereinbarung „Konfliktregelungen bei der Arbeitszeitflexibilisierung".

(2) Die einschlägigen Regelungen der „Tarifverträge für ■■■" gelten auch für diese Betriebsvereinbarung.

(3) Interessierte Mitarbeiterinnen und Mitarbeiter werden über die Einrichtung außerbetrieblicher Arbeitsstätten umfassend und rechtzeitig informiert.

(4) Über die Projekte finden regelmäßig Gespräche zwischen dem zuständigen Vertreter des Unternehmens und dem Betriebsrat statt. Die Erfahrungen der Teilnehmerinnen und Teilnehmer an den Projekten werden ausgewertet.

(5) Die Zeit vom ■■■ bis ■■■ gilt als Erprobungsphase, während der die Betriebsvereinbarung mit einer Frist von drei Monaten zum Quartalsschluss schriftlich gekündigt werden kann. Danach kann sie mit einer Frist von sechs Monaten zum Jahresende ganz oder teilweise gekündigt werden. Die Kündigung hat schriftlich zu erfolgen. Bis zum Abschluss einer neuen Vereinbarung gelten die Regelungen dieser Vereinbarung weiter.

(6) Sollte eine Vorschrift dieser Vereinbarung nicht mit dem geltenden Recht im Einklang stehen und deshalb unwirksam sein, behalten die anderen Regelungen dieser Vereinbarung ihre Gültigkeit. Die unwirksame Regelung ist rechtskonform so auszulegen, dass sie dem beiderseitigen Wollen der Parteien entspricht.

Vereinbarung über die Errichtung, Nutzung und Auflösung einer außerbetrieblichen Arbeitsstätte in einer Mitarbeiterwohnung

Zwischen

der Firma ■■■

und

■■■ (Vor- und Nachname des/der Beschäftigten)

Adresse: ■■■

Telefon-Nr. privat: ■■■

Kostenstelle: ■■■

Vertragsstunden pro Woche an der ABA: ■■■

wird folgende Vereinbarung getroffen:

§ 1 Grundlage

Grundlage dieser Vereinbarung ist die Betriebsvereinbarung über außerbetriebliche Arbeitsstätten vom ■■■. Zudem finden die betrieblichen Regelungen unverändert, gegebenenfalls sinngemäß, Anwendung, sofern in der o.a. Betriebsvereinbarung oder in dieser Vereinbarung ausdrücklich nichts anderes geregelt ist. Für die außerbetriebliche Arbeitsstätte in einer Wohnung gelten aufgrund Art. 13 Grundgesetz abweichende gesetzliche Bestimmungen. Ein Zutritt von Unternehmens- bzw. Arbeitnehmervertretern bedarf der Zustimmung der Mitarbeiterin/des Mitarbeiters und kann erst nach dessen vorheriger Zustimmung erfolgen.

§ 2 Krankheit, Urlaub oder sonstige Arbeitsfreistellung

Aufgrund dieser Vereinbarung ergeben sich hierzu keine Änderungen hinsichtlich der Meldung von Krankheit, der Inanspruchnahme von Urlaub oder sonstiger Arbeitsfreistellung.

§ 3 Arbeitszeit/Mehrarbeit/Zeiterfassung

Die zu leistende Arbeitszeit ist die arbeitsvertraglich festgelegte durchschnittliche regelmäßige Arbeitszeit. Mindestens ▄▄▄ Stunden/Tage in der Woche arbeiten Sie in der betrieblichen Arbeitsstätte. Die Arbeitszeit in der häuslichen Arbeitsstätte verteilt sich wie folgt:

- montags   ▄▄▄ Stunden
- dienstags   ▄▄▄ Stunden
- mittwochs   ▄▄▄ Stunden
- donnerstags   ▄▄▄ Stunden
- freitags   ▄▄▄ Stunden.

Die gesetzlichen, tarifvertraglichen und betrieblichen Vorschriften zur Arbeitszeitgestaltung sind einzuhalten. Für Mehrarbeit gelten die gleichen Regelungen und Voraussetzungen wie für betriebliche Arbeitsstätten. Die Erfassung aller Arbeitszeiten erfolgt durch die Mitarbeiterin/den Mitarbeiter in einem Arbeitszeitnachweis in der Form eines Arbeitstagebuchs, das Sie monatlich Ihrem Vorgesetzten vorlegen.

§ 4 Arbeitsmittel

Sämtliche an der außerbetrieblichen Arbeitsstätte notwendigen Arbeitsmittel werden kostenlos zur Verfügung gestellt und dürfen nicht für private Zwecke benutzt werden. Diese Arbeitsmittel werden in einer Inventarliste festgehalten, die die Führungskraft führt. Der Auf- und Abbau der gestellten Arbeitsmittel sowie eine eventuelle Wartung bzw. Reparatur erfolgt durch das Unternehmen. Wir sichern Ihnen zu, dass die in der Wohnung erforderlichen Geräte und deren Installation den gesicherten arbeitswissenschaftlichen Erkenntnissen und den technischen Sicherheitsstandards entsprechen.

Die Wartung der Geräte erfolgt nach Absprache mit der Fachabteilung an der häuslichen Arbeitsstätte. Für Ausfallzeiten an der häuslichen Arbeitsstätte besteht eine Lohnzahlungspflicht des Unternehmens.

§ 5 Kostenerstattung

Für die Bereitstellung des Raumes sowie für Energie wird eine monatliche Pauschale (steuerfrei und ruhegehaltsfähig) in Höhe der für diesen Raum anteilig anfallenden Wohnkosten vergütet, mindestens aber 100 EUR. Diese Pauschale wird jährlich überprüft.

§ 6 Daten- und Informationsschutz

Bei einer außerbetrieblichen Arbeitsstätte ist auf den Schutz von Daten und Informationen besonders zu achten. Vertrauliche Daten und Informationen sind von Ihnen so zu schützen, dass Dritte keine Einsicht und/oder Zugriff nehmen können. Das Unternehmen stellt den technischen und organisatorischen Datenschutz sicher. Der unmittelbare Vorgesetzte legt in Absprache mit dem Datenschutzbeauftragten fest, welche Daten zu Hause verarbeitet werden dürfen. In Zweifelsfragen kann der Mitarbeiter/die Mitarbeiterin jederzeit den betrieblichen Datenschutzbeauftragten hinzuziehen.

Unternehmenseigene Unterlagen dürfen nur aus dem Unternehmen genommen werden, wenn dies zur unmittelbaren Erfüllung der vereinbarten Arbeitsaufgabe notwendig ist. Welche Arbeitsunterlagen mit in die häusliche Arbeitsstätte genommen werden dürfen, obliegt der Zustimmung des unmittelbaren Vorgesetzten.

Ein privater PC darf für dienstliche Zwecke nicht genutzt werden.

§ 7 Versicherungsschutz

Arbeitsunfälle an einer außerbetrieblichen Arbeitsstätte sowie Wegeunfälle auf dem Weg zur betrieblichen Arbeitsstätte sind durch die Berufsgenossenschaft versichert. Das Unternehmen informiert die zuständige Berufsgenossenschaft. Im Zweifelsfall muss die Mitarbeiterin/der Mitarbeiter den Nachweis führen können, dass der Unfall sich bei einer versicherten Tätigkeit ereignet hat.

Bei Dienstreisen, die von der außerbetrieblichen Arbeitsstätte aus angetreten werden, besteht zusätzlich noch eine Unfallversicherung.

§ 8 Haftung

Die Haftung des Mitarbeiters/der Mitarbeiterin und der in seinem/ihrem Haushalt lebenden Familienangehörigen sowie von Besuchern für Beschädigung und Abhandenkommen der in der Wohnung eingesetzten Geräte und Hard- bzw. Softwareeinrichtungen ist auf Vorsatz und grobe Fahrlässigkeit beschränkt.

Das Unternehmen deckt die o.a. Risiken durch die Betriebshaftpflicht ab bzw. schließt eine gesonderte Versicherung für Schäden ab, die nicht durch die private Hausratversicherung des Arbeitnehmers gedeckt sind.

Im Übrigen übernimmt das Unternehmen Schadensersatzansprüche von Dritten, wenn diese berechtigt sind und ursächlich ein Zusammenhang mit der außerbetrieblichen Arbeitsstätte in der Wohnung besteht.

§ 9 Beendigungsbedingungen

Die außerbetriebliche Arbeitsstätte in der Wohnung des Mitarbeiters kann mit einer Ankündigungsfrist von drei Monaten aufgegeben werden. Pro Jahr des Bestehens der Arbeitsstätte verlängert sich die Ankündigungsfrist um einen Monat, maximal aber bis zu sechs Monaten. Bei Kündigung der Wohnung durch den Vermieter verkürzt sich die Ankündigungsfrist entsprechend. Die Aufgabeankündigung hat schriftlich zu erfolgen.

3. Muster: Auswahlrichtlinie gemäß § 95 BetrVG

Zwischen

der Geschäftsführung R

in Vollmacht und Vertretung zugleich für die ▬▬▬ GmbH

und

dem Betriebsrat der Firma R ▬▬▬

wird folgende Vereinbarung getroffen:

§ 1 Feststellung der horizontalen Vergleichbarkeit

Der Feststellung der horizontalen Vergleichbarkeit wird folgendes Funktionsschema zugrunde gelegt:

Leitungsebene	**Sachbearbeitung**	**Monteure**
Profitcenter-Leiter	Kundendienstmeister	Gebiets-/Kundendienstmonteur
Montagemeister	kfm. Mitarbeiter	Reparatur-/Modernisierungsmonteur
Engineering/Technik	Planung	
Controlling	Einkauf/Kalkulation	

§ 2 Festlegung der Mitarbeiterinnen/Mitarbeiter, die nicht in die Sozialauswahl einbezogen werden

In begründeten Einzelfällen (§ 1 Abs. 3 Satz 2 KSchG) behält sich der Arbeitgeber vor, einzelne Arbeitnehmerinnen und Arbeitnehmer, „deren Weiterbeschäftigung insbesondere wegen ihrer Kenntnisse, Fähigkeiten und Leistungen oder zur Sicherung einer ausgewogenen Personalstruktur des Betriebes im berechtigten betrieblichen Interesse liegt", mit Zustimmung des Betriebsrats einvernehmlich nicht in die Sozialauswahl mit einzubeziehen.

Die Auswahl der Arbeitnehmerinnen und Arbeitnehmer, die in den Kreis der Sozialauswahl nicht einbezogen werden, erfolgt anhand der Stellenbezeichnung, Qualifikation, Einsatzpotential sowie der Beurteilung nach Qualifikation und Leistung entsprechend der Auswahlrichtlinien (siehe Anlage 1).

§ 3 Sozialauswahl

Auf alle danach verbleibenden, horizontal vergleichbaren Mitarbeiterinnen und Mitarbeiter der Betriebsstätte findet anschließend eine Sozialauswahl gemäß § 1 Abs. 3 Satz 1 KSchG statt. Die Sozialauswahl erfolgt im Rahmen der gesetzlichen Bestimmungen gemäß der in Anlage 2 ausgeführten Kriterien und Gewichtungen.

Das Ergebnis dieser Sozialauswahl ist verbindlich für alle im Rahmen der Betriebsänderungen zu treffenden Personalentscheidungen.

4. Muster: Auswahlrichtlinien

Zwischen

der Firma ▬▬▬

und

dem Betriebsrat der Firma ▬▬▬

wird folgende Betriebsvereinbarung über Auswahlrichtlinien getroffen:

§ 1 Zuständigkeit von Personalmanagement und Betriebsrat

(1) Jede Einstellung, Eingruppierung, Umgruppierung oder Versetzung von Mitarbeiterinnen und Mitarbeitern bedarf gemäß § 99 BetrVG der Zustimmung des Betriebsrats. Dem Betriebsrat ist unter Vorlage der erforderlichen Unterlagen einschließlich etwaiger Bewerbungsunterlagen, auch etwaiger Blindbewerbungen, Auskunft über die geplanten Maßnahmen und deren Auswirkungen zu geben. Bei einer beabsichtigten Einstellung oder Veränderungen im Hinblick auf leitende Angestellte ist der Betriebsrat nach § 105 BetrVG zu unterrichten.

(2) Der Betriebsrat ist vor jeder Kündigung anzuhören. Unterliegt die Kündigung der Zustimmung des Betriebsrats, ist diese vor Ausspruch der Kündigung einzuholen.

(3) Das Personalmanagement ist ausschließlich zuständig für die Vorbereitung personeller Einzelmaßnahmen, die der Mitwirkung oder Mitbestimmung des Betriebsrats unterliegen, sowie für die Entgegennahme von Anträgen des Betriebsrats auf Entfernung betriebsstörender Arbeitnehmer gemäß § 104 BetrVG.

§ 2 Entscheidungskriterien des Personalmanagements

(1) Das Personalmanagement hat seine Entscheidungen unter Berücksichtigung der gesetzlichen, tariflichen und betrieblichen Bestimmungen zu treffen.

(2) Personalpolitik, Personalentscheidungen und Personalbehandlung sollen dazu dienen, die freie Entfaltung der Persönlichkeit der im Betrieb beschäftigten Arbeitnehmer zu schützen und zu fördern, alle im Betrieb tätigen Personen nach Recht und Billigkeit zu behandeln, jegliche Diskriminierung wegen Abstammung, Religion, Nationalität, Herkunft, politischer oder gewerkschaftlicher Betätigung oder Einstellung oder des Geschlechts zu unterlassen und die Eingliederung Schwerbehinderter oder sonstiger schutzbedürftiger Personen zu unterstützen.

§ 3 Bewerber

(1) Bei der Bewerberauswahl werden nur die aus dem Personalfragebogen oder aus sonstigen Unterlagen ersichtlichen Tatsachen zur Meinungsbildung herangezogen.

(2) Dem Betriebsrat wird im Rahmen des Zustimmungsverfahrens nach § 99 BetrVG auch Mitteilung zusammen mit den Bewerbungsunterlagen über diejenigen Bewerberinnen/Bewerber gemacht, die für eine engere Auswahl nicht in Betracht gekommen sind.

(3) Sofern dies der Betriebsrat wünscht, soll ihm Gelegenheit gegeben werden, eine Bewerberin/einen Bewerber innerhalb der Wochenfrist des § 99 BetrVG kennen zu lernen.

§ 4 Ausschreibung

(1) Alle zu besetzenden Arbeitsplätze, bei denen eine Ausschreibung verlangt oder vereinbart worden ist, werden zunächst innerbetrieblich ausgeschrieben.

(2) Bei der Auswahl zwischen einer/einem innerbetrieblichen oder außerbetrieblichen Bewerberin/Bewerber ist der/dem innerbetrieblichen Bewerberin/Bewerber durch das Personalmanagement bei gleicher Qualifikation der Vorzug zu geben.

§ 5 Versetzungen

(1) Mit den vorliegenden Auswahlrichtlinien werden nur Versetzungen aus personen- oder betriebsbedingten Gründen erfasst.

(2) Als Versetzung gilt die Zuweisung eines anderen Arbeitsbereichs mit einer erheblichen Änderung der Umstände, unter denen die Arbeit zu leisten ist, wenn sie die Dauer von einem Monat überschreitet. Werden Mitarbeiterinnen oder Mitarbeiter nach der Eigenart ihres Arbeitsverhältnisses üblicherweise nicht ständig an einem bestimmten Arbeitsplatz beschäftigt, gilt die Bestimmung des jeweiligen Arbeitsplatzes nicht als Versetzung, § 95 Abs. 3 BetrVG.

(3) Werden Mitarbeiterinnen oder Mitarbeiter wegen Nachlassens körperlicher Kräfte oder aufgrund ärztlicher Empfehlung aus personenbedingten Gründen versetzt, sind sie gegenüber anderweitigen Bewerberinnen/Bewerbern auf eine freie Stelle zu bevorzugen.

(4) Versetzungen aus betriebsbedingten Gründen hat das Personalmanagement im Rahmen der Personalplanung mit dem Betriebsrat vorzubesprechen.

§ 6 Versetzung auf geringerwertigen Arbeitsplatz

Wird eine Mitarbeiterin oder ein Mitarbeiter auf einen geringerwertigen Arbeitsplatz versetzt, gelten die gleichen Auswahlrichtlinien wie bei einer Kündigung.

§ 7 Versetzung auf höherwertigen Arbeitsplatz

Für die Versetzung auf einen höherwertigen Arbeitsplatz gelten die gleichen Auswahlrichtlinien wie bei einer Einstellung. Fachliche Eignung ist von gleicher Wertigkeit wie Betriebszugehörigkeit. Ein Recht auf bevorzugte Besetzung eines freien Arbeitsplatzes wird jedoch durch eine mehr als 15-jährige Betriebszugehörigkeit sowie durch eine im Betrieb erlittene Gesundheitsstörung erworben.

§ 8 Umgruppierung

Bei Umgruppierungen aufgrund von Beförderungen, Versetzungen oder Übertragung zusätzlicher Aufgaben gelten die gleichen Auswahlgrundsätze wie bei der Versetzung.

§ 9 Förderung von Auszubildenden

(1) Auszubildende sind, sobald sie ihren Ausbildungsabschluss erworben haben, unter Berücksichtigung ihrer fachlichen und persönlichen Befähigung im Vergleich mit sonstigen Bewerbern auf freie Stellen vorrangig einzustellen.

(2) Maßstab der fachlichen Befähigung ist das Schulwissen und der Berufsschulabschluss sowie die Ergebnisse der praktischen Prüfung des ehemaligen Auszubildenden.

§ 10 Mitteilungspflicht des Personalmanagements bei personenbedingten Kündigungen

(1) Das Personalmanagement hat bei personenbedingten Kündigungen alle Gründe, die nach den Grundsätzen der subjektiven Determination maßgeblich sind, dem Betriebsrat mitzuteilen.

(2) Das Personalmanagement hat unter Berücksichtigung des Alters, des Familienstandes, der Betriebszugehörigkeit und des beruflichen Werdegangs eine Weiterbeschäftigungsmöglichkeit auch nach zumutbaren Umschulungs- und Fortbildungsmaßnahmen zu prüfen und dem Betriebsrat das Ergebnis der Prüfung mitzuteilen. Dabei hat das Personalmanagement insbesondere mitzuteilen, welche Umschulungsmaßnahmen erwogen und welche Arbeitsplätze für eine Weiterbeschäftigung überprüft worden sind.

(3) Macht der Betriebsrat für die Weiterbeschäftigung auf bestimmten Arbeitsplätzen konkrete Vorschläge, so nimmt das Personalmanagement eine Überprüfung dieser Vorschläge vor.

(4) Ergibt sich aus Sicht des Personalmanagements und des Betriebsrats statt einer personenbedingten Kündigung die Möglichkeit zu einer Weiterbeschäftigung, so ist dem Arbeitnehmer vor Ausspruch der Kündigung der für eine Weiterbeschäftigung in Frage kommende Arbeitsplatz anzubieten.

§ 11 Auswahlkriterien des Personalmanagements bei betriebsbedingten Kündigungen

(1) Betriebsbedingt gekündigt werden darf nur solchen Arbeitnehmerinnen und Arbeitnehmern, deren Arbeitsplatz durch eine Organisationsentscheidung in Wegfall gekommen ist. Nicht gekündigt werden darf solchen Mitarbeiterinnen und Mitarbeitern, die nach Umschulungs- und Fortbildungsmaßnahmen in dem Unternehmen in zumutbarer Zeit weiterbeschäftigt werden können.

(2) In eine Sozialauswahl hat das Personalmanagement diejenigen Mitarbeiterinnen und Mitarbeiter des Betriebes einzubeziehen, deren Tätigkeit gleichartig ist oder deren Arbeitsplätze untereinander austauschbar sind. Darüber, ob Tätigkeiten gleichartig sind, treffen im Zweifelsfalle Personalmanagement und Betriebsrat eine gemeinsame Bestimmung. Können sich Personalmanagement und Betriebsrat nicht einigen, ist die Einigungsstelle anzurufen.

(3) Mitarbeiterinnen und Mitarbeiter, bei denen die vorgenannten Grundsätze zur betriebsbedingten Kündigung beachtet worden sind, sind im Rahmen der Sozialauswahl nach folgenden Kriterien und der sich hieraus ergebenden Wertigkeit und Rangfolge zu vergleichen:

1. Dauer der Betriebszugehörigkeit.
2. Soziale Merkmale wie Alter, Unterhaltsverpflichtungen, Familienstand.
3. Soziale Absicherung (Einkünfte der Familie, materielle Sicherstellung bei Ausscheiden).
4. Fachliche Leistung.

§ 12 Verstöße gegen die Betriebsvereinbarung

Soweit die Überprüfung von Verstößen gegen diese Betriebsvereinbarung nicht einem gesetzlichen Verfahren vorbehalten ist, können Personalmanagement und Betriebsrat die Einigungsstelle anrufen.

§ 13 In-Kraft-Treten

Diese Betriebsvereinbarung tritt am ▄▄▄ in Kraft. Sie kann mit einer Frist von drei Monaten zum Quartalsende gekündigt werden.

5. Muster: Auswahlrichtlinien bei Kündigungen

↓

Zwischen

der Firma ▬▬▬

und

dem Betriebsrat der Firma ▬▬▬

wird die nachfolgende Betriebsvereinbarung über Auswahlrichtlinien für personelle Maßnahmen geschlossen:

§ 1
Bei Wegfall von Arbeitsplätzen aus betrieblichen Gründen ist vorrangig zu prüfen, ob die Weiterbeschäftigung der betroffenen Arbeitnehmerinnen und Arbeitnehmer auf anderen, freien Arbeitsplätzen, ggf. auch zu ungünstigeren Bedingungen, möglich ist.

§ 2
Im Rahmen von § 1 ist zu prüfen, ob eine Umschulungs- bzw. Fortbildungsmaßnahme in Betracht kommt. Eine Umschulungs- bzw. Fortbildungsmaßnahme kommt nur dann in Betracht, wenn die Arbeitnehmerin/der Arbeitnehmer damit einverstanden, die Maßnahme für das Unternehmen zumutbar und im Anschluss an die Maßnahme eine Weiterbeschäftigung im Unternehmen möglich ist.

§ 3
Sind betriebsbedingte Kündigungen dennoch unvermeidbar, werden von der Werks-/Personalleitung nach Absprache mit dem Betriebsrat in den Kreis der miteinander vergleichbaren Mitarbeiterinnen und Mitarbeiter alle einbezogen, deren Funktion auch von der Mitarbeiterin/dem Mitarbeiter wahrgenommen werden kann, dessen Arbeitsplatz weggefallen ist. Vergleichbar in diesem Sinne sind diejenigen Mitarbeiterinnen/Mitarbeiter, die aufgrund ihrer betrieblichen Tätigkeit und beruflichen Qualifikation ohne längere Einarbeitungszeit gegenseitig austauschbar sind.

§ 4
In die soziale Auswahl sind Mitarbeiterinnen/Mitarbeiter nicht einzubeziehen, deren Weiterbeschäftigung insbesondere wegen ihrer Kenntnisse, Fähigkeiten und Leistungen oder zur Sicherung einer ausgewogenen Personalstruktur des Betriebes im berechtigten betrieblichen Interesse liegt, d.h. betriebstechnische, wirtschaftliche oder sonstige betriebliche Bedürfnisse eine Weiterbeschäftigung bedingen.

Abgesehen von der Darlegung individueller Kriterien können Arbeitnehmer aus dem Kreis der vergleichbaren Arbeitnehmer herausgenommen werden, wenn das berechtigte Interesse an der Sicherung einer ausgewogenen Personalstruktur des Betriebes die Weiterbeschäftigung eines oder mehrerer bestimmter Arbeitnehmer bedingt.

§ 5
Unter den verbleibenden Mitarbeiterinnen/Mitarbeitern wird die individuelle Auswahl nach den gesetzlichen sozialen Grunddaten Dauer der Betriebszugehörigkeit, Lebensalter und Unterhaltsverpflichtungen durchgeführt.

↑

6. Muster: Betriebliches Vorschlagswesen[14]

↓

Zwischen

der Firma ▬▬▬

und

dem Betriebsrat (besteht ein Gesamtbetriebsrat, durch diesen) der Firma ▬▬▬

wird gemäß § 87 Abs. 1 Nr. 12 BetrVG folgende Betriebsvereinbarung für die Bewertung von Verbesserungsvorschlägen geschlossen:

§ 1 Geltungsbereich
Die Vereinbarung gilt für alle Arbeitnehmer i.S.d. § 5 Abs. 1 BetrVG.

---

14 Quelle: *Schoden*, Betriebliche Arbeitnehmererfindungen und betriebliches Vorschlagswesen, 1995, S. 268–274.

§ 2 Verbesserungsvorschlag

(1) Jede Idee und Anregung, die dazu beiträgt, einen betrieblichen Zustand zu verbessern, gilt als Verbesserungsvorschlag im Sinne dieser Vereinbarung, es sei denn, sie ist patent- und gebrauchsmusterfähig oder ein qualifizierter technischer Verbesserungsvorschlag nach § 20 Abs. 1 ArbnErfG (vgl. aber § 14 Abs. 2 dieser Betriebsvereinbarung).

(2) Ein Verbesserungsvorschlag kann beispielsweise beinhalten:

a) Verbesserung der Arbeitssicherheit, des Gesundheitsschutzes und Erhöhung der Betriebssicherheit,

b) Zweckmäßigkeit von Arbeitsverfahren und Arbeitsplatzgestaltung,

c) Einsatz und bessere Ausnutzung maschineller und anderer technischer Hilfsmittel aller Art,

d) Verbesserung der Qualität, Reduzierung von Ausschuss und Fehlern,

e) Einsparung von Material oder Betriebsmittelkosten oder sonst notwendiger Aufwendungen,

f) Verbesserung der Sozialeinrichtungen oder der Organisation der Sozialeinrichtungen,

g) Verbesserung des Umweltschutzes.

§ 3 Einreichen von Verbesserungsvorschlägen

(1) Verbesserungsvorschläge können schriftlich oder mündlich von einzelnen oder als Gruppenvorschlag von mehreren Belegschaftsmitgliedern gemeinsam eingebracht oder vorgebracht werden. Werden sie mündlich vorgebracht, hat die Geschäftsstelle den Vorschlag schriftlich zu formulieren oder bei der Formulierung zu helfen und von dem oder den Einreichern unterschreiben zu lassen. Soweit Vordrucke vorhanden sind, sollen diese genutzt werden.

(2) Der Eingang eines Vorschlages ist dem Einsender unverzüglich schriftlich zu bestätigen. Gleichzeitig ist ihm die Nummer, unter der sein Vorschlag registriert ist, von der Geschäftsstelle mitzuteilen.

§ 4 Organe des betrieblichen Vorschlagswesens

Die Organe des betrieblichen Vorschlagswesens sind: die Geschäftsstelle (§ 5); der Bewertungsausschuss (§ 6); und der Berufungsausschuss (§ 7).

§ 5 Geschäftsstelle

(1) Der Arbeitgeber hat eine Geschäftsstelle zu bilden. Die Geschäftsstelle besteht aus dem Leiter und je nach den betrieblichen Notwendigkeiten aus der erforderlichen Zahl von Sachbearbeitern bzw. einem Beauftragten für das Vorschlagswesen.

(2) Die Geschäftsstelle hat folgende Aufgaben:

a) die Vorschläge zu registrieren und zu bestätigen (§ 3 Abs. 2),

b) den Vorschlagenden bei der Abfassung und Formulierung ihrer Vorschläge behilflich zu sein,

c) die Schutzfähigkeit der Verbesserungsvorschläge, gegebenenfalls in Verbindung mit einer Patentabteilung, zu überprüfen (vgl. § 16 Abs. 2 bis 4),

d) evtl. nötige Stellungnahmen der zuständigen Betriebs- und Abteilungsleiter einzuholen,

e) die Sitzungen des Bewertungsausschusses und Berufungsausschusses vorzubereiten,

f) abschließende Erledigungen aufgrund der Entscheidung der Ausschüsse,

g) Intensivierung und Förderung von Maßnahmen für das betriebliche Vorschlagswesen.

(3) In kleineren Betrieben werden die Aufgaben der Geschäftsstelle durch den Beauftragten für das betriebliche Vorschlagswesen wahrgenommen.

§ 6 Der Bewertungsausschuss

(1) Zusammensetzungen

a) Es wird ein Bewertungsausschuss gebildet, der sich paritätisch zusammensetzt. Der Arbeitgeber benennt seine Vertreter. Der Betriebsrat benennt die Vertreter der Arbeitnehmer.

b) Je ein Arbeitgeber- und ein Arbeitnehmervertreter wechseln sich jährlich im Vorsitz ab.

(2) Geschäftsführung

a) Die Geschäftsführung des Ausschusses obliegt der Geschäftsstelle.

b) Der Leiter der Geschäftsstelle nimmt an den Sitzungen beratend teil, soweit er nicht als Vertreter der Geschäftsstelle zu den stimmberechtigten Mitgliedern gehört.

c) Der Ausschuss tritt monatlich einmal oder nach Bedarf zusammen.

d) Er ist beschlussfähig, wenn mindestens je die Hälfte der Arbeitgeber- und Arbeitnehmermitglieder anwesend sind. Beide Seiten können Ersatzvertreter bestimmen.

e) Beschlüsse werden mit einfacher Stimmenmehrheit gefasst. Bei Stimmengleichheit entscheidet die Stimme des jeweiligen Vorsitzenden.

f) Der Bewertungsausschuss kann Gutachten anfordern und Sachverständige beratend hinzuziehen.

g) Die Sitzungen sind nicht öffentlich, die Beratungen sind vertraulich zu behandeln. Das gilt nicht gegenüber Arbeitgeber und Betriebsrat. Über jede Sitzung ist ein Protokoll anzufertigen und von allen Mitgliedern zu unterschreiben.

h) Hat der Bewertungsausschuss über einen Verbesserungsvorschlag eines seiner Mitglieder oder von Familienangehörigen zu entscheiden, so darf dieses Mitglied an der Beratung und Entscheidung über seinen Vorschlag nicht teilnehmen. Für diesen Fall hat die jeweilige Gruppe einen Vertreter zu bestimmen.

(3) Aufgaben des Bewertungsausschusses

Der Bewertungsausschuss hat die Aufgaben:

a) über die Zugehörigkeit des Einsenders zum Geltungsbereich nach § 1 dieser Vereinbarung zu entscheiden,

b) zu entscheiden, ob ein Verbesserungsvorschlag i.S.v. § 2 vorliegt,

c) die Vergütung anhand der Vergütungsrichtlinien festzusetzen,

d) dem Einsender über das Ergebnis der Prüfung und Bewertung einen schriftlichen Bescheid zu erteilen,

e) die Überprüfung nach § 12 vorzunehmen.

§ 7 Der Berufungsausschuss

(1) Es kann ein Berufungsausschuss gebildet werden, der über die Einsprüche nach § 9 Abs. 2 entscheidet.

(2) Für seine Einrichtung, Zusammensetzung und Geschäftsführung gelten die gleichen Prinzipien wie für den Bewertungsausschuss.

(3) Die Mitglieder des Bewertungsausschusses können nicht Mitglieder des Berufungsausschusses ein.

§ 8 Behandlung der Verbesserungsvorschläge

(1) Verbesserungsvorschläge sind der Geschäftsstelle zuzuleiten. Sie kann Annahmestellen einrichten. Andere Stellen des Betriebes bzw. des Unternehmens, denen Vorschläge bekannt werden, haben diese unverzüglich in verschlossenem Umschlag an die Geschäftsstelle weiterzuleiten.

(2) Um eine möglichst gerechte Beurteilung herbeizuführen, ist es notwendig, jeden eingereichten Vorschlag anonym zu behandeln. Deshalb hat die Geschäftsstelle jeden Vorschlag sofort mit einer Registriernummer zu versehen. Die weitere Behandlung des Vorschlages darf nur unter der Registriernummer erfolgen, der Name des Vorschlagenden darf nicht in Erscheinung treten.

(3) Die Unterlagen, aus denen sich ergibt, welche Namen der jeweiligen Registriernummer zugeordnet sind, sind unter Verschluss zu halten.

(4) Für die Priorität eines Vorschlages ist das Eingangsdatum maßgebend. In Zweifelsfällen wird eine Klärung in einer Besprechung mit allen Beteiligten versucht.

§ 9 Bewertungsbescheid und Einsprüche

(1) Über das Ergebnis der Prüfung und Bewertung erhält der Einsender einen schriftlichen Bescheid des Bewertungsausschusses, wenn die Prüfung länger als zwei Monate dauert, einen Zwischenbescheid.

(2) Gegen Entscheidungen des Bewertungsausschusses steht sowohl dem Einsender als auch dem Arbeitgeber das Recht des Einspruches zu. Er ist binnen einer Frist von einem Monat nach Zustellung des Bescheides bei der Geschäftsstelle einzulegen. Der Bewertungsausschuss überprüft in diesem Fall nochmals seine Entscheidung.

(3) Ändert der Bewertungsausschuss seine Entscheidung nicht ab oder ist der Widersprechende auch mit der neuen Entscheidung nicht einverstanden, dann ist der Vorschlag dem Berufungsausschuss vorzulegen.

(4) Gegen die Entscheidung des Berufungsausschusses steht der Rechtsweg zum Arbeitsgericht innerhalb von drei Monaten nach Zustellung der Entscheidung des Berufungsausschusses offen. Entsprechendes gilt, wenn kein Berufungsausschusses besteht.

§ 10 Vergütung (Prämie)

Alle Verbesserungsvorschläge werden nach folgenden Kategorien vergütet:

1. Vorschläge, deren Nichtverwertung der Arbeitgeber zu vertreten hat, sind so zu vergüten, als ob sie ausgeführt wurden.

2. Vorschläge, die nicht ausgeführt werden können oder keinen Nutzen bringen, bei denen jedoch ein persönliches Bemühen des Einsenders anzuerkennen ist, sind mit einem Anerkennungsschreiben und einer Geld- oder Sachprämie in angemessener Höhe zu vergüten.

3. Ist der Kostenvorteil, der durch den Verbesserungsvorschlag entsteht, nicht genau zu bestimmen, wird die Prämie durch den Bewertungsausschuss unter Berücksichtigung des Bewertungsschemas festgesetzt.

4. Die Vergütung für Vorschläge, deren Kostenvorteil nicht erfassbar ist, ist ebenso wie die für Vorschläge, bei denen der Kostenvorteil errechenbar ist, nach oben hin nicht begrenzt.

5. Für Vorschläge, die zu errechenbaren Ersparnissen führen, wird während der Nutzungsdauer eine jährliche oder eine einmalige Vergütung gezahlt.

6. Die Festsetzung der Vergütung erfolgt nach Ablauf einer zwölfmonatigen Nutzungsdauer. Vorher sind angemessene Abschlagszahlungen zu leisten. Abschlagszahlungen sind auch zu leisten, wenn der Nutzen des Vorschlags nicht errechenbar ist.

§ 11 Prämienberechnung

(1) Als Grundlage zur Prämienberechnung dienen – entsprechend dem Bewertungsschema 1 – alle rechnerisch erfassbaren Ersparnisse, die sich während einer zwölfmonatigen Nutzungszeit ergeben, wenn man den Betriebszustand ohne die vorgeschlagene Verbesserung mit dem Betriebszustand nach Durchführung der Verbesserung unter sonst gleichen Bedingungen vergleicht.

(2) Von diesem Betrag erhält der Vorschlagende jährlich x% (5–30%, bei einmaliger Vergütung 30–60%).

(3) Gemeinkosten werden dabei nicht berücksichtigt; Investitionen nur in Höhe der steuerlichen Abschreibung.

(4) Eine Begrenzung in der Höhe der Vergütung oder eine Degression ist ausgeschlossen.

(5) In geeigneten Fällen kann auch eine Umsatzerhöhung der Prämienberechnung zugrunde gelegt werden.

§ 12 Nachbewertung

Ist eine einmalige Vergütung bezahlt worden, hat der Vorschlagende das Recht, bei wesentlich geänderten Umständen eine Neuberechnung zu verlangen. Die Neuberechnung kann auch in der Weise erfolgen, dass an die Stelle der einmaligen Vergütung eine laufende Vergütung tritt. In diesem Fall ist die bereits erfolgte Zahlung entsprechend zu berücksichtigen.

§ 13 Zusatzprämie, Förderungsmaßnahmen

(1) Eine Zusatzprämie in Höhe von 10–20% der ermittelten Vergütung erhalten die Beschäftigten, die aufgrund ihrer Ausbildung und Stellung im Unternehmen weniger oder keinen Einfluss haben (Auszubildende, Hilfs- und angelernte Arbeiter).

(2) Einreicher, die sich durch mehrere gute Verbesserungsvorschläge ausgezeichnet haben, werden bei Förderungsmaßnahmen bevorzugt berücksichtigt.

§ 14 Rechte und Schutz des Einsenders

(1) Grundsatz des betrieblichen Vorschlagswesens muss es sein, Ideen und Gedankengut des Einreichers zu schützen.

(2) Vorschläge, bei denen zu erwarten ist, dass sie Arbeitnehmererfindungen oder qualifizierte technische Verbesserungsvorschläge i.S.d. § 20 Abs. 1 ArbnErfG sind, müssen der zuständigen Patentabteilung zugeleitet werden. Über das Ergebnis der Beurteilung ist der Einsender zu unterrichten. Falls der Vorschlag patent- oder gebrauchsmusterfähig ist, muss der Einsender rechtzeitig informiert werden. In diesem Fall regeln sich die Rechtsbeziehungen nach den Bestimmungen des Gesetzes über Arbeitnehmererfindungen vom 25.7.1959.

(3) Das Datum der Übergabe des Verbesserungsvorschlages an die Patentabteilung gilt (damit) als Meldedatum einer Diensterfindung nach § 5 ArbNErfG.

(4) Vorschläge, für die Schutzrechte beantragt, aber nicht gewährt werden, müssen erneut als Vorschläge im Sinne dieser Vereinbarung behandelt werden.

(5) Nach der Installierung von Anlagen und Aufnahme der Produktion sind Sperrfristen für die Einreichung von Verbesserungsvorschlägen ausgeschlossen.

(6) Einsender von Vorschlägen, die während der Bearbeitungszeit ihres Vorschlages – aus welchen Gründen auch immer – aus dem Unternehmen ausscheiden, behalten alle Rechte, die sich aus dieser Vereinbarung ergeben.

(7) Der Vergütungsanspruch geht im Falle des Ablebens auf die gesetzlichen Erben des Einsenders über.

§ 15 Kündigung

Diese Betriebsvereinbarung kann mit einer Frist von drei Monaten jeweils zum Jahresende gekündigt werden.

7. Muster: Betriebliches Vorschlagswesen im Bereich der Metallindustrie[15]

Zwischen

der Firma ▬▬▬

und

dem Betriebsrat der Firma ▬▬▬

wird nachstehende Betriebsvereinbarung über das betriebliche Vorschlagswesen geschlossen.

1. Teil: Allgemeine Bestimmungen

Das betriebliche Vorschlagswesen soll dazu dienen, durch die Mitarbeit und das Mitdenken der gesamten Belegschaft die Wirtschaftlichkeit sowie das gute Einvernehmen und die Arbeitssicherheit im Betrieb zu fördern. Es hat die Aufgabe, Ideen nutzbar zu machen und ihre angemessene Anerkennung zu sichern.

§ 1 Verbesserungsvorschläge

Verbesserungsvorschläge sind Anregungen, die durch Umstellung und Änderung eine Verbesserung bestehender Methoden, eine höhere oder bessere Produktion, eine Vereinfachung des Arbeitsverfahrens, Ersparnisse von Arbeitszeit oder Material oder eine Erhöhung der Sicherheit anstreben. Dazu zählen auch Vorschläge, die der Zusammenarbeit, der Ordnung oder der Sauberkeit im Betrieb dienen.

Ein Verbesserungsvorschlag liegt jedoch nur dann vor, wenn

- eine Verbesserung gegenüber dem bisherigen Zustand erreicht wird,
- seine Einführung rentabel ist oder die Sicherheit erhöht, Gesundheitsgefährdungen oder Umweltbelastungen verringert, das Firmenansehen steigert oder der guten Zusammenarbeit im Betrieb dient und
- ohne die Anregung des Einreichers diese Verbesserung nicht durchgeführt worden wäre.

Der Vorschlag darf nicht lediglich einen bestehenden Zustand bemängeln, sondern muss eine Lösung des Problems enthalten.

Als Verbesserungsvorschläge in diesem Sinne gelten nur solche Vorschläge, bei denen eine über den Rahmen des sich aus dem Arbeitsverhältnis ergebenden Aufgabenbereichs des Einreichers hinausgehende Leistung vorliegt. Der Aufgabenbereich ist abhängig von der Stellung des Einreichers; er umfasst alle Tätigkeiten und Überlegungen des Mitarbeiters, die bei der Erfüllung seiner Aufgaben im Betrieb von ihm erwartet werden können.

Ein Verbesserungsvorschlag im Sinne dieser Definition liegt nicht vor im Fall einer patent- oder gebrauchsmusterfähigen Erfindung oder eines technischen Verbesserungsvorschlages, der dem Betrieb eine ähnliche Vorzugsstellung einräumt wie ein gewerbliches Schutzrecht. In diesen Fällen ist das Gesetz über Arbeitnehmererfindungen anzuwenden.

§ 2 Teilnahmeberechtigte am betrieblichen Vorschlagswesen

Verbesserungsvorschläge können von allen Mitarbeitern, einschließlich der Auszubildenden, Praktikanten und Werkstudenten, eingereicht werden.

§ 3 Einreichen des Verbesserungsvorschlages

Ein Verbesserungsvorschlag kann von einem einzelnen Mitarbeiter oder von mehreren Mitarbeitern gemeinsam (Gruppenvorschlag) beim Beauftragten für das betriebliche Vorschlagswesen schriftlich eingereicht oder mündlich vorgetragen werden. Hierdurch erklärt sich der Einreicher damit einverstanden, dass sein Vorschlag ausschließlich nach den Bestimmungen dieser Betriebsvereinbarung behandelt wird.

Bestimmte Teile des Vorschlags können auf Wunsch des Einreichers anonym bearbeitet werden, soweit das Verfahren dies zulässt.

Ist der Verbesserungsvorschlag eine Diensterfindung, so wird der Erfinder durch die Einreichung nicht von seiner Meldepflicht nach § 5 des Gesetzes über Arbeitnehmererfindungen befreit.

2. Teil: Organisation des betrieblichen Vorschlagswesens

§ 4 Beauftragter für das betriebliche Vorschlagswesen

Die Geschäftsleitung bestimmt einen Beauftragten für das betriebliche Vorschlagswesen. Dieser bearbeitet die eingereichten Verbesserungsvorschläge und trägt die Verantwortung für ihre ordnungsgemäße Behandlung. Er hat insbe-

---

[15] Quelle: Gesamtverband der metallindustriellen Arbeitgeberverbände e.V. (Stand: 1997).

sondere den Einreicher zu beraten; das persönliche Gespräch soll das Vertrauen zum betrieblichen Vorschlagswesen fördern und dem Einreicher die Möglichkeit geben, seine Ideen näher zu erläutern.

§ 5 Prüfungsausschuss

Der Prüfungsausschuss setzt sich zusammen aus dem Vorsitzenden, der von der Geschäftsleitung benannt wird und mit dem Beauftragten für das betriebliche Vorschlagswesen personengleich sein kann, zwei weiteren ständigen Mitgliedern aus den für die Beurteilung der Vorschläge wichtigen Bereichen, die ebenfalls von der Geschäftsleitung bestimmt werden, sowie aus zwei vom Betriebsrat benannten Vertretern der Mitarbeiter.

Der Prüfungsausschuss hat die Aufgabe, die ihm von dem Beauftragten für das betriebliche Vorschlagswesen vorgelegten Verbesserungsvorschläge zu prüfen und, falls der Verbesserungsvorschlag zur Verwirklichung angenommen wird, der Geschäftsleitung eine Vorschlagsprämie vorzuschlagen.

3. Teil: Bearbeitung der Verbesserungsvorschläge

§ 6 Eingangsbestätigung

Der Eingang eines Verbesserungsvorschlages wird schriftlich unter Hinweis auf die vom Einreicher anerkannten Bestimmungen dieser Betriebsvereinbarung bestätigt.

§ 7 Vorbereitung

Der Beauftragte für das Betriebliche Vorschlagswesen registriert die eingereichten Verbesserungsvorschläge mit dem Zeitpunkt des Eingangs und bringt sie gegebenenfalls in eine zweckmäßige Form. Er kann bei den fachlich zuständigen Abteilungen Stellungnahmen einholen und trifft alle Maßnahmen, die zur Vorbereitung der Prüfung durch den Ausschuss erforderlich sind.

§ 8 Verfahren im Prüfungsausschuss

Der Prüfungsausschuss schlägt der Geschäftsleitung die Annahme, Anerkennung oder Ablehnung der Verbesserungsvorschläge sowie im Falle der Annahme eine Vorschlagsprämie vor; für den Fall der Anerkennung empfiehlt er eine Anerkennungsprämie oder Sachzuwendung. Er beschließt mit Stimmenmehrheit. Er kann Sachverständige ohne Stimmrecht hinzuziehen.

Die Teilnehmer an den Sitzungen des Ausschusses müssen den Inhalt der Beratungen vertraulich behandeln.

Die Ergebnisse der Beratungen des Ausschusses werden in einer Niederschrift festgehalten, die von dem Vorsitzenden und zwei weiteren Mitgliedern des Ausschusses unterschrieben wird. Im Falle der Annahme muss diese Niederschrift bis zum Ablauf des fünften Jahres nach dem Jahr der Zuerkennung der Vorschlagsprämie aufbewahrt werden.

§ 9 Prioritäten

Falls zwei oder mehr Vorschläge dem Sinne nach übereinstimmen, kann nur der zuerst eingegangene angenommen werden.

Will eine betriebliche Stelle die Priorität für einen Gedanken geltend machen, so weist sie diese gegenüber dem Prüfungsausschuss durch schriftliche Unterlagen nach; in diesem Falle findet eine weitere Prüfung und Beratung durch den Prüfungsausschuss nicht statt.

Wird ein zunächst abgelehnter Vorschlag später durchgeführt, so behandelt der Prüfungsausschuss den Vorschlag unter Wahrung der Priorität des Einreichers erneut. Wenn ein später eingereichter Vorschlag gleichen oder ähnlichen Inhalts Anlass für die Durchführung war, kann der Prüfungsausschuss auch eine Aufteilung der Prämie nach billigem Ermessen vorschlagen.

Alternative:

Wird ein zunächst abgelehnter Vorschlag später durchgeführt, so behandelt der Prüfungsausschuss den Vorschlag unter Wahrung der Priorität des Einreichers erneut. Ein zunächst abgelehnter Vorschlag bleibt, vom Datum der Eingangsbestätigung an gerechnet, zwei Jahre lang prämienberechtigt. Die Prämienberechtigung kann um weitere zwei Jahre verlängert werden, wenn der Vorschlag vor Auslaufen der ersten Schutzfrist erneut eingereicht, d.h. verlängert wird.

Wird ein zunächst abgelehnter Vorschlag anlässlich eines gleichen oder ähnlichen Vorschlages durch einen weiteren Einreicher innerhalb der Schutzfrist doch durchgeführt, so bleibt die Priorität des ersten Einreichers erhalten. Die Anregung des Zweiteinreichers kann außerdem entsprechend gewertet werden.

4. Teil: Bewertung und Prämierung

§ 10 Vorschlagsprämie

Für Verbesserungsvorschläge, die zur Verwirklichung angenommen sind, erhalten die Einreicher eine Vorschlagsprämie. Ihre Höhe wird jeweils auf Vorschlag des Prüfungsausschusses von der Geschäftsleitung festgesetzt.

Für Vorschläge, die eine errechenbare Ersparnis bringen, z.B. an Zeit, Energie, Ausschuss, Reparatur- und/oder Wiederbeschaffungskosten, Betriebs- und/oder Hilfsstoffen, errechnet sich die Prämie nach der Ersparnis im ersten Anwendungsjahr. Erfordert die Errechnung der Ersparnis einen unverhältnismäßigen Aufwand, so kann sie geschätzt oder die Vorschlagsprämie in entsprechender Anwendung des folgenden Absatzes ermittelt werden.

Für Verbesserungsvorschläge, die keine errechenbare Ersparnis, jedoch einen sonstigen Vorteil bringen, insbesondere hinsichtlich der Arbeitssicherheit, Arbeitsplatzgestaltung, Qualitätsverbesserung usw., schlägt der Prüfungsausschuss die Vorschlagsprämie nach folgendem Stufenplan vor:

Stufe I:	ausgezeichnet
Stufe II:	sehr gut
Stufe III:	gut
Stufe IV:	befriedigend
Stufe V:	ausreichend

Wird ein Verbesserungsvorschlag von mehreren Einreichern gemacht (Gruppenvorschlag), so erfolgt die Verteilung der Prämie nach dem von den Einreichern gewünschten Aufteilungsmaßstab; andernfalls wird die Prämie zu gleichen Teilen ausgezahlt.

§ 11 Anerkennungsprämie

Für Vorschläge, die nicht durchgeführt werden, kann der Prüfungsausschuss eine Anerkennungsprämie oder eine Sachzuwendung vorschlagen, wenn die umsichtige und interessierte Mitarbeit des Einreichers anzuerkennen ist.

§ 12 Weiterbearbeitung nach der Entscheidung

Die Entscheidung über den Vorschlag wird dem Einreicher schriftlich bekannt gegeben. Eine Ablehnung ist zu begründen. Die Vorschlagsprämie oder Sachzuwendung wird in angemessener Form überreicht.

Die Gewährung der Vorschlagsprämie oder Sachzuwendung wird der Belegschaft in geeigneter Weise bekannt gegeben. Der Einreicher kann wünschen, dass sein Name hierbei nicht genannt wird.

Ist der Einreicher mit der Ablehnung seines Vorschlages nicht einverstanden und kann er bisher nicht berücksichtigte, wesentliche Gesichtspunkte geltend machen, so ist er berechtigt, innerhalb von drei Monaten nach Zugang des schriftlichen Bescheids die Durchführung eines zweiten Prüfungsverfahrens beim Beauftragten für das betriebliche Vorschlagswesen zu beantragen, in welchem die Einspruchsgründe zu berücksichtigen sind.

§ 13 Verwirklichung des Verbesserungsvorschlages

Im Auftrage der Geschäftsleitung informiert der Beauftragte für das betriebliche Vorschlagswesen die zuständigen betrieblichen Stellen über die erfolgte Annahme des Verbesserungsvorschlages und beobachtet dessen Durchführung.

§ 14 Ergänzendes Prüfungsverfahren

Treten bei der Durchführung innerhalb des ersten Anwendungsjahres wesentliche neue Gesichtspunkte auf, die bei der Entscheidung über die Höhe der Vorschlagsprämie nicht zu Gunsten des Einreichers berücksichtigt worden sind, so kann in seinem Interesse spätestens bis Ablauf des zweiten Anwendungsjahres ein ergänzendes Prüfungsverfahren eingeleitet werden.

Dies gilt auch bei Verfahrensfehlern oder Fehlberechnungen.

5. Teil: Zusatzbestimmungen

§ 15 Weitergabe an Dritte

Verbesserungsvorschläge dürfen ohne Einverständnis der Geschäftsleitung nicht an Dritte weitergegeben werden. Die Geschäftsleitung kann dem Einreicher gestatten, seinen Verbesserungsvorschlag anderweitig zu verwerten.

§ 16 Sperrfristen

Beim Anlauf neuer Fertigungen werden von der Geschäftsleitung ggf. Sperrfristen festgelegt, während derer Vorschläge nicht entgegengenommen werden, die sich auf diese neuen Fertigungen beziehen. Die Dauer dieser Sperrfristen soll so kurz wie möglich bemessen sein.

§ 17 Gewährleistungspflichten Dritter

Vorschläge, die neue Einrichtungen oder Maschinen betreffen, werden nur dann entgegengenommen, wenn die Haftung des Lieferanten nicht beeinträchtigt wird oder der Lieferant sein Einverständnis zur Durchführung des Verbesserungsvorschlages gibt.

§ 18 Versuche

Soweit zur Erprobung neuer Gedanken im Hinblick auf künftige Verbesserungsvorschläge Versuche notwendig erscheinen, bedürfen diese der Zustimmung des sachlich zuständigen Vorgesetzten, die der Beauftragte für das Betriebliche Vorschlagswesen einholt.

§ 19 Anrechnung auf Erfindervergütungen

Stellt sich bei einem Verbesserungsvorschlag heraus, dass ein Vergütungsanspruch nach dem Gesetz über Arbeitnehmererfindungen besteht, so kann eine nach dieser Betriebsvereinbarung gewährte Vorschlagsprämie auf die nach dem Gesetz über Arbeitnehmererfindungen zu gewährende Vergütung angerechnet werden.

§ 20 In-Kraft-Treten und Kündigung der Betriebsvereinbarung

Die Betriebsvereinbarung tritt am ▬▬▬ in Kraft.

Sie kann mit einer Frist von drei Monaten zum Jahresende gekündigt werden.

8. Muster: Gruppenarbeit[16]

Zwischen

der Firma ▬▬▬

und

dem Betriebsrat der Firma ▬▬▬

wird gemäß § 87 Abs. 1 Nr. 13 BetrVG folgende Rahmenbetriebsvereinbarung über Gruppenarbeit geschlossen:

§ 1 Geltungsbereich

Diese Betriebsvereinbarung gilt für alle gewerblichen Arbeitnehmer der Produktionsbereiche ▬▬▬ sowie die Tag- und Abendschicht der Techniker, soweit sie sich an der Testphase beteiligen wollen. Während der Testphase wird zunächst die Gruppenarbeit an den ▬▬▬-maschinen eingeführt. Soweit die Testphase auf andere Produktionsbereiche erstreckt werden soll, ist eine neue Betriebsvereinbarung zwischen Geschäftsleitung und Betriebsrat notwendig. Entgeltregelungen werden in einer „Entgeltbetriebsvereinbarung über Gruppenarbeit" getroffen.

§ 2 Zielsetzung und Definition

(1) Gruppenarbeit verfolgt unternehmensbezogene und mitarbeiterbezogene Ziele. Aus betriebswirtschaftlicher Sicht dient die Gruppenarbeit der Steigerung der Wettbewerbsfähigkeit des Betriebes, der Qualitätsverbesserung, der Optimierung von Organisationsabläufen sowie der höheren Flexibilität beim Personaleinsatz. Aus der Sicht der Mitarbeiter soll die Gruppenarbeit zu höherer Arbeitszufriedenheit führen und eine stärkere Identifikation mit dem Betrieb ermöglichen. Ziel der Gruppenarbeit ist es, den Mitarbeitern in stärkerem Maße Gelegenheit zu geben, Fach- und Sozialkompetenz umzusetzen.

(2) Gruppenarbeit im Sinne dieser Vereinbarung wird definiert als Zusammenarbeit einer bestimmten Zahl von Mitarbeitern in ganzheitlichen Arbeitsaufgaben. Übertragen sinnvoll abgegrenzter Tätigkeiten auf eine Gruppe, Lösen gemeinsamer Aufgaben durch Kooperation und Einräumung von Handlungs- und Entscheidungsspielräumen für die Gruppe.

§ 3 Kompetenzen der Gruppe

(1) Die Gruppe setzt ihre Ziele innerhalb eines definierten Aufgabenbereichs gemeinsam um. Direkte Produktionsaufgaben werden mit indirekten Tätigkeiten wie Instandhaltung, Logistik, Qualitätssicherung zusammengefasst.

(2) Die Gruppenmitglieder tragen im Rahmen erweiterter Kompetenzen gemeinsame Verantwortung für die jeweiligen Arbeitsergebnisse, insbesondere im Rahmen der Parameter Qualität, Produktivität, Kosten, Termine, Quantität und Kapazitätsnutzung, soweit für die Gruppe eine eigene Einflussmöglichkeit besteht.

(3) Jede Gruppe nimmt selbständig folgende Aufgaben wahr: Arbeitseinteilung, Urlaubs- und Schichtplanung, Teamgespräche, Maßnahmen der Förderung der Zusammenarbeit (einschl. social-events), Entscheidungen über Maßnahmen der beruflichen Fortbildung im Rahmen vorgegebener Budgets.

---

[16] Die Mitbestimmung des Betriebsrats bei Gruppenarbeit wurde erstmalig im BetrVG über § 87 Abs. 1 Nr. 13 mit der Reform des Betriebsverfassungsgesetzes vom 23.7.2001 (BGBl. I S. 1852) in das Gesetz aufgenommen. Da die Auslegung der Vorschrift eine Vielfalt von Zweifelsfragen hervorruft, wird bei der Bearbeitung einer Betriebsvereinbarung über Gruppenarbeit entsprechend der neuen Rechtslage die Lektüre des Beitrags von *Wiese*, Die Mitbestimmung des Betriebsrats über Grundsätze zur Durchführung von Gruppenarbeit nach § 87 Abs. 1 Nr. 13 BetrVG, BB 2002, 198 empfohlen.

(4) An die zuständigen Zentralabteilungen berichtet die Gruppe über Verbesserungsmaßnahmen zur Optimierung des Arbeitssystems, der Arbeitsabläufe, der Arbeitsgestaltung und der Arbeitssicherheit.

§ 4 Gruppensprecher

(1) Die Gruppe wählt einen Gruppensprecher, der die Gruppe nach innen und außen vertritt. Der Gruppensprecher handelt im Auftrag der Gruppe, verfügt über keine Weisungs- und Disziplinarbefugnisse, sondern moderiert die Arbeit der Gruppe.

(2) Der Gruppensprecher wird in freier geheimer Wahl mit einfacher Mehrheit für die Dauer eines Jahres aus der Mitte der Gruppe gewählt.

(3) Eine Abwahl des Gruppensprechers durch die Gruppe ist jederzeit in geheimer Wahl mit 2/3 der Stimmen der Gruppenmitglieder möglich.

(4) Neben dem Gruppensprecher wird ein Stellvertreter oder eine Stellvertreterin gewählt. Der Stellvertreter vertritt den Gruppensprecher im Falle seiner Abwesenheit, bei Krankheit, Urlaub etc.

(5) Der Gruppensprecher übernimmt neben der Moderation der Gruppe die Aufgabe, zwischen Meinungsverschiedenheiten der Beteiligten auszugleichen, den Informationsaustausch sicherzustellen, die Meister zu unterstützen, die Teamgespräche zu leiten und zur Motivation der Gruppe beizutragen.

§ 5 Gruppenstärke

(1) Größe und Zusammensetzung einer Gruppe werden durch technische, arbeitsorganisatorische und räumliche Faktoren bestimmt. Die Zusammensetzung der Gruppe erfolgt mit Zustimmung des Betriebsrats. Die Zustimmung hat die Wirkung einer Erklärung des Betriebsrats gemäß § 99 BetrVG.

(2) Bei der Zusammensetzung einer Gruppe ist darauf zu achten, dass eine ausgewogene, fachliche und soziologische Struktur entsteht. Mitarbeiter, die sich in mehrjähriger Zusammenarbeit bewährt haben, sollen bei der Gruppenbildung nicht auseinander gerissen werden.

§ 6 Teamgespräche

Teamgespräche sind zweckgerichtet und dienen der Lösung fachlicher, organisatorischer oder sozialer Fragen. Sie finden einmal im Monat außerhalb der Arbeitszeit statt.

Die Teams entscheiden selbst, über welche Themen diskutiert wird. Sie sind auch befugt, andere Personen zum Teamgespräch einzuladen. Vorgesetzte und Mitglieder des Betriebsrats oder einzelner Fachabteilungen sind verpflichtet, wenn die Gruppe dies wünscht, Rede und Antwort zu stehen.

§ 7 Aufgaben der Meister

Schwerpunkte in der Führungsaufgabe der Meister bilden bei der Gruppenarbeit die Betreuung der Fertigungsgruppen, die Vorgabe und Vereinbarung von Zielen, Unterstützung der Gruppe, wenn sich abzeichnet, dass die Ziele eventuell nicht erreicht werden, Informationsaustausch über die Gruppe hinaus, Unterstützung im Qualifizierungsprozess, Mitarbeiterbeurteilung und Personaleinsatz. Die Besetzung der einzelnen Arbeitsplätze innerhalb der Gruppe wird von der Gruppe geregelt und bestimmt.

§ 8 Arbeitspensen, Qualifizierung und Personalbemessung

(1) Arbeitspensen werden nicht einseitig von den Vorgesetzten festgelegt, sondern müssen in der Gruppe gemeinsam verabschiedet werden. Sind die betroffenen Mitarbeiter mit dem festgesetzten Pensum nicht einverstanden, können sie sich im Verfahren der §§ 84, 85 BetrVG an den Betriebsrat und dieser ggf. an die Einigungsstelle wenden. Das Soll-Arbeitspensum und die betrieblich notwendigen Schwankungen werden zwischen Vorgesetzten und Mitarbeitern unter Berücksichtigung der zur Verfügung stehenden Schichtzeiten besprochen und vereinbart. Bei der Durchsprache des Soll-Arbeitspensums werden Fragen, Einwände und Vorschläge der Mitarbeiter erörtert und eventuell zusätzliche Untersuchungen zur Klärung von Zweifelsfragen durchgeführt.

(2) Die Soll-Personalbesetzung wird zwischen Vorgesetzten und Mitarbeitern besprochen und vereinbart. Grundlage bilden die Auswertung des PPS und die fachlich bekannten Daten. Die Soll-Personalbesetzung wird jeweils in zweijährigem Rhythmus auf ihre Aktualität und Stimmigkeit überprüft.

(3) Die betrieblichen Vorgesetzten machen Vorschläge, Mitarbeiter auf höheren Arbeitsebenen arbeiten zu lassen. Die Entscheidung über die Tätigkeit auf einer höheren Arbeitsebene fällt die Gruppe.

§ 9 Entlohnungsgrundsätze

(1) Während der Testphase erhalten alle Mitarbeiter ihr bisheriges Einkommen. Die in den Fertigungsinseln tätigen Beschäftigten werden bis zur Einführung eines „flexiblen Prämienlohns" mit ihrem bisherigen Durchschnittsverdienst übernommen. Bisher erarbeitete Zuschläge aus Spät-, Nachtarbeit (ggf. Sonn- und Feiertagsarbeit), jedoch ohne

Mehrarbeits- und sonstige Zulagen, werden bis zum Zeitpunkt der Einführung des „flexiblen Prämienlohns" weiterhin geleistet. Nach Ablauf von sechs Monaten soll ein flexibler Prämienlohn gezahlt werden.

(2) Während der Testphase wird parallel zu den Gehaltsabrechnungen eine monatliche Berechnung durchgeführt, aus der der Mitarbeiter ersehen kann, welches Gehalt er auf Basis des „flexiblen Prämienlohnes" erzielt haben würde.

(3) Das Modell „flexibler Prämienlohn" wird erst wirksam, wenn es in einer gesonderten Betriebsvereinbarung zur Entlohnung bei Gruppenarbeit mit dem Betriebsrat verabschiedet wurde.

§ 10 Arbeitszeit

(1) Die Arbeitszeit wird für jede Fertigungsinsel gesondert festgelegt. Die Nutzungszeit soll 100 Stunden pro Woche nicht überschreiten. Einzelheiten regelt eine Betriebsvereinbarung.

(2) Als Rahmenvereinbarung zwischen Geschäftsleitung und Betriebsrat steht fest, dass das Arbeitsmodell keine Samstagsarbeit als Regelarbeitszeit, keine persönliche Arbeitszeit von mehr als sechs Stunden pro Tag und möglichst kurze Nachtschichten vorsieht.

§ 11 Rechte des Betriebsrats

(1) Der Betriebsrat ist Mitglied des Projektteams zur Einführung von Gruppenarbeit. Er benennt zwei Mitglieder für das Team.

(2) Der Betriebsrat hat außerdem die Möglichkeit, ständige Mitglieder für die Kernteams und die Arbeitsgruppen zu benennen, die die Arbeit bei der Entwicklung bei der Gruppenarbeit beobachten und begleiten.

(3) Der Betriebsrat erhält außerdem sämtliche Erfahrungsberichte, die im Projektteam erstellt werden.

§ 12 Konfliktlösung

Wird bei Festlegung oder Änderung der Soll-Personalbesetzung oder des Soll-Arbeitspensums keine Einigung erzielt, entscheidet über innerhalb von zehn Tagen die betriebliche Einigungsstelle. Den Mitgliedern der Einigungsstelle sind sämtliche zur Beurteilung der Angelegenheit notwendigen Unterlagen zur Verfügung zu stellen. Im Einigungsstellenverfahren sind betroffene Mitarbeiter, der Gruppensprecher und Mitarbeiter des Projektteams anzuhören.

§ 13 In-Kraft-Treten

Diese Betriebsvereinbarung tritt am ▬▬▬ in Kraft. Sie gilt zunächst befristet bis zum ▬▬▬. Alle Regelungen dieser Vereinbarung entfallen, wenn das Projekt „Gruppenarbeit" eingestellt wird. Die Betriebsvereinbarung kann, ohne dass sie nachwirkt, mit einer Frist von drei Monaten zum Monatsende gekündigt werden.

9. Muster: Kurzarbeit

Zwischen

der Firma ▬▬▬

und

dem Betriebsrat der Firma ▬▬▬

wird folgende Betriebsvereinbarung geschlossen:

§ 1 Einführung von Kurzarbeit

Mit Wirkung vom ▬▬▬ wird in den Betriebsabteilungen ▬▬▬ Kurzarbeit eingeführt. Die Arbeitszeit für die Arbeitnehmerinnen und Arbeitnehmer in diesen Abteilungen beträgt während der Kurzarbeit ▬▬▬ Stunden wöchentlich.

§ 2 Verteilung der Arbeitszeit

Die Arbeitszeit wird wie folgt verteilt: ▬▬▬

Über die Verteilung der Arbeitszeit informiert die Geschäftsleitung spätestens sieben Tage vorher durch Aushang am Schwarzen Brett. Krankheits- oder urlaubsabwesende Mitarbeiter werden von ihrem Vorgesetzten telefonisch verständigt.

§ 3 Information des Betriebsrats

Die Geschäftsleitung informiert den Betriebsrat wöchentlich über die Entwicklung des Auftragsbestandes und die weitere Geschäftsentwicklung.

§ 4 Zahlung von Kurzarbeitergeld

Die Geschäftsleitung stellt bei der örtlichen Agentur für Arbeit die erforderlichen Anträge zur Gewährung von Kurzarbeitergeld. Das Kurzarbeitergeld wird vom Betrieb ausgezahlt, nachdem die Agentur für Arbeit die Leistung gegenüber der Firma erbracht hat. Die Firma ist nicht in der Lage, eine Vorfinanzierung vorzunehmen. Aus diesem Grunde wird es eventuell zu einer Verzögerung von bis zu zwei Monaten kommen, bis das Kurzarbeitergeld ausgezahlt wird.

Überstunden werden während der Zeit der Kurzarbeit weder gefahren noch vergütet.

§ 5 Beendigung der Kurzarbeit

Die Kurzarbeit endet spätestens am ▬▬▬. Sollte die Auftragslage sich unvorhergesehen verbessern, kann die Kurzarbeit ohne Zustimmung des Betriebsrats vorzeitig beendet werden. Sollte die Kurzarbeit verlängert werden müssen, ist eine gesonderte Betriebsvereinbarung zu schließen.

§ 6 Urlaub

Alle Mitarbeiterinnen und Mitarbeiter sind aufgefordert – soweit möglich – während der Kurzarbeitsphase Urlaub zu nehmen. Die üblichen Antragsfristen können verkürzt werden.

§ 7 Sonstiges

Diese Betriebsvereinbarung endet mit Ablauf der Kurzarbeitsperiode. Die Firma verpflichtet sich, bei allen Gesprächen mit der Agentur für Arbeit ein Mitglied des Betriebsrats teilnehmen zu lassen. Der Betriebsrat verpflichtet sich, die nach dem Vordruck der Agentur für Arbeit vom Betriebsrat auszufüllenden Daten unverzüglich und schnellstmöglich einzutragen.

10. Muster: Personaleinkauf

Zwischen

der Firma ▬▬▬, vertreten durch den Geschäftsführer

und

dem Betriebsrat der Firma ▬▬▬, vertreten durch den Betriebsratsvorsitzenden

wird folgende Betriebsvereinbarung über die Regelung des Personaleinkaufs geschlossen:

§ 1 Ziele

Ziel dieser Betriebsvereinbarung ist es, allen Mitarbeitern und Mitarbeiterinnen der Firma ▬▬▬ ein einheitliches Regelwerk bezüglich rabattierter Personaleinkäufe zu geben.

§ 2 Räumlicher, persönlicher und sachlicher Geltungsbereich

(1) Diese Betriebsvereinbarung gilt für alle Produktions- und Verwaltungsstätten der Firma ▬▬▬ sowie der von dem Unternehmen selbst betriebenen Verkaufsstellen.

(2) Die vorliegende Betriebsvereinbarung gilt für alle Mitarbeiterinnen und Mitarbeiter. Ein Personaleinkauf zu rabattierten Sätzen wird der Mitarbeiterin/dem Mitarbeiter ausschließlich für ihren/seinen persönlichen Bedarf bzw. eigenen Haushalt gewährt.

(3) Sachlich gilt die vorliegende Betriebsvereinbarung für alle Artikel aus dem Sortiment, die in den eigenen Produktionsstätten selbst produziert oder als Teiglinge bzw. halbgebackene Ware im Laden aufgebacken werden. Beim Verkauf an Mitarbeiterinnen/Mitarbeiter des Unternehmens gilt ein Nachlass von 35 % auf den Verkaufspreis als vereinbart. Auch alle Produkte, die in der Verkaufsstelle selbständig veredelt und hergestellt werden, z.B. belegte Brötchen, Snacks, Kaffee, Tee und Kakao im Ausschank, fallen unter diese Regelung. Ausgenommen von dieser Regelung sind alle zugekauften Sortimente und Handelswaren, wie z.B. zugekaufte Getränke.

§ 3 Abrechnung des Personalrabatts

(1) Der 35 %ige Personalrabatt auf Backwaren (Verzehr oder Mitnahme) wird täglich wie folgt abgerechnet:

a) Der Personalkauf wird durch eine Kollegin in die Kasse eingegeben; der Bon wird von dieser auf der Rückseite unterschrieben. Die Namen des Käufers und des Verkäufers werden in das Formular Personalrabattliste eingetragen. In Fällen einer Einerbesetzung sollte der Kauf bei Schichtwechsel durchgeführt werden; ist dies nicht möglich, kann der Personalkauf durch den Käufer selbst eingegeben werden.

b) Der Kaufbetrag in € ist die Summe des Einkaufs ohne Rabattgewährung.

c) Der Rabattbetrag in C ist der gewährte Preisnachlass (nicht der zu zahlende Betrag).

d) Bonnummer eintragen und den Kassenbon an das Formular heften.

e) Das Formular ist von der Ladenleitung (Vertretung, sofern vorhanden) zu unterschreiben und wird der Kassenabrechnung täglich beigefügt. Die Ladenleitung (Vertretung, sofern vorhanden) ermittelt die Tagessummen und achtet auf die Vollständigkeit der Angaben (Laden-Nr.; Ladenbezeichnung, Datum; Unterschrift etc.).

(2) Bei Mitarbeiterinnen/Mitarbeitern, die sich nicht an die oben beschriebene Vorgehensweise halten, geht die ▬▬▬ (Name und Adresse der Firma einsetzen) von einer rechtswidrigen Handlung aus. Diese Mitarbeiterinnen/Mitarbeiter müssen ggf. mit einer außerordentlichen fristlosen Kündigung rechnen.

§ 4 Personaleinkaufsmöglichkeiten

(1) Mitarbeiterinnen/Mitarbeiter im Verkauf

Durch diese Betriebsvereinbarung wird jeder Verkäuferin/jedem Verkäufer die Möglichkeit geschaffen, an ihrem/seinem Arbeitsplatz (Laden) Personaleinkäufe zu tätigen. Dies bedeutet, der Personaleinkauf kann nur in dem Laden vorgenommen werden, in dem die Mitarbeiterin/der Mitarbeiter ständig beschäftigt ist. Ein Personaleinkauf zu rabattierten Sätzen kann in Schwesterläden nicht vorgenommen werden.

(2) Springerinnen/Springer im Verkauf

Aufgrund des ständigen Arbeitsplatzwechsels besteht für Springerinnen/Springer die Möglichkeit, Personaleinkäufe in dem Laden, in dem sie/er zum Zeitpunkt des Personaleinkaufs tätig ist, gemäß den Anweisungen wie vor Personaleinkäufe zu tätigen.

(3) Gebietsverkaufsberaterinnen/Gebietsverkaufsberater

Die Gebietsverkaufsberaterinnen/Gebietsverkaufsberater können Personaleinkäufe innerhalb ihres Verkaufsbereiches gemäß den Anweisungen wie vor tätigen.

(4) Mitarbeiterinnen/Mitarbeiter der Produktions-Verwaltungsstätte

Mitarbeiterinnen/Mitarbeiter der Produktions-Verwaltungsstätten wird die Möglichkeit eingeräumt, die Personaleinläufe zu rabattierten Sätzen ausschließlich im Werksladen zu tätigen.

(5) Ein Wiederverkauf der zu rabattierten Sätzen erlangten Produkte ist untersagt. Zur Vollständigkeit wird darauf hingewiesen, dass die Mitarbeiterin/der Mitarbeiter den geldwerten Vorteil ab einem Einkaufsvorteil von ▬▬▬ EUR per anno selbst voll versteuern muss.

§ 5 In-Kraft-Treten/Dauer

Diese Betriebsvereinbarung tritt mit Wirkung vom ▬▬▬ in Kraft und endet, ohne dass es einer Kündigung bedarf, am ▬▬▬, ohne Nachwirkungen. Während der Laufzeit kann die Betriebsvereinbarung beiderseits mit einer Frist von drei Monaten gekündigt werden.

§ 6 Salvatorische Klausel

Sind oder werden einzelne Bestimmungen dieser Betriebsvereinbarung ganz oder teilweise ungültig, so bleiben die anderen Bestimmungen gleichwohl in Kraft. Das Gleiche gilt, sofern sich in dieser Betriebsvereinbarung eine Lücke herausstellen sollte. Anstelle einer Lücke soll eine angemessene Regelung gelten, die – soweit rechtlich möglich – dem am nächsten kommt, was die Vertragsparteien gewollt haben oder nach dem Sinn und Zweck dieser Vereinbarung gewollt haben würden, sofern sie bei Abschluss diesen Punkt bedacht hätten.

11. Muster: Unfallschutz

Zwischen

der Firma ▬▬▬

und

dem Betriebsrat der Firma ▬▬▬

wird folgende Betriebsvereinbarung zum Unfallschutz geschlossen:

§ 1 Räumlicher Schutz

Die Betriebsvereinbarung gilt für die Werke/Betriebe ▬▬▬.

§ 2 Aufgabe

Den Sicherheitsbeauftragten wird zur Unterstützung der zuständigen Stellen und des Betriebsrats[17] die Mitwirkung an folgenden Arbeitsschutzaufgaben übertragen:

1. Verteilung von Sicherheitsinformationen an die Mitarbeiterinnen/Mitarbeiter;
2. Einwirkung auf die Mitarbeiterinnen/Mitarbeiter zu sicherheitsbewusstem Verhalten und Handeln;
3. Beteiligung bei der Unterrichtung der Mitarbeiterinnen/Mitarbeiter über deren Aufgabe und Verantwortung sowie über die Art der Tätigkeit und die Einordnung in den Betrieb, insbesondere bei der Einstellung;
4. Unterstützung der Betriebsleitung bei der Durchführung der Unfallverhütungsaufgaben;
5. Teilnahme an Betriebsbesprechungen, sofern diese Arbeitssicherheitsfragen des Betriebes betreffen, sowie an Betriebsbegehungen der Berufsgenossenschaft und der Gewerbeaufsicht;
6. Beteilungen an Unfalluntersuchungen;
7. Erprobung von Körperschutzartikeln im Betrieb;
8. Meldung im Betrieb auftretender Mängel und Schwierigkeiten an die Werksleitung;
9. Zusammenarbeit mit dem Betriebsrat.

§ 3 Auswahl und Ernennung des Sicherheitsbeauftragten

(1) Sicherheitsbeauftragte werden ehrenamtlich vom Arbeitgeber nach Anhörung des Betriebsrats und nach einer Belehrung gemäß § 22 SGB VII ernannt.

(2) Zu Sicherheitsbeauftragten sind nur Personen zu bestellen, die über eine ausreichende Betriebserfahrung verfügen und befähigt sind, das Amt eines Sicherheitsbeauftragten auszufüllen.

(3) Bei der Auswahl eines Sicherheitsbeauftragten ist zu berücksichtigen, dass eine Akzeptanz in der Belegschaft besteht. Ferner ist sicherzustellen, dass für Betriebsabteilungen, in denen Frauen oder ausländische Arbeitnehmer beschäftigt sind, diese Personengruppen durch Sicherheitsbeauftragte aus ihren Reihen beteiligt werden. Mitarbeiter in vorgesetzter Stellung sollen regelmäßig nicht zu Sicherheitsbeauftragten bestellt werden.

(4) Durch die Bestellung von Sicherheitsbeauftragten bleibt die Verantwortlichkeit des Unternehmens für die Unfallsicherung unberührt.

§ 4 Abberufung

Die Amtszeit der Sicherheitsbeauftragten ist unbegrenzt. Sie kann jedoch durch Erklärung des Unternehmers nach vorheriger Mitwirkung des Betriebsrats beendet werden.

§ 5 Arbeitsfreistellung

(1) Sicherheitsbeauftragte werden nach Abstimmung mit den zuständigen Vorgesetzen von der Arbeit freigestellt, soweit dies zur Durchführung ihrer Arbeitsaufgaben erforderlich ist.

(2) Durch Vereinbarung mit dem Betriebsrat können regelmäßige Zeiten vereinbart werden, zu denen die Sicherheitsbeauftragten von der Arbeit freigestellt werden.

§ 6 Umsetzung

(1) Wird der Sicherheitsbeauftragte auf einen anderen Arbeitsplatz umgesetzt oder versetzt, so sind die besonderen Auflagen der Berufsgenossenschaft zu beachten.

(2) Das Mitwirkungsrecht des Betriebsrats nach §§ 99 ff. BetrVG bleiben unberührt.

§ 7 Aus- und Fortbildungskosten

(1) Sicherheitsbeauftragte werden zur Teilnahme an Aus- und Fortbildungsmaßnahmen der Berufsgenossenschaften von der Arbeit freigestellt, es sei denn, dass zwingende betriebliche Gründe der Freistellung entgegenstehen. Ein Freistellungsanspruch besteht auch bei werksinternen Schulungen.

(2) Das Unternehmen ist verpflichtet,

a) den Sicherheitsbeauftragten die zur Durchführung ihrer Arbeit erforderlichen Informationen und Arbeitsunlagen zur Verfügung zu stellen;

b) den Sicherheitsbeauftragten Gelegenheit zu geben, an den Betriebsbegehungen der technischen Aufsichtsbeamten der Berufsgenossenschaft teilzunehmen;

c) den Sicherheitsbeauftragten die Besichtigungsbefunde der technischen Aufsichtsbeamten mitzuteilen.

---

[17] Der Betriebsrat hat auch bei der Ausfüllung der Vorschriften des Arbeitsschutzgesetzes über Gefährdungsbeurteilungen (§ 5 ArbSchG) und über die Unterweisung der Arbeitnehmer (§ 12 ArbSchG) ein Mitbestimmungsrecht, BAG 8.6.2004 – 1 ABR 13/03, NZA 2004, 1175.

§ 8 Beschwerden

(1) Jeder Sicherheitsbeauftragte hat Mängel, die die Arbeitssicherheit berühren, dem zuständigen Vorgesetzten und der Abteilung Arbeitssicherheit zu melden. Der zuständige Vorsitzende und die Abteilung Arbeitssicherheit haben die Sicherheitsbeauftragten über die getroffenen Maßnahmen zu unterrichten.

(2) Wird ein Sicherheitsbeauftragter bei seiner Arbeit behindert oder werden Verstöße gegen die Sicherheitsbestimmungen nicht beseitigt, so muss sich der Sicherheitsbeauftragte bei der Werksleitung beschweren.

(3) Unberührt bleibt das Recht des Sicherheitsbeauftragten, eine Beschwerde an den Betriebsrat zu richten.

§ 9 Bekanntmachung der Sicherheitsbeauftragten

(1) Die Sicherheitsbeauftragten sind entsprechend den Vorschriften der Berufsgenossenschaft der Belegschaft namentlich bekannt zu geben.

(2) Auf Verlangen der Berufsgenossenschaft sind die Sicherheitsbeauftragten dieser namentlich zu benennen.

§ 10 Benachteiligungsverbot

Den Sicherheitsbeauftragten dürfen aus der Wahrnehmung ihrer Aufgaben keine Nachteile erwachsen.

12. Muster: Urlaubsrahmenplanung

Zwischen

der Firma ■■■, vertreten durch die Geschäftsleitung

– nachstehend: Unternehmen –

und

dem Betriebsrat der Firma ■■■

– nachstehend: Betriebsrat –

wird die folgende Betriebsvereinbarung über die Urlaubsrahmenplanung geschlossen:

Präambel

(1) Diese Betriebsvereinbarung soll eine reibungslose Urlaubsplanung gewährleisten und für die Mitarbeiterinnen und Mitarbeiter und für das Unternehmen Rechtssicherheit bei der Abwicklung des Urlaubs sicherstellen.

(2) Das Unternehmen und der Betriebsrat bekennen sich zum Grundsatz der Selbständigkeit und Eigenverantwortung der Mitarbeiterinnen und Mitarbeiter. Es ist Aufgabe der Führungskräfte, darauf zu achten, dass einzelne Mitarbeiterinnen und Mitarbeiter nicht benachteiligt werden.

§ 1 Allgemeines

(1) Urlaub dient der eigenen Regeneration und der Erholung von der Arbeit. Es widerspricht daher auch dem Urlaubszweck, im Urlaub für das Unternehmen erreichbar zu sein. Auch zwingende Notwendigkeiten, welche einen anderen Ausweg nicht zulassen, können Arbeitspflichten für die Zeit des erteilten Urlaubs nicht begründen. Solche Notwendigkeiten, welcher Art sie auch sein mögen, sind nicht geeignet, die durch die Urlaubserteilung beseitigte Arbeitspflicht erneut entstehen zu lassen. Mit der Urlaubserteilung hat der Arbeitgeber die ihm obliegende Erfüllungshandlung vorgenommen, die nicht mehr einseitig aufgehoben werden kann. Denkbar ist lediglich eine Anfechtung der Urlaubserteilung wegen Irrtum oder arglistiger Täuschung. Der Arbeitgeber kann die Arbeitnehmerin/den Arbeitnehmer nicht aus dem Urlaub zurückrufen. Durch die Urlaubsgewährung sind die Arbeitspflichten der Arbeitnehmerin/des Arbeitnehmers suspendiert. Sie können durch den Arbeitgeber nicht einseitig wieder hergestellt werden. Ein Rückruf aus dem Urlaub ist auch nicht damit begründbar, dass im Betrieb Not- und Erhaltungsarbeiten zu verrichten seien. Es gibt keine Pflicht der Arbeitnehmerin/des Arbeitnehmers, im Hinblick auf etwaige Not- und Erhaltungsarbeiten unaufgefordert oder auf Verlangen des Arbeitgebers die Urlaubsanschrift mitzuteilen. Der durch Urlaubserteilung des Arbeitgebers festgesetzte Urlaubstermin kann freilich stets einvernehmlich geändert werden.

(2) Jeweils bis Ende April wird das Unternehmen gegenüber dem Betriebsrat darlegen, wie mögliche, durch den Urlaubsplan bedingte personelle Engpässe überbrückt werden sollen, um den reibungslosen Arbeitsablauf zu gewährleisten.

(3) Die einschlägigen Regelungen der „Tarifverträge für ■■■" gelten auch für diese Betriebsvereinbarung.

(4) Erholungsurlaub ist der/dem einzelnen Beschäftigten unter Beachtung der gesetzlichen, tarifvertraglichen, betrieblichen und gegebenenfalls einzelvertraglichen Bestimmungen unter Abwägung der Interessen der/des Beschäftigten und der betrieblichen Interessen zu gewähren.

(5) Der gesetzliche Mindesturlaub muss, weiterer Urlaub soll im laufenden Kalenderjahr gewährt und angetreten werden.

(6) Jede Mitarbeiterin und jeder Mitarbeiter hat das Recht, zusammenhängend mindestens vier Wochen Urlaub zu nehmen.

§ 2 Geltungsbereich

(1) Diese Betriebsvereinbarung gilt für alle Mitarbeiterinnen und Mitarbeiter des Unternehmens, mit Ausnahme von leitenden Angestellten und Praktikanten. Weitere Ausnahmen können zwischen dem Unternehmen und dem Betriebsrat vereinbart werden und sind als Anlage 1 Bestandteil dieser Betriebsvereinbarung. Anweisungen leitender Angestellter dürfen nicht gegen diese Betriebsvereinbarung verstoßen.

(2) Die Grundsätze dieser Betriebsvereinbarung gelten sowohl für Erholungsurlaub i.S.d. Bundesurlaubsgesetzes als auch für Freizeitausgleich für geleistete Mehrarbeit.

§ 3 Beantragung des Urlaubs

(1) Für zusammenhängende Urlaubszeiten von mehr als 10 Arbeitstagen werden für das jeweilige Urlaubsjahr ab Anfang November des Vorjahres Urlaubslisten ausgehängt. Es ist dafür zu sorgen, dass sämtliche Beschäftigte von diesen Listen Kenntnis bekommen.

(2) Alle Mitarbeiterinnen und Mitarbeiter stellen ihren Urlaubsantrag durch Eintragung ihrer Urlaubswünsche in die Urlaubslisten. Für das 1. Quartal des Urlaubsjahres erfolgt der Eintrag bis zum 15.11. des Vorjahres, sonst bis zum 15.2. des Urlaubsjahres. Dem Eintrag in eine Urlaubsliste gleichgestellt ist der Eintrag in eine Datei.

(3) Verspätet abgegebene Urlaubsanträge finden bei der Gewährung des Urlaubs nur dann Berücksichtigung, wenn dem Antrag nicht andere, rechtzeitig eingegangene, Urlaubsanträge entgegenstehen.

(4) Aus Gründen der Planungssicherheit, z.B. für geplante größere Reisen, sind in Absprache mit der jeweiligen Gruppe andere Termine möglich.

§ 4 Genehmigung des Urlaubs

Urlaubsanträge gemäß § 3 Abs. 2 sind innerhalb von 14 Tagen nach Stichtag, sonstige Anträge innerhalb von 14 Tagen nach Antragstellung zu bescheiden. Werden vorgenannte Fristen nicht eingehalten, gilt der Urlaub wie beantragt als genehmigt und kann angetreten werden, ohne dass die Einrede des eigenmächtigen Urlaubsantritts geltend gemacht wird.

§ 5 Einsprüche gegen den Antrag

(1) Einsprüche gegen den Urlaubsantrag hat das Unternehmen innerhalb der in § 4 genannten Fristen beim Betriebsrat einzulegen und gegenüber dem Betriebsrat und der Mitarbeiterin/dem Mitarbeiter schriftlich zu begründen.

(2) Hat das Unternehmen gegen einen Urlaubsantrag gemäß Abs. 1 Einspruch eingelegt, werden die Betriebsparteien nach beiderseitiger Rücksprache mit der/dem betroffenen Beschäftigten innerhalb einer Woche versuchen, eine gütliche Einigung zu erzielen.

(3) Führt dieser Einigungsversuch nicht zu einem einvernehmlichen Ergebnis, gilt § 12 dieser Betriebsvereinbarung.

§ 6 Nachträgliche Änderung

(1) Genehmigte Urlaubsanträge können auf Antrag der Mitarbeiterin oder des Mitarbeiters nachträglich geändert werden. Es gelten die Grundsätze von verspätet eingegangenen Urlaubsanträgen.

(2) Genehmigter Urlaub kann nur aus zwingenden betrieblichen Gründen und nur mit Zustimmung der/des Beschäftigten verschoben, abgebrochen oder unterbrochen werden. Stimmt die/der Beschäftigte einer Verschiebung nicht zu, kann sie/er den Urlaub antreten, ohne dass die Einrede des eigenmächtigen Urlaubsantritts geltend gemacht wird. Auch aus der Weigerung, den Urlaub zu unter- bzw. abzubrechen, dürfen ihr/ihm keine Nachteile entstehen. Alle hieraus entstehenden Kosten – auch für mitreisende Familienangehörige und Partner – trägt das Unternehmen. Die/der Beschäftigte erhält zusätzlich bis zu fünf Urlaubstage. Zwingende betriebliche Gründe sind gegenüber Betriebsrat und Mitarbeiter/in schriftlich zu begründen.

§ 7 Vorrang

(1) Mitarbeiterinnen/Mitarbeiter, die schulpflichtige Kinder haben, erhalten den Jahresurlaub vorrangig während der Schulferien. Mitarbeiterinnen/Mitarbeiter mit schulpflichtigen Kindern, die in einem Jahr während der Sommerferien aus betrieblichen Gründen keinen Urlaub nehmen konnten, haben im folgenden Jahr Vorrang vor vergleichbaren

Mitarbeiterinnen/Mitarbeitern. Den Schulferien gleichgestellt sind in diesem Zusammenhang Schließzeiten von Kindergärten u.Ä.

(2) Mitarbeiterinnen/Mitarbeiter, deren Ehepartner ebenfalls berufstätig sind, wird der Urlaub nach Möglichkeit so gewährt, dass sie zusammen mit ihrem Ehepartner Urlaub machen können.

(3) Mitarbeiterinnen/Mitarbeiter, die aus gesundheitlichen Gründen ihren Urlaub während einer bestimmten Jahreszeit nehmen wollen, wird im Rahmen der betrieblichen Möglichkeiten der Urlaub in der gewünschten Jahreszeit gewährt.

(4) Im Anschluss an eine Maßnahme der medizinischen Vorsorge oder der Rehabilitation wird Urlaub auf Wunsch der/des Beschäftigten gewährt.

(5) Auszubildende erhalten ihren Jahresurlaub während der Berufsschulferien.

§ 8 Abgeltung von Urlaub
Eine Abgeltung von Urlaub ist ausgeschlossen. Dies gilt nicht bei der Beendigung des Arbeitsverhältnisses.

§ 9 Resturlaub
(1) Kann der Urlaub im jeweiligen Urlaubsjahr nicht genommen werden, soll er bis zum 30.4. des Folgejahres angetreten werden. Aus dringenden betrieblichen Gründen oder in persönlich begründeten Ausnahmefällen ist eine Verlängerung dieser Frist bis zum 31.12. des auf das Urlaubsjahr folgenden Kalenderjahres möglich.

(2) Resturlaub ist bevorzugt zu genehmigen.

(3) Die Genehmigung von Resturlaub kann nicht widerrufen werden; vgl. § 6 Abs. 2.

§ 10 Unbezahlter Urlaub
Unbezahlter Urlaub kann in Abstimmung mit dem Betriebsrat gewährt werden. Bei Gewährung von unbezahltem Urlaub ist aus sozialversicherungsrechtlichen Gründen stets ein genaues Anfangs- und Enddatum festzulegen.

§ 11 Rechte des Betriebsrats
(1) Der Betriebsrat erhält auf Antrag die Urlaubsplanung und eine Aufstellung der individuellen Urlaubsansprüche.

(2) Der Betriebsrat erhält zum 30.4. eine schriftliche, personenbezogene Aufstellung der Resturlaubsbestände sowie der Urlaubsplanung für diese Bestände.

§ 12 Konfliktmechanismus
(1) Ergeben sich aus den Regelungen der Betriebsvereinbarung Meinungsverschiedenheiten zwischen den örtlichen Betriebsparteien, so ist zunächst ein betriebsinterner Einigungsversuch auf Betriebsebene vorzunehmen.

(2) Führt dieser Einigungsversuch nicht zu einem einvernehmlichen Ergebnis, kann jede Betriebspartei eine Schiedsstelle anrufen, die aus zwei Mitgliedern des Betriebsrats sowie zwei Vertretern der Unternehmensseite besteht.

(3) Kommt eine Einigung auch in der Schiedsstelle nicht zustande, so entscheidet die Einigungsstelle.

§ 13 Rechte und Beteiligung der Beschäftigten
Jede Mitarbeiterin und jeder Mitarbeiter hat das Recht, sich über Entscheidungen des unmittelbaren Vorgesetzten bzw. der Personalfunktion bei dem Betriebsrat zu beschweren. Hieraus dürfen ihr/ihm keine Nachteile entstehen.

§ 14 Schlussbestimmungen
(1) Abweichungen von den getroffenen Regelungen sind mit dem Betriebsrat zu vereinbaren.

(2) Die Betriebsvereinbarung tritt mit ihrer Unterzeichnung in Kraft. Damit sind alle bisherigen Vereinbarungen im Zusammenhang mit Urlaubsplanung usw. aufgehoben.

(3) Sie kann mit einer beiderseitigen Frist von sechs Monaten zum Jahresende ganz oder teilweise gekündigt werden. Die Kündigung hat schriftlich zu erfolgen. Bis zum Abschluss einer neuen Vereinbarung gelten die Regelungen dieser Vereinbarung weiter.

(4) Sollte eine Vorschrift dieser Vereinbarung nicht mit dem geltenden Recht im Einklang stehen und deshalb unwirksam sein, behalten die anderen Regelungen dieser Vereinbarung ihre Gültigkeit. Die unwirksame Regelung ist rechtskonform so auszulegen, dass sie dem beiderseitigen Wollen der Parteien entspricht.

13. Muster: Urlaubsgewährung

Zwischen

der Firma ▬▬▬

und

dem Betriebsrat der Firma ▬▬▬

wird folgende Betriebsvereinbarung über die Gewährung von Urlaub geschlossen:

§ 1 Erholungsurlaub

(1) Alle Mitarbeiterinnen und Mitarbeiter erhalten jährlich unter Fortzahlung ihrer Bezüge Erholungsurlaub. Urlaubsjahr ist das Kalenderjahr.

(2) Die Wartezeit für den erstmaligen vollen Urlaubsanspruch beträgt sechs Monate, bei Jugendlichen unter 18 Jahren drei Monate.

(3) Der Urlaub wird schriftlich genehmigt. Ohne schriftliche Genehmigung darf Urlaub nicht angetreten werden.

(4) Der Urlaub soll nach Möglichkeit zusammenhängend gewährt werden. Er ist schriftlich bei der Abteilungsleitung zu beantragen. Eine Kopie des Urlaubsantrages ist an die Personalleitung weiterzugeben. Die Urlaubswünsche der Mitarbeiterin/des Mitarbeiters sind bei der zeitlichen Festlegung des Urlaubes zu berücksichtigen, sofern nicht dringende betriebliche Belange oder die Urlaubswünsche sozial schutzwürdigerer anderer Arbeitnehmer entgegenstehen.

(5) Erkrankungen während des Urlaubes werden, sofern sie durch eine Arbeitsunfähigkeitsbescheinigung nachgewiesen sind, nicht auf den Urlaubsanspruch angerechnet.

(6) In Ausnahmefällen ist das Unternehmen berechtigt, bereits gewährten Urlaub zu widerrufen, wenn die Anwesenheit der Mitarbeiterin/des Mitarbeiters im Unternehmen durch unvorhersehbare betriebliche Erfordernisse erforderlich ist. In diesen Fällen werden nachgewiesene Aufwendungen, die der Mitarbeiterin/dem Mitarbeiter durch den Widerruf des Urlaubes entstehen, durch das Unternehmen übernommen.

(7) Kann Urlaub aus dringenden betrieblichen oder nach Zustimmung des Unternehmens aus persönlichen Gründen bis zum Ende des Kalenderjahres nicht in Anspruch genommen werden, wird er auf die ersten drei Monate des folgenden Kalenderjahres übertragen. Sofern er auch in diesem Zeitraum nicht in Anspruch genommen werden kann, verfällt er.

§ 2 Urlaubsdauer

(1) Die Dauer des Erholungsurlaubes richtet sich nach den jeweiligen tarifvertraglichen Vorschriften. Der Erholungsurlaub beträgt zurzeit 30 Werktage. Für Schwerbehinderte erhöht sich der Urlaub nach den jeweiligen Vorschriften des Schwerbehindertengesetzes.

(2) Anspruch auf 1/12 des Jahresurlaubes für jeden vollen Monat des Bestehens des Arbeitsverhältnisses haben Mitarbeiterinnen/Mitarbeiter

- für Zeiten eines Kalenderjahres, für die wegen Nichterfüllung der Wartezeit in diesem Kalenderjahr kein voller Urlaubsanspruch besteht,
- wenn die Mitarbeiterin/der Mitarbeiter vor erfüllter Wartezeit aus dem Arbeitsverhältnis ausscheidet,
- wenn die Mitarbeiterin/der Mitarbeiter nach erfüllter Wartezeit vor dem 1.7. eines Kalenderjahres aus dem Arbeitsverhältnis ausscheidet.

(3) Bruchteile von Urlaubstagen, die mindestens einen halben Urlaubstag ergeben, werden auf volle Urlaubstage aufgerundet.

(4) Im Eintrittsjahr in das Arbeitsverhältnis erhalten Mitarbeiterinnen/Mitarbeiter nur dann Urlaub, wenn ihnen nicht bereits von anderer Seite Urlaub gewährt oder abgegolten wurde.

(5) Sofern das Arbeitsverhältnis ruht, reduziert sich der Anspruch der Mitarbeiterin/des Mitarbeiters auf Erholungsurlaub für jeden vollen Monat des Ruhens des Arbeitsverhältnisses um 1/12.

§ 3 Sonderurlaub

Betriebsangehörige können bei Vorliegen eines wichtigen Grundes unter Verzicht auf Bezüge Sonderurlaub erhalten, wenn die betrieblichen Verhältnisse es gestatten. Der Sonderurlaub ist schriftlich zu beantragen und darf erst nach schriftlicher Genehmigung in Anspruch genommen werden.

§ 4 Arbeitsbefreiung

Aufgrund besonderer Anlässe wird Mitarbeiterinnen und Mitarbeitern unter Fortzahlung ihrer Vergütung eine Arbeitsbefreiung bis zu zwei Tagen gewährt, nämlich

- bei eigener Eheschließung,
- bei Eheschließung des Kindes,
- bei Umzug,
- bei silberner oder goldener Hochzeit oder Tod der Eltern, Schwiegereltern, des Ehegatten, von Geschwistern oder Kindern,
- bei Niederkunft der Ehefrau.

§ 5 In-Kraft-Treten

Diese Betriebsvereinbarung tritt mit dem ▬▬▬ in Kraft. Die Kündigung und die Nachwirkung bemessen sich nach den Bestimmungen des BetrVG.

Kapitel 3: Interessenausgleichsvereinbarungen und Sozialpläne

Literatur

Bachner/Schindele, Beschäftigungssicherung durch Interessenausgleich und Sozialplan, NZA 1999, 130; *Baeck/Diller*, Zur Teilbarkeit von Betriebsänderungen, NZA 1997, 689; *Bell*, Gender Mainstreming in Sozialplänen, AiB 2005, 18; *Biswas*, Die Namensliste im Interessenausgleich, FA 2005, 361; *Blatt*, Das Modell „Vivento" – ein neues Personalkonzept zum sozialverträglichen Strukturwandel, NZA Beilage 1/2005, 41; *Boemke/Tietze*, Insolvenzarbeitsrecht und Sozialplan, DB 1999, 1389; *Bruns*, Zum Unterlassungsanspruch des Betriebsrats bei Betriebsänderungen, AuR 2003, 15; *Compensis*, Die Vererblichkeit von Sozialplanansprüchen und anderen Abfindungen, DB 1992, 888; *Eyer*, Die Alternative zu Stillstand und Einigungsstelle: Wirtschaftsmediation, AiB 2003, 98; *Fischer*, Allgemeine Vorüberlegungen und praktische betriebsverfassungsrechtliche Umsetzungsprobleme, NZA Sonderbeilage 1/2004, 28; *ders.*, Sozialplan – Zuständigkeit des Gesamtbetriebsrats, SAE 2003, 44; *Gaul*, Gestaltungsspielraum bei Sozialplanabfindungen, DB 1998, 1514; *Gaul/Gajewski*, Die Betriebsänderung; *Gaul/Bonanini/Otto*, Hartz III: Veränderte Rahmenbedingungen für Kurzarbeit, Sozialplanzuschüsse und Transfermaßnahmen, DB 2003, 2386; *Gaul/Otto*, Aktuelle Aspekte einer Zusammenarbeit mit Beschäftigungsgesellschaften, NZA 2004, 1301; *Gillen/Hörle*, Betriebsänderungen in Tendenzbetrieben, NZA 2003, 1225; *Grau*, Unterrichtung der Arbeitnehmer und ihrer Vertreter gemäß Art. 7 der Betriebsübergangsrichtlinie 2001/23/EG und die Umsetzung der europäischen Vorgaben im deutschen Recht, ZfA 2005, 647; *Heupgen*, Anspruch des Betriebsrats auf Unterlassung betriebsbedingter Kündigungen vor Einigung über einen Interessenausgleich und Sozialplan, NZA 1997, 1271; *Hohenstatt*, Der Interessenausgleich in einem veränderten rechtlichen Umfeld, NZA 1998, 846; *Hümmerich*, Gesetzesnovelle zu § 98 ArbGG – ein Schildbürgerstreich, DB 1998, 1133; *Hümmerich/Spirolke*, Allgemeiner Unterlassungsanspruch des Betriebsrats bei Betriebsänderung, BB 1996, 1986; *dies.*, Eigenkündigung des Arbeitnehmers und Sozialplanabfindung, BB 1995, 42; *dies.*, Die betriebsbedingte Kündigung im Wandel – Neue Wege zum rechtssicheren Personalabbau, NZA 1998, 797; *Hümmerich/Welslau*, Beschäftigungssicherung trotz Personalabbau, NZA 2005, 610; *Hunold*, Die Rechtsprechung zu Interessenausgleich, Nachteilsausgleich und Sozialplan, §§ 112–113 BetrVG – Teil 1, NZA-RR 2004, 561; *Jacobs/Naber*, Massenentlassungen – Kündigungserklärung als Zeitpunkt der Entlassung, SAE 2006, 61; *Kappenhagen*, Die neue „alte" Namensliste nach § 1 Abs. 5 KSchG, FA 2004, 37; *ders.*, Namensliste nach § 1 V KSchG in einem freiwilligen Interessenausgleich, NZA 1998, 968; *Kittner*, Neues Kündigungsschutzrecht außerhalb des Kündigungsschutzgesetzes, NZA 1998, 731; *Kleinebrink*, Möglichkeiten der Festlegung von Abfindungsleistungen in Sozialplänen, ArbRB 2004, 254; *Kraushaar*, Einigungsstelle über Sozialplan bei Betriebsrat in Gründung; AuR 2005, 34; *Lembke*, Umstrukturierung in der Insolvenz unter Einschaltung einer Beschäftigungs- und Qualifizierungsgesellschaft, BB 2004, 773; *Löwisch*, Beschäftigungssicherung als Gegenstand betrieblicher und tariflicher Regelungen und von Arbeitskämpfen, DB 2005, 554; *ders.*, Die Flankierung von Sozialplänen durch die Bundesanstalt für Arbeit, RdA 1997, 287; *ders.*, Neugestaltung des Interessenausgleichs durch das Arbeitsrechtliche Beschäftigungsförderungsgesetz, RdA 1997, 80; *Matthes*, Neue Funktionen für Interessenausgleich und Sozialplan, RdA 1999, 178; *ders.*, Rechtsfragen zum Interessenausgleich, FS Wlotzke, 1996, S. 393; *Meier*, Die Sozialplanabfindung: Verloren bei Eigenkündigung? – Entschädigung für Besitzstandsverlust oder Übergangsbeihilfe?, NZA 1995, 769; *ders.*, Abänderung von Sozialplanregelungen, NZA 1995, 974; *Mengel/Ullrich*, Erste praktische Erfahrungen mit dem neuen Recht der Beschäftigungs- und Qualifizierungsgesellschaften, BB 2005, 1109; *Moderegger*, Transferleistungen: Eine Ergänzung zur Abfindung, ArbRB 2005, 23; *Molkenbur/Schulte*, Rechtscharakter und -wirkungen des Interessenausgleichs, DB 1995, 269; *Moll*, Betriebsübergang und Betriebsänderung, RdA 2003, 129; *Neef*, Die Neuregelung des Interessenausgleichs und ihre praktischen Folgen, NZA 1997, 65; *Nicolai*, Erstreickbarkeit von tariflichen Sozialplänen, SAE 2004, 240; *Oberberg*, Anrechenbarkeit eines Sozialplananspruchs auf Nachteilsausgleich, AuR 2003, 69; *Quecke*, Unternehmerentscheidung und Personalabbau, NZA 1999, 1247; *Riesenhuber*, Informationspflichten beim Betriebsübergang: Fehler bei der Umsetzung der Richtlinie und Anlass für eine grundsätzliche Neuordnung, RdA 2004, 340; *Röder/Baeck*, Interessenausgleich und Sozialplan, 3. Aufl. 2000; *Röder/Gradert*, Mitbestimmungsrechte bei Untätigkeit eines zuständigen Gesamt- bzw. Konzernbetriebsrats am Beispiel von Betriebsänderungen, DB 1996, 1674; *Rolfs*, Abfindung, AR-Blattei SD 10; *Rose/Grummer*, Die Stellung des Beraters des Betriebsrats nach § 111 Satz 2 BetrVG, DB 2003, 1790; *Schaub/Schindele*, Kurzarbeit, Massenentlassung, Sozialplan, 2. Aufl. 2005; *Schiefer/Worzalla*, Unzulässige Streiks um Sozialpläne, DB 2006, 46; *Schrader/Straube*, Interessenausgleichsverhandlungen und Nachteilsausgleichsansprüche im Eröffnungsverfahren und nach Insolvenzeröffnung, ZInsO 2005, 910; *Seebacher*, Der Sozialtarifvertrag, AiB 2006, 70; *Stück*, Rechtliche Fallen vermeiden, PERSONAL 2005, Nr. 10, 56; *ders.*, Mitbestimmung bei Outsourcing, AuA 2004, Nr. 10, 22; *Sieg*, Rechtliche Rahmenbedingungen für Beschäftigungsgesellschaften, NZA Beilage 1/2005, 9; *Thüsing/Ricken*, Zweimal Otis – Tarifliche Sozialpläne und die Grenzen zulässiger Streikziele, JbArbR 42, 113; *Willemsen/Hohenstatt*, Zur umstrittenen Bindungs- und Normwirkung des Interessenausgleichs, NZA 1997, 345; *Wolff*, Personalanpassung durch „Transfersozialplan", NZA 1999, 622; *Zabel*, Ergänzungstarifvertrag bei Betriebsänderung, AiB 2005, 105; *Zwanziger*, Voraussetzungen und Rechtswirkungen des Interessenausgleichs mit Nennung der zu kündigenden Arbeitnehmer, AuR 1997, 427.

A. Erläuterungen

I. Der Interessenausgleich

1. Schwellenwert

Bei Betriebsänderungen hat der Arbeitgeber gemäß den §§ 111 f. BetrVG zu versuchen, mit dem Betriebsrat einen Interessenausgleich zu schließen. Diese Verpflichtung zum Abschlussversuch besteht nur dann, wenn das Unternehmen den **Schwellenwert** von in der Regel **mehr als 20 wahlberechtigten Arbeitnehmern** ausweist.[1] Hat in den Monaten vor einer beabsichtigten Betriebsänderung bereits eine Personalverminderung stattgefunden, so ist die Zahl der „**regelmäßigen Belegschaftsstärke**", aus der sich die Verpflichtung zum Versuch eines Interessenausgleichs oder die Sozialplanpflichtigkeit berechnet, anhand einer wertenden Gesamtwürdigung zu ermitteln, die auch eine Prognose der weiteren Personalentwicklung des Betriebes einschließt. Besteht die Betriebsänderung in einem bloßen Personalabbau, kann sich die erforderliche Würdigung nur auf die vorangehende Entwicklung beziehen. Als die zurzeit eines Stilllegungsbeschlusses maßgebliche Zahl der in der Regel Beschäftigten kann auch eine erst zwei Monate vorher erreichte Belegschaftsstärke anzusehen sein, wenn diese das Ergebnis längerfristiger personalwirtschaftlicher Entscheidungen des Arbeitgebers ist.[2]

130

2. Der Begriff der Betriebsänderung

Wann eine Betriebsänderung i.S.v. § 111 BetrVG vorliegt, ergibt sich aus den fünf Tatbeständen des Gesetzes und einer sie präzisierenden BAG-Rechtsprechung und Literatur.[3] § 112 BetrVG konnte in der Zeit vom 30.9.1996 bis 31.12.1998, zunächst vorübergehend, im Zusammenhang mit dem durch das Arbeitsrechtliche Beschäftigungsförderungsgesetz[4] geschaffenen § 1 Abs. 5 KSchG gelesen werden. § 1 Abs. 5 KSchG begründete die gesetzliche Vermutung, dass die Kündigung durch dringende betriebliche Erfordernisse bedingt ist, wenn bei einer Kündigung aufgrund einer Betriebsänderung nach § 111 BetrVG die betroffenen Arbeitnehmer in einem Interessenausgleich namentlich bezeichnet werden. In diesen Fällen konnte die soziale Auswahl der Arbeitnehmer nur auf grobe Fehlerhaftigkeit überprüft werden.[5] Der Arbeitnehmer musste die gegen ihn sprechende Vermutung der Betriebsbedingtheit der Kündigung durch substantiierten Vortrag entkräften.[6] Bei einer Änderung der Sachlage nach Zustandekommen des Interessenausgleichs galt die Vermutung dringender betrieblicher Erfordernisse und korrekter sozialer Auswahl nicht. Schließlich ersetzte der Interessenausgleich die Stellungnahme des Betriebsrats nach § 17 Abs. 3 Satz 2 KSchG.

131

Nachdem die §§ 1 und 23 KSchG mit Wirkung vom 1.1.1999 ohne Übergangsregelung durch Art. 6 des Gesetzes zu Korrekturen in der Sozialversicherung und zur Sicherung der Arbeitnehmerrechte vom 19.12.1998[7] geändert wurden und der alte Rechtszustand wiederhergestellt war, sieht der aktuelle Gesetzeswortlaut des KSchG seit dem 1.1.2004 über das Gesetz zu Reformen am Arbeitsmarkt[8] wieder nur eine begrenzte gerichtliche Überprüfbarkeit von Namenslisten im Rahmen eines Interessenausgleichs vor. § 1 Abs. 4 und 5 KSchG lauten:

132

§ 1 KSchG Sozial ungerechtfertigte Kündigungen
(1)–(3) ...
(4) Ist in einem Tarifvertrag, in einer Betriebsvereinbarung nach § 95 des Betriebsverfassungsgesetzes oder in einer entsprechenden Richtlinie nach den Personalvertretungsgesetzen festgelegt, wie die sozialen Gesichtspunkte nach Absatz 3 Satz 1 im Verhältnis zueinander zu bewerten sind, so kann die Bewertung nur auf grobe Fehlerhaftigkeit überprüft werden.
(5) Sind bei einer Kündigung auf Grund einer Betriebsänderung nach § 111 des Betriebsverfassungsgesetzes die Arbeitnehmer, denen gekündigt werden soll, in einem Interessenausgleich zwischen Arbeitgeber und Betriebsrat na-

---

[1] BAG 10.12.1996 – 1 ABR 43/96, NZA 1997, 733; *Fitting u.a.*, BetrVG, § 111 Rn 17. Man beachte die Neufassung durch das BetrV-ReformG, die nunmehr statt auf den Betrieb auf das Unternehmen abstellt.
[2] BAG 10.12.1996 – 1 ABR 43/96, NZA 1997, 733; BAG 9.5.1995 – 1 ABR 51/94, DB 1995, 2075.
[3] GK-BetrVG/*Fabricius*, § 111 Rn 1–367.
[4] BGBl. I S. 1476; ErfK/*Ascheid*, § 1 KSchG Rn 497 ff.
[5] BAG 7.5.1998 – 2 AZR 536/97, AP § 113 BetrVG 1972 Nr. 36.
[6] BAG 7.5.1998 – 2 AZR 536/97, AP § 113 BetrVG 1972 Nr. 36.
[7] BGBl. I S. 3843.
[8] Gesetz vom 24.12.2003, BGBl. I S. 3002.

mentlich bezeichnet, so wird vermutet, dass die Kündigung durch dringende betriebliche Erfordernisse im Sinne des Absatzes 2 bedingt ist. Die soziale Auswahl der Arbeitnehmer kann nur auf grobe Fehlerhaftigkeit überprüft werden. Die Sätze 1 und 2 gelten nicht, soweit sich die Sachlage nach Zustandekommen des Interessenausgleichs wesentlich geändert hat. Der Interessenausgleich nach Satz 1 ersetzt die Stellungnahme nach § 17 Abs. 3 Satz 2.[9]

133 Mit § 1 Abs. 5 KSchG will der Gesetzgeber erneut dem Willen der Betriebspartner im Hinblick auf dringende betriebliche Bedürfnisse bzw. bei der damit im Zusammenhang stehenden Sozialauswahl eine Einschätzungsprärogative einräumen, da die Betriebspartner eine größere Sachnähe und -kunde zu den betrieblichen, die Kündigung bedingenden Sachverhalten besitzen.

134 § 1 Abs. 5 KSchG modifiziert die Sozialauswahl, wenn eine Betriebsänderung i.S.d. § 111 BetrVG geplant ist und zwischen Arbeitgeber und Betriebsrat ein Interessenausgleich zustande kommt, in dem die Arbeitnehmer, denen gekündigt werden soll, namentlich bezeichnet sind. Auf die vom 30.9.1996 bis 31.12.1998 gültige Rechtsprechung kann wegen der weitgehenden Identität des gesetzlichen Wortlauts zurückgegriffen werden. Ist die Liste nicht unterschrieben, muss sie mit dem Interessenausgleich fest verbunden sein.[10] Die Rechtswirkung des § 1 Abs. 5 KSchG tritt nur ein, wenn der Interessenausgleich in jeder Hinsicht (Schriftform, Zuständigkeit Betriebsrat/Gesamtbetriebsrat) wirksam abgeschlossen worden ist.[11]

135 Ebenso obliegt dem Arbeitgeber die **Darlegungs- und Beweislast** dafür, dass eine Betriebsänderung vorliegt.[12] Grob fehlerhaft i.S.d. § 1 Abs. 5 KSchG ist die Sozialauswahl nur dann, wenn der Arbeitnehmer darlegt und im Bestreitensfall nachweist, dass die Auswahlkriterien jede Ausgewogenheit vermissen lassen.[13] Kommt ein Interessenausgleich mit Namensliste zustande, wird im Rahmen eines Individualprozesses nach § 1 KSchG vermutet, dass die Kündigung der namentlich bezeichneten Arbeitnehmer durch dringende betriebliche Erfordernisse i.S.d. § 1 Abs. 2 KSchG bedingt ist. § 1 Abs. 2 KSchG erfasst sowohl das Vorliegen der notwendigen betrieblichen Erfordernisse, die einer Weiterbeschäftigung im Rahmen der bisherigen Beschäftigungsmöglichkeit entgegenstehen, als auch die fehlende Möglichkeit des Einsatzes im Rahmen anderer freier Beschäftigungsmöglichkeiten i.S.d. § 1 Abs. 2 Satz 2 KSchG.[14]

136 In § 112 Abs. 1 BetrVG hat der Gesetzgeber die **Formvoraussetzungen** für Interessenausgleich und Sozialplan geregelt und gleichzeitig bestimmt, dass es sich bei dem Sozialplan um eine Betriebsvereinbarung i.S.v. § 77 BetrVG handelt, für die allerdings § 77 Abs. 3 BetrVG nicht gilt. Im Umkehrschluss folgt aus § 112 Abs. 1 BetrVG, dass der Interessenausgleich keine Betriebsvereinbarung ist. Das BAG hat den Interessenausgleich als eine kollektivrechtliche Vereinbarung *sui generis* qualifiziert, deren Einhaltung der Betriebsrat nicht aus eigenem Recht verlangen bzw. durchsetzen könne.[15] Demgegenüber hat sich eine zeitweilig im Vordringen befindliche Meinung herausgebildet, wonach dem Betriebsrat ein Anspruch gegen den Arbeitgeber zustehe, dass dieser die Betriebsänderung so wie im Interessenausgleich vereinbart durchführt und alle gegenteiligen Maßnahmen unterlässt.[16] Der Interessenausgleich ist im Gegensatz zum Sozialplan nicht erzwingbar.[17]

137 **Betriebsänderungen** i.S.v. § 111 Satz 3 Nr. 1 bis 5 BetrVG sind nur Maßnahmen von einem gewissen Gewicht. Die Maßnahmen in den Nrn. 1 bis 3 müssen sich auf den gesamten Betrieb oder zumindest auf wesentliche Betriebsteile beziehen. Soweit es sich um Änderungen der Betriebsorganisation i.S.d. Nrn. 4 und 5 handelt, müssen diese Änderungen „grundlegend" sein. Wann ein betroffener Betriebsteil „wesentlich" oder wann eine Änderung i.S.d. Nrn. 4 und 5 „grundlegend" ist, ermittelt das BAG anhand der **Zahlenstaffeln** in § 17 KSchG.[18] In Betrieben mit 21 bis 59 Arbeitnehmern müssen mehr als fünf Arbeitnehmer, in Betrieben mit 60 bis 499 Arbeitnehmern 10 % oder mehr als 25 Arbeitnehmer und schließlich in Betrieben mit mindestens 500 Arbeitnehmern müssen in jedem Fall 30 Arbeitnehmer, mindestens aber 5 % der Belegschaft betroffen sein. Wie bereits am Beispiel des Schwellenwertes aufgezeigt, lässt sich die Interessenausgleichspflichtigkeit zwar anhand der Zahlenstaffeln bei einer einheitlichen Maßnahme bestimmen. Besteht die Betriebsände-

---

9 Zum Reformentwurf vgl. NZA 2003, 707.
10 BAG 7.5.1998 – 2 AZR 55/98, AP § 1 KSchG 1969 Namensliste Nr. 1.
11 ErfK/*Ascheid*, § 1 KSchG Rn 584.
12 *Zwanziger*, AuR 1997, 427.
13 BT-Drucks. 13/4612, S. 9; BAG 21.1.1999 – 2 AZR 624/98, BB 1999, 1556.
14 BAG 7.5.1998 – 2 AZR 55/98, AP § 1 KSchG 1969 Namensliste Nr. 1; *Preis*, NZA 1997, 1073, 1086.
15 BAG 28.8.1991 – 7 ABR 72/90, NZA 1992, 41.
16 *Fitting u.a.*, BetrVG, §§ 112, 112a Rn 13; *Matthes*, FS Wlotzke, S. 93.
17 GK-BetrVG/*Fabricius*, §§ 112, 112a Rn 22; *Willemsen/Hohenstatt*, NZA 1997, 345.
18 BAG 7.8.1990 – 1 AZR 445/89, NZA 1991, 113.

rung dagegen aus mehreren gleichartigen Maßnahmen, die zeitversetzt eingeleitet werden oder aus mehreren verschiedenartigen Maßnahmen, die zeitgleich ergriffen oder sogar zeitversetzt durchgeführt werden, stellt sich die Frage, wann auf Basis der Zahlenstaffeln des § 17 KSchG eine wesentliche bzw. grundlegende Betriebsänderung vorliegt. Die Problematik ist also ähnlich der beim Schwellenwert.[19] Es kommt vor,[20] dass die einzelne Maßnahme nach der Zahlenstaffel des § 17 KSchG keine Betriebsänderung, eine Gesamtschau über einen längeren Zeitraum dagegen eine interessenausgleichspflichtige Betriebsänderung ergibt.

Geht man von der Steuerungsfunktion von Interessenausgleich und Sozialplan aus,[21] kommt es auf eine **einheitliche Planungsentscheidung** an. Zeitversetzt durchgeführte gleichartige Maßnahmen müssen als eine Einheit betrachtet werden, wenn sie auf einer einheitlichen Planungsentscheidung des Unternehmens beruhen.[22] Konsequenterweise hat das BAG dementsprechend die Auffassung vertreten, eine Betriebsänderung sei nicht interessenausgleichs- und sozialplanpflichtig, wenn im Zeitpunkt der Beschlussfassung des Arbeitgebers noch kein Betriebsrat besteht, mag er auch bis zur tatsächlichen Umsetzung der Maßnahme errichtet worden sein.[23]

138

Liegt ein **bloßer inhaltlicher Zusammenhang** vor, beruhen die Maßnahmen aber auf unterschiedlichen Planungsentscheidungen, besteht keine Pflicht zur Zusammenrechnung der von den einzelnen Maßnahmen betroffenen Arbeitnehmer.[24] Anders liegt dagegen der Fall einer **einheitlichen Rahmenentscheidung**. Bei einheitlichen Rahmenentscheidungen besteht eine einheitliche Planungsentscheidung. Behält sich der Arbeitgeber weitere Maßnahmen im Rahmen einer Planungsentscheidung vor, sofern aus seiner Sicht diese Maßnahmen notwendig werden, müssen die Maßnahmen mit Blick auf die Zahlenstaffeln des § 17 KSchG einzeln betrachtet werden. Anders liegt dagegen der Fall, wenn der Arbeitgeber bei der Planungsentscheidung von einer ersten Maßnahme bereits weiß und davon ausgeht, dass weitere Maßnahme erforderlich sein werden, die einzelnen Maßnahmen jedoch zeitlich auseinanderlegt und in jedem einzelnen Falle ein Interessenausgleich nicht geschlossen werden müsste. Die Rechtsprechung[25] sowie *Gaul/Gajewski*[26] halten das Unternehmerverhalten für einen Fall des Rechtsmissbrauchs und meinen, die Einzelmaßnahmen hinsichtlich ihrer personellen Auswirkungen zusammenrechnen zu müssen.

139

Interessant ist auch der Fall, dass ein Betrieb vor einer feststehenden Betriebsübernahme einer namentlich festgelegten Anzahl von Personen, die den Zahlenwert des § 17 KSchG erfüllt, Aufhebungsverträge anbieten will und diese Mitarbeiter sämtlich dazu bringen möchte, durch Aufhebungsverträge aus dem Betrieb auszuscheiden. Das LAG Köln hat in diesem Falle entschieden, dass eine die Interessenausgleichspflicht auslösende Betriebsänderung vorliegt.[27] Das BAG geht noch einen Schritt weiter: Die mit einem Aufhebungsvertrag bezweckte Entlassung ist – bei Vorliegen der Voraussetzungen der Massenentlassung – solange unwirksam, als nicht eine formgerechte Massenentlassungsanzeige beim Arbeitsamt eingereicht und dessen Zustimmung eingeholt wird.[28]

140

Aus bloßer **Zeitgleichheit mehrerer Maßnahmen** kann nicht auf eine einheitliche Planungsentscheidung und damit auf eine Betriebsänderung, die an den Zahlenstaffeln des § 17 KSchG zu messen ist, geschlossen werden.[29] Entscheidend ist, ob eine einheitliche punktuelle Ursache bei einer materiell einheitlichen Planungsentscheidung besteht. Bei zeitversetzten, verschiedenartigen Maßnahmen kommt es ebenfalls auf die einheitliche Planungsentscheidung des Unternehmens an. *Baeck/Diller* weisen darauf hin, dass im Wesentlichen die Darlegungs- und Beweislast darüber entscheidet, ob eine **einheitliche Planungsentscheidung** im arbeitsgerichtlichen Beschlussverfahren nachgewiesen werden kann. Im Beschlussverfahren gilt aber nach § 83 Abs. 1 ArbGG der Amtsermittlungsgrundsatz. Das Gericht hat den Sachverhalt von Amts wegen zu erforschen. Den Parteien obliegt nicht die subjektive Beweislast. Es reicht aus, dass sie die für sie günstigen Tatsachen behaupten. Beweis dafür anbieten müssen sie nicht. Es obliegt dem Gericht, durch die im § 83 Abs. 2 ArbGG

141

---

19 H/S-*Hümmerich*, Das arbeitsrechtliche Mandat, § 2 Rn 5 ff.
20 *Baeck/Diller*, NZA 1997, 689.
21 BAG 22.5.1979 – 1 ABR 17/77, NJW 1980, 83; BAG 28.10.1992 – 10 ABR 75/91, NZA 1993, 420.
22 BAG 22.5.1979 – 1 AZR 848/76, AP § 111 BetrVG 1972 Nr. 3; BAG 26.10.1982 – 1 ABR 11/81, NJW 1983, 2838.
23 BAG 20.4.1982 – 1 ABR 3/80, NJW 1982, 2334.
24 *Baeck/Diller*, NZA 1997, 691.
25 BAG 2.8.1983 – 1 AZR 516/81, NJW 1984, 1781.
26 Die Betriebsänderung, S. 26.
27 LAG Köln 13.1.1998 – 13 TaBV 60/97, NZA 1998, 1018.
28 BAG 11.3.1999 – 2 AZR 461/98, NZA 1999, 761.
29 *Baeck/Diller*, NZA 1997, 693.

aufgezählten Maßnahmen den Sachverhalt aufzuklären.³⁰ Einzelne Maßnahmen stellen sich aus der Sicht eines Betriebsrats manchmal erst nach einem Rückblick und in der Kombination einzelner Vorkommnisse als eine von vornherein durchdachte, einheitliche Planungsentscheidung dar. In diesen Fällen kann der Betriebsrat das Arbeitsgericht im Beschlussverfahren den Planungszusammenhang über eine Anordnung der Einsichtnahme von Urkunden (Geschäftsführungsvorlagen, Protokollen von Geschäftsführungssitzungen) ermitteln lassen, § 83 Abs. 2 ArbGG.

142 Der **bloße Betriebsübergang nach § 613a BGB** ist nach gefestigter Rechtsprechung keine Betriebsänderung i.S.d. §§ 111 ff. BetrVG.³¹ Der mit dem Umwandlungsrecht in § 111 BetrVG eingefügte Tatbestand der **Spaltung von Betrieben** wird vom BAG zugleich so verstanden, dass die Übertragung eines Betriebsteils auf ein anderes Unternehmen in der Form der organisatorischen Spaltung des Betriebes eine mitbestimmungspflichtige Betriebsänderung i.S.v. § 111 Satz 2 Nr. 3 BetrVG ist.³² Wegen der wirtschaftlichen Nachteile, die sich für die Mitarbeiter im konkreten Falle ergaben, habe der Betriebsrat einen Sozialplan verlangen können. Zu den berücksichtigungsfähigen Nachteilsfolgen gehörten allerdings nicht eine etwaige Verringerung der Haftungsmasse bei dem Betriebserwerber sowie dessen befristete Befreiung von der Sozialplanpflicht nach § 112a Abs. 2 BetrVG.³³ Insbesondere konnte der Betriebsrat in der Einigungsstelle nicht verlangen, dass der abgebende Betrieb für die Dauer des Verlustes einer Sozialplananwartschaft nach dem Übergang des Betriebsteils auf das neu gegründete Unternehmen für die Dauer von vier Jahren eine Ausfallbürgschaft stellte.

143 Zu beachten ist eine Entscheidung des BAG, wonach bei der **Anwendung der Zahlenstaffeln des § 17 KSchG** zur Feststellung einer wesentlichen Betriebsänderung, aber auch bei einem Personalabbau nach § 113 BetrVG und den in diesem Zusammenhang zu erfüllenden, zahlenmäßigen Voraussetzungen diejenigen Mitarbeiter mitgerechnet werden, die dem Übergang ihres Arbeitsverhältnisses auf einen Teilbetriebserwerber (und damit auch dem Übergang auf einen Betriebserwerber) widersprochen haben und für die eine Beschäftigungsmöglichkeit im Restbetrieb nicht mehr besteht.³⁴ Entscheidet sich der Arbeitgeber, eine Betriebsabteilung stillzulegen und kündigt er den dort beschäftigten Arbeitnehmern, so ist er regelmäßig zur Wiedereinstellung entlassener Arbeitnehmer verpflichtet, wenn er sich noch während der Kündigungsfrist entschließt, die Betriebsabteilung mit einer geringeren Anzahl von Arbeitnehmern doch fortzuführen.³⁵ Aufhebungsverträge können wegen Wegfalls der Geschäftsgrundlage angepasst werden, eine erhaltene Abfindung ist vom Arbeitnehmer zurückzuzahlen.

144 Der Zeitpunkt, zu dem die Entlassungsanzeige nach § 17 KSchG vom Arbeitgeber vorzunehmen ist, hat sich seit dem Urteil des EuGH vom 27.1.2005³⁶ ergeben. Während nach der früheren Rechtsprechung des BAG³⁷ der Zeitpunkt, bis zu dem die Entlassungsanzeige nach § 17 KSchG zu erfolgen hatte, erst endete, wenn die Kündigungsfrist ausgelaufen war, hat die Entlassungsanzeige nach § 17 KSchG vor Ausspruch der Kündigungserklärung zu erfolgen. Die Art. 2 bis 4 der Richtlinie 98/95/EG des Rates vom 20.7.1998 zur Angleichung der Rechtsvorschriften der Mitgliedsstaaten über Massenentlassungen sind dahin auszulegen, dass die Kündigungserklärung des Arbeitgebers das Ereignis ist, das als Entlassung gilt. Das Bundesarbeitsgericht hat sich in der Zwischenzeit in mehreren Entscheidungen dieser neuen Rechtsauffassung angeschlossen, den Betrieben, die bis zum Bekanntwerden der EuGH-Entscheidung nach der alten Rechtslage verfahren hatten, jedoch Vertrauensschutz gewährt.³⁸

145 Während ein Sozialplan auch für Maßnahmen aufgestellt werden kann, die noch nicht geplant, aber in groben Umrissen abschätzbar sind,³⁹ gelten für den Interessenausgleich strengere Anforderungen. In Großunternehmen, die Dauerstrukturierungen vornehmen, ist es üblich, dass **Sozialpläne über längere Zeiträume geschlossen** und auch immer wieder **verlängert** werden. Für den Interessenausgleich sieht der 1. Senat die Rechtslage nicht wie beim Sozialplan. Der Betriebsrat müsse mit dem Arbeitgeber über konkret geplante

---

30 *Baeck/Diller*, NZA 1997, 694.
31 BAG 24.7.1979 – 1 AZR 219/77, DB 1980, 164; BAG 4.12.1979 – 1 AZR 843/76, DB 1980, 743.
32 BAG 10.12.1996 – 1 ABR 32/96, NZA 1997, 898.
33 BAG 10.12.1996 – 1 ABR 32/96, NZA 1997, 898.
34 BAG 10.12.1996 – 1 AZR 290/96, NZA 1997, 787.
35 BAG 4.12.1997 – 2 AZR 140/97, NZA 1998, 701.
36 EuGH 27.1.2005 – Rs. C-188/03 (Irmtraud Junk ./. Wolfgang Kühnel), NZA 2005, 213.
37 BAG 18.9.2003 – 2 AZR 79/02, BAGE 107, 318.
38 BAG 23.3.2006 – 2 AZR 345/05, NZA 2006, 971; BAG 13.7.2006 – 6 AZR 198/06, NZA 2007, 25.
39 BAG 26.8.1997 – 1 ABR 12/97, AP § 76 BetrVG 1972 Nr. 57.

Betriebsänderungen verhandeln und diese in einem Interessenausgleich niederlegen. Rein vorsorgliche Interessenausgleichsvereinbarungen seien nicht wirksam.[40]

Nach dem Wortlaut des § 111 BetrVG besteht ein **Mitbestimmungsrecht** des Betriebsrats bei Betriebsänderungen nur in Betrieben mit in der Regel mehr als 20 wahlberechtigten Arbeitnehmern. Der 1. Senat[41] hat die Verpflichtung, einen Interessenausgleich zu versuchen, auf solche Kleinbetriebe ausgedehnt, die einem größeren Unternehmen angehören, auch wenn mehrere der Betriebe dieses Unternehmens nur Kleinunternehmen i.S.v. § 111 BetrVG sind.

3. Der Interessenausgleich im taktischen Umfeld

Beim Interessenausgleich gilt, dass der Arbeitgeber „ihn **versucht** hat" im Sinne des Gesetzes, wenn er den Betriebsrat gemäß § 111 Satz 1 BetrVG beteiligt hat und ein Interessenausgleich nach Verhandlungen nicht zustande gekommen sowie die Einigungsstelle vergeblich angerufen worden ist.

Die Taktik von Betriebsräten beim Abschluss von Interessenausgleichsvereinbarungen und Sozialplänen bestand seit jeher darin, bei drängenden wirtschaftlichen Problemen des Betriebes das **kostenauslösende Zeitmoment** in die Waagschale zu werfen. Betriebsräte machen gerne, weil es einen erzwingbaren Anspruch auf Abschluss eines Interessenausgleichs nicht gibt, die Unterzeichnung eines bereits durchverhandelten Interessenausgleichs vom gleichzeitigen Abschluss eines Sozialplans abhängig. Der Unternehmer muss nur „versuchen", einen Interessenausgleich mit dem Betrieb zu schließen. Kommt eine Einigung nicht zustande, ruft der Unternehmer die Einigungsstelle an (§ 112 Abs. 2 BetrVG). Dort wird noch einmal über den Inhalt eines Interessenausgleichs verhandelt. Gelingt es auch diesmal nicht, sich auf den Wortlaut eines Interessenausgleichs zu einigen, hat der Unternehmer einen Interessenausgleich ordnungsgemäß „versucht".[42] Die Taktik der zeitverzögernden Paketlösung ist für den Betriebsrat wieder aktuell, nachdem die nur vorübergehend gültige Fristenregelung in § 113 Abs. 3 BetrVG zum 1.1.1999 wieder aufgehoben wurde.

Betriebsräte weigern sich verschiedentlich mit dem Argument, in Beratungen einzutreten, sie seien nicht **hinreichend informiert**. Sie lassen sich vom Arbeitgeber schriftlich zur Aufnahme der Beratungen auffordern und antworten dann mit dem Verlangen, ergänzende Unterlagen zum Zweck einer vollständigen Unterrichtung über die Betriebsänderung zu erhalten. Nur nach hinreichender Unterrichtung des Betriebsrats über die Betriebsänderung ist der Betriebsrat zur Aufnahme von Beratungen verpflichtet, nur nach ausreichender Unterrichtung kann Arbeitgeber mit Recht behaupten, er habe in von Verhandlungen einen Interessenausgleich „versucht".[43]

Eine Sonderregelung bildet § 112a BetrVG, der die **Erzwingbarkeit eines Sozialplans** unter der Voraussetzung formuliert, dass die Betriebsänderung allein in einem Personalabbau besteht. Bestimmte Prozentzahlen bzw. Mindestzahlen von Arbeitnehmern, je nach Betriebsgröße, müssen vom Personalabbau betroffen sein, um die Erzwingbarkeit eines Sozialplans auszulösen. Zu beachten ist, die Sonderregelung für Neugründungen (§ 112a Abs. 2 BetrVG) in den ersten vier Jahren.

In § 113 BetrVG hat der Gesetzgeber schließlich den **Sanktionenkatalog** der Abweichung des Unternehmers von einem Interessenausgleich bzw. der Durchführung einer Betriebsänderung nach § 111 BetrVG, ohne über sie einen Interessenausgleich mit dem Betriebsrat versucht zu haben, aufgestellt. Der Nichtversuch eines Interessenausgleichs und die Abweichung von einem Interessenausgleich haben einen individualrechtlichen Anspruch auf Nachteilsausgleich, also auf Abfindung im wirtschaftlichen Umfang des § 10 KSchG zur Folge. In Tendenzbetrieben kommt ein Nachteilsausgleich dann in Betracht, wenn der Arbeitgeber eine Betriebsänderung durchführt, ohne den Betriebsrat rechtzeitig unterrichtet und Verhandlungen über einen Sozialplan ermöglicht zu haben. Beginnt der Arbeitgeber mit der Betriebsänderung, ohne einen Interessenausgleich versucht zu haben, entsteht der Anspruch auf Nachteilsausgleich nach § 113 Abs. 3 BetrVG. Allerdings kann der Arbeitnehmer, der infolge der beginnenden Betriebsänderung mit dem Arbeitgeber einen Aufhebungsvertrag geschlossen hat, im Wege einer allgemeinen Ausschlussklausel auf Ansprüche auf Nachteilsausgleich wirksam verzichten.[44]

---

40 BAG 19.1.1999 – 1 AZR 342/98, BB 2000, 47.
41 BAG 8.6.1999 – 1 AZR 831/98, FA 1999, 265.
42 BAG 9.7.1985 – 1 AZR 323/83, NZA 1986, 100.
43 *Röder/Baeck*, DB 1996, Beilage 17, S. 23; *Löwisch*, RdA 1997, 80 (83).
44 BAG 23.9.2003 – 1 AZR 576/02, NZA 2004, 440.

152 Das BAG hat es bislang ausdrücklich offen gelassen, ob § 113 Abs. 1 und Abs. 2 BetrVG auch auf den **Tendenzbetrieb** anwendbar ist.[45] Die Betriebspartner sind schließlich befugt, einen verbindlichen, vorsorglichen Sozialplan in Form einer freiwilligen Betriebsvereinbarung aufzustellen, ohne dass der Betriebsrat dadurch auf künftige Mitbestimmungsrechte verzichtet.[46]

153 Der Unternehmer hat meistens aufgrund des Kostendrucks ein Interesse an einer zügigen Realisierung der Betriebsänderung. Wird eine Betriebseinschränkung geplant, muss mit Unruhe in der Belegschaft gerechnet werden, die erst bei Klarheit über die Betroffenen in Motivation unter den Verbleibenden gewandelt werden kann. Das Interesse des Unternehmers geht also stets in Richtung einer schnellen Zustimmung zum Interessenausgleich. Ist der Interessenausgleich mit dem Betriebsrat verhandelt, kann die Betriebsänderung sanktionslos umgesetzt werden. Das Interesse des Betriebsrats geht dagegen in Richtung einer möglichst komfortablen, wirtschaftlichen Ausstattung des Sozialplans. Der Betriebsrat weiß, dass er die Kündigungen im Zusammenhang mit der Betriebsänderung ohnehin nicht verhindern kann. *Neef* hat die Verhandlungsposition des Betriebsrats auf einen einfachen Nenner gebracht: „Zeit oder Geld."[47]

154 **Scheitern** die außergerichtlichen Verhandlungen, führt der Weg in die **Einigungsstelle**. Durch eine Mitteilung an den Betriebsrat wird die Einigungsstelle angerufen. Regelmäßig teilt man dem Betriebsrat den Vorsitzenden und die Anzahl der Beisitzer mit. Äußert sich der Betriebsrat nicht oder macht er Gegenvorschläge, die der Arbeitgeber nicht akzeptiert, muss der Arbeitgeber das Arbeitsgericht bemühen, § 98 ArbGG, § 76 Abs. 2 BetrVG. Das Arbeitsgericht entscheidet nach Anhörung der Beteiligten. Gegen diese Entscheidung ist die Beschwerde möglich, die innerhalb von 14 Tagen eingelegt und begründet sein muss (§ 98 Abs. 2 ArbGG). Das LAG entscheidet dann in letzter Instanz.

155 Auch wenn das Verfahren als **Eilverfahren** gedacht war, so kann es ohne weiteres mehrere Monate dauern, bis eine Einigungsstelle ihre Arbeit aufnimmt. Sobald der Vorsitzende bestellt ist, muss dieser die Parteien laden, Termine für Sitzungen der Einigungsstelle finden, an denen alle Beteiligten verfügbar sind, sich die maßgeblichen Unterlagen und die bisher angefallene Korrespondenz geben lassen, kurzum, in einem Monat lassen sich diese Verfahrensabläufe selten bewältigen. Es bedarf hierzu keines nennenswerten Verfahrensgeschicks, um angesichts der Terminslage, der zu wahrenden Ladungsfristen und der nicht immer ausreichenden Geschwindigkeit, mit der bisweilen einzelne Arbeitsgerichte und Landesarbeitsgerichte zu arbeiten pflegen, die Zusammenkunft einer Einigungsstelle in weite Ferne rücken zu lassen. Die Errichtung einer Einigungsstelle im Wege der einstweiligen Verfügung ist ausgeschlossen.[48]

156 Eine weitere Variante der **Zeitfalle** beschreiben *Röder* und *Gradert*, nämlich die **Untätigkeit des zuständigen Gesamt- bzw. Konzernbetriebsrats** bei Betriebsänderungen.[49] Bei Unternehmens- und Konzernumstrukturierungen besteht eine originäre Zuständigkeit des Gesamtbetriebsrats, wenn die Betriebsänderung alle oder zumindest mehrere Betriebe betrifft und notwendigerweise einheitlich für die betroffenen Betriebe geregelt werden muss. Dabei kommt es auf die ursprüngliche Planung des Unternehmers an und nicht darauf, wie sich die Planung realisiert.[50] Bleibt der Gesamtbetriebsrat trotz einer Aufforderung durch den Vorstand, einen Interessenausgleich im Zuge einer das gesamte Unternehmen oder den Konzern betreffenden Umstrukturierung zu verhandeln, untätig, oder verweist der Gesamt- bzw. Konzernbetriebsrat den Vorstand an die Einzelbetriebsräte, stellt sich für die Arbeitgeberseite ein Problem. Wird mit den Einzelbetriebsräten verhandelt, läuft der Arbeitgeber Gefahr, schließlich mit dem unzuständigen Betriebsrat einen Interessenausgleich geschlossen zu haben. Weigern sich Gesamt- oder Konzernbetriebsrat, besteht die Gefahr, dass dem Vorstand nachgesagt wird, er habe nicht ausreichend den Interessenausgleich versucht (beispielsweise mit dem Bemerken, er habe schließlich mit den Einzelbetriebsräten Interessenausgleichsverhandlungen führen können), so dass als Sanktion die Verpflichtung eines Nachteilsausgleichs nach § 113 BetrVG droht. Wenn die originäre Zuständigkeit des Gesamtbetriebsrats nach § 50 Abs. 1 BetrVG zum Aushandeln eines Interessenausgleichs gegeben ist, stellt sich damit die Frage, ob der einzelne Betriebsrat zur Wahrnehmung eines Mitbestimmungsrechts wieder zuständig wird, wenn der Gesamtbetriebsrat den Arbeitgeber an die örtlichen Betriebsräte verweist oder von seiner Zuständigkeit keinen Gebrauch macht.

---

[45] BAG 27.10.1998 – 1 AZR 766/97, ARST 1999, 73.
[46] BAG 26.8.1997 – 1 ABR 12/97, AP § 112 BetrVG 1972 Nr. 117; BAG 1.4.1998 – 10 ABR 17/97, NZA 1998, 768.
[47] *Neef*, NZA 1997, 66.
[48] LAG Niedersachsen 29.9.1988 – 14 TaBV 84/88, AuR 1989, 290; ArbG Ludwigshafen 20.11.1996 – 3 GaBV 3062/96, NZA 1997, 172; ArbG Düsseldorf 24.6.1992 – 4 BVGa 14/92, NZA 1992, 907; a.A. LAG Düsseldorf 8.2.1991 – 15 TaBV 11/91, LAGE § 98 ArbGG 1979 Nr. 19.
[49] *Röder/Gradert*, DB 1996, 1674.
[50] BAG 24.1.1996 – 1 AZR 542/95, BB 1996, 2093; zum Unterlassungsanspruch des Betriebsrats bei Betriebsänderung *Pflüger*, DB 1998, 2062.

In der Rechtsprechung ist diese Frage noch nicht eindeutig geklärt. Der 1. Senat des BAG[51] geht davon aus, das Betriebsverfassungsgesetz lege eine grundsätzliche Zuständigkeit des Einzelbetriebsrats fest und sehe es als gerechtfertigt an, von einer **Primärzuständigkeit der Einzelbetriebsräte** auszugehen. Die maßgebliche Frage, ob im Fall der Zuständigkeit des Gesamtbetriebsrats dennoch wieder der Einzelbetriebsrat zuständig wird, wenn und solange der Gesamtbetriebsrat untätig bleibt, ist offen gelassen. *Röder/Gradert*[52] schließen aus der Verpflichtung des Arbeitgebers zum „Versuch einer Einigung", dass dieser Versuch nicht stattfinden könne, wenn sich eine Seite, nämlich der Gesamtbetriebsrat, von vornherein weigere, am Verfahren überhaupt teilzunehmen. Aus dem Rechtsgedanken des § 326 BGB, wonach eine Nachfristsetzung für die in Verzug befindliche Partei nicht erforderlich ist, wenn diese die Erfüllung ernstlich und endgültig verweigert, schließen die Autoren, dass das Beteiligungsrecht nicht an die Einzel- bzw. Gesamtbetriebsräte im Fall der Zuständigkeit des Konzernbetriebsrats zurückfällt, wenn ein Gesamt- oder Konzernbetriebsrat seine originäre Zuständigkeit für ein Beteiligungsrecht nicht wahrnimmt.

157

Mit den Beschlüssen des BAG vom 11.12.2001[53] und vom 23.10.2002[54] hat das BAG die Problematik entschärft. Im Beschluss vom 11.12.2001 hat der 1. Senat festgestellt, dass aus der Zuständigkeit des Gesamtbetriebsrats für die Vereinbarung eines Interessenausgleichs nicht zwingend die gesetzliche Zuständigkeit für den Abschluss eines Sozialplans folge. Dafür sei das Vorliegen der Voraussetzungen des § 50 Abs. 1 BetrVG gesondert zu prüfen. Ob danach ein zwingendes Bedürfnis nach einer betriebsübergreifenden Regelung bestehe, bestimme sich auch nach dem Inhalt des Interessenausgleichs. In dem Beschluss vom 23.10.2002 ging es um eine grundlegende Änderung der Organisationsstruktur eines bundesweit tätigen Versicherungsunternehmens. Die Organisationsänderung bewirkte, dass Teilbetriebsschließungen in 25 Bezirksdirektionen in der gesamten Bundesrepublik stattfanden. Das Unternehmen vereinbarte aus diesem Anlass mit dem Gesamtbetriebsrat einen Interessenausgleich, wonach jedem Arbeitnehmer, dessen Arbeitsplatz durch die Betriebsänderung wegfällt, einen Arbeitsplatz im Betrieb der neuen Organisationsstruktur anzubieten sei. Gleichzeitig schlossen die Firma und der Gesamtbetriebsrat einen Sozialplan ab. Der Betriebsrat einer Bezirksdirektion des Versicherungsunternehmens vertrat die Auffassung, er selbst und nicht der Gesamtbetriebsrat sei zum Abschluss des Sozialplans für die in der Bezirksdirektion von der Betriebsänderung betroffenen Arbeitnehmer zuständig. Die vom Betriebsrat beantragte Einsetzung einer Einigungsstelle lehnten die Vorinstanzen ab. Die Rechtsbeschwerde des Betriebsrats vor dem 7. Senat hatte keinen Erfolg. Der Senat war der Auffassung, der Abschluss des Sozialplans auch für die in der Bezirksdirektion von der Betriebsänderung betroffenen Arbeitnehmer sei in den Zuständigkeitsbereich des Gesamtbetriebsrats gefallen. Die Regelungskompetenz des Gesamtbetriebsrats für den Sozialplan beruhe darauf, dass die in dem Interessenausgleich vereinbarte Betriebsänderung nicht nur einen einzigen Betrieb, sondern die Mehrzahl der Betriebe betroffen habe und die Durchführung der Betriebsänderung betriebsübergreifend einheitliche Kompensationsregelung erfordert habe.[55]

158

4. Unterlassungsverfügung

Eine zweite Sanktion – neben dem Nachteilsausgleich – stellt es dar, wenn der Betriebsrat den Ausspruch betriebsbedingter Kündigungen im Wege einer **einstweiligen Unterlassungsverfügung** verhindern kann. Im Gesetz ist ein allgemeiner Unterlassungsanspruch nicht geregelt. Durch einen Beschluss des 1. Senats des BAG vom 3.5.1994[56] ist es möglich geworden, dass der Arbeitgeber generell zur Einhaltung von Beteiligungsrechten des Betriebsrats im Wege des einstweiligen Rechtsschutzes im Beschlussverfahren verpflichtet werden kann. Die Literatur- und Rechtsprechungsäußerungen zur Übertragung der Mitbestimmungssicherungs-Rechtsprechung des 1. Senats auf Maßnahmen einer geplanten Betriebsänderung sind geteilt. Ein Teil der Rechtsprechung hat sich für einen Unterlassungsanspruch des Betriebsrats ausgesprochen.[57] Die überwiegende Rechtsprechung und Literatur lehnen den Unterlassungsanspruch ab.[58]

159

---

51 BAG 18.10.1994 – 1 ABR 9/94, DB 1994, 2196.
52 DB 1996, 1678.
53 BAG 11.12.2001 – 1 AZR 193/01, NZA 2002, 688.
54 BAG 23.10.2002 – 7 ABR 55/01, FA 2002, 389.
55 BAG 23.10.2002 – 7 ABR 55/01, ZIP 2003, 1514.
56 BAG 3.5.1994 – 1 ABR 24/93, BB 1994, 2273.
57 LAG Hamburg 13.11.1981 – 6 TaBV 9/81, AuR 1982, 389; LAG Hamburg 5.2.1986 – 1 GaBV 8/85, RDV 1987, 83; LAG Frankfurt a.M. 21.9.1982 – 4 TaBVGa 94/82, DB 1983, 613; LAG Berlin 7.9.1995 – 10 TaBV 5/95 und 9/95, 10 TaBV 5/95, 10 TaBV 9/95, NZA 1996, 1284.
58 LAG Düsseldorf 14.11.1983 – 12 TaBV 88/83, DB 1984, 511; LAG Baden-Württemberg 28.8.1985 – 2 TaBV 8/85, DB 1986, 805; LAG Niedersachsen 5.6.1987 – 12 TaBV 17/87, LAGE § 23 BetrVG 1972 Nr. 11; LAG Rheinland-Pfalz 18.4.1989 – 1 Ta 83/89, NZA 1989, 863; LAG Schleswig-Holstein

160 Gegenwärtig kann allenfalls nach Gerichtsbezirken gesagt werden, ob beim Aushandeln eines Interessenausgleichs ein betriebsverfassungsrechtlicher Unterlassungsanspruch droht oder nicht. Es kann vereinzelt ein praktischer Bedarf an einem Unterlassungsanspruch gesehen werden, die betriebsverfassungsrechtliche Dogmatik spricht allerdings selbst nach der Rechtsänderung durch den Beschluss des 1. Senats vom 3.5.1994 dagegen. Eines Nachteilsausgleichsanspruchs für den Arbeitnehmer nach § 113 BetrVG hätte es nicht bedurft, wenn dem Betriebsrat der Anspruch auf Verhinderung einer Betriebsänderung eingeräumt wäre.

5. Inhalt eines Interessenausgleichs

161 Interessenausgleichsvereinbarungen dienen häufig dazu, mit dem Betriebsrat gemeinsam eine **Regelung über die Durchführung von Maßnahmen zum Personalabbau** zu finden. Es empfiehlt sich – wenn möglich – das Schema, das der Arbeitgeber bei der Sozialauswahl im Rahmen der betriebsbedingten Kündigung anwendet, in den Interessenausgleich einzubeziehen. Beispiele hierzu finden sich in den Mustern 5635, 5630 und 5825. Dort werden jeweils Punkte für Lebensalter, Betriebszugehörigkeit und Unterhaltspflichten vergeben. Die Anzahl der zu verteilenden Punkte differiert je nach Schema. Unterschiedlich ist auch die Berücksichtigung von besonderen sozialen Härten geregelt. Während diese in Muster 5635 und Muster 5630 erst in einem zweiten Schritt einbezogen werden sollen, werden dafür in anderen Mustern ebenfalls Punkte verteilt. Muster 5635 sieht in § 2 Abs. 2 auch die Einbeziehung einer Namensliste in den Interessenausgleich vor, die auf der Basis des in Abs. 3 festgelegten Schemas erstellt wurde.

162 Manche Interessenausgleichs- und Sozialplanregelungen enthalten die Einschränkung, dass im Rahmen der Sozialauswahl als Unterhaltsberechtigte nur diejenigen Berücksichtigung finden, die auf der **Lohnsteuerkarte** enthalten sind. In der älteren Rechtsprechung beanstandeten die Gerichte derartige Regelungen in Sozialplänen nicht. So musste der Arbeitgeber bei einer anhand der Lohnsteuerkarte für die getroffene Sozialauswahl ermittelten Zahl von Unterhaltspflichten des gekündigten Arbeitnehmers nur dann eine Korrektur vornehmen, wenn der Arbeitnehmer innerhalb der Klagefrist gemäß § 1 KSchG geltend machte, dass weitere Unterhaltspflichten bestehen.[59] Im Urteil vom 22.9.2005[60] beanstandete der 2. Senat eine Formulierung in einem Sozialplan nicht, die besagte: „Für die Feststellung der Unterhaltspflichten sind die Angaben auf der Lohnsteuerkarte maßgeblich …" Auch in der Entscheidung vom 14.6.2005 des LAG Hamm[61] beanstandete die Kammer nicht, dass in der Lohnsteuerkarte eine objektiv fehlerhafte Angabe zur Zahl der Unterhaltspflichten bestand. In einer Reihe weiterer Entscheidungen[62] ließen die Gerichte in Übereinstimmung mit Teilen der Literatur[63] ausschließlich über die Lohnsteuerkarte vom Arbeitgeber ermittelte Unterhaltspflichten als ausreichend gelten. Demgegenüber besagt die heute herrschende Meinung, dass den Arbeitgeber eine **Erkundigungspflicht** zu den **tatsächlichen Unterhaltspflichten** des im Wege der Sozialauswahl zu kündigenden Arbeitnehmers trifft.[64] Damit sind Regelungen in Interessenausgleichs- und Sozialplanvereinbarungen unwirksam, die den Arbeitgeber alleine auf Basis der über die Lohnsteuerkarte zu ermittelnden Unterhaltspflichten berechtigen, eine Sozialauswahl unter Verwendung von Punktwerten vorzunehmen. Die hier abgedruckten Muster enthalten noch in einer Reihe von Fällen die früher übliche Regelung, dass sich die Zahl der Unterhaltsberechtigten aus der Lohnsteuerkarte ergibt.[65] Auch wenn die Ableitung der Unterhaltspflichten aus der Lohnsteuerkarte weiterhin gebräuchlich ist, wird von dieser Ermittlungsmethode abgeraten, weil andernfalls jede Sozialauswahl den Keim fehlender sozialer Rechtfertigung in sich trägt.

163 In Muster 5825 sind neben der betriebsbedingten Kündigung auch andere Maßnahmen der Personalminderung sehr ausführlich niedergelegt. Eine Besonderheit weist Muster 5655 insofern auf, als dort nicht die

---

13.1.1992 – 4 TaBV 54/91, LAGE § 111 BetrVG 1972 Nr. 11; ArbG Köln 27.10.1993 – 2 BVGa 24/93, BB 1993, 2311; ArbG Bonn 23.8.1995 – 4 BVGa 9/95, NZA 1995, 966; ArbG Duisburg 23.10.1997 – 5 BVGa 10/96, n.v.; LAG Düsseldorf 19.11.1996 – 8 TaBV 80/96, NZA-RR 1997, 297; LAG Hamm 1.7.1997 – 13 TaBV 54/97, ZIP 1997, 2210; *Heupgen*, NZA 1997, 1271; *Röder/Gradert*, DB 1996, 1679; *Hümmerich/Spirolke*, BB 1996, 1986.

59 LAG Köln 29.7.2004 – 5 Sa 63/04, FA 2004, 349 = AuR 2004, 436 f.
60 BAG 22.9.2005 – 2 AZR 365/04, n.v.
61 LAG Hamm 14.6.2005 – 19 Sa 287/05, NZA-RR 2005, 640.
62 LAG Baden-Württemberg 9.11.1990 – 15 Sa 86/90, n.v.; LAG Schleswig-Holstein 10.8.2004 – 5 Sa 93/04, n.v.; LAG Rheinland-Pfalz 12.7.2005 – 5 Sa 1031/04, n.v.; LAG Köln 10.5.2005 – 1 Sa 1510/04, ZIP 2005, 1524.
63 ErfK/*Ascheid*, 5. Aufl., § 1 KSchG Rn 488; *Hümmerich/Spirolke*, NZA 1998, 800; *Fischermeier*, NZA 1997, 1094.
64 LAG Mecklenburg-Vorpommern 5.4.2005 – 3 Sa 8/05, n.v.; LAG Rheinland-Pfalz 12.7.2006 – 10 Sa 121/06, n.v.; LAG Düsseldorf 4.11.2004 – 11 Sa 957/04, DB 2005, 454; LAG Niedersachsen 12.12.2003 – 10 Sa 247/03, NZA-RR 2005, 524; AnwK-ArbR/*Hümmerich/Holthausen*, § 1 KSchG Rn 524.
65 Muster 5625 (§ 4) § 5 Rn 236; Muster 5640 (§ 7) § 5 Rn 239; Muster 5680 (§ 3 (2) c) § 5 Rn 244; Muster 5695 (§ 8) § 5 Rn 247; Muster 5705 (§ 4) § 5 Rn 249; Muster 5715 (§ 6) § 5 Rn 251; Muster 5730 (§ 19) § 5 Rn 254; Muster 5740 (§ 5) § 5 Rn 256; Muster 5820 (§ 7) § 5 Rn 261; Muster 5825 (§ 4 (2) d) § 5 Rn 262.

Durchführung von Entlassungen Gegenstand des Interessenausgleichs ist, sondern die Einführung eines Leistungsmanagements in allen Einzelheiten geregelt wird, mit dem eine Leistungsbeurteilung aller Mitarbeiter ermöglicht werden soll. Ein Interessenausgleich, der 117 Mitarbeiter, die gewerkschaftliche Vertrauensleute sind, aus der Zahl der zu kündigenden Arbeitnehmer herausnimmt, nimmt eine nach § 75 BetrVG ungerechtfertigte Bevorzugung von gewerkschaftlich organisierten Arbeitnehmern vor.[66] Nicht nur die Nichtkündigung der gewerkschaftlichen Vertrauensleute, sondern auch die Kündigung der von der Entlassungswelle betroffenen Arbeitnehmer war unwirksam. Die Bevorzugung Einzelner in einem Interessenausgleich verstößt nicht nur gegen § 75 BetrVG, sondern macht den Arbeitgeber nach § 15 AGG schadensersatzpflichtig, sofern sich die Bevorzugung oder Benachteiligung auf die Ziele des § 1 AGG erstreckt.

6. Interessenausgleich in der Insolvenz

Die Vorschriften des BetrVG über den Interessenausgleich und über den Nachteilsausgleich bei Betriebsänderungen (§§ 111–113 BetrVG) gelten auch in der Insolvenz. Die Verpflichtung des Insolvenzverwalters, den Betriebsrat über eine geplante Betriebsänderung zu unterrichten und mit ihm einen Interessenausgleich zu versuchen, besteht auch dann, wenn die Betriebsstilllegung die unausweichliche Folge einer wirtschaftlichen Zwangslage ist und es zu ihr keine sinnvolle Alternative gibt. Im Rahmen eines eröffneten Insolvenzverfahrens kann sich der Insolvenzverwalter nicht darauf berufen, der Versuch eines Interessenausgleichs sei ausnahmsweise entbehrlich. Den Besonderheiten der Insolvenz ist über §§ 121, 122 InsO Rechnung zu tragen.[67]

164

Verletzt der Insolvenzverwalter seine Verpflichtung zur **Unterrichtung des Betriebsrats** und zum **Versuch eines Interessenausgleichs**, haben die betroffenen Arbeitnehmer nach § 113 Abs. 3, Abs. 1 BetrVG einen Anspruch auf **Nachteilsausgleich**. Die Höhe der vom Arbeitsgericht festzusetzenden Abfindung richtet sich nach dem entsprechend anwendbaren § 10 Abs. 1 und 2 KSchG. Die Insolvenzsituation ist insoweit ohne Bedeutung.[68]

165

Ein nach Eröffnung des Insolvenzverfahrens entstandener Anspruch auf Nachteilsausgleich wird zur Masseverbindlichkeit i.S.v. § 209 Abs. 1 Nr. 3 InsO, wenn der Insolvenzverwalter die Unzulänglichkeit der Masse anzeigt. Während des Vollstreckungsverbots nach § 210 InsO ist der Abfindungsanspruch im Wege einer Feststellungsklage nach § 256 Abs. 1 ZPO zu verfolgen.[69]

166

Auch bei Vorliegen eines Interessenausgleichs mit **Namensliste** i.S.d. § 125 Abs. 1 InsO unterliegt die Betriebsratsanhörung nach § 102 BetrVG keinen erleichterten Anforderungen. Die Substanziierungspflicht im Kündigungsschutzprozess bildet nicht das Maß für die Unterrichtungspflicht des Arbeitgebers nach § 102 BetrVG. Der Umfang der Unterrichtungspflicht orientiert sich vielmehr an dem – vom Zweck des Kündigungsschutzprozesses zu unterscheidenden – Zweck des Anhörungsverfahrens. Die Betriebsratsanhörung nach § 102 BetrVG zielt nicht darauf ab, die selbständige Überprüfung der Wirksamkeit einer Kündigung zu gewährleisten. Der Betriebsrat ist in diesem Sinne kein „Gericht", sondern soll als Partner des Arbeitgebers in einem zwar gesetzlich institutionalisierten, aber vertrauensvoll zu führenden betrieblichen Gespräch seine Meinung zu einer beabsichtigten Kündigung kundtun. Hat der Betriebsrat den erforderlichen Kenntnisstand, um sich über die Stichhaltigkeit der Kündigungsgründe ein Bild zu machen oder eine Stellungnahme hierzu abgeben zu können und weiß dies der Arbeitgeber oder kann er dies nach den gegebenen Umständen jedenfalls als sicher annehmen, so kann vom Arbeitgeber keine weitere detaillierte Begründung verlangt werden.[70]

167

II. Der Sozialplan

1. Gegenstand und Ziel des Sozialplans

Während Gegenstand des Interessenausgleichs die unternehmerische Maßnahme ist, also die Betriebsänderung sowie der Kreis oder die Zahl der betroffenen Arbeitnehmer und die Art, in der sie betroffen sind, befasst sich der Sozialplan mit den **Auswirkungen der Betriebsänderung für den Mitarbeiter**. Ziel des Sozialplans ist es, die für den Mitarbeiter mit dem Interessenausgleich verbundenen Nachteile aufzufangen oder abzuschwächen. Im Vordergrund stehen regelmäßig **wirtschaftliche Kompensationsleistungen**, insbesondere

168

---

66 LAG Köln 29.7.2004 – 5 Sa 63/04, LAGReport 2004, 343.
67 BAG 22.7.2003 – 1 AZR 541/02, BAGE 107, 91 = NZA 2004, 93.
68 BAG 22.7.2003 – 1 AZR 541/02, BAGE 107, 91 = NZA 2004, 93.
69 BAG 22.7.2003 – 1 AZR 541/02, BAGE 107, 91 = NZA 2004, 93.
70 BAG 28.8.2003 – 2 AZR 377/02, BB 2004, 1056.

in Form der Abfindung.[71] Mit der Einfügung der Nr. 2a in § 112 Abs. 5 BetrVG durch das BetrVerf-Reformgesetz[72] will auch der Gesetzgeber die Tendenz zum Transfersozialplan fördern. Nach § 112 Abs. 5 Nr. 2a BetrVG soll die Einigungsstelle insbesondere die im SGB III vorgesehenen Förderungsmöglichkeiten zur Vermeidung von Arbeitslosigkeit berücksichtigen.

2. Grundsätze

169 Der Sozialplan ist, anders als der Interessenausgleich, eine **Betriebsvereinbarung**.[73] Anders als bei den übrigen Betriebsvereinbarungen gilt für den Sozialplan nach § 112 Abs. 1 Satz 4 BetrVG nicht der Tarifvorbehalt des § 77 Abs. 3 BetrVG. Es ist zulässig, in einen Sozialplan spezifische, individuelle Regelungen für einzelne Arbeitnehmer aufzunehmen.[74] Der Sozialplan hat eine **Ausgleichsfunktion**, da er einen Ausgleich für den Verlust des Arbeitsplatzes oder die Verschlechterung von Arbeitsbedingungen gewährt.[75] Er soll bis zu einem neuen Arbeitsverhältnis oder dem Bezug des gesetzlichen Altersruhegelds eine Überbrückungshilfe darstellen.[76] Er hat damit eine Überleitungs- und Vorsorgefunktion.[77]

170 Bei der Gestaltung von Sozialplänen kann vorgesehen werden, dass der Arbeitnehmer eine Abfindung erhält, selbst dann, wenn er im unmittelbaren Anschluss an die Beendigung seines Arbeitsverhältnisses einen anderweitigen Arbeitsplatz bei einem anderen Unternehmen gefunden hat.[78] Sozialpläne müssen in diesen Fällen keine Abfindung gewähren[79] und können sogar verminderte Leistungen für Mitarbeiter vorsehen, die kurz vor dem Bezug von Altersruhegeld stehen.[80] Der zeitliche Geltungsbereich richtet sich regelmäßig nach dem Zeitpunkt des Abschlusses bzw. Scheiterns eines Interessenausgleiches[81] oder nach dem Tag des Abschlusses des Sozialplans. Derartige Stichtagsregelungen sind praktikabel und statthaft.[82] Aber auch rückwirkende Sozialpläne sind wirksam.[83] Schließlich kann der Betriebsrat mit einem Restmandat[84] auch Sozialpläne für bereits stillgelegte Betriebe vereinbaren (Muster 5705). Er kann sogar vorsorgliche Sozialpläne für den Fall schließen, dass kein Betriebsübergang i.S.v. § 613a BGB vorliegt und die Frage, ob eine Betriebsänderung oder nur ein Betriebsübergang wegen Funktionsnachfolge anzunehmen ist, unterdessen gerichtlich klären lassen.[85]

171 Der **zeitliche Geltungsbereich** kann begrenzt werden, wie in den meisten hier vorgelegten Mustern (Beispiel Muster 5735, § 11 Abs. 5). Es kann aber auch geregelt werden, dass der Sozialplan endet, ohne dass es einer Kündigung bedarf, mit der Abwicklung aller sich aus ihm ergebenden Ansprüche (Muster 5735, § 9 Abs. 5).

172 Vom **persönlichen Geltungsbereich** des Sozialplans werden alle Personen erfasst, die durch die Betriebsänderung Nachteile erleiden. Teilzeitbeschäftigte dürfen wegen des Diskriminierungsverbotes in § 4 TzBfG nicht von Sozialplanleistungen ausgenommen werden, müssen sich aber mit Leistungen zufrieden geben, die entsprechend ihrer persönlichen Arbeitszeit im Verhältnis zur tariflichen Arbeitszeit herabgesetzt sind.[86] Leitende Angestellte werden ohne ausdrückliche Regelung von Sozialplänen nicht erfasst.[87] Vor allem besteht keine Pflicht, sie in den Sozialplan einzubeziehen.[88] Auch ausgeschiedene Mitarbeiter werden in den Sozialplan einbezogen. Wer aufgrund einer Betriebsänderung einen Aufhebungsvertrag geschlossen[89] oder eine Eigen-

---

71 Zum Gegenmodell des Transfersozialplans *Wolff*, NZA 1999, 622; *Matthes*, RdA 1999, 178; Muster 5850 § 5 Rn 263.
72 Gesetz vom 23.7.2001, BGBl. I S. 1852.
73 BAG 18.12.1990 – 1 ABR 15/90, DB 1991, 969.
74 BAG 12.2.1985 – 1 AZR 40/84, DB 1985, 1487.
75 BAG 9.11.1994 – 10 AZR 281/94, DB 1995, 782.
76 BAG 31.7.1996 – 10 AZR 45/96, DB 1997, 281.
77 BAG 26.6.1990 – 1 AZR 263/88, DB 1990, 2477; *Hümmerich*, NZA 1996, 1289, 1291.
78 BAG 23.4.1985 – 1 ABR 3/81, ZIP 1985, 1015.
79 BAG 30.11.1994 – 10 AZR 578/93, DB 1995, 1238; BAG 31.7.1996 – 10 AZR 45/96, DB 1997, 281 = NZA 1997, 165.
80 BAG 26.7.1988 – 1 AZR 156/87, DB 1988, 2464.
81 BAG 30.11.1994 – 10 AZR 578/93, DB 1995, 1238.
82 BAG 30.11.1994 – 10 AZR 578/93, NZA 1995, 492; *Gaul*, DB 1998, 1514 ff.
83 BAG 9.12.1981 – 5 AZR 549/79, DB 1982, 908.
84 BAG 20.4.1982 – 1 ABR 3/80, DB 1982, 1727.
85 BAG 1.4.1998 – 10 ABR 17/97, NZA 1998, 768.
86 BAG 28.10.1992 – 10 AZR 128/92, NZA 1993, 515.
87 BAG 31.1.1979 – 5 AZR 454/77, DB 1979, 1039.
88 BAG 16.7.1985 – 1 AZR 206/81, DB 1985, 2207; § 32 Abs. 2 SprAuG, Beispiel in Muster 5740 (§ 2 Abs. 1) § 5 Rn 256.
89 BAG 28.4.1993 – 10 AZR 222/92, DB 1993, 2034.

kündigung ausgesprochen[90] hat, kann, wenn der Arbeitgeber das Ausscheiden veranlasst hat, nicht allein deshalb von Leistungen aus dem Sozialplan ausgeschlossen werden.[91]

Allerdings hat das BAG die früher in ihren Grundzügen arbeitnehmerfreundliche Rechtsprechung[92] zwar nicht ausdrücklich beendet, tatsächlich allerdings zwischenzeitlich ganz erheblich eingeschränkt.[93] Insbesondere mit den Entscheidungen vom 5.4.1995[94] und vom 20.4.1994[95] entsteht der Eindruck, dass die bisherige Rechtsprechung zur Eigenkündigung des Arbeitnehmers bei Sozialplanabfindungen zwar formal aufrechterhalten, tatsächlich aber zu Gunsten einer jedweden Regelung über vor Abschluss eines Sozialplans ausgeschiedene Mitarbeiter in das Belieben der Betriebspartner gestellt wird. Für den beratenden Rechtsanwalt hat diese Rechtsprechung zur Folge, dass er bei der Gestaltung von Sozialplänen Differenzierungen bei den Gründen des Ausscheidens eines Mitarbeiters formulieren und insbesondere auch für Mitarbeiter, die vor Abschluss des Sozialplans ausgeschieden sind, nur einen Teil der Abfindung[96] oder keine Abfindungsberechtigung vorsehen kann.[97] Stellt ein Sozialplan für die Bemessung der Abfindung wegen Verlustes des Arbeitsplatzes auf die Dauer der Betriebszugehörigkeit ab, so zählen als Zeiten der Betriebszugehörigkeit auch solche, in denen der Arbeitnehmer wegen des Ruhens seines Arbeitsverhältnisses (z.B. wegen Elternzeit) tatsächliche Arbeitsleistungen nicht erbracht hat.[98] Während nach der bisherigen BAG-Rechtsprechung Elternzeiten bei der Bestimmung der Betriebszugehörigkeitszeiten für Abfindungen hinzugerechnet werden müssen, erkennt der EuGH eine solche Pflicht nicht.[99] Der EuGH hielt es nicht für einen Verstoß gegen Art. 141 EG und die Richtlinie 75/117, wenn bei Abfindungsregelungen (in Österreich) die Zeiten des Militärdienstes berücksichtigt werden, die Elternzeiten hingegen nicht. Nach § 3 Abs. 2 AGG stellt sich die Nichtberücksichtigung von Ruhenszeiträumen wegen Elternzeit als mittelbare Benachteiligung von Frauen dar, denn die Statistik belegt, dass weitaus mehr Frauen Elternzeit in Anspruch nehmen als Männer. Insofern wird es im Ergebnis, wenn auch nicht in der Begründung bei der Rechtsprechung des BAG vom 21.10.2003 verbleiben.[100]

173

In einem Sozialplan geregelte Ansprüche kann der Arbeitnehmer **unmittelbar einklagen**.[101] Enthält der Sozialplan Wiedereinstellungsverpflichtungen, kann der Betriebsrat bei der Einstellung Dritter die Zustimmung nach § 99 Abs. 2 Nr. 1 BetrVG verweigern.[102] Die Rechte des Betriebsrats sind der Verfügung einzelner Arbeitnehmer entzogen.[103]

174

Soweit Formulierungen bei Abfassung eines manchmal unter Zeitdruck zustande gekommenen Sozialplans mehrere Auslegungen gestatten, kann der Wille der Betriebspartner bei der Auslegung nur berücksichtigt werden, soweit er im Sozialplan seinen Niederschlag gefunden hat.[104] Sind Teile des Sozialplans unwirksam, bleibt der Rest wirksam, soweit er eine sinnvolle Regelung ergibt. Das BAG nimmt in ständiger Rechtsprechung die Teilnichtigkeit von Betriebsvereinbarungen an.[105]

175

Sozialpläne kommen wie Interessenausgleichsvereinbarungen zustande. Anders als der Interessenausgleich kann der Sozialplan jedoch nach § 112 Abs. 4 BetrVG durch einen **Spruch der Einigungsstelle** oder einvernehmlich durch die Einigungsstelle geschlossen werden.

176

3. Kombinierter Interessenausgleich und Sozialplan

Höchstrichterlich noch nicht geklärt ist, welche Rechtsregeln generell auf **kombinierte Rahmenvereinbarungen** anzuwenden sind. Da derartige Vereinbarungen jedenfalls einen vollständigen Sozialplan beinhalten, müssen mindestens für diesen Teil einer solchen Rahmenvereinbarung die Regeln einer Betriebsvereinbarung

177

---

90 BAG 15.1.1991 – 1 AZR 80/90, DB 1991, 1526.
91 BAG 19.7.1995 – 10 AZR 885/94, DB 1995, 2531.
92 *Hümmerich/Spirolke*, BB 1995, 42.
93 *Maier*, NZA 1995, 769.
94 BAG 5.4.1995 – 10 AZR 554/94, GdS-Zeitung 1995, Nr. 10, 16.
95 BAG 20.4.1994 – 10 AZR 186/93, NZA 1995, 89.
96 LAG Rheinland-Pfalz 2.6.1993 – 6 Sa 284/93, NZA 1993, 1144.
97 BAG 24.1.1996 – 10 AZR 155/95, NZA 1996, 834.
98 BAG 21.10.2003 – 1 AZR 407/02, NZA 2004, 559; LAG Hessen 19.5.1998 – 4 Sa 773/97, ARST 1999, 58.
99 EuGH 8.6.2004 – Rs. C-220/02, AP Nr. 19 zu EWG-Richtlinie Nr. 75/117.
100 BAG 21.10.2003 – 1 AZR 407/02, NZA 2004, 559.
101 BAG 17.10.1989 – 1 ABR 75/88, DB 1990, 486.
102 BAG 18.12.1990 – 1 ABR 15/90, DB 1991, 969.
103 BAG 9.5.1995 – 1 ABR 51/94, DB 1995, 2075.
104 BAG 16.3.1994 – 10 AZR 606/93, ZIP 1994, 1293.
105 BAG 27.10.1987 – 1 ABR 9/86, DB 1988, 558.

gelten. Da alles, was im Interessenausgleich zwischen den Betriebspartnern geregelt wird, auch in einer förmlichen Betriebsvereinbarung enthalten sein kann, bringen die Betriebspartner – ob gewollt oder ungewollt – mit einem kombinierten Interessenausgleich und Sozialplan zum Ausdruck, dass sie die **Elemente des Interessenausgleichs auch den Regeln über Betriebsvereinbarungen unterwerfen** wollen. Jedenfalls dann, wenn keine Anhaltspunkte für eine hiervon abweichende Betrachtung erkennbar sind, wird man auf die Elemente des Interessenausgleichs in kombinierten Vereinbarungen ebenfalls die Regeln für Betriebsvereinbarungen anwenden können.

178 Lässt sich der Arbeitgeber auf die Forderungen nach einem kombinierten Interessenausgleich und Sozialplan ein, bewegt sich der Betriebsrat von vornherein in der Erzwingbarkeit beider Vereinbarungen über die Einigungsstelle, was eine wesentliche Verbesserung der Verhandlungsposition des Betriebsrats bedeutet. Kündigungsverbote, Versetzungs- oder Umschulungsverpflichtungen des Arbeitgebers sollen allerdings nicht durch Spruch der Einigungsstelle zum Gegenstand eines Sozialplans gemacht werden können.[106]

4. Inhalt eines Sozialplans

a) Wirtschaftliche Auswirkungen einer Betriebsänderung als Regelungsgegenstand des Sozialplans

179 Nach der gesetzlichen Definition dient der Sozialplan dem Ausgleich oder der Milderung der wirtschaftlichen Nachteile, die den Arbeitnehmern infolge der geplanten Betriebsänderung entstehen, § 112 Abs. 1 Satz 2 BetrVG. Im Sozialplan sind die **Abfindungen** oder **Maßnahmen zur Vermeidung wirtschaftlicher Nachteile** zu regeln.

180 Umschulungsregelungen, Kündigungsverbote und vergleichbare Regelungspositionen gehören nicht in den Sozialplan; sie können, wenn nicht individualarbeitsvertragsrechtlich oder über eine Regelungsabsprache, nur im Interessenausgleich vereinbart werden.[107]

181 Die Betriebspartner sind, wie auch die Einigungsstelle, im Grundsatz frei, welche Nachteile sei beiden von der Betriebsänderung betroffenen Arbeitnehmern in welchem Umfang ausgleichen oder mildern wollen.[108] Es können „**Null-Sozialpläne**", die keinerlei Abfindung vorsehen,[109] oder nach der Vermeidbarkeit der Nachteile differenzierende Sozialpläne geschlossen werden.[110] Bei der Gestaltung eines Sozialplans haben die Betriebspartner die Möglichkeit, für ältere Arbeitnehmer nur eine Überbrückungszahlung bis zum Rentenalter statt der ansonsten für die übrigen Mitarbeiter vorgesehenen Abfindungen vorzusehen.[111] Eine Klausel, wonach die Höchstsumme von Abfindungen im Einzelfall auf 38.346,89 EUR begrenzt ist, verstößt nicht gegen § 75 Abs. 1 Satz 2 BetrVG, wonach kein Arbeitnehmer wegen Überschreitung einer bestimmten Altersstufe benachteiligt werden darf.[112] Diese Rechtslage kann sich auf dem strengeren Hintergrund von §§ 7, 1, 2 Abs. 1 Nr. 2 AGG ändern, wenn sich die Regelung als **Benachteiligung der Angehörigen eines bestimmten Alters** erweist. Die Betriebspartner konnten auch ältere Mitarbeiter von Sozialplanleistungen gänzlich ausnehmen, wenn die Mitarbeiter nach Beendigung des Arbeitsverhältnisses Arbeitslosengeld und im unmittelbaren Anschluss daran Altersruhegeld erhalten können.[113] Diese Rechtsprechung wird sich nach In-Kraft-Treten des AGG nicht ändern, denn § 10 Nr. 8 AGG lässt ausdrücklich zu, dass Differenzierungen von Leistungen in Sozialplänen vorgenommen werden, wenn die Betriebspartner Beschäftigte von den Leistungen des Sozialplans ausgeschlossen haben, die wirtschaftlich abgesichert sind, weil sie, ggf. nach Bezug von Arbeitslosengeld, rentenberechtigt sind.

182 Die Betriebsparteien können in einem Sozialplan auch regeln, dass Abfindungen, die der Arbeitgeber aufgrund eines Tarifvertrages wegen einer Betriebsänderung zahlt, zur Erfüllung von Sozialplananspüchen führen.[114]

---

106 BAG 17.9.1991 – 1 ABR 23/91, NZA 1992, 227.
107 BAG 17.9.1991 – 1 ABR 23/91, NZA 1992, 227.
108 BAG 15.1.1991 – 1 AZR 80/90, DB 1991, 1526.
109 BAG 25.10.1983 – 1 AZR 260/82, DB 1984, 725.
110 BAG 8.12.1976 – 1 AZR 613/75, DB 1977, 729.
111 BAG 26.7.1988 – 1 AZR 156/87, DB 1988, 2464; Muster 5820 (§ 9) § 5 Rn 261.
112 BAG 19.10.1999 – 1 AZR 838/98, FA 1999, 405.
113 BAG 31.7.1996 – 10 AZR 45/96, AP § 75 BetrVG 1972 Nr. 35; LAG Köln 25.11.1998 – 7 Sa 654/98, NZA-RR 1999, 588.
114 BAG 14.11.2006 – 1 AZR 40/06, DB 2007, 173.

Bei einer fristlosen Kündigung,[115] bei Eigenkündigung des Arbeitnehmers,[116] bei der Weigerung, einen zumutbaren Arbeitsplatz im Betrieb, Unternehmen oder Konzern anzunehmen,[117] sowie bei Widerspruch gegen den Übergang des Arbeitsverhältnisses nach § 613a BGB[118] können Arbeitnehmer von den Leistungen des Sozialplans **ganz oder teilweise ausgeschlossen** werden. Arbeitnehmer, die im unmittelbaren Anschluss an die Beendigung des Arbeitsverhältnisses, auch durch Vermittlung des Arbeitgebers,[119] eine neue Tätigkeit gefunden haben, können[120] (müssen aber nicht[121]) von **Abfindungen ausgeschlossen** werden. Durch § 10 Nr. 8 AGG hat diese Regelung auch nach In-Krafttreten des AGG Bestand. Der Sozialplan kann einen Ausgleich dafür vorsehen, dass verfallbare Anwartschaften auf betriebliche Altersversorgung verloren gehen[122] oder in Zukunft nicht mehr ansteigen.[123] Zwischenzeitlich hat der Gesetzgeber erleichterte Voraussetzungen im BetrAVG geschaffen (§§ 3, 5 BetrAVG). Knüpft ein Sozialplan für die Berechnung von Abfindungen an das Durchschnittsentgelt „vor dem Kündigungstermin" an, so soll im Zweifel entsprechend dem allgemeinen arbeitsrechtlichen Sprachgebrauch der Tag des Ablaufs der Kündigungsfrist maßgebend sein. Für die Annahme, dass mit dem Kündigungstermin der Tag der Kündigungserklärung gemeint ist, bedarf es besonderer Anhaltspunkte.[124]

183

Gaul[125] hat den **Gestaltungsspielraum** der Betriebspartner bei Sozialplänen umfänglich untersucht und ist dabei unter Berücksichtigung der einschlägigen Rechtsprechung zu folgenden Ergebnissen gelangt: Aus dem Gleichbehandlungsgrundsatz folgt, dass Arbeitgeberkündigung, Aufhebungsvertrag und Eigenkündigung des Arbeitnehmers gleich zu behandeln sind, wenn sie als Folge der Betriebsänderung aufgrund individueller Veranlassung des Arbeitgebers erfolgen.[126]

184

b) Vererbbarkeit des Abfindungsanspruchs

Umstritten ist, ob und wann ein Abfindungsanspruch aus einem Sozialplan **vererbbar** ist. Zunächst einmal besteht Einigkeit, dass Abfindungsansprüche fällig sind zum Zeitpunkt der vorgesehenen Beendigung des Arbeitsverhältnisses.[127] Anderer Ansicht ist nur das LAG Hamm, das die Auffassung vertritt, Abfindungsansprüche aus einem Vergleich seien sofort fällig.[128] Von der Fälligkeit ist die Entstehung eines Anspruchs zu unterscheiden. Die Rechtsprechung, wann ein Abfindungsanspruch entsteht, ist nicht einheitlich.

185

Der 2. Senat des BAG lässt den für einen Arbeitnehmer vereinbarten Abfindungsanspruch mit dem Abschluss der Vereinbarung entstehen. Im Regelfalle sei nicht anzunehmen, dass der Arbeitnehmer davon ausgehen müsse, ein Abfindungsvergleich werde hinfällig, wenn er den Auflösungstermin nicht erlebe.[129] Der 9. Senat vertritt die Auffassung, dass der in einem Aufhebungsvertrag vereinbarte Anspruch auf eine Abfindung jedenfalls dann nicht bereits mit Abschluss des Vertrages entstehe, sondern erst zum vereinbarten Ausscheidenstermin, wenn es sich um eine Frühpensionierung handele und im Aufhebungsvertrag kein früherer Entstehungszeitpunkt bestimmt sei. In diesem Falle könne der Anspruch nicht entstehen, wenn das Arbeitsverhältnis vorzeitig, etwa durch den Tod des Arbeitnehmers, ende. Der Anspruch auf die Abfindung könne deshalb auch nicht von den Erben durch Erbfolge erworben werden.[130] Auch im Urteil vom 16.5.2000[131] vertritt der 9. Senat die Ansicht, der Anspruch auf Abfindung entstehe regelmäßig nur, wenn der Arbeitnehmer das vertraglich vereinbarte Ende des Arbeitsverhältnisses erlebe.

186

Noch weiter gefasst als der 9. Senat vertritt der 10. Senat die Meinung, dass der Anspruch auf Abfindung im Zuge einer geplanten Personalreduzierung, der in einem Aufhebungsvertrag niedergelegt sei, wobei auf Leis-

187

---

115 BAG 31.1.1979 – 5 AZR 454/77, DB 1979, 1039.
116 LAG Köln 14.12.1998 – 11 Sa 785/98, DStR 1999, 1161 = ARST 1999, 214.
117 BAG 28.9.1988 – 1 ABR 23/87, DB 1989, 48.
118 BAG 10.11.1993 – 4 AZR 184/93, DB 1994, 1377.
119 BAG 19.6.1996 – 10 AZR 23/96, AP § 112 BetrVG 1972 Nr. 102.
120 BAG 30.11.1994 – 10 AZR 578/93, DB 1995, 1238.
121 BAG 23.4.1985 – 1 ABR 3/81, ZIP 1985, 1015.
122 BAG 27.10.1987 – 1 ABR 9/86, DB 1988, 558.
123 BAG 29.11.1978 – 5 AZR 553/77, DB 1979, 795; Muster 5810 (Anlage 1, § 2 Abs. 3) § 5 Rn 259.
124 BAG 17.11.1998 – 1 AZR 221/98, ARST 1999, 139.
125 DB 1998, 1513.
126 *Hümmerich/Spirolke*, BB 1995, 42.
127 BAG 9.12.1987 – 4 AZR 561/87, NZA 1988, 329; LAG Düsseldorf 23.5.1989 – 16 Sa 475/89, NZA 1989, 850.
128 LAG Hamm 16.10.1991 – 8 Ta 181/91, NZA 1991, 940.
129 BAG 22.5.2003 – 2 AZR 250/02, BB 2004, 894; BAG 16.10.1969 – 2 AZR 373/68, DB 1970, 259.
130 BAG 26.8.1997 – 9 AZR 227/96, NZA 1998, 643.
131 BAG 16.5.2000 – 9 AZR 277/99, NZA 2000, 1236.

tungen eines Sozialplans verwiesen werde, entstehe nicht, wenn der Arbeitnehmer nach Abschluss des Aufhebungsvertrages, aber vor der vereinbarten Beendigung des Arbeitsverhältnisses versterbe.[132] In gleicher Weise hatte der 10. Senat bereits wenige Monate zuvor im Zusammenhang mit Entlassungen wegen Truppenreduzierungen entschieden.[133]

188 Der 1. Senat ist, wie der 9. Senat, der Auffassung, dass der Abfindungsanspruch aus einem Sozialplan nur vererbt werden kann, wenn er zum Zeitpunkt des Todes des Arbeitnehmers bereits entstanden war.[134]

189 *Boecken*[135] hält die vom 9. und 10. Senat vertretene Ansicht, der Abfindungsanspruch entstehe erst mit dem vereinbarten Ende des Arbeitsverhältnisses, für unzutreffend. Ein schuldrechtlicher Anspruch entstehe grundsätzlich mit dem Abschluss des Rechtsgeschäfts, also mit dem Setzen des Rechtsgrunds, wobei es für die Entstehung des Anspruchs ohne Bedeutung sei, ob der Gläubiger in diesem Zeitpunkt die Leistung auch verlangen könne, diese also fällig sei. Mit der Entschädigungsleistung „Abfindung" hat der Entschädigungsanspruch als Surrogat seinen personenbezogenen Charakter verloren. Von dem Augenblick an, ab dem der Arbeitgeber einer Kompensation für die Beendigung des sich auf höchstpersönlichen Diensten gründenden Arbeitsverhältnisses zugesagt hat, erwirbt der Arbeitnehmer eine beleihbare, ihn als Anspruchsinhaber ausweisende Geldforderung, die wie jede andere Geldforderung das Schicksal des Übergangs auf die Erben nach § 1922 BGB teilt.[136] *Gaul*[137] weist zutreffend darauf hin, dass Regelungen zur Fälligkeit einer Sozialplanabfindung für die Vererbbarkeit eines Anspruchs ohne Bedeutung sind. Es wird deshalb angeregt, wenn man die **Vererbbarkeit sicherstellen** will, bereits in den Sozialplan eine Regelung aufzunehmen, wonach ab dem Tage des Abschlusses des Sozialplans die Abfindung entstanden ist (Muster 5735, § 9 Abs. 5).

c) Fälle des Anspruchsausschlusses

190 Die Grenzen der Gestaltung eines Sozialplans ergeben sich vor allem aus den §§ 75 und 112 Abs. 5 BetrVG und dem arbeitsrechtlichen Gleichbehandlungsgrundsatz. Ein **Ausschluss** von Arbeitnehmern von Sozialplanabfindungen ist in folgenden fünf Fällen möglich:

- Das Arbeitsverhältnis wird vor Abschluss oder vor Scheitern des Interessenausgleichs – gleich aus welchem Grund – beendet.
- Das Arbeitsverhältnis endet vor einem Stichtag, der für die Abwicklung des Betriebes wichtig ist, durch Eigenkündigung.
- Der oder die Betroffene lehnt einen zumutbaren Arbeitsplatz im Betrieb, Unternehmen oder – auf Vermittlung des Arbeitgebers – in einem anderen Unternehmen ab.
- Der Mitarbeiter bzw. die Mitarbeiterin widerspricht dem Übergang des Arbeitsverhältnisses gemäß § 613a BGB und wird betriebsbedingt gekündigt.
- Fünfte Ausschlussvariante bildet die rechtliche Möglichkeit eines Arbeitnehmers, unmittelbar nach Beendigung des Arbeitsverhältnisses Anspruch auf (vorzeitige) gesetzliche Altersrente geltend zu machen.

d) Gestaltungsverbote

191 Der bei einem Sozialplan mitgestaltende anwaltliche Berater hat eine Reihe von **Gestaltungsverboten** zu beachten. So dürfen in einem Sozialplan Leistungen nicht davon abhängig gemacht werden, dass keine Kündigungsschutzklage erhoben oder eine bereits erhobene Klage wieder zurückgenommen wird.[138] Zulässig sind dagegen solche Klauseln, wie sie eine Reihe von Textbausteinen enthalten,[139] die die Fälligkeit von im Sozialplan geregelten Ansprüchen bis zum Abschluss des Kündigungsschutzverfahrens hinausschieben.[140] Inzwischen hat das BAG allerdings in zwei Beschlüssen entschieden, dass die Zusage von Abfindung gegen Verzicht auf Erhebung einer Kündigungsschutzklage wirksam versprochen werden kann, wenn sie außerhalb eines Sozialplans in einer freiwilligen Betriebsvereinbarung geregelt ist.[141] Damit bestätigte der 1. Senat die

---

132 BAG 25.9.1996 – 10 AZR 311/96, DB 1997, 281 = NZA 1997, 163.
133 BAG 22.5.1996 – 10 AZR 907/95, DB 1997, 280 = NZA 1997, 386.
134 BAG 27.6.2006 – 1 AZR 322/05, NZA 2006, 1238.
135 NZA 2002, 421.
136 *Hümmerich*, NJW 2004, 2921, 2931.
137 DB 1998, 1519.
138 BAG 20.12.1983 – 1 AZR 442/82, DB 1984, 723.
139 Muster 5730 (§ 21 Abs. 2); Muster 5720 (§ 2 Abs. 5); Muster 5695 (§ 11 Abs. 2).
140 BAG 20.6.1985 – 2 AZR 427/84, DB 1985, 2357.
141 BAG 31.5.2005 – 1 AZR 254/04, NZA 2005, 997.

Ansicht des 9. Senats, wonach ein Arbeitgeber weder den arbeitsrechtlichen Gleichbehandlungsgrundsatz verletze, noch gegen das Maßregelungsverbot des § 612a BGB verstoße, wenn er die Zahlung einer freiwilligen Abfindung davon abhängig mache, dass der Arbeitnehmer gegen die Kündigung nicht gerichtlich vorgehe.[142] Diese Rechtsprechung ist verschiedentlich kritisiert worden.[143] Zwischenzeitlich hat das BAG sogar entschieden, dass kollektive Regelungen, in denen für den Verlust des Arbeitsplatzes eine Abfindung in Aussicht gestellt werde, die aber nicht gezahlt werden solle, wenn der Arbeitnehmer den Fortbestand des Arbeitsverhältnisses geltend mache, außerhalb von Sozialplänen zulässig und damit auch in kirchlichen Regelwerken, die weder Tarifverträge noch Betriebsvereinbarungen seien, vorgesehen werden könnten.[144]

Unzulässig sind Klauseln, die bei ausländischen Arbeitnehmern die Abfindungszahlung davon abhängig machen, dass sie in ihre Heimat zurückkehren.[145] Unverfallbare Versorgungsanwartschaften können durch Sozialplan weder wirksam aufgehoben noch kapitalisiert werden.[146] Arbeitnehmer, die das Arbeitsverhältnis durch Eigenkündigung oder Aufhebungsvertrag beendet haben, können von Abfindungsansprüchen ausgenommen werden.[147] Insbesondere ist es zulässig, Mitarbeiter von Abfindungszahlungen im Sozialplan auszuschließen, die durch Eigenkündigung oder Aufhebungsvertrag ausscheiden, obwohl der Arbeitgeber auf ihr Verbleiben im Betrieb, beispielsweise bis zum Ende einer Saison, noch angewiesen ist.[148] 192

Empfiehlt der Arbeitgeber anlässlich eines geplanten Personalabbaus auf einer Betriebsversammlung, sich nach anderen Arbeitsplätzen umzusehen, ist die deswegen ausgesprochene Eigenkündigung des Arbeitnehmers auch dann aus Gründen der Betriebsänderung veranlasst und damit grundsätzlich sozialplanpflichtig, wenn dem Arbeitnehmer wegen einer Verbesserung der Auftragslage letztendlich nicht gekündigt worden wäre, es sei denn, er hat im Zeitpunkt der Kündigung keinen Grund mehr für die Annahme, ihm werde im Zuge des Personalabbaus gekündigt werden.[149] Noch nicht entschieden ist die Wirksamkeit von Rückzahlungsklauseln in Sozialplänen bei Wiedereinstellung. Angemessen erscheint nach *Gaul*,[150] die Rückzahlungspflicht, jedenfalls für den Fall der unbefristeten Wiedereinstellung beim bisherigen Arbeitgeber, um 1/36 für jeden vollen Monat der Arbeitslosigkeit zu mindern. 193

Geklärt ist zwischenzeitlich, dass ein Arbeitgeber, der bestimmten Arbeitnehmern im Rahmen eines Personalabbaus zusätzliche Leistungen zusagt, um sie zur einvernehmlichen Beendigung des Arbeitsverhältnisses zu bewegen, nicht verpflichtet ist, diese Leistungen auch Arbeitnehmern zu gewähren, die sich bereits zu geringeren Leistungen mit der Beendigung des Arbeitsverhältnisses einverstanden erklärt haben. So entschied das BAG,[151] dass die Absicht des Arbeitgebers, durch zusätzliche Leistungen die Bereitschaft der Arbeitnehmer zu erhöhen, aus dem Arbeitsverhältnis auszuscheiden, ein billigenswerter Grund für eine Ungleichbehandlung sein könne. Der Arbeitgeber verstoße deshalb nicht gegen den arbeitsrechtlichen Gleichbehandlungsgrundsatz, wenn er Arbeitnehmer von diesen Leistungen ausnehme, die schon vor Zusage der Zusatzleistungen mit der Beendigung ihres Arbeitsverhältnisses einverstanden gewesen seien. 194

Zulässig ist auch die **Differenzierung nach Vollzeit- und Teilzeitbeschäftigung**. Wird zur pauschalen Bewertung der mit dem Arbeitsplatzverlust verbundenen Nachteile auf die **Dauer der Betriebszugehörigkeit** zurückgegriffen und auch nach Zeiten der Teilzeit- und Vollzeitbeschäftigung differenziert, ist eine Sozialplanregelung wirksam.[152] Es verstößt auch nicht gegen den Gleichbehandlungsgrundsatz, wenn ein Sozialplan Mitarbeiter, die bei Ausscheiden eine abschlagsfreie Rente beanspruchen können, von Sozialplanleistungen ausschließt.[153] 195

Für Ansprüche auf eine Sozialplanabfindung gilt die **regelmäßige Verjährungsfrist** nach § 195 BGB. Die Sozialplanabfindung ist weder Lohn oder Gehalt noch ein anderer Dienstbezug oder Lohnersatz.[154] 196

---

142 BAG 15.2.2005 – 9 AZR 116/04, NZA 2005, 1117.
143 Thüsing/Wege, DB 2005, 2634; Riesenhuber, NZA 2005, 1100; Benecke, BB 2006, 938.
144 BAG 3.5.2006 – 4 AZR 189/05, NZA 2006, 1420.
145 BAG 7.5.1987 – 2 AZR 271/86, DB 1988, 450.
146 BAG 24.3.1981 – 1 AZR 805/78, DB 1981, 2178.
147 BAG 19.7.1995 – 10 AZR 885/94, DB 1995, 2531.
148 BAG 9.11.1994 – 10 AZR 281/94, DB 1995, 782; Muster 5695 (§ 1 Abs. 3) § 5 Rn 247.
149 BAG 28.10.1992 – 10 AZR 405/91, DB 1993, 590; Hümmerich/Spirolke, BB 1995, 42.
150 DB 1998, 1518.
151 BAG 18.9.2001 – 3 AZR 656/00, ArbRB 2002, 8.
152 BAG 14.8.2001 – 1 AZR 760/00, DB 2002, 153.
153 LAG Rheinland-Pfalz 26.10.2001 – 3 Sa 916/01, MDR 2002, 707 = EzA-SD 2002, Nr. 8, 6.
154 BAG 30.10.2001 – 1 AZR 65/01, ArbRB 2002, 132.

e) Berechnung von Abfindungen

197 Die Berechnung von Abfindungen kann über eine **Formel** (Muster 5710, § 6), aber auch über ein **Punktesystem** (Muster 5685, Anlage 1; Muster 5720, Anlage 1) errechnet werden. Man muss einer Abfindungsregelung im Sozialplan die Dauer der Betriebszugehörigkeit nicht zwangsläufig zugrunde legen.[155] Gelingt es dem Betriebsrat, über das Abfindungsvolumen zu verhandeln, also beispielsweise die Forderung von 1 Mio. EUR als Abfindung für die Arbeitnehmer durchzusetzen, dann steht es für das Unternehmen im Ergebnis gleich, ob es als Verteilungsmaßstab die Formel Lebensalter x Betriebszugehörigkeit x Monatsentgelt, dividiert durch eine Zahl oder eine Multiplikatortabelle wählt. Für das sozialplanverpflichtete Unternehmen ist das Kostenvolumen entscheidend, nicht so sehr der Weg, auf dem es verteilt wird.

198 Akzeptiert der Betriebsrat dagegen ein Verhandlungskonzept, in dem die Frage, was der einzelne Arbeitnehmer als Sozialplanabfindung erhält, im Vordergrund steht, kommt es naturgemäß darauf an, ob man eine Formel oder eine Multiplikatortabelle wählt. Die Multiplikatortabelle des Musters 5720 entspricht übrigens in ihrer Wertigkeit exakt der Hälfte der Tabelle des Musters 5685 (Anlage 1). Es ist stets Sache der Verhandlungspartner, sich für eine Verhandlungsstrategie zu entscheiden und im richtigen Augenblick das richtige Abfindungsverteilungskonzept auf den Tisch zu legen.

f) Unternehmerische Entscheidungen für die Vereinbarung von Sozialplänen

199 Der Vereinbarung von Sozialplänen können verschiedene unternehmerische Entscheidungen zugrunde liegen. Ein klassischer Fall ist die **Stilllegung** des Betriebes (Muster 5705, Muster 5685 und Muster 5600).[156]

200 Häufige Fälle sind darüber hinaus die **Verlagerung** eines Betriebes (Muster 5730, 5695, 5715 und 5815) und die **Zusammenführung** von mehreren Betrieben oder Betriebsteilen (Muster 5735, 5740 und 5700). Schließlich kommt auch der reine **Personalabbau** innerhalb eines bestehenden Betriebes vor (Muster 5635 und 5720).

g) Hinweise zu den Mustertexten

201 Die Muster, die die Zusammenführung von Betrieben oder Betriebsteilen oder die Betriebsverlagerung zum Gegenstand haben, enthalten jeweils sowohl Regelungen zu den Modalitäten der Versetzung der Arbeitnehmer, denen eine neue Arbeitsstelle angeboten wird, als auch Regelungen über Abfindungen für die Arbeitnehmer, die entlassen werden. Die Modalitäten der Versetzung umfassen die Möglichkeiten der Übernahme und Vermittlung von Arbeitnehmern in andere Betriebe einer Firma. Eine ausführliche Regelung enthält hier das Muster 5735. Auch der Ersatz von versetzungsbedingtem Trennungsmehraufwand spielt in diesen Sozialplänen eine große Rolle. Es werden Trennungsentschädigungen festgelegt, Kostenersatz für Umzug und doppelte Haushaltsführung und Zuschüsse zu höheren Mieten gewährt.

202 Eine ausführliche Regelung enthält das Muster 5810. Dort ist auch ein Fahrtkostenzuschuss für die Besichtigung von Wohnungen am neuen Arbeitsplatz und für Fahrten zum alten Wohnort nach dem Beginn der Tätigkeit an der neuen Arbeitsstelle vorgesehen. In Muster 5700 wird als Anlage 2a ein ausführliches Mietzuschussmodell vorgestellt. Einige Muster enthalten Rückzahlungsklauseln für den Fall des Ausscheidens des Arbeitnehmers aus dem Betrieb innerhalb eines bestimmten Zeitraumes nach dem Umzug. Auch Leistungen für Arbeitnehmer, die nicht umziehen wollen, sind in einigen Sozialplänen enthalten (Muster 5810, Teil E § 1 Abs. 2).

203 Der Personalabbau ist zum Beispiel in Muster 5635 geregelt. Dieses Muster enthält ausschließlich Regelungen zur Auswahl der zu entlassenden Arbeitnehmer und die Berechnung und Durchführung von Abfindungszahlungen. Auch in den Mustern 5705 und 5685, die die Stilllegung von Betrieben regeln, nimmt die Ausgestaltung der Abfindungsregelungen einen wichtigen Platz ein, wobei in Muster 5685 auch Angebote auf einen Arbeitsplatzwechsel innerhalb des Konzerns enthalten sind.

204 Eine Besonderheit enthält Muster 5725. In diesem Sozialplan werden allen Mitarbeitern gleichwertige Arbeitsplätze an einem anderen Standort angeboten. Der Sozialplan enthält Sonderregelungen für das Auswahlverfahren bei freien oder frei werdenden Arbeitsplätzen in demselben Betrieb und Kriterien für die Zumutbarkeit oder Unzumutbarkeit der Annahme des Angebotes von Arbeitsplätzen.

---

[155] BAG 9.11.1994 – 10 AZR 281/94, DB 1995, 782.
[156] Ein Beispiel für die Stilllegung eines Betriebes, für die Verhandlungen und für die im Rahmen der Verhandlungen ausgetauschten Texte findet sich bei H/S-*Hümmerich*, Das arbeitsrechtliche Mandat, § 2 Rn 64 ff.

5. Gestaltungsmöglichkeiten der Einigungsstelle

Ruft eine Partei die Einigungsstelle gemäß § 112 Abs. 2 Satz 3 BetrVG an, entscheidet die Einigungsstelle nach § 112 Abs. 4 BetrVG **verbindlich**. Die Einigungsstelle hat sich bei dem einvernehmlich oder durch Spruch erlassenen Sozialplan an den in § 112 Abs. 5 BetrVG vorgegebenen Richtlinien zu orientieren.[157] Sie hat die wirtschaftliche Vertretbarkeit des Sozialplans für das Unternehmen und die sozialen Belange der betroffenen Arbeitnehmer zu beachten. Lehnt eine Betriebspartei den Vorsitzenden einer Einigungsstelle wegen Besorgnis der Befangenheit ab, bestimmt sich das weitere Verfahren entsprechend den Vorschrift der ZPO über die Ablehnung von Schiedsrichtern im schiedsgerichtlichen Verfahren. Über die Ablehnung befindet die Einigungsstelle. Der Vorsitzende ist von der Teilnahme an der Beschlussfassung ausgeschlossen.[158]

205

Berücksichtigt ein erzwungener Sozialplan nicht die **Gegebenheiten des Einzelfalles**, also Lebensalter, familiäre Belastungen, Schwerbehinderteneigenschaft, ist er schon allein deshalb unwirksam.[159] Enthält der Sozialplan Herabgruppierungen von Arbeitnehmern, müssen Ausgleichszahlungen vorgesehen werden.[160] Ein etwas geringer vergüteter Arbeitsplatz kann im Sozialplan für den einzelnen Arbeitnehmer für zumutbar erklärt werden.[161] Der Wegfall von Überstunden führt nicht zur Unzumutbarkeit.[162] In einem Sozialplan können geringere Leistungen für Arbeitnehmer vorgesehen werden, die ihnen angebotene, anderweitige zumutbare Arbeitsplätze nicht annehmen (Muster 5800, § 4 Abs. 9a). Es ist auch den Betriebspartnern grundsätzlich überlassen, generalklauselartig oder im Wege der Prüfung durch einen Ausschuss festzulegen, welche Arbeitsplätze für den jeweiligen Arbeitnehmer zumutbar sind.[163] Bei einem notwendigen Ortswechsel kann die Unzumutbarkeit auf weiteren Umständen als dem bloßen Ortswechsel beruhen.[164] Die Unzumutbarkeit kann beispielsweise durch eine Pflege von Familienangehörigen, durch andernfalls notwendige Umschulung von Kindern etc. ausgelöst werden.

206

Generell haben die Betriebspartner, hat aber auch die Einigungsstelle, die **Abhängigkeit des Sozialplanvolumens von den wirtschaftlichen Möglichkeiten eines Unternehmens** zu beachten. Bei Einzelkaufleuten, OHG und KG, kommt es nicht nur auf das Betriebs-, sondern auch auf das Privatvermögen an, das nach dem Gesetz für Verbindlichkeiten haftet, ein in Unkenntnis geltenden Steuerrechts ergangener Beschluss.[165] Dass Sozialplanmittel anderen Investitionen nicht mehr zur Verfügung stehen, soll für sich allein keine Rolle spielen.[166] Für die Unternehmen notwendige Investitionen müssen trotz des Sozialplans möglich bleiben. Es soll jedoch zulässig sein, durch einen Sozialplan Arbeitgeber so zu belasten, dass die Maßnahme für die Ertragskraft des Unternehmens einschneidend ist.[167] Selbst ein Sozialplan, der die durch Betriebsänderung begründeten Einsparungen für ein Jahr aufzehrt, soll nicht zu beanstanden sein.[168]

207

In neueren Entscheidungen dehnt der 1. Senat die Grenzen des durch eine Einigungsstelle beschlossenen Sozialplans immer weiter bis an den Rand der Bestandsgefährdung. Der Umfang der nach § 112 Abs. 5 Satz 1 BetrVG zulässigen Belastung des Unternehmens richte sich zwar nach den Gegebenheiten des Einzelfalles. Der in § 112 Abs. 5 Satz 2 Nr. 3 BetrVG enthaltenen Grenzziehung sei zu entnehmen, dass das Gesetz bei einem wirtschaftlich wenig leistungsstarken Unternehmen im Falle der Entlassung eines großen Teils der Belegschaft auch **einschneidende Belastungen bis an den Rand der Bestandsgefährdung** für vertretbar ansehe.[169] Eine Mindestdotierung eines Sozialplans durch Einigungsstelle gebe es nicht. Der Normzweck eines Sozialplans werde nach § 112 Abs. 1 Nr. 2 BetrAVG nicht durch einen Ausgleich, sondern schon durch die Milderung der den Arbeitnehmern aufgrund der Betriebsänderung entstehenden wirtschaftlichen Nachteilen erreicht. Habe der Betriebsrat den Spruch der Einigungsstelle zur Aufstellung eines Sozialplans mit der Begründung angefochten, dessen Gesamtvolumen sei zu gering, müsse er darlegen, dass der Sozialplan seinen

208

---

157 BAG 26.5.1988 – 1 ABR 11/87, DB 1988, 2154.
158 BAG 11.9.2001 – 1 ABR 5/01, FA 2002, 148.
159 BAG 14.9.1994 – 10 ABR 7/94, DB 1995, 430.
160 BAG 27.10.1987 – 1 ABR 9/86, DB 1988, 558.
161 BAG 28.9.1988 – 1 ABR 23/87, DB 1989, 48.
162 *Fitting u.a.*, BetrVG, §§ 112, 112a Rn 35 a.
163 BAG 28.9.1988 – 1 ABR 23/87, DB 1989, 48.
164 BAG 25.10.1983 – 1 AZR 260/82, DB 1984, 725.
165 BAG 8.7.1972 – 3 AZR 481/71, DB 1972, 2069.
166 BAG 22.5.1979 – 1 ABR 17/77, DB 1979, 1896.
167 BAG 17.10.1989 – 1 ABR 80/88, DB 1990, 694; kritisch *Hümmerich*, NZA 1996, 1292.
168 BAG 27.10.1987 – 1 ABR 9/86, DB 1988, 558.
169 BAG 6.5.2003 – 1 ABR 11/02, FA 2004, 46.

gesetzlichen Zweck nicht erfülle, weil er nicht einmal eine substantielle Milderung der Nachteile vorsehe.[170] Ein Ermessensfehler der Einigungsstelle liege auch bei Unterschreitung der Grenze des § 112 Abs. 1 Satz 2 BetrVG nicht vor, wenn andernfalls das Sozialplanvolumen für das Unternehmen wirtschaftlich nicht vertretbar wäre. In diesem Zusammenhang könne es auf die Möglichkeit eines sog. Berechnungsdurchgriffs auf Konzernobergesellschaften ankommen.[171]

209 Mit Beschluss vom 24.8.2004 hat der 1. Senat festgelegt, dass die Einigungsstelle bei ihrer **Ermessensausübung** an **zwei Grenzen** gebunden sei: Sie dürfe kein größeres Gesamtvolumen des Sozialplans vorsehen, als selbst für den vollen Ausgleich aller wirtschaftlicher Nachteile der Arbeitnehmer nach §§ 112 Abs. 5, 113 BetrVG erforderlich sei. Sie müsse andererseits grundsätzlich mindestens Leistungen vorsehen, die noch als substantielle spürbare Milderung der wirtschaftlichen Nachteile angesehen werden könnten. Mit dieser Grenzziehung lässt sich nicht vereinbaren, dass andererseits in der Vergangenheit auch Nullsozialpläne für wirksam gehalten wurden.

210 In der Zwangsvollstreckung werden **Sozialplanabfindungen als Arbeitseinkommen** i.S.v. § 850 ZPO von Pfändungsmaßnahmen erfasst. Teile der Abfindung können auf Antrag des Arbeitnehmers nach § 850i ZPO der Pfändung entzogen werden.[172] Der Arbeitgeber ist aber nicht verpflichtet, den Arbeitnehmer auf diese Möglichkeit hinzuweisen.[173] Eine Durchgriffshaftung auf den Gesellschafter zur Realisierung von Sozialplanansprüchen ist denkbar.[174] Generell hat das BAG außerdem entschieden, dass der Rechtsweg zu den Arbeitsgerichten gegeben ist, wenn der Arbeitnehmer die Gesellschafter seines Arbeitgebers, einer GmbH, im Wege des Durchgriffs in Anspruch nimmt.[175]

211 Sozialpläne können wie jede Betriebsvereinbarung auch **zu Lasten der Arbeitnehmer abgeändert** werden. In diesem Falle ersetzt der neue Sozialplan den alten. Von solchen Änderungen werden allerdings bereits fällige Ansprüche nicht erfasst, weil sie schon individualisiert sind.[176] Auch entstandene, aber noch nicht fällige Ansprüche können in einem nachfolgenden Sozialplan weder vermindert noch erlassen werden.[177]

212 Die ordentliche **Kündigung eines Sozialplans** kann im Sozialplan vereinbart werden. Enthält der Sozialplan keine entsprechende Regelung, ist die ordentliche Kündigung ausgeschlossen.[178] Bereits entstandene Ansprüche werden durch die Kündigung eines Sozialplans ebenso wenig berührt, wie bereits fällige Ansprüche.[179] Auch der Sozialplan wirkt nach § 77 Abs. 6 BetrVG nach, bis er durch einen anderen Sozialplan ersetzt wird, oder durch Spruch einer Einigungsstelle ein weiterer Sozialplan zustande kommt.[180] Die fristlose Kündigung von Sozialplänen ist nur auf ganz wenige Sonderfälle, in denen es um die Existenz des Unternehmens geht, beschränkt.[181] Außerordentlich gekündigte Sozialpläne wirken nach § 77 Abs. 6 BetrVG nach,[182] weshalb die Effizienz eines Rechts zur außerordentlichen Kündigung ausscheidet.

213 **Einzelne Arbeitnehmer** können ihre **Ansprüche aus einem Sozialplan gerichtlich verfolgen**.[183] Allerdings erfassen tarifliche Ausschlussfristen bei entsprechend weiter Fassung der tariflichen Bestimmung auch Ansprüche aus Betriebsvereinbarungen und damit aus Sozialplänen.[184] Sie werden mit der Argumentation, das Gesamtvolumen des Sozialplans sei zu niedrig bemessen, nicht gehört.[185] Wer zu Unrecht von Leistungen des Sozialplans ausgeschlossen wurde, kann dagegen gerichtlich vorgehen.[186] Dass die Klage eines einzelnen Arbeitnehmers die Erhöhung des Gesamtvolumens eines Sozialplans zur Folge hat, mindert die Begründetheit

---

170 BAG 24.8.2004 – 1 ABR 23/03, NZA 2005, 302.
171 BAG 24.8.2004 – 1 ABR 23/03, NZA 2005, 302.
172 OLG Düsseldorf 28.8.1979 – 3 W 191/79, DB 1980, 112.
173 BAG 13.11.1991 – 4 AZR 20/91, DB 1992, 585.
174 BAG 15.1.1991 – 1 AZR 94/90, DB 1991, 1472; BAG 10.2.1999 – 5 AZR 677/97, DB 1999, 485.
175 BAG 13.6.1997 – 9 AZR 38/96, NJW 1998, 261.
176 BAG 24.3.1981 – 1 AZR 805/78, DB 1981, 2178.
177 BAG 10.8.1994 – 10 ABR 61/93, DB 1995, 480.
178 BAG 10.8.1994 – 10 ABR 61/93, DB 1995, 480.
179 BAG 10.8.1994 – 10 ABR 61/93, DB 1995, 480.
180 BAG 24.3.1981 – 1 AZR 805/78, DB 1981, 2178.
181 LAG Saarland 3.7.1985 – 1 TaBV 3/84, DB 1986, 48.
182 BAG 10.8.1994 – 10 ABR 61/93, DB 1995, 480.
183 BAG 17.2.1981 – 1 AZR 290/78, DB 1981, 1414.
184 LAG Hamburg 4.6.1999 – 3 Sa 91/98, BB 1999, 2677.
185 BAG 26.7.1988 – 1 AZR 156/87, DB 1988, 2464.
186 BAG 25.10.1983 – 1 AZR 260/82, DB 1984, 725.

seines Anspruchs nicht.[187] Der Betriebsrat hat keinen eigenen Anspruch darauf, dass im Sozialplan für Arbeitnehmer begründete Rechte vom Arbeitgeber erfüllt werden.[188]

Meinungsverschiedenheiten zwischen den Betriebspartnern über die **Auslegung eines Sozialplans** können die Arbeitnehmer nicht verbindlich durch Spruch der Einigungsstelle beilegen lassen;[189] Verbindlichkeit erlangt im Streit über die Auslegung eines Sozialplans die gerichtliche Entscheidung entweder über eine vom Arbeitnehmer im Urteilsverfahren eingereichte Klage oder über das von einem Betriebspartner eingeleitete arbeitsgerichtliche Beschlussverfahren.[190] Sozialpläne, wie auch Betriebsvereinbarungen, unterliegen einer arbeitsgerichtlichen Billigkeitskontrolle.[191]

214

Es wird angeregt, bei der Gestaltung von Sozialplänen auch auf die **steuerlichen Auswirkungen** einer Regelung zu achten. So ist es nachteilig für die betroffenen Arbeitnehmer, wenn in den häufig in Sozialplänen anzutreffenden Nachschlagsklauseln (Muster 5735, § 5 Abs. 4) Rechnungsdifferenzen aus den tatsächlichen Leistungen der Agentur für Arbeit und den bei Zahlung der Abfindung zugrunde gelegten Zahlungen durch einen Nachschlag ausgeglichen werden. Ein solcher Nachschlag kann den Verlust der steuerlichen Privilegierung gem. §§ 34, 24 EStG zur Folge haben. Von dieser hier zu Anschaulichkeitszwecken berücksichtigten Klausel wird abgeraten. Zur steuerlichen Information der Mitarbeiter empfiehlt sich auch eine Anlage zum Sozialplan.

215

III. Differenzierte Beschäftigungssicherung über Transfer-Interessenausgleich und Transfer-Sozialplan

Während Verhandlungen zwischen Arbeitgeber und Betriebsrat in der Vergangenheit beim Interessenausgleich die Absprache über den Inhalt der Betriebsänderung und beim Sozialplan die Höhe von Abfindungen betraf, kristallisiert sich zunehmend heraus, dass diese beiden Verhandlungsthemen zu grobschlächtig sind, um angesichts der hohen Arbeitslosenzahlen den sozialpolitischen Bedürfnissen der Arbeitnehmer und der Allgemeinheit Rechnung zu tragen.[192] Mit dem Instrumentarium des Transfer-Interessenausgleichs und Transfer-Sozialplans hat der Gesetzgeber Förderungsmöglichkeiten der Bundesagentur für Arbeit (ursprünglich in §§ 254–259 SGB III) ins Leben gerufen. Gemäß § 112 Abs. 5 Nr. 2a BetrVG besteht formal für die Einigungsstelle, tatsächlich für die Betriebspartner eine Verpflichtung, das differenzierte Programm der Bundesagentur für Arbeit im Rahmen der Beschäftigungssicherung zu nutzen. Dieses Programm wurde mit den „Hartz-Gesetzen" erweitert und zwischenzeitlich in der Fassung des SGB III vom 14.8.2006[193] teilweise wieder geändert.

216

Interessenausgleichs- und Sozialplanverhandlungen konzentrieren sich heute deshalb nicht mehr nur noch auf die Festlegung von Inhalt und Umfang der Betriebsänderung und auf das Abfindungsvolumen bzw. die hierbei anzuwendenden Verteilungsmaßstäbe. Heute sitzt bei derartigen Verhandlungen die Agentur für Arbeit mit am Tisch und es empfiehlt sich, auch für den eine Partei – gleichgültig, ob Arbeitgeber oder Betriebsrat – beratenden Rechtsanwalt, die Agentur für Arbeit in das Konzept der beschäftigungssichernden Maßnahmen einzubeziehen.

217

Rechte der Beschäftigungssicherung stehen dem Betriebsrat nicht nur über § 112 Abs. 5 Nr. 2a BetrVG zu, sondern auch seit der Betriebsverfassungsrechtsreform über § 92a Abs. 1 Satz 2 BetrVG.[194] Die Beschäftigungssicherungsrechte des Betriebsrats sind daneben das Korrelat zu den Verpflichtungen, die der Gesetzgeber den Arbeitgebern in § 2 Abs. 2 Nr. 2 SGB III auferlegt hat.[195] Wer heute mit den Betriebspartnern Interessenausgleich und Sozialplan verhandelt, sollte deshalb darüber nachdenken, welche Maßnahmen im Paket von Sozialplan und Interessenausgleich in Abstimmung mit der Bundesagentur für Arbeit vereinbart werden können. Eine Förderung der Teilnahme an Transfermaßnahmen ist mit dem Dritten Gesetz für mo-

218

---

187 BAG 26.6.1990 – 1 AZR 263/88, NZA 1991, 111.
188 BAG 17.10.1989 – 1 ABR 75/88, DB 1990, 486.
189 BAG 27.10.1987 – 1 AZR 80/86, DB 1988, 503.
190 BAG 8.11.1988 – 1 AZR 721/87, DB 1989, 587.
191 BAG 26.7.1988 – 1 AZR 156/87, DB 1988, 2464; BAG 7.11.1989 – GS 3/85, DB 1990, 1724; BAG 26.10.1994 – 10 AZR 482/93, DB 1995, 830; BAG 14.2.1984 – 1 AZR 574/82, DB 1984, 1527.
192 *Hümmerich/Welslau*, NZA 2005, 612; *Fischer*, NZA-Sonderbeil. 1/2004, 28.
193 BGBl. I S. 1897.
194 *Wendeling-Schröder/Welkoborsky*, NZA 2002, 1370.
195 *Preis*, NZA 1998, 449; *Gagel*, FS Dieterich, S. 169.

derne Dienstleistungen am Arbeitsmarkt (Hartz III), das die §§ 254–259 SGB III aufgehoben hat, nunmehr gemäß § 216a SGB III vorgesehen. Insgesamt gehören zu den **Transferhilfen**:

- Gründungszuschuss bei Aufnahme einer selbständigen, hauptberuflichen Tätigkeit (§§ 57 ff. SGB III);
- Existenzgründungszuschuss (§ 421 Abs. 1 SGB III,[196] § 7 Abs. 4 SGB IV, § 240 SGB V);
- Entgeltsicherung für ältere Arbeitnehmer[197] (§ 421j SGB III);
- Gewährung von Bewerbungskosten, Reisekosten und Mobilitätshilfen (§§ 45, 46 SGB III);
- Beitragsbefreiung bei neu eingestellten Arbeitnehmern über 55 Lebensjahren[198] (§ 421k SGB III);
- Überantwortung von Arbeitslosen in Personal-Service-Agenturen (§ 37c SGB III);
- Übernahme von Weiterbildungskosten und Bildungsgutscheine (§ 77 SGB III);
- Kurzarbeitergeldleistungen (§§ 169 ff. SGB III);
- Saison-Kurzarbeitergeld (§§ 175 ff. SGB III);
- Eingliederungszuschüsse (§§ 217 bis 221 SGB III);
- Einstellungszuschüsse und Eingliederungshilfen nach dem Job-AQTIV-Gesetz (§§ 229 ff., 246a SGB III);
- Förderung von Arbeitsbeschaffungs- und Strukturanpassungsmaßnahmen (§§ 260 ff. SGB III);

219 Seit der Neuregelung in § 216 a SGB III durch Hartz III wird die Teilnahme von Arbeitnehmern, die aufgrund einer Betriebsänderung von Arbeitslosigkeit bedroht sind, an Transfermaßnahmen gefördert, wenn

- die Maßnahme von einem Dritten durchgeführt wird;
- die vorgesehene Maßnahme der Eingliederung der Arbeitnehmer in den Arbeitsmarkt dienen soll;
- die Durchführung der Maßnahme gesichert ist und
- ein System zur Sicherung der Qualität angewendet wird.

220 Als **Transfermaßnahmen** gelten alle Maßnahmen, die zur Eingliederung von Arbeitnehmern in den Arbeitsmarkt dienen, an deren Finanzierung sich Arbeitgeber angemessen beteiligen.[199] Die Auswahl des Dritten obliegt den Betriebspartnern. Neu ist die Anforderung des Gesetzes, dass sichergestellt sein muss, dass der Dritte ein internes Qualitätssicherungssystem anwendet. Vermittlungserfolge und Verbleibsquote sollen zum 30.6. und 31.12. eines Jahres von der betriebsorganisatorisch eigenständigen Einheit erhoben werden (§ 216b Abs. 9 SGB III). Die Daten sollen sowohl dem Arbeitgeber als auch der Bundesagentur übermittelt werden. Ziel dieser neuen kostenintensiven Dokumentationspflichten ist ein effektiverer Mitteleinsatz.[200]

221 Neu an § 216a Abs. 2 SGB III ist im Gegensatz zur Vorgängerregelung, dass der Zuschuss von höchstens 50 % der tatsächlich aufzuwendenden Maßnahmekosten, höchstens 2.500 EUR je Arbeitnehmer, nunmehr als Leistung an die Arbeitnehmer ausgestaltet ist. Anders als in der Vergangenheit sind die Beiträge der Agenturen zu Transfersozialplänen keine Ermessensleistungen mehr, sondern als Pflichtleistung ausgestaltet und können daher unter den gesetzlichen Voraussetzungen bei jedem Transfersozialplan verlangt werden.[201] Weitere Neuerung ist, dass die bisherige strukturelle Kurzarbeit zum 1.1.2004 gestrichen und durch Transferkurzarbeit ersetzt wurde (§§ 216b, 177 ff. SGB III).

222 Über § 92a BetrVG hat der Betriebsrat ein **Vorschlagsrecht zur Abwendung von Kündigungen**. In den Grenzen des § 77 Abs. 3 BetrVG, § 4 Abs. 3 TVG hat der Betriebsrat das Recht, dem Arbeitgeber Beschäftigungssicherungsvorschläge zu unterbreiten. Alle aus Sicht des Betriebsrats in Betracht kommenden betrieblichen Maßnahmen sind zulässige Gegenstände von Beschäftigungssicherungsvorschlägen.[202] Beschäftigungssicherungspläne, die wiederum ihrerseits Teil von Interessenausgleichsverhandlungen bilden können, vermögen zu umfassen:

- Abbau von Überstunden;
- konjunkturelle Kurzarbeit;

---

[196] Nach § 421l Abs. 5 SGB III findet die Förderung nur noch für eine Tätigkeit statt, die vor dem 1.7.2006 aufgenommen wurde. Die Förderung von Ich-AGs wurde eingestellt.
[197] Regelung befristet bis 31.12.2007, § 421j Abs. 7 SGB III.
[198] Regelung befristet bis 31.12.2007, § 471k Abs. 2 SGB III.
[199] *Gaul/Bonanini/Otto*, DB 2003, 2386; *Fischer*, NZA-Sonderbeil. 1/2004, 28.
[200] BT-Drucks. 15/1515, S. 91.
[201] *Gaul/Bonanini/Otto*, DB 2003, 2386 (2387).
[202] *Wendeling-Schröder/Welkoborsky*, NZA 2002, 1374.

- Absenkung der tariflichen/betrieblichen Wochenarbeitszeit im Rahmen tariflicher Öffnungsklauseln;
- Einrichtung von betriebsorganisatorisch eigenständigen Einheiten und Aufnahme von Saison-Kurzarbeit;
- Antizipative Maßnahmen i.S.v. Art. 4 Abs. 2 d der EG-Richtlinie zur Verbesserung der Beschäftigungsfähigkeit und Anpassungsfähigkeit;
- Maßnahmen zur Ausbildung und Qualifizierung über § 97 Abs. 2 BetrVG hinaus.

In das immer komplexer werdende Instrumentarium der Betriebspartner, das zugleich eine immer differenziertere Ausgestaltung von Arbeitsplatzlösungen für Arbeitnehmer ermöglicht, gehören ferner:

- Vereinbarung unregelmäßigerer Arbeitszeiten und Entgelteinbußen bei Wegfall von Überstunden;
- veränderte und beschleunigte Arbeitsabläufe;
- Entgelteinbußen zum Erhalt von Arbeiten im Betrieb;
- Entgelteinbußen bei Absenkung von Arbeitszeit oder durch Kurzarbeit;
- Vereinbarung von Altersteilzeit und Regelungen zur Einkommens- oder Rentenminderung bei Altersteilzeit/Frühpensionierung.

In der Vergangenheit benannte § 112 Abs. 5 BetrVG drei von jeder Einigungsstelle zu beachtender Hauptkriterien beim Aushandeln eines Sozialplans. Mit dem Transfer-Sozialplan ist ein viertes Kriterium hinzugekommen, das bei der Beurteilung des billigen Ermessens zu berücksichtigen ist, die beschäftigungsaktive Gestaltung des Sozialplans nach § 112 Abs. 5 Nr. 2a BetrVG. Der hohe Stellenwert, der nicht nur rechtstheoretisch, sondern auch in der Praxis zeitgemäßer Sozialpläne zum Ausdruck kommt, wird durch die Verlagerung der Beschäftigungssicherung in die Grundsätze des billigen Ermessens der Einigungsstelle dokumentiert. Solange die Betriebsänderung noch gestaltungsfähig ist, sollte deshalb der beratende Rechtsanwalt von dem zwischenzeitlich umfangreichen Instrumentarium Gebrauch machen. Ein Teil der Instrumente war bereits seit längerem im SGB III verankert, ein Teil ist über das JobAqtiv-Gesetz hinzugekommen. Schließlich haben die „Hartz-Gesetze" das Instrumentarium zusätzlich erweitert.[203] Durch das Gesetz vom 14.8.2006 wurden allerdings Teile der Reform rückgängig gemacht (Ich-AG) oder gesetzliche Regelungen, die über die Hartz-Gesetze aufgenommen wurden, zeitlich befristet (Entgeltsicherung für ältere Arbeitnehmer, Beitragsbefreiung bei neu eingestellten Arbeitnehmern, die älter als 55 Jahre sind). Zeitgemäße Interessenausgleichs- und Sozialplans-Vereinbarungen nutzen die Qualifizierungshilfen für die von Kündigung betroffenen Arbeitnehmer.

Obligatorischer Bestandteil eines Transferinteressenausgleichs ist die Vereinbarung zwischen den Betriebspartner über die Bildung einer eigenständigen betriebsorganisatorischen Einheit, in der die von einer Kündigung betroffenen Arbeitnehmer zusammengefasst werden und der Arbeitnehmer muss nach § 17 SGB III von Arbeitslosigkeit bedroht sein. *Gaul/Otto*[204] plädieren für eine externe Durchführung einer eigenständigen, betriebsorganisatorischen Einheit, weil sie befürchten, dass andernfalls die Arbeitnehmer einen Wiedereinstellungsanspruch erlangen. Die in der eigenständigen betriebsorganisatorischen Einheit zusammengefassten Mitarbeiter können an Qualifizierungs- und ähnlichen Weiterbildungsmaßnahmen teilnehmen. Einen Teil der heute möglichen Qualifizierungshilfen enthalten die beiden Interessenausgleichsvereinbarungen (Muster 5640 und Muster 5850). Die bisher geläufige Unterscheidung zwischen Interessenausgleich und Sozialplan ist bereits durch eine Reihe gesetzlicher Neuregelungen wie in den §§ 216a, 216b SGB III, § 125 InsO und § 323 Abs. 2 UmwG brüchig geworden.[205] Auch die neu geschaffenen Beschäftigungssicherungsmaßnahmen, insbesondere soweit sie ihre Rechtsgrundlage im SGB III haben, werden dazu führen, dass die Grenze zwischen Interessenausgleich (Vereinbarung der Betriebsänderung) und Sozialplan (Vereinbarung der wirtschaftlichen Auswirkungen einer Betriebsänderung) verschwimmen.[206] Zunehmend zeigt sich in der Praxis, dass beide Maßnahmen in einer Regelung zusammengefasst werden, mit der zwangsläufig gegebenen Folge, dass inhaltlich zwischen Betriebsvereinbarung (Sozialplan) und betriebsvereinbarungsähnlicher Regelung (Interessenausgleich) kaum mehr unterschieden werden kann.

Wendeling-Schröder/Welkoborski[207] weisen darauf hin, dass sowohl die Zusammenfassung von Arbeitnehmern in einer betriebsorganisatorisch eigenständigen Einheit als auch die Durchführung von Sozialplanzuschussmaßnahmen nach jetzt § 216a SGB III verbindliche Vereinbarungen zwischen Arbeitgeber und Be-

---

203 *Düwell/Weyand*, Hartz und die Folgen: Das neue Arbeits- und Sozialrecht, S. 32 ff.; *Gaul/Bonanini/Otto*, DB 2003, 2386.
204 NZA 2004, 1301.
205 *Matthes*, RdA 1999, 178; *Wendeling-Schröder/Welkoborski*, NZA 2002, 1376.
206 *Sieg*, NZA-Sonderbeil. 1/2005, 9.
207 NZA 2002, 1376.

triebsrat voraussetzen, aus denen dem Arbeitnehmer Rechtsansprüche zustehen müssen. Damit könne die bisherige Rechtsprechung des BAG, wonach im Interessenausgleich nur das „Wie" der unternehmerischen Maßnahme vereinbart werden könne und Regelungen darüber geschaffen würden, ob die unternehmerische Maßnahme überhaupt durchzuführen sei und ob die Betriebsänderung auch gegenüber den davon betroffenen Arbeitnehmern so durchgeführt werden könne, dass diesen möglichst keine oder nur geringfügige wirtschaftliche Nachteile entstehen,[208] nicht mehr uneingeschränkt aufrechterhalten werden. Das BAG gehe davon aus, dass der Interessenausgleich auf die Be- und Festschreibung der Einzelheiten der unternehmerischen Maßnahme und ihre Auswirkungen auf die Arbeitnehmer beschränkt werde. Regelungen zur Begründung von Rechtsansprüche könne der Interessenausgleich also eigentlich gar nicht haben; er regle nicht, er beschreibe, lege dar und die Einzelheiten der Betriebsänderungen fest.[209] Der Interessenausgleich solle den Unternehmer bekanntlich binden, Erfüllungsansprüche des Arbeitnehmers sollen sich aus ihm gegenüber dem Unternehmer jedoch nicht ergeben.[210]

227 Mit dem erzwingbaren Sozialplan wird an diejenigen wirtschaftlichen Nachteile angeknüpft, die den von der Betriebsänderung betroffenen Arbeitnehmer trotz einer möglichst schonungsvollen Durchführung der Betriebsänderung tatsächlich noch entstehen. Regelungen, die nicht unmittelbar dem Ausgleich oder der Milderung entstehender wirtschaftlicher Nachteile dienen, können nicht durch Spruch der Einigungsstelle erzwungen werden, sondern allenfalls Teil eines einvernehmlich vereinbarten Interessenausgleichs sein. Angesichts dieser traditionellen Abgrenzung hat die Errichtung einer eigenständigen betriebsorganisatorischen Einheit oder die Organisation von Sozialplanzuschussmaßnahmen weder originär im Interessenausgleich noch im Sozialplan Platz. Auch der Abschluss einer freiwilligen Betriebsvereinbarung neben Interessenausgleich und Sozialplan führt zu keinem anderen Ergebnis.[211] Wer künftig Transfer-Interessenausgleich- und Transfer-Sozialplan-Verhandlungen führt, sollte sich darüber bewusst sein, dass er formaljuristisch alle zwischen den Betriebspartnern maßgeblichen Fragen und zur Förderung der aus dem Sozialrecht stammenden Gestaltungsmaßnahmen zur Beschäftigungssicherung in einer Gesamtvereinbarung zusammenfasst oder stattdessen drei verschiedene Vereinbarungswege wählt:

- In einem Interessenausgleich beschränkt man sich auf die Darstellung der unternehmerischen Maßnahme (Betriebsänderung).
- In einer freiwilligen Betriebsvereinbarung nach § 88 BetrVG[212] vereinbart man die Errichtung einer gemeinsamen Einrichtung, wie beispielsweise der betriebsorganisatorisch eigenständigen Einheit, die Organisation und Durchführung von Sozialplan-Zuschuss-Maßnahmen sowie ergänzende Beschäftigungsmaßnahmen.
- Im Sozialplan werden die Leistungen zum Ausgleich und zur Milderung der im Interessenausgleich beschriebenen Nachteile geregelt.

228 Soweit die Betriebspartner eine Anreizsituation für einen Verzicht auf Kündigungsschutzklagen schaffen wollen, können sie daneben noch

- eine freiwillige Betriebsvereinbarung schließen, die Arbeitnehmern zusätzliche Leistungen ermöglicht, wenn sie auf die Erhebung einer Kündigungsschutzklage verzichten.[213]

229 Überwiegend wird die Auffassung vertreten, dass die in § 112 Abs. 5 Nr. 2 a BetrVG genannten Maßnahmen zur Vermeidung der Arbeitslosigkeit durch Steigerung der Arbeitsfähigkeit künftig zum Katalog der im Sozialplan zu regelnden Materie rechnen.[214] Überwiegend wird daher die Auffassung vertreten, es sei der gesetzgeberischen Entscheidung, diese Maßnahmen der Verhandlungspflicht zur Herbeiführung des Sozialplans zuzuweisen, zu entnehmen, dass von einer Erzwingbarkeit solcher Maßnahmen auszugehen sei. Auch *Richardi*[215] hält für vorstellbar, solche Maßnahmen zur Verhütung von wirtschaftlichen Nachteilen nicht bloß im Interessenausgleich anzusiedeln, sondern in den Sozialplan einzubeziehen. Dabei wird kein Unter-

---

208 BAG 17.9.1991 – 1 ABR 23/91, NZA 1992, 227.
209 *Wendeling-Schröder/Welkoborski*, NZA 2002, 1376.
210 BAG 28.8.1991 – 7 ABR 72/90, AP § 85 ArbGG 1979 Nr. 2.
211 *Fitting u.a.*, BetrVG, §§ 112, 112a Rn 49 ff.
212 U.U. als Sozialeinrichtung des Arbeitgebers gemäß § 87 Abs. 1 Nr. 8 BetrVG; BAG 23.8.2001 – 5 AZB 11/01, NZA 2002, 230.
213 BAG 15.2.2005 – 9 AZR 116/04, NZA 2005, 117; BAG 31.5.2005 – 1 AZR 254/04, DB 2005, 1744.
214 *Däubler*, in: Däubler/Kittner/Klebe, BetrVG, §§ 112, 112a Rn 155 ff.; *Fitting u.a.*, BetrVG, §§ 112, 112a Rn 133 ff., 147 ff.
215 NZA 2000, 16, 166.

schied gesehen, ob die eigenständige betriebsorganisatorische Einheit intern vom bisherigen Arbeitgeber gebildet wird oder extern durch eine Transfergesellschaft auf Basis eines Sozialplans geführt wird.[216]

Die Gestaltungspflicht und die Gestaltungsbefugnis der Einigungsstelle haben sich durch die §§ 216a, 216b SGB III erweitert. Der Aufwand, Beschäftigungssicherungsmaßnahmen in der Einigungsstelle zu verhandeln, ist wesentlich höher als die Auseinandersetzung um eine Sozialplanformel, insbesondere dann, wenn entsprechend den gesetzgeberischen Absichten anstelle von Sozialplanleistungen/Abfindungen beschäftigungssichernde Maßnahmen, Wiedereingliederungsmaßnahmen u.Ä. vereinbart werden und die soziale Abfederung des Arbeitsplatzverlustes statt der Abfindung in Geld durch Qualifizierung und andere Maßnahmen substituiert wird. Ziel des Gesetzgebers ist es, wegzukommen vom bloß reaktiven Sozialplan zum gestaltenden Transfer-Sozialplan. *Hanau*[217] meint, dass die zukunftsbezogene Überbrückungsfunktion des Sozialplans als Transfer-Sozialplan eine grundlegende Umgestaltung der bisherigen Sozialplanpraxis bedeute. Die Betriebsparteien könnten nicht ignorieren, was zum Pflichtprogramm der Einigungsstelle gemäß § 112 Abs. 5 Nr. 2 a BetrVG gehöre. Der beratende Rechtsanwalt muss für die Zukunft weitaus aufmerksamer und weitaus umfangreicher beraten als in der Vergangenheit und die Verhandlungen über Interessenausgleich und Sozialplan auf die modernen Anforderungen des Transfer-Sozialplans auszurichten.

B. Texte

I. Interessenausgleich

1. Muster: Betriebsstilllegung im Konzern[218]

Zwischen

der ▬▬▬ AG

– nachstehend: AG –

und

dem Gesamtbetriebsrat der ▬▬▬ AG

wird folgender Interessenausgleich vereinbart:

§ 1

Das Unternehmen befindet sich weiterhin in einer sehr ungünstigen wirtschaftlichen Situation. Zur Abwendung von Verlusten und zur langfristigen Sicherung der Arbeitsplätze ist eine Optimierung der Wirtschaftlichkeit zwingend erforderlich. Dazu sind strukturelle Anpassungen und ein deutlicher Fixkostenabbau erforderlich.

Zur Anpassung der organisatorischen und personellen Strukturen an die wirtschaftliche Lage werden deshalb die Aktivitäten der AG am Standort T stufenweise – ▬▬▬ beginnend und voraussichtlich ▬▬▬ endend – zum überwiegenden Teil nach L und M verlagert und alle Aktivitäten in T eingestellt.

Zum ▬▬▬ soll die eigenständige Organisationsform des Werkes T der AG aufgegeben und die Aktivitäten in die organisatorische Einheit Werk L eingegliedert werden. Verlagerungen von Einheiten nach M und L sollen noch im Laufe des Jahres ▬▬▬ erfolgen.

Mittel- bzw. langfristig sollen ca. 42 % der Aktivitäten des Werkes T nach L verlagert werden. Ca. 21 % sollen insbesondere im Hinblick auf die Zusammenführung mit bestehenden Organisationseinheiten nach M verlagert werden. Bereits vorhandenes sowie durch die Verlagerungen entstehendes Einsparpotential umfasst zusammen ca. 30 % der Aktivitäten im Werk T. Etwa 2 % der Aktivitäten werden in die Firma XY integriert.

Die Maßnahmen hinsichtlich der Produktionsanlage für technische Harze sowie der zugeordneten Chemietechnikaktivitäten (ca. 5 %) sind noch zu konkretisieren.

Insgesamt sind bis Ende ▬▬▬ die Einstellung von ca. 33 % der Aktivitäten am Standort T mit Verlagerungen nach L und M sowie Realisierung von Einsparpotentialen vorgesehen. Bis Ende ▬▬▬ sollen nach Schaffung der notwendigen räumlichen Bedingungen in L und M weitere 47 % der Aktivitäten verlagert bzw. abgebaut werden.

---

216 *Bachner/Schindele*, NZA 1999, 130; *Wendeling-Schröder/Welkoborski*, NZA 2002, 1377.
217 NJW 2001, 2513 (2518).
218 Dieser Text ist das Pedant zu Muster 5680.

Die verbleibenden Organisationseinheiten sollen möglichst von ▬▬▬ bis spätestens ▬▬▬ sukzessive nach L verlagert werden, sofern die Wirtschaftlichkeit weiterhin gegeben ist und die erforderlichen öffentlich-rechtlichen Genehmigungen vorliegen.

Daraus können sich folgende Personalmaßnahmen ergeben:

- Versetzungen vom Standort T nach L.
- Versetzungen vom Standort T nach M oder an einen anderen Standort der AG
- Übernahmen durch Unternehmen der Firmen-Gruppe
- Schulungsmaßnahmen aufgrund geänderter Aufgabenstellungen
- Arbeitsvertragsbeendigungen.

§ 2

Die personellen Maßnahmen werden zeitlich wie folgt abgewickelt:

(1) Diejenigen Mitarbeiterinnen/Mitarbeiter unter 55 Jahren, die einen Arbeitsplatz in M ausschlagen, scheiden ungeachtet kürzerer Kündigungsfristen frühestens mit Ablauf des ▬▬▬ aus dem Arbeitsverhältnis aus. Im Einzelfall bleibt eine bezahlte Freistellung von der Arbeitsleistung vorbehalten.

(2) Versetzungen nach M werden nicht vor dem ▬▬▬ wirksam. Einvernehmliche Regelungen bleiben davon unberührt.

(3) Mitarbeiterinnen/Mitarbeitern unter 55 Jahren (Stichtag ▬▬▬), denen kein Arbeitsplatz im Unternehmen angeboten werden kann, kann frühestens zum ▬▬▬ gekündigt werden.

(4) Bestehende Ausbildungsverhältnisse werden ordnungsgemäß zu Ende geführt.

2. Muster: Betriebsübergang und Sitzverlegung einer Versicherungsgesellschaft[219]

Zwischen

der Versicherungs AG

– nachstehend: Unternehmen –

und

dem Betriebsrat der Versicherungs AG

– nachstehend: Betriebsrat –

wird folgender Interessenausgleich vereinbart.

Präambel

Aufgrund strategischer und betriebswirtschaftlicher Erwägungen führen die Versicherung AG und die Versicherung International ihren Geschäftsbetrieb zusammen. Der Hauptsitz der Neuen Versicherung AG wird ▬▬▬. Der Standort A soll mit einem Service-Center (Akquisition und Kundenservice) sowie unterstützenden Funktionen beibehalten werden. Aus diesem Grund werden zwischen Unternehmen und Betriebsrat nachfolgende Maßnahmen getroffen:

§ 1 Unternehmerische Maßnahmen

(1) Die Arbeitsverhältnisse der Mitarbeiterinnen und Mitarbeiter gehen zum Zeitpunkt der Bestandsübertragung oder Verschmelzung voraussichtlich am ▬▬▬, spätestens jedoch zum ▬▬▬, auf die Neue Versicherungs AG über.

(2) Zum ▬▬▬ erfolgt eine Teilstilllegung von Abteilungen und die Reduzierung von Arbeitsplätzen am bisherigen Standort A (Anlage 1) sowie die Errichtung und Erweiterung von Abteilungen und Arbeitsplätzen am Standort ▬▬▬ (Anlage 2). Die Abteilung Finanzen/Rechnungswesen wird mit Ablauf des ▬▬▬ nach ▬▬▬ verlagert.

(3) Sollten sich zu den vorbenannten Zeitpunkten neue Erkenntnisse ergeben, wird das Unternehmen den Betriebsrat rechtzeitig, im Falle des Abs. 2 mindestens sechs Wochen vorher, informieren.

§ 2 Struktur

(1) Die durch die Maßnahmen entstehende vorläufige betriebliche und personelle Struktur am Standort A ergibt sich aus der Anlage 3 dieses Interessenausgleichs. Die als Anlage 4 beigefügte, zwischen Unternehmen und Betriebsrat abgestimmte Funktionsaufteilung zwischen A und ▬▬▬ einschließlich der personellen Zuordnung ist Bestandteil des Interessenausgleichs.

(2) Sollten sich hiervon Abweichungen ergeben, werden die Rechte des Betriebsrats nach §§ 90, 92 BetrVG gewahrt.

---

219 Dieser Text ist das Pendant zu Muster 5690.

§ 3 Maßnahmen zur Erhaltung von Arbeitsplätzen, betriebsbedingte Kündigung

(1) Das Unternehmen ist bestrebt, betriebsbedingte Kündigungen dadurch zu vermeiden, dass den in der als Anlage 5 dieser Vereinbarung genannten Mitarbeiterinnen und Mitarbeitern die dort zugeordneten Arbeitsplätze zu entsprechenden Arbeitsbedingungen in ■■■ angeboten werden.

Für den Fall, dass die Mitarbeiterin/der Mitarbeiter dieses Angebot annimmt, stimmt der Betriebsrat einer Versetzung schon jetzt zu.

(2) Sollte eine Beschäftigung in ■■■ nicht möglich sein, prüft das Unternehmen, ob die Mitarbeiterin/der Mitarbeiter am Standort A unter Berücksichtigung der Neustrukturierung des Servicecenter-Bereiches weiterbeschäftigt werden kann.

(3) Das Unternehmen wird Stellenausschreibungen der Konzern AG den Mitarbeiterinnen/Mitarbeitern zugänglich machen, soweit dies Stellen im Raum A betrifft.

(4) Sofern die Maßnahmen nach Abs. 1 bis 3 nicht zu einer Weiterbeschäftigung führen, kann den in der Anlage 5 und in der Anlage 6 genannten Mitarbeiterinnen/Mitarbeitern unter Beachtung der gesetzlichen Bestimmungen betriebsbedingt gekündigt werden.

§ 4 Mitwirkung des Betriebsrats

Das Unternehmen hat den Betriebsrat über die beabsichtigten Maßnahmen umfassend unterrichtet und mit ihm die geplanten Maßnahmen beraten. Dabei hat der Betriebsrat seine Einwände vorgetragen. Die Beratungen haben zu dem in diesem Interessenausgleich niedergelegten Ergebnis geführt.

§ 5 Sozialplan

In einem Sozialplan werden zum Ausgleich und zur Milderung etwaiger wirtschaftlicher Nachteile und zur Förderung der Mobilität der Mitarbeiter finanzielle Regelungen vereinbart.

§ 6 In-Kraft-Treten

Dieser Interessenausgleich tritt mit Unterzeichnung in Kraft und endet mit der Durchführung der beschriebenen Maßnahmen.

3. Muster: Betriebsverlagerung[220]

Zwischen

der Firma ■■■

– nachstehend: Firma –

und

dem Betriebsrat der Firma ■■■

– nachstehend: Betriebsrat –

wird folgender Interessenausgleich vereinbart:

Präambel

Die Gesellschafterversammlung der Firma hat am ■■■ beschlossen, ihren Hauptsitz von ■■■ nach ■■■ zu verlegen. Ein Teil der Arbeitsbereiche soll in ■■■ verbleiben; etwa 1/4 bis 1/3 der jetzigen Zahl der Mitarbeiterinnen und Mitarbeiter soll weiterhin in ■■■ beschäftigt werden. Als Termin der Sitzverlegung wird der ■■■ angestrebt.

§ 1 Gegenstand

(1) Die Firma wird voraussichtlich zum ■■■ ihren Sitz von ■■■ nach ■■■ verlegen. Eine Reihe von Arbeitsbereichen verbleibt in ■■■. Bei der Sitzverlegung unter gleichzeitiger teilweiser oder gänzlicher Aufrechterhaltung einzelner Arbeitsbereiche in ■■■ muss sichergestellt bleiben, dass sämtliche Arbeitsbereiche der Firma funktionsfähig bleiben.

(2) Die Geschäftsführung der Firma hat für die Verlegung und für die aufrecht zu erhaltenden Arbeitsbereiche ein Konzept erarbeitet, das dem Interessenausgleich beigefügt ist. Derzeit ist geplant, die Verlegung nach Maßgabe dieses Konzepts durchzuführen. Sollten sich geringfügige Änderungen in zeitlicher oder organisatorischer Hinsicht ergeben, stellen diese keine Abweichung vom Interessenausgleich dar und werden deshalb von den Betriebspartnern als durch den Interessenausgleich gedeckt angesehen. Der Betriebsrat wird über eventuelle Änderungen unverzüglich unterrichtet.

---

220 Dieser Text ist das Pendant zu Muster 5695.

(3) Geringfügige Änderungen i.S.v. Abs. 2 sind solche, von denen weniger als drei Arbeitnehmer je Arbeitsbereich betroffen sind.

(4) Änderungen, die nicht mehr als geringfügig i.S.v. Abs. 2 anzusehen sind, tragen die Betriebspartner durch ändernde Interessenausgleichs-Vereinbarungen Rechnung.

(5) Die Geschäftsführung der Firma wird ein Jahr vor dem tatsächlichen Umzugstermin dem Betriebsrat den verbindlichen Termin für den Umzug mitteilen.

§ 2 Durchführung

(1) Eine Liste der betroffenen Mitarbeiterinnen/Mitarbeiter wird dem Interessenausgleich beigefügt. Als Mitarbeiter gelten auch solche, die ungeachtet eines Vertrages mit einer der Firma nahen Gesellschaft oder Organisation in den Räumen der Firma arbeiten und in den Betrieb der Firma tatsächlich eingegliedert sind. Die Liste enthält folgende Angaben: Name, Vorname, Geburtstag, Eintrittsdatum, Tätigkeit, Brutto-Monatseinkommen, Familienstand, Zahl der unterhaltspflichtigen Kinder, besonderer Kündigungsschutz, Umzugsbereitschaftserklärung (ja/nein), individuelle Besonderheiten.

(2) Die Umzugsbereitschaftserklärung ist von den Mitarbeiterinnen/Mitarbeitern nach Festlegung des Umzugstermins durch die Geschäftsführung nach § 1 Abs. 5 erneut abzugeben.

(3) Diejenigen Mitarbeiterinnen/Mitarbeiter, deren Arbeitsplatz nach ▬▬▬ verlegt wird und die ihre Umzugsbereitschaft erklärt haben oder die bei erklärter Umzugsbereitschaft auf einem anderen Arbeitsplatz in ▬▬▬ beschäftigt werden können, erhalten von der Firma unter Wahrung ihres Besitzstandes ein schriftliches Änderungsangebot, das die Bezeichnung der angebotenen Stelle mit einer möglichst exakten Beschreibung der Tätigkeiten, der Vergütung, Eingruppierung und der Arbeitszeiten enthält. Den Mitarbeiterinnen/Mitarbeitern wird eine Frist von drei Wochen eingeräumt, der Geschäftsführung ihre Entscheidung mitzuteilen, ob sie das Änderungsangebot annehmen.

(4) Zwischen allen Arbeitnehmerinnen/Arbeitnehmer, die keine Umzugsbereitschaft erklärt oder das Angebot nach Abs. 3 Satz 1 abgelehnt oder keine Entscheidung mitgeteilt haben, findet hinsichtlich der am Dienstort ▬▬▬ verbleibenden Arbeitsplätze eine soziale Auswahl statt. Die soziale Auswahl erfolgt durch eine Vorauswahl nach einem entsprechenden Punktesystem mit einer anschließenden Einzelfallbewertung im Anschluss an die Feststellung des Umzugstermins durch die Geschäftsführung nach § 1 Abs. 5, der Abgabe der Umzugsbereitschaftserklärung der Mitarbeiterinnen/Mitarbeiter nach § 2 Abs. 2 und der Entscheidung der Mitarbeiterinnen/Mitarbeiter nach § 2 Abs. 3 Satz 2 unter Mitbestimmung des Betriebsrats.

(5) Mitarbeiterinnen/Mitarbeiter, die keine Umzugsbereitschaft erklärt oder das Angebot nach Abs. 3 Satz 1 abgelehnt oder keine Entscheidung mitgeteilt haben und für die nach dem Ergebnis der Sozialauswahl kein Arbeitsplatz in ▬▬▬ zur Verfügung steht, erhalten eine betriebsbedingte Beendigungskündigung unter Wahrung der vertraglichen und/oder gesetzlichen Kündigungsfrist.

(6) Zwischen der Mitteilung des verbindlichen Umzugstermins und dem Zugang der Kündigungen liegen maximal drei Monate.

(7) Mitarbeiterinnen/Mitarbeiter, denen nach Abs. 5 gekündigt wird, oder Mitarbeiterinnen/Mitarbeiter, die nach der Sozialauswahl in ▬▬▬ verbleiben können, sich aber noch für einen Umzug nach ▬▬▬ entscheiden, erhalten auf Verlangen nochmals ein Arbeitsangebot in ▬▬▬, sofern zu diesem Zeitpunkt ein den Eignungen des der Mitarbeiterin/Mitarbeiters entsprechender Arbeitsplatz in ▬▬▬ noch frei ist. Der dadurch ggf. in ▬▬▬ frei werdende Arbeitsplatz ist der/dem nach der Sozialauswahl sozial schwächsten gekündigten Mitarbeiterin/Mitarbeiter anzubieten.

(8) Gegenüber Mitarbeiterinnen/Mitarbeitern, deren Arbeitsverhältnis an den Dienstort ▬▬▬ verlegt wird und die ihren ständigen Wohnsitz nach ▬▬▬ verlegen, wird die Firma in einem Zeitraum von 10 Jahren keine ordentliche betriebsbedingte Kündigung aussprechen.

§ 3 Mitwirkungs- und Mitbestimmungsrechte des Betriebsrats

Weitere Mitwirkungs- und Mitwirkungsrechte des Betriebsrats bleiben von diesem Interessenausgleich unberührt.

§ 4 Sozialplan

Zum Ausgleich und zur Milderung der wirtschaftlichen Nachteile, die den Mitarbeiterinnen/Mitarbeitern durch die geplante Betriebsänderung entstehen, haben die Parteien einen Sozialplan geschlossen.

§ 5 In-Kraft-Treten/Außer-Kraft-Treten

(1) Die Parteien sind sich einig, dass die Verhandlungen abgeschlossen sind, das Verfahren zur Herbeiführung eines Interessenausgleichs beendet ist.

(2) Der Interessenausgleich tritt mit dem Tag seiner Unterzeichnung in Kraft.

(3) Der Interessenausgleich tritt außer Kraft, wenn der Umzug nach übereinstimmender Feststellung der Geschäftsführung und des Betriebsrats vollständig vollzogen ist.

4. Muster: Fusion[221]

Zwischen

der ▪▪▪ Aktien Gesellschaft

– nachstehend: AG –

und

dem Betriebsrat der ▪▪▪ Aktien Gesellschaft

– nachstehend: Betriebsrat –

wird im Hinblick auf die zukünftige Zusammenarbeit zwischen den Firmen A und S folgender Interessenausgleich gemäß §§ 111, 112 BetrVG vereinbart:

§ 1

Beide Partner bringen ihre gesamte Produktion, den Vertrieb, die Logistik und die Verwaltung in ein neu zu gründendes Unternehmen mit Sitz in H und N ein.

Die Brunnen- und Markenrechte verbleiben weiterhin bei der AG, die in unveränderter Rechtsform, jedoch lediglich als reiner Rechtsmantel geführt wird.

Die Zusammenlegung dient der langjährigen Sicherung von strategischen Positionen und Marktanteilen; die damit verbundene Ausweitung der Ertragssituation soll zukünftig u.a. die Stabilität von Arbeitsplätzen verbessern und zusätzlichen Spielraum für weitere nationale Produkteinführungen eröffnen.

Beide Partner sind zwar ertragsstark, sehen aber mittelfristig angesichts der starken Handelsmassierung und der Neuverteilung von Marktanteilen auf europäischer Ebene die Notwendigkeit zu einer Kooperation.

Es ergeben sich dadurch für uns folgende große Vorteile:

- Mit den Marken A und S bieten wir die beiden Spitzenmarken im deutschen Getränkemarkt an.
- Durch die Zusammenarbeit werden wir unsere jetzt schon internationale Position im europäischen Markt deutlich ausweiten können.
- S bekommt den Zugang über den Getränkefachgroßhandel zum Mehrweggeschäft, das im Hinblick auf die Umweltdiskussion immer wichtiger wird.
- Mit einer kombinierten Verkaufsorganisation von ca. 100 Außendienstmitarbeiterinnen und -mitarbeitern haben wir einen schlagkräftigen Vertrieb gegenüber unseren Mitbewerbern.
- Durch die volle Ausnutzung unseres Logistiksystems unter Einbeziehung von S können erhebliche Kosteneinsparungen realisiert werden.

Darüber hinaus können in weiteren Unternehmensbereichen Synergieeffekte optimal realisiert werden.

Die Zusammenführung beider Gesellschaften stellt die logische Entwicklung einer erfolgreichen Zusammenarbeit in der Vergangenheit dar, wobei das gesamte Geschäft beider Gesellschaften unter einheitlicher Leitung in Zukunft gemeinsam betrieben und weiterentwickelt werden soll.

Die Zusammenlegung soll spätestens zum ▪▪▪ erfolgt sein. Die Bewertung des einzubringenden Geschäftes ergibt nicht nur vom Volumen oder Umsatz sondern auch vom Ertrag her ein deutliches Übergewicht für A. Die AG wird somit eine deutliche Mehrheit im Joint Venture haben und dessen Führung übernehmen.

§ 2

Im Zuge dieser Unternehmenszusammenführung wird es zu Änderungen der betrieblichen Organisationsstruktur kommen. Im Verlauf der verschiedenen Gespräche mit dem Betriebsrat erläuterte der Vorstand die mittelfristigen geschäftspolitischen Notwendigkeiten und Aussichten einer solchen Zusammenführung und übergab dem Betriebsrat Strategie- sowie Organisationspläne für die gemeinsame Geschäftstätigkeit.

Im Verlauf der Gespräche konnte der Betriebsrat durch den Vorstand der AG von der Fusion überzeugt werden.

Der Betriebsrat distanziert sich aber ausdrücklich von dem zweiten Standort H und hat diesbezüglich dem Vorstand frühzeitig eine Auflistung der Punkte unterbreitet, die für den alleinigen Stand N sprechen.

---

[221] Dieser Text ist das Pendant zu Muster 5700.

Durch die Zusammenführung beider Geschäftsaktivitäten bzw. Systemzusammenlegung wird infolge von funktionalen Doppelbesetzungen mit Arbeitsplatzverlusten von insgesamt ca. 50 Arbeitsplätzen bei beiden Unternehmen zu rechnen sein.

Durch die neue Struktur sind folgende Abteilungen von der Betriebsänderung betroffen:

- Buchhaltung/Rechnungswesen/Kostenrechnung
- Einkauf
- Information/Rechnungsausgangsprüfung/Schreibbüro
- Auftragsabwicklung
- Marketing/Werbung ohne Messe/Ausstellung
- Personalabteilung/Gehaltsabrechnung/Lohnbuchhaltung
- Zentrale/Empfang/Postabfertigung
- Verkauf/VK Innen/VK Außen/Handel/Gastronomie
- Vorstandssekretärinnen
- Betrieb/Technik.

§ 3

Die AG wird Mitarbeiterinnen/Mitarbeitern aus den vorgenannten Abteilungen entsprechend den Anforderungsprofilen der neuen Planstellen bzw. der neuen Organisationsstruktur Versetzungsangebote unterbreiten.

Bei den Einzelgesprächen können die Mitarbeiterinnen/Mitarbeiter auf eigenen Wunsch ein Betriebsratsmitglied hinzuziehen.

Alle erforderlichen Einzelmaßnahmen werden unter Wahrung der gesetzlichen und tariflichen Bestimmungen, insbesondere des Mitbestimmungsrechts des Betriebsrats, durchgeführt.

Als personelle Einzelmaßnahmen kommen in Betracht:

- Versetzung nach H
- Vorzeitige Pensionierung, z.B. 55/11
- Betriebsbedingte Kündigungen, soweit die vorstehenden Maßnahmen nicht möglich sind
- Qualifizierungsmaßnahmen, d.h. soll eine Mitarbeiterin/ein Mitarbeiter auf Veranlassung des Arbeitgebers bei Versetzung in das Fusionsunternehmen oder einen Konzernbetrieb umgeschult werden – das Einverständnis des Arbeitnehmers vorausgesetzt –, so übernimmt der Arbeitgeber die Kosten der Umschulung.

Das Unternehmen ist bemüht, soziale Härten zu vermeiden. Vorrangig vor allen Kündigungen wird älteren Mitarbeiterinnen und Mitarbeitern das vorzeitige Ausscheiden aus Altersgründen auf freiwilliger Basis unter Berücksichtigung der betrieblichen Notwendigkeiten ermöglicht.

Es werden vom Vorstand alle Anstrengungen unternommen, den jeweiligen von der Versetzung betroffenen Mitarbeiterinnen/Mitarbeitern, die durch diese Zusammenlegung ihre bisherige Tätigkeit aufgeben müssen, innerhalb der Gruppe (Konzern) vergleichbare Arbeitsplätze anzubieten.

Soweit darüber hinaus Betriebsangehörige ausscheiden müssen, wird als sozialer Ausgleich für diesen Personenkreis ein Sozialplan vereinbart.

In diesem Sozialplan werden u.a. die Fragen

- Trennungsmehraufwand
- Besitzstände der Mitarbeiterinnen/Mitarbeiter
- Betriebsvereinbarungen/Richtlinien
- Fortsetzung der Ausbildungsverhältnisse

behandelt und festgelegt.

Die Anwendung der Tarifverträge der Getränkeindustrie in ▬▬▬ bleiben durch die hier vereinbarten Maßnahmen unberührt; bei Mitarbeiterinnen/Mitarbeitern, die Versetzungsangebote wahrnehmen, kommen die Tarifverträge der Erfrischungsgetränkeindustrie in H zur Anwendung.

5. Muster: Fusion und Zusammenführung von Betriebsteilen[222]

Zwischen

der Firma ▄▄▄

und

dem Betriebsrat der Firma ▄▄▄

wird im Hinblick auf die zukünftige Zusammenarbeit zwischen ▄▄▄ und ▄▄▄ folgender Interessenausgleich gemäß §§ 111, 112 BetrVG vereinbart:

§ 1

Beide Partner bringen ihre gesamte Produktion, den Vertrieb, die Logistik und die Verwaltung in ein neu zu gründendes Unternehmen mit Sitz in ▄▄▄ ein.

Die Zusammenlegung dient der langfristigen Sicherung von strategischen Positionen und Marktanteilen; die damit verbundene Ausweitung der Ertragssituation soll zukünftig u.a. die Stabilität von Arbeitsplätzen verbessern und zusätzlichen Spielraum für weitere nationale Produkteinführungen eröffnen.

Beide Partner sind zwar ertragsstark, sehen aber mittelfristig angesichts der starken Handelsmassierung und der Neuverteilung von Marktanteilen auf europäischer Ebene die Notwendigkeit zu einer Kooperation.

Es ergeben sich dadurch für uns folgende große Vorteile:

- Mit den Marken ▄▄▄ und ▄▄▄ bieten wir die beiden Spitzenmarken im deutschen Markt an.
- Durch die Zusammenarbeit werden wir unsere jetzt schon internationale Position im europäischen Markt deutlich ausweiten können.
- ▄▄▄ bekommt den Zugang zu ▄▄▄.
- Mit einer kombinierten Verkaufsorganisation von ca. ▄▄▄ Außendienstmitarbeiterinnen und -mitarbeitern haben wir einen schlagkräftigen Vertrieb gegenüber unseren Mitbewerbern.
- Durch die volle Ausnutzung unseres Logistiksystems unter Einbeziehung von ▄▄▄ können erhebliche Kosteneinsparungen realisiert werden.

Darüber hinaus können in weiteren Unternehmensbereichen Synergieeffekte optimal realisiert werden.

Die Zusammenführung beider Gesellschaften stellt die logische Entwicklung einer erfolgreichen Zusammenarbeit in der Vergangenheit dar, wobei das gesamte Geschäft beider Gesellschaften unter einheitlicher Leitung in Zukunft gemeinsam betrieben und weiterentwickelt werden soll.

Die Zusammenlegung soll spätestens zum ▄▄▄ erfolgt sein. Die Bewertung des einzubringenden Geschäftes ergibt nicht nur vom Volumen oder Umsatz, sondern auch vom Ertrag her ein deutliches Übergewicht für ▄▄▄. Die ▄▄▄ wird somit eine deutliche Mehrheit im Joint Venture haben und dessen Führung übernehmen.

§ 2

Im Zuge dieser Unternehmenszusammenführung wird es zu Änderungen der betrieblichen Organisationsstruktur kommen. Im Verlauf der verschiedenen Gespräche mit dem Betriebsrat erläuterte der Vorstand die mittelfristigen geschäftspolitischen Notwendigkeiten und Aussichten einer solchen Zusammenführung und übergab dem Betriebsrat Strategie- sowie Organisationspläne für die gemeinsame Geschäftstätigkeit.

Im Verlauf der Gespräche konnte der Betriebsrat von der Fusion überzeugt werden.

Der Betriebsrat distanziert sich aber ausdrücklich von dem zweiten Standort ▄▄▄ und hat diesbezüglich dem Vorstand frühzeitig eine Auflistung der Punkte unterbreitet, die für den alleinigen Standort ▄▄▄ sprechen.

Durch die Zusammenführung beider Geschäftsaktivitäten bzw. Systemzusammenlegung wird infolge von funktionalen Doppelbesetzungen mit Arbeitsplatzverlusten von insgesamt ca. ▄▄▄ Arbeitsplätzen bei beiden Unternehmen zu rechnen sein.

Durch die neue Struktur sind folgende Abteilungen von der Betriebsänderung betroffen:

- Buchhaltung/Rechnungswesen/Kostenrechnung
- Einkauf
- Informatik/Rechnungsausgangsprüfung/Schreibbüro
- Auftragsabwicklung

---

[222] Dieser Text ist das Pendant zu Muster 5735.

- Marketing/Werbung ohne Messe/Ausstellung
- Personalabteilung/Gehaltsabrechnung/Lohnbuchhaltung
- Zentrale/Empfang/Postabfertigung
- Verkauf/VK Innen/VK Außen/Handel
- Vorstandssekretärinnen
- Betrieb/Technik.

§ 3

Die ▀▀▀ wird Mitarbeiterinnen/Mitarbeitern aus den vorgenannten Abteilungen entsprechend den Anforderungsprofilen der neuen Planstellen bzw. der neuen Organisationsstruktur Versetzungsangebote unterbreiten.

Bei den Einzelgesprächen können die Mitarbeiterinnen/Mitarbeiter auf eigenen Wunsch ein Betriebsratsmitglied hinzuziehen.

Alle erforderlichen Einzelmaßnahmen werden unter Wahrung der gesetzlichen und tariflichen Bestimmungen, insbesondere des Mitbestimmungsrechts des Betriebsrats durchgeführt.

Als personelle Einzelmaßnahmen kommen in Betracht:
- Versetzung nach ▀▀▀
- Vorzeitige Pensionierung
- Betriebsbedingte Kündigungen
- Qualifizierungsmaßnahmen, d.h. soll eine Mitarbeiterin/ein Mitarbeiter auf Veranlassung des Arbeitgebers bei Versetzung in das Fusionsunternehmen oder einen Konzernbetrieb umgeschult werden – das Einverständnis des Arbeitnehmers vorausgesetzt –, so übernimmt der Arbeitgeber die Kosten der Umschulung.

Das Unternehmen ist bemüht, soziale Härten zu vermeiden. Vorrangig vor allen Kündigungen wird älteren Mitarbeiterinnen und Mitarbeitern das vorzeitige Ausscheiden aus Altersgründen auf freiwilliger Basis unter Berücksichtigung der betrieblichen Notwendigkeiten ermöglicht.

Es werden vom Vorstand alle Anstrengungen unternommen, den jeweiligen von der Versetzung betroffenen Mitarbeiterinnen/Mitarbeitern, die durch diese Zusammenlegung ihre bisherige Tätigkeit aufgeben müssen, innerhalb der Gruppe vergleichbare Arbeitsplätze anzubieten.

Soweit darüber hinaus Betriebsangehörige ausscheiden müssen, wird als sozialer Ausgleich für diesen Personenkreis ein Sozialplan vereinbart.

In diesem Sozialplan werden unter anderem die Fragen
- Trennungsmehraufwand
- Besitzstände der Mitarbeiterinnen/Mitarbeiter
- Betriebsvereinbarungen/Richtlinien
- Fortsetzung der Ausbildungsverhältnisse

behandelt und festgelegt.

§ 4

Die von betriebsbedingten Kündigungen betroffenen Mitarbeiterinnen/Mitarbeiter sind in einer Namensliste (Anlage) aufgeführt.

Es besteht Einigkeit darüber, dass die bisherigen Erläuterungen im Zusammenhang mit der Erstellung der Namensliste im Rahmen des Interessenausgleichs die förmliche Information des Betriebsrats nach § 102 BetrVG ersetzen. Der Betriebsrat hat die Kündigungen zur Kenntnis genommen. Das Anhörungsverfahren nach § 102 BetrVG ist damit abgeschlossen.

Die Anwendung der Tarifverträge ▀▀▀ bleibt durch die hier vereinbarten Maßnahmen unberührt; bei Mitarbeitern, die Versetzungsangebote wahrnehmen, kommen die Tarifverträge ▀▀▀ zur Anwendung.

Dieser Interessenausgleich und der Sozialplan gelten für alle festgelegten personellen Maßnahmen im Zusammenhang mit der Fusion ▀▀▀.

6. Muster: Neuorganisation eines Consulting-Unternehmens

Zwischen der

■■■ GmbH, vertreten durch die Geschäftsführer ■■■

und

dem Gesamtbetriebsrat der ■■■ GmbH, vertreten durch den Vorsitzenden ■■■

wird folgende Gesamtbetriebsvereinbarung zum Interessenausgleich Projekt ■■■ und aller damit verbundenen Maßnahmen geschlossen:

Präambel

(1) Das Projekt ■■■ wurde im Oktober ■■■ gestartet, um die Stärken der Beratungsunternehmen ■■■ und ■■■ in einer gemeinsamen Unternehmung zu bündeln und dieses als eigenständige Consulting-Einheit in die ■■■ einzubinden. Als Termin für die Zusammenarbeit ist der ■■■ avisiert.

(2) Ziel der Unternehmensleitung ist es, ein führendes, innovatives und international operierendes Management-Beratungsunternehmen zu schaffen mit herausragender Expertise im Bereich der neuen Informations- und Telekommunikationstechnologien. Es berät Top-Entscheider der Kunden bei der Erschließung und nachhaltigen Sicherung von Wettbewerbsvorteilen. Das neue Beratungsunternehmen wird sich mit der Spitzengruppe der international tätigen Management Consultants messen.

(3) Innerhalb der ■■■ bildet das neue Unternehmen eine Consulting-Einheit mit eigenständigem Profil und unter eigenem Namen, weil sie bei Kunden die Speerspitzenrolle beim Einstieg in innovative Themen ausfüllt und als erste Adresse und Imageträger in der Öffentlichkeit wiederum positive Hebelwirkungen schafft auf Beratungsimage und -profil der ■■■.

(4) Das neue Beratungsunternehmen soll die gegenwärtigen Kunden und Geschäfte der beiden Fusionspartner nicht vernachlässigen. Deshalb sollen bestehende Organisationseinheiten so weit wie möglich als Einheit erhalten werden.

(5) Zwingend erforderlich sind jedoch auch die nachhaltige Stärkung der Schlagkraft durch Fokussierung der Kompetenzen auf die strategisch relevanten Bedarfspotentiale am Markt und durch wettbewerbsgerechte, effiziente interne Prozesse Strukturen und Standorte. Spezifisch heißt das:

- Neuausrichtung der operativen Matrix aus Industry- und Competence-Practices, um die veränderte Marktstrategie optimal unterstützen zu können. Beide Unternehmen haben bereits eine Matrixorganisation installiert. Ein Teil der vorhandenen Einheiten kann nahezu unverändert migrieren, andere Einheiten müssen neu zugeordnet oder neu geschaffen werden.
- Neuausrichtung von Service Support, um Serviceorientierung und Kosteneffizienz wettbewerbsgerecht zu gestalten. Dies bedeutet Neustrukturierung der Service- und Supportbereiche.
- Neuausrichtung der nationalen Standorte, um primär den Wissensaustausch unter den Mitarbeiterinnen und Mitarbeitern und die Identifikation mit dem Unternehmen zu fördern.

(6) Ziel dieser Vereinbarung ist es, die Voraussetzungen für die Umsetzung der Neuorganisation von ■■■ zu schaffen und die damit verbundenen unumgänglichen Veränderungen für die Mitarbeiterinnen und Mitarbeiter sozialverträglich zu gestalten. In Kenntnis dieses Sachverhaltes schließen die Vertragsparteien gemäß §§ 111, 112 BetrVG nachfolgenden Interessenausgleich:

§ 1 Geltungsbereich

Diese Vereinbarung gilt für alle Mitarbeiterinnen und Mitarbeiter der ■■■, soweit sie nicht leitende Angestellte sind (Anlage: Namensliste/Stellen der leitenden Angestellten zum Stichtag ■■■).

§ 2 Gegenstand

Gegenstand des Interessenausgleichs sind die Organisationsänderungen aufgrund der in der Präambel genannten Gründe. Die Betriebsparteien sind sich einig, dass eine Neuorganisation notwendig ist, um die Unternehmen ■■■ und ■■■ zusammenzuführen. Im Einzelnen handelt es sich um folgende Maßnahmen:

- Ab ■■■, spätestens ab ■■■ pachtet die ■■■ GmbH die Betriebe der ■■■ GmbH.
- Im 2. Halbjahr ■■■ erfolgt die Rückverschmelzung der ■■■ GmbH auf die ■■■ GmbH.
- Voraussichtlich zum ■■■ wird die ■■■ GmbH auf die ■■■ GmbH gesellschaftsrechtlich verschmolzen. Sie ist als 100 %ige Tochter in die ■■■ GmbH eingebunden.
- Bis zum ■■■ werden die Maßnahmen zur Optimierung von Prozessen, Strukturen und Kapazitäten umgesetzt. Durch diese Maßnahmen (einschl. der Zusammenfassung/Schließung von Standorten), die noch mit dem Gesamtbetriebs-

rat zu konkretisieren und abzustimmen sind, kommt es lt. ▬ zu betriebsbedingten Kündigungen von max. 150 Mitarbeiterinnen und Mitarbeitern.

§ 3 Organisations-Einheiten

(1) Für die ▬ stellt sich die zentrale Herausforderung, Branchen- und Fach-Know-how gleichermaßen zu entwickeln und in ihren Projekten zum Einsatz bringen zu können, um im Beratungsmarkt zu bestehen. Vor diesem Hintergrund wird die ▬ die vorhandene Matrixorganisation neu ausrichten (siehe Anlage 2: Organigramme der operativen Einheiten).

(2) Die Service Center stehen den Industry- und Competence Practices bzw. dem Gesamtunternehmen als Dienstleister zur Verfügung (siehe Anlage 3: Organigramme der Service- und Supportbereiche).

(3) In Anlage 4 sind die bestehenden nationalen Standorte aufgeführt. Mit der Erstellung und Bekanntgabe der zu schließenden bzw. zu verlegenden Standorte sind gegenüber dem Gesamtbetriebsrat die Verpflichtungen von ▬ bzgl. des § 90 BetrVG nicht abschließend erfüllt.

§ 4 Durchführung

Ab dem ▬ wird die ▬ mit der ▬ organisatorisch zusammengeführt. Die Umsetzung der Maßnahmen erfolgt gemäß § 2.

(1) Mitarbeiterzuordnung: Die ▬ wird allen Mitarbeiterinnen und Mitarbeitern, für die sich als Folge der Organisationsänderung eine Veränderung ihres bisherigen Aufgabenbereichs ergibt, einen nach Möglichkeit gleichwertigen Arbeitsplatz anbieten (Anlage 5: Mitarbeiterzuordnung).

(2) Versetzungen: Die ▬ und der Gesamtbetriebsrat einigen sich auf die im Zuge der mit der Organisationsänderung zusammenhängenden Versetzungsmaßnahmen notwendigerweise auszuschreibenden Stellen. Externe Ausschreibungen sind möglich, Einstellungen wird ▬ erst wieder ab dem ▬ vornehmen. Ausgenommen sind Stellen, bei denen Geschäftsführung und Betriebsrat einvernehmlich feststellen, dass diese – auch über Qualifizierungsmaßnahmen – mit internen Bewerbern nicht besetzt werden können. Ziel ist es, alle Versetzungsmaßnahmen bis zum ▬ durchgeführt zu haben.

Stellenausschreibungen erfolgen intern unternehmensweit. Die auszuschreibenden Stellen sind in der Anlage 6 erfasst. Versetzungsangebote müssen schriftlich erfolgen und haben mindestens folgende Angaben zu enthalten:

- vorgesehener Arbeitsort
- vorgesehener Arbeitsplatz (Stellenbeschreibung)
- vorgesehene Vergütung, inkl. variablem Vergütungsanteil
- voraussichtlicher Termin
- ggf. vorgesehene Qualifizierungsmaßnahmen
- ggf. Befristung der Position.

Betroffene Mitarbeiterinnen und Mitarbeiter erhalten, soweit adäquate Arbeitsplätze vorhanden sind, mindestens zwei Versetzungsangebote. Nach Zugang des ersten Angebotes hat die Mitarbeiterin oder der Mitarbeiter eine einmalige Entscheidungsfrist von zwei Wochen. Diese Frist gilt auch für gleichzeitig unterbreitete weitere Angebote. Wird der Mitarbeiterin oder dem Mitarbeiter nach Ablauf dieser Frist möglichst innerhalb von zwei weiteren Wochen ein weiteres Angebot unterbreitet, hat er eine einmalige Entscheidungsfrist von einer Woche. Beinhaltet ein Versetzungsangebot einen Standortwechsel, so verdoppeln sich die Fristen. Bei Versetzungsmaßnahmen ist der örtliche Betriebsrat zu beteiligen. Im Falle betriebsübergreifender Versetzungen sind der abgebende sowie der aufnehmende Betriebsrat gemäß § 99 BetrVG zu beteiligen.

(3) Aufhebungsverträge: Zu Beginn der Verhandlungen über den Abschluss eines Aufhebungsvertrages wird ▬ den Gesamtbetriebsrat informieren und die Mitarbeiterin oder den Mitarbeiter darauf hinweisen, dass diese/dieser die Möglichkeit hat, ein Betriebsratsmitglied hinzuzuziehen. ▬ wird sich diesen Hinweis entweder schriftlich bestätigen lassen oder einen entsprechenden Vermerk in den Aufhebungsvertrag aufnehmen. Über den Abschluss eines Aufhebungsvertrages ist der Gesamtbetriebsrat zu unterrichten. Nach Abschluss des Aufhebungsvertrages ist die Mitarbeiterin/der Mitarbeiter berechtigt, innerhalb von drei Arbeitstagen von dem Vertrag zurückzutreten.

(4) Personalwirtschaftliche Maßnahmen: Im Zuge der Organisationsänderungen wird es zu Kündigungen und anderen personalwirtschaftlichen Maßnahmen kommen. Hier greifen die Regelungen des Sozialplans. Die ▬ legt dem Gesamtbetriebsrat bis zum ▬ eine Liste mit den Namen der Mitarbeiterinnen und Mitarbeiter vor, denen bis zum ▬ nach den Vorstellungen der Geschäftsführung gekündigt werden soll. Danach umfasst die Liste die Namen von maximal 150 Mitarbeiterinnen und Mitarbeitern und ist nach dem ▬ nicht mehr erweiterbar. Hiervon ausgenommen sind die Fälle, in denen nicht auf der Liste stehende Mitarbeiterinnen und Mitarbeiter sich für einen Ringtausch nach den Regelungen des Sozialplans anbieten. Ab dem ▬ verzichtet ▬ für die Dauer von einem Jahr bei Consultants und von

zwei Jahren bei Service- und Supportkräften auf betriebsbedingte Kündigungen. Mit der Erstellung und Bekanntgabe der o.g. Namensliste gegenüber dem Gesamtbetriebsrat sind die Verpflichtungen von ■■■ bzgl. des § 90 BetrVG nicht abschließend erfüllt.

(5) Auswahlrichtlinie: Folgende Auswahlrichtlinien des § 95 BetrVG für die Sozialauswahl sind vereinbart:

Punktetabelle zur sozialen Vorauswahl:

1. Betriebszugehörigkeit – je volles Beschäftigungsjahr 2 Punkte
2. Lebensalter

- bis 20 Jahre   0 Punkte
- bis 30 Jahre   1 Punkt
- bis 40 Jahre   3 Punkte
- bis 50 Jahre   6 Punkte
- bis 57 Jahre   8 Punkte
- über 57 Jahre   10 Punkte

3. Unterhaltspflichten

Ehegatte: 2 Punkte

je Kind (auf der Steuerkarte verzeichnet)[223]   4 Punkte

Eintragung (0,5 gilt als 1 Kind).

Bei Punktgleichheit wird eine einvernehmliche Entscheidung zwischen der Geschäftsführung und dem Gesamtbetriebsrat herbeigeführt. Die soziale Auswahl am Standort ■■■ beschränkt sich ausschließlich auf die Mitarbeiterinnen und Mitarbeiter, die dem von dieser Regelung umfassten Mitarbeiterkreis (■■■/■■■) angehören.

Gemäß § 1 Abs. 3 KSchG sind in die soziale Auswahl die Arbeitnehmer nicht einzubeziehen, deren Weiterbeschäftigung, insbesondere wegen ihrer Kenntnisse, Fähigkeiten und Leistungen oder zur Sicherung einer ausgewogenen Personalstruktur des Betriebes, im berechtigten betrieblichen Interesse liegt.

Für Mitarbeiterinnen und Mitarbeiter, die von betriebsbedingten Kündigungen betroffen sind, wird sich die ■■■ um alternative Beschäftigungsmöglichkeiten im ■■■-Konzern bemühen, wenn dort entsprechende Vakanzen bestehen.

§ 5 Besitzstandswahrung

Der Besitzstand der Mitarbeiterinnen und Mitarbeiter hinsichtlich Gehaltshöhe, variablem Vergütungsanteil und Sozialleistungen bleibt unberührt.

§ 6 Verfahren

(1) Die Zuständigkeit für die Detailplanungen/Umsetzungsplanungen sowie die sich daraus ergebenden Durchführungsschritte einschließlich Änderungen der Arbeitsablauf-/Arbeitsorganisation im örtlichen Betrieb liegt bei der Geschäftsführung. Die umfassende Beratung mit den zuständigen Betriebsräten erfolgt so rechtzeitig, dass deren Anregungen berücksichtigt werden können. Vorbereitete Unterlagen werden für die Beratung rechtzeitig zur Verfügung gestellt.

(2) ■■■ trägt dafür Sorge, dass die nicht freigestellten Betriebsräte in dem für die Umsetzung erforderlichen Umfang von ihrer Arbeit gemäß § 37 Abs. 2 BetrVG freigestellt werden.

§ 7 Einbeziehung der Mitarbeiterinnen und Mitarbeiter

(1) Die Mitarbeiterinnen und Mitarbeiter werden unter Einbindung des örtlichen Betriebsrats über die Organisationsänderung informiert. Insbesondere werden sie über Veränderungen ihres Arbeitsplatzes bzw. Aufgabenbereichs rechtzeitig und umfassend unterrichtet. Ihnen werden dabei auch die damit verbundenen Chancen und Entwicklungsmöglichkeiten verdeutlicht. Mit den Mitarbeiterinnen und Mitarbeitern werden erforderliche Qualifizierungsmaßnahmen besprochen, die sie in die Lage versetzen, den Anforderungen und dem Wandel ihres bestehenden bzw. eines neuen Arbeitsplatzes gerecht zu werden. Die ■■■ ermöglicht, dass die vereinbarten Qualifizierungsmaßnahmen binnen drei Monaten angetreten werden können.

(2) Sofern mit den Veränderungen ein Wechsel des Arbeitsortes oder eine Beendigung des Arbeitsverhältnisses verbunden ist, sind vor den konkreten Maßnahmen mit den betroffenen Mitarbeiterinnen und Mitarbeitern Gespräche über alle zur Verfügung stehenden Möglichkeiten sowie die Vorstellung der Mitarbeiterinnen und Mitarbeiter einschließlich deren familiärer und sozialer Situation zu führen.

---

[223] Aus Gründen der Rechtssicherheit wird davon abgeraten, die Unterhaltspflichten allein aus der Lohnsteuerkarte zu entnehmen. Die neuere Rechtsprechung geht von einer über die Lohnsteuerkarte hinausgehenden Erkundigungspflicht des Arbeitgebers aus; wegen Einzelheiten siehe § 5 Rn 162.

(3) Die Mitarbeiterinnen und Mitarbeiter können hierbei auch eigene Vorschläge zu den zur Verfügung stehenden Möglichkeiten unterbreiten. Diese Gespräche sind rechtzeitig unter Angabe des Gesprächsthemas und Aushändigung erforderlicher Unterlagen anzukündigen. Die Betroffenen können ein Mitglied des örtlichen Betriebsrats/der Schwerbehindertenvertretung hinzuziehen. Die Rechte aus den §§ 84, 85 BetrVG bleiben unberührt.

§ 8 Weitergehende Regelungen

Die Parteien setzen sich dafür ein, dass für alle Mitarbeiterinnen und Mitarbeiter Regelungen zur

- Karrieresystematik/Kompetenzmodell inkl. Leistungsbeurteilung
- Qualifizierung
- Vergütungssystematik

gemäß Zeitplan (Anlage 7: Roadmap) wirksam werden.

§ 9 In-Kraft-Treten

(1) Die Parteien sind sich einig, dass die Verhandlungen abgeschlossen sind und das Verfahren zur Herbeiführung eines Interessenausgleichs abgeschlossen ist. Die Vereinbarung tritt mit Unterzeichnung durch die Betriebsparteien in Kraft und endet mit Abschluss der Maßnahmen gemäß § 2, mit Ausnahme von § 4 Abs. 4, welcher einvernehmlich zwischen Geschäftsführung und Gesamtbetriebsrat abgestimmt wird.

(2) Die aufgeführten Anlagen sind Bestandteil dieser Vereinbarung.

(3) Sollten Bestandteile dieser Vereinbarung ganz oder teilweise nichtig sein oder unwirksam werden, wird dadurch die Wirksamkeit des Gegenstandes und der anderen Bestandteile im Übrigen nicht berührt.

(4) Im Übrigen bleiben die gesetzlichen Beteiligungsrechte des Gesamtbetriebsrats und der örtlichen Betriebsräte von dieser Vereinbarung unberührt.

■■■, den ■■■

Anlagen:

1 Namensliste/Stellen der leitenden Angestellten

2 Organigramme der operativen Einheiten

3 Organigramme der Service- und Support-Einheiten

4 Nationale Standorte

5 Mitarbeiterzuordnung

6 Auszuschreibende Stellen

7 HR-Regelungen Roadmap

Protokollnotiz zum Interessenausgleich Projekt ■■■

§ 1 Mitarbeiterzuordnungsmatrix

Die Parteien sind sich darüber einig, dass die Anlagen 5 und 6 stichtagsbezogen sind und ständig aktualisiert werden müssen. Jede Änderung wird mit dem Gesamtbetriebsrat abgestimmt. Selbiges gilt für die Personalplanung im Rahmen des Projektes ■■■.

Dazu wird folgendes Verfahren vereinbart: Die aktuelle Version der Anlagen 5 und 6 werden dem Vorsitzenden des Gesamtbetriebsrats sowie dessen Stellvertreter und in Kopie dem BR-Sekretariat zugeleitet. Fehlende Informationen oder Unklarheiten können innerhalb von drei Arbeitstagen benannt werden. Sofern der Gesamtbetriebsrat nicht innerhalb von fünf Arbeitstagen nach Zuleitung der aktualisierten Version widerspricht, kann die aktualisierte Matrix umgesetzt werden. Sofern der Gesamtbetriebsrat der Umsetzung widerspricht, versuchen sich beide Parteien innerhalb von fünf Arbeitstagen nach Eingang des Widerspruches auf Initiative der ■■■ hin zu einigen. Sofern keine Einigung zustande kommt, greifen die dann vorgesehenen Bestimmungen des BetrVG.

§ 2 Entscheidungsfristen

Die Entscheidungsfristen gemäß § 4 Abs. 2 beginnen bei Dienstreisen und Urlaub erst nach der Rückkehr der Mitarbeiterin oder des Mitarbeiters, bei Arbeitsunfähigkeit erst mit Wiederherstellung der Arbeitsfähigkeit der Mitarbeiterin oder des Mitarbeiters.

§ 3 Mitarbeiterliste

Die Liste der zu entlassenden Mitarbeiterinnen und Mitarbeiter muss dem Gesamtbetriebsrat bis zum ■■■ vollständig vorliegen und umfassend erläutert/begründet werden. Dies ist Voraussetzung für die Einleitung des Anhörungsverfahrens gemäß § 102 BetrVG.

7. Muster: Outsourcing von Handwerkern einer Wohnungsbaugesellschaft[224]

Zwischen

der Firma ■■■

– nachstehend: Firma –

und

dem Betriebsrat der Firma ■■■

– nachstehend: Betriebsrat –

wird folgender Interessenausgleich vereinbart:

Präambel

Die Geschäftsleitung hat die Rationalisierungsentscheidung getroffen, den bislang von 167 Arbeitnehmern (einschließlich der 4 befristeten Arbeitsverhältnisse) geführten Bauhof mit den Gewerken, Maurer, Dachdecker, Klempner, Elektro, Schlosser, Ofenbau, Gerüstbauer und Kfz-Bereich sowie Verwaltung und Notdienst spätestens zum ■■■ nur noch mit 71 Arbeitnehmern fortzuführen.

Diese Rationalisierungsentscheidung wurde dadurch bedingt, dass die wirtschaftlichen Rahmenbedingungen für eine Fortsetzung des Regiebetriebes mit der alten Personalstärke nicht gegeben sind.

Im Bereich Instandhaltung (Reparaturen), Modernisierung/Instandsetzung und der Sanierung von leer stehenden Wohnungen herrscht ein erheblicher Konkurrenzdruck. Um die Aufrechterhaltung der bisherigen Personalstärke zu rechtfertigen, müsste ein Verdrängungswettbewerb geführt werden, den das Unternehmen aufgrund der erheblich höheren Tariflöhne im Vergleich zu den entsprechenden Tarifen der Mitbewerber aus den Bereichen Maurer, Dachdecker und Ofenbauer sowie Klempner, Schlosser und Elektriker nicht erfolgreich leisten kann.

Daher hat sich die Geschäftsleitung zu einer Umstrukturierung des Regiebetriebes mit dem Ziel entschlossen, den Bestand und den treuhänderisch verwalteten sowie teilweise bereits privatisierten Grundstücksbestand im Reparatur- und Schnelldienst (RSD) zu betreuen. Hierbei ist nicht eine Betreuung im herkömmlichen Sinne, sondern ein Serviceangebot des Unternehmens gegenüber den Mietern gemeint, der in seinem Inhalt und seiner Qualität einem modernen Dienstleistungsunternehmen entspricht. Diesem Serviceangebot entsprechend werden die Mitarbeiter zukünftig verstärkt im Bereich der Einleitung von Sofortmaßnahmen, der Durchführung qualitativ hochwertiger Handwerksleistungen sowie der Organisation von notwendigen Fremdnachfolgeleistungen bei Havariefällen eingesetzt werden.

Eine der den konkurrierenden Gewerkebranchen übliche Personalkostenhöhe erfordert eine Reduzierung des Mitarbeiterbestandes auf 71 Beschäftigte.

Der zukünftige Regiebetrieb wird sich im Wesentlichen in drei Geschäftsfelder aufgliedern:

- RSD-Leistungen im Bestand
- RSD-Leistungen für private Haushalte und vertraglich gebundene Fremdunternehmen
- Sanierung des Leerstandes.

Andere Lösungskonzepte sind nicht zu realisieren. Eine Ausgründung des gesamten Regiebetriebes und Übernahme durch einen Investor scheitert an fehlenden Interessenten. Eine Privatisierung der Einzelwerke nach dem Modell Management buy out wurde von den Mitarbeitern ebenfalls nicht angenommen.

Ziel dieser Vereinbarung ist es, die Existenz des Unternehmens insgesamt zu sichern, unumgängliche Personalanpassungsmaßnahmen sozialverträglich zu gestalten und möglichst viele Arbeitsplätze bei der Firma zu erhalten und mittel- und langfristig zu sichern.

§ 1 Gegenstand

(1) Gegenstand des Interessenausgleiches ist der Personalabbau aufgrund der in der Präambel genannten Gründe. Die Betriebsparteien sind sich einig, dass ein Personalabbau unabdingbar ist. Nur dadurch kann die Wettbewerbsfähigkeit des Unternehmens wiedererlangt und der Bestand des Unternehmens langfristig gesichert werden.

---

[224] Dieser Text ist das Pendant zu Muster 5710.

(2) Die Parteien sind sich einig, dass der derzeitige Personalbestand von insgesamt 167 Arbeitnehmern im Bereich Regiebetrieb zum ■■■ auf 71 Arbeitnehmer abgebaut werden muss.

(3) Die Parteien sind sich einig, dass eine betriebswirtschaftliche optimale Führung des zukünftigen personalreduzierten Regiebetriebes wie folgt aussehen muss:

Fachgewerk	Zukünftige Belegschaftsgröße
HLS Glasklempner	19
Dachdecker	8
Dachklempner	2
Elektriker	8
Schlosser	2
Maurer	13
Ofensetzer	3
Werkstatt	4
Leitung und Verwaltung	7
Dispatcher	5
Summe	71

§ 2 Durchführung

(1) Der Personalabbau wird in folgenden Etappen durchgeführt:

Der Ausspruch der Kündigungen erfolgt zum ■■■.

Entlassungstermin ist der ■■■ und der ■■■. Die Kündigungen der Zivildienstleistenden werden nach Abschluss des Zivildienstes unter Einhaltung der ordentlichen Kündigungsfrist ausgesprochen.

Die gegenwärtig durch die Firma vorgenommene Ausbildung von gewerblichen Arbeitnehmern kann unter den dargestellten Bedingungen zu Ende geführt werden.

Die Ausbildung ist nach entsprechender Abstimmung zu den Ausbildungsrichtlinien wie folgt sicherzustellen:

Neue Ausbildungsverträge werden nicht abgeschlossen. Nach Abschluss der Ausbildung (20■■■ werden 5 Dachdecker, 4 Elektroinstallateure, 4 Gas- und Wasserinstallateure; 20■■■ werden 4 Dachdecker, 3 Elektroinstallateure, 5 Gas- und Wasserinstallateure; 20■■■ werden 4 Elektroinstallateure ihre Ausbildung abschließen) werden die Auszubildenden nicht übernommen.

Die Geschäftsleitung wird freiwerdende oder neue Arbeitsplätze vorrangig den Auszubildenden, und unter diesen vorrangig den Junggesellen, anbieten.

(2) Das Unternehmen wird die erforderlichen betriebsbedingten Beendigungskündigungen unter Beachtung der jeweils gültigen Kündigungsfristen aussprechen. Die Firma ist weiterhin berechtigt, Kündigungen aus anderen Gründen auszusprechen. Diese unterfallen nicht dem Sozialplan.

(3) Bei der Durchführung der Sozialauswahl werden folgende Auswahlrichtlinien zugrunde gelegt:

a) Pro Dienstjahr wird ein Sozialpunkt vergeben.

b) Für jedes volle Lebensjahr wird ein Sozialpunkt zugrunde gelegt.

c) Für jedes unterhaltsberechtigte Kind werden vier Punkte hinzuaddiert.

d) Der besondere Kündigungsschutz der Betriebsratsmitglieder, der Schwerbehinderten und nach dem Tarifvertrag wird insoweit berücksichtigt, als diese aus der Liste der zu entlassenden Arbeitnehmer herausgelassen werden.

e) Der besondere Kündigungsschutz der Zivildienstleistenden wurde insoweit berücksichtigt, als diese in der Sozialauswahl berücksichtigt wurden.

Wenn diese sich aufgrund ihrer Sozialdaten nach individueller Abschlussprüfung im Kreis der zu Entlassenden befinden, wird ihnen die Kündigung jedoch erst nach Beendigung des Zivildienstes unter Einhaltung der ordentlichen Kündigungsfrist ausgehändigt werden.

f) Die Sozialauswahl zwischen den vergleichbaren Mitarbeitern erfolgt pro Berufsgruppe. Die Hilfsarbeiter jeder Berufsgruppe entsprechen nicht mehr dem zukünftigen Anforderungsprofil. Daher ist deren Vergleichbarkeit ausgeschlossen. Im Rahmen der Sozialauswahl sind diese daher unberücksichtigt gelassen.

g) Für den Fall, dass Arbeitnehmer die gleichen Sozialpunkte aufweisen, wird die Entscheidung zunächst in der Rangfolge Unterhaltsverpflichtung und dann nach Alter getroffen. Die Entscheidung erfolgt jedoch wiederum nach der individuellen Abschlussprüfung.

Die Sozialauswahl zwischen den vergleichbaren Mitarbeitern erfolgte in einem ersten Schritt anhand dieser Auswahlrichtlinien. In einem zweiten Schritt ist jeder Einzelfall daraufhin zu überprüfen, ob besondere soziale Härten vorliegen, die eine abweichende Beurteilung erfordern. Im Rahmen dieser individuellen Abschlussprüfung können jedoch nur soziale Gesichtspunkte, die mit dem Arbeitsverhältnis in Verbindung stehen, berücksichtigt werden.

h) Die Berücksichtigung berechtigter betrieblicher Bedürfnisse bleibt hiervon unberührt.

Aus betriebstechnischen und wirtschaftlichen Bedürfnissen sowie sonstigen berechtigten betrieblichen Belangen ist es notwendig, im Interesse einer erfolgreichen Verbesserung der Ertragslage des Regiebetriebes bestimmte, d.h. leistungsstärkere, besser qualifizierte oder vielfältig einsetzbare Arbeitnehmer weiterzubeschäftigen. Erhebliche Leistungsunterschiede, erheblich geringere Krankheitsanfälligkeit sind Bedürfnisse, die einer Sozialauswahl entgegenstehen können.

Auch sonstige berechtigte betriebliche Bedürfnisse, die im Interesse der Aufrechterhaltung eines geordneten Betriebsablaufes notwendig sind, können dazu führen, dass sozial weniger schutzbedürftige Arbeitnehmer weiterbeschäftigt werden. Hierzu zählen insbesondere eine im Interesse des Betriebes notwendige vielseitige Verwendbarkeit, eine erhöhte Kooperationsbereitschaft (z.B. bei Team-Aufgaben), die Einplanung eines Arbeitnehmers für künftige Führungsaufgaben sowie besondere Qualifikationen wie Fachkenntnisse.

Auch persönliche Kontakte zu den Mietern werden zur Optimierung des zukünftigen Unternehmensprofils als berechtigtes betriebliches Bedürfnis angesehen.

(4) Nach der Sozialauswahl sind die Gewerkeleiter ▪▪▪ weiterzubeschäftigen. Diesen Mitarbeitern werden Änderungsverträge angeboten für den Fall, dass diese von den Mitarbeitern nicht angenommen werden, Änderungskündigungen unter Einhaltung der ordentlichen Kündigungsfrist ausgesprochen.

Den Mitarbeitern mit Sonderkündigungsschutz wird eine außerordentliche Kündigung unter Einhaltung einer Auslauffrist ausgesprochen. Die Auslauffrist entspricht der Kündigungsfrist, die ohne den Ausschluss der ordentlichen Kündigung nach dem Tarifvertrag maßgebend gewesen wäre.

Stimmen die Mitarbeiter der Änderung ihres Arbeitsverhältnisses zu, erhalten sie mindestens für die Dauer von sechs Monaten das bisherige Bruttogehalt in dem neuen Vertragsverhältnis fortgezahlt. Nach Ablauf der ersten sechs Monate wird der Mitarbeiter neu eingruppiert.

(5) Eine Liste aller Mitarbeiter ist im Interessenausgleich als Anlage beigefügt.

Die Liste enthält folgende Angaben: Name, Alter, Geburtsdatum, Eintrittsdatum, Beruf, Unternehmenszugehörigkeit, Familienstand, Zahl der bekannten unterhaltsberechtigten Kinder, Tätigkeit, Vergütungsgruppe, (Pfändung, besonderer Kündigungsschutz, besondere individuelle Umstände/Abschlussprüfung) sowie die Kündigungsfristen.

Die Liste wird je nach Bedarf aktualisiert.

§ 3 Mitwirkungsrecht

(1) Der Betriebsrat wurde im Rahmen der Interessenausgleichsverhandlungen auch gemäß § 17 Abs. 2 KSchG unterrichtet. Die weiteren Mitwirkungsrechte des Betriebsrats bleiben von dieser Vereinbarung unberührt. Dies bedeutet, dass die Firma vor Ausspruch der betriebsbedingten Kündigungen das Anhörungsverfahren nach § 102 BetrVG gesondert durchführen wird.

Diese Vereinbarung wird der Anzeige der Firma nach § 17 KSchG beigefügt.

(2) Der Betriebsrat verpflichtet sich, eine schriftliche Stellungnahme zu diesem Konzept abzugeben und innerhalb von zwei Wochen nach Beendigung des Interessenausgleichsverfahrens dem Arbeitgeber zur Vorlage gegenüber der Bundesagentur für Arbeit und der Regionaldirektion auszuhändigen.

§ 4 Sozialplan

Zum Ausgleich bzw. zur Milderung der wirtschaftlichen Nachteile, die den Arbeitnehmern durch die geplante Betriebsänderung entstehen, haben die Parteien einen Sozialplan abgeschlossen.

§ 5 In-Kraft-Treten

(1) Die Parteien sind sich einig, dass die Verhandlungen abgeschlossen sind und das Verfahren zur Herbeiführung eines Interessenausgleiches beendet ist.

(2) Der Interessenausgleich tritt mit Unterzeichnung in Kraft und endet zum ▪▪▪.

8. Muster: Personalabbau[225]

Zwischen

der Firma ■■■

– nachstehend: Unternehmen –

und

dem Betriebsrat der Firma ■■■

– nachstehend: Betriebsrat –

wird folgender Interessenausgleich vereinbart:

Präambel

Aufgrund der gegenläufigen Auftrags- und Kostenentwicklung kann das Unternehmen nur fortgeführt werden, wenn im Bereich der variablen Kosten, die im Wesentlichen die Personalkosten betreffen, erhebliche Einsparungen erfolgen. Darüber hinaus soll die negative Entwicklung der Auftragslage gestoppt werden durch die Umstellung des Vertriebs auf freie Handelsvertreter und die Schließung der betriebseigenen Abteilung Verkauf. Hierdurch sollen Motivation und eigenverantwortliches Handeln gesteigert und genutzt werden. Die kostenintensive Abteilung Montage wird ebenfalls geschlossen und die Arbeiten an Subunternehmer vergeben, wie es das Unternehmen beispielsweise in Frankreich bereits erfolgreich praktiziert. Neben diesen Umstrukturierungsmaßnahmen ist ein weiterer Personalabbau unumgänglich. Um die Anzahl der betriebsbedingten Kündigungen so gering wie möglich zu halten, sollen die verbleibenden Mitarbeiterinnen/Mitarbeiter den Verzicht auf ein Weihnachts- und Urlaubsgeld erklären.

§ 1 Gegenstand

Um die Überlebensfähigkeit des Unternehmens zu sichern und die Wettbewerbsfähigkeit wieder zu erlangen, werden folgende Maßnahmen ergriffen:

1. Schließung der Abteilung Vertrieb und Zusammenarbeit mit freien Handelsvertretern nach §§ 84 ff. HGB.
2. Schließung der Abteilung Montage und Zusammenarbeit mit Subunternehmern.
3. Abbau des Personalbestands von derzeit 65 Arbeitnehmerinnen/Arbeitnehmern ausschließlich der in den Abteilungen Verkauf und Montage beschäftigten Arbeitnehmer auf 50 Arbeitnehmerinnen/Arbeitnehmer.
4. Vorschlag eines Verzichts auf Weihnachts- und Urlaubsgeld für die Dauer von zunächst drei Jahren, bei Nichtannahme durch die Mitarbeiterinnen/Mitarbeiter Ausspruch von Änderungskündigungen gegenüber den verbleibenden 50 Arbeitnehmerinnen/Arbeitnehmern.

§ 2 Durchführung

(1) Das Unternehmen wird den namentlich in einer Anlage 1 bezeichneten Mitarbeiterinnen und Mitarbeitern des Verkaufs Aufhebungsverträge und gleichzeitig ein Angebot zum Abschluss eines freien Handelsvertretervertrages unterbreiten. Nimmt die Mitarbeiterin/der Mitarbeiter des Verkaufs das Angebot nicht innerhalb einer Bedenkzeit von einer Woche an, wird gegenüber der Mitarbeiterin/dem Mitarbeiter unter Einhaltung der ordentlichen Kündigungsfrist die Beendigungskündigung ausgesprochen. Eine Vergleichbarkeit mit den Arbeitsplätzen anderer Mitarbeiterinnen/Mitarbeiter ist nicht gegeben.

(2) Das Unternehmen wird den namentlich in einer Anlage 2 bezeichneten Mitarbeitern der Abteilung Montage Aufhebungsverträge anbieten und gleichzeitig ein Angebot unterbreiten, als Subunternehmer für das Unternehmen tätig zu werden. Nimmt der Mitarbeiter der Abteilung Montage das Angebot nicht innerhalb einer Bedenkzeit von einer Woche an, wird dem Mitarbeiter eine Änderungskündigung ausgesprochen, verbunden mit dem Angebot, in der Produktion eingesetzt zu werden. Entsteht auf diese Weise ein Arbeitskräfteüberhang in der Produktion, sind nach erneuter Durchführung einer Sozialauswahl entsprechend weitere betriebsbedingte Beendigungskündigungen auszusprechen.

(3) Den in einer Namensliste in einer Anlage 3 aufgeführten Mitarbeiterinnen/Mitarbeitern sind unter Beachtung der jeweils geltenden Kündigungsfristen betriebsbedingte Beendigungskündigungen auszusprechen.

Bei der Durchführung der Sozialauswahl werden folgende Auswahlrichtlinien gemäß § 1 Abs. 3 Satz 1 KSchG zugrunde gelegt:

a) Für jedes bis zum ■■■ vollendete Lebensjahr wird ein Sozialpunkt vergeben, höchstens 55 Punkte.

b) Für jedes bis zum ■■■ vollendete Jahr der Betriebszugehörigkeit werden bis zum 10. Jahr 2 Punkte, ab dem 11. Jahr 3 Punkte vergeben; Berücksichtigung nur bis zum 59. Lebensjahr.

---

[225] Dieser Text ist das Pendant zu Muster 5720.

c) Für jedes unterhaltsberechtigte Kind werden nochmals 4 Punkte hinzuaddiert.

d) Der besondere Kündigungsschutz der Betriebsratsmitglieder, Jugend- und Auszubildendenvertreter, Schwerbehinderten und in Mutterschutz und Elternzeit befindlichen Mitarbeiter wird insoweit berücksichtigt, als diese aus der Liste der zu entlassenen Arbeitnehmer herausgenommen werden.

e) Die Sozialauswahl zwischen den vergleichbaren Mitarbeiterinnen/Mitarbeitern erfolgt abteilungsbezogen nach Berufsgruppen, wobei die Abteilungen ▬▬▬ und ▬▬▬ zusammengezogen werden. Die angelernten Mitarbeiterinnen/Mitarbeiter ohne Ausbildung entsprechen nicht mehr dem zukünftigen Anforderungsprofil. Aufgrund der mangelnden flexiblen Einsatzmöglichkeit sind diese Mitarbeiterinnen/Mitarbeiter mit den ausgebildeten Mitarbeiterinnen/Mitarbeitern nicht vergleichbar.

f) Die soziale Auswahl der Mitarbeiterinnen/Mitarbeiter, deren Arbeitsverhältnis aufgrund der in der Präambel dargelegten Umstände eine Beendigung finden muss, erfolgt durch eine Vorauswahl nach dem dargestellten Punktsystem und anschließender individueller Abschlussprüfung, in deren Rahmen im Einzelfall zu beurteilen ist, ob besondere soziale Härten im Sinne der sozialen Gewichtung vorliegen, die eine Korrektur der nach dem Punkteschema erfolgten Vorauswahl erforderlich machen.

g) Die Berücksichtigung berechtigter betrieblicher Interessen, die es i.S.v. § 1 Abs. 3 Satz 2 KSchG erforderlich machen, einzelne Arbeitnehmerinnen/Arbeitnehmer nicht in die soziale Auswahl einzubeziehen, bleibt hiervon unberührt.

h) Die Erwägungen, die zur Auswahl der in Anlage 3 genannten Mitarbeiterinnen/Mitarbeiter geführt haben, sind in Anlage 4 niedergelegt.

i) Es besteht Einigung darüber, dass die bisherigen Erläuterungen im Zusammenhang mit der Erstellung der Namensliste im Rahmen des Interessenausgleichs die förmliche Information des Betriebsrats nach § 102 BetrVG ersetzen. Der Betriebsrat hat die Kündigungen zur Kenntnis genommen. Das Anhörungsverfahren nach § 102 BetrVG ist damit abgeschlossen.

(4) Den in einer Anlage 5 benannten verbleibenden Mitarbeiterinnen/Mitarbeitern wird das Unternehmen vorschlagen, zum Nutzen des Betriebes, insbesondere auch zur Vermeidung weiterer betriebsbedingter Beendigungskündigungen, für einen Zeitraum von zunächst drei Jahren auf Weihnachts- und Urlaubsgeld zu verzichten.

Sollten sich die Mitarbeiterinnen/Mitarbeiter hiermit nicht einverstanden erklären, sind Änderungskündigungen auszusprechen, verbunden mit dem Angebot, das Arbeitsverhältnis mit Ausnahme des Anspruchs auf Weihnachts- und Urlaubsgeld zu unveränderten Bedingungen fortzusetzen.

Da davon alle verbleibenden Arbeitnehmer betroffen sind, findet eine Sozialauswahl nicht statt.

§ 3 Mitwirkungsrechte

Der Betriebsrat wurde im Rahmen der Interessenausgleichsverhandlungen auch gemäß § 17 Abs. 2 KSchG unterrichtet. Dieser Interessenausgleich ersetzt die Stellungnahme des Betriebsrats nach § 17 Abs. 3 Satz 2 KSchG. Der Betriebsrat erklärt, dass das Anhörungsverfahren nach § 102 BetrVG im Rahmen der Interessenausgleichsverhandlungen durchgeführt ist und dass er dem Ausspruch der Kündigungen der in den Anlagen 1, 2 und 3 bezeichneten Mitarbeiterinnen und Mitarbeiter sowie dem Ausspruch der Änderungskündigungen der in Anlage 5 bezeichneten Mitarbeiterinnen und Mitarbeiter nicht widerspricht.

Diese Vereinbarung wird der Anzeige des Unternehmens nach § 17 KSchG beigefügt.

Im Übrigen bleiben die Mitwirkungsrechte des Betriebsrats von diesem Interessenausgleich unberührt.

§ 4 In-Kraft-Treten

(1) Die Parteien sind sich einig, dass die Verhandlungen über einen Interessenausgleich abgeschlossen sind und das Verfahren zur Herbeiführung eines Interessenausgleichs beendet ist.

(2) Der Interessenausgleich tritt mit Unterzeichnung in Kraft.

↑

9. Muster: Personalabbau im Bauunternehmen, interne Beschäftigungs- und Qualifizierungseinheit

↓

Zwischen

der Firma

und

dem Betriebsrat der Firma

wird folgender Interessenausgleich vereinbart:

Präambel

(1) Allgemeine Ausgangssituation im Baugewerbe

Im Zuge der seit mehreren Jahren andauernden Strukturkrise in der deutschen Bauwirtschaft ist es in Deutschland zu einem massiven Verdrängungs- und Preiswettbewerb unter den Bauunternehmen gekommen. Gleichzeitig ist ein erheblicher Rückgang der Nachfrage von Bauleistungen in den neuen, aber auch den alten Bundesländern eingetreten. Die in der ersten Hälfte der 90er Jahre aufgebauten Kapazitäten in der deutschen Bauwirtschaft und die damit verbundene Beschäftigungsnotwendigkeit der Mitarbeiterinnen und Mitarbeiter verstärken den Wettbewerbs- und Preisdruck.

Die rückläufige Nachfrage von Bauleistungen führt dazu, dass die Niederlassungen der großen Bauaktiengesellschaften und großen mittelständischen Baufirmen verstärkt in die traditionellen Märkte der mittelständischen Bauunternehmen vordringen.

Gleichzeitig können mittelständische Bauunternehmen nicht auf den Markt der kleinen und Kleinst-Bauunternehmen ausweichen, weil diese überbesetzt sind und das Preis- und Kostenniveau in diesem Bereich für Mittelständler nicht darstellbar ist.

Das niedrige Baupreisniveau wird hierbei im Allgemeinen kompensiert durch eine drastische „Verschlankung" der Fixkostenstrukturen und durch den Einsatz von Nachunternehmen auf Werkvertragsbasis, auch in den Bereichen der traditionellen Eigenleistungen wie Beton- und Mauerwerksarbeiten. Fixkostenreduzierungen erfolgen in der Regel durch Schließung eigener Neben- und Hilfsbetriebe und gleichzeitige Vergabe dieser Leistungen über Dauer- und Rahmenverträge an Dritte.

Die Begründung für die Beschäftigung von Nachunternehmern liegt in einer deutlichen Lohnniveaudifferenz zwischen den eigenen gewerblichen Mitarbeitern und Nachunternehmer-Arbeitnehmern. Diese Lohnkostendifferenz ist umso größer, je mehr auf Ausführung von Rohbauleistungen über Werkverträge mit Nachunternehmern aus Billiglohnländern (MOE-Staaten, SOE-Ländern) zurückgegriffen wird.

Ein Ende der stagnierenden Baukonjunktur ist nach den Prognosen namhafter Institute und Verbände in den nächsten Jahren nicht zu erwarten. Selbst bei einem Wiederanziehen der wirtschaftlichen Entwicklung ist ein entlastender Anstieg der Baupreise nicht zu erwarten, da die inzwischen umorganisierten Unternehmensstrukturen der Baufirmen und die nach wie vor vorhandenen Überkapazitäten den Preisdruck belassen werden.

(2) Ausgangssituation der Firma

Das mittelständische Bauunternehmen beschäftigt mit Stand vom ▬▬▬ insgesamt 396 Mitarbeiter, davon 86 Angestellte und 310 gewerbliche Arbeitnehmer. Mit dieser Belegschaft wurde im Jahre ▬▬▬ ein Bauvolumen von ca. ▬▬▬ Mio. EUR abgewickelt. Im Jahr ▬▬▬ wird die Bauleistung voraussichtlich nur bei ▬▬▬ Mio. EUR liegen.

Die Bauleistungen werden zu ca. 10% mit der Herstellung von Stahlbeton- und Spannbetonfertigteilen erbracht, zu ca. 6% mit Fertiggaragen und zu ca. 84% mit Bauleistungen bei Hochbau-Rohbauten und bei schlüsselfertigen Hochbauten. Aufgrund der heutigen Personalstrukturen erfolgt die Produktion und Bauausführung im Bereich der Produktions-Montage- und Rohbauleistungen weitestgehend mit eigenen Mitarbeitern.

Die Geschäftsführung hat seit dem Jahr ▬▬▬ versucht, die Markt- und Konkurrenzfähigkeit der Firma wieder herzustellen, indem bereits eine erhebliche Anzahl von Mitarbeitern im Rahmen einvernehmlicher Lösungen mit den betroffenen Mitarbeitern und dem Betriebsrat abgebaut wurden.

Trotzdem war die Ergebnissituation der Firma in der jüngeren Vergangenheit nicht positiv. In ▬▬▬ betrug das Ergebnis vor Verlustausgleich der Muttergesellschaft ▬▬▬ EUR in ▬▬▬ ▬▬▬ EUR. Die entsprechenden Ergebnisse lagen für ▬▬▬ bei ▬▬▬ EUR für ▬▬▬ bei ▬▬▬ EUR. Für ▬▬▬ wird ein ausgeglichenes Bilanzergebnis erwartet. Die Verluste in der Vergangenheit wurden durch private Mittel der Gesellschafter ausgeglichen.

Gleichzeitig hat sich die Beschäftigungssituation bei der Firma als zunehmend schwierig erwiesen. Im 1. und 4. Quartal ▬▬▬ mussten jeweils ca. 30 bis 40 gewerbliche Mitarbeiter in die Kurzarbeit entlassen werden; dabei fielen insgesamt ca. 30.000 Kurzarbeits-Stunden an. Im gesamten ersten Halbjahr ▬▬▬ waren es ca. 43.000 Kurzarbeits-Stunden; in der Spitze entsprach dies 61 gewerblichen Mitarbeitern. Der erhebliche Schwerpunkt der Kurzarbeit lag in den Bereichen Baubetrieb (Hochbau). Es ist davon auszugehen, dass zukünftig ähnliche Kurzarbeits-Aufwendungen erforderlich werden, falls es nicht zu einer Reduzierung der Anzahl der gewerblichen Mitarbeiter kommt.

Betriebsrat und Geschäftsleitung stimmen in der Beurteilung der weiteren Entwicklung überein. Angesichts des Preisdrucks am Markt im Baubereich und angesichts der nicht mehr weiter absenkbaren Sach- und Personalkosten und im Hinblick darauf, dass die Verluste der Firma bisher ausschließlich aus eigenen Mitteln der Anteilseigner aufgefangen wurden, verbleibt nur der Ausweg, Leistungen, die die Firma bislang am Markt angeboten hat, künftig durch externe, wesentlich preisgünstiger arbeitende Nachunternehmer-Firmen durchführen zu lassen sowie Personalkosten in erheblichem Umfang zu senken.

Zur Anpassung der Beschäftigungssituation der Firma an die zukünftigen wirtschaftlichen Notwendigkeiten und die prognostizierte konjunkturelle Entwicklung der Bauwirtschaft muss das Unternehmen die nachstehend beschriebenen, zwischen Geschäftsleitung und Betriebsrat vereinbarten Sanierungsmaßnahmen umgehend und vollständig initiieren.

§ 1 Strategische Sanierungsmaßnahmen

Bezogen auf einzelne organisatorische Betriebsbereiche der Firma stellen sich die notwendigen strategischen Maßnahmen wie folgt dar:

(1) Baubetrieb (Hochbau)

Die heutige Anzahl der Baufacharbeiter beträgt 109 Mitarbeiter. Zukünftig werden mit eigenen Mitarbeitern nur noch folgende Bauleistungen ausgeführt, so dass sich nur noch folgender Personalbedarf ergibt:

a) Tagelohnbauarbeiten bei Dauerkunden und in Industriebetrieben (Abrechnungs- und Stundenlohnarbeiten, Reparaturarbeiten, Hilfsleistungen sowie Ad-hoc-Aufträge): Dieser Bereich wird voraussichtlich unverändert fortgesetzt werden können. Der Personalbedarf in diesem Bereich beläuft sich wie bisher auf 30 Mitarbeiter.

b) Typische Baustellen der Firma unter Verwendung von Stahlbetonfertigteilen: Hierbei handelt es sich um Rohbauten oder Schlüsselfertigbauten, wo neben den Fertigteilbauweisen auch konventionelle Bauarbeiten auszuführen sind (z.B. Fundamente, Ortbeton-Treppenhäuser, Bodenplatten, Abmauerungen).

Die ineinander greifenden Arbeitsabfolgen zwischen diesen Leistungen und den Fertigteilmontagen lassen keinen Einsatz von dritten Werkvertragsunternehmen zu. Für eine durchschnittliche angenommene Anzahl von ca. 8 Stück solcher typischer Baustellen braucht das Unternehmen zukünftig 40 eigene Mitarbeiter.

c) Sanierungsbauarbeiten: Dieser Bereich wird auch in der Zukunft als moderats wachstumsorientiertes Betätigungsfeld für die Firma gesehen. Die hierzu erforderliche Anzahl der Mitarbeiter beträgt wie bisher 10 Arbeitnehmer.

d) Kleinstaufträge: Für Kleinstaufträge mit geringer Personalstärke und kurzen Ausführungsterminen werden nach derzeitiger Einschätzung weiterhin unverändert 9 Mitarbeiter benötigt.

e) Die sonstigen Rohbauleistungen im Bereich der Rohbau- und Schlüsselfertigbaustellen werden zukünftig von der Firma nur noch organisatorisch und bauaufsichtlich begleitet. Die praktische Bauabwicklung und Erbringung der Bauleistungen erfolgt im Wege der Auftragsvergabe an Nachunternehmer im Werkvertragsverhältnis. Die Firma wird hier in Zukunft nur noch als Generalunternehmer tätig sein, der entsprechende Nachunternehmer beauftragt.

Die Preisdifferenz zwischen den Nachunternehmerfirmen und dem eigenem Lohnkostenniveau wird für die marktgerechte Gestaltung der Baupreise genutzt. Dadurch entfällt zukünftig das Beschäftigungsbedürfnis für 19 Baufacharbeiter.

f) Die Anzahl der Aufsichtskräfte (Poliere bzw. Werkpoliere) reduziert sich von 23 auf 20 Mitarbeiter. Damit kann die eigene Bauleistungserbringung und auch die Baustellenkoordination, Führung und Leitung der Nachunternehmer gewährleistet werden.

g) Die Anzahl der Geräteführer (Turmdrehkranfahrer) reduziert sich von sieben auf fünf Mitarbeiter. Die Anzahl der mobilen Baugeräteführer bleibt mit drei Mitarbeitern unverändert. Wegen betriebsinterner Umsetzungen gleichqualifizierter Mitarbeiter auf diese Arbeitsplätze werden in diesem Bereich jedoch insgesamt fünf Kündigungen der bislang dort beschäftigten Arbeitnehmer notwendig werden.

h) Durch die strategischen Sanierungsmaßnahmen wird ebenfalls das Weiterbeschäftigungsbedürfnis eines technischen Angestellten entfallen.

(2) Fertigbau

Die Produktion von Fertigteilen wird auch zukünftig weiterhin mit eigenen Mitarbeitern erfolgen, ebenso die Montage der Fertigteile. Bedingt durch betriebsinterne Umsetzungen aus dem Baubetrieb muss vier Mitarbeitern jedoch gekündigt werden.

Durch den rückläufigen Absatz von Fertiggaragen und durch Umorganisation der Arbeitsabläufe bei der Garagenmontage muss die Anzahl der Mitarbeiter in diesem Bereich von zwölf auf acht gesenkt werden. Zwei Mitarbeiter können aufgrund ihrer Qualifikation in den Baubetrieb umgesetzt werden. Zwei Mitarbeitern muss wegen Wegfalls des Beschäftigungsbedürfnisses gekündigt werden.

(3) Bauhof

Die bisher praktizierte logistische Betreuung der Baustellen – weitestgehend mit Eigenleistungen des Bauhofes – wird zukünftig nicht mehr aufrechterhalten werden können. Gründe sind die kostenintensive Vorhaltung von Geräten und deren Reparaturen sowie die nicht gewährleistete Auslastung des Personals.

Der eigene Geräte-, Schalungs- und Fuhrpark wird im Jahre ■■■ erheblich reduziert und durch angemietete und fremdbeauftragte Lieferungen und Leistungen ersetzt. Wegen des hierdurch anfallenden bzw. reduzierten Handlungs-,

Reparatur- und Verwaltungsaufwandes entfallen die Arbeitsplätze für einen Schalungsvorbereiter sowie für drei Lkw-Fahrer.

(4) Hilfsbetriebe

a) Schlosserei

Aufgrund der geschilderten Marktsituation wird die Schlosserei zukünftig keine externen oder internen unabhängigen Schlosserarbeiten mehr ausführen, sondern ausschließlich als Notdienstmannschaft für Sofortreparaturen im Fertigteilwerk tätig sein. Hierdurch entfallen die Arbeitsplätze für sechs Mitarbeiter der Schlosserei. Davon wird ein Mitarbeiter betriebsintern umgesetzt und fünf Mitarbeiter werden gekündigt.

b) Kfz-Schlosserei

Mit Beginn des Jahres ▪▪▪ werden alle Pkw, Kombi und Bullifahrzeuge von der Firma über einen Fullservice-Leasingvertrag abgewickelt. Dazu gehört ein Reparaturservice und Waschdienst. Infolgedessen wird die Kfz-Schlosserei geschlossen, so dass die fünf Arbeitsplätze der Kfz-Schlosserei auf Dauer entfallen. Aus diesem Bereich können drei Mitarbeiter betriebsintern umgesetzt werden, zwei Mitarbeitern muss gekündigt werden.

Alle zukünftigen Mitarbeiter vom Bauhof und vom Hilfsbetrieb werden in einer Organisationseinheit zusammengefasst und betriebsübergreifend und flexibel eingesetzt.

§ 2 Geltungsbereich des Interessenausgleichs

(1) Dieser Interessenausgleich gilt für alle Mitarbeiter der Firma, die sich am Tag der Unterzeichnung des Interessenausgleichs in einem ungekündigten Arbeitsverhältnis zur Firma befinden, von den in § 1 vereinbarten strategischen Sanierungsmaßnahmen betroffen sind und deren Arbeitsverhältnisse voraussichtlich durch Kündigung beendet wird.

(2) Dieser Interessenausgleich gilt nicht

- für leitende Angestellte i.S.v. § 5 Abs. 3 BetrVG,
- für Mitarbeiter, denen aus verhaltensbedingten Gründen gekündigt wird,
- für Mitarbeiter, die vor Unterzeichnung dieses Interessenausgleichs eine Eigenkündigung ausgesprochen haben,
- für Mitarbeiter, die die Wartefrist nach § 1 KSchG nicht erfüllt haben,
- für Mitarbeiter, die sich in einem befristeten Arbeitsverhältnis befinden.

§ 3 Gesetzliche Rechte, Information der Mitarbeiter

(1) Alle personellen Maßnahmen aus Anlass der strategischen Sanierungsmaßnahmen gemäß § 1 werden im Rahmen des Betriebsverfassungsgesetzes unter Wahrung der gesetzlichen und tariflichen Rechte des Betriebsrats und der Mitarbeiterinnen und Mitarbeiter durchgeführt.

(2) Allen von diesem Interessenausgleich betroffenen Mitarbeitern sollen die Konsequenzen und Zusammenhänge dieses Interessenausgleichs mündlich durch die Personalabteilung erläutert werden. Zu solchen Einzelgesprächen kann jeder Mitarbeiter auf Wunsch ein Mitglied des Betriebsrats hinzuziehen.

(3) Bei der Kündigung eines Schwerbehinderten ist die Zustimmung des Integrationsamtes einzuholen. Bei der Kündigung von Mitarbeitern, die sich im Wehr- oder Zivildienst befinden, ist die Zustimmung der zuständigen staatlichen Stelle einzuholen.

§ 4 Beendigung der Arbeitsverhältnisse

(1) Die Arbeitsverhältnisse können durch Aufhebungsvertrag, Abwicklungsvertrag oder Kündigung beendet werden.

(2) Bei Kündigung eines Mitarbeiters ist die arbeitsvertragliche oder tarifliche Kündigungsfrist zu beachten. Die Kündigungsfrist wird bei Arbeitnehmern mit einer Kündigungsfrist bis zu drei Monaten um einen Monat, bei Arbeitnehmern mit einer Kündigungsfrist bis zu sieben Monaten um zwei Monate verlängert.

(3) Die Parteien stimmen darin überein, dass die Kündigungen bis zum ▪▪▪ ausgesprochen werden sollen.

(4) Etwaige unverfallbare Betriebsrentenanwartschaften bleiben von der Firma anerkannt und führen gemäß dem Gesetz über betriebliche Altersversorgung und unter Wahrung arbeitsvertraglicher und betrieblicher Normen zu entsprechenden Ansprüchen gegen die Firma.

§ 5 Namensliste

(1) Eine Liste der Mitarbeiter, die von den in der Präambel genannten Maßnahmen durch Beendigung des Arbeitsverhältnisses betroffen sind, ist dem Interessenausgleich als Anlage beigefügt.

(2) Die Namensliste ist von den Vertragspartnern zu unterzeichnen und wird an den Text des Interessenausgleichs geheftet.

(3) Geschäftsleitung und Betriebsrat behalten sich vor, in der ▬▬▬ KW nachträglich Änderungen der Namensliste aufgrund besonderer Umstände (beispielsweise wegen eines Mitarbeiters, der vor wenigen Tagen einen Schlaganfall erlitten hat u.Ä.), möglichst mit Einverständnis der Betroffenen, vorzunehmen.

§ 6 Personelle Maßnahmen

(1) Die Parteien stimmen darin überein, dass die von den Sanierungsmaßnahmen betroffenen Arbeitnehmer zum ▬▬▬ innerhalb der Firma in einer betriebsorganisatorisch eigenständigen Einheit zusammengefasst werden. Durch diese Maßnahme soll den Mitarbeitern die Möglichkeit geschaffen werden, an Qualifizierungs- und ähnlichen Weiterbildungsmaßnahmen teilzunehmen. Die Firma wird der Agentur für Arbeit die Schaffung der betriebsorganisatorisch eigenständigen Einheit anzeigen und die Zahlung von Kurzarbeitergeld gemäß § 216b SGB III beantragen.

(2) Für die bei der Umsetzung der Maßnahmen durch Kündigung betroffenen Arbeitsverhältnisse können unverzüglich die erforderlichen betriebsbedingten Kündigungen ausgesprochen werden.

(3) Die betroffenen gewerblichen Mitarbeiter bzw. Mitarbeiterinnen sind verpflichtet, den ihnen noch zustehenden Jahresurlaub ▬▬▬ vor ihrem Ausscheiden nach Absprache mit der Geschäftsleitung zu nehmen.

(4) Die betroffenen Angestellten/Poliere sind verpflichtet, vor ihrem Ausscheiden den ihnen noch zustehenden Urlaub aus ▬▬▬ bzw. ▬▬▬ vor ihrem Ausscheiden nach Absprache mit der Geschäftsleitung zu nehmen.

§ 7 Anhörung des Betriebsrats

Der Betriebsrat wurde über die für die Sozialauswahl relevanten Merkmale aller Mitarbeiter unter Vorlage von Unterlagen unterrichtet. Dem Betriebsrat wurden ferner Unterlagen über alle Mitarbeiter übergeben. Die Unterlagen enthielten u.a. Angaben zur Person (Nachname, Vorname), zu Sozialdaten (Betriebszugehörigkeit, Alter, Unterhaltspflichten, Schwerbehinderteneigenschaft, sonstiges), zu individuellen Kündigungsfristen, zur Art der derzeitigen Beschäftigung und zu sonstigen Aspekten, die einen besonderen Kündigungsschutz begründen (wie Betriebsratsmitgliedschaft, Schwerbehinderung etc.).

Für die erforderlich werdenden Kündigungen aus dringenden betrieblichen Erfordernissen haben die Betriebspartner nachstehende Auswahlrichtlinien gemäß § 1 Abs. 3 Satz 1 KSchG vereinbart, nach denen die sozialen Gesichtspunkte bei der Auswahl von Mitarbeitern zur Kündigung zu werten sind:

1. Betriebszugehörigkeit: 1 Punkt pro Jahr
2. Lebensalter: 1 Punkt pro Lebensjahr ab dem 18. Lebensjahr
3. Unterhaltsberechtigte Kinder: 4 Punkte pro Kind
4. Unterhaltsberechtigter Ehegatte: 4 Punkte.

Für die Berechnung von Betriebszugehörigkeit und Lebensalter wird als Stichtag der ▬▬▬ zugrunde gelegt. Für die Feststellung, ob ein unterhaltspflichtiger Ehegatte oder unterhaltspflichtige Kinder vorhanden sind, wird zunächst pauschal auf die Angaben in den Lohnsteuerkarten der Arbeitnehmer zurückgegriffen.[226]

Betriebsratsmitglieder werden aus der Sozialauswahl herausgenommen. Sonstige Gründe für eine besondere soziale Schutzbedürftigkeit (z.B. Schwerbehinderung) unterliegen einer gesonderten Einzelfallbetrachtung.

Die soziale Auswahl der Mitarbeiter erfolgt durch eine Vorauswahl nach dem vorstehenden Punkteschema und anschließender individueller Abschlussprüfung.

Die Berücksichtigung berechtigter betrieblicher Interessen, die es i.S.v. § 1 Abs. 3 Satz 2 KSchG erforderlich machen, einzelne Arbeitnehmer nicht in die soziale Auswahl einzubeziehen, bleibt hiervon unberührt.

Die Geschäftsleitung hat den Betriebsrat gemäß § 102 BetrVG gebeten, den nach § 5 beabsichtigten Kündigungen nicht zu widersprechen. Der Betriebsrat hat über diesen Antrag beraten und nachfolgenden Beschluss getroffen:

In der Zustimmung zum Interessenausgleich liegt nach Durchsicht der Unterlagen und nach Rücksprache mit der Geschäftsleitung in Einzelfällen gemäß einem gesonderten Beschluss zugleich die Erklärung, im Rahmen des Anhörungsverfahrens nach § 102 BetrVG zu den beabsichtigten Kündigungen keine weitergehende Stellungnahme abgeben zu wollen.

Auf Wunsch des Betriebsrats kann deshalb von der Firma auf die Fristen gemäß § 102 Abs. 2 BetrVG mit Unterzeichnung dieser Vereinbarung verzichtet werden.

Dieser Interessenausgleich gilt zugleich als Stellungnahme des Betriebsrats zu der Meldung nach § 17 KSchG und in den Verfahren nach §§ 85 ff. SGB IX.

---

226 Aus Gründen der Rechtssicherheit wird davon abgeraten, die Unterhaltspflichten allein aus der Lohnsteuerkarte zu entnehmen. Die neuere Rechtsprechung geht von einer über die Lohnsteuerkarte hinausgehenden Erkundigungspflicht des Arbeitgebers aus; wegen Einzelheiten siehe § 5 Rn 162.

§ 8 In-Kraft-Treten

Der Interessenausgleich tritt mit der Unterzeichnung durch die Vertragsparteien in Kraft. Er endet zum ▄▄▄.

10. Muster: Teilbetriebsveräußerung, Verschmelzung, Betriebsstättenverlagerung

Zwischen

der Geschäftsführung der R-▄▄▄ GmbH

in Vollmacht und Vertretung zugleich für die

R-▄▄▄ GmbH in D

R-▄▄▄ GmbH in H

R-▄▄▄ GmbH in M

– nachstehend: R –

und

der Arbeitsgemeinschaft der Betriebsräte in Vollmacht und Vertretung der Einzelbetriebsräte der o.g. Gesellschaften wird folgender Interessenausgleich vereinbart:

§ 1 Ziel

Die R soll mit der V Vertrieb GmbH zusammengeführt werden, die Aktivitäten des Geschäftsbereiches ▄▄▄ an Dritte veräußert bzw. Teilbetriebe in den Geschäftsbereich W integriert werden.

Darüber hinaus sollen im Rahmen der geplanten Zusammenführung/Verschmelzung der R mit der V Rationalisierungs- und Anpassungsmaßnahmen durchgeführt werden.

Im Zusammenhang mit diesen Maßnahmen wird Folgendes vereinbart:

§ 2 Integration von Teilbetrieben/Abteilungen in den R Geschäftsbereich

(1) Die Betriebsstätten B und F des Geschäftsbereiches ▄▄▄ sollen aufgegeben werden. Davon betroffen sind in erster Linie die Mitarbeiter der Abteilungen des Anlagenbaues.

(2) Die von dieser Betriebsaufgabe nicht betroffenen Mitarbeiter sollen ihre Aufgaben innerhalb des Geschäftsbereiches Wärmedienst weiterführen und demnach auf die R gemäß § 613a BGB übergehen. Ein Ortswechsel im Rahmen dieser Betriebsänderung findet nicht statt.

(3) Bevor im Rahmen dieser Maßnahmen an den Standorten betriebsbedingte Kündigungen ausgesprochen werden, verpflichtet sich der Arbeitgeber, den von der Kündigung betroffenen Arbeitnehmern zurzeit freie oder geplante Arbeitsplätze nach dem im Sozialplan vorgesehenen Verfahren anzubieten.

(4) Eine vor Ausspruch der Kündigungen durchzuführende Sozialauswahl erfolgt im Rahmen der gesetzlichen Bestimmungen unter Einbeziehung aller an den betroffenen Standorten beschäftigten Arbeitnehmern der R.

(5) Für den Fall von Entlassungen wird ein Sozialplan vereinbart.

§ 3 Veräußerung von Betriebsteilen

(1) Von Betriebsänderungen werden aus heutiger Sicht folgende Betriebsstätten betroffen sein: ▄▄▄.

(2) Soweit Standorte an Dritte veräußert werden, verpflichtet sich R in den Verträgen mit den Käufern zur Sicherung der Rechte der betroffenen Mitarbeiter Folgendes festzulegen:

a) Die betroffenen Mitarbeiter werden gemäß § 613a BGB unter Wahrung ihres gesamten arbeitsrechtlichen und sozialen Besitzstandes übergeleitet.

b) Der soziale Besitzstand umfasst die bisherige kündigungsrechtliche und betriebsverfassungsrechtliche Stellung der Arbeitnehmer bzw. der Belegschaft.

c) Werden die vom Betriebsübergang betroffenen Mitarbeiterinnen und Mitarbeiter innerhalb eines Jahres nach Betriebsübergang betriebsbedingt gekündigt, so erhalten sie Leistungen nach dem Sozialplan. Für diesen Sozialplananspruch haftet neben dem Übernehmer die Firma R gesamtschuldnerisch.

d) Für Mitarbeiterinnen/Mitarbeiter, die dem Betriebsübergang (der Veräußerung) widersprechen, findet der Sozialplan keine Anwendung, es sei denn, der Widerspruch erfolgt aus beachtlichen Gründen. Ob und in welcher Höhe in diesen Fällen ein Abfindungsanspruch entsteht, entscheiden Geschäftsführung und Arbeitsgemeinschaft der Betriebsräte im Einzelfall.

e) Die Ausbildungsverhältnisse müssen im Rahmen der Veräußerung von den Erwerbern übernommen und erfüllt werden.
f) Die Zusagen auf eine betriebliche Altersversorgung sind vom Übernehmer möglichst fortzuführen. Können oder sollen sie nicht fortgeführt werden, wird R den betroffenen Mitarbeiterinnen/Mitarbeitern ein Angebot zur Abfindung der Versorgungszusage unterbreiten (vgl. Protokollnotiz gemäß Anlage).
g) Der Übernehmer ist darauf zu verpflichten, entweder die gleiche Tarifbindung einzugehen wie R oder im Falle einer anderweitigen Tarifbindung mit den Beschäftigten eine Übergangsregelung (Besitzstandswahrung) bis zum Ablauf der einjährigen Schutzfrist zu vereinbaren.
(3) Die Arbeitsgemeinschaft der Betriebsräte erhält in Vollmacht und Vertretung der Einzelbetriebsräte der o.g. Gesellschaften entsprechend § 126 Abs. 3 UmwG die für die Veräußerung maßgebenden Vertragswerke zur Beratung und Erörterung.

§ 4 Betriebsübergang bei Zusammenführung/Verschmelzung der Unternehmensbereiche R und V

(1) Für alle Maßnahmen, die sich aus der Zusammenführung/Verschmelzung der Unternehmensbereiche R und V ergeben, gelten die unter § 2 dieses Interessenausgleichs vereinbarten Regelungen. Von dieser Betriebsänderung werden aus heutiger Sicht ausschließlich Arbeitnehmer der R betroffen sein.
(2) Soweit von diesen Maßnahmen auch Interessen der Arbeitnehmervertretungen der V betroffen sind, werden die zuständigen Betriebsräte versuchen, Einvernehmen über die einheitliche Anwendung der Inhalte dieses Interessenausgleichs zu erzielen. Hierüber wird ggf. ein gesonderter Interessenausgleich durchzuführen sein.

§ 5 Sozialplan

Der auf Basis dieses Interessenausgleiches verabschiedete Sozialplan gilt für alle betriebsbedingten Kündigungen innerhalb der Laufzeit bis zum ▬▬▬.
In Fällen der Veräußerung gemäß § 3 dieser Vereinbarung gilt als Laufzeit ein Jahr vom Zeitpunkt des Betriebsübergangs an gerechnet.

11. Muster: Umwandlung von Vertriebsbüros in Technische Büros[227]

Zwischen

der Firma ▬▬▬

– nachstehend: H –

und

dem Betriebsrat für den Standort ▬▬▬

wird gemäß § 112 Abs. 1 BetrVG folgender Interessenausgleich abgeschlossen:

Präambel

In den zurückliegenden Monaten wurde das Konzept der Vertriebsstandorte weiterentwickelt, woraus sich eine geplante Anpassung an die veränderten Markt- und Verkehrsbedingungen ergeben hat. Die zukünftige Struktur sieht neben den Vertriebszentren und Geschäftsstellen zusätzlich Technische Büros sowie Service-Stützpunkte und Teilarbeitsplätze zu Hause vor. Dadurch werden Reaktions- und Fahrtzeiten vor allem im Bereich des Kundendienstes reduziert. Weiterhin können die Veränderung der Verkaufsstruktur (Verstärkung des Partnergeschäftes und die Orientierung an Branchen und Industrien und weniger an der Geographie) flexibler umgesetzt werden.

Die Mitarbeiterinnen und Mitarbeiter und Betriebsräte wurden am ▬▬▬ über die Planungen unterrichtet, die noch nicht abgeschlossen sind. Entsprechende Arbeitsgruppen, die mit Mitgliedern des Gesamtbetriebsrats bzw. Mitgliedern der örtlich betroffenen Betriebsräte und mit Mitgliedern des Managements von H besetzt sind, wurden etabliert.

Mit Rücksicht hierauf wird Folgendes vereinbart:

§ 1

Die Geschäftsstellen D, M, K und U werden zu Technischen Büros umgewandelt, die für Kundendienst, Verkauf und Systemintegration zuständig sind. Die administrative Unterstützung wird nicht mehr im Technischen Büro durchgeführt, sondern vom nächstgelegenen Vertriebszentrum aus geleistet.

---

[227] Dieser Text ist das Pendant zu Muster 5725.

§ 2

Von den Veränderungen sind die in der Anlage namentlich genannten Mitarbeiterinnen und Mitarbeiter an den jeweiligen Standorten betroffen. Die noch nicht feststehenden betroffenen Mitarbeiterinnen und Mitarbeiter des Kundendienstes werden im Einvernehmen mit dem Gesamtbetriebsrat bzw. den Einzelbetriebsräten ergänzt, sobald das Service-Stützpunkt-Konzept vorliegt, spätestens bis zum ■■■.

§ 3 Termine

Der Zeitpunkt der Veränderung der administrativen Unterstützung beginnt nicht vor dem ■■■ und wird spätestens zum ■■■ beendet sein. Aufgrund von heute nicht vorhersehbaren betrieblichen oder sonstigen Umständen können sich diese Termine in Abstimmung mit den Betriebsräten verändern. Die von der Veränderung betroffenen Mitarbeiterinnen und Mitarbeiter werden unverzüglich nach Abschluss dieser Vereinbarung von dem Veränderungstermin unterrichtet. Etwaige Änderungen werden unverzüglich mitgeteilt.

§ 4

Mit der Umorganisation ist nicht die Absicht des Personalabbaus verbunden. Deshalb wird es für die in der Anlage genannten Mitarbeiterinnen und Mitarbeiter keine betriebsbedingten Beendigungskündigungen geben. H wird allen von der Veränderung betroffenen Mitarbeiterinnen und Mitarbeitern einen gleichwertigen Arbeitsplatz im künftigen Technischen Büro anbieten, soweit entsprechende Arbeitsplätze frei sind oder frei werden oder neu geschaffen werden und die Mitarbeiterinnen und Mitarbeiter für diese Arbeitsplätze geeignet sind. Sind am bisherigen Standort keine oder nicht genügend freie Arbeitsplätze vorhanden, dann sind diese Arbeitsplätze bevorzugt sozial besonders schutzwürdigen Arbeitnehmern anzubieten. H wird in jedem Fall allen von der Veränderung betroffenen Mitarbeiterinnen und Mitarbeitern einen gleichwertigen Arbeitsplatz in dem nächstgelegenen Vertriebszentrum anbieten. Es besteht Übereinstimmung, dass diese Arbeitsplätze den von der Veränderung betroffenen Mitarbeiterinnen und Mitarbeitern vorrangig und ausschließlich angeboten werden. Die Mitarbeiterinnen und Mitarbeiter können sich auch darüber hinaus auf andere Stellen bewerben, aber nur bis zum Ablauf der im Sozialplan festgelegten Überlegungsfrist. Eine interne Stellenausschreibung findet nicht bzw. erst dann statt, wenn nicht genügend betroffene Mitarbeiterinnen und Mitarbeiter die entsprechenden Arbeitsplatzangebote angenommen haben.

Im Hinblick auf die Mitarbeiterinnen und Mitarbeiter des Kundendienstes erfolgt primär eine Veränderung des Arbeitsortes, die jedoch auch mit einer Umstrukturierung der Arbeitsaufgaben und eventuell einer anderen organisatorischen Zuordnung verbunden sein kann. Einzelheiten werden im Stützpunkt-Konzept wie unter § 2 noch ergänzend festgelegt.

§ 5

H legt Wert darauf, alle mit den betroffenen Mitarbeiterinnen und Mitarbeitern zu lösenden Fragen und Probleme einvernehmlich zu regeln. H ist jedoch an einseitigen Maßnahmen, insbesondere dem Ausspruch von Änderungskündigungen, nicht gehindert. Die Mitbestimmungsrechte der Betriebsräte bei Ausspruch von Änderungskündigungen bzw. Kündigungen bleiben unberührt. Sofern dabei die Festlegung des Interessenausgleichs und des Sozialplans eingehalten werden, erklärt der jeweilige Betriebsrat jedoch bereits jetzt, dass er den Versetzungen innerhalb der Standorte und an andere Standorte zustimmt bzw. keinen Widerspruch erhebt.

§ 6

Für die wirtschaftlichen und sonstigen Nachteile, die durch die festgelegten Maßnahmen entstehen, wird für die betroffenen Mitarbeiterinnen und Mitarbeiter ein Sozialplan abgeschlossen.

12. Muster: Verflachte Hierarchie, Verbesserung des Leistungsmanagements, Einführung von TQM

Zwischen

der Firma ■■■

und

dem Gesamtbetriebsrat der Firma ■■■

wird i.S.v. §§ 87 Abs. 1 Nr. 10 und 11, 94, 98 und 111 ff. BetrVG folgende Gesamtbetriebsvereinbarung zur

a) effizienten Organisation durch flachere Hierarchie und Umorganisation im Bereich Technik im allgemeinen – Teil A

b) Einführung eines Leistungsmanagements – Teil B

c) Einführung von Workshops und Trainingsmaßnahmen auf der Basis des Modells der European Foundation for Quality Management (EFQM) – Teil C

geschlossen:

Teil A: Effiziente Organisation durch flachere Hierarchie und Umorganisation im Bereich Technik im Allgemeinen

Präambel

(1) Beide Vertragspartner stimmen darin überein, dass aufgrund des zunehmenden Wettbewerbsdrucks auf dem ■■■-Markt die Sicherung der Wirtschaftlichkeit der Firma und damit aller Arbeitsplätze in Zukunft nur gewährleistet ist, wenn in der Firma durch einen kontinuierlichen Veränderungsprozess ein flächendeckendes, kundenorientiertes und qualitäts- und kostenbewusstes Handeln eingeleitet und durchgeführt wird.

(2) Voraussetzung für eine solche erfolgreiche Unternehmensstrategie ist eine leistungsfähige und kundennahe Organisation, die die Arbeitsabläufe optimiert und die Aufgaben hinsichtlich der Kompetenz und Verantwortung delegiert und bereichsübergreifende Arbeiten sowie Team- und Projektarbeiten entwickelt und fördert.

(3) Deshalb sehen beide Vertragspartner die Notwendigkeit, die bestehende Organisation den künftigen Marktanforderungen anzupassen und einen Unternehmenswertewandel auf der Grundlage einer systematischen Organisations- und Personalplanung einzuleiten.

§ 1 Geltungsbereich und Gegenstand der Vereinbarung

(1) Diese Vereinbarung gilt für alle Mitarbeiterinnen und Mitarbeiter einschl. Führungskräfte, die von den nachstehend genannten Maßnahmen betroffen sind (nachstehend Mitarbeiter genannt). Sie gilt nicht für leitende Angestellte i.S.v. § 5 Abs. 3 BetrVG.

(2) Gegenstand dieser Vereinbarung sind folgende geplante Maßnahmen:

a) Die Neustrukturierung der Technik-Aufgaben in den Niederlassungen.

b) Die Schaffung einer effizienteren Organisation insbesondere durch einen Verzicht auf Neubesetzung freiwerdender Gruppenleiterfunktionen und Entwicklung und Förderung von Team- und Projektgruppen.

§ 2 Einleitung von Maßnahmen

(1) Vor Umsetzung der einzelnen Maßnahmen in den Standorten der Zentralen bzw. den jeweiligen Niederlassungen ist der zuständige Betriebsrat rechtzeitig und umfassend anhand von Unterlagen zu unterrichten, insbesondere über die Auswirkungen auf die einzelnen Mitarbeiter bzw. Führungskräfte sowie hinsichtlich der Personalplanung.

(2) Die Geschäftsführung hat mit dem Betriebsrat über Art und Umfang der personellen Auswirkungen zu beraten. Während der Beratung mit dem Betriebsrat werden keine personellen Einzelmaßnahmen im Zusammenhang mit der geplanten Änderung durchgeführt.

Soweit keine Einigung erzielt wird, entscheidet die betriebliche Schiedsstelle.

§ 3 Organisatorische Maßnahmen

(1) Neustrukturierung der Technik-Aufgaben in den Niederlassungen

a) Künftig werden die zwei Aufgabenfelder in den Planungszentren (Planung/Ausbauaufgaben) und in den Betriebszentren (Betriebsaufgaben) auf einen Leiter für Technikaufgaben konzentriert.

b) Die Struktur der künftigen Technikzentren ist in der Anlage 1 zu dieser Vereinbarung festgelegt, wobei das Aufgabenfeld ■■■ noch einmal mit dem Gesamtbetriebsrat dahin gehend vereinbart wird, in welchem Umfang Kapazitäten des Technikbereiches der Niederlassungen für die Betreuung unserer Kunden genutzt werden können. Insbesondere ist zu prüfen, wie Mitarbeiter der Betriebsbüros in den technischen Kundenservice der Niederlassungen eingebunden werden können.

Dabei ist eine Implementierung der Betriebsbüros in mögliche flächendeckende Kundencenter mit Synergieeffekten der AG zu analysieren.

Die Zuordnung des technischen Kundenservice zum Bereich Kundenbetreuung wird Gegenstand der Analyse.

Die Neustrukturierung erfordert auch eine Anpassung der Organisationsstruktur im Geschäftsbereich Technik in der Zentrale.

Alle vorstehend genannten Anpassungsmaßnahmen sind vor ihrer Einführung mit dem Gesamtbetriebsrat zu beraten und einvernehmlich festzulegen.

Ein Strukturvorschlag ist in der Anlage 2 aufgeführt.

(2) Effiziente Organisation durch flachere Hierarchie

a) Beide Vertragspartner stimmen grundsätzlich darin überein, dass die bisherigen Gruppenleiter in ihrer Funktion zu unveränderten Bedingungen von der Firma weiterbeschäftigt werden.

Freiwerdende Gruppenleiterfunktionen werden nicht wieder besetzt und bei Neueinstellungen nicht mehr als solche ausgeschrieben.

Im Rahmen des Ziels einer flacheren Hierarchie im Unternehmen wird grundsätzlich geprüft und mit dem Betriebsrat beraten, ob eine freiwerdende Stelle – mit oder ohne Führungsverantwortung – mit der gleichen hierarchischen Einstufung wiederbesetzt wird.

b) Es werden aus großen Abteilungen, die unterteilt werden können, Teams gebildet, die im Rahmen der zugewiesenen Aufgaben eigenverantwortlich arbeiten.

Je nach Führungsspanne können daraus auch zusätzliche Abteilungen entstehen.

Darüber hinaus können auch bereichsübergreifende Teams bzw. Projektgruppen gebildet werden, die aus aktuellen Gründen ein spezielles betriebliches Erfordernis bearbeiten.

Die Teams bzw. Projektgruppen werden von einem Sprecher/Leiter betreut. Die Zuordnung der Aufgabenfelder ist von der Qualifikation des Sprechers/Leiters abhängig.

c) Die Aufgaben bzw. Größe der Teams bzw. Projektgruppen sind mit dem zuständigen Betriebsrat einvernehmlich abzustimmen. Auf Verlangen des Betriebsrats ist die Teamsprecherstelle vorher innerbetrieblich auszuschreiben.

§ 4 Standort- und Arbeitsplatzsicherung

(1) Im Zusammenhang mit den Maßnahmen nach dieser Vereinbarung und weiteren Betriebsänderungen werden keine betriebsbedingten Kündigungen ausgesprochen.

(2) Der Personalstellenplan auf Vollzeitbasis für ▬▬▬ ist als Anlage 3 beigefügt und ist verbindlicher Bestandteil hinsichtlich der Sicherung der Standorte und der Anzahl der Arbeitsplätze für die Laufzeit dieser Vereinbarung.

Der rechnerische Personalüberhang von 60 Vollzeitkräften wird nicht durch betriebsbedingte Kündigungen abgebaut, sondern im Wege der Fluktuation. Für neue zusätzliche Aufgaben wird der Stellenplan entsprechend angepasst.

(3) Sind personelle Anpassungen als Folge von Maßnahmen nach Teil A § 3 dieser Vereinbarung erforderlich, können Um- bzw. Versetzungen zwischen den Geschäftsbereichen Produktmanagement/Zentrale Aufgaben, Vertrieb, Technik, Finanzen, Personal/Recht und Kundenbetreuung/Informationsverarbeitung vorgenommen werden, soweit die Grundsätze der Teil A §§ 5 und 6 dieser Vereinbarung eingehalten worden sind.

(4) Die Firma ist verpflichtet, dem Gesamtbetriebsrat und den örtlichen Betriebsräten mindestens einmal vierteljährlich die vollständige Personalplanung mit den wirtschaftlichen Ergebnissen des laufenden Geschäftsjahres anhand von Unterlagen vorzulegen und mit ihnen zu beraten, insbesondere folgende Planungen/Ergebnisse (Soll/Ist-Vergleich):

- Stellenplan und Personaleinsatzplan
- Personalkostenplan
- Personalbeschaffungs- und/oder Personalabbauplan
- Personalentwicklungs- bzw. Qualifizierungsplan
- Fluktuationsstatistik
- Erlös- und Kostenübersichten für die jeweiligen Bereiche.

Die Rechte des Wirtschaftsausschusses nach dem BetrVG bleiben hiervon unberührt.

§ 5 Grundsätze bei personellen Maßnahmen

(1) Die Firma verpflichtet sich, bei allen personellen Maßnahmen den zuständigen Betriebsrat zu Beginn der Planungsphase, d.h. in jedem Fall bevor die Entscheidung gefallen ist, umfassend und unter Vorlage der erforderlichen Unterlagen zu informieren.

(2) Um- bzw. Versetzungen können nur im Einvernehmen mit dem Betriebsrat und dem Mitarbeiter bzw. der Führungskraft vorgenommen werden. Sollte keine Einigung erzielt werden, entscheidet die betriebliche Schiedsstelle darüber. Bis zum Abschluss des Verfahrens werden die personellen Maßnahmen ausgesetzt.

(3) Vor Abschluss eines Aufhebungsvertrages ist der zuständige Betriebsrat zu informieren. Zwischen dem schriftlichen Angebot auf Abschluss eines Aufhebungsvertrages und der Unterzeichnung muss ein Zeitraum von mindestens sieben Tagen liegen.

Bei Zahlung einer Abfindung wegen betriebsbedingter Beendigung des Arbeitsverhältnisses wird mindestens 0,7 eines Monatsentgeltes pro Betriebszugehörigkeitsjahr gezahlt.

(4) Freiwerdende Stellen, die wieder besetzt werden sollen, werden grundsätzlich innerbetrieblich ausgeschrieben, es sei denn, der Betriebsrat verzichtet auf eine Ausschreibung. Beim Wechsel innerhalb des Konzerns werden Abfindungen nicht gezahlt.

§ 6 Zumutbarkeit von Um- bzw. Versetzungen

(1) Sollten Mitarbeiter bzw. Führungskräfte infolge der Maßnahmen nach § 3 dieser Vereinbarung um- bzw. versetzt werden müssen, so haben die Betroffenen grundsätzlich einen Anspruch auf einen gleichwertigen und zumutbaren Arbeitsplatz im Unternehmen. Dabei sind die Wünsche der Betroffenen mit zu berücksichtigen.

(2) Ein gleichwertiger und zumutbarer Arbeitsplatz muss in funktioneller, materieller, regionaler und sozialer Hinsicht gegeben sein.

Die funktionale Zumutbarkeit ist gegeben, wenn die Anforderungen des neuen Arbeitsplatzes der Qualifikation (Ausbildung, Erfahrung, bisherige Tätigkeit) des Mitarbeiters bzw. der Führungskraft entsprechen oder wenn dieser die erforderliche Qualifikation durch eine vom Unternehmen angebotenen Umschulungs- oder Fortbildungsmaßnahme erwerben kann.

Die materielle Zumutbarkeit ist gegeben, wenn das Jahreseinkommen auf dem neuen gleichwertigen Arbeitsplatz dem des bisherigen Arbeitsplatzes mindestens entspricht.

Die regionale Zumutbarkeit ist gegeben, wenn der Betroffene den neuen Arbeitsplatz unter ähnlichen Bedingungen erreichen kann wie den bisherigen Arbeitsplatz. Dies ist der Fall, wenn die neue tägliche Gesamtwegezeit (Hin- und Rückfahrt) zwischen Wohnort und neuer Arbeitsstelle insgesamt nicht mehr als zwei Stunden beträgt.

Die soziale Zumutbarkeit ist gegeben, wenn die sozialen Belange des Mitarbeiters bzw. der Führungskraft berücksichtigt sind. Hierzu gehören insbesondere die Ortsbindung durch Wohnungseigentum, die Bedürfnisse schulpflichtiger Kinder und unterhaltspflichtiger Angehöriger.

Über die Frage der Zumutbarkeit entscheidet im Nichteinigungsfall die betriebliche Schiedsstelle.

(3) Nimmt der Mitarbeiter bzw. die Führungskraft einen zumutbaren Arbeitsplatz nicht an, entfallen alle Ansprüche aus dieser Vereinbarung.

(4) Dem Betroffenen sind für die neuen bzw. veränderten Arbeitsplatzanforderungen die erforderlichen Kenntnisse in Seminaren zu vermitteln. Hiervon kann abgewichen werden, wenn die ordnungsgemäße Einarbeitung unter Anleitung am neuen Arbeitsplatz (temporäre Doppelbesetzung) gewährleistet ist und der Betriebsrat zugestimmt hat.

(5) Im Übrigen gelten die Regelungen der Umzugsrichtlinie vom ■■■.

§ 7 Umschulungs- bzw. Fortbildungsmaßnahmen

(1) Die für die vorstehend genannten Umschulungs- bzw. Fortbildungsmaßnahmen notwendigen Seminarangebote sind möglichst im Rahmen der innerbetrieblichen Weiterbildung durchzuführen. Allerdings darf sich das Angebot an Weiterbildungsplätzen für die anderen Mitarbeiter bzw. Führungskräfte nicht verringern.

(2) Eine Umschulungs- bzw. Fortbildungsmaßnahme ist grundsätzlich ohne Minderung des monatlichen Arbeitsentgeltes und während der regelmäßigen Arbeitszeit durchzuführen. In Ausnahmefällen kann mit Zustimmung des Betriebsrats auch außerhalb der regelmäßigen Arbeitszeit eine Umschulungs- bzw. Fortbildungsmaßnahme durchgeführt werden, wobei diese Zeiten auf die regelmäßige Arbeitszeit angerechnet werden. Die Firma trägt sämtliche persönlichen und sachlichen Kosten der Umschulungs- bzw. Fortbildungsmaßnahmen.

(3) Das Angebot und die Durchführung einschl. der Seminarinhalte von Bildungsmaßnahmen geschieht in Zusammenarbeit und gemäß § 98 BetrVG mit Zustimmung des Betriebsrats.

§ 8 Zwischenzeugnis

Den Betroffenen wird auf Verlangen jederzeit ein qualifiziertes Zwischenzeugnis ausgestellt.

§ 9 Meinungsverschiedenheiten

Über Auslegungsstreitigkeiten bzw. die Anwendung dieser Vereinbarung entscheidet die betriebliche Schiedsstelle.

§ 10 Schlussbestimmungen/Laufzeit

(1) Günstigere arbeitsvertragliche oder tarifliche Regelungen bleiben von diesen Bestimmungen unberührt. Sollten eine oder mehrere Regelungen dieser Vereinbarung unwirksam sein oder werden, so wird dadurch nicht die Wirksamkeit der gesamten Vereinbarung beeinträchtigt. Die unwirksame Bestimmung kann durch eine solche ersetzt werden, die dem von den Parteien beabsichtigten Zweck am nächsten kommt.

(2) Diese Vereinbarung tritt mit der Unterzeichnung in Kraft und endet zum ■■■. Sollten die Maßnahmen nach § 3 dieser Vereinbarung bis zum Ende der Laufzeit dieser Vereinbarung noch nicht abgeschlossen sein, gelten diese Regelungen bis zum Abschluss einer neuen Vereinbarung weiter.

Teil B: Einführung eines Leistungsmanagements

Präambel

(1) Ein effizientes Leistungsmanagement dient zur Steuerung von Motivations-, Entwicklungs- und Leistungsprozessen im Unternehmen. Hierbei stehen die Unternehmensziele und Interessen der Mitarbeiter an humanen Arbeitsbedingungen gleichberechtigt nebeneinander. Eine Beschränkung auf Steigerung der Produktivität ist ausgeschlossen. Dies wird erreicht durch eine Verknüpfung von Unternehmens-, Geschäftsfeld- und Prozesszielen mit den Zielen der Teams und denen der einzelnen Führungskräfte.

(2) Zur Aufgabenerfüllung brauchen alle Mitarbeiter und Führungskräfte eine klare Zielorientierung und Feedback über die erzielten Ergebnisse. Darüber hinaus sind Qualifikations- und Entwicklungsperspektiven im Unternehmen aufzuzeigen und durchzuführen, um diese Ziele zu realisieren.

(3) Um diese Ziele einzuleiten, wird das Leistungsmanagement systematisch in der Firma eingesetzt.

§ 1 Geltungsbereich

(1) Die nachfolgenden Regelungen gelten für alle Mitarbeiter der Firma und Führungskräfte auf der Ebene der Hauptabteilungsleiter und Abteilungsleiter sowie für die gleichgestellten Positionen der Fachgebietsleiter und Fachleiter.

(2) Sie gilt nicht für leitende Angestellte i.S.d. § 5 Abs. 3 BetrVG.

§ 2 Systembestandteile des Leistungsmanagements

(1) Zur ergebnisorientierten Umsetzung des Leistungsmanagements werden im Unternehmen folgende Instrumente implementiert:

a) Das kunden- und marktorientierte Arbeitsprofil,

b) das Ziel- und Ergebnisgespräch,

c) das Leistungsbeurteilungsgespräch.

(2) Durch die Anwendung dieser Instrumente soll die Bildung einer Vertrauenskultur in der Firma gefördert werden.

§ 3 Einführung und Inhalte des Leistungsmanagements

(1) Das Arbeitsprofil

a) Das Leistungsmanagement wird als Top-down-Prozess eingeführt. Sukzessive wird für jede Führungskraft und für jeden Mitarbeiter ein Arbeitsprofil als Leistungsgrundlage entwickelt. Dies erfolgt, indem der Mitarbeiter/die Führungskraft jeweils parallel mit dem Vorgesetzten einen Entwurf des Arbeitsprofils erstellen. In den Fällen, in denen mehrere Mitarbeiter dieselben Tätigkeiten verrichten, sollte ein gemeinsames Arbeitsprofil für die Gruppe erstellt werden. Das Arbeitsprofil gibt eindeutige Antworten auf wichtige Kernfragen, die den Sinn der Arbeit sowie kunden- und ergebnisorientierte Arbeitsaspekte betreffen.

Die Gruppenarbeit dient auch der Förderung des Teamgeistes im Unternehmen.

Die in den Arbeitsprofilen enthaltenen Ziele/Ergebnisse und deren Qualitätskriterien werden in kontinuierlich stattfindenden Ziel- und Ergebnisgesprächen vereinbart bzw. die Zielerreichung bewertet.

b) Dieser Prozess findet erstmalig im zweiten Quartal ▪▪▪ statt.

(2) Das Ziel- und Ergebnisgespräch

a) Im Ziel- und Ergebnisgespräch einigen sich der Vorgesetzte und die Führungskraft bzw. der Mitarbeiter bzw. Gruppen von Mitarbeitern auf die Kernbestandteile des Arbeitsprofils.

Im Rahmen des Leistungsmanagements dient das auf dem Arbeitsprofil basierende Ziel- und Ergebnisgespräch einer unternehmensweiten Leistungsbewertung und -verbesserung. Die Kommunikation über Zielvereinbarung und Zielerreichung auf der Basis kundenorientierter Qualitätskriterien sowie der quantitativen und qualitativen Unternehmensziele führt zu einer klar definierten Zielvereinbarung zwischen dem Vorgesetzten und der Führungskraft bzw. dem Mitarbeiter. Diese Zielvereinbarung schließt nicht nur Einzelleistungen, sondern auch Teamleistungen mit ein.

b) Es können bis zu drei jobspezifische Ergebnisse vereinbart werden. Die Ziel- und Ergebnisgespräche sind in regelmäßigen Abständen von 8 bis 12 Wochen durchzuführen.

c) Das Ziel- und Ergebnisgespräch besteht bei den Mitarbeitern aus vier Hauptkomponenten:

1. Mission Statements
2. Schlüsselkunden
3. Jobspezifische Ergebnisse/Ziele
4. Entwicklungsplan

Bei Führungskräften:

5. Allgemeine kulturfördernde Ziele.

d) Im Ziel- und Ergebnisgespräch wird des Weiteren ein zielorientierter Entwicklungsplan aufgestellt. Er beinhaltet die Personalentwicklungsmaßnahmen, die für die nächsten 12 Monate geplant bzw. realisiert werden sollen.

e) Die einzelnen Angaben zum Arbeitsprofil bzw. Ziel- und Ergebnisgespräch und das Arbeitsprofil-Feedback sind im Anhang aufgeführt.

f) Folgendes Schema wird für die Bewertung von Ergebnissen/Zielen des Arbeitsprofils angewandt:

Stufe	Bewertung	Beschreibung
1	nicht erreicht	Die Qualitätsanforderungen der Kunden werden nicht erfüllt. Bei quantitativen Qualitätskriterien ist dies gegeben, wenn das Ergebnis mehr als 10 % unter der Vereinbarung liegt.
2	überwiegend erreicht	Die Qualitätsanforderungen der Kunden sind im Wesentlichen erfüllt. Bei quantitativen Qualitätskriterien ist dies gegeben, wenn das tatsächliche Ergebnis bis einschließlich 10 % unter der Vereinbarung liegt.
3	erreicht	Alle Qualitätsanforderungen der Kunden sind erfüllt. Bei quantitativen Qualitätskriterien ist dies gegeben, wenn das tatsächliche Ergebnis auf dem vereinbarten Niveau liegt.
4	ausgezeichnet	Alle Qualitätskriterien der Kunden sind in ausgezeichneter Weise erfüllt. Bei quantitativen Qualitätskriterien ist dies gegeben, wenn das tatsächliche Ergebnis bis einschließlich 10 % über der Vereinbarung liegt.
5	exzellent	Alle Qualitätsanforderungen der Kunden sind in exzellenter Weise erfüllt, d.h. bei weitem über dem vereinbarten Maß. Bei quantitativen Qualitätskriterien ist dies gegeben, wenn das tatsächliche Ergebnis mehr als 10 % über der Vereinbarung liegt. Weitere exzellente Qualitätsanforderungen wurden eigenständig entwickelt und voll erfüllt.

(3) Das Leistungsbeurteilungsgespräch

a) Das Leistungsbeurteilungsgespräch wird einmal jährlich im ersten Quartal eines Geschäftsjahres für alle Mitarbeiter und Führungskräfte durchgeführt und bezieht sich auf die Leistungsergebnisse des vergangenen Planungszyklus.

Die einzelnen Angaben sind im Anhang aufgeführt.

b) Ziel des Leistungsbeurteilungsgesprächs ist eine Bewertung der Zielerreichung aller über das gesamte Jahr vereinbarten jobspezifischen Ergebnisse/Ziele des Arbeitsprofils. Dabei werden auch systematische Entwicklungswege aufgezeigt. Der Schwerpunkt soll neben einer vergangenheitsbezogenen Betrachtung der Leistung auch auf einer zukunftsorientierten Förderung des Mitarbeiters bzw. der Führungskraft liegen.

Dabei können neue Ziele vereinbart und kann der zielorientierte Entwicklungsplan angepasst werden.

c) Während der Probezeit wird kein Leistungsbeurteilungsgespräch geführt. Stattdessen wird am Ende der Probezeit ein Probezeitgespräch geführt.

d) Das Leistungsbeurteilungsgespräch beinhaltet zwei Hauptkomponenten:
1. Jobspezifische Ergebnisse/Ziele
2. Zielorientierter Entwicklungsplan.

Bei den Führungskräften kommt eine dritte Hauptkomponente hinzu, und zwar

allgemeine Ergebnisse/Ziele

- Befähigung der Mitarbeiter (Personalentwicklung), z.B. die Mitarbeiter der Abteilung bzw. des Bereiches beteiligen sich an innovativen Organisationsentwicklungsprozessen oder lernen im Team.
- Unternehmenskultur z.B. Betriebsklima.

e) Die vorgesehenen grundsätzlichen Entwicklungsziele sind für die Zielvereinbarungsgespräche zu benennen. Die Firma wird hierzu in Abstimmung mit dem Gesamtbetriebsrat die Grundsätze und die Personalentwicklungsplanung, z.B. Trainings und Workshops, erstellen. Die weiteren Beteiligungsrechte des Gesamtbetriebsrats bzw. der örtlichen Betriebsräte im Zusammenhang mit den Workshops und Trainings richten sich nach Teil C dieser Vereinbarung.

f) Das Bewertungssystem setzt sich aus drei Kriterien zusammen:

1. Ziele
- allgemeine kulturfördernde Ergebnisse/Ziele (nur Führungskräfte)
- jobspezifische Ergebnisse/Ziele

2. Qualitätskriterien

3. Indikatoren.

Die Bewertung der jobspezifischen Ergebnisse/Ziele erfolgt auf der Basis der fünfstufigen verbalen Skala nach Teil B § 3 Abs. 2 lit. f) dieser Vereinbarung.

Bei der Bewertung der allgemeinen Ergebnisse/Ziele für die Führungskräfte wird ebenfalls die fünfstufige Skala herangezogen.

§ 4 Schulung bzw. Weiterbildung

(1) Alle Mitarbeiter und Führungskräfte werden in den zur Zielerreichung erforderlichen Komponenten dieser Vereinbarung geschult. Die Schulungen finden grundsätzlich während der regelmäßigen Arbeitszeit statt.

(2) Die Schulungen sind i.S.v. § 98 BetrVG mit den einzelnen Betriebsräten in den Zentralen bzw. Niederlassungen einvernehmlich abzustimmen.

(3) Der Gesamtbetriebsrat wird nach Unterzeichnung dieser Vereinbarung für die einzelnen Betriebsräte bezüglich ihrer rechtlichen und inhaltlichen Aufgabenstellung ein Schulungsprogramm i.S.v. § 37 Abs. 6 BetrVG aufstellen und dazu einladen. Sämtliche Kosten wie z.B. Hotel-, Reise- und Referentenkosten sind gemäß § 40 BetrVG von der Firma zu übernehmen.

§ 5 Zusammensetzung des Jahreszieleinkommens

(1) Das Jahreszieleinkommen setzt sich aus einem Jahresgrundgehalt und einem variablen Anteil im Rahmen des Leistungsmanagements zusammen.

Das Jahresgrundgehalt setzt sich aus zwölf Mal gezahltem monatlichen Gehalt bzw. Festlohn sowie ggf. aus der einmal im Jahr gezahlten Sonderzuwendung zusammen. Soweit andere Leistungen wie Ortszuschlag, Sozialzuschlag, Allgemeine Zulage, Stellenzulage, Ballungsraumzulage, Programmiererzulage oder die Ausgleichszulage aus den Übergangstarifverträgen zustehen, sind diese im Gehalt bzw. Festlohn enthalten.

Nicht enthalten sind die übertariflichen Zulagen, das Urlaubsgeld und die Vermögenswirksamen Leistungen.

(2) Die entsprechenden Jahresgrundgehälter bzw. Bandbreiten für die jeweiligen Tätigkeitsgruppen sind für alle Mitarbeiter und für die Führungskräfte im Anhang aufgeführt. Die Klassifizierung der Tätigkeitsgruppen ist im Anhang aufgeführt. Die vorgesehenen Eingruppierungen (gültig ab In-Kraft-Treten der Vereinbarung) bedürfen gemäß § 99 BetrVG der Zustimmung durch den zuständigen Betriebsrat. Verweigert der Betriebsrat i.S.v. § 99 BetrVG seine Zustimmung, so hat die Firma die Zustimmung beim zuständigen Arbeitsgericht ersetzen zu lassen.

Die Mitarbeiter des Unternehmens werden aufgrund der Tätigkeitsmerkmale den beschriebenen Bandbreiten zugeordnet. Ziel ist die Schaffung einer transparenten Entgeltstruktur.

(3) Nach Abschluss eines Entgeltrahmen-Tarifvertrages werden die Regelungen im Anhang abgelöst. Die Betriebsparteien werden dann unabhängig von der Laufzeit dieser Vereinbarung unverzüglich eine Vereinbarung über Gehaltsbandbreiten für die AT-Mitarbeiter abschließen.

(4) Die jeweiligen Jahresgrundgehälter sind Mindestgehälter und dürfen nicht unterschritten werden. Gehaltserhöhungen oder Beförderungen werden anteilig berücksichtigt und nicht mit dem variablen Gehaltsanteil verrechnet.

(5) Nach Ablauf eines Geschäftsjahres per 31.12. werden die Bandbreiten der Jahresgrundgehälter nach Abschluss einer linearen tariflichen Gehaltserhöhung entsprechend angepasst. Bis zum Abschluss einer neuen Regelung bleiben die bisherigen Jahresgrundgehälter bestehen. Die Wirksamkeit der gesamten Vereinbarung bleibt davon unberührt.

(6) Soweit höhere arbeitsvertragliche Jahresgrundgehälter vereinbart worden sind, bleiben diese als Bezugsgrößen für das Jahreszieleinkommen bestehen.

§ 6 Berechnungsgrundlagen und Höhe der variablen Vergütung

Für die Mitarbeiter:

(1) Die maximalen variablen Vergütungsanteile sind im Anhang aufgeführt.

Am Ende eines Geschäftsjahres wird bezogen auf die bis zu 3 wichtigsten jobspezifischen Ergebnisse/Ziele die Höhe der variablen Vergütung nach dem abschließenden Leistungsbeurteilungsgespräch im ersten Quartal eines Kalenderjahres individuell festgelegt.

Nach der Festlegung erhält der zuständige Betriebsrat i.S.v. § 80 Abs. 2 BetrVG eine Übersicht über die vereinbarten variablen Vergütungsanteile.

(2) Für jedes der maximal drei wichtigsten jobspezifischen Ergebnisse/Ziele der Zielvereinbarung wird die Höhe der variablen Vergütung errechnet. Auf der Grundlage der unter Teil B § 3 Abs. 2 lit. f) definierten Stufen richtet sich der Zielerreichungsgrad nach folgendem Schema:

Kapitel 3: Interessenausgleichsvereinbarungen und Sozialpläne

Stufe	Zielerreichungsgrad	Vergütung in % der max. variablen Vergütung
1	nicht erreicht	0%
2	überwiegend erreicht	67%
3	erreicht	100%
4	ausgezeichnet	110%
5	exzellent	120%

Die Gesamteinschätzung der Erreichung der vereinbarten Ziele wird folgendermaßen vorgenommen:

Aus der Summe der für die einzelnen Ziele erreichten Stufen (1–5) wird der Durchschnitt gebildet und durch kaufmännische Rundung eine Stufe für die Gesamtzielerreichung festgelegt.

Auf dieser Basis wird die variable Vergütung für die Erreichung der jobspezifischen Ziele festgesetzt.

Beispiel:

	Stufe
1. Ziel	2
2. Ziel	3
3. Ziel	5
	10 : 3 = 3,3

Aus der Rundung ergibt sich als Stufe für die Gesamtzielerreichung: 3

Für die Führungskräfte:

(3) Mit den Führungskräften werden Einzelvereinbarungen getroffen, die vereinbarten variablen Vergütungsanteile werden dem Gesamtbetriebsrat aufgelistet zur Verfügung gestellt; die Rechte der örtlichen Betriebsräte bleiben gemäß § 80 Abs. 2 BetrVG davon unberührt.

(4) Als Berechnungsgrundlage zur Ermittlung bzw. Auszahlung des variablen Vergütungsanteils werden zwei Kenngrößen zugrunde gelegt, und zwar

- eine am Erfolg des Unternehmens orientierte Kenngröße, nämlich das Betriebsergebnis II und
- die zwischen dem Vorgesetzten und der Führungskraft vereinbarten wichtigsten jobspezifischen Ergebnisse/Ziele; hierbei sind die „allgemeinen kulturfördernden Ergebnisse" mit zu vereinbaren.

(5) Bei der Bemessung der variablen Vergütung werden das Betriebsergebnis II zu einem Drittel (1/3) und die jobspezifischen Ergebnisse/Ziele des Arbeitsprofils zu zwei Dritteln (2/3) berücksichtigt.

(6) Die Komponente des Betriebsergebnisses II ergibt sich aus dem jährlich vom Aufsichtsrat verabschiedeten Wirtschaftsplan. Dieser ist vor der Aufsichtsratssitzung dem Wirtschaftsausschuss zur Kenntnis und Beratung vorzulegen, um den Geist der neuen Unternehmenskultur zu dokumentieren, das heißt, dass Entscheidungen der Geschäftsführung transparent und für die Arbeitnehmervertretungen nachvollziehbar beraten werden können. Das Berechnungsschema ist im Anhang beigefügt.

(7) Der Zielerreichungsgrad hinsichtlich des Betriebsergebnisses II ergibt sich aus dem Verhältnis des gemäß Wirtschaftsplan geplanten Betriebsergebnisses II zum realisierten Betriebsergebnis II. Der Übereinstimmungsgrad bestimmt die Höhe der variablen Vergütung und wird danach ausgezahlt.

Für das Bewertungsschema des Betriebsergebnisses II gilt als Messgröße zur Zielerreichung die nachfolgend aufgeführte Regelung:

Stufe	Bewertung	Beschreibung	Höhe der variablen Vergütung bzgl. des Betriebsergebnisses II
1	nicht erreicht	Das Betriebsergebnis wurde nicht erreicht. Dies ist gegeben, wenn das tatsächliche Ergebnis mehr als 10% unter Plan liegt.	0%
2	überwiegend erreicht	Im Wesentlichen ist das Betriebsergebnis erreicht worden. Dies ist gegeben, wenn das tatsächliche Betriebsergebnis bis einschl. 10% unter Plan liegt.	45%
3	erreicht	Das Betriebsergebnis ist erreicht worden. Dies ist gegeben, wenn das tatsächliche Ergebnis auf dem Planniveau liegt.	67%

Stufe	Bewertung	Beschreibung	Höhe der variablen Vergütung bzgl. des Betriebsergebnisses II
4	ausgezeichnet	Das Betriebsergebnis ist ausgezeichnet. Dies ist gegeben, wenn das tatsächliche Ergebnis bis einschl. 10% über dem Plan liegt.	89%
5	exzellent	Das Betriebsergebnis ist exzellent erreicht. Das ist gegeben, wenn das tatsächliche Betriebsergebnis mehr als 10% über dem Plan liegt	100%

(8) Das Bewertungsschema für die jobspezifischen Ergebnisse/Ziele aufgrund des Arbeitsprofils, die zur Berechnung der 2/3 des variablen Gehaltsanteils maßgebend sind, ist unter Teil B § 3 dieser Vereinbarung beschrieben.

Für jedes der maximal drei wichtigsten jobspezifischen Ergebnisse/Ziele der Zielvereinbarung wird die Höhe der variablen Vergütung errechnet. Auf der Grundlage der unter Teil B § 3 Abs. 2 lit. f) definierten Stufen richtet sich der Zielerreichungsgrad nach folgendem Schema:

Stufe	Zielerreichungsgrad	Vergütung in % der max. variablen Vergütung
1	nicht erreicht	0%
2	überwiegend erreicht	45%
3	erreicht	67%
4	ausgezeichnet	89%
5	exzellent	100%

Die Gesamteinschätzung der Erreichung der vereinbarten Ziele wird folgendermaßen vorgenommen:

Aus der Summe der für die einzelnen Ziele erreichten Stufen (1–5) wird der Durchschnitt gebildet und durch kaufmännische Rundung eine Stufe für die Gesamtzielerreichung festgelegt.

Auf dieser Basis wird die variable Vergütung für die Erreichung der jobspezifischen Ziele festgesetzt.

Beispiel:

	Stufe
1. Ziel	2
2. Ziel	3
3. Ziel	5
	10 : 3 = 3,3

Aus der Rundung ergibt sich als Stufe für die Gesamtzielerreichung: 3

(9) Aus der Addition der nach Abs. 7 und 8 ermittelten Komponenten ergibt sich der Gesamtbetrag der variablen Vergütung.

(10) Für die Mitarbeiter des Vertriebs Außendienst wird ein variables Vergütungssystem eingeführt, über das eine gesonderte Betriebsvereinbarung abgeschlossen wird. Ziel dabei ist, dass Teile des bisherigen Festgehaltes bzw. der nach Teil B § 5 festgelegten Bandbreiten in variable Bestandteile umgewandelt werden.

§ 7 Auszahlung

(1) Die variable Vergütung wird spätestens nach Abschluss des Geschäftsjahres und nach Freigabe des Jahresergebnisses durch den Aufsichtsrat ausgezahlt. Das Auszahlungsformular ist als Anlage für die Führungskräfte und für die Mitarbeiter aufgeführt.

(2) Mitarbeiter und Führungskräfte, die im Laufe des Jahres in das Unternehmen eintreten, erhalten unter Berücksichtigung der Ergebnisse des Probezeitgesprächs eine zeitanteilige Auszahlung der variablen Vergütung. Das Gleiche gilt für Mitarbeiter, die den gesetzlichen Erziehungsurlaub in Anspruch nehmen oder andere Mitarbeiter bzw. Führungskräfte, deren Beschäftigungsverhältnis ruhen sollte.

(3) Mitarbeiter, die im Laufe des Geschäftsjahres das Arbeitsverhältnis beenden, haben keinen Anspruch auf eine zeitanteilige variable Vergütung. Das Gleiche gilt für eine Beendigung des Arbeitsverhältnisses bis zum 31.3. des Folgejahres; bereits ausgezahlte variable Vergütungsanteile ohne Rechtsanspruch sind als Vorschuss zurückzuzahlen und werden mit der letzten Gehaltsabrechnung verrechnet.

§ 8 Aufbewahrung der Formulare

(1) Eine Kopie des Formulars zum Ziel- und Ergebnisgespräch bzw. Leistungsbeurteilungsgespräch wird nach den Gesprächen mit der Führungskraft bzw. mit dem Mitarbeiter ausgehändigt. Das Original verbleibt beim Vorgesetzten unter Verschluss und darf Dritten nicht zugänglich gemacht werden, es sei denn zu Informationen bei internen Bewerbungen oder aufgrund von gesetzlichen Bestimmungen. Die Rechte des Betriebsrats nach §§ 80 Abs. 2 und 83 BetrVG bleiben hiervon unberührt. Der nächsthöhere Linienvorgesetzte hat das Recht zur Einsichtnahme.

(2) Günstigere arbeitsvertragliche oder tarifliche Regelungen bleiben bestehen.

(3) Die Vereinbarung tritt mit Unterzeichnung in Kraft und gilt befristet bis zum ▬▬▬. Die Vertragsparteien werden spätestens im I. Quartal ▬▬▬ vor Auslaufen der Vereinbarung über die Bewertung des Leistungsmanagements beraten und über die Fortführung einer Vereinbarung entscheiden.

Anhang: Schema zur Klassifizierung der Tätigkeitsgruppen

A Mitarbeiter, die nach kurzer Einarbeitung eine einfache schematische Tätigkeit ausüben.

B Mitarbeiter, die eine einfache kfm. oder technische Tätigkeit ausüben, wie sie in der Regel durch Anlernen oder längere Einarbeitung erworben werden.

C Mitarbeiter, die Tätigkeiten nach Anweisung ausüben, wie sie in der Regel durch eine abgeschlossene Berufsausbildung oder entsprechende Berufserfahrung erworben werden.

D Mitarbeiter, die Tätigkeiten selbständig nach allgemeiner Anweisung ausüben, wie sie in der Regel nach dem Merkmal C erworben werden.

E Mitarbeiter, die schwierige Tätigkeiten selbständig und eigenverantwortlich nach allgemeinen Richtlinien ausüben, wie sie in der Regel über das Merkmal C durch mehrjährige Berufserfahrung und/oder Fachschulausbildung erworben werden.

F Mitarbeiter, die schwierige Tätigkeiten nach allgemeinen Richtlinien selbständig und eigenverantwortlich für einen abgegrenzten Teilbereich ausüben, wie sie in der Regel nach dem Merkmal E erworben werden.

G Mitarbeiter, die schwierige vielseitige Tätigkeiten nach allgemeinen Richtlinien selbständig und eigenverantwortlich für ein gesamtes Aufgabengebiet ausüben.

H Mitarbeiter, die besonders schwierige vielseitige Tätigkeiten selbständig und eigenverantwortlich für komplexe Aufgabengebiete ausüben.

I Mitarbeiter, die für eine Gruppe besonders schwierige Koordinierungsaufgaben eigenverantwortlich und/oder entsprechende Fachverantwortung und/oder Spezialaufgaben ausüben.

J Mitarbeiter, die über das Merkmal I hinaus Anweisungsbefugnisse übertragen bekommen haben und/oder entsprechende gewichtige Fachverantwortung und/oder Spezialaufgaben ausüben.

K Mitarbeiter mit Tätigkeiten, die sich nach Schwierigkeit und/oder Verantwortung über das Merkmal J hinausheben.

Teil C: Einführung von Workshops und Trainingsmaßnahmen auf der Basis des Modells European Foundation for Quality Management (EFQM)

§ 1 Geltungsbereich

(1) Diese Vereinbarung gilt für alle Mitarbeiterinnen und Mitarbeiter einschließlich der Führungskräfte der Firma (nachstehend Mitarbeiter genannt).

(2) Sie gilt nicht für leitende Angestellte i.S.v. § 5 Abs. 3 BetrVG.

§ 2 Gegenstand

(1) Diese Vereinbarung regelt i.S.v. § 98 BetrVG die Grundsätze zur Durchführung von Workshops und Trainingsmaßnahmen im Zusammenhang mit dem Projekt „Focus Kunde" auf der Basis des Modells der European Foundation for Quality Management (EFQM).

(2) Nicht Gegenstand dieser Vereinbarung ist das Qualitätssystem auf der Grundlage von DIN/ISO 9000 ff.

§ 3 Zielsetzungen

(1) Mit den Workshops und Trainings wird zur Zukunftssicherung der Firma ein Veränderungsprozess eingeleitet, der ein kundenorientiertes Verhalten mit einem ausgeprägten Qualitäts- und Kostenbewusstsein fördert.

(2) Um die dafür notwendigen Voraussetzungen zu schaffen, sind alle Führungskräfte und Mitarbeiter in den Veränderungsprozess einzubeziehen und durch abgestimmte Trainingsmaßnahmen zu beteiligen.

(3) Mit dem Modell auf der Basis von EFQM liegt der Schwerpunkt nicht auf prozessorientierten Verfahrensvorschriften und detailliert geregelten Zuständigkeiten, sondern in der Qualität des Unternehmensergebnisses, das heißt, bessere

§ 5 Betriebsvereinbarungen

Qualität und höhere Kundenzufriedenheit sind entscheidend vom Verhalten aller Mitarbeiter bzw. Führungskräfte abhängig.

Dabei werden Maßstäbe auf ihre Relevanz für die Firma überprüft und aus den eigenen Reihen nach Input- und Output-Kriterien bewertet.

Die weiteren Einzelheiten zum EFQM-Modell sind als Anlage Bestandteil dieser Vereinbarung, wobei die einzelnen Inhalte und Methoden auf Erfordernisse der Firma modifiziert und mit dem Bildungsausschuss des Gesamtbetriebsrats einvernehmlich beraten und entschieden werden müssen.

Kommt darüber keine Einigung zustande, entscheidet die betriebliche Schiedsstelle.

§ 4 Grundsätze zur Durchführung von Workshops und Trainings

(1) Alle Maßnahmen sind vor ihrer Durchführung rechtzeitig und umfassend anhand von Unterlagen mit dem Bildungsausschuss des Gesamtbetriebsrats zu beraten und einvernehmlich abzustimmen. Bei Nichteinigung gilt Teil C § 3 Abs. 3 letzter Satz dieser Vereinbarung entsprechend.

(2) Mit dem Bildungsausschuss des Gesamtbetriebsrats sind insbesondere folgende Maßnahmen zu beraten und bis zum ▬▬▬ festzulegen:

a) Die Planung von Workshops und Trainings hinsichtlich ihrer Inhalte und Methoden.
b) Die Festlegung der Verantwortlichkeiten für die Bereichs- bzw. Standortteams/Coaches.
c) Erarbeitung von Kriterien zur Teilnahme aller Mitarbeiter an Trainingsmaßnahmen.
d) Die Festlegung bzw. Zusammensetzung des Teilnehmerkreises für die jeweilige Trainingsmaßnahme.
e) Die Terminplanung für die Workshops/Trainingsmaßnahmen.

(3) Die Workshops und Trainings werden in bereichs- und hierarchieübergreifenden Gruppen durchgeführt.

(4) Alle Maßnahmen finden grundsätzlich während der persönlichen Arbeitszeit des Mitarbeiters statt. Abweichungen bedürfen vorher der Zustimmung des Betriebsrats. Bei einer Teilnahme außerhalb der persönlichen Arbeitszeit werden diese Zeiten auf die regelmäßige Arbeitszeit angerechnet.

(5) Bei den Maßnahmen nach Abs. 2 lit. b) und d) hat der zuständige Betriebsrat mitzubestimmen.

(6) Die Firma trägt sämtliche Kosten der Workshops und Trainingsmaßnahmen.

(7) Dem Mitarbeiter ist die vorgesehene Teilnahme an einer Maßnahme mindestens 14 Tage vorher schriftlich mitzuteilen.

(8) Die Teilnehmer erhalten eine Teilnahmebescheinigung über Inhalte und Dauer der Maßnahme. Eine Beurteilung jedweder Art ist unzulässig.

(9) Vor Durchführung der Trainingsmaßnahmen für die Mitarbeiter, werden die einzelnen Mitglieder der Betriebsräte in Zusammenarbeit mit dem Bildungsausschuss des Gesamtbetriebsrats zentral geschult. Der Gesamtbetriebsrats-Vorsitzende lädt die vom Betriebsrat benannten Mitglieder (ein Mitglied je Betriebsrat) zur Schulung ein. Ebenso kann der Gesamtbetriebsrats-Vorsitzende einen Sachverständigen des Gesamtbetriebsrats hinzuziehen.

Sämtliche Kosten der Schulungen trägt die Firma gemäß § 40 BetrVG.

§ 5 Nachteilsverbot

(1) Mögliche Erkenntnisse aus den Workshops und Trainings über die Teilnehmer dürfen nicht zu ihrem beruflichen Nachteil angewendet werden. Vielmehr ist im Rahmen von persönlichen Entwicklungsplänen bzw. -zielen das Qualifikationsprofil einzelner Mitarbeiter zu fördern und zu erweitern.

(2) Erkenntnisse über mögliche Rationalisierungspotentiale bei den Arbeitsprozessen werden nicht im Wege von betriebs- bzw. personenbedingten Kündigungen umgesetzt. Bei Um- bzw. Versetzungen sind die Grundsätze nach Teil A §§ 5 und 6 dieser Vereinbarung zu beachten.

(3) Mit der Einführung von EFQM werden keine elektronisch gestützte Dokumentations- und Kontrollmaßnahmen durchgeführt, die insbesondere zur Überwachung von Verhalten und Leistungen der Mitarbeiter dienen könnten.

§ 6 Kontinuierlicher Verbesserungsprozess (KVP)

(1) Ziel ist ein kontinuierlicher Verbesserungsprozess bei der Firma, der auf die verschiedenen Bereiche des Unternehmens wirkt, insbesondere werden im Verlauf des Prozesses konkrete Verbesserungsprojekte gestartet, die nachweislich zu Problemlösungen bzw. zur Effizienzsteigerungen im Unternehmen führen sollen.

Die geplanten Bereichs-/Standortteams mit Coaching sollen den Veränderungsprozess absichern und die Verbesserungsvorschläge bearbeiten.

(2) Beide Vertragspartner verpflichten sich deshalb, i.S.v. § 87 Abs. 1 Nr. 12 BetrVG eine gesonderte Betriebsvereinbarung über die Grundsätze von Verbesserungsvorschlägen im KVP-Prozess und deren Wertung bzw. Verwertbarkeit abzuschließen.

§ 7 Meinungsverschiedenheiten
Über Auslegungsstreitigkeiten bzw. die Anwendung dieser Vereinbarung entscheidet die betriebliche Schiedsstelle.

§ 8 Laufzeit
Diese Vereinbarung tritt mit der Unterzeichnung in Kraft und kann frühestens zum ▬▬▬ mit einer Frist von drei Monaten gekündigt werden. Bis zum Abschluss einer neuen Vereinbarung wirken die Regelungen dieser Vereinbarung nach.

13. Muster: Zusammenführung von Betriebsteilen/Bankgewerbe[228]

Zwischen

der Geschäftsführung der Firma ▬▬▬

und

dem Betriebsrat der Firma ▬▬▬ in K

wird folgender Interessenausgleich vereinbart:

§ 1
Der Betrieb in K wird spätestens bis zum ▬▬▬ nach M verlagert. Das Unternehmen wird zu gegebener Zeit im Raum K neue Arbeitsplätze schaffen. Hierbei handelt es sich um Funktionen des Vertriebs einschließlich der Redaktion ▬▬▬ sowie Tätigkeiten zur logistischen/technischen Unterstützung der ▬▬▬.

§ 2
Die Verlagerung erfolgt in Etappen je nach technischen, organisatorischen und betriebswirtschaftlichen Gegebenheiten.

§ 3
Der Betriebsrat wird über die jeweils vorzunehmenden Verlagerungsmaßnahmen mindestens vier Wochen vor Umsetzung unterrichtet.

§ 4
Die Regelungen zum Ausgleich oder zur Milderung von wirtschaftlichen Nachteilen, die die Mitarbeiterinnen und Mitarbeiter in K im Zusammenhang mit der Betriebsänderung treffen, sind in einer Betriebsvereinbarung über einen Sozialplan geregelt.

II. Sozialplan

1. Muster: Betriebsstilllegung im Konzern[229]

Zwischen

der AG ▬▬▬

– nachstehend: AG –

und

dem Gesamtbetriebsrat der AG ▬▬▬

wird folgender Sozialplan vereinbart:

Präambel
Vorrangiges Ziel dieses Sozialplans ist die Erhaltung eines sozial gleichwertigen und zumutbaren Arbeitsplatzes im Unternehmen. Die Betriebsparteien stimmen in dem Bemühen überein, die durch die Integration des Werkes T in das

---

[228] Dieser Text ist das Pendant zu Muster 5740.
[229] Dieser Text ist das Pendant zu Muster 5600.

Werk L bedingten Arbeitsplatzverluste so gering wie möglich zu halten und unumgängliche Entlassungen auf ein Minimum zu beschränken.

Zum Ausgleich oder zur Milderung wirtschaftlicher Nachteile für die betroffenen Mitarbeiterinnen und Mitarbeiter schließen die AG und der Gesamtbetriebsrat die nachstehende Vereinbarung i.S.d. §§ 111, 112 BetrVG.

§ 1 Eingliederung des Werkes T in das Werk L

(1) Mit der Eingliederung des Werkes T in das Werk L werden alle Betriebsvereinbarungen des Werkes gegenstandslos, und es gelten die betrieblichen Regelungen des Werkes L auch für die Belegschaft am Standort T. Dies schließt nicht aus, dass einzelne Regelungen oder Absprachen einer neuen Regelung zugeführt werden.

(2) Soweit regelmäßige monatliche Entgeltbestandteile des bisherigen Werkes T der L-Entgeltsystematik nicht entsprechen, werden diese weiterhin als persönlich anrechenbare Zulage gewährt.

Anlässlich der Eingliederung wird keine Mitarbeiterin/kein Mitarbeiter aus T bei Beibehaltung ihrer/seiner bisherigen Tätigkeit ein geringeres regelmäßiges monatliches Entgelt erhalten. Wenn durch die Anwendung der L-Entgeltsystematik bezüglich des regelmäßigen monatlichen Entgeltes ein finanzieller Nachteil entsteht, wird dieser in voller Höhe in Form einer persönlich anrechenbaren Zulage ausgeglichen.

Soweit andererseits durch die Anwendung der L-Entgeltsystematik eine Erhöhung des bisherigen regelmäßigen monatlichen Entgeltes entsteht, wird der Unterschiedsbetrag auf die persönlich anrechenbare Zulage angerechnet.

Die in der Entgeltabrechnung ausgewiesenen persönlich anrechenbaren Zulagen der gewerblichen Mitarbeiter des ehemaligen Werkes T werden bei Erhöhungen des Tarifentgeltes um den gleichen Prozentsatz angehoben. Sie sind auf sämtliche Entgelterhöhungen anrechenbar.

(3) Folgende Betriebsvereinbarungen finden weiterhin für die Mitarbeiterinnen und Mitarbeiter, die am Standort T des Werkes L ihren Arbeitsplatz haben, Anwendung: ---

(4) Der Katalog für Körperschutzmittel (Arbeitsschutzkleidung) wird auf Bedarf in T ausgedehnt.

(5) Die werksärztliche Betreuung der Mitarbeiterinnen und Mitarbeiter am Standort T wird dort sichergestellt.

(6) Sollten wider Erwarten nicht alle kollektiven Regelungen erfasst sein, so sind bei Bedarf nachträglich Verhandlungen aufzunehmen und ggf. ein Ausgleich bzw. die Milderung wirtschaftlicher Nachteile zu vereinbaren.

§ 2 Versetzungen

(1) Grundsätze

Die AG wird den Mitarbeiterinnen und Mitarbeitern mit einem unbefristeten Arbeitsverhältnis, die Kündigungsschutz i.S.d. Kündigungsschutzgesetzes haben und deren Arbeitsplätze im ehemaligen Werk T entfallen, im Rahmen ihrer Möglichkeiten zumutbare, möglichst gleichwertige Arbeitsplätze vorrangig innerhalb des Werkes L (einschließlich des Standortes T) oder in einem anderen Werk der AG anbieten.

Die Mitarbeiterin/Der Mitarbeiter ist verpflichtet, andere zumutbare Arbeiten zu leisten. Sie/Er darf eine ihrem/seinem Leistungsvermögen entsprechende Arbeit nicht ausschlagen.

Lehnt die Mitarbeiterin/der Mitarbeiter ein Arbeitsplatzangebot im Werk L einschließlich des Standortes T ab, das die AG für zumutbar hält, wird die Zumutbarkeit des angebotenen Arbeitsplatzes durch die Schiedskommission (siehe § 5) geprüft. Wird die Zumutbarkeit bestätigt, wird zum Zwecke der Versetzung unter Wahrung der gesetzlichen Beteiligungsrechte des Betriebsrats – soweit erforderlich – eine Änderungskündigung ausgesprochen. Die laufende Kündigungsfrist gilt als verlängerte Angebotsfrist. Lehnt die Mitarbeiterin/der Mitarbeiter das mit der Änderungskündigung verbundene Versetzungsangebot ab, gilt die Änderungskündigung als Beendigungskündigung.

(2) Gleichbehandlung

Die an die Standorte L und M versetzten Mitarbeiterinnen und Mitarbeiter werden in ihrem neuen Betrieb als gleichberechtigte und gleichrangige Belegschaftsmitglieder behandelt und anerkannt. Sie dürfen im Rahmen der Gleichbehandlung aller Betriebsangehörigen (§ 75 BetrVG) keine Benachteiligung, aber auch keine Besserstellung erfahren. Umgekehrt werden auch die bisherigen Belegschaftsmitglieder in L und M aus Anlass der vorgesehenen Maßnahmen weder bevorzugt noch benachteiligt.

(3) Schulungsmaßnahmen aufgrund geänderten Aufgabenstellungen

Sofern bei Versetzungen die mögliche Weiterbeschäftigung von Mitarbeiterinnen und Mitarbeitern nur auf einem Arbeitsplatz unter geänderter Aufgabenstellung möglich ist und hierfür Umschulungsmaßnahmen notwendig sind, wird das Unternehmen für geeignete Umschulungs- und/oder Weiterbildungsmaßnahmen sorgen. Hierbei werden notwendige Höherqualifizierungsmaßnahmen berücksichtigt.

Die Kosten hierfür trägt das Unternehmen. Leistungen Dritter (z.B. Agentur für Arbeit) sind vorrangig in Anspruch zu nehmen und werden darauf angerechnet.

Während der Schulungsmaßnahmen wird den Mitarbeiterinnen und Mitarbeitern eine Verdienstsicherung im Rahmen des nachstehenden Abs. 4 gewährt.

(4) Verdienstausgleich bei Versetzungen

a) Grundsatz

Wird eine Mitarbeiterin/ein Mitarbeiter auf einen anderen Arbeitsplatz versetzt, so richten sich ihre/seine Eingruppierung und ihre/seine Entgeltbestandteile nach dem neuen Arbeitsplatz.

b) Voraussetzungen für den Verdienstausgleich

Die Mitarbeiterinnen/Mitarbeiter erhalten einen Verdienstausgleich, wenn sie im Rahmen dieses Interessenausgleichs aus betriebsbedingten Gründen einvernehmlich auf einen Arbeitsplatz versetzt werden, dessen Bruttoentgelt niedriger ist als bisher.

Beruht die Versetzung auf eigenem Wunsch der Mitarbeiterin/des Mitarbeiters oder ist sie durch Umstände bedingt, die die Mitarbeiterin/der Mitarbeiter verursacht hat, erfolgt keine Verdienstsicherung.

c) Berechnung des Verdienstausgleichs

Der Verdienstausgleich ist der Unterschiedsbetrag zwischen dem Sicherungsentgelt und dem jeweiligen Bruttomonatsentgelt am neuen Arbeitsplatz.

aa) Das Sicherungsentgelt besteht aus dem Bruttomonatsentgelt am bisherigen Arbeitsplatz zum Zeitpunkt der Versetzung mit Ausnahme von Erschwerniszulagen, Mehrarbeitsvergütungen, Sachbezüge, Auslandszulagen, Schweißer- und Vertreterzulagen, Bereitschaftsvergütungen und Einmalzahlungen.

bb) Das zu vergleichende Bruttomonatsentgelt am neuen Arbeitsplatz enthält

- bei einer Versetzung in ein Werk mit gleicher Entgeltsystematik die gleichen Bestandteile wie das Sicherungsentgelt
- bei einer Versetzung in ein Werk mit M-Entgeltsystematik die folgenden Bestandteile
  - Tarifentgelt (Eingruppierung entsprechend dem neuen Arbeitsplatz)
  - Grundzulage
  - Übertarifliche Zulage (ÜTZ)
  - Vorarbeiterzulage
  - Prämienzulage (Durchschnittsprozentsatz der letzten 12 abgerechneten Monate der neuen Prämiengruppe)
  - Schichtzulage
  - SFN-Zuschläge

ohne Erschwerniszulagen, Mehrarbeitsvergütungen und sonstige Entgeltbestandteile.

Die übertarifliche Zulage (ÜTZ) am neuen Arbeitsplatz wird in Höhe der persönlich anrechenbaren Zulage am bisherigen Arbeitsplatz gewährt, soweit dadurch insgesamt das Sicherungsentgelt nicht überschritten wird.

Der Verdienstausgleich wird auf der Basis der am bisherigen Arbeitsplatz geleisteten vertraglichen Wochenarbeitszeit berechnet. Gilt am neuen Arbeitsplatz eine geringere vertragliche Wochenarbeitszeit, so wird der Verdienstausgleich im Verhältnis der neuen zur alten Wochenarbeitszeit gekürzt. Die Gewährung tariflicher Altersfreizeiten gilt nicht als Verringerung der vertraglichen Wochenarbeitszeit im Sinne dieser Regelung und führt daher nicht zur Kürzung des Verdienstausgleichs. Eine höhere vertragliche Arbeitszeit ändert den Verdienstausgleich nicht.

d) Versetzungen von Wechselschicht auf Tagschicht

Abweichend von lit. c) werden bei einer Versetzung von Wechselschicht auf Tagschicht die SFN-Zuschläge nicht in den Verdienstausgleich einbezogen, weil die besondere Belastung der Sonntags-, Feiertags- und Nachtarbeit entfällt. Wegen der dadurch eintretenden Minderung des Bruttoentgelts wird eine Ausgleichspauschale gewährt.

Diese Ausgleichspauschale beträgt 300 EUR monatlich. Sie wird bis zur Versetzung auf einen anderen Wechselschicht-Arbeitsplatz, längstens für 12 Monate, gezahlt. §§ 13, 14 MTV Chemie bleiben unberührt. Sollte es wider Erwarten nicht möglich sein, innerhalb von 12 Monaten Frist einen Wechselschichteinsatz zu vermitteln, wird im Einvernehmen mit dem Betriebsrat eine Anschlussregelung getroffen.

e) Entwicklung des Verdienstausgleichs

Hat die Mitarbeiterin/der Mitarbeiter bis zur Versetzung mindestens 15 Dienstjahre vollendet, wird ihr/sein Verdienstausgleich zum jeweiligen Termin der Tariferhöhung um den Prozentsatz der Tariferhöhung gesteigert.

Im Übrigen wird der Verdienstausgleich unverändert gewährt, bis sich durch erneute Versetzungen oder sonstige strukturelle Änderungen das Entgelt am neuen Arbeitsplatz erhöht. Das gilt auch für Umgruppierungen am neuen Arbeitsplatz. Die dadurch bedingte Erhöhung des Bruttoentgelts wird dann auf den Verdienstausgleich angerechnet.

Wird in der Zeit der Ausgleichszahlung der Mitarbeiterin/dem Mitarbeiter ein zumutbarer Arbeitsplatz am selben Standort, der zu einem höheren Bruttomonatsentgelt im Sinne der lit. c) führt, angeboten und von der Mitarbeiterin/dem Mitarbeiter nicht angenommen, wird der Verdienstausgleich entsprechend gekürzt bzw. er entfällt ganz. Die Zumutbarkeit wird durch die Schiedskommission (siehe § 5) geprüft.

Sollte innerhalb der Laufzeit dieses Interessenausgleichs eine erneute betriebsbedingte Versetzung auf einen Arbeitsplatz mit geringerem Bruttoentgelt vorzunehmen sein, wird für die Berechnung des Verdienstausgleichs das Bruttomonatsentgelt am ursprünglichen Arbeitsplatz zugrunde gelegt.

f) Härtefälle

Härtefälle werden im Einvernehmen mit dem Gesamtbetriebsrat festgestellt und geregelt.

(5) Versetzungen an andere Standorte

a) Mitarbeiterinnen/Mitarbeiter, die vom Werk L einschließlich des Standortes T in ein anderes Werk der AG versetzt werden, erhalten folgende Leistungen:

- Fahrtkosten für die erste Hinreise gemäß Reisekostenordnung.
- Unterbringungskosten in der nachgewiesenen Höhe oder pauschal 4 EUR je Übernachtung bis zum Umzug. Anfänglich werden erforderlichenfalls Hotelkosten gezahlt, allerdings mit der Auflage, baldmöglichst eine kostengünstigere Unterbringung zu suchen.
- Trennungsentschädigung (Mehraufwendungen für Verpflegung) für die Dauer der doppelten Haushaltsführung
  – während der ersten drei Monate (Probezeit) 23,50 EUR pro Kalendertag,
  – nach Ablauf dieser Zeit 8 EUR pro Kalendertag.
  Die Zahlung entfällt an Tagen, an denen der Mitarbeiter auf Dienstreise ist, sich zu Hause aufhält, sich in Urlaub befindet oder die Heimfahrt in Anspruch nimmt.
- Fahrtkosten für Familienheimfahrten nach dem Deutsche-Bahn-Tarif (Ziffer 3.2 Reisekostenordnung):
  – zwei Heimfahrten monatlich für
  Verheiratete mit eigenem Haushalt am alten Tätigkeitsort,
  Nichtverheiratete mit eigenem Haushalt am alten Tätigkeitsort, die am neuen Tätigkeitsort noch keinen eigenen Haushalt begründet haben,
  – eine Heimfahrt monatlich für Nichtverheiratete, die bisher im Familienkreis gewohnt haben und noch keinen eigenen Haushalt am neuen Tätigkeitsort begründet haben.
- Das Unternehmen unterstützt die betroffenen Mitarbeiterinnen und Mitarbeiter bevorzugt bei der Wohnungssuche.
- Umzugskosten werden gegen Rechnung des Spediteurs in vollem Umfang erstattet. Renovierungskosten der bisherigen oder der künftigen Wohnung werden gegen Nachweis erstattet.
- Falls Maklergebühren anfallen, werden diese gegen Rechnung erstattet.
- Mietentschädigung bei doppelter Mietzahlung in Höhe der Mietkosten für die bisherige Wohnung für die Dauer der Kündigungsfrist bzw. bis zur einvernehmlichen Vertragsaufhebung, längstens für 12 Monate.
- Darlehen zur Zahlung einer Mietkaution.
- Der Mitarbeiterin/Dem Mitarbeiter kann ein zinsloses Arbeitgeberdarlehen gewährt werden, auch wenn sie/er ein solches Darlehen bereits einmal erhalten hat.

Alle aufgeführten laufenden Leistungen werden, soweit nicht anders bestimmt, längstens für ein Jahr gewährt.

b) Mitarbeiterinnen/Mitarbeiter, die vom Einsatzort T auf Dauer an den Einsatzort L wechseln und ihren bisherigen Wohnsitz beibehalten, erhalten eine steuerpflichtige Ausgleichszahlung als einmaligen Ausgleich für den entstehenden Mehraufwand für Fahrten zwischen Wohnung und neuer Arbeitsstätte. Diese Ausgleichszahlung wird mit der Abrechnung des der Versetzung folgenden Monats ausgezahlt. Berechnungsgrundlage ist die Differenz der kürzesten Fahrtstrecke zwischen Wohnung und bisheriger Arbeitsstätte sowie zwischen Wohnung und neuer Arbeitsstätte, gestaffelt nach den Zonen der Mehrfahrtstrecke (Entfernungsdifferenz für die einzelne Fahrt):

- 3 bis 8 km   1.250 EUR
- mehr als 8 km   1.800 EUR.

c) Gibt die Mitarbeiterin/der Mitarbeiter aufgrund ihres/seines Wechsels vom Einsatzort T an den Einsatzort L ihren/seinen bisherigen Wohnsitz innerhalb von zwei Jahren auf und tritt dadurch eine erhebliche Verkürzung der Fahrtstrecke zwischen Wohnung und Arbeitsplatz gegenüber der früheren Fahrtstrecke ein, werden folgende Leistungen gewährt:

- Umzugskosten werden gegen Rechnung des Spediteurs in vollem Umfang erstattet.
- Renovierungskosten der bisherigen oder der künftigen Wohnung werden gegen Nachweis erstattet.
- Das Unternehmen ist bei der Wohnungssuche behilflich.
- Der Mitarbeiterin/Dem Mitarbeiter kann ein zinsloses Arbeitgeberdarlehen gewährt werden, auch wenn er ein solches Darlehen bereits einmal erhalten hat.

§ 3 Arbeitsvertragsbeendigungen

Alle Mitarbeiterinnen und Mitarbeiter, die einvernehmlich oder aufgrund vom Arbeitgeber ausgesprochener betriebsbedingter Kündigung aus dem Unternehmen ausscheiden, erhalten Leistungen nach Maßgabe der folgenden Bestimmungen, wenn ein entsprechender Arbeitsplatz im ehemaligen Werk T (nach Ringtausch) ersatzlos entfällt.

Anspruchsberechtigt sind auch diejenigen Mitarbeiterinnen und Mitarbeiter, die ihr Arbeitsverhältnis unter Wahrung der Kündigungsfrist selbst beenden, sofern ihr Arbeitsplatz aufgrund der geplanten Rationalisierungsmaßnahmen wegfällt oder diese Mitarbeiterinnen und Mitarbeiter einen Arbeitsplatz freimachen, auf den ein vom Arbeitsplatzverlust in T betroffener Mitarbeiter versetzt werden könnte.

(1) Leistungsausschlüsse

Keinen Anspruch auf die nachstehenden Leistungen haben:

- Mitarbeiter/innen mit befristeten Arbeitsverträgen;
- Mitarbeiter/innen, die im Zeitpunkt des Ausspruchs der Kündigung bzw. der einvernehmlichen Auflösung des Arbeitsverhältnisses keinen Kündigungsschutz nach dem Kündigungsschutzgesetz genießen, d.h. deren Arbeitsvertrag noch nicht länger als sechs Monate besteht;
- Mitarbeiter/innen, denen ein oder mehrere zumutbare Arbeitsplätze im Werk L einschließlich des Standortes T angeboten wurden und die den bzw. diese Arbeitsplätze abgelehnt haben. Vor Ausschluss des Leistungsanspruchs überprüft die Schiedskommission die Zumutbarkeit des angebotenen Arbeitsplatzes;
- Mitarbeiter/innen, die ein Arbeitsverhältnis bei der Firma XY oder einem anderen mit der AG verbundenen Unternehmen unter Anerkennung der Dienstzeit annehmen;
- Mitarbeiter/innen, die im unmittelbaren Anschluss an ihr Ausscheiden Leistungen aus der gesetzlichen Rentenversicherung beanspruchen können. Ansprüche aus der Richtlinie ■■■ bleiben davon unberührt;
- Mitarbeiter/innen, deren Arbeitsverhältnis aus verhaltensbedingten Gründen beendet wird.

(2) Arten der Leistungsgewährung

Je nach Lebensalter werden

- eine Übergangshilfe und gegebenenfalls anschließend eine Überbrückungshilfe oder
- eine Abfindung

gezahlt. Die Übergangs- und gegebenenfalls Überbrückungshilfe erhalten Mitarbeiterinnen und Mitarbeiter, die im Zeitpunkt des Ausscheidens mindestens das 55. Lebensjahr vollendet haben. Die Abfindung erhalten Mitarbeiterinnen und Mitarbeiter, die im Zeitpunkt des Ausscheidens das 55. Lebensjahr noch nicht vollendet haben.

a) Übergangshilfe und Überbrückungshilfe

aa) Dauer

Übergangshilfe wird gezahlt, solange die Mitarbeiterin/der Mitarbeiter Anspruch auf Arbeitslosengeld hat, längstens bis zu dem Zeitpunkt, in dem ein Anspruch auf Leistungen der gesetzlichen Rentenversicherung besteht; in der Regel bis zur Vollendung des 60. Lebensjahres.

Überbrückungshilfe wird nach Beendigung der Gewährung von Arbeitslosengeld gezahlt, längstens bis zu dem Zeitpunkt, in dem ein Anspruch auf Leistungen der gesetzlichen Rentenversicherung besteht; in der Regel bis zur Vollendung des 60. Lebensjahres.

bb) Höhe

Die Übergangshilfe und die Überbrückungshilfe betragen bei Mitarbeiterinnen/Mitarbeitern in der Tagschicht 68%, bei Mitarbeiterinnen/Mitarbeitern in der Wechselschicht 82% des zuletzt bezogenen Brutto-Monatsentgelts ohne Berücksichtigung der SFN-Zuschläge.

Hierauf werden Leistungen der Arbeitslosenversicherung (ohne künftige Erhöhungsbeträge), Rentenleistungen der Sozialversicherungsträger oder gleichwertige Leistungen aus einer fällig werdenden befreienden Lebensversicherung oder sonstiger öffentlicher oder betrieblicher Versorgungseinrichtungen, soweit Letztere nicht auf Eigenbeiträgen der Mitarbeiterin/des Mitarbeiters beruhen, angerechnet. Bereits gewährte Rentenleistungen werden nicht angerechnet.

Gewährt die Agentur für Arbeit der/dem ausgeschiedenen Mitarbeiterin/Mitarbeiter trotz korrekter Antragstellung keine oder nur eine verminderte Arbeitslosenhilfe, weil sie/er nicht bedürftig im Sinne der Leistungsvoraussetzungen ist, wird die Arbeitslosenhilfe nur in Höhe der tatsächlichen Leistung der Agentur für Arbeit auf die Überbrückungshilfe angerechnet. Hat die/der ausgeschiedene Mitarbeiterin/Mitarbeiter den Antrag auf Arbeitslosenhilfe jedoch nicht oder nicht korrekt gestellt, wird der Bezug ihrer/seiner höchstmöglichen Arbeitslosenhilfe fiktiv unterstellt.

Wenn die Agentur für Arbeit keine Arbeitslosenhilfe gewährt, trägt es auch nicht die Beiträge zur Krankenversicherung. In diesem Falle erstattet das Unternehmen der/dem ausgeschiedenen Mitarbeiterin/Mitarbeiter zur Aufrechterhaltung des Krankenversicherungsschutzes den Gesamtbeitrag zur Krankenversicherung bis zur Höhe der Beiträge der zuständigen gesetzlichen Krankenkasse.

cc) Fälligkeit

Die Übergangshilfe bzw. die Überbrückungshilfe wird monatlich nachträglich auf ein von der Mitarbeiterin/vom Mitarbeiter zu benennendes Girokonto bei der Post, einer Bank oder Sparkasse gezahlt.

b) Ergänzung der Übergangshilfe/Überbrückungshilfe

Zum Ausgleich wirtschaftlicher Nachteile durch Beendigung der Berufstätigkeit vor Gewährung der Leistungen aus der gesetzlichen Rentenversicherung wird ein gestaffelter Einmalbetrag von einem bis maximal fünf Brutto-Monatsentgelten gemäß nachstehender Tabelle gewährt.

Alter vollendet		Anzahl Monats-entgelte	Alter vollendet		Anzahl Monats-entgelte
Jahr	Monat		Jahr	Monat	
55	0	5,00	57	0	3,00
	1	4,92		1	2,92
	2	4,83		2	2,83
	3	4,75		3	2,75
	4	4,67		4	2,67
	5	4,58		5	2,58
	6	4,50		6	2,50
	7	4,42		7	2,42
	8	4,33		8	2,33
	9	4,25		9	2,25
	10	4,17		10	2,17
	11	4,08		11	2,08
56	0	4,00	58	0	2,00
	1	3,92		1	1,92
	2	3,83		2	1,83
	3	3,75		3	1,75
	4	3,67		4	1,67
	5	3,58		5	1,58
	6	3,50		6	1,50
	7	3,42		7	1,42
	8	3,33		8	1,33
	9	3,25		9	1,25
	10	3,17		10	1,17
	11	3,08		11	1,08
			von 59	0	1,00
			bis 63	0	1,00

c) Abfindung

Mitarbeiterinnen/Mitarbeiter, die mindestens sechs Monate im Unternehmen beschäftigt waren, erhalten für jedes Jahr ihrer Beschäftigung (anerkannte Dienstjahre, kaufmännisch gerundet) eine Abfindung in Höhe eines halben Brutto-Monatsentgelts, mindestens jedoch 1.500 EUR. Zusätzlich erhalten anerkannte Schwerbehinderte einen Einmalbetrag von 2.500 EUR und Mitarbeiter mit Kindern einen Einmalbetrag von 1.500 EUR je Kind laut Steuerkarte.[230]

Wegen der hier zu regelnden besonderen Verhältnisse und zum Ausgleich der auftretenden sozialen Härten werden die Abfindungsbeträge nach folgender Formel aufgestockt:

(Lebensalter + anrechenbare Dienstjahre) x 100 EUR

Die Abfindung wird – sozialversicherungsfrei und im Rahmen der Höchstbeträge des Einkommensteuergesetzes steuerfrei – am Ende des dem Ausscheiden folgenden Monats auf ein vom Mitarbeiter zu benennendes Girokonto bei der Post, einer Bank oder Sparkasse gezahlt.

d) Entgeltdefinition

Bei der Berechnung des Brutto-Monatsentgelts gemäß lit. a) bis c) ist maßgebend das zuletzt bezogene Bruttoentgelt ausschließlich Mehrarbeitsvergütung, SFN-Zuschläge, Erschwerniszulage, Urlaubsgeld, vermögenswirksame Leistungen und sonstige einmalige Zahlungen. Leistungslohnüberverdienste werden nach dem Durchschnitt der letzten 12 Monate ermittelt.

(3) Mitwirkungs- und Meldepflichten

Die Mitarbeiterin/Der Mitarbeiter ist verpflichtet, nach ihrem/seinem Ausscheiden die entsprechenden Anträge auf Leistungen der Arbeitslosenversicherung zu stellen und der Meldepflicht bei der Agentur für Arbeit nachzukommen. Der Antrag auf Leistungen der gesetzlichen Rentenversicherung ist rechtzeitig zu stellen, sobald die gesetzlichen Voraussetzungen in der Person des Antragstellers hierfür gegeben sind.

Ereignisse, die die Gewährung von Leistungen nach dieser Regelung beeinflussen können, sind der Personalabteilung unverzüglich anzuzeigen. Bei Verletzung dieser Verpflichtungen entfällt die Leistungsgewährung in dem Zeitpunkt, in dem die Mitarbeiterin/der Mitarbeiter Kenntnis von dem Ereignis hatte oder grob fahrlässig von dem Ereignis keine Kenntnis genommen hat.

(4) Anrechnung anderer Einkünfte

Auf die Gewährung laufender Leistungen nach dieser Regelung sind Einkünfte aus selbständiger oder unselbständiger Tätigkeit anzurechnen, soweit sie den Betrag von 500 EUR im Monat überschreiten. Führen die vorgenannten Tätigkeiten zur Kürzung oder zum Entzug der Leistungen der Agentur für Arbeit, so erhöhen sich hierdurch nicht die laufenden Leistungen des Arbeitgebers.

(5) Sonstige Leistungen bei Ausscheiden aus dem Unternehmen

a) Betriebliche Altersversorgung

Scheidet eine Mitarbeiterin/ein Mitarbeiter gegen Zahlung einer Abfindung aus, so erhält sie/er, sofern sie/er zu diesem Zeitpunkt das 35. Lebensjahr vollendet hat und

- entweder die Versorgungszusage für sie/ihn mindestens 10 Jahren bestanden hat
- oder der Beginn der Betriebszugehörigkeit mindestens 12 Jahre zurückliegt und die Versorgungszusage für sie/ihn mindestens drei Jahre bestanden hat,

eine unverfallbare Anwartschaft auf Leistungen der betrieblichen Altersversorgung.

Scheidet eine Mitarbeiterin/ein Mitarbeiter mit Übergangs- bzw. Überbrückungshilfe aus, bleibt ihr/sein Anspruch in der vollen bis zum Austrittstermin erworbenen Höhe erhalten; auf die Berechnung eines ratierlichen Anspruchs (m/n) gemäß Betriebsrentengesetz wird verzichtet.

b) Urlaub

Unabhängig vom Zeitpunkt der Beendigung des Arbeitsverhältnisses steht der Mitarbeiterin/dem Mitarbeiter, die/der Leistungen nach dieser Vereinbarung erhält, der volle Urlaubsanspruch für das laufende Kalenderjahr zu. Der Urlaub ist vor Beendigung des Arbeitsverhältnisses in Freizeit zu gewähren und zu nehmen.

c) Befreiende Lebensversicherung

Mitarbeiterinnen/Mitarbeiter, die mit Übergangs- oder Überbrückungshilfe ausscheiden und von der Versicherungspflicht befreit sind, erhalten zur Fortführung ihrer befreienden Lebensversicherung die bisher gezahlten Prämien bis zur Vollendung des 60. Lebensjahres, soweit diese nicht von der Arbeitsverwaltung übernommen werden.

---

[230] Aus Gründen der Rechtssicherheit wird davon abgeraten, die Unterhaltspflichten allein aus der Lohnsteuerkarte zu entnehmen. Die neuere Rechtsprechung geht von einer über die Lohnsteuerkarte hinausgehenden Erkundigungspflicht des Arbeitgebers aus; wegen Einzelheiten siehe § 5 Rn 162.

d) Jahresprämie

Ausgeschiedene Mitarbeiterinnen/Mitarbeiter erhalten für das Austrittsjahr die volle Jahresprämie.

e) Dienstjubiläum

Mitarbeiterinnen/Mitarbeiter, die innerhalb von 12 Monaten nach ihrem Ausscheiden ein Dienstjubiläum begehen würden, erhalten als zusätzliche Abfindung die Jubiläumsvergütung entsprechend den Jubiläumsdienstzeiten nach der geltenden Regelung in voller Höhe; Sachgeschenke, Ehrungen und bezahlte Freistellungen entfallen.

f) Darlehen

Darlehen werden aus Anlass des Ausscheidens bei der AG nicht zur sofortigen Rückzahlung fällig; ihre Tilgung richtet sich nach den ursprünglich vereinbarten Bedingungen.

g) Werkswohnungen

Mitarbeiterinnen/Mitarbeitern, die mit Abfindung ausscheiden und die eine Werkswohnung bewohnen, wird für zwei Jahre Unkündbarkeit der überlassenen Wohnung aus diesem Anlass zugesagt. Härtefälle werden in der Schiedskommission festgestellt und geregelt.

Mitarbeiterinnen/Mitarbeitern, die mit Übergangs-/Überbrückungshilfe ausscheiden, wird das Mietverhältnis aus diesem Anlass nicht gekündigt.

(6) Abtretungs- und Verpfändungsverbot

Ansprüche auf Leistungen gemäß § 3 dürfen weder abgetreten noch verpfändet werden. Abtretungen und Verpfändungen sind dem Unternehmen gegenüber unwirksam. Solange die Mitarbeiterin/der Mitarbeiter noch nicht vereinbarungsgemäß oder zum Ende der Kündigungsfrist ausgeschieden ist, sind die Ansprüche auf Leistungen gemäß § 3 nicht vererblich.

Für den Sterbemonat und die darauf folgenden Monate wird die volle Übergangs- bzw. Überbrückungshilfe an die versorgungsberechtigten im gemeinsamen Haushalt lebenden hinterbliebenen Ehepartner oder Kinder, oder an Kinder, die sich noch in der Ausbildung befinden, gezahlt.

(7) Anrechnung anderer Leistungen

Eine im Zusammenhang mit der Beendigung des Arbeitsverhältnisses außerhalb dieser Betriebsvereinbarung zu zahlende gerichtliche oder außergerichtliche Abfindung wird auf die Leistungen aus dieser Betriebsvereinbarung angerechnet.

§ 4 Härtefonds

Zur Milderung besonderer zusätzlicher wirtschaftlicher Nachteile und sozialer Härten wird ein Härtefonds in Höhe von 50.000 EUR eingerichtet. Über die Verwendung der Mittel aus diesem Fonds entscheidet die Schiedskommission.

§ 5 Schiedskommission

Ergeben sich bei der Anwendung oder Auslegung dieses Sozialplans Streitigkeiten zwischen Gesamtbetriebsrat und Unternehmensleitung, wird zur Beilegung der Meinungsverschiedenheiten eine Schiedskommission gebildet. Die Schiedskommission unterliegt dem Einigungszwang.

Mitglieder der Kommission: ▬▬▬

§ 6 In-Kraft-Treten

Dieser Sozialplan tritt am ▬▬▬ in Kraft. Er regelt ausschließlich die Maßnahmen und deren Folgen, die in dieser Vereinbarung angesprochen sind, und ersetzt während seiner Laufzeit bestehende Regelungen gleichen oder vergleichbaren Inhalts.

Die Regelungen dieses Sozialplans enden mit dem Ablauf der geplanten Maßnahmen. Sie entfalten keine Nachwirkung und schaffen kein Präjudiz für vergleichbare spätere Maßnahmen.

2. Muster: Betriebsstilllegung, Spruch der Einigungsstelle

Protokoll

der Verhandlungen der Einigungsstelle zum Abschluss eines Sozialplans wegen der zum ▬▬▬ geplanten Betriebsschließung bei der Gesellschaft.

Die Verhandlungen der Einigungsstelle beginnen am ▬▬▬ um ▬▬▬ Uhr in den Räumen der Firma in ▬▬▬. Die Einigungsstelle konstituiert sich in folgender Besetzung:

Arbeitgeberbeisitzer	Geschäftsführer ▪▪▪	Rechtsanwalt ▪▪▪
Betriebsratsbeisitzer	Betriebsrat ▪▪▪	Rechtsanwalt ▪▪▪
Vorsitzender RiArbG ▪▪▪		

Die Herren Rechtsanwälte fungieren zugleich als Verfahrensbevollmächtigte ihrer jeweiligen Mandanten.

In der mündlichen Verhandlung werden zunächst die Vorgeschichte und die wirtschaftlichen Begleitumstände der zum ▪▪▪ geplanten endgültigen Betriebsschließung erörtert. Die damit verbundenen personellen Konsequenzen werden im Einzelnen dargestellt. Da die Gesellschaft vollständig liquidiert werden soll, fallen sämtliche der zuletzt bestehenden ▪▪▪ Arbeitsplätze weg. Ein Teil der Belegschaft konnte in andere Unternehmen des Konzerns vermittelt werden. Auf einen anderen Teil werden einvernehmlich die Regeln des Sozialplans vom ▪▪▪ über die Frühpensionierung angewandt. Einige Mitarbeiter haben das Arbeitsverhältnis unter dem Eindruck der geplanten Betriebsschließung von sich aus vorzeitig beendet. Gegenüber 14 verbleibenden Mitarbeitern mussten betriebsbedingte arbeitgeberseitige Kündigungen zum ▪▪▪ ausgesprochen werden. Alle hiervon betroffenen Arbeitnehmer haben beim Arbeitsgericht Kündigungsschutzklagen erhoben. Diese sind zurzeit noch in der ersten Instanz anhängig.

Die Betriebspartner nehmen aus ihrer jeweiligen Sicht zum Sach- und Streitstand hinsichtlich der Sozialplanverhandlungen Stellung. Als Grundlage der Erörterungen dient der Sozialplan vom ▪▪▪, dessen Wiederinkraftsetzung der Arbeitgeber vorgeschlagen hat, sowie der dazugehörige Änderungsentwurf des Betriebsrats. Die beiden Vorschläge werden im Einzelnen erörtert und die jeweiligen Meinungsverschiedenheiten zu jedem Einzelpunkt herausgearbeitet.

Um ▪▪▪ Uhr vertagt sich die Einigungsstelle auf den ▪▪▪. Bis zum neuen Termin wird der Vorsitzende einen schriftlichen Einigungsvorschlag vorlegen.

Fortsetzung der Einigungsstellenverhandlung am ▪▪▪ um ▪▪▪ Uhr in den Räumen der Kanzlei von Herrn Rechtsanwalt ▪▪▪.

An der heutigen Verhandlung nimmt auf Betriebsratsseite an Stelle des verhinderten Betriebsrats ▪▪▪ Frau Betriebsrätin ▪▪▪ teil.

Die Erörterungen werden anhand des zwischenzeitlich den Beteiligten zugeleiteten Einigungsvorschlags des Vorsitzenden fortgesetzt. Der Vorsitzende führt hierzu auch separate Konsultationen mit den jeweiligen Delegationen der Betriebspartner. Zwischen allen Verhandlungsteilnehmern besteht Einvernehmen darüber, dass die von den betriebsbedingten arbeitgeberseitigen Kündigungen betroffenen Arbeitnehmer in sozialer Hinsicht besonders schutzbedürftig erscheinen.

Nach ausführlicher Erörterung kann schließlich einstimmig folgende Einigung erzielt werden:

1. Die Betriebspartner verabschieden einen Sozialplan, der den von der Betriebsschließung zum ▪▪▪ betroffenen Arbeitnehmern dieselben Leistungen gewährt wie der Sozialplan vom ▪▪▪. Verschiedene, im Einzelnen abgesprochene redaktionelle Änderungen dienen der Klarstellung der Regelungsinhalte.

2. Der Arbeitgeber wird den von den betriebsbedingten, arbeitgeberseitigen Kündigungen betroffenen Arbeitnehmern ein verbindliches Angebot unterbreiten, die laufenden Kündigungsschutzprozesse durch einen Vergleich folgenden Inhalts zu beenden:

a) Beendigung des Arbeitsverhältnisses aufgrund betriebsbedingter Kündigung zum ▪▪▪.

b) Zahlung einer Abfindung in Höhe der Sozialplanabfindung zuzüglich eines Aufstockungsbetrages in Höhe von je ▪▪▪ EUR pro Jahr der Betriebszugehörigkeit und ▪▪▪ EUR pro unterhaltsberechtigtem Kind laut Lohnsteuerkarte. Der 52 Jahre alte Arbeitnehmer ▪▪▪ soll aufgrund der ihn betreffenden Härte einen weiteren Abfindungszuschlag erhalten in Anlehnung an die Regelung über einen Abfindungsaufschlag in § 4 Abs. 5 des Sozialplans vom ▪▪▪, der auch berücksichtigt, dass der Mitarbeiter ▪▪▪ die Anspruchsvoraussetzungen nach § 4 Abs. 5 des Sozialplans nur knapp verfehlt.

Lehnen die Arbeitnehmer das Vergleichsangebot ab, verbleibt es für sie bei den Regeln des Sozialplans.

3. Der Härtefonds gemäß § 6 des Sozialplans dient dem Ausgleich etwaiger weiterer zurzeit nicht bekannter besonderer Härten im Einzelfall. Ein solcher Härtefall kommt nach übereinstimmender Auffassung der Betriebspartner z.B. dann in Betracht, wenn ein arbeitslos gewordener Mitarbeiter eine für ihn geeignete, durch einen öffentlichen Leistungsträger geförderte berufliche Qualifizierungsmaßnahme absolviert, ohne für deren Dauer Leistungen zum laufenden Unterhalt (z.B. Arbeitslosengeld, Unterhaltsgeld) beziehen zu können.

Der Vorsitzende wird die Reinschrift des heute verabschiedeten Sozialplans erstellen und den Betriebspartnern in der ▪▪▪ KW zur Unterzeichnung im Umlaufverfahren zuleiten.

Die Einigungsstellenverhandlung wird um ▪▪▪ Uhr geschlossen. Der Vorsitzende dankt allen Verhandlungspartnern für ihren Beitrag zu der stets sachlichen und konstruktiven Verhandlungsatmosphäre.

Für die Richtigkeit des Protokolls:

▪▪▪

Mit dem Protokollinhalt einverstanden:

(Rechtsanwalt)   (Rechtsanwalt)

Betriebsvereinbarung

zwischen

der R-Gesellschaft mbH

– nachstehend: R –

und

dem Betriebsrat der R-Gesellschaft mbH

– nachstehend: Betriebsrat –

Präambel

Im Februar ▬▬▬ hat die 100%ige Gesellschafterin von R beschlossen, den Betrieb des Unternehmens zum ▬▬▬ endgültig stillzulegen. Diese Entscheidung wurde der Belegschaft im Rahmen einer Betriebsversammlung vom ▬▬▬ mitgeteilt.

Der Betriebsrat hat am ▬▬▬ erklärt, dass sich nach seiner Rechtsauffassung aus dem Interessenausgleich vom ▬▬▬ ein kollektivrechtlicher Anspruch auf Fortführung des Betriebes bis mindestens zum Jahre ▬▬▬ ergebe. R hat dieser Rechtsauffassung widersprochen. Aufgrund dieser Meinungsverschiedenheit ist ein erneuter Interessenausgleich nicht zustande gekommen.

Ungeachtet dessen schließen die Betriebspartner unter Aufrechterhaltung der beiderseitigen Rechtsstandpunkte zur Milderung sozialer Härten und zum Ausgleich von wirtschaftlichen Nachteilen, die den Arbeitnehmerinnen und Arbeitnehmern infolge der seitens R zum ▬▬▬ geplanten Betriebsstilllegung entstehen, den folgenden Sozialplan:

§ 1 Geltungsbereich

(1) Leistungen nach den Bestimmungen dieser Vereinbarung erhalten Mitarbeiterinnen und Mitarbeiter von R, die am ▬▬▬ in einem unbefristeten Arbeitsverhältnis mit R standen und deren Arbeitsplatz von der zum ▬▬▬ geplanten Betriebsstilllegung betroffen ist.

Die im Rahmen der Durchführung personeller Einzelmaßnahmen zu wahrenden Rechte des Betriebsrats bleiben von dieser Betriebsvereinbarung unberührt.

(2) Leistungen nach den Bestimmungen dieser Vereinbarung erhalten auch diejenigen Mitarbeiterinnen und Mitarbeiter, die im Rahmen der vorgesehenen Maßnahmen auf Veranlassung von R oder erkennbar aufgrund der von R geplanten Maßnahmen auf eigenen Wunsch nach dem ▬▬▬ bei R ausgeschieden sind.

Im Einzelfall müssen mit dem aufnehmenden Betrieb getroffene vertragliche Regelungen beachtet werden.

(3) Keine Leistung nach dieser Vereinbarung erhalten:

a) Mitarbeiter/innen, mit denen auf der Grundlage des Sozialplans vom ▬▬▬ ein Vertrag über die Beendigung des Arbeitsverhältnisses wegen vorzeitiger Versetzung in den Ruhestand geschlossen wurde und die bis zum Beginn des vorzeitigen Ruhestandsverhältnisses bei der Firma ▬▬▬ unter im Übrigen vergleichbaren Arbeitsbedingungen weiterbeschäftigt werden.

b) Mitarbeiter/innen, bei denen die Voraussetzungen für die Inanspruchnahme des Altersruhegeldes aus der gesetzlichen Rentenversicherung bestehen.

c) Mitarbeiter/innen, die wegen Erwerbsunfähigkeit aus den Diensten von R ausscheiden.

d) Mitarbeiter/innen, denen von R – unter Beachtung von § 102 BetrVG – aus einem personen- oder verhaltensbedingten Grund fristlos oder fristgerecht gekündigt wird.

e) Mitarbeiter/innen, die ein in der in § 3 Abs. 1 beschriebenen Art und Weise ordnungsgemäß unterbreitetes Angebot einer Tätigkeit in einem anderen Unternehmen des Konzerns nicht annehmen, sofern dieses Angebot nicht aus einem der in § 3 Abs. 2 genannten Gründe unzumutbar erscheint.

§ 2 Sonstige allgemeine Bestimmungen

(1) Für Kündigungen, Aufhebungsvereinbarungen und Abwicklungsverträge gilt eine Kündigungsfrist von mindestens drei Monaten, soweit nicht eine längere Kündigungsfrist vertraglich oder aufgrund gesetzlicher oder tariflicher Regelungen anzuwenden ist.

(2) Die über die Abfindungsregelung ausscheidenden Mitarbeiterinnen/Mitarbeiter erhalten zur Suche eines neuen Arbeitsplatzes eine angemessen bezahlte Freistellung von der Arbeit. Falls der Mitarbeiterin/dem Mitarbeiter durch Vorstellung bei einem neuen Arbeitgeber Kosten entstehen, die durch diesen nicht übernommen werden, werden die nachgewiesenen Aufwendungen von R getragen.

(3) R verzichtet auf die Einhaltung der Kündigungsfrist, wenn die Mitarbeiterin/der Mitarbeiter dies im Hinblick auf die Aufnahme einer anderweitigen Tätigkeit wünscht.

(4) Stichtag für die Ermittlung und Berechnung von Leistungen aus dieser Betriebsvereinbarung ist der letzte Tag des Arbeitsverhältnisses der jeweiligen Mitarbeiterin/des jeweiligen Mitarbeiters bei R.

(5) Die von R nach dieser Vereinbarung zu zahlenden Abfindungen sind innerhalb eines Monats nach dem Ausscheiden des Mitarbeiters fällig.

Abweichend hiervon werden die in dieser Betriebsvereinbarung begründeten Leistungen für Mitarbeiterinnen/Mitarbeiter, die eine Kündigungsschutzklage erheben, erst innerhalb eines Monats nach rechtskräftigem Abschluss des Kündigungsschutzverfahrens fällig. Eine im Rahmen des Kündigungsschutzverfahrens festgesetzte oder vereinbarte Abfindung wird auf die Leistungen aus dieser Vereinbarung angerechnet.

(6) Soweit auf Leistungen aus dieser Betriebsvereinbarung Steuern und Sozialversicherungsbeiträge zu entrichten sind, sind sie unter Beachtung zwingender gesetzlicher Vorschriften von der Mitarbeiterin/vom Mitarbeiter zu tragen.

(7) Für Weiterbildungsmaßnahmen vor dem ▄▄▄ wird der Mitarbeiter/die Mitarbeiterin auf Wunsch ganz oder teilweise von der Arbeitsleistung freigestellt. Der Anspruch des Mitarbeiters/der Mitarbeiterin auf die Leistungen nach Arbeitsvertrag, Tarifvertrag und Betriebsvereinbarungen bleibt im Übrigen unberührt.

§ 3 Arbeitsplatzwechsel innerhalb des Konzerns

(1) R bemüht sich weiterhin, allen Mitarbeiterinnen/Mitarbeitern – ausgenommen den in § 1 Abs. 3 lit. a) und b) erwähnten – ein adäquates Stellenangebot für Arbeitsplätze in Unternehmen des Konzerns zu vermitteln. Das Angebot ist schriftlich zu formulieren und unter Mitwirkung des Betriebsrats der Mitarbeiterin/dem Mitarbeiter zu unterbreiten. Aus dem schriftlichen Angebot müssen die künftigen Aufgaben, die hierzu geforderte berufliche Qualifikation, der Dienstsitz und die tarifliche Eingruppierung bzw. der Monatsverdienst deutlich erkennbar sein.

Der Mitarbeiterin/dem Mitarbeiter ist Gelegenheit zu geben, sich an Ort und Stelle über das aufnehmende Unternehmen, den Arbeitsplatz und die dort üblichen Arbeitsbedingungen zu unterrichten. Zur Annahme des Angebots ist eine Überlegungsfrist von mindestens 15 Arbeitstagen einzuräumen.

Über die Eignung der Mitarbeiterin/des Mitarbeiters für den in Aussicht genommenen Arbeitsplatz entscheidet das aufnehmende Unternehmen.

a) Mitarbeiterinnen/Mitarbeiter, deren künftiges Monatsentgelt einschließlich aller regelmäßig gezahlten Zulagen am neuen, durch R vermittelten Arbeitsplatz niedriger ist als das bisherige Monatsentgelt bei R, erhalten zum Ausgleich für die mit dem Verlust des Arbeitsplatzes bei R verbundenen Nachteile eine Abfindung im Sinne der einschlägigen steuerrechtlichen Vorschriften.

Die Höhe der Abfindung beträgt 100% des Differenzbetrages zwischen bisherigem und künftigem Monatsentgelt für die ersten sechs Monate des neuen Arbeitsverhältnisses zuzüglich 75% des Differenzbetrages für die zweiten sechs Monate zuzüglich 50% des Differenzbetrages für die dritten sechs Monate.

Die Abfindung wird fällig innerhalb eines Monats nach Beendigung des Arbeitsverhältnisses mit R.

b) Nimmt die Mitarbeiterin/der Mitarbeiter innerhalb von 18 Monaten nach Antritt des neuen Arbeitsverhältnisses einen durch den Arbeitsplatzwechsel notwendig gewordenen Wohnungswechsel vor, so kann sie/er Leistungen nach Maßgabe der Regelungen über die Erstattung von Umzugskosten gemäß Anlage 2 § 2 beanspruchen.

c) Fallen für die Mitarbeiterin/den Mitarbeiter infolge des Arbeitsplatzwechsels bei Beibehaltung des bisherigen Wohnsitzes erhöhte Fahrtkosten an, so kann sie/er für die Dauer von bis zu 12 Monaten nach Antritt des neuen Arbeitsverhältnisses Leistungen nach Maßgabe der Regelungen über die Erstattung von Fahrtkosten gemäß Anlage 2 § 1 beanspruchen.

d) Die Ansprüche nach lit. a), b) und c) gelten nur für den ersten Arbeitsplatzwechsel zu einem von R vermittelten neuen Arbeitgeber, nicht für etwaige nachfolgende weitere Arbeitsplatzwechsel derselben Mitarbeiterin/desselben Mitarbeiters. Die Regelung in lit. e) bleibt hiervon unberührt.

e) Erfolgt seitens des aufnehmenden Unternehmens eine betriebsbedingte Kündigung innerhalb von 12 Monaten nach dem Antritt des von R vermittelten neuen Arbeitsverhältnisses, so findet dieser Sozialplan Anwendung.

Die Schutzfrist erhöht sich für Mitarbeiterinnen/Mitarbeiter ab dem vollendeten 40. Lebensjahr auf 15 Monate, ab dem vollendeten 50. Lebensjahr auf 18 Monate.

Seitens R bereits erbrachte Leistungen werden voll angerechnet. Dasselbe gilt für Leistungen, die das aufnehmende Unternehmen im Zusammenhang mit der Beendigung des Arbeitsverhältnisses gewährt.

(2) Unzumutbarkeit i.S.v. § 1 Abs. 3 lit. e)

a) Unzumutbar ist ein Vermittlungsangebot, bei dem

aa) die angebotene Tätigkeit qualitativ deutlich geringwertiger ist als die bisherige,

bb) das angebotene Entgelt deutlich niedriger ist als das bisherige,

cc) ein notwendiger Ortswechsel nachhaltig in das Familienleben eingreift (z.B. bei Pflegebedürftigkeit unmittelbarer Angehöriger, nahem Schulabschluss der Kinder, besonderen Härten im Zusammenhang mit der Berufstätigkeit des Lebensgefährten),

dd) die Mitarbeiterin/der Mitarbeiter im Zeitpunkt des Abschlusses dieser Betriebsvereinbarung eine berufliche Fortbildung betreibt, die infolge des angebotenen Arbeitsplatzwechsels nicht fortgeführt werden könnte,

ee) sich das aufnehmende Unternehmen nicht verpflichtet, bei R erworbene Besitzstände als eigene Verbindlichkeit anzuerkennen. Die Regelungen in Abs. 1 lit. a) und Abs. 2 lit. a) aa) und bb) bleiben hiervon unberührt.

b) Ob eine Unzumutbarkeit vorliegt, befindet im Streitfall bis zum ▬▬▬ eine aus je einem Vertreter der Geschäftsleitung und des Betriebsrats zusammengesetzte Kommission, die einvernehmlich entscheidet.

§ 4 Abfindungen

(1) Mitarbeiterinnen/Mitarbeiter, denen kein zumutbarer Arbeitsplatz im Konzern angeboten werden konnte und die aufgrund einer arbeitgeberseitigen betriebsbedingten Kündigung oder eines entsprechenden Abwicklungsvertrages zum ▬▬▬ bei R ausscheiden, erhalten eine Abfindung für den Verlust des Arbeitsplatzes bei R. Die Höhe der Abfindung errechnet sich durch Multiplikation des für die Mitarbeiterin/den Mitarbeiter maßgeblichen Monatsbetrages i.S.v. Abs. 3 lit. c) mit dem sich aus der Anlage 1 ergebenden Multiplikator (= Abfindung gemäß Anlage 1).

(2) Mitarbeiterinnen/Mitarbeiter i.S.v. § 1 Abs. 2, die nach dem ▬▬▬ durch Eigenkündigung oder in sonstiger Weise vorzeitig aus dem Arbeitsverhältnis ausgeschieden sind, sowie gekündigte Mitarbeiterinnen/Mitarbeiter, die gemäß § 2 Abs. 3 auf eigenen Wunsch vorzeitig aus dem Arbeitsverhältnis ausgeschieden sind bzw. ausscheiden, erhalten für den Verlust des Arbeitsplatzes bei R ebenfalls eine Abfindung gemäß Anlage 1.

(3) Begriffsbestimmungen

a) Lebensalter ist die Anzahl vollendeter Lebensjahre, die die Mitarbeiterin/der Mitarbeiter am Stichtag (§ 2 Abs. 4) erreicht hat zuzüglich der bis dahin vollendeten weiteren Lebensmonate.

b) Betriebszugehörigkeit ist die Anzahl vollendeter Dienstjahre, die die Mitarbeiterin/der Mitarbeiter am Stichtag (§ 2 Abs. 4) erreicht hat zuzüglich der bis dahin vollendeten weiteren Dienstmonate.

c) Als Monatsbetrag ist der Betrag anzusehen, der einem Zwölftel der Jahresbezüge entspricht. Zur Ermittlung der Jahresbezüge wird das der Mitarbeiterin/dem Mitarbeiter zuletzt bei R zustehende Monatsentgelt unter Einrechnung des 13. Monatsgehalts herangezogen. Dabei bleiben Mehrarbeitsvergütungen, Jahresprämie und sonstige nicht ständig gewährte Zulagen unberücksichtigt.

(4) Mitarbeiterinnen/Mitarbeiter, die einen von R vermittelten Arbeitsplatz in einem anderen Unternehmen erhalten haben und Leistungen gemäß Anlage 2 nicht in Anspruch nehmen, erhalten eine Abfindung für den Verlust des Arbeitsplatzes bei R in Höhe eines Monatsbetrages (Abs. 3 lit. c)), mindestens jedoch ▬▬▬ EUR. Keinen Anspruch auf diese Abfindung haben Mitarbeiterinnen/Mitarbeiter, die trotz des Wechsels zu einem anderen Konzernunternehmen weiterhin auf dem Werksgelände in ▬▬▬ arbeiten.

Für Mitarbeiterinnen/Mitarbeiter, die zugleich Anspruch auf eine Abfindung gemäß § 3 Abs. 1 lit. a) haben, errechnet sich die Höhe der Gesamtabfindung aus der Summe der Einzelansprüche.

(5) Mitarbeiterinnen/Mitarbeiter nach Vollendung des 40. Lebensjahres und mit mindestens 10-jähriger Betriebszugehörigkeit, die nicht sofort einen Arbeitsplatz finden, erhalten für die Dauer der Arbeitslosigkeit, längstens jedoch für die Dauer von 12 Monaten ab dem Ausscheiden bei R, einen Bruttoausgleich zwischen den Leistungen der Bundesagentur für Arbeit und 90% des bisherigen Nettomonatsverdienstes. Dieser Ausgleich wird auf Antrag und gegen Nachweis der Leistungen der Bundesagentur für Arbeit rückwirkend vierteljährlich erstattet. Die Berechnung des Nettoentgeltes erfolgt gemäß § ▬▬▬ MTV.

(6) Im Übrigen sind mit der Zahlung einer Abfindung alle sonstigen Ansprüche aus § ▬▬▬ MTV abgegolten.

§ 5 Sonstige Leistungen

(1) Unabhängig vom Termin des Ausscheidens hat die Mitarbeiterin/der Mitarbeiter für das Jahr des Ausscheidens Anspruch auf das volle Urlaubsgeld und den vollen Jahresurlaub. Der Urlaub ist grundsätzlich vor dem Ausscheiden in natura zu nehmen.

(2) Unabhängig vom Datum des Ausscheidens der Mitarbeiterin/des Mitarbeiters leistet R für das Jahr ■■■ die volle tariflich vereinbarte Vermögenswirksame Leistung und die volle Weihnachtsgratifikation und bei einem Ausscheiden nach dem ■■■ auch die volle Jahresprämie. Die Auszahlung erfolgt nach Maßgabe von § 2 Abs. 5.

(3) Wird das Ausscheiden erst nach Richterspruch ermöglicht, finden die Regelungen in Abs. 1 und 2 keine Anwendung.

(4) Falls die gesetzlichen Voraussetzungen erfüllt sind, erhält die/der abkehrende Mitarbeiterin/Mitarbeiter zum Zeitpunkt des Ausscheidens eine Unverfallbarkeitserklärung zur Betriebsrente und unverzüglich nach Vorlage ihrer/seiner Rentenunterlagen einen Bescheid über ihre/seine Versorgungsansprüche gegen R.

§ 6 Härtefonds

(1) Zur Milderung besonderer Härten, die im Zusammenhang mit der Durchführung dieser Vereinbarung auftreten, kann in Einzelfällen eine Beihilfe gewährt werden. Für derartige Beihilfen wird ein Härtefonds in Höhe von ■■■ EUR gebildet.

(2) Leistungen aus dem Härtefonds werden nur auf Antrag gewährt. Der Antrag muss spätestens innerhalb von sechs Monaten nach dem Ausscheiden bei R gestellt werden. Mit dem Antrag ist glaubhaft zu machen, dass die Antragstellerin/den Antragsteller im Vergleich zu den anderen betroffenen Arbeitnehmerinnen/Arbeitnehmern durch das Ausscheiden bei R eine besondere Härte trifft.

(3) Über den Antrag entscheidet bis zum ■■■ eine aus je einem Vertreter der Geschäftsleitung und des Betriebsrats bestehende Kommission einvernehmlich.

(4) Auf Leistungen aus dem Härtefonds besteht kein Rechtsanspruch.

(5) Der Härtefonds wird zum ■■■ aufgelöst.

§ 7 Schlussbestimmungen

(1) Die Vereinbarung hat eine Laufzeit bis zum ■■■. Für Mitarbeiterinnen/Mitarbeiter, mit denen zu diesem Zeitpunkt noch ein Kündigungsschutzprozess oder ein anderes arbeitsgerichtliches Verfahren über Leistungen aus diesem Sozialplan anhängig ist, verlängert sich die Laufzeit bis zum Ablauf von zwei Monaten nach rechtskräftigem Abschluss des Verfahrens.

(2) Im Rahmen dieser Betriebsvereinbarung auftretende grundsätzliche Meinungsverschiedenheiten, die sich bei der Anwendung ergeben, sind von der Geschäftsführung und dem Betriebsrat mit dem Ziel einer einvernehmlichen Lösung zu beraten.

(3) R wird diese Vereinbarung allen betroffenen Mitarbeiterinnen und Mitarbeitern aushändigen, sie beraten und sie rechtzeitig vor Durchführung der sie betreffenden Maßnahmen davon in Kenntnis setzen.

(4) Diese Vereinbarung tritt am Tage ihrer Unterzeichnung in Kraft.

(5) Leistungen, die R zum Ausgleich für die Nachteile, die aus der zum ■■■ geplanten Betriebsstilllegung entstehen, im Zeitpunkt des In-Kraft-Tretens dieses Sozialplans bereits erbracht hat, sind auf die Ansprüche nach diesem Sozialplan anzurechnen.

(6) Die Mitgliedschaft in den Kommissionen gemäß § 3 Abs. 2 lit. b) und § 6 Abs. 3 bleibt bestehen, bis die Aufgaben beendet sind. Ein zwischenzeitliches Ausscheiden aus dem Betrieb führt weder auf Arbeitgeber- noch auf Betriebsratsseite zum Erlöschen des Mandats. Auf Arbeitgeberseite geht die Mitgliedschaft in der Kommission auf den Liquidator bzw. eine von diesem zu bestimmende Person über.

(7) R ist berechtigt, ihre Verpflichtungen aus dem Sozialplan mit schuldbefreiender Wirkung durch eine andere Gesellschaft des Konzerns oder durch eine externe Treuhandgesellschaft übernehmen zu lassen.

Anlage 1 zum Sozialplan ■■■ – Berechnung der Abfindung

Im Alter von	bis 30	31 und 32	33 bis 35	36 bis 38	39 und 40	41 und 42	43 bis 45	46 und 47	48 und 49	50 bis 52	53 und 54	55	56 bis 58	59 und 60	61 und 62	63 und 64
Betriebszugehörigkeit in Jahren																
bis 2	0,6	0,6	0,6	0,7	0,75	0,8	1,0	1,0	1,0	1,0	1,0	1,0	1,0	1,0	1,0	0,5
nach 2	1,2	1,2	1,2	1,4	1,5	1,6	2,0	2,0	2,0	2,0	2,0	2,0	2,0	2,0	2,0	1,0
3	1,8	1,8	1,8	2,1	2,1	2,4	2,5	2,7	2,7	3,8	3,8	3,8	3,8	3,8	3,8	1,5
4	2,4	2,4	2,4	2,8	2,8	3,2	3,2	3,6	3,6	4,4	4,4	4,4	4,4	4,4	4,4	2,0

§ 5 Betriebsvereinbarungen

Im Alter von	bis 30	31 und 32	33 bis 35	36 bis 38	39 und 40	41 und 42	43 bis 45	46 und 47	48 und 49	50 bis 52	53 und 54	55	56 bis 58	59 und 60	61 und 62	63 und 64
Betriebszugehörigkeit in Jahren																
5	3,0	3,0	3,0	3,5	3,5	4,0	4,0	4,5	4,5	5,0	5,0	5,0	5,0	5,0	5,0	2,5
6	3,6	3,6	3,6	4,2	4,2	4,8	4,8	5,4	5,4	5,7	6,0	6,0	6,0	6,0	6,0	3,0
7	4,2	4,2	4,2	4,9	4,9	5,6	5,6	6,3	6,3	6,7	7,0	7,0	7,0	7,0	7,0	3,5
8	4,8	4,8	4,8	5,6	5,6	6,4	6,5	7,2	7,2	7,6	8,0	8,0	8,0	8,0	8,0	4,0
9	5,4	5,4	5,4	6,3	6,3	7,2	7,5	8,1	8,1	8,6	9,0	9,0	9,0	9,0	9,0	4,5
10	6,0	6,0	6,0	7,0	7,0	8,0	8,0	9,0	9,0	9,5	10,0	10,0	10,0	7,0	6,0	5,0
11	6,0	6,6	6,6	7,7	7,7	8,8	8,8	9,9	9,9	10,5	11,0	11,0	10,0	7,0	6,0	5,0
12	6,0	7,2	7,2	8,4	8,4	9,6	9,6	10,4	10,4	11,4	12,0	12,0	10,0	7,0	6,0	5,0
13	6,0	7,2	7,8	9,1	9,1	10,4	10,5	11,7	11,7	12,4	13,0	13,0	10,0	7,0	6,0	5,0
14	6,0	7,2	8,4	9,8	9,8	11,2	11,5	12,6	12,6	13,3	14,0	14,0	10,0	7,0	6,0	5,0
15	6,0	7,2	9,0	10,5	10,5	12,0	12,0	13,5	13,5	14,3	15,0	15,0	11,0	7,0	6,0	5,0
16		7,2	9,0	11,2	11,2	12,8	12,8	14,4	14,4	15,2	16,0	16,0	11,0	7,0	6,0	5,0
17		7,2	9,0	11,9	11,9	13,0	13,6	15,0	15,0	16,0	16,0	16,0	11,0	7,0	6,0	5,0
18			9,0	12,6	12,6	13,0	13,6	15,0	15,0	16,0	16,5	16,5	11,0	7,0	6,0	5,0
19			9,0	12,6	13,0	13,0	14,0	15,0	15,0	16,0	16,5	16,5	11,0	7,0	6,0	5,0
20			9,0	12,6	13,0	13,0	14,0	15,0	15,0	16,0	17,0	17,0	12,0	7,0	6,0	5,0
21				12,6	13,0	13,0	14,0	15,0	15,0	16,0	17,0	17,0	12,0	7,0	6,0	5,0
22				12,6	13,0	13,0	14,0	15,0	15,0	16,0	17,0	17,0	12,0	7,0	6,0	5,0
23				12,6	13,0	13,0	14,0	15,0	15,0	16,0	17,0	17,0	12,0	7,0	6,0	5,0
24					13,0	13,0	14,0	15,0	15,0	16,0	17,0	17,0	12,0	7,0	6,0	5,0
25					13,0	13,0	14,0	15,0	15,0	16,0	17,0	17,0	13,0	7,0	6,0	5,0
26						13,0	14,0	15,0	15,0	16,0	17,0	17,0	13,0	7,0	6,0	5,0
27						13,0	14,0	15,0	15,0	16,0	17,0	17,0	13,0	7,0	6,0	5,0
28							14,0	15,0	15,0	16,0	17,0	17,0	13,0	7,0	6,0	5,0
29							14,0	15,0	15,0	16,0	17,0	17,0	13,0	7,0	6,0	5,0
30							14,0	15,0	15,0	16,0	17,0	17,0	14,0	7,0	6,0	5,0
31								15,0	15,0	16,0	17,0	17,0	14,0	7,0	6,0	5,0
32								15,0	15,0	16,0	17,0	17,0	14,0	7,0	6,0	5,0
33									15,0	16,0	17,0	17,0	14,0	7,0	6,0	5,0
34									15,0	16,0	17,0	17,0	14,0	7,0	6,0	5,0
35										16,0	17,0	17,0	14,0	7,0	6,0	5,0
36										16,0	17,0	17,0	14,0	7,0	6,0	5,0
37										16,0	17,0	17,0	14,0	7,0	6,0	5,0
38											17,0	17,0	14,0	7,0	6,0	5,0
39											17,0	17,0	14,0	7,0	6,0	5,0

Anlage 2 zum Sozialplan ▪▪▪

Ergänzend zu den im Sozialplan ▪▪▪ getroffenen Vereinbarungen gelten folgende Bestimmungen:

§ 1 Erstattung von Fahrtkosten

(1) Führt ein in Zusammenhang mit der zum ▪▪▪ geplanten Betriebsstilllegung von R vermittelter Arbeitsplatz für die Mitarbeiterin/den Mitarbeiter bei Beibehaltung des Wohnsitzes zu einem längeren Anfahrweg, so werden die hierdurch

entstehenden Mehrkosten – sofern die neue einfache Wegstrecke den bisherigen Weg zwischen Wohnung und Betrieb um mindestens 15 km übersteigt – ab dem Tage des Antritts der neuen Arbeitsstelle nach folgender Maßgabe erstattet:

a) bei Benutzung eines privaten Pkw 0,27 EUR/Km für die über jeweils 15 km hinausgehenden Mehrkilometer für Hin- und Rückfahrt;

b) bei Benutzung öffentlicher Verkehrsmittel Erstattung der nachgewiesenen über je 15 km hinausgehenden Mehrkosten für die Hin- und Rückfahrt.

(2) Die Erstattung der Mehrkosten wird nach folgender Staffel gewährt:

a) die ersten drei Monate: 100 % der Mehrkosten
b) die zweiten drei Monate: 75 % der Mehrkosten
c) die dritten drei Monate: 50 % der Mehrkosten
d) die vierten drei Monate: 25 % der Mehrkosten.

Die Erstattung endet vorzeitig mit dem Tage eines Umzugs.

§ 2 Erstattung von Umzugskosten

Bedingt der im Zusammenhang mit der geplanten Betriebsstilllegung von R vermittelte Arbeitsplatzwechsel in ein anderes Unternehmen des Konzerns einen Wohnungswechsel, so werden die hierdurch entstehenden Kosten – sofern sie nicht vom aufnehmenden Unternehmen übernommen werden – nach folgenden Richtlinien erstattet:

(1) Leistungen vor dem Umzug

a) Für die ersten zwei Wochen unter Einschluss des Anreisetages ab Beginn der Tätigkeit am neuen Arbeitsplatz werden Reisekosten gemäß R Reisekostenrichtlinien gezahlt.

b) Für die Folgezeit bis zum Tage des Umzugs – längstens jedoch für sechs Monate – wird an verheiratete und ihnen gleichgestellte Mitarbeiterinnen/Mitarbeiter als Trennungsentschädigung gezahlt:

- eine Verpflegungspauschale von ▬▬▬ EUR täglich.
- eine Unterkunftspauschale von ▬▬▬ EUR täglich.

c) Nicht gleichgestellte ledige Mitarbeiterinnen/Mitarbeiter erhalten für eine Höchstdauer von sechs Monaten eine Unterkunftspauschale von ▬▬▬ EUR täglich, sofern sie zwei Wohnungen unterhalten.

d) Mitarbeiterinnen/Mitarbeitern, die Anspruch auf Trennungsentschädigung haben, werden jeden Monat zwei Familienheimfahrten gewährt.

(2) Wohnungsbeschaffung/Renovierungskosten/Umzug

a) R erstattet die Kosten für Zeitungsinserate und Maklergebühren im erforderlichen und angemessenen Rahmen.

b) Erforderliche Renovierungskosten in der neuen oder in der alten Wohnung werden im notwendigen und angemessenen Umfang von R übernommen (maximal ▬▬▬ EUR incl. MwSt. je qm).

c) Folgende durch den Umzug entstehende Kosten werden erstattet:

aa) die Reisekosten für bis zu zwei Fahrten für die Mitarbeiterin/den Mitarbeiter und ihren/seinen Lebenspartner zur Besichtigung der neuen Wohnung und Vorbereitung des Umzugs

bb) die Frachtkosten (Transportkosten) und Frachtmehrkosten (Packerstunden, Versicherungen u.Ä.) gegen Beleg

cc) die einmaligen Reisekosten für die Übersiedlung der Mitarbeiterin/des Mitarbeiters und ihrer/seiner Angehörigen

dd) zur Abgeltung aller sonstigen durch den Umzug entstehenden Kosten ein Monatsbetrag i.S.v. § 4 Abs. 3 lit. c) des Sozialplans, mindestens ▬▬▬ EUR brutto.

(3) Leistungen nach dem Umzug

a) Mietausgleich

Ab dem Tag des Umzugs und längstens für die Dauer von zwei Jahren, jedoch nicht länger als bis zum Ablauf von 30 Monaten nach Beginn des neuen Arbeitsverhältnisses wird ein Mietausgleich gewährt, wenn bei gleicher Qualität und Größe der bisherigen Wohnung ein höherer Mietpreis zu zahlen ist (EUR/qm). Der Mietausgleich wird in Höhe der Differenz der Mietpreise zwischen alter und neuer Wohnung nach folgender Staffel gezahlt:

aa) sechs Monate: 100 % des Differenzbetrages
bb) sechs Monate: 75 % des Differenzbetrages
cc) sechs Monate: 50 % des Differenzbetrages
dd) sechs Monate: 25 % des Differenzbetrages.

b) Doppelmiete

Muss die Mitarbeiterin/der Mitarbeiter neben der Miete für die neue Wohnung auch noch Miete für die bisherige Wohnung zahlen, übernimmt R die Miete der nicht benutzten Wohnung bis zu dem Zeitpunkt, zu dem das Mietverhältnis frühestmöglich durch Kündigung beendet werden kann.

(4) Eigenheime/Eigentumswohnungen

a) Bewohnt(e) die Mitarbeiterin/der Mitarbeiter am bisherigen und/oder am neuen Wohnsitz eine Eigentumswohnung oder ein Eigenheim, so wird zunächst der hierfür jeweils geltende ortsübliche Mietwert ermittelt. Nach dem Vergleich der Mietwerte richtet sich, ob und in welcher Höhe die Mitarbeiterin/der Mitarbeiter eine Ausgleichszahlung in entsprechender Anwendung von § 2 Abs. 3 lit. a) dieser Anlage beanspruchen kann.

Behält die Mitarbeiterin/der Mitarbeiter das Wohneigentum an dem bisherigen Wohnsitz bei und vermietet es angemessen weiter, so tritt die dabei tatsächlich erzielte Miete an die Stelle der fiktiven ortsüblichen Vergleichsmiete.

Behält die Mitarbeiterin/der Mitarbeiter das bisherige Wohneigentum bei, ohne es angemessen weiterzuvermieten, so kann sie/er unbeschadet der sich aus Absatz 1 ergebenden Rechte auf einen eventuellen – fiktiven – Mietausgleich keine weitergehenden Ansprüche aus einer entsprechenden Anwendung von § 2 Abs. 3 lit. b) dieser Anlage herleiten.

b) Zusätzliche Makler-, Notar- und Gerichtskosten, die anlässlich des von R vermittelten Arbeitsplatzwechsels aus dem Verkauf und Neukauf von eigengenutztem Wohneigentum entstehen, werden gegen Nachweis bis zu einem Höchstbetrag von EUR erstattet.

§ 3 Bezug von Heizöl und Treibstoffen

Ehemalige Mitarbeiterinnen/Mitarbeiter, die vorzeitig in den Ruhestand versetzt wurden, werden hinsichtlich der Rückvergütung bei Heizöl, Treibstoffbezug u.Ä. wie reguläre R-Pensionäre behandelt.

3. Muster: Betriebsübergang und Sitzverlegung einer Versicherungsgesellschaft[231]

Zwischen

der V-AG

– nachstehend: Unternehmen –

und

dem Betriebsrat der V-AG

– nachstehend: Betriebsrat –

wird folgender Sozialplan vereinbart:

§ 1 Zielsetzung

Unternehmen und Betriebsrat haben am ▪▪▪ einen Interessenausgleich vereinbart. Ziel dieses Sozialplans ist es, Ausgleichs- und Mobilitätsmaßnahmen für von diesem Interessenausgleich betroffene Mitarbeiterinnen und Mitarbeiter zu regeln.

§ 2 Geltungsbereich

(1) Der Sozialplan gilt für alle von dem Interessenausgleich betroffenen Mitarbeiterinnen und Mitarbeiter des Unternehmens, die zum Zeitpunkt des In-Kraft-Tretens dieses Sozialplans in einem ungekündigten Arbeitsverhältnis stehen.

(2) Der Sozialplan gilt nicht für

- leitende Angestellte i.S.d. § 5 Abs. 3 BetrVG,
- Mitarbeiter/innen, deren Arbeitsverhältnis aus personen- und/oder verhaltensbedingten Gründen gekündigt worden ist oder gekündigt ist oder aus diesen Gründen einvernehmlich beendet wird,
- Mitarbeiter/innen, deren Arbeitsverhältnis während der Probezeit gekündigt wird oder wurde,
- Mitarbeiter/innen, die in einem befristeten Arbeitsverhältnis stehen.

§ 3 Förderung der Mobilität

(1) Alle Mitarbeiterinnen/Mitarbeiter erhalten Gelegenheit zur Teilnahme an einer Informationsveranstaltung über das Unternehmen Neue Versicherungs-AG in den Geschäftsräumen in A und zur gemeinsamen Besichtigung des Betriebes in ▪▪▪.

---

[231] Dieser Text ist das Pendant zu Muster 5605.

(2) Die Mitarbeiterinnen/Mitarbeiter erhalten Gelegenheit, mit ihren Familienangehörigen bzw. mit einem Lebensgefährten, mit dem sie nachweislich einen gemeinsamen Haushalt führen, die neue Wohnung zu besichtigen, am neuen Wohnsitz Verhandlungen zu führen und Informationen einzuholen. Die anfallenden Kosten werden bei Benutzung des Privat-Pkw in Höhe von 0,27 EUR pro km oder bei Benutzung der öffentlichen Verkehrsmittel in Höhe der bei der Deutschen Bahn entstehenden Fahrtkosten (2. Klasse) ersetzt.

(3) Führen Maßnahmen im Rahmen des Interessenausgleiches zu einem Wohnungswechsel der Mitarbeiterin/des Mitarbeiters, werden die nachgewiesenen Umzugskosten im Rahmen des Bundesumzugskostengesetzes (BUKG) in Höhe von bis zu 2.556,46 EUR erstattet. Sofern die Kosten im Einzelfall diesen Betrag übersteigen, erfolgt eine Abstimmung zwischen der Mitarbeiterin/dem Mitarbeiter und dem übernehmenden Unternehmen.

(4) Die bei der Wohnungssuche anfallenden Maklerkosten werden einmalig auf Nachweis bis zur Höhe von zwei Monatsmieten, maximal 1.533,88 EUR erstattet.

Ebenso werden die Kosten der Anzeigenschaltung zur Wohnungssuche übernommen.

(5) Sofern Mitarbeiterinnen/Mitarbeiter eine Mietkaution zu stellen haben, wird eine entsprechende Arbeitgeberbürgschaft auf Wunsch übernommen.

(6) Verheiratete Mitarbeiterinnen/Mitarbeiter erhalten, sofern die tägliche Rückkehr vom neuen Arbeitsplatz zum alten Wohnsitz unzumutbar ist, ein Trennungsgeld für doppelte Haushaltsführung bis zur Verlegung des Wohnsitzes, jedoch längstens für sechs Monate, nach den entsprechenden steuerlichen Richtlinien. Dies gilt auch für solche Mitarbeiterinnen/Mitarbeiter, die mit einem Lebensgefährten nachweisbar einen gemeinsamen Haushalt führen.

Diesen Mitarbeiterinnen/Mitarbeitern erstattet das Unternehmen längstens für die Dauer von sechs Monaten die Kosten für Wochenend-Heimfahrten.

Gleiches gilt für die Kosten für eine Unterkunft bis zum Betrage von 511,29 EUR brutto monatlich auf entsprechenden Nachweis. Sofern die Kosten im begründeten Einzelfall diesen Betrag übersteigen, erfolgt eine vorherige Abstimmung zwischen der Mitarbeiterin/dem Mitarbeiter und dem übernehmenden Unternehmen.

(7) Die entsprechenden Rechnungen und Belege sind auf die Neue Versicherungs-AG auszustellen und dieser einzureichen.

(8) Der für eigene Versicherungen von der Versicherung AG gewährte Mitarbeiterrabatt wird bis zum Ablauf der Verträge weiter gewährt werden.

Das Unternehmen wird sich dafür einsetzen, dass den Mitarbeiterinnen/Mitarbeitern aufgrund ihrer Konzernzugehörigkeit gewährte Sonderkonditionen bei Versicherungen, Darlehen und Hypothekendarlehen bis zum Ablauf der Verträge, bei Darlehen und Hypothekendarlehen mindestens jedoch fünf Jahre, erhalten bleiben.

(9) Den Mitarbeiterinnen/Mitarbeitern wird zugesagt, dass sie innerhalb von 18 Monaten seit Beginn ihrer Tätigkeit bei dem neuen Arbeitgeber nicht aus betriebsbedingten Gründen gekündigt werden.

§ 4 Abfindungen

(1) Mitarbeiterinnen/Mitarbeiter, denen betriebsbedingt gekündigt wird oder die einer derartigen Kündigung des eigenen Arbeitsverhältnisses oder des Arbeitsverhältnisses eines mit ihnen funktionell austauschbaren Mitarbeiters (vgl. Anlage 4 des Interessenausgleiches vom ■■■) durch Eigenkündigung oder Abschluss eines Aufhebungsvertrages zuvorkommen, erhalten eine Abfindung nach folgenden Regelungen.

(2) Für jeden Monat der Betriebszugehörigkeit erhält die Mitarbeiterin/der Mitarbeiter 0,1 Monatsgehalt, wobei 0,1 Monatsgehalt mindestens 51,13 EUR beträgt. Die Mindestabfindung beträgt 1,5 Monatsgehälter. Auf die Betriebszugehörigkeit werden Zeiten der Konzernzugehörigkeit mit 1/3 angerechnet.

(3) Grundlage für die Berechnung der Abfindung ist das im Vereinbarungs-/Kündigungsmonat gezahlte regelmäßige Brutto-Monatsgehalt.

(4) Je unterhaltsberechtigtem Kind erhält die Mitarbeiterin/der Mitarbeiter zusätzlich ein Brutto-Monatsgehalt.

(5) Für Schwerbehinderte (ab 50% Minderung der Erwerbsfähigkeit) erhöht sich die Abfindung ebenfalls um ein Brutto-Monatsgehalt.

(6) Der Abfindungsanspruch kann nicht abgetreten oder verpfändet werden. Der Abfindungsanspruch ist vererblich.

(7) Die Versteuerung der Abfindung und gegebenenfalls der Abzug von Sozialversicherungsabgaben richten sich nach den gesetzlichen Vorschriften.

(8) Bei Erhebung einer Kündigungsschutzklage oder bei der Anfechtungsklage gegen eine Aufhebungsvereinbarung wird die Abfindung erst dann fällig, wenn die Wirksamkeit der Kündigung/Aufhebungsvereinbarung rechtskräftig feststeht. Eine vom Arbeitsgericht zugesprochene oder vergleichsweise vereinbarte Abfindung wird auf die Abfindung nach diesem Sozialplan angerechnet.

(9) Mitarbeiterinnen/Mitarbeiter, die aufgrund von Eigenkündigung oder aufgrund von ihnen veranlasster Aufhebungsvereinbarung vor dem ▬▬▬ ausscheiden, erhalten 50% der Abfindung.

Mitarbeiterinnen/Mitarbeiter, die auf Veranlassung des Unternehmens über die in § 1 Abs. 2 des Interessenausgleiches vom ▬▬▬ genannten Zeitpunkte hinaus tätig sind, erhalten eine um 10% erhöhte volle Abfindung.

(10) Resturlaubsansprüche und Gratifikationen errechnen sich anteilig nach dem Termin des Ausscheidens; eine Rückzahlungspflicht besteht nicht.

(11) Abfindungen an Mitarbeiterinnen/Mitarbeiter werden fällig, wenn das Arbeitsverhältnis rechtswirksam beendet ist. Die Auszahlung erfolgt jedoch erst in dem Monat, in dem das Arbeitsverhältnis endet.

§ 5 Schlussbestimmungen

Sollten einzelne Bestimmungen dieses Sozialplans unwirksam sein oder werden, so bleiben die übrigen Bestimmungen hiervon unberührt. Beide Seiten werden sich in einem solchen Fall darauf verständigen, anstelle der unwirksamen Bestimmungen Regelungen zu treffen, die diesen Bestimmungen wirtschaftlich am nächsten kommen. Gleiches gilt im Falle einer Regelungslücke, wie auch im Falle der Nichtdurchführbarkeit einer in dieser Vereinbarung festgelegten Regelung.

Günstigere gesetzliche oder tarifliche Regelungen bleiben von diesem Sozialplan unberührt.

§ 6 In-Kraft-Treten

Dieser Sozialplan tritt mit Unterzeichnung in Kraft und endet mit Abschluss der im Interessenausgleich vom ▬▬▬ festgeschriebenen Maßnahmen.

In diesem Sozialplan geregelte Fristen bleiben hiervon unberührt.

4. Muster: Betriebsverlagerung[232]

Zwischen

dem Betrieb D

– nachstehend: D –

und

dem Betriebsrat des Betriebs D

– nachstehend: Betriebsrat –

wird folgender Sozialplan vereinbart:

Präambel

Zum Ausgleich und zur Milderung der wirtschaftlichen Nachteile, die den Mitarbeiterinnen und Mitarbeitern durch die im Interessenausgleich vom ▬▬▬ geregelte Betriebsverlagerung entstehen, wird folgender Sozialplan vereinbart.

Teil A: Geltungsbereich/Begriffsbestimmungen

§ 1 Geltungsbereich

(1) Die Regelungen dieses Sozialplans gelten, soweit nichts anderes bestimmt ist, für alle Mitarbeiterinnen und Mitarbeiter i.S.d. § 5 Satz 1 BetrVG, die zum Zeitpunkt des In-Kraft-Tretens des Interessenausgleichs in einem ungekündigten und unbefristeten Arbeitsverhältnis stehen.

(2) Mitarbeiter/innen, die in einem befristeten Arbeitsverhältnis stehen, fallen nur dann unter den Geltungsbereich des Sozialplans, wenn ihr befristetes Arbeitsverhältnis über den ▬▬▬ hinaus andauert oder aufgrund der Betriebsänderung vorzeitig beendet wird.

(3) Dieser Sozialplan findet keine Anwendung auf

a) Mitarbeiter/innen, deren Arbeitsverhältnis aus personen- oder verhaltensbedingten Gründen ordentlich oder außerordentlich gekündigt oder aus diesen Gründen einvernehmlich beendet wird;

b) Mitarbeiter/innen, die das Arbeitsverhältnis selbst kündigen, ohne damit einer betriebsbedingten Kündigung zuvorzukommen;

c) Mitarbeiter/innen, deren Arbeitsverhältnis mit dem D nach dem ▬▬▬ geschlossen wurde, es sei denn, dass nachfolgend anderes vereinbart wird.

---

232 Dieser Text ist das Pendant zu Muster 5610.

§ 2 Begriffsbestimmungen

(1) Der Sozialplan differenziert zwischen Leistungen bei Versetzungen und Leistungen bei Beendigung des Anstellungsverhältnisses. Bei einer Versetzung gelten für die Leistungen die Regelungen des Teil B, bei einer Beendigung die Regelungen des Teil C.

a) Eine Versetzung im Sinne des Sozialplans liegt vor, wenn die Mitarbeiterin/der Mitarbeiter ab dem Umzug von Betriebsteilen des D das Arbeitsverhältnis beim D am neuen Dienstort fortsetzt. Unerheblich ist, ob das Arbeitsverhältnis zu geänderten oder gleich bleibenden Bedingungen fortgesetzt wird.

b) Für am jetzigen Standort verbleibende Mitarbeiterinnen/Mitarbeiter, die ihr Arbeitsverhältnis nicht zu gleich bleibenden Bedingungen fortsetzen können, gilt § 5 (Verdienstsicherung).

c) Eine Beendigung im Sinne des Sozialplans liegt vor, wenn das Arbeitsverhältnis zwischen der/dem Mitarbeiterin/Mitarbeiter und D wegen der Betriebsverlagerung beendet wird.

(2) Scheidet eine Mitarbeiterin/ein Mitarbeiter bei D aus und beginnt sie/er im Anschluss hieran ein neues Anstellungsverhältnis, wird wie folgt differenziert:

- Wechselt die Mitarbeiterin/der Mitarbeiter ohne Besitzstandswahrung, liegt eine Beendigung vor. Für die Leistungen gelten die Regelungen des Teils C.
- Wechselt die Mitarbeiterin/der Mitarbeiter unter Besitzstandswahrung, liegt eine Versetzung vor. Die Ausstrahlung der Besitzstandswahrung aus D endet nach zwei Jahren. Für die Leistungen gelten die Regelungen des Teils B.

Ein Wechsel unter Besitzstandswahrung liegt vor, wenn

a) der Mitarbeiterin/dem Mitarbeiter für alle Rechte die Betriebszugehörigkeit bei D angerechnet wird und

b) die Mitarbeiterin/der Mitarbeiter bei der betrieblichen Altersversorgung keine Nachteile erleidet, sie/er also im Versorgungsfall mindestens die Ansprüche besitzen wird, die sie/er bei Fortsetzung des Anstellungsverhältnisses mit D erworben hätte.

(3) Partner im Sinne des Sozialplans sind Ehepartner und Personen, die in nichtehelicher Lebensgemeinschaft zusammenleben. Nichteheliche Lebensgemeinschaften liegen vor, soweit eine Wohn- und Wirtschaftsgemeinschaft vor dem ▬▬▬ mehr als zwei Jahre besteht. Dieses ist durch geeignete Unterlagen nachzuweisen.

Teil B: Versetzung

§ 3 Fortbildungsmaßnahmen

Kann eine Mitarbeiterin/ein Mitarbeiter die Qualifikation für einen angebotenen Arbeitsplatz nur durch eine zumutbare Fortbildungsmaßnahme erreichen, so veranlasst D die Maßnahme auf seine Kosten. Für die Dauer der Fortbildungsmaßnahme wird das bisherige Brutto-Monatsgehalt für die Dauer von bis zu sechs Monaten fortgezahlt. Etwaige Leistungen Dritter (z.B. Agentur für Arbeit) muss sich die Mitarbeiterin/der Mitarbeiter anrechnen lassen.

§ 4 Umzug

Erfolgt wegen einer Versetzung ein Wohnungswechsel drei Monate vor dem Umzugstermin von D oder innerhalb von 12 Monaten nach Arbeitsaufnahme an den neuen Dienstort, gewährt D folgende Leistungen.

(1) Wohnraumbeschaffung

a) Durch Beleg nachgewiesene Kosten (z.B. Inseratskosten/Maklergebühren) werden erstattet, maximal jedoch bis zu 3.500 EUR. Bei Immobilienerwerb oder Erwerb einer Eigentumswohnung betragen die erstattungsfähigen Kosten bis zu 3% des Kaufpreises.

b) Notwendige Reisekosten zur Wohnungssuche und -besichtigung werden für die Mitarbeiterin/den Mitarbeiter sowie deren/dessen Partner in folgendem Umfang ersetzt:

- Fahrtkosten nach den für Dienstreisen geltenden Regelungen, wobei der Arbeitgeber sich vorbehält, die Fahrkarten/Flugtickets zu stellen,
- pro Reise und Personal für maximal drei Tage die Pauschale für Verlegungsmehraufwand bei Dienstreisen,
- pro Reise die Kosten für eine Übernachtungsmöglichkeit, die der Arbeitgeber benennt, oder über die von der Mitarbeiterin/dem Mitarbeiter mit dem Arbeitgeber Einvernehmen hergestellt worden ist. Orientiert sich die Mitarbeiterin/der Mitarbeiter eigenständig vor Ort, so werden ihr/ihm gegen Nachweis bis zu 78 EUR erstattet.

Jeder Mitarbeiterin/Jedem Mitarbeiter werden maximal die Kosten für drei Reisen zur Wohnungssuche ersetzt. Befindet sich der Dienstort der Mitarbeiterin/des Mitarbeiters bereits am neuen Dienstort, werden lediglich die Kosten des Ehepartners ersetzt.

c) Speditionskosten (incl. Aus- und Einräumen durch die Spedition) werden erstattet. Hat der D eine Rahmenvereinbarung für den Umzug mit einer Spedition getroffen, oder zeigt D der Mitarbeiterin/dem Mitarbeiter rechtzeitig an, welche Spedition sie/er beauftragen soll und lehnt die Spedition die Durchführung des Umzuges nicht ab, werden der Mitarbeiterin/dem Mitarbeiter lediglich die Kosten erstattet, die auch bei Inanspruchnahme des vom Arbeitgeber bezeichneten Unternehmens entstanden wären.

d) D erstattet die notwendigen Kosten der Anfahrt der Mitarbeiterinnen/Mitarbeiter sowie der mit ihnen in häuslicher Gemeinschaft lebenden Personen von der bisherigen Wohnung zur neuen Wohnung anlässlich des Umzuges entsprechend den Reisekostenrichtlinien von D.

e) Jede Mitarbeiterin/Jeder Mitarbeiter erhält Sonderurlaub für die Wohnungssuche von insgesamt maximal vier Tagen, sofern nicht der Dienstort der Mitarbeiterin/des Mitarbeiters bereits nach ▬▬▬ verlegt ist.

Für die Durchführung des Umzuges und die Erledigung der wegen des Umzuges notwendigen Behördengänge erhält jede Mitarbeiterin/jeder Mitarbeiter Sonderurlaub von insgesamt maximal zwei Tagen.

(2) Als Ausgleich für sonstige Auslagen erhält jede Mitarbeiterin/jeder Mitarbeiter eine Umzugskostenpauschale in Höhe von 3.000 EUR. Für jede weitere zum Haushalt gehörende Person erhöht sich die Pauschale um 1.500 EUR.

§ 4 Abs. 1 lit. a) bis e) und 2 findet auch Anwendung auf Mitarbeiterinnen/Mitarbeiter i.S.v. § 1 Abs. 3 lit. c).

(3) Eventuell anfallende doppelte Mieten werden gegen Nachweis für einen Zeitraum von bis zu fünf Monaten erstattet, sofern die aufzugebende Wohnung nicht weiter genutzt wird. Bei Wohnungseigentum werden die Unterhaltskosten ebenfalls für bis zu fünf Monate erstattet, sofern das Haus/die Wohnung nicht zwischenzeitlich vermietet bzw. anderweitig genutzt wird, höchstens jedoch 255 EUR monatlich. Mitarbeiterinnen/Mitarbeiter, die ihr Dienstverhältnis mit D nach dem ▬▬▬ begonnen haben, erhalten die Unterhaltskosten bis zu einem Monat.

(4) Mietzuschuss

Hat eine Mitarbeiterin/ein Mitarbeiter aufgrund der Versetzung an den neuen Dienstsitz eine höhere Miete als bisher zu zahlen, so gewährt D einen Mietzuschuss entsprechender folgender Regelung (diese Berechnung findet sinngemäß auch bei einem Wechsel von Eigentum zu Miete bzw. von Miete zu Eigentum Anwendung):

- Für einen Zeitraum von fünf Jahren nach der Versetzung wird der Differenzbetrag zwischen dem Quadratmeterpreis der neuen Wohnung unter Zugrundelegung der Mietfläche der alten Wohnung und dem Quadratmeterpreis der alten Wohnung mit einem gestaffelten Zuschuss ausgeglichen.
- Die Staffelung des Zuschusses verläuft wie folgt:
  Jahr 1 = 90% des Differenzbetrages
  Jahr 2 = 80% des Differenzbetrages
  Jahr 3 = 70% des Differenzbetrages
  Jahr 4 = 60% des Differenzbetrages
  Jahr 5 = 50% des Differenzbetrages

Die Mietzuschusszahlung beginnt mit dem Zeitpunkt der Fälligkeit der ersten Mietzahlung für die Wohnung am neuen Dienstort.

Sonderfälle bleiben einer Einzelregelung vorbehalten.

(5) Wohneigentumsbeihilfe

Denjenigen Mitarbeiterinnen/Mitarbeitern, die während ihrer Tätigkeit am jetzigen Dienstort in einem selbstgenutzten Eigenheim bzw. in einer selbst genutzten Eigentumswohnung leben, gewährt der Arbeitgeber gegen Nachweis einen Zuschuss für einen Zeitraum von fünf Jahren für die Neuanschaffung von Wohneigentum am neuen Dienstort in Höhe von 50% für die nach Anschaffung einer vergleichbaren Wohnung zusätzlich anfallenden Darlehenszinsen auf den Betrag, der den Verkaufspreis des jetzigen Eigenheims bzw. der jetzigen Eigentumswohnung übersteigt.

(6) Familienheimfahrten

D erstattet die Kosten für monatlich zwei Familienheimfahrten gemäß den steuerlichen Regelungen mit einem eigenen Wagen oder mit öffentlichen Verkehrsmitteln/Flugzeug. Dies gilt bis zum Bezug der neuen Wohnung am Dienstsitz, längstens jedoch für sechs Monate unter vollständiger Kostenerstattung, für weitere 6 Monate unter Erstattung von 2/3 der Kosten und weitere sechs Monate unter Erstattung von 1/3 der Kosten. Für die Übergangszeit gilt eine flexible Arbeitszeitregelung unter Einhaltung der wöchentlichen Gesamtarbeitszeit.

(7) Doppelte Haushaltsführung

Bis zur Beschaffung einer Wohnung am neuen Beschäftigungsort erhält die Mitarbeiterin/der Mitarbeiter bei Vorliegen des Tatbestandes der notwendigen Einrichtung einer doppelten Haushaltsführung die entsprechenden Erstattungen gemäß den steuerlichen Regelungen für höchstens 18 Monate.[233]

---

[233] Es gelten § 9 Abs. 1 Nr. 5 EStG und Abschnitt 43 LStR.

§ 5 Verdienstsicherung

(1) Mitarbeiter/innen, die nach § 2 Abs. 1 lit. b) ein Angestelltenverhältnis bei D fortsetzen und deren neues Bruttogehalt niedriger ist, erhalten als Ausgleich über einen Zeitraum von 24 Monaten ihr derzeitiges Bruttomonatsgehalt weiter. Nach Ablauf dieses Zeitraumes werden sie gehaltlich entsprechend dem neuen Aufgabengebiet eingestuft. Weicht die Monats-Arbeitszeit am neuen Arbeitsplatz von der Arbeitszeit am bisherigen Arbeitsplatz ab, ist Grundlage für die Berechnung der Einkommensdifferenz die neue monatliche Vergütung.

(2) Mitarbeiter/innen, die nach § 2 Abs. 2 ein Angestelltenverhältnis unter Besitzstandswahrung begründen und deren neues Brutto-Monatsgehalt niedriger ist, erhalten als Ausgleich einen einmaligen Abfindungsbetrag für den Verlust des Arbeitsplatzes in Höhe des 24fachen Differenzbetrages zwischen den beiden Brutto-Monatsgehältern. Weicht die Monats-Arbeitszeit am neuen Arbeitsplatz von der Arbeitszeit am bisherigen Arbeitsplatz ab, ist für die Berechnung der Einkommensdifferenz die neue monatliche Vergütung nach der bisherigen Arbeitszeit zu bestimmen.

§ 6 Vorzeitige Beendigung

Wird das i.S.v. § 2 Abs. 2 begründete Arbeitsverhältnis innerhalb von 24 Monaten durch arbeitgeberseitige betriebsbedingte Kündigung im Einvernehmen beendet, erhält die Mitarbeiterin/der Mitarbeiter die Leistungen gemäß Teil C. Der arbeitgeberseitigen betriebsbedingten Beendigungskündigung steht eine Eigenkündigung gleich, die durch eine Betriebsänderung veranlasst ist und mit der die Mitarbeiterin/der Mitarbeiter einer arbeitgeberseitigen betriebsbedingten Beendigungskündigung zuvorkommt.

Teil C: Beendigung des Arbeitsverhältnisses

§ 7 Abfindung

(1) Eine Abfindung nach § 8 erhalten die Mitarbeiterinnen/Mitarbeiter, denen nach § ▬▬▬ des Interessenausgleichs betriebsbedingt gekündigt wird.

(2) Mitarbeiter/innen, die das Arbeitsverhältnis nach dem ▬▬▬ selbst kündigen und mit dieser Eigenkündigung einer arbeitgeberseitigen betriebsbedingten Beendigungskündigung nach § ▬▬▬ des Interessenausgleichs zuvorkommen, erhalten eine Abfindung nach folgender Maßgabe:

- bei Beendigung des Arbeitsverhältnisses in der Zeit vom ▬▬▬ bis zum ▬▬▬ 65 % der Abfindung nach § 8,
- bei Beendigung des Arbeitsverhältnisses in der Zeit vom ▬▬▬ bis zum ▬▬▬ 80 % der Abfindung nach § 8.

(3) Die Eigenkündigung nach Abs. 2 ist in Bezug auf Ansprüche aus Versorgungsverträgen nicht als arbeitgeberseitig und betriebsbedingt anzusehen, sondern als Eigenkündigung auszulegen.

(4)

a) Unabhängig von der Auswahl nach dem Punktesystem (siehe Interessenausgleich Anlage ▬▬▬) erhalten Mitarbeiter/innen, die zum Stichtag ▬▬▬ das 56. Lebensjahr vollendet haben und vor dem ▬▬▬ bei D beschäftigt waren, auf Wunsch ein Arbeitsplatzangebot in ▬▬▬. Sie müssen bis zum ▬▬▬ erklären, ob sie das Angebot annehmen.

Wer dieses nicht annimmt und aus D ausscheidet, erhält keine Abfindung.

b) Mitarbeiter/innen, die unter Abs. 4 lit. a) fallen und nicht bei D verbleiben möchten, müssen dieses bis zum ▬▬▬ erklären. Sie erhalten bei Eigenkündigung unter Freistellung vom Dienst bis zum Eintritt in den gesetzlichen Ruhestand, längstens jedoch für den Zeitraum von 12 Monaten, Lohnfortzahlung in Höhe von 75 % des letzten Bruttogehaltes.

Abs. 4 lit. b) ist nur i.V.m. § 14 (Ruhestand) gültig.

§ 8 Höhe der Abfindung

(1) Der Grundbetrag der Abfindung errechnet sich wie folgt:

Alter x Dienstjahre x Bruttomonatsgehalt/Divisor

Der Divisor beträgt

bis zu einem Alter von 40 Jahren	61
bis zu einem Alter von 45 Jahren	60
bis zu einem Alter von 50 Jahren	58
bis zu einem Alter von 55 Jahren	57.

(2) Der Grundbetrag der Abfindung nach Abs. 1 erhöht sich für jedes zum Zeitpunkt des In-Kraft-Tretens dieses Sozialplans auf der Steuerkarte eingetragene unterhaltsberechtigte Kind um 500 EUR.[234]

---

[234] Aus Gründen der Rechtssicherheit wird davon abgeraten, die Unterhaltspflichten allein aus der Lohnsteuerkarte zu entnehmen. Die neuere Rechtsprechung geht von einer über die Lohnsteuerkarte hinausgehenden Erkundigungspflicht des Arbeitgebers aus; wegen Einzelheiten siehe § 5 Rn 162.

(3) Für Schwerbehinderte oder Schwerbehinderten Gleichgestellte im Sinne des SGB IX erhöht sich der Grundbetrag der Abfindung nach Abs. 1 um 1.000 EUR. Die Anerkennung als Schwerbehinderter muss im Zeitpunkt der Beendigung des Arbeitsverhältnisses vorliegen.

(4) Bei der Berechnung des Lebensalters und der Dienstjahre werden nur volle Jahre berücksichtigt. Stichtag für die Berechnung ist der Tag der Beendigung des Arbeitsverhältnisses.

(5) Bruttomonatsgehalt ist das Durchschnittsentgelt der letzten drei Monate vor der Beendigung des Arbeitsverhältnisses auf der Basis der vertraglichen regulären Arbeitszeit ohne Berücksichtigung etwaiger Sonderzahlungen.

§ 9 Ausscheiden älterer Mitarbeiterinnen und Mitarbeiter

Mitarbeiterinnen und Mitarbeiter, die zum Zeitpunkt der Beendigung des Arbeitsverhältnisses bereits die Voraussetzungen für den Bezug von vorgezogenem Altersruhegeld aus der gesetzlichen Sozialversicherung erfüllen, erwerben keine Ansprüche aus dem Sozialplan.

Dies gilt auch für alle diejenigen Mitarbeiterinnen und Mitarbeiter, die bereits einen Antrag auf Gewährung einer Erwerbsunfähigkeitsrente oder eines Altersruhegeldes gestellt haben, es sei denn, dass der Antrag abschlägig beschieden wird.

§ 10 Steuerliche Behandlung

Die Abfindungen werden in Anwendung der steuerrechtlichen Bestimmungen ausgezahlt.

§ 11 Auszahlung der Abfindung

(1) Die Abfindungsansprüche entstehen zum Zeitpunkt der rechtlichen Beendigung des Arbeitsverhältnisses. Sie können zuvor nicht übertragen und vererbt werden. Die Ansprüche werden mit der Entstehung, frühestens einen Monat nach Ausspruch der Kündigung, fällig.

(2) Erhebt eine Mitarbeiterin/ein Mitarbeiter Klage auf Feststellung der Unwirksamkeit einer Kündigung oder des Fortbestehens des Arbeitsverhältnisses, so werden eventuelle Ansprüche aus diesem Sozialplan erst fällig, wenn das Verfahren abgeschlossen ist.

Wird eine solche Klage eingereicht, nachdem die Leistungen bereits ausbezahlt worden sind, so sind diese mit Erhebung der Klage unter Ausschluss von Zurückbehaltungsrechten zur Rückzahlung fällig. Wird in einem solchen Verfahren eine Abfindung zuerkannt oder vergleichsweise vereinbart, so gilt Abs. 3.

(3) Auf Leistungen aus diesem Sozialplan sind etwaige gesetzliche, tarifvertragliche oder individualvertragliche Abfindungen, Nachteilsausgleichsansprüche oder sonstige Entschädigungsleistungen (z.B. nach § 113 BetrVG, §§ 9, 10 KSchG) für den Verlust des Arbeitsplatzes anzurechnen.

(4) D ist berechtigt, die Leistungen aus dem Sozialplan mit eigenen Ansprüchen (Rückerstattungsansprüche, Ansprüche aus Arbeitgeberdarlehen usw.) zu verrechnen.

§ 12 Sonderleistungen

Im Laufe eines Kalenderjahres ausscheidende Mitarbeiterinnen/Mitarbeiter erhalten den Jahresurlaub, das Weihnachtsgeld und das Urlaubsgeld anteilig für die Beschäftigungsdauer im Jahr des Ausscheidens, sofern keine günstigere individualvertragliche oder gesetzliche Regelung besteht.

§ 13 Betriebliche Altersversorgung

(1) D wird den Mitarbeiterinnen und Mitarbeitern zum Zeitpunkt ihres Ausscheidens schriftlich mitteilen, ob und in welcher Höhe unverfallbare Anwartschaften aus betrieblicher Altersversorgung bestehen.

(2) Die Betriebsrenten regeln sich grundsätzlich nach dem Gesetz zur Verbesserung der betrieblichen Altersversorgung. Diejenigen Mitarbeiterinnen und Mitarbeiter, die bei Beendigung des Arbeitsverhältnisses

- noch keine unverfallbare Anwartschaft besitzen,
- unter den Kreis der Versorgungsberechtigten fallen,
- eine mindestens fünfjährige Rentenanwartschaft aufweisen und
- das 45. Lebensjahr bereits vollendet haben,

verlieren ihre Rentenanwartschaft nicht. Diese Anwartschaften werden unverfallbar gestellt.

§ 14 Ruhestand

Diejenigen Mitarbeiterinnen und Mitarbeiter, die ohne finanziellen Abschlag bei der gesetzlichen Altersversorgung die Altersrente in Anspruch nehmen können, sind verpflichtet, bei D auszuscheiden. Dieser Paragraph tritt am ■■■ in Kraft.

§ 15 Härtefälle

Für besondere soziale Härtefälle steht ein Fonds zur Verfügung. Dieser dient dazu, in atypischen und schwierigen Fällen die Abfindungssätze dieses Sozialplans aufzustocken bzw. Leistungen zu gewähren für Härtefälle, die durch die Vereinbarung nicht oder nicht ausreichend erfasst werden. Unterstützungen aus diesem Fonds werden längstens bis zum 12. Monat nach dem Ausscheiden der Mitarbeiterin/des Mitarbeiters im Einvernehmen mit dem Betriebsrat gezahlt. Vorschlagsberechtigt zur Verwendung des Härtefonds sind die Mitarbeiterinnen und Mitarbeiter selbst, der Betriebsrat sowie die Geschäftsleitung von D. Die Verwendung erfolgt mit Zustimmung des Betriebsrats.

§ 16 Schlussbestimmungen

(1) Mitarbeiterinnen und Mitarbeiter, die Ansprüche aus diesem Sozialplan besitzen, sind verpflichtet, jede tatsächliche Änderung in ihren persönlichen Verhältnissen, die Bedeutung für die Leistungen nach dieser Betriebsvereinbarung hat, unverzüglich schriftlich D mitzuteilen.

(2) Sollten einzelne Bestimmungen dieses Sozialplans unwirksam sein oder werden oder im Widerspruch zu tariflichen oder gesetzlichen Regelungen stehen, so bleiben die übrigen Regelungen bestehen. Die unwirksame oder in Widerspruch stehende Regelung ist durch eine Regelung zu ersetzen, die dem von den Parteien mit der ersetzten Regelung Gewollten möglichst nahe kommt. Gleiches gilt für eine eventuelle Regelungslücke.

(3) Der Sozialplan tritt mit Unterzeichnung durch die Betriebsparteien in Kraft.

5. Muster: Fusion[235]

Zwischen

der ▬▬▬ Aktien Gesellschaft

– nachstehend: AG –

und

dem Betriebsrat der ▬▬▬ Aktien Gesellschaft

– nachstehend: Betriebsrat –

wird im Hinblick auf die Zusammenlegung der Geschäftsaktivitäten der Aktien Gesellschaft und der S GmbH mit Sitz in H und N folgender Sozialplan gemäß § 112 BetrVG für die Aktien Gesellschaft geschlossen:

Präambel

Dieser Sozialplan wird zum Ausgleich oder zur Milderung der wirtschaftlichen Nachteile geschlossen, die Belegschaftsmitglieder infolge der erforderlichen Struktur- und Rationalisierungsmaßnahmen erleiden. Er soll die sozialen Belange der Belegschaftsmitglieder bestmöglich berücksichtigen.

Der Sozialplan gilt für alle unter das BetrVG fallenden Mitarbeiter der AG.

§ 1 Trennungsmehraufwand

Mitarbeiterinnen/Mitarbeitern, die aufgrund der Fusion ihren Wohn- und Dienstsitz verlegen, ersetzt die AG die folgenden Mehraufwendungen:

(1) Trennungsentschädigungen

Eine Trennungsentschädigung in Höhe von 7,16 EUR/Tag entsprechend den lohnsteuerrechtlichen Vorschriften für längstens sechs Monate ab dem Datum der Versetzung nach H.

(2) Wohnraumbeschaffung

Wird ein durch die Versetzung bedingter Wohnungswechsel erforderlich, so trägt die AG die Kosten des Umzuges in angemessener Höhe und eine eventuelle Maklercourtage im Rahmen der Lohnsteuer-Richtlinien (nachstehend: LStR). Bis zur Beschaffung einer Wohnung am neuen Beschäftigungsort erhält die Mitarbeiterin/der Mitarbeiter bei Vorliegen des Tatbestandes der notwendigen Einrichtung einer doppelten Haushaltsführung die entsprechenden Erstattungen gemäß LStR für höchstens sechs Monate; gegebenenfalls sorgt die AG bis zur Beschaffung einer Wohnung für eine angemessene Hotelunterbringung (für längstens sechs Monate).

---

235 Dieser Text ist das Pendant zu Muster 5615.

(3) Familienheimfahrten

Die AG erstattet wöchentlich eine Familienheimfahrt gemäß LStR mit dem eigenen Wagen oder mit öffentlichen Verkehrsmitteln (exkl. Flugzeug). Dies gilt bis zum Bezug der neuen Wohnung am Dienstsitz, längstens jedoch für sechs Monate.

(4) Mietzuschuss

Hat eine Arbeitnehmerin/ein Arbeitnehmer aufgrund der Versetzung an den neuen Dienstsitz eine höhere Miete als bisher zu zahlen, so gewährt die AG einen Mietzuschuss entsprechend folgender Regelung:

- Für einen Zeitraum von drei Jahren nach der Versetzung wird der Differenzbetrag zwischen dem Quadratmeterpreis der neuen Wohnung unter Zugrundelegung der Mietfläche der alten Wohnung mit einem gestaffelten Zuschuss ausgeglichen.
- Die Staffelung des Zuschusses verläuft wie folgt:
  Jahr 1 = 80% des Differenzbetrages
  Jahr 2 = 60% des Differenzbetrages
  Jahr 3 = 30% des Differenzbetrages
  ab Versetzung bzw. Wohnungswechsel.

Sonderfälle bleiben einer Einzelregelung vorbehalten.

§ 2 Vermittlung bzw. Übernahme von Arbeitnehmern in andere Betriebe oder Betriebsteile der Gruppe (Konzern)

(1) Die AG erklärt sich bereit, alle Möglichkeiten auszuschöpfen, den von der Betriebsänderung betroffenen Arbeitnehmerinnen und Arbeitnehmern im Einvernehmen mit dem Betriebsrat in anderen Betrieben oder Betriebsteilen der Gruppe neue zumutbare Arbeitsplätze zu vermitteln. Geschieht diese Vermittlung dadurch, dass in anderen Betrieben oder Betriebsteilen der Gruppe (aufnehmender Betrieb) Arbeitnehmerinnen und Arbeitnehmer freiwillig zu Gunsten eines bestimmten – von der Betriebsänderung unmittelbar betroffenen – Arbeitnehmers der AG aus dem Arbeitsverhältnis ausscheiden, so haben diese freiwillig ausscheidenden Arbeitnehmerinnen und Arbeitnehmer Anspruch auf Leistungen analog den Bestimmungen des Sozialplans. Voraussetzung hierfür ist, dass die Geschäftsleitung des aufnehmenden Betriebes dieser Vermittlung ausdrücklich zugestimmt hat.

(2) Arbeitnehmerinnen und Arbeitnehmern, denen infolge der Betriebsänderung die Übernahme in andere Betriebe oder Betriebsteile der Gruppe angeboten wird, ist die Absicht schriftlich mitzuteilen. Die Bezeichnung des neuen Arbeitsplatzes muss den Standort des Betriebes, eine aussagefähige Aufgabenbeschreibung, die Angabe der Bewertungsgruppe des jeweiligen Tarifvertrages und des Bruttoeinkommens enthalten. Die Arbeitnehmerin/Der Arbeitnehmer muss innerhalb von 20 Kalendertagen nach Zugang der Mitteilung erklären, ob sie/er das Angebot annimmt.

(3) Nach Zugang des Angebotes erhält die Arbeitnehmerin/der Arbeitnehmer unter Fortzahlung des Arbeitsverdienstes die Gelegenheit, den angebotenen neuen Arbeitsplatz zu besichtigen. Die hierfür notwendigen Fahrtkosten und angemessenen Spesen werden ihm erstattet.

(4) Wird durch die Übernahme der Arbeitnehmerin/Arbeitnehmers in einen anderen Gruppenbetrieb ein Wohnungswechsel erforderlich, so trägt die AG die Kosten des Umzugs in angemessener Höhe und eine evtl. Maklercourtage im Rahmen der LStR. Bis zur Beschaffung einer Wohnung am neuen Beschäftigungsort erhält die Arbeitnehmerin/der Arbeitnehmer bei Vorliegen des Tatbestandes der notwendigen Einrichtung einer doppelten Haushaltsführung gemäß LStR für höchstens sechs Monate die entsprechenden Erstattungen nach LStR. Abweichend von den Bestimmungen nach den LStR, jedoch auch höchstens für sechs Monate, gilt für Familienheimfahrten als vereinbart:

- Erstattung der notwendigen Fahrtkosten für jeweils eine Familienheimfahrt wöchentlich.

(5) Hat die Arbeitnehmerin/der Arbeitnehmer aufgrund eines Wohnungswechsels durch Übernahme in einen anderen Gruppenbetrieb eine höhere Miete als bisher zu zahlen, so gewährt die AG für höchstens ein Jahr einen Mietzuschuss, längstens jedoch innerhalb eines Zeitraumes von zwei Jahren nach der Versetzung. Dieser wird in Höhe des Differenzbetrages zwischen dem Quadratmeterpreis der neuen Wohnung unter Zugrundelegung der Mietfläche der alten Wohnung, jedoch höchstens bis zu einem Betrag von 100 EUR monatlich gezahlt.

Sonderfälle bleiben einer Einzelregelung vorbehalten.

(6) Sofern einer Arbeitnehmerin/einem Arbeitnehmer i.S.d. Abs. 2 ein Arbeitsplatz in anderen Betrieben oder Betriebsteilen der Gruppe angeboten wird, ist dem Betriebsrat des betroffenen anderen Betriebs vor jeder personellen Maßnahme die Personalakte und der Entwurf der Arbeitsvertragsänderung der/des betroffenen Arbeitnehmerin/Arbeitnehmers vorzulegen.

(7) Arbeitnehmerinnen/Arbeitnehmer, die bis zur Vollendung des 45. Lebensjahres einen geringer bezahlten Arbeitsplatz übernehmen, erhalten als Ausgleich den Unterschiedsbetrag zwischen ihrem bisherigen tariflichen Entgelt und dem neuen tariflichen Entgelt für die Dauer von zwei Jahren vom Zeitpunkt ihrer Versetzung ab als dynamische Besitzstandszulage weitergezahlt.

Arbeitnehmerinnen/Arbeitnehmer nach Vollendung des 45. Lebensjahres erhalten die dynamische Besitzstandszulage für die Dauer von vier Jahren.

Arbeitnehmerinnen/Arbeitnehmer ab dem 54. Lebensjahr erhalten die dynamische Besitzstandszulage bis zur Beendigung des Arbeitsverhältnisses.

Für die Berechnung dieser dynamischen Besitzstandszulage wird die Differenz zwischen dem Entgelt der alten und der neuen Bewertungsgruppe einschließlich der tariflichen Jahressonderzahlung sowie der tariflichen Leistungszulage und der freiwilligen außertariflichen Zulage berücksichtigt.

(8) Bei einem Arbeitsplatzwechsel innerhalb der Gruppe besteht ein Anspruch auf Anrechnung der abgeleisteten Dienstzeit in der AG, insbesondere auch hinsichtlich des Kündigungsschutzes und des Anspruchs auf freiwillige soziale Leistungen. Dies gilt nicht für die betriebliche Altersversorgung.

(9) Bei einem Wechsel in einen Betrieb der Gruppe gilt hinsichtlich einer betrieblichen Altersversorgung folgende Regelung:

Arbeitnehmerinnen/Arbeitnehmer, die in eine Beteiligungsgesellschaft der Gruppe versetzt werden, erhalten bei Vorliegen der gesetzlichen Voraussetzungen einen unverfallbaren Betriebsrentenanspruch gemäß § 1 BetrAVG schriftlich von der AG bestätigt. Liegen die gesetzlichen Voraussetzungen nicht vor, erhalten die versetzten Arbeitnehmerinnen/Arbeitnehmer einen vertraglichen, bedingten Betriebsrentenanspruch.

Einen Anspruch auf Versorgungsleistungen aufgrund einer vertraglich zugesagten Anwartschaft hat die/der versetzte Arbeitnehmerin/Arbeitnehmer bei Eintritt des Versorgungsfalles, wenn sie/er aufgrund der in der AG und in einer Beteiligungsgesellschaft insgesamt zurückgelegten Dienstjahre die gesetzlichen Voraussetzungen zur Erlangung eines unverfallbaren Betriebsrentenanspruches (§ 1 BetrAVG vom 19.12.1974) erfüllt.

Als anrechnungsfähige Dienstjahre zur Berechnung der Höhe des vertraglichen Betriebsrentenanspruches werden die in der AG bis zur Versetzung tatsächlich zurückgelegten Dienstjahre berücksichtigt.

Die Berechnung der Höhe des vertraglichen Betriebsrentenanspruchs gegenüber der AG richtet sich nach den Bestimmungen der Versorgungsordnung der AG in ihrer jeweils gültigen Fassung in Verbindung mit § 2 BetrAVG vom 19.12.1974. Angefangene Dienstjahre, die über sechs Monate hinausgehen, gelten als volles Dienstjahr.

Die Versorgungsansprüche der/des versetzten Arbeitnehmerin/Arbeitnehmers richten sich in einer aufnehmenden Beteiligungsgesellschaft nach den dort jeweils gültigen Bestimmungen der Versorgungsordnung nach folgender Maßgabe:

Auf die Wartezeit der Versorgungsbestimmungen der aufnehmenden Beteiligungsgesellschaft werden die in der AG zurückgelegten Dienstjahre angerechnet. Für die Berechnung der Höhe der gesamten Versorgungsansprüche gelten die insgesamt erbrachten Dienstjahre in der Gruppe.

Erreicht die Arbeitnehmerin/der Arbeitnehmer in der aufnehmenden Beteiligungsgesellschaft nicht die nach der dort geltenden Versorgungsordnung erforderliche Mindestwartezeit, so errechnet sich ihr/sein Versorgungsanspruch der Höhe nach im Verhältnis der tatsächlichen in der Beteiligungsgesellschaft zurückgelegten Dienstjahre zu der erforderlichen Mindestwartezeit.

Als Stichtag für die Aufnahme in das Versorgungswerk der aufnehmenden Beteiligungsgesellschaft gilt der Tag der Versetzung.

(10) Arbeitnehmerinnen/Arbeitnehmer, die einen angebotenen zumutbaren anderen Arbeitsplatz in der Gesellschaft oder in der Gruppe ablehnen, haben keine Ansprüche nach diesem Sozialplan.

Zumutbar ist der Arbeitsplatz, wenn

a) ein der Vorbildung und Berufserfahrung entsprechendes Aufgabengebiet angeboten wird,

b) mindestens entsprechende tarifliche Eingruppierung erfolgt,

c) mindestens gleicher Brutto-Monatsverdienst gezahlt wird, wobei Zuschläge für Nacht-, Sonn- und Feiertagsarbeit sowie Mehrarbeitsregelungen außer Betracht bleiben,

d) die bisherige Betriebszugehörigkeit voll anerkannt wird, mit Ausnahme der Ansprüche auf betriebliche Versorgungsleistungen bei einem Wechsel in eine Beteiligungsgesellschaft der Gruppe

e) sich der bisherige Arbeitsweg nicht um mehr als 60 Minuten für den einfachen Weg verlängert.

(11) Eine auf medizinische Gründe gestützte Unzumutbarkeit hat die/der betroffene Arbeitnehmerin/Arbeitnehmer durch ein amtsärztliches Zeugnis nachzuweisen; die Kosten hierfür trägt die AG.

(12) Das Unternehmen verpflichtet sich, die derzeit bestehenden Ausbildungsverhältnisse fortzuführen oder die Ausbildung in Tochter-/Konzerngesellschaften weiterzuführen.

Die Mehraufwendungen, die den Auszubildenden entstehen, werden von der AG für die Dauer der Ausbildungszeit übernommen.

§ 3 Umschulung von Arbeitnehmern

(1) Sollen Arbeitnehmer – ihr Einverständnis vorausgesetzt – auf Veranlassung der AG oder auf Vorschlag des Betriebsrats umgeschult werden, um im gleichen oder in einem anderen Betrieb bzw. Betriebsteil der Gruppe eine Arbeit zu übernehmen, so gilt Folgendes:

(2) Der Arbeitnehmerin/Dem Arbeitnehmer wird die beabsichtigte Umschulung unter Angabe von Art und Dauer schriftlich mitgeteilt. Weiterhin wird ihr/ihm ein Angebot über einen neuen, der Umschulung entsprechenden Arbeitsplatz übermittelt.

(3) Während der Umschulung, längstens jedoch für die Dauer von 12 Monaten, erhält die Arbeitnehmerin/der Arbeitnehmer ihren/seinen durchschnittlichen monatlichen Bruttoverdienst, berechnet nach der Grundlage des Lohnfortzahlungsgesetzes, weiter, und zwar unter Anrechnung der ihr/ihm nach dem SGB III zustehenden Ansprüche.

(4) Die AG trägt die notwendigen sachlichen Kosten der Umschulung einschließlich notwendiger Fahrtkosten bei Umschulungen außerhalb des Betriebes sowie Leistungen nach den LStR bei Vorliegen einer notwendigen doppelten Haushaltsführung, sofern ihr/ihm nicht Ansprüche aus dem SGB III zustehen.

§ 4 Ausscheiden von Arbeitnehmern

(1) Ausscheidende Mitarbeiterinnen/Mitarbeiter werden für die erforderliche Zeit zur Bewerbung um einen neuen Arbeitsplatz ohne Verdienstminderung von ihrer Arbeit freigestellt. Erforderliche Fahrtkosten werden vergütet, sofern nicht Ansprüche gegenüber Dritten bestehen. Eine Vergütung von Aufwendungen im Zusammenhang mit Bewerbungen in den Beteiligungsgesellschaften der Gruppe erfolgt nach Absprache mit der AG unter Beteiligung des Betriebsrats. Eine Vergütung entfällt, sofern Ansprüche gegenüber Dritten bestehen.

(2) Bezüglich der Bezahlung von betrieblichen Ruhegeldern an Arbeitnehmerinnen/Arbeitnehmer, die anlässlich der Betriebsänderung ausscheiden, gelten die Bestimmungen des Gesetzes zur Verbesserung der betrieblichen Altersversorgung vom 19.12.1974. Ein angefangenes Dienstjahr wird dann als vollendet gewertet, wenn es mehr als zur Hälfte abgeleistet ist.

(3) Tariflich geregelte Leistungen erhält die/der betroffene Arbeitnehmerin/Arbeitnehmer im Jahr des Ausscheidens gemäß den Bestimmungen des Manteltarifvertrages sowie des Tarifvertrages über vermögenswirksame Leistungen in ihrer jeweils gültigen Fassung. Für Urlaub und Urlaubsgeld gilt davon abweichend folgende Regelung: Arbeitnehmerinnen/Arbeitnehmer erhalten im Jahr des Ausscheidens den ihnen tariflich zustehenden Jahresurlaub in voller Höhe, wenn der Urlaub bis zum Ausscheiden aus dem Arbeitsverhältnis genommen wird. Dasselbe gilt für den Anspruch auf das tariflich geregelte Urlaubsgeld. Die zeitliche Lage des Urlaubs bestimmt die AG nach den betrieblichen Erfordernissen im Einvernehmen mit dem Betriebsrat.

(4) Die AG gewährt denjenigen Arbeitnehmerinnen/Arbeitnehmern, die infolge dieser Betriebsänderung aus der AG ausscheiden und bis zu zwei Jahren nach Ausscheiden ein 25-jähriges Dienstjubiläum und bis zu fünf Jahren nach Ausscheiden ein 40-jähriges Dienstjubiläum begehen würden, das bisher übliche Jubiläumsgeld.

(5) Das jeweilige Jubiläumsgeld wird bei der Berechnung der Abfindung berücksichtigt und erhöht den individuell errechneten Abfindungsbetrag um diese Summe.

(6) Stirbt eine/ein von der Betriebsänderung betroffene/betroffener Arbeitnehmerin/Arbeitnehmer noch vor Ablauf von 12 Monaten nach seinem Ausscheiden, so erhalten die Hinterbliebenen die für den Sterbefall üblichen tariflichen bzw. betriebsüblichen Leistungen.

§ 5 Abfindungen für ausscheidende Arbeitnehmer

(1) Arbeitnehmerinnen/Arbeitnehmer, die zum Zeitpunkt der Beendigung des Arbeitsverhältnisses das 55. Lebensjahr vollendet haben, erhalten eine individuell errechnete Abfindung in Höhe des „Nettoausgleiches" von 80% bis zur Vollendung des 60. Lebensjahres. Der „Nettoausgleich" errechnet sich aus der Differenz zwischen dem auf der Grundlage der Bestimmung des Abs. 6 zu ermittelnden Nettoentgelt und den Leistungen der Agentur für Arbeit (Arbeitslosengeld und Arbeitslosenhilfe), multipliziert mit der Anzahl der Monate zum Zeitpunkt des Ausscheidens bis zur Vollendung des 60. Lebensjahres.

(2) Arbeitnehmerinnen/Arbeitnehmer, die zum Zeitpunkt der Beendigung des Arbeitsverhältnisses das 59. Lebensjahr vollendet haben und spätestens nach einem Jahr Arbeitslosigkeit den Anspruch auf vorgezogenes Altersruhegeld aus der gesetzlichen Sozialversicherung geltend machen können, erhalten eine individuell errechnete Abfindung in Höhe des „Nettoausgleiches" von 80% für den Zeitraum von max. 12 Monaten. Der „Nettoausgleich" errechnet sich aus der Differenz zwischen dem auf der Grundlage der Bestimmung des Abs. 6 zu ermittelnden Nettoentgelt und den Leistungen der Agentur für Arbeit (Arbeitslosengeld und Arbeitslosenhilfe), multipliziert mit der zwischen dem Zeitpunkt des

Ausscheidens und dem frühestmöglichen Bezug von vorgezogenem Altersruhegeld liegenden Anzahl von Monaten, maximal jedoch für 12 Monate.

(3) Schwerbehinderte Arbeitnehmer und weibliche Arbeitnehmer, die die Anspruchsvoraussetzungen für den Bezug des vorgezogenen Altersruhegeldes aus der gesetzlichen Sozialversicherung mit der Vollendung des 60. Lebensjahres erfüllen, erhalten den „Nettoausgleich" höchstens für die Anzahl der Monate ab Beendigung des Arbeitsverhältnisses bis zur Vollendung des 60. Lebensjahres.

(4) Arbeitnehmer, die zum Zeitpunkt der Beendigung des Arbeitsverhältnisses das 63. Lebensjahr (männliche Arbeitnehmer) bzw. das 60. Lebensjahr (weibliche Arbeitnehmer und schwerbehinderte Arbeitnehmer) vollendet haben und die Voraussetzungen für den Bezug des vorgezogenen Altersruhegeldes aus der gesetzlichen Rentenversicherung erfüllen, erwerben keine Ansprüche aus dieser Vereinbarung.

Ebenso gilt dies auch für alle diejenigen Arbeitnehmer, die bereits einen Antrag auf Gewährung einer Erwerbsunfähigkeitsrente oder eines Altersruhegeldes gestellt haben, es sei denn, dass der Antrag abschlägig beschieden wird.

(5) Zum Ausgleich von Härten, die sich für Arbeitnehmer, die bis zum Zeitpunkt der Beendigung des Arbeitsverhältnisses das 55. Lebensjahr noch nicht vollendet haben, ergeben und deren Arbeitsverhältnis aus Anlass dieser Betriebsänderung gekündigt oder einvernehmlich aufgelöst worden ist und die nicht auf einen anderen zumutbaren Arbeitsplatz in der Gruppe vermittelt werden konnten, findet die beigefügte Abfindungstabelle Anwendung (Anlage 1).

(6) Die anspruchsberechtigten Arbeitnehmer erhalten für je einen Punkt der beigefügten Abfindungstabelle 1/10 des Entgeltes der jeweiligen Bewertungsgruppe gemäß den zum Zeitpunkt des Ausscheidens jeweils gültigen Bestimmungen des Entgelttarifvertrages zuzüglich evtl. monatlich gezahlter tariflicher Leistungszulagen, regelmäßig gezahlter freiwilliger Zulagen, Besitzstandszulagen sowie Urlaubs- und Weihnachtsgeld (gezwölftelt). Als Entgelt wird höchstens das Entgelt der Bewertungsgruppe IX des gültigen Entgelttarifvertrages zugrunde gelegt. Für jedes unterhaltsberechtigte Kind und für je 10% Schwerbehinderung werden zusätzlich 5 Punkte gewährt.

§ 6 Härtefonds

Für besondere Härtefälle wird ein Härtefonds gebildet. Dieser dient dazu, in Notfällen die Abfindungssätze dieses Sozialplans aufzustocken bzw. Zuschüsse bei Betriebswechsel innerhalb des Gruppenbereiches zu leisten oder Leistungen zu gewähren für Härtefälle, die durch diese Vereinbarung nicht oder nicht ausreichend erfasst werden. Unterstützungen aus diesem Fonds werden längstens bis zum ▪▪▪ nach dem Ausscheiden der Arbeitnehmerin/des Arbeitnehmers im Einvernehmen mit dem Betriebsrat gezahlt.

§ 7 Mutterschutz

Kann einer Arbeitnehmerin, die bei Aufhebung ihres Arbeitsverhältnisses Leistungen nach dem Sozialplan beanspruchen könnte, aufgrund der Bestimmungen des Mutterschutzgesetzes nicht gekündigt werden, so bleiben ihr gleichwohl ihre Ansprüche auf Abfindung oder sonstige Leistungen nach diesem Sozialplan erhalten. Sie hat sich jedoch hierauf die Zahlung anrechnen zu lassen, die sie wegen ihres Zustandes als werdende Mutter ohne Arbeitsleistung erhalten hat.

§ 8 Änderung in den persönlichen Verhältnissen

Die Leistungsempfänger aus dieser Betriebsvereinbarung sind verpflichtet, jede tatsächliche Änderung in ihren persönlichen Verhältnissen, die Bedeutung für Leistungen nach dieser Betriebsvereinbarung haben, unverzüglich schriftlich dem Unternehmen mitzuteilen. Das Unternehmen behält sich vor, zu Unrecht bezogene Leistungen zurückzufordern. Hierüber wird der Betriebsrat informiert.

§ 9 Freistellung vor Ablaufen der Kündigungsfrist

(1) Gekündigte oder zu kündigende Arbeitnehmerinnen/Arbeitnehmer können bis zum Ablauf der Kündigungsfrist in Übereinstimmung mit der AG auf eigenen Wunsch von ihrer Arbeitsleistung freigestellt werden. Der Entgeltanspruch sowie sonstige Ansprüche aus dem Arbeitsverhältnis enden mit dem Zeitpunkt der vorzeitigen Freistellung von der Arbeitsleistung.

(2) Haben gekündigte oder zu kündigende Arbeitnehmerinnen/Arbeitnehmer kurzfristig einen neuen Arbeitsplatz gefunden, so soll dem Ersuchen auf Freistellung stattgegeben werden, es sei denn, dass zwingende betriebliche Gründe dem entgegenstehen. Über die Frage, ob zwingende betriebliche Gründe vorliegen, entscheidet die Sozialplankommission gemäß § 10.

§ 10 Sozialplankommission

Treten Meinungsverschiedenheiten bei der Auslegung oder Anwendung der Bestimmungen dieses Interessenausgleiches und dieses Sozialplans auf, so soll ein Gremium aus je drei von der AG und vom Betriebsrat benannten Vertretern darüber entscheiden. Ist eine Einigung nicht zu erzielen, so entscheidet eine Einigungsstelle in der gleichen Besetzung unter Hinzuziehung eines unparteiischen Vorsitzenden, der im Nichteinigungsfalle vom zuständigen Arbeitsgericht bestimmt wird.

§ 11 Schlussbestimmungen

(1) Gesetzlich und tariflich geregelte Leistungen, betriebsübliche Leistungen sowie individuell vertragliche Leistungen, auf die die Arbeitnehmerin/der Arbeitnehmer Anspruch hat, erhält die/der jeweilige von dieser Betriebsänderung durch Freistellung betroffene Arbeitnehmerin/Arbeitnehmer bis zum Zeitpunkt der Beendigung ihres/seines Arbeitsverhältnisses.

(2) Bei allen im Rahmen dieser Vereinbarung zu berechnenden Abfindungen und sonstigen Leistungen handelt es sich um Brutto-Beträge, die am Tage der Beendigung des Arbeitsverhältnisses, frühestens jedoch erst, wenn endgültig feststeht, dass das Arbeitsverhältnis durch den Aufhebungsvertrag bzw. die betriebsbedingte Kündigung wirksam beendet worden ist, fällig werden. Die Abrechnung und Auszahlung erfolgt unter Berücksichtigung der Steuerfreibeträge gemäß § 9 Nr. 3 EStG und unter Beachtung der Sozialversicherungsbestimmungen unter Einbehaltung der entsprechenden Abzüge im Rahmen der üblichen Entgeltabrechnung. Ansprüche hierauf können nicht abgetreten oder verpfändet werden.

Die AG wird durch Änderung der Gesetzes- oder Rechtslage nach In-Kraft-Treten dieser Betriebsvereinbarung nicht zu Leistungen im Rahmen des „Nettoausgleichs" verpflichtet, die dem Grunde oder der Höhe nach über den bisherigen Leistungsumfang hinausgehen.

(3) Arbeitnehmerinnen/Arbeitnehmer, die aufgrund von Tatsachen, die die AG zur Kündigung aus wichtigem Grund ohne Einhaltung einer Kündigungsfrist oder zur Kündigung aus verhaltensbedingten Gründen, die die/der Arbeitnehmerin/Arbeitnehmer zu vertreten hat, berechtigen oder Arbeitnehmerinnen/Arbeitnehmer, die aufgrund eigener, nicht durch die Betriebsänderung veranlasster Kündigung aus der AG ausscheiden, haben keinen Anspruch auf Abfindung.

(4) In andere Betriebe der Gruppe übernommene Arbeitnehmerinnen/Arbeitnehmer, denen bis zu zwei Jahren nach ihrer Übernahme auf ihrem Arbeitsplatz aus betriebsbedingten Gründen gekündigt wird, fallen unter die Bestimmungen dieses Sozialplans. Das Gleiche gilt für diejenigen Arbeitnehmerinnen/Arbeitnehmer, die in der AG verbleiben und deren Arbeitsverhältnis aufgrund einer betriebsbedingten Kündigung, die im Zusammenhang mit der vorstehend geregelten Betriebsänderung steht, bis zum ■■■ beendet wird.

(5) Diese Betriebsvereinbarung tritt mit Unterzeichnung durch die Betriebspartner in Kraft; sie endet spätestens am ■■■.

(6) Sollten einzelne Regelungen dieser Betriebsvereinbarung gegen gesetzliche Bestimmungen verstoßen und demzufolge nichtig sein, so bleibt die Wirksamkeit der übrigen Regelungen dieses Sozialplans davon unberührt.

Anlage 1: Abfindungstabelle zur Betriebsvereinbarung „Sozialplan"

Punktetabelle I		Punktetabelle II	
Berücksichtigung der Dauer der Betriebszugehörigkeit nach abgeleisteten Dienstjahren		Berücksichtigung des Lebensalters nach vollendeten Lebensjahren	
Jahre	Punkte	Alter (Jahre)	Punkte
01 +)	03	20	02
02 +)	05	21	04
03 ++)	07	22	06
04 ++)	09	23	08
05 +++)	11	24	10
06 +++)	14	25	12
07	17	26	14
08	19	27	16
09	22	28	18
10	24	29	20
11	27	30	22
12	30	31	24
13	33	32	26
14	36	33	28

Punktetabelle I	
Berücksichtigung der Dauer der Betriebszugehörigkeit nach abgeleisteten Dienstjahren	
15	39
16	42
17	45
18	48
19	51
20	55
21	58
22	61
23	64
24	67
25	70
26	73
27	76
28	79
29	82
30	85
31	88
32	91
33	94
34	97
35	100
36	103
37	106
38	109
39	112
40	115

Punktetabelle II	
Berücksichtigung des Lebensalters nach vollendeten Lebensjahren	
34	30
35	32
36	34
37	36
38	38
39	40
40	42
41	44
42	46
43	48
44	51
45	54
46	57
47	60
48	63
49	66
50	69
51	72
52	75
53	78
54	81

Bei den mit +) gekennzeichneten Dienstjahren werden aus der Punktetabelle II nicht 100 % der angegebenen Lebensalterspunkte angerechnet, sondern nur

+)   25 % der Lebensalterspunkte
++)   50 % der Lebensalterspunkte
+++)   75 % der Lebensalterspunkte.

Z.B.: Mitarbeiter scheidet nach dem 4. Dienstjahr und dem 40. Lebensjahr aus:

Tabelle I	9 Punkte
Tabelle II (50 % v. 42 Pkt.)	21 Punkte
Gesamtpunkte	30 Punkte

Für jedes unterhaltsberechtigte Kind und für je 10 % Schwerbehinderung werden zusätzlich je 5 Punkte gewährt.
Stichtag für die Berechnung der Punkte ist jeweils der Zeitpunkt der Beendigung des Arbeitsverhältnisses.

Anlage 2: Protokollnotiz zum Sozialplan der AG und dem Betriebsrat der AG vom ▬▬▬

In Ergänzung zu § 1 Abs. 4 des Sozialplans (hier: Staffelung des Zuschusses) gilt Folgendes:
Ziel des Mietzuschussgedankens soll sein, mindestens die Höhe des verfügbaren Nettoeinkommens zu gewährleisten, das eine/ein Arbeitnehmerin/Arbeitnehmer für ihre/seine bei der AG erbrachte Arbeitsleistung erzielt hat.

§ 5 Betriebsvereinbarungen

Anlage 2 a: Mietzuschussmodell

1996	Stadt N €		Stadt H	Mietzuschuss in %
brutto	2.006,82		2.408,18	
netto 65 %	1.303,79		1.564,55	
./. Miete	306,77		613,55	
Verfügbares Nettoeinkommen	997,01		951,00	
+ Mietzuschuss netto	–	+ netto	245,42	80 %
	997,01		1.196,42	

1997	Stadt N €		Stadt H	Mietzuschuss in %
brutto	2.129,53		2.528,33	
netto 65 %	1.370,26		1.643,80	
./. Miete	306,77		613,55	
Verfügbares Nettoeinkommen	1.063,48		1.028,89	
+ Mietzuschuss netto	–	+ netto	184,06	60 %
	1.063,48		1.214,31	

1998	Stadt N €		Stadt H	Mietzuschuss in %
brutto	2.236,90		2.653,60	
netto 65 %	1.454,62		1.725,61	
./. Miete	306,77		613,55	
Verfügbares Nettoeinkommen	1.147,85		1.112,05	
+ Mietzuschuss netto	–	+ netto	92,03	30 %
	1.147,85		1.204,09	

1999	Stadt N €		Stadt H	Mietzuschuss in %
brutto	2.349,38		2.786,54	
netto 65 %	1.526,20		1.809,97	
./. Miete	306,77		613,54	
Verfügbares Nettoeinkommen	1.219,43		1.196,42	
+ Mietzuschuss netto	–		entfällt	0 %
	1.219,43		1.196,42	

2000	Stadt N €		Stadt H	Mietzuschuss in %
brutto	2.466,98		2.924,58	
netto 65 %	1.602,90		1.902,00	
./. Miete	306,77		613,54	
Verfügbares Nettoeinkommen	1.296,00		1.288,45	
+ Mietzuschuss netto	–		entfällt	0 %
	1.296,00		1.288,45	

Kapitel 3: Interessenausgleichsvereinbarungen und Sozialpläne

	Stadt N		Stadt H	Mietzuschuss in %
2001	€			
brutto	2.589,69		3.070,30	
netto 65 %	1.684,70		1.996,59	
./. Miete	306,77		613,55	
Verfügbares Nettoeinkommen + Mietzuschuss netto	–		entfällt	0 %
	1.377,93		1.383,04	

Anlage 3: Protokollnotiz zum Sozialplan der AG und dem Betriebsrat der AG vom ▬▬▬

Der Sozialplan wird wie folgt ergänzt:

Ältere Arbeitnehmer, die nach dem vollendeten 55. Lebensjahr aufgrund eines Aufhebungsvertrages (55/11er-Regelung) vorzeitig aus dem Unternehmen ausscheiden, erhalten die Jahre nach Beendigung ihres Arbeitsverhältnisses bis zur Vollendung des 60. Lebensjahres, maximal jedoch drei Jahre, zu Gunsten ihrer betrieblichen Altersversorgung angerechnet.

Anlage 4: Protokollnotiz zum Sozialplan der AG und dem Betriebsrat der AG vom ▬▬▬

Freitrunk

Die AG gewährt den Arbeitnehmern, die zum Zeitpunkt der Beendigung des Arbeitsverhältnisses das 55. Lebensjahr (55/11er-Regelung) vollendet haben, Freitrunk in Höhe der für Rentner der AG betrieblichen Menge.

Anlage 5: Protokollnotiz zum Sozialplan der AG und dem Betriebsrat der AG vom ▬▬▬

Härtefond

Bei Arbeitnehmern, die ein Entgelt über der Bew.Gr. IX beziehen, wird der übersteigende Betrag ebenfalls in die Berechnung einbezogen.

Zum Ausgleich sozialer Härten wird ein Betrag in Höhe von 30.677,51 EUR bereitgestellt; Auszahlungen aus diesem Fond unterliegen dem einstimmigen Entscheid der Sozialplankommission.

Arbeitnehmer, die zum Zeitpunkt der Beendigung des Arbeitsverhältnisses im Zusammenhang mit diesem Interessenausgleich mindestens 9 Jahre und 6 Monate bei der AG beschäftigt waren, werden als Dienstzeit 10 Jahre für die betriebliche Altersversorgung angerechnet. Dies gilt nur für das Erreichen der Unverfallbarkeitsvoraussetzungen gemäß Betriebsrentengesetz (Vollendung des 35. Lebensjahres und mindestens 10 Jahre Bestand einer Versorgungszusage).

Arbeitnehmer, die selbst kündigen, brauchen das Weihnachtsgeld nicht zurückzuzahlen.

Anlage 6: Protokollnotiz zum Sozialplan der AG und dem Betriebsrat der AG vom ▬▬▬

Berechnungsgrundlage für Abfindungen

Im Hinblick auf das tarifliche Entgeltniveau wird in Ergänzung des § 5 Abs. 6 des Sozialplans folgende Sonderregelung getroffen:

Das sich gemäß der Bestimmung des § 5 Abs. 6 des Sozialplans ergebende zuletzt bezogene Brutto-Monatsentgelt wird pauschal zum Ausgleich des Lohn- und Gehaltsgefüges um den Faktor 25 % erhöht; dies gilt für alle Mitarbeiterinnen/Mitarbeiter, deren Abfindung sich nach der Punktetabelle (Anlage 1) bemisst.

Die Vertragsparteien sind sich darüber einig, dass die vorstehende Regelung im Hinblick auf die Sondersituation bei der AG vereinbart worden ist und keinerlei präjudizierende Wirkung im Hinblick auf zukünftige Sozialpläne innerhalb der Gruppe oder interne oder externe Forderungen im Entgeltbereich hat.

6. Muster: Insolvenzsozialplan, Spruch der Einigungsstelle

In dem Einigungsstellenverfahren zwischen

Rechtsanwalt ■■■, handelnd in seiner Eigenschaft als Insolvenzverwalter über das Vermögen der Firma ■■■

– nachstehend: Arbeitgeber –

und

dem Betriebsrat der Firma ■■■

– nachstehend: Betriebsrat –

wird durch Spruch der Einigungsstelle vom ■■■ das Nachfolgende entschieden:

Präambel

Über das Vermögen der Firma ■■■ (Gemeinschuldnerin) ist durch Beschluss des Amtsgerichts ■■■, Aktenzeichen ■■■, ein Insolvenzverfahren eröffnet worden; Herr Rechtsanwalt ■■■ ist zum Insolvenzverwalter bestellt worden.

Der Geschäftsbetrieb der Gemeinschuldnerin ist zum ■■■ eingestellt worden; das Gemeinschuldnerunternehmen ist zu liquidieren. Im Zuge der Liquidation ist sämtlichen Arbeitnehmerinnen und Arbeitnehmern eine ordentliche Kündigung ausgesprochen worden.

Zwischen den Parteien besteht Einigkeit darüber, dass es sich bei der Betriebsschließung und der Kündigung sämtlicher Arbeitsverhältnisse um sozialplanpflichtige Maßnahmen handelt.

Ergänzend wird auf den Interessenausgleich verwiesen.

§ 1 Persönlicher Geltungsbereich

In den Geltungsbereich dieses Sozialplans fallen alle Arbeitnehmerinnen und Arbeitnehmer der Gemeinschuldnerin i.S.d. § 5 BetrVG, die sich am ■■■ (Stichtag) in einem ungekündigten Arbeitsverhältnis befunden haben. Personen i.S.d. § 5 Abs. 2 bis 4 BetrVG, Auszubildende, Praktikanten, am Stichtag noch nicht mehr als sechs Monate Beschäftigte, Arbeitnehmer mit befristeten Arbeitsverhältnissen und geringfügig Beschäftigte nehmen am Sozialplan nicht teil.

Arbeitnehmerinnen und Arbeitnehmer, die nach dem Stichtag verstorben sind, werden im Sozialplan berücksichtigt; in diesem Fall ist die Sozialplanforderung an die durch Erbschein legitimierten Erben (ggf. Ehemann/Ehefrau und leibliche Erben bis zweites Glied) auszuzahlen.

§ 2 Insolvenzbedingte Hinweise

Nach § 123 Insolvenzordnung (InsO) darf das Gesamtvolumen des Sozialplans den 2,5fachen Monatsverdienst (§ 10 Abs. 3 KSchG) aller betroffenen Arbeitnehmerinnen und Arbeitnehmer nicht überschreiten. Weiterhin darf von der an Insolvenzgläubiger auszuschüttenden Masse nicht mehr als 1/3 auf Sozialplanansprüche gezahlt werden.

Die Sozialplanansprüche der Arbeitnehmerinnen und Arbeitnehmer stellen Masseverbindlichkeiten gemäß § 123 Abs. 2 Satz 1 InsO dar und sind von den Arbeitnehmerinnen und Arbeitnehmern individuell zur Insolvenztabelle beim Insolvenzverwalter ■■■ anzumelden.

Zwischen den Parteien besteht Einigkeit darüber, dass derzeit nicht feststeht, ob Sozialplanansprüche befriedigt werden können.

§ 3 Gesamtvolumen des Sozialplans

Das Gesamtvolumen des Sozialplans wird auf ■■■ EUR (in Worten: ■■■ EUR) festgesetzt.

§ 4 Berechnung der Sozialplanansprüche

Die Sozialplanansprüche der Arbeitnehmerinnen und Arbeitnehmer werden nach einem Punktsystem berechnet. Die folgenden Merkmale, die für jede Arbeitnehmerin/jeden Arbeitnehmer individuell zu überprüfen sind, werden mit den angegebenen Punkten, die zu addieren sind, berücksichtigt:

(1) Betriebszugehörigkeit

Für jedes am Stichtag vollendete Jahr einer Betriebszugehörigkeit: 3 Punkte

Unterbrechungen der Betriebszugehörigkeit von weniger als sechs Monaten bleiben unberücksichtigt, d.h. die vor der Unterbrechung liegenden Zeiten der Betriebszugehörigkeit werden mitberechnet. Bei Unterbrechungen von mehr als sechs Monaten wird nur die Zeit nach der Unterbrechung berücksichtigt.

Es werden nur volle Jahre berechnet.

(2) Lebensalter

Bis 30 Jahre am Stichtag	5 Punkte
Bis 40 Jahre am Stichtag	10 Punkte
Bis 50 Jahre am Stichtag	15 Punkte
Über 50 Jahre am Stichtag	20 Punkte

(3) Kinder

Für jedes am Stichtag tatsächlich auf der Lohnsteuerkarte eingetragene Kind: 2 Punkte

Bei anteilig auf der Lohnsteuerkarte eingetragenen Kindern werden die Punkte im entsprechenden Anteil berücksichtigt.[236]

(4) Schwerbehinderte/Gleichgestellte

Am Stichtag rechtskräftig beschiedene Schwerbehinderte und Gleichgestellte erhalten zusätzlich ▬▬▬ EUR pro Kopf (Härtefond).

(5) Teilzeitbeschäftigte

Die Punkte, die für am Stichtag mindestens seit sechs Monaten in Teilzeit beschäftigte Arbeitnehmerinnen/Arbeitnehmer ermittelt wurden, werden mit dem Teilzeitgrad (z.B. 50%) multipliziert.

§ 5 Ermittlung des Punktwertes in EUR

Der Wert des Einzelpunktes in EUR wird nach der folgenden Formel errechnet:

▬▬▬ EUR = Sozialplanvolumen abzgl. ▬▬▬ EUR = Härtefond/▬▬▬ Punkte

Der Punktwert beträgt danach ▬▬▬ EUR.

§ 6 Ermittlung der Sozialplanansprüche in EUR

Die zur Insolvenztabelle anzumeldenden Sozialplanansprüche der Arbeitnehmerinnen/Arbeitnehmer ergeben sich aus einer Multiplikation der individuellen Punkte gemäß § 4 dieser Vereinbarung mit dem Einzelpunktwert gemäß § 5 dieser Vereinbarung.

Der Höchstbetrag der Einzelabfindungen beträgt ▬▬▬ EUR. Ergeben sich aus der Multiplikation der Punktwerte der einzelnen Arbeitnehmerinnen/Arbeitnehmer höhere Abfindungsbeträge als ▬▬▬ EUR, wird die Differenz dem Härtefond zugeführt.

§ 7 Steuerhinweis/Anrechnungsklausel

Bei den Abfindungen handelt es sich um Abfindungen gemäß §§ 9, 10 KSchG, § 3 Nr. 9 EStG. Etwa vom Gericht festgesetzte Abfindungen oder Vergleichsbeträge werden auf Ansprüche aus diesem Sozialplan angerechnet.

§ 8 Schlussbestimmungen

Der Arbeitgeber wird allen am Sozialplan teilnehmenden Arbeitnehmerinnen und Arbeitnehmern mitteilen, welcher Sozialplananspruch sich nach dieser Vereinbarung ergibt.

Der Betriebsrat erstellt eine Liste, in der alle Arbeitnehmerinnen und Arbeitnehmer, die am Sozialplan teilnehmen, mit den für sie ermittelten individuellen Punkten und dem sich daraus ergebenden Sozialplananspruch aufgeführt werden. Die Liste wird als Anlage zu dieser Vereinbarung genommen werden.

§ 9 Salvatorische Klausel

Sollte eine Regelung in dieser Vereinbarung unwirksam sein oder werden oder sollte diese Vereinbarung eine von den Parteien nicht bedachte Lücke aufweisen, so gilt zwischen den Parteien diejenige Regelung als vereinbart, die der unwirksamen Klausel in ihrem wirtschaftlichen Gehalt so weit wie möglich entspricht bzw. die die Lücke so ausfüllt, dass das wirtschaftliche Gepräge dieser Vereinbarung erhalten bleibt.

---

[236] Aus Gründen der Rechtssicherheit wird davon abgeraten, die Unterhaltspflichten allein aus der Lohnsteuerkarte zu entnehmen. Die neuere Rechtsprechung geht von einer über die Lohnsteuerkarte hinausgehenden Erkundigungspflicht des Arbeitgebers aus; wegen Einzelheiten siehe § 5 Rn 162.

7. Muster: Outsourcing von Handwerkern einer Wohnungsbaugesellschaft[237]

Zwischen
der Firma ▪▪▪

– nachstehend: Firma –

und
dem Betriebsrat der Firma ▪▪▪

– nachstehend: Betriebsrat –

wird folgender Sozialplan vereinbart:

§ 1
Der Sozialplan gilt für alle unter das Betriebsverfassungsgesetz fallenden Mitarbeiter/innen der Firma, die am ▪▪▪ in einem ungekündigten Arbeitsverhältnis stehen und die aus den in der Präambel des Interessenausgleichs niedergelegten Gründen entlassen werden.

§ 2
Mitarbeiter/innen, denen aus personen- oder verhaltensbedingten Gründen gekündigt wird, erhalten keine Leistungen aus dem Sozialplan.

§ 3
Ausscheidende Mitarbeiter/innen erhalten als Entschädigung für den Verlust ihres Arbeitsplatzes eine Abfindung i.S.d. §§ 9 und 10 KSchG. Die Abfindung wird im Monat des Ausscheidens unter Beachtung der steuer- und sozialversicherungsrechtlichen Vorschriften ausgezahlt.

§ 4
Soweit in einem arbeitsgerichtlichen Verfahren eine höhere als in diesem Sozialplan vereinbarte Abfindung festgesetzt wird, wird die Sozialplan-Abfindung entsprechend angerechnet.

In der Sozialplanabfindung ist eine Abfindung, die auf einer anderen rechtlichen Grundlage basiert, enthalten.

Bis zum Abschluss eines Rechtsstreits werden keine Leistungen nach dem Sozialplan ausgezahlt.

Wird ein Rechtsstreit durch die Arbeitnehmer/innen anhängig gemacht, nachdem die Abfindung bereits ausgezahlt worden ist, so ist diese mit Einreichung der Klage zur Rückzahlung fällig.

§ 5
Stirbt die/der aus diesem Sozialplan Anspruchsberechtigte, so geht der Anspruch nach § 1922 BGB auf den Ehegatten bzw. die Erbberechtigten erster Ordnung über.

§ 6
Die Abfindung nach diesem Sozialplan beträgt

Lebensalter x Betriebszugehörigkeit x Monatsentgelt/85

Als Lebensalter gilt das im Jahre ▪▪▪ vollendete Lebensjahr.

Als Betriebszugehörigkeit gilt das am ▪▪▪ vollendete Dienstjahr. Der Beginn der Betriebszugehörigkeit für jede/jeden Mitarbeiter ergibt sich aus der Anlage 1 des Sozialplans.

Als Monatsentgelt gilt das Bruttomonatsgehalt, das sich aus der Lohnbescheinigung ▪▪▪ ergibt.

§ 7
Meinungsverschiedenheiten bei der Anwendung des Sozialplans werden von der Firma und dem Betriebsrat mit dem ernsten Willen zur Einigung beraten.

§ 8
Der Sozialplan tritt am ▪▪▪ in Kraft und endet am ▪▪▪.

Lediglich für die Zivildienstleistenden, deren Arbeitsplatz durch diese betriebliche Umstrukturierung ebenfalls in Fortfall geraten ist, jedoch aufgrund ihres besonderen Kündigungsschutzes erst im Jahre ▪▪▪ die Kündigung ausgehändigt erhalten, gilt der Sozialplan fort.

Der Sozialplan kann im Bedarfsfall einvernehmlich längstens bis zum ▪▪▪ verlängert werden.

---

[237] Dieser Text ist das Pendant zu Muster 5630.

8. Muster: Teilbetriebsveräußerung, Verschmelzung und Betriebsstättenverlegung

Zwischen

der Geschäftsführung der R-■■■ GmbH

– nachstehend: R –

in Vollmacht und Vertretung zugleich für die ■■■ GmbH

und

der Arbeitsgemeinschaft der Betriebsräte der R in Vollmacht und Vertretung der Einzelbetriebsräte der o.g. Gesellschaft

wird gemäß § 112 BetrVG folgender Sozialplan geschlossen:

§ 1

Der Sozialplan wird zum Ausgleich bzw. zur Milderung von wirtschaftlichen Nachteilen geschlossen, die den Arbeitnehmerinnen und Arbeitnehmern durch die Umsetzung der strukturellen Konzeptionen gemäß Interessenausgleich vom ■■■[238] entstehen, sowie durch alle sonstigen betriebsbedingten Kündigungen im Rahmen der Laufzeit dieses Sozialplans (gemäß Punkt ■■■ des Interessenausgleichs vom ■■■).

§ 2

Dieser Sozialplan gilt – gemäß dem im Interessenausgleich vom ■■■ festgelegten räumlichen Geltungsbereich – für alle Arbeitnehmer/innen und Auszubildende, die in einem ungekündigten Arbeitsverhältnis stehen und aufgrund ihrer Betriebszugehörigkeit unter die Regelungen des § 1 KSchG fallen. Ausgenommen sind hiervon jedoch die leitenden Angestellten gemäß § 5 BetrVG, die gemäß Anlage zwischen Geschäftsführung und Arbeitsgemeinschaft festgelegt worden sind.

Für Arbeitnehmer/innen, deren Arbeitsverhältnisse aus Anlass des Mutterschutzes, der Elternzeit, des Wehr- und Ersatzdienstes ruhen (BEEG, ArbPlSchG), gelten die Bestimmungen dieses Sozialplans entsprechend, es sei denn, dass eine Weiterbeschäftigung erfolgt. Die betroffenen Arbeitnehmer/innen erhalten eine Abfindung, wie sie sich zum Zeitpunkt des individuellen Ausscheidens, jedoch maximal bis zum Ende der Laufzeit des Sozialplans errechnet.

§ 3

Der Arbeitgeber verpflichtet sich, nach Möglichkeit Arbeitsplätze für die Arbeitnehmer/innen innerhalb der Wärmetechnik oder anderer Sparten zu vermitteln. Die Zumutbarkeit eines neuen Arbeitsplatzes muss in funktioneller, wirtschaftlicher und räumlicher Hinsicht gegeben sein.

(1) Funktionelle Zumutbarkeit

Diese ist gegeben, wenn die Anforderungen des Arbeitsplatzes der Qualifikation (z.B. Ausbildung, Erfahrung, bisherige Tätigkeit) der Arbeitnehmerin/Arbeitnehmers entsprechen oder wenn diese/dieser die notwendige Qualifikation durch eine vom Unternehmen angebotene Umschulungsmaßnahme erwerben kann.

(2) Wirtschaftliche Zumutbarkeit

Die Zumutbarkeit aus wirtschaftlichen Aspekten ist gegeben, wenn die Arbeitnehmerin/der Arbeitnehmer ihre/seine bisherige tarifliche Eingruppierung oder – bei einem Wechsel – eine dieser bisherigen Eingruppierung vergleichbare tarifliche Eingruppierung behält und die bisherige effektive Entlohnung (Bruttojahreseinkommen) bei vergleichbarer Arbeitszeit in vergleichbarer Höhe weiterbesteht.

(3) Räumliche Zumutbarkeit

Diese Zumutbarkeit ist gegeben, wenn der neue Arbeitsplatz in einer Entfernung von 50 km vom Wohnort mit öffentlichen Verkehrsmitteln von der betroffenen Arbeitnehmerin/vom betroffenen Arbeitnehmer erreicht werden kann. Arbeitnehmer/innen, deren Fahrtweg sich aufgrund der erforderlichen Maßnahmen um mehr als 5 Entfernungskilometer verlängert, erhalten für die Strecke, die über der zumutbaren Fahrtwegverlängerung von 5 km liegt, einen Ausgleich, der sie wie folgt errechnet:

zusätzliche Entfernungskilometer – 5 km x 0,33 EUR x 20 Arbeitstage.

Dieser Ausgleich wird in Form einer monatlichen Nettozahlung gewährt. Der Arbeitgeber übernimmt dabei die Pauschalversteuerung. Diese Zahlung setzt im Folgemonat nach der erfolgten Maßnahme ein und endet nach 18 Monaten. Diese Regelung gilt nicht für Arbeitnehmer/innen, die über ein Firmenfahrzeug verfügen.

---

[238] Siehe Muster 5645 § 5 Rn 240.

(4) Arbeitnehmer/innen, denen neue Arbeitsplätze durch den Arbeitgeber angeboten werden, erhalten diese Angebote schriftlich unter Angabe der Tätigkeit, der tariflichen Eingruppierung sowie sonstiger tarifvertraglicher Entlohnungsgrundsätze.

(5) Nimmt eine Arbeitnehmerin/ein Arbeitnehmer einen zumutbaren Arbeitsplatz ausdrücklich an und stellt sich innerhalb eines Zeitraumes von vier Monaten heraus, dass der Arbeitsplatz nicht geeignet oder doch nicht zumutbar ist, tritt in diesem Fall die Abfindungsregelung gemäß § 6 dieser Vereinbarung in Kraft.

(6) Arbeitnehmer/innen, die einen zumutbaren Arbeitsplatz gemäß der Abs. 1 bis 4 ablehnen, erhalten keine Abfindung.

(7) Ist die Versetzung mit einer erforderlichen Umschulung verbunden, erhält die Arbeitnehmerin/der Arbeitnehmer für die Dauer der Maßnahme ihr/sein vereinbartes monatliches Gehalt bzw. ihren/seinen Lohn weiter. Die aus Anlass der Umschulung ursächlich erforderlichen Kosten trägt das Unternehmen. Die Erforderlichkeit wird vom Arbeitgeber und der Arbeitsgemeinschaft gemeinsam festgelegt.

Eine erforderliche Umschulung ist ohne Minderung des Monatsentgeltes und während der regelmäßigen Arbeitszeit durchzuführen, soweit nicht die Umschulung aus zwingenden Gründen außerhalb der Arbeitszeit durchgeführt werden muss. Für die außerhalb der Arbeitszeit aufgewendete Zeit erhält die Arbeitnehmerin/der Arbeitnehmer einen Freizeitausgleich.

(8) Bei Vermittlung von Mitarbeiterinnen/Mitarbeitern in andere Unternehmensbereiche des Konzerns erfolgt die Einstellung zu den dort üblichen Konditionen bei Anerkennung der Betriebszugehörigkeit und ohne neue Probezeit. Bei daraus resultierenden Minderungen der Bezüge erfolgt in Abstimmung mit der Arbeitsgemeinschaft der Betriebsräte der abgebenden Gesellschaft ein Ausgleich.

§ 4

Ist ein Wechsel notwendigerweise mit einem Umzug verbunden, so trägt die R die dafür anfallenden Aufwendungen gegen Kostennachweis bis zu einer maximalen Höhe von 2.500 EUR.

(1) Für erhöhte Mietaufwendungen wird in Höhe der nachzuweisenden Differenz der Miete am neuen Wohnort zur bisherigen Miete für gleiche Quadratmeterzahl bei gleicher Qualität ein Ausgleich für ein halbes Jahr gezahlt.

(2) Soweit eine Wohnung nicht umgehend gefunden wird, beteiligt sich R anteilig an den Kosten für ein möbliertes Appartement bis zu einem Zeitraum von sechs Monaten. Für den gleichen Zeitraum erstattet das Unternehmen dem Arbeitnehmer die Kosten für eine Heimfahrt im 14-tägigen Rhythmus mit öffentlichen Verkehrsmitteln (ausgenommen bei Firmenfahrzeugen).

(3) Kann das Mietverhältnis am bisherigen Wohnort nicht rechtzeitig gekündigt werden oder muss die Arbeitnehmerin/der Arbeitnehmer für die neue Wohnung Miete zahlen, während sie/er sie noch nicht bewohnen kann, so erstattet R die Miete für die leer stehende Wohnung maximal bis zur Höhe der Mietkosten der Ausgangswohnung für längstens einen Monat. Die Erstattung der Doppelmiete entfällt, falls die Arbeitnehmerin/der Arbeitnehmer die Wohnung einem Dritten überlässt.

(4) Die unter den Abs. 1 bis 3 genannten Zahlungen sind Bruttozahlungen, soweit sie nicht gemäß der Einkommensteuerrichtlinien bzw. des Bundesumzugskostengesetzes steuerfrei gezahlt werden können.

§ 5

Sofern sich nach der Versetzung, jedoch innerhalb der Laufzeit des Sozialplans eine Auflösung des Arbeitsverhältnisses ergibt, die die Arbeitnehmerin/der Arbeitnehmer nicht zu vertreten hat, hat die Arbeitnehmerin/der Arbeitnehmer Anspruch auf die Leistungen dieses Sozialplans bei Kündigungen, ausgenommen hiervon ist der Fall der außerordentlichen Kündigung.

§ 6

Arbeitnehmer/innen, bei denen die Beendigung des Arbeitsverhältnisses durch eine betriebsbedingte Kündigung erfolgt und denen kein neuer, zumutbarer Arbeitsplatz angeboten werden kann, erhalten für den Verlust des Arbeitsplatzes und zur Milderung der damit verbundenen Härte eine Abfindung, die nach Maßgabe der folgenden Bestimmungen gezahlt wird:

(1) Auf Basis des Kündigungsschutzgesetzes erhält jede/jeder ausscheidende Arbeitnehmerin/Arbeitnehmer, die/der zu dem in § 2 genannten Personenkreis gehört, eine Abfindung. Als Mindestbetrag wird eine Abfindungszahlung in Höhe von 50% eines Bruttomonatseinkommens pro Dienstjahr gezahlt.

Der Abfindungsbetrag wird unter Berücksichtigung der in Abs. 2 definierten Obergrenzen grundsätzlich nach folgender Formel berechnet:

$$\text{Dienstjahre} \times \text{Lebensalter}/60 \times \text{Bruttojahreseinkommen}/12$$

wobei

Lebensalter = erreichte vollendete Jahre; angefangene Jahre werden aufgerundet (Beispiel: 48,3 = 49).

Bruttojahreseinkommen = Steuerpflichtiges Einkommen des Kalendervorjahres, das sind im Wesentlichen: Effektivgehalt/-lohn zzgl. Urlaubsgeld, Weihnachtsgeld, Mehrarbeit inclusive aller Zuschläge, Akkordzuschläge, Verkaufsprovisionen und aller steuerpflichtigen Sachbezugswerte.

Außertarifliche und -vertragliche einmalige Sonderzahlungen, wie z.B. einmalige erfolgsabhängige Prämien und Tantiemen, bleiben außer Ansatz. Ob und in welcher Höhe ein Grundbetrag für das Bruttojahreseinkommen Berücksichtigung findet, wird im Einzelfall mit der Arbeitsgemeinschaft der Betriebsräte abgestimmt.

(2) Als Beschäftigungszeit gilt die bei R verbrachte Dienstzeit vom Eintritt in das Unternehmen bis zum Ablauf der persönlichen Kündigungsfrist.

Von R anerkannte Dienstjahre finden ebenfalls Berücksichtigung.

Angefangene Jahre werden auf volle Jahre aufgerundet.

Der maximale Abfindungsbetrag wird grundsätzlich auf das 20fache eines Bruttomonatseinkommens begrenzt.

Weiterhin wird die Abfindungssumme

a) bei Mitarbeiterinnen/Mitarbeitern bis zum vollendeten 50. Lebensjahr auf eine Obergrenze von 75 % des Bruttomonatseinkommens x Dienstjahre

b) und bei Mitarbeiterinnen/Mitarbeitern ab dem 50. Lebensjahr auf eine Obergrenze von 85 % des Bruttomonatseinkommens x Dienstjahre

begrenzt.

(3) Zusätzlich zu dem als Abfindung ermittelten Sockelbetrag werden – soweit zutreffend – folgende Zuschläge gewährt:

Für jedes unterhaltspflichtige Kind, das auf der Lohnsteuerkarte der Arbeitnehmerin/des Arbeitnehmers als Kinderfreibetrag eingetragen ist: 750 EUR (Beispiel: 1,5 Kinder = 1.125 EUR)[239]

Für Schwerbehinderte oder Gleichgestellte: 2.000 EUR

Sofern die Kündigung nach dem 30.9. wirksam wird, werden Urlaub und Urlaubsgeld sowie das anteilige 13. Monatseinkommen in voller Höhe angewandt. In allen anderen Fällen gelten die tarifvertraglichen Bestimmungen bzw. es werden die Leistungen pro rata gezahlt.

Vermögenswirksame Leistungen werden bis zum Ende des Arbeitsverhältnisses weiter erstattet.

Alle Mitarbeiter/innen, die im Jahre ■■■ nach ihrem Ausscheiden ein Dienstjubiläum begehen würden, erhalten eine Jubiläumszuwendung in betriebsüblicher Höhe.

Gewährte Wohnungsbau-Darlehen an Mitarbeiter/innen werden entsprechend der Betriebsvereinbarung behandelt (Rückzahlung innerhalb eines Jahres, ausgenommen Härtefälle, die zwischen der Geschäftsführung und der Arbeitsgemeinschaft geregelt werden).

(4) Für besondere, noch nicht erkennbare Härtefälle wird ein Fonds gebildet. Dessen Höhe und Ausschüttungsmodalitäten werden von Geschäftsführung und der Arbeitsgemeinschaft vor Abschluss des Sozialplans gemeinsam und einvernehmlich festgelegt. Ebenso werden die Entscheidungen im Einzelfall von der Geschäftsführung und der Arbeitsgemeinschaft gemeinsam und einvernehmlich getroffen.

§ 7

Die nach diesem Sozialplan gezahlten Beträge sind Abfindungen gemäß § 10 KSchG und werden im Rahmen der Möglichkeiten des § 3 Nr. 9 EStG steuerfrei gezahlt. Wird der Steuerfreibetrag überschritten, so gilt gemäß § 34 EStG der halbe Steuersatz.

§ 8

Die Abfindung wird mit der letzten Lohn- bzw. Gehaltsabrechnung fällig.

---

[239] Aus Gründen der Rechtssicherheit wird davon abgeraten, die Unterhaltspflichten allein aus der Lohnsteuerkarte zu entnehmen. Die neuere Rechtsprechung geht von einer über die Lohnsteuerkarte hinausgehenden Erkundigungspflicht des Arbeitgebers aus; wegen Einzelheiten siehe § 5 Rn 162.

§ 9
Sollte eine Arbeitnehmerin/ein Arbeitnehmer vor dem endgültigen Ausscheiden aus dem Unternehmen versterben, erhalten die Erbberechtigten die errechnete Abfindung in voller Höhe entsprechend den steuerlichen Richtlinien.

§ 10
Den betroffenen Arbeitnehmerinnen/Arbeitnehmern wird zur Bewerbung um einen neuen Arbeitsplatz die erforderliche Freizeit ohne Verdienstminderung gewährt. R verpflichtet sich, Arbeitnehmerinnen/Arbeitnehmern, die einen neuen Arbeitsplatz gefunden haben, den Arbeitsplatzwechsel ohne Einhaltung der Kündigungsfrist zu ermöglichen. Die Leistungen nach dem Sozialplan bleiben davon unberührt.

§ 11
Die Arbeitnehmer/innen haben Anspruch auf Erteilung eines Zeugnisses/Zwischenzeugnisses, das Auskunft über die ausgeübte Tätigkeit gibt und sich auf Wunsch der Arbeitnehmerin/des Arbeitnehmers auch auf die Beurteilung von Führung und Leistung erstreckt. Die gespeicherten Personaldaten werden – gemäß Bundesdatenschutzgesetz – nach Ablauf der gesetzlichen Fristen gelöscht.

§ 12
Geschäftsführung und die Arbeitsgemeinschaft der Betriebsräte R werden stets gemeinsam die Umsetzung sämtlicher personeller Maßnahmen begleiten.

Das Personalwesen stellt diesbezüglich alle notwendigen Unterlagen
- Anzahl und Benennung der ausscheidenden und versetzten Arbeitnehmer/innen
- Art der Weiterbeschäftigung der versetzten Arbeitnehmer/innen
- durchgeführte Umschulungsmaßnahmen etc.

§ 13
Dieser Sozialplan tritt mit Wirkung zum ▬▬▬ in Kraft und endet gemäß Interessenausgleich vom ▬▬▬ (s. § ▬▬▬ des Interessenausgleichs).

9. Muster: Personalabbau[240]

Zwischen

der Firma ▬▬▬

und

dem Betriebsrat der Firma ▬▬▬

wird folgender Sozialplan vereinbart:

§ 1 Geltungsbereich
(1) Leistungen nach den Bestimmungen dieses Sozialplans erhalten Mitarbeiter und Mitarbeiterinnen der Firma, die am ▬▬▬ in einem unbefristeten Arbeitsverhältnis zur Firma standen und deren Arbeitsplatz von den Betriebsänderungen, die im Interessenausgleich unter § 1 verhandelt wurden, betroffen sind.

Die im Rahmen der Durchführung personeller Einzelmaßnahmen zu wahrenden Rechte des Betriebsrats bleiben von dieser Betriebsvereinbarung unberührt.

(2) Leistungen nach den Bestimmungen dieser Vereinbarung erhalten auch diejenigen Mitarbeiter/innen, die im Rahmen der vorgesehenen Maßnahmen auf Veranlassung der Firma oder erkennbar aufgrund der von der Firma geplanten Maßnahmen auf eigenen Wunsch nach dem ▬▬▬ bei der Firma ausgeschieden sind.

(3) Keine Leistungen nach dieser Vereinbarung erhalten:

a) Mitarbeiter/innen, bei denen die Voraussetzungen für die Inanspruchnahme des Altersruhegelds aus der gesetzlichen Rentenversicherung bestehen;

b) Mitarbeiter/innen, die wegen Erwerbsunfähigkeit aus den Diensten der Firma ausscheiden;

c) Mitarbeiter/innen, denen von der Firma unter Beachtung von § 102 BetrVG aus einem personen- oder verhaltensbedingten Grund fristlos oder fristgerecht gekündigt wird.

---

240 Dieser Text ist das Pendant zu Muster 5635.

§ 2 Sonstige allgemeine Bestimmungen

(1) Für Kündigungen, Aufhebungsvereinbarungen und Abwicklungsverträge gilt die vertragliche Kündigungsfrist, soweit nicht der Mitarbeiter/die Mitarbeiterin auf die Einhaltung der Kündigungsfrist bei einer Aufhebungsvereinbarung verzichtet. Besteht keine vertragliche Kündigungsfrist, ist die gesetzliche Kündigungsfrist einzuhalten.

(2) Die über die Abfindungsregelung ausscheidenden Mitarbeiter/innen erhalten zur Suche eines neuen Arbeitsplatzes eine angemessen bezahlte Freistellung von der Arbeit. Falls dem Mitarbeiter/der Mitarbeiterin durch Vorstellung bei einem neuen Arbeitgeber Kosten entstehen, die durch diesen nicht übernommen werden, können die nachgewiesenen Aufwendungen von der Firma getragen werden.

(3) Die Firma verzichtet auf die Einhaltung der Kündigungsfrist, wenn der Mitarbeiter/die Mitarbeiterin dies im Hinblick auf die Aufnahme einer anderweitigen Tätigkeit wünscht.

(4) Stichtag für die Ermittlung und Berechnung von Leistungen aus dieser Betriebsvereinbarung ist der letzte Tag des Arbeitsverhältnisses des jeweiligen Mitarbeiters/der jeweiligen Mitarbeiterin.

(5) Die von der Firma nach dieser Vereinbarung zu zahlenden Abfindungen sind innerhalb eines Monats nach dem Ausscheiden des Mitarbeiters/der Mitarbeiterin fällig. Abweichend hiervon werden die in dieser Betriebsvereinbarung begründeten Leistungen für Mitarbeiter/innen, die eine Kündigungsschutzklage erheben, erst innerhalb eines Monats nach rechtskräftigem Abschluss des Kündigungsschutzverfahrens fällig. Eine im Rahmen des Kündigungsschutzverfahrens festgesetzte oder vereinbarte Abfindung wird auf die Leistungen aus dieser Vereinbarung angerechnet.

(6) Soweit auf Leistungen aus dieser Betriebsvereinbarung Steuer- und Sozialversicherungsbeiträge zu entrichten sind, sind sie unter Beachtung zwingender gesetzlicher Vorschriften vom Mitarbeiter/von der Mitarbeiterin zu tragen.

(7) Solange der Mitarbeiter/die Mitarbeiterin noch in einem Arbeitsverhältnis zur Firma steht, kann die Firma eine Freistellung unter Fortzahlung der Bezüge aussprechen, um dem Mitarbeiter/der Mitarbeiterin Gelegenheit zur Teilnahme an einer Qualifizierungsmaßnahme der Agentur für Arbeit oder sonstiger Stellen zu ermöglichen.

§ 3 Abfindungen

(1) Mitarbeiter/innen i.S.v. § 1 Abs. 2, die nach dem ▪▪▪ durch Eigenkündigung oder in sonstiger Weise vorzeitig aus dem Arbeitsverhältnis ausgeschieden sind, sowie gekündigte Mitarbeiter/innen, die gemäß § 2 Abs. 3 auf eigenen Wunsch vorzeitig aus dem Arbeitsverhältnis ausgeschieden sind, erhalten eine Abfindung für den Verlust des Arbeitsplatzes bei der Firma.

(2) Keine Abfindungen nach dieser Betriebsvereinbarung erhalten Mitarbeiter/innen, auch wenn sie unter den Anwendungsbereich von § 3 Abs. 1 fallen, die aus einem Arbeitsverhältnis in ein Handelsvertreterverhältnis gewechselt sind oder als Subunternehmer tätig werden oder ein Arbeitsverhältnis bei einem Subunternehmen der Firma begründet haben, dessen Inhaber oder Mitinhaber in einem Arbeitsverhältnis zur Firma vor Unternehmensgründung gestanden hat.

(3) Die Höhe der Abfindung errechnet sich durch Multiplikation des für den Mitarbeiter/die Mitarbeiterin maßgeblichen Monatsbetrages i.S.v. § 4 Abs. 3 mit dem sich aus der Anlage 1 ergebenden Multiplikator.

(4) Bei Mitarbeitern/Mitarbeiterinnen, die zum Zeitpunkt des Abschlusses des Sozialplans das 58. Lebensjahr vollendet haben, bestimmt sich die Höhe der Abfindung nicht nach § 3 Abs. 3 i.V.m. der Anlage 1 zu diesem Sozialplan, sondern nach § 5.

§ 4 Begriffsbestimmungen

(1) Lebensalter ist die Anzahl vollendeter Lebensjahre, die der Mitarbeiter/die Mitarbeiterin am ▪▪▪ erreicht hat.

(2) Betriebszugehörigkeit ist die Anzahl vollendeter Dienstjahre, die der Mitarbeiter/die Mitarbeiterin am ▪▪▪ ab dem kündigungsschutzrechtlich relevanten 25. Lebensjahr erreicht hat.

(3) Monatsbetrag ist das regelmäßige monatliche Bruttoentgelt ohne Berücksichtigung von Weihnachtsgeld, Urlaubsgeld, Überstundenvergütung oder sonstigen Zulagen. Nicht ständig gewährte Leistungen bleiben unberücksichtigt.

§ 5 Frühpensionierungen

Mitarbeitern/Mitarbeiterinnen, die in den Geltungsbereich von § 3 Abs. 4 fallen, wird nach dem Ausscheiden ein Zuschuss zum Arbeitslosengeld gewährt bis zu dem Zeitpunkt, ab dem sie Altersruhegeld beziehen können. Der Zuschuss wird so bemessen, dass er zusammen mit dem Arbeitslosengeld

- in den ersten 12 Monaten nach dem Ausscheiden des Mitarbeiters/der Mitarbeiterin 80 % des letzten Nettoeinkommens,
- in den nächsten 12 Monaten 75 % des letzten Nettoeinkommens,

jeweils berechnet entsprechend § 4 Abs. 3, abdeckt.

Der Zuschuss wird im Voraus berechnet und im Monat des Ausscheidens als Abfindung im Rahmen der steuer- und sozialversicherungsrechtlichen Vorschriften als Einmalbetrag gezahlt.

§ 6 Sonstige Leistungen

(1) Unabhängig vom Termin des Ausscheidens hat der Mitarbeiter/die Mitarbeiterin den Urlaub vor dem Ausscheiden in natura zu nehmen.

(2) Wird das Ausscheiden erst durch Richterspruch ermöglicht, wird die Abfindung einen Monat nach Rechtskraft der richterlichen Entscheidung fällig.

(3) Falls die gesetzlichen Voraussetzungen erfüllt sind, erhält der ausscheidende Mitarbeiter/die ausscheidende Mitarbeiterin zum Zeitpunkt des Ausscheidens eine Unverfallbarkeitserklärung zur betrieblichen Altersversorgung. Nach Vorlage seiner/ihrer Rentenunterlagen erhält er/sie eine Mitteilung über die Höhe seiner/ihrer Versorgungsansprüche gegen die Firma.

§ 7 Härtefonds

(1) Zur Milderung besonderer Härten, die im Zusammenhang mit der Durchführung dieser Vereinbarung auftreten, kann in Einzelfällen eine Beihilfe gewährt werden. Für derartige Beihilfen wird ein Härtefonds in Höhe von ▪▪▪ EUR gebildet.

(2) Leistungen aus dem Härtefonds werden nur auf Antrag gewährt. Der Antrag muss spätestens innerhalb von drei Monaten nach dem Ausscheiden aus der Firma gestellt werden. Mit dem Antrag ist glaubhaft zu machen, dass den Antragsteller/die Antragstellerin im Vergleich zu den anderen betroffenen Arbeitnehmern/Arbeitnehmerinnen durch das Ausscheiden aus der Firma eine besondere Härte trifft.

(3) Über den Antrag entscheidet eine aus einem Vertreter der Geschäftsleitung und einem vom Betriebsrat zu bestimmenden Betriebsratsvertreter bestehende Kommission einvernehmlich.

(4) Auf Leistungen aus dem Härtefonds besteht kein Rechtsanspruch.

(5) Der Härtefonds wird bis zum ▪▪▪ aufgelöst, soweit die Mittel nicht verbraucht wurden.

§ 8 Schlussbestimmungen

(1) Die Vereinbarung hat eine Laufzeit bis zum ▪▪▪.

(2) Im Rahmen dieser Betriebsvereinbarung auftretende grundsätzliche Meinungsverschiedenheiten, die sich bei der Anwendung ergeben, sind von der Geschäftsführung mit dem Betriebsrat mit dem Ziel einer einvernehmlichen Lösung zu beraten.

(3) Die Firma wird diese Vereinbarung allen Mitarbeitern aushändigen.

Anlage 1: Multiplikatortabelle Sozialplan

Im Alter von	bis 30	31 und 32	33 bis 35	36 bis 38	39 und 40	41 und 42	43 bis 45	46 und 47	48 und 49	50 bis 52	53 und 54	55	56 bis 58	59 und 60	61 und 62	63 und 64
Betriebszugehörigkeit in Jahren																
bis 2	0,30	0,30	0,30	0,35	0,38	0,40	0,50	0,50	0,50	0,50	0,50	0,50	0,50	0,50	0,50	0,25
nach 2	0,60	0,60	0,60	0,70	0,75	0,80	1,00	1,00	1,00	1,00	1,00	1,00	1,00	1,00	1,00	0,50
3	0,90	0,90	0,90	1,05	1,05	1,20	1,25	1,35	1,35	1,50	1,50	1,50	1,50	1,50	1,50	0,75
4	1,20	1,20	1,20	1,40	1,40	1,60	1,60	1,80	1,80	2,20	2,20	2,20	2,20	2,20	2,20	1,00
5	1,50	1,50	1,50	1,75	1,75	2,00	2,00	2,25	2,25	2,50	2,50	2,50	2,50	2,50	2,50	1,25
6	1,80	1,80	1,80	2,10	2,10	2,40	2,40	2,80	2,80	2,85	3,00	3,00	3,00	3,00	3,00	1,50
7	2,10	2,10	2,10	2,45	2,45	2,80	2,80	3,15	3,15	3,35	3,50	3,50	3,50	3,50	3,50	1,75
8	2,40	2,40	2,40	2,80	2,80	3,20	3,25	3,60	3,60	3,80	4,00	4,00	4,00	4,00	4,00	2,00
9	2,70	2,70	2,70	3,15	3,15	3,60	3,75	4,05	4,05	4,30	4,50	4,50	4,50	4,50	4,50	2,25
10	3,00	3,00	3,00	3,50	3,50	4,00	4,00	4,50	4,50	4,75	5,00	5,00	5,00	3,50	3,00	2,50
11	3,00	3,30	3,30	3,85	3,85	4,40	4,40	4,95	4,95	5,25	5,50	5,50	5,50	3,50	3,00	2,50
12	3,00	3,60	3,60	4,20	4,20	4,80	4,80	5,50	5,50	5,70	6,00	6,00	5,00	3,50	3,00	2,50
13	3,00	3,60	3,90	4,55	4,55	5,20	5,25	5,85	5,85	6,20	6,50	6,50	5,00	3,50	3,00	2,50

Kapitel 3: Interessenausgleichsvereinbarungen und Sozialpläne

Im Alter von	bis 30	31 und 32	33 bis 35	36 bis 38	39 und 40	41 und 42	43 bis 45	46 und 47	48 und 49	50 bis 52	53 und 54	55	56 bis 58	59 und 60	61 und 62	63 und 64
Betriebszugehörigkeit in Jahren																
14	3,00	3,60	4,20	4,90	4,90	5,60	5,75	6,30	6,30	6,65	7,00	7,00	5,00	3,50	3,00	2,50
15	3,00	3,60	4,50	5,25	5,25	6,00	6,00	6,75	6,75	7,15	7,50	7,50	5,50	3,50	3,00	2,50
16		3,60	4,50	5,60	5,60	6,40	6,40	7,20	7,20	7,60	8,00	8,00	5,50	3,50	3,00	2,50
17		3,60	4,50	5,95	5,95	6,50	6,80	7,50	7,50	8,00	8,00	8,00	5,50	3,50	3,00	2,50
18			4,50	6,30	6,30	6,50	6,80	7,50	7,50	8,00	8,25	8,25	5,50	3,50	3,00	2,50
19			4,50	6,30	6,50	6,50	7,00	7,50	7,50	8,00	8,25	8,25	5,50	3,50	3,00	2,50
20			4,50	6,30	6,50	6,50	7,00	7,50	7,50	8,00	8,50	8,50	6,00	3,50	3,00	2,50
21				6,30	6,50	6,50	7,00	7,50	7,50	8,00	8,50	8,50	6,00	3,50	3,00	2,50
22				6,30	6,50	6,50	7,50	7,50	7,50	8,00	8,50	8,50	6,00	3,50	3,00	2,50
23				6,30	6,50	6,50	7,50	7,50	7,50	8,00	8,50	8,50	6,00	3,50	3,00	2,50
24					6,50	6,50	7,00	7,50	7,50	8,00	8,50	8,50	6,00	3,50	3,00	2,50
25					6,50	6,50	7,00	7,50	7,50	8,00	8,50	8,50	6,00	3,50	3,00	2,50
26						6,50	7,00	7,50	7,50	8,00	8,50	8,50	6,50	3,50	3,00	2,50
27						6,50	7,00	7,50	7,50	8,00	8,50	8,50	6,50	3,50	3,00	2,50
28							7,00	7,50	7,50	8,00	8,50	8,50	6,50	3,50	3,00	2,50
29							7,00	7,50	7,50	8,00	8,50	8,50	6,50	3,50	3,00	2,50
30							7,00	7,50	7,50	8,00	8,50	8,50	6,50	3,50	3,00	2,50
31								7,50	7,50	8,00	8,50	8,50	7,00	3,50	3,00	2,50
32								7,50	7,50	8,00	8,50	8,50	7,00	3,50	3,00	2,50
33									7,50	8,00	8,50	8,50	7,00	3,50	3,00	2,50
34									7,50	8,00	8,50	8,50	7,00	3,50	3,00	2,50
35										8,00	8,50	8,50	7,00	3,50	3,00	2,50
36										8,00	8,50	8,50	7,00	3,50	3,00	2,50
37										8,00	8,50	8,50	7,00	3,50	3,00	2,50
38											8,50	8,50	7,00	3,50	3,00	2,50
39											8,50	8,50	7,00	3,50	3,00	2,50

10. Muster: Umwandlung von Vertriebsbüros in Technische Büros[241]

Zwischen

der Firma ▪▪▪

– nachstehend: X-Firma –

und

den Betriebsräten der Standorte D, M, K und B

wird im Anschluss und unter Bezugnahme auf die Interessenausgleiche vom ▪▪▪ folgender Sozialplan geschlossen:

§ 1 Geltungsbereich/Betroffene Mitarbeiterinnen und Mitarbeiter

Diese Regelung gilt für alle in den jeweiligen Anlagen der Interessenausgleiche vom ▪▪▪ sowie den entsprechenden Ergänzungen (vgl. §§ 2 und 4 Interessenausgleiche) aufgeführten Mitarbeiter und Mitarbeiterinnen der Standorte D, M, U, K mit folgenden Ausnahmen bzw. Sonderregelungen:

---

[241] Dieser Text ist das Pendant zu Muster 5650.

(1) Sämtliche Ansprüche aus diesem Sozialplan entfallen für Mitarbeiter/innen mit befristeten Arbeitsverträgen. Diese werden bis zum Ablauf des befristeten Arbeitsverhältnisses an den bisherigen Standorten weiterbeschäftigt. Erfolgt vorübergehend eine Beschäftigung an einem anderen Standort, so gelten die üblichen Firmenregelungen für Fahrgeldzuschüsse. Die Regelungen dieses Sozialplans finden auch dann keine Anwendung, wenn nach Ablauf des befristeten Arbeitsverhältnisses ein weiteres befristetes oder auch ein unbefristetes Arbeitsverhältnis für denselben oder einen anderen Standort vereinbart wird.

(2) Für die betroffenen Mitarbeiter/innen des Standortes K gelten lediglich die §§ 1, 2, 3 und 10 dieses Sozialplans, weil im Zuge des Aufbaus der zentralen Verwaltungsfunktionen des Analytik Vertriebes Deutschland und aufgrund des bestehenden Arbeitsplatzangebotes im Werk W allen betroffenen Mitarbeiterinnen/Mitarbeitern in K ein Stellenangebot am Standort W unterbreitet werden kann.

(3) Mitarbeiter/innen, die das Angebot eines gleichwertigen Arbeitsplatzes mit unveränderten Arbeitszeiten am gleichen Standort oder ein zumutbares Angebot an einem anderen Standort ablehnen, werden von Leistungen aus diesem Sozialplan ausgeschlossen.

(4) Mitarbeiter/innen, die aufgrund einer Eigenkündigung oder aufgrund einer von X-Firma ausgesprochenen Kündigung aus verhaltens- oder personenbedingten Gründen bzw. eines dadurch veranlassten Aufhebungsvertrages ausscheiden, erhalten ebenfalls keine Leistungen aus diesem Sozialplan. Dies gilt auch für den Fall des Todes der Arbeitnehmerin/des Arbeitnehmers sowie das Eintreten von dauerhafter Arbeitsunfähigkeit, gleich aus welchem Grunde vor dem Eintritt der Änderung.

§ 2 Arbeitsplatzangebot/Erklärungsfrist

(1) Jeder/Jedem betroffenen Mitarbeiterin/Mitarbeiter wird von X-Firma ein gleichwertiger Arbeitsplatz an einem anderen Standort angeboten (vgl. auch § 4). Dies gilt auch für von der Veränderung betroffene, sich im Mutterschutz oder in Elternzeit befindliche Mitarbeiter/innen. Unter einem gleichwertigen Arbeitsplatz ist ein Arbeitsplatz zu verstehen, der trotz anderweitiger Arbeitsaufgabe mit einem Einarbeitungszeitraum von bis zu drei Monaten ausgeführt werden kann und dessen vergütungsmäßige Einstufung nicht mehr als zwei Gehaltsgruppen über oder unter der Einstufung des bisherigen Arbeitsplatzes liegt. X-Firma und der Betriebsrat gehen selbstverständlich davon aus, dass notwendige Schulungs- und Einarbeitungsmaßnahmen angeboten werden. Der Arbeitsplatz ist auch dann als gleichwertig anzusehen, wenn sich die Lage der täglichen Arbeitszeit ändert.

(2) Jede Mitarbeiterin/Jeder Mitarbeiter erhält spätestens vier Wochen nach Abschluss dieses Sozialplans ein schriftliches, nach Bereich und Tätigkeit konkretisiertes Arbeitsplatzangebot. Die Mitarbeiterin/Der Mitarbeiter hat nach dieser Vierwochenfrist eine Überlegungsfrist von sechs Wochen. Spätestens mit Ablauf dieser Überlegungsfrist muss die Mitarbeiterin/der Mitarbeiter gegenüber der jeweiligen Personalabteilung schriftlich bekannt geben, ob sie/er den angebotenen Arbeitsplatz annimmt oder das Angebot ablehnt.

(3) Mitarbeiter/innen, die sich in Elternzeit befinden und deren Elternzeit nicht vor dem ▪▪▪ endet, erhalten zu einem späteren Zeitpunkt, längstens aber vier Monate vor dem Ende ihrer Elternzeit ein entsprechendes Angebot im nächstgelegenen Vertriebszentrum. Dieses Angebot ist, soweit schon möglich, nach Bereich und Tätigkeit konkretisiert. Im Übrigen gelten die Regelungen der §§ 4 und 2 entsprechend.

(4) Entscheidet sich die Mitarbeiterin/der Mitarbeiter für die Annahme des Angebotes, dann kann sie/er die Leistungen gemäß § 8 oder § 9 beanspruchen. Hat die Mitarbeiterin/der Mitarbeiter das Angebot von X-Firma angenommen und kündigt sie/er nach der Annahme des Angebotes bis zum Zeitpunkt des Eintritts der Änderung selbst, so entfällt jeder Anspruch aus dem Sozialplan.

(5) Lehnt die Mitarbeiterin/der Mitarbeiter den angebotenen Arbeitsplatz ab, schweigt sie/er sich aus oder erklärt sie/er die Annahme des Angebotes nicht in schriftlicher Form, so hat die Mitarbeiterin/der Mitarbeiter, sofern die weiteren Voraussetzungen vorliegen (vgl. §§ 4, 5), Ansprüche gemäß § 6.

§ 3 Gehaltsgruppenschutz für versetzte Mitarbeiterinnen und Mitarbeiter

X-Firma garantiert allen in den Diensten von X-Firma verbleibenden, den Arbeitsplatz wechselnden bzw. versetzten Mitarbeiterinnen/Mitarbeitern einen Gehaltsgruppenschutz für zwei Jahre, gerechnet von dem Zeitpunkt des Wechsels an und ungeachtet, ob der Wechsel innerhalb des Betriebes oder in einen anderen Betrieb erfolgt.

§ 4 Sonderregelungen über das Auswahlverfahren bei freien oder frei werdenden Arbeitsplätzen in demselben Betrieb

(1) Sind in einem betroffenen Betrieb Arbeitsplätze vorhanden oder werden sie bis zum ▪▪▪ geschaffen, so ist X-Firma verpflichtet, folgende Verfahrensweise einzuhalten:

a) Diese Arbeitsplätze sind unter der Voraussetzung der Eignung und Qualifikation ohne Rücksicht auf Alter und Betriebszugehörigkeit bevorzugt anzubieten:

- in erster Linie allein stehenden Mitarbeiterinnen/Mitarbeitern (nicht verheiratet, verwitwet, geschieden oder getrennt lebend), die in häuslicher Gemeinschaft mit einem oder mehreren Kindern bis zu 18 Jahren leben;
- in zweiter Linie Mitarbeiterinnen/Mitarbeitern, die zum Stichtag ▬▬▬ in häuslicher Gemeinschaft mit einer pflegebedürftigen, mit ihnen verwandten Person leben. Als pflegebedürftige Personen gelten solche Menschen, die wegen erheblichen körperlichen oder geistigen Gebrechen auf dauernde Pflege und Betreuung durch Dritte angewiesen sind, nicht jedoch Kinder, die allein mit Rücksicht auf ihr Alter und ihren Entwicklungsstand einer ständigen Betreuung und Beaufsichtigung bedürfen. Als Verwandte gelten der Ehegatte, die Kinder, die Eltern und die Großeltern sowie die Geschwister und die Schwiegereltern. Die Mitarbeiterin/Der Mitarbeiter ist verpflichtet, geeignete Nachweise für die Pflegebedürftigkeit und das Bestehen einer häuslichen Gemeinschaft beizubringen;
- in dritter Linie Mitarbeiterinnen/Mitarbeitern, die zum Stichtag ▬▬▬ anerkannte Schwerbehinderte (§ 2 Abs. 2 SGB IX) oder diesen Gleichgestellte (§ 2 Abs. 3 SGB IX) sind oder deren Ehegatte zum ▬▬▬ anerkannter Schwerbehinderter (§ 2 Abs. 2 SGB IX) oder entsprechend Gleichgestellter (§ 2 Abs. 3 SGB IX) ist, jedoch nur wenn der Ehegatte zum Stichtag ▬▬▬ in einem unbefristeten und ungekündigten Arbeitsverhältnis steht;
- im Übrigen nach der Rangfolge der sozialen Schutzwürdigkeit, wobei in erster Linie die Betriebszugehörigkeit, bei vergleichbarer Betriebszugehörigkeit (nicht mehr als zwei Jahre Unterschied) das Lebensalter und bei vergleichbarem Lebensalter (nicht mehr als vier Jahre Unterschied) die Unterhaltsverpflichtungen den Ausschlag geben.

b) X-Firma ist, sofern diese Besonderheiten nicht geltend gemacht oder nachgewiesen sind, verpflichtet, sich grundsätzlich an den aus den vorliegenden Lohnsteuerkarten hervorgehenden Daten zu orientieren.

c) Die in Mutterschutz bzw. Elternzeit befindlichen Mitarbeiter/innen sind einzubeziehen, soweit diese Zeiten vor dem ▬▬▬ enden.

d) Betriebsratsmitglieder, die den Vorrang gemäß lit. a) respektieren und ein Arbeitsplatzangebot an einen anderen Standort annehmen, erhalten die Zusage, dass der ihnen zukommende betriebsverfassungsrechtliche Kündigungsschutz bis einschließlich April ▬▬▬ aufrechterhalten wird, d.h. der Ausspruch einer ordentlichen Kündigung durch X-Firma bis einschließlich ▬▬▬ ausgeschlossen wird.

(2) X-Firma wird unverzüglich nach Unterzeichnung dieses Sozialplans die vorhandenen bzw. neu zu schaffenden freien, geeigneten Arbeitsplätze feststellen und ausschreiben, wobei jede/jeder betroffene Mitarbeiterin/Mitarbeiter über das Vorhandensein eines entsprechenden Arbeitsplatzes unter näherer Beschreibung schriftlich zu unterrichten ist. Jede Mitarbeiterin/Jeder Mitarbeiter muss binnen 14 Tagen ab Zugang der Nachricht X-Firma schriftlich darüber informieren, ob sie/er sich auf einen solchen Arbeitsplatz bewirbt. Gleichzeitig hat die Mitarbeiterin/der Mitarbeiter zu begründen, ob und ggf. aus welchen Gründen sie/er eine Bevorzugung gemäß Abs. 1 lit. a) verlangt.

Geeignete Nachweise müssen beigefügt werden. Jede Mitarbeiterin/Jeder Mitarbeiter erhält zusätzlich auch ein Angebot eines Arbeitsplatzes in einem anderen Standort gemäß § 2 Abs. 1 zu dem dort festgelegten Zeitpunkt. Nach Ablauf der 14tägigen Ausschreibungsfrist erstellt X-Firma unter Hinzuziehung eines Vertreters des örtlichen Betriebsrats die entsprechend Rangliste gemäß Abs. 1 lit. a). Nach Ablauf der Ausschreibungsfrist eingehende Mitteilungen von Mitarbeiterinnen/Mitarbeitern werden nicht berücksichtigt. Die Angebote sind den Mitarbeiterinnen/Mitarbeitern nach Rangliste dann unverzüglich in schriftlicher Form zu unterbreiten. Nimmt die Mitarbeiterin/der Mitarbeiter nicht in schriftlicher Form das Angebot binnen zwei Wochen an, so ist der entsprechende Arbeitsplatz der/dem nächst schutzwürdigen Mitarbeiterin/Mitarbeiter anzubieten, wobei für die Erklärungsfrist und Erklärungsform das Vorstehende gilt.

(3) Werden geeignete Arbeitsplätze bis zum ▬▬▬ frei oder neu geschaffen, dann sind sie den in der Rangliste folgenden, bisher nicht berücksichtigten Mitarbeiterinnen/Mitarbeitern anzubieten. Mitarbeiter/innen, deren Mitteilungen nach Ablauf der ersten Ausschreibungsfrist eingegangen sind, werden dabei berücksichtigt. Mitarbeiter/innen, die bei der ersten Ausschreibungsrunde ausdrücklich oder durch Nichtäußerung kein Interesse gezeigt haben, werden nicht mehr berücksichtigt.

§ 5 Kriterien für die Zumutbarkeit bzw. Unzumutbarkeit der Annahme des Angebotes von Arbeitsplätzen

(1) Arbeitsplätze am gleichen Standort

Das Angebot eines gleichwertigen Arbeitsplatzes am bisherigen Standort ist der Mitarbeiterin/dem Mitarbeiter stets zumutbar, es sei denn, dass durch eine Erhöhung der bisherigen Arbeitszeit für die Mitarbeiterin/den Mitarbeiter, die/der zu entsprechenden Nachweisen verpflichtet ist, eine unlösbare Situation entsteht (z.B. Unmöglichkeit, Kinder zu betreuen oder die Pflege eines zum Stichtag ▬▬▬ in häuslicher Gemeinschaft lebenden pflegebedürftigen Angehörigen aufrecht zu erhalten, vgl. § 4 Abs. 1 lit. a)).

(2) Arbeitsplätze an einem anderen Standort

Das Angebot eines gleichwertigen Arbeitsplatzes an einem anderen Standort ist Mitarbeiterinnen/Mitarbeitern unter folgenden Voraussetzungen zumutbar:

- allen Mitarbeiterinnen/Mitarbeitern, die in die Zielgehaltsgruppe ▪▪▪ oder höher eingereiht sind, auch wenn die Ist-Gehaltsgruppe derzeit niedriger ist;
- allen allein stehenden Mitarbeiterinnen/Mitarbeitern ohne Kinder (vgl. § 4 Abs. 1 lit. a)) oder mit Kindern über 18 Jahren, unabhängig von der Vergütungs- bzw. Zielgehaltsgruppe. Als allein stehend gelten nicht Mitarbeiter/innen, die zum Stichtag ▪▪▪ in einer eheähnlichen Lebensgemeinschaft mit einem Partner gewohnt haben. X-Firma ist berechtigt, geeignete Nachweise hierfür zu verlangen;

Auch wenn die Voraussetzungen für die Zumutbarkeit an sich vorliegen würden, ist der Mitarbeiterin/dem Mitarbeiter das Angebot eines gleichwertigen Arbeitsplatzes an einem anderen Standort unzumutbar, wenn sie/er zum Stichtag des Eintritts der sie/ihn betreffenden Veränderung das 45. Lebensjahr oder mehr Lebensjahre vollendet hat oder wenn sie/er persönlich körperlich schwerbehindert oder wegen körperlicher Behinderung einem Schwerbehinderten gleichgestellt ist oder die Voraussetzung einer häuslichen Gemeinschaft mit einem pflegebedürftigen Angehörigen zum Stichtag ▪▪▪ vorgelegen hat (vgl. § 4 Abs. 1) lit. a)).

(3) Das Auswahlverfahren im Hinblick auf die CEs, die einen Wohnsitzwechsel vollziehen sollen, wird nach Abschluss der entsprechenden Planungen in Ergänzung dieses Sozialplans einvernehmlich zwischen X-Firma und dem Gesamtbetriebsrat bzw. den Einzelbetriebsräten festgelegt.

§ 6 Abfindungen

(1) Lehnt die Mitarbeiterin/der Mitarbeiter ein zumutbares Angebot am gleichen Standort oder ein zumutbares Angebot an einem anderen Standort ab, so besteht kein Anspruch auf eine Abfindung.

(2) Ist das Angebot der Mitarbeiterin/dem Mitarbeiter nach § 5 unzumutbar, so hat die Mitarbeiterin/der Mitarbeiter Anspruch auf eine Abfindung, die sich aus einem Sockelbetrag, der für Mitarbeiter/innen bis zu drei vollendeten Beschäftigungsjahren ein halbes Brutto-Monatsgehalt und für Mitarbeiter/innen mit mehr als drei vollendeten Beschäftigungsjahren ein Brutto-Monatsgehalt beträgt sowie zusätzlich aus einem nach der Formel

1/2 Brutto-Monatsgehalt pro Beschäftigungsjahr,

berechneten Betrag zusammensetzt.

Die Höhe der Abfindung beträgt aber mindestens 2.500 EUR.

In Abhängigkeit des Lebensalters ändert sich der Wichtungsfaktor der Formel von 1/2 Brutto-Monatsgehalt bei einem

Lebensalter größer 40 Jahren auf 0,6 Brutto-Monatsgehälter

Lebensalter größer 45 Jahren auf 0,7 Brutto-Monatsgehälter

Lebensalter größer 50 Jahren auf 0,8 Brutto-Monatsgehälter.

Stichtag der Altersberechnung ist ▪▪▪.

Als Beschäftigungsjahre werden ganze Dienstjahre (Stichtag: Zeitpunkt des Ausscheidens) in Ansatz gebracht, wobei angebrochene Dienstjahre nach anteiligen Monaten berechnet werden (Bsp.: 2 Jahre 4 Monate = 2,3 Jahre). Wurde das Arbeitsverhältnis mit X-Firma in der Vergangenheit weniger als sechs Monate rechtlich unterbrochen, so werden die Beschäftigungszeiten (ohne den Unterbrechungszeitraum) zusammengerechnet.

Beträgt die Unterbrechung mehr als sechs Monate, so zählt nur die zuletzt ununterbrochen zurückgelegte Dienstzeit. Zeiten der Elternzeit und des Wehrdienstes werden herausgerechnet.

Das Brutto-Monatsgehalt errechnet sich folgendermaßen: ▪▪▪

Maßgeblich für die Berechnung ist das vor dem Ausscheidenszeitpunkt zuletzt bezogene Brutto-Monatsgehalt. Die Veränderung des Brutto-Monatsgehaltes während der Dienstzeit (Wechsel von Teilzeit in Vollzeit oder umgekehrt, Veränderung von Teilzeiten) bleibt außer Betracht, sofern der Wechsel länger als 12 Monate zurückliegt. Ist dies nicht der Fall, so wird das Brutto-Monatsgehalt anteilig gewichtet.

(3) Nimmt eine Mitarbeiterin/ein Mitarbeiter ein an sich unzumutbares Angebot dennoch an, dann entfällt der Abfindungsanspruch aus dem Sozialplan, auch wenn die Mitarbeiterin/der Mitarbeiter nach Annahme des Angebotes kündigt oder das Arbeitsverhältnis aufzulösen wünscht.

(4) Eine Abfindung aus diesem Sozialplan wird, sofern die Voraussetzungen für die Zahlung einer Abfindung vorliegen, unabhängig davon bezahlt, ob tatsächlich Arbeitslosigkeit nach dem Ausscheiden bei X-Firma eintritt.

§ 7 Fälligkeit der Abfindungs- und Entschädigungsansprüche, Anrechnung anderer Ansprüche

Die Ansprüche nach § 6 sind zum Zeitpunkt der rechtlichen Beendigung des Arbeitsverhältnisses fällig. Solange Rechtsstreitigkeiten über den Fortbestand des Arbeitsverhältnisses, Änderungskündigungen oder Kündigungen, Grund und/oder Höhe von Abfindungszahlungen anhängig sind, werden die Ansprüche erst nach rechtskräftiger Beendigung des Rechtsstreites fällig. Auf den Abfindungsanspruch gemäß § 6 werden Ansprüche aus vergleichsweisen Regelungen in und außerhalb von Rechtsstreitigkeiten und sonstige vergleichbare Leistungen angerechnet.

Kapitel 3: Interessenausgleichsvereinbarungen und Sozialpläne

Im Hinblick auf die steuer- und sozialversicherungsrechtliche Behandlung gelten die jeweils zum Auszahlungszeitpunkt gültigen steuer- und sozialversicherungsrechtlichen Vorschriften.

§ 8 Leistungen bei verändertem Arbeitsort ohne Veränderung des Wohnsitzes

(1) Verändert sich der Arbeitsort, ohne dass die Mitarbeiterin/der Mitarbeiter ihren/seinen Wohnsitz verlegt, so erhält sie/er monatlich ab dem Zeitpunkt des Eintritts der Veränderung bis einschließlich ■■■ eine Ausgleichszahlung für die höheren Fahrtkosten in Form einer Pauschale. Diese beträgt ■■■ EUR brutto monatlich. Weiterhin erhält die Mitarbeiterin/der Mitarbeiter ein einmaliges, bevorzugtes Vorkaufsrecht für einen Pkw auf der Kfz-Verkaufsliste.

(2) Die Pauschale wird nicht gezahlt bzw. entsprechend gekürzt bei Inanspruchnahme des Mutterschaftsurlaubs vor und nach der Geburt, bei Inanspruchnahme von Elternzeit sowie Inanspruchnahme von Zeitguthaben aus dem Arbeitszeitmodell von mehr als vier Wochen oder Arbeitsunfähigkeit von mehr als sechs Wochen.

Mitarbeiter/innen, die über einen Firmen-Pkw verfügen, haben keinen Anspruch auf die Pauschalzahlungen.

(3) Innerhalb der ersten sechs Monate nach Eintritt der Veränderung kann die Mitarbeiterin/der Mitarbeiter sich für eine Wohnsitzverlagerung entscheiden und die Leistungen gemäß § 9 beanspruchen. In diesem Fall werden jedoch nur die Pauschalbeträge sowie die Erstattung der Umzugskosten, nicht aber die sonstigen Leistungen (Maklergebühr bei Miete, zusätzlicher Urlaub, Hotelübernachtungen für die Familie, doppelte Mietzahlungen und Kosten für möblierte Unterkunft bzw. Trennungsentschädigung) gewährt.

§ 9 Leistungen bei verändertem Arbeitsort mit Wechsel des Wohnortes

Die nachfolgenden Leistungen werden nur gewährt, wenn sich die Entfernungsstrecke zwischen dem bisherigen Wohnort und dem neuen Arbeitsort im Vergleich zur Entfernung zwischen dem neuen Wohnort und dem neuen Arbeitsort um mehr als die Hälfte verringert.

(1) Miete/Eigentum bisheriger Wohnort – Miete neuer Wohnort

Mitarbeiter/innen, die ihren Hauptwohnsitz (Schwerpunkt der Lebensbeziehung) von dem bisherigen Wohnort an den oder in die Umgebung des neuen Arbeitsortes verlegen und dort eine Wohnung anmieten, erhalten folgende Leistungen:

- Pauschalbetrag zur Abgeltung der mit der Wohnsitzverlagerung verbundenen Umstände und Aufwendungen in Höhe von zwei Brutto-Monatsgehältern, mindestens jedoch 5.600 EUR sowie für jedes unterhaltspflichtige Kind, das in häuslicher Gemeinschaft mit der Mitarbeiterin/dem Mitarbeiter lebt, zusätzlich 1.000 EUR;
- Erstattung der Umzugskosten (Verpacken und Auspacken von Möbeln und Hausrat, Transport, nicht jedoch Küchenumbauten, Möbelschreinerarbeiten etc.) gegen Beleg, wobei die Spedition von X-Firma ausgewählt wird;
- Erstattung der ortsüblichen Maklergebühr, die ggf. im Zuge der Anmietung der neuen Wohnung fällig wird gegen Beleg;
- vier Tage bezahlter Urlaub für die Wohnungssuche und die Durchführung des Umzuges;
- zwei Hotelübernachtungen der eigenen Familie gegen Beleg;
- für eventuell notwendig werdende doppelte Mietzahlungen wird ein Betrag von drei Monats-Kaltmieten für die jeweils leer stehende Wohnung gegen Vorlage von entsprechenden Unterlagen und Belegen erstattet;
- für den Fall, dass der Umzug erst nach Aufnahme der Tätigkeit an dem neuen Arbeitsort erfolgen kann, übernimmt X-Firma für maximal sechs Monate und maximal 350 EUR pro Monat die effektiv anfallenden Kosten für eine möblierte Unterkunft und die effektiv anfallenden Kosten für wöchentliche Familienheimfahrten (Bahnfahrt 2. Klasse bzw. 0,27 EUR pro Kilometer bei Benutzung des eigenen Pkw). Ausgenommen von der Kostenerstattung für Heimfahrten sind Mitarbeiter/innen, die über einen Firmenwagen verfügen. Weiter bezahlt X-Firma in diesem Fall für maximal sechs Monate eine Trennungsentschädigung von 7 EUR pro Kalendertag. Die Zahlung der Trennungsentschädigung entfällt für diejenigen Wochenenden bzw. sonstigen freien Tage, für die Erstattung der Kosten für Familienheimfahrten gewährt wird sowie bei Urlaub und Erkrankung des Mitarbeiters für länger als drei Tage.

(2) Miete alter Wohnort – Eigentum neuer Wohnort

Mitarbeiter/innen, die ihren Hauptwohnsitz (Schwerpunkt der Lebensbeziehung) an den oder in die Umgebung des neuen Arbeitsortes verlegen, zum Stichtag ■■■ am alten Wohnort in Miete wohnen und Haus- oder Wohnungseigentum zur Selbstnutzung am neuen Wohnort erwerben, erhalten gegen Nachweis der vorstehend genannten Voraussetzungen durch geeignete Unterlagen (Grundbuchauszüge, Kaufverträge) folgende Leistungen:

- Pauschalbetrag zur Abgeltung der mit der Wohnsitzverlagerung verbundenen Umstände und Aufwendungen einschließlich Makler- und Notargebühren in Höhe von vier Brutto-Monatsgehältern, mindestens jedoch 7.500 EUR sowie für jedes unterhaltspflichtige Kind, das in häuslicher Gemeinschaft mit der Mitarbeiterin/dem Mitarbeiter lebt, zusätzlich 1.000 EUR;

§ 5 Betriebsvereinbarungen

- Erstattung der Umzugskosten (Verpacken und Auspacken von Möbeln und Hausrat, Transport, nicht jedoch Küchenumbauten, Möbelschreinerarbeiten etc.) gegen Beleg, wobei die Spedition von X-Firma ausgewählt wird;
- vier Tage bezahlter Urlaub für die Wohnungssuche und die Durchführung des Umzuges;
- zwei Hotelübernachtungen der eigenen Familie gegen Beleg;
- für den Fall, dass der Umzug erst nach Aufnahme der Tätigkeit an dem neuen Arbeitsort erfolgen kann, übernimmt X-Firma für maximal sechs Monate und maximal 350 EUR pro Monat die effektiv anfallenden Kosten für eine möblierte Unterkunft und die effektiv anfallenden Kosten für wöchentliche Familienheimfahrten (Bahnfahrt 2. Klasse bzw. 0,27 EUR pro Kilometer bei Benutzung des eigenen Pkw).

Ausgenommen von der Kostenerstattung für Heimfahrten sind Mitarbeiter/innen, die über einen Firmenwagen verfügen. Weiter bezahlt X-Firma in diesem Fall für maximal sechs Monate eine Trennungsentschädigung von 7 EUR pro Kalendertag. Die Zahlung der Trennungsentschädigung entfällt für diejenigen Wochenenden bzw. sonstigen freien Tage, für die Erstattung der Kosten für Familienheimfahrten gewährt wird sowie bei Urlaub und Erkrankung der Mitarbeiterin/des Mitarbeiters für länger als drei Tage.

(3) Eigentum alter Wohnort – Eigentum neuer Wohnort

Mitarbeiter/innen, die zum Stichtag ▄▄▄ am alten Wohnort im selbst genutzten Haus- oder Wohnungseigentum wohnen und die ihren Hauptwohnsitz (Schwerpunkt der Lebensbeziehung) an den oder in die Umgebung des neuen Arbeitsortes verlegen und dort Haus- oder Wohnungseigentum zur Selbstnutzung erwerben, erhalten gegen Nachweis der vorstehend genannten Voraussetzungen durch geeignete Unterlagen (Grundbuchauszüge, Kaufverträge) folgende Leistungen:

- Pauschalbetrag zur Abgeltung der mit der Wohnsitzverlagerung verbundenen Umstände und Aufwendungen einschließlich Makler- und Notargebühren in Höhe von sechs Brutto Monatsgehältern, mindestens jedoch ▄▄▄ EUR sowie für jedes unterhaltspflichtige Kind, das in häuslicher Gemeinschaft mit der Mitarbeiterin/dem Mitarbeiter lebt, zusätzlich ▄▄▄ EUR;
- Erstattung der Umzugskosten (Verpacken und Auspacken von Möbeln und Hausrat, Transport, nicht jedoch Küchenumbauten, Möbelschreinerarbeiten etc.) gegen Beleg, wobei die Spedition von X-Firma ausgewählt wird;
- vier Tage bezahlter Urlaub für die Wohnungssuche und die Durchführung des Umzuges;
- zwei Hotelübernachtungen der eigenen Familie gegen Beleg;
- für den Fall, dass der Umzug erst nach Aufnahme der Tätigkeit an dem neuen Arbeitsort erfolgen kann, übernimmt X-Firma für maximal sechs Monate und maximal 350 EUR pro Monat die effektiv anfallenden Kosten für eine möblierte Unterkunft und die effektiv anfallenden Kosten für wöchentliche Familienheimfahrten (Bahnfahrt 2. Klasse bzw. 0,27 EUR pro Kilometer bei Benutzung des eigenen Pkw). Ausgenommen von der Kostenerstattung für Heimfahrten sind Mitarbeiter/innen, die über einen Firmenwagen verfügen. Weiter bezahlt X-Firma in diesem Fall für maximal sechs Monate eine Trennungsentschädigung von 7 EUR pro Kalendertag. Die Zahlung der Trennungsentschädigung entfällt für diejenigen Wochenenden bzw. sonstigen freien Tage, für die Erstattung der Kosten für Familienheimfahrten gewährt wird sowie bei Urlaub und Erkrankung der Mitarbeiterin/des Mitarbeiters für länger als drei Tage.

(4) Fristen für die Inanspruchnahme

Jede Mitarbeiterin/Jeder Mitarbeiter soll möglichst frühzeitig X-Firma darüber informieren, welche der Möglichkeiten sie/er in Anspruch nehmen will. Die Leistungen können längstens innerhalb eines Zeitraums von 12 Monaten nach dem Eintritt der Arbeitsortänderung in Anspruch genommen werden. Dabei kann in diesem Zeitraum eine andere Leistungsgruppe beansprucht werden, falls deren Voraussetzungen erfüllt werden. Bereits erbrachte Leistungen werden angerechnet, zu viel erbrachte Leistungen sind ohne Rücksicht auf deren Verbrauch zurückzuerstatten.

(5) Verheiratete Mitarbeiter/innen und solche, die zum Stichtag ▄▄▄ am alten Wohnort in ehelicher Lebensgemeinschaft wohnten und die beide bei X-Firma beschäftigt sind, können die Regelungen nach Abs. 1 bis 3 nur einmal in Anspruch nehmen.

(6) Als Stichtag für die Berechnung der Pauschalbeträge gilt das Bruttomonatsgehalt zum Zeitpunkt der Versetzung.

(7) Die Ansprüche nach § 9 sind nach Vorlage der entsprechenden Belege und Nachweise spätestens bis zum Ende des Folgemonats fällig.

(8) Im Falle, dass Leistungen zu Unrecht bezogen worden sind, ist die Mitarbeiterin/der Mitarbeiter zur Rückzahlung verpflichtet. Auf den Einwand des Wegfalls der Bereicherung kann sich die Mitarbeiterin/der Mitarbeiter nur im Hinblick auf nachweislich, tatsächlich und zweckentsprechend erfolgte, vergebliche Aufwendungen berufen, die im Vertrauen auf das Bestehen des Anspruchs getätigt wurden.

Scheidet eine Mitarbeiterin/ein Mitarbeiter durch Eigenkündigung oder außerordentliche oder verhaltensbedingte Kündigung von X-Firma innerhalb von zwei Jahren nach dem Bezug der Leistungen gemäß Abs. 1 bis 3 aus den Diensten von X-Firma aus, so ist sie/er zur Rückzahlung der Abgeltungsbeträge in Höhe von zwei bzw. vier bzw. sechs Brutto-Monatsgehältern verpflichtet, wobei folgende Staffelung gilt:

 Ausscheiden innerhalb des ersten Jahres nach Umzug: 100% Rückzahlung

 Ausscheiden innerhalb des zweiten Jahres nach Umzug: 50% Rückzahlung.

(9) Im Hinblick auf die steuerliche Behandlung der Leistungen gelten diejenigen steuerlichen Vorschriften, die im Zeitpunkt der Auszahlung bzw. im für die steuerliche Behandlung maßgeblichen Zeitpunkt gültig sind.

§ 10 In-Kraft-Treten

Dieser Sozialplan tritt am Tage der Unterzeichnung durch X-Firma und die jeweiligen Betriebsräte in Kraft. Dieser Sozialplan kann nicht gekündigt werden. Er endet durch Zweckerreichung.

Die Regelungen dieses Sozialplans gelten jedoch für eventuelle weitere Veränderungen in den betroffenen Standorten, die innerhalb eines Zeitraums bis zum ▪▪▪ eintreten.

11. Muster: Verlagerung eines Tendenzbetriebs

Zwischen

der Firma ▪▪▪

und

dem Betriebsrat der Firma ▪▪▪

wird folgender Sozialplan vereinbart:

Präambel

Zum Ausgleich und zur Milderung der wirtschaftlichen Nachteile, die den Mitarbeiterinnen und Mitarbeitern durch Betriebsänderungen, betriebsbedingten Kündigungen und Versetzungen bis zum ▪▪▪ entstehen, wird ein Sozialplan zwischen den Betriebspartnern vereinbart. Zwischen den Vertragsparteien besteht die übereinstimmende Auffassung, dass zu den einen Sozialplan auslösenden Maßnahmen auch der Umzug des gesamten Betriebs von ▪▪▪ nach ▪▪▪ zählt. Die Parteien sind sich einig, dass der Betrieb ein Tendenzbetrieb ist und deshalb die Betriebsänderung nicht in einem Interessenausgleich geregelt werden muss. Die Parteien sind sich ferner einig, dass die Sicherung der Funktionsfähigkeit des Betriebs Vorrang hat. Die Geschäftsleitung erklärt, dass sie den Betriebsrat über geplante Betriebsänderungen umfassend und zeitnah unterrichtet und die Betriebsänderungen mit dem Betriebsrat berät.

Teil A: Geltungsbereich, Begriffsbestimmungen

§ 1 Geltungsbereich

(1) Die Regelungen dieses Sozialplans gelten, soweit nichts anderes bestimmt ist, für alle Mitarbeiterinnen und Mitarbeiter i.S.v. § 5 Abs. 1 BetrVG, die zum Zeitpunkt des In-Kraft-Tretens des Sozialplans in einem ungekündigten und unbefristeten Arbeitsverhältnis stehen.

(2) Mitarbeiterinnen und Mitarbeiter, die in einem befristeten Arbeitsverhältnis stehen, fallen nur dann unter den Geltungsbereich des Sozialplans, wenn ihr befristetes Arbeitsverhältnis aufgrund der Betriebsänderung vorzeitig beendet wird, soweit nicht bereits im Arbeitsvertrag eine Beendigung des Arbeitsverhältnisses ab dem Umzug vorgesehen ist.

(3) Dieser Sozialplan findet keine Anwendung auf

a) Mitarbeiterinnen und Mitarbeiter, deren Arbeitsverhältnis aus personen- oder verhaltensbedingten Gründen ordentlich oder außerordentlich gekündigt oder aus diesen Gründen einvernehmlich beendet wird;

b) Mitarbeiterinnen und Mitarbeiter, die das Arbeitsverhältnis selbst kündigen, ohne damit einer betriebsbedingten Kündigung zuvorzukommen; § 23 bleibt unberührt;

c) Mitarbeiterinnen und Mitarbeiter, denen ein vergleichbarer Arbeitsplatz in ▪▪▪ angeboten wurde, die dieses Angebot nicht angenommen haben und bei denen das Arbeitsverhältnis aus diesem Grunde durch Kündigung oder einvernehmliche Aufhebung beendet wird. Spezielle Regelungen wie §§ 2 Abs. 2, 23 oder 24 des Sozialplans sind von diesem Ausschluss nicht betroffen.

§ 2 Begriffsbestimmungen

(1) Der Sozialplan differenziert zwischen Leistungen bei Versetzung und Leistungen bei Beendigung des Arbeitsverhältnisses. Bei einer Versetzung gelten die Leistungen des Teils B, bei einer Beendigung die Regelungen des Teils C.

a) Eine Versetzung im Sinne des Sozialplans liegt vor, wenn die Mitarbeiterin oder der Mitarbeiter ab dem Umzug ihre/seine Tätigkeit am neuen Dienstort fortsetzt. Unerheblich ist, ob das Arbeitsverhältnis zu geänderten oder zu gleich bleibenden Bedingungen fortgesetzt wird.

b) Keine Beendigung im Sinne des Sozialplans liegt bei einem Betriebsübergang i.S.v. § 613a BGB vor.

c) Keine Ansprüche aus dem Sozialplan gemäß Teil C werden solchen Mitarbeiterinnen oder Mitarbeitern gewährt, die dem Übergang ihres Arbeitsverhältnisses nach § 613a BGB widersprochen haben und deren Arbeitsverhältnis aus diesem Grunde durch Kündigung oder einvernehmliche Aufhebung beendet wird.

(2) Scheidet eine Mitarbeiterin oder ein Mitarbeiter aus und wird im Anschluss hieran ein Arbeitsverhältnis zu einer der Firma nahe stehenden Institution wie ▬▬▬ unter Besitzstandswahrung begründet, liegt eine Versetzung vor. Leistungen werden in diesen Fällen entsprechend Teil B erbracht, soweit ein Ausgleichsbedarf besteht. Kein Ausgleichsbedarf besteht, wenn die Institution in der Region ▬▬▬ angesiedelt ist.

(3) Ein Wechsel unter Besitzstandswahrung liegt vor, wenn

a) der Mitarbeiterin oder dem Mitarbeiter für alle Rechte die Betriebszugehörigkeit bei der Firma angerechnet wird und

b) die Mitarbeiterin oder der Mitarbeiter bei der betrieblichen Altersversorgung keine Nachteile erleidet, also im Versorgungsfall mindestens die Ansprüche bestehen, die bei Fortsetzung des Arbeitsverhältnisses mit dem Arbeitgeber hätten erworben werden können.

(4) Partner im Sinne des Sozialplans sind Ehepartner und Personen, gleich welchen Geschlechts, die in nichtehelicher Lebensgemeinschaft zusammenleben. Nichteheliche Lebensgemeinschaften werden als Wohn- und Wirtschaftsgemeinschaft von längerer Dauer als zwei Jahre definiert. Zum Nachweis des Bestehens einer nichtehelichen Lebensgemeinschaft genügt eine eidesstattliche Versicherung der Partnerin oder des Partners.

(5) Umzugsgut sind die Wohnungseinrichtung und in angemessenem Umfang andere bewegliche Gegenstände und Haustiere, die sich am Tag vor dem Einladen des Umzugsgutes im Eigentum, Besitz oder Gebrauch der Mitarbeiterin/des Mitarbeiters oder anderer Personen befinden, die mit ihm/ihr in häuslicher Gemeinschaft leben. Andere Personen i.S.d. Satzes 1 sind Partnerinnen und Partner i.S.v. § 2 Abs. 4 sowie die unterhaltsberechtigten Kinder, Stief- und Pflegekinder. Es gehören ferner dazu Verwandte bis zum vierten Grade, Verschwägerte bis zum zweiten Grade und Pflegeeltern, wenn die Mitarbeiterin oder der Mitarbeiter diesen Personen aus gesetzlicher oder sittlicher Verpflichtung nicht nur vorübergehend Unterkunft und Unterhalt gewährt, sowie solche Pflegekräfte oder Betreuer, deren Hilfe die Mitarbeiterin oder der Mitarbeiter aus gesundheitlichen oder beruflichen Gründen nicht nur vorübergehend bedarf.

(6) Eine Wohnung besteht aus einer geschlossenen Einheit von mehreren Räumen, in der ein Haushalt geführt werden kann, darunter stets eine Küche oder ein Raum mit Kochgelegenheit. Zu einer Wohnung gehören außerdem Wasserversorgung, Ausguss und Toilette und ggf. Speicher, Keller und Abstellraum.

(7) Unter Region ▬▬▬ werden die Stadt- und Landkreise ▬▬▬ verstanden.

Teil B: Versetzung

§ 3 Grundsätze des individuellen Nachteilsausgleichs

Mitarbeiterinnen und Mitarbeiter, die nach ▬▬▬ versetzt werden, haben Anspruch auf Ersatz der erstattungsfähigen Umzugskosten und Trennungsgeld, Reisebeihilfen für Heimfahrten, Regelung flexibler Arbeitszeiten, Wohnungsfürsorgedarlehen und Verdienstsicherung nach Maßgabe der folgenden Vorschriften.

§ 4 Umzugskosten

(1) Erstattungsfähige Umzugskosten sind

a) Beförderungsauslagen (§ 5)

b) Reisekosten (§ 6)

c) Mietentschädigung (§ 7)

d) andere Auslagen (§ 8)

e) Pauschalvergütung für sonstige Auslagen (§ 9).

(2) Die Umzugskosten werden nach Beendigung des Umzugs gewährt. Sie sind innerhalb einer Ausschlussfrist von einem Jahr beim Arbeitgeber zu beantragen; die Frist beginnt mit dem Tage nach Beendigung des Umzugs. Auf Antrag können Vorschüsse gezahlt werden.

§ 5 Beförderungsauslagen

(1) Die notwendigen Auslagen für das Befördern des Umzugsgutes i.S.d. § 2 Abs. 5 von der bisherigen zur neuen Wohnung werden erstattet.

(2) Auslagen für das Befördern von Umzugsgut, das sich außerhalb der bisherigen Wohnung befindet, werden höchstens insoweit erstattet, als sie beim Befördern mit dem übrigen Umzugsgut erstattungsfähig wären.

(3) Erstattet werden auch die notwendigen Auslagen für das Verpacken von Umzugsgut, für das Verpackungsmaterial sowie für den Ab- und Aufbau von Wohnungseinrichtung/Küche.

(4) Der Arbeitgeber strebt an, mit einem Speditionsunternehmen besondere Konditionen für die in Abs. 1 bis 3 genannten Arbeiten zu vereinbaren. Soweit eine solche Vereinbarung getroffen wird, sind die Mitarbeiterinnen und Mitarbeiter verpflichtet, dieses Unternehmen zu beauftragen, falls dies nicht im Einzelfall unzumutbar ist.

§ 6 Reisekosten

(1) Die Auslagen für die Reise der Mitarbeiterin oder des Mitarbeiters und der zur häuslichen Gemeinschaft gehörenden Personen (§ 2 Abs. 5 Satz 2 und 3) von der bisherigen zur neuen Wohnung werden wie bei Dienstreisen der Mitarbeiterin oder des Mitarbeiters in entsprechender Anwendung der Betriebsvereinbarung über die Erstattung von Reisekosten in der jeweils geltenden Fassung erstattet. Es ist ein Dienstreiseantrag zu stellen. Tagegeld wird vom Tage des Einladens des Umzugsgutes bis zum Tage des Ausladens mit der Maßgabe gewährt, dass auch diese beiden Tage als volle Reisetage gelten. Übernachtungskosten werden auf Nachweis erstattet, wenn eine Übernachtung außerhalb der neuen Wohnung notwendig gewesen ist.

(2) Abs. 1 Satz 1 gilt entsprechend für zwei Reisen und zwei Personen zum Suchen oder Besichtigen einer Wohnung mit der Maßgabe, dass die Fahrtkosten bis zur Höhe der billigsten Flugklasse erstattet werden. Reisespesen und Übernachtungskosten werden je Reise für höchstens einen Reise- und zwei Aufenthaltstage gewährt.

§ 7 Mietentschädigung

(1) Miete für die bisherige Wohnung wird bis zu dem Zeitpunkt, zu dem das Mietverhältnis frühestens gelöst werden konnte, längstens jedoch für sechs Monate erstattet, wenn für dieselbe Zeit Miete für die neue Wohnung gezahlt werden musste. Ferner werden die notwendigen Auslagen für das Weitervermieten der Wohnung innerhalb der Vertragsdauer bis zur Höhe der Miete für einen Monat erstattet. Die Sätze 1 und 2 gelten auch für die Miete einer Garage.

(2) Miete für die neue Wohnung, die nach Lage des Wohnungsmarktes für eine Zeit gezahlt werden musste, während der die Wohnung noch nicht benutzt werden konnte, wird längstens für drei Monate erstattet, wenn für dieselbe Zeit Miete für die bisherige Wohnung gezahlt werden musste. Entsprechendes gilt für die Miete einer Garage.

(3) Die bisherige Wohnung im eigenen Haus oder die Eigentumswohnung steht der Mietwohnung gleich. An die Stelle der Miete tritt der ortsübliche Mietwert der Wohnung. Entsprechendes gilt für die eigene Garage. Für die neue Wohnung im eigenen Haus oder die neue Eigentumswohnung wird Mietentschädigung nicht gewährt.

(4) Miete nach den Abs. 1 und 3 wird nicht für eine Zeit erstattet, in der die Wohnung oder Garage ganz oder teilweise anderweitig vermietet oder benutzt worden ist.

§ 8 Andere Auslagen

(1) Die notwendigen ortsüblichen Maklergebühren für die Vermittlung einer angemessenen Mietwohnung und einer Garage oder die entsprechenden Auslagen bis zu dieser Höhe für eine eigene Wohnung werden erstattet. Maßgabe für eine angemessene Wohnung sind Größe und Ausstattung der bisherigen Wohnung.

(2) Auslagen für einen durch den Umzug bedingten zusätzlichen Unterricht der Kinder der Mitarbeiterin/des Mitarbeiters, der Partnerin oder des Partners (§ 2 Abs. 5 Satz 2) werden bis zu 40 vom Hundert des im Zeitpunkt der Beendigung des Umzuges maßgeblichen Monatsgehaltes der Gehaltsgruppe ▄▄▄ für jedes Kind erstattet, und zwar bis zu 50 vom Hundert dieses Betrages voll und darüber hinaus zu drei Vierteln.

(3) Die Auslagen für einen Kochherd werden bis zu einem Betrag von 250 EUR erstattet, wenn seine Beschaffung beim Bezug der neuen Wohnung notwendig ist. Sofern die neue Wohnung eine Mietwohnung ist, werden unter den gleichen Voraussetzungen auch die Auslagen für Öfen bis zu einem Betrag von 150 EUR für jedes Zimmer erstattet.

§ 9 Pauschvergütung für sonstige Umzugsauslagen

(1) Mitarbeiterinnen und Mitarbeiter, die am Tage vor dem Einladen des Umzugsgutes eine Wohnung hatten und nach dem Umzug wieder eingerichtet haben, erhalten eine Pauschvergütung für sonstige Umzugsauslagen. Die Höhe dieser Pauschvergütung richtet sich nach dem jeweils für Verheiratete und Ledige lohnsteuerfrei zahlbaren Höchstbetrag. Die Pauschvergütung für sonstige Umzugsauslagen erhöht sich für andere Personen, die zur häuslichen Gemeinschaft gehören (§ 2 Abs. 5 Satz 2 und 3) mit Ausnahme des Ehepartners i.S.v. § 2 Abs. 4. Der Erhöhungsbetrag richtet sich nach dem jeweils lohnsteuerfrei zahlbaren Betrag.

(2) Dem Verheirateten stehen gleich der Verwitwete und der Geschiedene sowie derjenige, dessen Ehe aufgehoben oder für nichtig erklärt ist, ferner der Ledige, der auch in der neuen Wohnung Personen i.S.d. § 2 Abs. 5 Satz 3 nicht nur vorübergehend Unterkunft und Unterhalt gewährt bzw. aufgenommen hat.

(3) Sind die Voraussetzungen des Absatzes 1 Satz 1 nicht gegeben, so beträgt die Pauschvergütung bei Verheirateten 30 vom Hundert und bei Ledigen 20 vom Hundert des Betrages nach Abs. 1 Satz 2 oder 3.

(4) Stehen für denselben Umzug mehrere Pauschvergütungen zu, wird nur eine davon gewährt; sind die Pauschvergütungen unterschiedlich hoch, so wird die höhere gewährt.

(5) Gegen Einzelnachweis können folgende Umzugsauslagen bis zum Höchstbetrag von insgesamt ▬▬▬ EUR erstattet werden:

a) Fenster- und Türvorhänge: Auslagen für notwendige Neuanschaffungen wegen der Größe der Fenster und Türen in der neuen Wohnung; Änderungen, Abnehmen und Anbringen der bisherigen Vorhänge, auch von Rollos, Vorhangstangen und Zugvorrichtungen (Höchstbetrag ▬▬▬ EUR).

b) Auslagen für Schönheitsreparaturen in der alten Wohnung, wenn diese nach dem Mietvertrag beim Auszug durchgeführt werden mussten.

§ 10 Vorläufige Wohnung

Eine Mitarbeiterin oder ein Mitarbeiter mit Wohnung i.S.d. § 2 Abs. 6 kann für den Umzug in eine vorläufige Wohnung Umzugskostenerstattung erhalten, wenn der Arbeitgeber dem vorläufigen Umzug vorher schriftlich zugestimmt hat. Bis zum Umzug in die endgültige Wohnung kann eine Wohnung nur einmal als vorläufige Wohnung anerkannt werden.

§ 11 Arbeitgeberdarlehen und Gehaltsvorschüsse

Für aus Anlass des Umzuges zu zahlende Mietkautionen und/oder Abstandszahlungen werden auf Antrag Gehaltsvorschüsse oder Arbeitgeberdarlehen gewährt. Die Verzinsung richtet sich nach den jeweils geltenden lohnsteuerlichen Bedingungen. Für Abstandszahlungen wird Vorschuss/Darlehen bis zum Höchstbetrag von ▬▬▬ EUR gewährt.

§ 12 Trennungsgeld

(1) Anspruch auf Trennungsgeld haben Mitarbeiterinnen und Mitarbeiter, die in häuslicher Gemeinschaft mit in § 2 Abs. 5 genannten Personen leben, vom Zeitpunkt der Versetzung bis zum Bezug einer neuen gemeinsamen Wohnung mit diesen Personen, längstens für ein halbes Jahr ab dem Zeitpunkt der Versetzung. In begründeten Einzelfällen kann Trennungsgeld für maximal weitere drei Monate gewährt werden.

Verlängerungsanträge sind spätestens einen Monat vor Ablauf zu stellen und zu begründen.

Mitarbeiterinnen und Mitarbeiter, deren Arbeitsverhältnis infolge Erreichens der Altersgrenze oder aufgrund schriftlicher Vereinbarung innerhalb von zwei Jahren nach dem Zeitpunkt der Versetzung endet, haben Anspruch auf Trennungsgeld längstens bis zum Zeitpunkt der Beendigung des Arbeitsverhältnisses.

(2) Trennungsgeld wird nicht gewährt für

a) Tage, an denen sich die Mitarbeiterin/der Mitarbeiter auf Dienstreise mit Anspruch auf Tagegeld befindet.

b) Tage, die die Mitarbeiterin/der Mitarbeiter mit einem der in § 2 Abs. 5 genannten Angehörigen verbringt, wenn für die Heimfahrt eine Reisebeihilfe gemäß § 13 gewährt wird.

c) Tage, für die Reisekosten nach § 6 gewährt werden.

(3) Das Trennungsgeld beträgt ▬▬▬ EUR.

(4) Das Trennungsgeld wird monatlich nachträglich gezahlt. Der Antrag ist schriftlich innerhalb eines Jahres nach Ablauf des jeweiligen Kalendermonates zu stellen. Die Mitarbeiterin/der Mitarbeiter hat nachzuweisen, dass die Voraussetzungen für die Trennungsgeldgewährung vorliegen.

§ 13 Reisebeihilfe für Heimfahrten

(1) Mitarbeiterinnen und Mitarbeiter mit Anspruch auf Trennungsgeld können Reisebeihilfen für Heimfahrten zu den in § 2 Abs. 5 genannten Angehörigen erhalten. Anstelle von Reisen der Mitarbeiterin/des Mitarbeiters können auch Reisen der in § 2 Abs. 5 genannten Personen berücksichtigt werden, wenn die Mitarbeiterin/der Mitarbeiter eine entsprechende Anzahl von Heimfahrten nicht in Anspruch nimmt.

(2) Als Reisebeihilfe werden die entstandenen notwendigen Fahrauslagen erstattet. Erstattet werden höchstens die Fahrtkosten bis zur Höhe der billigsten Flugklasse für eine wöchentliche Heimfahrt.

(3) § 12 Abs. 4 gilt entsprechend.

§ 14 Regelung flexibler Arbeitszeiten

Beginn und Ende der Kernarbeitszeiten werden so festgelegt, dass Mitarbeiterinnen und Mitarbeiter mit Anspruch auf Trennungsgeld Heimfahrten i.S.v. § 13 Abs. 1 Satz 1 nicht an arbeitsfreien Tagen durchführen müssen, soweit dies mit dienstlichen Belangen vereinbar ist.

§ 15 Wohnungsfürsorgedarlehen

(1) Für die Anmietung, die Ausstattung oder den Erwerb einer Wohnung werden auf Antrag Wohnungsfürsorgedarlehen des Arbeitgebers gewährt.

(2) Darlehen können bis zu einem Betrag von ▪▪▪ EUR gewährt werden. Bestehende Arbeitgeberdarlehen, mit Ausnahme solcher nach § 11, werden auf den Höchstbetrag angerechnet. Das Darlehen ist in Höhe des von den Finanzämtern anerkannten Zinssatzes von derzeit ▪▪▪ % zu verzinsen und innerhalb von 10 Jahren in monatlichen Raten zurückzuzahlen. Zinszahlungen und -tilgung erfolgen in monatlichen Raten durch Aufrechnung mit Gehaltsansprüchen.

(3) In den ersten beiden Jahren kann das Darlehen auf Wunsch der Mitarbeiterin oder des Mitarbeiters tilgungsfrei gestellt werden.

(4) Das Darlehen wird, ohne dass es einer Kündigung bedarf, stets an dem Tag zur Rückzahlung fällig, an dem das Arbeitsverhältnis endet.

(5) Soweit das Darlehen den Betrag von ▪▪▪ EUR überschreitet, haben die Mitarbeiterin oder der Mitarbeiter dem Arbeitgeber eine verwertbare Sicherheit zu stellen, wobei die Sicherheit üblicherweise aus einer Grundschuld besteht. Ausnahmen sind im Einzelfall möglich. In begründeten Fällen kann der Arbeitgeber darauf verzichten, der Mitarbeiterin oder dem Mitarbeiter ein Darlehen zu gewähren, wenn die dem Arbeitgeber bekannten Vermögensverhältnisse eine Rückzahlung des Darlehens zweifelhaft erscheinen lassen.

§ 16 Verdienstsicherung bei Arbeitgeberwechsel

Mitarbeiterinnen und Mitarbeiter, die nach § 2 Abs. 3 des Sozialplans ein neues Arbeitsverhältnis unter Besitzstandswahrung begründen und deren neues Bruttomonatsgehalt niedriger ist, erhalten als Ausgleich für den Verlust des Arbeitsplatzes einen einmaligen Abfindungsbetrag in Höhe des 12fachen Differenzbetrages zwischen den beiden Bruttomonatsgehältern, ohne Abzinsung und ohne Berücksichtigung etwaiger künftiger Gehaltserhöhungen. Weicht die Monatsarbeitszeit am neuen Arbeitsplatz von der Arbeitszeit am bisherigen Arbeitsplatz ab, ist für die Berechnung der Einkommensdifferenz die neue monatliche Vergütung im Umfang der bisherigen Arbeitszeit zugrunde zu legen.

§ 17 Vorzeitige Beendigung

Wird das i.S.v. § 2 Abs. 3 des Sozialplans unter Besitzstandswahrung begründete Arbeitsverhältnis innerhalb von 36 Monaten durch arbeitgeberseitige betriebsbedingte Kündigung beendet, erhalten die Mitarbeiterin und der Mitarbeiter die Leistungen gemäß Teil C unter Anrechnung der Leistungen nach § 16 und abzüglich etwaiger Abfindungsleistungen des neuen Arbeitgebers. Der arbeitgeberseitigen betriebsbedingten Beendigungskündigung steht eine Eigenkündigung der Mitarbeiterin oder des Mitarbeiters gleich, die durch eine Betriebsänderung veranlasst wurde und mit der die Mitarbeiterin oder der Mitarbeiter einer arbeitgeberseitigen betriebsbedingten Beendigungskündigung zuvorkommt.

Teil C: Beendigung des Arbeitsverhältnisses

§ 18 Abfindung

(1) Mitarbeiterinnen und Mitarbeitern i.S.v. § 1 Abs. 1, denen nach Maßgabe der Präambel betriebsbedingt gekündigt wurde und die dem Geltungsbereich des Sozialplans nach § 1 unterfallen, sowie Mitarbeiterinnen und Mitarbeiter, die das Arbeitsverhältnis selbst kündigen und mit ihrer Eigenkündigung einer arbeitgeberseitigen betriebsbedingten Beendigungskündigung zuvorkommen, erhalten eine Abfindung.

(2) Die Mitarbeiterinnen und Mitarbeiter haben das Recht, statt der Abfindung eine befristete Fortsetzung des Arbeitsverhältnisses über den Beendigungszeitraum hinaus unter Umwandlung der Abfindung in Gehaltszahlungen in monatlicher Höhe, die dem monatlichen Arbeitgeberbrutto vor dem vorgesehenen Beendigungszeitpunkt entsprechen, zu verlangen.

§ 19 Höhe der Abfindung

(1) Der Grundbetrag der Abfindung errechnet sich wie folgt:

Alter x Betriebszugehörigkeit x Bruttomonatsgehalt.

(2) Der Grundbetrag der Abfindung nach Abs. 1 erhöht sich für jedes zum Zeitpunkt des In-Kraft-Tretens dieses Sozialplans auf der Steuerkarte eingetragene unterhaltsberechtigte Kind um ▪▪▪ EUR.[242]

---

[242] Aus Gründen der Rechtssicherheit wird davon abgeraten, die Unterhaltspflichten allein aus der Lohnsteuerkarte zu entnehmen. Die neuere Rechtsprechung geht von einer über die Lohnsteuerkarte hinausgehenden Erkundigungspflicht des Arbeitgebers aus; wegen Einzelheiten siehe § 5 Rn 162.

(3) Für Schwerbehinderte oder Schwerbehinderten Gleichgestellte im Sinne des SGB IX erhöht sich die Abfindung nach Abs. 1 um ▬▬▬ EUR. Die Anerkennung als Schwerbehinderter muss im Zeitpunkt der Beendigung des Arbeitsverhältnisses vorliegen.

(4) Bei der Berechnung des Lebensalters und der Dienstjahre werden volle Jahre und volle Monate berücksichtigt. Bei der Berechnung der Betriebszugehörigkeit sind die gemäß der Betriebsvereinbarung über Dienstzeiten anzurechnenden Beschäftigungszeiten, die aus einer Teilzeitbeschäftigung mit einer regelmäßigen wöchentlichen Arbeitszeit von nicht mehr als 10 Stunden resultieren, mit 25 vom Hundert, von nicht mehr als 20 Stunden mit 50 vom Hundert und von nicht mehr als 30 Stunden mit 75 vom Hundert zu berücksichtigen. Bei Teilzeitmitarbeiterinnen/-mitarbeitern gilt als Bruttomonatsgehalt das Entgelt, das sie auf der Basis dieser Grundsätze bei einer Ganztagstätigkeit erhalten hätten.

(5) Bruttomonatsgehalt ist das Durchschnittsentgelt der letzten drei Monate vor der Beendigung des Arbeitsverhältnisses auf der Basis der vertraglich regulären Arbeitszeit ohne Berücksichtigung etwaiger Sonderzahlungen (Jahressonderzahlung, Urlaubsgeld, Tantiemen, Nachtarbeitszuschläge, Erschwerniszuschläge u.Ä.) und Leistungen mit Aufwendungsersatzcharakter.

(6) Mitarbeiterinnen und Mitarbeiter, denen eine Abfindung gemäß Abs. 1 gewährt wird, erhalten als Einmalzahlung den einjährigen Arbeitgeberanteil aus der betrieblichen Altersversorgung nach Maßgabe des bestehenden Gruppenversicherungsvertrages ausfinanziert. Der Einmalbetrag wird unmittelbar vom Arbeitgeber an die ▬▬▬-Versicherung zum Zeitpunkt der Beendigung des Arbeitsverhältnisses gezahlt. In den Fällen des § 23 Abs. 1 wird keine Ausfinanzierung in Form des Einmalbetrages vorgenommen.

§ 20 Steuerliche Behandlung

Die Abfindungen werden im Rahmen des § 3 Nr. 9 EStG steuerfrei ausgezahlt.

§ 21 Auszahlung der Abfindung

(1) Die Abfindungsansprüche entstehen zum Zeitpunkt der rechtlichen Beendigung des Arbeitsverhältnisses. Sie können zuvor nicht übertragen und vererbt werden. Die Ansprüche werden mit der Entstehung fällig, frühestens einen Monat nach Ausspruch der Kündigung.

(2) Erhebt eine Mitarbeiterin oder ein Mitarbeiter Klage auf Feststellung der Unwirksamkeit einer Kündigung oder des Fortbestehens des Arbeitsverhältnisses, so werden die Ansprüche aus diesem Sozialplan erst fällig, wenn das Verfahren abgeschlossen ist und feststeht, dass das Arbeitsverhältnis beendet ist. Dies gilt auch, wenn die Mitarbeiterin oder der Mitarbeiter Klage gegen einen Erwerber erhebt, an den sächliche und immaterielle Betriebsmittel der Betriebsstätte veräußert wurden. Im Falle der rechtskräftigen Feststellung der Unwirksamkeit der Kündigung oder des Fortbestehens des Arbeitsverhältnisses mit einem eventuellen Erwerber bestehen keine Ansprüche auf Leistungen nach diesem Sozialplan. Wird eine solche Klage eingereicht, nachdem die Leistungen bereits ausbezahlt worden sind, so sind diese mit Erhebung der Klage unter Ausschluss von Zurückbehaltungsrechten zur Rückzahlung fällig. Wird in einem solchen Verfahren eine Abfindung zuerkannt oder vergleichsweise vereinbart, so gilt Abs. 3.

(3) Auf Leistungen aus diesem Sozialplan sind etwaige gesetzliche, tarifvertragliche oder individualvertragliche Abfindungen, Nachteilsausgleichsansprüche oder sonstige Entschädigungsleistungen (z.B. nach § 113 BetrVG, §§ 9, 10 KSchG) für den Verlust des Arbeitsplatzes anzurechnen.

(4) Der Arbeitgeber ist berechtigt, die Leistungen aus dem Sozialplan mit eigenen Ansprüchen (Rückerstattungsansprüche, Ansprüche aus Arbeitgeberdarlehen usw.) zu verrechnen.

§ 22 Sonderleistungen

Im Laufe eines Kalenderjahres ausscheidende Mitarbeiterinnen und Mitarbeiter erhalten den Jahresurlaub, das Weihnachtsgeld und das Urlaubsgeld anteilig für die Beschäftigungsdauer im Jahr des Ausscheidens, sofern keine günstigere individualvertragliche oder gesetzliche Regelung besteht.

§ 23 Härtefälle

(1) Mitarbeiterinnen und Mitarbeiter, für die ein Umzug aus persönlichen Gründen unzumutbar erscheint, erhalten 35 Prozent der Abfindung nach § 19 Abs. 1 sowie die vollen Leistungen nach § 19 Abs. 2 und 3. Persönliche Gründe für die Unzumutbarkeit eines Umzugs können sich aus beruflichen, schulischen, gesundheitlichen oder vergleichbaren Gründen des Betroffenen, von Familienangehörigen oder Partnern ergeben. Auch die nach Abs. 1 Satz 1 geleisteten Abfindungen werden zum Ausgleich für den Verlust des Arbeitsplatzes geleistet. Sie werden fällig unabhängig davon, ob die Beendigung durch Aufhebungsvertrag, Abwicklungsvertrag, Kündigung aus betrieblichen Gründen oder Eigenkündigung eintritt. Der Arbeitgeber teilt allen Mitarbeiterinnen und Mitarbeitern bis zum ▬▬▬ mit, ob ihnen in ▬▬▬ ein vergleichbarer Arbeitsplatz zur Verfügung steht. Die Mitarbeiterinnen und Mitarbeiter haben bis zum ▬▬▬ verbindlich zu erklären, ob sie aus persönlichen Gründen ausscheiden wollen.

(2) Die Voraussetzungen des Härtefalls nach § 23 Abs. 1 werden durch den Härtefondsausschuss nach Abs. 4 festgelegt mit der Besonderheit, dass in derartigen Fällen der Betriebsrat den Vorsitz führt und bei Stimmengleichheit der Vorsitzende über zwei Stimmen verfügt.

(3) Für sonstige besondere soziale Härtefälle steht ein Härtefonds in Höhe von ▄▄▄ EUR zur Verfügung. Der Härtefonds dient dazu, in atypischen und schwierigen Fällen Leistungen zu gewähren für Härtefälle, die durch die Vereinbarung nicht oder nicht ausreichend erfasst wurden. Unterstützungen aus dem Härtefonds werden längstens bis zum 12. Monat nach dem Ausscheiden oder nach dem Umzug der Mitarbeiterin oder des Mitarbeiters im Einvernehmen mit dem Betriebsrat gezahlt. Vorschlagsberechtigt zur Verwendung des Härtefonds sind die Mitarbeiterinnen und Mitarbeiter, der Betriebsrat sowie der Arbeitgeber.

(4) Entscheidungen über die Gewährung von Leistungen aus dem Härtefonds trifft der Härtefonds-Ausschuss. Der Härtefonds-Ausschuss ist paritätisch besetzt mit zwei Mitgliedern des Betriebsrats und zwei Vertretern des Parteivorstands. Die Sitzungen des Härtefonds-Ausschusses sind nicht öffentlich. Den Vorsitz führt von Sitzung zu Sitzung wechselnd ein Mitglied des Betriebsrats und ein Vertreter des Arbeitgebers.

§ 24 Umzugskosten bei Wechsel zu anderem Arbeitgeber

Zieht eine Mitarbeiterin oder ein Mitarbeiter anlässlich des Wechsels zu einem anderen Arbeitgeber um, liegt die neue Arbeitsstätte außerhalb der Region ▄▄▄ und liegt die neue Wohnung außerhalb der Region ▄▄▄, so erstattet der Arbeitgeber auf Antrag die Kosten dieses Umzugs, soweit sie nicht von dem neuen Arbeitgeber übernommen werden, gegen Einzelnachweis bis zu einem Betrag von höchstens ▄▄▄ EUR.

Teil D: Sonstiges, Schlussbestimmungen

§ 25 Umschulungsmaßnahmen

(1) Kann eine Mitarbeiterin oder ein Mitarbeiter, deren Arbeitsplatz wegfällt, die Qualifikation für einen angebotenen Arbeitsplatz beim Arbeitgeber in ▄▄▄ oder bei einem anderen Arbeitgeber nur durch eine zumutbare Umschulungs- oder Fortbildungsmaßnahme erreichen, so trägt der Arbeitgeber die anfallenden Kosten der Umschulungsmaßnahme in angemessenem Umfang.

(2) Falls die Umschulungsmaßnahme nicht berufsbegleitend durchgeführt werden kann, so wird die Mitarbeiterin oder der Mitarbeiter für die Dauer der Umschulungs- oder Fortbildungsmaßnahme bis zu zwölf Monaten unter Fortzahlung des Gehaltes freigestellt, wenn die Schulungsmaßnahme ein Volumen von mindestens 35 Stunden/Woche umfasst und mit einem staatlich anerkannten Abschluss, mit dem Abschluss eines anerkannten Bildungsträgers oder, wenn es in dem betreffenden Fachgebiet derartige Abschlüsse nicht gibt, mit einem allgemein anerkannten vergleichbaren Abschluss endet. Teilfreistellungen sind in analoger Anwendung der vorstehenden Bestimmungen möglich.

(3) Etwaige Leistungen Dritter, beispielsweise der Agentur für Arbeit, müssen sich Mitarbeiterinnen oder Mitarbeiter anrechnen lassen. Leistungen nach den Absätzen 1 und 2 werden auf Abfindungen angerechnet.

§ 26 Zeugnis und Arbeitgeberbescheinigungen

Der Arbeitgeber verpflichtet sich, die bei einem Umzug oder bei einem Ausscheiden der Mitarbeiterin und des Mitarbeiters erforderlichen Bescheinigungen wie Arbeitsbescheinigungen, Zwischenzeugnisse und Zeugnisse umgehend bereitzustellen.

§ 27 Beurlaubung ohne Gehaltszahlung

Einem Mitarbeiter oder einer Mitarbeiterin kann auf Antrag Urlaub ohne Gehaltszahlung für die Dauer von drei Jahren bewilligt werden. Während des Zeitraums der Bewilligung ruhen sämtliche Ansprüche aus dem Arbeitsverhältnis. Der Mitarbeiter oder die Mitarbeiterin haben dem Arbeitgeber bis zur Aufnahme ihrer anderweitigen Tätigkeit Namen und Anschrift des Arbeitgebers anzuzeigen. Sechs Monate vor Ablauf des bewilligten Urlaubs ohne Gehaltszahlung ist anzuzeigen, ob der Mitarbeiter oder die Mitarbeiterin zurückkehren wollen oder das Arbeitsverhältnis kündigen. Der Bewilligungszeitraum von drei Jahren kann in begründeten Ausnahmefällen um bis zu zwei Jahre verlängert werden, wenn dienstliche Gründe nicht entgegenstehen. Die Zeit der Beurlaubung gilt nicht als Beschäftigungszeit.

§ 28 Anlaufstelle

Als Anlaufstelle wird eine organisatorische Einheit beim Arbeitgeber bezeichnet, zu deren Aufgaben es gehört, die Mitarbeiterinnen und Mitarbeiter bei organisatorischen Fragen im Zusammenhang mit der Durchführung des Sozialplans in dienstlicher und außerdienstlicher Hinsicht zu unterstützen.

§ 29 Schlussbestimmungen

(1) Mitarbeiterinnen und Mitarbeiter, die über Ansprüche aus diesem Sozialplan verfügen, sind verpflichtet, jede tatsächliche Änderung in ihren persönlichen Verhältnissen, die Bedeutung für die Leistungen nach dieser Betriebsvereinbarung haben könnten, unverzüglich schriftlich der Firma mitzuteilen.

(2) Sollten einzelne Bestimmungen dieses Sozialplans unwirksam sein oder werden oder im Widerspruch zu tariflichen oder gesetzlichen Regelungen stehen, so bleiben die übrigen Regelungen bestehen. Die unwirksame oder in Widerspruch stehende Regelung ist durch eine Regelung zu ersetzen, die dem von den Parteien mit der ersetzten Regelung Gewollten möglichst nahe kommt. Gleiches gilt für eine eventuelle Regelungslücke.

(3) Die bestehenden Betriebsvereinbarungen bleiben von dieser Vereinbarung unberührt.

(4) Der Sozialplan tritt mit Unterzeichnung durch die Betriebspartner in Kraft.

12. Muster: Zusammenführung von Betriebsteilen[243]

Zwischen

der Firma ▪▪▪

und

dem Betriebsrat der Firma ▪▪▪

wird folgender Sozialplan gemäß § 112 BetrVG für die ▪▪▪ geschlossen.

Präambel

Dieser Sozialplan wird als Ausgleich oder zur Milderung der wirtschaftlichen Nachteile geschlossen, die Belegschaftsmitglieder infolge der erforderlichen Struktur- und Rationalisierungsmaßnahmen erleiden. Er soll die sozialen Belange der Belegschaftsmitglieder bestmöglich berücksichtigen.

Der Sozialplan gilt für alle unter das BetrVG fallenden Mitarbeiterinnen und Mitarbeiter der Firma.

§ 1 Trennungsmehraufwand

Mitarbeiterinnen und Mitarbeitern, die aufgrund der Fusion ihren Wohn- und Dienstsitz verlieren, ersetzt die Firma die folgenden Mehraufwendungen:

(1) Trennungsentschädigungen

Eine Trennungsentschädigung in Höhe von 7,16 EUR/Tag entsprechend den lohnsteuerrechtlichen Vorschriften für längstens sechs Monate ab dem Datum der Versetzung nach ▪▪▪.

(2) Wohnraumbeschaffung

Wird ein durch die Versetzung bedingter Wohnungswechsel erforderlich, so trägt die Firma die Kosten des Umzuges in angemessener Höhe und eine eventuelle Maklercourtage im Rahmen der Lohnsteuer-Richtlinien (nachstehend: LStR). Bis zur Beschaffung einer Wohnung am neuen Beschäftigungsort erhält die Arbeitnehmerin oder der Arbeitnehmer bei Vorliegen des Tatbestandes der notwendigen Einrichtung einer doppelten Haushaltsführung die entsprechenden Erstattungen gemäß LStR für höchstens sechs Monate; gegebenenfalls sorgt die Firma bis zur Beschaffung einer Wohnung für eine angemessene Hotelunterbringung (für längstens sechs Monate).

(3) Familienheimfahrten

Die Firma erstattet wöchentlich eine Familienheimfahrt gemäß LStR mit einem eigenen Wagen oder mit öffentlichen Verkehrsmitteln (exkl. Flugzeug). Dies gilt bis zum Bezug der neuen Wohnung am Dienstsitz, längstens jedoch für sechs Monate.

(4) Mietzuschuss

Hat eine Arbeitnehmerin oder ein Arbeitnehmer aufgrund der Versetzung an den neuen Dienstsitz eine höhere Miete als bisher zu zahlen, so gewährt die Firma einen Mietzuschuss entsprechend folgender Regelung:

- Für einen Zeitraum von drei Jahren nach der Versetzung wird der Differenzbetrag zwischen dem Quadratmeterpreis der neuen Wohnung unter Zugrundelegung der Mietfläche der alten Wohnung mit einem gestaffelten Zuschuss ausgeglichen.
- Die Staffelung des Zuschusses verläuft wie folgt:
  Jahr 1 = 80% des Differenzbetrages
  Jahr 2 = 60% des Differenzbetrages
  Jahr 3 = 30% des Differenzbetrages
  ab Versetzung bzw. Wohnungswechsel.

Sonderfälle bleiben einer Einzelregelung vorbehalten.

---

[243] Dieser Text ist das Pendant zu Muster 5620.

§ 2 Vermittlung bzw. Übernahme von Arbeitnehmern in andere Betriebe oder Betriebsteile der Firma

(1) Die Firma erklärt sich bereit, alle Möglichkeiten auszuschöpfen, den von der Betriebsänderung betroffenen Arbeitnehmerinnen und Arbeitnehmern im Einvernehmen mit dem Betriebsrat in anderen Betrieben oder Betriebsteilen der Gruppe neue zumutbare Arbeitsplätze zu vermitteln. Geschieht diese Vermittlung dadurch, dass in anderen Betrieben oder Betriebsteilen der Gruppe (aufnehmender Betrieb) Arbeitnehmerinnen und Arbeitnehmer freiwillig zu Gunsten einer/eines bestimmten – von der Betriebsänderung unmittelbar betroffenen – Arbeitnehmerin/Arbeitnehmers der Firma aus dem Arbeitsverhältnis ausscheiden, so haben diese freiwillig ausscheidenden Arbeitnehmer Anspruch auf Leistungen analog den Bestimmungen des Sozialplans. Voraussetzung hierfür ist, dass die Geschäftsleitung des aufnehmenden Betriebes dieser Vermittlung ausdrücklich zugestimmt hat.

(2) Arbeitnehmerinnen und Arbeitnehmern, denen infolge der Betriebsänderung die Übernahme in andere Betriebe oder Betriebsteile der Gruppe angeboten wird, ist diese Absicht schriftlich mitzuteilen. Die Bezeichnung des neuen Arbeitsplatzes muss den Standort des Betriebes, eine aussagefähige Aufgabenbeschreibung, die Angabe der Bewertungsgruppe des jeweiligen Tarifvertrages und des Bruttoeinkommens enthalten. Die Arbeitnehmerin oder der Arbeitnehmer muss innerhalb von 20 Kalendertagen nach Zugang der Mitteilung erklären, ob er das Angebot annimmt.

(3) Nach Zugang des Angebotes erhält die Arbeitnehmerin oder der Arbeitnehmer unter Fortzahlung des Arbeitsverdienstes die Gelegenheit, den angebotenen neuen Arbeitsplatz zu besichtigen. Die hierfür notwendigen Fahrtkosten und angemessenen Spesen werden ihm erstattet.

(4) Wird durch die Übernahme der Arbeitnehmerin oder des Arbeitnehmers in einen anderen Gruppenbetrieb ein Wohnungswechsel erforderlich, so trägt die Firma die Kosten des Umzugs in angemessener Höhe und eine eventuelle Maklercourtage im Rahmen der LStR. Bis zur Beschaffung einer Wohnung am neuen Beschäftigungsort erhält die Arbeitnehmerin oder der Arbeitnehmer bei Vorliegen des Tatbestandes der notwendigen Einrichtung einer doppelten Haushaltsführung gemäß LStR für höchstens sechs Monate die entsprechenden Erstattungen. Abweichend von den Bestimmungen nach den LStR jedoch auch höchstens für sechs Monate, gilt für Familienheimfahrten als vereinbart die Erstattung der notwendigen Fahrtkosten für jeweils eine Familienheimfahrt wöchentlich.

(5) Hat die Arbeitnehmerin oder der Arbeitnehmer aufgrund eines Wohnungswechsels durch Übernahme in einen anderen Gruppenbetrieb eine höhere Miete als bisher zu zahlen, so gewährt die Firma für höchstens ein Jahr einen Mietzuschuss, längstens jedoch innerhalb eines Zeitraums von zwei Jahren nach der Versetzung. Dieser wird in Höhe des Differenzbetrages zwischen dem Quadratmeterpreis der neuen Wohnung unter Zugrundelegung der Mietfläche der alten Wohnung, jedoch höchstens bis zu einem Betrag von 102,26 EUR monatlich gezahlt. Sonderfälle bleiben einer Einzelregelung vorbehalten.

(6) Sofern einem Arbeitnehmer i.S.d. Abs. 1 ein Arbeitsplatz in anderen Betrieben oder Betriebsteilen der Gruppe angeboten wird, ist dem Betriebsrat des betroffenen anderen Betriebs vor jeder personellen Maßnahme die Personalakte und der Entwurf der Arbeitsvertragsänderung der/des betroffenen Arbeitnehmerin/Arbeitnehmers vorzulegen.

(7) Arbeitnehmerinnen und Arbeitnehmer, die bis zur Vollendung des 45. Lebensjahres einen geringer bezahlten Arbeitsplatz übernehmen, erhalten als Ausgleich den Unterschiedsbetrag zwischen ihrem bisherigen tariflichen Entgelt und dem neuen tariflichen Entgelt für die Dauer von zwei Jahren vom Zeitpunkt ihrer Versetzung ab als dynamische Besitzstandszulage weitergezahlt.

Arbeitnehmerinnen und Arbeitnehmer nach Vollendung des 45. Lebensjahres erhalten die dynamische Besitzstandszulage für die Dauer von vier Jahren.

Arbeitnehmerinnen und Arbeitnehmer ab dem 54. Lebensjahr erhalten die dynamische Besitzstandszulage bis zur Beendigung des Arbeitsverhältnisses.

Für die Berechnung dieser dynamischen Besitzstandszulage wird die Differenz zwischen dem Entgelt der alten und der neuen Bewertungsgruppe einschließlich der tariflichen Jahressonderzahlung sowie der tariflichen Leistungszulage und der freiwilligen außertariflichen Zulage berücksichtigt.

(8) Bei einem Arbeitsplatzwechsel innerhalb der Gruppe besteht ein Anspruch auf Anrechnung der abgeleisteten Dienstzeit in der Firma, insbesondere auch hinsichtlich des Kündigungsschutzes und des Anspruchs auf freiwillige soziale Leistungen. Dies gilt nicht für die betriebliche Altersversorgung.

(9) Bei einem Wechsel in einen Betrieb der Gruppe gilt hinsichtlich einer betrieblichen Altersversorgung folgende Regelung:

Arbeitnehmerinnen und Arbeitnehmer, die in eine Beteiligungsgesellschaft der Gruppe versetzt werden, erhalten bei Vorliegen der gesetzlichen Voraussetzungen einen unverfallbaren Betriebsrentenanspruch gemäß § 1 BetrAVG schriftlich von der Firma bestätigt. Liegen die gesetzlichen Voraussetzungen nicht vor, erhalten die versetzten Arbeitnehmerinnen und Arbeitnehmer einen vertraglichen, bedingten Betriebsrentenanspruch.

Einen Anspruch auf Versorgungsleistungen aufgrund einer vertraglich zugesagten Anwartschaft hat die/der versetzte Arbeitnehmerin/Arbeitnehmer bei Eintritt des Versorgungsfalles, wenn sie/er aufgrund der in der Firma und in einer Beteiligungsgesellschaft insgesamt zurückgelegten Dienstjahre die gesetzlichen Voraussetzungen zur Erlangung eines unverfallbaren Betriebsrentenanspruchs (§ 1 BetrAVG vom 19.12.1974) erfüllt.

Als anrechnungsfähige Dienstjahre zur Berechnung der Höhe des vertraglichen Betriebsrentenanspruchs werden die in der Firma bis zur Versetzung tatsächlich zurückgelegten Dienstjahre berücksichtigt.

Die Berechnung der Höhe des vertraglichen Betriebsrentenanspruchs gegenüber der Firma richtet sich nach den Bestimmungen der Versorgungsordnung der Firma in ihrer jeweils gültigen Fassung i.V.m. § 2 BetrAVG vom 19.12.1974. Angefangene Dienstjahre, die über sechs Monate hinausgehen, gelten als volles Dienstjahr.

Die Versorgungsansprüche der/des versetzten Arbeitnehmerin/Arbeitnehmers richten sich in einer aufnehmenden Beteiligungsgesellschaft nach den dort jeweils gültigen Bestimmungen der Versorgungsordnung nach folgender Maßgabe:

Auf die Wartezeit der Versorgungsbestimmungen der aufnehmenden Beteiligungsgesellschaft werden die in der Firma zurückgelegten Dienstjahre angerechnet. Für die Berechnung der Höhe der gesamten Versorgungsansprüche gelten die insgesamt erbrachten Dienstjahre in der Gruppe.

Erreicht die Arbeitnehmerin oder der Arbeitnehmer in der aufnehmenden Beteiligungsgesellschaft nicht die nach der dort geltenden Versorgungsordnung erforderliche Mindestwartezeit, so errechnet sich ihr/sein Versorgungsanspruch der Höhe nach im Verhältnis der tatsächlichen in der Beteiligungsgesellschaft zurückgelegten Dienstjahre zu der erforderlichen Mindestwartezeit.

Als Stichtag für die Aufnahme in das Versorgungswerk der aufnehmenden Beteiligungsgesellschaft gilt der Tag der Versetzung.

(10) Arbeitnehmerinnen und Arbeitnehmer, die einen angebotenen zumutbaren anderen Arbeitsplatz in der Firma oder der Gruppe ablehnen, haben keine Ansprüche nach diesem Sozialplan.

Zumutbar ist der Arbeitsplatz, wenn

a) ein der Vorbildung und Berufserfahrung entsprechendes Aufgabengebiet angeboten wird,

b) mindestens entsprechende tarifliche Eingruppierung erfolgt,

c) mindestens gleicher Brutto-Monatsverdienst gezahlt wird, wobei Zuschläge für Nacht-, Sonn- und Feiertagsarbeit sowie Mehrarbeitsregelungen außer Betracht bleiben,

d) die bisherige Betriebszugehörigkeit voll anerkannt wird, mit Ausnahme der Ansprüche auf betriebliche Versorgungsleistungen bei einem Wechsel in eine Beteiligungsgesellschaft der Gruppe,

e) wenn sich der bisherige Arbeitsweg nicht mehr als 60 Minuten für den einfachen Weg verlängert.

(11) Eine auf medizinische Gründe gestützte Unzumutbarkeit hat die/der betroffene Arbeitnehmerin/Arbeitnehmer durch ein amtsärztliches Zeugnis nachzuweisen; die Kosten hierfür trägt die Firma.

(12) Das Unternehmen verpflichtet sich, die derzeit bestehenden Ausbildungsverhältnisse fortzuführen oder die Ausbildung innerhalb der Gruppe weiterzuführen.

§ 3 Umschulung von Arbeitnehmerinnen und Arbeitnehmern

(1) Sollen Arbeitnehmerinnen und Arbeitnehmer – ihr Einverständnis vorausgesetzt – auf Veranlassung der Firma oder auf Vorschlag des Betriebsrats umgeschult werden, um im gleichen oder in einem anderen Betrieb bzw. Betriebsteil der Gruppe eine Arbeit zu übernehmen, so gilt Folgendes:

(2) Der Arbeitnehmerin oder dem Arbeitnehmer wird die beabsichtigte Umschulung unter Angabe von Art und Dauer schriftlich mitgeteilt. Weiterhin wird ihr/ihm ein Angebot über einen neuen der Umschulung entsprechenden Arbeitsplatz übermittelt.

(3) Während der Umschulung, längstens jedoch für die Dauer von 12 Monaten, erhält die Arbeitnehmerin oder der Arbeitnehmer ihren/seinen durchschnittlichen monatlichen Bruttoverdienst, berechnet nach der Grundlage des Lohnfortzahlungsgesetzes, weiter, und zwar unter Anrechnung der ihr/ihm nach dem Arbeitsförderungsgesetz zustehenden Ansprüche.

(4) Die Firma trägt die notwendigen sachlichen Kosten der Umschulung einschließlich notwendiger Fahrtkosten bei Umschulungen außerhalb des Betriebes sowie Leistungen nach der LStR bei Vorliegen einer notwendigen doppelten Haushaltsführung, sofern ihr/ihm nicht Ansprüche aus dem SGB III zustehen.

§ 4 Ausscheiden von Mitarbeiterinnen und Mitarbeitern

(1) Ausscheidende Mitarbeiterinnen und Mitarbeiter werden für die erforderliche Zeit zur Bewerbung um einen neuen Arbeitsplatz ohne Verdienstminderung von ihrer Arbeit freigestellt. Erforderliche Fahrtkosten werden vergütet, sofern

nicht Ansprüche gegenüber Dritten bestehen. Eine Vergütung von Aufwendungen im Zusammenhang mit Bewerbungen in den Beteiligungsgesellschaften der Gruppe erfolgt nach Absprache mit der Firma unter Beteiligung des Betriebsrats. Eine Vergütung entfällt, sofern Ansprüche gegenüber Dritten bestehen.

(2) Bezüglich der Bezahlung von betrieblichen Ruhegeldern an Arbeitnehmerinnen und Arbeitnehmer, die anlässlich der Betriebsänderung ausscheiden, gelten die Bestimmungen des Gesetzes zur Verbesserung der betrieblichen Altersversorgung vom 19.12.1974. Ein angefangenes Dienstjahr wird dann als vollendet gewertet, wenn es mehr als zur Hälfte abgeleistet ist.

(3) Tariflich geregelte Leistungen erhält die/der betroffene Arbeitnehmerin/Arbeitnehmer im Jahr des Ausscheidens gemäß den Bestimmungen des Manteltarifvertrages sowie des Tarifvertrages über vermögenswirksame Leistungen in ihrer jeweils gültigen Fassung. Für Urlaub und Urlaubsgeld gilt davon abweichend folgende Regelung:

Arbeitnehmerinnen und Arbeitnehmer erhalten im Jahr des Ausscheidens den ihnen tariflich zustehenden Jahresurlaub in voller Höhe, wenn der Urlaub bis zum Ausscheiden aus dem Arbeitsverhältnis genommen wird.

Dasselbe gilt für den Anspruch auf das tariflich geregelte Urlaubsgeld. Die zeitliche Lage des Urlaubs bestimmt die Firma nach den betrieblichen Erfordernissen im Einvernehmen mit dem Betriebsrat.

(4) Die Firma gewährt denjenigen Arbeitnehmerinnen und Arbeitnehmern, die infolge dieser Betriebsänderung aus der Firma ausscheiden und bis zu zwei Jahren nach Ausscheiden ein 25-jähriges Dienstjubiläum und bis zu fünf Jahren nach Ausscheiden ein 40-jährigens Dienstjubiläum begehen würden, das bisher übliche Jubiläumsgeld.

(5) Das jeweilige Jubiläumsgeld wird bei der Berechnung der Abfindung berücksichtigt und erhöht den individuell errechneten Abfindungsbetrag um diese Summe.

(6) Stirbt eine/ein von der Betriebsänderung betroffene/betroffener Arbeitnehmerin/Arbeitnehmer noch vor Ablauf von 12 Monaten nach ihrem/seinem Ausscheiden, so erhalten die Hinterbliebenen die für den Sterbefall üblichen tariflichen bzw. betriebsüblichen Leistungen.

§ 5 Abfindungen für ausscheidende Arbeitnehmerinnen und Arbeitnehmer

(1) Arbeitnehmerinnen und Arbeitnehmer, die zum Zeitpunkt der Beendigung des Arbeitsverhältnisses das 55. Lebensjahr vollendet haben, erhalten eine individuell errechnete Abfindung in Höhe des „Nettoausgleiches" von 80% bis zur Vollendung des 60. Lebensjahres. Der „Nettoausgleich" errechnet sich aus der Differenz zwischen dem auf der Grundlage der Bestimmung des § 5 Abs. 7 zu ermittelnden Nettoentgelt und den Leistungen der Agentur für Arbeit (Arbeitslosengeld und Arbeitslosenhilfe), multipliziert mit der Anzahl der Monate zum Zeitpunkt des Ausscheidens bis zur Vollendung des 60. Lebensjahres.

(2) Arbeitnehmerinnen und Arbeitnehmer, die zum Zeitpunkt der Beendigung des Arbeitsverhältnisses das 59. Lebensjahr vollendet haben und spätestens nach einem Jahr Arbeitslosigkeit den Anspruch auf vorgezogenes Altersruhegeld aus der gesetzlichen Sozialversicherung geltend machen können, erhalten eine individuell errechnete Abfindung in Höhe des „Nettoausgleiches" von 80% für den Zeitraum von max. 12 Monaten. Der „Nettoausgleich" errechnet sich aus der Differenz zwischen dem auf der Grundlage der Bestimmung des Abs. 7 zu ermittelnden Nettoentgelt und den Leistungen der Agentur für Arbeit (Arbeitslosengeld und Arbeitslosenhilfe), multipliziert mit der zwischen dem Zeitpunkt des Ausscheidens und dem frühestmöglichen Bezug von vorgezogenem Altersruhegeld liegenden Anzahl von Monaten, maximal jedoch für 12 Monate.

(3) Schwerbehinderte Arbeitnehmer und weibliche Arbeitnehmer, die die Anspruchsvoraussetzungen für den Bezug des vorgezogenen Altersruhegeldes aus der gesetzlichen Sozialversicherung mit der Vollendung des 60. Lebensjahres erfüllen, erhalten den „Nettoausgleich" höchstens für die Anzahl der Monate ab Beendigung des Arbeitsverhältnisses bis zur Vollendung des 60. Lebensjahres.

(4) Sollte sich aus den Leistungen der Agentur für Arbeit oder anderer Sozialversicherungsträger zu dem von der Firma vorab errechneten Betrag eine Differenz ergeben, so verpflichtet sich die Firma, einen evtl. Fehlbetrag nachzuzahlen; dies gilt nicht für Kürzungen oder Nichtzahlungen von Arbeitslosenhilfe gemäß §§ ■■■. Bezüglich evtl. Ruhezeiten (§ ■■■) oder Sperrzeiten (§ ■■■) der Agentur für Arbeit hält die Firma die betroffene Arbeitnehmerin/den betroffenen Arbeitnehmer von jeglichem Schaden frei. Erhält die Arbeitnehmerin oder der Arbeitnehmer höhere Leistungen von der Agentur für Arbeit als vorab von der Firma errechnet, so ist der Differenzbetrag der Firma durch die Arbeitnehmerin oder den Arbeitnehmer zu erstatten. Leistungsbescheide der Agentur für Arbeit sind von der Arbeitnehmerin oder vom Arbeitnehmer der Firma unaufgefordert vorzulegen.

(5) Arbeitnehmer, die zum Zeitpunkt der Beendigung des Arbeitsverhältnisses das 63. Lebensjahr (männliche Arbeitnehmer) bzw. das 60. Lebensjahr (weibliche Arbeitnehmer und schwerbehinderte Arbeitnehmer) vollendet haben und die Voraussetzungen für den Bezug des vorgezogenen Altersruhegeldes aus der gesetzlichen Rentenversicherung erfüllen, erwerben keine Ansprüche aus dieser Vereinbarung.

Ebenso gilt dies auch für alle diejenigen Arbeitnehmer, die bereits einen Antrag auf Gewährung einer Erwerbsunfähigkeitsrente oder eines Altersruhegeldes gestellt haben, es sei denn, dass der Antrag abschlägig beschieden wird.

(6) Zum Ausgleich von Härten, die sich für Arbeitnehmerinnen und Arbeitnehmer, die bis zum Zeitpunkt der Beendigung des Arbeitsverhältnisses das 55. Lebensjahr noch nicht vollendet haben, ergeben und deren Arbeitsverhältnis aus Anlass dieser Betriebsänderung gekündigt oder einvernehmlich aufgelöst worden ist und die nicht auf einen anderen zumutbaren Arbeitsplatz in der Gruppe vermittelt werden konnten, findet die beigefügte Abfindungstabelle Anwendung (Anlage 1).

(7) Die anspruchsberechtigten Arbeitnehmerinnen und Arbeitnehmer erhalten für je einen Punkt der beigefügten Abfindungstabelle 1/10 des Entgeltes der jeweiligen Bewertungsgruppe gemäß den zum Zeitpunkt des Ausscheidens jeweils gültigen Bestimmungen des Entgelttarifvertrages zuzüglich evtl. monatlich gezahlter tariflicher Leistungszulagen, regelmäßig gezahlter freiwilliger Zulagen, Besitzstandszulagen sowie Urlaubs- und Weihnachtsgeld (gezwölftelt). Als Entgelt wird höchstens das Entgelt der Tarifgruppe ▬▬▬ des gültigen Entgelttarifvertrages zugrunde gelegt. Für jedes unterhaltsberechtigte Kind und für je 10 % Schwerbehinderung werden zusätzlich 5 Punkte gewährt.

§ 6 Härtefonds

Für besondere Härtefälle wird ein Härtefonds gebildet. Dieser dient dazu, in Notfällen die Abfindungssätze dieses Sozialplans aufzustocken bzw. Zuschüsse bei Betriebswechsel innerhalb des Gruppenbereiches zu leisten oder Leistungen zu gewähren für Härtefälle, die durch diese Vereinbarung nicht oder nicht ausreichend erfasst werden. Unterstützungen aus diesem Fonds werden längstens bis zum ▬▬▬ nach dem Ausscheiden der Arbeitnehmerin oder des Arbeitnehmers im Einvernehmen mit dem Betriebsrat gezahlt.

§ 7 Mutterschutz

Kann einer Arbeitnehmerin, die bei Aufhebung ihres Arbeitsverhältnisses Leistungen nach dem Sozialplan beanspruchen könnte, aufgrund der Bestimmungen des Mutterschutzgesetzes nicht gekündigt werden, so bleiben ihr gleichwohl ihre Ansprüche auf Abfindung oder sonstige Leistungen nach diesem Sozialplan erhalten. Sie hat sich jedoch hierauf die Zahlungen anrechnen zu lassen, die sie wegen ihres Zustandes als werdende Mutter ohne Arbeitsleistung erhalten hat.

§ 8 Änderung in den persönlichen Verhältnissen

Die Leistungsempfänger aus dieser Betriebsvereinbarung sind verpflichtet, jede tatsächliche Änderung in ihren persönlichen Verhältnissen, die Bedeutung für Leistungen nach dieser Betriebsvereinbarung haben, unverzüglich schriftlich dem Unternehmen mitzuteilen. Das Unternehmen behält sich vor, zu Unrecht bezogene Leistungen zurückzufordern. Hierüber wird der Betriebsrat informiert.

§ 9 Freistellung vor Ablaufen der Kündigungsfrist

(1) Gekündigte oder zu kündigende Arbeitnehmerinnen und Arbeitnehmer können bis zum Ablauf der Kündigungsfrist in Übereinstimmung mit der Firma auf eigenen Wunsch von ihrer Arbeitsleistung freigestellt werden. Der Entgeltanspruch sowie sonstige Ansprüche aus dem Arbeitsverhältnis enden mit dem Zeitpunkt der vorzeitigen Freistellung von der Arbeitsleistung.

(2) Haben gekündigte oder zu kündigende Arbeitnehmerinnen und Arbeitnehmer kurzfristig einen neuen Arbeitsplatz gefunden, so soll dem Ersuchen auf Freistellung stattgegeben werden, es sei denn, dass zwingende betriebliche Gründe dem entgegenstehen. Über die Frage, ob zwingende betriebliche Gründe vorliegen, entscheidet die Sozialplankommission gemäß § 10.

§ 10 Sozialplankommission

Treten Meinungsverschiedenheiten bei der Auslegung oder Anwendung der Bestimmungen dieses Interessenausgleichs und dieses Sozialplans auf, so soll ein Gremium aus je zwei von der Firma und vom Betriebsrat benannten Vertretern darüber entscheiden. Ist eine Einigung nicht zu erzielen, so entscheidet die Einigungsstelle in der gleichen Besetzung unter Hinzuziehung eines unparteiischen Vorsitzenden, der im Nichteinigungsfalle vom zuständigen Arbeitsgericht bestimmt ist.

§ 11 Schlussbestimmungen

(1) Gesetzliche und tariflich geregelte Leistungen, betriebsübliche Leistungen sowie individuell vertragliche Leistungen, auf die die Arbeitnehmerin oder der Arbeitnehmer Anspruch hat, erhält die/der jeweilige, von dieser Betriebsänderung durch Freistellung betroffene Arbeitnehmerin/Arbeitnehmer bis zum Zeitpunkt der Beendigung ihres/seines Arbeitsverhältnisses.

(2) Bei allen im Rahmen dieser Vereinbarung zu berechnenden Abfindungen und sonstigen Leistungen handelt es sich um Bruttobeträge, die am Tage der Beendigung des Arbeitsverhältnisses, frühestens jedoch erst, wenn endgültig

feststeht, dass das Arbeitsverhältnis durch den Aufhebungsvertrag bzw. die betriebsbedingte Kündigung wirksam beendet worden ist, fällig werden. Die Abrechnung und Auszahlung erfolgt unter Berücksichtigung der Steuerfreibeträge gemäß § 9 Abs. 3 EStG, unter Einhaltung der Sozialversicherungsbestimmungen und unter Einhaltung der entsprechenden Abzüge im Rahmen der üblichen Entgeltabrechnung. Ansprüche hierauf können nicht abgetreten oder verpfändet werden.

Die Firma wird durch Änderung der Gesetzes- oder Rechtslage nach In-Kraft-Treten dieser Betriebsvereinbarung nicht zu Leistungen im Rahmen des „Nettoausgleichs" verpflichtet, die dem Grunde oder der Höhe nach über den bisherigen Leistungsumfang hinausgehen.

(3) Arbeitnehmerinnen und Arbeitnehmer, die aufgrund von Tatsachen, die die Firma zur Kündigung aus wichtigem Grund ohne Einhaltung einer Kündigungsfrist oder zur Kündigung aus verhaltensbedingten Gründen, die die Arbeitnehmerin oder der Arbeitnehmer zu vertreten hat, berechtigen, oder Arbeitnehmerinnen und Arbeitnehmer, die aufgrund eigener Kündigung aus der Firma ausscheiden, haben keinen Anspruch auf Abfindung.

(4) In andere Betriebe der Gruppe übernommene Arbeitnehmerinnen und Arbeitnehmer, denen bis zu zwei Jahren nach ihrer Übernahme auf ihrem Arbeitsplatz aus betriebsbedingten Gründen gekündigt wird, fallen unter die Bestimmungen dieses Sozialplans. Das Gleiche gilt für diejenigen Arbeitnehmerinnen und Arbeitnehmer, die in der Firma verbleiben und deren Arbeitsverhältnis aufgrund einer betriebsbedingten Kündigung, die im Zusammenhang mit der vorstehend geregelten Betriebsänderung steht, bis zum ▬▬▬ beendet wird.

(5) Diese Betriebsvereinbarung tritt mit Unterzeichnung durch die Betriebspartner in Kraft; sie endet spätestens am ▬▬▬.

(6) Sollten einzelne Regelungen dieser Betriebsvereinbarung gegen gesetzliche Bestimmungen verstoßen und demzufolge nichtig sein, so bleibt die Wirksamkeit der übrigen Regelungen dieses Sozialplans davon unberührt.

Anlage 1: Abfindungstabelle zur Betriebsvereinbarung „Sozialplan"

Punktetabelle I	
Berücksichtigung der Dauer der Betriebszugehörigkeit nach abgeleisteten Dienstjahren	
Jahre	Punkte
01 +)	03
02 +)	05
03 ++)	07
04 ++)	09
05 +++)	11
06 +++)	14
07	17
08	19
09	22
10	24
11	27
12	30
13	33
14	36
15	39
16	42
17	45
18	48
19	51
20	55
21	58
22	61

Punktetabelle II	
Berücksichtigung des Lebensalters nach vollendeten Lebensjahren	
Alter (Jahre)	Punkte
20	02
21	04
22	06
23	08
24	10
25	12
26	14
27	16
28	18
29	20
30	22
31	24
32	26
33	28
34	30
35	32
36	34
37	36
38	38
39	40
40	42
41	44

§ 5 Betriebsvereinbarungen

Punktetabelle I	
Berücksichtigung der Dauer der Betriebszugehörigkeit nach abgeleisteten Dienstjahren	
23	64
24	67
25	70
26	73
27	76
28	79
29	82
30	85
31	88
32	91
33	94
34	97
35	100
36	103
37	106
38	109
39	112
40	115

Punktetabelle II	
Berücksichtigung des Lebensalters nach vollendeten Lebensjahren	
42	46
43	48
44	51
45	54
46	57
47	60
48	63
49	66
50	69
51	72
52	75
53	78
54	81

Bei den mit +) gekennzeichneten Dienstjahren werden aus der Punktetabelle II nicht 100% der angegebenen Lebensalterspunkte angerechnet, sondern nur

+)   25% der Lebensalterspunkte
++)   50% der Lebensalterspunkte
+++)   75% der Lebensalterspunkte.

Z.B.: Mitarbeiter scheidet nach dem 4. Dienstjahr und dem 40. Lebensjahr aus:

Tabelle I   9 Punkte
Tabelle II (50% v. 42 Pkt.) 21 Punkte
Gesamtpunkte   30 Punkte

Für jedes unterhaltsberechtigte Kind und für je 10% Schwerbehinderung werden zusätzlich je 5 Punkte gewährt.
Stichtag für die Berechnung der Punkte ist jeweils der Zeitpunkt der Beendigung des Arbeitsverhältnisses.

Anlage 2: Protokollnotiz zum Sozialplan der ▄▄▄ und dem Betriebsrat der ▄▄▄ vom ▄▄▄

In Ergänzung zu § 1 Abs. 4 des Sozialplans (hier: Staffelung des Zuschusses) gilt Folgendes:
Ziel des Mietzuschussgedankens soll sein, mindestens die Höhe des verfügbaren Nettoeinkommens zu gewährleisten, die eine Arbeitnehmerin oder ein Arbeitnehmer für ihre/seine bei der ▄▄▄ erbrachte Arbeitsleistung erzielt hat.

Anlage 3: Protokollnotiz zum Sozialplan der ▄▄▄ und dem Betriebsrat der ▄▄▄ vom ▄▄▄

Der Sozialplan wird wie folgt ergänzt:
Ältere Arbeitnehmerinnen und Arbeitnehmer, die nach dem vollendeten 55. Lebensjahr aufgrund eines Aufhebungsvertrages vorzeitig aus dem Unternehmen ausscheiden, erhalten die Jahre nach Beendigung ihres Arbeitsverhältnisses bis zur Vollendung des 60. Lebensjahres, maximal jedoch drei Jahre, zu Gunsten ihrer betrieblichen Altersversorgung angerechnet.

Anlage 4: Protokollnotiz zum Sozialplan der ▄▄▄ und dem Betriebsrat der ▄▄▄ vom ▄▄▄

Sonderbezug
Die ▄▄▄ gewährt den Arbeitnehmerinnen und Arbeitnehmern, die zum Zeitpunkt der Beendigung des Arbeitsverhältnisses das 55. Lebensjahr vollendet haben, Sonderbezug von in der Firma produzierten Waren in Höhe der für Rentner der ▄▄▄ betrieblichen Menge.

Anlage 5: Protokollnotiz zum Sozialplan der ▪▪▪ und dem Betriebsrat der ▪▪▪ vom ▪▪▪

Härtefonds

Bei Arbeitnehmerinnen und Arbeitnehmern, die ein Entgelt über der Tarifgruppe ▪▪▪ beziehen, wird der übersteigende Betrag ebenfalls in die Berechnung einbezogen.

Zum Ausgleich sozialer Härten wird ein Betrag in Höhe von 30.000 EUR bereitgestellt; Auszahlungen aus diesem Fonds unterliegen dem einstimmigen Entscheid der Sozialplankommission.

Arbeitnehmerinnen und Arbeitnehmer, die zum Zeitpunkt der Beendigung des Arbeitsverhältnisses im Zusammenhang mit diesem Interessenausgleich mindestens neun Jahre und sechs Monate bei ▪▪▪ beschäftigt waren, werden als Dienstzeit 10 Jahre für die betriebliche Altersversorgung angerechnet. Dies gilt nur für das Erreichen der Unverfallbarkeitsvoraussetzung gemäß Betriebsrentengesetz (Vollendung des 35. Lebensjahres und mindestens 10 Jahre Bestand einer Versorgungszusage).

Arbeitnehmerinnen und Arbeitnehmer, die selbst kündigen, brauchen das Weihnachtsgeld nicht zurückzuzahlen.

Anlage 6: Protokollnotiz zum Sozialplan der ▪▪▪ und dem Betriebsrat der ▪▪▪ vom ▪▪▪

Berechnungsgrundlage für Abfindungen

Im Hinblick auf das tarifliche Entgeltniveau wird in Ergänzung des § 5 Abs. 7 des Sozialplans folgende Sonderregelung getroffen:

Das sich gemäß der Bestimmung des § 5 Abs. 7 des Sozialplans ergebende zuletzt bezogene Brutto-Monatsentgelt wird pauschal zum Ausgleich des Lohn- und Gehaltgefüges um den Faktor 25% erhöht; dies gilt für alle Mitarbeiterinnen und Mitarbeiter, deren Abfindung sich nach der Punktetabelle (Anlage 1) bemisst.

Die Vertragsparteien sind sich darüber einig, dass die vorstehende Regelung im Hinblick auf die Sondersituation bei der ▪▪▪ vereinbart worden ist und keinerlei präjudizierende Wirkung im Hinblick auf zukünftige Sozialpläne innerhalb der Gruppe oder interne oder externe Forderungen im Entgeltbereich hat.

13. Muster: Zusammenführung von Betriebsteilen mit Vorruhestandsregelung[244]

Zwischen

der Geschäftsführung der Firma ▪▪▪

– nachstehend: Firma –

und

dem Betriebsrat der Firma ▪▪▪

– nachstehend: Betriebsrat –

wird zum Ausgleich oder zur Milderung von wirtschaftlichen Nachteilen im Zusammenhang mit der Betriebsverlagerung von ▪▪▪ nach ▪▪▪ für die in ▪▪▪ beschäftigten Mitarbeiter/innen ▪▪▪ der folgende Sozialplan vereinbart.

§ 1 Geltungsbereich

Die nachfolgenden Bestimmungen gelten für alle bei der Firma beschäftigten Mitarbeiter/innen, die zum Zeitpunkt des In-Kraft-Tretens des Sozialplans von der Betriebsänderung i.S.d. § 111 BetrVG betroffen sind.

Soweit die Beendigung des Arbeitsverhältnisses aufgrund der in der Präambel genannten Betriebsänderung erfolgt, ist der Sozialplan unabhängig davon anzuwenden, ob das Arbeitsverhältnis vom Unternehmen oder dem Arbeitnehmer gekündigt wird oder ob es im gegenseitigen Einvernehmen endet.

§ 2 Allgemeine Bestimmungen

(1) Rechte des Betriebsrats

Arbeitgeber und Betriebsrat sind sich darüber einig, dass durch die nachfolgenden Bestimmungen die Betriebsänderung i.S.d. §§ 111, 112 BetrVG abschließend geregelt wird.

(2) Teilzeitbeschäftigte

Für teilzeitbeschäftigte Mitarbeiter/innen gelten die Leistungen dieses Sozialplans anteilig entsprechend ihrer monatlichen Arbeitszeit im Verhältnis zur monatlichen Arbeitszeit der vollzeitbeschäftigten Mitarbeiter/innen.

---

244 Dieser Text ist das Pendant zu Muster 5660.

(3) Kurzzeitbeschäftigte

Für die kurzzeitbeschäftigten und teilzeitbeschäftigten Mitarbeiter/innen gelten keine Tarifverträge, jedoch die ergänzenden Regelungen in § 5 Abs. 2, (3) dieses Sozialplans (Sozialfaktor).

(4) Steuern und Sozialabgaben

Soweit auf die nach diesem Sozialplan gewährten Leistungen aufgrund gesetzlicher Bestimmungen Steuern und/oder Sozialabgaben zu entrichten sind, werden diese zu Lasten der Leistungsempfänger einbehalten.

§ 3 Weiterbeschäftigung am Standort M

(1) Die Firma hält für alle Mitarbeiter/innen in K einen vergleichbaren Arbeitsplatz am Standort M bereit.

(2) Den Mitarbeiterinnen und Mitarbeitern, die das Angebot eines Arbeitsplatzes gemäß Abs. 1 annehmen, bleiben die derzeitigen Rechte aus dem Arbeitsvertrag und die derzeitigen Ansprüche aus den Versorgungsordnungen uneingeschränkt erhalten. Im Übrigen finden auf sie die für den Betrieb in M geltenden Betriebsvereinbarungen Anwendung. Eine Verrechnung von materiellen Besitzständen mit Tariferhöhungen ist nicht zulässig.

Diesen Mitarbeiterinnen und Mitarbeitern wird ein Sonderkündigungsschutz für den Zeitraum von fünf Jahren eingeräumt. Während dieser Zeit ist eine ordentliche betriebsbedingte Kündigung ausgeschlossen.

(3) Die Firma unterstützt die am Standort M weiterbeschäftigten Mitarbeiter/innen wie folgt:

a) Transferlösung

Sofern die demnächst in M tätigen Mitarbeiter/innen aus K ihren Hauptwohnsitz im Raum K beibehalten, gewährt die Firma folgende Hilfestellungen:

- Übernahme der täglichen Beförderung der Mitarbeiter/innen von der Betriebsstätte K nach M und zurück oder Übernahme der entsprechenden Kosten für die preiswerteste Jahreskarte im jeweiligen Verkehrsverbund abzüglich eines Zwei-Zonen-Eigenanteils.
- Anrechnung der Fahrtzeit auf die jeweilige Arbeitszeit mit täglich pauschal drei Stunden, höchstens jedoch mit der tatsächlich benötigten Fahrtzeit.

Das bedeutet:

Vollzeitbeschäftigte (Regelarbeitszeit 39 Std./Woche) arbeiten z.B. wöchentlich an drei Arbeitstagen jeweils 10 Stunden und leisten damit jeweils nur 30 Arbeitsstunden in der Woche bei vollem Gehaltsausgleich.

Teilzeitbeschäftigte (Regelarbeitszeit 20 Std./Woche) arbeiten z.B. wöchentlich an zwei Arbeitstagen jeweils sieben Stunden und leisten damit insgesamt 14 Arbeitsstunden in der Woche bei vollem Gehaltsausgleich.

b) Lösung bei doppelter Haushaltsführung in M.

Im Falle der doppelten Haushaltsführung übernimmt die Firma für diese Mitarbeiter/innen die in M anfallenden Mietkosten für zu einer Höhe von maximal 200 EUR pro Monat für längstens zwei Jahre.

Im Übrigen werden die nachgewiesenen Mehraufwendungen im Rahmen der steuerlich jeweils zulässigen Höchstbeträge für längstens zwei Jahre erstattet. Leistungen nach a) sind insoweit ausgeschlossen.

c) Die Firma leistet Hilfestellung im Falle der Verlegung des ersten Wohnsitzes von K nach M in folgender Weise:

- Übernahme von Umzugskosten und Umzugsnebenkosten gemäß Landesumzugskostengesetz
- Gewährung von Mietzuschüssen im Einzelfall aufgrund gestiegener Mietaufwendungen wegen Umzugs nach M bei vergleichbarer Lage und Wohnfläche sowie vergleichbarem Wohnkomfort des angemieteten Objektes für maximal fünf Jahre, wobei im ersten Jahr die Mietdifferenz in Höhe von 100% und in den Folgejahren jeweils um 20% vermindert ausgeglichen wird. Maximal werden jedoch 200 EUR pro Monat erstattet.
- Gewährung von Darlehen im Rahmen der gültigen Darlehensrichtlinien unter Wegfall des Grundsatzes der Einmalgewährung.

Leistungen gemäß a) und b) sind insoweit ausgeschlossen.

(4) Nehmen Mitarbeiter/innen das Angebot eines Arbeitsplatzes gemäß Abs. 1 an, so erwerben sie damit folgende Rechte:

- Teilnahme an von der Firma für erforderlich gehaltenen Fortbildungs- bzw. Umschulungsmaßnahmen, die der Arbeitgeber in Abstimmung mit dem Betriebsrat und den Betroffenen rechtzeitig zu veranlassen hat.

  Die Qualifizierungsmaßnahmen können inner- und außerbetrieblich erfolgen und sind grundsätzlich während der betrieblichen Arbeitszeit durchzuführen und auf diese anzurechnen.

  Die Umschulung erfolgt auf Kosten des Arbeitgebers, soweit nicht öffentliche Mittel in Anspruch genommen werden können. Während der Dauer der Qualifizierungsmaßnahmen wird den Mitarbeiterinnen und Mitarbeitern das bishe-

rige Einkommen weiterbezahlt (Berechnungsgrundlage ist die Lohnfortzahlung im Krankheitsfall). Darüber hinausgehende Ansprüche bestehen nicht.
- Gewährung einer angemessenen Anlern- und Einarbeitungszeit für den Fall, dass die Mitarbeiter/innen in M eine von ihrer zuletzt in K wahrgenommenen Aufgabe abweichende Funktion übernehmen.
- Während der ersten drei Monate können die Mitarbeiter/innen ihre Zustimmung zur Versetzung an den neuen Arbeitsplatz in M mit einer Erklärungsfrist von vier Wochen zurücknehmen. In diesem Fall stehen ihnen die entsprechenden Rechte aus diesem Sozialplan zu.

(5) Die Rechte gemäß Abs. 2 und 4, mit Ausnahme des fünfjährigen Sonderkündigungsschutzes, stehen auch den Mitarbeiterinnen und Mitarbeitern zu, die auf einem anderen vergleichbaren Arbeitsplatz in K infolge der Betriebsverlagerung der Firma von K nach M zunächst weiterbeschäftigt werden.

(6) Alle Mitarbeiter/innen, die bei der Firma gemäß Abs. 1 und 5 weiterbeschäftigt werden, erhalten rechtzeitig ein entsprechendes schriftliches Arbeitsplatzangebot, das als Mindestinformation die entsprechende Arbeitsanweisung des neuen Arbeitsplatzes, die Eingruppierung, die Dauer und Lage der Arbeitszeit, den Einsatzort und die organisatorische Einordnung der Stelle in die Betriebsorganisation erhält.

§ 4 Vermittlung eines Arbeitsplatzes beim Konzern
Der Konzern als Gesellschafterin der Firma wird geeigneten Mitarbeitern ggf. ohne Probezeit die Weiterbeschäftigung im Konzern anbieten, sofern dort gleichwertige oder zumutbare Arbeitsplätze verfügbar sind. Die Firma wird den Mitarbeitern bei der Vermittlung zum Konzern behilflich sein.

§ 5 Abfindungen
(1) Anspruch auf Abfindung

Werden Arbeitsverhältnisse beendet, weil Angebote der Firma auf Weiterbeschäftigung am Standort M oder auf Vermittlung eines Arbeitsplatzes beim Konzern nicht angenommen werden oder wenn trotz Vorliegens der Voraussetzung der Vorruhestandsregelung eine Eigenkündigung des Mitarbeiters erfolgt, so erhalten diese Mitarbeiter/innen eine Abfindung.

Keine Abfindung gemäß § 5 erhalten Mitarbeiter/innen,
- die ein Weiterbeschäftigungs- bzw. Vermittlungsangebot gemäß §§ 3 oder 4 angenommen haben,
- für die die Firma im Raum K neue Arbeitsplätze schafft,
- die zum Zeitpunkt des Ausscheidens Anspruch auf Erwerbs- oder Berufsunfähigkeitsrente, Altersruhegeld oder betriebliche Vorruhestandsleistungen gemäß § 7 haben.

(2) Höhe der Abfindung

Die Abfindung bemisst sich im Zeitpunkt des Ausscheidens nach folgender Formel:

Alter x Beschäftigungsfaktor x Bruttogehalt x 13/12/12 x Sozialfaktor

Der Abfindungsbetrag wird auf volle 100 EUR aufgerundet.

Die in der Abfindungsformel verwandten Begriffe werden wie folgt definiert:
- Alter:

    Hier gilt das im Ausscheidenszeitpunkt vollendete Lebensjahr.
- Beschäftigungsfaktor:

    Der Beschäftigungsfaktor stellt auf die vollen, vollendeten Kalendermonate der Tätigkeit eines/einer Mitarbeiter/in bei der Firma bei regelmäßiger tariflicher Wochenarbeitszeit (zzt. 39 Std./Woche) ab. Ist mit dem/der Mitarbeiter/in eine geringere Wochenarbeitszeit vereinbart, wird der Beschäftigungsfaktor im Verhältnis der vereinbarten regelmäßigen Wochenarbeitszeit zu der regelmäßigen tariflichen Wochenarbeitszeit ermittelt.
- Bruttogehalt:

    Das Bruttogehalt bemisst sich bei allen Mitarbeiterinnen und Mitarbeitern nach dem individuellen durchschnittlichen Verdienst der letzten 3 Monate auf Basis der regelmäßigen tariflichen Wochenarbeitszeit (zzt. 39 Std./Woche). Einmalzahlungen bleiben dabei unberücksichtigt.
- Sozialfaktor:

    Der Sozialfaktor beträgt für vollzeitbeschäftigte Mitarbeiter/innen

bis zur Vollendung des 45. Lebensjahres	50 Punkte
ab Vollendung des 45. Lebensjahres	40 Punkte

Dieser Sozialfaktor gilt auch für Teilzeitbeschäftigte, soweit nachgewiesen wird, dass das Einkommen bei der Firma 50 % oder mehr des Familieneinkommens beträgt.

Für alle anderen teilzeit- und kurzzeitbeschäftigten Mitarbeiter/innen beträgt der Sozialfaktor 60 Punkte.

(3) Sonderleistungen

Mitarbeiter/innen, die gegen Zahlung einer Abfindung gemäß § 5 Abs. 2 aus dem Unternehmen ausscheiden, erhalten

- soweit unterhaltsberechtigte Kinder lt. Eintragung in der Lohnsteuerkarte vorhanden sind,[245]
- bei Erwerbsminderung von mindestens 50 %

eine zusätzliche Einmalzahlung.

Für diese Sonderleistungen steht ein Fonds von insgesamt ▬▬▬ EUR zur Verfügung. Die Verteilung dieses Betrages wird im Einzelnen vom Betriebsrat in Abstimmung mit der Geschäftsführung gesondert geregelt.

(4) Fälligkeit der Abfindungen

Die von der Firma gewährten Abfindungen werden bei Ausscheiden fällig.

(5) Darlehensregelung

Die von der Firma gewährten betrieblichen Darlehen werden für eine Übergangsfrist von maximal fünf Jahren nach Ausscheiden der betreffenden Mitarbeiter/innen zu den betriebsüblichen Konditionen weiter gewährt. Nach Ablauf dieser Frist sind die Darlehen abzulösen.

§ 6 Sondervereinbarung

Mitarbeiterinnen und Mitarbeitern, die bei Abschluss dieser Vereinbarung bereits mindestens 20 Jahre ununterbrochen bei der Firma beschäftigt sind, aber bis ▬▬▬ nicht mehr die Voraussetzungen der Vorruhestandsregelung (§ 7) erfüllen können, wird bei Vorliegen der fachlichen und persönlichen Voraussetzungen ein neuer Arbeitsplatz im Raum K unter Wahrung ihrer Besitzstände angeboten. In diesen Fällen besteht kein Anspruch auf Leistungen aus dem Sozialplan. Ist die Bereitstellung eines neuen Arbeitsplatzes im Raum K nicht möglich (z.B. mangelnder Personalbedarf), erhalten diese Mitarbeiter/innen Abfindungen gemäß § 5 Abs. 2, 3 dieses Sozialplans. Der Sozialfaktor beträgt in diesen Fällen 35 Punkte.

§ 7 Vorruhestandsregelung

(1) Vollzeit- und Teilzeitbeschäftigten, die bis einschließlich ▬▬▬ das 53. Lebensjahr vollendet haben und bei Abschluss dieser Vereinbarung mindestens 10 Jahre ununterbrochen bei der Firma beschäftigt waren, wird, soweit sie eine Weiterbeschäftigung in M. nicht wünschen, die folgende Vorruhestandsregelung gewährt.

Die Vorruhestandsregelung beinhaltet neben einer Abfindung (§ 7 Abs. 4) alternativ die Gewährung von monatlichen Vorruhestandszahlungen (§ 7 Abs. 2) oder einer Einmalzahlung (§ 7 Abs. 3).

Insoweit gelten folgende Regelungen:

(2) Monatliche Vorruhestandszahlungen

Die Mitarbeiter/innen haben einen Arbeitnehmerstatus eigener Art, wobei gilt:

- Sofern im Folgenden nichts anderes bestimmt wird, richten sich die Leistungen aus dem Vorruhestandsverhältnis nicht nach den für die aktiven Mitarbeiter/innen geltenden Bestimmungen, sondern ausschließlich nach dem Vorruhestands-Tarifvertrag für das Bankgewerbe (Fassung vom ▬▬▬).
- Das monatliche Vorruhestandsgeld beträgt in den ersten drei Monaten 80 %, danach 75 % des letzten monatlichen Tarifgrundgehalts zuzüglich der Leistungszulagen gemäß § 16 der Betriebsvereinbarung vom 1.2.1985 multipliziert mit 13/12 bei laufender tariflicher Anpassung entsprechend den linearen Tariferhöhungen.
- Die Mitarbeiter/innen unterfallen ab dem Zeitpunkt des vorgezogenen Sozialversicherungs-Rentenbezuges (Vollendung des 60./63. Lebensjahres) den Leistungen der Unterstützungseinrichtung (betriebliche Altersversorgung) mit dem dann erworbenen individuellen Versorgungssatz (Vorruhestandszeit gilt insoweit als Dienstzeit).
- Die Firma und Mitarbeiter/innen führen die Beiträge zur gesetzlichen Kranken- und Rentenversicherung bis zum Rentenbezug weiter ab.
- Die Mitarbeiter/innen behalten während der Vorruhestandszeit die Ansprüche aus § 6 (Übernahme der Sozialversicherungsbeiträge), sofern ihnen derartige Ansprüche bereits zu Beginn des Vorruhestands zustanden sowie die Ansprüche aus § 7 (Beihilfe und Unterstützungen) und § 10 (Kredite) der Betriebsvereinbarung vom ▬▬▬.

---

[245] Aus Gründen der Rechtssicherheit wird davon abgeraten, die Unterhaltspflichten allein aus der Lohnsteuerkarte zu entnehmen. Die neuere Rechtsprechung geht von einer über die Lohnsteuerkarte hinausgehenden Erkundigungspflicht des Arbeitgebers aus; wegen Einzelheiten siehe § 5 Rn 162.

- Die Firma erklärt sich damit einverstanden, dass Mitarbeiter/innen während ihrer Vorruhestandszeit anderweitig erwerbstätig sind.

(3) Einmalzahlung unter Anrechnung von Arbeitslosengeld

In diesem Fall wird der Arbeitnehmerstatus im gegenseitigen Einvernehmen mit folgenden Konsequenzen aufgelöst:
- Die Mitarbeiter/innen können Arbeitslosengeld beantragen.
- Die Abführung der AG-/AN-Beiträge zur Sozialversicherung entfällt.

Die Firma verpflichtet sich, diese Mitarbeiter/innen im Zeitpunkt des vorgezogenen Sozialversicherungs-Rentenbezuges unter die Leistungen der Unterstützungseinrichtung (betriebliche Altersversorgung) mit dem dann individuell erworbenen Versorgungssatz (Vorruhestandszeit gilt insoweit als Dienstzeit), zu stellen.

Die Einmalzahlung bemisst sich nach folgender Formel:

Bruttogehalt x 13/12 x Vorruhestandsmonate x 75/100

Auf den so errechneten Einmalbetrag wird das fiktive Arbeitslosengeld, welches die Agentur für Arbeit ggf. auf Antrag bewilligt, angerechnet.

Die in der Abfindungsformel verwandten Begriffe werden wie folgt definiert:
- Bruttogehalt:

    Das Bruttogehalt bemisst sich nach dem letzten monatlichen Tarifgrundgehalt zuzüglich der Leistungszulagen gemäß § 16 der Betriebsvereinbarung vom ■■■.

- Anzahl Vorruhestandsmonate:

    Die Anzahl der Vorruhestandsmonate errechnet sich als Summe der vollen Kalendermonate, die zwischen dem Zeitpunkt des Ausscheidens der Mitarbeiter/innen und dem Zeitpunkt der Vollendung ihres 60. Lebensjahres liegen.

(4) Abfindung

Mitarbeiter/innen, die unter die Vorruhestandsregelung fallen, erhalten eine Abfindung in Höhe von 400 EUR für jedes Beschäftigungsjahr, das über das 10. ununterbrochene Beschäftigungsjahr hinausgeht. Teilzeitbeschäftigte Mitarbeiter/innen erhalten eine anteilige Abfindung entsprechend dem Verhältnis der mit ihnen zuletzt vereinbarten regelmäßigen Wochenarbeitszeit zur regelmäßigen tariflichen Wochenarbeitszeit (zzt. 39 Std./Woche). Die Abfindung beträgt pro Person maximal 10.000 EUR. Das maximale Gesamtvolumen für sämtliche Abfindungen beträgt 510.000 EUR. Sollte das Gesamtvolumen der Abfindungen nach der oben dargestellten Berechnungsweise den Betrag von 510.000 EUR überschreiten, werden alle Abfindungen prozentual entsprechend gekürzt.

Bei Unterschreitung des Gesamtvolumens wird der nicht verwendete Betrag in einem Härtefonds bereitgestellt, über den der Betriebsrat in Abstimmung mit der Geschäftsführung bei Härtefällen verfügen kann.

Die Abfindungen werden mit der ersten laufenden monatlichen Zahlung der Vorruhestandsleistung bzw. mit der Auszahlung der Vorruhestandsleistungen als Einmalzahlung fällig.

§ 8 Sonstige Regelungen

(1) Scheiden Mitarbeiter/innen gemäß § 5 Abs. 1 dieser Vereinbarung aus, so ist ihnen die zur Bewerbung um einen anderen Arbeitsplatz erforderliche Freizeit (maximal zwei Arbeitstage) ohne Verdienstminderung während der Arbeitszeit zu gewähren. Bis zur Beendigung des Arbeitsverhältnisses werden die aus Anlass einer solchen nachgewiesenen Bewerbung anfallenden Fahrtkosten, Kosten für Bewerbungsfotos, Fotokopier- und Beglaubigungskosten etc. erstattet. Um die Bewerbung für neue Arbeitsplätze zu erleichtern, wird die Firma auf Verlangen qualifizierte Zeugnisse ausstellen.

(2) Die Firma verpflichtet sich bei Mitarbeiterinnen und Mitarbeitern, die vor Ablauf der individuellen Kündigungsfrist einen neuen Arbeitsplatz gefunden haben, nur insoweit an der Kündigungsfrist festzuhalten, als dies betriebsbedingte Gründe erfordern.

(3) Mitarbeiter/innen, die im Kalenderjahr ihres Ausscheidens oder des Eintritts in den Vorruhestand Anspruch auf Jubiläumsleistungen erworben hätten, erhalten diese Leistungen auch, wenn am Stichtag des Anspruchs für die Jubiläumsleistungen das Arbeitsverhältnis bereits geendet oder das Vorruhestandsverhältnis bereits begonnen hat. Darüber hinaus kann während des Vorruhestandes kein Anspruch auf Jubiläumsleistungen erworben werden.

(4) Im Laufe eines Kalenderjahres ausscheidende Mitarbeiter/innen erhalten den Jahresurlaub, die Gewinnbeteiligung, das Weihnachtsgeld und das Urlaubsgeld sowie die vermögenswirksamen Leistungen anteilig für die Beschäftigungsdauer im Jahr des Ausscheidens.

(5) Alle Mitarbeiter/innen haben sich binnen eines Monats nach In-Kraft-Treten dieses Sozialplans verbindlich zu erklären, ob sie das Weiterbeschäftigungsangebot in M wahrnehmen.

(6) Die Geschäftsführung entscheidet darüber, zu welchem Zeitpunkt die Regelungen dieses Sozialplans für die jeweiligen Mitarbeiter/innen umgesetzt werden.

Die Firma wird die jeweils betroffenen Mitarbeiter/innen hierüber frühzeitig informieren.

§ 9 Schlussbestimmungen

(1) Sollten sich bei der Durchführung dieses Sozialplans im Einzelfall besondere Härten ergeben oder sollten Einzelfälle durch diesen Sozialplan nicht geregelt sein, so wird die Firma in Abstimmung mit dem Betriebsrat diese Einzelfälle angemessen zu regeln versuchen.

(2) Bei Streitigkeiten zwischen den Betriebsparteien über die Auslegung des Sozialplans ist eine gütliche Einigung, ggf. unter Einschaltung einer Einigungsstelle, herbeizuführen.

(3) Eine vom Gericht zuerkannte oder vergleichsweise vereinbarte Abfindung oder Entschädigung wird auf die von der Firma gewährten Leistungen aus dieser Betriebsvereinbarung voll angerechnet.

(4) Gesetzliche und einzelvertragliche Kündigungsfristen bleiben von dieser Betriebsvereinbarung unberührt.

(5) Dieser Sozialplan tritt am ▄▄▄ in Kraft und endet mit der vollständigen Umsetzung der im Interessenausgleich vorgesehenen Maßnahme.

III. Kombinationsregelungen Interessenausgleich/Sozialplan

1. Muster: DV- und Orga-Projekte, Rationalisierung

Zwischen

den Vorständen der AG (Versicherungsbereich)

und

dem Gesamtbetriebsrat

wird folgende Rahmenvereinbarung zur personellen Umsetzung vom DV- und Orga-Projekten sowie Rationalisierungsvorhaben abgeschlossen:

§ 1 Geltungsbereich

Die Vereinbarung gilt für alle Arbeitnehmer/innen (nachstehend: AN) im Innendienst und technischen Außendienst der vorgenannten Gesellschaften, soweit sie nicht leitende Angestellte i.S.v. § 5 Abs. 3 BetrVG sind.

Unter den Geltungsbereich fallen alle Rationalisierungsvorhaben i.S.d. § 106 BetrVG, sofern diese einen der unter Abschnitt III dieser Vereinbarung genannten Schritte nach sich ziehen. Dabei ist es unerheblich, ob es sich um ein größeres Projekt oder eine einzelne Maßnahme handelt.

Insbesondere sind dieses die Einzelmaßnahmen aus den Großprojekten:

- Neuorganisation der Kundenbetreuung
- Neuausrichtung der Versicherungen
- Dokumenten-Retrieval & Workflow-System
- Prozessorientierte Organisationsentwicklung
- Einrichtung Verwaltungscenter, Kompetenzcenter, Neuorganisation Schaden
- Neustrukturierung der Vertriebswege.

Soweit eine Maßnahme nach §§ 111, 112 BetrVG vorliegt, bleiben die dort geregelten Mitbestimmungsrechte des Betriebsrats unberührt. Zur Sicherstellung dieser Beteiligungsrechte wird eine paritätische Arbeitskommission gebildet, die regelmäßig über den Stand, die Auswirkungen und über die Umsetzung der aus Projekten resultierenden Maßnahmen berät (in der Regel drei Mitglieder des Betriebsrats, drei Mitglieder des Arbeitgebers).

§ 2 Zusammenarbeit der Beteiligten/Zeitrahmen

(1) Zeitpunkt der Information

Der Arbeitgeber informiert regelmäßig den jeweils zuständigen Betriebsrat über die geplanten Maßnahmen und deren personelle Auswirkungen. Darüber berät er so rechtzeitig mit den zuständigen Gremien, dass diese bei den anstehenden Umsetzungen mitwirken können. Damit soll gewährleistet sein, dass die personellen Auswirkungen Berücksichtigung finden und zwischenzeitlich durch z.B.

Kapitel 3: Interessenausgleichsvereinbarungen und Sozialpläne

- Ausnutzung der Fluktuation
- Vornahme von befristeten Einstellungen

gemildert werden.

(2) Zusammenarbeit mit dem Gesamtbetriebsrat und den örtlichen Betriebsräten

Alle anfallenden Umsetzungsschritte werden mit den zuständigen Betriebsräten beraten. Der Gesamtbetriebsrat erhält in regelmäßigen Abständen eine zusammenfassende Information. Es können Umsetzungsteams unter Beteiligung des zuständigen Betriebsrats gebildet werden, die Vorschläge zur personellen Umsetzung und für erforderliche Qualifizierungsmaßnahmen erarbeiten.

(3) Zusammenarbeit mit den betroffenen AN

Die betroffenen AN werden rechtzeitig – in der Regel unmittelbar nach den Beratungen mit dem Betriebsrat – informiert. Bei allen Gesprächen mit den Betroffenen ist auf Wunsch des AN ein Mitglied des Betriebsrats hinzuzuziehen. Bei der Entscheidung über die konkreten Maßnahmen sind die familiären Verhältnisse und die Vorstellungen der AN nach Möglichkeit zu berücksichtigen.

(4) Ausgleich bzw. Milderung von Nachteilen

Sollten AN aufgrund von Rationalisierungsmaßnahmen Nachteile erleiden, die in den Geltungsbereich dieser Rahmenvereinbarung fallen, werden diese durch die Anwendung der Instrumente unter § 4 (Sozialplan) ausgeglichen bzw. gemildert.

§ 3 Interessenausgleich

(1) Neuorganisation der Kundenbetreuung Leben

Die bisherigen Abteilungen „Antrag/Leistung" und die Bestandsverwaltung Leben werden in einem Bereich zusammengefasst bei gleichzeitiger Einführung der Allround-Bearbeitung.

Es bleibt bei der derzeitigen dezentralen versicherungstechnischen Bearbeitung. Es sind aus heutiger Sicht keine systematischen Arbeitsverlagerungen größeren Umfangs vorgesehen.

(2) Neuausrichtung Versicherung

Zur Sicherstellung der strategischen Ziele wird die bisherige spartenorganisatorische Gliederung umgewandelt in eine kundenorientierte Aufbauorganisation.

Es bleibt bei der Zielsetzung, die versicherungstechnische Bearbeitung weiter zu dezentralisieren. Dies wird zu einer Verlagerung von Arbeitsvolumen von der Hauptverwaltung auf die Verwaltungscenter führen.

(3) Dokumenten-Retrieval & Workflow-System

Das Dokumenten-Retrieval & Workflow-System wird unternehmensweit schrittweise eingeführt. Die mitbestimmungsrechtlichen Aspekte aus §§ 87 bis 91 BetrVG sind in einer Gesamtbetriebsvereinbarung geregelt.

(4) Einrichtung Verwaltungscenter

Konzentration der bisherigen 17 Verwaltungsgeschäftsstellen auf zukünftig sieben Verwaltungscenter, die alle Versicherungsprodukte des Privatkundengeschäftes aller Vertriebswege bearbeiten (Anlage 3).

(5) Einrichtung Kompetenzcenter

Einrichtung von fünf Kompetenzcentern an den Standorten ■■■. Die Kompetenzcenter haben die Aufgabe, die fachliche Vertriebsunterstützung für alle Vertriebswege zu leisten.

(6) Neuorganisation Schaden dezentral

Beibehaltung der bisherigen dezentralen Schadenbearbeitung an allen Standorten der bisherigen Verwaltungsgeschäftsstellen unter besonderer Beachtung der Entwicklung der Schadenstückzahlen, der Qualität der Aufgabenerfüllung und der Möglichkeit, erforderliche Vertretungsregelungen zu organisieren. Bei Veränderungen der Rahmenbedingungen wird die Aufrechterhaltung der Standorte erneut überprüft.

Mit der Zielsetzung einer einstufigen Schadenbearbeitung werden die Abgabegründe/Limite neu festgelegt. Die Schadenbearbeitungsquote durch den akquisitorischen Außendienst soll deutlich erhöht werden.

(7) Neustrukturierung der Vertriebswege

Mit der Zielsetzung, die Fixkosten in diesem Funktionsbereich zu senken, werden folgende Maßnahmen umgesetzt.

a) Zum ■■■ werden folgende Organisationseinheiten geschlossen:

Die Bezirksdirektionen ■■■, die Hauptgeschäftsstellen ■■■, die Maklerdirektion ■■■.

b) Es werden diejenigen Betriebsstätten in Bezug auf eine Weiterführung geprüft, die unter „Investitionsdirektionen/Geschäftsstellen" geführt werden.

Es ist beabsichtigt, diese Betriebsstätten zu schließen, sofern die angegebenen Umsätze zu dem genannten Termin nicht erreicht werden. In diesem Fall ist mit dem örtlich zuständigen Betriebsrat gemäß § 112 BetrVG über den Abschluss eines Einzelinteressenausgleichs für die betroffene Betriebsstätte zu verhandeln.

§ 4 Instrumente (Sozialplan)

(1) Personalpolitische Grundsätze

Der Arbeitgeber wird alle Möglichkeiten ausschöpfen, um betriebsbedingte Kündigungen zu vermeiden.

Auch wenn Maßnahmen bezüglich des Umfangs der personellen Auswirkung noch nicht abschließend definiert sind, können bereits Versetzungen auf andere Arbeitsgebiete eingeleitet werden. Vor einer konkreten personellen Einzelmaßnahme erfolgt eine Beratung mit dem Betriebsrat über Kriterien der Sozialauswahl. Dem betroffenen Personenkreis können dann offene Stellen bevorzugt angeboten werden. Der zuständige Betriebsrat wird informiert, bevor dem AN das konkrete Arbeitsplatzangebot unterbreitet wird.

(2) Ausschreibung von Arbeitsplätzen/Personalauswahl

Alle vakanten Stellen, die aufgrund der beschriebenen Maßnahmen zu besetzen sind, werden in den betroffenen Regionen ausgeschrieben. Die Betriebsvereinbarung über die interne Ausschreibung von Arbeitsplätzen in der Hauptverwaltung gilt weiter.

Für die Personalauswahl ist der jeweilige Vorgesetzte zuständig. Die Eignung von internen Bewerbern und/oder Qualifizierbarkeit wird auf Basis der Anforderungsprofile (Funktionsbeschreibung) festgelegt. Bei der Feststellung der Eignung/Qualifizierbarkeit wirkt der zuständige Betriebsrat mit. Bei Nicht-Eignung erhält der interne Bewerber eine Begründung.

Für die Durchführung von Assessment-Centern im Zusammenhang mit der Einrichtung von Kompetenzcentern wird eine gesonderte Betriebsvereinbarung abgeschlossen.

(3) Qualifizierungsmaßnahmen

Wenn sich die Tätigkeit eines AN an seinem Arbeitsplatz ändert, hat er Anspruch auf die erforderliche Einarbeitung oder Qualifizierung. Der Arbeitgeber hat sowohl über Inhalt als auch Dauer einer angemessenen Qualifizierung mit dem Betriebsrat zu beraten. Der notwendige Qualifizierungsbedarf wird unter Berücksichtigung des beruflichen Werdeganges, der Ausbildung und der Fachkenntnisse im Hinblick auf die zukünftigen Anforderungen des Arbeitsplatzes festgelegt. Die daraus resultierenden Qualifizierungsmaßnahmen werden schriftlich festgehalten und dem AN ausgehändigt.

Der Anspruch setzt voraus, dass der AN auf der Basis seines bereits erlangten Fachwissens in der Lage ist, das geforderte Qualifikationsziel innerhalb von 12 Monaten zu erreichen. Bei Qualifizierungsmaßnahmen ab einer Dauer von sechs Monaten wird nach der Hälfte der Dauer verbindlich überprüft, ob das Qualifikationsziel erreicht werden kann. Bestehen daran begründete Zweifel, so kann die Maßnahme nach entsprechender Beratung mit dem Betriebsrat abgebrochen werden.

Bleibt die Qualifizierungsmaßnahme erfolglos und wird aus diesem Anlass das Arbeitsverhältnis aufgelöst, so richtet sich die Abfindung nach § 4 Abs. 9 lit. b). Die Regelungen des 1. Absatzes gelten auch, wenn die Weiterbeschäftigung an dem bisherigen Arbeitsplatz nicht möglich ist und eine Einigung über die Versetzung erzielt wurde.

Die Kosten von Einarbeitungs- und Qualifizierungsmaßnahmen trägt der Arbeitgeber. Für die Dauer der Einarbeitung oder Qualifizierung erhält der AN seine regelmäßigen Bezüge weitergezahlt. Einarbeitungen und Qualifizierungen erfolgen während der regelmäßigen Arbeitszeit.

(4) Weiterbeschäftigung

Ein Angebot auf Weiterbeschäftigung erfolgt schriftlich. Es enthält Angaben über den beabsichtigten Versetzungszeitpunkt, Art der Tätigkeit, Arbeitsort und etwaige Regelungen, die aus dieser Vereinbarung folgen. Der AN hat für seine Entscheidung eine Bedenkzeit von längstens vier Wochen.

Innerhalb dieser Bedenkzeit kann er während der Arbeitszeit eine angebotene Stelle aufsuchen und sich informieren.

a) Ist die Weiterbeschäftigung an dem bisherigen Arbeitsplatz nicht möglich, ist der Arbeitgeber verpflichtet, dem AN in demselben Betrieb einen gleichwertigen anderen Arbeitsplatz anzubieten, der für den AN geeignet und zumutbar ist.

b) Steht ein Arbeitsplatz, der die Anforderungen nach lit. a) erfüllt, nicht zur Verfügung, ist der Arbeitgeber verpflichtet, dem AN einen gleichwertigen Arbeitsplatz in einem anderen Betrieb des Unternehmens anzubieten, der für den AN geeignet und zumutbar ist.

c) Steht auch ein Arbeitsplatz, der die Anforderungen nach lit. b) erfüllt, nicht zur Verfügung oder nimmt der AN den ihm nach lit. b) angebotenen Arbeitsplatz nicht an, ist der Arbeitgeber verpflichtet, dem AN einen geeigneten und zumutbaren Arbeitsplatz in demselben Betrieb des Unternehmens anzubieten.

d) Steht auch ein Arbeitsplatz, der die Anforderungen nach lit. c) erfüllt, nicht zur Verfügung, ist der Arbeitgeber verpflichtet, dem AN – soweit vorhanden – einen geeigneten und zumutbaren Arbeitsplatz in einem anderen Betrieb des Unternehmens anzubieten.

e) Ein anderer Arbeitsplatz ist gleichwertig, wenn die Tätigkeit nach derselben Tarifgruppe vergütet wird. Er ist geeignet, wenn damit zu rechnen ist, dass der AN die fachlichen und persönlichen Anforderungen des anderen Arbeitsplatzes erfüllen kann; dies ist auch dann der Fall, wenn zum Erwerb der Qualifikation für den anderen Arbeitsplatz eine Einarbeitung oder Qualifizierung erforderlich und dem Arbeitgeber zumutbar ist (siehe Qualifizierung).

f) Die Zumutbarkeit eines anderen Arbeitsplatzes für den AN richtet sich nach der Art seiner bisherigen Tätigkeit, seinem Alter und seinem Gesundheitszustand, seinen persönlichen Verhältnissen sowie den äußeren Umständen (z.B. bei einem Wechsel des Arbeitsortes).

Der AN kann einen Wechsel des Arbeitsortes ablehnen, wenn die Gesamtwegezeit 150 Minuten überschreitet.

g) Ist ein AN an einen anderen Ort versetzt worden und dorthin umgezogen, ist für die Dauer von 36 Monaten ab vollzogener Versetzung der Ausspruch einer betriebsbedingten Kündigung, außer im Falle der Betriebsstilllegung, durch den Arbeitgeber ausgeschlossen.

h) Wenn sich die Tätigkeit eines AN an seinem Arbeitsplatz erheblich ändert, hat er Anspruch auf schriftlich Beurteilung, die mit ihm zu besprechen ist. AN, die den Arbeitsplatz wechseln, haben Anspruch auf ein qualifiziertes Zwischenzeugnis.

i) Jeder AN hat das Recht, eine Versetzung in den Außendienst zu beantragen. Bei einer solchen Versetzung hat der AN Anspruch auf Einarbeitung und Schulung. Er erhält einen Außendienstvertrag besonderer Art zu den bisherigen Bezügen einschließlich etwaiger tariflicher Verbesserungen für die Dauer von längstens sechs Monaten. Ferner werden ihm die im Außendienst üblichen Fahrtkosten und Spesen und eine Vergütung von 5 EUR je „Einheit" für von ihm vermitteltes Neugeschäft erstattet. Ein durch diese Maßnahme ausgelöster erhöhter Kostensatz geht nicht zu Lasten der zuständigen Führungskraft. Nach längstens 6 Monaten erhält der AN einen üblichen Außendienst-(Aufrechnungs-)Vertrag.

Beendet der AN seine Tätigkeit im Außendienst innerhalb von sechs Monaten von sich aus oder im Einvernehmen mit dem Arbeitgeber, erhält er die entsprechende Abfindung aus diesem Interessenausgleich/Sozialplan.

(5) Gehaltssicherung

Werden AN auf einen anderen Arbeitsplatz versetzt, der nach den tarifvertraglichen Bestimmungen geringer zu bewerten ist, als es der bisherigen Vergütung entspricht, so erfolgt eine Gehaltssicherung. Ist die Beschäftigungsdauer (ohne Ausbildungszeiten) kleiner als fünf Jahre, so wird eine Gehaltssicherung von 36 Monaten vorgenommen. Die Gehaltssicherung ist die Differenz zwischen bisherigem Gehalt und zukünftigem Gehalt, entsprechend der Wertigkeit des neuen Arbeitsplatzes. Der Differenzbetrag wird für 36 Monate in eine dynamisierte Ausgleichszulage umgewandelt.

Nach Ablauf der Gehaltssicherung wird die Ausgleichszulage gemäß § 7 Nr. 1 Rationalisierungsschutzabkommen in Höhe der jeweiligen Tarifanhebung abgebaut.

Für AN mit einer Beschäftigungsdauer ab fünf Jahren erfolgt kein Abbau der Ausgleichszulage.

(6) Rückkehranspruch

AN, die in Folge von Rationalisierungsmaßnahmen auf einen anderen Arbeitsplatz versetzt wurden, werden bei der Besetzung von freien Stellen im ursprünglichen Arbeitsbereich bei vergleichbarer Qualifikation bevorzugt berücksichtigt.

(7) Mobilitätsbeihilfen

Wird ein AN auf einen weiter entfernten Arbeitsplatz versetzt, werden für einen Übergangszeitraum folgende Leistungen gewährt:

a) Bei Aufrechterhaltung des bisherigen Wohnsitzes

aa) Hotel/Appartement am neuen Arbeitsort

Für die Dauer von drei Monaten – in begründeten Ausnahmefällen bis zu sechs Monaten – übernimmt der Arbeitgeber die Kosten für ein gutes Mittelklassehotel oder ein Appartement am neuen Arbeitsort.

Für den Zeitraum, in dem ein AN diese Leistungen in Anspruch nimmt, übernimmt der Arbeitgeber die Kosten für eine Familienheimfahrt (Bundesbahn 1. Klasse) wöchentlich.

Sofern bei dem AN eine doppelte Haushaltsführung entsteht, wird eine Trennungsentschädigung nach den steuerlichen Richtlinien gewährt.

bb) Anreise von der bisherigen Wohnung

Alternativ zu den Leistungen und für den Zeitraum nach lit. a) aa) wird ein Fahrtkostenzuschuss (brutto) in Höhe der Kosten für Monatskarten der Bahn AG (1. Klasse) gezahlt. Anschließend gelten die allgemeinen Regelungen über den Fahrtkostenzuschuss. Die Leistungen nach lit. a) aa) und bb) können wahlweise in Anspruch genommen werden. Ein Wechsel ist jederzeit möglich.

cc) Zuschuss für den erhöhten Zeitaufwand

Für den Aufwand des verlängerten Weges zur Arbeit erhält der AN eine zusätzliche Aufwandsentschädigung (brutto). Die Höhe dieser Aufwandsentschädigung richtet sich nach der zusätzlichen Dauer für die einfache Fahrt zur Arbeitsstätte:

Stufe I ■■■ EUR/Monat ab 30 Minuten
Stufe II ■■■ EUR/Monat ab 45 Minuten
Stufe III ■■■ EUR/Monat ab 60 Minuten.

Die Fahrtkosten und die Entschädigung für den verlängerten Weg zur Arbeit werden für die Dauer von zwei Jahren gezahlt. Ab einer sechsjährigen Betriebszugehörigkeit verlängert sich die Dauer um ein Jahr, bei einer Betriebszugehörigkeit ab acht Jahre um ein weiteres Jahr.

Nach Ablauf der Dauer wird die Aufwandsentschädigung in den nächsten 12 Monaten in gleichen Beträgen „abgeschmolzen" (Kürzung je Monat um 1/12).

b) Umzug zum neuen Arbeitsort

Verlegt ein AN innerhalb von 24 Monaten nach Versetzung den Wohnsitz an den neuen Arbeitsort, werden folgende Leistungen gewährt:

aa) Wohnungssuche

Für Wohnungsbesichtigungen und für Termine mit Maklern wird in angemessenem Rahmen bezahlte Freizeit gewährt, wenn diese Termine nicht außerhalb der regelmäßigen Arbeitszeit wahrgenommen werden können.

Die Kosten für Anzeigen in regional verbreiteten Zeitungen werden vom Arbeitgeber übernommen.

Reisekosten für die Besichtigung von Wohnobjekten werden, auch für den Lebenspartner, erstattet.

bb) Maklergebühren

Maklergebühren werden im ortsüblichen Rahmen für die Vermittlung von Mietwohnungen erstattet. Bei Erwerb von Wohnungseigentum erfolgt die Erstattung von Maklerkosten in der Höhe, die für die Beschaffung einer vergleichbaren Mietwohnung entstanden wären.

cc) Umzugskosten

Der Arbeitgeber übernimmt die erforderlichen Umzugskosten nach Abstimmung.

dd) Mietzuschüsse

Mietzuschüsse werden befristet gemäß einer hierfür bestehenden Tabelle gezahlt.

Bei der Veräußerung und dem Erwerb von Wohneigentum werden individuelle Regelungen getroffen.

ee) Abstandszahlung

Verlegt ein AN, der die Leistungen nach lit. b) aa) bis dd) in Anspruch nehmen kann, seinen Wohnsitz innerhalb von 12 Monaten nach der Versetzung an den neuen Arbeitsort, so erhält er zusätzlich eine Abstandszahlung in Höhe von ■■■ EUR.

ff) Betriebsbedingte Veranlassung

In Zweifelsfällen entscheidet der Arbeitgeber mit dem örtlichen Betriebsrat über die betriebsbedingte Veranlassung des Wohnungswechsels.

gg) Rückzahlungsverpflichtung

Der AN ist verpflichtet, die Umzugskosten und Maklergebühren anteilig zurückzuzahlen, wenn er innerhalb von zwei Jahren aufgrund eigener Kündigung die Versicherungsgruppe verlässt.

(8) Verkürzung der individuellen Arbeitszeit

a) Im Rahmen von Rationalisierungsmaßnahmen sind, soweit es betrieblich durchführbar ist, verstärkt Teilzeitplätze oder alternativ individuelle Arbeitszeitregelungen anzubieten. Die individuellen Wünsche der AN sind angemessen zu berücksichtigen, wobei von Rationalisierungsmaßnahmen Betroffene bei entsprechender Qualifikation oder Qualifizierbarkeit den Vorzug haben. Umwandlungswünschen – z.B. Rückkehr in eine Vollzeittätigkeit – ist Rechnung zu tragen, sofern die arbeitsorganisatorischen Gegebenheiten sowie die personelle Situation dies zulassen. Ebenso können unter diesen Voraussetzungen im Rahmen von Arbeitsplatzteilung in Abstimmung mit dem Betriebsrat spezifische Arbeitszeitregelungen vereinbart werden, um betriebsbedingte Kündigungen zu vermeiden.

Modelle zur Gehaltssicherung werden mit dem Gesamtbetriebsrat entwickelt.

Über die veränderten Arbeitsbedingungen ist eine schriftliche Vereinbarung mit dem AN abzuschließen.

b) Ist die Reduzierung der Arbeitszeit durch eine Maßnahme nach § 3 veranlasst, erhält der AN eine einmalige Ausgleichszahlung i.H.v. 12 x 50% (brutto) der Differenz zwischen bisherigem und künftigem Monatsgehalt einschließlich aller Zulagen und VL.

Bei einer anschließenden Erhöhung des vertraglichen Arbeitszeitvolumens innerhalb von 12 Monaten wird die Ausgleichszahlung anteilig mit den erhöhten Bezügen verrechnet.

Erfolgt innerhalb dieser 12 Monate eine betriebsbedingte Kündigung, so wird die Abfindung auf der Grundlage der Vollzeit ermittelt, abzüglich der einmaligen Ausgleichszulage gemäß Satz 1.

Erfolgt die Kündigung nach Ablauf der 12 Monate, so wird die Höhe der Abfindung entsprechend dem Verhältnis Vollzeit zu Teilzeit während der gesamten Beschäftigungsdauer ermittelt.

(9) Austrittsregelungen

a) Abfindungsanspruch

Einen Anspruch auf Abfindung unter Ausnutzung der steuerlichen Möglichkeiten haben diejenigen AN,

- die infolge der Maßnahmen betriebsbedingt gekündigt werden,
- die einvernehmlich aufgrund eines betriebsbedingten Aufhebungsvertrages aus dem Unternehmen ausscheiden oder in den nichtangestellten Außendienst (§§ 84 f. HGB) wechseln,
- deren Arbeitsplatz wegfällt und die aufgrund eigener Kündigung aus dem Unternehmen ausscheiden, es sei denn, ihnen wird vorher schriftlich ein nach den Bestimmungen dieser Rahmenvereinbarung gleichwertiger oder zumutbarer Arbeitsplatz angeboten,
- die infolge eines Ringtausches gemäß § 4 Abs. 12 ausscheiden.
- die infolge der Maßnahmen an einen anderen Arbeitsort versetzt wurden und ihre Entscheidung innerhalb von drei Monaten revidieren.

Der Anspruch auf Abfindung erlischt, wenn der AN ein zumutbares Arbeitsplatzangebot ablehnt.

b) Höhe der Abfindung

aa) Arbeitnehmer vor Vollendung des 55. Lebensjahres

Die Höhe der Abfindung beträgt je Beschäftigungsjahr für ununterbrochene Tätigkeit in Unternehmen, die zum Konzern der Versicherungsgruppe gehören:

- bis zum vollendeten 30. Lebensjahr   Faktor 0,7
- ab vollendetem 30. Lebensjahr   Faktor 0,9
- ab vollendetem 35. Lebensjahr   Faktor 1,1
- ab vollendetem 40. Lebensjahr   Faktor 1,2
- ab vollendetem 45. bis 54. Lebensjahr   Faktor 1,4

Ein begonnenes Beschäftigungsjahr gilt als volles Jahr, wenn bereits mehr als sechs Monate bis zum Ausscheidetermin abgelaufen sind.

Unterhaltsberechtigte Kinder

Für jedes unterhaltsberechtigtes Kind erhält der AN eine zusätzliche Abfindung nach folgender Tabelle:

- erreichtes Alter des Kindes bis 5 Jahre   === EUR
- erreichtes Alter des Kindes von 6 bis 10 Jahre   === EUR
- erreichtes Alter des Kindes von 11 bis 15 Jahre === EUR
- erreichtes Alter des Kindes ab 16 Jahre   === EUR.

Die AN, deren Betriebsstätte geschlossen wird, erhalten zusätzlich als Abfindung ein Monatsgehalt, sofern sie noch in dem Monat der Stilllegung ihre arbeitsvertraglichen Verpflichtungen erfüllt haben (Urlaubszeiten ausgeschlossen). In diesen Fällen ist eine Abgeltung von Urlaub nach den tarifvertraglichen Bestimmungen möglich.

Die Mindestabfindung beträgt:

- erreichtes Alter bis 29 Jahre   === EUR
- erreichtes Alter von 30 bis 39 Jahre   === EUR

- erreichtes Alter von 40 bis 49 Jahre ▬▬▬ EUR.
- erreichtes Alter von 50 bis 54 Jahre ▬▬▬ EUR.

Die Höchstabfindung beträgt ▬▬▬ EUR.

bb) Arbeitnehmer ab Vollendung des 55. Lebensjahres

Es wird eine Austrittsvereinbarung erarbeitet.

Die Austrittsvereinbarung wird vor Einleitung der personellen Maßnahme schriftlich fixiert, dem AN und dem zuständigen Betriebsrat ausgehändigt und mit diesem beraten.

cc) Arbeitnehmer, die unmittelbar gesetzliches Altersruhegeld beziehen

Rentenversicherungspflichtige AN, die von den vorgenannten Maßnahmen betroffen sind und nach dem Austritt unmittelbar gesetzliches Altersruhegeld beziehen, erhalten eine Abfindung in Höhe von ▬▬▬ EUR je Monat für jeden Monat vom Austrittszeitpunkt bis zur Vollendung des 65. Lebensjahres. Die Abfindung wird in einer Summe im Austrittsmonat ausgezahlt. Sofern bis zur Vollendung des 65. Lebensjahres ein Jubiläum noch erreicht würde, erhöht sich die Abfindung um das Jubiläumsgeld.

Den gleichen Anspruch haben AN, die Leistungen nach § 3 Nr. 4 MTV erhalten.

dd) Teilzeitkräfte

Bei Teilzeitkräften wird die Höhe der Abfindung anteilig ermittelt.

Für AN, die tariflich eingruppiert sind, entsprechend dem Verhältnis der individuellen zur tariflichen Wochenarbeitszeit.

Für AN gemäß § 1 Nr. 2 MTV, die ein außertarifliches Entgelt unterhalb der Tarifgruppe (TG) 1 beziehen, entsprechend dem Verhältnis vertragliches Bruttomonatsentgelt zur TG 1. Dies gilt auch für die Mindest- und Höchstabfindung sowie die zusätzliche Abfindung für Kinder.

(10) Haustarife, Hypothekendarlehen, Personaldarlehen

Haustarife werden bis zum Austritt, bei anschließender Arbeitslosigkeit für deren nachgewiesene Dauer, weiter gewährt.

Bei Hypothekendarlehen gelten die Mitarbeiterkonditionen bis zum Ablauf der vereinbarten Zinsbindungsfrist.

Personaldarlehen werden mit Leistungen nach § 4 verrechnet.

(11) Urlaub/Sonderzahlungen

Bei Ausscheiden während des Kalenderjahres gelten die tariflichen Bestimmungen.

(12) Ringtausch

AN können eine Austrittsvereinbarung gemäß § 4 beantragen, wenn dadurch die unmittelbare Aufrechterhaltung eines Arbeitsverhältnisses eines betroffenen AN gesichert wird.

(13) Härtefälle

Arbeitgeber und Betriebsrat behalten sich vor, für besondere Härten gesonderte Einzelfallregelungen zu vereinbaren.

(14) Abstimmung mit dem Betriebsrat/In-Kraft-Treten

Bestehen Meinungsverschiedenheiten über die Anwendung oder Auslegung dieser Vereinbarung, entscheidet hierüber eine betriebliche Schlichtungsstelle. Jede Seite entsendet drei Mitglieder. Kommt eine Einigung nicht zustande, so erfolgt die Abwicklung nach § 76 BetrVG.

Diese Betriebsvereinbarung tritt mit der Unterzeichnung in Kraft und kann frühestens zum ▬▬▬ gekündigt werden. Sie löst den bisherigen Interessenausgleich/Sozialplan vom ▬▬▬ und den Sozialplan vom ▬▬▬ ab. Die Regelungen unter § 4 Abs. 4 ff. ersetzen die Regelungen unter § 3 des Interessenausgleichs/Sozialplans vom ▬▬▬.

2. Muster: Personalabbau

Zwischen

der ▬▬▬ GmbH

– nachstehend: Arbeitgeber –

und

dem Gesamtbetriebsrat der ▬▬▬ GmbH

– nachstehend: Gesamtbetriebsrat –

wird folgende Rahmenbetriebsvereinbarung über einen Interessenausgleich/Sozialplan abgeschlossen:

Präambel

Zur Steigerung der Wirtschaftlichkeit und der Wettbewerbsfähigkeit sind von der ■■■-GmbH in einem ständigen Prozess der Orientierung an sich ändernden wirtschaftlichen Rahmenbedingungen Maßnahmen zur rationellen Gestaltung des Unternehmens und einzelner Betriebsteile durchzuführen. Maßnahmen im Sinne dieser Rahmenvereinbarung sind sämtliche von Arbeitgeberseite veranlassten Änderungen der Arbeitstechnik oder der Arbeitsorganisation, sofern diese personelle Maßnahmen nach sich ziehen können. Dabei ist es unerheblich, ob es sich um größere Projekte oder einzelne Maßnahmen handelt.

Bei der Umsetzung von Maßnahmen ist den sozialen Interessen der Beschäftigten in besonderem Maße Rechnung zu tragen. Die nachstehende Regelung soll helfen, anstehende Maßnahmen zur Zufriedenheit aller Beteiligten zu lösen. Ziel von Arbeitgebern und den Betriebsräten ist es, betriebsbedingte Kündigungen zu vermeiden.

Diese Betriebsvereinbarung ist zugeschnitten auf die Personalstruktur der ■■■-GmbH, insbesondere in Bezug auf erreichtes Alter, Betriebszugehörigkeit und Bezüge der Mitarbeiterinnen/Mitarbeiter.

§ 1 Geltungsbereich

Diese Vereinbarung gilt personell für alle Mitarbeiterinnen und Mitarbeiter der Firma, soweit sie nicht leitende Angestellte i.S.v. § 5 Abs. 3 BetrVG 1972 sind. Der personelle Geltungsbereich wird auch nicht durch § 3 Abs. 1 vorletzter Satz ausgedehnt.

§ 2 Beschäftigungspolitische Grundsätze

Der Arbeitgeber sagt zu, alle Möglichkeiten auszuschöpfen, Mitarbeiterinnen/Mitarbeitern bei Fortfall ihres bisherigen Arbeitsplatzes andere Arbeitsplätze anzubieten.

Arbeitgeber und Betriebsrat stimmen darin überein, dass die Aufrechterhaltung eines Arbeitsverhältnisses Vorrang vor dessen Auflösung hat.

Ist dies nicht möglich oder äußert eine/ein betroffene/r Mitarbeiter/in einen entsprechenden Wunsch, dann werden auch innerhalb des Konzerns und hier bevorzugt in der Gruppe ■■■ Personalvermittlungsaktivitäten eingeleitet.

Im Rahmen der Beziehungen zu örtlichen Behörden oder befreundeten Firmen wird sich der Arbeitgeber für die Vermittlung von Mitarbeiterinnen/Mitarbeitern, die trotz der nachstehenden Maßnahmen nicht weiterbeschäftigt werden können, außerhalb des Unternehmens ebenfalls einsetzen.

Die betroffenen Mitarbeiterinnen/Mitarbeiter sowie die zuständigen Betriebsratsgremien werden vom Arbeitgeber an diesen Bemühungen beteiligt und, wo dieses nachweislich nicht möglich ist, zumindest sofort informiert.

Der Arbeitgeber hat deshalb unter Beteiligung des Betriebsrats folgende Maßnahmen zu ergreifen:

- begrenzter Einstellungsstopp
- Ausnutzung der normalen Fluktuation
- Versetzungen (Ringtausch gegebenenfalls nach Qualifizierung oder Weiterqualifikation)
- Abbau von Überstunden
- „Versetzung" im Konzern – Stellenbörse (Nachweis offener Stellen soweit bekannt)
- Verstärktes Angebot von Teilzeitarbeit
- Vornahme von befristeten Einstellungen beziehungsweise befristeter Einsatz von externen Mitarbeiterinnen/Mitarbeitern.

§ 3 Grundsatzregelungen

Die mit Rationalisierungsmaßnahmen verbundenen Personalanpassungen werden nach Art und Umfang sozialverträglich durchgeführt. Ziel ist die Erhaltung möglichst vieler Arbeitsplätze und deren langfristige Sicherung.

(1) Zusammenarbeit mit den Betriebsratsgremien

Bei der Umsetzung von Maßnahmen ist den Interessen der Beschäftigten in besonderem Maße Rechnung zu tragen. Die Planungen sowie die sich daraus ergebenden Durchführungsschritte und Planungsunterlagen werden vor der Entscheidung mit den zuständigen Betriebsratsgremien so rechtzeitig und umfassend beraten, dass der Betriebsrat bei der anstehenden Entscheidung mitwirken kann.

„Rechtzeitig" heißt: im Regelfall mindestens zwei Monate, im begründeten Ausnahmefall mindestens ein Monat vor der geplanten Umsetzung; „umfassend" heißt: unter Vorlage der auf die einzelne Person bezogenen Maßnahmenpläne über die jeweilige Einzelmaßnahme sowie der Darstellung der Auswirkung auf die einzelnen, persönlichen Arbeitsplätze.

Anstehende Maßnahmen werden unverzüglich in der Personalplanung berücksichtigt. Die Betriebsratsgremien werden laufend (mindestens jedoch alle vier Wochen) über die aktuelle Personalplanung im Detail unterrichtet und Auswirkungen der Umsetzung von Maßnahmen werden mit ihnen beraten.

Die Betriebsratsgremien werden regelmäßig, d.h. mindestens alle zwei Wochen, über den jeweiligen Planungs- und Realisierungsstand von Maßnahmen informiert (ergänzende Bestimmungen des § 99 BetrVG 1972 bleiben davon unberührt). Die Information erfolgt umfassend, d.h. alle Unterlagen, die der Planung oder Realisierung gedient haben, werden dem zuständigen Betriebsrat überlassen.

In der Planungsphase von Konzentrationen, Zentralisierungen und Auslagerungen von Aufgaben beziehungsweise Arbeitsprozessen werden den zuständigen Betriebsratsgremien rechtzeitig eine Wirtschaftlichkeitsbetrachtung und die sich daraus ergebenden, insbesondere personellen Konsequenzen vorgelegt und erläutert. Auf Wunsch der Betriebsratsgremien wird nach Umsetzung von Maßnahmen eine Nachbetrachtung vorgenommen und bei Bedarf erläutert.

Den Betriebsratsgremien steht es frei, weitere betriebsverfassungsrechtliche Gremien beratend in Gespräche einzuschalten.

Die Firma wird alle gegenwärtigen Unternehmen des Konzerns, die Mitarbeiterinnen/Mitarbeiter der Firma aufnehmen, verpflichten, die diesen gegenüber bestehenden Verpflichtungen aus dieser Vereinbarung zu übernehmen und einzuhalten.

Die Vorschriften gemäß § 106 BetrVG 1972 bleiben von vorstehenden Regelungen unberührt.

(2) Zusammenarbeit mit den betroffenen Mitarbeiterinnen/Mitarbeitern und Information derselben

Vor der Umsetzung von personellen Maßnahmen werden die Betroffenen über Veränderungen ihres Arbeitsplatzes beziehungsweise Aufgabenbereiches rechtzeitig und umfassend unterrichtet. Sofern mit der Durchführung von Maßnahmen ein Wechsel des Arbeitsortes oder ein Wegfall eines Arbeitsplatzes verbunden ist, werden in Einzelgesprächen mit den betroffenen Mitarbeiterinnen/Mitarbeitern deren Vorstellungen, Möglichkeiten, familiäre und sonstige sozialen Verhältnisse erörtert. Dies ist die Grundlage für die weitere individuelle mit den zuständigen Betriebsratsgremien abzustimmende Maßnahmenplanung.

Daraus resultiert ein schriftliches Arbeitsplatzangebot/Stellenangebot mit allen wichtigen Merkmalen: z.B. Übernahmetermin, Einsatzort, Reisetätigkeit, Funktionsbeschreibung, Entwicklungsmöglichkeiten in Bezug auf Aufgaben und Bezüge. Vor einem Wechsel zu einem anderen Betrieb innerhalb der VGDB beinhaltet das Arbeitsplatzangebot die Betriebsordnung und die Betriebsvereinbarungen des übernehmenden Betriebes.

Mit den Mitarbeiterinnen/Mitarbeitern werden erforderliche Qualifizierungsmaßnahmen besprochen, die sie in die Lage versetzen, den Anforderungen und dem Wandel ihres bestehenden beziehungsweise eines neuen Arbeitsplatzes gerecht zu werden. Bei der Feststellung der Eignung und der Qualifizierbarkeit sowie bei der Festlegung der individuellen Qualifizierungsmaßnahmen von betroffenen Mitarbeiterinnen/Mitarbeitern wegen anstehender Umsetzungen/Veränderungen des Arbeitsgebietes bestimmt der Betriebsrat im Rahmen des § 98 BetrVG 1972 bzw. der hierzu bestehenden Betriebsvereinbarungen mit. Den beruflichen Interessen der betroffenen Mitarbeiterinnen/Mitarbeiter ist Rechnung zu tragen.

Die daraus resultierenden Qualifizierungsmaßnahmen werden schriftlich festgehalten und der Mitarbeiterin/dem Mitarbeiter und den zuständigen Betriebsratsgremien ausgehändigt.

Die Mitarbeiterin/der Mitarbeiter hat für ihre Entscheidung eine angemessene Bedenkzeit. In der Regel sind vier Wochen angemessen. Innerhalb der Bedenkzeit können sie während der Arbeitszeit eine angebotene Stelle aufsuchen und sich informieren.

Alle Kosten für Aus- und Weiterbildungsmaßnahmen trägt der Arbeitgeber. Der Arbeitgeber verzichtet auf die Forderung von Rückzahlungen. Zeiten der Einarbeitung und Qualifizierung gelten als Arbeitszeit.

Bei allen Gesprächen mit den Betroffenen ist auf Wunsch der Mitarbeiterin/des Mitarbeiters ein Mitglied des Betriebsrats hinzuzuziehen – auf dieses Recht werden die Betroffenen schon bei der Anberaumung des Gesprächstermins ausdrücklich hingewiesen. Die Rechte aus §§ 84, 85 BetrVG 1972 bleiben hiervon unberührt. Diese Gespräche sind den betroffenen Mitarbeiterinnen/Mitarbeitern und dem zuständigen Betriebsratsgremium rechtzeitig vorher unter Angabe des Gesprächsthemas anzukündigen.

§ 4 Durchführung von Maßnahmen

Da zum Zeitpunkt der Unterzeichnung dieser Vereinbarung anstehende Maßnahmen nur zu einem sehr geringen Teil konkretisiert und mögliche weitere Maßnahmen nur ansatzweise bekannt sind, wird zwischen Arbeitgeberseite und Betriebsrat vereinbart, zu anstehenden Maßnahmen Vereinbarungen zu treffen, die mindestens folgende Inhalte haben:

- eine funktionen- oder funktionsbereichorientierte Beschreibung der Maßnahmen mit einer Gegenüberstellung von Ist- und Sollzuständen und

- die hieraus resultierenden Betroffenheiten sowie
- die Terminvorstellungen für die Realisierung der Maßnahmen.

Es ist unstrittig, dass vor Abschluss derartiger Vereinbarungen die Maßnahmen nicht durchgeführt werden dürfen. Planungsaktivitäten, die sich nicht in konkreten Maßnahmen ausdrücken, werden hierdurch nicht berührt.

§ 5 Arbeitsplatzsicherung

Vorrangiges Ziel bei der Umsetzung von Maßnahmen ist die Aufrechterhaltung eines gleichwertigen Arbeitsverhältnisses bei der Firma. Hierzu sind den betroffenen Mitarbeiterinnen/Mitarbeitern im Rahmen von Qualifizierungs- und Vermittlungsanstrengungen Vorschläge zu unterbreiten.

Es gilt das Rationalisierungsschutzabkommen vom ■■■, soweit in der vorliegenden Rahmenvereinbarung nicht günstigere Regelungen getroffen werden.

(1) Wertigkeit von Arbeitsplätzen

Gleichwertig ist ein Arbeitsplatz, wenn bei gleicher Arbeitszeit zumindest die Wertigkeit (z.B. Vergütung/tarifliche Eingruppierung) des neuen Arbeitsplatzes der des bisherigen entspricht und/oder wenn die für diesen Arbeitsplatz erforderliche Qualifikation durch vom Arbeitgeber angebotene Qualifizierungsmaßnahmen erworben werden kann und der Arbeitsplatz am bisherigen Dienstort liegt.

Bei einer Versetzung oder Umbesetzung auf einen gleichwertigen Arbeitsplatz bleiben die Bezüge nach Art und Höhe erhalten.

Gleichwertig-zumutbar ist ein Arbeitsplatz, wenn Gleichwertigkeit vorliegt und ein Ortswechsel zumutbar ist. Zumutbar ist ein Ortswechsel, wenn die Gesamtwegezeit (Hin- und Rückweg) 120 Minuten nicht überschreitet und die sozialen Belange und persönlichen Gründe der betroffenen Mitarbeiterinnen/Mitarbeiter berücksichtigt werden (z.B. die Ortsbindung, die Bedürfnisse schulpflichtiger Kinder sowie unterhaltsberechtigter und zu betreuender Angehöriger, Alter und Gesundheitszustand).

(2) Beschäftigungssicherung/Vermeidung von Entlassungen

Im Rahmen einer Existenzsicherung und Qualifizierung entsprechend den künftigen Anforderungen besteht Einvernehmen zwischen Arbeitgeber und Betriebsrat, dass folgende Maßnahmen mit Beteiligung des Betriebsrats durchgeführt werden:

a) Alle freien Stellen werden im Unternehmen ausgeschrieben. Im Falle einer Ablehnung erhalten die internen Bewerberinnen/Bewerber eine schriftliche Begründung.

b) Wechselt eine Mitarbeiterin/ein Mitarbeiter aufgrund des Wegfalls ihres/seines bisherigen Arbeitsplatzes auf einen anderen Arbeitsplatz und ändert sich dabei auch ihr/sein Aufgabengebiet, so werden der Mitarbeiterin/dem Mitarbeiter erforderliche Qualifizierungsmaßnahmen angeboten, und es wird ihr/ihm ausreichend Gelegenheit gegeben, sich zur Bewältigung ihrer/seiner künftigen Aufgaben den Anforderungen der neuen Stelle entsprechend zu qualifizieren. Arbeitgeber und Betriebsrat sind sich einig, dass in der Regel ein Zeitraum von 18 Monaten – in begründeten Einzelfällen auch länger – für Qualifizierungsmaßnahmen ausreichend ist.

c) Fällt ein Arbeitsplatz weg und müsste das Beschäftigungsverhältnis gegen Zahlung einer Abfindung beendet werden, so besteht die Möglichkeit, dass eine andere Mitarbeiterin/ein anderer Mitarbeiter gegen Zahlung einer Abfindung freiwillig ausscheidet und die/der vom Wegfall ihres/seines Arbeitsplatzes betroffene Mitarbeiterin/Mitarbeiter den somit freiwerdenden Arbeitsplatz besetzt (Ringtausch).

d) Bei einem Angebot von Teilzeitarbeitsplätzen ist zur Sicherung von Arbeitsverhältnissen den Umwandlungswünschen der Mitarbeiterinnen/Mitarbeiter (z.B. auch spätere Rückkehr in ein Vollzeitbeschäftigungsverhältnis) Rechnung zu tragen. Betroffene haben bei entsprechender Qualifikation oder Qualifizierbarkeit den Vorzug.

Über die veränderten Arbeitsbedingungen ist eine schriftliche Vereinbarung mit den Betroffenen abzuschließen. Bei Umstellung auf ein Teilzeitarbeitsverhältnis erhält die Mitarbeiterin/der Mitarbeiter eine einmalige Ausgleichszahlung in Höhe von 50% der Differenz zwischen bisherigem und künftigem Monatsgehalt inklusive Zulagen und vermögenswirksamen Leistungen (zum Zeitpunkt der Arbeitszeitänderung) multipliziert mit 12 als Bruttoausgleichszahlung.

Eventuell anstehende Fälle für eine Umwandlung in einen Teilzeitarbeitsplatz werden zwischen Arbeitgeber und den zuständigen Betriebsratsgremien beraten. In diesem Zusammenhang können Ausgleichszahlungen nur im Einvernehmen zwischen Arbeitgeber und Betriebsrat verweigert werden.

Es besteht Einigkeit, dass mit Teilzeitmitarbeiterinnen und -Mitarbeitern über Jobsharing gesprochen werden kann.

e) Mitarbeiterinnen/Mitarbeiter, die im Zusammenhang mit der Verlagerung von Funktionen in andere Unternehmen der ■■■ versetzt/umgesetzt werden, erhalten die Zusage,

- dass sie im Falle einer (konzern-)internen Bewerbung bei der Besetzung von freien Stellen vorrangig berücksichtigt werden;

- dass für den Fall einer Liquidation der übernehmenden Gesellschaft oder der Veräußerung des übernehmenden Betriebes oder der Mehrheit der Geschäftsanteile an Dritte, mit Ausnahme an ein Unternehmen des Konzerns, die ■■■-GmbH die Rückübernahme der Arbeitsverhältnisse garantiert. Dabei bleibt eine den Umständen nach angemessene Änderung des Tätigkeits- und Aufgabengebietes vorbehalten;
- dass die ■■■-GmbH eine Rückübernahme der Arbeitsverhältnisse in Aussicht stellt, wenn einer Mitarbeiterin/einem Mitarbeiter aufgrund ihrer/seiner Ausbildung beziehungsweise ihres/seines Ausbildungsstandes oder der Art der bisherigen Tätigkeit (Funktionsbeschreibung) nicht mehr zugemutet werden kann, das Arbeitsverhältnis mit der übernehmenden Gesellschaft beziehungsweise dem übernehmenden Betrieb fortzusetzen und kein Grund in der Person der Mitarbeiterin/des Mitarbeiters der Rückübernahme entgegensteht.

Diese Zusage gilt für einen Zeitraum von drei Jahren nach erfolgter Versetzung/Umsetzung.

Sollte für eine/n rückübernommene/n Mitarbeiterin/Mitarbeiter kein Arbeitsplatz in Anwendung dieser Rahmenvereinbarung zur Verfügung stehen, kann das Arbeitsverhältnis gegen Zahlung einer Abfindung gemäß den Regelungen dieser Rahmenvereinbarung aufgelöst werden.

f) Wird Mitarbeiterinnen/Mitarbeitern, die im Rahmen der Vorschriften dieser Betriebsvereinbarung in ein anderes Konzernunternehmen gewechselt haben, innerhalb von drei Jahren betriebsbedingt gekündigt, verpflichtet sich die Firma, diese/n Mitarbeiterin/Mitarbeiter zurückzuübernehmen. Steht auch hier kein Arbeitsplatz in Anwendung dieser Rahmenvereinbarung zur Vergütung, gilt § 5 Abs. 2 lit. e) letzter Absatz.

§ 6 Mobilitätserfordernisse

Die Regelung der Mobilität bezieht sich auf den Arbeitsplatzwechsel innerhalb des Konzerns.

(1) Tägliche Mobilität

Arbeitgeber und Betriebsrat sind sich einig, dass mit einem Wechsel auf einen geographisch weiter entfernten Arbeitsplatz nicht zwingend auch eine sofortige Verlagerung des persönlichen Lebensraumes verbunden sein kann. Es werden daher vom Arbeitgeber für einen Übergangszeitraum von bis zu einem Jahr gewisse Unterstützungsleistungen gewährt.

a) Hotelkosten

Für die Dauer von zunächst drei Monaten – in begründeten Ausnahmefällen bis zu sechs Monaten – übernimmt der Arbeitgeber die Kosten für ein gutes Mittelklassehotel oder ein adäquates Apartment am neuen Arbeitsort, wenn die Mitarbeiterin/der Mitarbeiter nicht täglich pendelt und solange sie/er nicht ihren/seinen Wohnsitz an den neuen Arbeitsort verlegt.

b) Familienheimfahrten

Für den Zeitraum, in dem eine Mitarbeiterin/ein Mitarbeiter nicht täglich pendelt, sondern die Hotelkostenübernahme nach vorstehender lit. a) in Anspruch nimmt, übernimmt der Arbeitgeber die Kosten für eine Familienheimfahrt (Bundesbahnregelung, wie in der Betriebsvereinbarung über die Regelung von Dienstreisen und Dienstgängen) wöchentlich.

c) Trennungsgeld

Sofern bei Mitarbeiterinnen/Mitarbeitern eine doppelte Haushaltsführung anfällt, wird für einen Zeitraum von sechs Monaten eine Trennungsentschädigung nach den steuerlichen Richtlinien gewährt.

d) Fahrtkostenübernahme

Für den Zeitraum von einem Jahr erstattet der Arbeitgeber die Kosten für Monatskarten der DB (Bundesbahnregelung, wie in der Betriebsvereinbarung über die Regelung von Dienstreisen und Dienstgängen) zwischen dem alten und dem neuen Arbeitsort, sofern die Mitarbeiterin/der Mitarbeiter nicht die Hotelkostenübernahme nach vorstehender lit. a) in Anspruch nimmt oder vorher ihren/seinen Wohnsitz an den neuen Arbeitsort verlegt. Die Kostenerstattung erfolgt brutto.

Diese Fahrtkostenerstattung erhalten auch Mitarbeiterinnen/Mitarbeiter, die anfangs oder zwischenzeitlich in einem Hotel gewohnt haben und hierfür die Hotelkostenübernahme nach vorstehender lit. a) in Anspruch genommen haben. Die Zeiten der Hotelkostenübernahme werden auf den Zeitraum der Fahrtkostenerstattung angerechnet.

e) Fahrtzeitanrechnung als Arbeitszeit

Für den Zeitraum von einem Jahr rechnet der Arbeitgeber von der täglichen Fahrtzeit zwischen dem alten und dem neuen Arbeitsort die Differenz zwischen alter und neuer Wegezeit – maximal zwei Stunden – vergütungsrechtlich als Arbeitszeit an, sofern die Mitarbeiterin/der Mitarbeiter täglich pendelt. Die Dauer der täglichen Arbeitszeit wird hierdurch nicht berührt.

Kapitel 3: Interessenausgleichsvereinbarungen und Sozialpläne

(2) Geographische Mobilität

Entscheidet sich eine Mitarbeiterin/ein Mitarbeiter, ihren/seinen persönlichen Lebensraum in die Nähe ihres/seines neuen Arbeitsplatzes zu verlagern, werden vom Arbeitgeber folgende Unterstützungsleistungen gewährt:

a) Wohnungssuche

Für Wohnungsbesichtigungen und für Termine mit Maklern wird in angemessenem Rahmen bezahlte Freizeit gewährt, wenn diese Termine nicht außerhalb der regelmäßigen Arbeitszeit wahrgenommen werden können.

Die Kosten für zwei Anzeigen in regional verbreiteten Zeitungen werden vom Arbeitgeber übernommen.

Reisekosten für die Besichtigung von Wohnobjekten werden auch für die Lebenspartnerin/den Lebenspartner erstattet.

b) Umzugskosten

Der Arbeitgeber übernimmt die erforderlichen Umzugskosten.

Die Mitarbeiterin/der Mitarbeiter ist verpflichtet, die Umzugskosten anteilig zurückzuzahlen, wenn sie/er innerhalb von zwei Jahren aufgrund eigener Kündigung den Konzern verlässt.

§ 7 Besitzstandswahrung

(1) Betriebszugehörigkeit

Die bisherige Betriebszugehörigkeit wird auch in übernehmenden Unternehmen des Konzerns anerkannt. In diesem Zusammenhang bleiben auch besondere Kündigungsschutzrechte erhalten.

(2) Für die Mitarbeiter/innen, die innerhalb des Konzerns wechseln, gelten die Tarifverträge – soweit arbeitsvertraglich vereinbart – weiter.

(3) Gehaltssicherung

Wird ein/e Mitarbeiter/in wegen Wegfalls ihrer/seiner Stelle auf einen anderen Arbeitsplatz umgesetzt und dieser ist nicht gleichwertig, erfolgt eine Gehaltssicherung wie folgt:

Für Mitarbeiter/innen, die im Rahmen dieser Vereinbarung ihren Arbeitsplatz wechseln und auf einen geringer bezahlten Arbeitsplatz versetzt werden, wird eine Gehaltssicherung für die Dauer von zwei Jahren vereinbart. In dieser Zeit wird die Differenz zwischen bisherigem und neuem Gehalt dynamisiert, das heißt, diese Differenz nimmt an tariflichen Erhöhungen teil. Nach Ablauf von zwei Jahren wird die Differenz als nicht dynamisierte Zulage gezahlt, die mit allen tariflichen und individuellen Gehaltserhöhungen verrechnet wird. Dabei wird die bevorzugte Versetzung auf einen im Vergleich zum früheren Arbeitsplatz gleichwertigen Arbeitsplatz zugesagt.

Im Zusammenhang mit Zulagen, die wegfallen, gilt folgende gleitende Besitzstandswahrung:

Schichtarbeitszuschläge werden für die Dauer eines Jahres ab Wegfall der Zahlungsvoraussetzung weiterbezahlt. Danach werden die Zuschläge über einen Zeitraum von vier Jahren in vier gleichen Jahresraten abgebaut.

Für Bereitschaftsgelder, Nachtarbeitszuschläge und weitere Zuschläge (z.B. „Startgeld für Nachtschichten im Operating") gibt es eine einmalige Abfindung in Höhe der im Zeitraum der letzten 12 Monate gezahlten Beträge brutto.

(4) Probezeit

Bei einem Wechsel innerhalb des Konzerns werden keine Probezeiten vereinbart.

(5) Darlehen für Angestellte und sonstige Mitarbeiterkonditionen bei Konzern-Unternehmen

Diese Vergünstigungen bleiben – soweit sie bestehen – bei einem Wechsel des Arbeitsplatzes bzw. Arbeitgebers innerhalb des Konzerns unverändert erhalten.

(6) Haustarife und Mitarbeiterkonditionen bei Konzern-Unternehmen

Mitarbeiter/innen, die innerhalb des Konzerns wechseln, erhalten unverändert die üblichen Haustarifkonditionen sowie folgende Bankkonditionen:

zzt. kostenfreie Kontoführung und EC-Karte, verbilligte Kreditkarte.

Hiervon unberührt bleiben bestehende Vergünstigungen nach Abs. 5.

(7) Altersversorgung

Bestehende Versorgungsmodelle (Pensionszusagen etc.) bleiben bei einem Wechsel innerhalb des Konzerns unverändert erhalten.

§ 8 Ausscheidensregelungen

Arbeitgeber und Betriebsrat stimmen darin überein, dass unter Umständen nicht in allen Fällen die Aufrechterhaltung eines Beschäftigungsverhältnisses gewährleistet werden kann. Es sind daher Maßnahmen vorzusehen, die Beendigung eines Arbeitsverhältnisses so sozialverträglich wie nur irgend möglich zu gestalten.

§ 5 Betriebsvereinbarungen

Der örtlich zuständige Betriebsrat wird vor dem Zustandekommen von Aufhebungsverträgen schriftlich informiert.

Als ein Bestandteil des Aufhebungsvertrages ist von der Mitarbeiterin/dem Mitarbeiter zu unterschreiben, dass sie/er über das Beratungsrecht des Betriebsrats unterrichtet worden ist. Den Mitarbeiterinnen/Mitarbeitern wird eine Bedenkzeit bis zur Unterschriftsleistung von einer Woche eingeräumt. Spätestens zwei Arbeitstage nach Unterzeichnung des Aufhebungsvertrages erhält der Betriebsrat davon eine Kopie.

(1) Abfindungsanspruch

Einen Anspruch auf Abfindung unter Ausnutzung der steuerlichen Möglichkeiten haben diejenigen Mitarbeiterinnen/Mitarbeiter,

- die infolge der Maßnahmen betriebsbedingt gekündigt werden,
- die einvernehmlich aufgrund eines Aufhebungsvertrages aus dem Unternehmen ausscheiden,
- deren Arbeitsplatz wegfällt und die aufgrund eigener Kündigung aus dem Unternehmen ausscheiden; es sei denn, ihnen wird vorher schriftlich ein nach den Bestimmungen dieser Rahmenvereinbarung gleichwertiger Arbeitsplatz angeboten,
- die infolge eines Ringtausches gemäß § 5 Abs. 2 lit. c) ausscheiden.

(2) Abfindungsermittlung

a) Betriebszugehörigkeit bis zu fünf Jahren

Für Betriebszugehörigkeiten bis gleich und kleiner fünf Jahre setzt sich die Abfindung aus einem Sockelbetrag und einem Steigerungsbetrag zusammen. Mitarbeiterinnen/Mitarbeiter, die weniger als zwei Jahre Betriebszugehörigkeit haben und jünger als 50 Jahre sind, erhalten nur den Sockelbetrag.

Der Steigerungsbetrag gilt demzufolge für alle Mitarbeiterinnen/Mitarbeiter, die zwei Jahre und mehr Betriebszugehörigkeit haben bzw. 50 Jahre oder älter sind.

Teilzeitkräfte sind mit dem Prozentsatz am Sockelbetrag und Steigerungsbetrag beteiligt, wie sich ihre Wochenstunden zu den Wochenstunden eines Vollzeitbeschäftigten verhalten.

aa) Der Sockelbetrag ist wie folgt gestaffelt:

- erreichtes Alter bis 29 Jahre   ▄▄▄ EUR
- erreichtes Alter von 30 bis 39 Jahre   ▄▄▄ EUR
- erreichtes Alter von 40 bis 49 Jahre   ▄▄▄ EUR
- erreichtes Alter ab 50 Jahre   ▄▄▄ EUR.

bb) Der Steigerungsbetrag errechnet sich wie folgt:

- erreichtes Alter bis 29 Jahre

    nach der Formel: (erreichtes Alter ./. 20) x ▄▄▄ EUR

- erreichtes Alter von 30 bis 39 Jahre

    nach der Formel: (erreichtes Alter ./. 29) x ▄▄▄ EUR + ▄▄▄ EUR

- erreichtes Alter von 40 bis 49 Jahre

    nach der Formel: (erreichtes Alter ./. 39) x ▄▄▄ EUR + ▄▄▄ EUR

- erreichtes Alter ab 50 Jahre

    nach der Formel: (erreichtes Alter ./. 49) x ▄▄▄ EUR + ▄▄▄ EUR

b) Betriebszugehörigkeit über 5 Jahre

Für Betriebszugehörigkeiten von mehr als fünf Jahren (z.B. fünf Jahre und ein Monat) ist die Abfindung abhängig von den Monatsbezügen. Die Höhe der Abfindung beträgt je Dienstjahr:

- bis zum erreichten Alter von 29 Jahren   Faktor 0,7
- ab erreichtem Alter 30 bis 39 Jahre   Faktor 1,0
- ab erreichtem Alter 40 bis 49 Jahre   Faktor 1,2
- ab erreichtem Alter von 50 Jahren   Faktor 1,4

der letzten Monatsbezüge (incl. alle Zulagen, auch VL).

Ein begonnenes Dienstjahr gilt als volles Jahr, wenn bereits mehr als sechs Monate bis zum Ausscheidenstermin erfüllt sind.

Der Monatsbezug hat für die Berechnung der Abfindung eine verbindliche Obergrenze. Die Obergrenze ist abhängig von dem Tarifgehalt der höchsten Gehaltsgruppe mit allen Berufsjahren (Basisbetrag). Der Basisbetrag wird mit dem Faktor

1,2 multipliziert und das Ergebnis auf einen durch 500 teilbaren Euro-Betrag nach oben gerundet. Dieser Betrag gilt als Obergrenze ohne Berücksichtigung von sonstigen Zulagen für die Multiplikation mit dem altersabhängigen Faktor. Die Höchstabfindung beträgt ■■■ EUR (Teilzeitbeschäftigte anteilig, siehe § 8 Abs. 2 lit. a) letzter Satz.

Ist der Abfindungsbetrag nach § 8 Abs. 2 lit. b) kleiner als nach einer Berechnung gemäß § 8 Abs. 2 lit. a), gilt der höhere Betrag als Abfindung.

c) Sonderregelung für Mitarbeiterinnen/Mitarbeiter ab Vollendung des 55. Lebensjahres

Mitarbeiterinnen/Mitarbeiter, die das 55. Lebensjahr vollendet haben, werden nicht betriebsbedingt entlassen, bis eine abschließende Austrittsvereinbarung zwischen dem Arbeitgeber und dem Gesamtbetriebsrat zustande gekommen ist.

d) Unterhaltsberechtigte Kinder

Für jedes unterhaltsberechtigte Kind erhält die Mitarbeiterin/der Mitarbeiter eine zusätzliche Abfindung nach folgender Tabelle:

- erreichtes Alter des Kindes bis 5 Jahre ■■■ EUR
- erreichtes Alter des Kindes von 6 bis 10 Jahre ■■■ EUR
- erreichtes Alter des Kindes von 11 bis 15 Jahre ■■■ EUR
- erreichtes Alter des Kindes ab 16 Jahre ■■■ EUR.

e) Behandlung von Gratifikationen/Tantiemen

Sind Maigratifikation/Maitantiemen bzw. Weihnachtsgratifikation/Novembertantiemen zum Zeitpunkt der Vorlage der betriebsbedingten Kündigung bereits gezahlt, so entfällt eine Rückzahlung. Sind die genannten Gratifikationen/Tantiemen noch nicht gezahlt, so erhält die Mitarbeiterin/der Mitarbeiter für die in den jeweiligen Kalenderhalbjahren bis zum Ausscheidenszeitpunkt anfallenden Betriebszugehörigkeitsmonate pro Monat 1/6 der betroffenen Gratifikation/Tantiemen.

Ist die Abschlussvergütung zum Zeitpunkt der Vorlage der betriebsbedingten Kündigung bereits gezahlt, so entfällt eine Rückzahlung. Ist die Abschlussvergütung noch nicht gezahlt, so erhält die Mitarbeiterin/der Mitarbeiter für die in dem jeweiligen Kalenderjahr bis zum Ausscheidenszeitpunkt anfallenden Betriebszugehörigkeitsmonate pro Monat 1/12 der betroffenen Abschlussvergütung.

Stehen zum Zeitpunkt des Ausscheidens die Gratifikationsbeträge/Tantiemebeträge noch nicht fest, so gilt Folgendes:

- Ausscheidenszeitpunkt im ersten Kalenderhalbjahr: je Betriebszugehörigkeitsmonat 1/6 der Maigratifikation/Maitantieme und 1/12 der Abschlussvergütung auf der Berechnungsbasis (%-Satz) des Vorjahres,
- Ausscheidenszeitpunkt im zweiten Kalenderhalbjahr: je Betriebszugehörigkeitsmonat ab 1.7. 1/6 der Weihnachtsgratifikation/Novembertantieme und je Betriebszugehörigkeitsmonat ab 1.1. 1/12 der Abschlussvergütung auf der Berechnungsbasis (%-Satz) des Vorjahres.

Für die Ermittlung und Bewertung der Betriebszugehörigkeitsmonate im Zusammenhang mit den Gratifikationen gelten § 3 Nr. 3 des Manteltarifvertrages für die private Versicherungswirtschaft sowie die Angaben in den Rundschreiben des Arbeitgebers, mit denen die Gratifikationen/Tantiemen bekannt gegeben werden.

f) Behandlung der Anwartschaften von bestehenden Versorgungsmodellen (Pensionszusagen etc.)

aa) Personenkreis mit Unverfallbarkeitsanspruch

Mitarbeiterinnen/Mitarbeiter, die zum Zeitpunkt des Austritts mindestens das 35. Lebensjahr vollendet haben und mindestens 10 Jahre Mitglied der Versorgungskasse sind, haben in Bezug auf diese Versorgungseinrichtungen einen Anspruch auf die Unverfallbarkeit des Rentenanspruchs.

Für Pensionszusagen gilt ebenfalls die Altersgrenze von 35 Jahren. Darüber hinaus muss die Pensionszusage entweder mindestens 10 Jahre bestehen oder die Mitarbeiterin/der Mitarbeiter muss eine Betriebszugehörigkeit von 12 Jahren haben und die Pensionszusage muss mindestens drei Jahre bestehen.

Für den Unverfallbarkeitsanspruch gilt vorrangig § 1 und für die Höhe des Anspruchs § 2 des Gesetzes zur Verbesserung der betrieblichen Altersversorgung.

Mitglieder der Versorgungskasse mit Unverfallbarkeitsanspruch haben die Möglichkeit der freiwilligen Weiterzahlung von Beträgen.

bb) Personenkreis ohne Unverfallbarkeitsanspruch

Mitarbeiterinnen/Mitarbeiter, die keinen Unverfallbarkeitsanspruch haben, erhalten die von ihnen eingezahlten Beiträge zurück. Beitragsrückerstattungen aus der Versorgungskasse werden mit 3 % verzinst.

Mitarbeiterinnen/Mitarbeiter, die Mitglied der Versorgungskasse sind, haben jedoch die Möglichkeit der freiwilligen Weiterversicherung.

Mitarbeiterinnen/Mitarbeiter, die die vorstehende Möglichkeit wegen der Struktur der betrieblichen Altersversorgung nicht haben und die eine Betriebszugehörigkeit von 10 Jahren und mehr haben oder mindestens das 35. Lebensjahr vollendet und eine Betriebszugehörigkeit von fünf Jahren und mehr haben, erhalten einen Härteausgleich für die verfallene Rentenanwartschaft nach folgender Formel:

■■■ EUR x Jahre der Betriebszugehörigkeit, maximal jedoch ■■■ EUR.

Ein Unverfallbarkeitsanspruch kann hieraus nicht abgeleitet werden.

g) Fortführung von Mitabeiterkonditionen

Im Falle eines betriebsbedingten Ausscheidens einer Mitarbeiterin/eines Mitarbeiters werden Mitarbeiterkonditionen (steuerpflichtig gemäß § 7 Abs. 6), wie bei einem Arbeitsplatzwechsel innerhalb des Konzerns, jedoch nur bis zu zwei Jahren weiter gewährt. Für Baudarlehen und die damit verbundenen Lebensversicherungen gilt entsprechendes bis zum Ablauf der Zinsfestschreibung, maximal jedoch fünf Jahre ab dem Datum des Ausscheidens. Für ehemalige Mitarbeiterinnen/Mitarbeiter, die eventuell nach Ablauf dieser Zeit durchgehend arbeitslos sind, verlängert sich der vorgenannte Zeitraum bis zur Wiederaufnahme einer Beschäftigung, maximal fünf Jahre.

Die vorgenannten Grundsätze gelten nicht, wenn die Mitarbeiterin/der Mitarbeiter eine Beschäftigung bei einem anderen Unternehmen aufnimmt, das in Konkurrenz zu Unternehmen des Konzerns steht.

h) Allgemeines

Alle Leistungen, die sich gemäß § 8 Abs. 2 lit. a), b), d) und Abs. 2 lit. f) bb) vorletzter Satz (Härteausgleich) ergeben, gelten als Abfindung.

Das erreichte Alter wird zum Zeitpunkt des Ausscheidens stets nach der Jahresdifferenzmethode (Ausscheidejahr ./. Geburtsjahr) errechnet.

Ein Betriebszugehörigkeitsjahr sind 12 vollendete Zugehörigkeitsmonate in der ■■■-GmbH.

Die Beträge gemäß § 8 Abs. 2 lit. a) und von § 8 Abs. 2 lit. b) bleiben unverändert, nur die Höchstabfindungen ändern sich jeweils um den gleichen Prozentsatz, um den sich das Tarifgehalt eines Versicherungsangestellten nach der höchsten Gehaltsgruppe mit vollen Berufsjahren des Gehaltstarifvertrages ändert. Dabei werden die Beträge auf volle 50 EUR aufgerundet. Die Dynamisierung gilt ab ■■■. Der jeweilige Anpassungstermin richtet sich nach dem Tarifvertrag für das private Versicherungsgewerbe.

Wird für eine Mitarbeiterin/einen Mitarbeiter, die/der bereits eine Abfindung nach dieser Rahmenvereinbarung bekommen hat, eine Neuberechnung durchgeführt – gleich aus welchem Grund – so wird der bereits erhaltene Betrag auf die Neuberechnung angerechnet.

Die Abfindung ist mit der rechtlichen Beendigung des Arbeitsverhältnisses fällig und ist vererblich. Sollte die Firma die Mitarbeiterin/den Mitarbeiter unter Vergütungsfortzahlung von der Arbeit freistellen, ist die Abfindung zusammen mit der Gehaltszahlung für den Freistellungsmonat zur Auszahlung fällig.

Spätestens zum Zeitpunkt des Ausspruchs der betriebsbedingten Kündigung bzw. der Unterzeichnung des Aufhebungsvertrages erstellt der Arbeitgeber der Mitarbeiterin/dem Mitarbeiter ein qualifiziertes Zwischenzeugnis.

Mitarbeiterinnen/Mitarbeitern wird für die Wahrnehmung von Vorstellungsgesprächen im Rahmen ihrer Bewerbungen nach vorheriger Absprache mit dem Arbeitgeber bezahlte Freizeit gewährt.

§ 9 Schlussbestimmungen

(1) In besonderen Härtefällen wird eine Einzelfallregelung für die/den betroffene/n Mitarbeiterin/Mitarbeiter zwischen dem Arbeitgeber und dem zuständigen Betriebsrat ausgehandelt.

(2) Diese Betriebsvereinbarung tritt mit dem Zeitpunkt der Unterzeichnung in Kraft und kann frühestens zum ■■■ – mit einer Kündigungsfrist von drei Monaten – gekündigt werden. Sie verlängert sich jeweils um ein Kalenderjahr, wenn sie nicht mit einer Frist von drei Monaten jeweils zum Ende eines Kalenderjahres gekündigt wird.

3. Muster: Restrukturierung

Zwischen
der Firmengruppe ■■■

– nachstehend: Arbeitgeber –

und

dem Gesamtbetriebsrat der Firmengruppe ▪▪▪

– nachstehend: Gesamtbetriebsrat –

wird folgender Interessenausgleich/Sozialplan zu den Umsetzungsmaßnahmen einer betrieblichen Restrukturierung geschlossen:

Präambel

Zur mittelfristigen Verbesserung der Wettbewerbspositionen der Firmengruppe wird eine dauerhafte Kostenentlastung insbesondere im Bereich der Fixkosten angestrebt.

Um dies zu erreichen, wurde zunächst ein Projekt unter Mitwirkung der Unternehmensberatung ▪▪▪ gestartet. In diesem Projekt wurden – unter Einbeziehung bereits laufender Aktivitäten in einzelnen Unternehmensbereichen – verschiedene Maßnahmen zur strategischen Neuausrichtung der Gruppe entwickelt, die in den Jahren ▪▪▪ bis ▪▪▪ umgesetzt werden sollen. Die Maßnahmen und ihre Auswirkungen auf die Arbeitnehmer wurden dem Gesamtbetriebsrat vorgestellt und mit ihm beraten.

Teil A: Geltungsbereich

§ 1

Die Vereinbarung gilt für alle Arbeitnehmer und Arbeitnehmerinnen (nachfolgend: AN) im Innendienst, technischen Außendienst und organisierenden Außendienst der vorgenannten Gesellschaften, soweit sie nicht leitende Angestellte i.S.v. § 5 Abs. 3 BetrVG sind.

§ 2

Sie gilt für alle personellen Umsetzungsmaßnahmen im Zusammenhang mit den nachfolgend genannten Maßnahmen des Projekts:

- Schließung der dezentralen Kundenbetreuung einschließlich der Schadendienste
- Aufbau der zentralen Kundenbetreuung
- Neuordnung der Stammorganisation in drei Vertriebsdirektionen
- Neuordnung der Organisationsmaßnahmen
- Personalanpassungsmaßnahmen in den Vertriebs- und Vertriebsunterstützungsfunktionen
- Personalanpassung in den Querschnittsfunktionen der Hauptverwaltung (nachfolgend: HV) sowie für alle kleineren organisatorischen Maßnahmen, die im unmittelbaren sachlichen und zeitlichen Zusammenhang zu dem Projekt stehen.

Teil B: Phasenplan für die Umsetzung

Die Zentralisierung der Kundenbetreuung A erfolgt im Zeitraum ▪▪▪ bis ▪▪▪.

Die Zentralisierung der Kundenbetreuung B erfolgt stufenweise bis ▪▪▪.

Die Schließung der Kundenbetreuungsstandorte ▪▪▪ erfolgt inklusive der Schadendienste ▪▪▪ bis zum ▪▪▪. Den Arbeitnehmern dieser Kundenbetreuungen inklusive der Schadendienste wird unabhängig von der Durchführung der organisatorischen Maßnahmen frühestens zum ▪▪▪ gekündigt.

Die Schließung der Standorte ▪▪▪ sowie des Schadendienstes ▪▪▪ erfolgt zum ▪▪▪. Den Arbeitnehmern dieser Kundenbetreuungen inklusive der Schadendienste wird unabhängig von der Durchführung der organisatorischen Maßnahmen frühestens zum ▪▪▪ gekündigt.

Die Schließung und Kapazitätsanpassung der Vertriebs- und Vertriebsunterstützungsfunktionen erfolgt zum ▪▪▪ (Anlage 1).

Die Strukturen sind im Rahmen der Mittelfristigen Planung festgelegt worden. Daher wird davon ausgegangen, dass jedenfalls bis Ende ▪▪▪ keine darüber hinausgehenden personellen Maßnahmen erforderlich sind. Wenn sich aufgrund von wesentlichen Abweichungen in der Mittelfristigen Geschäftsentwicklung die Notwendigkeit zu weiteren Maßnahmen ergibt, werden diese in Form von Interessenausgleichsverhandlungen beraten.

In den Querschnittsfunktionen der HV sind mit Ausnahme des Bereichs Immobilien im Jahr ▪▪▪ keine betriebsbedingten Personalanpassungsmaßnahmen geplant. Im Bereich Immobilien werden die Aufgaben der Bau- und Instandhaltungsfunktionen auf die Firma ▪▪▪ übertragen. Für die übrigen Funktionen des Immobilienbereiches werden im Jahr ▪▪▪ keine betriebsbedingten Kündigungen ausgesprochen, die vor dem ▪▪▪ wirksam werden.

Teil C: Personalpolitische Grundsätze und Instrumentarien

§ 1 Personalpolitische Grundsätze

Der Arbeitgeber wird alle Möglichkeiten ausschöpfen, um betriebsbedingte Kündigungen zu vermeiden.

Auch wenn Maßnahmen bezüglich des Umfangs der personellen Auswirkung noch nicht abschließend definiert sind, können bereits Versetzungen auf andere Arbeitsgebiete eingeleitet werden. Vor der Versetzung erfolgt eine Beratung mit dem zuständigen Betriebsrat über Fragen der Sozialauswahl. Dem betroffenen Personenkreis können dann offene Stellen bevorzugt angeboten werden. Der zuständige Betriebsrat wird informiert, bevor dem AN das konkrete Arbeitsplatzangebot unterbreitet wird.

§ 2 Arbeitsplatzangebot

Allen AN, die sich mobil erklärt haben, wird im aufnehmenden Betrieb ein Arbeitsplatzangebot in der gleichen Funktion unterbreitet. Sofern dies nicht möglich ist, wird den AN ein Arbeitsplatz in einer anderen geeigneten Funktion angeboten, wenn sie in einem angemessenen Zeitraum (gemäß Teil C § 6) qualifizierbar sind.

Für den Fall, dass geringfügig mehr AN Mobilitätsbereitschaft erklärt haben und auch qualifizierbar sind, als freie Stellen zur Verfügung stehen, wird gleichwohl ein Arbeitsplatzangebot in den aufnehmenden Standorten unterbreitet. Geringfügigkeit liegt in jedem Fall dann vor, wenn bezogen auf den jeweiligen Funktionsbereich die Soll-Zahl um weniger als 2% überschritten wird.

§ 3 Weiterbeschäftigung im Innendienst

Ein Angebot auf Weiterbeschäftigung erfolgt schriftlich. Es enthält Angaben über den beabsichtigten Versetzungszeitpunkt, Art der Tätigkeit, Arbeitsort und etwaige Regelungen, die aus dieser Vereinbarung folgen. Der AN hat für seine Entscheidung über das Angebot eine Bedenkzeit von längstens drei Wochen.

Innerhalb dieser Bedenkzeit kann er während der Arbeitszeit eine angebotene Stelle aufsuchen und sich informieren.

(1) Ist die Weiterbeschäftigung an dem bisherigen Arbeitsplatz nicht möglich, ist der Arbeitgeber verpflichtet, dem AN in demselben Betrieb einen gleichwertigen anderen Arbeitsplatz anzubieten, der für den AN geeignet und zumutbar ist.

(2) Steht ein Arbeitsplatz, der die Anforderungen des Abs. 1 erfüllt, nicht zur Verfügung, ist der Arbeitgeber verpflichtet, dem AN einen gleichwertigen Arbeitsplatz in einem anderen Betrieb des Unternehmens anzubieten, der für den AN geeignet und zumutbar ist.

(3) Steht auch ein Arbeitsplatz, der die Anforderungen der Abs. 2 erfüllt, nicht zur Verfügung oder nimmt der AN den ihm nach Abs. 2 angebotenen Arbeitsplatz nicht an, ist der Arbeitgeber verpflichtet, dem AN einen geeigneten und zumutbaren Arbeitsplatz in demselben Betrieb des Unternehmens anzubieten.

(4) Steht auch ein Arbeitsplatz, der die Anforderungen von Abs. 3 erfüllt, nicht zur Verfügung, ist der Arbeitgeber verpflichtet, dem AN – soweit vorhanden – einen geeigneten und zumutbaren Arbeitsplatz in einem anderen Betrieb des Unternehmens anzubieten.

(5) Ein anderer Arbeitsplatz ist gleichwertig, wenn die Tätigkeit nach derselben Tarifgruppe vergütet wird. Er ist geeignet, wenn damit zu rechnen ist, dass der AN die fachlichen und persönlichen Anforderungen des anderen Arbeitsplatzes erfüllen kann; dies ist auch dann der Fall, wenn zum Erwerb der Qualifikation für den anderen Arbeitsplatz eine Einarbeitung oder Qualifizierung erforderlich und dem Arbeitgeber zumutbar ist (siehe Qualifizierung).

(6) Die Zumutbarkeit eines anderen Arbeitsplatzes für den AN richtet sich nach der Art seiner bisherigen Tätigkeit, seinem Alter und seinem Gesundheitszustand, seinen persönlichen Verhältnissen sowie den äußeren Umständen (z.B. bei einem Wechsel des Arbeitsortes).

Der AN kann einen Wechsel des Arbeitsortes ablehnen, wenn die tägliche Gesamtwegezeit 150 Minuten überschreitet.

(7) Wenn sich die Tätigkeit eines AN an seinem Arbeitsplatz erheblich ändert, hat er Anspruch auf eine schriftliche Beurteilung, die mit ihm zu besprechen ist. AN, die den Arbeitsplatz wechseln, haben Anspruch auf ein qualifiziertes Zwischenzeugnis.

(8) Ist ein angebotener Arbeitsplatz nach den tariflichen Bestimmungen geringer bewertet, erfolgt eine Gehaltssicherung nach Maßgabe des Teil D § 1.

§ 4 Weiterbeschäftigung im angestellten Werbeaußendienst

(1) Jeder Innendienst-AN hat das Recht, eine Versetzung in den werbenden Außendienst zu beantragen. Der Antrag hat in schriftlicher Form zu erfolgen. Bei einer solchen Versetzung hat der AN Anspruch auf Einarbeitung und Schulung.

(2) Allen betroffenen AN im organisierenden Außendienst wird ein Arbeitsplatzangebot für den werbenden Außendienst unterbreitet. Nimmt der AN dieses Angebot innerhalb von drei Wochen nicht schriftlich an, so hat er einen Anspruch auf Abfindung gemäß dieser Vereinbarung.

(3) Für den Zeitraum der Qualifizierung – mindestens aber für sechs Monate – wird keine Kündigung aus betriebsbedingter Veranlassung durchgeführt.

(4) Erscheint nach Ablauf von drei Monaten die Qualifizierung aus objektivierbaren Gründen zu scheitern, so kann bereits zu diesem Zeitpunkt dem AN unter Einhaltung der individuellen Kündigungsfrist gegen Abfindung gekündigt werden. Der AN kann zum Ablauf der sechs Monate kündigen, ohne dass die Abfindung entfällt. Die Abfindungshöhe stellt in beiden Fällen auf den Zeitpunkt der Versetzung ab.

(5) Die Gehaltssicherung richtet sich nach Teil D § 2.

§ 5 Erweiterter Kündigungsschutz

Ist ein AN an einen anderen Ort versetzt worden und dorthin umgezogen, ist für die Dauer von 36 Monaten ab vollzogener Versetzung der Anspruch einer betriebsbedingten Kündigung, außer im Falle der Betriebsstilllegung, durch den Arbeitgeber ausgeschlossen.

§ 6 Qualifizierungsmaßnahmen

Wenn sich die Tätigkeit eines AN an seinem Arbeitsplatz ändert, hat er Anspruch auf die erforderliche Einarbeitung oder Qualifizierung. Der Arbeitgeber hat sowohl über Inhalt als auch Dauer einer angemessenen Qualifizierung mit dem Betriebsrat zu beraten. Der notwendige Qualifizierungsbedarf wird unter Berücksichtigung des beruflichen Werdeganges, der Ausbildung und der Fachkenntnisse im Hinblick auf die zukünftigen Anforderungen des Arbeitsplatzes festgelegt. Die daraus resultierenden Qualifizierungsmaßnahmen werden schriftlich festgehalten und dem AN ausgehändigt.

Der Anspruch setzt voraus, dass der AN auf der Basis seines bereits erlangten Fachwissens in der Lage ist, das geforderte Qualifikationsziel innerhalb von sechs Monaten (in begründeten Ausnahmefällen bis 12 Monate) zu erreichen. Bei Qualifizierungsmaßnahmen von sechs Monaten wird nach der Hälfte der Dauer verbindlich überprüft, ob das Qualifikationsziel erreicht werden kann. Bestehen daran begründete Zweifel, so kann die Maßnahme nach entsprechender Beratung mit dem Betriebsrat abgebrochen werden.

Bleibt die Qualifizierungsmaßnahme erfolglos und wird aus diesem Anlass das Arbeitsverhältnis beendet, so richtet sich die Abfindung nach dieser Vereinbarung. Die oben genannten Regelungen gelten auch, wenn die Weiterbeschäftigung an dem bisherigen Arbeitsplatz nicht möglich ist und eine Einigung über die Versetzung erzielt wurde.

Die Kosten von Einarbeitungs- und Qualifizierungsmaßnahmen trägt der Arbeitgeber. Für die Dauer der Einarbeitung oder Qualifizierung erhält der AN seine regelmäßigen Bezüge weitergezahlt. Einarbeitungen und Qualifizierungen erfolgen während der regelmäßigen Arbeitszeit.

§ 7 Kapazitätsanpassungen

Nach Übernahme der zentralen Bearbeitung werden durch Rationalisierungsprojekte, wie Dokumenten-Retrieval-System, Point-of-Sale, Vertriebs-Controlling, Prozessoptimierung etc. in den aufnehmenden Standorten Arbeitskapazitäten entfallen. Es besteht Einvernehmen, dass dies bei einer Wachstumsrate entsprechend dem mittelfristigen Plan durch normale Fluktuation und durch befristete Arbeitsverträge ausgesteuert werden soll.

Für den Fall einer unterproportionalen Wachstumsentwicklung wird der Abbau des Stellenüberhangs zunächst durch Reduzierung von Mehrarbeit und durch Arbeitszeitverkürzung angestrebt.

§ 8 Verkürzung der individuellen Arbeitszeit

Im Rahmen von Rationalisierungsmaßnahmen sind, soweit es betrieblich durchführbar ist, verstärkt Teilzeitarbeitsplätze oder alternativ individuelle Arbeitszeitregelungen anzubieten.

Ebenso können unter diesen Voraussetzungen im Rahmen von Arbeitsplatzteilung in Abstimmung mit dem Betriebsrat spezifische Arbeitszeitregelungen vereinbart werden, um betriebsbedingte Kündigungen zu vermeiden.

Über die veränderten Arbeitsbedingungen ist eine schriftliche Vereinbarung mit dem AN abzuschließen. Der Gehaltsausgleich ist in Teil F § 1 geregelt.

Teil D: Gehaltssicherung bei Versetzung

§ 1 Versetzung innerhalb des Innendienstes

(1) Werden AN auf einen anderen Arbeitsplatz im Innendienst versetzt, der nach den tarifvertraglichen Bestimmungen geringer zu bewerten ist, als es der bisherigen Vergütung entspricht, erfolgt eine Gehaltssicherung. Der Gehaltssicherungsbetrag ist die Differenz zwischen bisherigem Gehalt und zukünftigem Gehalt. Dabei werden alle Gehaltsbestandteile berücksichtigt, die der Wertigkeit des alten und neuen Arbeitsplatzes entsprechen (z.B. Tarifgruppe, Tätigkeitszulage, Verantwortungszulage). Nicht berücksichtigt werden variable Bestandteile (z.B. Überstunden, Leistungszulage) und Zulagen, die eine besondere Belastung ausgleichen (z.B. Bereitschaftspauschale). Der Differenzbetrag wird in eine dynamisierte Ausgleichszulage umgewandelt. Die Zulage wird mit individuellen Gehaltsanhebungen verrechnet.

(2) Bezüglich der Dauer der Gehaltssicherung gilt:

a) für AN, die bei Umsetzung der Maßnahme eine Beschäftigungsdauer (ohne Ausbildungszeiten) von fünf Jahren erreicht haben, wird die Ausgleichszulage unbefristet gezahlt,

b) für AN, deren Beschäftigungsdauer kleiner als fünf Jahre (ohne Ausbildungszeiten) ist, wird die Gehaltssicherung befristet für 36 Monate gewährt.

Nach Ablauf dieses Zeitraums wird die Ausgleichszulage entsprechend § 7 Nr. 1 Rationalisierungsschutzabkommen in Höhe der jeweiligen Tarifanhebung abgebaut.

§ 2 Versetzung in den Werbeaußendienst

(1) Für den Zeitraum der Gehaltssicherung erhalten AN einen Außendienstvertrag besonderer Art. In diesem werden neben der Gehaltssicherung gemäß Abs. 2 und 3 die im Außendienst üblichen Fahrtkosten und Spesen und eine Vergütung von ▪▪▪ EUR je „Einheit" für von ihm vermitteltes Geschäft gezahlt. Ein durch diese Maßnahme ausgelöster erhöhter Kostensatz geht nicht zu Lasten der zuständigen Führungskraft. Nach längstens sechs Monaten erhält der AN einen üblichen Außendienst-(Aufrechnungs-)Vertrag.

(2) Innendienstmitarbeiter, die in den Werbeaußendienst wechseln, erhalten die bisherigen Bezüge einschließlich etwaiger tariflicher Verbesserungen für die Dauer von sechs Monaten weiter.

(3) Basis für die Gehaltssicherung des organisierenden Außendienstes ist das Durchschnittseinkommen der letzten sechs Monate vor dem Wechsel in den Werbeaußendienst. Grundlage für die Ermittlung des Durchschnittseinkommens sind das Gehalt, die Differenzabschlussprovision, die Super- bzw. Superabschlussprovision und Provisionsgarantien.

Nicht berücksichtigt werden Abschlussprovisionen für gelegentliches Eigengeschäft (Provisionssplitting ist hiervon ausgenommen), Betreuungsprovisionen, Bonifikationen, Investitionszuschüsse und Aufwendungsersatz, auch bei lohnsteuerpflichtiger Zahlung (z.B. Reisekosten, Spesen, Orga-Zuschus).

Teil E: Mobilitätsbeihilfen

Wird ein AN auf einen von seinem Wohnsitz weiter entfernten Arbeitsplatz versetzt, werden für einen Übergangszeitraum folgende Leistungen gewährt:

§ 1 Bei Aufrechterhaltung des bisherigen Wohnsitzes

(1) Hotel/Appartement am neuen Arbeitsort

Für die Dauer von drei Monaten – in begründeten Ausnahmefällen bis zu sechs Monaten – übernimmt der Arbeitgeber die Kosten für ein gutes Mittelklassehotel oder ein Appartement am neuen Arbeitsort.

Für den Zeitraum, in dem ein AN diese Leistungen in Anspruch nimmt, übernimmt der Arbeitgeber die Kosten (gemäß Reisekostenrichtlinie) für eine Familienheimfahrt wöchentlich.

Sofern bei AN eine doppelte Haushaltsführung entsteht, wird eine Trennungsentschädigung nach den steuerlichen Richtlinien gewährt.

(2) Anreise von der bisherigen Wohnung

Alternativ zu den Leistungen nach Abs. 1 wird ein Fahrtkostenzuschuss (brutto) in Höhe der Kosten (gemäß Reisekostenrichtlinie) für Monatskarten der Bahn AG gezahlt. Anschließend gelten die allgemeinen Regelungen über den Fahrtkostenzuschuss. Die Leistungen nach Abs. 1 und 2 können wahlweise in Anspruch genommen werden. Ein Wechsel ist jederzeit möglich.

(3) Zuschuss/Arbeitszeitverkürzung für den erhöhten Zeitaufwand

a) Für den Aufwand des verlängerten Weges zur Arbeit erhält der AN eine zusätzliche Aufwandsentschädigung (brutto). Die Höhe dieser Aufwandsentschädigung richtet sich nach der zusätzlichen Dauer für die einfache Fahrt zur Arbeitsstätte:

Stufe I   ▪▪▪ EUR/Monat ab 30 Minuten
Stufe II   ▪▪▪ EUR/Monat ab 45 Minuten
Stufe III   ▪▪▪ EUR/Monat ab 60 Minuten.

Die Fahrtkosten und die Entschädigung für den verlängerten Weg zur Arbeit werden für die Dauer von zweieinhalb Jahren gezahlt. Ab einer sechsjährigen Betriebszugehörigkeit verlängert sich die Dauer um ein Jahr, bei einer Betriebszugehörigkeit ab acht Jahre um ein weiteres Jahr.

b) Der AN kann auf den Zuschuss verzichten und sich für eine Verkürzung der täglichen Arbeitszeit entsprechend den Stufen I bis III von 30, 45 oder 60 Minuten für den vorgenannten Zeitraum entscheiden.

c) Ein Wechsel zwischen Zuschuss und Arbeitszeitverkürzung ist einvernehmlich möglich.

§ 2 Umzug zum neuen Arbeitsort

Verlegt ein AN innerhalb von 24 Monaten nach Versetzung den Wohnsitz an den neuen Arbeitsort, werden in angemessenem Rahmen gegen Nachweis folgende Leistungen gewährt:

(1) Wohnungssuche

Für Wohnungsbesichtigungen und für Termine mit Maklern wird bezahlte Freizeit gewährt, soweit diese Termine nicht außerhalb der regelmäßigen Arbeitszeit wahrgenommen werden können.

Die Kosten für Anzeigen in regional verbreiteten Zeitungen werden vom Arbeitgeber übernommen.

Reisekosten für die Besichtigung von Wohnobjekten werden, auch für den Lebenspartner, erstattet.

(2) Maklergebühren

Maklergebühren werden im ortsüblichen Rahmen für die Vermittlung von Mietwohnungen erstattet. Bei Erwerb von Wohnungseigentum erfolgt die Erstattung von Maklerkosten in der Höhe, die für die Beschaffung einer vergleichbaren Mietwohnung entstanden wären.

(3) Umzugskosten

Der Arbeitgeber übernimmt die erforderlichen Umzugskosten nach Abstimmung. Näheres ist in der Anlage 2 geregelt.

(4) Mietzuschüsse

Mietzuschüsse werden befristet gemäß Anlage 1 gezahlt.

Bei der Veräußerung und dem Erwerb von Wohneigentum werden individuelle Regelungen getroffen.

(5) Abstandszahlung

Verlegt ein AN, der die Leistungen nach Abs. 2 bis 4 in Anspruch nehmen kann, seinen Wohnsitz innerhalb von 12 Monaten nach der Versetzung an den neuen Arbeitsort, so erhält er zusätzlich eine Abstandszahlung in Höhe von ▬▬▬ EUR brutto.

(6) Betriebsbedingte Veranlassung

In Zweifelsfällen entscheidet der Arbeitgeber nach Beratung mit dem örtlichen Betriebsrat, ob ein Wohnungswechsel betriebsbedingt veranlasst ist.

(7) Rückzahlungsverpflichtung

Der AN ist verpflichtet, die Umzugskosten und Maklergebühren anteilig zurückzuzahlen, wenn er innerhalb von zwei Jahren aufgrund eigener Kündigung die ▬▬▬ Firmengruppe verlässt.

Teil F: Verkürzung der Arbeitszeit

Die nachfolgenden Regelungen gelten für die betriebsbedingte Reduzierung der Arbeitszeit. Dies gilt sowohl für Einzelvereinbarungen als auch für kollektive Arbeitszeitreduzierungen durch freiwillige Betriebsvereinbarungen im Rahmen der §§ 111, 112 BetrVG.

§ 1

Wird die Arbeitszeit reduziert, erhält der AN für 54 Monate einen Gehaltsausgleich. Er beträgt 25 % der Differenz zwischen bisherigem und künftigem Bruttomonatsgehalt (einschließlich aller Zulagen und VL). Der Gehaltsausgleich wird als Einmalabfindung zu Beginn der Arbeitszeitreduzierung für 54 Monate im Voraus gezahlt. Ist zu diesem Zeitpunkt bereits absehbar, dass das Arbeitsverhältnis vor Ablauf der 54 Monate endet oder ruht, wird die Abfindung entsprechend reduziert.

§ 2

Während dieses Ausgleichszeitraums kann die Arbeitszeit vorübergehend oder dauerhaft bis auf die ursprüngliche Wochenarbeitszeit angehoben werden. Das Gehalt wird dann auf Basis der neuen Arbeitszeit gezahlt, ohne dass die Abfindung nach § 1 angerechnet wird.

§ 3

Kündigt der AN innerhalb des Ausgleichszeitraums, ist die Abfindung für den Rest des Ausgleichszeitraums anteilig zurückzuzahlen.

§ 4

Erfolgt während des Ausgleichszeitraums eine betriebsbedingte Beendigung des Arbeitsverhältnisse, wird eine dann fällige Abfindung auf der Basis des ursprünglichen Gehalts gezahlt.

Teil G: Austrittsregelungen

§ 1 Abfindungsanspruch

(1) Einen Anspruch auf Abfindung haben festangestellte AN, deren Arbeitsplatz wegfällt und die nach In-Kraft-Treten dieser Vereinbarung

- infolge der Maßnahmen betriebsbedingt gekündigt werden,
- einvernehmlich aufgrund eines betriebsbedingten Aufhebungsvertrages aus dem Unternehmen ausscheiden,
- aus Anlass dieser Maßnahmen aufgrund eigener Kündigung aus dem Unternehmen ausscheiden,
- infolge der Maßnahmen an einen anderen Arbeitsort versetzt werden und innerhalb von drei Monaten nach der Versetzung ausscheiden. [Die zum Zeitpunkt der Versetzung ermittelte Abfindung reduziert sich um die Anzahl der ab diesem Zeitpunkt gezahlten Bruttogehälter incl. aller Gehaltsbestandteile (ohne VL)],
- oder infolge eines Ringtausches ausscheiden.

(2) Ein Anspruch auf Abfindung entsteht nicht, wenn der AN ein zumutbares Arbeitsplatzangebot nicht binnen einer Ausschlussfrist von drei Wochen ab Unterbreitung schriftlich annimmt.

(3) Der Anspruch auf Abfindung reduziert sich bei vorzeitiger Eigenkündigung. Die Abfindung wird zum tatsächlichen Austrittszeitpunkt errechnet. Für jeden Monat des vorzeitigen Ausscheidens wird die Abfindung um je 5 % – höchstens jedoch um 60 % – gekürzt.
Das Gleiche gilt bei vorzeitiger betriebsbedingter Beendigung des Arbeitsverhältnisses durch Aufhebungsvertrag.

(4) Die Ansprüche auf Zahlung der Abfindung sind fällig bei Ausscheiden des AN; sollte zu diesem Zeitpunkt ein Kündigungsschutzverfahren des betroffenen AN anhängig sein, tritt die Fälligkeit erst mit rechtskräftiger Beendigung des Verfahrens ein.

(5) Abfindungen, die in Aufhebungsverträgen bzw. im Vergleichswege vereinbart oder im Kündigungsschutzverfahren zuerkannt werden, werden auf Leistungen nach dieser Vereinbarung angerechnet.

§ 2 Höhe der Abfindung

(1) Arbeitnehmer vor Vollendung des 55. Lebensjahres

a) Abfindung nach Betriebszugehörigkeit

aa) Die Abfindung beträgt in Abhängigkeit vom Lebensalter je Beschäftigungsjahre (ohne Ausbildungszeiten):

- bis zum vollendeten 30. Lebensjahr   Faktor 0,7
- ab vollendetem 30. Lebensjahr   Faktor 0,9
- ab vollendetem 35. Lebensjahr   Faktor 1,1
- ab vollendetem 40. Lebensjahr   Faktor 1,2
- ab vollendetem 45. bis 54. Lebensjahr   Faktor 1,4

des letzten Monatsgehaltes (incl. aller Zulagen, ohne VL). Bei AN des organisierenden Außendienstes tritt an die Stelle des Monatsgehalts das nach Teil D § 2 Abs. 3 ermittelte Durchschnittseinkommen (ohne VL).
Berücksichtigt werden ununterbrochene Zeiten der Betriebszugehörigkeit in Unternehmen, die zur ■■■ Firmengruppe gehören. Nicht vollendete Beschäftigungsjahre werden bis einschließlich sechs Monate abgerundet; über sechs Monate auf volle Jahre aufgerundet.

bb) Eine in diesem Zeitraum abgeschlossene Erstausbildung wird unabhängig von ihrer Dauer pauschal mit insgesamt 1,5 Bruttomonatsgehältern bei der Abfindung zusätzlich berücksichtigt. Die Altersfaktoren finden keine Anwendung.

b) Unterhaltsberechtigte Kinder

Für jedes Kind, dem der AN im Zeitpunkt des Ausscheidens zum Unterhalt verpflichtet ist, erhält der AN eine zusätzliche Abfindung nach folgender Tabelle:

- erreichtes Alter des Kindes bis 5 Jahre   ■■■ EUR
- erreichtes Alter des Kindes von 6 bis 10 Jahre   ■■■ EUR
- erreichtes Alter des Kindes von 11 bis 15 Jahre   ■■■ EUR
- erreichtes Alter des Kindes ab 16 Jahre   ■■■ EUR.

c) Zusätzliche Abfindung bei Schließung von Betriebsstätten

AN, deren Betriebsstätten geschlossen werden, erhalten ein Monatsgehalt zusätzlich als Abfindung, wenn sie im Monat der Stilllegung ihre arbeitsvertraglichen Verpflichtungen erfüllen und in diesem Monat keinen Urlaub nehmen.
In diesen Fällen ist eine Abgeltung von Urlaub nach den tarifvertraglichen Bestimmungen möglich.

d) Mindest-/Höchstabfindung

Für die Summe der Abfindungskomponenten nach lit. a) bis c) gelten folgende Mindest-/Höchstabfindungen:

aa) Die Mindestabfindung beträgt bei einem erreichten Alter

- bis 29 Jahre ▪▪▪ EUR
- von 30 bis 39 Jahre ▪▪▪ EUR
- von 40 bis 49 Jahre ▪▪▪ EUR
- von 50 bis 54 Jahre ▪▪▪ EUR.

bb) Die Höchstabfindung beträgt ▪▪▪ EUR; in Abhängigkeit vom Lebensalter bei Ausscheiden maximal jedoch nicht mehr als

- bis 52 Jahre 45 Gehälter
- bis 53 Jahre 40 Gehälter
- bis 54 Jahre 35 Gehälter.

(2) Arbeitnehmer ab Vollendung des 55. Lebensjahres

AN, die bei Ausscheiden das 55. Lebensjahr vollendet haben, erhalten eine Abfindung gemäß Anlage 2.

(3) Arbeitnehmer, die unmittelbar gesetzliches Altersruhegeld beziehen

Rentenversicherungspflichtige AN, die von den vorgenannten Maßnahmen betroffen sind und nach dem Austritt unmittelbar gesetzliches Altersruhegeld beziehen, erhalten eine Abfindung in Höhe von ▪▪▪ EUR je Monat für jeden Monat vom Austrittszeitpunkt bis zur Vollendung des 65. Lebensjahres. Die Abfindung wird in einer Summe im Austrittsmonat ausgezahlt. Sofern bis zur Vollendung des 65. Lebensjahres ein Jubiläum noch erreicht würde, erhöht sich die Abfindung um das Jubiläumsgeld.

Den gleichen Anspruch haben AN, die Leistungen nach § 3 Nr. 4 MTV erhalten.

§ 3 Anteilige Abfindung für Teilzeitkräfte

Bei Teilzeitkräften wird die Höhe der Abfindung für alle Komponenten gemäß nachfolgender Regelung unter Abs. 1 und 2 anteilig ermittelt. Dies gilt auch für die Mindest- und Höchstabfindung sowie die zusätzlich Abfindung für unterhaltsberechtigte Kinder.

(1) Für AN, die tariflich eingruppiert sind, entsprechend dem Verhältnis der individuellen zur tariflichen Wochenarbeitszeit.

(2) Für AN gemäß § 1 Nr. 2 MTV, die ein außertarifliches Entgelt unterhalb der Tarifgruppe 1 beziehen, entsprechend dem Verhältnis vertragliches Bruttomonatsentgelt zur TG 1.

Teil H: Urlaub/Sonderzahlungen

Bei Ausscheiden während des Kalenderjahres gelten die tariflichen Bestimmungen. Eigenkündigungen von AN, die durch die vorgenannten Maßnahmen veranlasst sind, werden bezüglich der Gewährung von Sonderzahlungen wie betriebsbedingte Arbeitgeberkündigungen behandelt.

Teil I: Ringtausch

AN können eine Austrittsvereinbarung beantragen, wenn dadurch die unmittelbare Aufrechterhaltung eines Arbeitsverhältnisses betroffener AN gesichert wird.

Teil K: Härtefälle

Arbeitgeber und Betriebsrat behalten sich vor, für besondere Härten gesonderte Einzelfallregelungen zu vereinbaren. Hierfür stehen auch Mittel aus dem Sozialfonds (Betriebsvereinbarung vom ▪▪▪ zur Verfügung.

Teil L: Sozialauswahl bei betriebsbedingten Kündigungen

Es besteht Einvernehmen, dass unmittelbar nach dem Abschluss dieser Vereinbarung Gespräche zwischen den Parteien über Verfahren und Maßstäbe der Sozialauswahl aufgenommen und bis zum ▪▪▪ abgeschlossen werden.

Im Anschluss daran werden mit den zuständigen Betriebsräten Gespräche darüber aufgenommen, welchen AN betriebsbedingt zu kündigen ist. Als Ergebnis dieser Gespräche werden Listen erstellt. Für den Fall der Einigung werden diese Listen als Bestandteil dieser Vereinbarung anerkannt und als Anlage beigefügt.

Das Zustandekommen dieser Listen ist weder Bedingung für die Rechtswirksamkeit dieser Vereinbarung noch für die Einleitung und Umsetzung personeller Maßnahmen durch den Arbeitgeber.

§ 5 Betriebsvereinbarungen

Teil M: Abstimmung mit dem Betriebsrat/In-Kraft-Treten

Bestehen Meinungsverschiedenheiten über die Anwendung oder Auslegung dieser Vereinbarung, entscheidet hierüber eine betriebliche Schlichtungsstelle. Jede Seite entsendet drei Mitglieder. Kommt eine Einigung nicht zustande, so erfolgt die Abwicklung nach § 76 BetrVG.

Diese Betriebsvereinbarung tritt am ▬▬▬ in Kraft und endet nach Umsetzung der in Abschnitt A genannten Maßnahmen. Sie löst den Interessenausgleich/Sozialplan vom ▬▬▬ ab.

Sollten einzelne Bestimmungen dieser Vereinbarung unwirksam sein oder werden, bleiben die übrigen Regelungen bestehen. Die unwirksamen Regelungen werden durch Ergänzungsvereinbarungen der Parteien ersetzt, die dem von den Parteien gewollten Ergebnis möglichst nahe kommen.

Anlage 1

§ 1 Mietbeihilfe für Arbeitnehmer bei Versetzung

Im Falle eines versetzungsbedingten Umzugs wird dem AN bei der Beschaffung einer gleichwertigen Mietwohnung eine Mietbeihilfe gewährt. Hierzu gelten folgende Grundsätze:

(1) Diese Regelung gilt nur, wenn der AN am bisherigen Beschäftigungsort oder in dessen Umgebung eine abgeschlossene Wohnung angemietet hat. Für möblierte Wohnungen oder Untermietverhältnisse (insbesondere bei Verwandten) gilt sie nicht.

(2) Wenn für eine gleichwertige Wohnung am neuen Beschäftigungsort eine höhere Miete zu zahlen ist, wird die Differenz zur bisherigen Miete durch eine Mietbeihilfe (brutto) ausgeglichen. Die Gleichwertigkeit bezieht sich auf die qm-Wohnfläche, Ausstattung (z.B. Bad, Zentralheizung), Lage und Art des Mietobjektes (Wohnung, Reihen- oder Einzelhaus).

(3) Wenn das neue Mietobjekt höherwertig ist, kann die Mietdifferenz nicht voll ausgeglichen werden.

(4) Grundlage für die Errechnung der Mietbeihilfen ist der Mietzins ohne Nebenkosten (z.B. für Heizung, Treppenhausreinigung, Müllabfuhr und ohne Kosten für Garage).

(5) Mietbeihilfen werden für max. 36 Monate gezahlt und reduzieren sich jeweils um 25 % vom Ursprungsbetrag pro Jahr.

Beispiel: Miete neu: 600 EUR

Miete alt: 500 EUR

Differenz: 100 EUR

Mietbeihilfe 1. Jahr 100 EUR

Mietbeihilfe 2. Jahr 75 EUR

Mietbeihilfe 3. Jahr 56,25 EUR

§ 2 Abfindungsberechnung für Mitarbeiter ab dem 55. Lebensjahr

Auf der Grundlage der tarifvertraglichen Vorschriften und unter Berücksichtigung der Bestimmungen des SGB III berechnet sich die Abfindung nach folgender Regelung:

(1) Zuschuss zum Arbeitslosengeld

Für Arbeitnehmer, die das 55. Lebensjahr vollendet haben und die Voraussetzungen zum Bezug der gesetzlichen Altersversorgung noch nicht erfüllen, wird eine Ausgleichszahlung (Abfindung) zum Zeitpunkt des Austritts gewährt, die sich folgendermaßen berechnet:

Anzahl der Monate bis zur Vollendung des 60. Lebensjahres

– aber mindestens 12 Monate –

multipliziert mit 80 % des sich aus der Bemessungsgrundlage (Abs. 6) ergebenden Nettomonatsgehalts zum Zeitpunkt des Austritts

vermindert um die Höhe des voraussichtlichen Arbeitslosengeldes. Wird das Arbeitslosengeld aus Gründen, die der AN nicht zu vertreten hat, nicht oder nicht mehr gezahlt, übernimmt der Arbeitgeber die Zahlung.

Arbeitslosenhilfe, die der Arbeitnehmer möglicherweise im Anschluss an das Arbeitslosengeld erhält, wird bei der Ermittlung der Abfindung nicht angerechnet. Der Zuschuss zum Arbeitslosengeld beträgt mindestens ▬▬▬ EUR.

(2) Dienstjubiläum bis 12 Monate nach dem Ausscheiden

Bei Arbeitnehmern, die innerhalb der nächsten 12 Monate nach dem betriebsbedingten Ausscheiden ein Dienstjubiläum erreicht hätten, erhöht sich die Abfindung um das Jubiläumsgeld.

(3) Altersversorgungsausgleich

Als Ausgleich für Nachteile in der betrieblichen und gesetzlichen Altersversorgung erhöht sich die Abfindung wie folgt:
Für Arbeitnehmer mit einer Betriebszugehörigkeit ab 10 Jahren:
Anzahl der Monate vom Ausscheiden bis zur Vollendung des 65. Lebensjahres multipliziert mit ▬▬▬ EUR brutto.
Für Arbeitnehmer mit einer Betriebszugehörigkeit von weniger als 10 Jahren:
▬▬▬ EUR multipliziert mit Anzahl der Beschäftigungsjahre (aber nicht mehr als max. ▬▬▬ EUR)
multipliziert mit der Anzahl der Monate vom Ausscheiden bis zur Vollendung des 65. Lebensjahres.

(4) Ausgleich für Rentenabschläge

Aufgrund der Änderungen in der Rentengesetzgebung wird die Altersgrenze für die Inanspruchnahme von Altersruhegeld im Anschluss an die Arbeitslosigkeit stufenweise vom 60. Lebensjahr bis zum 65. Lebensjahr angehoben.

Eine Inanspruchnahme ab dem 60. Lebensjahr ist weiterhin möglich, aber mit Abschlägen von 0,3% des Rentenanspruchs für jeden Monat der vorzeitigen Inanspruchnahme verbunden.

Für Männer greift diese Änderung ab dem Jahrgang 1937; für Frauen ab dem Jahrgang 1940, sofern sie nach der Vollendung des 40. Lebensjahres mehr als zehn Jahre Pflichtbeitragszeiten erfüllt haben. Schwerbehinderte sind von dieser Kürzung nicht betroffen.

Zum Ausgleich für diese Kürzung erhalten AN (sofern sie nicht schwerbehindert sind) eine zusätzlich Abfindung (brutto). In der beiliegenden Tabelle ist – entsprechend den gesetzlichen Regelungen in Abhängigkeit von Geschlecht und Geburtsdatum – jeder Monat der vorzeitigen Inanspruchnahme mit je einem Punkt bewertet.

Für jeden Punkt erhalten AN mit einer Betriebszugehörigkeit ab 10 Jahren eine Abfindung von ▬▬▬ EUR.
AN mit einer Betriebszugehörigkeit von weniger als 10 Jahren erhalten eine Abfindung von ▬▬▬ EUR, multipliziert mit der Anzahl der Beschäftigungsjahre (maximal ▬▬▬ EUR) je Punkt.

(5) Ausgleich für Krankenversicherungsbeiträge

Für die Zeiten während der Arbeitslosigkeit, in denen nach Bezug des Arbeitslosengeldes keine Arbeitslosenhilfe gewährt wird, sind Beträge zur Krankenkasse zu entrichten. Zum Ausgleich der Belastung wird der Abfindungsbetrag pauschal um ▬▬▬ EUR erhöht.

(6) Bemessungsgrundlage

a) Bruttogehalt Innendienst

Das Bruttogehalt setzt sich zusammen aus:
- Tarifgruppe
- Leistungszulage
- Ausgleichszulage
- Tätigkeitszulage
- Verantwortungszulage
- Sozialzulage
- Arbeitszeitausgleichszulage
- Vermögenswirksamen Leistungen.

Nicht zum Bruttogehalt zählen:
- Bereitschaftspauschale
- Mehrarbeitsvergütung
- pauschalierte Mehrarbeit.

b) Bruttoeinkommen Außendienst

Das Bruttoeinkommen des organisierenden Außendienstes ergibt sich aus Teil D § 2 Abs. 3 der Vereinbarung.

c) Nettogehalt

Das Nettogehalt ergibt sich aus dem vorgenannten Bruttogehalt bzw. Bruttoeinkommen, vermindert um folgende Abzüge:
- Steuern[246]
- Solidaritätszuschlag
- Krankenversicherung/AN-Anteil zur freiwilligen bzw. privaten Krankenversicherung
- Rentenversicherung/AN-Anteil zur befreienden Lebensversicherung
- Pflegeversicherung.

---

[246] Freibeträge werden grundsätzlich nicht berücksichtigt, es sei denn, es handelt sich um Kinderfreibeträge oder Schwerbehindertenfreibeträge.

§ 5 Betriebsvereinbarungen

Maßgeblich bei der Berechnung der Abfindung ist die Steuerklasse, die zu Beginn des Kalenderjahres galt, in dem das Kündigungs-/Aufhebungsverfahren abgeschlossen wird.

Das Nettomonatsgehalt wird ohne Sonderzahlungen ermittelt.

Anlage 2: Punktetabelle für den Ausgleich von Rentenabschlägen

Rente ab 60				Rente ab 60			
Jahrgang	Monat	Frauen	Männer	Jahrgang	Monat	Frauen	Männer
1937	Januar	0	1	1941	Januar	13	49
	Februar	0	2		Februar	14	50
	März	0	3		März	15	51
	April	0	4		April	16	52
	Mai	0	5		Mai	17	53
	Juni	0	6		Juni	18	54
	Juli	0	7		Juli	19	55
	August	0	8		August	20	56
	September	0	9		September	21	57
	Oktober	0	10		Oktober	22	58
	November	0	11		November	23	59
	Dezember	0	12		Dezember	24	60

Rente ab 60				Rente ab 60			
Jahrgang	Monat	Frauen	Männer	Jahrgang	Monat	Frauen	Männer
1938	Januar	0	13	1942	Januar	25	60
	Februar	0	14		Februar	26	60
	März	0	15		März	27	60
	April	0	16		April	28	60
	Mai	0	17		Mai	29	60
	Juni	0	18		Juni	30	60
	Juli	0	19		Juli	31	60
	August	0	20		August	32	60
	September	0	21		September	33	60
	Oktober	0	22		Oktober	34	60
	November	0	23		November	35	60
	Dezember	0	24		Dezember	36	60

Rente ab 60				Rente ab 60			
Jahrgang	Monat	Frauen	Männer	Jahrgang	Monat	Frauen	Männer
1939	Januar	0	25	1943	Januar	37	60
	Februar	0	26		Februar	38	60
	März	0	27		März	39	60
	April	0	28		April	40	60
	Mai	0	29		Mai	41	60
	Juni	0	30		Juni	42	60
	Juli	0	31		Juli	43	60
	August	0	32		August	44	60

Kapitel 3: Interessenausgleichsvereinbarungen und Sozialpläne

Rente ab 60				Rente ab 60			
Jahrgang	Monat	Frauen	Männer	Jahrgang	Monat	Frauen	Männer
	September	0	33		September	45	60
	Oktober	0	34		Oktober	46	60
	November	0	35		November	47	60
	Dezember	0	36		Dezember	48	60

Rente ab 60				Rente ab 60			
Jahrgang	Monat	Frauen	Männer	Jahrgang	Monat	Frauen	Männer
1940	Januar	1	37	1944	Januar	49	60
	Februar	2	38		Februar	50	60
	März	3	39		März	51	60
	April	4	40		April	52	60
	Juni	6	42		Juni	54	60
	Juli	7	43		Juli	55	60
	August	8	44		August	56	60
	September	9	45		September	57	60
	Oktober	10	46		Oktober	58	60
	November	11	47		November	59	60
	Dezember	12	48		Dezember	60	60
				1945 und später		60	60

4. Muster: Verlagerung eines Verbandes

Zwischen

dem Verband ▬▬▬

– nachstehend: Verband –

und

dem Betriebsrat des Verbandes ▬▬▬

– nachstehend: Betriebsrat –

wird folgender Interessenausgleich und Sozialplan geschlossen.

Präambel

Der Verband wird ▬▬▬ seinen Sitz von ▬▬▬ nach ▬▬▬ verlegen. Hierzu wird er gemeinsam mit anderen Verbänden in ▬▬▬ ein Verbandsgebäude errichten, dessen Fertigstellung ▬▬▬ erfolgen soll. Der derzeitige Umzugsstichtag für den Verband ist daher der ▬▬▬ vorbehaltlich einer Verzögerung bei der Fertigstellung des Verbandsgebäudes.

Zur Milderung von wirtschaftlichen Nachteilen im Zusammenhang mit der Betriebsverlegung für die beim Verband beschäftigten Mitarbeiterinnen und Mitarbeiter (im Folgenden: Mitarbeiter) wird der nachfolgende Sozialplan mit einem Volumen von ca. ▬▬▬ EUR vereinbart. Die Betriebspartner sind sich darüber einig, dass durch die nachfolgenden Bestimmungen die Betriebsänderung i.S.d. §§ 111, 112 BetrVG geregelt wird.

§ 1 Geltungsbereich des Sozialplans

Der Sozialplan gilt grundsätzlich für alle Mitarbeiter des Verbandes, die zum Umzugsstichtag mit dem Verband einen Arbeitsvertrag geschlossen haben, es sei denn, der Arbeitsvertrag ist zeitlich befristet oder mit einer Umzugsklausel versehen. Für Mitarbeiter mit einer Umzugsklausel gelten lediglich die im Hinblick auf eine Wohnsitzverlegung nach ▬▬▬ gewährten Leistungen. Mitarbeiter mit Umzugsklausel sind von jeglicher Form der Abfindungsleistung ausgeschlossen.

Der Verband garantiert allen umzugswilligen Mitarbeitern einen adäquaten Arbeitsplatz zu gleichen Konditionen in ▬▬▬.

§ 2 Leistungen im Hinblick auf die Wohnsitzverlegung

(1) Umzugskosten

a) Es werden die entstehenden Umzugskosten (Speditionskosten und Packkosten) für alle zerbrechlichen Gegenstände – z.B. Glas, Porzellan, Bilder, Lampen, die aus Gründen des Versicherungsschutzes vom Spediteur zu packen sind – vom Verband übernommen, wobei der Verband das Recht hat, die Speditionsfirma vorzugeben. Mitarbeiter, die ihren Umzug lieber in Eigenregie durchführen wollen, erhalten eine Pauschale von 25% des Preises, der durchschnittlich für den Umzug eines Haushalts entsprechender Größe aufzuwenden wäre.

b) Der Verband gewährt eine Umzugspauschale in Höhe von 2.000 EUR je Mitarbeiter, wobei pro Kind zusätzlich 500 EUR geleistet werden, sofern das Kind durch Wohnsitzwechsel vom Umzug betroffen ist.

c) Der Verband gewährt jedem vom Umzug betroffenen Mitarbeiter für den eigentlichen Umzug drei Tage Sonderurlaub.

(2) Wohnungssuche

Der Verband gewährt jedem Mitarbeiter zwei Reisen zur Wohnungssuche für jeweils zwei Personen. Es wird jeweils eine Übernachtung in einem vom Verband festzulegenden Hotel finanziert. Zusätzlich werden pro Reise dem Mitarbeiter die steuerfreien Verpflegungsmehraufwendungen ersetzt. Im Falle einer Pkw-Fahrt wird auf Basis eines 2.-Klasse-Bahntickets abgerechnet.

(3) Maklerkosten

Der Verband erstattet bei Mietobjekten die Maklerkosten bis zu einer Höchstgrenze von 4.000 EUR. Diese Höchstgrenze gilt auch in den Fällen, in denen Maklerkosten für ein Kaufobjekt entstehen. Verkauft der Mitarbeiter nachweislich eine Immobilie am jetzigen Sitz des Verbandes, bzw. in der Umgebung, um auf diese Weise den Kauf einer Ersatzimmobilie in ▪▪▪ zu finanzieren, erstattet der Verband Maklerkosten bis zu einer Obergrenze von 8.200 EUR.

(4) Doppelte Mietzahlung

Der Verband fordert seine Mitarbeiter auf, zum ▪▪▪ eine neue Immobilie in ▪▪▪ anzumieten. Die vorhandene Wohnung in ▪▪▪ soll jedoch erst zum ▪▪▪ aufgegeben werden. Der Verband ersetzt dafür die Miete des Monats ▪▪▪ der Wohnung am jetzigen Sitz des Verbandes (Kaltmiete zzgl. Umlagen). Sofern der Mitarbeiter am jetzigen Verbandssitz in einer eigenen Immobilie wohnt, wird die Vergleichsmiete ersetzt.

(5) Verzögerungsklausel

Sollte der Verband auch bis zum ▪▪▪ seinen Dienstsitz noch nicht nach ▪▪▪ verlegt haben und aufgrund von Bauverzögerung nach wie vor gezwungen sein, seine Geschäftsstelle am jetzigen Verbandssitz weiter zu betreiben, trägt der Verband folgende entstehenden Kosten:

a) Die Kosten einer adäquaten Unterbringung in ▪▪▪.

b) Die Reisekosten für das Wochenendpendeln zurück nach ▪▪▪.

(6) Bestandsschutz/Rückzahlungsklausel

Der Verband versichert allen umzugswilligen Mitarbeitern, dass es innerhalb der ersten zwei Jahre nach dem Umzug zu keinen betriebsbedingten Kündigungen in ▪▪▪ kommen wird. Im Gegenzug werden die Mitarbeiter verpflichtet, im Falle einer Kündigung innerhalb der ersten zwei Dienstjahre in ▪▪▪ die auf den Umzug geleisteten Zuwendungen des Verbandes anteilig zurückzuerstatten.

§ 3 Abfindungsleistungen

Die Betriebspartner bewerten die soziale Situation der Mitarbeiter, die dem Verband nicht nach ▪▪▪ folgen, differenziert. Dabei herrscht jedoch Einigkeit, dass allen am jetzigen Verbandssitz zurückbleibenden Mitarbeitern eine Abfindung gezahlt werden soll. Maßgeblich für die Differenzierung bei den gewährten Leistungen soll das Lebensalter sein. Die Betriebspartner sind der Ansicht, dass zwischen denjenigen differenziert werden soll, die aufgrund gesetzlicher Möglichkeiten (Altersrente, vorzeitige Altersrente, Altersrente für langjährig Versicherte, Altersteilzeit etc.) unmittelbar oder mittelbar in den Genuss von Rentenbezügen kommen können, verhältnismäßig geringere Leistungen erhalten sollen, als diejenigen Mitarbeiter, die selbst nach Auslaufen des Arbeitslosengeldes und unter Hinnahme von Rentenabschlägen nicht in den Genuss von Rentenzahlungen kommen können. Demgemäß wurden die Gruppen wie folgt definiert:

- Gruppe 1 umfasst alle diejenigen Mitarbeiter, die zum ▪▪▪ das 58. Lebensjahr noch nicht vollendet haben.
- Gruppe 2 umfasst alle älteren Mitarbeiter.

Die Abfindungsleistungen werden für die Gruppe 1 nach folgender Formel berechnet: 40% des Nettolohns multipliziert mit der Anzahl der Monate Arbeitslosengeld, die der Mitarbeiter maximal in Anspruch nehmen könnte (also 22 bzw. 26).

Die Abfindungsleistungen werden für die Gruppe 2 nach folgender Formel berechnet: 30 % des Nettolohns multipliziert mit der Anzahl der Monate Arbeitslosengeld, die der Mitarbeiter maximal in Anspruch nehmen könnte (also höchstens 32).

§ 4 Berechnung

Für die Berechnung der Abfindung ist maßgebend die in der Anlage beigefügte Auflistung, die alle möglichen Anspruchsberechtigten in den Gruppen 1 und 2 mit den relevanten Daten Alter, Nettogehalt, Bezugsdauer und Arbeitslosengeld erfasst und die endgültige Abfindung errechnet. Noch vor Ausspruch der Änderungs- bzw. Beendigungskündigungen erhält jeder mögliche Abfindungsberechtigte seine individuellen Daten zum Zwecke der Überprüfung. Sollten sich bei der Ermittlung des Nettogehalts oder der Berechnung der Abfindung Differenzen ergeben, werden diese aufgeklärt und einvernehmlich zwischen Mitarbeiter, Betriebsrat und Verbandsgeschäftsführung geregelt. Sollten sich Änderungen ergeben, werden diese in die Liste übernommen und Bestandteil des Sozialplans.

Die Leistungen im Hinblick auf den Umzug werden gegen Vorlage entsprechender Rechnungsunterlagen bzw. entsprechend der vorgesehenen Pauschalierungsregelungen errechnet. Im Falle von Differenzen zwischen dem Mitarbeiter und der Verbandsgeschäftsführung wird unter Einbeziehung des Betriebsrats eine einvernehmliche Lösung herbeigeführt.

§ 5 Auszahlung

Auszahlungen werden mit dem Tag des Ausscheidens fällig. Auf alle anderen Sozialplanleistungen besteht ein Anspruch mit dem In-Kraft-Treten des Sozialplans, sobald die Anspruchsvoraussetzungen erfüllt sind. Die Mitarbeiter sind verpflichtet, jede tatsächliche Änderung in ihren persönlichen Verhältnissen, die Bedeutung für die Leistung nach diesem Sozialplan hat, unverzüglich dem Verband mitzuteilen.

Erhebt ein Mitarbeiter Klage auf Feststellung der Unwirksamkeit der Kündigung oder des Fortbestehens des Arbeitsverhältnisses oder auf Feststellung der Unwirksamkeit der Änderung der Arbeitsbedingungen wegen der Betriebsverlegung nach ■■■, so werden die Ansprüche aus diesem Sozialplan erst fällig, wenn das Verfahren rechtskräftig abgeschlossen ist. Das Kündigungsschutzrecht und die Rechte des Betriebsrats bleiben unberührt.

Auf Leistungen aus diesem Sozialplan sind etwaige gesetzliche, arbeitsgerichtlich zugesprochene oder individualvertragliche Abfindungen, Nachteilsausgleichsansprüche oder jegliche sonstige Entschädigungsleistungen für den Verlust des Arbeitsplatzes anzurechnen.

Der Verband ist berechtigt, die Leistungen aus dem Sozialplan mit eigenen Ansprüchen zu verrechnen.

§ 6 In-Kraft-Treten

Der Sozialplan tritt mit seiner Unterzeichnung in Kraft.

Sollten einzelne Bestimmungen dieses Sozialplans unwirksam sein oder unwirksam werden oder im Widerspruch zu gesetzlichen Regelungen stehen, so bleiben die übrigen Regelungen davon unberührt. Die unwirksame oder im Widerspruch stehende Regelung ist durch eine solche zu ersetzen, die dem von den Parteien gewollten wirtschaftlichen Ergebnis nahe kommt.

5. Muster: Vertriebskonzept- und Arbeitszeitänderung

Die Firma ■■■

– nachstehend: Geschäftsleitung –

und

der Gesamtbetriebsrat der Firma ■■■

– nachstehend: Gesamtbetriebsrat –

vereinbaren den nachfolgenden Rahmensozialplan:

Präambel

Die Parteien stellen übereinstimmend fest, dass aufgrund der äußerst kritischen wirtschaftlichen Situation der Firma ■■■, die sich u.a. in den im Geschäftsjahr ■■■ aufgelaufenen sowie für die Geschäftsjahre ■■■ und ■■■ vorhersehbaren Verlusten niederschlägt, eine zügige Umstrukturierung des Unternehmens erforderlich ist, um dessen Überlebensfähigkeit zu sichern.

Ziel dieser Gesamtbetriebsvereinbarung ist es, im Rahmen der betrieblichen Möglichkeiten Nachteile für Mitarbeiterinnen und Mitarbeiter, die sich aus den bevorstehenden Umstrukturierungsmaßnahmen, Betriebsänderungen und Schließungen insbesondere aus

- der Einführung neuer Vertriebskonzepte (z.B. „Abholmarkt") einschließlich der damit zusammenhängenden Änderungen der Arbeitsbedingungen,
- einer bedarfs- und kundengerechten Neugestaltung der Arbeitszeiten sowie
- den notwendigen Personalanpassungsmaßnahmen

ergeben können, auszugleichen bzw. zu mildern.

§ 1 Geltungsbereich

(1) Dieser Rahmensozialplan gilt für alle Mitarbeiterinnen und Mitarbeiter der Firma, die sich am ■■■ in einem ungekündigten Beschäftigungsverhältnis befanden und die von den in der Präambel angesprochenen Maßnahmen betroffen sein werden.

(2) Der Rahmensozialplan gilt nicht
- für leitende Angestellte i.S.v. § 5 Abs. 3 BetrVG,
- für Mitarbeite/innen, denen aus verhaltensbedingten Gründen gekündigt wird,
- für Mitarbeiter/innen, die vor dem ■■■ eine Eigenkündigung ausgesprochen haben,
- für Mitarbeiter/innen in einem befristeten Arbeitsverhältnis sowie
- für Mitarbeiter/innen, die die Wartefrist nach § 1 KSchG nicht erfüllt haben.

§ 2 Allgemeine Bestimmungen

(1) Alle personellen Maßnahmen aus Anlass der in der Präambel genannten Betriebsänderungen werden im Rahmen des Betriebsverfassungsgesetzes unter Wahrung der gesetzlichen und tariflichen Rechte durchgeführt.

(2) Von Arbeitsplatzänderungen betroffene Beschäftigte werden i.S.v. § 81 BetrVG unverzüglich über Art und Umfang der sie betreffenden Maßnahmen nach Beratung mit dem örtlichen Betriebsrat informiert.

(3) Soweit der Beschäftigte es wünscht, ist zu den mit ihm geführten Gesprächen ein Mitglied des örtlichen Betriebsrats hinzuzuziehen, er ist vorher auf diese Möglichkeit hinzuweisen.

(4) Bei der Kündigung eines Schwerbehinderten ist die Zustimmung des Integrationsamtes einzuholen.

§ 3 Einführung des „Abholmarkt"-Konzeptes

(1) Die Geschäftsleitung beabsichtigt, das dem Gesamtbetriebsrat bereits vorgestellte Vertriebskonzept „Abholmarkt" an folgenden Standorten einzuführen: ■■■

Die Umstellung weiterer Märkte auf das „Abholmarkt"-Konzept ist beabsichtigt.

(2) Geschäftsleitung und Gesamtbetriebsrat werden im Rahmen ihrer Möglichkeiten zu einer erfolgreichen Einführung dieses Vertriebskonzeptes beitragen.

Insbesondere werden Geschäftsleitung und Gesamtbetriebsrat eine Gesamtbetriebsvereinbarung „Prämiensystem" abschließen, welche alle derzeitigen und künftigen Abholmärkte erfasst.

§ 4 Nachteilsausgleich/-milderung bei personellen Maßnahmen

(1) Soweit bei der Durchführung der in der Präambel angesprochenen Umstrukturierungsmaßnahmen personelle Maßnahmen erforderlich sind, richten sich deren Voraussetzungen sowie der Ausgleich bzw. die Milderung daraus resultierender Nachteile für die Mitarbeiter/innen (§§ 111 ff. BetrVG) ausschließlich nach dieser Vereinbarung. Die Mitbestimmungsrechte des örtlichen Betriebsrats bei personellen Maßnahmen bleiben hiervon unberührt. Bei betriebsratslosen Betrieben wird der Wirtschaftsausschuss gemäß §§ 106 ff. BetrVG beteiligt.

(2) Mitarbeiter/innen, die in einem Zeitraum von vier Monaten nach Einführung des „Abholmarkt"-Konzeptes betriebsbedingt ausscheiden, dürfen für diesen Zeitraum finanziell nicht schlechter gestellt sein als bei Anwendung des ursprünglichen Entlohnungssystems. Diese Regelung gilt längstens bis ■■■.

§ 5 Versetzung auf einen anderen freien Arbeitsplatz

(1) Es besteht Einigkeit zwischen den Parteien, dass zunächst die Möglichkeit einer Weiterbeschäftigung – ggf. unter geänderten Arbeitsbedingungen oder in benachbarten Betriebsteilen (auch innerhalb der Gruppe) – geprüft werden, bevor eine Beendigung des Arbeitsverhältnisses in Betracht gezogen wird. Dabei besteht Übereinstimmung, dass dem Erhalt von gleichwertigen und zumutbaren Arbeitsplätzen Vorrang vor der Auflösung von Arbeitsverhältnissen einzuräumen ist.

(2) Dabei sind die Wünsche des Beschäftigten zu berücksichtigen, soweit dies möglich ist.

Ausscheidenden Beschäftigten werden frei werdende Arbeitsplätze bevorzugt angeboten.

(3) Der Beschäftigte hat nach Erhalt eines Arbeitsplatzangebotes innerhalb einer Frist von zwei Wochen schriftlich zu erklären, ob er die angebotene Tätigkeit annimmt oder ablehnt.

§ 6 Zumutbarkeit eines neuen Arbeitsplatzes

(1) Nimmt ein Beschäftigter einen unzumutbaren Arbeitsplatz ausdrücklich an, so hat er die Möglichkeit, innerhalb von drei Monaten zu erklären, dass er die Fortsetzung des Arbeitsverhältnisses über diesen Zeitpunkt hinaus ablehnt. Gibt er die Erklärung ab, so endet das Arbeitsverhältnis unter Einhaltung der für den betroffenen Beschäftigten geltenden Kündigungsfristen. Bis zur Beendigung des Arbeitsverhältnisses ist der Beschäftigte verpflichtet, an dem angenommenen Arbeitsplatz weiterzuarbeiten. Dies ist in einer einzelvertraglichen Regelung festzuhalten. In diesem Falle kommen die Regelungen dieses Rahmensozialplans zur Anwendung.

(2) Der Arbeitsplatz ist zumutbar, wenn er folgenden Anforderungen entspricht:

a) Funktionell,

wenn die Anforderungen des Arbeitsplatzes der Qualifikation (Ausbildung, Erfahrung, bisherige Tätigkeit) entsprechen oder die erforderliche Qualifikation durch eine vom Unternehmen angebotene zumutbare längstens dreimonatiger Weiterbildungs-/Umschulungsmaßnahme erreicht werden kann und

b) materiell,

wenn der Beschäftigte seine bisherige tarifliche Eingruppierung oder bei Wechsel von gewerblicher in kaufmännische Tätigkeit oder umgekehrt, eine dieser bisherigen Eingruppierung vergleichbare tarifliche Eingruppierung behält und die bisherige effektive Entlohnung (Bruttomonatsgehalt) bei vergleichbarer Arbeitszeit weiterbesteht und die bisherige Betriebszugehörigkeit anerkannt wird (ausgenommen Ansprüche auf betriebliche Altersversorgung im übernehmenden Unternehmen) und

c) örtlich,

wenn der neue Arbeitsplatz unter einem zeitlichen Mehraufwand von 90 Minuten Hin- und Rückfahrt (Basis: öffentlicher Personennahverkehr) vom betroffenen Beschäftigten erreicht werden kann und

d) persönlich,

wenn nicht aus den persönlichen/sozialen Bedingungen besondere, gegen die Veränderung sprechende Gesichtspunkte im Einzelfall überwiegen.

(3) Das Angebot eines neuen, nach Ansicht des Unternehmens zumutbaren Arbeitsplatzes muss schriftlich erfolgen. Es muss enthalten:

a) Art und Umfang der Tätigkeit, Einsatzort, Arbeitsplatz

b) Tarifliche Eingruppierung (Tarifgruppe/-stufe)

c) Höhe und Zusammensetzung des Entgeltes einschl. aller Zuschläge, sonstiger Bezüge und Leistungen, soweit möglich (Provisionssystem u.a.)

d) Arbeitszeit und Arbeitszeiteinteilung

Beschäftigte, denen ein zumutbarer Arbeitsplatz angeboten wird, erhalten die Möglichkeit, sich über diesen Arbeitsplatz zu informieren und ihn auf Kosten des Unternehmens zu besichtigen.

Die Geschäftsleitung wird allen betroffenen Beschäftigten bei der Suche nach einem neuen Arbeitsplatz behilflich sein.

Das Unternehmen wird sich im Einvernehmen mit der Industrie- und Handelskammer und den Auszubildenden um die Übernahme der Ausbildungsverhältnisse durch geeignete Betriebe bemühen.

Muss ein Auszubildender infolge einer diesem Sozialplan unterfallenden Maßnahme seinen Ausbildungsort wechseln, so erhält er für den Verlust seines sozialen Besitzstandes einen Einmalbetrag von ▬▬▬ EUR.

(4) Mitarbeiter/innen, die einen i.S.v. § 6 Abs. 2 zumutbaren Arbeitsplatz ablehnen, erhalten keinerlei Leistungen aus diesem Rahmensozialplan, es sei denn, dies ist in diesem Rahmensozialplan ausdrücklich bestimmt.

§ 7 Abfindungsregelung

(1) Beschäftigte, denen kein neuer zumutbarer Arbeitsplatz angeboten werden kann und bei denen das Arbeitsverhältnis infolge der Durchführung von Maßnahmen im Sinne der Präambel arbeitgeberseitig beendet wird, erhalten für den Verlust ihres Arbeitsplatzes und zur Milderung der damit verbundenen sozialen Härten eine Abfindung, die nach Maßgabe der Bestimmungen des § 7 Abs. 2 ff. errechnet und gezahlt wird.

(2) Alle Mitarbeiter/innen, die noch nicht das 58. Lebensjahr vollendet haben und gleichzeitig eine längere als eine achtjährige Betriebszugehörigkeit haben (vgl. § 9 Abs. 1), erhalten folgende Grundbeträge:

- ▬▬▬ EUR für alle Mitarbeiter/innen
- ▬▬▬ EUR für jedes unterhaltsberechtigte Kind.

§ 5 Betriebsvereinbarungen

Maßgeblich für die Berücksichtigung von Kindern ist der Eintrag auf der Lohnsteuerkarte.[247]

(3) Schwerbehinderte erhalten den doppelten Sockelbetrag.

(4) Darüber hinaus erhalten Arbeitnehmer, die nicht unter § 9 fallen, neben diesen Grundbeträgen eine Abfindung nach folgender Formel:

Lebensalter x Beschäftigungsjahre x Bruttomonatsentgelt = Produkt

Das Produkt ist durch Divisor(en) zu teilen, die durch Spruch der Einigungsstelle festgelegt werden.

Unter Bruttomonatsentgelt ist das durchschnittliche Bruttomonatsgehalt bzw. der durchschnittliche Bruttomonatslohn (ohne Sonderleistungen wie Weihnachtsgeld, Urlaubsgeld, Vermögenswirksame Leistungen oder Mehrarbeitsvergütung), gerechnet aus dem Zeitraum der letzten 12 Monate vor Beendigung des Anstellungsverhältnisses zu verstehen. Angefangene Beschäftigungsjahre und Lebensalter werden pro vollen Beschäftigungsmonat mit zwei Dezimalstellen nach dem Komma errechnet.

(5) Mitarbeiter/innen, die wegen dieser Maßnahmen nach dem ▬▬▬ aber vor Unterzeichnung dieser Vereinbarung ausgeschieden sind, erhalten 50% aus diesem Rahmensozialplan.

(6) Härtefonds

Sind von einer einheitlichen Umstrukturierungsmaßnahme i.S. der Präambel mindestens 20% der Mitarbeiter/innen betroffen, so wird zum Ausgleich besonderer sozialer Härten ein Härtefonds gebildet.

Mit dem Härtefonds sollen weitere wirtschaftliche Nachteile der von der Umstrukturierungsmaßnahme betroffenen Mitarbeiter/innen ausgeglichen werden, die beim Abschluss dieses Rahmensozialplans noch nicht absehbar waren.

Die Geschäftsleitung zahlt je betroffener/betroffenen Vollzeitmitarbeiter/in ▬▬▬ EUR in den Härtefonds ein; für Teilzeitkräfte wird eine anteilige Zahlung geleistet.

Eine Verteilung der Gelder aus dem Härtefonds erfolgt durch gemeinsame Entscheidung von Geschäftsleitung und örtlichem Betriebsrat.

Teilzeitbeschäftigte erhalten alle aus diesem Sozialplan vereinbarten Leistungen anteilsmäßig.

(7) Die Abfindungen werden entsprechend §§ 9, 10 KSchG und § 3 Nr. 9 EStG (brutto für netto) gezahlt und sind 14 Tage vor dem Zeitpunkt des endgültigen Feststehens der wirksamen Beendigung des Arbeitsverhältnisses fällig.

(8) Nach § 7 Abs. 1 einvernehmlich ausscheidende Beschäftigte erhalten als zusätzliche Abfindung neben der nach den vorstehenden Regelungen zu berechnenden Abfindung 50% des Bruttogehalts/-lohnes, das ihnen bis zum Ablauf der Frist zustehen würde, die sich aus dem frühestmöglichen firmenseitigen Kündigungszeitpunkt unter Einhaltung der Kündigungsfrist errechnet.

§ 8 Soziale Auswahl bei betriebsbedingter Kündigung

(1) Kommt die Versetzung einer Mitarbeiterin/eines Mitarbeiters, deren/dessen Arbeitsplatz weggefallen ist, auf einen anderen freien Arbeitsplatz nicht in Betracht, so ist eine betriebsbedingte Kündigung nur unter Beachtung der nachfolgenden Kriterien für die Sozialauswahl zulässig.

(2) In die soziale Auswahl sind alle Mitarbeiter/innen einzubeziehen, deren Arbeitsplatz diejenige Mitarbeiterin/derjenige Mitarbeiter, deren/dessen Arbeitsplatz entfallen ist, ausfüllen kann.

Dies setzt voraus, dass diejenigen Mitarbeiter/innen, zwischen denen eine Sozialauswahl durchgeführt werden soll, im Hinblick auf ihre berufliche Qualifikation und Erfahrung, ihre zuletzt ausgeübte Tätigkeit sowie sonstige persönliche Umstände (z.B. Schwerbehinderteneigenschaft) miteinander vergleichbar sind.

(3) Arbeitgeber und Gesamtbetriebsrat stellen übereinstimmend fest, dass wegen der angespannten Arbeitsmarktlage zurzeit auch jüngere Mitarbeiter/innen wenig bis keine Chancen haben, nach einer betriebsbedingten Entlassung eine neue Stelle zu finden.

Arbeitgeber und Gesamtbetriebsrat sind sich weiter darüber einig, dass bei dieser Sachlage jüngere Mitarbeiter/innen, die für ihre Familie und die Ausbildung ihrer Kinder zu sorgen haben und die sich überdies im Stadium des Existenzaufbaus befinden, sozial besonders schutzwürdig sind. Verglichen mit älteren Mitarbeiterinnen und Mitarbeitern, die das 58. Lebensjahr bereits vollendet haben und deren soziale Absicherung bis zum Zeitpunkt des frühestmöglichen Bezugs von Leistungen aus der gesetzlichen Rentenversicherung sichergestellt ist, werden jüngere Mitarbeiter/innen deshalb einen Arbeitsplatzverlust in aller Regel schwerer verkraften können.

Unter der Voraussetzung, dass eine solche soziale Absicherung älterer Mitarbeiter/innen bis zum Renteneintritt sichergestellt ist (vgl. hierzu § 9), sind sich Arbeitgeber und Gesamtbetriebsrat deshalb darüber einig, dass im Rahmen der Sozialauswahl das Lebensalter älterer Mitarbeiter/innen geringer gewichtet wird.

---

[247] Aus Gründen der Rechtssicherheit wird davon abgeraten, die Unterhaltspflichten allein aus der Lohnsteuerkarte zu entnehmen. Die neuere Rechtsprechung geht von einer über die Lohnsteuerkarte hinausgehenden Erkundigungspflicht des Arbeitgebers aus; wegen Einzelheiten siehe § 5 Rn 162.

(4) Im Rahmen der Betriebsratsanhörung wird der Arbeitgeber in jedem Einzelfall die für die Sozialauswahl maßgeblichen Gesichtspunkte (Lebensalter, Betriebszugehörigkeit, Unterhaltsverpflichtungen usw.) darstellen und – unter Berücksichtigung der vorstehend aufgeführten weiteren Auswahlkriterien – die soziale Schutzbedürftigkeit der/des betroffenen Mitarbeiterin/Mitarbeiters bewerten.

§ 9 Soziale Absicherung älterer Mitarbeiter

(1) Mitarbeiter/innen, deren Arbeitsverhältnis durch betriebsbedingte Kündigung beendet wird und die zum Zeitpunkt der Beendigung des Arbeitsverhältnisses das 58. Lebensjahr bereits vollendet haben sowie eine Betriebszugehörigkeit von mindestens acht Jahren aufweisen, erhalten ab der Beendigung des Arbeitsverhältnisses bis zum frühestmöglichen Zeitpunkt des Bezuges von Leistungen aus der gesetzlichen Rentenversicherung, längstens jedoch für die Dauer des Bezuges von Arbeitslosengeld, anstelle der Abfindung ein monatliches Übergangsgeld.

(2) Das Übergangsgeld errechnet sich aus der Differenz der Leistungen nach dem SGB III oder ggf. der Krankenkasse und 80 % des im Durchschnitt der letzten 12 Monate vor der Beendigung des Arbeitsverhältnisses bezogenen Nettoeinkommens. Sonderzahlungen (Weihnachtsgeld, Urlaubsgeld, Einmal-Prämien usw.) sowie Mehrarbeitsvergütungen (Grundvergütung und Zuschläge) bleiben bei der Berechnung des durchschnittlichen Nettoeinkommens außer Betracht. Anderweitiger Verdienst wird nicht angerechnet.

(3) Bei der Berechnung des bisherigen Nettoeinkommens gemäß § 9 Abs. 2 werden auf der Lohnsteuerkarte eingetragene familienbedingte Freibeträge (z.B. Kinderfreibeträge) berücksichtigt.

Ein nach Erhalt der betriebsbedingten Kündigung durchgeführter Wechsel der Lohnsteuerklasse wird nicht berücksichtigt. Dies gilt auch bei der Berechnung des Übergangsgeldes.

Gegebenenfalls ist das Arbeitslosengeld also fiktiv unter Berücksichtigung der bisherigen Lohnsteuerklasse zu ermitteln und anzusetzen.

(4) Die Mitarbeiterin/Der Mitarbeiter ist verpflichtet, dem Arbeitgeber unverzüglich eine Kopie des Leistungsbescheides der Arbeitsverwaltung vorzulegen sowie etwaige Änderungen von sich aus unaufgefordert anzuzeigen.

Das Gleiche gilt für die Bescheide über etwaige Sperr-/Ruhenszeiten.

Kommt die Mitarbeiterin/der Mitarbeiter dieser Verpflichtung trotz einmaliger schriftlicher Aufforderung des Arbeitgebers nicht nach, so ist der Arbeitgeber bis zur Erfüllung der Verpflichtung berechtigt, alle Leistungen nach dieser Betriebsvereinbarung zurückzuhalten.

(5) Im Falle der Verhängung von Sperr- und/oder Ruhenszeiten durch die Agentur für Arbeit wird im Rahmen der Zahlungen nach § 9 Abs. 2 das Arbeitslosengeld fiktiv angesetzt. In diesem Falle zahlt der Arbeitgeber also nur die Differenz zwischen dem fiktiven Arbeitslosengeld und dem nach § 9 Abs. 2 garantierten Nettoeinkommen. Die vorstehende Regelung findet keine Anwendung, wenn die Mitarbeiterin/der Mitarbeiter die Sperr- und/oder Ruhenszeit nicht zu vertreten hat. Die Beiträge zur Kranken- und Rentenversicherung trägt in den Sperr- und Ruhenszeiten der Arbeitgeber, soweit sie nicht von der Bundesagentur für Arbeit getragen werden.

(6) Das Übergangsgeld wird jeweils zum Monatsende auf ein von der Mitarbeiteron/vom Mitarbeiter zu benennendes Konto überwiesen. Auf Wunsch der Mitarbeiterin/des Mitarbeiters kann das Übergangsgeld auch in einem Einmalbetrag bei Beendigung des Arbeitsverhältnisses zur Auszahlung gebracht werden.

(7) Die Mitarbeiterin/Der Mitarbeiter ist verpflichtet, dem Arbeitgeber jeweils zu Beginn eines Jahres unaufgefordert eine Lohnsteuerkarte vorzulegen. Unterlässt sie/er dies, so nimmt der Arbeitgeber eine Versteuerung des nach § 9 Abs. 2 zu leistenden Übergangsgeldes nach Lohnsteuerklasse VI vor.

§ 10 Jubiläumszuwendungen, vermögenswirksame Leistungen, Urlaubs- und Weihnachtsgeld

(1) Jubiläumszuwendungen sind, wenn der Anspruch innerhalb von 12 Monaten nach dem Ausscheiden entstehen würde, in voller Höhe auszuzahlen.

(2) Vermögenswirksame Leistungen, die bis zum Ende des Kalenderjahres zu zahlen wären, werden in gleicher Höhe als Pauschalbetrag abgegolten.

(3) Für das Jahr, in dem das Arbeitsverhältnis endet, erhalten die betroffenen Beschäftigten das Urlaubsgeld sowie das Weihnachtsgeld anteilig.

§ 11 Kündigungsschutzklage

Erhebt eine Mitarbeiterin/ein Mitarbeiter Kündigungsschutzklage, wird der Anspruch auf die Abfindung erst fällig, wenn das Verfahren abgeschlossen ist und feststeht, dass das Arbeitsverhältnis beendet ist. Für den Fall, dass in einem Kündigungsschutzverfahren eine Abfindung festgesetzt wird, erfolgt jeweils eine Anrechnung von Abfindungen des jeweils höheren Betrages, so dass immer nur die höhere Abfindung zur Auszahlung gelangt.

§ 12 Betriebsbedingte Kündigung

Mitarbeiter/innen, die von einer betriebsbedingten Kündigung betroffen sind, sind berechtigt, das Arbeitsverhältnis vorzeitig mit einer Frist von sieben Tagen zum Wochenende zu beenden.

§ 13 Bewerbung um neuen Arbeitsplatz

Den betroffenen Mitarbeiterinnen und Mitarbeitern wird zur Bewerbung um einen neuen Arbeitsplatz die erforderliche Freizeit ohne Verdienstminderung gewährt. Das Unternehmen verpflichtet sich, Mitarbeiterinnen und Mitarbeitern, die aufgrund eigener Stellensuche einen neuen Arbeitsplatz gefunden haben, den Arbeitsplatzwechsel ohne Einhaltung einer Kündigungsfrist zu ermöglichen.

§ 14 Zeugnis

Alle Beschäftigten erhalten auf Wunsch ein qualifiziertes Zwischenzeugnis.

Das Endzeugnis, das sich ebenfalls auf Wunsch des Beschäftigten auf die Beurteilung von Führung und Leistung zu erstrecken hat, sowie die Arbeitspapiere sind spätestens acht Tage vor dem endgültigen Feststehen des Ausscheidens dem Beschäftigten entweder per eingeschriebenem Brief oder persönlich durch den jeweiligen Verkaufsstellenleiter gegen Unterschrift auszuhändigen.

§ 15 Aufhebungsvertrag

Aufhebungsverträge bedürfen der Schriftform. Beide Parteien haben ein Widerrufsrecht bis spätestens zum Ende des folgenden Arbeitstages.

§ 16 Härtefälle

Sollten sich bei der Durchführung des Sozialplans im Einzelfall besondere Härten ergeben oder sollten Einzelfälle nicht geregelt sein, so werden Unternehmen und örtlicher Betriebsrat in einem paritätisch besetzten Ausschuss mit je zwei Mitgliedern vertrauensvoll mit dem Willen zur Einigung beraten und eine Entscheidung treffen.

Bei Streitigkeiten über Regelungen nach diesem Paragraphen entscheidet ein vom Unternehmen und Gesamtbetriebsrat mit je zwei Mitgliedern besetzter Ausschuss.

Kommt in dem Ausschuss keine Einigung oder Mehrheit zustande, so hat bei einer zweiten Abstimmung eine der Parteien eine zweite Stimme. Das Doppelstimmrecht steht den Betriebsparteien für jede einzelne Angelegenheit im Wechsel zu. Das erste Doppelstimmrecht gebührt dem Gesamtbetriebsrat.

§ 17 Vererblichkeit

Die finanziellen Ansprüche aus diesem Rahmensozialplan sind vererblich und gehen mit dem Tod der Mitarbeiterin/des Mitarbeiters auf deren/dessen Erben über, soweit sie bereits entstanden sind.

§ 18 In-Kraft-Treten

Dieser Sozialplan tritt mit Unterzeichnung in Kraft und gilt bis längstens ▬▬▬.

Anlage

Die Einigungsstelle hat die Divisoren gemäß § 7 (Abfindungsregelung) durch Spruch wie folgt festgelegt:

- bei Mitarbeiterinnen/Mitarbeitern bis 30 Jahren: durch 75
- bei Mitarbeiterinnen/Mitarbeitern bis 35 Jahren: durch 70
- bei Mitarbeiterinnen/Mitarbeitern über 35 Jahren: durch 65.

6. Muster: Vertriebsumstrukturierung

Zwischen

der Geschäftsführung der Firmen ▬▬▬

– nachstehend: MD –

und

dem Betriebsrat der Firma ▬▬▬

– nachstehend: BR –

wird folgender Interessenausgleich und Sozialplan gemäß §§ 111 und 112 BetrVG abgeschlossen:

§ 1 Zweck der Betriebsänderung

Durch die Auswirkungen des Gesetzes ■■■ sind bei MD erhebliche wirtschaftliche Nachteile eingetreten bzw. in der Zukunft zu erwarten. Bedingt durch staatliche oder institutionelle Maßnahmen kann der bisherige Kostenumfang bzw. können künftige Kostensteigerungen nicht mehr durch entsprechende Preisanpassungen oder Umsatzerlöse aufgefangen werden. MD sieht sich deshalb gezwungen, seine Kostenstruktur insgesamt zu verbessern und neben den anderen Kostenarten auch die Personalkosten zu senken.

Darüber hinaus muss sich das Unternehmen, insbesondere im Vertriebsbereich, durch organisatorische Anpassungen auf neue Marktentwicklungen und veränderte Kundenstrukturen einstellen, um längerfristig seine Wettbewerbsfähigkeit zu sichern.

Nach eingehender Darstellung und Beratung der außer- und innerbetrieblichen Gründe und der damit verbundenen Auswirkungen auf die Mitarbeiterinnen und Mitarbeiter werden zum Zwecke des Interessen- und Nachteilsausgleichs nachfolgende Regelungen vereinbart.

§ 2 Geltungsbereich

(1) Örtlicher und persönlicher Geltungsbereich

Dieser Interessenausgleich und Sozialplan umfasst alle Mitarbeiterinnen und Mitarbeiter (im Folgenden: Mitarbeiter) in den eingangs erwähnten Firmen, soweit sie dem MD-Betrieb M und damit dessen beiden Teilbetrieben

a) Innendienst (Hauptverwaltung)

b) Außendienstorganisation

angehören.

Werden durch diese Betriebsänderung der Hauptverwaltung M in Einzelfällen auch die im MD-Betrieb A befindlichen X-Funktionen berührt, so erfolgen betriebsbedingte Veränderungen nach Unterrichtung und Mitwirkung des Betriebsrats A.

Der Geschäftsbereich Y und dessen Mitarbeiter im Innen- und Außendienst werden durch diese Betriebsänderung nicht berührt.

(2) Zeitlicher Geltungsbereich

Die Betriebsänderung umfasst den Zeitraum ■■■ bis ■■■. Sollten einzelne Maßnahmen, die sich aus dem Betriebsänderungszweck ergeben, noch nicht bis ■■■ abgeschlossen sein, wird der zeitliche Geltungsbereich mit Zustimmung beider Parteien verlängert.

Interessenausgleich und Sozialplan gelten ab ■■■ ihrer Unterzeichnung durch beide Parteien und für alle Mitarbeiter, die am ■■■ in einem unbefristeten und ungekündigten Arbeitsverhältnis stehen und die im genannten Zeitraum von personellen Maßnahmen aus dieser Betriebsänderung betroffen sind.

(3) Negativer Geltungsbereich

Nicht unter diesen Interessenausgleich und Sozialplan fallen Mitarbeiter,

- die bis zum ■■■ Anspruch auf Altersrenten, flexible Altersrente oder auf Invaliditätsrente erwerben (Rentenbeginn),
- deren befristetes Arbeitsverhältnis aufgrund Zeitablaufs endet,
- die durch Eigenkündigung bei MD ausscheiden,
- denen aus einem personen- oder verhaltensbedingten Grund gekündigt wird,
- die Leitende Angestellte gemäß § 5 Abs. 3 BetrVG sind.

§ 3 Interessenausgleich

(1) Teilbetriebsänderung Innendienst

a) Zeitlicher Veränderungsrahmen

Um die in § 1 dieser Vereinbarung genannten betrieblichen Erfordernisse sicherzustellen, vollzieht sich die Betriebsänderung im Teilbetrieb Innendienst M in der Zeit vom ■■■ bis ■■■. Der Zeitraum ist notwendig, um sowohl mitarbeiterorientierten als auch betrieblichen Belangen gleichermaßen zu entsprechen. In diesem Zeitraum werden die dem Betriebsänderungszweck dienenden strukturellen, ablauforganisatorischen und zuständigkeitsbezogenen Veränderungen eingeleitet und durchgeführt, so dass die geplante Personalverminderung erreicht werden kann.

b) Personalplanung

Aufgrund dieser Betriebsänderung wird innerhalb des Geschäftsbereiches Y die am Anfang des Geschäftsjahres ▃▃▃ gültige Zahl von ▃▃▃ besetzten Planstellen um ▃▃▃ Planstellen bis ▃▃▃ auf ▃▃▃ Planstellen verringert.

Beide Parteien sind sich darüber einig, dass erst nach Festlegung oder Durchführung aller organisatorischen Einzelmaßnahmen der genaue Personalplan ▃▃▃ festgestellt werden kann. Deshalb kann sich die o.g. Planzahl ▃▃▃ bis zum Abschluss der Betriebsänderung sowohl nach oben als auch nach unten geringfügig, d.h. nicht mehr als plus/minus 3, verändern.

c) Personalanpassung

Die Verminderung der Mitarbeiter/Planstellen soll erreicht werden durch

aa) natürliche Fluktuation und grundsätzlichen Verzicht auf externe Neubesetzung,

bb) Auflösung vorhandener Planstellen/Aufgaben bzw. Umverteilung von Aufgaben auf andere Stellen. Die dadurch freiwerdenden Mitarbeiter können – sofern fachlich möglich – auf andere zu besetzende Stellen versetzt werden,

cc) Angebot von Vorruhestands- und Ruhestandsvereinbarungen an ältere Mitarbeiter,

dd) Angebot von Aufhebungsverträgen,

ee) betriebsbedingte Kündigungen gemäß den Regelungen dieser Vereinbarung.

(2) Teilbetriebsänderung Außendienstorganisation

a) Zeitlicher Veränderungsrahmen

Die gemäß dem Betriebsänderungszweck notwendige neue Struktur der Außendienstorganisation wird am ▃▃▃ wirksam. Alle aus dieser Strukturveränderung resultierenden Distrikts-, Gebiets- und sonstigen Stellenbesetzungen sollen deshalb zu diesem Termin erfolgen. Ausgenommen ist der Außendienst ▃▃▃, dessen Veränderungen bis ▃▃▃ abgeschlossen werden.

b) Strukturelle Veränderung/Personalplanung

Die strukturelle Veränderung des Gesamtaußendienstes bzw. der einzelnen Außendienstlinien ergibt sich aus der Gegenüberstellung der bisherigen Außendienstorganisation/Anzahl Mitarbeiter mit der/dem ab ▃▃▃ gültigen Organisationsstruktur/Stellenplan (siehe Anlage). Dieser Vergleich ergibt

aa) die Auflösung der bisherigen Außendienste ▃▃▃ und ▃▃▃ sowie eine personelle Erweiterung der Außendienste ▃▃▃. Die Gruppe ▃▃▃ wird aus dem Außendienst ▃▃▃ ausgegliedert und dem Marketingbereich unterstellt.

bb) eine Verminderung von

- ▃▃▃ Distriktleitern
- ▃▃▃ Beratern in ▃▃▃
- ▃▃▃ Pharmaberatern

c) Personalanpassung

Die Auflösung der Stellen in den Außendiensten ▃▃▃ sowie die Besetzung der Stellen in den anderen Außendienstlinien soll wie folgt geschehen:

aa) Stellenbesetzungen/Versetzungen

- Distriktleiter, deren Stelle entfällt, erhalten grundsätzlich freie Distriktleiter- oder freie Referentenstellen in den anderen Außendiensten angeboten.
- Weitere freie Referentenstellen werden den Beratern angeboten, die die Auswahlkriterien/-richtlinien lt. Abs. 3 lit. b) bb) im jeweiligen örtlichen Bereich am besten erfüllen.
- Freie Beraterstellen werden im Rahmen der sozialen Auswahl und nach örtlichen Gesichtspunkten (siehe Abs. 3 lit. c) aa)) grundsätzlich den Außendienstmitarbeitern angeboten, deren Stelle entfällt.

bb) Stellenverminderung/Beendigung des Arbeitsverhältnisses

Die Verminderung der Mitarbeiter/Planstellen soll erreicht werden durch

- natürliche Fluktuation und grundsätzlicher Verzicht auf Neueinstellungen,
- Angebot von Vorruhestands-/Ruhestandsverträgen an ältere Mitarbeiter,
- betriebsbedingte Kündigungen gemäß den Regelungen dieser Vereinbarung und sofern lt. lit. c) aa) keine Versetzung möglich ist.

(3) Personelle Maßnahmen

a) Durchführung personeller Einzelmaßnahmen

Versetzungen, Änderungs- und Beendigungskündigungen aufgrund dieser Betriebsänderung können erst nach Wirksamwerden dieses Interessenausgleichs und Sozialplans durchgeführt werden.

b) Fachliche Auswahlkriterien

aa) Innendienst

Nicht in die Sozialauswahl einbezogen werden Mitarbeiter, die aufgrund ihrer besonderen Fachkenntnisse und/oder der Alleinstellung ihrer Funktion für die Fortführung betrieblicher Aufgaben dringend benötigt werden und deshalb nicht vergleichbar sind. Der BR erhält im Rahmen der Anhörung lt. § 102 BetrVG alle notwendigen Informationen, um den jeweiligen Einzelfall beurteilen zu können.

bb) Außendienst

Nicht in die Sozialauswahl der Außendienstmitarbeiter untereinander werden Mitarbeiter einbezogen, die für die Wettbewerbsfähigkeit des Unternehmens im Markt, für die Betreuung besonders wichtiger Kundengruppen und damit für die Sicherung des Unternehmens und seiner Arbeitsplätze dringend erforderlich sind. Nicht in die Sozialauswahl einbezogen werden deshalb diejenigen Außendienstmitarbeiter, die bereits für folgende Funktionen ernannt wurden:
■■■

Die in den Stellenausschreiben für diese Stellen aufgeführten Anforderungskriterien gelten im Sinne dieser Vereinbarung als Auswahlkriterien gemäß § 95 BetrVG. Die Auswahlrichtlinien gelten als erfüllt, wenn der Mitarbeiter eine der genannten Referentenstellen bereits inne hat oder wenn im Rahmen der bereits erfolgten Stellenausschreibungen der BR bis zum ■■■ den Versetzungsantrag für die ernannten Referenten und Mentoren zur Zustimmung erzielt ■■■ (Datum der Mitarbeiterauflistung an BR) und nicht lt. § 99 Abs. 2 BetrVG widersprochen hat.

c) Sozialauswahl

Die Sozialauswahl geschieht nach den Regeln der einschlägigen Rechtsprechung. Für die Anhörung/Abstimmung der Einzelfälle werden zwischen MD und BR folgende Grundsätze vereinbart:

aa) Auswahl innerhalb der Teilbetriebe/Funktionen

Um einen ordnungsgemäßen Betriebsablauf sicherzustellen und um den fachlichen Unterschieden/Qualifikationen innerhalb der beiden Teilbetriebe Innendienst und Außendienst zu entsprechen, erfolgt die Sozialauswahl getrennt, jeweils unter den Mitarbeitern des Innendienstes und unter den Mitarbeitern des Außendienstes. Im Außendienst erfolgt die Sozialauswahl zudem innerhalb folgender Funktionen ■■■

und jeweils nach geographischen Gesichtspunkten (Wohnortnähe). Verglichen werden dabei die Sozialdaten der Mitarbeiter, die den gleichen/ähnlichen geographischen Bezirk bzw. den gleichen/ähnlichen geographischen Distrikt bearbeiten. In den Bezirksvergleich werden in vertretbarem Ausmaß auch Nachbarbezirke einbezogen.

bb) Persönliche Auswahlkriterien (Sozialdaten)

Innerhalb des Teilbetriebes erfolgt die Sozialauswahl gemäß nachfolgenden Kriterien und deren Reihenfolge:

1. Mitarbeiter mit besonderem Kündigungsschutz (Schwerbehinderte, Mitarbeiterinnen mit Mutterschutz, BR-Mitglieder).

2. Einer Maßzahl, gebildet aus der Summe Lebensalter plus Dauer der Betriebszugehörigkeit, jeweils zum Stichtag ■■■ berechnet. Diese Maßzahl erhöht sich für jeden auf der Lohnsteuerkarte 1993 des Mitarbeiters eingetragenen Kinderfreibetrag um 3 Punkte (Anzahl der Freibeträge x 3 Punkte). Mit diesen letztgenannten Punkten werden der Familienstand und die Zahl der unterhaltsberechtigten Kinder berücksichtigt.

3. Besondere soziale Härtefälle.

d) Zumutbares Arbeitsplatzangebot

Ein im Rahmen der sozialen Auswahl oder aus anderen Gründen angebotener Arbeitsplatz gilt als zumutbar bzw. gleichwertig, wenn

- das neue Aufgabengebiet hinsichtlich Aus- und Fortbildung und/oder Berufserfahrung in den generellen Berufsbereich des Mitarbeiters fällt. Im Außendienst gilt im Sinne dieser Regelung für einen Berater im Bereich ■■■ eine Stelle als Berater als nicht gleichwertig. Ausgenommen davon sind Distriktleiter. Für sie gelten im Sinne dieser Regelung Distriktleiterstellen sowie die Stellen als Referenten als gleichwertig.

- das Monatsgehalt des Mitarbeiters sich nicht mindert oder wenn nach Ablauf der Entgeltgarantie lt. § 4 Abs. 7 lit. a) des Sozialplans die neue Entgeltgruppe bzw. das neue Effektivgehalt nicht wesentlich niedriger ist. Als wesentlich niedriger werden weniger als 90% des früheren monatlichen Bruttogehalts angesehen. Bei diesem Vergleich wer-

den variable Bezüge, wie z.B. Außendienstprämien, Incentives, Boni, Spesenerstattung und der Besitz eines Firmenfahrzeuges, nicht berücksichtigt.
- bei Mitarbeitern mit schulpflichtigen Kindern oder mit berufstätigem Ehepartner der Arbeitsplatz/der geographische Zuständigkeitsbereich nicht mit einem Umzug verbunden ist. Die Entscheidung darüber trifft der Mitarbeiter.

Lehnt der Mitarbeiter einen zumutbaren Arbeitsplatz auch nach einer Änderungskündigung ab, verliert er den Anspruch auf Leistungen aus dem Sozialplan.

e) Versetzungsangebote

Versetzungen sollen grundsätzlich einvernehmlich erfolgen. Sie werden in schriftlicher Form durch die Personalabteilung angeboten. Sie enthalten die Bezeichnung der neuen Stelle, deren organisatorische, ggf. geographische Eingliederung, den Versetzungstermin sowie das monatliche Gehalt, bei Tarifmitarbeitern auch die Entgeltgruppe. Der Mitarbeiter muss der Personalabteilung innerhalb von zwei Wochen schriftlich mitteilen, ob er die Versetzung akzeptiert oder ablehnt. Die Zwei-Wochen-Frist beginnt an dem Tag, an dem der Empfänger im Inland tatsächlich Kenntnis von dem Angebot erhält. MD ist berechtigt, Änderungskündigungen aufgrund dieses Interessenausgleichs und Sozialplans auszusprechen, sofern sich der Mitarbeiter nicht rechtzeitig erklärt oder zumutbare bzw. gleichwertige Versetzungen ablehnt. Gibt der Mitarbeiter keine Erklärung ab, gilt die Versetzung als abgelehnt.

f) Stellenausschreibungen/Stellenbesetzungen

Freie Stellen werden ohne vorhergehende Stellenausschreibung in der beschriebenen Reihenfolge denjenigen Mitarbeitern angeboten, die aufgrund der fachlichen und/oder sozialen Auswahlkriterien als vorrangig gelten. Stellenausschreibungen erfolgen erst dann, wenn kein Mitarbeiter in dieser Personengruppe fachlich in Frage kommt, bzw. wenn der Arbeitsplatz von den Angebotsempfängern als nicht zumutbar abgelehnt werden konnte. Führen diese internen Auswahl- und Ausschreibungsverfahren zu keinem Ergebnis, kann die Stelle durch externe Personalbeschaffung besetzt werden.

g) Änderungskündigungen/Kündigungen

Beendigungs- und Änderungskündigungen aus dieser Betriebsänderung erfolgen stets unter Einhaltung der gesetzlichen bzw. einzelvertraglichen Kündigungsfristen zum jeweiligen Quartalsende, erstmals zum ▄▄▄. Ausgenommen davon sind außerordentliche Kündigungen oder außerordentliche Änderungskündigungen.

h) Aufhebungsverträge

Beim Abschluss von Aufhebungsverträgen kann auf die Einhaltung der sonst üblichen Kündigungsfristen verzichtet werden. Die Entscheidung über die Beendigung vor Fristablauf trifft seitens MD im Innendienst der jeweilige Hauptabteilungsleiter und im Außendienst der Vertriebsdirektor. In diesem Fall erfolgt die Berechnung materieller Leistungen nur bis zum tatsächlichen Beendigungstermin (siehe auch lit. i)).

Sofern Aufhebungsverträge „auf Veranlassung des Arbeitgebers und aus betrieblichen Gründen" nur zu dem Zweck abgeschlossen werden, um eine personen- bzw. verhaltensbedingte Arbeitgeberkündigung zu vermeiden oder zu beseitigen, entsteht kein Anspruch aus dem Interessenausgleich und Sozialplan sowie auf dessen Leistungen.

i) Freistellungen/Vorzeitige Vertragsauflösung

MD hat das Recht, gekündigte Mitarbeiter bis zum Beendigungstermin freizustellen. Mit dieser Freistellung werden gleichzeitig noch bestehende Urlaubsansprüche abgegolten, es sei denn, dass die Zahl der Resturlaubstage höher als die Zahl der Freistellungstage ist.

Mitarbeiter, die freigestellt werden, können das Vertragsverhältnis durch Aufhebungsvertrag vorzeitig, ohne Einhaltung der Kündigungsfrist, lösen, sofern sie zum Austrittstermin das 56. Lebensjahr noch nicht vollendet haben. In diesem Falle wird die Abfindung um die arbeitsvertraglichen Bruttomonatsgehälter erhöht, die MD für die noch nicht abgelaufene Freistellungszeit zu zahlen hätte. Diese Ausgleichszahlung wird nicht auf die Maximalabfindung angerechnet.

(4) Mitwirkung des Betriebsrats

Bei allen erforderlich werdenden Versetzungen, Änderungskündigungen oder Beendigungskündigungen und Abweichungen von dieser Vereinbarung sind die Mitwirkungsrechte des Betriebsrats zu beachten. Es besteht jedoch Übereinstimmung darin, dass die Erörterung im Zusammenhang mit der Erstellung der Namenslisten zur Versetzung, Änderungskündigung oder Beendigungskündigung von betroffenen Mitarbeitern im Rahmen des Interessenausgleichs und Sozialplans die förmliche Information/Anhörung ersetzen. Dies gilt jedoch nur unter der Voraussetzung, dass der Betriebsrat insoweit umfassend auch über die Auswahlkriterien informiert wurde.

(5) Übereinstimmung über Interessenausgleich

Es besteht Übereinstimmung darüber, dass mit vorstehenden Bestimmungen der Interessenausgleich gemäß §§ 111, 112 BetrVG abschließend geregelt ist.

§ 4 Sozialplan

Ziel dieses Sozialplans ist es, die durch die Betriebsänderung entstehenden wirtschaftlichen Nachteile der betroffenen Mitarbeiter in angemessener Weise auszugleichen bzw. zu mildern.

(1) Ältere Mitarbeiter

Um jüngeren Mitarbeitern den Arbeitsplatz zu erhalten, werden älteren Mitarbeitern folgende Vereinbarungen zur Beendigung des Arbeitsverhältnisses angeboten. Berechtigt hierfür sind Mitarbeiter, die am ■■■ 55 Jahre und älter sind und mindestens 10 Jahre Betriebszugehörigkeit aufweisen. Voraussetzung ist, dass das Angebot

a) im Außendienst bis zum ■■■

b) im Innendienst bis zum ■■■

schriftlich angenommen wird. Die jeweiligen Beendigungsverträge unterscheiden sich nach dem individuellen Lebensalter des Mitarbeiters wie folgt:

a) Entgeltfortzahlung/Freistellung

„Ältere Mitarbeiter" im Außendienst, die das Arbeitsverhältnis aufgrund dieser Vereinbarung beenden, werden vom ■■■ bis ■■■ bei Fortzahlung des regelmäßigen Entgelts (Grundgehalt, 13. Gehalt, Vermögenswirksame Leistungen) freigestellt. Bei Mitarbeitern, die am ■■■ das 62. Lebensjahr vollendet haben, erfolgt diese Entgeltfortzahlung/Freistellung bis zu dem Monat, in dem sie das 63. Lebensjahr vollenden.

Im Innendienst wird diese Regelung analog angewandt, wenn der Mitarbeiter bis zur Beendigung des Arbeitsverhältnisses freigestellt werden kann.

b) Alter 62 bis unter 65

Mitarbeiter, die am ■■■ 62 Jahre und älter sind, erhalten folgende Ruhestandsvereinbarung, sofern sie ab ■■■ bzw. ab Vollendung des 63. Lebensjahres die Voraussetzung für den Bezug der Altersrenten für langjährig Versicherte erfüllen:

aa) Hochrechnung der „anrechenbaren Dienstzeit" bis zur Vollendung des 65. Lebensjahres bei der Berechnung der betrieblichen Altersversorgung und Zahlung der MD-Rente auf dieser Basis ab ■■■ bzw. ab Vollendung des 63. Lebensjahres,

bb) eine Abfindung in Höhe von 500 EUR für jeden Rentenmonat bis zur Vollendung des 65. Lebensjahres als Einmalbetrag (Rentenmonate x 500 EUR = Abfindung).

c) Alter 60 bis unter 62

Mitarbeiter, die bis zum ■■■ das 60. Lebensjahr, jedoch noch nicht das 62. Lebensjahr vollendet haben, erhalten folgende Vorruhestandsvereinbarung:

aa) Ab ■■■ bis zur Vollendung des 63. Lebensjahres ein monatliches Vorruhestandsentgelt bis zu 75 % des zuletzt bezogenen regelmäßigen Bruttomonatsentgelts, maximal jedoch bis zu 75 % der ab ■■■ geltenden Beitragsbemessungsgrenze für die gesetzliche Rentenversicherung. Unabhängig von deren tatsächlicher Höhe im Jahre ■■■ wird hier eine Beitragsbemessungsgrenze von 3.885,82 EUR brutto/monatlich unterstellt (3.885,82 EUR x 75 % = 2.914,36 EUR). Das monatliche Vorruhestandsgehalt wird 12 Mal pro Jahr gezahlt.

bb) Eine einmalige Abfindung in Höhe von 3.323,40 EUR brutto als Ausgleich für die beiden fehlenden Beitragsjahre (64. bis 65. Lebensjahr) zur gesetzlichen Rentenversicherung.

cc) Hochrechnung der „anrechenbaren Dienstzeit" bis zur Vollendung des 63. Lebensjahres für die Berechnung der betrieblichen Altersversorgung.

dd) Zahlung der unter Einschluss der Hochrechnung erreichten Rente aus der betrieblichen Altersversorgung ab dem Folgemonat nach Vollendung des 63. Lebensjahres, in Verbindung mit dem Bezug der Rente aus der gesetzlichen Sozialversicherung oder einer vergleichbaren Altersversorgung.

d) Alter 57 bis unter 60

In dieser Altersgruppe kann folgender Aufhebungsvertrag abgeschlossen werden:

aa) Mitarbeiter, die am ■■■ das 57., jedoch noch nicht das 59. Lebensjahr vollendet haben, erhalten vom ■■■ bis zu dem Monat, in dem sie das 60. Lebensjahr vollenden, eine Entgeltgarantie in Höhe von 75 % des regelmäßigen zuletzt bezogenen Bruttomonatsentgelts. Mitarbeiter, die am ■■■ das 59. Lebensjahr vollendet haben, erhalten diese Entgeltgarantie bis zu dem Zeitpunkt, zu dem sie eine Frühverrentung lt. § 38 SGB VI in Anspruch nehmen können.

Die Entgeltgarantie setzt sich wie folgt zusammen:

- aus dem Arbeitslosengeld gemäß §§ 129, 130 SGB III
- aus einer Abfindung laut folgender Berechnung:

    75 % des regelmäßigen Bruttomonatsentgelts ■■■ EUR

abzgl. monatliches Arbeitslosengeld (4,33 Wochenbezüge) ▬▬▬ EUR
= monatliche Entgeltgarantie
x Garantiemonate bis 60. Lebensjahr bzw. bis Beginn der Frührente
= Abfindung ▬▬▬ EUR

Die Abfindung beträgt mindestens das 12fache des regelmäßigen Bruttomonatsentgelts, maximal jedoch nicht mehr als die in Abs. 2 lit. a) festgelegte Höchstabfindung für „ältere Mitarbeiter".

Ist der Zeitraum des Anspruchs auf Arbeitslosengeld kürzer als die Anzahl der Garantiemonate bis zum 60. Lebensjahr, erfolgt eine entsprechende Erhöhung des Abfindungsbetrages (Grundlage ist der Bescheid der Agentur für Arbeit).

bb) Die lt. lit. aa) errechnete Abfindung erhöht sich um einen der nachfolgenden Beträge, um etwaige Verluste bei der Berechnung der gesetzlichen Rentenversicherung während des Zeitraumes des Bezuges von Arbeitslosengeld auszugleichen:

- Alter 57:   2.556,46 EUR brutto
- Alter 58:   1.789,52 EUR brutto
- Alter 59:   1.022,58 EUR brutto

cc) Zahlung der zum Austrittszeitpunkt erreichten Firmenrente ab dem Monat, ab dem der Mitarbeiter eine Rente aus der gesetzlichen Sozialversicherung oder einer dieser vergleichbaren Altersversorgung bezieht. Auf den versicherungsmathematischen Abschlag von 0,5%/Monat wird verzichtet.

e) Alter 55 bis unter 57

Mitarbeiter, die am ▬▬▬ das 55., jedoch noch nicht das 57. Lebensjahr vollendet haben, können einen Aufhebungsvertrag zu folgenden Bedingungen wählen:

aa) eine Abfindung in Höhe des Betrages, der sich aus den Abfindungsberechnungen lt. Abs. 2 lit. a) ff. des Sozialplans ergibt.

bb) Hochrechnung der „anrechenbaren Dienstzeit" in der betrieblichen Altersversorgung bis zur Vollendung des 60. Lebensjahres.

f) Begrenzung lt. § 147a SGB III

Unter bestimmten Voraussetzungen muss MD der Arbeitsverwaltung die Leistungen zurückerstatten, die diese dem arbeitslos gewordenen Mitarbeiter gewährt. Um dieses finanzielle Risiko zu begrenzen, wird die Zahl der älteren Mitarbeiter, die zum Austrittszeitpunkt das 56. Lebensjahr vollendet haben und ein Angebot gemäß lit. d) und e) erhalten können, begrenzt. Die Begrenzung ergibt sich aus § 147a Abs. 1 Satz 2 Nr. 6 SGB III. Wird diese Zahl überschritten, wird eine Rangfolge zu Gunsten des jeweils höheren Lebensalters gebildet.

g) Regelung Bruttomonatsentgelt

Das in lit. c) und d) genannte regelmäßige Bruttomonatsentgelt ist gleich dem Bruttogehalt, das der Mitarbeiter beim Abschluss seiner Vereinbarung zuletzt monatlich erhalten hat. Alle anderen regelmäßigen oder variablen Entgeltbestandteile werden ausgeschlossen.

(2) Abfindungsregelungen

Mitarbeiter im Geltungsbereich dieses Interessenausgleichs/Sozialplans, deren Arbeitsverhältnis betriebsbedingt gekündigt oder denen stattdessen von MD ein Aufhebungsvertrag angeboten wird, erhalten wegen Verlustes ihres Arbeitsplatzes eine Abfindung i.S.d. §§ 9, 10 KSchG.

a) Mindestabfindung/Höchstabfindung

Die nach Ziffern 2.2 ff. errechnete Abfindung beträgt mindestens 2 Bruttomonatsentgelte und nicht mehr als 115.040,67 EUR brutto. Bei „älteren Mitarbeitern" lt. § 4 Abs. 1 erhöht sich die Maximalabfindung auf 127.822,97 EUR.

Außerdem ist der Abfindungsbetrag nicht höher als die Summe der Bruttomonatsentgelte (einschließlich der regelmäßigen Sonderzahlungen, dies sind 13. Entgelt oder Jahresabschlusszahlung, Urlaubsgeld, vermögenswirksame Leistungen), die der Mitarbeiter bis zum vorgezogenen Rentenbeginn der gesetzlichen Rentenversicherungen erhalten würde. Dieser Rentenbeginn ist in allen Fällen derjenige Monat, der der Vollendung des 63. Lebensjahres folgt.

b) Abfindungsberechnung

Um das Lebensalter des jeweiligen Mitarbeiters und die Dauer seiner Betriebszugehörigkeit bei MD entsprechend zu berücksichtigen, wird die Abfindung nach folgender Formel berechnet:

$$\text{Lebensalter} \times \text{Betriebszugehörigkeit}/47,5 \times \text{Bruttomonatsentgelt} = \text{Abfindung}$$

Lebensalters- und Betriebszugehörigkeitsjahre werden bis zum Tage der Beendigung des Arbeitsverhältnisses berechnet (Dezimalsystem).

Das Bruttomonatsgehalt lt. lit. a) und b) setzt sich zusammen aus

aa) dem regelmäßigen vertraglichen Monatsgehalt, das der Mitarbeiter in dem Monat bezieht, in dem das Arbeitsverhältnis gekündigt oder der Aufhebungsvertrag geschlossen wird,

bb) dem anteiligen 13. Gehalt pro Monat (Monatsgehalt: 12). Bei Tarifmitarbeitern ist die tarifvertragliche Jahresabschlusszahlung darin enthalten,

cc) dem anteiligen Urlaubsgeld von maximal 920,33 EUR p.a., dies sind 76,69 EUR brutto pro Monat,

dd) den Vermögenswirksamen Leistungen von 39,88 EUR brutto monatlich.

Nicht eingeschlossen sind dabei alle anderen regelmäßigen oder variablen Zahlungen, wie z.B. Mehrarbeitsausgleich, Außendienstprämien, Boni, geldwerter Vorteil des Firmen-Pkw etc.

c) Abfindungszulage für ältere Mitarbeiter

Die nach lit. b) errechnete Abfindung erhöht sich für Mitarbeiter, die am ▬▬▬ das 50. Lebensjahr vollendet haben, um 10% (Faktor 1,1).

d) Abfindungszulage für Kinder

Die Abfindung erhöht sich für jeden auf der Lohnsteuerkarte 1993 des Mitarbeiters eingetragenen Kinderfreibetrag um 1.278,23 EUR (Anzahl Kinderfreibeträge x 1.278,23 EUR).[248]

e) Abfindungszulage für Schwerbehinderte

Die Erhaltung der Arbeitsplätze für Schwerbehinderte oder diesen Gleichgestellten gehört zu den wichtigsten personalpolitischen MD-Zielen. Sollte jedoch ein Mitarbeiter im Geltungsbereich des § 2 SGB IX von dieser Betriebsänderung betroffen werden, so erhöht sich seine Abfindung

- um 2.556,46 EUR brutto bei einem Schwerbehinderungsgrad von 50% und mehr
- um 1.533,88 EUR brutto bei einem Schwerbehinderungsgrad von unter 50%.

f) Fälligkeit und Abrechnung

Die Abfindungen werden bei Beendigung des Arbeitsverhältnisses fällig und zusammen mit der letzten Gehaltsabrechnung gezahlt. Sie werden sozialversicherungsfrei und im Rahmen der gesetzlich zulässigen Höchstbeträge steuerfrei abgerechnet (§ 3 Nr. 9 EStG). Der die steuerfreie Höchstgrenze übersteigende Betrag wird mit dem halben individuellen Steuersatz abgerechnet (§§ 24 Nr. 1a, 34 Abs. 1 und 2 EStG).

g) Abtretung

Der Anspruch auf die Abfindung kann nicht abgetreten werden, er ist jedoch vererblich.

(3) Andere Zahlungen/Leistungen

a) Jahresleistung/13. Entgelt

Alle ausscheidenden Mitarbeiter erhalten zusammen mit der letzten Entgeltzahlung je nach Beendigungstermin das anteilige (pro rata temporis) oder das volle 13. Entgelt für das laufende Jahr. Bei Tarifmitarbeitern ist damit die anteilige bzw. volle tarifliche Jahresabschlusszahlung abgegolten.

b) Jubiläumszahlungen

Jubiläumszahlungen, die bis zum Ende des Jahres entstehen, in dem das Arbeitsverhältnis endet, werden spätestens mit dem letzten Monatsgehalt abgerechnet.

c) Urlaubsabgeltung

Allen Mitarbeitern wird bis zur Beendigung des Arbeitsverhältnisses der bestehende Resturlaubsanspruch des laufenden Jahres als Freizeit gewährt. Soweit dieser Urlaub aus betrieblichen Gründen nicht gewährt werden kann, erfolgt ein finanzieller Ausgleich der Resturlaubstage mit der letzten Entgeltzahlung. Die Berechnung des Jahresurlaubs erfolgt anteilig entsprechend dem Beendigungstermin.

d) Urlaubsgeld

Das Urlaubsgeld wird in voller Höhe für das laufende Urlaubsjahr gezahlt, wenn das Arbeitsverhältnis nach dem 30. Juni und anteilig, wenn das Arbeitsverhältnis vor dem 1. Juli endet.

(4) Betriebliche Versorgungsansprüche

Für jene Mitarbeiter, die zum Zeitpunkt der Beendigung des Arbeitsverhältnisses die gesetzliche Unverfallbarkeit gemäß § 1 des Gesetzes zur Verbesserung der betrieblichen Altersversorgung erreicht haben, gelten die Leistungsrichtlinien der MD-Unterstützungskasse GmbH in der Fassung vom ▬▬▬.

---

[248] Aus Gründen der Rechtssicherheit wird davon abgeraten, die Unterhaltspflichten allein aus der Lohnsteuerkarte zu entnehmen. Die neuere Rechtsprechung geht von einer über die Lohnsteuerkarte hinausgehenden Erkundigungspflicht des Arbeitgebers aus; wegen Einzelheiten siehe § 5 Rn 162.

Mitarbeiter, die bis zum Beendigungstermin die gesetzliche Unverfallbarkeit nicht erreicht haben (betrifft Betriebszugehörigkeit bis unter 10 Jahre), erhalten zusätzlich zu ihrer Abfindung 50 % des jeweiligen Kapitalwertes der erworbenen betrieblichen Rentenanwartschaft. Dieser wird unter Zugrundelegung der Versicherungstabellen von Heubeck errechnet. Diese Kapitalwertzahlung berührt nicht die in Abs. 2 lit. a) genannten Abfindungshöchstbeträge.

Bei „älteren Mitarbeitern" wird die in Ziffer 4 der Leistungsrichtlinien geregelte „Anrechenbare Dienstzeit" bis zu dem jeweiligen Zeitpunkt verlängert, der in Abs. 1 lit. b) bis Abs. 1 lit. e) des Sozialplans geregelt ist. Die in Ziffer 5 geregelten „Anrechenbaren Bezüge" beziehen sich auf die Jahresentgelte, die bis zur Beendigung des Arbeitsverhältnisses zu berücksichtigen sind.

(5) Spesenvorschüsse/Außendienstpauschale

Ständige Spesenvorschüsse werden mit der letzten Gehaltszahlung oder in dem Monat verrechnet, in dem die Abfindung ausgezahlt wird.

Freigestellte Außendienstmitarbeiter erhalten während des Freistellungszeitraums bis zum Ende des Beschäftigungsverhältnisses eine monatliche Außendienstpauschale von 50 EUR brutto.

(6) Firmen-Pkw

Besitzt der Mitarbeiter einen Firmen-Pkw, so endet die Dauer der privaten und dienstlichen Nutzung (Rückgabe des Firmen-Pkw) lt. den Bestimmungen der Richtlinie für Firmenfahrzeuge vom ■■■. „Ältere Mitarbeiter" lt. § 4 Abs. 1 können den Firmen-Pkw während des gesamten Freistellungszeitraumes benutzen.

(7) Versetzungen

a) Entgeltgarantie

Sofern Mitarbeiter, deren Arbeitsplatz durch diese Betriebsänderung entfällt, in eine andere Stelle versetzt werden, erhalten sie für die Dauer eines Jahres mindestens das monatliche regelmäßige Gehalt, das sie in ihrer bisherigen Stelle bezogen haben. Danach gilt das für die jeweilige Stelle vorgesehene tarifliche Entgelt (einschließlich übertariflicher Zulagen) oder das für diese Stelle vorgesehene außertarifliche Entgelt. Im Übrigen gelten § 13 (Rationalisierungsschutz und Arbeitsplatzsicherung) sowie § 14 (Verdienstsicherung im Alter) des Manteltarifvertrages Chemische Industrie. Im Außendienst findet zudem die BV „Prämiengrundsätze" Anwendung.

b) Ersatz von Mehraufwendungen

Wird aufgrund einer Versetzung ein Umzug notwendig, werden dem Mitarbeiter gemäß MD-Umzugskostenordnung die Kosten ersetzt. Die Entscheidung darüber, ob der Mitarbeiter, durch diese Versetzung bedingt, an seinen neuen Arbeitsort umziehen möchte, muss er spätestens 6 Monate (= Kostenerstattungszeitraum) nach dem Versetzungstermin treffen. Im Übrigen gilt die Reisekostenordnung für den Innen- bzw. für den Außendienst.

c) Schulungs- und Einarbeitungskosten

Die Firma trägt in angemessenem Umfang die durch Versetzungen in andere Stellen oder durch die Übernahme neuer Zuständigkeiten entstehenden notwendigen Schulungs- bzw. Einarbeitungskosten. Als „angemessen" gelten die Regelungen lt. § 13 Abschnitt V des Manteltarifvertrages der Chemischen Industrie mit Ausnahme § 13 Abschnitt V Ziffer 4. Für Schulungen der Außendienstmitarbeiter gelten die üblichen Regelungen für Trainings- und Produktschulungsveranstaltungen.

(8) Teilzeitbeschäftigte

Die Leistungen aus dem Sozialplan richten sich bei Teilzeitbeschäftigten nach dem Verhältnis der individuellen vertraglichen Arbeitszeit zur betrieblichen Vollarbeitszeit.

(9) Besondere Fälle

Sofern besondere Fälle auftreten, die durch diesen Sozialplan nicht angemessen berücksichtigt sind, vereinbaren MD und BR, diese individuell zu prüfen und in vertrauensvoller Zusammenarbeit zu regeln. Dies gilt ebenfalls für Grenzfälle bei der Berechnung der Altersgrenzen für „ältere Mitarbeiter" lt. § 4 Abs. 1.

(10) Künftige Beendigungen des Arbeitsverhältnisses

MD und BR stimmen überein, dass die in diesem Sozialplan vereinbarten Abfindungsberechnungen und materiellen Leistungen ausschließlich der besonderen Situation dieser Betriebsänderung Rechnung tragen und deshalb keine Grundlagen oder Maßstäbe für künftige betriebsbedingte Kündigungen oder – gleich aus welchem Anlass abzuschließende – Aufhebungsverträge darstellen.

(11) Abgeltung von Ansprüchen

Mit den im Sozialplan geregelten Abfindungen sind auch alle Ansprüche aus § 13 Abschnitt IV des Manteltarifvertrages der Chemischen Industrie abgegolten („Abfindungen aufgrund rationalisierungsbedingter Kündigung").

(12) Rechtsstreitigkeiten
Sofern Mitarbeiter gegen eine betriebsbedingte Kündigung Klage erheben, werden die Sozialplanleistungen erst nach rechtskräftigem Abschluss des Rechtsstreites fällig und mit einer ggf. gerichtlich festgesetzten Abfindung verrechnet.

IV. Transfer-Interessenausgleich

1. Muster: Transfer-Interessenausgleich

Zwischen

der Leitung des Werkes ▄▄▄

und

dem Betriebsrat des Werkes ▄▄▄

wird folgender Interessenausgleich vereinbart:

§ 1
Der nachfolgende Interessenausgleich gilt für alle Mitarbeiterinnen und Mitarbeiter des Betriebes mit Ausnahme der leitenden Angestellten gemäß § 5 Abs. 3 BetrVG.

§ 2
Der Betriebsrat und der Wirtschaftsausschuss des Gesamtbetriebsrats wurden umfassend darüber informiert, dass der Betrieb restrukturiert werden soll. Auf die dem Wirtschaftsausschuss übergebenen Unterlagen einschließlich der Antworten auf die überreichten Fragenkataloge wird Bezug genommen.

§ 3
Der Betrieb ist in einem stagnierenden Markt mit einem hohen Preisdruck von Wettbewerbern aus Asien und Osteuropa konfrontiert (Preissenkung pro Jahr durchschnittlich ▄▄▄%). Zur nachhaltigen Verbesserung der Wettbewerbssituation ist eine deutliche Senkung der Personalkosten erforderlich. Vor diesem Hintergrund ist eine Betriebsänderung geplant, die im Wesentlichen mit folgenden Maßnahmen verbunden ist:

- Stilllegung der Artikelfertigung in Düsseldorf und stufenweise Verlagerung dieser Fertigung in das Konzernunternehmen ▄▄▄ in Polen bis ▄▄▄.
- Trennung der einheitlichen Personal- und Sozialleitung, die zurzeit noch für das Werk in Düsseldorf und den zusätzlich vor einiger Zeit in Düsseldorf gegründeten Betrieb B besteht und damit Aufhebung des Gemeinschaftsbetriebes zum ▄▄▄.

§ 4
Diese Maßnahmen werden zu einer Reduzierung der zurzeit in dem Gemeinschaftsbetrieb (Werk Düsseldorf und Betrieb B in Düsseldorf) bestehenden ▄▄▄ Arbeitsverhältnisse um ▄▄▄ führen.

Die zurzeit im Werk Düsseldorf beschäftigten Personen, deren Arbeitsverhältnisse nicht bereits auf den Betrieb B in Düsseldorf übergegangen sind oder entsprechend dieser Vereinbarung übergehen werden, werden entlassen, und zwar mit Wirkung zum ▄▄▄, zum ▄▄▄ und ▄▄▄ Personen zum ▄▄▄ (jeweils rechtliches Beendigungsdatum). Die Zuordnung der einzelnen Mitarbeiterinnen und Mitarbeiter zu den einzelnen Ausscheidensdaten ergibt sich aus der Anlage 1 gemäß § 9.

Soweit das Ausscheiden eines Mitarbeiters oder einer Mitarbeiterin nach diesem Interessenausgleich bis zum ▄▄▄ vorgesehen ist und der Mitarbeiter oder die Mitarbeiterin zu diesem Zeitpunkt noch nicht für Qualifizierungsmaßnahmen drei Monate freigestellt war, verlängert sich das Arbeitsverhältnis bis zum Ende des Monats, in dem die letzte Qualifizierungsmaßnahme endet, die gemäß § 6 erforderlich ist, um den Mitarbeiter oder die Mitarbeiterin in den Arbeitsmarkt zu integrieren und die nach Art, Umfang und Inhalt gemäß § 254 SGB III förderungsfähig ist, längstens jedoch bis zum ▄▄▄.

Die Anzahl der Mitarbeiter und die Mitarbeiterinnen im Betrieb B in Düsseldorf erhöht sich bis zum ▄▄▄ auf ▄▄▄. Die in der Anlage 2 zu diesem Interessenausgleich aufgeführten Personen gehen auf den Betrieb B in Düsseldorf über.

Die Geschäftsleitung des Werkes Düsseldorf verpflichtet sich, mit dem Ausspruch der zur Stilllegung des Betriebes notwendigen betriebsbedingten Kündigungen nicht vor dem ▄▄▄ zu beginnen. Außerdem wird das Unternehmen die Kündigung zu den Terminen aussprechen, die sich bei der Berechnung nach den gesetzlichen Kündigungsfristen ergeben und sich nicht auf etwaige kürzere, tarifliche Fristen berufen. Es gilt die jeweils längere Frist (Tarifvertrag, Arbeitsvertrag, Gesetz).

Es besteht Einigkeit, dass die bestehenden Werkverträge mit im Betrieb regelhaft eingesetzten Handwerkern aufgelöst und an ihrer Stelle den Anforderungen entsprechende Arbeitnehmerinnen und Arbeitnehmer des bisherigen Betriebes eingesetzt werden sollen. Falls möglich, können diesen Handwerkern Arbeitsverträge bei anderen Konzernunternehmen angeboten werden, die diese Dienstleistung dann im Auftrag des Betriebes B in Düsseldorf ausführen. Die Zahl der Leiharbeitnehmer beim Betrieb B soll auf das notwendige Maß reduziert werden.

§ 5

Mit Rücksicht darauf, dass der Betrieb B, zwischenzeitlich eine eigenständige GmbH, mit Wirkung zum ▬▬▬ einen eigenständigen Betrieb bildet, besteht Einvernehmen darüber, dass der Betriebsrat unverzüglich einen Wahlvorstand zur Errichtung eines Betriebsrats für den Betrieb B bilden wird. Der Betriebsrat des vertragsschließenden Werkes B in Düsseldorf erhält ein Übergangsmandat bis zum Zeitpunkt der Wahl eines neuen Betriebsrats im Betrieb B, längstens jedoch bis zum ▬▬▬. Es besteht Einvernehmen darüber, dass der jetzige Betriebsrat für die Artikelfertigung fortbesteht, weil mit Abspaltung des Betriebes B ▬▬▬ die Identität des Betriebes Artikelfertigung nicht erlischt. Alle bestehenden Betriebsvereinbarungen des vertragsschließenden Werkes gelten auch für die B-GmbH weiter mit Ausnahme der Betriebsvereinbarungen ▬▬▬. Dem neu gewählten Betriebsrat der B-GmbH wird mit diesem Interessenausgleich ausdrücklich das Angebot unterbreitet, eine Fortgeltung der vorgenannten Betriebsvereinbarungen zu vereinbaren. Der neu gewählte Betriebsrat kann das Angebot binnen einer Woche nach seiner Wahl annehmen.

§ 6

Die Geschäftsleitung strebt im Rahmen ihrer Möglichkeiten die Vermeidung von Arbeitslosigkeit für die von der Werksschließung betroffenen Mitarbeiter und Mitarbeiterinnen an.

Das Unternehmen wird alle freien und bis ▬▬▬ frei werdenden Arbeitsplätze in der Konzernleitung oder bei Tochterunternehmen erfassen und diese Daten danach fortlaufend bis Ende ▬▬▬ aktualisieren. Sie werden an zwei zentralen Stellen bekannt gemacht, einschließlich der Bewerbungsanforderung. Das Unternehmen schlägt geeigneten Mitarbeitern und Mitarbeiterinnen freie Arbeitsplätze vor. Die Bewerbungen der Beschäftigten werden an die zuständigen Stellen des Konzerns und der Tochterunternehmen weitergeleitet.

Allen von der Schließung betroffenen Mitarbeitern und Mitarbeiterinnen werden bis zum ▬▬▬ Zwischenzeugnisse erteilt.

Zur Erleichterung der Vermittlung der Mitarbeiterinnen und Mitarbeiter auf freie Arbeitsplätze im Konzern und den Tochterunternehmen werden die dazu erforderlichen Personaldaten erfasst und mit den Anforderungsprofilen der freien Stellen abgeglichen. Alle Mitarbeiterinnen und Mitarbeiter werden darüber hinaus bis zum ▬▬▬, im Rahmen eines Einzelgesprächs mit der Personalabteilung, nach weiteren Qualifikationen und Kenntnissen sowie den Einsatzvorstellungen befragt. Dies geschieht in enger Zusammenarbeit mit der Agentur für Arbeit und der Unternehmensberatung Personaltraining GmbH U (siehe unten).

Für diese Zwecke wird das Unternehmen die Personalabteilung bis zum ▬▬▬ aufrechterhalten. Für die Zeit bis zum ▬▬▬ wird die Aufgabe der Personalbetreuung bei der B-GmbH wahrgenommen.

Darüber hinaus werden im Sozialplan Qualifizierungsmaßnahmen vorgesehen, die nach Art, Umfang und Inhalt i.S.d. § 254 SGB III förderungsfähig sind. Ziel ist es, solche Maßnahmen zu ergreifen, die erforderlich sind, um die von der Werksschließung betroffenen Arbeitnehmerinnen und Arbeitnehmer in den Arbeitsmarkt zu integrieren.

Dazu wurde gemäß § 256 SGB III ein Vorabbescheid der Regionaldirektion beantragt auf einen Zuschuss gemäß den §§ 254 ff. SGB III. Dieser Vorabbescheid wird Anlage 3 dieses Interessenausgleichs. Die darin festgelegten Maßnahmen werden durchgeführt.

Die Durchführung der darin festgelegten Maßnahmen obliegt der Agentur für Arbeit Düsseldorf und der Unternehmensberatung Personaltraining GmbH.

Die Agentur für Arbeit hat sich verpflichtet, folgende Maßnahmen durchzuführen:

Ab dem ▬▬▬ werden im Betrieb allen Mitarbeiterinnen und Mitarbeitern die Formulare der Agentur für Arbeit ausgehändigt. Dies erfolgt durch das Unternehmen. Ab dem ▬▬▬ werden Einzelgespräche mit jedem betroffenen Mitarbeiter und jeder betroffenen Mitarbeiterin sowie die individuelle Erfassung des dazu erforderlichen Qualifizierungsbedarfs und erforderlicher Trainings sowie die Ausarbeitung individueller Qualifizierungspläne durchgeführt.

Das Unternehmen wird entsprechend der Zahl der eingesetzten Beraterinnen und Berater ab ▬▬▬ für jeden Mitarbeiter und jede Mitarbeiterin einen Termin für ein Beratungsgespräch ansetzen und die Koordinierung mit der Agentur für Arbeit vornehmen, dies gilt auch für Ersatztermine, falls ein Termin ausgefallen ist.

Die Einzelgespräche sollen mit dem Ende des Monats ▬▬▬ durchgeführt sein.

Außerdem wird die Agentur für Arbeit bis zu dem oben genannten Zeitpunkt alle betroffenen Mitarbeiterinnen und Mitarbeiter als arbeitsuchend erfassen und im Betrieb deren entsprechende Meldungen entgegennehmen. Dies geschieht im Rahmen der oben genannten Einzelgespräche.

Die Agentur für Arbeit wird dazu ab ▪▪▪ mehrere Mitarbeiterinnen und Mitarbeiter einsetzen, die auch in einem vom Werk zur Verfügung gestellten Büro tätig werden.

Die Bewerbungstrainings finden in den Räumen des Werks in Düsseldorf ausschließlich für Gruppen von Mitarbeiterinnen und Mitarbeitern statt.

Die vorgesehenen Qualifizierungsmaßnahmen werden entweder im Rahmen der gemäß §§ 254 ff. SGB III vorgesehenen Zuschüsse (kurzläufige Maßnahmen) oder aus weiteren, der Agentur für Arbeit zur Verfügung stehenden Mitteln (langläufige Maßnahmen) realisiert.

Im Übrigen wird die Agentur für Arbeit entsprechend dem als Anlage beigefügten Schreiben tätig.

Gleichermaßen wird die Unternehmensberatung Personaltraining GmbH gemäß dem als Anlage 4 beigefügten Vertrag beauftragt. Zu den Aufgaben der Unternehmensberatung zählt die Bedarfsermittlung durch Gespräche mit den Mitarbeitern, die Überprüfung der Trainingskonzepte, die Erarbeitung neuer Konzepte, die Beratung der betroffenen Mitarbeiterinnen und Mitarbeiter, die Ermunterung der Mitarbeiter, die geeigneten Maßnahmen zu ergreifen, der Abgleich der Angebote verschiedener Anbieter, die Koordination der gesamten Maßnahmen zwischen Agentur für Arbeit, externen Trägern von Trainingsmaßnahmen, Geschäftsleitung, Betriebsrat und betroffenen Mitarbeiterinnen und Mitarbeitern und die Beratung von Vorgesetzten und anderen Stellen im Werk Düsseldorf.

Die Unternehmensberatung Personaltraining GmbH wird im Monat ▪▪▪ in Kooperation mit der Agentur für Arbeit Einzelgespräche mit jedem Mitarbeiter und jeder Mitarbeiterin führen und die Qualifizierungsbedarfe ermitteln. Sie wird im Auftrag des Unternehmens eine Tabelle führen, in der die eigenen Erkenntnisse, die Erkenntnisse der Agentur für Arbeit über Qualifizierungsbedarf und vorhandene Qualifikationen zusammen mit den Personaldaten erfasst werden. Diese Liste wird fortlaufend wöchentlich aktualisiert.

Anhand dieser Liste wird die Qualifizierungsplanung vorgenommen, um zu gewährleisten, dass die erforderlichen Qualifikationen bis zum Ende des Arbeitsverhältnisses erworben werden können. Die Personaltraining GmbH ist auch für die Koordination mit den Anforderungen des Unternehmens zur Sicherung der Produktionsabläufe zuständig. Sie wird wöchentlich den Koordinierungskreis einberufen und leiten, der bis zum ▪▪▪ tagt. Insgesamt obliegt ihr das Management des Qualifizierungsprojektes.

Die Personaltraining GmbH wird für wenigstens ▪▪▪ EUR über den gesamten Zeitraum der Maßnahme bis zum ▪▪▪ tätig sein. Einer ihrer Trainer wird an zwei Tagen in jeder Woche an dem Projekt arbeiten.

Zur Koordinierung der Aktivitäten des Unternehmens, der Agentur für Arbeit, der Personaltraining GmbH und des Betriebsrats wird ein Koordinierungskreis mit je einem Vertreter der genannten Stellen gebildet.

Der Koordinierungskreis entscheidet einvernehmlich. Seine Teilnehmer erhalten die oben genannten Tabellen. Der Koordinierungskreis wird geleitet von dem Trainer der Personaltraining GmbH. Soweit eine Einigung, z.B. über Qualifizierungsbedarf oder den Einsatz der dem Unternehmen überlassenen Fördermittel gemäß § 254 SGB III nicht herbeigeführt werden kann, entscheidet der Koordinierungskreis verbindlich. Dem Leiter stehen bei Stimmengleichheit zwei Stimmen zu.

Das Unternehmen stellt die Mitarbeiterinnen und Mitarbeiter für die Qualifizierungsmaßnahmen und für die anderen vereinbarten Maßnahmen unter Fortzahlung der Bezüge von der Arbeitsleistung frei. Betriebliche Notwendigkeiten sind zu berücksichtigen. Soweit eine Einigung über das Entgegenstehen betrieblicher Gründe nicht herbeigeführt werden kann, entscheidet der Koordinierungskreis verbindlich. Bei Stimmengleichheit verfügt der Leiter über eine Doppelstimme.

Jede Mitarbeiterin und jeder Mitarbeiter wird unter Beachtung betrieblicher Notwendigkeiten maximal bis zu drei Monate für Qualifizierungsmaßnahmen freigestellt.

Hinsichtlich des Zeitpunkts einer angebotenen Qualifizierungsmaßnahme besteht kein Wahlrecht für die Mitarbeiterinnen bzw. die Mitarbeiter.

Im Übrigen wird das Unternehmen seinen Eigenbeitrag dadurch erbringen, dass die Kündigungen nur zu den in § 4 dieses Interessenausgleichs genannten Terminen und mit den dort geregelten Fristen ausgesprochen werden und nicht zu den frühestmöglichen Zeitpunkten.

§ 7

Mitarbeiterinnen und Mitarbeiter, die am ▪▪▪ im Werk Düsseldorf beschäftigt waren und wegen der Werkschließung aus dem Arbeitsverhältnis ausscheiden, werden von der B-GmbH bis zum ▪▪▪ bevorzugt eingestellt, sofern dort Neueinstellungen vorgenommen werden und sie für die neue Stelle fachlich und persönlich geeignet sind. § 7 dieses Interessenausgleichs ist eine Auswahlrichtlinie gemäß § 95 BetrVG, die auch für die B-GmbH weiter gelten soll.

§ 8

Die zur Durchführung der Restrukturierung notwendigen personellen Einzelmaßnahmen werden unter Beachtung der Mitwirkungs- und Mitbestimmungsrechte des Betriebsrats vorgenommen.

§ 9

Geschäftsleitung und Betriebsrat vereinbaren eine Liste, in der die Mitarbeiterinnen und Mitarbeiter namentlich aufgeführt werden, denen gekündigt werden soll. Die Liste ist diesem Interessenausgleich als Anhang beigefügt und gesondert unterschrieben. Aus ihr ergibt sich das vorgesehene Beendigungsdatum.

§ 10

Kollektiv-rechtlich ist mit Abschluss des Interessenausgleichs und des Sozialplans vom ▬▬▬ das Mitwirkungsrecht des Betriebsrats gemäß §§ 111 ff. BetrVG beachtet.

V. Transfer-Sozialpläne

1. Muster: Transfer-Sozialplan

Zwischen

der Leitung des Werkes ▬▬▬

und

dem Betriebsrat des Werkes ▬▬▬

wird folgender Sozialplan vereinbart:

§ 1 Geltungsbereich

Dieser Sozialplan gilt – soweit nachfolgend nichts anderes geregelt ist – für alle Mitarbeiterinnen und Mitarbeiter, deren Arbeitsverhältnis aufgrund der im Interessenausgleich vom ▬▬▬ geregelten Betriebsänderung endet und die nicht leitende Angestellte i.S.v. § 5 Abs. 3 BetrVG sind.

§ 2 Versetzungen/Angebot von Arbeitsplätzen im Konzern oder in Tochterunternehmen

(1) Bei einem Wechsel zu einem Tochterunternehmen oder zum Konzern, soweit dieser Wechsel mit einer Änderung des Arbeitsortes verbunden ist, gilt die jeweils für den Konzern bestehende Regelung zu Leistungen bei Dienstreisen und Versetzungen.

(2) Eine Abfindung ist in diesem Falle nicht zu zahlen.

(3) Die vorstehende Regelung gilt nur, wenn den betreffenden Mitarbeiterinnen und Mitarbeitern ihre bisherigen Dienstzeiten im Konzern in der anderen Gesellschaft angerechnet werden.

§ 3 Höhe der Abfindungen

(1) Im Falle einer Beendigung des Arbeitsverhältnisses erhält die Mitarbeiterin/der Mitarbeiter eine Abfindung, die sich wie folgt errechnet.

Lebensalter x Dienstzugehörigkeit x Bruttomonatsverdienst
(in Jahren)   (in Jahren)   (in EUR)/Divisor

(2) Mitarbeiterinnen und Mitarbeiter, die zum Zeitpunkt der Beendigung des Arbeitsverhältnisses mindestens 57 Jahre und 4 Monate alt sind, erhalten eine Abfindung, die sich wie folgt berechnet:

Die Abfindung beträgt 80% des Nettomonatsverdienstes multipliziert mit der Anzahl der Monate vom Ausscheiden bis zu dem Zeitpunkt, in dem erstmalig Leistungen der gesetzlichen Rentenversicherung ohne Kürzung wegen vorzeitiger Inanspruchnahme geltend gemacht werden können, maximal 36 Monate, abzüglich des in diesem Zeitraum zu beanspruchenden Arbeitslosengeldes.

Die Abfindung erhöht sich für die Mitarbeiterinnen und Mitarbeiter, die im Zeitpunkt der rechtlichen Beendigung ihres Arbeitsverhältnis Mitglieder im Versorgungswerk des Konzerns sind, um den individuellen Arbeitgeber-Zuschuss zum Versorgungswerk multipliziert mit der Anzahl der Monate vom Ausscheiden bis zu dem Zeitpunkt, in dem erstmalig Leistungen der gesetzlichen Rentenversicherung ohne Kürzung wegen vorzeitiger Inanspruchnahme geltend gemacht werden können, maximal 36 Monate. Die Mitarbeiterinnen und Mitarbeiter können im Wege der freiwilligen Mitgliedschaft Mitglieder im Versorgungswerk des Konzerns bleiben.

Zur Abgeltung der zu erwartenden Rentenkürzung bei vorzeitiger Inanspruchnahme der gesetzlichen Altersrente wird ein Fonds von ■■■ EUR gebildet. Der Fonds wird nach Maßgabe des Betriebsrats auf die Betroffenen verteilt. Der Betriebsrat teilt dem Unternehmen den Aufteilungsvorschlag mit. Ist das Unternehmen mit der Aufteilung nicht einverstanden, kann es binnen zwei Wochen die Einigungsstelle anrufen. Geschieht dies nicht, ist der Aufteilungsvorschlag verbindlich.

(3) Für jedes auf der Lohnsteuerkarte eingetragene Kind wird ein Kinderzuschlag in Höhe von ■■■ EUR gewährt. Schwerbehinderte und Gleichgestellte (mit einem Grad der Behinderung von mindestens 50%) erhalten einen Zuschlag von ■■■ EUR.

(4) Mitarbeiterinnen und Mitarbeiter, die ihr Arbeitsverhältnis vor In-Kraft-Treten dieses Sozialplans, aber nach dem ■■■ selbst gekündigt haben, oder nach dem In-Kraft-Treten selbst kündigen, erhalten die sich nach diesem Sozialplan ergebende Abfindung. Diese Regelung gilt nicht für die Mitarbeiter, die nach dem Interessenausgleich erst zum ■■■ ausscheiden sollen. Solche Mitarbeiter erhalten im Falle einer Kündigung nach dem ■■■ eine um 25% gekürzte Abfindung.

(5) Es wird ein Härtefonds gebildet. Der Fonds ist mit ■■■ EUR dotiert. Über seine Verwendung entscheiden Betriebsrat und Unternehmen gemeinsam.

(6) Keine Abfindung erhalten Mitarbeiterinnen und Mitarbeiter,

- denen aus einem in ihrem Verhalten liegenden Grund oder aus wichtigem Grund wirksam gekündigt worden ist bzw. gekündigt wird,
- die vor Ablauf der Kündigungsfrist vertragswidrig ausscheiden,
- deren Arbeitsverhältnis durch Fristablauf endet (befristete Arbeitsverhältnisse),
- die vor In-Kraft-Treten des Sozialplans einen Aufhebungsvertrag geschlossen haben, der die Zahlung einer Abfindung vorsieht,
- die bei Abschluss des Sozialplans noch nicht im Werk Düsseldorf beschäftigt sind,
- die unter Anrechnung ihrer bisherigen Konzerndienstzeit einen anderen Arbeitsplatz im Konzern oder einer konzernabhängigen Tochter angenommen haben.

§ 4 Berechnung der Abfindungen

(1) Bei der Höhe des Bruttomonatsverdienstes gemäß § 3 Abs. 1 werden Weihnachts- und Urlaubsgeld sowie sonstige Einmalzahlungen und Mehrarbeitsvergütungen nicht berücksichtigt. Schichtzulagen von Mitarbeitern, die seit einem Jahr vor In-Kraft-Treten des Sozialplans in Schichtarbeit tätig waren, werden berücksichtigt.

(2) Die Höhe des Nettoverdienstes gemäß § 3 Abs. 2 errechnet sich wie folgt:

Bruttomonatsverdienst (wie nach Abs. 1)

./. Lohnsteuer

./. Kirchensteuer, soweit kirchensteuerpflichtig

./. Rentenversicherung

./. Arbeitslosenversicherung

./. Kranken- und Pflegeversicherung.

(3) Die Höchstabfindung beträgt ■■■ EUR. Die Mindestabfindung beträgt ■■■ EUR.

(4) Bei der Berechnung des Lebensalters und der Dienstzugehörigkeit werden die Jahre bis zu der rechtlichen Beendigung des Arbeitsverhältnisses berücksichtigt. Der Berechnung werden vollendete Monate zugrunde gelegt. Die Jahre sind auf eine Stelle nach dem Komma zu berechnen und zu runden.

(5) Bei der Berechnung der Dienstzugehörigkeit wird das Datum des Eintritts in das Unternehmen gemäß Arbeitsvertrag zugrunde gelegt.

§ 5 Qualifizierungsmaßnahmen

Geschäftsleitung und Betriebsrat streben im Rahmen ihrer Möglichkeiten die Vermeidung von Arbeitslosigkeit für die von der Werksschließung betroffenen Mitarbeiterinnen und Mitarbeiter an.

Das Unternehmen wird alle freien und bis Ende ■■■ frei werdenden Arbeitsplätze im Konzern oder den Tochterunternehmen erfassen und diese Daten danach fortlaufend bis Ende ■■■ aktualisieren. Die Daten werden an zwei zentralen Stellen bekannt gemacht, einschließlich der Bewerbungsanforderungen. Das Unternehmen schlägt geeigneten Mitarbeiterinnen und Mitarbeitern freie Arbeitsplätze vor. Die Bewerbungen der Beschäftigten werden an die zuständigen Stellen des Konzerns und der Tochterunternehmen weitergeleitet.

§ 5 Betriebsvereinbarungen

Allen von der Schließung betroffenen Mitarbeiterinnen und Mitarbeitern werden bis zum ▬▬▬ Zwischenzeugnisse erteilt.

Zur Erleichterung der Vermittlung der Mitarbeiterinnen und Mitarbeiter auf freie Arbeitsplätze im Konzern und den Tochterunternehmen werden die dazu erforderlichen Personaldaten erfasst und mit den Anforderungsprofilen der freien Stellen abgeglichen. Alle Mitarbeiterinnen und Mitarbeiter werden darüber hinaus bis zum ▬▬▬, im Rahmen eines Einzelgesprächs mit der Personalabteilung, nach weiteren Qualifikationen und Kenntnissen sowie den Einsatzvorstellungen befragt. Dies geschieht in enger Zusammenarbeit mit der Agentur für Arbeit und der Unternehmensberatung Personaltraining GmbH U (siehe unten).

Für diese Zwecke wird das Unternehmen die Personalabteilung bis zum ▬▬▬ aufrechterhalten. Für die Zeit bis zum ▬▬▬ wird die Aufgabe von der Personalbetreuung bei der B GmbH wahrgenommen.

Darüber hinaus werden im Sozialplan Qualifizierungsmaßnahmen vorgesehen, die nach Art, Umfang und Inhalt i.S.d. § 254 SGB III förderungsfähig sind. Ziel ist es, solche Maßnahmen zu ergreifen, die erforderlich sind, um die von der Werkschließung betroffenen Arbeitnehmerinnen und Arbeitnehmer in den Arbeitsmarkt zu integrieren.

Dazu wurde gemäß § 256 SGB III ein Vorabbescheid der Regionaldirektion beantragt auf einen Zuschuss gemäß den §§ 254 ff. SGB III. Dieser Vorabbescheid wird Anlage dieses Interessenausgleichs. Die darin festgelegten Maßnahmen werden durchgeführt.

Die Durchführung der darin festgelegten Maßnahmen obliegt der Agentur für Arbeit Düsseldorf und der Unternehmensberatung Personaltraining GmbH.

Die Agentur für Arbeit hat sich verpflichtet, folgende Maßnahmen durchzuführen:

Ab dem ▬▬▬ werden im Betrieb allen Mitarbeiterinnen und Mitarbeitern die Formulare der Agentur für Arbeit ausgehändigt. Dies erfolgt durch das Unternehmen. Ab dem ▬▬▬ werden Einzelgespräche mit jedem betroffenen Mitarbeiter und jeder betroffenen Mitarbeiterin sowie die individuelle Erfassung des dazu erforderlichen Qualifizierungsbedarfs und erforderlichen Trainings sowie die Ausarbeitung individueller Qualifizierungspläne durchgeführt.

Das Unternehmen wird entsprechend der Zahl der eingesetzten Beraterinnen und Berater ab ▬▬▬ für jeden Mitarbeiter und jede Mitarbeiterin einen Termin für ein Beratungsgespräch ansetzen und die Koordinierung mit der Agentur für Arbeit vornehmen, dies gilt auch für Ersatztermine, falls ein Termin ausgefallen ist.

Die Einzelgespräche sollen mit dem Ende des Monats ▬▬▬ durchgeführt sein.

Außerdem wird die Agentur für Arbeit bis zu dem oben genannten Zeitpunkt alle betroffenen Mitarbeiterinnen und Mitarbeiter als arbeitsuchend erfassen und im Betrieb deren entsprechende Meldungen entgegennehmen. Dies geschieht im Rahmen der oben genannten Einzelgespräche.

Die Agentur für Arbeit wird dazu ab ▬▬▬ mehrere Mitarbeiterinnen und Mitarbeiter einsetzen, die auch in einem vom Werk zur Verfügung gestellten Büro tätig werden.

Die Bewerbungstrainings finden in den Räumen des Werks in Düsseldorf ausschließlich für Gruppen von Mitarbeiterinnen und Mitarbeitern statt.

Die vorgesehenen Qualifizierungsmaßnahmen werden entweder im Rahmen der gemäß §§ 254 ff. SGB III vorgesehenen Zuschüsse (kurzläufige Maßnahmen) oder aus weiteren, der Agentur für Arbeit zur Verfügung stehenden Mitteln (langläufige Maßnahmen) realisiert.

Im Übrigen wird die Agentur für Arbeit entsprechend dem als Anlage beigefügten Schreiben tätig.

Gleichermaßen wird die Unternehmensberatung Personaltraining GmbH gemäß dem als Anlage beigefügten Vertrag beauftragt. Zu den Aufgaben der Unternehmensberatung zählt die Bedarfsermittlung durch Gespräche mit den Mitarbeitern, die Überprüfung der Trainingskonzepte, die Erarbeitung neuer Konzepte, die Beratung der betroffenen Mitarbeiterinnen und Mitarbeiter, die Ermunterung der Mitarbeiter, für sie geeignete Maßnahmen zu ergreifen, der Abgleich der Angebote verschiedener Anbieter, die Koordination der gesamten Maßnahmen zwischen Agentur für Arbeit, externen Trägern von Trainingsmaßnahmen, Geschäftsleitung, Betriebsrat und betroffenen Mitarbeiterinnen und Mitarbeitern und die Beratung von Vorgesetzten und anderen Stellen im Werk Düsseldorf.

Die Unternehmensberatung Personaltraining GmbH wird im Monat ▬▬▬ in Kooperation mit der Agentur für Arbeit Einzelgespräche mit jedem Mitarbeiter und jeder Mitarbeiterin führen und die Qualifizierungsbedarfe ermitteln. Sie wird im Auftrag des Unternehmens eine Tabelle führen, in der die eigenen Erkenntnisse, die Erkenntnisse der Agentur für Arbeit über Qualifizierungsbedarf und vorhandene Qualifikationen zusammen mit den Personaldaten erfasst werden. Diese Liste wird fortlaufend wöchentlich aktualisiert.

Anhand dieser Liste wird die Qualifizierungsplanung vorgenommen, um zu gewährleisten, dass die erforderlichen Qualifikationen bis zum Ende des Arbeitsverhältnisses erworben werden können. Die Personaltraining GmbH ist auch für die Koordination mit den Anforderungen des Unternehmens zur Sicherung der Produktionsabläufe zuständig. Sie wird wöchentlich den Koordinierungskreis einberufen und leiten, der bis zum ▪▪▪ tagt. Insgesamt obliegt ihr das Management des Qualifizierungsprojektes.

Die Personaltraining GmbH wird für wenigstens ▪▪▪ EUR über den gesamten Zeitraum der Maßnahme bis zum ▪▪▪ tätig sein. Einer ihrer Trainer wird an zwei Tagen in jeder Woche an dem Projekt arbeiten.

Zur Koordinierung der Aktivitäten des Unternehmens, der Agentur für Arbeit und der Personaltraining GmbH und des Betriebsrats wird ein Koordinierungskreis mit je einem Vertreter der genannten Stellen gebildet.

Der Koordinierungskreis entscheidet einvernehmlich. Seine Teilnehmer erhalten die oben genannten Tabellen. Der Koordinierungskreis wird geleitet von dem Trainer der Personaltraining GmbH. Soweit eine Einigung, z.B. über Qualifizierungsbedarf oder den Einsatz der dem Unternehmen überlassenen Fördermittel gemäß § 254 SGB III nicht herbeigeführt werden kann, entscheidet der Koordinierungskreis verbindlich. Dem Leiter stehen bei Stimmengleichheit zwei Stimmen zu.

Das Unternehmen stellt die Mitarbeiterinnen und Mitarbeiter für die Qualifizierungsmaßnahmen und für die anderen vereinbarten Maßnahmen unter Fortzahlung der Bezüge von der Arbeitsleistung frei. Betriebliche Notwendigkeiten sind zu berücksichtigen. Soweit eine Einigung über das Entgegenstehen betrieblicher Gründe nicht herbeigeführt werden kann, entscheidet der Koordinierungskreis verbindlich. Bei Stimmengleichheit verfügt der Leiter über eine Doppelstimme.

Jede Mitarbeiterin und jeder Mitarbeiter wird unter Beachtung betrieblicher Notwendigkeiten maximal bis zu drei Monaten für Qualifizierungsmaßnahmen freigestellt.

Hinsichtlich des Zeitpunkts einer angebotenen Qualifizierungsmaßnahme besteht kein Wahlrecht für die Mitarbeiterinnen bzw. die Mitarbeiter.

Im Übrigen wird das Unternehmen seinen Eigenbeitrag dadurch erbringen, dass die Kündigungen nur zu den in § 4 des Interessenausgleichs genannten Terminen und mit den dort geregelten Fristen ausgesprochen werden und nicht zu den frühestmöglichen Zeitpunkten.

§ 6 Sonstige Bestimmungen

(1) Zuwendungen aus Anlass von Dienstjubiläen werden auch gewährt, wenn das Dienstjubiläum innerhalb von ▪▪▪ Monaten nach rechtlicher Beendigung des Arbeitsverhältnisses stattgefunden hätte.

(2) Die Abfindungsansprüche entstehen zum Zeitpunkt der rechtlichen Beendigung des Arbeitsverhältnisses. Die Ansprüche werden mit der Entstehung fällig.

(3) Auf Leistungen aus diesem Sozialplan sind etwaige gesetzliche, tarifvertragliche oder individualrechtliche Abfindungen, Nachteilsausgleichsansprüche oder sonstige Entschädigungsleistungen (z.B. nach § 113 BetrVG, §§ 9, 10 KSchG) für den Verlust des Arbeitsplatzes anzurechnen. Nicht anzurechnen sind Nachteilsausgleichsansprüche, die aus einer Verletzung der Regelungen in den §§ 4, 6, 7 und 9 des Interessenausgleichs resultieren.

(4) Erhebt eine Mitarbeiterin oder ein Mitarbeiter Klage auf Feststellung der Unwirksamkeit der Kündigung, so ruhen die Ansprüche aus diesem Sozialplan bis zum rechtskräftigen Abschluss des Verfahrens.

(5) Die Abfindung kann weder abgetreten noch verpfändet werden. Sie wird gemäß vorstehenden Regelungen im Rahmen der gesetzlichen Vorschriften und Höchstbeträge steuer- und sozialversicherungsfrei ausgezahlt.

(6) Vor der Kündigung bzw. Aufhebung des Arbeitsverhältnisses werden die Mitarbeiterinnen und Mitarbeiter auf Verlangen für die Dauer von bis zu drei Arbeitstagen zum Zwecke der Arbeitssuche ohne Verdienstminderung von der Arbeitsleistung freigestellt; nach der Kündigung bzw. Aufhebung des Arbeitsverhältnisses geschieht dies, soweit es für die Arbeitssuche erforderlich ist.

(7) Ansprüche aus diesem Sozialplan müssen innerhalb von drei Monaten nach dem Tag der rechtlichen Beendigung des Arbeitsverhältnisses geltend gemacht werden.

(8) Soweit die Geschäftsleitung des Werkes Düsseldorf mit den Mitarbeiterinnen und Mitarbeitern Aufhebungsverträge schließt, wird das Unternehmen die betreffenden Mitarbeiterinnen und Mitarbeiter in einem von ihm verfassten Informationsblatt über die sozialversicherungsrechtlichen Konsequenzen informieren.

(9) Dieser Sozialplan tritt nach Zweckerreichung, d.h. nach der Durchführung der im Interessenausgleich vereinbarten personellen Maßnahmen, ohne Nachwirkung außer Kraft.

(10) Sollten einzelne der vorstehenden Bestimmungen – gleich aus welchem Rechtsgrund – unwirksam sein oder werden, so wird die Wirksamkeit der übrigen Bestimmungen nicht berührt. Die unwirksame Bestimmung soll durch eine solche Regelung ersetzt werden, die dem beabsichtigten Zweck am nächsten kommt.

§ 6 Schriftsätze im arbeitsgerichtlichen Urteilsverfahren

Kapitel 1: Parteienunabhängige Schriftsätze

Literatur

AnwK-ArbGG, hrsg. von *Düwell/Lipke*, 2. Aufl. 2005; *Beckers*, Die Anwendung der Vollstreckung aus arbeitsgerichtlichen Titeln durch Sicherheitsleistung des Schuldners, NZA 1997, 1322; *Düwell*, Prozessvertretung durch Gesellschaften mit beschränkter Haftung vor den Gerichten für Arbeitssachen, FA 1998, 338; *ders.*, Elektronisches Postfach für das Bundesarbeitsgericht, FA 2006, 172; *Germelmann/Matthes/Prütting/Müller-Glöge*, Arbeitsgerichtsgesetz, 5. Aufl. 2004; *Gift/Baur*, Das Urteilsverfahren vor den Gerichten für Arbeitssachen, 1993; *Groeger*, Die vorläufige Vollstreckbarkeit arbeitsgerichtlicher Urteile, NZA 1994, 251; *Hellwich*, Zweifelsfragen bei der Zwangsvollstreckung aus arbeitsgerichtlichen Titeln, AuR 1987, 395; *Holthausen*, Typische Fehler im Kündigungsschutzprozess, AnwBl 2006, 688; *Hümmerich*, Terminsverlegungsanträge, in: ArbG ArbR, FS zum 25-jährigen Bestehen, 2006, S. 345; *Schmidt/Schwab/Wildschütz*, Die Auswirkungen der Reform des Zivilprozesses auf das arbeitsgerichtliche Verfahren, NZA 2001, 1161, 1217; *Schwab/Weth*, Arbeitsgerichtsgesetz, 2004; *Walker*, Der einstweilige Rechtsschutz im Zivilprozeß und im arbeitsgerichtlichen Verfahren, 1993.

A. Erläuterungen

Im Kapitel „Parteienunabhängige Schriftsätze" werden solche Mustertexte vorgestellt, die sowohl von Arbeitgebern als auch von Arbeitnehmern bei Gericht eingereicht werden können. Der Antrag auf Terminsänderung beispielsweise wird sowohl vom Arbeitgeberanwalt als auch vom Arbeitnehmeranwalt gestellt. Auch die Themen, die in den Erläuterungen erörtert werden, berühren in gleicher Weise Arbeitgeber wie Arbeitnehmer.

I. Parteibezeichnung

1. Anforderungen in der Rechtsprechung

Für Arbeitgeber- wie Arbeitnehmeranwälte lautet bei Erhebung der Klage die erste Frage, welche Partei Gegner im Rechtsstreit ist. Diejenige Partei, gegen die sich der Anspruch richtet, muss in der Klagschrift aufgeführt werden. Für die Parteistellung im Prozess ist allerdings nicht allein die formelle Bezeichnung als Partei in der Klageschrift maßgeblich.[1] Ist die Bezeichnung nicht eindeutig, ist die Partei durch **Auslegung** zu ermitteln.

Selbst bei äußerlich eindeutiger, aber offenkundig unrichtiger Bezeichnung ist grundsätzlich diejenige Person als Partei angesprochen, die erkennbar durch die Parteibezeichnung betroffen werden soll.[2] Entscheidend ist immer die Wahrung der rechtlichen Identität zwischen der ursprünglich bezeichneten und der tatsächlich gemeinten Partei. Eine gewisse Großzügigkeit der Rechtsprechung bei der Parteibezeichnung ist zu beobachten. So soll die Klageerhebung nicht an unvollständigen oder fehlerhaften Bezeichnungen der Parteien scheitern, wenn diese Mängel in Anbetracht der jeweiligen Umstände letztlich keine vernünftigen Zweifel an dem wirklich Gewollten aufkommen lassen.[3] Problematisch sind Unklarheiten über die richtige Partei vor allem im Zusammenhang mit Kündigungsschutzklagen, weil die Kündigungsschutzklage nach § 4 KSchG fristgebunden ist. Obwohl eine eventuelle subjektive Klagehäufung unzulässig ist, kann nach Auffassung des BAG[4] die Frist nach §§ 4 Satz 1, 13 Abs. 1 Satz 2 KSchG auch durch eine hilfsweise gegen den richtigen Arbeitgeber erhobene Kündigungsschutzklage gewahrt werden.

Bei der **Umstellung** einer Klage auf eine andere (richtige) Partei entfällt mit der Zulassung der Klageänderung die Rechtshängigkeit des ursprünglichen (fristgerechten) Klageantrags.[5] Kann vor Klageerhebung die Frage nach der Person des Arbeitgebers oder, aus Sicht des Arbeitgebers, die Person des Arbeitnehmers selbst unter

---

1 BAG 15.3.2001 – 2 AZR 141/00, NZA 2001, 1267.
2 *Holthausen*, AnwBl 2006, 688.
3 BAG 12.2.2004 – 2 AZR 136/03, AP § 4 KSchG 1969 Nr. 50; LAG Hessen 12.8.2005 – 17/10 Sa 2021/03, n.v.
4 BAG 31.3.1993 – 2 AZR 467/92, NZA 1994, 237.
5 *Holthausen*, AnwBl 2006, 688, 689.

sorgfältiger Prüfung der vorliegenden Unterlagen nicht geklärt werden, sollte man zunächst alle in Betracht kommenden Personen gemeinsam verklagen, um in der Güteverhandlung mit Hilfe des Vorsitzenden eine Bestimmung der richtigen beklagten Partei vorzunehmen und nach entsprechender Erklärung des Prozessgegners die Klagen gegen die sonstigen Beklagten zurücknehmen. Auch bei Arbeitnehmern, beispielsweise ausländischen Arbeitnehmern mit ähnlich lautendem Namen, können Unklarheiten über den richtigen Prozessgegner entstehen.

Die Parteien eines Prozesses werden vom Kläger in der Klageschrift bezeichnet. Ist die Bezeichnung nicht eindeutig, so ist durch ihre **Auslegung** die richtige Partei zu ermitteln.[6] Bei einer Klage gegen eine GmbH & Co. KG haben der Name der Komplementär-GmbH und die Namen der Geschäftsführer der Komplementärin ein größeres Gewicht als die Firmenanschrift. Ist lediglich die Firmenanschrift fehlerhaft, lässt sich anhand der übrigen Angaben ohne weiteres ermitteln, wer verklagt sein soll.[7] Ist der Arbeitgeber bereits in der Insolvenz und ist der Insolvenzverwalter in der Klageschrift nicht erwähnt, nimmt das BAG im Zuge der Auslegung an, dass sich die Klage allein gegen den bisherigen Arbeitgeber richten soll.[8]

2. GbR als Arbeitgeber

Bis zum Jahre 2001 entsprach es ständiger Rechtsprechung, dass die GbR im Zivilprozess nicht rechtsfähig und damit nicht parteifähig ist. Deshalb mussten alle Gesellschafter der GbR als notwendige Streitgenossen bei Gesamthandsforderungen verklagt werden.[9] Mit dem Urteil vom 29.1.2001 änderte der BGH seine Rechtsprechung und kam zu dem Ergebnis, dass die GbR **Rechtsfähigkeit** besitze.[10] Dementsprechend hat das BAG seine Rechtsprechung mit Urteil vom 1.12.2004[11] angepasst.

Bei Klagen des Arbeitnehmers gegen den Arbeitgeber ist die richtige Partei nunmehr, falls der GbR beispielsweise eine als GbR organisierte Arztpraxis ist, die GbR. Bei Zahlungsklagen wird empfohlen, neben der GbR auch die Gesellschafter selbst zu verklagen, wobei für das taktisch richtige Vorgehen Fragen der Vollstreckung, aber auch des Beweisrechts zu beachten sind.[12] Bei Verfahren wegen einer Kündigung eines Arbeitsverhältnisses gehen Klagen gegen den Gesellschafter einer GbR ins Leere. Arbeitgeberfähig ist die GbR, nicht der einzelne Gesellschafter. Deshalb können auch die einzelnen Gesellschafter keine arbeitsrechtlichen Klagen gegen den Arbeitnehmer erheben, vielmehr muss die Klage von der GbR gegen den Arbeitnehmer gerichtet werden. Nur die GbR ist arbeitsrechtlich aktivlegitimiert.

In anhängigen Verfahren, die sich nach altem Recht gegen die Gesellschafter einer GbR richteten, hat der BGH angenommen, dass durch die Änderung der Rechtsprechung zur Parteifähigkeit der GbR kein Parteiwechsel erforderlich sei, sondern dass eine Änderung in der Form einer Rubrumsberichtigung zulässig und der richtige Weg sei.[13]

II. Anträge

Dem arbeitsgerichtlichen Verfahren war schon immer eigen, dass zunächst nach § 54 ArbGG ein **Gütetermin** durchzuführen ist. Da die **Güteverhandlung** ein dem Urteilsverfahren I. Instanz vorgelagerter Verfahrensabschnitt ist und keine streitige Verhandlung i.S.v. § 137 Abs. 1 ZPO,[14] ist im Termin der Güteverhandlung auch kein Antrag zu stellen.[15]

---

[6] BAG 13.7.1989 – 2 AZR 571/88, n.v.
[7] LAG Hamm 18.9.1997 – 4 Sa 2244/96, n.v.
[8] BAG 21.9.2006 – 2 AZR 573/05, NZA 2007, 405.
[9] BGH 26.3.1981 – VII ZR 160/80, BGHZ 80, 227; BGH 15.10.1999 – V ZR 141/98, NJW 2000, 292.
[10] BGH 29.1.2001 – II ZR 331/00, BGHZ 146, 341.
[11] BAG 1.12.2004 – 5 AZR 597/03, NZA 2005, 318.
[12] *Diller*, NZA 2003, 401; *Dollmann*, ArbRB 2005, 30.
[13] BGH 15.1.2003 – XII ZR 300/99, NJW 2003, 235.
[14] AnwK-ArbGG/*Kloppenburg/Ziemann*, § 54 Rn 22.
[15] LAG München 24.1.1989 – 2 Sa 1042/88, n.v.

1. Zahlungsklage

a) Bezifferter Antrag

Bei einer Zahlungsklage muss der Antrag **beziffert** sein, es muss die geforderte Summe als Zahl im Antrag enthalten sein.[16] Ein unbezifferter Klageantrag ist grundsätzlich unzulässig. Gleiches gilt, wenn ein bloßer Rahmenantrag formuliert wird, dessen Inhalt sich erst aus dem Verfahren oder der Zwangsvollstreckung ergeben soll.

Ein unbezifferter Klageantrag kann ausnahmsweise gewählt werden, sofern dem Kläger die Ermittlung der Höhe der Leistung unmöglich oder unzumutbar ist.[17] In der Praxis sind kaum Fallgestaltungen denkbar, in denen diese Rechtsprechung zur Anwendung kommt, es sei denn, das Gericht wird, wie bei einem unbestimmten Schadensersatzanspruch, selbst rechtsgestaltend tätig, wie etwa bei einer Klage auf angemessene Entschädigung gemäß § 15 Abs. 2 AGG, bei der die Höhe der Entschädigung in das Ermessen des Gerichts gestellt wird.[18]

Werden rückständige Entgeltansprüche geltend gemacht, lautet der richtige Zahlungsantrag:

Die beklagte Partei wird verurteilt, an die klägerische Partei ■■■ EUR brutto zzgl. Zinsen in Höhe von fünf Prozentpunkten über dem Basiszinssatz hieraus seit ■■■ zu zahlen.

b) Zinssatz

„Brutto oder Netto" – die Frage nach der Verzinsung arbeitsrechtlicher Vergütungsansprüche hat wegen der zum 1.5.2000 in Kraft getretenen Erhöhung des damals 4 % betragenden gesetzlichen Zinssatzes auf **5 % über dem Basiszinssatz nach § 1 des Diskontsatz-Überleitungs-Gesetzes** vom 9.6.1998[19] gemäß § 288 Abs. 1 Satz 1 BGB a.F. und der ab 1.1.2002 geltenden Fassung der §§ 288, 247 BGB eine erheblich gesteigerte wirtschaftliche Bedeutung erlangt. Immerhin liegt der aktuell gültige Basiszinssatz nach § 247 BGB ab dem 1.7.2006 bei 1,95 %. Ungeachtet der Tatsache, dass die Geltendmachung eines weitergehenden materiell-rechtlichen Schadens auch nach der Neufassung des § 288 Abs. 4 BGB unberührt bleibt, betragen der gesetzliche Mindestzinssatz für Verzugszinsen und der Prozesszinssatz damit ab dem 1.1.2002 6,95 %.

Die Höhe des jeweiligen Basissatzes wird von der Bundesbank für einen bestimmten Zeitraum festgesetzt. Nicht nur die aktuellen, sondern auch die vorherigen Zinssätze werden von der Bundesbank publiziert und können beispielsweise im Internet unter http://www.bundesbank.de/de/presse/faq/zinssatz.htm abgefragt werden. Aufgrund der Änderung des Zinssatzes in regelmäßigen Abständen muss eine Anpassung der geltend gemachten, konkret bezifferten Prozess- und Verzugszinsen vom Anwalt stets bedacht werden.

Gemäß § 247 Abs. 1 BGB verändert sich der Basiszinssatz zum 1.1. und 1.7. eines jeden Jahres um die Prozentpunkte, um die die Bezugsgröße seit der letzten Veränderung des Basiszinssatzes gestiegen oder gefallen ist. Bezugsgröße ist der Zinssatz für die jüngste Hauptrefinanzierungsoperation der Europäischen Zentralbank vor dem ersten Kalendertag des betreffenden Halbjahres.

Nach In-Kraft-Treten der Schuldrechtsreform zum 1.1.2002 sieht § 288 Abs. 2 BGB bei Rechtsgeschäften, an denen ein Verbraucher i.S.v. § 13 BGB nicht beteiligt ist, einen **erhöhten Verzugszins** vor. Er liegt für Entgeltforderungen in diesem Fall bei acht Prozentpunkten über dem Basiszinssatz (also faktisch zwischen 10,5 und 14 %). Da der Arbeitnehmer beim Abschluss des Arbeitsvertrages Verbraucher i.S.v. § 13 BGB ist,[20] bestimmt sich der Verzugszins bei rückständigen Entgeltforderungen nach § 288 Abs. 1 Satz 1 BGB und liegt 5 Prozentpunkte über dem Basiszinssatz.[21]

c) Brutto oder Netto

Bei der Zahlungsklage besteht Streit, ob sie in der Form einer **Brutto-** oder als **Netto-Klage** erhoben werden soll.[22] Grundlegend auseinander gesetzt mit der Frage, ob der Arbeitnehmer die gesetzlichen **Zinsen aus dem**

---

16 Zöller/*Greger*, § 253 ZPO Rn 13a.
17 BGH 13.3.1967 – III ZR 8/66, NJW 1967, 1420.
18 Muster 6310 § 6 Rn 259.
19 BGBl. I S. 1242.
20 BAG 25.5.2005 – 5 AZR 572/04, NZA 2005, 1111.
21 *Boemke*, BB 2002, 96 (97).
22 Zum Meinungsstreit *Griebeling*, NZA 2000, 1249; *Pairan*, FA 2001, 98 und *Nägele/Stumpf*, FA 1998, 366.

Bruttovergütungsanspruch fordern kann, hat sich der 4. Senat des BAG erstmals mit Urteil vom 20.4.1983.[23] Mit dieser Entscheidung sprach der Senat einem Arbeitnehmer Prozesszinsen allein aus dem Nettobetrag zu. Zur Begründung führte er aus, dass der Arbeitnehmer hinsichtlich der Bruttobeträge nur „Durchgangsstation" sei und die vollstreckten Lohnsteuer- und Sozialversicherungsbeiträge abzuführen habe. Diese Entscheidung bestätigte der 4. Senat mit seinem Urteil vom 13.2.1985,[24] in dem er wie folgt ausführt:

18 „Bei der Vollstreckung aus einer Bruttoverurteilung kann der Arbeitgeber die Vollstreckung hinsichtlich der auf den Bruttobetrag entfallenden Lohnsteuer- und Sozialversicherungsbeiträge dadurch abwenden, dass er dem Gerichtsvollzieher die Abführung dieser Beträge an die zuständigen Stellen belegt (vgl. § 775 Nr. 5 ZPO). Dann kann der Gerichtsvollzieher trotz der Verurteilung zur Zahlung des Bruttobetrags vom Arbeitgeber zu Gunsten des Arbeitnehmers nur den nach Abzug der abgeführten Lohnsteuer- und Sozialversicherungsbeiträge verbliebenen Nettobetrag einziehen; nur dieser Betrag ist dann auch zu verzinsen. Weist der Gläubiger dem Gerichtsvollzieher allerdings nicht die Zahlung von Lohnsteuer- und Sozialversicherungsbeiträgen nach, dann ist bei der Vollstreckung davon auszugehen, dass die Nettovergütung der Bruttovergütung entspricht; in diesem Fall kann der Gerichtsvollzieher vom Gesamtbetrag die Zinsen berechnen und einziehen. Insoweit handelt es sich aber nicht um Zinsen aus einem Bruttobetrag, sondern aus einem dem Bruttobetrag entsprechenden Nettobetrag. Dem Arbeitgeber bleibt es überlassen, den Nachweis über die auf den Bruttobetrag entfallenden Lohnsteuer- und Sozialversicherungsbeiträge zu führen und vom Arbeitnehmer die darauf entfallenden und vom Gerichtsvollzieher eingezogenen Zinsen zurückzufordern." Vollstreckt der Arbeitnehmer trotz Erfüllung aus dem Titel auf den Bruttobetrag, kann der Arbeitgeber die Vollstreckung in Höhe der bereits abgeführten Abgaben durch Vollstreckungsgegenklage gemäß § 767 ZPO (ggf. i.V.m. einem Eilantrag nach § 769 ZPO) verhindern.

19 In der Folgezeit schlossen sich mehrere Senate dieser Rechtsprechung an.[25] Hingegen lehnte der überwiegende Teil der Literatur und die veröffentlichte Instanzrechtsprechung[26] diese Rechtsprechung ab und vertrat die Auffassung, dass der Arbeitnehmer die gesetzlichen Verzugszinsen bzw. Prozesszinsen gemäß § 288 Abs. 1 Satz 1 BGB aus dem zuerkannten Bruttobetrag beanspruchen könne. Die gegenüber der „Nettolösung" vorgebrachten Bedenken griff der 9. Senat auf und leitete wegen der divergierenden Rechtsprechung der Senate des BAG das Verfahren nach § 45 ArbGG ein.[27] Daraufhin gaben der 5. und auch der 10. Senat des BAG ihre Rechtsprechung auf und schlossen sich der Auffassung des 9. Senats (Bruttolösung) an. Nur der 2. und der 4. Senat beharrten darauf, dass entsprechend ihrer bisherigen Praxis weiterverfahren werden müsse.[28]

20 Unter weitgehender Übernahme der Auffassungen und Begründungen des 9. Senats bestimmte der Große Senat des BAG in seinem Beschluss vom 7.3.2001,[29] dass der Arbeitnehmer die Verzugszinsen nach § 288 BGB aus der in Geld geschuldeten Bruttovergütung verlangen könne und beantwortete damit die Streitfrage im Sinne der „**Bruttolösung**". Zur Begründung führt der Große Senat u.a. wie folgt aus: „§ 288 Abs. 1 Satz 1 BGB ist nicht im Hinblick auf die Besonderheiten des Bruttolohnanspruchs einschränkend auszulegen. (…) Bei Geldschulden räumt § 288 Abs. 1 Satz 1 BGB dem Gläubiger demgegenüber unabhängig von den konkreten Umständen einen Anspruch auf die in dieser Vorschrift vorgesehene Verzinsung ein. Ihr ist nach dem Wortlaut des § 288 Abs. 1 Satz 1 BGB die gesamte Geldschuld zugrunde zu legen, mit der sich der Schuldner in Verzug befindet. § 288 Abs. 1 Satz 2 und Abs. 2 BGB behalten lediglich dem Gläubiger die Geltendmachung höherer Zinsen und weiterer Schäden vor. Dem Schuldner wird es dagegen nicht ermöglicht, den Nachweis zu führen, dass dem Gläubiger nur ein geringerer Schaden entstanden sei. (…) § 288 Abs. 1 Satz 1 BGB enthält eine gesetzliche Schadensfiktion. Sie beruht auf einer typisierenden Betrachtungsweise. Auf die Höhe des tatsächlich entstehenden Zinsschadens kommt es nicht an. Dadurch soll die Durchsetzung von Verzugsschäden vereinfacht und erleichtert werden. Eine Aufspaltung der Vergütung in den Nettoanteil und die gesetzlichen Abzüge widerspräche diesem Ziel."[30]

---

[23] BAG 20.4.1983 – 4 AZR 497/80, BAGE 42, 244 = MDR 1983, 1053.
[24] BAG 13.2.1985 – 4 AZR 295/83, AP TVG § 1 Tarifverträge: Presse Nr. 3 = EzA § 611 BGB Nettolohn, Lohnsteuer Nr. 5.
[25] BAG 19.9.1991 – 2 AZR 619/90, n.v.; BAG 29.5.1991 – 5 AZR 288/90, n.v.; BAG 2.12.1992 – 10 AZR 261/91, n.v.; BAG 14.12.1993 – 10 AZR 661/92, BAGE 75, 178 = NZA 1994, 463; Sächs. LAG 22.1.1997 – 2 Sa 992/96, DB 1997, 1086.
[26] BAG 11.8.1999 – 9 AZR 122/95 (A), NZA 1999, 85; LAG Hamburg 11.4.1991 – 1 Sa 25/90, LAGE § 288 BGB Nr. 1; LAG Nürnberg 23.6.1994 – 8 (5) Sa 200/93, LAGE § 288 BGB Nr. 2; LAG Schleswig-Holstein 21.11.1995 – 1 Sa 574/95, LAGE § 288 BGB Nr. 3.
[27] BAG 11.8.1998 – 9 AZR 122/95 (A), NZA 1999, 85.
[28] *Griebeling*, NZA 2000, 1249; *Pairan*, FA 2001, 98; *Walker/Reichenbach*, FA 2001, 290.
[29] BAG 7.3.2001 – GS 1/00, DB 2001, 2196.
[30] BAG 7.3.2001 – GS 1/00, DB 2001, 2196, 2199.

Obwohl nach der Entscheidung des Großen Senats vom 7.3.2001 gilt, dass der klagende Arbeitnehmer als Gläubiger der Entgeltforderung die gesetzlichen Verzugs- und Prozesszinsen i.S.d. §§ 288, 291 BGB vom Bruttobetrag beanspruchen kann, enthalten die vorliegenden Muster zum einen eine Bruttoklage.[31] Des Weiteren enthält das Buch als Nettoklage einen Antrag auf Erlass einer einstweiligen Verfügung.[32] Gerät der Arbeitnehmer in große wirtschaftliche Schwierigkeiten und besteht eine hohe Plausibilität für das Bestehen eines Zahlungsanspruchs, gewährt in Einzelfällen die Rechtsprechung die Zahlungsansprüche des Arbeitnehmers als Nettobetrag.

Mit Blick auf das Bestimmtheitserfordernis des § 253 Abs. 2 Nr. 2 ZPO stellt sich die Frage, ob bei der Formulierung des Klageantrages in Zahlungsklagen ein Hinweis auf die gesetzlichen Prozesszinsen ausreicht oder ob der Zinssatz konkreter beziffert werden muss. Aufgrund vergleichbarer Entscheidungen zur Unzulässigkeit von Zahlungsklagen, die sich an der RegelunterhaltsVO[33] bzw. einer Indexklausel[34] orientieren, spricht einiges dafür, dass nicht nur eine konkrete Bezifferung der Forderung selbst, sondern auch des Zinssatzes erforderlich, jedenfalls aber zweckmäßig ist. Diese Überlegung sollte aus anwaltlicher Sicht jedenfalls solange beachtet werden, bis sich eine andere Praxis gefestigt hat. Denn für die Praxis der Vollstreckungsorgane, allen voran der Gerichtsvollzieher, stellt sich die Frage, ob ihnen die Aufgabe obliegt, die jeweiligen gesetzlichen Zinsen unter Heranziehung des jeweiligen Basiszinssatzes zu ermitteln und zu errechnen („Der Gerichtsvollzieher rechnet nicht, sondern vollstreckt"). Soweit die Berechnung vom jeweiligen Vollstreckungsorgan verweigert werden kann, ist der Klageantrag mangels Vollstreckungsfähigkeit unzulässig, § 253 Abs. 2 Nr. 2 ZPO.

d) Antragsvarianten

Ein Zahlungsantrag in einer Klageanschrift und damit ein vollstreckungsfähiger Tenor kann zur Vermeidung eines eventuell teilweise unzulässigen Klageantrages bezogen auf den Fall der Änderung des Leitzinses ab dem 1.7.2006 auf 1,95 % z.B. wie folgt formuliert werden:

Die beklagte Partei wird verurteilt, an die klägerische Partei 10.000 EUR brutto nebst 8,62 % Zinsen p.a. für den Zeitraum vom 1.9.2001 bis 31.12.2001 sowie 7,57 % Zinsen p.a. seit dem 1.1.2002 und 6,95 % Zinsen p.a. ab dem 1.7.2006 zu zahlen.

Hat ein Arbeitnehmer bereits Arbeitslosengeld erhalten, lautet sein Zahlungsantrag wie folgt:

Die beklagte Partei wird verurteilt, an die klägerische Partei ▄▄▄ EUR brutto abzüglich an die Bundesanstalt für Arbeit übergegangener ▄▄▄ EUR netto zzgl. Zinsen in Höhe von 5 Prozentpunkten über dem Basiszinssatz aus dem Differenzbetrag seit ▄▄▄ zu zahlen.

Werden Entgeltansprüche aus verschiedenen Zeiträumen geltend gemacht oder soll lediglich eine Teilklage erhoben werden, wird angeraten, die einzelnen Forderungen zu individualisieren. Der Kläger muss angeben, welchen Teil einer Gesamtleistung er mit der Klage begehrt.[35] Ein entsprechender Antrag lautet:

Die beklagte Partei wird verurteilt, an die klägerische Partei
1. ▄▄▄ EUR brutto als Gehalt für den Monat ▄▄▄ nebst Zinsen hieraus in Höhe von 5 Prozentpunkten über dem Basiszinssatz seit ▄▄▄,
2. ▄▄▄ EUR brutto aus Mehrarbeit für ▄▄▄ Stunden am ▄▄▄ und am ▄▄▄ nebst Zinsen hieraus in Höhe von 5 Prozentpunkten über dem Basiszinssatz seit ▄▄▄,
3. ▄▄▄ EUR Schmerzensgeld
zu zahlen.

Auch eine Klage auf künftige Leistung ist gemäß § 46 Abs. 2 ArbGG, § 259 ZPO grundsätzlich zulässig. Damit können auch künftige Vergütungsansprüche von Arbeitnehmern geltend gemacht werden.[36] Die Vergütungsansprüche müssen allerdings bezifferbar sein[37] und können nicht geltend gemacht werden, wenn das Arbeitsverhältnis gekündigt ist.[38]

---

[31] Muster 6736 § 6 Rn 367.
[32] Muster 6741 § 6 Rn 370.
[33] OLG Düsseldorf 9.7.1992 – 9 U 196/90, VersR 1993, S. 883.
[34] LG Köln 26.4.1994 – 11 S 114/93, FamRZ 1995, S. 238; *Groeger*, ArbRB 2003, 382.
[35] BAG 18.3.1992 – 4 AZR 374/91, NZA 1992, 987.
[36] BAG 13.3.2002 – 5 AZR 755/00, EzA § 259 ZPO Nr. 1; *Vossen*, DB 1985, 385, 439.
[37] BAG 31.8.1983 – 4 AZR 67/81, n.v.
[38] *Vossen*, DB 1985, 385, 387.

e) Künftige Leistungen

27 An die Formulierung des Antrags auf künftige Vergütung stellen die Senate des BAG unterschiedlich hohe Anforderungen.[39] Der 5. Senat verlangt nunmehr, dass **alle Eventualitäten** in den Antrag aufgenommen werden, unter denen die beantragte zukünftige Vergütungsforderung **entfallen** könnte, also Krankheit, unbezahlten Urlaub, unentschuldigte Fehlzeiten usw.[40] Nur das Unerwartete kann im Antrag unberücksichtigt bleiben. Die Beendigung des Arbeitsverhältnisses gehört nach Auffassung des 5. Senats nicht zu den unerwarteten Bedingungen, die im Antrag enthalten sein müssen. Begründet wird diese Ansicht mit dem Umstand, dass künftige Vergütungsansprüche dann entfallen, wenn das Arbeitsverhältnis beendet wird, die geschuldete Arbeitsleistung ausbleibt oder die Vergütung nicht fortzuzahlen ist. § 259 ZPO hängt nicht von einer Gegenleistung ab, sondern allein von der Besorgnis, der Schuldner werde sich der rechtzeitigen Leistung entziehen. Im Rahmen der Zwangsvollstreckung sei nach § 726 Abs. 1 ZPO vor Erteilung der Vollstreckungsklausel zu prüfen, ob die für die künftigen Vergütungsansprüche maßgeblichen Bedingungen vorlägen. Der 2. und 4. Senat halten eine Begrenzung des Klageantrags zwar für zweckmäßig, jedoch nicht für zwingend geboten.[41]

28 Eine Klage des Arbeitnehmers auf **künftige Gehälter** allein aufgrund der Vorlage des Arbeitsvertrages und aktueller Verdienstbescheinigungen scheidet im Arbeitsgerichtsprozess aus. Nach § 46 Abs. 2 Satz 2 ArbGG finden die Vorschriften über den Urkunden- und Wechselprozess (§§ 595–605a ZPO) im arbeitsgerichtlichen Verfahren keine Anwendung. Die elegante Möglichkeit, den Rechtsstreit zunächst einmal im Urkundenprozess zu führen und nach einem Vorbehaltsurteil erfolgreich vollstrecken zu können, sieht der Arbeitsgerichtsprozess nicht vor. Bei Geschäftsführern und AG-Vorständen ist demgegenüber die Klage auf zukünftige Gehälter nach einer fristlosen Kündigung denkbar. Ein Klagemuster findet sich in diesem Buch als Muster 6576.[42]

2. Auskunfts- und Stufenklage

29 Über den Anspruch des Arbeitnehmers auf Auskunft über die Höhe seiner Vergütung kann unmittelbar Auskunftsklage erhoben werden oder im Zuge einer Stufenklage, wobei der Arbeitnehmer von der Bezifferungspflicht des § 253 Abs. 2 Nr. 2 ZPO auf der dritten Stufe seiner Klage befreit ist. Im Arbeitsverhältnis besteht nach § 242 BGB ein Auskunftsanspruch, soweit der Anspruchsberechtigte in entschuldbarer Weise über Bestehen und Umfang seines Rechts im Ungewissen ist, während der Verpflichtete unschwer Auskunft erteilen kann.[43] Bei der **Stufenklage** handelt es sich um eine **objektive Klagehäufung**.

30 Auf der ersten Stufe wird Rechnungslegung nach §§ 259 Abs. 1, 666, 675 BGB verlangt, ggf. die Vorlage eines Vermögensverzeichnisses nach § 260 Abs. 1 BGB oder Bucheinsicht nach §§ 118, 166 HGB oder ein Buchauszug nach § 87c Abs. 2 HGB. Wird die erste Stufe erfüllt, kann der Kläger unter den Voraussetzungen der §§ 259 Abs. 2, 260 Abs. 2 BGB auf der zweiten Stufe die eidesstattliche Versicherung des Prozessgegners über die Richtigkeit der erteilten Auskünfte verlangen. Auf der dritten Stufe richtet sich die Klage dann auf Leistung eines Geldbetrages, der erst nach erteilter Auskunft beziffert werden muss.

31 Der Anträge in einer Stufenklage können wie folgt formuliert werden:

1. Die beklagte Partei wird verurteilt, der klägerischen Partei Auskunft über die von der klägerischen Partei vom ▪▪▪ bis zum ▪▪▪ vermittelten Geschäfte und die Höhe der aus diesen Geschäften eingegangenen Verkaufserlöse zu erteilen.

Nach erteilter Auskunft werden wir beantragen:

2. Die beklagte Partei wird verurteilt, die Richtigkeit der Auskunft an Eides statt zu versichern.
3. Die beklagte Partei wird verurteilt, der klägerischen Partei ▪▪▪% des sich aus der gemäß Ziff. 1 des Klageantrags erteilten Auskunft ergebenden Gesamtbetrages mit Zinsen hieraus in Höhe von 5 Prozentpunkten über dem Basiszinssatz seit ▪▪▪ zu zahlen.

---

[39] BAG 29.7.1960 – 5 AZR 532/59, AP § 259 ZPO Nr. 2; BAG 23.2.1983 – 4 AZR 508/81, BAGE 42, 54; BAG 14.5.1997 – 7 AZR 471/96, n.v.
[40] BAG 13.3.2002 – 5 AZR 755/00, NZA 2002, 1232.
[41] BAG 26.6.1959 – 2 AZR 25/57, DB 1959, 892; BAG 23.2.1983 – 4 AZR 508/81, BAGE 42, 54.
[42] § 6 Rn 327.
[43] BAG 1.12.2004 – 5 AZR 664/03, BAGE 113, 55; BAG 7.9.1995 – 8 AZR 828/93, DB 1996, 217; BAG 23.1.1992 – 6 AZR 110/90, n.v.; BAG 18.1.1996 – 6 AZR 314/95, NZA 1997, 41.

3. Feststellungsklage

Bei der Feststellungsklage ist die Arbeitsrechtsprechung großzügig. Die Feststellungsklage erfordert zunächst als Streitgegenstand die **Behauptung des Bestehens oder Nichtbestehens eines Rechtsverhältnisses** und weiterhin muss der Feststellungskläger ein **rechtliches Interesse** an alsbaldiger Feststellung haben. Fehlt eine der beiden Voraussetzungen, ist die Feststellungsklage unzulässig.

Während im Zivilprozess das Feststellungsinteresse verneint wird, wenn der Kläger sein Rechtsschutzziel im Wege der Leistungsklage (vorrangig) verwirklichen kann,[44] ist es im Arbeitsgerichtsprozess ausreichend, dass das Rechtsverhältnis durch eine tatsächliche Unsicherheit gefährdet ist.[45]

Gegenstand von Feststellungsklagen können Ansprüche zur Feststellung einer Versorgungsanwartschaft[46] Rechte, wie die Erfinderschaft bei einem Patent,[47] der Bestand eines Arbeitsverhältnisses als unbefristetes,[48] der Eintritt in ein Arbeitsverhältnis nach § 613a BGB[49] oder die Statusklärung sein.[50]

4. Abrechnungsklage

Die Abrechnungsklage ist keine **Auskunftsklage**. Bei der Abrechnungsklage beantragt ein Arbeitnehmer beispielsweise:

Die beklagte Partei wird verurteilt, der klägerischen Partei über die Monate ▬▬▬ eine Lohnabrechnung zu erteilen, aus der die abzuführenden oder abgeführten Steuern und Sozialversicherungsbeiträge ersichtlich sind.

Häufig wird übersehen, dass § 108 GewO keinen selbständigen Abrechnungsanspruch zur Vorbereitung eines Zahlungsanspruchs gewährt. Nach § 108 GewO ist dem Arbeitnehmer, wenn ein Anspruch auf Zahlung von Arbeitsentgelt besteht, „bei Zahlung" eine Abrechnung zu erteilen. Die Abrechnung bezweckt die Information über die erfolgte Zahlung. § 108 GewO regelt dagegen keinen selbständigen Abrechnungsanspruch zur Vorbereitung eines Zahlungsanspruchs.[51] Deshalb kann nicht gemäß § 254 ZPO der bestimmte Klageantrag vorbehalten werden, bis die Abrechnung nach § 108 GewO erteilt ist. Vielmehr setzt eine zulässige Stufenklage voraus, dass die Abrechnung zur Erhebung eines bestimmten Antrags erforderlich ist. Die auf § 108 GewO gestützte Klage ist deshalb keine Stufenklage, sondern eine Abrechnungsklage.

5. Zinsfälligkeit

Ändert sich im Laufe des Prozesses der Zinssatz, so kann der ab einem bestimmten Zeitpunkt geltende neue Zinssatz durch Umstellung des Klageantrags in das Verfahren eingeführt werden. Hierin liegt keine Klageänderung. Denn nach § 264 Nr. 2 ZPO gilt es nicht als Klageänderung, wenn der Klageantrag in Bezug auf Nebenforderungen erweitert oder beschränkt wird. Bei der **Berechnung** der Zinsansprüche werden häufig Fehler gemacht.

Zunächst einmal ist von den Fälligkeitsregelungen, bezogen auf einen Zahlungsanspruch, aus Tarifvertrag oder Arbeitsvertrag auszugehen. Fehlen spezielle Regelungen, gelten § 614 BGB, § 64 HGB, die nachschüssige Zahlung anordnen.[52] Fälligkeitszeitpunkt bei Monatsvergütung ist daher der erste Tag des Folgemonats. Der Eintritt der Fälligkeit verschiebt sich auf den nächsten Werktag, wenn der Fälligkeitstag auf einen Samstag, Sonntag oder Feiertag fällt. Nach Meinung des BAG[53] beginnt der Verzug mit dem dem Fälligkeitstag nachfolgenden Tag.

Nicht richtig ist es, wenn im Klageantrag „5 % über dem Basiszinssatz" beantragt werden. Richtig muss der Antrag lauten, dass „**5 Prozentpunkte über dem Basiszinssatz**" gefordert werden. Das genaue Herausarbeiten der Höhe des Zinsanspruch und des Zinsbeginns erfordert zwar Mehrarbeit, ist aber selbst für den Fall, dass der Kläeranwalt eine zu hohe Forderung gestellt hat, unschädlich, weil fehlerhafte, zu hoch geltend gemachte Ansprüche zu keiner anteiligen Belastung mit Kosten führen, wenn die Zuvielforderung keine

---

44 BGH 9.6.1983 – III ZR 74/82, NJW 1984, 28.
45 AnwK-ArbGG/*Kloppenburg/Ziemann*, § 46 Rn 127.
46 LAG Hamm 7.3.1989 – 6 Sa 270/88, ZIP 1989, 1215.
47 BGH 24.10.1978 – X ZR 42/76, NJW 1979, 269.
48 BAG 7.8.1980 – 2 AZR 563/78, DB 1980, 265.
49 BAG 9.1.1980 – 5 AZR 21/78, NJW 1980, 2148.
50 BAG 15.12.1999 – 5 AZR 457/98, NZA 2000, 775.
51 BAG 12.7.2006 – 5 AZR 646/05, NZA 2006, 1294.
52 *Diller*, FA 2004, 300.
53 BAG 15.5.2001 – 1 AZR 674/00, FA 2001, 221.

höheren Kosten veranlasst hat und verhältnismäßig geringfügig war, § 92 Abs. 2 ZPO.[54] Nur wenn die Zuvielforderung aus Zinsen mehr als fünf oder zehn Prozent der Gesamtforderung ausmacht, kann sie sich bei den Kosten auswirken.[55] Werden dem Arbeitnehmer im Prozess Zinsen zugesprochen, sind die Prozesszinsen zu versteuern.[56]

III. Terminsverlegung und Fristverlängerung

1. Fristverlängerung

40 Der häufigste Fall der Fristverlängerung, die **Arbeitsüberlastung** des Rechtsanwalts, wurde zwischenzeitlich vom BAG entschieden. Nach Ansicht des BAG zählt die von einem Prozessbevollmächtigten geltend gemachte berufliche Überlastung oder besonders starke Arbeitsbelastung zu den Gründen i.S.v. § 66 Abs. 1 Nr. 5 ArbGG.[57] Nur wenn Anhaltspunkte dafür vorliegen, dass die pauschal vorgebrachten **Überlastungsgründe** in Wahrheit nicht gegeben sind, kann der Vorsitzende im Einzelfall eine weitere Substantiierung des Verlängerungsgesuchs verlangen. Generell genügt der bloße Hinweis auf die Arbeitsüberlastung des Rechtsanwalts. Ein sich an dieser Rechtslage orientierendes Muster ist unter den Texten der parteienunabhängigen Schriftsätze enthalten (Muster 6128).

41 Die Anforderungen des LG München zur Fristverlängerung wegen Arbeitsüberlastung sind höher als die des BAG, wobei die Entscheidung des BAG zeitlich nach der Verfügung des LG München I liegt. Das LG München I[58] fordert eine genaue Darlegung des Zustands der Arbeitsbelastung, in der sich der Prozessbevollmächtigte bei Fristende befindet. Der Anwalt müsse näher darlegen, dass er bei Fristende in die Situation einer Arbeitsüberlastung gerate, die jedenfalls keine dauernde sei. Diese Anforderungen des LG München I widersprechen der Rechtsprechung des BVerfG, der das BAG mit der Entscheidung vom 20.10.2004 gefolgt ist, wonach die Behauptung allgemeiner Arbeitsüberlastung ohne weitere Substantiierung und ohne Darlegung der Auswirkungen auf die konkrete Sache ausreichend ist.[59]

42 Außerdem stellt sich die Frage, ob dem Anwalt die Fristverlängerung verweigert werden soll, weil er dauerhaft überlastet ist. Der Bedarf an Fristverlängerung entfällt beim Anwalt nicht deshalb, weil sein Überlastungszustand nicht vorübergehend ist.

2. Terminsverlegung

43 Unabgestimmte Terminierungen führen zu überproportional hohen Terminsaufhebungen. Da die Gerichtstermine meist von den Richtern nicht mit den Anwälten abgestimmt werden, sind **Terminsänderungsanträge** nach § 227 ZPO die sichere Folge.

44 Terminsanordnungen können nach § 227 ZPO aus erheblichen Gründen aufgehoben oder verlegt werden. § 227 Abs. 3 ZPO gilt nach § 46 Abs. 2 ArbGG im arbeitsgerichtlichen Verfahren nicht. Hintergrund bildet der Umstand, dass es Gerichtsferien im Arbeitsgerichtsprozess zu keiner Zeit gegeben hat und sich die Sondervorschrift des § 227 Abs. 3 ZPO auf die zwischenzeitliche Abschaffung der Gerichtsferien im Zivilprozess[60] bezieht.[61] Die vom Gericht nach § 216 Abs. 1 ZPO von Amts wegen bestimmten Termine sind nach § 227 Abs. 2 ZPO – jedenfalls dann, wenn es der Vorsitzende verlangt – nur aus solchen erheblichen Gründen aufzuheben, die **glaubhaft gemacht** sind. Es ist Sache des Richters, ob er eine Glaubhaftmachung verlangt. Dem eine Terminsänderung beantragenden Rechtsanwalt gegenüber bietet es sich an, von vornherein durch Beifügung einer Ladung eines anderen Gerichts, wenn aus diesem Grunde eine Terminsverhinderung besteht, oder durch anwaltliche Versicherung den Verhinderungsgrund glaubhaft zu machen. Insoweit wird auf die in diesem Buch abgedruckten Mustertexte 6027, 6030 und 6033 verwiesen.[62]

---

54 *Diller*, FA 2004, 300.
55 *Zöller/Herget*, ZPO, § 92 Rn 10.
56 BFH 25.10.1994 – VIII R 79/91, BStBl. 1995 II, S. 121.
57 BAG 20.10.2004 – 5 AZB 37/04, NZA 2004, 1350 = NJW-Spezial 2004, 320.
58 LG München I 10.11.2003 – 13 S 17388/03, NJW 2004, 79.
59 BVerfG 12.8.2002 – 1 BvR 399/02, NJW 2002, 2937.
60 Gesetz zur Abschaffung der Gerichtsferien vom 28.10.1996 (BGBl. I S. 1546).
61 *Germelmann u.a.*, ArbGG, § 46 Rn 27a.
62 § 6 Rn 115; § 6 Rn 116; § 6 Rn 117.

Welche Gründe i.S.v. § 227 Abs. 1 ZPO erheblich sind, sagt das Gesetz nicht. Es hat sich eine **Kasuistik** von **Verhinderungsgründen** entwickelt.[63] Die Verhinderung bei Sozietätszugehörigkeit eines Anwalts gehört zu den Verhinderungsgründen ebenso wie Krankheit, Urlaub, berufsbedingte Terminskollision, Anwaltswechsel oder unterschiedliche Feiertage in einzelnen Bundesländern, zumal dann, wenn es sich um kirchliche Feiertage handelt.

IV. Instanzenübergreifende Neuerungen

1. Sofortige Beschwerde gegen Kostenentscheidung

Gemäß § 91a Abs. 2 ZPO ist die **sofortige Beschwerde gegen die Kostenentscheidung** bei Erledigung der Hauptsache nur statthaft, wenn der Streitwert der Hauptsache 600 EUR als für die Zulässigkeit der Berufung maßgeblichen Wert übersteigt. Der Wert von 600 EUR stimmt mit dem Wert des § 64 Abs. 2 Buchst. b) ArbGG überein, bei dessen Überschreitung u.a. die Berufung an das LAG zulässig ist. Die Kostenentscheidung in einer reinen Bestandsschutzstreitigkeit ist bei einer übereinstimmenden Erledigungserklärung mit der sofortigen Beschwerde nur dann angreifbar, wenn der Streitwert der Hauptsache in Anwendung von § 12 Abs. 7 ArbGG, § 3 ZPO den Betrag von 600 EUR übersteigt.

Anders sieht es bei der sofortigen Beschwerde gegen Beschlüsse aus, durch die die Bewilligung von Prozesskostenhilfe in Bestandsschutzstreitigkeiten abgelehnt wird. Hier gilt nach der neuen Fassung des § 46 Abs. 2 Satz 3 ArbGG, dass die sofortige Beschwerde in Abweichung von § 127 Abs. 2 ZPO unabhängig vom Streitwert zulässig ist.[64]

2. Bild- und Tonübertragung

Nach § 128a ZPO kann das Gericht die Verhandlung und die Beweisaufnahme im Wege der Bild- und Tonübertragung (Videokonferenz) durchführen, wenn die Parteien einverstanden sind. Eine Aufzeichnung findet jedoch nicht statt (§ 128a Abs. 3 ZPO).

3. Erweiterte Hinweispflicht nach § 139 ZPO

In § 139 ZPO fasste das ZPO-RG die bisher an verschiedenen Stellen (§§ 139, 278 Abs. 3, 273 Abs. 1 Satz 2 ZPO a.F.) geregelten Prozessleitungspflichten zusammen. Durch den **Wegfall des Tatbestandsmerkmals „rechtlichen" in § 139 Abs. 2 ZPO** muss nunmehr von Seiten des Gerichts auch auf einen **tatsächlichen** Gesichtspunkt hingewiesen werden. Hinzuweisen ist auf einen Gesichtspunkt, den eine Partei erkennbar übersieht, für unerheblich hält oder den das Gericht anders beurteilt als beide Parteien.

Nach § 139 Abs. 4 ZPO sind Hinweise des Gerichts so früh wie möglich zu erteilen und aktenkundig zu machen. Die Erteilung des Hinweises kann nur durch den Inhalt der Akten bewiesen werden. Auch nach der Erweiterung der Hinweispflichten in § 139 ZPO gilt weiterhin der Grundsatz, dass es nicht Aufgabe des Gerichts ist, durch Fragen oder Hinweise neue Anspruchsgrundlagen, Einreden oder Anträge einzuführen, die in dem streitigen Vorbringen der Parteien nicht zumindest andeutungsweise eine Grundlage haben.[65] Es gibt **keine allgemeine Aufklärungs- und Fragepflicht des Gerichts**.[66]

Da das arbeitsgerichtliche Berufungsverfahren in weitaus größerem Umfang als echte zweite Tatsacheninstanz ausgestaltet ist, als dies beim neugestalteten Berufungsverfahren im Zivilprozess der Fall ist, zeitigt die Regelung praktische Auswirkungen nur in arbeitsgerichtlichen Revisionsverfahren bei Erhebung einer auf die Verletzung des § 139 ZPO gestützten Verfahrensrüge.[67] Wird der Verfahrensfehler gerügt, das Berufungsgericht habe einen erforderlichen Hinweis nicht erteilt, steht für das Revisionsverfahren die Tatsache der Nichterteilung dann fest, wenn sich die Erteilung des Hinweises nicht aus den Akten ergibt.[68] Nach § 142 Abs. 1 Satz 1 ZPO kann das Gericht anordnen, dass eine Partei oder ein Dritter die in ihrem oder seinem Besitz befindlichen Urkunden und sonstigen Unterlagen, auf die sich eine Partei bezogen hat, vorlegt. Dritte sind zur Vorlegung nicht verpflichtet, soweit ihnen diese nicht zumutbar ist oder sie zur Zeugnisverweigerung gemäß §§ 383 bis 385 ZPO berechtigt sind.

---

63 *Hümmerich*, Terminsverlegungsanträge, in: ArbG ArbR, FS zum 25-jährigen Bestehen, 2006, S. 345 ff., 357 ff.
64 *Schmidt/Schwab/Wildschütz*, NZA 2001, 1161 (1166 f.).
65 *Schmidt/Schwab/Wildschütz*, NZA 2001, 1161 (1163) unter Hinweis auf die Begründung zum RegE, BT-Drucks. 14/4722, S. 199.
66 BVerfG 17.1.1994 – 1 BvR 245/93, NJW 1994, 1274.
67 Baumbach/Lauterbach/*Hartmann*, § 139 ZPO Rn 101 f.
68 *Schmidt/Schwab/Wildschütz*, NZA 2001, 1161 (1163).

4. Urkundenanordnung

52 Mit Blick auf die im Gegensatz zu § 273 ZPO unveränderte Fassung des § 56 Abs. 1 Nr. 1 ArbGG stellt sich die Frage der Anwendbarkeit des § 142 ZPO im arbeitsgerichtlichen Verfahren. Während § 273 ZPO ausdrücklich als vorbereitende Maßnahme in Nr. 5 die Vorlage von Urkunden durch Dritte normiert, wurde die Parallelvorschrift des § 56 Abs. 1 ArbGG nicht entsprechend ergänzt. § 56 Abs. 1 Nr. 1 ArbGG regelt ausdrücklich nur die Vorlage von Unterlagen im Besitz der Parteien.[69] Gleichwohl sprechen überzeugende Argumente für eine entsprechende Anordnung gemäß § 56 Abs. 1 ArbGG und § 142 ZPO. Einerseits stellen die in § 56 Abs. 1 Nr. 1 bis 4 ArbGG enummerierten Maßnahmen keinen abschließenden Katalog dar, wie sich aus der Formulierung in Satz 1 „insbesondere" ergibt. Und andererseits sollte durch § 56 ArbGG die Pflicht des Vorsitzenden zur Vorbereitung der streitigen Verhandlung stärker als in der ZPO ausgestaltet werden.[70] Die Nichtanpassung des § 56 Abs. 1 Nr. 1 ArbGG an die geänderte Fassung des § 142 ZPO ist damit als ein redaktionelles Versehen zu bewerten.[71] Zur Vorbereitung des Gütetermins ist eine **Anordnung nach § 142 ZPO ausgeschlossen**. Dem Vorsitzenden steht zur Vorbereitung der Güteverhandlung weder die Befugnis nach § 56 ArbGG noch nach § 273 ZPO zu.[72]

53 Die Urkundenvorlageanordnung setzt einen schlüssigen Parteivortrag voraus, zu dessen Bestätigung die Urkundenvorlage dient. § 142 ZPO stellt kein „pre-trial discovery of documents"-Verfahren dar. So weist die Beschlussempfehlung des Rechtsausschusses[73] darauf hin, dass § 142 ZPO die Partei nicht von ihrer Darlegungs- und Substantiierungslast befreie, sondern die Urkundenvorlegung nur auf der Grundlage eines schlüssigen Vortrags der Partei, die sich auf die Urkunden beziehe, angeordnet werden dürfe. Dementsprechend gibt § 142 ZPO dem Gericht nicht die Befugnis, unabhängig von einem schlüssigen Vortrag zum Zwecke der Informationsgewinnung Ausforschung zu betreiben.

5. Vereinfachte Prozessbeendigung

54 In seiner aktuellen Fassung regelt § 269 Abs. 2 Satz 4 ZPO (vgl. auch § 54 Abs. 2 ArbGG), dass, wenn der Beklagte der **Zurücknahme** der Klage nicht innerhalb einer Notfrist von zwei Wochen seit der Zustellung des Schriftsatzes widerspricht, seine Einwilligung als erteilt gilt, wenn der Beklagte zuvor auf diese Folge hingewiesen worden ist. Gemäß § 278 Abs. 6 ZPO kann ein **gerichtlicher Vergleich** auch dadurch geschlossen werden, dass die Parteien einen schriftlichen Vergleichsvorschlag des Gerichts durch Schriftsatz gegenüber dem Gericht annehmen. In diesem Fall stellt das Gericht das Zustandekommen und den Inhalt des Vergleichs durch Beschluss fest. In Ergänzung der Regeln zum Prozessvergleich eröffnet § 278 Abs. 6 ZPO dem Gericht die Möglichkeit, einen Vollstreckungstitel (§ 794 Abs. 1 Nr. 1 ZPO) ohne Güteverhandlung oder gar eine mündliche Verhandlung zustande zu bringen. Gemäß § 128 Abs. 4 ZPO i.V.m. § 53 Abs. 1 ArbGG kann die Entscheidung des Gerichts durch den Vorsitzenden ergehen. Nach § 307 ZPO setzt der Erlass eines **Anerkenntnisurteils** keinen Antrag des Klägers mehr voraus.

6. Gehörsrüge

55 Mit § 321a ZPO wird dem Gericht des ersten Rechtszuges erstmals die Möglichkeit eröffnet, sich bei unanfechtbaren Urteilen selbst zu korrigieren, wenn es den Anspruch auf rechtliches Gehör (Art. 103 Abs. 1 GG) in entscheidungserheblicher Weise verletzt hat. § 321a ZPO gilt schon gemäß § 46 Abs. 2 ArbGG auch für die Arbeitsgerichte. Für das arbeitsgerichtliche Verfahren dürfte aber ohnehin die nahezu wortgleiche Regelung in § 78a ArbGG *lex specialis* sein.[74] Wollte der von einem mit Rechtsmitteln nicht angreifbaren Urteil Betroffene bisher die Verletzung des Anspruchs auf rechtliches Gehör geltend machen, blieb ihm nur der Weg der Verfassungsbeschwerde zum Bundesverfassungsgericht gemäß Art. 93 Abs. 1 Nr. 4 Buchst. a) GG i.V.m. §§ 13 Nr. 8 Buchst. a), 90 ff. BVerfGG. Entsprechend soll durch § 321a ZPO das Bundesverfassungsgericht entlastet werden.

56 Die **Rüge** ist **frist- und formgebunden** und muss mit dem von § 321a ZPO bestimmten Inhalt erhoben werden. Nach § 321a Abs. 2 Satz 2 ZPO ist die Rügeschrift innerhalb einer Notfrist von zwei Wochen bei dem

---

[69] *Schmidt/Schwab/Wildschütz*, NZA 2001, 1161 (1163).
[70] *Germelmann u.a.*, ArbGG, § 56 Rn 6.
[71] *Schmidt/Schwab/Wildschütz*, NZA 2001, 1161 (1163).
[72] *Germelmann u.a.*, ArbGG, § 54 Rn 13 ff.
[73] BT-Drucks. 14/6036, S. 121.
[74] BAG 31.5.2006 – 5 AZR 342/06 (F), NZA 2006, 875; LAG Köln 24.6.2006 – 8 Ta 307/05, n.v.; *Schaub*, in: Beck´sches Prozessformularbuch, IV D 3.

Gericht des ersten Rechtszuges einzureichen. Die Frist beginnt mit der Zustellung des in vollständiger Form abgefassten Urteils, im Falle des § 313a Abs. 1 Satz 2 ZPO (Aufnahme der wesentlichen Entscheidungsgründe ins Protokoll) innerhalb von zwei Wochen nach Zustellung auch des Protokolls. Die Rügeschrift muss die Bezeichnung des Prozesses, die Darlegung der Verletzung des Anspruchs auf rechtliches Gehör und seine Kausalität für die Entscheidung enthalten. Mangelt es an einem dieser Erfordernisse, so ist die Rüge als unzulässig zu verwerfen. Ist die Rüge unbegründet, weist das Gericht sie zurück. Ist die Rüge begründet, hilft ihr das Gericht ab, indem es den Prozess fortsetzt. Der Prozess wird dann in die Lage vor Schluss der mündlichen Verhandlung zurückversetzt (§ 321a Abs. 5 ZPO).[75]

Hinsichtlich der Gebühren des Rechtsanwalts trifft § 12a Abs. 6 RVG folgende Regelung: Kosten werden nicht erstattet. Der Rechtsanwalt, der bereits im Rahmen des Verfahrens tätig war, das zur nunmehr mit einer Rüge nach § 78a ArbGG angegriffenen Entscheidung führte, erhält für die Durchführung des Rügeverfahrens keine zusätzlichen Gebühren. Nur wenn der Rechtsanwalt ausschließlich mit der Gehörsrüge befasst ist, erhält er eine Gebühr von 0,5 gemäß Nr. 3330 VV RVG.[76]

7. Stärkung der Eingangsinstanz

Wesentlicher Inhalt der zum 1.1.2002 in Kraft getretenen ZPO-Reform ist die Einschränkung des als „unökonomisch" befundenen bisherigen Systems des Rechtsschutzes in den Rechtsmittelinstanzen zu Gunsten der „**Stärkung**" der Eingangsinstanz. Der Prozess soll nicht mehr quasi ein zweites Mal vor einem anderen Gericht ausgetragen werden, sondern das Berufungsgericht erhält im Zivilprozess vornehmlich die Aufgabe, nur noch Fehler der ersten Instanz zu korrigieren. Diese Maßgaben wurden in der ZPO durch eine Beschränkung der Zulassung neuen Vorbringens in § 531 Abs. 2 ZPO umgesetzt. Aufgrund der für das arbeitsrechtliche Verfahren einschlägigen **Spezialvorschrift** des § 67 ArbGG gilt § 531 ZPO im Verfahren vor den Arbeitsgerichten nicht.

In § 67 ArbGG wurde inhaltlich der bisherige Rechtszustand im Wesentlichen festgeschrieben. So heißt es u.a. in § 67 Abs. 3 ArbGG: „Neue Angriffs- und Verteidigungsmittel, die im ersten Rechtszug entgegen § 282 Abs. 1 der Zivilprozessordnung nicht rechtzeitig vorgebracht oder entgegen § 282 Abs. 2 der Zivilprozessordnung nicht rechtzeitig mitgeteilt worden sind, sind nur zuzulassen, wenn ihre Zulassung nach der freien Überzeugung des Landesarbeitsgerichts die Erledigung des Rechtsstreits nicht verzögern würde oder wenn die Partei das Vorbringen im ersten Rechtszug nicht aus grober Nachlässigkeit unterlassen hatte." Im Ergebnis ist damit im Arbeitsverfahren ein neuer Sachvortrag in der Berufungsinstanz unter erheblich erleichterten Voraussetzungen als im Verfahren vor den Zivilgerichten möglich.

V. Berufung[77]

1. Berufungsfähige Urteile

Das Arbeitsgerichtsverfahrens-Beschleunigungsgesetz[78] ergab zu **§ 64 Abs. 2 ArbGG** die Änderung, dass die Berufung nur eingelegt werden kann, wenn sie im Urteil des Arbeitsgerichts zugelassen worden ist, der Wert des Beschwerdegegenstandes 600 EUR übersteigt oder die Rechtsstreitigkeit über das Bestehen, Nichtbestehen oder die Kündigung eines Arbeitsverhältnisses geführt wurde. Nur in Bestands- und Statusstreitigkeiten sind Urteile der Arbeitsgerichte seither generell berufungsfähig. In allen anderen Fällen muss die Berufung zugelassen werden. Aus diesem Grunde beinhalten die Anträge in Klagen und Klageerwiderungen, soweit nicht Bestands- oder Statusstreitigkeiten betroffen sind, in diesem Buch einen Antrag auf Zulassung der Berufung.

2. Berufungsfrist und Berufungsbegründungsfrist

Die Frist für die Einlegung der Berufung beträgt einen Monat, die Frist für die Begründung der Berufung zwei Monate. Beide Fristen beginnen mit der Zustellung des in vollständiger Form abgefassten Urteils, spätestens aber mit Ablauf von fünf Monaten nach der Verkündung (§ 66 Abs. 1 ArbGG). Die gesetzliche Regelung in § 66 Abs. 1 Satz 2 ArbGG geht über den bisherigen Rechtszustand hinaus. Nach dem früheren § 516 ZPO, der über § 64 Abs. 6 ArbGG auch im arbeitsgerichtlichen Verfahren anwendbar war, begann der Lauf

---

[75] *Schmidt/Schwab/Wildschütz*, NZA 2001, 1161, 1166 f.
[76] Mayer/Kroiß/Kroiß, § 12a RVG Rn 12.
[77] H/S-*Beseler*, Das arbeitsrechtliche Mandat, § 16 Rn 1 ff.
[78] Gesetz zur Vereinfachung und Beschleunigung des arbeitsgerichtlichen Verfahrens vom 30.3.2000 (BGBl. I S. 333).

der Berufungsfrist spätestens fünf Monate nach der Urteilsverkündung. Lag zu diesem Zeitpunkt dem Berufungskläger kein mit einer Rechtsmittelbelehrung versehenes Urteil vor, wurde im arbeitsgerichtlichen Verfahren über § 9 Abs. 5 ArbGG die 5-Monatsfrist wegen fehlender Rechtsmittelbelehrung um 12 Monate auf 17 Monate ausgeweitet.[79] Der Lauf von Berufungs- und Berufungsbegründungsfrist beginnt nach der Neufassung des § 66 Abs. 1 Satz 2 ArbGG durch das Gesetz zur Reform des Zivilprozesses (ZPO-RG) bereits nach 5 Monaten seit Verkündung des erstinstanzlichen Urteils. Eine unterbliebene Rechtsmittelbelehrung führt nach der Neuregelung nicht mehr zu einer Verlängerung der Berufungsfrist auf 17 Monate. Das BAG hat ausdrücklich entschieden, die zum alten Recht ergangene Rechtsprechung nicht mehr fortzusetzen.[80] Die Berufung ist in einem Fall der **Versäumung der 5-Monatsfrist** allein mit dem Hinweis auf die Fristversäumung ausreichend begründet.[81]

62 Fehlt es an der Zustellung eines vollständig abgefassten Urteils eines Arbeitsgerichts, beginnt die Berufungs- und Berufungsbegründungsfrist spätestens mit Ablauf von fünf Monaten nach Verkündigung. In diesem Fall enden die Berufungsfrist sechs Monate und die Berufungsbegründungsfrist sieben Monate nach Verkündung.[82] Ein Berufungsurteil ohne Tatbestand ist im Revisionsverfahren aufzuheben, wenn es entgegen den zivilprozessualen Regelungen keinen Tatbestand enthält.[83]

63 Bei der Berufung muss der Kläger durch Schriftsatz das Rechtsmittel einlegen und innerhalb der Frist des § 66 Abs. 1 ArbGG begründen, wobei die **Berufungsbegründungsfrist** einmal auf Antrag verlängert werden kann, wenn dadurch nach der freien Überzeugung des Vorsitzenden der Rechtsstreit nicht verzögert wird oder wenn die Partei erhebliche Gründe darlegt, § 66 Abs. 1 Satz 4 ArbGG. Anders als in der Vergangenheit muss der Berufungsführer nicht mehr, um die volle Berufungsbegründungsfrist auszuschöpfen, versuchen, auf den letzten Tag der Einlegung des Rechtsmittels den Berufungsschriftsatz bei Gericht einzureichen, um anschließend mindestens einen Monat zur Berufungsbegründung zur Verfügung zu haben. Nach § 66 Abs. 1 Satz 1 2. Hs. ArbGG beträgt die Frist für die Begründung der Berufung zwei Monate und zwar mit gleichem Fristbeginn wie die Berufungsfrist selbst.[84] Damit ist die Frist zur Begründung der Berufung unabhängig von der Berufungseinlegung geworden.

3. Inhalt des Berufungsurteils

64 Eine weitere Abweichung zum Zivilprozess ergibt sich aufgrund § 69 ArbGG. Mit seiner Neufassung werden auch bezüglich des Inhalts des Berufungsurteils im arbeitsgerichtlichen Verfahren die früheren Regelungen weitestgehend beibehalten. Die Änderungen in § 540 ZPO durch das ZPO-RG finden damit im arbeitsrechtlichen Verfahren keine Anwendung. Es verbleibt dabei, dass das Urteil nebst Tatbestand und Entscheidungsgründen schriftlich abzusetzen und von sämtlichen Mitgliedern der Kammer zu unterschreiben ist. Hinzuweisen ist ergänzend auf die gemäß § 520 Abs. 3 ZPO verschärften Anforderungen an die Berufungsbegründung.

4. Berufungsgründe

65 § 513 Abs. 1 ZPO stellt i.V.m. § 529 ZPO eine zentrale Bestimmung des Berufungsrechts dar. Beide Normen gelten über § 64 Abs. 6 ArbGG auch im arbeitsgerichtlichen Verfahren. § 513 Abs. 1 ZPO nennt die beiden Berufungsgründe. Danach kann die Berufung darauf gestützt werden, dass die Entscheidung auf einer Rechtsverletzung i.S.v. § 546 ZPO beruht oder nach § 529 ZPO zugrunde zu legende Tatsachen eine andere Entscheidung rechtfertigen.

5. Berufungsrücknahme und Anschlussberufung

66 Der Berufungskläger kann die Berufung seit der ZPO-Reform ohne Zustimmung der Gegenseite bis zur Verkündung des Berufungsurteils zurücknehmen (§ 516 Abs. 1 ZPO). Diese Änderung wirkt sich im Fall der Einlegung der nach neuem Recht allein noch möglichen unselbständigen Anschlussberufung aus.

---

[79] BAG 6.8.1997 – 2 AZB 17/97, NZA 1998, 54.
[80] BAG 24.10.2006 – 9 AZR 709/05, NZA 2007, 228.
[81] *Schmidt/Schwab/Wildschütz*, NZA 2001, 1217, 1218.
[82] BAG 28.10.2004 – 8 AZR 492/03, NZA 2005, 125.
[83] BAG 17.6.2003 – 2 AZR 123/02, NZA 2004, 564.
[84] AnwK-ArbGG/*Breinlinger*, § 66 Rn 12.

Das **Recht der Anschlussberufung** wurde in § 524 ZPO wesentlich geändert, indem die bisherige selbständige Anschlussberufung (§§ 521 Abs. 1, 522 Abs. 2 ZPO a.F.) ersatzlos entfällt. Es gibt seit dem ZPO-RG nur noch die alleinige Form der (unselbständigen) Anschlussberufung, die gemäß § 524 Abs. 2 Satz 2 ZPO bis zum Ablauf eines Monats nach Zustellung der Berufungsbegründungsschrift zulässig ist. Die Anschlussberufung steht jetzt stets in Abhängigkeit vom Hauptrechtsmittel und verliert ihre Wirkung, wenn die Berufung verworfen oder zurückgenommen wird.[85]

6. Berufungseinlegung

Die Berufung kann telegrafisch, per Telefax oder in elektronischer Form eingelegt werden. Bei der Telegrafie muss der Verfasser jedoch eindeutig erkennbar sein.[86] Eine verspätete Unterzeichnung führt zur Unzulässigkeit der Berufung.[87] Fehler in der Technik des Gerichts muss sich der Berufungsführer nicht zurechnen lassen.[88] Auch kommt es nicht darauf an, wann der Schriftsatz ausgedruckt oder tatsächlich zur Geschäftsstelle gelangt ist.[89]

7. Berufungsschrift

Der Inhalt der Berufungsschrift hat den Anforderungen des § 519 ZPO zu genügen, die Berufungsschrift muss also die Bezeichnung des Urteils enthalten, gegen das die Berufung gerichtet wird und die Erklärung, dass gegen dieses Urteil Berufung eingelegt wird. Als Sollvorschrift ausgestaltet ist in § 519 Abs. 3 ZPO, dass eine Ausfertigung oder beglaubigte Abschrift des angefochtenen Urteils beigefügt wird.

Die Anträge, die der Berufungsführer im Zuge der Berufungsverhandlung stellt, müssen in der Berufungsschrift noch nicht enthalten sein. Werden sie nicht bereits im Berufungsschriftsatz aufgeführt sind, kann es leicht geschehen, dass sie im Berufungsbegründungsschriftsatz vergessen werden. In jedem Fall muss an den Anfang eines Berufungsantrags gesetzt werden, dass gegen das Urteil des Arbeitsgerichts (ggf. in welchem Umfang) Berufung eingelegt wird. Der eigentliche **Prozessantrag** beginnt mit dem Satz:

Das Urteil des ArbG ▪▪▪ wird abgeändert ▪▪▪.

VI. Revision

1. Revisionseinlegungsfrist und Revisionsbegründungsfrist

Die Frist für die Einlegung der Revision beträgt einen Monat, die Frist für die Begründung der Revision zwei Monate, § 74 Abs. 1 Satz 1 ArbGG. Beide Fristen beginnen mit der Zustellung des in vollständiger Form abgefassten Urteils, spätestens aber mit Ablauf von fünf Monaten nach der Verkündung. Für das Revisionsverfahren ist die Regelung mit dem ZPO-RG nunmehr mit der Fristenregelung des Berufungsverfahrens nach § 66 Abs. 1 ArbGG gleichgeschaltet worden. Die Frist zur Begründung ist unabhängig vom Zeitpunkt der Einlegung der Revision. Anders als im Berufungsverfahren muss der Prozessgegner sich im Grunde im Revisionsverfahren nur bestellen; es ist nicht erforderlich, dass er einen Erwiderungsschriftsatz, insbesondere eine Begründung seines Zurückweisungsantrags fertigt.

2. Revisionsbegründungsschriftsatz

Der Revisionsbegründungsschriftsatz an das BAG muss nach § 130 Nr. 6 ZPO, § 11 Abs. 2 ArbGG von einem Rechtsanwalt unterschrieben sein. Seit dem 1.4.2006 besteht auch die Möglichkeit, beim Bundesarbeitsgericht **elektronische Dokumente** einzureichen. Mit der Verordnung über den elektronischen Rechtsverkehr beim Bundesarbeitsgericht vom 9.3.2006[90] hat die Bundesregierung aufgrund von § 46b Abs. 2 Satz 1 ArbGG die Einführung des elektronischen Postfachs für das BAG verordnet. Alle nach § 11 Abs. 2 Satz 1 ArbGG in Deutschland zugelassenen Rechtsanwälte können seit diesem Zeitpunkt Schriftsätze und sonstige Dokumente über eine gesicherte Verbindung mit prozessrechtlicher Wirkung in das eingerichtete elektroni-

---

[85] *Schmidt/Schwab/Wildschütz*, NZA 2001, 1217, 1220.
[86] BAG 24.9.1986 – 7 AZR 669/84, NZA 1987, 106.
[87] AnwK-ArbGG/*Breitlinger*, § 66 Rn 4.
[88] BVerfG 1.8.1996 – 1 BvR 121/95, NJW 1996, 2857.
[89] BGH 14.3.2001 – XII ZR 51/99, NJW 2001, 1581; BAG 19.1.1999 – 9 AZR 679/97, NZA 1999, 925.
[90] BGBl. I S. 519.

sche Postfach einlegen.⁹¹ Dabei besteht das eingerichtete elektronische „**Gerichts- und Verwaltungspostfach**" (EGVP) beim BAG nur virtuell, tatsächlich besteht es am Landesamt für Datenverarbeitung in NRW. Bisher haben das elektronische Postfach vom Bundesarbeitsgericht lediglich 26 Steuerberater und Rechtsanwälte genutzt, was auf große Akzeptanzprobleme hinweist. Zu Recht weist *Düwell*⁹² darauf hin, dass ein größerer Nutzungsanreiz für die Anwaltschaft wohl nur durch gebührenrechtliche Vorteile zu erreichen ist.

73 Die **Revisionsbegründung** muss nach § 551 Abs. 3 Nr. 1 ZPO einen **Revisionsantrag** enthalten. Ausreichend ist, wenn sich der Antrag aus der Revisionsschrift oder aus der Revisionsbegründung ergibt.⁹³ Der Antrag muss darauf gerichtet sein, zumindest einen Teil der Beschwer aus dem Berufungsurteil zu beseitigen.⁹⁴

74 Über eine **Zurückverweisung** entscheidet das Revisionsgericht von Amts wegen.

75 War der Kläger in I. und II. Instanz unterlegen, bedarf es eines Sachantrags, der aussagt, wie in der Sache selbst entschieden werden soll. Ist der Revisionsführer in beiden Instanzen erfolglos geblieben, formuliert man den Revisionsantrag am Besten wie folgt:

Es wird beantragt, auf die Revision des Klägers das Urteil des LAG ▬▬▬ vom ▬▬▬ (Az. ▬▬▬) aufzuheben und auf die Berufung des Klägers das Urteil des ArbG ▬▬▬ vom ▬▬▬ (Az. ▬▬▬) wie folgt abzuändern: ▬▬▬.

76 War der Revisionsführer in I. Instanz erfolgreich, wurde seine Klage jedoch vom Landesarbeitsgericht abgewiesen, beantragt er:

Es wird beantragt, auf die Revision des Klägers das Urteil des LAG ▬▬▬ vom ▬▬▬ (Az. ▬▬▬) aufzuheben und die Berufung des Beklagten gegen das Urteil des ArbG ▬▬▬ vom ▬▬▬ (Az. ▬▬▬) zurückzuweisen.

77 Die Revisionsbegründung muss sich nach § 551 ZPO mit den **Gründen** des angefochtenen Urteils auseinandersetzen.⁹⁵ Das bloße Beharren auf früher einmal in den Instanzen vorgebrachten Argumentationen bedeutet keine Auseinandersetzung mit dem angefochtenen Urteil.⁹⁶ Es muss also stets eine **eigenständige Auseinandersetzung mit den Gründen im Urteil** erfolgen, damit die Revisionsbegründung wenigstens den formalen Anforderungen entspricht.

78 Bei **Verfahrensrügen** nach § 557 Abs. 2 Satz 2 ZPO ist das BAG in seiner Nachprüfung auf den Umfang der ordnungsgemäß erhobenen Rügen beschränkt.⁹⁷ Da das BAG zusätzlich das angefochtene Urteil nur auf Mängel prüfen darf, die von Amts wegen zu berücksichtigen sind, empfiehlt *Düwell*,⁹⁸ stets auch **Sachrügen** zu erheben, damit das Urteil nicht nur auf Verfahrensfehler, sondern auch auf materiell-rechtliche Mängel überprüft wird. Bei einer auf Verfahrensmängel gestützten Revision sind nach § 551 Abs. 3 Nr. 2 Buchst. b) ZPO diejenigen Tatsachen vorzutragen, die einen tragenden Verfahrensverstoß ergeben. Damit muss auch die Kausalität zwischen Verfahrensmangel und Ergebnis des Berufungsurteils dargelegt werden. Es ist allerdings ausreichend, wenn vorgebracht wird, dass bei richtigem Verfahren das Berufungsgericht möglicherweise anders entschieden hätte.⁹⁹ Gegenrügen kann der Revisionsbeklagte bis zum Schluss der mündlichen Verhandlung vor dem Revisionsgericht vorbringen.¹⁰⁰

3. Rücknahme der Revision

79 Die **unzulässige** Revision wird nach § 552 ZPO vom BAG verworfen, wobei die Entscheidung auch ohne mündliche Verhandlung durch Beschluss ergehen kann, § 552 Abs. 2 ZPO. Ist die Revision nur hinsichtlich eines selbständigen, abtrennbaren Teils unzulässig, ist sie nur insoweit zu verwerfen.¹⁰¹

80 Für die Revision gelten bei der **Rücknahme** über § 72 Abs. 5 ArbGG, §§ 565, 516 ZPO die gleichen Vorschriften wie bei der Berufung. Im Gegensatz zur früheren Rechtslage kann seit der ZPO-Reform nunmehr die Revision ohne Zustimmung des Prozessgegners zurückgenommen werden.

---

91 *Düwell*, FA 2006, 172.
92 FA 2006, 172, 174.
93 BAG 24.9.1986 – 7 ARZ 669/84, AP § 72 ArbGG 1979 Nr. 12 = NZA 1987, 106.
94 H/S-*Düwell*, Das arbeitsrechtliche Mandat, § 17 Rn 63.
95 BAG 7.7.1999 – 10 AZR 575/98, NZA 2000, 112; BAG 2.3.1992 – 2 AZR 508/91, n.v.; BAG 4.9.1975 – 3 AZR 230/75, DB 1975, 2092.
96 BAG 4.9.1975 – 3 AZR 230/75, DB 1975, 2092.
97 BAG 6.1.2004 – 9 AZR 680/02, NZA 2004, 449.
98 AnwK-ArbGG/*Düwell*, § 74 Rn 48.
99 AnwK-ArbGG/*Düwell*, § 74 Rn 48 unter Hinweis auf BAG 23.1.1996 – 9 AZR 600/93, NZA 1996, 838.
100 BAG 14.7.1965 – 4 AZR 347/63, BAGE 17, 241; BAG 20.1.2004 – 9 AZR 23/03, n.v.
101 BAG 17.11.1966 – 3 AZR 347/66, BB 1967, 221.

4. Anschlussrevision

Über die Verweisung in § 72 Abs. 5 ArbGG richtet sich das Recht der Anschlussrevision nach § 554 ZPO. Wesen der Anschlussrevision ist, dass der Einlegende sich dem Rechtsmittel der Gegenpartei anschließen will. Der Vorteil der Anschlussrevision besteht darin, dass der Revisionskläger nach § 72 Abs. 5 ArbGG, § 516 Abs. 3 Satz 1 ZPO die gesamten Kosten tragen muss, wenn er sein Rechtsmittel zurücknimmt und dass damit auch die Anschlussrevision gegenstandslos wird. Entscheidend ist deshalb, dass der Revisionsbeklagte sein Rechtsmittel als Anschlussrevision bezeichnet oder ansonsten den Willen zur unselbständigen Anschließung eindeutig erklärt.[102] Die Anschließung muss nach § 554 Abs. 2 Satz 1 und 2 ZPO durch Einreichung der Revisionsanschlussschrift erklärt werden. Sie muss nicht bereits gemäß § 554 Abs. 2 Satz 2 ZPO die Begründung enthalten, die Begründung in einem gesonderten Schriftsatz kann nachgeholt werden, wenn dieser noch innerhalb der einmonatigen Anschlussfrist beim BAG eingeht.[103]

81

VII. Verfahren vor dem EuGH nach Art. 234 EG[104]

1. Gegenstand des Vorabentscheidungsverfahrens

Der Katalog der Verfahren, in denen der EuGH zuständig ist, ergibt sich aus dem EG-Vertrag. Eines der Verfahren aus diesem Katalog ist das „**Vorabentscheidungsverfahren**" gemäß Art. 234 EG (früher: Art. 177 EGV). Zweck des Vorabentscheidungsverfahrens ist es, dem EuGH im Sinne einer Vereinheitlichung die Möglichkeit zu geben, Gemeinschaftsrecht auszulegen, wenn es aus Sicht eines nationalen Gerichts in einem anhängigen Rechtsstreit auf die Auslegung von Gemeinschaftsrecht ankommt. Im Vordergrund steht die Vereinheitlichung des Rechts in der Gemeinschaft, im Wesentlichen geht es um Vereinheitlichung von Wettbewerbsbedingungen innerhalb der EG. Die monopolisierte Auslegungskompetenz des EuGH besteht nicht nur beim primären Gemeinschaftsrecht, sondern auch beim sekundären Gemeinschaftsrecht, d.h. bei der Anwendung und Auslegung von EG-Verordnungen und EG-Richtlinien.

82

Das EuGH-Verfahren ist ein **Zwischenverfahren**, in dem nicht der nationale Rechtsstreit entschieden wird, sondern vom nationalen Gericht aufgeworfene Auslegungsfragen. Das nationale Gericht legt dem EuGH nur eine abstrakt formulierte Rechtsfrage vor, wobei sich die Frage entweder auf die Auslegung einer Norm des Gemeinschaftsrechts[105] bezieht oder auf die Vereinbarkeit einer nationalen Norm mit den Normen des Gemeinschaftsrechts.[106] Mit seinem Urteil entscheidet der EuGH über die europarechtliche Frage **bindend** für das nationale Gericht (sog. inter-partes-Wirkung).[107] Das nationale Gericht übernimmt danach den Ausgangsrechtsstreit wieder auf und entscheidet ihn unter Beachtung des Urteils des EuGH.

83

2. Vorlagebeschluss des nationalen Gerichts

Das Anrufungsmonopol zum EuGH liegt für Vorlagebeschlüsse beim nationalen Gericht. Das im jeweiligen Instanzenzug höchste Gericht ist vorlageverpflichtet, wenn die Voraussetzungen gegeben sind; die sonstigen Instanzgerichte, also im Arbeitsrecht das Arbeitsgericht und das Landesarbeitsgericht, sind vorlageberechtigt.

84

Die Parteien – in der Praxis sind es die Anwälte der Parteien – regen an, eine Frage dem EuGH zur Vorabentscheidung nach Art. 234 EG vorzulegen. Das Arbeitsgericht kann aber auch von Amts wegen eine Auslegungsfrage dem EuGH vorlegen. Die deutschen Gerichte wählen für die Entscheidung über die Vorlegung einer Sache an den EuGH regelmäßig die Form des Beschlusses, mit dem zum einen das Verfahren ausgesetzt wird und zum anderen eine Vorlagefrage an den EuGH formuliert wird. Rechtsmittel gegen den Aussetzungsbeschluss des Arbeitsgerichts gibt es ebenso wenig wie eine Möglichkeit, die Aussetzung zu erzwingen.[108]

85

---

[102] AnwK-ArbGG/*Düwell*, § 74 Rn 90.
[103] AnwK-ArbGG/*Düwell*, § 74 Rn 93.
[104] Weiterführende Literatur: *Bauer/Diller*, Recht und Taktik des arbeitsrechtlichen EuGH-Vorabentscheidungsverfahrens, NZA 1996, 169; *Dauses*, Das Vorabentscheidungsverfahren nach Art. 177 EGV; *Diller*, in: Bauer/Lingemann/Diller/Haußmann, Anwalts-Formularbuch Arbeitsrecht, Kap. 53 sowie M 53.1, Fn 1 bis 6; *van der Groeben/Thiesing/Ehlemann*, Kommentar zum EU/EG-Vertrag; *Maschmann*, Vorabentscheidungsersuchen deutscher Arbeitsgerichte zum Europäischen Gerichtshof und Rechte der Parteien, NZA 1995, 920; *Tiedemann*, Das Vorabentscheidungsverfahren beim EuGH, ArbRB 2007, 123.
[105] Beispiel: Gleichbehandlung gemäß Art. 141 EG oder Inhalt der Betriebsübergangs-Richtlinie 18/77/EWG und Art. 119 EGV, EuGH 11.3.1997 – C-13/95, NZA 1997, 433 („Ayse Süzen") auf Vorlagebeschluss des ArbG Bonn.
[106] Beispiel: Änderung von § 2 Abs. 1 Satz 2 Nr. 5 NachwG nach EuGH 4.12.1997 – C-253/96 – C-258/96, NZA 1998, 137.
[107] *Bauer/Diller*, NZA 1996, 170; *Tiedemann*, ArbRB 2007, 123 (128).
[108] *Bauer/Diller*, NZA 1996, 170.

3. Verfahrensverlauf

86 Das Verfahren besteht zunächst aus einem schriftlichen Verfahren. Das aussetzende Arbeitsgericht übersendet die Akte mit dem Aussetzungsbeschluss und der Vorabentscheidung zum EuGH. Der EuGH fordert die Parteien auf, einen Schriftsatz („schriftliche Erklärung") einzureichen.[109] Obwohl die Parteivertreter nicht zwingend einen Schriftsatz einreichen müssen, empfiehlt es sich, von der Möglichkeit der Stellungnahme Gebrauch zu machen. Zum notwendigen Inhalt eines solchen Schriftsatzes[110] gehören die Angabe des Aktenzeichens und der Parteien, die Darlegung des Sachverhalts des Ausgangsrechtsstreits, die Darstellung der nationalen Rechtslage, die Relevanz der vorgelegten Auslegungsfrage für die Entscheidung des nationalen Rechtsstreits, die Darstellung der Rechtsauffassung der Partei, warum welche Auslegung der in Streit stehenden europarechtlichen Vorschrift richtig ist. Auch kann man, wenn das nationale Gericht die Vorlagefrage unklar, umständlich oder nicht vollständig formuliert hat, Anregungen zur Präzisierung geben. Schließlich sollte man aus der Sicht der Partei die Vorlagefrage selbst beantworten.

87 Es ist Aufgabe der Verfahrensbeteiligten, sich argumentativ mit der Vorlagefrage auseinander zu setzen und eine konkrete Beantwortung durch den EuGH vorzuschlagen, wobei der EuGH bei der Beantwortung der Frage nicht an die Anträge und Vorschläge der Parteien gebunden ist.[111] Da die Prozessakten des vorlegenden Gerichts dem EuGH meist nicht übersetzt werden, ist es schon hilfreich, wenn man den Sachverhalt in seiner Stellungnahme dezidiert (und meist genauer als das vorlegende Gericht) darstellt. Die Aufforderung des EuGH an die Parteien, eine schriftliche Erklärung abzugeben, ist an eine Frist von zwei Monaten und sechs Tagen gebunden.[112] Bei Fristversäumung gibt es grundsätzlich keine Wiedereinsetzung in den vorigen Stand. Die Schriftsätze sind mit sieben beglaubigten Abschriften einzureichen.[113]

88 Beweis- und sonstige Verfahrensanträge können nicht gestellt werden. Urkunden können beigefügt werden. Dabei ist aber zu beachten, dass diese Urkunden normalerweise nicht mit übersetzt werden. Sinnvoll ist deshalb, die entscheidenden Passagen der Urkunden wörtlich im Text des Schriftsatzes wiederzugeben.[114] Eine weitere Besonderheit des Verfahrens besteht darin, dass die Verfahrensbeteiligten keine Gelegenheit erhalten, auf die Schriftsätze des jeweils anderen noch zu erwidern. Die Schriftsätze der Parteivertreter werden regelmäßig zur gleichen Zeit eingereicht. Sachvortrag auf verschiedene Schriftsätze aufzuteilen ist danach nicht möglich. Da es ausgeschlossen ist, auf Einwendungen des Gegners zu erwidern, wird empfohlen, die Einwendungen in der Weise abzuschneiden, dass man sich mit den mutmaßlichen Einwendungen des Prozessgegners im eigenen Schriftsatz befasst. Dabei entsteht allerdings die Gefahr, dass man Einwendungen aufbaut, die der Prozessgegner tatsächlich nicht bringen wird und dass man auf diese Weise die eigenen Prozesschancen verschlechtert.

89 Für das Vorabentscheidungsverfahren vor dem EuGH gilt diejenige **Sprache**, in der der Ausgangsrechtsstreit geführt wurde. Bei Vorabentscheidungsverfahren vor deutschen Arbeitsgerichten ist daher die Gerichtssprache deutsch. Der EuGH schreibt auch in diesen Fällen in deutscher Sprache an das Arbeitsgericht und an die deutschen Parteien bzw. ihre Parteivertreter. Die schriftliche Erklärung der Parteien kann deshalb auch in deutscher Sprache verfasst werden. In der mündlichen Verhandlung wird auf deutsch plädiert.

90 *Diller*[115] empfiehlt, die Schriftsätze in klarer, einfacher Sprache abzufassen und dabei kurze Sätze zu verwenden. Die interne Arbeitssprache der Generalanwälte und der Richter ist traditionell französisch und die wenigsten Richter sprechen fließend deutsch. Deshalb arbeiten sowohl die Generalanwälte als auch die Richter mit französischen Übersetzungen der eingereichten deutschen Schriftsätze. Je komplizierter Sprache und Satzbau im deutschen Parteischriftsatz gewählt werden, umso wahrscheinlicher sind Missverständnisse bei den Generalanwälten und den Richtern, die aus Ungenauigkeiten der Übersetzungen herrühren.

91 Die mündliche Verhandlung findet in den Räumen des EuGH in Luxemburg statt. Versäumnisurteile werden nicht erlassen. Das Ausbleiben einer Partei bleibt zunächst folgenlos. Die Richter können den Verfahrensvertretern Fragen stellen. Zuvor plädieren die Parteivertreter. Tritt das Plenum des EuGH zusammen, stehen dem Verfahrensbevollmächtigten 30 Minuten für ein Plädoyer zur Verfügung. Entscheidet eine Kammer des

---

[109] Muster 6012 § 6 Rn 108.
[110] *Bauer/Diller*, NZA 1996, 172.
[111] *Diller*, in: Bauer/Lingemann/Diller/Haußmann, Anwalts-Formularbuch Arbeitsrecht, M 53.1, Fn 2.
[112] Art. 20 der Satzung des EuGH, BGBl. II 1957, S. 116.
[113] Art. 37 § 1 Verfahrensordnung, EG-ABl 1991, L 176, 7.
[114] *Diller*, in: Bauer/Lingemann/Diller/Haußmann, Anwalts-Formularbuch Arbeitsrecht, M 53.1, Fn 4.
[115] In: Bauer/Lingemann/Diller/Haußmann, Anwalts-Formularbuch Arbeitsrecht, Kap. 53 Ziff. 4.

EuGH, ist das Plädoyer auf 15 Minuten begrenzt. Nach den von den Richtern gestellten Fragen hält der Generalanwalt sein Plädoyer, das Urteil wird meist zwischen sechs bis acht Wochen später vom EuGH verkündet.

VIII. Zwangsvollstreckung

Das Vollstreckungsverfahren ist ein selbständiges, vom Erkenntnisverfahren unabhängiges Verfahren zur Durchsetzung eines materiellen Anspruchs mit staatlichem Zwang. Verfahrensziel kann die Befriedigung einer Geldforderung, die Herausgabe einer Sache, die Erzwingung einer Handlung, Duldung oder Unterlassung oder die Abgabe einer Willenserklärung sein. Geregelt ist die Zwangsvollstreckung privatrechtlicher Ansprüche im 8. Buch der ZPO (§§ 704–945 ZPO). Die Zwangsvollstreckung aus arbeitsgerichtlichen Titeln ist darüber hinaus in den §§ 62 und 85 ArbGG normiert. Danach gelten mit einigen Ausnahmen die Vorschriften des 8. Buchs der ZPO entsprechend.[116] Eine umfassende Darstellung der Zwangsvollstreckung würde den zur Verfügung stehenden Rahmen sprengen.

92

In Abweichung zu den Regelungen der §§ 708 bis 715 ZPO sind die Urteile des Arbeitsgerichts und des Landesarbeitsgerichts und die diesen gleichgestellten Entscheidungen **von Gesetzes wegen vorläufig vollstreckbar** (§ 62 Abs. 1 Satz 1 ArbGG). Eine Ausnahme von diesem Grundsatz normiert § 62 Abs. 1 Satz 2 ArbGG, wonach der Arbeitsgericht auf Antrag des Beklagten die vorläufige Vollstreckbarkeit auszuschließen hat, wenn der Beklagte glaubhaft macht, dass die Vollstreckung ihm einen nicht zu ersetzenden Nachteil bringen würde.

93

Nicht von der Vorschrift des § 62 ArbGG erfasst werden Entscheidungen im Verfahren des Arrestes und der einstweiligen Verfügung. Arrestbefehl und einstweilige Verfügung sind sowohl als Beschluss wie auch als Urteil vollstreckbar. Zu ihrer Vollstreckung bedarf es keiner Vollstreckungsklausel.

94

Bei der Zwangsvollstreckung kann das Zeitmoment nicht hoch genug eingeschätzt werden. Manchmal entscheiden Tage darüber, ob eine Vollstreckung zum Erfolg führt oder scheitert. Selbst wenn entsprechend § 310 Abs. 2 ZPO das Urteil bei der Verkündung in vollständiger Form abgefasst ist, dauert es oft noch Wochen, bis es in Ausfertigung den Parteien von Amts wegen (§ 317 Abs. 1 Satz 1 ZPO) zugestellt wird. Besteht ein Interesse an einer Beschleunigung des Zwangsvollstreckungsverfahrens, sollte man am besten gleich zu Protokoll am Ende der mündlichen Verhandlung einen Antrag auf Erteilung einer abgekürzten vollstreckbaren Ausfertigung stellen. Diese Ausfertigung, die weder Tatbestand noch Entscheidungsgründe enthält (§ 317 Abs. 2 Satz 2 ZPO), kann im Parteibetrieb zugestellt werden und eröffnet sogleich die Möglichkeit der Zwangsvollstreckung (§ 750 Abs. 1 ZPO).

95

Die Zwangsvollstreckung wird aufgrund einer **vollstreckbaren Ausfertigung des Urteils** durchgeführt (§ 724 Abs. 1 ZPO). Will der Gläubiger in einem Zuge in mehrere getrennte Vermögensmassen des Schuldners (z.B. Arbeitslohn, Provisionsansprüche gegenüber mehreren Geschäftsherren, Pfändung beweglicher Sachen durch den Gerichtsvollzieher) vollstrecken, reicht hierfür eine vollstreckbare Ausfertigung nicht aus. Insoweit eröffnet § 733 ZPO dem Gläubiger die Möglichkeit, eine weitere vollstreckbare Ausfertigung zu erhalten.[117] Wird der Titel vernichtet oder geht er verloren, kann der Gläubiger gleichfalls die Erteilung einer weiteren vollstreckbaren Ausfertigung beantragen. Jedoch kann nach § 733 Abs. 1 ZPO der Schuldner, bevor eine weitere vollstreckbare Ausfertigung bereit gestellt wird, gehört werden. Mit Blick auf Art. 103 GG und den aus ihm folgenden Anspruch auf rechtliches Gehör ist die Anhörung regelmäßig notwendig. Das Verfahren auf Erteilung einer weiteren vollstreckbaren Ausfertigung bildet eine besondere Angelegenheit nach § 18 Nr. 7 RVG, womit für den Anwalt eine zusätzliche Gebühr anfällt.

96

Die Zwangsvollstreckung wird von der **Dispositionsmaxime** bestimmt. Das heißt, sie wird nur auf **Antrag** eingeleitet. Es wird nicht von Amts wegen vollstreckt. Im Regelfall müssen die allgemeinen Vollstreckungsvoraussetzungen (**Titel, Klausel und Zustellung**) erfüllt sein. Das heißt, die Zwangsvollstreckung erfordert das Vorliegen eines vollstreckbaren Titels, der mit der Vollstreckungsklausel versehen wurde, und dieser Titel muss dem Schuldner zugestellt worden sein. Als **arbeitsrechtliche Vollstreckungstitel** kommen Endurteile, Vollstreckungsbescheide, Kostenfestsetzungsbeschlüsse, Prozessvergleiche und vollstreckbare Urkunden in Betracht. Fehlt eine der drei genannten Voraussetzungen, darf dem Vollstreckungsantrag nicht stattgegeben werden. Gleichwohl angeordnete Vollstreckungsmaßnahmen sind rechtswidrig.

97

---

116 *Ostrowicz/Künzl/Schäfer*, Der Arbeitsgerichtsprozess, S. 437.
117 Vorwerk/*Dellmans*, Das Prozessformularbuch, Kap. 45 Rz. 1 f.

98 Vom Grundsatz her ist das **Amtsgericht** nach § 764 Abs. 1 ZPO auch im arbeitsgerichtlichen Verfahren das Vollstreckungsgericht. **Örtlich** zuständig ist das Amtsgericht, in dessen Bezirk die Vollstreckungshandlung vorzunehmen ist. Die Zuständigkeit des Arbeitsgerichts besteht ausnahmsweise für Vollstreckungsmaßnahmen aus einem nach § 919 ZPO erlassenen Arrest, § 930 Abs. 1 Satz 3 ZPO. Darüber hinaus sind die Arbeitsgerichte als Vollstreckungsorgane nur zuständig in den Fällen, in denen das Prozessgericht als Vollstreckungsgericht tätig wird (§§ 887, 888, 890 ZPO), oder wenn im Zusammenhang mit der Zwangsvollstreckung Klage beim Prozessgericht erster Instanz zu erheben ist (§§ 731, 767, 768, 785, 786 ZPO).

99 Ausschließlich sachlich zuständig für den Erlass eines **Pfändungs- und Überweisungsbeschlusses** ist das Amtsgericht als Vollstreckungsgericht (§ 62 Abs. 2 ArbGG, §§ 764, 802 ZPO). Während im Urteilsverfahren erster Instanz kein Kostenerstattungsanspruch der obsiegenden Partei für die Zuziehung eines Prozessbevollmächtigten oder eines Beistands besteht (§ 12a Abs. 1 Satz 1 ArbGG), kann der Gläubiger seine Anwaltskosten im Zwangsvollstreckungsverfahren nach § 788 ZPO geltend machen, wenn diese notwendig waren. Die Notwendigkeit der Beauftragung eines Anwalts für die Zwangsvollstreckung ist grundsätzlich anzunehmen.[118] Die Zuständigkeit des Arbeitsgerichts als Prozessgericht erster Instanz besteht schließlich auch für die vom Gläubiger anstelle der Kostenbeitreibung nach § 788 ZPO gewählte Festsetzung der Zwangsvollstreckungskosten.[119]

100 Die Zwangsvollstreckung der Verurteilung des Arbeitgebers zur **Herausgabe der Lohnsteuer- und Angestelltenversicherungskarte** geschieht, sofern diese bereits ausgefüllt ist, nach § 883 Abs. 1 ZPO (Herausgabe beweglicher Sachen) und nicht etwa nach den §§ 887, 888 ZPO. Die Vollstreckung nach den zweitgenannten Normen erfolgt nur dann, wenn die Lohnsteuerkarte bzw. Angestelltenversicherungskarte noch nicht ausgefüllt worden ist und somit eine über die Herausgabe hinausgehende Handlung zu erfolgen hat.

101 Der Anspruch auf **Erteilung und Berichtigung eines Arbeitszeugnisses** ist nach § 888 ZPO zu vollstrecken. Die Zeugniserstellung stellt eine unvertretbare Handlung dar, da sie zum einen untrennbar mit einer Willensäußerung verknüpft ist und zum anderen durch die Unterschrift des Arbeitgebers nicht ersetzt werden kann. Allerdings bietet das Zwangsvollstreckungsverfahren keinen Platz für eine Überprüfung der inhaltlichen Richtigkeit des Zeugnisses. Berichtigungsansprüche sind daher in einem gesonderten Rechtsstreit zu verfolgen. Nur wenn der Vollstreckungstitel die Formulierung eines bestimmten Zeugnisinhalts vorgibt, lässt sich dieser erzwingen.[120]

102 Titel auf Durchführung einer **unvertretbaren Handlung** sind durch das Prozessgericht des ersten Rechtszuges, also das Arbeitsgericht, zu vollstrecken. Das Gericht hat den Schuldner durch Zwangsgeld bis zu 25.564,59 EUR oder durch Zwangshaft anzuhalten, die Handlung vorzunehmen (§ 888 Abs. 1 ZPO). Das Zwangsgeld ist nicht etwa für jeden Tag der Zuwiderhandlung, sondern in einer Summe festzusetzen, da es sonst zu unbestimmt wäre.[121] Neben der Festsetzung des Zwangsgeldes ist auch Zwangshaft festzusetzen für den Fall, das das Zwangsgeld nicht beigetrieben werden kann. Die Zwangshaft darf bis zu sechs Monaten betragen und nur einmal angeordnet werden (§§ 911, 913 ZPO). Der Gläubiger hat das Zwangsgeld zu Gunsten der Staatskasse zu vollstrecken. Vollstreckte Beträge sind von der Landeskasse zu erstatten, wenn der Beschluss aufgehoben wird oder sich das Verfahren erledigt.[122]

103 Bei der **Festsetzung von Zwangsmitteln** ist der verfassungsrechtliche Verhältnismäßigkeitsgrundsatz zu beachten. Ein festzusetzendes Zwangsgeld hat sich an dem Interesse des Gläubigers an der Durchsetzung der titulierten Forderung (Gegenstandsstreitwert) und der Hartnäckigkeit des Schuldners, mit der dieser die Erfüllung der unvertretbaren Handlung unterlässt, zu orientieren. Ein erstmaliges Zwangsgeld, das den Streitwert um das Zehnfache übersteigt, ist unverhältnismäßig.[123]

---

[118] *Gerold/Schmidt/v. Eicken/Madert*, RVG, Nr. 3309 VV RVG Rn 115.
[119] Tschöpe/*Wessel*, Teil 5 H Rn 29 f.
[120] Tschöpe/*Wessel*, Teil 5 H Rn 54.
[121] LAG Köln 21.10.1996 – 10 Ta 218/96, LAGE § 888 ZPO Nr. 39.
[122] Kittner/Zwanziger/*Zwanziger*, Arbeitsrecht Handbuch, § 173 Rn 12.
[123] LAG Hessen 15.1.1993 – 9 Ta 470/92, DB 1993, 1248.

B. Texte

I. Instanzenunabhängige Schriftsätze

1. Muster: Anhörungsrüge nach § 78a Abs. 1 ArbGG

An das
■■■

Anhörungsrüge

der/des ■■■

– beklagte Partei –

Prozessbevollmächtigte: ■■■

gegen

■■■

– klägerische Partei –

wegen: Verletzung des rechtlichen Gehörs

In der Entscheidung des Gerichts vom ■■■, Az.: ■■■ wird beantragt:
1. Der Rechtsstreit in Sachen ■■■, Az.: ■■■ wird fortgeführt.
2. Die Schlussanträge aus der mündlichen Verhandlung vom ■■■ werden gestellt.
3. Die Kosten des Rechtsstreits werden der klägerischen Partei auferlegt.

Gründe:
1. Die klägerische Partei wurde von der beklagten Partei auf unbestimmte Zeit als ■■■ gegen ein vereinbartes monatliches Gehalt von zuletzt ■■■ EUR brutto in einem Arbeitsverhältnis beschäftigt.
Am ■■■ ist das Arbeitsverhältnis durch die beklagte Partei zum ■■■ gekündigt worden. Die Kündigung ist der klägerischen Partei am ■■■ zugegangen.

■■■

Die beklagte Partei hat mit Schriftsatz vom ■■■, der vor der mündlichen Verhandlung vom ■■■ bei Gericht eingegangen ist, die Unwirksamkeit der Kündigung wegen ■■■ unter Beweis gestellt durch ■■■.

Das Gericht hat diesen Beweisantritt sowie die Ausführungen der beklagten Partei zu diesem Gesichtspunkt nicht zur Kenntnis genommen. In der Entscheidung vom ■■■, der beklagten Partei zugegangen am ■■■, heißt es, die beklagte Partei sei hinsichtlich der Kündigungsgründe beweisfällig geblieben. Wie aus den Urteilsgründen ersichtlich ist, hat das Gericht bei der Entscheidung auf

■■■

abgestellt, ohne die klägerische Partei zuvor darauf hinzuweisen.

2. Das Gebot der Gewährung rechtlichen Gehörs verpflichtet das Gericht, die Ausführungen der Prozessparteien zur Kenntnis zu nehmen und in Erwägung zu ziehen. Dabei müssen die Parteien bei Anwendung der von ihnen zu verlangenden Sorgfalt erkennen können, auf welche Gesichtspunkte es für die Entscheidung ankommen kann,

BGH 15.2.2005 – XI ZR 144/03, FamRZ 2005, 700; LAG Köln 24.6.2006 – 8 Ta 307/05, n.v.

Stellt das Gericht seine Entscheidung ohne vorherigen Hinweis auf einen rechtlichen Gesichtspunkt ab, mit dem auch ein gewissenhafter und kundiger Prozessbevollmächtigter selbst unter Berücksichtigung der Vielfalt vertretbarer Rechtsauffassungen nicht zu rechnen brauchte, wird ihm rechtliches Gehör zu einer streitentscheidenden Frage versagt,

BAG 31.5.2006 – 5 AZR 342/06 (F), NZA 2006, 875; BAG 31.8.2005 – 5 AZN 187/05, AP § 72a ArbGG 1979 Rechtliches Gehör Nr. 7.

Hätte das Gericht Beweis erhoben, so wie es beantragt worden war, und hätte die beklagte Partei Ausführungen zu dem vom Gericht berücksichtigten Gesichtspunkt abgeben dürfen, hätte das Gericht der Klage nicht stattgeben dürfen. Das Verfahren ist somit fortzusetzen.

■■■

2. Muster: Befangenheitsgesuch

Aktenzeichen: ▬▬▬

Gegner: RAe ▬▬▬, zwei Abschriften anbei

In dem Rechtsstreit ▬▬▬ ./. ▬▬▬

begründen wir das im Termin vom ▬▬▬ für unsere Partei gestellte Befangenheitsgesuch wie folgt:

Gründe:

1. Die die Besorgnis der Befangenheit begründeten Tatsachen ergeben sich aus der beigefügten anwaltlichen Versicherung.

Glaubhaftmachung: Beigefügte anwaltliche Versicherung des Unterzeichners.

2. Bei dieser Sachlage ist die klägerische Partei berechtigterweise besorgt, dass es dem abgelehnten Richter an der gebotenen Unvoreingenommenheit mangelt. Befangenheit ist ein innerer Zustand des Richters, der seine vollkommen gerechte, von jeder falschen Rücksicht freie Einstellung zur Sache, seine Neutralität und Distanz gegenüber den Verfahrensbeteiligten beeinträchtigen kann,

BVerfGE 21, 146; BGHSt 1, 34.

Dieser Zustand kann in der Regel nicht bewiesen werden. Daher ist die Ablehnung schon begründet, wenn ein Grund vorliegt, der geeignet ist, Misstrauen gegen die Unparteilichkeit eines Richters zu rechtfertigen. Es ist also nicht erforderlich, dass der Richter in der Tat parteilich oder befangen ist, auch kommt es weder darauf an, ob er sich selbst für unbefangen hält, noch darauf, ob er für Zweifel an seiner Unbefangenheit Verständnis aufbringt,

BVerfGE 32, 290; BayObLGZ 1974, 135; DRiZ 1977, 244.

Vielmehr ist die Ablehnung begründet, wenn der Ablehnende einen vernünftigen Grund zu der Annahme hat, dass der Richter befangen sei,

RGSt 55, 57; 60, 44; 61, 69; BGHSt 24, 338; OLG Koblenz VRS 44, 292; OLG Celle NdsRpfl 1982, 101.

Dafür spielt es keine Rolle, wie eine dem Verfahren fernstehende Person die Sachlage beurteilt. Ausschlaggebend ist vielmehr, ob die Umstände dem Ablehnenden von seinem Standpunkt aus begründeten Anlass geben, an der Unparteilichkeit des Richters zu zweifeln,

OLG Frankfurt VRS 57, 206.

Dabei ist ein objektiver Maßstab anzulegen,

OLG Hamm JMBlNW 1982, 222; OLG Düsseldorf VRS 66, 28; EGH Frankfurt StrVert 1981, 31; BGHSt 21, 341.

Bezeichnet ein Richter den Sachvortrag einer Partei oder ihres Prozessbevollmächtigten in der mündlichen Verhandlung als „Unsinn", so kommt seine Ablehnung wegen Besorgnis der Befangenheit in Betracht,

LSG NRW 16.6.2003 – L 11 AR 49/03 AB, NJW 2003, 2933.

Auch die Verweigerung einer beantragten Terminsverlegung kann die Besorgnis der Befangenheit des Richters begründen, wenn darin eine auffällige Ungleichbehandlung der Prozessbeteiligten zum Ausdruck kommt,

OLG Köln 8.11.2002, AnwBl 2003, 121.

Im konkreten Fall hatte der abgelehnte Einzelrichter zunächst einen Termin auf Antrag des Prozessbevollmächtigten, der dem Rechtsstreit auf Seiten der Klägerin beigetretenen Streithelferin, „wegen Verhinderung der streitverkündeten Rechtsanwältin" verlegt. Die Verhinderungsgründe waren zuvor mit dem Richter „besprochen", nicht aber in dem schriftsätzlichen Vertagungsantrag aktenkundig gemacht. Der sodann gestellte Terminsverlegungsantrag der Prozessbevollmächtigten des Beklagten, begründet mit Schwangerschaftskomplikationen der sachbearbeitenden Anwältin und der Urlaubsabwesenheit ihres Sozius wurde trotz ausdrücklichen Einverständnisses der Gegenseite „wegen der Geschäftslage der Kammer" zurückgewiesen. Darin liegt eine so krasse Ungleichbehandlung, dass die Besorgnis der Befangenheit des abgelehnten Einzelrichters berechtigt erschien,

ebenso in Vergleichsfällen: OLG Brandenburg NJW-RR 1999, 1291; OLG Köln NJW-RR 1999, 288; OLG Schleswig NJW 1994, 1227.

Von diesem Standpunkt aus ist das Misstrauen der klägerischen Partei gegenüber dem abgelehnten Richter aus folgenden Gründen berechtigt: ▬▬▬

3. Muster: Befangenheitsgesuch bei Hinweis des Richters auf Einreden oder Gegenrechte

↓

Aktenzeichen: ▬▬▬

Gegner: RAe ▬▬▬, zwei Abschriften anbei

In dem Rechtsstreit ▬▬▬ ./. ▬▬▬

lehnt unsere Partei den Richter am Arbeitsgericht ▬▬▬ wegen Besorgnis der Befangenheit ab.

Gründe:

I.

Die die Besorgnis der Befangenheit begründenden Tatsachen: ▬▬▬

    Beweis: Beiziehung der Gerichtsakte, anliegende anwaltliche Versicherung des Unterzeichners

II.

Bei dieser Sachlage ist unsere Partei berechtigterweise besorgt, dass es dem abgelehnten Richter an der gebotenen Unvoreingenommenheit ihr gegenüber mangelt.

Befangenheit ist ein innerer Zustand des Richters, der seine vollkommen gerechte, von jeder falschen Rücksicht freie Einstellung zur Sache, seine Neutralität und Distanz gegenüber den Verfahrensbeteiligten beeinträchtigen kann,

    BVerfGE 21, 146.

Da die subjektive Einstellung eines Richters gegenüber einer Prozesspartei in der Regel nicht nachweisbar ist, kommen nur objektive Gründe in Frage, um das Misstrauen gegen die Unparteilichkeit des Richters zu rechtfertigen. Derartige objektive Gründe liegen vor, wenn vom Standpunkt des Ablehnenden aus bei vernünftiger Betrachtung die Befürchtung geweckt wird, der Richter stehe der Sache nicht unvoreingenommen und damit nicht unparteiisch gegenüber,

    BayObLG NJW 1975, 699 m.w.N.; BayObLG Rpfleger 1980, 193; OLG Köln VersR 1980, 93; OLG Köln OLGZ 83, 121, 122.

Es ist also nicht erforderlich, dass der Richter in der Tat parteiisch oder befangen ist, auch kommt es weder darauf an, ob er sich selbst für unbefangen hält, noch darauf, ob er für Zweifel an seiner Unbefangenheit Verständnis aufbringt,

    BVerfGE 32, 290; BVerfGE 35, 253; BVerfGE 43, 127; BayObLGZ 1974, 135; BayObLG DRiZ 1977, 244.

Es kommt ausschließlich darauf an, ob aus der Sicht des Ablehnenden genügend objektive Gründe vorliegen, die nach Meinung einer ruhig und vernünftig denkenden Partei Anstoß geben, gegen die Unparteilichkeit des Richters misstrauisch zu sein,

    BGHZ 77, 72; OLG Köln NJW-RR 1986, 420; LAG Frankfurt AP § 49 ArbGG 1953 Nr. 5.

Dafür spielt es keine Rolle, wie eine dem Verfahren fernstehende Person die Sachlage beurteilt; ausschlaggebend ist vielmehr, ob die Umstände dem Ablehnenden von seinem Standpunkt aus begründeten Anlass geben, an der Unparteilichkeit des Richters zu zweifeln,

    OLG Frankfurt VRS 1957, 206.

Auch insoweit ist ein objektiver Maßstab anzulegen,

    OLG Hamm JMBlNW 1982, 222; OLG Düsseldorf VRS 1966, 28; BGHSt 21, 341.

Von diesem Standpunkt aus ist das Misstrauen unserer Partei gegenüber dem abgelehnten Richter gerechtfertigt:

Die Frage des Richters ▬▬▬ kommt einem Hinweis an den Prozessgegner auf Einreden oder Gegenrechte gleich, zumal der Gegner keinen entsprechenden Vortrag beigebracht hat. Die an die gegnerische Partei gerichteten Aufforderungen sind in keiner Weise durch die richterliche Aufklärungspflicht (§§ 139, 278 Abs. 3 ZPO) gedeckt. Ebenso wie es dem Richter untersagt ist, den Prozessgegner auf bestehende Einreden und Gegenrechte hinzuweisen,

    OLG Köln MDR 1979, 1027; OLG Bremen NJW 1986, 999; OLG Hamburg NJW 1984, 2710; LG Berlin NJW 1986, 1000; *Prütting*, NJW 1980, 364/365; *Stürner*, Die richterliche Aufklärung im Zivilprozess, Rn 80,

ist es dem Richter auch verwehrt, den Prozessgegner darauf hinzuweisen, dass es möglicherweise bereits an der Grundlage für den wirksamen Abschluss des von ihm angefochtenen Vertrages mangelt. So hat bereits das Reichsgericht,

    RGZ 106, 119,

erkannt, dass es von der richterlichen Aufklärungspflicht im Rahmen des § 139 ZPO nicht umfasst ist, einer Partei neue, in deren Sachvortrag auch nicht andeutungsweise enthaltene Klagegründe nahe zu legen. Auch darf der Richter die Partei nicht auf eine andere tatsächliche Begründung ihres Antrags hinlenken,

    RGZ 109, 70,

oder anspruchsbegründende Tatsachen erst herbeiführen,
   OLG Frankfurt NJW 1970, 1884.
Genau dies aber hat der abgelehnte Richter vorliegend getan: ▪▪▪
Der Ablehnungsgrund ist gemäß § 44 Abs. 2 ZPO auch glaubhaft gemacht, da hierfür eine überwiegende Wahrscheinlichkeit besteht. Ob der geltend gemachte Grund angesichts gegenteiliger Darstellung des abgelehnten Richters und übriger Prozessbeteiligter glaubhaft gemacht ist, unterliegt der freien Würdigung durch das entscheidende Gericht. An die Stelle des Vollbeweises für die behauptete Äußerung tritt eine Wahrscheinlichkeitsfeststellung. Ob ein geltend gemachter Ablehnungsgrund glaubhaft gemacht ist, richtet sich nach den zu § 294 ZPO entwickelten Grundsätzen. Danach genügt ein geringerer Grad der richterlichen Überzeugungsbildung. Die Behauptung ist glaubhaft gemacht, wenn eine überwiegende Wahrscheinlichkeit dafür besteht, dass sie zutrifft.
   BGH 21.12.2006 – IX ZB 60/06, FA 2007, 84.

4. Muster: Eidesstattliche Versicherung im Verfahren der einstweiligen Verfügung

↓

Eidesstattliche Versicherung

Ich bin über die Strafbarkeit der Abgabe einer vorsätzlich oder auch nur fahrlässig falschen Versicherung an Eides statt gemäß §§ 156, 163 StGB eindringlich belehrt worden.

§ 156 StGB lautet:

„Wer vor einer zur Abnahme einer Versicherung an Eides Statt zuständigen Behörde eine solche Versicherung falsch abgibt oder unter Berufung auf eine solche Versicherung falsch aussagt, wird mit Freiheitsstrafe bis zu drei Jahren oder mit Geldstrafe bestraft."

§ 163 Abs. 1 StGB lautet:

„Wenn eine der in den §§ 154 bis 156 bezeichneten Handlungen aus Fahrlässigkeit begangen worden ist, so tritt Freiheitsstrafe bis zu einem Jahr oder Geldstrafe ein."

Im Bewusstsein der Tatsache, dass diese Erklärung einem Gericht vorgelegt werden wird, erkläre ich,

▪▪▪

Folgendes an Eides statt:

Ich habe den Schriftsatz der Rechtsanwälte ▪▪▪ vom ▪▪▪ sorgfältig gelesen. Die darin enthaltenen Angaben entsprechen der Wahrheit. Es ist nichts hinzugefügt oder weggelassen worden, was sinnentstellend sein könnte. In meine eidesstattliche Versicherung beziehe ich insbesondere folgende Feststellungen ein: ▪▪▪

5. Muster: EuGH-Schriftsatz

↓

Gerichtshof der Europäischen Gemeinschaft
Kanzlei
L-2925 Luxemburg

Aktenzeichen: Rs.C-▪▪▪ ./. ▪▪▪

In dem

Vorabentscheidungsverfahren

▪▪▪

– klägerische Partei –

Verfahrensbevollmächtigte: ▪▪▪

gegen

▪▪▪, vertreten durch ▪▪▪

– beklagte Partei –

Verfahrensbevollmächtigte: ▪▪▪

geben wir unter Überreichung einer Vollmacht unserer Partei namens und in Vollmacht der ▬▬▬ Partei nach Art. 20 des Protokolls über die Satzung des Gerichtshofs EG zum Vorabentscheidungsersuchen des ArbG ▬▬▬, Az.: ▬▬▬, Beschluss vom ▬▬▬, uns durch den Gerichtshof zugestellt am ▬▬▬, folgende schriftliche Erklärung ab:

I. Sachverhalt und Verfahren
Dem Verfahren vor dem Arbeitsgericht liegt folgender Sachverhalt zugrunde: ▬▬▬

II. Stellungnahme
Die ▬▬▬ Partei ersucht den Gerichtshof, die Vorlagefrage des Arbeitsgericht wie folgt zu beantworten: ▬▬▬

Gründe:
Das ▬▬▬ hat in seinem Vorlagebeschluss die Frage aufgeworfen, ob ▬▬▬ mit ▬▬▬ vereinbar ist. Diese Frage ist zu bejahen/zu verneinen, weil ▬▬▬.

6. Muster: Fax-Sendebericht, Wirkung des „OK-Vermerks"

Ein Schreiben geht dem Schuldner zu, wenn es so in den Bereich des Empfängers gelangt, dass dieser unter normalen Verhältnissen die Möglichkeit hat, vom Inhalt des Schreibens Kenntnis zu nehmen,

BAG 8.12.1983, AP § 130 BGB Nr. 12.

Ein Zugang folgt nicht aus einem vorgelegten Sendebericht, der einen „OK-Vermerk" enthält. Einem solchen Sendebericht kommt nicht der Wert eines Anscheinsbeweises zu,

BGH 7.12.1994, NJW 1995, 665; BFH 8.7.1998, BFHE 186, 491; BAG 14.8.2002 – 5 AZR 169/01, n.v.

Es gibt keinen allgemeinen Erfahrungssatz, dass Telefaxsendungen den Empfänger vollständig und richtig erreichen. Solange der Anspruchsteller nur vorträgt, dem Schuldner sei ein Schreiben zugegangen, weil der ausgedruckte Sendebericht einen „OK-Vermerk" enthalte, kann der Schuldner den Erhalt des Telefaxes ohne weitere Darlegungen einfach bestreiten,

BAG 14.8.2002 – 5 AZR 169/01, n.v.

Der Anspruchsteller muss schon Tatsachen dafür vortragen, dass bei dem von ihm verwendeten Telefaxgerät ein „OK-Vermerk" ausschließlich dann ausgedruckt wird, wenn die Übertragung ordnungsgemäß erfolgt ist, also das Anschreiben so in den Bereich des Empfängers gelangt ist, dass dieser von dessen Inhalt Kenntnis nehmen konnte.

Wird die Telefaxnummer aus dem konkreten Aktenvorgang handschriftlich auf den zu versendenden Schriftsatz übertragen, ist eine Verwechslungsgefahr gering,

BGH 22.6.2004 – VI ZB 14/04, FA 2004, 306.

7. Muster: Mittelbare Beweisführung im Arbeitsgerichtsprozess

Die Beweisführung muss nicht unmittelbar auf die Tatsachen gerichtet sein, die den gesetzlichen Tatbestand des geltend gemachten Rechts ausfüllen. Auch die Beweisführung durch Indizien, aus denen auf die gesetzlichen Tatbestandsmerkmale geschlossen werden kann, ist prozessrechtlich zulässig,

BGH NJW 1984, 2039; Zöller/*Stephan*, § 286 ZPO Rn 9a.

Sowohl das Arbeitsgerichtsgesetz als auch die Zivilprozessordnung überlassen es den Prozessbeteiligten, wie sie das Gericht überzeugen,

vgl. Stein/Jonas/*Leipold*, ZPO, § 284 Rn 23.

Entgegen der von *Prütting/Weth* (DB 1989, 2276) vertretenen Ansicht verletzt die Beweisführung mit einer notariellen Erklärung die Grundsätze der Unmittelbarkeit, der Öffentlichkeit und der Parteiöffentlichkeit der Beweisaufnahme nicht, §§ 87 Abs. 2, 64 Abs. 7, 52 ArbGG, §§ 355 Abs. 1, 357 Abs. 1 ZPO.

Wird eine generell einer Beweisaufnahme zugängliche, gewöhnlich im Wege der Zeugenvernehmung zu beweisende Tatsache durch notarielle Erklärung in den Rechtsstreit eingeführt, wird die notarielle Erklärung im Wege des Urkundenbeweises über Hilfstatsachen verwertet. Damit werden sowohl der Beweiswert der mittelbaren Beweismittel als auch die dadurch festgestellten Indizien selbständig und eigenverantwortlich beurteilt.

Die notarielle Erklärung ist eine öffentliche Urkunde i.S.d. § 415 ZPO. Zu den Amtsbefugnissen der Notare gehört die Erstellung einer Tatsachenbescheinigung. Nach § 20 Abs. 1 Satz 2 BNotO sind die Notare zuständig, Beurkundungen jeder Art vorzunehmen. Zu ihren Aufgaben gehört auch die Ausstellung einer Bescheinigung über amtlich von ihnen wahrgenommene Tatsachen. Die Wahrnehmung ist amtlich, wenn der Notar auftragsgemäß in seiner Eigenschaft als Notar tätig geworden ist. Zu den von ihm wahrgenommenen Tatsachen zählen auch nichtrechtsgeschäftliche Erklärungen.

Erscheint eine Person bei einem Notar, gibt sie die Erklärung ab, bei einer bestimmten Firma beschäftigt zu sein, legt sie den Reisepass vor und eine Banküberweisung, die zugleich die für eine Lohnabrechnung typischen Angaben enthält, und wird ferner ein Arbeitsvertrag vorgelegt, der auf den Namen dieser Person lautet, so begründet eine entsprechende Urkunde des Notars den vollen Beweis dafür, dass diese Person bei dem näher beschriebenen Arbeitgeber in einem Arbeitsverhältnis steht. Die Gewerkschaft hat in einem solchen Falle durch mittelbares Beweismittel, ohne den Namen ihres im Betrieb des Arbeitgebers beschäftigten Mitglieds zu nennen, Beweis erbracht, dass sie in dem Betrieb vertreten ist.

BAG 25.3.1992, NJW 1993, 612.

8. Muster: PKH-Antrag

Antrag auf Bewilligung von Prozesskostenhilfe

In dem arbeitsgerichtlichen Rechtsstreit

■■■

– antragstellende Partei –

Prozessbevollmächtigte: ■■■

gegen

■■■

– antragsgegnerische Partei –

beantragen wir namens und in Vollmacht der antragstellenden Partei,
1. der antragstellenden Partei für die ■■■ Instanz Prozesskostenhilfe zu bewilligen;
2. der antragstellenden Partei zur vorläufig unentgeltlichen Wahrnehmung ihrer Rechte den Unterzeichner als Rechtsanwalt beizuordnen.

Begründung:
1. Die antragstellende Partei ist nach ihren persönlichen und wirtschaftlichen Verhältnissen außerstande, die Kosten des beabsichtigten Rechtsstreits auch nur zum Teil aufzubringen. Dies ergibt die anliegende Erklärung der antragstellenden Partei über ihre persönlichen und wirtschaftlichen Verhältnisse, die als Anlage 1 beigefügt ist. Die antragstellende Partei ist nicht rechtsschutzversichert in dieser Sache und nicht Mitglied einer Gewerkschaft/eines Arbeitgeberverbands.

2. Die aus dem beigefügten Schriftsatz ersichtlichen Ansprüche bieten hinreichende Aussicht auf Erfolg, die antragstellende Partei verhält sich nicht mutwillig. Sofern das Gericht weitere Darlegungen oder Beweisantritte für erforderlich hält, wird um eine Auflage gebeten.

9. Muster: Tatbestandsberichtigung, Grundmuster

Arbeitsgericht ■■■

Aktenzeichen: ■■■

Gegner: RAe ■■■, zwei Abschriften anbei

In Sachen ■■■ ./. ■■■

beantragt die ■■■ Partei,

den Tatbestand des Urteils vom ■■■ gemäß § 320 ZPO in der Weise zu berichtigen, dass statt der Feststellung „■■■" auf Seite ■■■ des Urteils die Feststellung „■■■" an gleicher Stelle aufgenommen wird.

Gründe:

1. In der Urteilsabschrift auf Seite ▬▬▬ heißt es, ▬▬▬.

Die ▬▬▬ Partei hat jedoch zu keiner Zeit die dort als ▬▬▬-Behauptung aufgeführte Erklärung mündlich oder in schriftsätzlicher Weise abgegeben:

Beweis: Schriftsätze der ▬▬▬ Partei.

Tatsächlich hat die ▬▬▬ Partei im Schriftsatz vom ▬▬▬ auf Seite ▬▬▬ Folgendes erklärt: ▬▬▬

Der Tatbestand des Urteils ist demgemäß zu berichtigen.[124]

2. Zur Beschleunigung der Angelegenheit und entsprechend unserem Interesse, das Berufungsverfahren zügig durchzuführen, wird um einen baldigen Termin gebeten.[125]

10. Muster: Tatbestandsberichtigungsantrag gemäß § 320 ZPO und § 319 ZPO

In dem Rechtsstreit

▬▬▬

– klägerische Partei –

gegen

▬▬▬

– Beklagter und Widerkläger –

beantragt der Kläger,

I.

gemäß § 320 ZPO den Tatbestand des Urteils Az. ▬▬▬, Gericht ▬▬▬, vom ▬▬▬, zugestellt am ▬▬▬, wie folgt zu berichtigen:

1. auf Seite ▬▬▬ Zeile ▬▬▬ ist das Wort „▬▬▬" zu ersetzen durch „▬▬▬"

2. auf Seite ▬▬▬

3. ▬▬▬

II.

Gemäß § 319 ZPO sind folgende offenbare Unrichtigkeiten des Tatbestandes des Urteils ▬▬▬ zu korrigieren:

1. Die Bezeichnung des Beklagten zu ▬▬▬ im Rubrum des Urteils lautet richtigerweise „▬▬▬".

2. ▬▬▬

Begründung:

Nach § 313 Abs. 2 Satz 1 ZPO ist der Sach- und Streitstand seinem wesentlichen Inhalt nach knapp darzustellen. Auf Anlagen kann Bezug genommen werden. Wörtliche Zitate werden dann in den Tatbestand aufgenommen, wenn es für die Entscheidung auf den Wortlaut ankommt und wenn es sich dabei um eine Frage von einigem Gewicht für die Entscheidung handelt,

---

[124] Der Antrag auf Berichtigung des Tatbestandes macht Sinn, wenn gegen das Urteil Berufung eingelegt werden oder ein Antrag auf Urteilsergänzung vorbereitet werden soll. Der Antrag hat im Hinblick auf ein Rechtsmittel den Zweck, der Beweiskraft des Tatbestandes (§ 314 ZPO) zu begegnen. Dies ist von Bedeutung, wenn beispielsweise eine Behauptung bereits in I. Instanz vorgetragen wurde und damit verhindert wird, dass sie nicht in II. Instanz als neues Vorbringen zurückgewiesen werden kann. Der Tatbestand bildet den positiven Beweis für das, was die Parteien vorgetragen haben, aber auch negativen Beweis für dasjenige, was nicht behauptet oder bestritten wurde (BGH 3.11.1982 – IVa ZR 39/81, MDR 1983, 384). Der Regelungsgehalt der §§ 314, 320 ZPO erfasst auch tatbestandliche Feststellungen in den Entscheidungsgründen (BGH 26.3.1997 – IV ZR 275/96, NJW 1997, 1931; BAG 9.12.1977 – 3 AZR 530/76, VersR 1979, 93; BGH NJW 1993, 1851; *Baumbach/Lauterbach/Albers/Hartmann*, § 320 ZPO Rn 1), so dass auch Feststellungen in den Entscheidungsgründen mit dem Tatbestandsberichtigungsantrag angegriffen werden können. Die Bedeutung des Tatbestandes wird dadurch gemindert, dass er nach § 313 ZPO nur den wesentlichen Inhalt des Parteivorbringens knapp darstellen soll. Die Gerichte neigen dazu, diesen Einwand bei Tatbestandsberichtigungsanträgen in den Vordergrund zu stellen. Manchmal verweisen sie auch auf ihre Befugnis, wegen des Knappheitsgebots nach § 321 ZPO auf die gewechselten Schriftsätze im Tatbestand Bezug nehmen zu dürfen. Nehmen sie allerdings nicht Bezug, muss der Tatbestand richtig sein. Enthält der Tatbestand Fehler, ist er zu berichtigen. Auf die Aufnahme von Rechtsauffassungen im Tatbestand besteht kein Anspruch, da Rechtsauffassungen einer Partei an der Rechtskraft des Urteils nicht teilhaben (MüKo-ZPO/*Musielak*, § 320 Rn 4). Der Tatbestandsberichtigungsantrag kann nur innerhalb einer Frist von zwei Wochen geltend gemacht werden, § 320 Abs. 1 ZPO. Anders als bei einem erfolgreichen Antrag auf Ergänzung des Urteils nach § 321 ZPO verlängert sich die Rechtsmittelfrist durch den Beschluss zur Tatbestandsberichtigung gemäß § 320 ZPO nicht (Zöller/*Vollkommer*, § 321 ZPO Rn 11).

[125] Im Zivilprozess besteht die Möglichkeit, auf den Termin zur mündlichen Verhandlung über den Berichtigungsantrag zu verzichten. Das Einverständnis zur Entscheidung im schriftlichen Verfahren gemäß § 128 Abs. 2 ZPO kann im arbeitsgerichtlichen Verfahren nicht wirksam erklärt werden, § 46 Abs. 2 ArbGG. Nach dieser Vorschrift findet § 128 Abs. 2 ZPO keine Anwendung.

vgl. *Baumfalk*, Die zivilgerichtliche Assessorklausur, 13. Aufl. 2006, S. 264 Rn 3.3 d).

Streitentscheidend ist vorliegend ▪▪▪.

Entscheidet sich ein Gericht – wie vorliegend – aufgrund dieser Rechtslage und wegen des Umfangs der Sache dazu, den Tatbestand ausführlicher zu gestalten und wörtliche Zitate zu verwenden, dann kann der Tatbestand seiner Funktion zur vollständigen und verständlichen Darstellung des Sach- und Streitstandes nur genügen, wenn die Ausführungen beider Kontrahenten in vergleichbarer Weise dargestellt werden. Dieser Befund gilt erst recht, wenn man von dem Grundsatz ausgeht, dass im Tatbestand eines Urteils der Vortrag der unterliegenden Partei regelmäßig ausführlicher darzustellen ist als der Vortrag der obsiegenden Partei,

vgl. hierzu *Sattelmacher/Sirp/Schuschke*, Bericht, Gutachten und Urteil, 33. Aufl. 2003, Rn 540; *Baumfalk*, Die zivilgerichtliche Assessorklausur, 13. Aufl. 2006, S. 264, Rn 3.3.1 a) a.E.

Das Erfordernis der Verständlichkeit des Tatbestandes,

vgl. *Siegburg*, Einführung in die Urteilstechnik, 5. Aufl. Rn 252,

erfordert es in diesen Fällen, dass das Gericht sämtlichen Sachvortrag, der für seine Entscheidungsfindung und seine Abwägung maßgeblich war, in einer für beide Parteivorträge einheitlichen Form im Tatbestand wiedergibt. Anders kann insbesondere die unterlegene Partei nicht feststellen, ob das Gericht ihren Vortrag tatsächlich im vollen Umfang zur Kenntnis genommen und in Erwägung gezogen hat,

vgl. zu der ansonsten gegebenen Verletzung rechtlichen Gehörs BVerfG 23.6.98 – 1 BvR 147/89.

Diesen Umständen trägt die beantragte Tatbestandsberichtigung ebenso Rechnung wie der Vorbereitung des streitentscheidenden Sachverhalts für das Berufungsverfahren.

▪▪▪

I. Zu den Anträgen nach § 320 ZPO

Anträge zu I. 1) bis I. 3)

Die zugrunde liegenden Sachverhalte sind unstreitig. Die beantragten Änderungen des Tatbestandes sind auch maßgeblich für die Entscheidung.

▪▪▪

II. Zu den Anträgen nach § 319 ZPO

Bei den unter Ziff. II. zur Korrektur beantragten Fehlern handelt es sich um einfache Schreibfehler bzw. vergleichbare offensichtliche Unrichtigkeiten, die gemäß § 319 Abs. 1 ZPO zu berichtigen sind.

▪▪▪

11. Muster: Verspätete Urteilsabsetzung[126]

Gelangt ein vollständig abgesetztes Urteil erst nach Ablauf von fünf Monaten seit seiner Verkündung mit allen richterlichen Unterschriften zur Geschäftsstelle des Gerichts, so ist dies als ein Urteil ohne Entscheidungsgründe anzusehen, das auf Verfahrensrüge aufzuheben und an das LAG zurückzuverweisen ist,

BAG NZA 1993, 1150; GmS-OGB, Beschl. v. 27.4.1993, NZA 1993, 1147.

Ein Urteil gilt entsprechend § 547 Nr. 6 ZPO dann nicht als mit Gründen versehen, wenn es nicht innerhalb von fünf Monaten nach der Verkündung schriftlich niedergelegt, von dem Richter unterschrieben und der Geschäftsstelle zugegangen ist,

BAG 26.8.2003 – 3 AZR 361/02, n.v.

Eine landesarbeitsgerichtliche Entscheidung, in der die Revision nicht zugelassen wurde und deren Gründe erst mehr als fünf Monate nach Verkündung unterschrieben worden sind, erschwert für die unterlegene Partei den Zugang zum Revisionsgericht in verfassungswidriger Weise,

BVerfG 14.3.2002, NZA 2002, 1170.

Eine gegen eine solche Entscheidung gerichtete Verfassungsbeschwerde ist binnen eines Monats nach Ablauf der Fünf-Monats-Frist zu erheben. Ist die Einlegungsfrist versäumt, so kann innerhalb einer zweiwöchigen Frist, die mit dem Wegfall des Hindernisses zu laufen beginnt, Wiedereinsetzung in den vorigen Stand beantragt werden. Als Hindernis ist hierbei die Unkenntnis der unterlegenen Partei von ihrer Obliegenheit, die landesarbeitsgerichtliche Entscheidung

---

[126] Zu beachten sind die Änderungen der ZPO-Reform in § 66 ArbGG. Hierzu *Schmidt/Schwab/Wildschütz*, NZA 2001, 1217 (1218).

fristgerecht mit der Verfassungsbeschwerde anzugreifen, anzusehen, wobei ihr das Verschulden ihres Prozessbevollmächtigten zugerechnet wird,

BVerfG 14.3.2002, NZA 2002, 1170.

Die Entscheidung eines LAG, in der die Revision nicht zugelassen wurde und deren vollständige Gründe erst mehr als fünf Monate nach Verkündung unterschrieben der Geschäftsstelle übergeben wurde, erschwert für die unterlegene Partei den Zugang zum Revisionsgericht in verfassungswidriger Weise,

BVerfG NZA 2001, 982 = AP Art. 20 GG Nr. 13.

In vollständiger Fassung ist ein landesarbeitsgerichtliches Urteil erst dann abgesetzt, wenn es innerhalb der Fünf-Monats-Frist von sämtlichen Kammermitgliedern unterschrieben der Geschäftsstelle übergeben worden ist. Zur Wahrung der Fünf-Monats-Frist reicht es nicht aus, wenn der Kammervorsitzende des LAG seinen schriftlichen Urteilsentwurf innerhalb der Fünf-Monats-Frist der Geschäftsstelle zur Weiterleitung an die ehrenamtlichen Richter übergeben hat,

BVerfG 12.8.2002, NZA 2003, 59.

12. Muster: Vertagung eines Gerichtstermins wegen Erkrankung

In dem Rechtsstreit

■■■ ./. ■■■

beantragen wir,

den auf den ■■■ anberaumten Sitzungstermin zu vertagen.

Gründe:

Der sachbearbeitende Rechtsanwalt ■■■ ist erkrankt. Nur er ist in den Streitstoff eingearbeitet. Herr ■■■ hat ausdrücklich mit der von uns vertretenen Partei vereinbart, dass alle Termine von ihm wahrgenommen werden. Die Vereinbarung mit der Partei und die Erkrankung sind erhebliche Gründe i.S.v. § 226 Abs. 1 ZPO. Die Richtigkeit der vorstehenden Angaben wird anwaltlich versichert. Erkrankt der sachbearbeitende Rechtsanwalt einer prozessbevollmächtigten Sozietät, darf der Antrag, den Termin zu verlegen, außer in Fällen des Arrests oder der einstweiligen Verfügung nicht mit der Begründung abgelehnt werden, ein anderes Mitglied der Sozietät könne und müsse den Termin wahrnehmen und sich in die Sache einarbeiten,

BVerwG 9.12.1983 – 4 C 44/83, NJW 1984, 882; Zöller/*Stöber*, § 227 ZPO Rn 6.

Selbst wenn der Rechtsanwalt in Urlaub ist, ist dem Anliegen der Partei, durch den informierten und eingearbeiteten Rechtsanwalt ihres Vertrauens vertreten zu werden, ungeachtet der Pflicht des Rechtsanwalts, für Vertretung zu sorgen (§ 53 BRAO), Rechnung zu tragen,

E. *Schneider*, MDR 1977, 793.

13. Muster: Vertagung eines Gerichtstermins wegen Terminskollision

Aktenzeichen: ■■■
Gegner: RAe ■■■
In dem Rechtsstreit
■■■ ./. ■■■

– klägerische Partei –

Prozessbevollmächtigte: ■■■
gegen

■■■

– beklagte Partei –

Prozessbevollmächtigte: ■■■
beantragen wir,

den Gütetermin zu verlegen.

Gründe:

1. Der Unterzeichner ist der alleinige Sachbearbeiter in allen arbeitsrechtlichen Angelegenheiten der Beklagten. Am gleichen Terminstage findet am Arbeitsgericht B ▪▪▪ ein Gütetermin statt, den der Unterzeichner wahrnehmen muss.

    Beweis: Vorlage der Ladung in Kopie – Anlage B 1.

Da der Termin des Verfahrens vor dem Arbeitsgericht B▪▪▪ zeitlich vor dem Verfahren vor dem Arbeitsgericht A ▪▪▪ anberaumt wurde, hat das Verfahren vor dem Arbeitsgericht B▪▪▪ Vorrang.

2. Den Vorgang, der Gegenstand des Verfahrens vor dem Arbeitsgericht B ▪▪▪ bildet, konnte der Unterzeichner nicht mit der für Personalangelegenheiten zuständigen Prokuristin am ▪▪▪ besprechen und sich dementsprechend schriftsätzlich äußern. Am ▪▪▪ ist die Prokuristin zu einem 2 1/2-wöchigen Urlaub mit ihrer Familie aufgebrochen, so dass der Unterzeichner noch nicht einmal über den Sachverhalt des vorliegenden Verfahrens unterrichtet ist. Eine Vertreterin in Personalangelegenheiten hat die Prokuristin nicht. Die Prokuristin wird am ▪▪▪ ihren Dienst wieder aufnehmen. Zu diesem Tag hat der Unterzeichner über die Sekretärin, von der er auch die Prozessunterlagen per Fax kommentarlos erhalten hat, einen Besprechungstermin vereinbart. Wenn der Gütetermin einen Sinn machen soll, dann sicherlich den, zu einer Einigung zwischen den Parteien zu gelangen. Hierzu ist aber Voraussetzung, dass der Unterzeichner die Wirksamkeit der Kündigung und die Prozesschancen beider Parteien beurteilen kann. Insofern macht es keinen Sinn, einen Gütetermin durchzuführen mit einem nichtinformierten Parteivertreter. Die Richtigkeit der vorstehenden Angaben wird anwaltlich versichert.

Es wird deshalb um Verlegung des Termins ab der ▪▪▪ KW gebeten.

14. Muster: Vertagung eines Gerichtstermins wegen Terminskollision bei Sozietät

In dem Rechtsstreit

▪▪▪ ./. ▪▪▪

beantragen wir,

    den auf den ▪▪▪ anberaumten Sitzungstermin zu vertagen.

Gründe:

Der Unterzeichner ist am Terminstage verhindert. Er hat einen vor dem ArbG ▪▪▪ schon früher anberaumten Gerichtstermin wahrzunehmen, wie aus der anliegenden Terminsladung ersichtlich ist.

Bei gleichzeitigen Gerichtsterminen ist nach der Rechtsprechung abzuwägen, welcher Termin leichter zu verlegen ist,

    BSG NJW 1996, 667.

Da es sich bei dem anderen Termin um einen zeitlich vorher bestimmten Gerichtstermin handelt, kann in der anderweitigen Sache dem Gericht nicht zugemutet werden, wegen eines später durch das hiesige Gericht angeordneten Termins seinen eigenen Termin zu verlegen.

Auch der Umstand, dass der Unterzeichner einer aus mehreren Rechtsanwälten bestehenden Sozietät angehört, führt nicht dazu, dass ein Vertagungsgrund nach § 227 Abs. 1 ZPO fehlt. Nur wenn eine Terminsvertretung durch einen anderen Rechtsanwalt einer Sozietät möglich ist, fehlt es an einem Vertagungsgrund,

    BVerwG 23.1.1995 – 9 B 1/95, NJW 1995, 1231.

In den beiden terminlich kollidierenden Angelegenheiten ist der Unterzeichner alleiniger Sachbearbeiter, er allein ist eingearbeitet und verfügt über die erforderlichen Zusammenhangsinformationen. Er ist der Anwalt des Vertrauens der betroffenen Partei, der gegenüber sich der Unterzeichner ausdrücklich verpflichtet hat, alle Gerichtstermine selbst wahrzunehmen. Gleiches gilt im Hinblick auf den Termin in der Angelegenheit des hier angerufenen Gerichts.

15. Muster: Vertagung und Antrag auf Frist zur Rückäußerung

Das Gericht muss den Rechtsstreit vertagen und unserer Partei nach § 283 ZPO angemessene Zeit für eine Rückäußerung gewähren. Artikel 103 Abs. 1 GG gibt jedermann Anspruch auf rechtliches Gehör. Der Anspruch auf rechtliches Gehör ist ein elementarer Prozessgrundsatz. Den Parteien muss nach ständiger Rechtsprechung des Bundesverfassungsgerichts ausreichend Gelegenheit gegeben werden, sich zum gesamten Prozessstoff zu äußern. Nur solcher Prozessstoff darf der Entscheidung zu Grunde gelegt werden, zu der Gehör gewährt wurde,

BVerfGE 9, 261, 267; 69, 145, 148; 21, 191, 194; 69, 145, 148; 70, 288, 293 f.

Die Fristen, die vom Gericht für eine Rückäußerung gesetzt werden, müssen objektiv ausreichend sein,

BVerfGE 49, 212, 216.

Nach der Rechtsprechung des Bundesverfassungsgerichts sind 3 Arbeitstage oder 6 Tage mit eingeschlossenem Wochenende nicht ausreichend; lediglich 1 Tag genügt nicht einmal in vorläufigen Rechtsschutzverfahren,

BVerfGE 12, 6, 9; 24, 23, 25 f.; 65, 227, 235.

Der Anspruch der Parteien aus Art. 103 Abs. 1 GG, dass ihnen ausreichend Gelegenheit gegeben werden muss, sich zum gesamten Prozessstoff zu äußern, gilt auch im arbeitsgerichtlichen Verfahren,

BAG, AP Art. 103 GG Nr. 33.

Unserer Partei war daher eine angemessene Frist einzuräumen, um auf das Vorbringen des Beklagten in der Klageerwiderung eingehen zu können. Zu diesem Zweck muss unserem Antrag auf Vertagung zwingend entsprochen werden (§ 227 Abs. 1 Nr. 2 ZPO),

BAG, AP Art. 103 GG Nr. 33.

Unserer Partei kann nicht entgegengehalten werden, dass die von dem Gegner erstmals vorgelegten Unterlagen bekannt waren. Auch in einem solchen Fall muss, nach der Rechtsprechung des Bundesarbeitsgerichts, „ihm und seinem Bevollmächtigten ausreichend Gelegenheit gegeben werden, sämtliche Unterlagen ohne Hast zu prüfen und sich darüber zu beraten",

BAG, AP Art. 103 GG Nr. 33.

Dies gilt insbesondere dann, wenn – wie hier – der Inhalt der Unterlagen nicht mit einem Blick zu erfassen ist.

Es ist uns eine angemessene Frist zur Rückäußerung nach § 283 ZPO zu gewähren und der Rechtsstreit antragsgemäß für eine entsprechende Zeit zu vertagen.

16. Muster: Verweisungsbeschluss unanfechtbar

Hat das Landgericht eine Sache an das Arbeitsgericht verwiesen, ist der Verweisungsbeschluss bindend. Der nach § 17 Abs. 2 GVG ergehende Verweisungsbeschluss unterliegt der sofortigen Beschwerde (§ 17a Abs. 4 GVG). Hieraus folgt jedoch umgekehrt, dass eine nach § 17a Abs. 2 GVG ergangener Beschluss, sobald er rechtskräftig geworden ist, einer weiteren Überprüfung entzogen ist.

Angesichts dieser Rechtslage besteht die Bindungswirkung nach § 17a Abs. 2 Satz 3 GVG auch bei gesetzwidrigen Verweisungen,

BGH 16.12.2003 – X ARZ 363/06, NZA 2004, 341.

Im konkreten Fall hatte das Landgericht die Regelung des § 5 Abs. 1 Satz 3 ArbGG übersehen, wonach für Klagen eines GmbH-Geschäftsführers gegen die Gesellschaft ausdrücklich nicht die Arbeitsgerichte zuständig sind, sondern die Kammer für Handelssachen des Landgerichts zuständig ist. Auch eine offenkundige Fehlbeurteilung schließt es grundsätzlich aus, die Bindungswirkung der Verweisung des Rechtsstreits an das Gericht eines anderen Rechtswegs zu durchbrechen,

BGH 8.7.2003 – X ARZ 138/03, NJW 2003, 2990.

17. Muster: Verwertung einer Zeugenaussage bei mitgehörtem Telefonat

Der Zeuge ▬▬▬ hat das Telefonat zwischen dem Kläger und dem Beklagten am ▬▬▬ mitgehört.

Beweis: Zeugnis ▬▬▬

Das Mithören des Gesprächs erfolgte mit ausdrücklichem Einverständnis des/der ▬▬▬. Der/die ▬▬▬ wurde von ▬▬▬ gefragt, ob er/sie damit einverstanden sei, wenn der/die ▬▬▬ das Telefonat mithöre, dann brauche ▬▬▬ dem Zeugen nicht noch mal alles zu erzählen.

Beweis: Zeugnis ▬▬▬

Der/die ▬▬▬ erklärte, „ja, gerne, er/sie kann ruhig mithören" und grüßte daraufhin den Zeugen über die eingeschaltete Mithöreinrichtung.

Beweis: Zeugnis ▬▬▬

Als der Anrufer mit „ja" antwortete, drückte der/die ▬▬▬ die Mithörtaste, so dass der Zeuge ▬▬▬ noch die Worte „gerne, er/sie kann ruhig mithören" akustisch vernahm.

Beweis: Wie vor.

Außerdem grüßte der/die ▬▬▬ den Zeugen, so dass er, indem er/sie sich persönlich an den Zeugen wandte, zum Ausdruck brachte, dass er die Anwesenheit und das Mithören des Zeugen billigte, ja sogar schätzte.

Ein Verstoß gegen das Grundrecht des Fernmeldegeheimnisses ist bei dieser Sachlage nicht zu erkennen. Zwar ist bei der Nutzung von Telekommunikationseinrichtungen die Kommunikation besonderen Gefährdungen der Kenntnisnahme durch Dritte ausgesetzt und unterliegt deshalb einem besonderen Schutz,

BVerfGE 67, 157; 85, 386.

Die Reichweite des grundrechtlichen Schutzes endet nicht am sog. Endgerät der Telekommunikationsanlage. Dem Schutzanliegen des Art. 10 Abs. 1 GG wird eine solche rein technisch definierte Abgrenzung angesichts der technologischen Entwicklungen und insbesondere der durch sie bedingten vielfältigen Konvergenzen der Übertragungswege, Dienste und Endgeräte nicht gerecht. Moderne Endgeräte ermöglichen eine Vielzahl von Leistungen, auch solche, die untrennbar in den Übermittlungsvorgang eingebunden und dem Endteilnehmer häufig gar nicht in den Einzelheiten bekannt sind, jedenfalls nicht seiner alleinigen Einflussnahme unterliegen. Eine Gefährdung der durch Art. 10 Abs. 1 GG geschützten Vertraulichkeit der Telekommunikation kann auch durch Zugriff am Endgerät erfolgen. Ob Art. 10 Abs. 1 GG Schutz vor solchen Zugriffen bietet, ist mit dem Blick auf den Zweck der Freiheitsverbürgung unter Berücksichtigung der spezifischen Gefährdungslage zu bestimmen. So gewährt Art. 10 Abs. 1 GG auch Schutz, wenn an einem Endgerät eines privaten Verbrauchers, etwa einem Telefon, ein Abhörgerät angebracht und genutzt wird,

BVerfG 9.10.2002 – 1 BvR 1611/96, NJW 2002, 3619.

Bei der Vernehmung von Zeugen und der Verwertung ihrer Aussagen haben die Gerichte das verfassungsrechtlich gewährleistete Recht am gesprochenen Wort als Teil des Allgemeinen Persönlichkeitsrechts zu beachten,

wie vor.

In der Rechtsprechung des Bundesverfassungsgerichts ist anerkannt, dass das Grundgesetz neben dem Recht am eigenen Bild auch das Recht am gesprochenen Wort schützt,

BVerfGE 34, 238; 54, 148.

Das Recht am gesprochenen Wort gewährleistet die Selbstbestimmung über die eigene Darstellung der Person in der Kommunikation mit anderen,

BVerfGE 54, 148.

Der Schutz umfasst die Möglichkeit, sich in der Kommunikation nach eigener Einschätzung situationsangemessen zu verhalten und sich auf die jeweiligen Kommunikationspartner einzustellen. Zum Grundrecht gehört die Befugnis selbst zu bestimmen, ob der Kommunikationsinhalt einzig dem Gesprächspartner, einem bestimmten Personenkreis oder der Öffentlichkeit zugänglich sein soll,

BVerfGE 54, 148; BGHZ 27, 284; BAGE 41, 37; BGH, NJW 1991, 1180.

Das Selbstbestimmungsrecht erstreckt sich damit auch auf die Auswahl der Personen, die Kenntnis vom Gesprächsinhalt erhalten sollen. Das Selbstbestimmungsrecht findet einen Ausdruck in der Befugnis des Menschen, selbst und allein zu entscheiden, ob sein Wort auf einen Tonträger aufgenommen und damit möglicherweise Dritten zugänglich werden soll, womit Wort und Stimme von dem Kommunikationsteilnehmer losgelöst und in einer für Dritte verfügbaren Gestalt verselbständigt werden,

BVerfGE 34, 238; BGHZ 27, 284.

Menschliche Kommunikation soll durch das Grundrecht dagegen geschützt sein, dass die Worte, eine vielleicht unbedachte oder unbeherrschte Äußerung, eine bloß vorläufige Stellungnahme im Rahmen eines sich entfaltenden Gesprächs oder eine nur aus einer besonderen Situation heraus verständliche Formulierung, bei anderer Gelegenheit und in anderem Zusammenhang hervorgeholt werden, um durch Inhalt, Ausdruck oder Klang gegen den Sprechenden zu zeugen,

BVerfG 9.10.2002 – 1 BvR 1611/96, NJW 2002, 3619.

Das Grundgesetz schützt deshalb davor, dass Gespräche heimlich aufgenommen und ohne Einwilligung des Sprechenden oder gar gegen dessen erklärten Willen verwertet werden. Die Rechtsordnung misst diesem Aspekt hohe Bedeutung bei, wie sich an dem Umstand darlegen lässt, dass der Verstoß hiergegen nach § 201 Abs. 1 Nr. 1 StGB mit Strafe bedroht ist.

Der Schutz des Rechts am gesprochenen Wort ist nicht auf bestimmte Inhalte und Örtlichkeiten begrenzt, sondern bezieht sich allein auf die Selbstbestimmung über die unmittelbare Zugänglichkeit der Kommunikation, also etwa über die Herstellung einer Tonaufnahme oder die Kommunikationsteilhaber einer dritten Person. Vielfach lässt sich nicht vorhersehen, in welche Richtung ein Gespräch verläuft. So kann eine Unterhaltung, die sich zunächst auf nicht besonders geheimhaltungsbedürftige geschäftliche Dinge beschränkt, in ein persönliches Gespräch übergehen oder ein persönliches in ein geschäftliches mit sensiblen Inhalten. Dem Gespräch einen neuen Verlauf geben zu können, ohne die eigene Unbefangenheit in der Kommunikation verlieren zu müssen, ist vom Selbstbestimmungsrecht der Kommunikationsteilnehmer umfasst. Dieses Selbstbestimmungsrecht soll den Sprecher auch befähigen, sich auf mögliche Folgen der Kommunikation einzustellen. Ist ihm bewusst, dass ein Dritter zuhört, so dass bei einer anschließenden rechtlichen Auseinandersetzung ein Beweismittel zur Verfügung steht, kann der Sprecher vor dem Hintergrund einer anderenfalls bestehenden eigenen Beweislosigkeit entscheiden, jedwede Äußerung von rechtlicher Relevanz zu unterlassen,

> BGH NJW 1970, 1848; BGH NJW 1991, 1180; BAGE 41, 37; BVerfG 9.10.2002 – 1 BvR 1611/96, NJW 2002, 3619.

Wie das Bundesverfassungsgericht in dem Beschluss vom 9.10.2002 festgestellt hat, kann sich auf das Recht am gesprochenen Wort auch eine juristische Person des Privatrechts berufen.

Die Schutzbedürftigkeit des Kommunikationsvorgangs hängt nicht davon ab, ob das Gespräch einen vertraulichen Inhalt oder ob der Anrufer erkennbar Wert auf Vertraulichkeit gelegt hat. Auch ist unerheblich, ob eine Mithöreinrichtung als Abhörgerät i.S.d. § 201 Abs. 2 Nr. 1 StGB anzusehen ist. Zwar kann die Strafbarkeit ein Anhaltspunkt dafür sein, dass ein rechtlich besonders geschütztes Verhalten betroffen ist. Der verfassungsrechtliche Schutz des allgemeinen Persönlichkeitsrechts richtet sich jedoch nicht danach, ob die Rechtsordnung einen zusätzlichen, strafrechtlichen Schutz vorsieht. Das Selbstbestimmungsrecht des Gesprächsteilnehmers ist auch darüber hinaus geschützt.

Der Schutzbereich des Rechts am gesprochenen Wort ist allerdings nicht beeinträchtigt, wenn ein Gesprächsteilnehmer in das Mithören des Zeugen eingewilligt hat,

> so ausdrücklich BVerfG 9.10.2002 – 1 BvR 1611/96, NJW 2002, 3619.

Da die Auswahl der Gesprächsteilnehmer auf einer individuellen Entscheidung beruht, kann der Schutz der Vertraulichkeit auch durch Einwilligung aufgehoben werden. Das Erfordernis der Einwilligung ist Ausdruck des in Art. 2 Abs. 1 GG geschützten Selbstbestimmungsrecht.

Da der/die ▬▬▬ ausdrücklich den/die ▬▬▬ fragte, ob er/sie mit einem Mithören des Gesprächs einverstanden sei, liegt ein vom Gesprächsteilnehmer selbst aufgehobener Schutz der Vertraulichkeit vor. Er/sie hat von dem Selbstbestimmungsrecht als Ausdruck des Persönlichkeitsrechts durch Einwilligung Gebrauch gemacht.

Eine konkludente Einwilligung lag nicht vor, sondern eine ausdrückliche, vom Zeugen mitgehörte Erklärung. Die konkludente Einwilligung wäre auch nach Auffassung des Bundesverfassungsgerichts weder aus der Verkehrssitte noch aus dem Umstand ableitbar, dass allgemein bekannt ist, dass Telefonanlagen derartige Mithöreinrichtungen enthalten,

> BVerfG 9.10.2002 – 1 BvR 1611/96, NJW 2002, 3619.

Selbst wenn das heimliche Mithören in bestimmten Bereichen, beispielsweise im Geschäftsverkehr, faktisch häufig oder gar weitgehend üblich sein sollte, reicht dies nicht, um das Fehlen der Einwilligung in das Mithören deshalb als unerheblich anzusehen, weil der Gesprächspartner nicht widersprochen hat. Aus dem Umstand allein, dass jemand von einer Mithörmöglichkeit Kenntnis hat, folgt jedenfalls nicht notwendig, dass er mit einem tatsächlichen Mithören auch rechnet und zugleich stillschweigend einverstanden ist,

> BVerfG 9.10.2002 – 1 BvR 1611/96, NJW 2002, 3619.

In der Beweisaufnahme ist also zunächst über die Behauptung Beweis zu erheben, dass der Zeuge ▬▬▬ gehört hat, dass der/die ▬▬▬ die Einwilligung zum Mithören des Telefonats erklärt hat. Erst wenn die Beweisaufnahme zur Überzeugung des Gerichts ergibt, dass eine Einwilligung des/der ▬▬▬ vorgelegen hat, kann unter Berücksichtigung der Anforderungen an das Persönlichkeitsrecht eines Gesprächsteilnehmers nach der Rechtsprechung des Bundesverfassungsgerichts Beweis über die übrigen Behauptungen, für die wir den Zeugen ▬▬▬ benannt haben, erhoben werden.

II. Schriftsätze in der ersten Instanz

1. Muster: Arbeitsgerichtliche Klage

Arbeitsgericht ▬▬▬

Klage

▬▬▬

– klägerische Partei –

Prozessbevollmächtigte: ▬▬▬

gegen

▬▬▬

– beklagte Partei –

Prozessbevollmächtigte: ▬▬▬
wegen: ▬▬▬

Wir bestellen uns zu Prozessbevollmächtigten der klägerischen Partei, in deren Namen und Vollmacht wir um Anberaumung eines möglichst frühen

Gütetermins

bitten. Sollte die Güteverhandlung ergebnislos bleiben, werden wir beantragen:
1. ▬▬▬
2. Die Berufung wird zugelassen.
3. Die Kosten des Rechtsstreits trägt die beklagte Partei.

Gründe:
▬▬▬

2. Muster: Arbeitsgerichtliche Klageerwiderung

Arbeitsgericht ▬▬▬

Klage

▬▬▬

– klägerische Partei –

Prozessbevollmächtigte: ▬▬▬
gegen

▬▬▬

– beklagte Partei –

Prozessbevollmächtigte: ▬▬▬
wegen: ▬▬▬

Wir bestellen uns zu Prozessbevollmächtigten der beklagten Partei, in deren Namen und Auftrag wir, sollte die Güteverhandlung ergebnislos bleiben, beantragen:
1. Die Klage wird abgewiesen.
2. Die Berufung wird zugelassen.
3. Die Kosten des Rechtsstreits trägt die klägerische Partei.

Gründe:
▬▬▬

3. Muster: Einspruch gegen Versäumnisurteil

Arbeitsgericht ▬▬▬

Einspruch

▬▬▬

– klägerische Partei –

Prozessbevollmächtigte: ▬▬▬
gegen

▬▬▬

– beklagte Partei –

Prozessbevollmächtigte: ▪▪▪

wegen: Einspruch gegen Versäumnisurteil

Wir bestellen uns zu Prozessbevollmächtigten der ▪▪▪ Partei und legen gegen das Urteil des Arbeitsgerichts ▪▪▪ vom ▪▪▪, Aktenzeichen: ▪▪▪

Einspruch

ein und werden beantragen zu erkennen:

1. Das Versäumnisurteil des Arbeitsgerichts ▪▪▪ vom ▪▪▪ wird aufgehoben.
2. ▪▪▪
3. Die ▪▪▪ Partei trägt mit Ausnahme der durch Säumnis entstandenen Kosten die Kosten des Rechtsstreits.

Gründe:

▪▪▪

4. Muster: Einstweilige Verfügung, Antrag auf Erlass

Arbeitsgericht ▪▪▪

Antrag auf Erlass einer einstweiligen Verfügung

▪▪▪

– antragstellende Partei –

Verfahrensbevollmächtigte: ▪▪▪

gegen

▪▪▪

– antragsgegnerische Partei –

wegen: ▪▪▪

Wir bestellen uns zu Verfahrensbevollmächtigten der antragstellenden Partei und beantragen wegen Dringlichkeit des Falles ohne mündliche Verhandlung durch den Vorsitzenden allein, hilfsweise unter Abkürzung der Ladungsfrist aufgrund einer unverzüglich anzuberaumenden mündlichen Verhandlung den Erlass einer einstweiligen Verfügung mit folgendem Inhalt:

1. ▪▪▪
2. Die antragsgegnerische Partei hat die Kosten des Verfahrens zu tragen.

Für den Fall des Obsiegens wird bereits jetzt beantragt,

3. der antragstellenden Partei eine vollstreckbare Kurzausfertigung der Entscheidung (ohne Tatbestand und Entscheidungsgründe) zu erteilen.

Gründe:

▪▪▪

5. Muster: Einstweilige Verfügung, Antrag auf Abweisung

Arbeitsgericht ▪▪▪

**In dem Verfahren auf
Erlass einer einstweiligen Verfügung**

▪▪▪

– antragstellende Partei –

Verfahrensbevollmächtigte: ▪▪▪

gegen

▪▪▪

– antragsgegnerische Partei –

§ 6 Schriftsätze im arbeitsgerichtlichen Urteilsverfahren

Verfahrensbevollmächtigte: ▪▪▪

wegen: ▪▪▪

bestellen wir uns zu Verfahrensbevollmächtigten der antragsgegnerischen Partei. Wir haben den Termin zur mündlichen Verhandlung notiert. Wir werden beantragen, wie folgt zu beschließen:

1. Der Antrag wird abgewiesen.
2. Die Kosten des Verfahrens trägt die antragstellende Partei.

Gründe:

▪▪▪

6. Muster: Einstweilige Verfügung, Erforderlichkeit der Vollziehung

Versäumt es der Gläubiger, eine einstweilige Verfügung innerhalb der Monatsfrist zu vollziehen, so kann der Schuldner den Antrag auf Aufhebung auch in der Berufungsinstanz stellen.

Auch wenn eine im Beschlussverfahren ergangene einstweilige Verfügung von Amts wegen zugestellt wird, so ersetzt dies nicht die Vollziehung durch den Gläubiger. Dies gilt auch für die Zustellung im Parteibetrieb. Die grundsätzliche Notwendigkeit der Vollziehung durch Zustellung gilt auch für einstweilige Verfügung auf Unterlassung bestimmter Handlungen,

LAG Frankfurt NZA 1991, 30.

Diese Rechtsauffassung entspricht auch der Rechtsprechung des BGH und der Oberlandesgerichte,

BGH WRP 1993, 308.

Allein die 12. Kammer des Landesarbeitsgerichts Berlin hat für den Fall der Vollziehung eines zur Weiterbeschäftigung verurteilenden Verfügungsurteils entschieden, dass die Zustellung im Parteibetrieb dann entbehrlich sei, wenn der Arbeitgeber nach Verkündung des Verfügungsurteils den Arbeitnehmer zunächst weiterbeschäftige,

LAG Berlin LAGE § 929 ZPO Nr. 2.

7. Muster: Fristen im Urteilsverfahren

Angriffs- und Verteidigungsmittel können grundsätzlich bis zum Schluss des letzten Termins der mündlichen Verhandlung geltend gemacht werden; Gleiches gilt für Beweismittel.

Ausdrücklich ausgeschlossen ist die Anwendbarkeit der Vorschriften über den frühen ersten Termin und das schriftliche Vorverfahren, § 46 Abs. 2 ArbGG, §§ 275 bis 277 ZPO. Das Arbeitsgericht ist nicht berechtigt, die §§ 275 bis 277 ZPO anzuwenden. Insbesondere kann es den Parteien nicht nach § 275 Abs. 1, 3 und 4, § 276 Abs. 1 und 3 ZPO Fristen setzen, bei deren Überschreitung das Vorbringen als verspätet zurückgewiesen werden muss,

Grunsky, Kommentar zum Arbeitsgerichtsgesetz, § 46a Rn 34, § 48 Rn 6.

Das Arbeitsgericht kann nur zur vorbereitenden mündlichen Verhandlung den Parteien eine Frist setzen, § 56 Abs. 1 Satz 2 Nr. 1 ArbGG. Dabei muss das Gericht aber konkret angeben, welche Punkte es für klärungsbedürftig hält,

BAG, AP § 56 ArbGG 1979 Nr. 1.

Werden Angriffs- und Verteidigungsmittel erst nach Ablauf der nach § 56 Abs. 1 Satz 2 Nr. 1 ArbGG gesetzten Frist vorgebracht, so sind sie nur zuzulassen, wenn nach der freien Überzeugung des Gerichts ihre Zulassung die Erledigung des Rechtsstreits nicht verzögern würde oder wenn die Partei die Verspätung genügend entschuldigt, § 56 Abs. 2 ArbGG. § 56 Abs. 2 ArbGG entspricht § 296 Abs. 1 ZPO. Allerdings müssen die Parteien über die Folgen der Fristversäumung belehrt werden, § 56 Abs. 2 Satz 2 ArbGG. Ist die Belehrung unterblieben, kommt eine Zurückweisung des verspäteten Vorbringens nicht in Betracht. Dies gilt auch dann, wenn die Partei anwaltlich vertreten ist,

BGHZ 88, 180, 183 ff.; *Grunsky*, Kommentar zum Arbeitsgerichtsgesetz, § 56 Rn 7.

Die Belehrung setzt voraus, dass der Partei der konkrete Nachteil einer Versäumung der Frist klar gemacht wird, die bloße Wiedergabe des Textes der die Zurückweisung anordnenden Vorschrift genügt nicht,

BGHZ 86, 218.

Eine Sonderregelung bezüglich der Fristen besteht im Kündigungsschutzverfahren, § 61a ArbGG. Der Vorsitzende hat dem Beklagten für die schriftliche Klageerwiderung eine Frist von mindestens 2 Wochen zu setzen, § 61a Abs. 3 ArbGG. Nur in rechtlich oder tatsächlich schwierig gelagerten Fällen kann eine längere Frist geboten sein,

Grunsky, Kommentar zum Arbeitsgerichtsgesetz, § 61a Rn 18.

Eine Verlängerung der Frist ist unter den Voraussetzungen des § 224 Abs. 2 ZPO möglich. Bei Versäumung einer Partei nach Abs. 3 und 4 gesetzten Frist, ist das verspätete Vorbringen zurückzuweisen, § 61 Abs. 5 ArbGG. Die Vorschrift entspricht § 296 Abs. 1 ZPO. Nach § 61a Abs. 6 ArbGG sind die Parteien über die Folgen der Versäumung in der nach Abs. 3 und Abs. 4 gesetzten Frist zu belehren.

8. Muster: Gebührenklage wegen arbeitsrechtlicher Interessenwahrnehmung

Landgericht ▪▪▪

Klage

der Rechtsanwälte ▪▪▪

– klägerische Partei –

Prozessbevollmächtigte: ▪▪▪

gegen

▪▪▪

– beklagte Partei –

wegen: anwaltlicher Gebührenforderung

Streitwert: ▪▪▪ EUR

Wir bestellen uns zu Prozessbevollmächtigten der klägerischen Partei, in deren Namen und Auftrag wir beantragen werden zu erkennen:

1. Die beklagte Partei wird verurteilt, an die klägerische Partei ▪▪▪ EUR nebst Zinsen in Höhe von 5 Prozentpunkten über dem Basiszinssatz seit dem Zeitpunkt der Zustellung der Klage zu zahlen.
2. Die Kosten des Rechtsstreits werden der beklagten Partei auferlegt.
3. Der klägerischen Partei wird nachgelassen, gegebenenfalls zu erbringende Sicherheitsleistungen auch in Form einer Bürgschaft einer Deutschen Großbank oder Sparkasse erbringen zu dürfen.

In prozessualer Hinsicht wird beantragt:

1. das schriftliche Vorverfahren anzuordnen;
2. gemäß § 331 Abs. 3 ZPO gegen die beklagte Partei ohne mündliche Verhandlung das **Versäumnisurteil** zu erlassen, falls diese nicht rechtzeitig anzeigt, dass sie sich gegen die Klage verteidigen will;
3. gemäß § 307 Abs. 2 gegen die beklagte Partei ohne mündliche Verhandlung das **Anerkenntnisurteil** zu erlassen, sofern diese auf die Aufforderung nach § 276 Abs. 1 Satz 1 ZPO den Anspruch ganz oder teilweise anerkennt;
4. gemäß § 283 ZPO der klägerischen Partei nachzulassen, innerhalb einer vom Gericht zu bestimmenden Frist Erklärungen zu nicht rechtzeitig vor dem Verhandlungstermin mitgeteiltem Vorbringen schriftsätzlich nachzureichen (**Schriftsatznachlass**);
5. von den ergehenden Urteilen eine **vollstreckbare Ausfertigung** zu erteilen;
6. falls das Urteil für die klägerische Partei einen vollstreckungsfähigen Inhalt hat, **Vollstreckungsklausel** zu erteilen;
7. gemäß § 317 ZPO den Zeitpunkt der Zustellung des Urteils an die beklagte Partei zu bescheinigen.

Gründe:

Die klägerische Partei nimmt die beklagte Partei aus anwaltlicher Gebührenforderung in Anspruch.

I. Mandatshintergrund

Die beklagte Partei ist ▪▪▪. Das zuletzt von der beklagten Partei bezogene Gehalt belief sich auf ▪▪▪ EUR monatlich. Zusätzlich erhielt die beklagte Partei Tantiemen, Boni, Pensionszahlungen, vermögenswirksame Leistungen und einen Dienstwagen.

Beweis: Vorlage der Gehaltsabrechnung – Anlage K 1.

Nachdem der Arbeitgeber die beklagte Partei am ▬▬▬, aus ihrer Sicht überraschend, freistellte, war der Bestand des Arbeitsverhältnisses deutlich gefährdet. Der Arbeitgeber übergab der beklagten Partei am ▬▬▬ einen Aufhebungsvertrag, der eine Abfindungssumme von ▬▬▬ EUR vorsah.

Beweis: Vorlage des Aufhebungsvertragsentwurfs in Kopie – Anlage K 2.

Mit dem übergebenen Vertrag wollte der Arbeitgeber die Angelegenheit erledigen und auf eine Kündigung verzichten. Die beklagte Partei konnte sich nicht entschließen, den Aufhebungsvertrag zu unterzeichnen. Daraufhin machte der Arbeitgeber zusätzlichen Druck und drohte mit einer umgehenden Kündigung, falls nicht in Kürze ein von der beklagten Partei unterzeichneter Aufhebungsvertrag umgehend vorgelegt werde.

Beweis: Vorlage des Schreibens des Arbeitgebers vom ▬▬▬ – Anlage K 3.

Am ▬▬▬ suchte die beklagte Partei einen der beiden Geschäftsführer des Arbeitgebers in dessen Büro auf und fragte, ob die Möglichkeit bestehe, dass er nach einer Beendigung seines Arbeitsverhältnisses für den Arbeitgeber als freier Mitarbeiter mit dem Aufgabenbereich ▬▬▬ arbeiten könne. Damit könne er sich nach seinem Ausscheiden eine neue berufliche Existenz aufbauen.

Beweis: Zeugnis ▬▬▬

Gegen Ende des Gesprächs sicherte der Geschäftsführer der beklagten Partei zu, dass sie einen Vertrag über ein Auftragsvolumen von ▬▬▬ EUR jährlich für ▬▬▬ Jahre erhalten würde, wenn bei dem Freien-Mitarbeiter-Vertrag der Text desjenigen Vertrages gewählt werde, den die beklagte Partei im letzten von ihr selbst mit einem freien Mitarbeiter geschlossenen Vertrag verwendet habe und wenn die beklagte Partei aus ihrem Arbeitsverhältnis durch Aufhebungsvertrag alsbald ausscheide.

Beweis: wie vor.

II. Das Mandat

1. Am ▬▬▬ suchte die beklagte Partei die klägerische Partei zu einer Besprechung in der Kanzlei auf. Das Gespräch und die anschließende Mandatsbearbeitung erfolgte durch ▬▬▬ (aus Vereinfachungsgründen künftig „der Kläger" genannt). Wie es bei der klägerischen Partei üblich ist, füllte die beklagte Partei im Wartezimmer handschriftlich einen Anmeldebogen aus.

Beweis: 1. Vorlage des vom Beklagten ausgefüllten Stammdatenblatts in Kopie – Anlage K 4.
2. Zeugnis ▬▬▬

Die Mitarbeiterin ▬▬▬ legte die Akte an und händigte zusammen mit dem Stammdatenblatt das allgemeine Mandantenmerkblatt aus.

Beweis: Vorlage des allgemeinen Mandantenmerkblatts – Anlage K 5.

Das allgemeine Mandantenmerkblatt ist eine Ausfüll- und Erläuterungshilfe zum Stammdatenblatt. Außerdem füllte die beklagte Partei die Vollmacht aus, wobei sie weder die Parteibezeichnung, noch den Gegenstand des Mandats einschränkte, was nach den im Soldan-Formular vorgesehenen Freilassungen möglich gewesen wäre. Die beklagte Partei erteilte der klägerischen Partei eine Blanko-Vollmacht.

Beweis: Vorlage der Vollmacht in Kopie – Anlage K 6.

Das Original dieser Vollmacht wird der Kammer im Termin vorgelegt.

Wie der Kläger im späteren Besprechungstermin feststellte, entnahm die beklagte Partei einer Info-Wand im Wartezimmer mehrere Info-Sheets, u.a. die Informationsblätter „Was tun bei Kündigung?", „Der Aufhebungsvertrag" sowie „Rechtsanwaltsgebühren und Rechtsschutzversicherung".

Beweis: Vorlage der Info-Sheets – Anlagenkonvolut K 7.

Diese Info-Sheets enthält auch die Homepage der klägerischen Partei unter ▬▬▬. Sie sind für jedermann nachlesbar.

Die beklagte Partei wählte die vorerwähnten Mandanteninformationen bereits im Wartezimmer als Lektüre während der Anlage der Akte. Nach etwa 10 Minuten erhielt der Kläger die Nachricht, dass die Besprechung mit der beklagten Partei vorbereitet sei. Er holte die beklagte Partei im Wartezimmer unter Entgegennahme der Akte ab und begab sich mit ihr in einen Konferenzraum der Kanzlei.

2. Die beklagte Partei schilderte dem Kläger ihre gegenwärtige Situation beim Arbeitgeber und händigte eine Reihe von Urkunden aus. So übergab sie dem Kläger: ▬▬▬

Während der Kläger nach einigen ersten Erläuterungen durch die beklagte Partei die erwähnten Unterlagen durcharbeitete, studierte die beklagte Partei zwei Artikel, die ihm der Kläger zur Lektüre während dieser Zeit und zum besseren Verständnis ihrer arbeitsrechtlichen Situation übergab.

Nachdem der Kläger und die beklagte Partei die ihnen jeweils zur Verfügung gestellten Unterlagen durchgelesen hatten, setzten sie das Gespräch fort und richteten an den anderen wechselseitig eine Reihe von Fragen. Die beklagte

Partei wollte u.a. wissen, ob die Kosten ihrer anwaltlichen Interessenwahrnehmung durch die Rechtsschutzversicherung gedeckt seien. Sie habe in den Info-Sheets einige Hinweise hierzu gelesen.

Der Kläger erläuterte der beklagten Partei, dass in ihrer Sache, solange noch keine Kündigung ausgesprochen sei, ohnehin keine Erstattung der Gebühren durch die Rechtsschutzversicherung in Frage käme und auch danach keinesfalls sicher sei, ob und in welchem Umfang Gebühren von der Rechtsschutzversicherung übernommen würden. Die klägerische Partei könne wegen ihrer Gebühren, wie im Info-Sheet „Rechtsschutzversicherung" ausgeführt und auf der Hompage nachzulesen sei, nicht auf die Rechtsschutzversicherung verwiesen werden. Alleiniger Gebührenschuldner sei der Beklagte.

Für das Aushandeln eines Aufhebungsvertrages gelte nach überwiegender Auffassung in der Rechtsprechung, dass die Rechtsschutzversicherung nicht zur Kostenübernahme verpflichtet sei, weil es an einem Versicherungsfall fehle. Erst mit dem Ausspruch der Kündigung könne ein Versicherungsfall i.S.v. § 14 Abs. 3 ARB eintreten. Der beklagten Partei wurde deshalb mitgeteilt, dass ein Deckungsschutzantrag keine Aussicht auf Erfolg haben würde. Gleichwohl bat die beklagte Partei, es zu versuchen. Der Kläger kam der Bitte nach.

Beweis: Schreiben vom ▬▬▬ – Anlage K ▬▬▬

Der Antrag wurde erwartungsgemäß abgelehnt.

Beweis: Schreiben vom ▬▬▬ – Anlage K ▬▬▬

3. In der Besprechung am ▬▬▬ kreisten die Gedanken des Klägers und der beklagten Partei immer wieder um die gegenwärtige Verhandlungsposition. Die beklagte Partei akzeptierte dem Grunde nach ein Verhandlungsergebnis, das aus einer Paketlösung mit zwei grundlegenden Elementen bestand, einem Aufhebungsvertrag zur Beendigung des Arbeitsverhältnisses und einem Freien-Mitarbeiter-Vertrag. Die beklagte Partei erhob die Forderung, den wirtschaftlichen Inhalt dieses Gesamtpakets, wie es bis jetzt realisierbar erschien, zu ihren Gunsten zu verbessern. Andernfalls wolle sie sich der erwarteten Kündigung stellen und dann im Wege einer Kündigungsschutzklage erreichen, dass der Arbeitgeber sie in ihrer bisherigen Position weiterbeschäftigte.

Der Kläger erläuterte der beklagten Partei, dass ihre Haltung nur dann Sinn mache, wenn die klägerische Partei Rechtsargumente entwickeln könne, die es erlaubten, die von der beklagten Partei entwickelten Vorstellungen auch im Verhandlungswege durchzusetzen. Die beklagte Partei müsse sich vor Augen halten, dass man zwar viel fordern, aber nur wenig durchsetzen könne, wenn man keine juristischen Druckmittel besitze, insbesondere dann, wenn nicht gewiss sei, ob der Arbeitgeber ihr wirksam kündigen könne. In diesem Falle sei der Ausstieg für den Arbeitgeber aus den Verhandlungen wirtschaftlich günstiger, als die Fortsetzung der Gespräche, insbesondere die Erhöhung der Abfindung und/oder des zu vereinbarenden Frachtvolumens.

Die beklagte Partei wollte naturgemäß wissen, worin der Kläger arbeitsrechtliche Schwachstellen identifizierte. Der Kläger erläuterte der beklagten Partei, dass er anhand der vorgelegten Verträge und der Schilderungen folgende Problemkreise sehe: ▬▬▬

Nachdem diese Problemkreise in der weiteren Diskussion so besprochen werden konnten, dass sie sich nicht mehr als nennenswerte, arbeitsrechtliche Risiken für die beklagte Partei ergaben, konnten Grundfragen der Strategie behandelt werden.

4. Am Ende der Besprechung, in der noch eine Reihe weiterer Detailfragen geklärt wurden, stand der Auftrag der beklagten Partei an die klägerische Partei fest. Im Grundsatz war man sich einig, dass die Ideallösung der Beendigung des Arbeitsverhältnisses aus dem Gesamtpaket „Aufhebungsvertrag" und „Freier-Mitarbeiter-Vertrag" bestand. Über den Freien-Mitarbeiter-Vertrag hatte die beklagte Partei bereits eine verbindliche Zusage, über den Aufhebungsvertrag einen Vertragsentwurf. Die beklagte Partei beauftragte den Kläger, dieses Paket mit wirtschaftlichen Verbesserungen zu verhandeln und eine Kündigung des Arbeitsverhältnisses möglichst abzuwenden. In seinen handschriftlichen Aufzeichnungen fasste der Kläger den Mandatsauftrag, den ihm die beklagte Partei erteilte, konkretisiert zusammen und betitelte diesen Auftrag als „Wunschliste des Mandanten". In den Aufzeichnungen heißt es: ▬▬▬

Beweis: Vorlage der handschriftlichen Aufzeichnung – Anlage K ▬▬▬

III. Der Mandatsverlauf

1. Zunächst ▬▬▬

2. Schon eine Woche später, am ▬▬▬, fand die entscheidende Verhandlung zwischen der beklagten Partei und dem Kläger auf der einen Seite und dem Geschäftsführer des Arbeitgebers auf der anderen Seite statt. Die Verhandlung dauerte mehrere Stunden und rankte sich um die vier Verhandlungspunkte, die die beklagte Partei zum Gegenstand des Mandats gemacht hatte. ▬▬▬

IV. Anspruchsgrund und Anspruchshöhe

Der mit der vorliegenden Klage geltend gemachte Anspruch ergibt sich aus dem bürgerlich-rechtlichen Dienstvertrag zwischen dem Beklagten und der klägerischen Partei. Der Dienstvertrag vom ▪▪▪ hatte den Inhalt einer Geschäftsbesorgung (§§ 611, 625 BGB).

Da eine Berufsleistung des Rechtsanwalts in Anspruch genommen wird, gilt gemäß § 612 Abs. 1 BGB als stillschweigend vereinbart, dass der Rechtsanwalt eine Vergütung für seine Tätigkeit fordern darf,

Gerold/Schmidt/v. Eicken/*Madert*, RVG, § 35 Rn 107.

Für das Zustandekommen des Anwaltsvertrages gelten die allgemeinen bürgerlich-rechtlichen Regeln zum Vertragsschluss, insbesondere kann der Anwalt den Antrag auf Mandatsübernahme auch konkludent annehmen,

BGH NJW 1991, 2084 f. m.w.N.

Dabei erstreckt sich das einer Anwaltssozietät erteilte Mandat im Zweifel auch auf später eintretende Sozietätsmitglieder,

BGH BB 1997, 29.

Die klägerische Partei ist aktivlegitimiert. Als BGB-Gesellschaft kann sie nach neuerer Rechtsprechung aktiv klagen und verklagt werden,

BGH 29.1.2001, NJW 2001, 1056 = BGHZ 146, 341.

1. Ziel des Mandats und Auftragsinhalt

a) Nach ständiger Rechtsprechung bestimmt sich der Inhalt des dem Rechtsanwalt erteilten Auftrags aus den zwischen Mandant und Anwalt verabredeten Zielen, wobei die Ziele eines Mandats nicht nur durch die Vollmacht, sondern vor allem durch den der anwaltlichen Tätigkeit zu Grunde liegenden Geschäftsbesorgungsvertrages bestimmt werden,

BGH NJW 1967, 1567; OLG Düsseldorf MDR 1987, 497; BGH AnwBl 1994, 480; *Feuerich/Braun*, BRAO, 333.

Die Reichweite des Auftrags an einen Rechtsanwalt hat der BGH im Beschluss vom 13.7.1993 wie folgt definiert:

„Der Anwalt des Klägers darf und muss insbesondere alle außerprozessualen Handlungen vornehmen, die notwendig sind, um den Prozess siegreich zu beenden. Die Vollmacht reicht danach soweit, wie sich der Rechtsanwalt bei vernünftiger, wirtschaftlicher Betrachtungsweise nach dem Vorprozessualen zu einem Streitstoff angesichts des Zwecks, der mit seiner Beauftragung verfolgt wird, zu einer Rechtshandlung im Interesse seines Auftrag- und Vollmachtgebers als ermächtigt ansehen darf",

BGH AnwBl 1994, 480.

Zum Verhältnis zwischen Vollmacht und Mandatsauftrag im Rahmen des Geschäftsbesorgungsvertrages hat das OLG Düsseldorf ausgeführt, es spreche eine tatsächliche Vermutung dafür, dass der Beauftragte Rechtsanwalt auch im Innenverhältnis die Rechte und Pflichten habe, die sich aus der Prozessvollmacht ergeben,

OLG Düsseldorf MDR 1987, 497.

Danach gilt vorliegend Folgendes:

Diesem Auftragsinhalt entspricht für das Außenverhältnis auch die Blanko-Vollmacht. Der Kläger hat keine Tätigkeit entfaltet, die über den verabredeten Auftragsinhalt hinaus ging. Die gesamte Tätigkeit des Klägers stand im Einklang mit § 12 BerufsO.

Der Kläger hielt sich somit an den Gegenstand der vom Beklagten erteilten unbeschränkten Vollmacht, soweit es dort heißt:

„Den Rechtsanwälten ▪▪▪ wird hiermit ▪▪▪ Vollmacht erteilt ▪▪▪ zur Begründung und Aufhebung von Vertragsverhältnissen ▪▪▪."

Beweis: Vorlage der Vollmacht in Kopie – Anlage K 6.

Selbst wenn weder der Anwaltsvertrag den dargestellten Auftragsinhalt zum Gegenstand gehabt hätte noch eine unbeschränkte Vollmacht von der beklagten Partei erteilt worden wäre, so wäre der Kläger nach den Grundsätzen der Duldungsvollmacht beauftragt worden. Die etwa zweistündige Verhandlung am ▪▪▪ fand in Anwesenheit der beklagten Partei statt.

Beweis: Zeugnis ▪▪▪

Während dieser Verhandlungen war der Beklagte zu allen Zeiten mit den Äußerungen der klägerischen Partei und den damit im Auftrag der beklagten Partei erhobenen Forderungen einverstanden. Selbst wenn der Wille der beklagten Partei gefehlt hätte, der klägerischen Partei insoweit Vollmacht zu erteilen, hätte eine Bevollmächtigung vorgelegen, weil das Verhalten der beklagten Partei im Wege der Auslegung vom Empfängerhorizont, also aus der Sicht des tätigen

Anwalts, nur den Schluss zuließ, dass er in dem von ihm gewählten Sinne tätig werden sollte. Selbst eine Vollmachtsüberschreitung kann vom Vertretenen auf schlüssige Weise gebilligt werden, wenn sie ihm bekannt wird,

Staudinger/*Schilken*, § 167 BGB Rn 29; MüKo-BGB/*Schramm*, § 167 Rn 36.

Das bewusste Gewährenlassen lässt meist den objektiv berechtigten Schluss zu, dass der Vertreter zum Handeln in fremdem Namen befugt sein soll,

Erman/*Palm*, § 167 BGB Rn 11; MüKo-BGB/*Schramm*, § 167 Rn 37.

b) Aus dem Anwaltsauftrag ergeben sich auch zugleich die vom Erklärungswillen des Mandanten getragenen Gebührentatbestände. Der außergerichtliche Verhandlungsauftrag beinhaltete den Gebührentatbestand „Betreiben des Geschäfts einschließlich der Information, des Einreichens, Fertigens oder Unterzeichnens von Schriftsätzen" (Nr. 2300 VV RVG).

Da das erklärte Verhandlungsziel der beklagten Partei in einem unterschriebenen Gesamtpaket aus Aufhebungsvertrag und Freien-Mitarbeiter-Vertrag bestand, um die Kündigung und ein sich etwaig anschließendes Kündigungsschutzverfahren abzuwenden, bestand der Auftrag der klägerischen Partei auch darin, eine im Wege des gegenseitigen Nachgebens zustande kommende Vereinbarung zu erreichen, mithin einen Vergleich i.S.v. § 779 BGB, der den Gebührentatbestand der Nr. 1000 VV RVG auslöst.

Die in der Kostennote der klägerischen Partei enthaltenen Gebührentatbestände waren somit vom Auftrag der beklagten Partei erfasst.

2. Art des Verfahrens

a) In der zweiten Stufe einer Gebührenklage ist zu prüfen, welchem Rechtsgebiet das Verfahren zuzuordnen ist, das der Auftraggeber anstrebt, da das RVG für bestimmte Verfahren außerhalb und innerhalb der ZPO gesonderte Gebührenregelungen erhält, die Nrn. 1000 ff. VV RVG also nicht in jedem Verfahren uneingeschränkt anzuwenden sind.

Beck'sches Rechtsanwalts-Handbuch/*Brieske*, G Rn 8.

Vorliegend bestehen keine Besonderheiten. Weder handelt es sich um Familiensachen mit speziellen Gebührenvorschriften noch um Aufgebotsverfahren, WEG-Verfahren, FGG-Verfahren oder Insolvenzverfahren. Der Freie-Mitarbeiter-Vertrag gehört zum Zivilrecht, ohne dass ein außerhalb der ZPO angesiedeltes, gesondertes Gebührenrecht besteht. Gleiches gilt für das Arbeitsrecht.

b) In dieser zweiten Prüfungsstufe ist ebenfalls zu untersuchen, ob für den außergerichtlichen Bereich gesonderte Bestimmungen außerhalb der ZPO und außerhalb des RVG maßgeblich sind. Der Gegenstandswert für den außergerichtlichen Bereich ergibt sich aus § 23 RVG. Nach § 23 Abs. 1 Satz 3 RVG gelten die Wertvorschriften des gerichtlichen Verfahrens sinngemäß auch für die Tätigkeit außerhalb eines gerichtlichen Verfahrens, wenn der Gegenstand der Tätigkeit auch Gegenstand eines gerichtlichen Verfahrens sein könnte.

Soweit es um die in der Kostennote aufgeführte, außergerichtliche Tätigkeit der klägerischen Partei geht, sind die Gebührentatbestände und die Gebührenhöhe zwischen den Parteien unstreitig. Auch die Bevollmächtigten des Beklagten räumen in ihrem Schriftsatz ein, dass 25 % des Gehalts für die Freistellungsdauer und ein Monatsgehalt wegen des Zeugnisses in der in der Kostennote aufgeführten Höhe zu berechnen sind.

Beweis: Schreiben der Bevollmächtigten der beklagten Partei – Anlage K ▪▪▪

Außerdem besteht in Literatur und Rechtsprechung Einigkeit, dass beim Aushandeln eines arbeitsrechtlichen Aufhebungsvertrages gemäß § 23 Abs. 1 RVG die gerichtlichen Wertvorschriften auch für den Bereich des außergerichtlichen Tätigwerdens des Anwalts gelten,

BAG 16.5.2000, NZA 2000, 1246; Gerold/Schmidt/v. Eicken/*Madert*, RVG, § 23 Rn 27.

§ 23 Abs. 1 Satz 3 RVG ist auch vorliegend maßgeblich zur Bestimmung des Wertes der Tätigkeit der klägerischen Partei im Zusammenhang mit dem Abschluss des Freien-Mitarbeiter-Vertrages. Nach § 23 Abs. 1 Satz 3 RVG gelten die Wertvorschriften des gerichtlichen Verfahrens, hier also § 3 ZPO, wenn der Gegenstand der Tätigkeit auch Gegenstand eines gerichtlichen Verfahrens hätte sein können.

Zur Erinnerung: Am ▪▪▪ sicherte der Geschäftsführer des Arbeitgebers der beklagten Partei zu, sie erhalte einen Freien-Mitarbeiter-Vertrag im Umfang von ▪▪▪ EUR zu den Bedingungen des zuletzt von ihr mit einem freien Mitarbeiter abgeschlossenen Vertrages, wenn sie wegen des Arbeitsverhältnisses einen Aufhebungsvertrag unterzeichnen würde. Hätte die beklagte Partei ihre Unterschrift unter den damals vorliegenden Aufhebungsvertragstext gesetzt, hätte sie einen einklagbaren Anspruch gegen den Arbeitgeber auf einen selbst in seinen detaillierten Konditionen feststehenden Freien-Mitarbeiter-Vertrag gehabt. Der vom Kläger verhandelte Freie-Mitarbeiter-Vertrag bildete somit eine Angelegenheit, die im Rahmen maßgeblicher materiell-rechtlicher Betrachtung auch Gegenstand einer nachfolgenden gerichtlichen Auseinandersetzung hätte sein können, wenn die außergerichtlichen Verhandlungen nicht zum Erfolg geführt hätten und die beklagte Partei sich entschlossen hätte, den ihr vom Arbeitgeber vorgelegten Aufhebungsvertrag zu unterzeichnen.

Für anwaltliche Tätigkeiten, die einem gerichtlichen Verfahren vorausgehen, gelten gemäß § 23 Abs. 1 Satz 3 RVG sinngemäß die Wertvorschriften, die in dem in Frage kommenden gerichtlichen Verfahren vorgesehen sind. Das wäre für den Bereich des Freien-Mitarbeiter-Vertrages § 3 ZPO. § 23 Abs. 1 Satz 3 RVG gilt, wenn ein denkbares gerichtliches Verfahren im Hintergrund steht. Dabei ist der Rahmen dieser Tätigkeit nicht eng zu ziehen,

Gerold/Schmidt/v. Eicken/Madert, RVG, § 23 Rn 27.

Den Wert der Tätigkeit, die einem gerichtlichen Verfahren vorausgeht, findet man durch eine ganz einfache Erwägung, wenn man sich nämlich fragt: „Wie lauten für den Fall der Klage die Anspruchsnorm und der Klageantrag?"

Mayer/Kroiß/Mayer, RVG, § 23 Rn 14.

c) Für die Gegenstandswerte aus dem Bereich des Arbeitsrechts sind gemäß § 23 Abs. 1 RVG i.V.m. § 42 Abs. 4 Satz 1 GKG und der zur Freistellung und zum Zeugnis ergangenen Rechtsprechung die gerichtlichen Wertvorschriften für die außergerichtliche Tätigkeit der klägerischen Partei maßgeblich. Zwischen den Parteien besteht insoweit kein Streit.

Für die verhandelte Freie-Mitarbeiter-Vereinbarung ist nach herrschender Meinung der Wert der geforderten Leistung ohne Abzug der Gegenleistung gemäß § 23 Abs. 1 Satz 3 RVG, § 3 ZPO maßgeblich. Im gerichtlichen Verfahren würde der Wert nach freiem Ermessen vom Gericht festgesetzt. Maßgeblich ist, wenn es um eine Vertragserfüllung geht, der Wert der geforderten Leistung.

Zöller/Herget, § 3 Rn 16 – Stichwort „Vertragserfüllung".

Danach hätte die klägerische Partei angesichts der von der beklagten Partei erhobenen Forderung von ■■■ EUR Auftragsvolumen grundsätzlich einen Gegenstandswert von ■■■ EUR zugrunde legen können. Da sich die verabredete Vertragslaufzeit (5 Jahre) jedoch über den Zeitraum des § 9 ZPO hinaus erstreckte, hätte nach dem ZPO-Verständnis des Klägers eine Reduzierung auf den Zeitraum von 3,5 Jahren vorgenommen werden müssen.

d) Sollte die Auffassung richtig sein, die Tätigkeit der klägerischen Partei hätte nicht Gegenstand eines gerichtlichen Verfahrens sein können, bemisst sich der Gegenstandswert nach § 23 Abs. 3 RVG i.V.m. § 39 Abs. 2 KostO. Nach dieser Vorschrift ist bei Verträgen, die den Austausch von Leistungen zum Gegenstand haben, der Wert der Leistung des einen Teils und, wenn der Wert der Leistungen verschieden ist, der höhere maßgebend.

Der von dem Kläger für die beklagte Partei verhandelte Freie-Mitarbeiter-Vertrag hat als Dienstvertrag den Austausch von Leistungen zum Gegenstand. Der Wert der Leistungen entspricht dem zu zahlenden Entgelt von ■■■ EUR. Eine Beschränkung des Gegenstandswertes auf das Dreieinhalbfache des Jahreswertes (vgl. § 9 ZPO) sieht die KostO nicht vor. Die Beschränkung der KostO setzt erst beim 25-fachen Jahreswert ein.

Nach Vorstehendem wäre der Gegenstandswert des Freien-Mitarbeiter-Vertrages gemäß § 23 Abs. 3 RVG i.V.m. §§ 38 Abs. 2, 24 Abs. 1 KostO mit ■■■ EUR anzusetzen und ergäbe unter Einbeziehung der zwischen den Parteien unstreitigen Streitwerte folgende Gebühren:

Gegenstandswert: ■■■ EUR	
Geschäftsgebühr, Nr. 2300 VV RVG	■■■ EUR
Einigungsgebühr, Nr. 1000 VV RVG	■■■ EUR
Post- und Telekommunikationsentgelte, Nr. 7100 VV RVG	20,00 EUR
Zwischensumme netto	■■■ EUR
19 % Umsatzsteuer, Nr. 7800 VV RVG	■■■ EUR
Zwischensumme brutto	■■■ EUR
Vorschuss	■■■ EUR
Gesamtbetrag	■■■ EUR

3. Ursächlichkeit des Rechtsanwalts, Angemessenheit der Rahmengebühren

a) Die Prüfung der einzelnen Gebührentatbestände ergibt folgende Feststellungen:

Die in der Kostennote zugrunde gelegten Gebührentatbestände sind mit dem Willen der beklagten Partei tatsächlich angefallen. Die klägerische Partei hat mit dem Willen der beklagten Partei die Tätigkeit der Führung eines Geschäfts i.S.v. Nr. 2300 VV RVG durch schriftsätzliches und mündliches Tätigwerden entfaltet. Durch die Telefonate und mündlichen Verhandlungen ist der Gebührentatbestand des Nr. 2300 VV RVG ausgelöst worden. Eine 1,5-Gebühr nach Nr. 1000 VV RVG entstand durch die Ursächlichkeit des der klägerischen Partei für die beiden Vergleiche, also für den Freien-Mitarbeiter-Vertrag ebenso wie für den Aufhebungsvertrag. Es kommt nicht darauf an, ob jede Formulierung eines Vergleichs vom Rechtsanwalt stammt oder ob die Parteien schließlich sogar von Vorschlägen des Rechtsanwalts bei dem letztendlich unterzeichneten Vergleichstext abgewichen sind,

OLG Stuttgart AnwBl 1974, 355; OLG Braunschweig AnwBl 1986, 280; AG Charlottenburg JurBüro 2001, 86.

Gemäß Nr. 1000 VV RVG genügt die „Mitwirkung" beim Abschluss eines Vergleichs. Bei der Unterzeichnung muss der Rechtsanwalt nicht zugegen sein.

Auch ist es ohne Belang, dass der Freie-Mitarbeiter-Vertrag nicht mit der beklagten Partei persönlich, sondern mit einer sie als Gesellschafter und Geschäftsführer ausweisenden GmbH in Gründung geschlossen wurde. Maßgeblich für den Gebührenanspruch ist allein, dass die klägerische Partei ursächlich war. Mit wem schließlich auf Wunsch der beklagten Partei die Unterzeichnung des vom Rechtsanwalt verhandelten Vertrages erfolgte – ob mit der beklagten Partei persönlich oder mit einer Gesellschaft, in der die beklagte Partei tätig ist –, ist für den Verursachungsbeitrag des Rechtsanwalts an der vergleichsweisen Regelung ohne Belang. Überdies stand die Konstellation, dass die beklagte Partei mit Herrn ▬▬▬ zusammen eine Firma gründen wollte, in die der Freie-Mitarbeiter-Vertrag von der beklagten Partei eingebracht werden sollte, von vornherein fest. Allein der Name dieser Firma war während der Verhandlungen noch nicht gebildet oder zumindest dem Kläger noch nicht genannt worden.

Der Gebührenanspruch des Anwalts entfällt angesichts der Verursachung für den Vergleich nicht. Die Sachlage ist im Grunde ähnlich der beim Makler, der einem Kunden ein Grundstück vermittelt hat, das der Kunde schließlich nicht selbst erwirbt, sondern durch eine von ihm mit weiteren Gesellschaftern gegründete Firma erwerben lässt. Der BGH hat in ständiger Rechtsprechung entschieden: Wird das einer GmbH durch einen Makler nachgewiesene Grundstück durch eine andere GmbH erworben, die von denselben Gesellschaftern mit demselben Gesellschaftszweck später gegründet worden, so erwächst dem Makler daraus ein Provisionsanspruch gegen die erstgenannte GmbH,

BGH 15.10.1995, NJW 1995, 3311.

Ebenso hat das LG Dresden entschieden: Weist ein Makler den Gesellschaftern einer BGB-Gesellschaft ▬▬▬ den Kauf eines Grundstücks nach, dann haben diese den Maklerlohn auch dann zu zahlen, wenn das Grundstück von einer von den Gesellschaftern gegründeten GmbH gekauft wird, denn die Gesellschafter haben es zu verantworten, dass sich die Tatbestandmerkmale der Norm für den Maklerlohnanspruch auf mehrere Personen verteilen,

LG Dresden 24.2.1995, NJW-RR 1996, 307.

b) Was die Höhe der Rahmengebühren gemäß Nr. 2300 VV RVG anbelangt, so waren diese gemäß § 14 RVG unter Berücksichtigung der Bedeutung der Angelegenheit, des Umfangs und der Schwierigkeit der anwaltlichen Tätigkeit sowie der Vermögens- und Einkommensverhältnisse die beklagte Partei nach billigem Ermessen festzusetzen. Sowohl der Aufhebungsvertrag als auch der im unmittelbaren Anschluss daran eine neue wirtschaftliche Existenz ermöglichende Freie-Mitarbeiter-Vertrag waren von elementarer beruflicher Bedeutung für die beklagte Partei.

Die Schwierigkeit der anwaltlichen Tätigkeit war ebenfalls recht hoch anzusetzen, da im Rahmen dieses Kriteriums von den durchschnittlichen Fähigkeiten eines Rechtsanwalts auszugehen ist. Bei dieser Sichtweise wird offenbar, dass zur Auftragserledigung im Sinne des Mandantenwunschs eine Reihe von Spezialkenntnissen und eine hohe berufliche Erfahrung erforderlich waren, so dass bereits nach zwei Kriterien eine über dem Durchschnitt der Rahmengebühr der Nr. 2300 VV RVG anzusiedelnde Vergütung angemessen war. Die durchschnittliche Gebühr der Nr. 2300 VV RVG ist die mittlere Gebühr, also die Gebühr zwischen 0,5 und 2,5, nach einer Auffassung eine 1,5-Gebühr, nach anderer Auffassung eine 1,9-Gebühr. Der Kläger hätte angesichts der hohen Spezialkenntnisse und Erfahrungen erfordernden Sachbearbeitung eine 2,5-Gebühr fordern können, sah hiervon aber aus Gefälligkeit ab. Da sich die klägerische Partei mit einer 1,9-Gebühr begnügte, erfolgte die Ermessensausübung auch nicht unbillig.

V. Die Einwendungen der beklagten Partei

▬▬▬

VI. Sonstiges

1. Das angerufene Gericht ist örtlich zuständig. Nach verbreiteter Auffassung kann der Rechtsanwalt die ihm geschuldete Vergütung bei dem Gericht seiner Niederlassung einklagen, da er seine Tätigkeit in der Regel an seinem Kanzleiort zu leisten hat,

BGH NJW 1996, 1178; BGH NJW 1991, 3096; BGH AnwBl 1986, 353 = JurBüro 1986, 714; BayObLG NJW 2003, 366 = MDR 2003, 480 = AnwBl 2003, 120; OLG Hamburg BRAK-Mitt. 2002, 44; OLG München VersR 2001, 395; OLG Köln OLGR 1997, 11 = NJW-RR 1997, 825; OLG Köln NJW 1994, 476; OLG Stuttgart AnwBl 1976, 439; OLG Celle OLGZ 1967, 309; LG Berlin AGS 2002, 124; LG Konstanz BRAGOreport 2002, 182; LG Magdeburg JurBüro 2002, 598 = NJW-RR 2003, 130 = AGS 2003, 88 m. Anm. *Madert*; LG München I NJW 2001, 1583; LG Köln AGS 1998, 24; LG Darmstadt AnwBl 1984, 503; LG Düsseldorf AnwBl 1966, 268; LG Hamburg AnwBl 1976, 20 = MDR 76, 318; *Dahns*, BRAK-Mitt. 2002, 100; *Henssler/Steinkraus*, AnwBl 1999, 186.

Die Gegenauffassung hält das Gericht am Wohnsitz des Mandanten für im Regelfalle örtlich zuständig,

BGH 11.11.2003 – X ARZ 91/03, AnwBl 2004, 119 = BRAK-Mitt. 2004, 40; OLG Dresden NJW-RR 2002, 29 = AGS 2002, 242; OLG Hamburg MDR 2002, 1210; OLG Frankfurt NJW 2001, 1583; LG München NJW-RR 2002, 206; LG Hanau MDR 2002, 132; LG Ravensburg BRAK-Mitt. 2002, 99; LG Frankfurt NJW 2001, 2640; AG Hamburg-Bergedorf

MDR 2002, 851; AG Frankfurt NJW 2000, 1802; AG Spandau NJW 2000, 1654; *Prechtel*, MDR 2002, 591; *ders.*, NJW 1999, 3617.

Teilweise wird außerdem die Auffassung vertreten, dass der Erfüllungsort für die beiderseitigen Leistungen aus einem Anwaltsvertrag der Ort ist, an dem der Anwalt seine Tätigkeit entfaltet,

LG Osnabrück AnwBl 1977, 217; AG Köln AnwBl 1978, 63.

Nach beiden Ansichten ist das angerufene Gericht in der vorliegenden Gebührenklage zuständig, denn die Niederlassung der klägerischen Partei liegt im Bezirk des angerufenen Gerichts und an der Niederlassung wurde auch die anwaltliche Tätigkeit entfaltet.

2. Die klägerische Partei verstößt mit den in der vorliegenden Klage mitgeteilten Informationen aus dem Anwaltsverhältnis nicht gegen ihre anwaltliche Verschwiegenheit, § 2 Abs. 1 und 2 BerufsO, § 43a Abs. 2 BRAO. Es ist anerkannt, dass der Anwalt von seiner Verschwiegenheitspflicht befreit ist, wenn er eine Honorarforderung gerichtlich geltend macht,

BGH NJW 1952, 151; BGH MDR 1956, 625; *Henssler*, NJW 1994, 1817.

Gerichtskosten in Höhe von ▪▪▪ EUR sowie Zustellkosten sind mittels Verrechnungsscheck beigefügt, für den sich die klägerische Partei persönlich stark sagt.

(Rechtsanwalt)

129 **9. Muster: Antrag auf Zustellung eines Vergleichs nach § 278 Abs. 6 ZPO**

Arbeitsgericht ▪▪▪

Aktenzeichen: ▪▪▪

Gegner: RAe ▪▪▪, zwei Abschriften anbei

In Sachen

▪▪▪ ./. ▪▪▪

übersenden wir anliegend einen Vergleichsvorschlag. Um im Wege des § 278 Abs. 6 ZPO einen Vergleich abschließen zu können, bitten wir nunmehr das Gericht, den schriftlichen Vergleichsvorschlag in dieser Form jeder Partei zuzustellen, damit die formalen Voraussetzungen erfüllt sind, um das Verfahren ohne weitere mündliche Verhandlung abschließen zu können.

Außerdem beantragen wir,

den Streitwert festzusetzen.

III. Schriftsätze in der zweiten Instanz

130 **1. Muster: Anschlussberufung des Berufungsbeklagten**

Landesarbeitsgericht ▪▪▪

Anschlussberufung

In der Berufungssache

▪▪▪

– berufungsklägerische Partei –

Prozessbevollmächtigte: ▪▪▪

gegen

▪▪▪

– berufungsbeklagte Partei –

legen wir namens der Berufungsbeklagten gegen das ihr am ▪▪▪ zugestellte Urteil des Arbeitsgerichts ▪▪▪ vom ▪▪▪, Aktenzeichen ▪▪▪,

Anschlussberufung

ein.

Die beklagte Partei schließt sich der Berufung der klägerischen Partei gegen das Urteil des Arbeitsgerichts ▪▪▪ vom ▪▪▪, Aktenzeichen ▪▪▪, an.

Namens der beklagten Partei beantragen wir zu erkennen:

1. Die Berufung der klägerischen Partei gegen das Urteil des Arbeitsgerichts ▪▪▪ vom ▪▪▪, Aktenzeichen ▪▪▪, wird zurückgewiesen.
2. Auf die Anschlussberufung der beklagten Partei wird das Urteil des Arbeitsgerichts ▪▪▪ vom ▪▪▪, Aktenzeichen ▪▪▪, abgeändert.
3. ▪▪▪
4. Die Kosten des Verfahrens trägt die klägerische Partei.

Gründe:

▪▪▪

2. Muster: Berufung des Klägers

Landesarbeitsgericht ▪▪▪

Berufung

▪▪▪

– klägerische und berufungsklägerische Partei –

Prozessbevollmächtigte: ▪▪▪

gegen

▪▪▪

– beklagte und berufungsbeklagte Partei –

Prozessbevollmächtigte: ▪▪▪

Wir bestellen uns zu Prozessbevollmächtigten der klägerischen und berufungsklägerischen Partei, in deren Namen und Auftrag wir

Berufung

gegen das Urteil des Arbeitsgerichts ▪▪▪ vom ▪▪▪, zugestellt am ▪▪▪, einlegen.

Wir beantragen:

1. das Urteil des Arbeitsgerichts ▪▪▪ vom ▪▪▪, Aktenzeichen ▪▪▪, abzuändern und nach den Schlussanträgen erster Instanz zu erkennen;
2. die Kosten des Rechtsstreits der berufungsbeklagten Partei aufzuerlegen.

Die Berufungsbegründung bleibt einem gesonderten Schriftsatz vorbehalten.

3. Muster: Berufung des Beklagten

Landesarbeitsgericht ▪▪▪

Berufung

▪▪▪

– klägerische und berufungsbeklagte Partei –

Prozessbevollmächtigte: ▪▪▪

gegen

▪▪▪

– beklagte und berufungsklägerische Partei –

Prozessbevollmächtigte: ▪▪▪

Wir bestellen uns zu Prozessbevollmächtigten der beklagten und berufungsklägerischen Partei, in deren Namen und Auftrag wir

Berufung

gegen das Urteil des Arbeitsgerichts ▪▪▪ vom ▪▪▪, zugestellt am ▪▪▪, einlegen.

Wir beantragen:
1. das Urteil des Arbeitsgerichts ▪▪▪ vom ▪▪▪, Aktenzeichen ▪▪▪, abzuändern und nach den Schlussanträgen erster Instanz zu erkennen;
2. die Kosten des Rechtsstreits der berufungsbeklagten Partei aufzuerlegen.

Die Berufungsbegründung bleibt einem besonderen Schriftsatz vorbehalten.

4. Muster: Beschwerde gegen einen Beschluss des Arbeitsgerichts

Landesarbeitsgericht ▪▪▪

Beschwerde

1. ▪▪▪

– beschwerdeführende/beschwerdegegnerische Partei –

Prozessbevollmächtigte: ▪▪▪

2. Betriebsrat: ▪▪▪

– beschwerdeführende/beschwerdegegnerische Partei –

Prozessbevollmächtigte: ▪▪▪

wegen: ▪▪▪

legen wir namens und in Vollmacht der beschwerdeführenden Partei gegen den Beschluss des Arbeitsgerichts ▪▪▪ vom ▪▪▪, Aktenzeichen ▪▪▪, der Beteiligten zu ▪▪▪ zugestellt am ▪▪▪,

Beschwerde

ein. Eine Kopie des Beschlusses des Arbeitsgerichts ▪▪▪ vom ▪▪▪ ist beigefügt.

Namens der beschwerdeführenden Partei beantragen wir zu erkennen:
1. Der Beschluss des Arbeitsgerichts ▪▪▪ vom ▪▪▪, Aktenzeichen ▪▪▪, wird abgeändert.
2. ▪▪▪

Gründe:

▪▪▪

5. Muster: Bestellungsschreiben für Berufungsbeklagten

Aktenzeichen: ▪▪▪

Gegner: RAe ▪▪▪, zwei Abschriften anbei

In dem Berufungsrechtsstreit

▪▪▪ ./. ▪▪▪

bestellen wir uns für die berufungsbeklagte Partei.

Unter Hinweis auf §§ 9 Abs. 1, 66 Abs. 1 Satz 4 ArbGG bitten wir bereits jetzt, die Berufungsbegründungsfrist für die berufungsklägerische Partei nicht zu verlängern. Eine solche Verlängerung würde eine Verzögerung des Rechtsstreits bedeuten.

Die berufungsbeklagte Partei ist auf eine umgehende, rechtskräftige Entscheidung insbesondere deswegen angewiesen, weil hiervon erhebliche wirtschaftliche Dispositionen abhängen.

6. Muster: Berufungsbegründungsfrist, Verlängerungsantrag am letzten Tag

Die pauschale Begründung des Prozessvertreters, noch weitere Informationen vom Mandanten zu benötigen, rechtfertigt im Allgemeinen nicht die beantragte Verlängerung der Berufungsbegründungsfrist. Ein Berufungskläger, der seinen Antrag auf Verlängerung der Berufungsbegründungsfrist erst am letzten Tag der Frist per Telekopie stellt, ohne sich nach dessen Schicksal telefonisch zu erkundigen, kann nicht erwarten, dass ihm das Gericht telefonisch auf dessen Erfolglosigkeit hinweist,

> LAG Köln 10.6.1994 – 13 Sa 110/94, n.v.; LAG Berlin LAGE § 66 ArbGG 1979 Nr. 8; LAG Düsseldorf LAGE § 66 ArbGG 1979 Nr. 10.

7. Muster: Berufungsbegründungsfrist, Verlängerung wegen Arbeitsüberlastung

In dem Rechtsstreit

■■■ ./. ■■■

beantragt die ■■■-Partei,

> die Frist zur Begründung der Berufung um einen Monat zu verlängern.

Gründe:

Der Unterzeichner beantragt die Verlängerung der Berufungsbegründungsfrist wegen beruflicher Überlastung und insbesondere wegen starker Arbeitsüberlastung.

Rein vorsorglich wird darauf hingewiesen, dass der Hinweis auf die Arbeitsüberlastung ein ausreichender Grund i.S.v. § 66 Abs. 1 Nr. 5 ArbGG ist. Wie das BAG mit Beschluss vom 20.10.2004,

> 5 AZB 37/04 – NZA 2004, 1350 = NJW-Spezial 2004, 370,

ausgeführt hat, ist die von einem Prozessbevollmächtigten geltend gemachte berufliche Überlastung oder besonders starke Arbeitsbelastung des Prozessbevollmächtigten ein Grund i.S.v. § 66 Abs. 1 Nr. 5 ArbGG. Nur wenn Anhaltspunkte dafür vorliegen, dass die pauschal vorgebrachten Gründe in Wahrheit nicht gegeben sind, kann der Kammervorsitzende im Einzelfall eine weitere Substantiierung des Verlängerungsgesuchs verlangen. Schon deshalb, weil der Unterzeichner Anträge auf Verlängerung der Berufungsbegründungsfrist nicht regelmäßig stellt, kann das Gericht keinen Zweifel an der Begründetheit des Antrags haben.

8. Muster: Berufungsbegründungsfrist, Vertrauensschutz des Rechtsanwalts auf Verlängerung

Es entspricht der ständigen Rechtsprechung des BGH,

> VersR 1985, 972; NJW RR 1989, 1280; NJW 1991, 2080,

dass der Anwalt regelmäßig erwarten kann, seinem ersten Antrag auf Verlängerung der Berufungsbegründungsfrist werde entsprochen, wenn einer der Gründe des § 519 Abs. 2 Satz 3 ZPO vorgebracht wird. Eine Praxis, die generell die im Verlängerungsgesuch vorgetragenen Gründe ohne Glaubhaftmachung für nicht ausreichend hält, bewegt sich nicht mehr im Rahmen zulässiger, am Einzelfall orientierter Ermessensausübung. Auf eine solche Praxis braucht sich der Anwalt grundsätzlich nicht einzustellen,

> BGH VersR 1985, 972; BVerfG NJW 1989, 1147; BAG NZA 1994, 907.

Im arbeitsgerichtlichen Verfahren gilt nichts anderes. Wenn § 66 Abs. 1 Satz 4 ArbGG im Gegensatz zu § 519 Abs. 2 Satz 3 ZPO ausdrücklich die einmalige Verlängerung der Berufungsbegründungsfrist zulässt, dient dies dem im arbeitsgerichtlichen Verfahren vorherrschenden Grundsatz der Beschleunigung, der bei Berufungen in Kündigungsschutzprozessen gemäß § 64 Abs. 8 ArbGG besonders hervorgehoben ist. Daraus lassen sich jedoch keine Schlüsse auf Anforderungen ziehen, die generell und abweichend von § 519 Abs. 2 Satz 3 ZPO an die Darlegung und Glaubhaftmachung erheblicher Gründe für die Fristverlängerung zu stellen wären. Das verdeutlicht bereits der insoweit gleiche Wortlaut beider Vorschriften.

Es entspricht deshalb heute auch der Rechtsprechung des BAG, dass ein Prozessbevollmächtigter solange auf eine positive Entscheidung über seinen Antrag auf Verlängerung einer Rechtsmittelbegründungsfrist beim LAG vertrauen darf, als im Vergleich zu einer höchstrichterlichen Rechtsprechung – wie des BGH – nicht eine deutlich restriktivere Praxis des LAG in dessen Bezirk bekannt geworden ist,

BAG NZA 1995, 189.

9. Muster: Erstattungspflicht der Prozessgebühr des Rechtsmittelbeklagten vor Begründung des nur zur Fristwahrung eingelegten Rechtsmittels

Landesarbeitsgericht ■■■

Aktenzeichen: ■■■

Gegner: RAe ■■■, zwei Abschriften anbei

In dem Rechtsstreit

■■■ ./. ■■■

wird beantragt,

die Kosten des Prozessbevollmächtigten der berufungsbeklagten Partei nicht als erstattungsfähig anzuerkennen.

Gründe:
Die berufungsklägerische Partei hat mit Schriftsatz vom ■■■ Berufung eingelegt. Sie hat mit Post vom gleichen Tage die Prozessbevollmächtigten der berufungsbeklagten Partei davon in Kenntnis gesetzt, dass die Berufung zunächst nur fristwahrend erfolgen solle. Die Prozessbevollmächtigten der berufungsbeklagten Partei wurden ausdrücklich gebeten, sich bis zur Begründung der Berufung nicht zu bestellen, da noch nicht sicher sei, ob das Berufungsverfahren durchgeführt werde. Derzeit würden zunächst noch die Erfolgschancen geprüft.

Beweis: Vorlage des Anwaltsschreibens in Kopie – Anlage ■■■

Die mit der fristwahrenden Berufungseinlegung verbundene Bitte an den Berufungsgegner, dieser möge zunächst von der Bestellung eines zweitinstanzlichen Prozessbevollmächtigten Abstand nehmen, bis feststehe, ob das Rechtsmittel durchgeführt werde, wird weder mit der, sei es auch mehrfachen, Verlängerung der Begründungsfrist noch mit der vorübergehenden Mandatsniederlegung durch den Anwalt des Berufungsführers hinfällig. Nicht ausgeräumte Unklarheiten über den Stand des Entscheidungsprozesses beim Berufungskläger sind nicht geeignet, unter Erstattungsgesichtspunkten eine vorzeitige Anwaltsbestellung für den Berufungsbeklagten zu rechtfertigen, erst recht nicht mit der Anbringung eines Sachantrages auf Zurückweisung der Berufung.

Kosten des Prozessbevollmächtigten des Berufungsbeklagten sind auch nicht insoweit erstattungsfähig, als dieser nach Rücknahme der Berufung einen Antrag gemäß § 515 Abs. 3 ZPO stellt.

OLG Köln 13.7.1992 – 17 W 13/92, OLG Report 22/92, S. 266.

Es entspricht ständiger Rechtsprechung der Oberlandesgerichte und auch der Landesarbeitsgerichte, dass der Gegner bei einem erklärtermaßen nur zur Fristwahrung eingelegten Rechtsmittel unter Erstattungsgesichtspunkten im Regelfalle gehalten ist, von der Beauftragung eines Rechtsanwalts für das Rechtsmittelverfahren zunächst Abstand zu nehmen, wenn der Rechtsmittelkläger ihn hierum gebeten hat.

10. Muster: Gegenvorstellung bei Verweisung an ein offensichtlich örtlich unzuständiges Arbeitsgericht[127]

Arbeitsgericht ■■■

Aktenzeichen ■■■

Gegner: RAe ■■■, Abschriften anbei

Gegenvorstellung

In dem Rechtsstreit

■■■ ./. ■■■

beantragen wir, namens ■■■ für Recht zu erkennen:

---

[127] Der Rechtsbehelf ist bei dem Gericht, an das verwiesen wurde, anzubringen. Die bisher entschiedenen und im Schriftsatz erwähnten Fälle sehen eine Rechtswegentscheidung durch das BAG vor. Das offensichtlich örtlich unzuständige Arbeitsgericht ruft das BAG an, das über die örtliche Zuständigkeit verbindlich entscheidet.

Das örtlich unzuständige Arbeitsgericht ▬▬▬ ruft das Bundesarbeitsgericht mit dem Antrag an, das örtlich zuständige Arbeitsgericht zu bestimmen.

Gründe:

Mit Beschluss vom ▬▬▬ hat die ▬▬▬ Kammer des Arbeitsgerichts ▬▬▬ sich für örtlich unzuständig erklärt und den Rechtsstreit an das nach Auffassung der Kammer örtlich zuständige Arbeitsgericht ▬▬▬ verwiesen.

Rechtskräftige Verweisungsbeschlüsse sind für das Gericht, an das der Rechtsstreit verwiesen worden ist, bindend. Dies ergibt sich aus § 48 Abs. 1 ArbG, § 17 a Abs. 2 Satz 3 GVG. Auch fehlerhafte Verweisungsbeschlüsse sind grundsätzlich bindend,

vgl. BAG 14.1.1994, NZA 1994, 478; BAG 3.11.1993, NZA 1994, 479; BAG 31.1.1994, NZA 1994, 959.

Jedoch ist anerkannt, dass eine offensichtlich gesetzwidrige Verweisung keine Bindungswirkung entfaltet. Offensichtlich gesetzwidrig ist ein Verweisungsbeschluss dann, wenn er jeder Gesetzesgrundlage entbehrt oder willkürlich gefasst ist,

vgl. BAG 14.1.1994, NZA 1994, 478; BAG 3.11.1993, NZA 1994, 479; BAG 31.1.1994, NZA 1994, 959.

Unter Anlegung dieser Maßstäbe erweist sich der Verweisungsbeschluss des Arbeitsgerichts ▬▬▬ als offensichtlich gesetzwidrig: ▬▬▬

Das zu Unrecht von dem verweisenden Arbeitsgericht als örtlich zuständig angesehene Gericht hat daher gemäß der erwähnten BAG-Rechtsprechung die Möglichkeit, das BAG um eine abschließende Rechtswegentscheidung wegen offensichtlicher Gesetzwidrigkeit des Verweisungsbeschlusses zu bitten und sollte hiervon im Interesse der Rechtspflege Gebrauch machen.

11. Muster: Nichtigkeitsklage wegen fehlerhafter Besetzung des Landesarbeitsgerichts

Landesarbeitsgericht ▬▬▬

Nichtigkeitsklage

▬▬▬

– klägerische Partei –

Prozessbevollmächtigte: ▬▬▬

gegen

▬▬▬

– beklagte Partei –

Prozessbevollmächtigte: ▬▬▬

wegen: Beseitigung eines Urteils

Wir bestellen uns zu Prozessbevollmächtigten der klägerischen Partei, in deren Namen und Auftrag wir beantragen zu erkennen:

1. Das Urteil des angerufenen Gerichts vom ▬▬▬, Aktenzeichen ▬▬▬, wird beseitigt.[128]
2. Es wird beantragt, nach den Schlussanträgen der klägerischen Partei I. Instanz zu entscheiden ▬▬▬.[129]

Gründe:

1. Zwischen den Parteien war unter dem angegebenen Aktenzeichen ein Rechtsstreit vor dem Landesarbeitsgericht anhängig, der aufgrund des Urteils vom ▬▬▬ von der Kammer zu Lasten der klägerischen Partei entschieden wurde.

Beweis: Beiziehung der Akten LAG ▬▬▬, Aktenzeichen ▬▬▬.

Das Urteil wurde der klägerischen Partei am ▬▬▬, der beklagten Partei am ▬▬▬ zugestellt. Das BAG wurde nicht angerufen. Die Rechtskraft des Urteils vom ▬▬▬ trat deshalb am ▬▬▬ ein. Die Nichtigkeitsklage wurde innerhalb eines Monats nach Kenntnis der maßgeblichen Gründe, in jedem Falle aber innerhalb von fünf Jahren nach Rechtskraft des arbeitsgerichtlichen Urteils erhoben, § 586 Abs. 1 und 2 ZPO.

---

[128] Diese ungewöhnliche Formulierung ergibt sich aus dem Wortlaut von § 588 Abs. 1 Nr. 3 ZPO.
[129] Gemäß § 588 Abs. 1 Nr. 3 ZPO muss angegeben werden, in welchem Umfang das Urteil angefochten wird. Hier empfiehlt es sich, die Anträge exakt zu stellen, die der begehrten Sachentscheidung entsprechen.

Das Urteil vom ▪▪▪ wurde in folgender Besetzung erlassen: Vorsitzender: ▪▪▪ ehrenamtliche Richter: ▪▪▪ Diese Besetzung war aus folgenden Gründen willkürlich und fehlerhaft.[130] Die Fehlerhaftigkeit der Besetzung bedeutete nicht nur eine Nichteinhaltung des Geschäftsverteilungsplans, sie verstieß auch gegen den Verfassungsgrundsatz des gesetzlichen Richters und war dadurch willkürlich. Art. 101 Abs. 1 Satz 2 GG verbietet die Entziehung des gesetzlichen Richters. Vorliegend hat das LAG nicht nur irrtümlich die Besetzungsregeln verkannt, sondern darüber hinaus auch bewusst die Ursache dafür gesetzt, dass völlig andere ehrenamtliche Richter zum Zuge kamen, als der Verteilungsplan vorsah. Nicht durch jede irrtümliche Verkennung der Besetzungsregelung wird man seinem gesetzlichen Richter entzogen, nicht jede Verkennung der Gesetzesregeln hebt die Verletzung einfachen Rechts stets auf die Ebene des Verfassungsrechts.

BVerfG 3.11.1992, BVerfGE 87, 282; BVerfG 30.6.1970, BVerfGE 29, 45; BAG 7.5.1998, BAGE 88, 344; BAG 21.6.2001 – 2 AZR 359/00, n.v.

Erforderlich ist Willkür, die immer dann vorliegt, wenn sich die Maßnahme so weit vom Grundsatz des gesetzlichen Richters entfernt, dass sie nicht mehr verständlich erscheint und unhaltbar ist,

BVerfG 30.6.1970, BVerfGE 29, 49.

Willkür und damit der Verstoß gegen den gesetzlichen Richter liegt nach der Rechtsprechung des Bundesverfassungsgerichts vor, wenn die Maßnahme auf unvertretbaren, mithin sachfremden Erwägungen beruht,

BVerfG 8.4.1997, BVerfGE 95, 322.

Bei Anwendung dieser Grundsätze handelte das Landesarbeitsgericht willkürlich: ▪▪▪

2. Die maßgeblichen Tatsachen sind dem Rechtsanwalt der klägerischen Partei bekannt geworden, als er am ▪▪▪ den Geschäftsverteilungsplan einsah.

Beweis: Anliegende anwaltliche Versicherung.[131]

Damit ist ein Nichtigkeitsgrund gegeben. Das angegriffene Urteil ist nach § 579 Abs. 1 Nr. 1 ZPO zu beseitigen. Zudem ist auch in der Hauptsache zu Gunsten der klägerischen Partei zu entscheiden: ▪▪▪

12. Muster: Sofortige Beschwerde gegen einen Beschluss des Arbeitsgerichts

Landesarbeitsgericht ▪▪▪

Sofortige Beschwerde

▪▪▪

– Beschwerdeführer(in) –

Prozessbevollmächtigte: ▪▪▪

gegen

▪▪▪

– Beschwerdegegner(in) –

Prozessbevollmächtigte: ▪▪▪

wegen: Zulässigkeit des Rechtswegs

Namens und in Vollmacht der beschwerdeführenden Partei legen wir gegen den Beschluss des Arbeitsgerichts ▪▪▪

sofortige Beschwerde

ein. Es wird beantragt,

den Beschluss des Arbeitsgerichts ▪▪▪ vom ▪▪▪, Aktenzeichen ▪▪▪, aufzuheben.

Gründe:

▪▪▪

---

[130] Ein bloßer Fehler in der Besetzung hinsichtlich der ehrenamtlichen Richter reicht für den Erfolg einer Nichtigkeitsklage nicht aus, das Gericht sei nicht vorschriftsmäßig besetzt gewesen (§ 579 Abs. 1 Nr. 1 ZPO), muss darüber hinaus ergänzt werden um eine Darstellung, wonach die fehlerhafte Besetzung auch willkürlich war (BAG 21.6.2001 – 2 AZR 359/00, n.v.; BAG 30.1.1963 – 4 AZR 16/62, AP § 39 ArbGG 1953 Nr. 2; BVerwG 5.4.1983 – 9 CB 12/80, n.v.; BGH 5.5.1994 – VGS 1/93, VGS 2/93, VGS 3/93, VGS 4/94, NJW 1994, 1735; BGH 22.11.1994 – X ZR 51/92, NJW 1995, 332).

[131] Gemäß §§ 588 Abs. 1 Nr. 2, 589 Abs. 2, 586 Abs. 1 und Abs. 2 Satz 1 ZPO muss mit der Klageschrift glaubhaft gemacht werden, dass die Notfrist eingehalten ist.

13. Muster: Unterschrift des Rechtsanwalts bei Berufungsschriftsatz

Der Berufungsschriftsatz ist vom Prozessbevollmächtigten zu unterzeichnen, §§ 130 Nr. 6, 518 Abs. 4 ZPO. Findet sich am Ende eines Berufungsschriftsatzes ein Schriftzug, lässt dieser jedoch aufgrund seiner Kürze nicht die charakteristischen Merkmale einer Unterschrift mit vollem Namen erkennen, fehlt es an einer Unterschrift im Rechtssinne.

Der Namenszug muss für jedermann, dem er bekannt ist, aus dem Schriftzug herausgelesen werden können,

BAG, AP § 518 ZPO; BGH NJW 1988, 713 Nr. 38.

Auch wenn sich unterhalb des Schriftzuges maschinenschriftlich der Vor- und Familienname des Prozessbevollmächtigten befindet, sind die Merkmale einer Unterschrift nicht entbehrlich. Zwar kann eine solche Verbindung von Schriftzug und Unterschriftsleiste bei großzügiger Betrachtung die Annahme einer Unterschriftsleistung erleichtern,

BGH NJW 1997, 338.

Eine solche Verbindung vermag jedoch nicht von den Mindestanforderungen an eine Unterschrift zu befreien,

BAG NZA 1996, 115; BGH NJW 1999, 60.

Gleiches gilt, wenn die Autorenschaft gesichert ist, was zwar die Anlegung eines großzügigen Maßstabes gebietet,

BAG NZA 2000, 1248,

was jedoch nicht rechtfertigt, ein bloßes Namenskürzel als Unterschrift zu behandeln.

Schließlich ist auch der Wille eines Unterzeichners, seinen Schriftzug als Unterschrift im Rechtsverkehr zu verwenden, nur insoweit von Bedeutung, wie er darin seinen Ausdruck gefunden hat,

BGH NJW 1994, 55.

Der großgeschriebene Anfangsbuchstabe des aus fünf Buchstaben bestehenden Namens eines Rechtsanwalts kann auch bei großzügiger Betrachtung, die aufgrund eines maschinenschriftlichen Zusatzes seines Vor- und Familiennamens und seiner unzweifelhaften Urheberschaft geboten ist, nicht als Unterschrift im Rechtssinne angesehen werden, sondern stellt ein bloßes, den Anforderungen des § 130 Nr. 6 ZPO nicht genügendes Handzeichen dar,

LAG Berlin NZA-RR 2002, 211.

↑

14. Muster: Wiedereinsetzung in den vorigen Stand wegen fehlender Unterschrift des Berufungsschriftsatzes

Landesarbeitsgericht ▪▪▪

Aktenzeichen: ▪▪▪

Gegner: RAe ▪▪▪, zwei Abschriften anbei

In dem Rechtsstreit

▪▪▪ ./. ▪▪▪

beantragen wir

Wiedereinsetzung in den vorigen Stand

und legen erneut

Berufung

ein.

Gründe:

1. Am ▪▪▪ ging unser Berufungsschriftsatz beim dem LAG per Telefax ein, drei Tage später das Original. Beide Schriftstücke enthielten keine Unterschriften. Lediglich die am ▪▪▪ mit dem Original eingereichte beglaubigte Abschrift der Berufungsschrift war von Rechtsanwalt ▪▪▪ mit vollem Namen unterzeichnet.

2. Es ist zwar zutreffend, dass die per Telefax übermittelte Berufung mangels anwaltlicher Unterschrift nicht formgerecht und die hiermit eingereichte Berufung nicht fristgerecht eingelegt worden ist. Wiedereinsetzung ist jedoch zu gewähren, weil die Versäumung der Berufungsfristen auf einem Verschulden einer Rechtsanwaltsgehilfin beruht. Wie aus der anliegenden eidesstattlichen Versicherung ersichtlich, ist das Original der Berufungsschrift von Rechtsanwalt ▪▪▪ unterschrieben worden. Daraufhin habe es allerdings bei der Rechtsanwaltsgehilfin eine Verwechslung des unter-

schriebenen Originals mit einer nicht unterschriebenen einfachen Abschrift gegeben, als die einfache Abschrift noch nicht als „Abschrift" gestempelt gewesen war.

Glaubhaftmachung: 1. Anliegende eidesstattliche Versicherung der Anwaltsgehilfin – Anlage K 1.

2. Anliegende anwaltliche Versicherung – Anlage K 2.

Wie das Bundesverfassungsgericht im Beschluss vom 14.12.2001,

NZA 2002, 922,

entschieden hat, darf der Rechtsanwalt die Überprüfung bestimmender Schriftsätze auf die erforderliche Unterschriften seinem geschulten und zuverlässigen Personal zur selbständigen Erledigung übertragen. Zwar muss er durch eine allgemeine Anweisung Vorsorge dafür treffen, dass bei normalem Lauf der Dinge Fristversäumnisse wegen fehlender Unterschrift vermieden werden. Dagegen überspannt es die Sorgfaltsanforderungen, von einem Anwalt zu verlangen, neben der Ausgangskontrolle zusätzlich die Kennzeichnung der Originale und Abschriften zugleich nach dem Ausdruck veranlassen.

Der Rechtsanwalt darf einfache Verrichtungen, die keine juristische Schulungen verlangen, seinem geschulten und zuverlässigen Büropersonal zur selbständigen Erledigung übertragen. Versehen dieses Personals, die nicht auf eigenes Verschulden des Rechtsanwalts zurückzuführen sind, hat die Partei nicht zu vertreten. Eine solch einfache Tätigkeit ist auch die Überprüfung bestimmender Schriftsätze auf die erforderliche Unterschrift,

BVerfG NZA 2002, 922.

Gleiches gilt für das Absenden eines Telefaxes,

BGH NJW 1996, 998; BAG NJW 1966, 799; BAG AP § 233 ZPO Nr. 66.

144 **15. Muster: Wiedereinsetzung in den vorigen Stand bei Verwendung einer falschen Empfänger-Faxnummer durch Kanzleimitarbeiter**

Die Faxnummer des Gerichts gehört weder zur Adressierung der „vorab per Telefax" zu übermittelnden Rechtsmittelschrift noch sonst zu den notwendigen Angaben, die ein Rechtsanwalt oder ein sonstiger kundiger Prozessbevollmächtigter persönlich aus dem Faxverzeichnis oder anderen Unterlagen herauszusuchen oder zu überprüfen hätte, ehe er den Schriftsatz unterschreibt. Beim Heraussuchen und Eingeben der Faxnummer in das Faxgerät handelt es sich vielmehr um Hilfstätigkeiten, die in jedem Fall dem geschulten Kanzleipersonal eigenverantwortlich überlassen werden können,

BFH 24.4.2003 – VII R 47/02, NJW 2003, 2559.

Die Klageschrift ging erst einen Tag nach Ablauf der Klagefrist beim FG ein. Sie war rechtzeitig am letzten Tag der Frist abends per Fax abgesandt worden. Dabei wurde jedoch die Faxnummer des Landgerichts statt des FG gewählt. Von dort wurde die Klageschrift erst am nächsten Morgen – und damit nach Fristablauf – an das FG weitergeleitet.

Das FG lehnte die Wiedereinsetzung mit der Begründung ab, der Prozessbevollmächtigte habe die Fristversäumnis schuldhaft verursacht. Denn er habe die Klageschrift, auf der die Faxnummer nicht angegeben war, ohne weitere Prüfung unterschrieben und seinen Mitarbeitern zur weiteren Bearbeitung überlassen.

Der BFH vertritt einen großzügigeren Standpunkt. Der Prozessbevollmächtigte muss bei einer Rechtsmittelschrift jedenfalls prüfen, ob sie vollständig ist und an das richtige Gericht adressiert ist. Die Telefaxnummer gehört aber nicht zur richtigen Adressierung. Ihr Heraussuchen kann deshalb eigenverantwortlich dem (entsprechend geschulten) Büropersonal überlassen werden. Unterlaufen der Bürokraft dabei Fehler, ist dies dem Prozessbevollmächtigten nicht als Verschulden zuzurechnen. Unerheblich ist auch, ob die Nummer auf dem Schriftsatz vermerkt wird oder nicht.

Die Sache wurde zur erneuten Verhandlung an das FG zurückverwiesen. Dieses muss noch prüfen, ob in der Kanzlei klare und regelmäßig kontrollierte Organisationsanweisungen für das Heraussuchen von Faxnummern und das Verschicken von Faxen bestehen. Ergänzend hinzuweisen ist auf das BFH-Urteil v. 22.1.2003 – X R 41/98, BFH/NV 2003, 757, wonach beim Briefversand der Prozessbevollmächtigte in gleicher Weise nicht zu prüfen hat, ob neben der zutreffenden Angabe des Gerichts auch dessen richtige postalische Anschrift angegeben ist.

16. Muster: Wiedereinsetzung in den vorigen Stand wegen zu Unrecht abgelehnter Verlängerung der Berufungsbegründungsfrist

↓

Trägt ein Prozessbevollmächtigter in einem Antrag auf Verlängerung der Berufungsbegründungsfrist gemäß § 66 Abs. 1 Satz 4 ArbGG vor, eine ordnungsgemäße Bearbeitung der Sache sei aufgrund einer Vielzahl gleichzeitig ablaufender Fristen nicht möglich, darf der Vorsitzende, sofern nicht besondere Umstände vorliegen, ohne Gewährung rechtlichen Gehörs von einer Verlängerung der Begründungsfrist nicht mit der Begründung absehen, die Gründe seien nicht nach § 224 Abs. 2 ZPO glaubhaft gemacht,

BAG DB 1994, 1248.

Dem Beschleunigungsgrundsatz nach § 9 Abs. 1 ArbGG ist dadurch genügt, dass die Frist nach § 66 Abs. 1 Satz 4 ArbGG nur einmal verlängert werden kann. Zudem ist der Vorsitzende nach Vornahme einer am Einzelfall orientierten Ermessensausübung nicht verpflichtet, die Monatsfrist voll auszuschöpfen,

BAG DB 1994, 1248.

↑

IV. Schriftsätze in der Revision

1. Muster: Bestellungsschreiben gegen Nichtzulassungsbeschwerde

↓

Bundesarbeitsgericht
Hugo-Preuß-Platz 1
99084 Erfurt

Aktenzeichen: ▪▪▪

Gegner: RAe ▪▪▪, sechs Abschriften anbei

**In dem Verfahren der
Nichtzulassungsbeschwerde**

▪▪▪

– beschwerdeführende Partei –

Prozessbevollmächtigte: ▪▪▪

gegen

▪▪▪

– beschwerdegegnerische Partei –

Prozessbevollmächtigte: ▪▪▪

bestellen wir uns zu Prozessbevollmächtigten der beschwerdegegnerischen Partei und beantragen,

die Nichtzulassungsbeschwerde der beschwerdeführenden Partei vom ▪▪▪ gegen das Urteil des Landesarbeitsgerichts ▪▪▪ vom ▪▪▪, Aktenzeichen ▪▪▪, kostenpflichtig zurückzuweisen.

Die Begründung unseres Abweisungsantrags erfolgt fristgerecht.

↑

2. Muster: Bestellungsschreiben für Revisionsbeklagten

↓

Bundesarbeitsgericht
Hugo-Preuß-Platz 1
99084 Erfurt

Aktenzeichen: ▪▪▪

Gegner: RAe ▪▪▪, zwei Abschriften anbei

In dem Rechtsstreit

▪▪▪ ./. ▪▪▪

bestellen wir uns zu Prozessbevollmächtigten des Revisionsbeklagten, in dessen Namen und Auftrag wir beantragen, die Revision gegen das Urteil des Landesarbeitsgerichts ▄▄▄ vom ▄▄▄, Aktenzeichen ▄▄▄, zurückzuweisen und nach unserem Schlussantrag II. Instanz zu entscheiden.

Außerdem beantragen wir,

dem Revisionskläger die Kosten des Rechtsstreits aufzuerlegen.

Ausführlicher Vortrag bleibt nach Eingang der Revisionsbegründung vorbehalten.

Wir werden alle Schriftsätze in siebenfacher Ausfertigung einreichen.

3. Muster: Bestellungsschriftsatz des Rechtsbeschwerdegegners

Bundesarbeitsgericht
Hugo-Preuß-Platz 1
99084 Erfurt

In der Rechtsbeschwerdesache
mit den Beteiligten

1. ▄▄▄

– beschwerdeführende Partei –

Verfahrensbevollmächtigte: ▄▄▄

und

2. ▄▄▄

– der Beschwerde entgegentretende Partei –

Verfahrensbevollmächtigte: ▄▄▄

beantragen wir namens und in Vollmacht der der Rechtsbeschwerde entgegentretenden Partei, für Recht zu erkennen:

Die Rechtsbeschwerde des Beteiligten Ziff. ▄▄▄ gegen den Beschluss des Landesarbeitsgerichts ▄▄▄ vom ▄▄▄, Aktenzeichen ▄▄▄, wird zurückgewiesen.

Gründe:

▄▄▄

4. Muster: Nichtzulassungsbeschwerde, Erwiderung bei Unzulässigkeit

Bundesarbeitsgericht
Hugo-Preuß-Platz 1
99084 Erfurt

In Sachen

▄▄▄

– klägerische/beklagte Partei –

Prozessbevollmächtigte: ▄▄▄

gegen

▄▄▄

– klägerische/beklagte Partei –

Prozessbevollmächtigte II. Instanz: ▄▄▄

Wir bestellen uns zu Prozessbevollmächtigten der ▄▄▄ Partei und beantragen, für Recht zu erkennen:

1. Die Nichtzulassungsbeschwerde der ▄▄▄ Partei gegen das Urteil des Landesarbeitsgerichts ▄▄▄ vom ▄▄▄, Aktenzeichen ▄▄▄, wird zurückgewiesen.
2. Die Kosten des Verfahrens trägt die ▄▄▄ Partei.

Gründe:

Die Nichtzulassungsbeschwerde gegen das Urteil des Landesarbeitsgerichts ▄▄▄ vom ▄▄▄, Aktenzeichen ▄▄▄, ist unzulässig. Ihre Begründung wird den Anforderungen von § 72 Abs. 1 und 3 Satz 2 i.V.m. § 72 Abs. 2 Nr. 2 ArbGG nicht gerecht. Die Nichtzulassungsbeschwerde setzt sich zwar mit dem Urteil des Landesarbeitsgerichts ▪▪▪ umfänglich auseinander. In ihrer Begründung trägt die beschwerdeführende Partei jedoch nur vermeintliche Rechtsfehler in der Entscheidung des Landesarbeitsgerichts vor, die aus der Anwendung der §§ ▪▪▪ resultieren.

Eine sich an den Anforderungen des Gesetzes orientierende Begründung einer Nichtzulassungsbeschwerde erfordert den Nachweis, dass in dem angefochtenen Urteil des Landesarbeitsgerichts ein abstrakter Rechtssatz aufgestellt wird, den das Landesarbeitsgericht seinen das Urteil tragenden Erwägungen zugrunde gelegt hat und dass dieser Rechtssatz von einem abstrakten Rechtssatz, den das Bundesarbeitsgericht in einer früheren Entscheidung aufgestellt hat, abweicht. Den gesetzlichen Anforderungen entspricht ebenfalls eine Nichtzulassungsbeschwerde, in der nachgewiesen wird, dass von einer Entscheidung einer anderen Kammer desselben Landesarbeitsgerichts oder eines anderen Landesarbeitsgerichts abgewichen worden ist und das Bundesarbeitsgericht in dieser Rechtsfrage noch keine Entscheidung gefällt hat und die Entscheidung auf der Abweichung beruht.

Mit diesen Anforderungen an eine Nichtzulassungsbeschwerde hat sich der gegnerische Schriftsatz nicht befasst, so dass die Nichtzulassungsbeschwerde unzulässig ist.

5. Muster: Nichtzulassungsbeschwerde, Erwiderung bei Unbegründetheit (keine Zulassung der Revision wegen Verfahrensmangels)

Bundesarbeitsgericht
Hugo-Preuß-Platz 1
99084 Erfurt

In Sachen

▪▪▪

– klägerische/beklagte Partei –

Prozessbevollmächtigte: ▪▪▪

gegen

▪▪▪

– klägerische/beklagte Partei –

Prozessbevollmächtigte II. Instanz: ▪▪▪

Wir bestellen uns zu Prozessbevollmächtigten der ▪▪▪ Partei und beantragen, für Recht zu erkennen:

1. Die Nichtzulassungsbeschwerde der ▪▪▪ Partei gegen das Urteil des Landesarbeitsgerichts ▪▪▪ vom ▪▪▪, Aktenzeichen ▪▪▪, wird zurückgewiesen.
2. Die Kosten des Verfahrens trägt die ▪▪▪ Partei.

Gründe:

Die Nichtzulassungsbeschwerde gegen das Urteil des Landesarbeitsgerichts ▪▪▪ vom ▪▪▪, Aktenzeichen ▪▪▪, ist unbegründet. Entgegen der Ansicht der Beschwerde kann im arbeitsgerichtlichen Verfahren die Zulassung der Revision nicht mit einem Verfahrensmangel gerechtfertigt werden. Das gilt aufgrund der eindeutigen gesetzlichen Regelung nach der ständigen Rechtsprechung des BAG selbst dann, wenn ein Verfahrensfehler offenkundig ist,

BAG NZA 1993, 1151; BAG NZA 1996, 554 = NJW 1997, 25; BAG NJW 2001, 3142.

Diese Rechtsprechung hat das BVerfG nicht beanstandet,

BVerfG NZA 2001, 982 = NJW 2001, 2161.

Auch der Gesichtspunkt der greifbaren Gesetzeswidrigkeit kann nicht die Zulassung der Revision begründen. Die Beschwerde verkennt, dass in Beschwerdeverfahren ausschließlich zu prüfen ist, ob Gründe für die Zulassung der Revision vorliegen (§§ 72 Abs. 2, 72a Abs. 1 ArbGG). Die Berücksichtigung von Verfahrensmängeln und Rechtsanwendungsfehlern ist dem Beschwerdegericht verwehrt. Ob das anzufechtende Berufungsurteil den Beschwerdeführer in seinen verfassungsrechtlichen Rechten verletzt, ist im Verfahren der Nichtzulassungsbeschwerde nicht zu entscheiden. Die Prüfungskompetenz des Gerichts ist nach § 72 Abs. 2 Nr. 2 ArbGG darauf beschränkt, bei dem Gesichtspunkt der greifbaren Gesetzeswidrigkeit eine von der Beschwerdeführerin aufgezeigte Rechtssatzdivergenz zu einer Entscheidung des Bundesverfassungsgerichts festzustellen.

BAG NZA 1998, 726.

Die Beschwerdeführerin hat keine Abweichung in einem vom Bundesverfassungsgericht aufgestellten Rechtssatz aufgezeigt. Für die von der Beschwerdeführerin vorgebrachte Rüge, das Berufungsgericht habe den Anspruch auf rechtliches Gehör aus Art. 103 Abs. 1 GG verletzt, ist das Beschwerdegericht nicht zuständig. Nach § 13 Nr. 8 Buchst. a BVerfGG entscheidet das Bundesverfassungsgericht über die Behauptung, durch die öffentliche Gewalt in einem der in Art. 103 GG enthaltenen Rechte verletzt zu sein (Art. 93 Abs. 1 Nr. 4 Buchst. a GG).

Zwar hat das Bundesverfassungsgericht entschieden, ein Gericht dürfe die Prüfung der Rüge, die Vorinstanz habe das rechtliche Gehör verletzt, nicht mit der Begründung ablehnen, hierfür stehe dem Betroffenen die Verfassungsbeschwerde zur Verfügung,

BVerfGE 49, 252.

Damit sind die Fachgerichte jedoch nicht zu einer umfassenden Beseitigung etwaiger Verstöße gegen Verfahrensgrundrechte berechtigt. Die Verweisung auf die Verfassungsbeschwerde bleibt zulässig, wenn keine rechtlich vertretbare Möglichkeit besteht, eine Verletzung von Verfahrensgrundrechten fachgerichtlich zu korrigieren,

BVerfGE 49, 252 (260).

6. Muster: Nichtzulassungsbeschwerde wegen grundsätzlicher Bedeutung

Bundesarbeitsgericht
Hugo-Preuß-Platz 1
99084 Erfurt

Nichtzulassungsbeschwerde

■■■

– klägerische/beklagte Partei –

Prozessbevollmächtigte: ■■■

gegen

■■■

– klägerische/beklagte Partei –

Prozessbevollmächtigte II. Instanz: ■■■

Namens und in Vollmacht der ■■■ Partei legen wir wegen der Nichtzulassung der Revision in dem Urteil des Landesarbeitsgerichts ■■■ vom ■■■, Aktenzeichen ■■■,

Nichtzulassungsbeschwerde

ein und beantragen zu erkennen:

Die Revision gegen das Urteil des Landesarbeitsgerichts ■■■ vom ■■■, Aktenzeichen ■■■, wird zugelassen.

Eine auf uns lautende Vollmacht ist beigefügt.

Wir werden alle Schriftsätze in siebenfacher Ausfertigung überreichen.

Gründe:

1. Gegenstand des Rechtsstreits bildet ■■■. Im Mittelpunkt des Rechtsstreits steht damit die Auslegung eines Tarifvertrages, der bundesweit angewendet wird. Das Landesarbeitsgericht hat die Revision nicht zugelassen.

2. Die Nichtzulassung der Revision erfolgte zu Unrecht. Nach § 72a Abs. 1 Nr. 2 i.V.m. § 72 Abs. 2 Nr. 1 ArbGG ist die Nichtzulassungsbeschwerde an das Bundesarbeitsgericht zulässig, wenn die Rechtssache grundsätzliche Bedeutung hat und die Parteien über die Auslegung eines Tarifvertrages, dessen Geltungsbereich sich über den Bezirk des Landesarbeitsgerichts hinaus erstreckt, streiten. Diese Voraussetzungen sind vorliegend gegeben:

Der ■■■ Tarifvertrag gilt über den Bezirk des Landesarbeitsgerichts ■■■ hinaus.

Das Landesarbeitsgericht hat den Tarifvertrag so ausgelegt, dass ■■■.

Zu der vom Landesarbeitsgericht vorgenommenen Auslegung hat das Bundesarbeitsgericht bislang noch keine Entscheidung gefällt. Damit hat die Rechtssache grundsätzliche Bedeutung.

Kapitel 1: Parteienunabhängige Schriftsätze

7. Muster: Nichtzulassungsbeschwerde, Erläuterung negativer Prozesschancen für den Mandanten 152

In obiger Angelegenheit teilen wir Ihnen mit, dass wir nach eingehender Überprüfung der höchstrichterlichen Entscheidungen und der arbeitsrechtlichen Literatur zu dem Ergebnis gelangen, dass die von uns zunächst fristwahrend eingelegte Nichtzulassungsbeschwerde in der Sache voraussichtlich keinen Erfolg haben wird.

Voraussetzung für die Begründetheit der Nichtzulassungsbeschwerde gemäß § 72a ArbGG ist, dass das Landesarbeitsgericht die Revision nicht zugelassen hat, obwohl die Voraussetzungen des § 72 Abs. 2 ArbGG vorlagen.

Gemäß § 72 Abs. 2 ArbGG hat das Landesarbeitsgericht die Revision zuzulassen, wenn entweder 1. die Rechtssache grundsätzliche Bedeutung hat oder 2. eine Divergenz vorliegt.

1. Die grundsätzliche Bedeutung einer Rechtssache setzt voraus, dass die Entscheidung über den Einzelfall hinaus von Bedeutung ist und es nicht lediglich um die Rechtsbeziehungen der konkreten Verfahrensparteien geht,

vgl. BAGE 2, 26, 28; BAGE 21, 80, 82.

In diesem Rahmen ist allerdings zu beachten, dass eine grundsätzliche Bedeutung nur dann gegeben sein kann, wenn sich die über den Einzelfall hinausreichende Wirkung des Urteils auf einen größeren Bezirk als den eines Landesarbeitsgerichts erstreckt. Andernfalls könnten die Unklarheiten durch das Landesarbeitsgericht selbst geklärt werden, ohne dass es hierzu der Einschaltung des Bundesarbeitsgerichts bedürfte. Weiterhin entfällt eine Entscheidungserheblichkeit der Rechtsfrage dann, wenn die Entscheidung im Ergebnis auch von einer anderen Begründung getragen wird.

Nach eingehender Überprüfung der Rechtslage konnte – ungeachtet der nicht zu verkennenden großen Bedeutung der Angelegenheit für Sie persönlich – von unserer Seite keine grundsätzliche Bedeutung des Rechtsstreits festgestellt werden, die zu einem Erfolg der Nichtzulassungsbeschwerde führen könnte. Die Urteilsbegründung des Landesarbeitsgerichts beruht unter anderem darauf, dass ■■■.

Diese Begründung ist nur in Ihrem Falle entscheidungserheblich; eine Auswirkung dieser Gerichtsentscheidung über Ihren Fall hinaus auf die Allgemeinheit im Sinne einer Rechtsfortbildung ist nach strengen Rechtsprechungsmaßstäben nicht zu erkennen.

2. Bei der Divergenzrevision ist entscheidend, ob die Entscheidung des Landesarbeitsgerichts von einer Entscheidung des Gemeinsamen Senats der obersten Gerichtshöfe des Bundes, von einer Entscheidung des Bundesarbeitsgerichts oder, solange eine Entscheidung des Bundesarbeitsgerichts in der Rechtsfrage nicht ergangen ist, von einer Entscheidung einer anderen Kammer desselben Landesarbeitsgerichts oder eines anderen Landesarbeitsgerichts abweicht und die Entscheidung auf dieser Abweichung beruht.

Unsere Prüfung hat ergeben, dass die Voraussetzungen des § 72 Abs. 2 Nr. 2 ArbGG ebenfalls nicht vorliegen. Nach Überprüfung der höchstrichterlichen Rechtsprechung konnte eine Abweichung des landesarbeitsgerichtlichen Urteils von höchstrichterlichen Entscheidungen sowie anderer landesarbeitsgerichtlicher Entscheidungen nicht festgestellt werden.

Damit kommen wir insgesamt zu dem Ergebnis, dass von der Durchführung der Nichtzulassung zwecks Vermeidung weiterer Kosten abgesehen werden sollte.

Wir möchten Sie daher bitten, uns kurzfristig Ihre Entscheidung telefonisch mitzuteilen.

8. Muster: Nichtzulassungsbeschwerde wegen Divergenz und Grundsatzbedeutung 153

Bundesarbeitsgericht
– 3. Senat –
Hugo-Preuß-Platz 1
99084 Erfurt

In dem Rechtsstreit

■■■ ./. ■■■

begründet der Kläger/■■■ die fristgerecht eingelegte

Nichtzulassungsbeschwerde

vom ■■■ innerhalb der am ■■■ ablaufenden Begründungsfrist (§ 72a Abs. 3 ArbGG).

Gründe:

I. Rechtliche Voraussetzungen der Nichtzulassungsbeschwerde

Der Kläger und Beschwerdeführer stützt seinen Antrag auf Zulassung der Revision sowohl auf die grundsätzliche Bedeutung einer Rechtsfrage und deren Entscheidungserheblichkeit (§ 72a Abs. 3 Nr. 1 ArbGG) als auch auf eine Divergenz zur höchstrichterlichen Rechtsprechung (§ 72a Abs. 3 Nr. 2 ArbGG).

1. Grundsatzbeschwerde

Nach § 72a Abs. 3 Nr. 1 ArbGG kann eine Nichtzulassungsbeschwerde darauf gestützt werden, dass eine entscheidungserhebliche Rechtsfrage grundsätzliche Bedeutung hat. Das ist der Fall, wenn die Entscheidung des Rechtsstreits von einer klärungsfähigen und klärungsbedürftigen Rechtsfrage abhängt und die Klärung entweder von allgemeiner Bedeutung für die Rechtsordnung ist oder wegen ihrer tatsächlichen Auswirkungen die Interessen zumindest eines größeren Teils der Allgemeinheit berührt,

> BAG 14.4.2005 – 1 AZN 840/04, NZA 2005, 708; BAG 26.9.2000 – 3 AZN 181/00, BAGE 95, 372 (375); BAG 15.11.1995 – 4 AZN 580/95, AP ArbGG 1979 § 72a Grundsatz Nr. 49; BAG 15.2.2005 – 9 AZN 982/04, NZA 2005, 542.

Klärungsfähig ist eine Rechtsfrage, wenn sie in der Rechtsbeschwerdeinstanz beantwortet werden kann. Klärungsbedürftig ist sie, wenn sie höchstrichterlich noch nicht entschieden und ihre Beantwortung nicht offenkundig ist,

> BAG 14.4.2005 – 1 AZN 840/04, NZA 2005, 708 m.w.N.

Entscheidungserheblich ist sie, wenn die Entscheidung des Landesarbeitsgerichts von ihr abhängt.

Gemäß § 72a Abs. 3 Satz 2 Nr. 1 ArbGG muss die Beschwerdebegründung die Darlegung der grundsätzlichen Bedeutung einer Rechtsfrage und ihre Entscheidungserheblichkeit enthalten. Danach ist es regelmäßig erforderlich, dass der Beschwerdeführer die durch die anzufechtende Entscheidung aufgeworfene Rechtsfrage konkret benennt und ihre Klärungsfähigkeit, Klärungsbedürftigkeit, Entscheidungserheblichkeit und allgemeine Bedeutung für die Rechtsordnung und ihre Auswirkung auf die Interessen jedenfalls eines größeren Teils der Allgemeinheit aufzeigt,

> BAG 14.4.2005 – 1 AZN 840/04, NZA 2005, 708; BGH 11.5.2004 – XI ZB 39/03, BGHZ 159, 135.

An die Darlegung der Rechtsfrage sind nur dann keine besonderen Anforderungen zu stellen, wenn sie sich aus der Beschwerdebegründung zweifelsfrei ergibt.

Ein Rechtsgrund zur Zulassung der Revision besteht regelmäßig nur, wenn sich das Landesarbeitsgericht mit der Rechtsfrage befasst hat, sie also beantwortet hat,

> BAG 13.6.2006 – 9 AZN 226/06, NZA 2006, 1004.

In der Beschwerde ist aufzuführen, welche abstrakte Interpretation das Landesarbeitsgericht bei der Behandlung der Rechtsfrage vorgenommen hat und dass diese nach Auffassung des Beschwerdeführers fehlerhaft ist,

> BAG 15.2.2005 – 9 AZN 982/04, NZA 2005, 542; BAG 24.3.1993 – 4 AZN 5/93, BAGE 73, 4; BAG 24.3.1993 – 4 AZN 5/93, NZA 1993, 849.

2. Divergenzbeschwerde

Zur ordnungsgemäßen Begründung einer auf Divergenz (§ 72a Abs. 1, § 72 Abs. 2 Nr. 2 ArbGG) gestützten Nichtzulassungsbeschwerde gehört, dass der Beschwerdeführer einen abstrakten Rechtssatz aus der anzufechtenden Entscheidung sowie einen hiervon abweichenden abstrakten Rechtssatz aus einer Entscheidung des Bundesarbeitsgerichts oder eines anderen, der in § 72 Abs. 2 Nr. 2 ArbGG genannten Gerichte anführt und darlegt, dass das anzufechtende Urteil auf dieser Abweichung beruht,

> BAG 14.4.2005 – 1 AZN 840/04, NZA 2005, 708; BAG 6.12.1994 – 9 AZN 337/94, BAGE 78, 373 (375).

Nach § 72a Abs. 3 Satz 2 ArbGG müssen diese Voraussetzungen in der Begründung der Beschwerde dargelegt und die Entscheidung, von der das Urteil abweicht, bezeichnet werden,

> BAG 28.4.1998 – 9 AZN 227/98, BAGE 88, 296 (297).

Allein die Darlegung einer fehlerhaften Rechtsanwendung oder der fehlerhaften oder unterlassenen Anwendung der Rechtsprechung des Bundesarbeitsgerichts oder eines anderen, der im Gesetz genannten Gerichte reicht zur Begründung einer Divergenzbeschwerde nicht aus,

> BAG 23.7.1996 – 1 ABN 18/96, AP ArbGG 1979 § 72a Divergenz Nr. 33.

Eine lediglich fehlerhafte oder den Grundsätzen der höchstrichterlichen Rechtsprechung nicht entsprechende Rechtsanwendung kann im Hinblick auf die begrenzte Aufgabe eines Revisionsgerichts und des Revisionsverfahrens, nämlich die Rechtseinheit zu wahren und der Rechtsfortbildung zu dienen, eine Divergenz nicht begründen,

> BAG 6.3.2003 – 2 AZN 446/02, n.v.; BAG 10.7.1984 – 2 AZN 337/84, AP ArbGG 1979 § 72a Divergenz Nr. 15.

Ein vom Landesarbeitsgericht gebildeter abstrakter Rechtssatz kann auch in scheinbar einzelfallbezogenen Ausführungen der Entscheidung liegen. Die auf eine Divergenz gestützte Nichtzulassungsbeschwerde muss dann aber darlegen, dass sich ein solcher Rechtssatz zwingend aus der Entscheidung ergibt, er aus ihr also unmittelbar und so deutlich abzulesen ist, dass kein Raum für Zweifel bleibt,

BAG 6.3.2003 – 2 AZN 446/02, n.v.

Beruht das anzufechtende Urteil auf einer Mehrfachbegründung, ist die Revision nur dann zuzulassen, wenn mit der Nichtzulassungsbeschwerde jede der vom Landesarbeitsgericht gegebenen Begründung angegriffen wird und die Rügen gegen jede der gerügten Begründungen für sich betrachtet durchgreifen,

BAG 10.3.1999 – 4 AZN 857/98, BAGE 91, 93.

Die Nichtzulassungsbeschwerde bleibt daher bereits dann in der Sache erfolglos, wenn auch nur eine der mehreren vom Landesarbeitsgericht gegebenen Begründungen zu Unrecht gerügt wird,

BAG 6.3.2003 – 2 AZN 446/02, n.v.

Dementsprechend hat der Beschwerdeführer im Einzelnen darzulegen, welche divergierenden abstrakten, also fallübergreifenden Rechtssätze das anzufechtende wie das herangezogene Urteil aufgestellt haben und dass jedenfalls das anzufechtende Urteil auf dem abweichenden Rechtssatz beruht,

BAG 15.9.2004 – 4 AZN 281/04, NZA 2004, 1292; BAG 9.12.1980 – 7 AZN 374/80, AP ArbGG 1979 § 72a Divergenz Nr. 3.

Die Erfüllung der zuletzt genannten Anforderung ist grundsätzlich konkret, fallbezogen darzulegen,

BAG 10.7.1996 – 4 AZN 34/96, ZTR 1996, 420.

Dadurch soll der bloß formelhaften Behauptung, die anzufechtende Entscheidung beruhe auf der/den behaupteten Divergenz(en), entgegengewirkt und eine Beschränkung des Rechtsstoffs im Beschwerdeverfahren erreicht werden. Der Prozessbevollmächtigte des Beschwerdeführers soll mit dieser Anforderung einer ordnungsgemäßen Beschwerdebegründung dazu angehalten werden, das angefochtene Urteil genau zu durchdenken und nur solche Divergenzen zu rügen, die die anzufechtende Entscheidung tragen,

BAG 15.9.2004 – 4 AZN 281/04, NZA 2004, 1292.

Unter Beachtung der vorstehenden Rechtsgrundsätze des Bundesarbeitsgerichts erhebt der Beschwerdeführer vorliegend sowohl eine Grundsatz- als auch eine Divergenzbeschwerde.

II. Sachverhalt

Die Parteien streiten darüber, ob ■■■.

III. Urteilsbegründungen

Das Arbeitsgericht hat ■■■.

IV. Grundsatzbeschwerde

Das Landesarbeitsgericht hat die Revision zu Unrecht nicht zugelassen. Die Revision wird gestützt auf § 72a Abs. 3 Nr. 1 ArbGG. ■■■

V. Divergenzbeschwerde

Das Landesarbeitsgericht stellt den Rechtssatz auf, ■■■.

Der vorstehende Rechtssatz weicht von der höchstrichterlichen Rechtsprechung des Bundesarbeitsgerichts ab. ■■■

Das Landesarbeitsgericht verkürzt die vorstehenden Grundsätze des Bundesarbeitsgerichts um die maßgebliche Erkenntnis, dass ■■■.

Das Urteil des Landesarbeitsgerichts beruht auf diesem fehlerhaften Rechtssatz. Hätte das Landesarbeitsgericht den Rechtssatz des Bundesarbeitsgerichts zutreffend angewandt, hätte es bei umfassender Würdigung der Umstände des Einzelfalles und der gegenläufigen Interessen zu ■■■ gelangen müssen.

Das Landesarbeitsgericht stellt des Weiteren den Rechtssatz auf, ■■■.

Dieser Rechtssatz steht im Widerspruch zu den Grundsätzen des Bundesarbeitsgerichts, wonach ■■■.

Des Weiteren steht der Rechtssatz des Landesarbeitsgerichts in Widerspruch zur aktuellen Entscheidung des Bundesarbeitsgerichts vom ■■■.

In dieser Entscheidung führt der ▬▬▬ Senat aus: ▬▬▬

Das anzufechtende Urteil des Landesarbeitsgerichts beruht auf dieser Divergenz. Das Urteilsergebnis des Landesarbeitsgerichts hätte anders ausfallen können, wenn das Urteil nicht auf diesen divergierenden Rechtssatz aufbauen würde, sondern auf dem Rechtssatz aus den zitierten Urteilen des BAG. Denn wäre das Landesarbeitsgericht der Rechtsprechung des Bundesarbeitsgerichts gefolgt, hätte es ▬▬▬ feststellen müssen.

▬▬▬

↑

9. Muster: Nichtzulassungsbeschwerde wegen Divergenz

↓

Bundesarbeitsgericht
Hugo-Preuß-Platz 1
99084 Erfurt

Nichtzulassungsbeschwerde

▬▬▬

– klägerische/beklagte Partei –

Prozessbevollmächtigte: ▬▬▬

gegen

▬▬▬

– klägerische/beklagte Partei –

Prozessbevollmächtigte II. Instanz: ▬▬▬

Namens und in Vollmacht der ▬▬▬ Partei legen wir wegen der Nichtzulassung der Revision in dem Urteil des Landesarbeitsgerichts ▬▬▬ vom ▬▬▬, Aktenzeichen ▬▬▬,

Nichtzulassungsbeschwerde

ein und beantragen zu erkennen:

    Die Revision gegen das Urteil des Landesarbeitsgerichts ▬▬▬ vom ▬▬▬, Aktenzeichen ▬▬▬, wird zugelassen.

Eine auf uns lautende Vollmacht ist beigefügt.

Wir werden alle Schriftsätze in siebenfacher Ausfertigung überreichen.

Gründe:

I.

Die Parteien streiten darüber, ob ▬▬▬.

Das Arbeitsgericht hat wie folgt entschieden: ▬▬▬

Das Landesarbeitsgericht hat wie folgt entschieden: ▬▬▬

Das Landesarbeitsgericht hat die Revision nicht zugelassen. Die Nichtzulassung der Revision erfolgte zu Unrecht, da das Landesarbeitsgericht mit seinem Urteil von einem Rechtssatz des Bundesarbeitsgericht abweicht, § 72 Abs. 2 Nr. 2 ArbGG. Die Nichtzulassungsbeschwerde ist durch diese Divergenz begründet.

II.

Das Landesarbeitsgericht hat in seinem Urteil bei der Darstellung seiner die Entscheidung tragenden Urteilsgründe Folgendes festgestellt: ▬▬▬. Schließlich hat es wörtlich Folgendes ausgeführt: ▬▬▬

Mit dieser Formulierung hat das Landesarbeitsgericht einen abstrakten Rechtssatz aufgestellt, auf den es seine Entscheidung in dem angefochtenen Urteil gründet.

Der vom Landesarbeitsgericht in der angefochtenen Entscheidung aufgestellte abstrakte Rechtssatz weicht von dem Rechtssatz ab, den das BAG in seiner Entscheidung ▬▬▬ aufgestellt hat. In dieser Entscheidung formuliert das BAG wie folgt:

▬▬▬

Das anzufechtende Urteil des Landesarbeitsgerichts beruht auf dieser Divergenz. Das Urteilsergebnis des Landesarbeitsgerichts hätte anders ausfallen können, wenn das Urteil nicht auf diesem divergierenden Rechtssatz aufbauen würde, sondern auf dem Rechtssatz aus dem zitierten Urteil des BAG.

Der Umstand, dass Rechtsgrundlage der tragenden Ausführungen des LAG eine Fundstelle aus der Literatur bildete, die die Kammer übernommen hat, hindert nicht an der Feststellung, dass das LAG damit einen eigenen Rechtssatz aufgestellt hat. Wenn das LAG Rechtserkenntnisse aus anderen Urteilen oder in der Wissenschaft vertretene Literaturmeinungen zustimmend wiedergibt, stellt es anerkanntermaßen „durch Übernahme" eigene Rechtssätze auf,

GK-ArbGG/*Ascheid*, § 72a Rn 61.

10. Muster: Nichtzulassungsbeschwerde wegen Verletzung des Anspruchs auf rechtliches Gehör

Bundesarbeitsgericht
Hugo-Preuß-Platz 1
99084 Erfurt

Nichtzulassungsbeschwerde

▪▪▪

– klägerische/beklagte Partei –

Prozessbevollmächtigte: ▪▪▪

gegen

▪▪▪

– klägerische/beklagte Partei –

Prozessbevollmächtigte II. Instanz: ▪▪▪

Namens und in Vollmacht der ▪▪▪ Partei legen wir wegen der Nichtzulassung der Revision in dem Urteil des Landesarbeitsgerichts ▪▪▪ vom ▪▪▪, Aktenzeichen ▪▪▪,

Nichtzulassungsbeschwerde

ein und beantragen zu erkennen:

Die Revision gegen das Urteil des Landesarbeitsgerichts ▪▪▪ vom ▪▪▪, Aktenzeichen ▪▪▪, wird zugelassen.

Eine auf uns lautende Vollmacht ist beigefügt.

Wir werden alle Schriftsätze in siebenfacher Ausfertigung überreichen.

Gründe:

1. Gegenstand des Rechtsstreits bildet ▪▪▪. Im Mittelpunkt des Rechtsstreits steht damit ▪▪▪. Das Landesarbeitsgericht hat die Revision nicht zugelassen.

2. Die Nichtzulassung der Revision erfolgte zu Unrecht. Nach § 72 Abs. 2 Nr. 3 ArbGG ist die Nichtzulassungsbeschwerde an das Bundesarbeitsgericht zulässig, wenn eine entscheidungserhebliche Verletzung des Anspruchs auf rechtliches Gehör geltend gemacht wird und vorliegt. Diese Voraussetzungen sind vorliegend gegeben:

Das LAG ▪▪▪ hat den Anspruch des Beschwerdeführers auf rechtliches Gehör verletzt, indem es folgenden nach § 139 Abs. 2 ZPO gebotenen Hinweis unterlassen hat:

Das LAG hätte den Beschwerdeführer darauf hinweisen müssen, dass ▪▪▪.

Wäre der Beschwerdeführer vom LAG darauf hingewiesen worden, hätte er sodann vorgebracht ▪▪▪. Aufgrund dieses Vorbringens wäre die Entscheidung des LAG sicherlich/möglicherweise anders entschieden worden.

Die Hinweispflicht nach § 139 ZPO erstreckt sich seit der ZPO-Reform nicht mehr nur auf Umstände rechtlicher, sondern auch tatsächlicher Art.

Die Hinweispflicht dient dazu, dass der Rechtsanwalt mit seiner Partei vor dem Termin die maßgeblichen Umstände erörtern und gegebenenfalls die nach Meinung des Gerichts erheblichen Umstände vortragen kann.

Verstößt das Gericht gegen die Hinweispflicht nach § 139 ZPO, ist zumindest ein neuer Termin anzuberaumen, bis zu dem unter Wahrung des Anspruchs auf rechtliches Gehör der betroffenen Partei Gelegenheit zu geben ist, zu den vom Gericht erheblichen Sachen vorzutragen.

Dementsprechend hat der 9. Senat des BAG in seinem Urteil vom 11.4.2006

9 AZN 892/05, NZA 2006, 750 = NJW 2006, 2716,

die Nichtzulassungsbeschwerde wegen Verletzung des Anspruchs auf rechtliches Gehör mit folgenden Erwägungen zugelassen:

„§ 139 Abs. 1 ZPO verlangt nicht, dass das Gericht eine Partei, die sich zur Begründung ihres geltend gemachten Anspruchs auf einen ganz bestimmten Lebenssachverhalt und eine sich daraus ergebende Anspruchsgrundlage stützt, darauf hinweist, bei verändertem Sachvortrag könnte auch eine andere Anspruchsgrundlage den geltend gemachten Anspruch rechtfertigen. Es ist nicht Aufgabe des Gerichts, eine Partei darauf hinzuweisen, dass sie ihr Klageziel dadurch erreichen könnte, indem sie sich zur Begründung ihres Klageanspruchs auf einen weiteren Lebenssachverhalt und damit eine neue Anspruchsgrundlage stützt."

Der 9. Senat ging davon aus, dass das betreffende LAG den Anspruch auf rechtliches Gehör dadurch verletzt, dass es in sein klageabweisendes Urteil einen, von der Klägerin bislang noch nicht vorgetragenen Lebenssachverhalt aufgenommen hat, ohne je zuvor Gelegenheit zu geben, diesen neuen Lebenssachverhalt durch Tatsachenvortrag zu konkretisieren. Eine solche Verfahrensweise verstößt gegen den Grundsatz des „fairen Verfahrens" (Fair-Trail-Grundsatz). Wenn das LAG eine Klageerweiterung in der Berufungsinstanz anregen und zulassen wollte, so hätte es der Klägerin in Anwendung des in § 139 Abs. 5 ZPO enthaltenen Rechtsgedankens die beantragte Frist zum substantiierten neuen Tatsachenvortrag für die Klageerweiterung einräumen müssen.

11. Muster: Nichtzulassungsbeschwerde wegen tariflicher Streitigkeit

Bundesarbeitsgericht
Hugo-Preuß-Platz 1
99084 Erfurt

Nichtzulassungsbeschwerde

– klägerische/beklagte Partei –

Prozessbevollmächtigte: ▪▪▪

gegen

▪▪▪

– klägerische/beklagte Partei –

Prozessbevollmächtigte II. Instanz: ▪▪▪

Namens und in Vollmacht der ▪▪▪ Partei legen wir wegen der Nichtzulassung der Revision in dem Urteil des Landesarbeitsgerichts ▪▪▪ vom ▪▪▪, Aktenzeichen ▪▪▪,

Nichtzulassungsbeschwerde

ein und beantragen zu erkennen:

Die Revision gegen das Urteil des Landesarbeitsgerichts ▪▪▪ vom ▪▪▪, Aktenzeichen ▪▪▪, wird zugelassen.

Eine auf uns lautende Vollmacht ist beigefügt.

Wir werden alle Schriftsätze in siebenfacher Ausfertigung überreichen.

Gründe:

Die Parteien streiten über die richtige Eingruppierung der klägerischen Partei in die Gehaltsgruppen des Manteltarifvertrages für ▪▪▪ Nordrhein-Westfalens. Das Arbeitsgericht Köln hat der Klage auf Höhergruppierung stattgegeben, die dagegen von der beklagten Partei eingelegte Berufung wurde zurückgewiesen. Das Landesarbeitsgericht hat die Revision nicht zugelassen. Mit der vorliegenden Beschwerde beantragt die beklagte Partei die Zulassung der Revision.

I.

Die Nichtzulassung der Revision erfolgte zu Unrecht. Die Revision wird gestützt auf § 75a Nr. 2 ArbGG. Danach ist die Revision zuzulassen, wenn die Rechtssache grundsätzliche Bedeutung hat. Grundsätzliche Bedeutung liegt vor, wenn es sich um eine der in den Nrn. 1 bis 3 des § 72a Abs. 1 ArbGG genannten Streitigkeiten handelt. Vorliegend geht es um die Auslegung eines Tarifvertrages, dessen Geltungsbereich sich über den Bezirk des LAG hinaus erstreckt.

II.
Das LAG hat der Eingruppierungsklage mit der Begründung stattgegeben, ▪▪▪.
Die Auslegung der Merkmale dieser Vergütungsgruppe durch das Landesarbeitsgericht ist fehlerhaft, ▪▪▪.

III.
Da der von dem LAG angewandte Tarifvertrag sich in seinem Geltungsbereich über den Bezirk des LAG Köln hinaus erstreckt, nämlich als Manteltarifvertrag NW auch im Geltungsbereich des LAG Düsseldorf Anwendung findet, sind die Voraussetzungen einer tarifvertraglichen Nichtzulassungsbeschwerde gemäß § 72a Abs. 1 ArbGG erfüllt.

12. Muster: Revision des Klägers

Bundesarbeitsgericht
Hugo-Preuß-Platz 1
99084 Erfurt

Revision

▪▪▪

– Revisionskläger –

Prozessbevollmächtigte: ▪▪▪
gegen
▪▪▪

– Revisionsbeklagte –

Prozessbevollmächtigte: ▪▪▪
Wir bestellen uns zu Prozessbevollmächtigten des Klägers und Revisionsklägers, in dessen Namen und Vollmacht wir

Revision

gegen das Urteil des Landesarbeitsgerichts ▪▪▪ vom ▪▪▪, Aktenzeichen ▪▪▪, einlegen.
Es wird die Verletzung materiellen und formellen Rechts gerügt.
Es wird bereits jetzt beantragt, wegen der Schwierigkeit der Vereinbarung eines frühzeitigen Besprechungstermins mit der klägerischen Partei die Revisionsbegründungsfrist zu verlängern.
Anträge und Revisionsbegründung bleiben einem gesonderten Schriftsatz vorbehalten.
Wir werden alle Schriftsätze in siebenfacher Ausfertigung einreichen.

13. Muster: Revision des Beklagten

Bundesarbeitsgericht
Hugo-Preuß-Platz 1
99084 Erfurt

Revision

▪▪▪

– Revisionskläger –

Prozessbevollmächtigte: ▪▪▪
gegen
▪▪▪

– Revisionsbeklagte –

Prozessbevollmächtigte: ▪▪▪
Wir bestellen uns zu Prozessbevollmächtigten des Beklagten und Revisionsklägers, in dessen Namen und Vollmacht wir

Revision

gegen das Urteil des Landesarbeitsgerichts ▬▬▬ vom ▬▬▬, Aktenzeichen ▬▬▬, einlegen.

Es wird die Verletzung materiellen und formellen Rechts gerügt.

Es wird bereits jetzt beantragt, wegen der Schwierigkeit der Vereinbarung eines frühzeitigen Besprechungstermins mit der klägerischen Partei die Revisionsbegründungsfrist zu verlängern.

Anträge und Revisionsbegründung bleiben einem gesonderten Schriftsatz vorbehalten.

Wir werden alle Schriftsätze in siebenfacher Ausfertigung einreichen,

↑

14. Muster: Rechtsbeschwerde
↓

Bundesarbeitsgericht
Hugo-Preuß-Platz 1
99084 Erfurt

**In der Rechtsbeschwerdesache
mit den Beteiligten**

1. ▬▬▬

– beschwerdeführende Partei –

Verfahrensbevollmächtigte: ▬▬▬

und

2. ▬▬▬

– der Beschwerde entgegentretende Partei –

Verfahrensbevollmächtigte: ▬▬▬

wegen: ▬▬▬

legen wir namens und in Vollmacht der beschwerdeführenden Partei gegen den Beschluss des Landesarbeitsgerichts ▬▬▬ vom ▬▬▬, Aktenzeichen ▬▬▬, den Prozessbevollmächtigten der beschwerdeführenden Partei zugestellt am ▬▬▬,

Rechtsbeschwerde

ein. Eine Kopie des Beschlusses des Landesarbeitsgerichts ▬▬▬ vom ▬▬▬ fügen wir bei.

Namens der beschwerdeführenden Partei beantragen wir zu erkennen:

1. Der Beschluss des Landesarbeitsgerichts ▬▬▬ vom ▬▬▬, Aktenzeichen ▬▬▬, wird aufgehoben. Auf die Beschwerde wird unter Abänderung des Beschlusses des Arbeitsgerichts ▬▬▬ vom ▬▬▬ wie folgt entschieden: ▬▬▬

Hilfsweise:

2. Unter Aufhebung des Beschlusses des Arbeitsgerichts ▬▬▬ vom ▬▬▬, Aktenzeichen ▬▬▬, wird die Sache zur anderweitigen Verhandlung und Entscheidung an das Landesarbeitsgericht ▬▬▬ zurückverwiesen.

Gründe:

▬▬▬

↑

V. Kostenfestsetzung und Zwangsvollstreckung

1. Muster: Arrestantrag wegen Gefahr der Vollstreckungsvereitelung oder Vollstreckungserschwerung
↓

Arbeitsgericht ▬▬▬

Antrag auf Erlass eines Arrestes

▬▬▬

– antragstellende Partei –

Verfahrensbevollmächtigte: ▬▬▬

gegen

■■■

– antragsgegnerische Partei –

Wir bestellen uns zu Verfahrensbevollmächtigten der antragstellenden Partei und beantragen wegen der Dringlichkeit des Falles ohne mündliche Verhandlung durch den Vorsitzenden allein den Erlass eines Arrestes.

1. Die antragstellende Partei beantragt, wegen einer Forderung der Antragstellerin gegen die Antragsgegnerin aus einer Fort- und Weiterbildungsvereinbarung i.H.v. ■■■ EUR nebst 5 % Zinsen über dem Basiszinssatz nach § 247 BGB i.V.m. § 7 des Überleitungsgesetzes zur Modernisierung des Schuldrechts (Art. 229 EGBGB) seit dem Tage der Klagezustellung in der Hauptsache, den dinglichen Arrest in das gesamte Vermögen der Antragsgegnerin anzuordnen.

2. Die Vollziehung des Arrestes wird durch Hinterlegung eines Betrages durch die Antragsgegnerin i.H.v. ■■■ EUR gehemmt.

3. Mit Vollziehung des Arrestes werden folgende angebliche Forderungen der Antragsgegnerin gepfändet:

a) aus der bestehenden Geschäftsverbindung, insbesondere dem Kontokorrent- und dem Girovertrag der Anspruch auf

- Auszahlung des gegenwärtigen Guthabens (Verrechnung aller Debit- und Kreditposten) im Zeitpunkt der Zustellung (Zustellungssaldo),
- Auszahlung des künftigen Guthabens, welches sich bei Saldoabziehung des jeweiligen Rechnungsabschlusses ergibt (zukünftiges Saldo),
- fortlaufende Auszahlung der sich zwischen den Rechnungsabschlüssen ergebenden Guthaben (Tagessaldo),
- das Recht, über dieses Guthaben durch Überweisungsaufträge zu verfügen,
- der Anspruch auf Gutschrift aller künftigen Eingänge aus dem Girovertrag,
- die Auszahlung der Darlehenssumme für den Fall, dass der Schuldner den ihm gewährten Dispositionskredit abruft,
- alle gegenwärtigen und zukünftigen Ansprüche auf Auszahlung von Sparguthaben aus vermögenswirksamen Leistungen,

gegen die Sparkasse ■■■, vertreten durch den Direktor ■■■, Kontonummer ■■■

b) die angeblichen künftigen Ansprüche der Schuldnerin auf Altersruhegeld in Höhe der nach § 850c ZPO pfändbaren Beträge

gegen die Bundesversicherungsanstalt für Angestellte ■■■, Versicherungs-Nummer: ■■■

und die Versorgungsanstalt des Bundes und der Länder ■■■, Versicherungs-Nummer: ■■■

und den kommunalen Versorgungsverband ■■■, Versicherungs-Nummer: ■■■

als Drittschuldner zu 4.

c) die gegenwärtigen und künftigen angeblichen Ansprüche der Antragsgegnerin auf Rückzahlung der Mietkaution einschließlich deren Verzinsung nach Wegfall des Sicherungszweckes im Hinblick auf die Anmietung der Wohnung ■■■

gegen die Vermieterin Frau ■■■

d) die angebliche Forderung der Antragsgegnerin auf Einkommensteuer, Lohnsteuer und Kirchensteuererstattungsansprüche für die Jahre 1996 und 1997 sowie die angeblichen Ansprüche auf Gewährung und Auszahlung der Arbeitnehmersparzulage oder Wohnungsbauprämie

gegen das Finanzamt ■■■

als Drittschuldnerin zu 6.

e) das angebliche Recht auf Kündigung des Bausparvertrages

- der angebliche Anspruch auf Rückzahlung des Bausparguthabens
- der angebliche Anspruch auf Wohnungsbauprämie
- der angebliche Anspruch auf ein Zinsguthaben auf das Bausparguthaben und einen eventuellen Zinsbonus
- der angebliche Anspruch auf Herausgabe einer Kopie des Bausparvertrages

gegen Ostdeutsche Landesbausparkasse AG ■■■, Vertragsnummer: ■■■

als Drittschuldnerin zu 8.

4. Den Drittschuldnern wird verboten, an die Antragsgegnerin zu zahlen. Der Antragsgegnerin wird dagegen geboten, sich jeder Verfügung über die gepfändete Forderung, insbesondere der Einziehung, zu enthalten.

§ 6 Schriftsätze im arbeitsgerichtlichen Urteilsverfahren

161 **2. Muster: Fotokopiekosten für Schriftsatzanlagen, Erstattungsfähigkeit**

↓

Arbeitsgericht ▄▄▄
Aktenzeichen: ▄▄▄
Gegner: RAe ▄▄▄, zwei Abschriften anbei
In dem Rechtsstreit

▄▄▄ ./. ▄▄▄

wenden wir uns gegen die beabsichtigte Festsetzung der Fotokopiekosten. In den von der Gegenseite geltend gemachten Fotokopiekosten sind Kosten für solche Ablichtungen enthalten, die in umfangreichem Maße als Anlagen zu Schriftsätzen des Gegners für das Gericht und in einfacher Ausfertigung für unsere Partei gefertigt wurden. Im Einzelnen handelt es sich dabei um ▄▄▄ Fotokopien.

Eine Ersatzpflicht unserer Partei für diese Fotokopiekosten besteht nicht.

Nach Nr. 7000 Nr. 1 Buchst. d) VV RVG kann der Rechtsanwalt Ersatz der Kosten für die Anfertigung von Abschriften und Ablichtung zur Unterrichtung an Gegner oder Beteiligte aufgrund einer Rechtsvorschrift oder nach Aufforderung des Gerichts verlangen. Dies gilt gemäß § 7 Abs. 2 RVG gleichermaßen für Abschriften und Ablichtungen zur notwendigen Unterrichtung von mehreren Auftraggebern.

Mangels Aufforderung durch Gericht, Rechtsvorschrift oder besonderer Absprachen kann der Auftraggeber erwarten, dass der Rechtsanwalt das Schreibwerk herstellt, das zur Prozessführung notwendig ist. Es ist daher auch nicht Sache des Auftraggebers, dem Rechtsanwalt Schriftsatzanlagen in der zur Prozessführung erforderlichen Anzahl zur Verfügung zu stellen.

Nach diesen Grundsätzen schuldet die gegnerische Partei ihren Prozessbevollmächtigten keinen Ersatz der Kosten für die Fotokopien, die dieser als Anlagen zu ihren eigenen Schriftsätzen gefertigt und bei Gericht eingereicht haben. Diese zählen zu den gemäß Vorbemerkung 7 Abs. 1 VV RVG abgegoltenen allgemeinen Geschäftskosten.

Fotokopiekosten sind deshalb, vorbehaltlich der in Nr. 7000 VV RVG und § 7 Abs. 2 RVG geregelten Ausnahmen, grundsätzlich nicht erstattungsfähig,

BGH 5.12.2002, AnwBl 2003, 241.

↑

162 **3. Muster: Gerichtsvollzieherpfändung wegen Geldforderungen, Antrag**

↓

Gerichtsvollzieherverteilungsstelle
beim Amtsgericht in ▄▄▄
In Sachen

▄▄▄ ./. ▄▄▄

(Kurzrubrum)

überreichen wir die vollstreckbare Ausfertigung des Urteils des Arbeitsgerichts vom ▄▄▄, Aktenzeichen ▄▄▄, mit dem Auftrag, im Wege der Zwangsvollstreckung folgende Beiträge beizutreiben:

- einen Teil der Hauptforderung laut Titel i.H.v. ▄▄▄ EUR
- 5% Zinsen über dem Basiszinssatz auf diesen Betrag seit dem ▄▄▄ ▄▄▄ EUR
- festgesetzte Kosten gemäß Kostenfestsetzungsbeschluss vom ▄▄▄ ▄▄▄ EUR

(Rechtsanwalt)

↑

163 **4. Muster: Kostenfestsetzungsantrag unter Berücksichtigung fiktiver Reisekosten**[132]

↓

Arbeitsgericht ▄▄▄
Aktenzeichen: ▄▄▄

---

[132] Zum Gegenantrag mit Begründung als sofortige Beschwerde siehe Muster 6212 § 6 Rn 164.

In dem Rechtsstreit

■■■ ./. ■■■

wird beantragt, die fiktiven Reisekosten der beklagten Partei zu berücksichtigen, die entstanden wären, wenn sie den Termin vom ■■■ vor dem Arbeitsgericht ■■■ selbst wahrgenommen hätte.

Die durch die Beauftragung eines Rechtsanwalts entstehenden Kosten sind im Rahmen hypothetisch berechneter Reisekosten, die der Partei sonst entstanden wären, erstattungsfähig,

> vgl. LAG Hamm 24.6.1971, MDR 1971, 877; LAG Rheinland-Pfalz 25.11.1975, MDR 1976, 258; LAG Düsseldorf 10.4.1986, LAGE Nr. 6 zu § 12a ArbGG 1979; *Germelmann u.a.*, ArbGG, § 12a Rn 21.

§ 12a Abs. 1 Satz 1 ArbGG will nur das Prozessrisiko für die unterliegende Partei begrenzen, es soll ihr aber nicht ein ungerechtfertigter Kostenvorteil verschafft werden. Im Rahmen der hypothetischen Kostenberechnung sind sämtliche Fahrt-, Unterkunfts- und sonstigen Kosten zu berücksichtigen. In der Höhe dieser Kosten können die durch die Beauftragung des Rechtsanwalts entstandenen Gebühren und Auslagen erstattet verlangt werden.

Zur zweckentsprechenden Rechtsverfolgung bzw. Rechtsverteidigung durch die beklagte Partei wären notwendigerweise die nachfolgenden Kosten entstanden:

- Netto-Bahnkosten ■■■ EUR
- Netto-Taxikosten ■■■ EUR
- Netto-Unterkunft ■■■ EUR
- Summe ■■■ EUR

Durch die Anreise von Rechtsanwalt ■■■ ersparte sich die Partei eigene Reisekosten, da der einzig sachkundig informierte Mitarbeiter aus ■■■ nicht anreisen musste. Dass nur der Mitarbeiter aus ■■■ über die erforderlichen Kenntnisse zur sachgerechten Führung des Prozesses verfügte, ergibt sich aus folgenden Gründen: ■■■

Auf dieser Grundlage wird beantragt, die tatsächlich angefallenen Rechtsanwaltskosten in Höhe der ersparten fiktiven Nettoreisekosten i.H.v. insgesamt ■■■ EUR als erstattungsfähig festzusetzen und auszusprechen, dass der festzusetzende Betrag mit 5 % über dem Basiszinssatz zu verzinsen ist.

Tatsächlich sind folgende Rechtsanwaltsgebühren und Auslagen angefallen:

- Gegenstandswert: ■■■ EUR
- 1,2-Terminsgebühr ■■■ EUR
- 1,3-Verfahrensgebühr ■■■ EUR
- Auslagenpauschale gemäß Nr. 7002 VV RVG 20,00 EUR
- 19 % MwSt ■■■ EUR
- Summe ■■■ EUR

Dementsprechend sind vorliegend ■■■ EUR der angefallenen Gebühren und Auslagen als fiktiv ersparte Reisekosten erstattungsfähig.

5. Muster: Kostenfestsetzungsantrag, Sofortige Beschwerde unter Berücksichtigung fiktiver Reisekosten

Landesarbeitsgericht ■■■

Aktenzeichen: ■■■

In dem Rechtsstreit

■■■ ./. ■■■

legen wir namens und im Auftrag der klägerischen Partei gegen den Kostenfestsetzungsbeschluss des ArbG ■■■ vom ■■■, Aktenzeichen ■■■,

sofortige Beschwerde

ein.

Es wird beantragt,

1. den Kostenfestsetzungsbeschluss des ArbG ■■■ vom ■■■, Aktenzeichen ■■■, aufzuheben und den Kostenfestsetzungsantrag der beklagten Partei/beschwerdegegnerischen Partei vom ■■■ zurückzuweisen.

2. die Aussetzung der Vollziehung des Kostenfestsetzungsbeschlusses des ArbG ▬▬▬ vom ▬▬▬, ▬▬▬, Aktenzeichen ▬▬▬, anzuordnen.
3. Die beklagte Partei/beschwerdegegnerische Partei trägt die Kosten des Verfahrens.

Gründe:

Im vorstehend genannten Kostenfestsetzungsbeschluss sind Kosten der beklagten Partei als erstattungsfähig anerkannt worden, die nicht erstattungsfähig sind. So hat das ArbG ▬▬▬ ausweislich seines Beschlusses fiktiv ersparte Reisekosten in einer Höhe von ▬▬▬ EUR zur Erstattung festgesetzt.

Nach heute herrschender Meinung sind die durch die Beauftragung eines Rechtsanwalts entstehenden Kosten im Rahmen hypothetisch berechneter Reisekosten, die der Partei sonst entstanden wären, erstattungsfähig,

vgl. LAG Hamm 24.6.1971, MDR 1971, 877; LAG Rheinland-Pfalz 25.11.1975, MDR 1976, 258; LAG Düsseldorf 10.4.1986, LAGE Nr. 6 zu § 12a ArbGG 1979; *Germelmann u.a.*, ArbGG, § 12a Rn 21.

§ 12a Abs. 1 Satz 1 ArbGG will nur das Prozessrisiko für die unterliegende Partei begrenzen, es soll ihr aber nicht ein ungerechtfertigter Kostenvorteil verschafft werden. In diese hypothetische Berechnung können daher nur solche Kosten einbezogen werden, die zur zweckentsprechenden Rechtsverfolgung oder -verteidigung notwendig gewesen wären. Es gilt, dass jede Partei die Kosten so gering wie möglich zu halten hat. Reisekosten, die nicht nötig waren, können daher nicht in die Berechnung eingestellt werden,

vgl. *Germelmann u.a.*, ArbGG, § 12a Rn 22.

Reisekosten, die einem Arbeitgeber dadurch entstehen, dass er am Gerichtsstand des Erfüllungsortes verklagt wird, sind nicht erstattungsfähig,

vgl. LAG Düsseldorf 30.11.1989, LAGE Nr. 13 zu § 12a ArbGG; LAG Baden-Württemberg 24.4.2001 – 1 Ta 8/01, n.v.

Dies ergibt sich aus dem im Arbeitsrecht zu beachtenden Verfahrensgrundsatz, wonach der Arbeitnehmer, der an einem bestimmten Ort Dienstleistungen für einen Arbeitgeber erbringt, darauf vertrauen können muss, dass er auch an dem für diesen Ort zuständigen Gericht Rechtsstreitigkeiten mit einem Arbeitgeber ohne das Risiko erhöhter Kosten austragen kann,

vgl. LAG Düsseldorf 30.11.1989, LAGE Nr. 13 zu § 12a ArbGG; LAG Baden-Württemberg 24.4.2001 – 1 Ta 8/01, n.v.

Hinzu kommt, dass gemäß dem Protokoll des Gütetermins vom ▬▬▬ bei Aufruf des Rechtsstreits für die beklagte Partei „Rechtsanwalt ▬▬▬ mit Prokurist ▬▬▬" erschienen war.

Wird ein Arbeitgeber am Erfüllungsort verklagt und ist dort ein Prokurist beschäftigt, ist davon auszugehen, dass dieser die Prozessvertretung vor dem Arbeitsgericht wahrnehmen kann,

vgl. LAG Baden-Württemberg v. 24.4.2001 – 1 Ta 8/01, n.v.

Folglich handelt es sich bei den geltend gemachten Reisekosten nicht um ersparte, notwendige Kosten. Dementsprechend sind diese Kosten auch nicht erstattungsfähig und der Kostenfestsetzungsbeschluss des Arbeitsgerichts ▬▬▬ vom ▬▬▬, Aktenzeichen ▬▬▬, aufzuheben und der Kostenfestsetzungsantrag zurückzuweisen.

6. Muster: Vollstreckbare Ausfertigung, abgekürzt

Arbeitsgericht ▬▬▬

Aktenzeichen: ▬▬▬

In Sachen

▬▬▬ ./. ▬▬▬

(Kurzrubrum)

beantragen wir,

dem Kläger eine abgekürzte vollstreckbare Ausfertigung des am ▬▬▬ verkündeten Urteils des Arbeitsgerichts ▬▬▬, Aktenzeichen ▬▬▬, zu erteilen,

damit wir unverzüglich Zwangsvollstreckungsmaßnahmen einleiten können.

(Rechtsanwalt)

7. Muster: Vollstreckbare Ausfertigung, Antrag auf Erteilung eines weiteren Titels

↓

Arbeitsgericht ▪▪▪
Aktenzeichen: ▪▪▪
In Sachen
▪▪▪ ./. ▪▪▪
(Kurzrubrum)
beantragen wir,
    dem Kläger eine vollstreckbare Ausfertigung des Vergleichs vom ▪▪▪/Urteils vom ▪▪▪ zu erteilen,
(alternativ, z.B. im Fall des Verlustes der erteilten vollstreckbaren Ausfertigung)
beantragen wir,
    dem Kläger gemäß § 733 ZPO eine weitere vollstreckbare Ausfertigung des Vergleichs vom ▪▪▪/Urteils vom ▪▪▪ zu erteilen.
Die vom Vergleich vom ▪▪▪/Urteil vom ▪▪▪ erteilte vollstreckbare Ausfertigung ist verloren gegangen. Zumindest ist sie nicht mehr auffindbar, was ich in Kenntnis der Bedeutung einer eidesstattlichen Versicherung an Eides statt versichere.
(Rechtsanwalt)

↑

8. Muster: Vollstreckbare Ausfertigung gegen den Rechtsnachfolger des Beklagten (§§ 727 ff. ZPO)

↓

Arbeitsgericht ▪▪▪
Aktenzeichen: ▪▪▪
In Sachen
▪▪▪ ./. ▪▪▪
(Kurzrubrum)
beantragen wir,
    gemäß den §§ 727 ff. ZPO die Vollstreckungsklausel gegen den Rechtsnachfolger des Beklagten umzuschreiben.

Begründung:
Der Beklagte ist nach Rechtskraft des Urteils am ▪▪▪ verstorben und von seiner Ehefrau beerbt worden.
    Beweis: Vorlage des Erbscheins vom ▪▪▪/Vorlage der Nachlassakten des Amtsgerichts
Die vollstreckbare Ausfertigung des Urteils und der Erbschein liegen diesem Schreiben bei.
(Rechtsanwalt)

↑

9. Muster: Vorläufige Vollstreckbarkeit, Ausschluss wegen eines nicht zu ersetzenden Nachteils (§ 62 Abs. 1 Satz 2 ArbGG)

↓

Arbeitsgericht ▪▪▪
Aktenzeichen: ▪▪▪
In Sachen
▪▪▪ ./. ▪▪▪
(Kurzrubrum)
beantragen wir:
    1. Die Klage wird abgewiesen.

Hilfsweise:

2. Die vorläufige Vollstreckbarkeit wird im Fall des Unterliegens der Beklagten gemäß § 62 Abs. 1 Satz 2 ArbGG ausgeschlossen.

Begründung:

Der Antrag zu Ziff. 2 rechtfertigt sich wie folgt:

Für den Fall, dass der Kläger mit seiner Klage durchdringt, würde die Vollstreckung des Klägers der Beklagten einen nicht zu ersetzenden Nachteil bringen. Durch die Vollstreckung würden vollendete, nicht mehr korrigierbare Tatsachen geschaffen. Aufgrund der schlechten Vermögenslage des Klägers kann nicht damit gerechnet werden, dass er die beigetriebene Leistung bei späterem Wegfall des Vollstreckungstitels mit Geld oder auf andere Weise ausgleichen könnte. Der Kläger hat ca. 50.000 EUR Schulden und hat den Offenbarungseid geleistet.

Glaubhaftmachung: Lohnpfändungen und Eidesstattliche Versicherung des Mitarbeiters der Personalabteilung der Beklagten.

Vor diesem Hintergrund besteht die konkrete Gefahr, dass Rückgriffsansprüche der Beklagten erheblich erschwert sind.

(Rechtsanwalt)

10. Muster: Vollstreckung zur Nachtzeit sowie an Sonn- und Feiertagen, Antrag auf Erteilung der Erlaubnis

↓

Amtsgericht

Aktenzeichen: ▬▬▬

In dem Vollstreckungsverfahren

▬▬▬ ./. ▬▬▬

(Kurzrubrum)

beantragen wir,

gemäß § 758a Abs. 4 ZPO anzuordnen, die Pfändung zur Nachtzeit sowie an Sonn- und Feiertagen vorzunehmen.

Begründung:

Trotz wiederholter Versuche konnte das Urteil des Arbeitsgerichts ▬▬▬ vom ▬▬▬, Aktenzeichen ▬▬▬, nicht vollstreckt werden, da der Schuldner tagsüber während der Woche in seiner Wohnung vom Gerichtsvollzieher nicht angetroffen wurde. Dies wird belegt durch ▬▬▬. Aus diesem Grund bedarf es der Anordnung nach § 758a Abs. 4 ZPO, damit die Vollstreckungshandlung des Gerichtsvollziehers zur Nachtzeit und an Sonn- und Feiertagen erfolgen kann.

11. Muster: Zwangsvollsteckung wegen vertretbarer Handlung (§ 887 ZPO), Antrag

↓

Arbeitsgericht

Aktenzeichen: ▬▬▬

In Sachen

▬▬▬ ./. ▬▬▬

(Kurzrubrum)

überreichen wir die vollstreckbare Ausfertigung des Beschlusses des Arbeitsgerichts ▬▬▬ vom ▬▬▬, Aktenzeichen ▬▬▬, und beantragen:

1. Der Gläubiger (Antragsteller) wird ermächtigt, auf Kosten des Schuldners (Antragsgegners) den Kommentar von Däubler/Kittner/Klebe zum BetrVG, ISBN ▬▬▬, zum Preis von ▬▬▬ EUR zu kaufen.
2. Der Schuldner wird verpflichtet, dem Gläubiger den Kaufpreis von ▬▬▬ EUR im Voraus zu zahlen.

Begründung:

Im Beschlussverfahren ist der Antragsgegner verurteilt worden, dem Antragsteller den Kommentar von Däubler/Kittner/Klebe in der aktuellen Auflage zur Verfügung zu stellen. Der Beschluss ist zwischenzeitlich rechtskräftig. Gleichwohl hat der Antragsgegner den Kommentar trotz mehrfacher schriftlicher Aufforderung seitens des Antragstellers nicht zur Verfügung gestellt.

Beweis: Vorlage der zwei Schreiben vom ▬▬▬ und ▬▬▬ in Kopie – Anlage ▬▬▬

Eine vollstreckbare Ausfertigung des Beschlusses des Arbeitsgerichts ▬▬▬ vom ▬▬▬ ist dem Antragsgegner zugestellt worden. ▬▬▬

(Rechtsanwalt)

12. Muster: Zustellung der vollstreckbaren Ausfertigung an den Gegner

Sehr geehrter Herr Kollege ▬▬▬,

in Sachen ▬▬▬ ./. ▬▬▬ (Kurzrubrum mit Aktenzeichen des Gegners)

übersenden wir anliegend die von uns beglaubigte Abschrift der vollstreckbaren Ausfertigung des am ▬▬▬ verkündeten Urteils des Arbeitsgerichts ▬▬▬, Aktenzeichen ▬▬▬. Das gleichfalls beigefügte vorfrankierte Empfangsbekenntnis wollen Sie uns bitte umgehend zurücksenden (§ 198 Abs. 2 ZPO).

Mit kollegialen Grüßen

(Rechtsanwalt)

Kapitel 2: Schriftsätze für Arbeitnehmer

Literatur

AnwK-ArbGG, hrsg. von *Düwell/Lipke*, 2. Aufl. 2005; *Ascheid*, Urteils- und Beschlussverfahren im Arbeitsrecht, 2. Aufl. 1998; *Bauer*, Rechtliche und taktische Konsequenzen des Weiterbeschäftigungsanspruchs, BB 1986, 799; *Beckers*, Die Abwendung der Vollstreckung aus arbeitsgerichtlichen Titeln durch Sicherheitsleistung des Schuldners, NZA 1997, 1322; *Berkowsky*, Die Einstellung der Zwangsvollstreckung aus einem arbeitsgerichtlichen „Weiterbeschäftigungsurteil" nach § 62 ArbGG, BB 1981, 1038; *Bertelsmann*, Vorabentscheidungsverfahren der Arbeitsgerichtsbarkeit zum Europäischen Gerichtshof, NZA 1993, 775; *Brill*, Die Durchsetzung des allgemeinen Weiterbeschäftigungsanspruchs, BB 1982, 621; *Buckenberger*, Die Einlegung von Rechtsmitteln mit Hilfe moderner Kommunikationswege, NJW 1983, 1475; *Corts*, Einstweilige Verfügung auf Urlaubsgewährung, NZA 1998, 357; *Dudzus/Frohner*, Weiterbeschäftigungsanspruch und „nicht zu ersetzender Nachteil" i.S.v. § 62 ArbGG, BB 1979, 482; *Dunkl/Moeller/Bauer/Feudmeier*, Handbuch des vorläufigen Rechtsschutzes, 3. Aufl. 1999; *Dütz*, Einstweilige Abwendung von Vollstreckungsmaßnahmen in der Arbeitsgerichtsbarkeit, DB 1980, 1089 und 1120; *Egerer*, Vollstreckung und Vollstreckungsschutzanträge im Arbeitsrecht – Verfahren I. Instanz, NZA 1985, Beil. 2, 22; *Faecks*, Die einstweilige Verfügung im Arbeitsrecht, NZA 1985, Beil. 3, 6 ff.; *Germelmann/Matthes/Prütting/Müller-Glöge*, ArbGG, 5. Aufl. 2005; *Gift/Bauer*, Das Urteilsverfahren vor den Gerichten für Arbeitssachen, 1993; *Gilles*, Rechtsmitteleinlegung, Rechtsmittelbegründung und nachträgliche Parteidisposition über das Rechtsmittel, AcP 177 (1977), 189; *Greve/Mühle*, Denkgesetze und Erfahrungssätze als Prüfungsmaßstab im Revisionsverfahren, MDR 1975, 274; *Grunsky*, Arbeitsgerichtsgesetz, 7. Aufl. 1995; *ders.*, Verspätete Entscheidungsabfassung als absoluter Revisionsgrund in der Arbeitsgerichtsbarkeit, NZA 1994, 305; *Heinze*, Einstweiliger Rechtsschutz im arbeitsgerichtlichen Verfahren, RdA 1986, 273; *Hellwich*, Zweifelsfragen bei der Zwangsvollstreckung aus arbeitsgerichtlichen Titeln, AuR 1987, 395; *Hirtz*, Darlegungs- und Glaubhaftmachungslast im einstweiligen Rechtsschutz, NJW 1986, 110; *Holthausen*, Typische Fehler im Kündigungsschutzprozess, AnwBl 2006, 688; *Hümmerich*, Terminsverlegungsanträge, in: ArbG ArbR, FS zum 25-jährigen Bestehen, 2006, S. 345; *Hümmerich/Spirolke-Boudon*, Das arbeitsrechtliche Mandat, 4. Aufl. 2007, § 14; *Körnig/Reinecke*, Materiell-rechtliche und vollstreckungsrechtliche Probleme des Beschäftigungsanspruches während des Kündigungsschutzprozesses, AuR 1978, 233; *Leipold*, Die Schutzschrift zur Abwehr einstweiliger Verfügungen gegen Streiks, RdA 1983, 164; *Lepke*, „Früher" Termin der mündlichen Verhandlung im arbeitsgerichtlichen Verfahren und Aktenlageentscheidung, DB 1997, 1564; *ders.*, Zur Beschwer als Rechtsmittelvoraussetzung beim arbeitsgerichtlichen Anerkenntnis- und Verzichtsurteil, DB 1980, 974; *Marly*, Akteneinsicht in arbeitsgerichtliche Schutzschriften vor Anhängigkeit eines Verfahrens, BB 1989, 770; *Maschmann*, Vorabentscheidungsersuchen deutscher Arbeitsgerichte zum Europäischen Gerichtshof und Rechte der Parteien, NZA 1995, 920; *Mey*, Auslegung individueller Willenserklärung durch das Revisionsgericht, NJW 1983, 980; *Neumann*, Beschränkung der Rechtsmittelzulassung, RdA 1983, 170; *Oetker*, Die Verwerfung unzulässiger Rechtsmittel und Rechtsbehelfe ohne mündliche Verhandlung im arbeitsgerichtlichen Verfahren, NZA 1989, 201; *Popp*, Die Angabe der ladungsfähigen Anschrift des Berufungsbeklagten oder seiner Prozessbevollmächtigten als Zulässigkeitsvoraussetzung der Berufung im Arbeitsgerichtsverfahren, DB 1983, 2574; *Prütting*, Unterlassungsanspruch und einstweilige Verfügung in der Betriebsverfassung, RdA 1995, 257; *Rambach/Sartorius*, Anträge im arbeitsgerichtlichen Urteils- und Beschlussverfahren, ZAP Fach 17, 829; *Reinhard/Kliemt*, Die Durchsetzung arbeitsrechtlicher Ansprüche im Eilverfahren, NZA 2005, 545; *Rimmelspacher/Abel*, Zur entsprechenden Anwendbarkeit des § 513 Abs. 2 Satz 2 ZPO im Arbeitsgerichtsverfahren, NZA 1990, 511; *Schaub*, Vorläufiger Rechtsschutz bei der Kündigung von Arbeitsverhältnissen, NJW 1981, 1807; *ders.*, Die Entscheidung des Landesarbeitsgerichts und die Verweisung auf das Urteil des Arbeitsgerichts, FS Hilger/Stumpf, 1983, S. 621; *Teplitzky*, Die „Schutzschrift" als vorbeugendes Verteidigungsmittel gegen einstweilige Verfügungen, NJW 1980, 1667; *ders.*, Streitfragen beim Arrest und bei der einstweiligen Verfügung, DRiZ 1982, 41 ff.; *Vetter*, Kündigungsprozesse richtig führen – häufige Fehler aus Sicht eines Instanzrichters, NZA Beil. 1/2005, 64; *Walker*, Der einstweilige Rechtsschutz im Zivilprozess und im arbeitsgerichtlichen Verfahren, Tübingen 1993; *Wenzel*, Risiken des schnellen Rechtsschutzes – Zur einstweiligen Verfügung im Arbeitskampf-, Vertrags- und Betriebsverfassungsrecht, NZA 1984, 112 ff.; *Willemsen/Hohenstadt*, Die Einlegung von Rechtsmitteln ohne Vorliegen schriftlicher Urteilsgründe im arbeitsgerichtlichen Verfahren, DB 1994, 374; *Willikonsky*, Akteneinsicht in arbeitsgerichtliche Schutzschriften, BB 1987, 2013.

A. Erläuterungen

I. Vorbemerkungen

172 Die materiell-rechtlichen Hintergründe der arbeitsgerichtlichen Schriftsätze sind zum Teil in den sonstigen Abschnitten dieses Buches erläutert. Häufig sind die Muster aus sich heraus verständlich und müssen vom anwaltlichen Berater nur noch um den spezifischen Sachverhalt ergänzt werden. Die gerichtlichen Schriftsät-

ze sind meist so aufgebaut, dass der Bearbeiter, aber auch der Richter und Gegner über die Darstellung Einblick gewinnen kann in die materiell-rechtlichen Hintergründe – ein Grundprinzip der Musterschriftsätze dieses Buches, das umfangreiche, erläuternde Fußnoten entbehrlich macht. Die typisierten Sachverhaltskonstellationen, bei denen die jeweiligen Schriftsätze zur Anwendung kommen, ergeben sich oft schon aus den Überschriften.

Jedem betroffenen Autor stellt sich die methodische Grundfrage, wie man Textbausteine für anwaltliche Schriftsätze gestalten soll. Wie abstrakt, wie konkret, wie vielseitig, wie einseitig? Diese Frage ergibt sich bei jedem Musterschriftsatz aufs Neue. Manche Textbausteine enthalten zahlreiche Sachverhaltsvarianten nebeneinander, beispielsweise der Textbaustein 6620 (Klage wegen Betriebsübernahme), und es sollte dem Benutzer klar sein, dass er diesen Textbaustein niemals vollständig verwenden kann. Es macht keinen Sinn, zugleich auf die Rechtsprechung zum Betriebsinhaberwechsel bei Reinigungsunternehmen hinzuweisen, während die betroffenen Arbeitnehmer in einer Kantine arbeiten. Teile von Textbausteinen sollten, je nach Anwendungsfall, gelöscht werden. Einige Textbausteine sind so formuliert, dass sie eine ganze Reihe von Sachverhalten aufführen, die auch auf den konkreten Fall voraussichtlich nicht anwendbar sind, die jedoch als Argumentationshilfen – auch für das Gericht – angeboten werden, um den maßgeblichen Sachverhalt in eine Einzelfall-Rechtsprechung einzupassen. Beispiel hierfür bildet die Musterklage bei treuwidriger Kündigung (Muster 6399).

Das Kapitel 2 heißt zwar „Schriftsätze für Arbeitnehmer", es enthält jedoch zwei Klageschriften, die für Nichtarbeitnehmer gedacht sind. Beide Klagen sind vor der Kammer für Handelssachen beim Landgericht anhängig zu machen und betreffen gekündigte AG-Vorstände (Muster 6576)[1] und gekündigte GmbH-Geschäftsführer (Muster 6573).[2]

II. Kündigungsschutzklage

1. Aufnahmebogen für Klagen gegen Kündigungen und Änderungskündigungen

Zu den häufigsten vom Arbeitsrechtsanwalt zu fertigenden Klageschriften gehört die **Kündigungsschutzklage**. Die Arbeitsweise von Anwälten, die eine Kündigungsschutzklage formulieren, ist unterschiedlich. Die einen diktieren in Anwesenheit des Mandanten den Schriftsatz auf Band, indem sie den Textbaustein zur Grundlage machen und um individuelle Elemente erweitern, die anderen bereiten eine Kündigungsschutzklage vor, indem sie die nötigen Informationen zunächst vom Mandanten aufnehmen und dann in Abwesenheit des Mandanten den Klagetext diktieren. Für diejenigen, die die Datenaufnahme anhand einer Checkliste vornehmen wollen, wird der nachfolgende Aufnahmebogen angeboten.

Aufnahmebogen für Klagen gegen Kündigungen und Änderungskündigungen

1. Zur Person

Name: Vorname(n):
Anschrift:
Telefon privat: Telefon dienstlich:
Handy:
E-Mail:
Geburtstag: Geburtsort:
Familienstand: verh./led./gesch./verw.
Zahl der Kinder: Alter der Kinder:
Namen der Kinder: Unterhaltspflicht: Ja/Nein
Berufstätigkeit des Ehepartners: Ja/Nein
- Bruttomonatsgehalt des Ehepartners:
- Arbeitgeber des Ehepartners:

---

[1] § 6 Rn 327.
[2] § 6 Rn 326.

Bankverbindung:
Bank: BLZ: Kto-Nr.:

2. Zum Arbeitgeber
Firma:
gesetzl. vertr. durch:
Anschrift:
Telefon:
Fax:
E-Mail:
Internet:
Anzahl der Arbeitnehmer:
Unmittelbarer Vorgesetzter:
Weitere Betriebsstätten:
Betriebsrat/Personalrat: Ja/Nein
- Anzahl der Mitglieder:
- Name des Vorsitzenden:
- Widerspruch: Ja/Nein

3. Zum Arbeitsverhältnis
Seit wann besteht das Arbeitsverhältnis?
Welche Tätigkeit wird ausgeübt?
Ausbildung:
Durchschnittliches Brutto-Monatsgehalt:
Zusammensetzung des Gehalts im Einzelnen:
Gibt es einen schriftlichen Arbeitsvertrag?
Gewerkschaftsmitglied?
Findet ein Tarifvertrag Anwendung?
Besteht eine Ausschlussfrist?

4. Zur Kündigung
Wann haben Sie die Kündigung erhalten (Zugang)?
In welcher Form wurde die Kündigung erklärt?
- mündlich/schriftlich (Kündigungsdatum)

Kündigungsgrund:
- betriebsbedingt
- verhaltensbedingt
- personenbedingt
- Sonstiges

Bei verhaltensbedingter Kündigung: Gab es Abmahnungen? Wenn ja, wann?
Art der Kündigung:
- ordentliche zum
- fristlose Kündigung
- Änderungskündigung

5. Ziel
Erhaltung des Arbeitsplatzes/Hohe Abfindung/Sonstiges:
Bei Abfindung: Höhe der angestrebten Abfindung?

6. Besonderheiten
Rechtsschutzversicherung: Ja/Nein
- Versicherungsgesellschaft:
- Versicherungsnummer:
- Versicherungsnehmer:
- Verh. Mdt. z. Vers.-Nehmer:

Schwerbehindert/Gleichgestellt
Schwangerschaft/Elternzeit
BR-Mitglied/Wahlvorstand
Betriebsübergang/Anrechnung früherer Beschäftigungszeiten?
Örtlich zuständiges Gericht
Zurückweisung der Kündigung – Vollmacht/Unterschrift
Weitere Entlassungen von Kollegen innerhalb der letzten 30 Kalendertage
Hinweis gemäß § 12a Abs. 1 Satz 2 ArbGG

2. Grundsätzliches zur Kündigungsschutzklage

Kündigungsschutzklagen als Textbausteine helfen, den Mindestinhalt einer Kündigungsschutzklage beim anwaltlichen Diktat nicht zu vergessen. Der Mindestinhalt bestimmt sich zunächst nach § 253 Abs. 2 ZPO, wonach die Klage das angerufene Gericht bezeichnen muss, Kläger und Beklagter angegeben, beim Arbeitgeber deren gesetzliche Vertreter genannt werden müssen, wozu nicht notwendigerweise die namentliche Bezeichnung der Vorstände einer AG oder der Geschäftsführer der GmbH gehören.[3] Ein bestimmter Antrag muss gestellt werden, die Kündigungsschutzklage muss unterschrieben sein,[4] es muss der Klagegegenstand, also eine bestimmte Kündigung, angegeben sein, es muss der Klagegrund benannt werden, wozu gehört, dass Tatsachen vorgetragen werden, aus denen sich die Anwendbarkeit des Kündigungsschutzgesetzes ergibt. Damit muss zunächst einmal ein Arbeitsverhältnis vom Kläger behauptet werden, es muss sich um ein zusammenhängend, mehr als sechs Monate andauerndes Arbeitsverhältnis handeln (§ 1 Abs. 1 KSchG) und es muss zur Beschäftigtenzahl gemäß § 23 KschG vorgetragen werden.

177

Bei dem Vortragspunkt „**Sozialwidrigkeit der Kündigung**" reicht es aus, dass der Kläger äußert, die Kündigung sei weder aus betriebsbedingten noch aus personenbedingten noch aus verhaltensbedingten Gründen erfolgt. Dass dieser Vortrag ausreichend ist, rechtfertigt sich aus dem Umstand, dass die Kündigung nach § 1 Abs. 2 KSchG unwirksam ist, wenn sie nicht sozial gerechtfertigt ist und weil der Arbeitgeber darlegungs- und beweispflichtig dafür ist, dass die Kündigung nicht wegen Sozialwidrigkeit unwirksam ist.[5]

178

Es kann nur eindringlich geraten werden, Sorgfalt auf die Formulierung des **Rubrums der Beklagtenseite** zu verwenden. Fehler bei der Angabe des richtigen Arbeitgebers wirken wegen §§ 4, 7 KSchG bei Kündigungsschutzklagen fatal. Zu Recht weist *Vetter*[6] darauf hin, dass es oft an der Sorgfalt bei der Fassung des Rubrums, insbesondere bei der Benennung des Klagegegners fehlt. In einem vom LAG Nürnberg im Jahr 2003 entschiedenen Fall merkte selbst die Beklagte erst in der Berufungsinstanz, dass sie nicht der Arbeitgeber und damit auch nicht der richtige Klagegegner war.[7] In Zweifelsfällen bietet es sich an, zunächst einmal alle in Betracht kommenden Personen zu verklagen, da das Gericht schon in der Güteverhandlung auf eine Klärung hinwirken wird, wer denn nun Arbeitgeber sei.[8] Besteht das Arbeitsverhältnis zu einem gemeinsamen Betrieb, sind beide Arbeitgeber zu verklagen. Bemerkt man, eventuell auf richterlichen Hinweis, dass man die **falsche Partei verklagt** hat, kann der Fehler wegen der dreiwöchigen Klageerhebungsfrist, wenn infolge **Auslegung** keine **Rubrumsänderung** möglich ist, nicht mehr geheilt werden. Die Schwierigkeit, die richtige Partei zu verklagen, tritt vermehrt auf, seit es durch diverse Betriebsübergänge, Betriebsaufspaltungen, Namensänderungen in der deutschen Wirtschaft zum Alltag zählt, dass der Arbeitgeber und die im

179

---
3 Zöller/*Greger*, § 253 ZPO Rn 8.
4 BAG 26.1.1976 – 2 AZR 506/74, AP § 4 KSchG 1969 Nr. 1.
5 KR/*Friedrich*, § 4 KSchG Rn 158.
6 NZA Beil. 1/2005, 64.
7 LAG Nürnberg 24.6.2003 – 6 Sa 406/02, n.v.
8 *Vetter*, NZA Beil. 1/2005, 64 (65).

Arbeitsvertrag angegebene Firma zum Zeitpunkt der Kündigung des Arbeitsverhältnisses nicht mehr übereinstimmen.

180 Die Angabe des **gesetzlichen Vertreters** auf der Beklagtenseite ist nicht zwingend erforderlich, allerdings empfehlenswert, da § 130 Nr. 1 ZPO die Angabe des gesetzlichen Vertreters bei juristischen Personen als Soll-Bestimmung vorsieht. Fehlt der gesetzliche Vertreter, wird die Klage nicht unzulässig, manchmal erfolgt aber eine telefonische Nachfrage durch das Gericht.

3. Passiv-Rubrum

a) GmbH

181 Verklagt der **Angestellte**, was häufig vorkommt, eine **GmbH**, wird diese gemäß § 35 Abs. 1 GmbHG durch den oder die Geschäftsführer oder einen Geschäftsführer zusammen mit einem Prokuristen vertreten. Informationen über die Vertretungsberechtigten einer GmbH erhält der Anwalt meist vom Mandanten oder durch einen Blick auf das Briefpapier, auf dem die Kündigung geschrieben ist.

182 Verklagt der Geschäftsführer vor dem Landgericht wegen einer Kündigung des Dienstvertrages die Gesellschaft,[9] gehört nicht der Geschäftsführer, sondern die Gesellschafterversammlung, vertreten durch ihren Vorsitzenden, in das Passiv-Rubrum, § 46 Nr. 8 GmbHG. Die Gesellschafterversammlung selbst ist nicht prozessfähig, sie muss sich ihrerseits durch eine natürliche Person vertreten lassen. Hat die GmbH einen solchen Vertreter noch nicht benannt oder kennt der ausgeschiedene Geschäftsführer diese Person nicht, so muss der Kläger im Rubrum die Gesellschafterversammlung als Vertreterin der GmbH bezeichnen, wobei diese dann durch die einzelnen Gesellschafter vertreten wird und die Gesellschafter namentlich aufzuführen sind.[10] Auch hier gilt, dass die Bezeichnung des gesetzlichen Vertreters für die Zulässigkeit einer Klage entbehrlich ist, da § 130 Nr. 1 ZPO nur eine Soll-Vorschrift enthält. Es wird allerdings angeregt, noch während des Prozesses etwaige Ungenauigkeiten im Bereich der Angabe des Vertreters zu beseitigen. Bei der GmbH mit einem fakultativen Aufsichtsrat richtet sich die Klage gegen den Aufsichtsrat nur dann, wenn die Satzung nichts anderes vorsieht.[11]

b) Aktiengesellschaft und Genossenschaft

183 Klagt der **Arbeitnehmer gegen eine Aktiengesellschaft**, wird diese gemäß § 78 Abs. 1 AktG durch den Vorstand vertreten. Da nicht alle Vorstände Einzelvertretungsbefugnis haben, empfiehlt es sich, den Vorstandsvorsitzenden oder Vorstandssprecher und ein weiteres Vorstandsmitglied aufzuführen. In diesem Falle ist der gesetzliche Vertreter vollständig bezeichnet. Gleiches gilt für die Genossenschaft. Klagt ein **Vorstand gegen die Aktiengesellschaft**[12] oder gegen eine **Genossenschaft**, wird die Gesellschaft durch den Aufsichtsrat vertreten, § 112 AktG, § 39 GenG. Erfahrungsgemäß reicht es aus, wenn der Aufsichtsratsvorsitzende als Vertreter des Aufsichtsrats namentlich benannt wird. *Diller*[13] empfiehlt, sämtliche Aufsichtsratsmitglieder als Vertreter des Aufsichtsrats namentlich zu erwähnen.

184 Bei einer Klage des **Vorstands gegen den Aufsichtsrat**, vertreten durch den Aufsichtsratsvorsitzenden, stellt sich immer wieder das Problem, an welche Adresse die Klage zu richten ist. Es wird empfohlen, die Privatanschrift des Aufsichtsratsvorsitzenden zu wählen, da der Aufsichtsratsvorsitzende am Ort der Gesellschaft keine zustellungsfähigen Wohn- oder Geschäftssitz unterhält. Gerichtsstand bleibt gleichwohl der Sitz der Gesellschaft. Hat der Aufsichtsratsvorsitzende seinen Wohnsitz nicht in Deutschland, ist eine aufwendige Auslandszustellung vorzunehmen.

185 Klagt ein **ehemaliges Vorstandsmitglied**, das abberufen wurde, wegen eines vermeintlich nach der Abberufung wieder aufgelebten, ruhenden Arbeitsverhältnisses gegen die **Gesellschaft**, hat es die Klage ebenfalls gegen den Aufsichtsrat zu richten. Richtet es die Klage gegen die AG, vertreten durch den Vorstand, ist die Klage unzulässig.[14]

---

[9] Muster 6573 § 6 Rn 326.
[10] *Gach/Pfüller*, GmbHR 1998, 69.
[11] § 52 Abs. 1 GmbHG i.V.m. § 112 AktG; BGH 5.3.1990 – II ZR 86/89, GmbHR 1990, 297 = MDR 1990, 803.
[12] Muster 6576 § 6 Rn 327.
[13] *Bauer/Lingemann/Diller/Haußmann*, Anwalts-Formularbuch Arbeitsrecht, M 45.2, Fn 5.
[14] BAG 4.7.2001 – 2 AZR 142/00, ArbRB 2002, 105.

c) Eingetragener Verein

Der **eingetragene Verein** wird durch seinen Vorstand vertreten, § 26 BGB, § 50 Abs. 2 ZPO. Beim nicht-eingetragenen Verein ist der Vorsitzende des Vorstands zu benennen. Auch Gewerkschaften sind traditionell nicht-eingetragene Vereine. Fragen der Prozessfähigkeit des nicht-eingetragenen Vereins spielen im arbeitsgerichtlichen Verfahren allerdings keine Rolle, denn § 10 ArbGG regelt ausdrücklich die Parteifähigkeit von Gewerkschaften und Arbeitgebervereinigungen. Um die vertretungsberechtigten Personen bei einer Klage gegen eine Gewerkschaft zu ermitteln, ist man häufig auf die Mitarbeit von Mandanten angewiesen. Es empfiehlt sich ferner, auf die Homepage der jeweiligen Gewerkschaft im Internet zuzugreifen. Dort werden häufig die Vertretungsverhältnisse auch unter Angaben von Vor- und Nachnamen der Bezirkssekretäre oder der Mitglieder des Hauptvorstands kenntlich gemacht.

d) BGB-Gesellschaft

Verklagt man eine **BGB-Gesellschaft**, musste man in der Vergangenheit die Namen aller Sozietätsmitglieder abschreiben, wenn man die Sozietät verklagen wollte.[15] Seit der BGH der BGB-Gesellschaft Parteifähigkeit zuerkannte,[16] reicht eine Bezeichnung der BGB-Gesellschaft aus, durch die die Gesellschaft identifizierbar ist. Auch die **Partnerschaftsgesellschaft** kann unter ihrer Firma verklagt werden, § 7 Abs. 2 PartGG, § 124 HGB. Verklagt man eine BGB-Gesellschaft oder eine Partnerschaftsgesellschaft nur unter ihrer Firma, ist die Vollstreckung auf das Vermögen der Gesellschaft beschränkt. Erhebt man also eine Zahlungsklage im Rahmen einer Kündigungsschutzklage, mit der auch in das Vermögen der einzelnen Gesellschafter vollstreckt werden soll, empfiehlt es sich, nicht nur die Partnerschaftsgesellschaft oder die BGB-Gesellschaft als Partei zu verklagen, sondern weiterhin alle Gesellschafter, um im Vollstreckungsverfahren in das Privatvermögen jedes einzelnen Gesellschafters beispielsweise Arbeitsentgeltansprüche vollstrecken zu können.

e) OHG, Einzelkaufmann, natürliche Personen

Gleichermaßen geht man gegen die **OHG** vor. Sie kann unter ihrer Firma verklagt werden. Sollen die Gesellschafter wegen ihrer Solidarhaftung gemäß § 128 HGB mit verklagt werden, muss man sie als weitere Beklagte ins Rubrum aufnehmen. Eine bloße Nennung als gesetzliche Vertreter der OHG führt nicht dazu, dass die Gesellschafter selbst Partei des Verfahrens werden. Den **Einzelkaufmann** verklagt man wahlweise unter seinem Namen oder seiner Firma, § 17 Abs. 2 HGB. **Natürliche Personen** als Arbeitgeber verklagt man unter ihrem Vor- und Nachnamen.

f) Partnerschaftsgesellschaft

Eine **ungenaue** oder **erkennbar falsche Parteibezeichnung** in der Klageschrift ist **unschädlich** und kann jederzeit **von Amts wegen berichtigt** werden.[17] Ist eine Gesellschaft Arbeitgeberin des klagenden Arbeitnehmers, so ist bei einer Kündigungsschutzklage besonders sorgfältig zu prüfen, ob lediglich eine falsche Parteibezeichnung vorliegt, wenn der Arbeitnehmer nicht seine Arbeitgeberin, sondern deren Gesellschafter verklagt. Ergibt sich in einem Kündigungsrechtsstreit etwa aus dem der Klageschrift beigefügten Kündigungsschreiben, wer als beklagte Partei gemeint ist, so ist eine Berichtigung der Parteibezeichnung regelmäßig möglich.[18] Diese Grundsätze gelten auch, wenn der Arbeitnehmer bei einer **Partnerschaftsgesellschaft** nach dem PartGG beschäftigt ist und eine Kündigungsschutzklage gegen die einzelnen Partner richtet.[19]

g) GmbH & Co. KG

Bei der **GmbH & Co. KG** als Arbeitgeber fällt das Beklagtenrubrum stets recht umfangreich aus. Hier wird die GmbH & Co. KG verklagt, gesetzlich vertreten durch die Komplementärin, meist eine XY-Verwaltungs GmbH, diese vertreten durch den Geschäftsführer, der dann namentlich benannt werden sollte.

---

15 LAG Berlin 15.8.1997 – 6 Sa 51/97, NZA-RR 1998, 279; a.A. LAG Bremen 5.12.1997 – 4 Sa 258/97, NZA 1998, 902.
16 BGH 29.1.2000 – II ZR 331/00, NJW 2001, 1056 = BGHZ 146, 341; BGH 18.2.2002 – II ZR 331/00, NJW 2002, 1207.
17 BAG 1.3.2007 – 2 AZR 525/05 (Pressemitteilung).
18 BAG 1.3.2007 – 2 AZR 525/05 (Pressemitteilung).
19 BAG 1.3.2007 – 2 AZR 525/05 (Pressemitteilung).

h) Behörde als Anstellungsträger

191 Eine Kündigungsschutzklage oder eine sonstige Klage aus dem Bereich des **öffentlichen Dienstes** ist häufig mit der Schwierigkeit verbunden, den Beklagten, meist den Bund, das Land, den Kreis oder die Gemeinde zutreffend zu bezeichnen. Besondere Probleme ergeben sich manchmal bei Kindergärten, Schulen, Kirchengemeinden oder Krankenhäusern, da mal eine solche Institution rechtlich selbständig ist, mal über einen dahinter stehenden Träger verfügt, der im arbeitsrechtlichen Sinne der Arbeitgeber ist. Hier heißt es für den Arbeitsrechtsanwalt zunächst einmal beim Mandanten sorgfältig nachzufragen, damit sich die richtige Partei bezeichnen lässt. Weitere Hilfen bieten die Bundes- oder Landesgesetze, aus denen sich die Behörden ergeben. Bei der Bundeswehr ist häufig die Wehrbereichsverwaltung die richtige Beklagte. Manchmal helfen Satzungen weiter, so beispielsweise bei Zweckverbänden. Man sollte sich nicht davor scheuen, den Mandanten das ergänzende Rechtsquellenmaterial beschaffen zu lassen.

i) Rechtsmittelgegner

192 Die Angabe der ladungsfähigen Bezeichnung des Rechtsmittelgegners und dessen Prozessbevollmächtigten ist nach der Rechtsprechung des BAG[20] nicht Zulässigkeitsvoraussetzung der Berufung. Es wird allerdings empfohlen, stets die ordnungsgemäße Partei zu wählen und damit ein vollständiges Rubrum aufzusetzen.

4. Kündigungsschutzklage bei ordentlicher Kündigung

193 Die Besonderheiten der in diesem Buch vorgeschlagenen Antragstellung bei einer Kündigungsschutzklage im Hinblick auf den **Weiterbeschäftigungsanspruch** nach der Rechtsprechung des BAG[21] sind in gebührenrechtlicher Hinsicht im Muster 8650 und im Muster 8645 berücksichtigt. Erfahrungsgemäß haben die Rechtsschutzversicherungen, die um einen niedrigeren Streitwert durch Nichtberücksichtigung des Weiterbeschäftigungsantrags bemüht sind, den Antrag Ziff. 6 in der Kündigungsschutzklage[22] akzeptiert. Hartnäckige Sachbearbeiter zwingen den Anwalt allenfalls zu einem zweiten Anschreiben an die Versicherung.

194 Was den Anspruch auf **Zwischenzeugnis** und **Zeugnis** anbelangt, so wird zwar wiederholt noch von den Rechtsschutzversicherern der Deckungsschutz erschwert, beispielsweise mit der Frage, ob der Arbeitgeber jemals die Erstellung eines Zwischenzeugnisses abgelehnt hat und deshalb ein Rechtspflichtverstoß des Arbeitgebers angezweifelt wird. In derartigen Fällen wird angeregt, auf das Muster 8675 zurückzugreifen. Das Muster 8675 wird, je nach Fallgestaltung, durch die Muster 8720, 8775 und 8770 ergänzt.

195 Bei den **betriebsbedingten Kündigungsschutzklagen** hat sich durch die Rechtsprechung zur freien Unternehmerentscheidung bei Leistungsverdichtung[23] eine für den Arbeitnehmer ungünstigere Rechtslage ergeben. Im Arbeitgeber-Schriftsatz[24] ist diese Rechtsprechung berücksichtigt. Arbeitnehmer können gegen die Verdichtungs-Rechtsprechung des BAG ein Urteil des ArbG Köln heranziehen, wonach die bloße Berufung auf einen notwendigen Stellenabbau nicht genügt.[25] Mit dem Gesetz über Reformen am Arbeitsmarkt wurden die sozialen Gesichtspunkte, die bei betriebsbedingten Gründen nur noch zu berücksichtigen sind, auf die vier Merkmale „Dauer der Betriebszugehörigkeit, Lebensalter, Unterhaltspflichten und Schwerbehinderung" in § 1 Abs. 3 Satz 1 KSchG festgeschrieben. Über § 1 Abs. 4 KSchG reduziert sich bei Auswahlrichtlinien die Prüfung auf „grobe Fehlerhaftigkeit" und bei Namenslisten als Anlagen eines Interessenausgleichs greift die Vermutung der Rechtmäßigkeit.

196 Bei der **Änderungskündigungsschutzklage**[26] wurde kein Weiterbeschäftigungsantrag vorgesehen, weil nach der BAG-Rechtsprechung eine Verurteilung zur vorläufigen Weiterbeschäftigung zu den bisherigen Arbeitsbedingungen nicht in Frage kommt.[27]

---

[20] BAG GS 16.9.1986 – GS 4/85, NZA 1987, 136 = BB 1987, 200.
[21] GS 27.2.1985 – GS 1/84, AP § 611 BGB Beschäftigungspflicht Nr. 14.
[22] Muster 6387 § 6 Rn 282.
[23] BAG 24.4.1997 – 2 AZR 352/96, DB 1997, 1776; LAG Köln 1.8.1997 – 11 Sa 355/97, DB 1997, 2181.
[24] Muster 6836 § 6 Rn 465.
[25] ArbG Köln 23.9.1997 – 17 Ca 1930/97, DB 1998, 626.
[26] Muster 6495 § 6 Rn 311.
[27] BAG 18.1.1990 – 2 AZR 183/89, EzA § 1 KSchG Betriebsbedingte Kündigung Nr. 65; LAG München 31.7.1986 – 7 Sa 23/86, LAGE § 611 BGB Beschäftigungspflicht Nr. 18.

5. Kündigungsschutzklage bei außerordentlicher Kündigung

Mit Erhebung der Kündigungsschutzklage bei außerordentlicher Kündigung bedarf es noch keiner ausführlichen Schilderung des meist komplexen Sachverhalts, den der Arbeitgeber zum Anlass für die fristlose Kündigung genommen hat. Hier gilt es in der Regel abzuwarten, was der Arbeitgeber vorträgt, der für die Kündigungsgründe darlegungs- und beweisbelastet ist. Durch den Aufbau des Musters 6500 wird es dem Anwalt ermöglicht, das dem Arbeitnehmer mutmaßlich vorgeworfene Verhalten unter die Störungstatbestände des § 626 Abs. 1 BGB einzuordnen. Von eingehender Sachverhaltserörterung bereits mit der Klageerhebung wird aus prozesstaktischen Gründen abgeraten.

197

6. Typische Fehler im Kündigungsschutzprozess

Holthausen[28] hat umfangreich dargestellt, welche typischen Fehler in Kündigungsschutzverfahren in der Praxis auftreten. Bei Unklarheiten über den Arbeitgeber geht das BAG davon aus, dass die Frist nach §§ 4 Satz 1, 13 Abs. 1 Satz 2 KSchG auch durch eine hilfsweise gegen den richtigen Arbeitgeber erhobene Kündigungsschutzklage gewahrt werden könne, obwohl eine eventuelle subjektive Klagehäufung grundsätzlich unzulässig ist.[29] Bei der **Umstellung** einer Kündigungsschutzklage auf eine andere (richtige) Partei entfällt die Rechtshängigkeit des ursprünglichen (fristgerechten) Klageantrags. Im Gegensatz zur bloßen **Rubrumsberichtigung** hat die Umstellung der Klage zur Folge, dass nur dann die Frist des § 4 Satz 1 KSchG gewahrt ist, wenn die Umstellung auf den neuen Beklagten noch innerhalb der Drei-Wochen-Frist erfolgt.[30]

198

Vetter[31] regt zur zusätzlichen Absicherung bei Zweifeln über den richtigen Klagegegner an, eine **Streitverkündung** gegenüber potentiell in Frage kommenden Arbeitgebern vorzunehmen. Unter diesen Voraussetzungen könne die nachträgliche Zulassung der Klage gegen einen Streitverkündeten und im Ergebnis sich als den richtigen erweisenden Arbeitgeber mit Erfolg nach § 5 KSchG beantragt werden.[32] Denn wenn sich aus dem Arbeitsvertrag nicht die Person des richtigen Arbeitgebers erschließe, liege stets ein Verstoß nach § 2 Abs. 1 Nr. 1 NachwG vor.[33] Auf diesen arbeitgeberseitigen Pflichtenverstoß könne die nachträgliche Klagezulassung gestützt werden.

199

Die Einreichung der Kündigungsschutzklage kann durch **Telefax** erfolgen.[34] Allerdings sollte man niemals versäumen, bei Gericht nachzufragen, ob auch die Kündigungsschutzklage eingegangen ist. Ein entsprechender Vermerk in der Akte durch die Mitarbeiterin, die den Anruf getätigt hat, ist ausreichend, um späterhin den Zugang zu beweisen und notfalls einen erfolgreichen Antrag nach § 5 KSchG zu stellen.

200

Erhebt der Arbeitnehmer **ausschließlich Klage wegen Nichteinhaltung der ordentlichen Kündigungsfrist**, unterliegt eine solche Kündigungsschutzklage nicht der Präklusionsfrist des § 4 Satz 1 KSchG, wie das BAG zwischenzeitlich festgestellt hat.[35] Neben der Erhebung der Kündigungsschutzklage ist die Stellung eines sog. **Schleppnetzantrags** zulässig, also eines Antrags, über den im Wege der Feststellungsklage geklärt werden soll, dass auch keine weiteren Beendigungstatbestände auf den Fortbestand des Arbeitsverhältnisses einwirken. Allerdings muss der Feststellungsantrag nach § 4 Satz 1 KSchG klar vom Feststellungsantrag nach § 256 ZPO abgegrenzt werden.[36] Beim Schleppnetzantrag ist zumindest erforderlich, dass der klagende Arbeitnehmer durch Tatsachenvortrag weitere streitige Beendigungstatbestände in den Prozess einführt oder wenigstens deren Möglichkeit darstellt und belegt, warum der die Klage nach § 4 KSchG erweiternde Antrag zulässig sein soll, warum an der alsbaldigen Feststellung eine rechtliches Interesse besteht.[37]

201

Bei Erhebung einer Kündigungsschutzklage muss auch berücksichtigt werden, dass **Ausschlussfristen** bei nicht rechtzeitiger klageweiser Geltendmachung des Gehalts zu einem Anspruchsverlust führen können. Ist der Arbeitgeber zwar ausreichend von dem Willen des Arbeitnehmers unterrichtet, die durch die Kündigung bedrohten Einzelansprüche aus dem Arbeitsverhältnis aufrechtzuerhalten, müssen die Ansprüche gleichwohl

202

---

[28] AnwBl 2006, 688.
[29] BAG 31.3.1993 – 2 AZR 467/92, NZA 1994, 237.
[30] LAG Hamm 28.6.2000 – 12 Ta 77/00, BuW 2001, 440.
[31] NZA Beil. 1/2005, 64.
[32] Ebenso *Holthausen*, AnwBl 2006, 688 (689).
[33] *Vetter*, NZA-Beil. 1/2005, 64.
[34] LAG Rheinland-Pfalz 24.2.2000 – 3 Ta 3/00, NZA-RR 2000, 475.
[35] BAG 15.12.2005 – 2 AZR 148/05, DB 2006, 1116.
[36] *Holthausen*, AnwBl 2006, 688 (691).
[37] BAG 27.1.1994 – 2 AZR 484/93, AP § 4 KSchG 1969 Nr. 28; BAG 16.3.1994 – 8 AZR 97/93, AP § 4 KSchG 1969 Nr. 29.

in der nach den Regeln der Ausschlussklausel maßgeblichen Form geltend gemacht werden.[38] Werden Ansprüche auf Geld erhoben, ist die Kündigungsschutzklage nicht geeignet, eine Ausschlussfrist zu wahren. Die gerichtliche Verfolgung von **Vergütungsansprüchen** setzt die Einreichung einer Klage voraus, deren Streitgegenstand diese Ansprüche sind.[39] Übersieht der Anwalt, dass eine qualifizierte Ausschlussfrist besteht und klagt er nicht das Gehalt rechtzeitig ein, haftet er nach der Rechtsprechung des BGH,[40] selbst wenn er nur mit der Erhebung der Kündigungsschutzklage mandatiert war.

203 Nach der Rechtsprechung des 9. Senats sind bei der Geltendmachung von **Urlaubsansprüchen** Besonderheiten zu beachten. In der Kündigungsschutzklage liegt nicht die Geltendmachung von Urlaubsansprüchen. Auch im gekündigten Arbeitsverhältnis obliege es dem Arbeitnehmer, die für die Festlegung des Urlaubs nach § 7 Abs. 1 Satz 1 BUrlG maßgeblichen Urlaubswünsche zu äußern.[41]

7. Anträge im Kündigungsschutzverfahren

204 Die Anträge der Kündigungsschutzklage haben sich am Wortlaut von § 4 Satz 1 KSchG zu orientieren. Deshalb lautet der **Grundantrag** einer Kündigungsschutzklage:

> Es wird festgestellt, dass das Arbeitsverhältnis der Parteien durch die Kündigung der beklagten Partei vom ■■■, zugegangen am ■■■, nicht zum ■■■ aufgelöst wurde.

205 Nach § 4 Satz 1 KSchG muss jede Kündigung gesondert, entweder im Wege einer selbständigen Klage oder durch Klageerweiterung mit einzelnen Klageanträgen verfolgt werden. Der **Antrag** wird nach der „**punktuellen Streitgegenstandstheorie**" behandelt.[42] Streitgegenstand der mit einem am Wortlaut von § 4 Satz 1 KSchG orientierten Antrag eingereichten Kündigungsschutzklage ist ausschließlich die Wirksamkeit der konkret angegriffenen Kündigung.[43]

206 Der **allgemeine Feststellungsantrag** (sog. **Schleppnetzantrag**) wird üblicherweise wie folgt formuliert:

> Es wird festgestellt, dass das Arbeitsverhältnis auch nicht durch andere Beendigungsgründe aufgelöst worden ist und über den ■■■ hinaus ungekündigt fortbesteht.

207 Nach der Rechtsprechung des BAG ist es zulässig, im Wege der Klagehäufung mit der Kündigungsschutzklage einen allgemeinen Feststellungsantrag zu stellen, wenn sich aus dem Klagevortrag deutlich ablesen lässt, dass eine zusätzliche Klage i.S.v. § 256 Abs. 1 ZPO gewollt ist (insoweit ist eine gesonderte Begründung erforderlich), die allgemein zum Ausdruck gebrachte Befürchtung weiterer Beendigungstatbestände für die Zulässigkeit nach § 256 ZPO nicht genügt, im Laufe des Verfahrens eintretende oder bekannt werdende Beendigungstatbestände mit Einführung in das Verfahren die allgemeine Feststellungsklage schlüssig machen und der Kläger zur Anpassung der Antragstellung dann verpflichtet ist, wenn die Befürchtungen sich bestätigt haben und weitere Kündigungen ausgesprochen wurden.[44] Ergibt sich im Laufe des Rechtsstreits kein weiterer Beendigungstatbestand, sollte der Schleppnetzantrag im Kammertermin nicht gestellt werden, weil der Kläger andernfalls mangels Rechtsschutzinteresses mit der Zurückweisung dieses Antrags als unzulässig rechnen muss. Die Rücknahme ist folgenlos, § 12a Abs. 1 Satz 2 ArbGG. Vom Schleppnetzantrag werden Kündigungen, die vor Ausspruch der Gegenstand des Kündigungsschutzantrags nach § 4 Satz 1 KSchG bildenden Klage dem Arbeitnehmer zugegangen sind, dem Anwalt aber nicht mitgeteilt wurden, nicht erfasst.

208 Liegt ein **Betriebsübergang** vor und wird die Kündigungsschutzklage auf § 613a Abs. 4 Satz 1 BGB gestützt, bieten sich folgende Klageanträge an:

> 1. Es wird festgestellt, dass die Kündigung des Arbeitsverhältnisses durch die beklagte Partei zu 1. vom ■■■ zum ■■■ unwirksam ist.
> 2. Es wird festgestellt, dass das Arbeitsverhältnis der klägerischen Partei auf die beklagte Partei zu 2. übergegangen ist.

---

38 BAG 7.11.1991 – 2 AZR 34/91, AP § 4 TVG Ausschlussfristen Nr. 114; BAG 13.2.2003 – 8 AZR 236/02, AP § 613a BGB Nr. 244; BAG 10.7.2003 – 6 AZR 283/02, EzA § 4 TVG Ausschlussfristen Nr. 168.
39 *Holthausen*, AnwBl 2006, 688 (692).
40 BGH 29.3.1983 – VI ZR 172/81, NJW 1983, 1665.
41 BAG 21.9.1999 – 9 AZR 705/98, BAGE 92, 299.
42 BAG 13.3.1997 – 2 AZR 512/96, NZA 1997, 844.
43 *Rambach/Satorius*, ZAP Fach 17, 829.
44 BAG 13.3.1997 – 2 AZR 512/96, NZA 1997, 844.

Damit festgestellt wird, dass das Arbeitsverhältnis nicht bereits auf den Betriebserwerber übergegangen ist, muss die Unwirksamkeit mit der Kündigungsschutzklage geltend gemacht werden. Es bietet sich an, die Klage sowohl gegen den bisherigen Inhaber als auch den Übernehmer zu erheben (**subjektive Klagehäufung**).[45]

Richtet sich die Kündigungsschutzklage gegen eine **Änderungskündigung**, muss man unterscheiden, ob der Arbeitnehmer eine **Vorbehaltsannahme** nach § 2 KSchG erklärt hat oder nicht. Fehlt eine Vorbehaltsannahme, ist der Antrag in gleicher Weise zu formulieren wie bei der Kündigungsschutzklage, denn in diesem Falle geht es ausschließlich um die Wirksamkeit einer Beendigungskündigung. Liegt eine fristgerechte Vorbehaltsannahme durch den Arbeitnehmer vor, kann der Antrag wie folgt lauten:

Es wird festgestellt, dass die Änderung der Arbeitsbedingungen durch die Änderungskündigung der beklagten Partei vom ▪▪▪ sozial ungerechtfertigt oder aus anderen Gründen rechtsunwirksam ist.

Dieser Antrag kann dann ebenfalls noch mit dem Schleppnetzantrag, also dem allgemeinen Feststellungsantrag nach § 256 ZPO, verbunden werden. Im Bereich des Rechtsschutzinteresses ergeben sich die gleichen Anforderungen wie bei einer gewöhnlichen Kündigungsschutzklage.

Der Schleppnetzantrag kann auch im Rahmen eines **Antrags auf Prozesskostenhilfe** mit Erfolg erhoben werden. Für die Feststellung der hinreichenden Erfolgsaussicht ist allerdings erforderlich, dass von einer der Parteien ein weiterer Beendigungstatbestand in den Prozess eingeführt wird.[46]

8. Anträge bei nachträglicher Zulassung der Kündigungsschutzklage

Das Verfahren auf nachträgliche Zulassung einer **verspätet** eingereichten Kündigungsschutzklage sah in der Vergangenheit die Anberaumung eines Termins zur Güteverhandlung unter Wahrung der Frist des § 61a ArbGG vor. In der bis zum 30.4.2000 geltenden Gesetzesfassung war nach Scheitern des Gütetermins ein Termin zur Kammerverhandlung zu bestimmen. In der Kammerverhandlung hatte das Gericht über die nachträgliche Zulassung durch Beschluss zu entscheiden und den Rechtsstreit im Übrigen bis zur Rechtskraft des Beschlusses auszusetzen. Inzwischen hat der Gesetzgeber dieses umständliche Verfahren[47] verbessert. Nach dem Güteverfahren muss nicht mehr Termin zur Kammerverhandlung anberaumt werden, sondern der Vorsitzende kann mit der nächst bereiten Kammer ohne Verletzung des gesetzlichen Richters[48] und ohne mündliche Verhandlung über den Antrag auf nachträgliche Zulassung entscheiden. Nunmehr obliegt es dem Kläger, die Zulassungsgründe glaubhaft zu machen. Wenn das Gericht ohne mündliche Verhandlung entscheidet, kann es zum Termin keinen Zeugen laden.[49] Dem Zulassungsantrag müssen mithin die Mittel der Glaubhaftmachung beigefügt sein. Die jetzige Regelung führt somit zu einer erheblichen Verfahrensbeschleunigung, weil sie die Wartezeit zwischen Güte- und Kammerverhandlung einspart.[50]

Das gegenwärtige Verfahren hat beim Antrag auf nachträgliche Zulassung einer Kündigungsschutzklage gemäß § 5 KSchG[51] zur Folge, dass keine Beweisanträge mehr zulässig sind, sondern alleiniges Beweismittel für den Antrag auf Zulassung das Mittel der **Glaubhaftmachung**, nämlich die Stellung präsenter Zeugen im Termin und eidesstattliche Versicherungen sind (§ 294 ZPO).

Wenn ein Arbeitnehmer nach erfolgter Kündigung trotz Anwendung aller ihm nach Lage der Umstände zuzumutenden Sorgfalt verhindert war, die Kündigungsschutzklage fristgemäß zu erheben, ist auf seinen Antrag die Klage nach § 5 Abs. 1 KSchG nachträglich zuzulassen. Die Anforderungen an eine **nachträgliche Zulassung** der Kündigungsschutzklage sind hoch. Den Arbeitnehmer darf kein Verschulden treffen. Er darf die ihm in seiner individuellen Situation und nach seinen persönlichen Fähigkeiten objektiv zuzumutende Sorgfalt nicht außer Acht gelassen haben.[52] Dem Arbeitnehmer wird auch fremdes Verschulden von gesetzlichen Vertretern und Prozessbevollmächtigten zugerechnet.[53] Der richtige Antrag lautet:

---

[45] *Rambach/Satorius*, ZAP Fach 17, 829.
[46] LAG Hessen 1.8.2006 – 19 Ta 373/06, jurisPraxisReport 12/2006, 257.
[47] *Trittin/Backmeister*, DB 2000, 618; *Lakies*, BB 1999, 667.
[48] *Schaub*, NZA 2000, 344 (348).
[49] *Schaub*, NZA 2000, 348.
[50] *Schaub*, NZA 2000, 348.
[51] Muster 6585 § 6 Rn 330.
[52] LAG Köln 1.9.1993 – 10 Ta 118/93, LAGE § 5 KSchG Nr. 62.
[53] LAG Berlin 28.8.1978 – 9 Ta 7/78, AP § 5 KSchG 1969 Nr. 2; LAG Düsseldorf 20.11.1995 – 1 Ta 291/95, EWiR 1996, 81; LAG Rheinland-Pfalz 28.5.1997 – 8 Ta 254/96, NZA 1998, 55; HK-KSchG/*Gallner*, § 5 Rn 16 ff.

1. Es wird festgestellt, dass das Arbeitsverhältnis der Parteien durch die Kündigung der beklagten Partei vom ▬▬▬ zum ▬▬▬ nicht aufgelöst wurde.
2. Die Kündigungsschutzklage wird gem. § 5 Abs. 1 KSchG nachträglich zugelassen.

216 Der Antrag kann nur innerhalb von **zwei Wochen** nach Behebung des Hindernisses der Klageerhebung rechtzeitig erhoben werden. Er kann nach Ablauf von sechs Monaten, vom Ende der versäumten Frist an gerechnet, nicht mehr gestellt werden, § 5 Abs. 3 KSchG. Wichtig ist, dass mit dem Antrag auf nachträgliche Zulassung die den Antrag begründenden Tatsachen glaubhaft zu machen sind, § 5 Abs. 2 KSchG.

9. Auflösungsantrag des Arbeitnehmers

217 Der Auflösungsantrag nach §§ 9, 10 KSchG führt zu einem **Gestaltungsurteil**, das das Arbeitsverhältnis beendet. Der Arbeitnehmer muss seinen Auflösungsantrag auf den Sachverhalt stützen, dass ihm die Fortsetzung des Arbeitsverhältnisses nicht mehr zugemutet werden kann. Genauso wie bei der Begründung des Arbeitgebers, eine den Betriebszwecken dienliche weitere Zusammenarbeit sei nicht mehr zu erwarten, stellt die Rechtsprechung hier hohe Anforderungen. Selbst die vom BAG gebilligten Instanzurteile, die eine Auflösung des Arbeitsverhältnisses durch den Arbeitgeber gebilligt haben, erfahren in letzter Zeit Kritik und Aufhebungsentscheidungen durch das BVerfG.[54] Der einfache Auflösungsantrag lautet:

Das Arbeitsverhältnis wird gegen Zahlung einer Abfindung in Höhe von ▬▬▬ zum ▬▬▬ aufgelöst.

218 Die Angabe eines **Abfindungsbetrags** ist nicht erforderlich. Allerdings können die Parteien auch die Auflösung des Arbeitsverhältnisses gegen Zahlung einer angemessenen Abfindung beantragen und dabei Mindestbzw. Höchstgrenzen benennen, die sie sich vorgestellt haben. In diesem Falle lautet der vom Arbeitnehmer gestellte Auflösungsantrag:

Das Arbeitsverhältnis wird gegen Zahlung einer angemessenen Abfindung, die ▬▬▬ EUR nicht unterschreiten soll, zum ▬▬▬ aufgelöst werden.[55]

219 Unterschreitet das Arbeitsgericht den vom Arbeitnehmer verlangten Mindestbetrag, ist das Auflösungsurteil berufungsfähig. Ist der Auflösungsantrag des Arbeitnehmers zurückgewiesen worden, erfolgt in der Regel eine Kostenteilung (§§ 91, 92 ZPO), wobei der Arbeitgeber die überwiegenden Kosten zu tragen hat.[56]

III. Zahlungsklage

220 Wegen der Einzelheiten zur Zahlungsklage wird auf die Ausführungen in § 6 Kapitel 1 (Rn 10 ff.) verwiesen.

IV. Sonstige Klagen

1. Unwirksamkeit eines Aufhebungsvertrages

221 Häufig werden Aufhebungsverträge unter Hinweis auf die Rechtsprechung des BAG angefochten, der Arbeitgeber habe vor Abschluss des Aufhebungsvertrages mit einer Kündigung gedroht. Die Drohung sei widerrechtlich gewesen, weil ein verständiger Arbeitgeber bei der gegebenen Sachlage eine Kündigung nicht ernsthaft habe in Erwägung ziehen dürfen.[57] In diesen Fällen bieten sich zwei Feststellungsanträge, die in Kombination gewählt werden können, an:

1. Es wird festgestellt, dass der Aufhebungsvertrag der Parteien vom ▬▬▬ unwirksam ist.
2. Es wird festgestellt, dass das Arbeitsverhältnis der Parteien nicht durch andere Beendigungsgründe aufgelöst wurde und über den ▬▬▬ hinaus fortbesteht.

2. Eingruppierungsklage

222 Die im öffentlichen Dienst verbreitete **Eingruppierungs- oder Höhergruppierungsklage** dient der Geltendmachung eines höheren Tarifentgelts. Zwar werden letztlich Leistungsansprüche behauptet. Nach der Rechtsprechung des BAG ist jedoch die Erhebung einer Feststellungsklage zulässig und zwar nicht nur im Bereich des öffentlichen Dienstes, sondern auch im Bereich der Privatwirtschaft, weil hierfür das erforderliche

---
[54] BVerfG 22.10.2004 – 1 BvR 1944/01, NZA 2005, 41; BVerfG 18.8.1991 – 1 BvR 128/87, n.v.
[55] Schaub/*Linck*, Arbeitsrechts-Handbuch, § 141 Rn 20.
[56] BAG 26.6.1986 – 2 AZR 522/85, NZA 1987, 139.
[57] BAG 16.11.1979 – 2 AZR 1041/77, DB 1980, 1450.

Rechtsschutzbedürfnis besteht.[58] Die Rechtsprechung geht davon aus, ein für den Arbeitnehmer positives Feststellungsurteil werde vom Arbeitgeber befolgt, so dass keine Leistungsklage erhoben werden müsse. Der Feststellungsantrag kann lauten:

Es wird festgestellt, dass die beklagte Partei verpflichtet ist, der klägerischen Partei ab dem ▬▬▬ eine Vergütung nach der Vergütungsgruppe ▬▬▬ des Manteltarifvertrages ▬▬▬ zu zahlen und etwaige Bruttonachzahlungsbeträge, beginnend mit dem ▬▬▬, ab dem jeweiligen Fälligkeitszeitpunkt mit 5 Prozentpunkten über dem Basiszinssatz pro Jahr zu verzinsen.

3. Abmahnungsklage

Wegen Abmahnungen sollte der Arbeitnehmer bei einer Entscheidung über eine etwaige Klageerhebung vorsichtig sein. Mancher Abmahnungsrechtsstreit mündet später in einen Kündigungsrechtsstreit, obwohl durch ein vorsichtiges Reagieren der Arbeitnehmer die Eskalation hätte vermeiden können. Da die Abmahnung auch noch im Wege einer Kündigungsschutzklage auf ihre Begründetheit überprüft werden kann,[59] sollte der **isolierte Abmahnungsprozess** vermieden werden. Allerdings sollte ein Arbeitnehmer auch auf eine Abmahnung, die er für unberechtigt hält, reagieren und nicht erst in einem späteren Kündigungsschutzprozess behaupten, dass die Abmahnung nicht berechtigt erfolgt sei. Es empfiehlt sich, ein Schreiben an den Arbeitgeber zu senden, in dem der Sachverhalt richtig gestellt oder die rechtliche Bewertung korrigiert wird. Man sollte verlangen, das Schreiben in die Personalakte aufzunehmen und zwar in räumlicher Nähe zu dem Abmahnungsschreiben.

Lässt sich der Abmahnungsrechtsstreit nicht vermeiden, so sollte man es nicht dabei bewenden lassen, nur die Aufhebung der Abmahnung zu fordern, sondern dieses Verlangen mit einem Antrag verbinden, der zur **Entfernung des Abmahnungsschreibens aus der Personalakte** führt. Denn hierauf hat der Arbeitnehmer einen Anspruch.[60] Der Wortlaut des richtigen Antrags ist umstritten. Während verschiedentlich der Antrag gestellt wird,

Die beklagte Partei wird verurteilt, die Abmahnung vom ▬▬▬ zurückzunehmen und aus der Personalakte der klägerischen Partei zu entfernen.

wird von anderer Seite gefordert,

Die beklagte Partei wird verurteilt, die mit Schreiben vom ▬▬▬ erklärte Abmahnung zu widerrufen und aus der Personalakte zu entfernen.

Das LAG Nürnberg[61] ist der Auffassung, dass ein Arbeitgeber nicht zur „Rücknahme" der Abmahnungserklärung verurteilt werden könne. Denkbar sei nur die Verpflichtung zum „Widerruf" oder der auf Feststellung gerichtete Antrag, dass die Vorwürfe unberechtigt sind. Einen Leistungsantrag auf Rücknahme hält das LAG Nürnberg unter Hinweis auf zwei weitere Urteile von Landesarbeitsgerichten[62] für unbestimmt. Auch den Anspruch auf „Widerruf" erkennt das LAG Nürnberg nur an, wenn die Abmahnung bzw. die in ihr enthaltenen Vorwürfe auch Dritten gegenüber in ehrverletzender Form erhoben worden sind.[63] Diese einschränkende Auslegung steht nicht ganz im Einklang mit der Rechtsprechung des BAG.[64] Das BAG hält einen Anspruch auf Rücknahme für gegeben, wenn durch die Behauptung des Arbeitgebers der Arbeitnehmer in seinem beruflichen Fortkommen oder seinem Persönlichkeitsrecht fortdauernd beeinträchtigt wird.

4. Urlaubsklage

Da die zeitliche Festlegung des Urlaubs entgegen einem weit verbreiteten Missverständnis durch den Arbeitgeber gegenüber dem Arbeitnehmer erfolgt, wobei der Arbeitgeber nur unter den in § 7 Abs. 1 Satz 1 Hs. 2 BUrlG genannten Voraussetzungen den Urlaub auf einen anderen als den vom Arbeitnehmer beantragten Termin festlegen kann, er allerdings auch den Urlaub ganz oder teilweise verweigern kann,[65] kommt es verschiedentlich zu Streitigkeiten zwischen Arbeitgeber und Arbeitnehmer über die Urlaubsgewährung. Dem

---

58 BAG 10.2.1988 – 7 AZR 36/87, NZA 1989, 114; BAG 25.9.1991 – 4 AZR 87/91, DB 1992, 530.
59 BAG 12.1.2006 – 2 AZR 21/05, NZA 2006, 917.
60 BAG 14.9.1994 – 5 AZR 632/93, NJW 1995, 1236.
61 LAG Nürnberg 14.6.2005 – 6 Sa 367/05, n.v.
62 LAG Hamm 25.5.1993 – 4 Sa 11/93, n.v.; LAG Sachsen-Anhalt 19.12.2001 – 3 Sa 479/01, n.v.
63 Anders LAG Hessen 15.8.1997 – 13 Sa 1365/96, n.v.
64 BAG 15.4.1999 – 7 AZR 716/97, EzA § 611 BGB Abmahnung Nr. 41.
65 BAG 18.12.1986 – 8 AZR 502/84, DB 1987, 1362.

Arbeitnehmer steht **kein Recht zur Selbstbeurlaubung** zu. Hat der Arbeitgeber die Urlaubsgewährung unberechtigterweise abgelehnt, muss der Arbeitnehmer die Durchsetzung seines Urlaubsanspruchs gerichtlich erzwingen, wobei meist die Hauptsacheklage schon aus Zeitgründen nicht mehr das geeignete Verfahrensmittel ist. Meist muss man sich der einstweiligen Verfügung bedienen.[66] Kann die Hauptsacheklage gewählt werden, weil beispielsweise ein in fünf Monaten geplanter Urlaub, der auch bereits gebucht ist, noch Zeit für eine streitige Auseinandersetzung vor dem Arbeitsgericht belässt, kann folgender Antrag gestellt werden:

Die beklagte Partei wird verurteilt, der klägerischen Partei vom ▬▬▬ bis ▬▬▬ Erholungsurlaub zu gewähren.

5. Zeugnisklage

228 Bei der Zeugnisklage muss man zwischen zwei Grundsachverhalten unterscheiden. Hat der Arbeitgeber sich geweigert, dem Arbeitnehmer ein nach § 109 GewO geschuldetes Zeugnis zu erteilen, geht der Antrag dahin, den Arbeitgeber zum **Ausstellen eines Zeugnisses** zu verurteilen:

Die beklagte Partei wird verurteilt, der klägerischen Partei ein Zeugnis zu erteilen, das sich auf Art und Dauer der Tätigkeit sowie Leistung und Verhalten der klägerischen Partei im Arbeitsverhältnis erstreckt.

229 In dem meisten Fällen geht der Rechtsstreit allerdings um den **konkreten Wortlaut** eines Zeugnisses. Hier besteht die Besonderheit, dass die Rechtsprechung verlangt, dass der Wortlaut, der gefordert wird, in den **Zeugnisberichtigungsantrag** aufzunehmen ist. Nur wenn der Entscheidungsausspruch bereits die dem Gericht zutreffend erscheinende Zeugnisformulierung enthält, wird verhindert, dass sich der Streit über den Inhalt des Zeugnisses vom Erkenntnis- in das Vollstreckungsverfahren verlagert.[67] Um dem Bestimmtheitsgebot des § 253 Abs. 2 Nr. 2 ZPO zu genügen, muss im Klageantrag genau die angestrebte Ergänzung oder Berichtigung aufgeführt werden. Der Arbeitnehmer muss also beim Berichtigungs- oder Ergänzungsverlangen Teile des Zeugnisses oder das gesamte Zeugnis selbst formulieren.[68] Der Berichtigungsantrag lautet daher wie folgt:

Die beklagte Partei wird verurteilt, der klägerischen Partei Zug um Zug gegen Rückgabe des unter dem Datum des ▬▬▬ erteilten Zeugnisses unter dem gleichen Datum ein Zeugnis mit folgendem Inhalt zu erteilen: ▬▬▬ (Es folgt der gesamte Wortlaut des zu ändernden oder zu ergänzenden Zeugnisses)

6. Klage auf Arbeitszeitreduzierung

230 Große Bedeutung gelangt in Zukunft die auf § 8 Abs. 1 TzBfG gestützte Klage auf Reduzierung der Arbeitszeit. Der Arbeitgeber hat nach § 8 Abs. 3 Satz 2 TzBfG mit dem Arbeitnehmer die gewünschte Verringerung der Arbeitszeit sowie deren Verteilung vor einer Entscheidung über den Verringerungsantrag zu erörtern. Versäumt er die im Gesetz vorgesehene **Monatsfrist** oder lehnt er den Antrag des Arbeitnehmers nicht formgerecht ab, verringert sich die Arbeitszeit in dem vom Arbeitnehmer gewünschten Umfang **kraft Gesetzes** und die verteilte Arbeitszeit gilt entsprechend den Wünschen des Arbeitnehmers als festgelegt. Wenn allerdings der Arbeitgeber ohne vorherige Durchführung der gesetzlich vorgesehenen Erörterung den Teilzeitwunsch des Arbeitnehmers ablehnt, tritt nach Auffassung des BAG die gesetzliche Fiktion nicht ein.[69] Wird die gesetzliche Fiktion nach § 8 Abs. 5 TzBfG vom Arbeitnehmer in der Weise geltend gemacht, dass er über eine gerichtliche Entscheidung sicherstellen will, keine Arbeitsverweigerung zu begehen, wenn er nunmehr nur die verringerte Arbeitszeit erbringt, empfiehlt sich folgender Antrag:

Es wird festgestellt, dass sich das Arbeitsverhältnis der klägerischen Partei in ein Teilzeitarbeitsverhältnis mit dem Inhalt geändert hat, dass die klägerische Partei ab ▬▬▬ eine wöchentliche Arbeitsleistung von ▬▬▬ Stunden zu erbringen hat, wobei die geschuldeten Arbeitsstunden wie folgt verteilt werden: ▬▬▬.

231 Hat der Arbeitgeber die beantragte Arbeitszeitverkürzung ordnungsgemäß abgelehnt, entsteht die gesetzliche Fiktion nicht, eine Vertragsänderung findet somit zunächst nicht statt. Hält der Arbeitnehmer die Entscheidung des Arbeitgebers für unbegründet, muss er eine Klage auf Abgabe einer Willenserklärung erheben. Erst durch die vom Gericht ersetzte Willenserklärung des Arbeitgebers kommt dann eine Vertragsänderung über die Reduzierung der Arbeitszeit zustande. Der in diesem Fall zu stellende Antrag kann wie folgt lauten:

---

[66] *Corts*, NZA 1998, 357.
[67] BAG 14.3.2000 – 9 AZR 246/99, FA 2000, 286; *Schaub/Linck*, Arbeitsrechts-Handbuch, § 146 Rn 32.
[68] AnwK-ArbGG/*Kloppenburg/Ziemann*, § 46 Rn 342.
[69] BAG 18.2.2003 – 9 AZR 356/02, NJW 2003, 2771.

Die beklagte Partei wird verurteilt, der Reduzierung der wöchentlichen Arbeitszeit der klägerischen Partei von derzeit ▄▄▄ Wochenarbeitsstunden auf ▄▄▄ Wochenarbeitsstunden und der Verteilung der reduzierten Arbeitszeit auf die Tage ▄▄▄ ab dem ▄▄▄ zuzustimmen.

V. Einstweiliger Rechtsschutz

1. Allgemeines

Beim einstweiligen Rechtsschutz im arbeitsgerichtlichen Erkenntnisverfahren gelten nach § 62 Abs. 2 ArbGG die Vorschriften der ZPO (§§ 916 ff.) entsprechend. Einstweilige Verfügungen können nach § 940 ZPO zum Zweck der Regelung eines einstweiligen Zustands in Bezug auf ein streitiges Rechtsverhältnis beantragt werden, wenn die Regelung zur **Abwehr wesentlicher Nachteile** notwendig erscheint. Der Arrest spielt, anders als die einstweilige Verfügung, im arbeitsgerichtlichen Erkenntnisverfahren keine Rolle.

In der Praxis der Arbeitsgerichte werden **einstweilige Verfügungen** meist nur nach mündlicher Verhandlung erlassen. In dringenden Fällen entscheidet der Vorsitzende sowie dann, wenn der Verfügungsantrag zurückzuweisen ist, § 46 Abs. 2 ArbGG, §§ 937 Abs. 2, 944 ZPO. **Zuständig** für den Erlass der einstweiligen Verfügung ist das Gericht der Hauptsache, §§ 937 Abs. 1, 943 Abs. 1 ZPO. Die **Einlassungsfristen** im einstweiligen Verfügungsverfahren betragen nicht eine Woche (§ 47 ArbGG), sondern **drei Tage** (§ 217 ZPO) und können außerdem auch auf Antrag abgekürzt werden (§ 226 Abs. 1 ZPO).

Die Beweismittel im einstweiligen Verfügungsverfahren entsprechen nicht denen des Hauptsacheverfahrens. Beim einstweiligen Verfügungsverfahren sind die **Glaubhaftmachung** und das im Termin gestellte, **präsente Beweismittel** gefragt. Der Antragsteller muss den Verfügungsanspruch und die den Verfügungsgrund stützenden Tatsachen glaubhaft machen.

Wird eine einstweilige Verfügung ohne mündliche Verhandlung erlassen, kann der Antragsgegner **Widerspruch** einlegen. In diesem Falle findet eine mündliche Verhandlung statt und in der I. Instanz wird abschließend durch Urteil entschieden, §§ 936, 924 ZPO. Gegen das Urteil I. Instanz in einer einstweiligen Verfügungssache ist Berufung zum LAG möglich. Eine Revision des LAG-Urteils ist ausgeschlossen, § 72 Abs. 4 ArbGG. Misslich ist, dass im einstweiligen Verfügungsverfahren II. Instanz die gleichen Ladungs- und Einlassungsfristen gelten wie im Hauptsacheverfahren. Drei Monate vor Zustellung des Urteils I. Instanz kann es nicht zu einer mündlichen Verhandlung über die Berufung kommen, denn für den Berufungskläger gilt die zweimonatige Frist zur Einlegung von Berufung und Berufungsbegründung; dem Berufungsbeklagten ist mindestens ein Monat Frist zur Erwiderung zu gewähren. Damit sind bereits drei Monate verstrichen, ohne dass eine mündliche Verhandlung stattgefunden hat. Wenn das Berufungsgericht straff terminiert, findet die mündliche Verhandlung meist erst eine oder zwei Monate später statt. Fünf Monate nach Zustellung des Urteils I. Instanz über ein Urteil im Verfahren der einstweiligen Verfügung zu entscheiden, ist ein zu langer Zeitraum, um dem Verfügungskläger noch zu seinem Recht zu verhelfen. Wenn man bedenkt, dass durch das Verfahren I. Instanz meist schon einige Monate ins Land gegangen sind, ist nach sieben oder acht Monaten nicht mehr damit zu rechnen, dass die Vereitelung eines Rechts des Antragstellers noch verhindert werden kann.

2. Herausgabe der Arbeitspapiere

Bei der einstweiligen Verfügung wegen **Herausgabe der Arbeitspapiere** wird darauf hingewiesen, dass im Antrag eine kleine Ungenauigkeit[70] bewusst gewählt wurde. Unter Aufgabe der früheren Rechtsprechung des Gemeinsamen Senats der obersten Gerichtshöfe des Bundes[71] ist für die Herausgabe von Arbeitspapieren nach der Änderung durch die Arbeitsgerichtsnovelle vom 21.5.1979 gemäß § 2 Nr. 3e ArbGG das Arbeitsgericht zuständig. Unzuständig ist das Arbeitsgericht, wenn es um die Berichtigung von Arbeitspapieren geht.[72] Die wenig befriedigende Rechtsprechung, wonach das Korrigieren einer falsch ausgefüllten Arbeitsbescheinigung (§ 312 SGB III) vor den Sozialgerichten anhängig zu machen ist, die Herausgabe und das Ausfüllen von Arbeitspapieren dagegen vor den Arbeitsgerichten, muss gleichwohl beachtet werden. Gelingt es dem Arbeitnehmer nicht, den Arbeitgeber zum kurzfristigen Ausfüllen und Herausgabe der Arbeitspapiere zu veranlassen, sollte der Anwalt seinen unter Zeitdruck stehenden Mandanten über eine weitere Sanktion für

---

70 Die Arbeitsbescheinigung ist nach § 312 SGB III ordnungsgemäß ausgefüllt herauszugeben.
71 Gemeinsamer Senat der obersten Gerichtshöfe des Bundes 4.6.1974 – GmS-OGB 2/73, AP § 405 RVO Nr. 3.
72 BAG 15.1.1992 – 5 AZR 15/91, AP § 2 ArbGG 1979 Nr. 21; BAG 13.7.1988 – 5 AZR 467/87, AP § 2 ArbGG 1979 Nr. 11.

den Arbeitgeber informieren. § 405 Abs. 2 Nr. 16 SGB III belegt das Nichtausfüllen einer Arbeitsbescheinigung mit einer Ordnungswidrigkeit. Der Hinweis, dass die Agentur für Arbeit ein Ordnungswidrigkeiten-Verfahren einleiten wird, kann manchmal zur Folge haben, dass die Unterlagen vom Arbeitgeber schnellstens ausgefüllt werden. Der Antrag auf Herausgabe der Arbeitspapiere kann wie folgt lauten:

> Die antragsgegnerische Partei wird verurteilt, an die antragstellende Partei deren Arbeitspapiere, bestehend aus einer Lohnbescheinigung für das Jahr ■■■, der sozialversicherungsrechtlichen Abmeldebescheinigung und der Arbeitsbescheinigung, gemäß § 312 SGB III herauszugeben.

3. Urlaubsgewährung

237 Das BAG geht bei der Hauptsacheklage und wohl auch bei der einstweiligen Verfügung[73] von der Zulässigkeit einer einstweiligen Leistungsverfügung aus.[74] *Reinhard/Kliemt*[75] geben zu Bedenken, dass man bei der Urlaubsgenehmigung von der Annahme ausgehen kann, dass es sich um eine Willenserklärung des Arbeitgebers handelt, aber auch um eine unvertretbare Handlung.[76] Bei der Formulierung des Antrags muss man deshalb berücksichtigen, dass unter der Annahme, es handele sich um eine Willenserklärung des Arbeitgebers, die Fiktionswirkung des § 894 ZPO erst mit Rechtskraft eintritt. Geht man von einer unvertretbaren Handlung aus, würde die Vollstreckung nach § 888 Abs. 1 ZPO in der Form der Erzwingung der Urlaubsgewährung durch Zwangsgeld oder Zwangshaft vorzunehmen sein.

238 Bei einem Rechtsstreit zwischen den Arbeitsvertragsparteien über die zeitliche Lage des Urlaubs kann dem Urlaubsinteresse des Arbeitnehmers zunächst hinreichend dadurch Rechnung getragen werden, dass ihm ein Fernbleiben von der Arbeit für den streitigen Zeitraum gestattet wird. Deshalb empfehlen *Reinhard/Kliemt*, den Antrag auf Urlaubsgewährung im Wege des einstweiligen Rechtsschutzes wie folgt zu formulieren:

> Der antragstellenden Partei wird das Fernbleiben von der Arbeit im Zeitraum vom ■■■ bis ■■■ gestattet.

239 *Rambach/Satorius*[77] propagieren demgegenüber folgenden Antrag:

> Es wird beantragt, wegen Dringlichkeit ohne mündliche Verhandlung – hilfsweise nach Anberaumung eines Termins zur mündlichen Verhandlung unter Abkürzung der Ladungsfrist – der Erlass der folgenden einstweiligen Verfügung: Der Antragsgegner wird verurteilt, dem Antragsteller von ■■■ bis ■■■ Erholungsurlaub zu gewähren.

4. Wettbewerbsverbot

240 Der Verfügungsantrag beim Wettbewerbsverbot ist ein Unterlassensantrag, er muss präzise formuliert werden und die konkrete Verletzungsform enthalten.[78] Dem Arbeitnehmer kann nicht jede Verwertung der Arbeitskraft untersagt werden, sondern immer nur eine ganz konkrete Wettbewerbstätigkeit.[79] Es kann folgender Antrag gestellt werden:

> Der antragsgegnerischen Partei wird untersagt, bis zum Ende des Arbeitsverhältnisses/zum ■■■ eine Tätigkeit als ■■■ bei der Firma ■■■ auszuüben.

241 Dieser Antrag kann sowohl bei vertraglichen Wettbewerbsverstößen als auch bei nachvertraglichen Wettbewerbsverstößen verwendet werden. Bei der Bestimmung der zu unterlassenden Tätigkeit ist auf die Reichweite des einzelvertraglich vereinbarten, nachvertraglichen Wettbewerbsverbots abzustellen.[80]

5. Herausgabe von Firmenunterlagen und Firmengegenständen

242 Einen zunehmenden forensischen Raum nehmen einstweilige Verfügungen auf Herausgabe von Firmenunterlagen, insbesondere von Laptops, Handys oder Kalkulationslisten bei Vertriebsmitarbeitern ein. Der Herausgabeantag kann lauten:

> Die antragsgegnerische Partei wird verurteilt, das ihr überlassene Handy, Marke ■■■ mit der Seriennummer ■■■, an die antragstellende Partei herauszugeben.

---

[73] *Reinhard/Kliemt*, NZA 2005, 545 (550).
[74] BAG 22.1.1998 – 2 ABR 19/97, NZA 1998, 708; BAG 16.3.2000 – 2 AZR 75/89, NZA 2000, 1332.
[75] NZA 2005, 545, 550.
[76] *Corts*, NZA 1998, 357.
[77] ZAP Fach 17, 829.
[78] *Reinhard/Kliemt*, NZA 2005, 545 (551).
[79] BAG 3.5.1983 – 3 AZR 62/81, NJW 1984, 886.
[80] *Reinhard/Kliemt*, NZA 2005, 545.

Trotz der befriedigenden Wirkung wird häufig eine einstweilige Verfügung auf Herausgabe von Arbeitsmitteln für zulässig erachtet.[81] Anspruchsgrundlage für die Herausgabe von Arbeitsmitteln des Arbeitgebers ist meist § 985 BGB. An dem Arbeitnehmer im Rahmen des Arbeitsverhältnisses überlassenen Gegenständen ist der Arbeitnehmer meist Besitzdiener. Kommt er einem Herausgabeverlangen des Arbeitgebers nicht nach, begeht er meist eine verbotene Eigenmacht, § 858 BGB. Damit entsteht neben der Anspruchsnorm des § 985 BGB meist auch ein Herausgabeanspruch des Arbeitgebers aus possessorischen und petitorischen Besitzansprüchen, der dann auch aus besitzrechtlichen Gründen im Wege der einstweiligen Verfügung geltend gemacht werden kann.[82]

243

6. Arbeitszeitreduzierung

Da der Antrag auf Reduzierung der vertraglichen Arbeitszeit eine Leistungsverfügung beinhaltet, die nicht nur der Sicherung dient, sondern zu einer teilweisen oder völligen Befriedigung des streitigen Anspruchs führt (§ 894 ZPO), stellt die Rechtsprechung an die Darlegungs- und Glaubhaftmachung von Verfügungsanspruch und Verfügungsgrund hohe Anforderungen.[83] *Rambach/Satorius*[84] schlagen folgenden Antrag vor:

244

Wir beantragen – wegen Dringlichkeit ohne mündliche Verhandlung – hilfsweise nach Anberaumung eines Termins zur mündlichen Verhandlung unter Abkürzung der Ladungsfrist – den Erlass folgender einstweiliger Verfügung: Der Antragsgegner wird verurteilt, dem Antrag des Antragstellers auf Reduzierung seiner vertraglichen Arbeitszeit auf ▬▬▬ Wochenstunden einstweilen bis zum Erlass einer erstinstanzlichen Entscheidung im Hauptsacheverfahren – ArbG ▬▬▬, Az. ▬▬▬ – zuzustimmen und den Antragsteller bis zur Entscheidung im vorgenannten Hauptsacheverfahren von ▬▬▬ bis ▬▬▬ als ▬▬▬ zu beschäftigen.

7. Konkurrentenklage

Auch das BAG geht in Anlehnung an die Rechtsprechung des BVerwG[85] von der **Zulässigkeit** der Konkurrentenklage von Arbeitnehmern, jedenfalls im öffentlichen Dienst aus.[86] Eines der Kernprobleme bei Konkurrentenklagen ist, dass der Anspruch auf ein öffentliches Amt nur geltend gemacht werden kann, wenn es noch ein öffentliches Amt gibt, das zu besetzen ist.[87] Deshalb besteht bei einer Konkurrentenklage im Hauptsacheverfahren regelmäßig die Gefahr, dass nach Klagezustellung das vom Konkurrenten begehrte Amt, im Beamtenrecht durch Ernennung des Beamten und Einweisung in die Planstelle, im Arbeitsrecht durch **Abschluss eines Änderungsvertrages** besetzt wird.

245

In Fällen der Konkurrentenklage kommt deshalb dem einstweiligen Rechtsschutz besondere Bedeutung zu. Mit Zustellung des Erlasses einer einstweiligen Verfügung ist der Arbeitgeber gehindert, das noch freie Amt zu besetzen, so dass der Konkurrent seine Chancen meist nur über eine einstweilige Verfügung wahrnehmen kann. Im Antrag auf Erlass einer einstweiligen Verfügung ist die zu besetzende **Stelle konkret zu bezeichnen**. Hat der Verfügungskläger glaubhaft gemacht, dass die vom Arbeitgeber getroffene Auswahlentscheidung unter Berücksichtigung der Grundsätze der **Bestenauslese** oder Landesgleichstellungsgesetze ermessensfehlerhaft war oder dass Verfahrensfehler oder Mängel bei allgemeingültigen Bewertungsmaßstäben vorgelegen haben, besitzt er auch einen Verfügungsanspruch. Die Rechtsprechung setzt die Anforderungen zur Verhinderung vollendeter Tatsachen nicht zu hoch.[88] Der Verfügungskläger muss nicht dartun, dass er zwingend auszuwählen gewesen wäre.[89] Der Antrag kann wie folgt formuliert werden:

246

Der antragsgegnerischen Partei wird untersagt, die Position des ▬▬▬ in der Abteilung ▬▬▬ bis zum Abschluss des Hauptsacheverfahrens mit einem anderen Bewerber als der antragstellenden Partei zu besetzen.

---

[81] LAG Berlin 3.12.2001 – 19 Ta 2126/01, EzA-SD 2002, Nr. 13, 16; LAG Düsseldorf 18.4.1966 – 10 Sa 83/66, BB 1967, 1207; *Faecks*, NZA 1985, Beil. 3, 6, 8; *Becker-Schaffner*, DB 1983, 1304; *Reinhard/Kliemt*, NZA 2005, 545 (552).
[82] LAG Berlin 26.5.1986 – 9 Sa 24/86, DB 1987, 542; ArbG Marburg 5.2.1969 – Ca 600/68, DB 1969, 2041; *Hümmerich*, Gestaltung von Arbeitsverträgen, § 1 Rn 1953 ff.
[83] LAG Rheinland-Pfalz 12.4.2002 – 3 Sa 161/02, NZA 2002, 856; LAG Berlin 20.2.2002 – 4 Sa 2243/01, NZA 2002, 858.
[84] ZAP Fach 17, 829.
[85] BVerwG 20.1.2004 – 2 VR 3/03, Buchholz 310 § 123 VwGO Nr. 23.
[86] BAG 28.5.2002 – 9 AZR 751/00, NZA 2003, 324; BAG 2.12.1997 – 9 AZR 668/96, NZA 1998, 882; BAG 2.12.1997 – 9 AZR 445/96, NZA 1998, 884.
[87] BAG 2.12.1997 – 9 AZR 668/96, NZA 1998, 882; BAG 2.12.1997 – 9 AZR 445/96, NZA 1998, 884; BAG 14.11.2001 – 7 AZR 568/00, NZA 2002, 392.
[88] *Reinhard/Kliemt*, NZA 2005, 545 (546).
[89] *Seitz*, Die arbeitsrechtliche Konkurrentenklage, 1995, S. 41; *Zimmerling*, ZTR 2000, 489.

8. Beschäftigungsanspruch

247 Die Erfahrung bei den Instanzgerichten zeigt, dass Anträge auf Erlass einer einstweiligen Verfügung zur Beschäftigung, beispielsweise bei einem Gekündigten, aber wegen der Kündigungsfrist noch über mehrere Monate im Arbeitsverhältnis stehenden Angestellten wenig Aussicht auf Erfolg haben. Ein Verfügungsanspruch besteht schon deshalb, weil der Große Senat des BAG mit seinem Beschluss vom 27.2.1985[90] und der 2. Senat mit seinem Urteil vom 10.11.1955[91] klargestellt haben, dass im bestehenden Arbeitsverhältnis aus persönlichkeitsrechtlichen Gründen der Anspruch des Arbeitnehmers auf Beschäftigung überwiegt. Der Verfügungsanspruch ergibt sich daher aus § 105 GewO (§§ 611, 242 BGB).

248 Die Arbeitsgerichte lassen die Sicherung des Beschäftigungsanspruchs im Wege der einstweiligen Verfügung meist am **Verfügungsgrund** scheitern. Die überwiegende Rechtsprechung fordert, dass der Antragsteller vorträgt, dass die Nichtbeschäftigung einen schweren Nachteil für ihn bedeutet, der über das bloße Erfüllungsinteresse hinausgeht.[92] Nur dann, wenn für den Arbeitnehmer unerlässliche Kenntnisse und Praxiserfahrung wie bei einem Verkaufsleiter eines großen Logistikunternehmens wegen „Entfremdung aus dem Betrieb"[93] verloren gehen oder Spezialkenntnisse in der Versicherungsbranche,[94] wird ausnahmsweise von einem Verfügungsgrund ausgegangen. Die Meinung, die eine bloße Rechtsvereitelung bereits als ausreichenden Verfügungsgrund zur Durchsetzung von Beschäftigungsansprüchen ansieht, ist derzeit noch eine Mindermeinung.[95] Der Beschäftigungsantrag im Wege der einstweiligen Verfügung kann wie folgt lauten:

Der antragsgegnerischen Partei wird aufgegeben, die antragstellende Partei zu unveränderten arbeitsvertraglichen Bedingungen als ▬▬▬ in ▬▬▬ zu beschäftigen.

9. Weiterbeschäftigungsanspruch

249 Der Weiterbeschäftigungsanspruch existiert in zweierlei Gestalt. Er ist einmal als **betriebsverfassungsrechtlicher** Weiterbeschäftigungsanspruch ausgestaltet, der sich im Falle des Widerspruchs des Betriebsrats im Rahmen eines Anhörungsverfahrens nach § 102 BetrVG ergibt, § 102 Abs. 5 Satz 1 BetrVG. Er wird darüber hinaus **individualarbeitsrechtlich** geltend gemacht, wenn im Kündigungsschutzprozess kein Antrag auf Weiterbeschäftigung gestellt wurde und nach einem für den Arbeitnehmer obsiegenden Urteil im Kündigungsschutzprozess der Wunsch auf Weiterbeschäftigung besteht. Verfügungsgrund ist in allen Fällen, wie beim Beschäftigungsanspruch, der Anspruch auf Erfüllung einer Hauptleistungspflicht sowie die persönlichkeitsrechtliche Komponente, die der Große Senat des BAG mit der Entscheidung vom 27.2.1985 herausgestellt hat.[96]

250 Zum **Widerspruch** des Betriebsrats muss auch vorgetragen werden, inwieweit ein ordnungsgemäß getroffener Betriebsratsbeschluss vorliegt.[97] Hat der Betriebsrat widersprochen oder hat der Arbeitnehmer im Kündigungsschutzprozess obsiegt, kann er die Weiterbeschäftigung verlangen, wobei sich der Verfügungsgrund jeweils aus Gesetz bzw. aus einem arbeitsgerichtlichen Urteil ergibt. Beim Verfügungsanspruch stellen sich für den Arbeitnehmer keine sonderlichen Hürden, denn mit dem Urteil I. Instanz im Hauptsacheverfahren besteht eine Richtigkeitsgwähr, die eine Interessenabwägung zugunsten des Arbeitnehmers ausfallen lässt. Beim betriebsverfassungsrechtlichen Weiterbeschäftigungsanspruch ergibt sich der Verfügungsanspruch bereits aus § 102 Abs. 5 Satz 1 BetrVG.

251 Beim Verfügungsgrund hat der Arbeitnehmer meist Erfolg, denn hat das Arbeitsgericht I. Instanz bereits entschieden, dass das Arbeitsverhältnis durch eine Kündigung nicht beendet wurde, steht der Arbeitnehmer aufgrund der gestaltenden Wirkung des Urteils in einem Arbeitsverhältnis und sein Interesse an der Weiterbeschäftigung überwiegt nach der Rechtsprechung des BAG damit wieder. Weil der Arbeitnehmer, wenn er den Antrag auf Weiterbeschäftigung mit dem Kündigungsschutzantrag in der Klage verbunden hätte, in der

---

[90] BAG 27.2.1985 – GS 1/84, NJW 1985, 2968.
[91] BAG 10.11.1955 – 2 AZR 591/54, AP § 611 BGB Beschäftigungspflicht Nr. 2.
[92] LAG Baden-Württemberg 30.8.1993 – 15 Sa 35/93, NZA 1995, 683; LAG Düsseldorf 25.1.1993 – 19 Sa 1650/92, DB 1993, 1680; LAG Bremen 9.3.1988 – 2 Sa 288/87, AuR 1989, 290; LAG Hamm 18.2.1988 – 3 Sa 297/98, LAGE § 611 BGB Beschäftigungspflicht Nr. 41; LAG Hessen 23.3.1987 – 1 SaGa 316/87, NZA 1988, 37; LAG Köln 31.7.1985 – 7 Sa 555/05, BB 1985, 2178.
[93] ArbG Stuttgart 18.3.2005 – 26 Ga 4/05, n.v.
[94] LAG Köln 20.3.2001 – 6 Ta 46/01, MDR 2001, 1176; LAG Hamburg 18.10.2005 – 2 Sa 69/05, AE 2006, 115.
[95] LAG München 19.8.1992 – 5 Ta 185/92, NZA 1993, 1131; LAG Sachsen 8.3.1996 – 3 Sa 77/96, NZA-RR 1997, 4; *Hoß/Lohr*, BB 1998, 2576; *Hümmerich*, DB 1999, 1264.
[96] BAG GS 27.2.1985 – GS 1/84, NJW 1985, 2968.
[97] LAG Berlin 16.9.2004 – 10 Sa 1763/04, n.v.

Hauptsache bereits einen Weiterbeschäftigungsanspruch erlangt hätte, weil das Obsiegen mit einem Kündigungsschutzantrag das Obsiegen eines Weiterbeschäftigungsanspruchs nach sich zieht, darf der Arbeitnehmer im Wege des einstweiligen Rechtsschutzes nicht schlechter gestellt werden, als er über die Hauptsache gestellt würde. In gleicher Weise ist die Sachlage beim betriebsverfassungsrechtlichen Weiterbeschäftigungsanspruch. Deshalb entfällt die Hürde, dass ein schwerer Nachteil bei fortdauernder Nichtbeschäftigung dargelegt werden muss.

Allerdings ist es manchmal nicht ganz einfach, den **richtigen Zeitpunkt** für einen betriebsverfassungsrechtlichen Weiterbeschäftigungsanspruch zu treffen. Wird der Antrag vor der Zeit, also vor Ende des Arbeitsverhältnisses, gestellt, fehlt der Verfügungsgrund, denn der betriebsverfassungsrechtliche Weiterbeschäftigungsanspruch knüpft an das durch Ablauf der Kündigungsfrist beendete Arbeitsverhältnis an. Lässt sich der Arbeitnehmer zu lange Zeit nach dem Ende der Kündigungsfrist, um dem betriebsverfassungsrechtlichen Weiterbeschäftigungsantrag zu stellen, können für das Gericht Zweifel aufkommen, ob der Verfügungsanspruch noch besteht, nachdem der Arbeitnehmer über einen gewissen Zeitraum mit der Geltendmachung des Anspruchs zugewartet hat.

Bei der Geltendmachung eines Weiterbeschäftigungsanspruchs im Wege des einstweiligen Rechtsschutzes kann wie folgt formuliert werden:

Die antragsgegnerische Partei wird verurteilt, die antragstellende Partei über den ▬▬▬ hinaus bis zum rechtskräftigen Abschluss des Kündigungsschutzverfahrens ArbG ▬▬▬, Az. ▬▬▬, als ▬▬▬ in ▬▬▬ zu unveränderten arbeitsvertraglichen Bedingungen weiterzubeschäftigen.

10. Zahlungsansprüche

Vergütungsansprüche aus dem Arbeitsvertrag im Wege des einstweiligen Rechtsschutzes geltend zu machen, obwohl sie eine Vorwegnahme der Hauptsache bedeuten, wird teilweise für zulässig gehalten.[98] An den Antrag sind keine besonderen Anforderungen zu stellen.[99]

Im ungekündigten Arbeitsverhältnis muss der Arbeitnehmer seinen Arbeitsvertrag vorlegen und er muss darlegen, dass er die Arbeitsleistung erbringt und ihm somit ein Gehaltsanspruch zusteht. Da die einstweilige Verfügung zur Befriedigung des wirtschaftlichen Notbedarfs des Arbeitnehmers dienen soll, dürfen nur Nettobeträge in den Antrag aufgenommen werden.

Schwierig gestaltet sich die Darlegung des Verfügungsgrundes, zumal der Arbeitnehmer auf die Inanspruchnahme von Krediten verwiesen werden kann. Einstweilige Verfügungen wegen ausstehender Lohnzahlungen haben nur Erfolg, wenn der Arbeitnehmer in der Lage ist, eine soziale Notlage darzustellen, die sich aus dem Ausbleiben seines Gehalts für ihn und/oder seiner Familie ergibt. In der Praxis ist es üblich, als Bemessungsgrundlage für die Höhe des Zahlungsanspruch die Pfändungsfreigrenzen des § 850c ZPO heranzuziehen.[100] Der Antrag kann lauten:

Die antragsgegnerische Partei wird verurteilt, an die antragstellende Partei für den Monat ▬▬▬ einen Betrag in Höhe von ▬▬▬ EUR netto zu zahlen.[101]

---

[98] LAG Bremen 5.12.1997 – 4 Sa 258/97, NZA 1998, 902; LG Köln 22.9.1961 – 3 Q 24/61, AP § 940 ZPO Nr. 4; LAG Hamburg 6.5.1986 – 1 Ta 7/86, DB 1986, 1629; *Vossen*, RdA 1991, 216.
[99] *Reinhard/Kliemt*, NZA 2005, 545 (551).
[100] *Reinhard/Kliemt*, NZA 2005, 545 (552).
[101] Muster 6741 § 6 Rn 370.

B. Texte

I. Abmahnungsklagen

1. Muster: Klage wegen Abmahnung und Entfernung eines Schreibens aus der Personalakte[102]

Arbeitsgericht ▪▪▪

Klage

▪▪▪

– klägerische Partei –

Prozessbevollmächtigte: ▪▪▪

gegen

▪▪▪

– beklagte Partei –

wegen: Abmahnung und Entfernung eines Schreibens aus der Personalakte

Wir bestellen uns zu Prozessbevollmächtigten der klägerischen Partei, in deren Namen und Auftrag wir um kurzfristige Anberaumung eines Gütetermins bitten und beantragen werden zu erkennen:

1. Die beklagte Partei wird verurteilt, die der klägerischen Partei mit Schreiben vom ▪▪▪ erteilte Abmahnung zurückzunehmen und aus der Personalakte zu entfernen.
2. Die Berufung wird zugelassen.
3. Die beklagte Partei trägt die Kosten des Rechtsstreits.

Gründe:

I.

Die klägerische Partei ist seit dem ▪▪▪ als ▪▪▪ bei der beklagten Partei in einem Arbeitsverhältnis beschäftigt.

Beweis: Vorlage des Arbeitsvertrages in Kopie – Anlage K 1.

Die beklagte Partei hat der klägerischen Partei eine missbilligende Äußerung mit Schreiben vom ▪▪▪ zukommen lassen.

Beweis: Vorlage des Schreibens der beklagten Partei in Kopie – Anlage K 2.

Dieses Schreiben ist im Sinne der Rechtsprechung des Bundesarbeitsgerichts als Abmahnung anzusehen. Die Abmahnung unterscheidet sich von der Verwarnung oder dem Verweis dadurch, dass der Vertragspartner vom Arbeitgeber aufgefordert wird, ein vertragswidriges Verhalten abzustellen und dass für die Zukunft Rechtsfolgen angedroht werden. Der klägerischen Partei wurde im Schreiben der beklagten Partei Folgendes mitgeteilt:

▪▪▪

Wie die Formulierung des Arbeitgebers unmissverständlich zum Ausdruck bringt, soll das Verhalten der klägerischen Partei nicht nur eine Missbilligung erfahren, sondern auch im Zusammenhang mit dem Fortbestand des Arbeitsverhältnisses von Bedeutung sein und, falls weitere vom Arbeitgeber behauptete Rechtsverstöße hinzutreten, gegebenenfalls als unterstützender Kündigungsgrund herangezogen werden. In einem solchen Falle hat sich der Arbeitgeber einer Abmahnung im Rechtssinne bedient,

vgl. BAG DB 1979, 1511; BAG DB 1975, 1946; BAG, AP § 87 BetrVG 1972 Betriebsbuße Nr. 1.

II.

Der Arbeitnehmer kann die Beseitigung der durch die Abmahnung entstandenen Beeinträchtigung in folgenden Fällen verlangen:

1. Die Abmahnung ist formell nicht ordnungsgemäß zustande gekommen,

BAG NZA 1990, 477.

2. Die Abmahnung enthält unrichtige Tatsachenbehauptungen oder Ehrverletzungen, unsachliche Werturteile oder rechtsirrig angenommene Vertragsverstöße,

BAG NZA 1986, 227.

---

[102] Zur Vollstreckung siehe Muster 6769 § 6 Rn 388; zum fehlerhaften Zwangsvollstreckungsauftrag Muster 6989 § 6 Rn 541.

3. Der Grundsatz der Verhältnismäßigkeit wird verletzt,
    BAG NZA 1995, 227 f.
4. Ein schutzwürdiges Interesse des Arbeitgebers am Verbleib der Abmahnung in der Personalakte besteht nicht mehr, die Beeinträchtigung des Arbeitnehmers in seiner beruflichen Sphäre wirkt dagegen fort,
    BAG NZA 1995, 677.

Feste Tilgungsfristen wie in der Bundesdisziplinarordnung oder im Bereich des öffentlichen Dienstes, wonach innerhalb von zwei oder drei Jahren das Abmahnungsschreiben aus der Personalakte zu entfernen ist, hat die Rechtsprechung in dem Bereich der Privatwirtschaft abgelehnt,
    LAG Hamm NZA 1987, 26.

III.

Die beklagte Partei hat in ihrem Abmahnungsschreiben den maßgeblichen Sachverhalt unrichtig dargestellt:

Bei diesem Sachverhalt hat die klägerische Partei keine Pflichtwidrigkeit, mithin auch kein vertragswidriges Verhalten begangen, das die beklagte Partei als Arbeitgeber zur Androhung von Rechtsfolgen für die Zukunft berechtigen würde. Demgemäß kann die klägerische Partei die Rücknahme der Äußerung des Arbeitgebers und Entfernung des Abmahnungsschreibens aus der Personalakte verlangen.

IV.

Es entspricht ständiger Rechtsprechung, dass der Arbeitnehmer die Rücknahme einer missbilligenden Äußerung des Arbeitgebers verlangen kann, wenn diese nach Form oder Inhalt geeignet ist, ihn in seiner Rechtsstellung zu beeinträchtigen. Hierzu gehören auch schriftliche Rügen und Verwarnungen, die zu den Personalakten genommen werden,
    BAGE 7, 267 = AP § 611 BGB Fürsorgepflicht Nr. 6; BAG, AP § 87 BetrVG 1972 Betriebsbuße Nr. 5; BAG, AP § 611 BGB Fürsorgepflicht Nr. 96.

Wie der 5. Senat des Bundesarbeitsgerichts in verschiedenen Entscheidungen der vergangenen Jahre hervorgehoben hat, besteht für den Arbeitnehmer auch eine Anspruchsgrundlage auf Rücknahme einer zu Unrecht ausgesprochenen Abmahnung. Der Arbeitgeber muss im Rahmen seiner Fürsorgepflicht dafür Sorge tragen, dass die Personalakten ein richtiges Bild des Arbeitnehmers in dienstlichen und persönlichen Beziehungen vermitteln. Die Fürsorgepflicht ist Ausfluss des in § 242 BGB niedergelegten Gedankens von Treu und Glauben, der den Inhalt der Schuldverhältnisse bestimmt. Auch in Ansehung des Beschlusses des Großen Senats des Bundesarbeitsgerichts vom 27.2.1985,
    AP § 611 BGB Beschäftigungspflicht Nr. 14,
gewinnen der verfassungsrechtliche Persönlichkeitsschutz für das Arbeitsverhältnis und die sich daraus ergebenden Rechte und Pflichten Bedeutung. Der Arbeitgeber hat daher das allgemeine Persönlichkeitsrecht in Bezug auf Ansehen, soziale Geltung und berufliches Fortkommen des Arbeitnehmers zu beachten,
    BAGE 45, 111 = AP § 611 BGB Persönlichkeitsrecht Nr. 5.

Das Persönlichkeitsrecht des Arbeitnehmers wird durch unrichtige, sein berufliches Fortkommen berührende Tatsachenbehauptungen beeinträchtigt. In entsprechender Anwendung der §§ 242, 1004 BGB kann daher der Arbeitnehmer bei einem objektiv rechtswidrigen Eingriff in das Persönlichkeitsrecht des Arbeitnehmers in Form von unzutreffenden oder abwertenden Äußerungen deren Widerruf und Beseitigung verlangen,
    BAG, AP § 611 BGB Fürsorgepflicht Nrn. 93 und 96.

Bei dieser Sachlage kann die klägerische Partei verlangen, dass das Abmahnungsschreiben aus der Personalakte entfernt wird.

↑

2. Muster: Teilweise unrichtige Abmahnung

↓

Nicht alle in der Abmahnung enthaltenen Tatsachen sind vom Arbeitgeber richtig wiedergegeben. Unrichtig ist .

Da die Abmahnung damit jedenfalls nicht in allen Punkten gerechtfertigt ist, muss das Abmahnungsschreiben vom vollständig aus der Personalakte entfernt werden und kann auch nicht teilweise aufrechterhalten bleiben.

Dem Arbeitgeber ist es überlassen, ob er statt dessen eine auf zutreffende Pflichtverletzungen beschränkte Abmahnung aussprechen will; in jedem Falle ist das Abmahnungsschreiben in seiner Gesamtheit aus der Akte zu entfernen,

BAG 13.3.1991 – 5 AZR 133/90, BAGE 67, 311; LAG Köln 12.3.1966 – 5 Sa 1191/85, LAGE Nr. 3 zu § 611 BGB Abmahnung; LAG Düsseldorf 18.11.1986 – 3 Sa 1387/86, LAGE Nr. 7 zu § 611 BGB Abmahnung; LAG Hamm 3.11.1987 – 13 Sa 96/87, LAGE Nr. 9 zu § 611 BGB Abmahnung.

II. AGG-Klagen

1. Muster: Altersdiskriminierung – Klage auf Schadensersatz und angemessene Entschädigung

Arbeitsgericht ▄▄▄

Klage

– klägerische Partei –

Prozessbevollmächtigte: ▄▄▄

gegen

▄▄▄

– beklagte Partei –

wegen: Schadensersatz und Entschädigung

Wir bestellen uns zu Prozessbevollmächtigten der klägerischen Partei, in deren Namen und Auftrag wir um kurzfristige Anberaumung eines Gütetermins bitten. Wir werden im Übrigen beantragen zu erkennen:

1. Die beklagte Partei wird verurteilt, an die klägerische Partei Schadensersatz in Höhe von monatlich ▄▄▄ EUR nebst 5 %[103] Zinsen über dem Basiszinssatz jeweils ab dem 1. des Folgemonats zu zahlen.
2. Die beklagte Partei wird verurteilt, an die klägerische Partei eine Entschädigung nebst 5% Zinsen über dem Basiszinssatz seit dem ▄▄▄ zu zahlen. Die Höhe der Entschädigung wird in das Ermessen des Gerichts gestellt, sollte aber ▄▄▄ EUR brutto[104] nicht unterschreiten.
3. Die Berufung wird zugelassen.
4. Die Kosten des Rechtsstreits trägt die beklagte Partei.

Gründe:

1. Die klägerische Partei ist ▄▄▄ Jahre alt, verheiratet und seit ▄▄▄ bei der beklagten Partei als ▄▄▄ beschäftigt. Gemäß § ▄▄▄ des Arbeitsvertrages ist eine Höhergruppierung der Arbeitnehmer an das erfolgreiche Absolvieren eines sportlichen Leistungstests geknüpft.

Beweis: Vorlage des Arbeitsvertrages in Kopie – Anlage K 1.

Die klägerische Partei ist ▄▄▄ Jahre alt. Am ▄▄▄ nahm sie an dem Sporttest teil. Aufgrund ihrer für diese Altersgruppe üblichen körperlichen Konstitution erreichte sie jedoch die erforderliche Leistungsgrenze nicht. Daraufhin wurde die klägerische Partei seitens des Beklagten nicht höhergruppiert.

2. Der klägerischen Partei steht gegen die beklagte Partei ein Schadensersatzanspruch gemäß § 15 Abs. 1 i.V.m. §§ 7, 1 AGG zu.

Der persönliche und sachliche Anwendungsbereich des AGG ist eröffnet. Die klägerische Partei ist Arbeitnehmer i.S.d. § 6 Abs. 1 AGG und wird i.S.d. § 2 Abs. 2 Nr. 2 AGG im Hinblick auf Beschäftigungs- und Arbeitsbedingungen bei ihrem beruflichen Aufstieg benachteiligt. Die Klage ist nicht verfristet, da sie innerhalb von drei Monaten, nachdem der Anspruch schriftlich geltend gemacht wurde, erhoben worden ist, § 61b Abs. 1 ArbGG. Die Geltendmachung des Anspruchs erfolgte mit Schreiben vom ▄▄▄.

---

[103] Da der Arbeitnehmer Verbraucher ist (sog. absoluter Verbraucherbegriff; BAG 25.5.2005 – 5 AZR 572/04, NZA 2005, 1111), bestimmt sich die Höhe der Verzugszinsen nach den §§ 288 Abs. 1, 247 BGB. Auch die Vertreter des abweichenden relativen Verbraucherbegriffs gelangen über eine richtlinienkonforme Auslegung der europäischen Zahlungsverzugsrichtlinie zu einem Zinssatz von 5%, vgl. *Bauer/Kock*, DB 2002, 42 (46).

[104] Die Klage ist auf die Zahlung des Bruttobetrages zu richten. Auch bei § 15 Abs. 2 AGG wird das monatliche Bruttogehalt zugrunde gelegt. Nach der Entscheidung des Großen Senats des BAG vom 7.3.2001 (GS 1/00, DB 2001, 2196 = NZA 2001, 1195) kann der Arbeitnehmer auch die Verzugszinsen nach § 288 Abs. 1 BGB aus der in Geld geschuldeten Bruttovergütung verlangen. Spricht das Arbeitsgericht den Bruttobetrag zu, erfüllt der Arbeitgeber den Zahlungsanspruch des Arbeitnehmers dadurch, dass er den Nettobetrag an den Arbeitnehmer auszahlt und Steuern und Sozialabgaben an die Finanzbehörden bzw. die Sozialversicherungsträger abführt. Vollstreckt der Arbeitnehmer trotz Erfüllung aus dem Titel auf den Bruttobetrag, kann der Arbeitgeber die Vollstreckung in Höhe der bereits abgeführten Abgaben durch Vollstreckungsgegenklage gemäß § 767 ZPO (ggf. i.V.m. einem Eilantrag nach § 769 ZPO) verhindern.

Die Voraussetzungen für eine mittelbare Diskriminierung i.S.d. § 3 Abs. 2 AGG liegen vor. Nach § 3 Abs. 2 AGG ist eine mittelbare Benachteiligung gegeben, wenn dem Anschein nach neutrale Vorschriften, Kriterien oder Verfahren Personen wegen eines in § 1 AGG genannten Grundes gegenüber anderen Personen in besonderer Weise benachteiligen können.

Auf den ersten Blick handelt es sich bei § ▪▪▪ des Arbeitsvertrages um eine neutrale Vorschrift. Hintergründig werden damit jedoch ältere Arbeitnehmer benachteiligt, die aus Altersgründen nicht in der Lage sind, den Sporttest erfolgreich abzuschließen.

▪▪▪

Für den Umfang des Schadensersatzanspruchs gelten die §§ 249 ff. BGB. Grundlage für die Berechnung des Umfangs des Schadensersatzanspruchs ist die Differenzhypothese,

BGH 21.12.2004, NJW-RR 2005, 611; BGH 5.3.1958, NJW 1958, 1085.

Zu ersetzen ist das positive Interesse, d.h., der benachteiligte Beschäftigte ist vom Arbeitgeber grundsätzlich so zu stellen, wie er stünde, wenn die verbotene Benachteiligung nicht begangen worden wäre,

Bauer/Göpfert/Krieger, § 15 AGG Rn 24.

Bei einer Höhergruppierung auf ▪▪▪ hätte die klägerische Partei einen monatlichen Bruttolohn von ▪▪▪ EUR erhalten. Die Differenz zum momentanen Gehalt beträgt ▪▪▪ EUR. Für den Zeitraum von ▪▪▪ bis ▪▪▪ beläuft sich der Differenzbetrag auf insgesamt ▪▪▪ EUR.

Auch wenn in der Literatur teilweise vertreten wird, dass der Arbeitgeber zum Ersatz des Verdienstausfalls nur bis zum Wirksamwerden einer hypothetischen ordentlichen (Änderungs-)Kündigung verpflichtet sei, um ein uneingeschränktes Ausufern des Schadensersatzes bei einer verbotenen Benachteiligung im Rahmen einer unterbliebenen Beförderung zu vermeiden,

Bauer/Evers, NZA 2006, 893, 895; *Bauer/Göpfert/Krieger*, § 15 AGG Rn 27; Staudinger/*Annuß*, § 611a BGB Rn 99,

sprechen gewichtige Gründe für einen in zeitlicher Hinsicht unbeschränkten Schadensersatzanspruch. Eine Änderungskündigung zur Degradierung wäre nicht möglich, auch eine Beendigungskündigung wäre beim Eingreifen des Kündigungsschutzgesetzes regelmäßig keine Option,

Thüsing, Arbeitsrechtlicher Diskriminierungsschutz, Rn 542.

Die beklagte Partei hat gemäß § 15 Abs. 1 Satz 2 AGG den entstandenen Schaden zu vertreten. Sie hat die Klausel bewusst in den Arbeitsvertrag aufgenommen und somit zumindest grob fahrlässig gehandelt.

3. Der klägerischen Partei steht gegen die beklagte Partei auch ein Anspruch auf Entschädigung gemäß § 15 Abs. 2 AGG zu. Bei der oben geschilderten Sachlage hat die beklagte Partei die klägerische Partei aus altersspezifischen Gründen in ihrem beruflichen Fortkommen benachteiligt i.S.v. § 7 i.V.m. § 1 AGG.

Gemäß § 15 Abs. 2 AGG kann die klägerische Partei daher verlangen, dass ihr eine angemessene Entschädigung in Geld gezahlt wird. Die konkrete Höhe der Entschädigung ist dabei – wie bei einem Anspruch auf Schmerzensgeld –

BGH 30.4.1986, BGHZ 132, 341,

in das Ermessen des Gerichts gestellt. Es reicht vorliegend aus, wenn die Klage lediglich eine ungefähre Größenordnung nennt, anhand derer nach der Entscheidung des Gerichts insbesondere die Beschwer des Klägers festgestellt werden kann. Dazu müssen nur die tatsächlichen Grundlagen vorgetragen werden, die die Feststellung der Höhe des Klageanspruchs ermöglichen, um den Streitwert zu schätzen.

Mit dem Zahlungsantrag in Ziff. 2 wird die Grenze des § 15 Abs. 2 Satz 2 AGG beachtet. Die beantragte Mindestentschädigung überschreitet drei Monatsverdienste nicht, die die klägerische Partei verdient hätte, wenn eine benachteiligungsfreie Auswahl stattgefunden hätte.

2. Muster: Diskriminierung aufgrund sexueller Identität – Klage auf Schadensersatz

260

↓

Arbeitsgericht ▪▪▪

Klage

▪▪▪

– klägerische Partei –

Prozessbevollmächtigte: ▪▪▪

gegen

▄▄▄

– beklagte Partei –

wegen: Schadensersatz

Wir bestellen uns zu Prozessbevollmächtigten der klägerischen Partei, in deren Namen und Auftrag wir um kurzfristige Anberaumung eines Gütetermins bitten. Wir werden im Übrigen beantragen zu erkennen:

1. Die beklagte Partei wird verurteilt, an die klägerische Partei Schadensersatz in Höhe von monatlich ▄▄▄ EUR brutto nebst 5 %[105] Zinsen über dem Basiszinssatz jeweils ab dem 1. des Folgemonats zu zahlen.
2. Die Berufung wird zugelassen.
3. Die Kosten des Rechtsstreits trägt die beklagte Partei.

Gründe:

1. Die klägerische Partei ist seit ▄▄▄ bei der beklagten Partei als ▄▄▄ zu einem monatlichen Bruttoverdienst von zuletzt ▄▄▄ EUR beschäftigt. Die klägerische Partei lebt in einer eingetragenen Lebenspartnerschaft. Die beklagte Partei hat am ▄▄▄ folgende interne Stellenausschreibung veröffentlicht: ▄▄▄

Beweis: Vorlage der Stellenausschreibung in Kopie – Anlage K 1

Mit Schreiben vom ▄▄▄ bewarb sich die klägerische Partei auf diese Stelle, bei der das monatliche Bruttogehalt ▄▄▄ EUR beträgt und die für sie daher eine Höhergruppierung bedeutete. Die klägerische Partei erfüllte das Anforderungsprofil und war objektiv der bestqualifizierte Bewerber. ▄▄▄

Beweis: ▄▄▄

Dennoch wurde seine Bewerbung mit Schreiben vom ▄▄▄ von der beklagten Partei abgelehnt und der verheiratete Kollege ▄▄▄ befördert.

2. Der klägerischen Partei steht gegen die beklagte Partei ein Anspruch auf Entschädigung gemäß § 15 Abs. 2 i.V.m. §§ 7, 1 AGG zu. Bei der geschilderten Sachlage hat die beklagte Partei die klägerische Partei aus Gründen der sexuellen Identität in ihrem beruflichen Fortkommen i.S.v. § 7 i.V.m. § 1 AGG benachteiligt.

Der persönliche und sachliche Anwendungsbereich des AGG ist eröffnet. Die klägerische Partei ist Arbeitnehmer i.S.d. § 6 Abs. 1 AGG und wird i.S.d. § 2 Abs. 2 Nr. 2 AGG im Hinblick auf Beschäftigungs- und Arbeitsbedingungen bei ihrem beruflichen Aufstieg benachteiligt. Die Klage ist nicht verfristet, da sie innerhalb von drei Monaten, nachdem der Anspruch schriftlich geltend gemacht wurde, erhoben worden ist, § 61b Abs. 1 ArbGG. Die Geltendmachung des Anspruchs erfolgte mit Schreiben vom ▄▄▄.

Die Voraussetzungen für eine unmittelbare Diskriminierung i.S.d. § 3 Abs. AGG liegen vor. Nach § 3 Abs. 1 AGG ist eine unmittelbare Benachteiligung gegeben, wenn eine Person wegen eines in § 1 AGG genannten Grundes eine weniger günstige Behandlung erfährt, als eine andere Person in einer vergleichbaren Situation erfährt, erfahren hat oder erfahren würde. Ob eine Behandlung weniger günstig ist als eine andere, ist nach objektiven Kriterien zu beurteilen, nicht nach dem subjektiven Empfinden des Betroffenen. Vorliegend sind diese Kriterien gegeben:

▄▄▄

Für den Umfang des Schadensersatzanspruchs gelten die §§ 249 ff. BGB. Grundlage für die Berechnung des Umfangs des Schadensersatzanspruchs ist die Differenzhypothese,

BGH 21.12.2004, NJW-RR 2005, 611; BGH 5.3.1958, NJW 1958, 1085.

Zu ersetzen ist das positive Interesse, d.h., der benachteiligte Beschäftigte ist vom Arbeitgeber grundsätzlich so zu stellen, wie er stünde, wenn die verbotene Benachteiligung nicht begangen worden wäre,

Bauer/Göpfert/Krieger, § 15 AGG Rn 24.

Bei einer Beförderung auf die ausgeschriebene Stelle hätte die klägerische Partei einen monatlichen Bruttolohn von ▄▄▄ EUR erhalten. Die Differenz zum momentanen Gehalt beträgt ▄▄▄ EUR. Für den Zeitraum von ▄▄▄ bis ▄▄▄ beläuft sich der Differenzbetrag auf insgesamt ▄▄▄ EUR.

Auch wenn in der Literatur teilweise vertreten wird, dass der Arbeitgeber zum Ersatz des Verdienstausfalls nur bis zum Wirksamwerden einer hypothetischen ordentlichen (Änderungs-)Kündigung verpflichtet sei, um ein uneingeschränktes Ausufern des Schadensersatzes bei einer verbotenen Benachteiligung im Rahmen einer unterbliebenen Beförderung zu vermeiden,

Bauer/Evers, NZA 2006, 893, 895; *Bauer/Göpfert/Krieger*, § 15 AGG Rn 27; *Staudinger/Annuß*, § 611a BGB Rn 99,

---

[105] Da der Arbeitnehmer Verbraucher ist (sog. absoluter Verbraucherbegriff; BAG 25.5.2005 – 5 AZR 572/04, NZA 2005, 1111), bestimmt sich die Höhe der Verzugszinsen nach den §§ 288 Abs. 1, 247 BGB. Auch die Vertreter des abweichenden relativen Verbraucherbegriffs gelangen über eine richtlinienkonforme Auslegung der europäischen Zahlungsverzugsrichtlinie zu einem Zinssatz von 5 %, vgl. *Bauer/Kock*, DB 2002, 42 (46).

sprechen gewichtige Gründe für einen in zeitlicher Hinsicht unbeschränkten Schadensersatzanspruch.

Eine Änderungskündigung zur Degradierung wäre dem Arbeitgeber verwehrt, auch eine Beendigungskündigung wäre beim Eingreifen des Kündigungsschutzgesetzes regelmäßig keine Option,

Thüsing, Arbeitsrechtlicher Diskriminierungsschutz, Rn 542.

Die beklagte Partei hat gemäß § 15 Abs. 1 Satz 2 AGG den entstandenen Schaden zu vertreten. Sie hat die Beförderung der klägerischen Partei trotz ihrer objektiv besseren Eignung bewusst unterlassen und den heterosexuellen Mitarbeiter bevorzugt.

3. Muster: Geschlechtsdiskriminierung – Klage auf angemessene Entschädigung

Arbeitsgericht ■■■

Klage

■■■

– klägerische Partei –

Prozessbevollmächtigte: ■■■

gegen

■■■

– beklagte Partei –

wegen: Entschädigung

Wir bestellen uns zu Prozessbevollmächtigten der klägerischen Partei, in deren Namen und Auftrag wir um kurzfristige Anberaumung eines Gütetermins bitten. Wir werden im Übrigen beantragen zu erkennen:

1. Die beklagte Partei wird verurteilt, an die klägerische Partei eine Entschädigung nebst 5 %[106] Zinsen über dem Basiszinssatz seit dem ■■■ zu zahlen. Die Höhe der Entschädigung wird in das Ermessen des Gerichts gestellt, sollte aber ■■■ EUR brutto[107] nicht unterschreiten.
2. Die Berufung wird zugelassen.
3. Die Kosten des Rechtsstreits trägt die beklagte Partei.

Gründe:

1. Die klägerische Partei hat sich bei der beklagten Partei um eine Stelle als ■■■ beworben.

Beweis: Vorlage des Bewerbungsschreibens in Kopie – Anlage K 1.

Der Bewerbung der klägerischen Partei ist eine Stellenanzeige der beklagten Partei vorausgegangen, in der es u.a. heißt: ■■■

Beweis: Vorlage der Stellenausschreibung in Kopie – Anlage K 2.

Der klägerischen Partei ist bekannt geworden, dass eine Person eines anderen Geschlechts, nämlich der nachbenannte Zeuge ■■■, in der Position beschäftigt wird, auf die sich die klägerische Partei beworben hat.

Beweis: Zeugnis ■■■

Dabei sind der klägerischen Partei folgende Umstände bekannt geworden, die zur Nichtberücksichtigung ihrer Bewerbung und zur Berücksichtigung des Zeugen ■■■ als Stelleninhaber geführt haben: ■■■

2. Der klägerischen Partei steht gegen die beklagte Partei ein Anspruch auf Entschädigung gemäß § 15 Abs. 2 i.V.m. §§ 7, 1 AGG zu. Bei der oben geschilderten Sachlage hat die beklagte Partei die klägerische Partei aus geschlechtsspezifischen Gründen in ihrem beruflichen Fortkommen benachteiligt i.S.v. § 7 i.V.m. § 1 AGG.

---

[106] Da der Arbeitnehmer Verbraucher ist (sog. absoluter Verbraucherbegriff; BAG 25.5.2005 – 5 AZR 572/04, NZA 2005, 1111), bestimmt sich die Höhe der Verzugszinsen nach den §§ 288 Abs. 1, 247 BGB. Auch die Vertreter des abweichenden relativen Verbraucherbegriffs gelangen über eine richtlinienkonforme Auslegung der europäischen Zahlungsverzugsrichtlinie zu einem Zinssatz von 5 %, vgl. *Bauer/Kock*, DB 2002, 42 (46).

[107] Die Klage ist auf die Zahlung des Bruttobetrages zu richten. Auch bei § 15 Abs. 2 AGG wird das monatliche Bruttogehalt zugrunde gelegt. Nach der Entscheidung des Großen Senats des BAG vom 7.3.2001 (GS 1/00, DB 2001, 2196 = NZA 2001, 1195) kann der Arbeitnehmer auch die Verzugszinsen nach § 288 Abs. 1 BGB aus der in Geld geschuldeten Bruttovergütung verlangen. Spricht das Arbeitsgericht dem Arbeitgeber zu, erfüllt der Arbeitgeber den Zahlungsanspruch des Arbeitnehmers dadurch, dass er den Nettobetrag an den Arbeitnehmer auszahlt und Steuern und Sozialabgaben an die Finanzbehörden bzw. die Sozialversicherungsträger abführt. Vollstreckt der Arbeitnehmer trotz Erfüllung aus dem Titel auf den Bruttobetrag, kann der Arbeitgeber die Vollstreckung in Höhe der bereits abgeführten Abgaben durch Vollstreckungsgegenklage gemäß § 767 ZPO (ggf. i.V.m. einem Eilantrag nach § 769 ZPO) verhindern.

Der persönliche und sachliche Anwendungsbereich des AGG ist eröffnet. Die klägerische Partei begehrt als Arbeitnehmer i.S.d. § 6 Abs. 1 AGG den Zugang zu einer unselbständigen Erwerbstätigkeit nach § 2 Abs. 1 Nr. 1 AGG. Die Klage ist nicht verfristet, da sie innerhalb von drei Monaten, nachdem der Anspruch schriftlich geltend gemacht wurde, erhoben worden ist, § 61b Abs. 1 ArbGG. Die Geltendmachung des Anspruchs erfolgte mit Schreiben vom ■■■.

Die Voraussetzungen für eine unmittelbare Diskriminierung i.S.d. § 3 Abs. 1 AGG liegen vor. Nach § 3 Abs. 1 AGG ist eine unmittelbare Benachteiligung gegeben, wenn eine Person wegen eines in § 1 AGG genannten Grundes eine weniger günstige Behandlung erfährt, als eine andere Person in einer vergleichbaren Situation erfährt, erfahren hat oder erfahren würde. Ob eine Behandlung weniger günstig ist als eine andere, ist nach objektiven Kriterien zu beurteilen, nicht nach dem subjektiven Empfinden des Betroffenen. Vorliegend sind diese Kriterien gegeben:

■■■

Gemäß § 15 Abs. 2 AGG kann die klägerische Partei daher verlangen, dass ihr eine angemessene Entschädigung in Geld gezahlt wird. Die konkrete Höhe der Entschädigung ist dabei – wie bei einem Anspruch auf Schmerzensgeld –

> BGH 30.4.1986, BGHZ 132, 341,

in das Ermessen des Gerichts gestellt. Es reicht vorliegend aus, wenn die Klage lediglich eine ungefähre Größenordnung nennt, anhand derer nach der Entscheidung des Gerichts insbesondere die Beschwer des Klägers festgestellt werden kann. Dazu müssen nur die tatsächlichen Grundlagen vorgetragen werden, die die Feststellung der Höhe des Klageanspruchs ermöglichen, um den Streitwert zu schätzen.

Mit dem Zahlungsantrag in Ziff. 1 wird die Grenze des § 15 Abs. 2 Satz 2 AGG beachtet. Die beantragte Mindestentschädigung überschreitet drei Monatsverdienste nicht, die die klägerische Partei verdient hätte, wenn eine benachteiligungsfreie Auswahl stattgefunden hätte.

4. Muster: Sexuelle Belästigung – Klage auf angemessene Entschädigung

Arbeitsgericht ■■■

Klage

– klägerische Partei –

■■■

Prozessbevollmächtigte: ■■■

gegen

■■■

– beklagte Partei –

wegen: Entschädigung

Wir bestellen uns zu Prozessbevollmächtigten der klägerischen Partei, in deren Namen und Auftrag wir um kurzfristige Anberaumung eines Gütetermins bitten. Wir werden im Übrigen beantragen zu erkennen:

1. Die beklagte Partei wird verurteilt, an die klägerische Partei eine Entschädigung nebst 5 %[108] Zinsen über dem Basiszinssatz seit dem ■■■ zu zahlen. Die Höhe der Entschädigung wird in das Ermessen des Gerichts gestellt, sollte aber ■■■ EUR brutto[109] nicht unterschreiten.
2. Die Berufung wird zugelassen.
3. Die Kosten des Rechtsstreits trägt die beklagte Partei.

Gründe:

1. Die klägerische Partei ist seit ■■■ bei der beklagten Partei als ■■■ beschäftigt. Der Tätigkeitsbereich der klägerischen Partei umfasst insbesondere ■■■.

---

[108] Da der Arbeitnehmer Verbraucher ist (sog. absoluter Verbraucherbegriff; BAG 25.5.2005 – 5 AZR 572/04, NZA 2005, 1111), bestimmt sich die Höhe der Verzugszinsen nach den §§ 288 Abs. 1, 247 BGB. Auch die Vertreter des abweichenden relativen Verbraucherbegriffs gelangen über eine richtlinienkonforme Auslegung der europäischen Zahlungsverzugsrichtlinie zu einem Zinssatz von 5 %, vgl. *Bauer/Kock*, DB 2002, 42 (46).

[109] Die Klage ist auf die Zahlung des Bruttobetrages zu richten. Auch bei § 15 Abs. 2 AGG wird das monatliche Bruttogehalt zugrunde gelegt. Nach der Entscheidung des Großen Senats des BAG vom 7.3.2001 (GS 1/00, DB 2001, 2196 = NZA 2001, 1195) kann der Arbeitnehmer auch die Verzugszinsen nach § 288 Abs. 1 BGB aus der in Geld geschuldeten Bruttovergütung verlangen. Spricht das Arbeitsgericht den Bruttobetrag zu, erfüllt der Arbeitgeber den Zahlungsanspruch des Arbeitnehmers dadurch, dass er den Nettobetrag an den Arbeitnehmer auszahlt und Steuern und Sozialabgaben an die Finanzbehörden bzw. die Sozialversicherungsträger abführt. Vollstreckt der Arbeitnehmer trotz Erfüllung aus dem Titel auf den Bruttobetrag, kann der Arbeitgeber die Vollstreckung in Höhe der bereits abgeführten Abgaben durch Vollstreckungsgegenklage gemäß § 767 ZPO (ggf. i.V.m. einem Eilantrag nach § 769 ZPO) verhindern.

Beweis: Vorlage des Arbeitsvertrages in Kopie – Anlage K 1.

Im Zuge ihrer Tätigkeiten hielt sich die klägerische Partei häufig in dem Büro der beklagten Partei auf, um dort ▬▬▬.

Anfang ▬▬▬ begann die beklagte Partei damit, der klägerischen Partei während der internen Besprechungen auf den Schritt und das Gesäß zu starren. Am ▬▬▬ forderte die beklagte Partei die klägerische Partei auf, ▬▬▬ sie fände dies erregend und es würde ihren Arbeitsalltag „versüßen". Zudem äußerte sie Sätze wie ▬▬▬. Nach Fehlzeiten aufgrund krankheitsbedingter Fehlzeiten sagte sie oftmals anzügliche Bemerkungen wie ▬▬▬.

Beweis: Vernehmung der klägerischen Partei als Partei

Am ▬▬▬ fasste die Beklagte den Kläger ans Gesäß, zwickte ihn mehrfach in den Po und versuchte, ihn auf den Mund zu küssen. Zudem forderte sie ihn auf, folgende Handlungen an ihr vorzunehmen: ▬▬▬.

Beweis: Zeugnis des ▬▬▬

2. Der klägerischen Partei steht gegen die beklagte Partei ein Anspruch auf Entschädigung gemäß § 15 Abs. 2 i.V.m. §§ 7, 1 AGG zu. Die Klage ist nicht verfristet, da sie innerhalb von drei Monaten, nachdem der Anspruch schriftlich geltend gemacht wurde, erhoben worden ist, § 61b Abs. 1 ArbGG. Die Geltendmachung des Anspruchs erfolgte mit Schreiben vom ▬▬▬.

Der persönliche und sachliche Anwendungsbereich des AGG ist eröffnet, §§ 6 Abs. 1, 3 Abs. 4 AGG. Nach der Legaldefinition des § 3 Abs. 4 AGG ist eine sexuelle Belästigung eine Benachteiligung in Bezug auf § 2 Abs. 1 Nr. 1 bis 4 AGG, wenn ein unerwünschtes, sexuell bestimmtes Verhalten, wozu auch unerwünschte sexuelle Handlungen und Aufforderungen zu diesen, sexuell bestimmte körperliche Berührungen, Bemerkungen sexuellen Inhalts sowie unerwünschtes Zeigen und sichtbares Anbringen von pornographischen Darstellungen gehören, bezweckt oder bewirkt, dass die Würde der betreffenden Person verletzt wird, insbesondere wenn ein von Einschüchterungen, Anfeindungen, Erniedrigungen, Entwürdigungen oder Beleidigungen gekennzeichnetes Umfeld geschaffen wird.

Bei der geschilderten Sachlage hat die beklagte Partei die klägerische Partei i.S.d. § 3 Abs. 4 AGG sexuell belästigt. Sexuelle Handlungen, Berührungen und Aufforderungen zu diesen sind unabhängig von einer besonderen Schwere als sexuelle Belästigungen anzusehen,

BAG 9.1.1986 – 2 ABR 24/85, AP § 626 BGB Ausschlussfrist Nr. 20; LAG Hamm 13.2.1997 – 17 Sa 1544/96, NZA-RR 1997, 250, 255.

Auch der einmalige „Klaps auf den Po" stellt eine sexuelle Belästigung dar,

LAG Köln 7.7.2005 – 7 Sa 508/04, NZA-RR 2006, 237.

Diese Kriterien sind im vorliegenden Fall erfüllt ▬▬▬.

Insbesondere kann nicht davon ausgegangen werden, dass das Verhalten der beklagten Partei einvernehmlich und mit Billigung der klägerischen Partei geschah. Vielmehr hat die klägerische Partei die beklagte Partei mehrfach aufgefordert, das geschilderte Verhalten zu unterlassen. Nach der Rechtsprechung des BAG ist es nicht erforderlich, eine ausdrücklich formulierte Ablehnung kundzutun. Eine solche Ablehnung ist bereits erkennbar, wenn aus dem Verhalten des Betroffenen für einen neutralen Beobachter hinreichend deutlich geworden ist,

BAG 25.3.2004 – 2 AZR 341/03, NZA 2004, 1214.

▬▬▬

Gemäß § 15 Abs. 2 AGG kann die klägerische Partei daher verlangen, dass ihr eine angemessene Entschädigung in Geld gezahlt wird. Die konkrete Höhe der Entschädigung ist dabei – wie bei einem Anspruch auf Schmerzensgeld –

BGH 30.4.1986, BGHZ 132, 341,

in das Ermessen des Gerichts gestellt. Es reicht vorliegend aus, wenn die Klage lediglich eine ungefähre Größenordnung nennt, anhand derer nach der Entscheidung des Gerichts insbesondere die Beschwer des Klägers festgestellt werden kann. Dazu müssen nur die tatsächlichen Grundlagen vorgetragen werden, die die Feststellung der Höhe des Klageanspruchs ermöglichen, um den Streitwert zu schätzen.

Die beantragte Mindestentschädigung in Ziff. 1 beachtet ferner die Grenze des § 15 Abs. 2 Satz 2 AGG.

III. Beschäftigungsklagen

1. Muster: Vertragsgemäße Beschäftigung

↓

Arbeitsgericht ▬▬▬

Klage

▬▬▬

– klägerische Partei –

Prozessbevollmächtigte: ▬▬▬

gegen

▬▬▬

– beklagte Partei –

wegen: vertragsgemäßer Beschäftigung und rechtswidriger Versetzung

Wir bestellen uns zu Verfahrensbevollmächtigten der klägerischen Partei, in deren Namen und Auftrag wir um die kurzfristige Anberaumung eines Gütetermins bitten. Wir werden beantragen zu erkennen:

1. Die beklagte Partei wird verurteilt, die klägerische Partei gemäß Arbeitsvertrag vom ▬▬▬ als ▬▬▬ in ▬▬▬ zu beschäftigen.
2. Die beklagte Partei trägt die Kosten des Rechtsstreits.

Gründe:

I.

Die ▬▬▬-jährige klägerische Partei ist seit dem Jahr ▬▬▬ zunächst in einem befristeten Arbeitsverhältnis und ab dem ▬▬▬ in einem unbefristeten Arbeitsverhältnis bei der beklagten Partei zu einem aktuellen Gehalt von monatlich ▬▬▬ EUR beschäftigt.

 Beweis: 1. Vorlage des Arbeitsvertragsschreibens vom ▬▬▬ in Kopie – Anlage K 1.
     2. Vorlage des Arbeitsvertragsschreibens vom ▬▬▬ in Kopie – Anlage K 2.

Seit über ▬▬▬ Jahren ist die klägerische Partei mit einer Wochenarbeitszeit von ▬▬▬ Stunden in der Abteilung ▬▬▬ der beklagten Partei in ▬▬▬ tätig, wobei ihr eine Vielzahl unterschiedlichster Aufgaben zur Ausführung übertragen sind.

 Beweis: Vorlage einer schriftlichen Zusammenstellung der Aufgabengebiete der klägerischen Partei in Kopie – Anlage K 3.

Unter anderem ist die klägerische Partei bisher mit der ▬▬▬ betraut. Einen umfassenden Eindruck über ihre bisherigen Aufgabengebiete gibt die als Anlage K 3 vorgelegte schriftliche Aufgabenbeschreibung.

 Beweis: Vorlage einer schriftlichen Zusammenstellung der Aufgabengebiete in Kopie – Anlage K 3.

Die klägerische Partei arbeitete aufgrund der mit ihrer Tätigkeit verbundenen Außenwirkung in direktem Kontakt mit der Geschäftsführung der beklagten Partei. Sie moderierte in den letzten 5 bis 7 Jahren regelmäßig Veranstaltungen mit bis zu 600 Besuchern und führte öffentliche Podiumsdiskussionen vor Kunden. Diese exponierte Tätigkeit der klägerischen Partei wird unter anderem durch ▬▬▬ belegt.

 Beweis: Vorlage des Schreibens vom ▬▬▬ in Kopie – Anlage K 4.

Mit Schreiben vom ▬▬▬ teilte der Geschäftsführer der beklagten Partei, Herr ▬▬▬, der klägerischen Partei mit, sie werde ab dem ▬▬▬ als ▬▬▬ eingesetzt.

 Beweis: Vorlage des Schreibens vom ▬▬▬ in Kopie – Anlage K 5.

Als ▬▬▬ obliegt der klägerischen Partei im Vergleich zu ihrer vorherigen Tätigkeit eine rein ausführende Hilfstätigkeit mit einem eng umgrenzten Aufgabenbereich, die von jedermann mit einer geringen Einarbeitungszeit erledigt werden kann. In ihrer Funktion als ▬▬▬ obliegen der klägerischen Partei folgende Aufgaben: ▬▬▬

 Beweis: Vorlage der internen Stellenausschreibung in Kopie – Anlage K 7.

II.

Bewertet man den völlig geänderten, stark reduzierten aktuellen Aufgabenbereich der klägerischen Partei und vergleicht ihn mit ihren bisherigen Aufgaben in der ▬▬▬, wird deutlich, dass die Versetzung durch die beklagte Partei zu einer Änderung des Aufgabenbereichs der klägerischen Partei im Sinne einer wesentlichen Herabstufung geführt hat.

Entgegen der Auffassung der beklagten Partei ist die Versetzung der klägerischen Partei nicht vom ihrem arbeitgeberseitigen Direktionsrecht gedeckt.

Das Direktions- oder Weisungsrecht erlaubt es dem Arbeitgeber zwar, die Einzelheiten der vom Arbeitnehmer zu erbringenden Arbeitsleistungen einseitig zu bestimmen, soweit diese nicht anderweitig geregelt sind. Sein Umfang bestimmt sich dabei vor allem nach dem Inhalt des Arbeitsvertrages,

vgl. BAG 30.8.1995, NZA 1996, 440.

Durch das Direktionsrecht des Arbeitgebers ist aber nicht gedeckt, wenn der Arbeitnehmer auf einen geringwertigeren Arbeitsplatz versetzt wird. Ohne Einvernehmen mit dem Mitarbeiter ist dies nur unter Berücksichtigung der auch für eine Änderungskündigung vorausgesetzten Rechtfertigungsgründe (§ 2 KSchG) möglich,

vgl. Tschöpe/*Schmalenberg*, Anwalts-Handbuch Arbeitsrecht, 2 A Rn 41.

Dies gilt auch für den Fall, dass die bisherige Vergütung weitergezahlt wird. Eine geringwertigere Arbeit ist immer dann gegeben, wenn sie nach dem Tätigkeits- oder Berufsbild in der Sozialanschauung geringer bewertet wird. In der Privatwirtschaft spricht für eine unterwertige Beschäftigung, wenn die Funktionen und die Vertretungsbefugnisse eingeschränkt werden,

vgl. LAG Schleswig-Holstein 5.4.2001, FA 2002, 179; Schaub/*Linck*, Arbeitsrechts-Handbuch, § 45 Rn 26.

Das BAG hat ausdrücklich festgestellt,

vgl. BAG 30.8.1995, NZA 1996, 440,

dass die Art der Beschäftigung durch das allgemeine Direktionsrecht nicht unbegrenzt abgeändert werden kann. Zwar sei bei entsprechender Fassung des Arbeitsvertrages die Übertragung unterschiedlicher Tätigkeiten kraft Weisung zulässig. Voraussetzung für die Übertragung anderweitiger Tätigkeiten sei aber stets, dass diese als gleichwertig anzusehen sind. Dabei bestimmt sich die Gleichwertigkeit mangels anderer Anhaltspunkte grundsätzlich aus der auf den Betrieb abgestellten Verkehrsauffassung und dem sich daraus ergebenden Sozialbild. Das Arbeitsverhältnis genießt Bestandsschutz auch gegen eine inhaltliche Änderung der Tätigkeit. Der Arbeitgeber kann deshalb dem Arbeitnehmer nach Auffassung des BAG auch dann keine niedriger zu bewertende Tätigkeit zuweisen, wenn er die Vergütung zahlt, die der bisherigen Tätigkeit entspricht,

vgl. BAG 30.8.1995, NZA 1996, 440.

Diese Zusammenhänge sind bei der Bestimmung der Grenzen des allgemeinen Direktionsrechts (§ 106 GewO) zu berücksichtigen und von der beklagten Partei im vorliegenden Fall missachtet worden. Die arbeitsrechtlichen Regelungen der GewO gelten nicht nur für Arbeiter, sondern finden gemäß § 6 Abs. 2 GewO auf alle Arbeitnehmer Anwendung.

Durch die Schuldrechtsmodernisierung hat sich an dieser Rechtslage nichts geändert. Versetzungsklauseln sind nicht am Maßstab des § 308 Nr. 4 BGB zu messen, da diese Vorschrift nur einseitige Bestimmungsrechte hinsichtlich der Leistung des Verwenders, mithin des Arbeitgebers erfasst. Wenn eine Versetzungsklausel materiell der Regelung des § 106 Satz 1 GewO nachgebildet ist, enthält die Versetzungsklausel nach Auffassung des 9. Senats gemäß Urteil vom 11.4.2006 keine unangemessene Benachteiligung des Arbeitnehmers nach § 307 Abs. 1 Satz 1 BGB,

BAG 11.4.2006 – 9 AZR 557/05, NZA 2006, 1149.

Etwas anderes gilt, wenn der Arbeitgeber unter Überschreitung seines Direktionsrechts nach § 106 Satz 1 GewO dem Arbeitnehmer eine in der Sozialanschauung geringwertige Tätigkeit zuweist, die geringere oder andere Kenntnisse des Arbeitnehmers erfordert, als sie in der bisherigen Tätigkeit verlangt wurden. In einem solchen Fall ist das allgemeine Direktionsrecht nach § 106 GewO überschritten und es ist die Wirksamkeit einer derartigen Versetzungsmaßnahme nach den bisherigen Kriterien zu ermitteln.

Der klägerischen Partei sind wesentliche Verantwortungsbereiche entzogen worden, ihr Aufgabenbereich hat sich stark verkleinert und die ihr zur Ausführung zugewiesenen Aufgaben genießen in der Sozialanschauung einen deutlich niedrigeren Stellenwert. Dementsprechend ist mit der Versetzung eine beachtliche Abwertung der ihr zur Ausführung übertragenen Tätigkeiten verbunden. Die der klägerischen Partei nunmehr übertragenen Tätigkeiten sind im Verhältnis zu den ihr bisher übertragenen Tätigkeiten nicht gleichwertig. Die der klägerischen Partei als ■■■ übertragenen Aufgaben stellen im Vergleich zur ihrer bisherigen Tätigkeit als ■■■ eine in der Sozialanschauung deutlich niederwertigere Tätigkeit dar. Statt einer eigenverantwortlich planenden Sachbearbeitertätigkeit übt die klägerische Partei aktuell ■■■ eine rein ausführende Hilfstätigkeit aus.

Im Einzelnen lässt sich die niedere Wertigkeit der Tätigkeit an folgenden Gesichtspunkten festmachen. Die bisherige Tätigkeit der klägerischen Partei war durch

- Kreativität,
- künstlerische Aspekte,
- Innovation und Erfindungsgeist,
- Abwechslungsreichtum,
- Eigenständigkeit und selbständige Leistungen,

- Verantwortung,
- Öffentlichkeits- bzw. Außenbezug,
- Kontaktpflege in vielerlei Hinsicht und nicht zuletzt durch
- die direkte Zusammenarbeit mit der Geschäftsleitung

geprägt, wobei die Arbeiten die unterschiedlichsten Anforderungen an die klägerische Partei sowohl im künstlerischen als auch im organisatorischen Bereich stellten.

Alle vorgenannten prägenden Merkmale der Tätigkeit in der Werbeabteilung weist die neue Tätigkeit nicht auf.

Damit belegt der direkte Vergleich des neuen und alten Aufgabenbereichs das unterschiedliche Sozialprestige der beiden Stellen und die niedere Wertigkeit der der klägerischen Partei aktuell zugewiesenen Stelle.

Während der klägerischen Partei in ihrer alten Funktion im Bereich ▪▪▪ eine Vielzahl unterschiedlichster, von Kreativität und künstlerischer Qualifikation geprägter Aufgaben zur Erledigung zugewiesen waren, beschränkt sich der ihr nunmehr übertragene Aufgabenbereich auf schlichte Arbeiten bei der ▪▪▪.

Auch ein Blick auf die Rechtsprechung, die in vielen Verfahren die Gleichwertigkeit von Tätigkeiten zu bewerten hatte, stützt das vorstehende Ergebnis.

Als gleichwertig wurden angesehen die Tätigkeit einer Buffetkraft mit der an einem Kuchenverkaufsstand (BAG 20.12.1983 – 1 AZR 380/82), die Tätigkeit als Hilfsarbeiter oder Fensterputzer (LAG Hamm 12.9.1951, BB 1951, 839) und die Funktion eines Kreditsachbearbeiters im Außendienst mit der im Innendienst (BAG 23.6.1993, AP § 611 BGB Direktionsrecht Nr. 42). Ein Pförtner übt gleichwertige Aufgaben aus wie ein Nachtwächter (LAG Düsseldorf 11.3.1959, BB 1959, 667).

Als ungleichwertig gelten die Tätigkeit eines Angestellten und eines Arbeiters (LAG Hamm 29.1.1988 – 5 Sa 897/87, ZTR 1988, 433; LAG Rheinland-Pfalz 19.8.1999 – 6 Sa 171/00), eines Krankenpflegers und einer Bürokraft in einer Röntgenabteilung (BAG 15.5.1984 – 1 AZR 289/83), eines Sachgebietsleiters mit und ohne Weisungsbefugnis (LAG Hamm 9.1.1997 – 17 Sa 1554/90, ZTR 1997, 279), einer Servierin und eines Zimmermädchens (ArbG München 23.4.1998 – AiB 1998, 600) oder eines Schlossers und Hilfsarbeiters (LAG Hamm 2.11.1954 – 2 Sa 443/54, BB 1955, 255).

Zieht man die vorstehenden Beispiele als Maßstab und Auslegungshilfe heran, wird aufgrund des unterschiedlichen Gepräges der Tätigkeit der klägerischen Partei als ▪▪▪ und als ▪▪▪ die unterschiedliche Wertigkeit der Aufgaben deutlich. Insbesondere das Beispiel ▪▪▪ bzw. ▪▪▪ weist Ähnlichkeiten zum Fall der klägerischen Partei auf und indiziert die unterschiedliche Wertigkeit der jeweiligen Aufgabe.

Aufgrund der unterschiedlichen Wertigkeit ist die Versetzung der klägerischen Partei unter Beachtung der vorstehend zitierten Rechtsprechung und Literaturmeinungen entgegen der Auffassung der beklagten Partei nicht durch deren arbeitgeberseitiges Direktionsrecht gedeckt. Die auf das Direktionsrecht gestützte Versetzung ist rechtswidrig.

Die klägerische Partei ist gemäß dem Klageantrag zu Ziff. 1 entsprechend ihrem bisherigen Aufgabenprofil vertragsgemäß als Mitarbeiterin ▪▪▪ zu beschäftigen.

Insoweit ist auch entscheidungserheblich, dass, wenn eine bestimmte Tätigkeit für einen langandauernden Zeitraum zugewiesen ist, dies zur Konkretisierung der Arbeitspflicht für diese Tätigkeit führt. Dies gilt sowohl für die Art der Tätigkeit als auch für den Ort der Arbeitsleistung,

vgl. LAG Rheinland-Pfalz 20.10.1993, AuR 1994, 311.

2. Muster: Unveränderte Beschäftigung nach rechtswidriger Versetzung

Arbeitsgericht ▪▪▪

Klage

▪▪▪

– klägerische Partei –

Prozessbevollmächtigte: ▪▪▪

gegen

▪▪▪

– beklagte Partei –

wegen: Beschäftigung

Wir bestellen uns zu Prozessbevollmächtigten der klägerischen Partei, in deren Namen und Auftrag wir um kurzfristige Anberaumung eines Gütetermins bitten. Wir werden im Übrigen beantragen zu erkennen:
1. Die beklagte Partei wird verurteilt, die klägerische Partei zu unveränderten Arbeitsbedingungen als ■■■ in ■■■ zu beschäftigen.
2. Es wird festgestellt, dass die mit Schreiben vom ■■■ ausgesprochene Versetzung unwirksam ist.
3. Die beklagte Partei trägt die Kosten des Rechtsstreits.

Gründe:

I.

Die klägerische Partei ist seit dem ■■■ bei der beklagten Partei beschäftigt.
   Beweis: Vorlage des Arbeitsvertrages in Kopie – Anlage K 1.
Zunächst war die klägerische Partei bei der Muttergesellschaft der beklagten Partei im Bereich ■■■ tätig. ■■■ wechselte sie zur beklagten Partei. Dort war sie zunächst als ■■■ tätig, seit dem ■■■ ist sie mit den Aufgaben eines ■■■ betraut.
In dieser Eigenschaft hat die klägerische Partei folgende Aufgaben: ■■■
   Beweis: Vorlage der aktuellen Stellenbeschreibung – Anlage K 2.
Im Zuge der verschiedenen Beförderungen erhöhte sich auch das Gehalt der klägerischen Partei. Aktuell verdient die klägerische Partei ■■■ EUR brutto monatlich.
   Beweis: Vorlage einer Verdienstbescheinigung – Anlage K 3.
Am ■■■ versetzte die beklagte Partei die klägerische Partei mit sofortiger Wirkung auf die Position eines ■■■.
   Beweis: Vorlage des Versetzungsschreibens in Kopie – Anlage K 4.
Die klägerische Partei nahm die Versetzung mit Schreiben vom ■■■ unter dem Vorbehalt an, die Wirksamkeit gerichtlich überprüfen zu lassen.
   Beweis: Vorlage des Schreibens vom ■■■ in Kopie – Anlage K 5.
Bei der beklagten Partei sind ca. ■■■ Mitarbeiter beschäftigt und es ist ein Betriebsrat gebildet.

II.

Die Versetzungsanordnung vom ■■■ ist unwirksam.
Die klägerische Partei hat aus §§ 611, 613 BGB i.V.m. § 242 BGB einen Anspruch auf tatsächliche Beschäftigung nach Maßgabe des bestehenden Arbeitsvertrages,
   BAG GS 27.2.1985, AP § 611 BGB Beschäftigungspflicht Nr. 14.
Die klägerische Partei hat einen Anspruch, dass ihr Tätigkeitsbereich sowohl in fachlicher als auch in geographischer Hinsicht in der bisher wahrgenommenen Aufgabe als ■■■ besteht.
Eine rechtswirksame Abänderung der einzelvertraglichen Bedingungen ist weder in Ausübung eines einseitigen Leistungsbestimmungsvorbehalts der beklagten Partei im Arbeitsvertrag noch im Wege einer wirksamen Ausübung des Direktionsrechts erfolgt. Schließlich handelt es sich bei der Neufestlegung des der klägerischen Partei zugewiesenen Arbeitsgebiets um eine mitbestimmungspflichtige Versetzung.
1. Eine arbeitsvertragliche Versetzung ist über den bloßen Sprachgebrauch hinaus jede Änderung des Aufgabenbereichs nach Art, Ort und Umfang der Tätigkeit. Auch der bloße Entzug bisher wahrgenommener Aufgaben stellt danach bereits eine Versetzung dar. Der Umfang des Versetzungsrechts im Verhältnis zum Arbeitnehmer bestimmt sich nach dem Inhalt der Arbeitsvertrages. Das allgemeine Weisungsrecht des Arbeitgebers erlaubt wesentliche Änderungen der Tätigkeit selbst bei Gleichwertigkeit der sonstigen Arbeitsbedingungen nicht. Der Arbeitgeber kann ohne entsprechenden arbeitsvertraglichen Vorbehalt dem Arbeitnehmer nicht eindeutig eine andere Tätigkeit zuweisen und damit die vertraglich vereinbarte Leistungspflicht ändern. Das Direktionsrecht beschränkt sich in einem solchen Fall darauf, die im Rahmen der vereinbarten Tätigkeit liegenden Verrichtungen zuzuweisen,
   BAG 3.12.1980, DB 1981, 799.
Das allgemeine Weisungsrecht des Arbeitgebers hat stets nur eine Konkretisierungsfunktion im Hinblick auf die im Arbeitsvertrag enthaltenen Rahmenarbeitsbedingungen. Der Umfang der beiderseitigen Hauptleistungspflichten (Vergütungs- und Arbeitspflicht) unterliegt nicht dem allgemeinen Weisungsrecht des Arbeitgebers. Die Regelung der beiderseitigen Hauptleistungspflichten gehört zum Kernbereich des Arbeitsverhältnisses mit der Folge, dass diese Arbeitsbedingungen lediglich durch Gesetz, Kollektiv- oder Einzelarbeitsvertrag gestaltbar sind,
   BAG 12.12.1984, AP § 2 KSchG Nr. 6.

Ein arbeitsvertraglicher Versetzungsvorbehalt rechtfertigt eine Versetzung auf einen geringerwertigen Arbeitsplatz, also eine erhebliche qualitative Tätigkeitsänderung, selbst unter Beibehaltung der bisherigen Vergütung nicht. Insoweit besteht ein einseitiges Leistungsbestimmungsrecht des Arbeitgebers, das aber nur gemäß § 315 BGB nach billigem Ermessen ausgeübt werden darf und entsprechende Maßnahmen nicht etwa in das freie Belieben des Arbeitgebers stellt,

Schaub/*Linck,* Arbeitsrechts-Handbuch, 45 IV. 6 Rn 39 ff.

Ist nach dem Inhalt des Arbeitsvertrages aufgrund des Weisungsrechts eine Versetzung nicht möglich, bedarf es zur Übertragung höher- oder geringwertiger Arbeit eines Änderungsvertrages. Einen solchen Änderungsvertrag haben die Parteien unstreitig nicht geschlossen.

Die beklagte Partei beruft sich zur Begründung der Wirksamkeit der Versetzung auf die im Arbeitsvertrag getroffene Regelung, wonach die klägerische Partei innerhalb der Firmengruppe eine andere, ihrer Vorbildung, ihren Fähigkeiten und Erfahrungen entsprechende Tätigkeit übertragen kann.

Richtig ist, dass Versetzungsklauseln eine Erweiterung der Versetzungsbefugnis des Arbeitgebers bedeuten können. Im Gegenteil zu Klauseln, die pauschal die Zumutbarkeit der Versetzungsmaßnahme vorsehen, stellen Klauseln, die zwar einerseits Direktionsrechtserweiterungen beinhalten, andererseits eine Versetzung inhaltlich in der Weise beschränken, dass die neue Arbeit den Fähigkeiten und Kenntnissen des Arbeitnehmers entsprechen muss, eine Einschränkung des Direktionsrechts dar. Die Zumutbarkeit der anderen Beschäftigung wird auf die Fähigkeiten, Kenntnisse und Vorbildung und damit auf eine Gleichwertigkeit der Tätigkeiten fixiert,

Preis/*Preis,* Der Arbeitsvertrag, II D 30 Rn 27 ff.; BAG 27.3.1980, EzA § 611 BGB Direktionsrecht Nr. 2.

Die Zuweisung geringwertiger Aufgaben oder eines geringwertigen Arbeitsplatzes wird nach der Rechtsprechung des BAG vom Direktionsrecht nicht gedeckt, sofern nicht ein entsprechender Vorbehalt im Arbeitsvertrag enthalten ist, selbst dann, wenn die bisherige Vergütung weiter gezahlt wird,

BAG 26.2.1976, EzA § 242 BGB Ruhegeld Nr. 50; BAG 28.2.1968, AP § 611 BGB Direktionsrecht Nr. 22.

Eine geringerwertige Arbeit ist immer dann gegeben, wenn sie nach Tätigkeits- oder Berufsbild in der Sozialanschauung geringer bewertet wird. Die Frage der Arbeitswertigkeit ist hierbei durch einen wertenden Vergleich zu ermitteln. Zu berücksichtigen sind unter anderem Vor- und Nachteile, das Berufsbild, das Sozialprestige oder die verkehrsmäßige Einschätzung der Tätigkeit. Abänderungen einzelvertraglicher Bindungen, die eine geringwertige Arbeit zum Inhalt haben, stellen eine Änderungskündigung dar, die im Anwendungsbereich des Kündigungsschutzgesetzes wie jede gewöhnliche Kündigung durch personen-, verhaltens- oder betriebsbedingte Gründe motiviert und sozial gerechtfertigt sein muss.

Die Wegnahme der mit einer Abteilungsleiterfunktion verbundenen Weisungs-, Aufsichts- und Fürsorgebefugnisse hinsichtlich der unterstellten Mitarbeiter sowie die völlige Reduktion der die Abteilung tragenden Aufgaben auf die Person des Abteilungsleiters beinhaltet eine rechtswidrige Versetzungsanweisung,

LAG Köln 19.4.1994 – 11 Sa 526/93, n.v.; ArbG Bonn 11.3.1998 – 5 Ca 1028/92, n.v.

Verliert ein Mitarbeiter sämtliche Kompetenzen im Bereich der Geschäftsführung, bedeutet dies den Wegfall der Position eines leitenden Angestellten in die eines gewöhnlichen Angestellten. Allein die Erteilung der Prokura führt nicht automatisch dazu, dass ein Angestellter leitender Angestellter i.S.d. § 5 Abs. 3 Nr. 2 BetrVG ist. Erforderlich ist insoweit, dass der Prokurist erhebliche unternehmerische Leitungsaufgaben tatsächlich wahrnimmt,

BAG 11.1.1995, DB 1995, 1334.

Unabhängig von der arbeitsvertraglichen Zulässigkeit einer Versetzung ist der Betriebsrat im Rahmen des § 99 Abs. 1 BetrVG zu beteiligen, wenn dem Arbeitnehmer ein anderer Aufgabenbereich zugewiesen wird und dies voraussichtlich die Dauer von einem Monat überschreitet bzw. mit einer erheblichen Änderung der Umstände verbunden ist, unter denen die Arbeit zu leisten ist, § 95 Abs. 3 BetrVG. Dieser besondere betriebsverfassungsrechtliche Versetzungsbegriff umfasst auch die individualrechtliche Zuweisung eines anderen Arbeitsortes oder einer anderen Tätigkeit, da unter „Arbeitsbereich" der konkrete Arbeitsplatz und seine Beziehung zur betrieblichen Umgebung in räumlicher, technischer und organisatorischer Hinsicht zu verstehen ist,

BAG 10.4.1984, AP § 95 BetrVG Nr. 4; BAG 3.12.1985, AP § 95 BetrVG Nr. 8.

Die ordnungsgemäße Beteiligung des Betriebsrats ist Wirksamkeitsvoraussetzung für die tatsächliche Zuweisung eines neuen Arbeitsbereichs,

Küttner/*Reinecke,* Personalbuch, 449 Rn 24.

Dies gilt sowohl für Versetzungen, die der Arbeitgeber individualrechtlich im Wege des Weisungsrechts anordnen kann,

BAG 26.1.1998, DB 1998, 1167,

als auch wenn der Arbeitgeber eine Änderungskündigung zum Zweck der Versetzung ausspricht,

BAG 30.9.1993, DB 1994, 637.

2. Auch eine allgemeine Vorbehaltsklausel im Arbeitsvertrag rechtfertigt nicht, unter Überschreitung des Direktionsrechts dem Arbeitnehmer jedwede andere Tätigkeit zuzuweisen. Insbesondere im Hinblick auf das Transparenzgebot des § 307 Abs. 1 Satz 2 BGB bedarf eine Versetzungsklausel einer gesonderten Wirksamkeitsprüfung. Zwar hält das BAG in der Entscheidung vom 11.4.2006,

BAG 11.4.2006 – 9 AZR 557/05, NZA 2006, 1149,

eine Versetzungsklausel für mit dem Transparenzprinzip vereinbar, wenn die Klausel nicht mehr als die Regelung in § 106 Satz 1 GewO nachbildet. Die meisten Versetzungsklauseln sind allerdings nicht auf eine bloße Wiedergabe oder Nachbildung des allgemeinen Direktionsrechts beschränkt. Sie enthalten meist auch einschränkende Befugnisse, so dass stets im Einzelfall geprüft werden muss, ob das Transparenzgebot des § 307 Abs. 1 Satz 2 BGB gewahrt ist oder nicht.

Allgemeine Leistungsvorbehalte, wenn sie an der Rechtsprechung des BAG zu Widerrufsvorbehalten zu messen sind, dürfen zu keiner finanziellen Veränderung über den Korridor von 25% bis 30% hinausgehen und müssen vertraglich bereits die Widerrufsgründe im Einzelnen genau benennen,

BAG 12.1.2005 – 5 AZR 364/04, NZA 2005, 465; *Hümmerich*, NJW 2005, 1759.

3. Ausgehend von diesen Grundsätzen erweist sich die Versetzungsanweisung der beklagten Partei vom ■■■ als unwirksam: ■■■

3. Muster: Einstweilige Verfügung wegen Versetzung/Umsetzung

Arbeitsgericht ■■■

Antrag auf Erlass einer einstweiligen Verfügung

■■■

– antragstellende Partei –

Verfahrensbevollmächtigte: ■■■

gegen

■■■

– antragsgegnerische Partei –

Verfahrensbevollmächtigte: ■■■

Wir bestellen uns zu Verfahrensbevollmächtigten der antragstellenden Partei und beantragen, durch einstweilige Verfügung – wegen der Dringlichkeit ohne vorherige mündliche Verhandlung – wie folgt zu beschließen:

1. Der antragsgegnerischen Partei wird aufgegeben, bei Meidung eines vom Gericht festzusetzenden Zwangsgeldes bis zu 25.000 EUR gegen die gesetzlichen Vertreter der antragsgegnerischen Partei, die antragstellende Partei entgegen der Weisung der antragsgegnerischen Partei vom ■■■ bis auf weiteres mit dem Aufgabenbereich als ■■■ in ■■■ einzusetzen und tätig werden zu lassen.
2. Die Berufung wird zugelassen.
3. Die antragsgegnerische Partei trägt die Kosten des Verfahrens.

Gründe:

I.

Die antragstellende Partei ist seit dem ■■■ bei der antragsgegnerischen Partei beschäftigt und übte bei einem Bruttomonatsverdienst von ■■■ EUR zuletzt die Tätigkeit einer ■■■ aus.

Grundlage des bestehenden Arbeitsverhältnisses sind ■■■.

Danach gilt: ■■■

Glaubhaftmachung: Vorlage der Vertragsunterlagen in Kopie – Anlagenkonvolut K 1.

Mit Schreiben vom ■■■ hat die antragsgegnerische Partei der antragstellenden Partei das Aufgabengebiet einer ■■■ mit der Begründung, dass ■■■, einseitig entzogen. Dem hat die antragstellende Partei durch Schreiben ihrer Verfahrensbevollmächtigten vom ■■■ entschieden widersprochen.

Glaubhaftmachung: Vorlage der Schreiben in Kopie – Anlagen K 2 und K 3.

Der antragstellenden Partei oblagen vor allem folgende Aufgaben: ■■■

II.

Die antragstellende Partei hat aus §§ 611, 613 BGB i.V.m. § 242 BGB einen Anspruch auf tatsächliche Beschäftigung nach Maßgabe des bestehenden Arbeitsvertrages,

vgl. BAG GS 27.2.1985, AP § 611 BGB Beschäftigungspflicht Nr. 14.

Aus diesem ergibt sich der Tätigkeitsbereich der antragstellenden Partei sowohl in geographischer als auch in sachlicher Hinsicht. Vorliegend bedeutet dies, dass die antragstellende Partei einen Anspruch darauf hat, auch als (in) ▄▄▄ eingesetzt zu werden.

Eine rechtswirksame Abänderung der einzelvertraglichen Bedingungen ist weder in Ausübung eines einseitigen Leistungsbestimmungsvorbehalts der antragsgegnerischen Partei noch im Wege einer (sozial gerechtfertigten) Änderungskündigung erfolgt. Zudem handelt es sich bei der Neufestlegung des der antragstellenden Partei zugewiesenen Arbeitsgebiets um eine mitbestimmungspflichtige Versetzung.

Eine arbeitsvertragliche Versetzung ist über den bloßen Sprachgebrauch hinaus jede Änderung des Aufgabenbereichs nach Art, Ort und Umfang der Tätigkeit. Auch der bloße Entzug bisher wahrgenommener Aufgaben stellt danach bereits eine „Versetzung" dar. Der Umfang des Versetzungsrechts im Verhältnis zum Arbeitnehmer bestimmt sich nach dem Inhalt des Arbeitsvertrages. Das allgemeine Weisungsrecht des Arbeitgebers erlaubt wesentliche Änderungen der Tätigkeit selbst bei Gleichwertigkeit der sonstigen Arbeitsbedingungen nicht. Der Arbeitgeber kann (ohne entsprechenden arbeitsvertraglichen Vorbehalt) dem Arbeitnehmer nicht eine eindeutig andere Tätigkeit zuweisen und damit die vertraglich vereinbarte Leistungspflicht ändern. Das Direktionsrecht beschränkt sich in einem solchen Fall darauf, die im Rahmen der vereinbarten Tätigkeit liegenden Verrichtungen zuzuweisen,

BAG 3.12.1980, DB 1981, 799.

Das allgemeine Weisungsrecht des Arbeitgebers hat stets nur eine Konkretisierungsfunktion hinsichtlich der im Arbeitsvertrag enthaltenen Rahmenarbeitsbedingungen. Der Umfang der beiderseitigen Hauptleistungspflichten (Vergütungs- und Arbeitspflicht) unterliegt nicht dem allgemeinen Weisungsrecht des Arbeitgebers. Die Regelung der beiderseitigen Hauptleistungspflichten gehört zum Kernbereich des Arbeitsverhältnisses mit der Folge, dass diese Arbeitsbedingungen lediglich durch Gesetz, Kollektiv- oder Einzelarbeitsvertrag gestaltbar sind,

vgl. BAG 12.12.1984, AP § 2 KSchG Nr. 6.

Ein arbeitsvertraglicher Versetzungsvorbehalt rechtfertigt eine Versetzung auf einen geringwertigeren Arbeitsplatz, also eine erhebliche qualitative Tätigkeitsänderung, selbst unter Beibehaltung der bisherigen Vergütung nicht. Insoweit besteht ein einseitiges Leistungsbestimmungsrecht, das gemäß § 315 BGB nur nach billigem Ermessen ausgeübt werden darf und entsprechende Maßnahmen nicht etwa in das freie Belieben des Arbeitgebers stellt,

Schaub, Arbeitsrechts-Handbuch, § 45 IV 6.

Ist nach dem Inhalt des Arbeitsvertrages aufgrund des Weisungsrechts eine Versetzung nicht möglich, so bedarf es zur Übertragung höher- oder geringwertiger Arbeit eines Änderungsvertrages, der vorliegend unstreitig nicht geschlossen wurde. Eine geringwertige Arbeit ist immer dann gegeben, wenn sie nach Tätigkeits- oder Berufsbild in der Sozialanschauung geringer bewertet wird. Als geringwertig werden angesehen: Innendienst als Mahnbuchhalter gegenüber Außendienst als Kundenbesucher, Verkäuferin gegenüber Einkaufstätigkeit, Stenotypistin gegenüber Kanzleivorsteherin,

Birk, AR-Blattei, D, Direktionsrecht I, C, I 2.

Abänderungen einzelvertraglicher Bindungen, die eine geringwertige Arbeit zum Inhalt haben, stellen eine Änderungskündigung dar, die im Anwendungsbereich des Kündigungsschutzgesetzes wie jede gewöhnliche Kündigung durch personen-, verhaltens- oder betriebsbedingte Gründe motiviert und sozial gerechtfertigt sein muss.

Danach ist hier von Folgendem auszugehen: ▄▄▄

III.

Der Verfügungsgrund der antragstellenden Partei ergibt sich daraus, dass vorliegend ein Abwarten eines noch mindestens 4 bis 6 Monate dauernden Hauptverfahrens zu nicht mehr rückgängig zu machenden wesentlichen Nachteilen für die antragstellende Partei führen würde. Schon die bloße Rechtsvereitelung stellt einen ausreichenden Verfügungsgrund zur Durchsetzung von Beschäftigungsansprüchen dar,

LAG München 19.8.1992 – 5 Ta 185/92, NZA 1993, 1131; LAG Sachsen 8.3.1996 – 3 Sa 77/96, NZA-RR 1997, 4; *Hoß/Lohr,* BB 1998, 2576; *Hümmerich,* DB 1999, 1264.

Aber auch die Entfremdung aus dem Betrieb,

ArbG Stuttgart 18.3.2005 – 26 Ga 4/05, n.v.

und der Verlust von Spezialkenntnissen über einen mehrmonatigen Zeitraum,

LAG Köln 20.3.2001 – 6 Ta 46/01, MDR 2001, 1176; LAG Hamburg 18.10.2005 – 2 Sa 69/05, AE 2006, 115,

stellen nach der Rechtsprechung einen Verfügungsgrund dar. Eine Abwägung zwischen den Interessen des Arbeitnehmers und dem Interesse des Arbeitgebers führt umso mehr zur Annahme eines Verfügungsgrundes, wenn die Versetzungsmaßnahme mit hoher Wahrscheinlichkeit oder offensichtlich rechtswidrig ist. ▪▪▪

IV.

Verfügungsanspruch und Verfügungsgrund sind daher gegeben, §§ 935, 940 ZPO. Das angerufene Gericht ist als das Gericht der Hauptsache für den Erlass der einstweiligen Verfügung zuständig, da Gegenstand des Anspruchs eine bürgerliche Rechtsstreitigkeit zwischen Arbeitnehmer und Arbeitgeber aus einem im Gerichtsbezirk realisierten Arbeitsverhältnis bildet, § 937 ZPO, § 2 Abs. 1 Nr. 2 ArbGG.

4. Muster: Einstweilige Verfügung wegen schleichender Versetzung

Antrag auf Erlass einer einstweiligen Verfügung

▪▪▪

– antragstellende Partei –

Verfahrensbevollmächtigte: ▪▪▪

gegen

▪▪▪

– antragsgegnerische Partei –

Verfahrensbevollmächtigte: ▪▪▪

Wir bestellen uns zu Verfahrensbevollmächtigten des Antragstellers und beantragen, durch einstweilige Verfügung – wegen Dringlichkeit ohne vorherige mündliche Verhandlung sowie unter Abkürzung etwaiger Ladungs- und Einlassungsfristen – wie folgt zu beschließen:

1. Der Antragsgegnerin wird bei Meidung eines vom Gericht festzusetzenden Zwangsgelds bis zu 25.000 EUR, ersatzweise Zwangshaft, zu vollziehen gegen die gesetzlichen Vertreter der Antragsgegnerin, untersagt, den Antragsteller als ▪▪▪ vom ▪▪▪ ausgehend einzusetzen.

Hilfsweise wird beantragt:

2. Der Antragsgegnerin wird bei Meidung eines vom Gericht festzusetzenden Zwangsgelds bis zu 25.000 EUR, ersatzweise Zwangshaft, zu vollziehen gegen die gesetzlichen Vertreter der Antragsgegnerin, untersagt, den Antragsteller als ▪▪▪ vom ▪▪▪ ausgehend einzusetzen, solange er nicht mit Zustimmung des Betriebsrats nach ▪▪▪ versetzt worden ist.

3. Die Antragsgegnerin trägt die Kosten des Verfahrens.

GRÜNDE:

I.

Der Antragsteller ist seit dem ▪▪▪ bei der Antragsgegnerin beschäftigt. Er übt bei einem Bruttomonatsverdienst von ▪▪▪ EUR die Tätigkeit ▪▪▪ am ▪▪▪ aus.

Glaubhaftmachung: Vorlage der Arbeitsvertragsunterlagen in Kopie – Anlagenkonvolut AS 1.

Zum rechtswidrigen Einsatz des Antragstellers in ▪▪▪ ist Folgendes auszuführen: ▪▪▪

Die rechtswidrige Versetzung belastete den Antragsteller psychisch und physisch erheblich: ▪▪▪

Der Kläger hat sich wiederholt gegen seine arbeitsvertragswidrige Verwendung gewandt und auf mehreren Wegen versucht, wieder eine vertragsgemäße Beschäftigung zu erreichen: ▪▪▪

Vor dem Hintergrund dieser gesundheitlichen Bedrohung ist eine Tätigkeit vom ▪▪▪ aus unzumutbar. Die Zuweisung zum Standort ▪▪▪ stellte eine für den Antragsteller aufgrund des gesundheitlichen Risikos nicht hinnehmbare Belastung dar.

II.

Der Einsatz des Antragstellers ab dem ▄▄▄ vom Standort ▄▄▄ aus ist offensichtlich unzulässig.

1. Arbeitsvertragswidrige Beschäftigung

Der Einsatz des Antragstellers ab dem ▄▄▄ vom Standort ▄▄▄ ist arbeitsvertraglich unzulässig. Es handelt sich bei dieser Anweisung um eine nicht vom Direktionsrecht der Antragsgegnerin gedeckte Weisung. Arbeitsvertraglicher Einsatzort des Antragstellers ist ausweislich des Schreibens der Antragsgegnerin vom ▄▄▄ ▄▄▄ und nicht ▄▄▄.

> **Glaubhaftmachung:** Arbeitsvertragsunterlagen in Kopie – Anlage AS 1.

Bereits deswegen ist die Verwendung des Antragstellers in ▄▄▄ unzulässig.

Zwar mag es im Einzelfall möglich sein, Messfahrer vorübergehend an anderen Standorten einzusetzen. Der Antragsteller wird jedoch nicht vorübergehend vom Standort ▄▄▄ aus eingesetzt, sondern mittlerweile ununterbrochen seit einem halben Jahr.

2. Fehlende Beteiligung des Betriebsrats

Die Beschäftigung des Antragstellers vom Standort ▄▄▄ aus ist auch nicht als vorübergehende Änderung des Ausgangsarbeitsortes zulässig, weil jede über die Dauer eines Monats hinausgehende Veränderung des Ausgangsarbeitsortes eine Versetzung i.S.v. § 95 Abs. 3 Satz 1 BetrVG ist, die der Zustimmung des Betriebsrats nach § 99 BetrVG bedarf. Eine solche Zustimmung hat die Antragsgegnerin beim Betriebsrat unstreitig nicht eingeholt.

Die Anweisung des Antragsgegners, ab dem ▄▄▄ seine Tätigkeit wieder ausgehend vom Standort ▄▄▄ auszuüben, ist, nachdem er bereits seit ▄▄▄ nicht mehr an seiner Ausgangsstelle ▄▄▄, sondern in ▄▄▄ eingesetzt wird, eine Versetzung i.S.d. §§ 99, 95 Abs. 3 BetrVG. Die Zuweisung eines anderen Arbeitsortes ist für sich betrachtet immer eine Versetzung,

> BAG 18.2.1986 – 1 ABR 27/84, BAGE 51, 51;

insbesondere, wenn sie eine Entfernung zum vereinbarten Arbeitsort von über 600 Kilometer aufweist und der Arbeitnehmer infolge der Versetzung die ganze Woche über nicht zu Hause sein kann.

Da das Mitbestimmungsrecht des Betriebsrats bei der streitgegenständlichen Versetzung nach §§ 99, 95 Abs. 3 BetrVG nicht gewahrt wurde, ist die Versetzung individualrechtlich unwirksam,

> vgl. BAG 5.4.2004 – 2 AZR 580/99, NZA 2001, 893.

Bei einer offensichtlich unwirksamen Versetzung kann der Arbeitnehmer seinen Anspruch auf Beschäftigung zu den bisherigen Bedingungen im Wege einer einstweiligen Verfügung durchsetzen,

> LAG Sachsen 8.3.1996 – 3 Sa 77/96, NZA-RR 1997, 4.

Zudem sei darauf hingewiesen, dass die Versetzung auch nicht von der arbeitsvertraglichen Versetzungsbefugnis der Antragsgegnerin gedeckt ist. Die Zuweisung eines über 600 Kilometer entfernten Arbeitsortes ist keine zumutbare Änderung des Einsatzortes.

3. Verfügungsgrund

Der Verfügungsgrund folgt aus der gesundheitlichen Gefährdung und Belastung des Antragstellers, da er bis auf weiteres im hohen Maße belastende Reisetätigkeit vornehmen muss. Die mit der Reisetätigkeit verbundene körperliche Anstrengung sowie die Trennung von seiner Familie gefährden die Gesundheit des Antragstellers, unter anderem durch einen erheblichen Anstieg seines Bluthochdrucks. Seine behandelnde Ärztin hat ihm untersagt, weiter wöchentlich zum Standort ▄▄▄ zu reisen. Nur durch Erlass einer einstweiligen Verfügung kann die gesundheitliche Gefährdung abgewendet werden. Vor dem Hintergrund dieser existenziellen Bedrohung ist dem Antragsteller nicht zuzumuten, die Entscheidung in der Hauptsache abzuwarten. Die weitere Beschäftigung von ▄▄▄ aus, verbunden mit der erheblichen Reisetätigkeit bis zur Entscheidung in der Hauptsache, hätte unvermeidlich eine starke gesundheitliche Gefährdung des Antragstellers zur Folge. Diese Gefährdung gebietet eine einstweilige Regelung.

Hinzu kommt, dass es dem Antragsteller nicht zuzumuten ist, bis zur Entscheidung in der Hauptsache abzuwarten, ob er den Einsatz vom Standort ▄▄▄ verweigern darf oder nicht. Verweigert der Antragsteller seinen Arbeitseinsatz vom Standort ▄▄▄ aus gesundheitlichen Gründen, trägt er das Risiko einer außerordentlichen Kündigung wegen Arbeitsverweigerung, solange das Gericht nicht entschieden hat, dass die Antragsgegnerin die streitgegenständliche Anweisung zu unterlassen hat. Es ist dem Antragsteller nicht zuzumuten, bis zum Abschluss der Hauptsache darauf zu vertrauen, „dass er schon im Recht ist". Andernfalls könnte der Arbeitgeber arbeitsvertraglich unzulässige Maßnahmen anordnen und der Arbeitnehmer trüge das Risiko ihrer Rechtmäßigkeit mit der Gefahr, seinen Arbeitsplatz zu verlieren.

Eine Abwägung zwischen dem durch u.a. starken Bluthochdruck gekennzeichneten Gesundheitszustand und dem Beschäftigungsinteresse der Antragsgegnerin ergibt, dass das Interesse an dem Erhalt der Gesundheit des Antragsgegners überwiegt, zumal die Antragsgegnerin seit einem halben Jahr Zeit gehabt hätte, die Stelle in ▄▄▄ zu besetzen und außerdem die Möglichkeit hätte, auch andere Fahrer – auch von einem anderen Standort – für die Tätigkeit in ▄▄▄ einzusetzen.

5. Muster: Einstweilige Verfügung, allgemeiner Weiterbeschäftigungsanspruch

↓

Arbeitsgericht ▪▪▪

Antrag auf Erlass einer einstweiligen Verfügung

▪▪▪

– antragstellende Partei –

Verfahrensbevollmächtigte: ▪▪▪

gegen

▪▪▪

– antragsgegnerische Partei –

wegen: Beschäftigung

Wir bestellen uns zu Verfahrensbevollmächtigten der antragstellenden Partei und beantragen wegen Dringlichkeit des Falls ohne mündliche Verhandlung durch den Vorsitzenden allein, hilfsweise unter Abkürzung der Ladungsfrist aufgrund einer unverzüglich anzuberaumenden mündlichen Verhandlung, den Erlass einer einstweiligen Verfügung mit folgendem Inhalt:

1. Die antragsgegnerische Partei wird verurteilt, die antragstellende Partei zu unveränderten Arbeitsbedingungen gemäß Arbeitsvertrag vom ▪▪▪ als ▪▪▪ bis zum ▪▪▪ zu beschäftigen.
2. Die Kosten des Rechtsstreits trägt die antragsgegnerische Partei.

Für den Fall des Obsiegens wird bereits jetzt beantragt,

3. dem Antragsteller eine vollstreckbare Kurzausfertigung der Entscheidung (ohne Tatbestand und Entscheidungsgründe) zu erteilen.

Gründe:

I.

Die antragstellende Partei ist bei der antragsgegnerischen Partei aufgrund Arbeitsvertrag vom ▪▪▪ seit dem ▪▪▪ als ▪▪▪ tätig.

Glaubhaftmachung: Vorlage des Arbeitsvertrages vom ▪▪▪ in Kopie – Anlage K 1.

Die antragstellende Partei bezog zuletzt ein Jahresgehalt in Höhe von ▪▪▪ EUR.

Glaubhaftmachung: Gehaltsbescheinigung – Anlage K 2.

Zum Tätigkeitsbereich der antragstellenden Partei gehören folgende Aufgaben: ▪▪▪

In der Hierarchie fügt sich seine Tätigkeit wie folgt ein: ▪▪▪

Glaubhaftmachung: Eidesstattliche Versicherung der antragstellenden Partei.

Die antragsgegnerische Partei hat das Arbeitsverhältnis mit der klägerischen Partei mit Schreiben vom ▪▪▪ gekündigt. Zugleich hat sie die antragstellende Partei von ihren sämtlichen Aufgaben freigestellt.

Glaubhaftmachung: Vorlage des Kündigungsschreibens in Kopie – Anlage K 3.

Der Arbeitsvertrag sieht eine Freistellung, auch im Falle des Ausspruchs einer Kündigung nicht vor.

Glaubhaftmachung: Vorlage des Arbeitsvertrages in Kopie – Anlage K 1.

Die antragstellende Partei hat der Freistellung mit Anwaltsschreiben widersprochen.

Glaubhaftmachung: Vorlage des Anwaltsschreibens in Kopie – Anlage K 4.

Die Kündigung hat die antragstellende Partei zum Anlass genommen, Kündigungsschutzklage vor dem erkennenden Gericht zu erheben.

Glaubhaftmachung: Vorlage der Kündigungsschutzklage in Kopie – Anlage K 5.

Das Kündigungsschutzverfahren ist unter dem Aktenzeichen ▪▪▪ anhängig.

II.

Die antragstellende Partei hat gegen die antragsgegnerische Partei einen Beschäftigungsanspruch. Der Arbeitnehmer besitzt nach der Entscheidung des Großen Senats,

27.2.1985, AP § 611 BGB Beschäftigungspflicht Nr. 1,

grundsätzlich einen Beschäftigungsanspruch, weil es für ihn nicht nur darauf ankommt, sein Gehalt zu erhalten, sondern auch darauf, sich im Arbeitsverhältnis entsprechend seinen Fähigkeiten und Leistungen fachlich und persönlich zu entfalten. Der Beschäftigungsanspruch des Arbeitnehmers ist nach der erwähnten Entscheidung des Großen Senats vom 27.2.1985 Teil des Allgemeinen Persönlichkeitsschutzes gemäß Art. 1, 2 GG und somit ein grundgesetzlich geschützter Anspruch. Dieser grundrechtlich geschützte Anspruch kann durch einseitige Anordnung des Arbeitgebers nur eingeengt werden, wenn die Interessen des Arbeitgebers den Beschäftigungsanspruch des Arbeitnehmers überwiegen. Schutzwürdige Interessen der antragsgegnerischen Partei, die einer Weiterbeschäftigung der antragstellenden Partei in ihrem Arbeitsverhältnis entgegenstehen, liegen nicht vor. Der Verfügungsanspruch der antragstellenden Partei wird daher unmittelbar aus der Entscheidung des Großen Senats vom 27.2.1985 sowie aus der Entscheidung vom 19.8.1992 (NZA 1993, 1131) hergeleitet. Es ist heute herrschende Auffassung, dass der Arbeitnehmer einen Beschäftigungsanspruch grundsätzlich hat, solange das Arbeitsverhältnis besteht. Das Arbeitsverhältnis besteht auch während des Laufs der Kündigungsfrist.

III.

Die antragstellende Partei hat auch einen Verfügungsgrund.

1. Folgt man der Auffassung des LAG München,

> 19.8.1992, NZA 1993, 1132; ebenso ArbG Leipzig 8.8.1996, NZA 1997, 366,

ist die dem Beschäftigungsanspruch des Arbeitnehmers entsprechende Beschäftigungspflicht des Arbeitgebers eine Fixschuld. Der Beschäftigungsanspruch des Arbeitnehmers wird deshalb zugleich mit der Nichterfüllung unmöglich und erlischt, weshalb der Arbeitnehmer nur durch einstweilige Verfügung wirksam vor der Vereitelung seines Beschäftigungsanspruchs geschützt werden kann.

2. Nach der in den meisten Landesarbeitsgerichtsbezirken vertretenen Auffassung handelt es sich bei der Beschäftigungsverfügung wegen ihrer Erfüllungswirkung um eine Leistungsverfügung. Für den Gläubiger soll der Weg der Leistungsverfügung nur eröffnet sein, wenn er in seiner Existenz akut bedroht ist bzw. auf die sofortige Erfüllung dringend angewiesen ist,

> LAG Köln 9.2.1991, LAGE Nr. 3 § 935 ZPO; LAG Köln 6.8.1996, LAGE § 611 BGB Beschäftigungspflicht Nr. 40; LAG Frankfurt 23.3.1987, NZA 1988, 37; LAG Hamm 18.2.1998, MDR 1998, 1036; LAG Rheinland-Pfalz 21.8.1986, LAGE § 611 Beschäftigungspflicht Nr. 9.

Nach der von den Landesarbeitsgerichten vertretenen Auffassung sind an den Nachweis des Verfügungsgrundes nach § 940 ZPO besonders strenge Anforderungen zu stellen. Danach kann eine einstweilige Verfügung nur erlassen werden, wenn dem Arbeitnehmer im Falle des Nichterlasses der Verlust von Fähigkeiten, wie beispielsweise bei operierenden Chefärzten, eine hohe Ansehensschädigung oder der Verlust von in einem Beruf wichtigen Informationen droht, wie beispielsweise beim Computerfachmann, wenn er zudem durch eine lange Kündigungsfrist durch die Nichtbeschäftigung aus seinem Beruf herausgebracht und durch erheblich verschlechterte Bewerbungschancen bei einem neuen Arbeitgeber in seiner beruflichen Existenz bedroht wird,

> LAG Brandenburg 28.1.1997, MedR 1997, 368; ArbG Berlin 28.9.1995 – 3 Ga 26730/95, n.v.; ArbG Leipzig 8.8.1996, BB 1997, 366; *Grunsky*, NJW 1979, 89.

3. Hinsichtlich der antragstellenden Partei liegen die Dinge wie folgt: ▄▄▄

Die Eilbedürftigkeit ergibt sich aus dem Umstand, dass die Freistellung der antragstellenden Partei rechtsgrundlos erfolgte. Ein berechtigtes Interesse der antragsgegnerischen Partei an der Freistellung ist nicht ersichtlich.

6. Muster: Einstweilige Verfügung gemäß § 102 Abs. 5 BetrVG

Arbeitsgericht ▄▄▄

Antrag auf Erlass einer einstweiligen Verfügung

– antragstellende Partei –

▄▄▄

Verfahrensbevollmächtigte: ▄▄▄

gegen

▄▄▄

– antragsgegnerische Partei –

wegen: Weiterbeschäftigung

Wir bestellen uns zu Verfahrensbevollmächtigten der antragstellenden Partei und beantragen wegen Dringlichkeit des Falles ohne mündliche Verhandlung durch den Vorsitzenden allein, hilfsweise unter Abkürzung der Ladungsfrist aufgrund einer unverzüglich anzuberaumenden mündlichen Verhandlung den Erlass einer einstweiligen Verfügung mit folgendem Inhalt:

1. Die antragsgegnerische Partei wird verurteilt, die antragstellende Partei über den ▬▬▬ hinaus bis zum rechtskräftigen Abschluss des Kündigungsschutzprozesses zu unveränderten Arbeitsbedingungen gemäß Arbeitsvertrag vom ▬▬▬ als ▬▬▬ in ▬▬▬ weiter zu beschäftigen.[110]
2. Die antragsgegnerische Partei trägt die Kosten des Verfahrens.

Für den Fall des Obsiegens wird bereits jetzt beantragt,

3. der antragstellenden Partei eine vollstreckbare Kurzausfertigung der Entscheidung (ohne Tatbestand und Entscheidungsgründe) zu erteilen.

Gründe:

1. Die antragstellende Partei ist seit dem ▬▬▬ als ▬▬▬ bei der antragsgegnerischen Partei als ▬▬▬ zu einem monatlichen Bruttogehalt von ▬▬▬ beschäftigt.

Glaubhaftmachung: Arbeitsvertrag vom ▬▬▬ – Anlage K 1.

Mit Schreiben vom ▬▬▬ kündigte die antragsgegnerische Partei das Arbeitsverhältnis ordentlich zum ▬▬▬.

Glaubhaftmachung: Kündigungsschreiben vom ▬▬▬ – Anlage K 2.

Die antragstellende Partei hat gegen die Kündigung Kündigungsschutzklage vor dem erkennenden Arbeitsgericht erhoben sowie die Weiterbeschäftigung über den Kündigungstermin hinaus zu unveränderten Arbeitsbedingungen beantragt.

Glaubhaftmachung: 1. Klage der antragstellenden Partei vom ▬▬▬ – Anlage K 3.
2. Beiziehung der Akten ArbG ▬▬▬, Az.: ▬▬▬

Die antragstellende Partei hat zwar einen Weiterbeschäftigungsanspruch geltend gemacht. Über den Anspruch wurde bislang noch nicht entschieden.

Glaubhaftmachung: Anliegende eidesstattliche Versicherung der antragstellenden Partei – Anlage K 4.

2. Bei der antragsgegnerischen Partei besteht ein Betriebsrat. Der Betriebsrat wurde vor Ausspruch der Kündigung angehört. Er hat der Kündigung mit der Begründung ▬▬▬ widersprochen.

Glaubhaftmachung: Mitteilung des Betriebsrats an die antragsgegnerische Partei vom ▬▬▬ – Anlage K 5.

3. Die antragstellende Partei hat die ihr zur Verfügung stehenden prozessualen Möglichkeiten der Weiterbeschäftigung ausgeschöpft, da im Gütetermin kein Teilurteil nach § 301 ZPO ergangen ist, obwohl nach diesseitiger Auffassung die Voraussetzungen hierfür vorgelegen haben. Da unstreitig der Betriebsrat der Kündigung widersprochen hat, sind alle prozessualen Möglichkeiten ausgeschöpft.

Der Anspruch der antragstellenden Partei ist nur von den formellen Tatbestandsvoraussetzungen des § 102 Abs. 5 Satz 1 BetrVG abhängig. Der Widerspruch des Betriebsrats gegen eine ordentliche Kündigung ist schon dann ausreichend begründet und insofern ordnungsgemäß i.S.v. § 102 Abs. 5 Satz 1 BetrVG, wenn dieser Widerspruch es möglich erscheinen lässt, dass einer der in § 102 Abs. 3 BetrVG abschließend genannten Widerspruchsgründe geltend gemacht wird.

Der Ausschluss eines Weiterbeschäftigungsanspruchs ist nur im Wege der Entbindung von der Weiterbeschäftigungspflicht gemäß § 102 Abs. 5 Satz 2 BetrVG möglich. Eine einstweilige Verfügung zur Durchsetzung des Weiterbeschäftigungsanspruchs gemäß § 102 Abs. 5 Satz 1 BetrVG ist eine Befriedigungsverfügung und setzt einen entsprechenden Verfügungsgrund voraus, für den die allgemeinen Grundsätze gelten,

LAG München 10.2.1994, NZA 1994, 997.

Angesichts des auf den ▬▬▬ anberaumten Kammertermins, von dem auch noch nicht gesagt werden kann, dass es der letzte Termin vor Erlass eines Urteils ist, ist es der antragstellenden Partei nicht zuzumuten, mit der Titulierung des Weiterbeschäftigungsanspruchs über einen noch längeren Zeitraum zuzuwarten, obwohl die Voraussetzungen bereits jetzt vorliegen. Zudem ist in der Rechtsprechung die Auffassung verbreitet, dass bei der Geltendmachung des Weiterbeschäftigungsanspruchs nach § 102 Abs. 5 Satz 1 BetrVG ein Verfügungsgrund vom Arbeitnehmer nicht dargelegt werden muss,

---

[110] Der Weiterbeschäftigungsantrag muss so präzise wie möglich gefasst werden. Eine Vollstreckung aus dem Weiterbeschäftigungsantrag (§ 888 ZPO - unvertretbare Handlung) kann nur erfolgen, wenn der Weiterbeschäftigungstitel einen vollstreckungsfähigen Inhalt hat. Hieran fehlt es regelmäßig, wenn ein Urteil ergeht, wonach der Arbeitnehmer „zu den bisherigen Arbeitsbedingungen" oder „zu den Bedingungen des Arbeitsvertrages vom ..." zu beschäftigen ist (LAG Köln 24.10.1995 – 13 (5) Ta 245/95, NZA-RR 1996, 108; LAG Hessen 13.7.1987 – 1 Ta 151/87, NZA-1988, 175). Da sich aus dem Titel ergeben muss, welcher Pflicht der Arbeitgeber nachkommen soll, ist im Antrag die Art und in den Zweifelsfällen auch der Ort der Arbeitsleistung anzugeben.

LAG München 19.8.1992, NZA 1993, 1130; LAG München 17.8.1994, LAGE Nr. 18 zu § 102 BetrVG 1972 Beschäftigungspflicht; LAG Hamburg 14.9.1992, NZA 1993, 140; LAG Berlin 15.9.1980, DB 1980, 2449.

Mit jedem Tag der Nichtbeschäftigung wird der Weiterbeschäftigungsanspruch unmöglich, die Forderung nach einem Verfügungsgrund stellt deshalb nach verbreiteter Auffassung eine rechtsstaatswidrige Rechtsschutzverweigerung dar.

7. Muster: Einstweilige Verfügung, Beschäftigung eines freigestellten Wahlvorstandes

Arbeitsgericht ▪▪▪

Antrag auf Erlass einer einstweiligen Verfügung

– antragstellende Partei –

Prozessbevollmächtigte: ▪▪▪

gegen

▪▪▪

– antragsgegnerische Partei –

Wir bestellen uns zu Verfahrensbevollmächtigten der antragstellenden Partei und beantragen, durch einstweilige Verfügung – wegen der Dringlichkeit ohne vorherige mündliche Verhandlung – wie folgt zu beschließen:

1. Der antragsgegnerischen Partei wird aufgegeben, die antragstellende Partei nach Maßgabe des Anstellungsvertrages vom ▪▪▪ bis auf weiteres als ▪▪▪ zu beschäftigen und tätig werden zu lassen.
2. Die antragsgegnerische Partei trägt die Kosten des Verfahrens.

Gründe:

1. Die antragstellende Partei ist bei der antragsgegnerischen Partei aufgrund des Anstellungsvertrages vom ▪▪▪ als ▪▪▪ beschäftigt.

   Glaubhaftmachung: Beiziehung der Akte ArbG ▪▪▪

Die antragstellende Partei hat mit Klage vom ▪▪▪ beantragt, eine von der antragsgegnerischen Partei ausgesprochene Abmahnung aufzuheben und aus der Personalakte zu entfernen.

   Glaubhaftmachung: Beiziehung der Akte ArbG ▪▪▪

Die Klageerhebung in der Abmahnungsangelegenheit hat die antragsgegnerische Partei zum Anlass genommen, der antragstellenden Partei am ▪▪▪ ein Kündigungsschreiben zu übergeben.

   Glaubhaftmachung: 1. Beiziehung der Akte ▪▪▪
   2. Eidesstattliche Versicherung der antragstellenden Partei.

Ausweislich des Kündigungsschreibens wurde die antragstellende Partei mit sofortiger Wirkung freigestellt und es wurde ihr gegenüber ein Hausverbot ausgesprochen.

   Glaubhaftmachung: wie vor.

Eine Freistellungsvereinbarung enthält der Arbeitsvertrag nicht.

   Glaubhaftmachung: Eidesstattliche Versicherung der antragstellenden Partei.

2. Die antragstellende Partei ist in einer Betriebsversammlung am ▪▪▪ zum Mitglied des Wahlvorstandes gewählt worden.

   Glaubhaftmachung: Eidesstattliche Versicherung der antragstellenden Partei.

Zu der Betriebsversammlung hatten die Mitarbeiterinnen ▪▪▪ eingeladen.

   Glaubhaftmachung: Einladungsschreiben an alle Mitarbeiter – Anlage K 1.

Über die Betriebsversammlung wurde ein Protokoll gefertigt, das sich im Betrieb noch im Umlauf zwecks Unterschriftsleistung aller Teilnehmer der Betriebsversammlung befindet. In der Betriebsversammlung wurde die antragstellende Partei zum Mitglied des Wahlvorstandes gewählt, was auch ein am ▪▪▪ gefasster Beschluss belegt, in dem die antragstellende Partei ausdrücklich als Mitglied des Wahlvorstandes bezeichnet wird.

   Glaubhaftmachung: Vorlage des Beschlusses in Kopie – Anlage K 2.

3. Die antragstellende Partei hat gegen die antragsgegnerische Partei einen Beschäftigungsanspruch. Der Arbeitnehmer besitzt grundsätzlich einen Beschäftigungsanspruch, weil es für ihn nicht nur darauf ankommt, sein Gehalt zu

erhalten, sondern auch darauf, sich im Arbeitsverhältnis entsprechend seinen Fähigkeiten und Leistungen fachlich und persönlich zu entfalten,

BAG 27.2.1985, AP § 611 BGB Beschäftigungspflicht Nr. 1.

Dieser Beschäftigungsanspruch des Arbeitnehmers ist Teil des Allgemeinen Persönlichkeitsschutzes nach den Art. 1, 2 GG und somit ein grundrechtlich geschützter Anspruch. Dieser grundrechtlich geschützte Anspruch kann durch einseitige Anordnung des Arbeitgebers nur eingeengt werden, wenn die Interessen des Arbeitgebers den Anspruch des Arbeitnehmers deutlich überwiegen.

In der Person der antragstellenden Partei hat sich nichts ereignet, was eine Freistellung rechtfertigen würde. Die antragstellende Partei hat sich gegen eine rechtswidrige Abmahnung durch gerichtliche Feststellung der Unwirksamkeit gewehrt. Dieser Umstand rechtfertigt es nicht, der antragstellenden Partei das Beschäftigungsrecht zu entziehen. Andernfalls ließe sich jeglicher prozessualer Rechtsschutz im Arbeitsverhältnis durch Kündigung und Entzug des Beschäftigungsrechts umgehen, ein Ergebnis, das mit der Rechtsweggarantie des Grundgesetzes nicht in Einklang zu bringen wäre.

4. Der Verfügungsgrund ergibt sich aus der offensichtlichen Rechtswidrigkeit der ausgesprochenen Kündigung, wobei dahingestellt sein kann, ob die einstweilige Verfügung als Befriedigungs- und Erfüllungsverfügung,

LAG Hamm 18.2.1998, MDR 1998, 1036,

oder als Leistungsverfügung,

ArbG Stuttgart 5.6.1996, NZA-RR 1997, 260,

erlassen wird. Auch wenn man mit der Rechtsprechung des LAG Köln,

6.8.1996, LAGE § 611 BGB Beschäftigungspflicht Nr. 40; 20.11.1994 – 5 Sa 569/94 n.v.; 30.1.1995 – 3 Sa 1369/94, n.v.,

strenge Anforderungen an den Nachweis des Verfügungsgrundes stellt, so sind diese vorliegend gegeben:

Die Kündigung der antragstellenden Partei ist offensichtlich rechtswidrig, § 15 Abs. 3 Satz 1 KSchG. Der antragstellenden Partei als Mitglied des Wahlvorstandes durfte gegenwärtig nicht gekündigt werden. Die Kündigung seines Arbeitsverhältnisses ist darüber hinaus sechs Monate nach Bekanntgabe des Wahlergebnisses weiterhin unzulässig. Bei offensichtlich unzulässigen Kündigungen von Mitgliedern des Wahlvorstandes ist im Interesse der Funktionsfähigkeit der Betriebsverfassung und des Kündigungsschutzes in den Betrieben auch bei Anlage strengster Anforderungen stets von einem überwiegenden arbeitnehmerseitigen Interesse an der Beschäftigung auszugehen. Teilt man diese Auffassung nicht, hätte dies zur Folge, dass die Funktionsfähigkeit der Betriebsverfassung in den Phasen der Gründung von Betriebsräten durch Kündigung und Freistellung des Wahlvorstandes und der Wahlbewerber erfolgreich ausgeschlossen werden könnte. Gerade Wahlvorstände, die den ordnungsgemäßen Ablauf der Wahl zum Betriebsrat sicherzustellen haben, müssen ungehindert ihrer Beschäftigung als Arbeitnehmer während und in dem begrenzten Zeitraum eines halben Jahres nach Durchführung der Wahl nachgehen können, ohne dass sie Repressionen, geschweige denn einer Bedrohung ihres Arbeitsverhältnisses ausgesetzt sind bzw. auch nur durch Freistellung von der Möglichkeit der Erbringung der Arbeitsleistung abgehalten werden dürfen.

5. Die Zuständigkeit der angerufenen Kammer ergibt sich nach dem Geschäftsverteilungsplan des Arbeitsgerichts ▪▪▪ aus dem anhängigen Hauptsacheverfahren.

8. Muster: Beschäftigung als Arbeitnehmer nach Abberufung als Geschäftsführer

Arbeitsgericht ▪▪▪

Klage

▪▪▪

– klägerische Partei –

Prozessbevollmächtigte: ▪▪▪

gegen

die GmbH ▪▪▪, vertreten durch ▪▪▪

– beklagte Partei –

wegen: Feststellung des Bestehens eines Arbeitsverhältnisses

Wir bestellen uns zu Prozessbevollmächtigten der klägerischen Partei, in deren Namen und Auftrag wir beantragen werden zu erkennen:

1. Es wird festgestellt, dass zwischen der klägerischen Partei und der beklagten Partei ein Arbeitsverhältnis besteht.
2. Die beklagte Partei trägt die Kosten des Rechtsstreits.

Gründe:

I.

Die klägerische Partei ist seit dem ▬▬▬ bei der beklagten Partei in ▬▬▬ angestellt.

Beweis: Vorlage des Arbeitsvertrages vom ▬▬▬ in Kopie – Anlage K 1.

Sie ist im Bereich ▬▬▬ tätig. Zu ihren Aufgaben gehört ▬▬▬.

Die beklagte Partei war in der Zeit vom ▬▬▬ bis zum ▬▬▬ vertretungsbefugtes Organ der beklagten Partei, sie wurde aufgrund eines Beschlusses der Gesellschafterversammlung der beklagten Partei vom ▬▬▬ zum GmbH-Geschäftsführer bestellt und mit Beschluss vom ▬▬▬ abberufen.

Beweis: 1. Anstellungsvertrag vom ▬▬▬ in Kopie – Anlage K 2.
2. Bestellungsbeschluss vom ▬▬▬ in Kopie – Anlage K 3.
3. Abberufungsbeschluss vom ▬▬▬ in Kopie – Anlage K 4.

Das Arbeitsverhältnis gemäß Arbeitsvertrag vom ▬▬▬ wurde zwischen den Parteien zu keiner Zeit schriftlich aufgelöst. Es wurde auch nicht von der beklagten Partei zu irgendeiner Zeit gekündigt, so dass schon in Ermangelung der ab dem 1.5.2000 bestehenden Formvorschrift des § 623 BGB das Arbeitsverhältnis nicht beendet und somit als ruhendes Rechtsverhältnis fortgeführt wurde.

Zwar enthielt der Anstellungsvertrag eine sog. integrierte Aufhebungsklausel. Diese Klausel hat nicht zur Beendigung des Arbeitsverhältnisses geführt. Der Anstellungsvertrag wurde für die Gesellschaft ausschließlich von dem nach § 35 Abs. 2 GmbHG nicht vertretungsbefugten Vorsitzenden der Gesellschafterversammlung unterzeichnet. Das Arbeitsverhältnis konnte daher nicht durch den Anstellungsvertrag wirksam aufgehoben werden,

Hümmerich/Schmidt-Westphal, DB 2007, 222.

Der Dienstvertrag blieb hinsichtlich der integrierten Aufhebungsvereinbarung während der Ausübung der Geschäftsführertätigkeit durch die klägerische Partei schwebend unwirksam. Das schwebend unwirksame Rechtsgeschäft wurde zu keiner Zeit von einem vertretungsbefugten Organ der beklagten Partei genehmigt.

Mit Anwaltsschreiben vom ▬▬▬ haben die Prozessbevollmächtigten der klägerischen Partei die Willenserklärung der klägerischen Partei, die zum schwebend unwirksamen, integrierten Aufhebungsvertrag im Anstellungsvertrag geführt hat, nach § 178 BGB widerrufen.

Beweis: Vorlage des Anwaltsschreibens in Kopie – Anlage K 5.

Das Arbeitsverhältnis wurde somit auch nicht durch einen wirksam zustande gekommenen Aufhebungsvertrag aufgehoben.

II.

Nach der Kündigung des Dienstvertrages zwischen der klägerischen Partei und der beklagten Partei besteht das Arbeitsverhältnis fort. Seit dem Urteil vom 8.6.2000 vertritt das BAG zwar die Ansicht, dass bei Konstellationen, die mit einem Wechsel des Dienstgebers verbunden seien, keine Vermutung mehr für den Fortbestand des bisherigen Arbeitsverhältnisses spreche,

BAG 8.6.2000 – 2 AZR 207/99, DB 2000, 1918.

In der Folge hat das BAG den Grundsatz aufgestellt, dass im Zweifel der bisherige Arbeitsvertrag bei Wechsel des Mitarbeiters in die Position des Geschäftsführers konkludent aufgehoben sei, und diesen Grundsatz auch noch im Urteil vom 24.11.2005 wiederholt,

BAG 25.4.2002 – 2 AZR 352/01, DB 2003, 296; BAG 24.11.2005 – 2 AZR 614/04, DB 2006, 728.

Angesichts des eindeutigen Wortlautes des § 623 BGB führt kein Umstand an der Notwendigkeit eines dem Schriftformerfordernis entsprechenden Beendigungstatbestandes vorbei, um ein Ruhen des Arbeitsverhältnisses auszuschließen. In seinem Urteil vom 24.11.2005 ließ das BAG ausdrücklich offen, welche Rechtsänderung sich aus § 623 BGB ergeben könne, da im zu entscheidenden Sachverhalt der Arbeitnehmer noch vor dem 1.5.2000 aus dem Arbeitsverhältnis in das Amt des Geschäftsführers gewechselt war. Das LAG Bremen hat allerdings bereits entschieden, dass bei einem Arbeitnehmer, mit dem zunächst ein schriftlicher Arbeitsvertrag geschlossen und nach einem Jahr Tätigkeit durch mündlichen Vertrag und Eintragung im Handelsregister die Tätigkeit als Geschäftsführer einer GmbH fortgesetzt wurde, der Arbeitsvertrag nach § 623 BGB nicht durch die Bestellung zum Geschäftsführer konkludent aufgehoben worden sei,

LAG Bremen 2.3.2006 – 3 Ta 9/06, NZA-RR 2006, 321.

Bei dieser Sachlage besteht das Arbeitsverhältnis mit der klägerischen Partei somit fort. Die klägerische Partei kann verlangen, als Arbeitnehmer bei der beklagten Partei weiter beschäftigt zu werden.

9. Muster: Beschäftigung auf einem leidensgerechten Arbeitsplatz

Arbeitsgericht ▪▪▪

Klage

▪▪▪

– klägerische Partei –

Prozessbevollmächtigte: ▪▪▪

gegen

▪▪▪

– beklagte Partei –

wegen: Anspruch auf Beschäftigung an einem leidensgerechten Arbeitsplatz

Wir bestellen uns zu Prozessbevollmächtigten der klägerischen Partei, in deren Namen und Auftrag wir um kurzfristige Anberaumung eines Gütetermins bitten und beantragen werden, zu erkennen:

1. Es wird festgestellt, dass die klägerische Partei in Zukunft aufgrund ihrer gesundheitlichen Verfassung und körperlichen Behinderung von der beklagten Partei nicht mehr zum Nacht-, sondern nur noch zum Tagesdienst eingesetzt wird.
2. Die Kosten des Rechtsstreits trägt die beklagte Partei.

Gründe:

I.

Die klägerische Partei ist seit dem ▪▪▪ als ▪▪▪ bei der beklagten Partei beschäftigt.

 Beweis: 1. Vorlage des Arbeitsvertrages vom ▪▪▪ in Kopie – Anlage K 1.
     2. Vorlage des Arbeitsvertrages vom ▪▪▪ in Kopie – Anlage K 2.

Die klägerische Partei bezieht aktuell ein monatliches Brutto-Gehalt von ▪▪▪ EUR.

 Beweis: Vorlage der Gehaltsabrechnung ▪▪▪ in Kopie – Anlage K 3.

Ausweislich des Bescheids der Agentur für Arbeit ▪▪▪ vom ▪▪▪, Az.: ▪▪▪, ist die klägerische Partei seit dem ▪▪▪ einem schwerbehinderten Menschen gleichgestellt.

 Beweis: 1. Vorlage des Bescheides vom ▪▪▪ in Kopie – Anlage K 4.
     2. Schreiben der Stadt ▪▪▪ vom ▪▪▪ in Kopie – Anlage K 5.

Die klägerische Partei leidet unter erheblichen Rückenschmerzen aufgrund eines Bandscheibenvorfalls sowie wegen Spondylosis und Osteochonderose der Wirbelsäule. Aus diesem Grund soll die klägerische Partei keine schweren Lasten heben, um eine weitere Verschlimmerung ihres Gesundheitszustandes zu verhindern. Darüber hinaus bestehen bei der Klägerin erhebliche Schlafstörungen bei vegetativen Dysregulationen nach limitierter Hyperthyreose. Aus den vorstehenden Gründen soll die Klägerin nicht zum Nachtdienst eingeteilt werden.

 Beweis: Vorlage des ärztlichen Attestes der Ärzte ▪▪▪ vom ▪▪▪ in Kopie – Anlage K 6.

Der vorstehende ärztliche, medizinische Befund wird gleichfalls durch ein ärztliches Attest des Orthopäden ▪▪▪ bestätigt. In seinem Attest bestätigt er der klägerischen Partei, dass es ihr wegen eines lumbalen Bandscheibenvorfalls L5/S1 und einer Bandscheibenprotrusion L4/5 und den damit verbundenen Dauerbeschwerden im Sinne von vertrebagenen und pseudoradikulären Beschwerden sowie radikulären Reizerscheinungen auf Dauer nicht zumutbar ist, in ihrem Beruf als Krankenschwester zum Nachtdienst eingeteilt zu werden.

 Beweis: 1. Vorlage des ärztlichen Attestes des Arztes ▪▪▪ in Kopie – Anlage K 7.
     2. Sachverständigengutachten

Im Gegensatz zum Tagdienst, in dem die klägerische Partei für circa 10 bis 15 Patienten zuständig ist, muss sie im Nachtdienst um die 40 Patienten versorgen und kann nicht sicher sein, eine Hilfestellung zu erhalten.

 Beweis: Sachverständigengutachten

Ein Einsatz im Nachtdienst stellt bereits für eine gesunde Mitarbeiterin eine Höchstbelastung für die Wirbelsäule und den Bewegungsapparat dar. Für eine Mitarbeiterin, wie die klägerische Partei, die unter den Folgen eins Bandscheibenvorfalles zu leiden hat, sind körperliche Anforderungen des Nachtdienstes schlicht unmöglich und gehen auf Kosten ihrer Gesundheit, selbst wenn ihr in der Nacht eine Hilfskraft zum Lagern und Heben von Patienten zur Verfügung steht.

Beweis: 1. Vorlage des Gutachtens des Arztes ■■■ in Kopie – Anlage K 7.
2. Sachverständigengutachten

Nach medizinischen Erfahrungswerten wird sich das durch intensive fachärztliche Behandlung leidlich kompensierte Beschwerdebild der klägerischen Partei mit Sicherheit verschlechtern und unter Umständen zur Notwendigkeit eines operativen Eingriffs führen, wenn sie im Nachtdienst eingesetzt wird.

Beweis: 1. Vorlage des Gutachtens des Arztes ■■■ in Kopie – Anlage K 7.
2. Sachverständigengutachten

Obwohl der beklagten Partei die Gleichstellung und die gesundheitliche Verfassung der klägerischen Partei bekannt ist, teilte sie die klägerische Partei gemäß Stationsplan am ■■■ und am ■■■ zur Nachtschicht ein.

Beweis: Vorlage des Stationsplans für den Monat ■■■ – Anlage K 8.

Daraufhin suchte die klägerische Partei am ■■■ ihre jetzigen Prozessbevollmächtigten auf. Diese nahmen mit Schreiben vom ■■■ Kontakt mit der beklagten Partei auf und legten dar, warum die klägerische Partei aus rechtlichen und tatsächlichen Gründen nicht im Nachtdienst, sondern nur im Tagdienst beschäftigt werden kann.

Beweis: Vorlage des Schreibens der Prozessbevollmächtigten vom ■■■ in Kopie – Anlage K 9.

Die Prozessbevollmächtigten forderten die beklagte Partei auf, der klägerischen Partei bis zum ■■■ schriftlich mitzuteilen, dass sie zukünftig nur noch zum Tagesdienst eingesetzt wird und die im Dienstplan für den ■■■ und ■■■ angesetzten Nachtdienste gestrichen werden.

Beweis: Vorlage des Schreibens der Prozessbevollmächtigten vom ■■■ in Kopie – Anlage K 9.

Auf das Schreiben hin erfolgte keine Reaktion der beklagten Partei. Auch eine telefonische Nachfrage des Bevollmächtigten der klägerischen Partei blieb im Ergebnis unbeantwortet.

Nachdem die klägerische Partei ihre Nachtdienste am ■■■ und ■■■ verrichtet hatte, traten erwartungsgemäß Beschwerden im Bereich der Wirbelsäule auf. Die Klägerin musste sich deshalb vom ärztlichen Notfalldienst des Krankenhauses behandeln lassen.

Beweis: Vorlage der Bescheinigung des ärztlichen Notfalldienstes vom ■■■ in Kopie – Anlage K 10.

Durch die Belastung der klägerischen Partei im Tagesdienst wäre sie weiterhin in der Lage, ihren Beruf für die beklagte Partei beschwerdefrei auszuüben.

Beweis: 1. Vorlage des Gutachtens des Arztes ■■■ in Kopie – Anlage K 7.
2. Sachverständigengutachten

Der problemlose Einsatz der klägerischen Partei im Tagesdienst wird dadurch objektiv belegt, dass die klägerische Partei seit Abschluss einer Rehabilitationsmaßnahme seit ■■■ nicht mehr aufgrund ihres Rückenleidens bei der beklagten Partei krankheitsbedingt ausgefallen ist. Die klägerische Partei hat ihre Tagesdienste regelmäßig beschwerdefrei erfüllt.

Beweis: Vorlage der Personalakte der klägerischen Partei gemäß § 142 ZPO

Die klägerische Partei hat damit auch dargetan, welche leidensgerechte Tätigkeit sie ausüben kann,

LAG Rheinland-Pfalz 22.1.2004 – 6 Sa 1207/03, AE 2004, 261.

II.

Gemäß § 106 der Gewerbeordnung muss der Arbeitgeber, wenn er sein Weisungsrecht ausübt, auf Behinderungen von Mitarbeitern Rücksicht nehmen. Dementsprechend muss der Arbeitgeber darauf achten, dass er die Beschäftigten im Rahmen der vereinbarten Aufgaben entsprechend ihren Fähigkeiten einsetzt und sie nicht überfordert.

Gemäß § 81 Abs. 4 Nr. 4 SGB IX treffen die beklagte Partei besondere Pflichten beim Einsatz der klägerischen Partei. Diese hat gegenüber der beklagten Partei einen Anspruch auf behindertengerechte Einrichtungen und Unterhaltung der Arbeitsstätten einschließlich der Gestaltung der Arbeitszeit.

Dementsprechend muss die beklagte Partei bei der Festlegung der Arbeitszeit der klägerischen Partei im Rahmen ihres Direktionsrechts die Behinderung zwingend in dem Sinne berücksichtigen, dass die klägerische Partei leidensgerecht nur zu Tagesdiensten eingeteilt wird. Mit der Einteilung zum Nachtdienst überschreitet die beklagte Partei die Grenzen billigen im Ermessens gemäß § 315 BGB und verletzt ihre arbeitgeberseitige Fürsorgepflicht gegenüber der Klägerin.

Beweis: 1. Vorlage des Gutachtens des Arztes ▬▬▬ in Kopie – Anlage K 7.
2. Sachverständigengutachten

Die beklagte Partei hat angekündigt, dass sie die klägerische Partei alle zwei Monate regelmäßig zum Nachtdienst einsetzen will. Von daher besteht Wiederholungsgefahr, die das für den Feststellungsantrag Ziff. 1 notwendige Feststellungsinteresse begründet.

In der Rechtsprechung ist anerkannt,

vgl. LAG Hamm 17.5.2001 – 8 (6) Sa 30/01, n.v,

dass der Arbeitgeber, wenn der schwerbehinderte Arbeitnehmer aus gesundheitlichen Gründen zur Erledigung der zugewiesenen Aufgaben außer Stande ist, über die Grenzen der arbeitsvertraglichen Fürsorgepflicht hinaus verpflichtet ist (§ 81 Abs. 4 Nr. 4 SGB IV), den Arbeitnehmer auf einem leidensgerechten Arbeitsplatz einzusetzen. Dies gilt selbst dann, wenn ein geeigneter Platz nur durch innerbetriebliche Versetzung eines weniger schutzbedürftigen Arbeitnehmers freigemacht werden kann.

10. Muster: Beschäftigung auf tabakrauchfreiem Arbeitsplatz

Arbeitsgericht ▬▬▬

Klage

▬▬▬

– klägerische Partei –

Prozessbevollmächtigte: ▬▬▬

gegen

▬▬▬

– beklagte Partei –

wegen: tabakrauchfreiem Arbeitsplatz

Wir bestellen uns zu Prozessbevollmächtigten der klägerischen Partei, in deren Namen und Auftrag wir um kurzfristige Anberaumung eines Gütetermins bitten. Wir werden im Übrigen beantragen zu erkennen:

1. Die beklagte Partei wird verurteilt, der klägerischen Partei einen tabakrauchfreien Arbeitsplatz zur Verfügung zu stellen.
2. Die Berufung wird zugelassen.
3. Die Kosten des Rechtsstreits trägt die beklagte Partei.

Gründe:

I.

Die klägerische Partei ist am ▬▬▬ geboren und seit ▬▬▬ bei der beklagten Partei als ▬▬▬ mit einem Bruttomonatsgehalt von zuletzt ▬▬▬ EUR beschäftigt. Wegen chronischer Atemwegserkrankung wird sie seit Jahren ärztlich behandelt. Nachdem die klägerische Partei durch ärztliches Attest vom ▬▬▬ nachgewiesen hat, dass sie dringend auf einen Arbeitsplatz ohne Rauchbelastung der Atemluft angewiesen ist, wies ihr die beklagte Partei am ▬▬▬ einen Arbeitsplatz in einem Großraumbüro zu. Der Raum wird über Fenster be- und entlüftet. Die Arbeitsplätze in diesem Büro sind teilweise durch 1,70 m hohe Stellwände voneinander getrennt. Der Arbeitsplatz der klägerischen Partei liegt zwei bis drei Meter vom nächsten Fenster entfernt.

Um den Arbeitsplatz der klägerischen Partei sind im Abstand von 2 bis 4 Metern mindestens 12 Arbeitnehmer beschäftigt, die regelmäßig während der Arbeitszeit etwa 10 bis 20 Zigaretten pro Person pro Tag rauchen.

Auf Veranlassung der klägerischen Partei wurde ihr Arbeitsplatz durch die Gewerbeaufsicht überprüft. Die Gewerbeaufsicht hat festgestellt, dass infolge der Raumgröße und Raumgeometrie des Großraumbüros und der Bürolandschaften eine gesundheitlich zuträgliche Be- und Entlüftung über die vorhandenen Fenster nicht möglich sei.

Mit erneutem ärztlichen Attest hat die klägerische Partei der beklagten Partei vergeblich nachgewiesen, dass sie zur Ausheilung und Vermeidung einer Dauerschädigung der Schleimhäute, die bis zur Arbeitsunfähigkeit führen könne, an der Arbeitsstelle auf eine rauchfreie und möglichst ausreichend feuchte Luft angewiesen sei.

Beweis: Vorlage des ärztlichen Attestes in Kopie – Anlage K 1.

Die beklagte Partei hat sich bislang geweigert, der klägerischen Partei einen anderweitigen Arbeitsplatz zuzuweisen. Klage war daher geboten.

II.

1. Der Anspruch auf die Zuweisung eines tabakrauchfreien Arbeitsplatzes ist hinreichend bestimmt i.S.v. § 253 Abs. 2 Nr. 2 ZPO. Dies hat bereits das BAG entschieden,

BAG 17.2.1998, NZA 1998, 1231.

2. Die klägerische Partei hat auch einen Anspruch auf einen tabakrauchfreien Arbeitsplatz. Anspruchsgrundlage bildet § 618 Abs. 1 BGB.

Der Arbeitgeber hat Räume, die er zur Verrichtung der Dienste zu beschaffen hat, so einzurichten und zu unterhalten und Dienstleistungen, die unter seiner Anordnung oder Leitung vorzunehmen sind, so zu regeln, dass der Arbeitnehmer gegen Gefahr für Leben und Gesundheit soweit geschützt ist, als es die Dienstleistung gestattet. Gefährden die Arbeitsbedingungen die Gesundheit des Arbeitnehmers, ist der Arbeitgeber regelmäßig verpflichtet, für Abhilfe zu sorgen. Dabei ist es dem Arbeitgeber überlassen, welche Schutzmaßnahmen er zur Abwehr der Gesundheitsgefahr ergreift. Er genügt seiner Pflicht regelmäßig, wenn die Belastung der Atemluft durch Tabakrauch nicht über das sonst übliche Maß hinausgeht. Ob dies ausreichend ist, richtet sich nicht allein nach den öffentlich-rechtlichen Vorschriften wie beispielsweise § 5 ArbStättV, sondern auch nach den jeweiligen Verhältnissen des Einzelfalles. Der Inhalt der vertraglichen Schutzpflicht des Arbeitgebers wird durch die Umstände des einzelnen Arbeitsverhältnisses konkretisiert. Arbeitnehmer, die aufgrund ihrer gesundheitlichen Disposition gegen bestimmte Schadstoffe besonders anfällig sind, können daher im Einzelfall besondere Schutzmaßnahmen verlangen,

BAG 8.5.1996, NZA 1997, 86.

Besteht die Gefährdung in der Belastung der Atemluft durch Tabakrauch, ist der Arbeitgeber im Rahmen des ihm Zumutbaren verpflichtet, die Arbeitsplätze durch geeignete Maßnahmen so zu gestalten, dass Gefährdungen der Gesundheit nicht entstehen,

BVerwG NJW 1985, 876; BVerwG NVwZ 1990, 165.

3. Weitere Rechtsgrundlage neben § 618 BGB ist § 3a ArbStättV in der am 3.10.2002 in Kraft getretenen Fassung. § 3a ArbStättV hat folgenden Wortlaut: Der Arbeitgeber hat die erforderlichen Maßnahmen zu treffen, damit die nicht rauchenden Beschäftigten in Arbeitsstätten wirksam vor den Gesundheitsgefahren durch Tabakrauch geschützt sind (Abs. 1). In Arbeitsstätten mit Publikumsverkehr hat der Arbeitgeber Schutzmaßnahmen nach Abs. 1 insoweit zu treffen, als die Natur des Betriebes und die Art der Beschäftigung es zulassen (Abs. 2).

Mit § 3a ArbStättV wollte die Bundesregierung nach der Begründung den in der Praxis als unzureichend empfundenen alten § 32 ArbStättV ersetzen; sie wollte außerdem die neuere Rechtsprechung zum Nichtraucherschutz am Arbeitsplatz festschreiben,

siehe LAG Frankfurt 24.11.1994, AuR 1995, 285,

größere Rechtssicherheit schaffen und bundesweit ein einheitliches Schutzniveau festlegen,

BR-Drucks. 301/02.

Außerdem wollte sie aufgrund der Transformationswirkung arbeitsrechtlicher Normen auf das privatrechtliche Arbeitsvertragsverhältnis den Individualrechtsschutz der nicht rauchenden Arbeitnehmer verbessern,

siehe Begründung des Antrags des BT zu Nr. 1, BT-Drucks. 14/3231; *Lorenz,* DB 2003, 721.

Damit besteht heute nicht mehr nur noch in Ausnahmefällen, sondern generell ein Anspruch jedes Arbeitnehmers auf einen rauchfreien Arbeitsplatz,

Lorenz, DB 2003, 721; *Kollmer,* ArbeitsstättenV, § 32 Rn 3.

4. Außerdem ist die klägerische Partei aufgrund ihrer persönlichen Disposition gegen Tabakrauch besonders anfällig, so dass für sie ein tabakrauchfreier Arbeitsplatz unerlässlich und von der beklagten Partei zur Verfügung zu stellen ist,

BAG 17.2.1998, NZA 1998, 1231.

11. Muster: Beschäftigung als Arbeitnehmer

Arbeitsgericht ▪▪▪

Klage

▪▪▪

– klägerische Partei –

Prozessbevollmächtigte: ▪▪▪

gegen

■■■

– beklagte Partei –

wegen: Feststellung von Arbeitnehmereigenschaft

Wir bestellen uns zu Prozessbevollmächtigten der klägerischen Partei, in deren Namen und Auftrag wir um kurzfristige Anberaumung eines Gütetermins bitten. Wir werden im Übrigen beantragen zu erkennen:

1. Die beklagte Partei wird verurteilt, die klägerische Partei als Arbeitnehmer mit dem Tätigkeitsbereich ■■■ zu beschäftigen.
2. Die beklagte Partei wird verurteilt, an die klägerische Partei ■■■ EUR brutto[111] Gehalt für die Monate ■■■ nebst 5 % Zinsen[112] über dem Basiszinssatz aus einem Betrag von ■■■ EUR brutto seit dem ■■■ sowie ■■■ aus einem Betrag von ■■■ EUR brutto seit dem ■■■ zu zahlen.[113]
3. Die beklagte Partei trägt die Kosten des Rechtsstreits.

Gründe:

I.

Die klägerische Partei ist bei der beklagten Partei seit dem ■■■ als ■■■ tätig.

Beweis: ■■■

Zwischen den Parteien besteht Streit darüber, welchen rechtlichen Status die klägerische Partei hat, ob zwischen ihr und der beklagten Partei ein Arbeitsverhältnis besteht oder nicht. Dabei steht zunächst außer Streit, dass die Parteien die zwischen ihnen bestehende Rechtsbeziehung zunächst nicht als Arbeitsverhältnis bezeichnet haben. Es war vielmehr von einem „freien Mitarbeiter-Verhältnis", auch von einem „Werkvertragsverhältnis" auf Seiten der beklagten Partei die Rede.

Die klägerische Partei hat nach einiger Zeit darum gebeten, dass die beklagte Partei das Rechtsverhältnis korrekt als Arbeitsverhältnis betrachten möge und dementsprechend auf der Grundlage der überreichten Lohnsteuerkarte die Lohnsteuer sowie im Bereich der Sozialversicherungsbeiträge ordnungsgemäß Renten-, Kranken-, Arbeitslosen- und berufsgenossenschaftliche Beiträge abführen möge. Die beklagte Partei weigerte sich unter Hinweis darauf, zwischen den Parteien bestehe kein Arbeitsverhältnis. Da die Rechtsbeziehungen zwischen der klägerischen Partei und der beklagten Partei bei materieller Betrachtung ein Arbeitsverhältnis beinhalten, hat die klägerische Partei ein berechtigtes und schützenswertes Interesse an der Feststellung des Bestehens dieses Arbeitsverhältnisses. Klage war daher geboten.

II.

Zwischen den Parteien besteht ein Arbeitsverhältnis, denn die klägerische Partei ist Arbeitnehmer. Nach gefestigter Auffassung in Rechtsprechung und Schrifttum ist Arbeitnehmer, wer aufgrund eines privatrechtlichen Vertrages im Dienste des Arbeitgebers zur Leistung fremdbestimmter Arbeit in persönlicher Abhängigkeit verpflichtet ist,

vgl. BAG, AP § 611 BGB Abhängigkeit Nr. 1; AP § 611 BGB Erfinder Nr. 1; AP § 611 BGB Abhängigkeit Nr. 21; *Hueck/ Nipperdey*, Lehrbuch, Bd. 1, § 9 III 3; *Söllner/Waltermann*, Grundriss des Arbeitsrechts, § 3 I 1; ErfK/*Preis*, § 611 BGB Rn 73 ff.

In einer Vielzahl von Entscheidungen hat das Bundesarbeitsgericht, insbesondere der 5. Senat, Abgrenzungskriterien entwickelt, über die sich objektiv herausarbeiten lässt, ob der Beschäftigte in persönlicher Abhängigkeit zum Arbeitgeber steht.

---

[111] Die Klage ist auf die Zahlung des Bruttobetrages zu richten. Nach der Entscheidung des Großen Senats des BAG vom 7.3.2001 (GS 1/00, DB 2001, 2196 = NZA 2001, 1195) kann der Arbeitnehmer auch die Verzugszinsen nach § 288 Abs. 1 BGB aus der in Geld geschuldeten Bruttovergütung verlangen. Spricht das Arbeitsgericht den Bruttobetrag zu, erfüllt der Arbeitgeber den Zahlungsanspruch des Arbeitnehmers dadurch, dass er den Nettobetrag an den Arbeitnehmer auszahlt und Steuern und Sozialabgaben an die Finanzbehörden bzw. die Sozialversicherungsträger abführt. Vollstreckt der Arbeitnehmer trotz Erfüllung aus dem Titel auf den Bruttobetrag, kann der Arbeitgeber die Vollstreckung in Höhe der bereits abgeführten Abgaben durch Vollstreckungsgegenklage gemäß § 767 ZPO (ggf. i.V.m. einem Eilantrag nach § 769 ZPO) verhindern.

[112] Sieht man den Arbeitnehmer uneingeschränkt als Verbraucher an (sog. absoluter Verbraucherbegriff; vgl. hierzu BAG 25.5.2005 – 5 AZR 572/04, NZA 2005, 1211; *Hümmerich/Holthausen*, NZA 2002, 173 ff. und *Boemke*, BB 2002, 96 f.), bestimmt sich die Höhe der Verzugszinsen nach den §§ 288 Abs. 1, 247 BGB. Auch die Vertreter des abweichenden relativen Verbraucherbegriffs gelangen über eine richtlinienkonforme Auslegung der europäischen Zahlungsverzugsrichtlinie zu einem Zinssatz von 5 %, vgl. *Bauer/Kock*, DB 2002, 42 (46).

[113] Nach der Neufassung des § 288 BGB durch Art. 1 SchuldRModG v. 26.11.2001 (BGBl. I S. 3138) ist der Zinsantrag, wie oben dargestellt, zu fassen. Vor dem 1.1.2000 (vgl. Art. 9 Abs. 1 SchuldRModG) galt entsprechend der alten Fassung des § 288 Abs. 1 BGB, dass eine Geldschuld während des Verzugs mit fünf Prozentpunkten über dem Basiszinssatz nach § 1 des Diskontsatz-Überleitungs-Gesetzes zu verzinsen war. Eine dem Wortlaut des § 288 BGB entsprechende Antragstellung ist ausreichend. Somit muss sich der Anwalt nicht der Mühe unterziehen, den aktuellen Basiszinssatz zu ermitteln und dann einen konkret bezifferten Zinsantrag zu stellen.

In der älteren Rechtsprechung entwickelte das Bundesarbeitsgericht eine Reihe formaler Kriterien, anhand derer sich beurteilen lassen sollte, ob auf Seiten des Beschäftigten eine persönliche Abhängigkeit zum Arbeitgeber besteht. Zu diesen Kriterien gehören:

- Umfang der Weisungsgebundenheit,
- Unterordnung unter andere im Dienste des Geschäftsherrn stehende Personen,
- Bindung an feste Arbeitszeiten,
- Rechtspflicht zum regelmäßigen Erscheinen,
- Zulässigkeit von Nebentätigkeiten oder Pflicht, die gesamte Arbeitskraft dem Geschäftsherrn zur Verfügung zu stellen,
- Ort der Erledigung der Tätigkeit,
- Form der Vergütung,
- Frage der Abführung von Steuern und Sozialversicherungsbeiträgen,
- Gewährung von Urlaub,
- Bereitstellung von Arbeitsgeräten,
- Führung von Personalunterlagen,

vgl. BAG, AP § 611 BGB Abhängigkeit Nr. 6.

Die Schwäche dieser in der sog. Kameramann-Entscheidung des Bundesarbeitsgerichts begründeten Rechtsprechung zur Bestimmung des Merkmals „persönliche Abhängigkeit" besteht darin, dass auf äußere Merkmale abgehoben wird, wie beispielsweise den Gesichtspunkt, ob der Beschäftigte einen eigenen Schreibtisch in der Firma hat oder ob er im internen Telefonverzeichnis aufgeführt ist: Derartige äußere Merkmale unterliegen der Organisationsgewalt des Arbeitgebers, so dass der Arbeitgeber es in der Hand hat, durch zweckentsprechende Ausübung seiner Organisationsgewalt die formalen Kriterien persönlicher Abhängigkeit teilweise zu beseitigen,

vgl. *Hümmerich*, NJW 1998, 2625 ff.

Nachdem insbesondere im Medienbereich Rundfunkanstalten und Tageszeitungen – wie zu erwarten – auf die Rechtsprechung des Bundesarbeitsgerichts reagiert hatten und zwar in der Weise, dass sie sicherstellten, dass die äußeren Merkmale in Fortfall gebracht wurden (so wurden beispielsweise bei den Rundfunkanstalten die Personalakten für freie Mitarbeiter abgeschafft), gewichtete die Rechtsprechung die inhaltlichen Aspekte persönlicher Abhängigkeit stärker. Seither stellt die Rechtsprechung des Bundesarbeitsgerichts vornehmlich auf den Umfang der Eingliederung in den betrieblichen Arbeitsablauf und den Umfang der Weisungsgebundenheit ab,

BAG, AP § 611 BGB Nr. 21.

In einer Vielzahl von Entscheidungen hat das Bundesarbeitsgericht seine Rechtsprechung verfestigt, wonach für die Statusbeurteilung die persönliche Abhängigkeit des Mitarbeiters weiterhin maßgebliches Kriterium ist. Arbeitnehmer ist danach derjenige, der seine Dienstleistung im Rahmen einer von Dritten bestimmten Arbeitsorganisation erbringt,

BAG, AP § 611 BGB Abhängigkeit Nrn. 34, 35, 36, 45.

Nach Auffassung des Bundesarbeitsgerichts enthält § 84 Abs. 1 Satz 2 HGB ein typisches Abgrenzungsmerkmal. Nach dieser Bestimmung ist selbständig, wer im Wesentlichen frei seine Tätigkeit gestalten und seine Arbeitszeit bestimmen kann. Unselbständig und deshalb persönlich abhängig ist dagegen der Mitarbeiter, dem dies nicht möglich ist. Zwar gilt diese Regelung unmittelbar nur für die Abgrenzung des selbständigen Handelsvertreters vom abhängig beschäftigten Handlungsgehilfen. Über diesen unmittelbaren Anwendungsbereich hinaus enthält die Vorschrift jedoch eine Allgemeine gesetzgeberische Wertung, die bei der Abgrenzung des Dienstvertrages vom Arbeitsvertrag zu beachten ist, zumal dies die einzige Norm ist, die hierfür Kriterien enthält. Unterliegt also der Beschäftigte hinsichtlich Zeit, Dauer und Ort der Ausführung der versprochenen Dienste einem umfassenden Weisungsrecht, liegt ein Arbeitsverhältnis vor. Kann er im Wesentlichen die Arbeitsbedingungen frei gestalten, ist er ein freier Mitarbeiter. Die das Rechtsverhältnis prägenden charakteristischen Merkmale sind zu beurteilen, wie sie sich aus dem Inhalt des Vertrages und der praktischen Durchführung und Gestaltung der Vertragsbeziehungen ergeben,

BAG, AP § 611 BGB Lehrer, Dozenten Nr. 32; AP § 611 BGB Abhängigkeit Nr. 45.

Wie es zu einer planmäßigen Einbindung des „freien Mitarbeiters" in die Arbeit beim Arbeitgeber kommt, ist unerheblich. Auch wenn ursprünglich nicht geplant war, einen „freien Mitarbeiter" in den betrieblichen Arbeitsablauf einzubinden und sich dies erst im Laufe der Zeit ergeben hat, kann der „freie Mitarbeiter" in Wahrheit Arbeitnehmer sein und die arbeitsrechtliche Stellung des Arbeitnehmers mit unbefristetem Arbeitsverhältnis beanspruchen,

BAG, AP § 611 BGB Abhängigkeit Nr. 21; ArbG Frankfurt 15.3.1982 – 9 Ca 120/81, n.v.

Dass die Parteien die Rechtsbeziehungen als „freies Mitarbeiterverhältnis" bezeichnet haben, ist für die rechtliche Beurteilung ohne Bedeutung: Es kommt nach ständiger Rechtsprechung des Bundesarbeitsgerichts allein darauf an, wie die Parteien ihre Vertragsbeziehungen tatsächlich ausgestaltet haben,
    BAG, AP § 611 BGB Abhängigkeit Nrn. 17, 44.

III.
Bei dieser Sachlage verfügt die klägerische Partei über den Status eines Arbeitnehmers: ▄▄▄

IV.
Klagt sich ein freier Mitarbeiter in ein Arbeitsverhältnis ein, so ist die bisher vereinbarte Vergütung die vertraglich geschuldete Bruttoarbeitsvergütung,
    LAG Berlin 8.6.1993 – 15 Sa 31/92, n.v.

Will der Arbeitgeber in einem solchen Fall weniger zahlen, beispielsweise weil er seine Gesamtbelastung unter Einschluss des Arbeitgeberanteils zur Sozialversicherung auf dem bisherigen Niveau halten will oder weil die tarifliche Vergütung unter der vereinbarten Vergütung liegt, so kann er dies nur nach Ausspruch einer Änderungskündigung tun,
    BAG 15.3.1991, NZA 1992, 120.

Nur teilweise wird die Ansicht vertreten, die Grundsätze über den Wegfall der subjektiven Geschäftsgrundlage führten zu einer automatischen Anpassung,
    BAG, NZA 1987, 16.

Die Veränderung des rechtlichen Status eines Mitarbeiters vom Selbständigen zum Arbeitnehmer führt nicht ohne weiteres zur Unwirksamkeit einer bestehenden Vergütungsvereinbarung, auch wenn diese Vergütungsvereinbarung unter der Annahme eines freien Mitarbeiter-Verhältnisses und nicht für den Fall des Bestehens eines Arbeitsverhältnisses getroffen wurde. Der Grundsatz des Fortbestehens der Vergütungsvereinbarung gilt nur dann, wenn der Arbeitgeber, wie insbesondere im öffentlichen Dienst, Selbständige und freie Mitarbeiter in unterschiedlicher Form (Stundenpauschale bzw. Tarifgehalt) vergütet,
    BAG 12.12.2001 – 5 AZR 257/00, n.v.

Wegen einer Lehrerin an einer städtischen Volkshochschule entschied das BAG, dass die Vergütung nur für die Tätigkeit als freie Mitarbeiterin vereinbart ist, auch wenn sich späterhin herausstellt, dass ein Arbeitsverhältnis vorliegt, wenn die Lehrerin pauschal nach bestimmten Honorarsätzen je geleisteter Unterrichtseinheit vergütet wird. Erweist sich, dass ein Arbeitsverhältnis besteht, ist für dessen gesamte Dauer die Höhe der Vergütung nicht bestimmt. Sofern nicht eine tarifliche Vergütungsregelung unmittelbar gilt, wird die übliche Vergütung geschuldet,
    BAG 21.11.2001 – 5 AZR 87/00, n.v.

Der 5. Senat vertrat im Urteil vom 21.11.2001 die Auffassung, dass dann, wenn sich aus Tarifrecht, Eingruppierungsrichtlinien oder sonstigen Umständen eine übliche Vergütung für Volkshochschullehrer nicht bestimmen lasse, ein Anspruch auf angemessene Vergütung nach den §§ 316, 315 BGB in Betracht komme.

Unproblematisch liegt der Fall, wenn sich nach einem erfolgreichen Statusprozess herausstellt, dass ein freier Mitarbeiter tatsächlich Arbeitnehmer ist und anschließend für Arbeitgeber und Arbeitnehmer wegen bestehender Tarifbindung eine tarifliche Vergütung gemäß Tarifvertrag besteht. In diesem Falle schuldet der Arbeitgeber unabhängig von einer früheren Vergütungsabrede unter der Annahme eines freien Mitarbeiter-Verhältnisses die tarifliche Vergütung,
    BAG 29.5.2002 – 5 AZR 680/00, n.v.

V.
Zu den Anträgen ist Folgendes auszuführen:

Der Antrag Ziff. 1 ergibt sich aus dem Umstand, dass die klägerische Partei Arbeitnehmer ist und sich aus der bisherigen Tätigkeit der Tätigkeitsbereich als ▄▄▄ ergibt. Anstelle des freien Mitarbeiter-Verhältnisses ist gegenüber der klägerischen Partei aufgrund der Definition des Arbeitsverhältnisses für die Ausübung der bisherigen Tätigkeit die Ausgestaltung als Arbeitsverhältnis zu wählen.

Der Antrag Ziff. 2 rechtfertigt sich aus den Ausführungen unter Ziff. 2 in Verbindung mit den bisherigen Zahlungen, die die klägerische Partei für ihre Tätigkeit erhalten hat.

274 12. Muster: Weiterbeschäftigung eines Jugend- und Auszubildendenvertreters nach dem Ende des Ausbildungsverhältnisses

↓

Arbeitsgericht ▪▪▪

Klage

▪▪▪

– klägerische Partei –

Prozessbevollmächtigte: ▪▪▪

gegen

▪▪▪

– beklagte Partei –

wegen: Weiterbeschäftigung nach Beendigung des Ausbildungsverhältnisses

Wir bestellen uns zu Prozessbevollmächtigten der klägerischen Partei, in deren Namen und Auftrag wir um kurzfristige Anberaumung eines Gütetermins bitten. Wir werden im Übrigen beantragen zu erkennen:

1. Die beklagte Partei wird verurteilt, die klägerische Partei über die Beendigung des Ausbildungsverhältnisses hinaus am ▪▪▪ in einem Arbeitsverhältnis weiter zu beschäftigen.
2. Die beklagte Partei trägt die Kosten des Rechtsstreits.

Gründe:

Die Parteien haben am ▪▪▪ einen Ausbildungsvertrag über die Ausbildung der klägerischen Partei zum ▪▪▪ geschlossen.

Beweis: Vorlage des Ausbildungsvertrages – Anlage K 1.

Gemäß dem Ausbildungsvertrag wird das Ausbildungsverhältnis voraussichtlich am ▪▪▪ sein Ende finden, vorausgesetzt, dass die klägerische Partei die Prüfungen besteht.

Am ▪▪▪ wurde die klägerische Partei in die Jugend- und Auszubildendenvertretung des Betriebs gewählt. Die beklagte Partei hat der klägerischen Partei mit Schreiben vom ▪▪▪ mitgeteilt, dass sie nach Beendigung des Ausbildungsverhältnisses keine Möglichkeit der Weiterbeschäftigung sehe.

Beweis: Vorlage des Schreibens in Kopie – Anlage K 2.

Die klägerische Partei hat ihre Weiterbeschäftigung mit Schreiben vom ▪▪▪ verlangt.

Beweis: Vorlage des Schreibens in Kopie – Anlage K 3.

Gemäß § 78a Abs. 2 Satz 1 BetrVG ist damit ein Arbeitsverhältnis auf unbestimmte Zeit zustande gekommen. Einen Antrag der beklagten Partei, sie von der Weiterbeschäftigung zu entbinden, hat das Arbeitsgericht im Wege des Beschlussverfahrens zurückgewiesen.

Beweis: Beiziehung der Akte ▪▪▪

Trotzdem kommt die beklagte Partei ihrer Beschäftigungspflicht weiterhin nicht nach. Die klägerische Partei ist daher darauf angewiesen, ihren individualvertraglichen Anspruch im Klagewege geltend zu machen,

BAG, AP § 78a BetrVG 1972 Nr. 1; BAG, AP § 78a BetrVG 1972 Nr. 11 = NJW 1984, 2599.

IV. Bestandsschutzstreitigkeiten: Außergerichtliche, ergänzende Korrespondenz

275 1. Muster: Anfechtung der Willenserklärung eines Aufhebungsvertrages wegen widerrechtlicher Drohung

↓

Sehr geehrte Damen und Herren,

hiermit zeigen wir an, dass wir die rechtlichen Interessen von ▪▪▪ vertreten. Eine auf uns lautende Vollmacht ist beigefügt.

Unserer Beauftragung liegt folgender Sachverhalt zugrunde:

Am ▪▪▪ wurde unsere Mandantin/unser Mandant in das Büro des unmittelbaren Vorgesetzten gerufen. Dort fand eine mehrstündige Besprechung statt, an der teilgenommen haben: ▪▪▪

Im Zuge dieses Gesprächs wurde unser Mandant/unsere Mandantin aufgefordert, einen Aufhebungsvertrag zu schließen. Falls er den ihm vorgelegten, vorbereiteten Aufhebungsvertrag nicht unterzeichnen würde, wurde ihm angedroht, dass das Arbeitsverhältnis ordentlich/außerordentlich gekündigt würde.

Als Kündigungsgründe wurden unserem Mandanten/unserer Mandantin benannt: ▪▪▪

Die behaupteten Kündigungsgründe tragen weder eine ordentliche noch eine außerordentliche Kündigung: ▪▪▪

Aus diesem Grunde fechten wir die Willenserklärung unseres Mandanten/unserer Mandantin, die zum Abschluss des Aufhebungsvertrages geführt hat, namens und in Vollmacht der uns beauftragenden Partei nach § 123 BGB an. Die Androhung einer ordentlichen wie einer außerordentlichen Kündigung durch den Arbeitgeber ist stets widerrechtlich i.S.v. § 123 Abs. 1 Satz 1 Alt. 2 BGB, wenn ein verständiger Arbeitgeber eine solche Kündigung nicht ernsthaft in Erwägung gezogen hätte,

BAG 30.3.1960 – 3 AZR 201/58, AP § 123 BGB Nr. 8; BAG 20.11.1969 – 2 AZR 51/69, AP § 123 BGB Nr. 16; BAG 24.1.1985 – 2 AZR 317/84, AP § 1 TVG Tarifverträge: Einzelhandel Nr. 8; BAG 30.9.1993 – 2 AZR 268/93, NZA 1994, 209; BAG 9.3.1995 – 2 AZR 484/94, NZA 1996, 875; BAG 21.3.1996 – 2 AZR 543/95, DB 1996, 1879.

Da das unserer Partei vorgeworfene Verhalten in ständiger Rechtsprechung weder eine außerordentliche noch eine ordentliche Kündigung trägt, würde kein vernünftiger Arbeitgeber unter den gegeben Umstände eine Kündigung ernsthaft in Erwägung gezogen haben. Aus diesem Grunde durfte unserem Mandanten auch nicht mit einer Kündigung gedroht werden. Die Drohung war widerrechtlich. Dementsprechend ist unsere Partei zur Anfechtung ihrer Willenserklärung, die zum Abschluss des Aufhebungsvertrages geführt hat, berechtigt.

Teilen Sie uns bitte mit, dass unser Mandant/unsere Mandantin die Tätigkeit unverzüglich wieder aufnehmen kann. Bitte lassen Sie uns wissen, zu welchem Datum und zu welcher Uhrzeit die Tätigkeit wieder von unserer Partei aufgenommen werden kann.

Nach unseren Feststellungen haben im Übrigen an dem Gespräch auf Seiten des Arbeitgebers Personen teilgenommen, die sämtlich nicht befugt waren, eine Kündigung gegenüber unserer Partei auszusprechen. Die Inaussichtstellung einer Kündigung durch Vorgesetzte kann einen Arbeitnehmer, der daraufhin einen Aufhebungsvertrag geschlossen hat, auch dann zur Anfechtung wegen widerrechtlicher Drohung berechtigen, wenn die Vorgesetzten ersichtlich nicht selbst kündigungsberechtigt waren,

BAG 15.12.2005 – 6 AZR 197/05, NZA 2006, 841.

Damit ist unsere Mandantschaft auch noch aus einem weiteren Grund berechtigt, eine wirksame Anfechtung ihrer Willenserklärung auszusprechen. In jedem Falle sollten Sie daher unserer Partei umgehend wieder Gelegenheit geben, der bislang ausgeübten Tätigkeit nachzugehen, weil andernfalls Annahmeverzugslohnansprüche zu Ihren Lasten in beträchtlicher Höhe auflaufen werden.

Mit freundlichen Grüßen

2. Muster: Annahmeerklärung der Änderungskündigung unter Vorbehalt[114]

Betr.: Änderungskündigung vom ▪▪▪

Hiermit zeigen wir an, dass wir die rechtlichen Interessen von ▪▪▪ vertreten. Eine auf uns lautende Vollmacht ist beigefügt.

Namens und in Vollmacht unserer Mandantschaft nehmen wir hiermit die Änderungskündigung unter dem Vorbehalt an, dass diese nicht sozial ungerechtfertigt ist.

Wir möchten allerdings deutlich zum Ausdruck bringen, dass wir die Änderungskündigung nicht für sozial gerechtfertigt halten. Aus diesem Grunde haben wir Kündigungsschutzklage vor dem Arbeitsgericht erhoben.

3. Muster: Aufforderungsschreiben, Gründe einer außerordentlichen Kündigung mitzuteilen

Sehr geehrte Damen und Herren,

hiermit zeigen wir an, dass wir die rechtlichen Interessen von ▪▪▪ vertreten. Eine auf uns lautende Vollmacht ist beigefügt.

---

114 Anlage K 4 der Änderungskündigungsschutzklage Muster 6495 § 6 Rn 311.

Unserer Beauftragung liegt folgender Sachverhalt zugrunde: ▪▪▪

Sie haben das Arbeitsverhältnis mit unserem Mandanten/unserer Mandantin durch Schreiben vom ▪▪▪, zugegangen am ▪▪▪, außerordentlich gekündigt. Nach § 626 Abs. 2 Satz 3 BGB sind Sie verpflichtet, dem Gekündigten auf Verlangen den Kündigungsgrund unverzüglich schriftlich mitzuteilen. Im Kündigungsschreiben waren die Kündigungsgründe nicht benannt. Wir fordern Sie deshalb auf, umgehend schriftlich die Kündigungsgründe uns gegenüber zu benennen. Weitergehende Ansprüche bleiben vorbehalten.

Mit freundlichen Grüßen

4. Muster: Aufforderungsschreiben, Gründe einer ordentlichen Kündigung mitzuteilen

Sehr geehrte Damen und Herren,

hiermit zeigen wir an, dass wir die rechtlichen Interessen von ▪▪▪ vertreten. Eine auf uns lautende Vollmacht ist beigefügt.

Gegenstand des Mandats bildet folgender Sachverhalt: ▪▪▪

Sie haben unserer Mandantschaft mit Schreiben vom ▪▪▪ gekündigt. Die Kündigungsgründe sind uns unbekannt. Um die Prozessaussichten prüfen zu können, müssen wir die Kündigungsgründe kennen. Gemäß § 4 KSchG besteht nur eine Frist von drei Wochen nach Zugang der Kündigung, innerhalb derer sich der Gekündigte entschieden haben muss, ob er die Hilfe des Arbeitsgerichts in Anspruch nehmen will oder nicht.

Bitte teilen Sie uns innerhalb von ▪▪▪ Tagen nach Eingang dieses Schreibens mit, aus welchen Gründen die Kündigung erfolgte. Kommen wir zu dem Ergebnis, dass die Kündigung mit hoher Wahrscheinlichkeit wirksam war, wird unser Mandant auf die Erhebung einer Klage verzichten. Reichen uns Ihre Angaben nicht aus, um von einem klageweisen Vorgehen Abstand zu nehmen, werden wir Klage beim Arbeitsgericht einreichen.

Mit freundlichen Grüßen

5. Muster: Aufforderung, Gründe einer betriebsbedingten Kündigung mitzuteilen

Sehr geehrte Damen und Herren,

hiermit zeigen wir an, dass wir die rechtlichen Interessen von ▪▪▪ vertreten. Eine auf uns lautende Vollmacht ist beigefügt.

Unserer Beauftragung liegt folgender Sachverhalt zugrunde: ▪▪▪

Sie haben der von uns vertretenen Partei mit Schreiben vom ▪▪▪ aus betriebsbedingten Gründen gekündigt. Nach § 1 Abs. 3 Hs. 2 KSchG haben Sie auf Verlangen des Arbeitnehmers die Gründe anzugeben, die zu der getroffenen sozialen Auswahl geführt haben. Von diesem Recht macht unsere Mandantschaft hiermit Gebrauch. Sie werden hiermit aufgefordert, die Gründe mitzuteilen, die zu der getroffenen Sozialauswahl geführt haben.

Zwar ist im Gesetz nicht geregelt, innerhalb welcher Frist die Auskunft verlangt werden kann, wegen der Vergleichbarkeit der Interessenlage wird im Schrifttum die Ansicht vertreten, die in § 626 Abs. 2 Satz 3 BGB angeordnete, unverzügliche Mitteilung der Kündigungsgründe sei auf die Regelung des § 1 Abs. 3 Satz 1 KSchG zu übetragen,

> KR/*Etzel*, § 1 KSchG Rn 680; *Stahlhacke/Preis/Vossen*, Kündigung und Kündigungsschutz im Arbeitsverhältnis, § 2 Rn 1148.

Über den Umfang der von Ihnen zu erteilenden Auskunft darf ich Sie bitten, sich selbst zu informieren.

Mit freundlichen Grüßen

6. Muster: Zurückweisung der Kündigung wegen fehlender Vollmacht

Sehr geehrte Damen und Herren,

hiermit zeigen wir an, dass wir die rechtlichen Interessen von ▪▪▪ vertreten. Eine auf uns lautende Vollmacht ist beigefügt.

Von Herrn/Frau ▪▪▪ wurde gegenüber unserer Mandantschaft mit Schreiben vom ▪▪▪ eine Kündigung ausgesprochen. Die Kündigungserklärung weisen wir gemäß § 174 Satz 1 BGB zurück.

Mit freundlichen Grüßen

7. Muster: Vorlage des Widerspruchs des Betriebsrats gegen die Kündigung

Sehr geehrte Damen und Herren,

hiermit zeigen wir an, dass wir die rechtlichen Interessen von ▪▪▪ wahrnehmen. Eine auf uns lautende Vollmacht ist beigefügt.

Unser Mandant hat durch den Betriebsrat erfahren, dass gegen die Kündigung von Seiten des Betriebsrats Widerspruch erhoben wurde. Sie sind nach § 102 Abs. 4 BetrVG verpflichtet, unserem Mandanten eine Abschrift der Stellungnahme des Betriebsrats zuzuleiten. Wir mahnen hiermit die Übersendung einer Abschrift des Widerspruchs an. Wir haben uns eine Frist notiert bis zum ▪▪▪.

Da Sie nach § 102 Abs. 4 BetrVG verpflichtet waren, die Abschrift des Widerspruchs zusammen mit dem Kündigungsschreiben zu übergeben, haben Sie eine formelle Kündigungsvoraussetzung nicht erfüllt (*Düwell*, NZA 1988, 866). Weitergehende Ansprüche behalten wir uns ausdrücklich vor.

Mit freundlichen Grüßen

V. Bestandsschutzstreitigkeiten: Ordentliche Kündigung

1. Muster: Kündigungsschutzklage bei ordentlicher Kündigung

Arbeitsgericht ▪▪▪

Klage

▪▪▪

– klägerische Partei –

Prozessbevollmächtigte: ▪▪▪

gegen

▪▪▪

– beklagte Partei –

wegen: ordentlicher Kündigung eines Arbeitsverhältnisses

Wir bestellen uns zu Prozessbevollmächtigten der klägerischen Partei, in deren Namen und Auftrag wir um kurzfristige Anberaumung eines Gütetermins bitten. Wir werden im Übrigen beantragen zu erkennen:

1. Es wird festgestellt, dass das Arbeitsverhältnis der klägerischen Partei durch die schriftliche Kündigung der beklagten Partei vom ▪▪▪, zugegangen am ▪▪▪, zum ▪▪▪ nicht aufgelöst worden ist.
2. Es wird festgestellt, dass das Arbeitsverhältnis auch nicht durch andere Beendigungstatbestände endet, sondern zu unveränderten Bedingungen über den ▪▪▪ hinaus fortbesteht.
3. Die beklagte Partei wird verurteilt, der klägerischen Partei ein Zwischenzeugnis zu erteilen, das sich auf Verhalten und Leistung erstreckt.
4. Die beklagte Partei trägt die Kosten des Rechtsstreits.

Hilfsweise wird für den Fall, dass der Feststellungsantrag zu Ziff. 1 abgewiesen wird, folgender Antrag gestellt:

5. Die beklagte Partei wird verurteilt, der klägerischen Partei ein endgültiges Zeugnis zu erteilen, das sich auf Verhalten und Leistung erstreckt.

Sollte die beklagte Partei im Gütetermin nicht zu Protokoll des Gerichts erklären, dass sie die klägerische Partei weiterbeschäftigen wird, sofern ein der Klage stattgebendes Urteil ergeht, stellen wir folgenden weiteren Antrag:

6. Die beklagte Partei wird verurteilt, die klägerische Partei für den Fall des Obsiegens mit dem Feststellungsantrag zu Ziff. 1 zu den im Arbeitsvertrag vom ▬▬▬ geregelten Arbeitsbedingungen als ▬▬▬ in ▬▬▬ bis zu einer rechtskräftigen Entscheidung über den Feststellungsantrag weiterzubeschäftigen.[115]

7. Kommt die beklagte Partei ihrer Verpflichtung zur Weiterbeschäftigung der klägerischen Partei nicht innerhalb einer Frist von einer Woche nach Zustellung der Entscheidung nach, wird sie verurteilt, an den Kläger eine Entschädigung in Höhe von ▬▬▬ EUR zu zahlen.[116]

Gründe:

I.

1. Die klägerische Partei ist am ▬▬▬ geboren, verheiratet und hat ▬▬▬ Kinder.

Die klägerische Partei wurde von der beklagten Partei auf unbestimmte Zeit als ▬▬▬ gegen ein vereinbartes monatliches Gehalt von zuletzt ▬▬▬ EUR brutto in einem Arbeitsverhältnis beschäftigt.

Beweis: Vorlage des Arbeitsvertrages in Kopie – Anlage K 1.

Am ▬▬▬ wurde das Arbeitsverhältnis durch die beklagte Partei zum ▬▬▬ gekündigt. Die Kündigung ist der klägerischen Partei am ▬▬▬ zugegangen.

Beweis: Vorlage des Kündigungsschreibens in Kopie – Anlage K 2.

Zum Zeitpunkt des Zugangs der Kündigung bestand das Arbeitsverhältnis länger als 6 Monate. Der Betrieb ist kein Kleinstbetrieb i.S.d. § 23 KSchG in der ab 1.1.2004 geltenden Fassung (Doppelschwelle).[117] Die beklagte Partei beschäftigt ▬▬▬ Arbeitnehmer.

Alternative 1: Die klägerische Partei wurde vor dem 1.1.2004 bei der beklagten Partei eingestellt, so dass das Kündigungsschutzgesetz bei in der Regel mehr als fünf Arbeitnehmern anzuwenden ist.

Alternative 2: Die klägerische Partei wurde nach dem 31.12.2003 bei der beklagten Partei eingestellt, so dass das Kündigungsschutzgesetz bei in der Regel mehr als zehn Arbeitnehmern anzuwenden ist.

2. Die klägerische Partei ist bei der beklagten Partei seit ▬▬▬ Jahren beschäftigt. Zu Inhalt und Verlauf des Arbeitsverhältnisses ist weiterhin Folgendes anzumerken: ▬▬▬

3. Alternative 1: Im Betrieb existiert kein Betriebsrat.

Alternative 2: Im Betrieb der beklagten Partei besteht ein Betriebsrat. Der Betriebsrat hat der Kündigung der klägerischen Partei widersprochen/der Betriebsrat wurde nicht angehört.[118]

II.

1. Die Kündigung ist unwirksam. Sie ist sozial ungerechtfertigt. Die beklagte Partei ist vor dem Hintergrund einer Entscheidung des Großen Senats des Bundesarbeitsgerichts,

27.2.1985 – GS 1/84, AP § 611 BGB Beschäftigungspflicht Nr. 14,

---

[115] Der Weiterbeschäftigungsantrag muss so präzise wie möglich gefasst werden. Eine Vollstreckung aus dem Weiterbeschäftigungsantrag (§ 888 ZPO – unvertretbare Handlung) kann nur erfolgen, wenn der Weiterbeschäftigungstitel einen vollstreckungsfähigen Inhalt hat. Hieran fehlt es regelmäßig, wenn ein Urteil ergeht, wonach der Arbeitnehmer „zu den bisherigen Arbeitsbedingungen" oder „zu den Bedingungen des Arbeitsvertrages vom ..." zu beschäftigen ist (LAG Köln 24.10.1995 – 13 (5) Ta 245/95, NZA-RR 1996, 108; LAG Hessen 13.7.1987 – 1 Ta 151/87, NZA-1988, 175). Da sich aus dem Titel ergeben muss, welcher Pflicht der Arbeitgeber nachkommen soll, ist im Antrag die Art und in Zweifelsfällen auch der Ort der Arbeitsleistung anzugeben. Arbeitnehmer, die nicht tatsächlich weiterarbeiten wollen, haben die Möglichkeit, im Falle der Titulierung des Weiterbeschäftigungsantrags einen Entschädigungsantrag nach § 61 Abs. 2 ArbGG zu stellen, siehe hierzu Muster 6411 § 7 Rn 290.

[116] Wenn man den unechten Hilfsantrag nach § 61 Abs. 2 ArbGG auf Entschädigung stellt, ist zu beachten, dass wegen § 61 Abs. 2 ArbGG nach einer Vollstreckung des Beschäftigungstitels der Entschädigungsanspruch nicht mehr verfolgt werden kann (LAG Berlin 12.3.1999 – 2 Sa 3/98, NZA-RR 2000, 43). Macht der Arbeitnehmer vom Entschädigungsanspruch Gebrauch, ist die Zwangsvollstreckung auf Weiterbeschäftigung ausgeschlossen – wer den Antrag Ziff. 7 nicht stellt, wozu im Regelfalle geraten wird, muss auch nicht den am Schluss der Klage unter III. 3. vorgesehenen Vortrag liefern.

[117] Während in der Vergangenheit nur die Zahl der Beschäftigten ausschließlich der Auszubildenden maßgeblich für die Bestimmung der Anwendbarkeit des KSchG war, ist inzwischen zusätzlich darauf abzustellen, wann der Arbeitnehmer eingestellt wurde. Die Grundregel des § 23 Abs. 1 Satz 2 KSchG gilt unverändert für alle vor dem 1.1.2004 begründeten Arbeitsverhältnisse. Für die nach dem 31.12.2003 aufgenommenen Arbeitsverhältnisse gilt die Zahl von mehr als zehn Mitarbeitern als maßgeblicher Schwellenwert. Deshalb enthält der Textbaustein zwei Alternativen, von denen in der Klage immer nur eine verwendet werden soll, nämlich diejenige, die den Zeitpunkt des Beschäftigungsbeginns der jeweiligen klägerischen Partei richtig wiedergibt. Für die Darlegung der Mindestvoraussetzungen einer schlüssigen Kündigungsschutzklage wird deshalb angeregt, immer nähere Ausführungen zur Beschäftigtenzahl und zu den Zeitpunkten zu machen, an denen die Arbeitsverhältnisse begründet wurden – bei der Berechnung des Schwellenwertes ist der gekündigte Arbeitnehmer auch dann mit zu berücksichtigen, wenn Kündigungsgrund die unternehmerische Entscheidung ist, den betreffenden Arbeitsplatz nicht mehr neu zu besetzen (BAG 22.1.2004 – 2 AZR 237/03, NZA 2004, 479).

[118] Hat der Arbeitgeber seiner Kündigungserklärung eine Kopie des an den Betriebsrat gerichteten Anhörungsschreibens beigefügt, ist es dem gekündigten Arbeitnehmer verwehrt, die Ordnungsgemäßheit der Betriebsratsanhörung im Prozess pauschal mit Nichtwissen zu bestreiten (BAG 23.6.2005 – 2 AZR 193/04, NZA 2005, 1233). Der häufigste Fall, dass der Betriebsrat in nicht ausreichendem Maße unterrichtet wurde, wird in einem gesonderten Textbaustein (Muster 6390 § 6 Rn 283) behandelt.

zur Weiterbeschäftigung der klägerischen Partei zu verurteilen.

Nach der Rechtsprechung des Großen Senats steht dem Arbeitnehmer ein Anspruch auf Weiterbeschäftigung zu unveränderten Arbeitsbedingungen zu, wenn ein obsiegendes erstinstanzliches Urteil vorliegt. Das Weiterbeschäftigungsinteresse des Arbeitnehmers überwiegt sodann gegenüber dem Gegeninteresse des Arbeitgebers an der Nichtbeschäftigung des Arbeitnehmers.

Wenn sich der Arbeitgeber im Gütetermin nicht zum Weiterbeschäftigungsverlangen des Arbeitnehmers erklärt, besteht die Besorgnis, dass die beklagte Partei den Weiterbeschäftigungsanspruch der klägerischen Partei nicht freiwillig befolgt. Daher ist der Antrag geboten.

Die klägerische Partei bietet hiermit erneut der beklagten Partei ihre weitere Arbeitsleistung an.

Um ihrer Minderungspflicht nach § 615 Satz 2 BGB zu genügen, verlangt die klägerische Partei ein Zwischenzeugnis, damit sie sich bei anderen Arbeitgebern bewerben kann. Der Hilfsantrag auf Erteilung eines endgültigen Zeugnisses wird für den Fall gestellt, dass erstinstanzlich entschieden wird, dass das Arbeitsverhältnis der Parteien durch die Kündigung beendet worden ist.

2. Die Unwirksamkeit der Kündigung ergibt sich aus folgendem Grund: ▄▄▄

3. Die Kündigung ist sozial nicht gerechtfertigt.

Die Kündigung ist weder durch Gründe, die in der Person oder im Verhalten des Klägers liegen, noch durch dringende betriebliche Erfordernisse, die einer Weiterbeschäftigung des Klägers im Betrieb der Beklagten entgegenstehen, bedingt.

Im Übrigen wird die nichtordnungsgemäße Durchführung der Sozialauswahl gemäß § 1 Abs. 3 Satz 1 KSchG gerügt. Soweit die beklagte Partei behauptet, die streitgegenständliche Kündigung sei als betriebsbedingte Kündigung sozial gerechtfertigt, wird die beklagte Partei nach § 1 Abs. 3 Satz 1 Hs. 2 KSchG aufgefordert, der klägerischen Partei die Gründe anzugeben, die zu der getroffenen sozialen Auswahl geführt haben.

III.

Zu den gestellten Anträgen wird erläuternd auf Folgendes hingewiesen:

1. Der Klageantrag zu Ziff. 2 beinhaltet eine selbständige allgemeine Feststellungsklage gemäß § 256 ZPO. Dem Kläger sind zwar derzeit keine anderen möglichen Beendigungstatbestände außer der mit dem Klageantrag zu Ziff. 1 angegriffenen Kündigung vom ▄▄▄ bekannt. Es besteht jedoch die Gefahr, dass die Beklagte im Verlauf des Verfahrens weitere Kündigungen ausspricht. Es wird deshalb mit dem Klageantrag zu Ziff. 2 die Feststellung begehrt, dass das Arbeitsverhältnis auch durch solche weiteren Kündigungen nicht beendet wird. Für den Arbeitgeber wird damit erkennbar, dass die klägerische Partei jedwede Kündigung im vorliegenden Rechtsstreit angreift,

 BAG 12.5.2005 – 2 AZR 426/04, NZA 2005, 1259.

In der Literatur wird deshalb der Klageantrag zu Ziff. 2 in der vorliegenden Form empfohlen,

 Diller, NJW 1998, 663; *Ziemann*, BRAK-Mitt. 1997, 244.

Für den mit der Kündigungsschutzklage verbundenen Antrag auf Feststellung des Fortbestandes des Arbeitsverhältnisses gelten die allgemeinen Voraussetzungen des § 256 ZPO. Nach der BAG-Rechtsprechung muss von der klägerischen Partei ein Rechtsschutzinteresse an alsbaldiger Feststellung dargetan werden. Bei Unklarheiten, ob nicht nur ein unselbständiges Fortbestandsbegehren vorliegt, ist der Richter zur Aufklärung nach § 139 ZPO verpflichtet,

 BAG 27.1.1994, AP § 4 KSchG 1969 Nr. 28 = NZA 1994, 812 = NJW 1994, 2780.

2. Bei den Zeugnisanträgen zu Ziff. 3 und Ziff. 5 stehen folgende Überlegungen im Vordergrund:

Nach der Rechtsprechung des Bundesarbeitsgerichts vom 27.2.1987,

 AP § 630 BGB Nr. 16,

hat der Arbeitnehmer gegenüber dem Arbeitgeber bereits bei der Erhebung der Kündigungsschutzklage einen Anspruch auf Erteilung eines Endzeugnisses. Dennoch wird im Klageantrag ein Zwischenzeugnis verlangt und nur hilfsweise ein Endzeugnis. Hintergrund ist, dass bei einem Zwischenzeugnis nicht zum Ausdruck kommt, dass der Arbeitnehmer bereits gekündigt ist. Dadurch erhöhen sich die Bewerbungschancen des Arbeitnehmers.

Einen Anspruch auf Erteilung eines Zwischenzeugnisses hat der Arbeitnehmer immer dann, wenn ein berechtigtes Interesse besteht,

 BAG 1.10.1998, DB 1999, 1120.

Die Kündigung des Arbeitsverhältnisses begründet ein berechtigtes Interesse,

 BAG 27.2.1987, NZA 1987, 628.

Der Hilfsantrag auf Erteilung eines Endzeugnisses wird jedoch bereits mit Erhebung der Kündigungsschutzklage gestellt, damit für den Fall, dass die Kündigungsschutzklage rechtskräftig abgewiesen wird, der Arbeitnehmer einen Anspruch auf Rückdatierung des Endzeugnisses auf den Zeitpunkt der tatsächlichen Beendigung des Arbeitsverhältnisses hat.

Ein solcher Anspruch auf Rückdatierung wird nach dem Urteil des BAG

> vom 9.9.1992, AP § 630 BGB Nr. 19,

gewährt, wenn der Arbeitnehmer zeitnah zum Ausscheiden ein Zeugnis verlangt hatte. Es ist jedoch fraglich, ob dieser Anspruch auf Rückdatierung auch dann besteht, wenn der Arbeitnehmer im gesamten Kündigungsschutzverfahren immer nur ein Zwischenzeugnis und kein endgültiges Zeugnis verlangt hat.

3. Der unechte Hilfsantrag auf Zahlung einer Entschädigung für den Fall, dass der Arbeitnehmer nicht innerhalb einer bestimmten Frist weiter beschäftigt wird, fußt auf § 61 Abs. 2 ArbGG.

2. Muster: Betriebsrat unvollständig informiert

IV.
Die unvollständige Unterrichtung des Betriebsrats steht der unterbliebenen Unterrichtung des Betriebsrats mit der Folge des § 102 Abs. 1 Satz 2 BetrVG gleich. Die Anhörung des Betriebsrats hat den Zweck, den Arbeitgeber in die Lage zu versetzen, im Rahmen seiner Trennungsentscheidung die Stellungnahme des Betriebsrats zu berücksichtigen. Dieses Anliegen gilt unabhängig davon, ob die Sicht auf Arbeitnehmerseite rechtliche Konsequenzen auslösen kann,

> BAG 13.7.1978, EzA § 102 BetrVG 1972 Nr. 36; BAG 29.4.1984, NZA 1984, 169.

Die Sanktion der Unwirksamkeit verfolgt nach der Rechtsprechung des BAG den Zweck, den Arbeitgeber zu veranlassen, vor jeder Kündigung den Betriebsrat zu hören, will er nicht Gefahr laufen, dass die Kündigung von vornherein unwirksam ist,

> BAG 22.4.1994, NZA 1995, 336.

Allerdings hebt die Betriebsratsanhörung nach § 102 BetrVG nicht darauf ab, die Wirksamkeit einer beabsichtigten Kündigung zu überprüfen, sondern beschränkt sich darauf, im Vorfeld der Kündigung dem Betriebsrat Gelegenheit zu geben, auf die Willensbildung des Arbeitgebers Einfluss zu nehmen. Deshalb hat der Arbeitgeber die Gründe seiner Kündigungsabsicht im Anhörungsverfahren so zu umschreiben, dass sich dem Betriebsrat der für die Kündigung maßgebliche Sachverhalt erschließt. Die Bezeichnung des Sachverhalts muss nach der BAG-Rechtsprechung so genau und umfassend sein, dass der Betriebsrat ohne eigene zusätzliche Nachforschungen in der Lage ist, die Stichhaltigkeit der Kündigungsgründe zu prüfen und sich ein Bild zu machen. Der Arbeitgeber genügt daher der ihm obliegenden Mitteilungspflicht nicht, wenn er den Kündigungssachverhalt nur pauschal, schlagwortartig oder stichwortartig umschreibt oder lediglich ein Werturteil abgibt, ohne die für seine Bewertung maßgeblichen Tatsachen mitzuteilen,

> BAG 2.11.1983, AP § 102 BetrVG 1972 Nr. 29; BAG 22.9.1994, NZA 1995, 363.

Bei Verfahrensfehlern im Anhörungsverfahren nimmt die Rechtsprechung eine Sphärenzuordnung vor. Fallen Fehler in den Zuständigkeits- und Verantwortungsbereich des Arbeitgebers, lösen sie die Nichtigkeitsfolge nach § 102 Abs. 1 Satz 3 BetrVG aus,

> BAG 4.8.1975, AP § 102 BetrVG 1972 Nr. 4 m. Anm. *Meisel*.

Selbst wenn der Arbeitgeber im Zeitpunkt der Kündigung weiß oder vermuten kann, dass die Verhandlung der Angelegenheit durch den Betriebsrat nicht fehlerfrei gewesen ist, wirken sich Fehler des Betriebsrats nicht auf die Ordnungsgemäßheit der Anhörung und damit auch nicht auf die Rechtswirksamkeit der Kündigung aus,

> BAG 2.4.1976, AP § 102 BetrVG 1972 Nr. 9.

Lädt der Betriebsrat nicht ordnungsgemäß zu der fraglichen Betriebsratssitzung ein, stimmen Ersatzmitglieder trotz eines nicht gegebenen Verhinderungsfalles mit ab oder erfolgt die Abgabe einer Stellungnahme ohne vorangegangene Anhörung des Arbeitnehmers, ist die Kündigung nach § 102 Abs. 1 Satz 3 BetrVG aus diesem Grunde nicht unwirksam,

> BAG 18.8.1982, EzA § 102 BetrVG 1972 Nr. 48.

Selbst wenn die Anhörungsfrist von einer Woche bei der ordentlichen oder von drei Tagen bei der außerordentlichen Kündigung noch nicht abgelaufen ist, darf der Arbeitgeber kündigen, wenn der Betriebsrat in der Zwischenzeit eine abschließende Stellungnahme abgegeben hat,

> BAG 13.11.1976, AP § 102 BetrVG 1972 Nr. 7.

Der Arbeitgeber kann den Betriebsrat mündlich wie schriftlich unterrichten,
BAG 26.1.1995, EzA § 102 BetrVG 1972 Nr. 87.

Erklärt der zuständige Repräsentant des Betriebsrats dem Arbeitgeber, der Betriebsrat sei mit der Kündigung einverstanden, braucht der Arbeitgeber nicht nachzuforschen, ob die Erklärung durch einen Beschluss des Betriebsrats oder des zuständigen Betriebsratsausschusses gedeckt ist,
BAG 4.8.1975, AP § 102 BetrVG 1972 Nr. 4.

Selbst wenn sich später herausstellt, dass die Sachdarstellung des Arbeitgebers im Anhörungsschreiben an den Betriebsrat nicht vollständig richtig war, weil sich der Arbeitgeber die Darstellungen eines Kunden oder eines Mitarbeiters im Betrieb zu Eigen gemacht hat, führt dies nicht zur Nichtigkeit der Kündigung. Nur dann, wenn der Arbeitgeber bewusst fehlerhaft einen Sachverhalt dargestellt hat, tritt die Nichtigkeitsfolge nach § 102 Abs. 1 Satz 3 BetrVG ein,
BAG 22.9.1994, NZA 1995, 363; BAG 9.3.1995, NZA 1995, 678.

Der Arbeitgeber muss im Rahmen der Betriebsratsanhörung mitteilen, ob es sich um eine ordentliche oder außerordentliche Kündigung handeln soll,
BAG 29.8.1991, NZA 1992, 416.

Seine Mitteilung hat grundsätzlich auch die für den betroffenen Arbeitnehmer geltende Kündigungsfrist zu enthalten,
BAG 16.9.1993, EzA § 102 BetrVG 1972 Nr. 64.

Die Unterrichtung ist aber nicht allein deshalb fehlerhaft, weil der Arbeitgeber eine unrichtige Kündigungsfrist oder einen unrichtigen Endtermin angegeben hat, zu dem die Kündigung wirksam werden kann,
BAG 29.1.1986, AP § 102 BetrVG 1972 Nr. 42.

Aus einer Reihe von Entscheidungen lässt sich ableiten, dass eine Mitteilungspflicht der Sozialdaten des Arbeitnehmers unter dem Vorbehalt der Maßgeblichkeit für den Kündigungsentschluss des Arbeitgebers steht,
BAG 1.8.1995, NZA 1996, 311; BAG 29.8.1991, NZA 1992, 416; BAG 15.12.1994, NZA 1995, 521; BAG 25.4.1996, NZA 1996, 1197; BAG 15.11.1995, NZA 1996, 419.

Im Urteil vom 15.11.1995 entschied das BAG, dass der Wirksamkeit einer Kündigung die fehlende Übermittlung von Sozialdaten nicht entgegenstehe, wenn es dem Arbeitgeber wegen der Schwere der Kündigungsvorwürfe (Schmiergeldzahlungen) auf die genauen Daten ersichtlich nicht ankomme, der Betriebsrat die ungefähren Daten kenne und er daher die Kündigungsabsicht des Arbeitgebers ausreichend beurteilen könne,
BAG 15.11.1995, NZA 1996, 419.

Gefestigte Rechtsprechung ist es inzwischen, dass der Arbeitgeber im Anhörungsverfahren dem Betriebsrat die Beweismittel nicht vorlegen muss,
BAG 22.9.1994, NZA 1995, 363; BAG 26.1.1995, NZA 1995, 672.

Versehentliche Fehlinformationen führen nicht zur Nichtigkeit einer Anhörung. Nur bei einer bewussten Täuschung des Betriebsrats ist eine Anhörung nichtig,
BAG 22.9.1994, NZA 1995, 363.

In der Wartezeit reicht es nach der Rechtsprechung aus, wenn der Arbeitgeber im Anhörungsverfahren die beabsichtigte Kündigung auf ein Werturteil stützt,
BAG 8.9.1988, AP § 102 BetrVG 1972 Nr. 49; BAG 11.7.1991, AP § 102 BetrVG 1972 Nr. 57; BAG 18.5.1994, NZA 1995, 24; BAG 3.12.1998, NZA 1999, 477 = NJW 1999, 1653 = DB 1999, 1172.

Für den Fall, dass der Arbeitgeber keine Gründe für die Kündigung zu nennen vermag, muss der Arbeitgeber den Betriebsrat nur über seine subjektiven, nicht belegbaren Vorstellungen unterrichten,
BAG 18.5.1994, DB 1994, 1984.

Verlangt der Betriebsrat vom Arbeitgeber, einem bestimmten Arbeitnehmer zu kündigen und entschließt sich der Arbeitgeber, dem Wunsch des Betriebsrats aus den vom Betriebsrat angegebenen Gründen zu entsprechen, ist eine erneute Beteiligung des Betriebsrats nach § 102 BetrVG nicht mehr erforderlich,
BAG 15.5.1997, NZA 1997, 1106.

Im Streitfall hat der Arbeitgeber im Kündigungsschutzprozess zu beweisen, dass der Betriebsrat vor Ausspruch der Kündigung ordnungsgemäß i.S.v. § 102 Abs. 1 BetrVG angehört wurde,
BAG 19.8.1975, AP § 102 BetrVG 1972 Nr. 5.

Allerdings ist es Aufgabe des Arbeitnehmers, vorzutragen, dass ein funktionsfähiger Betriebsrat existiert, um überhaupt erst die Darlegungslast des Arbeitgebers auszulösen. Inwieweit der Arbeitgeber sich auf ein Bestreiten mit Nichtwissen beschränken darf, ist streitig, dagegen LAG Köln 31.4.1994, LAGE § 102 BetrVG 1972 Nr. 38; *Spitzweg/Lücke*, NZA 1995, 406; dafür KR/*Etzel*, § 102 BetrVG Rn 192.

Eine Erklärung mit Nichtwissen ist nach § 138 Abs. 4 ZPO nur über Tatsachen zulässig, die weder eigene Handlungen der Partei noch Gegenstand ihrer eigenen Wahrnehmung gewesen sind. Die Parteien haben nach § 138 Abs. 1 ZPO ihre Erklärungen über tatsächliche Umstände vollständig und der Wahrheit gemäß abzugeben. Jede Partei hat sich nach § 138 Abs. 2 ZPO über die von dem Gegner behaupteten Tatsachen zu erklären. Hinsichtlich der i.S.d. § 102 BetrVG ordnungsgemäßen Anhörung des Betriebsrats gilt eine abgestufte Darlegungslast. Danach hat im Prozess der Arbeitnehmer zunächst einmal die für ihn günstige Tatsache vorzutragen, dass überhaupt ein Betriebsrat besteht und deshalb nach § 102 BetrVG vor Ausspruch einer Kündigung dessen Anhörung erforderlich war. Auf einen entsprechenden Sachvortrag des Arbeitnehmers obliegt es dem Arbeitgeber darzulegen, dass der Betriebsrat ordnungsgemäß angehört worden ist. Auf einen entsprechenden Prozessvortrag des Arbeitgebers hin darf sich der Arbeitnehmer dann nicht mehr darauf beschränken, die ordnungsgemäße Betriebsratsanhörung pauschal mit Nichtwissen zu bestreiten. Der Arbeitnehmer hat vielmehr im Einzelnen zu bezeichnen, ob er rügen will, der Betriebsrat sei entgegen der Behauptung des Arbeitgebers überhaupt nicht angehört worden oder in welchen einzelnen Punkten er die tatsächlichen Erklärungen des Arbeitgebers über die Betriebsratsanhörung für falsch oder die dem Betriebsrat mitgeteilten Tatsachen für unvollständig hält. Dieser Vortrag erfordert ggf. einen ergänzenden Sachvortrag des Arbeitgebers und ermöglicht eine Beweiserhebung durch das Gericht über die tatsächlich streitigen Tatsachen,

BAG 23.6.2005 – 2 AZR 193/04, NZA 2005, 1233.

Hat der Arbeitgeber seiner Kündigungserklärung eine Kopie des an den Betriebsrat gerichteten Anhörungsschreibens beigefügt, ist es dem gekündigten Arbeitnehmer verwehrt, die Ordnungsgemäßheit der Betriebsratsanhörung im Prozess pauschal mit Nichtwissen zu bestreiten,

wie vor.

284

3. Muster: Kein Kleinstbetrieb wegen zusammenzurechnender Beschäftigtenzahl, § 23 KSchG

↓

Maßgebend gemäß § 23 KSchG ist die Zahl der in der Regel beschäftigten ständigen Arbeitnehmer. Die zufällige tatsächliche Beschäftigtenzahl zum Zeitpunkt des Kündigungszugangs ist unbeachtlich,

BAG 22.2.1983, EzA § 4 TVG, Ausschlussfristen Nr. 54; LAG Köln 19.10.1983, DB 1984, 511.

Aushilfsarbeitnehmer sind dann nicht mitzuzählen, sofern sie nur vorübergehend aus Anlass eines vermehrten Arbeitsanfalls, z.B. wegen Inventur, Ausverkauf, Weihnachtsgeschäft u.Ä., oder zur Vertretung von Stammpersonal in Fällen von Krankheit, Schwangerschaft oder Kur in einem Kleinbetrieb beschäftigt sind,

LAG Mannheim 28.9.1955, BB 1956, 306.

Aushilfsarbeitnehmer sind aber dann und insoweit zu berücksichtigen, als eine bestimmte Anzahl derartiger Arbeitnehmer regelmäßig für einen Zeitraum von mindestens 6 Monaten im Jahr beschäftigt worden ist und auch mit einer derartigen Beschäftigung in Zukunft gerechnet werden kann,

BAG 12.10.1976, AP § 8 BetrVG 1972 Nr. 1.

Ruhende Arbeitsverhältnisse infolge Ableistung des Wehrdienstes oder aus Gründen der Mutterschaft sind bei der Feststellung der maßgeblichen Arbeitnehmerzahl nicht zu berücksichtigen, sofern der Ruhenszeitraum 6 Monate übersteigt und der Arbeitgeber keine Ersatzkraft eingestellt hat,

ArbG Stuttgart 13.10.1983, BB 1984, 1097; ArbG Wetzlar 14.1.1985, AuR 1986, 122.

Die Anknüpfung an die Beschäftigtenzahl gilt nicht nur für Einzelbetriebe, sondern auch für selbständige Zweigbetriebe,

a.A. LAG Baden-Württemberg 14.4.1960, DB 1960, 700.

Für die Frage, ob mehrere selbständige Betriebe oder nur ein unselbständiger Teil eines einheitlichen Betriebs vorliegt, ist nicht allein auf die räumliche Einheit der Betriebsstätten, sondern auch auf die Einheit der Organisation abzustellen. Diese Einheit ist zu bejahen, wenn ein einheitlicher Leitungsapparat vorhanden ist, der die Gesamtheit der für die Erreichung des arbeitstechnischen Gesamtzweckes eingesetzten Mittel lenkt,

BAG 26.8.1971, EzA § 23 KSchG Nr. 1; KR/*Weigand*, § 23 KSchG Rn 24 ff.; BAG 15.3.2001, NZA 2001, 831.

Selbst bei einer Mehrheit von Unternehmen kann ein einheitlicher Betrieb i.S.d. § 23 Abs. 1 Satz 2 KSchG vorliegen. Zu den Voraussetzungen eines Betriebs bei mehreren Unternehmen hat sich das Bundesarbeitsgericht in einer Reihe von Entscheidungen geäußert, vgl. BAG 13.6.1985, EzA § 1 KSchG Nr. 41; BAG 23.3.1984, EzA § 23 KSchG Nr. 7; BAG 4.7.1957, AP § 21 KSchG Nr. 1; BAG 5.3.1987, EzA § 15 KSchG n.F. Nr. 38; BAG 29.1.1987, EzA § 1 BetrVG 1972 Nr. 5.

Diese Rechtsprechung lässt sich wie folgt zusammenfassen: Ein Betrieb ist dann anzunehmen, wenn mehrere Unternehmer so eng miteinander zusammenarbeiten, dass sie gemeinsam einen einheitlichen Betrieb führen. Dabei ist zu beachten, dass zwei oder mehrere Unternehmer allein dadurch, dass sie eine betriebliche Tätigkeit in den gleichen Räumen und mit etwa den gleichen sachlichen Mitteln entwickeln, noch nicht notwendig einen gemeinsamen einheitlichen Betrieb führen. Betriebe bleiben auch unter diesen Umständen selbständig, wenn jedes der beteiligten Unternehmen seinen eigenen Betriebszweck unabhängig vom anderen verfolgt, wenn also keine gemeinsame Betriebsleitung zustande kommt. Nur dann, wenn die verschiedenen Unternehmen im Rahmen einer gemeinsamen Arbeitsorganisation unter einer einheitlichen Leitungsmacht identische oder auch verschiedene arbeitstechnische Arbeitszwecke fortgesetzt verfolgen, liegt in der Regel ein gemeinsamer Betrieb i.S.d. § 23 Abs. 1 KSchG vor, so dass die Beschäftigten aus allen Unternehmen zusammengerechnet werden, mit der Folge, dass in jedem Unternehmen das Kündigungsschutzgesetz anwendbar ist, wenn in der Gesamtheit der Unternehmen die Schwellenwerte des § 23 KSchG überschritten werden. Eine Ausnahme von dem Grundsatz, dass der Kündigungsschutz in der Regel nicht arbeitgeberübergreifend ausgestaltet ist, besteht nur, wenn zwei oder mehr Unternehmen zur gemeinsamen Führung eines Betriebs rechtlich verbunden sind, so dass der Kern der Arbeitgeberfunktion im sozialen und personellen Bereich von derselben institutionellen Leitung ausgeübt wird,

BAG 3.6.2004 – 2 AZR 386/03, BB 2005, 48.

Ausdrücklich entschieden wurde, dass es auf das Unternehmen in seiner Gesamtheit ankommt, wenn der Inhaber eines Kleinstbetriebs neben diesem Betrieb weitere Betriebe oder Betriebsteile unterhält und insgesamt mehr als die in § 23 Abs. 1 KSchG genannten Arbeitnehmer beschäftigt,

ArbG Hamburg 10.3.1997, DB 1997, 2439.

4. Muster: Sittenwidrige Kündigung[119]

Arbeitsgericht ▄▄▄

Klage

▄▄▄

– klägerische Partei –

Prozessbevollmächtigte: ▄▄▄

gegen

▄▄▄

– beklagte Partei –

wegen: Kündigung

Wir bestellen uns zu Prozessbevollmächtigten der klägerischen Partei, in deren Namen und Auftrag wir um kurzfristige Anberaumung eines Gütetermins bitten. Wir werden im Übrigen beantragen zu erkennen:

1. Es wird festgestellt, dass das Arbeitsverhältnis zwischen den Parteien durch die Kündigung vom ▄▄▄ zum ▄▄▄ nicht aufgelöst worden ist.
2. Es wird festgestellt, dass das Arbeitsverhältnis der Parteien über den ▄▄▄ hinaus ungekündigt fortbesteht.
3. Die beklagte Partei wird verurteilt, der klägerischen Partei ein Zwischenzeugnis zu erteilen, das sich auf Verhalten und Leistung erstreckt.
4. Die beklagte Partei trägt die Kosten des Rechtsstreits.

Hilfsweise wird für den Fall, dass der Feststellungsantrag zu Ziff. 1 abgewiesen wird, folgender Antrag gestellt:

5. Die beklagte Partei wird verurteilt, der klägerischen Partei ein endgültiges Zeugnis zu erteilen, das sich auf Verhalten und Leistung erstreckt.

---

[119] Nach der gesetzlichen Änderung der §§ 7, 13 KSchG ab 1.1.2004 muss die Klage innerhalb von drei Wochen nach Zugang der schriftlichen Kündigung erhoben werden.

Gründe:

I.

Die klägerische Partei ist am ▪▪▪ geboren, verheiratet und hat ▪▪▪ Kinder. Sie wurde von der beklagten Partei auf unbestimmte Zeit als ▪▪▪ gegen ein vereinbartes monatliches Gehalt von zuletzt ▪▪▪ EUR brutto in einem Arbeitsverhältnis beschäftigt.

Beweis: Vorlage des Arbeitsvertrages in Kopie – Anlage K 1.

Am ▪▪▪ ist das Arbeitsverhältnis durch die beklagte Partei gekündigt worden. Die Kündigung ist der klägerischen Partei am ▪▪▪ zugegangen.

Beweis: Vorlage des Kündigungsschreibens in Kopie – Anlage K 2.

Zum Zeitpunkt des Zugangs der Kündigung bestand das Arbeitsverhältnis noch keine sechs Monate (zwar sechs Monate, die beklagte Partei beschäftigt jedoch weniger Arbeitnehmer als zur Anwendbarkeit des KSchG nach der Doppelschwelle in § 23 KSchG erforderlich).

II.

Das Arbeitsverhältnis zwischen der klägerischen Partei und der beklagten Partei nahm folgenden Verlauf: ▪▪▪

III.

Unabhängig von den Voraussetzungen der §§ 622, 626 BGB sowie den diese Vorschriften ergänzenden Bestimmungen und auch unabhängig von den gesetzlichen Voraussetzungen nach dem Kündigungsschutzgesetz kann eine Kündigung unwirksam sein, weil sie sittenwidrig ist, §§ 138, 142 BGB. Der Gesetzgeber hat diese Möglichkeit in § 13 Abs. 2 Satz 1 KSchG ausdrücklich anerkannt. Eine Kündigung ist sittenwidrig, wenn sie auf einem ausgesprochen verwerflichen Motiv beruht, insbesondere aus Rachsucht oder zur Vergeltung erklärt wird und damit dem Anstandsgefühl aller billig und gerecht Denkenden krass widerspricht,

BAG 28.12.1956, BAGE 3, 197; BAG 19.7.1973, EzA § 138 BGB Nr. 13; BAG 2.4.1987, EzA § 612a BGB Nr. 1; BAG 24.4.1997, AP § 611 BGB Kirchendienst Nr. 27.

Nicht jede Kündigung, die im Falle der Anwendbarkeit des Kündigungsschutzgesetzes i.S.d. § 1 KSchG als nicht sozial gerechtfertigt beurteilt werden müsste, ist deshalb schon sittenwidrig. Trotzdem kann schon nach der Rechtsprechung des BAG eine Kündigung, auch wenn das Arbeitsverhältnis noch keinen sechsmonatigen Bestand hat oder sie in einem Betrieb ausgesprochen wird, in dem regelmäßig weniger als fünf Personen beschäftigt sind, als sittenwidrige Willenserklärung unwirksam sein, wenn der Kündigende ein verwerfliches Motiv hatte oder Umstände vorliegen, aus denen sich bei Anlegung eines objektiven Wertmaßstabes Sittenwidrigkeit ergibt,

BAG 16.2.1989, NZA 1989, 962.

Darlegungs- und beweispflichtig für die tatsächlichen Voraussetzungen der Sittenwidrigkeit, insbesondere für die bei der beklagten Partei anzunehmenden inneren Motive, ist die klägerische Partei,

BAG 19.7.1973, NJW 1974, 380.

Neben dieser bislang vom BAG entwickelten Rechtsprechung zur sittenwidrigen Kündigung ist jede Kündigung außerhalb des Anwendungsbereichs des Kündigungsschutzgesetzes neuerdings auch an der Rechtsprechung des Bundesverfassungsgerichts gemäß dem Beschluss zur Kleinbetriebsklausel zu messen,

BVerfG 27.1.1998, NZA 1998, 470.

Das Bundesverfassungsgericht hat ausgeführt, dass der Arbeitnehmer dort, wo die Bestimmungen des KSchG nicht greifen, durch die zivilrechtlichen Generalklauseln vor einer sitten- oder treuwidrigen Ausübung des Kündigungsrechts durch den Arbeitgeber geschützt sei. Im Rahmen dieser Generalklauseln müsse auch der objektive Gehalt der Grundrechte beachtet werden, wobei sich die maßgebenden Grundsätze aus Art. 12 Abs. 1 GG ergäben.

Der verfassungsrechtlich gebotene Mindestschutz des Arbeitsplatzes vor Verlust durch private Disposition sei damit in jedem Fall gewährleistet. Andererseits dürfe der durch die Generalklauseln vermittelte Schutz nicht dazu führen, dass dem Kleinunternehmer praktisch die im Kündigungsschutzgesetz vorgesehenen Maßstäbe der Sozialwidrigkeit auferlegt werden. Auch in Kleinbetrieben sei der Arbeitnehmer durch die Generalklauseln vor auf willkürlichen oder auf sachfremden Motiven beruhenden Kündigungen geschützt.

Kittner, NZA 1998, 73,

hat aus diesen Ausführungen des Bundesverfassungsgerichts geschlossen, dass der Arbeitgeber nunmehr einen auf das Arbeitsverhältnis bezogenen Grund für dessen Beendigung haben müsse, unabhängig von der Anwendbarkeit des Kündigungsschutzgesetzes. Das vom Bundesverfassungsgericht erwähnte „Vertrauen in den Fortbestand des Arbeitsverhältnisses" lege eine Art Interessenabwägung nahe, da der Arbeitgeber, ohne dass das Ultima-ratio-Prinzip des

Kündigungsschutzgesetzes gelte, künftig besonders begründen müsse, warum ein langjährig beschäftigter Arbeitnehmer den Arbeitsplatz verlieren solle,

so auch *Preis*, NZA 1997, 1256; *Oetker*, AuR 1997, 41; *Lakies*, DB 1997, 1078.

5. Muster: Treuwidrige Kündigung[120]

Arbeitsgericht ▄▄▄

Klage

▄▄▄

– klägerische Partei –

Prozessbevollmächtigte: ▄▄▄

gegen

▄▄▄

– beklagte Partei –

wegen: Kündigung

Wir bestellen uns zu Prozessbevollmächtigten der klägerischen Partei, in deren Namen und Auftrag wir um kurzfristige Anberaumung eines Gütetermins bitten. Wir werden im Übrigen beantragen zu erkennen:

1. Es wird festgestellt, dass das Arbeitsverhältnis zwischen den Parteien durch die Kündigung vom ▄▄▄ zum ▄▄▄ nicht aufgelöst worden ist.
2. Es wird festgestellt, dass das Arbeitsverhältnis der Parteien über den ▄▄▄ hinaus ungekündigt fortbesteht.
3. Die beklagte Partei wird verurteilt, der klägerischen Partei ein Zwischenzeugnis zu erteilen, das sich auf Verhalten und Leistung erstreckt.
4. Die beklagte Partei trägt die Kosten des Rechtsstreits.

Hilfsweise wird für den Fall, dass der Feststellungsantrag zu Ziff. 1 abgewiesen wird, folgender Antrag gestellt:

5. Die beklagte Partei wird verurteilt, der klägerischen Partei ein endgültiges Zeugnis zu erteilen, das sich auf Verhalten und Leistung erstreckt.

Gründe:

I.

Die klägerische Partei ist am ▄▄▄ geboren, verheiratet und hat ▄▄▄ Kinder. Sie wurde von der beklagten Partei auf unbestimmte Zeit als ▄▄▄ gegen ein vereinbartes monatliches Gehalt von zuletzt ▄▄▄ EUR brutto in einem Arbeitsverhältnis beschäftigt.

Beweis: Vorlage des Arbeitsvertrages in Kopie – Anlage K 1.

Am ▄▄▄ ist das Arbeitsverhältnis durch die beklagte Partei gekündigt worden. Die Kündigung ist der klägerischen Partei am ▄▄▄ zugegangen.

Beweis: Vorlage des Kündigungsschreibens in Kopie – Anlage K 2.

Zum Zeitpunkt des Zugangs der Kündigung bestand das Arbeitsverhältnis noch keine sechs Monate (zwar sechs Monate, die beklagte Partei beschäftigt jedoch weniger Arbeitnehmer als zur Anwendbarkeit des KSchG nach der Doppelschwelle in § 23 KSchG erforderlich).

II.

Das Arbeitsverhältnis zwischen der klägerischen Partei und der beklagten Partei hat folgenden Verlauf genommen: ▄▄▄

III.

Eine gegen Treu und Glauben verstoßende Kündigung ist unwirksam. Nicht jeder Verstoß gegen Treu und Glauben ist zugleich ein Verstoß gegen die guten Sitten,

Tschöpe/Nägele, Anwalts-Handbuch Arbeitsrecht, Teil 3 D Rn 58.

---

[120] Nach der gesetzlichen Änderung der §§ 7, 13 KSchG ab 1.1.2004 muss die Klage innerhalb von drei Wochen nach Zugang der schriftlichen Kündigung erhoben werden.

Auch das BAG hat schon in einer älteren Entscheidung klargestellt, dass zwischen einer sittenwidrigen Kündigung nach § 138 BGB und einer Kündigung wegen Verstoßes gegen Treu und Glauben nach § 242 BGB unterschieden werden müsse,

BAG 14.5.1964, BAGE 16, 21.

Treuwidrige Kündigungen sind beispielsweise solche, mit denen sich der Arbeitgeber in Widerspruch zu seinem früheren Verhalten setzt und somit zu Recht beim Arbeitnehmer gewachsenes Vertrauen gröblich missachtet,

BAG 8.6.1972, EzA § 626 BGB n.F. Nr. 12; BAG 23.9.1976, EzA § 1 KSchG Nr. 35.

Wird ein auf ein Jahr befristetes Arbeitsverhältnis mit Kündigungsmöglichkeit innerhalb der Probezeit nicht gekündigt, so verstößt nach Ansicht des LAG Baden-Württemberg eine nach Ablauf der Probezeit ausgesprochene Kündigung ohne Gründe i.S.d. § 1 KSchG gegen Treu und Glauben,

LAG Baden-Württemberg 7.11.1990 – 2 Sa 43/90, n.v.

Erklärt der Arbeitgeber dem Arbeitnehmer, dass er wegen einer vom Arbeitnehmer ausgesprochenen ordentlichen Kündigung davon absehe, einen bestimmten Sachverhalt selbst zum Anlass einer Kündigung zu nehmen, verstößt eine später gleichwohl erklärte fristlose Kündigung gegen sein früheres Verhalten, nämlich das Verzeihen des Kündigungsgrundes. Die fristlose Kündigung ist in diesem Falle wegen eines Verstoßes gegen Treu und Glauben unwirksam,

LAG Baden-Württemberg 12.4.1967, DB 1967, 999; ArbG Bamberg 28.7.1975, ARST 1976 Nr. 114; ArbG Wuppertal 11.2.1981, ARST 1981 Nr. 1202.

Wird einem Arbeitnehmer nach 18-jähriger Beschäftigung in einem Kleinbetrieb und nur dreimonatiger erstmaliger Erkrankung in diesem Zeitraum gekündigt, ist die krankheitsbedingte Kündigung treuwidrig,

ArbG Reutlingen 20.10.1998, NZA-RR 1999, 82.

Hat der Arbeitgeber trotz Vorliegens eines Kündigungsgrundes von einer Kündigung abgesehen, dadurch beim Arbeitnehmer das Vertrauen erweckt, die Kündigung werde unterbleiben und hat sich der Arbeitnehmer darauf eingerichtet, ist die Kündigung treuwidrig,

BAG 25.11.1982, EzA § 9 KSchG n.F. Nr. 15; BAG 25.2.1988, RzK I 5 c Nr. 26; ArbG Hamburg 11.5.1992, AiB 1993, 187.

Eine treuwidrige Kündigung kann vorliegen, wenn einem Arbeitnehmer vor Erfüllung der Wartefrist des § 1 Abs. 1 KSchG nur wegen seiner Homosexualität gekündigt wird,

BAG 23.6.1994, AP § 242 BGB Kündigung Nr. 9.

Auch kann eine Kündigung gegen § 242 BGB verstoßen, wenn sie zur Unzeit erklärt wird. Treuwidrigkeit hat in diesem Zusammenhang das LAG Bremen angenommen, als einem Arbeitnehmer die Kündigung nach einem schweren Arbeitsunfall am gleichen Tag im Krankenhaus unmittelbar vor einer auf dem Unfall beruhenden Operation ausgehändigt wurde,

LAG Bremen 29.10.1985, BB 1986, 393.

Schließlich kann eine Kündigung treuwidrig sein, wenn dem Arbeitnehmer durch die Kündigung ein Verdacht angehängt wurde, ohne dass er die Möglichkeit einer Verteidigung erhielt,

BAG 30.11.1960, NJW 1961, 1085.

Eine an den vorgenannten Maßstäben ausgerichtete Bewertung hat zur Folge, dass die gegenüber der klägerischen Partei ausgesprochene Kündigung als treuwidrig angesehen werden muss: ▀▀▀

IV.

Zu den gestellten Anträgen wird erläuternd auf Folgendes hingewiesen:

1. Der Klageantrag zu Ziff. 2 beinhaltet eine selbständige allgemeine Feststellungsklage gemäß § 256 ZPO. Dem Kläger sind zwar derzeit keine anderen möglichen Beendigungstatbestände außer der mit dem Klageantrag zu Ziff. 1 angegriffenen Kündigung vom ▀▀▀ bekannt. Es besteht jedoch die Gefahr, dass die Beklagte im Verlauf des Verfahrens weitere Kündigungen ausspricht. Es wird deshalb mit dem Klageantrag zu Ziff. 2 die Feststellung begehrt, dass das Arbeitsverhältnis auch durch solche weiteren Kündigungen nicht beendet wird.

In der Literatur wird deshalb der Klageantrag zu Ziff. 2 in der vorliegenden Form empfohlen,

Diller, NJW 1998, 663; *Ziemann*, BRAK-Mitt. 1997, 244.

2. Bei den Zeugnisanträgen zu Ziff. 3 und Ziff. 5 stehen folgende Überlegungen im Vordergrund:

Nach der Rechtsprechung des Bundesarbeitsgerichts vom 27.2.1987,

AP § 630 BGB Nr. 16,

hat der Arbeitnehmer gegenüber dem Arbeitgeber bereits bei der Erhebung der Kündigungsschutzklage einen Anspruch auf Erteilung eines Endzeugnisses. Dennoch wird im Klageantrag ein Zwischenzeugnis verlangt und nur hilfsweise ein Endzeugnis. Hintergrund ist, dass bei einem Zwischenzeugnis nicht zum Ausdruck kommt, dass der Arbeitnehmer bereits gekündigt ist.

Dies erhöht die Bewerbungschancen des Arbeitnehmers.

Einen Anspruch auf Erteilung eines Zwischenzeugnisses hat der Arbeitnehmer immer dann, wenn ein berechtigtes Interesse besteht,

BAG 1.10.1998, DB 1999, 1120.

Die Kündigung des Arbeitsverhältnisses begründet ein berechtigtes Interesse,

BAG 27.2.1987, NZA 1987, 628.

Der Hilfsantrag auf Erteilung eines Endzeugnisses wird jedoch bereits mit Erhebung der Kündigungsschutzklage gestellt, damit für den Fall, dass die Kündigungsschutzklage rechtskräftig abgewiesen wird, der Arbeitnehmer einen Anspruch auf Rückdatierung des Endzeugnisses auf den Zeitpunkt der tatsächlichen Beendigung des Arbeitsverhältnisses hat.

Ein solcher Anspruch auf Rückdatierung wird nach dem Urteil des BAG

vom 9.9.1992, AP § 630 BGB Nr. 19,

gewährt, wenn der Arbeitnehmer zeitnah zum Ausscheiden ein Zeugnis verlangt hatte. Es ist jedoch fraglich, ob dieser Anspruch auf Rückdatierung auch dann besteht, wenn der Arbeitnehmer im gesamten Kündigungsschutzverfahren immer nur ein Zwischenzeugnis und kein endgültiges Zeugnis verlangt hat.

6. Muster: Kündigung wegen Nichteinhaltung der Kündigungsfrist

Die Beklagte hat zu Unrecht eingewandt, die klägerische Partei habe die Rüge der zu kurz bemessenen Kündigungsfrist innerhalb der Klagefrist des § 4 Satz 1 KSchG geltend machen müssen. Richtig ist, dass die Nichteinhaltung der Kündigungsfrist nach der Rechtsprechung des BAG auch drei Wochen nach Zugang des Kündigungsschreibens noch im Wege der arbeitsgerichtlichen Klage geltend gemacht werden kann.

BAG 6.7.2006 – 2 AZR 215/05, NJW 2006, 3513.

7. Muster: Nichteinhaltung der Kündigungsfrist durch vorläufigen Insolvenzverwalter

Mit Beschluss vom ▀▀▀ hat das Amtsgericht ▀▀▀ das vorläufige Insolvenzverfahren über das Vermögen der Schuldnerin eröffnet und die beklagte Partei zum vorläufigen Insolvenzverwalter über das Vermögen der Schuldnerin bestellt. Der Schuldnerin wurde ein allgemeines Verfügungsverbot auferlegt. Die Verwaltungs- und Verfügungsbefugnis über das Vermögen der Schuldnerin ist auf den vorläufigen Insolvenzverwalter übergegangen, § 22 Abs. 1 Satz 1 InsO.

Beweis: Vorlage des Beschlusses des Amtsgerichts ▀▀▀ in Kopie – Anlage K 1.

Mit Schreiben vom ▀▀▀ wurde das Arbeitsverhältnis der klägerischen Partei durch die beklagte Partei zum ▀▀▀ gekündigt. Die Kündigung ist der klägerischen Partei am ▀▀▀ zugegangen.

Beweis: Vorlage des Kündigungsschreibens vom ▀▀▀ in Kopie – Anlage K 2.

Der beklagte vorläufige Insolvenzverwalter hat die Kündigung unter ausdrücklichem Hinweis auf § 113 Abs. 1 InsO unter Einhaltung einer dreimonatigen Frist gekündigt. § 113 Abs. 1 Satz 1 InsO bestimmt, dass das Dienstverhältnis durch den Insolvenzverwalter ohne Rücksicht auf die vereinbarte Vertragsdauer oder den vereinbarten Ausschluss des Rechts zur ordentlichen Kündigung gekündigt werden kann. Die Kündigungsfrist beträgt drei Monate zum Monatsende, wenn nicht eine kürzere Frist maßgeblich ist, § 113 Abs. 1 Satz 2 InsO.

Der beklagte vorläufige Insolvenzverwalter kann das Arbeitsverhältnis nicht mit der Kündigungsfrist nach § 113 Abs. 1 InsO kündigen. Denn die arbeitsrechtlichen Sonderregelungen der §§ 113, 120 bis 128 InsO sind nur auf den endgültigen und nicht auch auf den vorläufigen Insolvenzverwalter anwendbar,

Steindorf/Regh, § 3 Rn 63 ff.; *Lakies*, BB 1998, 2638 (2639 f.); *Berscheid*, ZInsO 1998, 9 (13); a.A. *Gottwald/Heinze*, § 102 Rn 22; MüKo-InsO/*Caspers/Löwisch*, § 113 Rn 29 ff.

In den §§ 113 ff. InsO fehlt jeder Bezug auf die Vorschriften des vorläufigen Insolvenzverfahrens in §§ 21 ff. InsO, wie auch in § 22 Abs. 1 InsO nicht auf die arbeitsrechtlichen Vorschriften der Insolvenzordnung verwiesen wird,

Düwell, Kölner Schrift, S. 1433, 1441, Rn 22; *Lakies*, FA 1999, 40 (42); *Berscheid*, NZI 2000, 1 (4).

Unter Geltung dieser Rechtslage hat der vorläufige Insolvenzverwalter daher die verlängerten Kündigungsfristen des § 622 Abs. 2 Nr. 1 bis 7 BGB bis hin zur Höchstkündigungsfrist von sieben Monaten zum Monatsende zu beachten.

8. Muster: Beschwerde gegen Aussetzungsbeschluss bei Kündigungsschutzklage eines behinderten Menschen

Arbeitsgericht ▪▪▪

Aktenzeichen: ▪▪▪

Gegner: RAe ▪▪▪, zwei Abschriften anbei

In dem Rechtsstreit

▪▪▪ ./. ▪▪▪

legen wir namens und in Vollmacht des Klägers gegen den Aussetzungsbeschluss vom ▪▪▪

Beschwerde

ein.

Wir beantragen:

Der Aussetzungsbeschluss vom ▪▪▪ wird aufgehoben.

Gründe:

Die Parteien streiten um die Wirksamkeit einer arbeitgeberseitigen Kündigung Die klägerische Partei ist zu 60 % behindert. Sie ist als behinderter Mensch gemäß Bescheid vom ▪▪▪ anerkannt. Die beklagte Partei hat vor Ausspruch der Kündigung die Zustimmung des Integrationsamts gemäß §§ 87, 88 SGB IX eingeholt. Das Integrationsamt hat der Kündigung mit Bescheid vom ▪▪▪ zugestimmt. Die beklagte Partei hat gegen diesen Bescheid Widerspruch eingelegt, über den der Widerspruchsausschuss beim Landschaftsverband noch nicht entschieden hat.

Am ▪▪▪ hat die klägerische Partei in der Frist der §§ 4, 7 KSchG Kündigungsschutzklage beim Arbeitsgericht erhoben. Das Arbeitsgericht hat das Verfahren gemäß § 148 ZPO im Hinblick auf das schwebende Widerspruchsverfahren beim Widerspruchsausschuss des Landschaftsverbandes ausgesetzt. Die Aussetzung endet mit dem rechtskräftigen Abschluss des Verwaltungsverfahrens.

Durch die Aussetzung bis zum rechtskräftigen Abschluss des Verwaltungsverfahrens bedeutet der Aussetzungsbeschluss, dass der vorliegende Rechtsstreit von fünf bis sieben Jahren ruht. Solange dauert es nach der gegenwärtigen Praxis, bis das Verwaltungsgericht in II. Instanz entschieden hat. Dieser Zeitraum ist für die klägerische Partei unzumutbar.

Das Arbeitsgericht hat bei seiner Aussetzungsentscheidung nach § 148 ZPO die Vor- und Nachteile einer Aussetzung abzuwägen. Gesichtspunkte der Prozessökonomie, die bei möglicher Vorgreiflichkeit für eine Aussetzung sprechen sind abzuwägen mit den Interessen der am Verfahren beteiligten, insbesondere des klägerischen Interesses an einer Verfahrensbeschleunigung, die in Form einer besonderen Prozessförderungspflicht des Gerichts in § 61a ArbGG für Kündigungsschutzklagen ihren besonderen Ausdruck gefunden hat. Dabei ist anerkannt, dass das Gericht auch zu berücksichtigen hat, inwieweit sich ein anderweitiges Verfahren tatsächlich auf das Kündigungsschutzverfahren auswirken wird.

Kommt das Arbeitsgericht zu dem Ergebnis, dass die Kündigung sozial nicht gerechtfertigt ist, ist es unschädlich, wenn im Verwaltungsverfahren rechtskräftig festgestellt werden sollte, dass die Zustimmung des Integrationsamts zu Recht erfolgte. In diesem Falle kann offen bleiben, welchen Ausgang das Verwaltungsverfahren nimmt. Erweist sich die Zustimmung des Integrationsamts als unwirksam, kann die Kündigung arbeitsrechtlich gleichwohl sozial nicht gerechtfertigt sein. Auf den Tenor des arbeitsgerichtlichen Urteils wirkt sich die verwaltungsgerichtliche Entscheidung insoweit nicht aus.

Wäre die Kündigung sozial gerechtfertigt, wirkt sich der Tenor des Urteils des Oberverwaltungsgerichts ebenfalls nicht aus, denn in diesem Falle spielt es im Ergebnis keine Rolle, ob das Integrationsamt der Kündigung zugestimmt hat oder nicht.

Ist die Kündigung aus anderen Gründen (§ 102 Abs. 1 Satz 3 BetrVG u.Ä.) nichtig, kommt es auf den Ausgang des verwaltungsrechtlichen Verfahrens ebenfalls nicht an. In diesem Fall kann die Kündigung keine Wirksamkeit erlangen, unbeschadet eines etwaigen Ausgangs des verwaltungsrechtlichen Verfahrens.

Selbst wenn man der hier vertretenen Auffassung nicht folgen sollte, so gilt der von Teilen der Rechtsprechung vertretene Grundsatz, dass die Aussetzung eines Kündigungsschutzverfahrens wegen eines anhängigen Verwaltungsverfahrens gemäß §§ 87, 88 SGB IX allenfalls dann in Betracht kommt, wenn das Arbeitsgericht den Sachverhalt bereits soweit aufgeklärt hat, dass feststeht, dass die Kündigung an sich wirksam ist und nur noch an einer Aufhebung des Zustimmungsbescheids des Integrationsamts scheitern könnte,

LAG Rheinland-Pfalz 16.6.1978, NJW 1978, 2263; ArbG Berlin 6.11.1990, AP § 14 SchwbG Nr. 30; LAG Hessen 15.3.1990, LAGE § 15 SchwbG Nr. 2; LAG Köln 17.3.1992, NZA 1992, 766.

Dem angerufenen Gericht ist damit Gelegenheit gegeben, seinen Aussetzungsbeschluss aufzuheben, andernfalls an das Landesarbeitsgericht weiterzuleiten. Die Notfrist für sofortige Beschwerden (§ 577 ZPO) wurde vorliegend gewahrt.

9. Muster: Entschädigung wegen unterbliebener Weiterbeschäftigung gemäß § 61 Abs. 2 ArbGG[121]

Arbeitsgericht ■■■

Aktenzeichen: ■■■

Gegner: RAe ■■■, zwei Abschriften anbei

In dem Rechtsstreit

■■■ ./. ■■■

beantragen wir zusätzlich:

Die beklagte Partei wird zur Zahlung einer angemessenen Entschädigung von täglich mindestens ■■■ EUR für den Fall verurteilt, dass sie den in der Klageschrift unter Ziff. 6 gestellten Weiterbeschäftigungsantrag nicht innerhalb eines Monats nach Verkündung des Urteils des angerufenen Arbeitsgerichts voll umfänglich erfüllt.

Gründe:

Mit dem Klageantrag Ziff. 6 aus der Klageschrift hat die klägerische Partei Weiterbeschäftigung zu den im Arbeitsvertrag geregelten Arbeitsbedingungen als ■■■ in ■■■ bis zu einer rechtskräftigen Entscheidung über den Kündigungsschutzantrag begehrt, um den ihr nach dem Beschluss des Großen Senats vom 27.2.1985 zustehenden Weiterbeschäftigungsanspruch zu sichern.

Die klägerische Partei befürchtet, dass die beklagte Partei sich auch im Falle ihrer Verurteilung weigern wird, den Weiterbeschäftigungsantrag zu erfüllen. Aus diesem Grunde macht die klägerische Partei von ihrem Schadensersatzanspruch Gebrauch für den Fall, dass sich die beklagte Partei beharrlich weigert, den Weiterbeschäftigung zu erfüllen. Der Schaden der klägerischen Partei besteht in dem Ansehensverlust und dem Verlust beruflicher Fertigkeiten, der ihr in dem Falle droht, dass die beklagte Partei ihren Weiterbeschäftigungsanspruch nicht erfüllt.

Zwar ist eine zahlenmäßige Festlegung der begehrten Entschädigung auf klägerische Seite nicht erforderlich,

Germelmann u.a., ArbGG, § 61 Rn 31.

Die klägerische Partei hat sich von der Überlegung leiten lassen, dass der Wert in Höhe eines Drittels des Tagesverdienstes der klägerischen Partei anzusetzen ist.

Die Frist von einem Monat hat die klägerische Partei gewählt, um sie der Rechtsmittelfrist anzupassen. Eine kürzere Frist als ein Monat dürfte nach Auffassung des Bundesarbeitsgerichts unzulässig sein,

BAG 5.6.1985, AP § 1 TVG Tarifverträge: Bau Nr. 67.

---

[121] Den Entschädigungsantrag nach § 61 Abs. 2 ArbGG zu stellen, empfiehlt sich mit Blick auf den Weiterbeschäftigungsantrag regelmäßig nicht. Wegen § 61 Abs. 2 Satz 2 ArbGG ist in dem Fall, dass ein Entschädigungsanspruch festgesetzt wurde, die Zwangsvollstreckung gemäß § 888 ZPO wegen des Weiterbeschäftigungsanspruchs ausgeschlossen. Zwar hat der Arbeitnehmer, wenn er den Hilfsantrag nach § 61 Abs. 2 gestellt hat, ein Wahlrecht. Er kann aus dem Weiterbeschäftigungsantrag vollstrecken, der Arbeitgeber wird allerdings, je nach Höhe der vom Gericht festgesetzten Entschädigung, angehalten, die Weiterbeschäftigung zu verweigern und den Arbeitnehmer auf den Entschädigungsfall zu verweisen.

10. Muster: Auflösungsantrag

Aktenzeichen: ▄▄▄

Gegner: RAe ▄▄▄

In dem Rechtsstreit

▄▄▄ ./. ▄▄▄

wird beantragt,

> das Arbeitsverhältnis gegen Zahlung einer Abfindung, deren Höhe in das Ermessen des Gerichts gestellt wird, aber ▄▄▄ EUR nebst 5% Zinsen über dem Basiszinssatz seit dem Tag der Beendigung des Arbeitsverhältnisses[122] nicht unterschreitet, zu zahlen.[123]

Gründe:

Der klägerischen Partei wurde in Anwesenheit von ▄▄▄ vorgehalten, sie habe ▄▄▄. Diese Vorhaltungen, die unzutreffend sind, sind daraufhin einem weiten Kreis von Personen im Betrieb bekannt geworden.

> **Beweis:** Zeugnis ▄▄▄

Außerdem hat die beklagte Partei die ehrenrührigen Behauptungen über die klägerische Partei im Betrieb wie folgt bekannt gemacht: ▄▄▄

> **Beweis:** ▄▄▄

Die der klägerischen Partei gemachten, unzutreffenden Vorhaltungen sind ehrenrührig und geeignet, sie jetzt und auch für die Zukunft im Ansehen herabzusetzen, eine Fortsetzung des Arbeitsverhältnisses ist infolge der Art und Weise der von der beklagten Partei vorgenommenen Kündigung der klägerischen Partei nicht mehr zuzumuten. Das Gericht hat daher gemäß §§ 9, 10 KSchG das Arbeitsverhältnis aufzulösen.

Die Abfindung soll ▄▄▄ Monatsverdienste nicht unterschreiten. Es muss berücksichtigt werden, dass die Vorwürfe der beklagten Partei haltlos sind und das Fortkommen der klägerischen Partei in ganz erheblichem Umfange erschwert haben: ▄▄▄

Die klägerische Partei hat zu gewärtigen, dass sie in Zukunft immer wieder auf diese Vorwürfe angesprochen wird.

Rein vorsorglich weisen wir darauf hin, dass nach der überwiegenden Rechtsprechung der Landesarbeitsgerichte die Berufung auch zulässig ist, wenn die Kammer bei der Bemessung der Abfindung erkennbar hinter den Erwartungen des Klägers zurückbleibt,

> vgl. die Nachweise aus der Rechtsprechung bei KR/*Spilger*, § 10 KSchG Rn 24 ff. und 69 ff.

Es wird beantragt, für den Auflösungsantrag einen eigenen Streitwert festzusetzen. Der Auflösungsantrag bildet einen eigenen Streitgegenstand,

> siehe *Meier*, Lexikon der Streitwerte im Arbeitsrecht, Rn 28; LAG Hamm 16.8.1989, NZA 1990, 328.

11. Muster: Auflösungsgründe für Arbeitnehmer, § 9 KSchG

Der vom Arbeitnehmer gestellte Auflösungsantrag ist begründet, wenn dem Arbeitnehmer die Fortsetzung des Arbeitsverhältnisses nicht zuzumuten ist. Bei dem Begriff der Unzumutbarkeit handelt es sich um einen unbestimmten Rechtsbegriff, dessen Anwendung in der Revisionsinstanz nur beschränkt überprüfbar ist. Das Revisionsgericht kann, wie auch bei anderen unbestimmten Rechtsbegriffen, nur nachprüfen, ob das Berufungsgericht die Voraussetzungen für einen vom Arbeitnehmer gestellten Auflösungsantrag verkannt hat und ob es bei der Prüfung der vom Arbeitnehmer vorgetragenen Auflösungsgründe alle wesentlichen Umstände vollständig und widerspruchsfrei berücksichtigt und gewürdigt hat. Wegen dieses beschränkten revisionsrechtlichen Prüfungsmaßstabes gehört es vornehmlich zur Aufgabe der Tatsachengerichte, im Einzelfall zu bestimmen, ob einem Arbeitnehmer die Fortsetzung des Arbeitsverhältnisses

---

[122] Der Auflösungszeitpunkt wird vom Gericht gemäß § 9 Abs. 2 KSchG festgesetzt. Der Anspruch auf Abfindung entsteht durch die richterliche Festsetzung im Urteil und wird bereits mit dieser Festsetzung im Urteil, frühestens jedoch zum Zeitpunkt des festgesetzten Endes des Arbeitsverhältnisses fällig (BAG, AP § 62 ArbGG Nr. 4).

[123] Nach der Neufassung des § 288 BGB durch Art. 1 SchuldRModG v. 26.11.2001 (BGBl. I S. 3138) ist der Zinsantrag, wie oben dargestellt, zu fassen. Vor dem 1.1.2000 (vgl. Art. 9 Abs. 1 SchuldRModG) galt entsprechend der alten Fassung des § 288 Abs. 1 BGB, dass eine Geldschuld während des Verzugs mit fünf Prozentpunkten über dem Basiszinssatz nach § 1 des Diskontsatz-Überleitungs-Gesetzes zu verzinsen war. Eine dem Wortlaut des § 288 BGB entsprechende Antragstellung ist nunmehr ausreichend. Somit muss sich der Anwalt nicht der Mühe unterziehen, den aktuellen Basiszinssatz zu ermitteln und dann einen konkret bezifferten Zinsantrag zu stellen.

zumutbar ist oder nicht. Dabei haben die Tatsachengerichte keine Ermessensentscheidung zu treffen, es steht ihnen nicht frei, nach Zweckmäßigkeitsgesichtspunkten über die Fortsetzung des Arbeitsverhältnisses zu urteilen,

KR/*Spilger*, § 9 KSchG Rn 36 ff.

Nach der neueren Rechtsprechung des Bundesarbeitsgerichts gilt nicht mehr, dass der Begriff der Unzumutbarkeit in § 9 Abs. 1 Satz 1 KSchG ebenso auszulegen sei wie bei der arbeitnehmerseitigen außerordentlichen Kündigung nach § 626 Abs. 1 BGB. Nach der neueren Rechtsprechung des Bundesarbeitsgerichts können auch solche Tatsachen die Fortsetzung des Arbeitsverhältnisses unzumutbar machen, die für eine fristlose Kündigung nicht ausreichen,

BAG 26.11.1981, EzA § 9 KSchG n.F. Nr. 11.

Das Merkmal der Unzumutbarkeit bezieht sich nicht wie bei § 626 BGB auf einen zeitlich begrenzten Zeitraum, sondern auf die gesamte zukünftige Dauer des Arbeitsverhältnisses. Die Zumutbarkeitserwägungen sind daher im Rahmen einer langfristigen Prognose anzustellen. Die Anlegung desselben strengen Maßstabes wie bei § 626 BGB wäre im Übrigen nur dann gerechtfertigt, wenn die Bestimmungen des § 9 Abs. 1 Satz 1 KSchG auch den Arbeitgeber in gleichem Maße in den Schutzbereich einbeziehen würde. Dies ist aber nicht der Fall, da der Bestandsschutz des Arbeitsverhältnisses nicht in seinem Interesse geschaffen worden ist,

KR/*Spilger*, § 9 KSchG Rn 39.

Als Auflösungsgründe sind nur solche Umstände geeignet, die in einem inneren Zusammenhang zu der vom Arbeitgeber erklärten sozialwidrigen Kündigung stehen oder die im Laufe des Kündigungsrechtsstreits entstanden sind,

BAG 18.1.1962, AP § 66 BetrVG Nr. 20; LAG Nürnberg 5.9.1980, AR-Blattei Kündigungsschutz, Entsch. 207.

Nach der Regierungsbegründung ist dabei insbesondere an solche Fälle zu denken, in denen als Kündigungsgründe unzutreffende ehrverletzende Behauptungen über die Person oder das Verhalten des Arbeitnehmers leichtfertig aufgestellt worden sind oder das Vertrauensverhältnis im Verlaufe des Kündigungsrechtsstreits ohne wesentliches Verschulden des Arbeitnehmers zerrüttet worden ist,

Amtl. Regierungsbegründung, RdA 1951, 64.

Außerdem kommen solche Umstände in Betracht, die den Schluss nahe legen, dass der Arbeitgeber den Arbeitnehmer im Falle einer Rückkehr in den Betrieb gegenüber den übrigen Mitarbeitern benachteiligen oder sonstwie unkorrekt behandeln wird,

KR/*Spilger*, § 9 KSchG Rn 41.

Die tatsächliche Grundlage für eine derartige Annahme kann sowohl in einem prozessualen, beispielsweise durch mündliches oder schriftliches Vorbringen erkennbaren als auch in einem außerprozessualen Verhalten des Arbeitgebers (beispielsweise durch Erklärungen gegenüber Arbeitskollegen oder Vorgesetzten) liegen. Auch die durch Tatsachen begründete Befürchtung, dass der Arbeitnehmer im Falle einer Wiederaufnahme der Arbeit durch seine Arbeitskollegen nicht ordnungsgemäß behandelt werden wird, kann im Einzelfalle die Unzumutbarkeit der Weiterbeschäftigung begründen,

KR/*Spilger*, § 9 KSchG Rn 41.

Eine solche Annahme ist beispielsweise gerechtfertigt, wenn der Arbeitnehmer den Kündigungsrechtsstreit allein wegen eines Fehlers bei der sozialen Auswahl gewonnen hat und wenn aufgrund dessen die durch Tatsachen begründete Besorgnis besteht, dass dies im Falle einer Rückkehr in den Betrieb zu Spannungen mit den Arbeitskollegen führen wird,

LAG Hamm 23.5.1975, DB 1975, 1514; LAG Köln 2.2.1987, LAGE § 9 KSchG Nr. 3.

Das Verhalten von unbeteiligten Dritten kann die für eine weitere Zusammenarbeit notwendige Vertrauensgrundlage nur dann zerstören, wenn dieses Verhalten durch den Arbeitnehmer in irgendeiner Weise veranlasst worden ist,

BAG 14.5.1987, EzA § 9 KSchG n.F. Nr. 20.

12. Muster: Bedeutungsverlust von Auflösungsgründen des Arbeitgebers durch Änderung der Umstände

Arbeitsgericht ■■■
Aktenzeichen: ■■■
Gegner: RAe ■■■, zwei Abschriften anbei
In Sachen
■■■ ./. ■■■

stellen wir namens und in Vollmacht der klägerischen Partei den Antrag,

den Auflösungsantrag des Arbeitgebers zurückzuweisen.

1. Es kann dahinstehen, ob aufgrund der Äußerungen des vormaligen Prozessbevollmächtigten der klägerischen Partei in der Vorinstanz ein Auflösungsgrund für die beklagte Partei bestand. Jedenfalls fehlt es im gegenwärtigen Zeitpunkt an einem hinreichenden Grund für die Auflösung des Arbeitsverhältnisses nach § 9 Abs. 1 Satz 2 KSchG.

2. Zur Auflösung eines Arbeitsverhältnisses auf Antrag des Arbeitgebers an sich geeignete Gründe können aufgrund der zeitlichen Entwicklung und damit verbundener veränderter tatsächlicher und rechtlicher Umstände ihr Gewicht verlieren,

BAG 7.3.2002, NZA 2003, 261.

a) Nach der Grundkonzeption des Kündigungsschutzgesetzes führt eine Sozialwidrigkeit der Kündigung zu deren Rechtsunwirksamkeit und zum Fortbestand des Arbeitsverhältnisses. Das Kündigungsschutzgesetz ist vorrangig ein Bestandsschutz- und kein Abfindungsgesetz,

BAG 30.9.1976, NJW 1977, 695; BAG 14.1.1993, NZA 1994, 39.

Dieser Grundsatz wird durch § 9 KSchG unter der Voraussetzung durchbrochen, dass, bezogen auf den Auflösungsantrag des Arbeitgebers, eine Vertrauensgrundlage für eine sinnvolle Fortsetzung des Arbeitsverhältnisses nicht mehr besteht,

KR/*Spilger*, § 9 KSchG Rn 9.

Da danach eine Auflösung des Arbeitsverhältnisses nur ausnahmsweise in Betracht kommt, sind an die Auflösungsgründe strenge Anforderungen zu stellen. Allerdings war die Erwägung, dass es insbesondere während eines Kündigungsschutzprozesses zu zusätzlichen Spannungen zwischen den Parteien kommen kann, die eine Fortsetzung des Arbeitsverhältnisses sinnlos erscheinen lassen, für die Schaffung der gesetzlichen Regelungen mitbestimmend,

BAG 25.11.1982, AP KSchG 1969 § 9 Nr. 10 m. Anm. *Herschel*; BAG 14.4.1987, NZA 1988, 16.

b) Maßgeblicher Zeitpunkt für die Beurteilung der Frage, ob eine den Betriebszwecken dienliche weitere Zusammenarbeit zwischen Arbeitgeber und Arbeitnehmer zu erwarten ist, ist der Zeitpunkt der letzten mündlichen Verhandlung in der Tatsacheninstanz,

BAG 29.3.1960, NJW 1960, 2022; BAG 30.4.1992, RzK I 11 a Nr. 20.

Der Auflösungsantrag ist trotz seiner nach § 9 Abs. 2 KSchG gesetzlich angeordneten Rückwirkung auf den Kündigungszeitpunkt in die Zukunft gerichtet. Das Gericht hat eine Vorausschau anzustellen. Im Zeitpunkt der Entscheidung über den Antrag ist zu fragen, ob aufgrund des Verhaltens des Arbeitnehmers in der Vergangenheit in Zukunft noch mit einer den Betriebszwecken dienenden weiteren Zusammenarbeit der Parteien zu rechnen ist,

BAG 30.9.1976, NJW 1977, 695; BAG 7.3.2002, NZA 2003, 261.

Hierin wird der Unterschied zwischen der Auflösung nach §§ 9, 10 KSchG gegenüber einer Überprüfung der Kündigung nach § 1 KSchG deutlich. Für die Frage der Rechtswirksamkeit der Kündigung nach § 1 KSchG ist entscheidend, ob Umstände vorliegen, die im Zeitpunkt des Zugangs der Kündigungserklärung die Kündigung als wirksam erscheinen lassen. Es ist eine rückschauende Bewertung dieser Gründe vorzunehmen, später eingetretene Umstände sind grundsätzlich nicht mehr einzubeziehen,

BAG 29.3.1960, NJW 1960, 2022.

§ 9 KSchG betrifft die künftige Gestaltung der Rechtsbeziehungen der Parteien. Es geht um die Würdigung, ob die zum Zeitpunkt der abschließenden Entscheidung in der Tatsacheninstanz gegeben Umstände eine zukünftige gedeihliche Zusammenarbeit noch erwarten lassen.

Wegen dieses zeitlichen Beurteilungsansatzes ist es denkbar, dass mögliche Auflösungsgründe ihr Gewicht wieder verlieren, weil die tatsächlichen oder rechtlichen Umstände sich im Zeitpunkt der abschließenden Entscheidung geändert haben. Hierin liegt kein ungerechtfertigter Nachteil, der den Auflösungsantrag stellenden Partei, die auf die Dauer eines Kündigungsschutzverfahrens nur begrenzt Einfluss hat. Soweit etwaige Auflösungsgründe das Gewicht eines Kündigungsgrundes erreichen, steht es auch dem Arbeitgeber frei, eine (weitere) Kündigung auszusprechen,

vgl. KR/*Spilger*, § 9 Rn 52.

Diese Kündigung ist dann, unabhängig vom Zeitpunkt der gerichtlichen Entscheidung, wiederum (nur) nach den Verhältnissen zum Zeitpunkt des Zugangs der Kündigungserklärung zu beurteilen. Der Sinn der Auflösung nach § 9 Abs. 1 Satz 2 KSchG besteht eben nicht darin, dem Arbeitgeber eine weitere Kündigung zu ersparen,

KR/*Spilger*, § 9 KSchG Rn 53; *Keßler*, NZA-RR 2002, 8.

Als Auflösungsgründe für den Arbeitgeber nach § 9 Abs. 1 Satz 2 KSchG kommen solche Umstände in Betracht, die das persönliche Verhältnis zum Arbeitnehmer, die Wertung seiner Persönlichkeit, seiner Leistung oder seiner Eignung für die ihm gestellten Aufgaben und sein Verhältnis zu den übrigen Mitarbeiter betreffen. Die Gründe, die einer dem Betriebszweck dienliche weitere Zusammenarbeit zwischen den Vertragspartnern nicht erwarten lassen, müssen allerdings nicht im Verhalten, insbesondere nicht im schuldhaften Verhalten des Arbeitnehmers liegen. Vielmehr kommt es darauf an, ob die objektive Lage beim Schluss der mündlichen Verhandlung in der Tatsacheninstanz beim Arbeitgeber die Besorgnis aufkommen lassen kann, dass die weitere Zusammenarbeit mit dem Arbeitnehmer gefährdet ist,

KR/*Spilger*, § 9 KSchG Rn 57; BAG NZA 2003, 261 (263).

Als Auflösungsgrund geeignet sind danach etwa Beleidigungen, sonstige ehrverletzende Äußerungen oder persönliche Angriffe des Arbeitnehmers gegen den Arbeitgeber, Vorgesetzte oder Kollegen,

BAG, AP § 1 KSchG Nr. 56; *Keßler*, NZA-RR 2002, 1 (9).

Auch das Verhalten eines Prozessbevollmächtigten des Arbeitnehmers im Kündigungsschutzprozess kann die Auflösung des Arbeitsverhältnisses bedingen,

BAG, AP § 9 KSchG 1969 Nr. 10; BAG NZA 1988, 16; einschränkend KR/*Spilger*, § 9 KSchG Rn 56.

Dies gilt auch für von dem Arbeitnehmer nicht veranlasste Erklärungen des Prozessbevollmächtigten jedenfalls dann, wenn der Arbeitnehmer sich diese zu Eigen macht und sich auch nachträglich nicht hiervon distanziert. Zu berücksichtigen ist allerdings, dass gerade Erklärungen im laufenden Kündigungsschutzverfahren durch ein berechtigtes Interesse des Arbeitnehmers gedeckt sein können. In Betracht kommt dies vor allem für Rechtsausführungen zur Unwirksamkeit einer Kündigung etwa wegen eines Verstoßes gegen Treu und Glauben und/oder Sittenwidrigkeit der Kündigung. Solche Ausführungen können jedenfalls nicht ohne weiteres als Auflösungsgrund herangezogen werden, selbst wenn sie rechtlich unzutreffend sind,

BAG NZA 2003, 261 (263).

Liegt ein Grund vor, der an sich zur Auflösung des Arbeitsverhältnisses geeignet erscheint, so muss in einem zweiten Schritt geprüft werden, ob in Anbetracht der konkreten betrieblichen Umstände noch eine dem Betriebszweck dienlichen Zusammenarbeit möglich ist,

APS/*Biebl*, Großkommentar KündR, § 9 KSchG Rn 50.

So kann ein zwischenzeitlich eingetretener Wandel der betrieblichen Verhältnisse, beispielsweise der Austausch von Vorgesetzten oder eine Veränderung in der Belegschaftsstruktur, Berücksichtigung finden,

Keßler, NZA-RR 2002, 1 (8); BAG NZA 2003, 261 (263).

Dies folgt schon aus dem zukunftsbezogenen Zweck der Auflösung.

c) Einer Überprüfung nach diesen Grundsätzen hält der Antrag des Arbeitgebers nicht stand: ■■■

13. Muster: Beiderseitiger Auflösungsantrag

Stellen Arbeitgeber und Arbeitnehmer im Kündigungsschutzrechtsstreit beide den Antrag auf Auflösung des Arbeitsverhältnisses, so bedarf es keiner Sachprüfung mehr, ob die Fortsetzung des Arbeitsverhältnisses unzumutbar bzw. den betrieblichen Zwecken dienlich ist. Das Arbeitsverhältnis ist ohne eine solche Sachprüfung aufzulösen,

LAG Köln 23.4.1993 – 14 Sa 1065/92, n.v.; LAG Berlin 8.8.1967, BB 1968, 207; *Bauer*, DB 1985, 1182; *Leisten*, BB 1994, 2138.

14. Muster: Berechnung des Monatsverdienstes, § 10 KSchG

Bemessungszeitraum für den Monatsverdienst i.S.v. § 10 KSchG ist derjenige Monat, in dem das Arbeitsverhältnis nach § 9 KSchG endet. Bei einer ordentlichen Kündigung ist dies derjenige Monat, in dem das Ende der Kündigungsfrist liegt. Da das Arbeitsverhältnis im Falle einer wirksamen außerordentlichen Kündigung nach herrschender Meinung zum Zeitpunkt der Kündigung aufzuheben ist,

KR/*Friedrich*, § 13 KSchG Rn 64 ff.,

ist in diesen Fällen derjenige Monat maßgeblich, in dem der Zugang der außerordentlichen Kündigung erfolgt ist. Sofern im Bemessungszeitraum Vergütungssteigerungen, beispielsweise durch Tariferhöhungen, erfolgen, ist von dem erhöhten Monatsverdienst auszugehen,

KR/*Spilger*, § 10 KSchG Rn 31.

Zur Ermittlung des maßgeblichen Monatsverdienstes knüpft das Gesetz an diejenigen Geld- und Sachbezüge an, die dem Arbeitnehmer im Auflösungsmonat zustehen. Unter den Begriff der Geldbezüge fallen zunächst alle Grundvergütungen (Gehalt, Zeitlohn, Fixum etc.),

KR/*Spilger*, § 10 KSchG Rn 33.

Erhält der Arbeitnehmer zu diesen Vergütungen weitere Zuwendungen mit Entgeltcharakter, beispielsweise ein 13. oder 14. Monatsgehalt, Tantiemen, Jahresabschlussvergütungen, Umsatzbeteiligungen, so sind diese Bezüge anteilig umzulegen,

KR/*Spilger*, § 10 KSchG Rn 33.

Besteht die jedem Arbeitnehmer zustehende Grundvergütung in Akkordlohn, so ist unter Zugrundelegung der für ihn regelmäßigen Arbeitszeit zu ermitteln, welchen Betrag er im Auflösungsmonat vermutlich verdient hätte.

Als Geldbezüge i.S.d. § 10 Abs. 3 KSchG sind weiterhin alle regelmäßig zu zahlenden Zulagen wie Gefahrenzulagen, Schichtzuschläge, Nachtarbeitszuschläge, Prämien oder Provisionen anzusehen. Hierzu zählen auch einzelvertraglich vereinbarte Wege- und Fahrgelder, sofern sie unabhängig von notwendigen Aufwendungen gezahlt werden,

BAG 11.2.1976, EzA § 2 LohnFG Nr. 8; BAG 4.10.1978, EzA § 63 HGB Nr. 30.

Nicht zu berücksichtigen sind Zuwendungen mit Aufwendungscharakter und Zuwendungen mit Gratifikationscharakter. Eine anteilige Umlegung des Urlaubsgeldes hat nur dann zu erfolgen, wenn das Urlaubsgeld fest in das Vergütungsgefüge eingebaut ist und damit Entgeltcharakter hat. Wird das Urlaubsgeld dagegen als Gratifikation gewährt, so ist diese Leistung bei der Ermittlung des Monatsverdienstes nicht zu berücksichtigen,

KR/*Spilger*, § 10 KSchG Rn 33.

Der Wert der Sachbezüge ist mit dem Betrag anzusetzen, den der Arbeitnehmer zur Beschaffung der Naturalien auf dem freien Markt aufwenden müsste,

BAG 22.9.1960, AP § 616 BGB Nr. 27.

15. Muster: Öffentliche Zustellung einer Kündigungsschutzklage bei ausländischer Botschaft als Arbeitgeber

Arbeitsgericht ▄▄▄

Aktenzeichen: ▄▄▄

Gegner: RAe ▄▄▄, zwei Abschriften anbei

In dem Rechtsstreit

▄▄▄ ./. ▄▄▄

ist gerichtsbekannt, dass die Zustellung der Klageschrift auf diplomatischem Wege, wie sich in der Vergangenheit gezeigt hat, bis zu zwei Jahre dauern kann. Aus diesem Grunde beantragt die klägerische Partei,

die Klageschrift öffentlich zuzustellen.

Die beklagte Partei ist auch der deutschen Gerichtsbarkeit unterworfen. Die Immunität ausländischer Staaten richtet sich gemäß § 20 Abs. 2 GVG nach den allgemeinen Regeln des Völkerrechts. Danach sind Staaten der Gerichtsbarkeit anderer Staaten insoweit nicht unterworfen, als der Gegenstand des Rechtsstreits ihre hoheitliche Tätigkeit betrifft, andererseits besteht aber keine Regel des Völkerrechts, die die deutsche Gerichtsbarkeit für Klagen gegen einen ausländischen Staat in Bezug auf seine nicht hoheitliche Betätigung ausschließt,

BVerfGE 16, 27 = NJW 1963, 1732.

Maßgebend für die Unterscheidung zwischen hoheitlicher und nichthoheitlicher Staatstätigkeit ist die Natur der umstrittenen staatlichen Handlung bzw. des streitigen Rechtsverhältnisses, wobei grundsätzlich die Qualifikation mangels völkerrechtlicher Abgrenzungskriterien nach nationalem Recht vorzunehmen ist,

BVerfGE 16, 27 = NJW 1963, 1732.

Ein Rechtsverhältnis, das zur Erfüllung von Aufgaben verpflichtet, die zur Betätigung der auswärtigen Gewalt, der Polizeigewalt und der Rechtspflege zu rechnen sind, kann regelmäßig nicht ohne Verletzung der Immunität des ausländischen Staates zum Gegenstand eines Rechtsstreits vor inländischen Gerichten gemacht werden,

BAG 3.7.1996, NZA 1996, 1229.

Im vorliegenden Fall ist das streitige Rechtsverhältnis ein Arbeitsverhältnis, wobei die klägerische Partei als ▄▄▄ an der ▄▄▄ Botschaft (am Konsulat) angestellt ist. Ihre Aufgaben gehören damit nicht zum Kernbereich der hoheitlichen

Tätigkeit der beklagten Partei. Anders lag dies in dem zitierten Fall, den das BAG am 3.7.1996 entschieden hat: Dort gehörte zu den Aufgaben der Arbeitnehmerin, die gegen ihre Entlassung geklagt hatte, die Ausstellung von Reisepässen und Visa sowie die Vornahme von Beglaubigungen in einem Konsulat in Düsseldorf. Dabei handelt es sich um originär konsularische Aufgaben gemäß Art. 5 lit. a und lit. b des Wiener Übereinkommens über konsularische Beziehungen vom 24.4.1963 (BGBl 1969 II, 1585, 1587, 1589).

Die klägerische Partei leistet durch ihre ■■■ Tätigkeit dagegen nur Zuarbeiten für die Arbeit der Botschaft. Sie wird nicht selber hoheitlich tätig. Eine Überprüfung ihrer Entlassung erfordert daher nicht eine Überprüfung des hoheitlichen Handelns der beklagten Partei. Die Souveränität der beklagten Partei wird damit durch das Gerichtsverfahren vor einem deutschen Gericht nicht beeinträchtigt.

Auch die internationale Zuständigkeit des Arbeitsgerichts ■■■ ist gegeben. Die internationale Zuständigkeit deutscher Gerichte ergibt sich allgemein aus den Regeln der ZPO über die örtliche Zuständigkeit, so dass grundsätzlich ein örtlich zuständiges Gericht auch international zuständig ist,

BGH NJW 1991, 1492; *Germelmann u.a.*, Einleitung Rn 232.

Das Arbeitsgericht ■■■ ist für den Rechtsstreit gemäß § 29 ZPO örtlich zuständig, denn Erfüllungsort für die Leistung der klägerischen Partei aus dem Arbeitsvertrag war ■■■. Die klägerische Partei war bei der ■■■ Botschaft in ■■■ als ■■■ angestellt. Sie hatte ihre Arbeitsleistung damit in ■■■ zu erfüllen.

Weiterhin wird beantragt, die öffentliche Zustellung zu betreiben, da die Zustellung der Klageschrift an die Beklagte gemäß § 203 Abs. 2 ZPO unausführbar ist. Unausführbarkeit i.S.d. § 203 Abs. 2 ZPO ist dann gegeben, wenn die Erledigung einer Auslandszustellung in absehbarer Zeit nicht zu erwarten ist,

OLG Oldenburg MDR 1947, 259.

Entsprechendes gilt gemäß § 203 Abs. 2 ZPO auch bei sonst unzumutbarer Verzögerung der Auslandszustellung,

OLG Hamburg MDR 1970, 426; OLG Hamm MDR 1988, 589.

Das OLG Hamm hat in einem Urteil aus dem Jahr 1989,

OLG Hamm NJW 1989, 2203,

entschieden, dass eine vier Monate nach Absendung eines Zustellungsersuchens an die Türkei veranlasste öffentliche Zustellung nach § 203 Abs. 2 ZPO unzulässig war, weil das AG keinerlei Anhaltspunkte für die Undurchführbarkeit oder Erfolglosigkeit des Rechtshilfeersuchens gehabt habe.

Nach einem Beschluss des AG Bonn,

AG (Familiengericht) Bonn NJW 1991, 1430,

ist die öffentliche Zustellung in Anwendung des Grundgedankens aus Art. 15 Abs. 2 des Haager Zustellungsübereinkommens dann gemäß § 203 Abs. 2 ZPO zulässig, wenn eine Frist von sechs Monaten verstrichen ist, bevor ein Rechtshilfeersuchen an einen anderen Staat überhaupt die Justizverwaltung verlässt.

Eine sechsmonatige Frist wird auch von *Geimer* unter Berufung auf den verfassungsrechtlich garantierten Justizgewährungsanspruch in NJW 1989, 2204 und NJW 1991, 1431 vertreten.

Im Jahr 1992 hat die Bundesrepublik Deutschland Erklärungen nach Art. 15 Abs. 2 und 16 Abs. 3 des Haager Übereinkommens vom 15.11.1965 über die Zustellung gerichtlicher und außergerichtlicher Schriftstücke im Ausland in Zivil- und Handelssachen abgegeben. Danach kann der deutsche Richter den Rechtsstreit ohne Eingang eines Zeugnisses über die Zustellung entscheiden, wenn (unter anderem) seit der Absendung des Schriftstücks eine Frist verstrichen ist, die der Richter nach den Umständen des Falles als angemessen erachtet und die mindestens sechs Monate betragen muss. Allerdings ist die Republik ■■■ dem Haager Übereinkommen bislang nicht beigetreten, so dass eine Anwendung dieser Vorschrift im Verhältnis zur beklagten Partei ausscheidet.

Das AG Säckingen hat in einem neueren Urteil,

AG (Familiengericht) Säckingen FamRZ 1997, 611,

die Ansicht vertreten, Zustellungsfristen bis zu zwei Jahren seien jedenfalls in einem Scheidungsverfahren hinzunehmen, weil von der Zustellung des Scheidungsantrages eine Reihe wichtiger Rechtswirkungen (etwa beim Versorgungsausgleich) abhängt.

Dem hat das OLG Köln 1998,

OLG Köln NJW-RR 1998, 1683

– wiederum in einem familienrechtlichen Rechtsstreit – widersprochen. Das OLG Köln hat auf die Voraussetzungen nach der Erklärung der Bundesrepublik gemäß dem Haager Übereinkommen abgestellt und damit die Wartefrist von sechs Monaten zur Voraussetzung für eine öffentliche Zustellung nach § 203 Abs. 2 ZPO erklärt.

Im vorliegenden Fall ist eine Wartefrist von sechs Monaten noch nicht abgelaufen. Es liegt allerdings in mehrfacher Hinsicht ein Sonderfall vor: Zum einen ist zu erwarten, dass das gesamte Zustellungsverfahren zwei bis vier Jahre in Anspruch nehmen würde. Außerdem handelt es sich bei der Klage um eine Kündigungsschutzklage. Kündigungsschutzklagen sind – wie sich aus den Regelungen der § 4 Abs. 1 KSchG, § 61a ArbGG ergibt – besonders auf eine Beschleunigung des Verfahrens angelegt, da eine rasche Klärung des Bestandes des Arbeitsverhältnisses erforderlich ist. Angesichts der Tatsache, dass die klägerische Partei gemäß § 4 Abs. 1 KSchG gezwungen ist, die Kündigungsschutzklage innerhalb von drei Wochen nach dem Zugang des Kündigungsschreibens zu erheben, kann es ihr nicht zuzumuten sein, mehrere Jahre auf die Zustellung ihrer Klage zu warten.

Dieses Ergebnis entspricht auch der Rechtsprechung des OLG Hamburg und des OLG Hamm in zwei Fällen, in denen es um die Zustellung in anderen Verfahren, die auf Beschleunigung ausgerichtet sind, ging. Gemäß OLG Hamburg,

OLG Hamburg MDR 1970, 426,

ist in einem Wechselprozess die öffentliche Zustellung zu bewirken, wenn die im Ausland zu bewirkende Zustellung 18 Monate erfordern würde. Nach einer Entscheidung des OLG Hamm,

OLG Hamm MDR 1988, 589,

ist die öffentliche Zustellung eines Arrestbefehls zu bewirken, wenn davon auszugehen ist, dass der Antragsteller die Zustellung nicht innerhalb der Vollziehungsfrist bewirken kann.

Allerdings muss bei der Gewährung einer öffentlichen Zustellung gemäß § 203 Abs. 2 ZPO die materielle Gewährung des rechtlichen Gehörs des Beklagten so weit wie möglich gewährleistet sein,

BVerfG NJW 1988, 2361.

Neben der förmlichen Zustellung muss daher regelmäßig auch eine formlose Übersendung der Ladung auf dem Postweg durchgeführt werden,

OLG Köln NJW-RR 1998, 1683, 1684.

16. Muster: Rücknahme einer Kündigung kein Beendigungstatbestand

Aktenzeichen: ▬▬▬

Gegner: RAe ▬▬▬, zwei Abschriften anbei

In dem Rechtsstreit

▬▬▬ ./. ▬▬▬

fällt ein weit verbreiteter Irrtum auf, wonach mit der Rücknahme einer Kündigung ein Beendigungstatbestand für einen Kündigungsrechtsstreit gesetzt sei. Die Beendigung des Rechtsstreits um eine Kündigung, die der Arbeitgeber nicht aufrechterhalten will, kann entgegen weit verbreiteter Fehlvorstellungen nicht durch einseitige Rücknahme einer Kündigung erfolgen. Ist eine Kündigung dem Erklärungsempfänger zugegangen, dann kann sie der Kündigende einseitig nicht mehr zurücknehmen,

BAG 21.2.1957 – AZR 410/54, AP § 1 KSchG 1951 Nr. 22; BAG 29.1.1981 – 2 AZR 1055/78, AP § 9 KSchG 1969 Nr. 6; BAG 19.8.1982 – 2 AZR 230/80, AP § 9 KSchG Nr. 9; BAG 6.2.1992 – 2 AZR 408/91, NZA 1992, 790.

Der Beklagten sei anheim gestellt, das Anerkenntnis zu erklären.

Ein ausdrückliches Einverständnis mit der Rücknahme der Kündigung wird der Kläger nicht erteilen.

17. Muster: Zuständiges Arbeitsgericht bei Außendienstmitarbeitern – Wohnsitz des Arbeitnehmers[124]

EuGH und BGH haben einheitlich zu Art. 5 Nr. 1 des Übereinkommens der Europäischen Gemeinschaft über die gerichtliche Zuständigkeit und Vollstreckung gerichtlicher Entscheidungen in Zivil- und Handelssachen bestimmt, dass als Erfüllungsort, der nach dieser Bestimmung für die Zuständigkeit in Sachen mit Auslandsberührung maßgebend ist, bei allen Klagen aus Arbeitsverhältnissen nur der Ort der Arbeitsleistung anzusehen ist,

EuGH, EuGHE 1982, 1891; EuGH, EuGHE 1989, 358; BAG, AP Art. 5 Brüsseler Abkommen Nr. 1.

Diese Auffassung ist auch bei § 29 ZPO maßgeblich. Bei Arbeitsverhältnissen ist in der Regel von einem einheitlichen, gemeinsamen Erfüllungsort auszugehen. Das BAG und die ihm folgende Rechtsprechung stehen auf dem Standpunkt, dass Erfüllungsort gemäß § 29 Abs. 1 ZPO, § 269 Abs. 1 BGB jedenfalls dann der Wohnsitz des Arbeitnehmers ist, wenn er von dort aus seine Reisetätigkeit ausübt, sog. Domizillösung,

BAG 12.6.1986, AP Art. 5 Brüsseler Abkommen Nr. 1; BAG, 3.11.1993, BB 1993, 2356; BAG 23.7.1997 – 5 AS 19/87, n.v.; ArbG Hanau 20.7.1995, NZA-RR 1996, 67; ArbG Hagen 28.4.1998, EzA § 29 ZPO Nr. 1; BAG 6.11.1998 – 5 AS 30/97, AE 1999, 120; LAG Nürnberg 27.8.1998, AE 1999, 120; LAG Nürnberg 24.11.1998, AE 1999, 119; ArbG Berlin 12.5.1998, AE 1998, 361; ArbG Solingen 24.3.1993, NZA 1994, 418; ArbG Augsburg 23.7.1998, AE 1998, 363; *Thomas/Putzo*, § 29 ZPO Rn 6.

Bei Außendienstmitarbeitern kommt es also darauf an, ob sie ihre Reisetätigkeit von ihrem Wohnsitz aufnehmen. In diesen Fällen befürworten das BAG und die ihm folgende Rechtsprechung einen einheitlichen Gerichtsstand des Erfüllungsortes am Wohnsitz des Arbeitnehmers.

Die klägerische Partei hat ihre Arbeitsleistung täglich von ihrem Wohnsitz aus aufgenommen und dabei zusätzlich einen Tag in der Woche die Bürotätigkeit am Wohnsitz ausgeübt. Hierzu hat die beklagte Partei der klägerischen Partei einen Computer, einen Internet- und Telefonanschluss nach Hause, einen Schreibtisch und sonstige Büromittel zur Verfügung gestellt.

Beweis:

Der klägerischen Partei wurde sogar ein Mietzuschuss für die Benutzung eines Arbeitszimmers in seiner Wohnung als Außenstelle der Firma gezahlt.

Beweis:

Auch das ArbG Lörrach,

5.3.2002 – 5 Ca 16/02, AE 2003, 36,

folgt nunmehr einem Appell des BAG in seinem Beschluss

6.1.1998 – 5 AS 24/97, n.v.,

in dem es u.a. heißt, „es sei wünschenswert, dass gerade auch in Fragen der rechtlichen Zuständigkeit die höchstrichterliche Rechtsprechung befolgt werde". Das ArbG Lörrach ist der Auffassung, das gegenwärtige Hin und Her sei für den rechtsuchenden Außendienstmitarbeiter unerträglich und gab seine bisherige, vom BAG abweichende Rechtsauffassung auf.

VI. Bestandsschutzstreitigkeiten: Betriebsbedingte Kündigung

1. Muster: Mangelhafte soziale Auswahl

Aktenzeichen:
Gegner: RAe , zwei Abschriften anbei

---

[124] Die gegenteilige Auffassung (Sitz des Arbeitgebers), die ebenfalls in der Rechtsprechung vertreten wird, ist im Muster 6978 (§ 6 Rn 536) wiedergegeben. Generell sind Beschlüsse des Vorsitzenden über die örtliche Zuständigkeit des Arbeitsgerichts, namentlich Verweisungsbeschlüsse, unanfechtbar (§ 48 Abs. 1 Nr. 1 ArbGG, § 17 a Abs. 2 und 3 GVG). Allerdings hat das BVerfG (AP § 577 ZPO Nr. 4; ebenso BGH NJW 1995, 403) entschieden, dass Beschlüsse, die unter Verstoß gegen Art. 103 Abs. 1 GG oder den Gleichheitssatz aus Art. 3 Abs. 1 GG i.V.m. dem Rechtsstaatsprinzip ergangen sind, auch bei entsprechender Geltung von § 318 ZPO anfechtbar bleiben. Beschlüsse, die auf Willkür beruhen oder „greifbar gesetzeswidrig" sind, entfalten daher keine Bindungswirkung. Das LAG Rheinland-Pfalz (2.1.2001 – 5 Ta 1491/00, NZA-RR 2002, 216) hat entschieden, dass der Verweisungsbeschluss eines Arbeitsgerichts nicht bereits dann willkürlich ist, wenn das Gericht von der Ansicht des BAG abweicht, dass im Hinblick auf den Gerichtsstand des Erfüllungsortes bei Arbeitsverhältnissen von einem einheitlichen Erfüllungsort auszugehen sei und dass dies der Ort sei, an dem der Arbeitnehmer seine Arbeitsleistung zu erfüllen hat. Man wird deshalb davon ausgehen müssen, dass Verweisungsbeschlüsse, die der Rechtsauffassung folgen, die im Muster 6978 (§ 6 Rn 536) dargestellt wird, unanfechtbar sind.

In dem Rechtsstreit

■■■ ./. ■■■

weisen wir darauf hin, dass die Kündigung sozial nicht gerechtfertigt ist, da dringende betriebliche Erfordernisse fehlen und eine ordnungsgemäße Sozialauswahl nicht getroffen wurde, § 1 Abs. 2 Satz 1 KSchG.

Nach der ständigen Rechtsprechung des Bundesarbeitsgerichts unterliegt die Betriebsbedingtheit der Kündigung grundsätzlich der freien Unternehmerentscheidung, so dass es nicht Aufgabe der Gerichte für Arbeitssachen ist, unternehmerische Entscheidungen auf ihre Zweckmäßigkeit und Notwendigkeit hin zu überprüfen,

vgl. BAG 7.12.1978, EzA § 1 KSchG Betriebsbedingte Kündigung Nr. 10; 30.4.1987, EzA § 1 KSchG Betriebsbedingte Kündigung Nr. 47.

Es entspricht jedoch ebenso ständiger Rechtsprechung, dass es aufgrund des Wortlautes sowie nach dem Sinn und Zweck des § 1 Abs. 2 Satz 1 KSchG gerechtfertigt ist, das unternehmerische Gestaltungsermessen innerhalb bestimmter Grenzen gerichtlich zu überprüfen. Nach dem Wortlaut des Gesetzes müssen die betrieblichen Erfordernisse dringend sein. Im Merkmal der Dringlichkeit hat der das gesamte Kündigungsschutzrecht beherrschende Grundsatz der Verhältnismäßigkeit (ultima-ratio-Prinzip) eine gesetzliche Grundlage gefunden. Der gesetzlich anerkannte Grundsatz der Verhältnismäßigkeit gebietet es, die einer betriebsbedingten Kündigung zugrunde liegende Unternehmerentscheidung einer beschränkten Kontrolle zu unterwerfen.

Das Merkmal der Dringlichkeit bildet also eine Willkürschranke. In diesem Sinne unterliegen betriebsbedingte Kündigungen der tatrichterlichen Überprüfung. Nach ständiger Rechtsprechung darf der Arbeitgeber daher beispielsweise erst dann betriebsbedingte Kündigungen aussprechen, wenn er zuvor versucht hat, durch andere zumutbare technische, organisatorische oder wirtschaftliche Maßnahmen (z.B. durch Begründung von Teilzeitarbeitsverhältnissen, Abbau von Überstunden, Vorverlegung der Werksferien, Rationalisierungskündigungen) einen Personalabbau zu vermeiden,

vgl. BAG 20.2.1986, EzA § 1 KSchG Betriebsbedingte Kündigung Nr. 37; 7.12.78, EzA § 1 KSchG Betriebsbedingte Kündigung Nr. 10.

An solchen Maßnahmen hat es die beklagte Partei vermissen lassen:

■■■

Außerdem ist nicht ersichtlich und von der beklagten Partei auch nicht substantiiert vorgetragen, dass ein Überhang an Arbeitskräften besteht:

■■■

Außerdem ist eine ordnungsgemäße Sozialauswahl i.S.v. § 1 Abs. 3 KSchG unterblieben. Die Sozialauswahl soll sicherstellen, dass sozial schwächere Arbeitnehmer nur dann entlassen werden, wenn nicht eine Entlassung sozial stärkerer Arbeitnehmer an ihrer Stelle möglich ist. Die Durchführung der Sozialauswahl erfolgt anhand eines Vergleichs des wegfallenden Arbeitsplatzes mit denjenigen Arbeitsplätzen, die von der Rationalisierung nicht betroffen sind. In diesen Vergleich einbezogen werden jedoch nur Arbeitsplätze, die funktionell miteinander vergleichbar sind.

Der Vergleich erfolgt nach der ständigen Rechtsprechung in drei Ebenen:

1. Innerhalb der sog. horizontalen Ebene werden miteinander verglichen:
- die Berufsgruppen (Arbeiter/Angestellte),
- die verschiedenen Ausbildungsberufe (Kfz-Schlosser/Dreher) und
- die ausgeübten Tätigkeiten (bei Nichtausbildungsberufen bzw. bei Tätigkeit außerhalb des erlernten Berufes).

2. Innerhalb der sog. vertikalen Ebene sind nur die Arbeitsplätze austauschbar, auf denen Arbeitnehmer derselben Hierarchie beschäftigt sind (Meisterin/Meister; Gesellin/Geselle).

3. Innerhalb der räumlichen Ebene sind sämtliche Arbeitsplätze des Betriebes und nicht nur der betroffenen Abteilungen in die Sozialauswahl miteinzubeziehen. Der Begriff „Betrieb" ist in diesem Zusammenhang weit auszulegen,

BAG 3.12.1954, AP § 88 BetrVG Nr. 1.

Schließlich hat eine Auswahl nach sozialen Kriterien zu erfolgen, § 1 Abs. 3 Satz 1 KSchG. So sind in die Erwägungen des Arbeitgebers die Dauer der Betriebszugehörigkeit, das Lebensalter, die Unterhaltspflichten und die Schwerbehinderung einzustellen.

Eine an diesen Maßstäben vorzunehmende Auswahl kann nicht zur Kündigung der klägerischen Partei führen.

2. Muster: Verstoß gegen den Grundsatz „Änderungskündigung vor Beendigungskündigung"

Aktenzeichen: ▄▄▄

Gegner: RAe ▄▄▄, zwei Abschriften anbei

In dem Rechtsstreit

▄▄▄ ./. ▄▄▄

ist die Kündigung sozial ungerechtfertigt, weil die beklagte Partei die Möglichkeit einer Änderungskündigung nicht geprüft und keine Änderungskündigung anstelle der Beendigungskündigung vorgenommen hat, § 1 Abs. 3 KSchG.

Mit der Umbruchrechtsprechung des Bundesarbeitsgerichts vom 27.9.1984,

> EzA § 2 KSchG Nr. 5,

wurde das Rechtsprinzip begründet, dass die Änderungskündigung Vorrang vor der Beendigungskündigung hat.

Um diesem Grundsatz zu genügen, muss der Arbeitgeber vor Ausspruch der Beendigungskündigung prüfen, ob nicht eine Weiterbeschäftigung des Arbeitnehmers auch zu geänderten Arbeitsbedingungen möglich ist. Verfügt der Arbeitgeber noch über einen freien Arbeitsplatz, so hat er die konkrete Weiterbeschäftigungsmöglichkeit dem Arbeitnehmer darzulegen und ihm eine Überlegungsfrist von einer Woche einzuräumen. Gleichzeitig ist vom Arbeitgeber deutlich zu machen, dass im Falle der Ablehnung eine Beendigungskündigung ausgesprochen wird. Der Arbeitnehmer hat dann die Möglichkeit, endgültig abzulehnen oder unter dem Vorbehalt von § 2 KSchG das Angebot anzunehmen.

Auch wenn alle Arbeitsplätze besetzt sind, ist dadurch die Möglichkeit einer Änderungskündigung nicht völlig ausgeschlossen. Vielmehr ist es eine Frage der sozialen Auswahl nach § 1 Abs. 3 KSchG, ob der zu kündigende Arbeitnehmer sozial schwächer ist und deshalb eher als andere Arbeitsplatzinhaber der Weiterbeschäftigung bedarf,

> vgl. KR/*Rost*, § 2 KSchG Rn 103.

Unterlässt es der Arbeitgeber allerdings, ein zumutbares Änderungsangebot zu unterbreiten und macht der Arbeitnehmer im Kündigungsschutzprozess deutlich, dass er einem Angebot vorher zumindest unter dem Vorbehalt nach § 2 KSchG zugestimmt hätte, ist die Kündigung sozial ungerechtfertigt.

Wenn der Arbeitgeber über eine andere Beschäftigungsmöglichkeit verfügt, muss er nach der neueren Rechtsprechung des BAG zunächst eine Änderungskündigung aussprechen, bevor er zum Mittel der Beendigungskündigung greift,

> BAG 21.4.2005 – 2 AZR 244/04, NZA 2005, 2250.

Die beklagte Partei hat es unterlassen, der klägerischen Partei gegenüber zunächst eine Änderungskündigung zu erklären. Schon aus diesem Grund liegt ein Verstoß gegen den Verhältnismäßigkeitsgrundsatz vor, nämlich dem Arbeitnehmer zunächst eine Weiterbeschäftigung über eine Änderung der Arbeitsbedingungen zu gestatten und erst, wenn sich der Arbeitnehmer nicht einverstanden erklärt, zum Mittel der Beendigungskündigung zu greifen.

Gegen diese Grundsätze hat die beklagte Partei verstoßen: ▄▄▄

3. Muster: Keine Leistungsverdichtung

Die gegenüber dem Kläger ausgesprochene Kündigung ist sozial nicht gerechtfertigt. Die Kündigung ist nicht durch dringende betriebliche Erfordernisse bedingt, die einer Weiterbeschäftigung des Klägers im Betrieb des Beklagten entgegenstehen (§ 1 Abs. 2 Satz 1 KSchG).

Durch dringende betriebliche Erfordernisse bedingt ist eine Kündigung nur dann, wenn durch außerbetriebliche oder innerbetriebliche Gründe zum Zeitpunkt des Ablaufs der Kündigungsfrist ein Arbeitskräfteüberhang besteht, wodurch das Bedürfnis zur Weiterbeschäftigung des gekündigten Arbeitnehmers entfallen ist,

> vgl. BAG 30.5.1985, AP § 1 KSchG 1969 Betriebsbedingte Kündigung Nr. 24; BAG 26.6.1997, AP § 1 KSchG 1969 Betriebsbedingte Kündigung Nr. 86; LAG München 1.10.1999 – 10 Sa 324/99, n.v.

Dies ist vorliegend nicht der Fall.

Zu den innerbetrieblichen Gründen zählen alle betrieblichen Maßnahmen auf technischem, organisatorischem oder wirtschaftlichem Gebiet, durch die der Arbeitgeber seine Entscheidung über die der Geschäftsführung zugrunde liegende Unternehmenspolitik im Hinblick auf den Markt oder hinsichtlich der unternehmensinternen Organisation des Betriebes und der Produktion verwirklicht und die sich auf die Beschäftigungsmöglichkeiten auswirken,

> vgl. KR/*Etzel*, § 1 KSchG Rn 519 f.

Der Arbeitgeber trifft in diesen Fällen eine Unternehmerentscheidung, die zur Folge hat, dass ein Überhang von Arbeitskräften herbeigeführt wird und damit das Bedürfnis für die weitere Beschäftigung eines oder mehrerer Arbeitnehmer entfällt. Eine derartige Unternehmerentscheidung ist nicht auf ihre Zweckmäßigkeit und Notwendigkeit zu überprüfen, sondern nur daraufhin, ob sie offenbar unsachlich, unvernünftig oder willkürlich ist (sog. Willkürkontrolle),

vgl. BAG, AP § 1 KSchG 1969 Betriebsbedingte Kündigung Nr. 10; BAG, AP § 15 KSchG 1969 Nr. 36.

Jedoch ist weder die einzelne Kündigung selbst noch der bloße Entschluss des Arbeitgebers, die Arbeitnehmerzahl zu reduzieren, eine bindende Unternehmerentscheidung,

vgl. BAG NZA 1986, 823; BAG EzA § 2 KSchG Nr. 6.

Ansonsten könnte das KSchG keinen Bestandschutz gewähren. Vielmehr könnte der Arbeitgeber stets die ausgesprochene Kündigung damit verteidigen, die Kündigung selbst sei eine nicht zu überprüfende Unternehmerentscheidung und den gesetzlichen Kündigungsschutz damit außer Kraft setzen. Einem arbeitgeberseitigen Gestaltungsmissbrauch wäre Tür und Tor geöffnet,

vgl. BAG NZA 1986, 823; *Ascheid*, NZA 1991, 873.

Wenn der Arbeitgeber sich auf eine Unternehmerentscheidung beruft, hat er substantiiert darzulegen, welche unternehmerischen Maßnahmen er getroffen hat und wie sich diese Maßnahmen betrieblich auswirken. Der Arbeitgeber darf sich nicht nur auf pauschale Ausführungen und Leerformeln beschränken. Die ihm obliegende Darlegungslast erfordert eine konkrete, substantiierte und insoweit gerichtlich objektiv nachprüfbare Schilderung, wie die Durch- und Umsetzung der unternehmerischen Organisationsmacht zu einem Wegfall der bisherigen Beschäftigungsmöglichkeiten führt,

vgl. BAG NZA 1990, 734.

Es muss nachvollziehbar dargelegt werden, ob und wie sich durch die organisatorischen Maßnahme die Arbeitsmenge verändert hat und warum deshalb der oder die betreffenden Arbeitnehmer entbehrt werden können. Der Vortrag muss zu dem zwingenden Schluss führen, dass die Anzahl der Arbeitnehmer, die zur Erledigung bestimmter Aufgaben verpflichtet sind, größer ist, als die Menge der zu erledigenden Arbeit. Der bloße Wille, des Unternehmers rentabler zu arbeiten, oder der Umstand, dass Lohnkosten zu hoch sind und der Gewinn zu niedrig ist und der Arbeitgeber deshalb das Personal abbaut, rechtfertigen für sich keine betriebsbedingte Kündigung. Sie sind vielmehr kündigungsrechtlich ohne Bedeutung,

vgl. *Ascheid*, DB 1987, 1144; *Ascheid*, Kündigungsschutzrecht, Rn 244, 260; *Preis*, NZA 1995, 242.

Die beklagte Partei führt aus, sie habe eine unternehmerische Leistungsverdichtungsentscheidung getroffen. Mit diesem Vortrag hat sie sich bezüglich der Begründung der von ihr gegenüber dem Kläger ausgesprochenen Kündigung gebunden. Die Kündigung der beklagten Partei ist infolgedessen an den stringenten Prüfungsmaßstäben des BAG,

vgl. BAG 17.6.1999, NZA 1999, 1098; BAG NZA 1999, 1095; BAG NZA 1999, 1157; BAG 24.4.1997, AP § 1 KSchG Betriebsbedingte Kündigung Nr. 42,

zur Leistungsverdichtung zu messen.

Die aus dem Schriftsatz der beklagten Partei zu entnehmende Begründung steht in einem eklatanten Widerspruch zu den Anforderungen des BAG an eine leistungsverdichtende betriebsbedingte Kündigung. Soweit die beklagte Partei die Entscheidung des LAG Köln vom 7.11.1997, 11 Sa 1110/96, in Bezug nehmen will, gibt sie die verbindlichen, anerkannten Prüfungsgrundsätze des BAG zur Leistungsverdichtung aus prozesstaktischen Gründen lückenhaft wieder. Zwar hat auch das BAG in seinen drei Grundlagenentscheidungen vom 17.6.1999,

vgl. BAG 17.6.1999, NZA 1999, 1098; BAG NZA 1999, 1095; BAG NZA 1999, 1157,

den Grundsatz aufgestellt, dass die Entscheidung des Arbeitgebers, den Personalbestand auf Dauer zu reduzieren, zu den sog. unternehmerischen Maßnahmen gehört, die zum Wegfall von Arbeitsplätzen führen und damit den entsprechenden Beschäftigungsbedarf entfallen lassen können.

Jedoch hat das BAG mit Blick auf die Nähe der Unternehmerentscheidung zur Kündigungsentscheidung zugleich ausdrücklich klargestellt, dass eine solche Unternehmerentscheidung hinsichtlich ihrer organisatorischen Durchführbarkeit und hinsichtlich des Begriffs „Dauer" zu verdeutlichen ist, damit das Gericht prüfen kann, ob die Entscheidung im Sinne der Rechtsprechung zur betriebsbedingten Kündigung nach § 1 Abs. 2 KSchG nicht offensichtlich unsachlich, unvernünftig oder willkürlich ist. Der Kernleitsatz der Rechtsprechung lautet:

„Je näher die eigentliche Organisationsentscheidung an den Kündigungsentschluss rückt, umso mehr muss der Arbeitgeber durch Tatsachenvortrag verdeutlichen, dass ein Beschäftigungsbedürfnis für den Arbeitnehmer entfallen ist."

vgl. BAG 17.6.1999, BAG NZA 1999, 1095.

Dabei gelten nach der Rechtsprechung des BAG die Grundsätze der abgestuften Darlegungs- und Beweislast. Zunächst hat der Arbeitgeber darzulegen, dass und wie die vom ihm getroffene Maßnahme durchgeführt werden soll. Dann ist es

Sache des Arbeitnehmers vorzutragen, warum die getroffene Maßnahme offensichtlich unsachlich unvernünftig oder willkürlich sein soll. Alsdann hat sich der Arbeitgeber auf den Vortrag des Arbeitnehmers weiter einzulassen,

vgl. BAG 17.6.1999, NZA 1999, 1095.

Unterzieht man den Vortrag der beklagten Partei einer tiefer gehenden, an den vorstehenden Maßstäben ausgerichteten Würdigung, wird deutlich, dass die beklagte Partei der sie treffenden Beweislast nicht nachgekommen ist. Ihr Vortrag bewegt sich durchgängig an der Oberfläche, besteht aus plakativen, letzten Endes inhaltsleeren Sätzen und lässt ein tragfähiges sachliches, gerichtlich nachprüfbares Unternehmerkonzept nicht erkennen. Der Beklagtenvortrag ist unsubstantiiert. Im Einzelnen: ▪▪▪

4. Muster: Abfindungsanspruch nach § 1a Abs. 2 KSchG

Arbeitsgericht ▪▪▪

Klage

▪▪▪

– klägerische Partei –

Prozessbevollmächtigte: ▪▪▪

gegen

▪▪▪

– beklagte Partei –

wegen: Abfindung

Wir bestellen uns zu Prozessbevollmächtigten der klägerischen Partei, in deren Namen und Auftrag wir um kurzfristige Anberaumung eines Gütetermins bitten und beantragen werden, zu erkennen:

1. Die beklagte Partei wird verurteilt, ▪▪▪ EUR Abfindung nebst 5 % Zinsen über dem Basiszinssatz seit dem ▪▪▪ an die klägerische Partei zu zahlen.[125]
2. Sofern die beklagte Partei den Anspruch ganz oder teilweise anerkennt, wird beantragt, in Höhe des anerkannten Betrages ein Anerkenntnisurteil zu erlassen.
3. Die Berufung wird zugelassen.
4. Die Kosten des Rechtsstreits trägt die beklagte Partei.

Gründe:

I.

Zwischen den Parteien besteht seit dem ▪▪▪ ein Arbeitsverhältnis.

Beweis: Vorlage des Arbeitsvertrages in Kopie – Anlage K 1.

Mit Schreiben vom ▪▪▪ teilte die beklagte Partei dem Kläger mit, sie kündige das Arbeitsverhältnis gemäß § 1a KSchG aus betriebsbedingten Gründen. Sie teilte ferner mit, dass die klägerische Partei eine Abfindung nach Maßgabe des § 1a Abs. 2 KSchG erhalte, wenn er keine Kündigungsschutzklage gegen die betriebsbedingte Kündigung erhebe.

Beweis: Vorlage des Schreibens in Kopie – Anlage K 2.

Die klägerische Partei unternahm daraufhin nichts. Sie erhob weder Klage noch gab es eine weitergehende Korrespondenz oder Absprachen zwischen den Parteien.

Am ▪▪▪ endete das Arbeitsverhältnis. Die klägerische Partei hat bis auf den heutigen Tag den Abfindungsbetrag nicht erhalten.

II.

Durch die Hinnahme der Kündigung von Seiten der klägerischen Partei wurde das Arbeitsverhältnis zum ▪▪▪ beendet. § 1a KSchG enthält den Beendigungstatbestand eines gesetzlichen Schuldverhältnisses. Nicht nur allein durch die gestaltende Kündigungserklärung wird das Arbeitsverhältnis beendet, sondern durch die zusätzlich angebotene Abfindung, auf die der Arbeitnehmer im Rahmen eines gesetzlichen Schuldverhältnisses einen Anspruch hat, sobald er die Bedingung, Nichterhebung einer Kündigungsschutzklage, erfüllt hat. § 1a KSchG beinhaltet damit den ungewöhnli-

---

[125] Zu den beim Zahlungsantrag zu beachtenden Rechtsfragen siehe § 6 Rn 10 ff.

chen Fall, dass der Erklärungsempfänger durch Schweigen die Entstehung eines gesetzlichen Schuldverhältnisses auslösen kann.

Da Abfindungen nach ständiger Rechtsprechung mit dem Beendigungszeitpunkt fällig werden, sofern die Parteien nicht einen früheren Fälligkeitszeitpunkt festgelegt haben,

BAG 9.12.1987, NZA 1988, 329; LAG Düsseldorf 23.5.1989, NZA 1989, 850; LAG Köln DB 1984, 568,

wurde der Abfindungsbetrag zum ▬▬▬ fällig.

Das Rechtsschutzbedürfnis der klägerischen Partei wurde durch die Rechtsprechung insoweit verschärft, als der Abfindungsanspruch im Falle des Todes des anspruchsberechtigten Arbeitnehmers nur auf die Erben nach § 1922 Abs. 1 BGB übergeht, wenn der anspruchsberechtigte Arbeitnehmer das Ende des Arbeitsverhältnisses erlebt hat,

LAG Hamm 8.11.2005 – 19 Sa 1491/05, LAGE § 1a KSchG Nr. 3.

III.

Gemäß § 1a Abs. 2 KSchG errechnet sich der Abfindungsanspruch der klägerischen Partei wie folgt: ▬▬▬

VII. Bestandsschutzstreitigkeiten: Verhaltensbedingte Kündigung

1. Muster: Abmahnung vor verhaltensbedingter Kündigung

Vor Ausspruch einer verhaltensbedingten Kündigung ist nach ständiger Rechtsprechung des Bundesarbeitsgerichts gemäß dem Grundsatz der Verhältnismäßigkeit eine Abmahnung erforderlich,

BAG, AP § 626 BGB Nrn. 52, 62; BAG, AP § 124 GewO Nr. 1; Nr. 9 zu § 1 KSchG Verhaltensbedingte Kündigung; BAG 6.8.1981, DB 1982, 758.

Wegen der Hinweis-, Warn- und Dokumentationsfunktion muss daher grundsätzlich einer verhaltensbedingten Kündigung eine Abmahnung vorausgehen, bevor der Arbeitgeber kündigen darf. Dabei hat das LAG Hamm entschieden, dass eine Kündigung 9 Tage nach Ausspruch der Abmahnung eine zu kurze Bewährungszeit sei,

LAG Hamm 15.3.1983, BB 1983, 1858.

Die Kündigung und das in der Abmahnung missbilligte Verhalten müssen den gleichen Unrechtsgehalt haben, Kündigungsgründe und Inhalt der Abmahnung müssen dem gleichen arbeitsrechtlichen Pflichtenkreis zugeordnet werden können,

BAG 18.1.1980, EzA § 1 KSchG Verhaltensbedingte Kündigung Nr. 7; BAG 15.8.1984, EzA § 1 KSchG Nr. 40; BAG 27.2.1985 – 7 AZR 525/83, n.v.; LAG Köln 7.10.1987, LAGE § 1 KSchG Verhaltensbedingte Kündigung Nr. 15; *Bepler*, Fehler bei der Kündigung von Arbeitnehmern, Skriptum Bonner Anwaltsverein, S. 8.

Die Abmahnung muss schließlich erfolglos gewesen sein. Der Arbeitnehmer muss durch ein erneutes einschlägiges Fehlverhalten deutlich gemacht haben, dass bei ihm die Warnung des Arbeitgebers, die in der Abmahnung zum Ausdruck kam, nicht gefruchtet hat, so dass auch in Zukunft mit weiteren vergleichbaren Fehlverhaltensweisen gerechnet werden muss.

Die Abmahnung muss nicht schriftlich, sie muss auch nicht allein dem betroffenen Arbeitnehmer gegenüber erklärt worden sein, sie kann auch mündlich ausgesprochen werden und sie kann auch am Schwarzen Brett für alle Arbeitnehmer ausgehängt werden, etwa in dem Sinne, dass die Arbeitnehmer darauf hingewiesen werden, Schutzhelme zu tragen, andernfalls mit einer ordentlichen Kündigung gerechnet werden müsse,

Schaub/*Linck*, Arbeitsrechts-Handbuch, § 61 V.2. Rn 38.

Ist der Vertragsverstoß allerdings so, dass aus der Sicht eines verständigen Arbeitnehmers die Grundlagen für eine weitere Zusammenarbeit nachhaltig beeinträchtigt sind, bedarf es zur Kündigungsrechtfertigung keiner weiteren Prognose mehr, was künftige Fehlverhaltensweisen angeht; die Abmahnung ist verzichtbar. Wer seinen Arbeitgeber oder einen Vorgesetzten schwerwiegend oder nachhaltig beleidigt, wer mit Abrechnungsaufgaben betraut ist und sie grob fahrlässig unsorgfältig mit erheblichen Vermögensgefahren für den Arbeitgeber schlecht erfüllt, oder wer Arbeitsunfähigkeit vortäuscht und Lohnfortzahlung in Anspruch nimmt, ohne krank zu sein, der beseitigt normalerweise ohne weiteres die Basis für die weitere Zusammenarbeit. Wer Vermögensinteressen des Arbeitgebers wahrzunehmen hat, diese bewusst mit Schaden für den Arbeitgeber vernachlässigt, wer Provisions- oder Spesenabrechnungen fälscht, dem kann wirksam gekündigt werden, ohne dass es einer vorangegangenen, abgemahnten Pflichtwidrigkeit im gleichen Pflichtenkreis bedarf,

BAG 29.7.1976, EzA § 1 KSchG Nr. 34; BAG 18.1.1980, EzA § 1 KSchG Verhaltensbedingte Kündigung Nr. 7; BAG 18.11.1986, EzA § 611 BGB Abmahnung Nr. 4; BAG 30.6.1983, EzA § 1 KSchG Tendenzbetrieb Nr. 14.

Eine an diesen Grundsätzen ausgerichtete Abmahnung hat die beklagte Partei vor Ausspruch der verhaltensbedingten Kündigung nicht erteilt.

2. Muster: Darlegungslast beim Low-Performer

Beim sog. Low-Performer hat das BAG die Darlegungs- und Beweislast wie folgt verteilt: Zunächst hat der Arbeitgeber im Rahmen der abgestuften Darlegungslast die behaupteten Minderleistungen des Arbeitnehmers vorzutragen. Danach muss der Arbeitnehmer erläutern, warum er trotz unterdurchschnittlicher Leistungen seine Leistungsfähigkeit ausschöpft oder woran die Störung des Leistungsgleichgewichts liegen könnte und ob in Zukunft eine Besserung zu erwarten ist,

BAG 3.6.2004 – 4 AZR 386/03, BB 2005, 48.

Liegen nach dem unstreitigen Parteivorbringen keine verhaltensbedingten Gründe für die Erfolglosigkeit des Arbeitnehmers vor, ist zu prüfen, ob die Erfolglosigkeit des Arbeitnehmers auf personenbedingten Gründen basiert, der Arbeitnehmer mithin nicht in der Lage ist, die von sonstigen Arbeitnehmern mühelos gezeigten Leistungen ebenfalls zu erbringen.

3. Muster: Kündigungsverzicht durch Abmahnung des gleichen Sachverhalts

Aktenzeichen: ▪▪▪
Gegner: RAe ▪▪▪, zwei Abschriften anbei
In dem Rechtsstreit

▪▪▪ ./. ▪▪▪

tragen wir weiterhin vor, dass die Kündigung auch deshalb unwirksam ist, weil der gleiche, zum Gegenstand der Kündigung erhobene Sachverhalt bereits von der beklagten Partei durch eine Abmahnung sanktioniert wurde und damit zugleich nach ständiger Rechtsprechung ein Kündigungsverzicht für diesen Sachverhalt ausgesprochen wurde.

Die Rechtsprechung zum Verhältnis zwischen Abmahnung und Kündigung ist komplex, die Rechtslage stellt sich derzeit wie folgt dar:

1. Im individualrechtlichen Bereich kann der Arbeitgeber mit der Abmahnung die Voraussetzung für eine eventuelle spätere Kündigung schaffen wollen, indem er für die Zukunft vertragsgerechtes Verhalten fordert und für den Fall weiterer Vertragsverletzungen individualrechtliche Konsequenzen in Aussicht stellt (Warnfunktion),

BAG 30.1.1979, AP § 87 BetrVG 1972 Betriebsbuße Nr. 2 = NJW 1980, 856 L; BAG 18.1.1980, AP § 1 KSchG 1969 Verhaltensbedingte Kündigung Nr. 3; 15.1.1986, BAGE 50, 362 = NJW 1986, 1777 = NZA 1986, 421 = AP § 611 BGB Fürsorgepflicht Nr. 96; *Hunold*, BB 1986, 2050; KR/*Fischermeier*, § 626 BGB Rn 256; Stahlhacke/Preis/*Vossen/Preis*, Rn 6.

Durch das Erfordernis einer vergeblich gebliebenen Abmahnung vor Ausspruch einer verhaltensbedingten Kündigung, insbesondere bei Störungen im Leistungsbereich, soll der mögliche Einwand des Arbeitnehmers ausgeräumt werden, er habe die Pflichtwidrigkeit seines Verhaltens nicht gekannt oder jedenfalls damit rechnen müssen, der Arbeitgeber sehe dieses Verhalten als so schwerwiegend an, dass er zu kündigungsrechtlichen Konsequenzen greifen werde,

BAG 18.11.1986, NZA 1987, 418 = AP § 1 KSchG 196, Verhaltensbedingte Kündigung Nr. 17 (zu II 5); KR/*Fischermeier*, § 626 BGB Rn 256; Stahlhacke/Preis/*Vossen/Preis*, Rn 1172 ff.

2. Hiervon zu unterscheiden ist die Wahrnehmung des dem Arbeitgeber zustehenden vertraglichen Rügerechts, mit dem ausdrücklich nur eine Gläubigerfunktion geltend gemacht werden soll,

vgl. BAG 6.8.1981, AP § 37 BetrVG 1972 Nr. 40.

Insoweit, als Vertragsrüge, dient die Abmahnung – auch ohne Androhung möglicher Konsequenzen – nicht vornehmlich der Vorbereitung einer Kündigung, sondern sie ist eine Sanktion auf ein vertragswidriges Verhalten. In der Entscheidung vom 30.1.1979,

BAG 30.1.1979, AP § 87 BetrVG 1972 Betriebsbuße Nr. 2,

wird insoweit ausgeführt, die Kündigung sei die stärkste individualrechtliche Maßnahme, die Abmahnung demgegenüber das mildere Mittel. Insofern geht die Abmahnung nach dem Grundsatz der Verhältnismäßigkeit der Kündigung vor, da die Kündigung nur erforderlich ist, wenn andere Mittel nicht mehr ausreichen,

BAG, AP § 1 KSchG 1969, Verhaltensbedingte Kündigung Nr. 3; KR/*Fischermeier,* § 626 BGB Rn 255; Stahlhacke/Preis/*Vossen/Preis,* Rn 8; *Hunold,* BB 1986, 2052; *Löwisch,* KSchG, § 1 Rn 89, 90.

3. Nach ständiger Rechtsprechung des BAG ist bei Störungen im Leistungsbereich regelmäßig vor Ausspruch einer Kündigung eine vergebliche Abmahnung mit ausreichender Warnfunktion erforderlich,

BAG 18.1.1980, AP § 1 KSchG 1969 Verhaltensbedingte Kündigung Nr. 3; BAG 9.8.1984, NJW 1985, 823 = NZA 1985, 124 = AP § 1 KSchG 1969 Verhaltensbedingte Kündigung Nr. 12 (zu III 1 a); 15.8.1984, BAGE 46, 163 (170) = NJW 1985, 2158,

was insbesondere auch für verhaltensbedingte Gründe mit Auswirkungen im Leistungsbereich gilt,

BAG 9.8.1984, NZA 1985, 124 = NJW 1985, 823; KR/*Hillebrecht,* § 626 BGB Rn 109; Stahlhacke/Preis/*Vossen/Preis,* Rn 8.

Auch bei einem Fehlverhalten im Vertrauensbereich bedarf es dann einer vorherigen erfolglosen Abmahnung, wenn der Arbeitnehmer mit vertretbaren Gründen annehmen konnte, sein Verhalten sei nicht vertragswidrig oder werde vom Arbeitgeber zumindest nicht als ein erhebliches, den Bestand des Arbeitsverhältnisses gefährdendes Fehlverhalten angesehen,

BAG 30.6.1983, NJW 1984, 1917 = AP Art. 140 GG Nr. 15 (zu IV. 1.).

4. Mahnt der Arbeitgeber den Arbeitnehmer wegen eines bestimmten Verhaltens ab, so schließt dies eine spätere Kündigung, die auf den gleichen, dem Arbeitgeber bereits zum Zeitpunkt der Erteilung der Abmahnung bekannten Sachverhalt gestützt wird, grundsätzlich aus und zwar unabhängig davon, ob sie als Sanktion gedacht war oder hierdurch die Warnfunktion erfüllt werden sollte. Dieser Grundsatz gilt ausnahmsweise nicht, wenn der Abmahnung nach dem Empfängerhorizont zu entnehmen ist, dass sich der Kündigungsberechtigte das Recht zur Kündigung wegen des gerügten Fehlverhaltens unter bestimmten Voraussetzungen doch noch vorbehält. In diesem Sinne entschied das LAG Schleswig-Holstein, dass sich allein aus der Abmahnung nach Androhung einer Krankschreibung wegen verweigerter Urlaubsverlängerung kein wirksamer Verzicht auf eine verhaltensbedingte Kündigung ergebe,

LAG Schleswig-Holstein 19.10.2004 – 5 Sa 279/04, DB 2005, 340.

a) Willenserklärungen des Arbeitgebers sind nach dem Empfängerhorizont auszulegen. Wer „letztmalig" abgemahnt wird, fasst das nach üblichem Sprachgebrauch nicht so auf, die Letztmaligkeit ergebe sich aus der kurz darauf nachfolgenden, auf den gleichen Grund gestützten und zu erwartenden Kündigung, sondern weil er annimmt, bei einem nochmaligen Verstoß würden andere Sanktionen folgen.

b) Der Kündigungsberechtigte kann sowohl bei der ordentlichen als auch bei der außerordentlichen Kündigung auf ein auf bestimmte Gründe gestütztes und konkret bestehendes Kündigungsrecht verzichten,

KR/*Fischermeier,* § 626 BGB Rn 61 ff.; Staudinger/*Neumann,* § 626 BGB Rn 64.

Der Verzicht auf ein entstandenes Kündigungsrecht ist ausdrücklich oder konkludent durch eine empfangsbedürftige Willenserklärung des Kündigungsberechtigten möglich. Vor Ablauf der Ausschlussfrist des § 626 Abs. 2 BGB ist ein Verzicht nur dann anzunehmen, wenn der Kündigungsberechtigte eindeutig seine Bereitschaft zu erkennen gibt, das Arbeitsverhältnis fortzusetzen,

Staudinger/*Neumann,* § 626 BGB Rn 64; KR/*Fischermeier,* § 626 BGB Rn 61 ff.; einschränkend MüKo-BGB/*Schwerdtner,* § 626 Rn 53, 54.

Dagegen erlischt das Kündigungsrecht durch konkludenten Verzicht insgesamt, wenn der Kündigungsberechtigte wegen des ihm bekannten Kündigungssachverhalts eine Ermahnung oder Abmahnung ausspricht, sofern sich die für die Kündigung maßgebenden Umstände später nicht noch ändern,

so ausdrücklich schon BAG 31.7.1986 – 2 AZR 559/85 (zu II 2 a), n.v.; Staudinger/*Neumann* und KR/*Fischermeier,* jeweils a.a.O.

c) Der Arbeitgeber gibt durch eine Abmahnung außerdem kund, er sehe das Arbeitsverhältnis noch nicht als so gestört an, dass ihm eine weitere Zusammenarbeit mit dem Arbeitnehmer nicht mehr möglich sei. Nach § 1 KSchG ist eine Kündigung nur dann gerechtfertigt, wenn Gründe vorliegen, die einer Weiterbeschäftigung des Arbeitnehmers entgegenstehen, was nach herrschender Auffassung bei allen Kündigungsgründen festzustellen ist,

vgl. BAG 5.8.1976, AP § 1 KSchG 1969, Krankheit Nr. 1 A (zu II 3 b): Hier wird wegen der Frage der Weiterbeschäftigung auf BAG, AP § 1 KSchG Betriebsbedingte Kündigung Nr. 22 verwiesen; BAG 27.9.1984, BAGE 47, 26 = NJW 1985, 1797 = NZA 1985, 455 = AP § 2 KSchG 1969 Nr. 8; *Herschel,* FS Schnorr v. Carolsfeld, S. 170; Herschel/*Löwisch,* § 1 Rn 138.

Damit ist die negative Prognose Voraussetzung für die einseitige Auflösung des Arbeitsverhältnisses durch eine Kündigung, die eines rechtfertigenden Grundes bedarf,

vgl. *Preis*, Prinzipien des Kündigungsrechts, S. 332; *Herschel*, FS Schnorr v. Carolsfeld, S. 202.

Die negative Prognose kann der Arbeitgeber nur mit dem Vortrag begründen, in Zukunft sei mit weiteren Störungen zu rechnen. Regelmäßig liegen diese Voraussetzungen nur dann vor, wenn der Arbeitnehmer nach einer vorangegangenen Abmahnung sein beanstandetes Verhalten weiter fortsetzt. Andererseits zeigt ein Arbeitgeber, der abmahnt, dass ihm eine abschließende negative Prognose noch nicht möglich ist. Hat er das aber selbst durch eine Abmahnung zu erkennen gegeben, dann kann er eine spätere negative Prognose nur durch neue Tatsachen belegen, und zwar auch durch solche, die bei der Abmahnung zwar schon vorlagen, ihm aber noch nicht bekannt waren. Die Abmahnung führt demgemäß nur hinsichtlich der zum Zeitpunkt ihrer Erteilung vorliegenden und bekannten Gründe zum Verzicht auf das Kündigungsrecht. Treten weitere Gründe hinzu oder werden sie erst nach der Abmahnung bekannt, dann kann zur Begründung der Kündigung auch unterstützend auf die abgemahnten Gründe zurückgegriffen werden, sofern und soweit sie auch ohne Abmahnung oder aufgrund einer früheren Abmahnung, die die Warnfunktion erfüllt, erheblich sind.

4. Muster: Ungenauigkeiten bei Spesen und Reisekosten

306

Will sich ein Arbeitgeber von einem Arbeitnehmer trennen, geschieht es häufig, dass in Ermangelung eines Kündigungsgrundes ein verhaltensbedingter Kündigungsgrund gesucht wird. Meist beauftragt die Unternehmensleitung oder die Personalabteilung die Revision, den Wirtschaftsprüfer oder einen Steuerberater, nach Ungenauigkeiten im Bereich der Reisekostenabrechnung oder der Spesenabrechnung zu suchen. Die bei solchen Gelegenheiten zutage geförderten Ungenauigkeiten, Unklarheiten oder Fehler bei der Abrechnung durch den Arbeitnehmer werden dann zum Anlass für eine verhaltensbedingte ordentliche Kündigung genommen. Grundsätzlich ist zwar in der Rechtsprechung anerkannt, dass der Arbeitnehmer seine Reisekosten- und Spesenabrechnung stets korrekt beim Arbeitgeber einreichen muss. Alle Unregelmäßigkeiten im Zusammenhang mit der Zeiterfassung, Reisekostenabrechnung, das vorsätzliche falsche Ausstellen von Dokumentationen und Formularen können ebenso wie sonstige unrichtige Angaben an Tätigkeitsberichten grundsätzlich eine Kündigung rechtfertigen,

BAG 24.11.2005 – 2 AZR 39/05, NZA 2006, 484; LAG Berlin 27.6.1996 – 8 (2) Sa 592/68, BB 1969 834; ArbG Frankfurt 24.7.2001 – 5 Ca 6603/00, NZA-RR 2002, 133.

Allerdings besagt die neuere Rechtsprechung auch, dass bei zweifelhaften Spesen- und Reisekostenabrechnungen des Arbeitnehmers dem Arbeitgeber nicht stets ein Kündigungsgrund für eine verhaltensbedingte ordentliche Kündigung zur Seite steht. Auch die Gerichte haben erkannt, dass im Bereich der Spesenabrechnung häufig Kündigungsgründe gezielt gesucht werden, wenn dem Arbeitgeber keine Gründe zur Entlassung eines Arbeitnehmers zur Verfügung stehen. Der Schutz, der dem Arbeitnehmer durch die Regelung des Kündigungsschutzgesetzes zuteil werden soll, wird in solchen Fällen umgangen.

Eine verhaltensbedingte ordentliche Kündigung ist gemäß § 1 Abs. 2 KSchG sozial gerechtfertigt, wenn Vertragspflichtverletzungen des Arbeitnehmers vorliegen, die bei verständiger Würdigung unter Abwägung der Interessen beider Vertragsteile eine Beendigung des Arbeitsverhältnisses als billigenswert und angemessen erscheinen lassen,

BAG 21.5.1992 – 2 AZR 10/92, AP § 1 KSchG Verhaltensbedingte Kündigung Nr. 29.

Im Regelfall setzt eine verhaltensbedingte Kündigung nicht nur eine objektive und rechtswidrige Vertragspflichtverletzung, sondern darüber hinaus auch ein schuldhaftes vorwerfbares Verhalten des Arbeitnehmers voraus. Macht der Arbeitnehmer geltend, dass er von der Rechtmäßigkeit seines Verhaltens ausgegangen ist, kann verschuldensverneinend sein, weil ein nicht vermeidbarer Verbotsirrtum vorliegt,

BAG 14.2.1996 – 2 AZR 274/95, AP § 626 BGB Verdacht strafbarer Handlung Nr. 26.

Das LAG Niedersachsen,

15.6.2004 – 13 Sa 1681/03, NZA-RR 2004, 574,

stellte zwar klar, dass fehlerhafte Angaben zu Reisezeiten, die als Arbeitszeit gewertet werden, grundsätzlich einen Kündigungsgrund darstellen, weist aber zudem darauf hin, dass eine Abmahnung dann nicht entbehrlich sei, wenn es sich nur um eine fahrlässige Pflichtverletzung handele. Macht der Arbeitnehmer bei einer verhaltensbedingten Kündigung wegen falscher Abrechnung fiktiver Reisekosten geltend, dass er von der Rechtmäßigkeit seines Verhaltens ausgegangen ist, kann Verschulden zu verneinen sein, weil ein nicht vermeidbarer Verbotsirrtum vorliegt. War der Irrtum vermeidbar, ist Fahrlässigkeit und damit Verschulden gegeben. Irrtum und Grad der Fahrlässigkeit sind jedoch im Rahmen der Interessenabwägung zu berücksichtigen. Liegt nur eine fahrlässige Pflichtverletzung vor, kann auf das Erfordernis der Abmahnung nicht verzichtet werden,

LAG Niedersachsen 15.6.2004 – 13 Sa 1681/03, NZA-RR 2004, 574.

Schlussfolgerung aus der Entscheidung der 13. Kammer des LAG Niedersachsens,

LAG Niedersachsen 15.6.2004 – 13 Sa 1681/03, NZA-RR 2004, 574,

ist somit, dass ohne vorherige Abmahnung eine verhaltensbedingte Kündigung nicht auf einen Reisekosten- oder Spesenbetrug bzw. eine fehlerhafte Abrechnung gestützt werden kann, wenn dem Arbeitnehmer eine lediglich fahrlässige Verhaltensweise vorzuwerfen ist.

■■■

5. Muster: Verwertungsverbot von Informationen aus versteckt angebrachter Videokamera[126]

Die Aufzeichnung des Verhaltens von Arbeitnehmern mit einer versteckt installierten Videokamera stellt einen rechtswidrigen Eingriff in das grundrechtlich geschützte Persönlichkeitsrecht dar, Art. 1 Abs. 1, Art. 2 Abs. 1 GG. Dies führt dazu, dass dieses Beweismittel und alle anderen darauf basierenden Erkenntnisquellen im Rechtsstreit nicht verwertet werden dürfen,

BVerfG 19.12.1991, NJW 1992, 815.

Ob ein unzulässiger Eingriff in das Persönlichkeitsrecht vorliegt, ergibt sich aus einer Abwägung der widerstreitenden Interessen,

BAG 7.10.1987, NZA 1988, 92; BGH 25.4.1995, AP § 611 BGB Persönlichkeitsrecht Nr. 25.

Nach dem Verhältnismäßigkeitsgrundsatz abzuwägen sind dabei das Eigentumsrecht auf der einen und das Persönlichkeitsrecht auf der anderen Seite. Das Interesse des Arbeitgebers rechtfertigt den Einsatz von verdeckten Kameras nur dann, wenn dies die einzige Möglichkeit ist, das legitime Eigentumsinteresse des Arbeitgebers zu wahren und weniger weit reichende Mittel nicht zur Verfügung stehen. Ein solches weniger weit reichendes Mittel ist das Aufstellen sichtbarer Kameras, denn mit dieser sichtbaren Aufstellung von Kameras ist der Eigentumsschutz effektiver zu erreichen. Diebstähle werden regelmäßig nur dann begangen, wenn die Chance besteht, unerkannt zu bleiben,

LAG Köln 30.8.1996, BB 1997, 476.

VIII. Bestandsschutzstreitigkeiten: Personenbedingte Kündigung

1. Muster: Kündigung bei Krankheit

Aktenzeichen: ■■■

Gegner: RAe ■■■, zwei Abschriften anbei

In dem Rechtsstreit

■■■ ./. ■■■

hat die beklagte Partei die Anforderungen, die in der Rechtsprechung an eine wirksame personenbedingte Kündigung wegen Krankheit gestellt werden, verkannt.

Die Sozialwidrigkeit einer wegen Krankheit ausgesprochenen ordentlichen Kündigung des Arbeitgebers ist in drei Stufen zu prüfen:

1. Zunächst ist eine negative Gesundheitsprognose erforderlich. Zum Zeitpunkt des Zugangs der Kündigung müssen objektive Tatsachen vorliegen, die die Besorgnis weiterer Erkrankungen im bisherigen Umfang rechtfertigen. Häufige Kurzerkrankungen in der Vergangenheit können für ein entsprechendes Erscheinungsbild in der Zukunft sprechen. Dann darf der Arbeitgeber sich zunächst darauf beschränken, die Indizwirkung entfaltenden Fehlzeiten in der Vergangenheit darzulegen. Daraufhin muss der Arbeitnehmer gemäß § 138 Abs. 2 ZPO darlegen, weshalb mit einer baldigen Genesung zu rechnen sei. Dieser prozessualen Mitwirkungspflicht genügt er bei unzureichender ärztlicher Aufklärung oder Kenntnis von seinem Gesundheitszustand schon dann, wenn er die Behauptung des Arbeitgebers bestreitet und die ihn behandelnden Ärzte von der Schweigepflicht entbindet,

---

[126] Die entgegengesetzte Rechtsauffassung wird im Muster 6852 § 6 Rn 473 dargestellt.

BAG 23.6.1983, BAGE 43, 129 = AP § 1 KSchG 1969, Krankheit Nr. 10 = NJW 1984, 1836; BAG 7.11.1985, NZA 1986, 359 = NJW 1986, 2392; NJW 1989, 3299; kritisch KR/*Etzel*, § 1 KSchG Rn 333.

2. Die prognostizierten Fehlzeiten sind nur dann geeignet, eine krankheitsbedingte Kündigung sozial zu rechtfertigen, wenn sie zu einer erheblichen Beeinträchtigung der betrieblichen Interessen führen. Diese Beeinträchtigung ist Teil des Kündigungsgrundes. Damit ist klargestellt, dass die unzumutbare Belastung des Betriebes nicht bereits zum Kündigungsgrund gehört,

BAG 7.11.1985, NZA 1986, 359 = NJW 1986, 2392.

Hierbei kommen zwei Arten von Beeinträchtigungen betrieblicher Interessen in Betracht:

a) Wiederholte kurzfristige Ausfallzeiten des Arbeitnehmers können zu schwerwiegenden Störungen im Produktionsprozess wie Stillstand von Maschinen, Rückgang der Produktion wegen kurzfristig eingesetzten, erst einzuarbeitenden Ersatzpersonals, Überlastung des verbliebenen Personals oder Abzug von an sich benötigten Arbeitskräften aus anderen Arbeitsbereichen führen (Betriebsablaufstörungen). Solche Störungen sind nur dann als Kündigungsgrund geeignet, wenn sie nicht durch mögliche Überbrückungsmaßnahmen vermieden werden können.

Hierzu gehören Maßnahmen, die anlässlich des konkreten Ausfalls eines Arbeitnehmers ergriffen werden, wie die Neueinstellung einer Aushilfskraft, aber auch der Einsatz eines Arbeitnehmers aus einer vorgehaltenen Personalreserve. Die Möglichkeit der Einstellung von Aushilfskräften ist bei Kurzerkrankungen gegenüber Langzeiterkrankungen eingeschränkt,

BAG 23.6.1983, BAGE 43, 129 = NJW 1984, 1836.

Können und werden auf diese Weise Ausfälle überbrückt, so liegt bereits objektiv keine erhebliche Betriebsablaufstörung und damit insoweit kein zu sozialer Rechtfertigung geeigneter Grund vor. Ist eine Betriebsablaufstörung mit den geschilderten Mitteln nicht zu vermeiden, so gehört zum Kündigungsgrund, dass die Störung erheblich ist. Ist dies der Fall, so ist in der dritten Stufe bei der Interessenabwägung zu prüfen, ob weitergehende Überbrückungsmaßnahmen zur Behebung der Störung dem Arbeitgeber zumutbar sind,

BAG 15.2.1984, BAGE 45, 146 = NZA 1984, 86; 7.11.1985, NJW 1986, 2392 = NZA 1986, 359.

b) Ein zur sozialen Rechtfertigung einer Kündigung geeigneter Grund kann auch eine erhebliche wirtschaftliche Belastung des Arbeitgebers sein. Davon ist auszugehen, wenn mit immer neuen beträchtlichen krankheitsbedingten Fehlzeiten des Arbeitnehmers und entsprechenden Mehraufwendungen für die Beschäftigung von Aushilfskräften zu rechnen ist. Das gilt auch für außergewöhnlich hohe Lohnfortzahlungskosten, die für jährlich jeweils einen Zeitraum von mehr als 6 Wochen aufzuwenden sind. Dabei ist nur auf die Kosten des Arbeitsverhältnisses und nicht auf die Gesamtbelastung des Betriebes mit Lohnfortzahlungskosten abzustellen,

BAG 23.6.1983, BAGE 43, 129; 15.2.1984, 45, 146 = NZA 1984, 86.

3. a) Liegt nach den vorstehenden Grundsätzen eine erhebliche betriebliche oder wirtschaftliche Beeinträchtigung betrieblicher Interessen vor, so ist in einer dritten Stufe im Rahmen der nach § 1 Abs. 2 Satz 1 KSchG gebotenen Interessenabwägung zu prüfen, ob diese Beeinträchtigungen aufgrund der Besonderheit des Einzelfalles vom Arbeitgeber noch hinzunehmen sind oder ein solches Ausmaß erreicht haben, dass sie ihm nicht mehr zuzumuten sind. Bei der Interessenabwägung ist allgemein zu berücksichtigen, ob die Erkrankungen auf betriebliche Ursachen zurückzuführen sind, ob bzw. wie lange das Arbeitsverhältnis zunächst ungestört verlaufen ist, ferner das Alter und der Familienstand des Arbeitnehmers,

BAG 23.6.1983, BAGE 43, 129; 15.2.1984, BAGE 45, 146.

b) In der dritten Stufe ist ferner zu prüfen, ob es dem Arbeitgeber zumutbar ist, die erheblichen betrieblichen Beeinträchtigungen durch an sich mögliche weitere Überbrückungsmaßnahmen zu verhindern.

aa) Dies gilt zunächst für die Betriebsablaufstörungen. Sie können insbesondere in kleinen Betrieben zu erheblichen Belastungen führen, wenn durch das wiederholte, nicht voraussehbare Fehlen eines Arbeitnehmers der Personaleinsatz kurzfristig verändert werden oder der Arbeitsplatz zeitweise unbesetzt bleiben muss. Hält der Arbeitgeber eine Personalreserve vor, durch die der konkrete Ausfall des Arbeitnehmers ohne Umsetzungen oder andere organisatorische Maßnahmen überbrückt werden kann, so fehlt es, wie bereits ausgeführt, an einer Betriebsablaufstörung und damit an einem Kündigungsgrund. Erst wenn die vorhandene Personalreserve nicht ausreicht, ist zu prüfen, ob etwa die Einstellung einer Aushilfskraft oder das Vorhalten einer größeren Personalreserve zumutbar ist. Vermeidet der Arbeitgeber bereits durch die vorgehaltene Personalreserve weitgehend Betriebsablaufstörungen, so sind von ihm weniger Überbrückungsmaßnahmen zu verlangen,

BAGE 45, 146; BAG NZA 1986, 359.

bb) Die Vorhaltung einer Personalreserve ist bei der Beurteilung der Zumutbarkeit der Belastung des Arbeitgebers mit erheblichen Lohnfortzahlungskosten ebenfalls zu seinen Gunsten zu berücksichtigen. Der zweite Senat hat in dem Urteil BAGE 45, 146 zunächst ausgeführt, ganz erheblich für die Frage, wann Lohnfortzahlungskosten eine Kündigung rechtfertigen, sei auch ein Vergleich mit Arbeitnehmern, die eine vergleichbare Arbeit unter ähnlichen Bedingungen verrichten. Sei auch bei den Kollegen die Quote der krankheitsbedingten Ausfälle besonders hoch, dann könne nur eine ganz erheblich höhere Ausfallquote eine Kündigung rechtfertigen, und dies auch nur, wenn Überbrückungsmaßnahmen nicht erfolgreich oder nicht zumutbar gewesen seien. Dies bedeutet jedoch nicht, dass stets neben den Lohnfortzahlungskosten als Voraussetzung für eine unzumutbare Belastung auch noch Betriebsablaufstörungen oder weitere belastende Auswirkungen vorliegen müssten. Wie sich aus den Ausführungen des zweiten Senats im Urteil vom 16.2.1989 (NJW 1989, 3300) ergibt, stellt im Bereich der wirtschaftlichen Beeinträchtigung die Aufwendung erheblicher Kosten, um eine bestimmte, auf Erfahrungsregeln beruhende krankheitsbedingte Fehlquote durch eine Personalreserve abzudecken, eine Maßnahme dar, die als zusätzlicher weiterer Umstand (im dortigen Fall kommen noch weitere Beeinträchtigungen hinzu: Freihaltung des Arbeitsplatzes über mehrere Jahre hinweg trotz von Anfang an aufgetretener Fehlzeiten, Ablehnung von Gesprächen zur Prüfung eines anderweitigen Einsatzes durch den Arbeitnehmer) die wirtschaftliche Belastung des Arbeitgebers mit weiteren Lohnfortzahlungskosten unzumutbar machen kann.

4. Die von der beklagten Partei ausgesprochene Kündigung wird den vorgenannten Anforderungen nicht gerecht: ▄▄▄

2. Muster: Alkoholismus

Sofern sich der Alkoholsüchtige in einem Stadium befindet, in dem der Trunksucht ein medizinischer Krankheitswert zukommt, finden im Falle einer ordentlichen arbeitgeberseitigen Kündigung die Grundsätze über die krankheitsbedingte Kündigung Anwendung,

BAG 7.12.1972, EzA § 1 LohnFG Nr. 30; BAG 9.4.1987, EzA § 1 KSchG Krankheit Nr. 18.

Dabei sind die Umstände, die zur Trunksucht geführt haben, im Rahmen der Interessenabwägung angemessen zu berücksichtigen. Es gibt keinen Erfahrungssatz, wonach die chronische Trunksucht in aller Regel eine selbstverschuldete Krankheit sei,

BAG 1.6.1983, EzA § 1 LohnFG Nr. 69.

Maßgebend ist die Beurteilung im Einzelfall.

Die Nichtoffenbarung einer Trunksucht bei der Einstellung stellt nur dann einen Anfechtungs- oder verhaltensbedingten Kündigungsgrund dar, wenn der Arbeitnehmer aufgrund der Trunksucht nicht in der Lage ist, die arbeitsvertraglich geschuldete Arbeitsleistung ordnungsgemäß zu erbringen; dies ist beispielsweise bei einem Berufskraftfahrer der Fall,

ArbG Kiel 21.1.1982, BB 1982, 804.

Der Arbeitgeber ist bei Alkoholsucht wie Drogensucht in gleicher Weise nach dem Grundsatz der Verhältnismäßigkeit verpflichtet, dem Arbeitnehmer zunächst die Durchführung einer Entziehungskur zu ermöglichen,

LAG Hamm 19.9.1986, NZA 1987, 669; LAG Frankfurt 26.6.1986, AuR 1987, 275; ArbG Celle 4.4.1979, ARST 1979, 136.

Bei einer Weigerung des Arbeitnehmers, sich einer Entziehungskur zu unterziehen, ist eine ordentliche Kündigung in der Regel dann sozial gerechtfertigt, wenn durch die zu befürchtenden Ausfälle des Arbeitnehmers mit einer erheblichen Störung des Betriebsablaufs zu rechnen ist. Ist der Arbeitnehmer zum Zeitpunkt der Kündigung nicht therapiebereit, so rechtfertigt dies eine negative Gesundheitsprognose,

BAG 9.4.1987, EzA § 1 KSchG Krankheit Nr. 18.

Eine nach Ausspruch der Kündigung durchgeführte Entziehungskur kann nicht zur Korrektur der Gesundheitsprognose herangezogen werden,

KR/*Etzel*, § 1 KSchG Rn 286.

3. Muster: Beweiswert ärztlicher Arbeitsunfähigkeitsbescheinigungen

Aktenzeichen: ▄▄▄

Gegner: RAe ▄▄▄, zwei Abschriften anbei

In dem Rechtsstreit

▄▄▄ ./. ▄▄▄

verkennt die beklagte Partei die Anforderungen, die an den Beweiswert ärztlicher Arbeitsunfähigkeitsbescheinigungen von der Rechtsprechung gestellt werden.

Beruft sich ein Arbeitnehmer auf Arbeitsunfähigkeit infolge von Krankheit, hat er nach den allgemeinen Regeln der Beweislast das Vorliegen der anspruchsbegründenden Voraussetzungen von Arbeitsunfähigkeit nachzuweisen. Den ihm obliegenden Beweis führt der Arbeitnehmer in der Regel mit der Vorlage einer ärztlichen Arbeitsunfähigkeitsbescheinigung, die eine Privaturkunde i.S.d. § 416 ZPO ist. Damit erbringt der Arbeitnehmer lediglich vollen Beweis dafür, dass die in dieser Bescheinigung enthaltene Erklärung vom ausstellenden Arzt abgegeben worden ist. Die inhaltliche Richtigkeit der ärztlichen Feststellung, also das Vorliegen von krankheitsbedingter Arbeitsunfähigkeit in einem bestimmten Zeitraum, wird von der gesetzlichen Beweisregel des § 416 ZPO nicht erfasst.

Hinsichtlich der Tatsachenbehauptung, aus gesundheitlichen Gründen an der Erbringung der Arbeitsleistung verhindert zu sein, kommt allein § 286 ZPO zum Zuge. Im Rahmen der hiernach vorzunehmenden freien richterlichen Beweiswürdigung löst die Vorlage einer ärztlichen Arbeitsunfähigkeitsbescheinigung nach heute herrschender Auffassung in Rechtsprechung und Schrifttum einen Anscheinsbeweis aus: die Bescheinigung hat die tatsächliche Vermutung ihrer inhaltlichen Richtigkeit für sich,

BAG 11.8.1976, AP § 3 LohnFG Nr. 2; LAG Berlin 12.6.1978, EzA § 1 LohnFG Nr. 54; LAG Düsseldorf 16.12.1980, DB 1981, 900; LAG Hamm 1.12.1981, DB 1982, 232; *Kaiser/Dunkl*, Die Entgeltfortzahlung im Krankheitsfall, I. Teil, § 3 LohnFG Rn 48 ff.; Schaub/*Linck*, Arbeitsrechts-Handbuch, § 98 V.10. Rn 142 ff.

Der Anscheinsbeweis fußt auf dem Erfahrungssatz, dass im Normalfall davon auszugehen ist, dass der Arbeitnehmer beim ausstellenden Arzt war, von diesem untersucht wurde und anhand der subjektiven Beschwerden und/oder des objektiven, festgestellten Befundes tatsächlich arbeitsunfähig krank ist. Der von der herrschenden Meinung in Rechtsprechung und Rechtslehre einer Arbeitsunfähigkeitsbescheinigung zuerkannte hohe Beweiswert folgt somit nicht aus der Urkunde selbst, sondern vielmehr aus allgemeiner Lebenserfahrung.

Hat der Arbeitgeber Zweifel an der inhaltlichen Richtigkeit der Arbeitsunfähigkeitsbescheinigung, muss er die zur Erschütterung des Beweiswertes der Arbeitsunfähigkeitsbescheinigung geeigneten Umstände darlegen und gegebenenfalls unter Beweis stellen,

BAG 11.8.1976, AP § 3 LohnFG Nr. 2.

Gelingt dem Arbeitgeber die Erschütterung des Beweiswerts der Arbeitsunfähigkeitsbescheinigung, greift der Anscheinsbeweis nicht mehr zu Gunsten des Arbeitnehmers ein und es hat eine umfassende und erschöpfende Würdigung aller von den Parteien in den Prozess eingebrachten Tatsachen, die für oder gegen das Vorliegen von Arbeitsunfähigkeit sprechen, stattzufinden.

Den diesen Maßstäben entsprechenden Beweis über das Bestehen von Arbeitsunfähigkeit hat die klägerische Partei geführt:
■■■

IX. Bestandsschutzstreitigkeiten: Änderungskündigung

1. Muster: Änderungskündigungsschutzklage

Arbeitsgericht ■■■

Klage

■■■

– klägerische Partei –

Prozessbevollmächtigte: ■■■

gegen

■■■

– beklagte Partei –

wegen: ordentliche Änderungskündigung eines Arbeitsverhältnisses

Wir bestellen uns zu Prozessbevollmächtigten der klägerischen Partei, in deren Namen und Auftrag wir um kurzfristige Anberaumung eines Gütetermins bitten. Wir werden im Übrigen beantragen zu erkennen:

1. Es wird festgestellt, dass die Änderung der Arbeitsbedingungen durch die Änderungskündigung vom ■■■, der klägerischen Partei am ■■■ zugegangen, sozial ungerechtfertigt und unwirksam ist.

2. Es wird festgestellt, dass das Arbeitsverhältnis auch nicht durch andere Kündigungen geändert oder beendet wurde, sondern zu unveränderten Arbeitsbedingungen fortbesteht.
3. Die beklagte Partei wird verurteilt, der klägerischen Partei ein Zwischenzeugnis zu erteilen, das sich auf Verhalten und Leistung erstreckt.
4. Die beklagte Partei trägt die Kosten des Rechtsstreits.

Gründe:

I.

Die klägerische Partei wurde von der beklagten Partei auf unbestimmte Zeit als ▬▬▬ gegen ein vereinbartes monatliches Gehalt von zuletzt ▬▬▬ EUR brutto in einem Arbeitsverhältnis beschäftigt.

Beweis: 1. Vorlage des Arbeitsvertrages in Kopie – Anlage K 1.
2. Vorlage einer Verdienstbescheinigung – Anlage K 2.

Am ▬▬▬ ist durch die beklagte Partei zum ▬▬▬ eine Änderungskündigung ausgesprochen worden. Das Kündigungsschreiben ist der klägerischen Partei am ▬▬▬ übergeben worden.

Beweis: Vorlage des Kündigungsschreibens in Kopie – Anlage K 3.

Die klägerische Partei hat die Änderungskündigung durch Schreiben ihrer anwaltlichen Bevollmächtigten unter dem Vorbehalt, dass die Änderung der Arbeitsbedingungen nicht sozial ungerechtfertigt ist, angenommen.

Beweis: Anwaltsschreiben – Anlage K 4.

Zum Zeitpunkt des Zuganges der Kündigung bestand das Arbeitsverhältnis ▬▬▬ Jahre. Der Betrieb ist kein Kleinstbetrieb i.S.d. § 23 KSchG in der ab 1.1.2004 geltenden Fassung (Doppelschwelle).[127] Die beklagte Partei beschäftigt ▬▬▬ Arbeitnehmer.

Alternative 1: Die klägerische Partei wurde vor dem 1.1.2004 bei der beklagten Partei eingestellt, so dass das Kündigungsschutzgesetz bei in der Regel mehr als fünf Arbeitnehmern anzuwenden ist.

Alternative 2: Die klägerische Partei wurde nach dem 31.12.2003 bei der beklagten Partei eingestellt, so dass das Kündigungsschutzgesetz bei in der Regel mehr als zehn Arbeitnehmern anzuwenden ist.

Von der Stellung eines Weiterbeschäftigungsantrages wurde abgesehen. Bei einer unter Vorbehalt angenommenen Änderungskündigung ist der Arbeitnehmer während des laufenden Änderungskündigungsschutzverfahrens verpflichtet, nach Ablauf der Kündigungsfrist zu den geänderten Bedingungen weiterzuarbeiten. Eine Verurteilung zur vorläufigen Weiterbeschäftigung zu den bisherigen Arbeitsbedingungen scheidet selbst dann aus, wenn das Arbeits- oder Landesarbeitsgericht festgestellt hat, dass die Änderung der Arbeitsbedingungen sozial ungerechtfertigt ist,

BAG 21.9.2006 – 2 AZR 120/06, DB 2007, 634; BAG 28.3.1985, NZA 1985, 709; BAG 18.1.1990, DB 1990, 1773; LAG München 31.7.1986, BB 1987, 405.

Lediglich in einem Ausnahmefall hat das LAG Köln,

30.5.1989, DB 1989, 2032,

erkannt, dass bereits vor Rechtskraft des Urteils über die Änderungskündigung ein Weiterbeschäftigungsanspruch zu den alten Arbeitsbedingungen bestehen kann, wenn das LAG die Änderungskündigung für unwirksam befunden und die Revision gegen das Berufungsurteil nicht zugelassen hat.

II.

Die Änderungskündigung ist sozial nicht gerechtfertigt.

Sozial ungerechtfertigt ist die Änderungskündigung, weil es weder aus betrieblichen, noch aus persönlichen, noch aus verhaltensbedingten Gründen einen Anlass für die Kündigung gibt, noch die geänderten Umstände von der klägerischen Partei billigerweise hingenommen werden müssen. Nach der Rechtsprechung des BAG wird die soziale Rechtfertigung einer Änderungskündigung in einem zweistufigen Schema überprüft. In der ersten Stufe wird festgestellt, ob die Kündigung i.S.v. § 1 KSchG gerechtfertigt ist, ob also Gründe in der Person oder im Verhalten des Klägers oder Gründe betrieblicher Art vorhanden sind. In der zweiten Stufe ist zu prüfen, ob die Änderung der Bedingungen billigerweise vom Arbeitgeber hingenommen werden muss. Mit Urteil vom 19.5.1993 hat das BAG ausgeführt:

---

[127] Während vor dem 1.1.2004 nur die Zahl der Beschäftigten ausschließlich der Auszubildenden maßgeblich für die Bestimmung der Anwendbarkeit des KSchG war, ist seither zusätzlich darauf abzustellen, wann der Arbeitnehmer eingestellt wurde. Die Grundregel des § 23 Abs. 1 Satz 2 KSchG gilt unverändert für alle vor dem 1.1.2004 begründeten Arbeitsverhältnisse. Für die nach dem 31.12.2003 aufgenommenen Arbeitsverhältnisse gilt die Zahl von mehr als zehn Mitarbeitern als maßgeblicher Schwellenwert. Deshalb enthält der Textbaustein zwei Alternativen, von denen in der Klage immer nur eine verwendet werden soll, nämlich diejenige, die den Zeitpunkt des Beschäftigungsbeginns der jeweiligen klägerischen Partei richtig wieder gibt. Für die Darlegung der Mindestvoraussetzungen einer schlüssigen Kündigungsschutzklage wird deshalb angeregt, immer nähere Ausführungen zur Beschäftigtenzahl und zu den Zeitpunkten zu machen, an denen die Arbeitsverhältnisse begründet wurden.

„Das Kündigungsschutzgesetz sieht als geschütztes Rechtsgut den Arbeitsplatz und die Betriebszugehörigkeit des Arbeitnehmers an, die die Grundlagen seiner sozialen und wirtschaftlichen Existenz bilden; es soll ihm diese Rechtsgüter in den Grenzen des sozial und wirtschaftlich Vertretbaren sichern. Insoweit greift es in die unternehmerische Freiheit ein und sucht einen Ausgleich der gegenläufigen Interessen von Arbeitgeber und Arbeitnehmer herbeizuführen. An diesem Normzweck hat der Senat in seiner bisherigen Rechtsprechung die Auslegung des Gesetzes ausgerichtet und als geschütztes Rechtsgut das Arbeitsverhältnis mit seinem im Zeitpunkt der Kündigung bestehenden Inhalt angesehen, das in § 1 KSchG gegen seine Beendigung und in § 2 KSchG gegen die Änderung seines Inhalts geschützt werden soll. Der in § 1 KSchG geregelte Bestandsschutz und der in § 2 geregelte Vertragsinhaltsschutz stehen gleichwertig nebeneinander."

BAG, AP § 2 KSchG 1969 Nr. 31.

Eine betriebsbedingte Änderungskündigung beurteilt sich also danach, ob dringende betriebliche Erfordernisse gemäß § 1 Abs. 2 KschG das Änderungsangebot bedingen und ob der Arbeitgeber sich bei einem an sich anerkennenswerten Anlass zur Änderungskündigung darauf beschränkt hat, nur solche Änderungen vorzuschlagen, die der Arbeitnehmer billigerweise hinnehmen muss,

BAG 24.4.1997, NZA 1997, 1047; LAG Berlin 11.5.1998, NZA-RR 1998, 498; KR/*Rost*, § 2 KSchG Rn 98.

Legt man den Prüfungsmaßstab der BAG-Rechtsprechung zugrunde, so ist die Änderungskündigung vorliegend sozial nicht gerechtfertigt, denn ▪▪▪.

III.

Es wird bestritten, dass eine Beteiligung des Betriebsrats in der erforderlichen Form stattgefunden hat, denn die beklagte Partei beschäftigt im Betrieb mehr als 20 wahlberechtigte Arbeitnehmer, so dass mit der Zuweisung eines anderen Bereichs durch die Änderungsbedingungen auch ein Mitbestimmungsrecht des Betriebsrats nach § 99 BetrVG zu beachten war. Die Zustimmung des Betriebsrats nach § 99 BetrVG ist nach der BAG-Rechtsprechung Wirksamkeitsvoraussetzung nur für die tatsächliche Zuweisung des neuen Arbeitsbereichs nach Ablauf der Kündigungsfrist. Die Maßnahme ist damit nicht insgesamt unwirksam, sondern nur nicht durchsetzbar. Die beklagte Partei kann die geänderten Vertragsbedingungen nicht durchsetzen, solange das Verfahren nach § 99 BetrVG nicht ordnungsgemäß durchgeführt worden ist,

BAG 30.9.1993, AP § 2 KSchG 1969 Nr. 33; BAG 17.6.1998, FA 1998, 378.

IV.

Die klägerische Partei wendet sich gegen die Änderungskündigung mit einer Klage nach § 4 KSchG (Antrag Ziff. 1) und mit einer allgemeinen Feststellungsklage nach § 256 ZPO (Antrag Ziff. 2). Die klägerische Partei begehrt die Feststellung, dass der ungeänderte Fortbestand des Arbeitsverhältnisses mit den bisherigen Inhalten bis zum Zeitpunkt der letzten mündlichen Verhandlung ausgeurteilt wird. Hieran hat sie ein besonderes Feststellungsinteresse, weil ▪▪▪.

§ 4 KSchG mit seinen Sätzen 1 und 2 gilt als missglückt formuliert. Der Gesetzgeber wollte das KSchG mitsamt dem einzuhaltenden Kündigungsschutzverfahren den Bedürfnissen der Änderungskündigung anpassen, wie sie sich in der Rechtsprechung und der Lehre bis dahin herausgebildet hatten. Diese Anpassung verlangt keine Abweichung dahin, das Änderungsschutzverfahren auf die Prüfung der Sozialwidrigkeit zu beschränken,

Richardi, ZfA 1971, 101; KR/*Rost*, § 2 KSchG Rn 153.

Deshalb wird in der Literatur eine ganze Reihe von Formulierungsvorschlägen für die Änderungsschutzklage unterbreitet,

siehe *Adomeit*, DB 1969, 2181; *Richardi*, ZfA 1971, 101; *Schaub*, RdA 1970, 233; *Wenzel*, MDR; *Zirnbauer*, NZA 1995, 1078.

Mit Antrag Ziff. 1 stellt die klägerische Partei daher einen Antrag gemäß § 4 Satz 2 KSchG, mit dem Antrag Ziff. 2 eine allgemeine Feststellungsklage gemäß § 4 Satz 1 KSchG, wobei dieser Antrag gleichzeitig einen Schleppnetzantrag beinhaltet, wie er nach allgemeiner Auffassung gestellt werden kann,

KR/*Friedrich*, § 4 KSchG Rn 237 ff.; KR/*Rost*, § 2 KSchG Rn 157a; *Zirnbauer*, NZA 1995, 1079.

V.

Der Zeugnisantrag (Ziff. 3) erfolgt im Hinblick auf die Rechtsprechung des Bundesarbeitsgerichts,

BAG 27.2.1987, AP § 630 BGB Nr. 16.

Danach hat der Arbeitnehmer gegenüber dem Arbeitgeber bereits bei der Erhebung der Kündigungsschutzklage, so auch der Änderungskündigungsschutzklage, einen Anspruch auf Erteilung eines Endzeugnisses. Dennoch wird im Klageantrag nur ein Zwischenzeugnis verlangt.

Einen Anspruch auf Erteilung eines Zwischenzeugnisses hat der Arbeitnehmer immer dann, wenn ein berechtigtes Interesse besteht,

BAG 1.10.1998, DB 1999, 1120.

Die Änderungskündigung eröffnet dem Arbeitnehmer wie jede Kündigung das berechtigte Interesse an einem Zwischenzeugnis,

BAG 27.2.1987, NZA 1987, 628.

2. Muster: Keine Änderungskündigung zur Vergütungsminderung

Spricht ein Arbeitgeber zum Zwecke der Herabsetzung von Arbeitsentgelten und Sozialleistungen eine Änderungskündigung aus, so liegt darin ebenso wenig wie bei einer Beendigungskündigung eine vom Arbeitsgericht nur beschränkt nachprüfbare unternehmerische Entscheidung,

LAG Berlin 30.6.1997 – 9 Sa 56/97, AE 1997, 88.

Das Recht zur Entgeltkürzung kommt nur in Betracht, wenn sonst der Betrieb stillgelegt oder die Belegschaft reduziert werden müsste,

BAG 11.10.1989, NZA 1990, 607; BAG 26.1.1995, NZA 1995, 626; BAG 12.11.1998, DB 1999, 536; BAG 10.2.1999 – 2 AZR 422/98, n.v.

Soweit verschiedentlich die Auffassung vertreten wird, dass die Änderungskündigung zur Entgeltanpassung ein eigenes Instrument sei und bereits dann in Betracht komme, wenn sachliche Gründe vorliegen,

Löwisch, NZA 1988, 633, 637,

oder eine angemessene Rentabilität erreicht werden soll,

Löwisch/Bernards, Anm. zu BAG, EzA § 2 KSchG 1969 Nr. 6; *Preis*, NZA 1995, 241,

oder das Unternehmen mit Verlust arbeitet,

Stahlhacke/Preis/Vossen/Preis, Rn 1273,

wird dieser Ansicht in der Rechtsprechung nicht gefolgt. Der Unternehmer trägt zwar das Risiko am Markt. Er muss deshalb die Möglichkeit haben, das Unternehmen nach seinen Vorstellungen zu organisieren und Arbeitsverhältnisse entsprechend anzupassen. Die Änderungskündigung zur Lohnsenkung ist jedoch kein Primärinstrument, sondern lediglich Ausfluss des Grundsatzes der Verhältnismäßigkeit gegenüber der Beendigungskündigung. Sie ist deshalb nur gerechtfertigt, wenn sonst der Arbeitsplatz wegfiele.

Es reicht jedenfalls nicht aus, dass das Unternehmen einmal Verluste gemacht hat, schon gar nicht, dass einzelne Abteilungen rote Zahlen schreiben,

BAG 20.3.1986, AP § 2 KSchG 1969 Nr. 14.

Auf keinen Fall kommt die Entgeltsenkung lediglich in den Abteilungen in Betracht, die nicht rentabel arbeiten, es sei denn, dass diese Abteilungen sonst geschlossen und die Arbeitnehmer entlassen werden müssten,

LAG Berlin 30.6.1997, AE 1997, 88.

3. Muster: Einwand der fehlenden Zustimmung des Betriebsrats nach § 99 BetrVG

Änderungskündigungen stellen häufig zugleich eine Umgruppierung oder Versetzung i.S.d. § 99 Abs. 1 BetrVG dar. Als Versetzung i.S.d. § 95 Abs. 3 BetrVG anzusehen ist die Zuweisung eines anderen Arbeitsbereiches, die die voraussichtliche Dauer von einem Monat überschreitet oder die mit einer erheblichen Änderung der Umstände verbunden ist, unter denen die Arbeit zu leisten ist,

Fitting u.a., BetrVG, § 99 Rn 130.

Umgruppierung in diesem Sinne ist jede Einreihung in eine andere Tarifgruppe, wobei unerheblich ist, ob die Umgruppierung durch die Zuweisung einer anderen Tätigkeit veranlasst ist oder bei veränderter Tätigkeit zur Korrektur einer falschen Einstufung oder mit Rücksicht auf eine tarifliche Bewertung vorgenommen wird,

Fitting u.a., BetrVG, § 99 Rn 86.

Der Betriebsrat kann bekanntlich seine Zustimmung zu einer beabsichtigten Einstellung, Eingruppierung, Umgruppierung und Versetzung, über die er vom Arbeitgeber zu unterrichten ist, aus den in § 99 Abs. 2 Nrn. 1 bis 6 BetrVG abschließend aufgezählten Gründen verweigern. Ohne die Zustimmung des Betriebsrats kann die Maßnahme nicht durchgeführt werden. Der Arbeitgeber kann die Ersetzung der Zustimmung durch das Arbeitsgericht nach § 99 Abs. 4 BetrVG im arbeitsgerichtlichen Beschlussverfahren beantragen, er kann aber auch unter den in § 100 BetrVG genannten, eng umrissenen Voraussetzungen eine vorläufige Regelung treffen, wenn dies aus sachlichen Gründen dringend erforderlich ist.

Vorliegend stellte das Änderungsangebot der beklagten Partei an die klagende Partei zugleich eine Umgruppierung/Versetzung dar und zwar aus folgenden Gründen: ▪▪▪

Die beklagte Partei hat den Antrag nach § 99 Abs. 1 BetrVG an den Betriebsrat nicht gestellt.

Beweis: ▪▪▪

Es ist allerdings nicht gerechtfertigt, die Wirksamkeit der Änderungskündigung davon abhängig zu machen, ob zum Zeitpunkt der Kündigung oder letzten mündlichen Verhandlung eine Zustimmung nach § 99 BetrVG zu der geplanten Versetzung vorliegt bzw. ersetzt ist. Schon der Gesetzeswortlaut lässt erkennen, dass die §§ 99 und 102 BetrVG ganz unterschiedliche Ebenen betreffen. Die Änderungskündigung, die der Arbeitgeber ausspricht, um eine Versetzung des Arbeitnehmers zu bewirken, hat deshalb den Zweck, die fehlende Zustimmung des Arbeitnehmers zu der Versetzung auf der einzelvertraglichen Ebene zu ersetzen. Die fehlende Zustimmung des Betriebsrats nach § 99 BetrVG ist daher kein Wirksamkeitskriterium für Änderungskündigungen,

BAG 30.9.1993, BAGE 74, 291 = AP § 2 KSchG 1969 Nr. 33 = NZA 1994, 615 = DB 1994, 637.

Will der Arbeitgeber mit einer fristgerechten Änderungskündigung eine Versetzung des Arbeitnehmers i.S.v. § 95 Abs. 3 BetrVG bewirken, so ist die Zustimmung des Betriebsrats nach § 99 BetrVG Wirksamkeitsvoraussetzung nur für die tatsächliche Zuweisung des neuen Arbeitsbereichs nach Ablauf der Kündigungsfrist. Der Arbeitgeber kann die geänderten Vertragsbedingungen solange nicht durchsetzen, wie das Verfahren nach § 99 BetrVG nicht ordnungsgemäß durchgeführt wurde. Der Arbeitnehmer ist deshalb solange in dem alten Arbeitsbereich weiter zu beschäftigen, wie er ihm nicht auf der Mitbestimmungsebene des § 99 BetrVG oder im Rahmen eines gerichtlichen Zustimmungsersetzungsverfahrens entzogen worden ist.

4. Muster: Wirkung einer fehlenden Zustimmung nach § 99 BetrVG bei Änderungskündigungen

Will der Arbeitgeber mit einer fristgerechten Änderungskündigung eine Versetzung des Arbeitnehmers i.S.v. § 95 Abs. 3 BetrVG bewirken, ist die Zustimmung des Betriebsrats nach § 99 BetrVG Wirksamkeitsvoraussetzung nur für die tatsächliche Zuweisung des neuen Arbeitsbereichs nach Ablauf der Kündigungsfrist. Ist die Zustimmung des Betriebsrats nach § 99 BetrVG nicht erteilt oder ersetzt, führt dies nicht zur – schwebenden – Unwirksamkeit der Änderungskündigung. Der Arbeitgeber kann nur die geänderten Vertragsbedingungen nicht durchsetzen, solange das Verfahren nach § 99 BetrVG nicht ordnungsgemäß durchgeführt ist. Der Arbeitnehmer ist dann in dem alten Arbeitsbereich weiterzubeschäftigen, der ihm nicht wirksam entzogen worden ist,

BAG 30.9.1993, NZA 1994, 615.

Die fehlende Zustimmung des Betriebsrats nach § 99 BetrVG hindert den Arbeitgeber an der wirksamen Durchführung der Maßnahme, für die nach §§ 99, 95 Abs. 2 BetrVG die Zustimmung des Betriebsrats erforderlich ist, also der tatsächlichen Zuweisung eines anderen Arbeitsbereichs. Es handelt sich damit um ein oft nur vorübergehendes Hindernis. Wird die Zustimmung nachträglich erteilt oder in einem Zustimmungsersetzungsverfahren ersetzt, kann der Arbeitgeber die tatsächliche Versetzung vornehmen.

Die Änderungskündigung, mit der der Arbeitgeber sachlich nur die fehlende rechtsgeschäftliche Einverständniserklärung des Arbeitnehmers zu der Änderung der Arbeitsbedingungen erreichen will, ist auch bei Fehlen der Zustimmung des Betriebsrats nach § 99 BetrVG als wirksam und nicht nach § 134 BGB als nichtig anzusehen. Ist die Änderung der Arbeitsbedingungen sozial gerechtfertigt, steht dem Arbeitgeber im Ergebnis ein erweitertes Direktionsrecht zu. Ob er es auch ausnutzen kann, hängt u.a. von dem Mitbestimmungsrecht des Betriebsrats nach § 99 BetrVG ab. Ist bei Ablauf der Kündigungsfrist die Zustimmung des Betriebsrats erteilt oder ersetzt, steht auch mitbestimmungsrechtlich der Versetzung nichts im Wege.

Führt der Arbeitgeber die beabsichtigte Versetzung vorläufig ohne Zustimmung des Betriebsrats durch, so sind die Rechtsfolgen in §§ 100 f. BetrVG geregelt. Liegt bei Ablauf der Kündigungsfrist weder eine Zustimmung des Betriebsrats vor oder macht der Arbeitgeber nicht von der Möglichkeit des § 100 BetrVG Gebrauch, so ist eine „Versetzungsverweisung" nicht möglich. Wird sie trotzdem erteilt, ist sie nach § 134 BGB nichtig. Der Arbeitnehmer kann eine entsprechende Feststellungsklage erheben,

BAG 4.5.1993 – 1 AZR 55/93, n.v.

Der Arbeitnehmer bleibt nach wie vor zur Tätigkeit in dem alten Arbeitsbereich berechtigt und verpflichtet, der ihm ordnungsgemäß zugewiesen war, ohne dass eine wirksame andere Zuweisung vorläge. Auch der Entzug der bisherigen Tätigkeit ist unwirksam. Entzug und Zuweisung einer Tätigkeit stellen einen einheitlichen Vorgang dar, der auf rechtliche Zulässigkeit hin auch nur einheitlich beurteilt werden kann,

BAG 30.9.1993, NZA 1994, 615.

Damit bleibt die bisher zugewiesene Tätigkeit die vertraglich geschuldete Arbeitsleistung. Liegen die Voraussetzungen einer Suspendierung nicht vor, hat der Arbeitnehmer Anspruch auf Beschäftigung mit seiner nach wie vor geschuldeten arbeitsvertraglichen Tätigkeit,

BAG 26.1.1988, NZA 1988, 476.

Das BAG hat anerkannt, dass der Arbeitnehmer die neue Arbeit in diesem Falle verweigern kann, ohne sich einer Vertragspflichtverletzung schuldig zu machen,

BAG 30.9.1993, NZA 1994, 615.

X. Bestandsschutzstreitigkeiten: Außerordentliche Kündigung

1. Muster: Kündigungsschutzklage bei außerordentlicher Kündigung

Arbeitsgericht ▄▄▄

Klage

▄▄▄

– klägerische Partei –

Prozessbevollmächtigte: ▄▄▄

gegen

▄▄▄

– beklagte Partei –

wegen: außerordentlicher Kündigung eines Arbeitsverhältnisses

Wir bestellen uns zu Prozessbevollmächtigten der klägerischen Partei, in deren Namen und Auftrag wir um kurzfristige Anberaumung eines Gütetermins bitten. Wir werden im Übrigen beantragen zu erkennen:

1. a) Es wird festgestellt, dass das Arbeitsverhältnis zwischen den Parteien durch die außerordentliche Kündigung vom ▄▄▄, zugegangen am ▄▄▄, nicht aufgelöst worden ist.

   b) Es wird festgestellt, dass das Arbeitsverhältnis durch die hilfsweise ausgesprochene ordentliche Kündigung vom ▄▄▄, zugegangen am ▄▄▄, nicht aufgelöst worden ist.

2. Es wird festgestellt, dass das Arbeitsverhältnis auch nicht durch andere Beendigungstatbestände endet, sondern zu unveränderten Bedingungen über den ▄▄▄ hinaus fortbesteht.

3. Die beklagte Partei wird verurteilt, der klägerischen Partei ein Zwischenzeugnis zu erteilen, das sich auf Verhalten und Leistung erstreckt.

Hilfsweise wird für den Fall, dass der Feststellungsantrag zu Ziff. 1 abgewiesen wird, folgender Antrag angekündigt:

4. Die beklagte Partei wird verurteilt, der klägerischen Partei ein endgültiges Zeugnis, das sich auf Verhalten und Leistung erstreckt, zu erteilen.

5. Die beklagte Partei trägt die Kosten des Rechtsstreits.

Sollte die beklagte Partei im Gütetermin nicht zu Protokoll des Gerichts erklären, dass sie die klägerische Partei weiter beschäftigen wird, sofern ein der Klage stattgebendes Urteil ergeht, stellen wir folgenden weiteren Antrag:

6. Die beklagte Partei wird verurteilt, die klägerische Partei für den Fall des Obsiegens mit dem Feststellungsantrag zu Ziff. 1 zu den im Arbeitsvertrag vom ▬▬▬ geregelten Arbeitsbedingungen als ▬▬▬ in ▬▬▬ bis zu einer rechtskräftigen Entscheidung über den Feststellungsantrag weiter zu beschäftigen.[128]

7. Kommt die beklagte Partei ihrer Verpflichtung zur Weiterbeschäftigung der klägerischen Partei nicht innerhalb einer Frist von einer Woche nach Zustellung der Entscheidung nach, wird sie verurteilt, an den Kläger eine Entschädigung in Höhe von ▬▬▬ EUR zu zahlen.[129]

Gründe:
I.
1. Die klägerische Partei ist seit dem ▬▬▬ bei der beklagten Partei als ▬▬▬ beschäftigt und hat ein monatliches Gehalt in Höhe von ▬▬▬ EUR brutto.

Beweis: Vorlage des Arbeitsvertrages in Kopie – Anlage K 1.

Mit Schreiben vom ▬▬▬ wurde gegenüber der klägerischen Partei durch die beklagte Partei eine außerordentliche Kündigung ausgesprochen.

Beweis: Vorlage des Kündigungsschreibens in Kopie – Anlage K 2.

Zum Zeitpunkt des Zugangs der Kündigung bestand das Arbeitsverhältnis länger als 6 Monate. Der Betrieb ist kein Kleinstbetrieb im Sinne des § 23 KSchG in der ab 1.1.2004 geltenden Fassung (Doppelschwelle).[130] Die beklagte Partei beschäftigt ▬▬▬ Arbeitnehmer.

Alternative 1: Die klägerische Partei wurde vor dem 1.1.2004 bei der beklagten Partei eingestellt, so dass das Kündigungsschutzgesetz bei in der Regel mehr als fünf Arbeitnehmern anzuwenden ist.

Alternative 2: Die klägerische Partei wurde nach dem 31.12.2003 bei der beklagten Partei eingestellt, so dass das Kündigungsschutzgesetz bei in der Regel mehr als zehn Arbeitnehmern anzuwenden ist.

2. Die Kündigung ist unwirksam, ein wichtiger Grund zur Kündigung des Arbeitsverhältnisses i.S.v. § 626 BGB besteht nicht. Schon nach dem Gesetzeswortlaut gelten als wichtiger Grund nur solche Tatsachen, aufgrund derer dem Kündigenden unter Berücksichtigung aller Umstände des Einzelfalles und unter Abwägung der Interessen beider Vertragsteile die Fortsetzung des Arbeitsverhältnisses bis zum Ablauf der Kündigungsfrist oder bis zu der vereinbarten Beendigung nicht zugemutet werden kann. Als wichtiger Grund kommen vor allem Vertragsverletzungen in Betracht.

Die Vertragsverpflichtungen im Arbeitsverhältnis sind nicht immer präzise umrissen. Vielmehr ergeben sich aus dem Arbeitsverhältnis zahlreiche Nebenverpflichtungen, die nach Treu und Glauben mitgeschuldet werden. Das Bundesarbeitsgericht hat zur einheitlichen Feststellung, ob ein wichtiger Grund i.S.d. § 626 Abs. 1 BGB vorliegt, eine Systematisierung vorgenommen und unterscheidet bei den Vertragsverletzungen, die den Arbeitgeber zur außerordentlichen Kündigung berechtigen, nach Störungen in verschiedenen Bereichen des Arbeitsverhältnisses. Namentlich kommen in Frage Störungen

- bei der Begründung des Arbeitsverhältnisses;
- im Leistungsbereich (z.B. Schlechtleistung);
- im Bereich der betrieblichen Verbundenheit aller Mitarbeiter (z.B. Verstöße gegen die Betriebsordnung, Beleidigung von Kollegen);
- im persönlichen Vertrauensbereich der Vertragspartner (z.B. Verdacht strafbarer Handlungen);

---

[128] Der Weiterbeschäftigungsantrag muss so präzise wie möglich gefasst werden. Eine Vollstreckung aus dem Weiterbeschäftigungsantrag (§ 888 ZPO – unvertretbare Handlung) kann nur erfolgen, wenn der Weiterbeschäftigungstitel einen vollstreckungsfähigen Inhalt hat. Hieran fehlt es regelmäßig, wenn ein Urteil ergeht, wonach der Arbeitnehmer „zu den bisherigen Arbeitsbedingungen" oder „zu den Bedingungen des Arbeitsvertrages vom ..." zu beschäftigen ist (LAG Köln 24.10.1995 – 13 (5) Ta 245/95, NZA-RR 1996, 108; LAG Hessen 13.7.1987 – 1 Ta 151/87, NZA-1988, 175). Da sich aus dem Titel ergeben muss, welcher Pflicht der Arbeitgeber nachkommen soll, ist im Antrag die Art und im Zweifelsfällen auch der Ort der Arbeitsleistung anzugeben. Arbeitnehmer, die nicht tatsächlich weiterarbeiten wollen, haben die Möglichkeit, im Falle der Titulierung des Weiterbeschäftigungsantrags einen Entschädigungsantrag nach § 61 Abs. 2 ArbGG zu stellen, siehe hierzu Muster 6411 § 6 Rn 290.

[129] Wenn man den unechten Hilfsantrag nach § 61 Abs. 2 ArbGG auf Entschädigung stellt, ist zu beachten, dass wegen § 61 Abs. 2 ArbGG nach einer Vollstreckung des Beschäftigungstitels der Entschädigungsanspruch nicht mehr verfolgt werden kann (LAG Berlin 12.3.1999 – 2 Sa 3/98, NZA-RR 2000, 43). Macht der Arbeitnehmer vom Entschädigungsanspruch Gebrauch, ist die Zwangsvollstreckung auf Weiterbeschäftigung ausgeschlossen.

[130] Während in der Vergangenheit nur die Zahl der Beschäftigten ausschließlich der Auszubildenden maßgeblich für die Bestimmung der Anwendbarkeit des KSchG war, ist ab dem 1.1.2004 zusätzlich darauf abzustellen, wann der Arbeitnehmer eingestellt wurde. Die Grundregel des § 23 Abs. 1 Satz 2 KSchG gilt unverändert für alle vor dem 1.1.2004 begründeten Arbeitsverhältnisse. Für die nach dem 31.12.2003 aufgenommenen Arbeitsverhältnisse gilt die Zahl von mehr als zehn Mitarbeitern als maßgeblicher Schwellenwert. Deshalb enthält der Textbaustein zwei Alternativen, von denen in der Klage immer nur eine verwendet werden soll, nämlich diejenige, die den Zeitpunkt des Beschäftigungsbeginns der jeweiligen klägerischen Partei richtig wieder gibt. Für die Darlegung der Mindestvoraussetzungen einer schlüssigen Kündigungsschutzklage wird deshalb angeregt, in Grenzfällen auch nähere Ausführungen zur Beschäftigtenzahl und zu den Zeitpunkten zu machen, an denen die Arbeitsverhältnisse begründet wurden.

- aus der Person des Arbeitnehmers (z.B. bei Krankheit);
- im Unternehmensbereich (z.B. bei Druckkündigung).

Das Bundesarbeitsgericht sieht im Allgemeinen eine außerordentliche Kündigung nur dann als gerechtfertigt an, wenn durch das Verhalten des Arbeitnehmers einer der aufgezählten Bereiche des Arbeitsverhältnisses gestört ist und nach umfassender Interessenabwägung die Fortsetzung des Arbeitsverhältnisses unzumutbar ist,

vgl. BAG 6.2.1969, AP § 626 BGB Nr. 58.

Bei Störungen im Zusammenhang mit der Begründung des Arbeitsverhältnisses wird nur in Ausnahmefällen eine außerordentliche Kündigung in Betracht kommen, da der Arbeitgeber sich hinreichend durch die Vereinbarung einer Probezeit schützen kann. Bei Störungen im Leistungsbereich wird der Kündigung regelmäßig eine Abmahnung vorausgehen müssen,

BAG 8.8.1968, AP § 626 BGB Nr. 57.

Der Arbeitgeber ist für sämtliche Voraussetzungen des wichtigen Grundes darlegungs- und beweispflichtig,

BAG 12.8.1976, AP § 1 KSchG 1969 Nr. 3.

Bei der Zumutbarkeitsprüfung sind alle Umstände des Einzelfalles gegeneinander abzuwägen.

3. Die außerordentliche Kündigung der klägerischen Partei durch die beklagte Partei genügt diesen in der Rechtsprechung entwickelten Anforderungen nicht:

...

Die klägerische Partei bietet hiermit ihre Arbeitskraft an und macht alle noch etwa bestehenden Ansprüche aus dem Arbeitsverhältnis geltend.

II.

Zu den gestellten Anträgen wird erläuternd auf Folgendes hingewiesen:

1. Der Klageantrag zu Ziff. 2 beinhaltet eine selbständige allgemeine Feststellungsklage gemäß § 256 ZPO. Dem Kläger sind zwar derzeit keine anderen möglichen Beendigungstatbestände außer der mit dem Klageantrag zu Ziff. 1 angegriffenen Kündigung vom ... bekannt. Es besteht jedoch die Gefahr, dass die Beklagte im Verlauf des Verfahrens weitere Kündigungen ausspricht. Es wird deshalb mit dem Klageantrag zu Ziff. 2 die Feststellung begehrt, dass das Arbeitsverhältnis auch durch solche weiteren Kündigungen nicht beendet wird.

In der Literatur wird deshalb der Klageantrag zu Ziff. 2 in der vorliegenden Form empfohlen,

Diller, NJW 1998, 663; *Ziemann*, BRAK-Mitt. 1997, 244.

2. Bei den Zeugnisanträgen zu Ziff. 3 und Ziff. 5 stehen folgende Überlegungen im Vordergrund:

Nach der Rechtsprechung des Bundesarbeitsgerichts vom 27.2.1987,

AP § 630 BGB Nr. 16,

hat der Arbeitnehmer gegenüber dem Arbeitgeber bereits bei der Erhebung der Kündigungsschutzklage einen Anspruch auf Erteilung eines Endzeugnisses. Dennoch wird im Klageantrag ein Zwischenzeugnis verlangt und nur hilfsweise ein Endzeugnis. Hintergrund ist, dass bei einem Zwischenzeugnis nicht zum Ausdruck kommt, dass der Arbeitnehmer bereits gekündigt ist.

Dies erhöht die Bewerbungschancen des Arbeitnehmers.

Einen Anspruch auf Erteilung eines Zwischenzeugnisses hat der Arbeitnehmer immer dann, wenn ein berechtigtes Interesse besteht,

BAG 1.10.1998, DB 1999, 1120.

Die Kündigung des Arbeitsverhältnisses begründet ein berechtigtes Interesse,

BAG 27.2.1987, NZA 1987, 628.

Der Hilfsantrag auf Erteilung eines Endzeugnisses wird jedoch bereits mit Erhebung der Kündigungsschutzklage gestellt, damit für den Fall, dass die Kündigungsschutzklage rechtskräftig abgewiesen wird, der Arbeitnehmer einen Anspruch auf Rückdatierung des Endzeugnisses auf den Zeitpunkt der tatsächlichen Beendigung des Arbeitsverhältnisses hat.

Ein solcher Anspruch auf Rückdatierung wird nach dem Urteil des BAG

vom 9.9.1992, AP § 630 BGB Nr. 19,

gewährt, wenn der Arbeitnehmer zeitnah zum Ausscheiden ein Zeugnis verlangt hatte. Es ist jedoch fraglich, ob dieser Anspruch auf Rückdatierung auch dann besteht, wenn der Arbeitnehmer im gesamten Kündigungsschutzverfahren immer nur ein Zwischenzeugnis und kein endgültiges Zeugnis verlangt hat.

III.

Die Kündigung ist unwirksam. Die beklagte Partei ist auf dem Hintergrund einer Entscheidung des Großen Senats des Bundesarbeitsgerichts,

> 27.2.1985 – GS 1/84, AP § 611 BGB Beschäftigungspflicht Nr. 14,

zur Weiterbeschäftigung der klägerischen Partei zu verurteilen. Nach der obengenannten Rechtsprechung steht dem Arbeitnehmer ein Anspruch auf Weiterbeschäftigung zu unveränderten Arbeitsbedingungen zu, wenn ein obsiegendes erstinstanzliches Urteil vorliegt. Das Weiterbeschäftigungsinteresse des Arbeitnehmers überwiegt sodann nach der obengenannten Rechtsprechung des Gegeninteresses des Arbeitgebers und der Nichtbeschäftigung des Arbeitnehmers.

Wenn der Arbeitgeber im Gütetermin sich nicht zum Weiterbeschäftigungsverlangen des Arbeitnehmers erklärt, besteht die Besorgnis, dass die beklagte Partei den Weiterbeschäftigungsanspruch der klagenden Partei nicht freiwillig befolgt. Daher ist dem Antrag stattzugeben.

Der unechte Hilfsantrag auf Zahlung einer Entschädigung für den Fall, dass der Arbeitnehmer nicht innerhalb einer bestimmten Frist weiter beschäftigt wird, fußt auf § 61 Abs. 2 ArbGG.

2. Muster: Abmahnung bei außerordentlicher Kündigung im Vertrauensbereich

Aktenzeichen: ▪▪▪

Gegner: RAe ▪▪▪, zwei Abschriften anbei

Nach der bisherigen Rechtsprechung ist bei Störungen im Vertrauensbereich eine vorherige Abmahnung grundsätzlich entbehrlich,

> BAG 2.6.1960, AP § 626 BGB Nr. 42; BAG 30.11.1978, NJW 1980, 255.

Das BAG hat diese Rechtsprechung zwischenzeitlich modifiziert. Bei Störungen im Vertrauensbereich ist eine Abmahnung jedenfalls dann nicht entbehrlich, wenn der Arbeitnehmer annehmen durfte, sein Verhalten sei nicht vertragswidrig bzw. der Arbeitgeber werde es zumindest nicht als ein erhebliches, den Bestand des Arbeitsverhältnisses gefährdendes Fehlverhalten ansehen,

> BAG 30.6.1983, NJW 1984, 1917; BAG 5.11.1992, NZA 1993, 308; BAG 14.2.1996, NZA 1996, 873.

Der zweite Senat hat nunmehr in zwei Urteilen,

> BAG 26.1.1996, NZA 1995, 517; BAG 4.6.1997, NZA 1997, 1281,

entschieden, dass auch bei Störungen im Vertrauensbereich jedenfalls dann vor der Kündigung eine Abmahnung erforderlich ist, wenn es um ein steuerbares Verhalten des Arbeitnehmers geht und eine Wiederherstellung des Vertrauens erwartet werden kann.

Der Kündigungszweck sei zukunftsbezogen ausgerichtet. Entscheidend sei, ob eine Wiederholungsgefahr bestehe und ob sich das vergangene Ereignis auch zukünftig belastend auswirke. Erst nach einer Abmahnung werde die erforderliche Wahrscheinlichkeit dafür bestehen, dass sich der Arbeitnehmer auch in Zukunft nicht vertragstreu verhalten werde. Eine Abmahnung ist nach dieser Rechtsprechung nur dann entbehrlich, wenn im Einzelfall besondere Umstände vorliegen, aufgrund derer die Abmahnung nicht als Erfolg versprechend angesehen werden kann.

Diese Rechtsprechung ist zwar für den Alkoholmissbrauch entwickelt, wird vom zweiten Senat allerdings als grundsätzliche Änderung der Rechtslage bei außerordentlichen Kündigungen, insbesondere unter Aufgabe der bisherigen Rechtsprechung ausgewiesen.

Auf dem Hintergrund dieser Rechtsprechung hätte die beklagte Partei der klägerischen Partei nicht ohne vorangegangene Abmahnung fristlos kündigen dürfen.

3. Muster: Ermittlungsverhalten des Kündigenden zur Wahrung der Zwei-Wochen-Frist

Aktenzeichen: ▄▄▄

Gegner: RAe ▄▄▄, zwei Abschriften anbei

Weder der Verdacht strafbarer Handlungen noch eine begangene Straftat stellen Dauerzustände dar, die es dem Arbeitgeber ermöglichen, bis zur strafrechtlichen Verurteilung des Arbeitnehmers zu irgendeinem beliebigen Zeitpunkt eine fristlose Kündigung auszusprechen.

Hält der Arbeitgeber einen bestimmten Kenntnisstand für ausreichend, eine fristlose Kündigung wegen Verdachts einer strafbaren Handlung oder wegen begangener Straftat auszusprechen, muss er nach § 626 Abs. 2 BGB binnen zwei Wochen kündigen, nachdem er diesen Kenntnisstand erlangt hat.

Entscheidet sich der Arbeitgeber, nachdem sich aufgrund konkreter Tatsachen bei ihm ein Anfangsverdacht entwickelt hat, selbst weitere Ermittlungen durchzuführen, muss er diese Ermittlungen zügig durchführen und binnen zwei Wochen nach Abschluss der Ermittlungen, die seinen Kündigungsentschluss stützen, die Kündigung gegenüber dem Arbeitnehmer aussprechen.

Es steht dem Kündigenden zwar grundsätzlich frei, anstatt eigener Ermittlungen den Ausgang eines Ermittlungs- bzw. Strafverfahrens abzuwarten. Das bedeutet aber nicht, dass der Arbeitgeber trotz eines hinlänglich begründeten Anfangsverdachts zunächst von eigenen weiteren Ermittlungen absehen und den Verlauf des Ermittlungs- bzw. Strafverfahrens abwarten darf, um dann spontan, ohne dass sich neue Tatsachen ergeben hätten, zu einem willkürlich gewählten Zeitpunkt Monate später selbständige Ermittlungen aufzunehmen und dann zwei Wochen nach Abschluss dieser Ermittlungen zu kündigen,

    BAG 29.7.1993, NJW 1994, 1675.

§ 626 Abs. 2 BGB ist ein gesetzlich konkretisierter Verwirkungstatbestand. Ziel der Norm ist es, für den betroffenen Arbeitnehmer rasch Klarheit darüber zu schaffen, ob der Kündigungsberechtigte einen Sachverhalt zum Anlass für eine außerordentliche Kündigung nimmt. Deshalb beginnt die Ausschlussfrist des § 626 Abs. 2 BGB, wenn der Kündigungsberechtigte eine zuverlässige und möglichst vollständige positive Kenntnis der für die Kündigung maßgebenden Tatsachen hat. Hierzu gehören sowohl die für als auch gegen die Kündigung sprechenden Umstände sowie die Beschaffung und Sicherung möglicher Beweismittel über die ermittelte Pflichtverletzung,

    BAG 17.3.2005 – 2 AZR 245/04, NZA 2006, 101.

Die zeitliche Begrenzung in § 626 Abs. 2 BGB soll den Arbeitgeber nicht zu hektischer Eile bei der Kündigung antreiben oder ihn veranlassen, ohne genügende Vorprüfung des Sachverhalts oder hinreichender Beweismittel voreilig zu kündigen. Der Kündigungsberechtigte darf regelmäßig auch den Ausgang des Ermittlungs- oder des Strafverfahrens abwarten. Entschließt er sich allerdings hierzu, kann er nicht zu einem beliebigen, willkürlich gewählten Zeitpunkt außerordentlich kündigen. Will er vor Abschluss des Strafverfahrens kündigen, muss ein sachlicher Grund bzw. muss Kenntnis von neuen Tatsachen oder Beweismitteln vorliegen,

    BAG 17.3.2005 – 2 AZR 245/04, NZA 2006, 101.

4. Muster: Verfristete außerordentliche Kündigung

Aktenzeichen: ▄▄▄

Gegner: RAe ▄▄▄, zwei Abschriften anbei

Die außerordentliche Kündigung aus wichtigem Grund ist weiterhin unwirksam, weil sie verfristet erfolgte, § 626 Abs. 2 BGB. Die außerordentliche Kündigung kann wirksam nur innerhalb von zwei Wochen ausgesprochen werden. Die Frist beginnt mit dem Zeitpunkt, in dem der Kündigungsberechtigte von den für die Kündigung maßgeblichen Tatsachen Kenntnis erlangt. Es ist eine positive und sichere Kenntnis der Tatsachen nötig, die den wichtigen Grund ergeben. Nicht nötig ist die Kenntnis aller mit dem Kündigungsgrund zusammenhängender tatsächlichen Umstände,

    BGH 24.11.1975, NJW 1976, 797; BAG 17.8.1972, JZ 1973, 60.

Es kommt auf die Kenntnis derjenigen Person an, der im konkreten Fall das Recht zur Kündigung zusteht,

    BAG 20.10.1971, NJW 1972, 463.

Kenntnis hatte die beklagte Partei von den für ihre Kündigung wesentlichen Umständen spätestens seit dem ▄▄▄, zugegangen ist die Kündigungserklärung der klägerischen Partei am ▄▄▄. Zwischen Kenntniserlangung und Kündigung lagen somit mehr als 2 Wochen.

5. Muster: Verfristete außerordentliche Kündigung bei Anhörung des Betriebsrats

Der Umstand, dass die beklagte Partei noch den Betriebsrat gemäß § 102 BetrVG angehört hat, modifiziert die Frist des § 626 Abs. 2 Satz 1 BGB nicht. Es entspricht gefestigter Rechtsprechung des Bundesarbeitsgerichts, dass sich auf den Ablauf der Frist des § 626 Abs. 2 BGB der Zeitraum, der dem Betriebsrat für seine Entscheidung über den Zustimmungsantrag zur Verfügung steht, nicht auswirkt,

BAG 18.8.1977 – 2 AZR 19/77, NJW 1978, 661 ff.

6. Muster: Unterbliebene Anhörung bei Verdachtskündigung

Die Kündigung ist auch deshalb rechtswidrig, weil die klagende Partei vor Ausspruch der Kündigung nicht angehört wurde. Zwar besteht grundsätzlich keine Pflicht des Arbeitgebers, einen Arbeitnehmer vor Ausspruch einer fristlosen Kündigung anzuhören. Etwas anderes gilt jedoch bei der sog. Verdachtskündigung. Bei der Verdachtskündigung besteht die Verpflichtung des Arbeitgebers, alles ihm Zumutbare zur Aufklärung des Sachverhalts zu tun und dem verdächtigten Arbeitnehmer vor Ausspruch der Kündigung Gelegenheit zur Stellungnahme zu geben,

BAG 4.6.1964, EzA § 626 BGB Nr. 5.

Es entspricht deswegen der Besonderheit des wichtigen Grundes bei der Verdachtskündigung, die Erfüllung der Aufklärungspflicht des Arbeitgebers jedenfalls hinsichtlich der Anhörung des verdächtigten Arbeitnehmers zur Voraussetzung für die Zulässigkeit einer Verdachtskündigung zu erheben,

BAG 8.8.1985, EzA § 102 BetrVG 1972 Nr. 62.

7. Muster: Selbstbeurlaubung ausnahmsweise kein Kündigungsgrund

Aktenzeichen: ▪▪▪

Gegner: RAe ▪▪▪, zwei Abschriften anbei

Tritt der Arbeitnehmer eigenmächtig einen vom Arbeitgeber nicht genehmigten Urlaub an, so verletzt er seine arbeitsvertraglichen Pflichten. Ein solches Verhalten ist an sich geeignet, einen wichtigen Grund zur fristlosen Kündigung darzustellen. Ein Recht des Arbeitnehmers, sich selbst zu beurlauben, ist angesichts des umfassenden Systems gerichtlichen Rechtsschutzes grundsätzlich abzulehnen,

BAG 21.5.1992, NZA 1993, 115; BAG 21.9.1993, BB 1993, 2531.

Nimmt man bei einem eigenmächtigen Urlaubsantritt durch den Arbeitnehmer in jedem Fall eine Pflichtverletzung an, so erscheint es bei einer allseitigen Interessenabwägung vertretbar zu berücksichtigen, ob der Arbeitgeber dem Urlaubsverlangen des Arbeitnehmers hätte entsprechen müssen,

BAG 20.1.1994, NZA 1994, 548 (550).

Es kann dahinstehen, ob der Arbeitnehmer ein Selbstbeurlaubungsrecht hat, wenn der Arbeitgeber zu Unrecht den Urlaubswünschen des Arbeitnehmers nicht entsprochen hat. Lehnt man in diesen Fällen ein Selbstbeurlaubungsrecht ab, ist eine solche unberechtigte Urlaubsverweigerung durch den Arbeitgeber jedenfalls im Falle einer Kündigung wegen eigenmächtigen Urlaubsantritts bei der Interessenabwägung zu Gunsten des Arbeitnehmers mit zu berücksichtigen.

8. Muster: Verweigerung des Urlaubsabbruchs kein Kündigungsgrund

Aktenzeichen: ▪▪▪

Gegner: RAe ▪▪▪, zwei Abschriften anbei

Einen Anspruch des Arbeitgebers gegen den Arbeitnehmer, seinen Urlaub abzubrechen oder zu unterbrechen, gibt es nach dem BUrlG nicht,

ErfK/*Dörner*, § 7 BUrlG Rn 43; BAG 20.6.2000 – 9 AZR 404/99, n.v.

Ob dennoch ein solcher Anspruch bei unvorhersehbaren und zwingenden Notwendigkeiten, die einen anderen Ausweg nicht zulassen,

BAG 19.12.1991 – 2 AZR 367/91, RzK I 6 a; BAG 29.1.1960, AP § 123 GewO Nr. 12,

besteht, kann solange dahinstehen, wie nicht Tatsachen vorgetragen sind, die eine Erörterung erzwingen, wonach ein solcher Anspruch bestehen könnte.

Eine Vertragsverletzung liegt auch dann nicht vor, wenn die klägerische Partei zugesagt haben sollte, wegen der im Betrieb bestehenden Schwierigkeiten werde er seine Tätigkeit wieder aufnehmen. Nach § 1 BUrlG schuldet der Arbeitgeber dem Arbeitnehmer Erholungsurlaub. Zur Erfüllung dieses gesetzlichen Anspruchs hat der Arbeitgeber den Arbeitnehmer von der Arbeit freizustellen. Dem Arbeitnehmer ist uneingeschränkt zu ermöglichen, anstelle der geschuldeten Arbeitsleistung die ihm aufgrund des Urlaubsanspruchs zustehende Freizeit selbstbestimmt zu nutzen. Dieses Recht des Arbeitnehmers ist dann nicht mehr gewährleistet, wenn der Arbeitnehmer trotz der Freistellung ständig damit rechnen muss, zur Arbeit abgerufen zu werden. Eine derartige Arbeitsbereitschaft lässt sich mit der Gewährung des gesetzlichen Erholungsurlaubs nicht vereinbaren. Der Anspruch des Arbeitnehmers wird in diesem Fall nicht erfüllt,

Neumann/Fenski, BUrlG, § 1 Rn 54; Küttner/Bauer, Personalbuch, 428 Rn 5; Natzel, Bundesurlaubsrecht, § 1 Rn 11.

Ein Arbeitgeber muss sich daher vor der Urlaubserteilung entscheiden, ob er dem Arbeitnehmer den beantragten Urlaub gewährt oder den Urlaubsanspruch des Arbeitnehmers etwa wegen dringender betrieblicher Belange gemäß § 7 Abs. 1 BUrlG ablehnt. Hat der Arbeitgeber den Arbeitnehmer freigestellt, also die Leistungszeit bestimmt, in der der Urlaubsanspruch des Arbeitnehmers i.S.v. § 362 Abs. 1 BGB erfüllt werden soll, und dies dem Arbeitnehmer mitgeteilt, hat er als Schuldner des Urlaubs die für die Erfüllung dieses Anspruchs erforderliche Leistungs-/Erfüllungshandlung i.S.v. § 7 Abs. 1 BUrlG vorgenommen,

BAG 9.8.1994, AP § 7 BUrlG Nr. 19.

An diese Erklärung ist der Arbeitgeber gebunden und kann den Arbeitnehmer dann nicht mehr aus dem Urlaub zurückrufen.

Eine Vereinbarung, in der sich der Arbeitnehmer gleichwohl verpflichtet, den Urlaub abzubrechen und die Arbeit wieder aufzunehmen, verstößt gegen § 13 Abs. 1 BUrlG. Sie ist daher rechtsunwirksam. Danach kann von § 1 BUrlG weder durch die Tarifvertragsparteien noch durch eine einzelvertragliche Abrede zu Ungunsten des Arbeitnehmers abgewichen werden. Hierfür ist unerheblich, ob der Urlaub von vornherein im Einvernehmen mit dem Arbeitnehmer unter Vorbehalt gewährt wird oder ob er zunächst vorbehaltlos bewilligt wird und sich der Arbeitnehmer sich erst zeitlich später verpflichtet, dem Arbeitgeber auf dessen Verlangen zur Arbeitsleistung zur Verfügung zu stehen. In beiden Fällen bewirkt das vereinbarte Recht des Arbeitgebers zum Rückruf, dass der Arbeitnehmer für die Dauer der Freistellung entgegen § 1 BUrlG nicht uneingeschränkt von der Arbeitspflicht befreit wird,

BAG 20.6.2000 – 9 AZR 404/99, n.v.

9. Muster: Surfen im Internet

Eine Verletzung der arbeitsvertraglichen Leistungspflicht sowie anderer vertraglicher Nebenpflichten kann sich bei der privaten Nutzung des Internets aus verschiedenen Umständen ergeben, insbesondere durch eine Nutzung entgegen einem ausdrücklichen Verbot des Arbeitgebers, durch das Nichterbringen der arbeitsvertraglich geschuldeten Arbeitsleistung während des Surfens im Internet zu privaten Zwecken, durch das Herunterladen erheblicher Datenmengen aus dem Internet auf betriebliche Datensysteme (unbefugter Download), durch die mit der privaten Nutzung entstehenden zusätzlichen Kosten oder wegen einer Rufschädigung des Arbeitgebers, weil strafbare oder pornografische Darstellungen heruntergeladen werden,

BAG 7.7.2005 – 2 AZR 581/04, NZA 2006, 98.

Bei einer vom Arbeitgeber nicht gestatteten privaten Internet-Nutzung während der Arbeitszeit verletzt der Arbeitnehmer grundsätzlich seine Hauptleistungspflicht zur Arbeit. Dabei wiegt eine Pflichtverletzung umso schwerer, je mehr der Arbeitnehmer bei der privaten Nutzung des Internets seine Arbeitspflicht in zeitlicher und inhaltlicher Hinsicht vernachlässigt.

Nur dann, wenn der Arbeitnehmer während seiner Arbeitszeit das Internet in erheblichem zeitlichem Umfang („ausschweifend") zu privaten Zwecken nutzt, kann er auch bei Fehlen eines ausdrücklichen Verbots der Internet-Nutzung durch den Arbeitgeber nicht darauf vertrauen, der Arbeitgeber werde sein Verhalten tolerieren,

BAG 7.7.2005 – 2 AZR 581/04, NZA 2006, 98.

10. Muster: Ungenauigkeiten bei Spesen- oder Reisekostenabrechnung kein Grund zur fristlosen Kündigung

Will sich ein Unternehmen von Führungskräften trennen, geschieht es häufig, dass in Ermangelung eines Kündigungsgrundes vor allem bei befristeten Anstellungs- und Arbeitsverhältnissen die fristlose Kündigung gemäß § 626 BGB ausgesprochen wird. Meist beauftragt die Unternehmensleitung oder der Gesellschafter die Revision, den Wirtschaftsprüfer oder einen Steuerberater, nach Ungenauigkeiten im Bereich der Reisekostenabrechnungen oder Spesen zu suchen. Die bei solchen Gelegenheiten zutage geförderten Ungenauigkeiten, Unklarheiten oder Fehler bei der Abrechnung durch den Mitarbeiter werden dann zum Anlass für eine außerordentliche Kündigung genommen.

Der Arbeitnehmer muss seine Spesenabrechnungen stets korrekt beim Arbeitgeber einreichen, um nicht Gefahr zu laufen, den Vorwurf betrügerischen oder schädigenden Verhaltens entgegengehalten zu bekommen.

In der Rechtsprechung der Arbeitsgerichte ist anerkannt, dass grobe Vertrauensverstöße eines Arbeitnehmers, insbesondere im Zusammenhang mit strafbaren Handlungen, grundsätzlich eine außerordentliche Kündigung nach § 626 BGB rechtfertigen können,

BAG 11.12.2003 – 2 AZR 36/03, NZA 2004, 486; BAG 8.6.2000 – 2 AZR 638/99, NZA 2000, 1282.

Insbesondere kann ein Spesenbetrug einen Grund für eine außerordentliche Kündigung darstellen. Verlangt ein Arbeitnehmer Arbeitsentgelt oder Spesen, die ihm nicht zustehen, kann dies ein Grund zur fristlosen Entlassung sein, selbst wenn es sich dabei um einen einmaligen Fall oder um einen geringfügigen Betrag handelt,

BAG 22.11.1962 – 2 AZR 42/62, AP § 626 BGB Nr. 49; BAG 22.8.1974 – 2 ABR 17/74, AP § 103 BetrVG 1972 Nr. 1; LAG Frankfurt 5.7.1988 – 5 Sa 585/88, LAGE § 1 KSchG Verhaltensbedingte Kündigung Nr. 20; LAG Köln 14.12.1995 – 5 Sa 1350/94, NZA-RR 1996, 379.

Auch sonstige Unregelmäßigkeiten im Zusammenhang mit der Zeiterfassung, das vorsätzlich falsche Ausstellen von Dokumentationen und entsprechenden Formularen können ebenso wie sonstige unrichtige Angaben in Tätigkeitsberichten grundsätzlich eine Kündigung rechtfertigen,

BAG 24.11.2005 – 2 AZR 39/05, NZA 2006, 484; LAG Berlin 27.6.1996 – 8 (2) Sa 592/68, BB 1969, 834; LAG Niedersachsen 18.10.1994 – 13 Sa 1222/94, LAGE § 1 KSchG 1969 Verhaltensbedingte Kündigung Nr. 44; ArbG Frankfurt 24.7.2001 – 5 Ca 6603/00, NZA-RR 2002, 133.

Allerdings besagt die neuere Rechtsprechung auch, dass bei zweifelhaften Spesen- bzw. Reisekostenabrechnungen des Arbeitnehmers dem Arbeitgeber nicht stets ein wichtiger Grund i.S.v. § 626 Abs. 1 BGB zur Seite steht. Auch den Gerichten ist bekannt, dass im Bereich der Spesenabrechnungen häufig Kündigungsgründe gezielt gesucht werden, wenn dem Arbeitgeber keine Gründe zur Entlassung eines Arbeitnehmers zur Verfügung stehen. Der Schutz, der dem Arbeitnehmer durch die Regelungen des Kündigungsschutzgesetzes zuteil werden soll, wird in solchen Fällen umgangen.

Das LAG Hamm hat mit Urteil vom 13.10.2006,

10 Sa 1044/06, n.v.

entschieden, dass ungenaue bzw. falsche Kilometerangaben dem Arbeitnehmer nicht vorgeworfen werden können, wenn diesem ein genauer Fahrtweg seitens seines Arbeitgebers nicht vorgeschrieben wird. Auch die private Nutzung von betrieblichen Tankkarten, die für Dienstfahrten benutzt werden sollen, führt nicht ohne weiteres zu einem wichtigem Grund für eine fristlose Kündigung, insbesondere dann nicht, wenn der Arbeitnehmer nicht über die Durchführung von Privatfahrten täuscht. In dem von der 10. Kammer des LAG Hamm entschiedenen Fall benutzte der Arbeitnehmer die Tankkarte seines Arbeitgebers auch in Verbindung mit Privatreisen. Zwar war in seinem Arbeitsvertrag ausdrücklich geregelt, dass sämtliche Aufwendungen bei privaten Fahrten mit Ausnahme von Reparaturkosten zu Lasten des Arbeitnehmers gehen. Die westfälischen Richter sahen darin jedoch kein Spesenbetrug. Es fehlte insoweit bereits an der erforderlichen Täuschungshandlung des Arbeitnehmers. Dieser hatte die Betriebs-Tankkarte zwar für Privatfahrten genutzt, jedoch seine Reisekostennachweise zutreffend ausgefüllt. In den Formularen war für den Arbeitgeber ersichtlich, dass der Arbeitnehmer die entstandenen Tankkosten in keinem Fall privat gezahlt hatte. Dennoch hatte der Arbeitgeber zu keinem Zeitpunkt gegenüber dem Kläger die Erstattung der Kosten für Privatfahrten mit dem Firmenfahrzeug geltend gemacht oder etwa die entstandenen Kosten mit dem Gehalt des Klägers verrechnet. Da das Verhalten von dem Arbeitgeber gebilligt wurde und aus der Reisekostenabrechnung die Benutzung der Tankkarte auch für Privatfahrten eindeutig ersichtlich war, konnte der Arbeitgeber diesen zwar formal gesehen vorliegenden Verstoß gegen den Arbeitsvertrag nicht als Kündigungsgrund heranziehen. Zudem wiesen die Richter darauf hin, dass der Arbeitnehmer auch nicht verpflichtet war, den Arbeitgeber ausdrücklich bei Abgabe der Reisekostennachweise darauf hinzuweisen, dass er die Tankkosten auch für die Privatfahrten über die ihm zur Verfügung gestellte Tankstellen-Kreditkarten bezahlt hatte. Auch darin wurde keine Täuschung durch Unterlassen seitens des Arbeitnehmers gesehen. Im Verschweigen von Tatsachen bzw. im Unterlassen einer Aufklärung kann eine Täuschungshandlung nämlich nur dann liegen, wenn eine

Offenbarungspflicht besteht, etwa weil das Verschweigen gegen Treu und Glauben verstößt und der Vertragspartner unter den gegebenen Umständen die Mitteilung der verschwiegenen Tatsachen hätten erwarten dürfen,

BAG 15.5.1997 – 2 AZR 43/96, AP § 123 BGB Nr. 45.

Von einem Unterlassen konnte hier nicht die Rede sein, da sich aus den Reisekostennachweisen ergab, dass der Arbeitnehmer die Tankkosten für das ihm zur Verfügung gestellte Firmenfahrzeug ausschließlich über die Tankstellen-Kreditkarte gezahlt hatte.

Auch die Rechtsprechung der Zivilgerichtsbarkeit stemmt sich inzwischen gegen den Missbrauch der Spesenabrechnungen als wichtigen Grund. So hat das OLG Köln,

4.11.2002 – 19 U 38/02, n.v.,

entschieden, dass es keinen wichtigen Grund zur außerordentlichen Kündigung darstellt, wenn sich eine Gesellschaft nachträglich zur Rechtfertigung einer fristlosen Kündigung eines Organmitglieds auf die Manipulation von Reisekostenabrechnungen beruft.

Der BGH hat mit Urteil vom 28.10.2002 entschieden, dass ein wichtiger Grund für die fristlose Kündigung gegenüber dem Geschäftsführer einer GmbH nicht schon darin zu sehen ist, dass er sich von ihr offen ausgewiesene Spesen hat erstatten lassen, die die Alleingesellschafterin nach den einschlägigen Bestimmungen des Geschäftsführeranstellungsvertrages nicht für erstattungsfähig hält,

BGH 28.10.2002 – II ZR 353/00, n.v.

Im entschiedenen Fall war nach dem Wortlaut des Anstellungsvertrages nicht eindeutig, dass der Geschäftsführer nicht berechtigt war, potentielle Geschäftspartner im Beisein seiner Ehefrau auf Kosten der Gesellschaft zu bewirten. Heißt es im Anstellungs- oder Arbeitsvertrag einer Führungskraft, dass erstattungsfähig sind „angemessene Kosten, die bei der Wahrnehmung der Interessen der Gesellschaft entstanden sind", ist die Teilnahme der Ehefrau des Geschäftsführers bei einem Geschäftsessen nicht unvereinbar. Die Teilnahme der Ehefrau kann zur Kontakt- und Imagepflege des Unternehmens, insbesondere auch aus atmosphärischen Gründen, durchaus angemessen sein, zumal dann, wenn auch der Geschäftspartner mit seinem Ehegatten teilnimmt,

BGH 28.10.2002 – II ZR 353/00, n.v.

Im entschiedenen Fall hatte der Geschäftsführer eine entsprechende Verkehrssitte überdies durch Auskunft der örtlich zuständigen IHK unter Beweis gestellt.

325 **11. Muster: Recht zur fristlosen Kündigung wegen verspäteter Gehaltszahlungen**
↓

Dem Arbeitnehmer steht ein Recht zur außerordentlichen Kündigung zu, wenn es über mehr als ein Jahr zu Verspätungen und zu Verzögerungen in der Zahlung der Gehälter gekommen ist. Dem steht nicht entgegen, dass der Arbeitnehmer als Vorsitzender des Betriebsrats beim Arbeitgeber an einer Vereinbarung mitgewirkt hat, wonach solche verspäteten Zahlungen durch den Betriebsrat ausdrücklich gebilligt werden. Ein solches Moratorium durch den Arbeitnehmer kann jederzeit beendet werden. Die Frist zur außerordentlichen Kündigung beginnt mit Ablauf der Fristsetzung aus dem ersten Abmahnungsschreiben des Arbeitnehmers. Sieht sich der Arbeitnehmer wegen lang anhaltender, verspäteter Lohnzahlung zur fristlosen Kündigung veranlasst, kann er außerdem Schadensersatz gemäß § 628 Abs. 2 BGB verlangen,

LAG Nürnberg 4.7.2001, NZA-RR 2002, 128; LAG Hamm NZA-RR 2000, 242.

326 **12. Muster: Fristlose Kündigung eines GmbH-Geschäftsführers**
↓

Landgericht ▪▪▪
– Kammer für Handelssachen –

Klage

▪▪▪

– klägerische Partei –

Prozessbevollmächtigte: ▪▪▪

gegen

1478

...

– beklagte Partei –

wegen: außerordentlicher Kündigung eines Dienstverhältnisses

Wir bestellen uns zu Prozessbevollmächtigten der klägerischen Partei, in deren Namen und Auftrag wir um kurzfristige Anberaumung eines Termins bitten. Wir werden beantragen zu erkennen:

1. Es wird festgestellt, dass das mit Vertrag vom ... begründete Anstellungsverhältnis zwischen der klägerischen Partei und der beklagten Partei durch die Kündigung vom ... nicht aufgelöst worden ist, sondern in ungekündigtem Zustand fortbesteht.
2. Die beklagte Partei wird verurteilt, an die klägerische Partei ... EUR brutto zzgl. Zinsen in Höhe von fünf Prozentpunkten über dem Basiszinssatz hieraus seit dem ... zu zahlen.
3. Die beklagte Partei trägt die Kosten des Verfahrens.

Für den Fall, dass das Gericht ein schriftliches Vorverfahren anordnen sollte, beantragen wir jetzt für den Fall der Säumnis oder des Anerkenntnisses, bei Vorliegen der gesetzlichen Voraussetzungen ein Versäumnis- oder Anerkenntnisurteil im schriftlichen Verfahren gemäß § 231 Abs. 3 ZPO oder § 307 Abs. 2 ZPO zu erlassen.

Weiter beantragen wir:

Der klägerischen Partei wird nachgelassen, eine zu bestellende Sicherheitsleistung auch durch eine schriftliche, selbstschuldnerische und unbefristete Bürgschaft einer europäischen Großbank oder öffentlich-rechtlichen Sparkasse zu erbringen.

Gründe:

I.

Die klägerische Partei wurde durch Beschluss der Gesellschafterversammlung vom ... zum Geschäftsführer der beklagten Partei bestellt.

Mit der Bestellung zum Geschäftsführer wurde zwischen der klägerischen und der beklagten Partei am ... ein Anstellungsvertrag für die Dauer von ... Jahren geschlossen.

Beweis: Dienstvertrag vom ... – Anlage K 1.

Als Vergütung wurde zwischen den Parteien in § ... des Anstellungsvertrages Folgendes vereinbart: ...

Am ... wurde der klägerischen Partei außerordentlich aus wichtigem Grund gekündigt. Das Kündigungsschreiben ging der klägerischen Partei am ... zu.

Beweis: Kündigungsschreiben vom ... in Kopie – Anlage K 2.

Die klägerische Partei widersprach der Kündigung unverzüglich mit Schreiben vom ... und bot der beklagten Partei ihre Arbeitsleistung an.

Beweis: Schreiben der klägerischen Partei vom ... – Anlage K 3.

II.

Die Kündigung vom ... ist unwirksam.

1. Unwirksamkeit aus formalen Gründen:

a) Die Gesellschafterversammlung hat zwar beschlossen, den Kläger abzuberufen. Ein förmlicher Kündigungsbeschluss wurde jedoch nicht gefasst. Für die Kündigung des Anstellungsvertrages durch die GmbH ist dasselbe Organ wie für den Abschluss zuständig. Bei mitbestimmungsfreien Gesellschaften ist dies die Gesellschafterversammlung,

BGH, LM § 46 Nr. 9; BGH WM 1970, 249; BGH WM 1976, 380.

Fehlt ein wirksamer Gesellschafterbeschluss, so ist die Kündigung unwirksam,

OLG Köln GmbHR 1993, 734.

Eine rückwirkende Genehmigung durch die Gesellschafter ist nicht möglich,

OLG Köln GmbHR 1991, 156.

b) Die Kündigung wurde vom Vorsitzenden der Gesellschafterversammlung ausgesprochen, ohne dass dieser hierzu ermächtigt war.

Der Beschluss der Gesellschafterversammlung muss bestimmen, wer zum Ausspruch der Kündigung bevollmächtigt ist. Die Gesellschafterversammlung kann ein Mitglied der Gesellschafterversammlung, einen Geschäftsführer und einen Dritten, beispielsweise einen Rechtsanwalt, mit dem Ausspruch der Kündigung bevollmächtigen,

BGH BB 1998, 1808; BGH WM 1968, 570; BGHZ 49, 117.

Für eine wirksame Kündigung ist allerdings Voraussetzung, dass im Gesellschafterbeschluss ein besonders Bevollmächtigter bestimmt wurde. Hieran fehlt es vorliegend, so dass die Kündigung wegen Fehlens der Vollmacht des Kündigenden unwirksam ist.

2. Die Kündigung ist verfristet. Gemäß § 626 Abs. 2 Satz 1 BGB kann die Kündigung nur innerhalb von zwei Wochen erfolgen. Maßgeblich für den Beginn der Frist ist die Kenntnis des für die Kündigung zuständigen Organs. Das ist im Falle der Kündigung eines Geschäftsführers die Gesellschafterversammlung. Entscheidend ist also, wann der maßgebliche Sachverhalt der Gesellschafterversammlung bekannt geworden ist,

 BGH BB 1998, 1808.

Die Gesellschafter ■■■ erhielten erstmalig Kenntnis von den Vorwürfen gegenüber dem Kläger am ■■■ Zwischen dieser ersten Kenntnis und dem Ausspruch der Kündigung liegen insgesamt ■■■ Monate.

Nach § 626 Abs. 2 Satz 2 BGB beginnt die Zwei-Wochen-Frist mit dem Zeitpunkt, in dem der Kündigungsberechtigte von den für die Kündigung maßgebenden Tatsachen Kenntnis erlangt. Die in der Rechtsprechung des BGH gestellten Anforderungen an eine sichere und umfassende positive Kenntnis der maßgeblichen Gründe sind noch nicht erfüllt, wenn tatsächliche Grundlagen des wichtigen Grundes noch aufklärungsbedürftig sind,

 BGH BB 1998, 1808; BGH NJW 1996, 1403; BGH GmbHR 1998, 931.

Dabei ist positive und sichere Kenntnis der Tatsachen erforderlich, die den wichtigen Grund ausmachen,

 BGH DB 1996, 1030.

Bloßes Kennenmüssen genügt nicht. Insbesondere reicht nicht bereits der Verdacht unlauterer Machenschaften. Der Gesellschafterversammlung muss der Kündigungssachverhalt bekannt sein, so dass ihr eine Entscheidung möglich ist, ob das Anstellungsverhältnis vorzeitig beendet werden soll,

 ausführlich hierzu *Lüders*, BB 1990, 790; *Reiserer/Heß/Emmerich*, Der GmbH-Geschäftsführer, S. 87.

Dabei reicht nicht die Kenntnis einzelner Mitglieder der Gesellschafterversammlung aus oder die Kenntnis einer zur Einberufung der Gesellschafterversammlung berechtigten Minderheit von Gesellschaftern, sondern die Kenntnis aller Gesellschafter von den Kündigungstatsachen ist erforderlich,

 BGH BB 1998, 1808.

Auch brauchen sich die für die Kündigung des Anstellungsvertrages zuständigen Gesellschafter die Kenntnis eines Mitgeschäftsführers von dem Kündigungssachverhalt nicht zurechnen zu lassen,

 BGH BB 1998, 1808.

Die Kenntnis der einberufungsberechtigten Gesellschafter begründet die Pflicht zur Einberufung einer Gesellschafterversammlung. Mit dem Zusammentreten der Gesellschafterversammlung kann nicht beliebig oder bis zur nächsten ordentlichen Gesellschafterversammlung zugewartet werden. Ist der zu kündigende Geschäftsführer der einzige Geschäftsführer der Gesellschaft und verweigert er auf ein Einberufungsverlangen des einberufungsberechtigten Gesellschafters hin die Einberufung der Gesellschafterversammlung, so darf der einberufungsberechtigte Gesellschafter unabhängig von der Kündigungserklärungsfrist nach § 626 Abs. 2 BGB abwarten bis er unter den Voraussetzungen des § 50 Abs. 3 GmbHG selbst eine Gesellschafterversammlung einberufen darf,

 Scholz/Schneider, GmbHG, § 35 Rn 237d.

Unter den Voraussetzungen des § 50 Abs. 3 GmbHG ist die eigene Einberufung einer Gesellschafterversammlung durch einen einberufungsberechtigten Gesellschafter nur zulässig, wenn der Geschäftsführer Gelegenheit hatte, innerhalb einer angemessenen Frist zu einer Gesellschafterversammlung einzuladen. Regelmäßig wird eine Frist von einem Monat als angemessen angesehen,

 Lutter/Hommelhoff, GmbHG, § 50 Rn 7.

Ausnahmsweise ist auch eine Reduzierung dieser Frist auf drei Wochen geboten, insbesondere wenn der Geschäftsführer zuvor bereits eine Einberufung verzögert hatte,

 BGH, AP § 626 BGB Ausschlussfrist Nr. 41.

Mit der Aufklärung des Sachverhalts und mit der Einberufung der Gesellschafterversammlung hat sich die Beklagte erkennbar zu viel Zeit gelassen, so dass die Frist verstrichen ist: ■■■

3. Die außerordentliche Kündigung ist unwirksam, da es an einem wichtigen Grund i.S.v. § 626 BGB fehlt.

Der wichtige Grund zur Abberufung gemäß § 38 Abs. 2 GmbHG ist nicht notwendig auch ein wichtiger Grund für die außerordentliche Kündigung des Anstellungsvertrages,

 BGH 9.2.1978, BB 1978, 520.

Vielmehr hat eine gerichtliche Entscheidung über die Wirksamkeit der sofortigen Abberufung aus wichtigem Grund auch dann keine Rechtskraftwirkung für die fristlose Kündigung des Anstellungsverhältnisses, wenn die Beendigung beider Rechtsverhältnisse gemeinsam ausgesprochen und auf demselben Grund gestützt wird,

BGH 28.5.1990, GmbHR 1990, 345.

Ein wichtiger Grund für die fristlose Kündigung des Geschäftsführerdienstvertrages setzt voraus, dass dem Geschäftsführer eine schwere Pflichtverletzung zur Last gelegt wird, und die Fortsetzung des Dienstverhältnisses bis zu einem ordentlichen Vertragsablauf für die Gesellschaft bei Abwägung aller Umstände, insbesondere auch der beiderseitigen Interessen und des eigenen Verhaltens des Dienstherrn, nicht mehr zugemutet werden kann,

BGH 21.4.1975, WM 1975, 761; BGH 19.10.1987, BB 1988, 88.

Das Vorliegen eines wichtigen Grundes gemäß § 626 Abs. 1 BGB ist damit in zwei systematisch zu trennenden Abschnitten zu prüfen. Zum einen muss ein Grund vorliegen, der unabhängig von den Besonderheiten des Einzelfalles „an sich" geeignet ist, eine außerordentliche Kündigung zu rechtfertigen,

BAG 29.1.1997, AP § 626 BGB Nr. 131 = NZA 1997, 813; BGH 14.2.2000, BB 2000, 844.

Insoweit handelt es sich um einen Negativfilter, d.h. dass bestimmte Kündigungsgründe eine außerordentliche Kündigung von vornherein nicht rechtfertigen können,

LAG Rheinland-Pfalz 22.12.1997 – 9 TaBV 38/97, n.v.; APS/*Dörner*, Großkommentar KündR, § 626 BGB Rn 29; H/S-*Hümmerich/Holthausen*, Das arbeitsrechtliche Mandat, § 10 Rn 592.

In einem zweiten Abschnitt ist die Abwägung zwischen den Interessen des Geschäftsführers auf Weiterbeschäftigung und den Interessen der Gesellschaft auf sofortige Beendigung des Dienstverhältnisses vorzunehmen. Demnach ergibt sich folgendes Bild:

a) Als wichtige Gründe kommen grundsätzlich nur solche Umstände in Betracht, die in der Person des Geschäftsführers liegen. Dies sind meist Pflichtverletzungen des Geschäftsführers, wie Treuepflichtverletzungen oder strafbare Handlungen. Einer vorherigen Abmahnung des Geschäftsführers bedarf es nicht,

BGH 14.2.2000, BB 2000, 844.

In Einzelfällen können aber auch objektive Umstände, wie etwa die dauernde Arbeitsunfähigkeit des Geschäftsführers wegen Krankheit eine außerordentliche Kündigung rechtfertigen, ohne dass es hier eines Verschuldens des Geschäftsführers bedürfte,

vgl. BGH 11.7.1955, WM 1955, 1222 (für den Vorstand einer AG).

Dabei kann die fristlose Kündigung auch auf Vorkommnisse gestützt, die zeitlich nach dem Beschluss liegen, aber im Rahmen einer Gesamtbetrachtung die Fortsetzung der Geschäftsführertätigkeit als bereits im Zeitpunkt des Beschlusses unzumutbar erscheinen lassen,

OLG Stuttgart 30.3.1994, NJW-RR 1995, 295.

Betriebliche Gründe, wie etwa die Betriebsteilstilllegung, rechtfertigen dagegen nur ausnahmsweise eine fristlose Kündigung, wenn es wegen des wirtschaftlichen Niedergangs des Unternehmens für die Geschäftsführertätigkeit in der vereinbarten Form keinerlei Bedarf mehr gibt,

BGH 21.4.1975, WM 1975, 761.

Entscheidend sind aber auch hier immer die Gesamtumstände des Einzelfalles. Von der Rechtsprechung wurden bisher als wichtiger Grund „an sich" anerkannt:

- eigenmächtige Entnahme vom Konto der Gesellschaft zur Sicherung etwaiger künftiger Ansprüche gegen die Gesellschaft (BGH 26.6.1995, BB 1995, 1844);
- Verletzung der Auskunftspflicht gegenüber Gesellschaftern (BGH 20.2.1995, BB 1995, 975; OLG Hamm 6.3.1996, GmbHR 1996, 939; OLG München 23.2.1994, BB 1994, 735; OLG Frankfurt 24.11.1992, DB 1993, 2324);
- Verletzung der Pflicht zur Überwachung der wirtschaftlichen Entwicklung der Gesellschaft (BGH 20.2.1995, BB 1995, 975; BGH 8.12.1994, WM 1995, 709; OLG Bremen 20.3.1997, GmbHR 1998, 536);
- unberechtigte Vorwürfe gegenüber Mitgeschäftsführern (BGH 9.3.1992, NJW-RR 1992, 992);
- beharrliche Nichtbefolgung von Gesellschafterweisungen (OLG Frankfurt 7.2.1997, GmbHR 1997, 346);
- tief greifendes, die weitere Zusammenarbeit unmöglich machendes, auch nach außen zum Ausdruck kommendes Zerwürfnis unter den Geschäftsführern, zu dem der Betroffene durch sein Verhalten mit beigetragen haben muss (BGH 17.10.1983, WM 1984, 29; LG Karlsruhe 29.4.1998, DB 1998, 1225; LG Frankenthal 23.4.1994, GmbHR 1996, 934);
- stetige Widersetzung gegen die Interessen der Gesellschaft (BGH 8.5.1967, BB 1967, 731);
- illoyales Verhalten gegenüber dem Alleingesellschafter (BGH 14.2.2000, BB 2000, 844);

- begründeter Verdacht, auf betrügerische Weise Subventionen erschlichen zu haben (BGH 2.7.1984, WM 1984, 1187);
- begründeter Verdacht einer (auch außerdienstlichen) strafbaren Handlung (BGH 9.1.1967, WM 1967, 251; BGH 25.1.1956, WM 1956, 867; LAG Berlin 30.6.1997, GmbHR 1997, 839);
- Überschreitung der Geschäftsführerbefugnis (OLG Stuttgart WM 1979, 1296; einschränkend BGH GmbHR 1991, 197);
- unberechtigte Amtsniederlegung (OLG Celle 31.8.1994, GmbHR 1995, 728);
- Verfolgung eigennütziger Interessen zum Nachteil der Gesellschaft (OLG Köln 28.6.1995, GmbHR 1996, 290);
- Wettbewerb zur Gesellschaft, Verschweigen von Eigengeschäften (OLG Karlsruhe 8.7.1988, GmbHR 1988, 484);
- Überschreitung der Kreditlinie (LG Düsseldorf 26.7.2005 – 7 O 293/04, n.v.; OLG Oldenburg 28.6.2001 – 1 U 132/00, n.v.);
- Veranlassung vorzeitiger Tantiemeauszahlung (OLG Hamm 24.6.1994, GmbHR 1995, 732).

Nicht als wichtiger Grund wurde von der Rechtsprechung bisher anerkannt:
- Vertrauensentzug durch die Gesellschafterversammlung, wenn dem Geschäftsführer nur Geringfügigkeiten und weder schuldhaftes Verhalten (vgl. BGH 29.5.1989, WM 1989, 1246 – für den Vorstand einer AG; BGH 13.2.1995, BB 1995, 688) noch missbräuchliche Ausnutzung der Erwerbschancen der Gesellschaft (BGH 13.2.1995, BB 1995, 688) vorgeworfen werden kann;
- laufende gerichtliche Auseinandersetzung mit dem Bundeskartellamt wegen angeblicher Beteiligung an verbotenen Preisabsprachen, wenn das Anstellungsverhältnis wegen einer Befristung ohnehin bald ausläuft und die Gesellschaft keinen besonderen wirtschaftlichen Nachteil darlegen kann (BGH 27.10.1986, NJW 1987, 1889);
- der nicht verheimlichte Bezug eines zusätzlichen Bonus, der bisher zwar nicht durch Gesellschafterbeschluss bewilligt worden ist, dem Geschäftsführer aber auch im Vorjahr eingeräumt worden war (BGH 9.1.1992, WM 1992, 2142).

Berücksichtigt man die vorgenannten Beispielsfälle, ergibt sich hieraus, dass die klägerische Partei keine Pflichtverletzung begangen hat, die einen wichtigen Grund „an sich" trägt. Dabei ist zu berücksichtigen, dass die Beweislast für Tatsachen, aus denen sich ein wichtiger Grund ergeben soll, die Gesellschaft trägt. Beruft sich der Geschäftsführer auf Umstände, die sein Verhalten rechtfertigen sollen, hat die Gesellschaft diese zu widerlegen und hierfür den Beweis zu führen,

BGH 14.10.1994, WM 1995, 706.

Danach fehlt es vorliegend an einem wichtigen Grund für die außerordentliche Kündigung aus folgenden Gründen:

...

b) Spätestens die allgemeine Interessenabwägung führt zur Unwirksamkeit der Kündigung. Es ist abzuwägen zwischen den Interessen des Geschäftsführers auf Weiterbeschäftigung und den Interessen der Gesellschaft auf sofortige Beendigung des Dienstverhältnisses. Zugunsten des Geschäftsführers streiten sein bisheriges Verhalten und seine Solidarität gegenüber der Gesellschaft, während zu seinen Lasten die Schwere seiner Verfehlungen zu stellen ist,

Reiserer/Heß-Emmerich, Der GmbH-Geschäftsführer, S. 80.

Stützt sich die Kündigung auf eine Pflichtverletzung des Geschäftsführers und hat sich der Geschäftsführer bereits seit Jahren um die Gesellschaft verdient gemacht, so müssen die Maßstäbe an den Grad der Pflichtverletzung sowie des Verschuldens besonders streng gemessen werden. Das Gleiche gilt, wenn die fristlose Kündigung den Geschäftsführer wegen seines hohen Alters oder sonst aus sozialen Gründen besonders hart treffen würde,

vgl. BGH 7.6.1972, WM 1962, 811 (für den Vorstand einer AG); BGH 14.7.1966, WM 1966, 968.

Ebenfalls sind besonders strenge Maßstäbe anzulegen, wenn das Anstellungsverhältnis ohnehin bald ausläuft und deshalb der Gesellschaft ein Verzicht auf die sofortige Beendigung des Anstellungsverhältnisses eher zugemutet werden kann,

BGH 11.7.1968, DB 1969, 39.

Im Fall des ohnehin baldigen Auslaufens des Dienstverhältnisses kann die Gesellschaft trotz Vorlage eines Kündigungsgrundes gehalten sein, das Dienstverhältnis bis zu dem vereinbarten Ablauf fortzusetzen,

BGH 26.3.1956, BGHZ 20, 239 (249).

Vorvertragliche Gründe, also Vorgänge, die der Gesellschafterversammlung bereits bei der Bestellung bzw. bei Abschluss des Anstellungsvertrages bekannt waren, rechtfertigen dagegen grundsätzlich keine fristlose Kündigung. Das gilt selbst dann, wenn ein möglicherweise wegen Mehrheitsmissbrauchs rechtswidriger, aber nicht erfolgreich angefochtener Gesellschafterbeschluss über den Abschluss des Anstellungsvertrages vorliegt,

BGH 12.7.1993, BB 1993, 1681.

4. Die Zuständigkeit des angerufenen Gerichts ergibt sich aus § 95 Abs. 1 Nr. 4 a GVG. Die klägerische Partei macht Ansprüche aus dem Rechtsverhältnis zwischen den Vorstehern einer Handelsgesellschaft und der Gesellschaft geltend. Auch wenn der Geschäftsführer bzw. das Vorstandsmitglied bereits ausgeschieden ist, handelt es sich um Ansprüche i.S.v. § 95 Abs. 1 Nr. 4 a GVG,

LG Düsseldorf DB 1975, 1019; MüKo-ZPO/*Wolf*, § 95 GVG Rn 11.

5. Die Gerichtskosten belaufen sich auf ▪▪▪ EUR und sind der Klageschrift per Scheck beigefügt. Wir sagen uns für den anliegenden Scheckbetrag stark. Der Streitwert errechnet sich wie folgt:[131]

Als Anhaltspunkt kann die in § 42 Abs. 3 GKG getroffene, der Regelung des § 9 ZPO vorgehende Bestimmung über die Wertberechnung bei Klagen von Arbeitnehmern auf wiederkehrende Leistungen mit dem dreifachen Jahresbetrag dieser Leistung dienen,

BGH 9.6.2005 – III ZR 21/04, NZA 2006, 287.

Einzubeziehen ist die bisherige Streitwert-Rechtsprechung des BGH, die noch auf § 17 Abs. 3 GKG fußte und ebenfalls den dreifachen Jahresbetrag der Leistungen für die Wertberechnung als maßgeblich ansah,

BGH 24.11.1980, NJW 1981, 2465.

Aus dieser Rechtsprechung ist weiterhin maßgeblich, dass der Gegenstandswert zu reduzieren ist, wenn die ohne Ausspruch der außerordentlichen Kündigung anstehende Restvertragslaufzeit kürzer gewesen wäre als der Zeitraum, der bei dem Regelstreitwert anzunehmen wäre. Vorliegend hätte die Vertragslaufzeit noch ▪▪▪ Jahre betragen. Dementsprechend ist der Streitwert auf die denkbare Restvertragslaufzeit zu reduzieren und beträgt ▪▪▪ EUR.

Hieraus errechnet sich ein Gegenstandswert von ▪▪▪ EUR. Die Gerichtskosten belaufen sich somit auf ▪▪▪ EUR.

13. Muster: Klage des Vorstandes auf Vergütung nach außerordentlicher Kündigung im Urkundenprozess

Landgericht ▪▪▪
– Kammer für Handelssachen –

Klage im Urkundenprozess

▪▪▪

– klägerische Partei –

Prozessbevollmächtigte: ▪▪▪

gegen

▪▪▪

– beklagte Partei –

wegen: Vorstandsvergütung

Wir bestellen uns zu Prozessbevollmächtigten der klägerischen Partei, in deren Namen und Auftrag wir Klage im Urkundenprozess erheben und beantragen:

1. Die beklagte Partei wird verurteilt, ▪▪▪ EUR brutto nebst 5 % Zinsen über dem Basiszinssatz nach § 247 BGB i.V.m. § 7 des Überleitungsgesetzes zur Modernisierung des Schuldrechts (Art. 229 EGBGB) seit dem ▪▪▪ an die klägerische Partei zu zahlen.
2. Die beklagte Partei wird verurteilt, monatlich ▪▪▪ EUR brutto, zahlbar jeweils zum ersten Tag des Folgemonats nebst 5 % Zinsen über dem Basiszinssatz nach § 247 BGB i.V.m. § 7 des Überleitungsgesetzes zur Modernisierung des Schuldrechts (Art. 229 EGBGB), berechnet jeweils ab dem Monatsersten des Folgemonats, für die Zeit vom ▪▪▪ bis zum ▪▪▪ zu zahlen.
3. Die beklagte Partei trägt die Kosten des Rechtsstreits.

Gründe:

I.

Die klägerische Partei verfolgt im Urkundenprozess ihre Vergütungsansprüche gegen die beklagte Partei, mit dem Antrag Ziff. 1 für die Monate ▪▪▪, mit dem Antrag Ziff. 2 monatlich für die Zeit bis zur Beendigung des Anstellungsvertrages.

Die klägerische Partei steht mit Anstellung vom ▪▪▪ in einem Dienstverhältnis zu der beklagten Partei.

---

[131] Siehe Muster 8300 § 8 Rn 212.

Beweis: Anstellungsvertrag vom ▬▬▬ – Anlage K 1.

Gemäß § ▬▬▬ wurde der Dienstvertrag für die Zeit vom ▬▬▬ bis zum ▬▬▬ geschlossen. In § ▬▬▬ des Anstellungsvertrages wurde der klägerischen Partei eine monatliche Grundvergütung in Höhe von ▬▬▬ EUR zugesagt.

Beweis: wie vor.

Die beklagte Partei hat mit Schreiben vom ▬▬▬, der klägerischen Partei am ▬▬▬ zugegangen, den Anstellungsvertrag aus wichtigem Grund fristlos gekündigt und die klägerische Partei als Vorstand abberufen.

Beweis: Kündigungsschreiben der beklagten Partei vom ▬▬▬ – Anlage K 2.

II.

Die Klage im Urkundenprozess ist zulässig und begründet.

1. Der Anspruch der klägerischen Partei auf die eingeklagte Monatsvergütung für die Monate ▬▬▬ ergibt sich aus dem zwischen den Parteien bestehenden Anstellungsvertrag. Nach § 592 ZPO kann ein Anspruch, der die Zahlung einer bestimmten Geldsumme zum Gegenstand hat, im Urkundenprozess geltend gemacht werden, wenn alle zur Begründung des Anspruchs erforderlichen Tatsachen durch Urkunden bewiesen werden können. Der Beweis kann vorliegend durch Urkunden erbracht werden. Wir haben der Klageschrift eine Kopie des Anstellungsvertrages und des Kündigungsschreibens beigefügt. Die Originale werden wir gemäß § 595 Abs. 3 ZPO im Termin vorliegen.

2. Im Zuge der Klageerhebung können nicht nur die bei Klageerhebung bzw. im Termin zur mündlichen Verhandlung bereits fälligen, sondern auch bereits die künftigen Vergütungsansprüche bis hin zum nächsten ordentlichen Beendigungszeitpunkt des Anstellungsvertrages geltend gemacht werden. Gemäß § 259 ZPO kann nämlich bei Ansprüchen aller Art, mögen sie auch von einer Gegenleistung abhängig sein oder nicht, Klage auf künftige Leistungen erhoben werden, wenn nach den Umständen die Besorgnis gerechtfertigt ist, dass der Schuldner sich einer rechtzeitigen Leistung entziehen würde,

siehe *Pesch*, NZA 2002, 958.

§ 259 ZPO ist auch auf Vergütungsforderungen anwendbar,

BAG 23.2.1983, FamRZ 1983, 900; Zöller/*Greger*, § 593 ZPO Rn 7.

Eine Klage auf künftige Leistung gemäß § 259 ZPO ist auch im Rahmen eines Urkundenprozesses möglich,

Zöller/*Greger*, § 259 ZPO Rn 1.

Die Besorgnis der Nichterfüllung ist regelmäßig schon dann begründet, wenn der Schuldner den Anspruch ernstlich bestreitet,

BGHZ 5, 342 (344); BGHZ 43, 28 (31); BGH NJW 1999, 954 (955).

Das Bestreiten des Schuldners ergibt sich vorliegend aus der außerordentlichen Kündigung, die die beklagte Partei trotz eines Aufforderungsschreibens, diese rückgängig zu machen, das zugleich mit dem Angebot der Arbeitskraft der klägerischen Partei verbunden war, nicht zurückgenommen hat.

Beweis: Vorlage des Schreibens in Kopie – Anlage K 3.

Die beklagte Partei hat bislang an der Kündigung festgehalten, so dass sie als Schuldner den Vergütungsanspruch der klägerischen Partei bestreitet.

3. Die fristlose Kündigung ist unberechtigt. Wichtige Gründe i.S.d. § 626 Abs. 1 BGB, die eine fristlose Kündigung rechtfertigen könnten, bestehen nicht. Selbst wenn wichtige Gründe für eine fristlose Kündigung vorlägen, könnte die Beklagte hiermit im vorliegenden Rechtsstreit nicht gehört werden, da ihre Einwendungen nicht durch Urkunden bewiesen werden können, § 598 ZPO.

Die beklagte Partei müsste das Vorliegen eines wichtigen Grundes i.S.d. § 626 BGB im Urkundenprozess gemäß § 598 ZPO durch Urkunden belegen,

OLG Düsseldorf 20.10.1983 – 8 U 3/83, n.v.; LG Stendal 17.9.1998 – 31 O 182/97, n.v.; KG 17.9.1996 – 5 U 3157/96, n.v.

Mag es dem Kündigenden gelingen, Einzelaspekte von Kündigungsvorwürfen durch Vorlage von Urkunden zu belegen, lässt sich der gesamte Vorwurf dagegen in vollem Umfang nicht durch Urkunden nachweisen,

siehe nur *Pesch*, NZA 2002, 958; *Diller*, in: Bauer/Lingemann/Diller/Haußmann, Anwalts-Formularbuch Arbeitsrecht, M 12.6 Fn 7.

Eine zusätzliche Schwierigkeit für den Kündigenden besteht darüber hinaus darin, dass er die für eine Interessenabwägung erforderlichen Umstände sämtlich durch Urkunden beweisen müsste und auch die Voraussetzungen des § 626 Abs. 2 BGB nicht nur darlegen, sondern auch im Bestreitensfall mit den Mitteln des Urkundenbeweises darzulegen hätte,

OLG Düsseldorf 20.10.1983 – 8 U 3/83, n.v.

4. Die beklagte Partei hat keine Zahlungen geleistet.

5. Die beklagte Partei befindet sich auch in Annahmeverzug, §§ 293, 615 BGB. Die Darlegungs- und Beweislast für den Annahmeverzug trifft nach den allgemeinen Grundsätzen den Anspruchsteller, also die klägerische Partei,

ErfK/*Preis,* § 615 BGB Rn 111.

Da die Kündigung als Ablehnungserklärung des Kündigenden zu werten ist,

BAG 10.7.1969, NJW 1969, 1734,

ist die Ablehnungserklärung durch das Kündigungsschreiben (Anlage K 2) bewiesen.

Es kann dahinstehen, ob im Fall einer unwirksamen Kündigung darüber hinaus ein wörtliches Angebot des Gekündigten nach § 295 BGB erforderlich ist oder ob ein solches wörtliches Angebot unter Rückgriff auf § 296 BGB unterbleiben kann. Dadurch, dass die klägerische Partei ihre Arbeitskraft nach der Kündigung in einem entsprechenden Schreiben (Anlage K 3) ausdrücklich wörtlich angeboten hat, hat die klägerische Partei ein wörtliches Angebot nach § 295 BGB unterbreitet.

Der Annahmeverzug wird durch die ausgesprochene fristlose Kündigung nicht gehindert. § 615 BGB lässt die allgemeine, aus § 626 BGB folgende Darlegungslast unberührt. Es würde deshalb zu einer im Gesetz nicht vorgesehenen Beweislastumkehr führen, wenn der Dienstverpflichtete im Rahmen von § 615 BGB die Unwirksamkeit der fristlosen Kündigung des Dienstberechtigten beweisen müsste,

OLG Düsseldorf 20.10.1983 – 8 U 3/83, n.v.; *Pesch,* NZA 2002, 959.

Dementsprechend hat nicht der Dienstpflichtige, der gemäß § 615 BGB seinen Vergütungsanspruch fordert, das Fortbestehen des Dienstverhältnisses und damit die Unwirksamkeit der ausgesprochenen Kündigung zu beweisen, sondern der Dienstberechtigte.

6. Sollte die beklagte Partei in Erwägung ziehen, eine Aussetzung des Urkundenverfahrens nach § 148 ZPO zu beantragen im Hinblick auf einen parallel geführten Rechtsstreit über die Wirksamkeit der Kündigung, sei bereits vorab auf Folgendes hingewiesen: Zwar hat das Gericht nach § 148 ZPO die Möglichkeit der Aussetzung einer selbständigen Zahlungsklage nach pflichtgemäßem Ermessen, soweit der Annahmeverzugslohn vom Bestand des Dienstverhältnisses abhängig ist. Indes scheidet eine Aussetzung bei einem Urkundenverfahren als mit dem Urkundenprozesses unvereinbar im Regelfalle aus,

OLG Hamm 9.10.1975, NJW 1976, 246; OLG Karlsruhe 10.11.1993, GRUR 1995, 263; Zöller/*Greger,* § 148 ZPO Rn 4 und vor § 592 ZPO Rn 3; *Pesch,* NZA 2002, 960.

III.

Die Urkundenklage auf Zahlung der Vergütung ist gemäß § 708 Nr. 4 ZPO ohne Sicherheitsleistung für vorläufig vollstreckbar zu erklären. Das Gericht hat gemäß § 711 ZPO auszusprechen, dass der Schuldner die Vollstreckung der Sicherheitsleistung oder Hinterlegung abwenden kann, wenn nicht der Gläubiger vor der Vollstreckung Sicherheit leistet.

Da die Verteidigung der Beklagten im Rahmen des Urkundenverfahrens wegen § 598 ZPO ohne Aussicht auf Erfolg sein dürfte, wird angeregt, dass die beklagte Partei unter Kosten- und Beschleunigungsgesichtspunkten ein Anerkenntnis nur für den Urkundenprozess abgibt. Für diesen Fall beantragen wir den Erlass eines

Anerkenntnis-Vorbehaltsurteils.

XI. Bestandsschutzstreitigkeiten: Spezielle Sachverhalte bei Beendigung von Arbeitsverhältnissen

1. Muster: Anfechtung einer Willenserklärung über Abschluss eines Aufhebungsvertrages

Arbeitsgericht ■■■

Klage

■■■

– klägerische Partei –

Prozessbevollmächtigte: ■■■

gegen

§ 6 Schriftsätze im arbeitsgerichtlichen Urteilsverfahren

▪▪▪
– beklagte Partei –

wegen: Anfechtung eines Aufhebungsvertrages, Kündigung eines Arbeitsverhältnisses und Forderung

Wir bestellen uns zu Prozessbevollmächtigten der klägerischen Partei, in deren Namen und Auftrag wir um kurzfristige Anberaumung eines Gütetermins bitten und beantragen werden zu erkennen:

1. Es wird festgestellt, dass das Arbeitsverhältnis durch den Aufhebungsvertrag vom ▪▪▪ nicht aufgelöst worden ist.
2. Das Arbeitsverhältnis wird gegen Zahlung einer Abfindung, die in das Ermessen des Gerichts gestellt wird, aber ▪▪▪ EUR nicht unterschreiten sollte, aufgelöst.
3. Ferner wird die beklagte Partei verurteilt,
    a) Urlaubs-, Weihnachts- und sonstiges Entgelt an die klägerische Partei in Höhe von ▪▪▪ EUR brutto[132] für die von ▪▪▪ bis ▪▪▪ nebst 5 %[133] Zinsen über dem Basiszinssatz seit dem ▪▪▪ zu zahlen,[134]
    b) der klägerischen Partei ein qualifiziertes Zeugnis zu erteilen, das sich auf Verhalten und Leistung erstreckt.
4. Die Kosten des Rechtsstreits trägt die beklagte Partei.

Gründe:
Die Parteien streiten über die Wirksamkeit einer Vereinbarung eines Aufhebungsvertrages zur Abwendung einer arbeitgeberseitigen Kündigung.

I.
1. Bei der beklagten Partei handelt es sich um den Arbeitgeber der klägerischen Partei. Die klägerische Partei ist seit dem ▪▪▪ für die beklagte Partei als ▪▪▪ tätig.

Beweis: Vorlage des Arbeitsvertrages – Anlage K 1.

Das Arbeitsverhältnis besteht länger als 6 Monate. Der Betrieb ist kein Kleinstbetrieb im Sinne des § 23 KSchG in der ab 1.1.2004 geltenden Fassung (Doppelschwelle).[135] Die beklagte Partei beschäftigt ▪▪▪ Arbeitnehmer.

Alternative 1: Die klägerische Partei wurde vor dem 1.1.2004 bei der beklagten Partei eingestellt, so dass das Kündigungsschutzgesetz bei in der Regel mehr als fünf Arbeitnehmern anzuwenden ist.

Alternative 2: Die klägerische Partei wurde nach dem 31.12.2003 bei der beklagten Partei eingestellt, so dass das Kündigungsschutzgesetz bei in der Regel mehr als zehn Arbeitnehmern anzuwenden ist.

2. Das jährliche Bruttogehalt der klägerischen Partei beläuft sich zurzeit auf ca. ▪▪▪ EUR. Die klägerische Partei ist nunmehr bei der beklagten Partei ▪▪▪ Jahre beschäftigt.

Während dieser Tätigkeit für die beklagte Partei hat die klägerische Partei immer durch außerordentliche Leistung zu überzeugen gewusst. Verfehlungen irgendwelcher Art hat sie sich nicht zuschulden kommen lassen. Insbesondere ist keine Abmahnung bis auf den heutigen Tag erfolgt.

---

[132] Die Klage ist auf die Zahlung des Bruttobetrages zu richten. Nach der Entscheidung des Großen Senats des BAG vom 7.3.2001 (GS 1/00, DB 2001, 2196 = NZA 2001, 1195) kann der Arbeitnehmer auch die Verzugszinsen nach § 288 Abs. 1 BGB aus der in Geld geschuldeten Bruttovergütung verlangen. Spricht das Arbeitsgericht den Bruttobetrag zu, erfüllt der Arbeitgeber den Zahlungsanspruch des Arbeitnehmers dadurch, dass er den Nettobetrag an den Arbeitnehmer auszahlt und Steuern und Sozialabgaben an die Finanzbehörden bzw. die Sozialversicherungsträger abführt. Vollstreckt der Arbeitnehmer trotz Erfüllung aus dem Titel auf den Bruttobetrag, kann der Arbeitgeber die Vollstreckung in Höhe der bereits abgeführten Abgaben durch Vollstreckungsgegenklage gemäß § 767 ZPO (ggf. i.V.m. einem Eilantrag nach § 769 ZPO) verhindern. Siehe auch die Erläuterungen in § 6 Rn 18.

[133] Klassifiziert man den Arbeitnehmer uneingeschränkt als Verbraucher (sog. absoluter Verbraucherbegriff; vgl. hierzu BAG 25.5.2005 – 5 AZR 572/04, ZA 2005, 1111; Hümmerich/Holthausen, NZA 2002, 173 ff. und Boemke, BB 2002, 96 f.), bestimmt sich die Höhe der Verzugszinsen nach den §§ 288 Abs. 1, 247 BGB. Auch die Vertreter des abweichenden relativen Verbraucherbegriffs gelangen über eine richtlinienkonforme Auslegung der europäischen Zahlungsverzugsrichtlinie zu einem Zinssatz von 5 %, vgl. Bauer/Kock, DB 2002, 42 (46).

[134] Nach der Neufassung des § 288 BGB durch Art. 1 SchuldRModG v. 26.11.2001 (BGBl. I S. 3138) ist der Zinsantrag, wie oben dargestellt, zu fassen. Vor dem 1.1.2000 (vgl. Art. 9 Abs. 1 SchuldRModG) galt entsprechend der alten Fassung des § 288 Abs. 1 BGB, dass eine Geldschuld während des Verzugs mit fünf Prozentpunkten über dem Basiszinssatz nach § 1 des Diskontsatz-Überleitungs-Gesetzes zu verzinsen war. Eine dem Wortlaut des § 288 BGB entsprechende Antragstellung ist ausreichend. Somit muss sich der Anwalt nicht der Mühe unterziehen, den aktuellen Basiszinssatz zu ermitteln und dann einen konkret bezifferten Zinsantrag zu stellen.

[135] Während in der Vergangenheit nur die Zahl der Beschäftigten ausschließlich der Auszubildenden maßgeblich für die Bestimmung der Anwendbarkeit des KSchG war, ist seit 1.1.2004 zusätzlich darauf abzustellen, wann der Arbeitnehmer eingestellt wurde. Die Grundregel des § 23 Abs. 1 Satz 2 KSchG gilt unverändert für alle vor dem 1.1.2004 begründeten Arbeitsverhältnisse. Für die nach dem 31.12.2003 aufgenommenen Arbeitsverhältnisse gilt die Zahl von mehr als zehn Mitarbeitern als maßgeblicher Schwellenwert. Deshalb enthält der Textbaustein zwei Alternativen, von denen in der Klage immer nur eine verwendet werden soll, nämlich diejenige, die den Zeitpunkt des Beschäftigungsbeginns der jeweiligen klägerischen Partei richtig wiedergibt. Für die Darlegung der Mindestvoraussetzungen einer schlüssigen Kündigungsschutzklage wird deshalb angeregt, in Grenzfällen auch nähere Ausführungen zur Beschäftigtenzahl und zu den Zeitpunkten zu machen, an denen die Arbeitsverhältnisse begründet wurden.

II.

1. Am ▬▬▬ wurde die klägerische Partei zu dem Vorgesetzten, Herrn ▬▬▬, in dessen Arbeitszimmer gerufen. Anwesend waren außerdem ▬▬▬. Dem Kläger war nicht zuvor eröffnet worden, zu welchem Zweck er sich bei dem Vorgesetzten einfinden sollte. Er wurde plötzlich mit den folgenden Vorwürfen konfrontiert: ▬▬▬

Seiner Bitte, zunächst einen Anwalt konsultieren zu dürfen, wurde nicht entsprochen.

Stattdessen sprachen mehrere Personen fortlaufend auf die klägerische Partei ein, sie solle den vorbereiteten Aufhebungsvertrag unterzeichnen, weil ihr andernfalls (fristlos) gekündigt werde.

2. Der Arbeitnehmer, dem während einer Aufhebungsvertragsverhandlung mit einer Kündigung gedroht wurde, ist zur Anfechtung seiner Willenserklärung, die zum Abschluss eines Aufhebungsvertrages geführt hat, nach § 123 BGB berechtigt, wenn die Drohung widerrechtlich war.

Die Androhung einer ordentlichen oder außerordentlichen Kündigung ist stets widerrechtlich, wenn ein verständiger Arbeitgeber eine Kündigung nicht ernsthaft in Erwägung gezogen hätte,

> BAG 30.3.1960, AP § 123 BGB Nr. 8; BAG 20.11.1969, AP § 123 BGB Nr. 16; BAG 24.1.1985, AP § 1 TVG Nr. 8; BAG 9.3.1995, NZA 1995, 875; BAG 21.3.1996, DB 1996, 1379; BAG 12.8.1999, NZA 2000, 27.

Einen Anfechtungsgrund bildet auch das In-Aussicht-Stellen eines guten Zeugnisses zzgl. einer Abfindung durch den Arbeitgeber, wenn geäußert wird, ein gutes Zeugnis erhalte der Arbeitnehmer nur bei Abschluss eines Aufhebungsvertrages,

> LAG Brandenburg 16.10.1997, DB 1998, 2376.

Eine widerrechtliche Drohung kann auch darin bestehen, dass das In-Aussicht-Stellen einer Kündigung durch ersichtlich selbst nicht kündigungsberechtigte Vorgesetzte erfolgte,

> BAG 12.12.2005 – 6 AZR 197/05, NZA 2006, 841.

3. Die klägerische Partei hat mit Anwaltsschreiben vom ▬▬▬ ihre Willenserklärung über den Abschluss eines Aufhebungsvertrages nach § 123 BGB angefochten.

Beweis: 1. Vorlage des Aufhebungsvertrages in Kopie – Anlage K 2.
2. Vorlage des Anwaltsschreibens in Kopie – Anlage K 3.

III.

Die Anfechtung erfolgte zu Recht.

Die Annahme eines Antrags auf Beendigung des Arbeitsverhältnisses kann wie jede andere Willenserklärung nach den Vorschriften des BGB angefochten werden.

Die klägerische Partei war zur Anfechtung ihrer Willenserklärung befugt, denn ▬▬▬.

IV.

Die wirksam erklärte Anfechtung hat in rechtlicher Hinsicht zur Folge, dass die Willenserklärung der klägerischen Partei gemäß § 142 BGB nichtig ist.

Weitere Folge bildet, dass das Arbeitsverhältnis ungekündigt fortbesteht und die klägerische Partei, wie im Antrag Ziff. 3a geschehen, für die Zeit vom ▬▬▬ bis zum Zeitpunkt der Klageeinreichung entstandene Entgeltansprüche geltend machen kann. Diese Ansprüche berechnen sich wie folgt: ▬▬▬

V.

Als Folge des fortbestehenden Arbeitsverhältnisses ergeben sich die nachfolgend begründeten, klageweise geltend gemachten Ansprüche:

1. Die Fortsetzung des Arbeitsverhältnisses zwischen den Parteien ist für die klägerische Partei unzumutbar. Nachdem sich die klägerische Partei selbst mit ihrem Problem an die beklagte Partei gewandt hatte, fand sie dort weder Verständnis noch die Bereitschaft, das vorhandene Problem gemeinsam zu lösen; die klägerische Partei wurde von der beklagten Partei wie ein Rechtsbrecher behandelt und damit in unerträglicher Weise stigmatisiert.

Die klägerische Partei hat somit jegliches Vertrauen in die Firmenpolitik der beklagten Partei verloren.

Darüber hinaus ist der klägerischen Partei die Fortsetzung des Arbeitsverhältnisses unzumutbar, weil sie seitens der beklagten Partei durch widerrechtliche Drohungen unter Druck gesetzt wurde.

Das Arbeitsverhältnis ist deshalb auf den Antrag der klägerischen Partei hin aufzulösen. Gemäß § 9 KSchG steht der beklagten Partei eine Abfindung zu. Nach der geltenden Rechtsprechung beträgt die Abfindung für je zwei Jahre des Beschäftigungsverhältnisses ein Brutto-Monatsgehalt. Die klägerische Partei war bei der beklagten Partei ▬▬▬ Jahre lang beschäftigt. Das Einkommen belief sich auf durchschnittlich monatlich ▬▬▬ EUR. Damit beläuft sich der Mindestabfindungsbetrag auf ▬▬▬ EUR.

Dieser Betrag wird als Mindestbetrag geltend gemacht. Nach diesseitiger Auffassung sollte die auszuurteilende Abfindung diesen Betrag deutlich übersteigen, da es sich vorliegend bei dem Verhalten der beklagten Partei um einen besonderen Vertrauensbruch handelt, der zur Beendigung des Arbeitsverhältnisses führte.

2. Mit Beendigung des Arbeitsverhältnisses hat die klägerische Partei auch Anspruch auf Erteilung eines qualifizierten Zeugnisses, das sich auf Führung und Leistung erstreckt.

VI.

Die örtliche Zuständigkeit des angerufenen Arbeitsgerichtes folgt aus § 46 Abs. 2 ArbGG i.V.m. §§ 17, 21 ZPO.

2. Muster: Täuschung bei Ausfüllen des Personalfragebogens kein Kündigungsgrund

Ein Arbeitnehmer, der zu bestimmten Fragen eines Personalfragebogens keine Angaben macht, täuscht nicht i.S.v. § 123 BGB. Wer eine Frage nicht beantwortet, gibt in aller Regel keine falsche Antwort, sondern eben keine Antwort. Etwas anderes gilt auch nicht dadurch, dass der Arbeitnehmer am Schluss des Personalfragebogens versichert, die vorstehenden Angaben vollständig und wahrheitsgemäß gemacht zu haben. Diese Versicherung bezieht sich nur auf tatsächlich beantwortete Fragen und auch tatsächlich geäußerte Angaben, nicht aber auf Angaben, die gar nicht abgegeben worden sind,

Thüringer LAG 4.11.1996 – 8 Sa 101/96, AE 1997, 21.

Selbst wenn ein Arbeitnehmer durch täuschende Angaben in ein Arbeitsverhältnis gelangt ist, hindert eine zutreffende Interessenabwägung am Ausspruch der Kündigung, wenn der Arbeitnehmer u.a. auch wegen langjähriger unbeanstandeter anderweitiger Tätigkeit eingestellt wurde und nach der Einstellung drei Jahre ohne nennenswerte Probleme oder Beanstandungen seine Arbeit geleistet hat. Wenn besondere Auswirkungen einer etwaigen, einmaligen Unehrlichkeit im Arbeitsverhältnis weder vorgetragen noch ersichtlich sind und sich der Arbeitnehmer in einem Alter befindet, in dem er mit Sicherheit keinen, schon gar keinen gleichwertigen Arbeitsplatz mehr finden wird, ergibt die abschließende Interessenabwägung, dass weder eine fristlose Kündigung gemäß § 626 BGB, noch eine ordentliche Kündigung aus verhaltensbedingten Gründen sozial gerechtfertigt ist. Es entspricht einer seit vielen Jahren gefestigten Rechtsprechung des BAG, dass sich unzutreffende Angaben eines Bewerbers im Anbahnungsverhältnis – auch durch nicht ordnungsgemäßes Ausfüllen des Personalfragebogens – für das Arbeitsverhältnis noch im Einzelfalle wesentlich und zum Zeitpunkt der Kündigung noch von erheblicher Bedeutung sein müssen,

BAG 15.1.1970, BB 1970, 803 m. Anm. *Gumpert*.

3. Muster: Antrag auf nachträgliche Zulassung der Kündigungsschutzklage

Arbeitsgericht

Antrag

– antragstellende Partei –

Verfahrensbevollmächtigte: ▬▬▬
gegen
▬▬▬

– antragsgegnerische Partei –

wegen: Kündigung eines Arbeitsverhältnisses
hier: Nachträgliche Zulassung einer verspäteten Klage nach § 5 KSchG

Wir bestellen uns zu Verfahrensbevollmächtigten der antragstellenden Partei, in deren Namen und Auftrag wir um kurzfristige Anberaumung eines Gütetermins bitten. Wir beantragen:

    Die beigefügte, verspätete Klage wird nachträglich zugelassen.

Gründe:
1. Die antragstellende Partei befand sich in der Zeit vom ▬▬▬ bis zum ▬▬▬ im Urlaub.
    Glaubhaftmachung: 1. Eidesstattliche Versicherung der antragstellenden Partei.
                           2. Flugscheine als Urkunden.
                            3. Eidesstattliche Versicherung der Nachbarn ▬▬▬

Am Abend nach der Rückkehr aus dem Urlaub sichtete die antragstellende Partei die eingegangene Post. Dabei entdeckte sie das Kündigungsschreiben vom ▄▄▄.

Glaubhaftmachung: 1. Eidesstattliche Versicherung der antragstellenden Partei.
2. Eidesstattliche Versicherung des Lebenspartners der antragstellenden Partei.

Der am ▄▄▄ abgestempelte Brief gilt am Tag nach seiner Abstempelung als in den Briefkasten der antragstellenden Partei eingeworfen und damit als zugegangen.

Die antragstellende Partei hat das Kündigungsschreiben dagegen tatsächlich am ▄▄▄ zur Kenntnis bekommen. Die Drei-Wochen-Frist des § 4 KSchG war somit am ▄▄▄ überschritten. Da die Frist des § 4 KSchG eine materiell-rechtliche Ausschlussfrist darstellt, kann die antragstellende Partei nur durch nachträgliche Zulassung im vorliegenden Verfahren ihre kündigungsschutzrechtlichen Ansprüche geltend machen.

2. Die antragstellende Partei war ohne ihr Verschulden daran gehindert, innerhalb der Klagefrist des § 4 KSchG Klage zu erheben. Tatsächlich Kenntnis erlangt von der Kündigung hat sie am ▄▄▄. Sie hat sofort den unterzeichnenden Verfahrensbevollmächtigten aufgesucht, der innerhalb von zwei Tagen die Kündigungsschutzklage und die vorliegende Antragsschrift gefertigt hat. Zwischen Kenntniserlangung von dem Kündigungsschreiben und Einreichung der Klageschrift mit Antrag auf nachträgliche Zulassung verstrichen keine zwei Wochen, § 5 Abs. 3 Satz 1 KSchG. Der Antragsteller bittet, dass die anliegende Kündigungsschutzklage trotz Fristversäumnis noch zugelassen wird,

vgl. BAG 2.3.1989, AP § 130 BGB Nr. 17.

Bei Ortsabwesenheit ist es in der Rechtsprechung anerkannt, dass ein an die Heimatanschrift des Arbeitnehmers gerichtetes Kündigungsschreiben diesem auch dann zugeht, wenn dem Absender bekannt ist, dass der Arbeitnehmer während des Urlaubs verreist oder sich in Auslieferungshaft im Ausland befindet,

BAG 16.3.1988, AP § 130 BGB Nr. 16; BAG 2.3.1989, AP § 130 BGB Nr. 17.

Geht die Klageschrift während des Urlaubs zu, ist nach der vorgenannten Rechtsprechung dem Arbeitnehmer ausdrücklich Gelegenheit zu geben, die verspätete Zulassung nach § 5 KSchG als Korrelat dieser Rechtsprechung erfolgreich zu beantragen. Urlaub und unentschuldigte Abwesenheit sind grundsätzlich gleich zu behandeln,

LAG Köln 9.2.2004 – 3 Ta 430/03, NZA-RR 2005, 215.

3. Zur Begründung des Antrags nimmt die antragstellende Partei auf die anliegende, hiermit zugleich eingereichte Kündigungsschutzklage Bezug. Die antragstellende Partei wird außerdem die Nachbarin ▄▄▄ und den Lebenspartner ▄▄▄ als präsente Beweismittel zum Termin mitbringen. Die benannten Zeugen haben selbst Feststellungen zu der Tatsache getroffen, dass die antragstellende Partei bis wenige Tage vor Einreichung dieses Antrags ortsabwesend war und deshalb nicht in der Lage war, gegen die Kündigung fristgerecht Kündigungsschutzklage zu erheben.

4. Muster: Klage gegen einen Sperrzeitbescheid

Sozialgericht ▄▄▄

Klage

▄▄▄

– klägerische Partei –

Prozessbevollmächtigte: ▄▄▄

gegen

die Bundesagentur für Arbeit, vertreten durch den Direktor der Agentur für Arbeit ▄▄▄

– beklagte Partei –

wegen: Sperrzeitbescheid

Wir bestellen uns zu Prozessbevollmächtigten der klägerischen Partei, in deren Namen und Auftrag wir beantragen werden zu erkennen:

1. Der Bescheid der beklagten Partei vom ▄▄▄, in der Gestalt des Widerspruchsbescheides vom ▄▄▄, wird aufgehoben und die beklagte Partei verpflichtet, der klägerischen Partei das beantragte Arbeitslosengeld zu gewähren.
2. Die beklagte Partei trägt die Kosten des Rechtsstreits.

§ 6 Schriftsätze im arbeitsgerichtlichen Urteilsverfahren

Gründe:
Die klägerische Partei nimmt die beklagte Partei auf Zahlung von Arbeitslosengeld in Anspruch.

1. Die klägerische Partei beendete mit Aufhebungsvertrag vom ▬▬▬ das Arbeitsverhältnis mit der Firma ▬▬▬ einvernehmlich.

   Beweis: Vorlage des Aufhebungsvertrages in Kopie – Anlage K 1.

Im Aufhebungsvertrag hielten die Parteien die für die klägerische Partei geltende Kündigungsfrist ein.

Die damals Kündigungsfrist ergibt sich aus Ziff. ▬▬▬ des Arbeitsvertrages.

   Beweis: Vorlage des Arbeitsvertrages in Kopie – Anlage K 2.

Unverzüglich nach Abschluss des Aufhebungsvertrages meldete sich die klägerische Partei arbeitslos. Nachdem sie das Formular gemäß § 312 SGB III ausgefüllt bei der Agentur für Arbeit eingereicht hatte und als Grund der Arbeitsaufgabe angegeben hatte, ihr sei die Kündigung rechtmäßig erschienen, erließ die Bundesagentur für Arbeit den Bescheid vom ▬▬▬, mit dem eine Sperrzeit für die Dauer von zwölf Wochen und damit die Versagung von Arbeitslosengeld für diesen Zeitraum angeordnet wurde.

   Beweis: Vorlage des Bescheids in Kopie – Anlage K 3.

Gegen diesen Bescheid erhob die klägerische Partei fristgerecht Widerspruch.

   Beweis: Vorlage des Widerspruchs in Kopie – Anlage K 4.

Den Widerspruch beschied die Bundesagentur für Arbeit mit Verwaltungsakt vom ▬▬▬.

   Beweis: Vorlage des Widerspruchsbescheids in Kopie – Anlage K 5.

2. Bescheid wie Widerspruchsbescheid verletzen die klägerische Partei in ihren Rechten und sind deshalb aufzuheben.

Nach der neueren Rechtsprechung des BSG gilt der Abschluss eines Aufhebungs- wie eines Abwicklungsvertrages als „Lösen" i.S.v. § 144 Abs. 1 Satz 2 Nr. 1 SGB III,

   BSG 5.8.1999 – B 7 AL 14/99 R, BSGE 84, 225; BSG 25.10.1989 – 7 RAr 108/88, SozR 4100 § 117 Nr. 26; BSG 17.10.2002 – B 7 AL 92/01 R, n.v.; BSG 17.10.2002 – B 7 AL 136/01 R, SozSich 2003, 318; BSG 17.10.2002 – B 7 AL 134/01 R, EzA-SD 2003, Nr. 4, 14–16; BSG 18.12.2003 – B 11 AL 35/03 R, NZA 2004, 661.

Ein wichtiger Grund i.S.v. § 144 SGB III lässt demgegenüber die Anordnung einer Sperrzeit entfallen. Ein wichtiger Grund liegt vor, wenn die Abfindung im Aufhebungs- oder Abwicklungsvertrag die Zahlenwerte des § 1a Abs. 2 KSchG nicht überschreitet,

   BSG 12.7.2006 – B 11a AL 47/05 R, NJW 2006, 3514.

Ein wichtiger Grund ist ebenfalls anzunehmen beim Aufhebungs- wie Abwicklungsvertrag, wenn der Arbeitnehmer auf einer Namensliste nach § 1 Abs. 5 KSchG zu einem Interessenausgleich geführt wird,

   BSG 25.4.2002 – B 11 AL 65/01 R, NZA-RR 2003, 105,

oder der Arbeitnehmer ein leitender Angestellter i.S.v. § 14 Abs. 2 Satz 1 KSchG ist, der sich gegen einen Auflösungsantrag des Arbeitgebers nach §§ 9 Abs. 1 Satz 2, 14 Abs. 2 Satz 2 KSchG nicht erfolgreich zu Wehr setzen könne,

   BSG 17.11.2005 – B 11a/11 AL 69/04 R, NZA 2006, 422.

Bei Eigenkündigung des Arbeitnehmers nimmt das BSG einen wichtigen Grund an, wenn eine Erkrankung wegen Spannungen mit dem Vorgesetzten vorliegt,

   BSG 21.10.2003 – B 7 AL 92/02 R, NZS 2004, 382 = FA 2004, 95.

Wichtiger Grund bei Eigenkündigung ist auch der Umzug zum künftigen Ehemann oder Partner,

   BSG 17.10.2002 – B 7 AL 72/00 R, NZS 2003, 667; BSG 20.4.1977 – 7 RAr 112/75, BSGE 43, 269; BSG 17.11.2005 – B 11a/11 AL 49/04 R, AuR 2006, 39.

Als wichtiger Grund gilt ebenfalls, wenn einem Berufskraftfahrer von seinem Vorgesetzten wiederholt abverlangt wurde, die gesetzlichen Lenk- und Ruhezeiten zu verletzen,

   BSG 6.2.2003 – B 7 AL 72/01 R, NZA-RR 2003, 662.

3. Eine sich an diesen Maßstäben orientierende Entscheidung hat die Agentur für Arbeit nicht gefällt, denn ▬▬▬.

Der Bescheid verletzt die klägerische Partei in ihren Rechten und ist daher aufzuheben. Darüber hinaus ist die beklagte Partei verpflichtet, der klägerischen Partei das beantragte Arbeitslosengeld zu zahlen.

4. Es wird die Beiziehung der über die klägerische Partei bei der Bundesagentur für Arbeit geführten Akte beantragt.

XII. Betriebliche Altersversorgung

1. Muster: Anpassung des Ruhegeldes

Arbeitsgericht ■■■

Klage

■■■

– klägerische Partei –

Prozessbevollmächtigte: ■■■

gegen

■■■

– beklagte Partei –

wegen: Anpassung des Ruhegeldes

Wir bestellen uns zu Prozessbevollmächtigten der klägerischen Partei, in deren Namen und Auftrag wir um kurzfristige Anberaumung eines Gütetermins bitten. Wir werden im Übrigen beantragen zu erkennen:

1. Es wird festgestellt, dass die beklagte Partei verpflichtet ist, vom ■■■ bis ■■■ eine Betriebsrente in Höhe von ■■■ und für die Zeit ab ■■■ eine Betriebsrente in Höhe von ■■■ zu zahlen.
2. Die beklagte Partei wird verurteilt, ■■■ EUR brutto nebst 5 % Zinsen über dem Basiszinssatz[136] jährlich für den Zeitraum vom ■■■ bis zum ■■■ sowie ■■■ 5 % Zinsen über dem Basiszinssatz seit dem ■■■ an die klägerische Partei zu zahlen.
3. Die Berufung wird zugelassen.
4. Die beklagte Partei trägt die Kosten des Rechtsstreits.

Gründe:

1. Die klägerische Partei war vom ■■■ bis zum Bezug von Altersruhegeld bei der beklagten Partei beschäftigt.

   Beweis: Vorlage des Arbeitsvertrages in Kopie – Anlage K 1.

Die beklagte Partei hat der klägerischen Partei am ■■■ eine Versorgungszusage erteilt, für die die Versorgungsordnung der beklagten Partei maßgeblich ist.

   Beweis: 1. Vorlage der Versorgungszusage in Kopie – Anlage K 2.
   2. Vorlage der Versorgungsordnung – Anlage K 3.

Seit dem Bezug vom Altersruhegeld erhält die klägerische Partei ein betriebliches Ruhegeld von monatlich ■■■ EUR. Die Versorgungsbezüge werden seit ■■■ Jahren ungeändert gezahlt, obwohl nach § 16 BetrAVG eine Anpassung hätte erfolgen müssen. Alle drei Jahre hat der Arbeitgeber eine Anpassung der laufenden Leistungen der betrieblichen Altersversorgung zu prüfen und hierüber nach billigem Ermessen zu entscheiden. Dabei sind insbesondere die Belange der Versorgungsempfänger und die wirtschaftliche Lage des Arbeitgebers zu berücksichtigen. Seit 1.1.1999 gilt die Verpflichtung nach Abs. 1 als erfüllt, wenn die Anpassung nicht geringer ist als der Anstieg des Preisindexes für die Lebenshaltung von 4-Personen-Haushalten von Arbeitern und Angestellten mit mittlerem Einkommen oder der Nettolöhne vergleichbarer Arbeitnehmergruppen des Unternehmens im Prüfungszeitraum. Die Ausnahmevorschriften nach § 16 Abs. 1 BetrAVG sind vorliegend nicht erfüllt.

Danach gilt Folgendes: Die Nettolöhne vergleichbarer Arbeitnehmergruppen haben sich im Zeitraum von ■■■ bis ■■■ wie folgt entwickelt: ■■■

Der Preisindex für die Lebenshaltung eines 4-Personen-Haushaltes entwickelte sich im fraglichen Zeitraum wie folgt: ■■■

Nach beiden Faktoren ergibt sich, dass die Betriebsrente seit dem ■■■ mindestens um ■■■ % hätte angepasst werden müssen. Da die Anpassung unterblieben ist, kann die klägerische Partei die mit der vorliegenden Klage geltend gemachten Erhöhungsbeträge fordern.

---

[136] Siehe § 6 Rn 23–25.

2. Muster: Anrechnung von Vordienstzeiten

Arbeitsgericht ■■■

Klage

■■■

– klägerische Partei –

Prozessbevollmächtigte: ■■■

gegen

1. Betriebliche Unterstützungskasse der Firma ■■■

– beklagte Partei zu 1. –

2. Firma ■■■

– beklagte Partei zu 2. –

wegen: Bestehens einer Versorgungsanwartschaft

Wir bestellen uns zu Prozessbevollmächtigten der klägerischen Partei, in deren Namen und Auftrag wir um kurzfristige Anberaumung eines Gütetermins bitten. Wir werden im Übrigen beantragen zu erkennen:

1. Es wird festgestellt, dass die beklagte Partei zu 1. bei Eintritt eines Versorgungsfalles Leistungen der betrieblichen Altersversorgung nach dem Leistungsplan ■■■ zu erbringen hat.
2. Es wird festgestellt, dass die beklagte Partei zu 2. den Teil der Versorgungsleistungen zu erbringen hat, der auf der Anrechnung von Vordienstzeiten beruht.
3. Die Berufung wird zugelassen.
4. Die beklagten Parteien tragen die Kosten des Rechtsstreits.

Gründe:

Die am ■■■ geborene klägerische Partei war vom ■■■ bis zum ■■■ bei der beklagten Partei zu 2. als ■■■ beschäftigt. Die beklagte Partei zu 2. gewährt Leistungen der betrieblichen Alters- und Hinterbliebenenversorgung. Auch gegenüber der klägerischen Partei hatte sie eine Versorgungszusage ausgesprochen.

Beweis: Vorlage des Versorgungsvertrages in Kopie – Anlage K 1.

Die beklagte Partei zu 2. gehört dem ■■■ Konzern an. Die beklagte Partei zu 1. ist die Unterstützungskasse für die Beklagte zu 2., aber auch für die mit ihr verbundenen Unternehmen.

Im Arbeitsvertrag mit der klägerischen Partei ist geregelt, dass die beklagte Partei zu 1. Vordienstzeiten der klägerischen Partei in einem mit der Beklagten zu 2. verbundenen Unternehmen anrechnen werde.

Beweis: Vorlage des Arbeitsvertrages in Kopie – Anlage K 2.

Die klägerische Partei hat vor einer Beschäftigung bei der beklagten Partei zu 2. in der mit der Beklagten zu 2. verbundenen Firma, für die auch die beklagte Partei zu 1. als Unterstützungskasse fungiert, in der Zeit vom ■■■ bis zum ■■■ gearbeitet.

Beweis: Vorlage des Arbeitsvertrages in Kopie – Anlage K 3.

Nachdem die beklagte Partei zu 1. ihre Ruhegeldordnung geändert hat,

Beweis: Vorlage der geänderten Fassung in Kopie – Anlage K 4,

stellt sie sich auf den Standpunkt, gemäß dem neuen Leistungsplan könne die klägerische Partei keinen Anspruch auf unverfallbare Versorgungsanwartschaft mehr erwerben.

Beweis: Vorlage des Schreibens vom ■■■ in Kopie – Anlage K 5.

Diese Auskunft ist unzutreffend. Die klägerische Partei besitzt eine unverfallbare Versorgungsanwartschaft. Nach § 1 Abs. 1 Satz 1 BetrAVG behält der Arbeitnehmer seine Versorgungsanwartschaft, wenn sein Arbeitsverhältnis vor Eintritt des Versorgungsfalles endet, sofern in diesem Zeitpunkt der Arbeitnehmer mindestens das 35. Lebensjahr vollendet hat und entweder die Versorgungszusage für ihn mindestens 10 Jahre bestanden hat oder der Beginn der Betriebszugehörigkeit mindestens 12 Jahre zurückliegt und die Versorgungszusage für ihn mindestens 3 Jahre bestanden hat. Diese Voraussetzungen sind vorliegend erfüllt. ■■■

3. Muster: Klage auf Auskunft über unverfallbare Anwartschaften

Arbeitsgericht ▪▪▪

Klage

▪▪▪

– klägerische Partei –

Prozessbevollmächtigte: ▪▪▪

gegen

▪▪▪

– beklagte Partei –

wegen: Auskunft über eine unverfallbare Anwartschaft

Wir bestellen uns zu Prozessbevollmächtigten der klägerischen Partei, in deren Namen und Auftrag wir um kurzfristige Anberaumung eines Gütetermins bitten. Wir werden im Übrigen beantragen zu erkennen:

1. Die beklagte Partei wird verurteilt, der klägerischen Partei Auskunft zu erteilen, inwieweit für sie die Voraussetzungen einer unverfallbaren Anwartschaft auf Leistungen aus der betrieblichen Altersversorgung erfüllt sind und in welcher Höhe sie Versorgungsleistungen bei Erreichen der in der Versorgungsordnung vom ▪▪▪ vorgesehenen Altersgrenze beanspruchen kann.
2. Die Berufung wird zugelassen.
3. Die beklagte Partei trägt die Kosten des Rechtsstreits.

Gründe:

Die am ▪▪▪ geborene klägerische Partei war vom ▪▪▪ bis zum ▪▪▪ bei der beklagten Partei beschäftigt. Mit Schreiben vom ▪▪▪ sagte die beklagte Partei der klägerischen Partei eine betriebliche Altersversorgung zu.

    Beweis: 1. Vorlage der Versorgungszusage in Kopie – Anlage K 1.
                2. Vorlage der Versorgungsordnung in Kopie – Anlage K 2.

Einzelheiten der Versorgungsansprüche der klägerischen Partei ergeben sich aus der Versorgungsordnung.

Die klägerische Partei fragte mit Schreiben vom ▪▪▪ bei der beklagten Partei an, ob und in welcher Höhe sie eine unverfallbare Anwartschaft habe. Dieses Schreiben beantwortete die beklagte Partei nicht. Auch nach einer telefonischen Anfrage erhielt die beklagte Partei die Auskunft, da könne ja jeder kommen, als habe man bei der beklagten Partei nichts besseres zu tun, als solche Anfragen zu beantworten.

Die klägerische Partei ist bei der beklagten Partei ausgeschieden. Sie möchte nunmehr Klarheit haben, in welchem Umfang ihr eine Altersversorgung zusteht.

Gemäß § 4a Abs. 1 Nr. 1 BetrAVG hat der Arbeitgeber oder der sonstige Versorgungsträger dem Arbeitnehmer Auskunft darüber zu erteilen, ob die Voraussetzungen einer unverfallbaren betrieblichen Altersversorgung erfüllt sind und in welcher Höhe er Versorgungsleistungen bei Erreichen der in der Versorgungsregelung vorgesehenen Altersgrenze beanspruchen kann.

Der Auskunftsanspruch entsteht mit dem Ausscheiden des Arbeitnehmers aus dem Betrieb,

    Hümmerich-Spirolke/*Heither*, Das arbeitsrechtliche Mandat, § 5 Rn 594.

Das Arbeitsgericht ist sachlich zuständig, da die klägerische Partei Arbeitnehmer ist, § 2 Abs. 1 Nr. 3 a ArbGG und sich die Klage gegen den Arbeitgeber richtet. Für den Fall, dass sich die Versorgungsansprüche der klägerischen Partei durch eine Rechtsänderung bei der beklagten Partei nunmehr gegen eine Pensions- oder Unterstützungskasse richten, wird um einen Hinweis der beklagten Partei gebeten. In diesem Falle ist die Pensions- oder Unterstützungskasse nach § 2 Abs. 1 Nr. 4 b ArbGG passivlegitimiert.

335 4. Muster: Feststellung einer Ruhegeldverpflichtung

Arbeitsgericht ▪▪▪

Klage

▪▪▪

– klägerische Partei –

Prozessbevollmächtigte: ▪▪▪

gegen

▪▪▪

– beklagte Partei –

wegen: Zahlung von Ruhegeld

Wir bestellen uns zu Prozessbevollmächtigten der klägerischen Partei, in deren Namen und Auftrag wir um kurzfristige Anberaumung eines Gütetermins bitten. Wir werden im Übrigen beantragen zu erkennen:

1. Es wird festgestellt, dass die beklagte Partei verpflichtet ist, der klägerischen Partei Ruhegehalt nach der Ruhegeldordnung vom ▪▪▪ in Höhe von ▪▪▪ ab dem ▪▪▪ zu zahlen.
2. Die Berufung wird zugelassen.
3. Die Kosten des Rechtsstreits trägt die beklagte Partei.

Gründe:

1. Die klägerische Partei ist bei der beklagten Partei vom ▪▪▪ bis zum ▪▪▪ als ▪▪▪ beschäftigt gewesen.

   Beweis: 1. Vorlage des Arbeitsvertrages in Kopie – Anlage K 1.

   2. Vorlage des Aufhebungsvertrages in Kopie – Anlage K 2.

   Am ▪▪▪ hat die beklagte Partei der klägerischen Partei eine Ruhegelddirektzusage erteilt.

   Beweis: Vorlage der Zusage in Kopie – Anlage K 3.

   Einzelheiten der Ruhegelddirektzusage ergeben sich aus der Ruhegeldordnung der Beklagten.

   Beweis: Vorlage der Ruhegeldordnung – Anlage K 4.

Gemäß der Ruhegeldordnung hat die beklagte Partei allen Mitarbeitern eine Ruhegeldzusage erteilt unter der Bedingung, dass sie 10 Jahre bei der beklagten Partei beschäftigt sind. Diese Voraussetzungen hat die klägerische Partei erfüllt. Am ▪▪▪ war sie 10 Jahre bei der beklagten Partei beschäftigt.

2. Die beklagte Partei wendet demgegenüber ein, durch die im Aufhebungsvertrag vereinbarte Erledigungsklausel sei der Anspruch auf Ruhegeld erloschen.

Die beklagte Partei übersieht, dass Ruhegehaltsleistungen, auf die eine Anwartschaft durch die klägerische Partei erworben wurde, nur dann durch den Aufhebungsvertrag erloschen sind, wenn die Parteien hierüber wirksam einen Tatsachenvergleich geschlossen haben,

   BAG 23.8.1994, DB 1995, 52.

Eine Ausgleichsquittung hebt keine bestehende Ruhegeldvereinbarung auf,

   BAG 9.11.1973, DB 1974, 487.

Aus einer bloßen Erledigungsklausel kann nicht entnommen werden, eine bestehende Ruhegeldzusage sei einvernehmlich aufgehoben worden, es sei denn, die Parteien haben vor Abschluss des Aufhebungsvertrages ausdrücklich erörtert, dass durch die Erledigungsklausel die Ruhegeldzusage beendet werden soll und der Arbeitnehmer hat dies akzeptiert,

   LAG Hamm 30.10.1979, DB 1980, 113; LAG Hamm 15.1.1980, DB 1980, 643.

Selbst wenn nach dem Willen des Arbeitgebers die Versorgungsanwartschaft durch einen Aufhebungsvertrag ausgeschlossen sein sollte, ist der Arbeitgeber zu einem Hinweis hierauf verpflichtet, wenn der Arbeitnehmer aufgrund besonderer Umstände darauf vertrauen durfte, der Arbeitgeber werde seine Interessen beachten und ihn vor unbedachten, nachteiligen Folgen seiner Entscheidung bewahren,

   BAG 3.7.1990, DB 1990, 2431.

Unter Beachtung dieser Grundsätze gilt vorliegend Folgendes: ▪▪▪

3. Der Ruhegeldfall ist zwischenzeitlich eingetreten. Die klägerische Partei hat die Altersgrenze erreicht. Es bedarf daher der Feststellung der Ruhegeldverpflichtung der beklagten Partei. Da die Beklagte sich außergerichtlich geweigert hat, Zahlungen zu leisten, war Klage geboten.

5. Muster: Unwirksamkeit des Widerrufs einer Versorgungszusage

Arbeitsgericht ▪▪▪

Klage

▪▪▪

– klägerische Partei –

Prozessbevollmächtigte: ▪▪▪

gegen

▪▪▪

– beklagte Partei –

wegen: Feststellung der Unwirksamkeit des Widerrufs einer Versorgungszusage

Wir bestellen uns zu Prozessbevollmächtigten der klägerischen Partei, in deren Namen und Auftrag wir um kurzfristige Anberaumung eines Gütetermins bitten. Wir werden im Übrigen beantragen zu erkennen:

1. Es wird festgestellt, dass die Ruhegeldansprüche der klägerischen Partei aufgrund der Versorgungsregelung 1988 dynamisch fortbestehen und durch den Widerruf vom ▪▪▪ nicht auf den Stand am ▪▪▪ begrenzt bleiben.
2. Die Berufung wird zugelassen.
3. Die beklagte Partei trägt die Kosten des Rechtsstreits.

Gründe:

I.

Die klägerische Partei ist bei der beklagten Partei seit dem ▪▪▪ zu einem monatlichen Bruttogehalt von zuletzt ▪▪▪ EUR beschäftigt.

Beweis: 1. Vorlage des Arbeitsvertrages in Kopie – Anlage K 1.

2. Vorlage der Verdienstbescheinigung vom ▪▪▪ in Kopie ▪▪▪ – Anlage K 2.

Die klägerische Partei ist gegenwärtig ▪▪▪ Jahre alt, verheiratet und hat ▪▪▪ Kinder.

Zum Zeitpunkt der Einstellung der klägerischen Partei galt die Versorgungszusage 1988, die der klägerischen Partei auch zusammen mit dem Arbeitsvertrag ausgehändigt wurde. Diese Versorgungszusage wurde im Laufe der Zeit verschiedentlich geändert. Im Jahre 1995 beschloss die Unterstützungskasse eine komplette Neuordnung der Versorgungsregelung, die nunmehr als „Versorgungsordnung 1995" bezeichnet wird.

Beweis: Versorgungsordnung 1995 – Anlage K 3.

Die beklagte Partei schloss mit dem Gesamtbetriebsrat eine Vereinbarung über die Verteilung des von der beklagten Partei vorgegebenen Dotierungsrahmens gemäß § 87 Abs. 1 Nr. 10 BetrVG.

Beweis: Vereinbarung mit dem Gesamtbetriebsrat – Anlage K 4.

Durch eine Informationsschrift des Gesamtbetriebsrats erfuhr die klägerische Partei, dass sie nunmehr bis zur Beendigung ihres Arbeitsverhältnisses nicht mehr bis zu 70 % ihrer bisherigen Vergütung aus der betrieblichen Altersversorgung, sondern nur noch 62,5 % erhalten würde.

Mit Schreiben vom ▪▪▪ widerrief die beklagte Partei die Zusage zur betrieblichen Altersversorgung. Danach sollten die bis zum ▪▪▪ erdienten Teilbeträge entsprechend § 2 Abs. 1 BetrAVG erhalten bleiben.

Beweis: Schreiben vom ▪▪▪ – Anlage K 5.

Mit Schreiben vom ▪▪▪ widersprach die klägerische Partei dem Widerruf der Zusage auf betriebliche Altersversorgung.

Beweis: Vorlage des Schreibens in Kopie – Anlage K 6.

Mit Schreiben vom ▪▪▪ teilte die beklagte Partei mit, dass sie am Widerruf der Versorgungszusage festhalte.

Beweis: Vorlage des Schreibens in Kopie – Anlage K 7.

Klage war daher geboten.

II.

Der Widerruf der Versorgungszusage vom ▮▮▮ ist unwirksam. Die klägerische Partei hat einen Anspruch auf Unterstützung nach Eintritt des Versorgungsfalls nach der Versorgungszusage 1988.

1. Bei der Rechtsgrundlage der Versorgungszusage handelt es sich um eine Gesamtzusage bzw. um eine ausdrückliche vertragliche Einheitsregelung. Wird darin auf generelle Versorgungsgrundsätze verwiesen, so werden diese Bestandteil der Zusage und damit des Arbeitsvertrages, auch wenn sie der Arbeitnehmer nicht zur Kenntnis nimmt,

BAG 9.11.1978, AP § 242 BGB Ruhegehalt Nr. 179.

So verhält es sich hier. Die Unterstützungskassen-Richtlinien sind daher Bestandteil des Arbeitsvertrages geworden. Dabei handelt es sich um eine individualrechtliche Versorgungszusage mit kollektivem Bezug. Die betriebsverfassungsrechtlichen Mitbestimmungsrechte sind daher zu beachten.

Es handelt sich weiterhin um eine mittelbare Versorgungszusage in Form der Unterstützungskassenzusage. Dabei ist der Rechtsanspruch formal ausgeschlossen. Dies ist aufsichtsrechtlich bedingt,

vgl. hierzu *Höfer/Reiners/Wüst*, Gesetz zur Verbesserung der betrieblichen Altersversorgung, Rn 172 ff.

Daraus ergibt sich jedoch grundsätzlich nicht, dass die Rechtsposition des Arbeitnehmers, dem eine betriebliche Altersversorgung im Durchführungsweg der Unterstützungskasse zugesagt wurde, geringer schutzwürdig ist als die Rechtsposition derjenigen Arbeitnehmer, denen eine betriebliche Altersversorgung über einen anderen Durchführungsweg gewährt wird. Das Bundesverfassungsgericht hat insoweit die Rechtsprechung des BAG grundsätzlich bestätigt, indem es ausgeführt hat:

„Nach der verfassungsrechtlich unbedenklichen Rechtsprechung des Bundesarbeitsgerichts besitzen auch die vom Arbeitgeber in Aussicht gestellten Versorgungsleistungen durch eine Unterstützungskasse Rechtsanspruchscharakter. Hieran hat der Gesetzgeber angeknüpft und im Betriebsrentengesetz die Leistungen der betrieblichen Altersversorgung, welche über Unterstützungskassen gewährt werden, in ihrer arbeitsrechtlichen Behandlung den unmittelbaren Versorgungszusagen des Arbeitgebers (Direktzusagen) gleichgestellt."

BVerfG 14.1.1987, AP § 1 BetrAVG Unterstützungskassen Nr. 11.

2. Nach der Grundsatzentscheidung des Großen Senats des BAG vom 16.9.1986, AP § 77 BetrVG 1972 Nr. 17, können individualrechtliche Versorgungszusagen mit kollektivem Bezug, also insbesondere die Gesamtzusage und die ausdrückliche vertragliche Einheitsregelung, von einer umstrukturierenden Betriebsvereinbarung abgelöst werden, wenn der Arbeitgeber seinen Dotierungsrahmen für Sozialleistungen insgesamt wahrt. Im Gegensatz zur umstrukturierenden Betriebsvereinbarung wahrt die verschlechternde (verbösernde) Betriebsvereinbarung nicht mindestens den Dotierungsrahmen. Bei ihr wird der Gesamtaufwand des Arbeitgebers gekürzt. Individualrechtliche Versorgungszusagen mit kollektivem Bezug können nur dann durch eine verschlechternde Betriebsvereinbarung abgelöst werden, wenn sie betriebsvereinbarungsoffen sind, d.h. unter dem ausdrücklichen oder stillschweigenden Vorbehalt einer Änderung durch nachfolgende Betriebsvereinbarungen stehen,

BAG 16.9.1986, a.a.O.

Eine solche Betriebsvereinbarungsoffenheit besteht vorliegend nicht. Davon sind auch die Betriebspartner ausgegangen, da der Gesamtbetriebsrat darauf hingewiesen hat, dass es sich bei dem vereinbarten Leistungsplan um keine ablösende Betriebsvereinbarung handelt und der Beklagte das Änderungsmittel des Widerrufs eingesetzt hat.

Dementsprechend handelt es sich bei der Versorgungszusage 1998 um die Ausfüllung des Mitbestimmungsrechts aus § 87 Abs. 1 Nr. 10 BetrVG, ohne dass mit dieser Vereinbarung über die Verteilung des vom Beklagten vorgegebenen Dotierungsrahmens in die individualrechtlichen Ansprüche der klägerischen Partei eingegriffen wurde.

3. In die Ansprüche der klägerischen Partei aus der Versorgungszusage konnte daher nur im Wege einer Änderungskündigung oder eines Widerrufs eingegriffen werden. Die beklagte Partei hat das einseitige Gestaltungsmittel des Widerrufs gewählt. Dieser Widerruf der Versorgungszusage ist jedoch unwirksam.

a) Das Recht, eine Versorgungszusage ganz oder teilweise widerrufen zu dürfen, kann sich aus ausdrücklich vereinbarten Widerrufsvorbehalten oder allgemeinen Rechtsgrundsätzen, nämlich dem aus § 242 BGB entwickelten Rechtsinstitut des Wegfalls der Geschäftsgrundlage, Gesichtspunkten der Zumutbarkeit und des Rechtsmissbrauchs ergeben. Die Rechtswirksamkeit des Widerrufs hängt davon ab, ob beim Arbeitgeber hinreichende Gründe vorliegen. Es sind die Maßstäbe der Rechtsprechung zu beachten, die für die verschiedenen Widerrufsfälle aus den Grundsätzen von Treu und Glauben, der Billigkeit und der Angemessenheit entwickelt wurden. Das Vorliegen solcher Gründe muss der Arbeitgeber nachweisen,

Höfer/Reiners/Wüst, Gesetz zur Verbesserung der betrieblichen Altersversorgung, Rn 347, 350 m.w.N.

Als ausdrückliche Vorbehalte sind hier insbesondere zu nennen:

- „Allgemeiner Vorbehalt" über die nachhaltige und wesentliche Veränderung der bei Erteilung der Versorgungszusage maßgebenden Verhältnisse,

- „Wegfall der Geschäftsgrundlage",
- der „Notlagen-Vorbehalt" über die nachhaltige und wesentliche Verschlechterung der wirtschaftlichen Lage des Unternehmens,
- der „Sozialversicherungs-Vorbehalt" über eine wesentliche Änderung der Bemessungsgrößen in der gesetzlichen Rentenversicherung,
- der „Rechts-Vorbehalt" über eine wesentliche Veränderung der rechtlichen, insbesondere steuerrechtlichen Voraussetzungen der Versorgungszusage und
- der „Treuepflichtvorbehalt" über die grobe Treuepflichtverletzung des von der Versorgungszusage begünstigten Arbeitnehmers.

Diese ausdrücklichen Vorbehalte drücken jedoch in der Regel nur klarstellend aus, was nach ständiger Rechtsprechung des Bundesarbeitsgerichts aufgrund von § 242 BGB auch dort Geltung beansprucht, wo ein solcher Vorbehalt nicht ausdrücklich in dem Versorgungsversprechen enthalten ist,

vgl. BAG 8.7.1972, AP § 242 BGB Ruhegeld Nr. 175; BAG 2.8.1983, BB 1984, 144.

Für eine Unterstützungskasse hat das Bundesarbeitsgericht entschieden, dass im Bereich der betrieblichen Altersversorgung der „Ausschluss des Rechtsanspruchs" ein Widerrufsrecht begründet, das an Treu und Glauben, d.h. an billiges Ermessen und damit an sachliche Gründe gebunden ist. Das BAG begründet seine Entscheidung ausdrücklich mit der besonderen Bedeutung des Vertrauensschutzes,

BAG 17.5.1973, AP § 242 BGB Ruhegehalt-Unterstützungskassen Nr. 6; BAG 18.4.1989, AP § 1 BetrAVG Unterstützungskassen Nr. 23; BAG 11.9.1990, AP § 1 BetrAVG Besitzstand Nr. 8.

Die sachlichen Gründe, die zum Widerruf der unter Ausschluss des Rechtsanspruchs erteilten Versorgungszusage berechtigen, entsprechen denen, unter denen auch eine rechtsverbindliche vorbehaltlose Versorgungszusage widerrufen werden kann,

Höfer/Reiners/Wüst, Gesetz zur Verbesserung der betrieblichen Altersversorgung, Rn 366.

Eine besondere Fallgestaltung des allgemeinen Instituts des Wegfalls der Geschäftsgrundlage ist die „Notlagen-Indikation", die einen Widerruf der Versorgungszusage wegen wirtschaftlicher Notlage ermöglicht. Der Wegfall der Geschäftsgrundlage wegen wirtschaftlicher Schwierigkeiten ist gleichbedeutend mit dem Sicherungsfall der wirtschaftlichen Notlage nach § 7 Abs. 1 Satz 3 Nr. 5 BetrAVG. Danach ist der Widerruf nur berechtigt, wenn die Belastung des Arbeitgebers infolge einer wirtschaftlichen Notlage so groß wird, dass ihm als Schuldner der Versorgungszusage nicht zugemutet werden kann, seine vertraglichen Verpflichtungen zu erfüllen. Sachliche Gründe reichen nicht aus, den Widerruf einer Versorgungszusage zu rechtfertigen, die dem Arbeitnehmer einen Rechtsanspruch auf die zugesagten Leistungen einräumt. Eine wirtschaftliche Notlage ist dann gegeben, wenn der Bestand des Unternehmens wegen wirtschaftlicher Schwierigkeiten ernsthaft gefährdet ist. Für den Fall des Widerrufs aufgrund wirtschaftlicher Notlagen i.S.d. § 7 Abs. 1 Satz 3 Nr. 5 BetrAVG hat der Senat grundsätzlich ein wirtschaftliches Gutachten gefordert, das die Situation des Arbeitgebers umfassend analysiert und ein Sanierungskonzept enthält,

BAG, AP § 7 BetrAVG Widerruf Nr. 8; BAG AP § 1 BetrAVG Geschäftsgrundlage Nr. 3.

Im Bereich der Unterstützungskassen hat das Bundesarbeitsgericht unterschieden, dass in den sog. Alt- und Übergangsfällen ein Widerruf von Versorgungsanwartschaften auch schon bei Vorstufen einer wirtschaftlichen Notlage zulässig ist, wobei der Eingriff und die Reduktion des Besitzstandes aufeinander abgestimmt werden müssen. Bei Unterstützungskassenzusagen in sog. Neufällen bedarf es jedoch einer wirtschaftlichen Notlage,

vgl. *Schulin*, Anm. zu BAG AP § 1 BetrAVG Geschäftsgrundlage Nr. 3.

Für die sog. Altfälle (wenn das Arbeitsverhältnis des Arbeitnehmers zu den Trägerunternehmen vor dem In-Kraft-Treten des BetrAVG beendet worden war) hatte das Bundesverfassungsgericht bereits in seiner Entscheidung vom 19.10.1983, AP § 1 BetrAVG Unterstützungskassen Nr. 2, entschieden, dass auch für einen wirtschaftlich motivierten Widerruf nur „triftige Gründe" vorzuliegen brauchen. Die Forderung des BAG, es sei zur Wirksamkeit des Widerrufs der Versorgungszusage die wirtschaftliche Notlage offen zu legen und gerichtlicher Nachprüfung zu unterbreiten, wurde vom Bundesverfassungsgericht als verfassungswidrig verworfen. In den sog. Übergangsfällen (Erteilung der Zusage vor In-Kraft-Treten des BetrAVG, aber Andauern des Arbeitsverhältnisses über diesen Stichtag hinaus) hat das Bundesverfassungsgericht ausgeführt, dass bereits „sachliche Gründe" genügen, die nicht notwendigerweise eine akute Bestandsgefährdung des Trägerunternehmens, wohl aber langfristig eine Gefährdung seiner Substanz anzeigen,

BVerfG 14.1.1987, AP § 1 BetrAVG Unterstützungskassen Nr. 11.

Zutreffend weisen *Höfer/Reiners/Wüst*, Gesetz zur Verbesserung der betrieblichen Altersversorgung, Rn 402 darauf hin, dass das BAG diese Gewichtung der wirtschaftlichen Widerrufsgründe der Unterstützungskassen in seiner Rechtsprechung zum „dreistufigen Besitzstand" inhaltlich übernommen, dabei aber die Terminologie vertauscht hat. Was das Bundesverfassungsgericht 1983 „triftige Gründe" nennt, die den geringsten Bestandsschutz für „Altfälle" umschreiben, wird vom BAG mit „sachlichen Gründen" bezeichnet, die nur einen Eingriff in die dritte Besitzstandsstufe rechtfertigen. Umgekehrt ordnet das BAG die langfristige Substanzgefährdung, die zwar noch keine akute wirtschaftliche Notlage anzeigt, aber doch einen Eingriff in die zweite Besitzstandsstufe rechtfertigt, unter den „triftigen Gründen" ein, während sie beim Bundesverfassungsgericht in der Entscheidung von 1987 „sachlicher Grund" genannt wird. Abgesehen von dieser terminologischen Unterscheidung kann man aber davon ausgehen, dass beide Gerichte tatbestandlich jeweils die gleichen Begriffsinhalte meinen,

vgl. auch BAG 17.4.1985, AP § 1 BetrAVG Unterstützungskasse Nr. 4; BAG 17.3.1987, AP § 1 BetrAVG Ablösung Nr. 9.

Ein Eingriff in die erste Besitzstandsstufe ist danach auch bei Übergangsfällen nur bei zwingenden Gründen, also der wirtschaftlichen Notlage zulässig. Darüber hinaus ist in Übergangsfällen nach der Terminologie des BAG ein Eingriff in die zweite Besitzstandsstufe aus triftigen Gründen, d.h. der langfristigen Substanzgefährdung, möglich. Ein Eingriff aus sachlich-proportionalen Gründen in die dritte Besitzstandsstufe ist dagegen nur in vor dem In-Kraft-Treten des BetrAVG abgeschlossenen Altfällen zulässig.

b) Die Versorgung wurde der klägerischen Partei mit dem Abschluss des Arbeitsvertrages zugesagt. Es handelt sich also um einen sog. Neufall. Die allgemeine Aussage der beklagten Partei, dass der Arbeitgeber eine Versorgungszusage unter erleichterten Bedingungen widerrufen kann, wenn diese über eine Unterstützungskasse zugesagt ist, ist nach dem oben gesagten jedenfalls bezogen auf die klägerische Partei unzutreffend. Das Bundesverfassungsgericht hat in seiner Entscheidung vom 14.1.1987,

AP § 1 BetrAVG Unterstützungskassen Nr. 11,

ausdrücklich entschieden, dass die formellen und materiellen Widerrufsvoraussetzungen des BAG, d.h. das Vorliegen einer wirtschaftlichen Notlage, verfassungsrechtlich unbedenklich sind, soweit es um den Widerruf oder die Kürzung von Leistungen der Unterstützungskassen geht, die nach In-Kraft-Treten des BetrAVG zugesagt worden sind,

BVerfG a.a.O. unter II 3 b, cc der Gründe.

Interessanterweise hat die beklagte Partei in ihrer damaligen Äußerung in dem Verfahren vor dem Bundesverfassungsgericht, in dem es um die Frage ging, ob diese strenge Rechtsprechung des Bundesarbeitsgerichts für alle Fallgestaltungen des Widerrufs von Versorgungszusagen über Unterstützungskassen verfassungsrechtlich unbedenklich ist, eben diese verfassungsrechtliche Unbedenklichkeit bejaht und ist insoweit dafür eingetreten, dass auch bei Unterstützungskassen Versorgungszusagen nur aus zwingenden Gründen widerrufen werden dürfen. Das Bundesverfassungsgericht fasst in der Entscheidung vom 14.1.1987 die Stellungnahme der beklagten Partei wie folgt zusammen (A.IV.4):

„Die beklagte Partei hält die angegriffene Entscheidung für mit dem GG vereinbar. Die Auffassung der Beschwerdeführer, die vom Bundesverfassungsgericht aufgestellten Grundsätze ••• müssten schlechthin Anwendung auf Unterstützungskassen finden, treffe nicht zu. Das Bundesverfassungsgericht habe die Fachgerichte lediglich daran gehindert gesehen, auf die sog. Altfälle die neue Regelung des BetrAVG anzuwenden. Die Einbeziehung der Leistungen der Unterstützungskasse in den Insolvenzschutz (§ 7 Abs. 1 Satz 1 und 3 BetrAVG) liefe ins Leere, wenn Arbeitgeber berechtigt seien, sich dadurch von der Leistungspflicht ihrer Unterstützungskasse zu lösen, dass sie einseitig aus wirtschaftlichen Gründen widerrufen könnten. Die Aufnahme der Unterstützungskasse in den gesetzlichen Insolvenzschutz ergebe nur dann einen Sinn und rechtfertige die Heranziehung der Arbeitgeber zu den Kosten der Insolvenzsicherung, wenn die Möglichkeit des Widerrufs von Leistungen allein unter den gleichen Voraussetzungen möglich sei wie bei den Direktzusagen."

Selbst für Übergangsfälle hatte die beklagte Partei also selbst vertreten, dass ein Widerruf nur aus zwingenden Gründen möglich sein sollte. Vorliegend handelt es sich um einen Neufall, so dass nach der genannten Rechtsprechung des Bundesverfassungsgerichts ein Widerruf der Versorgungszusagen nur bei zwingenden Gründen in Form einer wirtschaftlichen Notlage möglich ist,

vgl. hierzu auch *Höfer/Reiners/Wüst*, Gesetz zur Verbesserung der betrieblichen Altersversorgung, Rn 401.

Der Widerruf ist mithin grundsätzlich nur zulässig, wenn eine begründete Aussicht zur Rettung oder Sanierung des Unternehmens besteht, und auch nur insoweit, wie es zur Erreichung dieses Ziels unerlässlich ist. Dies ist mit den Mitteln der modernen Betriebswirtschaft zu prüfen und nachzuweisen. Hierzu ist von einem unabhängigen Sachverständigen eine Betriebsanalyse zu erstellen, die sowohl das Bestehen der wirtschaftlichen Notlage als auch deren Ursache darlegt.

Ferner muss der Arbeitgeber einen wirtschaftlichen Sanierungsplan ausarbeiten, der nach vernünftiger Beurteilung einer dafür sachkundigen Stelle einen Erfolg erwarten lässt. Dabei muss aufgezeigt werden, in welcher Weise durch Behebung der Ursachen der eingetretenen Notlage, verbindliche Forderungsverzichte anderer Gläubiger des Unternehmens, zusätzlichen Kapitaleinsatz der Inhaber oder Gesellschafter sowie Opfer der Arbeitnehmer eine dauerhafte Überwindung der Krise erreicht werden kann,

vgl. *Höfer/Reiners/Wüst*, Gesetz zur Verbesserung der betrieblichen Altersversorgung, Rn 388 ff. m.w.N.

Vorliegend hat sich der Beklagte selbst lediglich auf „triftige Gründe" berufen. Zwingende Gründe liegen nicht vor.

c) Selbst nach den Grundsätzen der Rechtsprechung, wie sie für Alt- und Übergangsfälle Anwendung finden, liegen bei der beklagten Partei keine ausreichenden betrieblichen Gründe vor, um den ausgesprochenen Widerruf zu rechtfertigen.

aa) Die erste Stufe des Besitzstandes umfasst den bereits erdienten Teil der Anwartschaft, der sich aus der zeitanteiligen Berechnung einer aufrechtzuerhaltenden Anwartschaft gemäß § 2 BetrAVG ergibt. Der so ermittelte Wert darf durch eine Änderung nur dann unterschritten werden, wenn zwingende Gründe vorliegen,

ständige Rechtsprechung des BAG; vgl. z.B. BAG 17.3.1987, AP § 1 BetrAVG Ablösung Nr. 9.

In Ziff. 1 des Widerrufsschreibens hat die beklagte Partei zwar zugesagt, dass die bereits erdienten Teilbeträge entsprechend § 2 Abs. 1 BetrAVG erhalten bleiben, und insofern signalisiert, dass in die erste Besitzstandsstufe nicht eingegriffen werden solle. Jedoch hat die beklagte Partei als Stichtag für die bereits erdienten Teilbeträge den ■■■ angenommen, mithin eine Rückwirkung bezogen auf den Zugangszeitpunkt des Schreibens vom ■■■ am ■■■ begründet. Bei der Berechnung des Unverfallbarkeitsquotienten i.S.d. § 2 BetrAVG können die anzusetzenden Zeiträume allenfalls auf volle Monate gerundet werden.

BAG 22.2.1983, AP § 7 BetrAVG Nr. 15.

Dies bedeutet, dass unter Vermeidung eines Eingriffs in die erste Besitzstandsstufe eine Berechnung der bereits erdienten Teilbeträge am ■■■ zu orientieren wäre. In der Berechnung der Quote für die unverfallbare Anwartschaft für den Zeitraum vom ■■■ bis zum ■■■ legt die Unterstützungskasse der beklagten Partei eine tatsächliche Anmeldezeit von ■■■ Jahren zugrunde. Im Verhältnis der tatsächlichen Anmeldezeit zur insgesamt möglichen Anmeldezeit ergibt sich damit eine Quote von ■■■%, woraus sich, bezogen auf die Unterstützung im Zeitpunkt des Eintritts des Unterstützungsfalles in Höhe von ■■■ EUR eine Anwartschaft in Höhe von ■■■ EUR errechnet.

Tatsächlich ist aber jedenfalls eine Anmeldezeit vom ■■■ bis ■■■ zugrundezulegen.

Selbst nach dem Dafürhalten der beklagten Partei liegen zwingende Gründe für den Widerruf nicht vor, wie sich aus dem Schreiben vom ■■■ unmissverständlich ergibt.

bb) Weiterhin wird in die zweite Besitzstandsstufe eingegriffen. Der nach § 2 BetrAVG ermittelte Wert einer unverfallbaren Anwartschaft ist statisch, d.h. er folgt nicht mehr dynamischen Bemessungsgrundlagen, wie zum Beispiel der Bezügeentwicklung bei einer gehaltsabhängigen Versorgungszusage,

vgl. BAG 22.5.1990, AP § 1 BetrAVG Betriebsvereinbarung Nr. 3.

So liegt der Fall auch hier. Die Versorgungszusage 1988 sieht als Bemessungszeitraum die letzten 12 Kalendermonate vor Eintritt des Unterstützungsfalles vor. Hiernach bestimmt sich das Bemessungsentgelt. Es handelt sich damit um eine gehaltsabhängige Versorgungszusage, bei der die Dynamik in dem sich erhöhenden Bemessungsentgelt besteht.

In diese Dynamik wird durch den Widerruf eingegriffen. Triftige Gründe hierfür liegen jedoch nicht vor.

Von einer Substanzgefährdung kann nur dann gesprochen werden, wenn das Unternehmen durch die Versorgungslast ausgezehrt wird,

BAG 17.4.1985, AP § 1 BetrAVG Unterstützungskassen Nr. 4.

Aus der Steigerung von ■■■% im Jahre ■■■ auf ■■■% im Jahre ■■■ bezogen auf die Umsätze der beklagten Partei allein kann noch nicht auf eine Auszehrung der beklagten Partei durch die Versorgungslast geschlossen werden.

Beweis: Sachverständigengutachten.

XIII. Betriebsübernahme

1. Muster: Klage wegen Betriebsübernahme

Arbeitsgericht ■■■

Klage

■■■

– klägerische Partei –

Prozessbevollmächtigte: ■■■

gegen

– beklagte Partei –

wegen: Betriebsübernahme

Wir bestellen uns zu Prozessbevollmächtigten der klägerischen Partei, in deren Namen und Auftrag wir beantragen zu erkennen:

1. Die beklagte Partei wird verurteilt, die klägerische Partei zu den Bedingungen des Arbeitsvertrages vom ▬▬▬ mit der Firma ▬▬▬ und dem derzeitigen Gehalt von ▬▬▬ EUR ab dem ▬▬▬ zu beschäftigen.

Hilfsweise:

2. Es wird festgestellt, dass das Arbeitsverhältnis der klägerischen Partei seit dem ▬▬▬ auf die beklagte Partei übergegangen ist und mit dieser zu ungeänderten Arbeitsbedingungen fortbesteht.

3. Die Kosten des Rechtsstreits trägt die beklagte Partei.

Gründe:

I.

Die klägerische Partei ist seit dem ▬▬▬ bei der Firma ▬▬▬ als ▬▬▬ beschäftigt.

Beweis: Vorlage des Arbeitsvertrages in Kopie – Anlage K 1.

Die Firma ▬▬▬ wird von der beklagten Partei seit dem ▬▬▬ fortgeführt.

Beweis: ▬▬▬

II.

Damit ist das Arbeitsverhältnis der klägerischen Partei, das mit der Firma ▬▬▬ bestand, auf die beklagte Partei übergegangen. Ein Betriebsübergang liegt immer dann vor, wenn ein Betrieb oder Betriebsteil durch Rechtsgeschäft auf einen anderen Inhaber übergeht, § 613a Abs. 1 BGB.

Als Rechtsgeschäft wird heute jeder Übergang der tatsächlichen Nutzungs- und Verfügungsgewalt über die materiellen und immateriellen Betriebsmittel angesehen,

Spirolke, Der Betriebsübergang nach § 613a BGB im neuen Umwandlungsgesetz, S. 7–35 m.w.N.

Während früher das Tatbestandsmerkmal Rechtsgeschäft als Abgrenzung zu den Fällen der Gesamtrechtsnachfolge verstanden wurde,

BAG 8.11.1988, NZA 1989, 679; BAG 6.2.1985, DB 1985, 2411; BAG 22.5.1985, AP § 613a BGB Nr. 43,

erklärt § 324 UmwG nunmehr die Anwendbarkeit von § 613a Abs. 1 und 4 BGB im Wege der Rechtsgrundverweisung.

Nach der neueren BAG-Rechtsprechung kommt es auf die tatsächliche Fortführung des Betriebes, nicht mehr nur auf die bloße Möglichkeit einer unveränderten Fortsetzung an,

BAG 12.11.1998, NZA 1999, 310; BAG 18.3.1999, NZA 1999, 704; EuGH 10.12.1998, NZA 1999, 189; EuGH 10.12.1998, NZA 1999, 253.

Die Auslegungskriterien der BAG-Rechtsprechung zum Betriebsinhaberwechsel differenzieren zunächst nach Produktions- und Dienstleistungsbetrieben,

BAG 18.10.1990, AP § 613a BGB Nr. 88.

Das Substrat des Betriebes bei Produktionsbetrieben wird in erster Linie in materiellen Betriebsmitteln, wie Gebäuden, Maschinen und Werkzeugen gesehen, in der Dienstleistungsbranche vorwiegend in immateriellen Betriebsmitteln, wie Kundenstamm, Geschäftsbeziehungen zu Dritten, „Know-how" und „Goodwill".

Bei Reinigungsbetrieben gilt seit dem Urteil des EuGH vom 11.3.1997,

AP EWG-Richtlinie Nr. 77/187 Nr. 14 = NZA 1997, 433 (Ayse Süzen),

dass die bloße Funktionsnachfolge für die Erfüllung des Merkmals des Betriebes oder Betriebsteils nicht ausreichend ist, wie es noch in der Christel-Schmidt-Entscheidung vom EuGH angenommen worden war,

EuGH 14.4.1994, AP § 613a BGB Nr. 106.

Seit Ayse Süzen und einem Urteil des BAG vom 13.11.1997,

NZA 1998, 251,

gilt, dass in Branchen, in denen es im Wesentlichen auf die menschliche Arbeitskraft ankommt, die Übernahme einer organisierten Gesamtheit von Arbeitnehmern einen Betriebs- bzw. Betriebsteilübergang darstellt, wenn der neue Auftragnehmer aufgrund eigenen Willensentschlusses die durch ihre gemeinsame Tätigkeit verbundenen Arbeitnehmer übernommen hat, weil sie in der Lage sind, den Neuauftrag wie bisher auszuführen, so auch BAG 22.5.1997, NZA 1997, 1050; BAG 11.12.1997, NZA 1999, 486; BAG 11.12.97, NZA 1998, 534.

Während das BAG in der Entscheidung vom 11.12.1997 die Übernahme von 85% der Belegschaft bei einfachen Tätigkeiten als ausreichend erachtete,

NZA 1998, 534,

ließ es im Urteil vom 10.12.1998 einen Anteil von 75% nicht mehr genügen,

NZA 1999, 420.

Daraus folgt, dass im Reinigungsgewerbe nicht allein die Prozentzahl der übernommenen Arbeitnehmer Rückschlüsse auf den Fortbestand der Arbeitsorganisation zulässt, sondern auch der Arbeitnehmer vortragen muss, worin die Eigentümlichkeit der Arbeitsorganisation des bisherigen Arbeitgebers bestand und dass der neue Auftraggeber sich mit der Übernahme der Belegschaft genau diese Arbeitsorganisation zunutze macht und fortführt.

Im Bewachungsgewerbe ist maßgebliches Unterscheidungskriterium die Art der vom Auftragnehmer angebotenen Leistung. Handelt es sich um eine Tätigkeit, für die regelmäßig Maschinen, Werkzeuge, sonstige Geräte oder Räume innerhalb eigener Verfügungsmacht und aufgrund eigener Kalkulation eingesetzt werden müssen, sind auch nur die zur Nutzung überlassenen Arbeitsmittel dem Betrieb oder dem Betriebsteil des Auftragnehmers zuzurechnen. Ob diese Betriebsmittel für die Identität des Betriebes wesentlich sind, ist Gegenstand einer gesonderten Bewertung. Wird dagegen vom Auftragnehmer eine Leistung angeboten, die er an den jeweiligen Einrichtungen des Auftraggebers zu erbringen bereit ist, ohne dass er typischerweise über Art und Umfang ihres Einsatzes bestimmen könnte, gehören diese Einrichtungen nicht zu den Betriebsmitteln des Auftragnehmers. Bewachungsleistungen werden üblicherweise nur unter Einsatz einfacher Arbeitsmittel, wie Handys, Stechuhren, Taschenlampen, Uniformen, eventuell auch Waffen und Hunden angeboten. Komplizierte und teurere Sicherheitssysteme werden dagegen vom Auftraggeber vorgegeben und unterhalten. Sie gehören daher nicht zu den Betriebsmitteln des Auftragnehmers,

BAG 22.1.1998, NZA 1998, 638.

Die Einschränkung der Tätigkeit auf ca. 58% nach der Neuvergabe eines Bewachungsauftrags stellt eine erhebliche Änderung der wirtschaftlichen Tätigkeit dar. Es liegt in einem solchen Fall, unabhängig von einer etwa erforderlichen Neuorganisation, schon aufgrund der stark reduzierten Arbeitsmenge nicht mehr im Wesentlichen dieselbe oder eine ähnliche Arbeitsaufgabe vor,

BAG 14.5.1998, NZA 1999, 483.

Bei Übernahme eines gastronomischen Betriebs kommt es weniger auf die übernommenen Arbeitsmittel, als auf den Koch als Know-How-Träger und die sich aus der Spezialität der Gerichte ergebende Kundschaft an. Wird in einem Restaurant statt bislang „gutbürgerlich deutsche Küche" eine arabische Küche in einer exotischen Atmosphäre angeboten, zieht das Restaurant nach dem Betriebsinhaberwechsel Gäste mit anderem Geschmack und anderen Interessen an. Der neue Betriebsinhaber kann sich dadurch den Kundenstamm nicht erhalten. Eine Betriebsübernahme nach § 613a BGB scheidet aus,

BAG 11.9.1997, NZA 1998, 31.

Bei einem Catering-Unternehmen, bei dem nach einem Betriebsinhaberwechsel die gleichen, vom Auftraggeber gestellten Arbeitsmittel, insbesondere die Einrichtung, genutzt werden, sind die gleichen Kriterien anzuwenden wie im Bewachungsgewerbe,

BAG 11.12.1997, NZA 1998, 532.

Hier kommt es entscheidend darauf an, wie viele Arbeitnehmer unter Aufrechterhaltung der bisherigen Betriebsorganisation übernommen werden.

Für den Bereich des Einzelhandels gilt seit der Entscheidung des BAG vom 22.5.1997,

NJW 1997, 3188 = AP § 613a BGB Nr. 154 m. Anm. *Franzen*,

dass eine vorherige Stilllegung eines Betriebes den Betriebsübergang ausschließt. Bei der Prüfung, ob eine wirtschaftliche Einheit im Sinne der EuGH-Rechtsprechung übergegangen ist, ist die Dauer einer eventuellen Unterbrechung der betrieblichen Tätigkeit zu berücksichtigen. Im Bekleidungseinzelhandel ist jedenfalls eine neun Monate währende, tatsächliche Einstellung jeder Verkaufstätigkeit eine wirtschaftlich erhebliche Zeitspanne, die der Annahme eines Betriebsübergangs entgegensteht.

Der Übernahme des Personals kommt gemäß der vorgenannten Entscheidung ein gleichwertiger Rang neben den anderen möglichen Kriterien eines Betriebsübergangs zu. Insbesondere in Branchen, in denen es im Wesentlichen auf die menschliche Arbeitskraft ankommt, kann eine Gesamtheit von Arbeitnehmern, die durch ihre gemeinsame Tätigkeit dauerhaft verbunden ist, eine wirtschaftliche Einheit darstellen.

Allein die Anmietung eines von Bodenbelägen und Deckenverkleidung befreiten Geschäftshauses sowie des damit verbundenen immateriellen Vorteils der für ein Einzelhandelsunternehmen günstigen Geschäftslage reicht für die Annahme eines Betriebsübergangs nicht aus.

Unabhängig von den hier dargestellten Produktions- und Dienstleistungsfällen lässt sich heute eine übereinstimmende Rechtsprechung des EuGH und des BAG feststellen, die den Betriebsübergang nach sieben Punkten prüft:

1. Art des (bisherigen) Betriebs/Unternehmens
2. Etwaiger Übergang der materiellen Betriebsmittel (Gebäude, bewegliche Güter)
3. Wert der immateriellen Aktiva im Zeitpunkt des Übergangs
4. Etwaige Übernahme der Hauptbelegschaft durch den neuen Inhaber
5. Etwaiger Übergang der Kundschaft
6. Grad der Ähnlichkeit zwischen den vor und nach dem Übergang verrichteten Tätigkeiten
7. Dauer einer eventuellen Unterbrechung der Tätigkeit.

III.

Nach diesen von der Rechtsprechung aufgestellten Grundsätzen ist das Arbeitsverhältnis der klägerischen Partei mit der Firma ▬▬▬ auf die beklagte Partei übergegangen: ▬▬▬

2. Muster: Unwirksame Änderungs- und Aufhebungsverträge bei Betriebsübergang

Durch § 613a Abs. 1 Satz 1 BGB soll erreicht werden, dass das Arbeitsverhältnis zu den bisherigen Bedingungen zwischen dem Arbeitnehmer und dem Betriebserwerber fortbesteht. Die Vorschrift enthält zum Schutz der betroffenen Arbeitnehmer zwingendes Recht,

BAG 29.10.1985, BAGE 50, 62; BAG 29.10.1975, BAGE 27, 291.

Daraus folgt unmittelbar, dass der Eintritt des Erwerbers in die Rechte und Pflichten aus den betroffenen Arbeitsverhältnissen nicht durch Vertrag zwischen dem Betriebsveräußerer und dem Betriebserwerber ausgeschlossen werden kann,

BAG 29.10.1985, BAGE 50, 62 (72).

Aus dem zu Gunsten der Arbeitnehmer zwingenden Schutzzweck des § 613a Abs. 1 Satz 1 BGB folgt aber auch, dass die Regelungsbefugnis des Betriebsveräußerers und der betroffenen Arbeitnehmer beschränkt ist. Es macht, gemessen am Schutzzweck der Norm, keinen Unterschied, ob die bisher geltenden Arbeitsbedingungen aufgrund einer Abrede zwischen Veräußerer und Erwerber des Betriebs negativ verändert werden oder ob der Veräußerer mit seinen Arbeitnehmern Regelungen trifft, die dem Erwerber einen von den sog. Altlasten freien Betriebserwerb erlauben sollen,

BAG 12.5.1992, NZA 1992, 1080.

§ 613a BGB will auf jeden Fall, ungeachtet der im Einzelfall gewählten Regelungsmodalität, verhindern, dass die Betriebsveräußerung zum Anlass eines Sozialabbaus der Belegschaft des Veräußererbetriebs genommen wird. Das Bundesarbeitsgericht hat daher selbst Eigenkündigungen der Arbeitnehmer und Aufhebungsverträge im Hinblick auf eine geplante Betriebsveräußerung als Umgehung des § 613a Abs. 4 Satz 1 BGB und, soweit unverfallbare Versorgungsanwartschaften betroffen waren, als Umgehung des § 4 Abs. 1 Satz 2 BetrAVG angesehen und solche Vereinbarungen als unwirksam beurteilt,

BAG 28.4.1987, NZA 1988, 198.

Wirksam ist ein Aufhebungsvertrag, wenn die mit ihm einhergehenden Verschlechterungen der Arbeitsbedingungen sachlich berechtigt sind. Diese Voraussetzungen nimmt das BAG bei Abschluss eines dreiseitigen Vertrages unter Einschaltung einer Beschäftigungs- und Qualifizierungsgesellschaft zur Vermeidung der Insolvenz an,

BAG 18.8.2005 – 8 AZR 523/04, NZA 2006, 145.

Die Wirksamkeit einer solchen Vereinbarung liegt auch vor, wenn der Aufhebungsvertrag im Zusammenhang mit dem Betriebsübergang und Eintritt eine Transfergesellschaft mit dem Ziel des endgültigen Ausscheidens geschlossen wird,

BAG 23.11.2006 – 8 AZR 349/06.

3. Muster: Kündigungsschutzklage wegen betriebsbedingter Kündigung bei verdeckter Betriebsübernahme

Arbeitsgericht ■■■

Klage

■■■

– klägerische Partei –

Prozessbevollmächtigte: ■■■

gegen

■■■

– beklagte Partei –

wegen: ordentlicher Kündigung eines Arbeitsverhältnisses

Wir bestellen uns zu Prozessbevollmächtigten der klägerischen Partei, in deren Namen und Auftrag wir um kurzfristige Anberaumung eines Gütetermins bitten. Wir werden im Übrigen beantragen zu erkennen:

1. Es wird festgestellt, dass das Arbeitsverhältnis der klägerischen Partei durch die schriftliche Kündigung der beklagten Partei vom ■■■ – zugegangen am ■■■ – nicht aufgelöst worden ist.
2. Es wird festgestellt, dass das Arbeitsverhältnis auch nicht durch andere Beendigungstatbestände endet, sondern zu unveränderten Bedingungen über den ■■■ hinaus fortbesteht.
3. Die beklagte Partei wird verurteilt, der klägerischen Partei ein Zwischenzeugnis zu erteilen, das sich auf Verhalten und Leistung erstreckt.
4. Die beklagte Partei trägt die Kosten des Rechtsstreits.

Sollte die beklagte Partei im Gütetermin nicht zu Protokoll des Gerichts erklären, dass sie die klägerische Partei weiterbeschäftigen wird, sofern ein der Klage stattgebendes Urteil ergeht, kündigen wir folgenden weiteren Antrag an:

5. Die beklagte Partei wird verurteilt, die klägerische Partei für den Fall des Obsiegens mit dem Feststellungsantrag zu Ziff. 1 zu den im Arbeitsvertrag vom ■■■ geregelten Arbeitsbedingungen als ■■■ in ■■■ bis zu einer rechtskräftigen Entscheidung über den Feststellungsantrag weiter zu beschäftigen.[137]
6. Kommt die beklagte Partei ihrer Verpflichtung zur Weiterbeschäftigung der klägerischen Partei nicht innerhalb einer Frist von einer Woche nach Zustellung der Entscheidung nach, wird sie verurteilt, an den Kläger eine Entschädigung in Höhe von ■■■ EUR zu zahlen.[138]

Gründe:

I.

1. Die beklagte Partei ist eine ■■■. Die klägerische Partei ist bei der beklagten Partei seit dem ■■■ als Arbeitnehmer beschäftigt.

Beweis: Zeugnis des Personalleiters ■■■, zu laden über die beklagte Partei.

Das durchschnittliche monatliche Bruttoentgelt der klägerischen Partei beträgt ■■■ EUR.

Beweis: Zeugnis Lohnbuchhalterin ■■■, zu laden über die beklagte Partei.

Im Rahmen einer Massenentlassung kündigte die beklagte Partei mit einem Formularschreiben vom ■■■ das Arbeitsverhältnis der klägerischen Partei zum ■■■.

Beweis: Vorlage des Kündigungsschreibens in Kopie – Anlage K 1.

In dem gleich lautenden Kündigungsschreiben heißt es u.a.:

„■■■"

Beweis: Vorlage des Kündigungsschreibens.

---

[137] Der Weiterbeschäftigungsantrag muss so präzise wie möglich gefasst werden. Eine Vollstreckung aus dem Weiterbeschäftigungsantrag (§ 888 ZPO – unvertretbare Handlung) kann nur erfolgen, wenn der Weiterbeschäftigungstitel einen vollstreckungsfähigen Inhalt hat. Hieran fehlt es regelmäßig, wenn ein Urteil ergeht, wonach der Arbeitnehmer „zu den bisherigen Arbeitsbedingungen" oder „zu den Bedingungen des Arbeitsvertrages vom ..." zu beschäftigen ist (LAG Köln 24.10.1995 – 13 (5) Ta 245/95, NZA-RR 1996, 108; LAG Hessen 13.7.1987 – 1 Ta 151/87, NZA-1988, 175). Da sich aus dem Titel ergeben muss, welcher Pflicht der Arbeitgeber nachkommen soll, ist im Antrag die Art und in den Zweifelsfällen auch der Ort der Arbeitsleistung anzugeben. Arbeitnehmer, die nicht tatsächlich weiterarbeiten wollen, haben die Möglichkeit, im Falle der Titulierung des Weiterbeschäftigungsantrags einen Entschädigungsantrag nach § 61 Abs. 2 ArbGG zu stellen, siehe hierzu Muster 6411 § 6 Rn 290.

[138] Wenn man den unechten Hilfsantrag nach § 61 Abs. 2 ArbGG auf Entschädigung stellt, ist zu beachten, dass wegen § 61 Abs. 2 ArbGG nach einer Vollstreckung des Beschäftigungstitels der Entschädigungsanspruch nicht mehr verfolgt werden kann (LAG Berlin 12.3.1999 – 2 Sa 3/98 – NZA-RR 2000, 43). Macht der Arbeitnehmer vom Entschädigungsanspruch Gebrauch, ist die Zwangsvollstreckung auf Weiterbeschäftigung ausgeschlossen.

Das Kündigungsschreiben vom ▪▪▪ ist am ▪▪▪ zugegangen.

Mit Schreiben vom ▪▪▪ hat die beklagte Partei den Präsidenten der Regionaldirektion ▪▪▪ und den Direktor der Agentur für Arbeit ▪▪▪ über sämtliche Entlassungen unterrichtet. In diesem Schreiben führt die beklagte Partei u.a. aus: „▪▪▪"

> **Beweis:** Vorlage des Schreibens in Kopie – Anlage K 2.

2. Zum Zeitpunkt des Zugangs der Kündigung bestand das Arbeitsverhältnis 6 Monate. Der Betrieb ist kein Kleinstbetrieb im Sinne des § 23 KSchG in der ab 1.1.2004 geltenden Fassung (Doppelschwelle).[139] Die beklagte Partei beschäftigt ▪▪▪ Arbeitnehmer.

Alternative 1: Die klägerische Partei wurde vor dem 1.1.2004 bei der beklagten Partei eingestellt, so dass das Kündigungsschutzgesetz bei in der Regel mehr als fünf Arbeitnehmern anzuwenden ist.

Alternative 2: Die klägerische Partei wurde nach dem 31.12.2003 bei der beklagten Partei eingestellt, so dass das Kündigungsschutzgesetz bei in der Regel mehr als zehn Arbeitnehmern anzuwenden ist.

Die klägerische Partei bietet mit der vorliegenden Klage erneut der beklagten Partei ihre weitere Arbeitsleistung an. Um ihrer Minderungspflicht nach § 615 Satz 2 BGB zu genügen, verlangt die klägerische Partei ein Zwischenzeugnis, damit sie sich bei anderen Arbeitgebern bewerben kann.

II.

1. Die Kündigung ist unwirksam. Die Unwirksamkeitsgründe ergeben sich aus der geschäftlichen Entwicklung der beklagten Partei, ihren Unternehmenszielen, der Geschäftspolitik sowie einigen betriebswirtschaftlichen und steuerlichen Fakten, weshalb eine Darstellung des Status der beklagten Partei im Abriss vorausgeschickt werden muss:

2. Nachdem sich aus den dargestellten Gründen Verluste abzeichneten, unternahm die Geschäftsführung der beklagten Partei trotz vielfältiger Vorschläge aus dem Bereich der verschiedenen Führungsebenen keine Gegenmaßnahmen. ▪▪▪

3. Die beklagte Partei ist in Wahrheit wirtschaftlich nicht so notleidend, wie es ihre Gesellschafterin darzustellen versucht. ▪▪▪

> **Beweis:** Gutachten eines Bilanzsachverständigen

Vorwerfbar ist in diesem Zusammenhang der beklagten Partei, dass sie trotz entsprechender Hinweise und Vorschläge aus dem Bereich des Betriebs keinerlei Rationalisierungmaßnahmen vorgenommen hat, die es fraglos ermöglicht hätten, den Bestand des gewachsenen und über vielfältige Kundenbeziehung verfügenden Unternehmens zu sichern

4. Die beklagte Partei betreibt, entgegen ihrer Mitteilung im Kündigungsschreiben, keine Betriebsstilllegung. In Wahrheit findet eine Betriebsübernahme statt. ▪▪▪

Die Gesellschafterin der beklagten Partei erhält für dieses Rechtsgeschäft einen Kaufpreis in Höhe von ca. ▪▪▪ EUR.

> **Beweis:** ▪▪▪

III.

1. Die Kündigung ist sozial ungerechtfertigt, weil sie nicht durch dringende betriebliche Erfordernisse, die einer Weiterbeschäftigung der klägerischen Partei im Betrieb der beklagten Partei entgegenstehen, bedingt ist, § 1 Abs. 2 Satz 1 KSchG.

Die unternehmerische Entscheidung der Gesellschafterin der beklagten Partei unterliegt zwar nach ständiger Rechtsprechung des Bundesarbeitsgerichts dem Grundsatz der freien Unternehmerentscheidung, so dass es nicht Aufgabe der Gerichte für Arbeitssachen ist, unternehmerische Entscheidungen auf ihre Zweckmäßigkeit und Notwendigkeit hin zu überprüfen,

> vgl. BAG 7.12.1978, EzA § 1 KSchG Betriebsbedingte Kündigung Nr. 10; BAG 30.4.1987, EzA § 1 KSchG Betriebsbedingte Kündigung Nr. 47 m.w.N.

Es entspricht hingegen ständiger Rechtsprechung des Bundesarbeitsgerichts, dass es aufgrund des Wortlautes sowie nach dem Sinn und Zweck des § 1 Abs. 2 Satz 1 KSchG gerechtfertigt ist, das unternehmerische Gestaltungsermessen innerhalb bestimmter Grenzen gerichtlich zu überprüfen. Nach dem Wortlaut des Gesetzes müssen die betrieblichen

---

[139] Während in der Vergangenheit nur die Zahl der Beschäftigten ausschließlich der Auszubildenden maßgeblich für die Bestimmung der Anwendbarkeit des KSchG war, ist seit 1.1.2004 zusätzlich darauf abzustellen, wann der Arbeitnehmer eingestellt wurde. Die Grundregel des § 23 Abs. 1 Satz 2 KSchG gilt unverändert für alle vor dem 1.1.2004 begründeten Arbeitsverhältnisse. Für die nach dem 31.12.2003 aufgenommenen Arbeitsverhältnisse gilt die Zahl von mehr als zehn Mitarbeitern als maßgeblicher Schwellenwert. Deshalb enthält der Textbaustein zwei Alternativen, von denen in der Klage immer nur eine verwendet werden soll, nämlich diejenige, die den Zeitpunkt des Beschäftigungsbeginns der jeweiligen klägerischen Partei richtig wiedergibt. Für die Darlegung der Mindestvoraussetzungen einer schlüssigen Kündigungsschutzklage wird deshalb für die Zukunft angeregt, immer nähere Ausführungen zur Beschäftigtenzahl und zu den Zeitpunkten zu machen, an denen die Arbeitsverhältnisse begründet wurden.

Erfordernisse dringend sein. Im Merkmal der Dringlichkeit hat der das gesamte Kündigungsschutzrecht beherrschende Grundsatz der Verhältnismäßigkeit (ultima-ratio-Prinzip) eine gesetzliche Grundlage gefunden. Der gesetzlich anerkannte Grundsatz der Verhältnismäßigkeit gebietet es, die einer betriebsbedingten Kündigung zugrunde liegende Unternehmerentscheidung einer beschränkten justiziellen Kontrolle zu unterwerfen. Nach der ständigen Rechtsprechung des Bundesarbeitsgerichts darf der Arbeitgeber erst dann betriebsbedingte Kündigungen aussprechen, wenn er zuvor versucht hat, durch andere zumutbare technische, organisatorische oder wirtschaftliche Maßnahmen (z.B. durch Begründung von Teilzeitarbeitsverhältnissen, Abbau von Überstunden, Vorverlegung der Werksferien, Rationalisierungskündigungen etc.) einen Personalabbau zu vermeiden,

vgl. BAG 20.2.1986, EzA § 1 KSchG Betriebsbedingte Kündigung Nr. 37; BAG 7.12.1978, EzA § 1 KSchG Betriebsbedingte Kündigung Nr. 10.

Die beklagte Partei hat vor Ausspruch der vorliegenden Kündigung im Zusammenhang mit den Massenentlassungen nicht eine Maßnahme ergriffen, um durch andere zumutbare technische, organisatorische oder wirtschaftliche Maßnahmen den weitgehend vollständigen Personalabbau zu vermeiden.

Beweis: Zeugnis ▪▪▪

Es wurden weder Änderungskündigungen ausgesprochen, die gegenüber betriebsbedingten Beendigungskündigungen vorrangig sind,

vgl. BAG 27.9.1984, EzA § 2 KSchG Nr. 5,

noch wurden alternative Maßnahmen ergriffen wie ▪▪▪.

2. Die Kündigung ist weiterhin gemäß § 1 Abs. 2 Satz 1 KSchG als Betriebsstilllegungskündigung nicht gerechtfertigt, weil eine vollständige Betriebsstilllegung in Wahrheit nicht stattfinden wird (a), zum Zeitpunkt des Zugangs der Kündigung das rechtliche und wirtschaftliche Schicksal des Betriebs der beklagten Partei nur in einer äußerst globalen Weise vorbereitet, aber noch keine detailliert greifbare Formen angenommen hatte (b) und im Falle einer Teilbetriebsstilllegung die Sozialauswahl nicht ordnungsgemäß durchgeführt wurde (c).

a) Es ist eine gerichtsbekannte Tatsache, dass kein vernünftiger Kaufmann diesen Firmenmantel der beklagten Partei wirtschaftlich ungenutzt lässt, es sei denn, die Firma würde liquidiert. Fest steht, dass die beklagte Partei nicht liquidiert wird.

Beweis: Zeugnis ▪▪▪

Zwingend findet damit die Firma der beklagten Partei weitere Verwendung.

Damit steht weiterhin fest, dass die beklagte Partei auf ihrem Handelssektor weiterhin tätig sein wird. Hierzu bedarf sie einer personellen Mindestausstattung, denn, würde die beklagte Partei ohne geschäftliche Aktivitäten (was aus den bekannten steuerlichen Gründen keinen Sinn ergeben würde) fortbestehen und auch keine Arbeitnehmer beschäftigen, wäre sie gemäß § 18 Abs. 2 HGB wegen des Täuschungsverbots bei nachträglicher Veränderung der tatsächlichen Verhältnisse unzulässig im registerrechtlichen Sinne und dementsprechend durch das Registergericht von Amts wegen nach § 37 HGB (i.V.m. § 140 FGG) oder nach § 142 FGG wegen zu löschen,

vgl. BGHZ 10, 196; BayObLGZ 1979, 207; OLG Frankfurt, OLGZ 1979, 318; *Scholz/Emmerich*, GmbH-Gesetz, § 4 Anm. 21.

Wird die Firma der beklagten Partei aber vernünftigerweise nicht gelöscht, bzw. stillgelegt, besteht sie fort und bedarf zu ihrer geschäftlichen Tätigkeit eines Mindestarbeitnehmer-Stamms. Die Voraussetzungen einer Betriebsstilllegung, die im Einzelfall eine betriebsbedingte Kündigung rechtfertigen können, sofern die sonstigen Voraussetzungen der Dringlichkeit bzw. der Verhältnismäßigkeit erfüllt sind, können bei dieser Sachlage von der beklagten Partei nicht überzeugend vorgetragen werden.

b) Wie die Fortführung des Betriebs der beklagten Partei vorgenommen werden soll, stand zum Zeitpunkt des Zugangs der Kündigung noch nicht fest. Dass eine Betriebsübernahme stattfinden wird, ist zwischenzeitlich bekannt.

In einem solchen Falle kann zum Zeitpunkt des Zugangs der Kündigung noch nicht davon gesprochen werden, dass die auf eine Betriebsstilllegung (die letztlich ohnehin nicht beabsichtigt und geplant ist) gerichtete unternehmerische Entscheidung zum Zeitpunkt des Zugangs der Kündigung bereits greifbare Formen angenommen hatte,

vgl. BAG 23.3.1984, ZIP 1984, 1524; BAG 22.5.1986, EzA § 1 KSchG Soziale Auswahl Nr. 22; LAG Berlin 13.2.1984, Betr. 1984, 1404.

An einer betriebsbedingten Betriebsstilllegungskündigung fehlt es, wenn der Arbeitgeber zum Zeitpunkt des Zugangs der Kündigung noch in Verhandlungen über eine Veräußerung des Betriebes steht und deswegen nur vorsorglich mit der Begründung kündigt, der Betrieb solle zu einem bestimmten Zeitpunkt stillgelegt werden,

vgl. BAG 27.9.1984, EzA § 613a BGB Nr. 40.

c) Hat die beklagte Partei nur eine Teilbetriebsstilllegung und nur einen Teilbetriebsübergang beabsichtigt, so war die Sozialauswahl fehlerhaft. Sie hätte bezogen auf den gesamten Betrieb, einschließlich des später übergehenden Betriebsteils, durchgeführt werden müssen,

BAG 28.10.2004 – 8 AZR 391/03, NZA 2005, 285.

3. Die Kündigung ist auch deshalb unwirksam, weil sie gegen das Kündigungsverbot gemäß § 613a Abs. 4 Satz 1 BGB verstößt.

Ein Betrieb geht über i.S.d. § 613a BGB, wenn dem neuen Inhaber die sächlichen und immateriellen Betriebsmittel überlassen werden und er mit ihnen und mit Hilfe von Arbeitnehmern bestimmte arbeitstechnische Zwecke verfolgen kann,

vgl. BAG 28.4.1988, DB 1989, 430 m.w.N.

Das Bundesarbeitsgericht sieht die Essenz eines Großhandels (wie den Betrieb der beklagten Partei) in den Betriebsräumen, im Warensortiment, in den Verträgen mit den Lieferanten und den Kunden (Einzelhändler einschl. SB-Märkte) sowie eventuell in den gewerblichen Schutzrechten. Ein Betriebsübergang liegt daher nach Auffassung des Bundesarbeitsgerichts im Großhandelsbereich immer dann vor, wenn von dem Betrieb des Veräußerers die Lieferverträge und die Rechtsbeziehungen zu den Einzelhändlern auf den Käufer übergehen. Unbeachtlich sei, ob die Betriebsräume weiter genutzt werden,

vgl. BAG 30.10.1986, AP § 613a BGB Nr. 58.

Diese Voraussetzungen sind vorliegend erfüllt. ■■■

Damit sind die Voraussetzungen eines Betriebsübergangs erfüllt. Die beklagte Partei ist daher gemäß § 613a Abs. 4 Satz 1 BGB nicht befugt, der klägerischen Partei zu kündigen. Die den Gegenstand des vorliegenden Rechtsstreits bildende Klage ist auch eine Klage gemäß § 613a BGB.

Auch soweit die beklagte Partei bzw. ihre Gesellschafterin mit der übernehmenden Firma ausschließlich eine Nutzung des Betriebs der beklagten Partei vereinbart hat, sei es in Form von Franchising-Verträgen, sei es in Form der Verpachtung oder sonstigen Nutzung von Verträgen, Warensortiment, sonstigen sächlichen Betriebsmitteln, liegt eine Betriebsübernahme vor. Auch die Betriebsverpachtung mit dem Nutzungsübergang vom Verpächter auf den Pächter stellt einen rechtsgeschäftlichen Betriebsübergang dar,

vgl. BAG 15.11.1978, EzA § 613a BGB Nr. 21; BAG 26.2.1987, EzA § 613a BGB Nr. 57.

Unter Verwahrung gegen die Beweislast wird außerdem angeregt, dass das Gericht eine Anordnung gemäß § 425 ZPO erlässt, wonach folgende Verträge, folgender Schriftwechsel und folgende weitere Urkunden durch die beklagte Partei vorzulegen sind: ■■■

Mit diesen Urkunden kann der Nachweis geführt werden, dass die beklagte Partei (abgesehen von den bereits erwähnten, hiervon ausgenommenen Betriebsräumen sowie der gesamten Arbeitnehmerschaft) einen Übergang des Betriebs der Beklagten vereinbart hat.

Die Kündigung ist ferner sozial nicht gerechtfertigt, weil die beklagte Partei bei der Auswahl der klägerischen Partei soziale Gesichtspunkte nicht bzw. nicht ausreichend berücksichtigt hat, § 1 Abs. 3 Satz 1 Hs. 1 KSchG. Ausgehend von der Prämisse, dass letztlich nicht alle Arbeitnehmer entlassen werden können, weil die Firma, um nicht von Amts wegen gelöscht zu werden, weitergeführt werden muss, kann die beklagte Partei nur fortbestehen, wenn entweder einzelne Arbeitnehmer weiterbeschäftigt werden oder neue Arbeitnehmer eingestellt werden. Unter diesen Umständen hat die beklagte Partei keine Sozialauswahl getroffen, weder in der Form eines horizontalen Berufsgruppenvergleichs, noch auf der vertikalen Ebene durch Vergleich der Austauschbarkeit von Arbeitnehmern derselben Hierarchie. Auch wurde die Schutzbedürftigkeit einzelner Arbeitnehmer, so auch der klägerischen Partei, nicht unter Berücksichtigung der Dauer der Betriebszugehörigkeit, aus dem Gesichtspunkt des Lebensalters, des Umfangs der Unterhaltsverpflichtung oder einer bestehenden Schwerbehinderung in Erwägungen einer sozialen Auswahl eingestellt.

IV.

Zu den gestellten Anträgen wird erläuternd auf Folgendes hingewiesen:

1. Der Klageantrag zu Ziff. 2 beinhaltet eine selbständige allgemeine Feststellungsklage gemäß § 256 ZPO. Dem Kläger sind zwar derzeit keine anderen möglichen Beendigungstatbestände außer der mit dem Klageantrag zu Ziff. 1 angegriffenen Kündigung vom ■■■ bekannt. Es besteht jedoch die Gefahr, dass die Beklagte im Verlauf des Verfahrens weitere Kündigungen ausspricht. Es wird deshalb mit dem Klageantrag zu Ziff. 2 die Feststellung begehrt, dass das Arbeitsverhältnis auch durch solche weiteren Kündigungen nicht beendet wird.

In der Literatur wird deshalb der Klageantrag zu Ziff. 2 in der vorliegenden Form empfohlen,

Diller, NJW 1998, 663; *Ziemann*, BRAK-Mitt. 1997, 244.

2. Bei den Zeugnisanträgen zu Ziff. 3 und Ziff. 5 stehen folgende Überlegungen im Vordergrund:
Nach der Rechtsprechung des Bundesarbeitsgerichts vom 27.2.1987,

>AP § 630 BGB Nr. 16,

hat der Arbeitnehmer gegenüber dem Arbeitgeber bereits bei der Erhebung der Kündigungsschutzklage einen Anspruch auf Erteilung eines Endzeugnisses. Dennoch wird im Klageantrag ein Zwischenzeugnis verlangt und nur hilfsweise ein Endzeugnis. Hintergrund ist, dass bei einem Zwischenzeugnis nicht zum Ausdruck kommt, dass der Arbeitnehmer bereits gekündigt ist.
Dies erhöht die Bewerbungschancen des Arbeitnehmers.
Einen Anspruch auf Erteilung eines Zwischenzeugnisses hat der Arbeitnehmer immer dann, wenn ein berechtigtes Interesse besteht,

>BAG 1.10.1998, DB 1999, 1120.

Die Kündigung des Arbeitsverhältnisses begründet ein berechtigtes Interesse,

>BAG 27.2.1987, NZA 1987, 628.

Der Hilfsantrag auf Erteilung eines Endzeugnisses wird jedoch bereits mit Erhebung der Kündigungsschutzklage gestellt, damit für den Fall, dass die Kündigungsschutzklage rechtskräftig abgewiesen wird, der Arbeitnehmer einen Anspruch auf Rückdatierung des Endzeugnisses auf den Zeitpunkt der tatsächlichen Beendigung des Arbeitsverhältnisses hat.
Ein solcher Anspruch auf Rückdatierung wird nach dem Urteil des BAG

>BAG 9.9.1992, AP § 630 BGB Nr. 19,

gewährt, wenn der Arbeitnehmer zeitnah zum Ausscheiden ein Zeugnis verlangt hatte. Es ist jedoch fraglich, ob dieser Anspruch auf Rückdatierung auch dann besteht, wenn der Arbeitnehmer im gesamten Kündigungsschutzverfahren immer nur ein Zwischenzeugnis und kein endgültiges Zeugnis verlangt hat.

3. Der unechte Hilfsantrag auf Zahlung einer Entschädigung für den Fall, dass der Arbeitnehmer nicht innerhalb einer bestimmten Frist weiter beschäftigt wird, fußt auf § 61 Abs. 2 ArbGG.

XIV. Entfristung und Teilzeit

1. Muster: Entfristungsklage

Arbeitsgericht ▪▪▪

Klage

– klägerische Partei –

Prozessbevollmächtigte: ▪▪▪

gegen

▪▪▪

– beklagte Partei –

Prozessbevollmächtigte: ▪▪▪

wegen: Feststellung eines unbefristeten Arbeitsverhältnisses

Wir bestellen uns zu Prozessbevollmächtigten der klägerischen Partei, in deren Namen und Auftrag wir beantragen zu erkennen:

1. Es wird festgestellt, dass das Arbeitsverhältnis zwischen der klägerischen und der beklagten Partei nicht auf Grund der Befristung zum ▪▪▪ beendet ist, sondern als unbefristetes Arbeitsverhältnis über den ▪▪▪ hinaus fortbesteht.[140]
2. Die Kosten des Rechtsstreits trägt die beklagte Partei.

---

[140] Der Wortlaut des Antrags ist durch das Urteil des BAG vom 16.4.2003 (7 AZR 119/02, ArbRB 2003, 358) vorgegeben, *Groeger*, ArbRB 2003, 382 (384).

Gründe:

I.

1. Die klägerische Partei ist seit dem ▬▬▬ bei der beklagten Partei als ▬▬▬ zu einem monatlichen Bruttogehalt von ▬▬▬ EUR in einem formal befristeten Arbeitsverhältnis, das am ▬▬▬ enden sollte, beschäftigt.

Beweis: Vorlage der Arbeitsverträge – Anlagen K 1–K 5.

Das Arbeitsverhältnis zwischen der klägerischen und der beklagten Partei kam wie folgt zustande: ▬▬▬

2. Arbeitsvertraglich nahmen die Rechtsbeziehungen zwischen der klägerischen und der beklagten Partei folgenden Verlauf: ▬▬▬

Die klägerische Partei ist damit „befristet Beschäftigte" i.S.v. § 3 Abs. 1 TzBfG, da sie einen auf bestimmte Zeit geschlossenen Arbeitsvertrag hat. Ein befristeter Arbeitsvertrag liegt vor, wenn seine Dauer kalendermäßig bestimmt ist („kalendermäßig befristeter Arbeitsvertrag") oder sich aus der Art, Zweck oder Beschaffenheit der Arbeitsleistung ergibt („zweckbefristeter Arbeitsvertrag").

II.

Der zwischen den Parteien geschlossene befristete Arbeitsvertrag ist hinsichtlich der Befristung unwirksam, da die Befristung nicht durch einen sachlichen Grund gerechtfertigt ist. Weder fällt das Arbeitsverhältnis unter eines der Regelbeispiele gemäß § 14 Abs. 1 Satz 2 TzBfG, noch liegt ein sonstiger Sachgrund vor, der sich aus der bisherigen BAG-Rechtsprechung ergibt und durch das Wort „insbesondere" nach § 14 Abs. 1 Satz 2 TzBfG weiterhin als Befristungsgrund gelten kann. Auch ein Befristungsgrund gemäß § 14 Abs. 2 TzBfG („ohne Vorliegen eines sachlichen Grundes") liegt nicht vor.

Mehrere hintereinander geschaltete Zeitverträge, unabhängig davon, ob sie als selbständige Arbeitsverträge oder als bloße Vertragsveränderungen ausgestaltet sind, bedürfen jeweils selbständig des sachlichen Grundes für die Befristung und deren Dauer,

BAG, AP § 620 BGB Befristeter Arbeitsvertrag Nr. 63.

Spätestens die letzte, in der Vertragsverländerung vom ▬▬▬ vorgenommene Befristung war bei Anlegung dieser Grundsätze nicht (mehr) gerechtfertigt.

Für die gerichtliche Wirksamkeitskontrolle ist allein die zuletzt vorgenommene Befristung entscheidend. Ob vorangegangene Befristungen wirksam waren oder nicht, ist unerheblich. Durch den Neuabschluss bzw. die Verlängerung eines befristeten Arbeitsvertrages stellen die Parteien ihr Arbeitsverhältnis auf eine neue Rechtsgrundlage, die fortan für ihre Rechtsbeziehungen allein maßgeblich sein soll,

BAG DB 1987, 2210; BAG DB 1988, 1704 = NZA 1988, 734.

1. Die Befristung des Arbeitsverhältnisses zwischen den Parteien ist nicht durch Sachgründe, die in § 14 Abs. 1 TzBfG aufgeführt werden, gerechtfertigt. Nicht gegeben sind die Sachgründe:

- Bestehen eines nur vorübergehenden betrieblichen Bedarfs an der Arbeitsleistung (§ 1 Nr. 1 TzBfG);
- Befristung im Anschluss an eine Ausbildung oder ein Studium, um den Übergang des Arbeitnehmers in eine Anschlussbeschäftigung zu erleichtern (§ 14 Abs. 1 Nr. 2 TzBfG);
- Beschäftigung des Arbeitnehmers zur Vertretung eines anderen Arbeitnehmers (§ 14 Abs. 1 Nr. 3 TzBfG);
- Rechtfertigung der Befristung durch die Eigenart der Arbeitsleistung (§ 14 Abs. 1 Nr. 4 TzBfG);
- Befristung zur Erprobung (§ 14 Abs. 1 Nr. 5 TzBfG);
- Rechtfertigung der Befristung durch in der Person des Arbeitnehmers liegende Gründe (§ 14 Abs. 1 Nr. 6 TzBfG);
- Vergütung des Arbeitnehmers aus Haushaltsmitteln, die haushaltsrechtlich für eine befristete Beschäftigung bestimmt sind und Vorliegen einer entsprechenden Beschäftigung (§ 14 Abs. 1 Nr. 7 TzBfG);
- Beruhen der Befristung auf einem gerichtlichen Vergleich (§ 124 Abs. 1 Nr. 8 TzBfG).

2. Auch liegt keine kalendermäßige Befristung eines Arbeitsvertrages ohne Vorliegen eines sachlichen Grundes bis zur Dauer von zwei Jahren i.S.v. § 14 Abs. 1 TzBfG vor.

3. Es besteht ebenfalls nicht der Sachgrund des Alters. Die klägerische Partei ist noch keine 58 Jahre alt, so dass der Sachgrund gemäß § 14 Abs. 3 TzBfG ausscheidet.

4. Auch ist keiner der sonstigen Befristungsgründe, wie sie in der Arbeitsrechtsprechung entwickelt wurden, vorliegend erfüllt.[141]

---

[141] Ebenso wie bei den Befristungsgründen gemäß § 14 Abs. 1 Nr. 1 bis 8 TzBfG wird in diesem Prüfungsabschnitt einer Klage angeregt, die einzelnen Befristungsgründe genauestens zu überprüfen.

III.

Die Folgen liegen damit auf der Hand.

1. Da die Befristung rechtsunwirksam ist, gilt der befristete Arbeitsvertrag als auf unbestimmte Zeit geschlossen, § 16 TzBfG.

2. Die klägerische Partei hat auch innerhalb der Drei-Wochen-Frist nach dem vereinbarten Ende des befristeten Arbeitsvertrages Klage beim Arbeitsgericht erhoben, § 17 TzBfG.

2. Muster: Entfristungs- und Weiterbeschäftigungsklage

Arbeitsgericht ■■■

Klage

■■■

– klägerische Partei –

Prozessbevollmächtigte: ■■■

gegen

■■■

– beklagte Partei –

wegen: Feststellung eines unbefristeten Arbeitsverhältnisses und Weiterbeschäftigung

Wir bestellen uns zu Prozessbevollmächtigten der klägerischen Partei, in deren Namen und Auftrag wir beantragen zu erkennen:

1. Es wird festgestellt, dass das Arbeitsverhältnis zwischen der klägerischen Partei und der beklagten Partei nicht aufgrund der Befristung zum ■■■ beendet ist, sondern als unbefristetes Arbeitsverhältnis über den ■■■ hinaus fortbesteht.
2. Die beklagte Partei wird verurteilt, die klägerische Partei über den Ablauf des ■■■ hinaus zu unveränderten Arbeitsbedingungen weiterzubeschäftigen.
3. Die Kosten des Rechtsstreits trägt die beklagte Partei.

Gründe

I.

Die klägerische Partei ist seit dem ■■■ bei der beklagten Partei als Diplom-Sozialpädagogin in der Abteilung Schulpsychologischer Dienst zu einem monatlichen Bruttogehalt von ■■■ EUR in einem unwirksam befristeten Arbeitsverhältnis, das am ■■■ enden sollte, beschäftigt.

Beweis: 1. Arbeitsvertrag vom ■■■ – Anlage K 1.

2. Vorlage einer aktuellen Gehaltsbescheinigung – Anlage K 1a.

Die klägerische Paratei schloss zunächst am ■■■ einen Praktikantenvertrag mit der beklagten Partei, der für die Dauer vom ■■■ bis zum ■■■ zustande kam. Mit Vertrag vom ■■■ schlossen die Parteien einen befristeten Vertrag ohne Sachgrund gemäß § 14 Abs. 2 TzBfG für den Zeitraum vom ■■■ bis zum ■■■.

Beweis: 1. Praktikantenvertrag vom ■■■ – Anlage K 2.

2. Arbeitsvertrag vom ■■■ – Anlage K 3.

Schließlich wurde am ■■■ ein weiterer befristeter Vertrag, dieses Mal mit Sachgrund, für die Dauer vom ■■■ bis zum ■■■ zwischen den Parteien geschlossen. Als Sachgrund wird in dem Vertrag angeführt:

„Zur Aufrechterhaltung des Projektes zur Förderung von Schülerinnen und Schülern mit Lese-Rechtschreib-Schwierigkeiten im Bereich der schulpsychologischen Beratung."

Beweis: Arbeitsvertrag vom ■■■ – Anlage K 1.

Die klägerische Partei wurde damit „befristet Beschäftigte" i.S.v. § 3 Abs. 1 TzBfG, da der Arbeitsvertrag auf bestimmte Zeit geschlossen wurde.

Mit Schreiben der beklagten Partei vom ■■■ wurde die klägerische Partei darüber informiert, dass eine Weiterbeschäftigung über den ■■■ hinaus nicht möglich sei.

Beweis: Schreiben der beklagten Partei vom ■■■ – Anlage K 4.

Die klägerische Partei wurde während ihrer gesamten Tätigkeit als Diplom-Sozialpädagogin im Schulpsychologischen Dienst der beklagten Partei mit der Förderung von lese- und schreibschwachen Schülern betraut. Zu ihren Aufgaben gehörten u.a. die Auswahl der zu fördernden Kinder, die Planung und Vorbereitung sowie die Teilnahme an der Durchführung der Förderungsmaßnahmen und die Mitgestaltung von Elternabenden. Daneben übernahm sie Aufgaben in der schulpsychologischen Einzelfallberatung. Sie übernahm in Zusammenarbeit mit einzelnen Fachkräften der Beratungsstelle zunächst unter Anleitung, später dann selbständig einzelne Beratungsfälle.

II.

Der zwischen den Parteien geschlossene befristete Arbeitsvertrag ist hinsichtlich der Befristung unwirksam, da die Befristung nicht durch einen sachlichen Grund gerechtfertigt ist. Die Voraussetzungen keines der in § 14 Abs. 1 TzBfG aufgeführten Regelbeispiele liegen vor. Insbesondere ist es unzutreffend, dass es sich bei der Tätigkeit, die die klägerische Partei als Diplom-Sozialpädagogin im Schulpsychologischen Dienst der beklagten Partei wahrnahm, um ein abgeschlossenes Projekt handelt, für das i.S.v. § 14 Abs. 1 Nr. 1 TzBfG nur vorübergehender betrieblicher Bedarf an der Arbeitsleistung bestand. Das ergibt sich bereits aus dem Wortlaut des in dem Vertrag vom ▬▬▬ (Anlage K 1) aufgeführten Sachgrundes für die Befristung, der von einer „Aufrechterhaltung" und nicht von einem Abschluss des Projektes spricht. Diese Wortwahl macht deutlich, dass das Projekt nicht nur bis Ende ▬▬▬ bestehen sollte, sondern in der Zukunft unbefristet fortgeführt werden soll.

Beweis: ▬▬▬

Es besteht weiterhin Arbeitskräftebedarf in der schulpsychologischen Beratung der beklagten Partei, exakt in dem Tätigkeitsbereich der klägerischen Partei, den sie durchgehend vom ▬▬▬ bis zum Ende ihres Vertrages am ▬▬▬ ausübte.

Beweis: ▬▬▬

Aufgrund der guten Erfolge der von der klägerischen Partei betreuten „Lernwerkstatt" werden auch weiterhin Schüler mit ausgeprägter Lese- und Schreibschwäche in dem Schulpsychologischen Dienst der beklagten Partei gefördert. Das Projekt „Lernwerkstatt" soll weitergeführt werden.

Beweis: 1. Schreiben des Personalrats an den Landrat der beklagten Partei vom ▬▬▬ – Anlage K 5.
2. Zeitungsartikel – Anlage K 6.

Auch diese Unterlagen belegen den weiterhin bestehenden Bedarf an Arbeitskräften in diesem Bereich.

Weiterhin ist keiner der sonstigen Befristungsgründe des § 14 TzBfG oder ein anderer in der Arbeitsrechtsprechung entwickelter Befristungsgrund vorliegend erfüllt. Die Befristung des Arbeitsvertrages vom ▬▬▬ ist unwirksam.

III.

Da die Befristung rechtsunwirksam ist, gilt der befristete Arbeitsvertrag als auf unbestimmte Zeit geschlossen, § 16 TzBfG.
Die Drei-Wochen-Frist nach dem vereinbarten Ende des letzten befristeten Arbeitsvertrages, § 17 TzBfG, ist eingehalten. Die Frist läuft am ▬▬▬ ab.

IV.

Ein Arbeitnehmer hat Anspruch auf Weiterbeschäftigung für die Dauer des Rechtsstreits, sofern erstinstanzlich festgestellt wurde, dass das Arbeitsverhältnis durch eine Kündigung nicht beendet wurde. Diese Grundsätze gelten auch im Rechtsstreit um die Wirksamkeit einer Befristung,

vgl. LAG Sachsen 14.1.2000 – 7 Sa 579/99, n.v.; LAG Köln 3.7.1992 – 13 Sa 130/92, LAGE § 611 BGB Beschäftigungspflicht Nr. 31.

3. Muster: Klage auf Teilzeit nach § 8 TzBfG[142]

Arbeitsgericht ▬▬▬

Klage

▬▬▬

– klägerische Partei –

Prozessbevollmächtigte: ▬▬▬

gegen

---

[142] Siehe auch § 3 Rn 122 f., 181 ff.; § 6 Rn 230 f.

■■■, vertreten durch ■■■

– beklagte Partei –

wegen: Arbeitszeitverringerung

Wir bestellen uns zu Prozessbevollmächtigten der klägerischen Partei, in deren Namen und Auftrag wir um kurzfristige Anberaumung eines Gütetermins bitten und beantragen werden zu erkennen:

1. Es wird festgestellt, dass sich das Arbeitsverhältnis der klägerischen Partei in ein Teilzeitarbeitsverhältnis mit dem Inhalt geändert hat, dass die klägerische Partei ab ■■■ bei einer regelmäßigen täglichen Arbeitszeit von 5,5 Stunden von Montag bis Freitag, beginnend ab 8.00 Uhr, wöchentlich 27,5 Stunden zu erbringen hat.

Hilfsweise:

2. Die beklagte Partei wird verurteilt, der Reduzierung der wöchentlichen Arbeitszeit der klägerischen Partei von derzeit 37,5 Wochenarbeitsstunden auf 27,5 Stunden und der Verteilung der reduzierten Arbeitszeit auf die Tage Montag bis Freitag ab dem ■■■ zuzustimmen.

3. Die beklagte Partei trägt die Kosten des Rechtsstreits.

Gründe:

Die klägerische Partei ist im Betrieb der beklagten Partei in der Produktionsüberwachung, dort im Rahmen der Endkontrolle tätig. Das letzte Bruttomonatsgehalt der klägerischen Partei betrug (nach Abrechnung von Überstundenzuschlägen und Zusatzleistungen) ■■■ EUR.

Beweis: Lohnabrechnung für ■■■, als Anlage K 1 in Kopie anbei.

Unter dem ■■■ stellte die klägerische Partei einen Antrag auf Reduzierung ihrer wöchentlichen Arbeitszeit von vertraglich vereinbarten 37,5 Stunden auf nunmehr 27,5 Stunden und begehrte gleichzeitig, den regelmäßigen Arbeitsbeginn täglich auf 8.00, hilfsweise auch 9.00 oder 10.00 Uhr festzulegen.

Beweis: Teilzeitantrag vom ■■■, als Anlage K 2 in Kopie anbei.

Die Beklagte lehnte diesen Antrag mit Schreiben vom ■■■ ab.

Beweis: Schreiben der beklagten Partei vom ■■■, als Anlage K 3 in Kopie anbei.

Diese Ablehnung erweist sich nach diesseitiger Auffassung als ungerechtfertigt. Die klägerische Partei hat gemäß § 8 TzBfG einen Anspruch auf Reduzierung ihrer Arbeitszeit.

Das Arbeitsverhältnis der Parteien besteht seit mehr als 6 Monaten, § 8 Abs. 1 TzBfG, und die beklagte Partei beschäftigt in der Regel mehr als 15 Arbeitnehmer, § 8 Abs. 7 TzBfG. Sie hätte den Antrag daher nur für den Fall zurückweisen dürfen, dass betriebliche Gründe i.S.d. § 8 Abs. 4 Satz 1 TzBfG vorgelegen hätten. Dies jedoch ist nicht der Fall.

Für das Vorliegen „betrieblicher Gründe" ist der Arbeitgeber darlegungs- und beweisbelastet,

ArbG Mönchengladbach 30.5.2001, NZA 2001, 970, 972; *Kliemt*, NZA 2001, 63, 65; *Beckschulze*, DB 2000, 2598, 2599.

Dieser Verpflichtung ist die beklagte Parei vorprozessual in keiner Weise nachgekommen.

Im TzBfG findet sich keine Definition der „betrieblichen Gründe". Es finden sich jedoch einige, nicht abschließende Beispiele in § 8 Abs. 4 Satz 2 TzBfG. Angesichts der Tatsache, dass dort „wesentliche" Beeinträchtigungen oder „unverhältnismäßige" Kosten gefordert sind, kann nicht zweifelhaft sein, dass betriebliche Gründe im Sinne der Norm nur solche von einigem Gewicht sein können. Nur so wird die Auslegung des § 8 TzBfG letztlich der gesetzlich festgelegten Zielsetzung des § 1 TzBfG gerecht, wonach die ausdrückliche Förderung von Teilzeitarbeit intendiert ist. Dementsprechend wird teilweise vertreten, in der Sache handele es sich – in Entsprechung zum seinerzeit noch so gefassten Referentenentwurf – in Wahrheit um „dringende" betriebliche Gründe,

BAG 18.2.2003 – 9 AZR 356/02, NJW 2003, 2771; *Däubler*, ZIP 2000, 1961; *Kittner/Zwanziger*, Arbeitsrecht, Handbuch für die Praxis, § 140 Rn 14.

Auch wenn diese sehr weit gehende Auslegung verfassungsrechtlich nicht unbedenklich erscheint, besteht im Wesentlichen Einigkeit, dass zumindest nicht *jeder* Grund ausreichen kann,

Kliemt, NZA 2001, 63, 65; *Straub*, NZA 2001, 919, 923.

Die Beeinträchtigung muss vielmehr wesentlich sein und „einen nicht unerheblichen Schweregrad" erreichen. Weniger wesentliche Beeinträchtigungen müssen dementsprechend hingenommen werden,

BAG 18.2.2003 – 9 AZR 356/02, NJW 2003, 2771; ArbG Bonn 20.6.2001, NZA 2001, 973, 975.

Das BAG hat zur Abgrenzung eine Drei-Stufen-Prüfung entwickelt. Zunächst ist das vom Arbeitgeber aufgestellte und durchgeführte Organisationskonzept festzustellen, das der vom Arbeitgeber als betrieblich erforderlich angesehenen Arbeitszeitregelung zugrunde liegt. In einem zweiten Schritt ist zu prüfen, ob die vom Organisationskonzept bedingte

Arbeitszeitregelung tatsächlich der gewünschten Änderung der Arbeitszeit entgegensteht. Schließlich ist festzustellen, ob das Gewicht der entgegenstehenden betrieblichen Gründe so erheblich ist, dass die Erfüllung des Arbeitszeitwunsches des Arbeitnehmers zu einer wesentlichen Beeinträchtigung der Arbeitsorganisation, des Arbeitsablaufs, der Sicherung des Betriebs oder zu einer unverhältnismäßigen wirtschaftlichen Belastung des Betriebs führen würde,

BAG 18.2.2003 – 9 AZR 164/02, NZA 2003, 1392.

Mit Schreiben vom ▬▬▬ erklärte die beklagte Partei, die Arbeitszeitverringerung würde insbesondere die betriebliche Organisation und den Arbeitsablauf ganz erheblich und wesentlich beeinträchtigen. Dies werde daran deutlich, dass die klägerische Partei bislang in Früh- *und* Spätschicht tätig sei. Die angestrebte neue tägliche Arbeitszeit von 5,5 Stunden sei betriebsunüblich und könne im Übrigen nicht in die bestehenden Schichtpläne integriert werden.

Beweis: Schreiben der beklagten Partei vom ▬▬▬, als Anlage K 4 in Kopie anbei.

Diese Ausführungen zeigen, dass sich die beklagte Paratei mit dem Anliegen der klägerischen Partei nicht ausreichend befasst hat.

Die genannten Passagen treffen auf jedes Beschäftigungsverhältnis zu, das bis zum Teilzeitantrag im regulären Schichtbetrieb abgewickelt wurde, und gehen weder auf den streitbefangenen Sachverhalt noch auf die tatsächlichen Schichten der klägerischen Partei ein. Die genannten „Gründe" erweisen sich demnach als austauschbar und willkürlich. Eine solche Pauschalisierung für das Vorliegen eines betrieblichen Grundes jedoch verbietet sich von vornherein, da stets der individuelle Einzelfall gewürdigt werden muss,

Beckschulze, DB 2000, 2598.

Hinzu kommt, dass sich die beklagte Partei im Wesentlichen darauf beruft, dass die klägerische Partei bislang im flexiblen Schichtdienst zu betriebsüblichen Zeiten tätig war. Sie macht damit genau den Umstand geltend, den die Klägerin abzuändern begehrt. Es kann jedoch offenkundig keinen betrieblichen Grund darstellen, wenn die Auskunft sich in der Sache darauf beschränkt, dass man nichts ändern werde. Ein tatsächlich bestehender betrieblicher Grund von „nicht unerheblichem Schweregrad",

BAG 30.9.2003 – 9 AZR 665/02, NZA 2004, 382; ArbG Bonn 20.6.2001, NZA 2001, 973,

ist damit nicht ansatzweise substantiiert dargetan.

Sofern die beklagte Partei vorträgt, das Unternehmen habe sich entschieden, dass im Bereich der Produktionsüberwachung Teilzeitarbeitsplätze nicht eingeführt werden, da sie in das Organisationskonzept dieses Unternehmensteiles nicht hineinpassen und zu erheblichen Störungen führen würden, so ist auch dieser Aussage entgegenzuhalten, dass es an tatsächlicher Einzelfallbegründung mangelt. In der Sache handelt es sich um ein schlichtes Postulat. Worin zum Beispiel die angeblich zu erwartenden Störungen bestehen sollten, ist nicht dargelegt.

Angesichts des mangelnden Vortrags erheblicher Gründe kann die Beklagte in diesem Zusammenhang auch nicht geltend machen, sie berufe sich auf ihre unternehmerische Freiheit. Wie das BAG festgestellt hat, ist § 8 TzBfG unter den dort näher bestimmten Voraussetzungen mit Art. 12 GG vereinbar,

BAG 18.2.2003 – 9 AZR 164/02, NZA 2003, 1392.

Zwar besteht insoweit Konsens, als ein uneingeschränkter Kontrahierungszwang nicht entstehen und der Unternehmer angesichts Art. 14 GG nicht seiner Organisationshoheit beraubt werden darf. Es dürfte aber auch offensichtlich sein, dass allein die unternehmerische Entscheidung des Arbeitgebers, generell oder mit bestimmten Tätigkeiten keine Teilzeitkräfte zu beschäftigen, als betrieblicher Grund i.S.d. § 8 Abs. 4 Satz 2 TzBfG nicht ausreichen kann; dann nämlich liefe der gesetzlich kreierte Teilzeitanspruch im Ergebnis leer,

Kliemt, NZA 2001, 63, 65.

Für diese Auffassung streitet insbesondere die erklärte Ratio des Gesetzes (vgl. § 1 TzBfG), wonach der nationale Gesetzgeber mit dem TzBfG in Übereinstimmung mit der EG-Richtlinie 97/81 und der Rahmenvereinbarung der europäischen Sozialpartner gesellschaftlichen Entwicklungen hat Rechnung tragen und beschäftigungspolitische Effekte hat auslösen wollen,

ArbG Bonn 20.6.2001, NZA 2001, 973 (974).

Der Arbeitgeber verliert damit trotz der Grundrechtsrelevanz die Freiheit, nach Belieben darüber zu entscheiden, ob er Vollzeit- oder Teilzeitarbeitsplätze einrichtet,

Hromadka, NJW 2001, 400, 402.

Das bedeutet im Ergebnis, dass der Arbeitgeber bei einer grundsätzlichen Ablehnung von Teilzeitarbeit „ein nachvollziehbares, mit betriebswirtschaftlichen, unternehmenspolitischen und betriebsorganisatorischen Gründen untermauertes und in sich schlüssiges Konzept darlegen können" muss,

Straub, NZA 2001, 919, 924.

Ein derartiges „Konzept" hat die beklagte Partei jedoch – wie bereits oben moniert – gerade nicht vorgelegt.

Im Übrigen ist darauf hinzuweisen, dass das Vorbringen der beklagten Partei sich inhaltlich nur auf die bisherige Tätigkeit der klägerischen Partei im Bereich der Produktionsüberwachung beschränkt.

Die klägerische Partei hat jedoch bereits mehrfach der beklagten Partei vorgeschlagen, auch in anderen Bereichen des Unternehmens eine Teilzeitbeschäftigung aufzunehmen. Sie nannte in diesem Zusammenhang insbesondere den Arbeitsplatz des Herrn ▬▬▬ oder eine Tätigkeit in der Abteilung Qualitätssicherung.

Beweis: Schriftsatz der Unterzeichner vom ▬▬▬, als Anlage K 5 in Kopie anbei.

Herr ▬▬▬ ist seit nunmehr einem Jahr erkrankt und es steht fest, dass er an seinen Arbeitsplatz nicht mehr zurückkehren wird. Auf seinem Arbeitsplatz wird seit einem Jahr eine Leiharbeiterin beschäftigt. Auf diesem Platz könnte die klägerische Partei ohne weiteres entsprechend dem Klageantrag eingesetzt werden, insbesondere da diese Funktion nicht maschinenlaufzeitgebunden ist.

In der Qualitätssicherung, der die klägerische Partei laut Lohnabrechnung ohnehin zugeordnet ist, hat eine Arbeitnehmerin zum ▬▬▬ gekündigt. Die Stelle ist seitdem vakant. Es handelt sich um einen Arbeitsplatz in reiner Tagschichtarbeit, der gleichfalls nicht von Maschinenlaufzeiten abhängig ist und somit von der klägerischen Partei übernommen werden könnte.

Beide Vorschläge hat die beklagte Partei mit ihrem Schreiben vom ▬▬▬ (Anlage K 4) abgelehnt, ohne dafür – auch nur pauschalisierte – Gründe zu nennen. Zwar behauptet sie dort, solche Gründe lägen vor, jedoch beschränkt sich die Ablehnungsbegründung einzig auf den Hinweis, § 8 TzBfG sei nicht betriebs-, sondern lediglich arbeitsplatzbezogen. Die beklagte Partei schließt dies einzig aus der Tatsache, dass dem TzBfG eine Formulierung entsprechend § 1 Abs. 2 KSchG, wonach eine Beschäftigung im Betrieb gesucht werden muss, fehle.

Diese Schlussfolgerung erweist sich im Ergebnis als unzutreffend. Sie lässt nämlich die unzweideutige Regelungsanordnung des § 7 Abs. 2 TzBfG außer Betracht. Danach hat der Arbeitgeber den teilzeitbeantragenden Arbeitnehmer über entsprechende Arbeitsplätze nicht nur im Betrieb, sondern sogar im gesamten Unternehmen ausdrücklich zu informieren. Daraus lässt sich nur schlussfolgern, dass die Um- oder Versetzung auch auf andere Arbeitsplätze bei der Anwendung des TzBfG ausdrücklich gewollt ist. Auch dies entspricht der bereits dargestellten Zielsetzung des Gesetzgebers, Teilzeitarbeit tatsächlich und effektiv zu fördern. Dementsprechend muss der Arbeitgeber, wenn sogar eine aktive Informationspflicht besteht, auch verpflichtet sein, andere Arbeitsplätze jedenfalls grundsätzlich in seine Erwägungen zu Teilzeitanträgen einzubeziehen.

Auch im Hinblick auf Arbeitsplatzalternativen hat die beklagte Partei demnach keine ordnungsgemäßen Abwägungen getroffen. Betriebliche Gründe gegen eine Teilzeitarbeit der klägerischen Partei liegen demnach im Ergebnis nicht vor. Der Anspruch der klägerischen Partei aus § 8 Abs. 4 TzBfG besteht.

Der angegebene Streitwert resultiert aus § 42 Abs. 3 GKG. Nicht anwendbar ist § 42 Abs. 4 GKG, wonach eine Begrenzung auf das dreifache Monatsgehalt vorzunehmen wäre. Es handelt sich hier nämlich nicht um einen Streit um das Bestehen, Nichtbestehen oder die Kündigung eines Arbeitsverhältnisses. Gestritten wird einzig darum, in welcher Höhe bzw. in welchem Umfang wiederkehrende Leistungen – Arbeit bzw. Lohn – zu erbringen sind. Der Streitwert beträgt demnach das 36-fache der Differenz zwischen Vollzeit- und Teilzeitvergütung,

Kliemt, NZA 2001, 63, 68; *Straub*, NZA 2001, 919, 925.

Ausweislich der vorgelegten Lohnabrechnung (Anlage K 1) betrug das Bruttoentgelt der Klägerin ▬▬▬ EUR. Dividiert man diese Summe durch 37,5 (alte Wochenstundenzahl) und multipliziert mit 27,5 (neuer Stundenwert), so errechnet sich ein Wert von ▬▬▬ EUR. Dies bedeutet eine Differenz von ▬▬▬ EUR pro Monat und somit einen „dreijährigen Bezug" i.S.d. § 42 Abs. 3 GKG.

4. Muster: Einstweilige Verfügung auf Teilzeit nach § 8 TzBfG

Arbeitsgericht ▬▬▬
– vorab per Telefax –

Antrag auf Erlass einer einstweiligen Verfügung

– verfügungsklägerische Partei –

Verfahrensbevollmächtigte: ▬▬▬
gegen
▬▬▬, vertreten durch ▬▬▬

– verfügungsbeklagte Partei –

§ 6 Schriftsätze im arbeitsgerichtlichen Urteilsverfahren

wegen: Arbeitszeitverringerung

Wir bestellen uns zu Verfahrensbevollmächtigten der verfügungsklägerische Partei und beantragen, wegen Dringlichkeit des Falles ohne mündliche Verhandlung durch den Vorsitzenden allein, hilfsweise unter Abkürzung der Ladungsfrist aufgrund einer unverzüglich anzuberaumenden mündlichen Verhandlung, den Erlass einer einstweiligen Verfügung mit folgendem Inhalt:

1. Die verfügungsbeklagte Partei wird verurteilt, dem Antrag der verfügungsklägerischen Partei auf Reduzierung der vertraglichen Arbeitszeit auf 27,5 Wochenstunden einstweilen bis zum Erlass einer erstinstanzlichen Entscheidung im Hauptsacheverfahren – ArbG ■■■, Az. ■■■ – zuzustimmen und die verfügungsklägerische Partei bis zur Entscheidung im vorgenannten Hauptsacheverfahren von ■■■ bis ■■■ als ■■■ zu beschäftigen.

   Hilfsweise:

2. Der verfügungsbeklagten Partei wird aufgegeben, die verfügungsklägerische Partei mit einer Wochenarbeitszeit von 27,5 Stunden und einer regelmäßigen täglichen Arbeitszeit von 5,5 Stunden ab 8.00 Uhr von Montag bis Freitag bis zu einem den Antrag der verfügungsklägerischen Partei abweisenden Urteil im Hauptsacheverfahren zu beschäftigen.

3. Die verfügungsbeklagte Partei hat die Kosten des Verfahrens zu tragen.

Gründe:

I.

Die verfügungsklägerische Partei ist im Betrieb der verfügungsbeklagten Partei beschäftigt. Das durchschnittliche Bruttomonatsgehalt der verfügungsklägerischen Partei beträgt ■■■ EUR.

Glaubhaftmachung: Lohnabrechnung für ■■■ in Kopie – Anlage K 1.

Unter dem ■■■ stellte die verfügungsklägerische Partei einen Antrag auf Reduzierung ihrer wöchentlichen Arbeitszeit von vertraglich vereinbarten 37,5 auf nunmehr 27,5 Stunden und begehrte gleichzeitig den regelmäßigen Arbeitsbeginn täglich auf 8.00 Uhr, hilfsweise auf 9.00 Uhr oder 10.00 Uhr festzulegen.

Glaubhaftmachung: Teilzeitantrag vom ■■■ in Kopie – Anlage K 2.

Die verfügungsbeklagte Partei lehnte diesen Antrag mit Schreiben vom ■■■ ab.

Glaubhaftmachung: Schreiben der verfügungsbeklagten Partei vom ■■■ in Kopie – Anlage K 3.

Mit Klageschrift vom ■■■ hat die verfügungsklägerische Partei das Hauptsacheverfahren beim Arbeitsgericht ■■■ anhängig gemacht. Das Verfahren wird beim Arbeitsgericht ■■■ unter dem Aktenzeichen ■■■ geführt. Am ■■■ ist durch das Arbeitsgericht in der I. Instanz im Hauptsacheverfahren eine Entscheidung verkündet worden. Die verfügungsbeklagte Partei wurde danach verurteilt, einer Verringerung der Wochenarbeitszeit der verfügungsklägerischen Partei von bislang 37,5 auf künftig 27,5 Stunden bei einer regelmäßigen täglichen Arbeitszeit von 5,5 Stunden ab 8.00 Uhr von Montag bis Freitag zuzustimmen.

Glaubhaftmachung: Beiziehung der Akte des Arbeitsgerichts ■■■, Aktenzeichen ■■■.

Am ■■■ hat die verfügungsklägerische Partei mit dem Betriebsleiter, Herrn ■■■, eine Besprechung geführt. Hintergrund dieser Besprechung war, dass die verfügungsklägerische Partei seit Beginn des Jahres ausschließlich in der Frühschicht von 6.00 Uhr bis 13.30 Uhr von der verfügungsbeklagten Partei eingesetzt wurde. Die verfügungsklägerische Partei hat Herrn ■■■ von dem Ausgang des Verfahrens I. Instanz unterrichtet und ihn gebeten, ihre Einteilung zur Arbeit danach auszurichten. Im äußersten Kompromissfalle hat die verfügungsklägerische Partei gebeten, sie zumindest bis zur Rechtskraft der Entscheidung ausschließlich in der Frühschicht einzusetzen. Beides hat Herr ■■■ abgelehnt und lediglich darauf verwiesen, dass „ihm die Hände gebunden seien".

Glaubhaftmachung: Eidesstattliche Versicherung der verfügungsklägerischen Partei – Anlage K 4.

II.

Die einstweilige Verfügung ist zulässig. Im vorliegenden Fall geht es um eine Befriedigungsverfügung nach § 940 ZPO, da die Arbeitsleistung in bestimmtem Umfang und zu bestimmten Tageszeiten nach Ablauf des Zeitraums, für den die Verfügung beantragt ist, für diesen Zeitraum nicht mehr geändert oder Arbeit nachgeholt werden kann.

Verfügungsgründe in diesem Sinne können auch dann bestehen, wenn im Hauptsacheverfahren um die Erteilung einer rechtsgeschäftlichen Zustimmung eines Arbeitgebers i.S.v. § 894 ZPO gestritten wird. So handelt es sich nach der herrschenden Auffassung bei der zeitlichen Festlegung des Urlaubsanspruchs des Arbeitnehmers gemäß § 7 Abs. 1 Satz 1 BUrlG durch den Arbeitgeber um eine rechtsgeschäftliche Willenserklärung. Die herrschende Meinung in Literatur und Rechtsprechung lässt hier eine Regelung im einstweiligen Verfügungsverfahren zu. Dementsprechend ist auch bei einem Anspruch des Arbeitnehmers gegen den Arbeitgeber auf Zustimmung zur Arbeitszeitverringerung und Arbeitszeitlage nach § 8 TzBfG eine einstweilige Verfügung zulässig,

ArbG Berlin 12.10.2001 – 31 Ga 24563/01, DB 2001, 2727; *Grobys/Bram*, NZA 2001, 1175 (1181).

Nach Auffassung des Arbeitsgerichts Berlin ist dem Arbeitgeber mit der einstweiligen Verfügung die Beschäftigung des Arbeitnehmers entsprechend seinem Teilzeit- und Verteilungswunsch aufzugeben. Um den vorläufigen Charakter einer einstweiligen Verfügung zu dokumentieren, müssten die Eingriffe in die Vertragsstruktur deshalb auf das notwendige Minimum beschränkt werden. Dies bedeute für den zu regelnden Gegenstand, dass die Möglichkeit bestehen muss, dem Arbeitgeber im Rahmen von § 888 ZPO ggf. gerichtlich aufzugeben, eine vorläufige Regelung des Teilzeit- und Verteilungsanspruchs des Arbeitnehmers nach Maßgabe der gerichtlichen Entscheidung durchzuführen, wobei diese Entscheidung des Gerichts bezüglich der Reduzierung der Arbeitszeit rechtsgestaltend und bezüglich des Verteilungswunsches des Arbeitnehmers ggf. „nur" anordnende Wirkung habe.

Diese Antragsgestaltung ist darüber hinaus auch deswegen notwendig, weil teilweise vertreten wird, dass die Wirkung des § 894 ZPO auch im einstweiligen Verfügungsverfahren erst dann eintrete, wenn ein Rechtsbehelf gegen die Entscheidung nicht mehr möglich ist, so etwa bei einstweiliger Verfügung auf Urlaubsgewährung,

Corts, NZA 1998, 357.

Zutreffend wird jedoch dagegen darauf verwiesen, dass derartige Verzögerungen dem Sinn des Eilverfahrens entgegenstehen. Nach zutreffender Auffassung soll deshalb die Vollstreckungswirkung im Verfügungsverfahren bereits mit Zustellung der Verfügung eintreten,

so etwa KassArbR/*Schütz*, 2.4 Rn 667.

Bei der Verurteilung im einstweiligen Verfügungsverfahren zur tatsächlichen Beschäftigung entsprechend dem Teilzeit- und Verteilungswunsch entsprechend der Auffassung des Arbeitsgerichts Berlin bestehen diese Probleme hingegen nicht.

Folgt man der Auffassung des LAG Hamm,

6.5.2002, NZA-RR 2003, 178,

handelt es sich bei dem Anspruch des Arbeitnehmers auf Verringerung seiner Arbeitszeit gemäß § 8 Abs. 1 TzBfG um eine Leistungsverfügung, deren Erlass zu einer gerichtlichen Interimsregelung führt. Wahrt der Teilzeitantrag des Arbeitnehmers nicht die Dreimonatsfrist des § 8 Abs. 2 TzBfG, führt dies nicht zur Unwirksamkeit des Antrags, sondern allein zu einer zeitlichen Hinauszögerung der Antragswirkung.

III.

Der verfügungsklägerischen Partei steht ein Verfügungsanspruch zur Seite. Die verfügungsklägerische Partei hat einen Anspruch auf antragsgemäße Beschäftigung gemäß § 8 TzBfG.

Wir fügen in der Anlage die Klageschrift sowie unseren Schriftsatz vom ▬▬▬ in dem Verfahren ▬▬▬ bei und machen den Inhalt voll gegenständlich zum Vortrag dieses einstweiligen Verfügungsverfahrens.

Ergänzend ist Folgendes auszuführen:

In der mündlichen Kammerverhandlung am ▬▬▬ hat die verfügungsbeklagte Partei ausgeführt, dass sie die Produktionsgruppe I momentan reduziere, weil zwei bis drei Maschinen derzeit stillgelegt würden. Die verfügungsklägerische Partei selbst ist zurzeit in der Produktionsgruppe IV tätig. Die Beklagte hat in der Kammerverhandlung weiter ausgeführt, dass dadurch in der Produktionsgruppe I ein Überhang bestehe. Ein Personalkonzept liege indessen nicht vor, obwohl bereits am ▬▬▬ die erste Maschine abtransportiert worden sein soll. Die verfügungsbeklagte Partei hat durch ihren Betriebsleiter, Herrn ▬▬▬, in der Kammerverhandlung vortragen lassen, der noch nicht definierte Personalüberhang solle teilweise in der Produktionsgruppe IV eingesetzt werden, um dort Leiharbeitnehmer einzusparen, weiterhin sollen Arbeitnehmer aus der Produktionsgruppe I in der Verpackung eingesetzt werden.

Die verfügungsklägerische Partei hatte während des gesamten Verfahrens einen Arbeitsplatz in der Verpackung, der unproblematisch in Teilzeit abgeleistet werden kann, für sich reklamiert. Die verfügungsbeklagte Partei hatte zunächst vorgetragen, dass in den Bereich Verpackung Arbeitskräfte in der Produktionsgruppe I umgesetzt werden sollten. Auf Vorhalt des Gerichts, dass dann doch aus der Produktionsgruppe I jemand an die Stelle der Klägerin in der Produktionsgruppe IV treten könne und die verfügungsklägerische Partei in der Verpackung eingesetzt werden könne, hat die verfügungsbeklagte Partei dann in Widerspruch zu ihrem anfänglichen Vortrag im Kammertermin gesagt, dass doch in der Verpackung Arbeitsplätze eingespart werden sollten. Diesen Widerspruch hat die verfügungsbeklagte Partei nicht vermocht aufzuklären. Die Tatsachen bestätigen die Annahme der in der Hauptsache entscheidenden Kammer, dass tatsächlich die Möglichkeit der Zuweisung von Verpackungstätigkeit an die verfügungsklägerische Parti besteht. Seit dem ▬▬▬, dem Tag, an dem die erste Maschine demontiert wurde, ist Herr ▬▬▬, vormals Mitarbeiter in der Produktionsgruppe I, in der Verpackung eingesetzt worden.

Glaubhaftmachung: Eidesstattliche Versicherung der verfügungsklägerischen Partei – Anlage K 4.

Die verfügungsklägerische Partei hat in der Kammerverhandlung zusätzlich ein Schreiben der Personalabteilung vom ▬▬▬ vorgelegt, mit dem sie durch Ausübung des Direktionsrechts in die Abteilung Endkontrolle versetzt wurde.

Glaubhaftmachung: Schreiben vom ▬▬▬ in Kopie – Anlage K 5.

Hieraus ist ersichtlich, dass es auch für die Zuweisung einer Tätigkeit in dem Bereich Verpackung keiner Arbeitsvertragsänderung bedarf.

Die verfügungsklägerische Partei kann mithin ohne weiteres in den Bereich Verpackung eingesetzt werden und dort zu den Arbeitszeiten gemäß ihrem Antrag beschäftigt werden. Betriebliche Gründe stehen hier nicht entgegen.

IV.

Der verfügungsklägerischen Partei steht auch ein Verfügungsgrund gemäß § 940 ZPO zur Seite.

Die verfügungsklägerische Partei ist dringend auf die Beschäftigung zu den beantragten Zeiten angewiesen. Sie befindet sich aufgrund ihrer familiären Situation in einer Notlage. Die verfügungsklägerische Partei hat einen Sohn im Alter von acht Jahren, der die Grundschule in ▬▬▬ besucht. Dieses Kind bedarf der Betreuung. Der Ehemann der verfügungsklägerischen Partei, der bislang sehr in die Betreuung einbezogen war, vermag dies nicht mehr zu leisten. Der Ehemann ist häufig berufsbedingt im Ausland, so zuletzt ▬▬▬. Wenn der Ehemann bei seiner Firma vor Ort arbeitet, bringt er das gemeinsame Kind morgens zur Schule. Das Kind hat einen Hausschlüssel und kommt selbständig nach Hause. Es wartet dann ca. eine Stunde bis zur Rückkehr der verfügungsklägerischen Partei.

Derzeit arbeitet die verfügungsklägerische Partei ausschließlich in Frühschicht. Wenn die verfügungsklägerische Partei in Spätschicht arbeitet, kommt sie jedoch erst um 22.30 Uhr nach Hause. Der achtjährige Sohn kann unmöglich so lange unbeaufsichtigt bleiben. Eine anderweitige Sicherstellung der Betreuung ist weder über familiäre Mithilfe anderer Familienmitglieder möglich, noch vermag dies der Ehemann der verfügungsklägerischen Partei in seiner neuen Arbeitsstelle zu leisten. In Abwesenheitszeiten des Ehemannes muss die verfügungsklägerische Partei ihren Sohn selbst in die Schule bringen und kann daher nicht um 6.00 Uhr mit der Arbeit beginnen. Derzeit hat sie teilweise Überstunden abgefeiert, was jedoch zukünftig nicht mehr möglich ist. Im Übrigen hat dies eine entfernte Bekannte übernommen, die sich jedoch nur mit einem Besuchervisum in der Bundesrepublik Deutschland aufhält.

Nach Mitteilung des Arbeitgebers des Ehemanns der verfügungsklägerischen Partei umfasst der Aufgabenbereich bei seinem Arbeitgeber die produktionstechnische Kundenberatung, die Schulungen und Einsätze beim Kunden vor Ort im In- und Ausland.

Glaubhaftmachung: Schreiben der Firma ▬▬▬ in Kopie – Anlage K 6.

Die verfügungsklägerische Paratei hat am ▬▬▬ die bereits eingangs erwähnte Besprechung mit dem Betriebsleiter, Herrn ▬▬▬, geführt. In deren Verlauf eröffnete Herr ▬▬▬ der verfügungsklägerischen Partei, dass „ihm die Hände gebunden seien". Gleiches bedeutete der Meister der verfügungsklägerischen Partei, der für die Dienstplaneinteilung verantwortlich ist. Die verfügungsklägerische Paratei hat danach ab dem ▬▬▬ wieder 37,5 Stunden wöchentlich, dann in Spätschicht zu leisten. Wenn die verfügungsklägerische Partei diese Arbeit ab dem ▬▬▬ ausüben muss, ist die Betreuung ihres achtjährigen Sohnes in keiner Weise sichergestellt. Der Sohn ist dann allein zu Hause. Dies ist bei einem achtjährigen Kind über den ganzen Nachmittag bis in den Abend nicht verantwortbar.

Glaubhaftmachung: Eidesstattliche Versicherung der verfügungsklägerischen Partei – Anlage K 4.

Dient die begehrte Verringerung der Arbeitszeit dem Ziel der Betreuung eines Kindergartenkindes im Wechsel mit dem ebenfalls berufstätigen Ehegatten, kann die verfügungsklägerische Partei im Rahmen der Prüfung des Verfügungsgrundes nicht auf eine Fremdbetreuung durch eine Kindertagesstätte oder eine vergleichbare Einrichtung verwiesen werden,

LAG Hamm NZA-RR 2003, 178.

Damit ist die verfügungsklägerische Partei den hohen Anforderungen, die in der Rechtsprechung an die Darlegung und Glaubhaftmachung von Verfügungsanspruch und Verfügungsgrund gestellt werden,

LAG Rheinland-Pfalz 12.4.2002 – 3 Sa 161/02, NZA 2002, 856; LAG Berlin 20.2.2002 – 4 Sa 2243/01, NZA 2002, 858,

gerecht geworden.

5. Muster: Klage eines Teilzeitbeschäftigten auf Gleichbehandlung

⇩

Arbeitsgericht ▬▬▬

Klage

▬▬▬

– klägerische Partei –

Prozessbevollmächtigte: ▬▬▬

gegen

▬▬▬

– beklagte Partei –

wegen: ▬▬▬

Wir bestellen uns zu Prozessbevollmächtigten der klägerischen Partei, in deren Namen und Auftrag wir um kurzfristige Anberaumung eines Gütetermins bitten. Wir werden im Übrigen beantragen zu erkennen:

1. Die beklagte Partei wird verurteilt, an die klägerische Partei ▬▬▬ EUR brutto[143] nebst 5 %[144] Zinsen über dem Basiszinssatz seit dem ▬▬▬ zu zahlen.[145]
2. Die Berufung wird zugelassen.
3. Die Kosten des Rechtsstreits trägt die beklagte Partei.

Gründe:

Zwischen den Parteien besteht seit dem ▬▬▬ ein Arbeitsverhältnis. Die klägerische Partei ist als ▬▬▬ bei einem monatlichen Bruttoentgelt von ▬▬▬ mit einer regelmäßigen wöchentlichen Arbeitszeit von ▬▬▬ Stunden für die beklagte Partei tätig. Das Gehalt ist zahlbar zum ▬▬▬.

Beweis: Arbeitsvertrag vom ▬▬▬ – Anlage K 1.

Neben der klägerischen Partei sind bei der beklagten Partei vollzeitbeschäftigte Arbeitnehmer tätig und zwar ▬▬▬.

Beweis: Zeugnis ▬▬▬

Die vorgenannten vollzeitbeschäftigten Arbeitnehmer üben die gleiche Tätigkeit aus wie die klägerische Partei. Sie arbeiten ebenfalls bei der beklagten Partei als ▬▬▬. Im Gegensatz zur klägerischen Partei erhalten sie jedoch einen monatlichen Bruttolohn in Höhe von ▬▬▬.

Beweis: Zeugnis ▬▬▬

Die geringere Vergütung der klägerischen Partei stellt einen Verstoß gegen § 4 Abs. 1 TzBfG, §§ 3 Abs. 2, 1 AGG dar. Danach ist eine Benachteiligung allein wegen der Teilzeittätigkeit nicht zulässig. Die klägerische Partei hat deshalb ebenfalls Anspruch auf ▬▬▬ EUR im Monat. Unter Zugrundelegung dieses Betrages ergibt sich für den Zeitraum vom ▬▬▬ bis zum ▬▬▬ ein der klägerischen Partei vorenthaltenes Entgelt in Höhe von insgesamt ▬▬▬ EUR.

Die beklagte Partei zahlt außerdem an alle vollzeitbeschäftigten Mitarbeiter eine Jahresprämie in Höhe von ▬▬▬.

Beweis: Zeugnis ▬▬▬

Nur die klägerische Partei ist von der Zahlung dieser Jahresprämie, soweit bekannt, ausgeschlossen. Nach Auffassung der klägerischen Partei steht auch ihr aufgrund des Gleichbehandlungsgrundsatzes diese Prämie zu. Der Gleichbehandlungsgrundsatz verbietet die willkürliche Schlechterstellung einzelner Arbeitnehmer. Er enthält das Verbot der sachfremden Differenzierung zwischen vergleichbaren Arbeitnehmern in einer bestimmten Ordnung,

---

[143] Die Klage ist auf die Zahlung des Bruttobetrages zu richten. Nach der Entscheidung des Großen Senats des BAG vom 7.3.2001 (GS 1/00, DB 2001, 2196 = NZA 2001, 1195) kann der Arbeitnehmer auch die Verzugszinsen nach § 288 Abs. 1 BGB aus der in Geld geschuldeten Bruttovergütung verlangen. Spricht das Arbeitsgericht den Bruttobetrag zu, erfüllt der Arbeitgeber den Zahlungsanspruch des Arbeitnehmers dadurch, dass er den Nettobetrag an den Arbeitnehmer auszahlt und Steuern und Sozialabgaben an die Finanzbehörden bzw. die Sozialversicherungsträger abführt. Vollstreckt der Arbeitnehmer trotz Erfüllung aus dem Titel auf den Bruttobetrag, kann der Arbeitgeber die Vollstreckung in Höhe der bereits abgeführten Abgaben durch Vollstreckungsgegenklage gemäß § 767 ZPO (ggf. i.V.m. einem Eilantrag nach § 769 ZPO) verhindern.

[144] Sieht man den Arbeitnehmer uneingeschränkt als Verbraucher an (sog. absoluter Verbraucherbegriff; vgl. hierzu BAG 25.5.2005 – 5 AZR 572/04, NZA 2005, 1111; *Hümmerich/Holthausen*, NZA 2002, 173 ff.; *Boemke*, BB 2002, 96 f.), bestimmt sich die Höhe der Verzugszinsen nach den §§ 288 Abs. 1, 247 BGB. Auch die Vertreter des abweichenden relativen Verbraucherbegriffs gelangen über eine richtlinienkonforme Auslegung der europäischen Zahlungsverzugsrichtlinie zu einem Zinssatz von 5 %, vgl. *Bauer/Kock*, DB 2002, 42 (46).

[145] Nach der Neufassung des § 288 BGB durch Art. 1 SchuldRModG v. 26.11.2001 (BGBl. I S. 3138) ist der Zinsantrag, wie oben dargestellt, zu fassen. Vor dem 1.1.2000 (vgl. Art. 9 Abs. 1 SchuldRModG) galt entsprechend der alten Fassung des § 288 Abs. 1 BGB, dass eine Geldschuld während des Verzugs mit fünf Prozentpunkten über dem Basiszinssatz nach § 1 des Diskontsatz-Überleitungs-Gesetzes zu verzinsen war. Eine dem Wortlaut des § 288 BGB entsprechende Antragstellung ist ausreichend. Somit muss sich der Anwalt nicht der Mühe unterziehen, den aktuellen Basiszinssatz zu ermitteln und dann einen konkret bezifferten Zinsantrag zu stellen.

BAG, AP § 242 BGB Ruhegehalt Nr. 176; BAG, AP § 242 BGB Gleichbehandlung Nr. 42 = NJW 1979, 181; BAG, AP § 242 BGB Gleichbehandlung Nr. 44 = NJW 1980, 2374; BAG, AP § 5 BetrAVG Nr. 21 = NZA 1986, 748; BAG, AP § 2 BeschFG 1985 Nr. 2 = NZA 1989, 209.

Ein Verstoß gegen den Gleichbehandlungsgrundsatz liegt immer vor, wenn der Arbeitgeber eine bestimmte Ordnung in der Reihe oder in der Zeit (Stichtage) geschaffen hat, wenn ein Einzelner oder einzelne Arbeitnehmer von dieser Ordnung ausgenommen werden und für die Ausnahme kein sachlicher Grund besteht.

Es kann dahinstehen, ob es gerechtfertigt ist, die Jahresprämie bei der klägerischen Partei anteilmäßig unter Berücksichtigung der von ihr geleisteten Arbeitszeit zu kürzen. Für einen völligen Ausschluss eines teilzeitbeschäftigten Mitarbeiters besteht jedoch kein sachlicher Grund.

Die beklagte Partei wurde außergerichtlich mit Schreiben vom ▄▄▄ zur Zahlung aufgefordert.

Beweis: Schreiben vom ▄▄▄ – Anlage K 2.

Die beklagte Partei verstößt mit der Schlechterstellung der klägerischen Partei zugleich gegen §§ 1, 3 Abs. 2 AGG. Mehr als 90 % der Teilzeitarbeiter sind Frauen,

Art. 141 EG i.V.m. Lohngleichheitsrichtlinie v. 10.2.1975, 75/117; Gleichbehandlungsrichtlinie v. 9.2.1976, 76/207; EuGH 2.10.1997, NZA 1997, 1277.

Als einzige im Betrieb Betroffene wird die klägerische Partei somit auch aufgrund ihres Geschlechts durch die finanzielle Schlechterstellung im Rahmen des Teilzeitarbeitsverhältnisses benachteiligt. Sie hat damit gemäß § 21 AGG einen Anspruch auf Beseitigung der Beeinträchtigung. Dieser Anspruch ist mit dem im Antrag der Klageschrift geltend gemachten Zahlungsanspruch identisch.

Die beklagte Partei weigert sich, die mit Anwaltsschreiben erhobene Forderung zu erfüllen. Klage war daher geboten.

XV. Geschäftswagen-Streitigkeiten

1. Muster: Einstweilige Verfügung wegen Unterlassens eines Herausgabeverlangens

Arbeitsgericht ▄▄▄

Antrag auf Erlass einer Einstweiligen Verfügung

▄▄▄

– antragstellende Partei –

Verfahrensbevollmächtigte: ▄▄▄

gegen

▄▄▄

– antragsgegnerische Partei –

wegen: Überlassung eines Dienstfahrzeugs

Wir bestellen uns zu Verfahrensbevollmächtigten der antragstellenden Partei und beantragen, wegen der Dringlichkeit des Falles ohne mündliche Verhandlung durch den Vorsitzenden allein, hilfsweise unter Abkürzung der Ladungsfrist aufgrund einer unverzüglich anzuberaumenden mündlichen Verhandlung den Erlass einer einstweiligen Verfügung mit folgendem Inhalt:

1. Die antragsgegnerische Partei wird verurteilt, es zu unterlassen, der antragstellenden Partei bis zur Beendigung des Arbeitsverhältnisses das Dienstfahrzeug der Marke ▄▄▄ mit dem amtlichen Kennzeichen ▄▄▄ wegzunehmen oder wegnehmen zu lassen, ohne ihr ein gleichwertiges Fahrzeug der Marke ▄▄▄ zur Verfügung zu stellen.
2. Die antragsgegnerische Partei trägt die Kosten des Verfahrens.

Hilfsweise wird beantragt:

3. Die antragsgegnerische Partei wird verurteilt, der antragstellenden Partei bis zur Beendigung des Arbeitsverhältnisses ein Dienstfahrzeug der Marke ▄▄▄ zur dienstlichen und privaten Nutzung zur Verfügung zu stellen.

Für den Fall des Obsiegens wird bereits jetzt beantragt,

4. der antragstellenden Partei eine vollstreckbare Kurzausfertigung der Entscheidung (ohne Tatbestand und Entscheidungsgründe) zu erteilen.

Gründe:

I.

1. Die antragstellende Partei ist seit dem ▬▬▬ bei der antragsgegnerischen Partei als ▬▬▬ beschäftigt. Arbeitsort ist ausweislich des § ▬▬▬ des Arbeitsvertrages vom ▬▬▬.

   Glaubhaftmachung: Vorlage des Arbeitsvertrages vom ▬▬▬ in Kopie – Anlage K 1.

Die antragstellende Partei kündigte das Arbeitsverhältnis mit Schreiben vom ▬▬▬ gegenüber der Antragsgegnerin fristgemäß zum ▬▬▬. Die antragstellende Partei hat nach dem Wortlaut des Kfz-Überlassungsvertrages Anspruch auf das Fahrzeug bis zur Beendigung des Arbeitsverhältnisses.

   Glaubhaftmachung: Vorlage des Kfz-Überlassungsvertrages vom ▬▬▬ in Kopie – Anlage K 2.

2. Die antragstellende Partei hat Anspruch auf die Überlassung eines Dienstfahrzeugs der Marke ▬▬▬ zur dienstlichen und privaten Nutzung. Eine entsprechende Vereinbarung wurde zwischen der antragstellenden Partei und der antragsgegnerischen Partei in Form des Kfz-Überlassungsvertrages vereinbart. Zwischen den Parteien wurde außerdem geregelt, dass die antragstellende Partei das Fahrzeug auch zur privaten Nutzung erhielt. Dementsprechend wurde der antragstellenden Partei seither auch der geldwerte Vorteil in Höhe von monatlich ▬▬▬ EUR vom Gehalt in Abzug gebracht.

   Glaubhaftmachung: Vorlage des Kfz-Überlassungsvertrages vom ▬▬▬ in Kopie – Anlage K 2.

Der antragstellenden Partei wurde am ▬▬▬ als Erfüllung der Dienstwagenvereinbarung das Dienstfahrzeug ▬▬▬ mit dem amtlichen Kennzeichen ▬▬▬ von der antragsgegnerischen Partei zur Verfügung gestellt.

Die Überlassung des Fahrzeugs wurde von den Parteien auch tatsächlich als steuerpflichtiges Entgelt behandelt.

   Glaubhaftmachung: Vorlage einer Verdienstbescheinigung (als Beispiel) für die Behandlung als steuerpflichtiges Entgelt in Kopie – Anlage K 3.

Aus der praktischen Handhabung der Dienstwagenvereinbarung und auch aus der gewählten Methode, den geldwerten Vorteil vom Gehalt einzubehalten und als Entgelt zu versteuern, ergibt sich, dass das Fahrzeug dem Antragsteller auch zur privaten Nutzung überlassen wurde. Denn nur die Nutzung des Dienstwagens für private Fahrten stellt einen geldwerten Vorteil in Form eines Sachbezugs und damit einen Vergütungsbestandteil dar, der auch zu versteuern ist,

   vgl. Küttner/*Griese*, Personalbuch, 142 Rn 3; BFH BB 1963, 926.

Der Antragsteller besitzt kein Auto zur privaten Nutzung. Auf seinen Namen ist zwar ein Auto angemeldet. Dieses wird jedoch von seiner Ehefrau für Fahrten von und zu ihrer Arbeitsstelle benutzt.

   Glaubhaftmachung: Eidesstattliche Versicherung der antragstellenden Partei – Anlage K 4.

3. In einem Gespräch am ▬▬▬ wurden zwischen dem Prozessbevollmächtigten der antragstellenden Partei und dem Beauftragten der Antragsgegnerin, Herrn ▬▬▬, Modalitäten einer einvernehmlichen Auflösung des Arbeitsverhältnisses erörtert und verhandelt.

Der Geschäftsführer der Antragsgegnerin, Herr ▬▬▬, kündigte in diesem Gespräch gegenüber dem Prozessbevollmächtigten der antragstellenden Partei an, nachdem die Vorstellungen der beiden deutlich auseinander lagen, er werde von der antragstellenden Partei die Rückgabe des Dienstwagens fordern. Auf den Einwand des Prozessbevollmächtigten, das Fahrzeug sei der antragstellenden Partei auch zur privaten Nutzung überlassen, lächelte der Geschäftsführer Herr ▬▬▬. Er schilderte, dass er das Leasingunternehmen anrufen werde, er brauche ja nur die Leasingraten nicht weiter zu zahlen oder dies nur anzukündigen, dann würde das Leasingunternehmen das Fahrzeug sofort abholen. Er habe Erfahrungen mit solchen Dingen.

   Glaubhaftmachung: Eidesstattliche Versicherung des Bevollmächtigten der antragstellenden Partei – Anlage K 5.

Tatsächlich ging der antragstellenden Partei kurz danach ein von dem Geschäftsführer unterzeichnetes Schreiben der Antragsgegnerin zu, er solle das Dienstfahrzeug am ▬▬▬ zurückgeben.

   Glaubhaftmachung: Vorlage des Schreibens der Antragsgegnerin vom ▬▬▬ in Kopie – Anlage K 6.

Die antragstellende Partei ist dem Rückgabeverlangen der Antragsgegnerin bislang nicht nachgekommen.

Im Übrigen wird auf die beiden eidesstattlichen Versicherungen inhaltlich vollumfänglich Bezug genommen. Die darin gemachten Angaben sind wahrheitsgemäß und werden ausdrücklich zum Vortrag dieses Schriftsatzes gemacht.

II.

1. Der Verfügungsanspruch gemäß §§ 935, 940 ZPO ist gegeben. Die Überlassung eines Dienstwagens zur privaten Nutzung stellt einen geldwerten Vorteil in Form eines Sachbezuges und damit einen Vergütungsbestandteil dar. Sie kann nicht einseitig widerrufen, sondern nur durch Änderungskündigung oder -vereinbarung beseitigt werden. Das Recht zur privaten Nutzung besteht solange weiter, wie der Arbeitgeber das Arbeitsentgelt fortzahlen muss,

   vgl. Küttner/*Griese*, Personalbuch, 142 Rn 3.

Der Arbeitgeber darf den Dienstwagen daher bis zum Zeitpunkt der Beendigung des Arbeitsverhältnisses dem Arbeitnehmer nicht entziehen, ohne ihm einen adäquaten Ersatz zur Verfügung zu stellen. Ein entsprechender Unterlassungsanspruch des Arbeitnehmers ergibt sich damit bereits aus dieser arbeitsvertraglichen Regelung.

Darüber hinaus ergibt sich der Unterlassungsanspruch auch aus den Regelungen des Besitzschutzes. Der Entzug des Dienstwagens gegen den Willen des Arbeitnehmers stellt eine verbotene Eigenmacht i.S.v. § 858 BGB dar. Nach § 858 BGB handelt widerrechtlich, wer dem Besitzer ohne dessen Willen den Besitz entzieht oder ihn im Besitz stört, sofern nicht das Gesetz die Entziehung oder die Störung gestattet. Dabei kommt es nicht einmal darauf an, ob der Antragsteller während der Dauer des Arbeitsverhältnisses einen Anspruch auf Überlassung des Dienstwagens hat, denn die Besitzbeeinträchtigung ohne den Willen des Besitzers ist grundsätzlich widerrechtlich, unabhängig davon, ob der Besitzer ein Recht zum Besitz hat oder nicht,

vgl. BGH 21.1.1981, NJW 1981, 865; MüKo-BGB/*Joost*, § 858 Rn 9.

So hat das LAG Düsseldorf auch entschieden, dass selbst die Wegnahme eines dem Arbeitnehmer überlassenen Dienstwagens durch den Arbeitgeber nach Beendigung des Arbeitsverhältnisses verbotene Eigenmacht darstellt,

LAG Düsseldorf 4.7.1975, NJW 1975, 1849.

Die Möglichkeiten des Besitzers, sich gegen die verbotene Eigenmacht zu wehren, sind in den §§ 859 ff. BGB speziell geregelt. Insbesondere besteht das Recht des Besitzers zur Selbsthilfe gemäß § 859 BGB. Danach darf sich der Besitzer gegen verbotene Eigenmacht auch mit Gewalt wehren. Außerdem darf er die Sache dem wegnehmenden Täter wieder abnehmen, wenn er ihn auf frischer Tat betroffen oder verfolgt hat. Hinter all diesen Vorschriften steht der Anspruch des Besitzers auf Unterlassung von Eingriffen in seinen Besitz, die ohne seinen Willen vorgenommen werden.

Der Unterlassungsanspruch kann auch im Wege des vorbeugenden Rechtsschutzes geltend gemacht werden. Als Grundlage der gesetzlich normierten Abwehransprüche, wie z.B. die §§ 1004 und 12 BGB, § 37 Abs. 2 HGB, wird seit RGZ 60, 6 eine allgemeine Regel des vorbeugenden Rechtsschutzes gesehen. Diese Regel besagt, dass Rechte und Rechtsgüter nicht nur nach vollendeter Verletzung durch Schadensersatzansprüche geschützt werden sollen, sondern schon präventiv gegen drohende Verletzung durch Unterlassungsansprüche. Dies ist anerkannt für alle durch § 828 Abs. 1 BGB geschützten Rechte,

vgl. MüKo-BGB/*Medicus*, § 1004 Rn 6.

Der – hier bedrohte – Besitz ist allgemein als Recht i.S.d. § 823 Abs. 1 BGB anerkannt,

vgl. Palandt/*Thomas*, § 823 BGB Rn 13.

Voraussetzung des vorbeugenden Unterlassungsanspruchs ist, dass eine Beeinträchtigung des bedrohten Rechtsgutes hinreichend nahe bevorsteht. Dass eine Beeinträchtigung bereits stattgefunden hat, ist nicht erforderlich,

vgl. BGH 19.6.1951, BGHZ 2, 394; BayOLG NJW-RR 1987, 1040, 1041; MüKo-BGB/*Medicus*, § 1004 Rn 80.

Im vorliegenden Fall hat der Geschäftsführer angedroht, er werde die Leasingraten nicht weiterzahlen und damit veranlassen, dass das Fahrzeug dem Antragsteller weggenommen wird. Zum Beweis, dass er diese Androhung wirklich ernst meint, hat er den Antragsteller dazu aufgefordert, den Dienstwagen bis zum ▪▪▪ zurückzugeben. Da der Antragsteller das Fahrzeug nicht zurückgab, muss er nun jederzeit damit rechnen, dass der Geschäftsführer ohne Ankündigung wahrmacht und der Leasingunternehmer oder ein Mitarbeiter der Antragsgegnerin bei ihm vorbeikommt und das Fahrzeug mitnimmt. Erfahrungsgemäß besitzen der Arbeitgeber oder die Leasingfirma einen Drittschlüssel. Die Beeinträchtigung des Besitzes der antragstellenden Partei steht damit auf jeden Fall hinreichend nahe bevor.

2. Damit ist auch ein Verfügungsgrund gegeben. Grundsätzlich ist allgemein anerkannt, dass der Besitzschutz auch im Wege der einstweiligen Verfügung durchgesetzt werden kann,

vgl. MüKo-BGB/*Joost*, § 861 Rn 15 f.

An den Verfügungsgrund werden über den Tatbestand der verbotenen Eigenmacht hinaus keine zusätzlichen hohen Anforderungen gestellt,

vgl. AG Bruchsal 11.2.1981, NJW 1981, 1674, 1675; OLG Frankfurt BB 1981, 148; MüKo-BGB/*Joost*, § 861 Rn 16.

Im vorliegenden Fall haben die Antragsgegner der antragstellenden Partei den Dienstwagen noch nicht endgültig entzogen. Sie haben die antragstellende Partei allerdings bereits zur Rückgabe des Dienstwagens aufgefordert und unmissverständlich ihre Absicht erklärt, ihr den Dienstwagen in nächster Zeit wegzunehmen bzw. wegnehmen zu lassen, wenn sie ihn nicht freiwillig zurückgibt.

Auch in diesem Fall ist ein Verfügungsgrund für eine einstweilige Verfügung gegeben. Mit dem Verhalten der Antragsgegner ist der erste Schritt zur Besitzstörung bereits eingeleitet. Es ist der antragstellenden Partei nicht zuzumuten, erst abzuwarten, bis ihr der Dienstwagen abgenommen wird. Zwar hätte sie dann nach § 859 BGB ein Recht zur gewaltsamen Gegenwehr. So weit will es die antragstellende Partei aber gar nicht erst kommen lassen, zumal ihr die etwaigen kündigungsrechtlichen Weiterungen nicht zuzumuten sind. Ein Arbeitnehmer, der gegen seinen Arbeitgeber mit Gewalt vorgeht, muss damit rechnen, dass dieser ihm die außerordentliche Kündigung erklärt. Auch wenn der Arbeitnehmer rechtmäßig gehandelt hat, ist er dann gezwungen, gegen die Kündigung gerichtlich vorzugehen.

Wie bereits dargelegt, entspricht es dem Grundgedanken des vorbeugenden Rechtsschutzes, dass der Inhaber eines Rechts gerade nicht abwarten muss, bis sein Rechtsgut definitiv verletzt worden ist, bevor er sich dagegen zur Wehr setzt. Die einzige Möglichkeit des Antragstellers, sich in der derzeitigen Situation zur Wehr zu setzen, besteht in der Beantragung in einer einstweiligen Verfügung.

Dagegen kann auch nicht eingewandt werden, dass durch das Verbot der Wegnahme des Dienstwagens eine Vorwegnahme der Hauptsache eintritt. Eine solche tritt in jedem Fall der einstweiligen Verfügung wegen verbotener Eigenmacht ein, weil dort immer die (vorläufige) Rückgabe der entzogenen Sache angeordnet wird. Dennoch ist die einstweilige Verfügung in diesen Fällen zulässig und in allen Zweigen der Gerichtsbarkeit weit verbreitet. Der Grund hierfür liegt darin, dass die Regelungen der §§ 858 ff. BGB, also das Verbot der eigenmächtigen Besitzentziehung, ausschließlich der Sicherung des Rechtsfriedens dienen. Dementsprechend bezweckt eine einstweilige Verfügung, die sich gegen eine bevorstehende verbotene Eigenmacht wendet, die Sicherung des Rechtsfriedens. Die Erfüllung des Anspruchs auf Herausgabe der Sache bzw. auf Unterlassung der Wegnahme der Sache im vorbeugenden Rechtsschutz ist lediglich ein zwangsläufig eintretender Nebeneffekt, der aber in diesen Fällen nicht zur Unzulässigkeit der einstweiligen Verfügung führt,

vgl. OLG Saarbrücken 18.4.1967, NJW 1967, 1813.

Würde man es ablehnen, im Wege des vorläufigen Rechtsschutzes die Vornahme verbotener Eigenmacht zu verhindern, so würde man gerade denjenigen begünstigen, der auf besonders unbekümmerte Weise den Rechtsfrieden bricht und sich nicht an die Regel hält, sich zur Durchsetzung von Rechtsansprüchen der hierfür geschaffenen Gerichte zu bedienen,

vgl. *Duffek*, Einstweilige Verfügung gegen verbotene Eigenmacht, NJW 1966, 1345.

Die Gründe, die im Normalfall gegen die Vorwegnahme der Hauptsache sprechen und nur eine Sicherung der Vollstreckbarkeit des Individualanspruchs zulassen, kommen hier nicht zum Tragen. Der Grund für das Verbot der Vorwegnahme der Hauptsache besteht darin, einen unbilligen Schaden des Schuldners durch den Zwang zur vorweggenommenen Erfüllung zu verhindern. Wer sich aber den Besitz an einer Sache durch verbotene Eigenmacht verschaffen will, kann keinen unbilligen Nachteil erleiden, wenn er an diesem rechtswidrigen Handeln gehindert wird,

vgl. OLG Saarbrücken 12.4.1967, NJW 1967, 1813.

Darüber hinaus sei auch auf die Regelung des § 946 ZPO verwiesen. Dort erhält der Antragsgegner einen verschuldensunabhängigen Schadensersatzanspruch gegen den Antragsteller für den Fall, dass sich die einstweilige Verfügung in einem späteren Verfahren als rechtswidrig erweisen sollte. Auch von daher droht den Antragsgegnern kein unabwendbarer Schaden.

2. Muster: Keine Herausgabe eines Dienstfahrzeugs durch einstweilige Verfügung

Aktenzeichen: ▪▪▪

Gegener: RAe ▪▪▪, zwei Abschriften anbei

Der Antrag des Antragstellers auf Erlass einer einstweiligen Verfügung ist nicht begründet.

Der Verfügungsanspruch ist nicht glaubhaft gemacht und es fehlt an einem Verfügungsgrund.

Eine auf Herausgabe eines Dienstwagens gerichtete einstweilige Verfügung verfolgt die Erfüllung eines Anspruchs. An eine Leistungsverfügung sind nach der Rechtsprechung strenge Anforderungen zu stellen, da es grundsätzlich nicht Aufgabe der einstweiligen Verfügung ist, durch Befriedigung des Anspruchstellers das Hauptverfahren vorwegzunehmen.

In der Rechtsprechung ist die Leistungsverfügung unter engen Voraussetzungen sowohl bei Zahlungsansprüchen als auch bei Ansprüchen auf Herausgabe einer Sache anerkannt. Die aus der Rechtsprechung bekannten Fälle beziehen sich in erster Linie auf Besitzschutzansprüche, wenn also der Besitz durch verbotene Eigenmacht (§ 858 BGB) entzogen worden oder gestört ist. Bei der Herausgabe eines Dienstfahrzeugs geht es aber nicht um die Geltendmachung von Besitzschutzansprüchen, sondern um Herausgabeansprüche aus Eigentum und Vertrag. Solche Ansprüche können grundsätzlich nicht auf dem Wege der Leistungsverfügung realisiert werden,

Stein/Jonas/*Grunsky*, ZPO, Anm. IV 3 vor § 935.

Eine Leistungsverfügung auf Herausgabe der Sache kann ausnahmsweise nur dann in Betracht kommen, wenn der Anspruchsteller auf den Gegenstand dringend angewiesen ist. Eine derartige Dringlichkeit hat die antragstellende

Partei nicht dargetan. Soweit die antragstellende Partei geltend macht, das Fahrzeug werde für einen anderen Mitarbeiter benötigt, wurde dieser Sachverhalt nicht hinreichend glaubhaft gemacht. Soweit die antragstellende Partei vorträgt, das Fahrzeug verliere ständig an Wert, trägt sie einen Umstand vor, der sowohl bei Nutzung als auch bei Nichtbenutzung eintritt und der deshalb ebenfalls nur im Hauptverfahren geltend zu machen wäre.

Schließlich kann dahingestellt bleiben, ob ein Verfügungsanspruch nach §§ 936, 916, 935, 940 ZPO gegeben ist. In jedem Falle fehlt es an dem behaupteten Verfügungsgrund. Kraftwagen können vom Arbeitgeber in allen Variationen bei Autovermietern angemietet werden, so dass es an der Eilbedürftigkeit des Herausgabeverlangens fehlt. Eine andere Frage ist, ob sich der Arbeitnehmer Schadensersatzansprüchen aussetzt, wenn er den Dienstwagen nicht herausgibt. Diese Frage ist aber im vorliegenden summarischen Verfahren nicht zu entscheiden.

Der Antrag ist daher mit der Kostenfolge aus § 91 ZPO zurückzuweisen.

XVI. Herausgabeklagen

1. Muster: Einstweilige Verfügung wegen Herausgabe der Arbeitspapiere

Arbeitsgericht ▬▬▬

Antrag auf Erlass einer einstweiligen Verfügung

▬▬▬

– antragstellende Partei –

Verfahrensbevollmächtigte: ▬▬▬

gegen

▬▬▬

– antragsgegnerische Partei –

wegen: Herausgabe der Arbeitspapiere

Wir bestellen uns zu Verfahrensbevollmächtigten der antragstellenden Partei und beantragen, durch einstweilige Verfügung wegen der Dringlichkeit ohne vorherige mündliche Verhandlung wie folgt zu beschließen:

1. Die antragsgegnerische Partei wird verurteilt, an die antragestellende Partei deren Arbeitspapiere, bestehend aus der Lohnsteuerkarte für das Jahr ▬▬▬,[146] der sozialversicherungsrechtlichen Abmeldebescheinigung[147] und der Arbeitsbescheinigung gemäß § 312 SGB III[148] herauszugeben.[149, 150]

---

146 Die Pläne des Bundesfinanzministers zur Einführung einer elektronischen Lohnsteuerkarte hatten sich verzögert (http://www.bundesfinanz ministerium.de/Anlage17465/Grundlegende-Modernisierung-des-Lohnsteuer- und-Einkommensteuerverfahrens.pdf). – Der hier vorgestellte Antrag ist künftig auf einen Antrag auf „Erteilung einer zutreffenden Lohnsteuerbescheinigung" umzustellen. – Würden Lohnsteuerkarte oder Lohnsteuerbescheinigung falsch oder unvollständig ausgefüllt, ist der Rechtsweg für eine Klage des Arbeitnehmers umstritten. Das BAG hat einen solchen Fall an die Finanzgerichte verwiesen (BAG 11.6.2003 – 5 AZB 1/03, NZA 2003, 877), das FG München verweist derartige Streitfälle an die Arbeitsgerichte (FG München 9.6.2004 – 1 K 1234/04, NZA 2005, 512).

147 Der Arbeitgeber hat dem Arbeitnehmer mindestens einmal jährlich bis zum 30.4. eines Jahres, bei Auflösung des Arbeitsverhältnisses unverzüglich nach Abgabe der letzten Meldung, über alle im Vorjahr durch Datenübermittlung erstatteten Meldungen eine maschinell erstellte Bescheinigung zu übergeben, die inhaltlich getrennt alle gemeldeten Daten wiedergeben muss (vgl. § 25 Abs. 1 Datenerfassungs- und -übermittlungsverordnung (DEÜV) – abrufbar im Internet unter http://www.bma.bund.de/download/gesetze-web/deuevo/deuevinhalt.htm). Zum Umfang der Meldepflicht sie § 28a SGB IV.

148 Gemäß § 312 Abs. 1 Satz 1 SGB III hat der Arbeitgeber bei Beendigung eines Beschäftigungsverhältnisses alle Tatsachen zu bescheinigen, die für die Entscheidung über den Anspruch auf Arbeitslosengeld, Arbeitslosenhilfe, Unterhaltsgeld oder Übergangsgeld erheblich sein können. Dabei hat der Arbeitgeber den von der Bundesagentur vorgesehenen Vordruck zu benutzen, der im Internet unter http://www.arbeitsagentur.de (dort: Arbeitnehmer → Informationen → Geldleistungen → Arbeitslosengeld → Link und Dateiliste) abgerufen werden kann.

149 Das formelle Meldeverfahren kommt seit dem 1.1.1999 ohne Sozialversicherungsnachweisheft aus. Mit Wirkung vom 1.1.1999 wurde die Regelung über das Sozialversicherungsnachweisheft in § 28b Abs. 2 SGB IV aufgehoben. Dieses wird seither nicht mehr verwendet. Vgl. hierzu die Neufassung des § 28b Abs. 2 Nr. 1 durch Art. 3 Nr. 3 des 1. SGB III-ÄndG vom 19.12.1997 (BGBl. I S. 2491), zu den Gründen vgl. auch BT-Drucks. 13/8994, S. 86 zu Art. 2 zu Nr. 2 a Buchst. A. Hintergründe für die Abschaffung des Sozialversicherungsnachweisheftes waren gestiegene Verwaltungskosten und die Tatsache, dass der Versicherte mit dem Sozialversicherungsausweis bereits ein amtliches Dokument über seine Versicherungsnummer erhält.

150 Bei Arbeitnehmern aus dem Baugewerbe kann der Antrag noch um die Herausgabe der „Lohnnachweiskarte gemäß § 6 VTV" erweitert werden.

2. Die antragsgegnerische Partei wird verurteilt, der antragstellenden Partei eine Urlaubsbescheinigung zu erteilen.[151]
3. Die antragsgegnerische Partei trägt die Kosten des Verfahrens.

Begründung:

I.

Die antragstellende Partei war bei der antragsgegnerischen Partei in dem Zeitraum ▬▬▬ bis zum ▬▬▬ als ▬▬▬ beschäftigt.

Glaubhaftmachung: Vorlage des Arbeitsvertrages in beglaubigter Kopie – Anlage K 1.

Mit Schreiben vom ▬▬▬ kündigte die antragsgegnerische Partei der antragsstellenden Partei zum ▬▬▬.

Glaubhaftmachung: Vorlage des Kündigungsschreibens in beglaubigter Kopie – Anlage K 2.

Bei dem Ausscheiden der antragstellenden Partei am ▬▬▬ hat die antragsgegnerische Partei die oben genannten Arbeitspapiere nicht ausgehändigt.

Der Antragsteller hat sein Herausgabeverlangen an ▬▬▬ mehrfach ohne Erfolg gerichtet.

▬▬▬

II.

Der Anspruch auf Herausgabe der Arbeitspapiere ist mit der tatsächlichen Beendigung des Arbeitsverhältnisses fällig. Dies ergibt sich für die Aushändigung der Arbeitsbescheinigung aus § 312 SGB III.

Gemäß § 25 Abs. 1 Datenerfassungs- und -übermittlungsverordnung (DEÜV) hat der Arbeitgeber dem Arbeitnehmer bei Auflösung des Arbeitsverhältnisses unverzüglich nach Abgabe der letzten Meldung eine maschinell erstellte Bescheinigung zu übergeben, die inhaltlich getrennt alle gemeldeten Daten wiedergeben muss.

Die Lohnsteuerkarte ist dem Arbeitnehmer nach Beendigung des Dienstverhältnisses herauszugeben, § 39b Einkommensteuergesetz (EStG).

(Bei Bauarbeitern ist der Tarifvertrag Sozialkassenverfahren (VTV) vom 12.11.1986, allgemeinverbindlich ab dem 1.1.1996, zu beachten: Nach § 6 Abs. 1 Tarifvertrag über das Sozialkassenverfahren im Baugewerbe (VTV) ist der Arbeitgeber verpflichtet, bei Beendigung des Arbeitsverhältnisses in eine Lohnnachweiskarte Beschäftigungsdauer, Beschäftigungstage, den erzielten Bruttolohn, den Prozentsatz der Urlaubsvergütung, den Anspruch auf Urlaubsvergütung und die gewährten Jahres- und Zusatzurlaubstage und die gewährte Urlaubsvergütung zu bescheinigen. Nach § 6 Abs. 5 VTV hat der Arbeitgeber dem Arbeitnehmer bei Beendigung des Arbeitsverhältnisses die Lohnnachweiskarte nach Vornahme der erforderlichen Eintragungen auszuhändigen.)

Die genannten Papiere stehen im Eigentum des Arbeitnehmers und müssen vom Arbeitgeber vervollständigt und herausgegeben werden. Die Arbeitspapiere sind im Falle der Kündigung des Arbeitsverhältnisses im Zeitpunkt der tatsächlichen rechtlichen Beendigung herauszugeben. Die antragsgegnerische Partei weigert sich daher zu Unrecht, diese herauszugeben. Insbesondere besteht kein Zurückbehaltungsrecht an den obengenannten Arbeitspapieren, da der Arbeitnehmer diese zur Vorlage bei einem neuen Arbeitgeber oder der Agentur für Arbeit benötigt. Die Voraussetzungen des Zurückbehaltungsrechtes nach § 273 Abs. 1 BGB liegen nicht vor.

III.

Der Verfügungsgrund ist ebenfalls gegeben:

Der Antragsteller benötigt dringend die Arbeitsbescheinigung nach § 312 SGB III, da die Agentur für Arbeit die Bearbeitung des Antrages auf Gewährung von Arbeitslosengeld von der Vorlage der Arbeitsbescheinigung abhängig macht. Ohne den Besitz der Lohnsteuerkarte und des Sozialversicherungsnachweisheftes kann der Antragsteller kein neues Arbeitsverhältnis beginnen.

Glaubhaftmachung: Für das gesamte Vorstehende: Vorlage der eidesstattlichen Versicherung in Kopie – Anlage K 3

IV.

Die Zuständigkeit des angerufenen Gerichts ergibt sich aus der Neufassung von § 2 Nr. 3 e ArbGG. Auch wenn sich die Verpflichtung des Arbeitgebers, Lohnsteuerkarte, Versicherungskarte und Arbeitsbescheinigung dem Antragsteller auszuhändigen, nach § 312 SGB III aus öffentlich-rechtlichen Vorschriften ergibt, ändert dies nichts an der Zuständig-

---

151 Um Doppelurlaubsansprüche bei dem alten und dem neuen Arbeitgeber auszuschließen, hat der Arbeitgeber bei Beendigung des Arbeitsverhältnisses dem Arbeitnehmer eine Bescheinigung über gewährten oder abgegoltenen Urlaub auszuhändigen (§ 6 Abs. 2 BUrlG). Die Urlaubsbescheinigung muss die Identität des Arbeitnehmers, die Dauer des Arbeitsverhältnisses im laufenden Kalenderjahr sowie den im Kalenderjahr gewährten oder abgegoltenen Urlaub enthalten. Dabei ist nicht auf den gesetzlichen Mindesturlaub, sondern auf den tatsächlichen Urlaubsanspruch aufgrund Einzelarbeits- oder Tarifvertrag abzustellen.

keit des angerufenen Gerichts. Die öffentlich-rechtlichen Vorschriften sind zugleich Schutzvorschriften zu Gunsten des Arbeitnehmers,

BAG 21.3.1984, AP § 2 ArbGG 1979 Nr. 1.

Diese Vorschriften konkretisieren auch die Rechte und Pflichten der Arbeitsvertragsparteien aus dem Arbeitsverhältnis,

BAG 9.12.1976, AP § 611 BGB Erstattung Nr. 1.

Damit handelt es sich bei Klagen auf Herausgabe, Erteilung und Berichtigung von Arbeitspapieren und sonstigen Bescheinigungen um Rechtsstreitigkeiten aus dem Arbeitsverhältnis und damit um bürgerliche Rechtsstreitigkeiten, für die die Zuständigkeit der Arbeitsgerichte gegeben ist,

LAG Köln 19.7.1988, DB 1988, 1960; LAG Hamm 20.2.1976, DB 1976, 923; LAG Schleswig-Holstein 9.10.1986, DB 1987, 896.

Mit dem vorliegenden Antrag wird keine Berichtigung von Arbeitspapieren geltend gemacht, für die nach bisheriger Rechtsprechung des BAG die Arbeitsgerichte nicht zuständig sind,

BAG 13.7.1988, AP § 2 ArbGG 1979 Nr. 11; BAG 15.1.1992, AP § 2 ArbGG 1979 Nr. 21.

Mit dem vorliegenden Antrag wird nicht geltend gemacht, dass die Arbeitspapiere mit einem bestimmten Inhalt ausgestellt werden, weil derartige Anträge unzulässig wären,

LAG Berlin 20.7.1987, DB 1987, 2662; LAG Düsseldorf 16.1.1971, DB 1972, 1076; *Matthes*, DB 1968, 1579.

Nach alledem ist dem Antrag ohne vorherige mündliche Verhandlung stattzugeben.

2. Muster: Herausgabe einer Versicherungspolice und Umschreibung

Arbeitsgericht ■■■

Klage

■■■

– klägerische Partei –

Prozessbevollmächtigte: ■■■

gegen

■■■

– beklagte Partei –

Wir bestellen uns zu Prozessbevollmächtigten der klägerischen Partei, in deren Namen und Auftrag wir um kurzfristige Anberaumung eines Gütetermins bitten. Im Übrigen beantragen wir:

1. Die beklagte Partei wird verurteilt, ihre Rechte aus der Direktlebensversicherung der ■■■ Lebensversicherung AG, Nr. ■■■ an die klägerische Partei abzutreten, die auf sie lautende Direktlebensversicherungspolice mit der Nr. ■■■ an die klägerische Partei herauszugeben und der Übertragung der Versicherungsnehmereigenschaft (Umschreibung) auf die klägerische Partei zuzustimmen.
2. Eine angemessene Frist ist zu bestimmen, innerhalb der die beklagte Partei ihre Rechte aus der vorgenannten Direktlebensversicherung an die klägerische Partei abzutreten, die Herausgabe der Direktlebensversicherungspolice mit der Vertragsnummer an die klägerische Partei zu bewirken und der Übertragung der Versicherungsnehmereigenschaft (Umschreibung) auf die klägerische Partei zuzustimmen hat.
3. Die beklagte Partei wird für den Fall, dass die Abtretung, Herausgabe und Übertragung der Versicherungsnehmereigenschaft gegenüber der klägerischen Partei nicht fristgerecht erfolgen, zur Zahlung von ■■■ EUR an die klägerische Partei verurteilt.

Hilfsweise:

4. Die beklagte Partei wird verurteilt, an die klägerische Partei ■■■ EUR nebst 5 % Zinsen über dem Basiszinssatz seit Rechtshängigkeit zu zahlen.

Hilfsweise:

5. Die beklagte Partei wird verurteilt, der klägerischen Partei ein sofortiges unwiderrufliches Bezugsrecht an der Direktlebensversicherung mit der Nr. ■■■ einzuräumen.
6. Die beklagte Partei trägt die Kosten des Rechtsstreits.

Gründe:

I.

Die Parteien streiten um die Beendigung des zwischen ihnen geschlossenen Arbeitsverhältnisses, um Gehaltsansprüche der klägerischen Partei und eine zu Gunsten der klägerischen Partei abgeschlossene Direktlebensversicherung.

Unter den Az. ▬▬▬ erhob die klägerische Partei Kündigungsschutz- und Zahlungsklage gegen die beklagte Partei vor dem Arbeitsgericht ▬▬▬. Zwischenzeitlich konnte die klägerische Partei zwei Urteile erstreiten, gegen die von der beklagten Partei unter Az. ▬▬▬ Berufung bei dem Landesarbeitsgericht eingelegt wurde.

Mit der vorstehenden Klage verfolgt die klägerische Partei ihr zustehende Ansprüche aus der Direktlebensversicherung der beklagten Partei mit der Vertragsnummer ▬▬▬ bei der ▬▬▬ Lebensversicherung AG.

Die am ▬▬▬ geborene klägerische Partei stand seit dem ▬▬▬ in den Diensten der beklagten Partei. Nach § 5 des Vertrages war als Arbeitsort ▬▬▬ vereinbart.

Beweis: Vorlage des Arbeitsvertrages vom ▬▬▬ – Anlage K 1.

Mit Überleitungsvertrag vom ▬▬▬ trat die mit der beklagten Partei in einem Firmenverbund stehende ▬▬▬ als Arbeitgeber der klägerischen Partei an die Stelle der beklagten Partei.

Beweis: Vorlage des Überleitungsvertrages vom ▬▬▬ – Anlage K 2.

Mit Überleitungsvertrag vom ▬▬▬ wurde dieser Arbeitgeberwechsel wieder rückgängig gemacht. Mit Wirkung vom ▬▬▬ trat die beklagte Partei als Arbeitgeber wieder mit allen Rechten und Pflichten in den Arbeitsvertrag mit der klägerischen Partei ein.

Beweis: Vorlage des Überleitungsvertrages vom ▬▬▬ – Anlage K 3.

Die klägerische Partei kündigte das zwischen ihr und der beklagten Partei bestehende Arbeitsverhältnis fristgerecht zum ▬▬▬ mit Schreiben vom ▬▬▬.

Beweis: Vorlage des Schreibens der klägerischen Partei vom ▬▬▬ – Anlage K 4.

Aufgrund des von der klägerischen Partei unterzeichneten Änderungsantrages und der „Ergänzenden Erklärung vom ▬▬▬" wurde die bis dahin auf die klägerische Partei lautende Lebensversicherung der ▬▬▬ Lebensversicherung AG mit der Vertragsnummer ▬▬▬ auf eine arbeitgeberfinanzierte Direktversicherung umgestellt und die Rechte und Ansprüche aus dem Vertrag wurden auf die beklagte Partei übertragen.

Beweis: 1. Vorlage des Schreibens vom ▬▬▬ – Anlage K 5.
          2. Vorlage des Änderungsantrags vom ▬▬▬ – Anlage K 6.
          3. Vorlage der Ergänzenden Erklärung vom ▬▬▬ – Anlage K 7.

Ausweislich der Gehaltsabrechnungen der klägerischen Partei betrug die monatliche Beitragszahlung im Zusammenhang mit der Direktlebensversicherung ▬▬▬ EUR.

Beweis: Vorlage der Gehaltsabrechnung für ▬▬▬ – Anlage K 8.

Der Rückvergütungswert der gemäß Änderungsantrag vom ▬▬▬ umgeschriebenen Lebensversicherung der ▬▬▬ Lebensversicherung AG mit der Nr. ▬▬▬ betrug zum ▬▬▬ einschließlich der Gewinnanteile ▬▬▬ EUR. Bei der Ermittlung des Gesamtwertes ist die bis zu diesem Zeitpunkt fällige Kapitalertragsteuer in Höhe von ▬▬▬ EUR mit zu berücksichtigen.

Beweis: Vorlage des Telefax-Schreibens der ▬▬▬ vom ▬▬▬ – Anlage K 9.

Bei Addition beider Werte ergibt sich der eingeklagte Betrag in Höhe von ▬▬▬ EUR.

Zur Rückübertragung der Versicherung auf die klägerische Partei ist die Zustimmung der beklagten Partei erforderlich. Ohne entsprechende Zustimmung lehnt die Versicherung eine Umschreibung der Police auf die klägerische Partei ab.

Beweis: Vorlage des Schreibens der Versicherung ▬▬▬ vom ▬▬▬ – Anlage K 5.

Die beklagte Partei verweigert eine Umschreibung der Versicherung auf die klägerische Partei. Deshalb ist Klage geboten.

II.

Die klägerische Partei stützt ihre geltend gemachten Ansprüche vorrangig auf eine ergänzende Auslegung der zwischen ihr und der beklagten Partei geschlossenen vertraglichen Vereinbarung.

Eine Auslegung der vertraglichen Vereinbarung anhand der §§ 133, 157 BGB ergibt, dass die Parteien vorliegend den Fall nicht bedacht haben, wie im Fall der vorzeitigen Beendigung des Arbeitsverhältnisses mit der Direktlebensversicherung zu verfahren ist.

Fest steht, dass die klägerische Partei die beklagte Partei nicht um ihre bis zum ▬▬▬ bereits angesparten Versicherungsanteile bereichern wollte. Hierfür bestand kein rechtlicher Grund. Eine Schenkungsvereinbarung zwischen der klägerischen Partei und der beklagten Partei wurde nicht getroffen. Nach der Rechtsprechung des BGH,

vgl. BGH WM 1980, 1286,

genügt für die Annahme einer Schenkungsabrede nicht, dass den Vertragsparteien das Fehlen einer Gegenleistung bekannt war. Die klägerische Partei wollte die beklagte Partei nicht unentgeltlich durch eine Zuwendung aus ihrem Vermögen bereichern. Sie hat der beklagten Partei ihre Vermögensposition vorliegend nur treuhänderisch übertragen, was einer Schenkung entgegensteht,

vgl. MüKo-BGB/*Kollhosser,* § 516 Rn 8; RGZ 62, 386, 390; OLG Kiel OLGE 38, 114.

Ungeachtet dessen wäre die beklagte Partei für das Vorliegen einer Schenkungsabrede beweispflichtig.

Bei sachgerechter Abwägung der Interessen der Parteien nach den Grundsätzen von Treu und Glauben (§ 242 BGB) steht fest, dass die beklagte Partei der klägerischen Partei eine zusätzliche betriebliche Alterssicherung zukommen lassen wollte und hierzu die Lebensversicherung der klägerischen Partei genutzt werden sollte. Eine Bereicherung der beklagten Partei war hierdurch von keiner der Parteien bezweckt. Die Bereicherung sollte vielmehr ausschließlich in der Person der klägerischen Partei durch die Zahlung der monatlichen Versicherungsprämie in Höhe von ▬▬▬ EUR ab dem ▬▬▬ erfolgen.

Auch wenn die Parteien kein sofortiges unwiderrufliches Bezugsrecht bzw. eine unverfallbare Anwartschaft der klägerischen Partei vereinbarten, folgt hieraus nicht, dass die klägerische Partei in Bezug auf ihre bereits angesparten Versicherungsanteile zu Gunsten der beklagten Partei einen Rechtsverlust erleiden sollte. Vielmehr belegt dies, dass die Parteien die rechtlichen Feinheiten der von ihnen gewählten Konstruktion und die aus ihr folgenden rechtlichen Konsequenzen im Zeitpunkt der Umschreibung der Versicherung am ▬▬▬ nicht durchschaut und folglich auch nicht geregelt haben. Die zwischen den Parteien geschlossene Vereinbarung weist insoweit eine planwidrige Regelungslücke auf, die im Wege der ergänzenden Vertragsauslegung zu schließen ist. Die vertragliche Regelung ist entsprechend dem hypothetischen Parteiwillen zu ergänzen,

vgl. hierzu BGHZ 7, 235; BGHZ 9, 278; Palandt/*Heinrichs,* § 157 BGB Rn 3 und 7.

Dabei ist darauf abzustellen, was die Parteien bei einer angemessenen Abwägung ihrer Interessen nach Treu und Glauben als redliche Vertragsparteien vereinbart hätten, wenn sie den nicht geregelten Fall bedacht hätten,

vgl. BGHZ 84, 7; BGHZ 90, 77.

Eine Anwendung dieser Auslegungsgrundsätze führt vorliegend zu folgendem Ergebnis: Der Arbeitnehmer, der – wie die klägerische Partei – seine aus eigenen finanziellen Mitteln angesparte, seiner Alterssicherung dienende Lebensversicherung in eine arbeitgeberseitige Direktlebensversicherung umwandeln lässt, um die Vorteile der günstigen Besteuerung künftiger Arbeitgeberleistungen im Bereich der betrieblichen Altersversorgung zu erhalten, verliert hierdurch unter Beachtung der Grundsätze von Treu und Glauben (§ 242 BGB) nicht seine ihm im Zeitpunkt der Übertragung zustehenden, anteiligen Ansprüche. Anderenfalls würde der Arbeitnehmer in sinnwidriger Weise, ohne dass dies eine der Vertragsparteien gewollt hätte, ohne Rechtsgrund eine vermögensrechtliche Position verlieren.

Die klägerische Partei darf im Zeitpunkt der Beendigung des Arbeitsverhältnisses jedenfalls nicht schlechter stehen, als sie vor dem Zeitpunkt der Nutzung des Steuermodells stand.

Nach § 40b Abs. 1 EStG bietet der Abschluss einer arbeitgeberseitigen Direktversicherung ein erhebliches Steuersparpotenzial, da im laufenden Arbeitsverhältnis die Aufwendungen des Arbeitgebers für die Direktversicherung des Arbeitnehmers in den Grenzen des § 40b Abs. 1 EStG mit einem Pauschalsteuersatz von 20% besteuert werden. Hieraus ergibt sich eine deutliche Steuerbegünstigung im Verhältnis zur normalen Lohnversteuerung. Diesen Vorteil hatten die Parteien bei der Nutzung der Lebensversicherung der klägerischen Partei im Blick. Gegenstand der Vereinbarung zwischen den Parteien war somit ausschließlich eine Steuerersparnis und eine Begünstigung der klägerischen Partei und eben nicht eine wie auch immer geartete Vermögensverschiebung zu Gunsten der beklagten Partei.

Hätten die Parteien bedacht, dass die Übertragung der Lebensversicherung nur vorübergehend erfolgen sollte, hätten sie eine vertragliche Vereinbarung getroffen, wonach die Versicherung spätestens im Zeitpunkt der Beendigung des Arbeitsverhältnisses auf die klägerische Partei rückzuübertragen ist, gegebenenfalls unter Abzug der vom Arbeitgeber geleisteten Zahlungen, soweit diesbezüglich noch keine Unverfallbarkeit eingetreten ist. Schützenswerte Interessen der beklagten Partei, die für eine einseitige Risikozuweisung zu Lasten der klägerischen Partei sprechen könnten, existieren nicht. Ein Verlust der aus eigenen finanziellen Mitteln aufgebauten vermögensrechtlichen Position der klägerischen Partei in Höhe von ▬▬▬ EUR wäre weder mit Blick auf § 242 BGB noch mit Blick auf die nachwirkende arbeitgeberseitige Fürsorgepflicht zu rechtfertigen.

Gleichermaßen kann die klägerische Partei ihre Ansprüche auf § 812 Abs. 1 Satz 1 Alt. 1 BGB stützen. Ihr stehen gegen die beklagte Partei ein Anspruch auf Übertragung der Rechte aus der Direktlebensversicherung mit der Vertragsnummer ▪▪▪ sowie ein Anspruch auf Herausgabe und Umschreibung der Police auf ihre Person zu. Durch die Umschreibung der Lebensversicherung auf die beklagte Partei und die Umwandlung in eine arbeitgeberseitige Direktlebensversicherung ohne unwiderrufliches Bezugsrecht zu Gunsten der klägerischen Partei hat die beklagte Partei durch die Leistung der klägerischen Partei einen Vermögensvorteil erlangt, ohne dass für diese Vermögensverschiebung ein rechtlicher Grund bestand. Es sind keine Anhaltspunkte ersichtlich, die die eingetretene Vermögensverschiebung zu Gunsten der beklagten Partei rechtfertigen könnten. Weder bestand eine schuldrechtliche Verpflichtung der klägerischen Partei zur Übertragung ihrer Rechtsposition auf die beklagte Partei noch bestehen Anhaltspunkte, die einen Verzicht beziehungsweise eine Schenkung zu Gunsten der beklagten Partei in Betracht kommen ließen.

Die unter Ziff. 2 und Ziff. 3 gestellten unechten Hilfsanträge beruhen auf den §§ 255 Abs. 1, 283 BGB. Kommt die beklagte Partei dem Verlangen der klägerischen Partei auf Herausgabe der Police, Übertragung und Umschreibung nicht nach, womit aufgrund der bisherigen Erfahrungen der klägerischen Partei in den bereits anhängigen Rechtsstreiten zu rechnen ist, kann die klägerische Partei nach Ablauf der vom Gericht zu bestimmenden angemessenen Frist die Leistung entsprechend dem Antrag Ziff. 1 ablehnen und Schadensersatz in Höhe von ▪▪▪ EUR verlangen. Dieser Betrag entspricht dem Gesamtwert per ▪▪▪ der am ▪▪▪ von der klägerischen Partei auf die beklagte Partei überschriebenen Lebensversicherung der ▪▪▪ mit der Nr. ▪▪▪ und stellt somit die Untergrenze des der klägerischen Partei entstandenen Schadens dar.

Der Hilfsantrag Ziff. 4 wird für den Fall gestellt, dass das Gericht den auf Herausgabe, Übertragung und Umschreibung gerichteten Hauptantrag verneint. Für diesen Fall steht fest, dass der klägerischen Partei gegenüber der beklagten Partei ein Anspruch auf Zahlung von ▪▪▪ EUR zusteht. Der Anspruch folgt aus den §§ 812 Abs. 1 Satz 1 Alt. 1, 818 Abs. 2 BGB. Die beklagte Partei ist der klägerischen Partei zum Ersatz des Wertes des rechtsgrundlos Erlangten verpflichtet. Als Wert ist vorliegend der Gesamtwert der Versicherung per ▪▪▪ in Höhe von ▪▪▪ EUR anzusetzen.

Rein vorsorglich für den Fall der Abweisung der Anträge Ziff. 1 bis Ziff. 4 wird der Antrag zu Ziff. 5 gestellt.

XVII. Schadensersatzklagen

1. Muster: Schadensersatz wegen zur Eigenkündigung führendem Arbeitgeberverhalten

Arbeitsgericht ▪▪▪

Klage

▪▪▪

– klägerische Partei –

Prozessbevollmächtigte: ▪▪▪

gegen

▪▪▪

– beklagte Partei –

Prozessbevollmächtigte: ▪▪▪

wegen: Schadensersatz

Wir bestellen uns zu Prozessbevollmächtigten der klägerischen Partei, in deren Namen und Auftrag wir beantragen zu erkennen:

1. Die beklagte Partei wird verurteilt, an die klägerische Partei ▪▪▪ EUR Schadensersatz nebst 5% Zinsen über dem Basiszinssatz seit Rechtshängigkeit zu zahlen.
   Hilfsweise:
2. Die beklagte Partei wird verurteilt, an die klägerische Partei Schadensersatz in einer von dem Gericht zu bestimmenden Höhe nebst 5% Zinsen über dem Basiszinssatz seit Rechtshängigkeit zu zahlen.
3. Die Berufung wird zugelassen.
4. Die Kosten des Rechtsstreits trägt die beklagte Partei.

Gründe:

I.

Die klägerische Partei ist bei der beklagten Partei als ▪▪▪ seit dem ▪▪▪ zu einem monatlichen Bruttogehalt von ▪▪▪ EUR beschäftigt.

Beweis: Vorlage des Arbeitsvertrages in Kopie – Anlage K 1.

Die klägerische Partei hat das Arbeitsverhältnis mit Schreiben vom ▬▬▬ gekündigt.

Beweis: Vorlage des Kündigungsschreibens in Kopie – Anlage K 2.

Zu der Kündigung ist es aufgrund folgenden schuldhaften, vertragswidrigen Arbeitgeberverhaltens gekommen: ▬▬▬

Die klägerische Partei sah daher keine anderen Möglichkeiten mehr, als das Arbeitsverhältnis zu kündigen. Das Verhalten der beklagten Partei stellt ein vertragswidriges, schuldhaftes Verhalten dar: ▬▬▬

II.

Grundlage eines Zahlungsanspruchs des Arbeitnehmers, der das Arbeitsverhältnis fristlos kündigt, weil er keine andere Möglichkeit mehr sieht, angesichts des vertragswidrigen, schuldhaften Verhaltens des Arbeitgebers das Arbeitsverhältnis fortzuführen, bildet § 628 Abs. 2 BGB. Danach ist in Fällen, in denen die Kündigung durch vertragswidriges Verhalten des anderen Teils veranlasst wird, der andere Teil zum Ersatz des durch die Aufhebung des Dienstverhältnisses entstehenden Schadens verpflichtet.

1. Die Schadensersatzpflicht nach § 628 Abs. 2 BGB kann bei jeder Vertragsbeendigung, für die der andere Vertragsteil durch ein vertragswidriges schuldhaftes Verhalten den Anlass gegeben hat, entstehen,

BAG, AP § 4 KSchG 1969 Nr. 8.

Dabei muss das für den Schadensersatz erforderliche „Auflösungsverschulden" des Vertragspartners das Gewicht eines wichtigen Grundes i.S.d. § 626 BGB haben. Nur derjenige kann Schadensersatz nach § 628 BGB fordern, der auch wirksam hätte fristlos kündigen können, denn aus dem Zusammenhang der Abs. 1 und 2 in § 628 BGB ergibt sich die gesetzliche Wertung, dass nicht jede geringfügige schuldhafte Vertragsverletzung, die Anlass für die Beendigung des Arbeitsverhältnisses gewesen ist, die schwerwiegende Folge des § 628 Abs. 2 BGB nach sich zieht,

BAG, AP § 4 KSchG 1969 Nr. 8.

a) Zunächst ist daher zu prüfen, ob das Verhalten des Arbeitgebers einen Kündigungsgrund „an sich" darstellt. ▬▬▬

b) Die abschließende Interessenabwägung ergibt ebenfalls, dass die außerordentliche Kündigung wirksam war, denn ▬▬▬.

c) Der Schadensersatzanspruch nach § 628 Abs. 2 BGB setzt weiter die Wahrung der Zwei-Wochen-Frist des § 626 Abs. 2 BGB voraus,

BAG NZA 1990, 106.

Die Frist war vorliegend gewahrt, denn ▬▬▬.

2. Bei der Berechnung des Auflösungsschadens ist zu berücksichtigen, dass der Anspruchsberechtigte so zu stellen ist, wie er bei Fortbestand des Arbeitsverhältnisses stehen würde (§§ 249 ff. BGB), denn der Anspruch aus § 628 BGB geht auf das volle Erfüllungsinteresse,

KR/*Weigand*, § 628 BGB Rn 8; MüKo-BGB/*Schwerdtner*, § 628 Rn 20.

Einigkeit besteht, dass der Arbeitnehmer bis zum Ablauf der ordentlichen Kündigungsfrist den entgangenen Verdienst als Schadensposten beanspruchen kann. Umstritten ist, ob der Schadensersatzanspruch darüber hinausgeht.

a) Der BGH geht in ständiger Rechtsprechung sowohl für den insoweit gleich lautenden § 89a Abs. 2 HGB als auch für § 628 Abs. 2 BGB davon aus, dass der Schadensersatzanspruch zeitlich bis zum Ablauf, zu dem der andere Vertragspartner ordentlich kündigen könnte, bzw. bis zu dem vereinbarten Vertragsende begrenzt ist,

BGH NJW 1993, 1386.

Die zeitliche Begrenzung der Schadensersatzpflicht sei durch den Schutzzweck der Norm geboten. Entsprechend hat das BAG in der Vergangenheit zumindest in den Fällen einer durch den Arbeitnehmer verschuldet veranlassten Kündigung des Arbeitgebers eine Beschränkung der Schadensersatzpflichten nach § 628 Abs. 2 BGB vorgenommen,

BAG NJW 1972, 1437; BAG, AP § 628 BGB Nr. 8.

b) Nach der vor allem in der Literatur vertretenen Ansicht wird eine zeitlich unbeschränkte Schadensersatzpflicht für den Anspruch des Arbeitnehmers im Hinblick auf die Vorschriften des Kündigungsschutzgesetzes differenzierend zumindest dann vertreten, wenn bei einem unbefristeten Arbeitsverhältnis für den Geschädigten Kündigungsschutz besteht,

KR/*Weigand*, § 628 BGB Rn 35; Soergel/*Kraft*, § 628 Rn 16; *Roeper*, DB 1970, 1489; Stahlhacke/Preis/*Vossen*, Rn 495.

Der Arbeitgeber soll später einen Grund der sozialen Rechtfertigung einer ordentlichen Kündigung nach § 1 Abs. 1 Satz 1 KSchG geltend machen können,

Erman/*Belling*, § 628 BGB Rn 30; RGRK/*Corts*, § 628 BGB Rn 42, 50.

c) Im Hinblick auf die zuvor dargestellten Bedenken wird weiterhin vertreten, der Arbeitnehmer verzichte durch die von ihm ausgesprochene außerordentliche Kündigung selbst auf den Bestand des Arbeitsverhältnisses und damit auf den Schutz des Kündigungsschutzgesetzes. Der Arbeitnehmer begebe sich damit in die gleiche Situation wie ein Arbeitnehmer, der nach Ausspruch einer unwirksamen außerordentlichen Kündigung des Arbeitgebers im deswegen geführten Kündigungsschutzprozess einen Auflösungsantrag nach § 13 Abs. 1 Satz 3 KSchG stelle. Dementsprechend sei der Schadensersatzanspruch zwar einerseits zu Gunsten des Arbeitgebers beschränkt. Dieser dürfe aber andererseits nicht dadurch bessergestellt werden, dass er anstatt eine unberechtigte außerordentliche Kündigung auszusprechen und damit ggf. abfindungspflichtig nach §§ 13 Abs. 1 Satz 3, 9, 10 KSchG zu werden, durch vertragswidriges Verhalten den Arbeitnehmer zur außerordentlichen Auflösung des Arbeitsverhältnisses veranlasst,

ErfK/*Müller-Glöge*, § 628 BGB Rn 71; *Gamillscheg*, ArbeitsR I, S. 446 ff.

d) Der zuletzt genannten Auffassung hat sich das BAG angeschlossen,

BAG 26.7.2001, NJW 2002, 1593.

Die Zuerkennung eines Endlosschadens entspreche weder dem Wortlaut der Norm, noch ihrer Entstehungsgeschichte. Die auf den reinen „Verfügungsschaden" reduzierte Schadensersatzpflicht entspreche andererseits nicht den gesetzlichen Wertungen zum Kündigungsschutz.

Der Schadensersatzanspruch setzt sich demnach aus dem Gehalt, das bis zum Ablauf der ordentlichen Kündigungsfrist zu zahlen gewesen wäre und einem Abfindungsbetrag, wie er gemäß §§ 13 Abs. 1 Satz 3, 9, 10 KSchG zu bestimmen wäre, zusammen.

3. Unter Berücksichtigung dieser Grundsätze errechnet sich der Auflösungsschaden der klägerischen Partei wie folgt:
■■■

2. Muster: Schadensersatz wegen Entzugs eines Geschäftswagens

Arbeitsgericht ■■■

Klage

■■■

– klägerische Partei –

gegen

■■■

– beklagte Partei –

wegen: Nutzungsausfallentschädigung Geschäftswagen

Wir bestellen uns zu Prozessbevollmächtigten der klägerischen Partei, in deren Namen und Auftrag wir beantragen zu erkennen:

1. Die beklagte Partei wird verurteilt, an den Kläger Nutzungsausfallentschädigung in Höhe von kalendertäglich ■■■ EUR brutto für den Zeitraum vom ■■■ bis zum ■■■, insgesamt somit ■■■ EUR brutto nebst ■■■% Zinsen gemäß ■■■

   aus ■■■ EUR ab dem ■■■,

   aus ■■■ EUR ab dem ■■■,

   usw.

   zu zahlen.

2. Die beklagte Partei trägt die Kosten des Rechtsstreits.

Gründe:

I.

1. Die klägerische Partei war bei der Beklagten seit dem ■■■ als ■■■ in einem Arbeitsverhältnis beschäftigt. Arbeitsort war die Hauptniederlassung der Beklagten in ■■■. Die einfache Entfernung zwischen der Wohnung der klägerischen Partei und der Hauptniederlassung beläuft sich auf abgerundet 32 km.

2. Nachdem die Beklagte zunächst am ■■■ eine ordentliche verhaltensbedingte Kündigung ausgesprochen hatte, wurde die klägerische Partei zeitgleich freigestellt und die klägerische Partei zur Herausgabe des Dienstwagens aufgefordert. Der Dienstwagen wurde darauf hin freiwillig herausgegeben. Die Beklagte zahlte während der Kündigungsfrist das Gehalt weiter, nicht jedoch eine Entschädigung für den Entzug des Dienstwagens. Die Kündigungsschutzklage des

Klägers war in erster Instanz erfolgreich. Die Berufung der Beklagten gegen das obsiegende Urteil des Arbeitsgerichts ■■■ vom ■■■ wurde am ■■■ und damit gut sechs Monate nach Auslaufen der Kündigungsfrist rechtskräftig zurückgewiesen.

Beweis: Beiziehung der Verfahrensakte des Berufungsgerichts: LAG ■■■, Az: ■■■

3. Trotz rechtskräftig festgestelltem Fortbestand des Arbeitsverhältnisses über den ■■■ hinaus hat die Beklagte freiwillig nur das Gehalt des Klägers nachgezahlt. Zwar stand dem Kläger aufgrund des zwischen den Parteien parallel zum Arbeitsvertrag abgeschlossenen Kfz-Nutzungsüberlassungsvertrages vom ■■■ die auch private Nutzung des Dienstwagens uneingeschränkt zu. Die Zahlung der von der klägerischen Partei mit Anwaltsschreiben vom ■■■ geltend gemachten Nutzungsausfallentschädigung, zunächst für den Zeitraum ab dem Entzug des Dienstwagens bis zum ■■■, verweigert die Beklagte jedoch unter Hinweis auf die Widerrufsklausel (§ ■■■) im Kfz-Nutzungsüberlassungsvertrag. Danach sei ein entschädigungsloser Entzug des Dienstwagens im Falle der Kündigung bereits mit Ausspruch der Kündigung und unabhängig von deren Wirksamkeit gestattet. Dementsprechend stehe dem Kläger auch keine Entschädigung zu, da er bereits für den hier streitigen Zeitraum keinen Anspruch auf den Dienstwagen selbst mehr gehabt habe.

Beweis: 1. Vorlage des Forderungsschreibens der jetzigen Prozessbevollmächtigten der klägerischen Partei vom ■■■ als Anlage K 1.
2. Vorlage des Schreibens der Beklagten vom ■■■ als Anlage K 2.
3. Vorlage des Kfz-Nutzungsüberlassungsvertrages der Parteien als Anlage K 3.

4. Zwischen den Parteien dürfte im Übrigen unstreitig sein, dass die klägerische Partei in der streiterheblichen Zeitspanne nicht über ein gleichwertiges eigenes anderes Fahrzeug verfügt hat. Teilweise war die klägerische Partei ohne Fahrzeug, und zwar bis zum ■■■. Ab dem ■■■ nutze die klägerische Partei einen 11 Jahre alten VW Polo, den sie zum Preis von 500 EUR erworben hatte. Mit dem überlassenen Dienstwagen, einem zum Zeitpunkt des Entzugs des Fahrzeugs 18 Monate alten BMW 320 i im Neuwert von 30.850 EUR inklusive Umsatzsteuer, ist das Ersatzfahrzeug wirtschaftlich nicht vergleichbar.

5. Die klägerische Partei hat den Nutzungsausfall auf Basis des steuerlichen Nutzungswerts errechnet und sich dabei an den Wertangaben in den Gehaltsabrechnungen der Beklagten für die klägerische Partei orientiert. Daraus ergibt sich ein geldwerter Vorteil in Höhe von monatlich 604,66 EUR, dies entspricht kalendertäglich bei 30 Kalendertagen im Monat einem Betrag von 20,16 EUR.

Dieser setzt sich wie folgt zusammen:

- geldwerter Vorteil für die Privatfahrten:
  zurzeit 1 % des Bruttolistenpreises (30.850 EUR × 1 %)   = 308,50 EUR
- geldwerter Vorteil für die Fahrten Wohnung – Arbeitsstätte:
  zurzeit 0,03 % des Bruttolistenpreises je Entfernungskilometer
  (30.850 EUR × 0,03 % × 32 km)   = 296,16 EUR
                                                                          604,66 EUR

Beweis: Vorlage der Gehaltsabrechnung des Monats ■■■ als Anlage K 4.

II.

1. Der klägerischen Partei steht die geltend gemachte Nutzungsausfallentschädigung dem Grunde nach zu.

Nach ständiger Rechtsprechung ist die vom Arbeitgeber eingeräumte Möglichkeit, einen Dienstwagen – auch – privat zu nutzen, eine Naturalleistung, die Entgeltbestandteil ist und eine zusätzliche Gegenleistung für die vom Arbeitnehmer zu erbringende Arbeitsleistung darstellt,

vgl. nur BAG 16.11.1995 – 8 AZR 240/95, BAGE 81, 294; BAG 2.12.1999 – 8 AZR 849/98, n.v.; BAG 5.9.2002, NZA 2003, 973.

Ein entschädigungsloser Entzug des Dienstwagens ist im bestehenden Arbeitsverhältnis nicht im Wege der Ausübung des Direktionsrechts zulässig. Ausnahmen hiervon ließ die Rechtsprechung vor der Schuldrechtsreform in engen Grenzen zu, soweit sich der Arbeitgeber den Widerruf des privaten Nutzungsrechtes ausdrücklich für bestimmte Fälle vorbehalten hatte und der Entzug des Nutzungswertes in Relation zum Gehalt nur geringfügig war. Als noch geringfügig hat das BAG eine Grenze von 15 % vom Gehalt angesehen. Ob dies nach der Schuldrechtsreform aufgrund der AGB-Klauselkontrolle noch Geltung beanspruchen kann, ist mehr als fraglich. Dies kann jedoch letztlich hier dahinstehen, da die 15 %-Grenze vorliegend überschritten ist: ■■■

Ein entschädigungsloser Entzug des Dienstwagens für den streitigen Zeitraum war daher nicht zulässig. Folglich steht der klägerischen Partei dem Grunde nach eine Nutzungsausfallentschädigung zu. Ob es sich dabei um einen Annahmeverzugsanspruch, einen Schadensersatzanspruch oder eine Kombination beider Ansprüche handelt, hat das BAG zuletzt,

BAG 5.9.2002 – 8 AZR 702/01, NZA 2003, 973,

ausdrücklich offen gelassen und kann auch hier dahinstehen.

2. Der Anspruch besteht auch in der geltend gemachten Höhe.

Nach der aktuellen Rechtsprechung der Arbeitsgerichte[152] ist – jedenfalls derzeit – die Höhe der Nutzungsausfallentschädigung im Fall des Entzugs des Dienstwagens anhand des geldwerten Vorteils zu bemessen,

vgl. BAG 27.5.1999 – 8 AZR 415/98; BAGE 91, 379; BAG 2.12.1999 – 8 AZR 849/98, n.v.

Auf eine ausschließlich konkrete Schadensberechnungsmöglichkeit kann der Arbeitgeber nur dann verweisen – und damit dem Arbeitnehmer die abstrakte Schadensberechnungsmöglichkeit verwehren –, wenn dem Arbeitnehmer im streitgegenständlichen Zeitraum tatsächlich ein gleichwertiges Fahrzeug zur Verfügung stand. Eine Obliegenheit des Arbeitnehmers zur Ersatzbeschaffung eines Fahrzeugs, geschweige denn eines gleichwertigen Fahrzeugs wie dem entzogenen Dienstwagen, besteht hingegen nicht,

vgl. BAG 2.12.1999 – 8 AZR 849/98, n.v.

Die klägerische Partei kann daher nach den vom BAG aufgestellten Grundsätzen den Schaden anhand des konkreten steuerlichen geldwerten Vorteils berechnen. Das BAG formuliert den abstrakten Berechnungsmodus zwar dahin gehend, dass der Wert der privaten Nutzung eines Kraftfahrzeugs für jeden Kalendermonat mit 1% des inländischen Listenpreises im Zeitpunkt der Erstzulassung zuzüglich der Kosten für Sonderausstattung einschließlich Umsatzsteuer anzusetzen sei,

vgl. BAG 2.12.1999 – 8 AZR 849/98, n.v., unter II.3.b. der Urteilsgründe; BAG 27.5.1999 – 8 AZR 415/98, BAGE 91, 379, unter III.2. der Urteilsgründe.

Damit hat das BAG offensichtlich den vollen geldwerten Vorteil gemeint. Dieser umfasst nicht nur den Anteil für die sog. reinen Privatfahrten, sondern auch den Anteil, der auf die Fahrten Wohnung – Arbeitsstätte entfällt. In den Urteilsgründen der beiden BAG-Entscheidungen wird jeweils auf „die steuerliche Bewertung der privaten Nutzung eines Kraftfahrzeugs" abgestellt. Eine Differenzierung in die sog. reinen Privatfahrten und die Fahrten zwischen Wohnung und Arbeitsstätte nimmt das BAG nicht nur nicht vor, sondern erwähnt diese steuerliche Differenzierung noch nicht einmal. Aus der Höhe der zugesprochenen Schadenssummen durch das BAG ergibt sich jedoch, dass das BAG selbst nicht nur den 1%-Wert in Ansatz gebracht hat, sondern die Summe aus 1% des Bruttolistenpreises und dem Wert, der sich aus der Entfernungspauschale (0,03% des Bruttolistenpreises für den einfachen Entfernungskilometer) ergibt. In der Entscheidung des BAG vom 2.12.1999 folgt dies aus dem monatlichen geldwerten Vorteil in Höhe von 1.221,63 DM für einen BMW 520 i Baujahr 1995. Dieser Wert kann sich, was sich rechnerisch und aus den vorinstanzlichen Urteilen ergibt, nur aus der Summe der beiden geldwerten Positionen bestehen. Denn der Neupreis eines BMW 520 i Baujahr

---

152 Der steuerliche Vorteil bei Dienstwagen steht ständig in der rechtspolitischen Diskussion. Da deshalb nicht gesagt werden kann, ob die aktuelle Rechtsprechung zur Berechnung der Schadenshöhe bestehen bleibt, wird rein vorsorglich auf abweichende und frühere Schadensberechnungsmodelle verwiesen. Die Schadenshöhe wurde teilweise nach der jährlich erscheinenden PKW-Kostentabelle des ADAC berechnet (LAG Hamm 13.7.1992 – 17 Sa 1824/91, n.v.), teilweise nach der Tabelle von *Sanden/Danner/Küppersbusch* (LAG Rheinland-Pfalz 23.3.1990 – 6 Sa 32/90, BB 1990, 1202; LAG Rheinland-Pfalz 30.11.1983 – 1 Ca 216/83, n.v.; BAG 27.5.1999 – 8 AZR 415/98, NZA 1999, 1038). – Außerdem wurde vom BAG eine konkrete Schadensberechnung vorgenommen (BAG 16.11.1995 – 8 AZR 240/95, NZA 1996, 415). In seinem Urteil vom 16.11.1995 stellte der Senat folgende Grundsätze auf:
1. Der Arbeitnehmer kann nur dann die Nutzungsentschädigung abstrakt berechnen, wenn ein Nutzungsausfall eingetreten ist. Dies ist immer dann nicht der Fall, wenn der Arbeitnehmer über einen gleichwertigen Pkw verfügt.
2. Verfügt der Arbeitnehmer über einen eigenen Pkw und hat er daher keinen Nutzungsausfall erlitten, muss der Arbeitnehmer den Schaden konkret errechnen. Als Schadensposition kommen in Betracht: Wertverlust, Steuern, Versicherungen, Kosten notwendiger und nützlicher Reparaturen, Wartungsarbeiten, Treibstoff.
3. Eine abstrakte Berechnung der Nutzungsentschädigung nach der Tabelle Sanden/Danner/Küppersbusch kommt nicht in Betracht.
4. Wurde das Fahrzeug nicht nur privat, sondern auch dienstlich genutzt, gehören die im Zusammenhang mit der dienstlichen Nutzung anfallenden Kosten zu den von § 670 BGB erfassten Aufwendungen. Diese Aufwendungen mindern den Schadensersatzanspruch des Arbeitnehmers.
Hieraus ergibt sich die Konsequenz, dass bei einer abstrakten Schadensberechnung anhand der bereinigten ADAC-Kostentabelle der Arbeitnehmer nur anteilig Schadensersatz in Verhältnis von privater und dienstlicher Nutzung verlangen kann. –
Andererseits entschied das BAG in seinem Urteil v. 27.5.1999 (8 AZR 415/98, NZA 1999, 1038), dass aus Gründen der Rechtseinheit dem Arbeitnehmer wegen unberechtigten Entzugs eines auch zur privaten Nutzung überlassenen Dienstfahrzeugs nicht jede abstrakte Schadensberechnung abgeschnitten werden soll. Danach entsprach es ständiger Übung, die steuer- und sozialversicherungsrechtlich maßgeblichen Bewertungsfaktoren heranzuziehen, wenn eine Naturalvergütung wegen Zeitablaufs nicht mehr geleistet werden kann und deshalb dem Arbeitnehmer Wertersatz zu leisten ist. Wird darüber hinaus berücksichtigt, dass der Gesetzgeber durch die Einfügung von § 6 Abs. 1 Nr. 4 EStG eine gesetzliche Grundlage für die steuerliche Bewertung der privaten Nutzung eines Kraftfahrzeugs mit Wirkung ab dem Veranlagungsjahr 1996 geschaffen und damit die früheren Regelungen (vgl. Abschnitt 31 VII Lohnsteuerrichtlinien) bestätigt hat, lag es nach dieser Rechtsprechung des BAG zunächst nur im Rahmen des richterlichen Ermessens, den Wert der privaten Nutzung eines Kraftfahrzeugs für jeden Kalendermonat mit 1% des inländischen Listenpreises im Zeitpunkt der Erstzulassung zuzüglich der Kosten für Sonderausstattungen einschließlich Umsatzsteuer anzusetzen.

1995 lag – ohne Extras – im Jahr 1995 mit den in der LAG-Entscheidung genannten Extras bei ca. 50.000 DM, nicht jedoch bei 122.163 DM, also dem 100%-Wert des genannten geldwerten Vorteils.

3. Die von der klägerischen Partei als Tageswert angesetzte Nutzungsausfallentschädigung ist 1/30 aus dem monatlich ausgewiesenen geldwerten Vorteil. Die Summe der geltend gemachten Nutzungsausfallentschädigung ist der Tagessatz multipliziert mit den Tagen des streitigen Zeitraums, also vom ▬▬▬ bis einschließlich zum ▬▬▬.

4. Der Zinsanspruch ergibt sich aus ▬▬▬. Die Zinsen sind fällig und zahlbar ab dem Tag der Fälligkeit und damit des Verzugs mit dem Entgeltanspruch. Dies ist gemäß § ▬▬▬ des Arbeitsvertrages/§ ▬▬▬ BGB der ▬▬▬ des Folgemonats.

3. Muster: Schadensersatz wegen unterlassener Beteiligung eines Arztes an Privatliquidationen

Arbeitsgericht ▬▬▬

Klage

▬▬▬

– klägerische Partei –

Prozessbevollmächtigte: ▬▬▬

gegen

▬▬▬

– beklagte Partei –

Beteiligte: ▬▬▬

– Streitverkündete Partei zu 1. –

wegen: Schadensersatz

Wir bestellen uns zu Prozessbevollmächtigten der klägerischen Partei, in deren Namen und Auftrag wir beantragen zu erkennen:

1. Die beklagte Partei wird verurteilt, an die klägerische Partei ▬▬▬ EUR nebst 5% Zinsen über dem Basiszinssatz seit dem ▬▬▬ wegen unterlassener Beteiligung an Liquidationseinnahmen aus Wahlleistungen zu zahlen.
2. Die Kosten des Rechtsstreits trägt die beklagte Partei.

Gründe:

I.

Die klägerische Partei ist bei der beklagten Partei (einem Krankenhaus) gemäß Arbeitsvertrag vom ▬▬▬ angestellt.

Beweis: Vorlage des Arbeitsvertrages in Kopie – Anlage K 1.

Bestandteil des Arbeitsvertrages bildet die schriftliche Nebenabrede, wonach die klägerische Partei an Erlösen aus so genannten Wahlleistungen beteiligt ist. Der Chefarzt und die klägerische Partei (Oberarzt) haben sich, wie in der Nebenabrede mit der beklagten Partei festgehalten, darauf geeinigt, dass die klägerische Partei 3% der Wahlleistungen als Zusatzeinnahme erhält.

Beweis: Vorlage der Nebenabrede in Kopie – Anlage K 2.

II.

Dem Chefarzt wurde aufgrund neuerer Vorschriften die Möglichkeit der Privatliquidation entzogen. Damit entfielen die Zusatzeinnahmen des Oberarztes, die an einen prozentualen Anteil an den Wahlleistungen geknüpft waren. Mit der vorliegenden Klage macht die klägerische Partei eine Zusatzvergütung in durchschnittlicher bisheriger Höhe geltend.

Soweit die beklagte Partei bislang die Auffassung vertreten hat, die Nebeneinkünfte der klägerischen Partei hätten unter einer Bedingung gestanden, die nunmehr in Fortfall gekommen sei, kann ihr nicht gefolgt werden. Der Prozentsatz an den Wahlleistungen wurde nicht nur zwischen der klägerischen Partei und dem Chefarzt, sondern ausdrücklich in der Nebenabrede schriftlich zwischen der beklagten Partei und der klägerischen Partei vereinbart. Die zugesagten Zahlungen sind daher Gegenstand der arbeitsvertraglichen Entgeltforderung der klägerischen Partei. Lediglich die Fixierung der jeweiligen Höhe war vom Umfang der liquidierten Wahlleistungen abhängig.

Daneben besteht ein Anspruch nach allgemeinen schadensersatzrechtlichen Vorschriften, weil die in der Nebenabrede festgehaltenen Entgeltansprüche eine Beteiligung an freiberuflichen Einnahmen des Chefarztes beinhalten. Werden derartige Zusagen erteilt, entsteht eine Verpflichtung der Klinik, den Rahmen und die tatsächlichen Voraussetzungen für die Erzielung solcher Einnahmen zu schaffen und aufrecht zu erhalten,

LAG Rheinland-Pfalz 9.11.2005 – 10 Sa 212/05, n.v.; BAG 20.7.2004 – 9 AZR 570/03, n.v.

Die beklagte Partei ist daher antragsgemäß zu verurteilen, zumal sie zwischenzeitlich selbst die privaten Leistungen den Patienten in Rechnung stellt und somit auch selbst in der Lage ist, den Anteil, der aus diesen Einnahmen der klägerischen Partei zufließen sollte, aus von Dritten erbrachten Mitteln zu vergüten.

4. Muster: Schadensersatz und Unterlassen wegen Mobbing

Arbeitsgericht ▪▪▪

Klage

▪▪▪

– klägerische Partei –

Prozessbevollmächtigte: ▪▪▪

gegen

▪▪▪

– beklagte Partei –

Beteiligte:

▪▪▪

– streitverkündete Partei zu 1. –

▪▪▪

– streitverkündete Partei zu 2. –

wegen: Mobbing

Wir bestellen uns zu Prozessbevollmächtigten der klägerischen Partei, in deren Namen und Auftrag wir beantragen zu erkennen:

1. Die beklagte Partei wird verurteilt, Mobbing-Handlungen gegen die klägerische Partei zu unterlassen, insbesondere ▪▪▪.
2. Die beklagte Partei wird verurteilt, an die klägerische Partei ein Schmerzensgeld, dessen Höhe in das Ermessen des Gerichts gestellt wird, nebst 5 % Zinsen über dem Basiszinssatz seit dem ▪▪▪ zu zahlen.
3. Die Berufung wird zugelassen.
4. Die beklagte Partei trägt die Kosten des Rechtsstreits.

Gründe:

I.

1. Die klägerische Partei ist seit dem ▪▪▪ bei der beklagten Partei als ▪▪▪ zu einem monatlichen Bruttogehalt von ▪▪▪ EUR beschäftigt.

   Beweis: 1. Vorlage des Arbeitsvertrages in Kopie – Anlage K 1.

   2. Vorlage einer Gehaltsbescheinigung – Anlage K 2.

Die beklagte Partei ist auf dem Gebiet des ▪▪▪ tätig. Sie beschäftigt ▪▪▪ Mitarbeiter. Der Arbeitsbereich der klägerischen Partei sieht wie folgt aus: ▪▪▪

Die klägerische Partei ist verheiratet/ledig und hat ▪▪▪ Kinder im Alter von ▪▪▪ Jahren.

Das Arbeitsverhältnis zwischen den Parteien verlief in der Zeit vom ▪▪▪ bis zum ▪▪▪ unauffällig. Die klägerische Partei wurde insgesamt ▪▪▪ mal befördert, das Aufgabengebiet änderte sich im Laufe der Jahre wie folgt: ▪▪▪

2. Etwa seit dem ▪▪▪ ist die klägerische Partei Mobbing-Handlungen ausgesetzt. Unter Mobbing versteht man das systematische Herabwürdigen eines Arbeitnehmers/einer Arbeitnehmerin am Arbeitsplatz,

   LAG Thüringen 10.4.2001, LAGE § 611 BGB Persönlichkeitsrecht Nr. 13 = NZA-RR 2001, 347.

Das BAG hat unter Mobbing das systematische Anfeinden, Schikanieren oder Diskriminieren von Arbeitnehmern untereinander oder durch Vorgesetzte definiert,

   BAG 15.1.1997, DB 1997, 1475 = NZA 1997, 781.

Auch wenn es in dem vom BAG entschiedenen Fall nicht um die unmittelbare Sanktionierung eines Mobbing-Sachverhalts ging, da Gegenstand des Verfahrens die Erstattung der Kosten einer Betriebsratsschulung zum Thema Mobbing war, hat es doch eine für die arbeitsrechtliche Praxis verbindliche Definitionsbasis festgelegt.

Beim Mobbing handelt es sich nicht um eine isoliert zu betrachtende, konkrete und zeitlich eng begrenzte Konfrontation unter Mitarbeitern oder unter Einschluss des Vorgesetzten, wobei man in dem letztgenannten Fall von „Bossing" spricht, sondern um beeinträchtigende Verhaltensweisen über einen Zeitraum hinweg, wodurch das Mobbing-Opfer gleichsam stetig zermürbt wird,

Rieble/Klumpp, Die Mobbing-Klage, FA 2002, 307.

Das schikanöse Verhalten ist durch einen Fortsetzungszusammenhang gekennzeichnet. Neun Vorfälle in 3,5 Jahren reichen dazu nicht,

LAG Bremen 17.10.2002 – 3 Sa 78/02, NZA-RR 2003, 234.

Die Zermürbung beeinträchtigt das Opfer. Die Wirkungen reichen von dem schlichten Gefühl, bloßgestellt und herabgewürdigt zu werden, über gesundheitliche Schädigungen bis hin zur Gefahr und Verwirklichung von Selbstmord. Die Gestaltungsarten sind vielfältig. Kommunikationsmöglichkeiten des Betroffenen werden eingeschränkt. Die soziale Unterstützung wird entzogen, das soziale Ansehen wird demontiert, die berufliche Stellung wird untergraben oder das Mobbing-Opfer wird sogar körperlich angegriffen,

zu den einzelnen Fallgruppen siehe *Brinkmann*, Mobbing, Bullying, Bossing, S. 34 ff.; *Reiserer/Lempke*, MDR 2002, 249; *Wolmerath/Esser*, AiB 2000, 388.

Die klägerische Partei ist bei Anwendung des dargestellten Mobbing-Begriffs fortlaufend Mobbing-Handlungen ausgesetzt. Grob zusammengefasst bestehen die Handlungen in Folgendem: ▪▪▪

Beweis: 1. Vorlage eines Mobbing-Tagebuches in Kopie – Anlage K 3.

2. Vernehmung der klägerischen Partei als Partei.

3. Vorlage verschiedener Schreiben – Anlagenkonvolut K 4.

4. Vernehmung der Zeugen ▪▪▪.

Es entspricht inzwischen herrschender Auffassung in Rechtsprechung und Schrifttum, dass beim Mobbing nicht die einzelnen Handlungen des Mobbenden zu beurteilen sind, da diese isoliert betrachtet rechtlich bedeutungslos sein können, sondern vielmehr mehrere solcher Handlungen über einen gewissen Zeitraum hinweg ein Bild vom Mobbing erzeugen. Nach einer Auffassung besteht die besondere Problematik von Mobbing darin, dass rechtlich nicht angreifbare einzelne Handlungen bei systematischer Wiederholung dennoch zu einem rechtswidrigen Gesamtverhalten führen können,

LAG Thüringen NZA-RR 2001, 347; LAG Baden-Württemberg 5.3.2001, AP § 611 BGB Mobbing Nr. 2; ArbG München 25.9.2001, NZA-RR 2002, 123; LAG Schleswig-Holstein 19.3.2002, NZA-RR 475; LAG Rheinland-Pfalz 16.8.2001, FA 2001, 379.

Eine andere Auffassung hebt darauf ab, dass in jedem Einzelfall die klagebegründenden Tatsachen, insbesondere die jeweilige Überschreitung des Direktionsrechts durch den Vorgesetzten vorgetragen werden müssen,

LAG Berlin 15.7.2004 – 16 Sa 2280/03, NZA-RR 2005, 13; LAG Bremen 17.10.2002 – 3 Sa 78/02, NZA-RR 2003, 234; LAG Köln 21.4.2006 – 12 (7) Sa 64/06, jurisPraxisReport 11/2006, 233.

Danach muss der Arbeitnehmer die beanstandeten Verhaltensweisen so konkret darlegen und beweisen, dass in jedem Einzelfall beurteilt werden kann, ob diese Verhaltensweisen rechtswidrige und schuldhafte Überschreitungen des Direktionsrechts gewesen sind und ob der Handelnde damit zu rechnen hatte, dass sein Verhalten eine Erkrankung bei dem Arbeitnehmer verursachen könnte. Nach Auffassung des LAG Bremen muss der wegen Mobbing klagende Arbeitnehmer nach der Substantiierungstheorie so vortragen, dass es dem Arbeitgeber möglich ist, zu erkennen, auf welche konkreten, nach Zeit und Ort identifizierbaren Tatsachen sich der Anspruchssteller bezieht.

Eine Mindestlaufzeit zur Feststellung von Mobbing ist nicht notwendig. Der vom LAG Thüringen vorgeschlagene Orientierungswert von einem halben Jahr kann auch deutlich unterschritten werden,

LAG Thüringen 15.2.2001, LAGE § 626 BGB Nr. 133; a.A. LAG Hamm 25.6.2002, NZA-RR 2003, 8.

Dem Urteil des LAG Thüringen vom 15.2.2001 lagen – allerdings sehr massive – Handlungen in einem Zeitraum von weniger als einem Monat zugrunde. Wesentlich ist weniger der Zeitraum als das systematische Vorgehen,

Rieble/Klumpp, FA 2002, 308.

Es bedarf daher der Subsumtion, ob ein als Mobbing bezeichnetes Verhalten einen Anspruch auslöst oder nicht.

Die Verletzung des allgemeinen Persönlichkeitsrechts ist die Eintrittsschwelle und Durchlaufstation für weitere mobbingtypische Rechtsverletzung, die weitergehende Voraussetzungen haben. So ist festzustellen, ob die beklagte Partei ebenfalls mobbingtypische Verletzungen der Gesundheit und der Ehre der klägerischen Partei, aber auch Verletzungen der vom allgemeinen Persönlichkeitsrecht umfassten Menschenwürde begangen hat. Da die Beteiligten ebenfalls solche Verletzungshandlungen begangen haben, wurde ihnen der Streit verkündet.

Das allgemeine Persönlichkeitsrecht stellt im Rahmen der Rechtsprüfung die rote Linie dar, deren Überschreitung das im Umgang mit anderen Personen wiederholte Verhalten zu rechtsrelevantem Mobbing werden lässt,

Wickler, DB 2002, 477 (481).

Nach *Wickler*,

DB 2002, 481,

liegt der Schwerpunkt der Rechtprüfung in Mobbingschutzprozessen regelmäßig bei der Frage, ob die rote Linie einer Verletzung des allgemeinen Persönlichkeitsrechts überschritten ist oder nicht. *Wickler* betont, dass es zwar jedem Betroffenen selbstverständlich unbenommen sei, aus dem Bereich der den Mobbing-Komplex bildenden Verhaltensweisen eine bestimmte Handlung herauszugreifen und dem zuständigen Gericht im Rahmen einer auf seine Interessen zugeschnittenen Klage zur Überprüfung und ohne die Mitteilung des diese Handlung betreffenden Verhaltenskontexts vorzulegen. Hierbei handele es sich aber dann um einen unechten Mobbingschutzprozess, weil dieses Gerichtsverfahren sich nicht von einem solchen unterscheidet, das eine in der Beschäftigungszeit vereinzelt gebliebene Verletzung des allgemeinen Persönlichkeitsrechts durch ein einmaliges Angriffsverhalten betrifft.

Bei den echten Mobbingschutzprozessen wird dem Gericht zur Rechtfertigung eines bestimmten Klagebegehrens von dem Mobbing-Opfer der vollständige, eine Verhaltensverkettung umfassender Sachverhaltskomplex zur rechtlichen Prüfung vorgelegt. Den unmittelbaren Anknüpfungspunkt für das Klagebegehren bildet dabei in der Regel dasjenige Verhalten des Mobbing-Täters, das die Grenzen der Unrechtserduldungstoleranz seines Opfers überschreitet. Wenn es dabei für die begehrte Rechtsfolge auf die Gesamtheit des vorgebrachten Mobbing-Verhaltens ankommt, muss diese Verhaltensgesamtheit vom Gericht zur Rechtsfindung in vollem Umfang auch herangezogen werden,

Wickler, DB 2002, 477.

Die rote Linie zur Verletzung des allgemeinen Persönlichkeitsrechts ist nach *Wickler* überschritten, wenn die rechtliche Prüfung ergibt, dass das den unmittelbaren Anknüpfungspunkt für das Klagebegehren bildende Verhalten gegenüber der den Mobbing-Rechtsschutz in Anspruch nehmen Partei Bestandteil einer Kette von systematischen Anfeindungen, Schikanen oder Diskriminierungen war und deshalb auch bei vordergründiger Wahrnehmung berechtigter Interessen, wie Ausübung des Direktionsrechts hinsichtlich Ort, Inhalt und Zeit der Arbeitsleistung, Abmahnung, Versetzung, Kündigung keine Gründe vorliegen, die den in diesem Verhalten liegenden Eingriff rechtfertigen. Ein Eingriff in das allgemeine Persönlichkeitsrecht kann nach herrschender Auffassung zum Mobbing-Schutz grundsätzlich zwar durch die Wahrnehmung überwiegender, schutzwürdiger Interessen gerechtfertigt sein. Dabei ist aber stets zu beachten, dass auch die Wahrnehmung schutzwürdiger Interessen nicht durch die Anwendung schutzunwürdiger Methoden, wie systematischen Angriffen auf die psychische Stabilität anderer rechtfertigt. Insoweit besteht im Ergebnis kein Beurteilungsunterschied bei lediglich vorgeschobenen oder tatsächlich bestehenden Schutzinteressen Dritter.

Bei der Abgrenzung zu der bloß vorgeschobenen Inanspruchnahme schutzwürdiger rechtlicher Interessen aus dem Arbeitsvertrag bei belastenden Rechtsakten oder bei der Abgrenzung zu dem bloß vorgeschobenen Recht der persönlichen Freiheit bei der Gestaltung von gesellschaftlichen Kommunikations- und Umgangsformen im Rahmen sozialer Adäquanz kann ein mobbende Arbeitgeber, Vorgesetzte oder Mitarbeiter und Mitarbeiterinnen kann der hypothetische Vergleich mit einem intakten Arbeits- oder Mitarbeiterverhältnis aufschlussreich sein, in dem nicht die Person, sondern das Problem eliminiert werden soll. Dabei hat sich der Richter im Zweifel zu fragen, wie sich in der konkreten Lage ein verständig denkender, auf die Aufrechterhaltung und Förderung der Arbeitsvertragsbeziehung wertlegender und an der Lösung von Sachproblemen orientiert rechtstreu handelnder und von entsprechenden Motiven geleiteter Arbeitgeber verhalten würde,

siehe *Aigner*, BB 2001, 1356, der vom „abgestuften Konfliktmanagement" spricht,

oder wie sich verständig denkende Arbeitnehmer unter Beachtung der für die betriebliche Aufgabenerfüllung, Zusammenarbeit und Verbundenheit notwendigen Mindesterfordernisse der Kommunikation im Umgang mit Arbeitskollegen und Arbeitskolleginnen verhalten würden. Dabei sind naturgemäß vereinzelt auftretende Konflikte am Arbeitsplatz noch kein Mobbing. Je öfter und beharrlicher allerdings bei belastenden Rechtsakten gegenüber derselben Person – gemessen an der vorgebrachten Begründung oder gemessen an dem Umgang mit anderen Mitarbeitern – arbeitgeberseitige Überreaktion bzw. Sonderbehandlung oder gar eine Ignoranz bereits vorhandener gegenläufiger gerichtlicher Entscheidungen festzustellen ist oder je intensiver das Ausmaß der Inadäquanz einer rechtlichen Reaktion ist, umso mehr spricht dafür, dass eine Mobbing-Problematik vorliegt.

Fehlerhafte Weisungen des Vorgesetzten, in welcher Weise die Arbeitsleistung zu erbringen ist, stellen keine Pflichtwidrigkeiten dar. Der Arbeitgeber ist auch nicht aus Gründen der Fürsorgepflicht gegenüber dem Arbeitnehmer gehalten, die sachliche Richtigkeit der Weisungen des Vorgesetzten zu überprüfen. Nimmt sich der Arbeitnehmer die fehlerhaften Weisungen so zu Herzen, dass er hiervon arbeitsunfähig wird, bestehen keine Schadensersatzansprüche gegen den Arbeitgeber,

LAG Nürnberg 2.7.2002, NZA-RR 2003, 121.

Demgemäß hat das Gericht zu prüfen,
- ob in das allgemeine Persönlichkeitsrecht durch das den unmittelbaren Anknüpfungspunkt für das Klagebegehren bildende Verhalten eingegriffen wurde,
- ob der Eingriff rechtswidrig ist, weil ein Fall von Mobbing vorliegt, durch eine den gesamten zur Begründung des Mobbings im Einzelfall herangezogenen Verhaltenskomplex erfassende Beurteilung, ob also das den unmittelbaren Anknüpfungspunkt für das Rechtsbegehren bildende Verhalten als Bestandteil einer Kette von in einem systematischen Zusammenhangsverhältnis stehenden Anfeindungen, Schikanen oder Diskriminierungen anzusehen ist oder
- ob es sich nicht um Mobbing handelt, sondern um ein vereinzelt gebliebenes oder zufällig aufgetretenes Fehlverhalten, durch Sichtung der für oder gegen eine systematische Verbundenheit sprechenden Kriterien oder ob es sich nicht um den Bestandteil eines Mobbing-Komplexes, sondern um ein im Bereich des gesellschaftlichen Umgangs im Allgemeinen übliches oder rechtlich erlaubtes und deshalb hinzunehmendes Verhalten handelt.

Unter Beachtung dieser Grundsätze wurde die klägerische Partei gemobbt: ▪▪▪

Sowohl der Gesamtzusammenhang eines Mobbing-Komplexes als auch einzelne rechtswidrige Maßnahmen, für die es keine Erklärung sozialadäquaten Verhaltens gibt, und schließlich auch eine nachhaltige Gesundheitsbeeinträchtigung sind damit gegeben.

II.

Aus dem Bestehen eines Mobbingtatbestands erwächst der klägerischen Partei ein Unterlassungsanspruch angesichts weiterer drohender und bereits eingetretener Rechtsgutverletzungen gemäß § 1004 BGB analog. Sind Arbeitgeber und Mobber identisch, greifen Unterlassungsansprüche unmittelbar aus dem Arbeitsvertrag, wie das LAG Thüringen,

10.4.2001, FA 2001, 218,

den Antrag auf Erlass einer einstweiligen Verfügung beschieden hat, es zu unterlassen, dem Betroffenen eine unterwertige Tätigkeit zuzuweisen.

Anders als im vom LAG Thüringen am 10.4.2001 entschiedenen Fall im einstweiligen Rechtsschutz, in dem die Entscheidung auf die Vertragsgrenzen des Direktionsrechts gestützt wurde, wird der Unterlassungsanspruch vorliegend auch auf das allgemeine Persönlichkeitsrecht gestützt. Mobbt der Vorgesetzte oder der Arbeitgeber selbst, ergibt sich der Unterlassungsanspruch aus § 280 Abs. 1 BGB, hinsichtlich von Mitarbeitern aus §§ 280 Abs. 1, 278 BGB. Der Arbeitgeber verletzt seine Fürsorgepflicht. Auch dann, wenn er es unterlässt, Vorkehrungen zu treffen, die die Mitarbeiter an der Durchführung von Mobbing hindern, liegt ein Verstoß gegen die Fürsorgepflicht vor. Das Verschulden eines Vorgesetzten kann dem Arbeitgeber zugerechnet werden. Im Falle der Verletzung der Fürsorgepflicht lässt sich das Merkmal der Begehung einer Pflichtverletzung im Rahmen der Vertragserfüllung nur in extremen Fällen verneinen,

Rieble/Klumpp, FA 2002, 309.

III.

1. Der Klageantrag Ziff. 2 ist auf die Leistung von Schadensersatz für in Vergangenheit und Gegenwart erlittene Persönlichkeitsrechtsverletzungen gerichtet. Anspruchsgrundlage bilden die §§ 823 f. BGB, wobei die in verschiedenen Einzelakten durch Mitarbeiter der klägerische Partei vorgenommenen Mobbing-Handlungen in die Haftungskette einbezogen sind, hinsichtlich der unerlaubten Handlungen sind die Kolleginnen und Kollegen der klägerischen Partei Erfüllungsgehilfen, § 831 BGB. Zwar steht damit dem Arbeitgeber der Entlastungsbeweis offen.

Der Schadensersatzanspruch wird deshalb zusätzlich auf einen Verstoß gemäß §§ 280 Abs. 1, 278 BGB gestützt. Mobbing ist angesichts der bestehenden Fürsorgepflicht des Arbeitgebers, der auch für das Verschulden seiner Mitarbeiter haftet, ein Fürsorgepflichtenverstoß.

2. Die beklagte Partei hat der klägerischen Partei den aus der Rechtsgutsverletzung entstandenen Schaden zu ersetzen. Bei der Gesundheitsbeeinträchtigung sind dies zunächst die durch Behandlung entstandenen Kosten, bei der Verletzung des allgemeinen Persönlichkeitsrechts kann dies auch der Widerruf einer ehrverletzenden Äußerung sein. Liegt eine gesundheitliche Beeinträchtigung vor, so hat der Schädiger auch Entschädigung für immaterielle Schäden zu leisten, mithin als Schmerzensgeld. Anspruchsgrundlage für den Schmerzensgeldanspruch bilden nach der Neuregelung schadensersatzrechtlicher Vorschriften die §§ 280, 823, 253 Abs. 2 BGB. Soweit es durch das Mobbing allein zu einer Verletzung des allgemeinen Persönlichkeitsrechts gekommen ist, scheidet ein Ersatz des immateriellen Schadens, allein auf die deliktische Anspruchsgrundlage gestützt, aus. Das allgemeine Persönlichkeitsrecht ist nicht in den Rechtsgüterkanon des § 253 Abs. 2 BGB mit der Neuregelung aufgenommen worden. § 847 BGB wurde gestrichen.

Es kann schließlich dahingestellt bleiben, ob der immaterielle Schaden zu seiner Berechnung an das Nettomonatsgehalt des Geschädigten gekoppelt werden kann. Das Arbeitsgericht Ludwigshafen hat in einem nicht veröffentlichten Beschluss,

ArbG Ludwigshafen 6.11.2000 – 1 Ca 2136/00,

die Zahl der Monate, in denen der Geschädigte gemobbt wurde, mit dem Nettomonatseinkommen multipliziert und hieraus die Höhe des zu leistenden Schmerzensgelds entwickelt. Die klägerische Partei stellt die Höhe des Schmerzensgelds in das Ermessen des Gerichts.

5. Muster: Kündigung vor Arbeitsantritt und Zurückweisung von Schadensersatzansprüchen wegen nicht angetretener Stelle

Hiermit zeigen wir an, dass wir die rechtlichen Interessen von ▬▬▬ vertreten. Eine auf uns lautende Vollmacht ist beigefügt. Unserer Beauftragung liegt folgender Sachverhalt zugrunde:

Unser Mandant hat am ▬▬▬ mit Ihnen einen Arbeitsvertrag geschlossen. Das Arbeitsverhältnis sollte am ▬▬▬ beginnen.

Mit Schreiben vom ▬▬▬ hat unser Mandant Ihnen mitgeteilt, dass er aus persönlichen Gründen das Arbeitsverhältnis nicht antreten kann. Sie sollen unserem Mandanten am Telefon Vorhaltungen gemacht und Schadensersatzforderungen geltend gemacht haben. Rein vorsorglich

kündigen

wir hiermit das Arbeitsverhältnis zum frühestmöglichen Zeitpunkt, also mit einer Frist von zwei Wochen ab Zugang dieses Schreibens gemäß § 622 Abs. 3 BGB.

Wir kündigen das Arbeitsverhältnis namens und in Vollmacht des Mandanten darüber hinaus auch bereits zum jetzigen Zeitpunkt.

Bezüglich der Rechtslage machen wir Sie auf Folgendes aufmerksam: Nach der neueren Rechtsprechung des Bundesarbeitsgerichts,

BAG NJW 1981, 2430 f.,

kann der Arbeitnehmer, wenn er die Arbeit nicht antritt, wegen Schadensersatzansprüchen des Arbeitgebers auf ein rechtmäßiges Alternativverhalten verweisen. Dies hat zur Folge, dass der Arbeitgeber Inseratskosten u.Ä. als Schadensersatz nur verlangen kann, wenn diese Kosten bei einer ordentlichen Kündigung des Arbeitnehmers zum nächstzulässigen Kündigungstermin nicht entstanden wären, also bei fristgemäßer Kündigung vermeidbar gewesen wären.

In der Sache ist damit der Schadensersatzanspruch des Arbeitgebers wertlos geworden,

MüKo-BGB/*Schwerdtner*, § 628 Rn 21.

Der Nachweis, dass die Einhaltung einer kurzfristigen Kündigungsfrist Inseratskosten entbehrlich gemacht hätte, kann praktisch nicht gelingen.

So misslich die Situation für Sie sein mag, was sowohl unser Mandant als auch der Unterzeichner durchaus verstehen können, so wenig löst Ihre Ankündigung von Schadensersatzforderungen Irritationen bei unserem Mandanten aus.

6. Muster: Kein Anspruch des Arbeitgebers auf Vertragsstrafe

Die klägerische Partei hat keinen Anspruch auf Zahlung einer Vertragsstrafe durch die beklagte Partei.

I.

Zwar hat das Bundesarbeitsgericht entschieden, dass Vertragsstrafenklauseln, auch soweit sie unter § 309 Nr. 6 BGB subsumiert werden können, als eine im Arbeitsrecht geltende Besonderheit wirksam vereinbart werden können,

BAG 4.3.2004 – 8 AZR 196/03, NZA 2004, 727.

Insbesondere in Fällen, in denen der andere Vertragsteil dem Verwender für den Fall der Nichtabnahme oder verspäteten Abnahme der Leistung, des Zahlungsverzugs oder für den Fall, dass er sich vom Vertrag löst, die Zahlung einer Vertragsstrafe versprochen wird, steht § 309 Nr. 6 BGB der Wirksamkeit eines Vertragsstrafeversprechens nicht generell entgegen.

Auch hat das BAG entschieden, dass ein Vertragsstrafeversprechen, das nicht unter die Tatbestände des § 309 Nr. 6 BGB falle, grundsätzlich wirksam sei. Allerdings müsse die Pflichtverletzung des Arbeitnehmers in der Vertragsstrafenabrede so konkret bezeichnet sein, dass sich der Versprechende in seinem Verhalten darauf einstellen könne,

BAG 21.4.2005 – 8 AZR 425/04, NZA 2005, 1053.

In einem weiteren Urteil hat das BAG entschieden, dass Vertragsstrafeversprechen bestimmt formuliert sein müssen und dass es nicht dem Arbeitgeber überlassen sein dürfe, selbst zu befinden, wann ein gravierender Vertragsverstoß vorliege und wann nicht,

BAG 18.8.2005 – 8 AZR 65/05, NZA 2006, 34.

II.
Diesen Anforderungen genügt die mit der beklagten Partei im Arbeitsvertrag vom ▄▄▄ vereinbarte Vertragsstrafenregelung nicht. Die Vereinbarung erfüllt weder die Anforderungen an die Bestimmtheit nach § 307 Abs. 1 Satz 2 BGB, noch stellt sie sich angesichts ihrer Höhe als noch wirksam i.S.v. § 307 Abs. 2 Satz 1 BGB dar. ▄▄▄

III.
Da die Vertragsstrafe zu unbestimmt formuliert und ihrer Höhe falsch bemessen wurde, wurde zwischen den Parteien keine wirksame Vertragsstrafenabrede geschlossen. Angesichts der Rechtsfolge des § 306 BGB entfällt seit der Schuldrechtsmodernisierung eine Anpassung der Vertragsstrafe durch Herabsetzung nach § 343 BGB.

XVIII. Schwerbehinderung

1. Muster: Behinderungsgerechte Beschäftigung

Arbeitsgericht ▄▄▄

Klage

▄▄▄

– klägerische Partei –

Prozessbevollmächtigte: ▄▄▄

gegen

▄▄▄

– beklagte Partei –

wegen: Behinderungsgerechter Beschäftigung

Wir bestellen uns zu Prozessbevollmächtigten der klägerischen Partei, in deren Namen und Auftrag wir beantragen zu erkennen:

1. Die beklagte Partei wird verurteilt, die klägerische Partei ggf. nach entsprechender Vertragsänderung, vorbehaltlich der Zustimmung des Betriebsrats und ggf. nach Durchführung des Zustimmungsersetzungsverfahrens, in einem Arbeitsbereich einzusetzen, bei dem die klägerische Partei noch leichte körperliche Tätigkeiten, bevorzugt im Sitzen, in geschlossenen und temperierten Räumen ausüben kann.

Hilfsweise:

2. Die beklagte Partei wird verurteilt, die klägerische Partei ggf. nach entsprechender Vertragsänderung, vorbehaltlich der Zustimmung des Betriebsrats und ggf. nach Durchführung eines Zustimmungsersetzungsverfahrens als ▄▄▄, ▄▄▄, ▄▄▄ zu beschäftigen.

3. Die Berufung wird zugelassen.

4. Die beklagte Partei trägt die Kosten des Rechtsstreits.

Gründe:

I.

1. Die klägerische Partei ist seit dem ▄▄▄ bei der beklagten Partei als ▄▄▄ zu einem monatlichen Bruttogehalt von ▄▄▄ EUR beschäftigt.

  Beweis: 1. Vorlage des Arbeitsvertrages in Kopie – Anlage K 1.

  2. Vorlage einer Gehaltsbescheinigung – Anlage K 2.

Die beklagte Partei ist auf dem Gebiet der ▄▄▄ tätig. Sie beschäftigt ▄▄▄ Mitarbeiter. Der Arbeitsbereich der klägerischen Partei hat Folgendes zum Gegenstand: ▄▄▄

2. Die klägerische Partei ist schwerbehindert. Die Anerkennung als schwerbehinderter Mensch erhielt die klägerische Partei mit Bescheid des Integrationsamts vom ▄▄▄. Außerdem erließ die Deutsche Rentenversicherung einen Bescheid vom ▄▄▄, in dem der klägerischen Partei eine Rente wegen verminderter Erwerbsfähigkeit auf Zeit gewährt wurde.

Beweis: 1. Vorlage des Schwerbehindertenausweises in Kopie – Anlage K 3.
2. Vorlage des Bescheids des Rentenversicherungsträgers in Kopie – Anlage K 4.

Mit ärztlichem Attest vom ▪▪▪ wurde der klägerischen Partei bescheinigt, dass bei ihr eine Minderbelastbarkeit bestehe. Überkopfarbeiten, Arbeiten auf Leitern und Gerüsten, Heben und Tragen schwerer Gegenstände und andauernde Zwangshaltungen seien ihr nicht zumutbar.

Beweis: Vorlage des Attestes – Anlage K 5.

Ausweislich einer fachärztlichen Bescheinigung vom ▪▪▪ kann die klägerische Partei leichte körperliche Tätigkeiten ohne hohe Laufbelastungen, bevorzugt im Sitzen in geschlossenen und temperierten Räumen, verrichten.

Beweis: Vorlage der Bescheinigung – Anlage K 6.

II.

Der Anspruch der klägerischen Partei ergibt sich aus § 81 Abs. 4 Satz 1 Nr. 1 SGB IX. Die klägerische Partei hat Anspruch auf behinderungsgerechte Beschäftigung. In diesem Zusammenhang trägt die klägerische Partei vor, dass sie auf folgenden Stellen (Arbeitsplätzen) bei der beklagten Partei beschäftigt werden könnte: ▪▪▪

Nach der Rechtsprechung des BAG,

BAG 10.5.2005 – 9 AZR 230/04, NZA 2006, 155,

muss sich die beklagte Partei auf den Vortrag der klägerischen Partei substantiiert einlassen und Tatsachen vortragen, aus denen sich ergibt, dass solche behinderungsgerechten Beschäftigungsmöglichkeiten nicht bestehen oder deren Zuweisung ihr unzumutbar ist.

Zumindest über den Hilfsantrag wird den Anforderungen des § 253 Abs. 2 Nr. 2 ZPO genügt, denn das Schwerbehindertenrecht räumt grundsätzlich keinen Anspruch auf einen selbstbestimmten Arbeitsplatz ein. Es ist Sache des Arbeitgebers, die Unzumutbarkeit der Beschäftigung des Arbeitnehmers auf einem Arbeitsplatz darzulegen und zu beweisen.

2. Muster: Nachträgliche Mitteilung eines Kündigungsverbots

Die Kündigung der klägerischen Partei verstößt gegen § 85 SGB IX. Das Integrationsamt hat der Kündigung der klägerischen Partei nicht zugestimmt. Die klägerische Partei teilt hiermit ausdrücklich mit, dass sie ein schwerbehinderter Mensch ist.

1. a) § 90 Abs. 2a SGB IX ist nicht in dem Sinne zu verstehen, dass die Schwerbehinderung erst nachgewiesen ist, wenn der Arbeitgeber zum Zeitpunkt der Kündigung von dem Feststellungsbescheid Kenntnis hatte. § 90 Abs. 2a SGB IX ist in der 1. Alternative nach herrschender Meinung so zu verstehen, dass der Nachweis erbracht ist, wenn ein entsprechender Feststellungsbescheid vorliegt, unabhängig davon, ob der Arbeitgeber zum Zeitpunkt der Kündigung Kenntnis hiervon hatte oder nicht,

ArbG Kassel 19.11.2004 – 3 Ca 323/04, n.v.; ArbG Bonn 25.11.2004 – 7 Ca 2459/04, der betriebsrat 2005, 41; ArbG Düsseldorf 29.10.2004 – 13 Ca 532/04, der betriebsrat 2005, 42; *Düwell*, BB 2004, 2811; *Moderegger*, ArbRB 2004, 248; *Westers*, Behindertenrecht 2004, 93, 96.

Wird durch Bescheid des Versorgungsamtes vor Zugang der Kündigungserklärung beim Arbeitnehmer ein Grad seiner Behinderung von unter 50 und erst nach Zugang der Kündigungserklärung im Rechtsmittelverfahren ein solcher von wenigstens 50 festgestellt, besteht Sonderkündigungsschutz auch dann nicht, wenn im letzteren Falle festgestellt wurde, der Grad der Behinderung von wenigstens 50 habe bereits vor Zugang der Kündigungserklärung bestanden,

LAG Düsseldorf 22.5.2005 – 6 Sa 1934/04, n.v.; *Düwell*, BB 2004, 2811; *Grimm/Brock/Windeln*, DB 2005, 283; OVG Rheinland-Pfalz 7.3.2006 – 7 A 11298/05, NZA 2006, 1108.

Die Vorlage eines Schwerbehindertenausweises beim Arbeitgeber vor dessen Kündigungserklärung ist nicht erforderlich, damit Sonderkündigungsschutz besteht. Jedoch ist dem Gesetzeswortlaut mit der hierfür vom Bundestagsausschuss für Gesundheit und soziale Sicherung gegebenen Begründung deutlich zu entnehmen, dass nach der 1. Alternative des § 90 Abs. 2a SGB IX Sonderkündigungsschutz nur dann besteht, wenn im Zeitpunkt des Zugangs der Kündigung bereits die Eigenschaft als schwerbehinderter Mensch positiv festgestellt wurde. Die weitergehende Frage, ob diese Feststellung auch dem Arbeitgeber vorgelegt worden sein muss, wird in der Literatur überwiegend verneint,

Griebeling, NZA 2005, 494; *Grimm/Brock/Windeln*, DB 2005, 285.

b) Bei der 2. Alternative des § 90 Abs. 2a SGB IX ist der Arbeitgeber darlegungs- und beweispflichtig dafür, dass die Drei-Wochen-Frist für eine Entscheidung durch das Versorgungsamt gemäß §§ 69 Abs. 2 Satz, 14 Abs. 2 Satz 2 SGB IX verstrichen ist, weil der behinderte Mensch pflichtwidrig nicht mitgewirkt hat und deshalb die Entscheidung des Versorgungsamts verzögert wurde. Nach den Grundsätzen der abgestuften Darlegungs- und Beweislast ist jedoch zu verlangen, dass der Arbeitnehmer sich nach § 138 Abs. 2 ZPO substantiiert zur Erfüllung seiner Mitwirkungspflichten erklärt, wenn der Arbeitgeber bei feststehender Fristüberschreitung pauschal die Verletzung von Mitwirkungspflichten behauptet,

LAG Düsseldorf 22.3.2005 – 6 Sa 1938/04, LAGE § 90 SGB IX Nr. 1.

Entgegen der Auffassung des OVG Rheinland-Pfalz,

OVG Rheinland-Pfalz 7.3.2006 – 7 A 11298/05, NZA 2006, 1108,

gilt der besondere Kündigungsschutz nach § 85 SGB IX auch dann, wenn das Versorgungsamt die Schwerbehinderteneigenschaft erst auf einen Widerspruch des behinderten Menschen in einem Abhilfebescheid nach Zugang der Kündigung feststellt und eine fehlende Mitwirkung des behinderten Menschen nicht feststellbar ist,

LAG Düsseldorf 22.3.2005 – 6 Sa 1938/04, LAGE § 90 SGB IX Nr. 1.

2. Unter Beachtung der dargestellten Grundsätze hätte die beklagte Partei die Kündigung der klägerischen Partei nicht ohne Zustimmung des Integrationsamts aussprechen dürfen: ■■■

357 3. Muster: Verwaltungsgerichtliche Klage des Arbeitnehmers gegen Zustimmung zur Kündigung gemäß § 85 SGB IX

Verwaltungsgericht ■■■

Anfechtungsklage

des/der ■■■

– klägerische Partei –

Prozessbevollmächtigte: RAe ■■■

gegen

das Integrationsamt[153] ■■■

– beklagte Partei –

beizuladen: ■■■ (Arbeitgeber)

wegen: rechtswidriger Zustimmung zur Kündigung eines Schwerbehinderten

Namens und in Vollmacht des Klägers erheben wir Klage vor dem Verwaltungsgericht ■■■ mit dem Antrag,

1. den Zustimmungsbescheid der Beklagten vom ■■■ in der Gestalt des Widerspruchsbescheids vom ■■■ aufzuheben,
2. der Beklagten die Kosten des Verfahrens aufzuerlegen,
3. unsere Hinzuziehung im Vorverfahren für notwendig zu erklären,
4. das Urteil wegen der Kosten für vorläufig vollstreckbar zu erklären,
5. dem Kläger zu gestatten, eine zulässige oder erforderliche Sicherheit auch durch Bankbürgschaft zu erbringen.

Begründung:

I.

Die im Jahre ■■■ geborene klägerische Partei ist schwerbehinderter Mensch mit einem Grad der Behinderung (GdB) von ■■■. Sie ist verheiratet und hat ■■■ unterhaltsberechtigte Kinder. Seit dem ■■■ war sie bei dem/der Beigeladenen ■■■ als ■■■ in einem unbefristeten Arbeitsverhältnis beschäftigt.

Sie war im ■■■ tätig. Ihr Tätigkeitsschwerpunkt war ■■■. Im Rahmen ihrer Tätigkeit hatte sie ■■■.

Der beizuladende Arbeitgeber der klägerischen Partei verfügt über insgesamt ca. ■■■ Arbeitsplätze und beschäftigt bei ■■■ Pflichtplätzen ■■■ schwerbehinderte Arbeitnehmer.

Im Zeitraum ■■■ kam es zu ■■■. Unter Bezugnahme auf den oben stehenden Sachverhalt beantragte der Arbeitgeber der klägerischen Partei mit am ■■■ bei der beklagten Partei eingegangenen Antrag die Zustimmung zur außerordentlichen fristlosen Kündigung, hilfsweise zur ordentlichen fristgerechten Kündigung der klägerischen Partei. Zur Begründung führt er aus, dass die Fortsetzung des Arbeitsverhältnisses zwischen dem Arbeitgeber und der klägerischen Partei

---

153 In jedem Bundesland sind Integrationsämter eingerichtet, in NRW z.B. beim Landschaftsverband Westfalen-Lippe und beim LVR.

unzumutbar sei. Der Umstand, dass die klägerische Partei seit ▬▬▬ während der Arbeitszeit ▬▬▬ habe, stelle eine schwerwiegende Verletzung der arbeitsvertraglichen Pflichten dar.

Am ▬▬▬ beantragte der Arbeitgeber bei der beklagten Partei die Zustimmung zur Kündigung des Arbeitsverhältnisses der klägerischen Partei. Mit Bescheid vom ▬▬▬ erteilte die beklagte Partei die Zustimmung zur Kündigung. Die klägerische Partei legte am ▬▬▬ Widerspruch gegen den Bescheid der beklagten Partei vom ▬▬▬ ein. Dieser wurde mit Widerspruchsbescheid vom ▬▬▬ abschlägig beschieden.

II.

Der Zustimmungsbescheid der beklagten Partei vom ▬▬▬ ist rechtswidrig und daher aufzuheben. Die beklagte Partei hat die Zustimmung nicht nach pflichtgemäßem Ermessen gemäß §§ 85, 88 SGB IX erteilt. Die beklagte Partei hat bei seiner Entscheidung eine an der Zielsetzung des Schwerbehindertengesetzes (SGB IX) orientierte Interessenabwägungen vorzunehmen,

BayVGH 10.3.2006 – 9 ZB 05.2600, n.v.

Vorliegend hat die beklagte Partei ihre Ermessensentscheidung auf eine unzureichend ermittelte Tatsachengundlage gestützt. Es liegt daher ein Fall von Ermessensfehlgebrauch vor. Die fehlerhafte Ermessensentscheidung der beklagten Partei ist aufzuheben.

Die Zustimmung zur Kündigung eines schwerbehinderten Arbeitnehmers, der in einem Integrationsbetrieb i.S.d. § 132 Abs. 1 SGB IX beschäftigt ist, erfordert eine besonders sorgfältige Aufklärung des Sachverhalts,

VG Frankfurt 23.2.2005 – 7 E 1771/04, n.v.

Diese Grundsätze gelten auch für die Beschäftigung des Arbeitnehmers in Betrieben, die nicht als Integrationsprojekte geführt werden. Bei der Entscheidung des Integrationsamtes ist immer zu beachten, dass das Integrationsamt die Sachverhaltsdarstellung des Arbeitgebers nicht ungeprüft übernehmen darf, sondern verpflichtet ist, den Sachverhalt, soweit es diesen seiner Entscheidung zugrunde legt, selbst aufzuklären,

BVerwG 6.2.1995 – 5 B 75/94, *Buchholz* 436.61 § 15 SchwBG Nr. 9.

Das Integrationsamt hat im Zustimmungsverfahren, um eine Ermessensentscheidung in sachgerechter Weise treffen zu können, anknüpfend an den Antrag auf Zustimmung zur Kündigung und von ihm ausgehend von Amts wegen all das zu ermitteln und dann auch zu berücksichtigen, was erforderlich ist, um die gegensätzlichen Interessen der Schwerbehinderten und seines Arbeitgebers gegeneinander abwägen zu können,

BVerwG 2.7.1992 – 5 C 51.90, BVerwGE 90, 287.

Das Integrationsamt ist nicht der Pflicht enthoben, sich von der Richtigkeit der für ihre Entscheidung wesentlichen Behauptung eine eigene Überzeugung zu verschaffen; gründet es dem entgegen seine Entscheidung auf unrichtige Behauptungen, dann begeht es einen Ermessensfehler,

BVerwG 6.2.1995 – 5 B 75/94, *Buchholz* 436.61 § 15 SchwbG Nr. 9.

▬▬▬

III.

Bei der Entscheidung über die Zustimmung zur Kündigung hat die beklagte Partei den wesentlichen Grundgedanken der gesetzlichen Regelung im SGB IX vernachlässigt, was ebenfalls zur Rechtswidrigkeit der Ermessensentscheidung führt. Die Integrationsämter müssen bei der materiellen Prüfung berücksichtigen, dass das Gesetz ein Fürsorgegesetz ist und deshalb dem schwerbehinderten Menschen den Arbeitsplatz erhalten und ihn vor Kündigungen aus Gründen der Schädigung schützen soll,

Neumann/Pahlen/Majerski-Pahlen/*Neumann*, SGB IX, § 85 Rn 70.

Das daraus sich ergebende pflichtgemäße Ermessen schränkt deshalb den Ermessensspielraum erheblich ein,

BVerwG 15.4.1964 – V C 203.62, BVerwGE 18, 213, 216; BVerwG 27.10.1971 – V C 78.70, BVerwGE 39, 36.

Im Rahmen der Entscheidung nach § 85 SGB IX hat das Integrationsamt die widerstreitenden Interessen des Schwerbehinderten und die des Arbeitgebers unter Berücksichtigung des fürsorgerischen Schutzzweckes des Gesetzes gegeneinander abzuwägen. Dabei sind zum einen das Interesse des Arbeitgebers an der Erhaltung seiner Gestaltungsmöglichkeiten und zum anderen das Interesse des behinderten Arbeitnehmers an der Erhaltung seines Arbeitsplatzes zu berücksichtigen. Der Schwerbehindertenschutz gewinnt an Gewicht, wenn die Kündigung des Arbeitsverhältnisses auf Gründe gestützt wird, die in der Behinderung selbst ihre Ursache haben. In diesen Fällen sind an die Zumutbarkeitsgrenze für den Arbeitgeber besonders hohe Anforderungen zu stellen, um den im Schwerbehindertenrecht zum Ausdruck gekommenen Schutzgedanken der Rehabilitation verwirklichen zu können,

VG Münster 25.7.2006 – 5 K 1808/05, n.v.

Das Integrationsamt muss vor der Zustimmungsentscheidung überprüfen, ob der schwerbehinderte Mensch nicht aufgrund seiner sich durch die Behinderung ergebenden Benachteiligung in diskriminierender Art und Weise aus Gründen entlassen werden soll, die mit dem Fürsorge- und Schutzcharakter des SGB IX nicht in Einklang stehen.

Im vorliegenden Fall hat die beklagte Partei insbesondere übersehen, dass ▪▪▪. Nur aufgrund der körperlichen Einschränkungen, die durch die Behinderung der klägerischen Partei bedingt sind, konnte die klägerische Partei Arbeiten im Bereich ▪▪▪ nicht schneller ausführen. Die Minderleistungsfähigkeit im Zusammenhang mit der Behinderung ist für sich allein aber kein Kündigungsgrund,

Kaiser, Behindertenrecht, S. 9; *Siegler*, DB 1977, 1947.

Die Zustimmung soll aber nur dann erteilt werden, wenn der Kündigungsgrund nicht im Zusammenhang mit der Behinderung steht,

VG Arnsberg 11.2.1976 – 5 K 821/75, DB 1976, 1532.

Nur wenn die Kündigungsgründe auf Umständen beruhen, die nicht mit der Behinderung in Zusammenhang stehen, kann der Behindertenschutz in den Hintergrund treten. Im Bereich der verhaltensbedingten Kündigung kann das beispielsweise der Fall sein, wenn der schwerbehinderte Mensch während der Arbeitszeit privat das Internet nutzt,

VG Münster 25.7.2006 – 5 K 1808/05, n.v.

Die klägerische Partei hat jedoch im Rahmen ihrer körperlichen Leistungsfähigkeit stets einwandfrei und zuverlässig ihre Arbeitsleistung erbracht.

▪▪▪

IV.

Die Ermessensentscheidung ist insbesondere auch dann fehlerhaft, wenn das Integrationsamt nicht überpüft hat, ob ein anderer Arbeitsplatz zur Verfügung steht,

BVerwG 28.2.1968 – V C 33.66, BVerwGE 29, 140.

Im Betrieb des Arbeitgebers ist der Arbeitsplatz des/der ▪▪▪ frei und könnte von der klägerischen Partei besetzt werden. Die klägerische Partei verfügt über die notwendigen Fähigkeiten und Kenntnisse in diesem Bereich. Insbesondere ▪▪▪.

Auch in dieser Hinsicht ist die Zustimmungsentscheidung der beklagten Partei rechtswidrig und damit aufzuheben.

V.

Der Streitwert ist entsprechend § 42 Abs. 4 GKG zu bemessen. Jedenfalls dann, wenn der zu kündigende Arbeitnehmer die Zustimmung des Integrationsamtes zur Kündigung bekämpft, führt dies unmittelbar dazu, dass die Kündigung des Arbeitsverhältnisses des schwerbehinderten Menschen unwirksam wird bzw. nicht erklärt werden kann. Die Bedeutung des Verfahrens für den Arbeitnehmer ist deshalb ebenso zu bewerten wie die einer Kündigungsschutzklage vor dem Arbeitsgericht,

OVG Lüneburg 25.5.1989 – 11 L 22/89, n.v.

XIX. Urlaub

1. Muster: Urlaubserteilung

Arbeitsgericht ▪▪▪

Klage

▪▪▪

– klägerische Partei –

Prozessbevollmächtigte: ▪▪▪

gegen

▪▪▪

– beklagte Partei –

Prozessbevollmächtigte: ▪▪▪

wegen: Urlaub

Wir bestellen uns zu Prozessbevollmächtigten der klägerischen Partei, in deren Namen und Vollmacht wir um Anberaumung eines möglichst frühen Gütetermins bitten. Sollte die Güteverhandlung ergebnislos bleiben, werden wir beantragen:
1. Die beklagte Partei wird verpflichtet, der klägerischen Partei in der Zeit vom ▬▬▬ bis ▬▬▬ für ▬▬▬ Wochen Erholungsurlaub zu gewähren.
2. Die Berufung wird zugelassen.
3. Die Kosten des Rechtsstreits trägt die beklagte Partei.

Gründe:

I.

Die klägerische Partei ist seit dem ▬▬▬ bei der beklagten Partei als ▬▬▬ zu einem monatlichen Bruttogehalt von ca. ▬▬▬ EUR beschäftigt.
  Beweis: Vorlage der Verdienstabrechnungen für die Monate ▬▬▬ und ▬▬▬ in Kopie – Anlage K 1.
Die klägerische Partei beantragte bereits am ▬▬▬ ihren Jahresurlaub für ▬▬▬ und teilte mit, dass sie ihren Jahresurlaub für ▬▬▬ Wochen in die Zeit vom ▬▬▬ bis ▬▬▬ legen wollte. Die klägerische Partei hat schulpflichtige Kinder und beabsichtigt, in dieser Zeit in ihr Heimatland zu verreisen. Die beklagte Partei lehnte mit Schreiben vom ▬▬▬ unter Bezugnahme auf mehrere Gespräche die Urlaubsgewährung in diesem Zeitraum ab.
  Beweis: Vorlage des Schreibens vom ▬▬▬ in Kopie – Anlage K 2.
Die beklagte Partei wurde mit außergerichtlichem Schreiben der Prozessbevollmächtigten der klägerischen Partei vom ▬▬▬ nochmals aufgefordert, die betrieblichen Gründe mitzuteilen, die einer Urlaubsgewährung in der Zeit vom ▬▬▬ bis ▬▬▬ entgegenstehen.
  Beweis: Vorlage des Schriftsatzes der klägerischen Partei vom ▬▬▬ in Kopie – Anlage K 3.
Die beklagte Partei hat solche betrieblichen Gründe nicht mitgeteilt und lehnte mit Schreiben ihrer Bevollmächtigten vom ▬▬▬ die beantragte Urlaubsgewährung endgültig ab.
  Beweis: Vorlage des Schreibens der beklagten Partei vom ▬▬▬ in Kopie – Anlage K 4.

II.

Die klägerische Partei hat Anspruch auf Erteilung des Jahresurlaubs wie beantragt für die Zeit vom ▬▬▬ bis ▬▬▬.
Zur Festlegung des Urlaubs bedarf es einer Erfüllungshandlung des Arbeitgebers. Da der Arbeitgeber einseitig seine Leistungspflicht konkretisiert, hat die Festlegung gemäß § 315 BGB nach billigem Ermessen zu erfolgen,
  so BAG, AP § 611 BGB Urlaubsrecht Nr. 84; BAG, AP § 7 BUrlG Nr. 5.
Im Rahmen der Abwägung der wechselseitigen Interessen hat der Arbeitgeber die Urlaubswünsche des Arbeitnehmers zu berücksichtigen (§ 7 Abs. 1 BUrlG). Der Arbeitgeber darf sich über die Urlaubswünsche nur dann hinwegsetzen, wenn von ihm darzulegende oder zu beweisende dringende betriebliche Belange oder Urlaubswünsche anderer Arbeitnehmer, die unter sozialen Gründen den Vorrang verdienen, wie etwa Berücksichtigung der Schulferien bei Arbeitnehmern mit schulpflichtigen Kindern, entgegenstehen,
  vgl. BAG, AP § 7 BUrlG Nr. 5.
Entspricht die Festlegung des Urlaubszeitpunktes nicht der Billigkeit, so ist sie für den Arbeitnehmer nicht verbindlich (§ 315 Abs. 1 Satz 1 BGB), vielmehr erfolgt sie dann durch Urteil (§ 315 Abs. 3 Satz 2 BGB).
Entgegenstehende dringende betriebliche Belange sind trotz der Aufforderung im Schriftsatz vom ▬▬▬ seitens der beklagten Partei nicht vorgetragen worden.
Da entgegenstehende betriebliche Belange oder Urlaubswünsche anderer Arbeitnehmer nicht erkennbar sind, hat die klägerische Partei Anspruch auf Gewährung des von ihr gewünschten Urlaubs in der Zeit vom ▬▬▬ bis ▬▬▬.
Im Übrigen wird noch auf die bei der beklagten Partei geltende Betriebsordnung hingewiesen, die zwischen der beklagten Partei und dem Betriebsrat vereinbart worden ist. Dort ist geregelt, dass mindestens 3 Wochen Urlaub zusammenhängend genommen werden müssen, um den Urlaubszweck zu erreichen. Ferner ist festgelegt, dass der Urlaub während der Schulferien nach Möglichkeit den Betriebsangehörigen mit schulpflichtigen Kindern vorbehalten bleiben soll.
  Beweis: Vorlage der Betriebsordnung in Kopie – Anlage K 5.
Da die beklagte Partei es außergerichtlich abgelehnt hat, den beantragten Urlaub zu gewähren, war Klage geboten.

2. Muster: Einstweilige Verfügung wegen Urlaubserteilung

Arbeitsgericht ▪▪▪

Antrag auf Erlass einer einstweiligen Verfügung

▪▪▪

– antragstellende Partei –

Verfahrensbevollmächtigte: ▪▪▪
und

▪▪▪

– antragsgegnerische Partei –

Verfahrensbevollmächtigte: ▪▪▪

wegen: Gestattung, der Arbeit fernzubleiben

Wir bestellen uns zu Verfahrensbevollmächtigten der antragstellenden Partei, in deren Namen und Auftrag wir im Wege der einstweilige Verfügung – wegen der Dringlichkeit ohne mündliche Verhandlung, ansonsten unter Abkürzung der Ladungs- und Einlassungsfristen auf das gesetzlich zulässige Mindestmaß – beantragen:

1. Der antragstellenden Partei wird das Fernbleiben von der Arbeit in der Zeit vom ▪▪▪ bis zum ▪▪▪ gestattet.[154]
2. Die Kosten des Verfahrens trägt die antragsgegnerische Partei.

Gründe:

1. Die antragstellende Partei ist bei der antragsgegnerischen Partei gemäß Arbeitsvertrag vom ▪▪▪ zu einem monatlichen Gehalt von ▪▪▪ EUR als Reisekauffrau beschäftigt.

Glaubhaftmachung: Vorlage des Arbeitsvertrages in Kopie – Anlage K 1.

Unstreitig stehen der antragstellenden Partei im Kalenderjahr ▪▪▪ noch ▪▪▪ Tage Erholungsurlaub zu.

2. Die antragstellende Partei hat am ▪▪▪ Erholungsurlaub für den Zeitraum vom ▪▪▪ bis ▪▪▪ schriftlich beantragt.

Glaubhaftmachung: Vorlage des Urlaubsantrags in Kopie – Anlage K 2.

Den Urlaubsantrag hat die Geschäftsführerin am ▪▪▪ abgezeichnet.

Glaubhaftmachung: Vorlage des Urlaubsantrags in Kopie – Anlage K 2.

Bei der antragsgegnerischen Partei bedeutet die Abzeichnung der Vorgesetzten, dass der Urlaubsantrag genehmigt ist.

Glaubhaftmachung: Eidesstattliche Versicherung der antragstellenden Partei – Anlage K 3.

Nach der Gegenzeichnung eines Urlaubsantrags wird dieser in eine Urlaubsdatei eingetragen.

Glaubhaftmachung: Vorlage eines aktuellen Ausdrucks der Urlaubsdatei – Anlage K 4.

Die Abzeichnung eines Urlaubsantrags durch den Vorgesetzten bedeutet im Betrieb der antragsgegnerischen Partei die Genehmigung des Urlaubs, die vom Vorgesetzten veranlasste Eintragung in die Urlaubsdatei bedeutet die Dokumentation der Genehmigung des beantragten Erholungsurlaubs.

Glaubhaftmachung: Eidesstattliche Versicherung der antragstellenden Partei – Anlage K 2.

3. Die antragstellende Partei hat nach der Genehmigung ihres Urlaubsantrags eine Reise für ihre Familie (vier Personen) in die Karibik gebucht.

Glaubhaftmachung: Vorlage der Reisedokumente – Anlage K 5.

4. Am ▪▪▪ teilte der antragstellenden Partei die Geschäftsführerin der antragsgegnerischen Partei mit, der Urlaub sei gestrichen.

Glaubhaftmachung: Eidesstattliche Versicherung der antragstellenden Partei – Anlage K 2.

Hintergrund bildete der Umstand, dass ein neues Computerprogramm eingeführt werde, dass das Software-Haus zwingend die Schulung aller Mitarbeiter in dem Zeitraum durchführen müsse, in dem die antragstellende Partei habe in Urlaub fahren wollen.

---

[154] Zwar geht es dem Arbeitnehmer der Sache nach bei der hier vorliegenden Antragstellung um die Gewährung von Erholungsurlaub. Um sich jedoch nicht der Gefahr auszusetzen, dass der Verfügungsgrund wegen einer Vorwegnahme in der Hauptsache vom Gericht verneint wird, wird empfohlen, den unterhalb der Urlaubsgewährung angesiedelten Freistellungsanspruch („Fernbleiben von der Arbeit"), bei dem auch offen bleibt, ob eine Vergütungspflicht für diesen Zeitraum besteht, zu wählen. Die Arbeitsgerichte zögern häufig, die Hauptsache vorwegzunehmen, insbesondere dann, wenn es um Sachverhaltsfragen geht, die aus der Sicht des Richters ohne Beweisaufnahme nicht mit der gebotenen Gewissheit beantwortet werden können. Auch die arbeitsverfahrensrechtliche Literatur regt an, statt der Erfüllung des streitigen Urlaubsanspruchs den Weg der Gestattung eines Fernbleibens von der Arbeit zu wählen (siehe nur *Germelmann u.a.*, ArbGG, § 62 Rn 81).

Glaubhaftmachung: Wie vor.

5. Die antragsgegnerische Partei ist nicht befugt, die zugesagte Leistung von Erholungsurlaub nach § 7 Abs. 1 BUrlG zu verweigern. Ist die Urlaubserteilung erfolgt, kann der Arbeitgeber ebenso wenig wie der Arbeitnehmer die Urlaubserteilung einseitig widerrufen,

BAG 29.1.1960, AP § 123 GewO Nr. 12; MünchArbR/*Leinemann*, § 89 Rn 87.

Die Festsetzung des Urlaubstermins ist eine Willenserklärung und mit ihrem Zugang wirksam geworden. Ein Widerruf ist nach den allgemeinen Regeln nicht möglich, lediglich kommt eine Anfechtung unter den Voraussetzungen der §§ 119, 123 BGB in Betracht, wenn der Urlaub noch nicht angetreten wurde,

Neumann/*Fenski*, § 7 Rn 8.

Nur Ausnahmsweise, in echten Notfallsituationen, ist dem Arbeitgeber das Festhalten an der Urlaubserteilung nicht zuzumuten. Solche Notfälle liegen vor, wenn unvorhergesehene und unabwendbare Umstände vorliegen, die die Anwesenheit des Arbeitnehmers dringend erforderlich machen, da andernfalls dem Arbeitgeber Nachteile drohen,

vgl. *Lepke*, DB 1990, 1131 m.w.N.

Ein solcher Notfall ist vorliegend nicht gegeben. Die Informationen über die Änderungen in der Software kann sich die antragstellende Partei auch nach Urlaubsrückkehr verschaffen. Für die Installation der Software auf dem Rechner der antragstellenden Partei ist die Anwesenheit der antragstellenden Partei nicht erforderlich. Der Supervisor verfügt über die Möglichkeit des jederzeitigen Zugangs zum Arbeitsplatz-Rechner der antragstellenden Partei.

6. Der Anspruch auf Urlaub kann auch gemäß §§ 935, 940 ZPO anerkanntermaßen im Wege der einstweiligen Verfügung durchgesetzt werden,

BAG 22.1.1998 – 2 ABR 19/97, NZA 1998, 708; BAG 16.3.2000 – 2 AZR 75/98, NZA 2000, 1332; Kittner/Zwanziger/*Litzig*, Arbeitsrecht, Handbuch für die Praxis, § 68 Rn 171.

Im Urlaubsrecht kann auch eine einstweilige Verfügung auf Urlaubsbewilligung für einen bestimmten Zeitraum beantragt und erlassen werden,

LAG Rheinland-Pfalz 7.3.2002, NZA-RR 2003, 130.

Einer entsprechenden einstweiligen Verfügung steht nicht entgegen, dass durch sie bereits eine Befriedigung des Urlaubsanspruchs herbeigeführt wird, wenn die geschuldete Willenserklärung vom Arbeitgeber so kurzfristig erstritten werden muss, dass die Erwirkung des Titels im Urteilsverfahren nicht möglich ist,

LAG Rheinland-Pfalz 7.3.2002, NZA-RR 2003, 130; siehe auch *Schreiber*, Jura 2000, 492.

Mit dem vorliegenden Antrag wird, obwohl dies nach der Rechtsprechung möglich wäre, nicht die Erfüllung des streitigen Urlaubsanspruchsanspruchs geltend gemacht, sondern eine Regelungs- und Sicherungsverfügung, die der antragstellenden Partei ermöglicht, für den ursprünglich genehmigten Urlaubszeitraum von der Arbeit fernzubleiben. Damit tritt auch keine Vorwegnahme in der Hauptsache ein. Der Einwand, dass bekanntermaßen eine Rückabwicklung im Falle einer für den Arbeitnehmer negativen Entscheidung in der Hauptsache nicht mehr möglich ist, wenn im einstweiligen Verfügungsverfahren der Urlaub gewährt wurde, entfällt.

Es bleibt daher dem Hauptsacheverfahren vorbehalten, sowohl eine Entscheidung darüber zu fällen, ob dem Arbeitnehmer der Urlaubsanspruch zustand und ggf. dann auch eine Entscheidung darüber zu fällen, ob der Zeitraum, während dessen die antragstellende Partei der Arbeit ferngeblieben ist, von der antragsgegnerischen Partei gemäß dem monatlichen Bruttoentgelt durch Urlaubsentgelt zu vergüten ist.

Es kann deshalb dahingestellt bleiben, ob die mit dem vorliegenden Antrag geltend gemachte Freizeit Erholungsurlaub ist oder nicht, ob Urlaubsentgelt zu zahlen ist oder nicht. Soweit streitig, können diese Ansprüche im Hauptsacheverfahren entschieden werden.

Die Dringlichkeit der geltend beantragten Entscheidung ergibt sich zwanglos aus dem Umstand, dass in der Zeit bis zum Beginn der Urlaubsreise (in ▬▬▬ Tagen) eine Hauptsacheentscheidung nicht mehr herbeigeführt werden kann und die Freistellung der antragstellenden Partei nur noch im Wege einer einstweiligen Verfügung sichergestellt werden kann.

3. Muster: Klage auf Urlaubsabgeltung

Arbeitsgericht ▪▪▪

Klage

▪▪▪

– klägerische Partei –

Prozessbevollmächtigte: ▪▪▪

gegen

▪▪▪

– beklagte Partei –

Prozessbevollmächtigte: ▪▪▪

wegen: Urlaubsabgeltung

Wir bestellen uns zu Prozessbevollmächtigten der klägerischen Partei, in deren Namen und Auftrag wir um kurzfristige Anberaumung eines Gütetermins bitten und beantragen werden zu erkennen:

1. Die beklagte Partei wird verurteilt, der klägerischen Partei ▪▪▪ EUR brutto nebst 5 % Zinsen über dem Basiszinssatz seit dem ▪▪▪ zu zahlen.[155]
2. Die Kosten des Rechtsstreits trägt die beklagte Partei.

Gründe:

1. Die klägerische Partei war bei der beklagten Partei in der Zeit vom ▪▪▪ bis zum ▪▪▪ als ▪▪▪ beschäftigt. Das monatliche Bruttogehalt betrug ▪▪▪ EUR. Für die klägerische Partei galt eine Fünf-Tage-Woche.

Beweis: Vorlage des Arbeitsvertrages in Kopie – Anlage K 1.

Die beklagte Partei hat der klägerischen Partei mit Schreiben vom ▪▪▪ gekündigt und sie gleichzeitig bis zum Ablauf der Kündigungsfrist von der Arbeitsleistung freigestellt.

Beweis: Kündigungsschreiben in Kopie – Anlage K 2.

2. Nach dem Arbeitsvertrag hat die klägerische Partei Anspruch auf Urlaub in Höhe von ▪▪▪ Arbeitstagen pro Jahr. Die klägerische Partei hatte während des Beschäftigungsverhältnisses vom ▪▪▪ bis ▪▪▪ im letzten Kalenderjahr Urlaub genommen. Ihr steht somit noch ein Urlaub in Höhe von ▪▪▪ Arbeitstagen zu. Die anteilige Kürzung erfolgt gemäß § 5 Abs. 1 Buchst. c) BUrlG.

Da die antragstellende Partei keine Gelegenheit hatte, den ihr noch zustehenden Resturlaub in Höhe von ▪▪▪ Tagen bis zur Beendigung des Arbeitsverhältnisses zu nehmen, hat sich ihr Urlaubsanspruch gemäß § 7 Abs. 4 BUrlG in einen Abgeltungsanspruch umgewandelt. Dass die klägerische Partei für mehrere Wochen nach der Kündigung bis zur Beendigung des Arbeitsverhältnisses von der beklagten Partei freigestellt wurde, ändert an der Entstehung des Abgeltungsanspruchs nicht. Vereinbaren die Parteien des Arbeitsverhältnisses bei einer vom Arbeitgeber ausgesprochenen Freistellung nicht, dass in der Zeit der Freistellung der noch bestehende Resturlaub genommen wird, bleibt der Urlaubsanspruch erhalten,

ständige Rechtsprechung: BAG 9.6.1998, NZA 1999, 80 = DB 1999, 52; LAG Köln 16.3.2000, LAGE § 7 BUrlG Nr. 37.

Zwischen den Parteien wurde keine Vereinbarung getroffen, wonach die Freistellung gleichzeitig auch Urlaub bedeuten sollte. Damit verbleibt es bei dem Abgeltungsanspruch gemäß § 7 Abs. 4 BUrlG.

3. Der Urlaubsabgeltungsanspruch berechnet sich nach folgender Formel: Der dreifache Bruttomonatsverdienst der klägerischen Partei wird durch 65 Tage dividiert. Dies ergibt das arbeitstägliche Bruttoentgelt, das mit der Anzahl der Urlaubstage (hier: ▪▪▪) zu multiplizieren ist. Damit errechnet sich ein Urlaubsabgeltungsanspruch der klägerischen Partei in Höhe von ▪▪▪ EUR wie folgt: ▪▪▪.

---

[155] Nach der Neufassung des § 288 BGB durch Art. 1 SchuldRModG v. 26.11.2001 (BGBl. I S. 3138) ist der Zinsantrag, wie oben dargestellt, zu fassen. Vor dem 1.1.2000 (vgl. Art. 9 Abs. 1 SchuldRModG) galt entsprechend der alten Fassung des § 288 Abs. 1 BGB, dass eine Geldschuld während des Verzugs mit fünf Prozentpunkten über dem Basiszinssatz nach § 1 des Diskontsatz-Überleitungs-Gesetzes zu verzinsen war. Eine dem Wortlaut des § 288 BGB entsprechende Antragstellung ist ausreichend. Somit muss sich der Anwalt nicht der Mühe unterziehen, den aktuellen Basiszinssatz zu ermitteln und dann einen konkret bezifferten Zinsantrag zu stellen.

4. Muster: Einstweilige Verfügung wegen Bildungsurlaub

Arbeitsgericht ■■■

Antrag auf Erlass einer einstweiligen Verfügung

■■■

– antragstellende Partei –

Verfahrensbevollmächtigte: ■■■
und

■■■

– antragsgegnerische Partei –

Verfahrensbevollmächtigte: ■■■
wegen: Bildungsurlaub

Wir bestellen uns zu Verfahrensbevollmächtigten der antragstellenden Partei und beantragen, durch einstweilige Verfügung – wegen der Dringlichkeit ohne vorherige mündliche Verhandlung – andernfalls unter Abkürzung der Ladungs- und Einlassungsfristen auf das gesetzlich zulässige Mindestmaß, wie folgt zu erkennen:

1. Der antragsgegnerischen Partei wird im Wege der einstweiligen Verfügung aufgegeben, der antragstellenden Partei für die Zeit vom ■■■ bis zum ■■■ Bildungsurlaub für die Teilnahme an der Maßnahme ■■■ unter Fortzahlung der Vergütung zu gewähren.
2. Die Kosten des Verfahrens trägt die antragsgegnerische Partei.

Gründe:

1. Die antragstellende Partei ist bei der antragsgegnerischen Partei seit dem ■■■ als ■■■ auf der Grundlage des Arbeitsvertrages vom ■■■ beschäftigt. Das monatliche Bruttogehalt beträgt ■■■ EUR.
   Glaubhaftmachung: Vorlage des Arbeitsvertrages in Kopie – Anlage K 1.

Die antragstellende Partei hat somit die Wartezeit erfüllt, die nach allen Bildungsurlaubsgesetzen der Länder sechs Monate beträgt, mit Ausnahme des Landes Rheinland-Pfalz, das eine Wartezeit von zwei Jahren vorschreibt.

2. Mit Schreiben vom ■■■ beantragte die antragstellende Partei bei der Personalabteilung der antragsgegnerischen Partei erstmalig Bildungsurlaub für die Maßnahme ■■■.
   Glaubhaftmachung: Schreiben vom ■■■ in Kopie – Anlage K 2.

Bei der Maßnahme ■■■ handelt es sich um eine anerkannte Bildungsveranstaltung des Bildungsträgers ■■■. Die antragstellende Partei hat sich zu dieser Bildungsmaßnahme auch bereits angemeldet.
   Glaubhaftmachung: Vorlage des Schreibens vom ■■■ in Kopie – Anlage K 3.

In der Bildungsmaßnahme werden Kenntnisse vermittelt, die dem Weiterbildungszweck entsprechen: ■■■[156]

---

[156] In elf Bundesländern bestehen Gesetze zum Bildungsurlaub, so in Berlin (Berliner Bildungsurlaubsgesetz vom 24.10.1990, GVBl 2209; Ausführungsbestimmungen über das Anerkennungsverfahren vom 3.9.1991, ABl 1965); in Brandenburg (Brandenburgisches Weiterbildungsgesetz vom 15.12.1993, GVBl I 498; Verordnung über das Anerkennungsverfahren vom 22.11.1995), in Bremen (Bremisches Bildungsurlaubsgesetz vom 18.12.1974, i.d.F. v. 18.6.1996, GVBl 127), in Hamburg (Hamburgisches Bildungsurlaubsgesetz vom 21.1.1974, i.d.F. v. 16.4.1991, GVBl 113), in Hessen (Hessisches Gesetz über den Anspruch auf Bildungsurlaub vom 16.10.1984, GVBl 294) in Niedersachsen (Niedersächsisches Gesetz über den Bildungsurlaub für Arbeitnehmerinnen und Arbeitnehmer v. 25.1.1991, i.d.F. v. 16.12.1992, GVBl. 1991, 29; 1992, 448), in Nordrhein-Westfalen (Arbeitnehmerweiterbildungsgesetz v. 22.3.2000, GV NRW 678), in Rheinland-Pfalz (Bildungsfreistellungsgesetz i.d.F. v. 17.11.1995, GVBl 1993, 157; 1995, 454), im Saarland (Saarländisches Weiterbildungs- und Bildungsurlaubsgesetz vom 17.1.1990 i.d.F. v. 15.9.1994, ABl 1359), in Sachsen-Anhalt (Bildungsfreistellungsgesetz v. 4.3.1998 i.d.F. v. 16.7.2003, GVBl 1998, 92) und in Schleswig-Holstein (Bildungsfreistellungs- und Qualifizierungsgesetz v. 7.6.1990 i.d.F. v. 24.10.1996, GVOBl 1990, 364; 1996, 655). Die Anspruchsvoraussetzungen sind unterschiedlich. Zunächst einmal haben Anspruch nach allen Gesetzen die Arbeitnehmerinnen und Arbeitnehmer. Mit Ausnahme von Nordrhein-Westfalen besteht der Anspruch auch für Auszubildende. Mit Ausnahme von Hamburg und Berlin haben auch die in Heimarbeit Beschäftigten sowie die diesen Gleichgestellten und sonstige arbeitnehmerähnliche Personen einen Anspruch auf Bildungsurlaub. Die Anerkennungsvoraussetzungen sind sorgfältig geregelt. Mitteilungen über die Bescheide, in denen die anerkannte Bildungsveranstaltung und der anerkannte Bildungsträger benannt sind, sind meist über die Bildungsträger zu erhalten. Die Anerkennungsverfahren erfolgen entweder als Einzelanerkennung oder eine gesetzliche Geltungsanordnung, die nicht bindend ist für die Anerkennung durch die Arbeitsgerichte. Mit dieser Begründung hat das BVerfG auch die Verfassungsmäßigkeit des Hessischen und des Nordrhein-Westfälischen Bildungsurlaubsgesetzes bestätigt. Es obliege den Fachgerichten, bei thematisch umstrittenen Bildungsveranstaltungen zu erkennen, ob diese inhaltlich den gesetzlichen Zielvorgaben entsprechen (BVerfG 15.12.1987 – 1 BvR 563/85, 1 BvR 582/85, 974/86, 1 BvL 3/86, BVerfGE 77, 308 = AP Art. 12 GG Nr. 62). Die Weiterbildungszwecke sind nach den Bildungsurlaubsgesetzen nicht einheitlich. Deshalb muss die Subsumtion bei der Darstellung, welche Weiterbildungszwecke mit der beantragten Teilnahme des Arbeitnehmers erfüllt werden, auf den Wortlaut und die recht unterschiedlichen Definitionen der einzelnen Bildungsurlaubsgesetze abstellen. Nach allen Gesetzen wird Bildungsurlaub bei Maßnahmen der beruflichen Weiterbildung gewährt. In einigen Bundesländern werden auch Maßnahmen der politischen Weiterbildung für förderungswürdig erklärt, wie in Berlin, Hamburg, Hessen, Schleswig-Holstein oder Rheinland-Pfalz. Andere Bildungsurlaubsgesetze sehen Bildungsurlaub entweder allein (Brandenburg, Niedersachsen, Saarland, Sachsen-Anhalt) oder zusätzlich zu der politischen und beruflichen Weiterbildung (Bremen, Schleswig-Holstein) für den Zweck der allge-

3. Die antragsgegnerische Partei bestreitet die Geeignetheit der Bildungsmaßnahme und erklärte der antragstellenden Partei mündlich, in ihrem Betrieb habe noch nie jemand Bildungsurlaub genommen. Das sei bei der antragsgegnerischen Partei unüblich. Im Übrigen könne dem Antrag nicht stattgegeben werden, weil sich noch zwei Mitarbeiter aus der gleichen Abteilung zu dem von der antragstellenden Partei geltend gemachten Zeitraum im Erholungsurlaub befänden.

Glaubhaftmachung: Eidesstattliche Versicherung der antragstellenden Partei – Anlage K 4.

4. Die antragstellende Parte hat Anspruch auf Erteilung des Bildungsurlaubs. Sie erfüllt sämtliche Anspruchsvoraussetzungen. Auch liegen keine dringenden betrieblichen Belange vor, die einer Erteilung entgegenstehen könnten. Die antragsgegnerische Partei erteilt regelmäßig in der Abteilung der antragstellenden Partei auch mehr als zwei Mitarbeitern gleichzeitig Urlaub.

Glaubhaftmachung: Eidesstattliche Versicherung der antragstellenden Partei – Anlage K 4.

Damit entfällt das Argument, zwingende betriebliche Gründe stünden der Bewilligung von Bildungsurlaub entgegen. Durch die Freistellung der antragstellenden Partei für den beantragten Zeitraum werden damit keine betrieblichen Belange beeinträchtigt.

Da der Bildungsurlaub bereits in zwei Wochen beginnt, kann die antragstellende Partei nicht länger zuwarten und auch nicht auf das Hauptsacheverfahren verwiesen werden. In Fällen, in denen der Bildungsurlaub bei Durchführung des Erkenntnisverfahrens verstrichen wäre, wird nach allgemeiner Ansicht der Weg der einstweiligen Verfügung als zulässig angesehen,

BAG 18.12.1986, AP § 7 BUrlG Nr. 10; *Heilmann*, UrlR, Bildungsurlaub, Rn 38; KassArbR/*Haug*, 2.4. Rn 795; Kittner/Zwanziger/*Litzig*, Arbeitsrecht, Handbuch für die Praxis, § 69 Rn 43.

Die Eilbedürftigkeit darf allein nicht durch treuwidriges Zuwarten verursacht worden sein. Hiervon kann allerdings nicht die Rede sein, wenn für den Arbeitnehmer keine Chance bestand, rechtzeitig ein erstinstanzliches Urteil zu erhalten,

LAG Frankfurt 22.10.1998, NZA-RR 1999, 606.

XX. Wettbewerb

1. Muster: Karenzanspruch bei unverbindlichem Wettbewerbsverbot

Arbeitsgericht ▄▄▄

Klage

▄▄▄

– klägerische Partei –

Prozessbevollmächtigte: ▄▄▄

gegen

▄▄▄

– beklagte Partei –

wegen: Karenzentschädigung

Wir bestellen uns zu Prozessbevollmächtigten der klägerischen Partei, in deren Namen und Auftrag wir um kurzfristige Anberaumung eines Gütetermins bitten. Wir werden im Übrigen beantragen zu erkennen:

1. Die beklagte Partei wird verurteilt, ▄▄▄ EUR brutto nebst 5 % Zinsen über dem Basiszinssatz für den Zeitraum vom ▄▄▄ bis zum ▄▄▄ sowie 5 % Zinsen über dem Basiszinssatz ab dem ▄▄▄ an die klägerische Partei zu zahlen.
2. Die Berufung wird zugelassen.
3. Die beklagte Partei trägt die Kosten des Rechtsstreits.

---

meinen Weiterbildung vor. Der den Textbaustein ausfüllende Verfasser des Antrags auf Erlass einer einstweiligen Verfügung muss deshalb unter Zuhilfenahme des Landesgesetzes, einer etwaig ausgesprochenen Anerkennung der Bildungsmaßnahme oder im Rahmen einer gesetzlichen Geltungsanordnung den Wortlaut des maßgeblichen Bildungsurlaubsgesetzes zugrunde legen und den Inhalt der beantragten Weiterbildungsmaßnahme zur Definition des landesgesetzlichen Weiterbildungszweck in Beziehung setzen.

Gründe:

1. Zwischen den Parteien bestand vom ▬▬▬ bis ▬▬▬ ein Arbeitsverhältnis. Die klägerische Partei war als ▬▬▬ bei einem monatlichen Bruttoverdienst von ▬▬▬ bei der beklagten Partei tätig.

Beweis: Vorlage des Arbeitsvertrages in Kopie – Anlage K 1.

Neben dem Arbeitsvertrag haben die Parteien eine Wettbewerbsabrede mit folgendem Inhalt getroffen: ▬▬▬

Beweis: Vorlage der Wettbewerbsvereinbarung in Kopie – Anlage K 2.

Zwischen den Parteien wurde das Arbeitsverhältnis durch Kündigung beendet.

Beweis: Vorlage der Kündigungserklärung in Kopie – Anlage K 3.

In der Wettbewerbsvereinbarung hat sich die beklagte Partei verpflichtet, dem Kläger für die Dauer des Verbots eine Entschädigung zu zahlen, die für jedes Jahr des Verbots mindestens die Hälfte der von ihm zuletzt bezogenen vertragsmäßigen Leistungen erreicht. Diese Vereinbarung entspricht den Anforderungen aus § 74 Abs. 2 HGB. Sie ist zwar unverbindlich, weil sie zu niedrig ist. Die klägerische Partei wird durch die Wettbewerbsabrede derart in ihrem Recht auf Berufsausübung gemäß Art. 12 GG eingeschränkt, dass eine nur 50%ige Karenzentschädigung nicht der gesetzlich vorgeschriebenen Höhe entspricht. ▬▬▬

2. Gleichwohl kann die klägerische Partei nur die in der Wettbewerbsvereinbarung vereinbarte Vergütung verlangen.

Mit seinem Urteil vom 9.1.1990 hat das BAG zwar zu erkennen gegeben, dass der Arbeitnehmer bei einer zu niedrigen Karenzentschädigung eine Karenzentschädigung in der gesetzlichen Höhe verlangen könne,

BAG 9.1.1990, AP § 74 HGB Nr. 59; ebenso *Bauer/Diller*, Wettbewerbsverbote, Rn 78 und 313.

Als angemessene Karenzentschädigung kann jedoch nach neuerer Rechtsprechung des BAG nur diejenige Karenzentschädigung verlangt werden, die Gegenstand der Wettbewerbsabrede bildet. Das BAG vertritt in ständiger Rechtsprechung die Ansicht, bei einem wegen zu niedriger Karenzentschädigung unverbindlichen Wettbewerbsverbot könne der Arbeitnehmer die Karenzentschädigung allenfalls in der zugesagten Höhe verlangen, nicht aber in der gesetzlich vorgeschriebenen,

siehe BAG 18.1.2000 – 9 AZR 929/98, n.v.; BAG 3.5.1994, AP § 74 HGB Nr. 65.

Die Pflicht des Arbeitnehmers zur Karenz wandelt sich beim unverbindlichen Wettbewerbsverbot in eine Obliegenheit um, bei deren Verletzung der Entschädigungsanspruch entfällt. Den Entschädigungsanspruch verliert der Arbeitnehmer also nur dann, wenn er konkrete Wettbewerbshandlungen vornimmt. Folglich behält er den Entschädigungsanspruch nicht nur, wenn er konkurrenzfreie Tätigkeit aufnimmt (so im Fall des BAG, Urt. v. 23.5.1990, AP § 74 HGB Nr. 60), sondern auch, wenn er sich arbeitslos meldet (so im Fall des ArbG München 13.6.1996 – 27 Ca 10313/95, n.v.). Die Klage auf Karenzentschädigung bildet eine ausreichende Ausübung des Wahlrechts des Arbeitnehmers,

ArbG Siegburg 18.12.1996 – 1 Ca 956/96, n.v.

Wenn der Arbeitnehmer über sein nachfolgendes Verhalten zum Ausdruck bringt, er werde keine konkreten Wettbewerbshandlungen vornehmen, sondern seinen Entschädigungsanspruch geltend machen, reduziert sich der Anspruch des Arbeitnehmers auf die Entschädigung,

so seit der 3. Aufl. *Bauer/Diller*, Wettbewerbsverbote, Rn 76 ff. (80).

3. Bei dieser Sachlage ergibt sich zu Gunsten der klägerischen Partei Folgendes: Die klägerische Partei hat sich an das Wettbewerbsverbot gehalten und seit ihrem Ausscheiden keine Wettbewerbstätigkeit ausgeübt. Sie ist gegenwärtig arbeitslos.

Die beklagte Partei wurde mehrfach aufgefordert, eine Karenzentschädigung in der mit der vorliegenden Klage geltend gemachten Höhe zu zahlen.

Beweis: Vorlage des Anwaltsschreibens in Kopie – Anlage K 4.

Die beklagte Partei lehnte jedwede Zahlungen einer Karenzentschädigung ab.

Beweis: Vorlage des Schreibens der beklagten Partei vom ▬▬▬ in Kopie – Anlage K 5.

Bei dieser Sachlage war Klage geboten.

2. Muster: Unwirksamkeit eines Wettbewerbsverbots

Arbeitsgericht ▪▪▪

Klage

▪▪▪

– klägerische Partei –

Prozessbevollmächtigte: ▪▪▪

gegen

▪▪▪

– beklagte Partei –

Prozessbevollmächtigte: ▪▪▪

wegen: Aufnahme anderweitiger Tätigkeit

Streitwert (vorläufig): ▪▪▪

Wir bestellen uns zu Prozessbevollmächtigten der klägerischen Partei, in deren Namen und Auftrag wir beantragen zu erkennen:

1. Es wird festgestellt, dass die klägerische Partei nicht verpflichtet ist, es zu unterlassen, bei der Firma ▪▪▪ ab ▪▪▪ als ▪▪▪ tätig zu werden.
2. Es wird festgestellt, dass das Wettbewerbsverbot im Arbeitsvertrag zwischen der klägerischen Partei und der beklagten Partei vom ▪▪▪ nichtig ist.
3. Es wird festgestellt, dass das Wettbewerbsverbot im Arbeitsvertrag zwischen der klägerischen Partei und der beklagten Partei vom ▪▪▪ unverbindlich ist.
4. Die Berufung wird zugelassen.
5. Die Kosten des Rechtsstreits trägt die beklagte Partei.

Gründe:

I.

Die klägerische Partei nahm bei der beklagten Partei mit Wirkung vom ▪▪▪ ein Arbeitsverhältnis als ▪▪▪ auf.

   Beweis: Vorlage des Arbeitsvertrages in Kopie – Anlage K 1.

Die klägerische Partei hat dieses Arbeitsverhältnis durch fristgerechte Kündigung beendet.

   Beweis: Vorlage des Kündigungsschreibens in Kopie – Anlage K 2.

Mit Schreiben vom ▪▪▪ machte die beklagte Partei die klägerische Partei darauf aufmerksam, dass sie der Meinung ist, dass die künftige Tätigkeit bei der Firma ▪▪▪ gegen das im Arbeitsvertrag enthaltene Wettbewerbsverbot verstoße.

   Beweis: Schreiben der beklagten Partei vom ▪▪▪ in Kopie – Anlage K 3.

Mit Anwaltsschreiben vom ▪▪▪ trat die klägerische Partei dieser Auffassung entgegen.

   Beweis: Schreiben vom ▪▪▪ in Kopie – Anlage K 4.

Bei dieser Sachlage besteht für die klägerische Partei Feststellungsbedarf, ob die Aufnahme der Tätigkeit bei der Firma ▪▪▪ gegen die Wettbewerbsabrede verstößt.

II.

1. Die klägerische Partei wird bei der Firma ▪▪▪ ab ▪▪▪ als ▪▪▪ tätig. Die Firma ▪▪▪ ist ▪▪▪.

   Beweis: Sachverständigengutachten; Amtliche Auskunft der Industrie- und Handelskammer ▪▪▪.

Die Firma ▪▪▪ hat bis auf den heutigen Tag nicht ein einziges Konkurrenzprodukt vertrieben oder produziert.

   Beweis: Wie vor.

Die beklagte Partei ist ▪▪▪.

   Beweis: Wie vor.

Gemäß dem im Anstellungsvertrag formulierten Wettbewerbsverbot hat sich die klägerische Partei nur verpflichtet, nach Beendigung des Arbeitsverhältnisses für die Dauer ▪▪▪ nicht für eine Konkurrenzfirma tätig zu sein. Da die Firma ▪▪▪ nicht mit der gleichen Ware handelt und auch nicht auf dem gleichen Markt tätig ist, ist sie kein Konkurrenzunternehmen im Sinne der Wettbewerbsabrede. Die klägerische Partei ist daher nicht dazu verpflichtet, der Aufforderung der beklagten Partei nachzukommen, die Tätigkeit bei der Firma ▪▪▪ zu unterlassen.

2. Das im Arbeitsvertrag vereinbarte Wettbewerbsverbot ist nichtig gemäß § 74a Abs. 1 Satz 2 HGB. Durch ein Wettbewerbsverbot darf der Arbeitnehmer nicht unbillig in seinem beruflichen Fortkommen gehindert werden. Bis auf wenige Ausnahmen stellt die örtliche Ausdehnung eines Wettbewerbsverbots auf das gesamte Gebiet der Bundesrepublik Deutschland eine unbillige und damit nichtige Wettbewerbsabrede dar, Gleiches gilt hinsichtlich des Verbots jeglicher Tätigkeit in einem branchengleichen Unternehmen,

Winterstein, NJW 1989, 1464.

Da das Wettbewerbsverbot im Arbeitsvertrag mit der beklagten Partei ohne räumliche Begrenzung vereinbart wurde, die Bundesrepublik Deutschland, ja genaugenommen Europa und den gesamten Erdball umfasst, gleichzeitig die Tätigkeit der klägerischen Partei bei jeglichem Hersteller einschließt, handelt es sich um eine nichtige Abrede, an die die klägerische Partei selbst dann, wenn ihr neuer Arbeitgeber ein Konkurrenzunternehmen im Sinne des Arbeitsvertrages wäre, nicht gebunden ist,

vgl. BAG 13.4.1967, AP § 133f GewO Nr. 19 = NJW 1967, 1821.

Die klägerische Partei hat ▄▄▄ Jahre lang im Bereich des Vertriebs von ▄▄▄ gearbeitet. Ihre gesamten beruflichen Fähigkeiten sowie Erfahrungen, Kenntnisse und Geschäftsbeziehungen sind auf diesen Bereich beschränkt. Die beklagte Partei betont selbst, dass ihr Wettbewerbsverbot für alle Konkurrenzunternehmen gelten soll, die auf demselben Markt tätig sind wie sie selbst. Da die beklagte Partei im gesamten deutschen Raum Handel mit ▄▄▄ betreibt, bedeutet das Wettbewerbsverbot im Arbeitsvertrag, dass es sich räumlich auf das gesamte Gebiet der Bundesrepublik Deutschland erstreckt. Das aber bedeutet, dass die klägerische Partei letztlich in Deutschland auf ihrem beruflichen Gebiet nicht mehr arbeiten kann.

Angesichts einer Entschädigung von nur 50 % der Mindestkarenzentschädigung im Sinne der Rechtsprechung wird die klägerische Partei in ihrem Fortkommen unangemessen beeinträchtigt. Wenn nach der früheren Rechtsprechung des Bundesarbeitsgerichts der Arbeitnehmer in solchen Fällen nur eine höhere Karenzentschädigung fordern konnte,

BAG 5.6.1966, AP § 74 HGB Nr. 19,

deutet sich nach der neueren Rechtsprechung eine Kehrtwende an. Im Urteil vom 9.1.1990,

BAG NJW 1990, 1870,

hat der zuständige 3. Senat des Bundesarbeitsgerichts zwar in gewisser Weise offen gelassen, ob er zukünftig an der bisherigen Rechtsprechung festhalten werde. Die Kehrtwendung scheint sich aber mit Gewissheit anzubahnen, so dass der Arbeitnehmer nunmehr die Wahl hat zwischen Wettbewerbstätigkeit (dann selbstverständlich ohne Anspruch auf Karenzentschädigung) und der Akzeptanz des Wettbewerbsverbots mit Anspruch auf eine höhere Karenzentschädigung,

Bauer, Arbeitsrechtliche Aufhebungsverträge, Rn 456.

3. Das Wettbewerbsverbot ist gemäß § 74a Abs. 1 Satz 2 HGB unverbindlich. Es wurde in jedem Fall für den gesamten Bereich der Bundesrepublik Deutschland geschlossen. Daraus ergibt sich, dass die Mindestkarenzentschädigung nicht ausreichend ist, der klägerischen Partei müsste allein für die Bundesrepublik Deutschland eine Karenzentschädigung in Höhe von mindestens 100% zugebilligt werden. Nach den Schreiben der anwaltlichen Bevollmächtigten der beklagten Partei vom ▄▄▄ besteht jedoch nicht die Bereitschaft, eine höhere Karenzentschädigung zu zahlen, so dass für die klägerische Partei das Wettbewerbsverbot unverbindlich geblieben ist.

3. Muster: Schutzschrift gegen Unterlassungsverfügung

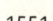

Arbeitsgericht ▄▄▄

Schutzschrift

in Sachen

▄▄▄

– mögliche antragstellende Partei –

Verfahrensbevollmächtigte: ▄▄▄

gegen

▄▄▄

– mögliche antragsgegnerische Partei –

Verfahrensbevollmächtigte: ▄▄▄

wegen: Abwehr einer einstweiligen Verfügung

Wir bestellen uns zu Verfahrensbevollmächtigten der möglichen antragsgegnerischen Partei und beantragen namens und im Auftrag des Antragsgegners:

1. Ein möglicher Antrag der antragstellenden Partei, der antragsgegnerischen Partei eine Tätigkeit für die Firma ▬▬▬ zu untersagen, wird zurückgewiesen.
2. Die antragstellende Partei trägt die Kosten des Verfahrens.

Gründe:

I.

Die antragsgegnerische Partei war bei der antragstellenden Partei als Vertriebsmitarbeiter beschäftigt. Zwischen den Parteien bestand ein Arbeitsverhältnis, das im Arbeitsvertrag vom ▬▬▬ geregelt war. Der Arbeitsvertrag vom ▬▬▬ beinhaltete ein Wettbewerbsverbot.

Glaubhaftmachung: Anstellungsvertrag vom ▬▬▬.

Als Entschädigung für das Wettbewerbsverbot ist vereinbart, dass die Antragstellerin eine Entschädigung in Höhe von 50 % des Grundgehalts unter Ausschluss aller sonstigen Leistungen des Arbeitgebers zu zahlen hatte.

Glaubhaftmachung: Wie vor.

Die Antragstellerin gewährte der antragsgegnerischen Partei folgende freiwilligen sozialen Leistungen: ▬▬▬

Glaubhaftmachung: Gehaltsbescheinigungen.

Die antragsgegnerische Partei hat am ▬▬▬ das Arbeitsverhältnis gekündigt und wird ein neues Arbeitsverhältnis ab ▬▬▬ bei der Firma ▬▬▬ beginnen.

2. Das Wettbewerbsverbot aus dem Arbeitsvertrag ist unverbindlich. Die zugesagte Karenzentschädigung entspricht nicht § 74 Abs. 2 HGB. Nach ständiger Rechtsprechung muss eine Karenzentschädigung mindestens 50 % aller Bezüge betragen, wobei freiwillige Leistungen mit einzurechnen sind,

BAG 9.1.1990, DB 1990, 941.

Selbst der Wert des Dienstwagens, der zur privaten Nutzung überlassen ist, ist mit zu berücksichtigen,

Küttner/*Reinecke,* Personalbuch, 469 Rn 31.

Unstreitig sind Urlaubs- und Weihnachtsgeld, Jubiläumszuwendungen, Leistungszulagen und Sachbezüge bei der Höhe der Karenzentschädigung mit zu berücksichtigen.

Ein Wettbewerbsverbot, wie das vorliegende, das freiwillige Leistungen nicht mit berücksichtigt, genügt den Anforderungen von § 74 Abs. 2 HGB nicht und ist daher unverbindlich. Der Arbeitnehmer hat ein Wahlrecht, ob er das Wettbewerbsverbot einhält und die zugesagte Karenzentschädigung geltend macht oder ob er sich vom Wettbewerbsverbot löst. Die antragsgegnerische Partei hat deshalb der Antragstellerin mitgeteilt, dass sie sich nicht an das Wettbewerbsverbot halten wird.

Glaubhaftmachung: Vorlage des Schreibens vom ▬▬▬ in Kopie – Anlage ▬▬▬.

Das Wettbewerbsverbot ist damit weggefallen, für eine mögliche einstweilige Verfügung, beantragt von der Antragstellerin, besteht daher kein Raum.

Die Schutzschrift wird rein vorsorglich dem angerufenen Gericht vorgelegt.

XXI. Wiedereinstellung

1. Muster: Wiedereinstellung wegen veränderter Umstände während der Kündigungsfrist

Arbeitsgericht ▬▬▬

Klage

▬▬▬

– klägerische Partei –

Prozessbevollmächtigte: ▬▬▬

gegen

▬▬▬

– beklagte Partei –

wegen: Wiedereinstellung

Wir bestellen uns zu Prozessbevollmächtigten der klägerischen Partei, in deren Namen und Auftrag wir beantragen zu erkennen:

> Die beklagte Partei wird verurteilt, die klägerische Partei als Dreher im Betriebsteil ▄▄▄ in ▄▄▄ zu einem monatlichen Bruttoentgelt von ▄▄▄ EUR einzustellen.[157]

Gründe:

1. Die beklagte Partei ist ein Zulieferunternehmen der Automobilindustrie. Im Betriebsteil ▄▄▄ in ▄▄▄ wurden in der Vergangenheit Achsenelemente für hochwertige Fahrzeuge (Porsche, Ferrari, Bentley) hergestellt. In den vergangenen Jahren nahmen die Aufträge nach und nach ab, zum Schluss belieferte die beklagte Partei nur noch die Firma Porsche, die zum ▄▄▄ sämtliche Aufträge strich. Daraufhin wurde von der Geschäftsleitung beschlossen, den Betriebsteil ▄▄▄ in ▄▄▄ zu schließen und sämtliche Arbeitnehmer zu entlassen. Da der Betriebsteil nur noch 18 Mitarbeiter beschäftigte, waren weder ein Interessenausgleich noch ein Sozialplan erforderlich.

2. Über ein Betriebsratsmitglied der Muttergesellschaft erfuhr die klägerische Partei, dass wieder ein großer Auftrag von Bentley hereingekommen sei. Die klägerische Partei fragte bei der beklagten Partei an, ob sie unter diesen Umständen nicht mehr beschäftigt werden könne. Schließlich sei die klägerische Partei gegenwärtig noch freigestellt und erst in zwei Monaten laufe ihre Kündigungsfrist ab.

Der Personalchef erklärte in einem Telefonat am ▄▄▄, „gekündigt ist gekündigt". Die klägerische Partei habe keine Kündigungsschutzklage erhoben. Damit sei die Kündigung bestandskräftig. Die beklagte Partei werde die Produktion mit zu günstigeren Bedingungen arbeitenden Leiharbeitnehmern fahren.

3. Die Kündigungsfrist der klägerischen Partei ist noch nicht abgelaufen. Damit hat sie nach der Rechtsprechung des BAG,

> BAG 27.2.1997, EzA § 1 KSchG Wiedereinstellungsanspruch Nr. 1,

einen Anspruch auf Wiedereinstellung. Dieser Anspruch besteht, auch wenn keine ausdrückliche Wiedereinstellungszusage mit der Kündigung erteilt wurde, wenn sich die für die Wirksamkeit der Kündigung maßgebenden Umstände während des Laufs der Kündigungsfrist verändert haben. Dies ist vorliegend der Fall. Die wegen des Auslaufens der Zulieferaufträge beschlossene Schließung des Betriebsteils wurde wegen anderweitiger, zwischenzeitlich eingegangener Aufträge wieder aufgehoben. Auch erfolgte diese Maßnahme noch während des Laufs der Kündigungsfrist.

Der Wiedereinstellungsanspruch ist auch nicht ausgeschlossen, denn er wird nicht darauf gestützt, dass ein nach Ablauf der Kündigungsfrist eingetretener Umstand noch während des Laufs des Kündigungsschutzverfahrens eingetreten sei. In derartigen Fällen besteht kein Wiedereinstellungsanspruch mehr,

> BAG 6.8.1997, EzA § 1 KSchG Wiedereinstellungsanspruch Nr. 2.

↑

2. Muster: Wiedereinstellung wegen Wegfalls des betriebsbedingten Grundes während der Kündigungsfrist

↓

Arbeitsgericht ▄▄▄

Klage

– klägerische Partei –

Prozessbevollmächtigte: ▄▄▄

gegen

– beklagte Partei –

wegen: Wiedereinstellung

Wir bestellen uns zu Prozessbevollmächtigten der klägerischen Partei, in deren Namen und Auftrag wir um kurzfristige Anberaumung eines Gütetermins bitten. Wir werden im Übrigen beantragen zu erkennen:

---

[157] Als Leistungsantrag ist die Klage auf Einstellung zulässig (BAG 6.8.1997 – 7 AZR 557/96, EzA § 1 KSchG Wiedereinstellungsanspruch Nr. 2). Der Antrag ist auf die Abgabe einer Willenserklärung des Arbeitgebers gerichtet. Mit Rechtskraft des stattgebenden Urteils gilt die Willenserklärung des Arbeitgebers nach § 894 Abs. 1 Satz 1 ZPO als erteilt. Dadurch kommt ein Arbeitsvertrag zustande. Noch unklar ist, ob statt der Klage auf Einstellung die Klage sogleich auf die Rechtsfolgen des begehrten Arbeitsverhältnisses, nämlich Beschäftigung und Gehaltszahlung, gerichtet werden kann (dafür BAG 27.2.1997 – 2 AZR 160/96, EzA § 1 KSchG Wiedereinstellungsanspruch Nr. 1; offen gelassen in BAG 6.8.1997 – 7 AZR 557/96, EzA § 1 KSchG Wiedereinstellungsanspruch Nr. 2).

§ 6 Schriftsätze im arbeitsgerichtlichen Urteilsverfahren

1. Die beklagte Partei wird verurteilt, das Angebot der klägerischen Partei auf Wiedereinstellung ab ▬▬▬ zu den Arbeitsbedingungen des bisherigen Arbeitsvertrages vom ▬▬▬ als ▬▬▬ bei Anrechnung bisheriger Betriebszugehörigkeit seit dem ▬▬▬, Zug um Zug gegen Rückzahlung einer Abfindung in Höhe von ▬▬▬ EUR, anzunehmen.
2. Die beklagte Partei wird verurteilt, die klägerische Partei über den ▬▬▬ hinaus zu den Bedingungen im Klageantrag Ziff. 1 weiter zu beschäftigen.
3. Die Berufung wird zugelassen.
4. Die beklagte Partei trägt die Kosten des Rechtsstreits.

Gründe:
Die klägerische Partei war bei der beklagten Partei als ▬▬▬ vom ▬▬▬ bis zum ▬▬▬ zu einem monatlichen Bruttogehalt von ▬▬▬ beschäftigt. Die beklagte Partei hat das Arbeitsverhältnis unter Einhaltung der ordentlichen Kündigungsfrist zum ▬▬▬ gekündigt.

Beweis: 1. Vorlage des Arbeitsvertrages in Kopie – Anlage K 1.
2. Vorlage des Kündigungsschreibens in Kopie – Anlage K 2.

Die klägerische Partei hat daraufhin Kündigungsschutzklage erhoben. Der Rechtsstreit war vor dem erkennenden Gericht unter dem Aktenzeichen ▬▬▬ anhängig.

Beweis: Beiziehung der Akten ArbG ▬▬▬ – Aktenzeichen ▬▬▬

Im Gütetermin am ▬▬▬ haben die Parteien einen Abwicklungsvertrag geschlossen, wonach zwischen den Parteien Einigkeit besteht, dass das Arbeitsverhältnis durch die ordentliche Kündigung beendet wurde und die beklagte Partei eine Abfindung in Höhe von ▬▬▬ zu zahlen hat.

Beweis: Wie vor.

Der Kündigungsgrund bestand darin, dass die beklagte Partei erklärt hatte, sie werde die aus fünf Arbeitnehmern bestehende Betriebsabteilung, in der die klägerische Partei tätig war, ersatzlos schließen. Ein anderer freier Arbeitsplatz sei im Betrieb nicht vorhanden. Vergleichbare Arbeitnehmer würden im Betrieb nicht beschäftigt, eine Sozialauswahl sei daher nicht geboten.

Beweis: Wie vor.

Zwischenzeitlich wurde bekannt, dass durch einen unvorhergesehenen Großauftrag die Geschäftsleitung der beklagten Partei sich umentschieden hat. Die Betriebsabteilung wird nicht geschlossen, sondern fortgeführt.

Beweis: Zeugnis des Betriebsleiters ▬▬▬.

Nachdem die klägerische Partei hiervon gehört hat, hat sie sich an den Geschäftsführer der beklagten Partei gewandt und nachgefragt, ob sie unter diesen Umständen nicht weiter beschäftigt werden könne. Der Geschäftsführer hat das Angebot auf Wiedereinstellung mit dem Bemerken zurückgewiesen, Vertrag sei Vertrag. Das Arbeitsverhältnis werde noch bis zum Ablauf der Kündigungsfrist abgewickelt, danach sei Schluss.

Beweis: Zeugnis ▬▬▬, zu laden über die beklagte Partei.

Die beklagte Partei ist nach einer Reihe von Entscheidungen des BAG verpflichtet, die klägerische Partei wieder zu beschäftigen. Nach Maßgabe der Urteile des BAG,

BAG 27.2.1997, AP § 1 KSchG 1969 Wiedereinstellung Nr. 1; BAG 6.8.1997, AP § 1 KSchG 1969 Wiedereinstellung Nr. 2; BAG 13.11.1997, BB 1998, 319; BAG 4.12.1997, AP § 1 KSchG 1969 Wiedereinstellung Nr. 4,

besteht ein Wiedereinstellungsanspruch unter folgenden Voraussetzungen:

- Der Arbeitgeber verhält sich rechtsmissbräuchlich, wenn er bei Wegfall des betriebsbedingten Kündigungsgrundes noch während der Kündigungsfrist den veränderten Umständen nicht Rechnung trägt und dem Arbeitnehmer die Fortsetzung des Arbeitsverhältnisses anbietet; § 242 BGB kann dabei ausnahmsweise anspruchsbegründende Wirkung entfalten;
- rechtsmissbräuchlich verhält sich der Arbeitgeber nur, wenn er mit Rücksicht auf die Wirksamkeit der Kündigung noch keine Disposition getroffen hat und ihm daher die unveränderte Fortsetzung des Arbeitsverhältnisses nicht unzumutbar ist;
- ein Wiedereinstellungsanspruch besteht nur, soweit die geänderten Umstände noch innerhalb der Kündigungsfrist eintreten; Veränderungen nach deren Ablauf sind unbeachtlich.

Ausgehend von diesen Grundsätzen kann die klägerische Partei verlangen, wieder eingestellt zu werden. Die Kündigungsfrist ist noch nicht abgelaufen, die beklagte Partei hat noch keine anderweitigen Dispositionen getroffen.

XXII. Zahlungs- und Auskunftsklagen

1. Muster: Arbeitsvergütung (Bruttoklage)[158]

Arbeitsgericht ▪▪▪

Klage

▪▪▪

– klägerische Partei –

Prozessbevollmächtigte: ▪▪▪

gegen

▪▪▪

– beklagte Partei –

wegen: Arbeitsvergütung

Wir bestellen uns zu Prozessbevollmächtigten der klägerischen Partei, in deren Namen und Auftrag wir um kurzfristige Anberaumung eines Gütetermins bitten und beantragen werden zu erkennen:

1. Die beklagte Partei wird verurteilt, ▪▪▪ EUR brutto[159] nebst 5 % Zinsen über dem Basiszinssatz[160] hieraus seit dem ▪▪▪[161] an die klägerische Partei zu zahlen.[162]
2. Sofern die beklagte Partei den Anspruch ganz oder teilweise anerkennt, wird beantragt, in Höhe des anerkannten Betrages ein Anerkenntnisurteil zu erlassen.
3. Die Berufung wird zugelassen.
4. Die Kosten des Rechtsstreits trägt die beklagte Partei.

Gründe:
I.
Zwischen den Parteien besteht seit dem ▪▪▪ ein Arbeitsverhältnis.
   Beweis: Vorlage des Arbeitsvertrages in Kopie – Anlage K 1.
Die klägerische Partei ist als ▪▪▪ zu einem monatlichen Bruttoentgelt von ▪▪▪ EUR mit einer regelmäßigen wöchentlichen Arbeitszeit von ▪▪▪ Stunden bei der beklagten Partei beschäftigt. Das Gehalt ist zahlbar zum ▪▪▪. Die klägerische Partei ist am ▪▪▪ geboren, verheiratet und hat ▪▪▪ Kinder.
   Beweis: 1. Vorlage des Arbeitsvertrages in Kopie – Anlage K 1.
              2. Vorlage der Abrechnungen in Kopie – Anlagenkonvolut K 2.
Die beklagte Partei rechnete gegenüber der klägerischen Partei die Gehaltsansprüche zuletzt wie folgt ab: ▪▪▪
   Beweis: Vorlage der Abrechnungen in Kopie – Anlagenkonvolut K 2.
Für die Zeit vom ▪▪▪ bis zum ▪▪▪ fehlt eine Abrechnung. Darüber hinaus sind Gehaltszahlungen für die Zeit vom ▪▪▪ bis zum ▪▪▪ unterblieben. Die klägerische Partei hat ihre Gehaltsansprüche mit Schreiben vom ▪▪▪ gegenüber der beklagten Partei geltend gemacht.
   Beweis: Vorlage des Schreibens vom ▪▪▪ in Kopie – Anlage K 3.

---

[158] Die Vollstreckung des Bruttolohnurteils erfolgt gemäß einem Antrag an das Arbeitsgericht, siehe hierzu Muster 6205 § 6 Rn 162.
[159] Wurden vom Arbeitgeber gegenüber dem Arbeitnehmer Teilbeträge auf die geschuldete Bruttovergütung erbracht, ist die Klage auf den Bruttobetrag abzüglich des geleisteten, konkret im geänderten Klagantrag aufzuführenden Nettobetrag abzuändern (BAG 15.11.1978 – 5 AZR 199/77, AP § 613a BGB Nr. 14 = DB 1979, 702; Schaub/*Schaub*, Arbeitsrechts-Handbuch, § 71 I. 4. Rn 4; *Berkowsky*, BB 1982, 1120). Unzulässig ist ein Zahlungsantrag, der auf einen bestimmten Bruttobetrag abzüglich eines nicht bezifferten Betrags an Arbeitslosengeld (BAG 15.11.1978 – 5 AZR 199/77, AP § 613a BGB Nr. 14 = DB 1979, 702) oder auf einen nicht näher bezifferten pfändbaren Nettobetrag an einen Dritten lautet (LAG Niedersachsen 18.2.1992 – 14 Ta 340/91, NZA 1992, 713).
[160] §§ 247, 288 Abs. 1 BGB.
[161] Hat der Arbeitnehmer Arbeitslosengeld bezogen, ist im Antrag konkret die Abzugsposition wie folgt einzufügen: „Die beklagte Partei wird verurteilt, an die klägerische Partei … EUR brutto abzüglich … EUR erhaltenen Arbeitslosengeldes nebst 5 % Zinsen über dem Basiszinssatz aus dem Differenzbetrag seit dem … zu zahlen." – Hat der Arbeitnehmer Arbeitslosengeld bezogen, ist das bezogene Arbeitslosengeld vom eingeklagten Bruttobetrag in Abzug zu bringen. Nach § 115 Abs. 1 SGB X geht der Anspruch des Arbeitnehmers gegen den Arbeitgeber auf den Sozialversicherungsträger in Höhe der erbrachten Leistungen über, womit der Arbeitnehmer insoweit seine Aktivlegitimation verliert. Der in der Praxis verbreitete Antrag auf Zahlung einer Bruttovergütung abzüglich „gezahlten Arbeitslosengeldes etc." ist aufgrund fehlender Bestimmtheit unzulässig (vgl. BAG 15.11.1978 – 5 AZR 199/77, AP § 613a BGB Nr. 14).
[162] Alternativ bei mehreren ausstehenden Gehältern: „1. Die beklagte Partei wird verurteilt, für die Monate … bis … die vertraglich geschuldete Vergütung in einer Gesamthöhe von … EUR brutto, nebst 5 % Zinsen über dem Basiszinssatz aus einem Betrag von … EUR seit dem … und aus einem Betrag von … seit dem … an die klägerische Partei zu zahlen."

Der beklagten Partei wurde eine Zahlungsfrist bis zum ■■■ gesetzt.

Beweis: Vorlage des Schreibens vom ■■■ in Kopie – Anlage K 3.

Die beklagte Partei hat diese Zahlungsfrist untätig verstreichen lassen.

Nach Fälligkeit der Vergütung am ■■■ bzw. ■■■ befindet sich die beklagte Partei in Verzug. Die Höhe der Verzugszinsen von 5 % über dem Basiszinssatz folgt aus den §§ 247 und 288 Abs. 1 BGB.

Da sich die beklagte Partei beharrlich weigert, ihren Zahlungsverpflichtungen nachzukommen, war Klage geboten.

II.

Nach den sich jeweils für den einzelnen Sozialversicherungsbereich ergebenden Bestimmungen hat der versicherungspflichtig Beschäftigte die nach seinem Arbeitsentgelt zu bemessenden Beiträge zur Hälfte zu tragen (Krankenversicherung: § 249 Abs. 1 SGB IV; Rentenversicherung: § 168 Abs. 1 SGB VI; Arbeitslosenversicherung: § 346 Abs. 1 SGB III; Pflegeversicherung: § 58 Abs. 1 SGB XI).

Der Arbeitnehmer ist damit Schuldner des Arbeitnehmeranteils an den Sozialversicherungsbeiträgen. Nach § 28e Abs. 1 SGB IV hat lediglich der Arbeitgeber den Gesamtsozialversicherungsbeitrag, also den vom Arbeitnehmer geschuldeten Beitrag und den selbst geschuldeten Beitrag zu bezahlen,

BAG 11.8.1998, EzA § 288 BGB Nr. 1 = BB 1998, 1796.

Im Außenverhältnis haftet der Arbeitgeber allein für den gesamten Sozialversicherungsbeitrag,

MünchArbR/*Hanau*, § 62 Rn 72.

Gemäß § 38 Abs. 2 EStG ist der Arbeitnehmer Schuldner der als Lohnsteuer bezeichneten Einkommensteuer. Nach § 38 Abs. 3 EStG hat der Arbeitgeber die Lohnsteuer des Arbeitnehmers bei jeder Lohnzahlung vom Arbeitslohn einzubehalten. Die öffentlich-rechtliche Vorschrift des § 38 Abs. 3 EStG bestimmt also auch hier lediglich eine Haftung des Arbeitgebers im Außenverhältnis. Die Art der Steuererhebung lässt den Zahlungsanspruch des Arbeitnehmers gegen den Arbeitgeber unberührt,

BAG 11.8.1998, BB 1998, 1796.

Da der Arbeitnehmer sowohl Schuldner der Lohnsteuer als auch Schuldner der Sozialversicherungsbeiträge ist, bilden Lohnsteuer und Sozialversicherungsbeiträge zusammen mit dem Nettoentgelt Gegenstand der Hauptschuld des Arbeitgebers gegenüber dem Arbeitnehmer. Da der Arbeitgeber grundsätzlich einen Bruttobetrag schuldet, ist eine Lohnklage folglich auf den Bruttobetrag zu richten,[163]

vgl. Schaub/*Schaub*, Arbeitsrechts-Handbuch, § 71 I. 4. Rn 4.

Ein Zahlungsantrag ist nach § 253 Abs. 2 Nr. 2 ZPO nur dann zulässig, wenn er beziffert oder wenigstens aus dem Titel heraus bezifferbar ist,

MüKo-ZPO/*Lücke*, § 253 Rn 94 ff.

Das Bestimmtheitserfordernis gilt auch für den Zinsantrag. Diesen gesetzlichen Vorgaben trägt der Zahlungsantrag der klägerischen Partei Rechnung.

Ob die Zinsen bezogen auf den Brutto- oder Nettobetrag geltend zu machen sind, wurde in der Rechtsprechung und im Schrifttum in der Vergangenheit nicht einheitlich beurteilt. Unter Berufung auf die Akzessorietät des Zinsanspruchs zur Hauptforderung kam der 4. Senat des BAG ausweislich seines Urteils vom 20.4.1983 zum Ergebnis, dass der Arbeitnehmer nur Zinsen aus dem Nettobetrag verlangen könne. Eine Reihe von Instanzgerichten schloss sich dieser Rechtsprechung an,

BAG 20.4.1983, BB 1985, 1395; BAG 13.2.1985, AP § 23 BetrVG 1972 Nr. 11; BAG, AP § 21 TVAL II Nr. 2; BAG, AP § 1 TVG Tarifverträge: Presse Nr. 3; LAG Hamm 9.12.1982, EzA Art. 9 GG Arbeitskampf Nr. 49; Sächs. LAG 22.1.1997, LAGE § 288 BGB Nr. 4; LAG Köln 30.4.1998 – 6 Sa 1736/97, n.v.

Für Zinsen auf den Bruttobetrag sprach sich die überwiegende Auffassung aus:

BAG, AP Art. 9 GG Arbeitskampf Nr. 64; BAG 11.8.1998, NZA 1999, 85; LAG München NZA 1990, 66; LAG Hamburg LAGE § 288 BGB Nr. 1; LAG Nürnberg LAGE § 288 BGB Nr. 2; LAG Schleswig-Holstein LAGE § 288 BGB Nr. 3; LAG Berlin LAGE § 138 BGB Nr. 9; ArbG Wetzlar DB 1985, 288; ArbG Schwerin 25.9.1997 – 6 Ca 747/96, n.v.; LAG Schleswig-Holstein LAGE § 288 BGB Nr. 3; LAG Köln LAGE § 11 ArbGG 1979 Nr. 9.

In Übereinstimmung mit dem Beschluss des 9. Senats vom 11.8.1998,

---

[163] Der Arbeitgeber erfüllt den titulierten Bruttoanspruch in der Praxis üblicherweise dadurch, dass er den Nettobetrag an den Arbeitnehmer auszahlt und die Abzüge (Steuern, Sozialversicherungsbeiträge) an die Finanzbehörden bzw. die Sozialversicherungsträger abführt. Betreibt der Arbeitnehmer gleichwohl die Vollstreckung in Höhe des vollen ausgeurteilten Bruttobetrags abzüglich der Nettozahlungen, kann sich der Arbeitgeber im Wege der Vollstreckungsgegenklage nach § 767 ZPO (ggf. i.V.m. einem Eilantrag nach § 769 ZPO) unter Hinweis auf die von ihm ordnungsgemäß abgeführten Steuern und Beiträge gegen die Vollstreckung wenden.

BAG 11.8.1998, NZA 1999, 85,

hat der Große Senat des BAG nunmehr in seinem Beschluss vom 7.3.2001,

BAG 7.3.2001, DB 2001, 2196,

entschieden, dass der Arbeitnehmer die Verzugszinsen nach § 288 Abs. 1 Satz 1 BGB aus der in Geld geschuldeten Bruttovergütung verlangen kann. Zur Begründung führt der Große Senat u.a. wie folgt aus: „§ 288 Abs. 1 Satz 1 BGB ist nicht im Hinblick auf die Besonderheiten des Bruttolohnanspruchs einschränkend auszulegen. Bei Geldschulden räumt § 288 Abs. 1 Satz 1 BGB dem Gläubiger demgegenüber unabhängig von den konkreten Umständen einen Anspruch auf die in dieser Vorschrift vorgesehene Verzinsung ein. Ihr ist nach dem Wortlaut des § 288 Abs. 1 Satz 1 BGB die gesamte Geldschuld zugrunde zu legen, mit der sich der Schuldner in Verzug befindet. § 288 Abs. 1 Satz 2 und Abs. 2 BGB behalten lediglich dem Gläubiger die Geltendmachung höherer Zinsen und weiterer Schäden vor. Dem Schuldner wird es dagegen nicht ermöglicht, den Nachweis zu führen, dass dem Gläubiger nur ein geringerer Schaden entstanden sei. § 288 Abs. 1 Satz 1 BGB enthält eine gesetzliche Schadensfiktion. Sie beruht auf einer typisierenden Betrachtungsweise. Auf die Höhe des tatsächlich entstehenden Zinsschadens kommt es nicht an. Dadurch soll die Durchsetzung von Verzugsschäden vereinfacht und erleichtert werden. Eine Aufspaltung der Vergütung in den Nettoanteil und die gesetzlichen Abzüge widerspräche diesem Ziel."

2. Muster: Überstunden ausdrücklich angeordnet

Die regelmäßige Arbeitszeit der klägerischen Partei betrug wöchentlich 40 Stunden in der 5-Tage-Woche. Die Arbeitszeit war von montags bis freitags jeweils von ▬▬▬ bis ▬▬▬ Uhr verteilt, mit einer Mittagspause von ▬▬▬ Minuten von ▬▬▬ bis ▬▬▬ Uhr. Die klägerische Partei hat wöchentlich ▬▬▬ Überstunden geleistet. Diese Überstunden sind von der beklagten Partei ausdrücklich angeordnet worden.

Beweis: Zeugnis ▬▬▬

Mithin kann die klägerische Partei verlangen, dass die wöchentlichen Überstunden gemäß folgender Berechnung vergütet werden:

▬▬▬

3. Muster: Geduldete Überstunden

Arbeitsgericht ▬▬▬

Klage

▬▬▬

– klägerische Partei –

Prozessbevollmächtigte: ▬▬▬

gegen

▬▬▬

– beklagte Partei –

wegen: Überstundenvergütung

Wir bestellen uns zu Prozessbevollmächtigten der klägerischen Partei, in deren Namen und Auftrag wir um kurzfristige Anberaumung eines Gütetermins bitten. Wir werden im Übrigen beantragen zu erkennen:

1. Die beklagte Partei wird verurteilt, an die klägerische Partei ▬▬▬ EUR brutto[164] nebst 5%[165] Zinsen über dem Basiszinssatz seit Rechtshängigkeit zu zahlen.
2. Die Berufung wird zugelassen.
3. Die beklagte Partei trägt die Kosten des Rechtsstreits.

---

[164] Die Klage ist auf die Zahlung des Bruttobetrages zu richten. Nach der Entscheidung des Großen Senats des BAG vom 7.3.2001 (GS 1/00, DB 2001, 2196 = NZA 2001, 1195) kann der Arbeitnehmer auch die Verzugszinsen nach § 288 Abs. 1 BGB aus der in Geld geschuldeten Bruttovergütung verlangen. Spricht das Arbeitsgericht den Bruttobetrag zu, erfüllt der Arbeitgeber den Zahlungsanspruch des Arbeitnehmers dadurch, dass er den Nettobetrag an den Arbeitnehmer auszahlt und Steuern und Sozialabgaben an die Finanzbehörden bzw. die Sozialversicherungsträger abführt. Vollstreckt der Arbeitnehmer trotz Erfüllung aus dem Titel auf den Bruttobetrag, kann der Arbeitgeber die Vollstreckung in Höhe der bereits abgeführten Abgaben durch Vollstreckungsgegenklage gemäß § 767 ZPO (ggf. i.V.m. einem Eilantrag nach § 769 ZPO) verhindern.

[165] Der Arbeitnehmer ist Verbraucher; daher ergibt sich der Zinssatz aus §§ 288 Abs. 1, 247 BGB (BAG 25.5.2005 – 5 AZR 572/04, NZA 2005, 1111).

Gründe:

I.

1. Zwischen den Parteien besteht seit dem ▬▬▬ ein Arbeitsverhältnis. Die klägerische Partei ist als ▬▬▬ bei einem monatlichen Bruttoentgelt von ▬▬▬ EUR mit einer regelmäßigen wöchentlichen Arbeitszeit von ▬▬▬ Stunden tätig.

Beweis: Vorlage des Arbeitsvertrages in Kopie – Anlage K 1.

In der Zeit von ▬▬▬ bis ▬▬▬ hat die klägerische Partei Überstunden geleistet. Die Überstunden wurden zwar von der beklagten Partei nicht förmlich angeordnet, die beklagte Partei hatte jedoch die Arbeitsaufgaben angewiesen, die die klägerische Partei in der Zeit der Überstunden erledigt hat. Im Einzelnen: ▬▬▬

2. Der Arbeitnehmer, der die Vergütung oder den Ausgleich von Mehrarbeit fordert, muss im Einzelnen darlegen, an welchen Tagen und zu welchen Zeiten er über die übliche Arbeitszeit hinaus gearbeitet hat. Er muss vortragen, von welcher Normalarbeitszeit er ausgeht, dass er tatsächlich gearbeitet und welche Tätigkeit er ausgeführt hat. Der Anspruch auf Überstundenvergütung setzt ferner voraus, dass die Mehrarbeit vom Arbeitgeber angeordnet, gebilligt oder geduldet oder jedenfalls zur Erledigung der geschuldeten Arbeit erforderlich war,

BAG 3.11.2004 – 5 AZR 648/03, ArbRB 2005, 71.

Diesen Anforderungen wird der klägerische Vortrag gerecht, denn ▬▬▬.

Ein pauschales Bestreiten der Mehrarbeit durch den Arbeitgeber genügt nicht. Dem Arbeitgeber ist es zumutbar, anhand seiner Unterlagen die Arbeitszeit des Arbeitnehmers nachzuvollziehen,

LAG Niedersachsen 22.8.2003 – 16 Sa 100/03, AE 2004, 113.

Eine stillschweigende Anordnung ist immer dann gegeben, wenn sich die Überstundenanordnung mittelbar aus der Übertragung bestimmter Arbeitsaufgaben ergibt. Wenn also ein Vorgesetzter einen bestimmten Auftrag erteilt, der nur an diesem Tage erledigt werden kann, weil sich am Folgetag zu Arbeitsbeginn zwingend bestimmte Nachfolgearbeiten anschließen, liegt immer eine stillschweigende Anordnung von Überstunden vor.

II.

1. Die beklagte Partei hat die benannten Überstunden aus folgenden Gründen gebilligt bzw. geduldet: ▬▬▬

Auch die Erledigung übertragener Aufgaben, die notwendig waren, kann einen Anspruch auf Zahlung einer Überstundenvergütung auslösen,

BAG 25.11.1993, NZA 1994, 837.

Überstunden sind vom Arbeitgeber gebilligt, wenn er sie genehmigt hat. Von einer Genehmigung ist immer auszugehen, wenn der Arbeitgeber die Überstunden seinen Kunden in Rechnung stellt,

ArbG Limburg 5.8.2002 – 1 Ca 1159/01, DB 2003, 778.

Der Anspruch des Arbeitnehmers auf Überstundenvergütung ist nicht ausgeschlossen, wenn arbeitsvertraglich Überstunden durch Arbeitsbefreiung auszugleichen sind, der Arbeitnehmer jedoch keinen Freizeitausgleich erhalten hat. Ist eine Gewährung des Freizeitausgleichs wegen Beendigung des Arbeitsverhältnisses unmöglich, kann der Arbeitnehmer die Überstundenvergütung als Schadensersatz wegen Nichterfüllung verlangen,

ArbG Limburg DB 2003, 778.

2. Die Klageforderung errechnet sich daher wie folgt:

a) Wert der Arbeitszeit: Bruttogehalt dividiert durch 21 dividiert durch tägliche Arbeitszeit.

Der Wert der einzelnen Arbeitsstunde ergibt, multipliziert mit der Zahl der geleisteten Überstunden, den Betrag von: ▬▬▬

b) Die Nebenforderung errechnet sich wie folgt: ▬▬▬

4. Muster: Zahlungsansprüche im Wege einstweiliger Verfügung

Arbeitsgericht ▬▬▬

Antrag auf Erlass einer Einstweiligen Verfügung

▬▬▬

– antragstellende Partei –

Verfahrensbevollmächtigte: ▬▬▬

gegen

▪▪▪

– antragsgegnerische Partei –

wegen: Zahlung

Wir bestellen uns zu Verfahrensbevollmächtigten der antragstellenden Partei und beantragen wegen der Dringlichkeit des Falles ohne mündliche Verhandlung durch den Vorsitzenden allein, hilfsweise unter Abkürzung der Ladungsfrist aufgrund einer unverzüglich anzuberaumenden mündlichen Verhandlung den Erlass einer einstweiligen Verfügung mit folgendem Inhalt:

1. Die antragsgegnerische Partei wird verurteilt, an die antragstellende Partei ▪▪▪ EUR netto[166] als Arbeitsentgelt für die Monate ▪▪▪ nebst 5 % Zinsen über dem Basiszinssatz seit dem ▪▪▪ zu zahlen.[167]
2. Die Berufung wird zugelassen.
3. Die antragsgegnerische Partei hat die Kosten des Verfahrens zu tragen.

Für den Fall des Obsiegens wird bereits jetzt beantragt,

4. der antragstellenden Partei eine vollstreckbare Kurzausfertigung der Entscheidung (ohne Tatbestand und Entscheidungsgründe) zu erteilen.

Gründe:
I.

Die antragstellende Partei ist bei der antragsgegnerischen Partei als ▪▪▪ zu einem Stundenlohn von ▪▪▪ EUR brutto vollzeitig beschäftigt. Ihr durchschnittlicher Bruttomonatslohn beläuft sich auf ▪▪▪ EUR, je nach Zahl der geleisteten Arbeitsstunden. Ein schriftlicher Arbeitsvertrag existiert nicht.

Die antragsgegnerische Partei zahlt die ausstehenden Löhne teilweise erst mit einer gewissen Verzögerung aus. Der Lohn ist fällig jeweils zum ersten Werktag des Monats, der auf den Monat der Ableistung der Arbeit folgt. Der Lohn für den Monat ▪▪▪ war daher fällig am ▪▪▪. Der Nettolohn für den Monat ▪▪▪ beläuft sich auf ▪▪▪ EUR. Dies ergibt sich sowohl aus der Berechnung, die die antragstellende Partei selber aufgestellt hat, wie auch aus den telefonischen Angaben der antragsgegnerischen Partei gegenüber der antragstellenden Partei sowie aus einem weiteren Telefonat gegenüber ihrer Ehefrau.

Glaubhaftmachung: 1. Vorlage der eidesstattlichen Versicherung der antragstellenden Partei – Anlage K 1.

2. Vorlage der eidesstattlichen Versicherung der Ehefrau der antragstellenden Partei, Frau ▪▪▪, vom ▪▪▪ – Anlage K 2.

3. Vorlage der Bankmitteilung der Bank der antragstellenden Partei vom ▪▪▪ in Kopie – Anlage K 3.

Die antragstellende Partei und ihre Familie befinden sich in finanziellen Nöten. Sie sind auf eine pünktliche Zahlung des Lohnes dringend angewiesen. Ansonsten besteht die Gefahr, dass ihnen seitens der Bank keine weiteren Kredite gewährt werden. Die kurzfristige Besorgung von finanziellen Mitteln im Wege der Sozialhilfe ist ebenfalls nicht möglich und gegenüber der Lohnzahlung durch den Arbeitgeber im Übrigen nachrangig. Durch eine verspätete Zahlung der Miete besteht die Gefahr, dass die antragstellende Partei und ihre Familie ihre Wohnung verlieren, weil der Vermieter das Mietverhältnis kündigt.

Im Übrigen wird auf die beiden eidesstattlichen Versicherungen inhaltlich vollumfänglich Bezug genommen. Die darin gemachten Angaben sind wahrheitsgemäß und werden ausdrücklich zum Vortrag dieses Schriftsatzes gemacht.

---

[166] Grundsätzlich gilt, dass die Klage auf die Zahlung des Bruttobetrages zu richten ist (siehe § 6 Rn 17 ff.). Nach der Entscheidung des Großen Senats des BAG vom 7.3.2001 (GS 1/00, DB 2001, 2196 = NZA 2001, 1195) kann der Arbeitnehmer auch die Verzugszinsen nach § 288 Abs. 1 BGB aus der in Geld geschuldeten Bruttovergütung verlangen. Spricht das Arbeitsgericht den Bruttobetrag zu, erfüllt der Arbeitgeber den Zahlungsanspruch des Arbeitnehmers dadurch, dass er den Nettobetrag an den Arbeitnehmer auszahlt und Steuern und Sozialabgaben an die Finanzbehörden bzw. die Sozialversicherungsträger abführt. Vollstreckt der Arbeitnehmer trotz Erfüllung aus dem Titel auf den Bruttobetrag, kann der Arbeitgeber die Vollstreckung in Höhe der bereits abgeführten Abgaben durch Vollstreckungsgegenklage gemäß § 767 ZPO (ggf. i.V.m. einem Eilantrag nach § 769 ZPO) verhindern. Anders liegt dagegen der Fall, dass zur Beseitigung einer wirtschaftlichen Notlage des Arbeitnehmers, was auch nur ausnahmsweise von den Gerichten zugebilligt wird, Gehalt im Wege des einstweiligen Rechtsschutzes geltend macht. Da der Haupteinwand auf Seiten des Arbeitgebers lautet, die Hauptsache werde vorweggenommen, muss die Anspruchshöhe im Verfahren der einstweiligen Verfügung auf ein Minimum – in diesem Falle der Nettobetrag – reduziert werden.

[167] Nach der Neufassung des § 288 BGB durch Art. 1 SchuldRMdoG v. 26.11.2001 (BGBl. I S. 3138) ist der Zinsantrag, wie oben dargestellt, zu fassen. Vor dem 1.1.2000 (vgl. Art. 9 Abs. 1 SchuldRModG) galt entsprechend der alten Fassung des § 288 Abs. 1 BGB, dass eine Geldschuld während des Verzugs mit fünf Prozentpunkten über dem Basiszinssatz nach § 1 des Diskontsatz-Überleitungs-Gesetzes zu verzinsen war. Eine dem Wortlaut des § 288 BGB entsprechende Antragstellung ist ausreichend. Somit muss sich der Anwalt nicht der Mühe unterziehen, den aktuellen Basiszinssatz zu ermitteln und dann einen konkret bezifferten Zinsantrag zu stellen.

Die antragsgegnerische Partei verweigert die Auszahlung des Lohns für den Monat ▬▬▬ mit der Begründung, die antragstellende Partei bekomme das Geld erst dann, wenn sie ihre Arbeit wieder aufnehme. Die Arbeitsunfähigkeitsbescheinigung für laufende Arbeitsunfähigkeit hat die antragstellende Partei an die antragsgegnerische Partei verschickt und zwar mit Einschreiben gegen Rückschein. Die Arbeitsunfähigkeitsbescheinigung ist bei der antragsgegnerischen Partei auch angekommen.

Glaubhaftmachung: 1. Vorlage der eidesstattlichen Versicherung der antragstellenden Partei – Anlage K 1.

2. Vorlage der eidesstattlichen Versicherung der Ehefrau der antragstellenden Partei, Frau ▬▬▬, vom ▬▬▬ – Anlage K 2.

II.

Der Anspruch auf Zahlung des Arbeitslohns ist fällig seit dem ▬▬▬. Auf das Arbeitsverhältnis der Parteien findet im Übrigen der für allgemeinverbindlich erklärte Rahmentarifvertrag ▬▬▬ Anwendung. Gemäß § ▬▬▬ des Tarifvertrages ist der Lohn spätestens zu Mitte des Monats fällig, der auf den Monat folgt, für den er zu zahlen ist. Hieraus ergibt sich, dass spätestens seit dem ▬▬▬ der volle Lohn für den Monat fällig und zu zahlen war.

Eine Lohnabrechnung hat die antragstellende Partei für den Monat ▬▬▬ bislang nicht erhalten. Die Ansprüche der antragstellenden Partei berechnen sich wie folgt: ▬▬▬

Mit Anwaltsschreiben vom ▬▬▬ wurde die antragsgegnerische Partei unter Nachfristsetzung auf den ▬▬▬ zur Zahlung aufgefordert. Die Zahlung erfolgte nicht.

Glaubhaftmachung: Vorlage des Forderungsschreibens vom ▬▬▬ als Kopie – Anlage K 4.

III.

Auch der erforderliche Verfügungsgrund ist aufgrund nachfolgender Erwägungen gegeben.

Die antragstellende Partei benötigt den Restlohn für den Monat ▬▬▬. Der Rahmen des ihr bei ihrer Bank eingeräumten Dispositionskredits ist ausgeschöpft. Weitere Zahlungen sind von Seiten der antragsgegnerischen Partei nicht zu erwarten. Die antragsgegnerische Partei hat vielmehr angekündigt, keine weiteren Zahlungen zu leisten, solange die antragstellende Partei nicht wieder arbeiten komme. Da die Arbeitsunfähigkeit jedoch seit dem ▬▬▬ besteht, läuft noch der gesetzliche Entgeltfortzahlungszeitraum. Somit kann die antragstellende Partei auch kein Krankengeld kurzfristig beantragen oder beziehen. Auch der Bezug von Arbeitslosengeld II ist schon aus zeitlichen Gründen gegenwärtig nicht geeignet, die antragstellende Partei aus ihrer wirtschaftlich schwierigen Situation zu befreien. Zudem ist Arbeitslosengeld II hinter den arbeitsrechtlichen Durchsetzungsansprüchen der antragstellenden Partei nachrangig.

Der Umstand einer eingetretenen Arbeitsunfähigkeit berechtigt die antragsgegnerische Partei nicht zur Zurückbehaltung von Gehalt. Hierbei handelt es sich darüber hinaus um eine Maßregelung i.S.d. § 612a BGB, die die antragstellende Partei nicht, und zwar auch nicht bis zum Verhandlungstermin in einem ggf. ohnehin anhängig zu machenden Hauptsacheverfahren hinzunehmen braucht.

Dass im Wege der einstweiligen Verfügung bei Bestehen einer wirtschaftlichen Notlage der Arbeitnehmer seinen Entgeltanspruch in Höhe des Nettogehalts im Wege der einstweiligen Verfügung geltend machen kann, ist in der Rechtsprechung anerkannt,

ArbG Bonn 28.5.1998 – 2 Ga 22/98, n.v.; LAG Hessen 9.7.1995 – 13 Ta 242/95, DB 1996, 48; *Korinth*, ArbRB 2004, 94.

371 **5. Muster: Feststellung zur Insolvenztabelle**

Arbeitsgericht ▬▬▬

Klage

▬▬▬

– klägerische Partei –

Prozessbevollmächtigte: ▬▬▬

gegen

Herrn Rechtsanwalt ▬▬▬ als Insolvenzverwalter über das Vermögen der ▬▬▬

– beklagte Partei –

wegen: Arbeitsvergütung

Wir bestellen uns zu Prozessbevollmächtigten der klägerischen Partei, in deren Namen und Auftrag wir um kurzfristige Anberaumung eines Gütetermins bitten und beantragen werden zu erkennen:
1. Die von der klägerischen Partei angemeldete Forderung in Höhe von ▬▬▬ wird zur Insolvenztabelle festgestellt.
2. Die Kosten des Rechtsstreits trägt die beklagte Partei.

Gründe:

I.

Mit Beschluss vom ▬▬▬ eröffnete das Amtsgericht ▬▬▬ das Insolvenzverfahren über das Vermögen der Schuldnerin und bestellte die beklagte Partei zum Insolvenzverwalter über das Vermögen der Schuldnerin.

Beweis: Vorlage des Beschlusses des Amtsgerichts ▬▬▬ in Kopie – Anlage K 1.

Zwischen der klägerischen Partei und der Schuldnerin wurde unter dem ▬▬▬ ein Arbeitsverhältnis begründet. Die klägerische Partei ist seither bei einem monatlichen Bruttoentgelt von ▬▬▬ EUR als ▬▬▬ beschäftigt.

Aus dem Arbeitsverhältnis bestehen zu Gunsten der Klägerin noch Gehaltsansprüche gegen die beklagte Partei. Die Gehaltsansprüche resultieren aus der Zeit vor Eröffnung des Insolvenzverfahrens. Sämtliche Forderungen auf rückständiges Arbeitsentgelt aus der Zeit vor Insolvenzeröffnung sind einfache Insolvenzforderungen i.S.d. § 38 InsO. Die Forderungen sind zur Insolvenztabelle anzumelden. Im Einzelnen ergibt sich folgende Insolvenzforderung der klägerischen Partei: ▬▬▬

Die Forderung wurde rechtzeitig bei dem Beklagten zur Insolvenztabelle angemeldet.

Beweis: Vorlage der Forderungsanmeldung nebst Anlagen in Kopie – Anlage K 2.

Im Prüfungstermin am ▬▬▬ wurde die Forderung vom beklagten Insolvenzverwalter in voller Höhe bestritten. Der klägerischen Partei wurde dies durch Übersendung des Tabellenauszugs mitgeteilt.

Beweis: Vorlage des Tabellenauszugs in Kopie – Anlage K 3.

II.

Das Bestreiten der Forderung erfolgte zu Unrecht. Der klägerischen Partei steht der Anspruch in voller Höhe zu. ▬▬▬

6. Muster: Arbeitsvergütung bei Masseunzulänglichkeit

Arbeitsgericht ▬▬▬

Klage

– klägerische Partei –

Prozessbevollmächtigte: ▬▬▬

gegen

Herrn Rechtsanwalt ▬▬▬ als Insolvenzverwalter über das Vermögen der ▬▬▬

– beklagte Partei –

wegen: Arbeitsvergütung

Wir bestellen uns zu Prozessbevollmächtigten der klägerischen Partei, in deren Namen und Auftrag wir um kurzfristige Anberaumung eines Gütetermins bitten und beantragen werden zu erkennen:
1. Die beklagte Partei wird verurteilt, ▬▬▬ EUR brutto nebst jeweils 5 % Zinsen über dem Basiszinssatz hieraus seit dem ▬▬▬ an die klägerische Partei zu zahlen.
2. Die Kosten des Rechtsstreits trägt die beklagte Partei.

Hilfsweise, im Falle der Abweisung des Antrags zu Ziffer 1 wird beantragt:

3. Es wird festgestellt, dass der klägerischen Partei Masseansprüche in Höhe von ▬▬▬ EUR brutto nebst 5 % Zinsen über dem Basiszinssatz hieraus seit dem ▬▬▬ zustehen.

Gründe:

I.

Mit Beschluss vom ▬▬▬ eröffnete das Amtsgericht ▬▬▬ das Insolvenzverfahren über das Vermögen der Schuldnerin und bestellte die beklagte Partei zum Insolvenzverwalter über das Vermögen der Schuldnerin.

Beweis: Vorlage des Beschlusses des Amtsgerichts ▪▪▪ in Kopie – Anlage 1.

Zwischen der klägerischen Partei und der Schuldnerin wurde unter dem ▪▪▪ ein Arbeitsverhältnis begründet. Die klägerische Partei ist seither bei einem monatlichen Bruttoentgelt von ▪▪▪ EUR als ▪▪▪ beschäftigt.

Aus dem Arbeitsverhältnis bestehen zugunsten der klägerischen Partei noch Gehaltsansprüche gegen die beklagte Partei. Die Gehaltsansprüche resultieren aus der Zeit nach Eröffnung des Insolvenzverfahrens. Nach Eröffnung des Insolvenzverfahrens sind die Arbeitsentgeltansprüche Masseverbindlichkeiten nach § 55 Abs. 1 Nr. 2 InsO. Hierbei kommt es nicht darauf an, ob der Insolvenzverwalter die Arbeitsleistung auch tatsächlich in Anspruch genommen hat,

BAG 11.12.2001, AP § 209 InsO Nr. 1; BAG 11.12.2001, AP § 60 KO Nr. 10; BAG 31.1.1979, BAGE 31, 288.

Der Insolvenzverwalter schuldet dann die Vergütung aus Annahmeverzug. Im Einzelnen ergibt sich folgende Masseforderung der klägerischen Partei: ▪▪▪

Die Zahlungsansprüche wurden bereits außergerichtlich geltend gemacht.

Beweis: Vorlage des Mahnschreibens in Kopie – Anlage K 1.

Der beklagte Insolvenzverwalter hat die Ansprüche zwar dem Grunde nach nicht bestritten, er beruft sich jedoch auf Masseunzulänglichkeit. Ob Masseunzulänglichkeit angezeigt wurde, entzieht sich der Kenntnis der klägerischen Partei.

II.

Der Hilfsantrag zu Ziffer 3 trägt bereits jetzt der Rechtsprechung des BAG Rechnung, dass nach Anzeige der Masseunzulänglichkeit gemäß § 208 Abs. 1 InsO Forderungen nicht mehr mit der Leistungsklage verfolgt werden können,

BAG 11.12.2001, AP § 209 InsO Nr. 1; BAG 11.12.2001, AP § 60 KO Nr. 10; BAG 31.1.1979, BAGE 31, 288.

Da die öffentliche Bekanntmachung der Masseunzulänglichkeit im Passivprozess des Verwalters gegen den Massegläubiger nicht die Darlegung und den Beweis der Massearmut ersetzt, trifft den beklagten Insolvenzverwalter vorliegend die Darlegungs- und Beweislast zu der Masseunzulänglichkeit,

BAG 11.12.2001, AP § 60 KO Nr. 10; BAG 31.1.1979, BAGE 31, 288.

Insofern hat der beklagte Insolvenzverwalter die eingetretene oder jedenfalls drohende Unzulänglichkeit der Masse darzulegen. Mit Nichtwissen wird die Unzulänglichkeit der Masse im vorstehenden Insolvenzverfahren bestritten.

7. Muster: Klage auf Auskunft und Provision

Arbeitsgericht ▪▪▪

Klage

▪▪▪

– klägerische Partei –

Prozessbevollmächtigte: ▪▪▪

gegen

▪▪▪

– beklagte Partei –

wegen: Auskunft und Provisionszahlung

Wir bestellen uns zu Prozessbevollmächtigten der klägerischen Partei, in deren Namen und Auftrag wir um kurzfristige Anberaumung eines Gütetermins bitten und beantragen werden zu erkennen:

1. Die beklagte Partei wird verurteilt, über die in der Zeit vom ▪▪▪ bis ▪▪▪ verdiente Provision der klägerischen Partei Auskunft zu erteilen.
2. Die beklagte Partei wird verurteilt, über die in der Zeit vom ▪▪▪ bis ▪▪▪ verdiente Provision einen Buchauszug zu erteilen.
3. Die beklagte Partei wird verurteilt, die Richtigkeit ihrer Abrechnung und des Buchauszuges an Eides statt zu versichern.

4. Die beklagte Partei wird verurteilt, den sich aus dem Buchauszug zu Gunsten der klägerischen Partei ergebenden Bruttobetrag[168] nebst 5 % Zinsen über dem Basiszinssatz seit Rechtshängigkeit zu zahlen.[169]
5. Die beklagte Partei wird zur Zahlung einer angemessenen Entschädigung, die 8.000 EUR nicht unterschreiten sollte, für den Fall verurteilt, dass sie den unter Ziff. 1 eingeklagten Auskunftsanspruch nicht binnen eines Monats nach Verkündung der Entscheidung des Arbeitsgerichts vollumfänglich erfüllt.
6. Die Berufung wird zugelassen.
7. Die Kosten des Rechtsstreits trägt die beklagte Partei.

Gründe:

Die klägerische Partei war bei der beklagten Partei vom ■■■ bis ■■■ als Verkaufsreisender beschäftigt. Sie verdiente ein Fixum und erhielt außerdem eine Provision.

Beweis: Vorlage des Arbeitsvertrages in Kopie – Anlage K 1.

Wegen der weiteren Einzelheiten wird auf den als Anlage K 1 beigefügten Arbeitsvertrag Bezug genommen.

Die beklagte Partei hat seit dem ■■■ Provisionen nicht mehr abgerechnet. Gleichwohl hat die klägerische Partei noch provisionspflichtige Geschäfte vermittelt, denn beispielsweise die Kunden ■■■ haben noch Bestellungen aufgegeben.

Beweis: Zeugnis ■■■

Die beklagte Partei ist daher gemäß §§ 65, 87c HGB verpflichtet, Abrechnungen zu erteilen.

Nach §§ 65, 87c Abs. 2 HGB hat die beklagte Partei einen Buchauszug zu erstellen. Da zu gewärtigen ist, dass die beklagte Partei ihre Auskunft nicht wahrheitsgemäß erteilt, wenn sie nicht unter dem Zwang der eidesstattlichen Versicherung steht, muss die beklagte Partei angehalten werden, die Richtigkeit an Eides statt zu versichern.

Schließlich ist zur Vermeidung des tariflichen Verfalls der Forderung im Wege der Stufenklage schon jetzt die Auszahlung des Provisionsbetrages zu begehren.

Mit dem Antrag Ziff. 1 hat die klägerische Partei Auskunft über Provisionen begehrt. Die für die Auskunftserteilung erforderlichen Daten über Umsatz und Gewinn verweigert die beklagte Partei schon seit längerer Zeit hartnäckig. Die beklagte Partei unternimmt seit Jahren manches, um ihre Umsatzzahlen sowohl vor der Konkurrenz als auch vor den eigenen Mitarbeitern zu verheimlichen.

Aus diesem Grunde war es geboten, vorsorglich einen Entschädigungsantrag nach § 61 Abs. 1 ArbGG zu stellen.

8. Muster: Zahlungsklage wegen Vorstellungskosten

Arbeitsgericht ■■■

Klage

– klägerische Partei –

Prozessbevollmächtigte: ■■■

gegen

– beklagte Partei –

wegen: Karenzentschädigung

Wir bestellen uns zu Prozessbevollmächtigten der klägerischen Partei, in deren Namen und Auftrag wir um kurzfristige Anberaumung eines Gütetermins bitten. Wir werden im Übrigen beantragen zu erkennen:

---

168 Die Klage ist auf die Zahlung des Bruttobetrages zu richten. Nach der Entscheidung des Großen Senats des BAG vom 7.3.2001 (GS 1/00, DB 2001, 2196 = NZA 2001, 1195) kann der Arbeitnehmer auch die Verzugszinsen nach § 288 Abs. 1 BGB aus der in Geld geschuldeten Bruttovergütung verlangen. Spricht das Arbeitsgericht den Bruttobetrag zu, erfüllt der Arbeitgeber den Zahlungsanspruch des Arbeitnehmers dadurch, dass er den Nettobetrag an den Arbeitnehmer auszahlt und Steuern und Sozialabgaben an die Finanzbehörden bzw. die Sozialversicherungsträger abführt. Vollstreckt der Arbeitnehmer trotz Erfüllung aus dem Titel auf den Bruttobetrag, kann der Arbeitgeber die Vollstreckung in Höhe der bereits abgeführten Abgaben durch Vollstreckungsgegenklage gemäß § 767 ZPO (ggf. i.V.m. einem Eilantrag nach § 769 ZPO) verhindern.
169 Nach der Neufassung des § 288 BGB durch Art. 1 SchuldRModG v. 26.11.2001 (BGBl. I S. 3138) ist der Zinsantrag, wie oben dargestellt, zu fassen. Vor dem 1.1.2000 (vgl. Art. 9 Abs. 1 SchuldRModG) galt entsprechend der alten Fassung des § 288 Abs. 1 BGB, dass eine Geldschuld während des Verzugs mit fünf Prozentpunkten über dem Basiszinssatz nach § 1 des Diskontsatz-Überleitungs-Gesetzes zu verzinsen war. Eine dem Wortlaut des § 288 BGB entsprechende Antragstellung ist ausreichend. Somit muss sich der Anwalt nicht der Mühe unterziehen, den aktuellen Basiszinssatz zu ermitteln und dann einen konkret bezifferten Zinsantrag zu stellen.

1. Die beklagte Partei wird verurteilt, an die klägerische Partei ▄▄▄ EUR brutto nebst 5% Zinsen über dem Basiszinssatz seit Rechtshängigkeit zu zahlen.
2. Die Berufung wird zugelassen.
3. Die beklagte Partei trägt die Kosten des Rechtsstreits.

Gründe:

1. Die beklagte Partei verlangt die Erstattung an Vorstellungskosten. Am ▄▄▄ hat die beklagte Partei in der Zeitung folgende Stellenanzeige veröffentlicht: ▄▄▄. Hierauf hat sich die klägerische Partei mit Schreiben vom ▄▄▄ beworben.

Beweis: 1. Vorlage der Stellenanzeige vom ▄▄▄ in Kopie – Anlage K 1.
2. Vorlage des Bewerbungsschreibens der klägerischen Partei vom ▄▄▄ – Anlage K 2.

Am ▄▄▄ erhielt die klägerische Partei eine Einladung zu einem Vorstellungsgespräch, das am ▄▄▄ in ▄▄▄ stattfand.

Beweis: Vorlage des Einladungsschreibens – Anlage K 3.

Die beklagte Partei teilte am ▄▄▄ mit, dass sie die ausgeschriebene Stelle anderweitig besetzen werde. Zu einer Einstellung kam es nicht.

Der klägerischen Partei sind durch das Vorstellungsgespräch folgende Kosten entstanden: Fahrtkosten in Höhe von ▄▄▄.

Beweis: 1. Vorlage des Fahrscheins in Kopie – Anlage K 4.
2. Übernachtungskosten – Anlage K 5.

Die beklagte Partei wurde mit Schreiben vom ▄▄▄ zur Erstattung der Vorstellungskosten aufgefordert.

Beweis: Vorlage des Schreibens in Kopie – Anlage K 6.

Die beklagte Partei weigert sich, die Vorstellungskosten zu zahlen.

2. Die klägerische Partei hat einen Anspruch auf Erstattung der ihr entstandenen Vorstellungskosten gemäß § 670 BGB. Grundsätzlich muss der Arbeitgeber dann, wenn er den Bewerber zur Vorstellung auffordert, ihm sämtliche Aufwendungen ersetzen, die er den Umständen nach für erforderlich halten durfte. Diese Kosten umfassen Fahrtaufwendungen, Mehraufwendungen für Verpflegung und/oder notwendige Übernachtungskosten. Etwas anderes gilt nur dann, wenn eine abweichende Vereinbarung getroffen wurde,

BAG 29.6.1988, NZA 1989, 468; BAG 14.2.1977, DB 1977, 1193; LAG Nürnberg 25.7.1995, LAGE § 670 BGB Nr. 12; ArbG Berlin 25.6.1975, DB 1975, 1609.

Die Auffassung, Vorstellungskosten seien nur erstattungsfähig, wenn die Erstattung ausdrücklich mit dem Arbeitgeber vereinbart sei,

ArbG Kempten 12.4.1994, DB 1994, 1504; MüKo-BGB/*Schwerdtner*, § 629 Rn 19; *Sieber/Wagner,* NZA 2003, 1312,

stellt eine Mindermeinung dar, die sich nicht durchgesetzt hat.

Flugkosten sind erstattungsfähig, wenn der Arbeitgeber die Übernahme vorher zugesagt hat,

ArbG Hamburg 2.11.1994, NZA 1995, 428.

Der Arbeitgeber ist auch dann zum Ersatz der Vorstellungskosten verpflichtet, wenn er einen Unternehmensberater eingeschaltet hat und dieser zu dem Vorstellungsgespräch eingeladen hat,

BAG 29.6.1988, NZA 1989, 468.

Der Erstattungsanspruch unterliegt gemäß § 195 BGB der regelmäßigen Verjährung von drei Jahren. Das gilt auch dann, wenn eine Einstellung nicht erfolgt ist,

BAG 14.2.1977, AP § 196 BGB Nr. 8.

Gerichtsstand für einen Prozess gegen den Arbeitgeber im Zusammenhang einer erfolglosen Bewerbung ist stets der Sitz des Arbeitgebers,

ArbG Hanau 21.12.1995, NZA-RR 1996, 186.

Da sich die beklagte Partei beharrlich weigert, die Vorstellungskosten zu erstatten, war Klage geboten.

9. Muster: Zahlungsklage wegen Annahmeverzug nach unwirksamer Arbeitgeberkündigung

↓

Arbeitsgericht ▪▪▪

Klage

▪▪▪

– klägerische Partei –

Prozessbevollmächtigte: ▪▪▪

gegen

▪▪▪

– beklagte Partei –

wegen: Annahmeverzug

Wir bestellen uns zu Prozessbevollmächtigten der klägerischen Partei, in deren Namen und Vollmacht wir um Anberaumung eines frühestmöglichen Gütetermins bitten. Im Übrigen werden wir beantragen zu erkennen:

1. Die beklagte Partei wird verurteilt, an die klägerische Partei ▪▪▪ EUR brutto[170] abzüglich ▪▪▪ EUR erhaltenen Arbeitslosengeldes[171] nebst 5% Zinsen über dem Basiszinssatz aus einem Betrag von ▪▪▪ EUR brutto seit dem ▪▪▪ sowie ▪▪▪ aus einem Betrag von ▪▪▪ EUR brutto seit dem ▪▪▪ zu zahlen.
2. Die Berufung wird zugelassen.
3. Die beklagte Partei trägt die Kosten des Rechtsstreits.

Gründe:

Zwischen den Parteien besteht seit dem ▪▪▪ ein Arbeitsverhältnis. Die klägerische Partei ist bei einem monatlichen Bruttoentgelt von ▪▪▪ mit einer regelmäßigen wöchentlichen Arbeitszeit von ▪▪▪ Stunden tätig. Das Gehalt ist zahlbar zum ▪▪▪.

Beweis: Vorlage des Arbeitsvertrages in Kopie – Anlage K 1.

Die beklagte Partei hat der klägerischen Partei mit Schreiben vom ▪▪▪ gekündigt.

Beweis: Vorlage des Kündigungsschreibens in Kopie – Anlage K 2.

Die klägerische Partei hat daraufhin Kündigungsschutzklage vor dem Arbeitsgericht ▪▪▪ erhoben. Der Rechtsstreit war unter dem Aktenzeichen ▪▪▪ anhängig. Mit Urteil vom ▪▪▪ wurde festgestellt, dass die Kündigung sozial nicht gerechtfertigt war.

Beweis: Vorlage des Urteils des Arbeitsgerichts ▪▪▪ vom ▪▪▪, Aktenzeichen ▪▪▪ in Kopie – Anlage K 3.

Seit dem ▪▪▪ ist die klägerische Partei arbeitslos. Durch das Urteil vom ▪▪▪ besteht das Arbeitsverhältnis ungekündigt fort.

Am ▪▪▪ meldete sich die beklagte Partei telefonisch bei der klägerischen Partei und forderte diese auf, wieder am ▪▪▪ zur Arbeit zu erscheinen, was die klägerische Partei auch getan hat. In der Zeit der nicht angenommenen Arbeit vom ▪▪▪ bis zum ▪▪▪ wäre die klägerische Partei in der Lage gewesen, die vertragsgemäße Arbeitsleistung zu erbringen. Die beklagte Partei hat ihre Arbeitskraft jedoch nicht abgefordert. Die klägerische Partei war nicht verpflichtet, ihre Arbeitsleistung anzubieten. Nach § 296 BGB ist ein Angebot des Arbeitnehmers überflüssig, da dem Arbeitgeber die nach dem Kalender bestimmte Mitwirkungshandlung obliegt, dem Arbeitnehmer für jeden Tag einen funktionsfähigen Arbeitsplatz zur Verfügung zu stellen und Arbeit zuzuweisen. Verweigert er dies, weil er unrechtmäßig gekündigt hat, steht fest, dass die Mitwirkungshandlung nicht erbracht wurde, so dass ein Angebot des Arbeitnehmers gemäß § 296 BGB überflüssig ist,

vgl. BAG 9.8.1984, NZA 1985, 119; BAG 21.3.1985, NZA 1985, 778.

---

[170] Die Klage ist auf die Zahlung des Bruttobetrages zu richten. Nach der Entscheidung des Großen Senats des BAG vom 7.3.2001 (GS 1/00, DB 2001, 2196 = NZA 2001, 1195) kann der Arbeitnehmer auch die Verzugszinsen nach § 288 Abs. 1 BGB aus der in Geld geschuldeten Bruttovergütung verlangen. Spricht das Arbeitsgericht den Bruttobetrag zu, erfüllt der Arbeitgeber den Zahlungsanspruch des Arbeitnehmers dadurch, dass er den Nettobetrag an den Arbeitnehmer auszahlt und Steuern und Sozialabgaben an die Finanzbehörden bzw. die Sozialversicherungsträger abführt. Vollstreckt der Arbeitnehmer trotz Erfüllung aus dem Titel auf den Bruttobetrag, kann der Arbeitgeber die Vollstreckung in Höhe der bereits abgeführten Abgaben durch Vollstreckungsgegenklage gemäß § 767 ZPO (ggf. i.V.m. einem Eilantrag nach § 769 ZPO) verhindern; siehe auch die Erläuterungen in diesem Buch in § 6 Rn 22–25.

[171] Hat der Arbeitnehmer Arbeitslosengeld bezogen, ist das bezogene Arbeitslosengeld vom eingeklagten Bruttobetrag in Abzug zu bringen. Nach § 115 Abs. 1 SGB X geht der Anspruch des Arbeitnehmers gegen den Arbeitgeber auf den Sozialversicherungsträger in Höhe der erbrachten Leistungen über, womit der Arbeitnehmer insoweit seine Aktivlegitimation verliert. Der in der Praxis verbreitete Antrag auf Zahlung einer Bruttovergütung abzüglich „gezahlten Arbeitslosengeldes etc." ist aufgrund fehlender Bestimmtheit unzulässig (vgl. BAG 15.11.1978 – 5 AZR 199/77, AP § 613a BGB Nr. 14).

Demgemäß ist die beklagte Partei verpflichtet, das für diese Zeit angefallene Gehalt zu zahlen. Das Gehalt berechnet sich im Einzelnen wie folgt: ▪▪▪

10. Muster: Annahmeverzug des Arbeitgebers nach unwirksamer Arbeitgeberkündigung

Der Arbeitgeber gerät im Falle einer unwirksamen Kündigung in Annahmeverzug, wenn er den Arbeitnehmer nicht – im Falle der ordentlichen Kündigung für die Zeit nach Ablauf der Kündigungsfrist – aufgefordert hat, die Arbeit wieder aufzunehmen,

BAG BAGE 46, 234 = NJW 1985, 935 = NZA 1985, 119 = AP § 615 BGB Nrn. 34, 35; BAG NJW 1985, 2662 = NZA 1985, 778 = AP § 615 BGB Nr. 35.

War der Arbeitnehmer zum Kündigungstermin infolge Krankheit befristet arbeitsunfähig, so treten die Verzugsfolgen mit Eintritt der Arbeitsfähigkeit jedenfalls dann unabhängig von der Anzeige der Arbeitsfähigkeit ein, wenn der Arbeitnehmer dem Arbeitgeber durch Erhebung einer Kündigungsschutzklage oder sonstigen Widerspruch gegen die Kündigung seine weitere Leistungsbereitschaft deutlich gemacht hat,

BAG NZA 1991, 228 = EzA § 615 BGB Nr. 66.

Im Übrigen ist, soweit keine besonderen Umstände vorliegen, als Normalfall davon auszugehen, dass das einmal gemachte Angebot fortdauern soll,

so schon *Lotmar*, Der Arbeitsvertrag II, S. 284, 301.

Zu diesem Zeitpunkt (ab ▪▪▪) war die klagende Partei auch nicht (mehr) gemäß § 297 BGB objektiv an der Leistungserbringung durch Krankheit verhindert, was den Gläubigerverzug vorübergehend entfallen ließ. Auf das fortdauernde Arbeitsangebot der klagenden Partei hätte daher die beklagte Partei mit einer Arbeitszuweisung reagieren müssen,

BAGE 46, 234 und AP § 615 BGB Nrn. 34, 35.

Diese Rechtsprechung, wonach der Arbeitgeber zur Vermeidung der Verzugsfolgen dem Arbeitnehmer von sich aus, sogar ohne dessen erneutes Angebot, gemäß § 296 BGB Arbeit zuweisen muss, hat das BAG,

BAG NZA 1991, 228 = EzA § 615 BGB Nr. 66 II 2 a der Gründe; BAG 19.1.1999 – 9 AZR 679/97, n.v.

wiederholt bestätigt. Daher kann dahingestellt bleiben, ob der von *Löwisch*,

Löwisch, Anm. zu EzA § 615 BGB Nr. 66,

zum dogmatischen Standpunkt des BAG geäußerten Kritik zu folgen ist, es sei nicht auf die Mitwirkungshandlung des Arbeitgebers abzustellen (zweite Variante des § 295 Satz 1 BGB), sondern es liege (schon) die erste Variante des § 295 Satz 1 BGB vor: Es sei bei unwirksamer Arbeitgeberkündigung in jedem Fall am Erfordernis eines wörtlichen Angebots durch den Arbeitnehmer festzuhalten, wobei es allerdings ausreiche, wenn Arbeitsfähigkeit und Angebot *einmal* zusammenträfen; der Annahmeverzug trete nach einer Arbeitsunfähigkeit wieder ein, ohne dass ein erneutes Angebot zu erfolgen brauche. Denn zum einen liegt im Streitfall das von *Löwisch* geforderte Angebot des Schuldners vor. Zum anderen hat auch das BAG,

BAG NZA 1991, 228 = EzA § 615 BGB Nr. 66,

daran festgehalten, der Arbeitnehmer müsse – unabhängig von der Anzeige der Arbeitsfähigkeit – durch Erhebung einer Kündigungsschutzklage oder sonstigen Widerspruchs gegen die Kündigung seine Leistungsbereitschaft deutlich machen. Auch nach dieser Rechtsprechung kommt ein Verzugslohnanspruch – im oder ohne Zusammenhang mit Arbeitsunfähigkeit – nicht in Betracht, wenn der Arbeitnehmer nicht gegen die Kündigung „protestiert", wenn er sie also hingenommen hat.

In Fortführung der Rechtsprechung des BAG,

BAG NZA 1991, 228 = EzA § 615 BGB Nr. 66; BAG NZA 1992, 932,

kann auch bei mehrfach befristet festgestellter Arbeitsunfähigkeit nicht (mehr) auf die früher für erforderlich gehaltene besondere Anzeige der Arbeitsfähigkeit abgestellt werden. Die für die neuere Rechtsprechung im Falle einer einmalig befristeten Arbeitsunfähigkeit angeführten Gründe – diese Rechtsprechung hat zumindest hinsichtlich des Ergebnisses bisher nur Zustimmung erfahren –,

Bauer/Hahn, NZA 1991, 216 (219 zu Nr. 8); *Künzl*, EWiR 1990, 977 (978); *Lenz*, AiB 1991, 141; *Löwisch*, Anm. EzA § 615 BGB Nr. 66 zu 4,

gelten auch im vorliegenden Streitfall.

Anders ist der Fall zu beurteilen, wenn der Arbeitnehmer Annahmeverzuglohn nach mehrjährigem Kündigungsrechtsstreit geltend macht und der Arbeitgeber Indiztatsachen dafür vorträgt, der Arbeitnehmer sei in der Zeit des Kündigungsrechtsstreits gesundheitlich nicht in der Lage gewesen, die vertragsgemäße Leistung zu erbringen. In diesem Fall muss sich der Arbeitnehmer substantiiert einlassen und gegebenenfalls die behandelnden Ärzte von ihrer Schweigepflicht entbinden.

BAG 5.11.2003 – 5 AZR 562/02, n.v.

11. Muster: Annahmeverzug des Arbeitgebers bei unwirksamer Kündigung und Arbeitsunfähigkeit des Arbeitnehmers

Das Bundesarbeitsgericht hat im Urteil vom 19.4.1990 entschieden, der Arbeitgeber gerate im Falle einer unwirksamen Kündigung in Annahmeverzug, wenn er den Arbeitnehmer nicht – im Falle der ordentlichen Kündigung für die Zeit nach Ablauf der Kündigungsfrist – aufgefordert habe, die Arbeit wieder aufzunehmen. Sei der Arbeitnehmer zum Kündigungstermin befristet arbeitsunfähig krank, so treten die Verzugsfolgen mit Eintritt der Arbeitsfähigkeit jedenfalls dann unabhängig von der Anzeige der Arbeitsfähigkeit ein, wenn der Arbeitnehmer dem Arbeitgeber durch Erhebung einer Kündigungsschutzklage oder sonstigen Widerspruchs gegen die Kündigung seine weitere Leistungsbereitschaft deutlich gemacht habe.

BAG NZA 1991, 228.

In Fortführung dieser Rechtsprechung hat das Bundesarbeitsgericht mit Urteil vom 24.10.1991 entschieden, auch bei mehrfach befristet festgestellter Arbeitsunfähigkeit sei nicht mehr auf die früher für erforderlich gehaltene besondere Anzeige der Arbeitsfähigkeit abzustellen. Die für die neuere Rechtsprechung im Falle einer einmalig befristeten Arbeitsunfähigkeit angeführten Gründe würden auch in jenem Streitfall gelten; schließlich hat die Rechtsprechung vom 19.4.1990 zumindest hinsichtlich des Ergebnisses bisher nur Zustimmung erfahren,

BAG NZA 1992, 403 = NJW 1992, 932.

Nunmehr vertritt das Bundesarbeitsgericht zusätzlich die Auffassung, dass selbst dann, wenn eine Arbeitsunfähigkeit auf unabsehbare Zeit angezeigt war, und gerade in diesem Fall daran zu denken wäre, vom Arbeitnehmer die Anzeige der Arbeitsfähigkeit zu verlangen, um dem Arbeitgeber im Rahmen seiner Mitwirkungspflicht nach § 296 BGB eine Dispositionsmöglichkeit zu eröffnen, der Arbeitgeber gleichwohl gehalten ist, von sich aus den Arbeitnehmer zur Wiederaufnahme der Arbeit aufzufordern, wenn er die Folgen des Annahmeverzuges nach § 615 BGB vermeiden will,

BAG NZA 1993, 550.

12. Muster: Einwand der Entreicherung bei Rückzahlungsklage des Arbeitgebers

Das Bereicherungsrecht wird unterschiedlich angewendet bei Gehaltsüberzahlungen im öffentlichen Dienst und in der Privatwirtschaft. In Übereinstimmung mit den Richtlinien der öffentlichen Arbeitgeber, nach denen bei einer Überzahlung von nicht mehr als 10% der jeweiligen Bezüge prima facie vom Wegfall der Bereicherung ausgegangen wird, vertritt auch das Bundesarbeitsgericht für den Bereich des öffentlichen Dienstes die Auffassung, dass es der konkreten Darlegung des Arbeitnehmers über die Verwendung der zu Unrecht erhaltenen Vergütung nicht bedürfe, wenn die monatliche Überzahlung geringfügig war, der betreffende Arbeitnehmer den unteren und mittleren Einkommensgruppen zuzurechnen sei und der Arbeitgeber durch Richtlinien zu erkennen gegeben habe, dass er unter diesen Umständen den Wegfall der Bereicherung unterstelle,

BAG NZA 1987, 380.

Zwar vertritt das LAG Hamm die Auffassung, diese Rechtsgrundsätze hätten auch in der Privatwirtschaft zu gelten,

LAG Hamm BB 1975, 230.

Überwiegend wird jedoch folgende Auffassung vertreten:

Will sich der Empfänger rechtsgrundlos erhaltener Lohn- und Gehaltsbezüge auf Entreicherung berufen, muss er im Einzelnen Tatsachen darlegen und ggf. beweisen, aus denen sich ergibt, dass die Bereicherung weggefallen ist und keine notwendigerweise angefallenen Ausgaben erspart worden sind. Nur wenn die Überzahlung für außergewöhnliche Dinge verwendet wird (Luxusausgaben), die der Empfänger sich sonst nicht verschafft hätte, ist die Bereicherung weggefallen,

BAG 17.7.1985 – 5 AZR 131/84, n.v.

Die Besonderheiten der Eigenbindung aufgrund von Richtlinien können auf den Bereich der Privatwirtschaft nicht übertragen werden, wenn und soweit der Arbeitgeber der Privatwirtschaft nicht selbst durch entsprechende Richtlinien bzw. eine betriebliche Übung zu erkennen gegeben hat, dass er bei geringfügigen Einkommen den Wegfall der Bereicherung unterstelle. Die Rückzahlung einer Leistung, die im Rahmen eines Arbeitsvertrages erbracht wurde, ohne dass hierauf ein Anspruch des Vertragspartners bestand, erweist sich nämlich als eine Selbstverständlichkeit. Wenn der Arbeitnehmer einwendet, er habe das zu viel erhaltene Geld für seinen Lebensunterhalt verbraucht, hat er sich damit den Rückgriff auf anderweitiges Einkommen oder Vermögen erspart. Dies gilt für einen Arbeitnehmer der unteren und mittleren Einkommensgruppe ebenso wie für denjenigen mit höherem Einkommen,

LAG Berlin 20.9.1993 – 9 Sa 36/93, n.v.

13. Muster: Gleichbehandlung bei Gehaltserhöhungen

Arbeitsgericht ■■■

Klage

■■■

– klägerische Partei –

Prozessbevollmächtigte: ■■■

gegen

■■■

– beklagte Partei –

wegen: Gleichbehandlung bei Gehaltserhöhung außertariflicher Angestellter

Wir bestellen uns zu Prozessbevollmächtigten der klägerischen Partei, in deren Namen und Auftrag wir beantragen zu erkennen:

1. Die beklagte Partei wird verurteilt, der klägerischen Partei Auskunft über die bei außertariflichen Angestellten in den Jahren ■■■ bis ■■■ erfolgten Gehaltserhöhungen auf allgemeiner und auf leistungsbezogener Basis zu erteilen.
2. Die beklagte Partei wird verurteilt, das Gehalt der klägerischen Partei nach Maßgabe der unter Ziff. 1 erteilten Auskünfte in gleicher Weise zu erhöhen.
3. Die Berufung wird zugelassen.
4. Die beklagte Partei trägt die Kosten des Rechtsstreits.

Gründe:

I.

1. Mit der vorliegenden Klage macht die klägerische Partei einen Anspruch auf Gleichbehandlung mit allen außertariflichen Angestellten der beklagten Partei geltend. Die klägerische Partei ist ebenfalls außertariflicher Angestellter.

Beweis: Vorlage des Arbeitsvertrages in Kopie – Anlage K 1.

In den Jahren ■■■ bis ■■■ fanden bei der beklagten Partei mehrere Gehaltserhöhungen bei den außertariflichen Angestellten statt. Die Gehaltserhöhungen wurden zum Teil als allgemeine Gehaltserhöhungen, also unabhängig von spezifischen Leistungen der Arbeitnehmerinnen und Arbeitnehmer vorgenommen, zum Teil wurden sie auf spezielle Leistungen der betroffenen Arbeitnehmerinnen und Arbeitnehmer gestützt.

2. Die klägerische Partei arbeitet in einem sehr erfolgreichen Projekt einer speziellen Verfahrensentwicklung. Die klägerische Partei hat bereits mehrere international anerkannte Veröffentlichungen zu dem Thema herausgegeben. Es ist damit zu rechnen, dass im Laufe der Jahre aufgrund der Arbeiten der klägerischen Partei ein neues, wegweisendes Produkt von der beklagten Partei auf den Markt gebracht werden kann.

Beweis: Zeugnis des Vorgesetzten.

3. Während alle anderen außertariflichen Angestellten in den Jahren ■■■ bis ■■■ entweder allgemeine oder aufgrund besonderer Leistungen veranlasste Gehaltserhöhungen erhalten haben, wurde bei dem Kläger das Gehalt seit dem ■■■ nicht erhöht.

Beweis: 1. Vorlage einer Verdienstbescheinigung vom ■■■ – Anlage K 2.
2. Vorlage einer Verdienstbescheinigung vom ■■■ – Anlage K 3.

II.

1. Der Antrag der klägerischen Partei, im Wege einer Stufenklage Auskunft über die vorgenommenen Gehaltserhöhungen bei außertariflichen Angestellten in einem bestimmten Zeitraum zu erhalten, ist zulässig. Die Bezifferung des Zahlungsanspruchs aus Gleichbehandlungsgründen ist der klägerischen Partei nicht möglich. Die verlangte Auskunft dient dem Zweck, einen bestimmten Leistungsantrag zu erheben. Damit liegt eine zulässige Stufenklage nach § 254 ZPO vor,

BAG 1.12.2004 – 5 AZR 664/03, NZA 2005, 289 = ArbRB 2005, 131.

2. Der Auskunftsanspruch der klägerischen Partei ist auch begründet. Rechtsgrundlage bildet eine Nebenpflicht aus dem Arbeitsvertrag, § 242 BGB. Gewohnheitsrechtlich ist anerkannt, dass Auskunftsansprüche nach Treu und Glauben bestehen können, wenn es die Rechtsbeziehungen zwischen den Parteien mit sich bringen, dass der Berechtigte in entschuldbarer Weise über Bestehen um Umfang seines Rechts im Ungewissen ist und der Verpflichtete die zur Beseitigung der Ungewissheit erforderliche Auskunft unschwer geben kann,

BAG 21.11.2000, NZA 2001, 1093; BAG 7.9.1995, NZA 1996, 637.

Im Arbeitsverhältnis wird der Inhalt dieser Nebenpflicht durch eine besondere persönliche Bindung der Vertragspartner geprägt. Aus dem Arbeitsverhältnis ergeben sich spezifische Pflichten zur Rücksichtnahme. Besteht ein billigenswertes Interesse an einer Auskunft, weil sie zur Geltendmachung eines Leistungsanspruchs erforderlich ist, kann sie verlangt werden, soweit die Verpflichtung keine übermäßige Belastung des Vertragspartners darstellt und die gesetzliche Verteilung der Darlegungs- und Beweislast im Prozess berücksichtigt bleibt. Die Darlegungs- und Beweissituation darf nicht durch die Gewährung materiell-rechtlicher Auskunftsansprüche unzulässig verändert werden.

Bei Anwendung dieser Grundsätze steht der klägerischen Partei die begehrte Auskunft zu. Die klägerische Partei bedarf der Auskunft, um einen bezifferten Zahlungsanspruch aus Gleichbehandlungsgründen geltend zu machen. Die klägerische Partei kann sich die Informationen, die zur Geltendmachung des Gehaltserhöhungsanspruchs aus Gleichbehandlungsgründen erforderlich sind, nicht auf andere zumutbare Weise verschaffen. Er befindet sich in entschuldbarer Unkenntnis. Die beklagte Partei, die die maßgeblichen Regeln zur Gehaltserhöhung selbst setzt, kann mühelos Auskunft erteilen.

Der Gleichbehandlungsgrundsatz bietet dem Arbeitgeber, seiner Arbeitnehmer oder Gruppen seiner Arbeitnehmer, die sich in vergleichbarer Lage befinden, bei Anwendung einer selbst gegebenen Regelung gleich zu behandeln. Er verbietet nicht nur die willkürliche Schlechterstellung einzelner Arbeitnehmer innerhalb einer Gruppe, sondern auch eine sachfremde Gruppenbildung,

BAG 21.6.2000, NZA 2000, 1050; BAG 13.2.2002, NZA 2003, 215; BAG 29.9.2004, NZA 2005, 183.

Auch im Bereich der Vergütung ist der Gleichbehandlungsgrundsatz trotz des Vorrangs der Vertragsfreiheit anwendbar, wenn der Arbeitgeber die Leistung nach einem allgemeinen Prinzip gewährt, indem er bestimmte Voraussetzungen oder Zwecke festlegt. Alleine die Begünstigung einzelner Arbeitnehmer erlaubt allerdings noch nicht den Schluss, diese Arbeitnehmer bildeten eine Gruppe. Eine Gruppenbildung liegt vielmehr nur dann vor, wenn die Besserstellung nach einem oder mehreren Kriterien vorgenommen wird, die bei allen Begünstigten vorliegen. Der Gleichbehandlungsgrundsatz kommt deshalb nicht zur Anwendung, wenn es sich um individuell vereinbarte Löhne und Gehälter handelt,

BAG 19.8.1992, NZA 1993, 171; BAG 13.2.2002, NZA 2003, 215.

Das Gebot der Gleichbehandlung greift immer dann ein, wenn der Arbeitgeber Leistungen nach einem erkennbar generalisierenden Prinzip aufgrund einer abstrakten Regelung gewährt. Von einer solchen Regelung darf der Arbeitnehmer nur aus sachlichen Gründen ausschließen,

BAG 21.3.2002, NZA 2002, 1304.

In unterschiedlichen, nach Leistungsgesichtspunkten bemessenen Lohn- und Gehaltserhöhungen kann angesichts eines Anstiegs der Preise und der Tarifgehälter eine lineare Kompenente enthalten sein. Von einem derartigen Grundbetrag darf der Arbeitnehmer nur unter Beachtung des arbeitsrechtlichen Gleichbehandlungsgrundsatzes ausgeschlossen werden,

BAG 9.11.1972, EzA BGB 242 Gleichbehandlung Nr. 1; BAG 15.11.1994, NZA 1995, 939.

3. Der Auskunftsanspruch der klägerischen Partei verschiebt die Darlegungs- und Beweislast nicht in unzulässiger Weise zu Lasten der beklagten Partei. Im Gleichbehandlungsprozess gilt eine abgestufte Darlegungs- und Beweislast. Vergütet ein Arbeitgeber Arbeitnehmer mit ähnlicher Tätigkeit unterschiedlich, hat der Arbeitgeber darzulegen, wie groß der begünstigte Personenkreis ist, wie er sich zusammensetzt, wie er abgegrenzt ist und warum der klagende Arbeitnehmer nicht dazugehört,

BAG 1.12.2004 – 5 AZR 664/03, NZA 2005, 289.

Die klägerische Partei hat die beklagte Partei außergerichtlich aufgefordert, Auskunft über die Regeln zu erteilen, nach denen den anderen außertariflichen Angestellten in Jahren ■■■ Gehaltserhöhungen gewährt wurden.

1569

Beweis: Vorlage des Schreibens in Kopie – Anlage K 4.

Die beklagte Partei hat eine Auskunftserteilung abgelehnt. Sie hat nicht behauptet, jeweils individuelle Vereinbarungen geschlossen zu haben. Die Berücksichtigung der individuellen Leistungen steht der Regelhaftigkeit nicht entgegen. Unstreitig hat eine Vielzahl von AT-Angestellten Gehaltserhöhungen erhalten. Mehr muss die klägerische Partei in einer Stufenklage zur Gleichbehandlung bei Gehaltserhöhungen nicht darlegen,

BAG 1.12.2004 – 5 AZR 664/03, NZA 2005, 289.

14. Muster: Unwirksamer Widerruf einer Leistung

Arbeitsgericht ▪▪▪

Klage

▪▪▪

– klägerische Partei –

Prozessbevollmächtigte: ▪▪▪

gegen

▪▪▪

– beklagte Partei –

wegen: Widerruf einer zugesagten Leistung

Wir bestellen uns zu Prozessbevollmächtigten der klägerischen Partei, in deren Namen und Vollmacht wir um Anberaumung eines frühestmöglichen Gütetermins bitten. Im Übrigen werden wir beantragen zu erkennen:

1. Die beklagte Partei wird verurteilt, an die klägerische Partei ▪▪▪ EUR brutto nebst 5% Zinsen über dem Basiszinssatz aus einem Betrag von ▪▪▪ EUR brutto seit dem ▪▪▪ zu zahlen.
2. Die Berufung wird zugelassen.
3. Die beklagte Partei trägt die Kosten des Rechtsstreits.

Gründe:

I.

1. Zwischen den Parteien besteht seit dem ▪▪▪ ein Arbeitsverhältnis. Die klägerische Partei hat mit der beklagten Partei im Arbeitsvertrag Folgendes vereinbart: ▪▪▪

Beweis: Vorlage des Arbeitsvertrages in Kopie – Anlage K 1.

2. Mit Schreiben vom ▪▪▪ teilte die beklagte Partei mit, dass sie die jährliche Sonderzulage in Höhe von ▪▪▪ nicht mehr zahlen wird. Die beklagte Partei wies zur weiteren Begründung darauf hin, dass es im Arbeitsvertrag heißt, es stehe dem Arbeitgeber frei, die zugesagte jährliche Sondervergütung jederzeit zu widerrufen.

II.

1. Der von der beklagten Partei ausgesprochene Widerruf ist nicht wirksam erfolgt. Wie das BAG im Urteil vom 12.1.2005 festgestellt hat, sind Widerrufsvorbehalte über finanzielle Leistungen in Arbeitsverträgen an zwei Kriterien zu messen. Widerrufsvorbehalte müssen zum einen dem Maßstab des § 308 Nr. 4 BGB entsprechen, sie müssen zum anderen die Anforderungen einer hinreichend bestimmten Klausel nach § 307 BGB erfüllen,

BAG 12.1.2005 – 5 AZR 364/04, NJW 2005, 1820 = NZA 2005, 465.

Die Voraussetzungen des § 308 Nr. 4 BGB sind erfüllt, wenn der Umfang der Leistungskürzung 25 bis 30% nicht überschreitet. § 307 BGB ist nur dann erfüllt, wenn die Widerrufsgründe im Arbeitsvertrag hinreichend präzise benannt sind.

2. Diesen Anforderungen, die das BAG mit dem Urteil vom 12.1.2005 gesetzt hat, genügen die Widerrufsvereinbarung im Arbeitsvertrag und damit der von der beklagten Partei ausgesprochene Widerruf nicht. Es sind keine Widerrufsgründe benannt. ▪▪▪ Auf die wirtschaftlichen Auswirkungen des Widerrufs kommt es damit nicht mehr an.

III.

1. Da die Vereinbarung des Widerrufs der Sondervergütung in einem sog. Altvertrag vorgenommen wurde, also in einem Vertrag, den die Parteien vor dem 1.1.2003 geschlossen haben, muss gesondert geprüft werden, welche Auswirkungen sich aus dem Fehlen einer der Rechtsprechung des BAG entsprechenden Widerrufsvorbehaltsregelung ergeben.

Das BAG hat, abweichend von § 306 BGB, entschieden, eine Milderung der Eingriffsintensität bei Altverträgen über eine ergänzende Vertragsauslegung vorzunehmen,

BAG 12.1.2005 – 5 AZR 364/04, NZA 2005, 465.

Das BAG verweist darauf, dass die Unwirksamkeit eines Widerrufsvorbehalts in einem Altvertrag allein auf neuen förmlichen Anforderungen beruhe, die die Parteien bei Vertragsschluss nicht hätten kennen können. Wolle man in solchen Fällen an der Unwirksamkeitsfolge festhalten, würde eine Bindung des Arbeitgebers an die vereinbarte Leistung ohne Widerrufsmöglichkeit unverhältnismäßig in die Privatautonomie eingreifen. Deshalb sei die entstandene Lücke durch ergänzende Vertragsauslegung zu schließen.

2. Ausgehend von dieser Rechtsprechung ist vorliegend zu fragen, was die Parteien vereinbart hätten, wenn sie gewusst hätten, dass an den Widerruf andere Voraussetzungen zu stellen sind, als sie zum Zeitpunkt des Vertragsschlusses gestellt wurden. Dabei stellt sich insbesondere die Frage, welche Regelung die Parteien anstelle des pauschalen Widerrufsvorbehalts getroffen haben würden und ob sie nicht eine gleichartige Regelung getroffen haben würden, wie sie im Urteil vom 12.1.2005 zu den Widerrufsgründen aufgestellt wurden. ▪▪▪

XXIII. Zeugnisklagen

1. Muster: Klage auf Zeugnis (mit Zusatz Zeugniserstellungsverpflichtung wegen Insolvenz)[172]

Arbeitsgericht ▪▪▪

Klage

▪▪▪

– klägerische Partei –

Prozessbevollmächtigte: ▪▪▪

gegen

▪▪▪

– beklagte Partei –

wegen: Zeugniserteilung

Wir bestellen uns zu Prozessbevollmächtigten der klägerischen Partei, in deren Namen und Auftrag wir um kurzfristige Anberaumung eines Gütetermins bitten und beantragen werden zu erkennen:

1. Die beklagte Partei wird verurteilt, der klägerischen Partei ein Zeugnis zu erteilen, das sich auf Art und Dauer sowie Verhalten und Leistung während des Arbeitsverhältnisses erstreckt.
2. Die Berufung wird zugelassen.
3. Die Kosten des Rechtsstreits trägt die beklagte Partei.

Gründe:

I.

Die klägerische Partei war bei der beklagten Partei als Arbeitnehmer in der Zeit vom ▪▪▪ bis zum ▪▪▪ beschäftigt.

Beweis: Vorlage des Arbeitsvertrages in Kopie – Anlage K 1.

Die klägerische Partei begehrt für diesen Zeitraum ein ihre Leistungen und Fähigkeiten hinreichend vollständig und wahrheitsgemäß dokumentierendes Zeugnis.

II.

1. Gemäß § 109 GewO ist das Zeugnis bei Beendigung des Arbeitsverhältnisses zu erteilen.

Der Arbeitnehmer ist berechtigt, das Arbeitszeugnis bereits bei absehbarer Beendigung des Arbeitsverhältnisses von dem Arbeitgeber zu verlangen (z.B. Befristungsablauf, fristgerechte Kündigung, Aufhebungsvertrag).

Bei fristloser Kündigung ist das Zeugnis vom Arbeitgeber unverzüglich i.S.d. § 121 BGB zu erteilen. Streitigkeiten der Parteien über die rechtliche Beendigung des Arbeitsverhältnisses entbinden den Arbeitgeber nicht von der Pflicht, das Zeugnis zu erstellen.

---

[172] Wegen der Ankündigung einer Vollstreckung nach erfolgreichem Rechtsstreit zu Gunsten des Arbeitnehmers siehe Muster 6761 (§ 6 Rn 383); wegen des Antrags auf Zwangsvollstreckung zur Zeugniserteilung siehe Muster 6762 (§ 6 Rn 384).

So hat der Arbeitgeber auch bei der Erhebung einer Kündigungsschutzklage durch den Arbeitnehmer zunächst ein Endzeugnis auszustellen,

BAG 27.2.1987, AP § 630 BGB Nr. 16.

2. Erfüllungsort für die Herausgabe des Zeugnisses ist der Ort der Betriebsstätte (Holschuld gemäß § 269 Abs. 2 BGB). Das rechtzeitig verlangte Zeugnis muss der Arbeitgeber zusammen mit den Arbeitspapieren bis spätestens zum letzten Tag des Ablaufs der Kündigungsfrist bereithalten. Kann die Herausgabe aus Gründen, die vom Arbeitnehmer zu vertreten sind, nicht erfolgen, so bleibt der Erfüllungsort weiterhin die Betriebsstätte,

BAG 8.3.1995, DB 1995, 634.

Liegen dagegen die Gründe in der Sphäre des Arbeitgebers, ist dem Arbeitnehmer das Zeugnis zu übersenden (Schickschuld).

Das gilt auch nach dem Grundsatz von Treu und Glauben, wenn dem Arbeitnehmer nicht zuzumuten ist, das Arbeitszeugnis abzuholen (z.B. wegen eines weit entfernten Wohnsitzes),

vgl. hierzu BAG 8.3.1995, EzA § 630 BGB Nr. 19.

Die klägerische Partei hat am ▬▬▬ gegenüber der beklagten Partei die Erstellung eines qualifizierten Arbeitszeugnisses verlangt. Die beklagte Partei ist dieser Verpflichtung bislang nicht nachgekommen.

3. Der Arbeitnehmer kann gemäß § 109 Abs. 2 GewO verlangen, dass ihm ein auf Leistung und Verhalten erstrecktes Zeugnis erteilt wird. Das Zeugnis besitzt eine Doppelfunktion, indem es einerseits dem Arbeitnehmer als Bewerbungsunterlage dient, andererseits zur Information des zukünftigen Arbeitgebers gedacht ist, der sich anhand des Zeugnisses ein genaues Bild über die Eigenschaften des Arbeitnehmers, seine frühere Beschäftigung und seine Verwendungsmöglichkeiten machen können soll,

MüKo-BGB/*Schwerdtner*, § 630 Rn 9.

Wegen dieser Doppelfunktion muss das Zeugnis genaue und zuverlässige Angaben über die vom Arbeitnehmer tatsächlich verrichtete Tätigkeit enthalten und durch eine wahrheitsgemäße, nach sachlichen Maßstäben ausgerichtete und nachprüfbare Gesamtbewertung die Leistung des Arbeitnehmers beschreiben, es darf nichts Falsches enthalten und nichts auslassen, was der Leser eines Zeugnisses erwartet,

vgl. BAG BB 1976, 151; BAG BB 1971, 1280; *Schweres*, BB 1986, 1572.

Auch die Gesamtwürdigung muss wahr sein und soll, da das Zeugnis das Fortkommen des Arbeitnehmers nicht unnötig erschweren soll, von verständigem Wohlwollen getragen sein,

so grundlegend BAG vom 3.3.1993, AP § 630 BGB Nr. 20 unter Hinweis auf LAG Hamm 19.10.1990, LAGE § 630 Nr. 12.

III.

Da der klägerischen Partei trotz wiederholter Bitte kein Zeugnis erteilt worden ist, befindet sich die beklagte Partei mit ihrer Pflicht gemäß § 109 GewO in Verzug. Klage war daher geboten.

IV.

Im Falle der Insolvenz hat der Insolvenzverwalter das Zeugnis zu erteilen, soweit dieser den Betrieb fortgeführt und den Arbeitnehmer weiterbeschäftigt hat. Die Beurteilung ist dann auch auf die Zeit vor der Eröffnung des Insolvenzverfahrens zu erstrecken,

so für das Konkursverfahren BAG 30.1.1991, AP § 630 BGB Nr. 18.

Ist der Arbeitnehmer bereits vor der Eröffnung des Insolvenzverfahrens ausgeschieden, so hat er den Rechtsstreit gegen den Gemeinschuldner zu führen, Der Insolvenzverwalter muss sich die notwendigen Informationen für die Beurteilung bei dem ihm auskunftspflichtigen Gemeinschuldner beschaffen.

2. Muster: Klage auf Berichtigung eines Zeugnisses

Arbeitsgericht ▬▬▬

Klage

▬▬▬

– klägerische Partei –

Prozessbevollmächtigte: ▬▬▬

gegen

▬▬▬

– beklagte Partei –

wegen: Zeugniserteilung

Wir bestellen uns zu Prozessbevollmächtigten der klägerischen Partei, in deren Namen und Auftrag wir um kurzfristige Anberaumung eines Gütetermins bitten und beantragen werden zu erkennen:

1. Die beklagte Partei wird verurteilt, der klägerischen Partei das am ▬▬▬ erteilte Zeugnis wie folgt zu ändern: „▬▬▬"
2. Die Berufung wird zugelassen.
3. Die Kosten des Rechtsstreits trägt die beklagte Partei.

Gründe:

I.

Die klägerische Partei war bei der beklagten Partei als Arbeitnehmer in der Zeit vom ▬▬▬ bis zum ▬▬▬ beschäftigt.

Beweis: Vorlage des Arbeitsvertrages in Kopie – Anlage K 1.

Die klägerische Partei begehrt für diesen Zeitraum ein ihre Leistungen und Fähigkeiten hinreichend vollständig und wahrheitsgemäß dokumentierendes Zeugnis.

II.

1. Gemäß § 109 GewO ist das Zeugnis bei Beendigung des Arbeitsverhältnisses zu erteilen.

Der Arbeitnehmer ist berechtigt, das Arbeitszeugnis bereits bei absehbarer Beendigung des Arbeitsverhältnisses von dem Arbeitgeber zu verlangen (z.B. Befristungsablauf, fristgerechte Kündigung, Aufhebungsvertrag).

Bei fristloser Kündigung ist das Zeugnis vom Arbeitgeber unverzüglich i.S.d. § 121 BGB zu erteilen. Streitigkeiten der Parteien über die rechtliche Beendigung des Arbeitsverhältnisses entbinden den Arbeitgeber nicht von der Pflicht, das Zeugnis zu erstellen.

So hat der Arbeitgeber auch bei der Erhebung einer Kündigungsschutzklage durch den Arbeitnehmer zunächst ein Endzeugnis auszustellen,

BAG 27.2.1987, AP § 630 BGB Nr. 16.

2. Erfüllungsort für die Herausgabe des Zeugnisses ist der Ort der Betriebsstätte (Holschuld gemäß § 269 Abs. 2 BGB). Das rechtzeitig verlangte Zeugnis muss der Arbeitgeber zusammen mit den Arbeitspapieren bis spätestens zum letzten Tag des Ablaufs der Kündigungsfrist bereithalten. Kann die Herausgabe aus Gründen, die vom Arbeitnehmer zu vertreten sind, nicht erfolgen, so bleibt der Erfüllungsort weiterhin die Betriebsstätte,

BAG 8.3.1995, DB 1995, 634.

Liegen dagegen die Gründe in der Sphäre des Arbeitgebers, ist dem Arbeitnehmer das Zeugnis zu übersenden (Schickschuld).

Das gilt auch nach dem Grundsatz von Treu und Glauben, wenn dem Arbeitnehmer nicht zuzumuten ist, das Arbeitszeugnis abzuholen (z.B. wegen eines weit entfernten Wohnsitzes),

vgl. hierzu BAG 8.3.1995, EzA § 630 BGB Nr. 19.

Die klägerische Partei hat am ▬▬▬ gegenüber der beklagten Partei die Erstellung eines qualifizierten Arbeitszeugnisses verlangt. Die beklagte Partei ist dieser Verpflichtung bislang nicht nachgekommen.

3. Der Arbeitnehmer kann gemäß § 109 Abs. 2 GewO verlangen, dass ihm ein auf Leistung und Verhalten erstrecktes Zeugnis erteilt wird. Das Zeugnis besitzt eine Doppelfunktion, indem es einerseits dem Arbeitnehmer als Bewerbungsunterlage dient, andererseits zur Information des zukünftigen Arbeitgebers gedacht ist, der sich anhand des Zeugnisses ein genaues Bild über die Eigenschaften des Arbeitnehmers, seine frühere Beschäftigung und seine Verwendungsmöglichkeiten machen können soll,

MüKo-BGB/*Schwerdtner*, § 630 Rn 9.

Wegen dieser Doppelfunktion muss das Zeugnis genaue und zuverlässige Angaben über die vom Arbeitnehmer tatsächlich verrichtete Tätigkeit enthalten und durch eine wahrheitsgemäße, nach sachlichen Maßstäben ausgerichtete und nachprüfbare Gesamtbewertung die Leistung des Arbeitnehmers beschreiben, es darf nichts Falsches enthalten und nichts auslassen, was der Leser eines Zeugnisses erwartet,

vgl. BAG BB 1976, 151; BAG BB 1971, 1280; *Schweres*, BB 1986, 1572.

Auch die Gesamtwürdigung muss wahr sein und soll, da das Zeugnis das Fortkommen des Arbeitnehmers nicht unnötig erschweren soll, von verständigem Wohlwollen getragen sein,

    so grundlegend BAG vom 3.3.1993, AP § 630 BGB Nr. 20 unter Hinweis auf LAG Hamm 19.10.1990, LAGE § 630 Nr. 12.

Nachteilig zu bewertende Tatsachen müssen nicht verschwiegen werden, wenn sie für die Beurteilung der Leistung des Arbeitnehmers von Bedeutung sind (Strafverfahren wegen sittlicher Verfehlung bei einem Heimerzieher),

    BAG 5.8.1976, BB 1977, 297.

Wird branchenüblich die Erwähnung einer bestimmten Eigenschaft erwartet, so muss der Arbeitgeber zu dieser Stellung nehmen.

Ehrlichkeit ist einem Arbeitnehmer zu bescheinigen, der einer Berufsgruppe angehört, die eine besondere Vertrauensstellung voraussetzt (z.B. eine Kassiererin),

    BAG 29.7.1971, AP § 630 BGB Nr. 6.

Das Zeugnis muss in sich schlüssig sein. Die einzelnen Abschnitte müssen aufeinander abgestimmt sein und dürfen keine Widersprüche enthalten. Die einzelnen Beurteilungen müssen sich daher mit der Schlussnote decken,

    BAG 23.9.1992, EZA § 630 BGB Nr. 16.

4. Grund und Art der Beendigung sind nicht ohne den Willen des Arbeitnehmers in das Zeugnis aufzunehmen.

Die klägerische Partei verlangt, dass Grund und Art der Beendigung des Arbeitsverhältnisses, nämlich ===, in das Zeugnis aufgenommen wird.

5. Der Arbeitnehmer kann je nach Dauer des Arbeitsverhältnisses und Stellung im Unternehmen die Erteilung einer Grußformel verlangen,

    LAG Köln 29.10.1990, LAGE § 630 Nr. 14.

Die klägerische Partei war ===.

6. Schließlich ist das Zeugnis in verkehrsüblicher Form zu erstellen, d.h. maschinenschriftlich und auf dem für Geschäftskorrespondenz üblichen Firmenpapier mit dem entsprechenden Briefkopf,

    BAG 3.3.1993, DB 1993, 1624; LAG Hamburg 7.9.1993, NZA 1994, 890.

Der Arbeitnehmer ist mit seinem gesamten Namen zu bezeichnen.

Stets ist ein Datum anzugeben. Dies ist regelmäßig das Ausstellungsdatum.

Liegt zwischen der Beendigung des Arbeitsverhältnisses und der Zeugniserteilung ein längerer Zeitraum aus Gründen, die der Arbeitgeber zu vertreten hat, so ist das Zeugnis auf den Zeitpunkt der Beendigung des Arbeitsverhältnisses zurückzudatieren,

    BAG 9.9.1992, AP § 630 BGB Nr. 19.

Darin liegt kein Verstoß gegen die Wahrheitspflicht. Vielmehr folgt dies aus der nachwirkenden Fürsorgepflicht des Arbeitgebers.

Schließlich endet jedes Zeugnis mit der eigenhändigen Unterschrift des Arbeitgebers oder des für ihn handelnden Vertreters,

    LAG Bremen 23.6.1989, BB 1989, 1825.

Bei dem Vertreter des Arbeitgebers muss es sich jedoch um einen dem Arbeitnehmer übergeordneten Betriebsangehörigen handeln,

    LAG Köln 14.7.1994, NZA 1995, 685.

Die Zeugniserteilung durch einen Außenstehenden oder durch einen Rechtsanwalt ist unzulässig,

    LAG Hamm 2.11.1996, DB 1966, 1815.

7. Schließlich muss der Arbeitgeber eine Leistungsbeurteilung des Arbeitnehmers in das Zeugnis aufnehmen. Es ist üblich, eine Gesamtbeurteilung mit folgendem Wortlaut in das Zeugnis aufzunehmen:

Er/Sie hat die ihm/ihr übertragenen Aufgaben

a. stets zu unserer vollsten Zufriedenheit erledigt/zu unserer vollen Zufriedenheit erledigt und unseren Erwartungen in jeder Hinsicht entsprochen,

bescheinigt eine durchweg sehr gute Leistung;

b. stets zu unserer vollen Zufriedenheit erledigt,
bescheinigt eine gute Leistung;
   LAG Düsseldorf 26.2.1985, DB 1985, 2692;
c. zu unserer vollen Zufriedenheit erledigt,
bescheinigt eine Durchschnittsleistung;
   ArbG Passau 14.1.1991, BB 1991, 545;
d. zu unserer Zufriedenheit erledigt;
bescheinigt eine unterdurchschnittliche, noch ausreichende Leistung;
   LAG Frankfurt 10.9.1987, DB 1988, 1071; a.A. BAG 12.8.1976, DB 1976, 2111, das BAG hält dies für eine befriedigende Leistung;
e. im Großen und Ganzen zu unserer Zufriedenheit erledigt,
bringt eine mangelhafte Leistung zum Ausdruck;
f. Er/Sie hat sich bemüht, die übertragene Arbeit zu unserer Zufriedenheit zu erledigen/führte die übertragene Aufgabe mit großem Fleiß und Interesse durch,
bescheinigt völlig ungenügende Leistungen;
   BAG 24.3.1977, DB 1977, 1369.

8. Im Zeugnisrechtsstreit besteht folgende abgestufte Darlegungs- und Beweislast: Der Arbeitnehmer hat Anspruch auf eine gute überdurchschnittliche Bewertung, wenn der Arbeitgeber Defizite des Arbeitnehmers nicht substantiiert darlegt und notfalls beweist,
   vgl. LAG Köln 26.4.1996, NZA-RR 1997, 84; a.A. LAG Hamm 13.2.1992, LAGE § 639 BGB Nr. 16; LAG Frankfurt 9.6.1991, LAGE § 630 BGB Nr. 14.
Fordert der Arbeitnehmer Bewertungen, die weit über das übliche Maß hinausgehen (z.B. hoher Einsatz, großes Engagement), so ist der Arbeitnehmer darlegungs- und gegebenenfalls beweispflichtig,
   LAG Köln 26.4.1996, NZA-RR 1997, 84; LAG Hamm 13.2.1992, LAGE § 639 BGB Nr. 16; LAG Frankfurt 6.9.1991, LAGE § 630 BGB Nr. 14.

III.
Die beklagte Partei hat dem Kläger vor diesem Hintergrund nach folgenden Maßstäben ein Zeugnis zu erteilen: ▀▀▀

IV.
Möchte der Arbeitnehmer nur in Teilen eine Ergänzung oder Berichtigung des erteilten Zeugnisses, dann ist im Klageantrag im Einzelnen anzugeben, in welchen Punkten und wie das Zeugnis geändert bzw. ergänzt werden soll,
   LAG Düsseldorf 21.8.1973, DB 1973, 1853.

XXIV. Zwangsvollstreckung und Kosten

1. Muster: Vollstreckung eines Zeugnisanspruchs

Wie wir feststellen mussten, ist bis heute der im Urteil des Arbeitsgerichts ▀▀▀ vom ▀▀▀ (Aktenzeichen: ▀▀▀) vollstreckbar titulierte Anspruch unserer Mandantschaft auf ein Zeugnis noch nicht erfüllt worden.
Wir merken uns für die Erledigung dieses Anspruchs eine letzte Frist bis zum
▀▀▀
vor.
Sollte bis zu diesem Zeitpunkt der Eingang eines Zeugnisses nicht feststellbar sein, werden wir ohne weitere Mahnung dem uns bereits vorliegenden Zwangsvollstreckungsauftrag nachkommen.
Die Vollstreckung eines Titels auf Erteilung eines Zeugnisses erfolgt nach § 888 ZPO. Es handelt sich hier um eine nicht vertretbare Handlung,
   LAG Frankfurt 25.6.1980, DB 1981, 534 f.
Sollte das Zeugnis nicht innerhalb der vorgenannten Frist bei uns eingehen, werden wir die Festsetzung eines Zwangsgeldes und, falls dies nicht zum Erfolg führt, die Anordnung von Zwangshaft beantragen.

Nachstehend berechnen wir die Kosten dieser Vollstreckungsandrohung, die ebenfalls durch Sie auszugleichen sind,
vgl. OLG Düsseldorf 20.3.1989, JurBüro 1986, 1043; LG Bonn 16.3.1990 – 170549/88, n.v.; ArbG Bonn 3.4.1990 –
3 Ca 1978/89, n.v.

2. Muster: Unvertretbare Handlung – Zeugniserteilung

Arbeitsgericht ▪▪▪

Az.: ▪▪▪

In Sachen

▪▪▪ ./. ▪▪▪

(Kurzrubrum)

übersenden wir die vollstreckbare Ausfertigung des Urteils des Arbeitsgerichts ▪▪▪ vom ▪▪▪, Az.: ▪▪▪, und beantragen,

1. den Schuldner durch Festsetzung eines Zwangsgeldes, dessen Höhe in das Ermessen des Gerichts gestellt wird, ersatzweise Zwangshaft (zu vollstrecken an ▪▪▪) dazu anzuhalten, dem Gläubiger ein Zeugnis zu erteilen, das sich auf Art und Dauer sowie Führung und Leistung im Arbeitsverhältnis erstreckt und die Leistungsbeurteilung „stets zu unserer vollsten Zufriedenheit" ausweist;
2. dem Gläubiger wird zum Zwecke der Zwangsvollstreckung eine vollstreckbare Ausfertigung des Festsetzungsbeschlusses gemäß Ziffer 1 erteilt.

Begründung:

Der Schuldner ist durch zwischenzeitlich rechtskräftiges Urteil des Arbeitsgerichts ▪▪▪ vom ▪▪▪, Az.: ▪▪▪, zur Erteilung eines qualifizierten Arbeitszeugnisses mit der Leistungsbeurteilung „stets zu unserer vollsten Zufriedenheit" verurteilt worden. Dieser Verpflichtung ist der Schuldner nicht nachgekommen.

Diesem Schreiben beigefügt sind die vollstreckbare Ausfertigung des Urteils sowie der Nachweis ihrer Zustellung an den Schuldner.

3. Muster: Unvertretbare Handlung – Ausfüllen von Arbeitspapieren

Arbeitsgericht ▪▪▪

Az.: ▪▪▪

In Sachen

▪▪▪ ./. ▪▪▪

(Kurzrubrum)

wird beantragt, gegen den Schuldner wegen des Nichtausfüllens der Arbeitspapiere des Gläubigers entsprechend dem Tenor des Urteils des Arbeitsgericht ▪▪▪, Az.: ▪▪▪, ein Zwangsgeld festzusetzen und für den Fall, dass dieses nicht beigetrieben werden kann, Zwangshaft anzuordnen.

Begründung:

Im vorbenannten Urteil ist der Schuldner zur Ausfüllung der Arbeitspapiere des Gläubigers verurteilt worden.

    Beweis: Vollstreckbare Ausfertigung des Urteils des Arbeitsgerichts ▪▪▪ vom ▪▪▪, Az.: ▪▪▪, in Kopie – Anlage ▪▪▪

Trotz ordnungsgemäßer Zustellung des Titels und schriftlicher Aufforderung hat der Schuldner die Arbeitspapiere bis zum heutigen Tag nicht ausgefüllt.

    Beweis: Empfangsbekenntnis des Verfahrensbevollmächtigten des Schuldners in Kopie – Anlage ▪▪▪ und Aufforderungsschreiben vom ▪▪▪ – Anlage ▪▪▪

Insoweit ist die Festsetzung eines empfindlichen Zwangsgeldes geboten.

4. Muster: Unvertretbare Handlung – Weiterbeschäftigung bei noch bestehendem Arbeitsplatz

Arbeitsgericht ▪▪▪

Az.: ▪▪▪

In Sachen

▪▪▪ ./. ▪▪▪

(Kurzrubrum)

übersenden wir die vollstreckbare Ausfertigung des Urteils des Arbeitsgericht ▪▪▪ vom ▪▪▪, Az: ▪▪▪, und beantragen:

1. Gegen die Schuldnerin wird wegen der Nichtvornahme der arbeitsvertragsgemäßen Weiterbeschäftigung des Gläubigers als ▪▪▪ gemäß Ziffer ▪▪▪ des Urteils des Arbeitsgerichts ▪▪▪ vom ▪▪▪, Az: ▪▪▪, ein Zwangsgeld festgesetzt, dessen Höhe in das Ermessen des Gerichts gestellt wird, jedoch einen Betrag von 15.000 EUR nicht unterschreiten sollte, ersatzweise Zwangshaft, zu vollstrecken an den Vorständen/Geschäftsführern der beklagten Partei.
2. Dem Gläubiger wird zum Zwecke der Zwangsvollstreckung eine vollstreckbare Ausfertigung des Festsetzungsbeschlusses gemäß Ziffer 1 erteilt.

Begründung:

In seinem Urteil vom ▪▪▪, Az: ▪▪▪, hat das Arbeitsgericht ▪▪▪ die Kündigung der klägerischen Partei (Gläubigers) durch die beklagte Partei (Schuldnerin) vom ▪▪▪ für unwirksam erklärt. Zugleich wurde die beklagte Partei gemäß Ziffer ▪▪▪ des Urteils zur Weiterbeschäftigung der klägerischen Partei als ▪▪▪ zu den zwischen den Parteien laut Arbeitsvertrag vom ▪▪▪ geltenden Arbeitsbedingungen verurteilt. Eine beglaubigte Kopie der vollstreckbaren Ausfertigung des Urteils wurde der beklagten Partei zugestellt.

> **Beweis:** Vollstreckbare Ausfertigung des Urteils des Arbeitsgerichts ▪▪▪, vom ▪▪▪, Az.: ▪▪▪, nebst unterschriebenem Empfangsbekenntnis des Prozessbevollmächtigten des Klägers im Original.

Trotz mehrfacher Aufforderung weigert sich die beklagte Partei unverändert, die klägerische Partei vertragsgemäß weiterzubeschäftigen.

> **Beweis:** Vorlage der Aufforderungsschreiben vom ▪▪▪ und vom ▪▪▪

Dementsprechend ist vorliegend die Zwangsvollstreckung geboten.

Die Mindesthöhe des beantragten Zwangsgeldes von 15.000 EUR rechtfertigt sich mit Blick darauf, dass die beklagte Partei gegenüber der klägerischen Partei erklärt hat, „das Urteil sei auch nicht mehr als ein Stück Papier und sie wisse die Weiterbeschäftigung des Klägers schon zu verhindern". Insoweit ist eine Durchsetzung des Urteils mit Zwangsmitteln zur Sicherung der Rechtsordnung geboten.

↑

5. Muster: Unvertretbare Handlung – Weiterbeschäftigung bei neuer Kündigung

Arbeitsgericht ▪▪▪

Az.: ▪▪▪

In Sachen

▪▪▪ ./. ▪▪▪

(Kurzrubrum)

übersenden wir die vollstreckbare Ausfertigung des Urteils des Arbeitsgerichts ▪▪▪ vom ▪▪▪, Az.: ▪▪▪, und beantragen:

1. Gegen die Schuldnerin wird wegen der Nichtvornahme der arbeitsvertragsgemäßen Weiterbeschäftigung des Gläubigers als ▪▪▪ gemäß Ziff. ▪▪▪ des Urteils des Arbeitsgerichts ▪▪▪ vom ▪▪▪, Az.: ▪▪▪, ein Zwangsgeld festgesetzt, dessen Höhe in das Ermessen des Gerichts gestellt wird, jedoch einen Betrag von 15.000 EUR nicht unterschreiten sollte, ersatzweise Zwangshaft, zu vollstrecken an den Vorständen/Geschäftsführern der beklagten Partei.
2. Dem Gläubiger wird zum Zwecke der Zwangsvollstreckung eine vollstreckbare Ausfertigung des Festsetzungsbeschlusses gemäß Ziff. 1 erteilt.

Gründe:

In seinem Urteil vom ▬▬▬, Az.: ▬▬▬, hat das Arbeitsgericht ▬▬▬ die Kündigung der klägerischen Partei (Gläubigers) durch die beklagte Partei (Schuldnerin) vom ▬▬▬ für unwirksam erklärt. Zugleich wurde die beklagte Partei gemäß Ziff. ▬▬▬ des Urteils zur Weiterbeschäftigung der klägerischen Partei als ▬▬▬ zu den zwischen den Parteien laut Arbeitsvertrag vom ▬▬▬ geltenden Arbeitsbedingungen verurteilt. Eine beglaubigte Kopie der vollstreckbaren Ausfertigung des Urteils wurde der beklagten Partei zugestellt.

   Beweis: Vollstreckbare Ausfertigung des Urteils des Arbeitsgerichts ▬▬▬ vom ▬▬▬, Az.: ▬▬▬, nebst unterschriebenem Empfangsbekenntnis des Prozessbevollmächtigten der klägerischen Partei im Original.

Trotz mehrfacher Aufforderung weigert sich die beklagte Partei unverändert, die klägerische Partei vertragsgemäß weiter zu beschäftigen.

   Beweis: Vorlage der Aufforderungsschreiben vom ▬▬▬ und vom ▬▬▬.

Dementsprechend ist vorliegend die Zwangsvollstreckung geboten.

Die klägerische Partei erschien darüber hinaus am ▬▬▬ im Betrieb der beklagten Partei. Eine Arbeit wurde ihr an diesem Tag nicht zugewiesen. Am nächsten Vormittag nahm die klägerische Partei zunächst einen Arzttermin wahr und kam dann in den Betrieb der beklagten Partei. Arbeit wurde ihr erneut nicht zugewiesen. Am Nachmittag verließ die klägerische Partei den Betrieb.

Mit Schreiben vom ▬▬▬ kündigte die beklagte Partei der klägerischen Partei außerordentlich mit der Begründung, dass sie seit dem ▬▬▬ unentschuldigt fehle.

Der Zwangsvollstreckung gemäß § 888 Abs. 1 ZPO steht nichts entgegen, dass die beklagte Partei der klägerischen Partei am ▬▬▬ erneut und zwar außerordentlich gekündigt hat. Dabei kann dahinstehen, ob diese Kündigung offensichtlich unwirksam ist, wofür angesichts des Fehlens einer Abmahnung hinsichtlich des behaupteten unentschuldigten Fehlens vieles spricht.

Jedenfalls berührt die von der beklagten Partei nach der Verurteilung zur Weiterbeschäftigung ausgesprochene außerordentliche Kündigung nicht die Vollstreckbarkeit des Titels. Ein Anspruch auf Beschäftigung kann aufgrund einer Kündigung entfallen. Es berührt aber grundsätzlich nicht den Bestand und Vollstreckbarkeit eines Titels, wenn der titulierte Anspruch nicht oder nicht mehr besteht. Erst wenn ein Titel vor einem Arbeitsgericht aufgehoben oder abgeändert worden ist oder ein Gericht die Einstellung der Zwangsvollstreckung anordnet, kann aus ihm nicht mehr vollstreckt werden. Das gehört zu den Grundlagen der Zwangsvollstreckungsrechts. Bei der Zwangsvollstreckung wird nicht geprüft, ob der dem Titel zugrunde liegende Anspruch bestanden hat oder noch besteht,

   LAG Hessen 23.2.2002 – 8 Ta 504/01, ARST 2002, 231.

Die Mindesthöhe des beantragten Zwangsgeldes von 15.000 EUR rechtfertigt sich mit Blick darauf, dass die beklagte Partei gegenüber der klägerischen Partei erklärt hat, sie werde schon wissen, wie sie seinen weiteren Aufenthalt in der Firma verhindere.

388 6. Muster: Unvertretbare Handlung – Vollstreckung wegen Entfernung eines Schreibens aus der Personalakte[173]

In Sachen

▬▬▬ ./. ▬▬▬

beantragen wir namens und in Vollmacht des Gläubigers zu beschließen:

   Gegen den Schuldner wird wegen Nichtentfernung des Schreibens vom ▬▬▬ aus der Personalakte des Gläubigers gemäß gerichtlichem Vergleich des Arbeitsgerichts ▬▬▬ vom ▬▬▬, Az.: ▬▬▬, ein Zwangsgeld festgesetzt, dessen Höhe in das Ermessen des Gerichts gestellt wird, ersatzweise Zwangshaft für den Fall, dass das Zwangsgeld nicht beigetrieben werden kann.

Gründe:

In dem oben benannten Vergleich, dessen vollstreckbare zugestellte Ausfertigung wir in der Anlage beifügen, hat sich der Schuldner unter Ziffer ▬▬▬ des Vergleichs verpflichtet, das streitgegenständliche Schreiben vom ▬▬▬ aus der Personalakte des Gläubigers herauszunehmen. Trotz Zustellung des Titels und trotz zusätzlicher Aufforderung vom ▬▬▬

---

[173] Fehlerhaft ist die Zwangsvollstreckung über die Wegnahme durch einen Gerichtsvollzieher, siehe Muster 6989 § 6 Rn 541.

wurde das Schreiben bis heute nicht aus der Personalakte entfernt. Die Festsetzung eines empfindlichen Zwangsgeldes ist daher geboten.

Die vollstreckbare Ausfertigung des Urteils sowie der Nachweis ihrer Zustellung an den Schuldner und unser Aufforderungsschreiben vom ▄▄▄ nebst Zustellbescheinigung fügen wir bei.

Kapitel 3: Schriftsätze für Arbeitgeber

A. Erläuterungen

I. Vorbemerkung

389 Mancher Rechtsstreit eines Arbeitgebers gegen einen Arbeitnehmer geht verloren, nicht etwa weil Arbeitsrichter nach einer weit verbreiteten Auffassung generell Arbeitgebern gegenüber eine ablehnende Haltung einnehmen, sondern weil Arbeitgeber in Fragen der Personalführung und des Arbeitsrechts nicht immer die aus arbeitsrichterlicher Sicht gebotene Sorgfalt walten lassen. Der häufigste Fehler bei Arbeitgebern und Personalverantwortlichen besteht darin, dass von ihren Prozessbevollmächtigten Ereignisse nicht hinreichend substantiiert vorgetragen werden können, weil es an schriftlichen Aufzeichnungen zur Vorbereitung anwaltlicher Schriftsätze fehlt. Die Folge ist, dass der Arbeitgeber zwar der Sache nach im Recht sein mag, die für einen Tatsachenvortrag gebotene Substantiierung aber nicht erfolgen kann. Die meist erst nach Erhebung einer Klage des Arbeitnehmers beauftragten Prozessbevollmächtigten sind oft nicht in der Lage, den Mangel einer genauen Dokumentation von Ereignissen unter Angabe von Beweismitteln in den Rechtsstreit zu überwinden. Vieles hat sich mündlich zugetragen, vieles wird aus der Erinnerung heraus berichtet, Orts- und Zeitangaben sind häufig unvollständig.

390 Der **Mangel an einer guten Dokumentation** steht meist im Zusammenhang mit einem zweiten Phänomen, das vor allem bei mittelständischen oder kleineren Unternehmen zu beobachten ist. Der Firmeninhaber, aber auch mancher GmbH-Geschäftsführer betrachtet Personalangelegenheiten als Macht- und Kommunikationsthema, das über Durchsetzungsvermögen gelöst wird. Derartiges Verhalten ist auch verschiedentlich gegenüber Betriebsräten zu beobachten. In vielen Fällen gelingt es den Entscheidern im Unternehmen, über erprobte Strategien zu dem gewünschten Ziel zu gelangen. Immer wieder geschieht aber auch, dass Situationen auftreten, in denen die Durchsetzung eines Anliegens misslingt. In diesen Fällen hat sich das späterhin juristisch aufzuarbeitende Geschehen bereits ereignet, seine Dynamik ist unumkehrbar in eine Eskalation übergegangen und der Rat des Rechtsanwalts muss auf einem **abgeschlossenen Sachverhalt** aufsetzen.

391 Dem Prozessanwalt, dem keine Gelegenheit zur Vorfeldberatung gegeben wurde, hat deshalb vor allem mit zwei Phänomenen in der arbeitsgerichtlichen Auseinandersetzung zu kämpfen, einem nicht ausreichend dokumentierten und einem bereits abgeschlossenen Sachverhalt, der häufig mehr unter Beziehungs- als unter rein arbeitsrechtlichen Gesichtspunkten zwischen den Beteiligten gestaltet wurde. Wenn man andererseits bedenkt, dass die beiden „Stellschrauben" der Gerichte die Substantiierung und die Darlegungs- und Beweislast sind, darf es nicht verwundern, dass der einen Arbeitgeber vertretende Arbeitsrechtsanwalt manchmal unter erschwerten Bedingungen seiner Dienstleistung nachgehen muss.

II. Abwehr von Kündigungsschutzklagen

1. Substantiierter Vortrag

392 Der Sachvortrag bei der Abwehr von Kündigungsschutzklagen muss den Anforderungen an einen substantiierten Vortrag genügen. Es müssen zwar nicht immer das genaue Datum und der genaue Ort eines Gesprächs wiedergegeben werden.[1] Lässt sich der Anlass individualisieren, sind die Behauptungen nicht „aufs gerade Wohl" und „ins Blaue hinein" aufgestellt.[2] Nicht substantiiert ist ein Vortrag, wenn er darauf abzielt, bei Gelegenheit einer beantragten Beweisaufnahme Tatsachen erst in Erfahrung zu bringen.[3] Der beratende Anwalt muss sich Mühe geben, bei dem Auftraggeber den Sachverhalt in Erfahrung zu bringen. Eine Beweisaufnahme zu einem bestrittenen erheblichen Vorbringen darf nicht abgelehnt werden, wenn die Behauptung konkret genug ist, um eine Stellungnahme des Gegners zu ermöglichen und die Erheblichkeit des Vorbringens zu beurteilen.[4]

393 Wenig beachtet wird, dass die Prozessbeteiligten nach § 160 Abs. 4 ZPO das Recht haben, Vorgänge oder Äußerungen in das **Protokoll** aufnehmen zu lassen. Weigert sich ein Richter mit der Begründung, auf die Äußerung des Klägers im Termin komme es nicht an, kann der Antrag zwar durch unanfechtbaren Beschluss

---

[1] LAG Nürnberg 2.4.2004 – 6 Sa 846/01, zitiert nach *Vetter*, NZA Beil. 1/2005, 64, 68.
[2] *Zöller/Greger*, Vor § 284 ZPO Rn 5.
[3] *Musielak/Voerste*, ZPO, § 284 Rn 16.
[4] BGH 20.9.2002 – V ZR 170/01, NJW-RR 2003, 69.

zurückgewiesen werden. Allein durch die Antragstellung wird dasjenige, was der Kläger erklärt, selbst bei einer **Zurückweisung durch Beschluss**, Bestandteil des Protokolls. Das Gericht wird also letztlich die mit dem abweisenden Beschluss nicht förmlich zu Protokoll genommene Erklärung des Klägers bei seiner Urteilsfindung berücksichtigen müssen. Das Gericht kann nicht auf der einen Seite einen Beschluss mit der Begründung, auf die Äußerung komme es nicht an, zurückweisen und späterhin aus der Äußerung irgendwelche Schlussfolgerungen aus ihr ziehen. Über den abweisenden wie über den stattgebenden Beschluss wird der Vorgang für die nächste Instanz nachvollziehbar.

Auch wird von dem Instrument, sich **hilfsweise** den **Vortrag der anderen Partei zu Eigen zu machen**, zu selten Gebrauch gemacht. Junge Anwältinnen und Anwälte wissen oft nicht, wie sie den Vorteil, den sie in einem bestimmten Vortrag für das Anliegen ihrer Partei erkennen, prozessual nutzen können. Die Schriftsätze erfahrener Prozessanwälte, die den Beklagten vertreten, wimmeln nur so von der Erklärung, dass Tatsachen bestritten werden. Erfahrene Beklagtenvertreter bestreiten – leider auch manchmal, ohne hinreichend die Wahrheitspflicht nach § 138 Abs. 1 ZPO zu beachten. Sie bewirken damit, dass über nahezu jede Tatsachenbehauptung des Klägers, die bestritten ist, Beweis erhoben werden muss. Fehlen ausreichende Beweisangebote im klägerischen Schriftsatz, wird die Klage abgewiesen. 394

Bei Kündigungsschutzklagen kann der Arbeitgeber wegen der im Arbeitsgerichtsverfahren bestehenden **gestuften Darlegungs- und Beweislast** nicht in gleicher Weise verfahren. Es ist Sache des Arbeitgeber-Anwalts, eine vom Arbeitnehmer-Anwalt vorgetragene, den klägerischen Sachvortrag stützende Behauptung zu entkräften. Der Beklagte hat dabei die volle Darlegungs- und Beweislast. Insofern reicht ein bloßes Bestreiten in vielen Fällen nicht aus, es muss substantiiert ein den Sachvortrag des Klägers widerlegender Sachverhalt vom Beklagten-Anwalt geschildert werden. 395

Allerdings hat der Arbeitgeber-Anwalt die Möglichkeit, sich ein Vorbringen, das ihm günstig erscheint, hilfsweise zu Eigen zu machen. Kommt es auf das Arbeitnehmer-Vorbringen zugunsten des Arbeitgebers an und kann der Arbeitgeber seinen Hauptvortrag weder in hinreichend individualisierter Form vortragen, noch den gebotenen Beweis antreten, wird der für ihn günstige Tatsache dadurch unstreitig, dass er sie hilfsweise zu Eigen gemacht hat. Wenig hilfreich ist es, wenn Arbeitgeber- wie Arbeitnehmer-Anwälte in ihren Schriftsätzen immer wieder um richterliche Hinweise bitten. Erfolgreich sind sie mit diesem Instrument nur dann, wenn sie im Termin nachfragen, ob der Sachvortrag ausreichend ist, um entsprechenden Hinweis bitten und die Erklärungen des Gerichts hierzu zu Protokoll nehmen lassen. Weigert sich der Richter, ist das Verfahren nach § 160 Abs. 4 Satz 3 ZPO zu wählen.[5] 396

2. Alternativstrategien

Häufig wird von Anwälten versäumt, Alternativstrategien zu entwickeln, für den Fall, dass sich bei der **Kündigung formale Mängel** herausstellen. Hat der Arbeitnehmer die Kündigung mangels Vollmachtsvorlage über seine Rechtsanwälte nach § 174 Satz 1 BGB zurückgewiesen, sollte der Arbeitgeber-Anwalt alsbald vorsorglich eine weitere Kündigung durch den Arbeitgeber erklären lassen. Bestreitet der Arbeitnehmer den Erhalt eines im Original zugegangenen Kündigungsschreibens und wurde bei der Zustellung nicht hinreichend Vorsorge getroffen, den Beweis des Zugangs im Rechtsstreit erbringen zu können, bietet es sich an, in der Güteverhandlung ein erneutes Original des Kündigungsschreibens in Anwesenheit des Gerichts zu übergeben und diesen Vorgang nach § 160 Abs. 4 Satz 1 ZPO protokollieren zu lassen. Wird die ordnungsgemäße Anhörung des Betriebsrats nach § 102 BetrVG vom Arbeitnehmer bestritten, gehört es zu den Obliegenheiten des Arbeitgeber-Anwalts, bei seiner Partei zu veranlassen, dass eine erneute Kündigung ausgesprochen wird, der ein ordnungsgemäßes Anhörungsverfahren nach § 102 BetrVG vorausgeht. Der Arbeitgeber-Anwalt sollte in diesem Falle das Schreiben, mit dem der Betriebsrat angehört wird, selbst auf seine Vollständigkeit überprüfen. 397

Vetter[6] listet eine Reihe **typischer Versäumnisse von Arbeitgeber-Anwälten** auf, denen eine Nichtentwicklung von Alternativstrategien gemeinsam ist. Beruft sich der gekündigte Arbeitnehmer darauf, dass einem sozial stärkeren Arbeitnehmer im Rahmen der **Sozialauswahl** zu kündigen gewesen wäre und stellt sich heraus, dass diesem Mitarbeiter ebenfalls längst gekündigt wurde, ist es ein Kunstfehler, wenn nicht rein vorsorglich eine zweite betriebsbedingte Kündigung gegenüber dem klagenden Arbeitnehmer ausgesprochen wird, um eine eventuell zum damaligen Zeitpunkt unwirksame betriebsbedingte Kündigung nunmehr durch eine wirk- 398

---

5 *Vetter*, NZA Beil. 1/2005, 64, 69.
6 NZA Beil. 1/2005, 64, 70.

same betriebsbedingte Kündigung zu ersetzen. Ähnlich ist die Sachlage bei **krankheitsbedingten Kündigungen** wegen langanhaltender Krankheit. Fehlt der Arbeitnehmer während eines acht Monate dauernden Kündigungsrechtsstreits ununterbrochen, kann, wenn die Gesundheitsprognose zum Zeitpunkt des Ausspruchs der Kündigung noch günstig war, meist mit Erfolg eine weitere personenbedingte Kündigung ausgesprochen werden, nachdem sich über einen so langen Zeitraum erwiesen hat, dass nunmehr eine ungünstige Gesundheitsprognose anzustellen ist.

399 Ein Kunstfehler ist es, wenn bei einem **Betriebsübergang** nicht beide, der Betriebsveräußerer und der Betriebsübernehmer, verklagt werden.[7]

3. Fehler bei betriebsbedingten Kündigungen

a) Unternehmerentscheidung

400 Vermeidbare Prozessniederlagen des Arbeitgeber-Anwalts rühren verschiedentlich daher, dass die Unternehmerentscheidung bei betriebsbedingten Kündigungen nicht erläutert wurde. Insbesondere scheint manchen Anwälten nicht bekannt zu sein, dass das BAG in ständiger Rechtsprechung zwischen innerbetrieblichen und außerbetrieblichen Ursachen unterscheidet. Bei **außerbetrieblichen Kündigungsgründen**, wie Auftragsmangel und Umsatzrückgang, besteht eine erhöhte Darlegungslast für den Arbeitgeber.[8]

401 Der erfahrene Anwalt begründet eine betriebsbedingte Kündigung deshalb regelmäßig mit **innerbetrieblichen Gründen**, also Willensentscheidungen des Arbeitgebers, bei denen immer wieder der Fehler auftritt, dass nicht ausgeführt wird, wie die Unternehmerentscheidung zur Kündigung des betroffenen Arbeitnehmers geführt hat.[9]

402 Der Arbeitnehmer muss zunächst die Unternehmerentscheidung darstellen, insbesondere auch, wann er sie getroffen hat. Nützlich sind beispielsweise Protokolle einer Gesellschafterversammlung, in der eine Unternehmerentscheidung von den Gesellschaftern gefasst wurde. Derartige Unterlagen sind für die Gerichte hilfreich, weil hieraus zu ersehen ist, dass und wann es die Unternehmerentscheidung gegeben hat. Derartige Unterlagen sind zwar nicht erforderlich, stellen aber, mit einem Schriftsatz eingereicht, die Unternehmerentscheidung alsbald unstreitig.[10] Spätestens dann, wenn der Arbeitnehmer nach § 138 Abs. 4 ZPO mit Nichtwissen bestreitet, dass eine Unternehmerentscheidung getroffen wurde, muss der Arbeitgeber unter Beweisantritt konkret darlegen, wann und durch wen eine Unternehmerentscheidung gefällt wurde.

403 Von der Begründung einer betriebsbedingten Kündigung mit außerbetrieblichen Gründen wird abgeraten. Sämtliche der außerbetrieblichen Gründe müssen unter **Beweis** gestellt werden. Sie können von den Arbeitsgerichten uneingeschränkt überprüft werden. Die Arbeitsgerichte machen hiervon auch rege Gebrauch. Spätestens wenn es darum geht, dass aus einem **Umsatzrückgang** der Wegfall eines konkreten Arbeitsplatzes nachgewiesen werden muss, stößt der Arbeitgeber an die Grenzen seiner Darlegungsmöglichkeiten. Manche Gerichte akzeptieren keine liquiditätsorientierte Betrachtung. Ist der Umsatz zurückgegangen, machen sie das Vorliegen außerbetrieblicher Gründe von den Aussagen eines Bilanzsachverständigen abhängig, ein Verfahren, das ein schnelles Handeln des Arbeitgebers ausschließt, darüber hinaus zeit- und kostenintensiv und von ungewissem Ausgang ist. Spätestens wenn die Prognose anzustellen ist, dass der Wegfall von Aufträgen oder Umsatz über die Kündigungsfrist des gekündigten Arbeitnehmers hinaus von Dauer ist, ergeben sich weitere Schwierigkeiten für den Arbeitgeber. Zum Sachvortrag des Arbeitgebers gehört, dass der bei der Unternehmerentscheidung prognostizierte Wegfall des Beschäftigungsbedarfs auch bei Auftragsrückgang noch im Zeitpunkt des Ablaufs der Kündigungsfrist zu erwarten war. *Vetter*[11] zeigt anhand einiger Beispiele auf, welcher Vortrag regelmäßig bei der Prognose angesichts eines **festgestellten Rückgangs von Umsatz oder Arbeitsmenge** von Arbeitgeber-Anwälten vergessen wird. Trifft der Arbeitgeber im Vorfeld einer Kündigung seine Entscheidungen ohne anwaltliche Beratung, steht zu befürchten, dass Differenzierungskriterien wie außerbetriebliche und innerbetriebliche Gründe bei der Unternehmerentscheidung keine Berücksichtigung gefunden haben.

---

7 KR-*Friedrich*, § 4 KSchG Rn 96 ff.; APS/*Ascheid*, § 4 Rn 48 ff.
8 APS/*Kiel*, § 1 KSchG Rn 475; KR-*Etzel*, § 1 KSchG Rn 517 ff.
9 *Vetter*, NZA Beil. 1/2005, 64, 71.
10 BAG 5.4.2001 – 2 AZR 696/99, EzA § 1 KSchG Betriebsbedingte Kündigung Nr. 110.
11 NZA Beil. 1/2005, 64, 73.

Aber auch bei **innerbetrieblichen Gründen** gelingt es Arbeitgebern verschiedentlich nicht, das Konzept schlüssig zu machen. Kann der Arbeitnehmer anhand eines Zwischenzeugnisses nachweisen, dass er nur in zeitlich geringem Umfang auf dem Tätigkeitsfeld gearbeitet hat, das aufgrund einer Organisationsänderung wegfallen soll, läuft die betriebsbedingte Kündigung ins Leere. Wird die Kündigung zu einem früheren Zeitpunkt ausgesprochen als dem Datum, zu dem der Betrieb geschlossen wird, ist die betriebsbedingte Kündigung unwirksam, weil es an einem schlüssigen Konzept zu einer vorzeitigen Beendigung des Arbeitsverhältnisses fehlt.[12]

b) Anderweitige Beschäftigung

Zum Vortrag des Arbeitgeber-Anwalts bei betriebsbedingten Kündigungen gehört, dass neben den dringenden betrieblichen Erfordernissen die Voraussetzungen einer **ordnungsgemäßen Sozialauswahl** vorlagen und **keine anderweitige Beschäftigung** für den Arbeitnehmer im Betrieb besteht.[13] Während es Sache des Arbeitnehmers ist, anderweitige Tätigkeiten zu benennen, in denen er noch beschäftigt werden könnte, ist es Sache des Arbeitgebers, auf den die Darlegungs- und Beweislast fällt, substantiiert vorzutragen, warum eine Beschäftigung auf der vom Arbeitnehmer benannten Stelle nicht möglich ist. Häufig vergessen Arbeitgeber-Anwälte, diesen Umstand auch unter Beweis zu stellen.[14] Nach der neueren Rechtsprechung des BAG[15] muss der Arbeitgeber, wenn er über eine andere Beschäftigungsmöglichkeit verfügte, zunächst eine Änderungskündigung aussprechen, bevor er zum Mittel der Beendigungskündigung greift. Wer vorträgt, man habe dem Arbeitnehmer eine Stelle angeboten, der Arbeitnehmer habe diese Beschäftigung aber nicht gewollt, muss sich auf eine Prozessniederlage einstellen, weil die betrieblichen Gründe bekanntlich die Kündigung nach § 1 Abs. 2 KSchG bedingen müssen, der Arbeitgeber also die Tätigkeit auf den Kläger vor Ausspruch einer Beendigungskündigung hätte übertragen müssen.

c) Sozialauswahl

Nach der gesetzlichen Regelung in § 1 Abs. 3 Satz 3 KSchG ist der Arbeitnehmer für die Fehlerhaftigkeit der Sozialauswahl darlegungs- und beweispflichtig. Er schuldet daher einen individualisierten Vortrag, über den andere Arbeitnehmer namentlich benannt werden, die sozial stärker sind oder fälschlich nicht in die Sozialauswahl einbezogen wurden. In der Praxis reicht es auch aus, wenn der Arbeitnehmer vorträgt, andere Arbeitnehmer oder Arbeitnehmergruppen müssten in die Sozialauswahl einbezogen werden, er kenne aber die Sozialdaten der einzelnen Arbeitnehmer nicht und fordere den Arbeitgeber hiermit auf, diese zu benennen.[16]

4. Fehler bei personen- und verhaltensbedingten Kündigungen

Ein Mangel im Arbeitgeber-Vortrag liegt vor, wenn bei der personenbedingten Kündigung die zu erwartenden betrieblichen Störungen nicht aufgezeigt werden. Zwar reichen für einen Betrachtungszeitraum von einem Jahr sechs Wochen Entgeltfortzahlungskosten als hinreichende Störung aus.[17] Die Instanzgerichte[18] halten sich aber nicht immer streng an die Rechtsprechung des BAG, so dass es hilfreich ist, wenn sonstige Störungen im Betriebsablauf dargestellt werden. Derartige Störungen können in ständigen Vertretungen durch andere Mitarbeiter, aufgetretenen Fertigungsverzögerungen mit der Folge von Konventionalstrafen, Beschwerden von Kunden etc. sein. Hier ist ein detaillierter Vortrag jedenfalls immer dann, wenn der Entgeltfortzahlungszeitraum unterschritten wurde, erforderlich, in anderen Fällen wünschenswert.

Vetter[19] empfiehlt, im Prozessverlauf, wenn eine neue, ungünstigere Prognose angestellt werden kann, nochmals dem Arbeitnehmer zu kündigen. Solche **zusätzlichen personenbedingten Kündigungen** kommen in Betracht, wenn dem Betriebsrat die Auswirkungen der Fehlzeiten des Arbeitnehmers nicht ausführlich dargestellt wurden, aber auch dann, wenn der Arbeitnehmer, was häufig geschieht, während des Rechtsstreits erneut erkrankt. Eine negative Gesundheitsprognose bestätigt sich, je länger der Arbeitnehmer seiner Arbeit

---

12 LAG Nürnberg 24.2.1999 – 3 Sa 1022/98, zitiert nach *Vetter*, NZA Beil. 1/2005, 64, 74.
13 BAG 15.8.2002 – 2 AZR 195/01, EzA § 1 KSchG Betriebsbedingte Kündigung Nr. 123.
14 BAG 15.8.2002 – 2 AZR 195/01, EzA § 1 KSchG Betriebsbedingte Kündigung Nr. 123.
15 BAG 21.4.2005 – 2 AZR 244/04, NZA 2005, 2250.
16 *Vetter*, NZA Beil. 1/2005, 64, 77.
17 BAG 13.8.1992 – 2 AZN 231/92, EzA § 1 KSchG Krankheit Nr. 36; BAG 23.9.1992 – 2 AZR 62/92, EzA § 1 KSchG Krankheit Nr. 37; BAG 29.7.1993 – 2 AZR 155/93, EzA § 1 KSchG Krankheit Nr. 40.
18 Siehe LAG Hamm 6.5.2004 – 8 (2) Sa 1615/03, n.v.
19 NZA Beil. 1/2005, 64, 78.

nicht nachkommt. Eine länger andauernde Erkrankung während des Rechtsstreits rechtfertigt häufig eine neue Prognose, die eine noch deutlichere Indizwirkung zu Lasten des Arbeitnehmers entfaltet.[20]

409 Bei der **verhaltensbedingten Kündigung** erweisen sich die Folgen der gestuften Darlegungs- und Beweislast für Arbeitgeber häufig als besonders nachteilig. Hat der Arbeitnehmer ein **Fehlverhalten** begangen, das „an sich" geeignet ist, eine Kündigung zu rechtfertigen, genügt er seiner Beweislast nicht allein dadurch, dass er das pflichtwidrige Verhalten des Arbeitnehmers nachweist. Führt der Arbeitnehmer einen Entschuldigungsgrund in den Rechtsstreit ein, muss der Arbeitgeber auch beweisen, dass der Rechtfertigungs- oder Entschuldigungsgrund nicht besteht.[21] Deshalb ist es misslich, wenn derartige Entschuldigungsgründe zur Überraschung des Arbeitgebers im Rechtsstreit vorgetragen werden. Arbeitgeber-Anwälte sollten darauf achten, wenn sie an der **Vorfeldberatung** einer verhaltensbedingten Kündigung beteiligt sind, dass vor Ausspruch der Arbeitnehmer nach etwaigen Entschuldigungsgründen befragt wird, auch wenn nicht eine anhörungspflichtige Verdachtskündigung in Rede steht. Über eine derartige Befragung sollte der Arbeitgeber ein Protokoll aufnehmen. Kann er nachweisen, dass der Arbeitnehmer im Vorfeld einer Kündigung keine ihn entlastenden Tatsachen behauptet hat, liegen die Unglaubwürdigkeit des Arbeitnehmers und eine Schutzbehauptung nahe.[22]

5. Auflösungsanträge des Arbeitgebers

410 Die Auflösung des Arbeitsverhältnisses nach § 9 KSchG kann der Arbeitgeber nur verlangen, wenn Gegenstand des Rechtsstreits eine nach § 1 KSchG sozialwidrige Kündigung ist und keine anderen Unwirksamkeitsgründe vorliegen. Bei sonstigen Unwirksamkeitsgründen wie Treuwidrigkeit, Sittenwidrigkeit, Verstoß gegen ein gesetzliches Gebot u.Ä. scheidet eine Auflösung des Arbeitsverhältnisses auf Antrag des Arbeitgebers aus.[23] Bei leitenden Angestellten, die zur selbständigen Einstellung oder Entlassung von Arbeitnehmern berechtigt sind, bedarf der Auflösungsantrag keiner näheren Begründung, § 14 Abs. 2 KSchG. Auch wird verschiedentlich übersehen, dass der Auflösungsantrag des Arbeitgebers im Falle einer außerordentlichen Kündigung ausgeschlossen ist, § 13 Abs. 1 Satz 3 KSchG. Umso mehr empfiehlt es sich aus Arbeitgebersicht, außerordentliche Kündigungen immer mit dem **hilfsweisen Ausspruch einer ordentlichen Kündigung** zu verbinden. Im Kündigungsrechtsstreit kann der Auflösungsantrag ggf. auf die hilfsweise ausgesprochene Arbeitgeber-Kündigung und einen zusätzlichen Sachverhalt gestützt werden.

411 Das BVerfG hat mit seiner Entscheidung vom 22.10.2004[24] noch einmal grundlegend die Anforderungen an **wirksame Auflösungsanträge des Arbeitgebers** präzisiert. Die Kammer hat festgestellt, dass die Auflösung des Arbeitsverhältnisses auf Arbeitgeberantrag nicht darauf hinauslaufen darf, dass die Darlegungs- und Beweislast darüber, ob eine weitere gedeihliche Zusammenarbeit der Arbeitsvertragsparteien noch zu erwarten ist, beim Arbeitnehmer liegt. Vielmehr ist es Sache der Fachgerichte, die wechselseitigen Grundrechtspositionen des betroffenen Arbeitgebers und Arbeitnehmers zu berücksichtigen und miteinander abzuwägen. Sache eines Arbeitnehmers ist es nicht darzulegen, dass eine anderweitige Weiterbeschäftigungsmöglichkeit besteht, um zur Annahme einer weiteren gedeihlichen Zusammenarbeit zu gelangen. Weiterhin hat die Kammer entschieden, dass es nicht gerechtfertigt ist, Auflösungsanträge auf Sachverhalte zu stützen, die für die Kündigung des Arbeitsverhältnisses nicht ausgereicht haben.

412 Die Entscheidung des BVerfG vom 22.10.2004 liegt auf der Linie früherer Rechtsprechung des BVerfG, insbesondere dem Kammerbeschluss vom 13.8.1991.[25] In seiner Entscheidung vom 13.8.1991 wies die 2. Kammer des 1. Senats darauf hin, dass strenge Anforderungen an die Auflösungsgründe zu stellen seien. Es sei unzulässig, Sachverhalte wie die Störung des Betriebsfriedens durch Erstattung einer Strafanzeige, die nicht Gegenstand der Erörterungen in der mündlichen Verhandlung waren, von Seiten des Gerichts als Auflösungsgrund zu bestimmen.

413 Auflösungsanträge, die in der Praxis verschiedentlich von Arbeitgebern gestellt werden, weil die Kündigungsgründe nicht ausreichend vorgetragen werden können, führen nicht zum Erfolg. Auflösungsurteile werden im süddeutschen Raum häufiger gefällt als in anderen Regionen. Der **Auflösungsantrag** des Arbeitgebers kann wie folgt lauten:

---

20 *Vetter*, NZA Beil. 1/2005, 64, 78.
21 BAG 18.10.1990 – 2 AZR 204/90, RzK I 10h Nr. 30.
22 *Vetter*, NZA Beil. 1/2005, 64, 78.
23 BAG 10.11.1994 – 2 AZR 207/94, NJW 1995, 1981; *Hetzfeld*, NZA 2004, 298; *Keßler*, NZA-RR 2002, 1.
24 BVerfG 22.10.2004 – 1 BvR 1944/01, NZA 2005, 41.
25 BVerfG 13.8.1991 – 1 BvR 128/87, n.v.

1. Die Klage wird abgewiesen.
2. Für den Fall des Unterliegens wird das Arbeitsverhältnis gegen Zahlung einer Abfindung, die in das Ermessen des Gerichts gestellt wird, aber ▬▬▬ EUR nicht überschreiten soll, aufgelöst.

Die Vorstellung über die Höchstabfindung aus Sicht des Arbeitgebers sollte in den Antrag aufgenommen werden, weil auf diese Weise sowohl die Berufungsfähigkeit des Auflösungsurteils als auch die für die Feststellung der Zulässigkeit einer Berufung erforderliche Beschwer rechnerisch ermittelt werden kann. 414

6. Prozessbeschäftigung

Die Rechtsprechung unterscheidet zwischen vereinbarter Weiterbeschäftigung und einer Prozessbeschäftigung. Die **vereinbarte Weiterbeschäftigung** erfolgt bei streitigem Fortbestehen aufgrund eines Angebots des Arbeitgebers, bevor ein Urteil auf Weiterbeschäftigung ergangen ist. Arbeitgeber und Arbeitnehmer schließen bei vereinbarter Weiterbeschäftigung einen zweckbefristeten Vertrag gemäß §§ 3 Abs. 1 Satz 2 2. Alt., 14 Abs. 4 TzBfG, der dem Schriftformerfordernis unterliegt. Die **Prozessbeschäftigung** ist kein auflösend bedingter oder zweckbefristeter Arbeitsvertrag, sondern ein gesetzliches Schuldverhältnis, das allein nach bereicherungsrechtlichen Grundsätzen abgewickelt wird.[26] 415

Aus Gründen der Klarheit und Rechtssicherheit ist dem Arbeitgeber zu empfehlen, spätestens nach Erhalt der Sitzungsniederschrift mit Urteilstenor den Arbeitnehmer anzuschreiben, darauf zu verweisen, dass eine Verurteilung zur Weiterbeschäftigung erfolgt sei, man sich der Verurteilung zur vorläufigen Weiterbeschäftigung beugen werde und zur Vermeidung von Zwangsvollstreckungsmaßnahmen zum Arbeitsantritt auffordere. Als Beispiel dient das Muster 6803.[27] 416

Der Arbeitnehmer verliert seinen **Annahmeverzugslohnanspruch**, wenn er ein **vertragliches Angebot** zur Weiterbeschäftigung nicht annimmt. Das BAG hat entschieden, dass der Annahmeverzug des Arbeitgebers ausgeschlossen ist, wenn der Arbeitnehmer nicht leistungsfähig oder nicht leistungswillig ist.[28] Wer ein Weiterbeschäftigungsangebot nicht annimmt, hat damit zum Ausdruck gebracht, dass er nicht leistungswillig ist. Für den Fall, dass ein Weiterbeschäftigungsantrag des Arbeitnehmers positiv beschieden wurde, entschied das LAG Niedersachsen,[29] dass eine **Prozessbeschäftigung** dann vorliegt, wenn der Arbeitnehmer unter Hinweis auf ein obsiegendes Urteil die Weiterbeschäftigung verlangt. In diesem Falle begründe der Arbeitnehmer im Verhältnis zum Arbeitgeber nicht ein auflösend bedingtes Arbeitsverhältnis, mit der Folge, dass für dieses Arbeitsverhältnis auch nicht das TzBfG gilt. Das für Prozessbeschäftigungen in diesem Buch angebotene Muster ist gedacht zur Vereinbarung einer Weiterbeschäftigung vor Erlass eines der Kündigungsschutzklage stattgebenden Urteils nach Ablauf der Kündigungsfrist. Der Textbaustein ist ebenfalls verwendbar zu Klarstellungszwecken im Rahmen einer echten Prozessbeschäftigung. Die Aufforderung zur Prozessbeschäftigung kann nach dem Muster 6802[30] erfolgen. 417

7. Drittschuldnerklage

Zu den mühseligen Verfahren aus Arbeitgebersicht gehört die Drittschuldnerklage. Die Zuständigkeit für Drittschuldnerklagen richtet sich nach dem Inhalt der Forderung. Bei einer Zahlungsklage aus einem Pfändungs- und Überweisungsbeschluss wegen Arbeitseinkommens ist das Arbeitsgericht zuständig.[31] Der Antrag des Klägers gegen den Drittschuldner ist ein **Zahlungsantrag**, der sich wie folgt formulieren lässt. 418

Die beklagte Partei wird verurteilt, an die klägerische Partei ▬▬▬ EUR nebst Zinsen in Höhe von ▬▬▬, hieraus seit ▬▬▬, zu zahlen.

Nach § 841 ZPO ist dem Schuldner (Arbeitnehmer) der **Streit** zu **verkünden**. Wenn der Arbeitgeber dem Gläubiger keine Auskunft über die Entgeltansprüche des Arbeitnehmers erteilt, obwohl er nach § 836 Abs. 3 ZPO hierzu verpflichtet ist, beschränkt sich der Anspruch des Gläubigers auf Schadensersatz nach § 840 Abs. 2 Satz 2 ZPO. Zu dem Schaden gehören dann allerdings auch die Kosten eines anwaltlichen Bevollmächtigten zur Beitreibung der gepfändeten Forderung.[32] Nach herrschender Meinung hat der Gläubiger 419

---

26 LAG Niedersachsen 27.9.2005 – 13 Sa 275/05, NZA-RR 2006, 179.
27 § 6 Rn 449.
28 BAG 13.7.2005 – 5 AZR 578/04, NZA 2005, 1348.
29 LAG Niedersachsen 27.9.2005 – 13 Sa 275/05, NZA-RR 2006, 179; LAG Niedersachsen 30.9.2003 – 13 Sa 570/03, AuA 2004, 50.
30 § 6 Rn 448.
31 OLG Stuttgart 8.4.1999 – 9 W 90/98, OLGR Stuttgart 1999, 242.
32 BAG 16.5.1990 – 4 AZR 56/90, NZA 1991, 27.

keinen einklagbaren Anspruch gegen den schweigenden Drittschuldner auf Erteilung der Auskunft des § 840 Abs. 1 ZPO.[33]

8. Einstweiliger Rechtsschutz

a) Entbindung von der Weiterbeschäftigungspflicht nach § 102 Abs. 5 Satz 2 BetrVG

420 Der Arbeitgeber hat die Möglichkeit, sich im Eilverfahren nach § 102 Abs. 5 Satz 2 BetrVG von der Verpflichtung zur Weiterbeschäftigung des Arbeitnehmers entbinden zu lassen. Dabei ergibt sich der **Verfügungsantrag** aus dem Gesetz:

Die verfügungsklägerische Partei wird von der Verpflichtung zur Weiterbeschäftigung der verfügungsbeklagten Partei entbunden.

421 Als Verfügungsanspruch muss der Arbeitgeber vortragen, dass eine Kündigungsschutzklage des Arbeitnehmers keine hinreichende Aussicht auf Erfolg bietet oder mutwillig ist (§ 102 Abs. 5 Nr. 1 BetrVG), dass die Weiterbeschäftigung des Arbeitnehmers zu einer unzumutbaren wirtschaftlichen Belastung führt (§ 102 Abs. 5 Satz 2 Nr. 2 BetrVG) oder der Widerspruch des Betriebsrats offensichtlich unbegründet ist (§ 102 Abs. 5 Satz 2 Nr. 3 BetrVG).

422 Auch aus Arbeitgebersicht ist es schwierig, den **richtigen Zeitpunkt** zu finden, zu dem der Antrag auf Erlass einer einstweiligen Verfügung gestellt wird. Gleiches gilt für den Arbeitnehmer bei seinem Weiterbeschäftigungsantrag.[34] Von der Weiterbeschäftigungspflicht kann nur entbunden werden, wenn diese vom Arbeitnehmer auch tatsächlich begehrt wird. So muss beispielsweise der Widerspruch des Betriebsrats vorliegen und der Arbeitnehmer darauf gestützt bereits eine Weiterbeschäftigung nach Ablauf der Kündigungsfrist geltend gemacht haben.[35] Eine einstweilige Verfügung „auf Vorrat" wird nicht erlassen.[36] Zu lange darf der Arbeitgeber-Anwalt nicht warten. Beim Verfügungsgrund bedarf es keiner sonderlichen Darlegung, weil sich für diese Eilverfügung die Voraussetzungen aus dem BetrVG, einer gesetzlichen Sonderregelung, ergeben. Eine Interessenabwägung im Einzelfall ist nicht zusätzlich erforderlich, weil der Gesetzgeber durch die Bestimmungen der Anspruchsvoraussetzungen in § 102 Abs. 5 Satz 2 BetrVG bereits abstrakt diese Abwägung vorgenommen hat.

b) Wettbewerbsverbot

423 Effektiver Rechtsschutz bei Wettbewerbsverboten kann nur im Wege von **Unterlassungsverfügungen**, also im Wege des einstweiligen Rechtsschutzes, erreicht werden. Die Verfahrensdauer in Hauptsacheverfahren umfasst einen zu langen Zeitraum, als dass ein Urteil Wettbewerbsverstöße wirksam verhindert. Sowohl beim vertraglichen als auch beim nachvertraglichen Wettbewerbsverbot ist ein effektiver Rechtsschutz daher nur im Wege der **einstweiligen Verfügung** zu erlangen.

424 Beim Antrag des Arbeitgebers gegen den zu Unrecht Wettbewerb ausübenden Arbeitnehmer ist darauf zu achten, dass nicht jede Verwertung der Arbeitskraft untersagt werden kann, sondern nur die **konkrete Wettbewerbstätigkeit**.[37] *Reinhard/Kliemt* weisen darauf hin, dass es eine Frage der Antragsbegründung ist, ob bei einem zu weitgehenden Antrag unter Abweisung im Übrigen eine Unterlassungsverfügung bezogen auf die konkrete Tätigkeit ergehen kann. Dem Antrag muss das Gericht entnehmen können, welche konkrete Wettbewerbstätigkeit bei welchem Arbeitgeber untersagt werden soll. Die Autorinnen empfehlen deshalb sinngemäß den folgenden Antrag:

Der verfügungsbeklagten Partei wird untersagt, bis zum ■■■ eine Tätigkeit als ■■■ bei der Firma ■■■ auszuüben.

425 Dieser Antrag kann sowohl für nachvertragliche als auch für vertragliche Wettbewerbsverbote als Unterlassungsantrag gestellt werden.

426 Während einstweilige Verfügungen aufgrund eines Verstoßes gegen ein vertragliches Wettbewerbsverbot auf § 60 Abs. 1 HGB gestützt werden, da das BAG aus der allgemeinen vertraglichen Treuepflicht das Verbot

---

33 BGH 17.4.1984 – IX ZR 153/83, NJW 1984, 1901; Zöller/*Stöber*, § 840 ZPO Rn 15.
34 Siehe § 6 Rn 252.
35 *Reinhard/Kliemt*, NZA 2005, 545 (549).
36 A.A. *Walker*, Der einstweilige Rechtsschutz in zivil- und arbeitsgerichtlichen Verfahren, § 12 Rn 694.
37 BAG 3.5.1983 – 3 AZR 62/81, NJW 1984, 886.

ableitet, sich im Wettbewerbsbereich des Arbeitgebers analog § 60 Abs. 1 HGB zu betätigen,[38] ergibt sich der Verfügungsanspruch bei einer nachvertraglichen Konkurrenztätigkeit aus einem zwischen dem Arbeitgeber und Arbeitnehmer vereinbarten arbeitsvertraglichen Wettbewerbsverbot, § 110 GewO. Der Verfügungsgrund muss vom Arbeitgeber auf Umstände wie eine **Erstbegehungs- oder Wiederholungsgefahr** gestützt werden. Selbst wenn ein rechtswidriger Eingriff noch nicht stattgefunden hat, jedoch ernsthaft zu besorgen ist, kann ein Verfügungsgrund bestehen.[39] Allerdings zeigt sich hier die Sorgfalt des einen Schriftsatz entwickelnden Arbeitgeber-Anwalts. Im Gespräch mit dem oder den Zeugen ist zu ermitteln, inwieweit Tatsachen glaubhaft gemacht und damit zum Gegenstand einer eidesstattlichen Versicherung erhoben werden können, aus denen sich ergibt, dass die vorbeschriebene Gefahr zu besorgen ist. Im Zweifel sind Zeugen als präsente Beweismittel im Gerichtstermin zu stellen (§§ 936, 920, 294 ZPO, § 62 Abs. 2 ArbGG).

c) Arbeitskampf

Im Zuge von Arbeitskämpfen ist es verschiedentlich für Arbeitgeber geboten, einstweiligen Rechtsschutz in Anspruch zu nehmen, um Überschreitungen und durch die Tarifautonomie nicht gerechtfertigte Schäden bei Arbeitgebern zu vermeiden oder zu verringern. Auch der Arbeitskampf ist nur innerhalb gesetzlicher Grenzen und innerhalb der Rechtsordnung zulässig.[40] Bei Unterlassungsverfügungen im Arbeitskampf besteht die Gefahr, dass aufgrund des kritischen Zeitmoments die Hauptsache endgültig vorweggenommen wird und der Arbeitskampf u.U. scheitert.[41] Andererseits kann es die Rechtsordnung nicht zulassen, dass die Arbeitsgerichte, die sich generell im Arbeitskampf in Zurückhaltung üben, tatenlos zuschauen, wie durch rechtswidrige Eingriffe in den eingerichteten und ausgeübten Gewerbebetrieb beträchtliche Schäden durch unzulässige Arbeitskampfmaßnahmen entstehen. Zwischen diesen beiden Polen – Gefahr der Vorwegnahme der Hauptsache und Schwächung des Arbeitskampfes einerseits, große wirtschaftliche Schäden zu Lasten des Arbeitgebers andererseits – bewegt sich der Entscheidungsspielraum der Arbeitsgerichte, wenn sie über den Erlass einstweiliger Verfügungen im Rahmen eines Arbeitskampfes zu befinden haben.

427

Als Verfügungsantrag empfehlen *Reinhard/Kliemt*:[42]

428

Der verfügungsbeklagten Partei wird aufgegeben, es zu unterlassen, im Rahmen des von ihr ausgerufenen Streiks im Zusammenhang mit den Verhandlungen über einen neuen ■■■ Tarifvertrag für die ■■■-Industrie

a) Arbeitnehmer der verfügungsklägerischen Partei, die das Betriebsgelände der verfügungsklägerischen Partei an der ■■■ Straße in ■■■ betreten oder verlassen wollen, körperlich anzugreifen, anzuspucken, anzuschreien oder festzuhalten,

b) Fahrzeuge bei der Ein- oder Ausfahrt zum und vom Betriebsgelände der verfügungsklägerischen Partei an der ■■■ Straße in ■■■ anzuhalten, zu kontrollieren, zu beschädigen oder zu behindern.

Bei einstweiligen Verfügungen im Zusammenhang mit Arbeitskämpfen lässt sich der **Verfügungsanspruch** nicht generell festlegen, er entspringt meist dem verfassungsrechtlichen Anspruch auf **Schutz des Gewerbebetriebs** und der **Eigentumsrechte des Arbeitgebers**. Rechtsgrundlage kann auch die Verletzung von Persönlichkeitsrechten der am Streik nicht teilnehmenden Arbeitnehmer sein. Gut herausgearbeitet werden muss in einer einstweiligen Verfügung gegen einzelne Arbeitskampfmaßnahmen, inwieweit die Gewerkschaft oder einzelne Mitglieder die Grenzen ihres Streikrechts überschritten haben und inwieweit aufgrund des bisherigen Verhaltens mit weiteren rechtswidrigen Eingriffen zu rechnen ist. Sache des Arbeitgebers ist es in diesen Fällen, aufgrund eidesstattlicher Versicherungen verschiedener Zeugen glaubhaft zu machen, dass Übergriffe vorgekommen, ggf. auf Anweisung der Gewerkschaft vorgenommen und weitere, gewichtige Rechtsverletzungen zu befürchten sind.

429

Der **Verfügungsgrund** befasst sich mit der Frage, inwieweit die Eilentscheidung zur Abwehr wesentlicher Nachteile nötig ist. Insofern sind meist auch verfassungsrechtliche, vor allem aber tarifvertragliche Themen darzulegen und in einer Gesamtbewertung die mit der Streikmaßnahme verbundenen Nachteile für den Arbeitgeber und ggf. nicht streikende Arbeitnehmer gegen die Schwere des Eingriffs in das Streikrecht unter Beachtung der Unwiederholbarkeit der aktuellen arbeitskampfrechtlichen Situation abzuwägen.[43] *Reinhard/*

430

---

38 BAG 25.4.1991 – 2 AZR 624/90, NZA 1992, 212; BAG 16.8.1990 – 2 AZR 113/90, NZA 1991, 141.
39 LAG Niedersachsen 8.12.2005 – 7 Sa 1871/05, NZA-RR 2006, 426.
40 BAG 12.3.1985 – 1 AZR 636/82, NZA 1985, 537.
41 *Reinhard/Kliemt*, NZA 2005, 545 (553).
42 *Reinhard/Kliemt*, NZA 2005, 545 (553).
43 LAG Hessen 5.6.1984 – 5 SaGa 677/84, NZA 1984, 128.

Kliemt[44] halten derart strenge Anforderungen, wie sie das LAG Hessen aufgestellt hat, für überzogen. Ein solcher Rechtssatz stünde der Gewährung effektiven Rechtsschutzes entgegen. Sie plädieren dafür, im Einzelfall die beschriebene Interessenabwägung vorzunehmen und vor Gericht bei Rechtsfragen zu prüfen, ob die Rechtswidrigkeit einer Maßnahme gegeben ist.

431 Generell ist der Hinweis gerechtfertigt, dass komplizierte tarifrechtliche Fragen zum Arbeitskampfrecht im Antrag auf Erlass einer einstweiligen Verfügung keinen Platz haben. Man darf nicht vergessen, dass das Verfahren des einstweiligen Rechtsschutzes ein summarisches Verfahren ist, das komplexere Abwägungen und auch Erörterungen zu den Grenzen der Tarifautonomie nicht zulässt. Je umfangreicher die Begründung des Verfügungsgrundes ausfällt, desto geringer sind die Chancen für den Arbeitgeber, eine einstweilige Verfügung zu erlangen.

B. Texte

I. Abmahnungsklagen

432 **1. Muster: Erwiderung auf Abmahnungsklage**

Arbeitsgericht ▬▬▬

Aktenzeichen: ▬▬▬

Gegner: RAe ▬▬▬, zwei Abschriften anbei

In Sachen

▬▬▬ ./. ▬▬▬

beantragen wir:

1. Die Klage wird abgewiesen.
2. Die Kosten des Rechtsstreits trägt die klägerische Partei.

Gründe

1. Die Abmahnung erfolgte zu Recht. Der Arbeitgeber ist vor einer verhaltensbedingten Kündigung – von Ausnahmefällen abgesehen – verpflichtet, den Arbeitnehmer vor einer Kündigung abzumahnen, § 281 Abs. 3 BGB,

BAG 28.10.1971 – 2 AZR 15/71, DB 1972, 489.

Die Abmahnung ist auszusprechen, wenn ein objektiver Verstoß gegen arbeitsvertragliche Pflichten vorliegt,

BAG 7.9.1988 – 5 AZR 625/87, DB 1989, 284.

1. Der im Abmahnungsschreiben gerügte Sachverhalt ist zutreffend wiedergegeben: ▬▬▬

Beweis: 1. Zeugnis ▬▬▬

2. Vorlage der Schriftstücke ▬▬▬ – Anlage B 1.

2. Bei den im Abmahnungsschreiben gerügten Sachverhalten handelt es sich auch um Pflichtverletzungen der klägerischen Partei im Leistungsbereich. Das gerügte Fehlverhalten der klägerischen Partei betraf die Arbeitspflicht. Im Einzelnen: ▬▬▬

3. Die klägerische Partei handelte auch schuldhaft. Ihr war bekannt, dass ▬▬▬.

4. Die Abmahnung war auch nicht verfristet, denn sie wurde in einem zeitlichen Zusammenhang mit dem Fehlverhalten der klägerischen Partei ausgesprochen.

Im Abmahnungsschreiben wurde der klägerischen Partei auch eine angemessene Besserungsfrist von bis zu vier Wochen eingeräumt.

5. Schließlich erfüllte das Abmahnungsschreiben auch in der gebotenen Form die Hinweis- und Warnfunktion. Der klägerischen Partei wurde durch die Formulierung, dass die arbeitsrechtlichen Schritte bis hin zu einer Kündigung reichen können, deutlich gemacht, dass es sich bei dem Abmahnungsschreiben um eine Vorstufe der Kündigung handeln kann.

---

44 NZA 2005, 545 (554).

2. Muster: Formal unwirksame Abmahnung, Warnfunktion

Ist mit einem Abmahnungsschreiben gegenüber dem Arbeitnehmer unmissverständlich klargemacht worden, er habe bei mangelnder Leistungssteigerung mit arbeitsrechtlichen Konsequenzen zu rechnen, die auch zur Kündigung führen könnten, ist der Arbeitnehmer hinreichend gewarnt,

BAG 9.8.1984, NZA 1985, 124.

Ist die Abmahnung formell unwirksam, beispielsweise weil sie unter Verstoß gegen § 13 BAT zu den Personalakten gelangt ist, hat der Arbeitnehmer aber nicht zum Ausdruck gebracht, dass er aus den formellen Gründen annahm, das Abmahnschreiben sei unbeachtlich, büßt die Abmahnung ihre kündigungsrechtliche Warnfunktion nicht dadurch ein, dass sie formell unwirksam war,

BAG 21.5.1992, NZA 1992, 1028.

3. Muster: Gleichartige Pflichtverletzungen

Eine zusammenfassende Betrachtung mehrerer abgemahnter Pflichtverstöße kann eine verhaltensbedingte Kündigung rechtfertigen, wenn die Pflichtverstöße gleichartig sind. Die Pflichtverstöße müssen nicht unbedingt identisch sein.

Als gleichartig sind Pflichtverletzungen anzusehen, die zu vergleichbaren Störungen des Arbeitsverhältnisses führen und als übereinstimmender Ausdruck einer spezifischen Unzuverlässigkeit des Arbeitnehmers angesehen werden können. In diesem Sinne sind unberechtigtes Fehlen und berechtigtes, aber nicht angezeigtes Fernbleiben von der Arbeit gleichartige Pflichtverletzungen,

LAG Berlin 5.12.1995, LAGE § 1 KSchG Verhaltensbedingte Kündigung Nr. 52.

4. Muster: Nachschieben von Abmahnungsgründen

Verlangt ein Arbeitnehmer vom Arbeitgeber die Entfernung einer Abmahnung aus seinen Personalakten, weil sie angeblich unrichtige Tatsachenbehauptungen enthält, so können unter denselben Voraussetzungen wie beim Nachschieben von Kündigungsgründen weitere Abmahnungsgründe nachgeschoben werden,

LAG Berlin 21.8.1989, NZA 1989, 964; vgl. *Schwerdtner*, NZA 1987, 361; *Winterstein*, NZA 1987, 728.

II. AGG-Klagen

1. Muster: „AGG-Hopper" – Erwiderungsschriftsatz

Die Klage ist unbegründet. Der auf § 15 Abs. 2 AGG gestützte Anspruch auf angemessene Geldentschädigung wegen unzulässiger Geschlechtsdiskriminierung besteht nicht.

Soweit die klägerische Partei geltend macht, sie sei beim Stellenbesetzungsverfahren im Betrieb der beklagten Partei aufgrund ihres Geschlechts benachteiligt worden, so muss diesem Vorbringen entgegengehalten werden, dass die klägerische Partei sich nicht ernsthaft um diese Stelle beworben hat.

Nach der Rechtsprechung kann im Stellenbesetzungsverfahren nur derjenige benachteiligt werden, der sich subjektiv ernsthaft beworben hat und objektiv für die zu besetzende Stelle in Betracht kommt,

LAG Berlin 14.7.2004 – 5 Sa 417/04, NZA-RR 2005, 124.

An der Ernsthaftigkeit der Bewerbung fehlt es im vorliegenden Fall. Es ist davon auszugehen, dass sich die klägerische Partei auf die von der beklagten Partei ausgeschriebene Stelle als ▬▬▬ bei ▬▬▬ nicht ernsthaft beworben hat. Vielmehr ist anzunehmen, dass die klägerische Partei die Anzeige der beklagten Partei zum Anlass nahm, die Ablehnung der beklagten Partei als „Quelle einer Geldeinnahme" zu nutzen. Dafür spricht vor allem die Tatsache, dass die klägerische Partei bereits in mehreren Gerichtsverfahren versucht hat, Entschädigungsansprüche auf der Grundlage von § 15 Abs. 2

AGG geltend zu machen, nachdem sie sich bei zahlreichen Arbeitgebern auf deren Stellenausschreibungen beworben hatte.

Die klägerische Partei ist namentlich im sog. „AGG-Archiv" erfasst. Dieses Archiv, das von einer Anwaltskanzlei bundesweit seit August 2006 frei zugänglich errichtet worden ist, dient Arbeitgebern und deren Anwälten als Fallsammlung, um sich gegen missbräuchliche Diskriminierungsklagen von Arbeitnehmern zu verteidigen. Erfasst werden alle Arbeitnehmer, die mehrfach versucht haben, mittels einer Diskriminierungsklage Entschädigung von dem die Bewerbung ablehnenden Arbeitgeber zu erlangen,

Diller, BB 2006, 1968; *ders.*, AE 2006, 228.

Das vorangegangene Verhalten der klägerischen Partei lässt darauf schließen, dass diese von vornherein nicht die Absicht hatte, tatsächlich die Stelle als ▬▬▬ bei der beklagten Partei auszuüben. Sie bewarb sich dort lediglich, um nach der zu erwartenden Ablehnung eine Benachteiligung geltend machen zu können. Wer sich aber von vornherein nur mit dem Ziel bewirbt, eine Entschädigung zu kassieren, aber die Stelle gar nicht antreten will, verliert wegen Rechtsmissbrauchs seine Entschädigungsansprüche,

ArbG Köln 13.6.1996 – 14 Ca 7934/05, ZIP 1997, 804; LAG Hamm 22.11.1996 – 10 Sa 1069/96, LAGE § 611a BGB Nr. 9.

Die bereits zu Zeiten der Geltung des § 611a BGB ergangene Rechtsprechung hat an ihrer Aktualität nichts eingebüßt. Das BAG hat schon vor einiger Zeit serienmäßig vorgehenden Scheinbewerbern einen Riegel vorgeschoben,

BAG 12.1.1998 – 8 AZR 365/97, EzA § 611a BGB Nr. 14.

Mangels Ernsthaftigkeit der eingegangenen Bewerbung liegt ein offensichtlicher Fall von Rechtsmissbrauch vor, so dass die Klage als unbegründet abzuweisen ist.

2. Muster: Schadensersatz nach § 15 AGG – Erwiderungsschriftsatz

Die klägerische Partei macht wohl, ohne die Anspruchsgrundlage und die Anspruchsvoraussetzungen konkret zu benennen, einen Schadensersatzanspruch nach § 15 Abs. 1 AGG geltend. Nach § 15 Abs. 1 AGG ist der Arbeitgeber bei einem Verstoß gegen das Benachteiligungsverbot verpflichtet, den hierdurch entstandenen Schaden zu ersetzen. Der klägerischen Partei steht unter keinem Gesichtspunkt ein Schadensersatzanspruch nach § 15 Abs. 1 AGG in der von ihr geltend gemachten Höhe von ▬▬▬ EUR zu.

I.

Das AGG findet auf den von der klägerischen Partei dargelegten Sachverhalt keine Anwendung.

Die klägerische Partei stützt ihre vermeintliche Benachteiligung auf die Tatsache, dass sie nach ihrem Ausscheiden im Jahre 1986 nicht wieder von der beklagten Partei beschäftigt wurde. Das AGG gilt nach § 33 Abs. 1 AGG nur für Benachteiligungen nach Inkrafttreten des AGG. So ist explizit in der Gesetzesbegründung ausgeführt, dass auf Benachteiligungen, die zeitlich vor dem Inkrafttreten des AGG stattfanden, die alte Rechtslage Anwendung findet,

BT-Drucks. 16/1780, S. 53.

Die vor Inkrafttreten des AGG geltende Rechtslage gewährt mit Ausnahme des § 611a BGB, der hier nicht einschlägig ist, keinen Schadensersatzanspruch wegen etwaiger Benachteiligung.

Die klägerische Partei kann sich wegen angeblicher Benachteiligungen, die vor dem ▬▬▬ stattfanden, nicht auf Regelungen des AGG berufen. Bereits aus diesem Grund ist der von der klägerischen Partei geltend gemachte Antrag zu Ziff. ▬▬▬ und Ziff. ▬▬▬ abzuweisen.

II.

Selbst wenn man – was nicht zutreffend ist – von einer Anwendung des AGG auf den streitgegenständlichen Sachverhalt ausginge, lägen die Tatbestandsvoraussetzungen des § 15 Abs. 1 AGG nicht vor.

Die beklagte Partei hat zu keinem Zeitpunkt gegen ein Benachteiligungsverbot verstoßen. Nach § 7 Abs. 1 AGG dürfen Beschäftigte nicht wegen eines in § 1 AGG genannten Grundes benachteiligt werden. Als Beschäftigte i.S.d. AGG gelten auch Personen, deren Beschäftigungsverhältnis beendet ist, § 6 Abs. 1 AGG.

Die Tatbestandsvoraussetzungen des § 2 Abs. 1 Nr. 1 AGG, auf den sich die klägerische Partei wohl stützt, sind vorliegend nicht erfüllt. Nach § 2 Abs. 1 Nr. 1 AGG sind Benachteiligungen aus einem in § 1 AGG genannten Grund nach Maßgabe dieses Gesetzes unzulässig in Bezug auf die Bedingungen, einschließlich Auswahlkriterien und Einstellungsbedingungen, für den Zugang zu unselbständiger und selbständiger Erwerbstätigkeit, unabhängig vom Tätigkeitsfeld und beruflicher Position, sowie für den beruflichen Aufstieg.

Die – unspezifischen und unkonkreten – „Bewerbungen" der klägerischen Partei hat die beklagte Partei abgelehnt, weil bei ihr kein für die klägerische Partei geeigneter Arbeitsplatz zur Verfügung stand und steht. Die beklagte Partei hatte keinen Bedarf an der Arbeitsleistung der klägerischen Partei, wie sie ihr auch wiederholt mitteilte.

Beweis: Zeugnis ■■■

In dem Zusammenhang ist zu berücksichtigen, dass die klägerische Partei sich nicht auf einen ausgeschriebenen Arbeitsplatz bei der beklagten Partei bewarb, sondern unspezifisch ohne Anlass ihre Arbeitsleistung der beklagten Partei anbot. Hinzu kommt, dass ■■■.

Vor diesem Hintergrund hat die Beklagte zu keinem Zeitpunkt gegen ein Benachteiligungsverbot nach § 7 Abs. 1 AGG verstoßen.

III.

Ein Anspruch nach § 15 Abs. 1 AGG begründet unter keinem erdenklichen Gesichtspunkt den von der klägerischen Partei begehrten Schadensersatz in Höhe von ■■■ EUR.

Die von der klägerischen Partei geltend gemachten Schadenssummen in Höhe von ■■■ EUR wegen Verdienstausfalls sowie in Höhe von ■■■ EUR wegen verauslagter Werbungskosten für ■■■ Jahre entbehren jeglicher Substantiierung und Rechtsgrundlage.

Zudem übersieht die klägerische Partei, dass ein Anspruch nach § 15 Abs. 1 AGG wegen des Anspruchs auf Ersatz des entstandenen Verdienstausfalls durch eine Obergrenze gedeckelt ist. Eine Obergrenze ist bereits deswegen erforderlich, weil die dem AGG zugrunde liegenden Richtlinien den deutschen Gesetzgeber verpflichten, einerseits zwar wirksame und abschreckende, andererseits aber auch verhältnismäßige Sanktionen bei Verstößen gegen das Benachteiligungsverbot zu schaffen (vgl. A 15 der Richtlinie 2000/43 EG). Von einer verhältnismäßigen Sanktion kann jedoch nicht mehr ausgegangen werden, wenn der Arbeitgeber unbegrenzt haftet,

Bauer/Göpfert/Krieger, § 15 AGG Rn 26.

Zur Begrenzung des Schadensersatzanspruchs eines abgelehnten Bewerbers, der bei benachteiligungsfreier Auswahl eingestellt worden wäre, liegt es nahe, eine einheitliche Obergrenze anzusetzen. Dazu bietet sich der Zeitpunkt an, zu dem der Arbeitgeber das Beschäftigungsverhältnis frühestens wieder hätte kündigen können,

Bauer/Göpfert/Krieger, § 15 AGG Rn 27.

Aufgrund der Deckelungen des Schadensersatzanspruchs ist die Geltendmachung von Verdienstausfall und Werbungskosten für ■■■ Jahre ungerechtfertigt.

III. Arbeitskampf

1. Muster: Einzelne Streikmaßnahmen

↓

Arbeitsgericht ■■■

Antrag auf Erlass einer einstweiligen Verfügung

■■■

– antragstellende Partei –

Verfahrensbevollmächtigte: ■■■

gegen

1. Gewerkschaft ■■■, vertreten durch ■■■

– antragsgegnerische Partei zu 1. –

2. Herrn ■■■, Bezirksleiter ■■■

– antragsgegnerische Partei zu 2. –

3. Herrn ■■■, betrieblicher Streikleiter der ■■■

– antragsgegnerische Partei zu 3. –

Wir bestellen uns zu Verfahrensbevollmächtigten der antragstellenden Partei. Namens und im Auftrag der antragstellenden Partei beantragen wir, im Wege der einstweiligen Verfügung, wegen der Dringlichkeit ohne mündliche Verhandlung durch den Vorsitzenden allein, zu erkennen:

1. Die Antragsgegner werden verpflichtet, es zu unterlassen, im Rahmen des von der antragsgegnerischen Partei zu 1. ausgerufenen Streiks

   a) Arbeitnehmer der antragstellenden Partei am Betreten des Firmengeländes zu hindern,

b) Arbeitnehmern, die das Firmengelände betreten wollen, eine Plakette mit der Aufschrift „ich bin ein Streikbrecher" auf Jacken, Mänteln oder sonstige Kleidungsstücke aufzukleben,

c) Fahrzeuge bei der Ein- oder Ausfahrt aus dem Werkstor in der ▬▬▬ Straße anzuhalten oder zu kontrollieren,

d) Mitarbeiter der antragstellenden Partei, die das Werksgelände betreten oder verlassen wollen, körperlich anzugreifen, anzuschreien oder festzuhalten.

2. Die Antragsgegner werden verpflichtet, auf die den Betrieb der antragstellenden Partei bestreikenden Arbeitnehmer sowie auf die dort aufgestellten Streikposten so einzuwirken, dass diese von den unter Ziff. 1 a) bis d) erwähnten Maßnahmen ablassen.

In prozessualer Hinsicht wird beantragt:

1. Den Antragsgegnern wird für jeden Fall der Zuwiderhandlung ein Ordnungsgeld, dessen Höhe in das Ermessen des Gerichts gestellt wird, angedroht, ersatzweise Ordnungshaft;

2. der antragstellenden Partei bleibt vorbehalten, die Zustellung von Entscheidungen des angerufenen Gerichts auch zur Nachtzeit und an Sonn- und Feiertagen vorzunehmen;

3. Hilfsweise: Die beantragte einstweilige Verfügung wird nach mündlicher Verhandlung und Verkürzung der Ladungs- und Einlassungsfristen auf einen Tag erlassen.

Gründe:

I.

Es ist gerichtsbekannt, dass die antragsgegnerische Partei zu 1. mit den Arbeitgeberverbänden der ▬▬▬-Industrie gegenwärtig einen neuen Lohn- und Gehaltstarifvertrag verhandelt. Die Friedenspflicht der Koalitionen ist abgelaufen. Die antragsgegnerische Partei zu 1. hat zum Streik aufgerufen. Wichtigstes Streikziel ist eine Erhöhung des Lohn- und Gehaltsniveaus um 4,3 %. Nachdem die Tarifverhandlungen gescheitert waren, hat am ▬▬▬ die antragsgegnerische Partei zu 1. die Arbeitnehmer der antragstellenden Partei zum Streik aufgerufen.

Glaubhaftmachung: Streikaufruf vom ▬▬▬ – Anlage K 1.

Am ersten Streiktag ist es am Werkstor der antragstellenden Partei zu den in den Anträgen Ziff. 1 a) bis d) dargestellten Übergriffen gekommen.

Glaubhaftmachung: 1. Eidesstattliche Versicherung des Betriebsleiters ▬▬▬

2. Eidesstattliche Versicherung des Leiters des Werkschutzes ▬▬▬

3. Eidesstattliche Versicherung des Pförtners ▬▬▬

4. Inaugenscheinnahme eines Fotobands – Anlage K 2.

Aus den vorgelegten Fotografien gehen die einzelnen Übergriffe lokaler Streikposten und Streikleiter hervor. Auf den Fotos sind das Datum und die Uhrzeit, an dem die Aufnahme gefertigt wurde, vermerkt. Im Einzelnen belegen die Fotos folgende rechtswidrige Maßnahmen aus dem Kreis der Streikenden: ▬▬▬

Die Antragstellerin bestreitet nicht die Rechtmäßigkeit des Streiks. Sie kann es aber nicht hinnehmen, rechtswidrige Ausschreitungen und Übergriffe während des Streiks zu dulden.

II.

Die Anträge sind zulässig.

1. Zwar soll es auch zulässig sein, die streikenden Arbeitnehmer bei Anträgen der vorliegenden Art gruppenmäßig zu identifizieren, also beispielsweise den Antrag gegen sämtliche Personen, die sich zum Zeitpunkt der Zustellung des Verfügungsgesuchs auf dem Betriebsgelände der antragstellenden Partei aufhalten, zu richten,

Raeschke-Kessler, NJW 1981, 663.

Da die praktische Umsetzung dieser Rechtsauffassung spätestens im Bereich der Vollstreckung auf Schwierigkeiten stößt, wird im vorliegenden Antragsschriftsatz der Rechtsprechung des Bundesarbeitsgerichts gefolgt, wonach die Gewerkschaft und ihre betrieblichen, örtlichen oder regionalen Streikleitungen zur Unterlassung rechtswidriger Streikmaßnahmen verpflichtet sind, wenn sie die Arbeitskampfmaßnahmen veranlasst oder zumindest unterstützt haben,

BAG 21.6.1988, NZA 1988, 846; NZA 1989, 475.

Die lokalen Streikposten und Streikleiter sind außerdem schon dann unterlassungsverpflichtet, wenn sie die unzulässigen Handlungen der streikenden Arbeitnehmer geduldet haben, ohne einzuschreiten. Aufgrund eines solchen Verhaltens sind rechtswidrige Streikmaßnahmen als Teil des von den Streikleitern und Streikposten geführten Arbeitskampfes anzusehen,

BAG 21.6.1988, NZA 1988, 846.

2. Einwirkungsanträge, wie sie hier gestellt sind, können nach der Rechtsprechung des BAG angebracht werden,
BAG 21.6.1988, NZA 1988, 846.

Dass vorliegend nur abstrakt die Einwirkung von den Verantwortlichen beantragt wird und keine konkreten Einwirkungsmaßnahmen benannt werden, ist zulässig,
BAG 18.2.1998, NZA 1998, 1008; BAG 29.4.1992, NZA 1992, 846; LAG Hessen 27.6.1991, DB 1991, 2390.

III.
1. Der Verfügungsanspruch ergibt sich aus dem deliktischen Eingriff in den eingerichteten und ausgeübten Gewerbebetrieb der antragstellenden Partei, §§ 823, 1004 BGB. ▪▪▪
2. Der Verfügungsgrund ergibt sich hinsichtlich der Antragsgegner Ziff. 2 und Ziff. 3 aus dem Umstand, dass diese Verfahrensbeteiligten an den rechtswidrigen Aktionen vom ▪▪▪ unmittelbar teilgenommen haben. Dies beweisen die vorgelegten Fotoalben. Auf einzelnen Fotos ist zu sehen, wie die Antragsgegner Ziff. 2 und Ziff. 3 rechtswidrige Aktionen ausführen. Damit besteht jederzeitige Wiederholungsgefahr.
Der Unterlassungsanspruch hinsichtlich der Anträge Ziff. 1 a) bis d) besteht auch gegenüber der antragsgegnerischen Partei zu 1. Diese trägt die rechtswidrigen Arbeitskampfmaßnahmen erkennbar mit. Wie sich aus den eidesstattlichen Versicherungen ergibt, wurden eine Beschwerde des Betriebsleiters ebenso wie des Leiters des Werkschutzes vom stellvertretenden Vorsitzenden der Gewerkschaft (antragsgegnerische Partei zu 1.) mit den Worten zurückgewiesen: „Sie sind doch ein echter Nassauer. Sie kriegen hinterher die Gehaltserhöhung, die wir durchgesetzt haben und machen sich jetzt bei Ihrem Vorstand beliebt, weil Sie gegen uns vorgehen wollen. Wir werden Ihnen nicht helfen, sondern weitermachen."

Glaubhaftmachung: Eidesstattliche Versicherung – Anlage K 3.

3. Wegen des Antrags Ziff. 2 ergeben sich Verfügungsanspruch und Verfügungsgrund schon dadurch, dass alle antragsgegnerischen Parteien den Streik gemeinsam geplant, organisiert haben und verschiedene Einwirkungsmöglichkeiten gegenüber den Streikenden haben.

2. Muster: Rechtswidriger Streik

Arbeitsgericht ▪▪▪

Antrag auf Erlass einer einstweiligen Verfügung

▪▪▪

– antragstellende Partei –

Verfahrensbevollmächtigte: ▪▪▪

gegen

1. Gewerkschaft ▪▪▪, vertreten durch ▪▪▪

– antragsgegnerische Partei zu 1. –

2. Herrn ▪▪▪, Bezirksleiter ▪▪▪

– antragsgegnerische Partei zu 2. –

3. Herrn ▪▪▪, betrieblicher Streikleiter der ▪▪▪

– antragsgegnerische Partei zu 3. –

Wir bestellen uns zu Verfahrensbevollmächtigten der antragstellenden Partei. Namens und im Auftrag der antragstellenden Partei beantragen wir, im Wege der einstweiligen Verfügung, wegen der Dringlichkeit ohne mündliche Verhandlung durch den Vorsitzenden allein, zu erkennen:

1. Den antragsgegnerischen Parteien wird untersagt, für die Zeit bis zum ▪▪▪ die Arbeitnehmer der antragstellenden Partei zu Streikmaßnahmen jedweder Art aufzurufen.
2. Den antragsgegnerischen Parteien wird für jeden Fall der Zuwiderhandlung ein Ordnungsgeld, dessen Höhe in das Ermessen des Gerichts gestellt wird, angedroht, ersatzweise Ordnungshaft.
3. Der antragstellenden Partei bleibt vorbehalten, die Zustellung von Entscheidungen auch zur Nachtzeit und an Sonn- und Feiertagen vorzunehmen.
4. Hilfsweise: Die beantragte einstweilige Verfügung wird nach mündlicher Verhandlung und Verkürzung der Ladungs- und Einlassungsfristen auf einen Tag erlassen.

Gründe:

I.

Zwischen der antragstellenden Partei und der antragsgegnerischen Partei zu 1. bestehen mehrere Haustarifverträge, so die Tarifverträge ▬▬▬. Zu den Haustarifverträgen gehört auch ein Lohn- und Gehaltstarifvertrag, der für die Zeit bis zum ▬▬▬ von keiner Tarifpartei gekündigt werden kann.

Glaubhaftmachung: 1. Haustarifvertrag vom ▬▬▬ – Anlage K 1.

2. Lohn- und Gehaltstarifvertrag vom ▬▬▬ – Anlage K 2.

Angesichts der vom Bundestag am ▬▬▬ beschlossenen Steuererhöhungen sowie wiederholt von der antragstellenden Partei durchgeführter Kurzarbeit vertritt die antragsgegnerische Partei zu 1. die Auffassung, die Geschäftsgrundlage für den Lohn- und Gehaltstarifvertrag sei weggefallen. In einem Schreiben an die antragstellende Partei kündigte die antragsgegnerische Partei zu 1. mit sofortiger Wirkung den Lohn- und Gehaltstarifvertrag.

Glaubhaftmachung: Vorlage des Schreibens in Kopie – Anlage K 3.

Außerdem rief die antragsgegnerische Partei zu 1. vorgestern in einem Rundschreiben die Belegschaft der antragstellenden Partei zu zwei Warnstreiks in der nächsten Woche auf.

Glaubhaftmachung: Kopie des Streikaufrufs – Anlage K 4.

Nach Bekanntwerden des Streikaufrufs wandte sich der Leiter der Rechtsabteilung der antragstellenden Partei an den Bezirksleiter, die antragsgegnerische Partei zu 2., und verlangte, dass die Maßnahmen sofort rückgängig gemacht werden. Die antragsgegnerische Partei zu 2. lehnte dies ab.

Ein weiterer Anruf des Leiters der Rechtsabteilung bei dem Vorsitzenden der antragsgegnerischen Partei zu 1. erbrachte das gleiche Ergebnis. Eine Bereitschaft zur Rücknahme des Streikaufrufs bestand nicht.

Glaubhaftmachung: Eidesstattliche Versicherung des Leiters der Rechtsabteilung – Anlage K 5.

Sowohl der Gesprächspartner der antragstellenden Partei bei der antragsgegnerischen Partei zu 2. als auch der Vorsitzenden der antragsgegnerischen Partei zu 1. haben erklärt, dass in der nächsten Woche die Streikmaßnahmen durchgeführt werden und dass die antragsgegnerische Partei zu 1. und zu 2. nicht bereit seien, hierüber zu verhandeln.

Glaubhaftmachung: Wie vor.

II.

Der Antrag ist zulässig.

1. Der Umstand, dass zwischen der antragstellenden Partei und der antragsgegnerischen Partei zu 1. ein Schlichtungsabkommen besteht, hindert nicht am Erlass einer einstweiligen Verfügung. Selbst bei Bestehen einer Schiedsabrede sind nach ständiger Rechtsprechung die staatlichen Gerichte für den Erlass einstweiliger Verfügungen zuständig,

BGH 28.10.1993, NJW 1994, 136; Zöller/*Vollkommer*, vor § 916 ZPO Rn 4; siehe auch §§ 1033, 1041 Abs. 1 ZPO.

2. Auf die teilweise vertretene Auffassung, bei Streikaufrufen mit politischem Inhalt seien wegen eines geltend gemachten Unterlassungsanspruchs die ordentlichen Gerichte zuständig (BGH, AP § 2 ArbGG 1953 Nr. 2), kommt es vorliegend nicht an. Zunächst einmal wird der älteren Auffassung des BGH im Schrifttum entgegengetreten und auch bei Streik mit politischem Inhalt die Zuständigkeit der Arbeitsgerichte angenommen,

Löwisch, Arbeitskampf- und Schlichtungsrecht, E Rn 410; *Germelmann u.a.*, ArbGG, § 2 Rn 36.

Der Streikaufruf der antragsgegnerischen Partei richtet sich gegen die Änderung von Arbeitsbedingungen und hat somit keinen politischen Inhalt.

3. Das angerufene Gericht ist örtlich zuständig.

Geht es, wie vorliegend, um die Verletzung der Friedenspflicht, ist der Antrag gemäß §§ 12, 17 ZPO am Sitz der zuständigen Bezirksleitung oder, soweit die Bezirksleitung Tarifverträge nur namens und in Vollmacht der Gesamtgewerkschaft abschließt, am Sitz der Gewerkschaft selbst anzubringen,

BAG 26.2.1964, AP § 36 ZPO Nr. 5; LAG München 27.3.1987, NZA 1988, Beil. 2, 23.

Bei der Abwehr rechtswidriger Streikmaßnahmen ist der Antrag dort gemäß § 32 ZPO anzubringen, wo rechtswidrige Streiks oder Streikmaßnahmen einen deliktischen Eingriff in den eingerichteten und ausgeübten Gewerbebetrieb darstellen. Der Gerichtsstand der unerlaubten Handlung besteht auch bei vorbeugenden Unterlassungsklagen,

ArbG Nürnberg 8.12.1987, NZA 1988, 366.

4. Der vorbeugende Unterlassungsanspruch ist nicht im Beschlussverfahren, sondern im Urteilsverfahren geltend zu machen, § 2 Abs. 1 Nr. 2, 3, 9 ArbGG.

5. Die antragstellende Partei ist wie jeder Arbeitgeberverband aktivlegitimiert, da sie Vertragspartner des Haustarifvertrages ist,

BAG 12.9.1984, AP Art. 9 GG Arbeitskampf Nr. 81; LAG Niedersachsen 25.3.1987, NZA 1988, Beil. 2, 35; *Löwisch,* NZA 1988, Beil. 2, 7.

6. Die antragsgegnerischen Parteien sind passivlegitimiert. Die nach § 10 ArbGG parteifähige Gewerkschaft (antragsgegnerische Partei zu 1.) ist passivlegitimiert wegen eines Verstoßes gegen die tarifliche Friedenspflicht. Bei den antragsgegnerischen Parteien zu 2. bis zu 4. handelt es sich um Störer, deren rechtswidrige Arbeitskampfmaßnahmen abgewehrt werden sollen. Störer in diesem Sinne ist jede Person, die kausal an einer drohenden, rechtswidrigen Beeinträchtigung des Gewerbebetriebs der antragstellenden Partei mitwirkt. Deshalb ist es auch anerkannt, dass die betrieblichen, örtlichen oder regionalen Streikleitungen in Anspruch genommen werden können,

BAG 21.6.1988, NZA 1988, 846; BAG 8.11.1988, NZA 1989, 475.

Auch die Untergliederungen von Gewerkschaften können in Anspruch genommen werden, wenn beispielsweise Bezirksleitungen im Rahmen einer zentral gegliederten Gesamtorganisation über eine eigene korporative Verfassung verfügen und eigene Entscheidungsbefugnis besitzen,

BAG 26.2.1964, AP § 36 ZPO Nr. 5; LAG München 27.3.1987, NZA 1988, Beil. 2, 23 (25); BGH 21.3.1972, DB 1972, 928.

7. Die Zulässigkeit des Hilfsantrags ergibt sich aus § 8 Abs. 2 RPflG, § 188 Abs. 2 ZPO, § 20 Nr. 7c RPflG.

8. Einstweilige Verfügungen im Arbeitskampf sind nach der Rechtsprechung zulässig,

BAG 21.3.1978, AP Art. 9 GG Arbeitskampf Nr. 62; LAG Hamm 31.1.1991, DB 1991, 1126; LAG Rheinland-Pfalz 5.3.1986, NZA 1986, 264; LAG Düsseldorf 31.7.1985, DB 1986, 807.

III.

1. Die antragstellende Partei hat einen Verfügungsanspruch. Der Streikaufruf ist rechtswidrig, die Kündigung des Lohn- und Gehaltstarifvertrages aus wichtigem Grund unwirksam. Änderungen in der Steuergesetzgebung und/oder durchgeführte Kurzarbeit bilden keine Geschäftsgrundlage, die Eingang in die Tarifsystematik oder die Höhe der Entgelte gefunden haben. Andernfalls stünden alle Gehaltstarifverträge unter dem Vorbehalt der jeweiligen Steuergesetzgebung und wären aus wichtigem Grund kündbar, sobald der Gesetzgeber oder die Rechtsprechung des BFH Änderungen erlassen. Derartige Veränderungen, wenn sie sich nicht im zweistelligen Prozentbereich auf das Nettoeinkommen des Arbeitnehmers auswirken, können die Bindungswirkung von Tarifverträgen zwischen den Parteien nicht beseitigen. Übliche Änderungen durch Gesetzgebung, Rechtsprechung oder Auftragslagen gehören zum allgemeinen Lebensrisiko.

Angesichts der Unwirksamkeit der Kündigung des Lohn- und Gehaltstarifvertrages besteht dieser bis zum ■■■ unverändert fort. Bis dahin gilt somit auch die tarifliche Friedenspflicht. Da die tarifliche Friedenspflicht Arbeitskampfmaßnahmen ausschließt, ist der Streikaufruf der antragsgegnerischen Partei zu 1. offensichtlich rechtswidrig,

LAG Düsseldorf DB 1979, 167; ArbG München DB 1978, 1649.

2. Die antragstellende Partei hat auch einen Verfügungsgrund. Ist eine angegriffene Arbeitskampfmaßnahme offensichtlich rechtswidrig, ist die Unterlassungsverfügung stets zu erlassen, auch wenn den Mitgliedern des Arbeitgeberverbands oder, wie beim Haustarifvertrag, dem Arbeitgeber keine nennenswerten Nachteile drohen.

Ruft die Gewerkschaft zu Warnstreiks auf, soll nach einer Mindermeinung in der Regel eine einstweilige Unterlassungsverfügung des Arbeitgebers oder der Koalition, der er angehört, nicht in Betracht kommen, weil die Lästigkeit solcher Arbeitskampfmittel in keinem Verhältnis zu den Nachteilen stünden, die der Gewerkschaft durch Eingriffe in ihre Mobilisierungs- und Kampfstrategie drohten,

LAG Hamm NZA 1988, Beil. 2, 26; LAG Hamburg 24.3.1987, NZA 1988, Beil. 2, 27 (28).

Diese Auffassung ist abzulehnen. Bei rechtswidrigen Maßnahmen muss die Gewerkschaft den Nachteil hinnehmen, der ihr dadurch entsteht, dass sie rechtswidrige Maßnahmen ergreift. Art. 9 Abs. 3 GG schützt nicht vor den Folgen rechtswidriger Arbeitskampfmittel. Gerade im Interesse eines ausgeglichenen Arbeitskampfrechts ist es erforderlich, diejenige Partei, die im Arbeitskampf die Spielregeln beachtet, vor Regelverstößen der gegnerischen Partei zu schützen.

Würde die beantragte einstweilige Verfügung nicht erlassen, entstünde der antragstellenden Partei ein nicht wieder gut zu machender Schaden in Millionenhöhe. In der nächsten Woche sollen folgende Großaufträge abgewickelt werden, wobei die Erfüllung des Zeitplans an beträchtliche Konventionalstrafen geknüpft ist, die mit den Kunden vereinbart wurden. ■■■

IV. Auflösung und Abfindung

1. Muster: Auflösungsantrag bei leitendem Angestellten

Aktenzeichen: ▬

Gegner: RAe ▬, zwei Abschriften anbei

In dem Rechtsstreit

▬ ./. ▬

beantragen wir nunmehr zusätzlich noch, was folgt:

> Das Arbeitsverhältnis wird gegen Zahlung einer Abfindung, deren Höhe in das Ermessen des Gerichts gestellt wird, die aber ▬ EUR nebst 5% Zinsen über dem Basiszinssatz ab dem Tag der Auflösung nicht überschreiten sollte, aufgelöst.

Die klägerische Partei ist Angestellte in leitender Stellung i.S.d. § 14 KSchG. Sie ist bekanntlich bei der beklagten Partei als ▬ beschäftigt. Die klägerische Partei gehört damit zur Gruppe der Geschäftsführer, Betriebsleiter und ähnlichen leitenden Angestellten i.S.v. § 14 Abs. 2 KSchG. Nach dieser Vorschrift findet § 9 Abs. 1 Satz 2 KSchG mit der Maßgabe Anwendung, dass der Antrag des Arbeitgebers auf Auflösung des Arbeitsverhältnisses keiner Begründung bedarf.

Es wird rein vorsorglich darauf hingewiesen, dass nach der überwiegenden Rechtsprechung der Landesarbeitsgerichte die Berufung zulässig ist, wenn die Kammer bei der Bemessung der Abfindung erkennbar hinter den im Antrag geäußerten Erwartungen der antragstellenden Partei zurückbleibt,

> vgl. die Übersicht bei Schaub/*Schaub*, Arbeitsrechts-Handbuch, § 141 VII.1. Rn 27.

2. Muster: Auflösungsantrag des Arbeitgebers

Aktenzeichen: ▬

Gegner: RAe ▬, zwei Abschriften anbei

In dem Rechtsstreit

▬ ./. ▬

beantragen wir nunmehr zusätzlich noch, was folgt:

> Das Arbeitsverhältnis wird gegen Zahlung einer Abfindung, deren Höhe in das Ermessen des Gerichts gestellt wird, die aber ▬ EUR nebst 5% Zinsen über dem Basiszinssatz ab dem Tag der Auflösung nicht überschreiten sollte, aufgelöst.

Der beklagten Partei ist es nicht zuzumuten, das Arbeitsverhältnis fortzusetzen. Die Umstände, die überwiegend unstreitig sind und auch von der klägerischen Partei eingeräumt werden, haben jedenfalls auf Seiten der beklagten Partei einen nachhaltigen Verlust des Vertrauensverhältnisses bewirkt. Das fehlende Vertrauen macht es dem Arbeitgeber nicht mehr zumutbar, einen Arbeitnehmer mit der Wahrnehmung seiner Vermögensinteressen zu beauftragen, so dass das Arbeitsverhältnis in jedem Falle wegen Verlustes des Vertrauensverhältnisses aufzulösen ist.

Es wird rein vorsorglich darauf hingewiesen, dass nach der überwiegenden Rechtsprechung der Landesarbeitsgerichte die Berufung zulässig ist, wenn die Kammer bei der Bemessung der Abfindung erkennbar hinter den im Antrag geäußerten Erwartungen der antragstellenden Partei zurückbleibt,

> vgl. die Übersicht bei Schaub/*Schaub*, Arbeitsrechts-Handbuch, § 141 VII.1. Rn 27.

3. Muster: Auflösungsgründe für den Arbeitgeber

Das Arbeitsverhältnis ist auf Antrag des Arbeitgebers aufzulösen, wenn Gründe vorliegen, die eine den Betriebszwecken dienliche weitere Zusammenarbeit zwischen Arbeitgeber und Arbeitnehmer nicht erwarten lassen, § 9 Abs. 1 Satz 2 KSchG.

Bei dieser Formulierung handelt es sich um einen unbestimmten Rechtsbegriff. Die Wertung, ob im Einzelfall derartige Gründe vorliegen, ist in erster Linie Sache der Tatsachengerichte. Das Revisionsgericht kann, wie auch bei anderen unbestimmten Rechtsbegriffen, lediglich nachprüfen, ob das Berufungsgericht die Voraussetzungen für einen vom Arbeitgeber gestellten Auflösungsantrag verkannt hat und ob es bei der Prüfung der vom Arbeitgeber vorgetragenen Auflösungsgründe alle wesentlichen Umstände vollständig und widerspruchsfrei berücksichtigt und gewürdigt hat.

Wie im Fall des § 9 Abs. 1 Satz 1 KSchG handelt es sich bei der auf Antrag des Arbeitgebers erfolgenden Auflösung des Arbeitsverhältnisses nicht um eine Ermessensentscheidung des Gerichts. Unter Beachtung der primären Zielsetzung des Kündigungsschutzgesetzes, den Arbeitnehmer im Interesse eines wirksamen Bestandsschutzes des Arbeitsverhältnisses vor einem Verlust des Arbeitsplatzes durch sozialwidrige Kündigungen zu bewahren, ist es gerechtfertigt, an den Auflösungsantrag des Arbeitgebers strenge Anforderungen zu stellen,

> BAG 5.11.1964, EzA § 7 KSchG Nr. 1; BAG 16.5.1984, EzA § 9 KSchG.

Das Erfordernis eines strengen Prüfungsmaßstabs besagt jedoch nicht, dass damit für den Arbeitgeber nur solche Umstände als Auflösungsgründe in Betracht kommen, die dazu geeignet sind, eine außerordentliche Kündigung zu rechtfertigen,

> KR/*Spilger*, § 9 KSchG Rn 52.

Für den Arbeitgeber bedeutet § 9 Abs. 1 Satz 2 KSchG eine zusätzliche Lösungsmöglichkeit neben dem sonstigen kündigungsrechtlichen Instrumentarium. Der Ausnahmecharakter der Bestimmung zeigt sich insbesondere darin, dass dem Arbeitgeber die Möglichkeit eingeräumt wird, trotz Vorliegens einer sozialwidrigen Kündigung sich vom Arbeitnehmer zu trennen,

> KR/*Becker*, § 9 KSchG Rn 53.

Die Regelung des § 9 KSchG ist verfassungsrechtlich auch nicht zu beanstanden,

> BVerfG 22.10.2004 – 1 BvR 1944/01, NZA 2005, 41, 42.

Maßgeblicher Zeitpunkt für die Beurteilung der Frage, ob eine den Betriebszwecken dienliche weitere Zusammenarbeit zwischen Arbeitgeber und Arbeitnehmer zu erwarten ist, ist der Zeitpunkt der Entscheidung über den Auflösungsantrag,

> BAG 30.9.1976, EzA § 9 KSchG n.F. Nr. 3; ErfK/*Ascheid*, § 9 KSchG Rn 13; KR/*Spilger*, § 9 KSchG Rn 54.

Als Gründe, die eine den Betriebszwecken dienliche weitere Zusammenarbeit zwischen den Parteien nicht erwarten lassen, kommen nur Umstände in Betracht, die das persönliche Verhältnis zum Arbeitgeber, den Wert und die Persönlichkeit des Arbeitnehmers, seine Leistung oder seine Eignung für die ihm gestellten Aufgaben etwa als Vorgesetzter, und sein Verhältnis zu den übrigen Mitarbeitern betreffen,

> BAG 14.10.1954, AP § 3 KSchG Nr. 6.

Dagegen reichen wirtschaftliche oder betriebliche Gründe grundsätzlich nicht aus, um eine gerichtliche Auflösung des Arbeitsverhältnisses auf Antrag des Arbeitgebers zu rechtfertigen. Nach Auffassung des Bundesarbeitsgerichts sind wirtschaftliche oder betriebliche Gründe ausnahmsweise zur Begründung eines vom Arbeitgeber gestellten Auflösungsantrags geeignet, wenn sie zu einer Zerrüttung des Vertrauensverhältnisses führen können.

Die betrieblichen Gegebenheiten sind von Bedeutung, soweit diese eine wichtige Rolle bei der vom Gericht anzustellenden Vorausschau spielen. So können ein zwischenzeitlich eingetretener Wandel der betrieblichen Verhältnisse, Austausch von Vorgesetzten, Beseitigung von Organisationsmängeln oder sonstige organisatorische Änderungen, Veränderungen in der Belegschaftsstruktur, durchaus wichtige Gesichtspunkte im Rahmen der Prognose sein. Als eigenständiger Auflösungsgrund kommen dagegen die betrieblichen Verhältnisse nicht in Betracht. Es ist stets erforderlich, dass die Zerrüttung des Arbeitsverhältnisses in dem Verhalten oder der Person des Arbeitnehmers ihren Grund hat. Dabei kann es sich sowohl um das prozessuale (z.B. Beleidigungen oder sonstige ehrverletzende Äußerungen gegenüber dem Arbeitgeber oder sonstigen Vorgesetzten) als auch um das außerprozessuale Verhalten des Arbeitnehmers handeln (beispielsweise Beeinflussung von Zeugen, Drohungen gegenüber dem Arbeitgeber). Unzutreffende Rechtsausführungen in Schriftsätzen sind durch die Wahrnehmung berechtigter Interessen gedeckt; unzutreffende Tatsachenbehauptungen und zwar insbesondere dann, wenn sie den Tatbestand einer üblen Nachrede oder gar Verleumdung erfüllen, sind grundsätzlich dazu geeignet, das Auflösungsbegehren des Arbeitgebers zu rechtfertigen,

> LAG Köln 29.9.1982 DB 1982, 124.

Dies gilt allerdings nur dann uneingeschränkt, wenn es sich um ein eigenes außerprozessuales oder prozessuales Verhalten des gekündigten Arbeitnehmers handelt. Das außerprozessuale oder prozessuale Verhalten des Prozessbevollmächtigten kommt dagegen als Auflösungsgrund nur dann in Betracht, wenn der Arbeitnehmer es veranlasst hat,

> BAG 30.6.1959, AP § 1 KSchG Nr. 56; BAG 28.3.1961 – 3 AZR 396/60, n.v.; BAG 3.11.1983 – 2 AZR 204/82, n.v.

Es ist nicht erforderlich, dass die Auflösungsgründe vom Arbeitnehmer schuldhaft herbeigeführt worden sind,

> BAG 30.6.1969, AP § 1 KSchG Nr. 56.

Als Auflösungsgründe können solche Tatsachen herangezogen werden, die sich entweder vor oder nach der Kündigung ereignet haben. Als Auflösungstatsachen können auch solche Umstände in Frage kommen, die die Kündigung selbst nicht rechtfertigen,

BAG 16.5.1984, EzA § 9 KSchG n.F. Nr. 16.

Als Auflösungsgrund geeignet sind danach etwa Beleidigungen, sonstige ehrverletzende Änderungen oder persönliche Angriffe des Arbeitnehmers gegen den Arbeitgeber, Vorgesetzte oder Kollegen,

KR/*Spilger,* § 9 KSchG Rn 56; *Keßler,* NZA 2002, 1 (9).

Auch das Verhalten eines Prozessbevollmächtigten des Arbeitnehmers im Kündigungsschutzprozess kann die Auflösung des Arbeitsverhältnisses bedingen,

BAG 14.5.1987, DB 1988, 295; BAG 7.3.2002, NZA 2003, 261.

Dies gilt auch für von dem Arbeitnehmer nicht veranlasste Erklärungen des Prozessbevollmächtigten jedenfalls dann, wenn der Arbeitnehmer sich diese zu Eigen macht und sich auch nachträglich nicht hiervon distanziert. Zu berücksichtigen ist allerdings, dass gerade Erklärungen im laufenden Kündigungsschutzverfahren durch ein berechtigtes Interesse des Arbeitnehmers gedeckt sein können. In Betracht kommt dies vor allem für Rechtsausführungen zur Unwirksamkeit einer Kündigung etwa wegen eines Verstoßes gegen Treu und Glauben und/oder Sittenwidrigkeit der Kündigung. Solche Ausführungen können jedenfalls nicht ohne weiteres als Auflösungsgrund herangezogen werden, selbst wenn sie rechtlich unzutreffend sind,

KR/*Spilger,* § 9 KSchG Rn 56; *Keßler,* NZA-RR 2002, 1 (9); BAG 7.3.2002, NZA 2003, 261.

Liegt ein Grund vor, der an sich zur Auflösung des Arbeitsverhältnisses geeignet erscheint, so muss in einem zweiten Schritt geprüft werden, ob in Anbetracht der konkreten betrieblichen Umstände noch eine dem Betriebszweck dienliche Zusammenarbeit möglich ist,

BAG 7.3.2002, NZA 2003, 261 (263).

Ein zwischenzeitlich eingetretener Wandel der betrieblichen Verhältnisse, beispielsweise der Austausch von Vorgesetzten oder eine Veränderung in der Belegschaftsstruktur, kann Berücksichtigung finden. Dies folgt schon aus dem zukunftsbezogenen Zweck der Auflösung.

4. Muster: Fälligkeit der Abfindung – Vertragsende

Die in einem gerichtlichen oder außergerichtlichen Vergleich festgelegten Abfindungsbeträge entstehen mit dem Abschluss oder mit dem Wirksamwerden der vergleichsweisen Regelung,

ErfK/*Ascheid,* § 10 KSchG Rn 18.

Der Eintritt der Fälligkeit hängt von der inhaltlichen Ausgestaltung des Vergleichs ab. Ist in dem Vergleich ein späterer Auflösungszeitpunkt für das Arbeitsverhältnis vorgesehen, so wird die Abfindung erst zu dem vertraglich vereinbarten Beendigungszeitpunkt fällig, es sei denn, die Parteien haben einen früheren Fälligkeitszeitpunkt im Vergleich festgelegt,

BAG 9.12.1987, NZA 1988, 329; LAG Düsseldorf 23.5.1989, NZA 1989, 850; LAG Köln 21.9.1983, DB 1984, 568; KR/*Spilger,* § 10 KSchG Rn 19a; Soergel/*Wolf,* § 271 BGB Rn 23.

5. Muster: Fälligkeit der Abfindung – sofort

Die Frage nach der Fälligkeit der Abfindung i.S.d. §§ 9, 10 KSchG stellt sich nicht nur im Vergleichsfall, sondern auch bei gerichtlicher Auflösung des Arbeitsverhältnisses gegen Abfindungsfestsetzung. Vereinzelt ist geltend gemacht worden, dass die gerichtlich festgesetzte Abfindung nicht beigetrieben werden könne, bevor das Auflösungsurteil Rechtskraft erlangt habe,

LAG Hamburg 28.12.1983, NJW 1983, 1344; LAG Berlin 17.2.1986, LAGE § 9 KSchG Nr. 1.

Dieser Auffassung ist jedoch zu Recht entgegengehalten worden, dass die vorläufige Vollstreckbarkeit des Auflösungsurteils eine hinreichende Grundlage für die Durchsetzung des Abfindungsanspruchs im Wege der Zwangsvollstreckung bildet,

BAG 9.12.1987, EzA § 9 KSchG n.F. Nr. 22; LAG Bremen 31.8.1983, NJW 1984, 447 = BB 1983, 1797; LAG Frankfurt 14.8.1986, NZA 1987, 211.

Herrschende Meinung ist heute, dass der in einem arbeitsgerichtlichen Vergleich titulierte Abfindungsanspruch i.S. der §§ 9, 10 KSchG mangels anderweitiger Festlegung auch dann sofort zur Zahlung fällig ist, wenn das Arbeitsverhältnis im Zeitpunkt des Vergleichsabschlusses noch nicht beendet ist, sondern gemäß der ausgehandelten Vergleichsregelung noch gewisse Zeit – etwa bis zum Auslauf der ordentlichen Kündigungsfrist – fortdauert. Die Erstattungsfähigkeit entstandener Vollstreckungskosten scheitert nicht daran, dass die Vollstreckungsmaßnahme vor der Beendigung des Arbeitsverhältnisses eingeleitet worden ist,

so zuletzt LAG Hamm 16.5.1991, NZA 1991, 940.

V. Bestandsschutzstreitigkeiten: Außergerichtliche, ergänzende Korrespondenz

1. Muster: Anfechtung eines Aufhebungsvertrages

Sehr geehrte/r Frau/Herr ▪▪▪,

meine Willenserklärungen, die auf den Abschluss des Aufhebungsvertrages mit Ihnen vom ▪▪▪ gerichtet waren, fechte ich hiermit nach § 123 BGB an.

Bevor wir den Aufhebungsvertrag geschlossen haben, habe ich Sie ausdrücklich gefragt, ob Sie bereits ein Anschlussarbeitsverhältnis vereinbart haben. Sie haben darauf geantwortet, Sie hätten noch keine Anschlussbeschäftigung, eine solche Beschäftigung sei auch gegenwärtig nicht in Sicht.

Zufällig haben wir aber zwischenzeitlich herausgefunden, dass Ihre Angabe falsch war. Sie sind nämlich seit dem ▪▪▪ bei der Firma ▪▪▪ beschäftigt. Den Arbeitsvertrag mit der Firma ▪▪▪ haben Sie bereits vor Abschluss des Aufhebungsvertrages mit uns unterzeichnet. Sie haben mich damit über einen wesentlichen Umstand getäuscht, der mich zum Abschluss des Aufhebungsvertrages und zur Zusage einer Abfindung in Höhe von ▪▪▪ EUR veranlasst hat. Nur aufgrund Ihrer Mitteilung, dass Sie noch kein Anschlussarbeitsverhältnis haben, war ich bereit, den Aufhebungsvertrag mit der darin zugesagten Abfindung zu schließen.

Gleichzeitig kündige ich das durch meine Anfechtungserklärung wieder auflebende Arbeitsverhältnis mit Ihnen aus wichtigem Grund fristlos und hilfsweise fristgemäß zum nächstmöglichen Zeitpunkt.

Sie werden hiermit aufgefordert, die von uns gezahlte Abfindung in Höhe von ▪▪▪ EUR bis zum ▪▪▪ auf unser Konto Nr. ▪▪▪ bei der ▪▪▪-Bank (BLZ ▪▪▪) zu zahlen. Sollte der vorgenannte Betrag nicht innerhalb von 14 Tagen bei uns eingehen, werden wir ohne weitere Aufforderung Klage beim Arbeitsgericht erheben.

2. Muster: Anfechtungsmöglichkeit wegen Zeitdrucks

Ein Anfechtungsrecht des Arbeitnehmers besteht auch nicht wegen Zeitdrucks. Ein etwaiger Zeitdruck, unter dem ein Arbeitnehmer einen Aufhebungsvertrag schließt, eröffnet diesem nicht die Anfechtungsmöglichkeit nach § 123 Abs. 1 BGB. Der Zeitdruck stellt keine „Drohung" i.S.v. § 123 Abs. 1 BGB dar,

LAG Düsseldorf 26.1.1993, NZA 1993, 702.

Ein Anfechtungsrecht wegen Zeitdrucks mag zu bejahen sein, wenn ein Arbeitgeber eine vom Arbeitnehmer erbetene Bedenkzeit abgelehnt hat,

offen gelassen in BAG NZA 1987, 91.

Hat der Arbeitnehmer nicht um eine Bedenkzeit gebeten, aber auch dann, wenn er ausdrücklich im Wortlaut des Aufhebungsvertrags auf eine Bedenkzeit verzichtet hat, scheidet eine spätere Berufung auf einen Zeitdruck bei Abschluss des Aufhebungsvertrages aus,

LAG Düsseldorf 26.1.1993, NZA 1993, 703.

3. Muster: Anzeige von Vergleichsbereitschaft

Sehr geehrte Damen und Herren Kollegen,

mit Klageschrift vom ▬▬▬ haben Sie für Ihren Mandanten/für Ihre Mandantin ▬▬▬ Kündigungsschutzklage erhoben. Wir zeigen hiermit an, dass wir in dieser Angelegenheit die rechtlichen Interessen der Beklagten vertreten. Unsere Bevollmächtigung versichern wir hiermit anwaltlich.

Wir haben in der Zwischenzeit mit unserer Mandantschaft Rücksprache nehmen können und sind zu dem Ergebnis gekommen, dass es im Sinne beider Parteien wäre, wenn man sich auf eine gütliche Erledigung der Angelegenheit verständigen würde.

Zu diesem Zweck wird sich der Unterzeichner mit Ihnen in den nächsten Tagen telefonisch in Verbindung setzen. Eventuell können wir die Angelegenheit telefonisch erörtern, ggf. auch einen Besprechungstermin vereinbaren.

Mit freundlichen Grüßen

4. Muster: Aufforderung zur Arbeitsaufnahme zur Vermeidung von Annahmeverzugslohn bei anhängigem Kündigungsrechtsstreit

Rechtsanwälte ▬▬▬

▬▬▬ ./. ▬▬▬

Ihr Aktenzeichen: ▬▬▬

Sehr geehrter Herr Kollege ▬▬▬,

unter dem Az.: ▬▬▬ haben Sie vor dem Arbeitsgericht ▬▬▬ für Ihren Mandanten Kündigungsschutzklage erhoben. Wie Sie dem Kündigungsschreiben vom ▬▬▬, Ihrem Mandanten am ▬▬▬ zugegangen, entnehmen können, endet das Arbeitsverhältnis zwischen den Parteien aufgrund der ordentlichen Kündigung am ▬▬▬.

In der Klageschrift hat Ihr Mandant unter Ziff. ▬▬▬ beantragt:

„Die beklagte Partei wird verurteilt, die klägerische Partei für den Fall des Obsiegens mit dem Feststellungsantrag zu Ziff. 1 zu den im Arbeitsvertrag vom ▬▬▬ geregelten Arbeitsbedingungen als ▬▬▬ bis zu einer rechtskräftigen Entscheidung über den Feststellungsantrag weiter zu beschäftigen."

Mit der Stellung des Weiterbeschäftigungsantrags hat Ihr Mandant zu erkennen gegeben, dass er die tatsächliche Weiterbeschäftigung vor rechtskräftigem Abschluss des Kündigungsschutzverfahrens nach Ausspruch der Kündigung für zumutbar hält; zum Erklärungsgehalt des Weiterbeschäftigungsantrags vgl. *Spirolke*, NZA 2001, 707 (710).

Angesichts dieser Sachverhaltslage bieten wir Ihrem Mandanten eine durch die rechtskräftige Feststellung der Wirksamkeit der Kündigung auflösend bedingte Fortsetzung seines Arbeitsverhältnisses zu den bisherigen Bedingungen bzw. einen für die Dauer des Kündigungsrechtsstreits befristeten neuen Arbeitsvertrag zu den bisherigen Bedingungen an. Im Rahmen dieses auflösend bedingten/befristeten Arbeitsverhältnisses fordern wir Ihren Mandanten auf, seine Arbeit auch nach Ablauf der Kündigungsfrist weiter anzubieten. Wir weisen darauf hin, dass nach aktueller BAG-Rechtsprechung ein Annahmeverzug des Arbeitgebers dann ausgeschlossen ist, wenn der Arbeitnehmer nicht leistungswillig ist,

Wir weisen darauf hin, dass die Ablehnung des vorstehenden Angebots ein böswilliges Unterlassen anderweitigen Erwerbs i.S.d. § 615 Satz 2 BGB darstellt,

vgl. hierzu BAG 14.11.1985, NZA 1986, 637 = NJW 1986, 2846; *Spirolke*, NZA 2001, 707 (709).

Gemäß § 615 BGB gilt: Kommt der Arbeitgeber mit der Annahme der Dienste in Verzug, so kann der Arbeitnehmer für die infolge des Verzugs nicht geleisteten Dienste die vereinbarte Vergütung verlangen, ohne zur Nachleistung verpflichtet zu sein. Er muss sich jedoch den Wert desjenigen anrechnen lassen, was er infolge des Unterbleibens der Dienstleistung erspart oder durch anderweitige Verwendung seiner Dienste erwirbt oder zu erwerben böswillig unterlässt.

Ein Arbeitnehmer kann nicht einerseits die vorläufige Weiterbeschäftigung zu den bisherigen Arbeitsbedingungen verlangen, andererseits aber das entsprechende Angebot des Arbeitgebers auf befristete Weiterbeschäftigung ablehnen. Der Arbeitnehmer handelt in diesem Fall treuwidrig,

vgl. LAG Köln 13.12.1995, AP § 611 BGB Böswilligkeit Nr. 2; *Spirolke*, NZA 2001, 707 (710).

Wie das BAG entschieden hat, ist der Arbeitnehmer verpflichtet, der Aufforderung des Arbeitgebers nach einer zumutbaren Prozessbeschäftigung bis zum rechtskräftigen Abschluss des Kündigungsrechtsstreits nachzukommen. Andernfalls muss er sich bei einer Zahlungsklage den Einwand des böswilligen Unterlassens einer zumutbaren Arbeit entgegen halten lassen,

BAG 24.9.2003 – 5 AZR 500/02, n.v.

Sollte Ihr Mandant das Angebot unserer Mandantschaft ablehnen, müsste er sich folglich den Wert desjenigen anrechnen lassen, was er durch die Verwendung seiner Dienste zu erwerben böswillig unterlässt.

Vor diesem Hintergrund fordern wir Ihren Mandanten auf, bis zum ■■■ schriftlich verbindlich zu erklären, dass er mit der vorstehenden auflösend bedingten respektive befristeten Fortsetzung des Arbeitsverhältnisses über den ■■■ hinaus einverstanden ist.

Mit freundlichen Grüßen

5. Muster: Vertrag über Prozessbeschäftigung[45]

1. Die Arbeitgeberin/Firma weist den Arbeitnehmer an, am ■■■ zur Arbeit zu erscheinen und seine bisherige vertraglich geschuldete Tätigkeit aufzunehmen.
2. Die Parteien vereinbaren im Hinblick auf dem vor dem Arbeitsgericht ■■■ anhängigen Rechtsstreits mit Blick auf die Entscheidung Aktenzeichen ■■■ Folgendes: Das Arbeitsgericht ■■■ hat mit Urteil vom ■■■, verkündet am ■■■, die Arbeitgeberin verpflichtet, den Arbeitnehmer weiter zu beschäftigen. Zur Abwendung der Zwangsvollstreckung aus diesem Urteil und zur Erfüllung dieser Weiterbeschäftigungspflicht verpflichtet sich der Arbeitgeber, den Arbeitnehmer als ■■■ (Tätigkeitsbereich) solange weiter zu beschäftigen, bis eine entgegenstehende Entscheidung einer höheren Instanz oder kein anderer Beendigungstatbestand vorliegt.
3. Falls der anhängige Rechtsstreit zu Gunsten des Arbeitnehmers entschieden wird, endet die vorliegende Vereinbarung und der Arbeitnehmer wird ausschließlich auf der Grundlage des alten Vertrages vom ■■■ weiterbeschäftigt.
4. Im Übrigen findet die Beschäftigung des Arbeitnehmers während der Prozessbeschäftigung mit dem Inhalt des Arbeitsvertrages vom ■■■ statt.
5. Die Arbeitgeberin hält an der Wirksamkeit der ausgesprochenen Kündigung(en) fest und begibt sich mit dieser Vereinbarung keinerlei Rechte.

VI. Bestandsschutzstreitigkeiten: Ordentliche Kündigung

1. Muster: Anhörung des Betriebsrats ordnungsgemäß

Aktenzeichen: ■■■

Gegner: RAe ■■■, zwei Abschriften anbei

In dem Rechtsstreit

■■■ ./. ■■■

ist die ordentliche Kündigung vom ■■■ nicht gemäß § 102 Abs. 1 Satz 3 BetrVG nichtig. Die beklagte Partei hat den Betriebsrat der klägerischen Partei ordnungsgemäß vor Ausspruch der Kündigung angehört. Da die Betriebsratsanhörung nach § 102 BetrVG nicht darauf abzielt, die Wirksamkeit einer beabsichtigten Kündigung zu überprüfen, sondern sich darauf beschränkt, im Vorfeld der Kündigung auf die Willensbildung des Arbeitgebers Einfluss nehmen zu können, sind an die Mitteilungspflicht des Arbeitgebers im Anhörungsschreiben nicht die gleichen Anforderungen zu stellen, wie an die Darlegungslast im Kündigungsschutzprozess,

BAG 8.9.1988, BAGE 59, 295 = AP § 102 BetrVG 1972 Nr. 49; BAG 22.9.1994, NZA 1995, 363.

Das BAG hat deshalb aus § 102 BetrVG den Grundsatz der subjektiven Determinierung entwickelt. Der Betriebsrat ist immer dann ordnungsgemäß angehört worden, wenn der Arbeitgeber die ihm aus seiner Sicht tragenden Umstände unterbreitet hat,

BAG 11.7.1991, AP § 102 BetrVG 1972 Nr. 57.

---

45 Wegen Einzelheiten § 6 Rn 415 ff.

Teilt der Arbeitgeber dem Betriebsrat objektiv kündigungsrechtlich erhebliche Tatsachen nicht mit, weil er die Kündigung darauf zunächst nicht stützen wollte oder weil er sie bei seinem Kündigungsentschluss für unerheblich oder entbehrlich gehalten hat, ist die Anhörung trotzdem ordnungsgemäß,

BAG 11.7.1991, AP § 102 BetrVG 1972 Nr. 57.

Die in objektiver Hinsicht unvollständige Unterrichtung hat lediglich mittelbar die Unwirksamkeit der Kündigung zur Folge, wenn der mitgeteilte Sachverhalt zur sozialen Rechtfertigung der Kündigung nicht ausreicht, weil es dem Arbeitgeber verwehrt ist, Gründe nachzuschieben, die nicht Gegenstand der Betriebsratsanhörung waren,

BAG 22.9.1994, NZA 1995, 363.

In seiner neueren Rechtsprechung,

vgl. *Hümmerich/Mauer*, DB 1997, 165; *Hümmerich*, RdA 2000, 345 ff.,

hat das BAG mit einer Reihe von Urteilen die Anforderungen an eine ordnungsgemäße Anhörung gemäß § 102 BetrVG deutlich gesenkt.

Mit Urteil vom 18.5.1994 hat das BAG seine Rechtsprechung bestätigt, wonach der Arbeitgeber seiner Anhörungspflicht gegenüber dem Betriebsrat genügt, wenn er in der Wartezeit eine beabsichtigte Kündigung auf ein Werturteil stützt. Selbst dann, wenn der Arbeitgeber keine Gründe hat, oder sein Kündigungsentschluss allein von subjektiven, durch Tatsachen nicht belegbaren Vorstellungen bestimmt wird, so reicht bei einer Probezeit-/Wartezeitkündigung die Unterrichtung über diese Vorstellungen aus. Ein personenbezogenes Werturteil lässt sich in vielen Fällen durch Tatsachen nicht mehr belegen,

BAG 18.5.1994, NZA 1995, 24.

Bei einer bewussten Täuschung des Betriebsrats durch den Arbeitgeber mit Fehlinformationen ist die Anhörung nichtig, wobei als bewusste Täuschung die Fälle der gewollt unrichtigen sowie Fälle der bewusst unvollständigen Mitteilung der Kündigungsgründe vom BAG definiert werden,

BAG DB 1990, 1928.

Zwischenzeitlich hat das BAG auch zu der Frage Stellung genommen, ob eine unbewusste Falschmitteilung bzw. Fehlinformation des Betriebsrats anhörungsschädlich sei. Der 2. Senat hält am Grundsatz der subjektiven Determinierung fest. Dieser Grundsatz verbiete, die Analogie zu § 102 BetrVG auf die Fälle einer vermeidbaren oder unbewussten Fehlinformation zu erweitern,

BAG 22.9.1994, NZA 1995, 363.

Um einen arbeitgeberseitigen Missbrauch durch die Berufung auf eine unschädliche unbewusste Fehlmitteilung auszuschließen, wird der Arbeitgeberseite die Darlegungs- und Beweislast für die nichtbewusste Irreführung auferlegt. Darlegung zur nichtbewussten Irreführung schuldet der Arbeitgeber allerdings nur dann im Prozess, wenn eine Abweichung zwischen den mitgeteilten und den objektiven Daten über den Arbeitnehmer feststellbar ist und eine entsprechende Rüge durch den Arbeitnehmer im Prozess erhoben wurde,

vgl. BAG 22.9.1994, NZA 1995, 363.

Die Rüge der nicht ordnungsgemäßen Anhörung nach § 102 BetrVG ist damit kein Fall des § 139 ZPO.

Das BAG hat nunmehr auch entschieden, dass zur Mitteilung der Kündigungsgründe nach § 102 Abs. 1 Satz 2 BetrVG nicht die Vorlage von Beweismitteln gehört. Etwas anderes ergibt sich auch nicht aus § 80 Abs. 2 BetrVG,

BAG 26.1.1995, NZA 1995, 672.

Solange es bei der Vollständigkeit der Informationen auf die subjektive Determination beim Arbeitgeber ankommt, hat der Betriebsrat nicht die Aufgabe, die Berechtigung des Kündigungsentschlusses anhand von Beweismitteln zu überprüfen.

Wie der 2. Senat hervorgehoben hat, sind an ein aus dem kaufmännischen Geschäftsverkehr stammendes Anhörungsschreiben, das nicht an einen Volljuristen gerichtet ist, keine übertriebenen Anforderungen zu stellen,

BAG 22.9.1994, NZA 1995, 363.

Auf dem Hintergrund der neueren Rechtsprechung des BAG wird die von der beklagten Partei durchgeführte Anhörung des Betriebsrats den durch § 102 Abs. 1 Satz 2 BetrVG gestellten Anforderungen gerecht: ■■■

2. Muster: Anhörungsverfahren – Vorzeitiger Abschluss

Das Anhörungsverfahren nach § 102 BetrVG ist abgeschlossen, wenn der Betriebsrat dem Arbeitgeber mitteilt, dass er beschlossen hat, die Anhörungsfrist verstreichen zu lassen,
    Hess. LAG 18.6.1997, LAGE § 626 BGB Nr. 114; BAG 12.3.1987, NZA 1988, 137.

Auf das Anhörungsverfahren nach § 102 Abs. 1 BetrVG wirken sich Mängel, die in den Zuständigkeits- und Verantwortungsbereich des Betriebsrats fallen, grundsätzlich selbst dann nicht aus, wenn der Arbeitgeber im Zeitpunkt der Kündigung weiß oder nach den Umständen vermuten kann, dass die Behandlung der Angelegenheit durch den Betriebsrat nicht fehlerfrei erfolgt ist,
    BAG 16.1.2003, NZA 2003, 927.

3. Muster: Bestellungsschreiben

Aktenzeichen: ▪▪▪
Gegner: RAe ▪▪▪, zwei Abschriften anbei

Verteidigungsanzeige

▪▪▪

– klägerische Partei –

Prozessbevollmächtigte: ▪▪▪

gegen

▪▪▪

– beklagte Partei –

Prozessbevollmächtigte: ▪▪▪

Wir bestellen uns zu Prozessbevollmächtigten der beklagten Partei und teilen mit, dass wir uns gegen die Klage verteidigen werden. Der anberaumte Gütetermin ist notiert.
Weiterer Vortrag bleibt vorbehalten.

4. Muster: Bestellungsschreiben mit Ankündigung der Vergleichsbereitschaft

Aktenzeichen: ▪▪▪
Gegner: RAe ▪▪▪, zwei Abschriften anbei

Verteidigungsanzeige

▪▪▪

– klägerische Partei –

Prozessbevollmächtigte: ▪▪▪

gegen

▪▪▪

– beklagte Partei –

Prozessbevollmächtigte: ▪▪▪

Wir bestellen uns zu Prozessbevollmächtigten der beklagten Partei und teilen mit, dass wir uns gegen die Klage verteidigen werden. Der anberaumte Gütetermin ist notiert.
Aufgrund von Gesprächen, die zwischen den Beteiligten in der Vergangenheit bereits geführt wurden, erscheint es möglich, zu vergleichsweisen Regelungen zu finden. Dieserhalb soll der Gütetermin genutzt werden. Scheitern die Vergleichsbemühungen im Gütetermin, werden wir ausführlich vortragen. Rein vorsorglich beantragen wir daher bereits jetzt:

1. Die Klage wird abgewiesen.
2. Die Kosten des Rechtsstreits trägt die klägerische Partei.

454

5. Muster: Bestellungsschreiben mit Klageabweisungsantrag

↓

Aktenzeichen: ▪▪▪
Gegner: RAe ▪▪▪, zwei Abschriften anbei

Verteidigungsanzeige

▪▪▪

– klägerische Partei –

Prozessbevollmächtigte: ▪▪▪

gegen

▪▪▪

– beklagte Partei –

Prozessbevollmächtigte: ▪▪▪

Wir bestellen uns zu Prozessbevollmächtigten der beklagten Partei und teilen mit, dass wir uns gegen die Klage verteidigen werden. Der anberaumte Gütetermin ist notiert.

Wir werden beantragen:
1. Die Klage wird abgewiesen.
2. Die Kosten des Rechtsstreits trägt die klägerische Partei.

Eingehender Sachvortrag bleibt ausdrücklich vorbehalten.

↑

455

6. Muster: Fehlende Arbeitnehmereigenschaft – Klageerwiderung

↓

Arbeitsgericht ▪▪▪

Verteidigungsanzeige
in Sachen

▪▪▪

– klägerische Partei –

gegen

▪▪▪

– beklagte Partei –

Prozessbevollmächtigte: ▪▪▪

Wir bestellen uns zu Prozessbevollmächtigten der beklagten Partei, in deren Namen und Auftrag wir beantragen werden zu erkennen:
1. Die Klage wird abgewiesen.
2. Die klägerische Partei trägt die Kosten des Rechtsstreits.

Gründe:

I.

Die klägerische und die beklagte Partei stehen seit dem ▪▪▪ in privatrechtlichen Rechtsbeziehungen. Aufgrund dieser Rechtsbeziehungen wurde zwischen den Parteien jedoch kein Arbeitsrechtsverhältnis begründet, so dass das angerufene Gericht sachlich nicht zuständig ist, § 2 ArbGG. Die Klage ist überdies nicht begründet.

II.

Die Tätigkeit der klägerischen Partei ist derart überwiegend von einer selbständigen Aufgabenerledigung geprägt, dass nicht, entsprechend der gängigen Definition des Arbeitsverhältnisses, von der Leistung fremdbestimmter Arbeit in persönlicher Abhängigkeit im Dienste eines Arbeitgebers die Rede sein kann. Nach gefestigter Auffassung in Rechtsprechung und Schrifttum ist Arbeitnehmer, wer aufgrund eines privatrechtlichen Vertrages im Dienste des Arbeitgebers zur Leistung fremdbestimmter Arbeit in persönlicher Abhängigkeit verpflichtet ist,

> vgl. BAG 28.2.1962, AP § 611 BGB Abhängigkeit Nr. 1; BAG 8.2.1962, AP § 611 BGB Erfinder Nr. 1; BAG 9.3.1977, AP § 611 BGB Abhängigkeit Nr. 21; *Hueck/Nipperdey*, Lehrbuch, Bd. 1, 7. Aufl., § 9 III 3; *Söllner/Waltermann*, Grundriss des Arbeitsrechts, § 3 I 1; ErfK/*Preis*, § 611 BGB Rn 73 ff.

In einer Vielzahl von Entscheidungen hat das Bundesarbeitsgericht, insbesondere der 5. Senat, Abgrenzungskriterien zu entwickeln unternommen, über die sich objektiv herausarbeiten lässt, ob der Beschäftigte in persönlicher Abhängigkeit zum Arbeitgeber steht.

In der älteren Rechtsprechung entwickelte das Bundesarbeitsgericht eine Reihe formaler Kriterien, anhand derer sich beurteilen lassen sollte, ob auf Seiten des Beschäftigten eine persönliche Abhängigkeit zum Arbeitgeber besteht. Zu diesen Kriterien gehören:

- Umfang der Weisungsgebundenheit
- Unterordnung unter andere im Dienste des Geschäftsherrn stehende Personen
- Bindung an feste Arbeitszeiten
- Rechtspflicht zum regelmäßigen Erscheinen
- Zulässigkeit von Nebentätigkeiten oder Pflicht, die gesamte Arbeitskraft dem Geschäftsherrn zur Verfügung zu stellen
- Ort der Erledigung der Tätigkeit
- Form der Vergütung
- Frage der Abführung von Steuern und Sozialversicherungsbeiträgen
- Gewährung von Urlaub
- Bereitstellung von Arbeitsgeräten
- Führung von Personalunterlagen,

vgl. BAG 8.6.1967, AP § 611 BGB Abhängigkeit Nr. 6.

In einer Vielzahl von Entscheidungen hat das Bundesarbeitsgericht seine Rechtsprechung verfestigt, wonach für die Statusbeurteilung die persönliche Abhängigkeit des Mitarbeiters weiterhin maßgebliches Kriterium ist. Arbeitnehmer ist danach derjenige, der seine Dienstleistung im Rahmen einer von Dritten bestimmten Arbeitsorganisation erbringt,

BAG 23.4.1980, 7.5.1980, 7.5.1980, 9.5.1984, AP § 611 BGB Abhängigkeit Nrn. 34, 35, 36, 45.

Nach Auffassung des Bundesarbeitsgerichts enthält § 84 Abs. 1 Satz 2 HGB ein typisches Abgrenzungsmerkmal. Nach dieser Bestimmung ist selbständig, wer im Wesentlichen frei seine Tätigkeit gestalten und seine Arbeitszeit bestimmen kann. Unselbständig und deshalb persönlich abhängig ist dagegen der Mitarbeiter, dem dies nicht möglich ist. Zwar gilt diese Regelung unmittelbar nur für die Abgrenzung des selbständigen Handelsvertreters vom abhängig beschäftigten Handlungsgehilfen. Über diesen unmittelbaren Anwendungsbereich hinaus enthält die Vorschrift jedoch eine allgemeine gesetzgeberische Wertung, die bei der Abgrenzung des Dienstvertrages vom Arbeitsvertrag zu beachten ist, zumal dies die einzige Norm ist, die hierfür Kriterien enthält. Unterliegt also der Beschäftigte hinsichtlich Zeit, Dauer und Ort der Ausführung der versprochenen Dienste einem umfassenden Weisungsrecht, liegt ein Arbeitsverhältnis vor. Kann er im Wesentlichen die Arbeitsbedingungen frei gestalten, ist er ein freier Mitarbeiter. Die das Rechtsverhältnis prägenden charakteristischen Merkmale sind zu beurteilen, wie sie sich aus dem Inhalt des Vertrages und der praktischen Durchführung und Gestaltung der Vertragsbeziehungen ergeben,

BAG 25.8.1982, AP § 611 BGB Lehrer, Dozenten Nr. 32; BAG 9.5.1984, AP § 611 BGB Abhängigkeit Nr. 45.

Wie es zu einer planmäßigen Einbindung des „freien Mitarbeiters" in die Arbeit beim Arbeitgeber kommt, ist unerheblich. Auch wenn ursprünglich nicht geplant war, einen „freien Mitarbeiter" in den betrieblichen Arbeitsablauf einzubinden und sich dies erst im Laufe der Zeit ergeben hat, kann der „freie Mitarbeiter" in Wahrheit Arbeitnehmer sein und die arbeitsrechtliche Stellung des Arbeitnehmers mit unbefristetem Arbeitsverhältnis beanspruchen,

BAG 9.3.1977, AP § 611 BGB Abhängigkeit Nr. 21; ArbG Frankfurt 15.3.1982 – 9 Ca 120/81, n.v.

Dass die Parteien die Rechtsbeziehungen als „freies Mitarbeiterverhältnis" bezeichnet haben, ist für die rechtliche Beurteilung ohne Bedeutung: Es kommt nach ständiger Rechtsprechung des Bundesarbeitsgerichts allein darauf an, wie die Parteien ihre Vertragsbeziehungen tatsächlich ausgestaltet haben,

BAG 3.10.1975, AP § 611 BGB Abhängigkeit Nrn. 17.

III.

Unter Berücksichtigung der gefestigten Rechtsprechung des Bundesarbeitsgerichts hat die klägerische Partei bei dieser Sachlage nicht den Status eines Arbeitnehmers:

7. Muster: Kündigung mit unzureichender Frist

Ist der Zeitraum, der zwischen dem Zugang der Kündigung und dem vom Kündigenden bestimmten Kündigungstermin liegt, geringer als die gesetzliche, tarifliche oder vertragliche Kündigungsfrist, ist die Kündigung nicht absolut unwirksam. In diesem Falle wirkt die Kündigung, wie auch bei der verspätet zugegangenen Erklärung, im Zweifel zu dem nächsten zulässigen Kündigungstermin,

BAG 18.4.1985, EzA § 626 BGB n.F. Nr. 21; ErfK/*Müller-Glöge*, § 620 BGB Rn 60; MüKo-BGB/*Schwerdtner*, § 622 Rn 6.

8. Muster: Nachträgliche Zulassung der Kündigungsschutzklage – Erwiderungsschriftsatz

Arbeitsgericht ▪▪▪

In dem Rechtsstreit

▪▪▪

– antragstellende Partei –

Prozessbevollmächtigte: ▪▪▪

gegen

▪▪▪

– antragsgegnerische Partei –

wegen: nachträglicher Zulassung einer Kündigungsschutzklage

Wir bestellen uns zu Verfahrensbevollmächtigten der antragsgegnerischen Partei, in deren Namen und Auftrag wir beantragen zu erkennen:

Der Antrag auf Zulassung der verspäteten Kündigungsschutzklage wird zurückgewiesen.

Gründe:

1. Nach dem Vorbringen der antragstellenden Partei wurde die Kündigungsschutzklage verspätet erhoben, weil es der Prozessbevollmächtigte der klägerischen Partei versäumt hat, die Klage rechtzeitig einzureichen. Nach dem Vorbringen der antragstellenden Partei hat sie selbst erst ihren Verfahrensbevollmächtigten darauf aufmerksam gemacht, dass ihr nach Ablauf von drei Wochen keine Kopie der Kündigungsschutzklage vorgelegen habe. Sie habe daraufhin bei ihrem Verfahrensbevollmächtigten angerufen. Dieser habe dann festgestellt, dass eine Mitarbeiterin die Kündigung zusammen mit anderem Schriftverkehr in einer nicht hierfür bestimmten Akte abgelegt habe, so dass er es schließlich versäumt habe, die Kündigungsschutzklage fristgerecht zu erheben.

2. Dieser Vortrag gestattet dem Gericht keine nachträgliche Zulassung der Kündigungsschutzklage. Grundsätzlich muss sich der Arbeitnehmer im Verfahren der nachträglichen Zulassung der Kündigungsschutzklage nach § 5 KSchG das Verschulden seines Prozessbevollmächtigten wie sein eigenes Verschulden zurechnen lassen. Unerheblich ist in diesem Zusammenhang, ob es sich um eine Prozesshandlung innerhalb eines bereits anhängigen Verfahrens oder um die Einleitung eben dieses Verfahrens handelt.

ArbG Neumünster 15.10.1997 – 3 b Ca 1273/97, SPA 18/1998, 3.

Ein Rechtsanwalt handelt stets dann nachlässig, wenn er einer Anwaltsgehilfin die Überprüfung überlässt, ob ein Schriftstück, das einen Mandanten betrifft, als selbständige Kündigung zu bewerten ist. Der Anwalt darf eine Anwaltsgehilfin mit dieser, eine rechtliche Bewertung erfordernden Fragestellung nicht beauftragen, wenn von dem Ergebnis der Prüfung die fristgebundene Klageerhebung abhängig ist. Jedenfalls, so das LAG Schleswig-Holstein, darf der Anwalt einer Anwaltsgehilfin dann diese Aufgabe nicht überantworten, wenn dieselbe Anwaltsgehilfin erst sechs Monate zuvor durch eine gleichartige Fehlentscheidung die Verfristung einer anderen Kündigungsschutzklage verursacht hatte,

LAG Schleswig-Holstein 16.4.1998 – 4 Ta 188/97, n.v.

Grundsätzlich muss sich ein Arbeitnehmer, der die dreiwöchige Frist zur Erhebung einer Kündigungsschutzklage nicht kennt, diese Kenntnis alsbald nach Zugang der Kündigungserklärung bei einer zuverlässigen Stelle beschaffen,

KR/*Friedrich*, § 5 KSchG Rn 64 m.w.N.

Dabei wird die Frage, welche Stellen oder Personen als zuverlässig anzuerkennen sind, nicht immer einheitlich beantwortet. Gleiches gilt für die Frage, ob die Beanspruchung einer objektiv zur Rechtsauskunft ungeeigneten Stelle oder Person von vornherein einer nachträglichen Zulassung der Kündigungsschutzklage entgegensteht,

so *Mühlhausen*, NZA 1992, 877.

Gemessen an diesen Grundsätzen ist ein Richter am Landgericht beispielsweise nicht als zuverlässige Stelle für die Erteilung von Auskünften in arbeitsrechtlichen Fragen anzusehen,

LAG Düsseldorf 25.7.2002, NZA-RR 2003, 101.

Eine Erkrankung nach Zugang der Kündigung führt nur dann zu einer nachträglichen Zulassung der verspätet erhobenen Kündigungsschutzklage, wenn sie den Arbeitnehmer tatsächlich an der rechtzeitigen Klageerhebung gehindert hat. Solange Krankheitsverlauf oder Behandlungsmethode nicht entgegenstehen, besteht kein durchschlagender Grund, den Krankenhauspatienten von der Anforderung freizustellen, sich nötigenfalls telefonisch beraten zu lassen, ggf. telefonisch einen Rechtsanwalt zu beauftragen, eine Kündigungsschutzklage zu erheben,

LAG Düsseldorf 19.9.2002, NZA-RR 2003, 78.

9. Muster: Umdeutung einer außerordentlichen in eine ordentliche Kündigung

458

6820

Die Umdeutung nach § 140 BGB macht es möglich, den mit dem ursprünglich gewollten, aber nichtigen Rechtsgeschäft bezweckten Erfolg auf einem anderen Wege ganz oder teilweise zu erreichen, ohne dass es einer erneuten Vornahme des Rechtsgeschäfts bedarf. Umgedeutet werden können nur Rechtsgeschäfte, grundsätzlich aber alle Rechtsgeschäfte, d.h. nicht nur Verträge, sondern auch einseitige Rechtsgeschäfte wie die Kündigung. Es kann sowohl die Kündigungserklärung des Arbeitgebers als auch die Kündigungserklärung des Arbeitnehmers umgedeutet werden. In dem nichtigen oder unwirksamen Rechtsgeschäft müssen die objektiven Bestandteile eines anderen Rechtsgeschäfts enthalten sein. In einer Kündigungserklärung als einseitigem Rechtsgeschäft kann immer nur ein anderes einseitiges Rechtsgeschäft oder eine geschäftsähnliche Handlung enthalten sein. Die Kündigungserklärung, die als außerordentliche Kündigung abgegeben wird, kann eine ordentliche Kündigung enthalten. In der außerordentlichen oder ordentlichen Kündigung kann auch ein Vertragsangebot zum Abschluss eines Aufhebungsvertrages enthalten sein.

BAG 15.11.2001, NJW 2002, 2972; BAG 13.4.1972, EzA § 626 BGB n.F. Nr. 13.

In der Kündigungserklärung kann auch eine Anfechtungserklärung enthalten sein, bei der ordentlichen Kündigung scheitert die Umdeutung in eine Anfechtungserklärung jedoch daran, dass diese wegen ihrer sofortigen Wirkung weitergehende Folgen nach sich zieht. Eine Umdeutung ist nur zulässig, wenn das neue Rechtsgeschäft gleiche oder weniger weit reichende Folgen nach sich zieht. Deshalb kann eine ordentliche Kündigung nicht umgedeutet werden in eine außerordentliche Kündigung oder in eine Anfechtung wegen Irrtums oder arglistiger Täuschung, weil diese zur sofortigen Auflösung des Arbeitsverhältnisses führen,

BAG 14.10.1975, EzA § 140 BGB Nr. 3.

Eine Umdeutung ist möglich, wenn eine außerordentliche Kündigung in eine ordentliche Kündigung umgedeutet wird, weil diese weniger weit reichende Folgen nach sich zieht. Auch wenn die materiellrechtlichen Voraussetzungen für die Umdeutung in eine ordentliche Kündigung erfüllt sind, ist eine Prüfung des § 140 BGB im Prozess nicht von Amts wegen vorzunehmen,

Küttner/*Eisemann*, Personalbuch, 258 Rn 93; KR/*Fischermeier*, § 626 BGB Rn 336; KR/*M. Wolf*, Grunds. Rn 331 f.; *Herschel*, FS Rupmann, 1985, S. 145 f.

Eine ordentliche oder außerordentliche Kündigung kann in ein Angebot zum Abschluss eines Aufhebungsvertrages umgedeutet werden, weil dieses Angebot nicht von selbst, sondern erst nach Zustimmung des anderen Teils durch Annahme des Angebots zur Vertragsbeendigung führt und deshalb weniger weit reichende Folgen hat. Neben den objektiven Voraussetzungen erfordert die Umdeutung als subjektive Voraussetzung, dass der mutmaßliche Wille das neue Rechtsgeschäft umfasst hätte, falls die Nichtigkeit des ursprünglichen Rechtsgeschäfts bekannt gewesen wäre. Die in § 11 KSchG a.F. enthaltene Vermutung gegen einen Umdeutungswillen ist ersatzlos entfallen. Eine Umdeutung ist daher dann möglich, wenn diese dem Willen des kündigenden Arbeitgebers entspricht und dieser Wille dem Arbeitnehmer erkennbar geworden ist,

BAG 20.9.1984, EzA § 626 BGB n.F. Nr. 91.

Zur Ermittlung des hypothetischen Parteiwillens ist nach den wirtschaftlichen Folgen zu forschen, die mit der nichtigen Erklärung bezweckt waren. Es ist auf die objektive Interessenlage und auf die Vorstellungen und die Willensrichtung des Erklärenden abzustellen,

BAG 13.4.1972, EzA § 626 BGB n.F. Nr. 13.

§ 6 Schriftsätze im arbeitsgerichtlichen Urteilsverfahren

Lassen sich die gewollten wirtschaftlichen Folgen mit dem neuen umgedeuteten Rechtsgeschäft ganz oder teilweise ebenfalls erreichen, so kann angenommen werden, dass das neue Rechtsgeschäft gewollt gewesen wäre,

KR/*Fischermeier*, § 626 BGB Rn 365 f.

Bei der Kündigung sind allein die vom Erklärenden gewollten wirtschaftlichen Folgen von Bedeutung, die allerdings dem Erklärungsempfänger als gewollt erkennbar sein müssen,

BAG 31.5.1979, EzA § 4 KSchG n.F. Nr. 16.

Einer Umdeutung bedarf es nicht, wenn der Kündigende die ordentliche Kündigung vorsorglich für den Fall erklärt, dass die außerordentliche Kündigung unwirksam ist.

Sind die Voraussetzungen der Umdeutung erfüllt, tritt das umgedeutete neue Rechtsgeschäft an die Stelle des alten unwirksamen Rechtsgeschäfts, ohne dass es einer erneuten Vornahme bedarf.

10. Muster: Wiederholte Zustellung der Kündigung – keine erneute Anhörung

Ist eine Kündigung zunächst nicht zugegangen, weil der Arbeitnehmer vor der Absendung des Kündigungsschreibens seine bisherige Wohnung aufgegeben hat, und übersendet der Arbeitgeber, nachdem das Kündigungsschreiben an ihn zurückgelangt ist, das Kündigungsschreiben an die neue Wohnanschrift des Arbeitnehmers, so bedarf es keiner erneuten Anhörung des Betriebsrats, wenn der Betriebsrat mitgeteilt hat, gegen die beabsichtigte Kündigung seien keine Widersprüche erkennbar,

LAG Baden-Württemberg 3.2.1997, LAGE § 102 BetrVG Nr. 59.

VII. Bestandsschutzstreitigkeiten: Betriebsbedingte Kündigung

1. Muster: Arbeitsmangel nach Umorganisation

1. Am Arbeitsplatz der klägerischen Partei ist die Arbeit zu ■■■ % weggefallen. Diese Entwicklung trat wie folgt ein:
■■■

2. Die Kündigung ist damit durch dringende betriebliche Erfordernisse bedingt. Organisatorische und technische Rationalisierungsmaßnahmen haben zu einem Arbeitsmangel, gezielt am Arbeitsplatz der klägerischen Partei, geführt. Damit haben die innerbetrieblichen organisatorischen Maßnahmen im Sinne der Rechtsprechung des Bundesarbeitsgerichts,

BAG 8.11.1956, AP § 1 KSchG Nr. 19; BAG 24.10.1979, EzA § 1 KSchG Betriebsbedingte Kündigung Nr. 13,

bereits greifbare Formen angenommen. Zum Zeitpunkt der Kündigung stand aufgrund betriebswirtschaftlicher Erkenntnismethoden vorhersehbar fest, dass für die Beschäftigung der klägerischen Partei schon jetzt, aber spätestens bei Ablauf der Kündigungsfrist, kein Bedürfnis mehr besteht, so dass die Kündigung auf gesicherten Erkenntnissen und nicht etwa auf Prognoseüberlegungen basiert,

vgl. LAG Hamm 25.2.1977, DB 1977, 1055.

Bei der gegebenen Sachlage ist weder durch Arbeitsstreckung noch durch sonstige Methoden die Möglichkeit eröffnet, den Arbeitsmangel an dem Arbeitsplatz der klägerischen Partei zu beseitigen oder zu mildern, da es nur einen Arbeitsplatz ■■■ bei der beklagten Partei gibt und nur eine Mitarbeiterin diese allumfassende Vertrauensstellung mit den entsprechenden Kompetenzen wahrnimmt. Sonstige ■■■ werden bei der beklagten Partei nicht beschäftigt, so dass auch nicht durch die Herübernahme anderweitiger Arbeiten in anderen vergleichbaren administrativen Bereichen eine höhere Auslastung der klägerischen Partei erreicht werden könnte. Entsprechende anderweitige, auf die klägerische Partei übertragbare Arbeiten bei der beklagten Partei gibt es nicht.

Da die klägerische Partei auf entsprechendes Befragen durch ■■■ erklärt hat, dass sie an keinerlei Teilzeitarbeitsverhältnis bei der beklagten Partei interessiert sei und dies ablehne, bedurfte es auch keiner Änderungskündigung mit dem Ziel, der klägerischen Partei die Weiterbeschäftigung in Form eines Teilzeitarbeitsverhältnisses anzubieten,

vgl. LAG Düsseldorf 6.5.1977, DB 1370.

Eine anderweitige Beschäftigung im Betrieb der beklagten Partei ist nicht möglich. Es gibt keinen Arbeitsplatz ■■■, es ist auch kein Arbeitsplatz ■■■ vakant.

Die Sozialauswahl nach § 1 Abs. 3 KSchG führt zu folgendem Ergebnis: ▪▪▪

Die beklagte Partei hat damit dargelegt und unter Beweis gestellt, dass wegen Wegfalls des bisherigen Arbeitsplatzes die Kündigung durch dringende betriebliche Erfordernisse bedingt ist. Eine anderweitige Beschäftigung im Betrieb ist nicht möglich. Für die Tätigkeit einer ▪▪▪ fehlt es der klägerischen Partei an der erforderlichen Ausbildung. Wegen der aufgezeigten betrieblichen Notwendigkeit ist eine Weiterbeschäftigung der klägerischen Partei zu gleichen Arbeitsbedingungen nicht möglich.

Sollte die klägerische Partei anderer Auffassung sein, ist es ihre Sache, unter Beweisantritt darzustellen, wie sie sich eine anderweitige Beschäftigung bei der beklagten Partei vorstellt.

2. Muster: Außerbetriebliche Gründe

Aktenzeichen: ▪▪▪

Gegner: RAe ▪▪▪, zwei Abschriften anbei

In dem Rechtsstreit

▪▪▪ ./. ▪▪▪

bestellen wir uns zu Prozessbevollmächtigten der beklagten Partei, in deren Namen und Auftrag wir beantragen:

1. Die Klage wird abgewiesen.
2. Die Kosten des Rechtsstreits trägt die klägerische Partei.

Gründe:
Die klägerische Partei hat zutreffend vorgetragen, dass ihr mit Schreiben vom ▪▪▪ gekündigt worden ist. Die Klage kann keinen Erfolg haben. Die Kündigung ist aus dringenden betrieblichen Gründen gerechtfertigt. Die beklagte Partei leidet unter erheblichem Auftragsmangel.

Beweis: Gutachten des Steuerberaters ▪▪▪

Die beklagte Partei beschäftigt ▪▪▪ Arbeitnehmer. Sie stellt ▪▪▪ her. Bis zum ▪▪▪ waren in der Herstellung ▪▪▪ Arbeitnehmer in ▪▪▪ Schichten beschäftigt. Im Jahre ▪▪▪ hatte sie für die Herstellung von ▪▪▪ Aufträge mit einem Auftragswert von ▪▪▪ EUR. Diese Aufträge sind weitgehend abgebaut. Zurzeit verfügt die beklagte Partei nur noch über Aufträge mit einem Herstellungswert von ▪▪▪ EUR.

Beweis: Wie vor.

Sie hat aus diesem Grunde die Arbeit auf eine Schicht verteilen müssen und auch innerhalb dieser Schicht nicht mehr alle Arbeitsplätze besetzen können. Infolgedessen ist der Arbeitsplatz der klägerischen Partei weggefallen. Dies hängt damit zusammen, dass ▪▪▪.

Maßnahmen der Arbeitsstreckung kommen nicht in Betracht, weil ▪▪▪.

Andere Arbeitsplätze stehen auch nicht zur Verfügung, so dass der klägerischen Partei auch nicht ein anderer Arbeitsplatz im Betrieb angeboten werden kann.

3. Muster: Betriebsstilllegung – wirksame Beendigungskündigung

Entschließt sich der Arbeitgeber beispielsweise wegen Alters- oder aus wirtschaftlichen Gründen, seinen Betrieb stillzulegen, so stellt dies eine Unternehmerentscheidung dar, die nicht auf ihre Zweckmäßigkeit nachzuprüfen ist,

BAG 22.5.1986, EzA § 1 KSchG Soziale Auswahl Nr. 22.

Eine Betriebsstilllegung setzt den ernstlichen und endgültigen Entschluss des Unternehmers voraus, die Betriebs- und Produktionsgemeinschaft zwischen Arbeitgeber und Arbeitnehmer für einen seiner Dauer nach unbestimmten, wirtschaftlich nicht unerheblichen Zeitraum aufzuheben,

BAG 27.9.1984, EzA § 613a BGB Nr. 40; BAG 26.2.1987, EzA § 613a BGB Nr. 57.

Die Stilllegung des gesamten Betriebes stellt ein dringliches betriebliches Erfordernis i.S.d. § 1 Abs. 2 Satz 1 KSchG dar,

BAG 27.2.1987, EzA § 1 KSchG Betriebsbedingte Kündigung Nr. 46; BAG 23.3.1984, ZIP 1984, 1524; BAG 7.6.1984, EzA § 22 KO Nr. 4.

Eine wegen Betriebsstilllegung erklärte ordentliche Kündigung ist nur dann sozial gerechtfertigt, wenn die auf eine Betriebsstilllegung gerichtete unternehmerische Entscheidung zum Zeitpunkt des Zugangs der Kündigung bereits greifbare Formen angenommen hatte,

BAG 23.3.1984, ZIB 1984, 1524.

Daran fehlt es, wenn der Arbeitgeber zum Zeitpunkt der Kündigung noch in Verhandlungen über eine Veräußerung des Betriebes steht und deswegen nur vorsorglich mit der Begründung kündigt, der Betrieb solle zu einem bestimmten Zeitpunkt stillgelegt werden, falls eine Veräußerung scheitere. Die unternehmerische Entscheidung zur Betriebsstilllegung kann auch durch einen Pächter erfolgen,

BAG 26.2.1987, EzA § 613a BGB Nr. 57; BAG 17.3.1987, EzA § 111 BetrVG 1972 Nr. 19.

4. Muster: Betriebsverlagerung – wirksame Beendigungskündigung

Nach § 1 Abs. 2 Nr. 1 KSchG ist eine Kündigung unter anderem sozial ungerechtfertigt, wenn sie nicht durch dringende betriebliche Erfordernisse, die einer Weiterbeschäftigung des Arbeitnehmers in diesem Betrieb entgegenstehen, bedingt ist. Ein solcher Grund liegt dann vor, wenn zum Zeitpunkt des Ausspruchs der Kündigung feststeht, dass zum Zeitpunkt des Kündigungstermins keine Beschäftigungsmöglichkeit mehr vorhanden ist,

BAG 30.5.1985, NZA 1986, 155 = AP § 1 KSchG 1969 Betriebsbedingte Kündigung Nr. 24.

Im Rahmen eines bestehenden Arbeitsverhältnisses beantwortet sich die Frage der Beschäftigungsmöglichkeit zunächst nach dem Inhalt des Arbeitsvertrages. Ob der Arbeitgeber bei einer Betriebsverlagerung die Leistung im Wege der Ausübung des Direktionsrechts auch an einem anderen Ort verlangen kann, richtet sich danach, ob der Verlagerung des Betriebssitzes unter Zugrundelegung des Arbeitsvertrages eine erhebliche Bedeutung zukommt und ob die Arbeitsvertragsparteien hierüber eine Regelung getroffen haben.

Wird der Betrieb innerhalb eines Ortes verlegt oder handelt es sich um eine nur geringfügige Ortsverlagerung, so wird der Arbeitgeber in der Regel im Wege der Ausübung des Direktionsrechts die Beschäftigung des Arbeitnehmers an dem neuen Arbeitsort verlangen können, so beispielsweise, wenn der neue Arbeitsplatz im Bereich der Verwaltung liegt, in deren Diensten der Arbeitnehmer steht,

BAG, AP § 615 BGB Nr. 10.

Wird hingegen durch eine Betriebsverlagerung der Leistungsort wesentlich verändert, so insbesondere durch eine Verlegung in eine andere Stadt im Inland oder Ausland, so kann der Arbeitgeber im Wege des Direktionsrechts die Leistungserfüllung an diesem anderen Ort nicht verlangen. Bleibt trotz einer Verlagerung die Betriebsidentität erhalten, so ist eine Weiterbeschäftigung nur dann möglich, wenn der Arbeitnehmer mit der Änderung des Leistungsortes einverstanden ist, was auch konkludent geschehen kann.

Eine Beendigungskündigung ist bei einer solchen Betriebsverlagerung nur dann möglich, wenn der Arbeitnehmer nicht bereit ist, die Leistung am neuen Ort des Betriebssitzes zu erbringen und wenn der Arbeitgeber ihm am ursprünglichen Leistungsort keine Arbeit mehr anbieten kann,

BAG 20.4.1989, NZA 1990, 33.

Ist der Arbeitnehmer nicht bereit, in der neuen Betriebsstätte seine Leistung zu erbringen und besteht an der bisherigen Betriebsstätte oder bei dem bisherigen Arbeitgeber keine Möglichkeit, den Arbeitnehmer weiterzubeschäftigen, ist die Beendigungskündigung sozial gerechtfertigt,

BAG 27.9.1984, BAGE 47, 26 = NZA 1985, 455; BAG 20.4.1989, NZA 1990, 33.

Eine Beendigungskündigung ist unter diesen Umständen selbst dann wirksam, wenn der Betrieb oder ein Teil des Betriebs auf einen anderen übergegangen ist und es aus diesem Grunde zu einer Änderung des Leistungsortes gekommen ist. Ist der Arbeitnehmer nicht bereit, trotz eines entsprechenden Angebots, die Arbeit am neuen Betriebsort fortzusetzen, ist die Beendigungskündigung wirksam, in derart gelagerten Fällen kann der Betriebsveräußerer, ohne § 613a Abs. 4 BGB zu umgehen, wirksam kündigen. Ist mit einer Betriebsveräußerung nämlich eine solche Verlagerung verbunden, dass die Arbeitsleistung nur mit notwendiger Änderung des Arbeitsvertrages erfolgen kann, so ist der leistungsunwillige Arbeitnehmer demjenigen gleichzusetzen, der dem Übergang seines Arbeitsverhältnisses widerspricht,

BAG 2.10.1974, BAGE 26, 301; BAG 15.2.1984, BAGE 45, 140; BAG 20.4.1989, NZA 1990, 33.

5. Muster: Innerbetriebliche Gründe – Darlegungslast

Aktenzeichen: ■■■

Gegner: RAe ■■■, zwei Abschriften anbei

In dem Rechtsstreit

■■■ ./. ■■■

tragen wir Folgendes vor:

I.

Die Beklagte hat im Geschäftsjahr ■■■ einen gravierenden Umsatzrückgang erlitten. ■■■

Aus diesem Anlass sah sich die Beklagte gezwungen, sowohl in technischer als auch in personeller Hinsicht Änderungen vorzunehmen. ■■■

Darüber hinaus verlangte die schlechte wirtschaftliche Lage des Unternehmens eine personelle Umstrukturierung. Überflüssige und unproduktive Arbeitsplätze und Arbeitskräfte mussten eingespart werden.

Ferner sei nochmals darauf hingewiesen, dass die Beklagte den Kläger in ihrem Betrieb nicht anderweitig beschäftigen kann.

Beweis: Zeugnis ■■■

Dafür spricht ebenfalls, dass der Betriebsrat der Kündigung des Klägers nicht widersprochen hat.

II.

Die Ansicht, es fehle der Nachweis der Beklagten, dass der Arbeitsplatz des Klägers fortgefallen sei und zum anderen fehle der Gegenbeweis für die Behauptung des Klägers, an seinem Arbeitsplatz sei weiterhin Arbeit, verkennt die höchstrichterliche Rechtsprechung zur Darlegungslast des Arbeitgebers bei einer betriebsbedingten Kündigung,

BAG 7.12.1978, NJW 1979, 1902; BAG 24.10.1979, NJW 1981, 301; BAG 11.9.1986, EzA § 1 KSchG Nr. 54.

Nach der Rechtsprechung hängt der Umfang der Darlegungslast davon ab, ob der Kündigung außer- oder innerbetriebliche Gründe zugrunde liegen.

Außerbetriebliche Gründe sind z.B. Auftragsmangel und Umsatzrückgang. Eine auf diesen Gründen basierende Kündigung ist nur dann gerechtfertigt, wenn der Arbeitgeber Umsatzzahlen oder die Entwicklung der Auftragslage sowie deren unmittelbare Auswirkung auf den Arbeitsplatz im Einzelnen darlegt,

BAG 24.10.1979, NJW 1981, 301.

Innerbetrieblich begründete Kündigungsgründe liegen dagegen dann vor, wenn der Arbeitgeber die Ertragslage zum Anlass nimmt, zur Kostenersparnis oder zur Verbesserung des Betriebsergebnisses durch technische oder organisatorische Maßnahmen die Zahl der Arbeitsplätze zu verringern.

In diesem Fall muss der Arbeitgeber darlegen, welche organisatorischen oder technischen Maßnahmen er angeordnet hat und wie sie sich auf den Arbeitsplatz des gekündigten Arbeitnehmers auswirken,

BAG 24.10.1979, NJW 1981, 301.

Ist ein Verlust im Geschäftsjahr nur der Anlass für die Umorganisation, so muss der Arbeitgeber nicht zur Begründung der innerbetrieblichen Erfordernisse die Entwicklung des Geschäftsergebnisses und den Anteil der Personalausgaben mit weiteren Angaben und Zahlen belegen,

BAG 24.10.1979, NJW 1981, 303 linke Spalte oben.

Mit dieser Rechtsprechung befindet sich die Darlegung der Beklagten in der ersten Instanz im Einklang.

Eine rückläufige Auftragslage und zurückgehende Gewinne haben die Beklagte dazu veranlasst, ihren Betrieb im Personalbereich zu rationalisieren. Dieser wirtschaftliche Hintergrund für die innerbetriebliche Umstrukturierung des Unternehmens der Beklagten ist im Interessenausgleich im Einverständnis mit dem Betriebsrat der Beklagten dokumentiert.

Beweis: Vorlage des Interessenausgleichs in Kopie – Anlage B 1.

Hätte die Beklagte dem Kläger allein unter Hinweis auf die rückläufige Auftragslage gekündigt, so hätte der Gegner vielleicht weiteres Zahlenmaterial für erforderlich halten können, um den unmittelbaren Zusammenhang zwischen Auftragsrückgang und Wegfall des Arbeitsplatzes zu veranschaulichen,

vgl. Darlegungslast bei außerbetrieblichen Gründen, BAG 24.10.1979, NJW 1981, 301.

Da es sich hier aber um einen innerbetrieblich motivierten Kündigungsgrund handelt, besteht kein Anspruch auf weiteren Vortrag, zumal sich der Name der klägerischen Partei auf einer Liste in der Anlage zum Interessenausgleich vom ▬▬▬ befindet.

Beweis: Vorlage der Liste in Kopie – Anlage B 2.

Die Beklagte hat die schlechte Auftragslage nur zum Anlass genommen, ihre Betriebsorganisation zu ändern. Die Entlassung von ▬▬▬ Mitarbeitern zur Reduzierung der Personalkosten um ▬▬▬ EUR war dringend erforderlich, nachdem mittels technischer Umorganisation keine weiteren Umsatzverbesserungen mehr zu erzielen waren.

Diese Einschätzung wurde auch vom Betriebsrat der Beklagten geteilt. ▬▬▬

Ist der festgestellte Verlust in einem Geschäftsjahr nur ausschlaggebendes Moment für die Umorganisation, so braucht der Arbeitgeber keine weiteren Zahlenangaben über das Geschäftsergebnis und den Anteil der Personalausgaben zu machen. Eine solche Darlegungspflicht des Arbeitgebers besteht nicht, weil das Gericht auf innerbetrieblichen Maßnahmen beruhende betriebsbedingte Kündigungsgründe nicht auf ihre Notwendigkeit und Zweckmäßigkeit überprüfen darf. Vielmehr hat das Gericht die freie Unternehmerentscheidung zu respektieren,

BAG 24.10.1979, NJW 1981, 392.

Ergreift der Arbeitgeber zur Verbesserung seines Betriebsergebnisses technische oder organisatorische Maßnahmen, die die Zahl der Arbeitsplätze verringern, so können die Kündigungen aus innerbetrieblichen Gründen gerechtfertigt sein,

BAG 24.10.1979, NJW 1981, 301.

Bei solchen Kündigungen aus innerbetrieblichen Gründen muss der Arbeitgeber darlegen, welche organisatorischen oder technischen Maßnahmen er durchführt und wie sie sich auf den Arbeitsplatz des gekündigten Arbeitnehmers auswirken,

BAG 24.10.1979, NJW 1979, 301.

Diesen Anforderungen entspricht unser Vortrag.

Der Kläger hat behauptet, dass auf seinem Arbeitsplatz noch Arbeit anfalle. Außerdem sei seine Tätigkeit noch notwendig.

Diese Argumentation wäre aber nur dann erheblich, wenn die Beklagte hätte darlegen und beweisen müssen, dass der Arbeitsplatz des Klägers weggefallen sei. Gerade eine solche Darlegungs- und Beweislast des Arbeitgebers besteht bei innerbetrieblich betriebsbedingten Kündigungen, die auf Arbeitskräfteüberhang beruhen, nicht,

BAG 11.9.1986, EzA § 1 KSchG 1969 Betriebsbedingte Kündigung Nr. 54, S. 3, 7.

Vielmehr ist es ausreichend, wenn der Arbeitgeber darlegt und bei Bestreiten beweist, „dass durch einen außerbetrieblichen Grund ein Überhang an Arbeitskräften entstanden ist, durch den unmittelbar oder mittelbar das Bedürfnis zur Weiterbeschäftigung eines oder mehrerer (vergleichbarer) Arbeitnehmer entfallen ist",

BAG 11.9.1986, EzA § 1 KSchG 1969 Betriebsbedingte Kündigung Nr. 54, S. 3, 7.

Unter Respektierung der Unternehmerentscheidung genügt es ferner, wenn das Bedürfnis nach Weiterbeschäftigung eines Arbeitnehmers innerhalb einer Gruppe von Arbeitnehmern gesunken ist,

BAG 30.5.1985, AP § 1 KSchG Nr. 24; BAG 11.9.1986, EzA § 1 KSchG Nr. 54, S. 10.

Vor diesem Hintergrund hat die Beklagte ihrer Darlegungs- und Beweislast genügt.

Es stellt eine freie, vom Gericht zu respektierende Unternehmerentscheidung dar, wenn der Unternehmer, nachdem er einen Arbeitskräfteüberhang festgestellt hat, seinen Betrieb personalmäßig rationalisiert,

BAG 30.5.1985, AP § 1 KSchG Betriebsbedingte Kündigung Nr. 24 Gründe II 1.

Diese Unternehmerentscheidung ist nur dann nicht bindend, wenn sie offenbar unsachlich, unvernünftig oder willkürlich ist,

BAG 24.10.1979, NJW 1981, 301.

Für eine beschlossene und tatsächlich durchgeführte Betriebsänderung spricht die Vermutung, dass sie aus sachlichen Gründen erfolgt ist,

BAG 24.10.1979, NJW 1981, 302.

Ferner sprechen Sozialplan und Interessenausgleich für die soziale Rechtfertigung der Kündigung,

LAG München 9.9.1982, DB 1982, 2630.

6. Muster: Leistungsverdichtung

Aktenzeichen: ■■■

Gegner: zwei Abschriften anbei

In dem Rechtsstreit

■■■ ./. ■■■

verkennt die klägerische Partei, dass die beklagte Partei keine innerbetrieblichen Gründe darzulegen hat, nachdem sie sich entschlossen hat, die Anzahl der Arbeitnehmer zu reduzieren, um die vorhandene Arbeit auf „weniger Schultern zu verteilen".

Wie das BAG entschieden hat,

BAG 24.4.1997, DB 1997, 1776; siehe auch LAG Köln 1.8.1997, DB 1997, 2181; a.A. ArbG Köln 23.9.1997, DB 1998, 626,

gehört zur Organisation und Gestaltung des Betriebes, neben der Anschaffung von Maschinen, Gerätschaften sowie Vorrichtungen und der Gestaltung der Arbeitsabläufe, die Stärke der Belegschaft, mit der das Betriebsziel erreicht werden soll. Dazu gehört auch die Entscheidung über die Kapazität an Arbeitskräften und an Arbeitszeit und wie diese Kapazität verteilt werden soll. Dabei kann die Unternehmerentscheidung auch darin liegen, künftig auf Dauer mit weniger Personal zu arbeiten. Soweit dadurch eine Leistungsverdichtung eintritt, wird sie als Konzept gewollt und dadurch notwendig werdende Änderungen werden in Kauf genommen. Der rationale Einsatz des Personals ist Sache der Unternehmerentscheidung,

BAG 24.4.1997, DB 1997, 1776.

Die beklagte Partei hat am ■■■ beschlossen, Personal im Umfang von ■■■ Mitarbeitern zu reduzieren und die vorhandene Arbeit mit weniger Arbeitskräften zu bewältigen. *Fischermeier* vertritt ebenso die Auffassung, dass die Entscheidung des Arbeitgebers, die von ihrem Volumen her unveränderte Arbeit auf weniger Schultern zu verteilen, als arbeitsgerichtlich grundsätzlich nicht überprüfbar hingenommen werden müsse,

NZA 1997, 1089.

Die beklagte Partei ist deshalb nach der Entscheidung des BAG vom 24.4.1997 nicht mehr gehalten, unter Angabe weiterer, innerbetrieblicher Gründe, außer denen der Leistungsverdichtung, ihre freie Unternehmerentscheidung darzulegen.

Auch hat die beklagte Partei das Urteil des BAG vom 17.6.1999 beachtet,

BAG 17.6.1999 – 2 AZR 141/99, EzA Schnelldienst 1999.

Der 2. Senat hat in dem vorerwähnten Urteil ausgeführt, je näher sich die eigentliche Organisationsentscheidung und die Kündigung als solches seien, desto mehr müsse der Arbeitgeber im Prozess durch Tatsachenvortrag verdeutlichen, dass ein Bedürfnis für die Beschäftigung des Arbeitnehmers entfallen sei. Die Kündigung mehrerer Mitarbeiter aufgrund einer Unternehmerentscheidung zur dauerhaften Personalreduzierung sei selbst keine freie Unternehmerentscheidung. Die Kündigung als Unternehmerentscheidung besage nur, dass ein bestimmter Arbeitsplatz freigemacht werden solle. Sie sage nichts darüber aus, ob der Arbeitsplatz nach der Kündigung wieder besetzt werden solle.

Die Entscheidung des Arbeitgebers, den Personalbestand auf Dauer zu reduzieren, sei zwar eine Entscheidung, die zum Wegfall von Arbeitsplätzen führen und damit den entsprechenden Beschäftigungsbedarf entfallen lassen könne. Diese Unternehmerentscheidung sei aber hinsichtlich ihrer organisatorischen Durchführbarkeit und hinsichtlich des Begriffs „Dauer" zu verdeutlichen, damit das Gericht überhaupt prüfen könne, ob sie nicht offensichtlich unsachlich, unvernünftig oder willkürlich ist. Reduziere sich die Organisationsentscheidung zur Personalreduzierung auf die Kündigung als solche, seien diese beiden Unternehmerentscheidungen ohne nähere Konkretisierung nicht voneinander zu unterscheiden.

Unter Berücksichtigung der vorgenannten Grundsätze ergibt sich folgendes Bild: ■■■

Die Kündigung ist daher sozial gerechtfertigt. Die beklagte Partei hat die Kriterien Dauer der Betriebszugehörigkeit, Lebensalter und Unterhaltspflichten gemäß § 1 Abs. 3 Satz 1 KSchG bei der Sozialauswahl hinreichend beachtet und angewendet.

7. Muster: Weiterbeschäftigung zu verschlechterten Arbeitsbedingungen

Das BAG hat im Urteil vom 7.12.1978,

> BAGE 31, 157,

die Grundsätze zusammengefasst, die für den Prüfungsmaßstab des Gerichts bei einer auf dringende betriebliche Erfordernisse gestützten Kündigung gelten. Danach können sich die betrieblichen Erfordernisse für eine Kündigung aus innerbetrieblichen Umständen (beispielsweise Rationalisierungsmaßnahmen, Umstellung oder Einschränkung der Produktion) oder durch außerbetriebliche Gründe (beispielsweise Auftragsmangel oder Umsatzrückgang) ergeben. Diese betrieblichen Erfordernisse müssen „dringend" sein und eine Kündigung im Interesse des Betriebes unvermeidbar machen. Diese weitere Voraussetzung ist erfüllt, wenn es dem Arbeitgeber nicht möglich ist, der betrieblichen Lage durch andere Maßnahmen auf technischem, organisatorischem oder wirtschaftlichem Gebiet als durch Kündigung zu entsprechen. Ein Umsatzrückgang kann dann eine betriebsbedingte Kündigung rechtfertigen, wenn dadurch der Arbeitsanfall so zurückgeht, dass für einen oder mehrere Arbeitnehmer das Bedürfnis zur Weiterbeschäftigung entfällt.

Auch wenn durch außer- oder innerbetriebliche Gründe der bisherige Arbeitsplatz des Arbeitnehmers wegfällt, ist eine Kündigung nur dann durch dringende betriebliche Erfordernisse bedingt, wenn dem Arbeitnehmer eine andere Beschäftigung nicht möglich oder nicht zumutbar ist. Bei außerbetrieblichen Gründen ist darüber hinaus zu prüfen, ob Kündigung nicht durch innerbetriebliche Maßnahmen (insbesondere Arbeitsstreckung) vermieden werden können. Die organisatorischen Maßnahmen, die der Arbeitgeber trifft, um seinen Betrieb dem Umsatzrückgang oder der verschlechterten Ertragslage anzupassen, sind nicht auf ihre Notwendigkeit und Zweckmäßigkeit, wohl aber daraufhin zu überprüfen, ob sie offenbar unsachlich, unvernünftig oder willkürlich sind.

Die soziale Auswahl nach § 1 Abs. 3 Satz 1 KSchG erstreckt sich innerhalb des Betriebes nur auf Arbeitnehmer, die miteinander verglichen werden können. Vergleichbar sind solche Arbeitnehmer, die austauschbar sind,

> BAG 4.12.1959, AP § 1 KSchG Betriebsbedingte Kündigung Nr. 2.

Die Vergleichbarkeit der in die soziale Auswahl einzubeziehenden Arbeitnehmer richtet sich in erster Linie nach arbeitsplatzbezogenen Merkmalen und somit nach der ausgeübten Tätigkeit. Es ist zu prüfen, ob der Arbeitnehmer, dessen Arbeitsplatz weggefallen ist, die Funktion der anderen Arbeitnehmer wahrnehmen kann. Das ist nicht nur bei Identität des Arbeitsplatzes, sondern auch dann der Fall, wenn der Arbeitnehmer aufgrund seiner Fähigkeiten und Ausbildung eine andersartige, aber gleichwertige Tätigkeit ausführen kann. Der Vergleich vollzieht sich insoweit auf derselben Ebene der Betriebshierarchie (sog. horizontale Vergleichbarkeit),

> BAG 7.2.1985, EzA KSchG 1969 § 1 Soziale Auswahl, § 1 Betriebsbedingte Kündigung Nr. 151.

Das BAG hat im Urteil vom 4.12.1959,

> AP § 1 KSchG Betriebsbedingte Kündigung Nr. 2,

die Ansicht vertreten, der Arbeitgeber verletze die Pflicht zur sozialen Auswahl nicht, wenn er nicht von sich aus an einen sozial schlechter gestellten Arbeitnehmer herantritt, um ihn zu einer Vertragsänderung zu bewegen, damit für ihn dann durch die Entlassung eines sozial besser gestellten Arbeitnehmers dessen Stelle freigemacht werden kann. Es hat offen gelassen, ob der Arbeitgeber nicht auch bei einem solchen Sachverhalt das Arbeitsverhältnis unter geänderten Bedingungen dann fortsetzen muss, wenn der Arbeitnehmer selbst an ihn mit einem entsprechenden Angebot herangetreten ist. Die in diesem Urteil erwogene Einbeziehung von Arbeitnehmern in die soziale Auswahl erstreckt sich auf verschiedene Ebenen der Betriebshierarchie und wird als vertikale Vergleichbarkeit bezeichnet.

Das BAG hat im Urteil vom 13.9.1973,

> BAGE 25, 278,

die hiervon zu unterscheidende, die Betriebsbedingtheit der Kündigung nach § 1 Abs. 2 Satz 1 KSchG betreffende Frage entschieden, ob der Arbeitgeber den Arbeitnehmer auf einem anderen freien Arbeitsplatz unter verschlechterten Arbeitsbedingungen weiterbeschäftigen muss.

Das BAG vertritt heute die Auffassung, dass der Arbeitgeber im Rahmen der sozialen Auswahl nach § 1 Abs. 3 Satz 1 KSchG jedenfalls nicht verpflichtet ist, von sich aus an den für eine Kündigung in Betracht kommenden Arbeitnehmer wegen einer Weiterbeschäftigung zu geänderten Arbeitsbedingungen heranzutreten,

> BAG 13.4.1979, EzA § 1 KSchG Betriebsbedingte Kündigung Nr. 11; BAG 7.2.1985, EzA KSchG 1969 § 1 Soziale Auswahl, § 1 Betriebsbedingte Kündigung Nr. 151.

VIII. Bestandsschutzstreitigkeiten: Verhaltensbedingte Kündigung

1. Muster: Begünstigung von Arbeitnehmern – Kündigung einer Personalleiterin

Einer Personalleiterin, die mit dem Ziel, eine mit dem Betriebsrat geschlossene Betriebsvereinbarung über Mehrarbeit zu umgehen, toleriert, dass ein Mitarbeiter der Personalabteilung die Stempeluhr zum üblichen Arbeitsschluss bedient, dann aber weiterarbeitet, und die, um einem Arbeitnehmer Nachteile bei Zahlung des Arbeitslosengeldes zu ersparen, nach Abschluss des Aufhebungsvertrages den Arbeitsvertrag des ausscheidenden Arbeitnehmers bezüglich der Kündigungsfrist ändert, kann gemäß § 626 BGB fristlos ohne vorherige Abmahnung gekündigt werden. Wägt man allerdings das Interesse eines Arbeitgebers, sich von einer Personalleiterin zu trennen, die Betriebsvereinbarungen offensichtlich nicht ernst nimmt, mit dem Interesse der Personalleiterin, an ihrem Arbeitsplatz festhalten zu dürfen, weil sie ohne konkrete Schädigungsabsicht zu Lasten des Arbeitgebers oder eines einzelnen Arbeitnehmers gehandelt hat, ab, überwiegt das Interesse der Personalleiterin an der Fortsetzung Ihres Arbeitsverhältnisses zumindest bis zum Ende der Kündigungsfrist. Eine Abmahnung muss einer solchen Kündigung nicht vorausgehen, denn die Personalleiterin kann nicht damit rechnen, dass der Arbeitgeber ihr Verhalten tolerieren würde. Das Verhalten der Personalleiterin betrifft den Vertrauensbereich,

    LAG Bremen 31.1.1997, LAGE § 626 BGB Nr. 107.

2. Muster: Betriebsablaufstörung bei Verstoß gegen Meldepflicht

Nach der Rechtsprechung des Bundesarbeitsgerichts ist neben der schuldhaften Verletzung einer Nebenpflicht nicht stets auch eine konkrete Störung des Arbeitsablaufs oder der Arbeitsorganisation Voraussetzung für einen verhaltensbedingten Kündigungsgrund,

    BAG 16.8.1991, DB 1992, 1479.

Eine konkrete Beeinträchtigung des Arbeitsverhältnisses liegt bereits in der Nichterbringung der vertraglich geschuldeten Leistung, in der Nichterfüllung der Pflicht zur Leistung der vereinbarten Dienste (§ 611 Abs. 1 BGB) durch Fernbleiben von der Arbeit. Kommt der Arbeitnehmer seiner Arbeitspflicht im vertraglichen Umfang nicht nach, wirkt sich das unmittelbar auf die Störung des Arbeitsverhältnisses im Leistungsbereich und als Beeinträchtigung des Verhältnisses von Leistung und Gegenleistung (Äquivalenzstörung) aus. Ob die Fehlzeiten des Arbeitnehmers sich über diese Störung hinaus auch noch konkret nachteilig auf den Betriebsablauf oder den Betriebsfrieden ausgewirkt haben, ist nicht für die Eignung als Kündigungsgrund, sondern nur für die im Rahmen der Interessenabwägung wesentlichen weiteren Auswirkungen der Pflichtverletzung erheblich. Solche konkreten Störungen sind somit nicht unabdingbare Voraussetzungen für die soziale Rechtfertigung der Kündigung, ihnen kommt vielmehr nur ein neben dem Vertragsverstoß zusätzlich belastendes Gewicht zu. Danach kann nach den Umständen des Einzelfalles bereits die Nichterfüllung der Vertragspflicht, also beispielsweise der Arbeitspflicht, eine Kündigung sozial rechtfertigen. Das gilt im Grundsatz ebenso für die Verletzung vertraglicher Nebenpflichten, deren Eignung als verhaltensbedingter Grund nicht davon abhängt, ob konkrete Störungen des Betriebsablaufs vorliegen, sondern davon, ob sie die Interessen des Vertragspartners beeinträchtigen oder ob sie für die Abwicklung des Arbeitsverhältnisses belanglos sind,

    BAG 16.8.1991, DB 1992, 1479.

Schon der schuldhafte Verstoß gegen die vertragliche Meldepflicht stellt regelmäßig eine Störung des Arbeitsverhältnisses im Leistungsbereich dar. Ob noch zusätzlich Betriebsablaufstörungen verursacht worden sind, ist nur ein für die Interessenabwägung erheblicher Umstand. Im Rahmen der Interessenabwägung gilt für den Bereich der verhaltensbedingten Kündigung das Prognoseprinzip. Der Kündigungszweck ist zukunftsbezogen ausgerichtet, weil mit der verhaltensbedingten Kündigung das Risiko weiterer Vertragsverletzungen ausgeschlossen werden soll. Entscheidend ist, ob eine Wiederholungsgefahr besteht oder ob das vergangene Ereignis sich auch künftig weiter belastend auswirkt,

    BAG 10.11.1988, AP § 1 KSchG 1969 Abmahnung Nr. 3.

Abzuheben ist deshalb auf das Maß des Verschuldens, das zur Verletzung der Meldepflicht geführt hat. Abzustellen ist ferner auf die Tatsache, wie oft der Arbeitnehmer seiner Meldepflicht nicht nachgekommen ist. Hat der Arbeitnehmer zweimal seine Meldepflicht verletzt, spricht dies für eine Beharrlichkeit, dieser Pflicht auch in Zukunft nicht nachzukommen und damit eher für eine Wiederholungsgefahr.

3. Muster: Betriebsablaufstörung bei wiederholtem unentschuldigtem Fehlen

↓

Wiederholtes, schuldhaft verspätetes Erscheinen eines Arbeitnehmers im Betrieb ist als Verletzung der Arbeitspflicht nach vorheriger Abmahnung grundsätzlich dazu geeignet, eine ordentliche Kündigung aus verhaltensbedingten Gründen sozial zu rechtfertigen. Die verhaltensbedingte Kündigung eines Gabelstaplerfahrers, der innerhalb von 15 Monaten an 52 Tagen zwischen 1 und 59 Minuten verspätet zur Arbeit erschien und dreimal abgemahnt worden war, ist sozial gerechtfertigt,

   LAG Hamm 8.10.1997, BB 1998, 275.

Ein unentschuldigtes Fehlen zu Beginn der betrieblichen Arbeitszeit musste bei einem Gabelstapler zu Betriebsablaufstörungen führen. Dem Kläger musste dies auch bekannt gewesen sein. Auch aus Gründen der Betriebs- und Arbeitsdisziplin konnte der Arbeitgeber weitere Verstöße des Gabelstaplerfahrers gegen seine Verpflichtung, die Arbeit pünktlich aufzunehmen, nicht hinnehmen. Nur dann, wenn der gekündigte Mitarbeiter im Prozess vorträgt und zumindest glaubhaft macht, dass Betriebsablaufstörungen nicht eingetreten sind, kann der Arbeitgeber im Rahmen der Interessenabwägung gehalten sein, Konkretes vorzutragen, woraus sich tatsächlich Betriebsablaufstörungen ergeben haben,

   LAG Hamm, BB 1998, 275.

Kündigt der Arbeitgeber wegen wiederholten Zuspätkommens zur Arbeit, so kann er sich im Prozess auf betriebstypische Störungen des Betriebsablaufs auch dann berufen, wenn er diese Störungen dem Betriebsrat im Anhörungsverfahren nicht ausdrücklich mitgeteilt hat. Derartige Verspätungsfolgen sind dem Betriebsrat im Allgemeinen bekannt,

   BAG 27.2.1997, BB 1997, 1949.

↑

4. Muster: Klageerwiderung bei verhaltensbedingter Kündigung

↓

Aktenzeichen: ▪▪▪

Gegner: RAe ▪▪▪, zwei Abschriften anbei

In dem Rechtsstreit

   ▪▪▪ ./. ▪▪▪

bestellen wir uns zu Prozessbevollmächtigten der beklagten Partei, in deren Namen und Auftrag wir beantragen zu erkennen:

1. Die Klage wird abgewiesen.
2. Die Kosten des Rechtsstreits trägt die klägerische Partei.

Gründe:

Die Kündigung vom ▪▪▪ ist sozial gerechtfertigt, da sie durch Gründe im Verhalten der klägerischen Partei bedingt ist, § 1 Abs. 2 Satz 1 KSchG.

I.

1. Nach der Rechtsprechung des Bundesarbeitsgerichts rechtfertigen im Verhalten des Arbeitnehmers liegende Umstände dann eine Kündigung, wenn diese bei verständiger Würdigung die Kündigung als billigenswert und angemessen erscheinen lassen,

   BAG 13.3.1987, NZA 1987, 518; BAG 22.7.1982, EzA § 1 KSchG Verhaltensbedingte Kündigung Nr. 10.

Mit *Etzel*,

   KR/*Etzel*, § 1 KSchG Rn 399,

lassen sich die Gründe für verhaltensbedingte Kündigungen in vier Fallgruppen einteilen,

- in die Pflichtwidrigkeiten im Leistungsbereich wie Schlecht- oder Fehlleistungen,
- Verstöße gegen die betriebliche Ordnung (wozu auch Verstöße gegen ein Rauch- oder Alkoholverbot gehören)
- Störungen im personalen Vertrauensbereich (beispielsweise Vollmachtsmissbrauch, Annahme von Schmiergeldern) und
- schließlich in die Verletzung von arbeitsvertraglichen Nebenpflichten wie Verstößen gegen die Gehorsams-, Treue- und Geheimhaltungspflicht.

Die gegen die klägerische Partei ausgesprochene Kündigung gehört zur Gruppe der ▪▪▪.

2. Aus dem Verhältnismäßigkeitsgrundsatz folgt, dass einer sozial gerechtfertigten verhaltensbedingten Kündigung im Regelfalle eine Abmahnung vorauszugehen hat,

BAG 17.2.1994, AP § 626 BGB Nr. 115; BAG 21.11.1985, EzA § 1 KSchG Nr. 42.

Ausnahme von diesem Grundsatz bildete in der Vergangenheit, dass bei Störungen im Vertrauensbereich eine Abmahnung im Allgemeinen entbehrlich war. Mit zwei Entscheidungen hat das BAG das Abmahnungserfordernis auch bei Störungen im Vertrauensbereich zwischenzeitlich bejaht, wenn ein steuerbares Verhalten des Arbeitnehmers vorliege und das Vertrauen wieder herstellbar erscheine,

BAG 4.6.1997, AP § 626 BGB Nr. 137; BAG 26.1.1995, NZA 1995, 517.

Zwischenzeitlich hat das BAG mit Urteil vom 10.2.1999,

BAG NZA 1999, 708,

klargestellt, dass eine Abmahnung jedenfalls dann entbehrlich sei, wenn es um eine schwere Pflichtverletzung gehe, deren Rechtswidrigkeit für den Arbeitnehmer ohne weiteres erkennbar und bei der eine Hinnahme des Verhaltens durch den Arbeitgeber offensichtlich ausgeschlossen sei.

Die klägerische Partei wurde mit Schreiben vom ▬▬▬ abgemahnt.

Beweis: Vorlage des Schreibens in Kopie – Anlage B 1.

II.

1. Die klägerische Partei hat einen Pflichtenverstoß begangen, der, wie vergleichbare Entscheidungen in der Rechtsprechung zeigen, zur ordentlichen, verhaltensbedingten Kündigung berechtigt: ▬▬▬

2. Die klägerische Partei handelte auch schuldhaft: ▬▬▬

III.

Nach der Rechtsprechung des BAG ist, wenn ein bestimmter Kündigungsgrund „an sich" geeignet ist, eine außerordentliche Kündigung zu rechtfertigen, nach § 626 Abs. 1 BGB weiterhin in eine Prüfung einzutreten, ob die Fortsetzung des Arbeitsverhältnisses unter Berücksichtigung der konkreten Umstände des Einzelfalles und der Abwägung der Interessen beider Vertragspartner zumutbar ist oder nicht,

BAG 13.12.1984, NZA 1985, 288.

Diese Prüfung wird in der Praxis als „zweite Stufe" bezeichnet, in der alle vernünftigerweise in Betracht kommenden konkreten Umstände des Einzelfalles, die für oder gegen eine außerordentliche Kündigung sprechen, miteinander abgewogen werden, insbesondere unter dem Gesichtspunkt, ob diese Umstände die Fortsetzung des Arbeitsverhältnisses bis zum Ablauf der ordentlichen Kündigungsfrist unzumutbar machen oder nicht.

Wenn mehrere verschiedenartige Umstände als Kündigungsgründe in Betracht kommen, muss jeder einzelne Kündigungsgrund zunächst separat betrachtet werden, und wenn jeder dieser Gründe nicht als ausreichend angesehen wird oder aus Vorsichtsgründen ein weiterer argumentativer Weg eingeschlagen werden soll, sind die einzelnen Sachverhalte in eine Gesamtbetrachtung einzustellen,

BAG 17.3.1988, AP § 626 BGB Nr. 99.

Im Rahmen der Interessenabwägung sind auf Arbeitgeberseite das objektive Arbeitgeberinteresse an der Auflösung und das arbeitnehmerseitige Interesse an der Erhaltung des Beschäftigungsverhältnisses einander gegenüberzustellen.

Auf Arbeitgeberseite sind Art und Umfang der betrieblichen Störungen und Schäden, generalpräventive Aspekte (Betriebsdisziplin), die Gefährdung anderer Arbeitnehmer oder Dritter, der Verschuldensgrad und die Wiederholungsgefahr zu betrachten. Auf Arbeitnehmerseite schlagen die Ursache des Vertragsverstoßes, der Umfang des Verschuldens, die Dauer der Betriebszugehörigkeit, etwa vorangehend unbeanstandetes Verhalten, das Lebensalter, die Arbeitsmarktsituation und die persönlichen wirtschaftlichen Folgen für den Arbeitnehmer zu Buche.

Eine an diesen Kriterien ausgerichtete Interessenabwägung führt zu folgendem Ergebnis: ▬▬▬

5. Muster: Verdachtskündigung – Tatkündigung (Abgrenzung)

Nach ständiger Rechtsprechung des Bundesarbeitsgerichts kann nicht nur eine erwiesene Vertragsverletzung, sondern auch schon der Verdacht einer strafbaren Handlung oder einer sonstigen Verfehlung ein wichtiger Grund zur außerordentlichen Kündigung gegenüber dem verdächtigen Arbeitnehmer sein. Eine Verdachtskündigung liegt aber nur dann vor, wenn und soweit der Arbeitgeber seine Kündigung damit begründet, gerade der Verdacht eines (nicht erwiesen)

strafbaren bzw. vertragswidrigen Verhaltens habe das für die Fortsetzung des Arbeitsverhältnisses erforderliche Vertrauen zerstört,

BAG 4.6.1964, AP § 626 BGB Verdacht strafbarer Handlungen Nr. 13.

Der Verdacht einer strafbaren Handlung stellt gegenüber dem Vorwurf, der Arbeitnehmer habe die Tat begangen, einen eigenständigen Kündigungsgrund dar, der in dem Tatvorwurf nicht enthalten ist. Bei der Tatkündigung ist für den Kündigungsentschluss maßgebend, dass der Arbeitnehmer nach der Überzeugung des Arbeitgebers die strafbare Handlung tatsächlich begangen hat und dem Arbeitgeber aus diesem Grunde die Fortsetzung des Arbeitsverhältnisses unzumutbar ist,

KR/*Fischermeier*, § 626 BGB Rn 114, 210 ff.; MüKo-BGB/*Schwerdtner*, § 626 Rn 150, 152.

Kündigt der Arbeitgeber nach rechtskräftiger Verurteilung des Arbeitnehmers mit der Begründung, der Arbeitnehmer habe die ihm vorgeworfene Straftat tatsächlich begangen, dann ist die Wirksamkeit der Kündigung in der Regel nicht nach den Grundsätzen der Verdachtskündigung zu beurteilen,

BAG 26.3.1992, NJW 1993, 83.

Bestreitet der Arbeitnehmer trotz rechtskräftiger Verurteilung weiterhin die Tatbegehung, hat das Arbeitsgericht ohne Bindung an das strafgerichtliche Urteil die erforderlichen Feststellungen selbst zu treffen. Die Ergebnisse des Strafverfahrens können dabei nach den allgemeinen Beweisregeln verwertet werden,

BAG 26.3.1992, NJW 1993, 83.

6. Muster: Verspätete Krankmeldung des Arbeitnehmers

Nach § 1 Abs. 2 KSchG ist die Kündigung u.a. sozial ungerechtfertigt, wenn sie nicht durch Gründe, die in dem Verhalten des Arbeitnehmers liegen, bedingt ist. Die unverzügliche Anzeige der Arbeitsunfähigkeit und deren voraussichtliche Dauer durch den Arbeitnehmer nach § 5 EntgeltFZG stellt eine arbeitsvertragliche Nebenpflicht dar. Ein Verstoß gegen diese Pflicht ist jedenfalls nach vorheriger Abmahnung geeignet, eine ordentliche Kündigung sozial zu rechtfertigen,

vgl. BAG 7.12.1988 – 7 AZR 122/88 , n.v.; *Bleistein*, HzA LohnFG, S. 68; KR/*Etzel*, § 1 KSchG Rn 475.

Gemäß § 5 Abs. 1 EntgeltFZG ist der Arbeitnehmer verpflichtet, dem Arbeitgeber die Arbeitsunfähigkeit anzuzeigen und vor Ablauf des dritten Kalendertages nach Beginn der Arbeitsunfähigkeit eine ärztliche Bescheinigung über die Arbeitsunfähigkeit sowie deren voraussichtliche Dauer nachzureichen.

Nach § 5 EntgeltFZG ist zu unterscheiden zwischen der Anzeige- und der Nachweispflicht. Die Arbeitsunfähigkeit und deren voraussichtliche Dauer sind unverzüglich anzuzeigen. Der Begriff „unverzüglich" ist im Sinne des allgemeinen Rechtsverständnisses als „ohne schuldhaftes Zögern",

vgl. Legaldefinition in § 121 BGB,

zu verstehen, wobei besondere Vorschriften über Form und Inhalt der Anzeige nicht bestehen, insbesondere verlangt das Gesetz nicht eine Unterrichtung durch den Arbeitnehmer selbst,

vgl. *Benedyczuk*, LohnFG, S. 40; *Hunold*, Krankheit des Arbeitnehmers, S. 69; *Jäger*, Krankheit des Arbeitnehmers, § 4 Rn 1, 2; *Kaiser/Dunkl*, Die Entgeltfortzahlung im Krankheitsfall, § 3 Rn 10; *Feichtinger*, Krankheit im Arbeitsverhältnis, S. 81.

Die unverzügliche Anzeige soll es dem Arbeitgeber ermöglichen, sich auf das Fehlen des Arbeitnehmers einstellen zu können,

so zutreffen *Hunold*, Krankheit des Arbeitnehmers, S. 65; *Bleistein*, HzA LohnFG, S. 58; *Feichtinger*, Krankheit im Arbeitsverhältnis, S. 81.

Die – spätere – Nachweispflicht steht daher hinter der Anzeigepflicht zurück. Wegen der Auswirkungen auf den Betriebsablauf hat der Arbeitgeber in aller Regel ein größeres Interesse an einer Schnellunterrichtung über die Arbeitsunfähigkeit als an einem ärztlichen Nachweis darüber, ob die Behauptungen seines Arbeitnehmers zutreffen,

so zutreffend bereits BAG 15.1.1986, NZA 1987, 93 = AP § 626 BGB Nr. 93 zu 2 b).

Es wird daher zu Recht verlangt, es müsse sichergestellt sein, dass der Arbeitgeber jedenfalls am ersten Tage unterrichtet werde, und zwar durch Zugang der Anzeige, so dass das bloße Absenden einer Erklärung nicht genügt,

vgl. *Bauer/Röder*, Krankheit im Arbeitsverhältnis, S. 52: briefliche Anzeige in der Regel zu spät; *Feichtinger*, Krankheit im Arbeitsverhältnis, S. 81; *Lepke*, Kündigung bei Krankheit, S. 116: in den ersten Arbeitsstunden; Schaub/*Linck*, Arbeitsrechts-Handbuch, § 98 V.1 Rn 120: in den ersten Arbeitsstunden am ersten Tag.

Zur Abgabe der Krankmeldung ist ein vorheriger Arztbesuch nicht notwendig. Es ist nämlich in diesem ersten Stadium der Anzeigepflicht nicht erforderlich, dass der Arbeitnehmer die Art der Erkrankung beschreibt,

Kaiser/Dunkl, § 3 Rn 13.

Das Gesetz trägt dem auch in seiner Formulierung Rechnung. Es verlangt hinsichtlich des Nachweises der voraussichtlichen Dauer der Arbeitsunfähigkeit nicht den Beweis der Richtigkeit der früher erfolgten Anzeige des Arbeitnehmers, sondern fordert eine eigenständige – ärztliche – Bescheinigung der voraussichtlichen Dauer an sich. Wenn aus der Verpflichtung der Anzeige der „voraussichtlichen" Dauer der Arbeitsunfähigkeit gefolgert wird, der Arbeitnehmer könne mit der Anzeige bis zur ärztlichen Diagnose zuwarten, wird der Regelungsgehalt der Vorschrift verkannt. Mit der „Anzeige" verlangt das Gesetz vom Arbeitnehmer nicht eine ärztlich gesicherte Diagnose, sondern eine Selbstdiagnose. Der Arbeitgeber soll sich, da der Nachweis durch Attest ohnehin binnen drei Tagen zu erfolgen hat, darauf einstellen können, ob der Arbeitnehmer demnächst wieder am Arbeitsplatz erscheint oder nicht.

7. Muster: Videoüberwachung bei Verdacht der Unterschlagung[46]

Zwar stellt die heimliche Überwachung mit Videokameras einen Eingriff in das durch Art. 2 Abs. 1 GG geschützte Persönlichkeitsrecht des Betroffenen dar. Beweise, die durch solche Eingriffe erlangt werden, können einem Verwertungsverbot unterliegen. Das Gericht darf ein solches Beweismittel nur dann berücksichtigen, wenn besondere Umstände, z.B. eine notwehrähnliche Lage, den Eingriff rechtfertigen. Dabei ist der Grundsatz der Verhältnismäßigkeit zu wahren. Dient der Eingriff dem Beweis vermuteter, von einer Arbeitnehmerin heimlich begangener strafbarer Handlungen, kann der Grundsatz der Verhältnismäßigkeit gewahrt sein,

BAG 27.3.2003, BB 2003, 2578.

Die Arbeitgeberin darf deshalb unter den vorgenannten Voraussetzungen einer Arbeitnehmerin mit Videokameras verdeckt überwachen, sobald ein hinreichend konkreter Verdacht besteht, der nicht oder nur schwer mit anderen, das Persönlichkeitsrecht der Arbeitnehmerin wahrenden Mitteln geklärt werden kann. Die Kündigung ist auch nicht bereits deswegen unwirksam, weil der Betriebsrat vor der Installation einer Videokamera nicht beteiligt wurde. Zwar hat der Betriebsrat ein Mitbestimmungsrecht bei der Installation technischer Einrichtungen, mit denen das Verhalten der Arbeitnehmer überwacht werden soll, § 87 Abs. 1 Nr. 6 BetrVG. Die Verletzung dieses Rechts führt aber jedenfalls dann nicht zu einem Verwertungsverbot im Kündigungsschutzprozess, wenn der Betriebsrat der Kündigung in Kenntnis des durch die Überwachung gewonnenen Beweismittels zugestimmt hat,

BAG 27.3.2003, BB 2003, 2578.

8. Muster: Wiederholtes unentschuldigtes Fehlen (Kurzfassung)

Aktenzeichen: ▄▄▄

Gegner: RAe ▄▄▄, zwei Abschriften anbei

In dem Rechtsstreit

▄▄▄ ./. ▄▄▄

bestellen wir uns zu Prozessbevollmächtigten der beklagten Partei, eine auf uns lautende Bevollmächtigung versichernd. Namens und in Vollmacht der beklagten Partei beantragen wir:

1. Die Klage wird abgewiesen.
2. Die Kosten des Rechtsstreits trägt die klägerische Partei.

Gründe:

Die Klage kann keinen Erfolg haben. Die klägerische Partei hat wiederholt unentschuldigt gefehlt, eine Weiterbeschäftigung ist mit einem ordnungsgemäßen Betriebsablauf nicht mehr in Einklang zu bringen.

Wegen ihrer häufigen Fehlschichten ist die klägerische Partei wiederholt ermahnt und abgemahnt worden:

Beweis: 1. Zeugnis ▄▄▄

2. Vorlage des Abmahnungsschreibens in Kopie – Anlage B 1.

---

[46] Die gegenteilige Auffassung wird durch das Muster 6459 (§ 6 Rn 307) zum Ausdruck gebracht.

Die Ermahnungen und Abmahnungen haben nichts genutzt. Die klägerische Partei hat auch am ▬▬▬ wiederum unentschuldigt gefehlt.

Beweis: 1. Personalkarte in Kopie – Anlage B 2.

2. Zeugnis des ▬▬▬

Die beklagte Partei musste daher das Arbeitsverhältnis kündigen, zumal die übrige Belegschaft schon erklärt hat, die klägerische Partei dürfe sich bei der beklagten Partei offensichtlich einfach alles herausnehmen.

Beweis: Zeugnis ▬▬▬

Der Betriebsrat ist gemäß § 102 Betriebsverfassungsgesetz gehört worden und hat der Kündigung zugestimmt.

Beweis: Schreiben des Betriebsrats in Kopie – Anlage B 3.

9. Muster: Wiederholtes unentschuldigtes Fehlen (Langfassung)

Das BAG hat in ständiger Rechtsprechung,

BAG 6.2.1969, AP § 626 BGB Nr. 58; BAG 15.11.1984, AP § 626 BGB Nr. 87; BAG 20.9.1984, AP § 1 KSchG 1969 Verhaltensbedingte Kündigung Nr. 13,

die Auffassung vertreten, es liege ein die Kündigung rechtfertigender Grund vor, wenn es um das Verhalten eines Arbeitnehmers gehe, durch das das Arbeitsverhältnis konkret beeinträchtigt werde; solch eine Beeinträchtigung könne sich u.a. auf den Leistungsbereich beziehen.

Der 2. Senat des BAG hat dann im Urteil vom 17.3.1988,

BAGE 58, 37 = NZA 1989, 261 und NJW 1991, 1906,

verdeutlicht, wenn ein Arbeitnehmer ohne rechtfertigenden Grund nicht (oder verspätet) zur Arbeit erscheine, dann erbringe er die von ihm geschuldete Arbeitsleistung nicht, was einen Verstoß gegen die arbeitsvertragliche Verpflichtung zur Erbringung der von ihm geschuldeten Arbeitsleistung darstelle. Soweit der Arbeitnehmer seiner Arbeitspflicht im vertraglichen Umfang nicht nachgekommen sei, wirke sich dies unmittelbar als Störung des Arbeitsverhältnisses im Leistungsbereich und als Beeinträchtigung des Verhältnisses von Leistung und Gegenleistung (Äquivalenzstörung) aus. Ob die Fehlzeiten des Arbeitnehmers sich über die Störung im Leistungsbereich hinaus auch noch konkret nachteilig auf den Betriebsablauf oder den Betriebsfrieden ausgewirkt hätten, sei nicht für die Eignung als Kündigungsgrund, sondern für die im Rahmen der Interessenabwägung wesentlichen weiteren Auswirkungen der Pflichtverletzung erheblich.

Was die vom Arbeitgeber anzustellende Prognose anbelangt, so müssen nicht schon jetzt die Auswirkungen auf das betriebliche Geschehen für hypothetisch in der Zukunft zu unterstellende Fehlzeiten dargestellt werden, man würde insoweit vom Arbeitgeber etwas Unmögliches verlangen,

BAG 17.1.1991, NJW 1991, 1907.

Bei der anzustellenden Prognose geht es nur um die zu besorgende Einhaltung der Vertragspflichten durch den Arbeitnehmer. Insoweit hat der Arbeitgeber seiner Darlegungslast genügt, wenn er auf die Vertragsverstöße in der Vergangenheit, die dazu ausgesprochenen Abmahnungen und erneuten Vertragsverstöße des Arbeitnehmers hinweist. Daraus ergibt sich bereits die begründete Befürchtung, der Arbeitnehmer werde auch in Zukunft seiner Arbeitspflicht nicht arbeitstäglich genügen. Denn wer in der Vergangenheit wiederholt und trotz mehrerer Abmahnungen unter Kündigungsandrohung unentschuldigt gefehlt hat, bei dem besteht die Besorgnis, er werde es auch in Zukunft mit seinen Arbeitspflichten nicht so genau nehmen.

Wiederholtes unentschuldigtes Fehlen eines Arbeitnehmers nach Abmahnung ist deshalb geeignet, eine verhaltensbedingte Kündigung (§ 1 Abs. 2 KSchG) zu rechtfertigen. In diesem Falle ist es nicht für die Eignung als verhaltensbedingter Kündigungsgrund erheblich, sondern im Rahmen der abschließenden Interessenabwägung zusätzlich für den Arbeitnehmer belastend, wenn es neben der Störung im Leistungsbereich außerdem noch zu nachteiligen Auswirkungen im Rahmen der betrieblichen Verbundenheit (Betriebsablaufstörungen, Betriebsordnung, Betriebsfrieden) gekommen ist,

BAG 17.3.1988, BAGE 58, 37 = NZA 1989, 261; BAG 17.1.1991, NJW 1991, 1906.

Zwar werden bei der krankheitsbedingten Kündigung die Betriebsablaufstörungen unter dem Gesichtspunkt einer erheblichen Beeinträchtigung der betrieblichen Interessen bereits im Rahmen des eigentlichen personenbedingten Kündigungsgrundes geprüft,

vgl. BAG, BAGE 61, 131 ff.

Aber auch hier finden die betrieblichen Auswirkungen außerdem ihre Berücksichtigung bei der abschließenden Interessenabwägung. Bei krankheitsbedingten Kündigungen liegt es nahe, bereits beim Kündigungsgrund auch die in der Person des Arbeitnehmers liegenden Beweggründe für die Kündigung in Relation zu den betrieblichen Interessen zu setzen. Bei der verhaltensbedingten Kündigung tritt die Leistungsstörung aber bereits dann ein, wenn der Arbeitnehmer seine Arbeitskraft unberechtigt zurückgehalten und vorwerfbar (und damit ihm zurechenbar) gegen seine Vertragspflichten verstoßen hat. Dann kommt etwa dadurch ausgelösten Betriebsablaufstörungen neben dem Vertragsverstoß im Rahmen der Interessenabwägung zusätzlich belastendes Gewicht zu. Das Vorliegen derartiger konkreter Störungen ist aber nicht unabdingbare Voraussetzung für eine Kündigung.

Mit seinem Urteil vom 17.1.1991 (NJW 1991, 1906) hat das BAG noch einmal ausdrücklich klargestellt, dass Betriebsablaufstörungen als Folge unentschuldigten Fehlens eines Arbeitnehmers nicht für die Eignung als Kündigungsgrund, sondern nur zusätzlich im Rahmen der Interessenabwägung erheblich sind, und zwar im Sinne einer Belastung des Arbeitnehmers.

IX. Bestandsschutzstreitigkeiten: Personenbedingte Kündigung

1. Muster: Beweiswert ärztlicher Arbeitsunfähigkeitsbescheinigungen (LAG München)

Angesichts der Großherzigkeit, mit der manche Ärzte Arbeitsunfähigkeitsbescheinigungen ausstellen, meist ohne die jeweils am Arbeitsplatz zu erbringende Arbeitsleistung ihres Patienten überhaupt zu kennen, kann vernünftigerweise heute nicht mehr davon gesprochen werden, dass einer Arbeitsunfähigkeitsbescheinigung eines Arztes der ihr zuerkannte Beweiswert zukommt. Es ist eine gerichtsbekannte Tatsache, dass missbräuchlich Arbeitsunfähigkeitbescheinigungen erschlichen oder ausgestellt werden. In manchen Betrieben spricht man spöttisch nicht mehr von der ärztlichen Arbeitsunfähigkeitsbescheinigung, sondern vom „gelben Urlaubsschein". Es muss doch zu denken geben, dass fast immer dann, wenn arbeitsrechtliche Konfliktsituationen aufbrechen, also beispielsweise Kündigungsschutz- oder Abmahnungsprozesse vor den Arbeitsgerichten geführt werden, der betroffene Arbeitnehmer zurzeit aufgrund einer ärztlich festgestellten Arbeitsunfähigkeit seine Arbeitsleistung nicht erbringt, gleichzeitig aber ohne jede Einschränkung als Partei am Güte- oder Kammertermin teilnehmen kann. Nach allgemeiner Lebenserfahrung wird in diesem Falle die ärztliche Arbeitsunfähigkeit als Flucht vor weiteren sozialen Kontakten mit dem Arbeitgeber in einer konkreten Konfliktlage genutzt, so dass es in derartigen Fällen eine allgemeine Lebenserfahrung, die den Beweiswert der ärztlichen Arbeitsunfähigkeitsbescheinigung rechtfertigt, nicht gibt. Der volkswirtschaftliche Schaden, der durch nicht gerechtfertigte ärztliche Attestierung von Arbeitsunfähigkeit entsteht, wird in Fachkreisen mit ca. 36 Mio. EUR jährlich in Ansatz gebracht. Dieser Schaden entsteht zu Lasten der Versichertengemeinschaft, ist also von den übrigen Arbeitnehmern teilweise mitzutragen, da er in die Höhe der Krankenversicherungsbeiträge Eingang findet. Es besteht ein legitimes Interesse der Allgemeinheit, dass Missbrauch durch die Inanspruchnahme von Rechten nicht betrieben wird, § 242 BGB. Der Rechtsprechung ist das Wächteramt zur Einhaltung der Gesetze in konkreten Einzelfällen übertragen, wobei man heute feststellen muss, dass die Arbeitsgerichte allgemein bei Vorlage ärztlicher Arbeitsunfähigkeitsbescheinigungen einem weiten Krankheitsbegriff zugänglich waren und nicht mit der ihnen ansonsten eigenen hohen Kritikfähigkeit ärztlichen Arbeitsunfähigkeitsbescheinigungen und deren missbräuchlicher Erstellung und Verwendung entgegentreten. Dies mag außerrechtliche Gründe im Bereich eines die persönliche Abhängigkeit des Arbeitnehmers besonders würdigenden sozialen Mitempfindens haben, dies mag sicherlich auch historisch bedingt sein angesichts einer früher auch in der Rechtsprechung generell verbreiteten Tabuisierung ärztlichen Handelns.

Die Rechtsprechung des LAG München hat diese Fehlentwicklung in einem wegweisenden Urteil vom 9.11.1988 beendet,

> LAG München 9.11.1988, NZA 1989, 597.

Die Kammer ist der Auffassung, dass einer ärztlichen Arbeitsunfähigkeitsbescheinigung ein nennenswerter Beweiswert für das tatsächliche Bestehen von krankheitsbedingter Arbeitsunfähigkeit nicht zukomme. Das Landesarbeitsgericht hat die Auffassung aufgegeben, es bestehe eine allgemeine Lebenserfahrung, die besage, dass derjenige, der eine Arbeitsunfähigkeitsbescheinigung vorlege, auch tatsächlich arbeitsunfähig erkrankt sei. Zur Begründung weist das Landesarbeitsgericht darauf hin, dass der die Bescheinigung ausstellende Arzt in weiten Teilen ausschließlich auf die Angaben seines Patienten, der an dem Inhalt der ärztlichen Beurteilung ein höchstpersönliches Interesse habe, angewiesen sei. Da Ärzte einerseits keine „Übermenschen" seien, andererseits wegen des Vertrauensverhältnisses zu ihren Patienten von deren Hilfsbedürftigkeit ausgehen dürften, bestehen nach Auffassung der Kammer schlechte Aussichten dafür, dass der Arzt unwahre Angaben des Patienten durchschaue,

> vgl. *Meisel*, SAE 1983, 181 (184).

§ 6 Schriftsätze im arbeitsgerichtlichen Urteilsverfahren

Prozessual hat dies zur Folge, dass der Arbeitgeber das Vorliegen von Arbeitsunfähigkeit mit Nichtwissen gemäß § 138 Abs. 4 ZPO bestreiten kann, ohne darüber hinaus nähere Umstände darlegen zu müssen, die ernsthafte Zweifel an der Arbeitsunfähigkeit zu rechtfertigen vermögen,

LAG München 9.11.1988, NZA 1989, 597 (598).

Bei bestrittener Arbeitsunfähigkeit muss der Arbeitnehmer somit immer vollen Beweis für das Vorliegen einer die Arbeitsunfähigkeit bewirkenden Erkrankung antreten. Dabei hat der Arbeitnehmer die Möglichkeit, den behandelnden Arzt als Zeugen unter Entbindung von der ärztlichen Schweigepflicht zu benennen oder durch Vorlage eines ärztlichen Attestes, in dem die behauptete Erkrankung offenbart wird, Beweis zu führen, so dass das Gericht sich selbst ein Urteil über die Arbeitsunfähigkeit bilden kann.

Hunold, BB 1989, 845.

Gegebenenfalls muss dann ein Sachverständigengutachten eingeholt werden.

2. Muster: Erhebliche Fehlzeiten bei negativer Gesundheitsprognose

Aktenzeichen: ▄▄▄

Gegner: RAe ▄▄▄, zwei Abschriften anbei

In dem Rechtsstreit

▄▄▄ ./. ▄▄▄

beantragen wir,
    die Klage abzuweisen.

Die Kündigung vom ▄▄▄ ist aus personenbedingten Gründen sozial gerechtfertigt:

I. Fehlzeiten

Die klägerische Partei ist seit dem ▄▄▄ bei der beklagten Partei beschäftigt.

Nach zunächst knapp überdurchschnittlichen Ausfallzeiten der klägerischen Partei infolge Erkrankung stiegen diese jährlich kontinuierlich wie folgt an:

1995 = ▄▄▄ Tage	1996 = ▄▄▄ Tage
1997 = ▄▄▄ Tage	1998 = ▄▄▄ Tage
1999 = ▄▄▄ Tage	2000 = ▄▄▄ Tage
2001 = ▄▄▄ Tage	2002 = ▄▄▄ Tage
2003 = ▄▄▄ Tage	2004 = ▄▄▄ Tage

Ab 2005 wurden krankheitsbedingte Ausfallzeiten wie nachstehend erreicht:

2005:
vom ▄▄▄ bis ▄▄▄ = ▄▄▄ Tage
vom ▄▄▄ bis ▄▄▄ = ▄▄▄ Tage
vom ▄▄▄ bis ▄▄▄ = ▄▄▄ Tage
vom ▄▄▄ bis ▄▄▄ = ▄▄▄ Tage
vom ▄▄▄ bis ▄▄▄ = ▄▄▄ Tage   ▄▄▄ Tage

2006:
vom ▄▄▄ bis ▄▄▄ = ▄▄▄ Tage
vom ▄▄▄ bis ▄▄▄ = ▄▄▄ Tage
vom ▄▄▄ bis ▄▄▄ = ▄▄▄ Tage
vom ▄▄▄ bis ▄▄▄ = ▄▄▄ Tage   ▄▄▄ Tage

2007:
vom ▄▄▄ bis ▄▄▄ = ▄▄▄ Tage
vom ▄▄▄ bis ▄▄▄ = ▄▄▄ Tage
vom ▄▄▄ bis ▄▄▄ = ▄▄▄ Tage
vom ▄▄▄ bis ▄▄▄ = ▄▄▄ Tage   ▄▄▄ Tage

Die aus den häufigen Erkrankungen resultierenden Lohnfortzahlungskosten belaufen sich nach aktueller Feststellung für die Zeit vom ▬▬▬ bis zum ▬▬▬ auf ▬▬▬ EUR.

Aufgrund sukzessive ansteigender krankheitsbedingter Ausfallzeiten wurde die klägerische Partei von dem Leiter ▬▬▬ zu einem Personalgespräch am ▬▬▬ unter Beteiligung des Betriebsrats gebeten, um Auskunft über die weitere berufliche Dispositionsmöglichkeit sowie über die voraussichtliche Dauer der Arbeitsunfähigkeit zu erhalten. Die klägerische Partei sagte diesen Termin ab. Es wurde ein weiterer Termin am ▬▬▬ vereinbart.

In diesem Gespräch erklärte die klägerische Partei: ▬▬▬

Die beklagte Partei bot durch ▬▬▬ der klägerischen Partei eine Stelle als ▬▬▬ an. Die klägerische Partei lehnte jedoch dieses Angebot ab und erklärte, an ihrem bisherigen Arbeitsplatz weiter arbeiten zu wollen.

Der Vorgesetzte widersprach den Ausführungen der klägerischen Partei, vor 2005 kaum nennenswerte Ausfallzeiten aufzuweisen. Es gehe nicht an, Fehlzeiten im Umfang von ▬▬▬ in der Zeit zwischen ▬▬▬ und ▬▬▬ als unwesentlich zu bezeichnen, nur weil die Fehlzeiten in den Folgejahren noch höher geworden seien.

II. Arbeitsrechtliche Würdigung

Beurteilung aus Gründen in der Person:

Nach ständiger Rechtsprechung des Bundesarbeitsgerichts ist die Frage einer etwaigen Sozialwidrigkeit einer wegen häufiger Erkrankungen ausgesprochenen Kündigung in drei Stufen zu prüfen.

1. In der ersten Stufe kommt es darauf an, ob eine negative Gesundheitsprognose vorliegt. Es müssen im Zeitpunkt der Kündigung objektive Tatsachen vorliegen, die die Besorgnis des Arbeitgebers rechtfertigen, dass weiterhin mit überdurchschnittlich hohen krankheitsbedingten Ausfallzeiten zu rechnen ist. Nachdem zum jetzigen Zeitpunkt feststeht, dass die von der klägerischen Partei am ▬▬▬ als unmittelbar bevorstehend bezeichnete OP nicht stattfand und sie trotz Aufforderung nicht erklärte, ob und wann diese OP erfolgen wird, muss die beklagte Partei weitere lang andauernde Ausfallzeiten befürchten.

Auch allein unter Betrachtung der Tatsache, dass die klägerische Partei arbeitsunfähigkeitsbedingte Ausfallzeiten bis zu ▬▬▬ Tage jährlich als unwesentlich betrachtet, muss der Arbeitgeber auch und insbesondere nach einer eventuellen OP weiterhin mit gleichen oder ähnlich hohen Ausfallzeiten infolge Erkrankung rechnen. Die negative Gesundheitsprognose ist eindeutig und unstreitig.

Da keine Erkenntnisse zu einer Verbesserung der Fähigkeit zur Verrichtung der arbeitsvertraglich geschuldeten Arbeiten vorliegen, die klägerische Partei darüber hinaus Tätigkeiten mit verändertem Profil mit den geringstmöglichen körperlichen Anforderungen selbst abgelehnt hatte, lässt sich ein Rückgang der bisherigen Krankheitsausfallzeiten in der Zukunft nicht mehr nachvollziehbar erwarten. Die arbeitgeberseitige Befürchtung weiterer, gleich hoch zu erwartender Ausfälle wegen Krankheit ist somit berechtigt.

Bei häufigen Erkrankungen muss ein Arbeitnehmer nachvollziehbar darlegen, dass künftig mit einem Rückgang seiner Fehlzeiten zu rechnen ist. Sofern dies dem Arbeitnehmer nicht möglich ist oder er dieses bewusst unterlässt und die zu erwartenden Fehlzeiten zu einer erheblichen Beeinträchtigung der betrieblichen Interessen führen, ist eine arbeitgeberseitig ausgesprochene Kündigung wirksam,

> LAG Mainz 14.11.1995 – 8 Sa 981/95, n.v.

Die statistische Ausführung der Fehlzeiten der klägerischen Partei kann nicht zu der Auffassung führen, dass künftig mit deutlich geringeren und nur noch durchschnittlichen Ausfallzeiten gerechnet werden kann.

Soweit die klägerische Partei vorträgt, es habe sich nunmehr, nach Ausspruch der Kündigung, eine Verbesserung ihres Gesundheitszustandes ergeben und es könne eine positive Prognose über ihre weitere gesundheitliche Entwicklung gestellt werden, verfängt dieser Einwand der klägerischen Partei nicht. Die vom BAG in seiner früheren Rechtsprechung vertretene Auffassung, die spätere Entwicklung einer Krankheit nach Ausspruch einer Kündigung könne zur Bestätigung oder Korrektur der Prognose verwertet werden,

> BAG 10.11.1983, NJW 1984, 1417,

ist überholt. Der zweite Senat hat im Urteil vom 29.4.1999,

> NZA 1999, 978,

betont, für die Beurteilung einer krankheitsbedingten Kündigung sei allein auf den Kündigungszeitpunkt abzustellen. Zum Kündigungszeitpunkt ergab sich vorliegend eine negative Gesundheitsprognose.

2. In der zweiten Stufe ist zu prüfen, ob die zu erwartenden Fehlzeiten zu einer erheblichen Beeinträchtigung der betrieblichen Belange und Interessen führen und somit eine krankheitsbedingte Kündigung gerechtfertigt ist.

Die Beeinträchtigung der betrieblichen Interessen durch die Fehlzeiten der klägerischen Partei ist erheblich.

Die klägerische Partei verrichtet Tätigkeiten, die in einem Arbeitsbereich mit einer knapp kalkulierten Anzahl von Mitarbeiterinnen anfallen.

Alle Personalausfälle, insbesondere die, die während des Entgeltfortzahlungszeitraumes ständig zu Lasten des vorhandenen Personals ohne Ersatzgestellmöglichkeiten von Aushilfen erfolgen müssen, sind besonders schwer zu kompensieren. Die Miterledigung der Arbeiten kann jedoch von dem übrigen vorhandenen Personal nicht weiter in dem bisherigen Umfang abverlangt werden.

Die laufenden Arbeiten werden den Funktionen der Mitarbeiter entsprechend verrichtet und müssen zeitlich ineinander greifend erfolgen.

Im Hinblick auf die von der klägerischen Partei geschuldeten Aufgaben sind diese Arbeiten termingebunden und daher weder verschiebbar noch zeitlich streckbar. In Anbetracht der Aufgabenerfüllung mit dem vorhandenen Personal führt der umfangreiche und häufige Ausfall einer Mitarbeiterin zwangsläufig zu ganz erheblichen Betriebsablaufstörungen. Zudem führt die ständige Kompensierung der von der klägerischen Partei zu verrichtenden Arbeiten durch andere Mitarbeiterinnen zu lautem Unmut unter diesen Beschäftigten.

Hinzu kommen die bisher angefallenen, außergewöhnlich hohen Lohnfortzahlungskosten. Diese zusätzlichen Kosten, die im Falle des Fortbestandes des Arbeitsverhältnisses der klägerischen Partei auch in Zukunft in großer Höhe erwartet werden müssen, stellen zusätzlich eine ganz erhebliche wirtschaftliche Belastung dar.

3. Die vorstehend aufgeführten Beeinträchtigungen betrieblicher Interessen brauchen von der beklagten Partei billigerweise auch nicht mehr hingenommen werden, insbesondere unter Berücksichtigung der Tatsache, dass das Arbeitsverhältnis aufgrund der sukzessiven angestiegenen Ausfallzeiten fast durchgehend belastet war.

Es bedarf keiner weiteren Ausführungen, dass derartige Fehlzeiten sowohl für die Arbeitskolleginnen als auch für den Arbeitgeber absolut unzumutbar sind. Derartige Beeinträchtigungen brauchen unter keinen Umständen hingenommen zu werden, so dass auch die Anforderungen der dritten Stufe des vom BAG aufgestellten Prüfungsschemas erfüllt sind.

Hinzu tritt, dass bei krankheitsbedingter dauernder Leistungsunfähigkeit in aller Regel ohne weiteres von einer erheblichen Beeinträchtigung der betrieblichen Interessen auszugehen ist,

BAG 28.2.1990, NZA 1990, 727 = NJW 1990, 2953; bestätigt durch BAG 29.4.1999, NZA 1999, 978.

4. Alternative Beschäftigung

Die Frage einer alternativen Beschäftigung stellt sich nicht, zumal der klägerischen Partei eine andere Tätigkeit in Aussicht gestellt wurde, sie jedoch erklärte, ausschließlich als ■■■ eingesetzt werden zu wollen.

5. Lohnfortzahlungskosten

Mit Entscheidung des Bundesarbeitsgerichts

vom 29.7.1993, DB 1993, 2439,

wurde einer arbeitgeberseitigen Kündigung des Arbeitsverhältnisses einer seit 17 Jahren bei einem Arbeitgeber beschäftigten Mitarbeiterin stattgegeben, weil diese während der letzten drei Jahre an durchschnittlich 55 Tagen wegen Arbeitsunfähigkeit fehlte und dem Arbeitgeber 9.049,86 EUR an Lohnfortzahlungskosten entstanden waren,

vgl. hierzu auch BAG 13.12.1990 – 2 AZR 342/90, n.v., mit zusätzlicher Feststellung zur Entlassung nach häufiger Krankheit; BAG 10.3.1977 – 2 AZR 79/76, BAGE 29, 49 und 2 AZR 154/90, n.v.

Die Lohnfortzahlungskosten im Krankheitsfalle betrugen innerhalb der letzten 3 Jahre ■■■ EUR.

3. Muster: Häufige Kurzerkrankungen

Nach der Rechtsprechung des BAG,

BAG 28.2.1990, AP § 1 KSchG 1969 Krankheit Nr. 25; BAG 13.12.1990 – 2 AZR 342/90, n.v.,

kann die krankheitsbedingte dauernde Unfähigkeit, die vertraglich geschuldete Arbeitsleistung zu erbringen, als personenbedingter Grund zur ordentlichen Kündigung berechtigen. Steht bei einem Arbeitsverhältnis fest, dass der Arbeitnehmer in Zukunft die geschuldete Arbeitsleistung überhaupt nicht mehr erbringen kann, ist schon aus diesem Grund das Arbeitsverhältnis auf Dauer ganz erheblich gestört. Die unzumutbare betriebliche Beeinträchtigung besteht darin, dass der Arbeitgeber damit rechnen muss, dass der Arbeitnehmer auf Dauer außerstande sei, die von ihm geschuldete Leistung zu erbringen. Auch in einem solchen Falle liegt dann kein Kündigungsgrund vor, wenn der Arbeitnehmer trotz seines Leidens auf einem anderen Arbeitsplatz weiterbeschäftigt werden könnte. Denn der Arbeitgeber muss nach dem Grundsatz der Verhältnismäßigkeit vor jeder ordentlichen Beendigungskündigung von sich aus eine beiden Parteien zumutbare Weiterbeschäftigung auf einem freien Arbeitsplatz, auch zu geänderten Bedingungen, anbieten,

> BAG 28.2.1990, AP § 1 KSchG 1969 Krankheit Nr. 25.

Ein freier Arbeitsplatz, der dem Arbeitnehmer hätte angeboten werden können, steht nicht zu Verfügung.

Nach der ständigen Rechtsprechung des BAG,

> zuletzt BAG 16.2.1989, BAGE 61, 131; BAG 6.9.1989, AP § 1 KSchG 1969 Krankheit Nr. 21,

ist die Sozialwidrigkeit einer wegen häufiger Erkrankungen ausgesprochenen ordentlichen Kündigung des Arbeitgebers in drei Stufen zu prüfen. Zunächst ist eine negative Prognose hinsichtlich des voraussichtlichen Krankheitszustandes erforderlich. Die entstandenen und prognostizierten Fehlzeiten müssen zu einer erheblichen Beeinträchtigung der betrieblichen Interessen führen. In der dritten Stufe, bei der Interessenabwägung, ist dann zu prüfen, ob die erhebliche Beeinträchtigung der betrieblichen Interessen zu einer unzumutbaren Belastung des Arbeitgebers führt.

Die Häufigkeit von in der Vergangenheit aufgetretenen Erkrankungen des Arbeitnehmers rechtfertigt eine negative Gesundheitsprognose,

> BAG 6.9.1989, AP § 1 KSchG 1969 Krankheit Nr. 21.

Es ist Sache des Arbeitnehmers, die aus den vergangenheitsbezogenen Fehlzeiten berechtigterweise vom Arbeitgeber entwickelte Gesundheitsprognose dadurch zu entkräften, dass er substantiiert Umstände vorträgt, aufgrund derer keine Besorgnis weiterer Erkrankungen bestehe,

> BAG 6.9.1989, wie vor.

Maßgebender Zeitpunkt für die Beurteilung der sozialen Rechtfertigung der Kündigung ist ihr Zugang beim Gekündigten. Dies gilt grundsätzlich auch für die bei einer krankheitsbedingten Kündigung anzustellende Gesundheitsprognose. Soweit das Bundesarbeitsgericht ausnahmsweise in seinem Urteil vom 10.11.1983,

> AP § 1 KSchG 1969 Krankheit Nr. 11,

eine Bestätigung oder Korrektur der Gesundheitsprognose durch die tatsächliche spätere Entwicklung einer Krankheit erwogen hat, gilt dies grundsätzlich nur für den Fall, dass der Arbeitnehmer nach dem Ende der Kündigungsfrist zu den bisherigen Bedingungen weitergearbeitet hat.

Außerdem hat das Bundesarbeitsgericht in verschiedenen Urteilen,

> BAG 9.4.1987, AP § 1 KSchG 1969 Krankheit Nr. 18; BAG 6.9.1989, AP § 1 KSchG 1969 Krankheit Nr. 22; BAG 5.7.1990, AP § 1 KSchG 1969 Krankheit Nr. 26,

klargestellt, dass die tatsächliche Entwicklung nach Kündigungsausspruch dann nicht berücksichtigt werden kann, wenn sie auf einem neuen Kausalverlauf beruht, der erst nach dem Kündigungszeitpunkt eingetreten ist. Der neue Kausalverlauf kann durch subjektiv vom Arbeitnehmer beeinflussbare Umstände ausgelöst werden, wie beispielsweise durch eine nach Kündigungsausspruch durchgeführte und zuvor vom Arbeitnehmer abgelehnte Operation oder Therapie sowie durch eine Änderung der bisherigen Lebensführung, oder durch außerhalb seines Einflussbereiches liegende Umstände, wie z.B. durch die Anwendung eines vom behandelnden Arzt bisher nicht erwogenen Heilmittels.

Allein die entstandenen und künftig zu erwartenden Lohnfortzahlungskosten, die jedoch jeweils für einen Zeitraum von mehr als sechs Wochen aufzuwenden sind, stellen eine erhebliche Beeinträchtigung betrieblicher Interessen bei der Beurteilung der sozialen Rechtfertigung der Kündigung dar. Dies gilt auch dann, wenn der Arbeitgeber Betriebsablaufstörungen nicht dargelegt und eine Personalreserve nicht vorhält,

> BAG 29.7.1993, NZA 1994, 67; BAG 5.7.1990, NZA 1991, 185.

Bei Anwendung dieser Grundsätze ist Folgendes festzustellen:

▪▪▪

Nach der Rechtsprechung des BAG ist die erhebliche Beeinträchtigung der betrieblichen Interessen (2. Prüfungsabschnitt) Teil des Kündigungsgrundes. Als Beeinträchtigungen kommen schwerwiegende Störungen im Produktionsprozess (Betriebsablaufstörungen) und zum anderen eine erhebliche wirtschaftliche Belastung des Arbeitgebers in Betracht,

> BAG 16.2.1989, BAGE 61, 11 ff.

Die zu erwartende wirtschaftliche Belastung des Arbeitgebers mit außergewöhnlich hohen Entgeltfortzahlungskosten, die für jährlich jeweils einen Zeitraum von mehr als 6 Wochen aufzuwenden sind, stellt für sich allein einen zur sozialen Rechtfertigung der Kündigung geeigneten Grund dar. Dabei ist nur auf die Kosten des Arbeitsverhältnisses abzustellen,

> BAG 16.2.1989, BAGE 61, 139; BAG 13.12.1990 – 2 AZR 342/90, n.v., S. 17.

Bei Anwendung dieser Grundsätze sind sowohl schwerwiegende Störungen im Betriebsablauf als auch außergewöhnlich hohe Entgeltfortzahlungskosten, die zur personenbedingten Kündigung berechtigen, festzustellen:

■■■

Im Rahmen der Interessenabwägung ist zu prüfen, inwieweit die Entgeltfortzahlungskosten die Mindestgrenze von 6 Wochen übersteigen. Dabei ist es nicht verwehrt, aus dem Gesamtbetrag der angefallenen Lohnfortzahlungskosten den zu berücksichtigenden Anteil zu ermitteln. Allerdings verbietet sich dabei jede quantifizierende Betrachtungsweise,

BAG 25.11.1982, AP § 1 KSchG 1969 Krankheit Nr. 7, BAGE 61, 145 f.

Deshalb bildet die voraussichtliche Kostenbelastung, prognostiziert auf der Grundlage der bisherigen Belastung, auch nur einen von mehreren Gesichtspunkten, die bei der Interessenabwägung zu berücksichtigen sind. Im Rahmen der Interessenabwägung ist aber zu prüfen, welche Kostenbelastung der Arbeitgeber in der Zukunft zu besorgen hat. Deshalb können für diese Wertung auch nur die Lohnfortzahlungskosten berücksichtigt werden, die auf die im Rahmen der negativen Gesundheitsprognose ermittelten Ausfallzeiten entfallen. Bei dieser Betrachtungsweise wird auf das Erfordernis konkret vorliegender und erheblicher Beeinträchtigungen betrieblicher Interessen nicht verzichtet. Ist nämlich anhand der in der Vergangenheit vorgekommenen Fehlzeiten zu prüfen, ob mit erheblichen und unzumutbaren Belastungen zu rechnen ist, und wird diese Frage bejaht, dann liegt auch stets eine konkrete Beeinträchtigung betrieblicher Interessen vor,

BAG 13.12.1990 – 2 AZR 342/90, n.v., S. 19.

Nach der Rechtsprechung des Bundesarbeitsgerichts sind die Lohnfortzahlungskosten bereits dann erheblich, wenn sie die für die Entgeltfortzahlung im Krankheitsfall geltende Mindestgrenze von 6 Wochen übersteigen. Der 2. Senat des Bundesarbeitsgerichts hat dies in ständiger Rechtsprechung dargelegt,

BAG 16.2.1989, BAGE 61, 131 ff.; BAG 6.9.1989, AP § 1 zu KSchG 1969 Krankheit Nr. 20 und 21; BAG 5.7.1990, AP § 1 KSchG 1969 Krankheit Nr. 26.

In den vorerwähnten Entscheidungen hat das BAG stets darauf hingewiesen, dass zu erwartende Entgeltfortzahlungskosten bereits dann erheblich und damit geeignet sind, einen Kündigungsgrund abzugeben, wenn sie im Jahr jeweils für mehr als 6 Wochen aufgewendet werden. Alle anderen Umstände, zu denen auch die Höhe der diese Grenze übersteigenden Kosten gehört, dürfen im 3. Prüfungsabschnitt berücksichtigt werden.

Das BAG hat in seinem Urteil vom 6.9.1989 (2 AZR 19/89) eine die Mindestgrenze um 50% übersteigende Belastung des Arbeitgebers mit Entgeltfortzahlungskosten weder als Regelwert noch als festen Grenzwert angesehen. Es hat darüber hinaus alle Vorschläge abgelehnt, die für die Sozialwidrigkeit einer krankheitsbedingten Kündigung an generelle Regeln anknüpfen.

Bei Beachtung dieser Grundsätze des BAG ergibt die Interessenabwägung folgendes Ergebnis:

■■■

↑

4. Muster: Klageerwiderung bei ordentlicher Kündigung aus personenbedingten Gründen

↓

Aktenzeichen: ■■■

Gegner: RAe ■■■, zwei Abschriften anbei

In dem Rechtsstreit

■■■ ./. ■■■

bestellen wir uns zu Prozessbevollmächtigten der beklagten Partei, eine auf uns lautende Bevollmächtigung versichernd, und beantragen:

1. Die Klage wird abgewiesen.
2. Die Kosten des Rechtsstreits trägt die klägerische Partei.

Gründe:

Die klägerische Partei hat zutreffend vorgetragen, dass sie als ■■■ eingestellt wurde. Richtig ist auch, dass die beklagte Partei ■■■ Arbeitnehmer beschäftigt und der klägerischen Partei mit Schreiben vom ■■■ gekündigt hat.

Die Kündigung ist sozial gerechtfertigt. Sie erfolgte aus personenbedingten Gründen. Die klägerische Partei leidet an einer ■■■ und ist daher schon seit mehreren Jahren häufig längere Zeit arbeitsunfähig krank. Wegen der früheren Erkrankungen wird insoweit auf die in Fotokopie beigefügte Personalkarte der klägerischen Partei verwiesen.

Beweis: Vorlage der Personalunterlagen in Kopie – Anlage B 1.

Im vergangenen Jahr hatte die klägerische Partei folgende Arbeitsunfähigkeits-Fehlzeiten: ▪▪▪

Seit dem ▪▪▪ ist die klägerische Partei erneut fortlaufend krank.

Wann die klägerische Partei wieder arbeitsfähig sein wird, ist nicht abzusehen. Die klägerische Partei hat am ▪▪▪ nach entsprechender Anfrage erklärt, ihr behandelnder Arzt könne noch nicht beurteilen, wann sie wieder arbeiten könne. Sie müsse aber zunächst noch ein Heilverfahren durchführen, das beantragt, allerdings noch nicht bewilligt sei. Im Übrigen habe ihr Arzt ihr geraten, sich umschulen zu lassen.

Beweis: 1. Zeugnis Arzt Dr. ▪▪▪

2. Parteivernehmung der klägerischen Partei.

Die beklagte Partei ist nicht in der Lage, die klägerische Partei weiter zu beschäftigen. Die beklagte Partei unterhält nur ein kleines Unternehmen und beschäftigt die klägerische Partei als einzige ▪▪▪. Während des Urlaubs oder etwaiger Erkrankungen der klägerischen Partei ist die beklagte Partei genötigt, die im Betrieb anfallenden Arbeiten durch fremde Unternehmen ausführen zu lassen. Die hierdurch erwachsenden Kosten vermag die beklagte Partei nicht mehr zu tragen.

Beweis: Zeugnis des Steuerberaters ▪▪▪

Auch ein Einsatz auf einem anderen Arbeitsplatz ist nicht möglich.

Die Klage muss daher abgewiesen werden.

Der Betriebsrat ist zur Kündigung gehört worden. Er hat der Kündigung nicht widersprochen und sich, wie aus der beigefügten Stellungnahme ersichtlich, geäußert.

Beweis: Stellungnahme des Betriebsrats – Anlage B 2.

5. Muster: Krankheit

480

Die Überprüfung einer krankheitsbedingten Kündigung hat nach 3 Stufen zu erfolgen,

BAG 7.11.1985, EzA § 1 KSchG Krankheit Nr. 17.

Zunächst bedarf es einer negativen Prognose hinsichtlich des weiteren Gesundheitszustands des zu kündigenden Arbeitnehmers. Sodann ist zu prüfen, ob die entstandenen und prognostizierten Fehlzeiten zu einer erheblichen Beeinträchtigung der betrieblichen Interessen führen. In einer dritten Stufe wird im Rahmen einer Interessenabwägung geprüft, ob die erhebliche Beeinträchtigung der betrieblichen Interessen zu einer unzumutbaren Belastung des Arbeitgebers führt. Das Merkmal der Unzumutbarkeit bezieht sich nicht auf die Weiterbeschäftigung des zu kündigenden Arbeitnehmers, sondern auf die mit den krankheitsbedingten Fehlzeiten verbundenen betrieblichen und wirtschaftlichen Folgen,

BAG 7.11.1985, EzA § 1 KSchG Krankheit Nr. 17.

Eine krankheitsbedingte Kündigung ist nur dann aus personenbedingten Gründen sozial gerechtfertigt, wenn sich für den Arbeitgeber aufgrund einer einzelfallbezogenen Interessenabwägung eine unzumutbare betriebliche oder wirtschaftliche Belastung ergibt.

X. Bestandsschutzstreitigkeiten: Änderungskündigung

1. Muster: Änderungskündigung und Umgruppierung

481

I.

Die beklagte Partei hat folgende organisatorischen Änderungen vorgenommen, die aus den nachfolgend dargestellten Gründen erforderlich waren:

1. ▪▪▪

Beweis: Vorlage des Schreibens der beklagten Partei an den Betriebsrat vom ▪▪▪ – Anlage B 1.

2. Der Betriebsrat der beklagten Partei stimmte der geplanten Änderungskündigung sowohl nach § 102 Abs. 1 BetrVG als auch nach § 99 Abs. 1 BetrVG zu.

Beweis: Schreiben des Betriebsrats der beklagten Partei vom ▪▪▪ – Anlage B 2.

Die Anhörung des Betriebsrats gemäß § 102 Abs. 1 BetrVG und die Unterrichtung nach § 99 Abs. 1 BetrVG können bekanntlich miteinander verbunden werden,

BAG 3.11.1977, AP § 75 BPersVG Nr. 1; KR/*Rost*, § 2 KSchG Rn 131.

Die klägerische Partei hat das Änderungsangebot nicht, auch nicht unter Vorbehalt, angenommen, da auch in der Kündigungsschutzklage keine Vorbehaltsannahme enthalten ist, und ein nachträglicher Vorbehalt, der nicht spätestens mit Erhebung der Kündigungsschutzklage erklärt wird, ausgeschlossen ist,

KR/*Rost*, § 2 KSchG Rn 75.

II.

1. Die Kündigungsschutzklage ist nach § 4 Satz 1 KSchG abzuweisen. Eine Fortsetzung des Arbeitsverhältnisses zu den bisherigen Bedingungen, gemessen an den Kriterien des § 1 Abs. 2 KSchG, ist, da die Kündigung als betriebsbedingte Kündigung sozial gerechtfertigt ist, nicht mehr möglich. Die unstreitig und nachweisbar einzige Möglichkeit der Weiterbeschäftigung für die klägerische Partei ist diejenige, die die beklagte Partei angeboten und die klägerische Partei abgelehnt hat. Eine Prüfung des Angebots an die klägerische Partei, sie als ■■■ zu beschäftigen, findet mangels Erklärung eines Vorbehalts der klägerischen Partei nicht statt.

Bei einem Gewinnverfall ist der Arbeitgeber grundsätzlich dazu berechtigt, geeignete wirtschaftliche oder organisatorische Maßnahmen auf der Betriebs- oder Unternehmensebene durchzuführen. Im Falle einer Unrentabilität braucht er nicht so lange abzuwarten, bis der Zusammenbruch des Betriebes oder des Unternehmens droht. Ein betriebsbedingter Personalabbau ist in diesen Fällen vielmehr bereits dann gerechtfertigt, wenn dies aus Gründen der Kostenersparnis erforderlich ist und für den Arbeitgeber keine anderen zumutbaren Maßnahmen zur Senkung der Kosten bestehen,

BAG 24.10.1979, EzA § 1 KSchG Betriebsbedingte Kündigung Nr. 13; BAG 12.12.1968, AP § 1 KSchG Betriebsbedingte Kündigung Nr. 20.

Wegen der nur in beschränktem Umfang gerichtlich nachprüfbaren Unternehmensentscheidung ist der Arbeitgeber grundsätzlich nicht dazu verpflichtet, die hierfür maßgeblichen Erwägungen, z.B. die nach betriebswirtschaftlichen Prognosemethoden angestellten Kalkulationen, offen zu legen. Nach Auffassung des Bundesarbeitsgerichts hat der Arbeitnehmer im Kündigungsschutzprozess die Umstände darzulegen und im Streitfalle zu beweisen, aus denen sich ergeben soll, dass eine innerbetriebliche Maßnahme offenbar unsachlich, unvernünftig oder willkürlich ist,

BAG 17.10.1980, EzA § 1 KSchG Betriebsbedingte Kündigung Nr. 15; BAG 24.10.1979, EzA § 1 KSchG Betriebsbedingte Kündigung Nr. 13; BAG 7.12.1978, EzA § 1 KSchG Betriebsbedingte Kündigung Nr. 10; BAG 22.11.1973, EzA § 1 KSchG Nr. 28.

Wegen der im Einzelnen vorgetragenen betrieblichen Notwendigkeit, Kosten zu senken, die Organisationsstruktur zu ändern und zu vermeiden, dass ■■■, ist eine Weiterbeschäftigung der klägerischen Partei zu den bisherigen Arbeitsbedingungen nicht möglich. Die Aufgaben der klägerischen Partei sind fortgefallen, die einzige Möglichkeit der Weiterbeschäftigung ist diejenige, die die beklagte Partei angeboten hat. ■■■

Würde der klägerischen Partei das bisherige Gehalt, ohne dass sie die Tätigkeitsmerkmale einer ■■■ noch erfüllt, weitergezahlt, läge hierin eine rechtsgrundlose Gehaltszahlung, soweit das Gehalt die tariflichen Ansprüche gemäß Gehaltsgruppe ■■■ übersteigt. Eine in Verkennung tariflicher Bestimmungen rechtsgrundlos gezahlte tarifliche Vergütung kann nach der Rechtsprechung des Bundesarbeitsgerichts neuerdings ohne weiteres berichtigt werden, sofern nicht zugleich ein einzelvertraglicher Vergütungsanspruch besteht,

BAG 21.4.1982, EzA § 4 TVG Eingruppierung Nr. 1; BAG 23.4.1986, AP §§ 22, 23 BAT 1975 Nr. 118.

Nach Auffassung des LAG Niedersachsen ist eine Änderungskündigung dann zulässig, wenn durch Änderung der tatsächlichen Verhältnisse die bisherige tarifliche Eingruppierung nicht mehr zutrifft und eine anderweitige Beschäftigungsmöglichkeit im Rahmen der bisherigen Tätigkeitsmerkmale nicht besteht,

LAG Niedersachsen 13.3.1981, AuR 1982, 99.

Die Befugnis zur Änderungskündigung zum Zweck der richtigen Einstufung ist stets gegeben, wenn die Tätigkeitsmerkmale der bisherigen Einstufung nicht mehr gegeben sind und keine andere Möglichkeit zur Beschäftigung im Rahmen der bisherigen Tätigkeitsmerkmale besteht,

LAG Bayern 29.4.1959, AblBayerArbMin 1969, C 18.

2. Die wirtschaftlichen Auswirkungen der Eingruppierung in eine niedrigere Gehaltsgruppe sind auch nicht so dramatisch, wie sie die klägerische Partei darstellen lässt: ■■■

3. Der Umstand, dass der Betriebsrat der Änderungskündigung und der Versetzung der klägerischen Partei zugestimmt hat, hat nach ständiger Rechtsprechung indizielle Bedeutung.

2. Muster: Annahmeverzug nach Änderungskündigung – Anrechnung von unterlassenem Erwerb

Der von der klägerischen Partei geltend gemachte Anspruch auf Annahmeverzugslohn in Höhe von ▄▄▄ EUR besteht nicht. Die beklagte Partei hat es böswillig unterlassen, eine ihr zumutbare Arbeit anzunehmen. Gemäß § 11 Satz 1 Nr. 2 KSchG muss sich der Arbeitnehmer das anrechnen lassen, was er hätte verdienen können, wenn er es nicht böswillig unterlassen hätte, eine ihm zumutbare Arbeit anzunehmen. Eine Unzumutbarkeit kann sich beispielsweise etwa aus der Art der Arbeit, den sonstigen Arbeitsbedingungen oder der Person des Arbeitgebers ergeben und ist unter Berücksichtigung aller Umstände nach Treu und Glauben zu bestimmen,

BAG 24.9.2003, DB 2004, 437; BAG 19.3.1998, DB 1998, 1416; BAG 22.2.2000, DB 2000, 2021; BAG 16.5.2000, DB 2001, 154.

Im vorliegenden Fall war die durch Änderungskündigung vom ▄▄▄ angebotene Tätigkeit keineswegs unzumutbar. In der jüngeren BAG-Rechtsprechung wird insbesondere der flexible Maßstab der Zumutbarkeit betont,

BAG 24.9.2003, DB 2004, 437; LAG Rheinland-Pfalz 4.7.2002, LAGE § 615 BGB Nr. 65.

Lehnt der Arbeitnehmer ein Änderungsangebot im Zusammenhang mit einer Änderungskündigung ab, handelt er dann böswillig i.S.v. § 11 Satz 1 Nr. 2 KSchG, wenn das Änderungsangebot für ihn nach den Umständen des Einzelfalles zumutbar war,

BAG 16.6.2004, ArbRB 2004, 329.

Die beklagte Partei hat der klägerischen Partei die befristete Weiterbeschäftigung während des Kündigungsrechtsstreits zu den bisherigen Arbeitsbedingungen („Prozessbeschäftigung") angeboten. In einem solchen Fall bestimmen sich die Kriterien der Zumutbarkeit für den Arbeitnehmer in erster Linie nach der Art der Kündigung und ihrer Begründung sowie dem Verhalten des Arbeitgebers im Kündigungsprozess,

Tschöpe, DB 2004, 434, 436.

Die klägerische Partei hat sich gegenüber der beklagten Partei stets korrekt verhalten. Bei Ausspruch der Änderungskündigung wurden der klägerischen Partei ausführlich die wirtschaftliche Situation des Unternehmens sowie die dem Kündigungsentschluss zugrunde liegende Unternehmerentscheidung erläutert. Das Verhältnis zwischen den Parteien war stets harmonisch. Die vorläufige Weiterbeschäftigung war der klägerischen Partei somit zumutbar.

3. Muster: Betriebsbedingte Änderungskündigung zur Kostensenkung

Änderungskündigungen, die ein Arbeitgeber ausspricht, um seine Personalkosten zu senken, können nicht nur dann sozial gerechtfertigt sein, wenn durch sie „die Stilllegung" des Betriebes oder die Reduzierung der Belegschaft verhindert werden kann,

BAG 30.3.1986, NZA 1986, 739.

Sie können auch dann sozial gerechtfertigt sein, wenn betriebliche Interessen von einigem Gewicht diese Maßnahme, ggf. im Rahmen eines Paketes weiterer Schritte zur Kostensenkung, erforderlich machen.
Der Arbeitgeber hat diese betrieblichen Interessen im Änderungsschutzprozess durch substantiierten Tatsachenvortrag darzustellen. Es genügt nicht, wenn er sich allgemein auf die schlechte wirtschaftliche Lage des Konzerns, zu dem er gehört, beruft, ohne diese und besonders die seines eigenen Unternehmens und des betroffenen Betriebes im Hinblick auf die vorauszusehende künftige Entwicklung konkret und betriebswirtschaftlich nachvollziehbar zu schildern. Er muss darlegen, welche Bedeutung der durch die Änderungskündigungen angestrebten Kostenersparnis für die wirtschaftliche Sicherstellung des Betriebes, auch im Verhältnis zu etwa darüber hinaus durchgeführten weiteren Kostensenkungsmaßnahmen, zukommt,

LAG Baden-Württemberg 20.3.1997, BB 1997, 1903.

XI. Bestandsschutzstreitigkeiten: Außerordentliche Kündigung

1. Muster: Abmahnung bei steuerbarem Verhalten im Vertrauensbereich entbehrlich

Den Grundsatz, dass bei Störungen im Vertrauensbereich die Abmahnung des Mitarbeiters entbehrlich ist, hat das BAG mit dem Urteil vom 4.6.1997,

> NZA 1997, 1281,

durchbrochen. Der Entscheidung lag folgender Sachverhalt zugrunde: Ein 27 Jahre alter Mitarbeiter der Berliner Verkehrsgesellschaft, als Zugführer der U-Bahn eingesetzt, hatte mit seinem privaten Kraftfahrzeug einen Verkehrsunfall. Anlässlich dieses Ereignisses wurde bei ihm eine Blutalkoholkonzentration von 2,73 Promille spätnachmittags um 17.43 Uhr festgestellt. Dem Mitarbeiter wurde der Führerschein eingezogen und für die Erteilung einer neuen Fahrerlaubnis eine Sperrfrist von zehn Monaten verhängt. Am Tag nach dem Unfall erschien der Mitarbeiter um 10.00 Uhr zum Dienst: Er war als Reserve für die Zeit von 10.00 Uhr bis 17.00 Uhr eingeteilt und hatte bei Arbeitsbeginn nach den Feststellungen des Landesarbeitsgerichts noch eine restliche Blutalkoholkonzentration von 0,1 Promille. Die Berliner Verkehrsbetriebe kündigten daraufhin dem Zugführer, weil ihnen das Vertrauen abhanden gekommen war, der Zugführer besitze das notwendige Verantwortungsbewusstsein eines U-Bahn-Zugfahrers.

Mit dieser Entscheidung stellte der 2. Senat den Grundsatz auf, dass es zwar generell dabei verbleibe, dass Störungen, die im Vertrauensbereich ihren Grund haben, generell eine Abmahnung entbehrlich mache, dass aber dann, wenn es sich um ein steuerbares Verhalten des Mitarbeiters handele und unter der weiteren Voraussetzungen, dass sich das vergangene Fehlverhalten des Mitarbeiters nicht wiederholt, das Vertrauen des Arbeitgebers in dem konkreten Punkt wiederherstellbar sei, der Arbeitgeber zunächst eine Abmahnung aussprechen müsse,

> BAG 4.6.1997, NZA 1997, 1281; so auch jüngst LAG Schleswig-Holstein 10.1.2006 – 5 Sa 306/05, NZA-RR 2006, 240; LAG Mecklenburg-Vorpommern 18.7.2006 – 3 Sa 474/05, n.v.

Diese Ausnahmerechtsprechung ist nur unter den beiden genannten Voraussetzungen anzuwenden. Dem Senat ist zuzugeben, dass gestörtes Vertrauen wiederherstellbar ist. Eine Abmahnung ist vor Ausspruch einer verhaltensbedingten Kündigung deshalb nur dann entbehrlich, wenn eine Wiederherstellung des Vertrauens nicht zu erwarten ist,

> ArbG Hamburg 21.9.1998, AiB 1999, 177.

Dabei ist es Sache des Arbeitgebers, die Wiederholungsgefahr darzulegen, wobei ohne vorherige Abmahnung eine endgültige Zerstörung des für das Arbeitsverhältnis erforderlichen Vertrauensverhältnisses nicht spekulativ unterstellt werden darf,

> ArbG Hamburg 2.10.2000, NZA-RR 2001, 416.

Um möglichst objektive Grundlagen für seine Beurteilung zu gewinnen, empfiehlt *Hunold* vor Ausspruch außerordentlicher Kündigungen den Arbeitnehmer, obwohl dies in der Privatwirtschaft außer bei Verdachtskündigungen nicht geboten sei, anzuhören,

> *Hunold*, NZA-RR 2003, 57 (58).

Die negative Zukunftsprognose lasse sich bei der verhaltensbedingten ordentlichen oder außerordentlichen Kündigung aus der Beharrlichkeit vergangener Pflichtverletzungen und der Höhe des Verschuldens des Arbeitnehmers ableiten, so auch das LAG Hamm,

> LAG Hamm 30.5.1996, NZA 1997, 1056; *Hunold*, NZA-RR 2003, 57 (58).

Die jüngste Rechtsprechung des Landesarbeitsgerichts Mecklenburg-Vorpommern betont, dass der vorherige Ausspruch einer Abmahnung ausnahmsweise dann entbehrlich ist, wenn auf Grund der Intensität der Verhaltensweise des Arbeitnehmers das notwendige Vertrauensverhältnis zwischen den Arbeitsvertragsparteien für die Zukunft irreparabel beeinträchtigt ist,

> LAG Mecklenburg-Vorpommern 18.7.2006 – 3 Sa 474/05, n.v.

Unter Beachtung der erläuterten Grundsätze war eine Abmahnung der klägerischen Partei vor Ausspruch einer außerordentlichen Kündigung entbehrlich, denn ▀▀▀.

2. Muster: „Androhung" einer künftigen Erkrankung durch den Arbeitnehmer

Erklärt der Arbeitnehmer, er werde krank, wenn der Arbeitgeber ihm den im bisherigen Umfang bewilligten Urlaub nicht verlängere, obwohl er im Zeitpunkt dieser Ankündigung nicht krank war und sich aufgrund bestimmter Beschwerden auch noch nicht krank fühlen konnte, so ist ein solches Verhalten ohne Rücksicht darauf, ob der Arbeitnehmer später tatsächlich erkrankt, an sich geeignet, einen wichtigen Grund zur außerordentlichen Kündigung abzugeben,

BAG 5.11.1992, NZA 1993, 308.

3. Muster: Annahme von Schmiergeld

Wer sich als Arbeitnehmer bei der Ausführung von vertraglichen Aufgaben Vorteile versprechen lässt oder entgegennimmt, die dazu bestimmt oder geeignet sind, ihn in seinem geschäftlichen Verhalten zu Gunsten Dritter und zum Nachteil seines Arbeitgebers zu beeinflussen und damit gegen das sog. Schmiergeldverbot verstößt, handelt den Interessen seines Arbeitgebers zuwider und gibt diesem damit in der Regel einen fristlosen Kündigungsgrund,

LAG Schleswig-Holstein 10.10.2000– 3 Sa 285/00, n.v.

Dabei ist nicht von ausschlaggebender Bedeutung, ob der Arbeitnehmer aufgrund der erhaltenen Vorteile pflichtwidrig gehandelt hat. Auch wenn der Arbeitnehmer korrekt handelt, darf er von Lieferanten seines Arbeitgebers keine Zuwendungen annehmen. Die eigentliche Ursache dafür, dass ein solches Verhalten die außerordentliche Kündigung rechtfertigen kann, liegt nicht so sehr in der Verletzung vertraglicher Pflichten, sondern in der damit zu Tage tretenden Einstellung des Arbeitnehmers, unbedenklich eigene Vorteile bei der Erfüllung von Aufgaben wahrnehmen zu wollen, obwohl er sie allein im Interesse des Arbeitgebers durchzuführen hat.

Bei verhaltensbedingten Kündigungen mit derart schwerwiegenden Vorwürfen können sich Angaben über das Alter und die Beschäftigungszeit, also Umstände, die nicht die generelle Eignung als Kündigungsgrund betreffen, aus der Sicht des Arbeitgebers nicht mehr entscheidend zu Gunsten des Arbeitnehmers auswirken. Aus der nicht erfolgten Mitteilung der genauen Sozialdaten an den Betriebsrat kann deshalb nicht der Schluss gezogen werden, dass dem Betriebsrat Angaben über die persönlichen Umstände des Arbeitnehmers vorenthalten werden sollten, also diese bewusst nicht mitgeteilt worden sind,

LAG Köln 5.10.1994, LAGE § 102 BetrVG 1972 Nr. 44.

4. Muster: Arbeitsunfähigkeitsbescheinigung ohne Beweiswert

Nicht jede Krankheit führt zur Arbeitsunfähigkeit des Arbeitnehmers. Krankheit ist jeder regelwidrige Gesundheitszustand,

BAG 26.7.1989, NZA 1990, 140.

Arbeitsunfähigkeit infolge Krankheit kann auf zweierlei Weise eintreten: Der Arbeitnehmer kann außerstande sein, die geschuldete Arbeit überhaupt zu leisten oder es kann ihm auf Dauer vernünftigerweise unzumutbar sein, die vertraglich geschuldete Arbeit auszuführen,

BAG 1.6.1983, AP § 1 LohnFG Nr. 54.

Das kann beispielsweise der Fall sein, wenn der Arbeitnehmer die geschuldete Arbeit nur unter großen Schmerzen verrichten kann,

BAG 1.6.1983, AP § 1 LohnFG Nr. 54.

Ob Arbeitsunfähigkeit vorliegt, muss unter Berücksichtigung der vertraglich geschuldeten Arbeitsleistung des Angestellten festgestellt werden. Maßgebend ist die von dem Arzt nach objektiven medizinischen Kriterien vorzunehmende Bewertung,

BAG 26.7.1989, NZA 1990, 140.

Diese setzt wiederum voraus, dass der Arzt sich nach dem Ergebnis seiner Diagnose mit der Frage auseinander gesetzt hat, wie sich die Krankheit des Arbeitnehmers auf seine Arbeitsleistung auswirkt,

BAG 25.6.1981, AP § 616 BGB Nr. 52.

Kündigt der Arbeitgeber dem Arbeitnehmer wegen „unentschuldigten Fehlens" und behauptet der Arbeitnehmer, er sei arbeitsunfähig krank gewesen, kann eine ärztliche Arbeitsunfähigkeitsbescheinigung ohne Beweiswert sein, wenn sich der Arzt ersichtlich nicht mit den Auswirkungen der Krankheit auf die von dem Arbeitnehmer zu leistende Arbeit auseinander gesetzt hat und der Arbeitgeber Tatsachen vorträgt, die die Behauptung des Arbeitnehmers erschüttern,

LAG Hessen 11.6.1993, NZA 1994, 886.

5. Muster: Beharrliche Arbeitsverweigerung

Eine beharrliche Arbeitsverweigerung des Arbeitnehmers kann den Arbeitgeber zum Ausspruch einer außerordentlichen fristlosen Kündigung berechtigen. Von einer beharrlichen Arbeitsverweigerung kann nur gesprochen werden, wenn der Arbeitnehmer nachhaltig seine Pflichten verletzt. Der Arbeitnehmer muss die ihm übertragene Arbeit bewusst und nachhaltig nicht leisten wollen, obwohl er nach dem Inhalt des Arbeitsvertrages dazu verpflichtet wäre. Es genügt nicht, dass der Arbeitnehmer eine Weisung seines Vorgesetzten unbeachtet lässt, sondern die beharrliche Arbeitsverweigerung setzt voraus, dass eine intensive Weigerung des Arbeitnehmers vorliegt. Beharrlichkeit ist nicht nur dann gegeben, wenn die Willensrichtung des Arbeitnehmers erkennbar wird, zulässige Anweisungen des Arbeitgebers nicht befolgen zu wollen. Das Moment der Beharrlichkeit kann auch darin zu sehen sein, dass in einem einmaligen Falle der Arbeitnehmer nach wiederholter Ermahnung sich weigert, die Arbeitsanweisung zu erfüllen. Wenn in einer solchen Situation sich der Arbeitnehmer nach ein- oder mehrmaliger Ermahnung immer noch weigert, die berechtigte Anordnung des Arbeitgebers auszuführen, so kann und muss auf eine beharrliche, d.h. intensive nachhaltige Weigerung geschlossen werden. Irrt sich der Arbeitnehmer über die Berechtigung seiner Arbeitsverweigerung, so ist dies nur dann entschuldbar, wenn der Arbeitnehmer nach sorgfältiger Erkundigung und Prüfung der Rechtslage die Überzeugung gewinnen durfte, zur Arbeit nicht verpflichtet zu sein. Der Arbeitnehmer muss, wenn er sich auf einen unverschuldeten Rechtsirrtum berufen will, nachweisen, dass er sich besonders sorgfältig über die Rechtslage hinsichtlich der Berechtigung des von ihm eingenommenen Rechtstandpunktes informiert hat und kann nicht einfach damit gehört werden, er habe sich zur Ablehnung der von ihm geforderten Arbeit für befugt erachtet. Unverschuldet handelt ein Arbeitnehmer nicht allein deswegen, weil wenn er sich auf eine unrichtige Auskunft seiner Gewerkschaft verlässt,

LAG Berlin 17.5.1993, LAGE § 626 BGB Nr. 72.

6. Muster: Eigenmächtiger Urlaubsantritt

Bei einem eigenmächtigen Urlaubsantritt oder bei einer eigenmächtigen Urlaubsverlängerung ist der Arbeitgeber grundsätzlich zu einer ordentlichen Kündigung, in schwerwiegenden Fällen zu einer außerordentlichen Kündigung berechtigt,

LAG Niedersachsen 29.9.2006 – 16 Sa 490/06, n.v.; LAG Rheinland-Pfalz 1.6.2006 – 4 Sa 172/06, n.v.; BAG 26.4.1960, AP § 611 BGB Urlaubsrecht Nr. 58; BAG 10.8.1993 – 7 AZR 369/81, n.v.; LAG Frankfurt 22.12.1983, DB 1984, 1355; LAG Frankfurt 16.6.1983, BB 1984, 786; LAG Hamm 25.6.1985, LAGE § 1 KSchG Verhaltensbedingte Kündigung Nr. 5; LAG Hamm 29.4.1981, DB 1981, 1732; LAG Hamm 19.5.1976, DB 1976, 1726; LAG Düsseldorf 17.3.1959, BB 1959, 813; LAG Düsseldorf 10.10.1967, DB 1967, 1992; LAG Düsseldorf 15.4.1967, BB 1967, 799; LAG Düsseldorf 14.3.1978, BB 1978, 1571; ArbG Elmshorn 6.1.1982, BB 1982, 1237; ArbG Krefeld 19.2.1958, BB 1958, 342; ArbG Marburg 24.2.1966, BB 1966, 945.

Dabei wird eine ordentliche Kündigung beispielsweise bei kurzfristigen eigenmächtigen Freizeitgewährungen in Betracht kommen oder in solchen Fällen, in denen der Arbeitnehmer zu Unrecht von einem Selbstbeurlaubungsrecht ausgegangen ist. Gewährt sich der Arbeitnehmer hingegen selbst einen Erholungsurlaub von einer oder mehreren Wochen, besteht grundsätzlich ein Grund zur fristlosen Kündigung nach § 626 BGB,

BAG 20.1.1994, NZA 1994, 548.

7. Muster: Entbehrlichkeit der Abmahnung

Sowohl bei der außerordentlichen als auch bei der verhaltensbedingten ordentlichen Kündigung gilt der vom Bundesarbeitsgericht aufgestellte Grundsatz, dass vor Ausspruch einer Kündigung der Arbeitnehmer im gleichen Pflichtenkreis nach dem Grundsatz der Verhältnismäßigkeit abgemahnt worden sein muss,

BAG 21.5.1992, NZA 1992, 1028; LAG Schleswig-Holstein 10.1.2006 – 5 Sa 306/05, NZA-RR 2006, 240; LAG Mecklenburg-Vorpommern 18.7.2006 – 3 Sa 474/05, n.v.

Für die außerordentliche Kündigung gilt, dass eine Abmahnung als Teil des Kündigungsgrundes nur dann erforderlich ist, wenn der Arbeitnehmer mit vertretbaren Gründen annehmen konnte, sein Verhalten sei nicht vertragswidrig oder werde vom Arbeitgeber zumindest als ein nicht erhebliches, den Bestand des Arbeitsverhältnisses gefährdendes Fehlverhalten angesehen,

BAG 21.5.1992, NZA 1992, 1028.

Bei der arbeitsrechtlichen Reaktion auf verhaltensbedingte Vertragsstörungen wird üblicherweise zwischen den Störbereichen

- Leistungsbereich (schlechte Arbeit, Unpünktlichkeit u.a.);
- Betriebsbereich (z.B. Tätlichkeit gegenüber anderen Beschäftigten) und
- Vertrauensbereich (Diebstahl, Entgeltfortzahlungsbetrug u.Ä.)

unterschieden. Die Praxis hat sich deshalb darauf eingestellt, dass bei Störungen im Leistungsbereich immer vor etwaigen Kündigungen der Mitarbeiter ein- oder mehrmals angemahnt werden muss, während dies bei Störungen im Vertrauensbereich regelmäßig entbehrlich ist,

LAG Berlin 1.11.2000, NZA-RR 2001, 470; LAG Schleswig-Holstein 3.11.1997 – 2 Sa 373/97, n.v.; LAG Bremen ARST 1985, 88.

Der Vertrauensbereich, bei dessen Störung eine Abmahnung vor einer verhaltensbedingten Kündigung entbehrlich sein kann, betrifft nicht das „Vertrauen" des Arbeitgebers in die Leistungsfähigkeit des Arbeitnehmers oder in dessen Vermögen und Willen zur korrekten Arbeitsausführungen, sondern den Glauben an die Gutwilligkeit, Loyalität und Redlichkeit des Arbeitnehmers, den Glauben daran, dass sich der Arbeitnehmer nicht unlauter gegen die Interessen des Arbeitgebers stellt. In erster Linie ist damit die charakterliche Seite des Arbeitnehmers und nicht seine Qualifikation angesprochen,

LAG Köln 10.6.1994, LAGE § 611 BGB Abmahnung Nr. 37.

Unter Beachtung dieser Grundsätze war eine Abmahnung des Verhaltens der klägerischen Partei vor Ausspruch einer fristlosen Kündigung entbehrlich, denn ▬▬▬.

8. Muster: Internetnutzung mit pornographischem Inhalt

Aktenzeichen: ▬▬▬

Gegner: RAe ▬▬▬, zwei Abschriften anbei

In dem Rechtsstreit

▬▬▬ ./. ▬▬▬

begründen wir den Klageabweisungsantrag vom ▬▬▬ in Erwiderung auf die Klageschrift vom ▬▬▬ wie folgt:

Die klägerische Partei hat durch ihr Verhalten einen wichtigen Grund für eine außerordentliche Kündigung i.S.v. § 626 BGB gesetzt.

I.

1. Die Darlegung der klägerischen Partei zu dem gekündigten Arbeitsverhältnis zwischen ihr und der beklagten Partei sind zutreffend.

2. Die beklagte Partei stellt ihren Mitarbeitern als Arbeitsmittel eine EDV-Umgebung zur Verfügung. Die EDV-Systeme sind mit einem Internet-Zugang versehen. Um die Nutzung der EDV-Systeme zu regeln, haben die beklagte Partei und der bei ihr bestehende Betriebsrat eine Betriebsvereinbarung abgeschlossen. Gemäß Ziff. 9 der Betriebsvereinbarung werden die EDV-Systeme ausschließlich zur dienstlichen Nutzung zur Verfügung gestellt. Weiterhin enthält Ziff. 9 der Betriebsvereinbarung den Hinweis, dass für die Gewährleistung der ausschließlich dienstlichen Nutzung technische und organisatorische Maßnahmen ergriffen werden. Zu der Dienstvereinbarung ist eine Anlage für die „Kontrollmaßnahmen Internet" vereinbart worden. Als missbräuchliche Nutzung sind ausdrücklich Seiten mit pornographischem Inhalt zwischen den Betriebspartnern festgelegt.

Beweis: Dienstvereinbarung mit Stand vom ▬▬▬ – Anlage B 1.

Die Betriebsvereinbarungen werden im Intranet bei der beklagten Partei der Betriebsöffentlichkeit zugänglich gemacht. Im Intranet hat die beklagte Partei eine Art „Schwarzes Brett" eingerichtet, so dass sich alle Mitarbeiter über die gültigen Betriebsvereinbarungen informieren können.

Jedem Computer-Terminal ist eine Nummer zugewiesen. Weiterhin ist jedem Mitarbeiter eine Benutzer-Nummer zugewiesen. Das für die klägerische Partei eingerichtete Terminal hat die Nr. ▬▬▬. Die Benutzer-Nummer der klägerischen Partei lautet ▬▬▬.

3. Am ▬▬▬ wurde der Bereich Revision der beklagten Partei darüber informiert, dass über das Virenschutz-Programm ein Virus identifiziert wurde, der aus dem Internet in das Netz der beklagten Partei gelangte. Erste Recherchen ergaben, dass an einem PC des Bereiches ▬▬▬, in dem auch die klägerische Partei arbeitet, Internet-Seiten mit pornogra-

phischem Inhalt aufgerufen wurden. Der Bereich Revision erstreckte daraufhin die Recherchen auf den Zeitraum vom ▬▬▬ bis ▬▬▬. Es wurden sämtliche Internet-Aufrufe, die an diesem PC in dem fraglichen Zeitraum erfolgten, ausgedruckt. Hierbei handelte es sich um ▬▬▬ DIN-A-4-Seiten, die zunächst gesichtet werden mussten. Im nächsten Schritt erfolgte die Identifizierung der Benutzer anhand der bereits erwähnten Benutzer-Nummern. Auf diese Art und Weise ergab sich, dass die klägerische Partei im Zeitraum vom ▬▬▬ bis einschließlich ▬▬▬ ▬▬▬ Minuten das Internet genutzt hat. Dies entspricht ▬▬▬ Stunden. Im Einzelnen sind die Zeiten exakt nach Datum und Uhrzeit aufgelistet in der Anlage B 2, auf die Bezug genommen wird.

Die auf die klägerische Partei entfallenden Interneteinträge im Zeitraum ergeben einen Umfang von ▬▬▬ DIN-A-4-Seiten. Der Ordner wird zunächst in der Güteverhandlung vorgelegt werden. Alsdann werden die Anlagen zu einem späteren Zeitpunkt in Kopie nachgereicht werden.

Bei der Kontrolle der aufgerufenen Internet-Seiten hat sich ergeben, dass es sich im Wesentlichen um Seiten mit pornographischem Inhalt handelt. Die Inhalte reichen von Akt-Fotografie bis zu pornographischen Hardcore-Seiten. Genannt seien hier beispielsweise

www.wahreliebe.de

www.pornozugang.com

www.dildofestival.com

www.interplaymate.com

www.hardcorezugang.com

www.lolitafree.de

www.scharfsex.com.

Die Liste kann endlos fortgesetzt werden. Hiervon soll an dieser Stelle Abstand genommen werden.

Die klägerische Partei hat morgens stets sehr früh ihren Dienst begonnen. Sie hat dann zwischen 6.00 Uhr und 8.00 Uhr, zwischen ein und zwei Stunden im Internet die beispielhaft genannten Seiten mit pornographischen Inhalten aufgerufen.

4. In dem Zeitraum zwischen dem ▬▬▬ und ▬▬▬ kann die Zugriffsberechtigung wegen nicht mehr vorhandener Dokumentation nicht mehr exakt nachvollzogen werden. Aufgrund des Dienstbeginns der klägerischen Partei und gleichzeitiger Anmeldung des PCs und dem weitere ▬▬▬ Seiten umfassenden Ausdruck mit genau demselben Schema des Aufrufs der Internet-Seiten liegt jedoch nahe, dass die klägerische Partei auch in diesem Zeitraum jeweils ca. ▬▬▬ Minuten morgens im Internet diese Seiten aufgerufen hat.

Es bedarf keiner weiteren Erläuterung, dass die genannten Seiten nicht nur keinerlei Bezug zur dienstlichen Tätigkeit der klägerischen Partei aufweisen, sondern im Gegenteil von der beklagten Partei ausdrücklich als unerwünscht bezeichnet wurden. Dies muss auch für jeden Arbeitnehmer unmittelbar selbstverständlich sein.

5. Die genannten Zeiten, in denen die klägerische Partei sich im Internet die genannten Seiten angesehen hat, waren in vollem Umfang Dienstzeiten. Die klägerische Partei hat entsprechen diese Zeiten als Dienstzeiten über das Zeiterfassungssystem erfasst und sich als Arbeitszeit gutschreiben und damit bezahlen lassen. Hinzu kommt, dass sich die klägerische Partei für die fraglichen Tage auch noch Mehrarbeit hat aufschreiben lassen, so beispielsweise am ▬▬▬ insgesamt ▬▬▬ Minuten, am ▬▬▬ insgesamt ▬▬▬ Minuten, am ▬▬▬ und am ▬▬▬ exakt ▬▬▬ Minuten.

Beweis: Auszug aus der Zeiterfassung – Anlage B 3.

II.

Der hier zu beurteilende Sachverhalt liegt auf der Linie der Entscheidung des

BAG 27.4.2006 – 2 AZR 386/05, NZA 2006, 977

und der Entscheidungen

ArbG Hannover 1.12.2000, NZA 2001, 1022; ArbG Düsseldorf 1.8.2001, NZA 2001, 1386.

In beiden Entscheidungen haben sich die dortigen Kläger zu einem erheblichen Anteil ihrer Arbeitszeit pornographische Seiten aus dem Internet angesehen. In dem Fall, den das Bundesarbeitsgericht entschieden hat, handelte es sich um täglich 15 Minuten bis zu drei Stunden. Das Bundesarbeitsgericht betonte, dass der Arbeitnehmer bei einer privaten Internetnutzung während der Arbeitszeit grundsätzlich seine (Hauptleistungs-)Pflicht zur Arbeit verletzte. Die private Nutzung des Internets dürfe die Erbringung der arbeitsvertraglich geschuldeten Arbeitsleistung nicht erheblich beeinträchtigen. Die Pflichtverletzung wiege dabei umso schwerer, je mehr der Arbeitnehmer bei der privaten Nutzung des Internets seine Arbeitspflicht in zeitlicher und inhaltlicher Hinsicht vernachlässige,

BAG 27.4.2006 – 2 AZR 386/05, NZA 2006, 977; BAG 7.7.2005 – 2 AZR 581/04, NZA 2006, 98.

In dem von Arbeitsgericht Düsseldorf entschiedenen Fall betrug die Internetnutzung monatlich 10 Stunden. Das Arbeitsgericht Düsseldorf hat darauf hingewiesen, dass es sich um eine Störung im Vertrauensbereich handelt und bei Störungen im Vertrauensbereich eine Abmahnung entbehrlich ist, wenn es sich um eine schwere Pflichtverletzung handelt, deren Rechtswidrigkeit der Arbeitnehmer ohne weiteres erkennen konnte und dessen Hinnahme durch den Arbeitgeber offensichtlich ausgeschlossen ist.

So lag der Fall auch hier. Zunächst ist in der auch für die klägerische Partei geltenden Betriebsvereinbarung ausdrücklich geregelt, dass das Internet nur für geschäftliche Zwecke genutzt werden darf.

Dem Kläger war ohne weiteres erkennbar, dass dies von der beklagten Partei nicht geduldet werden würde. Zurecht weist das Arbeitsgericht Hannover in der angegebenen Entscheidung darauf hin, dass jede Nutzung des Internets eine Spur hinterlässt und es sachkundigen Dritten möglich ist, festzustellen, von welchem Internet-Zugang aus auf eine bestimmte Homepage zugegriffen wird. Zu Recht weist das Arbeitsgericht Hannover weiter darauf hin, dass durch das Aufrufen bestimmter Web-Pages das Ansehen desjenigen, der den Internetzugang zur Verfügung und von dessen Internet-Zugang aus der Zugriff erfolgt, erheblich leiden kann (unter Verweis auf *Kronisch*, AuA 1999, 550). Die beklagte Partei als ein Unternehmen der ▬▬▬ Branche kann nicht zulassen, dass ihr Leumund in Gefahr gerät, indem sie in den Ruf gerät, dass ihre Angestellten mit ihren Arbeitsmitteln geduldet sich mit pornografischen Internet-Seiten befassen, zudem noch während der Arbeitszeit.

Hinzukommt, dass gerade von diesen Seiten eine erhebliche Gefahr hinsichtlich der Einschleppung von Computerviren ausgeht. Diese Gefahr hat sich im vorliegenden Fall realisiert. Über diese Seiten ist ein entsprechender Virus eingeschleppt worden. Es ist allein der guten technischen Ausstattung der beklagten Partei zu verdanken, dass dieser Virus von dem Virenschutzprogramm erkannt und unschädlich gemacht wurde.

Die klägerische Partei hat also unter keinen Umständen damit rechnen können, dass die beklagte Partei ihr Verhalten tolerieren würde. Hinzukommt, dass die klägerische Partei einen erheblichen Anteil der Arbeitszeit mit der privaten Nutzung des Internets verbracht hat. In einem Monat beläuft sich dies auf ▬▬▬ Stunden. Dies beinhaltet einen Betrug, da die klägerische Partei die beklagte Partei in dem Glauben gelassen hat, dass sie ihre Arbeitszeit für dienstliche Tätigkeit verwenden würde. Die klägerische Partei kann auch nicht einwenden, dass sie nicht genug dienstliche Tätigkeit gehabt hätte. Dem steht entgegen, dass sie sich sogar nicht gescheut hat, an den betreffenden Tagen auch noch Mehrarbeit in die Zeiterfassung durch Betätigung der Zeiterfassungsgeräte aufnehmen zu lassen. Dementsprechend liegt ein wichtiger Grund vor, der die streitbefangene außerordentliche Kündigung rechtfertigt.

Eine Interessenabwägung kann nicht den Ausschlag zu Gunsten der klägerischen Partei geben. Wenn die klägerische Partei auf ihre lange Betriebszugehörigkeit verweist, übersieht sie, dass sie der klägerischen Partei gerade aufgrund der langen Betriebszugehörigkeit ein erhebliches Vertrauen entgegenbrachte. Dieses Vertrauen hat jedoch die klägerische Partei über einen erheblichen Zeitraum und in erheblichem Umfang missbraucht. Vor diesem Hintergrund wirkt sich die lange Betriebszugehörigkeit nicht zu Gunsten der klägerischen Partei aus. Das Gleiche gilt für das Lebensalter. Gerade in dem Lebensalter der klägerischen Partei hätte die beklagte Partei nicht vermutet, dass ein Angestellter auf diese Art und Weise ihr Vertrauen missbrauchen würde. Die klägerische Partei musste aufgrund ihrer Lebenserfahrung einsichtig sein, dass sie sich nicht auf diese Art und Weise privaten, untersagten Tätigkeiten unter Einsatz der Arbeitsmittel der beklagten Partei, die ausschließlich zu dienstlichen Zwecken zur Verfügung standen, bedienen und das Ansehen der beklagten Partei schädigen durfte.

III.

Die Kündigung ist der klägerischen Partei am ▬▬▬ zugegangen. Damit ist die 2-Wochen-Frist des § 626 Abs. 2 BGB eingehalten. Die 2-Wochen-Frist beginnt nach ständiger Rechtsprechung zu laufen, wenn der Arbeitgeber zügig alle Tatsachen ermittelt hat, die er zu Beurteilung des Sachverhalts benötigt. Erstmals hat die technische Abteilung der Beklagten am ▬▬▬ den Virus festgestellt und festgestellt, dass dieser auf eine pornografische Internet-Seite zurückzuführen sei. Zu diesem Zeitpunkt hatte die Beklagte aber von den Aktivitäten des Klägers noch keine Kenntnisse. Es mussten erst die technischen Ermittlungen vorgenommen werden, die im Laufe der ▬▬▬ KW stattfanden.

9. Muster: Gründe der Generalprävention

492

Eine fristlose Kündigung kann grundsätzlich dann gerechtfertigt sein, wenn ein Außendienstmitarbeiter für über eine Stunde seine Arbeit aus eindeutig nicht dienstlichen Gründen unterbricht. Bei der Interessenabwägung ist dem Arbeitgeber auch nicht verwehrt, die Maßnahme der Kündigung aus Gründen der Generalprävention zu ergreifen, um, für alle anderen Mitarbeiter deutlich sichtbar, Präzedenzfälle dieser oder vergleichbarer Art zu verhindern. Schließlich kann es einem Arbeitgeber in seiner Eigenschaft als juristische Person des öffentlichen Rechts nicht verwehrt werden, den

Bürgern gegenüber deutlich zu machen, dass er Unregelmäßigkeiten seiner Bediensteten auf Kosten letztlich des Steuerzahlers in keinem Fall hinzunehmen bereit ist,

LAG Baden-Württemberg 24.11.1994, BB 1995, 625.

10. Muster: Nebentätigkeit während angeblicher Arbeitsunfähigkeit 1

Der Beweiswert einer Arbeitsunfähigkeitsbescheinigung ist erschüttert, wenn ein Arbeiter, der wegen eines Tennisarmsyndroms arbeitsunfähig krankgeschrieben ist, während der Zeit der attestierten Arbeitsunfähigkeit nicht nur gelegentlich schwere Gartenarbeit verrichtet. Wer Arbeitsunfähigkeit vortäuscht, um Lohnfortzahlung zu erhalten, begeht eine strafbare Handlung zum Nachteil des Arbeitgebers. Ein solches Verhalten ist grundsätzlich geeignet, eine fristlose Kündigung zu rechtfertigen. Eine vorherige Abmahnung ist nicht erforderlich,

LAG Mecklenburg-Vorpommern 19.7.2006 – 2 Sa 40/06, n.v.; LAG Köln 26.1.1994 – 2 Sa 1106/93, n.v.

11. Muster: Nebentätigkeit während angeblicher Arbeitsunfähigkeit 2

Ist ein Arbeitnehmer während einer ärztlich attestierten Arbeitsunfähigkeit schichtweise einer Nebenbeschäftigung bei einem anderen Arbeitgeber nachgegangen, so kann je nach den Umständen auch eine fristlose Kündigung ohne vorherige Abmahnung gerechtfertigt sein.

Ist in derartigen Fällen der Beweiswert des ärztlichen Attestes erschüttert oder entkräftet, so hat der Arbeitnehmer konkret darzulegen, weshalb er krankheitsbedingt gefehlt hat und trotzdem der Nebenbeschäftigung nachgehen konnte,

BAG 26.8.1993, NZA 1994, 63.

12. Muster: Tätlichkeiten am Arbeitsplatz

Die aktive Beteiligung an einer tätlichen Auseinandersetzung, die während der Arbeitszeit im Betrieb stattfindet, ist in aller Regel auch ohne vorherige Abmahnung geeignet, ein wichtiger Grund zur fristlosen Kündigung zu sein. Bei Abwägung der beiderseitigen Interessen kann in einem solchen Fall nur ausnahmsweise eine Abmahnung oder Versetzung als besser geeignete oder angemessene Maßnahme angesehen werden,

LAG Köln 18.3.1998 – 10 (9) Sa 1014/92, n.v.

Die Beteiligung an einer tätlichen Auseinandersetzung unter Arbeitskollegen ist kein absoluter Kündigungsgrund, vielmehr entscheiden die Umstände des Einzelfalles. Zu den dabei zu Gunsten des Arbeitnehmers zu berücksichtigenden Umständen zählen z.B.: mangelnde Gefährlichkeit und Heftigkeit der Kontakte, keine Schmerzhaftigkeit, keine sichtbaren oder unsichtbaren Folgen, kurze Dauer der Auseinandersetzung, ihre alsbaldige Beendigung aus eigener Initiative, bevor ein Eingreifen Dritter erforderlich wird, schlichtes Niveau des Umfeldes, bisher keine einschlägige Abmahnung,

LAG Köln 25.6.1993, DStR 1993, 1833.

13. Muster: Replik bei außerordentlicher Kündigung

Aktenzeichen: ▬▬▬

Gegner: RAe ▬▬▬, zwei Abschriften anbei

In dem Rechtsstreit

▬▬▬ ./. ▬▬▬

bestellen wir uns zu Prozessbevollmächtigten der beklagten Partei. Namens und in Vollmacht der beklagten Partei werden wir beantragen zu erkennen:

1. Die Klage wird abgewiesen.
2. Die Kosten des Rechtsstreits trägt die klägerische Partei.

Gründe:

I.

Der den Gegenstand der Kündigung vom ▬▬▬ bildende Sachverhalt ist „an sich" geeignet, einen wichtigen Grund zur fristlosen Kündigung zu ergeben,

BAG 2.4.1989, AP § 626 BGB Nr. 101; BAG 17.5.1984, AP § 626 BGB Verdacht strafbarer Handlungen Nr. 14.

Der Kündigungsgrund „an sich" dient der Antwort auf die Frage, ob ein bestimmter Grund generell eine außerordentliche Kündigung zu rechtfertigen vermag. Das BAG hat sich an gesetzlichen Vorschriften wie den §§ 123, 124 GewO, § 72 HGB in ihrem damaligen Wortlaut orientiert und hieraus Hinweise darauf abgeleitet, was als wichtiger Grund „an sich" anzusehen sei. Diese Kündigungsgründe sollen nicht als absolute Gründe angesehen werden, weil das BAG bekanntlich Gründe einer Kündigung für nicht verabsolutierbar hält,

BAG 20.5.1978, EzA § 626 n.F. BGB Nr. 66.

Kündigungsgründe „an sich" i.s.v. § 626 BGB haben Pflichtverletzungen von einer gewissen Schwere zum Inhalt. Der den Gegenstand der Kündigung vom ▬▬▬ bildende Sachverhalt genügt diesen Anforderungen: ▬▬▬

II.

Zum Teil in der ersten, zum Teil in der zweiten Prüfungsstufe angesiedelt, hat die Rechtsprechung ihr zweistufiges Prüfungssystem durch vier weitere Aspekte bereichert, die teilweise auch im Rahmen der zweiten Prüfungsstufe, also im Rahmen der Interessenabwägung, zu berücksichtigen sind:

- Das Fehlverhalten des Arbeitnehmers muss sich konkret auf das Arbeitsverhältnis ausgewirkt haben (BAG 17.3.1988, AP § 626 BGB Nr. 99).
- Im Grundsatz hat jeder fristlosen Kündigung wie auch jeder verhaltensbedingten ordentlichen Kündigung eine Abmahnung des Arbeitnehmers im gleichen Pflichtenkreis vorauszugehen.
- Es ist eine negative Prognose erforderlich (BAG 4.10.1990, AP § 626 BGB Druckkündigung Nr. 12). Dabei ist eine objektive Prognose im Hinblick auf künftige Belastungen vorzunehmen, wobei bisherige Störungen ein gewichtiges Indiz für weitere künftige Belastungen darstellen (BAG 9.3.1995, AP § 626 BGB Nr. 123).
- Das Ultima-ratio-Prinzip muss gewahrt sein (BAG 17.2.1994, AP § 626 BGB Nr. 116). Kommt statt der fristlosen Kündigung die Zuweisung eines anderen Arbeitsplatzes kraft Direktionsrechts oder im Wege der Änderungskündigung (BAG 27.9.1984, NZA 1985, 1797) in Betracht, hat die außerordentliche Kündigung keinen Bestand.

Auch unter Berücksichtigung des 4-Punkte-Katalogs ist die außerordentliche Kündigung der klägerischen Partei sozial gerechtfertigt: ▬▬▬

III.

Nach der Rechtsprechung des BAG ist, wenn ein bestimmter Kündigungsgrund „an sich" geeignet ist, eine außerordentliche Kündigung zu rechtfertigen, nach § 626 Abs. 1 BGB weiterhin in eine Prüfung einzutreten, ob die Fortsetzung des Arbeitsverhältnisses unter Berücksichtigung der konkreten Umstände des Einzelfalles und der Abwägung der Interessen beider Vertragspartner zumutbar ist oder nicht,

BAG 13.12.1984, NZA 1985, 288.

Diese Prüfung wird in der Praxis als „zweite Stufe" bezeichnet, in der alle vernünftigerweise in Betracht kommenden konkreten Umstände des Einzelfalles, die für oder gegen eine außerordentliche Kündigung sprechen, miteinander abgewogen werden, insbesondere unter dem Gesichtspunkt, ob diese Umstände die Fortsetzung des Arbeitsverhältnisses bis zum Ablauf der ordentlichen Kündigungsfrist unzumutbar machen oder nicht.

Wenn mehrere verschiedenartige Umstände als Kündigungsgründe in Betracht kommen, muss jeder einzelne Kündigungsgrund zunächst separat betrachtet werden, und wenn jeder dieser Gründe nicht als ausreichend angesehen wird oder aus Vorsichtsgründen ein weiterer argumentativer Weg eingeschlagen werden soll, sind die einzelnen Sachverhalte in eine Gesamtbetrachtung einzustellen,

BAG 17.3.1988, AP § 626 BGB Nr. 99.

Im Rahmen der Interessenabwägung sind auf Arbeitgeberseite das objektive Arbeitgeberinteresse an der Auflösung und das arbeitnehmerseitige Interesse an der Erhaltung des Beschäftigungsverhältnisses einander gegenüberzustellen.

Auf Arbeitgeberseite sind Art und Umfang der betrieblichen Störungen und Schäden, generalpräventiver Aspekte (Betriebsdisziplin), die Gefährdung anderer Arbeitnehmer oder Dritter, der Verschuldensgrad und die Wiederholungsgefahr zu betrachten. Auf Arbeitnehmerseite schlagen die Ursache des Vertragsverstoßes, der Umfang des Verschuldens, die Dauer der Betriebszugehörigkeit, etwa vorangehend unbeanstandetes Verhalten, das Lebensalter, die Arbeitsmarktsituation und die persönlichen wirtschaftlichen Folgen für den Arbeitnehmer zu Buche.

Eine an diesen Kriterien ausgerichtete Interessenabwägung führt zu folgendem Ergebnis:

14. Muster: Unkündbarkeit nach § 55 BAT/§ 34 TVöD

§ 55 Abs. 1 BAT steht einer außerordentlichen betriebsbedingten Kündigung aus wichtigem Grund unter Beachtung einer sozialen Auslauffrist im Umfang der ordentlichen Kündigungsfrist nicht entgegen. Die Regelung des § 55 Abs. 2 BAT findet ihren Niederschlag nunmehr in § 34 Abs. 2 TVöD-AT. Der besondere tarifvertragliche Kündigungsschutz ist nunmehr einheitlich für die Arbeiter und Angestellten in § 34 Abs. 2 TVöD geregelt. Soweit Beschäftigte bereits nach BAT unkündbar waren, verbleibt es dabei,

Bepler/Böhle/Martin/Stöhr/*Eylert*, TVöD, § 34 TVöD-AT Rn 22.

Vom Grundsatz her besteht die Möglichkeit des Ausschlusses einer ordentlichen Arbeitgeberkündigung. Rechtsprechung und Literatur gehen aber einheitlich davon aus, dass das Recht des Arbeitgebers zum Ausspruch einer außerordentlichen Kündigung nur begrenzt eingeschränkt werden kann. Das Recht zur außerordentlichen Kündigung ist für beide Vertragsteile unabdingbar,

BAG, AP § 626 BGB Nr. 14.

Das Recht zur außerordentlichen Kündigung kann weder durch einzelvertragliche, noch durch kollektivrechtliche Vereinbarungen von vorne herein ausgeschlossen werden,

APS/*Kiel*, § 626 BGB Rn 318 a; KR/*Fischermeier*, § 626 BGB Rn 57.

Nicht nur ein Ausschluss, sondern auch eine für den kündigenden Vertragspartner unzumutbare Erschwerung seines Rechts zur außerordentlichen Kündigung ist unzulässig,

BAG 18.12.1961, AP § 626 BGB Kündigungserschwerung Nr. 1.

Unkündbarkeitsklauseln können daher lediglich im Hinblick auf die ordentliche Kündigung Wirksamkeit entfalten, da der Grundsatz, dass Dauerschuldverhältnisse aus wichtigem Grund gekündigt werden können, zu den unverzichtbaren, verfassungsrechtlich durch Art. 12 GG abgesicherten und deshalb zwingenden Prinzipien des Privatrechts zählt,

Wiedemann/*Wiedemann*, TVG, § 1 Rn 534, 537 f.; *Mauer/Schüßler*, BB 2001, 466; *Thannheiser*, AiB 1998, 601; *Söllner*, RdA 1989, 144.

Gesetzlichen Niederschlag hat dieser Grundsatz in § 624 BGB gefunden. Gemäß dieser Vorschrift kann ein Dienstverhältnis, das für die Lebenszeit einer Person oder für längere Zeit als fünf Jahre eingegangen ist, von dem Verpflichteten nach dem Ablauf von fünf Jahren unter Einhaltung einer sechsmonatigen Kündigungsfrist gekündigt werden.

Dem Arbeitgeber muss es möglich sein, sich durch Ausspruch einer Kündigung aus einem Dauerrechtsverhältnis zu lösen, wenn ihm das Festhalten daran unzumutbar geworden ist. Das einprägsame Beispiel des Heizers auf der E-Lok zeigt, dass in den Fällen eines Ausschlusses der ordentlichen Kündigung die Zumutbarkeitsgrenze für ein Festhalten des Arbeitgebers an dem mit seinem Arbeitnehmer geschlossenen Vertrag dann erreicht ist, wenn der Arbeitgeber den „unkündbaren" Arbeitnehmer aus betriebsbedingten Gründen nicht mehr sinnvoll weiterbeschäftigen kann,

BAG 18.5.2006 – 2 AZR 207/05, n.v.

Unter Anwendung schuldrechtlicher Grundsätze kann vom Arbeitgeber nicht verlangt werden, das Arbeitsverhältnis trotz der Unmöglichkeit, Arbeit anzubieten, über Jahre hinweg fortzusetzen,

BAG 6.10.2005, BeckRS 2006, 41842.

Der Arbeitgeber wäre anderenfalls gezwungen, seinem Arbeitnehmer bis zum Erreichen der Altersgrenze das vereinbarte Entgelt zu zahlen, ohne hierfür eine angemessene Gegenleistung zu erhalten. Entsprechend dem § 1 Abs. 2 KSchG zugrunde liegenden Leitgedanken werden diese Überlegungen durch verfassungsrechtliche Grundwertungen getragen. Wie das BAG ausführt, gehörte zu den Freiheitsrechten privatautonomen Handelns das der Berufsfreiheit des Art. 12 Abs. 1 GG immanente Grundrecht des Arbeitgebers, Arbeitsverhältnisse privatautonom zu begründen, aber auch zu beenden,

BAG 5.2.1988, NZA 1988, 771.

Da der Arbeitgeber prinzipiell die Möglichkeit haben muss, sein Unternehmen aufzugeben, muss er gleichermaßen wirksam kündigen können. Er darf autonom entscheiden, welche Größenordnung sein Unternehmen haben soll, Kündigungsbeschränkungen, die diese Entscheidungsfreiheit beseitigen, sind verfassungsrechtlich angreifbar,

KR/*Fischermeier*, § 626 BGB Rn 158.

Art. 12 Abs. 1 GG schließt es gleichfalls aus, vom Arbeitgeber zu verlangen, ein unzumutbares Arbeitsverhältnis aufrecht zu erhalten. Unverzichtbar sind Beendigungsmöglichkeiten, die der Anpassung des Arbeitnehmerbestandes an die Entwicklung des Unternehmens dienen,

APS/*Kiel*, § 1 KSchG Rn 805; *Bröhl*, FS Schaub, 1998, S. 55; *Schleusener*, SAE 1998, 218.

Das BAG erkennt das Recht des Arbeitgebers zur außerordentlichen betriebsbedingten Kündigung ausdrücklich an,

BAG 5.2.1998, NZA 1998, 771; BAG 17.9.1998, NZA 1999, 258.

Im erstgenannten Fall war eine von zwei Geschäftsführerstellen aufgrund der Umsetzung einer auf innerbetrieblichen Gründen fußenden Unternehmerentscheidung abgeschafft worden. Die dem ausscheidenden Geschäftsführer zugeordnete Sekretärin hatte daraufhin keine Aufgaben mehr zu erledigen. Andere Sekretärinnen waren aufgrund ihrer Sozialdaten schützenswerter und alternative zumutbare Beschäftigungsmöglichkeiten bestanden nicht. Die betroffene Sekretärin war nach dem Kraft vertraglicher Bezugnahme geltenden Tarifvertrag „unkündbar".

Im zweiten vom BAG entschiedenen Fall wandte sich der tariflich „unkündbare" Kläger gegen die ihm gegenüber ausgesprochene außerordentliche Kündigung seines Arbeitsverhältnisses, nachdem sämtliche EDV-Arbeiten an eine Konzerntochter übertragen worden waren. In den Entscheidungsgründen zu den beiden vorgenannten Entscheidungen führt das BAG u.a. aus, dass die außerordentliche Kündigung gegenüber einem tariflich unkündbaren Arbeitnehmer aus betriebsbedingten Gründen ausnahmsweise unter Einhaltung der ordentlichen Kündigungsfrist zulässig sein kann, wenn der Arbeitsplatz des Arbeitnehmers weggefallen ist. Das BAG hat diese Rechtsprechung jüngst wieder bestätigt,

BAG 18.5.2006 – 2 AZR 207/05, n.v.; BAG 12.8.1999, AP § 21 SchwBG Nr. 7; ausdrücklich für den Bereich des öffentlichen Dienstes: BAG 27.6.2002 – 2 AZR 367/01.

Die erläuterten Grundsätze gelten auch im öffentlichen Dienst,

Hanau/*Ossenbühl*, Kündigungsschutz und Wissenschaftsfreiheit, S. 44; *Kania*/*Kramer*, RdA 1995, 287.

Die §§ 54, 55 BAT können nur die nach § 626 BGB geltende Rechtslage übernehmen,

Wiedemann/*Wiedemann*, TVG, § 1 Rn 538.

Dasselbe gilt auch für die Nachfolgerregelung des § 34 Abs. 2 TVöD. Erschwerungen des Rechts zur außerordentlichen Kündigung, wie etwa die Konkretisierung des Kündigungsgrundes in § 55 BAT, sind angesichts des § 626 BGB bestimmenden Rechtsgedankens der Unzumutbarkeit nur insoweit als zulässig zu bewerten, wie sie selbst die Grenzen der Unzumutbarkeit beachten. Dementsprechend muss eine außerordentliche Beendigungskündigung im Bereich des öffentlichen Dienstes trotz der Regelung in § 55 BAT möglich sein, wenn die von den Parteien der Vorschrift zugrunde gelegte Geschäftsgrundlage nicht mehr besteht. Eine unzumutbare Erschwerung ist schon dann anzunehmen, wenn für sog. unkündbare Arbeitnehmer das Recht zur außerordentlichen Beendigungskündigung auf Gründe beschränkt wird, die in der Person oder im Verhalten des Arbeitnehmers liegen, und für andere wichtige Gründe, insbesondere dringende betriebliche Erfordernisse, nur eine außerordentliche Änderungskündigung zugelassen wird,

KR/*Fischermeier*, § 626 BGB Rn 66; ErfK/*Müller-Glöge*, § 626 BGB Rn 235; *Kania*/*Kramer*, RdA 1995, 287.

§ 55 Abs. 2 BAT ist mit § 626 BGB unvereinbar,

ErfK/*Müller-Glöge*, § 626 BGB Rn 235.

Auch im öffentlichen Dienst sind die grundlegenden Organisationsentscheidungen des Arbeitgebers grundsätzlich nicht auf Notwendigkeit und Zweckmäßigkeit zu überprüfen,

BAG 26.1.1995, EzA § 2 KSchG Nr. 22.

Diese Auffassung hat auch in der Instanzrechtsprechung inzwischen ihren Niederschlag gefunden. So hat das LAG Köln ausdrücklich festgestellt, dass eine Verweisung in einem Anstellungsvertrag von Parteien auf die Kündigungsvorschriften des BAT ihrem Wortlaut nach zwar alle Kündigungsvorschriften des BAT umfasse und damit auch die Bestimmungen des § 53 Abs. 3 BAT über die Unkündbarkeit nach 15 Beschäftigungsjahren. Es könne aber gleichwohl nicht angenommen werden, dass die Verweisung uneingeschränkt gelten soll und insbesondere nicht, dass sie auch für den Fall gelten soll, dass die Beschäftigung eines Arbeitnehmers für den öffentlichen Arbeitgeber aus betrieblichen Gründen unmöglich wurde,

LAG Köln 5.9.2000 – 7 (13) Sa 168/00, ARST 2001, 93.

Das LAG Baden-Württemberg hat für den Bereich des öffentlichen Dienstes entschieden, dass § 55 Abs. 2 BAT die außerordentliche Beendigungskündigung nicht in jedem Falle ausschließe. Auch im Bereich des öffentlichen Dienstes können dringende betriebliche Gründe einer Weiterbeschäftigung entgegenstehen. Das LAG hat dies für den Fall angenommen, dass eine Musikschule zukünftig nur noch mit freiberuflich tätigen Lehrern betrieben wird, was einer Weiterbeschäftigung der Lehrkräfte als Arbeitnehmer entgegenstand. Das LAG hat weiterhin festgestellt, dass § 55 BAT eine betriebsbedingte Beendigungskündigung mit Auslauffrist nicht ausschließt, weil der Ausschluss höherrangigem Recht widerspräche,

LAG Baden-Württemberg 22.11.1999 – 15 Sa 69/99, EzBAT § 54 BAT Unkündbare Angestellte Nr. 10.

Auch das ArbG Hamm hält § 55 BAT für verfassungswidrig,

ArbG Hamm 19.6.2001 – 4 Ca 1414/01, n.v.

Das Arbeitsgericht führt aus, Art. 12 Abs. 1 GG gewähre dem Arbeitgeber das Recht, ein Unternehmen zu gründen, die Größenordnung seines Unternehmens zu bestimmen und schließlich sein Unternehmen wieder aufzugeben. Damit einhergehe das Recht, Arbeitsverhältnisse privatautonom zu begründen und zu beenden. Habe der Arbeitgeber sich entschlossen, seinen Betrieb zu verkleinern oder stillzulegen, könne er nicht gezwungen werden, an einem sinnentleerten Arbeitsverhältnis festzuhalten. Nehme man ihm die Möglichkeit zur ordentlichen und zur außerordentlichen Kündigung, müsste er den geschützten Arbeitnehmer bis zur Pensionierung weiter entlohnen, ohne dafür eine Gegenleistung zu erhalten, da ihm die Beschäftigungsmöglichkeit fehle. Dieses Ergebnis einer unzumutbaren Ewigkeitsbindung sei untragbar. Beendigungsmöglichkeiten, die der Anpassung des Arbeitnehmerbestandes an die Entwicklung des Unternehmens dienten, seien daher unverzichtbar.

Auch das BAG hat diese verfassungsrechtlichen Bedenken in seiner Rechtsprechung aufgenommen. Im sog. Rechenzentrumsfall führt es unter Ziff. II.4.b. der Entscheidungsgründe aus: „Ein wegen der Grundrechte des Arbeitgebers verfassungsrechtlich bedenklicher genereller Ausschluss des Rechts zur außerordentlichen Kündigung aus betriebsbedingten Gründen folgt auch nicht aus § 41 Abs. 3 Satz 3 MTV",

BAG 17.9.1998, NZA 1999, 258.

Für den Bereich des öffentlichen Dienstes hat der 2. Senat nunmehr seine Rechtsprechung präzisiert. Er hat ausgeführt, die Möglichkeit zur außerordentlichen Kündigung aus wichtigem Grund könne in einem Dauerschuldverhältnis nicht völlig beseitigt werden. Es seien Extremfälle denkbar, in denen auch im Rahmen des § 55 BAT eine außerordentliche betriebsbedingte Kündigung mit notwendiger Auslauffrist in Betracht kommen könne. Dies bedeute jedoch nicht, dass jede Umorganisation oder Schließung einer Teileinrichtung mit dem Wegfall von Arbeitsplätzen im öffentlichen Dienst zu einer außerordentlichen Kündigung führen könne. Habe der Arbeitgeber vor Ausspruch der Kündigung nicht alle Möglichkeiten ausgeschöpft, eine Weiterbeschäftigung des betroffenen Arbeitnehmers in der eigenen – entsprechend dem Grundsatz der Einheit des öffentlichen Dienstes – oder auch in einer fremden Verwaltung zu versuchen, so ist eine Kündigung ausgeschlossen. Dies gilt erst recht, wenn der Arbeitgeber nicht einmal die Maßnahmen zur Vermeidung einer Beendigungskündigung ergriffen hat, zu denen er in dem vergleichbaren Fall von Rationalisierungsmaßnahmen tarifvertraglich verpflichtet ist,

BAG 18.5.2006 – 2 AZR 207/05, n.v.; BAG 27.6.2002 – 2 AZR 367/01, n.v.

Zunächst ist festzuhalten, dass es nach ▬▬▬ keinen Arbeitsplatz für den Kläger mehr gibt: ▬▬▬

Vorliegend hat der Arbeitgeber seither sämtliche Möglichkeiten, die ihm zur Verfügung standen, für den Kläger, einen anderen Arbeitsplatz zu finden, ausgeschöpft.

Als Weiterbeschäftigungsmöglichkeiten kamen für den Kläger nur folgende Tätigkeiten oder Stellen bei folgenden Behörden in Betracht: ▬▬▬. Wie sich aus dem beigefügten Anlagenkonvolut ergibt, hat der Arbeitgeber bei all seinen Bemühungen innerhalb und außerhalb der Dienststelle nur Absagen erhalten.

Beweis: ▬▬▬

Alle Versuche, eine Weiterbeschäftigungsmöglichkeit für den Kläger zu vermitteln, sind damit fehlgeschlagen. Weitergehende Beschäftigungsmöglichkeiten bestehen nicht. Damit ist der Extremfall vorliegend gegeben, dass eine außerordentliche betriebsbedingte Kündigung im Bereich des öffentlichen Dienstes mit Auslauffrist wirksam ist.

15. Muster: Wettbewerbstätigkeit einer Krankenschwester

Ein wichtiger Grund für eine außerordentliche Kündigung ist gegeben, wenn eine in einer Klinik beschäftigte Krankenschwester, die nebenberuflich ohne Kenntnis ihres Arbeitgebers eine Heilpraktikerpraxis betreibt, anlässlich eines dienstlichen Kontakts einem Patienten eine Visitenkarte mit der Anschrift ihrer Heilpraktikerpraxis überreicht und diesem im Rahmen einer sich anschließenden Behandlung in ihrer Praxis empfiehlt, die in der Kardiologischen Abteilung der Klinik ihres Arbeitgebers verordneten Medikamente abzusetzen und einen Operationstermin zu verschieben. Es kommt nicht darauf an, ob sich der Gesundheitszustand des Patienten hierdurch verschlechtert hat,

LAG Köln 11.9.1996 – 8 Sa 290/96, AE 1997, 90.

XII. Bestandsschutzstreitigkeiten: Spezielle Sachverhalte bei Beendigung von Arbeitsverhältnissen

1. Muster: Anfechtung eines Aufhebungsvertrages

↓

Aktenzeichen: ▪▪▪
Gegner: RAe ▪▪▪, zwei Abschriften anbei
In dem Rechtsstreit

▪▪▪ ./. ▪▪▪

bestellen wir uns zu Prozessbevollmächtigten der beklagten Partei und beantragen:

1. Die Klage wird abgewiesen.
2. Die Kosten des Rechtsstreits trägt die klägerische Partei.

Gründe:

Zwischen der beklagten und der klägerischen Partei wurde am ▪▪▪ ein Aufhebungsvertrag geschlossen (Anlage K ▪▪▪ a). Mit Schriftsatz ihrer Bevollmächtigten vom ▪▪▪ erklärte die klägerische Partei die Anfechtung des Aufhebungsvertrages wegen angeblich widerrechtlicher Drohung (Anlage K ▪▪▪ b). Der Antrag der klägerischen Partei auf Feststellung der Unwirksamkeit des Aufhebungsvertrages ist nicht begründet.

I.

Nach nunmehr gefestigter Rechtsprechung ist die Ankündigung, aus wichtigem Grunde das Arbeitsverhältnis zu kündigen, dann keine widerrechtliche Drohung i.S.v. § 123 Abs. 1 BGB, wenn ein verständiger Arbeitgeber eine außerordentliche Kündigung ernsthaft in Erwägung gezogen hätte; dagegen kommt es nicht darauf an, ob sich die Arbeitgeberkündigung, wenn sie ausgesprochen worden wäre, im Gerichtsverfahren als rechtsbeständig erwiesen hätte,

BAG 16.11.1979, EzA § 123 BGB Nr. 19; BAG 20.11.1969, AP § 123 BGB Nr. 16; Schaub/*Linck*, Arbeitsrechts-Handbuch, § 122 II.1. Rn 16 ff.

Ob ein verständiger Arbeitgeber die fristlose Kündigung ernsthaft erwogen hätte, richtet sich nicht nur nach dem tatsächlichen subjektiven Wissensstand eines bestimmten Arbeitgebers. Zu berücksichtigen sind auch die – z.B. erst im Prozess gewonnenen – Ergebnisse weiterer Ermittlungen, die ein verständiger Arbeitgeber zur Aufklärung des Sachverhalts angestellt hätte. Maßgeblich ist der objektiv mögliche und damit hypothetische Wissensstand des Arbeitgebers.
Ungerechtfertigt ist die Anfechtung eines Aufhebungsvertrages, wenn der Streit über die Berechtigung einer außerordentlichen Kündigung abgekürzt werden soll oder wenn ein verständiger Arbeitgeber nach sorgfältiger Prüfung der Lage eine außerordentliche Kündigung in Aussicht stellt und der Arbeitnehmer vorsorglich in die Auflösung einwilligt, um dem Makel einer fristlosen Kündigung, der Einleitung eines Strafverfahrens usw. zu entgehen,

LAG Baden-Württemberg 6.12.1973, BB 74, 185; Schaub/*Linck*, Arbeitsrechts-Handbuch, § 122 II.1. Rn 18.

Auf dem Hintergrund dieser Rechtsprechung ist zu prüfen, ob die der klägerischen Partei eingeräumte Möglichkeit, anstelle der fristlosen Kündigung einen Aufhebungsvertrag zu schließen, als widerrechtliche Drohung verstanden werden kann. Um es kurz zu machen: Die Vorhaltungen der klägerischen Partei sind abwegig, die Klage ist unschlüssig. Jeder verständige Arbeitgeber hätte nach den bis zu diesem Zeitpunkt aufgelaufenen und bekannt gewordenen Pflichtverletzungen der klägerischen Partei eine fristlose Kündigung des Arbeitsvertrages ernsthaft in Erwägung ziehen müssen. Im Einzelnen:

▪▪▪

II.

Bei dieser Sachlage durfte jeder verständige Arbeitgeber eine außerordentliche Kündigung ernsthaft in Erwägung ziehen:

1. Einmalige und geringfügige Vollmachtsüberschreitungen können eine außerordentliche Kündigung in der Regel nicht rechtfertigen. Bei wiederholten Verstößen ist jedoch eine ordentliche und bei eigenmächtigen Verstößen eines Arbeitnehmers, namentlich eines leitenden Angestellten, eine außerordentliche Kündigung berechtigt,

BAG 26.11.1964, AP § 626 BGB Nr. 53.

Das Verhalten der klägerischen Partei, ▪▪▪, ist darüber hinaus dem Fall einer eigenmächtigen Entnahme eines Gehaltsvorschusses mindestens ebenbürtig, wenn nicht in seiner Schwere noch wesentlich überlegen. Schon der Fall der eigenmächtigen Entnahme eines Gehaltsvorschusses rechtfertigt die außerordentliche Kündigung,

ArbG Solingen 2.4.1974, DB 74, 1439.

2. Mit ihrer Arbeitsbummelei sowie ständigen Unpünktlichkeit und unentschuldigtem Fernbleiben von der Arbeit war die beklagte Partei nach wiederholten zwecklosen Ermahnungen befugt, das Arbeitsverhältnis zu kündigen,

vgl. die umfangreichen Rechtsprechungsnachweise in KR/*Hillebrecht*, § 626 BGB Rn 107.

Auch ein weit entfernt von seinem Arbeitsort wohnender Arbeitnehmer muss dafür sorgen, dass er pünktlich zur Arbeit erscheint und zwar selbst dann, wenn die Anfahrt besondere Kosten verursacht. Kommt er trotz Ermahnung wiederholt zu spät, dann kann ihm fristlos gekündigt werden,

LAG Düsseldorf 15.3.1967, BB 1967, 799.

Die beklagte Partei war daher zur fristlosen Kündigung gemäß § 626 BGB berechtigt auch wegen der nachhaltigen, ständigen Unpünktlichkeit. Zumindest aber im Sinne eines unterstützenden Kündigungsgrundes kann dieser Sachverhalt herangezogen werden.

3. Ein Arbeitnehmer, der in einer besonderen Vertrauensstellung steht und beispielsweise Spesen abrechnet, die ihm nicht entstanden sind, kann selbst dann fristlos entlassen werden, wenn es sich nur um einen geringen Betrag, wie beispielsweise 13,80 EUR handelt,

BAG 2.6.1960, AP § 626 BGB Nr. 42.

Hat ein Arbeitnehmer Vermögensbetreuungsinteressen des Arbeitgebers selbständig wahrzunehmen, so berechtigt schon die einmalige Verletzung dieser Interessen zur fristlosen Kündigung.

Die klägerische Partei hat vorliegend den Straftatbestand der Untreue verwirklicht. Angesichts der Vermögensbetreuungsinteressen, die die klägerische Partei wahrzunehmen hatte und angesichts des gebotenen besonderen Vertrauensverhältnisses war eine fristlose Kündigung nicht nur bei erwiesener strafbarer Handlung bzw. erwiesener Vertragsverletzung der klägerischen Partei, sondern auch schon aufgrund des Verdachts einer strafbaren Handlung bzw. Pflichtverletzung als wichtiger Grund für eine außerordentliche Kündigung ausreichend,

BAG 4.6.1964, EzA § 626 BGB Nr. 5; BAG 10.2.1977, EzA § 103 BetrVG 1972 Nr. 18.

Wenn schon die Unterschlagung eines Stückes Bienenstich durch eine Verkäuferin eine fristlose Entlassung rechtfertigt,

LAG Düsseldorf 17.10.1984, LAGE § 626 BGB Nr. 17,

so rechtfertigt die Anrichtung eines Schadens in Höhe von ▬▬▬ EUR erst recht eine Kündigung aus wichtigem Grund.

Die wahrheitswidrige Beantwortung von Fragen, zu deren Offenbarung der Arbeitnehmer verpflichtet ist, berechtigt jedenfalls nur dann zur fristlosen Kündigung, wenn die wahrheitswidrigen Auskünfte dazu dienen, vorangegangene Eigenmächtigkeiten, Handlungen zum wirtschaftlichen Nachteil des Arbeitgebers oder vergleichbare Pflichtwidrigkeiten zu verdecken. Darüber hinaus rechtfertigen die Pflichtwidrigkeiten selbst die fristlose Kündigung gemäß § 626 BGB.

Auch als Verdachtskündigung wäre die Kündigung der klägerischen Partei gerechtfertigt gewesen, denn die Verdachtskündigung ist nicht auf besondere Vertrauensverhältnisse, sondern auf solche Tatbestände bezogen, in denen wegen des Verdachts das für die vereinbarte Arbeitsleistung vorausgesetzte und erforderliche Vertrauen zerstört wird. Diese Auswirkung des Verdachts ist nicht nur bei Arbeitnehmern möglich, die in einer besonderen Vertrauensposition beschäftigt werden, sie ist vielmehr auch bei Angestellten oder gewerblichen Arbeitern kündigungsrechtlich erheblich, die bei der Verwaltung von Geld- oder Sachmitteln des Arbeitgebers oder der Betätigung von Kontrolleinrichtungen nicht ständig überwacht werden können und denen deswegen notwendigerweise ein gewisses Vertrauen entgegengebracht werden muss,

KR/*Etzel*, § 1 KSchG Rn 505 ff.; MüKo-BGB/*Schwerdtner*, § 626 Rn 116.

Dieses Vertrauen wurde von der klägerischen Partei tiefgreifend durch die Verletzung von Vermögensinteressen, durch wahrheitswidrige Auskünfte, durch Bereicherung und eigenmächtige Entscheidungen zerstört. Die fristlose Kündigung wäre auch aus diesem Grunde rechtsbeständig gewesen.

4. Schließlich sei angemerkt, dass sich die bislang zu § 123 BGB und der Anfechtung von Aufhebungsverträgen entwickelte Rechtsprechung nicht mit dem Fall befasst hat, dass dem Arbeitnehmer im Aufhebungsvertrag noch ein Freistellungsanspruch über mehr als ▬▬▬ Monate unter Fortzahlung des Gehalts zugebilligt und außerdem eine Abfindung in Höhe von ▬▬▬ EUR sowie ein weiterer wirtschaftlicher Nachlass in Höhe von ▬▬▬ EUR sowie der Verzicht auf die Geltendmachung von Schadensersatzansprüchen, die vorliegend in beträchtlicher Höhe gerechtfertigt wären, eingeräumt wurde. Der Kläger hat sich durch den Abschluss des Aufhebungsvertrages Straffreiheit für die von ihm begangenen mutmaßlichen Straftatbestände wie Untreue etc. verschafft. Und schließlich ist in den vorliegend zur Bewertung der Rechtslage herangezogenen Vergleichs-Entscheidungen des Bundesarbeitsgerichts nie davon die Rede gewesen, dass ein Aufhebungsvertrag geschlossen wurde, der eine abschließende Ausgleichsklausel enthält. Im Aufhebungsvertrag vom ▬▬▬ heißt es:

„Mit der Erfüllung dieses Vergleichs sind die zwischen den Parteien bestehenden Rechte und Pflichten vollständig ausgeglichen, seien sie bekannt oder unbekannt."

In keiner der von der Rechtsprechung bisher beurteilten Aufhebungsvereinbarungen war eine solche abschließende Ausgleichsvereinbarung, die auch die Anfechtung der Willenserklärung einer Vertragspartei ausschließt, enthalten, so dass es denkbar erscheint, dass die herangezogene BAG-Rechtsprechung angesichts des Inhalts des zwischen den Parteien geschlossenen Vergleichs nicht einschlägig ist. Die Erledigungsklausel des Aufhebungsvertrages diente der abschließenden Herbeiführung von Rechtsfrieden und ist in dieser Form auch bei den Arbeitsgerichten üblich, wenn eine spätere Anfechtung von Willenserklärungen, die im Rahmen eines arbeitsgerichtlichen Vergleichs abgegeben werden, ausgeschlossen sein soll.

Auch wurde darauf hingewiesen, dass die klägerische Partei an dieser Klausel ein weitaus höheres Interesse hatte als die beklagte Partei, denn mit Hilfe dieser Klausel konnte sich die klägerische Partei vor Schadensersatzansprüchen und (im Zuge von anschließenden Wirtschaftsprüfungen etwa bekannt werdenden) neuen Tatsachen, die sie zur Haftung verpflichtet hätten, schützen. Diese Schutzfunktion, die der Aufhebungsvertrag erfüllt und die auf ausdrücklichen Wunsch der klägerischen Partei in den Aufhebungsvertrag aufgenommen wurde, entspricht nicht nur der klassischen Funktion des Vergleichs, nämlich gegenseitigem Nachgeben, sie hindert im Lichte der Rechtsprechung an einer Anfechtung des geschlossenen Aufhebungsvertrages. Ungerechtfertigt ist nämlich, wie unter Hinweis auf die einschlägige Rechtsprechung sowie die Fundstelle bei *Schaub* (§ 122 Abs. 3 Satz 1 BGB) dargestellt wurde, die Anfechtung eines Aufhebungsvertrages, wenn der Streit über die Berechtigung einer außerordentlichen Kündigung abgekürzt werden soll oder wenn ein verständiger Arbeitgeber nach sorgfältiger Prüfung der Lage eine außerordentliche Kündigung in Aussicht stellt und der Arbeitnehmer vorsorglich in die Auflösung einwilligt, um dem Makel einer fristlosen Kündigung, der Einleitung eines Strafverfahrens oder etwaiger Schadensersatzansprüche entgehen möchte.

Diese Funktion hat die Ausgleichsklausel des Vergleichs auch erfüllt, denn ■■■.

2. Muster: Annahmeverweigerung einer Kündigung durch Empfangsboten

500

Nach § 130 Abs. 1 BGB wird eine unter Abwesenden abgegebene empfangsbedürftige Willenserklärung in dem Zeitpunkt wirksam, in dem sie dem Empfänger zugeht. Eine schriftliche Willenserklärung ist danach zugegangen, sobald sie in verkehrsüblicher Weise in die tatsächliche Verfügungsgewalt des Empfängers bzw. eines empfangsberechtigten Dritten gelangt ist und für den Empfänger unter gewöhnlichen Verhältnissen die Möglichkeit besteht, von dem Inhalt des Schreibens Kenntnis zu nehmen. Wenn für den Empfänger diese Möglichkeit besteht, ist es unerheblich, wann er die Erklärung tatsächlich zur Kenntnis genommen hat oder ob er daran durch Krankheit, zeitweilige Abwesenheit oder andere besondere Umstände zunächst gehindert war. Dabei genügt es, wenn der Brief an eine Person ausgehändigt wird, die nach der Verkehrsauffassung als ermächtigt anzusehen ist, den Empfänger in der Empfangnahme zu vertreten. Es ist nicht erforderlich, dass dem Dritten, der die schriftliche Willenserklärung für den Empfänger entgegennimmt, eine besondere Vollmacht oder Ermächtigung erteilt worden ist. Abzustellen ist auf die Verkehrssitte, so dass die Grundsätze über die sog. Duldungsvollmacht nicht herangezogen zu werden brauchen,

BAG 16.1.1976, NJW 1976, 1284.

Lehnt der Empfänger, der dem gleichen Lebenskreis wie der Adressat angehört, grundlos die Annahme einer Willenserklärung ab, so muss er sich allerdings nach Treu und Glauben gemäß § 242 BGB so behandeln lassen, als sei ihm das Schreiben im Zeitpunkt der Ablehnung zugegangen, wenn er im Rahmen vertraglicher Beziehungen mit rechtserheblichen Mitteilungen rechnen muss. Verhindert jedoch ein nur als Empfangsbote in Betracht kommender Dritter durch Annahmeverweigerung den Zugang der Willenserklärung, so kann dies dem Adressaten nicht zugerechnet werden, wenn er hierauf keinen Einfluss hat. Er muss die Erklärung in diesem Fall nur dann als zugegangen gegen sich gelten lassen, wenn der Dritte im Einvernehmen mit ihm bewusst die Entgegennahme verweigert und damit den Zugang vereitelt,

RAG, DR 1941, 1796.

Lehnt ein als Empfangsbote anzusehender Familienangehöriger des abwesenden Arbeitnehmers die Annahme eines Kündigungsschreibens des Arbeitgebers ab, so muss der Arbeitnehmer die Kündigung nur dann als zugegangen gegen sich gelten lassen, wenn er auf die Annahmeverweigerung, etwa durch vorherige Absprache mit dem Angehörigen, Einfluss genommen hat,

BAG 11.11.1992, NZA 1993, 259.

3. Muster: Annahmeverzugslohn – Widerklage auf Auskunft

Arbeitsgericht ▄▄▄
Aktenzeichen: ▄▄▄

Widerklage

▄▄▄

– klägerische und widerbeklagte Partei –

Prozessbevollmächtigte: ▄▄▄

gegen

▄▄▄

– beklagte und widerklagende Partei –

Prozessbevollmächtigte: ▄▄▄

Im Wege der Widerklage beantragen wir, wie folgt zu erkennen:

> Die klägerische und widerbeklagte Partei wird verurteilt, Auskunft über ihr im Zeitraum vom ▄▄▄ bis ▄▄▄ erzieltes Einkommen zu erteilen.

Hilfsweise:

> Die klägerische und widerbeklagte Partei wird verurteilt, zu Protokoll an Eides statt zu versichern, dass sie ihre Einnahme für den Zeitraum vom ▄▄▄ bis ▄▄▄ im außergerichtlichen Schreiben ihres Prozessbevollmächtigten vom ▄▄▄ vollständig angegeben hat.

Gründe:

1. Die Voraussetzungen des Annahmeverzugs und die Höhe des Verzugslohns hat der Arbeitnehmer darzulegen und zu beweisen. Der Arbeitgeber ist darlegungs- und beweispflichtig für die Behauptung, der Verzugslohn sei unter Anwendung des § 615 Satz 2 BGB zu mindern,

> BAG 19.7.1978, AP § 242 BGB Auskunftspflicht Nr. 16; BAG 29.7.1993, AP § 615 BGB Nr. 52.

2. Macht der Arbeitnehmer gegen den Arbeitgeber einen Anspruch auf Annahmeverzugslohn geltend, so ist er dem Arbeitgeber zur Auskunft über die Höhe seines anderweitigen Verdienstes im Verzugszeitraum verpflichtet,

> BAG 19.7.1978, AP § 242 BGB Nr. 16; BAG 29.7.1993, AP § 615 BGB Nr. 52.

Der Arbeitgeber kann Auskunft über die Höhe des anderweitigen Verdienstes nur aus denjenigen Zeitabschnitten verlangen, für die der Arbeitnehmer fortlaufend seit Beginn des Annahmeverzuges klageweise Vergütung geltend macht. Es besteht keine Auskunftspflicht über den Zwischenverdienst in Bezug auf solche Zeiträume, für die der Arbeitnehmer noch keine Klage auf Zahlung des Annahmeverzugslohns erhoben hat,

> BAG 24.8.1999, NZA 2000, 818.

Der Hilfsantrag rechtfertigt sich daraus, dass immer dann, wenn Grund zu der Annahme besteht, dass die Angaben des Arbeitnehmers über die Höhe seines Zwischenverdienstes unvollständig sind, der Anspruch des Arbeitgebers gegen den Arbeitnehmer auf die Abgabe einer eidesstattlichen Versicherung besteht. Der Arbeitgeber hat ein Leistungsverweigerungsrecht, soweit von einer Nichterfüllung der Auskunftspflicht auszugehen ist. Ist die erteilte Auskunft lediglich in einzelnen Punkten unvollständig, kommt eine Verpflichtung des Arbeitnehmers zur Ableistung einer eidesstattlichen Versicherung in Betracht,

> BAG 29.7.1993, AP § 615 BGB Nr. 52.

3. Unter Berücksichtigung dieser Grundsätze ergeben sich vorliegend folgende Ansprüche der widerklagenden Partei:

▄▄▄

4. Muster: Antrag auf Entbindung von der Weiterbeschäftigungspflicht nach § 102 Abs. 5 Satz 2 BetrVG

Arbeitsgericht ▄▄▄

**In dem Verfahren des
einstweiligen Rechtsschutzes**

▄▄▄

– antragstellende Partei –

Verfahrensbevollmächtigte: ▄▄▄

gegen

▬▬▬

– antragsgegnerische Partei –

Verfahrensbevollmächtigte: ▬▬▬

bestellen wir uns zu Verfahrensbevollmächtigten der antragstellenden Partei, in deren Namen und auf Auftrag wir beantragen zu erkennen:

Die antragstellende Partei wird im Wege der einstweiligen Verfügung, wegen der Dringlichkeit ohne mündliche Verhandlung und allein durch den Vorsitzenden, von der Verpflichtung zur Weiterbeschäftigung der antragsgegnerischen Partei entbunden.

Gründe:

1. Zum Verfahren:

§ 102 Abs. 5 Satz 2 BetrVG ist nach einhelliger Auffassung abschließend, so dass nur die Geltendmachung des Entbindungsanspruchs im Wege der einstweiligen Verfügung in Betracht kommt,

BAG 31.1.1978, AP § 102 BetrVG Weiterbeschäftigung Nr. 1.

2. In der Sache:

Die antragstellende Partei ist ein Unternehmen auf dem Gebiet ▬▬▬. Aufgrund rückläufiger Nachfrage hat sie den Betrieb in ▬▬▬ geschlossen. Der Betriebsrat wurde angehört. Allen ▬▬▬ Mitarbeitern wurde gekündigt. Im Unternehmen besteht keinerlei Weiterbeschäftigungsmöglichkeit mehr, in verschiedenen Sitzungen wurde dem Betriebsrat erläutert, weshalb keine einzige Stelle mehr im Gesamtunternehmen verfügbar ist.

Mit Fax vom ▬▬▬ widersprach der Betriebsrat pauschal und mit gleich bleibender Begründung allen Kündigungen, obwohl ihm eindringlich erläutert worden war, dass eine Weiterbeschäftigungsmöglichkeit für keinen der betroffenen Arbeitnehmer besteht.

a) Der Entbindungsantrag nach § 102 Abs. 5 Satz 2 BetrVG ist schon allein deshalb begründet, weil der Widerspruch des Betriebsrats nicht ordnungsgemäß war. Widerspricht der Betriebsrat in nicht ordnungsgemäßer Form, etwa weil er die Schriftform nicht einhält oder die Wochenfrist aus § 102 Abs. 3 BetrVG überschritten hat, führt der Entbindungsantrag ohne weitere materiell-rechtliche Prüfung zum Erfolg,

LAG Baden-Württemberg 15.5.1974, BB 1975, 43; LAG Düsseldorf 15.3.1978, DB 1978, 1283; LAG Hamm 31.3.1979, DB 1979, 1232.

Die Gegenmeinung,

LAG Hessen 2.11.1984, NZA 1985, 163,

übersieht, dass schon allein aufgrund praktischer betrieblicher Bedürfnisse das Rechtsschutzbedürfnis am Entbindungsantrag gegeben ist.

b) Da die Betriebsstilllegung grundsätzlich ein hinreichender Grund für einen betriebsbedingte Kündigung ist und vorliegend auch kein anderer Arbeitsplatz im gesamten Betrieb zur Verfügung steht, sind die Kündigungen offensichtlich sozial gerechtfertigt, weshalb der Widerspruch des Betriebsrats offensichtlich unbegründet ist. Die Weiterbeschäftigung nach § 102 Abs. 5 BetrVG macht aber dann keinen Sinn, wenn keine Arbeit verfügbar ist, die vom weiterbeschäftigten Arbeitnehmer verrichtet werden könnte.

Die Weiterbeschäftigung der antragsgegnerischen Partei würde im Unternehmen zu einer unzumutbaren wirtschaftlichen Belastung führen.

Da erfahrungsgemäß Kündigungsschutzverfahren bis zu zwei Jahren dauern, wäre in einem gleich hohen Zeitraum von der Antragstellerin das Gehalt an die antragsgegnerische Partei zu zahlen. Angesichts eines rückläufigen Auftragsbestandes mit einem zu erwartenden erheblich verringerten Gewinn im laufenden Jahr in Höhe von nur noch ▬▬▬ EUR (Vorjahr ▬▬▬ EUR),

Glaubhaftmachung: Eidesstattliche Versicherung des Steuerberaters ▬▬▬,

würde die Lohnkostensumme bei Weiterbeschäftigung des Antragsgegners um ▬▬▬% überschritten. In Zahlen würde dies bedeuten, dass der Betrieb ▬▬▬ EUR Lohnkosten zahlen müsste, die für ihn unzumutbar wären und die andererseits dringend für Investitionen benötigt werden.

Glaubhaftmachung: Eidesstattliche Versicherung des Personalleiters ▬▬▬.

3. Eine einstweilige Verfügung, mit der ein Entbindungsantrag nach § 102 Abs. 5 Satz 2 BetrVG geltend gemacht wird, bedarf keines Verfügungsgrundes,

LAG Düsseldorf 15.3.1978, DB 1978, 1282; *Germelmann u.a.*, ArbGG, § 62 Rn 88.

5. Muster: Ausbildungskosten – Rückzahlungsklausel im Arbeitsvertrag

Nach der Rechtsprechung des Bundesarbeitsgerichts wird in das Grundrecht des Arbeitnehmers auf freie Arbeitsplatzwahl nicht unzulässig eingegriffen, wenn eine zeitlich befristete Arbeitsplatzbindung des Arbeitnehmers einem schutzwürdigen Interesse des Arbeitgebers entspricht,
  BAG 24.7.1991, NZA 1992, 405, 406; BAG 11.4.1990, NZA 1990, 178, 179.

Rückzahlungsklauseln sind danach zulässig, wenn sie bei Abwägung aller Einzelumstände dem Arbeitnehmer nach Treu und Glauben zumutbar sind und vom Standpunkt eines verständigen Beobachters einem begründeten und zu billigenden Interesse des Arbeitgebers entsprechen. Die für den Arbeitnehmer ertragbaren Bindungen müssen im Rahmen einer Interessen- und Güterabwägung unter Berücksichtigung des Verhältnismäßigkeitsgrundsatzes und aller Umstände des Einzelfalles, für die der Arbeitgeber darlegungs- und beweispflichtig ist, gefunden werden,
  BAG 23.4.1986, AP § 611 Ausbildungsbeihilfe Nr. 10.

Der Arbeitnehmer muss eine angemessene Gegenleistung für die Rückzahlungsverpflichtung erhalten haben. Weitere Billigkeitsgesichtspunkte sind die Dauer der Bindung, der Umfang der Arbeitgeberleistung, die Höhe des Rückzahlungsbetrages und dessen Abwicklung,
  BAG 11.4.1984, AP § 611 Ausbildungsbeihilfe Nr. 8.

In die Interessenabwägung müssen demnach der geldwerte Vorteil, den der Arbeitnehmer erhalten hat, und die Interessen des Arbeitgebers an der gewährten Ausbildungsleistung sowie die Länge des Bindungszeitraumes und die Höhe der Rückzahlungssumme eingestellt werden. Handelt es sich um eine spezifische Ausbildung, d.h. eine auf den Arbeitgeber ausgerichtete Ausbildung, so hat der Arbeitgeber darzulegen und zu beweisen, dass außerhalb seines eigenen Betriebes Bedarf nach in der Art ausgebildeten Arbeitskräften besteht,
  BAG 24.7.1991, NZA 1992, 405.

Daher ergibt sich für den vorliegenden Fall Folgendes: ▪▪▪

Aus allgemeinen Vertragsrichtlinien kann jedoch kein originärer Rückzahlungsanspruch erwachsen; dazu bedarf es zusätzlich einer bezogen auf die konkrete Ausbildungsmaßnahme abgeschlossenen schriftlichen Individualvereinbarung,
  LAG Köln 8.5.2006, NZA-RR 2006, 570.

Eine solche Individualvereinbarung lag hier vor. ▪▪▪

Die Rückzahlungsklausel ist ferner unwirksam, wenn sie die Wirkung einer unterschiedlich langen Kündigungsfrist für Arbeitgeber und Arbeitnehmer entfaltet und damit nach den §§ 622 Abs. 5, 134 BGB unwirksam ist. Das Bundesarbeitsgericht setzt Kündigungserschwernisse mit unterschiedlich langen Kündigungsfristen gleich.
  BAG 9.3.1972, AP § 622 BGB Nr. 12.

Die Rückzahlungsklausel verstößt nur dann nicht gegen das Gebot gleicher Kündigungsfristen gemäß § 622 Abs. 5 BGB, wenn die Rückzahlungsklausel sachlich gerechtfertigt ist,
  BAG 5.6.1984, AP § 611 Ausbildungsbeihilfe Nr. 11; Staudinger/*Neumann*, § 622 BGB Rn 34.

Die Rückzahlungsklausel ist nur dann sachlich gerechtfertigt, wenn sie dem sachgerechten Ausgleich zwischen den Interessen beider Parteien dient.
▪▪▪

6. Muster: Direktionsrecht – keine Einschränkung selbst nach langjähriger Tätigkeit

Kraft seines Direktionsrechts bestimmt der Arbeitgeber die näheren Einzelheiten der Erbringung der geschuldeten Arbeitsleistung, vor allem deren Ort, Zeit und näheren Inhalt. Das Direktionsrecht kann durch Gesetz, Tarifvertrag, Betriebsvereinbarungen oder Einzelarbeitsvertrag eingeschränkt sein. Soweit hiernach das Direktionsrecht ausgeübt werden kann, muss der Arbeitgeber die Grenzen des billigen Ermessens i.S.v. § 315 Abs. 3 BGB einhalten,
  BAG 23.6.1993, NZA 1993, 1127 m.w.N.

Die Wahrung billigen Ermessens setzt voraus, dass die wesentlichen Umstände des Falles abgewogen werden. Ob dies geschehen ist, unterliegt der gerichtlichen Kontrolle, die in der Revisionsinstanz uneingeschränkt nachgeprüft wird,
  BAG 23.1.1992, NZA 1992, 795.

Setzt ein Krankenhaus die Leiterin einer Station selbst nach 26jähriger Tätigkeit auf eine andere Station um und gibt ihr dort die gleiche Funktion, bewegt sich der Arbeitgeber in den Grenzen seines Direktionsrechts,

BAG 24.4.1996, NZA 1996, 1088.

Das Direktionsrecht des Arbeitgebers wird nicht dadurch eingeschränkt, dass sich die Arbeitspflicht einer Mitarbeiterin auf die Leitung einer bestimmten Station eines Kreiskrankenhauses konkretisiert hätte.

Selbst eine Umsetzung einer Stationsleiterin zur Behebung von Leistungsmängeln überschreitet nicht die Grenzen billigen Ermessens (§ 315 Abs. 3 BGB). Der Arbeitgeber muss auch nicht bei Ausübung seines Direktionsrechts zur Behebung von Leistungsmängeln die Abmahnung als vermeintlich mildestes Mittel anwenden. Die Erteilung einer Abmahnung belastet in aller Regel den Arbeitnehmer stärker als eine bloße Umsetzung, denn mit einer Abmahnung rügt der Arbeitgeber Leistungsmängel und bezeichnet sie auch als solche, während durch die Umsetzung in Ausübung des Direktionsrechts kein vertragswidriges Verhalten förmlich gerügt wird,

BAG 24.4.1996, NZA 1996, 1089.

Es ist Sache des Arbeitgebers zu entscheiden, wie er auf Konfliktlagen reagieren will. Der Arbeitgeber ist nicht gehalten, in solchen Situationen anstelle einer Umsetzung eine Abmahnung auszusprechen; außerdem bewirkt eine Abmahnung nicht immer die vom Arbeitgeber angestrebte Verbesserung der Arbeitsleistung. Wenn eine Tätigkeit von ein und derselben Person über einen langen Zeitraum eingenommen worden ist, kann eine Umsetzung, die manchmal eher eine Leistungssteigerung zur Folge hat, damit im beiderseitigen Interesse liegen,

BAG 24.4.1996, NZA 1996, 1089.

Auf dem Hintergrund dieser Rechtsprechungsgrundsätze hat sich die beklagte Partei mit ihrer Ausübung des Direktionsrechts in den von der Rechtsprechung aufgestellten Grenzen gehalten: ▪▪▪

↑

7. Muster: Freistellung im einstweiligen Rechtsschutz

↓

Arbeitsgericht ▪▪▪

**In dem Verfahren
des einstweiligen Rechtsschutzes**

– antragstellende Partei –

Verfahrensbevollmächtigte: ▪▪▪

gegen

– antragsgegnerische Partei –

Verfahrensbevollmächtigte: ▪▪▪

bestellen wir uns zu Verfahrensbevollmächtigten der antragsgegnerischen Partei, in deren Namen und Auftrag wir beantragen zu erkennen:

1. Der Antrag wird zurückgewiesen.
2. Die Berufung wird zugelassen.
3. Die Kosten des Verfahrens trägt die antragstellende Partei.

Gründe:

Mit ihrem Antrag wendet sich die antragstellende Partei gegen eine Freistellungserklärung, die die antragsgegnerische Partei am ▪▪▪ abgegeben hat. Im Arbeitsvertrag der Parteien befindet sich unter Ziff. ▪▪▪ die Klausel, dass die antragsgegnerische Partei befugt ist, ab Ausspruch einer Kündigung die antragstellende Partei von ihrer Verpflichtung zur Arbeitsleistung freizustellen.

Glaubhaftmachung: Arbeitsvertrag in Kopie – Anlage B 1.

Von dieser Befugnis hat die antragsgegnerische Partei Gebrauch gemacht.

1. Ein Verfügungsanspruch besteht nicht. Nach der Entscheidung des Großen Senats,

BAG 27.2.1985, AP § 611 BGB Beschäftigungspflicht Nr. 14, Bl. 12 ff.,

besteht das Beschäftigungsinteresse des Arbeitnehmers im gekündigten Arbeitsverhältnis grundsätzlich nur bei offensichtlich unwirksamen Kündigungen. Von einer offensichtlich unwirksamen Kündigung kann nur dann die Rede sein, wenn sich schon aus dem eigenen Vortrag des Arbeitgebers ohne Beweiserhebung und ohne dass ein Beurteilungsspielraum gegeben wäre, jedem Kundigen die Unwirksamkeit der Kündigung geradezu aufdrängt. Die Unwirksamkeit der Kündigung, so das BAG, müsse ohne jeden vernünftigen Zweifel in rechtlicher und in tatsächlicher Hinsicht offen zu Tage liegen,

BAG 27.2.1985, AP § 611 BGB Beschäftigungspflicht Nr. 14, Bl. 12.

Die antragsgegnerische Partei bestreitet folgende Behauptungen der antragstellenden Partei: ▬▬▬
Von einer offensichtlich unwirksamen Kündigung kann daher wahrlich nicht die Rede sein.

2. Soweit die antragstellende Partei die Unwirksamkeit der Kündigung auf eine mangelnde Bevollmächtigung des kündigenden Herrn ▬▬▬ stützt, ist die Kündigung ebenfalls nicht offensichtlich unwirksam. Wie den anwaltlich Bevollmächtigten in der Vorkorrespondenz bereits mitgeteilt wurde, verfügt Herr ▬▬▬ als Personalchef, Senior Manager Human Resources, über eine Generalvollmacht.

Glaubhaftmachung: Vorlage der Generalvollmacht in Kopie – Anlage B 2.

Außerdem gilt der Grundsatz, dass es bei der Kündigung durch den Leiter einer Personalabteilung nicht der Vorlage einer Vollmachtsurkunde bedarf. Dieser Grundsatz gilt auch dann, wenn die Vollmacht des Abteilungsleiters (Personalchef) nur im Innenverhältnis, beispielsweise aufgrund einer internen Geschäftsordnung, eingeschränkt ist,

BAG 29.10.1992, NZA 1993, 307; BAG 30.5.1972, BAGE, 24, 273; BAG 30.5.1978, AP § 174 BGB Nr. 2.

Ein Verfügungsanspruch im Sinne einer offensichtlichen Unwirksamkeit der Kündigung mangels Bevollmächtigung des Kündigenden ist daher ebenfalls nicht gegeben.

3. Auch fehlt nach ständiger Rechtsprechung der meisten Landesarbeitsgerichte vorliegend ein Verfügungsgrund. Es entspricht der Rechtsprechung der meisten Landesarbeitsgerichte, dass eine einstweilige Verfügung auf Beschäftigung nach Ausspruch einer ordentlichen Kündigung als Leistungsverfügung,

ArbG Stuttgart 5.6.1996, NZA-RR 1997, 260,

oder als Befriedigungs- und Erfüllungsverfügung,

LAG Hamm 18.2.1998, MDR 1998, 1036,

über die der Arbeitnehmer die vorläufige Erfüllung des Beschäftigungs- bzw. Weiterbeschäftigungsanspruchs begehrt, eine bestehende Notlage i.S.v. § 940 ZPO erfordert. An den Nachweis eines Notfalls sind besonders strenge Anforderungen zu stellen,

LAG Hamm 18.2.1998, MDR 1998, 1036; ArbG Köln 9.5.1996, NZA-RR 1997, 186; LAG Köln 6.8.1996, LAGE § 611 BGB Beschäftigungspflicht Nr. 40; LAG Köln 20.11.1994 – 5 Sa 569/94; LAG Köln 30.11.1995 – 3 Sa 1369/94; LAG Rheinland-Pfalz 21.8.1986, LAGE § 611 BGB Beschäftigungspflicht Nr. 9; LAG Frankfurt 23.3.1987, NZA 1988, 37; LAG Niedersachsen 27.1.1998 – 12 Sa 2162/97.

Aus der Zweckrichtung der einstweiligen Verfügung, dass in der Regel nur Sicherungsverfügungen gemäß § 935 ZPO und Regelungsverfügungen gemäß § 940 ZPO zulässig sind, folgt, dass die einmal vorgenommene Beschäftigung naturgemäß nicht mehr rückabwickelbar ist. Damit würden die von der antragstellenden Partei begehrte Verpflichtung und deren Durchsetzung für die Zeitdauer ihrer Wirksamkeit zu einer umfassenden Befriedigung des vermeintlichen Anspruchs des Antragstellers führen. Eine solche gesetzwidrige Befriedigung als ultima ratio kann nur bei Vorliegen einer außergewöhnlichen Interessenlage gerechtfertigt sein.

Die antragstellende Partei hat vorliegend nicht dargetan, worin bei ihr eine außergewöhnliche Interessenlage vorliegen soll.

Damit ist der Antrag zurückzuweisen.

8. Muster: Fristlose Kündigung eines Auszubildenden

Hiermit zeigen wir an, dass wir die rechtlichen Interessen der nachfolgend benannten Mandantschaft

▬▬▬

vertreten. Eine auf uns lautende Vollmacht ist beigefügt. Namens und in Vollmacht unserer Mandantschaft

wir das mit Ihnen bestehende Ausbildungsverhältnis gemäß § 22 Abs. 2 Nr. 1 BBiG aus wichtigem Grund

fristlos.

I.

Nach § 22 Abs. 2 Nr. 1 BBiG kann ein Berufsausbildungsverhältnis nach Ablauf der Probezeit vom Ausbildenden nur aus wichtigem Grund gekündigt werden. Dazu müssen Tatsachen vorliegen, aufgrund derer dem Kündigenden unter Berücksichtigung aller Umstände des Einzelfalles und unter Abwägung der Interessen beider Vertragsteile die Fortsetzung des Berufsausbildungsverhältnisses bis zur vereinbarten Beendigung nicht zugemutet werden kann,

LAG Rheinland-Pfalz 9.11.2005– 10 Sa 686/05, n.v.

Zur schriftlichen Begründung der Kündigung gemäß § 22 Abs. 3 BBiG möchten wir Ihnen zunächst einen kleinen Überblick über die für Einzelfälle in der Rechtsprechung entwickelten Grundsätze vermitteln und Ihnen alsdann erläutern, weshalb Ihr Verhalten die fristlose Kündigung rechtfertigt.

Wenn ein Auszubildender, während er krankgeschrieben ist, Fahrunterricht nimmt, gibt er damit einen Grund zur fristlosen Kündigung seines Ausbildungsverhältnisses,

ArbG Stade 16.10.1970 – Ca 531/70, BBvG Bd. 1, S. 201.

Der Verkauf einer LSD-Tablette an einen anderen Auszubildenden im Betrieb und die mögliche Abhängigkeit von Rauschgift stellen im Allgemeinen einen schweren Verstoß gegen die Pflichten aus dem Ausbildungsvertrag dar, der zur fristlosen Kündigung berechtigt,

LAG Berlin 17.12.1970 – 5 Sa 88/70, GewArch. 1980, S. 14.

Die fristlose Kündigung eines Auszubildenden wegen Diebstahls ist zulässig, wenn der Ausbildende im Interesse seiner Kunden auf unbedingte Ehrlichkeit seiner Mitarbeiter besonderen Wert legt,

LAG Düsseldorf 6.11.1973 – 11 Sa 561/73, BBvG Bd. 1, S. 232.

Ein Grund zur fristlosen Kündigung besteht auch dann, wenn Tatsachen vorliegen, aus denen zu schließen ist, dass der Auszubildende wegen eines fortgesetzten, pflichtwidrigen Verhaltens das Ausbildungsziel nicht erreichen wird und auch nicht zu erwarten ist, dass er sich zukünftig in die betriebliche Ordnung einfügt,

ArbG Aachen 28.6.1974 – 2 Ca 343/74, BB 1976, 744.

Ebenso rechtfertigt eine grobe Beleidigung des Ausbildenden durch den Auszubildenden eine fristlose Kündigung,

ArbG Göttingen 13.4.1976 – 1 Ca 1/76, BBvG Bd. 1, S. 251.

Diebstahl gegenüber dem Arbeitgeber oder den Kollegen ist in aller Regel ein Grund, das Ausbildungsverhältnis fristlos zu kündigen,

LAG Düsseldorf 29.4.1977 – 16 Sa 1070/76, BBvG Bd. 1, S. 261; ArbG Reutlingen 20.5.1977 – 1 Ca 8/77, AP § 15 BBiG Nr. 5.

Häufige Unpünktlichkeit des Auszubildenden erweist seine Unzuverlässigkeit und die mangelnde Bereitschaft, sich in die betriebliche Ordnung einzugliedern. Dem Ausbildenden ist es daher nicht zuzumuten, das Berufsausbildungsverhältnis fortzusetzen. Er ist zur fristlosen Kündigung berechtigt,

LAG Hamm 7.11.1978 – 6 Sa 1096/78, DB 1979, 606; LAG München 14.3.1978 – 4 Sa 95/78, BBvG Bd. 1, S. 280 = ARST 1979, S. 142.

Auch eine Kette von Ereignissen, die in einem inneren Zusammenhang stehen, kann in ihrer Gesamtheit eine fristlose Kündigung rechtfertigen,

LAG Berlin 22.8.1977 – 9 Sa 50/76, BBvG Bd. 1, S. 268.

II.

Wenn Sie sich diese Beispielsfälle vergegenwärtigen, stellt Ihr Verhalten einen wichtigen Grund i.S.v. § 22 Abs. 2 Nr. 1 BBiG dar: ■■■

III.

Wir weisen darauf hin, dass Sie gemäß § 111 Abs. 2 ArbGG die Möglichkeit haben, den zuständigen Schlichtungsausschuss anzurufen.

Unsere Mandantschaft bedauert, dass das Ausbildungsverhältnis eine derartige Entwicklung genommen hat, verweist aber mit Recht darauf, dass Sie für diese Entwicklung selbst verantwortlich sind und es auch selbst in der Hand hatten, die vorzeitige Beendigung des Ausbildungsverhältnisses zu verhindern.

Die Ihnen ggf. noch fehlenden Arbeitspapiere und Unterlagen können bei der Mandantschaft abgeholt werden.

9. Muster: Geschäftsunfähigkeits-Einwand

1. Die klägerische Partei behauptet durch ihren Prozessbevollmächtigten, sie sei nicht geschäftsfähig. Die Geschäftsunfähigkeit sei jedoch zwischenzeitlich aufgrund durchgeführter Therapien der klägerischen Partei entfallen. Dabei hat die klägerische Partei folgende Gesundheitsdiagnose der sie behandelnden Ärzte bekannt gegeben: ■■■

2. Für die Zeiträume, in denen das Bestehen einer Geschäftsunfähigkeit der klägerischen Partei behauptet und von der beklagten Partei bestritten wird, ist die klägerische Partei beweispflichtig. Denn derjenige, der sich im Fall des § 104 Nr. 2 BGB auf die Nichtigkeit eines Rechtsgeschäfts oder einer Willenserklärung beruft, trägt die Darlegungs- und Beweislast für das Vorliegen einer zur Geschäftsunfähigkeit führenden Geisteskrankheit im Zeitpunkt der Vornahme des Rechtsgeschäfts,

> BGH 22.12.1982, BGHZ 86, 184 (189); *Baumgärtel/Laumen*, Handbuch der Beweislast, Band 1, § 104 Rn 3 ff.; MüKo-ZPO/*Lindacher*, §§ 51, 52 Rn 43; Zöller/*Vollkommer*, § 56 ZPO Rn 9.

Der Nachweis eines allgemeinen Zustands der geistigen Erkrankung reicht dafür nicht aus, da aus einem solchen Zustand nicht generell gefolgert werden kann, dass er auch im Zeitpunkt des Abschlusses des Rechtsgeschäfts bestand. Ferner ist zu beachten, dass eine Geisteskrankheit im psychiatrischen Sinne vorliegen kann, ohne dass deshalb eine die freie Willensbildung ausschließende Störung der Geistestätigkeit gegeben sein muss,

> Staudinger/*Diller*, § 104 BGB Rn 28; RGRK/*Krüger-Nieland*, § 104 Rn 23.

Rein vorsorglich tritt die beklagte Partei hiermit Beweis an für die Geschäftsfähigkeit des Klägers in den maßgeblichen Zeiträumen durch

> Einholung eines Gutachtens eines medizinischen Sachverständigen.

3. Soweit Zweifel an der Geschäftsfähigkeit des Klägers bestehen, ist nach § 56 Abs. 1 ZPO auch von Amts wegen Beweis über die Prozessfähigkeit der klägerischen Partei zu erheben,

> BGH 9.1.1996, NJW 1996, 1059.

Ergibt sich im Anschluss an eine medizinische Begutachtung eine dauerhafte Prozessunfähigkeit des Klägers, also für den Zeitraum ab der Bevollmächtigung der ursprünglichen Prozessbevollmächtigten bis zur Gegenwart, so ist die Klage als unzulässig abzuweisen. Dies gilt auch dann, wenn Zweifel an der Prozessfähigkeit der klägerischen Partei verbleiben, denn diese Zweifel gehen zu Lasten der klägerischen Partei,

> BGH 9.1.1996, NJW 1996, 1060; Zöller/*Vollkommer*, § 56 ZPO Rn 11.

War die klägerische Partei zum Zeitpunkt der Vollmachtserteilung an die Prozessbevollmächtigten prozessfähig, jedoch später prozessunfähig geworden und bis in die Gegenwart geblieben, findet § 246 Abs. 1 ZPO, wonach das Verfahren nicht unterbrochen wird, keine Anwendung. Denn maßgeblich für die Fortsetzung des Verfahrens im jetzigen Stadium ist die Prozessfähigkeit des Klägers im Zeitpunkt der Vollmachtserteilung an seine Prozessbevollmächtigten. Bestand die Prozessfähigkeit zu dieser Zeit nicht und ist sie bis in die Gegenwart nicht wieder eingetreten, ist die Klage analog § 56 ZPO ebenfalls unzulässig abzuweisen.

Besteht hingegen mittlerweile die Prozessfähigkeit wieder, kann die klägerische Partei die gesamte Prozessführung rückwirkend genehmigen, allerdings nur ungeteilt,

> BGH 19.7.1984, BGHZ 92, 137 (140 ff.); Zöller/*Vollkommer*, § 53 ZPO Rn 14.

Für den Fall, dass die klägerische Partei im Zeitpunkt des Zugangs der Kündigung geschäftsfähig gewesen ist, und dieser Zeitpunkt ist zwischenzeitlich mehr als sechs Monate her, wäre die Klage insgesamt als unbegründet abzuweisen, da die prozessualen Notfristen der §§ 4, 5, 7 KSchG inzwischen verstrichen sind. Nach § 5 Abs. 3 Satz 2 KSchG kann nach Ablauf von sechs Monaten, vom Ende der versäumten Frist an gerechnet, der Antrag auf Zulassung der verspäteten Klage unabhängig von einem Parteiverschulden nicht mehr gestellt werden,

> siehe auch KR/*Friedrich*, § 5 KSchG Rn 119.

Die Rückwirkung durch Genehmigung findet ihre Schranken in den prozessualen Not- und Ausschlussfristen,

> Zöller/*Vollkommer*, § 52 ZPO Rn 14.

10. Muster: Kündigung durch den Insolvenzverwalter

Für die Kündigung durch den Insolvenzverwalter gilt die Klagefrist nach § 113 Abs. 2 InsO. Nach § 113 Abs. 2 Satz 1 InsO muss ein Arbeitnehmer, der geltend machen will, dass die Kündigung seines Arbeitsverhältnisses durch den Insolvenzverwalter unwirksam ist, auch dann innerhalb von drei Wochen nach Zugang der Kündigung Klage beim

Arbeitsgericht erheben, wenn er sich für die Unwirksamkeit der Kündigung auf andere als die in § 1 Abs. 2 und 3 KSchG bezeichneten Gründe beruft. Der Arbeitnehmer muss daher auch dann die Drei-Wochen-Frist wahren, wenn er sich auf andere Unwirksamkeitsgründe i.S.d. § 13 Abs. 3 KSchG berufen will, z.B. § 102 BetrVG, § 15 KSchG, § 9 MuSchG, § 18 BErzGG, §§ 85, 91 SGB IX, § 613a Abs. 4 BGB, § 623 BGB, § 11 TzBfG, § 13 Abs. 3 TzBfG, einen Verstoß gegen Treu und Glauben, § 242 BGB, oder bei Sittenwidrigkeit der Kündigung,

BAG 16.5.2002, ArbRB 2003, 2 (*Kappelhoff*); *Steindorf/Regh*, § 3 Rn 358.

Die Klagefrist gilt auch für solche Arbeitsverhältnisse, die nicht unter den Geltungsbereich des Kündigungsschutzgesetzes fallen,

Lakies, BB 1998, 2638 (2641); *Berscheid*, ZInsO 1998, 159 (166); *Eisenbeis*, FA 1999, 2 (4); *Hess*, § 113 Rn 390; *H/S-Regh*, Das arbeitsrechtliche Mandat, § 18 Rn 91.

Keiner Einhaltung der Klagefrist bedarf es nur dann, wenn der Arbeitnehmer lediglich die Nichteinhaltung der Kündigungsfrist geltend macht,

Steindorf/Regh, § 3 Rn 358; *Schaub*, DB 1999, 217 (220); a.A. ErfK/*Müller-Glöge*, § 113 InsO Rn 36.

In diesem Fall ist nicht die Kündigung unwirksam, sondern gilt zum nächstzulässigen Kündigungstermin.

11. Muster: Versetzung – kein einstweiliger Rechtsschutz

Der Arbeitnehmer hat keinen Anspruch auf einstweiligen Rechtsschutz gegen eine auf dem Direktionsrecht beruhende Versetzung, soweit der Arbeitnehmer eine Tätigkeit mit geringerem beruflichem Ansehen ausübt und das Hauptsacheverfahren eingeleitet hat. In der bis zum Falle des Obsiegens des Arbeitnehmers im Hauptsacheverfahren erfolgenden Beschäftigung mit geringwertigen Aufgaben besteht auch dann kein schwerwiegender Nachteil, wenn der Arbeitnehmer seine beruflichen Fertigkeiten nicht in der bisherigen Weise entfalten kann und diese Tätigkeit mit geringerem beruflichen Ansehen verbunden ist,

LAG Köln 26.8.1992 – 2 Sa 624/92, Bibliothek BAG (juris online).

12. Muster: Wiedereinstellungsanspruch bei Wegfall des Kündigungsgrundes nach Ablauf der Kündigungsfrist

Entscheidet sich der Arbeitgeber, eine Betriebsabteilung stillzulegen und kündigt deshalb den dort beschäftigten Arbeitnehmern, so kann er zur Wiedereinstellung entlassener Arbeitnehmer nur verpflichtet sein, wenn er sich noch während der Kündigungsfrist entschließt, die Betriebsabteilungen mit einer geringeren Anzahl von Arbeitnehmern doch fortzuführen. Hat er einen Vergleich mit einem gekündigten Arbeitnehmer geschlossen und entschließt er sich, zeitlich nach Ablauf der Kündigungsfrist des Mitarbeiters, die Produktion mit einem geänderten Produktionsverfahren doch fortzusetzen, hat der durch den Vergleich ausgeschiedene Mitarbeiter keinen Anspruch auf Wiedereinstellung gegen Rückzahlung der Abfindung,

BAG 27.2.1992 – 2 AZR 160/96, SPA 6/1997, 8.

13. Muster: Zugang einer Kündigung im Urlaub

Eine schriftliche Willenserklärung ist nach § 130 Abs. 1 BGB zugegangen, sobald sie in verkehrsüblicher Weise in die tatsächliche Verfügungsgewalt des Empfängers bzw. eines empfangsberechtigten Dritten gelangt ist und für den Empfänger unter gewöhnlichen Verhältnissen die Möglichkeit besteht, von dem Inhalt des Schreibens Kenntnis zu nehmen,

vgl. RG 29.3.1905, RGZ 60, 334; BGH 3.11.1976, BGHZ 67, 271; BAG 16.1.1976, AP § 130 BGB Nr. 7.

Wenn für den Empfänger diese Möglichkeit unter gewöhnlichen Verhältnissen besteht, ist es unerheblich, wann er die Erklärung tatsächlich zur Kenntnis genommen hat oder ob er daran durch Krankheit, zeitweilige Abwesenheit oder andere besondere Umstände zunächst gehindert war,

BAG 16.1.1976, AP § 130 BGB Nr. 7; Staudinger/*Neumann*, Vorbem. § 620 BGB Rn 44.

Uneinigkeit besteht aber darüber, unter welchen Voraussetzungen der Empfänger diese „Möglichkeit der Kenntnisnahme unter gewöhnlichen Verhältnissen" hat, wenn er sich urlaubsbedingt nicht in seiner Wohnung aufhält,

> BAG 16.3.1988 , AP § 130 BGB Nr. 16.

Das Bundesarbeitsgericht hat zunächst in einem unveröffentlichten Urteil vom

> 25.8.1978 – 2 AZR 693/76, n.v.,

das einem Familienangehörigen des Arbeitnehmers ausgehändigte Kündigungsschreiben als dem Arbeitnehmer zugegangen angesehen, obwohl dieser urlaubsbedingt ortsabwesend war. Es hat dies damit begründet, eine zufällige vorübergehende Abwesenheit des Empfängers spiele für die Frage des Zugangs keine Rolle, solange die Erklärung nur in seinen Machtbereich gelangt sei, sei es durch Einwurf in eine technische Empfangsvorrichtung (Hausbriefkasten, Postfach etc.) oder durch Übergabe an einen empfangsberechtigten Dritten. Dies soll auch dann gelten, wenn der Arbeitgeber gewusst hat, dass der Arbeitnehmer während seines Urlaubs verreisen wollte, jedenfalls wenn ihm dieser seine Urlaubsanschrift nicht mitgeteilt hat.

Von einzelnen Instanzgerichten und einem Teil der Literatur,

> ArbG Rheine 24.10.1966, DB 1966, 1975; LAG München 20.3.1974, AMBl. 1975, C 14; *Corts*, DB 1979, 2081 ff.; Staudinger/*Neumann*, Vorbem. § 620 BGB Rn 45,

ist dagegen der Standpunkt vertreten worden, der Zugang einer schriftlichen Kündigung trete im Falle einer dem Arbeitgeber bekannten urlaubsbedingten Abwesenheit des Arbeitnehmers erst mit dessen Rückkehr aus dem Urlaub ein. Begründet wird dies insbesondere damit, dass der Arbeitgeber in diesem Fall grundsätzlich nicht erwarten könne, ein an die Heimatadresse gerichtetes Kündigungsschreiben werde dem Arbeitnehmer vor Ablauf des Urlaubs zugehen. Dies gelte auch dann, wenn dem Arbeitgeber die Urlaubsanschrift des Arbeitnehmers nicht bekannt sei. Das Interesse des Arbeitgebers an einer Kündigung auch während der Urlaubsabwesenheit des Arbeitnehmers müsse grundsätzlich hinter dessen Interesse zurücktreten, nicht während seiner Abwesenheit von einer auf die Beendigung seines Arbeitsverhältnisses zielenden Willenserklärung des Arbeitgebers überrascht zu werden. Vielmehr dürfe der Arbeitnehmer mangels gegenteiliger Anhaltspunkte darauf vertrauen, dass sich während seiner dem Arbeitgeber bekannten Urlaubsreise an dem Arbeitsverhältnis nichts ändern werde. Der Arbeitgeber habe den Status des Urlaubs zu respektieren.

Das Bundesarbeitsgericht hat im Urteil vom 16.12.1980,

> BAGE 34, 305, 308 = AP § 130 BGB Nr. 11,

die Zugangsdefinition von *Corts* übernommen und den Zugang des Kündigungsschreibens erst nach Rückkehr des Arbeitnehmers aus dem Urlaub bejaht. Es hat dies im Wesentlichen damit begründet, der Arbeitgeber, dem im Zeitpunkt der Abgabe der Kündigungserklärung bekannt gewesen sei, dass der Arbeitnehmer im Urlaub verreist ist, könne im Regelfall nicht erwarten, diesem werde ein an die Heimatanschrift gerichtetes Kündigungsschreiben vor Ablauf des Urlaubs bzw. Rückkehr von der Urlaubsreise zugehen. Umgekehrt dürfe der Arbeitnehmer mangels gegenteiliger Anhaltspunkte darauf vertrauen, dass sich während seiner dem Arbeitgeber bekannten Urlaubsreise an dem Arbeitsverhältnis nichts ändern werde.

Diese bisherige Rechtsauffassung hat das Bundesarbeitsgericht mit Urteil vom

> 16.3.1988, AP § 130 BGB Nr. 16,

aufgegeben, insbesondere gibt der Senat das zusätzliche Zugangserfordernis „wenn und sobald der Erklärende die Kenntnisnahme des Adressaten vom Erklärungsinhalt berechtigterweise erwarten kann" auf. Denn entgegen der Ansicht von *Corts* handelt es sich hierbei nicht „lediglich um eine Umformulierung" der bisherigen Zugangsdefinitionen, sondern um die zusätzliche Berücksichtigung konkreter Erwartungen des Erklärenden, die nach Auffassung des 2. Senats weder der Rechtsklarheit dient noch wegen der Interessenlage des Erklärungsempfängers geboten ist.

Zur Erreichung einer sachgerechten, den Interessen beider Beteiligten gerecht werdenden Verteilung des Transportrisikos des Erklärenden und des Kenntnisnahmerisikos des Empfängers, wie sie der Empfangstheorie und der traditionellen Zugangsdefinition zugrunde liegt, ist vielmehr davon auszugehen, dass grundsätzlich auch bei Kenntnis des Arbeitgebers von der urlaubsbedingten Ortsabwesenheit des Arbeitnehmers diesem ein an die Heimatanschrift gerichtetes Kündigungsschreiben wirksam zugehen kann. Dies gilt in aller Regel selbst dann, wenn der Arbeitnehmer seine Urlaubsanschrift dem Arbeitgeber mitgeteilt hat; lediglich bei besonderen Umständen des Einzelfalles kann sich aus § 242 BGB eine abweichende Wirkung ergeben.

Hierfür spricht zum einen die mit den Bedürfnissen des rechtsgeschäftlichen Verkehrs schwer zu vereinbarende Unsicherheit einer konkreten Erwartung des Erklärenden von der Kenntnisnahme durch den Empfänger. Es gibt keine allgemein gültigen Erfahrungswerte über das konkrete Urlaubsverhalten der Arbeitnehmer. Auch ist der Arbeitnehmer im Regelfall nicht verpflichtet, dem Arbeitgeber mitzuteilen, ob und wohin er während des Urlaubs verreist,

> vgl. BAG 16.12.1980, AP § 130 BGB Nr. 11.

Andererseits kann der Arbeitgeber nicht gehalten sein, sich über das individuelle Urlaubsverhalten seiner Arbeitnehmer Kenntnis zu verschaffen. Berücksichtigt man zudem die Möglichkeit einer späteren Veränderung der Umstände, wie z.B. den Nichtantritt der Urlaubsreise wegen Erkrankung einer Begleitperson,

BAG 16.3.1988, AP § 130 BGB Nr. 16,

einen Hotelwechsel wegen mangelnder Leistungserbringung seitens des Reiseveranstalters, eine kurzfristige Änderung der Urlaubspläne wegen des Wetters oder aus sonstigen persönlichen Gründen, so wird die mit dem subjektiven Zugangserfordernis der Erwartungen des Erklärenden verbundene Unsicherheit vollends deutlich. Bei irrigen Vorstellungen des Erklärenden würde das Abstellen auf seine konkrete Erwartung zu nicht sachgerechten Lösungen führen. Hinzu kommt die mit den subjektiven Vorstellungen einer Partei stets verbundene Darlegungs- und Beweisschwierigkeit im Prozess.

Es besteht auch keine rechtliche Notwendigkeit, dem Urlaub des Arbeitnehmers allein in der Rechtsbeziehung zum Arbeitgeber eine zugangshemmende Wirkung zukommen zu lassen, während dies in seinem sonstigen Rechtsverkehr nicht der Fall ist,

vgl. BVerfG 2.4.1974, BVerfGE 37, 100, 102; BVerfG 10.6.1975, BVerfGE 40, 88, 91; BVerfG 8.7.1975, BVerfGE 40, 182, 186; BVerfG 11.2.1976, BVerfGE 41, 332, 336; BGH 25.3.1982, VersR 1982, 652, 653; BGH 19.10.1983, VersR 1984, 81, 82; BVerwG 21.10.1976, MDR 1977, 431.

Dies gilt insbesondere angesichts der Möglichkeit einer Zulassung verspäteter Klagen gemäß § 5 KSchG. Eine nachträgliche Zulassung der Kündigungsschutzklage wegen urlaubsbedingter Abwesenheit ist schon im Hinblick auf die Rechtsprechung des BVerfG zur Frage der Wiedereinsetzung in den vorigen Stand in aller Regel geboten,

vgl. BVerfG 21.1.1969, BVerfGE 25, 158, 166 = AP Art. 103 GG Nr. 26; BVerfG 9.7.1969, BVerfGE 26, 315, 319; BVerfG 16.11.1972, BVerfGE 34, 154, 156 f. = AP Art. 103 GG Nr. 28; BVerfG 2.4.1974, BVerfGE 37, 100, 102; BVerfG 8.7.1975, BVerfGE 40, 182, 186; BVerfG 11.2.1976, BVerfGE 41, 332, 336; vgl. *Wenzel*, BB 1981, 1031; KR/*Friedrich*, § 4 KSchG Rn 111 und § 5 KSchG Rn 60.

Danach braucht, wer eine ständige Wohnung hat und diese nur vorübergehend während des Urlaubs nicht benutzt, für diese Zeit keine besonderen Vorkehrungen hinsichtlich möglicher Zustellung zu treffen. Vielmehr darf der Bürger damit rechnen, Wiedereinsetzung in den vorigen Stand zu erhalten, falls ihm während seiner Urlaubszeit ein Schriftstück zuging und er hieran anknüpfende Fristen versäumt hat. Dies gilt grundsätzlich selbst dann, wenn die Zuleitung einer Willenserklärung bzw. eines Bescheides zu erwarten war. Etwas anderes kann allerdings dann gelten, wenn dem Empfänger ein sonstiges Verschulden zur Last gelegt werden kann, er also z.B. die Abholung vernachlässigt hat oder sich einer erwarteten Zustellung vorsätzlich entziehen sollte,

vgl. hierzu auch LAG Hamm 23.3.1972 – 8 Ta 13/72, BB 1972, 711 und LAG Hamm 30.7.1981, MDR 1981, 965; LAG Berlin 11.3.1982 – 3 Ta 1/82, ZIP 1982, 614; hinsichtlich prozessualer Fristen vgl. BGH 25.3.1982, VersR 1982, 652 (653); BGH 19.10.1983, VersR 1984, 81 (82).

Deshalb gilt nunmehr im Arbeitsrecht der Grundsatz, dass ein an die Heimatanschrift des Arbeitnehmers gerichtetes Kündigungsschreiben diesem grundsätzlich auch dann zugeht, wenn dem Arbeitgeber bekannt ist, dass der Arbeitnehmer während seines Urlaubs verreist ist.

14. Muster: Zugang einer Schriftsatzkündigung während des Kündigungsschutzprozesses 512

Die klägerische Partei kann sich nicht darauf berufen, die Schriftsatzkündigung vom ■■■ stelle keine der klägerischen Partei zugegangene Kündigung dar.

1. Die vom Prozessbevollmächtigten der klägerischen Partei vorgelegten Prozessvollmachten gehen über den gesetzlichen Umfang nach § 81 ZPO hinaus. Hierbei handelt es sich um eine Muster-Vollmacht der Soldan Stiftung, in der es u.a. unter Ziffer 1 heißt, dass ausdrücklich die Prozessführung „unter anderem nach den §§ 81 ff. ZPO" erteilt werde. Damit reichen die Vollmachten des Prozessbevollmächtigten der klägerischen Partei schon von ihrem Wortlaut her über die reine Prozessvollmacht nach § 81 ZPO hinaus, wie die Formulierung „unter anderem" erkennen lässt.

2. Die Beschränkungen des § 81 ZPO sind damit vorliegend nicht einschlägig. Vielmehr ist anhand des Wortlauts der vorgelegten Vollmachten gemäß § 133 BGB durch Auslegung zu ermitteln, welchen Umfang die Vollmacht hat. Dabei ist nicht etwa auf den Willen des Vollmachtgebers abzustellen, sondern vielmehr vom Empfängerhorizont aus eine Betrachtung vorzunehmen,

BAG 31.8.1979, AP § 174 BGB Nr. 3.

§ 6 Schriftsätze im arbeitsgerichtlichen Urteilsverfahren

Das Vollmachts-Muster der Soldan Stiftung nimmt ausdrücklich auch Bezug auf die „Entgegennahme von Zustellungen". Daraus kann nicht der Schluss gezogen werden, dass nur die Bevollmächtigung zur Entgegennahme förmlicher Zustellungen im Rahmen des Prozesses gemeint ist. Vielmehr erfasst die Prozessvollmacht neben den Prozesshandlungen auch die Befugnis, materiellrechtliche Rechtsgeschäfte, wie beispielsweise eine Kündigung, vorzunehmen,

MüKo-ZPO/*v. Mettenheim*, § 81 Rn 8.

Die Befugnis, Kündigungen auszusprechen wie entgegenzunehmen, ergibt sich aus den §§ 164 ff. BGB, die der Vollmacht allgemein zugrunde liegen. Materiellrechtliche Rechtsgeschäfte können auch außerhalb des Prozesses vorgenommen werden,

MüKo-ZPO/*v. Mettenheim*, § 81 Rn 11.

Eine Auslegung der Vollmacht, dass Zustellungen nur im förmlichen prozessualen Bereich entgegengenommen werden können, wäre im Ergebnis so zu verstehen, dass die Vollmacht lediglich rein deklaratorisch den Wortlaut des Gesetzes wiederholt. Denn im Rahmen von Prozessen müssen Zustellungen gemäß § 146 ZPO ohnehin an den Anwalt erfolgen. Würde man den Wortlaut auf die Formulierung „Entgegennahme von Zustellungen" reduzieren, hätten die Formulierungen keine eigenständige Bedeutung.

Die Vollmacht des Prozessbevollmächtigten der klägerischen Partei umfasst ausdrücklich die Abgabe von Kündigungen. Mangels anderweitiger Vereinbarungen gilt der Grundsatz, dass die passive Vertretungsmacht als Spiegelbild der aktiven begriffen wird,

MüKo-ZPO/*v. Mettenheim*, § 81 Rn 12.

Dies hat auch aus Gründen des Schutzes des Empfängerhorizonts zu gelten. Denn insbesondere bei einseitigen Willenserklärungen, die Dritte ohne eigene Gestaltungsmöglichkeit gegen sich gelten lassen müssen, ist es von besonderer Bedeutung, dass diese eindeutig formuliert werden,

BAG 31.8.1979, AP § 174 BGB Nr. 3.

3. Selbst aber wenn man der Auffassung wäre, das Vollmachts-Muster überschreite nicht die Vollmachten des Prozessbevollmächtigten gemäß § 81 ZPO, lag eine Bevollmächtigung nach der Streitgegenstandslehre in Verbindung mit dem von der klägerischen Seite gestellten Weiterbeschäftigungsantrag vor. Die Prozessvollmacht bestimmt sich grundsätzlich durch den Streitgegenstand. Umfasst sind alle zur Rechtsverfolgung oder Rechtsverteidigung im jeweiligen Rechtsstreit notwendigen Prozesshandlungen,

Schaub/*Linck*, Arbeitsrechts-Handbuch, § 123 I.4. Rn 13; BAG 10.8.1977, BB 1978, 207.

In diesem Zusammenhang ist zu beachten, dass die klägerische Partei im Kammertermin einen Weiterbeschäftigungsantrag gestellt hat. Dieser Weiterbeschäftigungsantrag setzt zwingend voraus, dass das Arbeitsverhältnis zum Zeitpunkt der letzten mündlichen Verhandlung noch fortbesteht,

BAG 24.4.1996, AP § 2 ArbGG 1979 Zuständigkeitsprüfung.

Das erkennende Gericht hat dementsprechend inzident zu prüfen, ob das Arbeitsverhältnis neben der ausdrücklich angegriffenen Kündigung nicht etwa durch weitere Beendigungstatbestände beendet wurde. Bei einer erneuten Kündigung handelt es sich somit um einen für den Weiterbeschäftigungsantrag relevanten Sachverhalt. Denn mit dieser neuen Kündigung beabsichtigt die beklagte Partei die prozessuale Abwehr des Weiterbeschäftigungsanspruchs. Somit steht die Kündigung im engen Zusammenhang mit dem konkreten Streitgegenstand.

Auch wenn man die weitgehend übertragbare Argumentation der Rechtsprechung zum Streitgegenstand beim Schleppnetzantrag hinzuzieht, ist mit der Stellung des Weiterbeschäftigungsantrags die Entgegennahme der Schriftsatzkündigung von der Vollmacht des Prozessbevollmächtigten der klägerischen Partei erfasst. Vorfrage des Fortbestehens des Arbeitsverhältnisses ist über den Schleppnetzantrag das Fehlen weiterer Beendigungstatbestände. Liegen solche Beendigungstatbestände vor, so sind sie durch den Schleppnetzantrag Streitgegenstand des Verfahrens; statt vieler

BAG 27.1.1994, AP § 4 KSchG 1969 Nr. 28.

Es mag dahingestellt bleiben, ob auch beim Weiterbeschäftigungsantrag weitere Kündigungen tatsächlich ohne Weiteres Streitgegenstand des Verfahrens werden wie beim Schleppnetzantrag. In jedem Falle stehen sie aber mit dem Weiterbeschäftigungsantrag aus den genannten Gründen in einem derart engen Sachzusammenhang, dass Ihre Entgegennahme von der Prozessvollmacht zwingend umfasst ist,

ebenso *Weidemann*, Die Schriftsatzkündigung während des Kündigungsschutzprozesses, NZA 1989, 246 (247).

15. Muster: Zurückbehaltungsanspruch des Arbeitnehmers an Betriebsgegenständen des Arbeitgebers

Der Anspruch des Arbeitgebers auf Herausgabe von Arbeitsmitteln und Betriebsgegenständen gegen den Arbeitnehmer folgt aus dem Eigentümer-Besitzerverhältnis, §§ 987 ff. BGB. Die Regelungen über das Eigentümer-Besitzerverhältnis enthalten nach allgemeiner Meinung eine erschöpfende, andere Ansprüche ausschließende Sonderregelung.

Ein Recht zum Besitz hat der Arbeitnehmer, der noch Lohnforderungen im Verhältnis zum Arbeitgeber besitzt, an Betriebsgegenständen des Arbeitgebers nicht. Der Arbeitnehmer hat grundsätzlich die ihm überlassenen Werkzeuge, Geschäftsunterlagen u.Ä. nach Beendigung des Arbeitsverhältnisses an den Arbeitgeber herauszugeben. Gegenüber diesem Herausgabeanspruch besteht kein Zurückbehaltungsrecht,

> LAG Düsseldorf 4.7.1975, DB 1975, 2040.

Allerdings kann gegenüber dem Nutzungsentschädigungsanspruch aus §§ 987 f. BGB nach Maßgabe der §§ 387 f. BGB vom Arbeitnehmer mit eigenen Lohnforderungen gegen den Arbeitgeber die Aufrechnung erklärt werden,

> LAG Düsseldorf 4.7.1975, DB 1975, 2040.

XIII. Betriebsübernahme

1. Muster: Haftungsbeschränkung des Betriebserwerbers in der Insolvenz

Geht ein Betrieb oder Betriebsteil durch Rechtsgeschäft auf einen anderen Inhaber über, so tritt dieser gemäß § 613a Abs. 1 Satz 1 BGB in die Rechte und Pflichten aus den im Zeitpunkt des Übergangs bestehenden Arbeitsverhältnissen ein. Zu den Rechten und Pflichten aus einem Arbeitsverhältnis gehören auch Anwartschaften auf eine betriebliche Altersversorgung. Das gilt namentlich, wenn der Arbeitgeber die Altersversorgung über eine rechtlich selbständige Unterstützungskasse erbringen will,

> BAG 5.5.1977, AP § 613a BGB Nr. 7; BAG 15.3.1979, NJW 1979, 2533; BAG 14.2.1989, NZA 1989, 679; BAG 23.7.1991, NZA 1992, 217.

Wird ein Betrieb im Rahmen eines Insolvenzverfahrens veräußert, ist § 613a BGB insoweit nicht anwendbar, wie diese Vorschrift die Haftung des Betriebserwerbers für schon entstandene Ansprüche vorsieht. Insoweit haben die Verteilungsgrundsätze des Insolvenzverfahrens Vorrang. Das bedeutet für Versorgungsansprüche, dass der Betriebserwerber nur den Teil der Leistung schuldet, den der Arbeitnehmer bei ihm erdient hat. Für die ihm beim Veräußerer bis zum Insolvenzverfall erdienten unverfallbaren Anwartschaften haftet der Träger der gesetzlichen Insolvenzversicherung,

> BAG 11.2.1992, NZA 1993, 20.

Diese durch die Eröffnung eines Insolvenzverfahrens eingetretene Haftungsbeschränkung des Betriebserwerbers wird durch die spätere Einstellung des Insolvenzverfahrens mangels einer die Kosten des Verfahrens deckenden Masse nicht berührt,

> BAG 11.2.1992, NZA 1993, 20.

Für die Beurteilung der Frage, ob ein Betrieb im Rahmen eines Insolvenzverfahrens oder außerhalb des Insolvenzverfahrens übergeht, kommt es auf den Zeitpunkt der Eröffnung des Insolvenzverfahrens und der Betriebsübernahme an. Wird der Betrieb vor Eröffnung des Insolvenzverfahrens auf einen Erwerber übertragen, so treten die Rechtsfolgen des § 613a BGB ohne eine Haftungsbegrenzung ein. Der Erwerber und nicht der Pensionssicherungsverein haftet dann für die beim Betriebsveräußerer erdienten Anwartschaften. Das gilt auch in den Fällen der Übernahme eines schon insolvenzreifen Betriebs,

> BAG 15.11.1978, NJW 1979, 2634.

Die Haftungserleichterung tritt auch nicht ein, wenn eine Insolvenzeröffnung mangels Masse abgelehnt wurde,

> BAG 20.11.1984, NZA 1985, 393.

Maßgeblich für die Feststellung des Betriebsübergangs ist der Zeitpunkt, in dem der Erwerber die Leitungsmacht im Betrieb im Einvernehmen mit dem Betriebsveräußerer ausüben kann,

> BAG 23.7.1991, NZA 1992, 217.

XIV. Geschäftswagen-Streitigkeiten

1. Muster: Herausgabe eines Dienstfahrzeugs – Einstweilige Verfügung

Arbeitsgericht ▪▪▪

Antrag auf Erlass einer einstweiligen Verfügung

▪▪▪

– antragstellende Partei –

Verfahrensbevollmächtigte: ▪▪▪

gegen

▪▪▪

– antragsgegnerische Partei –

wegen: Herausgabe eines Dienstfahrzeugs

Wir bestellen uns zu Verfahrensbevollmächtigten der antragstellenden Partei und beantragen, durch einstweilige Verfügung – wegen der Dringlichkeit ohne vorherige mündliche Verhandlung – wie folgt zu beschließen:

1. Der antragsgegnerischen Partei wird aufgegeben, bei Meidung eines vom Gericht festzusetzenden Zwangsgeldes bis zu 25.564,59 EUR bzw. Zwangshaft gegen die gesetzlichen Vertreter der antragsgegnerischen Partei, den Dienstwagen ▪▪▪, Kfz-Nummer ▪▪▪, Fahrzeugnummer ▪▪▪, herauszugeben.
2. Die Berufung wird zugelassen.
3. Die antragsgegnerische Partei hat die Kosten des Verfahrens zu tragen.

Gründe:

1. Die antragsgegnerische Partei war bei der antragstellenden Partei als ▪▪▪ beschäftigt. Die antragsgegnerische Partei arbeitet seit dem ▪▪▪ bei der antragstellenden Partei nicht mehr.

Glaubhaftmachung: anliegende eidesstattliche Versicherung.

Die antragsgegnerische Partei wurde aufgefordert, den Dienstwagen herauszugeben sowie die Fahrzeugschlüssel und Fahrzeugpapiere zu übergeben.

Glaubhaftmachung: anliegende eidesstattliche Versicherung.

Die antragsgegnerische Partei kam dieser Aufforderung nicht nach.

Glaubhaftmachung: wie vor.

Ausweislich des Arbeitsvertrages ist die antragsgegnerische Partei befugt, den im Antrag bezeichneten Dienstwagen zu dienstlichen und privaten Zwecken zu nutzen.

Glaubhaftmachung: wie vor.

Die antragstellende Partei hat, obwohl die antragsgegnerische Partei aktiv aus dem Arbeitsverhältnis ausgeschieden ist und nunmehr im Wege der Kündigungsschutzklage ihre Rechte geltend macht, gegenwärtig keine Möglichkeit, das Fahrzeug zu nutzen.

Glaubhaftmachung: wie vor.

2. Verfügungsanspruch und Verfügungsgrund gemäß §§ 935, 940 ZPO sind gegeben. Die Rechtsprechung hat die Leistungsverfügung unter engen Voraussetzungen sowohl bei Zahlungsansprüchen als auch bei Ansprüchen auf Herausgabe einer Sache anerkannt. Es besteht ein Anspruch auf Herausgabe im Wege einer einstweiligen Verfügung dann, wenn der Besitz durch verbotene Eigenmacht entzogen worden oder gestört ist. Diese Voraussetzungen sind vorliegend erfüllt: ▪▪▪

Eine verbotene Eigenmacht begeht die antragsgegnerische Partei dadurch, dass sie das Fahrzeug nicht zur Verfügung stellt, obwohl sie sich hierzu ▪▪▪ verpflichtet hatte. Der antragstellenden Partei wird damit widerrechtlich der Besitz entzogen, sie kann gemäß §§ 861, 858 BGB unverzügliche Herausgabe verlangen.

Der Herausgabeanspruch ergibt sich darüber hinaus aus Vertrag, nämlich ▪▪▪. Schließlich ergibt sich auch ein Herausgabeanspruch aus § 985 BGB, da die antragstellende Partei Eigentümerin des streitbefangenen Fahrzeugs ist. Stützt die antragstellende Partei ihr Herausgabeverlangen materiell auf § 861 BGB, ist sie nicht gehindert, ihr Rechtsfolgebegehren gleichzeitig mit petitorischen Ansprüchen zu begründen,

BGH DB 1973, 913.

Ein nach dem Arbeitsvertrag privat nutzbarer Dienstwagen ist trotz eines Streites über die Wirksamkeit der Kündigung herauszugeben, solange die Kündigung nicht offensichtlich unwirksam ist und kein Urteil I. Instanz vorliegt, dass das Arbeitsverhältnis durch die Kündigung nicht beendet wurde,

LAG München 11.9.2002, NZA-RR 2002, 636.

Nach überwiegender Auffassung folgt die Herausgabe eines Dienstwagens den allgemeinen Regeln des Weiterbeschäftigungsanspruchs,

ArbG Hamburg 23.6.1995 – 13 Ga 8/95, n.v.; ErfK/*Preis*, § 611 BGB Rn 782; MünchArbR/*Hanau*, § 70 Rn 14; *Schmiedl*, BB 2002, 992.

Die Rechtsgrundlage für die private Nutzung des Dienstwagens besteht nur, solange das Arbeitsverhältnis besteht. Damit kann auch die Erörterung des Streits dahingestellt bleiben, ob der Arbeitnehmer, dem das Dienstfahrzeug auch zur privaten Nutzung überlassen wird, Besitzer oder Besitzdiener ist, denn das Recht zum Besitz würde jedenfalls mit der Beendigung des Arbeitsverhältnisses wegfallen. Die Möglichkeit zur privaten Nutzung des Dienstwagens ist Vergütungsbestandteil in einer Art „Naturalvergütung",

LAG München 11.9.2002, NZA-RR 2002, 636.

Verlangt ein Arbeitnehmer nach dem Ablauf des Kündigungstermins dennoch seinen Lohn weiter und ist die Beendigung des Arbeitsverhältnisses zwischen den Parteien streitig, so hat der Arbeitnehmer gemäß § 615 Satz 1 BGB nur Anspruch auf die Vergütung, wenn er im Prozess darlegen und beweisen kann, dass das Arbeitsverhältnis noch besteht, also durch die ausgesprochene Kündigung nicht beendet wurde,

ErfK/*Preis*, § 615 BGB Rn 112.

Da es bei der Nutzungsmöglichkeit nicht nur um Geld geht, das nachbezahlt werden, sondern die Nutzungsmöglichkeit als solche mit dem Zeitablauf untergeht, erscheint es mit der herrschenden Meinung durchaus gerechtfertigt, hier auch zu Gunsten des Arbeitnehmers die Interessenabwägung vorzunehmen, die das BAG beim allgemeinen Weiterbeschäftigungsanspruch vorgenommen hat,

BAG 27.2.1985, NZA 1985, 702.

Danach besteht während eines laufenden Kündigungsschutzprozesses in I. Instanz kein allgemeiner Weiterbeschäftigungsanspruch und somit hat der Arbeitnehmer auch das überlassene Dienstfahrzeug herauszugeben.

3. Die antragstellende Partei ist auf das Dienstfahrzeug dringend angewiesen, weil sie es für einen anderen Mitarbeiter benötigt.

Glaubhaftmachung: anliegende eidesstattliche Versicherung

Die Eilbedürftigkeit der Herausgabe des Dienstwagens, insbesondere auch zur Sicherstellung, ist deshalb gegeben, weil die antragsgegnerische Partei das Fahrzeug übermäßig benutzt und eine wesentliche Verschlechterung, gegebenenfalls der Untergang der Sache, droht: ▪▪▪

Die antragsgegnerische Partei hat daher den Dienstwagen gemäß § 986 BGB herauszugeben, da ihr kein Recht zum Besitz zusteht und die antragstellende Partei einen Herausgabeanspruch gemäß § 985 BGB als Eigentümerin hat.

↑

XV. Schadensersatzklagen

1. Muster: Detektivkosten

↓

Arbeitsgericht ▪▪▪

Klage

▪▪▪

– klägerische Partei –

Prozessbevollmächtigte: ▪▪▪

gegen

▪▪▪

– beklagte Partei –

wegen: Schadensersatz

Wir bestellen uns zu Prozessbevollmächtigten der klägerischen Partei, in deren Namen und Vollmacht wir um Anberaumung eines frühestmöglichen Gütetermins bitten. Im Übrigen werden wir beantragen zu erkennen:

1. Die beklagte Partei wird verurteilt, an die klägerische Partei ▬▬▬ EUR brutto[47] nebst 5% Zinsen[48] über dem Basiszinssatz seit dem ▬▬▬ zu zahlen.[49]
2. Die Kosten des Rechtsstreits trägt die beklagte Partei.

Gründe:

1. Die beklagte Partei stand zur klägerischen Partei in einem Arbeitsverhältnis. Das Arbeitsverhältnis wurde durch verhaltensbedingte Kündigung der klägerischen Partei beendet. In dem von der beklagten Partei angestrengten Kündigungsschutzprozess obsiegte die klägerische Partei.

Beweis: Beiziehung der Akte ArbG ▬▬▬, Az.: ▬▬▬

2. Die klägerische Partei hat die Kündigung auf ein vertragswidriges Verhalten der beklagten Partei gestützt. Die klägerische Partei hatte Anzeichen dafür, dass die beklagte Partei während einer vermeintlichen Arbeitsunfähigkeit einer Beschäftigung in einer anderen Firma nachging. Um den Sachverhalt näher zu ermitteln, beauftragte die klägerische Partei ein Detektivbüro. Die Kosten des Detektivbüros betragen ▬▬▬ EUR.

Beweis: Vorlage der Rechnung in Kopie – Anlage K 1.

Die klägerische Partei hat außerdem in dem Zeitraum zwischen Krankmeldung durch die beklagte Partei und Kündigung durch die klägerische Partei Entgeltfortzahlung an die beklagte Partei in Höhe von ▬▬▬ EUR geleistet.

Beweis: Vorlage eines Nachweises über Entgeltfortzahlung – Anlage K 2.

Mit der vorliegenden Klage werden die für die Beauftragung des Detektivbüros und die durch die von der beklagten Partei zu Unrecht bezogene Entgeltfortzahlung entstandenen Aufwendungen geltend gemacht. Beide Beträge ergeben zusammen die Klageforderung.

3. Die durch das Tätigwerden des Detektivs entstandenen Kosten waren notwendig, um die beklagte Partei einer vorsätzlichen Vertragsverletzung zu überführen.

Überträgt der Arbeitgeber anlässlich eines konkreten Tatverdachts gegen den Arbeitnehmer einem Detektiv die Überwachung des Arbeitnehmers und überführt er auf diese Weise den Arbeitnehmer einer vorsätzlichen vertragswidrigen Handlung, hat der Arbeitnehmer dem Arbeitgeber die durch das Tätigwerden des Detektivs entstandenen notwendigen Kosten zu ersetzen,

BAG 17.9.1998, NZA 1998, 1334.

517

2. Muster: Ersatzansprüche gegen geringfügig Beschäftigte wegen nachträglich festgestellter Versicherungspflicht

Nimmt der Arbeitnehmer, der für eine „versicherungsfreie Beschäftigung" eingestellt wurde, ohne Mitteilung an den Arbeitgeber weitere Beschäftigungen auf und wird das Arbeitsverhältnis damit versicherungspflichtig, steht dem Arbeitgeber ein Anspruch auf Ersatz der nunmehr von ihm nachträglich zu erbringenden Arbeitgeberanteile zur Sozialversicherung zu,

LAG Rheinland-Pfalz 19.6.1992 – 10 Sa 284/92, n.v.; LAG Frankfurt 12.10.1992 – 10 Sa 360/92, n.v.

---

47 Die Klage ist auf die Zahlung des Bruttobetrages zu richten. Nach der Entscheidung des Großen Senats des BAG 7.3.2001 (DB 2001, 2196 = NZA 2001, 1195) kann der Arbeitnehmer auch die Verzugszinsen nach § 288 Abs. 1 BGB aus der in Geld geschuldeten Bruttovergütung verlangen. Spricht das Arbeitsgericht den Bruttobetrag zu, erfüllt der Arbeitgeber den Zahlungsanspruch des Arbeitnehmers dadurch, dass er den Nettobetrag an den Arbeitnehmer auszahlt und Steuern und Sozialabgaben an die Finanzbehörden bzw. die Sozialversicherungsträger abführt. Vollstreckt der Arbeitnehmer trotz Erfüllung aus dem Titel auf den Bruttobetrag, kann der Arbeitgeber die Vollstreckung in Höhe der bereits abgeführten Abgaben durch Vollstreckungsgegenklage gemäß § 767 ZPO (ggf. i.V.m. einem Eilantrag nach § 769 ZPO) verhindern.

48 Sieht man die Arbeitnehmer uneingeschränkt als Verbraucher an (sog. absoluter Verbraucherbegriff; vgl. hierzu *Hümmerich/Holthausen*, NZA 2002, 173 ff. und *Boemke*, BB 2002, 96 f.), bestimmt sich die Höhe der Verzugszinsen nach den §§ 288 Abs. 1, 247 BGB. Auch die Vertreter des abweichenden relativen Verbraucherbegriffs gelangen über eine richtlinienkonforme Auslegung der europäischen Zahlungsverzugsrichtlinie zu einem Zinssatz von 5%, vgl. *Bauer/Kock*, DB 2002, 42 (46).

49 Nach der Neufassung des § 288 BGB durch Art. 1 SchuldRModG v. 26.11.2001 (BGBl. I S. 3138) ist der Zinsantrag, wie oben dargestellt, zu fassen. Vor dem 1.1.2000 (vgl. Art. 9 Abs. 1 SchuldRModG) galt entsprechend der alten Fassung des § 288 Abs. 1 BGB, dass eine Geldschuld während des Verzugs mit fünf Prozentpunkten über dem Basiszinssatz nach § 1 des Diskontsatz-Überleitungs-Gesetzes zu verzinsen war. Eine dem Wortlaut des § 288 BGB entsprechende Antragstellung ist ausreichend. Somit muss sich der Anwalt nicht der Mühe unterziehen, den aktuellen Basiszinssatz zu ermitteln und dann einen konkret bezifferten Zinsantrag zu stellen.

3. Muster: Schlechtleistung

Arbeitsgericht ▬▬▬

Klage

▬▬▬

– klägerische Partei –

Prozessbevollmächtigte: ▬▬▬

gegen

▬▬▬

– beklagte Partei –

wegen: Schadensersatz

Wir bestellen uns zu Prozessbevollmächtigten der klägerischen Partei, in deren Namen und Vollmacht wir um Anberaumung eines frühestmöglichen Gütetermins bitten. Im Übrigen werden wir beantragen zu erkennen:

1. Die beklagte Partei wird verurteilt, an die klägerische Partei ▬▬▬ EUR nebst 5% Zinsen[50] über dem Basiszinssatz seit dem ▬▬▬ zu zahlen.[51]
2. Die Berufung wird zugelassen.
3. Die Kosten des Rechtsstreits trägt die beklagte Partei.

Gründe:

Die klägerische Partei betreibt ein Bauunternehmen. Die beklagte Partei ist bei der klägerischen Partei als Baggerfahrer beschäftigt. Das Bruttomonatsgehalt der klägerischen Partei beläuft sich auf ▬▬▬ EUR.

Die klägerische Partei war von der Firma ▬▬▬ beauftragt, ein Gebäude zu errichten. Zunächst mussten Ausschachtungsarbeiten durchgeführt werden, die von der beklagten Partei als Baggerführer im Wesentlichen übernommen wurden.

Der Bauleiter hatte am ▬▬▬ der beklagten Partei die Pläne übergeben und dabei ausdrücklich auf eine Gasleitung und ihren Verlauf hingewiesen.

Beweis: Zeugnis Bauleiter ▬▬▬

Der beklagten Partei waren allen Höhen- und Tiefenmaße mitgeteilt worden. Nachdem der erste Aushub von etwa einem Meter erfolgt war, hatte der Bauleiter zusätzlich noch einmal veranlasst, dass durch weiße Kreide die etwaige Lage der Gasleitung für die beklagte Partei sichtbar gemacht wurde.

Beweis: 1. Wie vor.

2. Zeugnis ▬▬▬

Trotzdem scherte sich die beklagte Partei um die ihr mitgeteilten Angaben nicht. Im Zuge der Abräumarbeiten ließ sie mit voller Wucht die Baggerschaufel auf die Gasleitung fallen, so dass durch die Funkenbildung anschließend eine Explosion entstand. Die Explosion ist ausschließlich auf das grob fahrlässige Verhalten der beklagten Partei zurückzuführen.

Beweis: Sachverständigengutachten.

Der klägerischen Partei sind durch die Explosion folgende Schäden entstanden: ▬▬▬

Der Gesamtschadensbetrag entspricht dem Klageantrag Ziff. 1. Die beklagte Partei haftet für den gesamten Schaden, weil sie sich grob fahrlässig verhalten hat.

Bei grober Fahrlässigkeit findet keine Haftungsteilung statt, sondern der Arbeitnehmer hat den Schaden dem Arbeitgeber vollständig zu ersetzen,

BAG 27.9.1994, NZA 1994, 1083; BAG 23.1.1997, NZA 1998, 140; BAG 22.5.1997, DB 1998, 135.

---

50 Sieht man den Arbeitnehmer uneingeschränkt als Verbraucher an (sog. absoluter Verbraucherbegriff; vgl. hierzu *Hümmerich/Holthausen*, NZA 2002, 173 ff. und *Boemke*, BB 2002, 96 f.), bestimmt sich die Höhe der Verzugszinsen nach den §§ 288 Abs. 1, 247 BGB. Es kommt nach § 288 Abs. 2 BGB nicht darauf an, ob der Anspruchsteller Verbraucher oder Unternehmer ist. Sobald ein Rechtsgeschäft zugrunde liegt, an dem ein Verbraucher beteiligt ist, mindert sich der Zinsanspruch von 8 % auf 5 % über dem Basiszinssatz. Auch die Vertreter des abweichenden relativen Verbraucherbegriffs gelangen über eine richtlinienkonforme Auslegung der europäischen Zahlungsverzugsrichtlinie zu einem Zinssatz von 5 %, vgl. *Bauer/Kock*, DB 2002, 42 (46).

51 Nach der Neufassung des § 288 BGB durch Art. 1 SchldRModG v. 26.11.2001 (BGBl. I S. 3138) ist der Zinsantrag, wie oben dargestellt, zu fassen. Vor dem 1.1.2000 (vgl. Art. 9 Abs. 1 SchuldRModG) galt entsprechend der alten Fassung des § 288 Abs. 1 BGB, dass eine Geldschuld während des Verzugs mit fünf Prozentpunkten über dem Basiszinssatz nach § 1 des Diskontsatz-Überleitungs-Gesetzes zu verzinsen war. Eine dem Wortlaut des § 288 BGB entsprechende Antragstellung ist ausreichend. Somit muss sich der Anwalt nicht der Mühe unterziehen, den aktuellen Basiszinssatz zu ermitteln und dann einen konkret bezifferten Zinsantrag zu stellen.

Ein Mitverschulden der klägerischen Partei besteht nicht. Der Bauleiter hat die beklagte Partei unter Übergabe und anhand der Pläne über die Existenz und den Standort der Gasleitung unterrichtet. Er hat darüber hinaus durch Kreise und Markierungen dem Baggerführer visuelle Hilfen gegeben und ihn gleichzeitig erinnert, dass er die Risiken aus der Gasleitung zu beachten habe. Der Schaden ist daher nicht zu quoteln,

BAG 3.11.1970, AP § 611 BGB Haftung des Arbeitnehmers Nr. 61; BAG 19.2.1998, DB 1998, 1740.

4. Muster: Schmerzensgeld wegen Mobbing – Erwiderungsschriftsatz

↓

Der geltend gemachte Anspruch des Klägers auf Schmerzensgeld wegen Mobbing besteht nicht. Der Kläger ist bisher weder seiner Darlegungs- noch seiner Beweispflicht nachgekommen. Die Darstellung der angeblichen Vorkommnisse im Betrieb im Zeitraum ▪▪▪ ist völlig unsubstantiiert.

Jede Anspruchsgrundlage setzt einzelne, konkrete Tathandlungen des Schädigers voraus, mit denen dieser rechtswidrig und schuldhaft in den geschützten Rechtskreis des Mobbingopfers eingegriffen hat,

LAG Schleswig-Holstein 28.3.2006 – 5 Sa 595/05, NZA-RR 2006, 402; LAG Köln 19.9.2005 – 2 Sa 106/05, n.v.; ArbG Flensburg 15.9.2005 – 2 Ca 702/05, n.v.

Macht ein Arbeitnehmer unter Berufung auf Mobbing einen Schmerzensgeldanspruch geltend, so trägt er im Prozess die Darlegungs- und Beweislast für die begangene Rechtsgutsverletzung einschließlich des erforderlichen Verschuldens und der daraus resultierenden Schäden,

LAG Sachsen 17.2.2005 – 2 Sa 751/03, BB 2005, 1576; LAG Hamm 21.12.2004 – 13 (5) Sa 659/04, n.v.; LAG Berlin 15.7.2004 – 16 Sa 2280/03, NZA-RR 2005, 13; LAG Schleswig-Holstein 1.4.2004 – 3 Sa 542/03, NZA-RR 2005, 15, 18; LAG Schleswig-Holstein 19.3.2002 – 3 Sa 001/02, n.v.

Der Kläger hat die erhobenen Vorwürfe weder in zeitlicher noch in quantitativer Hinsicht näher spezifiziert und vorgetragen. Die Rechtsprechung fordert jedoch, dass bei Mobbing-Vorwürfen die einzelnen Vorwürfe nach Zeitpunkt, Intensität und Häufigkeit detailliert vorgetragen werden,

LAG Rheinland-Pfalz 5.10.2005 – 9 Sa 199/05, n.v.; LAG Bremen 17.10.2002 – 3 Sa 78/02, 3 Sa 232/02, 3 Sa 78/02, 3 Sa 232/02, NZA-RR 2003, 234; LAG Berlin 7.11.2002 – 16 Sa 938/02, n.v.; ArbG München 25.9.2001 – 8 Ca 1562/01, NZA-RR 2002, 123.

Mit pauschalen Behauptungen von Klägerseite, wie etwa, er sei „angebrüllt worden", können die Tatsachen entsprechend der Substantiierungstheorie nicht vorgetragen werden.

Auch pauschale Behauptungen von Auseinandersetzungen und abfälligen Äußerungen gegenüber Dritten reichen nicht, um einen Mobbingfall darzutun,

LAG Baden-Württemberg 5.3.2001 – 15 Sa 106/00, AP § 611 BGB Mobbing Nr. 2.

Erforderlich ist der Vortrag konkreter Vorkommnisse bezüglich deren Inhalts und des Anlasses der Auseinandersetzung,

LAG Sachsen 17.2.2005 – 2 Sa 751/03, BB 2005, 1576; LAG Bremen 17.10.2002 – 3 Sa 78/02, 3 Sa 232/02, 3 Sa 78/02, 3 Sa 232/02, NZA-RR 2003, 234; LAG Hamm 25.6.2002 – 18 (11) Sa 1295/01, NZA-RR 2003, 8.

Auch der Vortrag in der Klageschrift, der Beklagte habe den Kläger Anfang des Jahres ▪▪▪ „persönlich angefeindet und in seiner persönlichen Ehre gekränkt", genügt nicht den Anforderungen an einen substantiierten Vortrag. Aus diesem Sachvortrag wird nicht deutlich, welche konkrete Erklärung die beklagte Partei gegenüber der klägerischen Partei abgegeben haben soll. Eine genaue Konkretisierung der vorgeworfenen Äußerung oder Verhaltensweisen ist jedoch unumstößliche Voraussetzung für die Substantiierung eines Mobbingfalles,

ArbG Kaiserslautern (AK Pirmasens) 21.12.2004 – 5 Ca 798/04, n.v.; LAG Rheinland-Pfalz 5.10.2005 – 9 Sa 199/05, n.v.

5. Muster: Verkehrsunfall des Arbeitnehmers

↓

Arbeitsgericht ▪▪▪

Klage

▪▪▪

– klägerische Partei –

Prozessbevollmächtigte: ▪▪▪

gegen
▪▪▪
                                                                                    – beklagte Partei –
wegen: Schadensersatz

Wir bestellen uns zu Prozessbevollmächtigten der klägerischen Partei, in deren Namen und Vollmacht wir um Anberaumung eines frühestmöglichen Gütetermins bitten. Im Übrigen werden wir beantragen zu erkennen:

1. Die beklagte Partei wird verurteilt, an die klägerische Partei ▪▪▪ EUR nebst 5 % Zinsen[52] über dem Basiszinssatz seit dem ▪▪▪ zu zahlen.[53]
2. Die Berufung ist zugelassen.
3. Die Kosten des Rechtsstreits trägt die beklagte Partei.

Gründe:

Die beklagte Partei ist bei der klägerischen Partei als Vertriebsmitarbeiterin seit dem ▪▪▪ zu einem durchschnittlichen monatlichen Bruttogehalt von ▪▪▪ EUR tätig.

Beweis: Vorlage des Arbeitsvertrages in Kopie – Anlage K 1.

Die klägerische Partei hat der beklagten Partei einen Dienstwagen zur Verfügung gestellt, der monatlich mit 1 % seines Anschaffungswertes der beklagten Partei als geldwerter Vorteil berechnet wird.

Beweis: Vorlage einer Gehaltsbescheinigung – Anlage K 2.

Am ▪▪▪ suchte die beklagte Partei einen Kunden auf. Auf der Fahrt von ▪▪▪ nach ▪▪▪ verursachte sie in ▪▪▪ an der Kreuzung ▪▪▪-straße/▪▪▪-straße einen Verkehrsunfall. Der Verkehrsunfall wurde von der nächstgelegenen Polizeidienststelle aufgenommen. Das Protokoll hierüber weist als Verursachung des Verkehrsunfalls die beklagte Partei aus. Der Verkehrsunfall geschah wie folgt: ▪▪▪

Beweis: Zeugnis ▪▪▪

Bewertet man die Entstehung des Verkehrsunfalls, so hat die beklagte Partei den Schaden mit mittlerer Fahrlässigkeit verursacht. Bei mittlerer Fahrlässigkeit findet eine Schadensteilung zwischen Arbeitgeber und Arbeitnehmer statt,

BAG 27.9.1994, NZA 1994, 1083,

wobei die Umstände des Einzelfalls unter Abwägung nach Billigkeits- und Zumutbarkeitsgesichtspunkten über die Höhe des von jeder Partei zu tragenden Schadens entscheiden.

Die klägerische Partei hat unter Berücksichtigung des Gesichtspunkts der Vorhersehbarkeit des Schadenseintritts sowie der Art und Schwierigkeit der Tätigkeit eine Schadensteilung im Verhältnis von 50 % zu 50 % vorgenommen. Mit der vorliegenden Klage wird 50 % des entstandenen Schadens geltend gemacht. Die klägerische Partei hat keine Kaskoversicherung für das Fahrzeug abgeschlossen. Das Fahrzeug ist auch nicht geleast, sondern steht im Eigentum der klägerischen Partei.

↑

6. Muster: Vertragsbruch bei nicht angetretener Stelle
↓

Arbeitsgericht ▪▪▪

Klage

▪▪▪
                                                                                    – klägerische Partei –

Prozessbevollmächtigte: ▪▪▪

---

[52] Sieht man den Arbeitnehmer uneingeschränkt als Verbraucher an (sog. absoluter Verbraucherbegriff; vgl. hierzu *Hümmerich/Holthausen*, NZA 2002, 173 ff. und *Boemke*, BB 2002, 96 f.), bestimmt sich die Höhe der Verzugszinsen nach den §§ 288 Abs. 1, 247 BGB. Auch die Vertreter des abweichenden relativen Verbraucherbegriffs gelangen über eine richtlinienkonforme Auslegung der europäischen Zahlungsverzugsrichtlinie zu einem Zinssatz von 5 %, vgl. *Bauer/Kock*, DB 2002, 42 (46).

[53] Nach der Neufassung des § 288 BGB durch Art. 1 SchuldRModG v. 26.11.2001 (BGBl I S. 3138) ist der Zinsantrag, wie oben dargestellt, zu fassen. Vor dem 1.1.2000 (vgl. Art. 9 Abs. 1 SchuldRModG) galt entsprechend der alten Fassung des § 288 Abs. 1 BGB, dass eine Geldschuld während des Verzugs mit fünf Prozentpunkten über dem Basiszinssatz nach § 1 des Diskontsatz-Überleitungs-Gesetzes zu verzinsen war. Eine dem Wortlaut des § 288 BGB entsprechende Antragstellung ist ausreichend. Somit muss sich der Anwalt nicht der Mühe unterziehen, den aktuellen Basiszinssatz zu ermitteln und dann einen konkret bezifferten Zinsantrag zu stellen.

gegen

■■■

– beklagte Partei –

Prozessbevollmächtigte: ■■■

wegen: Schadensersatz

Wir bestellen uns zu Prozessbevollmächtigten der klägerischen Partei, in deren Namen und Auftrag wir beantragen zu erkennen:

1. Die beklagte Partei wird verurteilt, an die klägerische Partei ■■■ EUR nebst 5 % Zinsen über dem Basiszinssatz seit dem ■■■ zu zahlen.
2. Die Berufung wird zugelassen.
3. Die Kosten des Rechtsstreits trägt die beklagte Partei.

Gründe:

1. Die klägerische Partei betreibt ein ■■■ Unternehmen. Die bei ihr vakante Stelle eines ■■■ wurde mit Zeitungsanzeige ausgeschrieben. Die beklagte Partei bewarb sich neben ■■■ anderen Bewerbern um diese Stelle. Nach Durchführung eines zeitaufwendigen Auswahlverfahrens entschied sich die klägerische Partei für die beklagte Partei und schloss mit ihr den Arbeitsvertrag vom ■■■.

Beweis: Vorlage des Arbeitsvertrages in Kopie – Anlage K 1a.

Die klägerische Partei schrieb daraufhin alle anderen Stellenbewerbern ab.

Beweis: Zeugnis ■■■

Die beklagte Partei teilte schließlich vor dem im Arbeitsvertrag vorgesehenen Arbeitsantritt mit, dass sie es sich anders überlegt habe und die Stelle nicht antreten wolle.

Beweis: Vorlage des Schreibens der beklagten Partei in Kopie – Anlage K 2b.

2. Das Verhalten der beklagten Partei stellt einen Vertragsbruch dar; die der klägerischen Partei hierdurch erwachsenen Schäden sind nach Maßgabe folgender, in der Rechtsprechung entwickelter Grundsätze von der beklagten Partei zu ersetzen:

a) Ersatz des entgangenen Gewinns, wenn Arbeiten nicht oder nur verspätet ausgeführt werden konnten,

vgl. *Gumpert*, BB 1963, 397; *Klein*, Schadenshaftung im Arbeitsverhältnis, S. 100.

Nach § 252 Satz 2 BGB gilt als entgangen der Gewinn, der nach dem gewöhnlichen Lauf der Dinge oder nach den besonderen Umständen, insbesondere nach den getroffenen Anstalten und Vorkehrungen mit Wahrscheinlichkeit erwartet werden konnte,

BAG 27.1.1972, AP § 252 BGB Nr. 2.

Hat ein Arbeitgeber eine Ersatzkraft nicht gefunden und die anfallende Mehrarbeit selbst erledigt, so besteht der dann zu ersetzende Schaden in der Einkommensminderung, die er infolge des Vertragsbruches ohne eine schadensabwendende Tätigkeit erlitten hätte,

BGHZ 55, 329; BAG, AP § 249 BGB Nr. 7.

b) Mehrvergütungen

Mehrvergütungen an Arbeitnehmer, die durch Überstunden den Ausfall des vertragsbrüchigen Arbeitnehmers ausgleichen, sind ebenfalls vom vertragsbrüchigen Arbeitnehmer zu erstatten,

LAG Düsseldorf DB 1968, 90; LAG Baden-Württemberg BB 1961, 529.

c) Zu erstatten ist schließlich die Differenz zwischen dem Entgelt des vertragsbrüchigen Arbeitnehmers und einem eventuellen höheren Entgelt einer Ersatzkraft,

LAG Stuttgart BB 1958, 40; LAG Stuttgart BB 1961, 529; LAG Berlin DB 1974, 638; LAG Schleswig-Holstein BB 1972, 1229.

d) Zu erstatten sind ferner die Kosten wegen des Stillstands von Maschinen,

Frey, BB 1959, 744.

e) Zu erstatten sind Konventionalstrafen des Arbeitgebers wegen nicht rechtzeitiger Leistung,

Herget, DB 1969, 2347.

f) Ebenfalls zu erstatten sind die Vorstellungskosten für Bewerber; soweit also beispielsweise Anreisekosten anderer Bewerber vom Arbeitgeber gezahlt wurden, hat der vertragsbrüchige Arbeitnehmer diese zu erstatten,

ArbG Bielefeld BB 1957, 257; ArbG Kassel BB 1962, 180.

g) Inseratskosten werden im Hinblick auf BAG AP § 276 BGB Vertragsbruch Nr. 7 (= NJW 1981, 2430) nicht geltend gemacht.

3. Aus den nach der Rechtsprechung in Frage kommenden Schadenspositionen kommen folgende Ansprüche der klägerischen Partei zur Anwendung: ▄▄▄

↑

7. Muster: Vertragsstrafe[54]

↓

Arbeitsgericht ▄▄▄

Klage

▄▄▄

– klägerische Partei –

Prozessbevollmächtigte: ▄▄▄

gegen

▄▄▄

– beklagte Partei –

Prozessbevollmächtigte: ▄▄▄

wegen: Vertragsstrafe

Wir bestellen uns zu Prozessbevollmächtigten der klägerischen Partei, in deren Namen und Auftrag wir beantragen zu erkennen:

1. Die beklagte Partei wird verurteilt, an die klägerische Partei ▄▄▄ EUR nebst 5 % Zinsen[55] über dem Basiszinssatz seit Rechtshängigkeit zu zahlen.[56]
2. Die Berufung wird zugelassen.
3. Die Kosten des Rechtsstreits trägt die beklagte Partei.

Gründe:

I.

Die beklagte Partei war bei der klägerischen Partei vom ▄▄▄ bis zum ▄▄▄ beschäftigt.

Beweis: Vorlage des Arbeitsvertrages in Kopie – Anlage K 1.

Am ▄▄▄ hat die beklagte Partei ihre Arbeit verlassen und ist bislang nicht mehr zurückgekehrt. Sie hat auf Nachfrage und Anmahnung erklärt, sie habe inzwischen eine bessere Stelle gefunden.

Beweis: ▄▄▄

In dem zwischen den Parteien geschlossenen Arbeitsvertrag ist für den Fall des Vertragsbruchs („dauerhaftes Fernbleiben von der Arbeit ohne Kündigung, Krankheit oder Erwerbsunfähigkeit") der beklagten Partei eine Vertragsstrafe in Höhe von ▄▄▄ EUR vereinbart.

Beweis: Vorlage des Arbeitsvertrages in Kopie – Anlage K 1.

II.

Die zwischen den Parteien getroffene Vereinbarung, wonach der Arbeitnehmer bei Vertragsbruch dem Arbeitgeber eine Vertragsstrafe im Umfang eines Brutto-Monatsgehalts zu zahlen hat, ist wirksam.

Mit Urteil vom 4.3.2004 hat das BAG entschieden, dass auf die formularmäßige Vereinbarung von Vertragsstrafen in Arbeitsverträgen die §§ 305 bis 309 BGB anwendbar seien,

---

[54] Ob derartige Klagen zukünftig noch Aussicht auf Erfolg bieten, ist davon abhängig, ob eine Vertragsstrafe der Inhaltskontrolle standhält, § 1 Rn 97 ff., 131.

[55] Da der Arbeitnehmer Verbraucher ist (sog. absoluter Verbraucherbegriff; BAG 25.5.2005 – 5 AZR 572/04, NZA 2005, 1111), bestimmt sich die Höhe der Verzugszinsen nach den §§ 288 Abs. 1, 247 BGB. Es kommt nach § 288 Abs. 2 BGB nicht darauf an, ob der Anspruchsteller Verbraucher oder Unternehmer ist. Sobald ein Rechtsgeschäft zugrunde liegt, an dem ein Verbraucher beteiligt ist, mindert sich der Zinsanspruch von 8 % auf 5 % über dem Basiszinssatz. Auch die Vertreter des abweichenden relativen Verbraucherbegriffs gelangen über eine richtlinienkonforme Auslegung der europäischen Zahlungsverzugsrichtlinie zu einem Zinssatz von 5 %, vgl. *Bauer/Kock*, DB 2002, 42 (46).

[56] Nach der Neufassung des § 288 BGB durch Art. 1 SchuldRModG v. 26.11.2001 (BGBl. I S. 3138) ist der Zinsantrag, wie oben dargestellt, zu fassen. Vor dem 1.1.2000 (vgl. Art. 9 Abs. 1 SchuldRModG) galt entsprechend der alten Fassung des § 288 Abs. 1 BGB, dass eine Geldschuld während des Verzugs mit fünf Prozentpunkten über dem Basiszinssatz nach § 1 des Diskontsatz-Überleitungs-Gesetzes zu verzinsen war. Eine dem Wortlaut des § 288 BGB entsprechende Antragstellung ist ausreichend. Somit muss sich der Anwalt nicht der Mühe unterziehen, den aktuellen Basiszinssatz zu ermitteln und dann einen konkret bezifferten Zinsantrag zu stellen.

BAG 4.3.2004 – 8 AZR 196/03, NZA 2004, 727.

In einem weiteren Urteil bekräftigte der 8. Senat, dass Vertragsstrafeversprechen im Arbeitsverhältnis wegen § 309 Nr. 6 BGB, auch soweit sie den dort genannten Tatbeständen unterfielen, nicht unwirksam seien, weil Vertragsstrafen im Arbeitsverhältnis eine „eine im Arbeitsrecht geltende Besonderheit" i.S.v. § 310 Abs. 4 Satz 2 BGB seien,

BAG 21.4.2005 – 8 AZR 425/04, NZA 2005, 1053.

In einem weiteren Urteil entschied das BAG, dass eine Vertragsstrafenabrede in einem Formulararbeitsvertrag, die „im Falle eines gravierenden Vertragsverstoßes" eine Vertragsstrafe in Höhe des ein- bis dreifachen Monatsgehalts vorsieht, wobei die genaue Höhe vom Arbeitgeber nach der Schwere des Verstoßes festgelegt wird, wegen unangemessener Benachteiligung nach § 307 Abs. 1 BGB unwirksam sei,

BAG 18.8.2005 – 8 AZR 65/05, NZA 2006, 34.

In der Entscheidung vom 18.8.2005 führte das BAG außerdem aus, dass die vereinbarte Vertragsstrafe nicht nur die zu leistende Strafe, sondern auch die sie auslösende Pflichtverletzung so klar bezeichnen müsse, dass sich der Versprechende in seinem Verhalten darauf einstellen könne.

Eine Formulierung, wonach eine Vertragsstrafe durch „schuldhaft vertragswidriges Verhalten des Arbeitnehmers, das den Arbeitgeber zur fristlosen Kündigung des Arbeitsverhältnisses veranlasse", verwirkt sei, hielt das BAG mangels Bestimmtheit für unangemessen i.S.v. § 307 Abs. 1 Satz 2 BGB,

BAG 21.4.2005 – 8 AZR 425/04, NZA 2005, 1053.

Zur neueren BAG-Rechtsprechung kann daher zusammengefasst werden, dass Vertragsstrafenklauseln bei Vertragsbruch einer Inhaltskontrolle standhalten, wenn der Tatbestand, der die Vertragsstrafe auslösen soll, im Arbeitsvertrag klar gekennzeichnet ist.

Diesen Anforderungen wird die zwischen den Parteien vereinbarte Vertragsstrafenklausel gerecht. Die beklagte Partei hat sich in dem Vertragsstrafeversprechen des Arbeitsvertrages unter dort präzise benannten Voraussetzungen verpflichtet, eine Vertragsstrafe bei Vertragsbruch zu leisten. Dabei ist der Vertragsbruch definiert als dauerhaftes Fernbleiben von der Arbeit, ohne dass eine Kündigung ausgesprochen wurde, eine Erkrankung oder Erwerbsunfähigkeit vorliegt. Die Ausnahmetatbestände der Erkrankung, der Kündigung oder der Erwerbsunfähigkeit sind bei der beklagten Partei nicht gegeben. Die beklagte Partei ist der Arbeit unter gleichzeitigem Vertragsbruch ferngeblieben. Der Vertragsbruch ist im Arbeitsvertrag präzise bestimmt, so dass die Vertragsklausel einer Inhaltskontrolle standhält. Auch wenn § 309 Nr. 6 BGB das Versprechen einer Vertragsstrafe für unwirksam hält, wenn es an den Tatbestand geknüpft ist, dass sich der andere Teil vom Vertrag löst, so ist die Klausel wegen einer im Arbeitsrecht geltenden Besonderheit nach § 310 Abs. 4 Satz 2 BGB wirksam.

III.

Das Vertragsstrafeversprechen ist auch nicht aufgrund der vereinbarten Höhe unwirksam. Im ersten Vertragsstrafenurteil hatte das BAG angenommen, dass der Nichtantritt der Stelle nicht mit einer höheren Vertragsstrafe belegt werden dürfe als der Verdienst betrage, den der Arbeitnehmer bei einem vertragskonformen Verhalten durch zulässige Kündigung während der Probezeit verdienen würde. Bei einer Vertragsstrafe, die wegen Nichtantritts der Arbeit bei gleichzeitiger Probezeitkündigung von 14 Tagen vereinbart werde, dürfe die Vertragsstrafe nach § 307 Abs. 1 Satz 1 BGB den Umfang eines halben Bruttomonatsgehalts nicht überschreiten,

BAG 4.3.2004 – 8 AZR 196/03, NZA 2004, 727.

Da die beklagte Partei vorliegend nicht während der Probezeit der Arbeit ferngeblieben ist, sondern während eines unbefristeten Arbeitsverhältnisses, für das eine Kündigungsfrist von vier Wochen zum 15. oder zum Ende eines Kalendermonats nach § 622 Abs. 1 BGB besteht, ist die vereinbarte Höhe im nahezu deckungsgleichen Umfang eines Bruttomonatsgehalts nicht unangemessen hoch nach § 307 Abs. 1 Satz 1 BGB.

Die beklagte Partei ist daher verpflichtet, das mit der Klage geltend gemachte Bruttomonatsgehalt zu zahlen.

↑

XVI. Schwerbehinderung

1. Muster: Anfechtung des Arbeitsvertrages wegen verschwiegener Schwerbehinderteneigenschaft

Sehr geehrte/r Frau/Herr

hiermit fechten wir den mit Ihnen geschlossenen Arbeitsvertrag an.

Kapitel 3: Schriftsätze für Arbeitgeber

Sie haben uns über Ihre Schwerbehinderteneigenschaft getäuscht. Im Einstellungsfragebogen vom ▄▄▄ haben Sie mitgeteilt, Sie seien nicht schwerbehindert. Tatsächlich lag bei Ihnen, wie wir zwischenzeitlich wissen, zu diesem Zeitpunkt ein Grad der Behinderung von 60 % vor.

Hätten wir dies gewusst, hätten wir Sie nicht eingestellt. Für die Ihnen übertragenen Tätigkeiten waren Sie aufgrund der Schwerbehinderung nicht uneingeschränkt einsetzbar, was für Sie auch erkennbar war.

Hilfsweise und vorsorglich kündigen wir den Vertrag mit Ihnen auch fristlos.

Das Integrationsamt hat innerhalb der Zwei-Wochen-Frist des § 91 Abs. 3 Satz 1 SGB IX keine Entscheidung getroffen. Damit gilt gemäß § 91 Abs. 3 Satz 2 SGB IX die Zustimmung als erteilt.

Auch der Betriebsrat wurde zu der Kündigung angehört.

2. Muster: Überprüfungskompetenz des Integrationsamts bei krankheitsbedingter Kündigung

Bei der Entscheidung, ob das Integrationsamt die Zustimmung zur Kündigung nach pflichtgemäßem Ermessen erteilt hat, darf das Verwaltungsgericht lediglich prüfen, ob die Behörde die gesetzlichen Grenzen des Ermessens überschritten und von dem Ermessen in einer den Zweck der Ermächtigung nicht entsprechenden Weise Gebrauch gemacht hat. Innerhalb dieses Rahmens ist namentlich zu prüfen, ob die Behörde alle entscheidungsrelevanten Tatsachen und Gesichtspunkte ermittelt und als Entscheidungsmaterial in ihre Ermessenserwägungen einbezogen hat, ob sie dabei von einem richtigen Sachverhalt ausgegangen ist, ob die vorgenommene Gewichtung der widerstreitenden Interessen sachgerecht ist und ob schließlich die auf der Gewichtung basierende Abwägung im engeren Sinne eine vertretbare Konfliktlösung ergeben hat.

Dabei ist bei den häufigen krankheitsbedingten Kündigungen zu prüfen, ob etwaige vom technischen Beratungsdienst des Integrationsamts vorzuschlagende behindertengerechte Ausstattung von Arbeitsmitteln zu einer Reduzierung der Fehlzeiten führen kann und vorhandene innerbetriebliche Umsetzungsmöglichkeiten zur Erzielung einer leistungsgerechten Beschäftigung dem Schwerbehinderten angeboten wurden. Dabei ist es Aufgabe des Schwerbehinderten, den seiner Behauptung nach für ihn in Betracht kommenden Ersatzarbeitsplatz zu konkretisieren, wenn Betriebsrat und Schwerbehindertenvertretung das Vorhandensein eines solchen freien geeigneten Arbeitsplatzes verneinen. Abzuwägen sind ferner eine drohende längere Arbeitslosigkeit und ein sozialer Abstieg gegen die wirtschaftliche Belastung des Arbeitgebers aufgrund von Lohnfortzahlungen,

VG Köln 10.3.1993 – 21 L 1969/92, n.v.

3. Muster: Überprüfungskompetenz des Integrationsamts bei außerordentlicher Kündigung

Das Integrationsamt hat die Wirksamkeit einer außerordentlichen Kündigung grundsätzlich nicht zu prüfen. § 91 Abs. 4 SGB IX ist als „Soll"-Vorschrift im verwaltungsrechtlichen Sinne ausgestaltet. Im Regelfall bedeutet das „Soll" ein Muss zur Zustimmungserteilung,

BVerwG 2.7.1992 – 5 C 31/91, n.v.

Nur bei atypischen Fällen darf die Behörde anders verfahren als im Gesetz vorgesehen, wobei die Frage, wann ein atypischer Fall vorliegt, als Rechtsvoraussetzung von den Gerichten zu überprüfen und zu entscheiden ist. Dem Wortlaut des § 91 Abs. 4 SGB IX ist die gesetzliche Wertung zu entnehmen, dass die Nachteile und Gefahren, die der Gruppe der Schwerbehinderten durch eine außerordentliche Kündigung allgemein für ihre Eingliederung in Arbeit, Beruf und Gesellschaft entstehen, die Annahme eines atypischen Falles allein nicht begründen können. Die außerordentliche Kündigung muss vielmehr den Schwerbehinderten in einer die Schutzzwecke des Schwerbehindertengesetzes berührenden Weise besonders hart treffen, ihm im Vergleich zu den der Gruppe der Schwerbehinderten im Falle außerordentlicher Kündigung allgemein zugemuteten Belastungen ein Sonderopfer abverlangen,

BVerwG 2.7.1992 – 5 C 31/91, n.v.; ebenso BVerwG 10.9.1992 – 5 C 80/88, n.v.

Zweifel an der arbeitsrechtlichen Wirksamkeit der Kündigung stellen keinen Grund zur Zustimmungsverweigerung dar. § 91 Abs. 4 SGB IX erlaubt dem Integrationsamt nicht die Prüfung, ob die Kündigung aus wichtigem Grunde erfolgt, sondern allein die Prüfung, ob die Kündigung im Zusammenhang mit der Schwerbehinderung erfolgt sei. Es ist nicht Aufgabe des Sonderkündigungsschutzes, den von den Arbeitsgerichten zu gewährenden arbeitsrechtlichen Kündigungsschutz zu ersetzen oder gar überflüssig zu machen. Es ist auch nicht Sinn des Sonderkündigungsschutzes, dem Schwerbehinderten die Belastung eines Kündigungsrechtsstreits mit dem Arbeitgeber abzunehmen, da derartige

Lasten alle Arbeitnehmer treffen könnten und der Schwerbehinderte insofern nicht gegenüber anderen Arbeitnehmern bevorzugt werden darf. Es ist auch nicht Aufgabe des Integrationsamts, den Schwerbehinderten vor vorgetäuschten Kündigungsgründen zu schützen. Dieser Gefahr ist der Schwerbehinderte nicht mehr wie jeder andere Arbeitnehmer auch ausgesetzt, weshalb es gerechtfertigt ist, auch den Schwerbehinderten auf den repressiven Rechtsschutz durch die Arbeitsgerichte zu verweisen.

4. Muster: Verwaltungsgerichtliche Klage des Arbeitgebers wegen Zustimmungsverweigerung zur Kündigung gemäß § 85 SGB IX

Verwaltungsgericht ▄▄▄

Anfechtungsklage

des/der ▄▄▄

– klägerische Partei –

Prozessbevollmächtigte: RAe ▄▄▄

gegen

das Integrationsamt[57] ▄▄▄

– beklagte Partei –

beizuladen: ▄▄▄ (schwerbehinderter Arbeitnehmer)

wegen: rechtswidriger Zustimmungsverweigerung zur Kündigung eines Schwerbehinderten

Namens und in Vollmacht der klägerischen Partei erheben wir Klage vor dem Verwaltungsgericht ▄▄▄ mit dem Antrag,

1. den Bescheid der beklagten Partei vom ▄▄▄ in der Gestalt des Widerspruchsbescheides vom ▄▄▄ aufzuheben,
2. der beklagten Partei die Kosten des Verfahrens aufzuerlegen,
3. unsere Hinzuziehung im Vorverfahren für notwendig zu erklären,
4. das Urteil wegen der Kosten für vorläufig vollstreckbar zu erklären,
5. der klägerischen Partei zu gestatten, eine zulässige oder erforderliche Sicherheit auch durch Bankbürgschaft zu erbringen.

Gründe:

I.

Die klägerische Partei ist ein mittelständisches Unternehmen und beschäftigt ▄▄▄ Arbeitnehmer. Davon sind ▄▄▄ schwerbehinderte Menschen. Der Beigeladene ist seit ▄▄▄ bei der klägerischen Partei als ▄▄▄ beschäftigt. Sein Grad der Behinderung (GdB) beträgt ▄▄▄. Der Beigeladene ist im Bereich ▄▄▄ tätig. Sein Tätigkeitsschwerpunkt war ▄▄▄. Im Rahmen seiner Tätigkeit hatte er ▄▄▄.

Im Zeitraum von ▄▄▄ bis ▄▄▄ kam es zu ▄▄▄. Aufgrund dessen sah sich die klägerische Partei gezwungen, mit Schreiben vom ▄▄▄, der beklagten Partei zugegangen am ▄▄▄, die Zustimmung zur außerordentlichen Kündigung des Beigeladenen zu beantragen. Zur Begründung des Antrags wurde von der klägerischen Partei ausgeführt, dass der Beigeladene während der Arbeitszeit ▄▄▄ habe. Dieses Verhalten stellt eine schwerwiegende Verletzung der arbeitsvertraglichen Pflichten des Beigeladenen dar.

Mit ablehnendem Bescheid vom ▄▄▄ erteilte die beklagte Partei die Zustimmung zur Kündigung nicht. Die klägerische Partei legte am ▄▄▄ Widerspruch gegen den Bescheid der beklagten Partei vom ▄▄▄ ein. Dieser wurde mit Widerspruchsbescheid vom ▄▄▄ abschlägig beschieden.

II.

Der ablehnende Bescheid der beklagten Partei vom ▄▄▄ ist rechtswidrig und daher aufzuheben. Die beklagte Partei ist nach pflichtgemäßem Ermessen gemäß §§ 85, 88 SGB IX verpflichtet, die Zustimmung zur Kündigung zu erteilen. Die beklagte Partei hat bei ihrer Entscheidung eine an der Zielsetzung des Schwerbehindertengesetzes orientierte Interessenabwägung vorzunehmen.

BayVGH 10.3.2006 – 9 ZB 05.2600, n.v.

---

[57] In jedem Bundesland wurden eigene Integrationsämter eingerichtet, in NRW z.B. beim Landschaftsverband Westfalen-Lippe und beim LVR.

Die beklagte Partei muss ihre Entscheidung nach freiem, pflichtgemäßem Ermessen treffen. Die beklagte Partei muss sich jedoch bei der Beurteilung eines jeden Falles immer von sachlichen Motiven leiten lassen, andernfalls missbraucht sie ihr Ermessen,

    Neumann/Pahlen/Mejerski/*Neumann*, § 85 SGB IX Rn 69.

Dabei ist eine umfassende Berücksichtigung aller relevanten Gesichtspunkte notwendig,

    VGH Mannheim 18.4.1994, BehindertenR 1995, S. 196.

Im Rahmen der Entscheidung nach § 85 SGB IX hat das Integrationsamt zwar die widerstreitenden Interessen des Schwerbehinderten und die des Arbeitgebers unter Berücksichtigung des fürsorgerischen Schutzzwecks des Gesetzes gegeneinander abzuwägen. Dabei sind zum einen das Interesse des Arbeitgebers an der Erhaltung seiner Gestaltungsmöglichkeiten und zum anderen das Interesse des behinderten Arbeitnehmers an der Erhaltung seines Arbeitsplatzes zu berücksichtigen. Beruhen die Kündigungsgründe auf Umständen, die in keinem Zusammenhang mit der Behinderung stehen, tritt der Behindertenschutz in den Hintergrund,

    VG Münster 25.7.2006, 5 K 1808/05, n.v.

Im vorliegenden Fall beruht die Entscheidung der klägerischen Partei auf der schweren Pflichtverletzung des Beigeladenen und steht in keinem Zusammenhang mit seiner Behinderung.

Stehen die Pflichtverletzung und die Schwerbehinderung nicht in einem unmittelbaren oder zumindest mittelbaren Zusammenhang, ist die Zustimmung durch das Integrationsamt grundsätzlich zu erteilen,

    APS/*Vossen*, Kündigungsrecht SGB IX, § 89 Rn 3.

Diese Grundsätze gelten gemäß § 91 Abs. 1 SGB IX auch bei einer außerordentlichen Kündigung, soweit sich aus den Bestimmungen des § 91 SGB IX nichts anderes ergibt. Dabei soll das Integrationsamt nach § 91 Abs. 4 SGB IX die Zustimmung erteilen, wenn die Kündigung aus einem Grund erfolgt, der nicht im Zusammenhang mit der Behinderung steht.

Trotz ausführlicher Darlegung des oben geschilderten Sachverhaltes wurde die Zustimmung verweigert. Es liegt daher eine Ermessensfehlentscheidung vor. Die fehlerhafte Ermessensentscheidung der beklagten Partei ist rechtswidrig und damit aufzuheben.

XVIII. Wettbewerb

1. Muster: Anrechnung anderweitigen Arbeitseinkommens auf Karenzentschädigung

1. Das hier zwischen den Parteien vereinbarte Wettbewerbsverbot ist verbindlich und wirksam.

Die gemäß §§ 74 ff. HGB, § 126 BGB erforderliche Schriftform ist eingehalten worden.

In die Vertragsurkunde wurden auch sämtliche Abreden, insbesondere der Fall der Entschädigungspflicht, aufgenommen.

2. Bei der Wettbewerbsvereinbarung selbst handelt es sich um einen gegenseitigen Vertrag i.S.d. §§ 320 ff. BGB. Die Verpflichtung des Arbeitnehmers geht dahin, sich des Wettbewerbs zu enthalten. Demgegenüber steht die Verpflichtung des Arbeitgebers, dem Arbeitnehmer eine Karenzentschädigung zu zahlen.

Gemäß § 74 Abs. 2 HGB hat der Arbeitgeber für jedes Jahr des Wettbewerbsverbots mindestens die Hälfte der von dem Arbeitnehmer zuletzt bezogenen vertraglichen Leistungen zu erbringen. Die vom Arbeitgeber zu zahlende Karenzentschädigung ist in ihrer Höhe jedoch davon abhängig, wie viel der Arbeitnehmer in einem Folgearbeitsverhältnis verdient.

Gemäß § 74c HGB hat sich der Arbeitnehmer auf die Karenzentschädigung das anrechnen zu lassen, was er durch die anderweitige Verwertung seiner Arbeitskraft erhält.

Anzurechnen ist hierbei jedes anderweitige Einkommen aus selbständiger oder unselbständiger Tätigkeit,

    vgl. Schaub/*Schaub*, Arbeitsrechts-Handbuch, § 58 V.4. Rn 77.

Die Anrechnung anderweitigen Erwerbseinkommens soll nach Vorstellung des Gesetzgebers verhindern, dass durch die Vereinbarung eines Wettbewerbsverbots ein Anreiz dafür geschaffen werde, eine Arbeitsstelle aufzugeben, um sodann, ohne arbeiten zu müssen, von der Karenzentschädigung zu leben oder um eine neue Stelle anzutreten und gleichsam als Prämie für den Stellenwechsel zusätzlich zum Arbeitsentgelt die Karenzentschädigung zu erhalten,

    vgl. BAG 25.6.1985, AP § 74c HGB Nr. 11.

3. Die Karenzentschädigung soll dem Arbeitnehmer jedoch erhalten bleiben, soweit sie zusammen mit dem Arbeitseinkommen nicht 110% des früheren Einkommens übersteigt,

vgl. BAG 25.6.1985, AP § 74c HGB Nr. 11; BAG 17.5.1988, NJW 1988, 3173.

Das letzte Arbeitseinkommen des Arbeitnehmers betrug monatlich ▬▬▬ EUR. Die anrechnungsfreie Grenze von 110% beläuft sich mithin auf ▬▬▬ EUR. Das im Anspruchszeitraum vom Arbeitnehmer bezogene monatliche Arbeitsentgelt beträgt derzeit ▬▬▬ EUR. Die vereinbarte Karenzentschädigung von ▬▬▬ EUR und das derzeitige monatliche Arbeitseinkommen von ▬▬▬ EUR ergeben zusammen monatlich ▬▬▬ EUR.

2. Muster: Einstweilige Verfügung auf Unterlassung von Wettbewerb im bestehenden Arbeitsverhältnis

Arbeitsgericht ▬▬▬

▬▬▬

Antrag auf Erlass einer einstweiligen Verfügung

– antragstellende Partei –

Verfahrensbevollmächtigte: ▬▬▬

gegen

▬▬▬

– antragsgegnerische Partei –

wegen: Unterlassung von Wettbewerb

Wir bestellen uns zu Prozessbevollmächtigten der klägerischen Partei und beantragen, wegen Dringlichkeit des Falles ohne mündliche Verhandlung durch den Vorsitzenden allein, hilfsweise unter Abkürzung der Ladungsfrist aufgrund einer unverzüglich anzuberaumenden mündlichen Verhandlung den Erlass einer einstweiligen Verfügung mit folgendem Inhalt:

1. Der antragsgegnerischen Partei wird es geboten, bis zur wirksamen Beendigung des Arbeitsverhältnisses am ▬▬▬ jegliche Konkurrenztätigkeit zum Nachteil der klägerischen Partei zu unterlassen, insbesondere im eigenen Namen und für eigene Rechnung ▬▬▬.
2. Der antragsgegnerischen Partei wird für jeden Fall der Zuwiderhandlung die Festsetzung eines Ordnungsgeldes bis zur Höhe von 250.000 EUR oder Ordnungshaft bis zu sechs Monaten angedroht.
3. Die Berufung wird zugelassen.
4. Die Kosten des Rechtsstreits trägt die antragsgegnerische Partei.

Für den Fall des Obsiegens wird bereits jetzt beantragt,

5. der antragstellenden Partei eine vollstreckbare Kurzausfertigung der Entscheidung (ohne Tatbestand und Entscheidungsgründe) zu erteilen.

Gründe:

Die antragsgegnerische Partei ist bei der antragstellenden Partei seit dem ▬▬▬ als ▬▬▬ tätig.

Beweis: Vorlage des Arbeitsvertrages in Kopie – Anlage K 1.

Die antragsgegnerische Partei hat das Arbeitsverhältnis zum ▬▬▬ gekündigt.

Beweis: Vorlage des Kündigungsschreibens in Kopie – Anlage K 2.

Die antragsgegnerische Partei ist somit noch ▬▬▬ Monate bei der antragstellenden Partei tätig. Der antragstellenden Partei ist nunmehr zu Ohren gekommen, dass die antragsgegnerische Partei den Aufbau eines eigenen Handelsgewerbes betreibt. Die antragsgegnerische Partei hat Abwerbungsgespräche mit folgenden Mitarbeiterinnen und Mitarbeitern der antragstellenden Partei geführt: ▬▬▬

Beweis: Zeugnis ▬▬▬

Wie die antragstellende Partei durch eine Anfrage beim Gewerbeamt der Stadt ▬▬▬ in Erfahrung bringen konnte, ist die antragsgegnerische Partei zwischenzeitlich Inhaber eines Gewerbescheins. Sie hat am ▬▬▬ im Geschäftsbereich der antragstellenden Partei ein Gewerbe angemeldet.

Beweis: Zeugnis ▬▬▬

Ausweislich des Arbeitsvertrages ist es der antragsgegnerischen Partei ohne Zustimmung der antragstellenden Partei nicht gestattet, eine Nebentätigkeit auszuüben, wie sich aus Ziff. ▬▬▬ des Arbeitsvertrages ergibt.

Beweis: Vorlage des Arbeitsvertrages in Kopie – Anlage K 1.

Die antragstellende Partei hat die antragsgegnerische Partei mit Schreiben vom ▪▪▪ aufgefordert, jeglichen Wettbewerb zu unterlassen, solange sie noch in einem Arbeitsverhältnis zu der antragstellenden Partei steht und durch das Tätigwerden der antragsgegnerischen Partei Geschäftsinteressen der antragstellenden Partei berührt sind.

Beweis: Vorlage des Schreibens in Kopie – Anlage K 3.

Die antragsgegnerische Partei hüllt sich in Schweigen, setzt jedoch ungeniert ihre Aktivitäten zur eigenen Geschäftsgründung fort.

Die antragstellende Partei hat einen Verfügungsanspruch, der sich aus dem Verbot jeglicher Konkurrenztätigkeit zum Nachteil des Arbeitgebers während des Bestehens eines Arbeitsverhältnisses ergibt, selbst dann, wenn der Einzelarbeitsvertrag keine ausdrückliche Regelung enthält,

BAG 16.8.1990, NZA 1991, 141; BAG 6.8.1987, AP § 626 BGB Nr. 97.

Während eines bestehenden Arbeitsverhältnisses, in dem der Arbeitnehmer noch seine Bezüge erhält, muss der Arbeitgeber nicht hinnehmen, dass ihm von seinem Arbeitnehmer auch nur teilweise Konkurrenz gemacht wird. Die Rechtsprechung zum nachvertraglichen Wettbewerbsverbot, wonach eine nicht unerhebliche Übereinstimmung des Fertigungsprogramms des Konkurrenzunternehmens vorliegen muss, ist auf den Fall des Wettbewerbs während eines bestehenden Arbeitsverhältnisses nicht zu übertragen,

LAG Köln 8.12.1995, LAGE § 60 HGB Nr. 5.

Die antragsgegnerische Partei kann sich zu ihrer Entlastung auch nicht auf eine Freistellung berufen. Wettbewerbsverbote entfallen nicht durch eine Freistellung,

BAG 30.5.1978, AP § 60 HGB Nr. 9; LAG Köln 8.12.1995, LAGE § 60 HGB Nr. 5.

Der Verfügungsgrund ergibt sich aus dem Umstand, dass der antragstellenden Partei nicht zugemutet werden kann, ein Urteil im Hauptsacheverfahren abzuwarten. Das Hauptsacheverfahren nimmt zwischen drei und sechs Monaten in Anspruch. Das Arbeitsverhältnis besteht nur noch ▪▪▪ Monate, so dass vor Ablauf des Arbeitsverhältnisses die antragstellende Partei über keinerlei Rechtsschutz verfügen würde. Der Schaden realisiert sich gegenwärtig während des bestehenden Arbeitsverhältnisses. Die antragstellende Partei kann daher nicht auf das Hauptsacheverfahren verwiesen werden.

3. Muster: Einstweilige Verfügung auf Unterlassung von nachvertraglichem Wettbewerb

Arbeitsgericht ▪▪▪

Antrag auf Erlass einer einstweiligen Verfügung

– antragstellende Partei –

Verfahrensbevollmächtigte: ▪▪▪

gegen

– antragsgegnerische Partei –

Verfahrensbevollmächtigte: ▪▪▪

wegen: nachvertraglichem Wettbewerb

Wir bestellen uns zu Verfahrensbevollmächtigten der antragstellenden Partei, in deren Namen und Auftrag wir beantragen zu erkennen:

1. Der antragsgegnerischen Partei wird im Wege der einstweiligen Verfügung, wegen der Dringlichkeit ohne mündliche Verhandlung und durch den Vorsitzenden allein, bei Meidung eines Ordnungsgeldes in Höhe von 250.000 EUR/bzw. Zwangshaft für jeden Fall der Zuwiderhandlung untersagt, in der Zeit bis zur Entscheidung in der Hauptsache für Unternehmen tätig zu werden, die ▪▪▪ herstellen und mit der antragstellenden Partei in Konkurrenz stehen, insbesondere bei der Firma ▪▪▪ tätig zu sein.
2. Die Berufung wird zugelassen.
3. Die Kosten des Verfahrens trägt die antragsgegnerische Partei.

Gründe:

1. Die antragstellende Partei ist Herstellerin von ▬▬▬. Wir überreichen als Anlage K1 einen Firmenprospekt über die Antragstellerin, aus dem die Produkte hervorgehen.

Die antragsgegnerische Partei war zuletzt als Leiter des Vertriebs bei der Antragstellerin tätig. Grundlage bildete der Arbeitsvertrag vom ▬▬▬.

Glaubhaftmachung: Arbeitsvertrag vom ▬▬▬ – Anlage K2.

In Ziff. ▬▬▬ des Arbeitsvertrages heißt es: ▬▬▬

Glaubhaftmachung: Wie vor.

Durch das Wettbewerbsverbot ist es der antragsgegnerischen Partei untersagt, für ein Konkurrenzunternehmen der antragstellenden Partei tätig zu werden.

2. Der bei der Antragstellerin durch Kündigung vom ▬▬▬ ausgeschiedene Antragsgegner hat nunmehr einen Arbeitsvertrag bei der Firma ▬▬▬ unterzeichnet. Dort soll er als Leiter des Vertriebs für den Produktbereich ▬▬▬ tätig werden. Die Firma ▬▬▬ ist eine Konkurrentin der antragstellenden Partei. Während die antragstellende Partei etwa ▬▬▬% des Marktes in Deutschland bedient, ist die Firma ▬▬▬ mit etwa ▬▬▬% im gleichen Segment auf dem deutschen Markt tätig.

Gegen die Wirksamkeit des Wettbewerbsverbots bestehen keine Bedenken. Die Einhaltung des Wettbewerbsverbots durch die antragsgegnerische Partei ist zum Schutz der berechtigten geschäftlichen Interessen der antragstellenden Partei erforderlich. Die antragsgegnerische Partei kennt alle Absprachen, die auf einer Vertriebsmitarbeitertagung am ▬▬▬ getroffen wurde, sie kennt damit die gesamte Marketingstrategie der antragstellenden Partei und könnte sie bei der Konkurrenzfirma vollständig unterlaufen.

Glaubhaftmachung: Eidesstattliche Versicherung des stellvertretenden Vertriebsleiters ▬▬▬

3. Der Verfügungsgrund der Eilbedürftigkeit besteht. Die durchschnittliche Verfahrensdauer der I. Instanz bei einem Arbeitsgericht beträgt regelmäßig sechs Monate und mehr. Würde die antragstellende Partei auf ein Hauptsacheverfahren verwiesen, bedeutete dies, dass die antragsgegnerische Partei zunächst über einen längeren Zeitraum ihr Wettbewerb machen und die wesentlichen Geschäftsgeheimnisse der Firma ▬▬▬ übermitteln könnte. Das vereinbarte Wettbewerbsverbot würde damit wertlos.

4. Muster: Klage auf Unterlassung von nachvertraglichem Wettbewerb

Arbeitsgericht ▬▬▬

Klage

▬▬▬

– klägerische Partei –

Prozessbevollmächtigte: ▬▬▬

gegen

▬▬▬

– beklagte Partei –

Prozessbevollmächtigte: ▬▬▬

wegen: Unterlassung von Wettbewerb

Wir bestellen uns zu Prozessbevollmächtigten der klägerischen Partei, in deren Namen und Auftrag wir beantragen zu erkennen:

1. Die beklagte Partei wird verurteilt, Wettbewerb zum Nachteil der klägerischen Partei, insbesondere den Vertrieb nachfolgender Gegenstände ▬▬▬ im Bezirk ▬▬▬ zu unterlassen.

2. Die beklagte Partei wird verurteilt, ihre Tätigkeit bei der Firma ▬▬▬ einzustellen.

3. Die beklagte Partei wird verurteilt, an die klägerische Partei ▬▬▬ EUR nebst 5 % Zinsen[58] über dem Basiszinssatz seit dem ▬▬▬ zu zahlen.[59]
4. Die Berufung wird zugelassen.
5. Die Kosten des Rechtsstreits trägt die beklagte Partei.

Gründe:

Die beklagte Partei war bei der klägerischen Partei vom ▬▬▬ bis zum ▬▬▬ im Vertrieb beschäftigt.

Beweis: Vorlage des Arbeitsvertrages in Kopie – Anlage K 1a.

Die beklagte Partei ist zum ▬▬▬ bei der klägerischen Partei ausgeschieden.

Im Arbeitsvertrag ist ein Wettbewerbsverbot vereinbart, das folgenden Wortlaut hat:

„▬▬▬"

Beweis: Wie vor.

Außerdem haben die Parteien eine Vertragsstrafe für den Fall des Verstoßes gegen das Wettbewerbsverbot vereinbart.

Beweis: Wie vor.

Wie die klägerische Partei nunmehr in Erfahrung bringen konnte, ist die beklagte Partei seit dem ▬▬▬ bei der Firma ▬▬▬ als ▬▬▬ beschäftigt. Damit tritt die beklagte Partei unmittelbar in Wettbewerb zu der klägerischen Partei, denn ▬▬▬.

Der Wettbewerb wird auch im räumlichen Geltungsbereich des vereinbarten Wettbewerbsverbots ausgeübt.

Die beklagte Partei ist daher antragsgemäß zu verurteilen.

XVIII. Wiedereinstellung

1. Muster: Wiedereinstellungsanspruch bei Wegfall der Kündigungsgründe nach Ablauf der Kündigungsfrist

Ändern sich bei einer betriebsbedingten Kündigung die kündigungsbegründeten Umstände nach Ablauf der Kündigungsfrist, steht dem Arbeitnehmer kein Wiedereinstellungsanspruch aufgrund nachwirkender Fürsorgepflicht zu,

BAG 4.12.1997, NZA 1998, 701; LAG Köln 28.6.1996, LAGE § 611 BGB Einstellungsanspruch Nr. 5.

2. Muster: Wiedereinstellungsverlangen bei Verdachtskündigung

Aktenzeichen: ▬▬▬

Gegner: RAe ▬▬▬, zwei Abschriften

In dem Rechtsstreit

▬▬▬ ./. ▬▬▬

bestellen wir uns zu Prozessbevollmächtigten der beklagten Partei, eine auf uns lautende Vollmacht versichernd, und beantragen:

1. Die Klage wird abgewiesen.
2. Die Berufung wird zugelassen.
3. Die Kosten des Rechtsstreits trägt die klägerische Partei.

---

58 Sieht man den Arbeitnehmer uneingeschränkt als Verbraucher an (sog. absoluter Verbraucherbegriff; BAG 25.5.2005 – 5 AZR 572/04, NZA 2005, 1111; *Hümmerich/Holthausen*, NZA 2002, 173 ff. und *Boemke*, BB 2002, 96 f.), bestimmt sich die Höhe der Verzugszinsen nach den §§ 288 Abs. 1, 247 BGB. Für den Zinssatz kommt es nicht darauf an, ob der Unternehmer oder der Arbeitnehmer einen Anspruch stellt. Aus dem Umkehrschluss zu § 288 Abs. 2 BGB ergibt sich, dass ein Verbraucher am zugrunde liegenden Rechtsgeschäft beteiligt gewesen sein muss. Auch die Vertreter des abweichenden relativen Verbraucherbegriffs gelangen über eine richtlinienkonforme Auslegung der europäischen Zahlungsverzugsrichtlinie zu einem Zinssatz von 5 %, vgl. *Bauer/Kock*, DB 2002, 42 (46).

59 Nach der Neufassung des § 288 BGB durch Art. 1 SchuldRModG v. 26.11.2001 (BGBl. I S. 3138) ist der Zinsantrag, wie oben dargestellt, zu fassen. Vor dem 1.1.2000 (vgl. Art. 9 Abs. 1 SchuldRModG) galt entsprechend der alten Fassung des § 288 Abs. 1 BGB, dass eine Geldschuld während des Verzugs mit fünf Prozentpunkten über dem Basiszinssatz nach § 1 des Diskontsatz-Überleitungs-Gesetzes zu verzinsen war. Eine dem Wortlaut des § 288 BGB entsprechende Antragstellung ist ausreichend. Somit muss sich der Anwalt nicht der Mühe unterziehen, den aktuellen Basiszinssatz zu ermitteln und dann einen konkret bezifferten Zinsantrag zu stellen.

Gründe:
Die klägerische Partei macht unter Hinweis auf ein gegen sie eingestelltes Ermittlungsverfahren geltend, ihr sei seinerzeit zu Unrecht gekündigt worden. Ihre Kündigungsschutzklage bildete Gegenstand eines Verfahrens vor dem erkennenden Gericht.

Beweis: Beiziehung der Akte ArbG ▪▪▪, Aktenzeichen ▪▪▪

Zutreffend ist, dass der dem Ermittlungsverfahren zugrunde liegende Tatkomplex Gegenstand einer Verdachtskündigung der beklagten Partei gegen die klägerische Partei bildete. Durch die Einstellung des Ermittlungsverfahrens nach § 170 Abs. 2 Satz 1 StPO wurde jedoch weder der Verdacht gegen die klägerische Partei ausgeräumt, noch stellt die Einstellung des Ermittlungsverfahrens einen Restitutionsgrund dar.

Wie das BAG bereits entschieden hat,

BAG 22.1.1998 – 2 AZR 455/97, n.v.,

hätten Urkunden aus dem Strafverfahren, selbst wenn sie in der Zeit des Kündigungsschutzprozesses errichtet und vorgelegt worden wären, eine für die klägerische Partei günstigere Entscheidung jedenfalls nicht mit Gewissheit gewährleistet, denn die Arbeitsgerichte müssen alle relevanten Verdachtsumstände eigenständig würdigen, ohne an die Entscheidungen im Strafverfahren gebunden zu sein. Die Einstellung eines staatsanwaltlichen Ermittlungsverfahrens nach § 170 Abs. 2 Satz 1 StPO steht der Wirksamkeit einer Verdachtskündigung darüber hinaus nicht entgegen. Sie begründet keine, erst recht keine im arbeitsgerichtlichen Verfahren unwiderlegbare Vermutung für die Unschuld des Arbeitnehmers. Ein Vertrauensschutz auf den Bestand der Einstellungsverfügung besteht nicht. Geht die Staatsanwaltschaft bei einem bestimmten Verfahrensstand davon aus, die Straftat sei dem verdächtigen Arbeitnehmer jedenfalls nicht beweisbar, so hindert dies den Arbeitgeber nicht, im Arbeitsgerichtsverfahren den Beweis für eine vollendete Straftat oder zumindest einen entsprechenden Tatverdacht zu führen.

Zwar kann ein Anspruch des Arbeitnehmers auf Wiedereinstellung in Betracht kommen, wenn dem Arbeitnehmer wegen Verdachts einer strafbaren Handlung gekündigt worden ist und sich später seine völlige Unschuld herausstellt oder zumindest nachträglich Umstände bekannt werden, die den bestehenden Verdacht vollständig beseitigen,

BAG 14.12.1956, BAGE 3, 332; BAG 27.2.1997, NZA 1997, 757.

Die bloße Einstellung des staatsanwaltlichen Ermittlungsverfahrens nach § 170 Abs. 2 Satz 1 StPO begründet jedoch keinen Wiedereinstellungsanspruch,

BAG 20.8.1997, NZA 1997, 1340.

Ist die Kündigungsschutzklage eines Erziehers rechtskräftig abgewiesen worden, da gegen den Kläger der schwerwiegende Verdacht des sexuellen Missbrauchs von Kindern bestand, scheidet ein Wiederaufnahmeverfahren aus, auch wenn eine Strafkammer die Eröffnung des Hauptverfahrens wegen mangelnden Tatverdachts abgelehnt hat,

BAG 22.11.1998 – 2 AZR 455/97, n.v.

Weder ein Protokoll über eine Zeugenvernehmung noch ein die Eröffnung des Hauptverfahrens ablehnender Beschluss eines Landgerichts stellen Urkunden i.S.v. § 580 Nr. 7 b ZPO dar, die eine Restitution begründen könnten. Dies folgt daraus, dass diese Urkunden erst nach der Abweisung der Kündigungsschutzklage errichtet wurden und ebenso wenig wie ein nachträglicher Strafbefehl oder Freispruch die Arbeitsgerichte binden.

XIX. Zahlungs- und Auskunftsklagen

1. Muster: Rückzahlung überzahlten Arbeitsentgelts

Arbeitsgericht ▪▪▪

Klage

▪▪▪

– klägerische Partei –

Prozessbevollmächtigte: ▪▪▪

gegen

▪▪▪

– beklagte Partei –

wegen: Rückforderung

Wir bestellen uns zu Prozessbevollmächtigten der klägerischen Partei, in deren Namen und Vollmacht wir um Anberaumung eines frühestmöglichen Gütetermins bitten. Im Übrigen werden wir beantragen zu erkennen:

1. Die beklagte Partei wird verurteilt, an die klägerische Partei ■■■ EUR nebst 5 % Zinsen[60] über dem Basiszinssatz seit dem ■■■ zu zahlen.[61]
2. Die Berufung wird zugelassen.
3. Die Kosten des Rechtsstreits trägt die beklagte Partei.

Gründe:

Die beklagte Partei ist seit dem ■■■ bei der klägerischen Partei als ■■■ beschäftigt. Ihr monatliches Bruttogehalt beläuft sich auf ■■■ EUR.

Beweis: Vorlage des Arbeitsvertrages in Kopie – Anlage K 1.

Durch einen Fehler in der Lohnbuchhaltung hat die beklagte Parte das 13. Monatsgehalt im Jahre ■■■ zweimal erhalten, und zwar sowohl mit der November-Überweisung als auch mit der Dezember-Überweisung.

Beweis: 1. Vorlage des Überweisungsträgers für November – Anlage K 2.

2. Vorlage des Überweisungsträgers für Dezember – Anlage K 3.

Im Zuge der Revision wurde ein halbes Jahr später festgestellt, dass bei der beklagten Partei eine Überzahlung eingetreten ist. Nach dem Arbeitsvertrag schuldet die klägerische Partei das 13. Monatsgehalt jährlich nur einmal.

Beweis: Vorlage des Arbeitsvertrages in Kopie – Anlage K 1.

Die klägerische Partei hat mit Schreiben vom ■■■ die beklagte Partei zur Rückzahlung eines der beiden „13. Monatsgehälter" aufgefordert. Sie hat dabei gleichzeitig der beklagten Partei Ratenzahlung eingeräumt.

Beweis: Vorlage des Schreibens in Kopie – Anlage K 4.

Die beklagte Partei hat bislang keine Zahlung erbracht. In einem Gespräch mit der Personalabteilung berief sie sich darauf, sie habe Luxusaufwendungen in Höhe einer der geleisteten Überweisungen aufgewandt und sei heute nicht mehr bereichert.

Beweis: Zeugnis Personalsachbearbeiter ■■■

Die Beklagte ist ungerechtfertigt bereichert i.S.v. § 812 Abs. 1 Satz 1 Alt. 1 BGB. Sie hatte von vornherein keinen Anspruch auf die zweimalige Zahlung des 13. Monatsgehalts. Mit Eingang der Dezember-Zahlung hätte für die beklagte Partei klar sein müssen, dass es sich um ein Versehen der Lohnbuchhaltung handelt. Die beklagte Partei hätte zumindest nachfragen müssen, wie es zu dieser Überzahlung gekommen ist. Spätestens dann wäre der Irrtum aufgedeckt worden und die beklagte Partei hätte die angeblichen Luxusaufwendungen, die bis heute nicht nachgewiesen sind und bestritten werden, nicht getätigt.

Die beklagte Partei kann bis heute keine plausible Erklärung dafür anbieten, warum sie ein weiteres 13. Monatsgehalt im Dezember beziehen sollte. Der Einwand des Wegfalls der Bereicherung gemäß § 818 Abs. 3 BGB kann daher von der beklagten Partei nicht erfolgreich erhoben werden. Auch handelt es sich nicht nur um eine nur geringfügige Überzahlung, bei der darauf geschlossen werden kann, dass die beklagte Partei sie als laufende Kosten der Lebenshaltung eingesetzt hat. Die Grenze besteht heute im Hinblick auf wiederkehrende Leistungen bei 10 % aller für den Zeitraum zustehenden Bezüge, höchstens jedoch monatlich 102,25 EUR,

BAG 18.1.1995, NJW 1996, 411.

Diese Erleichterungen der Darlegungs- und Beweislast kommen der beklagten Partei schon deshalb nicht zugute, weil sie zu den Besserverdienenden gehört,

BAG 12.1.1994, DB 1994, 1039.

Die klägerische Partei hat die Rückzahlung als Nettoforderung geltend gemacht,

so *Groß*, ZIP 1987, 5; ähnlich BFH 27.3.1992, BB 1992, 1272,

---

[60] Sieht man den Arbeitnehmer uneingeschränkt als Verbraucher an (sog. absoluter Verbraucherbegriff; BAG 25.5.2005 – 5 AZR 572/05, NZA 2005, 1111; *Hümmerich/Holthausen*, NZA 2002, 173 ff. und *Boemke*, BB 2002, 96 f.), bestimmt sich die Höhe der Verzugszinsen nach den §§ 288 Abs. 1, 247 BGB. Für den Zinssatz kommt es nicht darauf an, ob der Unternehmer oder der Arbeitnehmer einen Anspruch stellt. Aus dem Umkehrschluss zu § 288 Abs. 2 BGB ergibt sich, dass ein Verbraucher am zugrunde liegenden Rechtsgeschäft beteiligt gewesen sein muss. Auch die Vertreter des abweichenden relativen Verbraucherbegriffs gelangen über eine richtlinienkonforme Auslegung der europäischen Zahlungsverzugsrichtlinie zu einem Zinssatz von 5 %, vgl. *Bauer/Kock*, DB 2002, 42 (46).

[61] Nach der Neufassung des § 288 BGB durch Art. 1 SchuldRModG v. 26.11.2001 (BGBl. I S. 3138) ist der Zinsantrag, wie oben dargestellt, zu fassen. Vor dem 1.1.2000 (vgl. Art. 9 Abs. 1 SchuldRModG) galt entsprechend der alten Fassung des § 288 Abs. 1 BGB, dass eine Geldschuld während des Verzugs mit fünf Prozentpunkten über dem Basiszinssatz nach § 1 des Diskontsatz-Überleitungs-Gesetzes zu verzinsen war. Eine dem Wortlaut des § 288 BGB entsprechende Antragstellung ist ausreichend. Somit muss sich der Anwalt nicht der Mühe unterziehen, den aktuellen Basiszinssatz zu ermitteln und dann einen konkret bezifferten Zinsantrag zu stellen.

wenngleich auch die Auffassung vertreten wird, der Bruttobetrag sei zurückzuerstatten,
Matthes, DB 1973, 331.

XX. Zeugnisklagen

534 **1. Muster: Klageerwiderung bei Zeugnisklage**

↓

Aktenzeichen: ▄▄▄

Gegner: RAe ▄▄▄, zwei Abschriften anbei

In dem Rechtsstreit

▄▄▄ ./. ▄▄▄

begründen wir den Klageabweisungsantrag wie folgt:

I.

Die beklagte Partei hat der klägerischen Partei ein Zeugnis erteilt, das den Anforderungen der Rechtsprechung genügt.

Beweis: Vorlage des Zeugnisses in Kopie – Anlage B 1.

Der Wortlaut des Zeugnisses steht im Ermessen des Arbeitgebers, auf eine bestimmte Formulierung hat der Arbeitnehmer keinen Anspruch,

vgl. BAG 29.7.1971, AP § 630 BGB Nr. 6.

Weiterhin muss ein Zeugnis der Wahrheit entsprechen. Auch wenn der Arbeitgeber die Arbeitsleistung während des Arbeitsverhältnisses nicht beanstandet hat, bedeutet dies noch nicht, dass die Arbeitsleistung dann bereits überdurchschnittlich bewertet werden muss,

vgl. LAG Düsseldorf 26.2.1985, DB 1985, 2692.

Zwar muss die im Zeugnis enthaltene Würdigung die eines wohlwollenden und verständigen Arbeitgebers sein, auch darf dem Arbeitnehmer das Fortkommen nicht unnötig erschwert werden, dies bedeutet jedoch nicht, dass Ungünstiges nicht gesagt werden dürfe,

vgl. BAG 23.6.1960, AP § 73 HGB Nr. 1; BAG 29.7.1971, AP § 630 BGB Nr. 6.

Deshalb gehören in eine Beurteilung auch Mängel der Arbeitsleistung,

vgl. ArbG Darmstadt 6.4.1967, DB 1967, 734.

Aufgabe der Rechtsprechung im Zeugnisrechtsstreit kann es deshalb nur sein, einem Arbeitszeugnis etwaige „Spitzen" zu nehmen.

II.

Unter Würdigung dieser Umstände ist das der klägerischen Partei erteilte Zeugnis nicht zu beanstanden.

▄▄▄

XXI. Zuständigkeit, Zwangsvollstreckung und Kosten

535 **1. Muster: Klage auf verschleiertes Arbeitseinkommen nach vorangegangenen vergeblichen Vollstreckungsversuchen**

↓

Arbeitsgericht ▄▄▄

Klage

▄▄▄

– klägerische Partei –

Prozessbevollmächtigte: ▄▄▄

gegen

▄▄▄

– beklagte Partei –

Prozessbevollmächtigte: ▪▪▪
wegen: Forderung.
Streitwert (vorläufig): ▪▪▪ EUR

Wir bestellen uns zu Prozessbevollmächtigten der klägerischen Partei, in deren Namen und Auftrag wir beantragen werden zu erkennen:

1. Die beklagte Partei wird verurteilt, an die klägerische Partei ▪▪▪ EUR nebst 5% Zinsen[62] über dem Basiszinssatz seit dem ▪▪▪ zu zahlen.[63]
2. Die Berufung wird zugelassen.
3. Die Kosten des Rechtsstreits werden der beklagten Partei auferlegt.

Gründe:
1. Der Klage liegt folgende Forderung zugrunde:

Die klägerische Partei macht im Wege des Einziehungsprozesses Ansprüche gegen den Arbeitgeber von ▪▪▪ geltend. Die klägerische Partei erwirkte am ▪▪▪ einen Titel gegen ▪▪▪. Dieser wurde zur Zahlung von ▪▪▪ EUR nebst ▪▪▪% seit dem ▪▪▪ sowie zur Kostentragung in Höhe von ▪▪▪% verurteilt. Bei der Klageforderung des vorliegenden Rechtsstreits handelt es sich um einen Teilbetrag der titulierten Forderung.

Der Titel wurde dem Schuldner am ▪▪▪ zugestellt. Der klägerischen Partei wurde am ▪▪▪ die vollstreckbare Ausfertigung erteilt.

Beweis: Vollstreckbare Ausfertigung des Urteils des ▪▪▪ vom ▪▪▪ – Anlage K 1.

Am ▪▪▪ ist die vollstreckbare Ausfertigung anlässlich eines fruchtlos verlaufenden Sachpfändungsversuches durch den Obergerichtsvollzieher ▪▪▪ zugestellt worden.

Beweis: Zeugnis des Obergerichtsvollziehers ▪▪▪, Vollstreckungsprotokoll vom ▪▪▪ – Anlage K 2.

Aus diesem Protokoll ergibt sich ebenfalls, dass der Schuldner die eidesstattliche Versicherung abgegeben hat und über pfändbare Sachwerte angeblich nicht verfügt.

Die klägerische Partei erwirkte daher am ▪▪▪ einen Pfändungs- und Überweisungsbeschluss. Gepfändet und überwiesen wurden hierin unter der Rubrik A Ansprüche auf Zahlung des gesamten gegenwärtigen und künftigen Arbeitseinkommens. Drittschuldnerin des Beschlusses ist die jetzige Beklagte, die Arbeitgeberin und Ehefrau des Schuldners, handelnd als Geschäftsführerin der Firma ▪▪▪.

Beweis: Pfändungs- und Überweisungsbeschluss vom ▪▪▪ – Anlage K 3.

Dieser Beschluss ist der beklagten Partei am ▪▪▪ zugestellt worden.

Beweis: Zustellungsurkunde vom ▪▪▪ – Anlage K 4.

Auf dieser Urkunde gab die Beklagte die Drittschuldnererklärung gemäß § 840 ZPO ab. Sie erklärte, dass ihr Mann von ihr mit ▪▪▪ EUR pro Monat entlohnt werde.

Beweis: Wie vor.

Die beklagte Partei ist am ▪▪▪ in das Gewerberegister der Stadt ▪▪▪ eingetragen worden. Ihre Tätigkeit hat sie am ▪▪▪ aufgenommen. Das Unternehmen, das vom Schuldner ▪▪▪ betrieben wurde, ist für den gleichen Tag abgemeldet worden. Als Tätigkeit wurde für ▪▪▪ unter der Geschäftsführung der beklagten Partei ▪▪▪ angemeldet.

Beweis: Zeugnis des Mitarbeiters der Stadt ▪▪▪, Auskunftsschreiben der Stadt ▪▪▪ vom ▪▪▪ – Anlage K 5.

Der Vollstreckungsschuldner steht in einem Arbeitsverhältnis bei der Beklagten, für deren Verbindlichkeiten jedoch die Beklagte als in deren Namen handelnd gemäß § 11 Abs. 2 GmbHG haftet. Die Beklagte ist damit Drittschuldnerin des gepfändeten Arbeitseinkommens. Sofern der Schuldner tatsächlich, anders als in der Drittschuldnererklärung der Beklagten behauptet, mehr als ▪▪▪ EUR pro Monat als Arbeitseinkommen erhält, steht dieser Betrag aufgrund des

---

[62] Sieht man den Arbeitnehmer uneingeschränkt als Verbraucher an (sog. absoluter Verbraucherbegriff; BAG 25.5.2005 – 5 AZR 572/05, NZA 2005, 1111; *Hümmerich/Holthausen*, NZA 2002, 173 ff. und *Boemke*, BB 2002, 96 f.), bestimmt sich die Höhe der Verzugszinsen nach den §§ 288 Abs. 1, 247 BGB. Für den Zinssatz kommt es nicht darauf an, ob der Unternehmer oder der Arbeitnehmer einen Anspruch stellt. Aus dem Umkehrschluss zu § 288 Abs. 2 BGB ergibt sich, dass ein Verbraucher am zugrunde liegenden Rechtsgeschäft beteiligt gewesen sein muss. Auch die Vertreter des abweichenden relativen Verbraucherbegriffs gelangen über eine richtlinienkonforme Auslegung der europäischen Zahlungsverzugsrichtlinie zu einem Zinssatz von 5%, vgl. *Bauer/Kock*, DB 2002, 42 (46).

[63] Nach der Neufassung des § 288 BGB durch Art. 1 SchuldRModG v. 26.11.2001 (BGBl. I S. 3138) ist der Zinsantrag, wie oben dargestellt, zu fassen. Vor dem 1.1.2000 (vgl. Art. 9 Abs. 1 SchuldRModG) galt entsprechend der alten Fassung des § 288 Abs. 1 BGB, dass eine Geldschuld während des Verzugs mit fünf Prozentpunkten über dem Basiszinssatz nach § 1 des Diskontsatz-Überleitungs-Gesetzes zu verzinsen war. Eine dem Wortlaut des § 288 BGB entsprechende Antragstellung ist ausreichend. Somit muss sich der Anwalt nicht der Mühe unterziehen, den aktuellen Basiszinssatz zu ermitteln und dann einen konkret bezifferten Zinsantrag zu stellen.

Pfändungs- und Überweisungsbeschlusses unter Berücksichtigung der Pfändungsfreigrenze ohne weiteres der klägerischen Partei zu.

Dies gilt jedoch nach § 850 Abs. 2 ZPO auch für einen etwaigen Differenzbetrag zwischen dem tatsächlich gezahlten Monatslohn und einer angemessenen Vergütung (verschleiertes Arbeitseinkommen).

Der Schuldner leistet der Beklagten ständig Dienste. Ein solches Dienstverhältnis ergibt sich bereits aus der Drittschuldnererklärung der Beklagten. Es ergibt sich aber auch daraus, dass die Beklagte keinen weiteren Mitarbeiter mit der Ausbildung eines ▬▬▬ in ihrer Firma beschäftigt. Auch die Beklagte selbst besitzt keine Ausbildung, die sie befähigen würde, die dem Geschäftsgegenstand und der Ausbildung des ▬▬▬ entsprechende Tätigkeit zu erbringen. Die Erbringung von ▬▬▬ ist jedoch der Geschäftszweck der ▬▬▬. Auch der Name der Firma ist auf eine ständige Mitarbeit des Schuldners zugeschnitten. Die Firma hat ihre Tätigkeit auch bereits aufgenommen.

Die Tätigkeit eines ▬▬▬ erfolgt üblicherweise nur gegen Vergütung.

Eine Vergütung von ▬▬▬ EUR pro Monat ist unverhältnismäßig gering. Dies ergibt sich aus einem Vergleich mit derjenigen Vergütung, die als angemessen zu betrachten ist. Als angemessen i.S.d. § 850h Abs. 2 ZPO gilt dabei der Tariflohn, der für die zu beurteilende Tätigkeit zu zahlen ist,

BAG 24.5.1965, MDR 1965, 944; Zöller/*Stöber*, § 850h Rn 3.

Gemäß § ▬▬▬ des Rahmentarifvertrages für die ▬▬▬ ist der Schuldner in die Gehaltsgruppe ▬▬▬ einzustufen.

Für diese Gruppe ergibt sich aus § ▬▬▬ ein monatliches Bruttogehalt in Höhe von ▬▬▬ EUR.

Beweis: Tarifvertrag vom ▬▬▬ – Anlage K 6.

Der Vollstreckungsschuldner ist seit vielen Jahren als ▬▬▬ tätig.

Verglichen mit einem Betrag von ▬▬▬ EUR ist eine Vergütung von ▬▬▬ EUR pro Monat als unverhältnismäßig gering i.S.v. § 850h Abs. 2 ZPO anzusehen. Es gilt daher die angemessene monatliche Vergütung von ▬▬▬ EUR gegenüber der klägerischen Partei als durch die Beklagte geschuldet.

Dieser, möglicherweise fiktive, Arbeitslohn ist auch von dem Pfändungs- und Überweisungsbeschluss erfasst. Der Pfändungs- und Überweisungsbeschluss erfasst nach seinem Wortlaut das gesamte Arbeitseinkommen des Schuldners. Hierunter fällt nach allgemeiner Auffassung auch das verschleierte Arbeitseinkommen nach § 850h Abs. 2 ZPO,

vgl. Stein/*Jonas*, § 850h Rn 41.

Aufgrund des Brutto-Gehaltes ist somit zu berechnen, in welcher Höhe die Bezüge des Schuldners pfändbar sind.

Ausgehend von einer Eingruppierung des Schuldners in die Lohnsteuerklasse V ergeben sich folgende abzugsfähige monatliche Belastungen des Einkommens des Schuldners:

Krankenversicherungsbeiträge:	▬▬▬ EUR
Rentenversicherungsbeiträge:	▬▬▬ EUR
Beiträge zur Arbeitslosenversicherung:	▬▬▬ EUR
Lohnsteuerklasse IV:	▬▬▬ EUR
Kirchensteuer:	▬▬▬ EUR
Solidaritätszuschlag:	▬▬▬ EUR
Abzüge gesamt:	▬▬▬ EUR

Es verbleibt dem Schuldner daher ein Nettoeinkommen von ▬▬▬ EUR.

Der Schuldner ist im Erwerbsgeschäft seiner Ehefrau tätig. Er kann daher weitere Abzüge im Sinne eines Freibetrages für seine Ehefrau oder seine Kinder nicht geltend machen,

Stöber, Forderungspfändung, Rn 1224.

Nach der Anlage 2 zu § 850c ZPO ist damit ein Betrag von ▬▬▬ EUR monatlich pfändbar, der nach dem Pfändungs- und Überweisungsbeschluss des Amtsgerichtes ▬▬▬ vom ▬▬▬ zu Gunsten der Kläger auch gepfändet und zur Einziehung überwiesen wurde. Aus diesem Einziehungsrecht geht die klägerische Partei nunmehr vor. Von der Pfändung erfasst ist das Gehalt des Schuldners ab ▬▬▬. Die Klageforderung setzt sich aus dem pfändbaren Einkommen des Schuldners für die Monate ▬▬▬ bis ▬▬▬ zusammen. Die Erweiterung der Klage um während des Verfahrens fällig werdende weitere Monatseinkommen behalten wir uns ebenso vor, wie die Geltendmachung solcher Bezüge, die später fällig werden.

2. Der geltend gemachte Zinsanspruch rechtfertigt sich als Anspruch auf Prozesszinsen aus §§ 284 Abs. 1 Satz 2, 285, 286 Abs. 1, 288 Abs. 1 BGB.

2. Muster: Örtliche Zuständigkeit des Arbeitsgerichts bei Außendienstmitarbeitern – Sitz des Arbeitgebers[64]

Die Verpflichtung eines Außendienstmitarbeiters besteht nicht darin, Dienstreisen anzutreten, sondern darin, in den verschiedenen Orten des ihm zugewiesenen Gebiets Kunden zu besuchen. Der Wohnsitz dieses Mitarbeiters dürfte allenfalls der „ruhende Pol" seiner Lebensführung sein, nicht jedoch der wirtschaftlich-technische Mittelpunkt seines Arbeitsverhältnisses.

> ArbG Leipzig 23.10.1997, AE 1997, 99; ArbG München 19.3.1997, AE 1997, 31; ArbG Karlsruhe 29.2.1993 – 4 Ca 248/93, n.v.; ArbG Regensburg 16.3.1994, NZA 1995, 96; LAG Saarland 2.4.1995 – 2 Sa 169/74, n.v.; ArbG Lübeck 12.1.2001, NZA-RR 2002, 45; ArbG Bremen 5.3.1998, AE 1998, 89; ArbG Marburg 13.8.1997, AE 1998, 88; ArbG Iserlohn 14.5.1997, AE 1998, 1998, 87; ArbG Nürnberg 18.11.1997, AE 1998, 86.

Mit dem Aufsuchen der Kunden und dem Anbieten und Verkaufen der Produkte erfüllen Außendienstmitarbeiter ihre gegenüber dem Arbeitgeber vertraglich geschuldete Hauptleistungsverpflichtung. Der Leistungsort befindet sich daher am jeweiligen Sitz des Kunden. Von seinem eigenen Wohnsitz aus hat der Außendienstmitarbeiter allenfalls vertragliche Nebenpflichten zu erfüllen. Das Hauptgewicht der Tätigkeit des Außendienstmitarbeiters liegt somit auch in zeitlicher Hinsicht auf regelmäßigem Außendienst und nicht in der Tätigkeit an seinem Wohnsitz.

Damit lässt sich ein einheitlicher Erfüllungsort i.S.d. § 29 Abs. 1 ZPO, § 46 Abs. 2 ArbGG nicht ermitteln. Dies hat zur Folge, dass eine Wahlmöglichkeit des besonderen Gerichtsstands nach § 35 ZPO nicht besteht und somit das Gericht am allgemeinen Gerichtsstand des Schuldners zuständig ist.

Zudem dient es auch der Prozessökonomie, wenn Zeugen aus dem Betrieb, insbesondere der Betriebsrat oder ein Personalleiter, nicht zum möglicherweise entfernt gelegenen Wohnsitzgericht des Außendienstmitarbeiters reisen müssen, sondern am allgemeinen Gerichtsstand des Arbeitgebers erscheinen können. Teilweise wird die Ansicht vertreten, dass Schwerpunkt des Arbeitsverhältnisses der Ort ist, von dem ausgehend der Außendienstmitarbeiter „gelenkt" werde.

> LAG Rheinland-Pfalz 29.11.1984, NZA 1985, 540; ArbG Pforzheim 10.8.1993, NZA 1994, 384.

Diese Auffassung hebt auf das Direktionsrecht ab, das allerdings regelmäßig vom Sitz der Firma aus wahrgenommen wird, so dass diese Auffassung darauf hinausläuft, dass bei Außendienstmitarbeitern im Regelfalle der Sitz der Firma zugleich der Erfüllungsort i.S.d. § 29 Abs. 1 ZPO, § 46 Abs. 2 ArbGG ist.

3. Muster: Rüge der örtlichen Unzuständigkeit

Arbeitsgericht ▪▪▪

Aktenzeichen: ▪▪▪

Gegner: RAe ▪▪▪, zwei Abschriften anbei

In dem Rechtsstreit

▪▪▪

– klägerische Partei –

Prozessbevollmächtigte: ▪▪▪

gegen

▪▪▪

– beklagte Partei –

Prozessbevollmächtigte: ▪▪▪

---

64 Die Auffassung, dass bei Außendienstmitarbeitern der Sitz des Arbeitgebers der maßgebliche Gerichtsstand sei, entspricht nicht der h.M. des BAG. Die h.M. wird wiedergegeben durch das Muster 6435 § 6 Rn 298. Generell sind Beschlüsse der Vorsitzenden über die örtliche Zuständigkeit des Arbeitsgerichts, namentlich Verweisungsbeschlüsse, unanfechtbar (§ 48 Abs. 1 Nr. 1 ArbGG, § 17a Abs. 2 und 3 GVG). Allerdings hat das BVerfG (AP § 577 ZPO Nr. 4; ebenso BGH NJW 1995, 403) entschieden, dass Beschlüssen, die unter Verstoß gegen Art. 103 Abs. 1 GG oder den Gleichheitssatz aus Art. 3 Abs. 1 GG i.V.m. dem Rechtsstaatsprinzip ergangen sind, auch bei entsprechender Geltung von § 318 ZPO anfechtbar bleiben. Beschlüsse, die auf Willkür beruhen oder „greifbar gesetzeswidrig" sind, entfalten daher keine Bindungswirkung. Das LAG Rheinland-Pfalz (2.1.2001, NZA-RR 2002, 216) hat entschieden, dass der Verweisungsbeschluss eines Arbeitsgerichts nicht bereits dann willkürlich ist, wenn das Gericht von der Ansicht des BAG (die in Muster 6435 § 6 Rn 298 wiedergegeben ist) abweicht, dass im Hinblick auf den Gerichtsstand des Erfüllungsortes bei Arbeitsverhältnissen von einem einheitlichen Erfüllungsort auszugehen sei und dass dies der Ort sei, an dem der Arbeitnehmer seine Arbeitsleistung zu erfüllen hat. Man wird deshalb davon ausgehen müssen, dass Verweisungsbeschlüsse, die der Rechtsauffassung im Muster 6978 folgen, unanfechtbar sind.

bestellen wir uns zu Prozessbevollmächtigten der beklagten Partei, in deren Namen und Auftrag wir beantragen zu erkennen:
1. Die Klage wird abgewiesen.
2. Die Kosten des Rechtsstreits trägt die klägerische Partei.

In prozessualer Hinsicht beantragen wir:
Die Sache wird an das zuständige Arbeitsgericht ▬▬▬ verwiesen.

Gründe:

In der Sache werden wir gesondert vortragen. Zunächst ist jedoch das Verfahren an das zuständige Arbeitsgericht ▬▬▬ zu verweisen.

Anders als die klägerische Partei glauben machen will, hat die klägerische Partei nicht im Bezirk des hiesigen Arbeitsgerichts gearbeitet, sondern in ▬▬▬, so dass sich gemäß §§ 17, 29 ZPO als Gerichtsstand der Sitz des Arbeitsgerichts ▬▬▬ ergibt.

Einer Belehrung unserer Partei gemäß § 504 ZPO über die Unzuständigkeit des Gerichts und die Folgen einer rügelosen Einlassung bedarf es nicht. Wir haben deshalb vorab unsere Rüge erhoben, bevor in der Sache vorgetragen haben. Ohnehin kommt es ausschließlich auf das rügelosen Verhandeln zur Hauptsache im Kammertermin und nicht bereits im Gütetermin an, § 54 Abs. 2 Satz 3 ArbGG, § 39 ZPO. Am Abschluss einer nachträglichen Gerichtsstandsvereinbarung gemäß § 38 Abs. 3 Nr. 1 ZPO,

siehe *Germelmann u.a.*, ArbGG, § 2 Rn 172,

sind wir nicht interessiert.

Auch wenn gemäß § 17a Abs. 2 GVG ein Verweisungsantrag nicht mehr erforderlich ist, haben wir ihn aus Gründen der Klarstellung gestellt, um der Abweisung der Klage als unzulässig zu entgegnen. Die beklagte Partei hat keine Einwände, wenn die Kammer einen Beschluss nach § 17a Abs. 2 und 3 GVG ohne mündliche Verhandlung erlässt (§ 17a Abs. 4 Satz 1 GVG), wobei dieser Beschluss allerdings nicht durch den Vorsitzenden allein, sondern durch die Kammer zu fassen ist (§ 48 Abs. 1 Nr. 2 ArbGG).

Zu den von der klägerischen Partei ausgeübten Tätigkeiten sei im Einzelnen noch Folgendes ausgeführt:
▬▬▬

4. Muster: Rüge der Unzulässigkeit des Rechtsweges

Arbeitsgericht ▬▬▬
Aktenzeichen: ▬▬▬
Gegner: RAe ▬▬▬, zwei Abschriften anbei
In dem Rechtsstreit
▬▬▬

– klägerische Partei –

Prozessbevollmächtigte: ▬▬▬
gegen
▬▬▬

– beklagte Partei –

Prozessbevollmächtigte: ▬▬▬
bestellen wir uns zu Prozessbevollmächtigten der beklagten Partei, in deren Namen und Auftrag wir beantragen zu erkennen:
1. Die Klage wird abgewiesen.
2. Die Kosten des Rechtsstreits trägt die klägerische Partei.

In prozessualer Hinsicht beantragen wir,
den Rechtsstreit an das zuständige Landgericht ▬▬▬, Kammer für Handelssachen, zu verweisen.

Gründe:

Die beklagte Partei wird in der Sache noch gesondert Stellung nehmen. Vorab wird die Unzuständigkeit des Arbeitsgerichts gerügt. Zuständig ist das Landgericht, Kammer für Handelssachen, denn die klägerische Partei war Geschäftsführer der beklagten Partei.

Beweis: 1. Vorlage des Dienstvertrages in Kopie – Anlage B 1.

2. Vorlage des Handelsregisterauszugs – Anlage B 2.

Gemäß § 5 Abs. 1 Satz 3 ArbGG gelten die Mitglieder des Vertretungsorgans einer juristischen Person nicht als Arbeitnehmer, so dass die Arbeitsgerichte nach § 2 ArbGG unzuständig sind.

Vorliegend besteht kein Streit, der im Rahmen der Begründetheit zu entscheiden wäre, wonach der Erfolg der Klage mit der Feststellung, ob die klägerische Partei Arbeitnehmer ist, steht oder fällt. In Rechtsstreitigkeiten, in denen die Arbeitnehmereigenschaft eine doppelrelevante Tatsache ist, die für die Begründet und für die Rechtswegzuständigkeit zu beurteilen ist und zwischen den Parteien in Streit steht, reicht die bloße Rechtsansicht der klägerischen Partei aus, sie sei Arbeitnehmer, um zu einer arbeitsgerichtlichen Zuständigkeit zu gelangen,

BAG 10.12.1996, NZA 1997, 674; BAG 18.12.1996, BB 1997, 998 (sog. Sic-non-Fall).

Der Sonderfall eines „ruhenden Arbeitsverhältnisses" eines GmbH-Geschäftsführers, der in der Vergangenheit Angestellter im Unternehmen war, steht nicht zur Entscheidung an. Der Kläger hat ausschließlich als GmbH-Geschäftsführer für die Beklagte gearbeitet, so dass allein die ordentliche Gerichtsbarkeit zuständig ist. Das BAG hat ausdrücklich entschieden, dass für die Klagen des Geschäftsführers einer GmbH gegen die Kündigung seines Anstellungsvertrages die Arbeitsgerichte nicht zuständig sind. Die gelte auch dann, wenn der Geschäftsführer geltend mache, er sei wegen seiner eingeschränkten Kompetenz in Wirklichkeit Arbeitnehmer gewesen,

BAG 6.5.1999, NJW 1999, 3069 = NZA 1999, 839 = BB 1999, 1437.

Die Kammer für Handelssachen ist beim Landgericht zuständig, weil Ansprüche aus dem Rechtsverhältnis eines Vorstehers einer Handelsgesellschaft geltend gemacht werden, § 95 Abs. 1 Nr. 4a GVG.

Es wird um Verweisung an die Kammer für Handelssachen gebeten, da andernfalls das Verfahren erst bei einer anderen Kammer des Landgerichts eingehen und dort nach Prüfung der Zuständigkeit mit manchmal mehrmonatiger Verspätung erst an die Kammer für Handelssachen abgegeben wird. Um eine Verzögerung des Rechtsstreits zu vermeiden, wird die Verweisung unmittelbar an die Kammer für Handelssachen gebeten.

Die beklagte Partei geht davon aus, dass das angerufene Gericht durch den Vorsitzenden allein, außerhalb der Kammersitzung, den Beschluss fassen kann. Gegen den Beschluss findet bekanntlich gemäß § 17a Abs. 4 Satz 3 GVG, § 78 ArbGG, § 577 ZPO die sofortige Beschwerde zum LAG statt. Über die sofortige Beschwerde entscheidet das LAG außerhalb der mündlichen Verhandlung durch den Vorsitzenden allein,

BAG 10.12.1992, NZA 1993, 619.

Wir gehen davon aus, dass deshalb auch im Ausgangsverfahren der Vorsitzende allein den Verweisungsbeschluss erlassen kann und bitten den Vorsitzenden aus Gründen der Verfahrensbeschleunigung, hiervon Gebrauch zu machen.

5. Muster: Zurückweisung der Zwangsvollstreckung wegen unvertretbarer Handlung (§ 888 ZPO) – Weiterbeschäftigung bei nicht mehr bestehendem Arbeitsplatz

Arbeitsgericht ▄▄▄

Aktenzeichen: ▄▄▄

Gegner: RAe ▄▄▄, zwei Abschriften anbei

In Sachen

▄▄▄ ./. ▄▄▄

beantragen wir,

1. der Antrag auf Zwangsvollstreckung aus dem Weiterbeschäftigungstitel wird zurückgewiesen,

2. die Kosten der Zwangsvollstreckung werden insoweit der klägerischen Partei auferlegt.

Gründe:

Der Arbeitsplatz der klägerischen Partei existiert nicht mehr. Durch Umorganisation wurde der Arbeitsplatz bereits während des anhängigen Kündigungsrechtsstreits aufgelöst.

Beweis: 1. Vorlage der Umorganisationsentscheidung – Anlage B 1.

2. Geändertes Organigramm, Stand ▪▪▪ – Anlage B 2.

Ausweislich des Wortlauts des Weiterbeschäftigungstitels soll die klägerische Partei zu unveränderten Arbeitsbedingungen, mithin also auch auf dem gleichen Arbeitsplatz, weiter beschäftigt werden. Mit diesem Inhalt ist der Urteilstenor Grundlage einer Zwangsvollstreckungsmaßnahme. Da die Stelle, die früher die klägerische Partei inne hatte, nicht mehr existiert, ist eine Weiterbeschäftigung der klägerischen Partei auf dieser Stelle der beklagten Partei unmöglich.

Es ist auch nicht so, als habe sich lediglich die Bezeichnung der bisherigen Stelle geändert oder als seien bisherigen Aufgaben nur zum Teil entzogen und andere hinzugefügt worden, so dass die bisherige Stelle überwiegend noch existiert. Vielmehr sind die Aufgaben der klägerischen Partei komplett umverteilt worden und eine Organisationseinheit, die in ihrer Identität der früheren Tätigkeit der klägerischen Partei entspricht, existiert nicht mehr.

Da somit Unmöglichkeit der Leistungserbringung für die beklagte Partei besteht, ist in dieser Situation dem Arbeitgeber als Schuldner der ausgeurteilten Beschäftigungspflicht die Leistung nicht mehr möglich,

LAG Hamm 15.2.1991, LAGE § 888 ZPO Nr. 22.

Dass die Zwangsvollstreckung aus einem auf unveränderte Weiterbeschäftigung gerichteten Titel wegen Unmöglichkeit der Leistung nicht in Betracht kommt, wenn der entsprechende Arbeitsplatz ersatzlos weggefallen ist, entspricht ganz herrschender Meinung,

LAG Hamm 29.11.1985, LAGE § 888 ZPO Nr. 5; LAG Berlin 6.6.1986, LAGE § 888 ZPO Nr. 7; LAG Köln 24.10.1995, NZA-RR 1996, 108.

Da die Beklagte auch nicht den Einwand rechtsmissbräuchlichen Verhaltens erheben kann, weil die beklagte Partei sich einer titulierten Verpflichtung zur Weiterbeschäftigung nicht gezielt durch eine gerade dadurch motivierte Umorganisation und die Umorganisation auch im Einzelnen substantiiert belegt wurde, ist der Antrag auf Zwangsvollstreckung zurückzuweisen.

6. Muster: Zurückweisung eines Zwangsgeldantrags wegen Zeugniserteilung

Arbeitsgericht ▪▪▪

Aktenzeichen: ▪▪▪

Gegner: RAe ▪▪▪, zwei Abschriften anbei

In dem Zwangsvollstreckungsverfahren

▪▪▪ ./. ▪▪▪

beantragen wir:

1. Der Antrag auf Festsetzung eines Zwangsgeldes wird zurückgewiesen.
2. Die Kosten des Verfahrens trägt die klägerische Partei.

Gründe:

1. Aufgrund des Urteils vom ▪▪▪ wurde die beklagte Partei als Schuldner verpflichtet, der klägerischen Partei als Gläubiger ein Zeugnis auszustellen. Das Urteil wurde am ▪▪▪ zugestellt. Mit Antrag vom ▪▪▪ beantragte der Gläubiger die Festsetzung eines Zwangsgeldes unter Hinweis darauf, dass der Schuldner das Zeugnis bislang nicht erteilt habe. Eine vollstreckbare Ausfertigung des Urteils legte der Gläubiger ebenfalls vor.

2. Der Gläubiger versäumte es allerdings, dem erkennenden Gericht mitzuteilen, dass der Schuldner das Zeugnis bereits erteilt hat.

Am ▪▪▪ sandte der Schuldner per Einschreiben mit Rückschein in einem kartonierten Umschlag das Zeugnis an den Gläubiger.

Beweis: 1. Kopie des Zeugnisses vom ▪▪▪
2. Kopie des Rückscheins.

Damit hat der Schuldner den titulierten Anspruchs des Gläubigers erfüllt. Unter diesen Umständen ist die Verhängung von Zwangsmitteln gegen den Schuldner ausgeschlossen.

Will die klägerische Partei einwenden, das erteilte Zeugnis sei inhaltlich nicht richtig, wäre dieser Einwand einem neuen Erkenntnisverfahren vorbehalten.

Die Kostenentscheidung ist gemäß § 91 ZPO analog zu Lasten des Gläubigers zu fällen.

7. Muster: Entfernung von Abmahnungen aus der Personalakte durch Wegnahme

Arbeitsgericht ▪▪▪

Aktenzeichen: ▪▪▪

Gegner: RAe ▪▪▪, zwei Abschriften anbei

In Sachen

▪▪▪ ./. ▪▪▪

beantragen wir:

1. Der Antrag auf Zwangsvollstreckung aus dem Urteil des Arbeitsgerichts ▪▪▪ vom ▪▪▪ (Aktenzeichen: ▪▪▪) wird zurückgewiesen.
2. Die Kosten der Zwangsvollstreckung werden insoweit der klägerischen Partei auferlegt.

Gründe:

Die klägerische Partei, die mit dem Antrag auf Entfernung von Abmahnungen aus der Personalakte gemäß Urteil vom ▪▪▪ obsiegte, machte mit ihrem Antrag vom ▪▪▪ die Einschaltung eines Gerichtsvollziehers zwecks Entfernung von Abmahnungen aus der Personalakte durch Wegnahme von Unterlagen („Ersatzvornahme") geltend. Dieser an eine Herausgabevollstreckung angelehnte Zwangsvollstreckungsantrag ist unzulässig. Die Vollstreckung eines titulierten Anspruchs auf Entfernung von Abmahnungsunterlagen richtet sich bei allein vom Schuldner befugt zu führenden Personalakten ausschließlich nach den Grundsätzen über die Vollstreckung bei unvertretbaren Handlungen, § 888 ZPO,

LAG Hessen 9.6.1993, NZA 1994, 288.

Vollstreckungsmaßnahmen nach § 888 ZPO sind nur solange zulässig, als der zu vollstreckende Anspruch noch nicht erfüllt ist. Die Einwände, die Leistung sei dem Schuldner unmöglich oder der Schuldner habe erfüllt, sind mithin auch im Vollstreckungsverfahren beachtlich,

LAG Hessen 9.6.1993, NZA 1994, 288.

§ 7 Schriftsätze im arbeitsgerichtlichen Beschlussverfahren

Literatur

Altvater/Hamer/Ohnsorg, Bundespersonalvertretungsgesetz, Kommentar für die Praxis, 5. Aufl. 2004; *Annuß*, Die Betriebsänderung in der Insolvenz; NZI 1999, 344; *Arend*, Die gerichtliche Zustimmung zur Durchführung einer Betriebsänderung nach § 122 InsO, ZInsO 1998, 303; *Ascheid*, Urteils- und Beschlussverfahren im Arbeitsrecht, 2. Aufl. 1998; *Ascheid/Preis/Schmidt*, Großkommentar zum Kündigungsrecht, 2. Aufl. 2004; *Auffarth*, Neuerungen im arbeitsgerichtlichen Beschlussverfahren nach dem Arbeitsgerichtsgesetz 1979, FS G. Müller, 1981; *Battis/Ilbertz*, Personalvertretungsrecht, 1992; *Bauer/Lingemann/Diller/Haußmann*, Anwalts-Formularbuch Arbeitsrecht, 2. Aufl. 2004; *Berkowsky*, Das neue Insolvenz-Kündigungsrecht, NZI 1999, 129; *Bulla*, Die Konkurrenz von arbeitsgerichtlichem Urteils- und Beschlussverfahren, RdA 1978, 209; *Däubler/Kittner/Klebe*, Betriebsverfassungsgesetz, Kommentar, 10. Aufl. 2006; *Dunkl*, Der Begriff und die Arten der Beteiligten im arbeitsgerichtlichen Beschlussverfahren, 1979; *Dütz*, Verfahrensrecht der Betriebsverfassung, AuR 1973, 353; *Eisenbeis*, Betriebsänderung in der Insolvenz – „leichtes Spiel" für den Verwalter?, FA 1999, 74; *Etzel*, Probleme des arbeitsgerichtlichen Beschlussverfahrens, RdA 1974, 215; *Eylert/Fenski*, Untersuchungsgrundsatz und Mitwirkungspflichten im Zustimmungsverfahren nach § 103 BetrVG, BB 1990, 2401; *Fenn*, „Effektivere Gestaltung des Beschlussverfahrens" durch vermehrte Dispositionsbefugnisse für die Beteiligten, in: FS 25 Jahre BAG, 1979, S. 91 ff.; *Frauenkron*, Das arbeitsrechtliche Beschlussverfahren in betriebsverfassungsrechtlichen Streitigkeiten – Zuständigkeit und Beteiligte, 1967; *Frey*, Probleme des Beschlussverfahrens in Betriebsverfassungssachen, DB 1969, 317; *Friese*, Das kollektive Kündigungsschutzverfahren in der Insolvenz nach § 126 InsO, ZInsO 2001, 350; *Grunsky*, Probleme des Beschlussverfahrens nach § 126 InsO, in: FS Lüke, 1997, S. 191; *Heinze*, Das Arbeitsrecht der Insolvenzordnung, NZA 1999, 57; *Herbst/Reiter/Schindele*, Handbuch zum arbeitsgerichtlichen Beschlussverfahren, 2. Aufl. 2000; *Körnich*, Das arbeitsgerichtliche Beschlussverfahren in Betriebsverfassungssachen, 1979; *Kübler/Prütting* (Hrsg.), Kommentar zur Insolvenzordnung, 2. Aufl. 2000; *Lakies*, Das Beschlussverfahren zum Kündigungsschutz nach § 126 InsO, NZI 2000, 345; *Laux*, Die Antrags- und Beteiligungsbefugnis im arbeitsgerichtlichen Beschlussverfahren, 1985; *Lepke*, Die Antragsbefugnis im arbeitsgerichtlichen Beschlussverfahren, AuR 1973, 15; *ders.*, Der Vergleich im arbeitsgerichtlichen Beschlussverfahren, DB 1977, 629; *Matthes*, Zur Antragstellung im Beschlussverfahren, DB 1984, 453; *Molkebur*, Verfahrensrechtliche Probleme des arbeitsgerichtlichen Beschlussverfahrens, DB 1992, 425; *Müller*, Das arbeitsgerichtliche Beschlussverfahren nach der Insolvenzordnung, DZWiR 1999, 221; *Münchener Kommentar zur Insolvenzordnung*, Band II: §§ 103–269; *Münchener Prozessformularbuch Arbeitsrecht*, Band 6: Arbeitsrecht, 2. Aufl. 2004; *Nerlich/Römermann* (Hrsg.), Insolvenzordnung, 10. Aufl. 2006; *Oetker/Friese*, Der Interessenausgleich in der Insolvenz (I), DZWiR 2001, 133; *Olderof*, Probleme des einstweiligen Rechtsschutzes im Bereich der sozialen Mitbestimmung, NZA 1985, 756; *Prütting*, Unterlassungsanspruch und einstweilige Verfügung in der Betriebsverfassung, RdA 1995, 257; *Rudolf*, Vorläufige Vollstreckbarkeit von Beschlüssen des Arbeitsgerichts, NZA 1988, 420; *Rummel*, Der Interessenausgleich im Konkurs, DB 1997, 774; *ders.*, Die Beibringung neuer Tatsachen in der Beschwerdeinstanz des arbeitsgerichtlichen Beschlussverfahrens, DB 1975, 597; *Schaub*, Arbeitsrecht in der Insolvenz, DB 1999, 217; *Schrader*, Übergangsregelungen zum Konkursrecht, NZA 1997, 70; *Schwab/Weth*, Arbeitsgerichtsgesetz, 2006; *Söllner/Reinert*, Personalvertretungsrecht; *Steindorf/Regh*, Arbeitsrecht in der Insolvenz, 2002; *Tretow*, Die Betriebsveräußerung in der Insolvenz, ZInsO 2000, 309; *Wenzel*, Zur einstweiligen Verfügung im Arbeitskampf-, Vertrags- und Betriebsverfassungsrecht, NZA 1984, 112; *Weth*, Das arbeitsgerichtliche Beschlussverfahren, 1995; *Wimmer*, Frankfurter Kommentar zur Insolvenzordnung, 4. Aufl. 2006; *Windscheid/Ilbertz/Grabendorff*, Bundespersonalvertretungsgesetz, 10. Aufl. 2004.

Kapitel 1: Parteienunabhängige Schriftsätze

A. Erläuterungen

I. Abgrenzung zwischen Einigungsstellen- und Beschlussverfahren

Die zahlreichen prozessualen und materiell-rechtlichen Fragen des Beschlussverfahrens können hier nicht erläutert werden. Insofern wird auf die Darstellungen in den einschlägigen betriebsverfassungsrechtlichen und arbeitsgerichtlichen Kommentaren verwiesen. 1

Seine Rechte bzw. die Rechte der Mitarbeiter macht der Betriebsrat in zwei verschiedenen Verfahren geltend: Im arbeitsgerichtlichen **Beschlussverfahren**, das in den §§ 80 bis 98 ArbGG geregelt ist, und im außergerichtlichen **Verfahren vor der Einigungsstelle**, das in den §§ 76 und 76a BetrVG rudimentär ausgestaltet ist. Die Einigungsstelle wird auf Antrag des Betriebsrats entweder **fakultativ**, durch Vereinbarung mit dem Arbeit- 2 geber, oder **obligatorisch** zuständig, wenn innerbetriebliche Verhandlungen im Bereich der erzwingbaren Mitbestimmung gescheitert sind.

3   Nicht im arbeitsgerichtlichen Beschlussverfahren zu behandeln sind demnach folgende, der **Einigungsstelle** zugewiesene Sachverhalte:
- Streit über die Berücksichtigung betrieblicher Notwendigkeiten wegen der Freistellung von Mitgliedern des Betriebsrats und der Jugend- und Auszubildendenvertretung für Schulungs- und Bildungsveranstaltungen (§§ 37 Abs. 4 und 7, 65 Abs. 1 BetrVG);
- Meinungsverschiedenheiten über die pauschale Freistellung von Betriebsratsmitgliedern (§ 38 Abs. 2 BetrVG);
- Meinungsverschiedenheiten über die Einrichtung von Sprechstunden für den Betriebsrat und die Jugend- und Auszubildendenvertretung (§§ 39 Abs. 1, 69 BetrVG);
- Meinungsverschiedenheiten über die Festlegung der Zahl der Mitglieder des Gesamtbetriebsrats und der Gesamtjugend- und Auszubildendenvertretung sowie des Konzernbetriebsrats (§§ 47 Abs. 6, 72 Abs. 6, 55 Abs. 4 BetrVG);
- Behandlung von Beschwerden eines Arbeitnehmers (§ 85 Abs. 2 BetrVG);
- Ausgleichsmaßnahmen wegen Änderungen von Arbeitsablauf oder Arbeitsumgebung (§ 91 Abs. 2 BetrVG);
- Meinungsverschiedenheiten über Personalfragebogen, Formularverträge oder Beurteilungsgrundsätze (§ 94 Abs. 1 und 2 BetrVG);
- Uneinigkeit über den Inhalt von Auswahlrichtlinien für Einstellungen, Versetzungen, Umgruppierungen und Kündigungen (§ 95 Abs. 1 und 2 BetrVG);
- Meinungsverschiedenheiten bei der Durchführung betrieblicher Bildungsmaßnahmen (§ 98 Abs. 3 und 4 BetrVG);
- Zustimmung des Betriebsrats bei vereinbarter, erweiterter Mitbestimmung gemäß § 102 Abs. 6 BetrVG;
- Auskunftserteilung an den Wirtschaftsausschuss, den Betriebsrat und den Gesamtbetriebsrat gemäß § 109 BetrVG;
- Versuch eines Interessenausgleichs und Vereinbarung eines Sozialplans bei Betriebsänderungen (§§ 112 Abs. 2 bis 4, 112a, 113 Abs. 3 Sätze 2 und 3 BetrVG);
- Maßnahmen im Bereich der Seeschifffahrt;
- in Tarifverträgen gesondert geregelte Zuständigkeit.

4   Neben diesen, zum Teil im Betriebsverfassungsgesetz verstreut angesiedelten Zuständigkeiten gehören generell in die Zuständigkeit der Einigungsstelle alle **sozialen Angelegenheiten**, die in § 87 Abs. 1 Nr. 1 bis 12 BetrVG enumerativ aufgeführt sind.

5   Das arbeitsgerichtliche **Beschlussverfahren** ist einzuleiten, wenn es sich um eine Angelegenheit handelt, die unter § 2a ArbGG fällt. Der häufigste Anwendungsfall sind Maßnahmen aus dem Bereich des **Betriebsverfassungsgesetzes** und, erheblich seltener, Angelegenheiten aus dem **Sprecherausschussgesetz**. Außerdem sollen immer dann, wenn die durch das BetrVG geregelte Ordnung des Betriebes und die gegenseitigen Rechte und Pflichten der Betriebspartner als Träger dieser Ordnung im Streit sind, die Arbeitsgerichte im Beschlussverfahren als einer dafür gesondert geschaffenen Verfahrensart entscheiden.[1] Eine Sonderstellung in den Verfahrensarten bildet der Fall der **Bestimmung des Vorsitzenden einer Einigungsstelle**. Gemäß § 76 Abs. 2 Satz 2 BetrVG bestellt das Arbeitsgericht den Vorsitzenden der Einigungsstelle, wenn sich die Parteien nicht einigen können. Hierzu besteht ein Verfahren gemäß § 98 ArbGG, das ähnlich dem arbeitsgerichtlichen Beschlussverfahren organisiert ist. Allerdings entscheidet nach gegenwärtiger Rechtslage wieder über die Besetzung der Einigungsstelle allein der Vorsitzende (§ 98 Abs. 1 Satz 1 ArbGG), nicht also die Kammer, wie im gewöhnlichen Beschlussverfahren. § 98 ArbGG war zwischenzeitlich vorübergehend nach einem Gesetzesentwurf der Bundesregierung vom 30.3.1998[2] in der Weise geändert worden, dass für die Bestellung des Einigungsstellenvorsitzenden nicht mehr der Kammervorsitzende am Arbeitsgericht, sondern die Kammer in ihrer vollen Besetzung mit zwei Beisitzern, wie also im üblichen Beschlussverfahren, zuständig war. Im Hinblick auf den

---
1 BAG 26.5.1992 – 10 ABR 63/91, AR-Blattei ES 10 Nr. 5.
2 BR-Drucks. 13/10242.

in den meisten Fällen bestehenden Beschleunigungsbedarf, so beispielsweise in den Fällen des § 113 Abs. 3 Sätze 2 und 3 BetrVG, wirkte sich die Neuregelung, wie vorherzusehen war, beschleunigungshemmend aus.[3]

II. Einzelbeispiele für Streitigkeiten im Beschlussverfahren

In einer Vielzahl von Entscheidungen hat das BAG festgelegt, wann eine **betriebsverfassungsrechtliche Streitigkeit** i.S.v. § 2a ArbGG vorliegt. Zunächst einmal gehören Streitigkeiten über die Errichtung von Betriebsverfassungsorganen zu den betriebsverfassungsrechtlichen Streitigkeiten, beispielsweise die Bildung eines verkleinerten Gesamtbetriebsrats nach § 47 Abs. 5 BetrVG[4] oder der Streit zwischen Arbeitgeber und Betriebsrat über die Bildung des Wirtschaftsausschusses.[5] Im Beschlussverfahren muss ebenfalls geklärt werden, ob räumlich nicht getrennte Unternehmensteile einen oder mehrere Betriebe i.S.v. § 18 Abs. 2 Satz 2 BetrVG bilden[6] oder ob mehrere Unternehmen einen einheitlichen Betrieb darstellen.[7] Will der Betriebsrat feststellen lassen, ob bestimmte im Betrieb tätige Gruppen von Mitarbeitern als Arbeitnehmer i.S.v. § 5 BetrVG anzusehen sind, ist das betriebsverfassungsrechtliche Beschlussverfahren die richtige Verfahrensart.[8] Gemäß § 23 Abs. 1 BetrVG gehören ebenfalls Streitigkeiten über die Auflösung des Betriebsrats oder den Ausschluss eines Betriebsratsmitglieds in das Beschlussverfahren. 6

Auch **Wahlstreitigkeiten** wie Verfahren über die Anfechtung einer Betriebsratswahl gemäß § 19 BetrVG[9] oder der Feststellungsantrag über die Nichtigkeit einer Betriebsratswahl[10] gehören, wenn eine Beteiligtenstellung von Arbeitgeber und Betriebsrat gewollt ist, in das Beschlussverfahren. Auch Streitigkeiten über rechtlich selbständige Teilakte des Wahlverfahrens oder Maßnahmen des Wahlvorstandes schon vor Abschluss der Betriebsratswahl werden im Beschlussverfahren entschieden.[11] Gleiches gilt für die Wirksamkeit einer Wahl des Wahlvorstandes[12] oder für das aktive und passive Wahlrecht der Arbeitnehmer oder bestimmter Arbeitnehmergruppen.[13] Auch Streitigkeiten über den Zeitpunkt einer Betriebsratswahl oder die Pflicht des Arbeitgebers zur Unterstützung des Wahlvorstandes sind im arbeitsgerichtlichen Beschlussverfahren zu behandeln.[14] 7

Im Beschlussverfahren werden auch **Organstreitigkeiten** zwischen einzelnen Betriebsverfassungsmitgliedern oder zwischen Betriebsverfassungsmitgliedern und dem Betriebsrat entschieden. Bei Streitigkeiten über die Freistellung eines Betriebsratsmitglieds oder seines Vorsitzenden,[15] bei Meinungsverschiedenheiten über die Zuweisung von Aufgaben,[16] bei Streit über Einsichtsrechte von Betriebsratsmitgliedern in Unterlagen[17] oder dann, wenn die Herausgabe von Betriebsratsakten von einzelnen Betriebsratsmitgliedern verlangt wird,[18] ist das Beschlussverfahren die richtige Verfahrensart. 8

Im Beschlussverfahren werden Streitigkeiten über **Entsendungs- und Vorschlagsrechte** der einzelnen Gruppen in Ausschüssen[19] behandelt, aber auch Fragen der **Zutrittsrechte** für Betriebsratsmitglieder zum Betrieb.[20] 9

Einen breiten Raum nehmen betriebsverfassungsrechtliche Streitigkeiten über die **Kosten der Betriebsratstätigkeit**[21] ein. Hierzu gehören beispielsweise Meinungsverschiedenheiten über die Kostentragungspflicht des Arbeitgebers bei einer auswärts stattfindenden Betriebsratssitzung,[22] Rechtsanwaltskosten,[23] Tragung der 10

---

3 *Hümmerich*, DB 1998, 1133.
4 BAG 15.8.1978 – 6 ABR 56/77, AP § 47 BetrVG 1972 Nr. 3.
5 BAG 1.10.1974 – 1 ABR 77/73, AP § 106 BetrVG 1972 Nr. 1.
6 BAG 23.9.1982 – 6 ABR 42/81, AP § 4 BetrVG 1972 Nr. 3.
7 BAG 7.8.1986 – 6 ABR 57/85, AP § 1 BetrVG 1972 Nr. 5.
8 BAG 10.2.1981 – 6 ABR 86/78, AP § 5 BetrVG 1972 Nr. 25.
9 BAG 12.10.1976 – 1 ABR 14/76, AP § 19 BetrVG 1972 Nr. 5.
10 BAG 4.10.1977 – 1 ABR 37/77, AP § 18 BetrVG 1972 Nr. 2.
11 BAG 15.12.1972 – 1 ABR 8/72, AP § 14 BetrVG 1972 Nr. 1.
12 BAG 3.6.1975 – 1 ABR 98/74, AP § 5 BetrVG 1972 Nr. 1 Rotes Kreuz.
13 BVerwG 18.10.1978 – 6 P 7/78, Buchholz 238.3a § 53 Nr. 3.
14 LAG Hamm 27.5.1977 – 3 TaBV 35/77, DB 1977, 1269.
15 BAG 11.3.1992 – 1 ABR 50/91, AP § 38 BetrVG 1972 Nr. 11.
16 BAG 13.11.1991 – 1 ABR 8/91, AP § 26 BetrVG 1972 Nr. 9.
17 BAG 27.5.1982 – 6 ABR 66/79, AP § 34 BetrVG 1972 Nr. 1.
18 BAG 3.4.1957 – 1 ABR 289/55, AP § 2 ArbGG 1953 Nr. 46.
19 BAG 1.6.1976 – 1 ABR 99/74, AP § 28 BetrVG 1972 Nr. 1; BAG 7.10.1980 – 6 ABR 56/79, AP § 27 BetrVG 1972 Nr. 1.
20 BAG 21.9.1989 – 1 ABR 32/89, AP § 99 BetrVG 1972 Nr. 72.
21 BAG 31.10.1972 – 1 ABR 7/72, AP § 40 BetrVG 1972 Nr. 2.
22 BAG 10.10.1969 – 1 AZR 5/69, AP § 8 ArbGG 1953 Nr. 1.
23 BAG 3.10.1978 – 6 ABR 102/76, AP § 40 BetrVG 1972 Nr. 14.

Kosten einer Informationsschrift des Betriebsrats,[24] zur Verfügung zu stellende Sachmittel wie Räume, Bürobedarf oder Fachliteratur, Kosten eines PC.[25] Auch der Ersatz des Schadens eines Betriebsratsmitglieds, der in der Ausübung einer Betriebsratstätigkeit entstanden ist, ist im Beschlussverfahren zu verhandeln.[26]

11 Zu den ebenfalls leidigen Verfahren nach § 2a ArbGG gehören Streitigkeiten um den **Honoraranspruch** des Vorsitzenden einer Einigungsstelle[27] oder um den Honoraranspruch der Beisitzer.[28] Aus dem Bereich der Einigungsstelle sind ebenfalls die Kostenerstattung eines Beisitzers für die gerichtliche Durchsetzung seines Honoraranspruchs gegen den Arbeitgeber[29] und die durch eine vom Betriebsrat veranlasste Beauftragung eines Rechtsanwalts entstandenen Kosten[30] zu erwähnen.

12 Auch die Anfechtung eines Spruchs einer Einigungsstelle nach § 76 Abs. 5 Satz 4 BetrVG wegen Ermessensüberschreitung sowie sonstige Streitigkeiten über die **Wirksamkeit eines Einigungsstellenspruchs**[31] gehören in das Beschlussverfahren. Dabei können Arbeitgeber und Betriebsrat die Wirksamkeit des Einigungsstellenspruchs zur Disposition des Arbeitsgerichts stellen (Muster 7050). Der Antrag ist auf die „Feststellung der Unwirksamkeit des Einigungsstellenspruchs" gerichtet.[32]

13 Die Anerkennung von Schulungsveranstaltungen nach § 37 Abs. 2 BetrVG hat der Betriebsrat, wenn Streit hierüber mit dem Arbeitgeber besteht, im Beschlussverfahren zu beantragen.[33] Die **Statusfrage**, ob ein Arbeitnehmer leitender Angestellter ist nach § 5 Abs. 3 BetrVG, ist im Streit zwischen Arbeitgeber und Arbeitnehmer im Urteilsverfahren, bei Streit im Verhältnis zwischen Betriebsrat und Arbeitgeber im Beschlussverfahren auszutragen.[34] Auch das Verfahren, in dem das Arbeitsgericht die Zustimmung des Betriebsrats zu einem Kündigungsentschluss des Arbeitgebers nach § 103 BetrVG ersetzen soll, fällt unter § 2a ArbGG.[35] Besteht Streit über die Befugnis der Verbände, ist das Beschlussverfahren zu wählen. Streitet der Arbeitgeber über ein Zutrittsrecht von Gewerkschaftsbeauftragten zum Betrieb bei einer Betriebsversammlung, ist eine Entscheidung im Beschlussverfahren herbeizuführen.[36] Gleiches gilt für die Teilnahme von Gewerkschaftsbeauftragten an einer Sitzung des Wirtschaftsausschusses.[37]

III. Besonderheiten des Beschlussverfahrens

14 Das Beschlussverfahren ist nicht nur in **betriebsverfassungsrechtlichen** Angelegenheiten, die nicht der Einigungsstelle vorbehalten sind, sondern auch in **personalvertretungsrechtlichen** Angelegenheiten maßgeblich (§ 83 Abs. 2 BPersVG, § 187 Abs. 2 VwGO). Bei den Verwaltungsgerichten sind deshalb entsprechende Fachkammern (beim Bundesverwaltungsgericht ein Fachsenat mit fünf Berufsrichtern) gebildet worden, in denen das arbeitsgerichtliche Beschlussverfahren in personalvertretungsrechtlichen Angelegenheiten gemäß der Ermächtigungsgrundlage in § 187 Abs. 2 VwGO angewendet wird. Bei den Verwaltungsgerichten sind die Spruchkörper, wie auch beim Arbeitsgericht, mit einem Berufsrichter und mit zwei ehrenamtlichen Richtern besetzt, wobei der eine ehrenamtliche Richter aus Kreisen der Arbeitnehmer, der andere aus Kreisen der Arbeitgeber des öffentlichen Dienstes stammt.

15 Das arbeitsgerichtliche Beschlussverfahren kennt nicht die Dialektik des kontradiktorischen Verfahrens. Optisch sichtbar wird dies am **Aufbau** der Antragsschrift bzw. des gerichtlichen Beschlusses oder des Schriftsatzes des Arbeitgebers. Die Parteien sind nicht Kläger oder Beklagte, sondern werden üblicherweise als „Beteiligte" bezeichnet. Gebräuchlich ist daneben der Begriff „**Antragsteller**" (§ 83a Abs. 3 ArbGG). Einen Antragsgegner kennt das Beschlussverfahren nicht.[38] Antragsteller sind meist entweder der Betriebsrat oder der Arbeitgeber.

---

24 BAG 21.11.1978 – 6 ABR 85/76, AP § 40 BetrVG 1972 Nr. 15.
25 BAG 21.4.1983 – 6 ABR 70/82, AP § 40 BetrVG 1972 Nr. 20; BAG 12.5.1999 – 7 ABR 36/97, NZA 1999, 1290.
26 BAG 3.3.1983 – 6 ABR 4/80, AP § 20 BetrVG 1972 Nr. 8.
27 BAG 15.12.1978 – 6 ABR 64/77, AP § 76 BetrVG 1972 Nr. 5.
28 BAG 6.4.1973 – 1 ABR 20/72, AP § 76 BetrVG 1972 Nr. 1.
29 BAG 26.7.1989 – 7 ABR 72/88, AP § 2a ArbGG 1979 Nr. 4.
30 BAG 5.11.1981 – 6 ABR 24/78, AP § 76 BetrVG 1972 Nr. 9.
31 BAG 28.2.1984 – 1 ABR 37/82, AP § 87 BetrVG 1972 Nr. 4 Tarifvorrang.
32 BAG 6.5.2003 – 1 ABR 11/02, AP § 112 BetrVG 1972 Nr. 161.
33 BAG 18.12.1973 – 1 ABR 35/73, AP § 37 BetrVG 1972 Nr. 7.
34 BAG 23.1.1986 – 6 ABR 22/82, AP § 5 BetrVG 1972 Nr. 30.
35 BAG 22.8.1974 – 2 ABR 17/74, AP § 103 BetrVG 1972 Nr. 1.
36 BAG 8.2.1957 – 1 ABR 11/55, AP § 82 BetrVG Nr. 1.
37 BAG 18.11.1980 – 1 ABR 31/78, AP § 108 BetrVG 1972 Nr. 2.
38 BAG 20.7.1982 – 1 ABR 19/81, AP § 76 BetrVG Nr. 26.

Neben diesen Beteiligten sind alle Personen oder Stellen, die durch die vom Antragsteller begehrte Entscheidung – und sei es auch nur über einen Hilfsantrag[39] – in ihrer betriebsverfassungsrechtlichen/personalvertretungsrechtlichen Rechtsstellung unmittelbar betroffen sind, ebenfalls Beteiligte des Beschlussverfahrens.[40] Die materielle Betroffenheit einer Person oder Stelle, die sich im Laufe eines Verfahrens ändern kann, kann auch einen **Wechsel in der Person** oder Stellung als Beteiligter zur Folge haben, so dass der Vorsitzende in jeder Lage des Verfahrens den Beteiligtenstatus prüfen und ggf. den Betreffenden zum Beschlussverfahren beiladen muss.[41] Das bloße rechtliche Interesse einer Person oder Stelle begründet die Beteiligtenstellung noch nicht. Beim Verfahren der Zustimmungsersetzung nach § 99 BetrVG ist der betroffene Arbeitnehmer nicht Beteiligter.[42] Dies hat zur Folge, dass der betroffene Arbeitnehmer im Verfahren kein eigenes Antragsrecht hat.[43] Anderer Ansicht ist *Hanau*,[44] der ein Rechtsschutzinteresse des Arbeitnehmers nur verneint, wenn dieser unmittelbar gegen den Arbeitgeber klagen kann.

16

Das Beschlussverfahren richtet sich, wie auch das Arbeitsgerichtsverfahren, in weiten Bereichen nach der **ZPO**. In einem wichtigen Bereich unterscheidet es sich grundlegend vom Arbeitsgerichtsverfahren und von der ZPO: Die für das Gericht maßgeblichen Tatsachen sind nicht nur durch die Parteien nach dem sog. Beibringungsgrundsatz, sondern gemäß § 83 Abs. 1 ArbGG von Amts wegen zu erforschen. Der **Amtsermittlungsgrundsatz** des Beschlussverfahrens beinhaltet keine Pflicht der Kammer zur Durchführung eines Ausforschungsbeweises.[45] Das Gericht hat dagegen solche Tatsachen von Amts wegen zu ermitteln, die erst den Anspruch begründen könnten, also die Antragsbegründung konkretisieren und vervollständigen, wenn hierzu Anhaltspunkte in den Schriftsätzen der Parteien enthalten sind.[46] Generell kann man sagen, dass zunächst einmal das Beschlussverfahren gemäß den von der Parteimaxime beherrschten Verfahrensarten verläuft, allerdings hat das Gericht, wenn es über die Schriftsätze oder Erklärungen der Parteien oder Zeugen im Verfahren auf maßgebliche Beweistatsachen stößt, diese zu berücksichtigen und ggf. über Auflagen um zusätzliche Erkenntnisse zu erweitern.[47]

17

Im Übrigen bestehen keine herausragenden Besonderheiten im Beschlussverfahren. Das Verfahren wird anstelle eines Urteils durch **Beschluss** beendet (§ 84 ArbGG). Darüber hinaus können die Parteien das Verfahren durch Vergleich beenden; das Gericht stellt das Verfahren ein, wenn die Beteiligten es für erledigt erklärt haben (§ 83a BetrVG).

18

Gemäß § 80 Abs. 2 Satz 2 ArbGG kann der Vorsitzende ein **Güteverfahren** ansetzen. Die für das Urteilsverfahren des ersten Rechtszugs maßgebenden Vorschriften gelten entsprechend. Macht also der Vorsitzende von der Möglichkeit der Anberaumung einer Güteverhandlung Gebrauch, sind hierauf die Regelungen der zwingenden Güteverhandlung im Urteilsverfahren (§ 54 ArbGG) anwendbar.

19

Die Möglichkeit, zunächst einen Gütetermin anzuberaumen, ist durch das Arbeitsgerichtsbeschleunigungsgesetz vom 30.3.2000 eröffnet worden. Durch diese Neuerung soll eine größere Beschleunigung des Beschlussverfahrens erreicht werden. Ob ein Gütetermin stattfinden soll, steht im Ermessen des Vorsitzenden. Eine Güteverhandlung empfiehlt sich in Verfahren, in denen sich die Beteiligten über die streitige Angelegenheit vergleichen können oder in denen eine umfassende Erörterung eines komplizierten Sachverhalts notwendig erscheint.[48]

20

Das Verfahren kann in beschleunigter Weise anstelle des üblichen Beschlussverfahrens durch **einstweilige Verfügung** mit oder ohne mündliche Verhandlung geführt werden (§ 85 Abs. 2 ArbGG). Es können **Leistungsanträge** und **Feststellungsanträge** im ordentlichen Beschlussverfahren gestellt werden. Die Zwangsvollstreckung aus Beschlüssen ergibt sich aus § 85 Abs. 1 ArbGG.

21

Gegen Beschlüsse des erstinstanzlichen Verfahrens findet die **Beschwerde** an das Landesarbeitsgericht statt (§ 87 ArbGG) und im dritten Rechtszug besteht die Möglichkeit der **Rechtsbeschwerde** (§ 92 ArbGG).

22

---

39 BAG 12.10.1976 – 1 ABR 19/81, AP § 8 BetrVG 1972 Nr. 1.
40 BAG 13.3.1984 – 1 ABR 49/82, AP § 83 ArbGG 1979 Nr. 9; BAG 29.8.1985 – 6 ABR 63/82, AP § 83 ArbGG 1979 Nr. 13; BAG 19.9.1985 – 6 ABR 4/85, AP § 19 BetrVG 1972 Nr. 12; BAG 25.9.1986 – 6 ABR 68/84, AP § 1 BetrVG 1972 Nr. 7.
41 BAG 28.8.1988 – 1 ABR 37/87, AP § 99 BetrVG 1972 Nr. 55; BAG 18.10.1988 – 1 ABR 31/87, AP § 81 ArbGG 1979 Nr. 10.
42 BAG 27.5.1982 – 6 ABR 105/79, AP § 80 ArbGG 1979 Nr. 3; BAG 22.3.1983 – 1 ABR 48/81 – AP § 101 BetrVG 1972 Nr. 6; BAG 31.5.1983 – 1 ABR 57/80, AP § 118 BetrVG 1972 Nr. 27; BAG 17.5.1983 – 1 ABR 5/80, AP § 99 BetrVG 1972 Nr. 18.
43 *Boemke*, ZfA 1992, 473, 490 ff.; *Matthes*, DB 1974, 2010.
44 RdA 1973, 288.
45 BAG 21.10.1980 – 6 ABR 41/78, AP § 54 BetrVG 1972 Nr. 1.
46 BAG 21.10.1980 – 6 ABR 41/78, AP § 54 BetrVG 1972 Nr. 1.
47 BAG 3.6.1969 – 1 ABR 3/69, AP § 18 BetrVG Nr. 17.
48 Germelmann/Matthes/Prütting/*Müller-Glöge*, ArbGG, § 80 Rn 54, krit. *Germelmann*, NZA 2000, 1024.

23 Im arbeitsgerichtlichen Beschlussverfahren wird der Betriebsrat durch seinen Vorsitzenden gemäß § 26 Abs. 3 BetrVG im Rahmen der vom Betriebsrat gefassten Beschlüsse vertreten. Aus diesem Grund muss der Betriebsratsvorsitzende, wenn er entweder selbst einen Antragsschriftsatz im arbeitsgerichtlichen Beschlussverfahren verfasst oder einen Rechtsanwalt oder den DGB mit der Interessenwahrnehmung beauftragt, zwei Voraussetzungen beachten: Zum einen setzt die Einleitung des Gerichtsverfahrens einen entsprechenden, eindeutigen **Betriebsratsbeschluss** voraus, der allerdings auch noch notfalls im Laufe eines arbeitsgerichtlichen Beschlussverfahrens gefasst werden kann.[49] Deshalb muss der Betriebsratsvorsitzende auch, um dem Amtsermittlungsbedürfnis der Kammer zu genügen, das Protokollbuch oder einen hieraus gefertigten, beglaubigten Auszug zum Gerichtstermin mitbringen, damit die Kammer sich vom Bestehen eines entsprechenden Beschlusses überzeugen kann.

24 Wird ein **Rechtsanwalt** als **Verfahrensbevollmächtigter** beauftragt, muss der Betriebsrat ebenfalls einen entsprechenden Beschluss fassen und sollte den protokollierten Beschluss rein vorsorglich zum Kammertermin zur Verfügung haben.

IV. Beschlussverfahren zur Tariffähigkeit und Tarifzuständigkeit einer Vereinigung

25 Besteht Streit in der Frage, ob eine Arbeitnehmer- oder eine Arbeitgebervereinigung tariffähig i.S.v. § 2 TVG ist, überlässt es der Gesetzgeber einer räumlich und sachlich zuständigen Vereinigung von Arbeitnehmern oder Arbeitgebern sowie der obersten Arbeitsbehörde des Bundes und der obersten Arbeitsbehörde eines Landes, in einem Beschlussverfahren in besonderen Fällen nach § 97 ArbGG die **Tariffähigkeit** feststellen zu lassen. Häufig wird das Verfahren nach § 97 ArbGG eingeleitet, während ein anderes Verfahren ausgesetzt wurde, um eine Entscheidung der Frage der Tariffähigkeit und Tarifzuständigkeit herbeizuführen. Dabei ist es gleichgültig, in welchem Verfahren sich die Frage der Tariffähigkeit oder Tarifzuständigkeit als Vorfrage stellt.[50]

26 Neben Gewerkschaften und Arbeitgeberkoalitionen können auch Innungen und Innungsverbände Parteien im Verfahren des § 97 Abs. 5 ArbGG sein.[51] Neben den im Gesetz aufgeführten Verfahrensbeteiligten kommen als Antragsteller auch die Beteiligten eines ausgesetzten Verfahrens in Betracht. Ist in einem solchen Verfahren die Frage der Tariffähigkeit oder Tarifzuständigkeit vorgreiflich, sind für das Verfahren nach § 97 ArbGG diese Parteien auch beteiligtenfähig im Verfahren des § 97 ArbGG.[52] Abgesehen von den Besonderheiten, die sich bei den Beteiligten und der Antragstellungsbefugnis ergeben, handelt es sich bei dem Verfahren des § 97 ArbGG um ein normales Beschlussverfahren.[53]

27 Rechtsmittel gegen einen Beschluss nach § 97 ArbGG ist die Beschwerde an das Landesarbeitsgericht. Gegen die Entscheidung des Landesarbeitsgerichts ist die Rechtsbeschwerde nur gegeben, wenn sie entweder vom Landesarbeitsgericht zugelassen worden ist oder auf eine Nichtzulassungsbeschwerde hin vom Bundesarbeitsgericht zugelassen wurde.[54]

28 Da es neben den DGB-Gewerkschaften zunehmend kleinere Vereinigungen von Arbeitnehmern gibt, wie die UFO-Entscheidung des BAG[55] über die Flugbegleitervereinigung oder die CGM-Entscheidung des BAG[56] belegen, besteht u.U. zunehmend ein Bedarf an der Feststellung, ob kleinere, sich nunmehr bildende Arbeitnehmer-Koalitionen eine tariffähige Vereinigung i.S.v. § 2 TVG sind. Einer solchen Feststellung dient das Textbausteinmuster 7055. Wird eine solche Vereinigung im Verfahren des § 97 ArbGG verklagt, besteht eine örtliche Zuständigkeit desjenigen Arbeitsgerichts, in dessen Bezirk die Vereinigung ihren Sitz hat.[57]

29 Bei den nachfolgenden Mustern können die Schriftsatzmasken für Arbeitgeber und Betriebsrat ausgetauscht werden. Es ist also gleichgültig, ob Antragsteller der Arbeitgeber oder der Betriebsrat ist.

---

49 BAG 11.3.1992 – 7 ABR 50/91, AP § 38 BetrVG 1972 Nr. 11.
50 Germelmann/Matthes/Prütting/*Müller-Glöge*, ArbGG, § 97 Rn 11.
51 Germelmann/Maathes/Prütting/*Müller-Glöge*, ArbGG, § 97 Rn 17.
52 *Wlotzke/Schwedes/Lorenz*, ArbGG, § 97 Rn 4.
53 Germelmann/Matthes/Prütting/*Müller-Glöge*, ArbGG, § 97 Rn 26.
54 Germelmann/Matthes/Prütting/*Müller-Glöge*, ArbGG, § 97 Rn 26.
55 BAG 4.12.2004 – 1 ABR 51/03, NZA 2005, 697.
56 BAG 28.3.2006 – 1 ABR 58/04, NZA 2006, 1112.
57 Germelmann/Matthes/Prütting/*Müller-Glöge*, ArbGG, § 82 Rn 14; *Grunsky*, ArbGG, § 82 Rn 4; GK-ArbGG/*Dörner*, § 82 Rn 18; *Schwab/Weth*, ArbGG, § 83 Rn 18.

Kapitel 1: Parteienunabhängige Schriftsätze

B. Texte

1. Muster: Anfechtung einer Betriebsratswahl

1. Die Betriebsratswahl vom ▬▬▬ wird für unwirksam erklärt.
2. Der Streitwert wird festgesetzt.

Gründe:
1. Der Antrag ist zulässig, da er binnen zwei Wochen nach Bekanntgabe des Wahlergebnisses gestellt ist, § 19 Abs. 2 BetrVG.

Die Antragsteller sind auch antragsbefugt, denn die Antragsbefugnis liegt bei einer im Betrieb vertretenen Gewerkschaft, beim Arbeitgeber oder bei mindestens drei wahlberechtigten Arbeitnehmern, § 19 Abs. 2 BetrVG.

2. Am ▬▬▬ fand die Betriebsratswahl statt. Das Wahlergebnis wurde am ▬▬▬ durch den Wahlvorstand bekannt gegeben. Das Wahlergebnis wurde falsch ermittelt: ▬▬▬

2. Muster: Beschwerde

▬▬▬

Gegen den Beschluss des Arbeitsgerichts ▬▬▬ vom ▬▬▬, Aktenzeichen ▬▬▬, zugestellt am ▬▬▬, legen wir

Beschwerde

ein.
Rubrum und Tenor des angefochtenen Beschlusses fügen wir in Abschrift bei.
Wir werden beantragen:
    1. Der Beschluss des Arbeitsgerichts ▬▬▬ vom ▬▬▬, Aktenzeichen ▬▬▬, wird abgeändert.
    2. Es wird beantragt, nach dem Schlussantrag im Anhörungstermin zu entscheiden.
Die Begründung erfolgt in einem gesonderten Schriftsatz.

3. Muster: Beschwerde gegen Zwischenentscheidung[58]

In Sachen ▬▬▬ ./. ▬▬▬
(Kurzrubrum)
legen wir namens und im Auftrag der Beteiligten ▬▬▬ gegen den Beschluss des Arbeitsgerichts vom ▬▬▬

Beschwerde

ein und beantragen:
    1. Der Aussetzungsbeschluss vom ▬▬▬ wird aufgehoben.
    2. Das Verfahren wird fortgesetzt.

Gründe:
Das Arbeitsgericht hat in dem Verfahren gemäß § 23 Abs. 1 Satz 1 BetrVG zu Unrecht eine Aussetzung gemäß § 149 ZPO bis zum Abschluss des Strafverfahrens beschlossen. Wie der Beteiligte erst jetzt erfahren hat, ist das Mitglied des Betriebsrats entgegen seinen Erklärungen im vorliegenden Verfahrens bereits wegen Diebstahls und Urkundenfälschung, bezogen auf die dem Verfahren des § 23 Abs. 1 Satz 1 BetrVG Anlass bildenden Verstöße, rechtskräftig verurteilt worden. Das Strafverfahren war zwar vorgreiflich, ist aber bereits abgeschlossen, so dass das Beschlussverfahren wieder aufgenommen werden muss.

---

58 Im Beschlussverfahren wird der Begriff „Beschwerde" für zwei verschiedene Verfahrensarten einheitlich verwendet. Als Beschwerde wird einmal die mit der Berufung vergleichbare Beschwerde gemäß § 87 Abs. 1 ArbGG gegen verfahrensbeendende Beschlüsse bezeichnet (siehe hierzu die Muster 7120 und 7130). Die Beschwerde wird außerdem eingelegt gemäß § 83 Abs. 5 ArbGG gegen verfahrensleitende Beschlüsse und Verfügungen des Arbeitsgerichts oder seines Vorsitzenden. Die Beschwerde nach § 83 Abs. 5 ArbGG entspricht gemäß § 78 Abs. 1 Satz 1 ArbGG der Beschwerde gemäß § 567 ZPO. Beispiel einer Beschwerde im Urteilsverfahren nach § 567 ZPO bildet das Muster 6119 § 6 Rn 133.

4. Muster: Bestellung eines Einigungsstellenvorsitzenden und Antrag auf Errichtung einer Einigungsstelle

■■■

Wir bestellen uns zu Prozessbevollmächtigten der Antragstellerin, in deren Namen und Auftrag wir um kurzfristige Anberaumung eines Termins bitten. Wir werden beantragen:

1. Der Richter am Arbeitsgericht ■■■ wird zum Vorsitzenden der Einigungsstelle, die über ■■■ entscheiden soll, bestellt.
2. Die Zahl der von jeder Seite zu benennenden Beisitzer wird auf zwei festgesetzt.
3. Die Einlassungs- und Ladungsfristen werden auf 48 Stunden abgekürzt.
4. Der Streitwert wird festgesetzt.

Gründe:

Die Firma ist ein auf dem Gebiet des ■■■ tätiges Unternehmen mit ■■■ Mitarbeitern an den Standorten ■■■. Die Parteien sind sich nicht einig über ■■■. Der Sachverhalt bedarf nach § 87 Abs. 1 Nr. ■■■ BetrVG der Mitbestimmung des Beteiligten zu 2.

In der Zeit vom ■■■ haben Gespräche und Verhandlungen zwischen den Beteiligten stattgefunden. Nach der letzten Verhandlungsrunde erklärte der Beteiligte zu 2., dass sich eine Einigung nicht mehr auf innerbetrieblichem Wege herbeiführen lasse. Beide Seiten haben daraufhin die Verhandlungen für gescheitert erklärt. Die/der Beteiligte ■■■ hat mit Schreiben vom ■■■[59] den Beteiligten ■■■ gebeten, sich mit der Bestellung des Richters am Arbeitsgerichts ■■■ einverstanden zu erklären und damit die Zahl der Beisitzer auf je zwei pro Seite festzulegen. Dem Beteiligten zu 2. wurde eine Äußerungsfrist von drei Tagen eingeräumt. Der/die Beteiligte ■■■ hat diese Frist ohne jegliche Stellungnahme verstreichen lassen. Die Einleitung des gerichtlichen Bestellungsverfahrens nach § 98 ArbGG ist deshalb geboten.

Soweit der/die Beteiligte zu ■■■ in den Verhandlungen die Auffassung vertreten hat, die Einigungsstelle sei im vorliegenden Fall ohnehin nicht zuständig, liegt die Rechtsauffassung neben der Sache. Offensichtlich rechtswidrig ist die von der Antragstellerin vorgeschlagene Neuregelung nicht, denn ■■■.

Nur bei ganz offensichtlicher Unzuständigkeit der Einigungsstelle kann der Antrag abgelehnt werden, § 98 Abs. 1 ArbGG.

Aus den dargestellten Gründen kommt eine offensichtliche Unzuständigkeit der Einigungsstelle nicht in Betracht.

Der vorgeschlagene Richter am Arbeitsgericht ist ein erfahrener Einigungsstellenvorsitzender und zweifellos unparteiisch. Die Antragstellerin möchte nicht in eine Diskussion über die Person des vorgeschlagenen Richters oder anderer Arbeitsrichter eintreten. Zwar ist das Arbeitsgericht an die Person des vorgeschlagenen Vorsitzenden der Einigungsstelle bekanntlich nicht gebunden. Auch ist sicherlich die Auffassung nicht richtig, das Gericht dürfe von der im Antrag genannten Person nur dann abweichen, wenn gegen sie Gründe sprechen, die die Ausschließung und Ablehnung von Richtern nach §§ 41 ff. ZPO rechtfertigen würden,

> so *Herbst/Reiter/Schindele*, Handbuch zum arbeitsgerichtlichen Beschlussverfahren, Rn 1217, S. 387.

Träfe diese Auffassung zu, würden sich beide Betriebspartner nur darum bemühen müssen, als Erster den Antrag auf Errichtung einer Einigungsstelle zu stellen, um den ihnen genehm erscheinenden Vorsitzenden durchzusetzen. Nach richtiger Auffassung soll der Vorgeschlagene bestellt werden, wenn er nicht offensichtlich ungeeignet ist und die Gegenseite keine Einwände erhebt. Erhebt der Beteiligte zu 2. Einwände, ist es Sache des Gerichts, darüber zu befinden, ob diesen Einwänden, beispielsweise angesichts reiner Subjektivität, nachgegeben und ein weder von der einen noch von der anderen Seite vorgeschlagener Vorsitzender bestellt wird oder ob unter dem Gesichtspunkt der Beschleunigung ein nachweislich zur sofortigen Übernahme des Amtes bereite Einigungsstellenvorsitzender bestellt wird.

---

[59] Beispiel eines solchen Schreibens: Muster 7470 § 7 Rn 155.

Kapitel 1: Parteienunabhängige Schriftsätze

5. Muster: Bestellungsschriftsatz im Beschwerdeverfahren

■■■

zeigen wir an, dass wir den Antragsgegner und Beschwerdegegner auch in der Beschwerdeinstanz vertreten.

Wir werden beantragen:

    Der Beschluss des Arbeitsgerichts ■■■ vom ■■■, Aktenzeichen ■■■, bleibt aufrechterhalten.

Die Begründung erfolgt in einem gesonderten Schriftsatz.

↑

6. Muster: Bestellungsschriftsatz im Verfahren der Rechtsbeschwerde

■■■

zeigen wir an, dass wir den Antragsgegner und Rechtsbeschwerdegegner auch in der Rechtsbeschwerdeinstanz vertreten.

Die Durchschriften dieses Schriftsatzes werden in siebenfacher Ausfertigung beigefügt.

Wir werden beantragen:

    Der Beschluss des Landesarbeitsgerichts ■■■ vom ■■■, Aktenzeichen ■■■, wird bestätigt.

Die Begründung bleibt einem gesonderten Schriftsatz vorbehalten.

↑

7. Muster: Bestimmung des Vorsitzenden einer Einigungsstelle[60]

In dem Beschlussverfahren

mit den Beteiligten

1. Firma ■■■

    – Antragstellerin und Beteiligte zu 1. –

Verfahrensbevollmächtigte: Rechtsanwälte ■■■

und

2. Betriebsrat der Firma

    – Beteiligter zu 2. –

Wir bestellen uns zu Verfahrensbevollmächtigten der Antragstellerin, in deren Namen und Auftrag wir beantragen, wie folgt zu erkennen:

1. Es wird beantragt, einen an Arbeitsgerichten ■■■ tätigen Richter zum Vorsitzenden einer Einigungsstelle zu bestellen.
2. Es wird beantragt, die Zahl der von jeder Seite zu benennenden Beisitzer für die im Antrag Ziffer 1 erwähnte Einigungsstelle auf zwei Mitglieder zu begrenzen.

In prozessualer Hinsicht wird beantragt:

    Die Ladungsfristen werden auf 48 Stunden abgekürzt.

Gründe:

1. Der Beteiligte zu 2. ist der gewählte Betriebsrat bei der Antragstellerin, Betriebsteil ■■■. Die Antragstellerin beabsichtigt, eine Betriebsänderung gemäß § 111 BetrVG durchzuführen und den Betriebsteil zu schließen. Der Vorstand der Antragstellerin hat einen entsprechenden Beschluss gefasst. Die Mitarbeiter wurden hierüber in einer Betriebsversammlung am ■■■ informiert. Seither hat sich die Geschäftsleitung in Verhandlungen mit dem Betriebsrat um den Abschluss eines Interessenausgleichs bemüht. Diese Verhandlungen waren erfolglos. Im Einzelnen: ■■■

---

[60] Der vorliegende Antrag betrifft die Bestimmung eines Vorsitzenden der Einigungsstelle im Verfahren über den Abschluss eines Interessenausgleichs. Je nachdem, um welchen Gegenstand es sich beim Einigungsstellenverfahren handelt (zum Überblick siehe § 7 Rn 3), kann der Wortlaut des Antrags modifiziert werden.

2. Da ein Einvernehmen über einen Kandidaten nicht erzielt werden konnte, wird angeregt, den Einigungsstellenvorsitzenden wie in § 98 Abs. 1 ArbGG, § 76 Abs. 2 Satz 2 BetrVG vorgesehen, im vorliegenden Verfahren zu bestellen.

Wir halten es für eine Stilfrage, sich nicht an einer Diskussion über die Vor- und Nachteile einzelner Richterpersönlichkeiten zu beteiligen. Eine weitergehende Begründung des Antrags Ziffer 1 muss damit nach unserer Auffassung nicht erfolgen.

3. Mit dem Antrag, die Ladungsfrist auf 48 Stunden abzukürzen, wird von der gesetzlichen Neuregelung in § 98 Abs. 1 Satz 3 ArbGG Gebrauch gemacht. Die besondere Eilbedürftigkeit ergibt sich aus folgendem Grund:

8. Muster: Betriebsratsfähige Organisationseinheit – Antrag auf Feststellung

Wir bestellen uns zu Verfahrensbevollmächtigten des Antragstellers und beantragen, wie folgt zu beschließen:

1. Bei dem Werk II der Firma ▪▪▪ handelt es sich um eine betriebsratsfähige Organisationseinheit.
2. Der Streitwert wird festgesetzt.

Gründe:

1. Die Firma ▪▪▪ besteht aus drei Werken. Das eine Werk befindet sich in ▪▪▪, das andere in ▪▪▪ und das Werk III schließlich in ▪▪▪. Bislang haben die wahlberechtigten Arbeitnehmer für die Werke I und II einen gemeinsamen Betriebsrat gewählt, für das 300 Kilometer entfernt gelegene Werk wurde stets ein eigener Betriebsrat gebildet. Die seit Jahren andauernde Diskussion, ob es rechtmäßig sei, dass für die Werke I und II jeweils ein einheitlicher Betriebsrat gewählt wurde, soll mit dem vorliegenden Antrag durch gerichtliche Entscheidung abschließend geklärt werden.

2. Der Antrag ist zulässig. Gemäß § 18 Abs. 2 BetrVG kann der Arbeitgeber, der Betriebsrat, aber auch der Wahlvorstand die Entscheidung darüber herbeiführen, ob eine betriebsratsfähige Organisationseinheit vorliegt.

3. In den Werken I und II werden im Wesentlichen gleichartige Aufgaben wahrgenommen. Im Werk I arbeiten ▪▪▪ Arbeitnehmer, im Werk II ▪▪▪ Arbeitnehmer. Die Entfernung zwischen beiden Werken beträgt 60 km. Unter Einsatz öffentlicher Verkehrsmittel beträgt die Entfernung zwischen beiden Werken meist ca. 1 ½ bis 1 ¾ Stunden Fahrtzeit. Zwar werden beide Werke von der Geschäftsleitung, deren Büroräume sich in Werk I befinden, geleitet. Auch liegt ein arbeitstechnisch einheitlicher Zweck vor. Die Betriebe bilden aber keine räumliche Einheit. Gerade wegen der Entfernung zwischen den Werken I und II und angesichts der Tatsache, dass jeder Arbeitnehmer zu dem von ihm gewählten Betriebsrat einen persönlichen Kontakt pflegen können muss, dieser aber für Arbeitnehmer des Werks I im Hinblick auf Mitglieder des Betriebsrats aus Werk II und für Arbeitnehmer aus dem Werk II im Hinblick auf Mitglieder des Betriebsrats aus Werk I nicht gewährleistet ist, ist von zwei unterschiedlichen Betrieben auszugehen. Die räumliche Entfernung von über eineinhalb Stunden schließt einen persönlichen Kontakt bei der Wahrnehmung von Interessen der Arbeitnehmer durch die Mitglieder des Betriebsrats aus. Die weite räumliche Entfernung allein reicht völlig aus, um die Werke I und II als eigenständige Betriebe i.S.v. § 1 BetrVG anzusehen. Dass eine gleiche Leitungsmacht und gleichartige arbeitstechnische Zwecke verfolgt werden, ändert an diesem Umstand nichts.

4. Die Meinungsverschiedenheiten zwischen Geschäftsführung, Belegschaft und Betriebsrat über den Betriebsbegriff können in jedem Falle im Beschlussverfahren geltend gemacht werden, §§ 2a Abs. 1 Nr. 1, Abs. 2, 80 ff. ArbGG. Darüber hinaus ist dem Wahlvorstand eine besondere Feststellungsbefugnis – ebenfalls im Beschlussverfahren – über § 18 Abs. 2 BetrVG eingeräumt. Eine gerichtliche Entscheidung im Verfahren nach § 18 Abs. 2 BetrVG hat präjudizielle Bindungswirkung für nachfolgende Urteilsverfahren,

BAG 9.4.1991 – 1 AZR 488/90, DB 1991, 2392.

9. Muster: Rechtsbeschwerde

Gegen den Beschluss des Landesarbeitsgerichts ▪▪▪ vom ▪▪▪, Aktenzeichen ▪▪▪, zugestellt am ▪▪▪, legen wir

Rechtsbeschwerde

ein.

Rubrum und Tenor des angefochtenen Beschlusses werden, wie auch die Durchschriften dieses Schriftsatzes, in siebenfacher Ausfertigung beigefügt.

Wir werden beantragen:
1. Der Beschluss des Landesarbeitsgerichts ▬▬▬ vom ▬▬▬, Aktenzeichen ▬▬▬, wird abgeändert.
2. Es wird beantragt, nach den Schlussanträgen II. Instanz zu entscheiden.

Die Begründung bleibt einem gesonderten Schriftsatz vorbehalten.

10. Muster: Sozialplan – Ermessensfehler bei undifferenzierter Festsetzung von Abfindungen durch Spruch einer Einigungsstelle

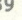

▬▬▬

1. Der Beschluss der Einigungsstelle vom ▬▬▬ über den Sozialplan ▬▬▬ ist unwirksam.
2. Der Streitwert wird festgesetzt.

Gründe:

1. Nachdem sich die Beteiligten nicht über den Wortlaut eines Sozialplans im Rahmen von Sozialplanverhandlungen einigen konnten, wurde eine Einigungsstelle gebildet. Die Einigungsstelle tagte am ▬▬▬ und am ▬▬▬. Am ▬▬▬ wurde ein Sozialplan beschlossen.

Beweis: ▬▬▬

2. Der verabschiedete Sozialplan sieht unter Ziffer ▬▬▬ vor, dass bei jedem Arbeitnehmer, dessen Arbeitsverhältnis wegen der Rationalisierungsmaßnahme aufgelöst wurde bzw. aufgelöst wird, eine Abfindung in Höhe von ▬▬▬% des Bruttomonatsgehalts pro Beschäftigungsjahr gezahlt wird.

Beweis: Vorlage des Sozialplans.

Der Beschluss der Einigungsstelle über den Sozialplan ist unwirksam, weil sich die Einigungsstelle nicht innerhalb der Ermessensgrenzen bewegt hat.

Zwar ist die Einigungsstelle grundsätzlich in den Grenzen von Recht und Billigkeit frei, darüber zu entscheiden, ob und welche Nachteile der Arbeitnehmer, die der Verlust des Arbeitsplatzes infolge einer sozialplanpflichtigen Betriebsänderung mit sich bringt, durch eine Abfindung ausgeglichen oder gemildert werden soll,

BAG, Beschl. v. 28.9.1988, DB 1989, 48.

Mit dem durch das Beschäftigungsförderungsgesetz ab 1.5.1985 eingeführten § 112 Abs. 5 BetrVG sind der Einigungsstelle jedoch Leitlinien für die Ermessensentscheidung vorgegeben worden, deren Nichtbeachtung den von der Einigungsstelle beschlossenen Sozialplan ermessensfehlerhaft macht. Die Einigungsstelle hat demnach nicht nur die sozialen Belange der betroffenen Arbeitnehmer zu berücksichtigen und auch die wirtschaftliche Vertretbarkeit ihrer Entscheidung für das Unternehmen zu achten, sondern insbesondere den Gegebenheiten des konkreten Einzelfalls Rechnung zu tragen, die Aussichten der betroffenen Arbeitnehmer auf dem Arbeitsmarkt zu berücksichtigen und diejenigen Arbeitnehmer, die eine zumutbare Weiterbeschäftigung ablehnen, von Leistungen aus dem Sozialplan auszuschließen (§ 112 Abs. 5 Nr. 2 BetrVG) sowie bei der Bemessung des Gesamtbetrags der Sozialplanleistungen darauf zu achten, dass der Fortbestand des Unternehmens oder die nach Durchführung der Betriebsänderung verbleibenden Arbeitsplätze nicht gefährdet werden (§ 112 Abs. 5 Nr. 3 BetrVG).

Diesen Anforderungen entspricht der von der Einigungsstelle beschlossene Sozialplan nicht. Die Einigungsstelle muss sich darum bemühen, den Ausgleich feststellbarer oder zu erwartender materieller Einbußen des Arbeitnehmers im Einzelfall zu berücksichtigen und sie darf deshalb keine allein generell pauschalen Abfindungssummen festsetzen,

BT-Drucks. 10/2102, S. 17.

Es stellt deshalb eine Ermessensüberschreitung dar, wenn unabhängig von den individuellen Gegebenheiten der Arbeitnehmer Pauschalabfindungen festgesetzt werden,

BAG, Beschl. v. 14.9.1994, DB 1995, 430; BAG Beschl. v. 26.5.1988, DB 1988, 2154.

Bei der Bemessung von Abfindungsbeträgen dürfen die Betriebspartner auch auf die Dauer der bisherigen Beschäftigung abstellen, obwohl die Überbrückungsfunktion eines Sozialplans auf die Zukunft gerichtet ist. Die Gründe für eine Berücksichtigung der Beschäftigungsdauer rechtfertigen es aber nicht, von dieser die Zeiten von Erziehungsurlaub (Elternzeit) auszunehmen. Insoweit ist der Gestaltungsspielraum der Betriebsparteien eingeschränkt, weil der Schutzbereich des Art. 6 Abs. 1 und 2 GG (Ehe und Familie, Pflege und Erziehung der Kinder) berührt ist,

BAG, Urt. v. 12.11.2002 – 1 AZR 58/02, n.v.

11. Muster: Tariffähige Vereinigung – Antrag nach § 97 ArbGG

↓

Antrag

Im Beschlussverfahren in besonderen Fällen

zwischen

1. ▄▄▄

– Antragstellerin und Beteiligte zu 1. –

und

2. ▄▄▄

– Beteiligter zu 2. –

bestellen wir uns zu Verfahrensbevollmächtigten der Antragstellerin und beantragen, im Verfahren gemäß §§ 97, 2a Abs. 1 Nr. 4 ArbGG wie folgt zu beschließen:

Der Beteiligte zu 2. ist keine tariffähige Gewerkschaft i.S.v. § 2 Abs. 1 TVG.

Gründe:

I. Sachverhalt und Verfahren

1. Die Antragstellerin ist ein Unternehmen auf dem Gebiet des ▄▄▄. Sie ist Arbeitgeberin von ▄▄▄.

2. Die Antragstellerin beschäftigt als Arbeitnehmer ▄▄▄. Der Beteiligte zu 2. ist eine Vereinigung, die von sich behauptet, eine Gewerkschaft zu sein, in der sich ▄▄▄ zusammengeschlossen hätten. Erster Vorsitzender des Beteiligten zu 2. ist ▄▄▄.

Der Beteiligte zu 2. wurde nach einer Information der Zeitung ▄▄▄ am ▄▄▄ gegründet. Ihm sollen ▄▄▄ Mitglieder angehören.

Beweis: Artikel in ▄▄▄ – Anlage K 1.

Dass der Verein tatsächlich ▄▄▄ Mitglieder hat, wird bestritten. Niemand hat überprüft, ob die Zahlenangaben gegenüber der Zeitung zutreffend sind. Aus Kreisen der vermeintlichen Mitglieder war zu hören, dass der Beteiligte zu 2. in Wahrheit nur ▄▄▄ Mitglieder hat. Mitglieder im Sinne des Rechts der Koalitionen, des Parteiengesetzes oder des Vereinsrechts sind nur solche, die förmlich aufgenommen worden sind und einen Mitgliedsbeitrag leisten. Es wird bestritten, dass die in Privatinitiative des ersten Vorsitzenden des Beteiligten zu 2. gegründete Vereinigung mehr als ▄▄▄ Beiträge entrichtende Mitglieder hat.

3. Der Antragsteller wurde mit Anwaltsschreiben vom ▄▄▄ aufgefordert, dem ersten Vorsitzenden des Beteiligten zu 2. Zutritt zu den betrieblichen Räumlichkeiten zu gewähren. Er machte geltend, der Beteiligte zu 2. verfüge über ein Zugangsrecht nach § 2 BetrVG.

Beweis: Vorlage des Anwaltsschreibens in Kopie – Anlage K 2.

Der Beteiligte zu 2. hat kein Zugangsrecht zum Betrieb der Antragstellerin gemäß § 2 Abs. 2 BetrVG, da er keine Gewerkschaft ist.

Der Beteiligte zu 2. forderte außerdem die Antragstellerin auf, mit ihr wegen eines Haustarifvertrages in Tarifverhandlungen einzutreten.

Beweis: Vorlage des Schreibens in Kopie – Anlage K 3.

Auch in diesem Schreiben wird behauptet, der Beteiligte zu 2. sei eine tariffähige Gewerkschaft, er sei tariffähig i.S.d. § 2 TVG. Er erkenne das staatliche Tarif-, Schlichtungs- und Arbeitskampfrecht für sich an und sei tarifwillig. Aufgrund seines Organisationsgrades bestehe auch die soziale Mächtigkeit, da der Beteiligte zu 2. über ausreichende Leistungs- und Durchsetzungsfähigkeit verfüge.

Beweis: Wie vor.

4. Angesichts des geltend gemachten Zutrittsrechts nach § 2 Abs. 2 BetrVG und der behaupteten Tariffähigkeit des Beteiligten zu 2. i.S.v. § 2 TVG hat die Antragstellerin ein berechtigtes Interesse an der Feststellung, dass der Beteiligte zu 2. keine tariffähige Vereinigung ist. Für diese Feststellung hat der Gesetzgeber ein eigenständiges Beschlussverfahren gemäß §§ 97, 2a Abs. 1 Nr. 4 ArbGG vorgesehen.

Die örtliche Zuständigkeit des angerufenen Gerichts ergibt sich aus §§ 17, 29 ZPO. Im Bezirk des angerufenen Gerichts hat der Beteiligte zu 2. seinen Sitz. Daher ist das angerufene Arbeitsgericht örtlich zuständig, weil der Grundsatz gilt, dass dasjenige Arbeitsgericht zuständig ist, in dessen Bezirk die Vereinigung ihren Sitz hat, deren Tariffähigkeit streitig ist,

Germelmann/Matthes/Prütting/*Müller-Glöge*, ArbGG, § 82 Rn 14.

Kapitel 1: Parteienunabhängige Schriftsätze

5. Eine Besonderheit im Verfahren des § 97 ArbGG besteht darin, dass grundsätzlich auch alle Arbeitnehmer- und Arbeitgebervereinigungen, deren örtliche und sachliche Zuständigkeit mit der Zuständigkeit der Vereinigung, deren Tariffähigkeit oder Tarifzuständigkeit umstritten ist, konkurriert, als Beteiligte zu laden sind.

Germelmann/Matthes/Prütting/*Müller-Glöge*, ArbGG, § 97 Rn 22.

Auch sind nach der Rechtsprechung des Bundesarbeitsgerichts die Spitzenverbände, wie der Deutsche Gewerkschaftsbund oder die Bundesvereinigung der Deutschen Arbeitgeberverbände, zu beteiligen,

BAG 25.11.1986, AP Nr. 36 zu § 2 TVG; a.A. *Leinemann*, GK-ArbGG, § 97 Rn 36.

Auch die oberste Arbeitsbehörde des Landes wie des Bundes können Beteiligte sein,

Grunsky, § 97 Rn 11; BAG 25.11.1986, AP Nr. 36 zu § 2 TVG.

Inwieweit diese Grundsätze im vorliegenden Fall anzuwenden sind, erscheint zweifelhaft, denn von der vorliegenden Rechtsfrage sind nur ■■■ Arbeitnehmer betroffen. Dass eine Allgemeinverbindlicherklärung von Tarifverträgen insoweit in Betracht käme und daher die obersten Arbeitsbehörden als Beteiligte einzubeziehen wären, ist ausgeschlossen. Es bleibt dem angerufenen Gericht vorbehalten, darüber zu befinden, ob weitere Beteiligte in das Verfahren einzubeziehen sind.

II. Merkmale einer tariffähigen Gewerkschaft

1. Die Begriffe „Gewerkschaft" und „tariffähige Vereinigung"

Mit den Gewerkschaften in § 2 Abs. 2 BetrVG sind solche Arbeitnehmervereinigungen gemeint, die tariffähig sind,

BAG 25.11.1986, AP Nr. 36 zu § 2 TVG; BAG 25.9.1990, AP Nr. 8 zu § 9 TVG; *Fitting u.a.*, BetrVG, § 2 Rn 33.

In § 2 Abs. 1 TVG bilden die Gewerkschaften einen Unterfall der Tarifvertragsparteien. In § 97 ArbGG ist von der Tariffähigkeit und Tarifzuständigkeit einer Vereinigung, wörtlich in gleicher Weise ist in § 2a Abs. 1 Nr. 4 ArbGG von „einer Vereinigung" die Rede. Ein Unterschied zwischen dem Begriff der „tariffähigen Vereinigung" und dem Begriff „Gewerkschaft" besteht nur insoweit, als auch eine Arbeitgebervereinigung oder ein Arbeitgeber (beim Haustarifvertrag) tariffähige Vereinigung sein können. Wer keine tariffähige Vereinigung ist, kann auch keine Gewerkschaft sein. Eine Gewerkschaft ist jedoch immer eine „tariffähige Vereinigung".

„Tariffähige Vereinigung" ist mithin der Oberbegriff für Gewerkschaften und Arbeitgebervereinigungen. Inhaltliche Unterschiede ergeben sich – von der Funktion des Begriffs der tariffähigen Vereinigung für die Arbeitgeber- und die Arbeitnehmerseite abgesehen – zum Gewerkschaftsbegriff nicht. Da der Beteiligte zu 2. in seinem Anschreiben Rechte einer Gewerkschaft geltend macht, muss er die Voraussetzungen einer tariffähigen Vereinigung erfüllen. Da es dem Beteiligten zu 2. an mehreren Voraussetzungen zur Erfüllung des Gewerkschaftsbegriffs fehlt, hat die Antragstellerin im vorliegenden Beschlussverfahren ein berechtigtes Interesse an der Feststellung mangelnder Tariffähigkeit des Beteiligten zu 2.

2. Normative Grundlagen der Tariffähigkeit

a) Verfassungsrechtliche Grundlagen

Aus der in Art. 9 Abs. 3 GG garantierten Koalitionsfreiheit folgt neben der Freiheit des Einzelnen, zur Wahrung und Förderung der Arbeits- und Wirtschaftsbedingungen Vereinigungen zu gründen, ihnen beizutreten oder fernzubleiben, der Schutz der Koalitionen selbst in ihrem Bestand und ihrer organisatorischen Ausgestaltung. Über den Wortlaut der verfassungsrechtlichen Regelung hinaus sind im Sinne einer Betätigungsgarantie solche Aktivitäten der Koalitionen geschützt, die darauf gerichtet sind, die Arbeits- und Wirtschaftsbedingungen zu wahren und zu fördern,

BVerfG 14.11.1995 – 1 BvR 601/92, NZA 1996, 381 (unter expliziter Aufgabe der früher vertretenen „Kernbereichslehre").

Im Zentrum der Betätigungsfreiheit der Koalitionen steht die Tarifautonomie,

BVerfG 26.6.1991 – 1 BvR 779/85, NZA 1981, 809,

als Befugnis der Arbeitgeber und Arbeitgeberverbände sowie von Gewerkschaften, die Arbeits- und Wirtschaftsbedingungen ihrer Mitglieder in kollektiven Verträgen mit zwingender Wirkung selbständig und selbstverantwortlich zu regeln,

Wiedemann, TVG, Einl. Rn 1.

Da in der den Tarifvertragsparteien übertragenen Normsetzungsbefugnis eine Delegation staatlicher Regelungsmacht zu sehen ist, obliegt es dem Staat zu entscheiden, wem diese Befugnisse zukommen sollen,

BVerfG 18.11.1954 – 1 BvR 629/52, AP Nr. 1 zu § 9 GG.

Aus der Koalitionseigenschaft folgt daher nicht, dass jede Koalition zum Tarifabschluss ermächtigt ist,

BVerfG 18.11.1954 – 1 BvR 629/52, AP Nr. 1 zu § 9 GG.

Vielmehr können nur die im Sinne des Tarifrechts tariffähigen Personen und Vereinigungen wirksame Tarifverträge schließen. Die Tariffähigkeit der vertragsschließenden Partei ist damit Wirksamkeitsvoraussetzung jedes Tarifvertrages. Ihr Fehlen kann nicht geheilt werden,

Wiedemann/Oetker, § 2 TVG Rn 15 m.w.N.

b) Definition durch den Staatsvertrag vom 18.5.1990

Das Bundesarbeitsgericht hat in seinem Beschluss vom 6.6.2000 angenommen, dass aufgrund des Staatsvertrages und des gemeinsamen Protokolls über die Leitsätze A III Nr. 2, i.V.m. dem Zustimmungsgesetz des Deutschen Bundestages vom 25.6.1990 eine wesentliche Änderung der Qualität der Kriterien für die Annahme einer Gewerkschaft eingetreten sei, die einer Gesetzesänderung gleichzusetzen sei,

BAG 6.6.2000 – 1 ABR 21/99, NZA 2001, 156.

Zumindest sei dadurch eine von den Gesetzgebungsorganen getragene Willensbekundung gegeben, die für § 2 Abs. 1 TVG den Charakter einer nachträglichen Erläuterung habe und bei der Auslegung der Vorschrift zu berücksichtigen sei. Ob man diese Auffassung teilt oder nicht, zum Begriff der tariffähigen Vereinbarung bildet Grundlage die bisherige Rechtsprechung, die nach hier vertretener Auffassung mit dem Zustimmungsgesetz des Deutschen Bundestages vom 25.6.1990 keine näher feststellbare Veränderung gefunden hat. Als Grundlage der Bestimmung von Tariffähigkeit hat demnach die bisherige Rechtsprechung oder das sie präzisierende Zustimmungsgesetz des Deutschen Bundestages vom 25.6.1990 entsprechend dem Beschluss des Bundesarbeitsgerichts vom 6.6.2000 zu gelten.

3. Tariffähigkeit nach der Rechtsprechung und nach dem Zustimmungsgesetz vom 25.6.1990

a) Aus dem Koalitionsbegriff des Art. 9 Abs. 3 GG wird gefolgert, dass unter einer Gewerkschaft i.S.d. § 2 Abs. 1 TVG

- freiwillige Vereinigungen von Arbeitnehmern zu verstehen sind,
- deren satzungsmäßige Aufgabe die Wahrnehmung der Interessen ihrer Mitglieder in ihrer Eigenschaft als Arbeitnehmer ist,
- die gegnerfrei und -unabhängig,
- tarifwillig,
- auf Dauer angelegt,
- auf überbetrieblicher Grundlage organisiert ist sowie
- das geltende Tarifrecht als verbindlich anerkennt.

Diese Kriterien sind in Schrifttum und Rechtsprechung einheitlich anerkannt,

BAG 9.7.1986 – 1 ABR 2/67, AP Nr. 25 zu § 2 TVG; BAG 6.6.2000 – 1 ABR 10/99, AP Nr. 55 zu § 2 TVG; BAG 14.12.1978 – 1 AZR 76/76, AP Nr. 58 zu Art. 9 GG; *HWK/Henssler,* § 2 TVG Rn 5 ff.; *Wiedemann/Oetker,* § 2 TVG Rn 171 ff.; *Däubler,* TVG, Einl. Rn 86 ff.; *Löwisch/Rieble,* § 2 TVG Rn 8 ff.

b) Zusätzlich wird die Handlungsfähigkeit durch Organe sowie die Unabhängigkeit des Zusammenschlusses vom Wechsel der Mitglieder gefordert, also ein korporativer Charakter,

Schaub, Arbeitsrechts-Handbuch, § 187 Rn 8.

Das Bundesverfassungsgericht fordert zusätzlich eine organisierte Willensbildung, wobei demokratische Grundsätze einzuhalten sind,

BVerfG 6.5.1964, AP Nr. 15 zu § 2 TVG.

c) Das Bundesarbeitsgericht hatte zunächst die Arbeitskampfwilligkeit als weitere Voraussetzung des Gewerkschaftsbegriffs i.s.v. § 2 TVG verlangt. Nachdem das Bundesverfassungsgericht in dieser Rechtsprechung einen Verfassungsverstoß gesehen hatte,

BVerfG 6.5.1964 – 1 BvR 79/62, NJW 1964, 1267,

fordert das Bundesarbeitsgericht im Interesse einer sachgerechten Aufgabenerfüllung nunmehr, dass eine Arbeitnehmervereinigung einerseits über Durchsetzungskraft gegenüber dem sozialen Gegenspieler und andererseits über eine gewisse Leistungsfähigkeit der Organisation verfügen müsse,

BAG 25.11.1986 – 1 ABR 22/85, AP Nr. 36 zu § 2 TVG; BAG 6.6.2000 – 1 ABR 10/99, AP Nr. 55 zu § 2 TVG; BAG 14.12.2004 – 1 ABR 51/03, BB 2005, 1054.

Bundesverfassungsgericht und Bundesarbeitsgericht gehen gemeinsam davon aus, dass beide Kriterien, also eine gewisse Durchsetzungskraft gegenüber dem sozialen Gegenspieler und Leistungsfähigkeit der Organisation, bei einer tariffähigen Gewerkschaft kumulativ vorliegen müssen,

BVerfG 16.9.1991 – 1 BvR 453/90; BAG 21.6.1996 – 6 Ta BV 2/96, AP Nr. 48 zu § 2 TVG.

Durchsetzungskraft und soziale Mächtigkeit sind nach Meinung des Bundesarbeitsgerichts notwendig, um sicherzustellen, dass der soziale Gegenspieler Verhandlungsangebote nicht übergehen kann. Ein angemessener Interessenausgleich, der sozialen Frieden stifte, könne nur zustande kommen, wenn die Arbeitnehmervereinigung dazu in der Lage sei, zumindest soviel Druck auszuüben, dass sich die Arbeitgeberseite veranlasst sehe, Verhandlungen über eine tarifliche Regelung von Arbeitsbedingungen aufzunehmen,
>BAG 20.11.1990 – 1 ABR 62/89, AP Nr. 40 zu § 2 TVG.

Im Zusammenhang mit dem Kriterium der sozialen Mächtigkeit fordert das BAG, dass die Arbeitnehmervereinigung von ihrem sozialen Gegenspieler ernst genommen werden müsse, so dass die Regelung der Arbeitsbedingungen nicht einem Diktat der Arbeitgeberseite entspringe, sondern tatsächlich ausgehandelt werde. Organisatorische Leistungsfähigkeit sei einerseits zur Vorbereitung von Tarifabschlüssen erforderlich. So seien die konjunkturellen Entwicklungen und sonstigen Rahmenbedingungen zu beobachten und zu prognostizieren, um daraus Tarifforderungen zu entwickeln. Zum anderen müsse auch die tatsächliche Durchführung eines Tarifvertrages überwacht und abgesichert werden,
>BAG 25.11.1986 – 1 ABR 22/85, AP Nr. 36 zu § 2 TVG; BAG 6.6.2000 – 1 ABR 10/99, AP Nr. 55 zu § 2 TVG; LAG Hamm 16.10.1975 – 1 Ta BV 5/75, EzA Nr. 10 zu § 2 TVG.

aa) Zur Ermittlung des Kriteriums der sozialen Mächtigkeit bedient sich die BAG-Rechtsprechung einiger Indizien. So ist die Mitgliederzahl von grundlegender Bedeutung. Vereinigungen, denen nur eine zahlenmäßig unbedeutende Gruppe von Arbeitnehmern angehört, seien in der Regel nicht tariffähig. Ausschlaggebend sei die gegenwärtige Mitgliederzahl, nicht die zu erwartende Zahl von Mitgliedern, die die Arbeitnehmervereinigung für sich zu werben erhofft. Das BAG setzt die Mitgliederzahl gewöhnlich in Relation zur Zahl der in der betreffenden Branche, dem betreffenden Tarifbereich oder dem Unternehmen beschäftigten Arbeitnehmer, um sodann diesem, als Organisationsgrad bezeichneten Verhältnis entscheidende Bedeutung beizumessen,
>BAG 16.11.1982 – 1 ABR 22/78, AP Nr. 32 zu § 2 TVG.

Ferner hebt das BAG darauf ab, ob aufgrund der vorgetragenen Tatsachen eine aktive Beteiligung der Mitglieder an Aktionen des Verbandes zu erwarten ist.

bb) Zweites Indiz für soziale Mächtigkeit ist nach Auffassung des Bundesarbeitsgerichts die Zahl der abgeschlossenen Tarifverträge. Eine Arbeitnehmervereinigung, der es gelungen sei, die Arbeits- und Wirtschaftsbedingungen ihrer Mitglieder durch Tarifverträge zu ordnen, habe damit ihre Durchsetzungskraft gezeigt. Auch bei geringer Mitgliederzahl beweise der Tarifabschluss die Autorität des Verbandes gegenüber seinem tarifpolitischen Gegenspieler. Gleichzeitig sei dadurch seine Autorität gegenüber den Mitgliedern akzeptiert worden. Dies gelte jedenfalls, solange es sich nicht nur um gelegentliche, sondern um kontinuierliche, wenn auch regional beschränkte, Tarifabschlüsse handele und die Tarifverträge auch in der Praxis beachtet würden,
>BAG 10.9.1985 – 1 ABR 32/83, AP Nr. 34 zu § 2 TVG.

Auch der Abschluss von Anschlusstarifverträgen wird als Indiz für die Durchsetzungskraft des Verbandes anerkannt,
>BAG 25.11.1986 – 1 ABR 22/85, AP Nr. 36 zu § 2 TVG; BAG 16.1.1990 – 1 ABR 10/89, AP Nr. 39 zu § 2 TVG; BAG 14.12.2004 – 1 ABR 51/03, BB 2005, 1054.

cc) Als drittes Indiz für soziale Mächtigkeit erwähnt das Bundesarbeitsgericht die Verhandlungsfähigkeit. Nach Auffassung des Bundesarbeitsgerichts kann die erforderliche Mächtigkeit auch dann vorliegen, wenn eine Arbeitnehmervereinigung noch keine Tarifverträge geschlossen hat,
>BAG 16.11.1982 – 1 ABR 22/78, AP Nr. 32 zu § 2 TVG; BAG 16.1.1990 – ABR 10/89, AP Nr. 39 zu § 2 TVG.

Die Durchsetzungskraft einer Arbeitnehmervereinigung könne sich ebenso darin zeigen, dass diese durch ernsthafte Verhandlungen über den Inhalt von Tarifverträgen aktiv in den Prozess der tariflichen Regelung eingegriffen habe. Insoweit könne auch eine Prognose ausreichen. Eine Arbeitnehmervereinigung sei als tariffähige Gewerkschaft anzuerkennen, wenn aufgrund ihrer Organisationsstärke die Aufnahme von Tarifverhandlungen ernsthaft zu erwarten sei,
>BAG 25.11.1986 – 1 ABR 22/85, AP Nr. 36 zu § 2 TVG.

Bedeutung komme insoweit der Fähigkeit zur Selbstdarstellung, der Überzeugungskraft in der Vertretung ihres Programms und dem Einsatz der Mitglieder zu,
>BAG 14.3.1978 – 1 ABR 2/76, AP Nr. 30 zu § 2 TVG.

dd) Die Frage, ob eine Arbeitnehmervereinigung ausreichende finanzielle Mittel zur Durchführung eines Streiks zur Verfügung hat, ist nach Ansicht des BAG nicht entscheidend,
>BAG 14.3.1978 – 1 ABR 2/76, AP Nr. 30 zu § 2 TVG.

Irrelevant sei auch, ob die Arbeitnehmervereinigung im Falle eines von ihr ausgerufenen Streiks mit der Unterstützung durch ihr nicht angehörende Beschäftigte rechnen könne,
>BAG 9.7.1986 – 1 ABR 2/76, AP Nr. 25 zu § 2 TVG.

Der Anerkennung, die einer Arbeitnehmervereinigung außerhalb des Kreises der sozialen Gegenspieler und der Gruppe ihrer Mitglieder zukommt, wird regelmäßig keine Indizwirkung beigemessen. So soll etwa die Mitgliedschaft in internationalen Organisationen keine Anhaltspunkte für die Druckausübungsfähigkeit bieten,

BVerfG 20.10.1981 – 1 BvR 404/78, AP Nr. 31 zu § 2 TVG; BAG 14.3.1978 – 1 ABR 2/76, AP Nr. 30 zu § 2 TVG.

ee) Von Bedeutung ist allerdings die Leistungsfähigkeit der Organisation, die in erster Linie nach den sachlichen und personellen Mitteln der Arbeitnehmervereinigung beurteilt wird. Bei der Bewertung der sachlichen Ausstattung kann beispielsweise auf die Größe der als Arbeitsraum zur Verfügung stehenden Räumlichkeiten abgestellt werden,

BAG 14.3.1978 – 1 ABR 2/76, AP Nr. 30 zu § 2 TVG; BAG 6.6.2000 – 1 ABR 10/99, AP Nr. 55 zu § 2 TVG (*Oetker*).

Bei der von der Rechtsprechung in den Vordergrund ihrer Bewertung gerückten personellen Ausstattung soll es neben der Zahl der hauptamtlichen Beschäftigten einerseits und der ehrenamtlichen Mitarbeiter andererseits auf eine fachkundige Besetzung der Gewerkschaftsverwaltung ankommen,

LAG Hamm 16.10.1975 – 1 Ta BV 5/75, EzA Nr. 10 zu § 2 TVG.

Daneben ist der Umfang der zur Verfügung stehenden finanziellen Mittel bedeutsam,

BAG 15.3.1977 – 1 ABR 16/75, AP Nr. 24 zu Art. 9 GG (*Wiedemann*).

Auch hier seien maßgeblich die Umstände des Einzelfalls. Entscheidend sei, ob die Organisation ihre Aufgaben in dem selbst bestimmten Zuständigkeitsbereich erfüllen könne,

BAG 14.12.2004 – 1 ABR 51/03, BB 2005, 1054.

Die Rechtsprechung des Bundesarbeitsgerichts ist vom Bundesverfassungsgericht bereits in früherer Zeit im Grundsatz gebilligt worden,

BVerfG 20.10.1981 – 1 BvR 404/78, BVerfGE 57, 233.

III. Fehlen wesentlicher Merkmale einer tariffähigen Vereinigung bei dem Beteiligten zu 2.

1. Es wird nicht bestritten, dass es sich bei dem Beteiligten zu 2. um eine freiwillige Vereinigung von Arbeitnehmern handelt. ▪▪▪

2. Die Satzung des Beteiligten zu 2. ist der Antragstellerin unbekannt. Insofern kann die Antragstellerin keine Angaben darüber machen, inwieweit die satzungsmäßige Aufgabe in der Wahrnehmung der Interessen von Mitgliedern besteht. ▪▪▪

3. Ob Gegnerfreiheit und Gegnerunabhängigkeit besteht, ist nicht bekannt und wird rein vorsorglich bestritten. Nach dem gegenwärtigen Kenntnisstand kann nicht angenommen werden, dass der Beteiligte zu 2. ausfinanziert ist und über eine solche finanzielle Ausstattung verfügt, dass er seine Vorstellungen frei entwickeln kann.

4. Die Tarifwilligkeit des Beteiligten zu 2. soll grundsätzlich nicht in Zweifel gezogen werden. ▪▪▪

5. Angesichts der geringen Mitgliederzahl kann nicht davon ausgegangen werden, dass der Beteiligte zu 2. eine auf Dauer angelegte Vereinigung ist. ▪▪▪

6. Es wird weiterhin bestritten, dass der Beteiligte zu 2. auf überbetrieblicher Grundlage organisiert ist. ▪▪▪

7. Es wird bestritten, dass ein weiteres, zwingend erforderliches Merkmal, nämlich das geltende Tarifrecht als verbindlich anzuerkennen, bei dem Beteiligten zu 2. gegeben ist. ▪▪▪

8. Gegenwärtig kann nicht davon ausgegangen werden, dass der Beteiligte zu 2. über die erforderliche soziale Mächtigkeit verfügt.

a) Die Mitgliederzahl repräsentiert eine zahlenmäßig so unbedeutende Gruppe von Arbeitnehmern, dass sich hieraus kein Indiz für soziale Mächtigkeit ableiten lässt.

b) Auch das zweite Indiz für soziale Mächtigkeit, die Zahl der abgeschlossenen Tarifverträge, ist nicht erfüllt. Der Beteiligte zu 2. hat noch keinen Tarifvertrag geschlossen.

c) Verhandlungsfähigkeit und Durchsetzungsfähigkeit können dem Beteiligten zu 2. ebenfalls nicht attestiert werden. Es wird bestritten, dass der Beteiligte zu 2. die für die Tariffähigkeit gebotene Autorität gegenüber seinen Mitgliedern besitzt. Der Beteiligte zu 2. hat auch nicht nachgewiesen, dass seine gegenüber der Antragstellerin erhobenen Forderungen auf der Grundlage von Beschlüssen seiner Mitglieder beruhen. Es wird bestritten, dass Mitgliederversammlungen des Beteiligten zu 2. stattgefunden haben. ▪▪▪

d) Der Beteiligte zu 2. verfügt auch über kein tarifpolitisches Programm. Es liegt kein Beschluss einer Tarifkommission des Beteiligten zu 2. vor, die über die tarifpolitischen Vorstellungen des Beteiligten zu 2. Auskunft geben könnte und Grundlage für Tarifverhandlungen bilden würde. Es wird bestritten, dass bei dem Beteiligten zu 2. eine Tarifkommission gebildet wurde, die Tarifforderungen aufgestellt hat.

12. Muster: Verweisung an ein offensichtlich örtlich unzuständiges Arbeitsgericht[61] – Gegenvorstellung

Gegenvorstellung

In dem Rechtsstreit ▬▬▬ ./. ▬▬▬

beantragen wir, namens ▬▬▬ für Recht zu erkennen:

Das örtlich unzuständige Arbeitsgericht ▬▬▬ ruft das Bundesarbeitsgericht mit dem Antrag an, das örtlich zuständige Arbeitsgericht zu bestimmen.

Gründe:

Mit Beschluss vom ▬▬▬ hat die ▬▬▬ Kammer des Arbeitsgerichts ▬▬▬ sich für örtlich unzuständig erklärt und den Rechtsstreit an das nach Auffassung der Kammer örtlich zuständige Arbeitsgericht ▬▬▬ verwiesen.

Rechtskräftige Verweisungsbeschlüsse sind für das Gericht, an das der Rechtsstreit verwiesen worden ist, bindend. Dies ergibt sich aus § 48 Abs. 1 ArbG n.F., § 7a Abs. 2 Satz 3 GVG n.F. Auch fehlerhafte Verweisungsbeschlüsse sind grundsätzlich bindend,

vgl. BAG 14.1.1994, NZA 1994, 478; BAG 3.11.1993, NZA 1994, 479; BAG 31.1.1994, NZA 1994, 959.

Jedoch ist anerkannt, dass eine offensichtlich gesetzwidrige Verweisung keine Bindungswirkung entfaltet. Offensichtlich gesetzwidrig ist ein Beweisungsbeschluss dann, wenn er jeder Gesetzgrundlage entbehrt oder willkürlich gefasst ist,

vgl. BAG 14.1.1994, NZA 1994, 478; BAG 3.11.1993, NZA 1994, 479; BAG 31.1.1994, NZA 1994, 959.

Unter Anlegung dieser Maßstäbe erweist sich der Verweisungsbeschluss des Arbeitsgerichts ▬▬▬ als offensichtlich gesetzwidrig: ▬▬▬

Das zu Unrecht von dem verweisenden Arbeitsgericht als örtlich zuständig angesehene Gericht hat daher gemäß der erwähnten BAG-Rechtsprechung die Möglichkeit, das Bundesarbeitsgericht um eine abschließende Rechtswegentscheidung wegen offensichtlicher Gesetzeswidrigkeit des Verweisungsbeschlusses zu bitten und sollte hiervon im Interesse der Rechtspflege Gebrauch machen.

13. Muster: Zwangsvollstreckung wegen einer unvertretbaren Handlung

In dem Rechtsstreit ▬▬▬ ./. ▬▬▬

wegen: Vornahme einer Handlung

übersenden wir die vollstreckbare Ausfertigung des Beschlusses/Vergleichs des Arbeitsgerichts ▬▬▬ vom ▬▬▬, Aktenzeichen ▬▬▬,

und beantragen,

gegen den Schuldner ein Zwangsgeld, ersatzweise Zwangshaft festzusetzen.

Zum Zwecke der Zwangsvollstreckung bitten wir, uns eine vollstreckbare Ausfertigung des Festsetzungsbeschlusses zuzusenden.

Gründe:

Der Schuldner ist durch Beschluss/Vergleich des Arbeitsgerichts vom ▬▬▬ vor dem Arbeitsgericht ▬▬▬ verpflichtet worden, ▬▬▬.

Dieser Verpflichtung ist der Schuldner bis auf den heutigen Tag nicht nachgekommen.

Eine Ausfertigung des Beschlusses/Vergleichs ist dem Schuldner zugestellt worden. Den Zustellungsnachweis haben wir beigefügt.

Nach Zustellung wurde der Schuldner unter Fristsetzung aufgefordert, der Verpflichtung aus dem Beschluss/Vergleich nachzukommen. Eine Kopie des Schreibens vom ▬▬▬ liegt bei. Auch diese Aufforderung ist vom Schuldner unbeachtet geblieben.

Wir schlagen ein Zwangsgeld in Höhe von ▬▬▬ EUR vor, das angemessen, aber auch angesichts der beharrlichen Weigerung des Schuldners erforderlich ist.

---

[61] Der Rechtsbehelf ist bei dem Gericht, an das verwiesen wurde, anzubringen. Die bisher entschiedenen und im Schriftsatz erwähnten Fälle sehen eine Rechtswegentscheidung durch das BAG vor. Das offensichtlich örtlich unzuständige Arbeitsgericht ruft das BAG an, das über die örtliche Zuständigkeit verbindlich entscheidet.

Kapitel 2: Vertretung von Betriebsräten im Beschlussverfahren

A. Erläuterungen

I. Bestimmtheit des Antrags

43 In Schriftsätzen für Betriebsräte ergibt sich bei der Prozessführung häufig das Problem, einen Antrag hinreichend bestimmt genug zu formulieren. Vor allem bei **Unterlassensanträgen**, in denen sich der Betriebsrat gegen **Verletzung seiner Mitbestimmungsrechte** wendet und für die Zukunft, verbunden mit einer Ordnungsgeldandrohung, sicherstellen möchte, dass seine Mitbestimmungsrechte gewahrt werden, muss sorgfältig geprüft werden, ob nicht in Wahrheit ein **unzulässiger Globalantrag** gestellt wurde.

44 Hinsichtlich der Bestimmtheit eines Antrags im Beschlussverfahren gelten nach Ansicht des BAG[1] bei einem Leistungsbegehren nicht die gleichen Anforderungen wie bei einem Feststellungsbegehren. Die Bestimmtheit eines **Leistungsantrags** ist darauf zu überprüfen, ob die erstrebte Entscheidung die Möglichkeit einer Vollstreckung eröffnet. Demgegenüber verlangt die erforderliche Bestimmtheit eines **Feststellungsantrags** nur, dass diejenigen Maßnahmen bzw. betrieblichen Vorgänge, bei denen der Betriebsrat ein Beteiligungsrecht geltend macht, so genau bezeichnet sind, dass mit der Entscheidung feststeht, für welche Maßnahme bzw. für welchen Vorgang das Mitbestimmungsrecht angenommen wird.[2] Bei der Verpflichtung zu einer Handlung lässt sich die Grenze zwischen bestimmtem und unbestimmtem Klageantrag nur von Fall zu Fall ziehen, wobei dem Gesichtspunkt der Vollstreckungsfähigkeit besondere Bedeutung zukommt.[3]

45 Ein unbestimmter Antrag ist unzulässig, § 253 Abs. 2 Satz 2 ZPO. Wenn das Begehren des Antragstellers nicht eindeutig bestimmt ist, muss zunächst geprüft werden, ob der Antrag **auslegungsfähig** ist.[4]

46 Die **Rechtsprechung** zur Bestimmtheit von Anträgen im Beschlussverfahren ist nicht eindeutig. So ist der nachfolgende Antrag mangels Bestimmtheit unzulässig:[5] „Dem Beteiligten zu 2. wird aufgegeben, die Mitwirkungs-, Mitbestimmungs- und Informationsrechte des Beteiligten zu 1. nach dem BetrVG zu wahren, insbesondere gemäß § 99 BetrVG den Beteiligten zu 1. vor jeder Einstellung, Eingruppierung, Umgruppierung und Versetzung zu unterrichten, ihm die erforderlichen Bewerbungsunterlagen vorzulegen und Auskunft über die Person der Beteiligten zu geben sowie dem Antragsteller unter Vorlage der erforderlichen Unterlagen Auskünfte über die Auswirkung der geplanten Maßnahmen zu geben und die Zustimmung des Beteiligten zu 1. zu der geplanten Maßnahme einzuholen."

47 Der Antrag festzustellen, „dass das Besserstellungsverbot des § 8 Abs. 2 BHG den Arbeitgeber in betriebsverfassungs- und arbeitsrechtlichen Beziehungen nicht bindet", wurde als zu unbestimmt angesehen.[6]

48 Auch ein Antrag, der nur den Gesetzeswortlaut wiedergibt, ist nach der BAG-Rechtsprechung zu unbestimmt. Als unzulässig zurückgewiesen hat das BAG folgenden Antrag: „Es wird festgestellt, dass der Beteiligte zu 2. verpflichtet ist, den im Unternehmen gebildeten Wirtschaftsausschuss rechtzeitig und umfassend über die wirtschaftlichen Angelegenheiten des Unternehmens unter Vorlage der erforderlichen Unterlagen zu unterrichten, soweit dadurch nicht die Betriebs- und Geschäftsgeheimnisse des Unternehmens gefährdet werden, sowie die sich daraus ergebenden Auswirkungen auf die Personalplanung darzustellen."[7]

49 Dagegen hält das BAG folgenden Antrag für hinreichend bestimmt: „Dem Beteiligten zu 2. wird aufgegeben, Mitarbeiterversammlungen zu unterlassen, in denen Themen zur Sprache kommen, die zum Aufgabenbereich des Beteiligten zu 1. gehören."[8] Hier bestehen Zweifel, ob sich aus einer so weiten Formulierung noch ein vollstreckbarer Ordnungsgeldanspruch bei Verstößen ohne Durchführung eines neuen Erkenntnisverfahrens durchsetzen lässt.

---

1 BAG 29.4.1992 – 4 AZR 432/91, AP § 1 TVG Durchführungspflicht Nr. 3.
2 BAG 19.2.1991 – 1 ABR 36/90, AP § 95 BetrVG 1972 Nr. 26.
3 BAG 29.4.1992 – 4 AZR 432/91, AP § 1 TVG Durchführungspflicht Nr. 3.
4 BAG 13.9.1977 – 1 ABR 67/75, AP § 42 BetrVG 1972 Nr. 1.
5 BAG 17.3.1987 – 1 ABR 65/85, AP § 23 BetrVG 1972 Nr. 7.
6 BAG 3.5.2006 – 1 ABR 63/04, AP § 81 ArbG 1979 Nr. 61.
7 BAG 29.6.1988 – 7 ABR 15/87, AP § 118 BetrVG 1972 Nr. 37.
8 BAG 27.6.1989 – 1 ABR 28/88, AP § 42 BetrVG 1972 Nr. 5.

Für ausreichend bestimmt hielt das BAG außerdem den Feststellungsantrag über ein Mitbestimmungsrecht „bei den Zielvorgaben des Jahreszieleinkommens und den Bestimmungsgrößen der Bandbreiten bei der Festlegung der ergebnisabhängigen Bezahlung der Abteilungsleiter im Verkauf".[9]

Als zu unbestimmt hat das BAG dagegen den Antrag eines Betriebsrats zurückgewiesen, „dem Arbeitgeber aufzugeben, ihn künftig rechtzeitig vor Informations- und Bildungsveranstaltungen, zu denen nicht leitende Angestellte eingeladen werden, über Inhalt, vorgesehene Referenten und vorgesehenen Teilnehmerkreis zu informieren".[10]

Es fällt schwer, in der Rechtsprechung des BAG zur Bestimmtheit von Anträgen im Beschlussverfahren eine einheitliche Linie festzumachen. Die nachfolgenden Muster enthalten solche Anträge, die, soweit bekannt, bislang noch nicht als unbestimmt zurückgewiesen wurden.

II. Vollstreckungsfähigkeit eines Vergleichs

Mit Beschluss vom 25.8.2004[11] hat das BAG festgestellt, dass aus einem Verfahren nach § 23 Abs. 3 BetrVG oder einem Verfahren über einen zu einem allgemeinen Unterlassungsanspruch des Betriebsrats geschlossenen Vergleich die Zwangsvollstreckung nach den allgemeinen Vorschriften stattfindet. Die Vollstreckungsfähigkeit des Vergleichs setzt allerdings voraus, dass der Schuldner zuverlässig erkennt, welche Handlungen er zu unterlassen hat. In dem für das BAG zur Entscheidung anstehenden Sachverhalt ging es um wiederholte Anordnung von Überstunden durch den Arbeitgeber ohne Zustimmung des Betriebsrats. Vor dem Arbeitsgericht schlossen im vom Betriebsrat eingeleiteten Beschlussverfahren daraufhin Arbeitgeber und Betriebsrat einen Vergleich mit folgendem Wortlaut: „Die Antragsgegnerin verpflichtet sich, es zu unterlassen, für Arbeitnehmer im Betrieb in ... Mehrarbeit anzuordnen oder duldend entgegenzunehmen, ohne den Betriebsrat ordnungsgemäß zu beteiligen gemäß § 87 Abs. 1 Nr. 3 BetrVG." Nach Erteilung einer vollstreckbaren Ausfertigung und Zustellung eines Vergleichs sowie einer Androhung eines Ordnungsgeldes durch das Arbeitsgericht kam es erneut zu einer Reihe von Verstößen gegen das Mitbestimmungsrecht des Betriebsrats. Nach Festsetzung eines Ordnungsgeldes legte der Arbeitgeber sofortige Beschwerde ein, die vom Landesarbeitsgericht und vom BAG zurückgewiesen wurde. Das BAG stellte fest, dass auch aus einem Vergleich die Festsetzung eines Ordnungsgeldes erfolgen könne, wenn der Vergleich einen vollstreckungsfähigen Inhalt habe. Der Schuldner müsse zuverlässig erkennen können, welche Handlungen er zu unterlassen habe. Im konkreten Fall genügte nach Auffassung des BAG der Vergleichswortlaut diesen Bestimmtheitsanforderungen. Weder der Begriff „ordnungsgemäß" noch der Begriff „Mehrarbeit" waren nach Auffassung des BAG unbestimmt.

Die Rechtsprechung des BAG ist nicht einheitlich, denn im Beschluss vom 28.2.2003[12] hatte das BAG bei einem ähnlichen Sachverhalt den Vergleich für unwirksam gehalten und zwar im Hinblick darauf, dass von der Verpflichtung Fälle ausgenommen werden sollten, die in einer Betriebsvereinbarung gesondert geregelt waren. In dem Beschluss vom 28.2.2003 verlangte das BAG, dass die Fälle aus dem Vollstreckungstitel ersichtlich sein müssten, in denen die Verpflichtung zur Unterlassung bestehen sollte. Vielleicht ging es auch dem BAG mehr darum, dass sämtliche vom Inhalt eines Vollstreckungstitels erfassten Sachverhalte unmittelbar aus dem Titel selbst hervorgehen sollen und das Bestimmtheitserfordernis nicht mehr erfüllt ist, wenn sich erst aus zusätzlichen Unterlagen außerhalb des Vollstreckungstitels ein Verstoß gegen den Wortlaut des Vergleichs ergibt.

III. Einstweilige Verfügung auf Unterlassen von Personalabbaumaßnahmen

Seit Jahren kontrovers diskutiert wird die Frage, ob der Betriebsrat ein Unterlassen von Personalabbaumaßnahmen verlangen kann, solange noch nicht ein Interessenausgleich versucht wurde. In Literatur und Rechtsprechung ist die Frage nach dem Bestehen eines Unterlassungsanspruchs gleichgewichtig umstritten. Einige Landesarbeitsgerichte erkennen den Unterlassungsanspruch unter Zustimmung von Teilen der Literatur an,[13]

---

9 BAG 31.11.1989 – 1 ABR 60/87, AP § 81 ArbGG 1979 Nr. 12.
10 BAG 17.5.1983 – 1 ABR 21/80, AP § 80 BetrVG 1972 Nr. 19.
11 BAG 25.8.2004 – 1 AZR 41/03, ArbRB 2005, 11.
12 BAG 28.2.2003 – 1 AZB 53/02, MDR 2003, 770.
13 LAG Hamburg 5.2.1986 – 4 TaBV 12/85, LAGE § 23 BetrVG 1972 Nr. 5; LAG Hamburg 27.6.1997 – 5 TaBV 5/97, AuR 1998, 87, NZA 1997, 296; LAG Berlin 7.9.1995 – 10 TaBV 5/95 und 10 TaBV 9/95, AP § 111 BetrVG 1972 Nr. 36; LAG Hessen 30.8.1994 – 4 TaBVGa 113/84 und 4 TaBVGa 114/84, DB 1985, 178; LAG Hamm 23.3.1983 – 12 TaBV 15/83, AuR 1984, 54; DKK-*Däubler*, §§ 112, 112a Rn 23; ErfK/*Kania*, § 111 BetrVG Rn 24; *Heither*, FS Däubler, S. 338; *Fitting u.a.*, BetrVG, § 111 Rn 132.

andere Landesarbeitsgerichte[14] und Teile der Literatur[15] sehen den Unterlassungsanspruch als nicht gegeben an. Kernargument der Gegner des Unterlassungsanspruchs ist, dass der Gesetzgeber in Fällen, in denen der Interessenausgleich nicht versucht wurde, als Sanktion den Nachteilsausgleich gemäß § 113 BetrVG vorgesehen hat. Daraus wird gefolgert, dass nur eine Schadensersatzpflicht des Arbeitgebers, hingegen keine Primärpflicht auf Unterlassen einer Personalabbaumaßnahme bestehen soll.

Neben der Frage, ob ein **Verfügungsanspruch** besteht, ist weiterhin umstritten, ob der für die Durchsetzung im Wege des einstweiligen Rechtsschutzes erforderliche **Verfügungsgrund** angenommen werden kann. *Schmädicke*[16] vertritt die Ansicht, an den Verfügungsgrund seien besonders strenge Anforderungen deshalb zu stellen, weil es sich bei einer einstweiligen Verfügung auf Unterlassen der Durchführung einer Betriebsänderung um eine Verfügung mit dem Ziel einer vollständigen Befriedigung der Rechte des Betriebsrats gehe. Generell sei bei einem auf Unterlassen gerichteten Anspruch im Wege der einstweiligen Verfügung, der die vollständige Befriedigung zur Folge habe, größte Zurückhaltung geboten. Dieses Gebot werde dadurch verstärkt, dass das Risiko des Schadensersatzes, den der Antragsteller nach § 945 ZPO im Falle einer zu Unrecht erlangten einstweiligen Verfügung trage, beim Betriebsrat wegen seiner von Gesetzes wegen vorgesehenen Vermögenslosigkeit[17] nicht bestehe. Unabhängig von der Frage, ob materiellrechtlich ein allgemeiner Unterlassungsanspruch als Verfügungsanspruch bestehe, sei der Antrag auf Erlass einer einstweiligen Verfügung generell zurückzuweisen, weil es an einem Verfügungsgrund fehle.[18] Das Muster 7255 bietet von dem von *Schmädicke* eingenommenen Standpunkt aus keine Aussicht auf Erfolg. Gleiches gilt für das Muster 7260.

B. Texte

1. Muster: Anfechtung eines Einigungsstellenspruchs

Wir bestellen uns zu Verfahrensbevollmächtigten des Beteiligten zu 1., in dessen Namen und Auftrag wir um kurzfristige Anberaumung eines Termins bitten. Wir werden beantragen:

1. Es wird festgestellt, dass der Spruch der Einigungsstelle vom ▬▬▬ unwirksam ist.
2. Der Beteiligten zu 2. wird untersagt, den Spruch der Einigungsstelle vom ▬▬▬ durchzuführen.
3. Der Streitwert wird festgesetzt.

Gründe
I.
Zwischen den Beteiligten gibt es seit längerem Auffassungsunterschiede über die nachfolgend erläuterten Mitbestimmungsangelegenheiten: ▬▬▬
Da sich die Beteiligten nicht über die zu treffenden Regelungen einigen konnten, wurde eine Einigungsstelle unter dem Vorsitz von ▬▬▬ gebildet. Die Einigungsstelle hat mehrheitlich folgenden Spruch gefasst: ▬▬▬
Beweis: Spruch der Einigungsstelle vom ▬▬▬ in Kopie – Anlage K 1.
Der Einigungsstellenspruch wurde dem Antragsteller am ▬▬▬ zugestellt.
Beweis: Vorlage des Zustellnachweises in Kopie – Anlage K 2.

II.
Der Einigungsstellenspruch verstößt gegen die von der Rechtsprechung entwickelten Grundsätze und ist daher unwirksam.

---

14 LAG Düsseldorf 14.11.1983 – 12 TaBV 88/83, DB 1984, 511; LAG Baden-Württemberg 28.8.1985 – 2 TaBV 8/85, DB 1986, 805; LAG Niedersachsen 5.6.1987 – 12 TaBV 17/87, LAGE § 23 BetrVG Nr. 11; LAG Schleswig-Holstein 13.1.1992 – 4 TaBV 54/91, LAGE § 111 BetrVG Nr. 11; LAG Köln 8.3.1995 – 7 TaBV 66/94, BB 1995, 2115.
15 *Bauer*, DB 1994, 224; *Bauer/Göpfert*, DB 1997, 1470; *Ehrich*, DB 1993, 356; *Hümmerich/Spirolke*, BB 1996, 1986; *Neef*, NZA 1997, 68; *Raab*, ZfA 1997, 246.
16 NZA 2004, 296.
17 *Fitting u.a.*, BetrVG, § 1 Rn 217.
18 *Schmädicke*, NZA 2004, 295, 298.

Kapitel 2: Vertretung von Betriebsräten im Beschlussverfahren

1. Die Unwirksamkeit des Einigungsstellenspruchs ergibt sich aus einer Ermessensüberschreitung der Einigungsstelle. Im Einzelnen: ▬▬▬
2. Außerdem leidet der Einigungsstellenspruch an folgenden Rechtsmängeln: ▬▬▬
3. Der Antragsteller ist daher befugt, die Feststellung der Unwirksamkeit des Spruchs der Einigungsstelle zu verlangen,
    BAG, Beschl. v. 27.10.1992, NZA 1993, 607.

Ob eine Gesamtunwirksamkeit des Spruchs der Einigungsstelle oder nur eine Teilunwirksamkeit vorliegt, bemisst sich danach, ob der verbleibende Teil auch ohne die Unwirksame Bestimmung eine sinnvolle und in sich geschlossene Regelung enthält,
    BAG, Beschl. v. 30.8.1995, NZA 1996, 218 (221).

4. Die zweiwöchige Anfechtungsfrist ab Zustellung des Einigungsstellenspruchs ist mit dem vorliegenden Antrag eingehalten.

2. Muster: Anwaltsgebühren – Erstattung durch Arbeitgeber

▬▬▬

Wir bestellen uns zu Verfahrensbevollmächtigten des Antragstellers und beantragen, einen möglichst frühen Anhörungstermin anzuberaumen, in dem wir beantragen zu erkennen:

1. Die Beteiligte zu 2. wird verurteilt, an den Beteiligten zu 3. ▬▬▬ EUR nebst 5 % Zinsen über dem Basiszinssatz gemäß §§ 288 Abs. 1, 247 BGB i.V.m. § 7 des Überleitungsgesetzes zur Modernisierung des Schuldrechts (Art. 229 EGBGB) seit Zustellung der Antragsschrift zu zahlen.
2. Der Beschluss ist vorläufig vollstreckbar.
3. Der Streitwert wird festgesetzt.

Gründe:
I.
Der Antragsteller ist der Betriebsrat im Betrieb des Beteiligten zu 2. Der Beteiligte zu 3. ist Rechtsanwalt und hat den Betriebsrat in dem arbeitsgerichtlichen Beschlussverfahren (Hauptsacheverfahren) mit dem Aktenzeichen ▬▬▬ anwaltlich vertreten.
  Beweis: Beiziehung der Akte ▬▬▬, Aktenzeichen ▬▬▬
Außerdem hat der Beteiligte zu 3. den Beteiligten zu 1. in dem parallel hierzu anhängig gemachten einstweiligen Verfügungsverfahren vor dem Arbeitsgericht ▬▬▬ mit dem Aktenzeichen ▬▬▬ vertreten.
  Beweis: Beiziehung der Akte ▬▬▬, Aktenzeichen ▬▬▬
Mit Abschluss der Angelegenheit stellte der Beteiligte zu 3. dem Beteiligten zu 1. die Anwaltsgebühren für das einstweilige Verfügungsverfahren und das Hauptsacheverfahren in Rechnung. Die Rechnung über das Hauptsacheverfahren, über deren Erstattung die Parteien vorliegend alleine noch streiten, ergeben sich aus der Kostennote vom ▬▬▬.
  Beweis: Vorlage der Rechnung in Kopie – Anlage K 1.
Die Beteiligte zu 2. lehnte den Ausgleich der vom Betriebsrat vorgelegten Kostennote mit der Begründung ab, es handele sich nicht um notwendige Kosten i.S.v. § 40 BetrVG. Nachdem der Beteiligte zu 1. im einstweiligen Verfügungsverfahren bereits erfolgreich war, hätte es der Durchführung eines Hauptsacheverfahrens nicht mehr bedurft. Schließlich habe die Beteiligte zu 2. den Beschluss aus dem einstweiligen Verfügungsverfahren befolgt, so dass die im Hauptsacheverfahren angefallenen Anwaltskosten unverhältnismäßige und vermeidbare, somit also keine notwendigen Kosten i.S.v. § 40 BetrVG gewesen seien.
  Beweis: Vorlage des Schreibens der Verfahrensbevollmächtigten der Beteiligten zu 2. in Kopie – Anlage K 2.
II.
1. Die Anwaltsgebühren können von dem Beteiligten zu 1. entweder, wie vorliegend, geltend gemacht werden, indem die Zahlung an den Rechtsanwalt gefordert wird, oder dadurch, dass sich der Rechtsanwalt den Kostenfreistellungsanspruch gegenüber dem Arbeitgeber abtreten lässt.
    BAG, Beschl. v. 13.5.1998 – 7 ABR 65/96, n.v.; LAG Berlin, Beschl. v. 10.10.1988, DB 1989, 683; *Fitting u.a.*, BetrVG, § 10 Rn 117.

2. Der Anspruch des Beteiligten zu 1. auf Erstattung der Anwaltsgebühren aus dem Hauptsacheverfahren besteht dem Grunde wie der Höhe nach. Entgegen der Rechtsauffassung der Beteiligten zu 2. entsprach die gleichzeitige Anhängigmachung von einstweiligem Verfügungs- und Hauptsachverfahren der Üblichkeit eines prozessualen Vorgehens. Zum Zeitpunkt der Einreichung der Schriftsätze konnte der Beteiligte zu 1. nicht sicher wissen, dass dem Antrag auf Erlass einer einstweiligen Verfügung im Beschlussverfahren stattgegeben werden würde.

Hätten der Beteiligte zu 1. und der Beteiligte zu 3. nach Anhängigmachung eines einstweiligen Verfügungsverfahrens im Beschlussverfahren das Hauptsacheverfahren noch nicht beim Arbeitsgericht anhängig gemacht, wäre es Sache des Arbeitsgerichts gewesen, im Regelfall auf Antrag, binnen einer zu bestimmenden Frist anzuordnen, das Hauptsacheverfahren anhängig zu machen. Andernfalls wird die einstweilige Verfügung nämlich gemäß §§ 926, 936 ZPO aufgehoben. Zwar bestimmen die vorgenannten Vorschriften nur, dass bei dem Antrag der jeweilgen antragsgegnerischen Partei das Gericht dies zwingend anzuordnen hat. Im Umkehrschluss folgt hieraus jedoch, dass die vorherige oder parallele Anhängigmachung des Hauptsacheverfahrens zu einem einstweiligen Verfügungsverfahren den Regelfall des prozessualen Vorgehens darstellt,

vgl. *Fitting u.a.*, BetrVG, nach § 1 Rn 56.

Somit hatte ursprünglich die Beteiligte zu 2. die hierdurch verursachten Kosten des Betriebsrats gemäß § 40 Abs. 1 BetrVG durch Erfüllung des Freistellungsanspruchs zu erfüllen. Der Antrag ist damit begründet.

Zur Höhe der angefallenen Gebühren werden von Seiten der Beteiligten zu 2. keine Einwände erhoben. Die geltend gemachten Gebühren entsprechen den Vorschriften des RVG.

3. Die vorläufige Vollstreckbarkeit ergibt sich daraus, dass es sich bei dem geltend gemachten Anspruch um eine geldwerte Leistung handelt. In vermögensrechtlichen Streitigkeiten sind Beschlüsse der Arbeitsgerichte vorläufig vollstreckbar, §§ 85 Abs. 2 Satz 2 1. Hs., 87 Abs. 2 Satz 1 ArbGG. Nach der Rechtsprechung des BAG liegt eine vermögensrechtliche Streitigkeit dann vor, wenn über Ansprüche entschieden werden soll, die auf Geld oder eine geldwerte Leistung zielen, die auf vermögensrechtlichen Beziehungen beruhen oder wenn mit dem Verfahren in erheblichem Umfang wirtschaftliche Zwecke verfolgt werden,

BAG, Beschl. v. 22.5.1984, AP Nr. 7 zu § 12 ArbGG 1979.

Deshalb wird die Auffassung vertreten, dass Angelegenheiten aus dem betriebsverbandlichen Bereich generell als vermögensrechtliche zu werten sind, weil die Betriebsverfassung durchweg keine rein ideelle, sondern auch vorrangig wirtschaftliche Bedeutung hat. Nicht vermögensrechtlich sind somit im Wesentlichen nur Persönlichkeitsrechte,

Rudolf, NZA 1988, 420; *Dütz*, DB 1980, 1120.

3. Muster: Arbeitnehmereigenschaft – Feststellungsantrag

Wir bestellen uns zu Verfahrensbevollmächtigten des Antragstellers und beantragen, einen möglichst frühen Anhörungstermin anzuberaumen, in dem wir beantragen zu erkennen:

1. Es wird festgestellt, dass der Beteiligte zu 3. Arbeitnehmer i.S.d. § 5 Abs. 1 BetrVG ist.
2. Der Streitwert wird festgesetzt.

Gründe:

I.

Der Antragsteller ist der Betriebsrat im Betrieb des Beteiligten zu 2. Der Beteiligte zu 3. ist im Betrieb des Beteiligten zu 2. als ▬▬▬ beschäftigt.

Der Beteiligte zu 2. hat mit dem Beteiligten zu 3. eine Vereinbarung geschlossen, wonach der Beteiligte zu 3. freier Mitarbeiter sein soll.

Beweis: Vorlage des Vertrages, vorzulegen durch die Beteiligten zu 2. und zu 3.

Die Rechtsbeziehungen zwischen den Beteiligten zu 2. und zu 3. beinhalten bei materieller Betrachtung ein Arbeitsverhältnis. Der Beteiligte zu 1. hat an dieser Feststellung ein berechtigtes und schützenswertes Interesse, da von der Arbeitnehmereigenschaft gemäß § 5 BetrVG die Anwendbarkeit des Betriebsverfassungsgesetzes abhängig ist. Ob der Beteiligte zu 3. über das aktive Wahlrecht bei einer Betriebsratswahl verfügt oder ob der Beteiligte zu 1. die Interessen des Beteiligten zu 3. im Betrieb wahrzunehmen berechtigt ist, beispielsweise bei personellen Einzelmaßnahmen, hängt von der Feststellung der Arbeitnehmereigenschaft des Beteiligten zu 3. ab. Der Beteiligte zu 1. ist daher antragsbefugt,

Däubler/Kittner/Klebe/*Schneider*, BetrVG, § 5 Rn 277; *Fitting u.a.*, BetrVG, § 5 Rn 211, 212; BAG, Beschl. v. 23.1.1986, AP Nr. 30 zu § 5 BetrVG 1972.

II.
Der Beteiligte zu 3. ist Arbeitnehmer. Als Arbeitnehmer gilt, wer auf privatrechtlicher Grundlage im Dienste eines anderen zu fremdbestimmter Arbeit in persönlicher Abhängigkeit verpflichtet ist,
BAG, Urt. v. 6.7.1975, NZA 1996, 33; siehe auch *Hromadka*, NZA 1997, 569; *Hümmerich*, NJW 1998, 2625.

Wann persönliche Abhängigkeit besteht, entscheidet sich anhand einer Reihe von in der Rechtsprechung aufgestellten Kriterien. So kommt es auf den Umfang der Weisungsgebundenheit, die Unterordnung unter andere im Dienste des Arbeitgebers stehende Personen, auf die Bindung an feste Arbeitszeiten, auf eine Rechtspflicht zum regelmäßigen Erscheinen, auf die Zulässigkeit von Nebentätigkeiten oder die Pflicht, die gesamte Arbeitskraft dem Arbeitgeber zur Verfügung zu stellen, an. Indiziell wirken aber auch der Ort der Erledigung der Tätigkeit, die Form der Vergütung, der Umstand, dass Urlaub gewährt wird, Personalunterlagen geführt und Arbeitsgeräte bereitgestellt werden,
vgl. *Hümmerich*, BlStSozArbR 1975, 81 f.

Unter Zugrundelegung der Kriterien der Rechtsprechung handelt es sich bei dem Beteiligten zu 3. in Wahrheit nicht um einen freien Mitarbeiter, denn ▬▬▬.

III.
Der Beteiligte zu 3. ist auch als betroffener Arbeitnehmer Beteiligter dieses Beschlussverfahrens,
BAG, Beschl. v. 25.10.1989, AP Nr. 42 zu § 5 BetrVG 1972; BAG, Beschl. v. 27.4.1988, AP Nr. 37 zu § 5 BetrVG 1972.

4. Muster: Aufsichtsrat: Zusammensetzung – Gerichtliche Entscheidung

Landgericht ▬▬▬
– Zivilkammer –

Antrag

in Sachen

des Gesamtbetriebsrat der ▬▬▬ AG, vertreten durch den Betriebsratsvorsitzenden ▬▬▬

– Antragsteller –

Verfahrensbevollmächtigte: ▬▬▬

gegen

die ▬▬▬ AG, vertreten durch die Vorstände ▬▬▬

– Antragsgegnerin –

wegen: Statusverfahren nach § 98 AktG

Wir bestellen uns zu Verfahrensbevollmächtigten der antragstellenden Partei, in deren Namen und Auftrag wir beantragen, durch Beschluss zu erkennen:

Der Aufsichtsrat der ▬▬▬ AG ist gemäß § 76 BetrVG 1952 zusammenzusetzen.

Gründe:
Die ▬▬▬ AG wurde im Jahre ▬▬▬ errichtet. Nach einer Beschäftigtenzahl von ▬▬▬ im Jahre ▬▬▬ und einer Beschäftigtenzahl von ▬▬▬ in den Jahren ▬▬▬ bis ▬▬▬ erreichte die Gesellschaft bis zum Jahre ▬▬▬ eine Mitarbeiterzahl von ▬▬▬.
Beweis: Zeugnis Geschäftsberichte – Anlagen K 1–K 4.

Seit die ▬▬▬ AG eine Mitarbeiterzahl von 500 erreichte, wurde bei ihr ein Aufsichtsrat gemäß § 76 BetrVG 1952 mit einem Drittel durch Arbeitnehmervertreter besetzt. Neben einen Vertreter der leitenden Angestellten gehörten die übrigen Aufsichtsratsmitglieder den Betriebsräten der verschiedenen Gesellschaften der AG an.

In einem Schreiben vom ▬▬▬ teilte der Vorstand den Arbeitnehmervertretern im Aufsichtsrat und dem Betriebsrat mit, durch kontinuierlichen Personalabbau sei die Belegschaftszahl in diesem Jahr auf unter 500 gesunken, so dass der Aufsichtsrat künftig nicht mehr mit Arbeitnehmervertretern zu besetzen sei.
Beweis: Vorlage des Schreibens des Vorstands – Anlage K 5.

Dem Antragsteller ist bekannt, dass der Vorstand mit drei verschiedenen Unternehmen gegenwärtig in Kaufverhandlungen steht. Wird auch nur eines der Unternehmen in Kürze erworben, wobei bei diesem Unternehmen, der Firma ▬▬▬, bereits eine due dilligence vereinbart wurde, klettert die Mitarbeiterzahl sofort wieder auf mindestens 525. Der Vertrag über den Erwerb dieses Unternehmens soll in den nächsten Wochen unterzeichnet werden.

Beweis: Zeugnis des Geschäftsführers der Firma ▬▬▬

Bei der zu erwerbenden Firma werden gegenwärtig ▬▬▬ Mitarbeiter beschäftigt, wie der Betriebsratsvorsitzende den Antragstellern bei einem Telefonanruf mitgeteilt hat. Den Inhalt des Gesprächs hat der Betriebsratsvorsitzende anschließend bestätigt.

Beweis: Vorlage des Schreibens in Kopie – Anlage K 6.

Bei den beiden übrigen Unternehmen handelt es sich um die Firma ▬▬▬ mit einer Mitarbeiterzahl von ▬▬▬ sowie die Firma ▬▬▬ mit einer Mitarbeiterzahl von ▬▬▬.

Soweit die Beteiligung der Arbeitnehmer von der Beschäftigung von mindestens 500 Arbeitnehmern abhängt, kommt es nicht darauf an, dass alle Stellen jederzeit besetzt sind,

so zwar BAG, Beschl. v. 1.12.1961, AP Nr. 1 zu § 77 BetrVG 1952; a.A. Richardi/*Richardi/Büsing*, § 76 BetrVG 52 Rn 208; ErfK/*Oetker*, § 76 BetrVG 72 Rn 7; GK-BetrVG/*Kraft*, § 76 Rn 146; LG Stuttgart DB 1984, 2551.

Selbst Mitarbeiter, die in einem vom Unternehmen mit einem anderen Unternehmen geführten Gemeinschaftsbetrieb tätig sind, sind bei der maßgebenden Grenzzahl der Beschäftigten zu berücksichtigen,

Hanau, ZfA 1990, 127; *Hjort*, NZA 2001, 696; *Däubler*, FS Zeuner, S. 19 ff.

Auch regelmäßig im Unternehmen eingesetzte Leiharbeitnehmer sind mit zu berücksichtigen,

Fitting u.a., BetrVG, § 76 Rn 10.

Es entspricht deshalb herrschender Auffassung, dass der regelmäßige Beschäftigtenbestand gemeint ist. Allein auf das vorliegende Jahr bezogen wird die Gesellschaft daher zu keiner Zeit weniger als 500 Mitarbeiter im Durchschnitt beschäftigen, so dass es rechtswidrig wäre, wenn die Vertreter der Arbeitnehmer im Aufsichtsrat gemäß den Vorstellungen des Vorstands ihr Amt aufgeben müssten.

Das Landgericht hat über den Antrag gemäß § 99 Abs. 3 Satz 1 AktG durch Beschluss zu entscheiden. Gerichtskosten wurden nicht eingezahlt, da Schuldnerin der Gerichtskosten die Gesellschaft ist, weil sie an der gerichtlichen Feststellung ein Interesse hat, § 99 Abs. 6 Satz 7, Abs. 6 Satz 9 AktG.

Die Antragsbefugnis der antragstellenden Partei ergibt sich aus § 98 Abs. 2 Nr. 4 AktG.

5. Muster: Bestellung eines Einigungsstellenvorsitzenden durch Betriebsrat wegen mitbestimmungspflichtiger Maßnahmen

▬▬▬

Wir bestellen uns zu Verfahrensbevollmächtigten des Antragstellers. Namens und in Vollmacht des Antragstellers beantragen wir,

1. einen Vorsitzenden der Einigungsstelle gemäß § 76 BetrVG zu bestellen. Die Einigungsstelle soll über ▬▬▬ entscheiden.
2. Der Streitwert wird festgesetzt.

Gründe:

I.

Bei der Beteiligten zu 2. handelt es sich um eine Firma auf dem Gebiet ▬▬▬. Der Antragsteller ist der Betriebsrat der Beteiligten zu 2. Die Beteiligte zu 2. plant folgende mitbestimmungspflichtige Maßnahmen: ▬▬▬

Der Antragsteller hat mit der Beteiligten zu 2. Gespräche am ▬▬▬ geführt. Diese Gespräche sind ergebnislos verlaufen.

Beweis: ▬▬▬

Bei dieser Sachlage ist die Einigungsstelle anzurufen und ein Einigungsstellenverfahren gemäß § 76 BetrVG durchzuführen.

II.

In den Vorgesprächen haben sich der Antragsteller und die Beteiligte zu 2. darüber unterhalten, wer den Vorsitz in der Einigungsstelle übernehmen soll. Eine Einigung konnte nicht erzielt werden. Deshalb muss zur Besetzung der Einigungsstelle gemäß § 98 ArbGG gerichtliche Hilfe in Anspruch genommen werden.

6. Muster: Betriebsänderung – Unterrichtung durch einstweilige Verfügung

Wir bestellen uns zu Verfahrensbevollmächtigten des Antragstellers und beantragen, durch einstweilige Verfügung – wegen der Dringlichkeit ohne vorherige mündliche Verhandlung – wie folgt zu beschließen:

1. Die Beteiligte zu 2. wird verpflichtet, dem Antragsteller das vollständige und gesamte Gutachten ▬▬▬, insgesamt ca. ▬▬▬ Seiten, im Original oder in Kopie auszuhändigen.
2. Hilfsweise wird beantragt:

    Die Beteiligte zu 2. wird verpflichtet, dem Antragsteller das vollständige und gesamte Gutachten ▬▬▬, insgesamt ca. ▬▬▬ Seiten, für die Dauer von mindestens einem Monat, hilfsweise von 14 Tagen, zur Verfügung zu stellen.
3. Der Streitwert wird festgesetzt.

Gründe:

1. Die Beteiligte zu 2. ist ein Unternehmen auf dem Gebiet der ▬▬▬. Der Antragsteller ist der Betriebsrat der Beteiligten zu 2. Im vergangenen Jahr waren bei der Beteiligten zu 2. durchschnittlich ▬▬▬ Arbeitnehmer beschäftigt. Inzwischen ist die Zahl auf ▬▬▬ abgesunken. Der Antragsteller erfuhr über verschiedene Mitarbeiter, dass ein weiterer Personalabbau geplant sei.

Glaubhaftmachung: Eidesstattliche Versicherung des Betriebsratsvorsitzenden.

Außerdem wurde dem Antragsteller bekannt, dass die Geschäftsleitung eine Wirtschaftsprüfungsgesellschaft mit einer umfassenden Studie zur wirtschaftlichen Situation und künftigen Entwicklung des Unternehmens beauftragt hat. Seit mehreren Monaten waren mehrere Mitarbeiter der Wirtschaftsprüfungsgesellschaft und eines ihr angeschlossenen Beratungsunternehmens in der Firma, um Recherchen und Untersuchungen vor Ort durchzuführen. Die Wirtschaftsprüfer haben einen Abschlussbericht gefertigt, der einen Umfang von ca. ▬▬▬ Seiten haben soll und eine globale Bestandsaufnahme beinhaltet, aus der Entscheidungsvorschläge für die zukünftige Entwicklung des Unternehmens abgeleitet werden.

Glaubhaftmachung: Wie vor.

Der Antragsteller hat darüber hinaus festgestellt, dass zunehmend Mitarbeiter im Betrieb darauf angesprochen werden, ob sie durch Aufhebungsvertrag ausscheiden wollen. Begründet werden diese Gespräche von der Personalabteilung stets mit anstehenden erheblichen Umstrukturierungsmaßnahmen.

Glaubhaftmachung: ▬▬▬

Alle Anfragen des Antragstellers bei der Geschäftsleitung, was an den Gerüchten über geplante Umstrukturierungen und Betriebsänderungen wahr sei, wurden bislang nicht beantwortet. Der Antragsteller hat bislang keine Auskunft über die geplanten Umstrukturierungen, Änderungen von Betriebsabläufen, Einschränkungen oder den etwaigen Fortfall ganzer Betriebsteile erhalten.

2. Nach § 85 Abs. 2 ArbGG ist auch im Beschlussverfahren der Erlass einer einstweiligen Verfügung zulässig. Der Verfügungsanspruch ergibt sich vorliegend aus §§ 111, 80 Abs. 2 BetrVG. Nach § 111 Satz 1 BetrVG hat der Arbeitgeber über geplante Betriebsänderungen rechtzeitig und umfassend zu unterrichten.

§ 80 Abs. 2 Satz 2 BetrVG ist die allgemeine Vorschrift zu § 111 Satz 1 BetrVG. Die Unterrichtung ist danach gemäß § 80 Abs. 2 Satz 2 BetrVG vorzunehmen,

Fitting u.a., BetrVG, § 80 Rn 25; GK-BetrVG/*Fabricius*, § 111 Rn 25.

Damit ist die Beteiligte zu 2. verpflichtet, die Unterlagen dem Betriebsrat „zur Verfügung zu stellen". Auch wenn der Antragsteller Anspruch auf das Original des Gutachtens hat, das ihm zur Verfügung zu stellen ist, würde er sich auch mit einer Kopie begnügen. In jedem Falle ist der Antragsteller umfassend und rechtzeitig zu unterrichten.

Immer dann, wenn bereits im Betrieb Entscheidungsträger über Entscheidungsgrundlagen verfügen, die eine Betriebsänderung zum Inhalt haben, hat eine Aushändigung der maßgeblichen Unterlagen auch gegenüber dem Betriebsrat zu erfolgen.

Sollte die Beteiligte zu 2. einwenden, im Gutachten seien Betriebsgeheimnisse enthalten, ist es ihr unbenommen, von ihren Rechten gemäß § 79 Abs. 1 BetrVG Gebrauch zu machen. Soweit Tatsachen zugleich Betriebsgeheimnisse sind, ist der Betriebsrat gerade wegen der Regelung in § 79 Abs. 1 BetrVG von der Kenntniserlangung nicht ausgeschlossen.

3. Auch der Verfügungsgrund ist gegeben. Offensichtlich befindet sich die Beteiligte zu 2. in der Entscheidungsphase. Gemäß § 90 Abs. 2 BetrVG sollen Informationen an den Betriebsrat so rechtzeitig durch den Arbeitgeber vorgenommen werden, dass Vorschläge und Bedenken des Betriebsrats auch noch in der Planung berücksichtigt werden können.

Dementsprechend ist anerkannt, dass die Informationspflicht nach § 111 BetrVG auch mit einer einstweiligen Verfügung durchgesetzt werden kann,

Däubler/Kittner/Klebe, BetrVG, 10. Aufl. 2006, § 111 Rn 130; *Fitting u.a.*, BetrVG, § 111 Rn 41.

7. Muster: Betriebsratstätigkeit – Abgeltung und Freizeitausgleich

Arbeitsgericht ■■■

In dem Beschlussverfahren

mit den Beteiligten

1. Betriebsrat ■■■

– Antragsteller und Beteiligter zu 1. –

2. Beteiligter: Mitglied des Betriebsrats ■■■

– Beteiligter zu 2. –

Verfahrensbevollmächtigte: ■■■

und

3. ■■■

– Beteiligte zu 3. –

Verfahrensbevollmächtigte: ■■■

Wir bestellen uns zu Verfahrensbevollmächtigten des Antragstellers und beantragen, einen möglichst frühen Anhörungstermin anzuberaumen, in dem wir beantragen zu erkennen:

1. Die Beteiligte zu 3. hat dem Beteiligten zu 2. für Betriebsratstätigkeit Freizeitausgleich im Umfang von ■■■ Stunden zu gewähren.
2. Für jeden Tag der Zuwiderhandlung gegen die Verpflichtung aus Ziffer 1 wird der Beteiligten zu 3. ein Ordnungsgeld bis zu 255,64 EUR angedroht.
3. Der Streitwert wird festgesetzt.

Gründe:

Gemäß § 37 Abs. 2 BetrVG sind nicht freigestellte Mitglieder des Betriebsrats von ihrer beruflichen Tätigkeit ohne Minderung des Arbeitsentgelts zu befreien, wenn und soweit es nach Umfang und Art des Betriebs zur ordnungsgemäßen Durchführung ihrer Aufgaben erforderlich ist. Daraus ergibt sich, dass die zur Betriebsratsarbeit notwendige Arbeitsversäumnis den Arbeitgeber nicht zur Minderung des Arbeitsentgelts berechtigt,

Richardi/Richardi/Thüsing, BetrVG, § 37 Rn 30 ff.

Voraussetzung für die Befreiung von beruflicher Tätigkeit ist, dass Geschäfte wahrgenommen werden, die zu den Amtsobliegenheiten eines Betriebsratsmitglieds gehören. Wenn der Betriebsrat oder das Betriebsratsmitglied sich mit Angelegenheiten befassen, die nicht in den gesetzlich zugewiesenen Aufgabenbereich fallen, besteht kein Anspruch auf Arbeitsbefreiung. Zu den Aufgaben eines Betriebsratsmitglieds gehört vor allem die Teilnahme an den Sitzungen des Betriebsrats, des Betriebsausschusses und der sonstigen Ausschüsse des Betriebsrats sowie an Betriebs- und Abteilungsversammlungen.

Liegen die Voraussetzungen des § 37 Abs. 2 BetrVG vor, so besteht ein Rechtsanspruch auf Arbeitsbefreiung. Für die Zeit der Arbeitsversäumnis hat das Betriebsratsmitglied den Anspruch auf Fortzahlung seines Arbeitsentgelts, und zwar sind die Bezüge zu zahlen, die es erhalten hätte, wenn es während dieser Zeit gearbeitet hätte. Bei Angestellten mit festem Monatsgehalt ist das volle Gehalt einschließlich aller Zulagen, auch soweit diese auf die Erbringung der Arbeitsleistung abstellen, weiterzuzahlen.

Zum Ausgleich für Betriebsratstätigkeit, die aus betriebsbedingten Gründen außerhalb der Arbeitszeit durchzuführen ist, hat das Betriebsratsmitglied gemäß § 37 Abs. 3 BetrVG Anspruch auf entsprechende Arbeitsbefreiung unter Fortzahlung des Arbeitsentgelts. Die Arbeitsbefreiung ist vor Ablauf eines Monats zu gewähren. Ist dies aus betriebsbedingten Gründen nicht möglich, so ist die aufgewendete Zeit wie Mehrarbeit zu vergüten.

Bei der Tätigkeit, die ein Betriebsratsmitglied außerhalb seiner Arbeitszeit durchführt, muss es sich wie bei § 37 Abs. 2 BetrVG um die Erfüllung einer Amtsobliegenheit handeln. Weitere Voraussetzung ist, dass die Betriebsratstätigkeit aus betriebsbedingten Gründen außerhalb der Arbeitszeit durchgeführt werden muss. Betriebsbedingte Gründe liegen vor, wenn wegen der Eigenart des Betriebs oder der Gestaltung des Arbeitsablaufs das Betriebsratsmitglied gezwungen ist,

Amtsobliegenheiten außerhalb seiner Arbeitszeit zu erfüllen, z.B. weil es in Wechselschicht beschäftigt wird und daher Freizeit opfern muss, um an den außerhalb der Schichtzeit liegenden Betriebsratssitzungen teilzunehmen,

GK-BetrVG/*Wiese*, § 37 Rn 20; Richardi/*Richardi/Thüsing*, BetrVG, § 37 Rn 38 ff. m.w.N.

Die Ursache für die erforderliche Betriebsratsmehrarbeit muss also in Umständen liegen, die vom Arbeitgeber veranlasst werden und damit dem Arbeitgeberbereich zuzuordnen sind,

BAG, Beschl. v. 9.10.1973, AP Nr. 4 zu § 37 BetrVG 1972; Richardi/*Richardi/Thüsing*, BetrVG, § 37 Rn 38 ff. m.w.N.

Der Anspruch besteht daher nicht, wenn lediglich die Gestaltung der Betriebsratsarbeit erfordert, dass ein Betriebsratsmitglied Freizeit opfert, um sein Amt auszuüben,

BAG, a.a.O.; GK-BetrVG/*Wiese*, § 37 Rn 20.

Eine weitere Einschränkung ergibt sich aus dem Gesichtspunkt, dass durch die Freizeitgewährung nur Nachteile ausgeglichen werden sollen, die ein Betriebsratsmitglied deshalb erleidet, weil es aus betriebsbedingten Gründen seine Aufgaben nicht während, sondern außerhalb der Arbeitszeit durchführen muss. Daher besteht der Anspruch auf Freizeitausgleich nur, wenn das Betriebsratsmitglied für eine Tätigkeit während der Arbeitszeit nach § 37 Abs. 2 BetrVG (wie oben dargestellt) von seiner Arbeit zu befreien wäre. Es muss sich also um eine Betriebsratstätigkeit handeln, für deren ordnungsgemäße Durchführung nach Umfang und Art des Betriebs Versäumnis von Arbeit notwendig wäre, wenn das Betriebsratsmitglied nicht aus betriebsbedingten Gründen dazu gezwungen wäre, sie außerhalb der Arbeitszeit zu erledigen,

GK-BetrVG/*Wiese*, § 37 Rn 19; Richardi/*Richardi/Thüsing*, BetrVG, § 37 Rn 40.

Gemäß § 37 Abs. 3 BetrVG hat das Betriebsratsmitglied bei Vorliegen der genannten Voraussetzungen Anspruch auf entsprechende Arbeitsbefreiung unter Fortzahlung des Arbeitsentgelts, wobei die Arbeitsbefreiung den gleichen Umfang haben muss, wie Freizeit aufgewendet wurde, um die Betriebsratsaufgaben außerhalb der Arbeitszeit zu erfüllen. Für die Zeit der Arbeitsbefreiung hat das Betriebsratsmitglied den Anspruch auf Fortzahlung seines Arbeitsentgelts; es gilt wie bei einer Arbeitsversäumnis nach § 37 Abs. 2 BetrVG das Lohnausfallprinzip. Das Betriebsratsmitglied erhält also nicht die außerhalb seiner Arbeitszeit durchgeführte Betriebsratstätigkeit als Mehrarbeit vergütet, denn ein derartiger Anspruch besteht nur, wenn ein Freizeitausgleich aus betriebsbedingten Gründen nicht möglich ist. Das Betriebsratsmitglied hat dem Arbeitgeber, sofern dieser davon keine Kenntnis hat, mitzuteilen, wann und wie lange es außerhalb der Arbeitszeit Betriebsratsaufgaben durchgeführt hat. Die Arbeitsbefreiung ist dann vom Arbeitgeber vor Ablauf eines Monats zu gewähren (§ 37 Abs. 3 Satz 2 BetrVG).

Ist aus betriebsbedingten Gründen eine Arbeitsbefreiung innerhalb eines Monats nicht möglich, so ist die für Betriebsratstätigkeit aufgewendete Zeit gemäß § 37 Abs. 3 Satz 2 2. Hs. BetrVG wie Mehrarbeit zu vergüten. Eine Abgeltung kommt also nur dann in Betracht, wenn betriebsbedingte Gründe einer Befreiung von der Arbeitstätigkeit entgegenstehen. Das Betriebsratsmitglied kann somit nicht statt des Freizeitausgleichs die Abgeltung verlangen, und auch der Arbeitgeber kann nicht statt des Freizeitausgleichs die Abgeltung gewähren,

Richardi/*Richardi/Thüsing*, BetrVG, § 37 Rn 49 ff.

Wenn aber ein Freizeitausgleich nicht innerhalb eines Monats erfolgt ist, kann das Betriebsratsmitglied davon ausgehen, dass betriebsbedingte Gründe entgegenstehen und seinerseits Abgeltung verlangen. Der Arbeitgeber würde gegen Treu und Glauben verstoßen, wenn er diesem Begehren entgegenhalten würde, dass ein Freizeitausgleich möglich sei, denn er handelt pflichtwidrig, wenn er nicht innerhalb eines Monats Freizeitausgleich gewährt, obwohl betriebsbedingte Gründe nicht entgegenstehen. Voraussetzung ist allerdings, dass er von der Betriebsratstätigkeit Kenntnis hat.

Sind die Voraussetzungen für eine Abgeltung gegeben, so ist die für die Betriebsratszugehörigkeit aufgewendete Zeit wie Mehrarbeit zu vergüten. Der Anspruch auf Abgeltung durch Zahlung eines Mehrarbeitszuschlags besteht nur, wenn die Teilnahme an Betriebs- oder Abteilungsversammlungen durch die Betriebsratstätigkeit veranlasst ist, es sich also nicht um eine Versammlung handelt, der das Betriebsratsmitglied als Arbeitnehmer angehört,

Richardi/*Richardi/Thüsing*, BetrVG, § 37 Rn 56.

Wie Mehrarbeit sind auch die Zeiten zu vergüten, die aus betriebsbedingten Gründen für die Durchführung der Betriebsratstätigkeit außerhalb der Arbeitszeit notwendig sind. Für die Mehrarbeitsvergütung ist § 15 Abs. 2 AZO maßgebend. Als angemessene Vergütung ist ein Zuschlag von 25 % anzusehen, wenn nicht die Beteiligten eine andere Regelung vereinbaren, hier also insbesondere durch Tarifvertrag oder Betriebsvereinbarung etwas anderes bestimmt ist,

Richardi/*Richardi/Thüsing*, BetrVG, § 37 Rn 58.

8. Muster: EDV-Programm – Antrag auf Untersagung der Anwendung

■■■

Wir bestellen uns zu Verfahrensbevollmächtigten des Antragstellers und beantragen, durch einstweilige Verfügung – wegen der Dringlichkeit ohne vorherige mündliche Verhandlung – wie folgt zu beschließen:

1. Der Beteiligten zu 2. wird die Einführung und Anwendung des EDV-Systems SAP-HR-TIM im Betrieb untersagt, solange hierüber keine Betriebsvereinbarung geschlossen wurde oder sich eine Einigungsstelle zu diesem Regelungsbereich gebildet hat.
2. Der Beteiligten zu 2. wird für jeden Fall der Zuwiderhandlung gegen die Verpflichtung aus Ziffer 1 ein Ordnungsgeld in Höhe von bis zu 25.000 EUR angedroht.
3. Der Streitwert wird festgesetzt.

Für den Fall des Obsiegens wird weiter beantragt,

eine abgekürzte Beschlussausfertigung gemäß § 317 Abs. 2 Satz 2 ZPO zu erteilen.

Gründe

I.

Die Beteiligte zu 2. betreibt ein Unternehmen auf dem Gebiet des ■■■. Wie dem Betriebsrat angehörende Mitglieder des Wirtschaftsausschusses beiläufig während einer Sitzung des Wirtschaftsausschusses am ■■■ erfuhren, hat die Geschäftsleitung die Nutzungsrechte am SAP-System HR-TIM erworben.

Glaubhaftmachung: Eidesstattliche Versicherungen der Mitglieder des Betriebsrats ■■■ – Anlagenkonvolut K 1.

Die IT-Abteilung beabsichtigt in Zusammenarbeit mit der Zentralabteilung, dieses Programm in den nächsten Wochen einzuführen. Ein entsprechender Projektplan soll existieren, liegt aber dem Antragsteller nicht vor.

II.

Das System SAP-HR-TIM ist ein System zur Unterstützung der Personalarbeit. Es dient der Erfassung und Auswertung der An- und Abwesenheitszeiten, der Unterstützung der betrieblichen Personaldisposition und der administrativen Ablauforganisation, der Ermittlung von entgeltrelevanten Daten für die Verdienstabrechnung, der Durchführung der gleitenden Arbeitszeit und der Führung von Ausgleichszeitkonten.

Glaubhaftmachung: Vorlage eines SAP-Prospekts – Anlage K 2.

Der Beteilige zu 1. hat sich in der Zwischenzeit den vorgelegten Firmenprospekt von SAP besorgt, um Kenntnisse über die Bedeutung dieses EDV-Systems zu erlangen. Dabei hat sich gezeigt, dass es sich bei dem System SAP-HR-TIM um ein der Mitbestimmung gemäß § 87 Abs. 1 Nr. 6 BetrVG unterliegendes Personalinformationssystem handelt.

Zwar ist im Einzelnen umstritten, wann die Überwachungseignung von EDV-Anlagen gegeben ist. Bei Personalinformationssystemen, über die verhaltens- oder leistungsrelevante Daten des Arbeitnehmers mittels einer technischen Einrichtung erhoben werden, besteht ein Mitbestimmungsrecht,

BAG, Beschl. v. 11.3.1986, AP Nr. 14 zu § 87 BetrVG 1972; LAG München CR 1992, 217; ArbG Hamburg CR 1996, 742.

III.

Mit der beabsichtigten Einführung des neuen EDV-Systems verletzt die Beteiligte zu 2. das Mitbestimmungsrecht des Antragstellers. Daher steht dem Antragsteller bereits ein allgemeiner Unterlassungsanspruch gemäß § 23 Abs. 3 BetrVG zur Verfügung. Der Antragsteller hat daher einen Verfügungsanspruch.

IV.

Der Antragsteller verfügt auch über einen Verfügungsgrund. Für den Arbeitgeber beteiligungspflichtige Maßnahmen ohne Beachtung des Betriebsrats ist die Abwehr dieses Zustandes grundsätzlich eilbedürftig, weil sonst Mitbestimmungsrechte nicht zum tragen kommen. Der begehrten einstweiligen Verfügung steht auch nicht der Einwand einer Vorwegnahme der Hauptsache entgegen. Bei einer Regelungsverfügung kommt es allein darauf an, ob eine sofortige Regelung nach Abwägung aller Umstände des Sachverhalts und unter Berücksichtigung der beiderseitigen berechtigten Interessen zur Abwendung wesentlicher Nachteile erforderlich ist,

LAG Düsseldorf, Beschl. v. 9.11.1983, AuR 1984, 191; LAG Hamm, Beschl. v. 15.3.195, LAGE § 80 BetrVG 1972 Nr. 12.

Dabei ist auch zu berücksichtigen, dass die Beteiligte zu 2. die betrieblichen Erfordernisse wie Gehaltsdatenverarbeitung, Arbeitszeitkontenverwaltung etc. uneingeschränkt durchführen kann und zwar mit der bisher hierzu existierenden EDV. Durch den Erlass einer einstweiligen Verfügung wird daher die Beteiligte zu 2. nicht in ihrer bisherigen unternehmerischen Tätigkeit eingeschränkt.

Zur Begrenzung des Antrags Ziffer 1 auf die etwaige Etablierung einer Einigungsstelle ist anzumerken, dass diese Einschränkung im Hinblick darauf erfolgt, dass der Antragsteller die Möglichkeit hat, in der ersten Sitzung der Einigungsstelle einen Antrag auf eine vorläufige Regelung zu stellen,

LAG Köln, Beschl. v. 31. 10. 1996 – 5 Ta BV 69/96, n.v.; LAG Düsseldorf, Beschl. v. 16.5.1990, NZA 1991, 29.

9. Muster: Eingruppierung – Unterlassen ohne Zustimmung des Betriebsrats

■■■

Wir bestellen uns zu Verfahrensbevollmächtigten des Antragstellers und beantragen, einen möglichst frühen Anhörungstermin anzuberaumen, in dem wir beantragen zu erkennen:

1. Dem Beteiligten zu 2. wird untersagt, die Eingruppierung der Mitarbeiterin ■■■ aufrechtzuerhalten, ohne die Zustimmung des Betriebsrats durch das Arbeitsgericht ersetzen zu lassen.
2. Der Streitwert wird festgesetzt.

Gründe:

I.

Die Beteiligten streiten über die Mitbestimmungspflichtigkeit der Umgruppierung der Mitarbeiterin von Tarifgruppe ■■■ in Tarifgruppe ■■■.

Mit Schreiben vom ■■■ teilte die Beteiligte zu 2. dem Antragsteller zunächst mit, dass die Mitarbeiterin ■■■ ab dem ■■■ in die Abteilung ■■■ versetzt werden solle und bat um Zustimmung zu dieser personellen Maßnahme. Aus diesem Zustimmungsantrag ergab sich des Weiteren, dass eine Höhergruppierung der Mitarbeiterin ■■■, die zu diesem Zeitpunkt in Tarifgruppe ■■■ eingruppiert war, nicht erfolgen sollte. Im Schreiben heißt es wörtlich „Bezüge: bleiben".

Beweis: Vorlage des Schreibens der Antragsgegnerin vom ■■■ in Kopie – Anlage K 1.

Mit einem Zustimmungsantrag vom ■■■ teilte die Beteiligte zu 2. dem Antragsteller nunmehr mit, dass für die Mitarbeiterin ■■■ eine Umgruppierung von Tarifgruppe ■■■, mit einem monatlichen Bruttogehalt von ■■■, in Tarifgruppe ■■■, mit einem Bruttogehalt von ■■■ EUR erfolgen sollte und bat um Zustimmung des Antragstellers. Dieses Schreiben ging am ■■■ beim Antragsteller ein.

Beweis: Vorlage des Schreibens der Antragsgegnerin vom ■■■ in Kopie – Anlage K 2.

Mit Schreiben vom ■■■ widersprach der Antragsteller dieser Umgruppierung ausdrücklich gemäß § 99 Abs. 2 Nr. 3 BetrVG und verweigerte somit seine Zustimmung. Dies geschah, weil ihm keinerlei Informationen, wie beispielsweise die der Stelle zugrunde liegende Bandbreitenbestimmung, vorlagen, die eine Höhergruppierung der Mitarbeiterin ■■■ rechtfertigen könnten und im Falle einer Umgruppierung daher Nachteile für andere im Betrieb beschäftigte Arbeitnehmer zu befürchten waren.

Beweis: Vorlage des Schreibens des Antragstellers vom ■■■ in Kopie – Anlage K 3.

Daraufhin bat die Beteiligte zu 2. mit Schreiben vom ■■■, eingegangen am ■■■, erneut um Zustimmung zur Höhergruppierung der Mitarbeiterin ■■■. In diesem Schreiben teilte die Beteiligte zu 2. lediglich mit, dass nach ihrer Beurteilung der neue Arbeitsplatz von Frau ■■■ gemäß Tarifvertrag mit mindestens der Tarifgruppe ■■■ zu bewerten sei. Eine Bandbreitenbestimmung für diese Stelle sei jedoch erst für ■■■ vorgesehen.

Beweis: Vorlage des Schreibens der Antragsgegnerin vom ■■■ in Kopie – Anlage K 4.

Mit Schreiben vom ■■■ widersprach der Antragsteller erneut der Umgruppierung der Mitarbeiterin ■■■. Der Antragsteller teilte der Beteiligten zu 2. in diesem Schreiben mit, dass er ihre Beurteilung, der neue Arbeitsplatz von Frau ■■■ sei gemäß Tarifvertrag mit mindestens der Tarifgruppe ■■■ zu bewerten, nicht teile.

Beweis: Vorlage des Schreibens des Antragstellers vom ■■■ in Kopie – Anlage K 5.

Bei der Durchsicht der Gehaltsliste vom ■■■ stellte der Antragsteller fest, dass die Mitarbeiterin ■■■ ohne seine Zustimmung seit ■■■ in die Tarifgruppe ■■■ umgruppiert wurde. Dies teilte er der Beteiligten zu 2. mit Schreiben vom ■■■ mit und bat um deren Stellungnahme bis zum ■■■.

Beweis: Vorlage des Schreibens des Antragstellers vom ■■■ in Kopie – Anlage K 6.

Daraufhin äußerte sich die Beteiligte zu 2. gegenüber dem Antragsteller durch Schreiben vom ■■■ dahingehend, dass sie diesen im vorangegangen Schriftverkehr um dessen Mitbeurteilung nach § 99 BetrVG gebeten habe. Die für die

Richtigkeitskontrolle erforderlichen Unterlagen lägen dem Antragsteller in Form des Tarifvertrages, der Gehaltslisten und der Tätigkeitsbeschreibung vor. Dem Schreiben vom ▬▬▬ war eine Stellenbeschreibung für Frau ▬▬▬ beigefügt.

Beweis: Vorlage des Schreibens der Antragsgegnerin vom ▬▬▬ in Kopie – Anlage K 7.

Daraufhin hat der Betriebsrat den Beschluss gefasst, die unter Missachtung der Rechte des Betriebsrats nach § 99 BetrVG erfolgte Umgruppierung der Frau ▬▬▬ im Beschlussverfahren anzufechten.

II.

In der Umgruppierung der Frau ▬▬▬ liegt eine mitbestimmungspflichtige personelle Einzelmaßnahme i.S.v. § 99 Abs. 1 Satz 1, 3. Fall BetrVG vor.

Eine Umgruppierung liegt vor, wenn die Einordnung des Arbeitnehmers in das kollektive Entgeltschema geändert wird,

vgl. *Däubler/Kittner/Klebe*, BetrVG, 10. Aufl. 2006, § 99 Rn 75.

Die geänderte Einordnung der Mitarbeiterin ▬▬▬ von Tarifgruppe ▬▬▬ in Tarifgruppe ▬▬▬ ist somit eine Umgruppierung i.S.d. § 99 Abs. 1 Satz 1, 3. Fall BetrVG.

Die Umgruppierung eines Arbeitnehmers ergibt sich aus der ausgeübten bzw. auszuübenden Tätigkeit. Die Mitbestimmung des Betriebsrats dient daher der Mitbeurteilung der gegebenen Rechtslage und ist daher eine Richtigkeitskontrolle,

vgl. BAG, Urt. v. 15.4.1986, EzA § 99 BetrVG 1972 Nr. 49.

Aufgrund der ihm zur Verfügung stehenden Beurteilungsgrundlagen ist der Antragsteller der Auffassung, dass alle von der Mitarbeiterin ▬▬▬ auszuführenden Tätigkeiten allenfalls von der Tarifgruppe ▬▬▬ erfasst werden.

Da eine gleichwohl durchgeführte Umgruppierung dem geltenden Tarifvertrag widersprechen würde und des weiteren Nachteile für andere Arbeitnehmer im Hinblick auf den Gleichbehandlungsgrundsatz zu befürchten waren, hat der Antragsteller seine Zustimmung innerhalb der Wochenfrist des § 99 Abs. 3 BetrVG verweigert und der Umgruppierung der Mitarbeiterin ▬▬▬ gemäß § 99 Abs. 2 Nr. 1, 3 BetrVG ausdrücklich widersprochen.

III.

Nach der Rechtsprechung des BAG ist die Eingruppierung oder Umgruppierung in eine bestimmte Lohn- oder Gehaltsgruppe keine rechtsgestaltende Handlung, sondern nur Rechtsanwendung, nämlich die Entscheidung, dass die Tätigkeit des Arbeitnehmers bestimmten Tätigkeitsmerkmalen entspricht und der Arbeitnehmer deshalb Anspruch auf das Arbeitsentgelt einer bestimmten Lohn- oder Gehaltsgruppe hat,

BAG, Urt. v. 22.3.1983, AP Nr. 6 zu § 101 BetrVG 1972.

Der Betriebsrat kann daher der Ein- oder Umgruppierung nur mit der Begründung widersprechen, die Tätigkeit entspreche nicht der vom Arbeitgeber vorgesehenen Lohn- oder Gehaltsgruppe,

BAG, Beschl. v. 28.1.1986, AP Nr. 32 zu § 99 BetrVG 1972),

oder die vom Arbeitgeber angemahnte Vergütungsgruppe dürfe nicht angewandt werden,

BAG, Beschl. v. 27.1.1987, AP Nr. 42 zu § 99 BetrVG 1972.

Deshalb kann der Betriebsrat nach der Rechtsprechung des BAG in einem Beschlussverfahren nicht beantragen, die Eingruppierung oder Umgruppierung aufzuheben. Der vorliegend gestellte Antrag entspricht der Rechtsprechung des BAG,

vgl. Beschl. v. 27.1.1987, AP Nr. 42 zu § 99 BetrVG 1972.

10. Muster: Einigungsstelle – Bestellung eines Vorsitzenden wegen Mitarbeiter-Beschwerden

Wir bestellen uns zu Verfahrensbevollmächtigten des Antragstellers, in dessen Namen und Auftrag wir um kurzfristige Anberaumung eines Termins bitten. Wir werden beantragen:

1. Der Richter am Arbeitsgericht ▬▬▬ wird zum Vorsitzenden der Einigungsstelle zur Behandlung der Beschwerden der Mitarbeiter vom ▬▬▬ bestellt.
2. Die Zahl der von jeder Seite zu benennenden Beisitzer wird auf zwei festgesetzt.
3. Der Streitwert wird festgesetzt.

Kapitel 2: Vertretung von Betriebsräten im Beschlussverfahren

Gründe:

I.

Die Beteiligte zu 2. ist ein Unternehmen auf dem Gebiet ▬▬▬. Der Beteiligte zu 1. ist der Betriebsrat der Beteiligten zu 2.

Die Beteiligten streiten über die Berechtigung der von den im Antrag zu 1. genannten Mitarbeitern erhobenen schriftlichen Beschwerden vom ▬▬▬. Sämtliche Mitarbeiter gehören dem Arbeitsbereich ▬▬▬ an. Sie hatten sich beim Betriebsrat über ▬▬▬ und die damit verbundene, nicht mehr zumutbare Arbeitsbelastung beschwert.

Beweis: Vorlage der Beschwerdeschreiben vom ▬▬▬ – Anlage K 1.

Mit Schreiben vom ▬▬▬ hat der Beteiligte zu 1. die Beschwerden unterstützt und die Beteiligte zu 2. aufgefordert, auf Abhilfe hinzuwirken.

Beweis: Vorlage des Schreibens vom ▬▬▬ in Kopie – Anlage K 2.

Am ▬▬▬ und am ▬▬▬ haben daraufhin zwei Besprechungen zwischen den betroffenen Mitarbeitern, dem Beteiligten zu 1. und der Beteiligten zu 2. stattgefunden.

In diesen Besprechungen wurde zwar ▬▬▬. Abhilfe im Hinblick auf die den Gegenstand der Beschwerde der einzelnen Mitarbeiter bildenden Umstände wurde jedoch nicht geschaffen. Den Beschwerden der Mitarbeiter wurde nicht in einem Falle abgeholfen. Der Beteiligte zu 1. hat in seiner Sitzung am ▬▬▬ noch einmal festgestellt, dass die Beschwerden der Mitarbeiter zu Recht bestehen. Er hat außerdem beschlossen, die Beschwerden weiterzuverfolgen. Dies hat er der Beteiligten zu 2. auch mit Schreiben vom ▬▬▬ mitgeteilt.

Beweis: Vorlage des Schreibens vom ▬▬▬ in Kopie – Anlage K 3.

Weiterhin hat der Beteiligte zu 1. den Unterzeichner beauftragt, das Einigungsstellenverfahren einzuleiten. Mit Schriftsatz des Unterzeichners vom ▬▬▬ ist die Einigungsstelle angerufen und Richter am Arbeitsgericht ▬▬▬ als Vorsitzender der Einigungsstelle vorgeschlagen worden.

Beweis: Vorlage des Schreibens vom ▬▬▬ in Kopie – Anlage K 4.

Unter dem ▬▬▬ lehnte die Beteiligte zu 2. die Bildung einer Einigungsstelle ab.

Beweis: Vorlage des Schreibens vom ▬▬▬ in Kopie – Anlage K 5.

II.

Mit vorliegendem Antrag begehrt der Beteiligte zu 1. die Bestellung des Vorsitzenden der Einigungsstelle und die Festsetzung der Zahl der Beisitzer für die nach § 85 Abs. 2 Satz 1 BetrVG zuständige Einigungsstelle.

Gemäß § 98 Abs. 1 Satz 1 ArbGG können Anträge auf Bestimmung des Vorsitzenden und der Anzahl der Beisitzer wegen fehlender Zuständigkeit zurückgewiesen werden, wenn die Einigungsstelle offensichtlich unzuständig ist.

Offensichtlich unzuständig ist die Einigungsstelle dann, wenn sich die zu regelnde Frage rechtlich nicht in den Zuständigkeitsbereich einordnen lässt; die beizulegende Streitigkeit zwischen Arbeitgeber und Betriebsrat darf sich bei fachkundiger Beurteilung durch das Gericht sofort erkennbar nicht unter einen mitbestimmungspflichtigen Tatbestand des Betriebsverfassungsgesetzes subsumieren lassen,

LAG Schleswig-Holstein, Beschl. v. 21.12.1989, NZA 1990, 703; *Germelmann/Matthes/Prütting*, ArbGG, § 98 Rn 11.

Das ist der Fall, wenn eine Beschwerde i.S.d. § 85 BetrVG nicht vorliegt. Das ist auch der Fall, wenn es sich bei dem Gegenstand der Beschwerde um einen Rechtsanspruch i.S.d. § 85 Abs. 2 Satz 3 BetrVG handelt.

Der Begriff der Beschwerde setzt voraus, dass der Beschwerdeführer eine Beeinträchtigung aus dem Arbeitsverhältnis mitteilt, hierzu Tatsachen angibt und Abhilfe begehrt. Der Beschwerdeführer muss geltend machen, in seiner individuellen Position beeinträchtigt zu sein. Er kann nicht geltend machen, dass Arbeitskollegen benachteiligt oder ungerecht behandelt werden, oder sich allgemein über Missstände im Betrieb beschweren, da ein Recht zur Popularbeschwerde nicht besteht,

LAG Schleswig-Holstein, Beschl. v. 21.12.1989, NZA 1990, 703; *Richardi/Richardi/Thüsing*, BetrVG, § 84 Rn 4.

Nach diesen Grundsätzen ist die hier angerufene Einigungsstelle nicht offensichtlich unzuständig i.S.d. § 98 Abs. 1 Satz 2 ArbGG, weil Beschwerden i.S.d. §§ 84, 85 BetrVG vorliegen, über deren Berechtigung die Einigungsstelle zu entscheiden hat.

11. Muster: Einigungsstellenmitglied – Antrag auf Zahlung des Beisitzerhonorars

Wir bestellen uns zu Verfahrensbevollmächtigten des Beteiligten zu 1., in dessen Namen und Auftrag wir um kurzfristige Anberaumung eines Termins bitten. Wir werden beantragen:

1. Die Beteiligte zu 2. wird verurteilt, an den Antragsteller ▄▄▄ EUR zzgl. 5% Zinsen über dem Basiszinssatz seit Rechtshängigkeit zu zahlen.
2. Der Streitwert wird festgesetzt.

Gründe:

I.

Der Antragsteller war Beisitzer für den Betriebsrat der Beteiligten zu 2. in der zwischen dem Betriebsrat und der Antragsgegnerin errichteten Einigungsstelle zu dem Thema ▄▄▄.

Die Einigungsstelle wurde zwischen dem Betriebsrat und dem Arbeitgeber einvernehmlich errichtet. Den Vorsitz hatte ▄▄▄.

Mit Beschluss des Betriebsrats vom ▄▄▄ wurde der Antragsteller als externer Beisitzer für den Betriebsrat in die Einigungsstelle entsandt.

Beweis: Beschluss des Betriebsrats vom ▄▄▄ in Kopie – Anlage K 1.

Der Antragsteller hat an allen Sitzungen der Einigungsstelle teilgenommen.

Beweis: Vorlage des Protokolls der Sitzungen der Einigungsstelle – Anlage K 2.

II.

Nach Abschluss der Verhandlungen vor der Einigungsstelle hat der Vorsitzende für seine Tätigkeit ein Honorar in Höhe von ▄▄▄ EUR in Rechnung gestellt.

Beweis: Vorlage der Kostennote des Einigungsstellenvorsitzenden in Kopie – Anlage K 3.

Dem Vernehmen nach soll die Honorarforderung des Einigungsstellenvorsitzenden durch den Beteiligten zu 2. ausgeglichen worden sein.

III.

Ausgehend vom Honorar des angestellten Vorsitzenden berechnete der Antragsteller für seine Tätigkeit als Beisitzer ein Honorar in Höhe von 7/10 des Honorars des angestellten Vorsitzenden. Das Honorar beträgt somit ▄▄▄ EUR. Hinzu kommt noch die Mehrwertsteuer, so dass sich die Gesamtforderung des Antragstellers auf ▄▄▄ EUR beläuft.

Fahrtkosten macht der Antragsteller nicht geltend.

Mit Schreiben vom ▄▄▄ hat der Antragsteller den Beteiligten aufgefordert, ihm das vorerläuterte Honorar zu überweisen.

Beweis: Vorlage des Schreibens in Kopie – Anlage K 4.

Die Beteiligte zu 2. hat dieses Schreiben bis heute nicht beantwortet. Eine telefonische Anfrage wurde nicht entgegengenommen. Dem Antragsteller schien es, dass sich der zuständige Personalchef verleugnen ließ.

Bei dieser Sachlage war Stellung eines Antrags geboten.

IV.

Sollte der Beteiligte zu 2. bestreiten, dass dem Antragsteller das geltend gemachte Honorar zusteht, sei bereits jetzt bereits vorab auf Folgendes hingewiesen:

1. Auch ein als Beisitzer bestellter hauptamtlicher Gewerkschaftsfunktionär hat Anspruch auf die Beisitzervergütung,

   BAG, Beschl. v. 14.2.1996, AP Nr. 6 zu § 76a BetrVG 1972.

2. Solange die in § 76a Abs. 4 BetrVG vorgesehene Verordnung des Bundesministers für Arbeit über Höchstsätze für die Einigungsstellenmitglieder nicht erlassen wurde, entspricht es nach allgemeiner Auffassung billigem Ermessen, das Honorar des externen Beisitzers in Höhe von 7/10 des Vorsitzendenhonorars festzusetzen,

   BAG, Beschl. v. 12.2.1992, NZA 1993, 605; BAG, Beschl. 14.2.1996, NZA 1996, 1225.

Beim Gewerkschaftssekretär kann auch kein Abschlag vom Honorar deswegen verlangt werden, weil kein Verdienstausfall vorliegt und das Arbeitsentgelt während der Tätigkeit in der Einigungsstelle weiterbezogen wird,

BAG, Beschl. v. 14.2.1996, NZA 1996, 1226.

3. Seit der Neuregelung des Vergütungsanspruchs für außerbetriebliche Einigungsstellenmitglieder in § 76a BetrVG bedarf es für die Geltendmachung von Mehrwertsteuer nicht mehr einer vorherigen Vereinbarung mit dem Arbeitgeber bzw. einer entsprechenden Beschlussfassung des Betriebsrats,

BAG, Beschl. 14.2.1996, NZA 1996, 1225.

12. Muster: Erforderliche Kosten – anwaltliche Vertretung des Betriebsrats

Gemäß § 40 Betriebsverfassungsgesetz 1972 hat der Arbeitgeber die durch die Tätigkeit des Betriebsrats entstehenden Kosten zu tragen. Dazu zählen sowohl die sachlichen als auch die persönlichen Kosten der Tätigkeit des Betriebsrats und seiner Mitglieder.

Bei den sachlichen Kosten des Betriebsrats handelt es sich in erster Linie um die sog. Geschäftsführungskosten. Zu den Geschäftsführungskosten des Betriebsrats gehören auch Kosten, die der gerichtlichen Verfolgung oder Verteidigung von Rechten des Betriebsrats oder seiner Mitglieder dienen. Der Betriebsrat kann deshalb betriebsverfassungsrechtliche Streitfragen auf Kosten des Arbeitgebers gerichtlich klären lassen. Gleichgültig ist, zwischen wem das arbeitsgerichtliche Streitverfahren schwebt, ob zwischen dem Betriebsrat und dem Arbeitgeber, zwischen dem Betriebsrat oder einem anderen betriebsverfassungsrechtlichen Organ (z.B. Gesamtbetriebsrat oder Konzernbetriebsrat), zwischen dem Betriebsrat und einer im Betrieb vertretenen Gewerkschaft (z.B. bei einer Wahlanfechtung oder bei einem Antrag auf Auflösung des Betriebsrats) oder zwischen dem Betriebsrat und einem seiner Mitglieder,

vgl. *Fitting u.a.*, BetrVG, § 40 Rn 9.

Der Arbeitgeber hat in allen oben genannten Fällen die Kosten zu tragen, die dem Betriebsrat durch seine Beteiligung an einem derartigen gerichtlichen Verfahren entstehen, und zwar unabhängig davon, ob der Betriebsrat in dem Gerichtsverfahren obsiegt oder nicht. Nur wenn die Einleitung eines gerichtlichen Verfahrens durch den Betriebsrat zur Klärung der Streitfrage nicht erforderlich ist, etwa weil eine anderweitige Klärung möglich ist (z.B. einvernehmliches Abwarten eines Parallelverfahrens oder eines Musterprozesses), oder weil die Rechtsverfolgung oder Verteidigung von vornherein offensichtlich aussichtslos oder mutwillig ist, trifft den Arbeitgeber entsprechend dem allgemeinen Grundsatz, dass er nur die notwendigen Kosten des Betriebsrats zu tragen hat, keine Kostentragungspflicht,

BAG, Beschl. v. 3.10.1978, AP Nr. 14 zu § 40 BetrVG 1972; *Fitting u.a.*, BetrVG, § 40 Rn 9 m.w.N.

Zu den vom Arbeitgeber im Rahmen von Rechtsstreitigkeiten zu tragenden Auslagen des Betriebsrats zählen auch die Kosten einer Prozessvertretung des Betriebsrats durch einen Rechtsanwalt, wenn der Betriebsrat bei pflichtgemäßer und verständiger Würdigung aller Umstände die Interessenwahrnehmung durch einen Rechtsanwalt für notwendig halten konnte.

BAG, Beschl. v. 3.10.1978 und v. 4.12.1979, AP Nr. 14 und 18 zu § 40 BetrVG 1972; LAG Berlin, Beschl. v. 7.3.1983 und v. 26.1.1987, AP Nr. 21 und 25 zu § 40 BetrVG 1972; *Fitting u.a.*, BetrVG, § 40 Rn 10 m.w.N.

Notwendig ist die Hinzuziehung eines Rechtsanwalts stets in der Rechtsbeschwerdeinstanz, da im Rechtsbeschwerdeverfahren die Vertretung durch einen Rechtsanwalt zwingend vorgeschrieben ist. Darüber hinaus ist die Hinzuziehung eines Rechtsanwalts auch dann notwendig, wenn der Betriebsrat aus seiner Sicht, in der Natur des Rechtsstreits liegenden Gründen für erforderlich halten darf, etwa wegen der wahrscheinlich bestehenden Schwierigkeit der Sach- oder Rechtslage oder wenn zur Beurteilung der Sach- oder Rechtslage bestimmte, dem Rechtsanwalt in besonderem Maße bekannte Verhältnisse von Bedeutung sind.

Bei der Beurteilung der Frage, ob die Sach- oder Rechtslage Schwierigkeiten aufweist, ist zu berücksichtigen, dass sich dies nicht selten erst im Laufe des Prozesses herausstellt und sich deshalb einer exakten vorausschauenden Beurteilung des juristisch oft nicht oder nur wenig geschulten Betriebsrats entzieht. Für die Berechtigung des Betriebsrats, auf Kosten des Arbeitgebers einen Rechtsanwalt hinzuzuziehen, muss eine bestehende Unsicherheit des Betriebsrats hinsichtlich der Beurteilung der Schwierigkeiten der Sach- oder Rechtslage ausreichen, da dies auch sonst ein wesentlicher Gesichtspunkt für die Beauftragung eines Rechtsanwalts ist,

vgl. BAG, Beschl. v. 3.10.1978, AP Nr. 14 zu § 40 BetrVG 1972.

Die Hinzuziehung eines Rechtsanwalts erfordert einen ordnungsgemäßen Beschluss des Betriebsrats, und zwar gesondert für jede Instanz,

LAG Schleswig-Holstein, Beschl. v. 19.4.1983, BB 1984, S. 533; LAG Berlin, Beschl. v. 26.1.1987, AP Nr. 25 zu § 40 BetrVG 1972.

Liegen die Voraussetzungen dafür vor, darf also die Prozessvertretung durch einen Rechtsanwalt als erforderlich erscheinen, so ist der Betriebsrat auch berechtigt, bereits in der I. Instanz einen Rechtsanwalt auf Kosten des Arbeitgebers hinzuzuziehen, obwohl in dieser Instanz nach § 11 ArbGG auch eine Vertretung durch einen Gewerkschaftsvertreter möglich ist,

BAG, Beschl. v. 3.10.1978 und v. 4.12.1979, AP Nr. 14 und Nr. 18 zu § 40 BetrVG 1972.

Denn in der Wahl seines Prozessvertreters ist der Betriebsrat grundsätzlich frei. Er kann denjenigen Verfahrensvertreter wählen, zu dem er im Hinblick auf die zu vertretende Angelegenheit das größte Vertrauen hat,

vgl. *Fitting u.a.*, BetrVG, § 40 Rn 12; Richardi/*Richardi/Thüsing*, BetrVG, § 40 Rn 23 ff. m.w.N.

Da der Betriebsrat weder rechts- noch vermögensfähig ist, muss er bei Streitigkeiten über Geschäftsführungskosten seinen Antrag auf die Verpflichtung des Arbeitgebers richten, die Kosten zu übernehmen oder, sofern eine Verbindlichkeit gegenüber einem Dritten bereits entstanden ist, den Betriebsrat von dieser Verbindlichkeit freizustellen,

LAG Berlin, Beschl. v. 26.1.1987, AP Nr. 25 zu § 40 BetrVG 1972.

Rechtsgrund für den Anspruch des Betriebsrats gegen den Arbeitgeber, von Honoraransprüchen eines Rechtsanwalts freigestellt zu werden, die dem Betriebsrat aus Anlass eines Beschlussverfahrens entstehen, ist allein § 40 Abs. 1 Betriebsverfassungsgesetz,

BAG, Beschl. v. 3.10.1978 und v. 4.12.1979, AP Nr. 14 und 18 zu § 40 BetrVG 1972; LAG Berlin, Beschl. v. 26.1.1987, AP Nr. 25 zu § 40 BetrVG 1972.

Über das Leistungsbegehren des Betriebsrats hat das Gericht im arbeitsgerichtlichen Beschlussverfahren zu entscheiden (§ 80 Abs. 1 i.V.m. § 2a Abs. 1 Nr. 1 und Abs. 2 ArbGG), da es sich zwischen dem Betriebsrat einerseits und dem Arbeitgeber andererseits um eine Streitigkeit handelt, ob dem Betriebsrat ein Kostenfreistellungsanspruch zusteht oder nicht.

13. Muster: Gewerkschaft – Zutritt zu Betriebsversammlungen

In dem

Beschlussverfahren

mit den Beteiligten
1. Gewerkschaft ▬▬▬

– Antragstellerin und Beteiligte zu 1. –

Verfahrensbevollmächtigte: ▬▬▬
2. Betriebsrat der Firma ▬▬▬

– Beteiligter zu 2. –

3. Firma ▬▬▬

– Beteiligte zu 3. –

Verfahrensbevollmächtigte: ▬▬▬

Wir bestellen uns zu Verfahrensbevollmächtigten der Antragstellerin und beantragen, einen möglichst frühen Anhörungstermin anzuberaumen, in dem wir beantragen zu erkennen:

1. Der Antragstellerin wird der Zutritt zu Betriebs- oder Abteilungsversammlungen der Beteiligten zu 3. als einer im Betrieb vertretenen Gewerkschaft gestattet.
2. Für jeden Fall der Zuwiderhandlung gegen das Zutrittsrecht der Antragstellerin wird dem Beteiligten zu 3. – bezogen auf jeden Tag und jeden Arbeitnehmer – ein Ordnungsgeld, dessen Höhe in das Ermessen des Gerichts gestellt wird, angedroht.
3. Der Streitwert wird festgesetzt.

Gründe:

1. Der Gewerkschaftssekretär ▬▬▬ begab sich am ▬▬▬ zu einer Betriebsversammlung der Beteiligten zu 2. Beim Eintreffen in die Kantine stellte sich ihm der Prokurist ▬▬▬ in die Quere und erklärte, er möge sofort das Betriebsgelände verlassen. Ein Vertreter der Gewerkschaft habe bei dem Beteiligten zu 3. nichts zu suchen.

Beweis: 1. Zeugnis Gewerkschaftssekretär ▬▬▬
2. Zeugnis Betriebsratsvorsitzender ▬▬▬

Der Betriebsratsvorsitzende intervenierte daraufhin und bat den Prokuristen, den Gewerkschaftssekretär an der Betriebsversammlung teilnehmen zu lassen.

Beweis: Wie vor.

Der Betriebsratsvorsitzende wies noch darauf hin, dass er gemäß einer Entscheidung des BAG (Beschl. v. 13.9.1977, AP Nr. 1 zu § 42 BetrVG 1972) für die Dauer der Betriebsversammlung das Hausrecht über der Versammlungsraum ausübe. Der Prokurist ließ sich auf keine Diskussion ein und drohte, handgreiflich zu werden. Daraufhin verließ der Gewerkschaftssekretär ▪▪▪ das Betriebsgelände.

2. Der Anspruch der Antragstellerin auf Teilnahme an Betriebs- und Abteilungsversammlungen bei dem Beteiligten zu 3. ergibt sich aus § 46 Abs. 1 Satz 1 BetrVG.

3. Die Antragstellerin ist eine im Betrieb des Beteiligten zu 3. vertretene Gewerkschaft. Zum Beweis legt die Antragstellerin eine Erklärung des Notars ▪▪▪ vor.

Beweis: Vorlage der notariellen Bestätigung – Anlage K 1.

Die Antragstellerin ist nicht verpflichtet, die Namen ihrer Mitglieder, die im Betrieb tätig sind, preiszugeben. Nach dem Beschluss des BAG ist eine notarielle Bestätigung ausreichend, damit die im Betrieb von der Gewerkschaft vertretenen Mitarbeiter keinen Repressalien ausgesetzt sind,

BAG, Beschl. v. 25.3.1992, AP Nr. 4 zu § 2 BetrVG; LAG Nürnberg, Beschl. v. 18.7.1990, LAGE § 2 BetrVG Nr. 8; LAG Köln, Beschl. v. 6.10.1989, BB 1990, 998; LAG Düsseldorf, Beschl. v. 6.4.1988, NZA 1989, 236; LAG Düsseldorf, Beschl. v. 6.4.1978, DB 1979, 110.

Dafür, dass fünf Mitarbeiter des Beteiligten zu 3. Mitglied der Antragstellerin sind, treten wir außerdem **Beweis** an durch

Vernehmung des Gewerkschaftssekretärs, zu laden über die Antragstellerin.

14. Muster: Information des Betriebsrats über Konzernstruktur

▪▪▪

Wir bestellen uns zu Verfahrensbevollmächtigten des Antragstellers und beantragen, einen möglichst frühen Anhörungstermin anzuberaumen, in dem wir beantragen zu erkennen:

1. Die Beteiligte zu 2. wird verpflichtet, den Antragsteller durch Aushändigung und Vorlage schriftlicher Unterlagen darüber zu unterrichten, wie viele Arbeitnehmer durchschnittlich in den einzelnen Konzernunternehmen beschäftigt werden, in welcher Rechtsform die Konzernunternehmen betrieben werden, wo sie ihren Firmensitz haben, welches Registergericht zuständig ist, unter welcher Rechtsordnung die zum Konzern gehörenden Unternehmen geführt werden, durch wen die zum Konzern gehörenden Gesellschaften vertreten werden und welche Aufsichtsorgane in den Konzernunternehmen bestehen sowie wer diese Aufsichtsorgane bestellt hat.

2. Der Streitwert wird festgesetzt.

Gründe:

1. Der Antragsteller ist der Betriebsrat im Betrieb ▪▪▪ die Beteiligten zu 2. Die Beteiligte zu 2. ist ein in mehreren europäischen Ländern tätiges Konzernunternehmen. Der Betriebsrat hat zunächst mit Schreiben vom ▪▪▪ und späterhin mit Schreiben seiner anwaltlichen Bevollmächtigten vom ▪▪▪ die im Antrag Ziffer 1 beschriebenen Auskünfte außergerichtlich geltend gemacht.

Beweis: 1. Vorlage des Schreibens des Betriebsrats vom ▪▪▪ in Kopie – Anlage K 1.
2. Vorlage des Anwaltsschreibens vom ▪▪▪ in Kopie – Anlage K 2.

Die Geschäftsleitung des Beteiligten zu 2. hat es abgelehnt, dem Betriebsrat die erbetenen Auskünfte zu erteilen. Schriftliche Antworten sind beim Antragsteller bis heute nicht eingegangen. Mündlich erklärte am ▪▪▪ Herr ▪▪▪.

Beweis: Zeugnis des Herrn ▪▪▪

2. Der Antragsteller hat einen Informationsanspruch über die Konzernstruktur und die Beschäftigtenzahlen in den einzelnen Konzernunternehmen.

Durch die Information soll der Betriebsrat in die Lage versetzt werden, zu prüfen, ob die Voraussetzungen für die Einrichtung eines besonderen Verhandlungsgremiums gegeben sind. Im Rahmen dieses Informationsanspruchs ist der Betriebsrat darüber zu unterrichten, ob das Unternehmen mit anderen Unternehmen des Konzerns in dem Sinne verbunden ist, dass das Unternehmen selbst oder die Gesellschaft des Unternehmens direkt oder indirekt Anteile daran halten.

Die Unternehmensleitung ist zur Erfüllung des Informationsanspruchs verpflichtet,

ArbG Wesel, Urt. v. 5.8.1998, AiB 1999, 165; bestätigt durch LAG Düsseldorf, Beschl. v. 21.1.1999, n.v.

15. Muster: Internetanschluss für Betriebsrat

Wir bestellen uns zu Verfahrensbevollmächtigten des Beteiligten zu 1., in dessen Namen und Auftrag wir um kurzfristige Anberaumung eines Anhörungstermins bitten. Wir werden beantragen:

1. Der Beteiligte zu 2. hat dem Antragsteller einen Internetanschluss mit eigener E-Mail-Adresse zur Verfügung zu stellen.
2. Der Streitwert wird festgesetzt.

Gründe:

1. Der Antragsteller ist der Betriebsrat des Beteiligten zu 2. Im Betrieb sind ▄▄▄ Mitarbeiter beschäftigt. Gegenstand des Betriebs bildet ▄▄▄. Der Jahresumsatz beläuft sich auf ▄▄▄. Der Betrieb ist generell äußerst modern ausgestattet. Jeder Mitarbeiter in der Administration verfügt über einen eigenen PC sowie einen Intranet- und Internetanschluss. Die Kommunikation zwischen den Mitarbeitern, Kunden und Lieferanten findet heute zu einem überwiegenden Teil über E-Mail und über das Internet statt. Innerhalb des Betriebes benutzen die Mitarbeiterinnen und Mitarbeiter überwiegend das Intranet ▄▄▄ als Kommunikationsmittel.

2. Der Antragsteller benötigt zur Bewältigung seiner täglichen Arbeit die Ausstattung des Betriebsrats-PC mit einem Internetanschluss. In der Praxis hat sich gezeigt, dass der Internetanschluss, der zugleich einen Zugang zum Intranet bedeutet, folgende Vorteile bietet: ▄▄▄

3. Zur sachgerechten Aufgabenerfüllung des Antragstellers bedarf es im Streitfall eines Internetanschlusses und einer eigenen E-Mail-Adresse. Nach ständiger Rechtsprechung des BAG bestimmt sich die Erforderlichkeit des Umfangs der vom Arbeitgeber zur Verfügung zu stellenden Sachmittel unter Berücksichtigung aller Umstände des Einzelfalls nach Inhalt und Umfang der vom Betriebsrat wahrzunehmenden Aufgaben anhand der konkreten betrieblichen Verhältnisse. Dabei genügt es für die Erforderlichkeit eines Sachmittels nicht, dass durch seinen Einsatz die Geschäftsführung des Betriebsrats lediglich erleichtert wird, bzw. sich rationeller gestalten lässt. Das Gesetz sieht geringere Anforderungen als die Erforderlichkeit nicht vor. Aus Gründen der Effektivität der Betriebsratsarbeit wird daher ein Sachmittel erst dann erforderlich, wenn ohne seinen Einsatz die Wahrnehmung der Rechte und Pflichten des Betriebsrats vernachlässigt werden müsste,

> BAG, Beschl. v. 11.11.1998, NZA 1999, 945 = BB 1999, 1923.

Der Betriebsrat kann im Rahmen des § 40 Abs. 2 BetrVG einen Internetzugang zum Zwecke der Informationsbeschaffung im Zusammenhang mit der Erledigung der ihm nach § 80 Abs. 1 Nr. 1 BetrVG obliegenden Überwachungspflichten verlangen, wenn dies aufgrund konkreter betrieblicher Gegebenheiten erforderlich ist – etwa weil der Arbeitgeber regelmäßig den Betrieb betreffende Änderungen der Rechtslage missachtet oder nur zögerlich beachtet,

> BAG 23.8.2006 – 7 ABR 55/05, juris PR-ArbR 8/2007 Nr. 3.

a) Die Notwendigkeit des Intranetanschlusses und der E-Mail-Adresse für den Antragsteller ergibt sich aus folgenden Gründen: ▄▄▄

Für die restriktive Rechtsauffassung des ArbG Frankfurt,

> Beschl. v. 13.11.2001, NZA 2002, 251,

ist kein Raum.

b) Die meisten Informationen, derer der Betriebsrat heute zur Unterstützung seiner Arbeit durch die zuständige Gewerkschaft bedarf, sind im Internet abrufbar. Von Musterbetriebsvereinbarungen angefangen über Muster von Tarifverträgen, von Arbeitshilfen bis hin zu den neuesten Urteilen des Bundesarbeitsgerichts – sämtliche für die Betriebsratsarbeit erforderlichen Informationen befinden sich heute im Internet. Da im Unternehmen generell die EDV benutzt wird und jeder Arbeitnehmer im Bereich der Administration über einen Internetanschluss verfügt, die hiermit verbundenen Kosten gering sind, das Unternehmen über eine ausreichende Ertragskraft verfügt, handelt es sich auch bei dem Internetanschluss um erforderliche Kosten im Sinne der BAG-Rechtsprechung.

16. Muster: Kommunikationsmittel für Betriebsrat

Wir bestellen uns zu Verfahrensbevollmächtigten des Beteiligten zu 1., in dessen Namen und Auftrag wir um kurzfristige Anberaumung eines Anhörungstermins bitten. Wir werden beantragen:

1. Der Beteiligte zu 2. hat dem Antragsteller folgende Kommunikationsmittel zur Verfügung zu stellen: PC, Telefax, Handy und Zugang zu Intranet und Internet.
2. Der Streitwert wird festgesetzt.

Gründe:

1. Der Antragsteller ist der Betriebsrat des Beteiligten zu 2. Im Betrieb sind ▪▪▪ Mitarbeiter beschäftigt. Gegenstand des Betriebs bildet ▪▪▪. Der Jahresumsatz beläuft sich auf ▪▪▪. Der Betrieb ist generell äußerst modern ausgestattet. Jeder Mitarbeiter, mit Ausnahme ▪▪▪, hat einen PC sowie einen Intranet- und Internetanschluss. Der zunehmend häufigere Kommunikationsweg zwischen den Mitarbeitern, den Kunden, den Lieferanten und zwischenzeitlich auch einigen Behörden ist die E-Mail.

Die Ausstattung des Betriebsrats besteht aus ▪▪▪.

2. Der Antragsteller benötigt zur Bewältigung seiner täglichen Arbeit die Ausstattung mit einem PC, einem Pentium-Rechner, einem Drucker sowie einem Scanner, und es muss gewährleistet sein, dass der Rechner des Betriebsrats an Internet und Intranet angeschlossen ist. Für den Betriebsratsvorsitzenden wird darüber hinaus die Anschaffung eines Handys geltend gemacht, damit der Betriebsratsvorsitzende sowohl für die Personalabteilung als auch für die Belegschaft erreichbar ist, wenn er sich nicht im Betriebsratsbüro, sondern an seinem Arbeitsplatz oder außerhalb des Betriebes aufhält.

3. Der Antragsteller hat einen Anspruch auf Anschaffung von PC, Telefax, Handy und Zugang zu Intranet und Internet.

a) Nachdem in der älteren Rechtsprechung die Überlassung eines Personalcomputers für den Betriebsrat meist generell abgelehnt wurde,

   LAG Hannover, Beschl. v. 13.12.1988, NZA 1989, 442; ArbG Göttingen, Beschl. v. 16.5.1988, DB 1988, 2056,

hat das BAG in seiner neueren Rechtsprechung klargestellt, dass ein Anspruch des Betriebsrats auf Bereitstellung eines PC mit entsprechendem Zubehör (Drucker und Software) auf Kosten des Arbeitgebers besteht, wenn vom Betriebsrat die Erforderlichkeit nachgewiesen werden kann,

   BAG, Beschl. v. 11.3.1998, DB 1998, 1820; BAG, Beschl. v. 12.5.1999, NZA 1999, 1290; BAG, Beschl. v. 11.11.1998, NZA 1999, 945.

Sache des Betriebsrats ist es, darzulegen und zu beweisen, dass er mit herkömmlichen Mitteln seine Arbeit nicht mehr sachgerecht erledigen kann.

   LAG Köln 19.1.2006 – 6 TaBV 55/05, NZA-RR 2006, 472.

Nicht ausreichend ist lediglich der Hinweis auf eine Rationalisierung der Betriebsratsarbeit. Es müssen vielmehr die Aufgaben der laufenden Geschäftsführung quantitativ und qualitativ so angewachsen sein, dass sie mit den bisherigen Sachmitteln nur unter Vernachlässigung anderer Rechte und Pflichten nach dem BetrVG bewältigt werden können. Der Betriebsrat kann zur Begründung der Erforderlichkeit auch auf geplante Aufgaben in der Zukunft zurückgreifen, wie beispielsweise die Bewältigung anstehender Mitbestimmungsrechte, die zum Abschluss einer Betriebsvereinbarung führen.

Nach der Rechtsprechung des BAG zu § 40 Abs. 2 BetrVG bestimmt sich bei der Geltendmachung von Kosten für moderne Kommunikationsmittel der Umfang der erforderlichen Sachmittel nicht ausschließlich, aber auch nach dem entsprechenden Ausstattungsniveau des Arbeitgebers. Die Größe des Betriebes und damit der Umfang der Betriebsratstätigkeit sowie die technische Ausstattung des Betriebes bieten wichtige Anhaltspunkte.

Mit dem vorliegenden Antrag wird auch keine Bereitstellung eines mobilen Computers (Laptop/Notebook) geltend gemacht, wie er vom LAG Köln, trotz bestehender Reisetätigkeit des Betriebsrats, verworfen wurde,

   LAG Köln, Beschl. v. 17.10.1997, NZA-RR 1998, 163.

Unter Berücksichtigung der zuvor dargestellten Rechtsgrundsätze ergibt sich der Anspruch des Beteiligten zu 1. wie folgt:

b) Der Anspruch des Beteiligten zu 1. auf Internet-, Intranet- und E-Mail-Anschluss ergibt sich aus § 40 Abs. 2 BetrVG. Zwar hat das BAG in zwei älteren Entscheidungen den Anspruch eines Betriebsrats auf ein internes Kommunikationsmittel nicht anerkannt,

   BAG, Beschl. v. 17.2.1993, DB 1993, 1426; BAG, Beschl. v. 11.3.1998, DB 1998, 1820.

In der sog. „Mailbox-Entscheidung" hat das BAG einen Anspruch auf Beteiligung des Betriebsrats am Intranet verneint und ausgeführt, allein daraus, dass der Arbeitgeber seine Arbeitnehmer durch ein elektronisches Kommunikationssystem mit Mailbox unter Benutzung eines sonst gesperrten Schlüssels „an alle" informiere, folge nicht, dass es i.S.v. § 40 Abs. 2 BetrVG erforderlich wäre, dem Betriebsrat dasselbe Informationssystem mit demselben Schlüssel uneingeschränkt zur Verfügung zu stellen. Ein solcher Anspruch ergebe sich auch nicht aus § 2 Abs. 1 BetrVG. Der Betriebsrat könne nicht verlangen, die gleiche technische Ausstattung zur Verfügung gestellt zu erhalten, wie sie der Arbeitgeber benutze. Auch aus dem Benachteiligungsverbot des § 78 BetrVG ergibt sich nach Auffassung des BAG im Beschluss vom 11.3.1998 nichts anderes,

BAG, Beschl. v. 11.3.1998, DB 1998, 1821.

Inzwischen hat sich aber eine hiervon abweichende, modernere und auf dem Vormarsch begriffene Rechtsprechung entwickelt. So hat das ArbG Paderborn mit Beschluss vom 25.1.1998,

DB 1998, 678 = MDR 1998, 377 mit Anm. *Henninge*,

entschieden, dass der Arbeitgeber nach § 40 Abs. 2 BetrVG verpflichtet sei, dem Betriebsrat eine eigene Homepage im unternehmenseigenen Datenkommunikationssystem (Intranet) zur Verfügung zu stellen. Das ArbG Paderborn hat sich auf den konkreten Einzelfall bezogen und berücksichtigt, dass es sich in dem zu entscheidenden Fall um ein innovatives High-Tech-Unternehmen der Elektronikbranche handelte, bei dem der Großteil des Schriftverkehrs elektronisch abgewickelt wird und das E-Mail-System im Unternehmen stark verbreitet ist. Die Homepage im Intranet wäre daher als erforderliches Kommunikationsmittel mit dem sog. „Schwarzen Brett" vergleichbar, das das BAG dem Betriebsrat stets zugebilligt hat,

BAG, Beschl. v. 21.11.1978, DB 1979, 751.

Auch das LAG Baden-Württemberg hat dem Betriebsrat einen Anspruch auf Nutzung des bereits seit Jahren eingerichteten betriebsinternen E-Mail-Systems nach § 40 Abs. 2 BetrVG gestattet,

LAG Baden-Württemberg 26.9.1997, DB 1998, 887.

In dem vom LAG Baden-Württemberg entschiedenen Fall war von den Mitarbeitern bereits seit vier Jahren das E-Mail-System genutzt worden, und die Mitarbeiter waren auch seit vier Jahren gewohnt, Mitteilungen des Betriebsrats über E-Mail zu empfangen.

c) Auch der Anspruch des Betriebsrats auf Zurverfügungstellung eigener Telefaxgeräte folgt aus § 40 Abs. 1 BetrVG. Zwar gibt es eine Rechtsprechung, die besagt, dass immer dann, wenn Telefax und Kopierer vom Betriebsrat mühelos mitbenutzt werden können, ein Anspruch auf eigene Geräte entfällt,

LAG Rheinland-Pfalz, Beschl. v. 2.2.1996, BB 1996, 2465; LAG Rheinland-Pfalz, Beschl. v. 8.10.1997, BB 1998, 1211; LAG Düsseldorf, Beschl. v. 24.6.1993, NZA 1993, 1143; LAG Hamm, Beschl. v. 14.5.1997, BB 1997, 2052.

Vorliegend beträgt die Entfernung zwischen dem nächstmöglichen Fax-Gerät und dem Betriebsratsbüro aber ▬▬▬ Meter, so dass eine Mitbenutzung unter organisatorischen Gesichtspunkten, insbesondere unter Gewährung eines ordnungsgemäßen administrativen Ablaufs der Betriebsratstätigkeit, ausscheidet. Hinzu tritt, dass die Mitbenutzung des Fax-Geräts in der ▬▬▬-Abteilung bedeuten würde, dass auch sämtliche eingehenden Faxe mit vertraulichstem Inhalt – sei es durch Mitarbeiter, sei es durch die Gewerkschaften, sei es durch Mitglieder des Betriebsrats – den in der Abteilung ▬▬▬ tätigen Mitarbeitern jederzeit offen stehen würde. Der Grundsatz der Vertraulichkeit der Betriebsratstätigkeit wäre somit nicht mehr gewahrt. In einem solchen Falle ist es auch nach Auffassung des LAG Hamm erforderlich, dass dem Betriebsrat ein eigener Telefax-Anschluss mit Telefax-Gerät zur Verfügung gestellt wird,

LAG Hamm, BB 1997, 2052 = AiB 1998, 43.

d) Zwar wird die Mitbenutzungsrechtsprechung im Allgemeinen auch im Hinblick auf die Telefonbenutzung vertreten, d.h. bei Betriebsräten, die einen Telefonanschluss mitbenutzen können, ist die Begründung eines eigenen Amtsanschlusses nicht erforderlich,

LAG Frankfurt, Beschl. v. 18.3.1986, NZA 1986, 650; LAG Rheinland-Pfalz, Beschl. v. 9.12.1991, 1993, 426.

Bei der Telefonbenutzung des Betriebsrats muss aber sichergestellt werden, dass der Betriebsrat ungestört und ohne zumutbare zeitliche Einschränkung telefonieren kann,

Besgen, NZA 2006, 959, 960.

Ein Anspruch eines Betriebsrats auf Bereitstellung eines Mobilfunktelefons (Handy) ist jedoch zwischenzeitlich in der Rechtsprechung anerkannt,

ArbG Frankfurt a.M., Beschl. v. 12.8.1997, AiB 1998, 223,

wenn der Betriebsrat weit auseinander liegende Betriebsstätten ohne eigene Betriebsratsbüros zu betreuen hat und es andernfalls zu Mitbestimmungslücken kommen könnte. So liegt der Fall auch hier: ▬▬▬.

17. Muster: Leitender Angestellter – Statusfeststellung

↓

In dem

Beschlussverfahren

mit den Beteiligten

1. Betriebsrat ▬▬▬

– Antragsteller und Beteiligter zu 1. –

Verfahrensbevollmächtigte: ▬▬▬

und

2. ▬▬▬

– Beteiligte zu 2. –

und

3. Betriebsleiter ▬▬▬, private Anschrift

– Beteiligte zu 3. –

Wir bestellen uns zu Verfahrensbevollmächtigten des Antragstellers und beantragen, einen möglichst frühen Anhörungstermin anzuberaumen, in dem wir beantragen zu erkennen:

1. Es wird festgestellt, dass der Beteiligte zu 3. kein leitender Angestellter i.S.d. § 5 Abs. 3 BetrVG ist.
2. Der Streitwert wird festgesetzt.

Gründe:

1. Der Beteiligte zu 2. ist ein Unternehmen auf dem Gebiet des ▬▬▬. Er beschäftigt ▬▬▬ Arbeitnehmer. Die Produktionsstätte befindet sich in ▬▬▬. Der dortige Betriebsleiter ist der Beteiligte zu 3.

2. Bei dem Beteiligten zu 2. existiert eine Betriebsvereinbarung über „Mitbestimmungsrechte des Betriebsrats bei der Erbringung von Überstunden".

Beweis: Vorlage der Betriebsvereinbarung in Kopie – Anlage K 1.

Die Betriebsvereinbarung sieht vor, dass kein Arbeitnehmer mehr als zehn Überstunden pro Woche leisten darf. Bei einer Zahl von sechs Überstunden pro Woche ist zusätzlich die Zustimmung des Betriebsrats erforderlich.

Beweis: Wie vor.

Der Beteiligte zu 3. ist auf dem Betriebsgelände täglich durchschnittlich zwölf Stunden anwesend. Einzelheiten sind der elektronischen Arbeitszeiterfassung des Arbeitgebers zu entnehmen. Der Arbeitgeber wird aufgefordert, die Arbeitszeiterfassung über den Beteiligten zu 3. für die Monate ▬▬▬ im Rahmen des Amtsermittlungsgrundsatzes im Beschlussverfahren vorzulegen.

Die Geschäftsleitung hat sich wiederholt in Monatsgesprächen, in denen die übermäßige, nicht vom Betriebsrat genehmigte Tätigkeit des Betriebsleiters beanstandet wurde, zu der Auffassung bekannt, bei dem Betriebsleiter handele es sich um einen leitenden Angestellten i.S.v. § 5 Abs. 3 BetrVG. Tatsache ist jedoch, dass die Merkmale des leitenden Angestellten durch den Betriebsleiter nicht erfüllt werden: ▬▬▬

Da der Betriebsrat ein Mitbestimmungsrecht nach § 87 Abs. 1 Nr. 3 BetrVG bei der Anordnung von Überstunden hat, dieses Recht sich auch auf den Betriebsleiter erstreckt, da er Arbeitnehmer und nicht leitender Angestellter ist, hat der Betriebsrat ein berechtigtes Interesse an der Feststellung zum Status des Beteiligten zu 3.

↑

18. Muster: Notwendige Kosten des Betriebsrats – Freistellung

↓

▬▬▬

Wir bestellen uns zu Verfahrensbevollmächtigten des Antragstellers und beantragen, einen möglichst frühen Anhörungstermin anzuberaumen, in dem wir beantragen zu erkennen:

1. Die Beteiligte zu 2. wird verpflichtet, den Antragsteller von seiner Verpflichtung für die von ihm beschafften Hilfsmittel ▬▬▬ in Höhe von ▬▬▬ EUR gegenüber der Firma ▬▬▬ freizustellen.
2. Der Beschluss ist vorläufig vollstreckbar.
3. Der Streitwert wird festgesetzt.

Gründe:

1. Der Antragsteller ist der Betriebsrat im Betrieb des Beteiligten zu 2. Der Betriebsrat bedarf zur Durchführung seiner Aufgaben des Hilfsmaterials ▬▬▬.

Am ▬▬▬ fasste der Betriebsrat den Beschluss, das oben erläuterte Hilfsmaterial anzuschaffen.

Mit Schreiben vom ▬▬▬ teilte er dies dem Beteiligten zu 2. mit und bat ihn, das näher bezeichnete Hilfsmaterial dem Betriebsrat zur Verfügung zu stellen. Rein vorsorglich verband der Beteiligte zu 1. die Bitte um Überlassung des Hilfsmaterials mit einer Frist zum ▬▬▬.

Beweis: Vorlage des Schreibens in Kopie – Anlage K 1.

Der Beteiligte zu 2. stellte jedoch die erbetenen Hilfsmittel nicht zur Verfügung. Nach Ablauf der gesetzten Frist bestellte der Beteiligte zu 1. die Hilfsmittel bei der Firma ▬▬▬.

Beweis: Vorlage des Bestellschreibens in Kopie – Anlage K 2.

2. Der Betriebsrat benötigt die erwähnten Hilfsmittel aus folgenden Gründen: ▬▬▬

3. Der Beteiligte zu 2. ist gemäß § 40 BetrVG verpflichtet, die Kosten des Hilfsmaterials zu tragen.

Die angefallenen Kosten sind auch nicht unverhältnismäßig: ▬▬▬

4. Die vorläufige Vollstreckbarkeit ergibt sich daraus, dass es sich bei dem geltend gemachten Anspruch um eine geldwerte Leistung handelt. In vermögensrechtlichen Streitigkeiten sind Beschlüsse der Arbeitsgerichte vorläufig vollstreckbar, §§ 85 Abs. 2 Satz 2 Hs. 1, 87 Abs. 2 Satz 1 ArbGG. Nach der Rechtsprechung des BAG liegt eine vermögensrechtliche Streitigkeit dann vor, wenn über Ansprüche entschieden werden soll, die auf Geld oder eine geldwerte Leistung zielen, die auf vermögensrechtlichen Beziehungen beruhen oder wenn mit dem Verfahren in erheblichem Umfang wirtschaftliche Zwecke verfolgt werden,

BAG, Beschl. v. 22.5.1984, AP Nr. 7 zu § 12 ArbGG 1979.

Deshalb wird die Auffassung vertreten, dass Angelegenheiten aus dem betriebsverbandlichen Bereich generell als vermögensrechtliche Angelegenheiten zu werten sind, weil die Betriebsverfassung durchweg keine rein ideelle, sondern auch vorrangig wirtschaftliche Bedeutung hat. Nicht vermögensrechtlich sind somit im Wesentlichen nur Persönlichkeitsrechte,

Rudolf, NZA 1988, 420; *Dütz*, DB 1980, 1120.

19. Muster: Personelle Maßnahme – Unterlassen auf Antrag des Betriebsrats

▬▬▬

Wir bestellen uns zu Verfahrensbevollmächtigten des Antragstellers und beantragen, einen möglichst frühen Anhörungstermin anzuberaumen, in dem wir beantragen zu erkennen:

1. Dem Beteiligten zu 2. wird aufgegeben, es zu unterlassen, Einstellungen oder Versetzungen vorzunehmen, sofern der Antragsteller die Zustimmung nicht erteilt hat oder im Verweigerungsfall die fehlende Zustimmung im arbeitsgerichtlichen Beschlussverfahren ersetzt worden ist.
2. Für jeden Fall der Zuwiderhandlung gegen die Verpflichtung aus Ziffer 1 wird dem Beteiligten zu 2. – bezogen auf jeden Tag und jeden Arbeitnehmer – ein Ordnungsgeld, dessen Höhe in das Ermessen des Gerichts gestellt wird, angedroht.
3. Der Streitwert wird festgesetzt.

Gründe:

Der Antragsteller ist der Betriebsrat bei dem Beteiligten zu 2. Der Antragsgegner hat im Bereich der personellen Mitbestimmung gegen seine Verpflichtungen aus dem Betriebsverfassungsgesetz verstoßen. Im Einzelnen: ▬▬▬

Dieser Verstoß ist sogar ein grober Verstoß,

vgl. die Beispiele bei *Fitting u.a.*, BetrVG, § 23 Rn 66,

weshalb sich der Antrag in Ziffer 1 aus § 23 Abs. 3 BetrVG ergibt. Der Antrag wird nicht nur wegen eines Verstoßes, sondern wegen eines groben Verstoßes geltend gemacht. Der Anspruch wird nicht auf den allgemeinen Unterlassungsanspruch, sondern auf den Anspruch aus § 23 Abs. 3 BetrVG gestützt. Ziffer 2 enthält einen Antrag auf Ordnungshaft.

20. Muster: Personelle Maßnahme – Aufhebung

Wir bestellen uns zu Verfahrensbevollmächtigten des Antragstellers und beantragen, einen möglichst frühen Anhörungstermin anzuberaumen, in dem wir beantragen zu erkennen:

1. Der Beteiligten zu 2. wird untersagt, die Einstellung/Versetzung des Herrn ▪▪▪ aufrechtzuerhalten.
2. Für jeden Tag der Zuwiderhandlung gegen die Verpflichtung aus Ziffer 1 wird der Beteiligten zu 2. ein Ordnungsgeld von bis zu 255,64 EUR angedroht.
3. Der Streitwert wird festgesetzt.

Gründe:
Der Antragsteller ist der Betriebsrat im Betrieb der Beteiligten zu 2. Die Beteiligte zu 2. teilte dem Antragsteller am ▪▪▪ mit, sie beabsichtige, den Arbeitnehmer ▪▪▪ einzustellen/nach ▪▪▪ zu versetzen.
  Beweis: ▪▪▪
Der Antragsteller hat am ▪▪▪ seine Zustimmung nach § 99 BetrVG verweigert und dies der Beteiligten zu 2. noch am ▪▪▪ schriftlich mitgeteilt.
  Beweis: ▪▪▪
Die Beteiligte zu 2. hat kein Zustimmungsersetzungsverfahren eingeleitet.
  Beweis: Amtliche Auskunft des Direktors des hiesigen Arbeitsgerichts.
Die Beteiligte zu 2. hat die personelle Maßnahme durchgeführt bzw. aufrechterhalten. Hiermit hat sie einen mitbestimmungswidrigen Zustand herbeigeführt, so dass der Antragsteller mit dem vorliegenden Schriftsatz ein Verfahren nach § 101 Satz 1 BetrVG einleitet.
Der Antragsteller macht nicht von der Möglichkeit Gebrauch, nach § 101 BetrVG der Beteiligten zu 2. aufzugeben, die personelle Maßnahme aufzuheben. Hebt nämlich der Arbeitgeber entgegen einer rechtskräftigen gerichtlichen Entscheidung die personelle Maßnahme nicht auf, ist er auf Antrag des Betriebsrats hierzu durch Zwangsgeld anzuhalten. Diese Regelung des § 101 BetrVG entspricht der Zwangsvollstreckung aus einem Titel zur Vornahme einer unvertretbaren Handlung i.S.v. § 888 ZPO. Nach dieser Regelung entfällt jedoch die Beitreibung des Zwangsgeldes, wenn der Schuldner bis zur Beitreibung die aufgegebene Handlung vornimmt. Um Probleme in der Zwangsvollstreckung zu vermeiden, wird der vorliegende Antrag deshalb als Unterlassungsantrag formuliert.
Die Androhung des Ordnungsgeldes bereits im Erkenntnisverfahren ist zulässig,
  BAG, Beschl. v. 6.12.1988 – 1 ABR 42–43/87, n.v.; LAG Bremen, Beschl. v. 18.7.1986, AP Nr. 6 zu § 23 BetrVG 1972; LAG Frankfurt, Beschl. v. 3.6.1988, DB 1989, 536.
Die Rechtsprechung verlangt allein, dass im Antrag genau definiert sein muss, was als „Fall der Zuwiderhandlung" anzusehen ist,
  vgl. ArbG Stuttgart, Beschl. v. 5.11.1992 – 21 BV 6/87, n.v.

21. Muster: Sachverständiger – Hinzuziehung durch einstweilige Verfügung

Wir bestellen uns zu Verfahrensbevollmächtigten des Antragstellers und beantragen, durch einstweilige Verfügung – wegen der Dringlichkeit ohne vorherige mündliche Verhandlung – wie folgt zu beschließen:

1. Der Beteiligten zu 2. wird aufgegeben, mit dem Antragsteller folgende Vereinbarung zu schließen: „Im Einverständnis der Beteiligten zu 2. beauftragt der Antragsteller Herrn ▪▪▪ mit der gutachterlichen Beratung des Antragstellers zu den im Zusammenhang mit ▪▪▪ stehenden Fragen ▪▪▪. Dem beauftragten Sachverständigen wird eine angemessene Vergütung zugesagt.
2. Der Streitwert wird festgesetzt.

Gründe:

1. Der Antragsteller ist der Betriebsrat im Betrieb der Beteiligten zu 2. Er besteht aus ▪▪▪ Mitgliedern, von denen keines über eine Sachkunde auf dem hier maßgeblichen Gebiet verfügt. Im Betrieb sind etwa ▪▪▪ Arbeitnehmer beschäftigt.

Folgende Maßnahmen sind im Betrieb der Beteiligten zu 2. geplant: ▬▬▬

Der Antragsteller sieht sich nicht in der Lage, die Vielzahl der anstehenden Fragestellungen zu beurteilen und auch vor dem Hintergrund dieser komplexen Materie seine Rechte als Betriebsrat ohne die erforderlichen Fachkenntnisse auszuüben. Er ist deshalb auf die Hinzuziehung eines Sachverständigen angewiesen. Er hat auch versucht, sich mit der Beteiligten zu 2. über die Hinzuziehung eines Sachverständigen zu dem im Antrag genannten Gutachtenauftrag zu verständigen.

Glaubhaftmachung: ▬▬▬

Die Beteiligte zu 2. hat es jedoch abgelehnt, dass der Antragsteller eine dritte Person einschaltet.

Glaubhaftmachung: ▬▬▬

Der vom Antragsteller vorgeschlagene Sachverständige hat erklärt, dass er wegen des Kostenrisikos nicht bereit sei, ohne Zustimmung der Beteiligten zu 2. seine Tätigkeit aufzunehmen.

Glaubhaftmachung: Eidesstattliche Versicherung des Betriebsratsvorsitzenden.

2. Gemäß § 85 Abs. 2 ArbGG ist auch im Beschlussverfahren der Erlass einer einstweiligen Verfügung zulässig.

Der Verfügungsanspruch ergibt sich aus § 80 Abs. 3 BetrVG, wonach der Antragsteller Anspruch auf Hinzuziehung eines Sachverständigen hat. Die Erforderlichkeit ist gegeben, wenn der Betriebsrat angesichts der Materie eine in seine Zuständigkeit fallende Aufgabe nicht ordnungsgemäß wahrnehmen kann, insbesondere wenn sich der Betriebsrat die notwendige Kenntnis nicht auf andere Weise rechtzeitig beschaffen oder aneignen kann.

Der Verfügungsgrund ergibt sich daraus, dass die Beteiligungsrechte des Antragstellers entwertet werden, wenn eine die Instanz beendende Entscheidung oder gar die Rechtskraft eines Hauptsacheverfahrens abgewartet werden müsste. Die Eilbedürftigkeit ergibt sich auch aus der Rechtsprechung des BAG, wonach der Betriebsrat einen Sachverständigen nur nach vorheriger Zustimmung des Arbeitgebers hinzuziehen darf,

BAG, Beschl. v. 25.7.1989, AP Nr. 38 zu § 80 BetrVG 1972.

Der Antragsteller kann seine gesetzlichen Pflichten aber nur erfüllen, wenn er frühzeitig informiert ist und bereits im Planungsstadium gestaltenden Einfluss auf die mitbestimmungspflichtige Materie nehmen kann.

Deshalb kann die Zustimmung zur Hinzuziehung eines Sachverständigen durch einstweilige Verfügung ersetzt werden,

LAG Köln, Beschl. v. 5.3.1986, LAGE Nr. 5 zu § 80 BetrVG 1972; LAG Baden-Württemberg, Beschl. v. 22.11.1985, AiB 1986, 261; LAG Düsseldorf, Beschl. v. 9.11.1983, AuR 1984, 191.

Dem Erlass der einstweiligen Verfügung steht nicht entgegen, dass dem Antragsteller damit vollständige Befriedigung seines Anspruchs zuteil wird. Im Rahmen der gerichtlichen Beurteilung ist eine Abwägung der schutzwürdigen Interessen beider Seiten vorzunehmen. Die Regelungsverfügung kann deshalb nach § 940 ZPO erlassen werden, wenn sie zur Abwendung wesentlicher Nachteile nötig ist. Derartige Nachteile wurden vorstehend im Einzelnen vorgetragen.

3. Für den Fall, dass das Gericht meint, dem Antrag in der gestellten Form nicht entsprechen zu können, wird die Kammer gemäß § 938 ZPO gebeten, nach freiem Ermessen zu bestimmen, welche Anordnungen zur Erreichung des mit der einstweiligen Verfügung verfolgten Zwecks erforderlich sind.

22. Muster: Schulungskosten – Erstattung

Wir bestellen uns zu Verfahrensbevollmächtigten des Antragstellers und beantragen, einen möglichst frühen Anhörungstermin anzuberaumen, in dem wir beantragen zu erkennen:

1. Der Beteiligte zu 2. wird verpflichtet, an den Antragsteller ▬▬▬ EUR nebst 5% Zinsen über dem Basiszinssatz gemäß §§ 288 Abs. 1, 247 BGB i.V.m. § 7 des Überleitungsgesetzes zur Modernisierung des Schuldrechts (Art. 229 EGBGB) seit Einleitung des Beschlussverfahrens zu zahlen.
2. Der Beschluss ist vorläufig vollstreckbar.
3. Der Streitwert wird festgesetzt.

Gründe:

Der Antragsteller ist der Betriebsrat im Betrieb des Beteiligten zu 2. Der Beteiligte zu 3. ist Mitglied des Betriebsrats.

Der Antragsteller fasste am ▬▬▬ den Beschluss, dass der Beteiligte 3. an einer Bildungsveranstaltung des Veranstalters ▬▬▬ mit folgendem Inhalt ▬▬▬ teilnehmen soll.

Beweis: Vorlage des Beschlusses in Kopie – Anlage K 1.

Im Betrieb des Beteiligten zu 2. sind etwa ▬▬▬ Arbeitnehmer beschäftigt. Der Betriebsrat besteht aus ▬▬▬ Mitgliedern.

Die Bildungsveranstaltung umfasst folgenden Themenkatalog: ▬▬▬

Der Beschluss des Betriebsrats wurde dem Beteiligten zu 2. in der Sitzung am ▬▬▬ mitgeteilt. Der Beteiligte zu 2. erhob keine Einwände wegen des Zeitpunkts der Bildungsveranstaltung, bestreitet jedoch die Notwendigkeit der Schulung und verweigerte die Übernahme der Schulungskosten.

Beweis: ▬▬▬

Der Beteiligte zu 3. hat an der Veranstaltung teilgenommen. Gleichwohl weigert sich der Beteiligte zu 2. weiterhin, die Schulungskosten zu tragen.

Die Schulungskosten sind nach § 40 Abs. 1 BetrVG von dem Beteiligten zu 2. zu tragen. Nach § 37 Abs. 6 BetrVG hat ein Betriebsratsmitglied Anspruch auf die Teilnahme an Schulungs- und Bildungsveranstaltungen, in denen Kenntnisse vermittelt werden, die für die Arbeit des Betriebsrats erforderlich sind. Unbeachtlich ist in diesem Zusammenhang, ob die Schulungs- oder Bildungsveranstaltung nach § 37 Abs. 7 BetrVG von der zuständigen Behörde als geeignet anerkannt ist,

Fitting u.a., BetrVG, § 40 Rn 28b.

Nach der Rechtsprechung gelten die vermittelten Kenntnisse dann als erforderlich, wenn sie unter Berücksichtigung der konkreten Situation im Betrieb und im Betriebsrat benötigt werden, damit Betriebsratsmitglieder ihre derzeitigen oder demnächst anfallenden Aufgaben erfüllen können. Es muss deshalb für die Schulung ein konkreter, betriebsbezogener Anlass vorhanden sein, der eine Vermittlung von Kenntnissen für bestimmte Aufgaben des Betriebsrats notwendig macht,

Fitting u.a, BetrVG, § 37 Rn 80 mit zahlreichen Nachweisen aus der Rechtsprechung.

Vorliegend sind unter Berücksichtigung des dem Betriebsrat zustehenden Ermessensspielraums die Voraussetzungen einer die Anforderungen des § 37 Abs. 6 BetrVG erfüllenden Schulungsveranstaltung gegeben. Im Einzelnen:

Die Schulung vom ▬▬▬ bezieht sich nach dem Themenplan auf Aufgaben des Betriebsrats. Die Schulungsveranstaltung war nach den Verhältnissen des Betriebsrats aktuell notwendig, denn ▬▬▬.

Das Betriebsratsmitglied war schulungsbedürftig und es war ihm auch nicht zuzumuten, sich bei anderen Betriebsratsmitgliedern oder aus allgemein zugänglichen Quellen zu informieren, da ▬▬▬. Die Dauer der Schulungsveranstaltung war unter Berücksichtigung des zu vermittelnden Wissens angemessen.

Die Höhe der Schulungskosten beträgt ▬▬▬ EUR. Die Schulungskosten setzen sich aus folgenden Einzelpositionen zusammen: ▬▬▬

Beweis: ▬▬▬

Der Beteiligte zu 2. ist daher verpflichtet, die Schulungskosten für den Beteiligten zu 3. zu tragen.

Die vorläufige Vollstreckbarkeit des mit dem Antrag Ziffer 1 geltend gemachten Anspruchs ergibt sich daraus, dass es sich um eine vermögensrechtliche Streitigkeit handelt. In diesem Falle sind Beschlüsse vom Arbeitsgericht für vorläufig vollstreckbar zu erklären, §§ 85 Abs. 1 Satz 2 1. Hs., 87 Abs. 2 Satz 1 ArbGG.

23. Muster: Schutzschrift zur Abwehr eines arbeitgeberseitigen Antrags auf Erlass einer einstweiligen Verfügung zum Abbruch einer Betriebsratswahl

Schutzschrift

In dem möglichen

einstweiligen Verfügungsverfahren

in dem Beschlussverfahren

mit den Beteiligten

1. Firma ▬▬▬

– möglicher Antragsteller und Beteiligter zu 1. –
– im Folgenden: Antragsteller –

und

2. dem Wahlvorstand in der Firma ▬▬▬

– möglicher Antragsgegner und Beteiligter zu 2. –
– im Folgenden: Antragsgegner –

Verfahrensbevollmächtigte ▄▄▄

wegen: Abwehr einer einstweiligen Verfügung auf Abbruch einer Betriebsratswahl

bestellen wir uns zu Verfahrensbevollmächtigten des Beteiligten zu 2. und beantragen,

> über einen möglichen Antrag des möglichen Antragstellers auf Erlass einer einstweiligen Verfügung durch Zurückweisung zu entscheiden,

hilfsweise,

> über einen möglichen Antrag des Antragstellers auf Erlass einer einstweiligen Verfügung nicht ohne mündliche Verhandlung zu entscheiden.

Gründe:

Der Antragsteller hat den in der Zentrale des Antragstellers gebildeten Betriebsrat mit Schreiben vom ▄▄▄ aufgefordert, bis zum ▄▄▄ mitzuteilen, dass ein Betriebsrat in der Zentrale des Antragstellers nicht gewählt wird, und angedroht, gerichtliche Hilfe in Anspruch zu nehmen. In einem Gespräch am ▄▄▄ hat der Antragsteller mitgeteilt, dass er beabsichtigt, eine einstweilige Verfügung gegen den Antragsgegner auf Abbruch der mit Wahlausschreiben vom ▄▄▄ eingeleiteten Betriebsratswahl zu beantragen.

I. Zum Sachverhalt

Der Antragsteller ist eine Firma, die auf dem Gebiet ▄▄▄ tätig ist. Der Antragsteller hat insgesamt über ▄▄▄ hauptamtliche Mitarbeiter. Bundesweit betreibt der Antragsteller ▄▄▄ Geschäftsstellen.

Die Geschäftsstellen waren zunächst in sechs, nach der Wiedervereinigung in acht Bereiche gegliedert.

Einen eigenständigen Betrieb bildet die Zentrale in ▄▄▄. Die Geschäftsstellen betreuen ▄▄▄ unmittelbar. Die Zentrale hingegen nimmt Steuer- und Verwaltungsfunktionen wahr und unterstützt ▄▄▄.

Im Zuge einer Umstrukturierung im Jahre ▄▄▄ entfielen die Bereiche, die sich an den Ländergrenzen orientierten, wobei mehrere Länder zusammengefasst waren. Zur Bewahrung der bis dahin bestehenden Betriebsstruktur schlossen der Gesamtbetriebsrat und der Antragsteller unter dem ▄▄▄ eine Gesamtbetriebsvereinbarung, nach der nach Ziffer 1 die ▄▄▄ Geschäftsstellen in sieben betriebsratsfähige Einheiten mit der Bezeichnung „regionaler Betriebsrat" zusammengefasst wurden. Unter Ziffer 2 dieser Gesamtbetriebsvereinbarung wurde als eigenständige Vertretung folgend dem Betriebsbegriff der §§ 1, 4 BetrVG der Betriebsrat in der Zentrale genannt.

> **Mittel der Glaubhaftmachung:** Vorlage der Gesamtbetriebsvereinbarung vom ▄▄▄, Anlage B 1.

Nach einer erneuten Umstrukturierung im Jahre ▄▄▄ wurde erneut eine Umstrukturierung der betriebsratsfähigen Einheiten vorgenommen. Die ▄▄▄ Geschäftsstellen wurden nach § 2 einer unter dem ▄▄▄ neu abgeschlossenen Gesamtbetriebsvereinbarung nunmehr in lediglich vier Bereichen zusammengefasst, in denen jeweils ein Betriebsrat zu wählen ist. Keine Erwähnung findet mehr der Betriebsrat in der Zentrale.

> **Mittel der Glaubhaftmachung:** Vorlage der Gesamtbetriebsvereinbarung vom ▄▄▄, Anlage B 2.

Nach der Vorstellung des Gesamtbetriebsrats und des Antragstellers soll die Vertretung der Arbeitnehmer der Zentrale des Antragstellers durch den regionalen Betriebsrat Bereich II erfolgen.

Die verbandsinternen Umstrukturierungen haben allesamt lediglich in der Fläche stattgefunden. Die Zentrale war von diesen Umstrukturierungen nicht betroffen. In einer Betriebsversammlung hat sich die Mehrzahl der Arbeitnehmer in der Zentrale dafür ausgesprochen, dass die Zentrale als eigenständiger Betrieb auch bei einem Neuabschluss einer entsprechenden Gesamtbetriebsvereinbarung bestehen bleiben muss. Dies wurde dem Antragsteller und dem Gesamtbetriebsrat mit Schreiben vom ▄▄▄ mitgeteilt.

> **Mittel der Glaubhaftmachung:** Schreiben vom ▄▄▄, Anlage B 3.

Auf der Gesamtbetriebsratssitzung vom ▄▄▄ wurde über die als Anlage B 2 vorgelegte Gesamtbetriebsvereinbarung ein Beschluss gefasst. Die Mitglieder im Gesamtbetriebsrat, die die Arbeitnehmer in der Zentrale repräsentieren, haben der Gesamtbetriebsvereinbarung nicht zugestimmt.

> **Mittel der Glaubhaftmachung:** Beschlussprotokoll vom ▄▄▄, Anlage B 4.

Die Amtszeit des für den Betrieb der Zentrale gebildeten Betriebsrats endet am ▄▄▄. Der Betriebsrat hat mit Beschluss vom ▄▄▄ seiner Verpflichtung nach § 16 Abs. 1 BetrVG entsprechend einen Wahlvorstand, den Antragsgegner, bestellt.

> **Mittel der Glaubhaftmachung:** Bestellungsschreiben des Betriebsrats vom ▄▄▄, Anlage B 5.

Der Antragsgegner hat unter dem ▄▄▄ ein Wahlausschreiben zur Wahl eines Betriebsrats der Zentrale des Antragstellers erlassen.

> **Mittel der Glaubhaftmachung:** Wahlausschreiben vom ▄▄▄, Anlage B 6.

Kapitel 2: Vertretung von Betriebsräten im Beschlussverfahren

Mit Schreiben vom ▄▄▄ hat sich der Antragsteller an den Betriebsrat der Zentrale gewandt und diesen aufgefordert, bis zum ▄▄▄ zur Vermeidung gerichtlicher Schritte zu erklären, dass ein eigenständiger Betriebsrat in der Zentrale nicht gewählt wird.

Mittel der Glaubhaftmachung: Schreiben des Antragstellers vom ▄▄▄, Anlage B 7.

Unabhängig davon, dass der Betriebsrat eine solche Erklärung nicht abgeben kann, da allein der Antragsgegner über die Einleitung der Betriebsratswahl zu entscheiden hat, konnte der Betriebsrat auch inhaltlich eine Erklärung wie vom Antragsteller gewünscht nicht abgeben, weil er die abgeschlossene Gesamtbetriebsvereinbarung vom ▄▄▄ für unwirksam erachtet und somit in der Zentrale des Antragstellers sowohl nach §§ 1, 4 BetrVG, als auch nach der Gesamtbetriebsvereinbarung vom ▄▄▄ ein Betriebsrat zu wählen ist. Der Betriebsrat im Generalsekretariat hat sich hierzu eine gutachterliche Stellungnahme eingeholt.

Mittel der Glaubhaftmachung: Gutachterliche Stellungnahme vom ▄▄▄, Anlage B 8.

In einem Gespräch am ▄▄▄ hat daraufhin der Antragsteller angekündigt, dass er gegen den Antragsgegner eine einstweilige Verfügung gerichtet auf den Abbruch der mit Wahlausschreiben vom ▄▄▄ eingeleiteten Betriebsratswahl beantragen werde.

II. Rechtliche Würdigung

Eine solche einstweilige Verfügung wäre unbegründet.

1. Nach ständiger Rechtsprechung insbesondere des LAG Köln, aber auch anderer Landesarbeitsgerichte kann durch einstweilige Verfügung in ein laufendes Wahlverfahren nur unter besonderen Voraussetzungen, nämlich nur dann eingegriffen werden, falls ohne die einstweilige Verfügung die Nichtigkeit der Betriebsratswahl droht. Dies gilt insbesondere für eine einstweilige Verfügung, mit der der Abbruch der Betriebsratswahl erreicht werden soll. Denn durch eine durch einstweilige Verfügung durchgesetzte Verhinderung einer Betriebsratswahl im Fall von Wahlverstößen, die nur zu einer Anfechtbarkeit führen würden, würde dem Antragsteller mehr gegeben, als er mit der gesetzlich vorgesehenen Wahlanfechtung erreichen könnte. Eine erfolgreiche Wahlanfechtung nach § 19 Abs. 1 BetrVG hat keine rückwirkende Kraft, sondern wirkt nur für die Zukunft. Würde man dagegen bereits bei voraussichtlicher Anfechtbarkeit der bestehenden Wahl deren Abbruch zulassen, so würde das vom Betriebsverfassungsgesetz ersichtlich vorgesehene vorläufige Zustandekommen eines Betriebsrats von vornherein verhindert. Ferner würde mit dem Abbruch einer gegebenenfalls anfechtbaren Betriebratswahl die Möglichkeit einer Heilung von Mängeln der Wahl innerhalb der Zwei-Wochen-Frist des § 19 Abs. 2 BetrVG ausgeschlossen. Unter Berücksichtigung dieser Überlegungen ist deshalb nur bei mit Sicherheit drohender oder feststehender Nichtigkeit der bevorstehenden Wahl ein Verfügungsanspruch auf Abbruch der Wahl gegeben,

> LAG Köln 29.3.2001 – 5 TaBV 22/01, AiB 2001, 602; LAG Köln 17.4.1998 – 5 TaBV 20/98, LAGE § 19 BetrVG 1972 Nr. 16; LAG Köln 27.12.1989 – 10 TaBV 70/89, LAGE § 19 BetrVG 1972 Nr. 10; LAG München 3.8.1988 – 6 TaBV 41/88, LAGE § 19 BetrVG 1972 Nr. 7; GK-BetrVG/*Kreutz*, § 18 Rn 77.

Eine nichtige Betriebsratswahl ist nur in besonderen Ausnahmefällen anzunehmen, in denen gegen wesentliche Grundsätze des Wahlrechts in einem so hohen Maße verstoßen worden ist, dass nicht einmal der Anschein einer dem Gesetz entsprechenden Wahl mehr vorliegt. Erforderlich ist ein grober und offensichtlicher Verstoß gegen wesentliche gesetzliche Wahlregeln. Die Häufung von Verstößen gegen wesentliche Wahlvorschriften, von denen jeder für sich allein betrachtet lediglich eine Anfechtung der Betriebsratswahl rechtfertigt, führt nach der neueren Rechtsprechung des Bundesarbeitsgerichts nicht zur Nichtigkeit der Wahl, weder durch eine Addition der Summe der Fehler, noch durch eine Gesamtwürdigung der einzelnen Verstöße,

> BAG 19.11.2003 – 7 ABR 24/03, NZA 2004, 395.

2. Diese Voraussetzungen für den Erlass einer einstweiligen Verfügung auf Abbruch der mit Wahlausschreiben vom ▄▄▄ eingeleiteten Betriebsratswahl liegen nicht vor.

Die einstweilige Verfügung wäre schon deshalb unbegründet, weil die Verkennung des Betriebsbegriffs ohnehin nicht die Nichtigkeit der Wahl zur Folge hat. Dies hat das LAG München in der vorgenannten Entscheidung vom 3.8.1988 ausdrücklich unter Verweis auf die Rechtsprechung des Bundesarbeitsgerichts entschieden. Weiterhin hat das Bundesarbeitsgericht in einem aktuellen Beschluss entschieden, dass eine Betriebsratswahl, die unter Verkennung des Betriebsbegriffs durchgeführt wurde, grundsätzlich nicht nichtig ist. Die veröffentlichten Orientierungssätze 1 und 2 lauten:

> „1. Eine Betriebsratswahl ist nur nichtig bei groben und offensichtlichen Verstößen gegen wesentliche Grundsätze des gesetzlichen Wahlrechts, die so schwerwiegend sind, dass auch der Anschein einer dem Gesetz entsprechenden Wahl nicht mehr besteht.

2. Die Verkennung des Betriebsbegriffs führt ebenso wenig zur Nichtigkeit der Betriebsratswahl wie die Wahl eines Wahlvorstands durch die Belegschaft in einer Betriebsstätte, obwohl bereits der gemeinsame Wahlvorstand für eine einheitliche Betriebsratswahl im Gemeinschaftsbetrieb bestellt war."
BAG 19.11.2003 – 7 ABR 25/03, AP Nr. 55 zu § 19 BetrVG 1972.

Ebenso hat das LAG Köln in einem jüngeren Beschluss entschieden, dass die Wahl eines Betriebsrats in einem Betriebsteil in Verkennung des Betriebszwecks nicht zur Nichtigkeit der Wahl, sondern lediglich zur Anfechtbarkeit führt,
LAG Köln 17.11.2003 – 2 TaBV 44/03, juris.

Selbst wenn also vorliegend der Antragsgegner verkannt hätte, dass nicht der Betriebsbegriff nach §§ 1, 4 BetrVG der Betriebsratswahl zugrunde zu legen wäre, sondern die durch die Gesamtbetriebsvereinbarung vom 23.11.2005 geschaffene Struktur, die sich auch auf den Betrieb der Zentrale des Antragstellers beziehe, würde dies nicht die Nichtigkeit der eingeleiteten Betriebsratswahl zur Folge haben, so dass bereits aus diesem Gesichtspunkt der Abbruch der Wahl im Wege der einstweiligen Verfügung nicht begründet ist.

3. Im Übrigen liegt aber auch eine Verkennung des Betriebsgriffs nicht vor, weil die Zentrale des Antragstellers einen Betrieb i.S.v. §§ 1, 4 BetrVG bildet und die Gesamtbetriebsvereinbarung vom ▬▬▬ hieran nichts geändert hat, da diese Gesamtbetriebsvereinbarung unwirksam ist. Sie kann daher keine von §§ 1, 4 BetrVG abweichende Betriebsstrukturen nach § 3 BetrVG schaffen.

a) Der Betriebsrat in der Zentrale ist nicht nur – wie in der Betriebsvereinbarung vom ▬▬▬ vorgesehen – ein Spartenbetriebsrat. Er ist selbst ein gesetzlich vorgesehener Betriebsrat, denn die Zentrale stellt einen eigenen Betrieb i.S.v. §§ 1, 4 BetrVG dar.

Betrieb im Sinne des Betriebsverfassungsgesetzes ist eine organisatorische Einheit, innerhalb derer der Unternehmer zusammen mit von ihm beschäftigten Arbeitnehmern bestimmte arbeitstechnische Zwecke fortgesetzt verfolgt. Dabei müssen die an der Betriebsstelle vorhandenen materiellen und immateriellen Betriebsmittel für den oder die verfolgten arbeitstechnischen Zwecke zusammengefasst, geordnet und gezielt eingesetzt und die menschliche Arbeitskraft von einem einheitlichen Leitungsapparat gesteuert werden,
BAG 29.5.1991, AP Nr. 5 zu § 4 BetrVG 1972; BAG 19.2.2002, AP Nr. 13 zu § 4 BetrVG 1972.

Nach § 4 BetrVG gelten Betriebsteile als selbständige Betriebe, wenn sie die Voraussetzungen des § 1 Abs. 1 Satz 1 BetrVG erfüllen, d.h. in der Regel mindestens fünf ständig wahlberechtigte Arbeitnehmer haben, von denen drei wählbar sind, und räumlich weit vom Hauptbetrieb entfernt oder durch Aufgabenbereich und Organisation eigenständig sind. Sowohl § 4 Abs. 1 BetrVG als auch § 4 Abs. 2 BetrVG (Kleinstbetriebe) setzen einen Hauptbetrieb voraus. Dies ist regelmäßig der Betrieb, in dem die Leitungsaufgaben auch für den Betriebsteil (Abs. 1) oder den Kleinstbetrieb (Abs. 2) wahrgenommen werden. Maßgeblich sind insoweit die Leitungsfunktionen in den personellen und sozialen Angelegenheiten. Dies entspricht dem Grundsatz, dass die Interessenvertretung dort gebildet wird, wo die mitwirkungspflichtigen Arbeitgeberentscheidungen getroffen werden,
Fitting u.a., BetrVG, § 4 Rn 10.

Auf Antragstellerseite werden für die Mitarbeiter in der Zentrale die mitwirkungspflichtigen Entscheidungen getroffen. Das wird auch durch § 3 der streitbefangenen Gesamtbetriebsvereinbarung vom ▬▬▬ bestätigt, die ausdrücklich bestimmt, dass Ansprechpartner der Betriebsräte grundsätzlich Geschäftsführer ▬▬▬ ist. Die Aufgabenstellungen unterscheiden sich auch grundlegend von denen der Mitarbeiter in den Bereichen bzw. in der Fläche. Die Zentrale ist daher als Hauptbetrieb anzusehen. Zweifelhaft mag angesichts der eingeschränkten Entscheidungskompetenzen der Bereichsorganisationsleiter allenfalls sein, ob die Geschäftsstellen, gegebenenfalls die Bereichsgeschäftsstellen gemeinsam mit den ihnen angegliederten Geschäftsstellen selbständige Betriebe bilden oder Betriebsteile, die ggf. nach § 4 Abs. 1 BetrVG als selbständige Betriebe gelten. Für die Frage aber, ob beim Hauptbetrieb Zentrale ein gesetzlicher Betriebsrat zu bilden ist, ist diese auf die Geschäftsstellen bezogene Fragestellung irrelevant. Im Hauptbetrieb ist in jedem Fall nach § 1 BetrVG ein Betriebsrat zu wählen.

b) Durch die Gesamtbetriebsvereinbarung vom ▬▬▬ ist keine abweichende Betriebsstruktur geschaffen worden, weil die Gesamtbetriebsvereinbarung unwirksam ist.

aa) Grundsätzlich ist es möglich, wie durch die vorliegenden Gesamtbetriebsvereinbarungen geschehen, im Hinblick auf die Errichtung von Betriebsräten abweichende Regelungen durch Betriebsvereinbarungen zu treffen. Das ist gemäß § 3 Abs. 2 BetrVG dann der Fall, wenn keine tarifliche Regelung getroffen ist und auch kein anderer Tarifvertrag gilt. Insoweit besteht ein doppelter Zulässigkeitsvorbehalt.

Vorliegend wurde unter dem ▬▬▬ eine Betriebsvereinbarung zwischen dem Antragsteller und dem Gesamtbetriebsrat geschlossen, durch die für die Arbeitsverhältnisse der Beschäftigten der TVöD und weitere tarifvertragliche Regelungen Anwendung finden.

Fraglich ist, ob eine Nichtgeltung anderer Tarifverträge auch dann angenommen werden kann, wenn zwar keine originäre Tarifbindung vorliegt, einschlägige Tarifverträge aber durch anderweitige Einbeziehungsabreden in Bezug genommen werden. Teilweise wird vertreten, dass ein Tarifvertrag nur dann „gilt", wenn er normativ, also unmittelbar und zwingend i.S.v. § 4 Abs. 1 TVG gilt, was Tarifbindung des Arbeitgebers voraussetze,

Fitting u.a., BetrVG, § 3 Rn 68; GK-BetrVG/*Kraft/Franzen*, § 3 Rn 38.

Nach zutreffender Auffassung kommt es nicht auf den rechtstechnischen Geltungsgrund eines Tarifvertrages an, sondern neben der durch Tarifbindung vermittelten löst auch die durch Einbeziehungsabrede herbeigeführte Geltung eines anderen Tarifvertrages bereits die Sperrwirkung für Betriebsvereinbarungen aus,

Däubler/Kittner/Klebe/*Trümner*, BetrVG, § 3 Rn 122.

Im Rahmen der Sperrklausel des § 77 Abs. 3 BetrVG genügt die einzelvertraglich vereinbarte Tarifvertragsgeltung nicht,

Fitting u.a., BetrVG, § 77 Rn 82,

allerdings verlangt der Gesetzeswortlaut dort auch – anders als hier in § 3 Abs. 2 BetrVG – dass die Arbeitsbedingungen „durch Tarifvertrag" geregelt sind, um die Sperrwirkung für Betriebsvereinbarungen zu begründen. Die gleiche Formel findet sich auch in § 612a Abs. 1 Satz 3 BGB, wonach beim Betriebsübergang die Ablösung bisher tarifvertraglich geregelter Arbeitsbedingungen durch die Tarifverträge des Betriebserwerbers nur dann eintritt, wenn die Rechte und Pflichten bei dem neuen Inhaber durch Rechtsnormen eines anderen Tarifvertrages geregelt werden. „Geregelt werden" bedeutet allerdings, dass es nicht ausreicht, wenn nur der neue Arbeitgeber an diese Tarifverträge gebunden ist; auch der Arbeitnehmer muss kraft Mitgliedschaft in der tarifschließenden Gewerkschaft an den betreffenden Tarifvertrag gebunden sein,

BAG 21.2.2001 – 4 AZR 18/00, BB 2001, 1847.

§ 3 Abs. 2 BetrVG verlangt demgegenüber nur, dass kein anderer Tarifvertrag „gilt", lässt aber den Geltungsgrund im Vagen. Diese begrifflichen Differenzen lassen den Rückschluss zu, dass es hier gerade nicht ausschließlich auf den rechtstechnischen Geltungsgrund des Tarifvertrages ankommt. Im Betrieb Zentrale sind auch auf beiden Seiten Tarifparteien vorhanden – Arbeitgeber und die Gewerkschaft ver.di –, so dass sogar rechtstechnisch eine Tarifbindung möglich wäre.

Auch im Bereich des § 77 Abs. 3 BetrVG ist die Tarifbindung des Arbeitgebers hingegen keine Voraussetzung für die Sperrwirkung. Maßgeblich ist allein der Umstand, dass eine Tarifregelung besteht, in deren Geltungsbereich der Betrieb bei Tarifbindung fallen würde,

BAG 20.11.2001 – 1 AZR 12/01, EzA § 77 BetrVG 1972 Nr. 70.

Aufgrund der Geltung des TVöD muss vorliegend eine Sperrwirkung angenommen werden. Eine Gesamtbetriebsvereinbarung dieses Inhalts hätte nicht geschlossen werden dürfen. Die Gesamtbetriebsvereinbarung ist bereits wegen der Sperrwirkung des § 3 Abs. 2 BetrVG unwirksam.

bb) Als zuständiges Betriebsratsgremium kommt bei den Gestaltungsoptionen nach § 3 Abs. 1 Nr. 1 BetrVG nicht der Einzelbetriebsrat in Betracht. Zuständiges Betriebsratsgremium ist der Gesamtbetriebsrat, dessen originäre Zuständigkeit sich aus der rechtlichen Unmöglichkeit, eine Zusammenfassung durch Betriebsvereinbarung der einzelnen Betriebsräte erwirken zu können, ergibt,

Däubler/Kittner/Klebe/*Trümner*, BetrVG, § 3 Rn 126.

Der Gesamtbetriebsrat ist daher vorbehaltlich der Sperrwirkung des § 3 Abs. 2 BetrVG dasjenige Betriebsratsgremium, das legitimiert ist, eine entsprechende Regelung zu treffen.

Unter dem Gesichtspunkt der Regelungszuständigkeit zum Abschluss einer solchen Betriebsvereinbarung erscheint es problematisch, wenn eine Betriebsvereinbarung zur Abschaffung eines bestehenden Betriebsrats gegen dessen Willen führt. Mit der sich aus dem Gesetz ergebenden Zuständigkeit ist nicht beantwortet, ob ein Gesamtbetriebsrat legitimiert ist, eine Regelung zu treffen, die dazu führt, dass ein Betrieb – möglicherweise gegen den Willen seiner Belegschaft – die gesetzlich vorgesehene Repräsentation durch den Betriebsrat verliert. Insoweit handelt es sich um eine offene Regelungslücke im Gesetz. Aus diesem Grund wird man verlangen müssen, dass zur Betriebsersetzung die Zustimmung eines bestehenden Betriebsrats erforderlich ist,

Richardi/*Richardi*, BetrVG, § 3 Rn 80.

Wie bereits ausgeführt, handelt es sich beim Generalsekretariat um einen Betrieb, in dem gesetzlich ein Betriebsrat zu bilden ist und in dem seit jeher ein Betriebsrat besteht. Seine Zustimmung zur Abschaffung des Betriebsrats in der Zentrale wurde nicht erteilt. Unterstützt von der Belegschaft wurde vielmehr mit Schreiben vom ▬▬▬ eine Resolution der Betriebsversammlung gegen die Abschaffung des Betriebsrats in der Zentrale verfasst. Die Vertreter der Arbeitnehmer der Zentrale im Gesamtbetriebsrat haben in der Sitzung am ▬▬▬ gegen den Abschluss der Gesamtbetriebsvereinbarung vom ▬▬▬ gestimmt.

cc) Gemäß § 3 Abs. 1 Nr. 1 Buchst. b) BetrVG, in dessen Anwendung durch die Gesamtbetriebsvereinbarung vom ▪▪▪ die Zusammenfassung der regionalen Betriebsräte einschließlich des Wegfalls des Betriebsrats in der Zentrale erfolgte, kann durch Betriebsvereinbarungen für Unternehmen mit mehreren Betrieben die Zusammenfassung von Betrieben bestimmt werden, wenn dies die Bildung von Betriebsräten erleichtert oder einer sachgerechten Wahrnehmung der Interessen der Arbeitnehmer dient.

(1) Die Bildung von Betriebsräten wird immer dann erleichtert, wenn für Unternehmensbereiche, in denen bisher kein Betriebsrat gebildet wurde und die Belegschaft dort deswegen außerhalb des Schutzes durch das Betriebsverfassungsgesetz stand, nunmehr ein Betriebsrat gebildet werden kann.

Bei dem Antragsteller gab es seit jeher einen Betriebsrat. Seit Mitte ▪▪▪ war die Aufteilung kraft Gesamtbetriebsvereinbarung so festgelegt, dass es insgesamt acht Betriebsräte gab – sieben regionale Betriebsräte und den Betriebsrat in der Zentrale, bezeichnet als Spartenbetriebsrat, letztlich aber als gesetzlicher Betriebsrat des Hauptbetriebes nach §§ 1, 4 BetrVG. Durch diese Betriebsräte war die gesamte Belegschaft vertreten und jeder Mitarbeiter fiel unter den Schutz des Betriebsverfassungsgesetzes.

Es ist daher in Frage zu stellen, ob im Falle des § 3 Abs. 1 Nr. 1 Buchst. b) BetrVG der Voraussetzung „erleichterte Betriebsratsbildung" genügt wird, wenn durch die Zusammenlegung kein erweiterter Schutz geschaffen, sondern der bestehende Schutz verringert wird.

Nach zutreffender Auffassung in der Literatur ist es zweifelhaft, wenn ein bereits länger bestehender Betriebsrat, der problemlos seinen Aufgaben nachgegangen ist, durch den Kollektivvertrag aufgrund einer anderweitigen Wahlkreisbildung (z.B. der Bildung von Regionalbetriebsräten) „untergeht" und die dortige Belegschaft nunmehr mit anderen Belegschaftsteilen zu einem größeren Wahlkreis zusammengefasst wird,

Däubler/Kittner/Klebe/*Trümner*, BetrVG, § 3 Rn 30.

In der Praxis sind solche Fälle bekannt, wenn beispielsweise bisher eigenständige – etwa einzelkaufmännisch geführte – Unternehmen mit Einzelbetrieben und womöglich seit Jahrzehnten eingespieltem Betriebsrat im Wege eines Betriebsübergangs in ein Erwerberunternehmen mit weit verzweigter Filialstruktur eingegliedert werden. Zu einem solchen Sachverhalt hat das LAG Düsseldorf am 11.11.1999,

LAGE § 3 BetrVG 1972 Nr. 4,

entschieden, dass die Amtszeit der Betriebsräte der zusammengefassten Betriebe ende, wenn anlässlich einer Umstrukturierung, die auf einen Tarifvertrag nach § 3 Abs. 1 Nr. 3 BetrVG zurückgehe, bisher selbständige Betriebe zusammengefasst werden und dadurch ein neuer selbständiger Betriebsrat entstehe. Da § 3 Abs. 1 Nr. 3 BetrVG (a.F.) eine „Erleichterung" der Bildung von Vertretungen der Arbeitnehmer vorsehe, sei zwar zuvorderst an Fallkonstellationen gedacht, in denen Unternehmen über mehrere kleine Betriebsteile verfügen, die als selbständige Betriebe gelten, wo erfahrungsgemäß die Bildung von Betriebsräten erschwert oder wegen zu geringer Beschäftigungszahlen gar unmöglich sei. Aber auch eine „Verbesserung" der Möglichkeiten reiche aus. Die Tarifvertragsparteien hätten das Recht, betriebsverfassungsrechtliche Organisationseinheiten zu schaffen, die aus ihrer Sicht eine optimale Wahrnehmung der Beteiligungsrechte des Betriebsrats und eine größtmögliche Betreuung der Arbeitnehmer ermögliche, wobei den Tarifvertragsparteien aufgrund ihrer Sachnähe und der grundsätzlich garantierten Tarifautonomie ein gewisser Beurteilungsspielraum zukomme. Das LAG Düsseldorf hielt fest, dass aus dem dargestellten Verhalten ersichtlich sei, dass die Tarifvertragsparteien insgesamt eine Erleichterung der Bildung von Arbeitnehmervertretung im Sinn hatten, ohne hierbei auf die Eigenarten der ursprünglichen Betriebe oder Betriebsteile einzugehen. Deshalb erscheine das Vorgehen nicht nur sinnvoll und praktikabel, sondern entspreche auch noch dem Rechtsgedanken des § 3 BetrVG. Wenn die Konzentration der Wahrnehmung von Betriebsverfassungsrechten auf regional zuständige Betriebsräte zwar im Einzelfall dazu führe, dass in den einzelnen Warenhäusern kein Betriebsrat mehr als unmittelbarer Ansprechpartner vorhanden sei, würde die geringere Ortsnähe auf der anderen Seite dadurch kompensiert, dass Freistellungen nach § 38 BetrVG möglich würden oder die Zahl freigestellter Betriebsratsmitglieder zunehme. Hinzu komme, dass ein größerer Betriebsrat regelmäßig größere Kompetenzen als Verhandlungspartner aufweise und damit die Durchsetzung von Arbeitnehmerrechten und Ansprüchen verbessert werde. In dem zu entscheidenden Fall sei deshalb nicht erkennbar, dass in Unternehmen der Arbeitgeberin durch die Neuorganisation der Betriebsteile und deren Zuordnung die Rechte der Arbeitnehmervertretung nicht ausreichend beachtet worden seien. Im Gegenteil: Die Bildung von Regionalbetriebsräten dort, wo auch die betriebsverfassungsrechtlich relevanten Entscheidungen getroffen würden, führe dazu, dass die Stellung der Arbeitnehmer insgesamt verbessert werde und die Möglichkeit bestehe, eine effektive Interessenvertretung zu gewährleisten.

Im Rahmen des von der Norm geforderten „Erleichterungseffekts" steht den Vertragspartnern ein Beurteilungsspielraum zu. Allerdings wird in derlei Fällen durchaus seitens der Literatur vertreten, dass gewachsene Vertretungsstrukturen durch einen Kollektivvertrag unangetastet bleiben sollen,

Däubler/Kittner/Klebe/*Trümner*, BetrVG, § 3 Rn 30.

(2) Die alternative Voraussetzung der „Dienlichkeit zur sachgerechten Wahrnehmung der Arbeitnehmerinteressen" liegt vor allem dann vor, wenn die Zusammenfassung von Betrieben die Bildung von Betriebsratsgremien in einer Größenordnung erlaubt, die ein Mindestmaß an Professionalität durch Aufgabenteilung, Spezialisierung usw. (gegebenenfalls auch Freistellung gemäß § 38 BetrVG – dazu explizit auch LAG Düsseldorf vom 11.11.1999, LAGE § 3 BetrVG, 1972 Nr. 4, S. 5) ermöglicht. Denn erst wenn der Betriebsrat selbst seine Arbeit effektiv wahrnehmen kann, wird auch eine sachgerechte Wahrnehmung der Arbeitnehmerinteressen möglich,
Däubler/Kittner/Klebe/*Trümner*, BetrVG, § 3 Rn 32.

Dagegen wird die Zielrichtung einer bloßen Erleichterung der Betriebsratsarbeit – sofern nur nach innen gerichtet und nicht auf die Arbeitnehmerinteressen bezogen – ebenso wenig zu einer abweichenden kollektivvertraglichen Regelung berechtigen wie das Interesse des Unternehmers an einer Kosteneinsparung durch Verringerung von Betriebsratsgremien und Betriebsratsmitgliedern,
Däubler/Kittner/Klebe/*Trümner*, BetrVG, § 3 Rn 32.

Einer sachgerechten Wahrnehmung der Interessen der Arbeitnehmer ist Schwerwiegendes entgegenzusetzen. Als Grund für die Veränderung der Betriebsratsstrukturen wird die Umstrukturierung auf Verbandsebene vorgetragen. Der Verband werde in vier Bereiche eingeteilt, deshalb seien nunmehr auch eine Anpassung der Betriebsratsstruktur und eine Aufteilung in vier Betriebe notwendig. Gegen die Zusammenlegung des Betriebsrats in der Zentrale mit dem Betriebsrat II und dem Betriebsrat III betreffend eine Außenstelle in ▄▄▄ mit 1 Mitarbeiter der Zentrale spricht Folgendes: Die zunächst unter den regionalen Betriebsräten und nunmehr unter den Bereichen I bis IV zusammengefassten Geschäftsstellen haben ganz andere Aufgaben als die Zentrale: ▄▄▄

Nicht in Abrede zu stellen ist, dass ein größerer Betriebsrat regelmäßig größere Kompetenzen als Verhandlungspartner aufweist und damit die Durchsetzung von Arbeitnehmerrechten und Ansprüchen grundsätzlich verbessert werden können. Die Arbeitnehmerrechte werden vorliegend optimal vertreten. Die sich für die Belegschaft der Zentrale anfallenden Schwierigkeiten können am besten vor Ort gewahrt werden, denn in der Zentrale werden die die Mitarbeiter betreffenden Entscheidungen gefasst. Die Arbeitnehmerrechte und Ansprüche sind nur so gewahrt. Die übrigen Arbeitnehmer, die im Bereich II in Geschäftsstellen beschäftigt werden, verfolgen völlig andere Interessen. Der Betriebsrat des Bereichs II führt daher eine andersartig gestaltete Interessenwahrnehmung. Bei der Zusammenlegung fände keine Verbesserung der Interessenwahrnehmung der Mitarbeiter des Generalsekretariats statt, sondern eine Verschlechterung.

Zweck der gesetzlichen Ermächtigung, durch Tarifvertrag oder Betriebsvereinbarung eine von der gesetzlichen Regelung abweichende Zuordnung von Betriebsteilen oder Nebenbetrieben (nach § 3 BetrVG a.F.) vornehmen zu können, ist es, betriebsverfassungsrechtliche Organisationseinheiten zu schaffen, die eine optimale Wahrnehmung der Beteiligungsrechte des Betriebsrats und die größtmögliche Betreuung der Arbeitnehmer ermöglichen. Betriebliche Mitwirkung und Mitbestimmung der Betriebsräte im Sinne des Betriebsverfassungsgesetzes müssen dort ansetzen, wo die wesentliche betriebliche Leitungsmacht – insbesondere im sozialen, personellen und wirtschaftlichen Bereich – konkret entfaltet und ausgeübt wird und damit tatsächlich für die Arbeitnehmer relevante, insbesondere mitbestimmungspflichtige Entscheidungen des Arbeitgebers getroffen werden,
BAG 24.1.2001 – 4 ABR 4/00, NZA 2001, 1149 für einen Zuordnungstarifvertrag.

Auch das LAG Düsseldorf (a.a.O.) führt aus, dass die Bildung von Regionalbetriebsräten dort, wo auch die betriebsverfassungsrechtlich relevanten Entscheidungen getroffen würden, dazu führe, dass die Stellung der Arbeitnehmer insgesamt verbessert werde und die Möglichkeit bestehe, eine effektive Interessenvertretung zu gewährleisten. Da vorliegend die für die Arbeitnehmer der Zentrale betriebsverfassungsrechtlich relevanten Fragen gerade nicht auf Regionalebene, sondern in der Zentrale selbst getroffen werden, spricht dieses Argument klar dafür, dass der Betriebsrat in der Zentrale fortbestehen muss. Ansprechpartner der betriebsrätlichen Vertretung in der Zentrale ist und bleibt der Geschäftsführer. Die Interessenvertretung wird durch Abschaffung des Betriebsrats in der Zentrale nicht gestärkt, sondern geschwächt. Auch wenn die sonstige Umstrukturierungsmaßnahme notwendig und sinnvoll erscheint, eine grundlegende Änderung für die Zentrale liegt nicht vor. Die Änderung der Vertretungsstrukturen für die dort tätigen Arbeitnehmer ist nicht dienlich.

Im Hinblick auf die Rechtsprechung ist für den vorliegenden Fall Folgendes festzuhalten: Die vorliegende Konstellation unterscheidet sich insoweit, als dass hier kein Betrieb von einem Unternehmen übernommen und eingegliedert wurde, so dass ein Interesse einer unternehmensweit einheitlichen Handhabung besteht, sondern es bestand im gleichen Unternehmen bereits eine anerkannte Handhabung, die zudem allen Arbeitnehmern den Schutz des Betriebsverfassungsrechts zugute kommen ließ. Eine Abänderung der Vertretungsstrukturen lässt sich zwar insoweit nachvollziehen, als dass im Verband eine Umstrukturierung stattfand, im Zuge dessen vier Geschäftsbereiche eingeführt wurden und insoweit eine Zusammenfassung der zuvor sieben regionalen Betriebsräte in vier erfolgt. Den vier Bereichen sind Bereichsorganisationsleiter auf der regionalen Ebene vorgeschaltet, einen Bereichsorganisationsleiter für die Zentrale gibt es hingegen nicht, da hier unmittelbar der Geschäftsführer angesiedelt ist.

Mittel der Glaubhaftmachung: Organigramm vom ▄▄▄, Anlage B 9.

Warum aber zuvor der seit jeher bestehende Betriebsrat in der Zentrale neben den sieben Regionalbetriebsräten kraft Gesamtbetriebsvereinbarung bestand und nunmehr neben den vier Regionalbetriebsräten nicht mehr bestehen soll, ohne dass sich an der Struktur der Zentrale selbst etwas geändert hat und das Bedürfnis für einen Betriebrat weggefallen ist, ist nicht nachvollziehbar. Von sachgerechter Interessenwahrnehmung der Arbeitnehmer kann vorliegend nicht die Rede sein. Die Voraussetzung ist damit nicht erfüllt.

24. Muster: Tariflohnerhöhungen – Mitbestimmung bei Anrechnung auf Zulagen

Wir bestellen uns zu Verfahrensbevollmächtigten des Antragstellers und beantragen, einen möglichst frühen Anhörungstermin anzuberaumen, in dem wir beantragen zu erkennen:

1. Der Beteiligten zu 2. wird aufgegeben, es zu unterlassen, die Anrechnung von Tariflohnerhöhungen auf übertarifliche Zulagen bei den Gehältern der Mitarbeiterinnen und Mitarbeiter vorzunehmen.
2. Der Beteiligten zu 2. wird für jeden Fall der Zuwiderhandlung gegen eine Entscheidung entsprechend dem Antrag zu 1. ein Ordnungsgeld angedroht, dessen Höhe in das Ermessen des Gerichts gestellt wird.
3. Der Streitwert wird festgesetzt.

Gründe:

In mehreren neueren Beschlüssen hat das Bundesarbeitsgericht festgestellt, dass die Anrechnung von Tariflohnerhöhungen auf übertarifliche Zulagen generell der Mitbestimmung des Betriebsrats nach § 87 Abs. 1 Nr. 10 BetrVG unterliegt.

So liegt ein das Mitbestimmungsrecht des Betriebsrats gemäß § 87 Abs. 1 Nr. 10 BetrVG bei der Anrechnung von Tariflohnerhöhungen auf übertarifliche Zulagen begründender kollektiver Tatbestand in der Regel vor, wenn die Anrechnung aus Leistungsgründen, wegen der Kürze der Betriebszugehörigkeit bzw. der absehbaren Beendigung des Arbeitsverhältnisses oder wegen einer zuvor stattgefundenen Gehaltsanhebung erfolgt. Kein kollektiver Tatbestand ist hingegen anzunehmen, wenn die Anrechnung auf Wunsch eines Arbeitnehmers zur Vermeidung steuerlicher Nachteile vorgenommen wird,

BAG, Beschl. v. 27.10.1992, NZA 1993, 561.

Der Betriebsrat hat bei der Anhebung der Gehälter von AT-Angestellten gemäß § 87 Abs. 1 Nr. 10 BetrVG ebenfalls ein Mitbestimmungsrecht, solange ein mitbestimmtes Gehaltsgruppensystem noch nicht besteht,

BAG, Beschl. v. 27.10.1992, NZA 1993, 561.

Das Mitbestimmungsrecht des Betriebsrats bei der Anrechnung von Tariflohnerhöhungen auf übertarifliche Zulagen erstreckt sich immer nur auf kollektive Tatbestände,

BAG, Beschl. v. 3.12.1991, NZA 1992, 749.

Wird die Tariflohnerhöhung gegenüber einzelnen Arbeitnehmern aus Leistungsgründen angerechnet, während sie an andere voll weitergegeben wird, ist regelmäßig von einem kollektiven Tatbestand auszugehen, weil die Leistungen der einzelnen Arbeitnehmer notwendigerweise zueinander in ein Verhältnis gesetzt werden müssen,

BAG, Beschl. v. 22.9.1992, NZA 1993, 566.

Wird die Tariflohnerhöhung gegenüber einem Teil der Arbeitnehmer angerechnet, weil sie nach Auffassung des Arbeitgebers zu viele Tage infolge Krankheit gefehlt haben, ist regelmäßig von einem kollektiven Tatbestand auszugehen, weil die Leistungen der einzelnen Arbeitnehmer notwendigerweise zueinander in ein Verhältnis gesetzt werden müssen,

BAG, Beschl. v. 22.9.1992, NZA 1993, 568.

Wird die Tariflohnerhöhung gegenüber einem einzelnen Arbeitnehmer mit Rücksicht darauf angerechnet, dass dieser trotz Umsetzung auf einen tariflich niedriger bewerteten Arbeitsplatz unverändert die bisherige Vergütung erhält, handelt es sich dabei in der Regel nicht um einen der Mitbestimmung unterliegenden kollektiven Tatbestand,

BAG, Beschl. v. 22.9.1992, NZA 1993, 569.

Der Betriebsrat hat allerdings mitzubestimmen bei der Anrechnung einer in einer Betriebsvereinbarung vereinbarten Prämienlohnerhöhung auf übertarifliche Leistungen,

BAG, Beschl. v. 22.9.1992, NZA 1993, 570.

Beabsichtigt der Arbeitgeber, eine Tariferhöhung auf übertarifliche Zulagen teilweise anzurechnen, so hat der Betriebsrat bei den Verteilungsgrundsätzen ein Mitbestimmungsrecht nach § 87 Abs. 1 Nr. 10 BetrVG. Dieses Mitbestimmungsrecht sowie der Grundsatz vertrauensvoller Zusammenarbeit (§ 2 Abs. 1 BetrVG) werden verletzt, wenn der Arbeitgeber eigene Verteilungsgrundsätze vorgibt, über die er keine Verhandlungen zulässt, sondern für den Fall abweichender Vorstellungen des Betriebsrats von vornherein eine mitbestimmungsfreie Vollanrechnung vorsieht. Widerspricht der Betriebsrat hingegen in einem solchen Fall nicht der Verteilung, sondern der Kürzung des Leistungsvolumens, so überschreitet er sein Mitbestimmungsrecht nach § 87 Abs. 1 Nr. 10 BetrVG. Reagiert der Arbeitgeber darauf mit einer vollständigen Anrechnung, um einer Blockade seiner Maßnahmen auszuweichen, so ist das nicht zu beanstanden,

BAG, Urt. v. 26.5.1998, FA 1998, 379.

25. Muster: Überstunden – Unterlassen der Anordnung durch einstweilige Verfügung

Wir bestellen uns zu Verfahrensbevollmächtigten des Antragstellers und beantragen, durch einstweilige Verfügung – wegen der Dringlichkeit ohne vorherige mündliche Verhandlung – wie folgt zu beschließen:

1. Dem Beteiligten zu 2. wird aufgegeben, es zu unterlassen, Überstunden ohne Beachtung des Mitbestimmungsrechts des Antragstellers anzuordnen oder zu dulden.
2. Für jeden Fall der Zuwiderhandlung gegen die Verpflichtung aus Ziffer 1 wird dem Beteiligten zu 2. – bezogen auf jeden Tag und jeden Arbeitnehmer – ein Ordnungsgeld, dessen Höhe in das Ermessen des Gerichts gestellt wird, ersatzweise Ordnungshaft, angedroht.
3. Der Streitwert wird festgesetzt.

Gründe:
1. Der Antragsteller ist der Betriebsrat im Betrieb des Beteiligten zu 2. Es besteht die unmittelbare Gefahr, dass der Beteiligte zu 2. gegen seine Verpflichtungen aus dem Betriebsverfassungsgesetz verstößt. Im Betrieb des Beteiligten zu 2. sollen Überstunden ohne Zustimmung des Antragstellers durchgeführt werden. Die fehlende Zustimmung wurde auch nicht durch einen Einigungsstellenspruch ersetzt.

Glaubhaftmachung: Eidesstattliche Versicherung des Betriebsratsvorsitzenden – Anlage K 1.

Bei dem von dem Beteiligten zu 2. vorgesehenen Umfang von Überstunden ohne jegliche Zustimmung des Antragstellers handelt es sich um einen groben Verstoß i.S.v. § 23 Abs. 3 BetrVG. Die Anordnung von Überstunden ohne Zustimmung des Betriebsrats oder ohne den Betriebsrat zu fragen,

BAG, Beschl. v. 27.11.1990, AP Nr. 41 zu § 87 BetrVG 1972, Arbeitszeit,

und auch das mehrfache Übergehen der Mitbestimmungsrechte des Betriebsrats bei der Anordnung von Überstunden,

BAG, Beschl. v. 18.4.1985, AP Nr. 5 zu § 23 BetrVG 1972,

stellt eine grobe Pflichtverletzung i.S.v. § 23 Abs. 3 BetrVG dar.

2. Gemäß § 85 Abs. 2 ArbGG ist auch im Beschlussverfahren der Erlass einer einstweiligen Verfügung zulässig. Dies gilt auch, soweit die in § 23 Abs. 3 BetrVG geregelten Ansprüche des Betriebsrats durchgesetzt werden,

BAG, Beschl. v. 18.4.1985, AP Nr. 5 zu § 23 BetrVG 1972; LAG Düsseldorf, Beschl. v. 16.5.1990, NZA 1991, 29; LAG Schleswig-Holstein, Beschl. v. 15.11.1984, BB 1985, 997; LAG Köln, Beschl. v. 22.4.1985, NZA 1985, 634; ArbG Münster, Beschl. v. 8.9.1986, BB 1987, 61; ArbG Bamberg, Beschl. v. 30.11.1984, NZA 1985, 259.

3. Dem Antragsteller steht ein allgemeiner Unterlassungsanspruch zu,

BAG, Beschl. v. 18.4.1985, AP Nr. 5 zu § 23 BetrVG 1972; LAG Frankfurt, Beschl. v. 14.8.1990, LAGE Nr. 21 zu § 87 BetrVG 1972, Arbeitszeit; LAG Frankfurt, Beschl. v. 24.10.1989, DB 1990, 2126; LAG Hamburg, Beschl. v. 9.5.1989, AuR 1990, 202; LAG Köln, Beschl. v. 22.4.1985, NZA 1985, 634.

Der Verfügungsanspruch ergibt sich weiterhin aus § 87 Abs. 1 Nr. 3 BetrVG, wonach ohne Beachtung des Mitbestimmungsrechts angeordnete Überstunden zu unterlassen sind und deren Ableistung auch nicht geduldet werden darf,

BAG, Beschl. v. 27.11.1990, AP Nr. 41 zu § 87 BetrVG 1972, Arbeitszeit.

Der Hauptantrag findet seinen Rechtsgrund in § 23 Abs. 3 BetrVG, da die vorliegende Sachlage leicht überschaubar und rechtlich eindeutig ist und der Beteiligte zu 2. entgegen der ausdrücklichen Zustimmungsverweigerung durch den Betriebsrat und außergerichtlichen Abmahnung durch die Verfahrensbevollmächtigten nachhaltig gegen das Mitbestimmungsrecht nach § 87 Abs. 1 Nr. 3 BetrVG verstößt. Angesichts des kollektivrechtlichen Abmahnungsanspruchs ist weder die Darlegung einer Wiederholungsgefahr noch ein Verschulden des Beteiligten zu 2. erforderlich,

BAG, Beschl. v. 18.4.1985, AP Nr. 5 zu § 23 BetrVG.

4. Der Betriebsrat hat unabhängig vom Bestehen eines allgemeinen Anspruchs auf Unterlassung mitbestimmungswidrigen Verhaltens Anspruch darauf, dass Verstöße gegen eine Betriebsvereinbarung unterlassen werden. Ein Unterlassungsantrag nach § 87 BetrVG ist nicht schon deshalb unbestimmt, weil er die „Notfälle" und Sachverhalte ohne kollektiven Bezug nicht ausdrücklich ausklammert, wenn die Beteiligten um die zutreffende Subsumtion bestimmter Fallgestaltungen unter den Begriff des Notfalls und des kollektiven Bezugs nicht streiten,

LAG Köln, Beschl. v. 15.2.2001, NZA-RR 2002, 140.

5. Der Verfügungsgrund ergibt sich außerdem aus dem Umstand, dass die Beteiligungsrechte des Antragstellers entwertet werden, wenn die Rechtskraft eines Hauptsacheverfahrens abgewartet werden müsste,

LAG Frankfurt, Beschl. v. 19.4.1988, BB 1988, 2464; LAG Berlin, Beschl. v. 8.11.1990, AiB 1991, 110; LAG Bremen, Beschl. v. 25.7.1986, LAGE Nr. 7 zu § 23 BetrVG 1972; LAG Hamm, Beschl. v. 19.4.1973, DB 1973, 1024; ArbG Frankfurt a.M., Beschl. v. 11.2.1991, NZA 1991, 398.

Die besondere Eilbedürftigkeit folgt aus dem Umstand, dass die Einflussmöglichkeiten des Antragstellers, die dieser im Rahmen seines Mitbestimmungsrechts zu Gunsten der Arbeitnehmer auszuüben hat, täglich unwiederbringlich verloren gehen, solange es dem Betriebsrat nicht möglich ist, gegen den Arbeitgeber ein Zwangsmittel einzusetzen. Sollte der Vorsitzende gleichwohl eine mündliche Verhandlung für erforderlich halten, wird beantragt, die Ladungsfrist auf drei Tage zu verkürzen.

26. Muster: Unterlassenanspruch im Rahmen betriebsöffentlicher Auseinandersetzungen[19]

Wir bestellen uns zu Verfahrensbevollmächtigten des Antragstellers, in dessen Namen und Auftrag wir um kurzfristige Anberaumung eines Termins bitten. Wir werden beantragen, den Beteiligten zu 2. aufzugeben, es zu unterlassen,

1. Arbeitnehmerinnen und Arbeitnehmer des Betriebs die Kosten der Betriebsratstätigkeit per Aushang mitzuteilen;
2. per Aushang zu behaupten, der Betriebsratsvorsitzende ▬▬▬ und die stellvertretende Betriebsratsvorsitzende ▬▬▬ wollten das gesamte Unternehmen lahm legen;
3. per Aushang zu behaupten, dem Betriebsratsvorsitzenden und der stellvertretenden Betriebsratsvorsitzenden scheine eine aktive Mitarbeit fremd zu sein;
4. der Belegschaft öffentlich per Aushang mitzuteilen, der Betriebsrat habe sich „auf unsere und auf Ihre Kosten externe Berater sozusagen gekauft";
5. dem Betriebsrat gegenüber der Belegschaft vorzuwerfen, er habe grob fahrlässig und geschäftsschädigend gehandelt;
6. dem Betriebsrat gegenüber der Belegschaft zu unterstellen, er handele nicht im Interesse der Mitarbeiter.

Gründe:

1. Der Unterlassungsanspruch des Antragstellers ergibt sich aus § 78 Satz 1 BetrVG i.V.m. § 2 Abs. 1 BetrVG. § 78 BetrVG soll die Unabhängigkeit der Amtsausübung des Betriebsrats und seiner Mitglieder sichern. Dieser Sicherungszweck kann nur erfüllt werden, wenn Arbeitgeber und Betriebsrat das in § 2 Abs. 1 BetrVG herausgestellte Gebot der vertrauensvollen Zusammenarbeit hinreichend beachten. Zur vertrauensvollen Zusammenarbeit gehört der ehrliche und offene, aber auch respektvolle Umgang der Betriebspartner miteinander,

LAG Niedersachsen 6.4.2004, NZA-RR 2005, 78.

An diesen Grundlagen dürfen weder Betriebsrat noch Arbeitgeber rütteln. Diese Grundlage wird gestört, wenn nicht nur sachlich falsche, sondern böswillig abwertende Behauptungen aufgestellt werden, die geeignet sind, einen der Betriebspartner in den Augen der Belegschaft herabzusetzen,

GK-BetrVG/*Richardi*, § 2 Rn 14 m.w.N.

Die schriftlichen und mündlichen Äußerungen des Beteiligten zu 2. sind mit diesen Grundsätzen nicht in Einklang zu bringen. ▬▬▬

---

[19] Antrag der Entscheidung des LAG Niedersachen (6.4.2004 – 1 TaBV 64/03, NZA-RR 2005, 78) nachgebildet.

Kapitel 2: Vertretung von Betriebsräten im Beschlussverfahren

2. Der Beteiligte zu 2. kann demgegenüber nicht mit Erfolg das Recht auf freie Meinungsäußerung nach Art. 5 Abs. 1 GG ins Feld führen. Art. 5 Abs. 1 GG ist ein Abwehrrecht gegenüber staatlicher Gewalt. Die Meinungsfreiheit ist in Art. 5 Abs. 2 GG dem allgemeinen Gesetzesvorbehalt unterstellt. Daher ist es zwar im Ansatz richtig, wenn ein Arbeitgeber erwartet, dass sich der Betriebsrat in Auseinandersetzungen nicht „mimosenhaft" aufführt,

LAG Niedersachsen 6.4.2004, NZA-RR 2005, 78.

Es ist deshalb auch nicht unzulässig, die Meinungsverschiedenheiten öffentlich mit harten Bandagen zu führen, soweit sie nicht verletzend und in der Form unangemessen sind,

LAG Niedersachsen 6.4.2004, NZA-RR 2005,78.

Anders als bei den Tarifvertragsparteien im Arbeitskampf sind die Betriebspartner nach § 2 BetrVG stets zur vertrauensvollen Zusammenarbeit verpflichtet. So wenig wie sie nach § 74 Abs. 2 BetrVG einen Arbeitskampf gegeneinander führen dürfen, dürfen sie die Grundsätze der vertrauensvollen Zusammenarbeit, unter denen die Meinungsfreiheit als Vorbehalt steht, verletzen.

Die nachbenannten Äußerungen haben verletzenden Inhalt und sind mit dem Grundsatz der vertrauensvollen Zusammenarbeit nicht in Einklang zu bringen: ▪▪▪

27. Muster: Unterlassen betrieblicher Bildungsmaßnahmen ohne Information des Betriebsrats mit Ordnungsgeldandrohung

▪▪▪

Wir bestellen uns zu Verfahrensbevollmächtigten des Antragstellers, bitten um Anberaumung eines zeitnahen Termins, in dem wir beantragen werden:

1. Der Beteiligten zu 2. wird aufgegeben, es zu unterlassen, innerbetriebliche Bildungsmaßnahmen ohne vorherige Information und Zustimmung bzw. einen die Zustimmung ersetzenden Spruch einer Einigungsstelle durchzuführen.
2. Der Beteiligten zu 2. wird es untersagt, außerbetriebliche Bildungsmaßnahmen durchzuführen, ohne den Antragsteller zuvor über die Teilnehmer zu informieren und ihm Gelegenheit zur Stellungnahme hierzu zu geben.
3. Der Beteiligten zu 2. wird für jeden Fall der Zuwiderhandlung gegen eine Entscheidung entsprechend den Anträgen zu 1. und 2. ein Ordnungsgeld angedroht, dessen Höhe in das Ermessen des Gerichts gestellt wird.
4. Der Streitwert wird festgesetzt.

Gründe:

1. Der Antragsteller ist der Betriebsrat im Betrieb der Beteiligten zu 2.

Mit Schreiben vom ▪▪▪ erinnerte der Antragsteller die Beteiligte zu 2. an die Beachtung seines Mitbestimmungsrechts gemäß den §§ 96 bis 98 BetrVG.

Der Antragsteller macht geltend, dass seit ▪▪▪ zahlreiche inner- und außerbetriebliche Bildungsmaßnahmen ohne Information, geschweige denn Bitte um Zustimmung des Antragstellers gemäß § 98 BetrVG durchgeführt worden sind. Dem Antragsteller sind auch nicht die Teilnehmer der jeweiligen Bildungsmaßnahme rechtzeitig mitgeteilt worden, so dass er von seinem Vorschlagsrecht gemäß § 98 Abs. 3 Alt. 2 BetrVG nicht Gebrauch machen konnte. Im Einzelnen: ▪▪▪

2. Mit vorliegendem Antrag begehrt der Antragsteller, dass der Beteiligten zu 2. untersagt wird, künftig innerbetriebliche Bildungsmaßnahmen gemäß § 98 Abs. 1 BetrVG ohne vorherige Zustimmung des Antragstellers durchzuführen bzw. außerbetriebliche Bildungsmaßnahmen ohne vorherige Information über die ausgewählten Teilnehmer durchzuführen. Insofern hat der Antragsteller das Recht, alternative Vorschläge zu machen. Die Wahrnehmung dieses Rechts setzt jedoch voraus, dass ihm die von der Beteiligten zu 2. ausgewählten Teilnehmer zuvor mitgeteilt werden.

Wie der 1. Senat des Bundesarbeitsgerichts in seinen Entscheidungen vom 3.5.1994 (1 ABR 24/93, DB 1994, 2450) sowie vom 6.12.1994 (1 ABR 30/94, NZA 1995, 488) festgestellt hat, steht dem Betriebsrat bei Verletzung seiner Mitbestimmungsrechte ein Anspruch auf Unterlassung der mitbestimmungswidrigen Maßnahme zu. Dieser Anspruch setzt keine grobe Pflichtverletzung des Arbeitgebers i.S.v. § 23 Abs. 3 BetrVG voraus. Insoweit hat der Senat seine entgegenstehende frühere Rechtsprechung aufgegeben.

Die Durchführung innerbetrieblicher Bildungsmaßnahmen ist mitbestimmungspflichtig; dies ergibt sich aus dem klaren Wortlaut des § 98 Abs. 1 BetrVG. Der Betriebsrat kann verlangen, dass dem Arbeitgeber die mitbestimmungswidrige Durchführung derartiger Bildungsmaßnahmen untersagt wird.

Im Hinblick auf außerbetriebliche Bildungsmaßnahmen hat der Betriebsrat das Recht, alternative Vorschläge zu machen. Insoweit hat er natürlich im Hinblick auf die Auswahl des Arbeitgebers ein Informationsrecht, um sein Vorschlagsrecht ausüben zu können. Dieses Vorschlagsrecht würde leer laufen, wenn der Betriebsrat nicht auch hier einen Anspruch darauf hätte, dass der Arbeitgeber außerbetriebliche Bildungsmaßnahmen ohne entsprechende Information an ihn unterlässt.

Die Anträge sind demnach begründet.

28. Muster: Unterlassen der Beschäftigung eines eingestellten Mitarbeiters ohne Zustimmung des Betriebsrats

wegen: Beschäftigung eines Arbeitnehmers trotz fehlender Zustimmung nach § 99 BetrVG

Wir bestellen uns zu Verfahrensbevollmächtigten des Antragstellers und beantragen, durch einstweilige Verfügung – wegen der Dringlichkeit ohne vorherige mündliche Verhandlung – wie folgt zu beschließen:

1. Der Beteiligten zu 2. wird untersagt, bei Meidung eines vom Gericht festzusetzenden Zwangsgeldes bis zu 25.000 EUR oder Zwangshaft gegen die gesetzlichen Vertreter der Beteiligten zu 2., den Beteiligten zu 3. im Betrieb der Beteiligten zu 2. zu beschäftigen und tätig werden zu lassen, solange die Zustimmung zu seiner Einstellung nicht vom Antragsteller erteilt wurde oder die fehlende Zustimmung zur Einstellung gerichtlich ersetzt wurde.
2. Der Streitwert wird festgesetzt.

Gründe:

I.

Der Beteiligte zu 3. hat sich bei der Beteiligten zu 2. blind beworben. Später wurde seine Bewerbung der Stellenausschreibung ▬▬▬ von der Personalabteilung zugeordnet und mit Schreiben vom ▬▬▬ dem Antragsteller mit der Bitte um Zustimmung zur Einstellung nach § 99 BetrVG vorgelegt.

Glaubhaftmachung: Vorlage des Einstellungsantrags mit Anlagen – Anlage K 1.

Der Antragsteller teilte der Beteiligten zu 2. mit, dass er noch nicht ausreichend informiert sei und erbat ergänzende Unterlagen, so dass die Sieben-Tage-Frist des § 99 BetrVG noch nicht in Lauf gesetzt wurde.

Glaubhaftmachung: Schreiben des Antragstellers – Anlage K 2.

Darauf antwortete die Personalabteilung der Beteiligten zu 2. wie folgt: ▬▬▬

Glaubhaftmachung: Schreiben vom ▬▬▬ – Anlage K 3.

Der Antragsteller erbat mit Schreiben vom ▬▬▬ erneut Informationen.

Glaubhaftmachung: Schreiben des Antragstellers vom ▬▬▬ – Anlage K 4.

Daraufhin antwortete die Beteiligte zu 2. nicht mehr, sondern ließ den Beteiligten zu 3. die Arbeit am ▬▬▬ im Betrieb aufnehmen.

Glaubhaftmachung: Eidesstattliche Versicherung des ▬▬▬ – Anlage K 5.

II.

Zwischen den Beteiligten zu 1. und zu 2. besteht eine Betriebsvereinbarung über innerbetriebliche Stellenausschreibung.

Glaubhaftmachung: Vorlage der Stellenausschreibung in Kopie – Anlage K 6.

Die Fragen des Antragstellers beziehen sich damit auf den Verweigerungsgrund des § 99 Abs. 2 Nr. 1 BetrVG. Für den Antragsteller ist von Bedeutung, dass die Antragsgegnerin Blindbewerbungen, also solche Bewerbungen, die nicht auf Stellenausschreibungen erfolgen, nunmehr, wenn derzeit aus Sicht der Personalabteilung keine Stelle vakant ist, der sie zugeordnet werden können, zurückschickt, ohne dass der Antragsteller hiervon Kenntnis erlangt.

Glaubhaftmachung: Eidesstattliche Versicherung des Betriebsratsvorsitzenden – Anlage K 7.

Damit werden dem Antragsteller nicht die Unterlagen aller Bewerber vorgelegt, zu einem großen Teil erhält der Antragsteller überhaupt keine Kenntnis von den Bewerbungen, die bei der Beteiligten zu 2. eingehen.

Nach unumstrittener Rechtsprechung hat der Betriebsrat einen Anspruch darauf, dass ihm unter Vorlage der erforderlichen Bewerbungsunterlagen Auskunft auch über die Bewerber gegeben wird, die vom Arbeitgeber nicht berücksichtigt werden,

BAG, Beschl. v. 6.4.1973, AP Nr. 1 zu § 99 BetrVG 1972.

In der erwähnten Entscheidung hat das Bundesarbeitsgericht unter Bezugnahme auf die Begründung zum Regierungsentwurf grundsätzlich ausgeführt, dass unter Vorlage der erforderlichen Bewerbungsunterlagen bei Einstellungen die Unterlagen aller Bewerber verstanden werden müssen. Die Unterrichtungspflicht des Arbeitgebers hinsichtlich aller Bewerber für einen Arbeitsplatz in einem Betrieb besteht auch unabhängig davon, ob dem Betriebsrat im Einzelfall ein Zustimmungsverweigerungsrecht aus einem der Gründe des § 99 Abs. 2 BetrVG 1972 zusteht oder jedenfalls zustehen könnte.

Die Beteiligte zu 2. hat durch ihr Verhalten zum Ausdruck gebracht, dass sie sich über das System des Betriebsverfassungsgesetzes grundlegend hinwegsetzt. Nach § 99 Abs. 3 BetrVG besteht im Falle einer verweigerten Zustimmung des Betriebsrats kein eigenes, das Ermessen des Betriebsrats ersetzendes Prüfungsrecht der Beteiligten zu 2. Vielmehr hätte die Beteiligte zu 2. die Zustimmung, sofern möglich, durch das Arbeitsgericht ersetzen lassen müssen. Im Übrigen ist es so, dass durch die nicht ausreichende Information des Antragstellers die Wochenfrist des § 99 BetrVG noch nicht in Lauf gesetzt worden ist. Die Beteiligte zu 2. hat auch keine vorläufige Maßnahme nach § 100 BetrVG beantragt.

Der Verfügungsgrund ergibt sich vorliegend daraus, dass dem Antragsteller ein weiteres Zuwarten nicht zugemutet werden kann. Mit jedem Tag, an dem der Beteiligte zu 3. seiner Arbeitstätigkeit nachgeht, verdichtet sich dessen Rechtsposition und es kann deshalb die Beschränkung auf das Hauptsacheverfahren, bei dem vielleicht erst in mehreren Monaten angesichts der Belastung der Arbeitsgerichte ein Termin durchgeführt werden kann, nicht zugemutet werden. Es ist auch im Interesse des Beteiligten zu 3., dass er frühzeitig über die seiner Beschäftigung entgegenstehenden betriebsverfassungsrechtlichen Hinderungsgründe erfährt.

29. Muster: Unterlassen der Durchführung einer geplanten Betriebsänderung durch einstweilige Verfügung

85

wegen: Unterlassung der Durchführung der geplanten Betriebsänderung

Wir bestellen uns zu Verfahrensbevollmächtigten des Antragstellers und beantragen, durch einstweilige Verfügung – wegen der Dringlichkeit ohne vorherige mündliche Verhandlung – wie folgt zu beschließen:

1. Der Beteiligten zu 2. wird untersagt, bei Meidung eines vom Gericht festzusetzenden Zwangsgeldes bis zu 25.000 EUR bzw. Zwangshaft gegen die gesetzlichen Vertreter der Antragsgegnerin, die Auslagerung des Betriebsteils ▄▄▄ von ▄▄▄ nach ▄▄▄ so lange nicht vorzunehmen, bis ein Interessenausgleich abgeschlossen oder durch Spruch der Einigungsstelle das Scheitern der Verhandlungen über den Abschluss eines Interessenausgleichs festgestellt wurde.
2. Der Streitwert wird festgesetzt.

Gründe:

I.

Die Beteiligte zu 2. ist ein Unternehmen innerhalb der Konzerngruppe ▄▄▄. Der Hauptbetriebssitz ist in ▄▄▄.

In dem Hauptbetrieb existiert unter anderem der Betriebsteil ▄▄▄. Die Beteiligte zu 2. beabsichtigt, diesen Betriebsteil ▄▄▄ von ▄▄▄ nach ▄▄▄ zur Konzernmuttergesellschaft nach ▄▄▄ zu verlagern. Nach dem nunmehrigen Informationsstand des Antragstellers ist die konkrete Umsetzung der Maßnahme für ▄▄▄ geplant, ohne dass die Rechte des Betriebsrats gewahrt werden sollen.

Bei der Maßnahme handelt es sich um den Abbau von ▄▄▄. Von dieser Maßnahme werden ▄▄▄ Arbeitnehmer betroffen, deren Stellen durch den Vollzug dieser Maßnahme in Wegfall geraten. Verantwortlich für diese Maßnahme zeichnet Herr ▄▄▄.

Bereits am ▄▄▄ schlossen die Verfahrensbeteiligten einen Interessenausgleich und einen Sozialplan.

Glaubhaftmachung: ▄▄▄

Die jetzt eingeleiteten bzw. beabsichtigten Maßnahmen sind nicht durch den Interessenausgleich gedeckt.

Im Hinblick auf die o.g. Maßnahme ist es bisher zu keinerlei Verhandlungen, geschweige denn zu Vereinbarungen zwischen den verfahrensbeteiligten Parteien gekommen.
   Glaubhaftmachung: Vorlage der eidesstattlichen Versicherung des Betriebsratsvorsitzenden ▪▪▪.
Dass die konkrete Planung und Umsetzung der Maßnahme vollzogen werden sollte, erfuhr der Betriebsrat und Antragsteller erst ab etwa ▪▪▪ durch sporadische mündliche und teilweise schriftliche Informationen. Am ▪▪▪ wandte sich der Betriebsrat an den Geschäftsführer und forderte diesen auf, die beabsichtigte Maßnahme sofort zu stoppen. Der Kenntnisstand des Antragstellers beruhte zum damaligen Zeitpunkt lediglich auf mündlichen Informationen. Eine Antwort auf dieses Schreiben erhielt der Antragsteller nicht.
   Glaubhaftmachung: Vorlage des Schreibens des Betriebsrats an die Geschäftsführung vom ▪▪▪.
Erneut wandte sich der Betriebsrat schriftlich an die Geschäftsleitung.
   Glaubhaftmachung: Vorlage des Schreibens des Betriebsrats an die Geschäftsführung vom ▪▪▪.
Hierauf erwiderte die Geschäftsleitung mit einer kurzen Mitteilung, wonach bisher keine entsprechenden Entscheidungen getroffen worden seien.
   Glaubhaftmachung: Vorlage des Antwortschreibens vom ▪▪▪.
Die Antwort war jedoch für den Betriebsrat ebenso unvollständig wie unkonkret und konnte nur als weitere Hinhaltetaktik der Beteiligten zu 2. interpretiert werden.
Schließlich erfuhr der Betriebsrat noch Folgendes: ▪▪▪

II.

Aufgrund dieser Sachlage ist der Erlass einer einstweiligen Verfügung geboten.
1. Der Antragsteller leitet seinen Verfügungsanspruch aus dem bestehenden Interessenausgleich vom ▪▪▪ ab. Von der Rechtsprechung des Bundesarbeitsgerichts ist in ständiger Rechtsprechung anerkannt, dass der Betriebsrat vom Arbeitgeber die Durchführung bzw. Einhaltung einer Betriebsvereinbarung und die Unterlassung entgegenstehender Handlungen verlangen kann. Dieser Anspruch besteht unabhängig von der Streitfrage eines allgemeinen Unterlassungsanspruchs des Betriebsrats,

Vgl. BAG, Urt. v. 24.2.1987 sowie v. 10.11.1987, AP Nr. 21 und 24 zu § 77 BetrVG 1972; *Fitting u.a.*, BetrVG, § 77 Rn 193 m.w.N.

Die zwischen den Parteien abgeschlossene Betriebsvereinbarung ist Anspruchsgrundlage für den vorliegend geltend gemachten Unterlassungsanspruch in Verbindung mit § 77 Abs. 1 Satz 1 BetrVG.
Die Beteiligte zu 2. hat sich im vorliegenden Fall im Interessenausgleich vom ▪▪▪ verpflichtet, nur die im Interessenausgleich vereinbarten Betriebsänderungen durchzuführen.
Darüber hinaus geltende Betriebsänderungen dürfen nur durchgeführt werden, wenn hierüber der Versuch eines Interessenausgleichs vom Arbeitgeber unternommen wurde, wofür ein Zeitraum von bis zu 3 Monaten für Verhandlungen und Einigungsstelle zur Verfügung steht, § 113 Abs. 3 BetrVG.
2. Der Verfügungsgrund ergibt sich daraus, dass die Beteiligungsrechte des Betriebsrats und die Einwirkungsmöglichkeiten auf einen Interessenausgleich unmöglich gemacht werden, wenn die geplanten Maßnahmen bereits am ▪▪▪ durchgeführt werden. Die Ansprüche der Arbeitnehmer auf Nachteilsausgleich nach § 113 BetrVG stellen keine ausreichenden Sanktionen dar, die die Beteiligte zu 2. veranlassen könnten, die Beteiligungsrechte des Betriebsrats zu beachten.
Parallel zur Antragstellung im einstweiligen Verfügungsverfahren wird das Hauptsacheverfahren in einem gesonderten Schriftsatz anhängig gemacht.

↑

 30. Muster: Unterlassen des arbeitgeberseitigen Angebots von Aufhebungsverträgen vor Abschluss eines Interessenausgleichsversuchs durch einstweilige Verfügung[20]

▪▪▪

Wir bestellen uns zu Verfahrensbevollmächtigten des Antragstellers und beantragen, durch einstweilige Verfügung – wegen der Dringlichkeit ohne vorherige mündliche Verhandlung – wie folgt zu beschließen:
   1. Die Beteiligte zu 2. wird verpflichtet, es zu unterlassen, mit Mitarbeitern der Beteiligten zu 2. Aufhebungsverträge über die Beendigung ihrer Arbeitsverhältnisse abzuschließen, bis das Verfahren über einen Interessen-

---
20 Zur Rechtslage siehe § 7 Rn 55 f.

ausgleich nach §§ 111 ff. BetrVG entweder durch Abschluss eines Interessenausgleichs oder durch Feststellung des Scheiterns der Verhandlungen über einen Interessenausgleich durch den Einigungsstellenvorsitzenden abgeschlossen ist.

Hilfsweise:

Die Beteiligte zu 2. wird verpflichtet, es bis zum ▪▪▪ zu unterlassen, mit Mitarbeitern der Beteiligten zu 2. Aufhebungsverträge über die Beendigung ihrer Arbeitsverhältnisse abzuschließen.

2. Der Beteiligten zu 2. wird für jeden Fall der Zuwiderhandlung gegen eine Entscheidung entsprechend dem Antrag zu 1. ein Ordnungsgeld, dessen Höhe in das Ermessen des Gerichts gestellt wird, angedroht.

3. Der Streitwert wird festgesetzt.

Gründe:

1. Der Beteiligte zu 1. ist der gewählte Betriebsrat der Beteiligten zu 2. Geschäftszweck der Beteiligten zu 2. ist ▪▪▪.

2. Die Beteiligte zu 2. hat in einer Betriebsversammlung am ▪▪▪ und in einer Monatsbesprechung mit dem Antragsteller erklärt, dass ihr Betrieb am ▪▪▪ auf die Firma ▪▪▪ übergehen werde. Der Betriebserwerber habe allerdings verlangt, dass eine wesentlich schlankere Personalstruktur angestrebt werde und die Beteiligte zu 2. in diesem Zusammenhang gebeten, auch vor Betriebsübergang bereits in ausreichendem Umfange Maßnahmen zum Personalabbau zu ergreifen.

Glaubhaftmachung: Eidesstattliche Versicherung des Betriebsratsvorsitzenden ▪▪▪.

In der Zwischenzeit hat die Beteiligte zu 2. in einer Monatsbesprechung dem Antragsteller 40 Mitarbeiter namentlich benannt, mit denen Gespräche über Aufhebungsvereinbarungen geführt werden sollen.

Glaubhaftmachung: Eidesstattliche Versicherung des Betriebsratsvorsitzenden ▪▪▪.

Nachdem die Beteiligte zu 2. dem Antragsteller im Einzelnen erläutert hat, welche Änderungen in den Verfahrensabläufen und der Produkt- und Vertriebsstrategie neben dem Betriebsübergang anstehen, steht fest, dass nicht nur ein Betriebsübergang, sondern auch eine Betriebsänderung i.S.v. § 111 BetrVG vorgenommen werden soll. Im Einzelnen: ▪▪▪.

3. Die Beteiligte zu 2. ist danach verpflichtet, über die gesamte Betriebsänderung mit dem Antragsteller zu verhandeln. Denn insoweit ist die geplante Betriebsänderung nicht teilbar. Gemäß den vorliegenden Unterlagen und den Erklärungen der Geschäftsleitung sollen generell schlankere Strukturen geschaffen werden. Dies beinhaltet eine Reduzierung des Personals, die unter anderem durch den Abschluss der Aufhebungsverträge erreicht werden soll. Die Reduzierung des Personals unter Aufrechterhaltung der bisherigen Leistungsfähigkeit kann nur durch Leistungsverdichtung und Abbau von Hierarchieebenen sowie eine Angleichung des Vergütungsgefüges erreicht werden.

Entscheidend für die Frage der Teilbarkeit von Betriebsänderungen ist der Inhalt der Planungsentscheidung. Beruhen selbst zeitversetzt durchgeführte gleichartige Maßnahmen auf einer einheitlichen Planungsentscheidung des Unternehmens, so bleiben sie wirtschaftlich-sozial eine einheitliche Maßnahme, die nur insgesamt einheitlich beurteilt werden kann,

BAG, Urt. v. 22.5.1979, AP Nr. 3 zu § 111 BetrVG; BAG, Urt. v. 26.10.1982, AP Nr. 10 zu § 111 BetrVG.

Selbst bei verschiedenartigen Maßnahmen ist eine Zusammenrechnung vorzunehmen, wenn zwischen den verschiedenen Maßnahmen ein derartiger Zusammenhang besteht, dass letztlich materiell eine einheitliche Planungsentscheidung vorliegt. Ein solcher Zusammenhang ist gegeben, wenn betriebswirtschaftlich-organisatorisch die Maßnahmen so eng zusammenhängen, dass über sie nur einheitlich entschieden werden kann,

vgl. zum Ganzen *Baeck/Diller*, NZA 1997, 689.

Vorliegend kann nur von einer einheitlichen Planungsentscheidung ausgegangen werden. Dies ergibt sich aus sämtlichen Erklärungen der Geschäftsleitung. Eine Personalreduzierung in dem vorgesehenen Umfang ist nach den Planungen nur möglich, wenn Synergieeffekte genutzt und durch eine entsprechende Reorganisation der bisherigen Strukturen umgesetzt werden können. Beide Maßnahmen bilden mithin eine Einheit.

An diesem Ergebnis ändert sich nichts dadurch, dass zusätzlich zur Betriebsänderung ein Betriebsübergang nach § 613a BGB geplant ist. Beginnt der Betriebsveräußerer mit der Umsetzung einer einheitlichen Betriebsänderung, wird diese nicht dadurch teilbar, dass der Erwerber während des Verlaufes der Betriebsänderung im Wege der Einzelrechtsnachfolge in die Rechte und Pflichten des Betriebsveräußerers eintritt. Zielsetzung des § 613a BGB, der durch das Betriebsverfassungsgesetz 1972 (vom 15.1.1972, BGBl I 1972, 13) eingefügt worden ist, war erklärtermaßen, dass sich die Betriebsveräußerung auf den Fortbestand der betriebsverfassungsrechtlichen Organe nicht auswirken sollte,

vgl. *Richardi*, RdA 1976, 56, 57; *Wiedemann/Willemsen*, RdA 1979, 419, 420.

Der Gesetzgeber ist davon ausgegangen, dass durch den Eintritt des Betriebserwerbers in die Rechtsstellung des Betriebsveräußerers allein weder die betriebliche Identität beeinträchtigt wird, noch die Kontinuität der Arbeit des Betriebsrats unterbrochen wird. Dementsprechend hat der Betriebsveräußerer, wenn er mit der Umsetzung einer einheitlichen Betriebsänderung beginnt, hierüber auch in vollem Umfang die Interessenausgleichsverhandlungen zu führen.

Dem Beteiligten zu 1. steht mithin ein Verhandlungsanspruch über den Interessenausgleich gemäß §§ 111 ff. BetrVG zu. Die Beteiligte zu 2. beabsichtigt, mit dem Abschluss der Aufhebungsverträge vollendete Tatsachen zu schaffen und mithin den Verhandlungsanspruch des Beteiligten zu 1. zu unterlaufen. Sind die Aufhebungsverträge erst abgeschlossen, steht dem Beteiligten zu 1. darüber ein Verhandlungsanspruch innerhalb von Interessenausgleichsverhandlungen nicht mehr zu. Ein Rechtsschutzbedürfnis des Betriebsrats auf Verhandlung über einen Interessenausgleich wird nach Umsetzung der geplanten Maßnahmen verneint.

Mit der eingeleiteten Umsetzung der Betriebsänderung unterläuft die Beteiligte zu 2. aber nicht nur den Verhandlungsanspruch des Beteiligten zu 1., vielmehr hindert die Beteiligte zu 2. den Beteiligten zu 1. auch daran, seine Aufgaben gemäß § 80 Abs. 1 Nr. 1 BetrVG im Interesse der Arbeitnehmer wahrzunehmen. Die Beteiligte zu 2. hat die Planungsentscheidung getroffen, einen erheblichen Personalabbau vorzunehmen. Bei einem Abbau des Personals aus betriebsbedingten Gründen hat gemäß § 1 Abs. 3 Satz 1 KSchG eine Sozialauswahl zu erfolgen, bei der die Sozialdaten Betriebszugehörigkeit, Lebensalter und Unterhaltspflichten zu berücksichtigen sind. Mit dem Abschluss von Aufhebungsverträgen will die Beteiligte zu 2. diese gesetzlich vorgeschriebene Sozialauswahl vermeiden. Gerade in diesem sensiblen Bereich, in dem durch den Abschluss von Aufhebungsverträgen die Mechanismen des Kündigungsschutzgesetzes gezielt umgangen werden sollen, ist es dringend erforderlich, dass zumindest der Beteiligte zu 1. in die Konzeption einbezogen wird und der Steuerungsfunktion des Interessenausgleichs gerecht werden kann.

In der Rechtsprechung der Instanzgerichte ist das Bestehen eines Unterlassungsanspruchs, der im Wege einer einstweiligen Verfügung durchgesetzt werden kann, umstritten. Für das Bestehen eines solchen Unterlassungsanspruchs sprechen die folgenden Erwägungen:

Das Verfahren von Interessenausgleich und Sozialplan einschließlich des Versuchs eines Interessenausgleichs muss noch in einem Zeitraum umgesetzt werden, in dem die geplante Betriebsänderung noch nicht, auch nicht teilweise, verwirklicht worden ist. Wenn der Betriebsrat einen Anspruch auf Aufnahme von Verhandlungen über den Abschluss eines Interessenausgleichs hat, wenn er inhaltliche Beratung über die Frage, ob, wann und wie die geplante Betriebsänderung durchgeführt werde, bis hin zur Einsetzung einer Einigungsstelle fordern kann, dann gebietet der Grundsatz der vertrauensvollen Zusammenarbeit, dass der Unternehmer grundsätzlich vor Durchführung von Einzelmaßnahmen aus einer geplanten Betriebsänderung so lange zu warten hat, bis das Verfahren über einen möglichen Interessenausgleich abgeschlossen ist.

Würden die Maßnahmen vom Unternehmer vorher durchgeführt, so ist ein Interessenausgleich nicht mehr möglich und die Rechte des Betriebsrats werden zur Makulatur. Ein die Mitbestimmungsrechte übergehendes Unternehmerverhalten widerspricht dem Grundsatz und dem Gebot der vertrauensvollen Zusammenarbeit nach § 2 Abs. 1 BetrVG. Das Zusammenarbeitsgebot ist gerichtet auf das Wohl der Arbeitnehmer und des Betriebs.

Im Einzelfall hat deswegen eine Abwägung mit den Interessen des Betriebsrats als des Vertreters der Belegschaft stattzufinden, um etwa unverhältnismäßig große Schäden für den Betrieb zu vermeiden. Nach § 85 Abs. 2 Satz 2 ArbGG i.V.m. § 938 Abs. 1 ZPO ist es in das freie Ermessen des Gerichts gestellt, welche Anordnungen zu Erreichung des mit der einstweiligen Verfügung verfolgten Zwecks für erforderlich gehalten werden und getroffen werden. Deshalb können einzelne Maßnahmen untersagt werden, wie beispielsweise der Ausspruch betriebsbedingter Kündigungen, wobei eine zeitliche Begrenzung zu dem Zweck einer nur vorläufigen Sicherung nach § 2 BetrVG erfolgen kann. Nach § 940 ZPO ist jede Regelung zulässig, sofern sie zur Abwendung wesentlicher Nachteile oder aus anderen Gründen nötig erscheint,

> LAG Hamburg, Urt. v. 13.11.1981, AuR 1982, 389; ArbG Hamburg, Urt. v. 7.11.1985, n.v., bestätigt durch LAG Hamburg, Urt. v. 5.2.1986, DB 1986, 598; LAG Frankfurt, Urt. v. 21.9.1982, DB 1983, 613; LAG Berlin, EzA Schnelldienst 1995, Nr. 23, S. 12; ArbG Hamburg, Urt. v. 29.11.1993 – 27 BVGa 5/93, n.v.; offen gelassen und die Durchsetzbarkeit des Verhandlungsanspruchs per einstweiliger Verfügung bejahend ArbG Bonn, Urt. v. 15.6.1994 – 2 BVGa 8/94, n.v., aus der Literatur: *Fitting u.a.*, BetrVG, § 111 Rn 90 ff.; GK-BetrVG/*Fabricius*, § 111 Rn 357; *Derleder*, AuR 1995, 17.

Die gegenteilige Ansicht wird im Wesentlichen darauf gestützt, dass es sich bei dem Interessenausgleich lediglich um eine Naturalobligation ohne kollektivrechtlichen Durchsetzungsanspruch handelt,

> vgl. hierzu *Richardi*, NZA 1995, 8; *Walker*, DB 1995, 1961, 1965; *Konzen*, NZA 1995, 865, 872, *Hümmerich/Spirolke*, BB 1996, 1986.

Durch die neueren Gesetzgebungsmaßnahmen ist die Haltbarkeit dieser Prämisse jedoch in Zweifel zu ziehen. So hatte der Gesetzgeber in dem seit 1.10.1996 eingefügten § 1 Abs. 5 KSchG bestimmt, dass dann, wenn bei einer Kündigung aufgrund einer Betriebsänderung nach § 111 BetrVG die Arbeitnehmer, denen gekündigt werden soll, in einem Interessenausgleich zwischen Arbeitgeber und Betriebsrat namentlich bezeichnet sind, vermutet wird, dass die Kündigung durch dringende betriebliche Erfordernisse i.S.d. Absatzes 2 bedingt ist. Diese Regelung ist zwar zwischenzeitlich durch das Gesetz zu Korrekturen in der Sozialversicherung und zur Sicherung der Arbeitnehmerrechte vom 19.12.1998

(BGBl I, 3843) aufgehoben worden. In § 323 Abs. 2 UmwG ist aber nach wie vor bestimmt, dass die Zuordnung der Arbeitnehmer zu einem bestimmten Betrieb oder Betriebsteil nach einer Verschmelzung, Spaltung oder Vermögensübertragung in einem Interessenausgleich durch das Arbeitsgericht nur auf grobe Fehlerhaftigkeit überprüft werden kann. Zudem enthält § 125 InsO eine weitgehend dem früheren § 1 Abs. 5 KSchG inhaltsgleiche Bestimmung. Wenn der Gesetzgeber nunmehr dem Interessenausgleich ein erheblich größeres Gewicht beimisst, indem er erstmals an den Interessenausgleich individualrechtliche Folgewirkungen knüpft, die auf die Wirksamkeit einer Kündigung unmittelbar durchschlagen, so kann von einer bloßen „Naturalobligation" kaum mehr gesprochen werden,

vgl. hierzu *Däubler*, RdA 1995, 136, 141; offen gelassen bei *Bader*, NZA 1996, 1125, 1133.

Bislang wurde aus der Systematik der §§ 111 ff. BetrVG insbesondere im Hinblick auf die Sanktion des Nachteilsausgleichs in § 113 BetrVG gefolgert, dass der Gesetzgeber eben an den Interessenausgleich bzw. das Unterlassen des Versuchs eines Interessenausgleichs keine Wirksamkeitsfolgen für eine unter Verstoß gegen den Verhandlungsanspruch des Betriebsrats ausgesprochene Kündigung geknüpft hat. Aus den neueren gesetzlichen Vorschriften ergibt sich unterdessen, dass der Gesetzgeber die Funktion des Interessenausgleichs insoweit aufgewertet hat, als er nunmehr individualrechtliche Folgewirkungen an den Interessenausgleich knüpft.

Rein vorsorglich stellt der Beteiligte zu 1. die Hilfsanträge.

Abschließend ist darauf hinzuweisen, dass der Beteiligten zu 2. durch Erlass der begehrten einstweiligen Verfügung kein unverhältnismäßiger Schaden droht.

31. Muster: Unterlassen von Kündigungen vor Abschluss des Interessenausgleichsversuchs durch einstweilige Verfügung[21]

Wir bestellen uns zu Verfahrensbevollmächtigten des Antragstellers und beantragen, durch einstweilige Verfügung – wegen der Dringlichkeit ohne vorherige mündliche Verhandlung – wie folgt zu beschließen:

1. Der Beteiligten zu 2. wird untersagt, personelle Maßnahmen, seien es Kündigungen, Änderungskündigungen oder Versetzungen, vorzunehmen, bis die Verhandlungen über einen Interessenausgleich entsprechend § 112 Abs. 1 und 2 BetrVG abgeschlossen oder gescheitert sind.
2. Für jeden Fall der Zuwiderhandlung gegen die Verpflichtung aus Ziffer 1 wird der Beteiligten zu 2. ein Ordnungsgeld bis zu 250.000 EUR, ersatzweise Ordnungshaft, angedroht.
3. Der Streitwert wird festgesetzt.

Gründe:

1. Der Antragsteller ist der Betriebsrat im Betrieb der Beteiligten zu 2.

Am ▪▪▪ führte die Beteiligte zu 2. eine Informationsveranstaltung für alle Mitarbeiter im Betrieb durch, wobei durch die Geschäftsleitung erklärt wurde, aufgrund Auftragsrückgangs und zu hoher Personalkosten sei ein erheblicher Personalabbau erforderlich. Bis zum heutigen Tage hat die Beteiligte zu 2. keine Verhandlungen zum Abschluss eines Interessenausgleichs mit dem Antragsteller aufgenommen.

Glaubhaftmachung: Eidesstattliche Versicherung des Betriebsratsvorsitzenden ▪▪▪.

Der Antragsteller hat einen Anspruch auf Erlass einer einstweiligen Verfügung gemäß §§ 111 Satz 1 und 112 Abs. 1 und Abs. 2 Satz 1 und 2 BetrVG.

Spätestens seit dem Datum, ab dem die Beteiligte zu 2. den in der Informationsveranstaltung bekannt gegebenen massiven Personalabbau plant, steht fest, dass Beendigungskündigungen in über die nach der Rechtsprechung des BAG erforderlichen Prozentsätze hinausgehendem Umfang ausgesprochen werden müssen, um den von der Geschäftsleitung angestrebten Personalabbau umzusetzen. Nach § 111 BetrVG ist die Beteiligte zu 2. daher verpflichtet, den Antragsteller über eine geplante Betriebsänderung zu unterrichten und dies mit ihm zu beraten. Der Betriebsrat hat einen entsprechenden Anspruch,

LAG Frankfurt, Beschl. v. 21.9.1982, DB 1983, 613.

Zur Sicherung dieser betriebsverfassungsrechtlichen Ansprüche auf Unterrichtung und Beratung ist der Beteiligten zu 2. zu untersagen, einzelne Maßnahmen im Rahmen der Durchführung der Betriebsänderung vorzunehmen.

---

21 Zur Rechtslage siehe § 7 Rn 55.

Nach der gesetzlichen Regelung in den §§ 111, 112 und 113 Abs. 3 BetrVG ist die Beteiligte zu 2. auch verpflichtet, vor Durchführung einer Betriebsänderung mit dem Betriebsrat hierüber zu verhandeln und den Versuch eines nicht erzwingbaren Interessenausgleichs durch Gespräche mit dem Betriebsrat zu unternehmen. Der Gesetzgeber hat damit über ein bloßes Informations- und Beratungsrecht hinaus ein Verfahren festgelegt, das dem Ziel dient, einen Interessenausgleich zu erreichen.

Der Beteiligten zu 2. ist daher die Durchführung der Betriebsänderung bis zum Abschluss des Verfahrens zum Versuch eines Interessenausgleichs einschließlich der Einigungsstellenverhandlungen zu untersagen.

Die Verletzung des Mitbestimmungsrechts des Antragstellers gibt diesem einen Unterlassungsanspruch, der im Wesentlichen auf die Entscheidung des BAG vom 18.4.1985 gestützt wird. Das BAG führt u.a. aus:

„Daraus ergibt sich zugleich, dass beide Seiten jeweils diejenigen Handlungen zu unterlassen haben, die geeignet sind, die gemeinsam auszuübenden Normsetzungsbefugnisse inhaltlich auszuschließen oder ihre Wahrnehmung unmöglich zu machen. Damit kommen nach § 87 Abs. 1 BetrVG nicht nur Unterlassungsansprüche des Betriebsrats, sondern auch des Arbeitgebers in Betracht ▄▄▄. Damit ist eine positive gesetzliche Regelung von Unterlassungsansprüchen in § 87 Abs. 1 BetrVG nicht notwendig. Ihr könnte nur deklaratorische Bedeutung zukommen."

BAG, Beschl. v. 18.4.1985, AP Nr. 5 zu § 23 BetrVG 1972.

Ein Unterlassungsanspruch während der Verhandlungen über einen Interessenausgleich wird weitgehend in der Rechtsprechung angenommen:

LAG Frankfurt, Beschl. v. 30.8.1984, BB 1985, 659; LAG Hamburg, Beschl. v. 8.6.1983, DB 1983, 2369; LAG Frankfurt, Beschl. v. 21.9.1982, DB 1983, 613; ArbG Eisenach, Beschl. v. 1.2.1994, AuR 1994, 35; ArbG Bamberg, Beschl. v. 30.11.1984, NZA 1985, 259.

Der Verfügungsgrund ergibt sich daraus, dass die Beteiligungsrechte des Antragstellers entwertet werden, wenn die Rechtskraft eines Hauptsacheverfahrens abgewartet werden müsste. Hierzu im Einzelnen:

Dütz, Unterlassungs- und Beseitigungsansprüche des Betriebsrats gegen den Arbeitgeber, S. 64 ff.; *Pahle*, NZA 1990, 51; *Jauernig*, NJW 1973, 1671.

Um die Rechte des Antragstellers zu wahren, ist es erforderlich, den Beginn der Durchführung der Betriebsänderung solange zu untersagen, bis der Interessenausgleich ausreichend verhandelt worden ist. Hierzu gehören auch die Verhandlungen vor der Einigungsstelle. Das Mitbestimmungsrecht des Betriebsrats verpflichtet den Arbeitgeber, zunächst den Interessenausgleich mit dem Betriebsrat zu versuchen. Führt dies nicht zum Erfolg, ist die Einigungsstelle anzurufen.

Mit der vorliegenden einstweiligen Verfügung begehrt der Antragsteller keine Regelungsverfügung. Der Antragsteller macht allein eine vorläufige und zeitlich begrenzte, aber keine endgültige Regelung geltend.

32. Muster: Unterlassungsverpflichtung – Festsetzung von Ordnungsgeld wegen Zuwiderhandlung[22]

▄▄▄

überreichen wir die vollstreckbare Ausfertigung des Beschlusses des Arbeitsgerichts ▄▄▄ vom ▄▄▄, Aktenzeichen ▄▄▄, und beantragen:

1. Gegen die Beteiligte zu 2. wird ein Ordnungsgeld festgesetzt, dessen Höhe in das Ermessen des Gerichts gestellt wird, jedoch 10.000 EUR nicht unterschreiten sollte, ersatzweise Ordnungshaft, zu vollstrecken an dem Geschäftsführer der Beteiligten zu 2.

---

[22] Dieses Muster ist für den Fall anzuwenden, dass im Beschlussverfahren oder einstweiligen Verfügungsverfahren im Beschlussverfahren das Ordnungsgeld bereits festgesetzt wurde. Wegen eines Zwangsvollstreckungsantrags nach § 890 ZPO, sofern das Ordnungsgeld nicht bereits im Erkenntnisverfahren beantragt wurde, siehe Muster 7270, insbesondere die Erläuterungen zu diesem Muster. Der Antrag auf Festsetzung von Ordnungsgeld wegen Zuwiderhandlung gegen Unterlassungsverpflichtung kann nur auf solche Sachverhalte gestützt werden, die nach Zustellung der Zwangsmittelandrohung erfolgten (*Thomas/Putzo*, § 890 ZPO Rn 13; *Baumbach/Lauterbach*, § 890 ZPO Rn 19). Wegen weiterer Einzelheiten siehe die Erläuterungen zu Muster 7270. Zu beachten ist, dass das Zwangsgeld nach § 888 ZPO, das zu Beugezwecken verhängt wird, nicht die gleiche Funktion hat wie das Ordnungsgeld nach § 890 ZPO. Das Ordnungsgeld nach § 890 ZPO hat strafähnlichen Charakter und darf daher nur festgesetzt werden, wenn der Schuldner gegen die Unterlassungsverpflichtung schuldhaft verstoßen hat (BVerfG 23.4.1991 – 1 BvR 1443/87, NJW 1991, 3139). Der Verstoß gegen die Unterlassungsverpflichtung muss substantiiert dargelegt werden; bloße Glaubhaftmachung reicht nicht aus (*Baumbach/Lauterbach*, § 890 ZPO Rn 20). Gegen einen abweisenden Beschluss kann der Gläubiger einfache Beschwerde nach § 577 ZPO einlegen. Bei einem stattgebenden Beschluss verbleibt dem Schuldner die sofortige Beschwerde §§ 793, 577 ZPO. Gebührenrechtlich bildet der Antrag auf Festsetzung des Ordnungsgeldes einen Antrag zusammen mit dem Androhungsantrag (§ 19 Abs. 2 Nr. 4 RVG) und kann deshalb nicht gesondert liquidiert werden, VV 3309, BGH 29.9.1978 – I ZR 107/77, MDR 1979, 116; Gerold/Schmidt/von Eicken/Madert/Müller-Rabe, VV 3309 Rn 314; AnwK-RVG/*Wolf*, VV 3309-3310 Rn 119.

2. Dem Antragsteller wird zum Zwecke der Zwangsvollstreckung eine vollstreckbare Ausfertigung des Festsetzungsbeschlusses gemäß Ziffer 1 erteilt.

Gründe:

Der Beteiligten zu 2. ist mit Beschluss vom ▬▬▬ ein Ordnungsgeld von bis zu ▬▬▬ EUR für den Fall angedroht worden, dass sie gegen die titulierte Verpflichtung verstößt, es zu unterlassen, Überstunden ohne Zustimmung des Antragstellers anzuordnen. Der Beteiligten zu 2. wurde die Ausfertigung des Beschlusses am ▬▬▬ zugestellt.

Beweis: Zustellnachweis ▬▬▬.

Am ▬▬▬ hat die Beteiligte zu 2. erneut den folgenden Mitarbeiterinnen und Mitarbeitern wie folgt Überstunden am ▬▬▬ und am ▬▬▬ angeordnet. Die Übersicht ergibt folgende Überstundenanordnung:

Name	Zahl der angeordneten Überstunden	Beweismittel

Die Beweismittel, die nachfolgenden E-Mails, Schreiben sowie ein Aushang vom ▬▬▬, werden als Anlagenkonvolut K 1 überreicht.

Die Missachtung der Mitbestimmungsrechte des Antragstellers erfolgte vorsätzlich. Der Beteiligten ist durch das Betriebsverfassungsgesetz, aber insbesondere durch den Beschluss des Arbeitsgerichts ▬▬▬ vom ▬▬▬ positiv bekannt, dass Überstunden nur angeordnet werden dürfen, wenn der Betriebsrat mitbestimmt hat. Der Antragsteller wurde noch nicht einmal informiert, geschweige denn um Zustimmung zu den vorgenannten Überstunden gebeten.

Damit das grob rechtswidrige Verhalten der Beteiligten zu 2. ein Ende findet, ist ein nachhaltiges Ordnungsgeld erforderlich. Ordnungsgeld oder Ordnungshaft scheinen die einzigen Mittel zu sein, durch die die Beteiligte zu 2. zu einer Verhaltensänderung bewegt werden kann.

33. Muster: Unterlassungsverpflichtung – Vollstreckungsantrag[23]

▬▬▬

überreichen wir die vollstreckbare Ausfertigung des Beschlusses des Arbeitsgerichts ▬▬▬ vom ▬▬▬, Az.: ▬▬▬

Wir beantragen:

1. Der Beteiligten zu 2. wird für jeden Verstoß gegen die Unterlassungsverpflichtung gemäß Ziffer ▬▬▬ des Beschlusses des Arbeitsgerichts ▬▬▬ vom ▬▬▬, Az.: ▬▬▬, ein Ordnungsgeld von mindestens 5.000 EUR angedroht, ersatzweise Ordnungshaft, die an dem Geschäftsführer der Beteiligten zu 2. zu vollstrecken ist.
2. Dem Antragsteller wird zum Zwecke der Zwangsvollstreckung eine vollstreckbare Ausfertigung des Festsetzungsbeschlusses erteilt.
3. Der Streitwert wird festgesetzt.

---

23 Das Muster 7270 behandelt den Fall, dass die Zwangsmittelandrohung nicht bereits im vorausgegangenen Beschlussverfahren beantragt wurde. Im Regelfall (siehe Muster 7230 Antrag Ziffer 2) stellt man diesen Antrag bereits im Erkenntnisverfahren. Das gilt sowohl dann, wenn der Antrag im Wege der einstweiligen Verfügung (wie im Muster 7230) oder im Wege eines gewöhnlichen Beschlussverfahrens gestellt wird. Empfohlen wird, die Zwangsmittelandrohung bereits in der Hauptsache vorzunehmen, weil andernfalls ein aufwendiges und zeitraubendes, zwei weitere Verfahren erforderndes Vollstreckungsverfahrens nach § 890 ZPO notwendig wird. Nach dem Beschlussverfahren wird dann noch die Zwangsmittelandrohung und die Zwangsmittelfestsetzung erforderlich - Verfahrensabschnitte, in denen jeweils dem Gegner noch einmal rechtliches Gehör gewährt wird. Der Antrag nach § 890 ZPO ist beim Prozessgericht I. Instanz zu stellen, selbst wenn das Hauptsacheverfahren bereits beim LAG oder beim BAG anhängig ist, § 85 Abs. 1 Satz 3 ArbGG, § 890 Abs. 1 ZPO. Das Zwangsgeld ist im Moment des Erlasses des arbeitsgerichtlichen Beschlusses noch nicht endgültig verwirkt. Der Schuldner kann die Beitreibung des Zwangsgeldes zu Gunsten der Staatskasse jederzeit durch Erfüllung abwenden, solange das Zwangsgeld noch nicht beigetrieben wurde (*Baumbach/Lauterbach*, § 888 ZPO Rn 12). Erfahrungsgemäß hat der Schuldner dabei noch mehrere Wochen Zeit, nach Eingang des Beschlusses die Vollstreckung des Zwangsgeldes durch Erfüllung abzuwenden. Die Beitreibung des Zwangsgeldes erfolgt nach den allgemeinen Vorschriften über die Pfändung von Geldforderungen. Der Gerichtsvollzieher pfändet das Zwangsgeld allerdings nicht zu Gunsten des Gläubigers, sondern zu Gunsten der Staatskasse (BGH 2.3.1983 – IV b ARZ 49/82, NJW 1983, 1859; LAG Hamburg 9.1.1985 – 6 Ta 37/84, NZA 1985, 373). Die Meinungen darüber, ob der Hier vorgesehene Antrag Ziffer 2 einer Vollstreckungsklausel bedarf oder nicht, gehen auseinander. *Baumbach/Lauterbach*, § 888 ZPO Rn 18 regen an, rein vorsorglich diesen Antrag zu stellen. Wird ein Vollstreckungsantrag nach § 890 ZPO nicht im Erkenntnisverfahren, sondern wie vorliegend im Muster 7270 gestellt, erhält der Rechtsanwalt eine 0,3-Gebühr nach Nr. 3309, 3310 VV RVG, die aber mit einem eventuell später nachfolgenden Antrag auf Festsetzung des Ordnungsgeldes nach § 890 ZPO eine einheitliche Angelegenheit bildet und damit abgegolten ist. Gegen den Beschluss nach § 890 ZPO ist die sofortige Beschwerde gemäß § 793 ZPO statthaft. Wegen weiterer Einzelheiten siehe die Erläuterungen zu Muster 7265.

Gründe:
Durch den vollstreckbaren Beschluss des Arbeitsgerichts ist die Beteiligte zu 2. (Arbeitgeberin) verpflichtet worden, es zu unterlassen, bei den Mitarbeitern Überstunden ohne Mitbestimmung des Antragstellers anzuordnen oder zu dulden. Die Beteiligte zu 2. hat trotz des vorerwähnten Beschlusses am ▬▬▬ erneut für die Mitarbeiter ▬▬▬ folgende Überstunden angeordnet und dabei den Antragsteller weder zuvor angehört, informiert, noch um Zustimmung gebeten.

    Glaubhaftmachung: 1. Eidesstattliche Versicherung ▬▬▬
                             2. E-Mail des Mitarbeiters ▬▬▬
                             3. Schreiben der Beteiligten zu 2. vom ▬▬▬

Wegen des Verstoßes gegen die Unterlassungsverpflichtung aus dem Beschluss des Arbeitsgerichts ist daher die Zwangsvollstreckung dringend geboten. Das zu verhängende Ordnungsgeld sollte mindestens 10.000 EUR betragen. Angesichts der Nachhaltigkeit, mit der sich die Beteiligte zu 2. weigert, die gesetzlichen Rechte des Antragstellers zu respektieren, ist ein Ordnungsgeld in dieser Höhe mindestens erforderlich, um eine nachhaltige pädagogische Wirkung zu entfalten.

Der Beschluss des Arbeitsgerichts vom ▬▬▬ wurde am ▬▬▬ zugestellt.

    Glaubhaftmachung: Anliegende Zustellbescheinigung ▬▬▬

34. Muster: Vergleich – Ordnungsgeldantrag

▬▬▬

überreichen wir in der Anlage die zugestellte und vollstreckbare Ausfertigung des vor dem Arbeitsgericht ▬▬▬ (Aktenzeichen ▬▬▬) geschlossenen Vergleichs vom ▬▬▬ und beantragen,

    gegenüber der Beteiligten zu 2. wegen Verstoßes gegen ihre Verpflichtung aus der Ziffer ▬▬▬ des Vergleichs ein Ordnungsgeld, dessen Höhe in das Ermessen des Gerichts gesetzt wird, entsprechend dem Androhungsbeschluss vom ▬▬▬ festzusetzen.

Gründe:
1. Im Vergleich vom ▬▬▬ hat die Beteiligte zu 2. sich verpflichtet zu unterlassen, ▬▬▬.
2. Gegen diese Vereinbarung im Vergleich vom ▬▬▬ hat die Beteiligte zu 2. aus folgendem Grund verstoßen: ▬▬▬

35. Muster: Videoüberwachung am Arbeitsplatz – Anfechtung eines Einigungsstellenspruchs

▬▬▬

Wir bestellen uns zu Verfahrensbevollmächtigten des Beteiligten zu 1., in dessen Namen und Auftrag wir um kurzfristige Anberaumung eines Termins bitten. Wir werden beantragen:

1. Es wird festgestellt, dass der Spruch der Einigungsstelle vom ▬▬▬ unwirksam ist.
2. Der Beteiligten zu 2. wird untersagt, den Spruch der Einigungsstelle vom ▬▬▬ durchzuführen.
3. Der Streitwert wird festgesetzt.

Gründe
1. Zwischen den Betriebsparteien bestehen Meinungsunterschiede darüber, ob die Arbeitnehmer über eine Videoüberwachungsanlage am Arbeitsplatz überwacht werden dürfen. Nachdem die Verhandlungen zwischen Arbeitgeber und dem Betriebsrat gescheitert waren, trat die Einigungsstelle zusammen, die unter dem Vorsitz des Richters am Arbeitsgericht ▬▬▬ folgenden Spruch fällte: ▬▬▬

    Beweis: Spruch der Einigungsstelle vom ▬▬▬ in Kopie – Anlage K 1.

Der Einigungsstellenspruch wurde dem Antragsteller am ▬▬▬ zugestellt,

    Beweis: Vorlage des Zustellungsnachweises in Kopie – Anlage K 2.

Der Einigungsstellenspruch verstößt gegen die von der Rechtsprechung entwickelten Grundsätze und ist daher unwirksam. Die Betriebsparteien und die Einigungsstelle haben höherrangiges Recht zu beachten. So haben sie nach § 75 Abs. 2 Satz 1 BetrVG die Pflicht, die freie Entfaltung der Persönlichkeit der im Betrieb beschäftigten Arbeitnehmer zu schützen und zu fördern. Diese Verpflichtung stellt eine Schranke für die Regelungsbefugnis der Betriebsparteien und den Inhalt der von ihnen getroffenen Regelung dar,

BAG 21.8.1990 – 1 AZR 567/98, AP Nr. 17 zu § 87 BetrVG 1972, Ordnung des Betriebes.

§ 75 Abs. 2 Satz 1 BetrVG verpflichtet die Betriebsparteien zur Wahrung der grundrechtlich geschützten Freiheitsrechte,

BAG 19.1.1999 – 1 AZR 499/98, BAGE 90, 316.

Die Betriebsparteien haben insbesondere auch das in Art. 2 Abs. 1 i.V.m. Art. 1 Abs. 1 GG gewährleistete allgemeine Persönlichkeitsrecht zu beachten. Das allgemeine Persönlichkeitsrecht enthält nicht nur wie alle Freiheitsrechte ein subjektives Abwehrrecht gegenüber den Staatsorganen. Es fördert außerdem den Schutz der Bürger durch den Staat,

ErfK/*Dieterich*, Art. 2 GG Rn 37, 67.

2. Das allgemeine Persönlichkeitsrecht umfasst neben dem Recht am gesprochenen Wort auch das Recht am eigenen Bild,

BVerfG 9.10.2002 – 1 BVR 1611/96, BVerfGE 106, 28.

Ebenso wie beim gesprochenen Wort gehört es zum Selbstbestimmungsrecht jedes Menschen, darüber zu entscheiden, ob Filmaufnahmen von ihm gemacht und möglicherweise gegen ihn verwendet werden dürfen,

BAG 29.6.2004 – 1 ABR 21/03, BB 2005, 102.

3. Die den Betriebsparteien durch § 75 Abs. 2 Satz 1 BetrVG auferlegte Pflicht, die freie Entfaltung der Persönlichkeit des Arbeitnehmers zu schützen, verbietet nicht jede Betriebsvereinbarung, die zu einer Einschränkung des allgemeinen Persönlichkeitsrechts führt,

BAG 21.8.1990 – 1 AZR 567/89, AP Nr. 17 zu § 87 BetrVG 1972, Ordnung des Betriebes.

Der Eingriff muss aber, sofern er nicht durch eine ausdrückliche gesetzliche Regelung gestattet ist, durch schutzwürdige Belange anderer Grundrechtsträger, beispielsweise des Arbeitgebers, gerechtfertigt sein,

BAG 29.6.2004 – 1 ABR 21/03, BB 2005, 102.

Bei einer Kollision des allgemeinen Persönlichkeitsrechts mit den schutzwürdigen Interessen des Arbeitgebers ist eine Güterabwägung unter Berücksichtigung der Umstände des Einzelfalls erforderlich,

BAG 27.3.2003 – 2 AZR 51/02, AP Nr. 36 zu § 87 BetrVG 1972, Überwachung.

Das zulässige Maß einer Beschränkung des allgemeinen Persönlichkeitsrechts bestimmt sich nach dem Grundsatz der Verhältnismäßigkeit. Dieser Grundsatz konkretisiert auch die den Betriebsparteien gemäß § 75 Abs. 2 BetrVG auferlegte Verpflichtung,

BAG 19.1.1999 – 1 AZR 499/98, BB 1999, 1380; BAG 29.6.2004 – 1 ABR 21/03, BB 2005, 102.

4. Die im Einigungsstellenspruch vorgesehene Videoüberwachung stellt einen schwerwiegenden Eingriff in das Persönlichkeitsrecht aller betroffenen Arbeitnehmer dar. Dieser Eingriff ist weder durch ausdrückliche gesetzliche Regelungen noch durch schützenswerte Interessen der Arbeitgeberin gerechtfertigt.

a) Durch die Videoüberwachung wird in das allgemeine Persönlichkeitsrecht der Arbeitnehmer eingegriffen. Diese werden einem ständigen Überwachungsdruck ausgesetzt. Sie müssen stets damit rechnen, gerade gefilmt zu werden. Zwar sind die Videokameras sichtbar angebracht. Wann sie in Betrieb sind, ist aber für den Arbeitnehmer nicht erkennbar. Da der Einigungsstellenspruch Videoaufzeichnungen im Umfang von ▪▪▪ auch ohne Vorliegen eines konkreten Verdachts gestattet, haben die Arbeitnehmer während ihrer gesamten Arbeitszeit davon auszugehen, dass jederzeit ihre Verhaltensweisen gerade aufgezeichnet werden und später anhand der Aufzeichnungen rekonstruiert und kontrolliert werden können. Der Anpassungsdruck der Arbeitnehmer wird nicht dadurch gemildert, dass die Videoanlage „ausschließlich zur Vorbeugung und Aufklärung von Straftaten betrieben" werden darf, wie es im Einigungsstellenspruch heißt. Der eingeschränkte Verwendungszweck führt nicht dazu, dass lediglich Straftaten gefilmt werden. Im Gegenteil, es werden jedwede andere Aufzeichnungen vorgenommen und der späteren Beobachtung durch Dritte zugänglich gemacht, so dass überwiegend Personen in einem Verhalten betroffen sind, das nicht Gegenstand einer strafbaren Handlung ist.

b) Eine Einwilligung der Arbeitnehmer in die zeitlich unbegrenzte Videoüberwachung liegt nicht vor. Im Übrigen wären die Betriebsparteien und die Einigungsstelle selbst bei Einwilligung der Arbeitnehmer nicht von ihrer Verpflichtung zur Wahrung der Persönlichkeitsrechte entbunden. Durch die Mitbestimmung des Betriebsrats nach § 87 Abs. 1 Nr. 6 BetrVG soll gerade auch der Gefahr begegnet werden, dass der Arbeitnehmer zum Objekt einer Überwachungstechnik wird und sein Wissen darum zu erhöhter Abhängigkeit und zur Behinderung der freien Entfaltung seiner Persönlichkeit führt,

BAG 29.6.2004 – 1 ABR 21/03, BB 2005, 102, 104.

c) Die Videoüberwachung ist nicht ausdrücklich vom Gesetz gestattet. Eine Rechtfertigung folgt insbesondere nicht aus § 6b Abs. 1 BDSG. ▪▪▪

d) Die Videoüberwachung ist auch nicht durch eine Notwehrsituation gerechtfertigt, weil sich die Arbeitgeberin nicht in einer Notwehrsituation oder einer notwehrähnlichen Lage befindet. ■■■

e) Auch das Hausrecht rechtfertigt die Videoüberwachung nicht.

5. Die in dem Einigungsstellenspruch vorgesehene Videoüberwachung dient der Prävention von Diebstählen und der Ergreifung und Überführung etwaiger Täter. Diese Ziele können mit der Videoüberwachung jedenfalls gefördert werden. Eine den Arbeitnehmern bekannte Videoüberwachungsanlage kann dazu beitragen, sie von Übergriffen abzuhalten. Auch kann sie bei gleichwohl vorkommenden Diebstählen die Feststellung und Überführung der Täter erleichtern.

a) Zugunsten der Arbeitgeberin mag unterstellt werden, dass die Überwachung auch erforderlich ist. Es erscheint allerdings keineswegs ausgeschlossen, dass auch andere, das Persönlichkeitsrecht des Arbeitnehmers weniger einschränkende Mittel allein oder auch kombiniert in zumindest ähnlicher Weise zur Vermeidung und Verfolgung von Diebstählen geeignet sind. Dabei wäre zu denken an intensive Beobachtung durch Mitarbeiter, durch arbeitsorganisatorische Maßnahmen, durch Ausgangskontrollen u.Ä. Die Videoüberwachung ist deshalb nicht das einzige Mittel, um die Arbeitgeberin vor Diebstählen zu schützen.

b) Die Abwägung zwischen dem allgemeinen Persönlichkeitsrecht auf der einen Seite und den berechtigten Interessen der Arbeitgeberin auf der anderen Seite ergibt, dass das Gewicht der Gründe für einen Eingriff in das allgemeine Persönlichkeitsrecht der Arbeitnehmer nicht so hoch ist, dass die Möglichkeit weniger einschneidender Maßnahmen unberücksichtigt zu bleiben hat. ■■■

c) Dabei ist auch zu bedenken, dass für die Arbeitnehmer durch die Videoüberwachungsanlage ein ständiger Überwachungsdruck entsteht und die Videoüberwachung tief in das Persönlichkeitsrecht der Arbeitnehmer eingreift. ■■■ Die Intensität des Eingriffs in die Persönlichkeitsrechte der Arbeitnehmer ist vor allem deshalb besonders groß, weil viele Arbeitnehmer einer dauernden Überwachung unterzogen sind, ohne dafür einen Anlass gegeben zu haben. In einem solchen Falle führt die Gesamtabwägung dazu, dass der von der Einigungsstelle getroffene Spruch zur Videoüberwachung am Arbeitsplatz unwirksam ist,

BAG 29.6.2004 – 1 ABR 21/03, BB 2005, 102.

36. Muster: Vorläufige personelle Maßnahme nach §§ 99, 100 BetrVG – Gegenantrag

■■■

Wir bestellen uns zu Verfahrensbevollmächtigten des Beteiligten zu 2. und beantragen, einen möglichst frühen Anhörungstermin anzuberaumen, in dem wir beantragen zu erkennen:

1. Die Anträge werden abgewiesen.
2. Es wird festgestellt, dass die am ■■■ vorgenommene Einstellung des Herrn ■■■ offensichtlich aus sachlichen Gründen nicht dringend war.
3. Dem Beteiligten zu 1. wird ein Zwangsgeld in Höhe von bis zu 255,64 EUR für jeden Tag der Zuwiderhandlung angedroht, falls er die personelle Maßnahme mit Ablauf von zwei Wochen nach Rechtskraft der Entscheidung noch aufrechterhält.
4. Der Streitwert wird festgesetzt.

Gründe:

1. Der Beteiligte zu 2. hat die Zustimmung zur personellen Einzelmaßnahme bei Herrn ■■■ mit folgender Begründung verweigert: ■■■
Der im Verweigerungsschreiben enthaltene Sachverhalt berechtigt den Beteiligten zu 2. zur Zustimmungsverweigerung gemäß § 99 Abs. 2 Nr. 1 bis 6 BetrVG, denn ■■■.

2. Auch die Voraussetzungen für eine vorläufige personelle Maßnahme nach § 100 BetrVG sind nicht gegeben. Der Beteiligte zu 2. hat mit Schreiben vom ■■■ bestritten, dass die Maßnahme aus sachlichen Gründen dringend erforderlich ist.

Beweis: ■■■

Zwar hat der Beteiligte zu 1. daraufhin innerhalb von drei Tagen sowohl den Zustimmungsersetzungsantrag als auch den Feststellungsantrag gestellt (hätte er nur den Feststellungsantrag gestellt, wäre dieser unzulässig: BAG, Beschl. v. 18.10.1988, AP Nr. 57 zu § 99 BetrVG 1972).

Die Anträge des Arbeitgebers sind dennoch abzuweisen, weil die Maßnahme offensichtlich nicht dringend erforderlich war,

BAG, Beschl. v. 7.11.1977, AP Nr. 1 zu § 100 BetrVG 1972.

Ob Offensichtlichkeit vorliegt, hat das Arbeitsgericht von Amts wegen zu prüfen und ggf. in der Beschlussformel zum Ausdruck zu bringen, weil sich Absatz 2 und Absatz 3 in § 100 BetrVG inhaltlich nicht decken,

BAG, Beschl. v. 18.10.1988, AP Nr. 4 zu § 100 BetrVG 1972.

Das Merkmal der Offensichtlichkeit erfordert eine grobe, ohne weiteres ersichtliche Verkennung der sachlich-betrieblichen Notwendigkeiten für eine alsbaldige Durchführung der Maßnahme, wobei von dem Zeitpunkt der Entscheidung des Arbeitgebers, nicht von der nachträglichen Beurteilung der Situation auszugehen ist,

BAG, Beschl. v. 7.11.1977, AP Nr. 1 zu § 100 BetrVG 1972.

Bei dieser Sachlage fehlte es offensichtlich an einer dringenden Erforderlichkeit der Durchführung der personellen Maßnahme, denn ▄▄▄.

Wegen der Dringlichkeit des Falles wird angeregt, vorab durch Teilbeschluss über den Feststellungsantrag des Arbeitgebers, dass die vorläufige Einstellung aus sachlichen Gründen dringend erforderlich war, zu entscheiden.

37. Muster: Wahlanfechtung wegen Freistellung eines Betriebsratsmitglieds

Antrag im Beschlussverfahren

mit den Beteiligten

1. Mitglied des Betriebsrats ▄▄▄

– Antragsteller und Beteiligter zu 1. –

Verfahrensbevollmächtigte: ▄▄▄

und

2. Betriebsrat der Firma ▄▄▄

– Beteiligter zu 2. –

und

3. Firma ▄▄▄[24]

– Beteiligte zu 3. –

4. Mitglied des Betriebsrats ▄▄▄, private Anschrift

– Beteiligter zu 4. –

Verfahrensbevollmächtigte: ▄▄▄

Wir bestellen uns zu Verfahrensbevollmächtigten des Antragstellers und beantragen, einen möglichst frühen Anhörungstermin anzuberaumen, in dem wir beantragen zu erkennen:

1. Die Wahl des Beteiligten zu 4. zum freigestellten Betriebsratsmitglied am ▄▄▄ ist unwirksam.
2. Der Streitwert wird festgesetzt.

Gründe:

1. Der Antragsteller ist Mitglied des Beteiligten zu 2. Am ▄▄▄ lud nach der Neuwahl des Betriebsrats der Betriebsratsvorsitzende zu einer Sitzung am ▄▄▄ um ▄▄▄ Uhr ein. Wegen der Anlieferung einer großen Zahl von Elektromotoren musste der Betriebsratsvorsitzende als Gabelstaplerfahrer bei der Anlieferung zugegen sein. Der Betriebsratsvorsitzende versuchte daraufhin, die sechs sonstigen Mitglieder des Betriebsrats einen Tag vor der geplanten Betriebsratssitzung telefonisch zu erreichen und teilte die Vorverlegung der Sitzung um einen Tag mit. Der Betriebsratsvorsitzende erreichte den Antragsteller und das Mitglied des Betriebsrats ▄▄▄ nicht, da der Kollege ▄▄▄ und der Antragsteller einen Außentermin bei einem Kunden wahrzunehmen hatten und zu diesem Zeitpunkt ohne Telefonkontakt waren. Bei der einen Tag früher durchgeführten Betriebsratssitzung fiel die Wahl zum freigestellten Betriebsratsmitglied auf den Beteiligten zu 4. und zwar mit drei zu zwei Stimmen.

---

24 Ist der Arbeitgeber mit der Wahl eines freigestellten Betriebsratsmitglieds nicht einverstanden, hat er seine Bedenken innerhalb von zwei Wochen nach Bekanntgabe der Wahl gegenüber dem Betriebsrat anzubringen (§ 38 Abs. 2 Satz 4 BetrVG). Bei Nichtäußerung des Arbeitgebers gilt die Wahl als vom Arbeitgeber genehmigt. Ist der Arbeitgeber mit der Wahl nicht einverstanden, hat er die Möglichkeit, die Einigungsstelle nach § 38 Abs. 1 BetrVG anzurufen. Dem Arbeitgeber steht daher das Beschlussverfahren, in dem die Wirksamkeit der Wahl überprüft wird, nicht zur Verfügung; er muss seine Bedenken in einem Einigungsstellenverfahren vortragen. Das Beschlussverfahren ist nur eröffnet, wenn der Arbeitgeber den Spruch der Einigungsstelle nach § 76 Abs. 5 BetrVG auf seine sachliche Vertretbarkeit überprüfen lassen will.

2. Die Sitzungen des Betriebsrats werden vom Vorsitzenden nach § 29 Abs. 2 BetrVG einberufen. Der Vorsitzende hat die Mitglieder des Betriebsrats zu den Sitzungen rechtzeitig unter Mitteilung der Tagesordnung zu laden. Eine Form und eine Frist sind durch § 90 BetrVG nicht vorgegeben. Der Betriebsratsvorsitzende kann telefonisch laden und er kann auch mit einer kurzen Frist die Ladung aussprechen,

Fitting u.a., BetrVG, § 29 Rn 44.

Allerdings muss jedes Mitglied des Betriebsrats auch tatsächlich geladen sein und von dem Termin der Betriebsratssitzung Kenntnis haben,

LAG Hamm BB 1992, 1562.

Ohne Ladung durch den Vorsitzenden des Betriebsrats kann eine Sitzung, auf der wirksame Beschlüsse gefasst werden können, nur durchgeführt werden, wenn alle Betriebsratsmitglieder einschließlich etwaiger Ersatzmitglieder mit Zeit und Ort der Sitzung einverstanden sind,

LAG Saarland 11.11.1984 – Sa 141/63, AP Nr. 2 zu § 29 BetrVG; LAG Düsseldorf DB 1975, 743; *Fitting u.a.*, BetrVG, § 29 Rn 45.

Der Antragsteller und der benannte Kollege sind nicht zu der vorverlegten Sitzung geladen worden. Auch wurden die übrigen Mitglieder des Betriebsrats nicht etwa um ihre Zustimmung gebeten, eine Wahl durchzuführen, ohne dass der Antragsteller und das übrige Betriebsratsmitglied nicht geladen waren.

3. Die Wahl ist daher unwirksam. Da der Beteiligte zu 4. nur mit einem Stimmenverhältnis von drei zu zwei gewählt wurde, hätte die Anwesenheit der beiden nicht geladenen Betriebsratsmitglieder zu einem entgegengesetzten Ergebnis, nämlich der Ablehnung einer Freistellung des Beteiligten zu 4., führen können und es hätte ein anderes Mitglied des Betriebsrats gewählt werden können. Die Nichtladung der beiden Mitglieder des Betriebsrats konnte sich somit auch auf das Wahlergebnis auswirken.

38. Muster: Wahlvorstand – Bestellung zur Betriebsratswahl

Wir bestellen uns zu Verfahrensbevollmächtigten des Antragstellers und beantragen, einen möglichst frühen Anhörungstermin anzuberaumen, in dem wir beantragen zu erkennen:

1. Das Arbeitsgericht bestellt einen aus drei Personen bestehenden Wahlvorstand zur Durchführung der Betriebsratswahl, bestehend aus
   1. ▬▬▬ als Vorsitzende(r) sowie
   2. Angestellte(r) ▬▬▬ und
   3. Arbeiter(in) ▬▬▬ als Beisitzende.
2. Der Streitwert wird festgesetzt.

Gründe:

Der Beteiligte zu 2. beschäftigt ▬▬▬ Arbeitnehmer. Er ist daher gemäß § 1 BetrVG betriebsratspflichtig. Ein Betriebsrat besteht nicht.

Der Antragsteller hat am ▬▬▬ zu einer Betriebsversammlung eingeladen. Die Betriebsversammlung hat keinen Wahlvorstand gewählt.

Beweis: ▬▬▬

Gemäß § 17 BetrVG hat daher das Arbeitsgericht einen Wahlvorstand zu bestellen. Die Vorgeschlagenen sind zur Übernahme des Amtes bereit.

Beweis: Anliegende Erklärungen – Anlagen K 1–K 3.

39. Muster: Wahlvorstand – Einstweilige Verfügung wegen Namensliste

wegen: Herausgabe von Unterlagen zur Erstellung einer Wählerliste

Wir bestellen uns zu Verfahrensbevollmächtigten des Antragstellers und beantragen, durch einstweilige Verfügung – wegen der Dringlichkeit ohne vorherige mündliche Verhandlung – wie folgt zu beschließen:

1. Der Beteiligten zu 2. wird aufgegeben, bei Meidung eines vom Gericht festzusetzenden Zwangsgeldes in Höhe von bis zu 25.000 EUR oder Zwangshaft gegen die gesetzlichen Vertreter der Beteiligten zu 2. die Namensliste der Arbeitnehmer des zum Gemeinschaftsbetrieb gehörenden Unternehmens ■■■ herauszugeben.
2. Der Streitwert wird festgesetzt.

Gründe:
I.

1. Die Beteiligte zu 3. ist ein zum Gemeinschaftsunternehmen der ■■■-Gruppe gehörender Betrieb, dessen Zugehörigkeit zum Gemeinschaftsbetrieb in einem Beschlussverfahren (Betriebsabgrenzungsverfahren nach § 18 Abs. 2 BetrVG) vor dem ArbG ■■■, Aktenzeichen: ■■■, festgestellt wurde. Die Geschäftsleitung der Beteiligten zu 3. weigert sich, wie aus dem Schreiben vom ■■■ hervorgeht, die Namensliste der Mitarbeiter an den Antragsteller herauszugeben.

Glaubhaftmachung: Vorlage des Antwortschreibens der Beteiligten zu 3. vom ■■■ – Anlage K 1.

Der Wahlvorstand ist zur Durchführung einer Betriebsratswahl unter Einbeziehung des Betriebs der Beteiligten zu 3. auf die Wahlunterlagen, insbesondere auf die Namensliste, dringend angewiesen.

Glaubhaftmachung: Eidesstattliche Versicherung des Vorsitzenden des Wahlvorstands – Anlage K 2.

2. Die Beteiligte zu 2. ist nicht befugt, der Antragstellerin die Namensliste zu verweigern. Sowohl die Bildung des Wahlvorstands als auch die korrekte Betriebsabgrenzung sind ordnungsgemäß erfolgt. Die Beteiligte zu 3. ist daher nicht berechtigt, im Wege der Selbsthilfe die Pflicht des § 2 Abs. 2 WO beiseite zu schieben. Ein solches Verhalten ist nach Auffassung des LAG Hamm nur dann dem Arbeitgeber gestattet, wenn das Verhalten des Wahlvorstands offenkundig und eindeutig rechtswidrig ist,

LAG Hamm 29.3.2006 – 13 TaBV 26/06, jurisPR-ArbR 31/2006 Nr. 6; LAG Hamm 14.3.2005 – 10 TaBV 31/05, NZA-RR 2005, 373.

Die Antragstellerin hat daher gegen die Beteiligten zu 3. einen Anspruch auf Unterstützung nach § 2 Abs. 2 WO.

II.

Soweit der Antragstellerin bekannt ist, hat es in der Zusammensetzung der Angestellten der Beteiligten zu 3. seit Durchführung des Betriebsabgrenzungsverfahrens keine nennenswerten Veränderungen ergeben, weder im Hinblick auf die dortige Produktion, noch im Hinblick auf den Standort, noch im Hinblick auf die Betriebszwecke. Auch die Zahl der Mitarbeiter ist nach dem Wissen der Antragstellerin im Wesentlichen gleich geblieben.

Glaubhaftmachung: Eidesstattliche Versicherung des Vorsitzenden des Wahlvorstands – Anlage K 2.

Der Beteiligten zu 2. ist daher verwehrt, veränderte Umstände i.S.d. Rechtsprechung des BAG anzuführen,

BAG 19.11.2003 – 7 ABR 25/03, AP Nr. 55 zu § 19 BetrVG 1972.

Wenn auf der einen Seite durch das BAG angemahnt wird, die Beteiligten sollten rechtzeitig auf eine Korrektur von Fehlern bei der Bestimmung des Betriebsbegriffs im Vorfeld von Betriebsratswahlen hinwirken,

BAG 16.11.2005 – 7 ABR 12/05, jurisPR-ArbR 21/2006,

besteht auch eine Pflicht der Arbeitsgerichte, im Wege der einstweiligen Verfügung dem Wahlvorstand zu ermöglichen, eine ordnungsgemäße Wahl unter Einbeziehung aller Betriebsteile durchzuführen.

40. Muster: Zustimmungsersetzungsantrag – Zurückweisung bei personeller Maßnahme wegen unzureichender Information durch den Arbeitgeber

Wir bestellen uns zu Verfahrensbevollmächtigten der Beteiligten zu 2. und beantragen, einen möglichst frühen Anhörungstermin anzuberaumen, in dem wir beantragen zu erkennen:

1. Der Antrag auf Ersetzung der Zustimmung ■■■ wird zurückgewiesen.
2. Der Streitwert wird festgesetzt.

Gründe:

1. Die Antragstellerin ist der Arbeitgeber, der Beteiligte zu 2. der bei der Arbeitgeberin gebildete Betriebsrat. Die Antragstellerin hat beantragt, die Zustimmung zu einer personellen Maßnahme nach § 99 Abs. 4 BetrVG zu ersetzen.

Der Beteiligte zu 2. verweigert die Zustimmung nach wie vor, weil er nicht in ausreichendem Umfang gemäß § 99 Abs. 1 Satz 1 BetrVG unterrichtet wurde. Den Arbeitgeber trifft eine umfassende Unterrichtungspflicht, die der 1. Senat des BAG im Beschluss vom 14.12.2004 (1 ABR 55/03, NZA 2005, 827) noch einmal zusammengefasst hat. Auf die Rechtsausführungen des 1. Senats nehmen wir nachfolgend Bezug.

2. Die vom Betriebsrat verweigerte Zustimmung darf, unabhängig von den für die Verweigerung vorgebrachten Gründen, von den Gerichten nur ersetzt werden, wenn die Frist des § 99 Abs. 3 BetrVG in Gang gesetzt wurde. Die Frist beginnt erst zu laufen, wenn der Arbeitgeber die Anforderungen des § 99 Abs. 1 Satz 1 BetrVG erfüllt hat. Vor jeder Einstellung und Versetzung hat danach der Arbeitgeber den Betriebsrat zu unterrichten, ihm die erforderlichen Bewerbungsunterlagen vorzulegen und Auskunft sowohl über die Person der Beteiligten als auch unter Vorlage der erforderlichen Unterlagen die Auswirkungen der geplanten Maßnahme zu geben,

BAG 14.12.2004 – 1 ABR 55/03, NZA 2005, 827.

a) Bewerbungsunterlagen i.S.v. § 99 Abs. 1 Satz 1 BetrVG sind zunächst alle im Zusammenhang mit der Bewerbung von den Bewerbern eingereichten Unterlagen. Dazu zählen Bewerbungsschreiben, Zeugnisse, Teilnahmebestätigungen, Lebenslauf, Lichtbild, Angaben über den Gesundheitszustand und Ähnliches.

Der Arbeitgeber muss die Unterlagen vorlegen, soweit sie erforderlich sind. Daraus können sich zwar im Einzelfall Einschränkungen ergeben. So müssen nicht umfangreiche Anlagen beigefügt werden, aus denen sich lediglich Bestätigungen von Daten in Lebensläufen ergeben. Die Übergabe aller Unterlagen ist auch entbehrlich, wenn die Daten vom Arbeitgeber in einer Übersicht über die Bewerber zu Vergleichszwecken eingetragen wurden,

BAG 14.12.2004 –1 ABR 55/03, NZA 2005, 827.

b) Die Unterlagen sind nicht nur hinsichtlich der zur Einstellung oder Versetzung vorgesehenen Bewerber, sondern bezüglich aller Stellenbewerber, auch der abgelehnten, vorzulegen. Vorlage bedeutet in diesem Zusammenhang, dass der Arbeitgeber dem Betriebsrat die Unterlagen für die Dauer der gesetzlichen Entscheidungsfrist tatsächlich zur Verfügung zu stellen und zu überlassen und damit dem Zustimmungsantrag in der Regel beizufügen hat.

c) Eine Vorlagepflicht besteht auch im Hinblick auf die vom Arbeitgeber selbst im Zuge des Auswahlverfahrens erstellten Unterlagen, wie etwa Personalfragebogen, Testergebnisse oder Einstellungsprüfungen. Aufzeichnungen sind wegen eines nicht auszuschließenden Einflusses auf die Auswahlentscheidung immer dann vorzulegen, wenn sie bis zum Abschluss des Auswahlverfahrens aufbewahrt wurden. Dieser Grundsatz beruht auf dem Umstand, dass der Betriebsrat auch außerhalb der Widerspruchsgründe des § 99 Abs. 2 BetrVG die Möglichkeit hat, Anregungen für die Auswahl unter den Bewerbern zu geben.

BAG 14.12.2004 – 1 ABR 55/03, NZA 2005, 827.

d) Beteiligte i.S.d. § 99 Abs. 1 Satz 1 BetrVG sind sämtliche inner- und außerbetrieblichen Bewerber um den zu besetzenden Arbeitsplatz. Die Auskünfte über ihre Person haben sich nicht nur auf die Namen und die Personalia im engeren Sinne, sondern auch auf die fachlichen und persönlichen Voraussetzungen für den in Aussicht genommenen Arbeitsplatz zu erstrecken. Zur vollständigen Unterrichtung i.S.v. § 99 Abs. 1 Satz 1 BetrVG gehört deshalb auch die Auskunft über Test- und Übungsergebnisse, die der Arbeitgeber selbst erhoben hat. Soweit sich die entsprechenden Daten aus Unterlagen ergeben, kommt der Arbeitgeber seiner Auskunftspflicht durch deren Vorlage nach.

3. Durfte der Arbeitgeber berechtigterweise davon ausgehen, er habe den Betriebsrat nach § 99 Abs. 1 Satz 1 BetrVG vollständig unterrichtet, muss dieser den Arbeitgeber innerhalb einer Woche um weitergehende Unterrichtung bitten, wenn er sich gleichwohl für nicht ausreichend informiert hält. Durch eine offensichtlich unvollständige Unterrichtung des Betriebsrats wird die Wochenfrist des § 99 Abs. 3 BetrVG dagegen auch dann nicht in Gang gesetzt, wenn dieser sich auf ein Zustimmungsersuchen des Arbeitgebers mit Widerspruchsgründen nach § 99 Abs. 2 BetrVG einlässt.

4. Unter Berücksichtigung der vorgenannten Grundsätze vertritt der Beteiligte zu 2. mit Recht die Auffassung, dass die Wochenfrist des § 99 Abs. 3 BetrVG noch nicht in Gang gesetzt wurde, denn ■■■.

41. Muster: Zustimmungsersetzungsverfahren nach § 99 BetrVG – Gegenantrag wegen unzureichender Unterrichtung des Betriebsrats[25]

■■■

Wir bestellen uns zu Verfahrensbevollmächtigten des Beteiligten zu 2. und beantragen, einen möglichst frühen Anhörungstermin anzuberaumen, in dem wir beantragen zu erkennen:

---

25 Fall nachgebildet BAG 28.6.2005 – 1 ABR 26/04, NZA 2006, 112.

1. Die Anträge werden abgewiesen.
2. Der Streitwert wird festgesetzt.

Gründe:
1. Der Antrag des Antragstellers, die verweigerte Zustimmung zu ersetzen, ist nicht begründet. Die Wochenfrist des § 99 Abs. 3 BetrVG wurde nicht in Lauf gesetzt, weil der Beteiligte zu 2. den Antragsteller nicht hinreichend unterrichtet hat.

2. Als erforderliche Bewerbungsunterlagen sind neben den von den Stellenbewerbern selbst eingereichten auch solche Unterlagen anzusehen, die erst der Arbeitgeber anlässlich der Bewerbung über die Person des Bewerbers erstellt hat. Dazu zählen etwa Personalfragebögen, schriftliche Auskünfte von dritter Seite und Ergebnisse von Tests oder Einstellungsprüfungen,

BAG 3.12.1985, BAGE 50, 236; BAG 14.12.2004, NZA 2005, 827.

Die Unterrichtungs- und Vorlagepflicht nach § 99 Abs. 1 Satz 1 BetrVG dient dazu, dem Betriebsrat die Informationen zu verschaffen, die er benötigt, um sein Recht zur Stellungnahme nach § 99 Abs. 2 BetrVG sachgerecht ausüben zu können. Der Arbeitgeber muss dem Betriebsrat so unterrichten, dass dieser aufgrund der mitgeteilten Tatsachen in die Lage versetzt wird zu prüfen, ob einer der in § 99 Abs. 2 BetrVG genannten Zustimmungsverweigerungsgründe vorliegt,

BAG 3.10.1989, NZA 1990, 231.

Außerdem hat der Betriebsrat im Rahmen des Verfahrens nach § 99 BetrVG die Möglichkeit, Anregungen für die Auswahl der Bewerber zu geben und Gesichtspunkte vorzubringen, die aus seiner Sicht für die Berücksichtigung eines anderen als des vom Arbeitgeber ausgewählten Stellenbewerbers sprechen,

BAG 19.5.1981, NJW 1982, 124.

Danach war im Streitfall der Beteiligte zu 2. verpflichtet, dem Antragsteller schriftlich dokumentierte Protokolle der von ihm mit den Bewerbern durchgeführten Vorstellungsgespräche vorzulegen.

Zwar ist der private Arbeitgeber gesetzlich nicht verpflichtet, schriftliche Aufzeichnungen über die Vorstellungsgespräche anzufertigen,

BAG 28.6.2005, NZA 2006, 111.

Wenn dagegen der Arbeitgeber derartige Unterlagen erstellt und sich aus diesen Unterlagen Auswahlkriterien ergeben, sind diese dem Betriebsrat zur Verfügung zu stellen. Solange der Betriebsrat nicht vollständig unterrichtet ist, wird die Wochenfrist des § 99 Abs. 3 BetrVG nicht in Lauf gesetzt,

BAG 28.6.2005, NZA 2006, 111.

Zwar muss der Betriebsrat den Arbeitgeber unter bestimmten Umständen innerhalb einer Woche um Vervollständigung der erteilten Auskünfte bitten, wenn er diese für nicht ausreichend hält,

BAG 14.3.1989 –1 ABR 80/87, NZA 1989, 639.

Voraussetzung ist jedoch, dass der Arbeitgeber davon ausgehen durfte, er seinerseits habe den Betriebsrat i.S.v. § 99 Abs. 1 Satz 1 BetrVG vollständig unterrichtet. Vollständig ist diese Unterrichtung nur, wenn der Arbeitgeber zu den in § 99 Abs. 1 BetrVG genannten Aspekten der geplanten Maßnahme jedenfalls unverzichtbare Angaben bereits gemacht hat,

BAG 14.3.1989 –1 ABR 80/87, BAGE 61, 189 = NZA 1989, 639.

Gewinnt der Arbeitgeber Erkenntnisse über die Person von Stellenbewerbern, die für seine Auswahlentscheidung maßgeblich sind, aus Vorstellungsgesprächen, hat er den Betriebsrat über den für seine Entscheidung bedeutsamen Inhalt seiner Gespräche zu unterrichten. Andernfalls kann der Betriebsrat zur getroffenen Bewerberauswahl nicht sachangemessen Stellung nehmen.

42. Muster: Zustimmungspflichtigkeit einer Maßnahme – Feststellung

Wir bestellen uns zu Verfahrensbevollmächtigten des Antragstellers und beantragen, einen möglichst frühen Anhörungstermin anzuberaumen, in dem wir beantragen zu erkennen:
1. Es wird festgestellt, dass die Einstellung/Versetzung/Eingruppierung/Umgruppierung des Herrn ▬▬▬ der Zustimmung des Betriebsrats bedarf.
2. Der Streitwert wird festgesetzt.

Gründe:

Es hat sich folgender Sachverhalt zugetragen: ▬▬▬

Mit Schreiben vom ▬▬▬ forderte der Antragsteller die Beteiligte zu 2. auf, bei dieser personellen Maßnahme das Mitbestimmungsrecht des Antragstellers zu beachten und die Zustimmung des Antragstellers einzuholen.

Die Beteiligte zu 2. bestreitet, dass bei dieser Sachlage ein Mitbestimmungsrecht des Antragstellers besteht.

Die Auffassung der Beteiligten zu 2. ist unzutreffend, denn ▬▬▬.

43. Muster: Zustimmungsverweigerung – Replik wegen zu hoher Eingruppierung

Wir bestellen uns zu Verfahrensbevollmächtigten des Beteiligten zu 2. und beantragen, wie folgt zu erkennen:

1. Der Antrag wird abgewiesen.
2. Der Streitwert wird festgesetzt.

Gründe:

1. Der Beteiligte zu 2. ist der Betriebsrat im Betrieb der Antragstellerin. Es ist zutreffend, dass dem Beteiligten zu 2. mit Schreiben vom ▬▬▬ ein Antrag der Antragstellerin vorgelegt wurde, die Zustimmung zur Eingruppierung des Beteiligten zu 3. zu erteilen. Der Beteiligte zu 2. kam in seiner Sitzung am ▬▬▬ zu dem Ergebnis, dass die von der Personalabteilung vorgesehene Eingruppierung des Beteiligten zu 3. höher war, als sie laut Tarifvertrag vorzunehmen gewesen wäre.

Beweis: Auszug aus dem Protokoll der Betriebsratssitzung vom ▬▬▬ – Anlage B 1.

Der Beteiligte zu 2. hat daraufhin noch innerhalb der Wochenfrist der Antragstellerin mitgeteilt, dass die vorgesehene Vergütungsgruppe nicht zutreffend sei, und der Beschlusslage entsprechend die Zustimmung zur Eingruppierung des Beteiligten zu 3. verweigert.

2. Die für den Beteiligten zu 3. vorgesehene Vergütung ist nicht tarifgerecht und fällt zu hoch aus, weil ▬▬▬.

3. Soweit die Antragstellerin vorträgt, das Ablehnungsschreiben des Beteiligten zu 2. habe bloß den lapidaren Hinweis auf § 99 Abs. 2 Nr. 1 BetrVG enthalten, wonach die Zustimmung zu einer Eingruppierung verweigert werde, weil eine niedrigere als die vorgesehene Vergütungsgruppe zutreffend sei, führt dies nicht zu einer unwirksamen bzw. unbeachtlichen Zustimmungsverweigerung.

Nur in Fällen, in denen die Begründung offensichtlich auf keinen der Verweigerungsgründe des § 99 Abs. 2 BetrVG Bezug nimmt, ist sie für den Arbeitgeber unbeachtlich, mit der Folge, dass die Zustimmung des Betriebsrats als erteilt gilt,

BAG, Urt. v. 26.1.1988, DB 1988, 1167.

Teilt der Betriebsrat dagegen fristgerecht mit, auf welchen rechtlichen Tatbestand er die Zustimmungsverweigerung stützt, kann er auch noch nach Ablauf der Wochenfrist des § 99 Abs. 3 Satz 1 BetrVG seine Zustimmungsverweigerung ergänzend auf rechtliche Argumente stützen, die er im Verweigerungsschreiben noch nicht angeführt hatte,

BAG, Urt. v. 28.4.1998, NZA 1999, 52.

Dem Betriebsrat ist es auch nicht verwehrt, einer Eingruppierung mit der Begründung zu widersprechen, sie sei deshalb unzutreffend, weil der Arbeitnehmer geringerwertige Tätigkeiten ausübe,

BAG, Urt. v. 12.1.1993, BAGE 72, 123; BAG, Urt. v. 31.10.1995, NZA 1996, 890.

4. Dem Arbeitgeber ist es unbenommen, über das Tarifgehalt hinaus ein zusätzliches Entgelt zu zahlen, beispielsweise in der Form einer freiwilligen Zulage. Das aber bedeutet nicht, dass eine über die tarifliche Eingruppierung hinausgehende Eingruppierung durch den Arbeitgeber willkürlich vorgenommen werden kann. Dass ggf. bei der Gewährung einer außertariflichen Zulage ein Mitbestimmungsrecht des Betriebsrats nach § 87 Abs. 1 Nr. 10 BetrVG besteht, ist ohne Auswirkung auf die Befugnisse des Betriebsrats im Falle einer fehlerhaften tariflichen Eingruppierung,

BAG, Urt. v. 14.6.1994, NZA 1995, 543.

44. Muster: Zwangsgeld wegen Nichtaufhebung einer personellen Maßnahme – Antrag auf Festsetzung

Arbeitsgericht ▪▪▪
In dem Beschlussverfahren
mit den Beteiligten
1. Betriebsrat der Firma ▪▪▪

– Antragsteller und Beteiligter zu 1. –

Verfahrensbevollmächtigte: ▪▪▪
und
2. Firma ▪▪▪

– Antragsgegnerin und Beteiligte zu 2. –

Verfahrensbevollmächtigte: ▪▪▪
3. Arbeitnehmer ▪▪▪

– Beteiligter zu 3. –

wegen: Festsetzung eines Zwangsgeldes

Namens und in Vollmacht des Antragstellers bestellen wir uns zu Verfahrensbevollmächtigten und beantragen die Einleitung eines Vollstreckungsverfahrens im Beschlussverfahren. Wir stellen folgende Anträge:

1. Der Antragsgegnerin wird aufgegeben, den Beteiligten zu 3. bei Meidung eines Zwangsgeldes, dessen Höhe in das Ermessen des Gerichts gestellt wird, aus dem Betrieb zu entlassen.
2. Der Streitwert wird festgesetzt.

Gründe:

Die Antragsgegnerin hat den Beteiligten zu 3. am ▪▪▪ eingestellt. Der Antragsteller hat seine Zustimmung zur Einstellung verweigert. Das Arbeitsgericht hat den Antrag der Antragsgegnerin auf Ersetzung der Zustimmung des Antragstellers mit Beschluss vom ▪▪▪ zurückgewiesen und auf Antrag des Antragstellers die Antragsgegnerin zur Aufhebung der Einstellung verurteilt.

Beweis: Beschluss vom ▪▪▪, ▪▪▪ BV ▪▪▪/▪▪▪, dessen Beiziehung beantragt wird.

Der Beschluss ist seit dem ▪▪▪ rechtskräftig. Obwohl die Antragsgegnerin gehalten ist, die Einstellung rückgängig zu machen, beschäftigt sie den Beteiligten zu 3. weiter. Es bedarf daher der Festsetzung eines Zwangsgeldes, dessen Höhe in das Ermessen des Gerichts gestellt wird, § 101 Satz 2 BetrVG.

Kapitel 3: Vertretung von Arbeitgebern

A. Erläuterungen

I. Gewöhnliches Beschlussverfahren

101 Bei der Vertretung von Arbeitgebern im Beschlussverfahren gehört zu den häufigsten Fällen der Antrag auf **Ersetzung der Zustimmung** nach § 99 BetrVG bzw. der beschleunigte Antrag bei **personellen Eilverfahren** gemäß § 100 Abs. 2 Satz 3 BetrVG. Beispiele enthalten die Muster 7470 und 7475. Nicht nur der Antrag auf Ersetzung der Zustimmung zur personellen Maßnahme gehört nach § 99 Abs. 4 BetrVG ins Beschlussverfahren, sondern auch der hilfsweise Feststellungsantrag, dass die Zustimmung des Betriebsrats nach ordnungsgemäßer Unterrichtung wegen Fristablaufs als erteilt gilt.[1] Das Zustimmungsersetzungsverfahren kann schon eingeleitet werden, wenn der neu zu besetzende Arbeitsplatz noch nicht frei ist.[2] Eine Frist zur Einleitung des Zustimmungsersetzungsverfahrens enthält § 99 Abs. 4 BetrVG nicht.[3]

102 Ein weiterer häufiger Anwendungsfall des Beschlussverfahrens für den Arbeitgeber entsteht bei Streitigkeiten mit einem **Auszubildenden** darüber, ob ein Arbeitsverhältnis besteht (§ 78a BetrVG). Über den Antrag des Arbeitgebers, nach § 78a Abs. 4 BetrVG festzustellen, dass ein Arbeitsverhältnis mit einem Auszubildenden nicht begründet wird, oder über den Antrag, ein solches Arbeitsverhältnis aufzulösen, ist im Beschlussverfahren zu entscheiden.[4] Das Beschlussverfahren ist die richtige Verfahrensart auch dann, wenn der Arbeitgeber geltend macht, dass die Voraussetzungen des § 78a Abs. 2 BetrVG für ein **Weiterbeschäftigungsverlangen** nicht gegeben sind.[5] Die ältere Rechtsprechung, über die Anträge des Arbeitgebers im Urteilsverfahren zu entscheiden,[6] wurde vom BAG aufgegeben.

103 Wenn allerdings der Auszubildende feststellen lassen will, dass ein Arbeitsverhältnis nach § 78a Abs. 2 BetrVG zustande gekommen ist, hat er nicht im Beschlussverfahren, sondern durch Feststellungsklage im Urteilsverfahren eine Entscheidung zu beantragen.[7]

II. Besondere Beschlussverfahren der Insolvenzordnung

104 Am 1.1.1999 trat die Insolvenzordnung in Kraft und löste damit die bis dahin geltende Konkurs-, Vergleichs-, Gesamtvollstreckungsordnung sowie das Gesetz über den Sozialplan im Konkurs ab. Anders als das frühere Insolvenzrecht enthält die Insolvenzordnung in den §§ 113, 120 bis 128 arbeitsrechtliche Sonderbestimmungen. Mit den Vorschriften der §§ 121, 122 und 126 InsO wurden zwei arbeitsgerichtliche Beschlussverfahren eingeführt, die dem Insolvenzverwalter die zügige Durchführung von Betriebsänderungen ermöglichen, um dadurch Sanierungschancen in der Insolvenz zu erhöhen.

105 Fünf Jahre Insolvenzpraxis zeigen, dass die besonderen Beschlussverfahren von den Insolvenzverwaltern nur zurückhaltend angenommen wurden. Dies mag zum einen an der aufwendigen Ausgestaltung der Verfahren liegen. Zum anderen dürfte in der Praxis nur eine geringe Zuversicht bestehen, durch ein arbeitsgerichtliches Beschlussverfahren einen echten Zeitvorteil zu erzielen.

1. Gerichtliche Zustimmung zur Durchführung einer Betriebsänderung, § 122 InsO

a) Besondere Verfahrensvoraussetzungen des Antrags nach § 122 InsO

106 § 122 InsO sieht ein gerichtliches Beschlussverfahren vor, mit dem der Insolvenzverwalter die Zustimmung des Arbeitsgerichts zur Betriebsänderung vor Abschluss des Interessenausgleichsverfahrens, also ohne vorherige Durchführung des Einigungsstellenverfahrens nach § 112 Abs. 2 BetrVG, beantragen kann. Der **Antrag** setzt voraus, dass trotz rechtzeitiger und umfassender Unterrichtung des Betriebsrats innerhalb von drei Wochen nach tatsächlichem Verhandlungsbeginn oder schriftlicher Aufforderung zur Aufnahme von Verhandlungen kein Interessenausgleich nach § 112 BetrVG zustande gekommen ist.

---

1 BAG 28.1.1986 – 1 ABR 10/84, AP § 99 BetrVG 1972 Nr. 34.
2 BAG 15.9.1987 – 1 ABR 29/86, AP § 99 BetrVG 1972 Nr. 45.
3 BAG 15.9.1987 – 1 ABR 44/86, AP § 99 BetrVG 1972 Nr. 46.
4 BAG 5.4.1984 – 6 AZR 70/83, AP § 78a BetrVG 1972 Nr. 13.
5 BAG 13.3.1986 – 6 AZR 424/85, n.v.
6 BAG 3.2.1976 – 1 ABR 59/75, AP § 78a BetrVG 1972 Nr. 2; BAG 23.3.1976 – 1 ABR 7/76, AP § 78a BetrVG 1972 Nr. 3.
7 BAG 22.9.1983 – 6 AZR 323/81, AP § 78a BetrVG 1972 Nr. 11.

Die **Frist** nach § 122 Abs. 1 InsO beginnt mit der Aufnahme der Interessenausgleichsverhandlungen bzw. der schriftlichen Aufforderung zur Aufnahme von Verhandlungen. Für die Berechnung der Frist ist maßgeblich, welcher Zeitpunkt früher liegt.[8] Der Ablauf der **Drei-Wochen-Frist** muss erst im Zeitpunkt der mündlichen Anhörung vor dem Arbeitsgericht eingetreten sein. Der Antrag im Beschlussverfahren braucht daher nicht erst nach Ablauf der Drei-Wochen-Frist, sondern kann aus Beschleunigungsgründen bereits vorher gestellt werden, sofern zwischen der Unterrichtung und dem Schluss der mündlichen Verhandlung noch mindestens drei Wochen liegen und nach der Unterrichtung ernsthafte Verhandlungen über den Abschluss eines Interessenausgleiches durchgeführt wurden.[9]

107

An die **rechtzeitige und umfassende Unterrichtung** des Betriebsrats durch den Insolvenzverwalter sind die gleichen Anforderungen zu stellen, die an die Unterrichtung des Betriebsrats durch den Unternehmer gemäß § 111 Satz 1 BetrVG zu stellen sind.[10] Die **Darlegungslast** für die ordnungsgemäße Unterrichtung des Betriebsrats trägt der Insolvenzverwalter.[11] Die Unterrichtung des Betriebsrats sollte sogleich mit der schriftlichen Aufforderung zu Verhandlungsaufnahme verbunden werden, um die Drei-Wochen-Frist in Gang zu setzen.[12]

108

Der Insolvenzverwalter kann auch an eine vor Verfahrenseröffnung vom Schuldner oder vom vorläufigen Insolvenzverwalter vorgenommene Unterrichtung des Betriebsrats anknüpfen.[13] Haben die bisherigen Betriebspartner bereits länger als drei Wochen über die Betriebsänderung beraten, kann der Insolvenzverwalter den Antrag auf Zustimmung nach § 122 InsO beim Arbeitsgericht sofort stellen.[14]

109

b) Begründetheit des Antrags nach § 122 InsO

Aus dem Gesetzeswortlaut folgt ein **zweistufiges Prüfungsschema**. Zunächst hat das Arbeitsgericht zu prüfen, ob die wirtschaftliche Lage des Unternehmens es erforderlich macht, die Betriebsänderung ohne das vorherige Verfahren nach § 112 BetrVG durchzuführen.[15] Es geht hierbei um die Prüfung der Eilbedürftigkeit. In einem zweiten Schritt ist das Bedürfnis an einer sofortigen Durchführung der Betriebsänderung mit den sozialen Belangen der betroffenen Arbeitnehmer abzuwägen. Auf die sozialen Belange der Arbeitnehmer kommt es daher nicht mehr an, wenn die wirtschaftliche Lage des Unternehmens keine sofortige Betriebsänderung erfordert.[16]

110

Das Arbeitsgericht entscheidet nur darüber, ob die wirtschaftliche Lage des Unternehmens es erfordert, dass die Betriebsänderung ohne vorheriges Verfahren nach § 112 Abs. 2 BetrVG durchgeführt wird. Ob die geplante Maßnahme dagegen wirtschaftlich sinnvoll ist, entscheidet nicht das Arbeitsgericht, sondern der Insolvenzverwalter.[17] Die sachliche Rechtfertigung der Betriebsänderung ist nicht Prüfungsgegenstand des Beschlussverfahrens.[18] Das Arbeitsgericht erteilt auch nicht die Zustimmung zu der geplanten Betriebsänderung. Vielmehr geht es allein um die Eilbedürftigkeit und den Zeitpunkt des Beginns der Betriebsänderung.[19]

111

Im Rahmen der Prüfung der Eibedürftigkeit geht es darum, ob mit der zügigen Durchführung der Betriebsänderung weitere Verluste vermieden werden können,[20] um somit die Insolvenzmasse nicht weiter zu belasten. Abzustellen ist daher auf die Interessen der Insolvenzgläubiger an der Erhaltung der Insolvenzmasse.[21] Wenn die Fortführung des Betriebs ohne Betriebsänderung bis zur Durchführung des Verfahrens nach § 112 Abs. 2 BetrVG zu einer nicht unerheblichen Schmälerung der Masse führt, erfordert die wirtschaftliche Lage des Unternehmens eine vorzeitige Betriebsänderung, so dass die Zustimmung durch das Arbeitsgericht zu

112

---

8 ArbG Lingen 9.7.1999 – 2 BV 4/99, ZIP 1999, 1892 (1895); Nerlich/Römermann/*Hamacher*, § 122 Rn 21.
9 ArbG Lingen 9.7.1999 – 2 BV 4/99, ZIP 1999, 1892 (1895); Kübler/Prütting/*Moll*, § 122 Rn 25.
10 ArbG Lingen 9.7.1999 – 2 BV 4/99, ZIP 1999, 1892 (1895); einschränkend *Annuß*, NZI 1999, 344 (346).
11 *Steindorf/Regh*, Arbeitsrecht in der Insolvenz, § 3 Rn 502; *Oetker/Friese*, DZWiR 2001, 133 (135).
12 Nerlich/Römermann/*Hamacher*, § 122 Rn 19.
13 *Annuß*, NZI 1999 344 (346); FK/*Eisenbeis*, § 122 Rn 13.
14 *Steindorf/Regh*, § 3 Rn 509; DKK-*Däubler*, Anh. zu §§ 111–113, § 122 InsO Rn 5; a.A. *Arend*, ZInsO 1998, 303 (304).
15 ArbG Lingen 9.7.1999 – 2 BV 4/99, ZIP 1999, 1892 (1895); *Schaub*, DB 1999, 217 (226); *Oetker/Friese*, DZWiR 2001, 133 (137); *Arend*, ZInsO 1998, 303 (304).
16 *Schaub*, DB 1999, 217 (226).
17 *Lakies*, RdA 1997, 145 (149); *Müller*, DZWiR 1999, 221 (224).
18 *Annuß*, NZI 1999, 344 (346).
19 *Eisenbeis*, FA 1999, 74 (75); *Annuß*, NZI 1999, 344 (346); H/S-*Regh*, Das arbeitsrechtliche Mandat, § 18 Rn 191.
20 Ähnlich Nerlich/Römermann/*Hamacher*, § 122 Rn 57; *Annuß*, NZI 1999, 344.
21 *Arend*, ZInsO 1998, 303 (304); *Annuß*, NZI 1999, 344 (347) für den Fall der Betriebsstilllegung. Im Falle der Unternehmensfortführung durch denselben Rechtsträger ist nicht auf die Gläubigerinteressen, sondern allein auf die wirtschaftliche Situation des Unternehmens abzustellen und zu fragen, ob dessen Fortführung durch die Einhaltung des Interessenausgleichsverfahrens zusätzlich gefährdet wird, was in den meisten Fällen zu bejahen ist.

erteilen ist.[22] Dem Insolvenzverwalter obliegt daher die Darlegung, welche künftigen Massebelastungen bei Durchführung des Interessenausgleichsverfahrens entstehen. Dazu muss er vortragen, welche Kosten entstehen und in welcher Relation diese zur Masse stehen. Weiterhin sind die Ersparnisse bei einer vorzeitigen Durchführung der in Aussicht genommenen Betriebsänderung unter substantiierter Beschreibung der geplanten Maßnahme mitzuteilen.[23] Die erwarteten Belastungen der Insolvenzmasse sind diesen Ersparnissen gegenüberzustellen.

113 Das Arbeitsgericht wird eine Eilbedürftigkeit insbesondere annehmen, wenn der betroffene Betrieb seine laufenden Kosten nicht mehr aus den Einnahmen decken kann.[24] Eine Eilbedürftigkeit ist ferner dann anzunehmen, wenn Masseunzulänglichkeit oder die Einstellung des Verfahrens mangels Masse droht.[25]

114 Stellt das Arbeitsgericht die Eilbedürftigkeit der Betriebsänderung fest, so ist zu prüfen, ob die sozialen Belange der Arbeitnehmer dennoch die Durchführung des Einigungsstellenverfahrens erfordern.[26] Nicht ausreichend ist das Verzögerungsinteresse der Arbeitnehmer. Vielmehr muss der Betriebsrat darlegen, dass durch Vermittlung der Einigungsstelle sozial verträglichere Lösungen gefunden werden können.[27]

c) Verfahrensrechtliche Besonderheiten des Beschlussverfahrens nach § 122 InsO

115 Gemäß § 122 Abs. 2 InsO gelten für das Zustimmungsverfahren die Vorschriften der §§ 80 ff. ArbGG über das Beschlussverfahren entsprechend. Der Antrag des Insolvenzverwalters im Verfahren nach § 122 Abs. 1 InsO muss darauf gerichtet sein, die Zustimmung zu einer bestimmten Betriebsänderung zu erteilen, ohne zuvor ein Einigungsverfahren über einen Interessenausgleich nach § 112 Abs. 2 BetrVG durchzuführen.[28] Die beabsichtigte Betriebsänderung muss im Antrag konkret bezeichnet werden. Antragsbefugt ist nur der Insolvenzverwalter, nicht schon der vorläufige Insolvenzverwalter. Die von der Betriebsänderung betroffenen Arbeitnehmer sind anders als im Verfahren nach § 126 InsO nicht zu beteiligen.

2. Beschlussverfahren zum Kündigungsschutz, §§ 126, 127 InsO

a) Besondere Verfahrensvoraussetzungen des Antrags nach § 126 InsO

116 Die Vorschrift des § 126 InsO ist eine arbeitsrechtliche Neuerung. An die Stelle des individuellen Kündigungsschutzes tritt ein kollektives Beschlussverfahren zum Kündigungsschutz. § 126 InsO ergänzt die Vorschrift des § 125 InsO zum Interessenausgleich mit Namensliste und räumt dem Insolvenzverwalter die Möglichkeit ein, in einem Sammelverfahren die soziale Rechtfertigung betriebsbedingter Kündigungen feststellen zu lassen, um so langwierige Kündigungsschutzverfahren zu vermeiden.[29] Rechtsfolge des Beschlusses ist, dass die Entscheidung des Arbeitsgerichts im Kündigungsschutzprozess eines betroffenen Arbeitnehmers gemäß § 127 InsO präjudizielle Wirkung hat. Dabei erfasst § 126 InsO sowohl Beendigungs- als auch Änderungskündigungen.[30] In zeitlicher Hinsicht ist der Insolvenzverwalter nicht darauf verwiesen, zunächst den Antrag präventiv für geplante Kündigungen zu stellen. Vielmehr kann er auch sofort Kündigungen aussprechen und danach das Beschlussverfahren nach § 126 InsO einleiten.[31]

117 Der **Antrag** nach § 126 Abs. 1 InsO setzt voraus, dass entweder der Betrieb keinen Betriebsrat hat oder aus anderen Gründen innerhalb von drei Wochen nach Verhandlungsbeginn oder schriftlicher Aufforderung zur Aufnahme von Verhandlungen ein Interessenausgleich nach § 125 Abs. 1 InsO nicht zustande gekommen ist, obwohl der Betriebsrat rechtzeitig und umfassend unterrichtet wurde. Die Darlegungs- und Beweislast für die Antragsvoraussetzungen trägt der Insolvenzverwalter.[32]

---

22 ArbG Lingen 9.7.1999 – 2 BV 4/99, ZIP 1999, 1892 (1896); *Oetker/Friese*, DZWiR 2001, 134 (137).
23 ArbG Lingen 9.7.1999 – 2 BV 4/99, ZIP 1999, 1892 (1896).
24 ArbG Lingen 9.7.1999 – 2 BV 4/99, ZIP 1999, 1892 (1896); Kübler/Prütting/*Moll*, § 122 Rn 33; *Annuß*, NZI 1999, 344 (347); *Oetker/Friese*, DZWiR 2001, 133 (137).
25 *Oetker/Friese*, DZWiR 2001, 133 (137); *Arend*, ZinsO 1998, 303 (304).
26 *Oetker/Friese*, DZWiR 2001, 133 (138).
27 ArbG Lingen 9.7.1999 – 2 BV 4/99, ZIP 1999, 1892 (1896); Nerlich/Römermann/*Hamacher*, § 122 Rn 59.
28 *Hess*, §§ 121, 122 Rn 213; Kübler/Prütting/*Moll*, § 122 Rn 23.
29 Nerlich/Römermann/*Hamacher*, § 126 Rn 1.
30 *Lakies*, NZI 2000, 345; Nerlich/Römermann/*Hamacher*, § 126 Rn 3.
31 BAG 29.6.2000 – 8 ABR 44/99, AP § 126 InsO Nr. 2; ErfK/*Ascheid*, § 127 InsO Rn 3.
32 Nerlich/Römermann/*Hamacher*, § 126 Rn 48.

Ist das Kündigungsschutzgesetz im Betrieb nach Maßgabe des § 13 KSchG nicht anwendbar, kommt ein Verfahren nach § 126 InsO von vornherein nicht in Betracht. Die Bindungswirkung des Beschlusses bezieht sich auf dringende betriebliche Erfordernisse und die soziale Rechtfertigung der Kündigung und setzt damit die Anwendbarkeit des Kündigungsschutzgesetzes voraus.[33]

Ist kein Betriebsrat vorhanden, kann der Insolvenzverwalter den Antrag nach § 126 InsO sofort stellen,[34] auch wenn im Betrieb weniger als 21 Arbeitnehmer beschäftigt sind und damit bei Bestehen eines Betriebsrats kein Interessenausgleich abzuschließen wäre.[35] Der Insolvenzverwalter ist auch nicht verpflichtet, statt mit dem Betriebsrat, zunächst mit den betroffenen Arbeitnehmern Gespräche über ein freiwilliges Ausscheiden zu führen.

Bei vorhandenem Betriebsrat kann der Insolvenzverwalter den Antrag nur stellen, wenn kein Interessenausgleich i.S.d. § 125 InsO zustande kommt. § 126 InsO hat insoweit eine Auffangfunktion gegenüber der Möglichkeit nach § 125 InsO einen Interessenausgleich mit Namensliste zu schließen. Kommt es vor dem gerichtlichen Anhörungstermin zum Abschluss eines Interessenausgleichs mit Namensliste, wird der Antrag unzulässig.

Nach sehr umstrittener Auffassung soll der Insolvenzverwalter den Antrag nach § 126 InsO im Betrieb mit Betriebsrat auch bei einer Belegschaftsstärke von weniger als 21 Arbeitnehmern stellen können, da andernfalls Wertungswidersprüche eintreten, wenn dem Insolvenzverwalter in betriebsratslosen Betrieben in diesem Fall das Verfahren nach § 126 InsO zur Verfügung steht.[36]

Die **Drei-Wochen-Frist** beginnt zu laufen, wenn der Betriebsrat rechtzeitig und umfassend unterrichtet wurde. Die Voraussetzungen entsprechen denjenigen des § 122 Abs. 1 InsO.[37] Der Insolvenzverwalter muss den Betriebsrat aber ausdrücklich zum Abschluss eines Interessenausgleichs mit Namensliste i.S.d. § 125 InsO auffordern.[38] Ausreichend ist es auch hier, wenn die Drei-Wochen-Frist im Zeitpunkt der mündlichen Anhörung vor dem Arbeitsgericht abgelaufen ist. Aus Beschleunigungsgründen kann der Antrag daher bereits vor Ablauf der Drei-Wochen-Frist gestellt werden.[39]

b) Begründetheit des Antrags nach § 126 Abs. 1 InsO

Nach § 126 Abs. 1 Satz 1 InsO bezieht sich die Feststellung des Arbeitsgerichts trotz des ungenauen Wortlauts sowohl auf das Vorliegen dringender betrieblicher Erfordernisse als auch auf die Sozialauswahl. Maßgeblicher **Beurteilungszeitpunkt** der Rechtmäßigkeit geplanter Kündigungen ist der letzte mündliche Anhörungstermin.[40] Sind bereits ausgesprochene Kündigungen Gegenstand des Beschlussverfahrens, ist für die Beurteilung der sozialen Rechtfertigung der Kündigungen auf den Zeitpunkt des Zugangs der Kündigungen abzustellen.[41]

Das Arbeitsgericht prüft, ob die Kündigungen der im Antrag bezeichneten Arbeitnehmer durch dringende betriebliche Erfordernisse gerechtfertigt sind. Es gelten die allgemeinen Anforderungen an das Vorliegen eines betriebsbedingten Kündigungsgrundes. Eine § 125 Abs. 1 Satz 1 InsO entsprechende gesetzliche Vermutung der Betriebsbedingtheit besteht nicht.[42]

Einschränkungen ergeben sich aber bei der Prüfung der **Sozialauswahl**. Gemäß § 126 Abs. 1 Satz 2 InsO kann die Sozialauswahl nur im Hinblick auf die Dauer der Betriebszugehörigkeit, das Lebensalter und die Unterhaltspflichten geprüft werden. Im Gegensatz zu § 125 Abs. 1 Satz 1 Nr. 2 InsO ist die Prüfung der Sozialauswahl aber nicht auf grobe Fehlerhaftigkeit beschränkt.[43] Auch die Schaffung einer ausgewogenen

---

33 *Heinze*, NZA 1999, 57 (61); *Steindorf/Regh*, Arbeitsrecht in der Insolvenz, § 3 Rn 675; a.A. *Lakies*, NZI 2000, 345; ErfK/*Ascheid*, § 126 InsO Rn 1.
34 BAG 29.6.2000 – 8 ABR 44/99, AP § 126 InsO Nr. 2; a.A. DKK-*Däubler*, Anh. zu §§ 111–113, § 126 Rn 6 für einen vorherigen Einigungsversuch mit den Mitarbeitern.
35 *Lakies*, NZI 2000, 345; ErfK/*Ascheid*, § 126 InsO Rn 1; *Steindorf/Regh*, Arbeitsrecht in der Insolvenz, § 3 Rn 676; offen gelassen von BAG 29.6.2000 – 8 ABR 44/99, AP § 126 InsO Nr. 2; a.A. *Nerlich/Römermann/Hamacher*, § 126 Rn 3; ähnlich *Friese*, ZInsO 2001, 350, die aber eine entsprechende Anwendung von § 126 InsO vorschlägt.
36 ErfK/*Ascheid*, § 126 InsO Rn 1; *Steindorf/Regh*, Arbeitsrecht in der Insolvenz, § 3 Rn 678; a.A. MüKo-InsO/*Löwisch/Caspers*, § 126 Rn 4; *Nerlich/Römermann/Hamacher*, § 126 Rn 3.
37 Auf die Ausführungen zu § 122 InsO wird verwiesen.
38 *Nerlich/Römermann/Hamacher*, § 125 Rn 14.
39 *Friese*, ZInsO 2001, 350 (351); *Kübler/Prütting Moll*, § 126 Rn 18; a.A. wohl *Nerlich/Römermann/Hamacher*, § 125 Rn 12.
40 *Nerlich/Römermann/Hamacher*, § 126 Rn 49; *Friese*, ZInsO 2001, 350 (353).
41 BAG 29.6.2000 – 8 ABR 44/99, AP § 126 InsO Nr. 2; H/S-*Regh*, Das arbeitsrechtliche Mandat, § 18 Rn 132.
42 *Lakies*, NZI 2000, 345 (346).
43 ErfK/*Ascheid*, § 126 InsO Rn 3; *Lakies*, NZI 2000, 345 (346).

Personalstruktur kann anders als im Rahmen von § 125 Abs. 1 InsO zur Rechtfertigung nicht herangezogen werden.[44]

126 Sonstige Unwirksamkeitsgründe, z.B. die fehlerhafte Beteiligung des Betriebsrats nach § 102 BetrVG, die Nichtbeachtung des Sonderkündigungsschutzes oder die Verletzung von Formvorschriften, dürfen im Beschlussverfahren nicht geprüft werden;[45] etwas anderes gilt lediglich für die Frage der Kündigungsberechtigung des Kündigenden.[46]

c) Verfahrensrechtliche Besonderheiten des Beschlussverfahrens

127 Nach § 126 Abs. 2 InsO gelten die Vorschriften des Arbeitsgerichtsgesetzes über das Beschlussverfahren entsprechend. Das Verfahren ist ebenso konzipiert wie das Verfahren der gerichtlichen Zustimmung zur Durchführung einer Betriebsänderung nach § 122 InsO. Gemäß § 126 Abs. 2 Satz 2 InsO gilt § 122 Abs. 2 Satz 3, Abs. 3 InsO entsprechend.

128 **Beteiligte** im Beschlussverfahren sind gemäß § 126 Abs. 2 Satz 1 InsO der Insolvenzverwalter, der Betriebsrat und die im Antrag bezeichneten Arbeitnehmer, soweit sie mit der Beendigung ihres Arbeitsverhältnisses oder mit den geänderten Arbeitsbedingungen nicht einverstanden sind. Jeder Arbeitnehmer muss namentlich so hinreichend bestimmt sein, dass das Gericht ihn als Beteiligten zum Verfahren hinzuziehen kann. Wird die Betriebsänderung erst nach einer Betriebsveräußerung durchgeführt, ist auch der Erwerber zu beteiligen, § 128 Abs. 1 Satz 2 InsO. Die Beteiligtenstellung muss im Zeitpunkt der letzten mündlichen Verhandlung vorliegen.[47]

129 Im Beschlussverfahren nach § 126 Abs. 1 Satz 1 InsO ist allein der Insolvenzverwalter **antragsbefugt**, nicht hingegen der vorläufige Insolvenzverwalter. Der Antrag muss nach den Vorgaben des § 126 Abs. 1 Satz 1 InsO darauf gerichtet sein, festzustellen, dass die Kündigung der Arbeitsverhältnisse bestimmter, im Antrag bezeichneter Arbeitnehmer durch dringende betriebliche Erfordernisse bedingt und sozial gerechtfertigt ist.

130 Verlässt ein nicht im Antrag aufgeführter Arbeitnehmer den Betrieb und enthält der Antrag **keine Rangziffern** hinsichtlich der betroffenen Arbeitnehmer, muss der Insolvenzverwalter in diesem Fall eine Sozialauswahl unter denjenigen, denen ursprünglich gekündigt werden sollte, treffen, um feststellen zu können, welcher Arbeitnehmer auf dem anderweitig freigewordenen Arbeitsplatz weiterbeschäftigt werden kann. Hinsichtlich des nunmehr weiterzubeschäftigenden Arbeitnehmers kann der Insolvenzverwalter den Antrag zurücknehmen.[48] Um hier Risiken zu vermeiden wird im Hinblick auf die Antragsstellung vorgeschlagen, einen gestaffelten Antrag zu stellen, in dem die Reihenfolge der zu kündigenden Arbeitnehmer festlegt wird oder entsprechende Vergleichsgruppen gebildet werden.[49] Ferner können auch Hilfsanträge mit anderen Gruppenbildungen oder Ranglisten gestellt und darin Arbeitnehmer bezeichnet werden, denen im Falle der – auch teilweisen – Abweisung des Hauptantrags gekündigt werden soll.[50] Dies empfiehlt sich, da das Arbeitsgericht häufig bestimmte Auswahlkriterien anders bewerten oder eine andere Gruppenbildung zugrunde legen wird.

d) Klage des Arbeitnehmers, § 127 InsO

131 § 127 Abs. 1 InsO bestimmt, dass der Entscheidung des Arbeitsgerichts im Beschlussverfahren nach § 126 Abs. 1 InsO im anschließenden individuellen Kündigungsschutzverfahren Bindungswirkung zukommt. Wird dem Antrag des Insolvenzverwalters stattgegeben, hat dies zur Folge, dass die Frage, ob dringende betriebliche Erfordernisse i.S.d. § 1 Abs. 2 Satz 1 KSchG bei der Kündigung vorlagen und die Sozialauswahl mit § 1 Abs. 3 KSchG vereinbar ist, im Kündigungsschutzprozess nicht mehr geprüft wird. Der Beschluss des Arbeitsgerichts nach § 126 Abs. 1 InsO stellt aber nicht die Rechtmäßigkeit der Kündigung insgesamt oder die Auflösung des Arbeitsverhältnisses durch die Kündigung fest.

---

44 *Lakies*, NZI 2000, 345 (346); ErfK/*Ascheid*, § 126 InsO Rn 4; a.A. *Ennemann*, Kölner Schriften, S. 1473, 1507 Rn 88, vgl. auch *Berkowsky*, NZI 1999, 129, 135.
45 ErfK/*Ascheid*, § 126 InsO Rn 9; *Steindorf/Regh*, Arbeitsrecht in der Insolvenz, § 3 Rn 690.
46 BAG 29.6.2000 – 8 ABR 44/99, AP § 126 InsO Nr. 2.
47 Nerlich/Römermann/*Hamacher*, § 128 Rn 73.
48 Nerlich/Römermann/*Hamacher*, § 126 Rn 32.
49 Nerlich/Römermann/*Hamacher*, § 126 Rn 33; a.A. MüKo-InsO/*Löwisch/Caspers*, § 126 Rn 14.
50 *Grunsky*, in: FS Lüke, S. 197; Nerlich/Römermann/*Hamacher*, § 126 Rn 34.

Die **Bindungswirkung** tritt auch ein, wenn der Antrag des Insolvenzverwalters als unbegründet abgewiesen wird, mit der Folge, dass der Kündigungsschutzklage stattzugeben ist.[51] Anders ist die Rechtslage, wenn der Antrag als unzulässig zurückgewiesen wird. Dann entfaltet der Beschluss keine Bindungswirkung.[52] 132

Nach § 127 Abs. 1 Satz 2 InsO hat der Beschluss keine Bindungswirkung, wenn sich die Sachlage nach dem Schluss des letzten mündlichen Anhörungstermins im Beschlussverfahren nach § 126 Abs. 1 InsO wesentlich geändert hat. Die Vorschrift entspricht der Regelung des § 125 Abs. 1 Satz 1 InsO. Die Darlegungs- und Beweislast trägt der Arbeitnehmer. Die Bindungswirkung wegen Änderung der Sachlage entfällt aber nur dann, wenn die Kündigungen nach Schluss des letzten Anhörungstermins ausgesprochen werden. Sind bei Änderung der Sachlage die Kündigungen bereits zugegangen, dann bleibt es bei der Bindungswirkung des Beschlusses.[53] Dem Arbeitnehmer kann aber ein Wiedereinstellungsanspruch zustehen. Entfällt die Bindungswirkung, weil sich die Sachlage wesentlich geändert hat, entfaltet auch der Beschluss keine Rechtskraft mehr. Der Insolvenzverwalter kann ein neues Beschlussverfahren nach § 126 InsO durchführen.[54] 133

Im Falle eines Betriebsübergangs erstreckt sich gemäß § 128 Abs. 2 InsO die gerichtliche Feststellung nach § 126 Abs. 1 Satz 1 InsO auch darauf, dass die Kündigung der Arbeitsverhältnisse nicht wegen des Betriebsübergangs erfolgt.[55] Hat das Arbeitsgericht im Verfahren nach § 126 InsO festgestellt, dass die Kündigung sozial gerechtfertigt ist, steht damit zugleich fest, dass die Kündigung nicht gegen das Kündigungsverbot des § 613a Abs. 4 BGB verstößt, § 128 Abs. 2 Alt. 2 InsO. Die Bindungswirkung entfällt auch hier nur, wenn sich die Sachlage nach dem Schluss des letzten mündlichen Anhörungstermins wesentlich geändert hat. In diesem Fall kann sich der Betriebserwerber nicht auf den Feststellungsbeschluss berufen.[56] Eine wesentliche Änderung der Sachlage ist etwa dann anzunehmen, wenn der Erwerber das der Betriebsänderung zugrunde liegende Konzept des Insolvenzverwalters nicht umsetzt und eine andere als die ursprünglich geplante Betriebsänderung durchführt.[57] 134

Hat der Arbeitnehmer bereits Kündigungsschutzklage erhoben, ist auf Antrag des Insolvenzverwalters nach § 127 Abs. 2 InsO die Verhandlung über die Klage bis zur Entscheidung im Beschlussverfahren auszusetzen. Dadurch wird verfahrensrechtlich gesichert, dass nicht zwei sich widersprechende Entscheidungen zustande kommen. Stellt der Verwalter keinen Antrag auf Aussetzung des Verfahrens, so kann nach umstrittener Ansicht das Arbeitsgericht die Aussetzung nicht beschließen.[58] Gegen den Beschluss des Arbeitsgerichts ist die sofortige Beschwerde nach § 46 Abs. 2 ArbGG, § 252 ZPO zulässig. 135

3. Rechtsmittel im Beschlussverfahren

Nach § 122 Abs. 2 Satz 1 InsO ist die **Rechtsbeschwerde** zum Bundesarbeitsgericht statthaft, wenn sie in dem Beschluss des Arbeitsgerichts zugelassen wird. Die Rechtsbeschwerde ist gemäß § 122 Abs. 3 Satz 2 InsO, § 72 Abs. 2 ArbGG zuzulassen, wenn die Rechtssache grundsätzliche Bedeutung hat oder bei einer Divergenz. Die Rechtsbeschwerde ist gemäß § 122 Abs. 3 Satz 3 InsO innerhalb eines Monats nach der Zustellung der in vollständiger Form abgefassten Entscheidung des Arbeitsgerichts beim Bundesarbeitsgericht einzulegen und zu begründen. Eine Verlängerung der Begründungsfrist ist unzulässig. 136

Das Arbeitsgericht wird die Rechtsbeschwerde nur in Ausnahmefällen zulassen, da es letztlich eine Tatfrage ist, ob in einem Insolvenzverfahren genügend Zeit für das Einigungsstellenverfahren vorhanden ist oder einzelne Kündigungen sozial gerechtfertigt sind. Fragen grundsätzlicher Bedeutung dürften kaum berührt sein. Für das Vorliegen einer Divergenz muss auf die Rechtsprechung anderer Arbeitsgerichte abgestellt werden,[59] wenn es um spezifische Rechtsfragen der Anwendung der §§ 122, 126 InsO geht.[60] Bei anderen 137

---

51 ErfK/*Ascheid*, § 127 InsO Rn 2; *Lakies*, NZI 2000, 345 (351); *Steindorf/Regh*, Arbeitsrecht in der Insolvenz, § 3 Rn 720; a.A. *Schrader*, NZA 1997, 70 (77); *Grunsky*, in: FS Lüke, S. 191 (195).
52 DKK/*Däubler*, Anh. zu §§ 111–113, § 127 Rn 1; Nerlich/Römermann/*Hamacher*, § 127 Rn 5.
53 FK-InsO/*Eisenbeis*, § 127 Rn 6; Nerlich/Römermann/*Hamacher*, § 127 Rn 11; *Friese*, ZInsO 2001, 350 (355); *Hess*, § 127 Rn 4.
54 Nerlich/Römermann/*Hamacher*, § 127 Rn 13.
55 Der Antrag muss auf die Feststellung gerichtet sein, dass die Kündigung nicht wegen des Betriebsübergangs erfolgt ist, vgl. *Tretow*, ZInsO 2000, 309 (311); *Müller*, DZWiR 1999, 221 (230), der darauf hinweist, dass der Erwerber im Antrag zu bezeichnen ist, da der Antrag ansonsten zu unbestimmt sei.
56 *Friese*, ZInsO 2001, 350 (359).
57 *Friese*, ZInsO 2001, 350 (359); Kübler/Prütting/*Moll*, § 128 Rn 35.
58 *Hess*, § 127 Rn 5; *Lakies*, NZI 2000, 345 (351); *Steindorf/Regh*, Arbeitsrecht in der Insolvenz, § 3 Rn 727; a.A. Nerlich/Römermann/*Hamacher*, § 127 Rn 15; FK-InsO/*Eisenbeis*, § 127 Rn 7.
59 *Oetker/Friese*, DZWiR 2001, 134 (139); *Hess*, § 121, 122 Rn 220; a.A. *Rummel*, DB 1997, 774 (775), der eine Divergenz zu einer Entscheidung eines anderen Arbeitsgerichts nicht für ausreichend erachtet.
60 Nerlich/Römermann/*Hamacher*, § 122 Rn 71; *Oetker/Friese*, DZWiR 2001, 134 (139).

Rechtsfragen, die in anderen Verfahren entscheidend sein können, ist hingegen auf Entscheidungen des Landesarbeitsgerichts abzustellen.61 § 122 Abs. 3 Satz 1 InsO verweist weder auf § 92a ArbGG noch auf § 72a ArbGG und stellt damit klar, dass eine Nichtzulassungsbeschwerde ausgeschlossen ist. Die Nichtzulassung der Rechtsbeschwerde kann daher nicht mittels Nichtzulassungsbeschwerde gemäß § 92a ArbGG erstritten werden.62

138 Nach § 126 Abs. 2 Satz 2 InsO gilt § 122 Abs. 2 Satz 3, Abs. 3 InsO entsprechend, so dass die vorstehenden Ausführungen auch für das Beschlussverfahren nach § 126 InsO gelten. Hat das Arbeitsgericht die Rechtsbeschwerde zugelassen, kann jeder der Beteiligten diese selbständig einlegen. Neben dem Insolvenzverwalter und den Arbeitnehmern kann auch der Betriebserwerber, der gemäß § 128 Abs. 1 Satz 2 InsO beteiligt wurde, selbständig Beschwerde einlegen. Die Rechtsbeschwerde eines einzelnen Arbeitnehmers hat gegenüber den anderen Arbeitnehmern keine Wirkung.63

4. Kosten und Streitwert

139 Die erforderlichen Kosten der Betriebsratstätigkeit hat der Insolvenzverwalter gemäß § 40 BetrVG zu tragen, wobei die Hinzuziehung eines Rechtsanwalts aufgrund der Bedeutung der Entscheidung und Komplexität der Angelegenheit stets erforderlich sein dürfte.64 Der Kostenerstattungs- und Freistellungsanspruch nach § 40 BetrVG ist Masseverbindlichkeit nach § 55 InsO.65

140 Die Kostenerstattung im Beschlussverfahren nach § 126 InsO richtet sich im Übrigen nach § 12a Abs. 1 Satz 1 und 2 ArbGG. Danach findet eine Erstattung der außergerichtlichen Kosten für das erstinstanzliche Verfahren vor dem Arbeitsgericht nicht statt. Im Rechtsbeschwerdeverfahren vor dem Bundesarbeitsgericht gelten hingegen die Vorschriften der ZPO über die Erstattung der Kosten des Rechtsstreits entsprechend, § 126 Abs. 3 Satz 2 InsO. Für die Berechnung der Gebühren des Rechtsanwalts ist § 12 Abs. 7 ArbGG entsprechend anzuwenden.66 Der für den Insolvenzverwalter geltende Wert berechnet sich nach der Summe der einzelnen Arbeitnehmerwerte.67 Hinsichtlich der Gerichtskosten bleibt es bei § 12 Abs. 5 ArbGG.68

B. Texte

141 **1. Muster: Abbruch einer Betriebsratswahl – Antrag**

Arbeitsgericht

Antrag auf Erlass einer einstweiligen Verfügung

In dem Beschlussverfahren
mit den Beteiligten
1. Firma ▬▬▬

– Antragstellerin und Beteiligte zu 1. –

Verfahrensbevollmächtigte: ▬▬▬
und
2. Wahlvorstand zur Durchführung einer Betriebsratswahl
a) ▬▬▬ als Vorsitzender
b) ▬▬▬
c) ▬▬▬
Anschrift ▬▬▬

– Antragsgegner und Beteiligter zu 2. bzw. Beteiligte zu 2.a.–2.c. –

---

61 Nerlich/Römermann/*Hamacher*, § 122 Rn 71.
62 BAG 14.8.2001 – 2 ABN 20/01, ZInsO 2001, 1071.
63 BAG 29.6.2000 – 8 ABR 44/99, AP § 126 InsO Nr. 2.
64 *Lakies*, NZI 2000, 345 (349); *Müller*, DZWiR 1999, 221 (228); Kübler/Prütting/*Moll*, § 126 Rn 52; DKK-*Däubler*, Anh. Zu §§ 111–113, § 126 Rn 29.
65 Kübler/Prütting/*Moll*, § 126 Rn 52; FK-InsO/*Eisenbeis*, § 126 Rn 13; zur alten Rechtslage: BAG 14.11.1978 – 6 ABR 85/75, AP § 59 KO Nr. 6.
66 ErfK/*Ascheid*, § 126 InsO Rn 12; a.A. *Müller*, DZWiR 1999, 221 (229), der die Anwendung von § 8 Abs. 2 Satz 2 BRAGO (jetzt: § 23 Abs. 2 RVG) befürwortet.
67 *Steindorf/Regh*, Arbeitsrecht in der Insolvenz, § 3 Rn 711; a.A. *Müller*, DZWiR 1999, 221 (229).
68 *Müller*, DZWiR 1999, 221 (228); *Lakies*, NZI 2000, 345 (349); kritisch *Ennemann*, Kölner Schriften, S. 1473, 1509 Rn 93.

zeigen wir an, dass wir den Antragsteller vertreten. Namens und im Auftrag des Antragstellers leiten wir das vorliegende Verfahren ein und beantragen wegen der Dringlichkeit der Sache ohne mündliche Anhörung der Beteiligten, hilfsweise unter Abkürzung der Ladungs- und Einlassungsfristen auf das gesetzliche Mindestmaß aufgrund eines kurzfristigen Anhörungstermins den Erlass nachstehender einstweiliger Verfügung:

1. Dem Beteiligten zu 2. bzw. den Beteiligten zu 2.a.–2.c. wird untersagt, die eingeleitete Betriebsratswahl durch- bzw. fortzuführen.
2. Der Streitwert wird festgesetzt.

Gründe:
I.

Der Antragsteller ist gemäß Art. 2 Abs. 2 seiner Satzung ein unabhängiger und überparteilicher Verband.

Zur Durchführung seiner Aufgaben, die aus Mitteln des Bundeshaushalts finanziert werden, unterhält er flächendeckend auf dem Gebiet der Bundesrepublik Deutschland Geschäftsstellen, darunter, insbesondere zur Unterstützung seines Präsidiums, das Generalsekretariat, in dem derzeit, neben dem Generalsekretär als Leitendem Angestellten u.a. mit umfassender Personalverantwortung, 39 Mitarbeiterinnen und Mitarbeiter tätig sind.

Glaubhaftmachung: Eidesstattliche Versicherung des Generalsekretärs.

Im Generalsekretariat besteht derzeit noch ein Betriebsrat, bestehend aus den Arbeitnehmern ■■■, als Vorsitzender ■■■ und ■■■.

Im Zuge der derzeitigen Umstrukturierung wurde auch dem Vorstand zur Auflage gemacht, seine Struktur anzupassen. Als erster Anpassungsschritt wurde hierzu mit Wirkung zum ■■■ nach entsprechender Befassung der zuständigen Organe des Verbandes und Beratung mit bzw. Zustimmung des Gesamtbetriebsrats zu einer derartigen Umstrukturierung eine Gliederung in vier Verbandsbereiche eingenommen.

Glaubhaftmachung: Eidesstattliche Versicherung des Generalsekretärs.

Die bisherige betriebsverfassungsrechtliche Struktur beim Arbeitgeber ergab sich aus der Gesamtbetriebsvereinbarung vom ■■■, die seinerzeit im Hinblick auf die Novellierung des Betriebsverfassungsgesetzes und hier insbesondere die grundlegende Neuregelung in § 3 BetrVG getroffen wurde.

Glaubhaftmachung: Gesamtbetriebsvereinbarung vom ■■■

Im Hinblick auf die einzunehmende Struktur ab dem ■■■ kündigte der Generalsekretär des Verbandes mit Schreiben vom ■■■ an die Vorsitzende des Gesamtbetriebsrats die Gesamtbetriebsvereinbarung vom ■■■.

Glaubhaftmachung: Kündigungsschreiben des Arbeitgebers vom ■■■

In der Folge der Kündigung kam es zu Verhandlungen des Arbeitgebers mit dem Gesamtbetriebsrat, in dem – dies nur der Vollständigkeit halber – der bestehende Betriebsrat des Generalsekretariats ebenfalls vertreten ist.

In diesen Verhandlungen zeigte sich dabei schnell, dass der Gesamtbetriebsrat in der Fläche ebenfalls eine den vier Verbandsbereichen entsprechende Betriebsratsstruktur als sinnvoll ansah, so dass insoweit kein Dissens zwischen Arbeitgeber und Gesamtbetriebsrat bestand.

Allerdings war der Arbeitgeber im Vorfeld der Verhandlungen durch den bestehenden Betriebsrat im Generalsekretariat gebeten worden, in diesen darauf zu dringen, die Eigenständigkeit eines Betriebes „Generalsekretariat" zu wahren und diesem einen Betriebsrat zuzugestehen. Seitens des Betriebsrats wurde dies damit begründet, das Generalsekretariat sei eine besondere Geschäftsstelle, quasi eine Organisationseinheit sui generis, die mit einer „normalen" Geschäftsstelle nicht vergleichbar sei.

Dieser Bitte hat der Arbeitgeber in den Verhandlungen entsprochen, wobei diese einerseits zwischen Generalsekretär und Gesamtbetriebsrat unmittelbar und andererseits durch die beiderseitigen Rechtsvertreter geführt wurden. In beiden Verhandlungszweigen zeigte sich aber recht schnell, dass es nicht im Interesse des Gesamtbetriebsrats lag, dem Generalsekretariat die „sui-generis-Stellung" zuzubilligen. Vielmehr wurde hier mit der Gleichheit aller Mitarbeiter des Arbeitgebers argumentiert, die es nicht gebiete, das Generalsekretariat außerhalb des normalen Betriebsgefüges des Verbandes zu stellen.

Glaubhaftmachung: Eidesstattliche Versicherung des Generalsekretärs.

Ergebnis der Verhandlungen bildete eine Gesamtbetriebsvereinbarung.

Glaubhaftmachung: Gesamtbetriebsvereinbarung vom ■■■

Die Gesamtbetriebsvereinbarung hat sich insoweit die Vorgaben des § 21b i.V.m. § 21a Abs. 2 Satz 1 BetrVG zueigen gemacht.

Größter Betrieb im neu gefassten Verbandsbereich II war seinerzeit der die Geschäftsstellen im Lande ▬▬▬ umfassende Betrieb. Damit ergab sich eine Zuständigkeit des regionalen Betriebsrats ▬▬▬ zur Benennung des Wahlvorstands zur Wahl eines Betriebsrats in dem neu zugeschnittenen Betrieb ▬▬▬.

Dem kam der regionale Betriebsrat ▬▬▬ am ▬▬▬ nach, indem ein Wahlvorstand, bestehend aus ▬▬▬, gebildet wurde.

Glaubhaftmachung: Sitzungsprotokoll ▬▬▬

II.

Unter dem ▬▬▬ verfasste der noch bestehende Betriebsrat des Generalsekretariats eine Mitteilung, dass für den bestehenden Betriebsrat im Generalsekretariat ein neuer Betriebsrat zu wählen sei. Zur Durchführung einer solchen Wahl sei ein Wahlvorstand gebildet worden, bestehend aus den Beteiligten zu 2.a.–2.c. dieses Verfahrens.

Glaubhaftmachung: Mitteilung des Betriebsrats des Generalsekretariats vom ▬▬▬

Diese Mitteilung kam in der Folgezeit zum Aushang am „Schwarzen Brett" des Betriebsrats im Generalsekretariat.

Am ▬▬▬ erließ der Beteiligte zu 2. das anliegend in Kopie beigefügte Wahlausschreiben und hängte dieses samt Wählerliste im Generalsekretariat aus.

Glaubhaftmachung: Wahlausschreiben vom ▬▬▬ nebst Wählerliste.

Mit Schreiben des Unterzeichers ebenfalls vom ▬▬▬ wandte sich der Arbeitgeber im Hinblick auf das Schreiben vom ▬▬▬ an den Betriebsrat des Generalsekretariats und forderte ihn auf, die Bestellung des Wahlvorstandes in Anbetracht der Eindeutigkeit der Gesamtbetriebsvereinbarung vom ▬▬▬ für gegenstandslos zu erklären.

Glaubhaftmachung: Kopie des Schreibens des Unterzeichners vom ▬▬▬

Am heutigen Vormittag kam es dann zu einem Gespräch zwischen dem Betriebsratsvorsitzenden und dem Betriebsratsmitglied ▬▬▬ einerseits und dem Generalsekretär sowie dem Unterzeichner andererseits.

In diesem Gespräch erklärte die Betriebsratsseite, derzeit gäbe es noch keine Notwendigkeit, von der Wahl abzusehen. Man habe im Übrigen dem Wahlvorstand gegenüber ausdrücklich offen gelassen, ob dieser einen Betriebsrat für den gesamten Verbandsbereich II oder nur für das Generalsekretariat wählen lassen wolle.

III.

Der Antrag auf Erlass einer einstweiligen Verfügung ist sowohl zulässig als auch begründet.

Sowohl in Rechtsprechung als auch in der Lehre ist anerkannt, dass auch bei Streitigkeiten und Meinungsverschiedenheiten schwerwiegender Art im Rahmen eines Wahlverfahrens zur Wahl eines Betriebsrats einstweilige Verfügungen gemäß § 85 Abs. 2 ArbGG in Form der sog. Stopp-Verfügung in Betracht kommen, so z.B. bereits BAG 15.12.1972 – 1 ABR 5/72, AP Nr. 5 zu § 80 ArbGG 1953.

Der Verfügungsanspruch ergibt sich daraus, dass die Bildung des Wahlvorstands unter einem derart schwerwiegenden Mangel leidet, der unmittelbar zur Nichtigkeit einer hiernach durchzuführenden Betriebsratswahl führen würde.

Vorliegend haben Gesamtbetriebsrat und Arbeitgeber eine abschließende Regelung über die betriebsverfassungsrechtliche Struktur des Verbandes getroffen. Der Gesamtbetriebsrat war hierzu auch befugt. Vorliegend ist ein Fall des § 3 Abs. 3 BetrVG gegeben. Einen einschlägigen Tarifvertrag für den Arbeitgeber gibt es nicht, so dass die entsprechende Regelung durch Betriebsvereinbarung getroffen werden kann.

Für den Abschluss einer solchen ist der Gesamtbetriebsrat originär zuständig. Insoweit wird verwiesen auf die Kommentierung bei *Fitting u.a.*, Rn. 91 ff. zu § 3 BetrVG bzw. *Richardi*, Rn. 84 ff. zu § 3 BetrVG.

Der Betriebsrat des Generalsekretärs hat damit keine Befugnis mehr, einen Wahlvorstand für die betriebsverfassungsmäßig nicht mehr selbständige Betriebseinheit „Generalsekretariat" zu bestellen, da eine Wahl alleine für diese Einheit nicht mehr durchzuführen ist.

Darüber hinaus sagt der Betriebsrat in dem heutigen Gespräch selbst, dem Wahlvorstand habe es offen gestanden, für wen er einen Betriebsrat wählen lassen will. Die Bestellungshandlung des Betriebsrats ist allein hieraus aber schon so unbestimmt, dass sich der Beschluss nicht unmittelbar auf das Generalsekretariat konkretisieren lässt.

Damit ist bereits fraglich, ob hier allgemein und unabhängig von den Vorgaben der Gesamtbetriebsvereinbarung überhaupt ein Wahlvorstand im Sinne des Gesetzes bestellt wurde. ▬▬▬

2. Muster: Ausschluss eines Betriebsratsmitglieds gemäß § 23 Abs. 1 BetrVG

↓

■■■

wegen: Ausschluss aus dem Betriebsrat

Wir bestellen uns zu Verfahrensbevollmächtigten der Antragstellerin, in deren Namen und Auftrag wir beantragen, wie folgt zu erkennen:

1. Der Beteiligte zu 2. wird aus dem bei dem Antragsteller gebildeten Betriebsrat ausgeschlossen.
2. Der Streitwert wird festgesetzt.

Gründe:

I.

Die Antragstellerin ist auf dem Gebiet des ■■■ tätig. Der Beteiligte zu 2. ist Mitglied des bei der Antragstellerin bestehenden Betriebsrats. Auch bei Zugrundelegung strenger Maßstäbe ist eine weitere ordnungsgemäße Zusammenarbeit mit dem Beteiligten zu 2. auch nur vorübergehend nicht mehr möglich. Im Interesse des Betriebsfriedens und des ordnungsgemäßen Arbeitsablaufs bei dem Antragsteller, auch in der Zusammenarbeit mit dem Beteiligten zu 2., ist es unabdingbar, dass dem Beteiligten zu 2. die weitere Amtsausübung untersagt und der Beteiligte zu 2. aus dem Betriebsrat ausgeschlossen wird.

II.

Jegliche konstruktive Zusammenarbeit mit dem Beteiligten zu 2. ist aufgrund des Verhaltens des Beteiligten zu 2. seit einiger Zeit deutlich erschwert worden. Dabei geht es dem Antragsteller nicht darum, dass der Beteiligte zu 2. als Mitglied des Betriebsrats Mitbestimmungsrechte, u.U. auch intensiv, wahrnimmt. Der Beteiligte zu 2. hat jedoch gegenüber dem Antragsteller und gegenüber den Mitarbeitern beim Antragsteller einen derart unerträglichen Konfrontationskurs eingeschlagen, dass einzelne Verhaltensweisen, aber auch das Verhalten des Beteiligten zu 2. in seiner Gesamtheit, mit dem Leitbild der Zusammenarbeitsgrundsätze in § 2 BetrVG nicht mehr in Einklang zu bringen sind. Dabei hat der Beteiligte zu 2. auch seine Befugnisse als Mitglied des Betriebsrats eklatant überschritten. Der Betriebsfrieden bei dem Antragsteller ist schwer gestört.

Auslösendes Ereignis für den nunmehrigen Antrag bildet folgender Sachverhalt: ■■■

Darüber hinaus hat der Beteiligte zu 2. in der Vergangenheit bereits folgendes Verhalten an den Tag gelegt: ■■■

III.

Das Verhalten des Beteiligten zu 2. in seiner Gesamtheit begründet den Vorwurf grober Pflichtverletzung i.S.v. § 23 Abs. 3 BetrVG.

In der Rechtsprechung ist als grobe Pflichtverletzung anerkannt die Verletzung der Schweigepflicht, wenn sie wiederholt auftritt oder schwerwiegende Folgen hat,

BAG, Beschl. v. 5.9.1967, AP Nr. 8 zu § 23 BetrVG.

Die rücksichtslose Preisgabe vertraulicher, unter Ausnutzung oder doch aufgrund der Betriebsratseigenschaft erlangter Informationen an den Arbeitgeber kann eine grobe Pflichtverletzung sein,

LAG München, Beschl. v. 15.11.1977, DB 1978, 895.

Ebenso bildet die Weitergabe von Gehaltslisten an außerbetriebliche Stellen (beispielsweise an die Gewerkschaft zur Überprüfung der Beitragsehrlichkeit) eine grobe Pflichtverletzung,

BAG, Beschl. v. 22.5.1959, AP Nr. 3 zu § 23 BetrVG.

Die ungerechtfertigte, gehässige Diffamierung von Betriebsratsmitgliedern, aber auch der Aufruf zu einem wilden Streik oder das Aufwiegeln zur Rebellion sind grobe Pflichtverletzungen,

LAG Düsseldorf, Beschl. v. 19.8.1977, DB 1977, 2191.

Der grobe Missbrauch des Betriebsratsamtes zum Schaden des Betriebes und seiner Arbeitnehmer oder zur Bekämpfung der demokratisch gebildeten Gewerkschaften,

Fitting u.a., BetrVG, § 23 Rn 19,

gehört zu den groben Pflichtverletzungen ebenso wie die wiederholte parteipolitische Agitation im Betrieb,

BAG, Beschl. v. 21.2.1978, AP Nr. 1 zu § 74 BetrVG 1972,

oder die Entgegennahme von besonderen, nur dem betreffenden Betriebsratsmitglied zugewandten Vorteilen zum Zwecke der Beeinflussung der Amtsführung oder zur Belohnung einer vorausgegangenen pflichtwidrigen Amtsführung,

LAG München, Beschl. v. 15.11.1977, DB 1978, 895.

Legt man diese von der Rechtsprechung entschiedenen Sachverhalte zur Grundlage, nimmt man sie als Maßstab für die Bewertung eines Verhaltens, das als grobe Pflichtverletzung i.S.v. § 23 Abs. 3 BetrVG anzusehen ist, kommt man bei dem vorliegenden Sachverhalt zu folgendem Ergebnis: ▬▬▬

Der Anspruch der Antragstellerin auf Beendigung des Betriebsratsmandats des Beteiligten zu 2. folgt bei dieser Sachlage zwingend aus § 23 Abs. 3 BetrVG.

3. Muster: Betriebsänderung – Gerichtliche Zustimmung zur Durchführung, § 122 InsO

▬▬▬

Wir bestellen uns zu Verfahrensbevollmächtigten des Antragstellers und Beteiligten zu 1. Namens und in Vollmacht des Antragstellers bitten wir Anberaumung eines möglichst früheren Anhörungstermins, in dem wir folgenden Antrag stellen werden:

1. Der Stilllegung des Bereichs ▬▬▬ der ▬▬▬-GmbH in ▬▬▬ zum ▬▬▬ ohne vorherige Durchführung des Verfahrens nach § 112 Abs. 2 BetrVG wird zugestimmt.[69]
2. Der Streitwert wird festgesetzt.

Gründe:

I.

Mit dem vorliegenden Beschlussverfahren begehrt der Beteiligte zu 1. die Erteilung der Zustimmung zur Durchführung einer Betriebsänderung nach § 122 InsO ohne vorheriges Verfahren nach § 112 BetrVG.

Gegenstand des Betriebes der Schuldnerin ist die Produktion von Foliendruckmaschinen sowie die Instandsetzung und der Vertrieb von gebrauchten Foliendruckmaschinen der Schuldnerin. Sie beschäftigt insgesamt 300 Arbeitnehmer. Der Beteiligte zu 2. ist der im Betrieb der Schuldnerin gebildete Betriebsrat.

Mit Beschluss vom ▬▬▬ eröffnete das Amtsgericht ▬▬▬ das Insolvenzverfahren über das Vermögen der Schuldnerin und bestellte den Beteiligten zu 1. zum Insolvenzverwalter über das Vermögen der Schuldnerin.

Beweis: Vorlage des Beschlusses des Amtsgerichts ▬▬▬ in Kopie – Anlage 1.

Zum Zwecke der Unternehmensveräußerung wandte sich der Beteiligte zu 1. an mehrere Unternehmen. Ein Interessent, der den Betrieb hätte vollständig erwerben oder weiterführen wollen, wurde nicht gefunden. Jedoch steht der Beteiligte zu 1. in Verhandlungen mit einer Interessentin, die bereit ist, den Betrieb mit dem Produktionsbereich Foliendruckmaschinen zum Preise von ▬▬▬ EUR zu erwerben. Voraussetzung ist jedoch, dass der Bereich Gebrauchtmaschinen vor der Veräußerung stillgelegt wird. Nach einem Gutachten der Wirtschaftsprüfungsgesellschaft ▬▬▬ vom ▬▬▬ arbeitet dieser Bereich seit Jahren erheblich defizitär. Das unterbreitete Angebot ist bis zum ▬▬▬ verbindlich. Weitere Übernahmeangebote liegen nicht vor. Kaufinteressenten für den Bereich Gebrauchtmaschinen haben sich trotz weiterer Bemühungen nicht gefunden.

Mit Schreiben vom ▬▬▬ unterrichtete der Beteiligte zu 1. den Beteiligten zu 2. über die Verkaufsverhandlungen und teilte dem Beteiligten zu 2. auch die Absicht mit, den Betrieb im Übrigen stillzulegen. Er hat den Beteiligten unter Vorlage umfangreicher Unterlagen umfassend über die geplante Veräußerung des Bereichs Büromöbel nebst der Verwaltung und die Schließung des Bereichs Einrichtungsmöbel informiert und gleichzeitig alle maßgebenden Vorgänge in Kopie überlassen (wird ausgeführt).

Beweis: Vorlage mehrerer Schreiben in Kopie – Anlagekonvolut 2.

Zugleich forderte er den Beteiligten zu 2. schriftlich auf, in Verhandlungen über einen Interessenausgleich einzutreten. Unter anderem wies er darauf hin, dass die Veräußerung zum ▬▬▬ erfolgen solle und die Betriebsstilllegung zum ▬▬▬ beabsichtigt sei. Die Beteiligten kamen überein, dass der Beteiligte zu 1. einen Interessenausgleich und Sozial-

---

[69] Ausführlich zur Antragstellung *Steindorf/Regh*, Arbeitsrecht in der Insolvenz, § 3 Rn 526, dort wird auch folgende Antragstellung vorschlagen: „Dem Antragsteller wird gestattet, die Schließung des Betriebes ... in ... der ...-GmbH ohne Durchführung/Einhaltung des Verfahrens nach § 112 Abs. 2 BetrVG zum ... durchzuführen." In der Literatur werden folgende Antragsvarianten angeregt: *Manske/Witt*, in: Münchener Prozessformularbuch Arbeitsrecht, Kap. 2 B. XI 5. S. 474: „Die Zustimmung zur (Durchführung der) Stilllegung des Bereichs ... (ohne vorheriges Verfahren nach § 112 Abs. 2 BetrVG) wird erteilt."; *Bauer/Lingemann/Diller/Haußmann*, Anwalts-Formularbuch Arbeitsrecht, Kap. 54 II Muster 54.1: „Die Zustimmung des Antragsgegners zu der dem Antragsgegner am ... mitgeteilten beabsichtigten Betriebsänderung, bestehend aus der Schließung von ... sowie dem Abbau von ... Arbeitsplätzen, wird ersetzt."; ähnlich *Schaub*, Formularsammlung, § 71 III 2 Rn 13: „Die Zustimmung des Betriebsrats zur Betriebsänderung .../Betriebsstilllegung am ... wird ersetzt."; *Steindorf/Regh*, a.a.O., weisen in Bezug auf die beiden letztgenannten Antragsvarianten auf Bedenken hin, da im Verfahren nach § 122 InsO nicht die Zustimmung des Betriebsrats zur Betriebsänderung ersetzt wird, sondern das Arbeitsgericht lediglich die Zustimmung zur Durchführung der Betriebsänderung ohne vorheriges Verfahren nach § 112 Abs. 2 BetrVG erteilt.

plan vorlegen sollte, was am ▪▪▪ geschah. Mit Schreiben vom ▪▪▪ beantwortete er noch verschiedene Fragen des Betriebsrats.

Beweis: Vorlage mehrerer Schreiben in Kopie – Anlagekonvolut 3.

In einem Gespräch am ▪▪▪ erklärte der Beteiligte zu 2. ohne nähere Begründung, er könne nicht in Verhandlungen eintreten, da er über den Entwurf des Interessenausgleichs und Sozialplans nicht abschließend beraten habe. Ein Interessenausgleich ist bis zum heutigen Tage, länger als drei Wochen nach Verhandlungsbeginn und schriftlicher Aufforderung zur Aufnahme von Verhandlungen, nicht zustande gekommen. Die beabsichtigte Betriebsänderung ist aber umgehend, spätestens bis ▪▪▪ durchzuführen, weil sonst die Kaufinteressentin von ihrem Angebot zurücktritt. Dies würde zu einer kurzfristigen Schließung des gesamten Betriebes führen.

II.

1. Der Antrag ist zulässig. Zwischen dem Beteiligten zu 1. und dem Beteiligten zu 2. ist innerhalb von drei Wochen nach Verhandlungsbeginn bzw. schriftlicher Aufforderung zur Aufnahme von Verhandlungen und umfassender Unterrichtung des Beteiligten 2. kein Interessenausgleich über die geplante Betriebsänderung zustande gekommen.

2. Der Antrag ist auch begründet. Die wirtschaftliche Lage des Unternehmens erfordert auch unter Berücksichtigung der sozialen Belange der Arbeitnehmer, dass die Betriebsänderung ohne vorheriges Durchlaufen des Interessenausgleichsverfahrens nach § 112 Abs. 2 BetrVG durchgeführt wird.

Das Arbeitsgericht entscheidet nur darüber, ob die wirtschaftliche Lage des Unternehmens es erfordert, dass die Betriebsänderung ohne vorheriges Verfahren nach § 112 Abs. 2 BetrVG durchgeführt wird. Ob die geplante Maßnahme dagegen wirtschaftlich sinnvoll ist, entscheidet nicht das Arbeitsgericht, sondern der Insolvenzverwalter,

Lakies, RdA 1997, 145 (149); *Müller*, DZWiR 1999, 221 (224).

Aus dem Gesetzeswortlaut folgt dabei ein zweistufiges Prüfungsschema. Zunächst ist zu prüfen, ob die wirtschaftliche Lage des Unternehmens es erforderlich macht, die Betriebsänderung ohne das vorherige Verfahren nach § 112 BetrVG durchzuführen. Hierbei geht es um die Prüfung der Eilbedürftigkeit. In einem zweiten Schritt ist das Bedürfnis an einer sofortigen Durchführung der Betriebsänderung mit den sozialen Belangen der betroffenen Arbeitnehmer abzuwägen,

ArbG Lingen, Beschl. v. 9.7.1999, ZIP 1999, 1892 (1895); *Oetker/Friese*, DZWiR 2001, 133 (137); *Schaub*, DB 1999, 217 (226); *Steindorf/Regh*, Arbeitsrecht in der Insolvenz, § 3 Rn 514 ff.

Das Arbeitsgericht hat eine Prognoseentscheidung darüber zu treffen, ob die von dem Insolvenzverwalter darzulegende wirtschaftliche Lage auch unter Berücksichtigung der sozialen Belangen der Arbeitnehmer es zulässt, dass mit der Durchführung der Betriebsänderung noch länger zugewartet wird.

Die sofortige Durchführung der Stilllegung des Bereichs Gebrauchtmaschinen ist erforderlich, da andernfalls der Betriebserwerber nicht zur Übernahme bereit ist. Eine Fortführung des Betriebes scheidet aus, da der Betrieb nicht produktiv genug ist, seine laufenden Kosten einschließlich Personalkosten aus laufenden Einnahmen zu decken (wird ausgeführt). Bereits daraus ergibt sich die Eilbedürftigkeit. Ausweislich der vorgelegten Ergebnisplanung würden bei Aufrechterhaltung des Betriebs erhebliche Verluste von mehreren hunderttausend Euro pro Monat entstehen. Selbst bei kurzfristiger Einstellung der Betriebstätigkeit würden bis zur Durchführung des Einigungsstellenverfahrens nach § 112 Abs. 2 BetrVG bis zur Beendigung Verfahrens zumindest mehrere hunderttausend Euro, wenn nicht gar mehrere Millionen Euro Verlust hinzukommen (wird ausgeführt).

Soziale Belange der Arbeitnehmer erfordern die Durchführung des Einigungsstellenverfahrens nicht. Der Beteiligte zu 2. hat während der bisherigen Interessenausgleichsverhandlungen keine Alternativkonzepte zu der geplanten Betriebsänderung vorgetragen, die die sozialen Belange der Arbeitnehmer besser berücksichtigen, ohne die wirtschaftliche Lage des Unternehmens unangemessen mehr zu strapazieren. Allein das Interesse der Arbeitnehmer an eine Verzögerung der Realisierung der Betriebsänderung, um die Kündigungstermine hinauszuschieben ist nicht ausreichend,

ArbG Lingen, Beschl. v. 9.7.1999, ZIP 1999, 1892, 1896; Nerlich/Römermann/*Hamacher*, § 122 Rn 59; Kübler/Prütting/*Moll*, § 122 Rn 35; *Steindorf/Regh*, Arbeitsrecht in der Insolvenz, § 3 Rn 520.

3. Auf § 122 Abs. 2 Satz 3 InsO i.V.m. § 61a Abs. 3 bis 6 ArbGG (beschleunigte Erledigung, besondere Prozessförderung) wird hingewiesen.

▪▪▪

4. Muster: Betriebsratswahl – Abbruch durch einstweilige Verfügung wegen fehlerhafter Besetzung des Wahlvorstands

↓

▬▬▬

Wir bestellen uns zu Verfahrensbevollmächtigten der Antragstellerin und beantragen, durch einstweilige Verfügung – wegen der Dringlichkeit ohne vorherige mündliche Verhandlung – wie folgt zu beschließen:

1. Es wird festgestellt, dass der Beschluss des Betriebrats vom ▬▬▬ über die Einsetzung eines neunköpfigen Wahlvorstands unwirksam ist.
2. Der Streitwert wird festgesetzt.

Gründe:

I.

1. Die Antragstellerin ist ein Betrieb, der in insgesamt neun Abteilungen aufgeteilt ist. Auf dem Betriebsgelände befinden sich mehrere Hallen, in denen knapp 250 Arbeitnehmer beschäftigt sind. Die Hallen liegen zum Teil bis zu 20 Meter auseinander. Der Beteiligte zu 2. ist der aus neun Köpfen bestehende Wahlvorstand, den der Beteiligte zu 3. durch Beschluss vom ▬▬▬ eingesetzt hat. Der Beteiligte zu 2. besteht aus den Arbeitnehmern ▬▬▬ und hat mit den Vorbereitungen der Durchführung einer Betriebsratswahl begonnen.

2. Der bei der Antragstellerin eingerichtete Betriebsrat wählte am ▬▬▬ einen aus neun Mitgliedern bestehenden Wahlvorstand zur Durchführung der Betriebsratswahl. Die Antragstellerin, die hierüber am selben Tag unterrichtet wurde, forderte den Beteiligten zu 3. mit Schreiben vom ▬▬▬ auf, einen dreiköpfigen Wahlvorstand zu bestellen.

Glaubhaftmachung: Vorlage des Schreibens in Kopie – Anlage K 1.

Nachdem der Beteiligte zu 3. die Aufforderung der Antragstellerin zurückgewiesen hatte, war die Durchführung eines Beschlussverfahrens geboten. Nach Auffassung der Antragstellerin ist ein neunköpfiger Betriebsrat nicht erforderlich. Die Voraussetzungen einer Erhöhung der Zahl der Wahlvorstandsmitglieder nach § 16 Abs. 1 Satz 2 BetrVG ist nicht gegeben.

Der Beteiligte zu 3. vertritt demgegenüber die Ansicht, er sei bei der Bestellung des Wahlvorstandes der Vorstellung gefolgt, dass jede Abteilung im Wahlvorstand präsent sein solle. Der Betrieb der Antragstellerin habe insgesamt neun Abteilungen. Die Durchführung der Betriebsratswahl steht kurz bevor, sie ist noch nicht erfolgt.

II.

Die Antragstellerin hat einen Anspruch auf Erlass einer einstweiligen Verfügung. Wenn der Betriebsrat eines Betriebes ohne Außenstellen einen neunköpfigen Wahlvorstand mit der Begründung bestellt, er wolle, dass sämtliche Abteilungen im Wahlvorstand vertreten sein, ist dieser Beschluss unwirksam,

LAG Nürnberg 30.3.2006 – 6 TaBV 19/06, jurisPR-ArbR 32/2006, Nr. 3 m. Anm. *Wollmerath*.

Der Arbeitgeber kann die gerichtliche Feststellung beantragen, dass der Beschluss des Betriebsrats über die Einsetzung des Wahlvorstands unwirksam ist. Diese Feststellung kann nach Auffassung des LAG Nürnberg auch im Verfahren einer einstweiligen Verfügung getroffen werden. Effektive Rechtsschutzgewährung gebiete in derartigen Fällen, in denen kein anderer Weg zur Verfügung stehe, den Erlass einer entsprechenden Feststellungsverfügung,

LAG Nürnberg 30.3.2006 – 6 TaBV 19/06, jurisPR-ArbR 32/2006, Nr. 3 m. Anm. *Wollmerath*.

Die gerichtliche Feststellungsverfügung ist notwendig und geeignet, um für die Beteiligten in effektiver Weise für klare Verhältnisse zu sorgen. Die Feststellung, dass der Wahlvorstand nicht wirksam eingesetzt ist, ist wegen der anstehenden Betriebsratswahl höchst eilbedürftig. Andere vergleichbare effektive Rechtsschutzmöglichkeiten (z.B. Anfechtung des Betriebsratsbeschlusses) stehen nicht zur Verfügung.

Deshalb kommt eine solche Feststellung nach Auffassung des LAG Nürnberg nicht nur dann in Betracht, wenn der Fehler so gravierend ist, dass die nachfolgende Wahl als nichtig anzusehen ist. Vieles spricht dafür, dass es wegen des Legitimationsdefizites eines fehlerhaft gewählten Betriebsrats hinnehmbar ist, die Wahl abzubrechen und eine Neuwahl auch dann anzuordnen, wenn der im Wahlverfahren vorhandene Fehler nur zu einer Anfechtung der Betriebsratswahl führen würde. Nach Auffassung des LAG Nürnberg gilt dieser Grundsatz zumindest dann, wenn der Erfolg einer Anfechtung überwiegend wahrscheinlich ist.

Ob im Hinblick auf eine Vermeidung betriebsratsloser Zeiten weitere Einschränkungen hinzunehmen sind, kann in einer Fallkonstellation wie der vorliegenden nach Meinung des LAG Nürnberg dahinstehen. Denn aufgrund der vorliegenden Fallgestaltung ist eine betriebsratslose Zeit nicht zu befürchten. Daher gibt es auch keine Rechtfertigung, den präventiven Rechtsschutz auszuschließen. Soweit keine Nachteile den Beschäftigten drohen, ist die Installierung eines fehlerhaft gewählten Betriebsrats für die Dauer eines Wahlanfechtungsverfahrens hinzunehmen. Der Anfechtungsgrund ist darin zu erblicken, dass der Wahlvorstand fehlerhaft besetzt ist,

LAG Nürnberg 30.3.2006 – 6 TaBV 19/06, jurisPR-ArbR 32/2006, Nr. 3 m. Anm. *Wollmerath*.

Eine Erhöhung der gesetzlich vorgegebenen Regelzahl von drei Mitgliedern des Wahlvorstands kommt nur dann in Betracht, wenn die Erhöhung gemäß § 16 Abs. 1 Satz 2 BetrVG erforderlich ist. Die Erforderlichkeit ergibt sich beispielsweise, wenn mehrere Wahllokale eingerichtet werden müssen, in denen notwendigerweise mindestens ein Wahlvorstandsmitglied durchgehend anwesend sein muss. Verfügt der Betrieb beispielsweise über Filialen oder Niederlassungen in einer größeren Zahl als drei an anderen Orten, kann es wegen der an den unterschiedlichen Arbeitsstellen aufzustellenden Wahlurnen und der Bewachung des Wahlvorgangs erforderlich sein, eine größere Mitgliederzahl als drei für den Wahlvorstand vorzusehen. Derartiges ist im Betrieb der Antragstellerin allerdings nicht erforderlich, da sich alle Abteilungen und Betriebsstätten auf einem Grundstück befinden und der Vorsitzende des Betriebsrats in einem persönlichen Gespräch mit dem Personalchef bereits eingeräumt hat, dass die Aufstellung nur einer Wahlurne im Vorraum der Kantine vorgesehen sei.

Nach Auffassung des LAG Nürnberg ist es nicht erforderlich, im Verfahren des einstweiligen Rechtsschutzes nachzuweisen, dass sich die Bestellung eines neunköpfigen Wahlvorstands nachteilig auf das Wahlergebnis auswirkt. Denn es kann nie ausgeschlossen werden, dass ein anders besetzter Wahlvorstand zu anderen Überlegungen und Entscheidungen gekommen wäre als der vom Betriebsrat in gesetzlich nicht zulässiger Größe bestellte Wahlvorstand,

LAG Nürnberg 30.3.2006 – 6 TaBV 19/06, jurisPR-ArbR 32/2006, Nr. 3 m. Anm. *Wollmerath*.

5. Muster: Betriebsversammlung – Antrag auf einstweilige Verfügung im Planungsstadium

Wir bestellen uns zu Verfahrensbevollmächtigten der Antragstellerin und beantragen – wegen der Dringlichkeit ohne vorherige mündliche Verhandlung –, wie folgt zu beschließen:

1. Dem Beteiligten zu 2. wird untersagt, in der Zeit vom ▬▬▬ bis ▬▬▬ am ▬▬▬ in ▬▬▬ eine Betriebsversammlung abzuhalten und dazu einzuladen.
2. Dem Beteiligten zu 2. wird untersagt, Betriebsversammlungen an anderen Tagen während des Weihnachtsgeschäfts bis zum 24.12. ▬▬▬, 16.00 Uhr, in ▬▬▬ abzuhalten und dazu einzuladen.
3. Für jeden Fall der Zuwiderhandlung gegen die Verpflichtung aus den Ziffern 1 und 2 wird dem Beteiligten zu 2. – bezogen auf jeden Fall des Verstoßes – ein Ordnungsgeld, dessen Höhe in das Ermessen des Gerichts gestellt wird, ersatzweise Ordnungshaft, angedroht.
4. Der Streitwert wird festgesetzt.

Gründe:
Die Antragstellerin ist ein bundesweit tätiger Einzelhandelskonzern, der in ▬▬▬ ein Kaufhaus betreibt. Der Beteiligte zu 2. ist der gewählte Betriebsrat der Betriebsstätte, die aus dem Kaufhaus in ▬▬▬ besteht. Der Beteiligte zu 2. hat im Monatsgespräch am ▬▬▬ angekündigt, dass er wenige Tage vor Weihnachten, am ▬▬▬ in der Zeit von ▬▬▬ bis ▬▬▬, eine vierteljährliche Betriebsversammlung abhalten will. Die Geschäftsleitung hat in der Sitzung gegen die Ankündigung des Betriebsratsvorsitzenden protestiert. Der Betriebsratsvorsitzende erklärte, der Betriebsrat werde an seiner Entscheidung festhalten.

Glaubhaftmachung: Eidesstattliche Versicherung des Geschäftsführers.

Bei der Betriebsversammlung handelt es sich um eine vierteljährliche Versammlung, wie sie nach § 43 Abs. 1 Satz 1 BetrVG vorgesehen ist. Die letzte Betriebsversammlung fand im Oktober statt. Bei dieser Sachlage besteht kein Anspruch des Betriebsrats auf Durchführung der Betriebsversammlung.

Zwar haben Betriebsversammlungen grundsätzlich während der Arbeitszeit stattzufinden, § 44 Abs. 1 BetrVG. Bei Warenhäusern und Ladengeschäften ist es dagegen anerkannt, dass es nicht tragbar ist, dass die Betriebsversammlungen während des Weihnachts- oder Ostergeschäfts oder der Schlussverkäufe durchgeführt werden,

BAG 9.3.1976, AP Nr. 3 zu § 44 BetrVG 1972; LAG Berlin DB 1963, 1327; LAG Baden-Württemberg BB 1980, 1267; ArbG Wuppertal DB 1975, 1084; BAG 31.8.1982, AP Nr. 8 zu § 87 BetrVG 1972 Arbeitszeit; *Fitting u.a.*, BetrVG, § 44 Rn 18.

Da der von dem Beteiligten zu 2. vorgesehene Termin exakt in die Hauptfrequentierungszeit der Betriebsstätte während des Weihnachtsgeschäfts fällt, ist wegen der andernfalls erforderlichen Schließung des Kaufhauses dem Antragsteller die Betriebsversammlung zu diesem Zeitpunkt nicht zuzumuten.

Darüber hinaus fand erst im Oktober ▬▬▬ eine reguläre Betriebsversammlung statt, so dass ohnehin noch kein zwingender Bedarf für eine weitere Betriebsversammlung besteht. Der Beteiligte zu 2. hat deshalb ausnahmsweise die Betriebsversammlung nach § 44 Abs. 2 BetrVG außerhalb der Arbeitszeit zu legen oder einen Zeitpunkt im Januar ▬▬▬ zu wählen, damit es nicht zu den gewaltigen Umsatzeinbußen bei dem Antragsteller kommt.

Fände die Betriebsversammlung zu dem vom Betriebsratsvorsitzenden bekannt gegebenen Zeitpunkt statt, hätte diese Maßnahme Umsatzeinbußen in einer Größenordnung von ▬▬▬ Mio. EUR zur Folge.

Glaubhaftmachung: Eidesstattliche Versicherung des Geschäftsführers.

Angesichts der rückläufigen Entwicklung im Einzelhandel und der ohnehin wirtschaftlich schwierig gewordenen Situation bei den Filialkaufhäusern könnte die Betriebsstätte einen solchen Umsatzeinbruch nicht verkraften, ohne damit rechnen zu müssen, dass die Konzernleitung die Schließung des Standorts und damit den Verlust aller Arbeitsplätze verfügt.

Glaubhaftmachung: Eidesstattliche Versicherung des Geschäftsführers.

Sollte das Gericht der Meinung sein, dass keine Entscheidung im Wege der einstweiligen Verfügung ohne mündliche Verhandlung ergehen kann, wird um höchstmögliche Abkürzung der Ladungsfristen gebeten, damit in der Belegschaft nicht noch mehr Unruhe und Verwirrung als ohnehin bereits entstanden aufkommen.

6. Muster: Einigungsstellenvorsitzender – Schreiben des Arbeitgebers an Betriebsrat, der Bestellung zuzustimmen

▬▬▬

Sehr geehrte Damen und Herren,

schon seit einiger Zeit ist unsere Auftragslage starken Schwankungen unterworfen. Insbesondere in den Monaten ▬▬▬ können die eingehenden Aufträge nur durch Überstunden und Sonderschichten bewältigt werden. Sie wissen, dass in anderen Monaten, so beispielsweise in den Monaten ▬▬▬, die Auftragslage schwach ist, so dass wir die Schwankungen in unserer Auftragslage nicht durch die Einstellung zusätzlicher Mitarbeiterinnen und Mitarbeiter auffangen können. Die Vereinbarung einer ausreichenden Zahl von Überstunden ist daher zwingend geboten.

Die Namen der betroffenen Arbeitnehmer, die in der Zeit vom ▬▬▬ bis ▬▬▬ ihr Einverständnis erklärt haben, Überstunden und Sonderschichten zu leisten, hatten wir Ihnen übergeben. Wir haben in zwei Besprechungen Sie um Ihre Zustimmung gemäß § 87 Abs. 1 Nr. 3 BetrVG gebeten. Unsere letzte Sitzung am ▬▬▬ dauerte ▬▬▬ Stunden. Es ist uns nicht gelungen, Sie von der Notwendigkeit der Überstunden zu überzeugen. Sie haben zum Abschluss der Verhandlung erklärt, Sie würden Ihre Zustimmung weder zu einzelnen Überstunden noch zu Sonderschichten erteilen. Unsere Verhandlungen sind damit gescheitert.

Wir rufen deshalb die Einigungsstelle an und bitten Sie um Ihre Zustimmung zu folgender Besetzung: Den Vorsitz soll ein Richter der Arbeitsgerichtsbarkeit haben, jede Seite soll zwei Beisitzer stellen. Auf Ihrer Seite sollte eine Mitglied des Betriebsrats und entweder ein Vertreter Ihrer Gewerkschaft oder Ihr Rechtsanwalt Beisitzer sein, auf unserer Seite soll als Beisitzer der Unterzeichner und unser Hausanwalt bestellt werden. Als Vorsitzenden der Einigungsstelle schlagen wir Herrn Richter am Arbeitsgericht ▬▬▬ vor, der nicht unserem Gerichtsbezirk tätig ist und nach Auskunft des Direktors des für uns zuständigen Arbeitsgerichts ▬▬▬ sowohl über die erforderliche Nebentätigkeitsgenehmigung verfügt als auch bereit wäre, kurzfristig zur Verfügung zu stehen. Bitte teilen Sie uns umgehend, spätestens innerhalb von drei Tagen mit, ob Sie mit diesem Vorschlag einverstanden sind, ansonsten müssten wir umgehend einen Antrag beim Arbeitsgericht nach § 98 ArbGG beantragen, die Einigungsstelle durch das Arbeitsgericht einsetzen zu lassen.

7. Muster: Einigungsstellenvorsitzender – Bestellung und Bestellung der Beisitzer für Versuch eines Interessenausgleichs

Wir bestellen uns zu Verfahrensbevollmächtigten der Antragstellerin, in deren Namen und Auftrag wir beantragen, wie folgt zu erkennen:

1. Es wird beantragt, Herrn Richter ■■■ zum Vorsitzenden einer Einigungsstelle zu bestellen.
2. Es wird beantragt, die Zahl der von jeder Seite zu benennenden Beisitzer für die im Antrag Ziffer 1 erwähnte Einigungsstelle auf zwei Mitglieder zu begrenzen.
3. Der Streitwert wird festgesetzt.

Gründe:

I.

Der Beteiligte zu 2. ist der gewählte Betriebsrat bei der Antragstellerin. Die Antragstellerin beabsichtigt, eine Betriebsänderung gemäß § 111 BetrVG durchzuführen. Zu diesem Zweck hat sie seit zwei Monaten Verhandlungen mit dem Beteiligten über einen Interessenausgleich geführt. Diese Verhandlungen haben keinen Erfolg gehabt.

Beweis: ■■■

Nunmehr unternimmt die Antragstellerin gemäß § 113 Abs. 3 Satz 3 und 4 BetrVG den Versuch eines Interessenausgleichs im Rahmen einer Einigungsstelle.

II.

In den Vorgesprächen konnten sich die Parteien nicht auf die Person des Einigungsstellenvorsitzenden einigen. Die Antragstellerin hatte Herrn Richter am Arbeitsgericht ■■■ vorgeschlagen. Der Betriebsrat war mit der Person dieses Richters nicht einverstanden und schlug stattdessen Herrn Richter am Arbeitsgericht ■■■ vor. Einvernehmen zwischen den Parteien konnte über beide Kandidaten nicht erzielt werden.

Wir halten es für eine Stilfrage, uns nicht an einer Diskussion über die Vor- und Nachteile der einzelnen Richterpersönlichkeiten zu beteiligen. Eine Begründung des Antrags Ziffer 1 muss damit unserer Auffassung nach entfallen.

Aus den Vorgesprächen wissen wir, dass der Beteiligte zu 2. eine Besetzung der Einigungsstelle mit dem Betriebsratsvorsitzenden, dem Rechtsanwalt des Betriebsrats und einem Gewerkschaftssekretär wünscht. Wir halten diese Besetzung schon allein aus Kostengründen für überzogen. Der Arbeitgeber müsste in diesem Falle die Kosten sowohl des nicht betriebsangehörigen Gewerkschaftssekretärs als auch des Rechtsanwalts als Mitglied der Einigungsstelle tragen. Hierzu besteht keine Notwendigkeit, insbesondere im Hinblick auf einen Interessenausgleich, den der Arbeitgeber gemäß § 112 Abs. 3 Satz 2 BetrVG nur zu versuchen hat, können angesichts der gegenwärtigen Ertragslage der Antragstellerin, die die Betriebsänderung erforderlich macht, keine überflüssigen Kosten übernommen werden. Die Kosten zweier, nicht betriebsangehöriger Mitglieder einer Einigungsstelle sind solche überflüssigen Kosten, weshalb die Beschränkung auf zwei Beisitzer mit dem Antrag Ziffer 2 begehrt wird.

III.

Das Gericht wird um Verkürzung der Ladungsfristen auf das mindestmögliche Maß gebeten. Die Angelegenheit ist, wie dargelegt, in hohem Maße eilbedürftig, wie die meisten Verfahren der vorliegenden Art. Die Beantragung des Erlasses einer einstweiligen Verfügung ist im Besetzungsverfahren nach § 98 ArbGG ausgeschlossen,

ArbG Siegburg, Beschl. v. 15.11.2001, DB 2002, 278; ArbG Ludwigshafen NZA 1997, 172; ArbG Düsseldorf BB 1992, 1791; LAG Hessen DB 1990, 2126.

Ist der Ausschluss von einstweiligen Verfügungen im Einigungsstellenbesetzungsverfahren gerechtfertigt, ergibt sich diese Folge nur dann, wenn das Bestellungsverfahren selbst nach § 98 ArbGG als Beschlussverfahren in besonderen Fällen bereits als eine Art Eilverfahren ausgestaltet wird. Hierzu ist die kurzfristige Anberaumung eines Termins erforderlich.

8. Muster: Einigungsstellenvorsitzender – Zurückweisung des Antrags auf Bestellung wegen mangelnden Rechtsschutzbedürfnisses

Wir bestellen uns zu Verfahrensbevollmächtigten der Beteiligten zu 2. und beantragen, einen möglichst frühen Anhörungstermin anzuberaumen, in dem wir beantragen zu erkennen:

1. Der Antrag wird zurückgewiesen.
2. Hilfsweise: Das Verfahren wird ausgesetzt, um den Beteiligten Gelegenheit zu geben, den fehlenden Einigungsversuch nachzuholen.
3. Der Streitwert wird festgesetzt.

Gründe:

Der Antragsteller verfügt nicht über das für die Geltendmachung im Beschlussverfahren erforderliche Rechtsschutzbedürfnis. Der Antragsteller hat dem Beteiligten zu 2. am ▬▬▬ den Entwurf einer Betriebsvereinbarung zu dem Thema ▬▬▬ übersandt und ihn unter Fristsetzung von ▬▬▬ Tagen aufgefordert, die Zustimmung zu diesem Betriebsvereinbarungsentwurf zu erteilen.

Der Antragsteller hat sich bislang weder bereit erklärt, auf Gegenvorstellungen des Beteiligten zu 2. einzugehen, noch in Verhandlungen über den Inhalt des Regelungsgegenstands der Betriebsvereinbarung einzutreten. Der Beteiligte zu 2. hat den Antragsteller schriftlich ausführlich aufgefordert, Verhandlungstermine abzustimmen.

Beweis: Vorlage des Schreibens in Kopie – Anlage B 1.

Stattdessen hat der Antragsteller unmittelbar das Verfahren nach § 98 BetrVG auf Bestellung eines Einigungsstellenvorsitzenden eingeleitet. So lange es noch keine internen Verhandlungen gegeben hat, fehlt dem Antragsteller das Rechtsschutzbedürfnis.

Aus § 74 Abs. 1 Satz 2 BetrVG ergibt sich ein gegenseitiger Anspruch der Betriebsparteien auf innerbetriebliche Verhandlungen. Ruft eine Betriebspartei die Einigungsstelle an, ohne auf dem Verhandlungsweg mit dem Gegner eine Einigung zu sämtlichen gewünschten Regelungen versucht zu haben, fehlt dem Antrag das erforderliche Rechtsschutzbedürfnis,

LAG Baden-Württemberg, Beschl. v. 4.10.1984, NZA 1985, 163; LAG Frankfurt, Beschl. v. 12.11.1991, NZA 1992, 853.

9. Muster: Ersetzung der Zustimmung des Betriebsrats zur Kündigung – Antrag im Beschlussverfahren

wegen: Ersetzung der Zustimmung des Betriebsrats zur Kündigung eines Betriebsratsmitglieds

Wir bestellen uns zu Verfahrensbevollmächtigten der Antragstellerin und beantragen namens und in Vollmacht des Antragstellers:

1. Die Zustimmung des Betriebsrats zur Kündigung des Betriebsratsmitglieds ▬▬▬ wird ersetzt.
2. Der Streitwert wird festgesetzt.

Gründe:

Die Antragstellerin ist ein Unternehmen für ▬▬▬. Sie beschäftigt rd. ▬▬▬ Arbeitnehmer. Der Antragsgegner ist der Betriebsrat der Antragstellerin.

Die Antragstellerin beabsichtigt, dem Beteiligten außerordentlich zu kündigen. Dieser ist seit dem ▬▬▬ bei der Antragstellerin als ▬▬▬ beschäftigt. Er ist ▬▬▬ Jahre alt, verheiratet und hat ▬▬▬ Kinder. Seit dem ▬▬▬ gehört er dem Betriebsrat an.

Die Antragstellerin hat mit Schreiben vom ▬▬▬ bei dem Antragsgegner um Zustimmung zur außerordentlichen Kündigung gebeten. Der Antragsgegner hat in der Sitzung vom ▬▬▬ beschlossen, die Zustimmung nicht zu erteilen und dies der Antragstellerin mit Schreiben vom ▬▬▬ mitgeteilt.

Der Antragsgegner hat die Zustimmung zu Unrecht verweigert; für die außerordentliche Kündigung besteht ein wichtiger Grund (§ 626 BGB). ▬▬▬

10. Muster: Ersetzung der Zustimmung eines Mitglieds des Betriebsrats – Antrag im Beschlussverfahren

■■■

wegen: Zustimmungsersetzung gemäß § 103 Abs. 2 BetrVG

vertreten wir die Antragstellerin und Beteiligte zu 1. (nachfolgend „Antragstellerin"). Namens und in ihrem Auftrag leiten wir ein Beschlussverfahren ein und beantragen:

1. Die Zustimmung des Antragsgegners und Beteiligten zu 2. zur Versetzung des Beteiligten zu 3. an den neuen Standort der Antragstellerin in ■■■ wird ersetzt.
2. Die Zustimmung des Antragsgegners und Beteiligten zu 2. zur vorsorglichen außerordentlichen Änderungskündigung des Beteiligten zu 3. und – für den Fall der Ablehnung des Änderungsangebots – zu der außerordentlichen Beendigungskündigung wird ersetzt.

Gründe:

A. Sachverhalt

Dem Beschlussverfahren liegt folgender Sachverhalt zugrunde:

I. Die Beteiligten

1. Die Antragstellerin

Die Antragstellerin betreibt ■■■.

> **Beweis:** ■■■ – Anlage K 1.

Die Antragstellerin unterhält gegenwärtig drei Betriebe an den Standorten ■■■. Am Standort ■■■ waren bislang regelmäßig ■■■ Mitarbeiter beschäftigt.

Für die Betriebe an den Standorten ■■■ und ■■■ besteht jeweils ein Betriebsrat. Ferner besteht für das Unternehmen der Antragstellerin ein Gesamtbetriebsrat.

2. Antragsgegner

Der Antragsgegner ist der für den Betrieb der Antragstellerin an dem Standort ■■■ gewählte Betriebsrat, der aus sieben Mitgliedern besteht.

3. Beteiligter zu 3.

Der Beteiligte zu 3. ist Mitglied des am Standort ■■■ bestehenden Betriebsrats. Er ist ■■■ Jahre alt, verheiratet und hat ■■■ Kind.

Der Beteiligte zu 3. ist bei der Antragstellerin seit ■■■, zuletzt als ■■■ beschäftigt. In Ziffer 1 des Arbeitsvertrages des Beteiligten zu 3. heißt es: ■■■

Gemäß Ziffer ■■■ des Arbeitsvertrages beträgt die ordentliche Kündigungsfrist drei Monate zum Monatsende.

> **Beweis:** Arbeitsvertrag vom ■■■ – Anlage K 2.

II. Betriebsänderung

1. Verändertes Standortkonzept der Antragstellerin

Ab ■■■ konzentriert die Antragstellerin ihre Tätigkeit an einem neuen Standort in ■■■. Dazu werden der Betrieb an dem Standort ■■■ und der Betrieb am Standort ■■■ bis spätestens ■■■ nach ■■■ verlegt. An dem in der Region ■■■ anzusiedelnden Standort der Antragstellerin werden nur Mitarbeiter beschäftigt, die aufgrund ihres Arbeitsvertrages als ■■■ tätig sind und deren arbeitsvertragliche Aufgaben – dies sind im Wesentlichen ■■■ – mit den arbeitsvertraglichen Aufgaben des Beteiligten zu 3. nicht vergleichbar sind.

Die Verlegung des Standorts ■■■ beginnt am ■■■, der Standort ■■■ wird ab ■■■ nach ■■■ verlegt. Die zu verlegenden Betriebsteile aus ■■■ und ■■■ werden mit dem Betrieb am Standort ■■■ zu einem neuen Betrieb zusammengeschlossen.

Mit der Verlegung fällt die Möglichkeit, den Beteiligten zu 3. am Standort ■■■ zu beschäftigen, ab ■■■ weg. Die vom Beteiligten zu 3. zu erledigenden Arbeitsaufgaben werden künftig ausschließlich vom neuen Standort ■■■ aus erfüllt.

2. Interessenausgleich

Über das Standortkonzept und die zu seiner Umsetzung notwendigen Maßnahmen schlossen die Antragstellerin und der Gesamtbetriebsrat am ■■■ einen Interessenausgleich.

In § 3.2 des Interessenausgleichs heißt es:

„Der Arbeitgeber wird allen Arbeitnehmern den bisher innegehabten Arbeitsplatz ▄▄▄ an dem neuen Standort zur Weiterbeschäftigung schriftlich zuweisen („Versetzung"). Der Arbeitgeber wird bei der Zuweisung des neuen Tätigkeitsortes eine Ankündigungsfrist einhalten, die mindestens der vertraglich vereinbarten oder der gesetzlichen Kündigungsfrist entspricht, je nachdem, welche Frist länger ist."

In § 3.4 des Interessenausgleichs heißt es:

„Widersprechen Arbeitnehmer der Versetzung oder äußern sie sich nicht innerhalb der Erklärungsfrist nach § 3.3 [2 Wochen nach Zugang der schriftlichen Zuweisung], kann der Arbeitgeber unter Wahrung der gesetzlichen und vertraglichen Kündigungsfrist vorsorglich Änderungskündigungen mit dem Ziel der Weiterbeschäftigung an dem neuen Standort aussprechen."

Beweis: Interessenausgleich vom ▄▄▄ – Anlage K 3.

Die Antragstellerin und der Gesamtbetriebsrat verständigten sich außerdem auf eine Namensliste, in der sie die Mitarbeiter namentlich bezeichneten, denen gegenüber die Antragstellerin eine (vorsorgliche) Änderungskündigung mit dem Ziel der Weiterbeschäftigung in ▄▄▄ aussprechen kann, wenn eine einvernehmliche Regelung über den neuen Tätigkeitsort nicht erzielt werden kann. Der Beteiligte zu 3. ist in der Namensliste zum Interessenausgleich benannt.

Beweis: Interessenausgleich nebst Namensliste vom ▄▄▄ – Anlage K 4.

3. Sozialplan

Über den Ausgleich etwaiger sozialer und wirtschaftlicher Nachteile der von der Verlegung des Standorts ▄▄▄ betroffenen Arbeitnehmer schlossen die Antragstellerin und der Antragsgegner am ▄▄▄ einen Sozialplan.

Beweis: Sozialplan vom ▄▄▄ – Anlage K 4.

Danach gewährt die Antragstellerin den von der Verlegung betroffenen Mitarbeitern des bisherigen Standorts ▄▄▄ verschiedene Leistungen, um die wirtschaftlichen Nachteile eines möglichen Umzugs nach ▄▄▄ oder auch einer vorübergehenden doppelten Haushaltsführung aufzufangen.

III. Umsetzung des Standortkonzepts

1. Zuweisung des neuen Standortkonzepts

▄▄▄

2. Keine Zustimmung des Beteiligten zu 3

Der Beteiligte zu 3. stimmte seiner Versetzung an den neuen Standort ▄▄▄ nicht zu.

3. Vorsorglicher Antrag auf Zustimmung zur Versetzung und zur vorsorglichen Änderungskündigung

Die Antragstellerin beantragte deshalb bei dem Antragsgegner vorsorglich mit Schreiben vom ▄▄▄, das dem Antragsgegner am ▄▄▄ zuging, die Zustimmung zur Versetzung des Beteiligten zu 3. Gleichzeitig beantragte die Antragstellerin bei dem Antragsgegner, die Zustimmung zu einer vorsorglichen außerordentlichen betriebsbedingten Änderungskündigung mit Auslauffrist zu erteilen,

Beweis: Schreiben der Antragstellerin vom ▄▄▄ – Anlage K 5.

Der Antragsgegner stimmte weder der Versetzung des Beteiligten zu 3. nach ▄▄▄ noch der vorsorglichen außerordentlichen Änderungskündigung und – für den Fall der Ablehnung des Änderungsangebots – der außerordentlichen Beendigungskündigung zu. Er erklärte vielmehr mit E-Mail vom ▄▄▄, er werde keine Stellungnahme abgeben.

Beweis: E-Mail des Antragsgegners vom ▄▄▄ – Anlage K 6.

Hinsichtlich der 25 Nichtbetriebsratsmitglieder und zweier Ersatzmitglieder, die ebenfalls von der Verlegung betroffen sind und die ihrer Versetzung nicht zustimmten, ließ der Antragsgegner die Wochenfrist nach § 102 Abs. 1 BetrVG verstreichen, ohne Bedenken gegen die vorsorglichen Änderungskündigungen geltend zu machen oder diesen zu widersprechen.

4. Vorsorgliche Änderungskündigungen gegenüber Nichtbetriebsratsmitgliedern

Die Antragstellerin sprach gegenüber allen von der Verlegung betroffenen Mitarbeitern des Standorts ▄▄▄, die nicht dem Antragsgegner angehören und die sich mit der Versetzung nach ▄▄▄ nicht einverstanden erklärten, eine vorsorgliche Änderungskündigung zum ▄▄▄ aus. Hiervon ausgenommen sind zwei in Elternzeit befindliche Mitarbeiterinnen, für die noch die Zustimmung der Bezirksregierung ▄▄▄ nach § 18 BEEG aussteht.

Mangels Zustimmung des Antragsgegners konnte die Antragstellerin gegenüber dem Beteiligten zu 3. – sowie gegenüber drei weiteren Betriebsratsmitgliedern – weder die Versetzung noch die vorsorgliche Änderungskündigung erklären.

B. Rechtslage

Die Anträge sind zulässig und begründet.

I. Rechtsweg

Gemäß § 2a Abs. 1 Nr. 1 ArbGG i.V.m. § 103 Abs. 2 BetrVG entscheidet das Arbeitsgericht im Beschlussverfahren über die Ersetzung der Zustimmung des Betriebsrats zu Versetzungen und zu außerordentlichen Kündigungen.

II. Antrag auf Ersetzung der Zustimmung zur Versetzung

Der Antrag, die Zustimmung des Antragsgegners zur Versetzung des Beteiligten zu 3. an den neuen Standort zu ersetzen, ist begründet. Die Zustimmung ist zu ersetzen, wenn sie der Betriebsrat zu Unrecht verweigert. Dies ist vorliegend der Fall. Denn der Antragsgegner verweigert seine Zustimmung, obwohl die Versetzung des Beteiligten zu 3. aus dringenden betrieblichen Gründen notwendig ist (hierzu unter 1.) und die Antragstellerin dem Beteiligten zu 3. den neuen Arbeitsort im Wege ihres Direktionsrechts zuweisen kann (hierzu unter 2.).

Im Einzelnen:

1. Dringende betriebliche Gründe

Die Versetzung des Beteiligten zu 3. ist aufgrund dringender betrieblicher Gründe notwendig. Dringende betriebliche Gründe i.S.v. § 103 Abs. 3 BetrVG liegen immer dann vor, wenn keine zumutbaren betrieblichen Alternativen bestehen bzw. wenn es keine gleich geeigneten und für die Kontinuität der Amtsführung des Betriebsrats weniger einschneidenden Maßnahmen gibt,

vgl. *Fitting u.a.*, BetrVG, 22. Aufl., § 103 Rn 74.

Diese Voraussetzungen sind vorliegend erfüllt. Denn die Versetzung nach ▬▬▬ stellt für die Antragstellerin die einzige Möglichkeit dar, den Beteiligten zu 3. überhaupt weiter zu beschäftigen:

1.1 Wegfall der Beschäftigungsmöglichkeit in ▬▬▬

Aufgrund der Verlegung der wesentlichen Betriebsteile des bisherigen Standorts ▬▬▬ nach ▬▬▬ kann der Beteiligte zu 3. über den ▬▬▬ hinaus in ▬▬▬ nicht weiter beschäftigt werden. Denn die Aufgaben des Beteiligten zu 3. als ▬▬▬ werden nach der unternehmerischen Entscheidung der Antragstellerin ab dem ▬▬▬ nur noch von ▬▬▬ aus erfüllt werden.

Auf eine Weiterbeschäftigung an dem in der Region ▬▬▬ verbleibenden Standort der Antragsstellerin konnte und musste die Antragsstellerin den Beteiligten zu 3. nicht verweisen, weil die am Standort zu erfüllenden Aufgaben nicht zu den arbeitsvertraglichen Aufgaben des Beteiligten zu 3. gehören.

1.2 Unternehmerische Entscheidung

Die Entscheidung, ihre Standorte in ▬▬▬ zusammenzulegen, stand der Antragstellerin vor dem Hintergrund ihrer Grundrechte aus Art. 12 und 14 GG frei. Dabei hielt sich die Antragstellerin im Rahmen der bestehenden betriebsverfassungsrechtlichen Schranken, insbesondere schloss sie einen Interessenausgleich und einen Sozialplan.

§ 103 Abs. 3 BetrVG beschränkt den Unternehmer in seiner Entscheidung, wo er seine Tätigkeit entfaltet, nicht. § 103 Abs. 3 BetrVG bezweckt nicht, dass der Arbeitgeber unternehmerische Entscheidungen deshalb nicht umsetzen kann, weil Betriebsratsmitglieder nicht versetzt werden können. Denn es besteht kein Bedürfnis, den Betriebrat an einem von übrigen Arbeitnehmern entleerten Standort aufrechtzuerhalten. Der Betriebsrat verletzte sogar seine Amtspflichten, wenn er die Zustimmung verweigert, nur um im Wege eines Zustimmungsersetzungsverfahrens eine Bevorzugung der Betriebsratsmitglieder gegenüber den übrigen Arbeitnehmern des Betriebsrats zu erreichen,

vgl. BAG BB 2005, 334, 336.

Resultieren mithin aus der unternehmerischen Entscheidung betriebliche Gründe, die eine Versetzung – auch der Betriebsratsmitglieder – erforderlich machen, ist der Arbeitgeber wegen § 103 Abs. 3 BetrVG gerade nicht veranlasst, zugunsten des Bestands des Betriebsrats sein unternehmerisches Konzept aufzugeben oder abzuändern.

2. Zuweisung des neuen Tätigkeitsortes im Wege des Direktionsrechts

Die Antragstellerin kann dem Beteiligten zu 3. den neuen Tätigkeitsort im Wege ihres Direktionsrechts zuweisen:

2.1 Erweiterung des Direktionsrechts durch Versetzungsvorbehalt

Der Wirksamkeit der Versetzung per Weisungsrecht steht zunächst nicht entgegen, dass der Beteiligte zu 3. nach seinem Arbeitsvertrag in ▬▬▬ zu beschäftigen ist. Die Antragstellerin behielt sich in Ziffer 1. des Arbeitsvertrages ausdrücklich das Recht vor, dem Beteiligten zu 3. einen anderen zumutbaren Tätigkeitsort zuzuweisen.

2.2 Zumutbarkeit der Versetzung

Die Zuweisung des neuen Tätigkeitsortes hält sich im Rahmen des vertraglich vereinbarten Versetzungsvorbehalts.

2.2.1 Keine Berücksichtigung persönlicher Umstände

Die Antragstellerin ist insbesondere nicht gehalten, die Auswirkungen der Versetzung auf die private Lebensführung des Beteiligten zu 3. zu berücksichtigen. Denn bei der Frage, ob sich die Zuweisung eines anderen Tätigkeitsortes im Rahmen des Direktionsrechts des Arbeitgebers hält, sind persönliche Umstände des Arbeitnehmers nur zu berücksichtigen, wenn überhaupt eine Möglichkeit besteht, den Betroffenen in einem anderen Betrieb in der Umgebung des bisherigen Standorts zu beschäftigen,

vgl. LAG Köln PersR 1995, 311, 312 (für eine Versetzung aus Nordrhein-Westfalen nach Brandenburg).

Wie bereits ausgeführt, besteht aber vorliegend neben der Versetzung an den neuen Standort keine Möglichkeit, den Beteiligten zu 3. über den ▄▄▄ hinaus weiter zu beschäftigen. Die Antragstellerin kann dem Beteiligten zu 3. den neuen Beschäftigungsort deshalb im Rahmen ihres Direktionsrechts zuweisen, ohne dass es hierbei auf die persönlichen Belange des Beteiligten zu 3. ankommt. Insbesondere ist eine Versetzung an den im Raum ▄▄▄ anzusiedelnden Standort schon deshalb nicht möglich, weil dort die arbeitsvertraglichen Aufgaben des Beteiligten zu 3. nicht erfüllt werden können.

2.2.2 Keine Entfernungsbegrenzung aus Billigkeit

Es kommt auch nicht darauf an, ob die neue Arbeitsstätte erheblich weiter vom Wohnort des Arbeitnehmers entfernt liegt.

In der neueren Rechtsprechung wird einhellig anerkannt, dass die Zuweisung eines Arbeitsortes, der mehrere Hundert Kilometer von der bisherigen Arbeitsstätte entfernt ist, billigem Ermessen entspricht,

vgl. LAG Köln, Urt. v. 30.1.1995, PersR 1995, 311 (zur Verlagerung einer Dienststelle von Nordrhein-Westfalen nach Brandenburg); LAG Berlin, Urt. v. 14.12.1998 – 9 Sa 95/98 für eine Verlegung der Dienststelle von Berlin nach Jena (zitiert nach Juris-Online); vgl. auch BAG, Urt. v. 14.6.1973, DB 1973, 1305, 1306 (bei fehlender Vereinbarung eines Versetzungsvorbehalts).

2.3 Rechtzeitige Ankündigung

Der Zumutbarkeit der Versetzung lässt sich schließlich nicht entgegen halten, diese käme für den Beteiligten zu 3. überraschend. Denn ungeachtet der Tatsache, dass die Antragstellerin den Antragsgegner (und damit auch den Beteiligten zu 3.) frühzeitig in die Umsetzung des Standortkonzepts einbezog und über die damit einhergehenden Maßnahmen unterrichtete, wies sie dem Beteiligten zu 3. den neuen Tätigkeitsort bereits mit Schreiben vom ▄▄▄, also mit einer Ankündigungsfrist von mehr als fünf Monaten, zu.

3. Anwendbarkeit des § 103 Abs. 3 BetrVG

Sollte das Gericht der Ansicht zuneigen, eine Versetzung i.S.v. §§ 103 Abs. 3, 95 Abs. 3 BetrVG liege im Falle der Verlegung eines gesamten Betriebs und der Zuweisung des ursprünglichen Arbeitsplatzes am neuen Betriebsstandort nicht vor,

so LAG Köln, Urt. v. 30.1.1995, PersR 1995, 5. 311 (zur Verlagerung einer Dienststelle von Nordrhein-Westfalen nach Brandenburg); LAG Berlin, Urt. v. 14.12.1998 – 9 Sa 95/98 (zitiert nach Juris-Online); LAG Berlin NZA 1992, 854,

oder sollte es nach Ansicht des Gerichts an dem in § 103 Abs. 3 BetrVG vorausgesetzten „Verlust des Amtes", also am Ausscheiden des Beteiligten zu 3. aus dem Betriebsrat aufgrund der Versetzung, fehlen,

vgl. *Fitting u.a.*, BetrVG, 22. Aufl., § 103 Rn 67,

und deshalb § 103 Abs. 3 BetrVG nicht einschlägig und die ausdrückliche Zustimmung des Antragsgegners nicht erforderlich sein, bitten wir höflich um einen entsprechenden Hinweis.

III. Ersetzung der Zustimmung zur außerordentliche Änderungskündigung

Auch der Antrag, die Zustimmung des Antragsgegners zu der vorsorglichen außerordentlichen Änderungskündigung zu ersetzen, ist begründet. Weil sich die Antragstellerin für die beabsichtigte – vorsorgliche – Änderungskündigung auf einen wichtigen Grund i.S.v. § 626 Abs. 1 BGB stützen kann, verweigert der Antragsgegner die Zustimmung zu dieser Kündigung zu Unrecht.

Im Einzelnen:

1. Wichtiger Kündigungsgrund

Die bereits dargestellten dringenden betriebsbedingten Gründe rechtfertigen eine außerordentliche Änderungskündigung mit Auslauffrist. Denn die Standortverlegung stellt einen wichtigen Grund i.S.v. § 15 Abs. 1 KSchG, § 103 Abs. 2 BetrVG dar (hierzu unter 1.1). Darüber hinaus ist die beabsichtigte Änderung der Arbeitsbedingungen für die Antragstellerin unabweisbar (hierzu unter 1.2) und das Änderungsangebot für den Beteiligten zu 3. zumutbar (hierzu unter 1.3).

1.1 Eignung als wichtiger Grund

1.1.1 Betriebsbedingte Gründe

Nach § 103 Abs. 2 Satz 1 BetrVG ist die vom Betriebsrat verweigerte Zustimmung zur Kündigung eines Betriebsratsmitglieds zu ersetzen, wenn die außerordentliche Kündigung unter Berücksichtigung aller Umstände gerechtfertigt ist.

Nach § 15 Abs. 1 Satz 1 KSchG ist die Kündigung eines Betriebsratsmitglieds zulässig, wenn Tatsachen vorliegen, die den Arbeitgeber zur Kündigung aus wichtigem Grund ohne Einhaltung einer Kündigungsfrist berechtigen.
Nach BAG können auch betriebsbedingte Gründe geeignet sein, einen wichtigen Grund zur außerordentlichen Kündigung gegenüber einem Mandatsträger darzustellen,

vgl. BAG, Urt. v. 7.10.2004, BB 2005, 334, 336; BAG NZA 1995, 1157, 1158.

Ein solcher betriebsbedingter Grund liegt vorliegend in der unternehmerischen Entscheidung der Antragstellerin, ihre Tätigkeit am Standort ■■■ aufzugeben und künftig in ■■■ fortzusetzen. Eine Möglichkeit, den Beteiligten zu 3. in ■■■ weiter zu beschäftigen, fällt damit weg. Dem steht – wie bereits ausgeführt – die betriebsverfassungsrechtliche Stellung des Beteiligten zu 3. nicht entgegen. Denn kein Unternehmer muss sein Unternehmen nur deshalb fortsetzen, weil bei ihm ein Betriebsrat besteht.

1.1.2 Vermutung nach § 1 Abs. 5 KSchG

Im Übrigen besteht hinsichtlich der dringenden betrieblichen Erfordernisse auch die gesetzliche Vermutung des § 1 Abs. 5 KSchG. Denn die Antragstellerin und der Gesamtbetriebsrat verständigten sich anlässlich der Verhandlungen über den Interessenausgleich auf eine Namensliste. Der Beteiligte zu 3. ist darin als Arbeitnehmer bezeichnet, dem gegenüber die Antragstellerin eine vorsorgliche Änderungskündigung mit dem Ziel der Weiterbeschäftigung am neuen Standort ■■■ aussprechen kann.

1.2 Unabweislichkeit der Änderung der Arbeitsbedingungen

Die beabsichtigte Änderung der Arbeitsbedingungen des Beteiligten zu 3. ist für die Antragstellerin unabweislich. Denn eine Weiterbeschäftigungsmöglichkeit besteht für den Beteiligten zu 3. in ■■■ ab dem ■■■ nicht mehr,

vgl. BAG BB 2005, 334, 336.

1.3 Zumutbarkeit des Änderungsangebots

Schließlich ist dem Beteiligten zu 3. die angestrebte Änderung der Arbeitsbedingungen auch zumutbar.

Zunächst kommt es in den Fällen, in denen – wie hier – die Weiterbeschäftigung zu geänderten Arbeitsbedingungen für den Arbeitgeber die einzige Möglichkeit darstellt, den Arbeitnehmer überhaupt weiter zu beschäftigen, auf die Zumutbarkeit der geänderten Arbeitsbedingungen für den Arbeitnehmer nur eingeschränkt an,

vgl. BAG, Urt. v. 27.9.2001 – 2 AZR 487/00, EzA § 15 KSchG n.F. Nr. 54.

Es sind im Übrigen keine Gründe dafür ersichtlich, die es für den Beteiligten zu 3. als unzumutbar erscheinen ließen, seine Arbeitsleistung künftig in ■■■ zu erbringen und auch seinen Wohnort dorthin zu verlagern. Der Beteiligte zu 3. hat sich gegenüber der Antragstellerin auch nicht auf eine Unzumutbarkeit des Änderungsangebots berufen. Nicht zuletzt wird ihm die Übergangsphase durch die im Sozialplan vereinbarten Leistungen erleichtert.

2. Zwei-Wochen-Frist

Im vorliegenden Verfahren ist die Einhaltung der Zwei-Wochen-Frist nach § 626 Abs. 2 BGB unerheblich. Denn die unternehmerische Entscheidung, den Betrieb nach ■■■ zu verlegen, führt ab dem ■■■ zum Wegfall einer Beschäftigungsmöglichkeit des Beteiligten zu 3. in ■■■. Damit liegt ein Dauertatbestand vor, bei dem § 626 Abs. 2 BGB nicht greift,

vgl. BAG, Beschl. v. 17.3.2005 – 2 ABR 2/04 (zitiert nach Juris-Online).

Im Übrigen würde die Erklärungsfrist frühestens im Zeitpunkt des Wegfalls der Beschäftigungsmöglichkeit am Standort ■■■, also am ■■■, beginnen,

vgl. BAG NZA 1995, 1157, 1161 (unter Berufung auf die Rechtsprechung zu einer geplanten Betriebsstilllegung).

3. Ordnungsgemäße Beteiligung des Antragsgegners

Die Antragstellerin hat den Antragsgegner ordnungsgemäß beteiligt.

4. Beendigungskündigung

Ist nach alledem die Zustimmung des Antragsgegners zu der beabsichtigten außerordentlichen Änderungskündigung zu ersetzen, gilt dies auch für die Beendigungskündigung, die vorliegt, sollte der Beteiligte zu 3. das Änderungsangebot der Antragstellerin nicht – auch nicht unter Vorbehalt – annehmen.

5. Kumulation der Anträge

Die Antragstellerin kann neben der Zustimmung zur Versetzung auch die Zustimmung zur vorsorglichen Änderungskündigung verlangen, weil in einem über die Wirksamkeit der Versetzung geführten Rechtsstreit jedenfalls nicht ganz auszuschließen ist, dass das dann befasste Gericht eine bloße Versetzung für unzureichend hält. Sollte allerdings nach Ansicht des Gerichts die antragsgemäße Ersetzung der Zustimmung des Antragsgegners zur Versetzung auch für den Beteiligten zu 3. rechtsverbindlich sein und im Rahmen eines Individualrechtsstreits über die Wirksamkeit der Versetzung Präjudizwirkung entfalten,

11. Muster: Globalantrag – Zurückweisung

Wir bestellen uns zu Verfahrensbevollmächtigten der Beteiligten zu 2. und beantragen, einen möglichst frühen Anhörungstermin anzuberaumen, in dem wir beantragen zu erkennen:

1. Der Antrag wird zurückgewiesen.
2. Der Streitwert wird festgesetzt.

Gründe:

Der Antrag im Schriftsatz des Antragstellers ist unzulässig. Es handelt sich um einen zu weit gefassten Antrag, der Fallgestaltungen einschließt, bei denen das vom Beteiligten zu 1. in Anspruch genommene Recht nicht besteht. In derartigen Fällen handelt es sich um einen unzulässigen Globalantrag und der Antrag ist zurückzuweisen,

BAG, Beschl. v. 10.3.1992, AP Nr. 1 zu § 77 BetrVG 1972, Regelungsabrede.

Beim unbegründeten Globalantrag geht es um den qualitativen Umfang des Streitgegenstandes, der Antrag ist zu weit gefasst. Dem Betriebsrat würden im Obsiegensfalle Rechtspositionen eingeräumt, die zu seinen Gunsten nach dem Wortlaut des Gesetzes nicht bestehen. Solange der Antragsteller keine Einschränkungen beim Globalantrag vornimmt,

siehe hierzu *Matthes*, DB 1984, 453,

bleibt sein Antrag unzulässig. Globalanträge wie zu unbestimmte Anträge lassen sich nicht ohne Durchführung eines weiteren Erkenntnisverfahrens vollstrecken.

12. Muster: Kündigungsschutz, §§ 126, 127 InsO – Beschlussverfahren

Arbeitsgericht ■■■

In dem Beschlussverfahren

mit den Beteiligten

1. Rechtsanwalt ■■■ als Insolvenzverwalter über das Vermögen der Firma ■■■

– Antragsteller und Beteiligter zu 1. –

Verfahrensbevollmächtigte: ■■■

und

2. Betriebsrat ■■■

– Beteiligter zu 2. –

3. Herrn ■■■

– Beteiligter zu 3. –

4. Frau ■■■

– Beteiligte zu 4. –

5. ■■■ (usw.)

wegen: Feststellung der sozialen Rechtfertigung betriebsbedingter Kündigungen

Wir bestellen uns zu Verfahrensbevollmächtigten des Antragstellers und Beteiligten zu 1. Namens und im Auftrag des Antragstellers bitten wir Anberaumung eines möglichst frühen Anhörungstermins, in dem wir folgenden Antrag stellen werden:

1. Es wird festgestellt, dass die Kündigung der Arbeitsverhältnisse der Beteiligten zu 3. bis 58. durch dringende betriebliche Erfordernisse bedingt und sozial gerechtfertigt ist.[70]
2. Der Streitwert wird festgesetzt.

---

[70] Die beteiligten Arbeitnehmer sollten bereits im Rubrum namentlich genau bezeichnet werden, damit eine Zustellung durch das Arbeitsgericht erfolgen kann. Im Antrag können sie dann mit den entsprechenden Ziffern benannt werden.

Gründe:

I.

Mit dem vorliegenden Beschlussverfahren begehrt der Beteiligte zu 1. gemäß § 126 Abs. 1 InsO die Feststellung, dass die Kündigung der Arbeitsverhältnisse der Beteiligten zu 3. bis 58. durch dringende betriebliche Erfordernisse bedingt und sozial gerechtfertigt ist.

Gegenstand des Betriebes der Schuldnerin ist die Herstellung und der Vertrieb von Foliendruckmaschinen. Sie beschäftigt insgesamt 56 Arbeitnehmer. Der Beteiligte zu 2. ist der im Betrieb der Schuldnerin gebildete Betriebsrat.

Mit Beschluss vom ▪▪▪ eröffnete das Amtsgericht ▪▪▪ das Insolvenzverfahren über das Vermögen der Schuldnerin und bestellte den Beteiligten zu 1. zum Insolvenzverwalter über das Vermögen der Schuldnerin.

Beweis: Vorlage des Beschlusses des Amtsgerichts ▪▪▪ in Kopie – Anlage 1.

Zum Zwecke der Unternehmensveräußerung wandte sich der Beteiligte zu 1. an mehrere Unternehmen. Ein Interessent, der den Betrieb hätte erwerben oder weiterführen wollen, wurde nicht gefunden. Mit Schreiben vom ▪▪▪ unterrichtete der Beteiligte zu 1. den Beteiligten zu 2. über die vergeblichen Verkaufsbemühungen und teilte dem Beteiligten zu 2. die Absicht mit, den Betrieb stillzulegen. Er hat dem Beteiligten zu 2. sämtliche maßgebenden Vorgänge in Fotokopie überlassen (wird ausgeführt).

Beweis: Vorlage mehrerer Schreiben in Kopie – Anlagekonvolut 2.

Zugleich forderte er den Beteiligten zu 2. schriftlich auf, in Verhandlungen über einen Interessenausgleich einzutreten. Unter anderem wies er darauf hin, dass die Betriebsstilllegung zum ▪▪▪ beabsichtigt sei und zu diesem Zeitpunkt alle Arbeitsverhältnisse unter Einhaltung der maßgeblichen Kündigungsfrist gekündigt werden sollen. Die Beteiligten kamen überein, dass der Beteiligte zu 1. einen Interessenausgleich vorlegen sollte, was am ▪▪▪ geschah. Der Interessenausgleich enthielt eine Namensliste, in der alle von der Kündigung betroffen Arbeitnehmer, die nunmehr im Antrag benannt sind, aufgeführt waren. Mit Schreiben vom ▪▪▪ beantwortete der Beteiligte zu 1. noch verschiedene Fragen des Beteiligten zu 2.

Beweis: Vorlage mehrerer Schreiben in Kopie – Anlagekonvolut 3.

In einem Gespräch am ▪▪▪ erklärte der Beteiligte zu 2. ohne nähere Begründung, er könne nicht in Verhandlungen eintreten, da er über den Entwurf des Interessenausgleichs nicht abschließend beraten habe. Ein Interessenausgleich ist bis zum heutigen Tage, länger als drei Wochen nach Verhandlungsbeginn und schriftlicher Aufforderung zur Aufnahme von Verhandlungen, nicht zustande gekommen.

Die beabsichtigte Betriebsänderung ist möglichst umgehend, spätestens bis ▪▪▪ durchzuführen. Zu diesem Zeitpunkt sind die Mietverträge gekündigt worden. Zurzeit steht der Beteiligte zu 1. in Gesprächen über die Veräußerung eines Teiles der Maschinen an eine ausländische Firma, die die Maschinen für ihre Produktionsstätte in ▪▪▪ erwerben will.

Beweis: Vorlage mehrerer Schreiben in Kopie – Anlagekonvolut 4.

Die Produktion wird für einen noch abzuwickelnden Auftrag bis zum ▪▪▪ aufrechterhalten, danach werden keine Arbeiten mehr auszuführen sein.

II.

1. Der Antrag ist zulässig. Der Antrag nach § 126 Abs. 1 InsO setzt bei Bestehen eines Betriebsrats im Betrieb voraus, dass innerhalb von drei Wochen nach Verhandlungsbeginn oder schriftlicher Aufforderung zur Aufnahme von Verhandlungen ein Interessenausgleich nach § 125 Abs. 1 InsO nicht zustande gekommen ist, obwohl der Insolvenzverwalter den Betriebsrat rechtzeitig und umfassend unterrichtet hat.

Die Verhandlungen über den Abschluss eines Interessenausgleichs i.S.d. § 125 InsO, in dem die Arbeitnehmer deren Arbeitsverhältnisse aufgrund der Betriebsschließung gekündigt werden sollen namentlich benannt sind, sind gescheitert.

2. Der Antrag ist auch begründet. Das Arbeitsgericht prüft nur, ob die Kündigungen der im Antrag bezeichneten Arbeitnehmer durch dringende betriebliche Erfordernisse gerechtfertigt sind. Es gelten die allgemeinen Anforderungen an das Vorliegen eines betriebsbedingten Kündigungsgrundes. Sonstige Unwirksamkeitsgründe, z.B. die fehlerhafte Beteiligung des Betriebsrats nach § 102 BetrVG, die Nichtbeachtung des Sonderkündigungsschutzes oder die Verletzung von Formvorschriften, dürfen im Beschlussverfahren nicht geprüft werden,

ErfK/*Ascheid*, § 126 InsO Rn 9; *Steindorf/Regh*, Arbeitsrecht in der Insolvenz, § 3 Rn 690.

Gemessen an diesen Voraussetzungen sind die beabsichtigten Kündigungen auch sozial gerechtfertigt, weil dringende betriebliche Erfordernisse die Kündigungen bedingen. Der Betrieb wird vollständig und endgültig stillgelegt und die Betriebstätigkeit zum ▪▪▪ eingestellt. Zu diesem Zeitpunkt werden alle Arbeitsverhältnisse gekündigt, so dass eine Sozialauswahl nicht durchzuführen ist.

Nach ständiger Rechtsprechung des BAG rechtfertigt eine Betriebsstilllegung eine betriebsbedingte Kündigung. Eine Sozialauswahl ist in diesen Fällen nicht durchzuführen. Die Stilllegung erfolgt zu einem bereits jetzt feststehenden Endzeitpunkt, am ■■■. Eine etappenweise Stilllegung ist nicht beabsichtigt.

3. Auf §§ 126 Abs. 2 Satz 2, 122 Abs. 2 Satz 3 InsO i.V.m. § 61a Abs. 3 bis 6 ArbGG (beschleunigte Erledigung, besondere Prozessförderung) wird hingewiesen.

13. Muster: Mitbestimmungsrecht – Feststellung des Nichtbestehens

■■■

Wir bestellen uns zu Verfahrensbevollmächtigten des Antragstellers und beantragen, wie folgt zu beschließen:
1. Es wird festgestellt, dass dem Beteiligten zu 2. bei dem Regelungsthema ■■■ kein Mitbestimmungsrecht zusteht.
2. Der Streitwert wird festgesetzt.

Gründe:

1. Im Betrieb der Antragstellerin sind ■■■ Mitarbeiter am Standort ■■■ beschäftigt. Die Antragstellerin ist tätig auf dem Gebiet ■■■. Bei Ihr besteht ein Betriebsrat mit ■■■ Mitgliedern.

2. Zwischen den Beteiligten besteht Streit über die Frage, ob dem Beteiligten zu 2. ein Mitbestimmungsrecht zu folgendem Regelungsthema zusteht: ■■■

3. Die Antragstellerin beabsichtigt, die sich aus vorstehend geschildertem Diskussionsthema zwischen den Parteien geschilderten Maßnahmen durchzuführen und vertritt die Auffassung, dass insoweit kein Mitbestimmungsrecht des Beteiligten zu 2. besteht.

Der Beteiligte zu 2. ist dagegen der Auffassung, über ein Mitbestimmungsrecht zu verfügen und beabsichtigt, ein Verfahren über die Bestellung eines Einigungsstellenvorsitzenden sowie die Festsetzung der Zahl der Beisitzer nach § 98 ArbGG einzuleiten.

4. Dem Antragsteller ist es nicht zuzumuten, das Verfahren nach § 98 ArbGG abzuwarten. Im Verfahren nach § 98 ArbGG hat die Kammer nicht die Aufgabe, die Zuständigkeit der Einigungsstelle abschließend zu prüfen und positiv oder negativ festzustellen. Nur bei ganz offensichtlicher Unzuständigkeit hat die Kammer den Antrag auf Bestellung eines Einigungsstellenvorsitzenden zurückzuweisen,

ErfK/*Eisemann*, § 98 ArbGG Rn 3; *Germelmann u.a.*, ArbGG, § 98 Rn 22.

Selbst wenn in Rechtsprechung oder Schrifttum umstritten ist, ob in dem streitigen Regelungsgegenstand ein Mitbestimmungsrecht besteht, benennt die Kammer einen Einigungsstellenvorsitzenden,

LAG Niedersachsen, Beschl. v. 11.11.1993, LAG GE § 98 ArbGG 1979 Nr. 27.

Wegen der begrenzten Regelungskompetenz bei Bestellung von Einigungsstellenvorsitzenden gemäß § 98 Abs. 1 Satz 1 ArbGG hat der Antragsteller daher ein Rechtsschutzinteresse an der Feststellung, dass ein Mitbestimmungsrecht des Betriebsrats nicht besteht.

14. Muster: PC-Schulung von Betriebsräten – keine notwendigen Kosten bei fehlendem aktuellem Anlass

Nach ständiger Rechtsprechung des BAG ist die Vermittlung von Kenntnissen und Fähigkeiten nur dann für die Betriebsratsarbeit erforderlich, wenn der Betriebsrat sie unter Berücksichtigung der konkreten betrieblichen Situation benötigt, um seine derzeitigen oder demnächst anfallenden Arbeiten sachgerecht wahrnehmen zu können. Dazu bedarf es der Darlegung eines aktuellen oder absehbaren betrieblichen oder betriebsratsbezogenen Anlasses, aus dem sich der Schulungsbedarf ergibt. Lediglich bei erstmals gewählten Betriebsratsmitgliedern wird auf eine nähere Darlegung der Schulungsbedürftigkeit verzichtet, wenn es sich um die Vermittlung von Grundkenntnissen im Betriebsverfassungsrecht oder im allgemeinen Arbeitsrecht handelt.

In diesem Sinne sind Kosten für eine Betriebsratsschulung am PC zur Erledigung von Betriebsratsaufgaben ohne aktuellen oder absehbaren betriebsratsbezogenen Anlass nicht vom Arbeitgeber gemäß § 40 Abs. 1 BetrVG zu tragen,

BAG, Beschl. v. 19.7.1995, DB 1995, 2378.

15. Muster: Personelle Maßnahme gemäß § 99 Abs. 4 BetrVG – Ersetzung der Zustimmung

↓

■■■

wegen: Antrag gemäß § 99 Abs. 4 BetrVG

Wir bestellen uns zu Verfahrensbevollmächtigten der Antragstellerin, in deren Namen und Auftrag wir beantragen, wie folgt zu erkennen:

1. Die vom Beteiligten zu 2. verweigerte Zustimmung zur Einstellung/Eingruppierung/Umgruppierung des Herrn ■■■ wird ersetzt.
2. Der Streitwert wird festgesetzt.

Gründe:

1. Der Beteiligte zu 2. ist der Betriebsrat bei der Antragstellerin. Die Parteien streiten über die Zulässigkeit der Einstellung von Herrn ■■■.

2. Mit Schreiben vom ■■■ hat die Antragstellerin den Beteiligten zu 2. um Zustimmung zur Einstellung des Herrn ■■■ gebeten.

   Beweis: Vorlage des Schreibens in Kopie.

Der Beteiligte zu 2. hat innerhalb der Wochenfrist der Antragstellerin mitgeteilt, die Einstellung des Herrn ■■■ verstoße gegen § 99 Abs. 2 Nr. ■■■ BetrVG.

   Beweis: Vorlage des Schreibens in Kopie.

Damit ist die Antragstellerin gehalten, einen Antrag gemäß § 99 Abs. 4 BetrVG zu stellen.

3. Der Beteiligte zu 2. hat die Zustimmung zur Einstellung zu Unrecht verweigert. Gemäß § 99 Abs. 2 Nr. ■■■ BetrVG gilt als Verweigerungsgrund nur ■■■.

Diese Voraussetzungen sind vorliegend nicht erfüllt, denn ■■■.

↑

16. Muster: Personelle Maßnahme gemäß §§ 99 Abs. 4, 100 BetrVG – Zustimmungsersetzung bei Eilbedürftigkeit

↓

■■■

wegen: Antrag gemäß §§ 99 Abs. 4, 100 BetrVG

Wir bestellen uns zu Verfahrensbevollmächtigten der Antragstellerin, in deren Namen und Auftrag wir beantragen, wie folgt zu erkennen:

1. Die vom Beteiligten zu 2. verweigerte Zustimmung zur Einstellung/Eingruppierung/Umgruppierung des Herrn ■■■ vom ■■■ wird ersetzt.
2. Es wird festgestellt, dass die am ■■■ vorgenommene vorläufige Einstellung aus sachlichen Gründen dringend erforderlich war.

Gründe:

1. Die Antragstellerin hat den Beteiligten zu 2. am ■■■ über die beabsichtigte Einstellung/Eingruppierung/Umgruppierung unterrichtet. Der Beteiligte zu 2. hat mit Schreiben vom ■■■ seine Zustimmung zu der personellen Maßnahme verweigert.

   Beweis: Schreiben des Beteiligten zu 2. vom ■■■.

Die vom Beteiligten zu 2. angegebenen Gründe zur Verweigerung der Zustimmung sind nicht gerechtfertigt.

Im Einzelnen: ■■■

2. Die Antragstellerin hat den betroffenen Arbeitnehmer am ■■■ vorläufig eingestellt bzw. eingruppiert. Sie hat dies dem Beteiligten zu 2. unverzüglich mitgeteilt. Der Beteiligte zu 2. hat mit Schreiben vom ■■■ bestritten, dass die vorläufige Maßnahme dringend erforderlich war. Die von dem Beteiligten zu 2. vertretene Auffassung ist jedoch unzutreffend. Nur dann, wenn die Maßnahme offensichtlich nicht dringend war, darf sie nach der ständigen Rechtsprechung nicht durchgeführt werden,

   BAG, Beschl. v. 18.10.1988, AP Nr. 4 zu § 100 BetrVG 1972; BAG Beschl. v. 7.11.1977, AP Nr. 1 zu § 100 BetrVG 1972.

Wie auch immer man zu der Entscheidung der Antragstellerin stehen mag, am Merkmal der Offensichtlichkeit fehlt es in jedem Falle.

17. Muster: Sachverständigenkosten für AGB-Kontrolle von Arbeitsverträgen – keine Übernahme

wegen: Antrag des Betriebsrats auf Hinzuziehung eines Sachverständigen

Wir bestellen uns zu Verfahrensbevollmächtigten des Beteiligten zu 2., in dessen Namen und Auftrag wir beantragen, wie folgt zu erkennen:

1. Der Antrag wird zurückgewiesen.
2. Der Streitwert wird festgesetzt.

Gründe:
I.
Die Prüfung von Formulararbeitsverträgen auf ihre Übereinstimmung mit dem Nachweisgesetz sowie den §§ 305c bis 310 BGB kann zwar eine gesetzliche Aufgabe des Betriebsrats darstellen. Die Übernahme der Kosten eines Sachverständigen durch den Beteiligten zu 2. ist aber nicht erforderlich i.S.v. § 80 Abs. 3 BetrVG. Nach dieser Vorschrift kann der Betriebsrat bei der Durchführung seiner Aufgaben – nach näherer Vereinbarung mit dem Arbeitgeber – einen Sachverständigen hinzuziehen, soweit dies zur ordnungsgemäßen Erfüllung seiner Aufgaben erforderlich ist.

Die Kontrolle der in Formulararbeitsverträgen enthaltenen Bestimmungen auf ihre Vereinbarkeit mit dem Vorgaben des Nachweisgesetzes sowie dem Recht der Allgemeinen Geschäftsbedingungen zählt zu den gesetzlichen Aufgaben des Betriebsrats nach § 80 Abs. 1 Nr. 1 BetrVG. Der Betriebsrat hat nach § 80 Abs. 1 Nr. 1 BetrVG darüber zu wachen, dass die zugunsten der Arbeitnehmer geltenden Gesetze durchgeführt werden. Diese allgemeine Aufgabe des Betriebsrats ist nicht vom Vorliegen bestimmter konkreter Mitwirkungs- oder Mitbestimmungsrechte abhängig. Vielmehr hat der Betriebsrat die Einhaltung und Durchführung sämtlicher Vorschriften zugunsten der Arbeitnehmer zu überwachen,

BAG 19.10.1999 – 1 ABR 75/98, AP Nr. 58 zu § 80 BetrVG 1972.

Bei dem Nachweisgesetz und den §§ 305c bis 310 BGB handelt es sich um Rechtsvorschriften, die zugunsten der Arbeitnehmer gelten,

BAG 16.11.2005 – 7 ABR 12/05, BB 2006, 1004.

II.
Wie das BAG im Beschluss vom 16.11.2005 festgestellt hat, ist das aus § 80 Abs. 1 Nr. 1 BetrVG ergebende Überwachungsrecht des Betriebsrats hinsichtlich des Inhalts von Formulararbeitsverträgen auf eine Rechtskontrolle des Vertragsinhalts beschränkt. Aus der gesetzlichen Aufgabe, die Einhaltung von Gesetzen im Betrieb zu überwachen, folge kein Recht des Betriebsrats, vom Arbeitgeber die Durchführung der zur Einhaltung erforderlichen Maßnahme zu verlangen. Der Betriebsrat ist darauf beschränkt, eine Nichtbeachtung der gesetzlichen Vorschriften beim Arbeitgeber zu beanstanden und auf Abhilfe zu drängen,

BAG 9.12.2003 – 1 ABR 44/02, BAGE 109, 61; BAG 5.5.1992 – 1 ABR 69/91, EzA Nr. 19 zu § 87 BetrVG 1972.

Es ist nicht Gegenstand des sich aus § 80 Abs. 1 Nr. 1 BetrVG ergebenden Überwachungsrechts, weitere Ansätze und Meinungen zu den einzelnen Vertragsklauseln zu prüfen und selbst zu entwickeln. Die Entwicklung alternativer Vertragsinhalte ist nicht vom Beteiligungsrecht des Betriebsrats gedeckt,

BAG 16.11.2005, BB 2006, 1004.

III.
Außerdem ist die Hinzuziehung eines Rechtsanwalts als Sachverständiger nach § 80 Abs. 3 Satz 1 BetrVG für die Prüfung der Musterarbeitsverträge und ihrer Vereinbarkeit mit den Vorgaben des Nachweisgesetzes sowie der §§ 305c bis 310 BGB nicht erforderlich.

1. Bei einem vom Betriebsrat vorgeschlagenen Rechtsanwalt handelt es sich um eine Person, die als Sachverständiger i.S.d. § 80 Abs. 3 Satz 1 BetrVG tätig werden kann. Als Sachverständiger im Sinne dieser Vorschrift kommen Personen in Betracht, die dem Betriebsrat fehlende Fachkenntnisse zur Beantwortung konkreter aktueller Fragen vermitteln, damit der Betriebsrat die ihm obliegende betriebsverfassungsrechtliche Aufgabe im Einzelfall sachgerecht erfüllen kann,

BAG 19.4.1989 – 7 ABR 87/87, BAGE 81, 333.

2. Die Hinzuziehung eines Sachverständigen durch den Betriebsrat setzt nach Auffassung des BAG voraus, dass der Sachverständige dem Betriebsrat fehlende Kenntnisse vermitteln soll, die er zur Wahrnehmung einer konkreten Aufgabe nach dem Betriebsverfassungsgesetz benötigt. Aufgabe des Sachverständigen ist es nicht, dem Betriebsrat fehlende Kenntnisse in bestimmten Angelegenheiten generell oder auf Vorrat zu vermitteln,

BAG 16.11.2005, BB 2006, 1004.

Dem Erwerb solcher erforderlicher oder geeigneter Erkenntnisse für die Tätigkeit des Betriebsrats dienen die Schulungsansprüche des Betriebsrats und der Betriebsratsmitglieder nach § 37 Abs. 6 oder 7 BetrVG. Zur Erteilung seiner Zustimmung zur Heranziehung eines Sachverständigen nach § 80 Abs. 3 Satz 1 BetrVG darf der Arbeitgeber nur verpflichtet werden, wenn die Heranziehung des Sachverständigen in der konkreten Situation, an der der Betriebsrat seine Aufgaben zu erfüllen hat, als erforderlich anzusehen ist,

BAG 26.2.1992 – 7 ABR 51/90, BAGE 70, 1; BAG 16.11.2005, BB 2006, 1004.

Nach dem Grundsatz der vertrauensvollen Zusammenarbeit ist der Betriebsrat verpflichtet, sich zum Erwerb des notwendigen Fachwissens zunächst die innerbetrieblichen Erkenntnisquellen zu erschließen, ehe die mit Kosten verbundene Beauftragung eines Sachverständigen als erforderlich angesehen werden kann,

BAG 4.6.1987 – 7 ABR 63/85, AP Nr. 3 zu § 80 Nr. 3 BetrVG 1972.

Die Mitglieder des Betriebsrats haben sich insbesondere um die selbständige Aneignung der notwendigen Kenntnisse zu bemühen und ggf. weitere, ihnen vom Arbeitgeber gebotene Möglichkeiten der Unterrichtung durch sachkundige Arbeitnehmer des Betriebes oder Unternehmens zu nutzen. Der Betriebsrat kann die Hinzuziehung eines Sachverständigen erst verlangen, wenn das Verfahren nach § 80 Abs. 2 BetrVG erfolglos durchgeführt wurde. Der Antragsteller hat von der Möglichkeit, sich bei der Beteiligten zu 2. nach § 80 Abs. 2 BetrVG zu informieren, oder von der Teilnahme an einer Schulungsveranstaltung keinen Gebrauch gemacht,

Beweis: Zeugnis ■■■

Damit ist die Hinzuziehung eines Sachverständigen nicht erforderlich und der Antrag des Antragstellers zurückzuweisen.

18. Muster: Unterlassensanspruch des Betriebsrats bei Verstoß gegen Unterrichtungspflicht bei Bildungsmaßnahmen

■■■

Wir werden beantragen,
1. die Anträge zurückzuweisen.
2. den Gegenstandswert festzusetzen.

Gründe:

I.

Der Antragsteller schildert den Sachverhalt im Wesentlichen zutreffend.

Der Beteiligte zu 2. hat sich immer bereit erklärt, den Antragsteller über alle inner- und außerbetrieblichen Maßnahmen i.S.d. §§ 96 bis 98 BetrVG ordnungsgemäß zu unterrichten.

Der Beteiligte zu 2. unterrichtet den Antragsteller über langfristig geplante inner- und außerbetriebliche Bildungsmaßnahmen frühzeitig, d.h. zu Jahresbeginn, wenn zu diesem Zeitpunkt bereits die Bildungsmaßnahmen bekannt sind. Über die übrigen, d.h. kurzfristiger geplanten Bildungsmaßnahmen berichtet der Antragsgegner dem Antragsteller jeweils in den Monatsgesprächen vorab. Dies entspricht den gesetzlichen Anforderungen, die das Betriebsverfassungsgesetz an die Unterrichtungspflicht des Arbeitgebers gegenüber dem Betriebsrat stellt,

vgl. *von Hoyningen-Huene*, BetrVG, S. 228.

II.

Die Unterlassungsanträge des Beteiligten zu 1. sind unbegründet und dementspechend auch der Antrag auf Androhung eines Ordnungsgeldes.

1. Der Antragsteller beantragt, dem Beteiligten zu 2. aufzugeben, es zu unterlassen, innerbetriebliche Bildungsmaßnahmen gemäß § 98 Abs. 1, Abs. 6 BetrVG ohne vorherige Information und Zustimmung bzw. einen die Zustimmung ersetzenden Spruch der Einigungsstelle durchzuführen. Zwar steht dem Antragsteller bezüglich innerbetrieblicher

Bildungsmaßnahmen gemäß § 98 Abs. 1, Abs. 6 BetrVG ein Mitbestimmungsrecht zu, hieraus folgt jedoch kein Anspruch des Antragstellers auf Unterlassung mitbestimmungswidriger Maßnahmen.

Einen allgemeinen Unterlassungsanspruch des Betriebsrats im Sinne eines negatorischen Rechtsschutzes sieht das Betriebsverfassungsgesetz nicht vor. Ein Unterlassungsanspruch ist nach dem Betriebsverfassungsgesetz gemäß § 23 Abs. 3 Satz 1 BetrVG vielmehr nur in den Fällen begründet, in denen grobe Verstöße des Arbeitgebers gegen seine Verpflichtungen aus dem Betriebsverfassungsgesetz gegeben sind. Hieraus folgt im Umkehrschluss, dass ein allgemeiner Unterlassungsanspruch, d.h. auch ohne grobe Verstöße des Arbeitgebers i.S.v. § 23 Abs. 3 Satz 1 BetrVG, nicht existiert.

Ein allgemeiner Unterlassungsanspruch des Betriebsrats, der im vorliegenden Fall erforderlich wäre, wird auch nicht durch die neue Rechtsprechung des ersten Senats des Bundesarbeitsgerichts anerkannt. In den Beschlüssen des 1. Senats vom 6.12.1994 sowie vom 3.5.1994 hat das BAG lediglich für einzelne Fallkonstellationen innerhalb des § 87 BetrVG einen außerhalb des § 23 Abs. 3 BetrVG existierenden Unterlassungsanspruch des Betriebsrats anerkannt. Einen allgemeinen, d.h. für alle Fälle der Verletzung des Mitbestimmungsrechts existierenden Unterlassungsanspruch hat das BAG bisher nicht anerkannt. Bereits im Beschluss des 1. Senats vom 3.5.1994, DB 1994, 2450 (2451) heißt es:

„Es ist daher nicht widersprüchlich, einen Unterlassungsanspruch bei Verstößen gegen § 87 BetrVG zu bejahen, ihn aber im Zusammenhang mit der Mitbestimmung bei personellen Einzelmaßnahmen oder in wirtschaftlichen Angelegenheiten zu verneinen."

Diese Negation eines allgemeinen Unterlassungsanspruchs bestätigt die weitere Entscheidung des 1. Senats vom 6.12.1994, NZA 1995, 488 (488). Der 1. Senat führt in dieser Entscheidung aus (a.a.O., S. 488, rechte Spalte):

„Aus den für die Annahme eines Unterlassungsanspruchs des Betriebsrats im Bereich des § 87 BetrVG maßgeblichen Gründen ergibt sich nicht zwingend ein allgemeiner Unterlassungsanspruch, der auch gegen die Verletzung anderer Mitbestimmungsrechte geltend gemacht werden kann."

Ein außerhalb von § 23 Abs. 3 BetrVG existierender allgemeiner Unterlassungsanspruch ist nach der Rechtsprechung des BAG also nur in besonderen Ausnahmefällen anerkannt worden. Als solche Ausnahmefälle hat das BAG bisher nur Unterfälle des § 87 BetrVG anerkannt.

2. Der Antrag des Antragstellers, wonach es dem Antragsgegner untersagt werden soll, außerbetriebliche Bildungsmaßnahmen durchzuführen, ohne den Antragsteller zuvor über die Teilnehmer zu informieren und ihm Gelegenheit zur Stellungnahme hierzu zu geben, ist ebenfalls unbegründet.

Unabhängig davon, dass ein allgemeiner Unterlassungsanspruch des Betriebsrats nach wie vor nicht existiert, ist dieser jedenfalls nach der Rechtsprechung des BAG auf die Fälle beschränkt, in denen dem Betriebsrat ein Mitbestimmungsrecht zusteht. Dies ist bezüglich der außerbetrieblichen Bildungsmaßnahmen bereits nach dem Vortrag des Antragstellers nicht der Fall. Bezüglich der außerbetrieblichen Bildungsmaßnahmen hat der Arbeitgeber mit dem Betriebsrat lediglich über die Teilnahme an außerbetrieblichen Bildungsmaßnahmen zu beraten, § 97 BetrVG. Ein erzwingbares Mitbestimmungsrecht steht dem Antragsteller vorliegend diesbezüglich also nicht zu. Die Verletzung eines erzwingbaren Mitbestimmungsrechts des Betriebsrats ist jedoch nach der Rechtsprechung des BAG Voraussetzung für die Anerkennung des „allgemeinen Unterlassungsanspruchs",

vgl. BAG, DB 1994, 2450 (2451, rechte Spalte).

19. Muster: Unterlassungsverfügung gegen Betriebsratswahl

Wir bestellen uns zu Verfahrensbevollmächtigten des Antragstellers und beantragen – wegen der Dringlichkeit ohne vorherige mündliche Verhandlung –, wie folgt zu beschließen:

1. Dem Beteiligten zu 2. wird aufgegeben, es zu unterlassen, die Wahl zu einem Betriebsrat in der Firma des Antragstellers fortzuführen.
2. Für jeden Fall der Zuwiderhandlung gegen die Verpflichtung aus Ziffer 1 wird dem Beteiligten zu 2. – bezogen auf jeden Tag der Fortsetzung des Wahlverfahrens – ein Ordnungsgeld, dessen Höhe in das Ermessen des Gerichts gestellt wird, ersatzweise Ordnungshaft, angedroht.
3. Der Streitwert wird festgesetzt.

Gründe:
I.
1. Der Beteiligte zu 2. ist der gegenwärtig bei dem Antragsteller bestehende Wahlvorstand, der gemäß Schreiben vom ▪▪▪ die Wahl zum Betriebsrat eingeleitet hat.
   Glaubhaftmachung: Schreiben vom ▪▪▪
Das Betriebsrats-Wahlverfahren läuft gegenwärtig und ist noch nicht zum Abschluss gekommen.
   Glaubhaftmachung: ▪▪▪
2. Das Wahlverfahren leidet an mehreren schwerwiegenden Mängeln: ▪▪▪
Es besteht daher ein Verfügungsanspruch des Antragstellers auf Unterlassung der Fortsetzung der an schwerwiegenden Mängeln leidenden Betriebsratswahl.
II.
Der Antragsteller hat auch einen Verfügungsgrund.
Im Allgemeinen wird die Auffassung vertreten, auch wenn mögliche Anfechtungsgründe bestehen, solle in ein laufendes Betriebsratswahlverfahren nicht durch den Erlass einer einstweiligen Verfügung eingegriffen werden,
   LAG München, Beschl. v. 14.4.1987, DB 1988, 347; LAG Baden-Württemberg, Beschl. v. 13.4.1994, DB 1994, 109.
Dagegen wird die Auffassung vertreten, dass eine Abwägung vorzunehmen sei zwischen dem Gebot der Gewährung effektiven Rechtsschutzes einerseits und dem Verbot des Eingriffs in betriebsverfassungsrechtliche Rechte von Arbeitnehmern andererseits. Weist das Wahlverfahren einen Mangel auf, der zur Nichtigkeit der Wahl führen würde, hält es eine Reihe von Landesarbeitsgerichten für vertretbar, durch einstweilige Verfügung die Wahl vorläufig zu unterbinden und damit auch einen vorübergehend betriebsratslosen Zustand herbeizuführen,
   LAG Köln, Beschl. v. 5.7.1987, DB 1987, 1996; LAG Köln, Beschl. v. 27.12.1989, AiB 1990, 421; LAG Hessen, Beschl. v. 12.3.1998, NZA-RR 1998, 544.
Nach überwiegender Auffassung besteht daher ein Verfügungsgrund, wenn aufgrund der Wahlnichtigkeit ein Betriebsrat als von Anfang an nicht existent angesehen würde.
Das Hessische LAG macht noch eine Einschränkung, die sich auf die Existenz eines noch bestehenden Betriebsrats bezieht. Immer dann, wenn kein betriebsratsloser Zustand durch den Erlass einer einstweiligen Verfügung droht, besteht ein Verfügungsanspruch auf Seiten des Arbeitgebers.

20. Muster: Weiterbeschäftigungspflicht – Antrag auf Entbindung bei Auszubildenden

Arbeitsgericht ▪▪▪
In dem Beschlussverfahren
mit den Beteiligten
1. Firma ▪▪▪, gesetzlich vertreten durch ▪▪▪
– Antragstellerin und Beteiligte zu 1. –
Verfahrensbevollmächtigte: ▪▪▪
und
2. Auszubildende(n) ▪▪▪, gesetzlich vertreten durch ▪▪▪
– Beteiligte(r) zu 2. –
Verfahrensbevollmächtigte: ▪▪▪
3. Betriebsrat der Firma ▪▪▪, vertreten durch den/die Betriebsratsvorsitzende(n) ▪▪▪,
zu laden bei der Firma ▪▪▪
– Beteiligter zu 3. –
4. Jugend- und Auszubildendenvertretung der Firma ▪▪▪, vertreten durch den/die Vorsitzende(n) der Jugend- und Auszubildendenvertretung ▪▪▪,
zu laden bei der Firma ▪▪▪
– Beteiligter zu 4. –
wegen: Beendigung eines Ausbildungsverhältnisses
Namens und in Vollmacht des Antragstellers beantragen wir im Beschlussverfahren was folgt:

1. Es wird festgestellt, dass ein Arbeitsverhältnis zwischen der Antragstellerin und dem/der Antragsgegner(in) nach Ablauf der Ausbildungszeit am ▬▬▬ nicht begründet wird.
2. Der Streitwert wird festgesetzt.

Gründe:

1. Die Antragstellerin ist tätig auf dem Gebiet des ▬▬▬. Sie beschäftigt ▬▬▬ Arbeitnehmer, darunter ▬▬▬ Auszubildende. Bei ihr besteht ein Betriebsrat. Dieser hat ▬▬▬ Mitglieder. Betriebsratsvorsitzende(r) ist ▬▬▬. Die Jugend- und Auszubildendenvertretung hat ▬▬▬ Mitglieder. Deren Vorsitzende(r) ist ▬▬▬.

Die Antragstellerin hat mit dem/der Antragsgegner(in) einen Ausbildungsvertrag über die Ausbildung zum ▬▬▬ abgeschlossen.

Es war eine Ausbildungszeit vom ▬▬▬ bis ▬▬▬ vorgesehen. Das Ausbildungsverhältnis endet mithin voraussichtlich am ▬▬▬. Der Prüfungstermin ist am ▬▬▬.

Der/Die Antragsgegner(in) ist seit dem ▬▬▬ Mitglied der Jugend- und Auszubildendenvertretung. Die Antragstellerin hat dem/der Antragsgegner(in) bereits am ▬▬▬ mitgeteilt, dass sie nicht beabsichtigt, mit ihm/ihr ein Arbeitsverhältnis einzugehen. Der/Die Antragsgegner(in) hat mit Schreiben vom ▬▬▬ seine/ihre Weiterbeschäftigung verlangt.

Der Antragstellerin kann unter Berücksichtigung aller Umstände die Weiterbeschäftigung des Antragsgegners/der Antragsgegnerin nicht zugemutet werden.

2. Der Betrieb der Antragstellerin hat in jüngster Zeit folgende Entwicklung genommen ▬▬▬. In letzter Zeit hat sich der Stellenplan wie folgt entwickelt ▬▬▬. Personell besteht damit gegenwärtig ein Überhang und eine frei werdende Stelle ist nicht absehbar.

21. Muster: Zustimmung zur außerordentlichen Kündigung eines Betriebsratsmitglieds nach § 103 BetrVG – Antrag

▬▬▬

Wir vertreten den Antragsteller. Namens und im Auftrag des Antragstellers beantragen wir, im Beschlussverfahren zu erkennen:

1. Die Zustimmung des Beteiligten zu 2. zur außerordentlichen Kündigung des Beteiligten zu 3. wird gemäß § 103 BetrVG ersetzt.
2. Der Streitwert wird festgesetzt.

Gründe:

I.

Der Beteiligte zu 3. ist ein freigestelltes Betriebsratsmitglied des im Betrieb der Antragstellerin gebildeten Betriebsrats. Sitz des Betriebes ist ▬▬▬. Dort sind die Geschäftsleitung und der Beteiligte zu 3. ansässig.

Gegenstand der Geschäftstätigkeit der Antragstellerin ist ▬▬▬.

Die Antragstellerin beabsichtigt, das Arbeitsverhältnis mit dem Beteiligten zu 3. außerordentlich zu kündigen, da ihr nach § 626 Abs. 1 BGB nicht länger zugemutet werden kann, den Ablauf der ordentlichen Kündigungsfrist abzuwarten. Der Kündigungsabsicht der Antragstellerin liegt folgender Sachverhalt zugrunde:

II.

1. Am ▬▬▬ stellte der Beteiligte zu 3. in das Intranet der Antragstellerin einen Hinweis mit folgendem Wortlaut: „Soeben hat uns ein Mitarbeiter darauf aufmerksam gemacht, dass jeder Einblick nehmen kann in unser Personalinformationssystem. Man muss nur die Zugangsdaten ▬▬▬ und das Kennwort ▬▬▬ eingeben, dann soll man über jeden Kollegen und jede Kollegin sämtliche persönlichen Daten aus dem Personalinformationssystem erhalten. Ich habe es noch nicht ausprobiert, aber wenn der Tipp stimmt, ist das der ‚Hammer'."

Beweis: Vorlage des Hinweises des Beteiligten zu 3. im Intranet – Anlage K 1.

Damit steht unstreitig fest, dass der Beteiligte zu 3. in dem Newsletter Informationen weitergegeben hat, wie man über die Eingabe von Webadressen Einsicht in vertraulichste Personaldaten der Arbeitnehmer der Antragstellerin erhalten kann. Bei den zur Ausspähung freigegebenen Daten handelt es sich um personenbezogene Daten, die dem Grundsatz der Vertraulichkeit unterliegen,

BVerwG 19.8.1964 – VI B 15.62, BVerwGE 19, 179; BVerwG 4.6.1970 – II C 5.68, BVerwGE 35, 225; OLG Hamm NJW 1971, 468; BVerfG 15.1.1970 – 1 BvR 13/68, BVerfGE 27, 344.

So konnte man Lebensläufe, Bewerbungsunterlagen, Krankmeldungen von Arbeitnehmern, Zeugnisse und sonstige Bewerberdaten auf dem vom Beteiligten zu 3. aufgezeigten Weg über jeden Mitarbeiter erhalten.

Beweis: Zeugnis des Leiters der Abteilung IT ▪▪▪

Der Beteiligte zu 3. wusste, welchen gewaltigen Schaden er durch sein Handeln und durch die Preisgabe der Informationen über das Sicherheitsleck im EDV-System der Antragstellerin verursachen würde.

Nachweislich haben auch zahlreiche Personen, die den Newsletter gelesen hatten, von der Möglichkeit Gebrauch gemacht, sich personenbezogene Daten über Kolleginnen und Kollegen zu beschaffen.

Beweis: Auszug aus den Antworten auf den Newsletter – Anlage K 2.

Nachdem das Personalwesen und die IT-Abteilung von dem Newsletter erfahren hatten, wurde sofort das EDV-System komplett heruntergefahren. Das Sicherheitsleck wurde behoben und die EDV konnte erst 27 Stunden später wieder hochgefahren werden. Diese Maßnahme hatte zur Folge, dass über 27 Stunden die Personalabteilung und alle Fachabteilungen einschließlich der IT-Abteilung, die auf das Personalinformationssystem angewiesen sind, ihre Arbeit niederlegen mussten.

2. Das Verhalten des Beteiligten zu 3. stellt einen wichtigen Grund i.S.v. § 626 BGB dar. Wohl wissend, dass einem unbekannten Adressatenkreis unter Verstoß gegen das Bundesdatenschutzgesetz und die arbeitsrechtlichen Grundsätze des Personaldatenschutzes sowie des Allgemeinen Persönlichkeitsrechts vertrauliche Informationen aus dem Privatleben von Angestellten durch den Hinweis/Newsletter ermöglicht wurden, informierte der Beteiligte zu 3. die Belegschaft über das Sicherheitsleck, ohne zunächst der Personalabteilung oder der IT-Abteilung Gelegenheit zu geben, den ihm bekannt gewordenen Fehler zu beseitigen. Mit seiner Verbreitung des Datenlecks im EDV-System verletzte der Beteiligte zu 3. die arbeitsrechtliche Treuepflicht als Nebenpflicht des Arbeitsverhältnisses. Zur Treuepflicht gehört die Pflicht jedes Arbeitnehmers, Schäden vom Betrieb oder von seinen Mitarbeitern abzuwenden,

BAG 18.6.1970 – 1 AZR 520/69, DB 1970, 1598; BAG 28.9.1972 – 2 AZR 469/71, DB 1972, 2356.

Der Beteiligte zu 3. verstieß nicht nur gegen seine Treuepflicht, er missachtete auch seine Verschwiegenheitsverpflichtung, denn von der Verschwiegenheitspflicht sind auch die sog. Betriebs- und Geschäftsgeheimnisse und damit auch solche Informationen erfasst, die die Person des Arbeitgebers oder eines Mitarbeiters betreffen,

Schaub/*Linck*, Arbeitsrechts-Handbuch, § 53 Rn 14; Küttner/*Kreitner*, Personalbuch, 407 Rn 10.

Der Beteiligte zu 3. stiftete außerdem zur Schädigung anderer in ihrer Persönlichkeitssphäre gemäß § 44 Abs. 1 BDSG, § 26 StGB an. Der Schutz der Persönlichkeitssphäre, der dem Recht auf individuelle Selbstbestimmung aus Art. 2 Abs. 1 i.V.m. Art. 1 Abs. 1 GG entstammt, garantiert jedem Einzelnen, grundsätzlich selbst darüber zu entscheiden, wann und innerhalb welcher Grenzen persönliche Lebenssachverhalte offenbart werden. Das Bundesverfassungsgericht hat im Volkszählungsurteil,

BVerfG 15.12.1983 – 1 BvR 209/83, NJW 1984, 419,

herausgearbeitet, dass in der modernen Datenverarbeitungswelt das Recht auf individuelle Selbstbestimmung den Schutz des Einzelnen gegen unbegrenzte Erhebung, Speicherung, Verwendung und vor allem Weitergabe seiner persönlichen Daten voraussetzt. Dieses Recht steht auch den Arbeitnehmern zu, die ihre personenbezogenen und oft äußerst sensiblen Daten dem Arbeitgeber anvertraut haben.

In der Absicht, den Betreiber des EDV-Systems betriebsinterner Kritik auszusetzen und den betroffenen Arbeitnehmern die informationelle Selbstbestimmung dabei zu nehmen, gab der Beteiligte zu 3. das damalige Systemleck in der EDV der Betriebsöffentlichkeit bekannt.

Insgesamt hat der Beteiligte zu 3. also mit seiner Maßnahme drei schwerwiegende Pflichtverletzungen begangen: einen Verstoß gegen die Treuepflicht, einen strafbewährten Verstoß gegen das Bundesdatenschutzgesetz und einen Verstoß gegen seine Verschwiegenheitspflicht als Arbeitnehmer und Betriebsrat. Damit liegt ein Kündigungsgrund „an sich" vor.

III.

Soweit sich der Beteiligte zu 3. in seiner Anhörung vor der beantragten Zustimmung des Betriebsrats zur außerordentlichen Kündigung eingelassen hat, er selbst sei nicht Betreiber des Netzes gewesen, sondern die Antragstellerin, verfängt diese Ausrede nicht. Ähnlich dem Arbeitnehmer, der auf dem Fließband einige Nägel sichtet und weiß, wenn er jetzt nichts unternimmt, werden das Fließband und die Maschinen schwer beschädigt, entsteht eine Handlungspflicht beim Arbeitnehmer immer dann, wenn er durch geringen Aufwand Schaden vom Betrieb und von der Belegschaft abwenden kann. Das ist das Wesen des Treuepflichtverstoßes, dass eine Pflicht zum Handeln besteht, obwohl man die Ursache für das schadensstiftende Ereignis selbst nicht gesetzt hat. Der Beteiligte zu 3. handelte vorsätzlich, er wusste, was er tat, und es ging gerade darum, durch seinen Hinweis/Newsletter zuerst die Belegschaft zu informieren, um ihr Gelegenheit zu geben, Rechtsverstöße begehen zu können, und erst danach die Information bei denjenigen Stellen landen zu lassen, die von vornherein den Mangel hätten beseitigen können, ohne dass es zu den Rechtsverstößen gekommen wäre.

Die Gesamtinteressenabwägung ergibt, dass der Antragstellerin nicht länger zugemutet werden kann, dass der Beteiligte zu 3. auch nur noch einen Tag in der Firma angestellt bleibt. Gerade als Betriebsratsmitglied durfte der Beteiligte zu 3. sich nicht in der dargestellten Weise gehen lassen. Für ihn bestand eine gesteigerte Handlungspflicht aus dem Grundsatz der vertrauensvollen Zusammenarbeit, § 2 BetrVG. Aus dem Gebot der vertrauensvollen Zusammenarbeit folgt für die Betriebsräte nicht nur die Obliegenheit, passiv alles zu unterlassen, was die Arbeitgeberin schädigt, sondern auch, aktiv Schaden von der Arbeitgeberin abzuwenden,

BAG 21.2.1978 – 1 ABR 54/76, DB 1978, 1547; *Fitting u.a.*, BetrVG, § 2 Rn 27; Richardi/*Richardi*, BetrVG, § 2 Rn 14.

Der Beteiligte zu 3. kann sich auch nicht unter Berufung auf die Koalitionsfreiheit gemäß Art. 9 Abs. 3 GG oder die Meinungsfreiheit gemäß Art. 5 Abs. 1 GG von dem Vorwurf der schweren Treuepflichtverletzung entlasten. Dem Beteiligten zu 3. bleibt und blieb es jederzeit unbenommen, Koalitionen einzugehen und die sich hieraus ergebenden Rechte im Rahmen von Art. 9 Abs. 3 GG wahrzunehmen. Die Schädigung von Arbeitnehmern in ihrer informationellen Selbstbestimmung und die Schädigung des Arbeitgebers als Betriebsratsmitglied mit dem Ziel, die Leistungen der EDV-Verantwortlichen zu desavouieren, wird nicht über das Recht der Koalitionsbetätigung geschützt. Ebenso verhält es sich mit dem Recht auf Meinungsfreiheit. Innerhalb eines Arbeitsverhältnisses besteht zwar grundsätzlich das Recht auf Meinungsfreiheit. Die Meinungsfreiheit findet jedoch ihre Schranken in den Vorschriften der allgemeinen Gesetze. Unter dem Begriff der allgemeinen Gesetze fallen auch die anerkannten Grundsätze des Arbeitsrechts zur Vertraulichkeit von Personaldaten und die Vorschriften des BDSG.

Die Bewertung des gravierenden Fehlverhaltens des Beteiligten zu 3. steht auch im Einklang mit den hierzu ergangenen Urteilen bei vergleichbaren Sachverhaltskonstellationen. So hat das LAG Hamm (4.2.2004 – 9 Sa 502/03, LAGReport 2004, 300) entschieden, dass das Abspeichern von Hacker-Dateien, mit deren Hilfe Passwörter entschlüsselt werden können, unter den eigenen Dateien selbst dann zur fristlosen Kündigung berechtigt, wenn noch gar keine Passwörter mit Hilfe der Hacker-Datei entschlüsselt wurden und der Arbeitnehmer schon 24 Jahre seine Arbeitsleistung unbeanstandet erbracht hat. Das LAG Hessen (13.4.2002 – 13 Sa 1268/01, CR 2003, 329) hat entschieden, dass die eigenmächtige Veränderung des Hauptpassworts am Computer des Arbeitgebers in der Weise, dass der Arbeitgeber nicht mehr auf das Computersystem zugreifen kann, zur fristlosen Kündigung berechtigt. Das ArbG Osnabrück (19.3.1997 – 1 Ca 639/96, RDV 1998, 118) hat entschieden, dass die rechtswidrige und nach BDSG strafbare Einsichtnahme in Dateien mit vertraulichen Beurteilungsdaten selbst dann zumindest zur ordentlichen Kündigung ohne vorherige Abmahnung berechtigt, wenn dem Arbeitnehmer die Supervisor-Rechte am EDV-System zustanden und er seit weit mehr als 30 Jahren im Betrieb beschäftigt ist. Das LAG Sachsen (14.7.1999 – 2 Sa 34/99, MDR 2000, 710) hat entschieden, dass das unberechtigte Kopieren von Dateien selbst dann einen wichtigen Grund für eine fristlose Kündigung darstellt, wenn es sich bei den Daten nicht um Daten mit Personenbezug oder mit Betriebsgeheimnissen, sondern um belanglose Daten handelt. Schließlich hat das ArbG Bonn (13.4.2005 – 2 BV 104/04, n.v.) in einem mit dem vorliegenden Sachverhalt vergleichbaren Fall entschieden, dass die Bekanntgabe eines Datenlecks durch ein Betriebsratsmitglied, ohne zuvor die Geschäftsleitung zu informieren, eine so gravierende Pflichtverletzung darstellt, dass die Weiterbeschäftigung des Betriebsratsmitglieds der Firma nicht mehr zuzumuten sei.

IV.

Der Zustimmungsersetzungsantrag ist auch zulässig. Anders als der Beteiligte zu 3. zu erkennen gegeben hat, ist die Frist von drei Tagen eingehalten. Im Anschreiben an den Betriebsrat vom ▬▬▬ waren sämtliche relevanten Daten, Umstände und Gründe für die geplante fristlose Kündigung entsprechend dem Grundsatz der subjektiven Determination enthalten. Zwei Tage danach, im Anschluss an die Betriebsratssitzung, teilte der Vorsitzende des Betriebsrats der Geschäftsleitung mit, dass der Betriebsrat keinen Beschluss fassen werde.

Beweis: Zeugnis Personalsachbearbeiterin ▬▬▬.

Die Antragstellerin durfte daher in Kenntnis des Umstands, dass der Betriebsrat keinen Beschluss zum Antrag fassen würde, am darauf folgenden Tag das Kündigungsschreiben verfassen und dem Beteiligten zu 3. aushändigen.

Verfahrensrechtlich war die Angelegenheit der Mitbestimmung des Betriebsrats ab der Mitteilung des Betriebsratsvorsitzenden abgeschlossen. Denn das BAG hat im Urteil vom 12.3.1987 entschieden, dass der Arbeitgeber eine Kündigung auch dann vor Ablauf der dem Betriebsrat eingeräumten Äußerungsfristen des § 102 Abs. 2 BetrVG aussprechen darf, wenn der Betriebsrat, ohne sachlich zu der Kündigungsabsicht Stellung zu nehmen, lediglich erklärt hat, er werde sich zu der Kündigung nicht äußern und darin eine abschließende Stellungnahme liegt,

BAG 12.3.1987 – 2 AZR 176/86, NZA 1988, 137.

Was im Hinblick auf § 102 BetrVG gilt, gilt auch im Hinblick auf § 103 BetrVG.

§ 8 Gebühren und Rechtsschutz im Arbeitsrecht

Kapitel 1: Vergütungsvereinbarungen

Literatur

Braun, Gebührenabrechnung nach dem neuen Rechtsanwaltsvergütungsgesetz, 2004; *Braun/Hansens*, RVG-Praxis, 2004; *Brieske*, Die anwaltliche Honorarvereinbarung, 1997; *Enders*, RVG für Anfänger, 13. Aufl. 2006; *Gerold/ Schmidt/v. Eicken/Madert/Müller-Rabe*, Rechtsanwaltsvergütungsgesetz, 17. Aufl. 2006; *Göttlich/Mümmler*, RVG – Rechtsanwaltsvergütungsgesetz, 2. Aufl. 2006; *Harbauer*, Rechtsschutzversicherung, 7. Aufl. 2004; *Hartmann*, Kostengesetze, 36. Aufl. 2006; *Hellwig*, Die Rechnungen und Vereinbarungen der Großen, AnwBl 1998, 623; *Henssler*, Arbeitsrecht und Anwaltsrecht, RdA 1999, 38; *Henssler/Deckenbrock*, Der (Teil-)Vergütungsanspruch des Rechtsanwalts im Falle vorzeitiger Mandatsbeendigung im Normgefüge des § 628 BGB, NJW 2005, 1; *dies.*, Vergütungsrechtliche Folgen der vorzeitigen Beendigung von Anwaltsverträgen, ZAP Fach 24, 877; *Henssler/ Prütting*, Bundesrechtsanwaltsordnung, 2. Aufl. 2004; *Hinne/Klees/Teubel/Winkler*, Vereinbarungen mit Mandanten, 2006; *Hommerich/Kilian*, Vergütungsvereinbarungen deutscher Rechtsanwälte, 2006; *Hümmerich*, Steuerliche Abzugsfähigkeit der Kostennote eines Arbeitsrechtsanwalts, FA 2000, 2; *ders.*, Arbeitsrecht und Rechtsschutzversicherung, AnwBl 1995, 321; *Hümmerich/Bieszk*, § 34 Abs. 1 RVG – Wann ist ein Mandant Verbraucher?, AnwBl 2006, 749; *Hümmerich/Notz*, Anwaltsgebühren und Rechtsschutzversicherung, in: Hümmerich/Spirolke, Das arbeitsrechtliche Mandat, 4. Aufl. 2007, § 19 (zitiert: H/S-*Hümmerich/Notz*); *Kilian*, Erfolgshonorare im Internationalen Privatrecht, AnwBl 2003, 452; *ders.*, Vergütungsvereinbarungen: Chancen und Risiken durch das reformierte RVG, BB 2006, 225; *Krämer*, Akzeptanz unterschiedlicher Honorargestaltungen bei Rechtsanwälten, AnwBl 1998, 371; *Krämer/Mauer/Kilian*, Vergütungsvereinbarungen, 2005; *Madert/Schons*, Die Honorarvereinbarung des Rechtsanwalts, 3. Aufl. 2006; *Mayer/Kroiß/Teubel*, Das neue Gebührenrecht, 2004; *Mayer*, Die Gebühren- und Vergütungsvereinbarung im Arbeitsrecht, NZA 2006, 753; *ders.*, Vertragsrecht und Vergütung, AnwBl 2006, 160; *Rick*, Wirksamkeit einer Anwaltsvergütung bei Versendung durch Telefax, AGS 2006, 15; *Schneider*, Wegfall der Beratungsgebühren zum 1.7.2006, NJW 2006, 1905; *Schneider/Wolf* (Hrsg.), AnwaltKommentar RVG, 3. Aufl. 2006; *Schneider/Mock*, Das neue Gebührenrecht für Anwälte, 2004.

A. Erläuterungen

I. Anwendungsfälle und Begriff der Vergütungsvereinbarung

Hauptanwendungsfälle von Vergütungsvereinbarungen im Arbeitsrecht sind das Aushandeln einer **Trennungsvereinbarung** (Abwicklungs- oder Aufhebungsvertrag) **für Führungskräfte** oder für Unternehmen mit Führungskräften. Auch werden Vergütungsvereinbarungen bei **Umstrukturierungsmaßnahmen** eines Unternehmens geschlossen. In diesen Fällen ist der Anwalt häufig eingeschaltet, um einen Interessenausgleich und Sozialplan entweder auf Arbeitgeber- oder auf Betriebsratsseite auszuarbeiten und mit zu verhandeln. Schließlich werden in allen Bereichen des Arbeitsrechts, je nach Sachverhalt und finanziellen Möglichkeiten des Auftraggebers, Vergütungsvereinbarungen getroffen und zwar vor allem in der Form der Stundensatzvereinbarung (*billable hours*) oder der Pauschalregelung (Festbetrag).

Mit dem **Begriff** „Vergütungsvereinbarung" wird der Vertrag zwischen Auftraggeber und Anwalt umschrieben, in dem ein von der gesetzlichen Regelung abweichendes Honorar vereinbart wird. Bislang sprach man in diesem Falle meist von „Honorarvereinbarung". Die weitere Verwendung des Begriffs „Honorarvereinbarung" kann nicht empfohlen werden, da § 4 Abs. 1 Satz 2 RVG vorsieht, dass ein vom Anwalt verfasstes Schriftstück über ein frei vereinbartes Honorar als „**Vergütungsvereinbarung**" bezeichnet und die Vergütungsvereinbarung von anderen Vereinbarungen deutlich abgesetzt sein muss.

II. Verbrauchereigenschaft des Auftraggebers?

Das Gebührenrecht für Rechtsanwälte wurde durch das Gesetz zur Modernisierung des Kostenrechts (KostRModG) vom 5.5.2004[1] in vielen Bereichen umstrukturiert. Seit Juli 2006 sieht § 34 RVG vor, dass der Anwalt für seine außergerichtliche Tätigkeit wie Beratung oder Gutachtenerstellung mit seinem Mandan-

---

[1] BGBl. I S. 718.

ten die **Vergütung verhandelt**. Die gesetzlichen Gebühren des RVG für Beratung und Gutachten sind entfallen, die ursprünglichen Nrn. 2100 ff. des Vergütungsverzeichnisses (VV RVG) wurden vom Gesetzgeber ersatzlos gestrichen. Gleichzeitig sind die nachfolgenden Gebührentatbestände der Nrn. 2200 ff. VV RVG jeweils eine hunderter Stelle nach oben versetzt worden, wohl um keine großen Lücken in dem noch jungen Gesetz zu hinterlassen. *Schneider*[2] weist zu Recht darauf hin, dass die Neunummerierung bei der Erstellung von Abrechnungen unbedingt vom Rechtsanwalt zu beachten ist, da die Angabe einer unrichtigen Nummer des Vergütungsverzeichnisses im Einzelfall zu einer Formunwirksamkeit der Rechnung gemäß § 10 RVG führen kann.[3]

4 Wird **keine Vergütungsvereinbarung** geschlossen, bestimmt § 34 Abs. 1 Satz 2 RVG die Geltung der Regeln des Bürgerlichen Gesetzbuches. Dann gilt gemäß § 612 Abs. 2 BGB bei Ermanglung einer „Taxe" die „übliche Vergütung" als geschuldet. Seit dem 1.7.2006 können die Vorschriften des RVG bei der außergerichtlichen Beratung nicht mehr hilfsweise zur Bestimmung der üblichen Vergütung des Rechtsanwalts herangezogen werden. Die Anwaltschaft wird durch den Gesetzgeber in Form des Kostrechtsmodernisierungsgesetzes angehalten, ihre Vergütung mit dem Mandanten künftig individuell auszuhandeln. Die gesetzliche Neuregelung kann mithin als Weckruf für die Rechtsanwälte verstanden werden, sich intensiver mit der Vergütungsvereinbarung auseinanderzusetzen als bisher.[4] Ist der Mandant kein Unternehmen, sondern **Verbraucher** i.S.v. § 13 BGB, wird der Rechtsanwalt bei fehlender Vergütungsvereinbarung durch § 34 Abs. 1 Satz 3 RVG auf einen **Höchstbetrag von 250 EUR** beschränkt. Handelt es sich um eine **Erstberatung**, beträgt die Gebühr sogar nur maximal **190 EUR**. Eine Erstberatung findet dann statt, wenn der Ratsuchende sich wegen des Gegenstandes das erste Mal an den Rechtsanwalt wendet[5] und umfasst lediglich das Gespräch mit dem Anwalt, nicht weitere Tätigkeiten wie Telefonate oder Bestätigungsschreiben. Setzt sich die Tätigkeit des Anwalts später fort oder sucht der Auftraggeber den Rechtsanwalt wegen Zusatzfragen auf, ist der Bereich der Erstberatung verlassen.[6] Eine Vergütungsvereinbarung für die anwaltliche Erstberatung, die diese gesetzlichen Vorgaben aufgreift, findet sich in Muster 8010.[7]

5 Durch die Regelung des § 34 Abs. 1 Satz 3 RVG sieht sich der Rechtsanwalt mit der Frage konfrontiert, ob sein **Auftraggeber** als **Verbraucher** oder **Unternehmer** einzuordnen ist. Dabei stellt sich die Frage, ob sich die Verbrauchereigenschaft des Auftraggebers nach dem Verhältnis Rechtsanwalt – Auftraggeber beurteilt oder ob das dem an den Rechtsanwalt herangetragenen Fall zugrunde liegende Rechtsverhältnis zwischen Auftraggeber und beispielsweise dessen Arbeitgeber für die Bestimmung der Verbrauchereigenschaft entscheidend ist. Nach der gesetzlichen Definition des § 13 BGB ist Verbraucher jede natürliche Person, die ein Rechtsgeschäft zu einem Zweck abschließt, der weder ihrer gewerblichen noch ihrer selbständigen beruflichen Tätigkeit zugerechnet werden kann. **Abzugrenzen** ist der Verbraucherbegriff vom Unternehmer i.S.v. § 14 BGB. Unternehmer ist eine natürliche oder juristische Person oder eine rechtsfähige Personengesellschaft, die bei Abschluss eines Rechtsgeschäfts in Ausübung ihrer gewerblichen oder selbständigen beruflichen Tätigkeit handelt. Führt man sich die gesetzlichen Definitionen vor Augen, wird deutlich, dass die Verbrauchereigenschaft des Auftraggebers nur durch ein Zusammenspiel zwischen Mandatsverhältnis und dem zugrunde liegenden Fall bestimmt werden kann. Unter „Rechtsgeschäft" i.S.d. § 13 BGB kann nur der **Anwaltsvertrag** zu verstehen sein.[8] Denn Gebührenschuldner des Rechtsanwalts ist ausschließlich der Auftraggeber aufgrund des geschlossenen Geschäftsbesorgungs-, Dienst-[9] oder Werkvertrages[10] (§§ 675, 611, 631 BGB), so dass die Gebührenkappungsgrenze des § 34 Abs. 1 Satz 3 RVG sich auch nur darauf beziehen kann. Der Rechtsanwalt ist als Freiberufler auch unter dem Unternehmerbegriff des § 14 BGB zu subsumieren, da er am Markt planmäßig und dauerhaft Leistungen gegen ein Entgelt anbietet.[11] Aufgrund des europarechtlich geprägten, geltenden funktionalen Verbraucherbegriffs[12] kommt es im Rahmen dieser Mandats-

---

2 NJW 2006, 1905.
3 AnwK-RVG/*N. Schneider*, § 10 Rn 29 f.
4 *Kilian*, BB 2006, 225, 226.
5 Gerold/Schmidt/*Madert*, RVG, § 34 Rn 38.
6 AnwK-RVG/*Rick*, § 34 Rn 98.
7 § 8 Rn 195.
8 Zustimmend AnwK-RVG/*Rick*, § 34 Rn 88.
9 Bei Dauerberatungsmandaten: Palandt/*Weidenkaff*, Einf v § 611 BGB Rn 21.
10 Bei Gutachtenerstellung: Palandt/*Weidenkaff*, Einf v § 611 BGB Rn 21.
11 Palandt/*Heinrichs*, § 14 BGB Rn 2; AnwK-BGB/*Ring*, § 14 Rn 36.
12 AnwK-ArbR/*Hümmerich*, §§ 13, 14 BGB Rn 5; MüKo/*Micklitz*, Vorb. §§ 13, 14 BGB Rn 70.

beziehung zur Bestimmung der Verbrauchereigenschaft des Auftraggebers entscheidend darauf an, in welcher Funktion der Auftraggeber den Rechtsanwalt mit seiner rechtlichen Interessenwahrnehmung beauftragt.

So wird der Arbeitgeber-Mandant, der sich beispielsweise mit einem Kündigungsverlangen an den Rechtsanwalt richtet, grundsätzlich in Ausübung seiner gewerblichen oder selbständigen beruflichen Tätigkeit handeln. Im Gegensatz dazu wird der Arbeitnehmer, der Beratungsbedarf sieht, weder einer gewerblichen noch einer selbständigen beruflichen Tätigkeit nachgehen. Der Arbeitnehmer-Mandant ist im Verhältnis zu seinem Arbeitgeber stets Verbraucher.[13] Entscheidend ist lediglich, dass der Arbeitnehmer-Mandant den Rechtsanwalt nicht zu einem Zweck beauftragt, der einer etwaigen gewerblichen oder selbständigen beruflichen Tätigkeit des Mandanten zugerechnet werden kann.[14] Diese Fallkonstellation ist aufgrund der Definition des Verbraucherbegriffs nach § 13 BGB ausgeschlossen. Deshalb ist der Arbeitnehmer-Mandant als Prototyp des „Unselbständigen"[15] immer Verbraucher i.S.d. § 34 Abs. 1 Satz 3 RVG. 6

Nach § 34 Abs. 2 RVG wird die vereinbarte Vergütung bei einer späteren Tätigkeit, die mit der Beratung zusammenhängt, **angerechnet**. Die gesetzlich vorgesehene Anrechnung kann durch Parteivereinbarung abbedungen werden.[16] Eine vollständige oder teilweise Anrechnung sehen die Muster 8053[17] und 8056[18] für die Erstberatung sowie Muster 8059[19] vor. 7

III. Inhalt und Gestaltung der Vergütungsvereinbarung

1. Form der Vergütungsvereinbarung

Aus einer Vereinbarung kann eine höhere als die gesetzliche Vergütung nur gefordert werden, wenn die Erklärung des Auftraggebers schriftlich abgegeben und nicht in der Vollmacht enthalten ist (§ 4 Abs. 1 Satz 1 RVG). Ist das Schriftstück nicht von dem Auftraggeber verfasst, muss es als Vergütungsvereinbarung bezeichnet und die Vergütungsvereinbarung von anderen Vereinbarungen deutlich abgesetzt sein (§ 4 Abs. 1 Satz 2 RVG). Will der Rechtsanwalt mit seinem Mandanten eine Vergütungsvereinbarung treffen, so sollte schon in dem der Mandatserteilung zugrunde liegenden Anwaltsvertrag ein Hinweis auf eine gesonderte Vergütungsvereinbarung enthalten sein.[20] Verwendet der Rechtsanwalt Allgemeine Mandatsbedingungen, empfiehlt es sich, auch dort anzumerken, dass eine höhere als die gesetzliche Vergütung nur bei Vorliegen einer zusätzlichen schriftlichen Vergütungsvereinbarung gefordert werden kann.[21] Der Umfang der Vergütungsvereinbarung bei außergerichtlicher Tätigkeit kann auch als Sondertextbaustein in der Vereinbarung selbst näher festgelegt werden.[22] Entscheidend für die Wahrung der Schriftform nach § 4 RVG ist, dass das vom Auftraggeber unterzeichnete Original schriftlich vorliegt. Nur dann werden die gesetzlichen Anforderungen an die Schriftform nach § 126 BGB erfüllt. Um bei der Wahrung der Schriftform den sicheren Weg einzuschlagen, sollte der Anwalt auf die Übersendung des unterzeichneten Schriftstücks von seinem Auftraggeber per **Telefax verzichten**. Nach neuerer Rechtsprechung ist die Schriftform des § 4 Abs. 1 RVG bei bloßer Übersendung eines Telefaxes nicht gewahrt.[23] Die Anforderungen an die Schriftform wurden auch schon zu Zeiten der BRAGO – in der Literatur freilich kontrovers – diskutiert.[24] Insbesondere *Madert*[25] und *Rick*[26] betonen, dass das Schriftformerfordernis des § 4 Abs. 1 RVG auch dann gewahrt sei, wenn eine anwaltliche Vergütungsvereinbarung lediglich durch Telefax übersandt werde. Sinn und Zweck des von § 4 Abs. 1 Satz 1 RVG 8

---

13 BAG 25.5.2005 – 5 AZR 572/04, NZA 2005, 1111; AnwK-ArbR/*Hümmerich*, § 13 BGB Rn 18; APS/*Schmidt*, AufhebVTRG Rn 88; Bamberger/Roth/*Schmidt-Raentsch*, § 13 BGB Rn 6; *Boemke*, BB 2002, 96; *Boudon*, ArbRB 2003, 150; *Gotthardt*, ZIP 2002, 278; *Hümmerich*, NZA 2003, 753; *ders.*, AnwBl 2002, 675; *Hümmerich/Holthausen*, NZA 2002, 178; ErfK/*Preis*, §§ 305–310 BGB Rn 26; ErfK/*Müller-Glöge*, § 620 BGB Rn 1; *Birnbaum*, NZA 2003, 944; *Reim*, DB 2002, 2434; *Schaub/Schaub*, Arbeitsrechts-Handbuch, § 8 Rn 9a; *Stoffels*, Sonderbeil. NZA 1/2004, 19; *Löwisch*, FS Wiedemann, S. 311; *Thüsing*, BB 2002, 2668; *Walter*, AiB 2002, 381; a.A. *Bauer/Kock*, DB 2002, 42; *Joussen*, NZA 2001, 745, 749; *Lingemann*, NZA 2002, 181; Palandt/*Heinrichs*, § 13 BGB Rn 3.
14 *Hümmerich/Bieszk*, AnwBl 2006, 749.
15 ErfK/*Preis*, § 611 BGB Rn 208.
16 AnwK-RVG/*Rick*, § 34 Rn 109.
17 § 8 Rn 111.
18 § 8 Rn 112.
19 § 8 Rn 113.
20 Muster 8000 (§ 2) § 8 Rn 93.
21 Muster 8005 (§ 6 Abs. 3) § 8 Rn 94.
22 So in Muster 8044 § 8 Rn 108.
23 OLG Hamm 20.9.2005 – 28 U 39/05, AGS 2006, 9.
24 Gerold/Schmidt/*Madert*, BRAGO, § 3 Rn 5; Gerold/Schmidt/*Madert*, RVG, § 4 Rn 39 ff.; AnwK-BRAGO/*N. Schneider*, BRAGO, § 3 Rn 54.
25 Gerold/Schmidt/*Madert*, RVG, § 4 Rn 47.
26 AGS 2006, 15; AnwK-RVG/*Rick*, § 4 Rn 56.

aufgestellten Schriftformerfordernisses sei es, den Auftraggeber von unüberlegten und übereilten Gebührenvereinbarungen zu schützen. Eine ähnliche Zielsetzung hat das Schriftformerfordernis nach dem Nachweisgesetz. Diese Warn- und Schutzfunktion kann aber auch bei einer Übersendung durch Telefax erfüllt werden, da der Auftraggeber mit der bewussten Versendung auch über sein Handeln reflektiert. Solange sich die Rechtsprechung jedoch dieser Argumentation nicht angeschlossen hat, empfiehlt es sich, die Vergütungsvereinbarung nicht per Telefax zu versenden.

9 Wird eine Vergütungsvereinbarung nur für den **außergerichtlichen Bereich** geschlossen, stellt sich aufgrund der unterschiedlichen Formulierung des § 34 RVG, der von „Gebührenvereinbarung" spricht, und des § 4 RVG, der von „Vergütungsvereinbarung" spricht, die Frage, ob auch bei Vergütungsvereinbarungen für den außergerichtlichen Bereich die Formvorschriften des § 4 RVG zu beachten sind.[27] In der Literatur wird die Auffassung vertreten, dass § 4 RVG nicht für die Vereinbarung nach § 34 RVG gilt, so dass eine Vereinbarung über außergerichtliche Vergütung ungeachtet ihrer Höhe formlos wirksam sei.[28] Andere sind der Ansicht, dass die Gebührenvereinbarung nach § 34 Abs. 1 RVG mit der Vergütungsvereinbarung nach § 4 RVG gleichzusetzen sei, so dass auch bei der Gebührenvereinbarung die Formvorschriften des § 4 RVG zu beachten seien.[29] Zudem wird eine differenzierende Meinung vertreten, wonach die Gebührenvereinbarung nach § 34 RVG dann in der Form des § 4 RVG abgeschlossen werden müsse, wenn eine höhere als die gesetzliche Vergütung nach den Vorschriften des bürgerlichen Rechts gemäß § 612 Abs. 2 BGB vereinbart werde.[30] Bedenkt man, dass die Neuregelungen durch das Kostenrechtsmodernisierungsgesetz ein Appell an die Anwaltschaft sein sollten, künftig vermehrt Vergütungsvereinbarungen zu schließen, sollte aus Gründen der Rechtssicherheit auch bei Vereinbarungen nach § 34 RVG die Formvorschrift des § 4 RVG beachtet und gewahrt werden. *Schneider*[31] weist zu Recht darauf hin, dass sich der Anwalt, der kein Risiko eingehen will, auf diese Streitfrage gar nicht erst einlassen sollte, sondern auch bei Vereinbarung im Rahmen der Beratungs- und Gutachtentätigkeit stets die Schriftform wahren sollte. Der Gesetzgeber geht ohnehin davon aus, dass alle Vereinbarungen schriftlich geschlossen werden sollten. Dies wird durch die Formulierung des § 4 Abs. 4 Satz 3 RVG als Soll-Vorschrift deutlich. Zudem sollte die Beziehung zwischen Auftraggeber und Rechtsanwalt grundsätzlich von **Transparenz** und **Klarheit** geprägt sein. Dieses Ziel wird durch die Abfassung einer schriftlichen Vergütungsvereinbarung in jedem Falle sichergestellt.

10 Weiterhin gilt es zu beachten, dass die Willenserklärung des Auftraggebers zur Vergütung keinesfalls in der **Vollmachtsurkunde** des Rechtsanwalts enthalten sein darf. Sind Vergütungsvereinbarung und Vollmacht in einer Urkunde zusammengefasst, ist die Vergütungsvereinbarung in jedem Falle unwirksam (§ 4 Abs. 1 Satz 1 RVG, § 126 BGB). Zulässig ist die Variante, dass der Rechtsanwalt seinen Vorschlag über die Vergütung und die Modalitäten der Abrechnung dem Auftraggeber in einem Schreiben mitteilt und der Auftraggeber dieses Schreiben mit einem datierten „Einverstanden"-Vermerk zurücksendet.[32] Empfehlenswert erscheint ein solches Vorgehen jedoch nicht, da weder Nebenabreden noch Änderungen mit dem Auftraggeber vereinbart werden können.

11 Um den gesetzlichen Anforderungen des § 4 RVG gerecht zu werden, muss die Vergütungsvereinbarung zudem auch als solche **eindeutig** bezeichnet sein. Die Bezeichnung muss die Vereinbarung zum Zeitpunkt der Unterschriftsleistung des Auftraggebers tragen, da die gesetzliche Regelung darauf abzielt, den Auftraggeber über den Charakter der Abrede zu informieren.[33]

2. Rechtsfolgen bei Formverstößen

12 Wird eine Vergütungsvereinbarung, die eine höhere als die gesetzliche Vergütung nach dem RVG vorsieht, getroffen, löst diese auch bei Missachtung der Formvorschrift des § 4 RVG nicht die Nichtigkeitsfolge des § 125 BGB aus. Rechtsfolge ist lediglich, dass der Anwalt eine **höhere als die gesetzliche Vergütung nicht geltend machen** kann.[34] Der Verstoß gegen die Formvorschrift bewirkt die Entstehung einer „unvollkomme-

---

27 *Mayer*, AnwBl 2006, 167.
28 *Mayer*, NZA 2006, 753, 754; *ders.*, AnwBl 2006, 160; *Hinne/Klees/Teubel/Winkler*, RVG, § 1 Rn 202; *Krämer/Mauer/Kilian*, Vergütungsvereinbarung und -management, Rn 630.
29 *Enders*, RVG für Anfänger, Rn 477.
30 *Gerold/Schmidt/Madert*, RVG, § 34 Rn 106.
31 NJW 2006, 1905, 1907.
32 *Krämer/Mauer/Kilian*, Vergütungsvereinbarung und -management, Rn 642; *Enders*, JurBüro 1995, 449 (450); *Engels*, MDR 1999, 1244.
33 *Hartmann*, Kostengesetze, § 4 RVG Rn 19.
34 BGH 26.10.1955 – VI ZR 145/54, BGHZ 18, 340.

nen Verbindlichkeit"; es entsteht ein sog. **verhaltener Anspruch**.[35] Das bedeutet, dass die Verbindlichkeit zwar grundsätzlich besteht, als solche jedoch nicht eingeklagt werden kann.[36] Eine Aufrechnung mit diesem verhaltenen Anspruch des Mandanten gegen die dem Anwalt zustehende Forderung ist nicht möglich, da es an den Aufrechnungsvoraussetzungen der §§ 387 ff. BGB fehlt. Gemäß §§ 387, 390 BGB setzt die einseitige Aufrechnung eine klagbare Gegenforderung des aufrechnenden Schuldners voraus.[37] Eine Aufrechnung mit einer unverbindlichen Forderung scheidet daher aus. Leistet der Auftraggeber freiwillig und ohne Vorbehalt, so bestimmt § 4 Abs. 1 Satz 3 RVG, dass das Geleistete nicht deshalb zurückgefordert werden kann, weil seine Erklärung der Vorschrift des § 4 Abs. 1 Satz 1 RVG nicht entspricht.

IV. Vergütungsvereinbarungsmodelle

Die Variationsmöglichkeiten bei Abschluss einer Vergütungsvereinbarung sind mannigfaltig. Der Rechtsanwalt kann mit seinem Mandanten ein Pauschalhonorar,[38] eine Abrechnung auf Stundenbasis,[39] Mischformen aus beiden,[40] eine Erhöhung des Gegenstandswertes,[41] eine Pauschalvergütung in Form einer Drittfinanzierung,[42] eine Vergütung auf Stundenbasis mit Kappungsgrenze,[43] ein Zeithonorar mit Feiertags- und Nachtzuschlag,[44] eine Vereinbarung der doppelten gesetzlichen Vergütung,[45] ein Zeithonorar mit Pauschalhonorarangebot[46] oder auch die Abrechnung nach ausländischem Gebührenrecht vereinbaren.[47] Unabhängig davon, welches dieser Modelle der Rechtsanwalt für die Vergütungsvereinbarung wählt, ist bei Entgegennahme des Mandats darauf zu achten, den **Gegenstand der anwaltlichen Leistung** genau im Mandatsauftrag zu fixieren.

Der den Betriebsrat vertretende Rechtsanwalt hat keinen Anspruch auf Abschluss einer Vergütungsvereinbarung, weder nach § 40 BetrVG, noch als Sachverständiger, auch wenn die Angelegenheit zeitaufwendig ist und nach den gesetzlichen Gebühren nur unzureichend vergütet wird.[48]

1. Zeithonorar

Eine höhere als die gesetzliche Vergütung kann in Form einer Abrechnung auf **Stundenbasis** vereinbart werden. In Musterprozessen, die bei kleinem Streitwert mit erheblichem Aufwand geführt werden, wird häufig, auch bis zum BAG, eine höhere als die gesetzliche Vergütung veranschlagt, weil sich andernfalls der zeitliche und auch fachliche Aufwand nicht lohnen würde, die Bedeutung der Sache aber für den Auftraggeber weit über den unmittelbaren Streitwert hinausgeht. In einem solchen Fall ist es sinnvoll, dass der Rechtsanwalt sich seine **Mehrarbeit pro Stunde** vergüten lässt. In der Vergütungsvereinbarung ist eine deutliche Fixierung des jeweiligen Stunden- oder Tagessatzes notwendig. Sollen die erfassten Stunden jeweils beispielsweise auf volle 15 Minuten aufgerundet werden, so muss dies ebenfalls ausdrücklich vereinbart werden.[49]

Diese in der Praxis häufig formulierte Vereinbarung könnte für den Rechtsanwalt in Zukunft problematisch werden, insbesondere dann, wenn es sich um eine formularmäßige Vereinbarung mit dem Mandanten handelt. Das OLG Düsseldorf hat am 8.6.2006[50] entschieden, dass eine Abrechnung von Zeithonorar in einem Zeittakt von **15-Minuten-Abschnitten** unzulässig sei. Eine solche Abrechnungspraxis verstoße gegen das Transparenzgebot des § 307 Abs. 1 Satz 2 BGB. Sollte diese Entscheidung Bestand haben, hätte das für die Abrechnungspraxis der Rechtsanwälte zur Folge, dass entweder eine minutengenaue Abrechnung vorge-

---

35 OLG Braunschweig 28.6.2004 – 1 Ss (S) 1/04, NJW 2004, 2606 = AGS 2004, 334; OLG Naumburg 29.12.1995 – 7 U 24/95, NJ 1996, 426; OLG Frankfurt 2.3.1983 – 17 U 75/82, AnwBl 1983, 513.
36 *Krämer/Mauer/Kilian*, Vergütungsvereinbarung und -management, Rn 658.
37 BGH 16.3.1981 – II ZR 110/80, DB 1981, 1566 = BB 1981, 1242.
38 Muster 8015 § 8 Rn 96.
39 Muster 8018 § 8 Rn 97.
40 Muster 8021 § 8 Rn 98.
41 Muster 8023 § 8 Rn 99.
42 Muster 8026 § 8 Rn 100.
43 Muster 8029 § 8 Rn 101.
44 Muster 8038 § 8 Rn 104.
45 Muster 8032 § 8 Rn 102.
46 Muster 8041 § 8 Rn 107.
47 Muster 8035 § 8 Rn 103.
48 BAG 20.10.1999 – 7 ABR 25/98, DB 2000, 524; LAG Schleswig-Holstein 31.3.1998 – 1 TaBV 43/97, DB 1999, 540; a.A.: *Henssler*, RdA 1999, 38 (44); H/S-*Hümmerich*, Das arbeitsrechtliche Mandat, § 1 Rn 3.
49 Muster 8018 § 8 Rn 97.
50 OLG Düsseldorf 8.6.2006 – 24 U 196/04, AGS 2006, 530.

17 nommen werden müsste oder die Taktung in kleineren Zeiteinheiten, etwa von 5, 6 oder 10 Minuten, vereinbart werden müsste. Denn das OLG hat offen gelassen, ob als Alternative zur 15-Minuten-Taktung eine minutengenaue Abrechnung erforderlich sei. Die weitere Entwicklung in der Rechtsprechung wird zeigen, ob das Urteil des OLG Düsseldorf[51] eine Einzelfallentscheidung bleibt oder ob sich auch die übrigen Instanzgerichte dieser Ansicht anschließen werden.

17 Entgegen der Ansicht des OLG Düsseldorf verstößt eine Abrechnung im 15-Minuten-Takt nicht gegen das Transparenzgebot des § 307 Abs. 1 Satz 2 BGB. Das Transparenzgebot verpflichtet den Verwender, Rechte und Pflichten seines Vertragspartners in den AGB möglichst klar und durchschaubar darzustellen.[52] Dabei muss die jeweilige Klausel wirtschaftliche Nachteile und Belastungen für den Vertragspartner soweit erkennen lassen, wie dies nach den Umständen gefordert werden kann.[53] Aus der Vereinbarung, dass erfasste Stunden auf volle 15 Minuten aufgerundet werden, wird für den Auftraggeber klar, dass ein Zeitraum zwischen 1 und 15 Minuten im Viertelstundentakt abgerechnet wird. Genauer kann man diese Regelung nicht formulieren. Bedenkt man, dass beispielsweise bei einem Telefonat häufig nicht nur die reine Sprechzeit anfällt, sondern einige Minuten dazu aufgewendet werden müssen, eine Verbindung herzustellen oder auf eine freie Leitung zu warten, ergibt sich, dass eine minutengenaue Abrechnung völlig praxisfremd wäre. Zudem lässt sich der Aufwand des Anwalts bei einem Telefonat nicht allein auf die Gesprächsdauer reduzieren. Bei Entgegennahme eines Anrufs eines Mandanten ist der Anwalt, der gerade eine Akte bearbeitet, gezwungen, die Bearbeitung zu unterbrechen, um das Gespräch führen und sich sodann in die Gedankengänge eines anderen Falles einarbeiten zu können. Dieser gesamte Vorgang dauert mehr als die reine Verbindungsdauer des Telefonats, es fallen Rüstzeiten und Einarbeitungszeiten an, Akten müssen geholt und weggelegt werden, nach einem Telefonat werden meist Notizen oder Vermerke gefertigt. Insofern ist es auch sachlich gerechtfertigt, Telefonzeiten in 15-Minuten-Schritten aufzurunden, weil bei allen Telefonaten zusätzliche, nicht immer einheitlich quantifizierbare Zusatzzeiten anfallen.

18 Von einer übermäßigen wirtschaftlichen Belastung des Auftraggebers bei einer Aufrundung auf volle 15 Minuten kann ebenfalls nicht gesprochen werden. Eine **Aufrundungsklausel** ist auch vom Standpunkt eines objektiven rechtsunkundigen Dritten klar und verständlich und kann somit nicht gegen das Transparenzgebot verstoßen.

19 So mathematisch einfach das Zeithonorar auf den ersten Blick ist, birgt es doch für den Mandanten Risiken, die sich aus der Natur von Rechtsberatung und juristischer Interessenwahrnehmung ergeben. Man kann jeden Fall zeitaufwendig und mit hohem Personalaufwand bearbeiten, man kann vielen zunächst abgelegenen und abwegig erscheinenden Aspekten Aufmerksamkeit und eine genauere Untersuchung zukommen lassen, mit manchmal frappierenden Ergebnissen, häufig aber in der Erkenntnis, dass nur „Sackgassen" in dem Bemühen, einen Fall weiter zu treiben, dabei herauskommen. Eine ausgelastete Anwaltskanzlei hat wenig Interesse, in dem dargestellten Sinne Zeit zu schinden und wird in vielen Fällen den dem Auftraggeber angemessen erscheinenden Preis der Dienstleistung fordern, wenn über Zeithonorar abgerechnet wird. Unerfahrene Anwälte dagegen lassen sich ihre Unerfahrenheit, die einen erhöhten Zeitaufwand bei der Sachbearbeitung erfordert, über das Zeithonorar mitvergüten. Derartigen Missbrauch reguliert der Markt. Kein Mandant wird sich **übertriebene Einarbeitungszeiten** auf Dauer in Rechnung stellen lassen.

20 Die Bandbreite von Zeithonoraren lag Ende der 90er-Jahre, seinerzeit auf DM-Basis ermittelt und nachfolgend in Euro umgerechnet, nach *Krämer*[54] zwischen 180 EUR bis 460 EUR je **Stundensatz**, nach *Hellwig*[55] zwischen 128 EUR und 360 EUR pro Stunde. Nach *Schmucker*[56] lag der westdeutsche Durchschnittsstundensatz bei spezialisierten Anwälten im Jahre 1997 bei 153 EUR. Auch heute ergibt sich ein breitgefächertes Spektrum, das ein ähnliches Bild wiedergibt. Abhängig von der Kanzleigröße und der Mandantenstruktur schwanken die Stundensätze nach *Hommerich/Kilian*[57] zwischen 157 EUR und 335 EUR. In Spezial- oder Großkanzleien wird je nach Mandat und Umfang der Tätigkeit auch häufig ein wesentlich höherer Stunden-

---

51 OLG Düsseldorf 8.6.2006 – 24 U 196/04, AGS 2006, 530.
52 BGH 24.11.1988 – III ZR 188/87, BGHZ 106, 42, 49 = DB 1989, 33, 35.
53 BGH 9.5.2001 – IV ZR 121/00, NJW 2001, 2014 = BB 2001, 1427.
54 AnwBl 1998, 371.
55 AnwBl 1998, 624.
56 BRAK-Mitt. 2000, 233.
57 Vergütungsvereinbarungen deutscher Rechtsanwälte, S. 68 ff.

satz vereinbart. Eine Übersicht im Manager Magazin aus 2006[58] ergibt einen von 25 führenden Arbeitsrechtsanwälten mitgeteilten persönlichen Stundensatz zwischen 280 EUR und 450 EUR.

Parameter solcher Stundensätze sind **betriebswirtschaftliche Zusammenhänge,** insbesondere die Kostenstruktur der jeweiligen Kanzlei,[59] aber auch **Wettbewerbsaspekte,** insbesondere bei Großkanzleien im Kampf um das Mandat, manchmal auch im Kampf um das Bemühen, ein Mandat zu gewinnen, weil es besonders prestigeträchtig ist oder den Eintritt in einen bestimmten Beratungsmarkt eröffnet. Die Stundensätze differieren zwischen Partnern und Mitarbeitern, manchmal wird auch innerhalb dieser beiden Gruppen nach Alter und Erfahrung abgestuft. Die Arbeitszeit von Sekretärinnen und sonstigen Hilfskräften wird in der Anwaltschaft heute nach wie vor, anders als bei manchen WP-Gesellschaften und bei Anwälten in den USA, nicht gesondert in Rechnung gestellt, sondern als Teil der Gemeinkosten behandelt. 21

Krämer/Mauer/Kilian[60] weisen richtigerweise darauf hin, dass eine allzu differenzierte Aufschlüsselung von Stundensätzen unzweckmäßig erscheint. Zum einen geht die Transparenz der Vereinbarung verloren, zum anderen werden auch die Zeiterfassung und die spätere Abrechnung komplizierter und erfordern Arbeitszeit, die ohne Wertschöpfung für den Mandanten ist. 22

Es ist auch zulässig, das Zeithonorar auf **Fahrt- und Wartezeiten** zu erstrecken.[61] Will der Rechtsanwalt Fahrt- und Wartezeiten in die Zeitvergütung einbeziehen, muss er sie ausdrücklich vereinbaren.[62] Anderenfalls können die Fahrt- und Wartezeiten – jedenfalls bei formularmäßiger Vereinbarung – wegen § 305c Abs. 1 und 2 BGB nicht abgerechnet werden. 23

2. Pauschalhonorar

Die Vereinbarung einer Pauschalvergütung bietet sich dann an, wenn der Umfang der Tätigkeit sowie die Dauer des Mandats überschaubar und damit prognostizierbar sind. Wenn Verhandlungen, eine Vielzahl vorzubereitender Vertragsentwürfe oder Abstimmungsentscheidungen in Gremien oder die Erledigung eines Auftrags völlig außerhalb des Steuerungsbereichs des Anwalts liegen, ist zu empfehlen, ein Stundenhonorar zu vereinbaren.[63] Der Mandant wird grundsätzlich einer Pauschalvereinbarung aufgeschlossen gegenüberstehen, da er sich im Vorhinein darauf einstellen kann, welche Vergütung er an den Rechtsanwalt zahlen muss. Die im Voraus feststehende Kalkulation gibt dem Mandanten eine sichere Planungsgrundlage, da er schon zu Beginn des Mandats weiß, welchen Betrag er an den Anwalt zu zahlen haben wird, unabhängig davon, welcher zeitliche Aufwand letztlich erforderlich wird. Für den Rechtsanwalt ist der Vorteil einer Pauschalvereinbarung darin zu sehen, dass die Abrechnung unkompliziert und ohne größeren Zeitaufwand durchgeführt werden kann. Auch eine u.U. schwierige Bestimmung des Gegenstandswertes und eine daran angelehnte Abrechnung entfallen bei der Pauschalvergütung. 24

Probleme können sich bei einer **vorzeitigen Beendigung des Mandates** ergeben. Daher sollte der Rechtsanwalt stets darauf achten, auch bei Pauschalvereinbarungen eine Klausel in den Vertrag mit aufzunehmen, mit der sichergestellt wird, dass sich auch bei Kündigung des Mandats durch den Mandanten oder den Rechtsanwalt die Höhe der vereinbarten Vergütung nicht ändert.[64] Kommt es zu einer vorzeitigen Erledigung des Mandats, kann die Pauschale ggf. nach Maßgabe des § 4 Abs. 4 RVG herabzusetzen sein, wenn keine abweichende Regelung besteht und sie nicht im Einzelfall bei vorzeitiger Erledigung überhöht ist. 25

Manche Anwälte gehen dazu über, von vornherein ein Pauschalhonorar in einem angemessenen Verhältnis zur erwarteten Höhe der Abfindung zu vereinbaren und von sich aus, falls der erwartete wirtschaftliche Erfolg nicht eintritt, die Honorarvereinbarung mit dem Mandanten **nachträglich einvernehmlich abzuändern.** Eine solche Praxis dürfte rechtmäßig sein; je nach Qualität der Mandatsbeziehung wird aber der misstrauische Mandant vom Abschluss einer Vergütungsvereinbarung absehen, solange nicht sichergestellt ist, dass eine Abfindung erzielt wird. 26

Der Nachteil einer Pauschalvereinbarung vor Beginn der Tätigkeit ist, dass es für beide Seiten oft gleichermaßen mit Unwägbarkeiten verbunden ist, die Schwierigkeit eines Mandats und vor allem den Zeitaufwand 27

---

58 Manager magazin 3/2006, S. 144 f.
59 *Schönbrunn*, JZ 1993, 1152.
60 *Krämer/Mauer/Kilian*, Vergütungsvereinbarung und -management, Rn 597.
61 LG Düsseldorf 22.3.1990 – 3 O 358/89, AGS 1993, 38; LG München I 6.11.1974 – 15 S 177/74, NJW 1975, 937.
62 Muster 8015 (Ziff. 3) § 8 Rn 96.
63 H/S-*Hümmerich/Notz*, Das arbeitsrechtliche Mandat, § 19 Rn 195.
64 Muster 8015 (Ziff. 4) § 8 Rn 96.

hinreichend genau einzuschätzen.[65] Eine Pauschalkalkulation wird von der Wirklichkeit überholt, wenn der maßgebliche Sachverhalt nicht, wie erwartet und vielleicht auch vereinbart, dem Anwalt vom Mandanten geliefert wird, sondern vom Anwalt erst in mühsamer Arbeit beim Mandanten oder bei Dritten zusammengetragen werden muss. Es ist kaum durchsetzbar, dass ein Anwalt mit einer Führungskraft ein Pauschalhonorar über 20.000 EUR vereinbart, weil der Mandant aus einem befristeten Arbeitsverhältnis mit einer Abfindungserwartung von 250.000 EUR unter Einschluss der Kapitalisierung seiner Restvertragslaufzeit ausscheiden will, aber ungewiss ist, ob der Anwalt mit dem Wunschergebnis des Mandanten einen Aufhebungsvertrag aushandeln kann. Erhält der Mandant eine Abfindung von 200.000 EUR, wird er das Pauschalhonorar von 20.000 EUR akzeptieren, zumal er die Kostennote des Anwalts als Werbungskosten gegenüber dem Finanzamt geltend machen kann[66] und bei einem Spitzenverdiener bis zur Hälfte das Anwaltshonorar aus ersparter Einkommensteuer besteht (§ 9 EStG). Misslingt dagegen die eingeschlagene Strategie und muss der Mandant noch die nächsten Jahre sein Arbeitsverhältnis fortsetzen, wird er die einmal abgeschlossene Pauschalhonorarvereinbarung als unangemessen empfinden. Zu einem Zeitpunkt, zu dem die Entwicklung des Mandats in einer Trennungsberatung überhaupt nicht feststeht, eignet sich die Vereinbarung eines Pauschalhonorars im Allgemeinen nicht als angemessene Vergütungsmethode.

28 Rechtsanwälte dürfen in einer schriftlichen Vergütungsvereinbarung in arbeitsrechtlichen Streitigkeiten auch einen **Gegenstandswert** vereinbaren, der sich an dem **dreifachen Jahresgehalt** und nicht an dem ansonsten üblichen Vierteljahresentgelt (§ 42 Abs. 4 Satz 1 GKG; vormals: § 12 Abs. 7 Satz 1 ArbGG) orientiert.[67] Auch die Vereinbarung eines Stundensatzes führt zu keiner unwirksamen Vereinbarung nach den Vorschriften der §§ 305 ff. BGB, auch wenn der Stundensatz aufgrund des angesetzten Gegenstandswertes in der Regel nicht zur Anwendung kommt.[68]

29 Ein **Betriebsrat** kann nicht mit der Folge der Erstattungspflicht nach § 40 Abs. 1 BetrVG ohne Zustimmung des Arbeitgebers eine höhere als die gesetzliche Vergütung mit einem Rechtsanwalt vereinbaren.[69] Allerdings darf der Betriebsrat einem Anwalt für die Teilnahme an einer Einigungsstelle das Honorar eines betriebsfremden Beisitzers versprechen.[70] Eine Verpflichtung des Arbeitgebers zur Freistellung des Betriebsrats von Kosten, die diesem durch die Inanspruchnahme eines Rechtsanwalts entstanden sind, besteht grundsätzlich nur dann, wenn der Betriebsrat bei pflichtgemäßer Berücksichtigung der objektiven Gegebenheiten und Würdigung aller Umstände, insbesondere auch der Rechtslage, die Führung eines Prozesses und die Beauftragung eines Rechtsanwalts für erforderlich halten durfte.[71] Honoraransprüche entstehen für einen Rechtsanwalt als Sachverständigem nur, wenn vom Betriebsrat ein Beschluss nach § 80 Abs. 3 BetrVG gefasst und über die Vergütung mit dem Arbeitgeber vor Aufnahme der Tätigkeit des Sachverständigen eine Vereinbarung geschlossen wurde.[72]

3. Mischformen und abweichende Vereinbarungen

30 Ziel abweichender Vergütungsvereinbarungen ist eine angemessene Relation zwischen dem Honorar und dem Wert der Dienstleistung des Rechtsanwalts. Aus Mandanten- wie aus Anwaltssicht wird in Einzelfällen das Gegenstandswerthonorar nach dem Rechtsanwaltsvergütungsgesetz als nicht sachgerecht angesehen.

31 § 42 Abs. 4 Satz 1 GKG n.F.[73] bestimmt beispielsweise, dass für Rechtsstreitigkeiten über Arbeitsverhältnisse i.S.d. § 2 Abs. 1 Nr. 3 ArbGG vor den Gerichten für Arbeitssachen bei der Wertberechnung höchstens der Betrag des für die Dauer eines Vierteljahres zu leistenden Arbeitsentgelts maßgebend ist. Diese Einschränkung gilt nach der Gesetzessystematik nicht für Verfahren vor den ordentlichen Gerichten über andere Dienstverhältnisse.[74] Folge dieser Unterscheidung ist, dass bei Streitigkeiten über den Bestand eines privatrechtlichen dauernden Dienstverhältnisses vor den ordentlichen Gerichten sich der Gebührenstreitwert nach dem dreifachen Jahresbetrag der Vergütung richtet. Handelt es sich hingegen um ein Arbeitsverhältnis i.S.d. § 2 Abs. 1 Nr. 3 ArbGG, ist bei der Wertberechnung die Vierteljahresbeschränkung des § 42 Abs. 4 Satz 1

---

65 *Hellwig*, AnwBl 1998, 624.
66 *Hümmerich*, FA 2000, 2.
67 LG Köln 14.4.1999 – 28 O 244/98, AnwBl 1999, 703 = AGS 1999, 179.
68 LG Köln 14.4.1999 – 28 O 244/98, AnwBl 1999, 703 = AGS 1999, 179.
69 BAG 20.10.1999 – 7 ABR 25/98, NZA 2000, 556 = DB 2000, 524; LAG Schleswig-Holstein 31.3.1998 – 1 TaBV 43/97, DB 1999, 540.
70 BAG 21.6.1989 – 7 ABR 78/87, DB 1989, 2436.
71 BAG 19.3.2003 – 7 ABR 15/02, NZA 2003, 870; BAG 24.10.2001 – 7 ABR 20/00, BAGE 99, 208.
72 BAG 25.7.1989 – 1 ABR 41/88, NZA 1990, 33.
73 Dieser entspricht dem durch das Kostenrechtsmodernisierungsgesetz aufgehobenen § 12 Abs. 7 Satz 1 ArbGG.
74 BGH 9.6.2005 – III ZR 21/04, NZA 2006, 287.

GKG zu beachten. Der Arbeitsaufwand eines Mandats ist bei einem Arbeitsverhältnis nicht anders als bei einem Dienstverhältnis. Gebührenrechtlich macht es jedoch einen großen Unterschied, ob der Gegenstandswertberechnung die dreifache Bruttojahresvergütung zugrunde gelegt wird oder nur das Vierteljahresgehalt.

Vertretbar ist deshalb die **Vereinbarung einer Gegenstandswerterhöhung** in der Vergütungsvereinbarung.[75] Möglich und sinnvoll ist auch eine Vergütungsvereinbarung in Form eines **Zeithonorars mit Pauschalhonorarangebot**.[76] Sollte die Interessenwahrnehmung durch den Anwalt dazu führen, dass der Arbeitgeber an den Auftraggeber eine Abfindung zahlt, wird der Rechtsanwalt dem Auftraggeber gegenüber ein Angebot auf Vereinbarung eines zusätzlichen Pauschalhonorars abgeben. Der zufriedene Auftraggeber, dem aufgrund der Arbeit des Rechtsanwalts eine großzügige Abfindung zugesprochen wird, wird dieses Pauschalhonorarangebot annehmen.

Auch wenn der Anwalt Schriftsätze von vielleicht 50 Seiten oder mehr in einer hoch komplizierten betriebsverfassungsrechtlichen Angelegenheit für den Betriebsrat verfasst,[77] der Arbeitsrichter mit Rücksicht auf die Tatsache, dass das Unternehmen beide Anwälte – den des Unternehmens und den des Betriebsrats – gemäß § 40 BetrVG vergüten muss, aber nur den Regelstreitwert von 4.000 EUR zugrunde legt, treibt der Richter einen den Betriebsrat beratenden Anwalt in wirtschaftliche Schwierigkeiten. Angesichts bestehender Fixkosten, die über die Zeit, in der der Anwalt die Dienstleistung erbringt, erwirtschaftet werden müssen („*Billabille Time*") und angesichts des in dieser Zeit ebenfalls zu erwirtschaftenden persönlichen Gewinns, von dem der Rechtsanwalt seine Existenz bestreitet, weil er nicht über ein Gehalt wie der Richter verfügt, besteht auch in **betriebsverfassungsrechtlichen Angelegenheiten** für den einen Betriebsrat vertretenden Anwalt ein Bedürfnis nach Vereinbarung einer abweichenden, angemessenen Vergütung. Hilfreich ist dabei beispielsweise schon die Vereinbarung einer doppelten gesetzlichen Vergütung wie in Muster 8032.[78] Einen Freistellungsanspruch erwirbt der Betriebsrat gegen den Arbeitgeber aber nur, wenn der Arbeitgeber der Vergütungsvereinbarung zugestimmt hat. Wird der Anwalt von einem Mandanten in einer dringenden Angelegenheit beauftragt, in der er gezwungen ist, auch an Feiertagen und nachts zu arbeiten, empfiehlt sich die Vereinbarung eines Zeithonorars mit Feiertags- und Nachtzuschlag (Muster 8038).[79]

Wegen der Rechtsprechung des BAG[80] und des Arbeitsgerichts Siegburg[81] scheint die Auffassung herrschend, dass – in dem Fall, dass der Arbeitgeber das Honorar nicht freiwillig an den Anwalt zahlt – eine prozessuale Verfolgung des Anspruchs, den der Betriebsrat an den Anwalt abgetreten hat, durch den Anwalt im Beschlussverfahren gegen den Arbeitgeber ausgeschlossen ist. Unglücklich verhält sich der Anwalt daher, wenn er sich zum Schutz des Betriebsrats vor Konflikten mit dem Arbeitgeber die Honoraransprüche abtreten lässt.

Sucht ein Vorstandsvorsitzender, der jährlich 800.000 EUR verdient, den Anwalt auf, weil er abberufen und bereits ein vom Aufsichtsrat erwogener Aufhebungsvertrag ausgehandelt werden soll, der eine Abfindung von 2,5 Mio. EUR vorsieht, würde sich das gesetzliche Honorar schnell auf einen hohen fünfstelligen Betrag belaufen. Denn in Ermangelung spezieller Normen ist der Gebührenstreitwert im Zivilprozess gemäß § 12 Abs. 1 GKG i.V.m. § 3 ZPO nach freiem Ermessen festzusetzen. Maßgebend ist das vom Gericht zu schätzende Interesse des Klägers an der begehrten Feststellung über den Bestand des Dienstverhältnisses. Anhaltspunkt hierfür kann die in § 42 Abs. 3 GKG getroffene, der Regelung des § 9 ZPO vorgehende Bestimmung über die Wertberechnung bei Klagen von Arbeitnehmern auf wiederkehrende Leistung mit dem dreifachen Jahresbetrag dieser Leistung dienen.[82] Ausgehend vom dreifachen Jahresbetrag zzgl. der Abfindung und zzgl. des Vereinbarungsinhalts der betrieblichen Altersversorgung würde sich der Streitwert rasch auf einen Betrag von ca. 5 Mio. EUR belaufen. Dauert das Beratungsgespräch, in dem der Anwalt den Vertragsentwurf des Aufsichtsrats durchsieht und keinen Grund zur Beanstandung findet, 1,5 Stunden, so besteht bei objektiver Betrachtung kein Bedürfnis, eine 1,3-fache Gebühr nach Nr. 2400 VV RVG aus einem Streitwert von 5 Mio. EUR abzurechnen. Verfehlt wäre es bei wirtschaftlicher Betrachtung aber sicherlich auch – schon angesichts der Haftungsrisiken, die der beratende Anwalt übernimmt –, nur auf Basis einer Erstberatungs-

---

[75] Muster 8023 § 8 Rn 99.
[76] Muster 8041 § 8 Rn 107.
[77] Zur Problematik siehe H/S-*Hümmerich/Notz*, Das arbeitsrechtliche Mandat, § 19 Rn 136 ff.
[78] § 8 Rn 102.
[79] § 8 Rn 104.
[80] BAG 20.4.1999 – 1 ABR 13/98, n.v.
[81] ArbG Siegburg 11.8.1999 – 2 BV 28/99, n.v.
[82] BGH 9.6.2005 – III ZR 21/04, NZA 2006, 287.

gebühr von 190 EUR das Mandat zu vergüten. Ein Bedürfnis für eine abweichende Vereinbarung besteht deshalb sowohl unter Verlassen des RVG-Gegenstandswertes im Einzelfall nach unten wie nach oben. Auch für das Verlassen der RVG-Berechnungsstruktur, die oftmals durch ein Stundenhonorar ersetzt wird, besteht vielfach eine praktische Veranlassung.

36 Eine vom **gesetzlichen Leitbild**, das den Auftraggeber als grundsätzlichen Gebührenschuldner des Anwalts ansieht, abweichende Vergütungsvereinbarung kann sich auch dann empfehlen, wenn der Arbeitgeber des Auftraggebers ein Interesse an der Klärung der Rechtslage hat und bereit ist, die Gebührenschuld seines Arbeitnehmers zu übernehmen. So kann eine Pauschalvergütung in Form einer **Drittfinanzierung** vereinbart werden. Als Vergütungsschuldner verpflichtet sich dann der Arbeitgeber des Auftraggebers, die Pauschalvergütung zu zahlen.[83] Die Erfahrung in der Praxis zeigt jedoch, dass sich der Arbeitgeber selten dazu bereit erklärt; eher sind vermögende Angehörige bereit, die Rolle des Gebührenschuldners einzunehmen.

37 Um einen verunsicherten Mandanten, der einer Vergütung auf Stundenbasis eher skeptisch gegenübersteht, da er eine zu hohe Kostenbelastung fürchtet, für Stundensatz-Vergütung zu gewinnen, kann die Vereinbarung einer **Vergütung auf Stundenbasis mit Kappungsgrenze** angeboten werden. Dabei wird der voraussichtliche Zeitumfang für die anwaltliche Tätigkeit vom Anwalt geschätzt. Aufgrund des geschätzten Zeitumfanges vereinbaren die Parteien eine Kappungsgrenze, die nicht überschritten werden darf.[84] Diese Form der Vergütungsvereinbarung wird zunehmend von der Mandantschaft gewünscht. Derartige Honorare kommen Pauschalhonoraren nahe, beinhalten andererseits die Chance, dass das Honorar niedriger ausfällt als ein Pauschalhonorar, wenn die Kappungsgrenze nicht erreicht wird.

38 Unscheinbar und doch für Anwälte äußerst lukrativ erscheint die Vereinbarung in Muster 8023 mit **Gegenstandswerterhöhung**,[85] die einen mittleren Stundensatz für die Zeitabrechnung vorsieht, jedoch unter Ziff. 2 beim Aushandeln von Aufhebungs- und Abwicklungsverträgen mit dem Dreifachen des Jahresbruttogehalts knapp unter der nur für Vorstände und GmbH-Geschäftsführer geltenden Grenze des § 9 ZPO beim Arbeitnehmer aufwartet.

39 Mit einer **Mischform aus Zeit- und Pauschalvereinbarung** hatte es das Bundesverfassungsgericht[86] zu tun, als es das Urteil des OLG Koblenz in einem Gebührenrechtsstreit gegen einen Rechtsanwalt als verfassungswidrig verwarf. Im Ausgangsverfahren verlangte die Anwaltskanzlei aus einer Honorarvereinbarung ein Resthonorar. Die Honorarvereinbarung bestand aus einem Pauschalhonorar, einem zusätzlichen Stundenhonorar und einer Vereinbarung über etwaige Kopierkosten und **Spesen**. Die Kombination (Mischform) aus Zeithonorar und Pauschalhonorar beanstandete das OLG Koblenz nicht.[87] Die Regelung über die zusätzlich geschuldeten Spesen dagegen missfiel dem Senat. Der Senat meinte, es handele sich hierbei um Auslagen, die bei der Ausführung des Auftrags anfielen, ohne dass im Einzelnen eingegrenzt werde, welche Auslagen erfasst seien. Darin liege ein Kostenrisiko in nicht abschätzbarer Höhe, das durch die Vereinbarung in keiner Weise bestimmt und begrenzt werde. Da eine Obergrenze nicht vereinbart worden sei, sei die Honorarvereinbarung nichtig.

40 Das Bundesverfassungsgericht hob das Urteil des OLG Koblenz auf. Der **Spesenanspruch** sei nur ein **Annex** zur vereinbarten Vergütung und umfasse im Interesse des Mandanten für notwendig erachtete, gerichtlich jederzeit auf die Erforderlichkeit überprüfbare Auslagen. Das Bundesverfassungsgericht beanstandete schließlich, dass in dem angegriffenen Urteil des OLG Koblenz unverständlicherweise nicht erörtert worden sei, weshalb ein nicht relevant gewordener Teil der Vereinbarung (die Anwaltskanzlei hatte keine Spesen geltend gemacht) die Nichtigkeit des gesamten Vertrages zur Folge haben solle. Es nahm glücklicherweise die Verfassungsbeschwerde zur Entscheidung an und erläuterte, dass die Anwaltskanzlei mit der Auslegung und Anwendung von § 3 Abs. 1 Satz 1 BRAGO (entspricht der heutigen Regelung in § 4 Abs. 1 Satz 1 RVG) durch das OLG Koblenz in Verbindung mit der Vergütungsvereinbarung in ihrer Berufsausübungsfreiheit verletzt sei.

41 Das Urteil des OLG Koblenz zeigt ein an die Grenze der Willkür reichendes Verständnis vieler Richter auf, die in Gebührenrechtsstreitigkeiten oft die gebotene Unparteilichkeit vermissen lassen. Der Anwalt sollte daraus lernen, dass er sich nicht von richterlichen Entscheidungen in Gebührenfragen abhängig macht. Ab-

---

[83] Muster 8026 § 8 Rn 100.
[84] Muster 8029 § 8 Rn 101.
[85] § 8 Rn 99.
[86] BVerfG 12.8.2002 – 1 BvR 328/02, AnwBl 2002, 612 = BRAK-Mitt. 2002, 222 m. Anm. *Seltmann*.
[87] OLG Koblenz 25.2.2002 – 10 U 143/01, AGS 2002, 200.

findungssummen sollte man sich als Arbeitnehmer-Anwalt überweisen und hieraus im Einvernehmen mit dem Mandanten seine Gebührenforderungen bestreiten. Um Unklarheiten zu vermeiden, wird empfohlen, statt des Begriffs „Spesen" den dem RVG entstammenden Begriff **„Auslagen"** zu wählen. Die Mischform Pauschal- und Zeithonorar wird von den Gerichten nicht beanstandet.

4. Niedrigere als die gesetzliche Vergütung

Nach § 49b Abs. 1 Satz 1 BRAO ist es unzulässig, geringere Gebühren und Auslagen zu vereinbaren oder zu fordern, als es das Rechtsanwaltsvergütungsgesetz vorsieht, soweit dieses nichts anderes bestimmt. Telos des § 49b Abs. 1 BRAO ist die Verhinderung eines Preiswettbewerbs der Rechtsanwälte durch gegenseitiges Unterbieten.[88] Verstöße gegen das Verbot des § 49b BRAO ziehen allerdings nur berufsrechtliche Konsequenzen mit sich und sind im Allgemeinen zivilrechtlich unbeachtlich.[89]

42

Nur in **außergerichtlichen Angelegenheiten** darf der Anwalt seine Dienstleistung zu einer niedrigeren als der gesetzlichen Vergütung anbieten (§ 4 Abs. 2 Satz 1 RVG). Die Vereinbarung sollte nach dem gesetzlichen Leitbild des § 4 Abs. 2 Satz 3 RVG **schriftlich** erfolgen. Außerdem ist ein Erlass von Gebühren unter engen Voraussetzungen und nach Erledigung des Auftrags zulässig. Es besteht Einigkeit, dass die Vereinbarung eines Pauschal- oder Zeithonorars anstelle der gesetzlichen Gebühr kein Fall des Erlasses i.S.v. § 49b Abs. 1 BRAO ist.[90] Bei hohen und höchsten Gegenstandswerten ist die Vereinbarung einer niedrigeren als der gesetzlichen Vergütung im außergerichtlichen Bereich, insbesondere durch Zeithonorar, zwischenzeitlich üblich geworden.

43

Vom Verbot, eine niedrigere als die gesetzliche Vergütung nach dem RVG zu vereinbaren, umfasst ist grundsätzlich auch die Konstellation, dass ein Rechtsanwalt einem Kollegen ein **Terminsvertretungsmandat** zu niedrigeren als den gesetzlichen Gebühren anbietet. Der mit der Terminsvertretung beauftragte Rechtsanwalt erhält die Gebühren nach Nr. 3401, 3402 VV RVG entsprechend dem Wortlaut der Vorschriften nur, wenn ihm die Partei oder mit deren Einverständnis der Prozessbevollmächtigte die Vertretung oder die Ausführung der Parteirechte übertragen hat.[91] Erteilt dagegen der Prozessbevollmächtigte einem Terminsvertreter im eigenen Namen den Auftrag zur Terminswahrnehmung, so wird kein Vertragsverhältnis zwischen der Partei und dem Terminsvertreter begründet. In einem solchen Fall richtet die Pflicht zur Entschädigung des Terminsvertreters nach der internen Vereinbarung zwischen dem Terminsvertreter und dem Prozessbevollmächtigten.[92] Die berufsrechtlichen Bestimmungen über Mindestpreise nach der BRAO und dem RVG sind Vorschriften, denen eine auf die Lauterkeit des Wettbewerbs bezogene Schutzfunktion zukommt. Sie sollen einen Preiswettbewerb um Mandate und die mittelbare Vereinbarung von Erfolgshonoraren im gerichtlichen Verfahren verhindern.[93] Die Verletzung dieser Bestimmungen ist wettbewerbswidrig i.S.v. §§ 3, 4 Nr. 1 UWG.[94] Eine Unterschreitung der gesetzlichen Gebührenansprüche ist nach Auffassung des 1. Senats bei Beauftragung eines Kollegen mit einem Mandat im eigenen Namen demzufolge nicht wettbewerbswidrig und auch gebührenrechtlich zulässig.[95]

44

Es ist Rechtsanwälten auch nicht gestattet, mit so genannten **Dumping-Preisen** zu werben. In einem vom LG Ravensburg[96] entschiedenen Fall boten Rechtsanwälte eine umfassende außergerichtliche Beratung ohne vorherige Terminabsprache zu einem Preis von 20 EUR an. Die 8. Zivilkammer entschied, dass Rechtsanwälte nicht mit Dumping-Angeboten für ihre Beratungsleistung werben dürfen. Nach § 4 Abs. 2 Satz 3 RVG müssen die Gebühren des Rechtsanwalts in einem **angemessenen Verhältnis zu Leistung, Haftungsrisiko und Verantwortung** der Rechtsanwälte stehen. Eine angemessene Relation zwischen Leistung und Gegenleistung ist bei einer Pauschalgebühr in Höhe von 20 EUR für eine Beratung in allen möglichen Rechtsangelegenheiten, unabhängig von der Schwierigkeit des jeweiligen Falles, nicht der Fall. Auch das Argument der **Mischkalkulation** kann ein solch niedriges Pauschalhonorar nicht rechtfertigen. Denn dann besteht die Gefahr, dass die Anwälte die Mandanten nicht umfassend beraten, sondern versuchen, sie im Rahmen einer kurz

45

---

88 *Mayer*, AnwBl 2006, 160, 166.
89 *Hansens/Braun/Schneider*, Praxis des Vergütungsrechts, Teil 1 Rn 500; AnwK-RVG/*N. Schneider*, § 4 Rn 137.
90 *Hellwig*, AnwBl 1998, 623.
91 BGH 1.6.2006 – I ZR 268/03, n.v.
92 BGH 1.6.2006 – I ZR 268/03, n.v.
93 BT-Drucks. 12/4993, S. 31 zu § 49b BRAO, Begründung zum Regierungsentwurf.
94 BGH 30.9.2004 – I ZR 261/02, GRUR 2005, 433 = WRP 2005, 598; BGH 30.9.2004 – I ZR 135/02, FamRZ 2005, 1086; BGH 15.5.2003 – I ZR 292/00, GRUR 2003, 969.
95 BGH 30.9.2004 – I ZR 261/02, GRUR 2005, 433 = WRP 2005, 598.
96 LG Ravensburg 28.7.2006 – 8 O 89/06, KfH 2, NJW 2006, 2930.

gehaltenen Information zu einem Prozess zu drängen, um später höhere Gebühren verlangen zu können.[97] Von der Vereinbarung allzu niedriger Pauschalhonorare ist demnach abzuraten.

5. Unzulässigkeit des Erfolgshonorars

46 Solange die BRAO und das RVG im Hinblick auf den Beschluss des Bundesverfassungsgerichts vom 7.3.2007[98] noch nicht geändert wurden, spätestens bis zum 30.6.2008, gilt die nachfolgend beschriebene Rechtslage. Die von Arbeitgebern oder Führungskräften an den Rechtsanwalt herangetragene Frage, ob man nicht anstelle des Honorars nach RVG oder anstelle eines Stundensatzes eine Erfolgsbeteiligung vereinbaren könne, muss nach geltendem Standesrecht grundsätzlich zurückgewiesen werden. **§ 49b Abs. 2 BRAO** verbietet die Vereinbarung eines Prozentsatzes am wirtschaftlichen Erfolg als Honorar des Rechtsanwalts.[99] Vereinbarungen, durch die eine Vergütung oder ihre Höhe vom Ausgang der Sache oder vom Erfolg der anwaltlichen Tätigkeit abhängig gemacht wird (**Erfolgshonorar**), sind grundsätzlich ebenso unzulässig wie Verträge, nach denen der Rechtsanwalt als **Honorar einen Teil des erstrittenen Betrages** (quota litis) erhält. Der Grund für das in § 52 der Standesrichtlinien geregelte Verbot des Erfolgshonorars wird darin gesehen, dass das Gebührensystem, wonach der Anwalt die gesetzlichen Gebühren nach einem Pauschalsystem ohne Rücksicht auf den Erfolg seines Wirkens erhält und der unterlegene Gegner grundsätzlich die Verfahrenskosten beider Parteien zu zahlen hat, unterlaufen würde. Bei der Vereinbarung eines Erfolgshonorars war man bislang der Auffassung, dass das Grundprinzip, dass der Anwalt kein Gewerbe betreibe, verletzt werde. Schließlich wurde in der Vereinbarung eines Erfolgshonorars in der Vergangenheit die Gefährdung der gesetzlich garantierten Unabhängigkeit innerhalb der Rechtspflege gesehen. Die wirtschaftlichen Interessen des Anwalts sollen nicht mit denen des Mandanten verknüpft werden. Es soll die Gefahr, dass der Rechtsanwalt ohne Rücksicht auf die Sach- und Rechtslage zu nicht zu billigenden Mitteln greift, ausgeschlossen werden.[100] Mit der Gefährdung der anwaltlichen Unabhängigkeit begründete die Rechtsprechung sogar die Sittenwidrigkeit der Vereinbarung von Erfolgshonoraren.[101]

47 Das nunmehr im Gesetz ausgesprochene Verbot der Vereinbarung eines Erfolgshonorars knüpft an die Unabhängigkeit des Rechtsanwalts (§ 1 BRAO) an. Es soll verhindert werden, dass der Rechtsanwalt den Ausgang eines Mandats zu seiner eigenen wirtschaftlichen Angelegenheit macht.[102] Nach Ansicht der Rechtsprechung, die schon vor Inkrafttreten der gesetzlichen Regelung Bestand hatte, stellt deshalb jede Vereinbarung, durch die die Höhe des Vergütungsanspruchs des Rechtsanwalts vom Ausgang der von ihm vertretenen Sache oder sonst vom Erfolg seiner anwaltlichen Tätigkeit abhängig gemacht wird, eine unwirksame Erfolgshonorarvereinbarung dar.[103] Lässt sich ein Rechtsanwalt, der im Auftrag der Kaufvertragsparteien mit den Gläubigern des Verkäufers über die Ablösung von Grundpfandrechten aus dem Erlös des verkauften Grundstücks verhandeln soll, versprechen, dass ein nach der Ablösung der Gläubiger etwa übrig bleibender Kaufpreisrest ihm als Honorar zustehen soll, handelt es sich ebenfalls um ein unzulässiges Erfolgshonorar.[104]

48 Hat der Mandant eines Rechtsanwalts ein unwirksam vereinbartes Erfolgshonorar bezahlt, ist dieser nur insoweit ungerechtfertigt bereichert, als dass an ihn ausgezahltes Honorar die gesetzlichen Gebühren übersteigt. Die Nichtigkeit der auf ein unzulässiges Erfolgshonorar gerichteten Vergütungsvereinbarung führt nicht zu einer Gesamtnichtigkeit des Anwaltsvertrages. Dem Rechtsanwalt bleibt in einem solchen Fall sein Anspruch auf die gesetzlichen Gebühren.[105]

49 Im Zuge des Kostenrechtsmodernisierungsgesetzes hat auch § 49b Abs. 2 BRAO eine Veränderung erfahren. Aus der Neuregelung in § 49b Abs. 2 Satz 2 BRAO folgt nach hier vertretener Ansicht, dass es nunmehr nicht standeswidrig ist, in einer arbeitsrechtlichen Abfindungssache mit einem Mandanten zu vereinbaren, falls es zum Abschluss eines Vergleichs (Einigung) kommt, das Honorar zu verdoppeln.[106] Wenn die **Erhöhung gesetzlicher Gebühren vereinbart** wird, ist die Anbindung einer erhöhten Gebühr an einen Tatbestand,

---

97 LG Ravensburg 28.7.2006 – 8 O 89/06, KfH 2, NJW 2006, 2930.
98 BVerfG 7.3.2007 – 1 BvR 2576/04, AnwBl 2007, 297.
99 H/S-*Hümmerich/Notz*, Das arbeitsrechtliche Mandat, § 19 Rn 14.
100 Gerold/*Madert*, RVG, § 3 Rn 118; *Hartmann*, Kostengesetze, § 4 RVG Rn 34.
101 BGH 4.12.1986 – III ZR 51/85, NJW 1987, 3203.
102 BT-Drucks. 12/4993, S. 31.
103 BGH 15.12.1960 – VII ZR 141/59, BGHZ 34, 64, 71 = BB 1961, 111; BGH 4.12.1986 – III ZR 51/85, NJW 1987, 3203, 3204; BGH 29.4.2003 – IX ZR 138/02, WM 2003, 1631, 1633; BGH 23.10.2003 – IX ZR 270/02, WM 2004, 487.
104 BGH 23.10.2003 – IX ZR 270/02.
105 BGH 5.4.1976 – III ZR 79/74, WM 1976, 1135, 1136.
106 H/S-*Hümmerich/Notz*, Das arbeitsrechtliche Mandat, § 19 Rn 14.

der **außerhalb des Einflussbereichs des Anwalts** liegt, nunmehr zulässig. Knüpft eine Abrede zwischen Anwalt und Auftraggeber lediglich die vorzeitige Fälligkeit des vereinbarten Honorars an die Zahlung des Prozessgegners im laufenden Rechtsstreit, so lag darin schon nach bisheriger Rechtslage kein unzulässiges Erfolgshonorar.[107]

Die jüngste Rechtsprechung zu § 49b BRAO macht deutlich, dass reine Erfolgshonorare nach der derzeitigen Gesetzeslage im deutschen Recht keine Chance haben. In einer Entscheidung vom 3.5.2006 hat das OLG Saarbrücken[108] einer **Quota-litis-Vereinbarung** eine deutliche Absage erteilt. Dem Urteil lag eine Klage von Mitgliedern einer Anwaltssozietät gegen eine frühere Mandantin zugrunde, die von den Anwälten aufgrund einer schriftlichen Honorarvereinbarung auf Zahlung in Anspruch genommen wurde. Die Mandantin hatte sich zur Durchsetzung etwaiger Schadensersatzansprüche gegen eine Klinik an die Sozietät gewandt. Der Ehemann der Mandantin war durch Fehlleistungen der erstbehandelnden Ärzte der Medizinischen Hochschule zu Tode gekommen. In der abgeschlossenen Honorarvereinbarung verpflichtete sich die Mandantin, „anstelle der gesetzlichen Gebühren – falls diese nicht höher sind – ein Honorar entsprechend 10 % der Entschädigungssumme bis 50.000 EUR und 15 % der darüber hinausgehenden Ersatzleistungen zu zahlen".

Der 1. Zivilsenat des OLG Saarbrücken[109] erklärte die Honorarvereinbarungen für nichtig, so dass sich aus ihr keine Gebührenansprüche für die Kläger ergäben. Die Honorarvereinbarung sei nach § 134 BGB i.V.m. § 49b Abs. 2 BRAO nichtig, weil sie gegen ein gesetzliches Verbot verstieß. Die Kläger ließen sich ein Erfolgshonorar in Form eines prozentualen Anteils am noch zu erzielenden Entschädigungsbetrag (*quota litis*) versprechen, was nach § 49b Abs. 2 BRAO unzulässig ist. Da das Schlichtungsverfahren im betreffenden Fall bei Unterzeichnung der Vereinbarung noch nicht abgeschlossen und daher unklar war, ob es zu einer Haftung der erstbehandelnden Ärzte und eine Entschädigung zu zahlen sein werde, hing der Erhalt des Pauschalhonorars über 10 % der Entschädigungssumme vom ungewissen Erfolg der anwaltlichen Tätigkeit der Kläger in der Arzthaftungsangelegenheit ab.

Der klare Hinweis der Rechtsprechung auf den eindeutigen Wortlaut des § 49b Abs. 2 BRAO zwingt – insbesondere nach einem Vergleich mit den liberalen Regelungen zu Erfolgshonoraren in anderen europäischen Ländern – zu der Frage, ob § 49b BRAO die in Art. 12 Abs. 1 GG garantierte Berufsfreiheit nicht in unzumutbarer Weise einschränkt. Diese Frage warf auch eine Dresdner Rechtsanwältin auf und legte Verfassungsbeschwerde ein. Hintergrund des vom Bundesverfassungsgericht entschiedenen Verfahrens war folgender: Zwei amerikanische Erben eines im Dritten Reich enteigneten Juden hatten eine Anwältin in Dresden beauftragt, eine Entschädigung für sie in Deutschland einzuklagen. Als Honorar sollte die Dresdner Anwältin einen prozentualen Anteil am erstrittenen Betrag erhalten. Daraufhin wurde sie wegen eines Verstoßes gegen das Berufsrecht vom Anwaltsgerichtshof verurteilt, woraufhin sie Verfassungsbeschwerde einlegte.

Auch der vom Bundesverfassungsgericht[110] entschiedene Rechtsstreit betraf den Fall eines Erfolgshonorars in Form der *quota litis*. Dass das gesetzliche Verbot, ein Erfolgshonorar zu vereinbaren, in das Grundrecht der Berufsfreiheit des Rechtsanwalts nach Art. 12 Abs. 1 Satz 2 GG eingreift, steht außer Frage.[111] Fraglich und bisher noch nicht höchstrichterlich entschieden war lediglich, ob es **verfassungsrechtlich** zulässig ist, den Rechtsanwälten eine solche Beschränkung aufzuerlegen. Grundsätzlich kann das Grundrecht der Berufsfreiheit nur eingeschränkt werden, wenn die Beschränkung vorrangigen Interessen des Allgemeinwohls dient. Das Verbot des Erfolgshonorars wird in der Literatur als durchaus verfassungsgemäß angesehen. *Dittmann*[112] geht davon aus, dass das gesetzliche Verbot des Erfolgshonorars im Interesse auf das Vertrauen in die Unabhängigkeit des Rechtsanwalts, das ein vorrangiges Allgemeinwohlinteresse darstellt, von Verfassungs wegen nicht beanstandet werden kann. Wäre der Rechtsanwalt bei seiner Tätigkeit in erster Linie dem Erfolg verpflichtet, könnte er seine Stellung als objektives Organ der Rechtspflege nicht mehr ordnungsgemäß erfüllen.

Der Deutsche Anwaltverein wurde vom Bundesverfassungsgericht zur Stellungnahme aufgefordert. Der DAV hielt die Verfassungsbeschwerde der Dresdener Anwältin für begründet, weil sie einen Fall betraf, in dem der Bürger Rechtsschutz mit Hilfe eines Rechtsanwalts nur erhalten konnte, wenn er bereit war, ein Erfolgsho-

---

107 BGH 18.3.2004 – IX ZR 177/03, AGS 2004, 440 = NJW-RR 2004, 1145.
108 OLG Saarbrücken 3.5.2006 – 143 1 U 397/05, n.v.
109 OLG Saarbrücken 3.5.2006 – 143 1 U 397/05, n.v.
110 BVerfG 7.3.2007 – 1 BvR 2576/04, AnwBl 2007, 297.
111 *Leipolz/Rinck*, GG, Art. 12 Rn 282.
112 *Henssler/Prütting*, BRAO, § 49b Rn 16.

norar zu vereinbaren. In diesen Fällen schränke das totale Verbot eines Erfolgshonorars die durch Art. 2 Abs. 2 GG geschützte Parteiautonomie des Bürgers ein.[113]

55 Die künftige Regelung zum Erfolgshonorar steht zum Zeitpunkt des Manuskriptschlusses im Detail noch nicht fest. Das BVerfG hat am 7.3.2007[114] entschieden, dass das bisherige generelle Verbot von Erfolgshonoraren für Rechtsanwälte gegen das Grundrecht der Berufsfreiheit verstoße. Es hat den Gesetzgeber aufgefordert, spätestens bis zum 30.6.2008 eine gesetzliche Neuregelung des Erfolgshonorars in den maßgeblichen Gesetzen, der BRAO und dem RVG, zu verankern. Für die Übergangszeit bis zur gesetzlichen Neuregelung gilt das Verbot des Erfolgshonorars fort.

56 In zwei Mustertexten wird die Regelung von Erfolgshonorar noch vor In-Kraft-Treten der gesetzlichen Neuregelung in diesem Buch formuliert. Es kann nicht prognostiziert werden, ob die beiden Mustertexte mit der künftigen gesetzlichen Regelung in Einklang stehen. Die Zulässigkeit der hier vorgeschlagenen Regelungen muss deshalb von jedem Anwender noch im Einzelfall und unter Beachtung der künftigen Gesetzeslage überprüft werden. Die beiden Muster betreffen zum einen eine Vergütungsvereinbarung im Zuge eines Rechtsstreits (Muster 8039), zum anderen eine Erfolgsbeteiligung des Anwalts im außergerichtlichen Bereich der Interessenwahrnehmung (Muster 8040). Die gerichtliche Vergütungsvereinbarung enthält zwei Alternativen, zum einen den Fall, dass der Rechtsanwalt kein Honorar erhält, wenn seine Partei im Rechtsstreit nicht obsiegt (*„no win, no fee"*). Bei der zweiten Alternative wird der Rechtsanwalt geringer vergütet, wenn er nicht obsiegt (*„no win, less fee"*). Das Muster 8040 enthält eine klassische *quota-litis*-Vereinbarung, wonach der Rechtsanwalt einen Teil der erstrittenen Summe erhält. Diese außergerichtliche *quota-litis*-Vereinbarung eignet sich für Fälle, in denen der Rechtsanwalt für seinen Mandanten eine Abfindung erstrittet und ihm ein prozentualer Anteil an der Abfindung als Honorar versprochen wird.

57 Ob derartige Vereinbarungen in Zukunft wirksam sein werden, bleibt abzuwarten. Denn das BVerfG hat erklärt, das Verbot der Erfolgsbeteiligung sei insoweit unangemessen, als es keine Ausnahme zulasse und damit selbst dann zu beachten sei, wenn der Rechtsanwalt mit der Vereinbarung einer erfolgsbasierten Vergütung besonderen Umständen in der Person des Auftraggebers Rechnung trage, die diesen ansonsten davon abhielten, seine Rechte zu verfolgen. Diese Voraussetzungen liegen bei einem eine Abfindung aushandelnden Manager regelmäßig nicht vor.

58 Gesetzlich zulässig ist die Variante, wie sie in Muster 8041[115] vorgesehen ist. Der Rechtsanwalt kann schon **bei Abschluss der Vergütungsvereinbarung** dem Auftraggeber gegenüber das verbindliche Angebot abgeben, dass ihm der Auftraggeber einen bestimmten Betrag für den Fall zahlt, dass der **Rechtsstreit im Sinne des Mandanten entschieden** und dem Mandanten eine Zahlung zugesprochen wird. Diese Variante unterscheidet sich insofern von einem reinen Erfolgshonorar, als die Annahme dieses Angebots durch den Auftraggeber für den Anwalt unabhängig vom Ausgang des Verfahrens ungewiss bleibt. Der zufriedene Mandant, dem beispielsweise durch das Arbeitsgericht eine hohe Abfindung zugesprochen wird, wird in der Regel allerdings bereit sein, die gute Leistung seines Rechtsanwalts durch einen entsprechenden nachträglichen Betrag zu honorieren. Der Anwalt formuliert nur, dass er noch ein Angebot unter näher benannten Umständen abgeben wird. Dem Auftraggeber bleibt es vorbehalten, das Angebot anzunehmen oder abzulehnen. Dem Anwalt gewährt diese Angebotsvariante keine Rechtssicherheit.

59 Zulässig sind auch **Erfolgsvereinbarungen mit ausländischen Rechtsanwälten**, sofern das ausländische Recht eine solche Vereinbarung zulässt.[116] Nichtig ist jedoch die Vereinbarung ausländischen Rechts, in dessen Geltungsbereich Erfolgshonorare zulässig sind.[117] Ein Wandel in der Rechtslage zeichnete sich bereits im Jahr 2001 ab. Mit den Beschlüssen der 2. Sitzung der Satzungsversammlung bei der Bundesrechtsanwaltskammer am 15./16.2.2001 in Berlin[118] wurde in Ziffer 3.3.1 geregelt, dass der Rechtsanwalt hinsichtlich seines Honorars keine **quota-litis-Vereinbarung** abschließen darf. Als *quota-litis*-Vereinbarung wird unter Ziffer 3.3.2 ein vor Abschluss der Rechtssache geschlossener Vertrag verstanden, der das an den Rechtsanwalt zu zahlende Honorar ausschließlich von dem Ergebnis abhängig macht und in dem sich der Mandant verpflichtet, dem Anwalt einen Teil des Ergebnisses zu zahlen. Eine Neuerung besteht nun in der Weise, dass die Vereinbarung eines Erfolgshonorars nicht als unzulässige *quota-litis*-Vereinbarung angesehen wird, wenn

---

113 Beilage AnwBl 7/2006, 5.
114 BVerfG 7.3.2007 – 1 BvR 2576/04, AnwBl 2007, 297.
115 § 8 Rn 107.
116 AnwK-RVG/*Rick*, § 4 Rn 35.
117 OLG Düsseldorf 7.11.1985 – 8 U 5/85, Rbeistand 1986, 83.
118 BRAK-Mitt. 4/2001, 177 ff.

sie vor Abschluss der Rechtssache geschlossen wird und den Grundsatz über eine zusätzliche Zahlung bei positivem Ergebnis enthält und wenn die Höhe dieser Sonderzahlung im Nachhinein im Rahmen offener Verhandlungen zwischen dem Mandanten und dem Rechtsanwalt bestimmt werden soll.

Ziffer 3.3.3 der Berufsregeln der Rechtsanwälte der Europäischen Union gemäß den Beschlüssen der Satzungsversammlung bei der Bundesrechtsanwaltskammer am 15./16.2.2001 in Berlin geht damit von dem Standard aus, dass der Rechtsanwalt und der Mandant eine Honorarvereinbarung über einen Stundensatz oder einen Pauschbetrag vereinbaren oder für das Mandat die Gebühren nach dem RVG gelten lassen und zusätzlich, vor Abschluss der Rechtssache und nach Aufnahme des Mandats eine Sonderzahlung vereinbaren, die sich am Erfolg orientiert und die in jedem Falle nach Mandatsaufnahme ausgehandelt wird.[119] Für die Vereinbarung eines solchen **zusätzlichen Erfolgshonorars** dürfte die gegenwärtig in Frankreich bestehende Regelung Pate gestanden haben. In Frankreich gibt es kein nationales Standesrecht der Rechtsanwälte. Jede örtliche Rechtsanwaltskammer (*„Barreau"*) erlässt ihre eigenen standesrechtlichen Regeln. Hohe Beachtung mit Imitationswert finden in Frankreich die standesrechtlichen Regelungen der Pariser Anwaltschaft (*„Règlement intérieur du barreau de Paris"*). Nach Art. 11.3 Abs. 4 ist die Vereinbarung eines Erfolgshonorars nicht zulässig. Erfolgshonorarvereinbarung in diesem Sinne ist nach Art. 11.3 Abs. 5 jede vor Tätigkeitsbeginn geschlossene Vereinbarung, wonach die Vergütung ausschließlich vom erzielten Erfolg abhängig ist.

Gemäß Art. 11.3 Abs. 1 darf dagegen ein Erfolgshonorar als Zusatz zu einem vom Erfolg unabhängigen Honorar vereinbart werden. Die Höhe eines solchen Erfolgshonorars ist nicht ausdrücklich geregelt. Das Standesgericht der Pariser Anwaltschaft hat unter Berücksichtigung des *„principe de délicatesse"* entschieden, dass ein Erfolgshonorar neben einem vom Erfolg unabhängigen Honorar 10 % nicht überschreiten darf. Für Deutschland gibt es gegenwärtig naturgemäß noch keine Rechtsprechung, aus der sich ableiten lässt, wie und in welchem Umfang erfolgsabhängige Vereinbarungen zwischen Anwalt und Mandant getroffen werden können.

Gerade im Zusammenhang mit dem Aushandeln von Abfindungen hat der Arbeitgeber bzw. die Gesellschaft ein Interesse daran, dass der Abfindungsbetrag so niedrig wie möglich ausfällt. Umgekehrt sind Vorstände, Geschäftsführer, Führungskräfte und Arbeitnehmer daran interessiert, eine möglichst hohe Abfindung durch die Tätigkeit des Rechtsanwalts zu erzielen. Vergleichbare Interessenlagen bestehen beim Aushandeln von Sozialplänen durch einen Rechtsanwalt.

Eine auf das Arbeitsrecht nur begrenzt übertragbare Entscheidung zum Erfolgshonorar fällte der BGH mit Urteil vom 29.4.2003.[120] Drei Abkömmlinge eines Erblassers einigten sich, unabhängig davon, was der Vater wegen seines beträchtlichen Vermögens testamentarisch verfügen würde, wollten sie das Vermögen zu gleichen Teilen untereinander aufteilen und beauftragten noch zu Lebzeiten einen Rechtsanwalt mit der Erarbeitung eines entsprechenden Vertrages. Der Rechtsanwalt **staffelte** in einer Honorarvereinbarung seine Gebühren: 910.000 DM waren danach zu zahlen, sobald der Erbfall eingetreten war, weitere 610.000 DM, wenn das ererbte Vermögen einen Wert von mindestens 13 Mio. DM hatte, weitere 470.000 DM, wenn es 11 Mio. DM und 350.00 DM, wenn es 9. Mio. DM oder weniger betrug.

Der BGH entschied, dass mit dieser Vereinbarung kein unzulässiges Erfolgshonorar vereinbart war. Der Rechtsanwalt nahm auf das Ereignis, von dem die Höhe seiner Zusatzhonorare abhängig war, keinen Einfluss. Wie wertvoll das Vermögen war, das der Erblasser vererbte, lag **außerhalb der Einflusszone des Rechtsanwalts**. Das Erfolgshonorar begegnet deshalb Bedenken, weil der Rechtsanwalt sich von ökonomischen Eigeninteressen bei der Mandatswahrnehmung nicht beeinflussen lassen soll. Der Erblasser hinterließ in dem vom BGH entschiedenen Fall ein Vermögen von 65 Mio. DM. Hätte der Anwalt an der Höhe der zur Verfügung stehenden Erbmasse durch eigene Verhandlungen mitgewirkt oder hätte sich die Höhe seines Honorars abhängig von etwaigen, von ihm noch durchzuführenden Verhandlungen unter den Erben und Pflichtteilsberechtigten ergeben, hätte eine nach § 49b Abs. 2 BRAO unzulässige Erfolgsbeteiligung vorgelegen. Hat der Anwalt dagegen nur den Auftrag, die zuvor erzielte Einigung der Abkömmlinge des Erblassers über eine Nachlassverteilung in die angemessene juristische Form zu bringen, so enthält eine Vergütungsvereinbarung, die an die Höhe des Erbteilsanspruchs des Mandanten anknüpft, kein unzulässiges Erfolgshonorar.

---

119 *Stückemann*, FA 2001, 332; *Gruber*, JurBüro 2000, 228.
120 BGH 29.4.2003 – IX ZR 138/02, AnwBl 2003, 593.

65 Die Beschlüsse der Satzungsversammlung bei der Bundesrechtsanwaltskammer konnte der BGH nicht berücksichtigen, da sich der maßgebliche Sachverhalt in den 90iger Jahren ereignete. Auf das Arbeitsrecht lässt sich die Entscheidung nur für die Sachverhaltskonstellation übertragen, dass sich ein Arbeitnehmer mit dem Arbeitgeber bereits geeinigt hat, mit Ausnahme der Abfindungshöhe, der Anwalt einen Aufhebungsvertrag entwerfen soll, und die Höhe seines Honorars von der Höhe des noch zwischen dem Arbeitnehmer und dem Arbeitgeber ohne Beteiligung des Anwalts zu verhandelnden Abfindungsbetrags abhängig ist. Diese Konstellation kommt in der Praxis aber kaum vor.

6. Angemessen und unangemessen hohes Honorar

66 Die Höhe der Vergütung darf, gemessen am Aufwand, nicht unverhältnismäßig hoch sein. So hat der 9. Senat des BGH bei der Vereinbarung einer Vergütung für eine Strafverteidigung, die mehr als das Fünffache über den gesetzlichen Höchstgebühren lag, eine tatsächliche Vermutung dahingehend angenommen, dass die Vergütung unangemessen hoch und das gesetzliche Mäßiggebot verletzt sei.[121]

67 Die Parteien hatten eine Honorarvereinbarung geschlossen, die vorsah, dass der beklagte Auftraggeber eine Honorarpauschale in Höhe von 60.000 DM zuzüglich Mehrwertsteuer sowie ein Stundenhonorar von 800 DM zuzüglich Mehrwertsteuer zu zahlen hatte. Weiterhin waren nach dieser Gebührenvereinbarung die Kopierkosten und Spesen von dem Beklagten zu tragen. Der Pauschbetrag war nach der Honorarvereinbarung zur Hälfte sofort nach Erhalt einer entsprechenden Kostennote fällig und zur anderen Hälfte innerhalb einer Woche ab Unterzeichnung der Honorarvereinbarung. Das Stundenhonorar war fällig „gemäß Anforderung". Mit dem Pauschalhonorar sollte das **besondere Know-how des Rechtsanwalts** abgegolten werden. Eine Gegenüberstellung mit gesetzlichen Höchstgebühren, die im Streitfall entstanden wären, ergab, dass die vereinbarte Vergütung die gesetzlichen Höchstbeträge um mehr als das 28fache überstieg, so dass sich für den Senat die Frage aufdrängte, ob sich eine vereinbarte Vergütung schon alleine deshalb als unangemessen hoch erweisen könnte.[122] Allein das **mehrfache Überschreiten der gesetzlichen Höchstgebühren** ohne Berücksichtigung des tatsächlichen Aufwandes reicht nach Ansicht der Rechtsprechung des BGH nicht für ein sittenwidriges Missverhältnis von anwaltlicher Leistung und vereinbarter Gegenleistung.[123] Nach Ansicht des 9. Senats kann für die Qualifizierung eines Honorars als „unangemessen hoch" nichts anderes gelten. Die Richter betonten, dass sich nach Sinn und Zweck der Gesetzesbestimmung des § 4 Abs. 4 RVG[124] ein Rechtsanwalt beim Abschluss einer Vergütungsvereinbarung Mäßigung auferlegen soll. Zur Durchsetzung dieses gesetzlichen Mäßigungsgebotes sei die Festlegung einer allgemeinverbindlichen Honorargrenze angezeigt. Hierbei müssten die gesetzlichen Gebühren Ausgangspunkt sein.[125] Somit kam der Senat zu dem Ergebnis, dass dann, wenn eine Vergütung **mehr als das Fünffache** über den gesetzlichen Höchstgebühren liegt, eine tatsächliche Vermutung dafür spreche, dass sie unangemessen hoch sei und das Mäßigungsgebot des § 4 Abs. 4 RVG[126] verletzt.

68 Allerdings betonten die Richter, die Vermutung einer unangemessen hohen Vergütung könne durch den Rechtsanwalt entkräftet werden, wenn er ganz **ungewöhnliche, geradezu extreme einzelfallbezogene Umstände** darlege, die es möglich erscheinen ließen, bei Abwägung aller für die Herabsetzungsentscheidung maßgeblichen Gesichtspunkte die Vergütung nicht als unangemessen hoch anzusehen. Der fünffache Satz ist damit keine starre Obergrenze, sondern ein Beispiel, dass für den Fall von Mandanten im Strafrecht entschieden worden ist, das nicht uneingeschränkt auf andere Rechtsgebiete wie das Arbeitsrecht übertragen werden kann. Die zitierte Rechtsprechung zeigt einmal mehr, dass die Rechtsprechung nicht vorurteilsfrei mit der Höhe von Anwaltshonoraren umgeht. Auch auf dem Anwaltsmarkt gelten Marktgesetze. Wer als Anwalt besonders hervorragende Leistungen erbringt, muss nicht unbedingt beim Fünffachen des gesetzlichen Honorars passen, vor allem dann, wenn seine Leistung dem Auftraggeber deshalb mehr wert ist. Empfehlenswert ist, dass der Anwalt im Falle einer gerichtlichen Vergütungsauseinandersetzung mit dem Auftraggeber stets ungewöhnliche einzelfallbezogene Umstände durch seine Aktenführung darlegen kann, die die besonders hohe Vergütung als angemessen erscheinen lassen.

---

121 BGH 27.1.2005 – IX ZR 273/02, BGHZ 162, 98 = NJW 2005, 2142 (noch zum früheren § 3 Abs. 3 BRAGO, dem nun § 4 Abs. 4 RVG entspricht).
122 BGH 27.1.2005 – IX ZR 273/02, NJW 2005, 2142.
123 BGH 30.5.2000 – IX ZR 121/99, NJW 2000, 2669; BGH 4.7.2002 – IX ZR 153/01, NJW 2002, 2774.
124 § 3 Abs. 3 BRAGO.
125 BGH 30.5.2000 – IX ZR 121/99, NJW 2000, 2669.
126 § 3 Abs. 3 BRAGO.

Es bleibt schwierig zu bestimmen, wann ein vereinbartes Honorar **unangemessen hoch** ist. Zu Zeiten der Geltung der BRAGO vertrat das OLG Köln[127] die Auffassung, dass Vergütungsvereinbarungen i.S.v. § 3 Abs. 1 BRAGO – der heute dem § 4 Abs. 4 RVG entspricht – nicht nach den vom BFH zur Sittenwidrigkeit eines Austauschvertrages entwickelten Grundsätzen beurteilt werden könnten. Die Rechtsprechung des BGH sehe vor, dass ein **grobes Missverhältnis** i.S.v. § 138 Abs. 1 BGB schon dann vorliegen könne, wenn die Leistung die vereinbarte Gegenleistung um mehr als 100 % übersteige. Mit Rücksicht auf die Regelung des § 3 Abs. 3 BRAGO,[128] nach der ein vereinbartes unangemessenes Honorar im Rechtsstreit auf den angemessenen Betrag bis zur Höhe der gesetzlichen Vergütung herabgesetzt werden könne, sei diese Rechtsprechung nicht übertragbar. Eine Herabsetzung des vereinbarten Honorars gemäß § 3 Abs. 3 Satz 1 BRAGO sei nur zulässig, wenn es unter Berücksichtigung aller Umstände unerträglich und mit dem Grundsatz von Treu und Glauben unvereinbar wäre, den Auftraggeber an seinem Honorarversprechen festzuhalten. Die nach § 3 Abs. 1 BRAGO vereinbarte Vergütung ist im Allgemeinen nicht als unangemessen hoch anzusehen, wenn sie die gesetzlichen Gebühren um das Fünf- oder Sechsfache übersteigt. Der BGH stellte auf Basis eines Kammergutachtens fest, dass ein Honorar, das 3,8-mal höher war als das gesetzliche Honorar, nicht zur Sittenwidrigkeit der Honorarabrede führte.[129] Diese Rechtsprechung hat auch durch das Inkrafttreten des RVG nicht an Bedeutung verloren, umso mehr, als § 3 Abs. 3 Satz 1 BRAGO wortgleich in § 4 Abs. 4 Satz 1 RVG übernommen wurde.

Andererseits entschied der BGH,[130] dass eine Stundensatzvereinbarung in einem Rechtsanwaltsvertrag sittenwidrig sei, wenn sie zu einer Honorarforderung führe, die die gesetzlichen Gebühren um mehr als das 17fache übersteige. Auch könne die Sittenwidrigkeit nicht durch eine Rechtswahl des amerikanischen Rechts aufgehalten werden. Für kleinere und mittlere Streitwerte hatte sich der BGH in der Vergangenheit bereits ähnlich geäußert.[131] Der Rechtsprechung geht es bei der Bestimmung der Sittenwidrigkeit in erster Linie um den Schutz des Mandanten als Verbraucher und um eine aufwandsangemessene Vergütung des Rechtsanwalts, also weniger um die Entwicklung allgemeiner Formeln als um eine Bewertung des Verhältnisses zwischen Aufwand und Honorar, wobei der für den Anwalt maßgebliche, ökonomische Hintergrund auf wenig Aufmerksamkeit in der Rechtsprechung stößt.

Ein **Gebührengutachten** der Rechtsanwaltskammer nach § 4 Abs. 4 Satz 2 RVG muss vom Gericht nur eingeholt werden, wenn die Herabsetzung der vereinbarten Vergütung nach § 4 Abs. 4 Satz 1 RVG beabsichtigt ist. Der Schaden eines unangemessen hohen Honorars liegt, sieht man von dem Imageaspekt einmal ab, aus Anwaltssicht nur in der Herabsetzung der einmal vereinbarten Vergütung.

Letztlich bleibt es jedem Rechtsanwalt selbst überlassen, in welcher Höhe er sich seine anwaltliche Beratungstätigkeit vergüten lässt. Beachtenswert ist dabei, dass der 9. Senat des BGH davon ausgeht, dass der Honoraranspruch des Rechtsanwalts nicht davon abhängig ist, wie leicht oder wie schwer ihm die Erbringung der Leistung falle und ob er seinerseits dafür etwas aufwenden müsse.[132] Deshalb ist es unerheblich, ob der Rechtsanwalt seine Leistung anhand von Mustertexten erbracht hat, die ihm von Dritten zur Verfügung gestellt wurden, oder ob er diese selbst verfasst und erstellt hat. Der Anwalt sollte seinen Mandanten richtig einschätzen und durchaus bei Abschluss einer Vergütungsvereinbarung den juristischen Schwierigkeitsgrad und den Zeitpunkt berücksichtigen.

V. Vereinbarungszeitpunkt

Immer wieder bewegt den Anwalt die Frage, wann er in einem arbeitsrechtlichen Mandat die aus seiner Sicht gebotene Notwendigkeit einer abweichenden Vereinbarung im Gespräch mit dem Mandanten ins Spiel bringen soll, zu **Beginn** oder **nach Abschluss des Mandats**. Nach hier vertretener Ansicht ist der richtige Zeitpunkt das Erstgespräch.

Hellwig[133] berichtete von einer zunehmenden Praxis, die man auch aus den USA kenne, in Europa bei größeren Transaktionen wie Kauf und Verkauf von Unternehmen, Umwandlungen, Börsengängen, aber auch

---

127 OLG Köln 3.9.1997 – 17 U 31/97, AGS 1998, 66.
128 § 4 Abs. 4 RVG.
129 BGH 4.7.2002 – IX ZR 153/01, NJW 2002, 2774 = AnwBl 2002, 660.
130 BGH 24.7.2003 – IX ZR 131/00, NJW 2002, 3486 = AnwBl 2003, 721.
131 BGH 4.7.2002 – IX ZR 153/01, NJW 2002, 2774 = AnwBl 2002, 660.
132 BGH 22.4.2004 – IX ZR 58/01, RVGreport 2004, 479.
133 *Hellwig*, AnwBl 1998, 623.

durch die EG-Kommission, Mandate größeren Umfangs im Wege der **Ausschreibung** zu vergeben. Diese Praxis hat an Aktualität nichts eingebüßt. Besteht ein Wettbewerb um ein Mandat, steht zwangsläufig der Inhalt der Vereinbarung in der Form eines Angebots am Anfang. Die Muster 8100[134] und 8120[135] für den Fall einer Betriebsänderung oder Betriebsstilllegung können als Checkliste eines solchen Angebots im Arbeitsrecht verwendet werden, wenn ein Unternehmen eine Anwaltskanzlei beauftragt, einen „Kostenvoranschlag" über die Beratung im Zusammenhang mit der Durchführung der Betriebsänderung abzugeben.

75 Im Arbeitsrecht besteht oftmals die Schwierigkeit, dass der wirtschaftliche Erfolg für den Mandanten nicht von vornherein feststeht und sogar, je nach Fallentwicklung, in seiner Dimension extrem unterschiedlich ausfallen kann. Je nach Fallkonstellation kann die Abfindung beispielsweise zwischen 150.000 EUR und 700.000 EUR liegen; zahlreiche Faktoren im außerjustitiablen Bereich tragen verschiedentlich dazu bei, dass das wirtschaftliche Ergebnis in die eine oder andere Richtung ausfällt. Eine unmittelbare Kausalität zwischen der anwaltlichen Dienstleistung und dem wirtschaftlichen Erfolg besteht nicht immer.

76 In diesen Fällen tut sich der Anwalt schwer, zu Beginn eines Mandats ein höheres Honorar, sei es über die Vereinbarung eines deutlich erhöhten Gegenstandswertes,[136] sei es durch Pauschalhonorar, sei es durch Vereinbarung eines hohen Stundensatzes, vorzuschlagen. Manchmal lässt sich bei Abfindungsverhandlungen auch das **Anwaltshonorar** des Mitarbeiters **in die Aufhebungsvereinbarung aufnehmen** und es wird auf diese Weise vom Arbeitgeber erstattet.[137] Eine Möglichkeit besteht deshalb darin, zunächst auf Basis des gesetzlichen Honorars zu arbeiten und mit dem Mandanten zu vereinbaren, nach Beendigung des Mandats den Abschluss einer Vergütungsvereinbarung anzubieten.[138] Der Nachteil dieser Regelung besteht darin, dass der Mandant dieses Angebot späterhin ablehnen kann, eine Reaktion, vor der der Anwalt selbst bei einem mit dem wirtschaftlichen Ergebnis zufriedenen Mandanten nicht gefeit ist.

77 Die Frage, wann man mit dem Mandanten eine Vergütungsvereinbarung schließt, ist nicht nur unter dem Blickwinkel der Abschätzbarkeit des Mandatsaufwands und des wirtschaftlichen Erfolgs der anwaltlichen Tätigkeit für den Mandanten zu beantworten, sondern hat auch rechtsgeschäftliche Qualität, insbesondere unter dem Gesichtspunkt des **sittenwidrigen** Verhaltens und der Anfechtbarkeit einer Vergütungsvereinbarung. Problematisch kann sein, wenn der Anwalt mit einer **Mandatskündigung droht**, falls eine Vergütungsvereinbarung nicht geschlossen wird. Nach § 138 Abs. 1 BGB ist eine unter der Androhung einer Mandatskündigung zustande gekommene Vergütungsvereinbarung dann nichtig, wenn besondere Umstände hinzukommen, die das Geschäft nach seinem Gesamtcharakter als sittenwidrig erscheinen lassen.[139] Solche Umstände können insbesondere in einem auffälligen Missverhältnis von Leistung und Gegenleistung bestehen.[140] Bei der Feststellung des Missverhältnisses ist nicht allein auf die Gebühren abzustellen,[141] sondern immer auch zu berücksichtigen, dass die gesetzlichen Gebühren nicht immer den mit der anwaltlichen Tätigkeit verbundenen Aufwand angemessen abdecken.[142] Bei der Beurteilung der Frage, ob die Ankündigung einer Mandatsniederlegung zur Anfechtung nach § 123 BGB berechtigt, ist ganz wesentlich darauf abzustellen, ob der vom Anwalt angestrebte Zweck, ein die gesetzlichen Gebühren übersteigendes Honorar zu erreichen, mit der Rechtsordnung in Einklang steht oder nicht. Die Ankündigung der Mandatsniederlegung in einem Fall, in dem erst drei Monate nach Aufnahme des Mandats der Abschluss einer Vergütungsvereinbarung erreicht werden sollte, während die Verhandlungen über die Sanierung eines Unternehmens in vollem Gange waren und sich der zeitliche Umfang des Mandats ausdehnte, berechtigen den Mandanten noch nicht zur Anfechtung nach § 123 BGB.[143] Da das Gesetz unter den Voraussetzungen des § 4 RVG Gebührenvereinbarungen zulässt, ist auch das vom Anwalt eingesetzte Mittel, die Androhung der Kündigung des Vertragsverhältnisses, nicht ohne weiteres rechtswidrig. Eine Kündigung des Anwaltsvertrages ist nach §§ 627 Abs. 2, 628 BGB jederzeit möglich. Dieses **weite Kündigungsrecht** findet seine Rechtfertigung in dem besonderen Vertrauen, von dem die in § 627 BGB genannten Vertragsbeziehungen geprägt sind.[144] Eine Kündigung zur

---

134 § 8 Rn 118.
135 § 8 Rn 119.
136 Muster 8023 § 8 Rn 99.
137 Muster 4680 (§ 12 Abs. 1) § 4 Rn 694.
138 Muster 8041 (Ziff. 2) § 8 Rn 107.
139 BGH 7.6.1988 – IX ZR 245/86, WM 1988, 1156; BGH 23.2.1995 – IX ZR 29/94, WM 1995, 1064; BGH 26.9.1995 – XI ZR 159/94, WM 1995, 1950.
140 BGH 23.2.1995 – IX ZR 29/94, WM 1995, 1064, 1070; MüKo-BGB/*Kramer*, § 123 Rn 55.
141 § 8 Rn 69.
142 Vgl. BGH 30.5.2000 – IX ZR 129/99, BGHZ 144, 343, 346.
143 BGH 4.7.2002 – IX ZR 153/01, NJW 2002, 2774 = AnwBl 2002, 660.
144 *Henssler/Deckenbrock*, ZAP Fach 24, 877.

Unzeit wird durch den in § 627 Abs. 2 Satz 2 BGB vorgesehenen Schadensersatzanspruch des Mandanten kompensiert.[145] Ob eine Drohung in einem solchen Fall rechtswidrig ist, hängt von dem Verhältnis zwischen dem verfolgten Zweck und dem dazu eingesetzten Mittel ab; entscheidend ist, ob der Drohende an der Erreichung des Zwecks ein berechtigtes Interesse hat und die Drohung nach Treu und Glauben als ein angemessenes Mittel zur Erreichung dieses Zwecks anzusehen ist.[146] Auch in arbeitsrechtlichen Angelegenheiten kann sich im Laufe der Bearbeitung herausstellen, dass die Verhandlungen, sei es bei einem Sozialplan, sei es über einen Aufhebungsvertrag, zeitlich weitaus höhere Ausmaße annehmen als vom Anwalt ursprünglich angenommen. In diesen Fällen ist es dem Anwalt unbenommen, eine Honorarvereinbarung zu fordern und, wenn keine verwerflichen Umstände hinzutreten, mit Mandatskündigung zu drohen, falls es nicht zum Abschluss einer angemessenen Honorarvereinbarung kommt.

Zu beachten ist, dass im Fall der **vorzeitigen Mandatsbeendigung** grundsätzlich zwar die Regelung des § 15 Abs. 4 RVG gilt, wonach es auf bereits entstandene Gebühren ohne Einfluss ist, wenn sich die Angelegenheit vorzeitig erledigt oder der Auftrag endigt, bevor die Angelegenheit erledigt ist. Hat der Rechtsanwalt mit seinem Auftraggeber jedoch eine Vergütungsvereinbarung getroffen, die über die gesetzlichen Gebühren hinausgeht, gilt bei vorzeitigem Ende des Auftrags nicht § 15 Abs. 4 RVG, sondern § 628 Abs. 1 Satz 1 BGB. Dem Anwalt steht bei vertragswidrigem Verhalten des Auftraggebers zwar dem Grunde nach ein Schadensersatzanspruch wegen entgangener Vergütung nach § 628 Abs. 2 BGB zu. Die Höhe des Anspruchs wird jedoch zeitlich bis zu dem Zeitpunkt begrenzt, zu dem der Auftraggeber als Schädiger das Dienstverhältnis selbst ohne die Auflösung von Ersatzansprüchen hätte beenden können.[147] Ein ersatzfähiger Schaden wird daher nur gegeben sein, wenn das Kündigungsrecht des § 627 Abs. 1 BGB von den Parteien ausgeschlossen wurde.[148]

Vom Grundsatz her ist es deshalb auch gestattet, den Mandanten in einem ersten Gespräch darauf hinzuweisen, dass der Umfang der Mandatsvereinbarung nicht abgeschätzt werden könne und deshalb anzukündigen, erst zu einem Zeitpunkt, zu dem Inhalt und Umfang des Mandatsauftrags näher abgeschätzt werden können, Verhandlungen über eine Vergütungsvereinbarung zu führen.

VI. AGB-Kontrolle von Vergütungsvereinbarungen

Wie alle anderen Vereinbarungen unterliegen auch Vergütungsvereinbarungen, wenn sie formularmäßig verwendet werden, der Inhaltskontrolle nach den §§ 307 ff. BGB. Für die Eröffnung des Anwendungsbereichs der AGB-Kontrolle verlangt § 305 Abs. 1 Satz 1 BGB, dass es sich bei den Vereinbarungen um für eine Vielzahl von Verträgen vorformulierte Vertragsbedingungen handelt, die eine Vertragspartei (Verwender) der anderen Vertragspartei bei Abschluss eines Vertrages stellt.

Grundsätzlich wird bei einer Vergütungsvereinbarung davon auszugehen sein, dass der Anwalt diese bereits vorformuliert dem Auftraggeber vorlegt. Eine Erweiterung des Anwendungsbereichs der AGB-Kontrolle ergibt sich über § 310 Abs. 3 Nr. 1 und 2 BGB, wenn der Auftraggeber als Verbraucher i.S.d. § 13 BGB und der Rechtsanwalt als Unternehmer i.S.d. § 14 BGB anzusehen ist. Nach § 310 Abs. 1 Nr. 1 BGB gelten bei Verbrauchergeschäften Allgemeine Geschäftsbedingungen kraft gesetzlicher Fiktion als vom Unternehmer gestellt, es sei denn, die Geschäftsbedingungen werden durch den Verbraucher eingeführt. Selbst wenn die vom Unternehmer gestellten vorformulierten Bedingungen nicht für eine Vielzahl von Verträgen, sondern nur zur einmaligen Verwendung bestimmt sind, der Verbraucher aufgrund der Vorformulierung aber auf den Inhalt keinen Einfluss nehmen konnte, unterliegt die Vereinbarung der Inhaltskontrolle nach § 305c Abs. 2 BGB und §§ 307 bis 309 BGB. Schließlich sind bei Verbraucherverträgen zur Beurteilung einer unangemessenen Benachteiligung nach § 307 Abs. 1 und 2 BGB auch die Vertragsschluss begleitenden Umstände zu berücksichtigen.

Eine wirksame Einbeziehung der formularmäßigen Vergütungsvereinbarung erfolgt über § 4 RVG. Soweit ein Formfehler nach § 4 Abs. 1 Satz 1 RVG vorliegt, ist die Vergütungsvereinbarung gemäß § 4 Abs. 1 Satz 3 RVG nicht verbindlich. Auf die §§ 305 ff. BGB kommt es bei mangelhafter Einbeziehung nicht an.

Zweifel bei der Auslegung mehrdeutiger Klauseln in Allgemeinen Geschäftsbedingungen gehen nach Maßgabe des § 305c Abs. 2 BGB zu Lasten des Verwenders. Zugunsten des Auftraggebers ist die mehrdeutige

---

145 BGH 12.1.1978 – III ZR 53/73, LM § 123 BGB Nr. 49; BGH 4.7.2002 – IX ZR 153/01, NJW 2002, 2774 = AnwBl 2002, 660.
146 BGH 4.11.1982 – VII ZR 11/82, WM 1983, 90; BGH 4.7.2002 – IX ZR 153/01, NJW 2002, 2774 = AnwBl 2002, 660.
147 *Henssler/Deckenbrock*, ZAP Fach 24, 877.
148 *Henssler/Deckenbrock*, NJW 2005, 1, 5.

Klausel in einer Vergütungsvereinbarung jedoch nicht unwirksam. Es ist vielmehr diejenige Auslegung zu wählen, die für den Auftraggeber am Günstigsten ist.

84 Wird die Geltung ausländischen Gebührenrechts vereinbart,[149] müssen die Vorschriften der Art. 29a, 29e EGBGB, § 310 Abs. 3 Nr. 2 BGB beachtet werden. Danach können in Verbraucherverträgen durch Wahl eines ausländischen Rechts die zwingenden Vorschriften des RVG und der §§ 305 ff. BGB nicht umgangen werden. Die Abrechnung nach einer ausländischen Gebührenordnung ist demzufolge insoweit nicht zu beanstanden, als sie zwingende RVG-Vorschriften oder die Regelungen der BRAO und die Vorschriften der §§ 305 ff. BGB zur AGB-Kontrolle nicht außer Kraft setzt, wie beispielsweise die Regelung in § 49b Abs. 2 BRAO zum Erfolgshonorar sowie die Regelung in § 49b Abs. 1 BRAO zur Höhe der Vergütung.[150]

85 Für die Wirksamkeit einer Vergütungsvereinbarung ist es erforderlich, dass sie genügend **bestimmt** ist.[151] Für Vergütungsvereinbarungen in Form Allgemeiner Geschäftsbedingungen ergibt sich das Bestimmtheitserfordernis schon aus der gesetzlichen Regelung in § 307 Abs. 1 Satz 2 BGB. Sind Klauseln in AGB nicht klar und verständlich, stellen sie eine unangemessene Benachteiligung des Auftraggebers dar und sind folglich unwirksam. Maßstab zur Auslegung der hinreichenden Bestimmtheit ist, dass eine ziffernmäßige Bezeichnung der Vergütung ohne Schwierigkeiten möglich ist.[152] In der bereits erwähnten Entscheidung des BGH vom 27.1.2005[153] nahm der 9. Senat die hinreichende Bestimmtheit einer Vergütungsvereinbarung in Form einer Kombination von Pauschal- und Zeithonorar an. Die Berechnung der Vergütung auf der Grundlage der im Streitfall getroffenen Vergütungsvereinbarung ist ohne Schwierigkeiten möglich. Für das Pauschalhonorar liegt das ohne weiteres auf der Hand. Das Gleiche gilt für die Stundensatzvereinbarung. Zwar ist das Ausmaß der zeitlichen Beanspruchung bei Abschluss der Honorarvereinbarung noch offen. Dadurch wird die Leistung jedoch nicht unbestimmt. Vielmehr reicht es aus, wenn die Leistung bestimmbar ist.[154] Das ist bei einem aufwandsbezogenen Stundenhonorar der Fall, da der Zeitaufwand für den Auftraggeber nachprüfbar darzulegen ist und demgemäß objektiv ermittelt werden kann.

86 Der Anwalt darf in der Vergütungsvereinbarung keine Vertragsstrafe vereinbaren, die für den Fall der Nichtbegleichung der Kostennote vorgesehen ist. Dem steht die klare Wertung des § 309 Nr. 6 BGB entgegen. Ebenso ist es unzulässig, eine Beweislastumkehr zu vereinbaren (§ 309 Nr. 12 BGB). Vorschussklauseln, wie in Muster 8018 (Ziff. 1)[155] vorgesehen, sind, soweit sie inhaltlich § 9 RVG entsprechen, unbedenklich und mit § 307 Abs. 2 Nr. 1 BGB vereinbar.[156]

VII. Aufklärungs- und Hinweispflichten des Rechtsanwalts

87 In arbeitsgerichtlichen Mandaten ergibt sich aus § 12a Abs. 1 Satz 2 ArbGG, dass der Rechtsanwalt den Mandanten darüber aufklären muss, dass im Urteil des ersten Rechtszugs kein Anspruch der obsiegenden Partei auf Erstattung der Kosten für die Zuziehung eines Prozessbevollmächtigten gegen die unterlegene Partei besteht. Im Sondertextbaustein in Muster 8065[157] findet sich eine solche Belehrung. Kommt der Prozessbevollmächtigte dieser Verpflichtung nicht nach, steht dem Mandanten gegen ihn ein Schadensersatzanspruch gemäß § 311 Abs. 2 Nr. 2 BGB (Verschulden im Anbahnungsverhältnis) zu.[158] *Koch*[159] geht allerdings zu Unrecht davon aus, dass der Anspruch auf das negative Interesse gerichtet sei. Negatives Interesse bedeutet, der Gläubiger ist so zu stellen, wie er stehen würde, wenn er nicht auf die Gültigkeit des Geschäfts vertraut hätte.[160] Bei einer Verletzung vertraglicher Aufklärungs- und Beratungspflichten ist der Geschädigte nach § 249 Abs. 1 BGB deshalb so zu stellen, wie er stünde, wenn der Schädiger den Vertragspartner von Anfang an ordnungsgemäß aufgeklärt und beraten hätte.[161] Richtigerweise richtet sich der Schadensersatz-

---

[149] Muster 8035 § 8 Rn 103.
[150] § 8 Rn 46 ff.
[151] BGH 12.1.1978 – III ZR 53/76, AnwBl 1978, 227; OLG Hamm 28.1.1986 – 28 U 201/85, JurBüro 1986, 1878.
[152] BGH 25.2.1965 – VII ZR 112/63, MDR 1965, 570 = BB 1965, 438.
[153] NJW 2005, 2142.
[154] LG München I 6.11.1974 – 15 S 177/74, NJW 1975, 937.
[155] § 8 Rn 94.
[156] Mayer, AnwBl 2006, 168, 170; *Schneider*, Vergütungsvereinbarung, Rn 721.
[157] § 8 Rn 114.
[158] ErfK/*Koch*, § 12a ArbGG Rn 6; *Weimar*, AuR 2003, 172.
[159] ErfK/*Koch*, § 12a ArbGG Rn 6.
[160] Palandt/*Heinrichs*, Vorbem. § 249 BGB Rn 17; BGH 9.10.1989 – II ZR 257/88, BB 1990, 12; BGH 14.10.1971 – VII ZR 313/69, BGHZ 57, 137.
[161] BGH 6.6.1991 – III ZR 116/90, ZIP 1991, 107; BGH 5.11.1984 – II ZR 38/84, DB 1985, 331; OLG Düsseldorf 24.8.1995 – 6 U 138/94, WM 1996, 1082.

anspruch des Mandanten also auf den Betrag, der nicht erwachsen wäre, wenn rechtzeitig belehrt worden wäre, also auf das **positive Interesse**.

Die spezifische Aufklärungspflicht des Rechtsanwalts für Arbeitsgerichtsprozesse wird ergänzt durch die allgemeine Aufklärungspflicht des Anwalts nach der Zivilrechtsprechung über die Gebührenhöhe, die allerdings nur ausnahmsweise angenommen werden muss. Nach Auffassung des Reichsgerichts[162] bestand eine Aufklärungspflicht, wenn besondere Umstände vorlagen. Der BGH nimmt in drei Fallgruppen eine Aufklärungspflicht des Rechtsanwalts gegenüber dem Mandanten zur Höhe der zu erwartenden Gebühren an, nämlich einmal, wenn der Rechtsanwalt beauftragt wird, einen Vertragsentwurf zu fertigen, der später noch zwingend von einem Notar beglaubigt werden muss. In diesem Fall hat der Rechtsanwalt den Mandanten darüber aufzuklären, dass neben seinen eigenen Gebühren, ohne dass er diese erläutern muss, auch noch Notargebühren anfallen werden.[163] Eine Aufklärungspflicht besteht für den Rechtsanwalt immer dann, wenn erkennbar ist, dass die Durchsetzung der Interessen des Mandanten augenscheinlich unwirtschaftlich ist. In diesem Fall hat der Rechtsanwalt dem Mandanten über die für seine Tätigkeit voraussichtlich anfallenden Gebühren aufzuklären.[164] Schließlich muss der Rechtsanwalt in all den Fällen, in denen er Anhaltspunkte dafür hat, dass dem Mandanten Prozesskosten- und/oder Beratungshilfe zustehen könnte, seinen Mandanten über die Möglichkeit von Prozesskosten- und/oder Beratungshilfe aufklären.[165]

Transparenz sollte bei der **Preiskommunikation** zwischen Rechtsanwalt und Mandant immer an vorderster Stelle stehen. Daher sollte der Rechtsanwalt den Mandanten auch auf Dinge hinweisen, zu denen er nicht zwingend gesetzlich verpflichtet ist. Es bietet sich beispielsweise an, dem Mandanten zu erläutern, dass die Abrechnung auf Basis der vereinbarten Vergütung unabhängig davon geschuldet ist, ob und in welchem Umfang seine **Rechtsschutzversicherung** die Kosten übernimmt. So können Kommunikationsmissverständnisse zwischen Rechtsanwalt und Auftraggeber vermieden werden, die dadurch entstehen, dass der rechtsschutzversicherte Mandant davon ausgeht, seine Rechtsschutzversicherung sei (wie die gesetzliche Krankenversicherung) Gebührenschuldner und über die von der Rechtsschutzversicherung getragenen Gebühren hinaus fielen keine weiteren Gebühren an. Der Sondertextbaustein in Muster 8050[166] sieht einen solchen Zusatz bei rechtsschutzversicherten Mandanten vor, der in jede Vergütungsvereinbarung mit aufgenommen werden sollte.

Bei rechtsschutzversicherten Mandanten empfiehlt sich zudem ein Hinweis auf die gängigen **Ausschlusstatbestände** nach den Allgemeinen Bedingungen für Rechtsschutzversicherungen (ARB). Die Rechtsschutzversicherer erteilen bei Angelegenheiten aus Anstellungsverträgen eines **gesetzlichen Vertreters einer juristischen Person** (GmbH-Geschäftsführer, AG-Vorstand) grundsätzlich keinen Deckungsschutz. Die Organstellung führt zum Ausschlussgrund des § 3 Abs. 2 Buchst. c ARB 94/2000 (§ 4 Abs. 1 Buchst. d ARB 75). Nach der Rechtsprechung gilt der Ausschlusstatbestand selbst dann, wenn sich die Angelegenheit auf das Aushandeln von Abfindungsansprüchen beschränkt, die nicht im Anstellungsvertrag selbst, sondern in einer gesonderten Vereinbarung enthalten sind.[167] Einen solchen Hinweis sieht das Muster 8070[168] vor.

Deckungsschutz wird von den Rechtsschutzversicherern auch dann verweigert, wenn eine **vorsätzliche Schadensverursachung** durch den Auftraggeber vorliegt (§ 4 Abs. 2 Buchst. a ARB 75, § 3 Abs. 5, § 2 Buchst. j aa ARB 94/2000). Bei einem vorsätzlich herbeigeführten Schaden wird sich die Rechtsschutzversicherung dann auf den Standpunkt stellen, dass der Auftraggeber als Versicherungsnehmer durch sein Verhalten das Schadensereignis adäquat kausal verursacht hat.[169] Verschiedentlich machen die Rechtsschutzversicherer von § 4 Abs. 2 Buchst. a ARB 75 Gebrauch, wenn der Arbeitnehmer wegen eines Pflichtverstoßes fristlos oder fristgerecht gekündigt wurde. Hier ist die Kunst des Anwalts gefragt, dem Versicherer klar zu machen, dass sich der Vorsatz des Arbeitnehmers nicht auf den Versicherungsfall erstreckte. Ein Hinweis auf diesen Ausschlusstatbestand findet sich in Muster 8080.[170]

---

162 RG 8.11.1927 – III 76/27, RGZ 118, 365.
163 BGH 18.9.1997 – IX ZR 49/97, AnwBl 1997, 673.
164 BGH 16.01.1969 – VII ZR 66/66, NJW 1969, 932.
165 OLG Düsseldorf 17.5.1984 – 8 U 53/83, AnwBl 1984, 444.
166 § 8 Rn 110.
167 LG Coburg 16.4.2002 – 11 O 60/02, RuS 2002, 463.
168 § 8 Rn 115.
169 Harbauer/*Maier*, § 4 ARB 75 Rn 144.
170 § 8 Rn 116.

92 Umstritten ist der Deckungsschutz beim **Aushandeln eines Aufhebungsvertrages**. Die Meinungen der Instanzgerichte divergieren stark. Nach Ansicht eines Teils der Rechtsprechung ist beim Aushandeln eines Aufhebungsvertrages kein Versicherungsfall gegeben, weil das Angebot des Arbeitgebers zum Abschluss eines Aufhebungsvertrages noch keinen Verstoß gegen Rechtspflichten aus dem Arbeitsvertrag bedeutet.[171] Die Gegenmeinung führt an, dass bereits die Androhung einer Kündigung durch den Arbeitgeber ein selbständiger Pflichtenverstoß sei, so dass die Gebühren des Rechtsanwalts beim Aushandeln eines Aufhebungsvertrages von der Rechtsschutzversicherung zu tragen seien.[172]

B. Texte

93 **1. Muster: Anwaltsvertrag mit Hinweis auf gesonderte Vergütungsvereinbarung**

↓

Anwaltsvertrag

zwischen

■■■

— im Folgenden Partnerschaft genannt —

und

■■■

— im Folgenden Auftraggeber genannt —

§ 1 Mandatserteilung

Die Partnerschaft verpflichtet sich, den Auftraggeber außergerichtlich und ggf. auch gerichtlich in der Angelegenheit ■■■ mit allen sich daraus ergebenden Folgesachen sowie sämtlichen damit in Zusammenhang stehenden Angelegenheiten zu vertreten, insbesondere in dem ■■■ vor dem ■■■. Grundsätzlicher Ansprechpartner für diese Angelegenheit ist ■■■. Darüber hinaus stehen dem Auftraggeber ergänzend sämtliche übrigen Berufsträger der Partnerschaft zur Verfügung.

Der Auftraggeber entbindet die Partnerschaft und die jeweils sachbearbeitenden Rechtsanwälte, soweit dies für die sachgerechte Wahrnehmung des Auftrages erforderlich ist, gegenüber Sachverständigen oder ansonsten einzuschaltenden Hilfspersonen von der Verpflichtung zur Verschwiegenheit.

§ 2 Vergütung

Die Vergütung der Partnerschaft durch die Auftraggeber erfolgt auf Basis einer gesonderten schriftlichen Vergütungsvereinbarung. Kommt eine solche Vergütungsvereinbarung nicht zustande, gelten die jeweiligen gesetzlichen Vorschriften, derzeit also insbesondere das Rechtsanwaltsvergütungsgesetz (RVG).

Agreement for Legal Service

between

■■■

— hereinafter referred to as the Partnership —

and

■■■

— hereinafter referred to as the Client —

§ 1 Representation Agreement

The Partnership agrees to represent the Client extrajudicially and, if necessary, before the courts in the matter of ■■■ and all resulting supplementary proceedings and matters associated therewith, particularly in the ■■■ before the ■■■. The principal contact person in this matter will be ■■■. In addition, all the partners of the Partnership will be at the Client's disposal in a supplementary capacity.

To the extent necessary for the proper performance of the assignment, the Client releases the Partnership from the duty of confidentiality with respect to experts or other auxiliary staff that might be called in.

§ 2 Compensation

The Client shall compensate the Partnership in accordance with a separate written Compensation Agreement. If no such Compensation Agreement is entered into, the provisions of law shall apply, particularly the Attorney Compensation Act (Rechtsanwaltsvergütungsgesetz – in the following „RVG").

---

[171] AG Hannover 12.1.1998 – 558 C 14783/97, r+s 1998, 336; OLG Nürnberg 21.2.1991 – 8 U 2332/90, zfs 1991, 200; AG Hamburg 30.4.1990 – 4 C 29/90, zfs 1991, 53; OLG Hamm 1.2.1992 – 20 U 283/91, JurBüro 1992, 413; AG Rheine 25.11.1997 – 14 C 303/97, r+s 1998, 335.

[172] AG Köln 5.7.2001 – 117 C 12/01, AnwBl 2002, 184; AG München 16.9.1985 – 10 C 11462/85, n.v.; LG Göttingen 10.2.1983 – 6 S 209/82, AnwBl 1983, 335; AG Buxtehude 10.11.1997 – 33 C 1324/96, zfs 1998, 351 = r+s 1998, 246; LG Hannover 3.12.1996 – 1 S 73/96, n.v.

§ 3 Haftung

Die Haftung der Partnerschaft und ihrer Partner für Vermögensschäden aufgrund von Berufsversehen ist begrenzt. In Fällen einfacher Fahrlässigkeit ist die Haftung der Partnerschaft in jedem Mandatsverhältnis auf einen Betrag in Höhe von 1.000.000 EUR (in Worten: eine Million Euro) beschränkt. Die Haftung der Partner neben der Partnerschaftsgesellschaft richtet sich nach den jeweiligen gesetzlichen Bestimmungen (§ 8 Abs. 2 PartGG). In Fällen einfacher Fahrlässigkeit ist die Haftung der Partner neben der Partnergesellschaft in jedem Mandatsverhältnis auf einen Betrag in Höhe von 1.000.000 EUR (in Worten: eine Million Euro) beschränkt. Sollte aus Sicht des Auftraggebers eine über 1.000.000 EUR hinausgehende Haftung abgesichert werden, so besteht die Möglichkeit einer Zusatzversicherung, die auf Wunsch und Kosten des Auftraggebers abgeschlossen werden kann. Sollte der Auftraggeber den Abschluss einer Zusatzversicherung wünschen, werden die Parteien hierüber eine gesonderte schriftliche Vereinbarung treffen. Die Haftung für den Auftrag erstreckt sich ausschließlich auf die Anwendung deutschen Rechts.

§ 4 Dauer des Mandats, Kündbarkeit

Der Anwaltsvertrag ist von den Auftraggebern jederzeit, von der Partnerschaft unter Einhaltung einer Frist von einem Monat zum Monatsende kündbar. Das Recht zur fristlosen Kündigung aus wichtigem Grund bleibt unberührt. Die Kündigung bedarf der Schriftform. Mitteilungen per Telefax genügen der Schriftform, Mitteilungen per E-Mail nicht.

§ 5 Allgemeine Mandatsbedingungen

Im Übrigen gelten die Allgemeinen Mandatsbedingungen der , die diesem Anwaltsvertrag beigeheftet sind.

§ 3 Liability

The liability of the Partnership and its partners for monetary damages for professional negligence is limited. In cases of simple negligence, the Partnership's liability in each attorney/client relationship is limited to the amount of 1.000.000 EUR (one million Euros). The liability of the partners in addition to that of the Partnership shall be based on the provisions of law (§ 8 (2) of the Partnership Act – PartGG). In cases of simple negligence, the liability of the partners in addition to that of the Partnership shall be limited to 1.000.000 EUR (one million Euros) in each attorney/client relationship. If, in the Client's opinion, liability in excess of 1.000.000 EUR must be covered, additional insurance can be taken out at the request and expense of the Client. If the Client wants additional insurance taken out, the Parties shall enter into a separate, written agreement with respect to this. Liability for the assignment shall extend exclusively to the application of German law.

§ 4 Duration of the Representation Agreement, Terminability

The Agreement for Legal Services may be terminated by the Client at any time and by the Partnership by giving one month's notice as of the end of any month. The right to terminate the Agreement for good cause without a notice period remains unaffected. The notice of termination must be in writing. Notices by fax satisfy the requirement of written form. Notices by E-Mail do not.

§ 5 Standard Terms and Conditions of the Representation Agreement

In other respects, the Standard Representation Terms and Conditions of , which are attached to this Agreement for Legal Services, shall apply.

2. Muster: Allgemeine Mandatsbedingungen

Allgemeine Mandatsbedingungen

§ 1 Geltungsbereich

1. Diese Allgemeinen Mandatsbedingungen (Stand 1.7.2006) gelten für alle Verträge, deren Gegenstand die Erteilung von Rat und Auskünften durch die Partnerschaft und ihre Partner (nachfolgend gemeinschaftlich kurz „Partnerschaft" genannt) an den Mandanten einschließlich etwaiger Geschäftsbesorgung und Prozessführung ist.

Der Geltungsbereich erstreckt sich auch auf alle künftigen Geschäftsbeziehungen.

2. Geschäftsbedingungen der Mandanten finden nur Anwendung, wenn dies ausdrücklich schriftlich vereinbart wurde.

Standard Terms for Clients

§ 1 Area of Applicability

1. These Standard Terms for Clients (as of July 1st, 2006) shall apply to all contracts that relate to the furnishing of counsel and information to Clients by the Partnership and its partners (hereinafter collectively referred to as the „Partnership"), including any provision of business services and case handling services.

They shall be applicable to all future business relations.

2. The Client's Standard Terms and Conditions shall apply only if expressly agreed in writing.

§ 2 Vertragsgegenstand/Leistungsumfang

1. Der Auftrag wird grundsätzlich der Partnerschaft erteilt, soweit nicht die Vertretung durch einen einzelnen Partner vorgeschrieben ist (z.B. Strafsachen und Ordnungswidrigkeiten).

2. Gegenstand des Auftrags ist die vereinbarte Tätigkeit, nicht die Erzielung eines bestimmten rechtlichen oder wirtschaftlichen Erfolges.

3. Die Zuordnung der jeweiligen Sachbearbeitung erfolgt durch die Partnerschaft entsprechend der nach Sachgebieten ausgerichteten, partnerschaftsinternen Organisation. In allen Fällen steht die Vergütung ausschließlich der Partnerschaft zu.

4. Die Partnerschaft führt alle Aufträge mit größter Sorgfalt unter Beachtung der für sie geltenden Berufsordnungen und Standesrichtlinien und stets auf die individuelle Situation und die Bedürfnisse des Mandanten bezogen durch.

5. Die Partnerschaft ist verpflichtet, im Rahmen ihrer Auftragsdurchführung die tatsächliche, wirtschaftliche und rechtliche Situation des Mandanten richtig und im notwendigen Umfang wiederzugeben. Dabei ist sie berechtigt, die von dem Mandanten genannten Tatsachen, insbesondere Zahlenangaben, als richtig zugrunde zu legen. Von Dritten oder von dem Mandanten gelieferte Daten werden nur auf Plausibilität überprüft. Die Partnerschaft wird jedoch auf von ihr festgestellte Unrichtigkeiten hinweisen. Die Tätigkeit der Partnerschaft erfolgt nach bestem Wissen und orientiert sich an Gesetz, Rechtsprechung und der jeweiligen berufsbezogenen Fachwissenschaft.

6. Die Partnerschaft arbeitet im Rahmen der Auftragsdurchführung – soweit notwendig – mit Sachverständigen zusammen. Diese sind dem Mandanten gegenüber stets selbst verpflichtet. Im Übrigen setzt die Partnerschaft ausgebildetes und mit den nötigen Fachkenntnissen versehenes Personal ein.

§ 3 Leistungsänderungen

1. Die Partnerschaft ist verpflichtet, Änderungsverlangen des Mandanten in Bezug auf die Auftragsdurchführung Rechnung zu tragen, sofern der Partnerschaft dies im Rahmen ihrer betrieblichen Kapazitäten, insbesondere hinsichtlich des Aufwandes und der Zeitplanung, zumutbar ist. Im Rahmen der konkreten Auftragsdurchführung stimmt sich die Partnerschaft mit dem Mandanten bezüglich der angestrebten Zielsetzungen ab, wobei sie berechtigt ist, von Weisungen des Mandanten abzuweichen, wenn sie den Umständen nach annehmen darf, dass der Mandant bei Kenntnis der Sachlage die Abweichung billigen würde.

2. Soweit sich die Prüfung der Änderungsmöglichkeiten oder die Realisierung der gewünschten Änderungen auf die Vertragsbedingungen auswirken, insbesondere auf den Aufwand der Partnerschaft oder den Zeitplan, vereinbaren die Parteien eine angemessene Anpassung der

§ 2 Subject Matter of the Agreement/Scope of Services

1. The assignment is generally made to the Partnership, to the extent representation by an individual Partner is not prescribed (e.g. criminal matters, administrative offenses).

2. The assignment relates to the agreed-upon activities, and not the attainment of any particular legal or economic success.

3. Handling of the case shall be assigned by the Partnership in accordance with the Partnership's internal organization, which is subject-matter oriented. In all cases, compensation shall be owed solely to the Partnership.

4. The Partnership shall carry out all assignments with the greatest of care, observe all applicable professional regulations and codes of ethics, and always concern itself with the individual situation and the needs of the Client.

5. In carrying out its assignments, the Partnership shall disclose the Client's factual, economic, and legal situation accurately and to the necessary extent. In so doing, it shall be entitled to assume that the facts provided by the Client, particularly with respect to numbers, are accurate and to base its statements on them. Data supplied by third parties or by the Client is reviewed only for plausibility. However, the Partnership shall point out any inaccuracies it may discover. The Partnership performs its tasks to the best of its knowledge and is guided by the law, legal precedent, and its professional expertise.

6. In carrying out is assignments, the Partnership collaborates with experts to the extent necessary. These experts are always under obligation to the Client itself. In other respects, the Partnership utilizes trained personnel with the necessary specialized knowledge.

§ 3 Changes in Services

1. The Partnership shall take into account any change requests made by the Client with respect to carrying out the assignment to the extent it is reasonable for the Partnership to do so interms of its operational capacity, particularly with respect to expenses and scheduling. The Partnership shall agree with the Client as to the objectives to be pursued in performing its assignment. The Partnership shall be entitled to deviate from the Client's instructions if it believes, based on the circumstances, that the Client would approve of the change if it had knowledge of the fact situation.

2. To the extent the review of possible changes or the implementation of desired changes affects the terms of the Agreement, particularly the Partnership's expenses or the schedule, the Parties shall agree on a reasonable adjustment to the terms of the Agreement, particularly

Vertragsbedingungen, insbesondere bezüglich Vergütung und Terminierung. Soweit nichts anderes vereinbart ist, führt die Partnerschaft in diesem Fall bis zur Vertragsanpassung ihre Tätigkeit unter Wahrung der Interessen des Mandanten im ursprünglichen Umfang fort.

3. Änderungen oder Ergänzungen des Auftrags bedürfen in der Regel zu ihrer Wirksamkeit der Schriftform, soweit auch der Auftrag schriftlich erteilt wurde.

§ 4 Schweigepflicht, Datenschutz

1. Die Mitglieder der Partnerschaft sind zeitlich unbegrenzt verpflichtet, über alle Informationen oder Geschäfts- und Betriebsgeheimnisse des Mandanten, die ihnen im Zusammenhang mit dem Auftrag bekannt werden, Stillschweigen zu wahren. Die Weitergabe an nicht mit der Durchführung des Auftrags beschäftigte Dritte darf nur mit Einwilligung des Mandanten erfolgen.

2. Die Partnerschaft übernimmt es, alle von ihr zur Durchführung des Auftrags eingesetzten Personen auf die Einhaltung dieser Vorschrift zu verpflichten.

3. Die Partnerschaft ist befugt, im Rahmen der Zweckbestimmung des Auftrags die ihr anvertrauten personenbezogenen Daten des Mandanten unter Beachtung der Datenschutzbestimmungen zu verarbeiten oder durch Dritte verarbeiten zu lassen.

§ 5 Mitwirkungspflichten des Mandanten

Der Mandant ist verpflichtet, die Partnerschaft nach Kräften zu unterstützen und in seiner Sphäre alle zur ordnungsgemäßen Auftragsausführung notwendigen Voraussetzungen zu schaffen; insbesondere hat der Mandant alle für die Auftragsdurchführung notwendigen oder bedeutsamen Informationen rechtzeitig, ggf. auf Verlangen der Partnerschaft auch schriftlich, zur Verfügung zu stellen.

§ 6 Vergütung und Auslagen/Zahlungsbedingungen/ Aufrechnung

1. Die Vergütung der Partnerschaft richtet sich nach den für sie geltenden Gebührenordnungen in der jeweils gültigen Fassung, sofern nicht schriftlich eine abweichende Vereinbarung (Beratungsvertrag, Vergütungsvereinbarung) getroffen wird. Sofern nicht anders vereinbart, hat die Partnerschaft neben der Honorarforderung Anspruch auf Ersatz der Auslagen und der gesetzlichen Mehrwertsteuer. Einzelheiten der Zahlungsweise ergeben sich aus den Gebührenordnungen oder der individuell abgeschlossenen Vereinbarung.

2. Der Auftraggeber hat die Kosten für Abschriften und Ablichtungen, deren Anfertigung sachdienlich war, auch dann zu erstatten, wenn es sich nicht um zusätzliche Abschriften und Ablichtungen im Sinne des Gesetzes handelt.

3. Es wird darauf hingewiesen, dass die Abrechnung auf Basis des Gegenstandswertes erfolgt, soweit nichts anderes schriftlich vereinbart ist.

with respect to compensation and scheduling. Unless otherwise agreed, the Partnership shall, in this case, continue its activities as originally agreed – while safeguarding the interests of the Client – until the Agreement is adjusted.

3. Amendments or supplements to the assignment must generally be in written form to be effective if the assignment has also been made in writing.

§ 4 Duty of Confidentiality, Data Protection

1. The members of the Partnership must maintain confidentiality for an unlimited period of time with respect to all information or business and trade secrets relating to the Client of which they become aware in connection with the assignment. Such information may be disclosed to third parties not involved in carrying out the assignment only with the consent of the Client.

2. The Partnership agrees to require all persons it employs to carry out the assignment to comply with this provision.

3. The Partnership shall be entitled to process or have third parties process the personal data entrusted to it by the Client for the intended purposes of the assignment, while observing all data protection provisions.

§ 5 Client's Duty to Cooperate

The Client shall make every effort to support the Partnership and create all the necessary conditions for properly carrying out the assignment in its area of responsibility. In particular, the Client shall provide all the information necessary or expedient to carrying out the assignment in due time – in writing, if necessary, should the Partnership so request.

§ 6 Compensation and Expenses/Payment Terms/ Set-Off

1. The Partnership's compensation shall be governed by the applicable fee regulations as currently amended, unless some other agreement has been entered into in writing (Consultation Agreement, Compensation Agreement). Unless otherwise agreed, the Partnership shall have the right to reimbursement of expenses and the statutory value-added tax in addition to its claim to a fee. Details of the method of payment may be found in the fee regulations or the individual agreement.

2. The Client shall reimburse the costs of useful copies and photocopies even if they are not „additional" copies and photocopies within the meaning of the statute.

3. It should be noted that billing is based on the amount involved, unless otherwise agreed in writing.

4. Wenn in der Angelegenheit eine Rechtsschutzversicherung eintrittspflichtig ist und dies durch eine schriftliche Deckungszusage bestätigt wird, verzichtet die Partnerschaft ab Zugang der Deckungszusage in der Regel auf die Erhebung von weiteren Vorschussleistungen gegenüber dem Mandanten, mit Ausnahme einer eventuellen Selbstbeteiligung.

5. Alle Vergütungsforderungen werden mit Rechnungsstellung fällig und sind sofort ohne Abzüge zahlbar. Auf Vergütungsforderungen der Partnerschaft sind Leistungen an Erfüllung Statt und erfüllungshalber ausgeschlossen. Ausgenommen hiervon sind die Hingabe von Schecks und Wechseln sowie Zahlungen durch elektronische (Kredit-)Kartensysteme, soweit vorhanden.

6. Mehrere Mandanten (natürliche und/oder juristische Personen) haften gesamtschuldnerisch auf Zahlung der gesetzlichen oder vereinbarten Vergütung und Auslagen der Partnerschaft.

7. Eine Aufrechnung gegen Forderungen der Partnerschaft (Vergütung und Auslagen) ist nur mit unbestrittenen oder rechtskräftig festgestellten Forderungen zulässig.

8. Die Tätigkeit juristischer, nichtanwaltlicher Mitarbeiter mit erstem juristischem Staatsexamen wird nach dem Rechtsanwaltsvergütungsgesetz vergütet, soweit nichts Abweichendes vereinbart ist.

9. Abreden, die Leistung an Erfüllung statt oder anderweitige Leistungen erfüllungshalber zulassen, sowie Abreden, nach denen eine entstandene Vergütung gemindert werden soll oder einem einzelnen Partner zustehen soll, werden wirksam nur schriftlich getroffen. Die schriftliche Vereinbarung bedarf seitens der Partnerschaft der Unterschrift von zwei Partnern.

§ 7 Haftung

1. Die Haftung der Partnerschaft und ihrer Partner für Vermögensschäden aufgrund von Berufsversehen ist begrenzt.

2. In Fällen einfacher Fahrlässigkeit ist die Haftung der Partnerschaft in jedem Mandatsverhältnis auf einen Betrag in Höhe von 1.000.000 EUR (in Worten: eine Million Euro) beschränkt.

3. Die Haftung der Partner neben der Partnerschaftsgesellschaft richtet sich nach den gesetzlichen Bestimmungen (§ 8 Abs. 2 PartGG). In Fällen einfacher Fahrlässigkeit ist die Haftung der Partner neben der Partnerschaft in jedem Mandatsverhältnis auf einen Betrag in Höhe von 1.000.000 EUR (in Worten: eine Million Euro) beschränkt.

4. Sollte aus Sicht des Mandanten eine über 1.000.000 EUR hinausgehende Haftung abgesichert werden, so besteht für jeden Einzelfall die Möglichkeit einer Zusatzversicherung, die auf Wunsch und Kosten des Mandanten abgeschlossen werden kann.

5. Die Haftung für den Auftrag erstreckt sich ausschließlich auf die Anwendung deutschen Rechts.

---

4. If a legal services insurance carrier is obliged to provide coverage and this has been confirmed by a written certificate of insurance, the Partnership shall generally refrain from collecting further advance payments from the Client after receipt of the insurance certificate, except for any deductibles.

5. All claims for compensation shall be due upon receipt of the invoice and shall be paid in full immediately. Substituted performance and conditional substituted performance are excluded with respect to the Partnership's payment claims. Writing checks and issuing bills of exchange and payment by an electronic (credit) card system, if available, are excepted.

6. Multiple Clients (natural persons and/or legal entities) shall be jointly and severally liable for payment of the statutory or contractually agreed-upon compensation and expenses of the Partnership.

7. Only uncontested claims or claims that have been adjudged final and absolute may be set off against the Partnership's claims for payment of compensation and expenses.

8. The activities of non-attorney employees who have passed the first state legal examination shall be compensated in accordance with the Attorney Compensation Act, unless otherwise agreed.

9. Agreements permitting substituted performance or other conditional substituted performance and agreements permitting earned compensation to be reduced or owed to an individual Partner shall be effective only if in writing. The written agreement must be signed by two Partners on behalf of the Partnership.

§ 7 Liability

1. The liability of the Partnership and its Partners for pecuniary losses due to professional malpractice is limited.

2. In cases of simple negligence, the Partnership's liability is limited to 1.000.000 EUR (one million euros) per Client relationship.

3. The Partner's liability – in addition to that of the Partnership – is governed by the provisions of law (§ 8 (2) of the Partnership Act – PartGG). In cases of simple negligence, the Partner's liability is limited to 1.000.000 EUR (one million euros) per Client relationship.

4. If, in the Client's opinion, liability in excess of 1.000.000 EUR should be covered by insurance, additional insurance can be purchased in each individual case at the request and expense of the Client.

5. Liability for the assignment shall extend solely to the application of German law.

§ 8 Treuepflicht

Die Parteien verpflichten sich zur gegenseitigen Loyalität. Sie informieren sich unverzüglich wechselseitig über alle Umstände, die im Verlauf der Auftragsdurchführung auftreten und die Bearbeitung beeinflussen können.

§ 9 Kündigung

1. Soweit nichts anderes vereinbart ist, kann das Vertragsverhältnis von dem Mandanten jederzeit gekündigt werden.

2. Das Kündigungsrecht steht auch der Partnerschaft zu, wobei eine Beendigung des Mandats nicht zur Unzeit erfolgen darf, es sei denn, das für die Bearbeitung des übertragenen Mandats notwendige Vertrauensverhältnis ist nachhaltig gestört.

3. Noch nicht abgerechnete Leistungen werden unverzüglich abgerechnet und sind nach Erhalt der Rechnung sofort fällig, sofern dort nichts anderes vermerkt ist.

4. Das Recht zur außerordentlichen Kündigung aus wichtigem Grund bleibt unberührt.

5. Scheidet der das Mandat bearbeitende Partner aus der Partnerschaft aus, verbleibt das Mandat grundsätzlich bei der Partnerschaft. Überträgt der Mandant die Fortführung des Mandats dem ausgeschiedenen Partner, ist die Partnerschaft berechtigt, die bis zu diesem Zeitpunkt entstandene Vergütung unverzüglich abzurechnen.

§ 10 Zurückbehaltungsrecht/Aufbewahrung von Unterlagen

1. Bis zum vollständigen Ausgleich ihrer Vergütungsforderung und Auslagen hat die Partnerschaft an den ihr überlassenen Unterlagen gegenüber dem Mandanten ein Zurückbehaltungsrecht. Dies gilt nicht, soweit die Zurückhaltung nach den Umständen unangemessen wäre.

2. Nach Ausgleich ihrer Ansprüche aus dem Vertrag hat die Partnerschaft alle Unterlagen, die der Mandant oder ein Dritter ihr aus Anlass der Auftragsausführung überlassen hat, nur herauszugeben, soweit dies von dem Mandanten ausdrücklich gewünscht wird. Die Herausgabe erstreckt sich nicht auf den Briefwechsel zwischen den Parteien und auf Schriftstücke, die der Mandant bereits in Ur- oder Abschrift erhalten hat.

3. Die Pflicht der Partnerschaft zur Aufbewahrung der von dem Mandanten überlassenen Unterlagen erlischt fünf Jahre nach Beendigung des Auftrages.

4. Titel (Urteile, Kostenfestsetzungsbeschlüsse, Vollstreckungsbescheide u.Ä.) werden bei Beendigung der Tätigkeit der Partnerschaft an den Mandanten zurückgegeben. Wünscht der Mandant eine Aufbewahrung dieser Titel bei der Partnerschaft, erfolgt dies nur gegen Vergütung.

§ 8 Duty of Loyalty

The Parties pledge themselves to mutual loyalty. They shall promptly inform each other of all circumstances that arise in the course of carrying out the assignment that could influence how it is handled.

§ 9 Termination

1. Unless otherwise agreed, the Client can terminate the contractual relationship at any time.

2. The Partnership shall also be entitled to terminate the agreement. However, the attorney/client relationship may not be terminated at an inopportune moment, unless the relationship of trust necessary to carry out the assignment has been permanently disrupted.

3. Services that have not yet been invoiced shall be promptly invoiced and shall be due immediately after receipt of the invoice, unless otherwise noted on the invoice.

4. The right to terminate the Agreement for good cause remains the same.

5. If the Partner handling the case leaves the Partnership, the case shall generally remain with the Partnership. If the Client transfers the case to the departed Partner for further action, the Partnership shall be entitled to promptly present an invoice for the compensation earned up until that time.

§ 10 Right to Withhold/Storage of Documents

1. The Partnership shall have the right to withhold the documents furnished to it by the Client until its claim for payment of compensation and expenses has been fully satisfied. This shall not apply if withholding such documents would be unreasonable under the circumstances.

2. After its claims under the Agreement have been satisfied, the Partnership shall return all the documents furnished by the Client or by third parties only if the Client expressly requests this. The Partnership need not return correspondence between the Parties and documents the Client has already received in the original or as a copy.

3. The Partnership's duty to store the documents furnished by the Client shall lapse five years after the close of the assignment.

4. Decisions (judgments, awards of costs, enforcement orders and the like) shall be returned to the Client at the end of the Partnership's activities. If the Client would like the Partnership to store these decisions, it will do so only for a fee.

§ 11 Erstattungsansprüche des Mandanten

Der Mandant tritt alle ihm im Zusammenhang mit der Tätigkeit der Partnerschaft entstehenden Erstattungsansprüche gegen den Gegner oder die Staatskasse an die Partnerschaft in Höhe der Vergütungsforderung sicherungshalber ab. Die Partnerschaft wird den Erstattungsanspruch nicht einziehen, solange der Mandant seinen Zahlungsverpflichtungen nachkommt, insbesondere nicht die Zahlung verweigert, in Zahlungsverzug gerät oder Antrag auf Eröffnung eines Insolvenzverfahrens über sein Vermögen gestellt ist.

§ 12 Sonstiges

1. Rechte aus dem Vertragsverhältnis mit der Partnerschaft dürfen nur nach vorheriger schriftlicher Zustimmung abgetreten werden.

2. Für alle vertraglichen Beziehungen zwischen den Parteien gilt ausschließlich das Recht der Bundesrepublik Deutschland.

3. Änderungen oder Ergänzungen dieser Bedingungen bedürfen der Schriftform. Dies gilt auch für diese Regelung.

§ 11 Client's Claims for Reimbursement

The Client shall assign all claims for reimbursement against the opposing party or the public treasury that may arise in connection with the activities of the Partnership to the Partnership as security to the extent necessary to cover the Partnership's claim for compensation. The Partnership will not enforce the claim for reimbursement as long as the Client meets its payment obligations, i.e. does not refuse payment or default on its payments, and no petition to open insolvency proceedings is filed against its assets.

§ 12 Miscellaneous

1. Rights arising from the contractual relationship with the Partnership may be assigned only with prior written consent.

2. All contractual relationships between the Parties shall be subject solely to the laws of the Federal Republic of Germany.

3. Amendments or supplements to these Terms must be in written form. This shall also apply to this provision.

3. Muster: Vergütungsvereinbarung über eine anwaltliche Erstberatung

Vergütungsvereinbarung über eine anwaltliche Erstberatung

Zwischen

– im Folgenden „Partnerschaft" genannt –

und

– im Folgenden „Mandant" genannt –

wird folgende Vergütungsvereinbarung über eine Erstberatung nach § 4 RVG geschlossen:

1. Pauschalvergütung für Erstberatung

Die Partnerschaft erhält für die mündliche Erstberatung in der Angelegenheit eine Pauschalvergütung in Höhe von **226,10 EUR (einschließlich Umsatzsteuer, Netto-Vergütung = 190,00 EUR)**. Dauert das Beratungsgespräch oder die Tätigkeit des Anwalts im Zusammenhang mit dem Erstberatungsgespräch länger als **45 Minuten**, so beläuft sich die Pauschalvergütung für jede weitere angefangene Viertelstunde auf 71,40 EUR (einschließlich Umsatzsteuer, Netto-Vergütung = 60,00 EUR).

Compensation Agreement for an Initial Legal Consultation

Between

– hereinafter referred to as the "Partnership" –

and

– hereinafter referred to as the "Client" –

hereby enter into the following Compensation Agreement for an Initial Legal Consultation in accordance with § 4 of the Attorney Compensation Act (Rechtsanwaltsvergütungsgesetz – hereinafter „RVG"):

1. Flat-rate fee for an initial consultation

For the initial verbal consultation in the matter of , the Partnership shall receive a flat-rate fee of **190,00 EUR plus value-added tax**, in the following „VAT", **(currently 226,10 EUR in all)**. If the consultation or the attorney's activities in connection with the initial consultation should last longer than **45 minutes**, the flat-rate fee for each additional quarter of an hour shall be 60,00 EUR plus VAT (currently 71,40 EUR in all).

2. Umfang der Erstberatung

Die Erstberatung umfasst ein **mündliches Beratungsgespräch** mit einem Rechtsanwalt. Die Beratung findet üblicherweise in der Kanzlei statt; auf Wunsch des Mandanten kann die Beratung auch telefonisch erfolgen. Nicht umfasst sind Vorbereitungsarbeiten, wie insbesondere das Sichten von vorab übersandten Unterlagen des Mandanten, oder Nachbereitungstätigkeiten, wie Telefonate oder das Erstellen eines Beratungsberichtes.

3. Bearbeitungsgebühren

Die Bearbeitungsgebühren für den Forderungseinzug belaufen sich auf **15,00 EUR** (inklusive USt., Netto = 12,15 EUR). Die Bearbeitungsgebühr fällt nicht an, wenn der Mandant die volle Erstberatungs-Vergütung vor oder unmittelbar nach der Beratung in der Kanzlei in bar (keine Schecks oder Fremdwährungen) zahlt.

4. Weitere Tätigkeiten der Anwälte

Fallen vorbereitende Tätigkeiten, z.B. das Sichten von Mandantenunterlagen, an oder wird das Mandat nach der Erstberatung fortgesetzt, so wird über diese weiteren Tätigkeiten eine gesonderte, schriftliche Vergütungsvereinbarung abgeschlossen. Kommt keine Vereinbarung zustande, so gelten die Regelungen des RVG.

5. Rechtsschutzversicherung

Eventuelle Zahlungen der Rechtsschutzversicherung des Mandanten an die Partnerschaft werden auf die vom Mandanten geschuldete Vergütung angerechnet. Die von der Rechtsschutzversicherung geschuldete Vergütung ist auf die gesetzliche Vergütung nach dem RVG begrenzt. Die vorliegend vereinbarte Vergütung kann darüber hinausgehen, so dass der die gesetzliche Vergütung übersteigende Betrag nicht von der Rechtsschutzversicherung getragen wird. Ob und inwieweit die Rechtsschutzversicherung Zahlungen leistet, ist rechtlich und tatsächlich das Risiko des Mandanten.

2. Scope of the initial consultation

The initial consultation is a **counselling interview** with an attorney. The consultation generally takes place in the law office. At the Client's request, the consultation can also be provided by telephone. Preparatory work, such as examining documents sent by the Client in advance, or subsequent assessments, such as telephone conversations or preparation of a consultation report, are not included.

3. Processing fee

The processing fee for debt collection is **12,15 EUR plus VAT (currently 15,00 EUR in all).** No processing fee shall accrue if the Client pays the full fee for the initial consultation in cash at the law office – before or directly after the consultation (no cheques or foreign currencies).

4. Additional activities on the part of the Attorney

If preparatory activities, such as examination of the Client's documents, are necessary, or if the Client continues the attorney/client relationship after the initial consultation, a separate, written compensation agreement shall be entered into with respect to these activities. If no agreement is entered into, the provisions of the Attorney Compensation Act (RVG) shall apply.

5. Legal expenses insurance

Any payments made to the Partnership by the Client's legal expenses insurance shall be credited against the compensation owed by the Client. The payment of the legal expenses insurance is limited to the statutory compensation provided under the RVG. The compensation agreed upon here may exceed this amount. Any amount exceeding the compensation provided by statute will not be covered by the legal expenses insurance. Whether and to what extent payment is made by the legal expenses insurance is legally and effectively the Client's risk.

4. Muster: Allgemeine arbeitsrechtliche Vergütungsvereinbarung – Pauschalvereinbarung

Zwischen

– im Folgenden „Rechtsanwälte" genannt –

und

– im Folgenden „Auftraggeber" genannt –

wird folgende Vergütungsvereinbarung nach § 4 RVG geschlossen:

1. Die Rechtsanwälte erhalten für die außergerichtliche Tätigkeit in der Angelegenheit eine pauschale Vergütung von ▪▪▪ EUR zuzüglich Mehrwertsteuer.

Dem Auftraggeber ist bekannt, dass eine über die gesetzlichen Gebühren hinausgehende Vergütung vom Gegner nicht erstattet wird. Kosten für von den Anwälten nach ihrem Ermessen gefertigte Fotokopien und Abschriften sind, soweit sie nicht erstattet werden, vom Auftraggeber zu tragen.

2. Eventuelle Zahlungen der Rechtsschutzversicherung des Mandanten an die Rechtsanwälte werden auf die vom Mandanten geschuldete Vergütung angerechnet. Ob und inwieweit die Rechtsschutzversicherung Zahlung leistet, ist rechtlich und tatsächlich Risiko des Mandanten. Auslagen, Fahrtkosten, Kostenansprüche Dritter und Ähnliches werden nur einfach bzw. so – und zwar gegenüber der Rechtsschutzversicherung, soweit diese eintrittspflichtig ist – abgerechnet, wie sie entstanden sind.

3. Auslagen (insb. Portokosten), Fahrtkosten und sonstige Reisekosten (Bahn 1. Klasse, Flüge Business-Class, Hotel gehobene Kategorie) sind in der Pauschale nicht enthalten und werden in der entstandenen Höhe erstattet. Bei Nutzung eines eigenen Autos hat der Mandant 1,00 EUR zzgl. USt. je gefahrenem Kilometer zu erstatten. Sonstige Aufwendungen der Kanzlei im Zusammenhang mit dem Mandat, z.B. Beauftragung eines Übersetzers, eines Detektivbüros, eines Sachverständiger, von Auskunfteien (z.B. Creditreform) und ähnliche Drittleistungen, werden nach dem entstandenen Aufwand erstattet. Kopierkosten innerhalb der Kanzlei werden mit 0,50 EUR je Seite vom Mandanten erstattet.

4. Mit der Kündigung des Mandats durch den Mandanten oder die Rechtsanwälte ändert sich die Höhe der vereinbarten Vergütung nicht.

5. Muster: Allgemeine arbeitsrechtliche Vergütungsvereinbarung – Zeithonorar

Vergütungsvereinbarung

zwischen

Herrn/Frau ▪▪▪

– nachfolgend „Auftraggeber" genannt –

und

▪▪▪

– nachfolgend „Partnerschaft" genannt –

1. Die Parteien vereinbaren für die Sachbearbeitung in allen Angelegenheiten, die die Auseinandersetzung zwischen dem Auftraggeber und ▪▪▪ betreffen, ein Honorar auf Basis von Stundensätzen für jegliche anwaltliche Dienstleistung. Die erfassten Stunden werden jeweils auf volle 15 Minuten aufgerundet. Der vereinbarte Stundensatz beträgt ▪▪▪ EUR (in Worten: ▪▪▪ Euro), zuzüglich der jeweils gültigen gesetzlichen Mehrwertsteuer, derzeit 19%.

Mit der Unterzeichnung dieser Vereinbarung wird gemäß anliegender Vorschusskostennote ein Vorschuss in Höhe von ▪▪▪ EUR (in Worten: ▪▪▪ Euro) zuzüglich der gesetzlichen Mehrwertsteuer, derzeit 19%, fällig, über den bei Beendigung des Auftragsverhältnisses abgerechnet wird.

2. Die Rechnungslegung erfolgt in der Regel monatlich und differenziert nach dem Gegenstand der jeweils erbrachten Dienstleistung sowie erforderlichenfalls dem Sachbearbeiter. Die Honorarforderung ist sofort fällig und innerhalb der auf der Abrechnung vermerkten Frist zahlbar.

Der Partnerschaft bleibt es unbenommen, jederzeit angemessene Vorschüsse für die voraussichtlich entstehenden Honorare und Auslagen zu fordern.

Der Auftraggeber wird darauf hingewiesen, dass das im Rahmen der Vergütungsabrede vereinbarte Honorar möglicherweise über die gesetzlichen Gebühren hinausgeht. Soweit eine Rechtsschutzversicherung, die Staatskasse oder ein anderer zu einer Gebührenerstattung verpflichtet sein sollte, werden Honorare nur bis zur Höhe der gesetzlichen Gebühren ersetzt. Der Auftraggeber wurde darauf hingewiesen, dass bei einer Familien-Rechtsschutzversicherung keine Deckung in seiner Angelegenheit erteilt wird, weil durch die Bestellung des Auftraggebers als Organ der ▪▪▪ GmbH ein Risikoausschluss eingetreten ist, so dass der Versicherungsschutz entfällt.

3. Auslagen und erforderliche Sachkosten wie etwa EDV-Recherchen werden gesondert erhoben. Kopierkosten werden mit 0,50 EUR pro Kopie und Telekommunikationsentgelte mit 25,00 EUR pro Abrechnung, jeweils zzgl. der gesetzlichen Mehrwertsteuer, in Rechnung gestellt.

4. Reisen außerhalb des Sitzes der Anwaltskanzlei werden durch die Partnerschaft mit dem unter Ziffer 1. vereinbarten Stundensatz berechnet. Reiseaufwendungen werden in Höhe der Flug- und Bahnkosten bzw., soweit ein eigener Pkw benutzt wurde, mit einer Kilometerpauschale in Höhe von 1,00 EUR je gefahrenen Kilometer zusätzlich erstattet. Bahnkosten werden auf der Basis 1. Klasse, Flugkosten auf der Basis der Business-Class abgerechnet.

6. Muster: Pauschalzusatz bei vereinbartem Zeithonorar – Sondertextbaustein[173]

Die Partnerschaft vereinbart mit dem Auftraggeber ein Mindesthonorar von ▬▬▬ EUR (in Worten: ▬▬▬ Euro), zzgl. der jeweils gültigen gesetzlichen Mehrwertsteuer, derzeit 19%. Das nach Stundensätzen abgerechnete Honorar wird auf das Pauschalhonorar angerechnet. Dabei gehen die Parteien davon aus, dass es zum Abschluss eines den Vorstellungen des Auftraggebers entsprechenden Aufhebungsvertrages kommt. Die Höhe des Pauschalhonorars bemisst sich an den Kriterien Umfang und Schwierigkeit der anwaltlichen Tätigkeit, Bedeutung der Angelegenheit sowie Einkommens- und Vermögensverhältnisse des Auftraggebers. Auch werden die Grundsätze billigen Ermessens und bei Bedarf ein besonderes Haftungsrisiko der Partnerschaft bei der Bemessung herangezogen. Erscheint einer der Parteien das vereinbarte pauschale Mindesthonorar wegen des jetzt noch nicht vorhersehbaren Verlaufs des Mandats als unangemessen, ist die Pauschalvergütung entsprechend den vorgenannten Kriterien anzupassen.

7. Muster: Zeithonorar mit Mindestbetragsvereinbarung und Gegenstandswerterhöhung – Sondertextbaustein[174]

1. Die Rechtsanwälte erhalten für gerichtliche und außergerichtliche Vertretung und Beratung ein Stundenhonorar in Höhe von ▬▬▬ EUR zzgl. gesetzlicher Mehrwertsteuer, mindestens jedoch die Gebühren nach Rechtsanwaltsvergütungsgesetz (RVG) einschließlich Vergütungsverzeichnis (VV) unter Berücksichtigung der Streitwertregelung gemäß Ziff. 2. Grundlage der Stundenabrechnung ist der gesamte Zeitaufwand. Hierzu gehören Terminswahrnehmungen, die Durchführung von Besprechungen, die Aktenbearbeitung einschließlich der Überprüfung von Rechtsprechung und Literatur. Jede angefangene Stunde wird mit mindestens 15 Minuten berechnet. Über die Zeitabrechnung erhält der Mandant ein Zeit-Sheet, aus dem die Tätigkeit nach Datum und Uhrzeit hervorgeht.

2. Übernehmen die Rechtsanwälte die Beratung und/oder Vertretung bei Verhandlungen über die einvernehmliche Beendigung von Dienst- oder Arbeitsverhältnissen, besteht Einvernehmen darüber, dass als Gegenstandswert bei Berechnung nach dem RVG das 3,5-fache der Bruttovergütung des Mandanten in dem letzten, der anwaltlichen Tätigkeit vorangegangenen Kalenderjahr zugrunde zu legen ist. Diese Streitwertregelung gilt auch, wenn während der Trennungsverhandlungen oder vor deren Aufnahme eine Kündigung des Vertragsverhältnisses ausgesprochen worden ist. Bei der Begründung von Dienst- oder Arbeitsverhältnissen gilt das Dreifache der jährlichen Bruttovergütung des Mandanten in dem künftigen Dienst- oder Arbeitsverhältnis als Gegenstandswert.

3. Zusätzlich übernimmt der Mandant Nebenkosten nach den Vorschriften des Rechtsanwaltsvergütungsgesetzes. Pkw-Benutzungskosten werden zu den doppelten Sätzen des RVG (Nr. 7003 VV RVG) abgerechnet.

8. Muster: Pauschalvergütung in Form von Drittfinanzierung – Sondertextbaustein[175]

2. Die von dem Rechtsanwalt in Ansatz gebrachte Vergütung orientiert sich maßgeblich an dem Zeitaufwand, der wirtschaftlichen Bedeutung der Sache sowie der Spezialität der Rechtsmaterie.

a) Die Vergütung des Rechtsanwalts beträgt pauschal ▬▬▬ EUR, zuzüglich Mehrwertsteuer.

b) Als Vergütungsschuldner verpflichtet sich die Firma ▬▬▬, als Arbeitgeber des Auftrag-gebers die Pauschalvergütung zu zahlen.

3. Die Pauschalvergütung umfasst alle gerichtlichen und außergerichtlichen Tätigkeiten des Rechtsanwalts im Zusammenhang mit dem oben bezeichneten Mandat.

4. Auslagen, wie Schreibauslagen, Porto, Vergütung für Hilfskräfte und Reisekosten. Reisezeiten der Rechtsanwälte werden gesondert abgerechnet und dem Vergütungsschuldner in Rechnung gestellt. Auslagen und Sachkosten, wie etwa EDV-Recherchen, Auskünfte bei Creditreform u.Ä., werden ebenfalls gesondert, ggf. zzgl. gesetzlicher Mehrwertsteuer, berechnet. Kopierkosten werden mit 0,70 EUR pro Kopie, Telefoneinheiten mit 0,40 EUR pro Einheit und Faxkosten mit 0,50 EUR pro Seite in Rechnung gestellt und zzgl. der gesetzlichen Mehrwertsteuer im Rechnungsbetrag ausgewiesen.

---

[173] Sondertextbausteine können in Vergütungsmuster integriert werden. Der Sondertextbaustein 8021 lässt sich in die Muster 8015 und 8018 einfügen.
[174] Sondertextbausteine können in Vergütungsmuster integriert werden. Der Sondertextbaustein 8023 lässt sich in die Muster 8015 und 8018 einfügen.
[175] Sondertextbausteine können in Vergütungsmuster integriert werden. Der Sondertextbaustein 8026 lässt sich in die Muster 8015 und 8018 einfügen.

9. Muster: Vergütung auf Stundenbasis mit Kappungsgrenze – Sondertextbaustein[176]

1. Das Mandat umfasst die arbeitsrechtliche Beratung, die außergerichtliche und ggf. gerichtliche Interessenwahrnehmung im Zusammenhang mit dem befristeten Arbeitsverhältnis zwischen dem Auftraggeber und der ■■■ GmbH.

2. Die Parteien vereinbaren, dass die Rechtsanwälte zunächst einmal Konzepte und Lösungsmöglichkeiten erarbeiten, die sich mit den arbeitsrechtlichen Auswirkungen der vom Auftraggeber geplanten Maßnahmen befassen.

3. Für die umfassende arbeitsrechtliche Beratung des Auftraggebers erhalten die Rechtsanwälte eine Vergütung auf Basis von Stundensätzen für jegliche anwaltliche Dienstleistung. Der vereinbarte Stundensatz beträgt 280 EUR (in Worten: zweihundertachtzig Euro). Die erfassten Stunden werden jeweils auf volle 15 Minuten aufgerundet.

4. Der geschätzte Zeitumfang für die Erstellung der Konzepte und Lösungsmöglichkeiten in der Angelegenheit umfasst voraussichtlich 3 Arbeitsstunden der Rechtsanwälte.

10. Muster: Vereinbarung der doppelten gesetzlichen Vergütung – Sondertextbaustein[177]

Die Parteien vereinbaren für die gerichtliche Interessenwahrnehmung im oben bezeichneten Rechtsstreit die doppelte Vergütung nach dem Rechtsanwaltsvergütungsgesetz (RVG).

11. Muster: Vereinbarung ausländischen Gebührenrechts – Sondertextbaustein

Die Parteien vereinbaren für die Sachbearbeitung in allen Angelegenheiten, die die Auseinandersetzung zwischen dem Auftraggeber und ■■■ betreffen, die Vergütung nach den Vorschriften über die Rechtsanwaltsvergütung des Landes ■■■.

12. Muster: Zeithonorar mit Feiertags- und Nachtzuschlag – Sondertextbaustein[178]

1. Die Parteien vereinbaren für die Sachbearbeitung in allen Angelegenheiten, die die Auseinandersetzung zwischen dem Auftraggeber und ■■■ betreffen, ein Honorar auf Basis von Stundensätzen für jegliche anwaltliche Dienstleistung. Die erfassten Stunden werden jeweils auf volle 15 Minuten aufgerundet. Der vereinbarte Stundensatz beträgt ■■■ EUR (in Worten: ■■■ Euro), zuzüglich der jeweils gültigen gesetzlichen Mehrwertsteuer, derzeit 19 %.

2. Alle Tätigkeiten des Rechtsanwalts, die vor 6:00 Uhr oder nach 22:00 Uhr notwendig sind, sowie das Tätigwerden an Sonn- und Feiertagen werden mit einem Aufschlag von 20 % abgerechnet.

13. Muster: Erfolgshonorar bei prozessualer Interessenvertretung

1. Angesichts der Höhe des Streitwertes (5 Mio. EUR) ist der Auftraggeber nicht in der Lage, die anwaltlichen Gebühren auf gesetzlicher Basis aufzubringen. Die Vermögensverhältnisse des Auftraggebers sind dagegen so, dass er keine Prozesskostenhilfe erhalten würde. Angesichts des Aufwands und der Schwierigkeit der Angelegenheit (17 Aktenbände zzgl. zahlreicher Anlagen) und einer komplexen Rechtslage wäre der Rechtsanwalt selbst dann, wenn der Auftraggeber

---

176 Sondertextbausteine können in Vergütungsmuster integriert werden. Der Sondertextbaustein 8029 lässt sich in die Muster 8015 und 8018 einfügen.
177 Sondertextbausteine können in Vergütungsmuster integriert werden. Der Sondertextbaustein 8032 lässt sich in die Muster 8015 und 8018 einfügen.
178 Sondertextbausteine können in Vergütungsmuster integriert werden. Der Sondertextbaustein 8038 lässt sich in die Muster 8015 und 8018 einfügen.

Prozesskostenhilfe erhalten würde, nicht in der Lage, die Angelegenheit entsprechend Bedeutung und Umfang angemessen zu bearbeiten. Aus diesem Grunde schließen die Parteien die nachfolgende Erfolgsvereinbarung.

2. Alternative 1: Gelingt es dem Rechtsanwalt nicht, ein für den Auftraggeber obsiegendes Urteil über die Forderung in Höhe von 5 Mio. EUR zu erlangen, erhält er keine Gebühren. Ist die Klage dagegen erfolgreich, erhält der Rechtsanwalt 30 % brutto der titulierten Klageforderung.

Alternative 2: Gelingt es dem Rechtsanwalt, für den Auftraggeber die Forderung über 5 Mio. EUR ganz oder teilweise durch Urteil zu titulieren, erhält er 25 % brutto als Honorar. Wird die Klage rechtskräftig abgewiesen, erhält der Rechtsanwalt 25 % der gesetzlichen Gebühren.

14. Muster: Erfolgshonorar bei außergerichtlicher Interessenvertretung

1. Der Manager sieht sich aufgrund seiner aktuellen wirtschaftlichen Situation nicht in der Lage, die Kosten eines seinen Aufhebungsvertrag verhandelnden Rechtsanwalts zu tragen.

2. Als abschließendes Honorar für die Tätigkeit des Rechtsanwalts beim Aushandeln eines Aufhebungsvertrages zwischen dem Auftraggeber und seinem Arbeitgeber (die Gesellschaft) vereinbaren die Parteien, dass der Rechtsanwalt 6,5 % netto vom Abfindungsbetrag erhält, der in der Aufhebungsvereinbarung niedergelegt ist. Als Abfindungsbetrag im Sinne dieser Vereinbarung gelten sämtliche Zahlungen, die der Arbeitgeber (die Gesellschaft) von dem Zeitpunkt ab Unterzeichnung des Aufhebungsvertrages an den Auftraggeber als Entgelt, Tantieme, Bonus, Zielvereinbarung, Abfindungssumme einschließlich geldwerter Leistungen (Dienstwagen) erbringt.

15. Muster: Zeithonorar mit Pauschalhonorarangebot – Sondertextbaustein[179]

1. Für die außergerichtliche sowie ggf. gerichtliche Interessenwahrnehmung im Zusammenhang mit der Beendigung des Arbeitsverhältnisses bei der Firma ▪▪▪ vereinbaren die Parteien für alle in diesem Zusammenhang anfallenden Tätigkeiten der Rechtsanwälte ein Pauschalhonorar in Höhe von ▪▪▪ EUR.

2. Sollte die Interessenwahrnehmung durch die Rechtsanwälte dazu führen, dass der Arbeitgeber an den Auftraggeber eine Abfindung zahlt, die den Betrag von ▪▪▪ EUR übersteigt, werden die Rechtsanwälte ein Angebot abgeben auf Vereinbarung eines zusätzlichen Honorars in Höhe von ▪▪▪ EUR.

3. Eine ggf. erforderlich werdende gerichtliche Interessenwahrnehmung erfolgt auf Basis der gesetzlichen Gebühren. Eine Anrechnung des frei vereinbarten Honorars auf die gesetzlichen Gebühren findet nicht statt.

16. Muster: Umfang der Vergütungsvereinbarung bei außergerichtlicher Tätigkeit – Sondertextbaustein[180]

Die vorstehend vereinbarte Vergütung bezieht sich ausschließlich auf die außergerichtliche beratende Tätigkeit unabhängig von den Gebühren nach dem Rechtsanwaltsvergütungsgesetz in der jeweils geltenden Fassung. Sollte eine Interessenwahrnehmung vor Gericht notwendig sein, gilt das Rechtsanwaltsvergütungsgesetz, bei dem die Vergütung nach dem Gegenstandswert abgerechnet wird. Sämtliche gegebenenfalls erwachsende Kostenerstattungsansprüche gegenüber einer dritten Partei sind bei einer Vollmachtserteilung an den bevollmächtigten Rechtsanwalt abgetreten mit der Ermächtigung, diese Abtretung dem Gegner anzuzeigen.

17. Muster: Fälligkeitsklausel

1. Für die außergerichtliche sowie gegebenenfalls gerichtliche Interessenwahrnehmung im Zusammenhang mit der Beendigung des Arbeitsverhältnisses bei der Firma ▪▪▪ vereinbaren die Parteien für alle in diesem Zusammenhang anfallenden Tätigkeiten der Rechtsanwälte ein Pauschalhonorar in Höhe von ▪▪▪ EUR.

---

179 Sondertextbausteine können in Vergütungsmuster integriert werden. Der Sondertextbaustein 8041 lässt sich in die Muster 8015 und 8018 einfügen.
180 Sondertextbausteine können in Vergütungsmuster integriert werden. Der Sondertextbaustein 8044 lässt sich in die Muster 8015 und 8018 einfügen.

4. Die Fälligkeit der unter Ziffer 1. vereinbarten Vergütung bestimmt sich wie folgt:

a) Eine Vorschussleistung in Höhe von ▀▀▀ EUR ist fällig bis zum ▀▀▀.

b) Darüber hinaus steht es den Rechtsanwälten offen, weitere Vorschüsse gemäß § 9 RVG jederzeit zu fordern.

c) Mit der Beendigung der Tätigkeit der Rechtsanwälte, gleich aus welchem Grund, ist der Restbetrag des Gesamthonorars fällig.

Auslagen, wie Schreibauslagen, Porto, Vergütung von Hilfskräften und Reisekosten werden mit Aufforderung durch die Rechtsanwälte fällig.

110 **18. Muster: Zusatz bei rechtsschutzversicherten Mandanten – Sondertextbaustein**[181]

Der Mandant wird hiermit auf Abweichungen in dieser Vergütungsvereinbarung vom Rechtsanwaltsvergütungsgesetz (RVG) hingewiesen.

Zusatz bei rechtsschutzversicherten Mandanten: Die Abrechnung auf Basis der vereinbarten Vergütung ist unabhängig davon, ob und in welchem Umfang die Rechtsschutzversicherung des Mandanten die Kosten übernimmt.

111 **19. Muster: Teilanrechnung bei späterer Tätigkeit nach Erstberatung – Sondertextbaustein**[182]

Die Erstberatungsgebühr in Höhe von 226,10 EUR (einschließlich Umsatzsteuer) wird auf die nachfolgende Tätigkeit des Rechtsanwalts lediglich zu 50% angerechnet. § 34 Abs. 2 RVG wird insoweit übereinstimmend durch die Parteien abbedungen.

112 **20. Muster: Anrechnungsausschluss bei späterer Tätigkeit nach Erstberatung – Sondertextbaustein**[183]

Eine Anrechnung der Gebühr für die Erstberatung auf die nachfolgende Tätigkeit des Rechtsanwalts findet nicht statt. § 34 Abs. 2 RVG wird insoweit übereinstimmend durch die Parteien abbedungen.

113 **21. Muster: Allgemeiner Anrechnungsausschluss bei außergerichtlicher Tätigkeit – Sondertextbaustein**[184]

Die vorstehende Vergütungsvereinbarung wird auf etwaige später anfallende gerichtliche Anwaltsgebühren nicht angerechnet.

114 **22. Muster: Belehrung gemäß § 12a Abs. 1 ArbGG – Sondertextbaustein**[185]

Als Mandant der Rechtsanwaltskanzlei ▀▀▀ erkläre ich, dass ich vor Erteilung des Mandats in der arbeitsrechtlichen Angelegenheit ▀▀▀, Az. ▀▀▀, darauf hingewiesen worden bin, dass im arbeitsgerichtlichen Verfahren gesonderte Gebühren und Kostenverteilungsregelungen gelten. Bei Arbeitsrechtsstreitigkeiten besteht weder ein Anspruch gegen

---

[181] Sondertextbausteine können in Vergütungsmuster integriert werden. Der Sondertextbaustein 8050 lässt sich in die Muster 8010, 8015 und 8018 einfügen.

[182] Sondertextbausteine können in Vergütungsmuster integriert werden. Der Sondertextbaustein 8053 lässt sich in die Muster 8010, 8015 und 8018 einfügen.

[183] Sondertextbausteine können in Vergütungsmuster integriert werden. Der Sondertextbaustein 8056 lässt sich in die Muster 8010, 8015 und 8018 einfügen.

[184] Sondertextbausteine können in Vergütungsmuster integriert werden. Der Sondertextbaustein 8059 lässt sich in die Muster 8010, 8015 und 8018 einfügen.

[185] Sondertextbausteine können in Vergütungsmuster integriert werden. Der Sondertextbaustein 8065 lässt sich in die Muster 8015 und 8018 einfügen.

den Gegner auf Erstattung vorprozessualer Anwaltskosten noch ein Anspruch auf Erstattung der Verfahrenskosten I. Instanz gegenüber dem Gegner, auch dann, wenn man vollumfänglich den Rechtsstreit gewinnt.

23. Muster: Hinweis auf Ausschluss gemäß § 3 Abs. 2 Buchst. c ARB 94/2000 bei Organen von juristischen Personen – Sondertextbaustein[186]

Der Auftraggeber wird darauf hingewiesen, dass es sich nicht auf die von ihm zu zahlenden Gebühren auswirkt, ob und in welcher Höhe seine Rechtsschutzversicherung Deckungsschutz zusagt. Bei vollständigem Deckungsschutz trifft den Auftraggeber eine Vergütungspflicht in Höhe von ▄▄▄ EUR. Erteilt die Rechtsschutzversicherung keine Deckungszusage, beläuft sich die vereinbarte Vergütung auf ▄▄▄ EUR. Soweit die Rechtsschutzversicherung nur Teilleistungen erbringt, ist das von der Rechtsschutzversicherung nicht gezahlte Honorar vom Auftraggeber auszugleichen.

Der Auftraggeber wird darauf hingewiesen, dass die Rechtsanwälte nicht damit rechnen, dass die Rechtsschutzversicherung die Vergütung der Rechtsanwälte ganz oder teilweise übernimmt. Den Gegenstand des Mandats bildet eine Angelegenheit aus dem Anstellungsvertrag eines gesetzlichen Vertreters einer juristischen Person. In derartigen Fällen besteht der Ausschlussgrund des § 3 Abs. 2 Buchst. c ARB 94/2000 (§ 4 Abs. 1 Buchst. d ARB 75). Der Ausschluss nach § 3 Abs. 2 Buchst. c ARB 94/2000 kann auch beim Aushandeln von Abfindungsansprüchen gelten, die nicht im Anstellungsvertrag selbst, sondern in einer gesonderten Vereinbarung enthalten sind (LG Coburg 16.4.2002 – 11 O 60/02, RuS 2002, 463).

24. Muster: Hinweis auf Ausschluss gemäß § 4 Abs. 2 Buchst. a) ARB 75 bei vorsätzlicher Schadensverursachung – Sondertextbaustein[187]

Der Auftraggeber wird darauf hingewiesen, dass es sich nicht auf die von ihm zu zahlenden Gebühren auswirkt, ob und in welcher Höhe seine Rechtsschutzversicherung Deckungsschutz zusagt. Bei vollständigem Deckungsschutz trifft den Auftraggeber eine Vergütungspflicht in Höhe von ▄▄▄ EUR. Erteilt die Rechtsschutzversicherung keine Deckungszusage, beläuft sich die vereinbarte Vergütung auf ▄▄▄ EUR. Soweit die Rechtsschutzversicherung nur Teilleistungen erbringt, ist das von der Rechtsschutzversicherung nicht gezahlte Honorar vom Auftraggeber auszugleichen.

Gegenstand des Mandats bildet eine verhaltensbedingte Kündigung, bei der Arbeitgeber dem Auftraggeber einen vorsätzlichen Pflichtenverstoß vorwirft. Aufgrund des vom Arbeitgeber behaupteten vorsätzlichen Verhaltens könnte die Rechtsschutzversicherung einwenden, dass ein vorsätzlich und rechtswidrig verursachter Versicherungsfall vorliegt (§ 4 Abs. 2 Buchst. a ARB 75, § 3 Abs. 5, § 2 Buchst. j aa ARB 94/2000). Bei einem vorsätzlich herbeigeführten Schaden kann sich die Rechtsschutzversicherung auf den Standpunkt stellen, dass der Versicherungsnehmer durch sein Verhalten in adäquat kausaler Weise dazu beigetragen hat, dass das Schadensereignis oder die Rechtsverletzung eingetreten ist (Harbauer/*Maier*, § 4 ARB 75 Rn 144). Mit dieser Begründung wird von Rechtsschutzversicherungen verschiedentlich mit Erfolg die Übernahme der Gebühren verweigert. Der Auftraggeber wird darauf hingewiesen, dass er in jedem Fall der alleinige Gebührenschuldner des Rechtsanwalts ist.

25. Muster: Zweifelhafter Deckungsschutz durch die Rechtsschutzversicherung beim Aushandeln eines Aufhebungsvertrages – Sondertextbaustein[188]

Der Auftraggeber wird darauf hingewiesen, dass es sich nicht auf die von ihm zu zahlenden Gebühren auswirkt, ob und in welcher Höhe seine Rechtsschutzversicherung Deckungsschutz zusagt. Bei vollständigem Deckungsschutz trifft den Auftraggeber eine Vergütungspflicht in Höhe von ▄▄▄ EUR. Erteilt die Rechtsschutzversicherung keine Deckungszusage, beläuft sich die vereinbarte Vergütung auf ▄▄▄ EUR. Soweit die Rechtsschutzversicherung nur Teilleistungen erbringt, ist das von der Rechtsschutzversicherung nicht gezahlte Honorar vom Auftraggeber auszugleichen.

Die Übernahme der Kosten durch die Rechtsschutzversicherung des Auftraggebers ist ungewiss, da Gegenstand des Mandats das Aushandeln eines Aufhebungsvertrages bildet. Nach Ansicht eines Teils der Rechtsprechung ist kein

---

[186] Sondertextbausteine können in Vergütungsmuster integriert werden. Der Sondertextbaustein 8070 lässt sich in die Muster 8015 und 8018 einfügen.
[187] Sondertextbausteine können in Vergütungsmuster integriert werden. Der Sondertextbaustein 8080 lässt sich in die Muster 8015 und 8018 einfügen.
[188] Sondertextbausteine können in Vergütungsmuster integriert werden. Der Sondertextbaustein 8090 lässt sich in die Muster 8015 und 8018 einfügen.

Versicherungsfall gegeben, weil das Angebot des Arbeitgebers zum Abschluss eines Aufhebungsvertrages noch keinen Verstoß gegen Rechtspflichten aus dem Arbeitsvertrag darstelle (AG Hannover 12.1.1998 – 558 C 14783/97, r+s 1998, 336; OLG Nürnberg 21.2.1991 – 8 U 2332/90, zfs 1991, 200; AG Hamburg 30.4.1990 – 4 C 29/90, zfs 1991, 53; OLG Hamm 1.2.1992 – 20 U 283/91, JurBüro 1992, 413; AG Rheine 25.11.1997 – 14 C 303/97, r+s 1998, 335). Nach anderer Ansicht müssen die Gebühren des Rechtsanwalts beim Aushandeln eines Aufhebungsvertrages von der Rechtsschutzversicherung getragen werden, da bereits die Androhung einer Kündigung von Arbeitgeberseite ein selbstständiger Pflichtenverstoß sei (§ 14 Abs. 3 ARB 75, § 4 Abs. 1 Buchst. c ARB 94/2000), jedenfalls dann, wenn an der Ernsthaftigkeit der Drohung kein Zweifel besteht und die angedrohte Kündigung als Druckmittel zum Abschluss eines Aufhebungsvertrages eingesetzt wird (OLG Saarbrücken 19.7.2006 – 5 U 719/05, n.v.; AG Köln 5.7.2001 – 117 C 12/01, AnwBl 2002, 184; AG München 16.9.1985 – 10 C 11462/85, n.v.; LG Göttingen 10.2.1983 – 6 S 209/82, AnwBl 1983, 335; AG Buxtehude 10.11.1997 – 33 C 1324/96, zfs 1998, 351 = r+s 1998, 246; LG Hannover 3.12.1996 – 1 S 73/96, n.v.).

26. Muster: Bestimmung der Leistungsphasen bei Betriebsänderung oder Betriebsstilllegung – Sondertextbaustein

1. Gegenstand des Mandats bildet die arbeitsrechtliche Beratung, außergerichtliche und gegebenenfalls gerichtliche Interessenwahrnehmung im Zusammenhang mit der Übernahme oder Kündigung von Mitarbeitern aus dem Bereich der Firma ▬▬▬.

2. Zwischen den Parteien ist vereinbart, dass die Rechtsanwälte zunächst einmal Konzepte erarbeiten und späterhin Handlungsvarianten darstellen sollen, die sich mit den arbeitsrechtlichen Auswirkungen des gemeinsamen Ziels des Auftraggebers und der Firma ▬▬▬ befassen. Die Rechtsanwälte haben im Einzelnen darauf hingewiesen, dass unterschiedliche Konzepte zu unterschiedlichen finanziellen Belastungen führen. ▬▬▬ Sie haben weiterhin darauf hingewiesen, dass es aus anwaltlicher Sicht nicht zu einer Interessenkollision kommen darf.

3. Bei der vergütungsrelevanten Tätigkeit der Rechtsanwälte wird nach drei Leistungsphasen unterschieden:

a) Planungsphase: Sämtliche Leistungen der Rechtsanwälte bis zur Unterrichtung des Betriebsrats;

b) Umsetzungsphase: Sämtliche Tätigkeiten nach der Planungsphase bis zur Kündigung einzelner Arbeitnehmer;

c) Durchführungsphase: Sämtliche Tätigkeiten der Rechtsanwälte im Bereich der Kündigung, des Abschlusses von Aufhebungsverträgen oder Durchführung von Kündigungsschutzprozessen von den Arbeitsgerichten I. Instanz.

4. Für die anwaltliche Beratung der in Ziffer 1. dargestellten Angelegenheiten einschließlich der Führung von Geschäften und der Durchführung von Besprechungen sowie den Abschluss von vergleichsweisen Regelungen zahlt der Auftraggeber an die Rechtsanwälte anstelle der gesetzlichen Gebühren für jede Leistungsphase ein gesondertes Honorar.

a) Das Gesamthonorar in der Planungsphase beträgt ▬▬▬ EUR

b) Das Gesamthonorar in der Umsetzungsphase beträgt ▬▬▬ EUR

c) Das Gesamthonorar in der Durchführungsphase beträgt ▬▬▬ EUR

5. Spesen und Reisekosten werden entsprechend vorgelegter Quittungen ersetzt. Die Pkw-Kilometer werden mit 0,70 EUR abgerechnet.

27. Muster: Kostenvoranschlag bei Betriebsänderung

Kostenvoranschlag

über Beratung, Interessenvertretung und ggf. Teilnahme an Einigungsstellensitzungen im Zusammenhang mit dem beabsichtigten Betriebsübergang der Firma ▬▬▬ auf die Firma ▬▬▬

1. Entwurf einer Strategie für die Interessenausgleichsverhandlungen

a) ▬▬▬ Sitzungen mit dem Betriebsrat

▬▬▬ Besprechungsstunden

▬▬▬ Rechtsanwälte à ▬▬▬ EUR   ▬▬▬ EUR

b) Entwurf eines Interessenausgleichs

▬▬▬ Stunden à ▬▬▬ EUR   ▬▬▬ EUR

c) Entwurf eines Strategiepapiers
■■■ Stunden à ■■■ EUR   ■■■ EUR

2. Entwurf einer Strategie für die Sozialplanverhandlungen
a) ■■■ Sitzungen mit dem Betriebsrat
■■■ Besprechungsstunden
■■■ Rechtsanwälte à ■■■ EUR   ■■■ EUR
b) Entwurf eines Sozialplans
■■■ Stunden à ■■■ EUR   ■■■ EUR
c) Entwurf eines Strategiepapiers
■■■ Stunden à ■■■ EUR   ■■■ EUR

3. Verhandlungen mit dem Arbeitgeber über Interessenausgleich und Sozialplan
a) Verhandlungszeit, Dauer unbekannt
b) Zwischenberatungen mit dem Betriebsrat, Dauer unbekannt

4. Einigungsstellenverfahren
a) Einigungsstelle Interessenausgleich, Dauer unbekannt
b) Einigungsstelle Sozialplan, Dauer unbekannt

Für die vorgenannten Honorare gelten die allgemeinen Mandatsbedingungen und die Bedingungen gemäß Vergütungsvereinbarung vom ■■■ fort. Zu den Stundensätzen ist die gesetzliche Mehrwertsteuer hinzuzurechnen.

Kapitel 2: Gegenstandswerte im Arbeitsrecht

Literatur

Becker/Glaremin, Streitwertaddition beim mit uneigentlichem Hilfsantrag geltend gemachten Weiterbeschäftigungsanspruch?, NZA 1989, 207; *Bertelsmann*, Gegenstandswerte in arbeitsgerichtlichen Beschlussverfahren, FA 2001, 194; *ders.*, Grundlagen für Gegenstandswerte in Beschlussverfahren, FA 2001, 141; *Düwell/Lipke*, Anwalt-Kommentar ArbGG, 2. Aufl. 2005; *Göttlich/Mümmler*, RVG – Rechtsanwaltsvergütungsgesetz, 2. Aufl. 2006; *Hartmann*, Kostengesetze, 36. Aufl. 2006; *Hecker*, Streitwerte im Individual-Arbeitsrecht, AnwBl 1984, 116; *Herbst/Reiter/Schindele*, Handbuch zum arbeitsgerichtlichen Beschlussverfahren, 2. Aufl. 2000; *Hümmerich*, Die Streitwertrechtsprechung der Arbeitsgerichte im Urteilsverfahren, NZA-RR 2000, 225 ff.; *ders.*, Arbeitsrecht und Rechtsschutzversicherung, AnwBl 1995, 321; *Kirschner*, Der Streitwert im Kündigungsschutzprozess, DB 1971, 239; *Kopp*, Der Streitwert im Kündigungsschutzprozess, AnwBl 1980, 448; *Madert*, Der Gegenstandswert in bürgerlichen Rechtsangelegenheiten, 4. Aufl. 1998; *Mayer/Kroiß*, Rechtsanwaltsvergütungsgesetz, 2. Aufl. 2006; *Mayer/Kroiß/Teubel*, Das neue Gebührenrecht, 2004; *Philippsen/Dörner*, Aktuelle Fragen zur Streitwertfestsetzung im Kündigungsprozess, NZA 1988, 113; *Popp*, Zum Streitwert im arbeitsgerichtlichen Bestandsschutzprozess, DB 1990, 481; *Schäder*, Streitwert-Lexikon Arbeitsrecht, 2000; *Schaefer/Kiemstedt*, Anwaltsgebühren im Arbeitsrecht, 2. Aufl. 2005; *Vossen*, Der Streitwert einer Klage auf Zahlung künftig fälligen Arbeitsentgelts, DB 1986, 326; *Wenzel*, Die Bedeutung der Streitwertfestsetzung im arbeitsgerichtlichen Urteil, DB 1981, 160; *ders.*, Die Streitwertaddition im Kündigungsrechtsstreit, BB 1984, 1494; *ders.*, Der Streitwert des arbeitsgerichtlichen Beschlussverfahrens, DB 1977, 722; *ders.*, GK-ArbGG, § 12; *Worzalla*, Entscheidungen zum Gebühren- und Streitwertrecht, FA 1999, 9; *ders.*, Neues zum Gebühren- und Streitwertrecht, FA 1999, 355.

A. Erläuterungen

I. Die gesetzliche Vergütung nach dem RVG

1. Geschäftsgebühr

a) Entstehung

120 Nach Wegfall der früheren Geschäfts- und Besprechungsgebühr des § 118 BRAGO entsteht nun für die außergerichtliche Vertretung ohne Klageauftrag die Geschäftsgebühr nach Nr. 2300 VV RVG, deren Gebührenrahmen von 0,5 bis 2,5 reicht. Die Geschäftsgebühr entsteht sowohl für die Mitwirkung bei einer Vertragsgestaltung als auch für das Betreiben eines Geschäfts für den Auftraggeber einschließlich der dazugehörigen Information.

121 Der gesetzlich vorgesehene Gebührenrahmen für die Geschäftsgebühr nach Nr. 2300 VV RVG liegt zwischen 0,5 und 2,5. Nach der amtlichen Begründung des Regierungsentwurfs kann auch ohne Besprechungen oder Beweisaufnahme bei großem Umfang und bei erheblicher Schwierigkeit einer Sache der obere Rahmen der Gebühr bis zum Höchstsatz von 2,5 erreicht werden.[1] Ein höherer Gebührenrahmen ist auch möglich, wenn neben – nur leicht – erhöhtem Umfang oder Schwierigkeit der Angelegenheit weitere der in § 14 Abs. 1 RVG genannten Kriterien hinzutreten.[2] In durchschnittlichen Angelegenheiten ist grundsätzlich von einer Mittelgebühr von 1,5 auszugehen, so dass diese – rein rechnerisch betrachtet – die Regelgebühr für durchschnittlich gelagerte Angelegenheiten darstellt. Eine Gebühr von mehr als 1,3 kann allerdings nur dann gefordert werden, wenn die Tätigkeit umfangreich oder schwierig war. Damit ist gemeint, dass Umfang oder Schwierigkeit über dem Durchschnitt liegen. Wann das der Fall ist, entscheidet die Rechtsprechung nach Lage des Einzelfalls. In allen übrigen Fällen wird daher die **Schwellengebühr** von **1,3** zur Regelgebühr.

122 Bei der Bestimmung, ob eine Tätigkeit „umfangreich oder schwierig" im Sinne der Anmerkung zu VV 2400 ist, sind dieselben Bemessungskriterien zum Umfang und der Schwierigkeit der anwaltlichen Tätigkeit wie in § 14 Abs. 1 RVG zugrunde zu legen.[3]

---

1 BT-Drucks. 15/1971 vom 11.11.2003.
2 § 8 Rn 123 ff.
3 AnwK-RVG/*Wahlen*, VV 2400–2401 Rn 6.

b) Umfang der anwaltlichen Tätigkeit

Bei der Bestimmung des Umfangs der anwaltlichen Tätigkeit sind Merkmale wie z.B. Besprechungen mit dem Auftraggeber,[4] ausführliche Telefonate mit der Gegenseite,[5] die Vorbereitung eines Plädoyers,[6] die Vorbereitung der mündlichen Verhandlung,[7] Wartezeiten vor Beginn der Hauptverhandlung,[8] Studium von Rechtsprechung und Literatur sowie Zeitaufwand für Termine, Vorarbeiten, Wartezeiten und Ortsbesichtigungen[9] zu berücksichtigen. Bei der Festlegung des Umfangs der anwaltlichen Tätigkeit ist mithin primär der tatsächliche Arbeitsaufwand des Rechtsanwalts zu berücksichtigen.[10]

123

c) Schwierigkeit der anwaltlichen Tätigkeit

Die Schwierigkeit der anwaltlichen Tätigkeit hingegen beurteilt sich nach einem **generellen, objektiven Maßstab**.[11] Sie ist einerseits aus den erhöhten Anforderungen abzuleiten, die eine im Einzelfall auftretende Rechtsfrage an den Rechtsanwalt stellt, insbesondere soweit diese für die Rechtspraxis noch nicht höchstrichterlich geklärt ist.[12] Zum anderen kann die Schwierigkeit einer Angelegenheit auch daraus resultieren, dass ein entlegenes Spezialgebiet, das im Allgemeinen komplizierte Rechtsfragen aufwirft, betroffen ist, ohne dass es dabei darauf ankommt, ob der vorliegende Streitfall tatsächlich zur Prüfung schwieriger Rechtsfragen nötigt.[13]

124

Bei der Beurteilung der Schwierigkeit ist auf das Wissen und die Sicht eines Allgemeinanwalts abzustellen.[14] Eine Materie, die einem spezialisierten Fachanwalt leicht fällt, kann für einen allgemein tätigen Rechtsanwalt durchaus einen sehr großen Bearbeitungs- und Rechercheaufwand bedeuten. Daher kommt es entscheidend darauf an, ob es sich allgemein um eine schwierige Materie handelt.[15]

125

d) Weitere Bemessungskriterien

Nach § 14 Abs. 1 RVG bestimmt der Rechtsanwalt aufgrund der bereits in § 12 BRAGO gültigen Prinzipien die Höhe von Rahmengebühren nach billigem Ermessen. Die in § 14 Abs. 1 RVG maßgeblichen Kriterien sind zum Großteil die Gleichen wie bereits in § 12 Abs. 1 BRAGO. Allerdings hat der Gesetzgeber die Reihenfolge und damit die für den Anwalt bei seiner Gewichtung maßgeblichen Faktoren geändert. Nunmehr hat der Rechtsanwalt bei seiner Ermessensausübung zunächst den **Umfang und die Schwierigkeit** der anwaltlichen Tätigkeit, danach die **Bedeutung der Angelegenheit**, als drittes die **Einkommens- und Vermögensverhältnisse** des Auftraggebers zu berücksichtigen. Die „Bedeutung der Angelegenheit" ist von der ersten Stelle auf die zweitwichtigste Wertungsebene verlegt worden. Als viertes Kriterium hat der Gesetzgeber in § 14 Abs. 1 RVG ein „**besonderes Haftungsrisiko**" als zusätzliches Bemessungskriterium eingeführt. Hier wird eine Anhebung des Gebührensatzes vor allem in Fällen in Betracht kommen, in denen sich das erhöhte Haftungsrisiko des Rechtsanwalts nicht im Gegenstandswert niederschlägt, etwa dann, wenn die Wertvorschriften Begrenzungen enthalten oder auch dann, wenn die Wertgrenzen von § 22 Abs. 2 RVG, § 39 Satz 2 GKG erreicht sind.[16] Bei wertunabhängigen Betragsrahmengebühren oder auch bei der Mediation und bei der angemessenen Gebühr für ein Gutachten ist das Kriterium des besonderen Haftungsrisikos stets zu berücksichtigen.[17] Dem Arbeitsrechtler erschließt sich mit diesem Kriterium ein gewichtiges Gebührenbestimmungsinstrument, denn in weiten Bereichen des Arbeitsrechts, beispielsweise des Kündigungsschutzrechts, ist die Rechtsprechung einzelfallorientiert, so dass jede generalisierende Aussage den Keim eines Haftungstatbestands in sich trägt.

126

---

4 Gerold/Schmidt/*Madert*, RVG, § 14 Rn 46.
5 AnwK-RVG/*Onderka*, VV 2300 Rn 11.
6 LG Wuppertal 20.9.1984 – 24 QS 114/84, DAR 1985, 94.
7 *Burhoff*, RVGreport 2005, 361, 363.
8 OLG Hamm 26.5.1998 – 2 Ws 168/98, JurBüro 1998, 588 = AnwBl 1999, 124.
9 *Henke*, AnwBl 2004, 579; AnwK-RVG/*Rick*, § 14 Rn 29.
10 LG Bochum 17.6.2005 – 5 S 33/05; AnwK-RVG/*Rick*, § 14 Rn 32; Gerold/Schmidt/*Madert*, RVG, § 14 Rn 50; Schaden-Praxis 2005, 428.
11 *Enders*, JurBüro 2004, 459.
12 OLG Thüringen 2.2.2005 – 9 Verg 6/04, RGS 2005, 201 = JurBüro 2005, 303.
13 Gerold/Schmidt/*Madert*, RVG, § 14 Rn 15; AnwK-RVG/*Rick*, § 14 Rn 32.
14 Mayer/Kroiß/*Winkler*, § 14 RVG Rn 21; LG Köln 26.4.1977 – 112 C 3172/75, AnwBl 1978, 63.
15 AnwK-RVG/*Rick*, § 14 Rn 32.
16 *Schneider/Mock*, Das neue Gebührenrecht für Anwälte, § 5 Rn 30.
17 *Schneider/Mock*, Das neue Gebührenrecht für Anwälte, § 5 Rn 31.

127 Bei der Bemessung der Rahmengebühr nach den Kriterien des § 14 Abs. 1 RVG darf und muss der Rechtsanwalt im Rahmen der Ermessensausübung auch **alle weiteren Umstände des Einzelfalls** berücksichtigen.[18] *Otto*[19] schlägt als nicht ausdrücklich genannte Bemessenskriterien zur Bestimmung der angemessenen Rahmengebühr gemäß § 14 RVG folgende **weitere Kriterien** vor: vom Mandanten gewünschte oder sachlich notwendige Tätigkeiten in der Nachtzeit, an Wochenenden und an Feiertagen, Spezialkenntnisse des Rechtsanwalts in rechtlicher oder tatsächlicher Hinsicht sowie Sprachkenntnisse, die den Einsatz eines Dolmetschers ersparen. Ihm ist darin zuzustimmen, dass auch diese – zwar nicht ausdrücklich vom Gesetzeswortlaut erfassten – Kriterien im Einzelfall ein überragendes Gewicht bei der Bemessung der Gebühr haben können. Im Übrigen ist die vorstehende Aufzählung gewiss nicht abschließend und lässt sich durch weitere im Einzelfall hinzutretende, besondere Umstände ergänzen.

128 Zusammenfassend lässt sich festhalten, dass der Umfang und die Schwierigkeit der anwaltlichen Tätigkeit die wesentlichen Kriterien bei der Bestimmung der Rahmengebühr sind; sonstige Kriterien dienen als Kollektiv.[20] Dennoch kommt auch den in § 14 Abs. 1 RVG genannten weiteren Bemessungskriterien sowohl bei der Problematik, ob bei unterdurchschnittlichem Umfang und Schwierigkeit der Sache die Regelgebühr von 1,3 erreicht wird, wie auch dann, wenn sich bei – nur leicht – überdurchschnittlichem Umfang oder Bedeutung der Sache die Frage stellt, ob die Geschäftsgebühr im oberen Bereich des Gebührensatzes anzusiedeln bzw. gar mit dem Höchstsatz von 2,5 abzurechnen ist, nicht unwesentliche Bedeutung zu.

129 Ist ein Mandant infolge wiederholt verspäteter Zahlung seines Arbeitslohnes in erhebliche Zahlungsschwierigkeiten bei seinen laufenden Verbindlichkeiten (insbesondere bei Mietzinszahlungen und Bedienung sonstiger Daueraufträge) geraten, ist für eine anwaltliche Mahnung des Arbeitgebers zur pünktlichen Gehaltszahlung der Ansatz einer 1,3 Geschäftsgebühr gerechtfertigt. Zumindest aufgrund des dem Anwalt zuzubilligenden Toleranzbereichs bewegt sich die Abrechnung selbst unter Zugrundelegung einer einfachen Anwaltstätigkeit noch in einem Bereich, in dem von einem Ermessensmissbrauch nicht ausgegangen werden kann.[21]

130 Fertigt ein Rechtsanwalt nach einem Beratungsgespräch ein vierseitiges Schreiben an den Arbeitgeber des Mandanten, in dem er die Entfernung einer Abmahnung aus der Personalakte verlangt, kann er gegenüber der Rechtsschutzversicherung des Mandanten immer eine 1,3 Geschäftsgebühr nach Nr. 2300 VV RVG abrechnen.[22]

e) Anrechnung

131 Während die Geschäftsgebühr nach § 118 Abs. 2 Satz 1 BRAGO vollständig auf die Prozessgebühr angerechnet wurde, findet eine Anrechnung der vorgerichtlichen Tätigkeit des Anwalts auf die in der gleichen Angelegenheit entstandene Verfahrensgebühr nur noch zur Hälfte, maximal in Höhe von 0,75 statt (Vorbemerkung 3 Abs. 4 VV).

132 Die dem Anwalt erwachsende Geschäftsgebühr ist in der Regel nicht im Verfahren nach § 11 RVG festsetzbar,[23] weil die Tätigkeiten des Rechtsanwalts außerhalb des Prozessgeschehens nicht in dem für eine Überprüfung erforderlichen Maße aus Prozessakten ersichtlich sind.[24] Da seit dem Inkrafttreten des RVG die Geschäftsgebühr nur noch teilweise auf die Verfahrensgebühr des gerichtlichen Verfahrens angerechnet wird, hat der Rechtsanwalt zwar ein erheblich gestiegenes Interesse an einer vereinfachten Titulierungsmöglichkeit für den nicht anzurechnenden Teil der Geschäftsgebühr, was jedoch nichts daran ändert, dass die Geschäftsgebühr im Regelfall für eine Tätigkeit entsteht, die zunächst und primär der Prozessvermeidung dient. Daher fehlt die für eine Festsetzung im gerichtlichen Verfahren erforderliche Prozessbezogenheit.[25] Der nicht anzurechnende Teil der Geschäftsgebühr ist daher gesondert oder als weiterer Hauptanspruch einzuklagen.

f) Anwaltsgebühren bei Entwurf eines Arbeitsvertrages

133 Entwirft der Rechtsanwalt einen Arbeitsvertrag für seinen Mandanten, so stellt sich die Frage, wie seine Tätigkeit in gebührenmäßiger Hinsicht abzugelten ist. Dabei muss zum einen eine Vorschrift herangezogen

---

18 LSG Niedersachsen-Bremen 24.4.2006 – L 4 B 4/05 KR SF, n.v.
19 NJW 2006, 1472, 1477.
20 *Otto*, NJW 2006, 1472, 1477.
21 AG Lingen 23.5.2005 – 12 C 193/05 (X), 12 C 193/05, AGS 2005, 337.
22 AG Stuttgart 6.4.2005 – 1 C 7002/04, NJW 2005, 1956.
23 Muster 8365 § 8 Rn 225.
24 BGH 20.10.2005 – I ZB 21/05, JurBüro 2006, 140; LAG Hamburg 29.6.2006 – 5 Ta 11/06, n.v.
25 LAG Hamburg 29.6.2006 – 5 Ta 11/06, n.v.

werden, aus der sich der Gegenstandswert ergibt, der Grundlage für die Gebühr ist. Zum anderen muss eine Norm herangezogen werden, aus der sich der Gebührentatbestand und damit letztlich die Gebührenhöhe ermitteln lässt.

Als Anknüpfungspunkt für den Gegenstandswert scheidet § 42 Abs. 4 Satz 1 GKG aus, da Gegenstand bei einem Vertragsentwurf nicht der Bestand oder Nichtbestand oder die Kündigung eines Arbeitsverhältnisses in Rede stehen. § 42 Abs. 4 Satz 1 GKG scheidet damit als Norm zur Bestimmung des Gegenstandswertes bei dem Entwurf von Arbeitsverträgen aus. In Frage kommt dagegen § 42 Abs. 3 Satz 1 GKG, wobei hier die Alternative „Ansprüche von Arbeitnehmern auf wiederkehrende Leistungen" gemeint ist. Zwar regelt § 42 GKG nur den Gegenstandswert in gerichtlichen Verfahren. In § 23 Abs. 1 Satz 3 RVG ist jedoch ausgeführt, dass sich der Gegenstandswert für die Berechnung der Gebühren des Rechtsanwalts für seine außergerichtliche Tätigkeit nach den für die Gerichtsgebühren geltenden Vorschriften richtet. Da Gegenstand eines Arbeitsvertrages die Regelung von Ansprüchen des Arbeitnehmers auf wiederkehrende Leistungen (Gehalt) bilden, ermittelt sich der Gegenstandswert gemäß § 42 Abs. 3 Satz 1 GKG, § 23 Abs. 1 Satz 3 RVG aus dem dreifachen Jahresbetrag der wiederkehrenden Leistungen. **Drei Jahresgehälter** bilden damit den Gegenstandswert des Entwurfs einer Arbeitsvertragsgestaltung.

Die Höhe der Gebühr errechnet sich aus Nr. 2300 VV RVG und bewegt sich in dem Gebührenrahmen zwischen 0,5 und 2,5. Eine Gebühr von mehr als 1,3 kann nur gefordert werden, wenn die Tätigkeit umfangreich oder schwierig war. Arbeitsvertragsgestaltung ist sicherlich schwierig, da eine Vielzahl von Urteilen der Arbeitsgerichte, aber auch von arbeitsrechtlichen Gesetzen zu beachten ist. Wie umfangreich die Tätigkeit ausfällt, hängt davon ab, mit welchen Anforderungen des Auftraggebers der Rechtsanwalt konfrontiert wird.

Die Gestaltung eines Vertrages beliebiger Art gehört zu den Tatbeständen der Geschäftsgebühr nach Nr. 2300 VV RVG.[26]

Soweit sich der Gestalter eines Arbeitsvertrages an Formulartexten orientiert, erscheint der Gegenstandswert von drei Jahresbruttogehältern im Einzelfall recht hoch. Verdient der Arbeitnehmer beispielsweise 60.000 EUR brutto, beläuft sich der Gegenstandswert auf 180.000 EUR. Ohne Mehrwertsteuer beträgt die Nettogebühr in diesem Falle 2.608,50 EUR. Es wird empfohlen, in derartigen Fällen mit dem Mandanten eine Honorarvereinbarung zu treffen. Gerade dann, wenn Formulartexte oder Textbausteine aus Arbeitsvertragsformularen verwendet werden, ist der Anteil der kreativ-geistigen Tätigkeit eines Beraters nicht so hoch anzusetzen, dass Gebühren der genannten Art gerechtfertigt wären.

2. Einigungsgebühr

Wird ein Streit oder die Ungewissheit über ein Rechtsverhältnis der beteiligten Parteien durch eine gütliche Vereinbarung bereinigt, bringt das für den Rechtsanwalt oftmals eine zusätzliche Arbeitsbelastung mit sich. Im Falle der gütlichen Einigung sieht das RVG für diesen Fall daher das Entstehen einer Einigungsgebühr vor. Gemäß Nr. 1000 VV RVG beträgt die Gebühr für die außergerichtliche Einigung in der Regel 1,5. Ist jedoch über den Gegenstand der Einigung bereits ein anderes gerichtliches Verfahren als ein Beweisverfahren anhängig, ermäßigt sich der Gebührensatz gemäß Nr. 1003 VV RVG auf 1,0. Sie kann sich jedoch – wenn die Einigung im Berufungs- oder Revisionsverfahren zustande kommt – gemäß Nr. 1004 VV RVG auch auf 1,3 erhöhen. Ebenso wie die bisherige Vergleichsgebühr nach BRAGO ist auch die Einigungsgebühr eine **Erfolgsgebühr**.[27]

Verständigt sich der Betriebsrat mit dem Arbeitgeber über einen **Interessenausgleich** und schließt einen **Sozialplan** ab, so handelt es sich dabei nicht um einen Vertrag i.S.d. Nr. 1000 VV RVG zu § 2 Abs. 2 RVG. Dem vom Betriebsrat für die Verhandlungen hinzugezogenen Rechtsanwalt steht – wie schon im Rahmen des früheren § 23 BRAGO[28] – keine Einigungsgebühr zu.[29] Weder Sozialplan noch Interessenausgleich stellen einen Vertrag dar, mit dem ein Streit über ein Rechtsverhältnis beseitigt wird; vielmehr begründen beide Regelungswerke erst Rechte und Pflichten der Parteien.[30] Das Muster 8330[31] beinhaltet einen Musterschriftsatz für den Fall, dass von der Gegenseite eine Einigungsgebühr dennoch geltend gemacht wird.

---

26 *Hartmann*, Kostengesetze, VV 2300 Rn 16; *Schaefer/Kiemstedt*, Anwaltsgebühren im Arbeitsrecht, Rn 204.
27 *Gerold/Schmidt/v. Eicken*, RVG, Nr. 1000 VV Rn 5.
28 BAG 13.5.1998 – 7 ABR 65/96, NZA 1998, 900.
29 ArbG Berlin 15.3.2006 – 9 BV 21646/05, NZA-RR 2006, 543.
30 BAG 13.5.1998 – 7 ABR 65/96, NZA 1998, 900.
31 § 8 Rn 218.

140 Eine unter Mitwirkung eines Rechtsanwalts gefundene Regelung zwischen den Prozessparteien eines Verfahrens, die den Streit und die Ungewissheit über die Wirksamkeit einer Kündigung und das Bestehen des Arbeitsverhältnisses beseitigt, erfüllt den Tatbestand der Einigungsgebühr nach Nr. 1003, 1000 Abs. 1 Satz 1 VV RVG.[32] Eine Einigungsgebühr i.S.d. Nr. 1000 VV RVG entsteht auch dann, wenn sich die Parteien eines Kündigungsrechtsstreits auf eine Fortsetzung ihres Arbeitsverhältnisses einigen und der Arbeitnehmer daraufhin die Klage zurücknimmt.[33] Ebenso entsteht die Einigungsgebühr, wenn sich die Parteien nach Erhebung der Kündigungsschutzklage lediglich auf ein ungekündigtes Fortbestehen des Arbeitsverhältnisses verständigen.[34] Hierin liegt kein bloßes Anerkenntnis.[35] Die Gebühr entsteht auch dann, wenn zwar der geltend gemachte Anspruch in voller Höhe anerkannt wird, aber in die vertragliche Vereinbarung hierüber auch weitere Elemente aufgenommen werden, die die Abwicklung oder prozessuale Behandlung des Rechtsstreits oder sonstige Begleitregelungen betreffen. Ein Nachgeben mindestens in Bezug auf eine Nebenforderung ist nicht mehr erforderlich.[36]

141 Eine Einigungsgebühr fällt auch dann an, wenn zur Kündigung eines Berufsausbildungsverhältnisses nach Anrufung des Schlichtungsausschusses bei der Industrie- und Handelskammer bereits ein Schlichtungsspruch vorliegt.[37] Nach Ansicht des AG Koblenz ist durch die Anrufung des Schlichtungsausschusses der IHK mit der anschließenden Zustimmung beider Parteien zu diesem Schlichtungsspruch ein Streit über die Wirksamkeit der Kündigung tatsächlich vermieden worden.

3. Terminsgebühr

142 Als weitere gesetzliche Gebühr sieht das RVG die Terminsgebühr vor (Nr. 3104 VV RVG), die sich erstinstanzlich wie zweitinstanzlich auf 1,2 beläuft (Nr. 3104, 3202 VV RVG). In der Revision berechnet sich die Terminsgebühr nach dem Faktor 1,5 (Nr. 3210 VV RVG).

143 Die Terminsgebühr **entsteht** gemäß Vorbemerkung 3 Abs. 3 VV RVG generell im Rahmen der Vertretung des Mandanten in einem Verhandlungs-, Erörterungs- oder Beweisaufnahmetermin (Vorbemerkung 3 Abs. 3, 1. Alt. VV RVG). Weiterhin entsteht sie bei der Wahrnehmung eines von einem gerichtlich bestellten Sachverständigen anberaumten Termins (Vorbemerkung 3 Abs. 3, 2. Alt. VV RVG), wenn Besprechungen ohne Beteiligung des Gerichts mit dem Gegner geführt werden, um die Erledigung eines Rechtsstreits herbeizuführen[38] oder diesen zu vermeiden (Vorbemerkung 3 Teil 3 Abs. 3, 3. Alt. VV RVG). Die Terminsgebühr entsteht außerdem in einem Verfahren, für das eine mündliche Verhandlung zwar vorgeschrieben ist, im Einverständnis mit den Parteien oder gemäß § 307 Abs. 2 oder § 495a ZPO jedoch ohne mündliche Verhandlung entschieden wird (Nr. 3104 Nr. 1, 1. Alt. VV RVG). Hier hat der Gesetzgeber die Regelung des ehemaligen § 35 BRAGO übernommen. Die Terminsgebühr ist dabei nicht an eine erfolgreiche Beilegung der Auseinandersetzung geknüpft; es genügt ein Tätigwerden mit dem Ziel der Erledigung des Verfahrens durch den hierfür beauftragten Rechtsanwalt. Ein Erfolg ist gebührenrechtlich nicht geschuldet.

144 Eine Terminsgebühr entsteht, wenn die Parteien vor dem Arbeitsgericht einen schriftlichen Vergleich nach § 278 Abs. 6 ZPO abschließen auch dann, wenn der Vergleichsschluss ohne Mitwirkung des Gerichts geschieht.[39] Mit der Terminsgebühr wird nicht nur die Teilnahme an der mündlichen Verhandlung, sondern auch die Erörterung honoriert, ebenfalls die Teilnahme an sonstigen Terminen. Sie fällt außerdem dann an, wenn Besprechungen außerhalb des Gerichts mit dem Gegner geführt werden, um eine Erledigung des Rechtsstreits herbeizuführen.[40] Für das arbeitsgerichtliche Verfahren hat diese Regelung zur Folge, dass die Terminsgebühr im Gütetermin anfällt und auch durch die häufig im Verlaufe eines Rechtsstreits geführten, außergerichtlichen Verhandlungen zwischen den Parteien zur Erzielung eines Vergleichs.

---

32 BAG 29.3.2006 – 3 AZB 369/05, NZA 2006, 693 = NJW 2006, 1997.
33 LAG Düsseldorf 6.6.2006 – 16 Ta 307/06, n.v.
34 Muster 8335 § 8 Rn 219.
35 LAG Schleswig-Holstein 15.2.2006 – 1 Ta 252/05, NZA-RR 2006, 381.
36 LAG Baden-Württemberg 6.9.2005 – 3 Ta 135/05, RVGreport 2006, 149.
37 AG Koblenz 20.1.2006 – 40 UR II a 860/05, NZA-RR 2006, 544.
38 *Schneider/Mock*, Das neue Gebührenrecht für Anwälte, § 1 Rn 47.
39 LAG Schleswig-Holstein 13.1.2006 – 2 Ta 2/06, NZA-RR 2006, 268; LAG Düsseldorf 10.1.2006 – 16 Ta 668/05, n.v.; LAG Niedersachsen 10.10.2005 – 10 Ta 282/05, MDR 2006, 717; a.A. LAG Rheinland-Pfalz 21.11.2005 – 8 Ta 255/05, n.v.; *Schneider/Mock*, Das neue Gebührenrecht für Anwälte, § 1 Rn 48.
40 *Schneider/Mock*, Das neue Gebührenrecht für Anwälte, § 1 Rn 47.

Nach der Vorbemerkung 3 Abs. 3 VV RVG entsteht die Terminsgebühr u.a. für „die Mitwirkung an auf die Vermeidung oder Erledigung des Verfahrens gerichteten Besprechung ohne Beteiligung des Gerichts, dies gilt nicht für Besprechungen mit dem Auftraggeber". Hat der Rechtsanwalt als Prozessbevollmächtigter nicht nur mit seiner Partei, sondern darüber hinaus mit der Gegenseite außergerichtliche Erörterungen zur Beilegung des Rechtsstreits geführt, reichen diese Verhandlungen für die Entstehung der Terminsgebühr aus.[41] Die Terminsgebühr knüpft nicht an eine erfolgreiche Einigung an. Es genügt ein Tätigwerden mit der bloßen Zielrichtung der Erledigung des Verfahrens durch den hierfür beauftragten Rechtsanwalt. Ein Erfolg ist gebührenrechtlich nicht geschuldet. Eine Terminsgebühr entsteht auch für solche Streitgegenstände, die noch nicht rechtshängig waren, in den im Termin geschlossenen Vergleich aber mit einbezogen wurden.[42]

145

Der BGH hat in einer aktuellen Entscheidung[43] klargestellt, dass die Terminsgebühr nicht nur für die Vertretung des Mandanten in einem Gerichtstermin entsteht, sondern auch für die Mitwirkung an einer auf Vermeidung oder Erledigung des Verfahrens gerichteten Besprechung ohne Beteiligung des Gerichts. Dieser Gebührentatbestand setzt nach Auffassung des 9. Senats insbesondere nicht voraus, dass der Rechtsstreit bereits anhängig ist. Vielmehr reicht es aus, dass der Anwalt nach einem unbedingten Klageauftrag tätig wird.[44]

146

Der Anwalt erhält die Terminsgebühr auch für Besprechung mit dem Gegner während eines laufenden gerichtlichen Verfahrens außerhalb des Gerichts (Vorbemerkung 3 Abs. 3, 3. Alt. VV RVG). Die Terminsgebühr tritt im Übrigen an die Stelle der bisherigen gerichtlichen Verhandlungs-, Erörterungs- und Beweisgebühr (Vorbemerkung 3 Abs. 3, 1. Alt. VV RVG). Sie wird auch bei der Wahrnehmung eines vom einem gerichtlich bestellten Sachverständigen anberaumten Termins gewährt (Vorbemerkung 3 Abs. 3, 2. Alt. VV). Auch bei einer Entscheidung ohne mündliche Verhandlung fällt sie gemäß der Anmerkung in Abs. 1 Nr. 1, 1. Alt. zu Nr. 3104 VV RVG an. Die 1,2-Terminsgebühr entsteht außerdem in einem Verfahren, für das eine mündliche Verhandlung zwar vorgeschrieben ist, im Einverständnis mit den Parteien oder gemäß § 307 Abs. 2 oder § 495a ZPO jedoch ohne mündliche Verhandlung entschieden wird (Nr. 3104 Nr. 1, 1. Alt. VV RVG). Hier hat der Gesetzgeber die Regelung des ehemaligen § 35 BRAGO übernommen. Zu einer Mitwirkung an einer auf die Erledigung des Verfahrens gerichteten Besprechung im Sinne der Vorbemerkung 3 Abs. 3 VV RVG reicht es aus, wenn der zur Berufungsrücknahme entschlossene Berufungskläger telefonisch versucht, den Berufungsbeklagten zu einem Verzicht auf die Kostenerstattung zu bewegen.[45]

147

Im Falle eines Versäumnisurteils entsteht auch zukünftig nur eine 0,5-Gebühr. Voraussetzung für die reduzierte Versäumnisurteils-Gebühr ist, dass der Gegner nicht erschienen oder nicht ordnungsgemäß vertreten ist. Erklärt der Gegner dagegen, nicht auftreten zu wollen, fällt die volle 1,2-Terminsgebühr an. Gleiches gilt, wenn der Gegner zwar nicht erscheint, die Sache aber einseitig mit dem Gericht erörtert wird.[46] Grundsätzlich reduziert sich die Terminsgebühr nach Nr. 3104 VV RVG vom 1,2fachen Gebührensatz gemäß 3105 VV RVG auf 0,5, wenn der Anwalt einen Termin wahrnimmt, in dem nur ein Versäumnisurteil erlassen wird. Nach dem Wortlaut von Nr. 3105 VV RVG gilt die Gebührenabsenkung nur für den Fall, wenn lediglich ein Antrag auf Versäumnisurteil oder zu Prozess- oder Sachleitung gestellt wird. Mit der Gebührenreduzierung soll dem verminderten Aufwand des Rechtsanwalts bei dieser Fallkonstellation Rechnung getragen werden, ähnlich der Gebührenregelung in § 33 Abs. 2 BRAGO.[47] Nach der gesetzgeberischen Wertung soll die Reduktion der Terminsgebühr auf 0,5 allerdings nur dann erfolgen, wenn der Rechtsanwalt im Termin tatsächlich keine weiteren Tätigkeiten als das Stellen eines Antrags auf Erlass eines Versäumnisurteils ausübt oder Anträge zur Prozess- oder Sachleitung stellt.[48] Liegt Säumnis der gegnerischen Partei vor oder ist der Gegner nicht ordnungsgemäß vertreten, findet aber vor Erlass eines Versäumnisurteils eine einseitige Erörterung des erschienen Rechtsanwalts mit dem Gericht statt, fällt die volle Terminsgebühr mit dem Satz von 1,2

148

---

41 LAG Düsseldorf 10.1.2006 – 16 Ta 668/05, MDR 2006, 898 = LAGE § 278 ZPO 2002 Nr. 2.
42 AG Daun 26.7.2006 – 3 C 217/06, n.v.; Muster 8450 § 8 Rn 242.
43 BGH 8.2.2007 – IX ZR 215/05, n.v.
44 BGH 8.2.2007 – IX ZR 215/05, n.v.
45 LAG Hessen 1.3.2006 – 13 Ta 81/06, NZA-RR 2007, 37.
46 *Schneider*, AnwBl 2004, 129 (138).
47 Gerold/Schmidt/*Müller-Rabe*, RVG, Nr. 3105 VV Rn 2.
48 BT-Drucks. 15/1971, S. 265.

an.[49] Schriftsatzmuster zum Einfordern der Terminsgebühr im Falle eines Versäumnisurteils finden sich in den Mustern 8440,[50] 8445[51] sowie 8450.[52]

4. Verfahrensgebühr

149 Nach Nr. 3100 VV RVG erhält der Rechtsanwalt in allen gerichtlichen Verfahren I. Instanz, auf die das Vergütungsverzeichnis Teil 3 anzuwenden ist, also in einem der in der Überschrift von VV Teil 3 genannten Verfahren, eine 1,3-Verfahrensgebühr. Eine Besonderheit besteht für arbeitsgerichtliche Verfahren, wenn sich die Tätigkeit auf eine richterliche Entscheidung über die nach § 102 Abs. 3 ArbGG bezieht. Die Verfahrensgebühr des RVG entspricht der Prozessgebühr nach BRAGO.

150 Diese Regelung kommt den an den Arbeitsgerichten bundesweit tätigen Rechtsanwälten zugute, da bei den Arbeitsgerichten ohnehin kein Postulationszwang besteht, gleichwohl die Festsetzung außergerichtlicher Kosten von den Rechtspflegern der Arbeitsgerichtsbarkeit nur vorsichtig gewährt wurde, wenn beträchtliche Reisekosten in die Antragstellung einbezogen waren.

151 Aufgrund der gesetzlichen Neuregelung gilt, dass sich eine Partei grundsätzlich durch einen an ihrem Sitz oder Wohnsitz ansässigen Anwalt vor einem auswärtigen Gericht vertreten lassen darf und dass die Reisekosten des Anwalts erstattungsfähig sind. Eine Ausnahme gilt nur dann, wenn die Kosten eines Terminsvertreters ersichtlich geringer gewesen wären.[53] Als weitere Ausnahme gilt nach der Rechtsprechung, wenn die Partei über eine eigene Rechtsabteilung verfügt und es sich um ein Routinegeschäft handelt. In diesen Fällen ist es der Partei zuzumuten, in einem Rechtsstreit vor dem auswärtigen Gericht einen Prozessbevollmächtigten dort zu bestellen und diesen telefonisch oder mündlich zu unterrichten.[54] Hat die Partei ihren Sitz oder Wohnsitz am Ort des Gerichts, sind die Kosten eines auswärtigen Rechtsanwalts grundsätzlich nicht zu erstatten.[55]

152 Nicht sonderlich sachdienlich erscheint die Regelung in Nr. 3101 VV RVG. Die Verfahrensgebühr des Rechtsanwalts reduziert sich auf 0,8, wenn der Anwalt die Klage nicht eingereicht hat, ggf. bereits einen Klageauftrag hatte, die Klage aber noch nicht gefertigt hat (Nr. 3101 Nr. 1 VV RVG). Diesem Sachverhalt wird das Szenario gleichgestellt, dass der Anwalt eine Klage eingereicht, ggf. auch schon über mehrere Schriftsätze hinweg prozessiert hat und dann schließlich (in umfangreichen) Verhandlungen mit der Gegenseite außergerichtlich eine Einigung herbeiführt und den Vergleich dem Gericht zur Zustellung an Parteien nach § 278 Abs. 6 ZPO übermittelt (Nr. 3101 Abs. 2 VV RVG). Es ist auffallend, dass in dem letztgenannten Fall die Tätigkeit des Anwalts, auch im gerichtlichen Verfahren, naturgemäß aufwendiger ist als bei der Fallkonstellation, dass ein Klageauftrag durch den Mandanten erteilt wurde, die Klage aber weder gefertigt noch eingereicht wurde. Hier werden zwei miteinander vom Dienstleistungsaufwand her nicht vergleichbare Sachverhalte wirtschaftlich identisch bewertet.

5. Gutachtengebühren

153 In arbeitsrechtlichen Angelegenheiten werden verschiedentlich für Arbeitgeber, Verbände oder Behörden Gutachten erstellt. Für den Fall der Gutachtenerstellung kennt das RVG die angemessene Gebühr in Nr. 2103 VV RVG. Der Anwalt bestimmt diese Gebühr nach § 14 Abs. 1 RVG, die weder als Mindest- noch als Höchstgebühr, weder als Satzrahmen- noch als Betragsrahmen- oder Festgebühr ausgestaltet ist. Es ist damit Sache des Rechtsanwalts, wenn er nicht über eine Vergütungsvereinbarung von vornherein ein Honorar für das Gutachten festgelegt hat, nach § 14 Abs. 1 RVG die Höhe der Gebühr als angemessene Gebühr verantwortlich selbst zu bestimmen.

6. Tätigkeit vor dem Integrationsamt

154 Für die Tätigkeit vor dem Integrationsamt gelten Nr. 2400 VV RVG und Nr. 2401 VV RVG. Solange der Rechtsanwalt den Arbeitnehmer vor dem Integrationsamt aufgrund eines Antrags des Arbeitgebers nach § 85 SGB IX vertritt, gilt die Geschäftsgebühr gemäß Nr. 2400 VV RVG. Ist der Bescheid erlassen, reduziert

---

49 LAG Hessen 14.12.2005 – 13 Ta 481/05, RVG-Letter 2006, 51.
50 § 8 Rn 240.
51 § 8 Rn 241.
52 § 8 Rn 242.
53 BGH 16.10.2002 – VIII ZB 30/02, AGS 2003, 97 m. Anm. *Madert*.
54 BGH 16.10.2002 – VIII ZB 30/02, AGS 2003, 97 m. Anm. *Madert*.
55 BGH 12.12.2002 – I ZB 29/02, AGS 2003, 368.

sich die Gebühr des Anwalts gemäß Nr. 2401 VV RVG auf den Rahmen von 0,5 bis 1,3. Die Begründung wurde in Nr. 2401 VV RVG vom Gesetzgeber mitgeliefert. Man geht davon aus, dass der Umfang der Tätigkeit infolge der bereits im Vorerlass des Verwaltungsakts liegenden Verwaltungsverfahren nicht so umfangreich ausfällt. Diese Behauptung würdigt den Regelfall des Verfahrens vor dem Integrationsamt nicht ausreichend.

Bei der Bemessung des Gegenstandswertes für eine Tätigkeit des Rechtsanwalts vor dem Integrationsamt wurde früher vertreten, dass in diesem Fall die Regelungen des § 42 Abs. 4 Satz 1 GKG (§ 12 Abs. 7 ArbGG a.F.) gelten, also der Vierteljahresbezug des Bruttomonatsgehalts des Arbeitnehmers bei der Gegenstandswertberechnung zugrunde zu legen sei.[56] Seit einer Grundsatzentscheidung des Bundesverwaltungsgerichts vom 14.7.1991[57] wurde in derartigen Fällen jedoch grundsätzlich von einem Auffangwert von 4.000 EUR ausgegangen. Nach der Neuregelung des § 52 Abs. 2 GKG, der zu einer Erhöhung des Auffangwertes auf 5.000 EUR geführt hat, ist bei Tätigkeiten vor dem Integrationsamt nunmehr von einem höheren Vergütungsanspruch des Rechtsanwalts auszugehen.[58] Das Muster 8375[59] beinhaltet einen Schriftsatz zur Geltendmachung dieses erhöhten Gegenstandswertes bei Verfahren auf Zustimmung zur Kündigung vor dem Integrationsamt.

7. Erhöhungsgebühr

Wie schon in der Vergangenheit in § 6 BRAGO geregelt, erhält der Rechtsanwalt in derselben Angelegenheit, wenn er für mehrere Auftraggeber tätig ist, die Gebühren nur einmal (§ 7 Abs. 1 RVG). Nach Nr. 1008 VV RVG erhöht sich nunmehr die Verfahrens- oder Geschäftsgebühr für jede weitere Person um den Faktor 0,3, der im Sinne einer Kappungsgrenze den Gebührensatz 2,0 nicht übersteigen darf. Für Festgebühren und Betragsrahmengebühren sind Sonderregelungen geschaffen.

In § 7 Abs. 2 RVG regelt der Gesetzgeber, dass jeder der Auftraggeber die Gebühren und Auslagen schuldet, so dass bei mehreren Auftraggebern jeder Einzelne für eine volle Gebühr haftet.

II. Gebühren im Urteilsverfahren

Gebühren sind **öffentlich-rechtliche Abgaben** aus Anlass der **Inanspruchnahme staatlicher Gerichtsbarkeit**.[60] Während in der Vergangenheit die Gerichtsgebühren des arbeitsgerichtlichen Verfahrens aus einer Verfahrensgebühr und aus Entscheidungsgebühren bestanden, kennt die Regelung im GKG n.F. nur noch die Verfahrensgebühr. In I. Instanz beträgt sie 2,0 (Nr. 8210 KV), im Berufungsverfahren 2,4 (Nr. 8223 KV) und in der Revision 4,0 (Nr. 8230 KV). Die Verfahrensgebühr ermäßigt sich allerdings in I. Instanz bei Klagerücknahme, Anerkenntnis oder Erledigungserklärung auf 0,4 (Nr. 8211 KV), unter den gleichen Voraussetzungen im Berufungsverfahren auf 1,6 (Nr. 8222 KV) und im Revisionsverfahren, je nach vorzeitigem Beendigungstatbestand, auf 0,8 oder 2,4 (Nr. 8231 KV und Nr. 8232 KV).

Die frühere Anlage 2 zu § 12 Abs. 2 ArbGG, die als Verfahrensgebühr eine Kappung auf den Höchstbetrag von 500 EUR kannte, gilt in dieser Form seit dem 1.7.2004 nicht mehr. Nunmehr werden die Gebühren gemäß § 3 Abs. 2 GKG nach dem Kostenverzeichnis der Anlage 1 zum GKG n.F. erhoben, so dass eine Beschränkung auf eine Höchstgebühr von 500 EUR bei einem Gegenstandswert über 12.000 EUR, wie in der Vergangenheit, entfällt.

Hansens[61] hat an einer Reihe von Beispielen aufgezeigt, wie sich nach der gesetzlichen Neuregelung die Verfahrensgebühr entwickelt hat. Dabei geht er stets von einer Verfahrensgebühr in Höhe von 2,4 beim erstinstanzlichen Verfahren aus, was aber vermutlich auf einem Versehen beruht. Dementsprechend sind die Beispielsfälle von *Hansens* mit der Verfahrensgebühr 2,0 nachfolgend korrigiert:

---

56 VGH Hessen 23.12.1987 – 9 TE 3288/86, ZfSH/SGB 1988, 321 = AnwBl 1988, 488.
57 BVerwG 14.7.1991 – 5 C 39/89, MDR 1993, 584.
58 *Hennemann*, ArbRB 2005, 22.
59 § 8 Rn 227.
60 *Hartmann*, Einl. II. A. 4.
61 AnwBl 2004, 147.

161 **1. Kündigungsschutzklage, Endurteil.** Der Kündigungsschutzklage – Bruttomonatsentgelt 10.000 EUR – wird durch Urteil entsprochen.

Verfahrensgebühr	
§ 12 Abs. 2 Satz 1 ArbGG, GV-Nr. 9111 GKG KostVerz. 1,0 (Wert: 30.000,00 EUR) Höchstbetrag 500,00 EUR	GKG KostVerz.-E Nr. 8210 2,0 (Wert: 30.000,00 EUR) 680,00 EUR
Bemerkung: Bei diesem im Arbeitsgerichtsprozess relativ hohen Gegenstandswert macht sich der Wegfall der bisherigen Höchstgebühr von 500,00 EUR bemerkbar.	

162 **2. Kündigungsschutzklage, gerichtlicher Vergleich.** In einem Kündigungsschutzprozess schließen die Parteien einen Vergleich, nachdem die fristlose in eine ordentliche Kündigung umgewandelt wird.

Gemäß GV-Nr. 9112 entfällt die Verfahrensgebühr bei Beendigung des Verfahrens durch einen vor Gericht abgeschlossenen Vergleich, auch wenn der Wert des Vergleichsgegenstandes den Wert des Streitgegenstandes übersteigt.	Gemäß Vorbemerkung 8 GKG-KostVerz.-E (vor Nr. 8100) entfällt die Verfahrensgebühr bei Beendigung des gesamten Verfahrens durch einen gerichtlichen Vergleich.
Bemerkung: Auch das vorgesehene neue Gebührenrecht sieht einen Wegfall der Verfahrensgebühr vor. Dies gilt jedoch nur für einen gerichtlichen Vergleich, während nach geltendem Recht auch ein dem Gericht mitgeteilter Vergleich genügt. Die Ergänzung im bisherigen Recht, dass die Verfahrensgebühr auch dann wegfällt, wenn der Wert des Vergleichsgegenstandes den Wert des Streitgegenstandes übersteigt (Beispiel: Vergleich über die Beendigung des Arbeitsverhältnisses und Zahlung einer Abfindung), findet sich im Entwurf nicht mehr. Auch die Entwurfsbegründung gibt keinen Aufschluss über die Folgen der geänderten Gesetzesfassung.	

163 **3. Berufung, Entscheidung durch begründetes Endurteil.** Die Berufung mit einem Gegenstandswert von 9.000,00 EUR wird durch begründetes Endurteil zurückgewiesen.

a) Verfahrensgebühr	
§ 12 Abs. 3 ArbGG, GV-Nr. 9120 1,2 (Wert: 9.000,00 EUR) 217,20 EUR	GKG KostVerz.-E Nr. 8220 3,2 (Wert: 9.000,00 EUR) 579,20 EUR
b) Urteilsgebühr	
GV-Nr. 9124 0,6 (Wert: 9.000,00 EUR) 108,60 EUR Summe 425,80 EUR	
Bemerkung: Auch in dieser Verfahrenssituation macht sich eine starke Anhebung der Gerichtsgebühren bemerkbar.	

164 Die in der Vergangenheit in den höheren Instanzen angefallene Urteilsgebühr (Entscheidungsgebühr) kennt das Gerichtskostenverzeichnis nicht mehr. Allerdings ist die Verfahrensgebühr, beispielsweise in Revisionssachen, mit dem Satz von 4,0 beträchtlich.

III. Grundsätze für die Bemessung des Gegenstandswertes

1. Urteilsstreitwert

165 Das Arbeitsgericht setzt gemäß § 61 Abs. 1 ArbGG den Wert des Streitgegenstandes im Urteil fest. Diesen Gegenstandswert bezeichnet man auch als „**Rechtsmittelstreitwert**". Durch diesen Gegenstandswert wird die Obergrenze der möglichen Beschwer festgelegt.[62] Der für die Berechnung des Urteilsstreitwertes maßgebliche **Zeitpunkt** ist der Schluss der mündlichen Verhandlung.[63] Erledigt sich ein Teil des Streitgegenstandes vor der

---

[62] *Heuwerth*, FA 1998, 341.
[63] *Grunsky*, § 61 ArbGG Rn 4.

mündlichen Verhandlung durch Klagerücknahme, Teilvergleich oder teilweise Erledigung der Hauptsache, so ist dieser Teil bei der Berechnung des Urteilsstreitwertes nicht mehr mit zu berücksichtigen.[64]

Die Gegenstandswertfestsetzung im Urteil ist **unanfechtbar**. Eine Beschwerde nach § 25 Abs. 3 GKG ist ausgeschlossen. Das Arbeitsgericht ist aufgrund der Bindungswirkung des § 318 ZPO gehindert, die getroffene Gegenstandswertfestsetzung abzuändern.[65] Die Bindungswirkung der Gegenstandswertfestsetzung wirkt auch im Verhältnis zum Landesarbeitsgericht, das eine Abänderung von der Festsetzung grundsätzlich nicht vornehmen kann.

166

Die Wertfestsetzung im arbeitsgerichtlichen Urteilsverfahren ist in § 63 GKG geregelt.[66] Eine Wertfestsetzung für die Zuständigkeit des Prozessgerichts oder die Zulässigkeit des Rechtsmittels scheidet im arbeitsgerichtlichen Verfahren nach wie vor gemäß § 62 Satz 2 GKG aus.[67] Die Gegenstandswert-Rechtsprechung zum arbeitsgerichtlichen Beschlussverfahren gewann im Jahre 1978 an Bedeutung, als das BAG den Betriebsräten ein Wahlrecht zwischen gewerkschaftlicher und anwaltlicher Vertretung zubilligte.[68]

167

2. Wert des Gegenstandes der anwaltlichen Tätigkeit

Die gesetzlichen Gebühren des Rechtsanwalts werden gemäß § 2 Abs. 1 RVG nach dem Wert berechnet, den der Gegenstand seiner Tätigkeit hat. Unter dem „Gegenstand" ist das Recht oder Rechtsverhältnis (auch Streitgegenstand oder Streitverhältnis genannt) zu verstehen, auf das sich die Tätigkeit des Rechtsanwalts nach dem Inhalt des erteilten Auftrags bezieht.[69] Umfasst die Angelegenheit mehrere Gegenstände, sind die Werte gemäß § 22 Abs. 1 RVG zu addieren. Der Wert des Gegenstandes richtet sich gemäß § 23 Abs. 1 Satz 1 RVG nach den für die Gerichtsgebühren geltenden Wertvorschriften. Das gilt gemäß § 23 Abs. 1 Satz 2 RVG auch für die außergerichtliche Tätigkeit des Rechtsanwalts, wenn der Gegenstand der außergerichtlichen Tätigkeit auch Gegenstand einer gerichtlichen Tätigkeit sein könnte.[70]

168

Wenn der Gegenstand der anwaltlichen und der gerichtlichen Tätigkeit übereinstimmen, entspricht der Wert der anwaltlichen Tätigkeit dem Gerichtsgebührenstreitwert, § 23 Abs. 1 RVG. Stimmen die beiden Werte nicht überein oder ergeht eine gerichtliche Entscheidung über den Gerichtsgebührenstreitwert nur deshalb nicht, weil das Verfahren wie das Beschlussverfahren gebührenfrei ist,[71] kann der Rechtsanwalt nach § 11 Abs. 1 RVG die gesonderte Festsetzung des Gegenstandswertes seiner Tätigkeit beantragen. Der Antrag darf erst gestellt werden, wenn die Vergütung fällig ist, § 11 Abs. 2 Satz 1 RVG.

169

3. Nichtanrechnung der Abfindung beim Gegenstandswert

Eine arbeitsrechtliche Besonderheit – die markante Ausnahme vom Grundsatz der Gegenstandswertaddition – besteht darin, dass eine Abfindung nicht hinzugerechnet wird. Diese Regelung des § 42 Abs. 4 Satz 1 Hs. 2 GKG entspricht wortgleich der Vorgängervorschrift des § 12 Abs. 7 Satz 1 Hs. 2 ArbGG.

170

Um das Verbot der Gegenstandswertaddition bei Abfindungen rankt sich eine Reihe von Unklarheiten, die der Gesetzgeber bislang trotz der historischen Chance – der Neuordnung in § 42 Abs. 4 GKG – nicht beseitigt hat. Vielfach ist unbekannt, dass die Ausnahmebestimmung der Nichtanrechnung einer Abfindung auf den Gegenstandswert nur für den Fall geschaffen wurde, dass das Gericht auf Antrag einer Partei das Arbeitsverhältnis gemäß §§ 9, 10 KSchG gegen Zahlung einer Abfindung aufgelöst hat.[72] Es entspricht allgemeiner Auffassung, dass die Abfindung selbst dann bei der Gegenstandswertberechnung nicht hinzuzurechnen ist, wenn der Arbeitnehmer den Auflösungsantrag selbst gestellt und den Abfindungsbetrag beziffert hat.[73] § 42 Abs. 4 Satz 1 Hs. 2 GKG kommt jedoch dann nicht zur Anwendung, wenn die Abfindung auf einer eigenen Anspruchsgrundlage – etwa Sozialplan, Nachteilsausgleich oder Rationalisierungsschutzab-

171

---

64 *Grunsky*, § 61 ArbGG Rn 4.
65 Allgemeine Ansicht: GK-ArbGG/*Dörner*, § 61 ArbGG Rn 20; *Germelmann/Matthes/Prütting/Müller-Glöge*, § 61 ArbGG Rn 15; *Grunsky*, § 61 ArbGG Rn 6; *Heuwerth*, FA 1998, 341.
66 § 25 GKG a.F.
67 *Natter*, NZA 2004, 688.
68 BAG 3.10.1978 – 6 ABR 102/76, BAGE 31, 93 = EzA § 40 BetrVG 1972 Nr. 37 = NJW 1980, 1486.
69 BGH 5.4.1976 – III ZR 95/74, LM § 7 BRAGO Nr. 2 = MDR 1976, 742.
70 OLG Düsseldorf 29.6.2006 – I 24 U 196/04, n.v.; OLG Düsseldorf 23.5.2005 – 24 W 24/05, AGS 2005, 398 = MDR 2005, 1078; BGH 17.10.1996 – IX ZR 37/96, NJW 1997, 188 = AnwBl 1997, 349.
71 §§ 2a, 80 ff. ArbGG.
72 *Germelmann/Matthes/Prütting/Müller-Glöge*, § 12 ArbGG Rn 115; GK-ArbGG/*Wenzel*, § 12 Rn 103, 118, 175.
73 LAG Hamm 21.10.1982 – 8 Ta 275/82, MDR 1983, 170; ArbG Nürnberg 30.5.2006 – 15 Ca 8895/00, n.v.; LAG Düsseldorf 17.1.1985 – 7 Ta 267/84, n.v.

kommen – beruht, die nicht vom Ausgang des Kündigungsschutzrechtsstreits abhängig ist.[74] In diesem Falle handelt es sich um verschiedene Streitgegenstände, so dass eine Gegenstandswertaddition zu erfolgen hat.[75] Eine Folge dieser Rechtslage besteht darin, dass der Ausnahmetatbestand des § 42 Abs. 4 Satz 2 Hs. 2 GKG bzw. § 12 Abs. 7 Satz 1 ArbGG auf die Abfindung nicht angewendet werden kann, auch nicht analog.[76] *Wenzel* lehnt auch eine Übertragung des § 42 Abs. 4 Satz 1 Hs. 2 GKG, also eine Ausnahme von der Gegenstandswertaddition, selbst bei Abfindung aus Rationalisierungsschutzabkommen, beim Nachteilsausgleich nach § 113 BetrVG oder bei Abfindung aus Sozialplänen ab. Er begründet seine Ansicht damit, dass „die anderen Entschädigungen nicht aus einer wirksamen Kündigung herauswachsen, sondern im Gegenteil voraussetzen, dass die Kündigung Bestand haben werde, wenngleich die darin liegende soziale Härte Entschädigungsleistung nahe lege".[77] Wird die Form des Prozessvergleichs dazu benutzt, unstreitige Rechtsverhältnisse zu regeln und zu gestalten, so gäben die Parteien zu erkennen, dass sie unstreitige Beziehungen wie streitige Rechtsbeziehungen behandelt wissen wollten, woraus die Bildung eines besonderen Wertes gerechtfertigt sei, also keine Nichtanrechnung der Abfindung vorzusehen sei.[78]

172 Das BAG hat in seiner Entscheidung vom 16.5.2000[79] den Grundsatz aufgestellt, dass auch im außergerichtlichen Bereich generell die Wertvorschrift des § 12 Abs. 7 Satz 1 ArbG anzuwenden sei. Auch bei außergerichtlichen Verhandlungen, wenn durch die anwaltliche Tätigkeit ein Aufhebungsvertrag mit einer Abfindungsvereinbarung zustande komme, ohne dass ein gerichtliches Verfahren eingeleitet werde, sei der Gegenstandswert unter Anwendung der gerichtlichen Wertvorschriften des § 42 Abs. 4 GKG (§ 12 Abs. 7 Satz 1 ArbGG a.F.) zu bestimmen.

173 Das Urteil des BAG wirkt angesichts der in der Kommentarliteratur einhellig geäußerten Auffassung[80] nicht ausreichend durchdacht. Übersehen wurde, dass § 42 Abs. 4 Satz 1 Hs. 2 GKG (§ 12 Abs. 7 Satz 1 Hs. 2 ArbGG a.F.) ein Sondertatbestand ist, der den sozial schwachen Arbeitnehmer schützen soll, ein Tatbestand, der verhindern will, dass dem sein Arbeitsverhältnis verlierenden Arbeitnehmer seine wirtschaftliche Lage nicht auch noch dadurch erschwert werden soll, dass sich durch die Auflösungsentscheidung des Gerichts nach § 9 KSchG der für die Anwaltsgebühren maßgebliche Streitwert erhöht. § 42 Abs. 4 GKG (§ 12 Abs. 7 ArbGG a.F.) liegt der Gedanke zugrunde, dass der Rechtsstreit bereits einen Streitwert hat, nämlich den Vierteljahresbezug, § 42 Abs. 4 Satz 1 Hs. 1 GKG. Durch die mit der Auflösung anstelle des Bestandsschutzziels der Kündigungsschutzklage tretende Abfindung soll nach dem Willen des Gesetzgebers keine andere, streitwerterhöhende Position treten. Allein auf diesen Sachverhalt ist die Regelung zugeschnitten, auf keine andere Fallkonstellation sonst.

174 Im außergerichtlichen Bereich ist die Sachlage eine andere. Hier spricht nicht der Richter, ggf. gegen den Willen des Arbeitnehmers, eine Auflösung des Arbeitsverhältnisses aus, hier wird entweder einvernehmlich das Arbeitsverhältnis beendet (Aufhebungsvertrag) oder nach Kündigung des Arbeitgebers ein Vertrag über die Modalitäten der Beendigung des Arbeitsverhältnisses geschlossen (Abwicklungsvertrag) oder eine betriebsbedingte Kündigung des Arbeitsverhältnisses entsprechend den Vorgaben des § 1a KSchG vom Arbeitnehmer hingenommen.

175 Schafft der Gesetzgeber eine Ausnahmevorschrift, besteht zunächst die Vermutung dafür, dass diese Vorschrift auf andere Sachverhalte nicht übertragen werden kann. Dem Rechtsanwalt ist es auch verwehrt, Vorschriften in Gebührenangelegenheiten heranzuziehen, die nicht den konkreten Sachverhalt betreffen, sondern nach Maßgabe einer subjektiven Analogie als vergleichbar gewertet werden. Gerade das Fehlen eines Gebührentatbestands für eine anwaltliche Dienstleistung belegt, dass die Dienstleistung nicht abrechenbar ist bzw. nicht abrechenbar sein soll. Umgekehrt bedeutet eine gesetzgeberische Einschränkung, von dem generellen Grundsatz der Streitwertaddition abzuweichen, dass der Ausnahmetatbestand nicht auf andere, unbenannte Sachverhaltskonstellationen übertragen werden darf.

---

[74] LAG Hamm 15.10.1981 – 8 Ta 137/81, EzA § 12 ArbGG 1979 Streitwert Nr. 8; LAG Hamburg 15.2.1984 – 2 Ta 3/84, n.v.; LAG Berlin 17.3.1995 – 1 Ta 6/95, NZA 1995, 1072; LG Frankfurt 15.12.1995 – 2/17 S 202/95, JurBüro 1996, 365; LAG Köln 14.9.2001 – 13 Ta 214/01, AnwBl 2002, 185; LAG Hamburg 19.9.2003 – 4 Ta 16/03, LAGE § 12 ArbGG 1979 Streitwert Nr. 131.
[75] *Germelmann/Matthes/Prütting/Müller-Glöge*, § 12 ArbGG Rn 116.
[76] GK-ArbGG/*Wenzel*, § 12 Rn 103.
[77] GK-ArbGG/*Wenzel*, § 12 Rn 103.
[78] GK-ArbGG/*Wenzel*, § 12 Rn 177.
[79] BAG 16.5.2000 – 9 AZR 279/99, BAGE 94, 336 = NZA 2000, 1246 = MDR 2001, 174.
[80] *Germelmann/Matthes/Prütting/Müller-Glöge*, ArbGG, § 12 Rn 116; GK-ArbGG/*Wenzel*, § 12 Rn 103.

In diesem Sinne ist eine Analogie der Ausnahmevorschrift des § 42 Abs. 4 GKG (§ 12 Abs. 7 Satz 1 Hs. 2 ArbGG a.F.) auf das außergerichtliche Tätigwerden eines Rechtsanwalts bei Abschluss eines Aufhebungs- oder Abwicklungsvertrages nicht gerechtfertigt. Konsequent zu Ende gedacht hätte das Urteil des BAG vom 16.5.2000[81] zur Folge, dass die Interessenwahrnehmung des Anwalts im Falle einer Kündigung durch den Arbeitgeber nach § 1a KSchG, wenn der Anwalt den Arbeitnehmer nur im Bereich der Höhe der Abfindung berät, unentgeltlich zu erfolgen hätte. § 42 Abs. 4 GKG (§ 12 Abs. 7 Satz 1 Hs. 1 ArbGG a.F.), also der Vierteljahresbezug als Streitwert, könnte nicht in Ansatz gebracht werden, weil der Anwalt hinsichtlich der Kündigung, die mit dem Vierteljahresgehalt zu berücksichtigen wäre, nicht tätig geworden ist. Seine Interessenwahrnehmung wegen der Höhe der Abfindung könnte, wäre das Urteil des BAG vom 16.5.2000 zutreffend, nach § 42 Abs. 4 GKG (§ 12 Abs. 7 Satz 1 Hs. 2 ArbGG a.F.) nicht hinzugerechnet werden. Ergebnis wäre: Die Tätigkeit des Anwalts hätte keinen Streitwert.

176

An diesem Beispiel kann man verständlich machen, weshalb für eine Analogie, wie sie das BAG gewählt hat, kein Raum ist. § 42 Abs. 4 Satz 1 Hs. 2 GKG (sowie die gleich lautende Regelung in § 12 Abs. 7 Satz 1 Hs. 2 ArbGG a.F.) ist daher ausschließlich auf das **Auflösungsurteil** gemäß § 9 KSchG zugeschnitten. Es wäre wünschenswert, wenn die Rechtsprechung diesen Umstand zur Kenntnis nehmen würde. *Hansens* bezeichnet die Regelung in § 12 Abs. 7 Satz 1 Hs. 2 ArbGG a.F. (jetzt: § 42 Abs. 4 Satz 1 Hs. 2 GKG) nicht ohne Grund als eine „nicht praxisgerechte Bestimmung".[82] Bedauerlicherweise gibt es gegenwärtig keinen gesetzlich definierten Begriff der **Abfindung**. Es ist anerkannt, dass bei § 143a SGB III der gleiche Abfindungsbegriff zugrunde liegt wie im Arbeits- oder im Steuerrecht.[83] Im Lohnsteuerrecht ist der Begriff der Abfindung definiert.[84] Danach sind Abfindungen Leistungen, die der Arbeitnehmer als Ausgleich für die mit der Auflösung des Dienstverhältnisses verbundenen Nachteile, insbesondere für den Verlust des Arbeitsplatzes, erhält. Nicht zu den Abfindungen gehören andere Bezüge, die lediglich aus Anlass der Auflösung eines Dienstverhältnisses bezahlt werden.

177

In der steuerrechtlichen Literatur wird die Abgrenzung der Abfindung nach § 3 Nr. 9 EStG zur sonstigen Entschädigungszahlung wie folgt vorgenommen: „Entscheidend bei der Abfindung sind nur zwei Dinge, die Zahlung darf nicht aus einem neuen Rechtsgrund vereinbart werden, der Arbeitnehmer darf nicht bereits einen Rechtsanspruch auf die Leistung erworben haben."[85]

178

Rechtsschutzversicherungen halten die Analogie, die das BAG im außergerichtlichen Bereich bei Beendigung eines Arbeitsverhältnisses gegen Zahlung einer Abfindung vornimmt, selbstredend aus ökonomischem Eigeninteresse für zutreffend. Der Versuch, die Streitwerte aus der Beendigung des Arbeitsverhältnisses und einer erzielten Abfindung im Rahmen außergerichtlicher Vergleichsverhandlungen aufzuaddieren, findet bei ihnen regelmäßigen keine Zustimmung. Die Streitwertdifferenz ist regelmäßig zu niedrig, um sich dem Aufwand eines nicht hinreichend vergüteten Musterrechtsstreits hinzugeben.

179

4. Die Angelegenheit gemäß § 15 RVG

Nach § 15 Abs. 1 RVG gelten die Gebühren des Rechtsanwalts für die gesamte Tätigkeit, vom Beginn des Auftrags bis zur Erledigung der Angelegenheit. Die gebührenrechtliche Gretchenfrage lautet, was unter einer **Angelegenheit** i.S.v. § 15 RVG zu verstehen ist. Die gesetzliche Formulierung in § 15 RVG entspricht dem Wortlaut des früheren § 13 Abs. 1 und 2 BRAGO, so dass die bisherige Kommentarliteratur und Rechtsprechung zur Bestimmung des Begriffs „Angelegenheit" hinzugezogen werden kann. Die Erläuterungsbeispiele, mit denen in den §§ 16 bis 18 RVG dieselben Angelegenheiten, verschiedene oder besondere Angelegenheiten benannt werden, sind für das Arbeitsrecht nicht einschlägig. Drei Kriterien sind zur Bestimmung des Begriffs der gesonderten Angelegenheit maßgebend. Der Tätigkeit des Anwalts muss

180

- ein einheitlicher Auftrag zugrunde liegen,
- sie muss sich im gleichen Rahmen halten und
- zwischen den einzelnen Handlungen und/oder Gegenständen der anwaltlichen Tätigkeit muss ein innerer Zusammenhang bestehen.[86]

---

81 BAG 16.5.2000 – 9 AZR 279/99, BAGE 94, 336 = NZA 2000, 1246.
82 AnwBl 2004, 142 (147).
83 *Niesel*, § 143a SGB III Rn 7 ff.
84 R 9 der Lohnsteuerrichtlinien zu § 9 Nr. 3 EStG.
85 Schmidt/*Heinicke*, § 3 – ABC der steuerfreien Einnahmen.
86 AnwK-RVG/*N. Schneider*, § 15 Rn 23 ff.; Gerold/Schmidt/*Madert*, RVG, § 15 Rn 27.

181 Beauftragt ein Arbeitgeber einen Rechtsanwalt, einem Arbeitnehmer zu kündigen, ist dieser Auftrag eine gesonderte Angelegenheit i.S.v. § 15 Abs. 1 RVG. Erhebt der Mitarbeiter anschließend Kündigungsschutzklage und beauftragt der Arbeitgeber den Rechtsanwalt, der bereits die Kündigung vorbereitet und, vom Arbeitgeber bevollmächtigt, ausgesprochen hat, handelt es sich um eine erneute Angelegenheit i.S.v. § 15 RVG. Der Arbeitgeber hat bei dieser Fallkonstellation zwei unterschiedliche Aufträge erteilt. Mit Erteilung des ersten Auftrags konnte er noch nicht einmal wissen, ob der Arbeitnehmer Kündigungsschutzklage erheben würde. Die Abwehr der Kündigungsschutzklage stellt daher einen eigenständigen Auftrag i.S.v. § 15 Abs. 1 RVG dar.[87]

182 Beauftragt der Arbeitgeber den Anwalt, vor Ausspruch einer Kündigung die **Zustimmung des Integrationsamts** einzuholen, da der Arbeitnehmer mit einem Grad von 80 % behindert ist, handelt es sich um eine gesonderte Angelegenheit i.S.v. § 15 RVG (Verwaltungsverfahren gemäß Nr. 2400 VV RVG). Die Kündigung eines Arbeitnehmers als arbeitsrechtliche Gestaltungserklärung bewegt sich nicht im gleichen Rahmen wie das verwaltungsrechtliche Verfahren auf Erteilung einer Zustimmung nach § 85 SGB IX. Beauftragte der Arbeitgeber den Rechtsanwalt zunächst ausschließlich mit der Prüfung der Voraussetzungen einer wirksamen Kündigung, handelt es sich ebenfalls um eine gesonderte Angelegenheit, so dass eine Anrechnung der dabei anfallenden Geschäftsgebühr nach Nr. 2400 VV RVG auf die Gebühr gemäß Nr. 3100 VV RVG im gerichtlichen Verfahren, wenn der Arbeitgeber späterhin den Auftrag erteilt, ihn im Kündigungsschutzprozess gegen den Arbeitnehmer zu vertreten, nicht möglich ist.[88] Eine hilfreiche **Kontrollüberlegung**, ob es sich um die **gleiche Angelegenheit** oder um **andere Angelegenheit** handelt, bietet der Hinweis bei *Madert*,[89] ob die verschiedenen Gegenstände im Falle gerichtlicher Geltendmachung in einem Verfahren verfolgt werden können. Die Tätigkeit in einem verwaltungsrechtlichen Verfahren wie der Herbeiführung der Zustimmung des Integrationsamts zur Kündigung eines Arbeitnehmers findet ihre Überprüfung im Widerspruchsverfahren und im anschließenden verwaltungsgerichtlichen Prozess statt. Die Tätigkeit des Anwalts im Zusammenhang mit einer Kündigung kann nur Gegenstand eines arbeitsgerichtlichen Verfahrens bilden. Hier fehlt also der innere Zusammenhang. Auch die Tätigkeit im außergerichtlichen Bereich, also beispielsweise die Fertigung eines Kündigungsschreibens oder die Entwicklung einer Kündigungsstrategie, wird nicht im Verhältnis zwischen Auftraggeber und Mandant im arbeitsgerichtlichen Verfahren überprüft, sondern für den Fall, dass der Anwalt eine mangelhafte Beratungsleistung erbracht hat, im zivilgerichtlichen Haftungsprozess, den der Arbeitgeber gegen seinen Anwalt vor dem Landgericht anstrengen würde.

183 Häufig wird nicht bedacht, dass sich unterschiedliche Lebenssachverhalte aus einem einheitlichen, dem Anwalt erteilten Mandat ergeben. Bezieht sich der einheitliche Auftrag auf unterschiedliche Gegenstände, erstreckt sich der Auftrag auf unterschiedliche Angelegenheiten im gebührenrechtlichen Sinne und der Anwalt kann auch nicht die Streitgegenstände aufaddieren und dem Mandanten eine Rechnung zukommen lassen. Nur in derselben Angelegenheit werden die Werte mehrerer Gegenstände zusammengerechnet (§ 22 Abs. 1 RVG).

184 Im Arbeitsrecht wird verschiedentlich übersehen, dass die Tätigkeit des Rechtsanwalts aus einer ganzen Reihe von Mandaten einschließlich Folgemandaten besteht. Dass sich die Aufträge auf ein einziges Arbeitsverhältnis zwischen den gleichen Parteien wiederholt erstrecken, führt nicht dazu, dass es sich stets auch um eine gebührenrechtliche Angelegenheit i.S.v. § 15 RVG (früher: § 13 BRAGO) handelt. Diesen Umstand dürfte der BGH in seiner Grundsatzentscheidung vom 29.3.1983[90] übersehen haben.

185 Das Urteil des BGH vom 29.3.1983 zwingt den Anwalt in Folgeprozesse.[91] Der in einer Kündigungssache mit der Prozessführung beauftragte Rechtsanwalt muss durch Befragung ermitteln, ob der Arbeitnehmer auch ein Interesse an der Geltendmachung von Vergütungsansprüchen schon während des Kündigungsschutzprozesses hat. Da der Rechtsanwalt für seinen Mandanten den sichersten Weg zu wählen hat,[92] muss er stets auch auf die sich durch Ausschlussfristen ergebenden Nachteile verspäteter Zahlungsklagen hinweisen. Rechtsschutzversicherungen regen bei kombinierten Kündigungsschutz- und Zahlungsklagen regelmäßig an, unter Hinweis auf § 15 Abs. 1 d ARB 1975 die **Zahlungsklagen zurückzustellen**. Der Anwalt sollte in diesen Fällen auf die sich aus der Nichterhebung der Zahlungsklage ergebenden Risiken hinweisen. Erfah-

---

[87] *Schaefer/Kiemstedt*, Anwaltsgebühren im Arbeitsrecht, B Rn 3.
[88] Ebenso nach früherer Rechtslage: *Schiffer*, FA 1997, 4 (5).
[89] *Gerold/Schmidt/Madert*, RVG, § 15 Rn 6.
[90] BGH 29.3.1983 – VI ZR 172/81, NJW 1983, 1665.
[91] *Gans/Schrader*, NZA 1999, 570.
[92] LG Mannheim 11.4.1997 – 1 S 386/96, NZA-RR 1997, 443; *Küttner*, NZA 1996, 462.

rungsgemäß erteilen Rechtsschutzversicherer den Deckungsschutz für die Zahlungsklage, wenn man sie vor die Alternative stellt, das wirtschaftliche Risiko der Nichterhebung einer Zahlungsklage zu übernehmen.

Kommt es nach Abschluss eines Vergleichs in einer Kündigungsschutzsache zu einer erneuten Kündigung oder zahlt der Arbeitgeber die vertragliche Vergütung während der Kündigungsfrist nicht, handelt es sich um eine erneute arbeitsrechtliche Angelegenheit i.S.v. § 15 Abs. 1 RVG, soweit der Arbeitnehmer den Anwalt auch insoweit beauftragt. Zahlt der Arbeitgeber eine vereinbarte Abfindung nicht zum vereinbarten Zeitpunkt und beauftragt der Arbeitnehmer den Anwalt mit der Durchsetzung seines Abfindungsanspruchs, handelt es sich erneut um eine gesonderte Angelegenheit i.S.v. § 15 Abs. 1 RVG.[93]

186

Bei arbeitsrechtlichen Mandaten kann es vorkommen, dass der Arbeitnehmeranwalt aufgesucht wird, um einen Aufhebungsvertrag auszuhandeln und gleichzeitig Aufträge mit dem Arbeitgeber für den Arbeitnehmer über einen gewissen Zeitraum zu vereinbaren, damit der Arbeitnehmer eine Existenzgrundlage als Selbständiger begründen kann. In diesen Fällen handelt es sich nicht um eine Angelegenheit, sondern um zwei Angelegenheiten. Die Unterschiedlichkeit der Angelegenheiten ergibt sich daraus, dass kein gleicher Rahmen i.S.d. § 15 RVG besteht, weil es meist bereits an der Parteiidentität fehlt. Der Arbeitgeber ist zwar meist die gleiche Rechtspersönlichkeit wie der spätere Auftraggeber. Der ausscheidende Arbeitnehmer wird als Auftragnehmer oft in einer GmbH oder OHG oder Partnerschaft eine gesellschaftsrechtliche Stellung einnehmen.

187

In jedem Falle fehlt es bei dieser Konstellation an einem inneren Zusammenhang i.S.d. § 15 RVG. Aufträge des (früheren) Arbeitgebers unterliegen, anders als das Arbeitsentgelt, der Mehrwertsteuerpflicht. Es handelt sich um zivilrechtliche und nicht um arbeitsrechtliche Ansprüche. Damit ein innerer Zusammenhang besteht, muss die Angelegenheit zumindest dem gleichen Rechtsgebiet angehören. Selbst wenn das gleiche Rechtsgebiet vorliegt, fehlt es an einem inneren Zusammenhang, wenn sich die Anspruchsziele voneinander unterscheiden, so beispielsweise wenn der Anwalt beauftragt wird, ein Mietverhältnis wegen Zahlungsverzugs zu kündigen und anschließend die Räumung durchzusetzen; es handelt sich um unterschiedliche Angelegenheiten.[94] Selbst die anwaltliche Unfallschadenregulierung und die jährliche Neuberechnung einer Unterhaltsrente bilden verschiedene Angelegenheiten.[95] Jedes über den Aufhebungsvertrag hinausgehende Verhandlungsthema ist eine andere Angelegenheit, die gesondert gebührenmäßig in Rechnung zu stellen ist.[96]

188

Unzutreffend ist die Auffassung des OLG Düsseldorf vom 12.4.2005, das behauptet, Aufträge, die an den Anwalt im Zusammenhang mit einem Aufhebungsvertrag erteilt worden seien, seien stets eine Angelegenheit. Insbesondere bei der hier dargestellten Fallkonstellation sei der zivilrechtliche Rahmenvertrag über existenzsichernde Aufträge an den ausscheidenden Arbeitnehmer Teil der Abfindung und daher nach § 42 Abs. 4 Satz 1 Hs. 2 GKG gebührenrechtlich nicht in Ansatz zu bringen.[97]

189

5. Verwiesene Verfahren

Ist ein Rechtsstreit vom Landgericht an das Arbeitsgericht verwiesen worden, kann der Beklagte abweichend von § 12a Abs. 1 Satz 1 ArbGG nach Satz 3 dieser Bestimmung die Erstattung seiner vor dem Landgericht entstandenen Anwaltskosten beanspruchen.[98] Dies gilt nicht, wenn die Parteien später vor dem Arbeitsgericht einen Vergleich schließen und im Vergleich keine gesonderte Kostenregelung treffen. In diesen Fällen gilt § 98 ZPO. Die Kosten vor dem Landgericht werden gemäß § 17b Abs. 2 Satz 1 GVG als Teil der Kosten behandelt, die bei dem Arbeitsgericht erwachsen sind. Sie sind nach § 98 Satz 2 ZPO als gegeneinander aufgehoben anzusehen.[99]

190

---

93 *Schaefer/Kiemstedt*, Anwaltsgebühren im Arbeitsrecht, A Rn 47.
94 LG Köln 4.11.1998 – 20 O 343/98, MDR 2000, 730.
95 LG Kleve 7.10.1981 – 5 S 17/81, AnwBl 1981, 509.
96 LG Bonn 4.3.2004 – 6 S 171/03, n.v.
97 OLG Düsseldorf 12.4.2005 – I-24 U 66/04, n.v.
98 BAG 1.11.2004 – 3 AZB 10/04, NJW 2005, 1301; LAG Düsseldorf 15.8.2006 – 16 Ta 392/06, NZA-RR 2006, 658.
99 LAG Düsseldorf 15.8.2006 – 16 Ta 392/06, NZA-RR 2006, 658.

B. Texte

I. Rechtsprechung (alphabetisch nach Stichworten)

191 **1. Muster: Abfindung**

Eine Abfindung i.S.d. §§ 9, 10 KSchG bleibt grundsätzlich bei der Wertberechnung einer Kündigungsschutzklage nach § 42 Abs. 4 GKG unberücksichtigt. Ob eine Abfindung den Wert des Kündigungsschutzprozesses erheblich überschreitet, ist ohne Bedeutung. Auch ein beziffertes Abfindungsverlangen rechtfertigt nicht, einen Wertansatz entgegen dem Wortlaut von § 42 Abs. 4 GKG vorzunehmen,

LAG Nürnberg 29.8.2005 – 2 Ta 109/05, NZA-RR 2006, 44 = JurBüro 2006, 82; LAG Baden-Württemberg 22.9.2004 – 3 Ta 136/04, LAGE § 9 KSchG Nr. 37; *Hartmann*, Kostengesetze, 36. Aufl. 2006, § 42 GKG Rn 54; LAG Düsseldorf 20.7.1987 – 7 Ta 198/87, LAGE § 12 ArbGG 1979 Streitwert Nr. 66; LAG Hamm 21.10.1982 – 8 Ta 275/82, MDR 1983, 170.

192 **2. Muster: Abfindung, außergerichtlich**

Die Abfindung muss hier zum Gegenstandswert hinzugerechnet werden. Die Ausnahmebestimmung der Nichtanrechnung einer Abfindung auf den Gegenstandswert wurde nur den Fall geschaffen, dass das Gericht auf Antrag einer Partei das Arbeitsverhältnis gemäß §§ 9, 10 KSchG gegen Zahlung einer Abfindung aufgelöst hat,

Germelmann/Matthes/Prütting/Müller-Glöge, § 12 ArbGG Rn 115; GK-ArbGG/*Wenzel*, § 12 Rn 103, 118, 175.

Entgegen der Entscheidung des BAG vom 16.5.2000

9 AZR 279/99, BAGE 94, 336 = NZA 2000, 1246 = MDR 2001, 174,

ist im außergerichtlichen Bereich die Wertvorschrift des § 42 Abs. 4 Satz 1 GKG (§ 12 Abs. 7 Satz 1 ArbGG a.F.) nicht anzuwenden.

Der 9. Senat missachtet, dass § 42 Abs. 4 Satz 1 GKG (§ 12 Abs. 7 Satz 1 Hs. 2 ArbGG a.F.) ein Sondertatbestand ist, der den sozial schwachen Arbeitnehmer schützen soll. Dem sein Arbeitsverhältnis verlierenden Arbeitnehmer soll seine wirtschaftliche Lage nicht auch noch dadurch erschwert werden, dass sich durch die Auflösungsentscheidung des Gerichts nach § 9 KSchG der für die Anwaltsgebühren maßgebliche Streitwert erhöht. § 42 Abs. 4 Satz 1 GKG (§ 12 Abs. 7 ArbGG a.F.) liegt der Gedanke zugrunde, dass der Rechtsstreit bereits einen Streitwert hat, nämlich den Vierteljahresbezug. Durch die mit der Auflösung anstelle des Bestandsschutzziels der Kündigungsschutzklage tretende Abfindung soll nach dem Willen des Gesetzgebers keine andere, streitwerterhöhende Position treten. Die Regelung in § 42 Abs. 4 Satz 1 Hs. 2 GKG ist allein auf diesen Sachverhalt zugeschnitten und auf andere Fallkonstellation nicht anwendbar.

Im außergerichtlichen Bereich stellt sich die Sachlage ganz anders dar. Hier wird entweder einvernehmlich das Arbeitsverhältnis beendet (Aufhebungsvertrag) oder nach Kündigung des Arbeitgebers ein Vertrag über die Modalitäten der Beendigung des Arbeitsverhältnisses geschlossen (Abwicklungsvertrag) oder eine betriebsbedingte Kündigung des Arbeitsverhältnisses entsprechend den Vorgaben des § 1a KSchG vom Arbeitnehmer hingenommen. Die Situation im Prozess ist eine andere. Hier spricht der Richter, ggf. gegen den Willen des Arbeitnehmers, eine Auflösung des Arbeitsverhältnisses aus.

Eine analoge Anwendung von Ausnahmevorschriften ist grundsätzlich nicht möglich. Es besteht eine Vermutung dafür, dass diese Vorschrift auf andere Sachverhalte nicht übertragen werden kann. Die Grundvoraussetzung für jede Analogie – eine Regelungslücke – liegt bei der Schaffung einer Ausnahmevorschrift durch den Gesetzgeber gerade nicht vor. Dem Anwalt ist es auch verwehrt, Vorschriften in Gebührenangelegenheiten heranzuziehen, die nicht den konkreten Sachverhalt betreffen, sondern nach Maßgabe einer subjektiven Analogie als vergleichbar gewertet werden. Gerade das Fehlen eines Gebührentatbestands für eine anwaltliche Dienstleistung belegt, dass die Dienstleistung nicht abrechenbar ist bzw. nicht abrechenbar sein soll. Umgekehrt bedeutet eine gesetzgeberische Einschränkung, von dem generellen Grundsatz der Streitwertaddition abzuweichen, dass der Ausnahmetatbestand nicht auf andere, unbenannte Sachverhaltskonstellationen übertragen werden darf.

Demzufolge ist eine analoge Anwendung der Ausnahmevorschrift des § 42 Abs. 4 Satz 1 Hs. 2 GKG (§ 12 Abs. 7 Satz 1 Hs. 2 ArbGG a.F.) auf das außergerichtliche Tätigwerden eines Rechtsanwalts bei Abschluss eines Aufhebungs- oder Abwicklungsvertrages nicht gerechtfertigt.

3. Muster: Abfindung als eigenständig geltend gemachter Anspruch

Nach § 42 Abs. 4 Satz 1 GKG ist eine Abfindung dem Streitwert grundsätzlich nicht hinzuzurechnen. Die Streitwerte des Feststellungsantrags und des Antrags auf Zahlung der Abfindung sind aber dann zu addieren, wenn der Abfindungsanspruch nicht auf die §§ 9, 10 KSchG gestützt und über den (hilfsweisen) Anspruch beispielsweise im Rahmen eines geltend gemachten Zahlungsanspruchs entschieden wird,

LAG Hamm 15.10.1981 – 8 Ta 137/81, KostRspr. ArbGG 1979 § 12 Nr. 40; LAG Frankfurt – 8 Ta 24/77, BB 1977, 1549; *Tschischgale/Satzky*, S. 20.

Deshalb ist auch eine Abfindung nach § 113 Abs. 3 BetrVG (Nachteilsausgleich) bei der Streitwertfestsetzung gesondert zu bewerten,

LAG Bremen 15.3.1983 – 4 Sa 265/82, EzA Nr. 22 zu § 12 ArbGG 1979 – Streitwert.

Das LAG Köln wendet bei der isolierten Geltendmachung eines Abfindungsanspruchs § 42 Abs. 4 Satz 1 GKG (§ 12 Abs. 7 Satz 1 ArbGG a.F.) analog an, wenn der Wert des Abfindungsstreits erheblich höher liegt als der Wert dreier Monatsgehälter,

LAG Köln 10.3.2000 – 4 (8) Sa 1398/99, n.v.

Der Auflösungsantrag ist, wenn er isoliert in II. Instanz weiterverfolgt wird, streitwertmäßig mit zwei Dritteln des Wertes des Feststellungsantrags zu bestimmen,

LAG Hamm 16.8.1989 – 2 Sa 308/89, NZA 1990, 328.

Wenn Gegenstand der Angelegenheit ein Streit über die Vererblichkeit eines Abfindungsanspruchs ist, ist die Höhe der in Streit stehenden Abfindung für die Bemessung des Streitwertes maßgeblich,

LAG Hamm 8.11.2005 – 19 Sa 1491/05, LAGE § 1a KSchG Nr. 3.

4. Muster: Abmahnung

Der Arbeitnehmer hat einen Anspruch auf Entfernung einer Abmahnung aus der Personalakte geltend gemacht. Dieser Anspruch hat einen Gegenstandswert, der nach der Rechtsprechung mit einem Monatsgehalt in Ansatz gebracht wird,

LAG Rheinland-Pfalz 17.1.2006 – 9 Ta 305/05, n.v.; ArbG Ulm 10.3.2006 – 7 Ca 348/05, n.v.; ArbG Bielefeld 7.3.2006 – 2 Ca 3662/05, EzA-SD Nr. 13, 12 zu 2006; ArbG München 16.11.2004 – 21 Ca 22397/03, AuR 2005, 195; ArbG Rostock 27.10.2004 – 4 Ca 1371/04, AE 2006, 16; LAG Hamburg 12.8.1991 – 1 Ta 6/91, LAGE § 12 ArbGG 1979 Streitwert Nr. 94; LAG Köln 7.6.1985 – Ta 71/85, n.v.; LAG Köln 19.12.1985 – 3 Ta 8/85, n.v.; LAG Hamm 5.7.1984 – 8 Ta 115/84, NZA 1984, 236; LAG Bremen 3.5.1983 – 4 Ta 32/82, ARST 1983, 141.

Liegt ein Zeitraum von mindestens drei Monaten zwischen den Abmahnungen, so ist der Streitwert auf ein Monatseinkommen festzusetzen, bei einem unter drei Monaten liegenden Zeitraum ist der Wert auf ein Drittel des auf diesen Zeitraum entfallenden Einkommens zu bestimmen,

LAG Düsseldorf 4.9.1995 – 7 Ta 245/95, NZA-RR 1996, 391.

Zwei Monatsverdienste als Regelstreitwert betrachtet das LAG Düsseldorf als angemessen,

LAG Düsseldorf 5.1.1989 – 7 Ta 400/88, JurBüro 1989, 954.

Ein halbes Bruttomonatsgehalt erklären das LAG Schleswig-Holstein und das LAG Rheinland-Pfalz zum maßgeblichen Gegenstandswert,

LAG Schleswig-Holstein 6.7.1994 – 6 Ta 28/94, Bibliothek BAG (Juris); LAG Rheinland-Pfalz 15.7.1986 – 1 Ta 84/86, LAGE § 12 ArbGG Streitwert Nr. 60.

Macht der Anspruchsteller nicht nur die Entfernung einer Abmahnung aus der Personalakte geltend, sondern auch deren Widerruf, so ist pro Abmahnung ein Wert von zwei Gehältern festzusetzen,

ArbG Düsseldorf 29.8.1997 – 8 Ca 5441/96, AnwBl 1998, 111.

5. Muster: Abmahnungen, mehrere

Bei mehreren kurzfristig aufeinander folgenden Abmahnungen sind regelmäßig die beiden ersten Abmahnungen mit einem Bruttomonatsverdienst und die Folgeabmahnungen mit einem Drittel des Betrags eines Monatsverdienstes zu bewerten. Auf die zeitlichen Zwischenräume zwischen den Abmahnungen kommt es nicht an. Es spielt keine Rolle, ob mehrere Abmahnungen an einem Tage ausgesprochen werden,

LAG Köln 11.9.2003 – 3 Ta 228/03, AR-Blattei ES 160.13 Nr. 252; LAG Hessen 24.5.2000 – 15 Ta 16/00, NZA-RR 2000, 438.

Es wird auch vertreten, dass sich der Gegenstandswert bei mehreren Abmahnungen aus einem Bruttomonatsgehalt errechnet, multipliziert mit der Anzahl der Abmahnungen,

LAG Hamm 5.7.1984, LAGE § 12 ArbGG Nr. 29; LAG Frankfurt, Beschl. v. 1.3.1988, LAGE § 12 ArbGG Nr. 72.

Das LAG Rheinland-Pfalz geht davon aus, dass für zwei kurz aufeinander folgende Abmahnungen für jede ein Bruttomonatsgehalt in Ansatz zu bringen ist,

LAG Rheinland-Pfalz 17.1.2006 – 9 Ta 305/05.

6. Muster: Akteneinsicht

Wird das Recht auf Akteneinsicht geltend gemacht, so ist der Streitwert so zu bestimmen wie beim Anspruch auf Auskunftserteilung, d.h. der Wert des Hauptziels ist maßgeblich,

LAG Frankfurt 23.1.1996 – 9 Sa 1680/95, n.v.

7. Muster: Altersteilzeit

Entsprechend dem Gegenstandswert bei Teilzeitarbeitsverhältnissen sind Altersteilzeitregelungen bei der Bestimmung des Gegenstandswertes entweder mit dem 36-fachen der monatlichen Differenz des Gehalts zu berücksichtigen, wobei jedoch das für die Bewertung von Bestandsstreitigkeiten maßgebende Vierteljahresentgelt (§ 42 Abs. 4 S. 1 GKG) nicht überschritten werden darf,

LAG Berlin 26.9.2005 – 17 Ta (Kost) 6059/05, AE 2006, 63; LAG Köln 29.8.2001 – 11 Ta 200/01, AuR 2002, 119,

oder aber der Gegenstandswert entspricht 2 Monatseinkommen im Altersteilzeitverhältnis,

LAG Düsseldorf, Beschl. v. 12.11.2001 – 7 Ta 375/01, NZA-RR 2002, 103.

8. Muster: Altersteilzeitverlangen

Die Parteien streiten über eine Verpflichtung des beklagten Arbeitgebers, einen Altersteilzeitvertrag mit einem Arbeitnehmer zu schließen. Die Klage, die eine solche Verpflichtung zum Gegenstand hat, ist in gleicher Weise wie ein Änderungsschutzverfahren zu bewerten,

LAG Berlin 3.4.2001 – 17 Ta (Kost) 6051/01, n.v.; LAG Berlin 26.9.2005 – 17 Ta (Kost) 6059/05, AE 2006, 64.

Danach bestimmt sich der Streitwert nach dem Wert der dreijährigen Vergütungsdifferenz, wobei jedoch das für die Bewertung von Bestandsstreitigkeiten maßgebende Vierteljahresentgelt gemäß § 42 Abs. 4 Satz 1 GKG nicht überschritten werden darf.

9. Muster: Altersversorgung

Der Streitwert für Ansprüche aus betrieblicher Altersversorgung ist nach § 42 Abs. 3 Satz 1 GKG (§ 12 Abs. 7 Satz 2 ArbGG a.F.) mit dem dreifachen Jahresbetrag der wiederkehrenden Leistung festzusetzen,

LAG Köln 18.10.2005 – 9 (6) Sa 589/05, n.v.; LAG Köln 18.10.2005 – 9 Sa 215/05, n.v.; LAG Rheinland-Pfalz 28.11.1984 – 1 Ta 232/84, n.v.

Rückstände dürfen nach § 42 Abs. 3 Satz 1 Hs. 2 GKG (§ 12 Abs. 7 Satz 2 Hs. 2 ArbGG a.F.) nicht hinzugerechnet werden,

LAG Köln 18.10.2005 – 9 (6) Sa 589/05, n.v.; LAG Köln 18.10.2005 – 9 Sa 215/05, n.v.

Die gesetzliche Regelung gilt auch für Klagen gegen Unterstützungskassen,

LAG Baden-Württemberg 2.12.1980 – 1 Ta 134/80, AP Nr. 1 zu § 12 ArbGG 1979.

Wird nur auf Feststellung geklagt, so ist ein Abschlag von 20% vorzunehmen,

BAG 18.12.1961 – 3 AZR 313/59, AP Nr. 6 zu § 3 ZPO.

Geht es nur um Zahlungsmodalitäten, so ist das wirtschaftliche Interesse des Klägers maßgeblich,

LAG Rheinland-Pfalz 28.11.1984 – 1 Ta 232/84, n.v.

10. Muster: Änderungskündigung

Hat der Arbeitnehmer das Angebot auf Abschluss eines neuen Arbeitsvertrages nicht unter dem Vorbehalt gerichtlicher Überprüfung angenommen, steht der Bestand des Arbeitsverhältnisses in seiner Gesamtheit zur Entscheidung. In diesem Fall ist der Streitwert wie bei einer gewöhnlichen Kündigungsschutzklage aus § 42 Abs. 4 GKG zu entnehmen, beträgt also ein Viertel des Jahreseinkommens.

Nimmt der Arbeitnehmer das geänderte Arbeitsvertragsangebot des Arbeitgebers nach § 2 KSchG unter dem Vorbehalt an, dass die Änderung der Arbeitsbedingungen nicht sozial ungerechtfertigt ist, wird das Arbeitsverhältnis in jedem Falle fortgesetzt und die Änderungskündigungsschutzklage ist auf die Frage der sozialen Rechtfertigung beschränkt.

In diesem Falle nimmt ein Teil der Rechtsprechung einen Gegenstandswert in Höhe des dreifachen Jahresbetrags des Wertes der Änderung an. Höchstgrenze seien jedoch die Regelungen des § 42 Abs. 4 Sätze 1 und 2 GKG, so dass der Gebührenstreitwert keine der beiden dort genannten Grenzen überschreiten dürfe, sondern die niedrigere von beiden maßgeblich sei.

BAG 23.3.1989 – 7 AZR 527/85 (B), DB 1989, 1880; LAG Hamburg 28.10.1996 – 4 Ta 18/96, LAGE § 12 ArbGG 1979 Streitwert Nr. 110; LAG Niedersachsen 28.12.1993 – 2 Ta 410/93, AnwGeb 1994, 28; LAG Bremen 5.5.1987 – 4 Ta 8/87, NZA 1987, 716.

Teilweise wird von den Landesarbeitsgerichten § 42 Abs. 4 GKG, also der Wert des dreimonatigen Bezuges bzw. Unterschiedsbetrags, generell zur Bestimmung des Gegenstandswertes herangezogen,

LAG Köln 20.4.1982 – 1/8 Sa 528/81, EzA § 12 ArbGG 1979 Nr. 13; LAG Köln 3.4.1985 – Ta 55/85, n.v.; LAG Köln 13.3.1986 – Ta 59/86, n.v.; LAG Köln 17.1.1985 – Ta 213/84, n.v.; LAG Köln 19.8.1999, NZA-RR 2000, 662; LAG Bremen NZA 1987, 716; LAG München, Beschl. v. 31.5.1985, AP Nr. 10 zu § 12 ArbGG 1979.

Schließlich wendet eine Reihe von Landesarbeitsgerichten § 42 Abs. 4 GKG (§ 12 Abs. 7 ArbGG a.F.) direkt oder analog an,

LAG Schleswig-Holstein 18.1.1994 – 6 Ta 132/93, n.v.; LAG Baden-Württemberg 2.1.1991 – 8 Ta 138/90, DB 1991, 1840; LAG Frankfurt 25.4.1985 – 1 Ta 76/85, NZA 1986, 35; LAG Berlin 7.11.1977 – 9 Sa 48/77, DB 1978, 548; LAG Rheinland-Pfalz 25.4.1985 – 1 Ta 76/85, NZA 1986, 34.

Teilweise wird dabei die Ansicht vertreten, dass es sich bei dem nach § 42 Abs. 4 Satz 1 GKG (§ 12 Abs. 7 Satz 1 ArbGG a.F.) ermittelten Drei-Monats-Differenzbetrag nur um einen Mindestbetrag des Gegenstandswertes einer Änderungsschutzklage handele und sonstige materielle Nachteile berücksichtigt werden müssten, wie Prestige, Rehabilitation etc. und deshalb eine angemessene Erhöhung des Drei-Monats-Betrags im Rahmen von § 3 ZPO vorgenommen werden müsse,

LAG Schleswig-Holstein 18.1.1994 – 6 Ta 132/93, n.v.; LAG Hamm 21.11.1985 – 8 Ta 360/84, DB 1986, 1344.

In einer neueren Entscheidung geht das LAG Köln davon aus, dass eine auf eine unbefristete Vergütungsreduzierung gerichtete Änderungskündigung dem wirtschaftlichen Interesse des Arbeitnehmers entsprechend an sich gemäß § 42 Abs. 3 GKG, § 23 Abs. 1 Satz 1 RVG mit dem dreijährigen Unterschiedsbetrag zu bewerten wäre,

LAG Köln 12.5.2005 – 7 Ta 32/05, AE 2006, 145 = NZA-RR 2006, 47 = LAGE § 42 GKG 2004 Nr. 4a.

Lediglich zur Vermeidung von Wertungswidersprüchen – die Änderungsschutzklage soll keinen höheren Wert erhalten als die „echte" Kündigungsschutzklage – wird § 42 Abs. 4 Satz 1 GKG entsprechend auch auf die Änderungsschutzklage angewandt und als Kappungsgrenze herangezogen.

Vom LAG Berlin werden – unter ausdrücklicher Aufgabe der bisherigen Rechtsprechung – zwei Monatsvergütungen als Gegenstandswert angenommen,

    LAG Berlin 29.5.1998 – 7 Ta 129/97 (Kost), FA 1999, 198.

Das Arbeitsgericht Frankfurt a.M. hat einen Gegenstandswert von einer Bruttomonatsvergütung festgesetzt,

    ArbG Frankfurt a.M. 25.2.2005 – 9 Ca 4742/04, n.v.

11. Muster: Anfechtung eines Arbeitsverhältnisses

Bei der Anfechtung eines Arbeitsverhältnisses geht es um das Bestehen oder Nichtbestehen eines Arbeitsverhältnisses, so dass sich bereits aus dem Wortlaut von § 42 Abs. 4 Satz 1 GKG ergibt, dass der Gegenstandswert dem für die Dauer eines Vierteljahres zu leistenden Arbeitsentgelt entspricht.

Auch bei der Anfechtung eines Aufhebungsvertrages geht es um das Bestehen bzw. Nichtbestehen eines Arbeitsverhältnisses, so dass auch hier der Vierteljahresbezug des Arbeitsentgelts maßgebend ist.

12. Muster: Arbeitsbescheinigung nach § 312 SGB III

Die vom Arbeitgeber gemäß § 312 SGB III auszufüllenden Arbeitsbescheinigungen werden wertmäßig in der Rechtsprechung mit einem Betrag von 250 EUR,

    LAG Rheinland-Pfalz 10.6.2005 – 6 Ta 131/05, n.v. ; LAG Köln 13.12.1999 – 13 (7) Ta 366/99, AnwBl 2001, 634; LAG Schleswig-Holstein 8.12.1988 – 6 Ta 166/88, n.v.; LAG Baden-Württemberg 9.2.1984 –1 Ta 10/84, DB 1984, 676; LAG Hamm 18.4.1985 – 8 Ta 92/85, DB 1985, 1897,

teilweise mit einem Betrag von 150 EUR,

    LAG Düsseldorf 11.4.1984 – 7 Ta 115/85, LAGE § 3 ZPO Nr. 2,

in Ansatz gebracht.

13. Muster: Arbeitspapiere

Der Anspruch auf Herausgabe der Arbeitspapiere, womit das Ausfüllen und die Herausgabe von Lohnsteuerkarte, die Abrechnung des Versicherungsnachweisheftes sowie die Arbeitsbescheinigung nach § 312 SGB III gemeint sind, wird in der Rechtsprechung generell mit 250 EUR bewertet,

    LAG Rheinland-Pfalz 18.11.2005 – 6 Ta 253/05, n.v.; LAG Köln 16.6.2003 – 2 Ta 157/03, n.v.; LAG Hamm 18.4.1985 – 8 Ta 92/85, DB 1985, 1897; LAG Köln 25.4.1983 – 2 Ta 38/83, n.v.; LAG Baden-Württemberg 29.2.1984 – 1 Ta 10/84, BB 1984, 1234; LAG Köln 13.12.1999 – 13 (7) Ta 366/99 AnwBl 2001, 634.

14. Muster: Arbeitszeitverringerung, Antrag nach § 8 TzBfG

Gegenstand der Angelegenheit bildet eine Arbeitszeitreduzierung gemäß § 8 Abs. 1 TzBfG. Wie der Gegenstandswert einer solchen Sache zu bemessen ist, ist in der Rechtsprechung und Literatur umstritten.

Teilweise wird angenommen, dass die Streitwertfestsetzung in einem solchen Fall nach § 3 ZPO vorzunehmen sei. Dabei geht das LAG Berlin von einem Streitwert von drei Bruttomonatsgehältern aus,

    LAG Berlin 4.9.2001 – 17 Ta (Kost) 6121/01, NZA-RR 2002, 104 = LAGE § 3 ZPO Nr. 13.

In anderen Fällen werden zwei Monatsgehälter festgesetzt,

    LAG Düsseldorf 12.11.2001 – 7 Ta 375/01, NZA-RR 2002, 103 = MDR 2002, 177 = LAGE § 3 ZPO Nr. 14; ArbG Mönchengladbach 30.5.2001 – 5 Ca 1157/01, EzA-SD 14/2001, 15; LAG Berlin 24.11.2000 – 7 Ta 6057/00 (Kost), MDR 2001, 636 = FA 2001, 184 = JurBüro 2001, 252.

Kapitel 2: Gegenstandswerte im Arbeitsrecht 8

Teilweise wird angenommen, dass auf die Vorschriften über die vermögensrechtlichen Streitigkeiten abzustellen sei,
Hanau, NZA 2001, 1168, 1172.

Die weiterhin vertretene Auffassung, der Streitwert bei einer Klage auf Zustimmung zur Verringerung der regelmäßigen wöchentlichen Arbeitszeit und Verteilung der verkürzten Arbeitszeit auf die einzelnen Werktage sei gemäß § 3 ZPO zu bewerten, überzeugt indes nicht.

Richtig ist, den Antrag auf Arbeitszeitreduzierung entsprechend der BAG-Rechtsprechung zur Streitwertbemessung bei der Änderungskündigungsschutzklage zu bewerten. Bei einer Arbeitszeitreduzierung ist daher § 42 Abs. 4 GKG entsprechend anzuwenden mit der sich aus § 42 Abs. 4 Satz 1 GKG ergebenden Höchstgrenze,

LAG Rheinland-Pfalz 30.5.2005 – 7 Ta 71/05, MDR 2006, 57 = AE 2006, 145; LAG Hessen 28.11.2001 – 15 Ta 361/01, NZA-RR 2002, 327; ArbG Bonn 20.6.2001 – 2 Ca 1414/01 EU, NZA 2001, 973; LAG Hamburg 8.11.2001 – 6 Ta 24/01, NZA-RR 2002, 589 = MDR 2002, 589; ArbG Hannover 31.1.2002 – 10 Ca 419/01, NZA-RR 2002, 294; ArbG Stuttgart 23.11.2001 – 26 Ca 1324/01, NZA-RR 2002, 183; *Kliemt*, NZA 2001, 63, 68; *Straub*, NZA 2001, 919, 925; *Ennemann*, NZA 2001, 1190.

Gestritten wird in dem Verfahren auf Arbeitszeitverringerung nämlich nur darum, in welcher Höhe bzw. in welchem Umfang wiederkehrende Leistungen (Arbeit oder Gehalt) zu erbringen sind. Vordergründig wird jedenfalls nicht um das Bestehen, Nichtbestehen oder die Kündigung eines Arbeitsverhältnisses gestritten,

Annuß/Thüsing/Mengel, TzBfG-Kommentar, § 8 Rn 231.

15. Muster: Auflösungsantrag nach §§ 9, 10 KSchG

Wie sich bereits aus § 42 Abs. 4 Satz 1 a.E. GKG ergibt, wird eine Abfindung bei der Wertberechnung nicht hinzugerechnet. Damit verursacht der Auflösungsantrag gemäß §§ 9, 10 KSchG keine Erhöhung des Gegenstandswertes,

LAG Nürnberg 29.8.2005 – 2 Ta 109/05, AE 2006, 144; LAG Sachsen 9.6.2005 – 4 Ta 390/04; LAG Baden-Württemberg 22.9.2004 – 3 Ta 136/04, n.v.; LAG Brandenburg 17.4.2003 – 6 Ta 63/03, n.v.; LAG München 14.9.2001 – 4 Ta 200/01, NZA-RR 2002, 493; LAG Köln 29.12.2000 – 8 Ta 230/00, NZA-RR 2001, 324; BAG 25.1.1960 – 2 AZR 519/57, BB 1960, 249; LAG Köln 12.12.1999 – 12 Sa 817/99, n.v.; LAG Köln, Beschl. v. 27.7.1995, ARST 1996, 18.

Der Auflösungsantrag nach § 9 KSchG ist danach nicht streitwertmäßig gesondert zu berücksichtigen.

Die Abfindung wirkt auch dann nicht streitwerterhöhend, wenn der Arbeitnehmer eine bezifferte Abfindung fordert, statt den Betrag in das Ermessen des Gerichts zu stellen,

ArbG Nürnberg 30.5.2001 – 15 Ca 8895/00, n.v.; LAG Berlin 30.11.1987 – 9 Sa 102/87, AnwBl 1988, 486.

Das LAG Berlin setzt den Streitwert für den Auflösungsantrag des Arbeitnehmers auf den Betrag einer Bruttomonatsvergütung fest,

LAG Berlin 30.12.1999 – 7 Ta 6121/99, LAGE § 12 ArbGG 1979 Streitwert Nr. 119b = MDR 2000, 526.

Nach Auffassung des LAG Hamm soll allerdings dann, wenn in II. Instanz Streitgegenstand nur noch der Auflösungsantrag ist, von zwei Drittel des Wertes des Feststellungsantrags auszugehen sein,

LAG Hamm, Beschl. v. 16.8.1989 – 2 Sa 308/88, NZA 1990, 328.

Nach anderer Auffassung stellt der Auflösungsantrag gemäß §§ 9, 12 KSchG einen eigenständigen Streitgegenstand dar, der über den Kündigungsstreitgegenstand hinausgeht. Er ist bei der Bemessung des Streitwertes mit einem Bruttomonatsentgelt zu bemessen,

LAG Berlin 30.12.1999 – 7 Ta 6121/99, LAGE § 12 ArbGG Streitwert Nr. 119b; ArbG Würzburg 5.6.2000 – 6 Ca 118/99, NZA-RR 2001, 107.

16. Muster: Berechnung des Monatsentgelts

Das Monatsentgelt entspricht dem Jahresbruttogehalt, dividiert durch den Faktor 12. Maßgeblich für die Berechnung ist das Jahresbruttogehalt auf Basis des vom Arbeitnehmer in den letzten drei Monaten bezogenen Arbeitsentgelts,
> BAG 19.7.1973, EzA § 12 ArbGG Nr. 1.

Mit zu berücksichtigen sind Anwesenheits- oder Verkaufsprämien, Nacht-, Schicht-, Gefahr- und Leistungszulagen, Sachbezüge wie Kost, Unterkunft und Deputate, entsprechend den steuer- und sozialversicherungsrechtlich anzuwendenden Vorschriften,
> GK-ArbGG/*Wenzel*, § 12 Rn 140.

Fahrtkostenpauschalen, wenn diese auch im Urlaub gezahlt werden, und sonstiger Aufwendungsersatz, wie Trennungsentschädigungen, sind nach verbreiteter Ansicht in das Jahresbruttogehalt einzustellen,
> LAG Frankfurt 12.4.1966, AP Nr. 14 zu § 12 ArbGG 1953; LAG Baden-Württemberg 16.8.1984, AuR 1985, 197.

Nicht einheitlich beantwortet wird die Frage, ob Sonderleistungen, wie Weihnachts- und Urlaubsgratifikationen, zu berücksichtigen sind. Zum Teil wird die Einbeziehung derartiger Sonderleistungen generell abgelehnt,
> LAG Saarland 9.4.1985, JurBüro 1985, 592.

Überwiegend wird vertreten, dass das 13. Monatsgehalt dann bei der Ermittlung des Monatsentgelts zu berücksichtigen ist, wenn es vertraglich oder tarifvertraglich geschuldet ist und nicht beispielsweise eine freiwillige, jederzeit widerrufliche Leistung des Arbeitgebers darstellt,
> LAG Berlin 16.10.1985, LAGE § 12 ArbGG 1979 Streitwert Nr. 44; LAG Frankfurt 23.11.1985, JurBüro 1986, 756; a.A. LAG Rheinland-Pfalz 29.8.1986, NZA 1986, 34.

Im Kündigungsschutzprozess eines Chefarztes sind nicht nur das effektive Gehalt, sondern auch die Einräumung von Nebenbeschäftigungsmöglichkeiten und der Einsatz von Personal und Ausstattung des Krankenhauses und die sich hieraus für den Chefarzt ergebenden Erträge angemessen zu berücksichtigen,
> LAG Hamm AnwBl 1976, 166.

17. Muster: Berechnung des Vierteljahresbezugs

Nach § 42 Abs. 4 GKG ist für die Wertberechnung bei Streitigkeiten über das Bestehen, das Nichtbestehen oder die Kündigung eines Arbeitsverhältnisses höchstens der Betrag des für die Dauer eines Vierteljahres zu leistenden Arbeitsentgelts maßgebend.

Bei § 42 Abs. 4 Satz 1 GKG handelt es sich nicht um einen Regelstreitwert, wonach jeweils das genannte Vierteljahreseinkommen als Streitwert anzunehmen ist, sondern um die Obergrenze für das nach § 3 ZPO auszuübende Ermessen des Gerichts,
> LAG Rheinland-Pfalz 18.11.2005 – 6 Ta 253/05, n.v.

In der gerichtlichen Praxis findet sich demgegenüber immer wieder der Begriff des Monatsgehalts. Davon geht das Gesetz ausdrücklich nicht aus. Es stellt vielmehr auf die Bezüge für die Dauer eines Vierteljahres ab. Maßgebend ist also das Entgelt, das der Arbeitnehmer für die ersten drei Monate nach dem streitigen Beendigungszeitpunkt beansprucht oder beanspruchen könnte,
> BAG, Urt. v. 19.7.1973 – 2 AZR 93/72, AP Nr. 20 zu § 12 ArbGG 1953 = EzA § 12 ArbGG Nr. 1.

Der Wert des Vierteljahresbetrags ist bereits der Höchstbetrag,
> *Hartmann*, Kostengesetze, 36. Aufl. 2006, § 42 GKG Rn 53.

Innerhalb der so gegebenen Grenze muss das Gericht den wahren Streitwert schätzen,
> LAG Rheinland-Pfalz 2.7.2004 – 3 Ta 135/04, NZA-RR 2005, 131.

Der Berechnung des Vierteljahresbezugs ist zunächst das Monatseinkommen zugrunde zu legen,
> LAG Rheinland-Pfalz 30.5.2006 – 9 Ta 86/06, n.v.

Dazu gehören Grundgehalt, Provisionen, regelmäßig zu zahlende Prämien, Nacht-, Schicht-, Gefahren- und Leistungszulagen sowie vermögenswirksame Leistungen von monatlich 26,58 EUR,
> LAG Baden-Württemberg 15.5.1990 – 8 Ta 51/90, JurBüro 1990, 1268.

Hinzuzurechnen sind aber auch Sachleistungen wie Lebensmittel- und Kohledeputate, Haustrunk, freie Unterkunft und Verpflegung und unentgeltliche Nutzung einer Hausmeisterwohnung,

KR/*Becker*, § 10 KSchG Rn 34.

Bei angestellten Ärzten, auch Chefärzten, sind nicht nur effektive Gehälter zuzüglich etwaiger Bereitschaftsdienstpauschalen, sondern auch zusätzliche Nebeneinnahmen, die durch das Dienstverhältnis mit dem Krankenhaus ermöglicht werden, zu berücksichtigen,

LAG Hamm 29.1.1976 – 8 TaBV 74/75, BB 1976, 746.

Auch der Wert eines von dem Arbeitgeber gestellten Pkw ist in der Form des geldwerten Vorteils im Rahmen des § 42 Abs. 4 GKG zu berücksichtigen. Dabei sollte allerdings nicht von der steuerlichen Pauschalregelung ausgegangen werden, wonach 1% des Listenpreises pro Monat angesetzt wird. Dies ergäbe für das Vierteljahr 3% des Neuwagenpreises. Der Wert des Sachbezugs ist auch beim Pkw vielmehr mit dem Preis anzusetzen, der auf dem freien Markt üblicherweise gezahlt wird,

KR/*Becker*, § 10 KSchG Rn 33; *Hecker*, AnwBl 1984, 116.

Sachbezüge wie Kost, Unterkunft und Deputate sind mit den steuer- und sozialversicherungsrechtlich vorgeschriebenen Sätzen zu veranschlagen, soweit derartige Regelungen bestehen, und sonst mit den üblichen Mittelpreisen des Verbraucherortes anzusetzen,

GK-ArbGG/*Wenzel*, § 12 Rn 140.

Soweit das regelmäßige Einkommen auch Anwesenheits- oder Verkaufsprämien, wie Nacht-, Schicht-, Gefahren- und Leistungszulagen umfasst, sind diese ebenfalls in den Vierteljahresbezug einzurechnen,

GK-ArbGG/*Wenzel*, § 12 Rn 140; *Hecker*, AnwBl 1984, 116.

Fahrtkostenpauschalen sind nicht zu berücksichtigen, selbst wenn sie im Urlaub fortgezahlt werden,

LAG Baden-Württemberg 16.8.1984 – 1 Ta 119/84, AuR 1985, 197.

Auch Trennungsentschädigungen gehören nicht zum Arbeitsentgelt,

LAG Frankfurt 12.4.1966 – 5 Sa 227/65, AP Nr. 14 zu § 12 ArbGG 1953.

Bei Sonderleistungen wie Weihnachts- und Urlaubsgratifikationen ist die Frage der Einbeziehung umstritten. Nach der überwiegenden Meinung ist maßgeblich, dass es darauf ankommt, ob die Leistung den Charakter einer Gratifikation hat. Besteht ein vertraglicher oder tarifvertraglicher Anspruch oder ergibt sich, dass bei vorzeitigem Ausscheiden das 13. Monatsgehalt anteilig zu zahlen wäre, soll das 13. Monatsgehalt berücksichtigt werden,

LAG Berlin 16.10.1985 – 2 Ta 97/85 (Kost), LAGE § 12 ArbGG 1979 Streitwert Nr. 44; LAG Köln 17.11.1995 – 5 Ta 288/95, NZA-RR 1996, 392; a.a. LAG Rheinland-Pfalz 25.4.1985 – 1 Ta 76/84, NZA 1986, 34.

Gratifikationen bleiben dagegen für die Berechnung des Vierteljahreseinkommens unberücksichtigt.

LAG Köln 18.7.1994 – 10 Ta 113/94, AnwBl 1995, 317.

18. Muster: Berufsausbildungsverhältnis – Bestehen, Nichtbestehen, Kündigung

Zeitweilig war umstritten, ob sich der Gegenstandswert bei Bestandsstreitigkeiten über Berufsausbildungsverhältnisse nach § 42 Abs. 4 GKG richtet. Immerhin ist im Gesetzeswortlaut nur von „Rechtsstreitigkeiten über das Bestehen, das Nichtbestehen oder die Kündigung eines *Arbeitsverhältnisses*" die Rede. Das ArbG Siegen,

Beschl 17.9.1982 – 2 Ca 634/82, AnwBl 1984, 155; ebenso *Hecker*, AnwBl 1984, 116,

hat deshalb angenommen, Berufsausbildungsverhältnisse würden durch § 42 Abs. 4 GKG nicht erfasst.[100] Diese Rechtsprechung hat sich jedoch nicht durchgesetzt. Stattdessen nimmt man auch bei Berufsausbildungsverhältnissen den dreifachen Betrag der monatlichen Ausbildungsvergütung als Gegenstandswert an,

BAG 22.5.1984 – 2 AZB 25/82, EzA § 64 ArbGG 1979 Nr. 14 = DB 1985, 136 = NZA 1984, 332; LAG Düsseldorf 12.4.1984 – 7 Ta 92/84, EzA § 12 ArbGG 1979 Streitwert Nr. 30; LAG Hamm 17.11.1986 – 8 Ta 222/86, LAGE § 12 ArbGG 1979 Streitwert Nr. 57.

Der Streitwert bei Praktikantenverhältnissen wird wie bei Ausbildungsverhältnissen durch den dreifachen Betrag der monatlichen Bezüge ermittelt,

LAG Frankfurt 20.6.1984 – 6 Ta 156/84, AnwBl 1985, 100.

---

[100] Das Urteil erging noch zur Vorgängervorschrift des § 12 Abs. 7 ArbGG.

19. Muster: Berufsausbildungsverhältnis – Weiterbeschäftigung eines Auszubildenden

Streitgegenstand des vorliegenden Falles ist die Weiterbeschäftigung eines Auszubildenden nach § 78a Abs. 4 BetrVG. Es ist angemessen, den Streit über die Weiterbeschäftigungspflicht nach § 78a BetrVG mit dem zweifachen Betrag der monatlichen Ausbildungsvergütung als Gegenstandswert zu bewerten,

LAG Köln 20.2.2006 – 2 Ta 468/05, NZA-RR 2006, 434; ArbG Bonn 10.11.2005 – 7 BV 60/05, n.v.

Für Beschäftigungsansprüche hat sich eine Rechtsprechung gebildet, wonach bei tatsächlichem Streit über die Inhalte und die Verpflichtung zum Einsatz eines Arbeitnehmers zwei Bruttomonatsgehälter als angemessen angesehen werden,

BAG 18.1.1996 – 8 AZR 440/94, NZA 1996, 1175; LAG Köln 4.7.1995 – 10 Ta 80/95, MDR 1995, 1150.

Bei Geltendmachung des Weiterbeschäftigungsanspruchs als Anhängsel zur Kündigungsschutzklage wird zum Teil ein Bruttomonatsgehalt,

LAG Niedersachsen 11.7.1997 – 12 Ta 273/97, AE 1997, 65; LAG München 28.2.1990 – 10 (9) Ta 85/89, JurBüro 1990, 1609; LAG Mecklenburg-Vorpommern 17.10.1997 – 2 Ta 62/97, AE 1997, 102,

werden teilweise 1,5 Bruttomonatsgehälter in Ansatz gebracht,

LAG Hamm 7.12.1979 – 8 Sa 627/79, EzA § 12 ArbGG 1979 Streitwert Nr. 1; LAG Hessen 23.4.1999 – 15 (6) Ta 28/98, BB 1999, 1607.

Ausgehend davon, dass in dem Verfahren um den Weiterbeschäftigungsanspruch eines Auszubildenden durch die besondere gesetzgeberische Ausgestaltung des § 78a BetrVG letztlich über die Beendigung einer Beschäftigungspflicht gestritten wird, erscheint es sachgerecht, die zur Beschäftigungspflicht bestehenden Grundsätze heranzuziehen und den Streitwert auf zwei Bruttomonatsvergütungen festzusetzen,

LAG Köln 20.2.2006 – 2 Ta 468/05, NZA-RR 2006, 434.

20. Muster: Beschäftigung

Richtet sich das Ziel des Klägers oder Verhandlungsführers auf tatsächliche Beschäftigung, hält die Rechtsprechung der Landesarbeitsgerichte keine einheitliche Formel zur Berechnung des Gegenstandswertes bereit.

Eine auf tatsächliche Beschäftigung gerichtete Klage wird teilweise mit einem Monatsentgelt bewertet,

LAG Rheinland-Pfalz 24.5.2006 – 8 Ta 94/06, n.v.; LAG Rheinland-Pfalz 15.3.2006 – 2 Ta 51/06, EzA-SD 2006, Nr. 12, 13; ArbG Mainz 21.2.2006 – 6 Ca 1684/05, n.v.; LAG Bremen 20.11.1980 – 4 Ta (5 H) 42/80, AuR 1981, 285; LAG Bremen 2.2.1982 – 4 Sa 392/81, DB 1982, 1278.

1,5 Monatsbezüge werden für Beschäftigungs- und Weiterbeschäftigungsklagen als Gegenstandswert angesetzt durch

LAG Saarland 12.12.1989 – 1 Ta 37/89, LAGE § 19 GKG Nr. 9; LAG Rheinland-Pfalz 23.7.1982 – 1 Ta 121/82, AnwBl 1983, 36.

Im Rheinland und in Westfalen bewerten die Arbeitsgerichte den Anspruch des Arbeitnehmers auf Beschäftigung mit zwei Monatsbezügen,

LAG Düsseldorf 20.5.1997 – 8 Sa 1591/96, SAE 1997, 102; LAG Köln 19.4.1982 – 1 Ta 41/82, EzA § 12 ArbGG 1979 Streitwert Nr. 12; LAG Düsseldorf 25.6.1987 – 7 Ta 187/87, AnwBl 1987, 554.

21. Muster: Bestellung von Personen für einen Wahlvorstand, Streitwert

Im vorliegenden Fall streiten die Beteiligten um die Bestellung von ▬▬▬ namentlich benannten wahlberechtigten Personen zum Wahlvorstand zur Durchführung einer Betriebsratswahl. Dabei handelt es sich um eine nichtvermögensrechtliche Streitigkeit, bei der der Wert in Anwendung von § 23 Abs. 3 Satz 2 RVG nach billigem Ermessen festzusetzen ist. Bei nicht genügenden tatsächlichen Anhaltspunkten für eine Schätzung ist von 4.000 EUR auszugehen, nach Lage des Falles aber der Gegenstandswert auch niedriger oder höher anzusetzen, wobei insbesondere auf die Bedeutung der Sache für die Beteiligten sowie den Umfang und die Schwierigkeit der anwaltlichen Tätigkeit abzustellen ist,

LAG Köln 31.7.2003 – 3 Ta 180/03, n.v.; LAG Köln 10.6.2005 – 9 Ta 34/05, NZA-RR 2006, 383; ArbG Köln 16.12.2004 – 1 BV 130/04, n.v.

Bei einem Streit darüber, welche Personen für einen Wahlvorstand bei der Betriebsratswahl zu bestellen sind, entspricht es billigem Ermessen, den Gebührenstreitwert auf 4.000 EUR festzusetzen,

LAG Köln 10.6.2005 – 9 Ta 34/05, NZA-RR 2006, 383.

22. Muster: Darlehen

Ist zwischen den Parteien ein Darlehen im Streit, richtet sich der Gegenstandswert nach der Höhe des Darlehensbetrags,

BGH 18.6.1959 – VII ZR 155/58, NJW 1959, 1493.

Kosten und Zinsen werden nicht berücksichtigt.

23. Muster: Dienstverhältnis, Streit über Fortbestand

Die Parteien streiten über den Bestand eines privatrechtlichen dauernden Dienstverhältnisses vor den ordentlichen Gerichten. Bei der Festsetzung des Gebührenstreitwertes kann nicht auf § 42 Abs. 4 Satz 1 GKG zurückgegriffen werden, der bestimmt, dass für Rechtsstreitigkeiten über Arbeitsverhältnisse i.S.d. § 2 Abs. 1 Nr. 3 ArbGG vor den Gerichten für Arbeitssachen bei der Wertberechnung höchstens der Betrag des für die Dauer eines Vierteljahres zu leistenden Arbeitsentgelts maßgeblich ist. Diese Streitwertvorschrift gilt nach der Gesetzessystematik nicht für Verfahren vor den ordentlichen Gerichten über andere Dienstverhältnisse,

BGH 9.6.2005 – III ZR 21/04, NZA 2006, 287.

In Ermangelung spezieller Norm ist der Gebührenstreitwert im Zivilprozess gemäß § 12 Abs. 1 GKG i.V.m. § 3 ZPO nach freiem Ermessen festzusetzen. Maßgebend ist das vom Gericht zu schätzende Interesse des Klägers an der begehrten Feststellung. Als Anhaltspunkt hierfür kann die in § 42 Abs. 3 GKG getroffene, der Regelung des § 9 ZPO vorgehende Bestimmung über die Wertberechnung bei Klagen von Arbeitnehmern auf wiederkehrende Leistungen mit dem dreifachen Jahresbetrag dieser Leistung dienen,

BGH 9.6.2005 – III ZR 21/04, NZA 2006, 287.

Das Interesse des Dienstnehmers an dem Fortbestehen seines Dienstverhältnisses und der daraus resultierenden Wahrung der vereinbarten Vergütung entspricht dem Wert einer alternativ möglichen Klage auf Feststellung, dass der Dienstberechtigte zur Fortzahlung der Vergütung über den Kündigungszeitpunkt hinaus verpflichtet sei,

BGH 13.2.1986 – IX ZR 114/85, NJW-RR 1986, 676 = MDR 1986, 669 = JurBüro 1986, 713.

Die gleiche Rechtslage gilt bei Organmitgliedern von Handelsgesellschaften oder juristischen Personen,

BGH 24.11.1980 – 2 ZR 183/80, DB 1981, 1232 = ZIP 1981, 663 = NJW 1981, 2465; LG Hamburg 14.1.2002 – 303 O 353/01, NZS 2002, 336; OLG Frankfurt a.M. 14.8.1995 – 19 W 22/95, OLGR Frankfurt 1995, 238; OLG Celle 22.6.1994 – 20 W 12/94, OLGR Celle 1994, 298; OLG Bamberg 3.12.1987 – 1 W 63/87, JurBüro 1988, 228; OLG Naumburg 20.7.1995 – 7 U 122/94, OLGR Naumburg 1995, 214.

Eine Ausnahme ist nur dann zuzulassen, wenn der andere Vertragsteil vor Ablauf von drei Jahren zu einer ordentlichen Kündigung des Dienstverhältnisses befugt gewesen wäre oder ein befristetes Dienstverhältnis nur noch eine geringere Laufzeit als drei Jahre hat,

OLG Köln 8.9.1994 – 19 W 31/94, NJW-RR 1995, 318 = JurBüro 1995, 255 = OLGR Köln 1994, 268; OLG München 1.9.1987 – 5 W 2184/87, NJW-RR 1988, 190.

24. Muster: Direktionsrecht

Bei Maßnahmen des Direktionsrechts wird von der Rechtsprechung unter Rückgriff auf die Maßstäbe des § 42 Abs. 4 Satz 1 GKG zum Teil aber auch unter Berücksichtigung des wirtschaftlichen Interesses des Arbeitnehmers gemäß § 3 ZPO die Wertfestsetzung vorgenommen. Sie reicht von einem Monatsgehalt als Gegenstandswert bei einfachen Maßnahmen des Direktionsrechts,

LAG Nürnberg, Beschl. v. 27.12.1994, ARST 1995, 142,

bis zu 2,5 Monatsgehältern mit Blick auf den Gesichtspunkt des Prestiges und der Rehabilitation bei Entzug einer Leitungsfunktion,

LAG Hamm, Beschl. v. 24.7.1986, DB 1986, 1932.

25. Muster: Ehrverletzung

Geht es um Ehrverletzungen, so ist zu berücksichtigen, unter welchen Umständen die beleidigende Äußerung gefallen ist, ob Dritte Kenntnis erlangt haben, ob wirtschaftliche Interessen oder das soziale Ansehen berührt sind. Da vorliegend auch Ehrverletzungen Gegenstand des Mandats bildeten, ist hierfür ein gesonderter Streitwert festzusetzen,

LAG Köln 21.12.2005 – 9 Ta 409/05, n.v.; LAG Köln 28.5.1985 – Ta 87/85, n.v.; LAG Köln 20.6.1987 – 5 Ta 73/87, n.v.

Bei Ehrverletzungen handelt es sich um eine nichtvermögensrechtliche Streitigkeit, bei der der Gegenstandswert gemäß § 48 Abs. 2 GKG zu schätzen ist.

Sind keine besonderen Anhaltspunkte ersichtlich, so sind ehrkränkende Äußerungen im Rahmen eines Arbeitsverhältnisses mit dem Regelwert (gegenwärtig 3.000 EUR) in Ansatz zu bringen,

vgl. ArbG Bonn 22.6.1989 – 3 a 245/89, n.v.

Bei Verfolgung eines zusätzlichen wirtschaftlichen Interesses ist nach § 3 ZPO ein höherer Wert festzusetzen,

BAG 2.3.1998 – 9 AZR 61/96 (A), EzA § 12 GKG Nr. 1.

Wird über den Unterlassungsantrag hinaus auch ein Widerrufsantrag gestellt, so sind gesonderte Streitwerte anzusetzen und gemäß § 5 ZPO im Wert zusammenzurechnen,

LAG Köln 20.6.1987 – 5 Ca 73/87, n.v.; OLG Düsseldorf 16.5.1980 – 15 W 34/80, AnwBl 1980, 358.

Das LAG Hamm setzt den Gegenstandswert von Ehrverletzungen, abweichend von der übrigen Rechtsprechung, erheblich niedriger an. Wird von einem Arbeitnehmer der Widerruf oder das Unterlassen von Äußerungen verlangt, mit denen im Kündigungsschutzprozess Vorgesetzte belastet wurden, so beispielsweise wegen der Äußerung „Ich lege Sie noch aufs Kreuz, und wenn ich etwas suchen muss", so soll der Gegenstandswert nur 306,77 EUR betragen,

LAG Hamm 24.11.1983 – 8 Ta 329/83, AnwBl 1984, 156; GK-ArbGG/*Wenzel*, § 12 Rn 145.

Auch die Untersagung der Weiterverbreitung einer Arbeitgeberbehauptung, der Arbeitnehmer sei für Inventarverluste von 14.317,57 EUR verantwortlich, wurde bei Geltendmachung im einstweiligen Verfügungsverfahren nur mit einem Wert von 3.834,68 EUR in Ansatz gebracht,

LAG Hamm 24.11.1983 – 8 Ta 329/83, AnwBl 1984, 156.

26. Muster: Eingruppierung, Zustimmungsersetzung

Die Parteien streiten um die Ersetzung der Zustimmung zur Eingruppierung einer Arbeitnehmerin. Bei der Wertfestsetzung im Beschlussverfahren um die Ersetzung der Zustimmung zu einer Eingruppierung kommt eine Anlehnung an § 42 Abs. 4 GKG nicht in Betracht,

LAG Schleswig-Holstein 28.5.2004 – 2 Ta 95/04, AGS 2004, 346 = JurBüro 2004, 541.

Die Festsetzung des Streitwertes für die Eingruppierung richtet sich nach der Auffangvorschrift des § 23 Abs. 3 RVG. Bei der Wertfestsetzung sind alle Umstände des Einzelfalls, insbesondere der Umfang und die Bedeutung der Sache zu berücksichtigen,

LAG Schleswig-Holstein 27.7.2006 – 4 Ta 1000/06, n.v.; LAG Schleswig-Holstein 28.5.2004 – 2 Ta 95/04, AGS 2004, 346 = JurBüro 2004, 541.

27. Muster: Eingruppierung, Zustimmungsersetzung bei mehreren Arbeitnehmern

Streitgegenstand ist die Durchführung eines Zustimmungsersetzungsverfahrens, das die Eingruppierung von mehreren Arbeitnehmern betrifft. Bei einem solchen Beschlussverfahren im Rahmen des § 101 BetrVG handelt es sich um eine nichtvermögensrechtliche Streitigkeit i.S.v. § 23 Abs. 3 Satz 2 RVG und die gebührenrechtliche Bewertung ist in einem solchen Fall nach dieser Vorschrift vorzunehmen,

> LAG Nürnberg 27.7.2006 – 4 Ta 100/06, n.v.

Insoweit kann auch auf die zur Vorgängerregelung – § 8 Abs. 2 Satz 2 BRAGO – ergangene Rechtsprechung zurückgegriffen werden,

> LAG Nürnberg 30.5.2006 – 4 Ta 73/06, n.v.; LAG Sachsen 31.3.2004 – 4 Ta 34/04 (1), LAGE § 101 BetrVG 2001 Nr. 1; LAG Nürnberg 21.7.2005 – 9 Ta 137/05, LAGE § 23 RVG Nr. 1; LAG Bremen 19.7.2001 – 4 Ta 33/01, LAGE § 8 BRAGO Nr. 51; LAG Berlin 21.10.2002 – 17 Ta (Kost) 6085/02, NZA-RR 2003, 383; LAG Berlin 18.3.2003 – 17 Ta (Kost) 6009/03, NZA 2004, 342.

Geht es um die Eingruppierung in mehreren Fällen, ist es legitim, nur einen Fall mit dem vollem Hilfswert des § 23 Abs. 3 Satz 2 RVG von 4.000 EUR und zu bewerten und für jeden weiteren Einzelfall nur einen Bruchteil dieses Wertes, jeweils ein Drittel, anzunehmen,

> LAG Nürnberg 27.7.2006 – 4 Ta 100/06, n.v.; LAG Nürnberg 21.7.2005 – 9 Ta 137/05, LAGE § 23 RVG Nr. 1.

Bei einem Beschlussverfahren, das mehrere personelle Einzelmaßnahmen betrifft, die wiederum auf einer einheitlichen unternehmerischen Vorgehensweise beruhen und im Rahmen eines gemeinsam durchgeführten Mitbestimmungsverfahrens vom Betriebsrat behandelt worden sind, kann eine angemessene Herabsetzung des Wertes für jede einzelne personelle Maßnahme geboten sein. Allein durch die Bündelung der Verfahren und die gleich gelagerte Argumentation im Hinblick auf die einheitliche unternehmerische Vorgehensweise tritt ein Synergieeffekt im Rahmen der Prozessführung auf, der schon für sich eine erhebliche Reduzierung des Hilfswertes für jeden Einzelfall rechtfertigt,

> LAG Nürnberg 27.7.2006 – 4 Ta 100/06, n.v.

28. Muster: Einigungsgebühr, Interessenausgleich und Sozialplan

Die Beteiligten verhandelten unter Beteiligung eines Rechtsanwalts über Inhalt und Umfang des Interessenausgleichs und Sozialplans. Der Betriebsrat verlangt nun vom Arbeitgeber die Erstattung seiner durch die Betriebsratstätigkeit entstandenen Kosten.

Nach § 40 Abs. 1 BetrVG hat der Arbeitgeber die durch die Betriebsratstätigkeit entstehenden Kosten, soweit sie erforderlich sind, zu tragen. Zu diesen Kosten gehören auch die Kosten eines vom Betriebsrat auf der Grundlage von § 80 Abs. 3 BetrVG hinzugezogenen Sachverständigen,

> BAG 26.2.1992 – 1 ABR 51/90, AP Nr. 48 zu § 80 BetrVG 1972.

Die Kostentragungspflicht des Arbeitgebers nach § 40 Abs. 1 BetrVG umfasst nur die tatsächlich im Zusammenhang mit dem Tätigwerden des Rechtsanwalts nach dem RVG entstandenen Gebühren,

> ArbG Berlin 15.3.2006 – 9 BV 21646/05, n.v.

Verständigt sich der Betriebsrat mit dem Arbeitgeber über einen Interessenausgleich und schließt einen Sozialplan ab, so handelt es sich dabei nicht um einen Vertrag i.S.v. Nr. 1000 VV RVG, daher steht dem vom Betriebsrat für die Verhandlungen hinzugezogenen Rechtsanwalt – wie schon im Rahmen des früheren § 23 BRAGO –,

> BAG 13.5.1998 – 7 ABR 65/96, NZA 1998, 900 = ARST 1998, 198 = DB 1998, 1670,

keine Einigungsgebühr zu,

> ArbG Berlin 15.3.2006 – 9 BV 21646/05, n.v.

29. Muster: Einigungsgebühr, Einigung auf ungekündigtes Fortbestehen des Arbeitsverhältnisses

Die Parteien haben sich in der mündlichen Verhandlung vom ▪▪▪ dahingehend vergleichsweise geeinigt, dass das zwischen ihnen bestehende Arbeitsverhältnis nicht durch die Kündigung der Beklagten vom ▪▪▪ enden wird, sondern über diesen Zeitpunkt hinaus zu unveränderten Vertragsbedingungen fortbesteht. Durch diesen Vergleich sind die tatbestandlichen Voraussetzungen für die Einigungsgebühr erfüllt.

Einigen sich die Parteien nach Erhebung der Kündigungsschutzklage lediglich auf ein ungekündigtes Fortbestehen des Arbeitsverhältnisses, löst schon diese Einigung eine Einigungsgebühr i.S.v. Nr. 1000 VV RVG aus, da hierin kein bloßes Anerkenntnis zu sehen ist,

LAG Schleswig-Holstein 15.2.2006 – 1 Ta 252/05, NZA-RR 2006, 381; LAG Köln 2.9.2005 – 5 Ta 134/05, NZA-RR 2006, 44 = LAGE § 11 RVG Nr. 1.

Denn die Parteien haben mit ihrer Vereinbarung über den Fortbestand und die Fortsetzung des Arbeitsverhältnisses mehr geregelt, als es der Beklagten einseitig, etwa durch Anerkenntnis, möglich gewesen wäre, indem sie beispielsweise die Kündigung als rechtsunwirksam anerkannt und zurückgenommen hätte,

LAG Schleswig-Holstein 15.2.2006 – 1 Ta 252/05, NZA-RR 2006, 381; LAG Düsseldorf 30.7.2005 – 16 Ta 452/05, n.v.; LAG Niedersachsen 18.2.2005 – 10 Ta 129/05, AGS 2005, 281 = LAGE § 11 RVG Nr. 1; LAG Berlin 8.6.2005 – 17 Ta (Kost) 6023/05, NZA-RR 2005, 488 = MDR 2005, 1379.

Für das Entstehen der Einigungsgebühr nach Vorbemerkung 1 vor Nr. 1000 VV RVG ist es nicht erforderlich, dass die Parteien einen Vergleich i.S.d. § 779 BGB abgeschlossen haben, solange sich der Vertrag nicht auf ein Anerkenntnis oder einen Verzicht beschränkt,

LAG Berlin 8.6.2005 – 17 Ta (Kost) 6023/05, NZA-RR 2005, 488 = MDR 2005, 1379.

220 30. Muster: Einstweilige Verfügung

Einstweilige Verfügungen haben keinen eigenständigen Gegenstandswert. § 53 Abs. 1 GKG verweist wegen der Bewertung des Verfahrens über einen Antrag auf Anordnung, Abänderung oder Aufhebung einer einstweiligen Verfügung auf § 3 ZPO. Damit ist der Gegenstandswert nach freiem Ermessen zu bestimmen.

In der Praxis hat sich eingebürgert, als Streitwert des einstweiligen Verfügungsverfahrens einen Wert in Höhe von 1/3 bis 1/2 des Wertes der Hauptsache anzusetzen,

Hartmann, Kostengesetze, 36. Aufl. 2006, § 53 GKG Rn 2.

221 31. Muster: Entfristungsklage

Für die Entfristungsklage, mit der der Arbeitnehmer geltend macht, sein formal befristetes Arbeitsverhältnis sei in Wahrheit wegen Umgehung des Kündigungsschutzes ein unbefristetes Arbeitsverhältnis, gilt bei der Streitwertbestimmung § 42 Abs. 2 GKG (§ 12 Abs. 7 ArbGG a.F.),

ArbG Kiel 28.10.2004 – ö.D. 1 Ca 1705c/04, NZA-RR 2005, 129; ArbG Celle 3.3.2004 – 2 Ca 759/03, AuR 2004, 273; ArbG Freiburg 30.7.2003 – 2 Ca 252/03, NZA-RR 2004, 52.

Auch bei der Entfristungsklage geht es um das Bestehen (in diesem Falle eines unbefristeten) Arbeitsverhältnisses, so dass die Grundsätze zur Wertberechnung bei Bestandsstreitigkeiten anzuwenden sind.

222 32. Muster: Erledigungsgebühr, Entstehung nach einem erledigenden Ereignis

Nach Aktenlage ist das letztlich zur Erledigung des Rechtsstreits führende Ereignis ohne Mitwirkung des Prozessbevollmächtigten des Klägers eingetreten. Die Erledigungsgebühr nach Nr. 1002, 1003 VV RVG entsteht aber auch dann, wenn ein Rechtsanwalt erst nach Eintritt eines erledigenden Ereignisses aktiv an einer tatsächlichen Verständigung zwischen den Parteien in der Zeit bis zur Abgabe der Erledigungserklärung mitwirkt,

VGH Baden-Württemberg 6.4.2006 – 6 S 834/05, AnwBl 2006, 497.

Wägt einer der Beteiligten, bevor er eine Erledigungserklärung abgibt, seine Reaktion sorgfältig ab und führt noch Verhandlungen mit der Gegenseite, bei denen ein Rechtsanwalt mitwirkt, bedeuten diese Umstände aus Sicht des Vergütungsrechts, dass regelmäßig der Gebührentatbestand der Erledigungsgebühr gegeben ist,

Hartmann, Kostengesetze, 36. Aufl. 2006, VV 1002 Rn 13.

Demzufolge ist im vorliegenden Fall die Erledigungsgebühr ungeachtet des Umstandes entstanden, dass der Rechtsanwalt bis zur Erklärung der Gegenseite nicht in erledigungsfördernder Weise mitgewirkt hat.

33. Muster: Freistellung

Eine Regelung über die unwiderrufliche Freistellung des Arbeitnehmers unter Fortzahlung seiner Bezüge ist ein selbständiger Gegenstand, der neben dem Streitgegenstand der Beendigung des Arbeitsverhältnisses einen eigenen Streitwert besitzt, auch wenn die Freistellung in einem Verfahren der Beendigung des Arbeitsverhältnisses geregelt wird,

> LAG Baden-Württemberg 12.3.1981 – 23 W 662/80, AnwBl 1982; LAG Köln 17.4.1985 – 7 Ta 219/84, AnwBl 1986, 205.

Der Wert des Streitgegenstandes der Freistellung ist somit entsprechend § 5 ZPO dem Wert der Feststellung der Beendigung des Arbeitsverhältnisses hinzuzurechnen. Es handelt sich um verschiedene Streitgegenstände,

> *Germelmann/Matthes/Prütting/Müller-Glöge*, ArbGG, § 12 Rn 118.

Wie eine Freistellung des Arbeitnehmers wertmäßig zu berücksichtigen ist, wird in der Rechtsprechung nicht einheitlich beurteilt. Folgende Rechtsauffassungen werden derzeit vertreten:

Verbreitet ist die Auffassung, den Wert der Freistellung mit 25% des im Freistellungszeitraum anfallenden Bruttomonatsgehalts anzusetzen,

> LAG Berlin 13.3.2003 – 17 Ta (Kost) 6013/03, AE 2003, 142; LAG Köln, Beschl. v. 17.4.1985, AnwBl 1986, 205; LAG Bremen, Beschl. v. 8.10.1996 – 1 Ta 58/96; LAG Rheinland-Pfalz, Beschl. v. 28.11.1984 – 1 Ta 232/84, Bibliothek BAG (Juris); *Hümmerich*, AnwBl 1995, 321.

Das LAG Hamburg,

> 7.3.2002 –1 Ta 1/02, NZA-RR 2004, 657; LAG Hamburg 5.12.1994 – 2 Ta 20/94, n.v.,

bewertet die Freistellung eines Arbeitnehmers, die länger als einen Monat dauert, pauschalierend mit einem Monatsgehalt des Arbeitnehmers.

Das LAG Rheinland-Pfalz setzt den Gegenstandswert mit 0,5 Monatseinkommen fest,

> LAG Rheinland-Pfalz 2.12.2005 – 4 Ta 279/05, n.v.

Einige Gerichte bewerten die Freistellung des Arbeitnehmers von seiner Verpflichtung zur Arbeitsleistung lediglich mit 10% des Verdienstes im Freistellungszeitraum,

> LAG Schleswig-Holstein 20.5.1998, LAGE § 12 ArbGG 1979 Streitwert Nr. 113; LAG Düsseldorf 22.5.1995 – 7 Ta 166/95, n.v.; LAG Berlin, Beschl. v. 11.3.1986 – 7 Ta 6/96, n.v.

Andere Gerichte bewerten die Freistellung mit dem Betrag der Vergütung, die im Freistellungszeitraum für den Mitarbeiter anfällt,

> LAG Köln 27.7.1995 – 13 Ta 144/95, AR-Blattei, Streitwert und Kost. Nr. 199; LAG Sachsen-Anhalt 22.11.2000 – 1 Ta 133/00, AnwBl 2001, 632.

Schließlich wird die Ansicht vertreten, den Gegenstandswert der Freistellung mit 50% der im Freistellungszeitraum anfallenden Arbeitsvergütung zu bewerten,

> *Arand/Facks*, NZA 1998, 282.

34. Muster: Freistellung wegen Schulungsteilnahme

Die Parteien streiten über die Freistellungsverpflichtung des Arbeitgebers gegenüber einem Personalratsmitglied zur Teilnahme an einer Schulungsveranstaltung.

Nach der Rechtsprechung des Fachsenats für Personalvertretungssachen des Bundes ist bei einem auf die Feststellung der Verpflichtung des Dienstherrn zur Freistellung eines Mitglieds des Personalrats für die Teilnahme an einer Schulungsveranstaltung unter Fortbezahlung der Bezüge und Erstattung der Kosten gerichteten Begehren der Auffangwert gemäß § 23 Abs. 3 Satz 2 RVG zugrunde zu legen,

> VGH Hessen 18.10.2005 – 21 TE 2540/05, AE 2006, 67; VGH Hessen 11.12.2002 – 21 TE 633/02, n.v.

35. Muster: Geschäftsgebühr, Vergütungsfestsetzungsverfahren

Im Vergütungsfestsetzungsverfahren nach § 11 RVG ist die dem Rechtsanwalt erwachsende Geschäftsgebühr grundsätzlich nicht festsetzbar, weil die Tätigkeiten des Anwalts außerhalb des Prozessgeschehens nicht in dem für eine Überprüfung erforderlichen Maße aus den Prozessakten ersichtlich sind,

LAG Hamburg 29.6.2006 – 5 Ta 11/06, n.v.; BGH 20.10.2005 – I ZB 21/05, JurBüro 2006, 140.

Das Kostenfestsetzungsverfahren ist auf eine zügige, nach vereinfachten und klaren Grundsätzen zu treffende Entscheidung über die Entstehung und die Erstattungsfähigkeit der geltend gemachten Kosten ausgerichtet, daher lässt sich in diesem Verfahren nicht klären, inwieweit eine außergerichtliche Tätigkeit des Rechtsanwalts für die Rechtsverfolgung bzw. Rechtsverteidigung seines Mandanten notwendig gewesen ist,

BGH 22.12.2004 – VII ZB 94/04, JurBüro 2005, 261.

Diese Erwägung spricht auch nach neuem Recht gegen eine Einbeziehung der Geschäftsgebühr in das Kostenfestsetzungsverfahren,

OLG Frankfurt 24.1.2005 – 6 W 9/05, GRUR 2005, 360; LAG Hamburg 29.6.2006 – 5 Ta 11/06, n.v.

36. Muster: Herausgabeansprüche

Macht der Arbeitgeber die Herausgabe zurückgelassener Sachen des Arbeitnehmers, wie Radio, Kassettenrekorder etc., oder die Rückgabe von Arbeitgebereigentum, wie Werkzeug, Arbeitsunterlagen oder Kraftfahrzeug, geltend, ist die Wertbestimmung nach § 6 ZPO vorzunehmen. Maßgeblich ist der Verkehrswert, der gemäß § 3 ZPO nach freiem Ermessen zu schätzen ist,

Thomas/Putzo, § 6 ZPO Rn 2; *Zöller/Herget*, § 6 ZPO Rn 2.

Wird die Herausgabe des Kfz verlangt, ist die Hälfte des Wertes des Kraftfahrzeugs als Gegenstandswert in Ansatz zu bringen,

LAG Köln 5.6.1985 – 8 Ta 38/82, n.v.

Wird lediglich der Kraftfahrzeugbrief verlangt, richtet sich der Streitwert nach dem Interesse an der Verfügungsgewalt über den Kraftfahrzeugbrief,

LAG Berlin 14.6.1982 – 9 Sa 97/82, BB 1982, 1428.

37. Muster: Integrationsamt, Verfahren bei Zustimmung zur Kündigung

Lange Zeit war umstritten, nach welchem Gegenstandswert die Tätigkeit des Rechtsanwalts abzurechnen ist, wenn der Anwalt vor Ausspruch der Kündigung eines schwerbehinderten Arbeitnehmers die Zustimmung des Integrationsamts nach § 85 SGB IX begehrt oder der Rechtsanwalt den Arbeitnehmer in diesem Verfahren vor dem Integrationsamt vertritt. Teilweise wurde vertreten, dass auch in diesem Fall die Regelung des § 42 Abs. 4 Satz 1 GKG (§ 12 Abs. 7 ArbGG a.F.) gelte, also der Vierteljahresbezug des Bruttomonatsgehalts des Arbeitnehmers bei der Streitwertberechnung zugrunde zu legen sei,

Hess. VGH 23.12.1987 – 9 TE 3288/86, ZfSH/SGB 1988, 321 = AnwBl 1988, 488.

Durch eine Grundsatzentscheidung des BVerwG wurde in derartigen Fällen jedoch im Folgenden von einem Auffangstreitwert von 4.000 EUR ausgegangen,

BVerwG 14.7.1991 – 5 C 39/89, MDR 1993, 584.

Nach der Neuregelung des § 52 Abs. 2 GKG, der zu einer Erhöhung des Auffangwertes auf 5.000 EUR geführt hat, ist bei Tätigkeiten vor dem Integrationsamt nunmehr von einem Gegenstandswert von 5.000 EUR auszugehen,

Hennemann, ArbRB 2005, 22.

38. Muster: Konzernbetriebsrat, Zusammensetzung, Streitwert

Ist zwischen den Parteien die Zusammensetzung des Konzernbetriebsrats und die von ihm abgeschlossene Konzernbetriebsvereinbarung im Streit, ist der Gegenstandswert nach Maßgabe des § 23 Abs. 3 Satz 2 RVG festzusetzen.

Die Wertbemessung des Streits über die Rechtmäßigkeit der Zusammensetzung eines Konzernbetriebsrats kann sich dabei an der Größe des Gremiums in Anlehnung an die Staffel des § 9 BetrVG orientieren mit der sich aus § 55 Abs. 4 i.V.m. § 47 Abs. 5 BetrVG einzuhaltenden Obergrenze von 40 Konzernbetriebsratsmitgliedern,

> LAG Köln 22.6.2005 – 10 (5) Ta 144/04, NZA-RR 2006, 269.

Denn die Größe des Betriebs bzw. des Konzerns und die Zahl der Mitglieder des Gremiums bei der Festsetzung des Gegenstandswertes können nicht unberücksichtigt bleiben,

> LAG Köln 22.6.2005 – 10 (5) Ta 144/04, NZA-RR 2006, 269.

Ebenso wie im Fall der Wahl eines Betriebsrats erscheint es gerechtfertigt, im Interesse gleichförmiger Rechtsanwendung nach Fallgruppen zu typisieren und sich bei Streitigkeiten über die Rechtmäßigkeit von Wahlen an der Zahl der Mitglieder des Gremiums zu orientieren,

> LAG Köln 19.5.2005 – 10 Ta 79/04, AR-Blattei ES 160.13 Nr. 266 = MDR 2005, 342; LAG Köln 22.6.2005 – 10 (5) 144/04, NZA-RR 2006, 269.

Bei Betriebsratswahlen ist für einen einköpfigen Betriebsrat im Ausgangspunkt vom Hilfswert, d.h. von 4.000 EUR auszugehen, der für jede weitere Staffel des § 9 BetrVG um den halben Ausgangswert, d. h. um 2.000 EUR, zu erhöhen ist.

39. Muster: Kündigungsfrist, Verlängerung im Kündigungsschutzverfahren

Die Parteien haben im Vergleich vom ■■■ vereinbart, die gesetzliche Kündigungsfrist zu verlängern. Zwar wirkt eine Verlängerung der Kündigungsfrist grundsätzlich nicht werterhöhend. Für den Fall, dass die Verlängerung der Kündigungsfrist jedoch primär der Sicherstellung der Unverfallbarkeit der betrieblichen Altersversorgung dient, ist dieses besondere wirtschaftliche Interesse gesondert zu berücksichtigen,

> LAG Hessen 5.9.2005 – 15 Ta 280/05, AE 2006, 66.

Soweit das LAG Hessen in der Vergangenheit eine andere Ansicht vertrat,

> LAG Hessen 26.5.1995 – 6 Ta 170/95, n.v.,

hat es deutlich gemacht, daran nicht mehr festhalten zu wollen.

40. Muster: Kündigungsschutzklage, allgemeiner Feststellungsantrag

Vorliegend wurde neben dem Antrag gemäß § 4 KSchG zusätzlich noch der allgemeine Feststellungsantrag gemäß § 256 ZPO gestellt. Dem allgemeinen Feststellungsantrag nach § 256 ZPO ist in einem solchen Fall kein eigener Gegenstandswert zuzuordnen,

> LAG Hamburg 30.6.2005 – 8 Ta 5/05, LAGReport 2005, 352; LAG Hamm 3.2.2003 – 9 Ta 520/02, NZA-RR 2003, 321; LAG Hamburg 3.6.2002 – 7 Ta 11/02, n.v.; LAG Bremen 29.3.2000 – 4 Ta 15/00, JurBüro 2000, 418; LAG Nürnberg 26.6.2001 – 6 Ta 104/01, NZA-RR 2002, 274; LAG Nürnberg 2.12.2003 – 9 Ta 190/03, NZA-RR 2004, 660; BAG 6.12.1984 – 2 AZR 754/79, NZA 1985, 296.

Soweit das LAG Hamm in seiner Entscheidung vom 2.11.1989 eine andere Auffassung vertreten hat, wurde diese ausdrücklich aufgegeben,

> LAG Hamm 3.2.2003 – 9 Ta 520/02, NZA-RR 2003, 321.

Eine Erhöhung des Gegenstandswertes für den Antrag nach § 256 ZPO um ein Bruttomonatsgehalt nimmt momentan nur das LAG Hessen vor,

> LAG Hessen 7.1.2005 – 15 Ta 688/04, n.v.

Dadurch hat sich das LAG Hessen von seiner bisherigen Rechtsprechung abgewandt,

> LAG Hessen 19.11.2001 – 15 Ta 85/01, NZA-RR 2002, 384; LAG Hessen 21.1.1999 – 15/6 Ta 630/98, NZA-RR 1999, 156.

Diese aktuelle Auffassung des LAG Hessen kann – wie das LAG Hamburg zutreffend ausführt – nicht überzeugen. Sie beruht allein auf dem Argument, der Antrag gemäß § 256 ZPO müsse deshalb den Gegenstandswert erhöhen, weil er auch in einem gesonderten Verfahren isoliert verfolgt werden könnte und ein solches Verfahren einen Gegenstandswert haben müsste. Werden aber unterschiedliche Streitgegenstände verfolgt, die wirtschaftlich ganz oder teilweise identisch sind, fließt die wirtschaftliche Identität in die Bemessung des Gegenstandswertes regelmäßig nur dann ein, wenn die Streitgegenstände in einem Verfahren verfolgt werden,

LAG Hamburg 30.6.2005 – 8 Ta 5/05, n.v.

So ist beispielsweise unstreitig, dass auch ein Auflösungsantrag nach § 9 KSchG den Gegenstandswert eines Kündigungsrechtsstreits nicht erhöht,

LAG Hamburg 3.9.2003 – 4 Ta 11/03, LAGE § 12 ArbGG 1979 Streitwert Nr. 13; LAG Brandenburg 17.4.2003 – 6 Ta 62/03, RzK I. 10 l Nr. 124; LAG Berlin 13.3.2001 – 17 Ta 6026/01 (Kost), NZA-RR 2001, 436; LAG München 14.9.2001 – 4 Ta 200/01, NZA-RR 2002, 493; LAG Hamburg 26.6.2001 – 7 Ta 12/02, n.v.; BAG 25.1.1960 – 2 AZR 519/57, BAGE 8, 240.

41. Muster: Kündigungsschutzklage, kurzes Arbeitsverhältnis

Die Parteien streiten um den Bestand eines Arbeitsverhältnisses, das für einen Zeitraum von acht Monaten unbefristet bestanden hat. In einem solchen Fall ist der Streitwert regelmäßig bei zwei Monatsverdiensten anzusetzen. Gemäß § 42 Abs. 4 Satz 1 GKG ist die Festsetzung des Streitwertes insbesondere von der bisherigen Dauer des Arbeitsverhältnisses abhängig und bei einem Bestand des Arbeitsverhältnisses von sechs bis zwölf Monaten regelmäßig mit zwei Bruttomonatsverdiensten anzusetzen,

LAG Rheinland-Pfalz 18.11.2005 – 6 Ta 253/05, n.v.; ArbG Mainz 13.10.2005 – 8 Ca 2408/04, n.v.

Etwas anderes kann nur dann gelten, wenn besondere Umstände, die eine Erhöhung rechtfertigen könnten, dargelegt werden. In diesem Zusammenhang sind Faktoren wie der Familienstand, das Alter sowie die wirtschaftliche und soziale Stellung des Arbeitnehmers zu berücksichtigen, da diese Faktoren die wirtschaftliche Bedeutung angeben, die das Arbeitsverhältnis für den Arbeitnehmer hat. Diese Gegebenheiten bestimmen das wirtschaftliche Interesse des Klägers an der begehrten Feststellung der Unwirksamkeit der Kündigung,

LAG Rheinland-Pfalz 18.11.2005 – 6 Ta 253/05, n.v.; LAG Rheinland-Pfalz 11.3.2005 – 6 Ca 24/05, n.v.; LAG Rheinland-Pfalz 23.4.1987 – 1 Ta 75/85, LAGE § 12 ArbGG 1979 Streitwert Nr. 65.

42. Muster: Personelle Maßnahme, Beschlussverfahren

Es handelt sich um die Aufhebung einer personellen Maßnahme auf Antrag des Betriebsrats. In einem betriebsverfassungsrechtlichen Beschlussverfahren ist der Aufhebungsantrag nach § 101 BetrVG und der Unterlassungsantrag nach § 23 BetrVG nach Ansicht des Sächsischen Landesarbeitsgerichtes mit jeweils 4.000 EUR festzusetzen,

LAG Sachsen 9.11.2005 – 1 Ta 282/05, AE 2006, 144.

43. Muster: Rauchverbot im Betrieb, Mitbestimmungsrecht des Betriebsrats

Verfolgt der Betriebsrat im Wege der einstweiligen Verfügung einen Unterlassungsanspruch gegen den Arbeitgeber, da dieser ein innerbetriebliches Rauchverbot erlassen hat, ohne die notwendigen Mitbestimmungsrechte des Betriebsrats zu wahren, handelt es sich dabei um eine nichtvermögensrechtliche Streitigkeit,

LAG Hamm 9.11.2005 – 13 TaBV 148/05, NZA-RR 2006, 96 = NZA 2006, 288.

In einem solchen Fall ist bei der Bemessung des Gegenstandswertes nach § 23 Abs. 3 Satz 2 Hs. 2 RVG zu verfahren. Danach ist der Gegenstandswert auf 4.000 EUR, je nach Lage des Falles aber auch niedriger oder höher bis zu 500.000 EUR anzunehmen, sofern es sich um nichtvermögensrechtliche Gegenstände handelt. Hiervon ist im arbeitsgerichtlichen Beschlussverfahren immer dann auszugehen, wenn um das Bestehen und die Beachtung betriebsverfassungsrechtlicher Beteiligungsrechte gestritten wird, weil die Begehren weder auf Geld noch auf eine geldwerte Leistung gerichtet sind und auch nicht ihre Grundlage in einem Verhältnis haben, dem ein Vermögenswert zukommt,

BAG 9.11.2004 – 1 ABR 11/02 (A), NZA 2005, 70 = AGS 2005, 72 = AR-Blattei ES 160.13 Nr. 270; LAG Hamm 12.6.2001 – 10 TaBV 50/01, LAGE § 8 BRAGO Nr. 50 = NZA-RR 2002, 472; LAG Niedersachsen 26.4.1996 – 3 Ta 79/95, LAGE § 8 BRAGO Nr. 31 = AR-Blattei ES 160.13 Nr. 204.

Ein Unterlassungsantrag des Betriebsrats, mitbestimmungswidrig Rauchverbote auszusprechen, von dem mindestens zehn Beschäftigte betroffen sind, ist mit dem Hilfswert des § 23 Abs. 3 Satz 2 Hs. 2 RVG in Höhe von 4.000 EUR zu bemessen,

LAG Hamm 9.11.2005 – 13 TaBV 148/05, NZA-RR 2006, 96 = NZA 2006, 288.

44. Muster: Rechtsweg, Gebührenklage

Für die Klage eines Prozessbevollmächtigten gegen seinen Mandanten wegen Gebühren und Auslagen im Zusammenhang mit einem Rechtsstreit vor dem Arbeitsgericht ist der Rechtsweg zu den ordentlichen Gerichten und nicht zu den Gerichten für Arbeitssachen gegeben,

BAG, Beschl. v. 28.10.1997 – 9 AZB 35/97, AGS 1998, 54.

45. Muster: Sozialplan, Volumen

In Streit steht das Volumen eines angefochtenen Sozialplans. Das vom Arbeitgeber mit der gerichtlichen Anfechtung verfolgte Interesse ist die Beseitigung einer Mehrbelastung in Höhe von ▬▬▬ Mio. EUR. Ist zwischen den Betriebsparteien das Volumen eines Sozialplans umstritten und streiten sie ausschließlich über dieses, errechnet sich der Wert des Gegenstandes der anwaltlichen Tätigkeit nach der Differenz der vorgeschlagenen Volumina,

BAG 9.11.2004 – 1 ABR 11/02 (A), NZA 2005, 70 = AGS 2005, 72; BAG 14.2.1996 – 7 ABR 25/95, AP § 76a BetrVG 1972 Nr. 5 = EzA § 40 BetrVG 1972 Nr. 76.

Die Kappungsgrenze des § 23 Abs. 2 Satz 2 Hs. 2. RVG (§ 8 Abs. 2 Satz 2 Hs. 2 BRAGO) greift nicht ein. Bei vermögensrechtlichen Gegenständen greift sie allenfalls ein, wenn deren Wert nicht feststeht,

BAG 9.11.2004 – 1 ABR 11/02 (A), NZA 2005, 70 = AGS 2005, 72.

46. Muster: Terminsgebühr, Mediation

Der Unterzeichner hat am ▬▬▬ an einem Mediationstermin vor dem ▬▬▬ Gericht teilgenommen. Dadurch wurde die Terminsgebühr nach Nr. 3104 VV RVG ausgelöst,

OLG Hamm 29.12.2005 – 23 W 246/05, AnwBl 2006, 287.

In Vorbemerkung 3 Abs. 3 VV RVG ist ausdrücklich geregelt, dass die Terminsgebühr auch bei Besprechungen ohne Beteiligung des Gerichts anfällt, wenn diese der Erledigung des Verfahrens dienen. Das kann bei einer Mediation nicht zweifelhaft sein,

OLG Koblenz 29.4.2005 – 14 W 257/05, NJW 2005, 2162 = AnwBl 2005, 586 = AGS 2005, 278; OLG Hamm 29.12.2005 – 23 W 246/05, AnwBl 2006, 287.

47. Muster: Terminsgebühr, Sachstandsanfragen

Telefoniert der Prozessbevollmächtigte des Klägers mit dem Prozessbevollmächtigten des Beklagten, da es beim Zahlungseingang des ausgeurteilten Betrags zu Verzögerungen gekommen ist, und nimmt jener deshalb Kontakt mit seiner Mandantschaft auf, wobei sich herausstellt, dass das Geld wegen eines internen Fehlers von dort aus bis zu diesem Zeitpunkt noch nicht zur Anweisung gelangt war, löst ein solches Telefonat keine Terminsgebühr aus.

Eine bloße Sachstandsanfrage führt noch nicht zur Terminsgebühr nach Nr. 3104 VV RVG i.V.m. Vorbemerkung 3 Abs. 3 VV RVG,

OLG Köln 14.11.2005 – 17 W 233/05, AGS 2006, 226 = NJW-RR 2006, 720 = JuBüro 2006, 251.

Eine Terminsgebühr nach Nr. 3104 VV RVG fällt ausweislich der Vorbemerkung 3 Abs. 3 Variante 3 VV RVG zwar grundsätzlich auch dann an, wenn die anwaltlichen Vertreter der Parteien ohne Beteiligung des Gerichts an einer auf die Erledigung des Verfahrens gerichteten Besprechung teilnehmen. Auf die Erledigung des Verfahrens ist eine Besprechung bereits dann gerichtet, wenn sie nur dazu dient, das Verfahren abzukürzen, etwa, wenn die Prozessbevollmächtigten eine Unterredung führen, um Sachverhalte unstreitig zu stellen, über den das Gericht ansonsten hätte Beweis erheben müssen,

Gerold/Schmidt/*Müller-Rabe*, RVG, VV 3104 Rn 94.

Bei einer bloßen Sachstandsanfrage wegen nicht rechtzeitiger Zahlungseingänge kann eine Terminsgebühr allerdings nicht entstehen, weil die geführten Telefonate nicht der Erledigung des Verfahrens dienen,

OLG Köln 14.11.2005 – 17 W 233/05, AGS 2006, 226 = NJW-RR 2006, 720 = JurBüro 2006, 251; *Hartmann*, Kostengesetze, 36. Aufl. 2006, Nr. 3104 VV RVG Rn 12; Gerold/Schmidt/*Müller-Rabe*, RVG, VV 3104 Rn 94; OVG Münster 10.2.2000 – 7 E 299/99, NVwZ-RR 2001, 71 = AnwBl 2000, 698.

Besteht der Sinn eines Gesprächs unter Anwälten lediglich der Informationsbeschaffung, löst die Unterrechung keine Terminsgebühr aus.

48. Muster: Terminsgebühr, Versäumnisurteil

Wird in einem Gütetermin vor dem Arbeitsgericht nicht nur der Erlass eines Versäumnisurteils beantragt, sondern zuvor noch über die Präzisierung des Klageantrags und über materiell-rechtliche Fragen zur Schlüssigkeit des Klagebegehrens gesprochen, erwächst dem Rechtsanwalt die volle Terminsgebühr aus Nr. 3104 VV RVG. Eine Reduzierung auf 0,5 gemäß Nr. 3105 VV RVG ist nicht vorzunehmen,

LAG Hessen 14.12.2005 – 13 Ta 481/05, RVG-Letter 2006, 51.

Grundsätzlich reduziert sich die Terminsgebühr aus Nr. 3104 VV RVG vom 1,2-fachen Gebührensatz gemäß Nr. 3105 VV RVG auf 0,5, wenn der Anwalt einen Termin wahrnimmt, in dem nur ein Versäumnisurteil erlassen wird. Nach dem Wortlaut von Nr. 3105 VV RVG gilt die Gebührenabsenkung nur für den Fall, wenn lediglich ein Antrag auf Versäumnisurteil oder zur Prozess- oder Sachleitung gestellt wird. Mit der Gebührenreduzierung soll dem verminderten Aufwand des Rechtsanwalts bei dieser Fallkonstellation Rechnung getragen werden, ähnlich der Gebührenregelung in § 33 Abs. 2 BRAGO,

Gerold/Schmidt/*Müller-Rabe*, RVG, 17. Aufl. 2006, Nr. 3105 VV Rn 2.

Die Verminderung der Terminsgebühr auf 0,5 soll nur dann erfolgen, wenn der Rechtsanwalt im Termin tatsächlich keine weiteren Tätigkeiten als das Stellen eines Antrags auf Erlass eines Versäumnisurteils ausübt oder Anträge zur Prozess- oder Sachleitung stellt,

BT-Drucks. 15/1971, S. 265.

Liegt Säumnis der gegnerischen Partei vor oder ist der Gegner nicht ordnungsgemäß vertreten, findet aber vor Erlass eines Versäumnisurteils eine einseitige Erörterung des erschienen Rechtsanwalt mit dem Gericht statt, fällt die volle Terminsgebühr mit dem Satz von 1,2 an,

LAG Hessen 14.12.2005 – 13 Ta 481/05, RVG-Letter 2006, 51; Gerold/Schmidt/*Müller-Rabe*, RVG, Nr. 3105 VV Rn 16; *Maier/Kroiß*, RVG, Nr. 3105 VV Rn 5.

49. Muster: Terminsgebühr, Versäumnisurteil, Reduzierung bei Erscheinen nur der Partei im Anwaltsprozess

Erscheint im Anwaltsprozess (LAG, BAG) nur die Partei selbst ohne anwaltliche Vertretung und wird daraufhin lediglich ein Antrag auf Erlass eines Versäumnisurteils gestellt, entsteht nur eine 0,5-Terminsgebühr nach Nr. 3104 VV RVG und keine 1,2-Terminsgebühr nach Nr. 3104 VV RVG,

OLG Köln 7.12.2005 – 17 W 263/05, RVGreport 2006, 264 = AGS 2006, 227.

50. Muster: Terminsgebühr, keine Ermäßigung für zweites Versäumnisurteil

Der Ermäßigungstatbestand der Nr. 3105 VV RVG findet auf den Fall eines zweiten Versäumnisurteils keine Anwendung, wenn derselbe Prozessbevollmächtigte bereits das erste Versäumnisurteil erwirkt hat,

BGH 7.6.2006 – VIII ZB 108/05, AGS 2006, 366 = FamRZ 2006, 1273; BGH 18.7.2006 – XI ZB 41/05, BB 2006, 1879; OLG Celle 24.2.2005 – 2 W 36/05, NJW 2005, 1283 = AE 2006, 69.

Hat der Rechtsanwalt als Prozessbevollmächtigter des Klägers sowohl ein erstes als auch ein zweites Versäumnisurteil beantragt, steht ihm gegen den Beklagten gemäß § 2 Abs. 2 RVG i.V.m. Nr. 3104 VV RVG eine Terminsgebühr von 1,2 zu. Der Rechtsanwalt war nämlich entgegen den Tatbestandsvoraussetzungen der Nr. 3105 VV RVG nicht mit der „Wahrnehmung nur eines Termins" befasst, sondern mit der Wahrnehmung zweier Termine,

LG Aachen 19.12.2005 – 5 T 264/05, AE 2006, 69; OLG Celle 24.2.2005 – 2 W 36/05, NJW 2005, 1283 = AGS 2005, 188.

Das Wort „ein" vor „Termin" ist Zahlwort, nicht unbestimmter Artikel,

BGH 18.7.2006 – XI ZB 41/05, BB 2006, 1879.

Dieses Verständnis entspricht auch der Gesetzesbegründung. Anliegen des Gesetzgebers war es, in Fällen, in denen nur ein Termin zur Verhandlung stattfindet und in dem das Verfahren mit einem Versäumnisurteil endet, gesondert zu regeln, da der Aufwand des Anwalts für solche Fälle geringer ist als bei der Wahrnehmung von zwei Terminen,

BT-Drucks. 15/1971, S. 212.

51. Muster: Terminsgebühr bei schriftlichem Vergleich ohne Mitwirkung des Gerichts (§ 278 Abs. 6 ZPO)

Eine Terminsgebühr entsteht, wenn die Parteien vor dem Arbeitsgericht einen schriftlichen Vergleich abschließen, auch dann, wenn dies ohne Mitwirkung des Gerichts geschieht,

LAG Düsseldorf 10.1.2006 – 16 Ta 668/05, n.v.

Die Terminsgebühr ist hier zu erstatten, obwohl eine mündliche Verhandlung nicht stattgefunden hat. Nr. 3104 VV RVG sieht eine Terminsgebühr in Höhe einer 1,2-Gebühr vor. Diese Gebühr entsteht auch, wenn in einem Verfahren, für das die mündliche Verhandlung vorgeschrieben ist, im Einverständnis mit den Parteien oder gemäß § 307 Abs. 2 oder des § 495a ZPO ohne mündliche Verhandlung entschieden oder in einem solchen Verfahren ein schriftlicher Vergleich geschlossen wird.

Vorliegend ist ein schriftlicher Vergleich gemäß § 278 Abs. 6 ZPO geschlossen worden. Auch im Fall eines schriftlichen gerichtlichen Vergleichsabschlusses entsteht eine Terminsgebühr,

BGH 3.7.2006 – II ZB 31/05, n.v.; LAG Schleswig-Holstein 13.1.2006 – 2 Ta 2/06, NZA-RR 268; LAG Niedersachsen 10.10.2005 – 10 Ta 282/05, AE 2006, 147 = MDR 2006, 717; BGH 27.10.2005 – III ZB 42/05, BB 2005, 2600 = NJW 2006, 157.

Durch das am 1.7.2004 in Kraft getretene RVG wurden die anwaltlichen Gebühren durch Einführung einer Terminsgebühr neu geordnet. Anders als bei der früheren Verhandlungs- und Erörterungsgebühr nach § 31 Abs. 1 Nr. 2, 4 BRAGO kommt es für die Terminsgebühr nicht mehr darauf an, ob in dem Termin Anträge gestellt werden oder ob die Sache erörtert wird,

BAG 20.6.2006 – 3 AZB 78/05, n.v.

Nach der Vorbemerkung 3 Abs. 3 VV RVG entsteht die Terminsgebühr u.a. für „die Mitwirkung an auf die Vermeidung oder Erledigung des Verfahrens gerichteten Besprechungen ohne Beteiligung des Gerichts, dies gilt nicht für Besprechungen mit dem Auftraggeber". Hat der Rechtsanwalt als Prozessbevollmächtigter nicht nur mit seiner Partei, sondern darüber hinaus mit der Gegenseite außergerichtliche Erörterungen zur Beilegung des Rechtsstreits geführt, reichen diese Verhandlungen für die Entstehung der Terminsgebühr aus,

LAG Düsseldorf 10.1.2006 – 16 Ta 668/05, MDR 2006, 898 = LAGE § 278 ZPO 2002 Nr. 2.

Die Terminsgebühr knüpft nicht an eine erfolgreiche Einigung an. Es genügt ein Tätigwerden mit der bloßen Zielrichtung der Erledigung des Verfahrens durch den hierfür beauftragten Rechtsanwalt. Ein Erfolg ist gebührenrechtlich nicht geschuldet.

52. Muster: Terminsgebühr bei Vergleich über noch nicht rechtshängige Streitgegenstände

Eine Terminsgebühr nach dem RVG entsteht auch für solche Streitgegenstände, die noch nicht rechtshängig waren, in den im Termin geschlossenen Vergleich aber mit einbezogen wurden. Die Terminsgebühr berechnet sich bei dieser Fallkonstellation aus dem Gesamtstreitwert und nicht lediglich aus dem Streitwert der anhängigen Sache,

AG Daun 26.7.2006 – 3 C 217/06, n.v.

53. Muster: Terminsgebühr bei Besprechung über noch nicht anhängigen Rechtsstreit

Die Terminsgebühr entsteht gemäß § 2 Abs. 2 RVG i.V.m. Nr. 3104 VV RVG durch die Mitwirkung an einer auf die Vermeidung oder Erledigung des Verfahrens gerichteten Besprechung ohne Beteiligung des Gerichts. Dieser Vergütungstatbestand setzt nicht voraus, dass der Anspruch, der Gegenstand der Besprechung ist, bereits bei Gericht anhängig gemacht worden ist. Vielmehr reicht es für die Entstehung einer Terminsgebühr aus, dass der Anwalt bereits einen unbedingten Klageauftrag erhalten hat, auch wenn der Rechtsstreit oder das Verfahren noch nicht anhängig ist,

BGH 8.2.2007 – IX ZR 215/05, n.v.

Der BGH hat damit ausdrücklich klargestellt, dass Voraussetzung der Terminsgebühr nur der unbedingte Klageauftrag ist, nicht jedoch die Einreichung der Klage. Diese zutreffende Auffassung findet ihre Verankerung auch in der Begründung des Regierungsentwurfes zu Abs. 3 der Vorbemerkung zu Teil 3 des Vergütungsverzeichnisses,

BT-Drucks. 15/1971, S. 209.

Danach soll der Anwalt „nach seiner Bestellung zum Verfahrens- oder Prozessbevollmächtigten in jeder Phase des Verfahrens zu einer möglichst frühen, der Sach- und Rechtslage entsprechenden Beendigung des Verfahrens beitragen".

54. Muster: Terminsgebühr bei Vergleichsfeststellung nach § 278 Abs. 6 ZPO im arbeitsgerichtlichen Urteilsverfahren[101]

Wird in einem Urteilsverfahren vor den Arbeitsgerichten ein Vergleich geschlossen, so fällt immer eine Terminsgebühr an. Nr. 3104 Abs. 1 Nr. 1 VV RVG stellt ab auf den Vergleichsabschluss in einem Verfahren, für das die mündliche Verhandlung vorgeschrieben ist. Unerheblich ist, ob der Vergleich in mündlicher Verhandlung protokolliert oder schriftlich nach § 278 Abs. 6 ZPO festgestellt wird. Im Urteilsverfahren vor den Arbeitsgerichten ist die mündliche Verhandlung gemäß § 46 Abs. 2 Satz 1 ArbGG i.V.m. § 128 Abs. 1 ZPO vorgeschrieben. Die Vorschriften über den frühen ersten Termin zur mündlichen Verhandlung und das schriftliche Vorverfahren (§§ 257 bis 277 ZPO) und über die Entscheidung ohne mündliche Verhandlung finden keine Anwendung (§ 46 Abs. 2 Satz 2 ArbGG). Die mündliche Verhandlung beginnt nach Maßgabe des § 54 Abs. 1 Satz 1 ArbGG mit der Güteverhandlung. Der Wortlaut von Nr. 3104 Abs. 1 Nr. 1 VV RVG legt die Auslegung nahe, dass der in Variante 4 geregelte Abschluss eines schriftlichen Vergleichs für all die Verfahren gilt, in denen eine mündliche Verhandlung vorgeschrieben ist,

BGH 27.10.2005 – III ZB 42/05, NJW 2006, 157 = BB 2005, 2600.

Nach der amtlichen Begründung soll Teil 3 des VV RVG für alle bürgerlichen Rechtsstreitigkeiten einschließlich der Verfahren vor den Gerichten für Arbeitssachen sowie für die Verfahren vor den Gerichten der Verwaltungs-, Finanz- und Sozialgerichtsbarkeit gelten,

BT-Drucks. 15/1971, S. 208.

Die amtliche Begründung spricht daher gegen die Annahme, Nr. 3104 Abs. 1 Nr. 1 VV RVG sei nur dann in Betracht zu ziehen, wenn mit Einverständnis der Parteien in einem schriftlichen Verfahren nach § 128 Abs. 2 ZPO entschieden werde. Eben diese Verfahrensmöglichkeit schließt das Arbeitsgerichtsgesetz aus,

BAG 20.6.2006 – 3 AZB 78/05, n.v.

In den arbeitsgerichtlichen Verfahren, in denen ein schriftlicher Vergleich nach § 278 Abs. 6 ZPO geschlossen wird, fällt daher immer eine Terminsgebühr nach Nr. 3104 Abs. 1 Nr. 1 Variante 4 VV RVG an.

---

101 Dieser Sondertextbaustein kann sowohl als Zusatz zu dem Muster 8445 eingesetzt als auch alternativ verwendet werden.

55. Muster: Terminsgebühr bei Vergleichsschluss auf schriftlichen Vorschlag des Gerichts vor einem Gütetermin

Schließen die Parteien nach Anberaumung eines Termins zur Güteverhandlung mit eventuell anschließendem Haupttermin auf einen Einigungsvorschlag des Gerichts einen Vergleich gemäß § 278 Abs. 6 ZPO und wird daraufhin der Termin aufgehoben, ist jedenfalls dann die Terminsgebühr des Nr. 3104 VV RVG entstanden, wenn dem Vergleichsschluss telefonische Besprechungen zwischen den Verfahrensbevollmächtigten und dem Abteilungsrichter vorausgegangen sind,

LG Bonn 29.4.2005 – 8 T 39/05, NJW-RR 2005, 1734 = AGS 2005, 288.

56. Muster: Unterbevollmächtigung eines Rechtsanwalts durch eine Gewerkschaft

Beauftragt eine im Bezirk des Landesarbeitsgerichts vertretene Gewerkschaft, die vom Arbeitnehmer mit der Verteidigung gegen die Berufung des Arbeitgebers bevollmächtigt war, zur Terminswahrnehmung einen am Gerichtssitz ansässigen Rechtsanwalt als Unterbevollmächtigten, so sind die dadurch entstehenden Mehrkosten in der Regel nicht erstattungsfähig,

LAG Schleswig-Holstein 25.7.2000 – 1 Ta 78a/00, AnwBl 2001, 310.

57. Muster: Vergleich, Mitregelung des wesentlichen Inhalts zur Beendigung eines Arbeitsverhältnisses

Der Prozessbevollmächtigte des Klägers weist darauf hin, dass der wesentliche Inhalt des Vergleichs – die Beendigungskonditionen des in Streit stehenden Arbeitsverhältnisses – verbindlich beim Vergleichsabschluss mitgeregelt worden sei. Dies rechtfertigt den Ansatz eines halben Monatsentgelts,

LAG Hamm 7.9.2005 – 9 Ta 77/05, AE 2006, 68.

58. Muster: Vollmachtserteilung

Wird auf Erteilung einer Vollmacht geklagt, richtet sich der Streitwert nach § 3 ZPO. Maßgebend ist das Interesse des Vollmachtnehmers an der von ihm in Anspruch genommenen Vertretungsbefugnis,

Schneider, Streitwert-Kommentar, Rn 4901.

Das Arbeitsgericht Bonn bewertet sowohl den Anspruch auf Erteilung einer Prokura als auch den Anspruch auf Erteilung einer Bankvollmacht mit jeweils einem halben Bruttomonatsgehalt,

ArbG Bonn 14.10.2001 – 4 Ca 2145/01, n.v.

59. Muster: Wertfestsetzungsbeschluss, Beschwerde

Im Ausgangsverfahren stritten die Parteien um die Frage, ob ein gemeinsamer Betrieb geführt wird. In einem solchen Verfahren kann das Arbeitsgericht den Gegenstandswert im Allgemeinen auf 4.000 EUR festsetzen,

ArbG Minden 13.9.2005 – 1 (4) BV 7/05, n.v.

Der Verfahrensbevollmächtigte des Betriebsrats legte gegen die Wertfestsetzung Beschwerde ein. Die Beschwerde ist unzulässig.

Im Unterschied zum Verfahren nach § 32 RVG, bei dem im öffentlichen Interesse für die Liquidierung der an die Staatskasse zu entrichtenden Gebühren eine zutreffende und für alle Beteiligten verbindliche Wertfestsetzung erfolgt, findet nach dem hier maßgeblichen § 33 RVG wegen der Gerichtskostenfreiheit des Beschlussverfahrens eine Festsetzung des Gegenstandswertes nur auf Antrag der in § 33 Abs. 3 Satz 2 RVG genannten Personen und Stellen ausschließlich in deren Interesse statt, beschränkt sich also bei Rechtsanwälten auf die Gebührenansprüche desjenigen Rechtsanwalts, der das Festsetzungsverfahren beantragt hat,

Riedel/Sußbauer, RVG, § 33 Rn 16.

Bei einer vom erstinstanzlichen Begehren abweichenden Entscheidung des Arbeitsgerichts ist die Möglichkeit eröffnet, nach § 33 Abs. 3 RVG Beschwerde einzulegen. Daraus folgt, dass es einem Rechtsanwalt, auch wenn er am erstinstanzlichen Verfahren beteiligt wurde, verwehrt ist, Beschwerde gegen eine Wertfestsetzungsentscheidung einzulegen, die er nicht durch seinen eigenen Antrag herbeigeführt hat, so dass er dementsprechend auch nicht beschwert ist,

LAG Hamm 23.1.2006 – 13 TaBV 168/05, NZA-RR 2006, 267; *Gerold/Schmidt/Madert*, RVG, § 33 Rn 10.

Gegen eine Entscheidung über den Wert eines Gegenstandes in einem Beschwerdeverfahren kann ein Verfahrensbevollmächtigter also nur dann Beschwerde einlegen, wenn er selbst erstinstanzlich einen Festsetzungsantrag gestellt hat,

LAG Hamm 23.1.2006 – 13 TaBV 167/05, NZA-RR 2006, 267.

60. Muster: Wettbewerbsverbot

↓

Da Gegenstand der Auseinandersetzung zwischen den Parteien ein Wettbewerbsverbot und der hieraus erwachsende Anspruch auf Karenzentschädigung ist, sind dem Gegenstandswert hinzuzurechnen der Wert der Karenzentschädigung, auch soweit auf ihre Geltendmachung verzichtet wurde. Ist Streitgegenstand eine Geldforderung, so bestimmt ihr Betrag den Streitwert ohne Rücksicht auf ihre Einbringlichkeit. Unerheblich ist, ob es sich um eine Brutto- oder Nettoforderung, eine bedingte oder betagte Forderung handelt, ihre Geltendmachung im Prozess zulässig ist oder nicht,

BAG 23.3.1989 – 7 AZR 527/85 (B), AP Nr. 1 zu § 17 GKG; LAG Hamm 1.12.1983 – 9 Sa 1618/83, AnwBl 1984, 156; LAG Düsseldorf 27.11.1980 – 7 Ta 189/80, EzA Nr. 2 zu § 12 ArbGG 1979 – Streitwert; LAG Baden-Württemberg 15.6.1983 – Ta 120/83, n.v.

Auch wenn zwischen den Parteien im Vergleichswege bestimmt wird, dass eine Karenzentschädigung nicht gezahlt werden soll, ist der Wert dieses Verzichts in die Gegenstandswertberechnung einzubeziehen, denn der Gegenstandswert richtet sich nicht nur nach der geltend gemachten Höhe einer Geldforderung, sondern auch nach dem Wert der Befreiung von einer Zahlungsverpflichtung,

BAG 4.4.1960 – 2 AZR 448/59, AP Nr. 5 zu § 3 ZPO = NJW 1960, 1173.

Der Gegenstandswert eines Wettbewerbsverbots ist nach Auffassung des LAG Düsseldorf stets gleichbedeutend mit mindestens dem Betrag des letzten Jahreseinkommens,

LAG Düsseldorf 23.12.1980 – 8 Ta 148/80, AuR 1981, 156.

Handelt es sich um ein Wettbewerbsverbot mit einer festen Laufzeit, etwa von sechs Monaten, dann ist nach Auffassung des LAG Rheinland-Pfalz die Bewertung des Gegenstandswertes mit sechs Bruttomonatsbezügen gerechtfertigt,

LAG Rheinland-Pfalz 9.12.2004 – 7 Ta 238/04, n.v.; ArbG Koblenz 10.8.2004 – 9 Ca 1227/04, n.v.

61. Muster: Wiederkehrende Leistungen

↓

Die geltend gemachten Ansprüche betrafen solche auf wiederkehrende Leistungen.

Die Wertberechnung bei Klagen auf solche Leistungen richtet sich, soweit es um die prozessualen Zwecke, also Festsetzung des Urteilsstreitwertes und des Beschwerdewertes, geht, grundsätzlich nach § 9 ZPO, so dass der zwölfeinhalbfache Betrag des einjährigen Bezuges maßgebend ist,

Tschischgale/Satzky, Kostenrecht in Arbeitssachen, S. 41 f.; *Wenzel*, MDR 1976, 892; *Ziege*, RdA 1977, 28; *Grunsky*, ArbGG, § 12 Rn 3 und 9; *Grunsky*, Anm. zu BAG AP Nrn. 22 und 23 zu § 12 ArbGG 1953; *Lappe*, KostRspr. Anm. zu ArbGG § 12 Nr. 77; *Stein/Jonas/Schumann*, § 2 Anm. VII, Rn 123, 124.

In kostenrechtlicher Hinsicht besteht für solche Arbeitnehmeransprüche eine Sonderregelung, die aus sozialen Gründen eine gegenüber § 9 ZPO erheblich geringere Bewertung vorsieht. Der neben einem arbeitsgerichtlichen Feststellungsantrag gestellte Antrag auf wiederkehrende Leistungen ist im Wege der Streitwertaddierung nach § 39 GKG, § 22 Abs. 1 RVG zusätzlich mit dem dreifachen Jahresbezug gemäß § 42 Abs. 3 Satz 1 GKG zu bewerten. Für den Antrag auf wiederkehrende Leistung ist die Streitwertbegrenzung des § 42 Abs. 4 GKG nicht anwendbar, weil diese Norm nur und explizit für Bestandsstreitigkeiten gilt,

ArbG Weiden 1.2.2005 – 1 Ca 1516/04 C, AuR 2005, 195.

62. Muster: Zeugnis

Der von uns geltend gemachte Anspruch auf Erteilung eines Zeugnisses ist bei der Wertbestimmung nach ständiger Rechtsprechung als vermögensrechtlicher Anspruch mit der Höhe des letzten Monatsverdienstes gleichzusetzen,

LAG Köln, Beschl. v. 29.12.2000, NZA 2001, 856; LAG Köln, Beschl. v. 26.8.1991, AnwBl 1992, 496; LAG Rheinland-Pfalz, Beschl. v. 31.7.1991, NZA 1992, 524; LAG Frankfurt BB 1971, 653; BAG AP Nr. 16 zu § 12 ArbGG 1953; LAG Düsseldorf, Beschl. v. 5.11.1987, JurBüro 1988, 726; LAG Köln, Beschl. v. 3.2.1983 – Ta 6/83, n.v.; LAG Köln, Beschl. v. 9.6.1983 – Ta 59/83, n.v.; LAG Saarbrücken AnwBl 1977, 252; LAG Hamm, Beschl. v. 13.1.1987, JurBüro 1988, 1158; LAG Hamm, Beschl. v. 19.6.1986, AnwBl 1987, 497; LAG Hamburg AnwBl 1984, 155; LAG Frankfurt ARST 1970, 15.

Eine Festsetzung in Höhe eines vollen Monatsgehalts ist auch angemessen, wenn im Prozess nur als einzige Änderung im Zeugnis eine Leistungsbewertung von „Zufriedenheit" in „volle Zufriedenheit" begehrt wird,

LAG Rheinland-Pfalz 31.7.1991 – Ta 138/91, NZA 1992, 524.

Die Bewertung des Anspruchs des Arbeitnehmers auf Verteilung oder auf Berichtigung/Ergänzung eines Arbeitszeugnisses mit einem Streitwert von einem Monatslohn geschieht dabei ohne Rücksicht auf den Umfang der vom Arbeitnehmer verlangten Änderung,

BAG 20.2.2001 – 9 AZR 44/00, EzA § 630 BGB Nr. 23 = MDR 2001, 1063 = NZA 2001, 843 = BB 2001, 1957; LAG Köln 29.12.2000 – 8 Ta 299/00, NZA-RR 2001, 324 = MDR 2001, 717; LAG Chemnitz 3.8.2000 – 4 Ta 117/00, MDR 2001, 282.

Besteht zwischen den Parteien kein Streit über die Erteilung eines Zeugnisses oder des Inhalts, so besteht in der Regel kein Anlass, bei Abschluss eines Vergleichs, mit dem das Arbeitsverhältnis beendet wird, die Zeugniserteilung gebührenmäßig gesondert zu honorieren,

LAG Schleswig-Holstein 16.10.2000 – 3 Ta 119/00, FA 2001, 184 = JurBüro 2001, 196.

63. Muster: Zwischenzeugnis

Streitgegenstand ist die Erteilung eines Zwischenzeugnisses. Für ein Zwischenzeugnis wird ein halbes Monatsgehalt als angemessen angesehen,

LAG Rheinland-Pfalz 24.5.2006 – 8 Ta 94/06; LAG Hamburg 4.7.2003 – 4 Ta 7/03, n.v.; LAG Rheinland-Pfalz 18.1.2002 – 9 Ta 1472/01, MDR 2002, 954; LAG Chemnitz 19.10.2001 – 9 Ta 173/00, MDR 2001, 823; LAG Köln, Beschl. v. 12.7.1996, Bibliothek BAG (Juris); LAG Hamm, Beschl. v. 23.2.1989, AnwBl 1989, 621.

Das LAG Hamburg und das LAG Hessen setzten bei einem Antrag auf Erteilung eines Zwischenzeugnisses den Gegenstandswert pauschal auf 500 EUR fest, sofern keine Regelung zum Inhalt des Zeugnisses begehrt wird,

LAG Hamburg 30.6.2005 – 8 Ta 5/05; LAG Hamburg 4.7.2003 – 4 Ta 7/03, n.v.; LAG Hessen 9.7.2003 – 15 Ta 123/03, NZA-RR 2003, 660.

Andere Gerichte gehen von einem Bruttomonatsgehalt aus,

LAG Berlin 14.11.2002 – 16 Sa 970/02, NZA-RR 2003, 523; LAG Köln 28.4.1999 – 13 Ta 96/99, MDR 1999, 1366; LAG Köln 27.7.1995 – 13 Ta 144/95, AR-Blattei ES 160.13 Nr. 199.

64. Muster: Zuschlagsgebühr, Berücksichtigung von Pausen

Bei der Feststellung der für die Zuschlagsgebühr nach Nr. 4110 VV RVG maßgeblichen Verhandlungsdauer werden Pausen in der Regel nicht abgezogen,

OLG Koblenz 16.2.2006 – 1 Ws 61/06, AGS 2006, 285.

II. Übersicht über die wesentlichen Gegenstandswerte im arbeitsgerichtlichen Beschluss- und Urteilsverfahren

Abfindung

Grundsätzlich keine Addition zum Wert des Feststellungsantrags, vgl. § 42 Abs. 4 Satz 1 Hs. 2 GKG,

LAG Nürnberg 29.8.2005 – 2 Ta 109/05, NZA-RR 2006, 44 = JurBüro 2006, 82; LAG Baden-Württemberg 22.9.2004 – 3 Ta 136/04, LAGE § 9 KSchG Nr. 37; *Hartmann*, Kostengesetze, 36. Aufl. 2006, § 42 GKG Rn 54; LAG Köln 29.12.2000 – 8 Ta 230/00, NZA-RR 2001, 324 = AR-Blattei ES 160.13 Nr. 220; LAG Hamm 21.10.1982 – 8 Ta 275/82, MDR 1983, 170 = AR-Blattei ES 160.13 Nr. 130; BAG 26.6.1986 – 2 AZR 522/85, NZA 1987, 139 = BB 1986, 2420 = EzA § 10 KSchG Nr. 1; LAG Düsseldorf 20.7.1987 – 7 Ta 198/87, JurBüro 1987, 1728 = LAGE § 12 ArbGG 1979 Streitwert Nr. 66; LAG Berlin 13.3.2001 – 17 Ta 6026/01 (Kost); NZA-RR 2001, 436 = LAGE § 12 ArbGG 1979 Streitwert Nr. 121; LAG München 22.11.1988 – VI ZR 341/87, MDR 1988, 346.

Ausnahmsweise Streitwertaddition aufgrund objektiver Klagehäufung bei Abfindung aus Sozialplan (§ 113 BetrVG), Rationalisierungsschutzabkommen oder aus Nachteilsausgleich neben dem Kündigungsschutzprozess,

LAG Berlin 17.3.1995 – 1 Ta 6+8/95, NZA 1995, 1072; LAG Köln 2.3.1999 – 12 Ta 71/99, n.v.; LAG Hamm 15.10.1981 – 8 Ta 137/81 – EzA § 12 ArbGG 1979, Streitwert Nr. 8; LAG Bremen 15.3.1983 – 4 Sa 265/82, EzA § 12 ArbGG 1979 Streitwert Nr. 22.

A.A.: Keine Addition zum Wert des Feststellungsantrags, § 42 Abs. 4 Satz 1 Hs. 2 GKG analog,

LAG Baden-Württemberg 5.5.1990 – 8 Ta 51/90, JurBüro 1990, 1267; LAG Hessen 25.2.1977 – 8 Ta 24/77, BB 1977, 1549.

Abmahnung

Die Festsetzung des Streitwertes für eine Klage auf Entfernung einer Abmahnung aus der Personalakte wird von der Rechtsprechung differenziert betrachtet.

Ein Bruttomonatsgehalt,

LAG München 8.11.2006 – 11 Ta 340/06, jurisPR-ArbR 23/2007 Nr. 6; ArbG Ulm 10.3.2006 – 7 Ca 348/05, n.v.; ArbG Bielefeld 7.3.2006 – 2 Ca 3662/05, EzA-SD 2006, Nr. 13, 12; LAG Rheinland-Pfalz 17.1.2006 – 9 Ta 305/05, n.v.; ArbG München 16.11.2004 – 21 Ca 22397/03, AuR 2005, 195; ArbG Rostock 27.10.2004 – 4 Ca 1371/04, AE 2006, 16; LAG Hamburg 12.8.1991 – 1 Ta 6/91, LAGE § 12 ArbGG 1979 Streitwert Nr. 94; LAG Köln 7.6.1985 – Ta 71/85, n.v.; LAG Köln 19.12.1985 – 3 Ta 8/85, n.v.; LAG Berlin 23.7.1999 – 7 Ta 6076/99, NJ 2000, 56 = AE 2000, 71; LAG Bremen 3.5.1983 – 4 Ta 32/83, ARST 1983, 141; LAG Hessen 1.3.1988 – 6 Ta 14/88, LAGE § 12 ArbGG Streitwert Nr. 72; LAG Hessen 1.3.1988 – 5 Ta 60/88, KostRspr. ArbGG § 12 Streitwert Nr. 178; LAG Hamm 16.8.1989 – 2 Sa 308/98, NZA 1990, 328 = BB 1989, 2048; LAG Hamm 5.7.1984 – 8 Ta 115/84, NZA 1984, 236 = DB 1984, 877; LAG Hamburg 12.8.1991 – 1 Ta 6/91, LAGE § 12 ArbGG Streitwert Nr. 94 = RzK I 1 Nr. 71.

Zwei Bruttomonatsgehälter,

LAG Düsseldorf 5.1.1989 – 7 Ta 400/88, JurBüro 1989, 954; ArbG Düsseldorf 29.8.1997 – 8 Ca 5441/96, AnwBl 1998, 111.

Ein halbes Bruttomonatsgehalt,

LAG Schleswig-Holstein 13.12.2000 – 6 Ta 168/00, NZA-RR 2001, 496; LAG Schleswig-Holstein 12.3.1997 – 6 Ta 44/97, n.v.; LAG Rheinland-Pfalz 15.7.1986 – 1 Ta 84/86, LAGE § 12 ArbGG 1979 Streitwert Nr. 16 = RzK I 1 Nr. 12.

1/3 des Streitwertes eines fiktiven Kündigungsrechtsstreits,

LAG Schleswig-Holstein 7.6.1995 – 1 Ta 63/95, LAGE § 12 ArbGG 1979 Streitwert Nr. 103 = RzK I 10 L Nr. 69.

Bewertung anhand des Klageinteresses gemäß § 3 ZPO,

LAG Baden-Württemberg 25.6.2001 – 3 Ta 75/01, n.v.

Abmahnungen, mehrere

Bruttomonatsgehalt, multipliziert mit der Anzahl der Abmahnungen,

LAG Berlin 28.4.2003 – 17 Ta 6024/03, AE 3/2003, 142; LAG Hessen 26.2.1999 – 15/6 Ta 181/98, n.v.; LAG Hessen 1.3.1988 – 6 Ta 60/88, LAGE § 12 ArbGG 1979 Streitwert Nr. 72.

Ein Bruttomonatsgehalt pro Abmahnung,

LAG Rheinland-Pfalz 17.1.2006 – 9 Ta 305/05, n.v.

Kapitel 2: Gegenstandswerte im Arbeitsrecht

Erste und zweite Abmahnung jeweils mit dem Betrag eines Bruttomonatsgehalts, weitere Abmahnung innerhalb eines Zeitraums von sechs Monaten ab dem Ausspruch/Zugang der ersten Abmahnung werden jeweils mit 1/3 des Bruttomonatsgehalts angesetzt,

LAG Hessen 24.5.2000 – 15 Ta 16/00, NZA-RR 2000, 438 = MDR 2000, 1278.

Entfernung von drei Abmahnungen ist mit zwei Monatsentgelten zu bewerten,

LAG Berlin 8.1.1993 – 1 Ta 104/92.

Zwei Bruttomonatsgehälter pro Abmahnung,

ArbG Düsseldorf 29.8.1997 – 8 Ca 5441/96, AnwBl 1998, 111.

Je ein Bruttomonatseinkommen pro Abmahnung,

LAG Rheinland-Pfalz 17.1.2006 – 9 Ta 305/05, n.v.

Akteneinsicht

Bewertung wie bei Auskunftserteilung, Wert des Hauptziels maßgeblich,

LAG Hessen 23.1.1996 – 9 Sa 1680/95, n.v.

Altersversorgung

Dreifacher Jahresbezug gemäß § 42 Abs. 4 Satz 2 GKG,

LAG Köln 18.10.2005 – 9 (6) Sa 589/05, n.v.; LAG Köln 18.10.2005 – 9 Sa 215/05, n.v.; LAG Baden-Württemberg 2.12.1980 – 1 Ta 134/80, AP Nr. 1 zu § 12 ArbGG 1979 = DB 1981, 945.

Altersversorgung vertretungsberechtigter Organmitglieder

Dreifacher Jahresbezug,

BGH 24.11.1980 – II ZR 183/80, LM § 9 ZPO Nr. 20 = NJW 1981, 2465 = DB 1981, 1232.

Amtsenthebung, ehrenamtlicher Richter

Bei Amtsenthebungsverfahren nach §§ 21 Abs. 5, 27 ArbGG Festsetzung des Streitwertes nach § 42 Abs. 4 Satz 1 GKG analog mit dem dreifachen Bruttomonatsgehalt,

LAG Hamm 24.2.1993 – 8 AR 26/92, AP § 21 ArbGG 1979 Nr. 2.

Änderungskündigung

Dreijähriger Unterschiedsbetrag gemäß § 42 Abs. 3 GKG, § 23 Abs. 1 Satz 1 RVG, mit Kappungsgrenze des § 42 Abs. 4 Satz 1 GKG entsprechend,

LAG Köln 12.5.2005 – 7 Ta 32/05, AE 2006, 145; LAG Köln NZA-RR 2006, 47; BAG 23.3.1989 – 7 AZR 527/85, DB 1989, 1880 = BB 1989, 1340; BAG 31.1.1989 – 1 AZB 67/87, AP Nr. 1 zu § 17 GKG 1975; LAG Rheinland-Pfalz 25.2.1991 – 9 Ta 31/91, LAGE § 12 ArbGG 1979 Streitwert Nr. 91; LAG München 16.1.1984 – 7 Ta 701/82, EzA § 12 ArbGG 1979 Streitwert Nr. 28; LAG Köln 17.11.1995 – 5 Ta 288/95, NZA-RR 1996, 392; LAG Köln 27.10.1999 – 6 Ta 257/99, AE 2000, 73.

Zwei Bruttomonatsvergütungen,

LAG 18.1.2006 – 14 Sa 1126/05, n.v.; ArbG Bielefeld 12.4.2005 – 2 Ca 4197/04, n.v.; LAG Berlin 29.5.1998 – 7 Ta 129/97 (Kost), FA 1999, 198; LAG Düsseldorf 8.11.1990 – 7 Ta 355/90, LAGE § 12 ArbGG 1979 Streitwert Nr. 87.

Eine Bruttomonatsvergütung,

ArbG Frankfurt 25.2.2005 – 9 Ca 4742/04, n.v.

Klageantrag nach § 4 Satz 1 KSchG, Streitwert wie bei einer gewöhnlichen Kündigungsschutzklage gemäß § 42 Abs. 4 Satz 1 GKG,

LAG München 16.1.1984 – 7 Ta 701/82, EzA § 12 ArbGG 1979 Streitwert Nr. 28; LAG Stuttgart 19.4.1985 – 1 Ta 53/85, AnwBl 1986, 160.

Änderungsschutzklage nach § 4 Satz 2 KSchG mit dem Vorbehalt gemäß § 2 KSchG, dreijähriger Bezug, begrenzt auf maximal drei Bruttomonatsgehälter,

BAG 23.3.1989 – 7 AZR 527/85, DB 1989, 1880 = BB 1989, 1340; BAG 31.1.1989 – 1 AZB 67/87, AP § 17 GKG 1975 Nr. 1; LAG Köln 27.10.1999 – 6 Ta 257/99, AE 2000, 73; LAG Köln 17.11.1995 – 5 Ta 288/95, NZA-RR 1996, 392; LAG Bremen 5.5.1987 – 4 Ta 8/87, NZA 1987, 716; LAG Hamburg 2.6.1998 – 4 Ta 8/98, BB 1998, 1695.

Dreifache monatliche Differenz von bisherigem und neuem Einkommen gemäß § 42 Abs. 4 Satz 1 GKG analog,
> LAG Brandenburg 29.12.1999 – 6 Ta 221/99, JurBüro 2000, 209; LAG Baden-Württemberg 5.5.1990 – 8 Ta 49/90, JurBüro 1990, 1268; LAG Berlin 7.11.1977 – 9 Sa 48/77, AP § 12 ArbGG 1953 Nr. 24; LAG Baden-Württemberg 2.1.1991 – 8 Ta 138/90, DB 1991, 1840.

Erhöhung der ermittelten dreimonatigen Vergütungsdifferenz für den Fall, dass zusätzliche immaterielle Interessen des Arbeitnehmers (Prestige, Rehabilitation) in Frage stehen,
> LAG Hamm 19.10.1989 – 8 Ta 385/89, MDR 1990, 186; LAG Hamm 21.11.1985 – 8 Ta 360/85, DB 1986, 186; LAG Schleswig-Holstein 18.1.1994 – 6 Ta 132/93, n.v.; LAG Berlin 3.8.1982 – 2 Ta 49/82, AuR 1983, 124.

Dreifache Monatsvergütung unabhängig von der Vergütungsdifferenz,
> LAG Sachsen-Anhalt 6.7.1999 – 5 Ta 101/99, AnwBl 2001, 634.

Änderungsvereinbarung, Feststellungsverfahren

Rechtsstreit über die Wirksamkeit einer getroffenen Änderungsvereinbarung, Wertbemessung nach dem Vierteljahresverdienst gemäß § 42 Abs. 3 Satz 1, Abs. 4 und Abs. 5 Satz 1 GKG,
> LAG Nürnberg 19.12.2005 – 9 Ta 247/05, AE 2006, 146.

Anfechtung des Arbeitsvertrages

Gegenstandswert bemisst sich nach § 42 Abs. 4 Satz 1 GKG.

Arbeitsbescheinigung nach § 312 SGB III

250 EUR,
> LAG Rheinland-Pfalz 10.6.2005 – 6 Ta 131/05, n.v.; LAG Schleswig-Holstein 8.12.1988 – 6 Ta 166/88, n.v.; LAG Baden-Württemberg 9.2.1984 – 1 Ta 10/84, DB 1984, 676; LAG Hamm 18.4.1985 – 8 Ta 92/85, DB 1985, 1897.

150 EUR,
> LAG Düsseldorf 11.4.1984 – 7 Ta 115/85, LAGE § 3 ZPO Nr. 2.

Arbeitspapiere

250 EUR,
> LAG Rheinland-Pfalz 18.11.2005 – 6 Ta 253/05, n.v.; LAG Köln 16.6.2003 – 2 Ta 157/03, n.v.; LAG Hamm 18.4.1985 – 8 Ta 92/85, DB 1985, 1897; LAG Köln 13.12.1999 – 13 (7) Ta 366/99, AnwBl 2001, 634; LAG Köln 25.4.1983 – 2 Ta 38/83, n.v.

150 EUR je Arbeitspapier,
> LAG Hamm 7.9.2005 – 9 Ta 77/05, AE 2006, 68.

Herausgabe eines Berichtsheftes,
> LAG Sachsen 14.2.2001 – 2 Sa 10/01, MDR 2001, 960.

Arbeitspflicht des Arbeitnehmers

Gegenstandswert nach § 42 Abs. 4 Satz 2 GKG,
> *Meier*, Lexikon der Streitwerte im Arbeitsrecht, Rn 26.

Zweifaches Monatseinkommen,
> GK-ArbGG/*Wenzel*, § 12 Rn 113.

Aufhebungsvertrag

Drei Bruttomonatsgehälter nach § 42 Abs. 4 Satz 1 GKG,
> BAG 16.5.2000 – 9 AZR 279/99, BAGE 94, 336 = NZA 2000, 1246.

Auflösungsantrag

Erhöhung des Gegenstandswertes um eine Bruttomonatsvergütung,
> LAG Berlin 30.12.2000 – 7 Ta 6121/99 (Kost), MDR 2000, 526 = LAGE § 12 ArbGG 1979 Streitwert Nr. 119b; ArbG Würzburg 5.6.2000 – 6 Ca 118/99 A, NZA-RR 2001, 107; LAG Berlin 30.12.1999 – 7 Ta 6121/99, AE 2000, 71 = MDR 2000, 526; ArbG Kiel 1.7.1999 – 1 Ca 2633c/98, NZA-RR 1999, 670 = PersR 1999, 546.

Erhöhung um zwei Bruttomonatsvergütungen,
> LAG Hamm 16.8.1989 – 2 Sa 308/80, NZA 1990, 328 = BB 1989, 2048.

Außerhalb des Kündigungsschutzprozesses drei Monatsgehälter,
> LAG Düsseldorf 8.1.2001 – 7 Ta 533/00, MDR 2001, 598 = NZA 2001, 856.

Keine Erhöhung des Gegenstandswertes,
> LAG Nürnberg 29.8.2005 – 2 Ta 109/05; LAG Sachsen 9.6.2005 – 4 Ta 390/04; LAG Hamburg 26.6.2001 – 12 Ta 12/01, n.v.; LAG Düsseldorf 20.7.1987 – 7 Ta 198/87, LAGE § 12 ArbGG 1979 Streitwert Nr. 66; LAG Hamm 16.6.1989 – 2 Sa 108/89, NZA 1990, 328; BAG 25.1.1960 – 2 AZR 519/57, NJW 1960, 884 = DB 1960, 472 = BB 1960, 249.

Auskunftsanspruch

Wertschätzung gemäß § 23a Abs. 1 Satz 2 RVG, § 48 Abs. 1 GKG, § 3 ZPO, wobei das Interesse des Auskunftsberechtigten an der Erteilung der Auskunft, z.B. nach dem wirtschaftlichen Interesse an der Vorlage von Bilanzen, ermittelt wird,
> OLG Düsseldorf 29.6.2006 – I-24 U 196/04, n.v.

Grundsätzlich Schätzung nach § 3 ZPO, wobei ein Wert von 10 bis 50% der erstrebten Leistung zugrunde gelegt wird,
> LAG Rheinland-Pfalz 18.1.1988 – 1 Ta 7/88, n.v.

Kein Abschlag von der erstrebten Leistung,
> LAG Hessen 25.11.1995 – 6 Ta 443/95, n.v.

Bei einer Antragstellung gemäß § 61 Abs. 2 ArbGG ist der Wert des Betrags maßgebend, der aufgewandt werden müssten, wenn die geforderten Unterlagen anderweitig beschafft werden müssten,
> BAG 4.8.1971 – 4 AZR 358/70, AR-Blattei Arbeitsgerichtsbarkeit XIII Entscheidung 57; LAG Hessen 11.3.1968 – 1 Ta 84/67, AP Nr. 9 zu § 3 ZPO = DB 1968, 1764.

Auskunftsansprüche im Rahmen des Kündigungsschutzprozesses zur Sicherung des Prozesserfolges bleiben mit Rücksicht auf den sozialen Schutzzweck des § 42 Abs. 4 Satz 1 GKG unberücksichtigt,
> LAG Hamburg 13.1.1987 – 5 Ta 35/86, JurBüro 1988, 1158.

Auslandsbezug, Tätigkeit als Korrespondenzanwalt

Streitwertfestsetzung in analoger Anwendung des inländischen Gebührenrechts, auch wenn die Tätigkeit des Rechtsanwalts auf ein Vollstreckungsverfahren im Ausland gerichtet ist,
> OLG Düsseldorf 29.6.2006 – I-24 U 196/04, n.v.; OLG München 6.3.1985 – 11 W 983/85, AnwBl 1985, 270.

Außerordentliche Kündigung

Siehe Kündigung, außerordentliche

Befristetes Arbeitsverhältnis

Dreifacher Bruttomonatsverdienst nach § 42 Abs. 4 Satz 1 GKG,
> ArbG Bochum 29.12.2005 – 3 Ta 2833/05, n.v.

Berufsausbildungsverhältnis

Dreifacher Betrag der monatlichen Ausbildungsvergütung,
> BAG 22.5.1985 – 2 AZB 25/85, EzA § 64 ArbGG 1979 Nr. 14 = DB 1985, 136; LAG Düsseldorf 12.4.1984 – 7 Ta 92/84, EzA § 12 ArbGG 1979 Streitwert Nr. 30; LAG Hamm 17.11.1986 – 8 Ta 222/86, LAGE § 12 ArbGG 1979 Streitwert Nr. 57.

Berufsausbildungsverhältnisse werden nicht von § 42 Abs. 4 Satz 1 GKG erfasst,
> ArbG Siegen 17.9.1982 – 2 Ca 634/82, AnwBl 1984, 155.

Praktikantenverhältnisse: dreifacher Betrag der monatlichen Bezüge,
> LAG Frankfurt 20.6.1984 – 6 Ta 156/84, AnwBl 1985, 100.

Berufsausbildungsverhältnis, Auflösungsantrag

Dreifacher Bruttomonatsverdienst nach § 42 Abs. 4 Satz 1 GKG,
> LAG Hamburg 26.10.2006 – 7 Ta 18/06, NZA-RR 2007, 154.

Berufsausbildungsverhältnis, Weiterbeschäftigung eines Auszubildenden
Weiterbeschäftigungspflicht nach § 78a BetrVG, zweifacher Betrag der monatlichen Ausbildungsvergütung,
> LAG Köln 20.2.2006 – 2 Ta 468/05, NZA-RR 2006, 434; ArbG Bonn 10.11.2005 – 7 BV 60/05, n.v.

Beschäftigung, tatsächliche
Ein Monatsgehalt,
> LAG Niedersachsen 17.4.2001 – 3 Ta 118/01, NZA-RR 2001, 459; LAG Berlin 13.3.2001 – 17 Ta 6026/01 (Kost), NZA-RR 2001, 436 = LAGE § 12 ArbGG 1979 Streitwert Nr. 121; LAG Bremen 2.2.1982 – 4 Sa 392/81, DB 1982, 1278.

Eineinhalb Monatsbezüge,
> LAG Saarland 12.12.1989 – 1 Ta 37/89, LAGE § 19 GKG a.F. Nr. 9; LAG München 28.3.1984 – 2 WF 80/84, JurBüro 1984, 1399; LAG Mainz 23.7.1982 – 1 Ta 121/82, AnwBl 1983, 36.

Zwei Monatsbezüge,
> LAG Düsseldorf 20.5.1997 – 8 Sa 1591/96, SAE 1997, 102; LAG Hamm 15.10.1981 – 8 Ta 137/81, EzA § 12 ArbGG 1979 Streitwert Nr. 7; LAG Köln 19.4.1982 – 1 Ta 41/82, EzA § 12 ArbGG 1979 Streitwert Nr. 12; LAG Niedersachsen 27.8.1985 – 3 Ss 89/86, NdsRpfl. 1986, 219.

Bestandsschutzstreitigkeiten beim Dienstvertrag
Dreifacher Jahresbetrag der Vergütung,
> BGH 9.6.2005 – III ZR 21/04, NZA 2006, 287; OLG Köln 9.9.1994 – 19 W 31/94, AnwBl 1995, 317.

Betriebliche Altersversorgung
Dreijähriger Bezugswert gemäß § 42 Abs. 4 Satz 2 GKG,
> LAG Hamm 23.6.1984 – 1 Ta 232/84, n.v.; LAG Hamm 29.10.1981 – 8 Ta 207/81, MDR 1982, 260; LAG Hamm 23.6.1983 – 8 Ta 142/83, MDR 1983, 874.

Bei Zahlungsmodalitäten nur entsprechend dem wirtschaftlichen Interesse des Klägers,
> LAG Rheinland-Pfalz 28.11.1984 – 1 Ta 232/84.

Betriebsrat, Unterlassen mitbestimmungswidrigen Verhaltens
Regelstreitwert nach § 23 Abs. 3 RVG, bei besonders hartnäckigen Verstößen (18 mal in 3 Monaten) 12.000 EUR,
> LAG Köln 31.10.2006 – 3 (5) Ta 293/06, NZA-RR 2007, 152.

Betriebsratswahl, Bestellung von Personen für den Wahlvorstand
Bei der Bestellung von wahlberechtigten Personen zum Wahlvorstand zur Durchführung einer Betriebsratswahl handelt es sich um eine nichtvermögensrechtliche Streitigkeit, bei der der Wert nach § 23 Abs. 3 Satz 2 RVG nach billigem Ermessen festzusetzen ist. In Ermangelung genügender tatsächlicher Anhaltspunkte ist von 4.000 EUR auszugehen, wobei die Lage des Einzelfalls aber zu beachten ist,
> LAG Köln 31.7.2003 – 3 Ta 180/03, n.v.; LAG Köln 10.6.2005 – 9 Ta 34/05, NZA-RR 2006, 383; ArbG Köln 16.12.2004 – 1 BV 130/04, n.v.

Betriebsübergang
Siehe Kündigung, Mehrheit von Arbeitgebern

Betriebsverfassungswidrige Arbeitgeberhandlungen
Regelwert von 4.000 EUR,
> LAG Hamm 14.12.2006 – 10 Ta 724/06, jurisPR-ArbR 9/2007 Nr. 6.

Dienstverhältnis, Streit über Fortbestand
Festsetzung des Gebührenstreitwertes bei privatrechtlichem dauernden Dienstverhältnis in Anlehnung an § 42 Abs. 3 GKG, also dreifacher Jahresbetrag,
> BGH 9.6.2005 – III ZR 21/04, NZA 2006, 287.

Dienstwagen, Herausgabe
Fahrzeugwert als Gegenstandswert,
> LAG Düsseldorf 6.3.2003 – 17 Ta 42/03, AE 2003, 141.

Wert des Nutzungsvorteils, multipliziert mit der beabsichtigten Nutzungsdauer,
> BAG 27.5.1999 – 8 AZR 415/98, NZA 1999, 1038.

Betrag maßgebend, den der Arbeitnehmer an eigenen Aufwendungen durch die Überlassung des Fahrzeuges erspart,
> LAG Köln 4.3.1994 – 3 Ta 38/94, MDR 1994, 843.

Dienstwagen, Zurverfügungstellung

36facher monatlicher Sachbezugswert (monatlich zu versteuernder geldwerter Vorteil) gemäß § 42 Abs. 3 Satz 1 GKG,
> LAG Berlin 27.11.2000 – 7 Ta 6017/00, AE 2001, 44.

Direktionsrecht

Ein Monatsgehalt,
> LAG Chemnitz 31.3.1999 – 2 Sa 1384/97, LAGE § 12 ArbGG 1979 Streitwert Nr. 118; LAG Nürnberg 27.12.1994 – 8 Ta 150/94, ARST 1995, 142.

Dreifacher Jahresbetrag des Wertes der Veränderung,
> LAG Sachsen 5.3.1997 – 9 Ta 17/97, LAGE § 12 ArbGG 1979 Streitwert Nr. 109.

Ehrverletzungen im Rahmen eines Arbeitsverhältnisses

Regelwert von 4.000 EUR bei fehlenden Besonderheiten,
> ArbG Bonn 22.6.1989 – 3 Ca 245/89, n.v.

Streitwerterhöhend bei Widerrufsantrag,
> OLG Düsseldorf 16.5.1980 – 15 W 34/80, AnwBl 1980, 358.

Eingruppierung, Ersetzung der Zustimmung

Streitwertfestsetzung nach § 23 Abs. 3 RVG, 4.000 EUR,
> LAG Nürnberg 27.7.2006 – 4 Ta 100/06, n.v.; LAG Nürnberg 30.5.2006 – 4 Ta 73/06, n.v.; LAG Schleswig-Holstein 28.5.2004 – 2 Ta 95/04, AGS 2004, 346 = JurBüro 2004, 541; LAG Sachsen 31.3.2004 – 4 Ta 34/04 (1), LAGE § 101 BetrVG 2001 Nr. 1; LAG Nürnberg 21.7.2005 – 9 Ta 137/05, LAGE § 23 RVG Nr. 1; LAG Berlin 18.3.2003 – 17 Ta (Kost) 6009/03, NZA 2004, 342; LAG Berlin 21.10.2002 – 17 Ta (Kost) 6085/02, NZA-RR 2003, 383.

Freistellung

25 % des im Freistellungszeitraums anfallenden Bruttomonatsgehalts,
> LAG Berlin 13.3.2003 – 17 Ta (Kost) 6013/03, AE 2003, 142; LAG Berlin 1.10.2001 – 17 Ta (Kost) 6136/01, NZA 2002, 406; LAG Schleswig-Holstein 20.5.1998 – 3 Ta 37/98 d, LAGE § 12 ArbGG 1979 Streitwert Nr. 113; LAG Berlin 24.2.1997 – 7 Ta 134/96, n.v.; LAG Köln 17.4.1985 – 7 Ta 219/84, AnwBl 1986, 205.

10 % des Verdienstes im Freistellungszeitraum,
> LAG Berlin 1.10.2001 – 17 Ta (Kost) 6136/01, MDR 2002, 59; LAG Düsseldorf 29.8.1997 – VII Ta 191/97, n.v.

50 % des für den Freistellungszeitraum geschuldeten Entgelts bei besonderem Beschäftigungsinteresse,
> LAG Berlin 1.10.2001 – 17 Ta (Kost) 6136/01, MDR 2002, 59.

Vergütungsbetrag im Freistellungszeitraum,
> LAG Sachsen-Anhalt 22.11.2000 – 1 Ta 133/00, NZA-RR 2001, 435; LAG Köln 27.7.1995 – 13 Ta 144/95, AR-Blattei ES 160.13 Nr. 199.

Freistellung eines Personalratsmitglieds, Teilnahme an Schulungsveranstaltung

Auffangwert von 4.000 EUR gemäß § 23 Abs. 3 Satz 2 RVG,
> VGH Hessen 18.10.2005 – 21 TE 2540/05, AE 2006, 67; VGH Hessen 11.12.2002 – 21 TE 633/02, n.v.

Gehaltsansprüche

Addition mit dem sonstigen Streitwert,
> LAG Berlin 22.3.1995 – 2 Ta 11/95, n.v.; LAG Hamm 16.11.1998 – 9 Ta 551/98, n.v.; LAG Hamm 6.5.1982 – 8 Ta 102/82, n.v.

Herausgabeansprüche

Wertbestimmung nach § 6 ZPO

§ 8 Gebühren und Rechtsschutz im Arbeitsrecht

Integrationsamt

Wert der Kündigungsschutzklage, § 42 Abs. 4 GKG analog,

Hess. VGH 23.12.1987 – 9 TE 3288/86, AnwBl 1988, 646 (zu § 12 Abs. 7 ArbGG a.F.); OVG Lüneburg 25.5.1989 – 4 L 22/89, n.v.

4.000 EUR gemäß § 23 Abs. 3 GKG n.F. (§ 13 Abs. 1 Satz 2 GKG a.F.) analog,

BVerwG 17.4.1991 – 5 B 114/89, n.v.; BVerwG 16.12.1992 – 5 C 39/89, MDR 1993, 584.

Insolvenzforderung

Streitwertbemessung nach der zu erwartenden Befriedigungsquote,

LAG Berlin 28.8.2001 – 17 Ta (Kost) 6089/01, NZA-RR 2002, 175; LAG Hamm 6.9.2001 – 4 Sa 466/01, ZInsO 2001, 1072.

Kündigung, außerordentliche

Zwei Bruttomonatsgehälter,

LAG Rheinland-Pfalz 18.11.2005 – 6 Ta 253/05, n.v.

Vierteljahresbezug gemäß § 42 Abs. 4 Satz 1 GKG,

LAG Hamm 15.12.2005 – 4 Sa 1328/05, n.v.

„Makelzuschlag", wenn es sich bei einer von mehreren Kündigungen um eine fristlose handelt,

LAG Düsseldorf 16.2.1989 – 7 Ta 47/89, JurBüro 1989, 955.

Keine Streitwerterhöhung zur ordentlichen Kündigung,

LAG Hessen 21.1.1999 – 15/6 Ta 630/98, NZA-RR 1999, 156.

Kündigung, mehrere

Streitwertbemessung nach § 42 Abs. 4 Satz 1 GKG (§ 12 Abs. 7 Satz 1 ArbGG a.F.), wenn ohne zeitliche oder sachliche Differenzierung,

LAG Rheinland-Pfalz 17.1.2006 – 9 Ta 305/05, n.v.; LAG Kiel 23.8.1984 – 4 Ta 89/84, AnwBl 1985, 99; LAG Hamburg 8.2.1994 – 4 Ta 20/93, NZA 1995, 495.

Dreimonatiges Arbeitsentgelt als Höchstgrenze bei zeitgleichem Ausspruch einer hilfsweise ordentlichen Kündigung,

LAG Berlin 25.4.2003 – 17 Ta (Kost) 6023/03, AE 2003, 142; BAG 6.12.1984 – 2 AZR 754/79, 2 AZR 754/79 (B), NZA 1985, 296; LAG Berlin 24.2.1997 – 7 Ta 134/96, n.v.; LAG Niedersachsen 21.1.1994 – 10 Ta 16/94, n.v.

Gesonderter Streitwert für jede Kündigung anzusetzen, wenn mit der vorangegangenen Kündigung kein enger tatsächlicher oder wirtschaftlicher Zusammenhang besteht,

LAG Niedersachsen 17.4.2001 – 3 Ta 118/01, NZA-RR 2001, 495.

Keine Streitwertaddition bei zeitlich hintereinander ausgesprochenen Kündigungen, da die verschiedenen Streitgegenstände wirtschaftlich gesehen identisch sind,

BAG 6.12.1984 – 2 AZR 754/79, 2 AZR 754/79 (B), NZA 1985, 296; LAG Baden-Württemberg 2.1.1991 – 2 AZR 754/79, 2 AZR 754/79 (B), JurBüro 1991, 667; LAG Berlin 22.10.1984 – 2 Ta 102/84, NZA 1985, 297.

Differenzbetrag, der sich aus der Differenz des Monatsgehalts ermittelt, das der Arbeitnehmer zwischen zwei Kündigungen bezogen hat/hätte,

LAG Schleswig-Holstein 17.2.1998 – 3 Ta 34/98c, n.v.; LAG Bremen 13.2.1987 – 4 Ta 5/87, LAGE § 12 ArbGG 1979 Streitwert Nr. 39; LAG Düsseldorf 8.7.1985 – 7 Ta 244/85, § 12 ArbGG 1979 Streitwert Nr. 79; LAG München 13.10.1988, LAGE § 12 ArbGG 1979 Streitwert Nr. 62.

Uneingeschränkte Anwendung des § 42 Abs. 4 Satz 1 GKG (§ 12 Abs. 7 Satz 1 ArbGG a.F.), wenn drei Monate zwischen den Kündigungen liegen. Für jede einzelne Kündigung,

LAG Köln 9.9.1993 – 5 Sa 603/93, LAGE § 12 ArbGG 1979 Streitwert Nr. 99; LAG Hamm 16.11.1998 – 18 Sa 1581/97, n.v.; LAG Bremen 14.1.1999 – 2 Ta 84/98, n.v.; LAG Hamburg 15.11.1994 – 1 Ta 7/94, LAGE § 12 ArbGG 1979 Streitwert Nr. 102.

Bewertung weiterer Kündigungen, die innerhalb von sechs Monaten nach Zugang der ersten Kündigung ausgesprochen werden, mit einem Bruttomonatsverdienst,

LAG Hessen 21.1.1999 – 15/6 Ta 630/98, NZA-RR 1999, 156.

Bewertung nach § 42 Abs. 4 Satz 1 GKG für jede nachfolgende Kündigung, wenn unterschiedliche Sachverhalte den Kündigungen zugrunde liegen,
> LAG Hessen 16.5.1998 – 6 Ta 430/97, n.v.; LAG Rheinland-Pfalz 7.4.1987 – 1 Ta 68/87, n.v.; LAG Thüringen 14.11.2000 – 8 Ta 134/2000, MDR 2001, 538.

Kündigung, Mehrheit von Arbeitgebern
Berechnung jedes Feststellungsantrags mit Vierteljahresbezug,
> LAG Köln, 16.12.1993 – 12 Ta 204/93, ARST 1994, 57; LAG Hamm 9.1.1985 – 12 Ta 204/93, MDR 1985, 348.

Begrenzung auf drei Monatsbezüge,
> LAG Hessen 15.9.1995 – 6 Ta 427/95, n.v.

Kündigung, ordentliche
§ 42 Abs. 4 Satz 1 GKG als Regelstreitwert,
> LAG Hamm 24.2.2006 – 10 Sa 1956/05, n.v.; LAG Nürnberg 29.8.2005 – 2 Ta 109/05, NZA-RR 2006, 44; LAG Berlin 5.1.1996 – 7 Ta 120/95, AE 1997, 102; LAG Düsseldorf 17.10.1985 – 7 Ta 302/85, LAGE § 12 ArbGG 1979, Streitwert Nr. 41; LAG Düsseldorf 1.8.1982 – 7 Ta 15/82, AnwBl 1982, 316; LAG Frankfurt 2.1.1981 – 6 Ta 149/81, BB 1982, 52; LAG Hamburg 9.11.1990 – 4 Ta 4/90, JurBüro 1991, 373; LAG Hamburg 8.3.1989 – 5 Ta 3/89, LAGE § 12 ArbGG Streitwert Nr. 79; LAG Hamm 27.6.1985 – 8 Ta 184/85, LAGE § 12 ArbGG 1979 Streitwert Nr. 38; LAG Köln 23.3.1999 – 10 Ta 69/99, AE 1999, 168; LAG Köln 6.5.1982 – 1 Ta 51/82, AnwBl 1982, 393; LAG München 9.5.1990 – 7 Ta 42/90, JurBüro 1990, 1606; LAG München 30.10.1990 – 5 Ta 135/90, NZA 1992, 140; LAG Schleswig-Holstein 6.8.2001 – 3 Ta 102/01, n.v.; LAG Kiel 23.8.11984 – 4 Ta 89/84, AnwBl 1985, 99 und LAG Mecklenburg-Vorpommern 17.10.1997 – 7 Ta 62/97, AE 1997, 102.

Herabsetzung bei Arbeitsverhältnis von bisheriger kurzer Dauer,
> LAG Rheinland-Pfalz 18.11.2005 – 6 Ta 253/05, n.v.; BAG 30.11.1984 – 2 AZN 527/82, AP Nr. 22 zu § 12 ArbGG 1953 = NZA 1985, 369; LAG Berlin 13.3.2001 – 17 Ta 6026/01 (Kost), NZA-RR 2001, 436; LAG Berlin 4.6.1985 – 2 Ta 46/85, JurBüro 1985, 1707; LAG Nürnberg 5.6.1987 – 6 Ta 10/87, JurBüro 1987, 1384.

Keine Herabsetzung bei Arbeitsverhältnis von bisheriger kurzer Dauer,
> LAG Berlin 5.1.1996 – 7 Ta 120/95, n.v.; LAG Niedersachsen 27.4.1995 – 9 Ta 141/95, n.v.

Staffelung nach bisheriger Dauer,
> LAG Schleswig-Holstein 19.11.2002 – 2 Ta 185/02, AE 2003, 87.

Kündigungsschutzklage, Feststellungsantrag gemäß § 4 KSchG und allgemeiner Feststellungsantrag
Kein eigener Gegenstandswert des allgemeinen Feststellungsantrags gemäß § 256 ZPO neben dem Antrag gemäß § 4 KSchG,
> LAG Hamburg 30.6.2005 – 8 Ta 5/05, LAGReport 2005, 352; LAG Hamm 3.2.2003 – 9 Ta 520/02, NZA-RR 2003, 321 (abweichende Ansicht des LAG Hamm vom 2.11.1998 – 9 Ta 9/02, n.v., wurde ausdrücklich aufgegeben); LAG Hamburg 3.6.2002 – 7 Ta 11/02, n.v.; LAG Bremen 29.3.2000 – 4 Ta 15/00, JurBüro 2000, 418; LAG Nürnberg 26.6.2001 – 6 Sa 408/01, NZA-RR 2002, 274; LAG Nürnberg 2.12.2003 – 9 Ta 190/03, NZA-RR 2004, 660; BAG 6.12.1984 – 2 AZR 754/79, NZA 1985, 296.

Kündigungsschutzklage und Annahmeverzugsantrag
§ 45 Abs. 5 Satz 1 Hs. 2 GKG bezieht sich nicht auf Annahmeverzugsansprüche, daher Streitwertaddition,
> LAG Bremen 25.8.2005 – 3 Ta 39/05, LAGE § 42 GKG 2004 Nr. 5 = FA 2005, 356.

Kündigungsschutzklage und Weiterbeschäftigungsanspruch
Kein zusätzlicher Streitwert,
> LAG Düsseldorf 27.7.2000 – 7 Ta 249/00, NZA-RR 2000, 613; LAG Baden-Württemberg 19.4.1985 – 1 Ta 53/85, AnwBl 1986, 160; ArbG Mainz 2.1.1986 – 4 Ca 2211/85, DB 1986, 1184.

Ein Monatsgehalt,
> LAG Köln 17.5.2001 – 13 Ta 303/01, 3 Ta 317/01, n.v.; LAG Berlin 13.3.2001 – 17 Ta 6026/01 (Kost), NZA-RR 2001, 436; LAG Nürnberg 24.8.1999 – 6 Ta 166/99, JurBüro 2000, 82; LAG Thüringen 27.2.1996 – 8 Ta 19/96, AuA 1996, 250.

Zwei Monatsbezüge,
> LAG Brandenburg 28.10.1997 – 6 Ta 129/97, n.v.; LAG Düsseldorf 20.5.1997 – 7 Ta 120/97, n.v.; LAG Köln 31.7.1995 – 13 Ta 114/95, NZA 1996, 840; LAG Hamm 11.9.1986 – 8 Ta 218/86, MDR 1987, 85.

Konzernbetriebsrat, Zusammensetzung
Festsetzung des Gegenstandswertes nach Maßgabe des § 23 Abs. 3 Satz 2 RVG bei 50.000 EUR festzusetzen. Die Größe des Gremiums in Anlehnung an die Staffelung des § 9 BetrVG dient dabei als Maßstab. Ausgangspunkt ist der Hilfswert von 4.000 EUR, der für jede weitere Staffel des § 9 BetrVG um den halben Auffangwert, d.h. um 2.000 EUR, zu erhöhen ist,
> LAG Köln 22.6.2005 – 10 (5) Ta 144/04, NZA-RR 2006, 269 = AR-Blattei ES 160.13 Nr. 280.

Mitbestimmungsrecht des Betriebsrats, Aufhebung der Einstellung von Leiharbeitnehmern
Regelwert von 4.000 EUR, § 23 Abs. 3 RVG,
> LAG Nürnberg 20.6.2006 – 6 Ta 81/06, NZA-RR 2006, 491.

Mitbestimmungsrecht des Betriebsrats, Ausspruch eines Rauchverbots im Betrieb
Nichtvermögensrechtliche Streitigkeit, Bemessung des Gegenstandswertes nach § 23 Abs. 3 Satz 2 Hs. 2 RVG, Gegenstandswert 4.000 EUR, je nach Lage des Falles aber auch niedriger oder höher bis 500.000 EUR anzunehmen,
> LAG Hamm 9.11.2005 – 13 TaBV 148/05, NZA-RR 2006, 96 = NZA 2006, 288.

Mitbestimmungsrecht des Betriebsrats, personelle Maßnahme
Aufhebungsantrag nach § 101 BetrVG, 4.000 EUR,
> LAG Sachsen 9.11.2005 – 1 Ta 282/05, AE 2006, 144.

Nachweis nach dem Nachweisgesetz
Ein Bruttomonatsgehalt,
> ArbG Düsseldorf 16.12.1998 – 3 Ca 7703/98, n.v.

Nichtzulassungsbeschwerde, Verfahrensgebühr
Nr. 3506 VV RVG, nicht Nr. 3500 VV RVG
> LAG Hessen 5.5.2006 – 13 Ta 127/06, NZA-RR 2006, 600.

Schleppnetzantrag
Keine besondere Berücksichtigung bei Gegenstandswertfestsetzung,
> LAG Rheinland-Pfalz 11.9.2006 – 3 Ta 159/06, NZA-RR 2006, 656.

Sozialplan, Anfechtung
Bei Streit um Volumen eines Sozialplans, Festsetzung des Gegenstandswertes nach der Differenz der vorgeschlagenen Volumina,
> BAG 9.11.2004 – 1 ABR 11/02 (A), NZA 2005, 70, AGS 2005, 72; BAG 14.2.1996 – 7 ABR 25/95, AP Nr. 5 zu § 76a BetrVG 1972 = EzA § 40 BetrVG 1972 Nr. 76.

Wird ein Sozialplan jedoch wegen zu geringer finanzieller Ausstattung angefochten, fehlt es an einer feststehenden äußeren Grenze des Wertes der anwaltlichen Tätigkeit. In solchen Fällen ist der Gegenstandswert nach § 23 RVG nach billigem Ermessen zu bestimmen,
> BAG 20.7.2005 – 1 ABR 23/03 (A), DB 2005, 2086.

Sozialplanabfindung, hilfsweise Geltendmachung
Hinzuaddition zum Streitwert, wenn Anspruch in einem Vergleich mitgeregelt worden ist,
> LAG München 12.12.2006 – 7 Ta 378/06, ArbRB 2007, 44; LAG Köln 12.5.2005 – 3 Ta 142/05, ArbRB 2006, 334.

Statusfeststellung, leitender Angestellter i.S.d. § 5 Abs. 3 BetrVG
4.000 EUR gemäß § 23 Abs. 3 RVG,
> LAG Hamm 27.7.2006 – 10 Ta 402/06, n.v.

Umgruppierung, Informationsanspruch des Betriebsrats
Regelstreitwert nach § 23 Abs. 3 RVG,
> LAG Köln 26.5.2006 – 14 Ta 123/06, NZA-RR 2007, 599.

Versetzung
Bemessung des Streitwertes bei Streit über die Wirksamkeit einer Versetzung steht gemäß § 23 Abs. 1 RVG, § 48 Abs. 1 GKG, § 3 ZPO im freien Ermessen des Gerichts. Regelmäßig wird der Wert in Höhe einer Bruttomonatsvergütung festgesetzt,
> LAG Berlin 2.11.2005 – 17 Ta (Kost) 6070/05, AE 2006, 67; LAG Berlin 9.5.2001 – 16 Ta (Kost) 6076/01, n.v.

Beurteilung nach § 42 Abs. 4 Satz 1 GKG, abgestellt wird auf Verdiensteinbußen und/oder Prestigeverlust, bei mangelnden Anhaltspunkten pro Arbeitnehmer 500 EUR,
> LAG Hamm 11.10.2006 – 10 Ta 561/06, jurisPR-ArbR 7/2007 Nr. 6; LAG Hamm 7.7.1994 – 8 TaBV 80/94, JurBüro 1995, 590.

Beurteilung nach § 42 Abs. 3 Satz 1 GKG, 36facher Differenzbetrag,
> LAG Rheinland-Pfalz 31.8.2000 – 3 Ta 918/00, NZA-RR 2001, 325.

Wahlvorstand, Zugangsrecht
Zugangsrecht des Wahlvorstandes zu den Beschäftigten, um die anstehende Betriebsratswahl vorzubereiten, Regelstreitwert von 4.000 EUR nach § 23 Abs. 3 Satz 2 RVG,
> ArbG Leipzig 13.2.2006 – 16 BVGa 77/05, AE 2006, 143, 144.

Weiterbeschäftigung
Ein Monatsgehalt,
> LAG Hamburg 30.6.2005 – 8 Ta 5/05, LAGReport 2005, 352; ArbG Hamburg 1.2.2005 – 1 Ta 590/04, n.v.; LAG Berlin 18.11.2003 – 17 Ta 6116/03 (Kost), MDR 2004, 598; LAG Berlin 23.9.2002 – 6 Ta 1705/02, n.v.; LAG Köln 21.6.2002 – 7 Ta 59/05, MDR 2002, 1441; LAG Hessen 16.5.2003 – 16 Ta 158/03, n.v.; LAG Hessen 23.4.1999 – 15/6 Ta 28/98, NZA-RR 1999, 434; LAG Hamburg 4.6.2003 – 4 Ta 7/03, n.v.; LAG Hamburg 5.8.2003 – 6 Ta 13/03, n.v.; LAG Hamburg 2.9.2002 – 7 Ta 21/02, MDR 2003, 178; LAG Hamburg 10.5.2004 – 8 Ta 5/04, n.v.; LAG Hamburg 29.7.2004 – 8 Ta 11/04, n.v.

Ältere Entscheidungen, drei Monatsgehälter,
> LAG Bremen 20.11.1980 – 4 Ta (5 H) 42/80, AuR 1981, 285; LAG Rheinland-Pfalz 23.7.1982 – 1 Ta 121/82, n.v.

Zwei Monatsgehälter,
> LAG Hamm 4.12.2003 – 4 Sa 900/03, NZA-RR 2004, 189; LAG Brandenburg 24.9.2003 – 6 Sa 118/03, n.v.; LAG Düsseldorf 25.6.1987 – 7 Ta 187/87, AnwBl 1987, 554.

Wiederkehrende Leistungen in einer Betriebsvereinbarung
Dreifacher Jahresbetrag der Leistungen abzüglich 20 % für den ersten betroffenen Arbeitnehmer, Anlehnung an § 42 Abs. 3 Satz 1 GKG,
> LAG Hamm 17.8.2006 – 13 Ta 179/06, NZA-RR 2006, 595.

Ab dem zweiten Arbeitnehmer Staffelung in Anlehnung an § 9 BetrVG,

Arbeitnehmer 2–20 = jeweils 25 % des Ausgangswertes,

Arbeitnehmer 21–50 = jeweils 12,5 % des Ausgangswertes,

Arbeitnehmer 51–100 = jeweils 10 % des Ausgangswertes,
> LAG Hamm 17.8.2006 – 13 Ta 179/06, NZA-RR 2006, 595.

Zutrittsrecht der Gewerkschaft zu einer Baustelle
Regelwert nach § 23 Abs. 3 RVG, bei vorläufigen Rechtsschutz Hälfte des Regelwertes,
> ArbG Frankfurt 3.11.2004 – 9 Ga 287/04, AiB 2005, 118.

Zutrittsrecht Gewerkschaftsangehöriger zum Betrieb
Regelwert nach § 23 Abs. 3 RVG (§ 8 Abs. 2 BRAGO),
> ArbG Mönchengladbach 22.7.2002 – 2 Ga 21/02, NZA-RR 2003, 146; LAG Hamm 27.10.2006 – 10 Ta 675/06, NZA-RR 2007, 153.

Zutrittsrecht zum Zwecke der Wahlwerbung für Betriebsratswahl
2.000 EUR gemäß § 23 Abs. 3 RVG nach billigem Ermessen,
>LAG Mainz 1.8.2006 – 2 Ta 128/06, n.v.

Zwangsvollstreckung
Streitwertfestsetzung gemäß § 63 Abs. 2 GKG, abzustellen ist auf das Interesse des Beschwerdeführers daran, dass die Zwangsvollstreckung nicht einstweilen eingestellt werde,
>LAG Rheinland-Pfalz 23.9.2005 – 5 Ta 187/02, n.v.

Zwischenzeugnis, Inhalt
Ein Bruttomonatsgehalt,
>LAG Berlin 14.11.2002 – 16 Sa 970/02, NZA-RR 2003, 523; LAG Köln 28.4.1999 – 13 Ta 96/99, MDR 1999, 1366; LAG Köln 27.7.1995 – 13 Ta 144/95, AR-Blattei ES 160.13 Nr. 199.

Ein halbes Bruttomonatsgehalt,
>LAG Hamburg 4.7.2003 – 4 Ta 7/03, n.v.; LAG Rheinland-Pfalz 18.1.2002 – 9 Ta 1472/01, MDR 2002, 954.

Zwischenzeugnis, keine Bestimmung über Inhalt
Halbes Bruttomonatsgehalt,
>LAG Köln 26.2.2004 – 7 Ta 43/04, MDR 2004, 1067; LAG Rheinland-Pfalz 2.6.2004 – 2 Ta 113/04, n.v.; LAG Hessen 19.11.2001 – 15 Ta 85/01, NZA-RR 2002, 384; LAG Sachsen 19.10.2000 – 9 Ta 173/00, LAGE § 3 ZPO Nr. 12.

Pauschalbetrag von 500 EUR,
>LAG Hamburg 4.7.2003 – 4 Ta 7/03, n.v.; LAG Hessen 9.7.2003 – 15 Ta 123/03, NZA-RR 2003, 660.

250 EUR,
>LAG Thüringen 14.11.2000 – 18 Ta 134/00, MDR 2001, 538.

Kapitel 3: Korrespondenz mit Rechtsschutzversicherungen

Literatur

Bauer, Rechtsentwicklung bei den Allgemeinen Bedingungen für die Rechtsschutzversicherung bis Anfang 2006, NJW 2006, 1484; *ders.*, Rechtsentwicklung bei den Allgemeinen Bedingungen für die Rechtsschutzversicherung bis Anfang 2005, NJW 2005 1472; *Ennemann*, Anwaltschaft und Rechtsschutzversicherung – ein Spannungsverhältnis?, NZA 1999, 628; *Fischer*, Prozesstaktik des Arbeitnehmeranwalts im Lichte der Kostenvermeidungspflicht nach ARB, FA 1999, 178; *Harbauer*, Rechtsschutzversicherung, 7. Aufl. 2004; *Heimann*, Der Anspruch des rechtsschutzversicherten Arbeitnehmers auf Versicherungsschutz für die außergerichtliche Tätigkeit seines Rechtsanwalts in Kündigungsschutzsachen, AE 2006, 9; *Hümmerich*, Arbeitsrecht und Rechtsschutzversicherung, AnwBl 1995, 321; *Hümmerich/Bieszk*, § 34 Abs. 3 S. 1 RVG – Wann ist ein Mandant Verbraucher?, AnwBl 2006, 749; *Küttner*, Rechtsschutzversicherung und Arbeitsrecht, NZA 1996, 453.

A. Erläuterungen

Küttner hat beklagt, dass das Schrifttum zu arbeitsrechtlichen Fragen der Rechtsschutzversicherung fast ausschließlich in den Händen der Rechtsschutzversicherer liege.[1] Ebenso wenig befriedigend sei die Tatsache, dass Rechtsschutzversicherer über umfangreiche Datenbanken mit von ihnen veranlasster Rechtsprechung verfügen, die Informationen auf Seiten der Anwälte jedoch nur wenig bekannt und insbesondere für die Versicherungsnehmer und die Anwaltschaft günstige Entscheidungen nur spärlich publiziert würden. Ein weiteres Manko aus Sicht des Versicherungsnehmers und der Anwaltschaft kann an dem Umstand festgemacht werden, dass auf dem Gebiet des Arbeitsrechts nicht bewanderte Zivilrichter über Klagen zwischen dem Versicherungsnehmer und der Rechtsschutzversicherung, dem Anwalt und der Rechtsschutzversicherung sowie dem Anwalt als Prozessbevollmächtigtem und seinem Mandanten[2] befinden.

I. Rechtspflichtenverstöße

Trotz dieser strukturellen Nachteile gelingt es häufig, Deckungsschutz in arbeitsrechtlichen Angelegenheiten zu erhalten. Wichtig ist, dass sich der den Arbeitnehmer (in selteneren Fällen auch den Arbeitgeber) beratende Rechtsanwalt bewusst macht, dass Voraussetzung für einen Deckungsschutz die **Versicherungsfall-Definition** in § 4 Abs. 1 c ARB 94/2000 (§ 14 Abs. 3 ARB 75) ist. Zunächst einmal muss er aus den Beanstandungen seines Mandanten Rechtspflichtenverstöße im Arbeitsverhältnis herausfiltern, die einen Deckungsschutz nach § 4 Abs. 1 c ARB 94/2000 (§ 14 Abs. 3 ARB 75) auslösen. Dies können Schikanen des Arbeitgebers,[3] aber auch die Nichtzahlung des Gehalts[4] oder die bloße Kündigung durch den Arbeitgeber[5] sein.

1. Einwand der Vorvertraglichkeit

Fallen-Situationen treten aus Sicht des Arbeitnehmers als Versicherungsnehmer wie folgt auf: Der Rechtsschutzversicherer kann den Einwand der Vorvertraglichkeit nach § 4 Abs. 1 c ARB 94/2000 (§ 14 Abs. 3 Satz 2 ARB 75) im Hinblick auf vom Arbeitgeber behauptete Rechtspflichtenverstöße erheben.[6] Die Rechtspflichtenverstöße müssen nicht zutreffen, liegen die vom Arbeitgeber behaupteten Verstöße in einer Zeit vor Beginn des Versicherungsschutzes, wird sich die Rechtsschutzversicherung auf den Deckungsausschluss nach § 4 Abs. 1 c ARB 94/2000 (§ 14 Abs. 3 Satz 2 ARB 75) berufen. Vom unkundigen Anwalt kann durch zu ausführliche Schilderungen in einem Schreiben an die Versicherung der Deckungsausschluss ungewollt veranlasst werden. Hilfreich ist in solchen Fällen allenfalls der Hinweis auf die Kolorit-Rechtsprechung in Muster 8680.[7]

---

1 NZA 1996, 453.
2 BAG 28.10.1997 – 9 AZB 35/97, AGS 1998, 54.
3 Muster 8625 § 8 Rn 282.
4 Muster 8685 § 8 Rn 295.
5 Muster 8630 § 8 Rn 283.
6 Vgl. hierzu ausführlich H/S-*Hümmerich/Notz*, Das arbeitsrechtliche Mandat, § 19 Rn 150 ff.
7 § 8 Rn 294.

2. Risikoausschluss wegen Vorsatzhandlung

259 Eine zweite Hürde baut sich regelmäßig auf, wenn dem Arbeitnehmer **außerordentlich** oder **verhaltensbedingt ordentlich gekündigt** wurde. In diesen Fällen beruft sich der aufmerksame Sachbearbeiter der Rechtsschutzversicherung auf § 4 Abs. 2 lit. a ARB 75.[8] Danach liegt ein Risikoausschluss vor, wenn der Versicherungsnehmer den Versicherungsfall vorsätzlich herbeigeführt hat. Hat der Arbeitnehmer einen Diebstahl begangen, wurde er wegen Tätlichkeit mit verhaltensbedingt ordentlicher Kündigung entlassen, hat er einen Vorgesetzten beleidigt oder gegen eine Anordnung verstoßen, kann sich der Rechtsschutzversicherer auf den allgemeinen Risikoausschluss der Vorsatzhandlung berufen. Die Auffassung, der Vorsatz müsse sich nur auf die gemäß § 14 ARB 75 als Versicherungsfall geltenden Tatsachen selbst beziehen sowie eine allgemeine Vorstellung umfassen, dass sich hieraus rechtliche Folgen ergeben könnten, wie u.a. der spätere Arbeitsgerichtsprozess,[9] findet sich in einer Versicherungsnehmern freundlich gesonnenen Rechtsprechung, der die herrschende Meinung allerdings entgegensteht. Überwiegend wird die Auffassung vertreten, dass durch § 4 Abs. 2 lit. a ARB 75 nicht die vorsätzliche Verursachung eines Versicherungsfalles als solche sanktioniert werden soll, sondern der Versicherungsnehmer den Versicherungsschutz schon dann verliert, wenn sein Verhalten gerade im Hinblick auf die Herbeiführung der rechtlichen Auseinandersetzung und der damit verbundenen Verursachung von Rechtskosten nicht zu billigen ist.[10] Der Mandant muss also nicht den Willen gehabt haben, durch Beleidigung seines Vorgesetzten einen Rechtsstreit herbeizuführen oder bei einem Verstoß gegen die Anordnung des Vorgesetzten einen anschließenden Kündigungsrechtsstreit zu provozieren; es reicht aus, dass sich der Vorsatz auf das Ereignis erstreckt, das späterhin eine arbeitsrechtliche Interessenwahrnehmung durch den Anwalt erforderlich macht. Aufklärend kann, wenn der Rechtsschutzversicherer in seinem ersten Antwortschreiben auf eine Deckungsanfrage diesen Risikoausschluss angeführt hat, die Antwort mit dem Muster 8695[11] sein. Die Rechtsschutzversicherung, die behauptet, der Versicherungsnehmer habe den Versicherungsfall vorsätzlich und rechtswidrig verursacht, hat entsprechend vorzutragen und Beweis anzutreten. Entsprechende Feststellungen in anderen Verfahren befreien nicht von den im Deckungsprozess gegebenenfalls neu zu treffenden Feststellungen.[12]

3. Umfang des Deckungsschutzes

260 Behilft sich der einen Deckungsschutzantrag stellende Versicherungsnehmer oder sein Anwalt zunächst mit dem Hinweis auf Rechtspflichtverstöße des Arbeitgebers im Bereich von Schikanen, muss mit dem laufenden Mandat, sobald die Interessenwahrnehmung über die im Deckungsantrag aufgeführten Sachverhalte hinausgeht, **zusätzlicher Deckungsschutz** beantragt werden. Meist gewähren die Rechtsschutzversicherer allerdings Deckungsschutz im Rahmen der „außergerichtlichen Interessenwahrnehmung in einer arbeitsrechtlichen Angelegenheit", so dass in einem solchen Falle auch Verhandlungen über die Beendigung des Arbeitsverhältnisses mit erfasst werden. Es kommt auf den Wortlaut der Deckungszusage an.

II. Deckungszusagen bei außergerichtlicher Tätigkeit

261 Wird der Rechtsanwalt **vor Erhebung einer Kündigungsschutzklage** im Vorfeld **außergerichtlich** tätig und sucht eine Einigung mit dem Gegner, verweigern viele Rechtsschutzversicherer in einem solchen Fall den Deckungsschutz. Zur Begründung wird angeführt, dass die außergerichtliche Interessenvertretung wegen der eventuellen Nichtanrechenbarkeit eines Teils der Geschäftsgebühr auf die Prozessgebühr zu einer unnötigen Kostenerhöhung führe, die bei einer sofortigen Einreichung der Kündigungsschutzklage bei Gericht nicht entstehen würde. Dabei verweisen die Rechtsschutzversicherungen auf die Entscheidungen des AG Düsseldorf[13] sowie des LG München I.[14]

262 Diese Rechtsansicht der Versicherer ist rechtsfehlerhaft und überholt. Jüngst hat das AG Cham[15] entschieden, dass der Rechtsanwalt, der vor Erhebung einer Kündigungsschutzklage erst außergerichtlich tätig wird und eine Einigung mit dem Gegner sucht, keine unnötigen Kosten verursacht, auch wenn er dies erst wenige

---

[8] Muster 8660 § 8 Rn 290.
[9] LG Köln 13.11.1991 – 24 S 15/91, r+s 1992, 277; OLG Oldenburg 12.2.1992 – 2 U 215/91, r+s 1992, 239.
[10] OLG Köln 11.6.1992 – 5 U 25/92, r+s 1992, 238; OLG Köln 22.4.1993 – 5 U 218/92, n.v.; LG Hannover 24.6.1992 – 11 S 42/92, r+s 1993, 22.
[11] § 8 Rn 297.
[12] OLG Köln 29.10.2002 – 9 U 124/01, NJW-RR 2003, 392.
[13] AG Düsseldorf 9.3.2004 – 58 C 12960/03, JurBüro 2004, 426.
[14] LG München I 4.11.2004 – 34 S 4791/04, AGS 2005, 365.
[15] AG Cham 22.12.2005 – 1 C 323/05, AnwBl 2006, 287.

Tage vor Ablauf der Frist für die Erhebung der Kündigungsschutzklage macht. Ein Rechtsschutzversicherer ist in einem solchen Fall verpflichtet, auch für diese außergerichtliche Interessenwahrnehmung Deckung zu gewähren. Auch das AG Essen-Steele[16] geht davon aus, dass in einem solchen Fall Deckungsschutz gewährt werden muss. Der Rechtsanwalt sei verpflichtet, für das von dem Mandanten erstrebte Ziel zunächst den kostengünstigsten Weg zu wählen.[17]

Der Rechtsanwalt handelt sachgerecht, wenn er zunächst außergerichtlich mit dem Arbeitgeber seines Mandanten Verbindung aufnimmt und eine außergerichtliche Einigung anstrebt. Das Anstreben einer gütlichen Einigung vor Klageeinreichung erscheint trotz des Umstands zweckmäßig, dass die Frist für die Einreichung der Kündigungsschutzklage nur noch wenige Tage beträgt.[18] Die Ausgestaltung der Anwaltsgebühren nach dem Rechtsanwaltsvergütungsgesetz macht die Intention des Gesetzgebers deutlich, der gütlichen Einigung und außergerichtlichen Streitbeilegung Vorrang einzuräumen.[19] Wie *Heimann* zutreffend bemerkt, ergibt der Versuch einer gütlichen Einigung im Zeitalter von Telefon, Telefax und E-Mail auch dann Sinn, wenn die Frist zur Erhebung der Kündigungsschutzklage nunmehr wenige Tage beträgt.

263

Das AG Essen-Steele sieht auch keinen Verstoß des Rechtsanwalts gegen die ihm obliegende **Schadensminderungspflicht**, wenn dieser zunächst außergerichtlich tätig wird. Der Rechtsanwalt sei nach Sinn und Zweck des geltenden RVG gehalten, zunächst eine außergerichtliche Einigung herbeizuführen.[20] Neben den allgemeinen Hinweisen über die anfallenden Gebühren ist der Rechtsanwalt nur dann zu dem Hinweis verpflichtet, dass die sofortige Erteilung einer Prozessvollmacht auch beim Versuch einer außergerichtlichen Lösung vor der Klageerhebung im arbeitsgerichtlichen Kündigungsschutzverfahren zu einem geringeren Gebührenanfall führen würde, wenn die sofortige Erteilung einer Prozessvollmacht dem Interesse des Mandanten an einer zunächst zu versuchenden außergerichtlichen Regelung nicht zuwiderläuft und dadurch auch zwingend geringere Gebühren für ihn anfallen. Die Erteilung einer sofortigen Prozessvollmacht ist nicht empfehlenswert, wenn bei der Mandatserteilung davon ausgegangen wird, dass eine außergerichtliche Einigung erzielt werden kann. Nach aller Voraussicht entstehen in diesem Fall bei der Beauftragung mit der außergerichtlichen Interessenvertretung geringere Gebühren als bei sofortiger Erteilung eines Prozessauftrags.

264

Nohr[21] ist darin zuzustimmen, dass die Einführung des RVG praktisch von allen Rechtsschutzversicherungen zum Anlass genommen wird, noch stärker als früher und zum Teil in rechtswidriger Weise Einfluss auf Rechtsanwaltsgebühren zu nehmen. Die Rechtsschutzversicherer argumentieren häufig, der Mandant müsse sofort Klageauftrag erteilen. Der Anwalt könne dann immer noch im Rahmen des Prozessmandats Vergleichsverhandlungen führen, was letztlich kostengünstiger wäre als ein zunächst erteilter außergerichtlicher Auftrag mit anschließendem Prozessauftrag.[22] Dieser Argumentation kann durch Verwendung des Musters 8750,[23] das die aktuelle Rechtsprechung aufgreift, entgegen getreten werden.

265

III. Aushandeln eines Aufhebungsvertrages

Ein Rechtsschutzversicherer hat die Kosten eines Rechtsanwalts zu übernehmen, der durch Verhandlungen die Änderung eines von dem Arbeitgeber der Versicherungsnehmerin angebotenen Aufhebungsvertrages zur Vermeidung einer betriebsbedingten Kündigung dahin erreicht, dass der Termin der Beendigung des Arbeitsverhältnisses in Übereinstimmung mit den für die Kündigung der Versicherungsnehmerin geltenden Bestimmungen des Gesetzes zum Elterngeld und zur Elternzeit (BEEG) gebracht wird.[24]

266

Ein weiteres Problem bei der arbeitsrechtlichen Interessenwahrnehmung ist aus Sicht des Rechtsschutzversicherers die **Höhe der Gegenstandswerte**, die beim Aushandeln eines Aufhebungsvertrages anfallen können. Handelt der Rechtsanwalt den Aufhebungsvertrag beispielsweise gemäß Muster 4500[25] aus, wird man regelmäßig auf einen Gegenstandswert zwischen 102.250 EUR und 256.000 EUR gelangen, weil vom Vierteljahresbezug des Gehalts über die Bewertung von Betriebsrenten, des Dienstfahrzeuges, der Lebensversiche-

267

---

16 AG Essen-Steele 22.6.2005 – 8 C 89/05, AGS 2005, 468 = JurBüro 2005, 585.
17 AG Essen-Steele 22.6.2005 – 8 C 89/05, AGS 2005, 468 = JurBüro 2005, 585.
18 AG Cham 22.12.2005 – 1 C 323/05, AnwBl 2006, 287.
19 *Heimann*, AnwBl 2006, 288.
20 AG Essen-Steele 22.6.2005 – 8 C 89/05, AGS 2005, 468 = JurBüro 2005, 585.
21 *Nohr*, AnwBl 2005, 655.
22 *Nohr*, AnwBl 2005, 655.
23 § 8 Rn 303.
24 AG Koblenz 20.1.2005 – 152 C 3263/04, NZA-RR 2006, 372.
25 § 4 Rn 684.

rung, des Wettbewerbsverbots (regelmäßig der zweijährige Bezug der Karenzentschädigung) eine solche Zahl von Gegenstandswerten zu addieren ist, dass die Gewährung von Deckungsschutz durch den Rechtsschutzversicherer vorsichtig und zögerlich gehandhabt wird. Schon das bloße Aushandeln des Zeugniswortlauts, und sei es auch nur die Änderung einer Textzeile, wird bekanntlich mit einem Bruttomonatsgehalt streitwertmäßig berechnet.[26] Werden Aufhebungsverträge für Organmitglieder einer Gesellschaft, also Vorstände einer AG oder Geschäftsführer einer GmbH, ausgehandelt, so entfällt zwar der Deckungsschutz gemäß § 4 Abs. 1 d ARB 75. In diesen Fällen erreichen die Gegenstandswerte aber eine noch deutlichere Höhe, weil in diesen Fällen das dreifache Jahresgehalt des Gehalts an die Stelle von § 42 Abs. 4 Satz 1 GKG tritt.

268 Oftmals erteilen Rechtsschutzversicherer keine Deckungszusage, wenn der ratsuchende Mandant sich an den Anwalt wendet, da ihm von seinem Arbeitgeber das Angebot eines Aufhebungsvertrages gemacht wurde und für den Fall des Nichtzustandekommens eines Aufhebungsvertrages der Ausspruch einer Kündigung in Aussicht gestellt wurde. Zur Begründung wird angeführt, dass allein das Bestreben, einen Vertrag zu beenden, nicht als Verstoß gegen eine rechtlich gebotene Verhaltensregel zu werten sei, so dass die Voraussetzungen des § 4 Abs. 1 c ARB 94/2000 nicht vorlägen. Unter Berufung auf die ältere Rechtsprechung[27] wird ein Verstoß gegen Rechtspflichten oder Rechtsvorschriften i.S.d. § 4 Abs. 1 c ARB 94/2000 verneint.

269 Richtigerweise geht das OLG Saarbrücken in einem jüngst entschiedenen Fall davon aus, dass ein den Rechtsschutzversicherungsfall auslösender Verstoß gegen Rechtspflichten auch schon dann vorliegt, wenn der Arbeitgeber mit dem Angebot eines Aufhebungsvertrages an seinen Arbeitnehmer zum Ausdruck bringt, das Vertragsverhältnis in jedem Fall beenden zu wollen.[28] Dem 5. Zivilsenat ist darin zuzustimmen, dass der Standpunkt, der Verstoß gegen Rechtspflichten könne frühestens im Ausspruch einer betriebsbedingten Kündigung gesehen werden, dem Zweck des § 4 Abs. 1 c ARB 94/2000 nicht gerecht wird. Ziel der gesetzlichen Regelung ist, dem Versicherungsnehmer umfassenden Rechtsschutz auch für sich bereits abzeichnende rechtliche Auseinandersetzungen, die bereits im Keim angelegt sind, zu gewähren.[29] Für den einen Rechtsschutzfall auslösenden Verstoß gegen § 4 Abs. 1 c ARB 94/2000 genügt nämlich jeder tatsächliche, objektiv feststellbare Vorgang, der die Anbahnung eines Rechtskonflikts in sich trägt; der Rechtsstreit ist dann jedenfalls latent vorhanden und damit gewissermaßen bereits „vorprogrammiert".[30]

270 Das Muster 8635[31] sieht ein auf die aktuelle Entscheidung des OLG Saarbrücken verweisendes Schreiben an die Rechtsschutzversicherung für den Fall vor, dass die Deckungszusage verweigert wird.

IV. Informationspflicht gegenüber Rechtsschutzversicherung

271 Zu bedenken ist, dass zwischen anwaltlicher Sachbearbeitung und Sachbearbeitung durch die Rechtsschutzversicherung in arbeitsrechtlichen Angelegenheiten oft eine zeitliche Lücke klafft. Beim arbeitsrechtlichen Outplacement ist häufig Eile geboten, es muss die Gunst der Stunde erkannt und in Handlungsstrategien umgesetzt werden. Für beide Beteiligte, für Arbeitgeber wie Arbeitnehmer, stellt die letzte Phase vor Ausspruch einer Kündigung stets auch eine emotional eingefärbte Belastungssituation dar, die sich mit Abschluss eines Abwicklungs- oder Aufhebungsvertrages auflöst, in der Arbeitgeber zu Abfindungszahlungen bereit sind, die über der Regel von einem Bruttomonatsgehalt für zwei Beschäftigungsjahre liegen. Der Anwalt muss in manchen Fällen auf die beteiligten Parteien zugehen, um die Auflösungslage zu schaffen. Bis der Deckungsantrag beim Rechtsschutzversicherer beschieden ist, sind regelmäßig Wochen vergangen, in denen manchmal der arbeitsrechtliche Konflikt längst beseitigt wurde. Eine strenge Auslegung von § 15 ARB 75 würde in diesen Fällen vom Versicherten verlangen, den Versicherer noch vor Gewährung einer Deckungszusage über das Ergebnis der Interessenwahrnehmung zu unterrichten. Derartige Informationen könnten den Rechtsschutzversicherer beim Ausspruch einer Deckungszusage noch zögerlicher werden lassen.

272 Ein Anspruch des Rechtsschutzversicherers auf **zeitgleiche Information** kann nur dann bestehen, wenn der Versicherer ebenfalls zeitgleich Deckungsanträge bearbeitet. Rechtsschutzversicherer muten dem Versicherten regelmäßig eine Antwortzeit zwischen einer Woche und sieben Wochen zu. Dem Versicherungsnehmer

---

26 LAG Berlin 14.11.2002 – 16 Sa 970/02, NZA-RR 2003, 523; LAG Köln 28.4.1999 – 13 Ta 96/99, MDR 1999, 1366; LAG Köln 27.7.1995 – 13 Ta 144/95, AR-Blattei ES 160.13 Nr. 199.
27 AG Hannover 12.1.1998 – 558 C 14783/97, RuS 1998, 336; AG München 25.1.1996 – 281 C 26689/95, NZA-RR 1997, 151; AG Köln 1.6.1994 – 123 C 242/94, RuS 1995, 68.
28 OLG Saarbrücken 19.7.2006 – 5 U 719/05, AnwBl 2006, 764.
29 OLG Saarbrücken 19.7.2006 – 5 U 719/05, AnwBl 2006, 764.
30 BGH 28.9.2005 – IV ZR 106/04, VersR 2005, 1684.
31 § 8 Rn 284.

muss es gestattet sein, unter diesen Umständen zunächst einmal den Deckungsantrag abzuwarten und erst nach Eingang des Bescheids den Rechtsschutzversicherer über das Ergebnis der anwaltlichen Bemühungen zu unterrichten, auch dann, wenn zum Zeitpunkt des Eingangs der Deckungszusage der Versicherungsfall bereits durch Aufhebungsvertrag abgeschlossen wurde.

V. Situation des beratenden Rechtsanwalts

Arbeitsrechtliche Auseinandersetzungen werden manchmal vom Rechtsschutzversicherer nicht hinreichend unter ökonomischen und an den wirklichen Interessen des Versicherten orientierten Gesichtspunkten gesehen. So erleichtert es die Gewährung von Deckungsschutz ungemein, wenn eine Kündigung des Arbeitsverhältnisses im Raum steht, obwohl für das weitere berufliche Fortkommen des Versicherungsnehmers in Einzelfällen eine einvernehmliche Aufhebung des Arbeitsvertrages wesentlich vorteilhafter wäre. Kritisch angemerkt sei ferner die Frage, ob die Ausübung eines gesetzlich vorgesehenen Gestaltungsrechts überhaupt ein Rechtspflichtenverstoß sein kann. Auch berücksichtigen die ARB nicht, dass es sehr sinnvoll sein kann, in einer Vergleichsverhandlung über einen Aufhebungsvertrag den Wortlaut des Zeugnisses zu vereinbaren, obwohl weder vor noch während der Verhandlungen ein Streit über den Wortlaut des Zeugnisses aufgekommen ist und insofern kein Versicherungsfall vorliegt. Es gehört zu den Pflichten eines Rechtsanwalts, die Gunst der Stunde zu nutzen, um eine höchstmögliche Interessenwahrnehmung zu erzielen. Ähnlich liegen die Dinge, wenn in einem Aufhebungs- oder Abwicklungsvertrag Einzelheiten zur betrieblichen Altersversorgung fixiert werden. In derartigen Fällen sollte in einem nachfassenden Schreiben dem Rechtsschutzversicherer über das Muster 3120 die ökonomische und berufliche Tragweite der Interessenwahrnehmung durch den Rechtsanwalt für den Versicherungsnehmer dargestellt werden.

Gift/Baur[32] machen darauf aufmerksam, dass der Rechtsanwalt, der in der Praxis für den Versicherungsnehmer ohne Honorierung den Verkehr mit der Rechtsschutzversicherung abwickelt, selbst die Obliegenheiten des § 15 Abs. 1 ARB 75 infolge seiner Dienstleistung zu erfüllen hat. Bei vorsätzlicher oder grob fahrlässiger Verletzung treffen den Versicherungsnehmer etwaige Nachteile, weil die Rechtsprechung den Anwalt als Repräsentanten des Versicherungsnehmers ansieht.[33]

Das Auseinanderklaffen von Lebenswirklichkeit und kodifiziertem Recht zeigt sich deutlich an der Tätigkeit des Rechtsanwalts in arbeitsrechtlichen Angelegenheiten für den Mandanten im Verhältnis zum Rechtsschutzversicherer: Der Anwalt erhält für diese Tätigkeit kein Honorar und es treffen ihn außerdem alle **Haftungsrisiken** des Versicherten. Insgesamt wäre wünschenswert, die im Spannungsfeld zwischen Arbeitsrecht, Rechtsschutzversicherung und Versicherungsnehmer angesiedelten Fragestellungen durch eine wirklichkeitsgerechtere Kodifizierung der ARB zu lösen. Im Übrigen sei empfohlen, mit dem Mandanten **Honorarvereinbarungen** zu treffen, die von einem eine Outplacementberatung wünschenden Angestellten unaufgefordert thematisiert werden. Wenn eine Abfindung in einer Größenordnung von mehr als 50.000 EUR in Frage steht, ist der Mandant regelmäßig gerne bereit, eine Honorarvereinbarung zu treffen, auch neben etwaigem Deckungsschutz durch den Rechtsschutzversicherer, weil er angesichts des durch die Tätigkeit des Rechtsanwalts bei ihm eintretenden wirtschaftlichen Wertes in der Honorarvereinbarung einen angemessenen Ausgleich zwischen Leistung und Gegenleistung sieht. Das ökonomische Denken ist bei den Betroffenen oft stärker ausgeprägt, als es das durch Standesrecht geprägte Berufsbild des Rechtsanwalts gestattet. Mögliche Vereinbarungen mit dem Mandanten können gemäß den Mustern 8015[34] und 8018[35] geschlossen werden.

Schließlich sollte der Rechtsanwalt immer darauf achten, dass inzwischen verschiedene Fassungen von **ARB-Regelungen** in Kraft sind, die traditionellen ARB 75, die noch kurz vor einer Marktfreigabe des Versicherungsrechts vom Bundesaufsichtsamt genehmigten ARB 94 sowie die von einigen Rechtsschutzversicherern gewählten ARB 2000. Die Unterschiede im Bereich des Arbeitsrechts zeigt *Küttner*[36] auf.

---

32 Das Urteilsverfahren vor den Gerichten für Arbeitssachen, D 369.
33 OLG Hamm 13.5.1983 – 20 W 90/82, VersR 1984, 31; OLG Köln 23.6.1983 – 5 U 9/83, zfs 1984, 48; OLG Nürnberg 26.11.1981 – 8 U 1354/81, VersR 1982, 695.
34 § 8 Rn 96.
35 § 8 Rn 97.
36 NZA 1996, 453.

B. Texte
I. Deckungsschutz

1. Muster: Deckungsantrag bei eiliger Kündigungsschutzklage

Hiermit zeigen wir an, dass uns Ihr Versicherungsnehmer ▬▬▬ mit der Wahrnehmung seiner rechtlichen Interessen in einer arbeitsgerichtlichen Angelegenheit beauftragt hat. Eine Kopie unserer Klageschrift fügen wir bei. Der Rechtspflichtenverstoß des Arbeitgebers gemäß § 14 Abs. 3 ARB 75 (§ 4 Abs. 1 c ARB 94/2000) ist aus dem Tatbestand der Klageschrift ersichtlich.

Angesichts der Ausschlussfrist des § 4 KSchG und da es zu unseren anwaltlichen Obliegenheiten gehört, gesetzliche Fristen einzuhalten, mussten wir die Klage vor Eingang Ihrer Deckungszusage einreichen. Wir bitten um Deckungszusage für die gerichtliche Interessenwahrnehmung in einer arbeitsrechtlichen Angelegenheit.

2. Muster: Deckungsantrag für gerichtliche Tätigkeit nach erfolglosem außergerichtlichem Verhandeln

In der Ihnen bekannten Angelegenheit hat unsere außergerichtliche Interessenwahrnehmung nicht zu dem erstrebten Erfolg geführt. Wie aus dem beiliegenden Antwortschreiben des Gegners ersichtlich, besteht keine Bereitschaft, die von uns geltend gemachten Ansprüche freiwillig zu erfüllen. Bei dieser Sachlage ist Klage geboten.

Wir erbitten deshalb nunmehr Deckungszusage für die gerichtliche Interessenwahrnehmung.

3. Muster: Deckungsantrag bei außergerichtlicher Interessenwahrnehmung durch Schriftsatzbezug

Hiermit zeigen wir an, dass uns Ihr Versicherungsnehmer ▬▬▬ mit der Wahrnehmung seiner rechtlichen Interessen aus einem Arbeitsverhältnis beauftragt hat.

Die Gründe, weshalb uns Ihr Versicherungsnehmer aufgesucht hat, entnehmen Sie bitte unserem beigefügten Schriftsatz. Das Verhalten des Gegners Ihres Versicherungsnehmers beinhaltet, wie Sie im Einzelnen dem anliegenden Schriftsatz entnehmen können, in mehrfacher Hinsicht Rechtspflichtverstöße gemäß § 14 Abs. 3 ARB 75 (§ 4 Abs. 1 c ARB 94/2000).

Der Versicherungsfall ist gemäß § 14 Abs. 3 ARB 75 (§ 4 Abs. 1 c ARB 94/2000) aber auch deshalb eingetreten, weil behauptete Rechtsverstöße vorliegen, die zur Folge haben, dass sich die Rechtsposition Ihres Versicherungsnehmers ohne rechtliche Maßnahmen verschlechtern könnte. Eine ernsthafte Behauptung eines Rechtsverstoßes ist nach ständiger Rechtsprechung ein Vorgang, der nach der Lebenserfahrung die Gefahr einer rechtlichen Auseinandersetzung so nahe rückt, dass sie nicht mehr als zukünftiges ungewisses Ereignis, sondern als durch den Versicherungsvertrag mitversichertes Ereignis anzusehen ist.

BGH 14.3.1984 – IVa ZR 24/82, VersR 1984, 530; BGH 16.6.1982 – IVa ZR 270/80, VersR 1982, 841; OLG Frankfurt 12.7.1978 – 7 U 151/77, VersR 1979, 566; OLG Hamm 24.10.1979 – 20 U 24/78, VersR 1980, 669; OLG München 23.12.1981 – 3 U 2622/81, VersR 1982, 1094.

Wir bitten daher um Deckungszusage für die Wahrnehmung der rechtlichen Interessen Ihres Versicherungsnehmers aus einem Arbeitsverhältnis.

4. Muster: Deckungsantrag bei außergerichtlicher Interessenwahrnehmung durch Sachverhaltsschilderung

Hiermit zeigen wir an, dass uns Ihr Versicherungsnehmer ▬▬▬ mit der Wahrnehmung seiner rechtlichen Interessen aus einem Arbeitsverhältnis beauftragt hat.

Ausgangspunkt der Mandatierung durch Ihren Versicherungsnehmer bildet folgender Sachverhalt: ▬▬▬

Bei dieser Sachlage liegt ein Rechtspflichtverstoß i.S.v. § 14 Abs. 3 ARB 75 (§ 4 Abs. 1 c ARB 94/2000) vor.

Es wird um Deckungszusage für die Wahrnehmung der rechtlichen Interessen Ihres Versicherungsnehmers aus einem Arbeitsverhältnis gebeten.

5. Muster: Deckungsantrag bei außergerichtlicher Interessenwahrnehmung und Beschränkung auf Gegenstandswert gemäß § 42 Abs. 4 Satz 1 GKG

Unter Hinweis auf unsere ständige Praxis in der Zusammenarbeit mit Ihnen, den Gegenstandswert in der vorliegenden Angelegenheit auf den Vierteljahresbezug zu beschränken, bitten wir um Rechtsschutzgewährung für die Wahrnehmung der rechtlichen Interessen in einer arbeitsrechtlichen Angelegenheit Ihres Versicherungsnehmers ▬▬▬.

Im Hintergrund der Auseinandersetzung zwischen Ihrem Versicherungsnehmer und dem Arbeitgeber steht eine drohende Kündigung. Vorgefallen ist derzeit Folgendes: ▬▬▬

6. Muster: Deckungsantrag bei außergerichtlicher Interessenwahrnehmung wegen Schikanen

Hiermit zeigen wir an, dass uns Ihr Versicherungsnehmer ▬▬▬ mit der Wahrnehmung seiner rechtlichen Interessen aus einem Arbeitsverhältnis beauftragt hat. Eine Kopie des Arbeitsvertrages fügen wir in Ablichtung bei.

Ihr Versicherungsnehmer erlebte in letzter Zeit an seinem Arbeitsplatz wiederholt Schikanen. Schließlich bedeutete man ihm, er solle nach einer anderen Arbeitsstelle Ausschau halten. Außerdem wurde ihm erklärt, ▬▬▬.

Die Schikanen und Äußerungen des Arbeitgebers stellen Rechtspflichtverstöße i.S.v. § 14 Abs. 3 ARB 75 (§ 4 Abs. 1 c ARB 94/2000) dar. Es ist im Übrigen anerkannt, dass für die Wahrnehmung rechtlicher Interessen aus Arbeitsverhältnissen nicht erforderlich ist, dass dem Versicherungsnehmer bereits gekündigt wurde. Die Erweiterung des Versicherungsschutzes in den §§ 24 Abs. 2 b, 25 Abs. 2 b, 26 Abs. 3 c, 27 Abs. 3 c und 28 Abs. 2 b ARB in den Jahren 1969 und 1975 erfolgte gerade angesichts des Umstandes, dass sich ergeben hatte, dass viele arbeitsrechtliche Streitigkeiten außergerichtlich erledigt werden und auch hierbei häufig schon ein Bedürfnis für die Einschaltung eines Rechtsanwalts besteht,

Harbauer, Rechtsschutzversicherung, ARB-Kommentar, vor § 21 Rn 116.

Die verschiedenen Schikanen, die Ihren Versicherungsnehmer dazu bewegen sollten, selbst das Arbeitsverhältnis durch Kündigung aufzulösen, damit dem Arbeitgeber die Zahlung einer Abfindung erspart wird, wie auch die konkreten Aufforderungen und Anspielungen stellen Rechtspflichtverstöße i.S.v. § 14 Abs. 3 ARB 75 (§ 4 Abs. 1 c ARB 94/2000) dar. Sie sind damit eintrittspflichtig.

Der Versicherungsfall ist gemäß § 14 Abs. 3 ARB 75 (§ 4 Abs. 1 c ARB 94/2000) aber auch deshalb eingetreten, weil behauptete Rechtsverstöße vorliegen, die zur Folge haben, dass sich die Rechtsposition Ihres Versicherungsnehmers ohne rechtliche Maßnahmen verschlechtern könnten. Die ernsthafte Behauptung eines Rechtsverstoßes ist nach ständiger Rechtsprechung ein Vorgang, der nach der Lebenserfahrung die Gefahr einer rechtlichen Auseinandersetzung so nahe rückt, dass sie nicht mehr als zukünftiges ungewisses Ereignis, sondern als durch den Versicherungsvertrag mitversichertes Ereignis zu sehen ist,

BGH 14.3.1984 – IVa ZR 24/82, VersR 1984, 530; BGH 16.6.1982 – IVa ZR 270/80, VersR 1982, 841; OLG Frankfurt 12.7.1978 – 7 U 151/77, VersR 1979, 566; OLG Hamm 24.10.1979 – 20 U 24/78, VersR 1980, 669; OLG München 23.12.1981 – 3 U 2622/81, VersR 1982, 1094.

Aus diesem Grunde entspricht es der Praxis aller Rechtsschutzversicherer, es als Versicherungsfall anzusehen, wenn Anhaltspunkte dafür bestehen, dass der Arbeitgeber in Erwägung zieht, das Arbeitsverhältnis mit dem Versicherungsnehmer zu kündigen oder zur Auflösung zu bringen.

Wir dürfen daher um Deckungszusage zunächst für die außergerichtliche Interessenwahrnehmung in einer arbeitsrechtlichen Angelegenheit bitten.

7. Muster: Deckungsantrag wegen Kündigung

Der Arbeitgeber Ihres Versicherungsnehmers, die Firma ▬▬▬, hat eine Kündigung des Arbeitsverhältnisses ausgesprochen. Aus diesem Grunde sind wir von Ihrem Versicherungsnehmer ▬▬▬ beauftragt worden, seine rechtlichen Interessen aus einem Arbeitsverhältnis wahrzunehmen.

Die Kündigung stellt einen Rechtspflichtenverstoß i.S.v. § 14 Abs. 3 ARB 75 (§ 4 Abs. 1 c ARB 94/2000) dar,

AG Hamburg 22.8.1995 – 4 C 636/95, r+s 1996, 107; AG Frankfurt 3.1.1994 – 29 C 1489/94 – 82, r+s 1995, 304; AG Köln 1.6.1994 – 123 C 242/94, r+s 1995, 68.

Wir bitten um Deckungszusage für die Wahrnehmung rechtlicher Interessen in einer arbeitsrechtlichen Angelegenheit.

8. Muster: Deckungsantrag wegen angedrohter Kündigung und Angebot eines Aufhebungsvertrages

↓

Soweit von Ihrer Seite geltend gemacht wird, dass die Voraussetzungen des § 4 Abs. 1 c ARB 94/2000 deshalb nicht vorlägen, weil dem Arbeitgeber unseres Mandanten ein Verstoß gegen Rechtspflichten nicht vorzuwerfen sei, ist diese Ansicht rechtsfehlerhaft.

Ein den Rechtsschutzversicherungsfall auslösender Verstoß gegen Rechtspflichten liegt schon dann vor, wenn der Arbeitgeber mit dem Angebot eines Aufhebungsvertrages an seinen Arbeitnehmer zum Ausdruck bringt, das Vertragsverhältnis in jedem Fall beenden zu wollen,

OLG Saarbrücken 19.7.2006 – 5 U 719/05, AnwBl 2006, 764.

Nach § 4 Abs. 1 c ARB 94/2000 besteht ein Anspruch auf Rechtsschutz nach Eintritt eines Versicherungsfalles von dem Zeitpunkt an, in dem der Versicherungsnehmer oder ein anderer einen Verstoß gegen Rechtspflichten oder Rechtsvorschriften begangen hat oder begangen haben soll. Die Regelung entspricht weitgehend der des § 14 Abs. 3 Satz 1 ARB 75. Die Ansicht, die Ankündigung oder Androhung einer betriebsbedingten Kündigung für den Fall des Nichtzustandekommens eines Aufhebungsvertrages stelle noch keinen Verstoß seitens des Arbeitgebers dar, so dass ein Versicherungsfall frühestens mit dem Ausspruch der Kündigung eintreten könne,

Harbauer/*Maier*, ARB 75, § 14 Rn 43; AG München 25.1.1996 – 281 C 26689/95, NZA-RR 1997, 151 = r+s 1996, 275,

kann nicht überzeugen. Der Standpunkt, der Verstoß könne frühestens im Ausspruch einer betriebsbedingten Kündigung gesehen werden, wird dem Zweck des § 4 Abs. 1 c ARB 94/2000 nicht gerecht, dem Versicherungsnehmer umfassenden Rechtsschutz auch für sich bereits abzeichnende rechtliche Auseinandersetzungen, die bereits im Keim angelegt sind, zu gewähren,

OLG Saarbrücken 19.7.2006 – 5 U 719/05, AnwBl 2006, 764.

Für den einen Rechtsschutzfall auslösenden Verstoß gegen § 4 Abs. 1 c ARB 94/2000 genügt nämlich jeder tatsächliche, objektiv feststellbare Vorgang, der die Anbahnung eines Rechtskonflikts in sich trägt; der Rechtsstreit ist dann jedenfalls latent vorhanden und damit gewissermaßen bereits „vorprogrammiert",

BGH 28.9.2005 – IV ZR 106/04, VersR 2005, 1684; OLG Saarbrücken 19.7.2006 – 5 U 719/05, AnwBl 2006, 764.

Dies ist nicht nur bei der Androhung einer verhaltensbedingten, sondern auch bei der Androhung einer betriebsbedingten Kündigung zweifellos der Fall. Dies gilt erst recht, wenn die betriebsbedingte Kündigung im Zusammenhang mit der Weigerung des Arbeitnehmers, einem Angebot auf Abschluss eines Aufhebungsvertrages zuzustimmen, erfolgt, und der Arbeitgeber ohnehin entschlossen ist, das Vertragsverhältnis zu beenden. So verhält sich die Sachlage auch im vorliegenden Fall. Wir bitten daher um Deckungszusage für die Wahrnehmung der rechtlichen Interessen Ihres Versicherungsnehmers aus dem Arbeitsverhältnis.

↑

9. Muster: Deckungsantrag bei Entfristungsklage

↓

Macht der Arbeitnehmer, mit dem mehrere befristete Arbeitsverträge geschlossen wurden, geltend, die Befristung seines Arbeitsverhältnisses stelle eine Umgehung des Kündigungsschutzes dar, ist der Versicherungsfall gemäß § 14 Abs. 3 Satz 1 ARB in dem Zeitpunkt eingetreten, in dem der Rechtsverstoß begonnen haben soll. Dies ist nicht der Zeitpunkt, in dem die Weiterbeschäftigung enden sollte, sondern der Zeitpunkt der letzten Zusatzvereinbarung zur Verlängerung des Arbeitsverhältnisses des Arbeitnehmers,

AG Bochum 26.3.1985 – 63 C 395/84, n.v.; AG Freiburg i.Br. 25.4.1985 – 3 C 627/84, n.v.

↑

10. Muster: Keine Obliegenheitsverletzung beim Weiterbeschäftigungsantrag

↓

Ihr Schreiben, in dem Sie Deckungsschutz für die Kündigungsschutzklage bestätigen, haben wir erhalten. Soweit Sie für den Weiterbeschäftigungsantrag keinen Deckungsschutz erteilt haben, müssen wir Sie auf Folgendes aufmerksam machen:

Die Stellung des Weiterbeschäftigungsantrags bedeutet keine Obliegenheitsverletzung des Versicherungsnehmers gemäß § 15 Abs. 1 d) aa) ARB 75. Selbst *Löwisch*,

VersR 1986, 404,

hat nicht generell den Weiterbeschäftigungsantrag als Obliegenheitsverletzung bewertet. Die von *Löwisch* vertretene Ansicht ist allerdings inzwischen überholt. In weiten Bereichen der Rechtsprechung wird die Ansicht vertreten, dass die Geltendmachung des Weiterbeschäftigungsanspruchs mit Erhebung der Kündigungsschutzklage keine Obliegenheitsverletzung nach § 15 Abs. 1 d) aa) ARB 75 darstellt:

> AG Münster 15.07.1986 – 28 C 123/86, zfs 1987, 81; AG Hannover 16.5.1986 – 542 C 4568/86, zfs 1987, 52; LG Bochum 12.2.1986 – 9 S 34/86, AnwBl 1986, 415; AG Köln 11.2.1986 – 132 C 1373/84, zfs 1986, 180; AG Berlin-Charlottenburg 13.11.1985 – 2 C 336/85, JurBüro 1986, 1902; AG Hamburg 23.1.1987 – 4 C 897/86, NJW 1987, 2382; AG Düsseldorf 20.3.1987 – 41 C 208/86, zfs 1988, 82; AG Siegburg 27.2.1987 – 10 C 171/86, zfs 1987, 370; AG Hamburg 23.1.1987 – 4 C 878/86, n.v.; AG Duisburg 19.12.1986 – 2 C 421/86, JurBüro 1987, 1856; AG Köln 11.7.1986 – 111 C 166/86, JurBüro 1987, 619; AG Köln 11.8.1986 – 111 C 166/86, zfs 1987, 81; AG Nürnberg – 28.3.1988 – 15 C 43/88, NZA 1988, 706; AG Ahlen 17.11.1987 – 3 C 554/87, r+s 1988, 140; vgl. *Hümmerich/Spirolke*, Das arbeitsrechtliche Mandat , § 19 Rn 169.

11. Muster: Keine Obliegenheitsverletzung beim Weiterbeschäftigungsantrag als Eventual-Hilfsantrag

Soweit in der Vergangenheit, insbesondere durch einen Aufsatz von *Löwisch*,
> VersR 1986, 404,

veranlasst, die Meinung vertreten wurde, es stelle eine Obliegenheitsverletzung nach § 15 Abs. 1 d) aa) ARB 75 dar, wenn der Versicherungsnehmer im Kündigungsschutzprozess einen Weiterbeschäftigungsantrag stelle, ist diese Rechtsauffassung zu keiner Zeit richtig gewesen, in jedem Falle aber überholt. Die überwiegende Rechtsprechung hält die Geltendmachung des Weiterbeschäftigungsanspruchs mit Erhebung der Kündigungsschutzklage nicht für einen Obliegenheitsverstoß,
> siehe *Küttner*, NZA 1996, 461 m.N. in Fn 71.

In jedem Falle aber ist Deckungsschutz zu gewähren für Weiterbeschäftigungsanträge im Zusammenhang mit Kündigungsschutzklagen, wenn dieser Antrag nach der Güteverhandlung gestellt wird,

> AG Ahaus 25.1.1989 – 5 C 699/88, zfs 1990, 19; AG Berlin-Charlottenburg 28.6.1990 – 6 C 565/90, zfs 1991, 272; AG Geldern 23.10.1990 – 3 C 417/90, r+s 1991, 311; AG Grevenbroich 17.10.1988 – 11 C 26/88, VersR 1989, 1043; AG Lübeck 13.7.1990 – 26 C 1729/90, zfs 1992, 66; AG München 17.2.1987 – 15 C 24046/86, JurBüro 1987, 1102; LG München I 2.3.1988 – 31 S 12936/87, zfs 1988, 144; LG Münster 20.4.1989 – 8 S 546/88, zfs 1990, 17; AG Neustadt/Weinstraße 4.8.1988 – 3 C 395/88, zfs 1988, 360; LG Bonn 20.4.1988 – 5 S 180/87, zfs 1988, 179; LG Köln 7.1.1988 – 1 S 307/87, EzA § 611 Beschäftigungspflicht Nr. 31; AG Köln 25.9.1987 – 111 C 823/86, zfs 1987, 337; AG Bielefeld 15.4.1987 – 15 C 219/86, r+s 1987, 257; AG Bielefeld 14.4.1987 – 15 C 219/86, zfs 1987, 212; AG Bielefeld 13.4.1987 – 15 C 219/86, JurBüro 1988, 651; AG Lüneburg 12.3.1987 – 12 C 740/86, zfs 1987, 306; AG Hagen 17.1.1986 – 15 C 862/85, zfs 1987, 52; AG Hannover 10.10.1985 – 503 C 10265/85, r+s 1987, 21.

Da wir den Weiterbeschäftigungsantrag als Eventual-Hilfsantrag formuliert haben, ist selbst nach der zitierten, restriktiven Rechtsprechung ausgeschlossen, dass der Antrag vor Durchführung der Güteverhandlung gestellt wird, so dass wir um ergänzenden Deckungsschutz hinsichtlich des Weiterbeschäftigungsantrags bitten müssen.

12. Verweigerung von Deckungsschutz wegen fehlender Erfolgsaussicht ohne Begründung

In Ihrem Schreiben vom ▬▬▬ haben Sie unserem Mandanten und Ihrem Versicherungsnehmer die Deckungszusage für die Kündigungsschutzklage mit der Begründung verweigert, für die Kündigungsschutzklage bestünde keinerlei Erfolgsaussicht. In Ihrem Schreiben geben Sie keine Gründe, die eine Ablehnung des Versicherungsschutzes rechtfertigen. Bitte gestatten Sie mir den Hinweis, dass Sie als Rechtsschutzversicherer dadurch gegen § 158 n Abs. 1 VVG verstoßen haben. Nach dieser Norm ist der Versicherer verpflichtet, eine Stellungnahme und für den Fall, dass diese ablehnend ausfällt, eine Begründung abzugeben,
> *Prölss/Martin/Armbrüster*, § 158 n VVG Rn 1.

Da die Zwei-Wochen-Frist des § 158 n VVG von Ihrer Seite nicht eingehalten wurde, gilt der Deckungsschutz als erteilt. Den Anspruch unserer Versicherungsnehmerin gegen Ihr Haus werden wir nötigenfalls im Klagewege geltend machen. Aufgrund dieser Sachlage bitten wir Sie, die anliegende Kostennote vollumfänglich zu begleichen.

13. Muster: Verweigerung von Deckungsschutz wegen mangelnder Erfolgsaussichten

Sie haben in der o.g. Angelegenheit die Erteilung einer Deckungszusage abgelehnt, da es Ihrer Meinung nach an hinreichenden Erfolgsaussichten für die Rechtsverfolgung fehlt. Zunächst einmal weise ich darauf hin, dass es allein Sache des Rechtsanwalts ist, die Erfolgsaussichten zu beurteilen. Ihrer Ansicht vermögen wir uns nicht anzuschließen. Wir sind gerne bereit, Ihnen unser Urteil zur Erfolgsaussicht in einem Gutachten gemäß § 17 ARB 75 zu erläutern. Wir bitten um Mitteilung, ob ein derartiges Gutachten erstellt werden soll.

Andernfalls erwarten wir den Eingang einer Deckungszusage binnen 14 Tagen.

14. Muster: Verweigerung von Deckungsschutz wegen Ausschluss nach § 4 Abs. 2 a ARB 75

Entgegen Ihrer Auffassung handelt es sich im oben genannten Fall nicht um einen Anwendungsfall von § 4 Abs. 2 a ARB 75. Unser Mandant hat den ihm vorgeworfenen Schaden nicht vorsätzlich verursacht. Von einem vorsätzlich herbeigeführten Schaden ist nur dann auszugehen, wenn der Versicherungsnehmer durch sein Verhalten in adäquat-kausaler Weise dazu beigetragen hat, dass das Schadensereignis oder die Rechtsgutsverletzung eingetreten ist,

Harbauer/Maier, § 4 ARB 75 Rn 144.

Für ein vorsätzliches Handeln ist erforderlich, dass der Schadensfall bewusst und gewollt durch eigenes Tun oder Unterlassen herbeigeführt wurde. Der Vorsatzbegriff ist damit derselbe wie im sonstigen bürgerlichen Recht,

Palandt/Heinrichs, § 276 BGB Rn 10.

Von einem bewussten oder gewollten eigenen Tun unserer Mandantschaft kann im betreffenden Fall überhaupt nicht die Rede sein, da unser Mandant im fraglichen Zeitraum überhaupt nicht im Unternehmen anwesend war.

Aufgrund dieser Sachlage bitten wir Sie, umgehend eine Deckungszusage zu erteilen.

15. Muster: Zusage, Weiterbeschäftigungsantrag erst im Kammertermin zu stellen

Bedauerlicherweise wurde Deckungsschutz für den Weiterbeschäftigungsantrag verweigert. Wir bitten erneut, einen entsprechenden Deckungsschutz zu erteilen.

Es ist ein Irrtum, wenn angenommen wird, Ihr Versicherungsnehmer begehe eine Obliegenheitsverletzung nach § 15 Abs. 1 d) aa) ARB 75, wenn er einen Weiterbeschäftigungsantrag stelle. Insbesondere der Hinweis darauf, nach erfolgreicher Kündigungsschutzklage könne der Versicherungsnehmer immer noch eine einstweilige Verfügung beantragen, wenn der Arbeitgeber die Weiterbeschäftigung versage, ist kein anzuerkennendes Argument. Gerade angesichts der Entscheidung des Großen Senats vom 27.2.1985,

GS 1/84, NZA 1985, 702,

wird man den Arbeitnehmer, der im Kündigungsschutzprozess den Weiterbeschäftigungsantrag nicht stellt, entgegenhalten können, es fehle ihm für eine einstweilige Verfügung bereits am Verfügungsgrund,

Feichtinger, DB 1983, 939; *Küttner*, NZA 1996, 461.

Das Unterlassen des Weiterbeschäftigungsantrags ist regelmäßig ein anwaltlicher Haftpflichtfall,

Küttner/Sobolebski, AnwBl 1985, 492.

Da im Gütetermin ohnehin keine Anträge gestellt werden, kann der Weiterbeschäftigungsantrag erst im Kammertermin gestellt werden. Die Streitwertaddition greift deshalb erst nach durchgeführtem Gütetermin.

Teilen Sie uns deshalb bitte freundlicherweise mit, dass unter Berücksichtigung unseres heutigen Schreibens Deckungsschutz auch für den Weiterbeschäftigungsantrag erteilt wird.

16. Muster: Deckungsantrag bei Betriebsstilllegung

Hiermit zeigen wir an, dass uns Ihr Versicherungsnehmer ■■■ mit der Wahrnehmung seiner rechtlichen Interessen in einer arbeitsrechtlichen Angelegenheit beauftragt hat. Gegenstand des Mandats bildet folgender Sachverhalt:

Der Arbeitgeber Ihres Versicherungsnehmers beabsichtigt, den Betrieb bzw. einen Betriebsteil aufzugeben und möchte sich deshalb von den Mitarbeitern trennen, u.a. von Ihrem Versicherungsnehmer. Entsprechende Unterlagen über Interessenausgleich, Sozialplan etc. fügen wir in Ablichtung bei.

Außerdem wird der Versuch von Seiten des Arbeitgebers unternommen, den Ihrem Versicherungsnehmer zustehenden Kündigungsschutz nach dem Kündigungsschutzgesetz zu umgehen, indem von Ihrem Versicherungsnehmer verlangt wird, den in der Anlage ebenfalls beigefügten Aufhebungsvertrag zu unterzeichnen.

Das Verhalten des Arbeitgebers stellt in mehrfacher Hinsicht Rechtspflichtverstöße gemäß § 14 Abs. 3 ARB 75 dar: Rechtswidrig ist die Umgehung des Kündigungsschutzgesetzes durch Aufhebungsverträge; einen Pflichtenverstoß bedeutet es auch, dass der Arbeitgeber versucht, Ihren Versicherungsnehmer in Einzelgesprächen unter Druck zu setzen und ihn zu veranlassen, einen Aufhebungsvertrag zu unterzeichnen, durch den er sich wesentlicher Rechte begibt.

Ihr Versicherungsnehmer muss schließlich damit rechnen, dass das Arbeitsverhältnis gekündigt wird, falls er den Aufhebungsvertrag nicht unterschreibt.

Bei dieser Sachlage ist Ihr Versicherungsnehmer auf die Interessenwahrnehmung durch einen Rechtsanwalt angewiesen. Die Rechtsposition Ihres Versicherungsnehmers würde sich, würde er anwaltliche Hilfe nicht in Anspruch nehmen, bereits wesentlich verschlechtern. Eine ernsthafte Behauptung eines Rechtsverstoßes ist aber nach ständiger Rechtsprechung ebenfalls ein Vorgang, der nach der Lebenserfahrung die Gefahr einer rechtlichen Auseinandersetzung so nahe rückt, dass sie sich nicht mehr als zukünftiges ungewisses Ereignis, sondern als durch den Versicherungsvertrag mitversichertes Ereignis anzusehen ist,

    BGH 14.3.1984 – IVa ZR 24/82, VersR 1984, 530; OLG Frankfurt 12.7.1978 – 7 U 151/77, VersR 1979, 566; OLG Hamm 19.1.1979 – 20 U 184/78, VersR 1980, 669; OLG München 28.1.1982 – 5 U 58/81, VersR 1982, 1094; LG Hamburg 13.5.1977 – 2 T 37/77, VersR 1977, 811.

Wir bitten daher um Deckungszusage für die Wahrnehmung der rechtlichen Interessen Ihres Versicherungsnehmers aus einem Arbeitsverhältnis.

17. Muster: Rechtspflichtenverstoß wegen fehlenden Zwischenzeugnisses

Mit der Kündigungsschutzklage wurde ein Antrag auf Erteilung eines Zwischenzeugnisses angekündigt. Dass der Arbeitgeber bislang noch nicht verbindlich erklärt hat, er würde kein Zwischenzeugnis erteilen, bedeutet nicht, dass der angekündigte Antrag auf Zwischenzeugnis zu einer Obliegenheitsverletzung i.S.v. § 15 Abs. 1 d) aa) ARB 75 führt.

    vgl. *Hümmerich/Spirolke*, Das arbeitsrechtliche Mandat, § 19 Rn 181.

Spätestens dann, wenn der Arbeitgeber nach Kenntnisnahme von dem in der Kündigungsschutzklage angekündigten Antrag auf Erteilung eines Zwischenzeugnisses Kenntnis hat und er nicht innerhalb einer Woche das Zwischenzeugnis ausstellt, befindet er sich mit seiner Leistungsverpflichtung in Verzug. Der Arbeitnehmer kann vom Arbeitgeber die Erteilung eines Zwischenzeugnisses verlangen, wenn ein berechtigtes Interesse vorliegt. Dies wird allgemein aus der aus § 242 BGB folgenden Fürsorgepflicht gefolgert.

Ein berechtigtes Interesse besteht insbesondere dann, wenn vom Arbeitgeber eine Kündigung in Aussicht gestellt wurde oder die Beendigung des Arbeitsverhältnisses auch in seinem Interesse liegt,

    Küttner/Reinecke, Personalbuch, 470 Rn 11; *Schaub/Linck*, Arbeitsrechts-Handbuch, § 146 I 4 Rn 5.

Erst recht muss dann ein berechtigtes Interesse des Arbeitnehmers bestehen, wenn der Arbeitgeber dem Arbeitnehmer zu Unrecht gekündigt hat. Darüber hinaus wird teilweise in der Literatur vertreten, dass der Arbeitnehmer auch ohne Darlegung eines besonderen Grundes ein Zwischenzeugnis verlangen könne, da der Zwang zur Offenbarung seines anerkannt berechtigten Interesses ggf. ohne Not das bestehende Arbeitsverhältnis gefährde,

    Küttner/Reinecke, Personalbuch, 470 Rn 11.

Sollte der Arbeitgeber also bis zum Gütetermin kein Zwischenzeugnis ausgestellt haben, liegt in jedem Fall ein Rechtspflichtenverstoß nach § 14 Abs. 3 ARB 75 vor, weil sich der Arbeitgeber mit seiner Zeugniserteilungspflicht in Verzug befindet, § 286 BGB.

18. Muster: Anforderungen an einen vorvertraglichen Pflichtenverstoß bei fristloser Kündigung

↓

Die Rechtsprechung bezieht manchmal vom Arbeitgeber vorgetragene, länger zurückliegende, behauptete Vertragsverletzungen als maßgeblichen Zeitpunkt für den Eintritt des Versicherungsfalles ein,

> LG Berlin 29.5.1990 – 7 S 71/89, r+s 1991, 95.

Manchmal werden sogar behauptete Vertragsverletzungen, auf die der Arbeitgeber die Kündigung gar nicht stützt, die aber in einem sachlichen Zusammenhang mit ihr stehen, als vorvertragliche Rechtsverstöße angesehen, von denen der erste adäquat kausale Verstoß nach § 14 Abs. 3 Satz 2 ARB 75 bzw. § 4 Abs. 2 ARB 94 maßgebend ist,

> OLG Hamm 24.2.1988 – 20 U 123/87, zfs 1988, 317.

Um den sich damit anbietenden Missbrauch für Rechtsschutzversicherer aus dem Versicherungsausschluss gemäß § 14 Abs. 3 Satz 2 und 3 ARB 75 entgegenzuwirken, verlangt die Rechtsprechung deshalb substantiierte Behauptungen des Arbeitgebers, des Unternehmers, aus denen ein Tatsachenkern eines Pflichtenverstoßes bzw. belegte Tatsachen erkennbar werden,

> BGH 20.3.1985 – IV a ZR 186/83, VersR 1985, 540 (X4); OLG Hamm 13.7.1983 – 20 U 425/82, VersR 1984, 153; OLG Düsseldorf 4.2.1985 – 4 W 2/85, VersR 1986, 865; OLG Köln 13.7.1992 – 5 U 188/91, VersR 1993, 47.

Voraussetzung des behaupteten Rechtspflichtenverstoßes ist nach den vorgenannten Entscheidungen, dass das behauptete Fehlverhalten für den vom Versicherungsnehmer in Anspruch genommenen Rechtsschutz ursächlich geworden ist und darüber hinaus ein Ursachenzusammenhang zwischen dem behaupteten Verstoß und der Wahrnehmung rechtlicher Interessen im konkreten Rechtsstreit besteht.

Als adäquat kausale Ursachen, die zur Bestimmung des Versicherungsfalles zu berücksichtigen sind, können bei fristlosen Kündigungen nur solche Ereignisse angesehen werden, die innerhalb der Frist des § 626 Abs. 2 BGB stattgefunden haben,

> LG Heidelberg 27.1.1993 – 8 S 71/92, VersR 1993, 1395; *Küttner*, NZA 1996, 457.

Ereignisse, die nicht innerhalb der Zwei-Wochen-Frist liegen, sind bei einer fristlosen Kündigung rechtsschutzversicherungsrechtlich irrelevant.

↑

19. Muster: Zahlungsklage neben Kündigungsschutzklage

↓

Es ist zutreffend, dass sich aus der Kündigungsschutzklage nicht zugleich ein Deckungsschutz für eine ergänzende Lohn- und Gehaltsklage ergibt,

> AG Karlsruhe 15.12.1988 – 5 C 518/88, zfs 1990, 20; AG Bremen 26.10.1988 – 18 C 276/88, zfs 1990, 20; AG Simmern 26.5.1986 – 3 C 149/86, zfs 1986, 305; AG Brilon 29.4.1986 – 2 C 72/86, zfs 1986, 180; LG Krefeld 26.5.1986 – 3 C 149/86, zfs 1986, 180.

Der Rechtsschutzversicherer hat allerdings Deckungsschutz zu erteilen, wenn der Arbeitgeber nach Ausspruch einer offensichtlich unwirksamen fristlosen Kündigung oder einer ordentlichen Kündigung sofort ab Zugang der Kündigung dem Arbeitnehmer nicht mehr das ihm zustehende Gehalt zahlt. Es gehört zu den Obliegenheiten des Anwalts, die Gehälter bis zum Ablauf der ordentlichen Kündigung sofort einzuklagen,

> BGH 29.3.1983 – VI ZR 172/81, NJW 1983, 1665; *Küttner*, NZA 1996, 462; *Hümmerich/Spirolke*, Das arbeitsrechtliche Mandat, § 19 Rn 117.

Für den Arbeitnehmer besteht, wenn ihm kein Gehalt gezahlt wird, immer ein Insolvenzrisiko, so dass er ohne Obliegenheitsverletzung berechtigt ist, durch schnellstmögliche Erhebung einer Zahlungsklage seine Forderungen durchzusetzen. Für den Arbeitnehmer ergibt sich außerdem stets das Risiko, dass aufgrund tariflicher oder vertraglicher Ausschlussfristen ein Zahlungsanspruch nicht mehr durchgesetzt werden kann.

Nur soweit auf Zahlung zukünftiger Gehälter geklagt wird, die nach Ablauf der ordentlichen Kündigungsfrist fällig werden, kann dem Versicherungsnehmer, wenn keine Verjährung, Verwirkung oder Ausschluss aufgrund einer Ausschlussfrist droht, zugemutet werden, zunächst den Bestand des Arbeitsverhältnisses zu klären. Hat der Arbeitnehmer Anzeichen, dass der Arbeitgeber seiner Zahlungsverpflichtung nicht nachkommen wird, ist der Arbeitnehmer dagegen jederzeit berechtigt, ohne Obliegenheitsverletzung Zahlungsklagen neben der Kündigungsschutzklage einzureichen.

Im Übrigen machen wir darauf aufmerksam, dass die früher in den ARB 75 enthaltene Verpflichtung des Versicherungsnehmers, vorab nur einen angemessenen Teil der Ansprüche einzuklagen (§ 15 Abs. 1 lit. d) aa)) in den ARB 94 nicht mehr enthalten ist. Insoweit ist also eine Rechtsänderung eingetreten. Eine Verpflichtung, möglichst Teilklagen zu erheben, besteht damit nicht mehr.

20. Muster: Keine Erläuterung des gerichtlichen Streitwertbeschlusses

Sie haben mich gebeten, Ihnen das Zustandekommen des gerichtlichen Streitwertbeschlusses zu erläutern. Ich gestatte mir den Hinweis, dass ich als Rechtsanwalt Ihres Versicherungsnehmers hierzu nicht verpflichtet bin. Weder in den ARB 75 noch in den ARB 94/2000 ist eine Rechtsgrundlage für die von Ihnen geltend gemachte Bitte enthalten.

Sollten Sie wünschen, dass der Streitwertbeschluss noch einmal gerichtlich überprüft wird, teilen Sie uns bitte freundlicherweise Ihre Sachargumente mit, die dem Gericht vorzutragen sind. Wenn Sie uns in diesem Falle auch förmlich beauftragen, werden wir Streitwertbeschwerde erheben oder das vorgesehene Rechtsmittel einlegen. Verbinden Sie bitte Ihre Beauftragung mit einer Übernahmeerklärung für die Kosten des Verfahrens.

21. Muster: Kein Deckungsausschluss bei Kündigung wegen vorsätzlicher Herbeiführung des Versicherungsfalls

Soweit die Gründe des Arbeitgebers von Ihnen als Rechtsschutzversicherer zum Anlass genommen worden sind, dass Deckungsschutz unter Hinweis auf § 4 Abs. 2 a) ARB 75 verweigert werden soll, weil Ihr Versicherungsnehmer den Versicherungsfall vorsätzlich und rechtswidrig verursacht haben soll, können wir Ihre Auffassung nicht teilen. Zwar wird in Teilen der Rechtsprechung die Ansicht vertreten, beim Versicherungsnehmer werde nicht das Bewusstsein vorausgesetzt, dass der vorsätzliche Rechtsverstoß zu einer Kostenbelastung des Rechtsschutzversicherers führe,

BGH 18.3.1992 – IV ZR 51/91, BGHZ 117, 345; BGH 26.2.1997 – IV ZR 118/96, r+s 1997, 201; OLG Oldenburg 12.2.1992 – 2 U 215/91, r+s 1992, 239.

Diese strenge Rechtsprechung des BGH wird von den Oberlandesgerichten deutlich relativiert, wenn es heißt, „dass durch § 4 Abs. 2 a) ARB 75 nicht die vorsätzliche Verursachung eines Versicherungsfalles i.S.v. § 14 ARB als solche sanktioniert werden soll, sondern der Bestimmung der Gedanke zugrunde liegt, dass der Versicherungsnehmer den Versicherungsschutz nur dann verlieren soll, wenn sein Verhalten gerade im Hinblick auf die Herbeiführung der rechtlichen Auseinandersetzung und der damit verbundenen Verursachung von Rechtskosten nicht zu billigen ist, weil in diesem Fall eine Schadensabwälzung auf die Versichertengemeinschaft nicht mehr vertretbar erscheint."

OLG Köln 11.6.1992 – 5 U 25/92, r+s 1992, 238; OLG Köln 22.4.1993 – 5 U 218/92, r+s 1993, 220; LG Hannover 24.6.1992 – 11 S 42/92, r+s 1993, 22.

Legt man diese Maßstäbe zugrunde, hat das Verhalten Ihres Versicherungsnehmers nicht zu einem Deckungsausschluss wegen vorsätzlicher Herbeiführung des Versicherungsfalles geführt.

22. Muster: Kein Deckungsausschluss bei Verfahren vor dem Integrationsamt

Sie haben eingewandt, bei dem Verfahren vor dem Integrationsamt gemäß §§ 85 ff. SGB IX handele es sich um ein Verwaltungsverfahren, für das kein Deckungsschutz bestehe. Diese Ansicht wird von der Rechtsprechung und der überwiegenden Kommentarliteratur nicht geteilt. Bei dem Verfahren vor dem Integrationsamt, in dem der Arbeitgeber die Zustimmung zur Kündigung des Arbeitsverhältnisses eines Schwerbehinderten beantragt, handelt es sich um einen Versicherungsfall i.S.v. § 26 Abs. 3 c) ARB 75 und damit um eine Angelegenheit aus dem Bereich des Arbeitsrechts,

Prölls/Martin, VVG, Anm. 2 zu § 26 ARB; Anm. 4 zu § 25 ARB; LG Koblenz 8.11.1988 – 6 S 30/88, r+s 1989, 155; AG Gelsenkirchen 27.7.1988 – 4 C 356/88, NZA 1988, 818; AG Siegburg 17.6.1994 – 3 C 16/94, NJW-RR 1995, 285.

Rein vorsorglich machen wir darauf aufmerksam, dass sich der Gegenstandswert in diesem Verfahren deshalb auch nicht nach § 52 Abs. 2 GKG (Mindeststreitwert 5.000 EUR), sondern nach § 42 Abs. 4 GKG richtet,

AG Siegburg 17.6.1994 – 3 C 16/94, NJW-RR 1995, 285; *Hümmerich*, AnwBl 1995, 328.

23. Muster: Deckungsschutz bei Kündigung und Abwicklungsvertrag

Wird gegenüber dem Arbeitnehmer eine betriebsbedingte oder eine personenbedingte Kündigung ausgesprochen und schließen die Parteien vor Ablauf der Drei-Wochen-Frist gemäß § 4 Satz 1 KSchG einen Abwicklungsvertrag, besteht grundsätzlich Deckungsschutz. Die sozialwidrige Kündigung stellt einen arbeitgeberseitigen Rechtspflichtverstoß dar,

> AG Hamburg 22.8.1995 – 4 C 636/95, r+s 1996, 107; AG Frankfurt 3.1.1994 – 29 C 1489/94-82, r+s 1995, 304; AG Köln 1.6.1994 – 123 C 242/94, r+s 1995, 68.

Besteht Deckungsschutz in einer arbeitsgerichtlichen Angelegenheit ist der Arbeitnehmer nicht verpflichtet, den Kündigungsschutzprozess durchzuführen. Der im Nachgang zur arbeitgeberseitigen Kündigung geschlossene Abwicklungsvertrag wird wie die Kündigung selbst von einer arbeitsrechtlichen Globalzusage der Rechtsschutzversicherung stets mitumfasst. Mit Abschluss des Abwicklungsvertrages trägt der Versicherte zu einer Schadensminderung für die Versicherten bei. Insoweit sei nur darauf hingewiesen, dass bei einer außergerichtlichen Streitbeilegung keine Beweisgebühr anfällt. Zugleich trägt die außergerichtliche Einigung zur Entlastung der Gerichte bei.

Nur wenn sich im Rahmen einer Gesamtbetrachtung ergibt, dass es sich bei der behaupteten Kündigung und dem nachfolgenden Abwicklungsvertrag aufgrund einer Vorfeldabsprache zwischen den Parteien in Wirklichkeit um ein Gesamtpaket handelt, entfällt mangels Rechtspflichtverstoßes des Arbeitgebers der Deckungsschutz. Entsprechend der Grundsatzentscheidung des Bundessozialgerichts vom 9.11.1995,

> BSG 9.11.1995 – 11 RAr 27/95, NZA-RR1997, 109,

gilt im Falle einer Vorfeldabsprache der Parteien, dass nach den Grundsätzen von falsa demonstratio non nocet nicht vom Abschluss eines auf die Kündigung folgenden Abwicklungsvertrags sondern vom Vorliegen eines Aufhebungsvertrages auszugehen ist,

> hierzu *Hümmerich*, NZA 2001, 1280 (1284).

Mangels Versicherungsfall wird der Rechtsschutzversicherer von seiner Leistungsverpflichtung nur dann frei, wenn eine Bewertung der Gesamtumstände ergibt, dass keine wirksame Kündigung im Raum steht, sondern eine Vorfeldabsprache getroffen und damit in Wahrheit ein Aufhebungsvertrag geschlossen wurde,

> vgl. hierzu LAG Köln 25.6.1998 – 24 Sa 56/96, n.v.

Die Beweislast dafür, dass der Versicherte mit seinem Arbeitgeber statt des Abwicklungsvertrages in Wahrheit einen Aufhebungsvertrag geschlossen hat, liegt beim Versicherer.

24. Muster: Deckungszusage bei Mehrvergleich

Mit Schreiben vom ▬▬▬ verweigern Sie unserem Mandanten Rechtsschutz mit der Begründung, dass bisher nicht streitige Gegenstände in den mit der Gegenseite vor dem Arbeitsgericht ▬▬▬ geschlossenen Vergleich vom ▬▬▬ mit einbezogen worden seien. Ihre Auffassung, Sie seien zur Zahlung von den Mehrkosten bezüglich der Einigungsgebühr, soweit sie durch den höheren Streitwert des Vergleichs entstanden ist, nicht verpflichtet, ist unzutreffend.

Endet ein mit Rechtsschutz geführter Rechtsstreit durch Vergleich, hat der Versicherer dessen Kosten in Höhe der Misserfolgsquote des Versicherungsnehmers auch insoweit zu tragen, als in den Vergleich weitere, bisher nicht streitige Gegenstände einbezogen worden sind, wenn der Versicherer auch für sie Rechtsschutz zu gewähren hat und sie rechtlich mit dem Gegenstand des Ausgangsrechtsstreits zusammenhängen,

> BGH 14.9.2005 – IV ZR 145/04, NZA 2006, 229.

Im vorliegenden Fall wurden weitere Punkte wie Zeugnis und Urlaubsansprüche mitverglichen, die im Falle eines Streites sowieso von Ihnen hätten abgedeckt werden müssen. Bei der einverständlichen Erledigung eines Rechtsstreits durch einen Vergleich ist aber dessen Ausdehnung auf nicht rechtshängige Streitgegenstände häufig sachdienlich und allgemein üblich,

> BGH 16.6.1977 – IV ZR 97/76, MDR 1977, 1006 = BB 1977, 1225.

Der Versicherungsnehmer kann nicht davon ausgehen, dass der Versicherer die Kosten der vergleichsweisen Erledigung anderer Streitpunkte selbst dann nicht tragen will, wenn solche Streitpunkte mit dem unmittelbaren Gegenstand des Rechtsstreits in rechtlichem Zusammenhang stehen und für die der Versicherer im Streitfalle auch deckungspflichtig wäre.

Unter Berücksichtigung dieser aktuellen und deutlichen Rechtsprechung des BGH bitten wir Sie deshalb, unsere Kostennoten vollumfänglich auszugleichen und würden es bedauern, wenn der gute Eindruck, den wir durch eine zügige Bearbeitung der Rechtsschutzangelegenheit hatten, getrübt würde.

25. Muster: Schadensersatz bei vertragswidriger Verweigerung der Deckungszusage

Sehr geehrte Damen und Herren,

hiermit machen wir im oben genannten Fall einen Schadensersatz in Höhe von ■■■ EUR geltend, der unserer Mandantschaft dadurch entstanden ist, dass in Ermangelung einer Deckungszusage Ihrerseits der Rechtsstreit aus finanziellen Gründen nicht geführt werden konnte.

Nach höchstrichterlicher aktueller Rechtsprechung haftet ein Rechtsschutzversicherer aus positiver Vertragsverletzung grundsätzlich auch für den Schaden, den der Versicherungsnehmer dadurch erleidet, dass er infolge einer vertragswidrigen Verweigerung der Deckungszusage einen beabsichtigten Rechtsstreit nicht führen kann,

> BGH 15.3.2006 – IV ZR 4/05, NJW 2006, 2548 = r+s 2006, 239.

Die Ablehnung des Deckungsschutzes auch für das Berufungsverfahren im oben genannten Fall unter Hinweis auf § 3 Abs. 2 lit. f ARB 94 wegen angeblicher mangelnder Erfolgsaussichten war vertragswidrig, so dass Sie sich schadensersatzpflichtig gemacht haben. Einzig aufgrund der fehlenden Deckungszusage war unsere Mandantschaft gezwungen, die Berufungseinlegung zu unterlassen.

26. Muster: Einwendungsausschluss bei Deckungszusage

Sehr geehrte Damen und Herren,

entgegen Ihrer Auffassung sind Sie an die bereits erteilte Deckungszusage vom ■■■ gebunden. Eine Deckungszusage stellt ein deklaratorisches Schuldanerkenntnis dar, an das der Rechtsschutzversicherer gebunden ist,

> *Bauer*, NJW 2005, 1472.

Soweit von Ihrer Seite eingewandt wird, die Deckungszusage müsse teilweise zurückgenommen werden, da ■■■, sind Sie mit dieser Einwendung ausgeschlossen. Nach der Rechtsprechung ist eine Rechtsschutzversicherung mit Einwendungen ausgeschlossen, die sie zum Zeitpunkt der Abgabe der Deckungszusage erheben konnte oder die sie zumindest aufgrund der vorliegenden Schilderung des Sachverhalts hätte kennen müssen,

> OLG Köln 17.8.2004 – 9 U 6/04, r+s 2005, 105.

Wir bitten Sie daher um eine Bestätigung der vollumfänglichen Deckung.

II. Gebühren bei außergerichtlicher Interessenwahrnehmung

1. Muster: Außergerichtliche Tätigkeit vor Erhebung der Kündigungsschutzklage

Zu Ihrem Einwand, außergerichtliche Verhandlungen mit der Gegenseite seien erfahrungsgemäß in rund 80% der Fälle innerhalb der dreiwöchigen Klagefrist zur Erhebung einer Kündigungsschutzklage nicht von Erfolg gekrönt, so dass die Kostenbelastung für den Mandanten auf jeden Fall höher sei als im Falle eines sofortigen unbedingten Klageauftrags, führen wir Folgendes aus:

Der Rechtsanwalt, der vor Erhebung einer Kündigungsschutzklage erst außergerichtlich tätig wird und eine Einigung mit dem Gegner sucht, verursacht keine unnötigen Kosten, auch wenn er dies erst wenige Tage vor Ablauf der Frist für die Erhebung der Kündigungsschutzklage unternimmt. Eine Rechtsschutzversicherung ist nach der Rechtsprechung in einem solchen Fall verpflichtet, auch für diese außergerichtliche Interessenwahrnehmung Deckung zu gewähren,

> AG Cham 22.12.2005 – 1 C 323/05, AnwBl 2006, 287; AG Essen-Steele 22.6.2005 – 8 C 89/05, AGS 2005, 468 = JurBüro 2005, 585.

Ein Rechtsanwalt ist nicht verpflichtet, sich für die außergerichtlichen Verhandlungen bei einer Kündigung sofort einen Prozessauftrag erteilen zu lassen bzw. den Mandanten darauf hinzuweisen. Bei außergerichtlichen Verhandlungen entsteht somit eine Geschäftsgebühr,

AG Büdingen 8.6.2006 – 2 C 50/06 (22), ArbRB 2006, 362.
Wir bitten Sie daher um eine Bestätigung der vollumfänglichen Deckung.

2. Muster: Geschäftsgebühr mehr als 1,3 (Checkliste)

Die Angelegenheit war umfangreich und schwierig, weil

- komplexe gesellschaftsrechtliche Zusammenhänge (Schwierigkeit der Darlegung durch Arbeitnehmer bei Betriebsübergang oder Umstrukturierung);
- Ermittlung und Darstellung eines komplexen Sachverhalts;
- auf vielfältigen Überlegungen basierende rechtliche Subsumtion unter einen komplexen Sachverhalt;
- Interessenausgleich mit Namensliste (höchste Anforderungen an Widerlegung der gesetzlichen Vermutung in § 1 Abs. 5 KSchG);
- Anrechnung von Vorbeschäftigungszeiten bei anderem Arbeitgeber bei komplexen gesellschaftsrechtlichen Strukturen, hohe Ermittlungs- und Darlegungsaufwand;
- Bezüge zum europäischen Gemeinschaftsrecht;
- noch nicht gefestigte Rechtsprechung des BAG;
- Berücksichtigung angrenzender Rechtsgebiete, insbesondere Arbeitsförderungsrecht (§§ 144, 143a, 147a SGB III);
- Einbeziehung steuerrechtlicher Vorschriften in das arbeitsrechtliche Verhandlungskonzept (§§ 3 Nr. 9, 34, 24 EStG und die hierzu ergangene BFH-Rechtsprechung);
- Berücksichtigung der neusten Gesetzgebung;
- Aufwendige mathematische Berechnungen zur Ermittlung von Aufstockungsbeträgen bei Altersteilzeit;
- komplexe Berechnungen bei betrieblicher Altersversorgung;
- Erarbeitung einer intransparenten Rechtsprechung bei betrieblicher Altersversorgung;
- Unklarheiten über tarifliche Zuständigkeit;
- Berücksichtigung komplexer Fragestellungen aus einem angrenzenden Rechtsgebiet (z.B. Insolvenzrecht);
- umfangreiche Recherchen zur Ermittlung des abzugrenzenden Rechtskreises (Internationales Arbeitsrecht);
- komplexer Sachverhalt (bei verhaltensbedingter Kündigung, Zahl der Seiten von Schriftsätzen, Umfang der Seitenzahl von zu berücksichtigenden Dokumenten und Zeugenaussagen);
- personenbedingte Kündigung (komplexe medizinische Zusammenhänge, Fehlzeitenberechnungen über zahlreiche Jahre, umfangreiche Interessenabwägung laut BAG-Rechtsprechung);
- Telefonate mit dem Gegner am ▬▬▬ (Besprechungen i.S.d. früheren § 118 Abs. 1 Nr. 2 BRAGO), damit Tätigkeit immer umfangreich, so dass Rahmen von 1,3 verlassen wird;[37]

3. Muster: Geschäftsgebühr durch Telefonat

Wir dürfen insbesondere auf den ausführlichen telefonischen Kontakt verweisen, den wir mit dem Gegner im Auftrage unseres Mandanten hatten. Zum Beleg weisen wir auf das beigefügte Schreiben hin. Nach Wegfall der früheren Geschäfts- und Besprechungsgebühr des § 118 BRAGO entsteht nun für die außergerichtliche Vertretung ohne Klageauftrag die Geschäftsgebühr nach Nr. 2300 VV RVG. Die Geschäftsgebühr entsteht sowohl für die Mitwirkung bei einer Vertragsgestaltung als auch für das Betreiben eines Geschäfts für den Auftraggeber einschließlich der dazugehörigen Informationen. Dazu zählt auch der ausführliche telefonische Kontakt mit der Mandantschaft.

---

[37] *Schneider/Mock*, Das neue Gebührenrecht für Anwälte, § 13 Rn 4.

4. Muster: Verdeckte Geschäftsbesorgung

Wir weisen darauf hin, dass wir zunächst im Verhältnis zum Arbeitgeber nach außen nicht in Erscheinung treten werden. Wie die forensische Erfahrung lehrt, lassen sich für einen Arbeitnehmer, dessen Arbeitsverhältnis gefährdet ist, außergerichtlich günstigere Auflösungsmodalitäten erreichen, wenn dem Arbeitgeber unbekannt bleibt, dass die Strategie des Arbeitnehmers von einem Rechtsanwalt entwickelt und begleitet wird.

Das nach außen erkennbare, schriftsätzliche Tätigwerden eines Rechtsanwalts bringt manchmal die Gefahr mit sich, dass eine überflüssige Verhärtung der Fronten zwischen den Parteien entsteht. Die verdeckte anwaltliche Rechtsbesorgung vermeidet demgegenüber die unmittelbare Konfrontation. Durch Rückfragen kann und konnte Ihr Versicherungsnehmer auch von seiner Arbeitsstelle aus telefonisch jederzeit weitere Verhaltensvorschläge des Unterzeichners einholen.

5. Muster: Streitwertaddition bei Vergleich

Vereinzelt wurde die Auffassung vertreten, dass der Vergleichswert nicht durch Vergleichsregelungen erhöht werden könne, da es bei der Klarstellung unstreitiger Ansprüche an einem Vergleich i.S.v. § 779 BGB fehle,

LAG Rheinland-Pfalz 3.4.1984 – 1 Ta 43/84, NZA 1984, 99; LAG Baden-Württemberg 6.6.1983 – 1 Ta 109/83, DB 1984, 784.

Diese Auffassung ist unrichtig. Sobald die Parteien in der Form des Vergleichs unstreitige Rechtsverhältnisse regeln und gestalten, geben sie zu erkennen, dass sie unstreitige Beziehungen wie streitige Rechtsbeziehungen behandelt wissen wollen, woraus sich zwangsläufig die Bildung eines besonderen Wertes rechtfertigt,

Schneider, Streitwert-Kommentar, Rn 4594; GK-ArbGG/*Wenzel*, § 12 Rn 177; *Hümmerich/Spirolke*, Das arbeitsrechtliche Mandat, § 19 Rn 185 ff.

Zu bewerten ist das sog. Titulierungsinteresse, da es den wirtschaftlichen Wert des Regelungspunktes ausdrückt,

OLG Hamm 27.3.1985 – 5 WF 373/87, JurBüro 1985, 1360.

Deshalb ist die Einbeziehung eines Zeugnisses in einen Vergleich über die Aufhebung oder Abwicklung eines Arbeitsverhältnisses stets mit mindestens 255,64 EUR gebührenmäßig zu berücksichtigen,

LAG Düsseldorf 23.8.1985 – 7 Ta 269/95, JurBüro 1985, 1710.

Nehmen die Parteien die Verhandlungen (oder einen Kündigungsschutzprozess) zum Anlass, das Arbeitsverhältnis vorzeitig aufzulösen oder sonstige Regelungen zu treffen, die mit dem eigentlichen Streitgegenstand nichts zu tun haben, aber Bewertungsfragen aufwerfen, so wirken die zusätzlichen Regelungen gegenstandswerterhöhend,

GK-ArbGG/*Wenzel*, § 12 Rn 178 m.w.N.

Die Rückgabe eines Gesellschaftsanteils,

LAG Baden-Württemberg 28.1.1987 – 3 Ta 132/86, JurBüro 1988, 1234,

die vorzeitige Aufhebung eines Arbeitsverhältnisses,

LG Köln 23.3.1983 – 28 O 680/82, AnwBl 1984, 315,

und selbst Forderungen, an deren Realisierbarkeit Zweifel bestehen, sind, wenn sie im Vergleich miterledigt werden, streitwertmäßig zu berücksichtigen,

LAG Frankfurt 16.6.1964 – 5 Sa 366/63, NJW 1964, 2129; LAG Hamm MDR 1980, 613; LAG Düsseldorf LAGE § 3 ZPO Nr. 5.

Demgemäß sind die im Vergleich getroffenen Regelungen, über den Wert der Bestandsstreitigkeit hinaus, wie folgt zu berücksichtigen:

6. Muster: Streitwerterhöhende Einbeziehung von Regelungen über Altersversorgung und Zeugnis im Vergleich

Im Zusammenhang mit § 14 Abs. 3 ARB 75 ist es anerkannt, dass eine rechtliche Auseinandersetzung sich nicht nur aus einem, sondern auch aus mehreren, zeitlich aufeinander folgenden Rechtsverstößen entwickeln kann, die entweder von derselben Partei oder auch wechselweise vom Versicherungsnehmer, seinem Gegner oder einem Dritten begangen sein können,

vgl. Harbauer/*Maier*, Rechtsschutzversicherung, § 14 Rn 56.

Maier weist ausdrücklich darauf hin, dies komme vor allem bei Dauerarbeitsverhältnissen, z.B. Arbeits-, Miet- oder Pachtverhältnissen, vor.

Was die Frage des Zeugnisses betrifft, so dürfen wir Sie höflichst bitten, diese Position in den Gesamtgegenstandswert weiterhin einzubeziehen. In den Verhandlungen selbst begeht ein Arbeitgeber durch seine Forderungen bzw. die Unvollkommenheit, mit der er Ansprüche befriedigt, weitere Rechtsverstöße i.S.d. § 14 Abs. 3 ARB 75. Auf unsere vorgenannten Ausführungen, die sich auf *Maier* beziehen, verweisen wir. Die vorliegend gebotene Interessenwahrnehmung zur Erreichung eines Zeugnisses mit einem bestimmten Wortlaut ist – da adäquat kausal – Bestandteil des Versicherungsfalles i.S.v. § 14 Abs. 3 ARB 75.

Dazu ist nicht erforderlich, dass sich der Arbeitgeber überhaupt weigert, dem Arbeitnehmer ein Zeugnis auszustellen. Im Zuge der Interessenwahrnehmung und der Verhandlungen, als einzelne Forderungen präzisiert wurden, haben wir Wert auf die Vereinbarung eines besonders guten Zeugnisses für Ihren Versicherungsnehmer gelegt. Dies gehört zu unseren anwaltlichen Obliegenheiten, weil anderfalls nicht sichergestellt ist, dass der Arbeitgeber ein solches positives Zeugnis auch erstellt. Der Versicherungsfall entwickelt sich somit beim Zeugnis und der Verhandlung über das Zeugnis aus den Verhandlungen über die Beendigung des Arbeitsverhältnisses.

Eines möchten wir klarstellen: Sie können den einen komplexen Sachverhalt bearbeitenden Rechtsanwalt nicht unter Streitwertgesichtspunkten dazu veranlassen, eine nicht sachgemäße Sachbearbeitung vorzunehmen; der Anwalt würde sich andernfalls schadensersatzpflichtig machen.

Wenn jemand zu einem Fachanwalt für Arbeitsrecht geht, so möchte er, dass alle im Zusammenhang mit einer strittigen Kündigung oder drohenden Kündigung anstehenden Fragen sachgerecht gelöst werden. Das bedeutet beispielsweise im Zusammenhang mit dem Zeugnis, dass der Anwalt in den Verhandlungen darauf Wert legen muss, dass das Zeugnis (entweder global oder durch Festlegung des Wortlauts) in einer Weise ausgestellt wird, dass es den Arbeitnehmer nicht behindert.

Da im Vordergrund der Argumentation und der Verhandlungen regelmäßig die Abfindung steht, könnte nach *Ihrer* Auffassung der Anwalt ruhig abwarten, bis der Arbeitgeber ein Zeugnis erstellt, wenn dieses Zeugnis dann aber mangelhaft ist oder den Arbeitnehmer in seinem Fortkommen behindert, muss er zunächst außergerichtlich eine Interessenwahrnehmung vornehmen bezüglich des Zeugnisses bis hin zur Klage vor dem Arbeitsgericht. Wir sind nicht der Auffassung, dass dies eine sachgerechte Bearbeitung eines Falles ist, denn wenn man das Erfahrungswissen hat, dass sich der Arbeitnehmer durch die Nichtregelung des Zeugnisses in die Gefahr begibt, ein unzureichendes Zeugnis in dieser konkreten Fallsituation zu bekommen, hat man als Anwalt nicht ordnungsgemäß gearbeitet, sofern das Zeugnis nicht angesprochen wurde.

Spricht man es aber an – und hier ist die Geschäftsbesorgung im Zusammenhang mit der Zeugniserteilung eine weitere Folge in der Kausalkette „Rechtsverstoß Kündigung" – so ist das Tätigwerden von Seiten des Rechtsanwalts insofern streitwertmäßig zu berücksichtigen und auch der Sache nach erforderlich gewesen, selbst für den hypothetischen Fall, dass der Arbeitgeber ein optimales Zeugnis auch erstellt haben würde, wenn insoweit durch den Anwalt keine Regelung getroffen worden wäre. Man weiß nun einmal nicht im Voraus, wie sich insoweit hypothetisch der Fall entwickelt und vom Anwalt wird erwartet, dass er insoweit Vorkehrungen trifft, die zu einer ordnungsgemäßen Sachbearbeitung gehören. Der Schaden wäre nämlich, wenn der Anwalt nicht an die Regelung des Zeugniswortlautes denken würde, schon deshalb nicht wieder gutzumachen, weil der Arbeitnehmer arbeitsrechtlich keinen Anspruch auf einen bestimmten Wortlaut des Arbeitszeugnisses hat.

Es ist im Übrigen anerkannt, dass bei fehlender ausdrücklicher Beschränkung des Versicherungsschutzes auf den Ausgangsstreitpunkt der Rechtsschutzversicherer auch für die Kosten des die Rechtsbeziehungen global bereinigenden Vergleichs eintreten muss, selbst wenn diese Regelung umfangreiche weitere Punkte mit einbezieht, solange sie nur in wirtschaftlichem Zusammenhang mit dem Ausgangsstreitpunkt stehen,

LG Hannover 23.4.1986 – 11 S 432/85, NJW 1987, 1337.

Der Versicherer kann sich auch nicht auf die einschränkende Regelung des § 2 Abs. 3 a ARB 75 berufen. Im Zusammenhang mit der außergerichtlichen Erledigung ist nämlich zu berücksichtigen, dass sich der Rechtsschutzversicherer auf diese Vorschrift nur beziehen kann, wenn bereits ein materiellrechtlicher Kostenerstattungsanspruch des Versicherungsnehmers, beispielsweise aus Verzug oder unerlaubter Handlung des Gegners, bestanden hat. Denn soweit ein solcher Erstattungsanspruch noch nicht besteht, kann der Gegner nicht wie im Prozess zur Übernahme einer dem Grade seines Nachgebens bzw. Unterliegens entsprechenden Kostennote im Vergleich gezwungen werden,

> Harbauer/*Bauer*, § 2 Rn 7a; BGH 20.2.1985 – IV a ZR 137/83, MDR 1985, 559; LG Hannover 23.4.1986 – 11 S 432/85, NJW 1987, 1337.

Was nun die Sonderzahlung in die betriebliche Altersversorgung anbelangt, so ist die Vereinbarung und der Regelungsgegenstand adäquat kausal zum Versicherungsfall (Rechtspflichtenverstoß). Durch die vorzeitige Kündigung Ihres Versicherungsnehmers durch den Arbeitgeber, wie dies der Arbeitgeber vorhatte und worin der Rechtspflichtenverstoß liegt, wäre, weil das Arbeitsverhältnis dann erheblich früher beendet worden wäre, als dies ohne Rechtspflichtenverstoß geschehen wäre, Ihrem Versicherungsnehmer die betriebliche Rente in beträchtlichem Umfange entzogen worden. Um die gleichen Rentenleistungen zu erzielen, die Ihr Versicherungsnehmer erzielt haben würde, wenn sein Arbeitsverhältnis ohne den Rechtspflichtenverstoß des Arbeitgebers fortgesetzt worden wäre, war es notwendig, ▬▬▬.

III. Gebühren bei gerichtlicher Interessenwahrnehmung

1. Muster: Einigungsgebühr

Sehr geehrte Damen und Herren,

zu Ihrem Einwand, eine Einigungsgebühr sei nicht angefallen, erwidern wir Folgendes:

Die Einigungsgebühr ist angefallen, da wir uns in der mündlichen Verhandlung vom ▬▬▬ mit der Gegenseite unmittelbar dahingehend vergleichsweise geeinigt haben, dass das zwischen unserer Mandantschaft und der Gegenseite bestehende Arbeitsverhältnis nicht durch die Kündigung der Gegenseite vom ▬▬▬ enden wird, sondern über diesen Zeitpunkt hinaus zu unveränderten Vertragsbedingungen fortbesteht. Durch diesen Vergleich sind die tatbestandlichen Voraussetzungen für die Einigungsgebühr erfüllt.

Einigen sich die Parteien nach Erhebung der Kündigungsschutzklage lediglich auf ein ungekündigtes Fortbestehen des Arbeitsverhältnisses, löst schon diese Einigung eine Einigungsgebühr i.S.v. Nr. 1000 VV RVG aus, da hierin kein bloßes Anerkenntnis zu sehen ist,

> LAG Schleswig-Holstein 15.2.2006 – 1 Ta 252/05, NZA-RR 2006, 381; LAG Köln 2.9.2005 – 5 Ta 134/05, NZA-RR 2006, 44 = LAGE § 11 RVG Nr. 1.

Denn mit unserer Vereinbarung über den Fortbestand und die Fortsetzung des Arbeitsverhältnisses haben wir mehr geregelt, als es der Gegenseite einseitig, etwa durch Anerkenntnis, möglich gewesen wäre, indem sie beispielsweise die Kündigung als rechtsunwirksam anerkannt und zurückgenommen hätte,

> LAG Schleswig-Holstein 15.2.2006 – 1 Ta 252/05, NZA-RR 2006, 381; LAG Düsseldorf 30.7.2005 – 16 Ta 452/05, n.v.; LAG Niedersachsen 18.2.2005 – 10 Ta 129/05, AGS 2005, 281; LAG Berlin 8.6.2005 – 17 Ta (Kost) 6023/05, NZA-RR 2005, 488 = MDR 2005, 1379.

Für das Entstehen der Einigungsgebühr nach Vorbemerkung 1 vor Nr. 1000 VV RVG ist es nicht erforderlich, dass die Parteien einen Vergleich i.S.d. § 779 BGB abgeschlossen haben, solange sich der Vertrag nicht auf ein Anerkenntnis oder einen Verzicht beschränkt,

> LAG Berlin 8.6.2005 – 17 Ta (Kost) 6023/05, NZA-RR 2005, 488 = MDR 2005, 1379.

2. Muster: Einigungsgebühr bei Teilvergleich

Sehr geehrte Damen und Herren,

zu Ihrem Einwand, der Teilvergleich beziehe sich ausdrücklich nur auf den kündigungsrechtlichen Teil des Rechtsstreits, so dass eine Abrechnung nach dem Gesamtstreitwert nicht erfolgen könne, und zu Ihrem Einwand, der Ansatz der Einigungsgebühr könne nicht nachvollzogen werden, da das Arbeitsverhältnis ungekündigt fortbestehe und dies ein Anerkenntnis darstelle, führen wir Folgendes aus:

In der Angelegenheit hat das Arbeitsgericht ▬▬▬ den Streitwert auf ▬▬▬ EUR festgelegt, da insoweit die Angelegenheit rechtshängig war und sowohl über die Kündigung als auch über den geltend gemachten Anspruch auf Weihnachtsgeld verhandelt wurde.

Der Teilvergleich wurde abgeschlossen, nachdem die Rechtsanwälte sowohl über die Kündigung als auch über den Weihnachtsgeldanspruch verhandelt hatten. Die Einigung lag darin, dass das Arbeitsverhältnis fortbesteht und über die Geltendmachung des Weihnachtsgeldes noch einmal Rücksprache mit Ihrem Versicherungsnehmer gehalten wird.

Nach Nr. 1000 VV RVG wird nicht mehr auf einen förmlichen Vergleich i.S.d. § 779 BGB abgestellt. Daher kann die Einigungsgebühr jetzt auch entstehen, wenn, ohne dass ein gegenseitiges Nachgeben vorliegt, der Anwalt mitwirkt beim Abschluss eines Vertrages, durch den der Streit oder die Ungewissheit der Parteien über ein Rechtsverhältnis beseitigt wird,

Enders, RVG für Anfänger, Rn 282.

Vorliegend ist es durch die Mitwirkung der Anwälte zum einen zu dem Vergleich gekommen, dass das Arbeitsverhältnis fortgesetzt wird. Zum anderen ist durch die Verhandlung der Anwälte im Zuge dessen von der weiteren Geltendmachung des Weihnachtsgeldes abgesehen worden.

In Anbetracht dieser Situation bitten wir um zeitnahe Begleichung der Ihnen vorliegenden Rechnung.

3. Muster: Fahrtkosten und Abwesenheit

Sehr geehrte Damen und Herren,

hinsichtlich der Erstattung von Fahrtkosten und Abwesenheitsgeld, deren Übernahme Sie mit Schreiben vom ▬▬▬ verweigern, gestatten Sie mir folgenden Hinweis:

Gewährt der Rechtsschutzversicherer eine Deckungszusage, obwohl ersichtlich ist, dass das Verfahren vor einem auswärtigen Gericht stattfinden wird, ist er zur Übernahme von Reisekosten und Abwesenheitsgeld verpflichtet,

AG Düsseldorf 7.11.1989 – 51 C 10625/89, r+s 1990, 343; AG Lemgo 1.6.1989 – 18 C 189/89, zfs 1990, 20.

Bei Erteilung Ihrer Deckungszusage stand bereits fest, dass das Verfahren vor dem auswärtigen Gericht durchgeführt werden würde. Sie haben in Kenntnis dieses Umstandes volle Deckung zugesagt. Eine nachträgliche Reduzierung des Deckungsumfanges wäre treuwidrig.

Ich darf Sie daher bitten, die anliegende Kostennote vollumfänglich zu begleichen.

4. Muster: Terminsgebühr bei Vergleichsschluss ohne Mitwirkung des Gerichts

In oben genannter Angelegenheit ist die Terminsgebühr entgegen Ihrer Auffassung im Schreiben vom ▬▬▬ hier zu erstatten, obwohl eine mündliche Verhandlung nicht stattgefunden hat. Wir haben uns mit der Gegenseite geeinigt, indem ein schriftlicher Vergleich nach Maßgabe des § 278 Abs. 6 ZPO geschlossen wurde. Im Fall eines schriftlichen gerichtlichen Vergleichsabschlusses entsteht eine Terminsgebühr auch dann, wenn eine mündliche Verhandlung nicht stattgefunden hat,

BGH 3.7.2006 – II ZB 31/05, n.v.; LAG Schleswig-Holstein 13.1.2006 – 2 Ta 2/06, NZA-RR 268; LAG Niedersachsen 10.10.2005 – 10 Ta 282/05, AE 2006, 147; BGH 27.10.2005 – III ZB 42/05, NJW 2006, 157.

In Anbetracht dieser Situation bitten wir um zeitnahe Begleichung der Ihnen vorliegenden Rechnung.

5. Muster: Terminsgebühr bei Vergleichsschluss nach § 278 Abs. 6 ZPO

Entgegen Ihrer Auffassung im Schreiben vom ▬▬▬ fällt immer eine Terminsgebühr an, wenn in einem Urteilsverfahren vor den Arbeitsgerichten ein Vergleich geschlossen wird. Nr. 3104 Abs. 1 Nr. 1 VV RVG stellt auf den Vergleichsschluss in einem Verfahren ab, für das die mündliche Verhandlung vorgeschrieben ist. Unerheblich ist, ob der Vergleich in mündlicher Verhandlung protokolliert oder schriftlich nach § 278 Abs. 6 ZPO festgestellt wird. Im Urteilsverfahren vor den Arbeitsgerichten ist die mündliche Verhandlung nach § 46 Abs. 2 Satz 1 ArbGG i.V.m. § 128 Abs. 1 ZPO vorgeschrieben.

Nach der amtlichen Begründung soll Teil 3 des VV RVG, der Nr. 3104 beinhaltet, für alle bürgerlichen Rechtsstreitigkeiten einschließlich der Verfahren von den Gerichten für Arbeitssachen sowie für die Verfahren vor den Gerichten der Verwaltungs-, Finanz- und Sozialgerichtsbarkeit gelten,

BT-Drucks. 15/1971, S. 208.

Die amtliche Begründung spricht gegen die Annahme, Nr. 3104 Abs. 1 Nr. 1 VV RVG sei nur dann in Betracht zu ziehen, wenn mit Einverständnis der Parteien in einem schriftlichen Verfahren nach § 128 Abs. 2 ZPO entschieden werde. Eben diese Verfahrensmöglichkeit schließt das Arbeitsgerichtsgesetz aus,

BAG 20.6.2006 – 3 AZB 78/05, n.v.

Der Wortlaut von Nr. 3104 Abs. 1 Nr. 1 VV RVG ist vielmehr dahingehend auszulegen, dass der in Variante 4 geregelte Abschluss eines schriftlichen Vergleichs für all die Verfahren gilt, in denen eine mündliche Verhandlung vorgeschrieben ist,

BGH 27.10.2005 – III ZB 42/05, NJW 2006, 157.

Daraus folgt, dass im arbeitsgerichtlichen Verfahren, in denen ein schriftlicher Vergleich nach § 278 Abs. 6 ZPO geschlossen wird, eine Terminsgebühr nach Nr. 3104 Abs. 1 Nr. 1 Variante 4 VV RVG anfällt.

Wir bitten Sie daher um zeitnahe Begleichung der Ihnen vorliegenden Rechnung.

6. Muster: Terminsgebühr, zweites Versäumnisurteil

Der Unterzeichner hat in der mündlichen Verhandlung vom ▬▬▬ ein zweites Versäumnisurteil beantragt. Zuvor hatte er am ▬▬▬ auch das erste Versäumnisurteil, aufgrund des Fehlens der Gegenseite beantragt.

Entgegen Ihrer im Schreiben vom ▬▬▬ geäußerten Auffassung findet der Ermäßigungstatbestand Nr. 3105 VV RVG hier keine Anwendung. Nr. 3105 VV RVG findet auf den Fall eines zweiten Versäumnisurteils keine Anwendung, wenn derselbe Prozessbevollmächtigte bereits das erste Versäumnisurteil erwirkt hat,

BGH 7.6.2006 – VIII ZB 108/05, AGS 2006, 366; BGH 18.7.2006 – XI ZB 41/05, BB 2006, 1879; OLG Celle 24.2.2005 – 2 W 36/05, NJW 2005, 1283.

Dem Unterzeichner steht demzufolge eine volle Terminsgebühr von 1,2 gemäß § 2 Abs. 2 RVG i.V.m. Nr. 3104 VV RVG zu. Der Unterzeichner war nämlich entgegen den Tatbestandsvoraussetzungen der Nr. 3105 VV RVG nicht mit der „Wahrnehmung nur eines Termins" befasst, sondern mit der Wahrnehmung zweier Termine,

LG Aachen 19.12.2005 – 5 T 264/05, AE 2006, 69; OLG Celle 24.2.2005 – 2 W 36/05, NJW 2005, 1283.

Das Wort „ein" vor „Termin" ist Zahlwort, nicht unbestimmter Artikel,

BGH 18.7.2006 – XI ZB 41/05, BB 2006, 1879.

Daher bitte ich Sie, die Terminsgebühr in voller Höhe von 1,2 zu berücksichtigen und die Ihnen übersandte Rechnung zu begleichen.

7. Muster: Prozessvertretung durch Rechtsreferendar

1. Nach § 11 ArbGG können die Parteien vor den Arbeitsgerichten den Rechtsstreit selbst führen oder sich vertreten lassen. Nach § 11 Abs. 3 ArbGG sind mit Ausnahme der Rechtsanwälte Personen, die die Besorgung fremder Rechtsangelegenheiten vor Gericht geschäftsmäßig betreiben, als Bevollmächtigte und Beistände in der mündlichen Verhandlung ausgeschlossen, wobei § 157 Abs. 1 Satz 2 und Abs. 2 ZPO entsprechend anzuwenden ist.

2. Die Vorschrift des § 11 Abs. 3 Satz 1 ArbGG deckt sich im Wortlaut mit § 157 Abs. 1 Satz 1 ZPO. Darüber hinaus gilt § 157 Abs. 1 Satz 2 und Abs. 2 ZPO entsprechend (§ 11 Abs. 3 Satz 1 Hs. 2 ArbGG). Aus der Verweisung auf § 157 ZPO wird teilweise gefolgert, es sei zwischen Stations- und Nebentätigkeitsreferendar zu unterscheiden. Nehme ein Referendar, der einem Rechtsanwalt zur Ausbildung überwiesen ist, unter Beistand des Rechtsanwalts die Parteirechte wahr, so schließe § 59 Abs. 2 Satz 1 BRAGO die Anwendung des § 157 Abs. 1 und Abs. 2 ZPO ausdrücklich aus. Demgemäß sei gegenüber einem Nebentätigkeitsreferendar § 157 Abs. 1 ZPO mit der Folge anzuwenden, dass ein nur nebenberuflich tätiger Referendar einen Rechtsanwalt in Untervollmacht vor dem Arbeitsgericht nicht vertreten könne. Diese Auffassung wird zusätzlich darauf gestützt, der zur Ausbildung überwiesene Referendar werde von dem sonst tätigen Referendar gebührenrechtlich unterschiedlich gemäß § 4 BRAGO behandelt,

vgl. Stein/Jonas/*Schumann*, § 157 ZPO Rn 11; Zöller/*Greger*, § 157 ZPO Rn 2; Baumbach/Lauterbach/Albers/Hartmann, § 157 ZPO Rn 2 A a; Thomas/Putzo, § 78 ZPO Anm. 6d; Rosenberg/Schwab, ZPR, § 29; Rohlfing/Rewolle/Bader, ArbGG, § 11 Anm. 2b; a.A. LAG Frankfurt, AP § 11 ArbGG 1953 Nr. 31; LAG Berlin, AP § 11 ArbG 1953 Nr. 32; Dersch/Volkmar, ArbGG, § 11 Rn 12; Stahlhacke, ArbGG, § 11 Rn 3; Wieczorek, ZPO, § 157 Rn C I b 1; AR-

Blattei/*Bitter*, D – Arbeitsgerichtsbarkeit VI C (zu III 2 b BB); *Lepke*, DB 1967, 731 (732); *Poelmann*, BB 1954, 132(133); vgl. auch *Grunsky*, ArbGG, § 11 Rn 19.

3. Entgegen der herrschenden Meinung in der Literatur ist die Frage der Zulässigkeit einer Prozessvertretung vor dem Arbeitsgericht allein unter Anwendung von § 11 ArbGG zu entscheiden. Nach § 11 Abs. 1 Satz 1 ArbGG können die Parteien vor den Arbeitsgerichten den Rechtsstreit selbst führen oder sich vertreten lassen, wobei die in § 11 Abs. 1 Satz 2 und 3 ArbGG geregelten Fälle hier nicht einschlägig sind. Nach § 11 Abs. 3 ArbGG sind mit Ausnahme der Rechtsanwälte solche Personen, die die Besorgung fremder Rechtsangelegenheiten vor Gericht geschäftsmäßig betreiben, als Bevollmächtigte und Beistände in der mündlichen Verhandlung ausgeschlossen. Der Wortlaut des § 157 Abs. 1 Satz 1 ZPO wurde durch Art. 2 VII des Fünften Gesetzes zur Änderung der Bundesgebührenordnung für Rechtsanwälte vom 18.8.1980,

BGBl. I, S. 1503 (1507 f.),

in § 11 Abs. 3 Satz 1 ArbGG eingearbeitet und darüber hinaus nur noch auf § 157 Abs. 1 Satz 2 und Abs. 2 ZPO verwiesen. Damit hat der Gesetzgeber abschließend geregelt, unter welchen Voraussetzungen im Arbeitsgerichtsverfahren Bevollmächtigte einer Partei ausgeschlossen sind. Dieser Wille ergibt sich insbesondere auch aus der Sonderregelung des § 11 Abs. 3 Satz 2 ArbGG, wonach sich die Möglichkeit der Zurückweisung ungeeigneter Personen, § 157 Abs. 2 Satz 1 ZPO, nicht auf die Vertreter der Sozialpartner und einer Vereinigung mit sozial- oder berufspolitischer Zielsetzung bezieht,

vgl. LAG Berlin 23.6.1970 – 4 Ta 10/70, AP § 11 ArbGG 1953 Nr. 32.

Demnach sind von einer Prozessvertretung vor dem Arbeitsgericht nur solche Personen ausgeschlossen, die die Besorgung fremder Rechtsangelegenheiten vor Gericht geschäftsmäßig betreiben, nicht aber andere Personen, auch wenn sie nicht Rechtsanwälte oder Verbandsvertreter i.S.d. § 11 Abs. 1 ArbGG sind,

ebenso i.E. BAG 6.5.1977 – 2 AZR 148/76, AP § 11 ArbGG 1953 Nr. 36 (zu 2a).

Der Auffassung des LAG Hamm,

8.7.1971 – 8 Ta 30/71, AR-Blattei D VI C Entscheidung 20 m. zust. Anm. *Herschel*,

aus der Formulierung in § 11 ArbGG sei zu folgern, dass sich auch die Vollmacht nur auf den jeweiligen Rechtsanwalt in Person erstrecken dürfe und nicht auf Personen, die der Rechtsanwalt seinerseits wieder weiterbevollmächtigte, kann nicht gefolgt werden. Hiergegen spricht die Formulierung des Nebensatzes „die die Besorgung fremder Rechtsangelegenheiten vor Gericht geschäftsmäßig betreiben". Hätte der Gesetzgeber eine Bevollmächtigung nur von Rechtsanwälten gewollt, wäre dieser Satz überflüssig.

Das sog. geschäftsmäßige Betreiben fremder Rechtsangelegenheiten i.S.v. § 157 ZPO erfasst somit nur die jeweilige Tätigkeit im Rahmen des Grundverhältnisses (Auftrag, Anwaltsvertrag). Als Bevollmächtigte sind demnach Personen ausgeschlossen, die solche Grundverhältnisse geschäftsmäßig eingehen und erfüllen, nicht aber solche Personen, die nur in einem Vertragsverhältnis zu einem von der Partei beauftragten Rechtsanwalt stehen, dem die Übernahme einer solchen rechtlichen Geschäftsbesorgung auch in arbeitsrechtlichen Sachen ausdrücklich erlaubt ist und zwar selbst dann, wenn die Unterbevollmächtigung dazu führt, dass Erklärungen mit unmittelbarer Wirkung für die Partei selbst abgegeben werden. Wenn nach § 1 RBerG die geschäftsmäßige Besorgung fremder Rechtsangelegenheiten ohne Erlaubnis unzulässig ist, so bezieht sich auch das auf eine selbständige Betreuung fremder Rechtsangelegenheiten und nicht auf eine derartige Tätigkeit im Angestelltenverhältnis,

vgl. *Rennen/Caliebe*, RBerG, Art. 1 § 1 Rn 27 m. Hinw. auf die frühere Rechtsprechung: OLG Hamm 9.6.1982 – 7 VAs 8/82, NStZ 1982, 438; OLG Hamm 2.8.1965 – 2 Ss 479/65, AnwBl 1965, 350; OLG Karlsruhe 8.8.1979 – 6 U 1/79, AnwBl 1979, 487; OLG Köln 25.10.1960 – Ss 347/60, MDR 1961, 437; OLG Köln 5.12.1972 – Ss (OWi) 190/72, NJW 1973, 437.

Unerheblich ist hiernach, ob die selbständige Tätigkeit haupt- oder nebenberuflich, entgeltlich oder unentgeltlich oder selbständig für einen anderen ausgeübt wird,

vgl. *Rennen/Caliebe*, Art. 1 § 1 Rn 27.

Wer als Angestellter weisungsgebunden eine Rechtsangelegenheit bearbeitet, handelt auch dann nicht geschäftsmäßig, wenn der Geschäftsherr seinerseits insoweit geschäftsmäßig tätig wird,

vgl. LAG Berlin 23.6.1970 – 4 Ta 10/70, AP § 11 ArbGG 1953 Nr. 32 unter Hinw. auf *Altenhoff/Busch/Kampmann*, Rechtsberatungsmissbrauchsg, § 1 Rn 15; § 6 Rn 111; *Lepke*, DB 1967, 731 (732).

Ob der Rechtsanwalt in Nicht-Anwaltsprozessen bei ihm tätige Referendare mit dem Auftreten vor Gericht betrauen kann,

vgl. BAG 22.2.1990 – 2 AZR 122/89, EzA § 11 ArbGG 1979 Nr. 7,

ist eine Frage der Standesmäßigkeit seines Handelns.

4. Die Besonderheiten im arbeitsgerichtlichen Verfahren stehen dieser Auslegung nicht entgegen. Die Annahme des LAG Köln,

vgl. LAG Köln 10.7.1987 – 11 Sa 408/87, LAGE § 11 ArbGG 1979 Nr. 4,

eine Vertretung durch Referendare in der mündlichen Verhandlung sei deshalb nicht zulässig, weil im arbeitsgerichtlichen Verfahren der Rechtsstreit nach Möglichkeit in einem Termin erledigt werden müsse und es insofern auf eine umfassende Sachkenntnis des jeweiligen Terminbevollmächtigten ankomme, überzeugt nicht. Abgesehen davon, dass diese Grundsätze wegen der Beschleunigung des Verfahrens auch im Zivilprozess Geltung zu beanspruchen hätten, ist nicht zu unterscheiden zwischen den Referendaren, die bereits beim Anwalt ausgebildet worden sind und solchen, die ihre Anwaltsstation noch vor sich haben. Bei Richtigkeit der landesarbeitsgerichtlichen Auffassung wäre im ersten Fall eine Prozessvertretung zulässig, denn es wäre nicht einzusehen, warum ein in Ausbildung befindlicher Stationsreferendar beim Arbeitsgericht auftreten können soll und zwar noch während seiner Ausbildung, während er aber dann ausgeschlossen wäre, sobald er die Ausbildung absolviert hat und als qualifizierter anzusehen wäre,

BAG 22.2.1990 – 2 AZR 122/89, NZA 1990, 665.

8. Muster: Vollstreckungskosten im arbeitsgerichtlichen Verfahren

Für die Vollstreckungskosten gilt § 788 ZPO, d.h. die notwendigen Kosten sind vom Schuldner zu tragen und zusammen mit der Hauptsacheforderung beizutreiben. Notwendige Vollstreckungskosten sind im selben Umfang wie in der ordentlichen Gerichtsbarkeit grundsätzlich auch die Anwaltskosten. Der Ausschluss ihrer Ersatzfähigkeit nach § 12a Abs. 1 Satz 1 ArbGG bezieht sich nur auf das Erkenntnisverfahren und nicht auf die Zwangsvollstreckung. Für das Zwangsvollstreckungsverfahren gilt § 12a Abs. 1 Satz 1 ArbGG nicht,

LAG Berlin 17.2.1986 – 9 Sa 110/85, LAGE § 9 KSchG Nr. 1.

Da notwendige Vollstreckungskosten nach § 788 Abs. 1 ZPO dem Schuldner zur Last fallen, ist der Ersatz durch die Rechtsschutzversicherung nach § 2 Abs. 3 c) ARB 75 ausgeschlossen, soweit keine Erstattungsansprüche (wegen Leistung eines Vorschusses) auf den Versicherer übergegangen sind oder der Versicherungsnehmer nicht nachweist, dass er den Dritten vergeblich schriftlich zur Zahlung aufgefordert hat.

9. Muster: Rechtsanwalt im Einigungsstellenverfahren und anschließende Prozessvertretung

Die Tätigkeit eines Rechtsanwalts im Einigungsstellenverfahren ist eine andere als die Prozessvertretung in der späteren Anfechtung des Einigungsstellenspruchs und damit ein neuer Gebührentatbestand i.S.v. § 15 Abs. 1 RVG (§ 13 Abs. 1 BRAGO),

LAG Rheinland-Pfalz 6.8.1992 – 9 Ta 163/92, NZA 1993, 93.

Stichwortverzeichnis

Die **fetten** Zahlen verweisen auf Paragrafen, magere Zahlen verweisen auf Randnummern; der Zusatz „M" vor einer mageren Zahl bezeichnet ein Muster unter der entsprechenden Randnummer.

58er-Regelung
– Abwicklungsvertrag **4** M 702
– Sozialversicherungsrecht **4** 256, 456

Abfindung
– Anrechnung auf Arbeitslosengeld **4** 241 ff.
– Arbeitsförderungsrecht **4** 214 ff.
– betriebsbedingte Kündigung mit Abfindung **4** M 135
– Brutto-/Netto-Abfindung **4** 360 ff.
– Definition **4** 305 ff.
– Entschädigungsfunktion **4** 304
– Entstehung **4** 366 ff.
– Fälligkeit **4** 364 f.; **6** M 443 f.
– Familienrecht **4** 380 f.
– gerichtlicher Vergleich **4** 334 ff.
– Insolvenz **4** 382 f.
– Nichtanrechnung beim Gegenstandswert **8** 170 ff.
– Rückzahlungsklausel **4** 390 f.
– Sozialplan **5** 179 ff.
– Sozialversicherungsrecht **4** 214 ff., 345 ff.
– Steuerrecht **4** 169 ff., 349 ff.
– Streitwert **8** M 191 ff., M 255
– Vererbbarkeitsklausel **4** 366, 372, 657 ff.
– Verjährung **4** 388 f.
– Verlustklausel **4** 392
– Vollstreckungsrecht **4** 377 ff.
Abfindung nach § 1a KSchG **4** 393 ff.; **6** M 302
Abfindungsanspruch aus Sozialplan *siehe* Sozialplanabfindung
Abfindungshöhe **4** 312 ff.
Abfindungsklauseln **4** 304 ff.
ABG-Kontrolle *siehe* Allgemeine Geschäftsbedingungen (AGB), Arbeitsvertrag
Abgeltungsvereinbarung, pauschale
– Transparenzgebot **1** 43
Abgrenzung
– Arbeitnehmer/Freie Mitarbeit **1** 302 ff.
– GmbH-Geschäftsführer/Arbeitnehmer **1** 352 ff.
– Handelsvertretervertrag/Freie Mitarbeit **1** 264 ff.
Abmahnung
– Abmahnungsberechtigung **3** 95
– Abmahnungsformular **3** M 172
– Alkoholverbot **3** M 174
– Anhörung Arbeitnehmer **3** 98
– außerordentliche Kündigung, Vertrauensbereich **6** M 316
– Betriebsrat **3** 97
– Checkliste **3** 99
– Checkliste Konfliktanalyse **3** M 171
– Entbehrlichkeit **6** M 490

– Entfernung aus Personalakte **3** 97
– Form **3** 94
– formal unwirksame **6** M 433
– Gegendarstellung **3** 97
– Gehaltszahlungen, verspätete **3** M 180; **6** M 325
– gleicher Sachverhalt, Kündigungsverzicht **6** M 305
– Leistungsbereich **3** 85 ff.
– Nachschieben von Abmahnungsgründen **6** M 435
– Rahmentext Abmahnungsschreiben **3** M 173
– Rauchverbot **3** M 177
– Sammelabmahnungen **3** 93
– Störung Betriebsfrieden **3** M 179
– Streitwert **8** M 194 f., M 255
– unentschuldigtes Fehlen **3** M 175
– verhaltensbedingte Kündigung, Grundsatz **6** M 303
– Verhältnismäßigkeitsgrundsatz **3** 87
– Verspätung **3** M 176
– Vertrauensbereich **3** 91; **6** M 484
– Verwirkung **3** 100
– Wesen **3** 79 ff.
Abmahnungsklage
– Antrag **6** 223 ff., M 432
– Erwiderung auf **6** M 432
– mit Entfernung eines Schreibens aus Personalakte **6** M 257
– teilweise unrichtige Abmahnung **6** M 258
Abrechnungsklage
– Antrag **6** 35 f.
Abschlagszahlung
– Begriff **2** 128
Abstraktes Schuldanerkenntnis **1** 118
Abwerbung von Mitarbeitern **3** 103 ff.
Abwesenheitsgeld Anwalt
– Kostenerstattung **8** M 311
Abwicklungsvertrag
– 58er-Regelung **4** M 702
– Abgrenzung Aufhebungsvertrag **4** 158 ff.
– AG-Vorstand **4** 282 ff.
– AGB-Kontrolle **4** 295 ff.
– als Anschreiben **4** 404 ff., M 699
– Anspruchsübergang nach § 115 SGB X auf **4** 250
– Anwendungsbereich **4** 164
– Aufklärungspflichten des Arbeitgebers **4** 443 ff.
– Auslandsentsendung **4** M 704
– Betriebsstättenverlegung **4** M 701
– Deckungsschutz bei Kündigung und Abwicklungsvertrag **8** M 299
– Definition **4** 158 f.
– GmbH-Geschäftsführer **4** M 686, M 688
– mit Arbeitnehmer **4** M 700

Stichwortverzeichnis

- mit Rückkehrperspektive 4 410 ff.
- nach Erhebung Kündigungsschutzklage 4 M 697
- Prozessprotokollierungsvereinbarung 4 618 ff.
- Rentenversicherungsrecht 4 258 ff.
- Rückgabevereinbarungen 4 623 ff.
- Sperrzeit 4 226 ff.
- unter Mitwirkung Integrationsamt 4 M 703
- Versorgungsanwartschaften 4 450
- vor Erhebung Kündigungsschutzklage 4 M 696

Abwicklungsvertragsentscheidung des BSG 4 239

Account Supervisor
- Arbeitsvertrag 1 M 247

AG-Vorstand
- Abberufung 1 364
- Abberufung, Rechtsschutz gegen 1 427
- Abberufung, Rechtsstellung nach 1 366
- Abberufungsbeschluss, Protokoll 1 M 469
- Abfindung 4 285
- Abfindungsregelung bei Nicht-Wiederbestellung 1 438
- Aufgaben 1 417 f.
- Aufhebungs- und Abwicklungsvertrag 4 282 ff.
- Aufhebungsvertrag 4 M 689 f.
- Berichtspflicht 1 364
- Bestellung 1 407 ff.
- Bezüge 1 419 ff.
- Dauer Anstellungsverhältnis 1 362 f.
- Deutscher Corporate Governance Kodex 1 405 f.
- Dienstwagen 2 106 f.
- drohende feindliche Übernahme 1 413
- Fahrer für Dienstwagen 2 86
- Freistellung 1 370 f.
- Gesellschafterwechsel 1 413 ff.
- Golden-Parachute-Regelungen 1 413 f.
- Klage auf Vergütung nach außerordentlicher Kündigung im Urkundenprozess 6 M 327
- Klage, Passiv-Rubrum AG 6 184 f.
- Koppelungsklausel 1 363
- Kreditgewährung 1 436
- Kündigungsbeschluss, Protokoll 1 M 469
- Leitung der AG 1 364
- Pensionszahlung 1 449
- Rechtsschutzversicherung, Ausschluss 8 90, M 115
- Rechtsstellung 1 351
- Rechtsstellung bei Fusion 1 374
- Rechtsstellung bei Verschmelzung 1 375 ff.
- ruhendes Arbeitsverhältnis 1 361
- Sozialversicherungsrecht 4 221
- Übergangsgelder 1 421, 450
- Versorgungsbezüge 1 421
- Vertragsklauseln 1 405 ff.
- Wettbewerbsverbot 1 431 f.
- Wiederbestellung 1 371 f.
- Zwischenverdienst 4 585

AG-Vorstand, Anstellungsvertrag
- Altersversorgungsregelungen 1 439 ff.

- Befristung 1 411
- bei Bestellungsverlängerung mit teilthesaurierter Tantieme, Pensionsvereinbarung und Abfindung 1 M 467
- Form 1 411
- Formzwang für Änderungen/Ergänzungen 1 437
- Holding-Vorstand mit ausschließlich variabler Vergütung 1 M 462
- Kündigung 1 412, 425
- Mängel 1 416
- mit Erläuterungstext und Geschäftsordnung im konzernverbundenen Unternehmen 1 M 463
- mit Geschäftsordnung 1 M 463
- mit Pensions- und Darlehensvertrag 1 M 466
- mit Pensionsvertrag 1 M 465
- mit zielbezogener Bonusregelung 1 M 468
- Pensionszusage 1 M 464

AGB siehe Allgemeine Geschäftsbedingungen (AGB), Arbeitsvertrag

AGB-Inhaltskontrolle
- Folgen der Nichteinbeziehung 1 127 f.
- Folgen der Unwirksamkeit 1 129 ff.
- Maßstäbe 1 19 ff., 33 ff., 65 f., 74 ff.
- Verbot der geltungserhaltenden Reduktion 1 129 ff.

AGB-Unklarheitenregel 1 27 ff.

AGG siehe Allgemeines Gleichbehandlungsgesetz (AGG)

AGG-Archiv 6 M 436

AGG-Klagen
- Alterdiskriminierung 6 M 259
- Geschlechtsdiskriminierung 6 M 261
- sexuelle Belästigung 6 M 262
- sexuelle Identität 6 M 260
- Teilzeitbeschäftigter 6 M 344
- „AGG-Hopper" 6 M 436

Aids-Erkrankung
- Fragerecht des Arbeitgebers 3 18

Akteneinsicht
- Streitwert 8 M 196, M 255

Aktiengesellschaft
- Passiv-Rubrum 6 183 ff.

Aktienoptionen
- Gesamtzusage 1 M 157
- Vertragsergänzung 1 M 156

Aktivlegitimation 6 2 ff.

Alkoholabhängigkeit
- Fragerecht des Arbeitgebers 3 18, 22

Alkoholismus
- personenbedingte Kündigung 6 M 309

Alkoholmissbrauch
- Betriebsvereinbarung 5 M 77

Alkoholverbot
- Abmahnung 3 M 174

Allgemeine Arbeitsordnung
- Betriebsvereinbarung 5 M 97

Stichwortverzeichnis

Allgemeine Arbeitsvertragsbedingungen
- Arbeitsvertrag mit Allgemeinen Arbeitsvertragsbedingungen und Zielvereinbarung   1 M 169

Allgemeine Geschäftsbedingungen (AGB), Arbeitsvertrag   1 7 ff.
- Aushöhlungsverbot (§ 307 Abs. 2 Nr. 2 BGB)   1 59 ff.
- Benachteiligungsverbot (§ 307 Abs. 2 Nr. 1 BGB)   1 50 ff.
- Definition   1 7 ff.
- Einbeziehungsnorm   1 11 ff.
- ergänzende Vertragsauslegung   1 133
- Gesamtunwirksamkeit der Vertrages   1 136
- Inhaltskontrolle   1 19 ff.
- Prüfungsschema   1 17 f.
- Rechtsfolgen der Nichteinbeziehung   1 127 f.
- Rechtsfolgen der Unwirksamkeit   1 129 ff.
- Transparenzgebot   1 39 ff.
- überraschende Klauseln   1 20 ff.
- Unklarheitenregel   1 27 ff.
- Verbot der geltungserhaltenden Reduktion   1 129 ff.

Allgemeine Mandantenschutzklausel   2 35

Allgemeine Mandatsbedingungen   8 M 94

Allgemeiner Feststellungsantrag
- Kündigungsschutzklage   6 206

Allgemeines Gleichbehandlungsgesetz (AGG)
   siehe auch AGG-Klagen
- Alter, Benachteiligung im Sozialplan wegen   5 181
- Alter, Fragerecht des Arbeitgebers   3 6
- Arbeitserlaubnis   3 25
- Arbeitszeiten, Staffelung von   5 4
- Aufenthaltserlaubnis   3 25
- Berufserfahrung   3 6
- Betriebsvereinbarung   5 3 ff.
- Entgelt, Staffelung von   5 4
- kollektivvertragliche Regelungen   5 3 ff.
- Krankheit   3 14
- Merkblatt AGG   1 5, M 162
- Prüfmuster für mittelbare Benachteiligung   5 5 f.
- Raucher   3 23
- Rechtsfolge bei Verstoß   5 7
- Sprachtest   5 6
- Stellenanzeige   3 6
- Stellenausschreibung   3 39 f.
- Verbotsadressat   5 3

Altenpflegerin
- Arbeitsvertrag, Privatklinik   1 M 231

Alter
- Betriebsvereinbarung   5 3
- Mindest-/Höchstalter, Fragerecht des Arbeitgebers   3 6
- Sozialplan, Benachteiligung wegen eines bestimmten Alters   5 181

Altersdiskriminierung
- AGG   3 16
- AGG-Klage   6 M 259

Altersgrenzenregelung
- Betriebsvereinbarung   5 37
- überraschende Klauseln   1 21

Altersteilzeit   4 708 ff.
- arbeitgeberbezogene Voraussetzungen   4 725 ff.
- arbeitnehmerbezogene Voraussetzungen   4 721 ff.
- Aufstockungsleistungen   4 730 ff.
- Betriebsvereinbarung   5 M 78
- Dienstwagen   2 83 f.; 4 771 f.
- Ehrenamt   4 782
- Entgeltersatzleistungen anderer Leistungsträger   4 761 ff.
- Ersatzeinstellung   4 746 ff.
- Erstattungsleistungen der Bundesagentur für Arbeit   4 720, 752 ff., 760
- Insolvenz   4 776 ff., M 789
- Krankengeld   4 761 ff.
- Kündigung in Insolvenz   4 779
- Sperrzeit   4 780
- Streitwert   8 M 197 f.
- Tarifvertrag   4 783
- Urlaub   4 769 f.
- vorzeitige Beendigung   4 773 ff.
- Wiederbesetzung   4 746 ff.
- Zielsetzung Altersteilzeitgesetz   4 708

Altersteilzeitmodelle
- Blockmodell   4 716 ff., M 786 f.
- kontinuierliche Verringerung der Altersteilzeit   4 714 f.

Altersteilzeitvereinbarung
- Arbeitsunfähigkeit während Altersteilzeit   4 763 ff.
- Auslegung   4 711
- Blockmodell   4 M 786 f.
- Grundmuster   4 M 784 f.
- mit Sicherung des Arbeitszeitwertguthabens durch Treuhandregelung   4 M 788
- Zeitpunkt   4 710

Altersversorgung   siehe auch Betriebliche Altersversorgung
- AG-Vorstand   1 439 ff.
- Handelsvertretervertrag   1 297
- Streitwert   8 M 199, M 255
- streitwerterhöhende Einbeziehung von Regelungen über Altersversorgung und Zeugnis in Vergleich   8 M 308

Amtsausübung des Betriebsrats
- betriebsöffentliche Auseinandersetzungen   7 M 82

Amtsenthebung, ehrenamtlicher Richter
- Streitwert   8 M 255

Amtsermittlungsgrundsatz
- Beschlussverfahren   7 17

Änderungskündigung
- Anhörung des Betriebsrats   4 102
- Annahme unter Vorbehalt   6 M 276

Stichwortverzeichnis

- Annahmeverzug, Anrechnung von unterlassenem Erwerb 6 M 482
- außerordentliche 4 M 144
- bedingte ordentliche 4 M 143
- Entgeltkürzung 6 M 312
- Grundsatz „Änderungskündigung vor Beendigungskündigung" 4 75; 6 M 300
- Kostensenkung 6 M 483
- Kündigungsschutzklage, Antrag 6 210
- Mitbestimmungsrecht Betriebsrat 3 70
- Rechtsnatur 4 72 ff.
- Schriftform 4 6
- Streitwert 8 M 200, M 255
- Umgruppierung 6 M 313, M 481
- unbedingte ordentliche 4 M 141
- unbedingte ordentliche, wegen Organisationsänderung im öffentlichen Dienst 4 M 142
- Zustimmung Betriebsrat 6 M 313 f.

Änderungskündigungsschutzklage
- Aufnahmebogen 6 175 f.
- Grundmuster 6 M 311

Änderungsvertrag
- Betriebsübergang 6 M 338

Änderungsvorbehalt
- Inhaltskontrolle nach § 308 BGB 1 76

Anfechtung
- Arbeitsverhältnis, Streitwert 8 M 201, 255
- Arbeitsvertrag, verschwiegene Schwerbehinderteneigenschaft 6 M 523
- Aufhebungsvertrag 6 M 275, M 328, M 445 f., M 499
- Betriebsvereinbarung 5 28

Anfechtung Betriebsratswahl
- Beschlussverfahren 7 7, M 30
- Unwirksamkeit der Wahl 7 M 93

Anfechtung Einigungsstellenspruch 7 M 57
Angelegenheit gemäß § 15 RVG 8 180 ff.
Angestelltenversicherungskarte
- Zwangsvollstreckung, Herausgabe 6 100

Anhörung des Betriebsrats
- Änderungskündigung 4 102
- außerordentliche Kündigung 4 100
- Bedenken 4 108
- betriebsbedingte Kündigung 4 91 ff.
- Form 4 81 f.
- Inhalt 4 83 ff.
- personenbedingte Kündigung 4 94 ff.
- Verdachtskündigung 4 101
- Verfahrensfehler 4 103 f.
- verhaltensbedingte Kündigung 4 97 ff.
- vor außerordentlicher Änderungskündigung 4 M 152
- vor außerordentlicher Kündigung 4 M 151
- vor ordentlicher Kündigung 4 M 150
- Widerspruch 4 109 ff.
- zeitliche Aspekte 4 76 ff.
- Zustimmung 4 105 ff.

Anhörungsrüge 6 M 104
Anlage
- Betriebsvereinbarung 5 25

Anlageberater
- Arbeitsvertrag 1 M 246

Annahmeverweigerung Kündigung 6 M 500
Annahmeverzug
- Aufforderung zur Arbeitsaufnahme zur Vermeidung von Annahmeverzugslohn bei anhängigem Kündigungsrechtsstreit 6 M 448
- des AG bei unwirksamer AG-Kündigung und Arbeitsunfähigkeit des AN 6 M 377
- des AG nach unwirksamer AG-Kündigung 6 M 376
- nach Änderungskündigung, Anrechnung von unterlassenem Erwerb 6 M 482
- Zahlungsklage wegen Annahmeverzug nach unwirksamer AG-Kündigung 6 M 375

Annahmeverzugslohn
- Widerklage auf Auskunft 6 M 501

Announcement-Klauseln 4 420 ff., M 707
Anrechnung, Anwaltsgebühren
- allgemeiner Anrechnungsausschluss bei außergerichtlicher Tätigkeit 8 M 113
- Anrechnungsausschluss bei späterer Tätigkeit nach Erstberatung 8 M 112
- Teilanrechnung bei späterer Tätigkeit nach Erstberatung 8 M 111

Anschlussberufung 6 67, M 130
Anschlussrevision 6 81
Anstellungsvertrag
- AG-Vorstand 1 351 ff.
- ausländische Tochtergesellschaft 1 M 258
- GmbH-Geschäftsführer 1 351 ff.

Antrag
- Abmahnungsklage 6 223 ff., M 432
- Abrechnungsklage 6 35 f.
- Arbeitszeitreduzierung 6 230 f., 244
- Arrest 6 M 160
- Aufhebungsvertrag, Unwirksamkeit 6 221
- Auflösung des Arbeitsverhältnisses 6 217 ff., M 291, 410 ff., M 440 ff.
- Auskunftsklage 6 29 ff.
- Eingruppierungsklage 6 222
- einstweilige Verfügung, Abweisung, Grundmuster 6 M 125
- einstweilige Verfügung, Erlass, Grundmuster 6 M 124
- Feststellungsklage 6 32 ff.
- Fristverlängerung 6 40 ff., 135 ff.
- Gerichtsterminsverlegung 6 43 ff., M 115 ff.
- Güteverhandlung 6 9
- Höhergruppierungsklage 6 222
- Kündigungsschutzklage, Grundantrag 6 204
- Kündigungsschutzverfahren 6 204 ff.

– Stufenklage 6 29 ff.
– Teilzeitarbeit 6 230 f.
– Urlaubsklage 6 227, M 358
– Zahlungsklage 6 10 ff., M 367
– Zeugnisklage 6 228 f., M 381
– Zustellung eines Vergleichs nach § 278 Abs. 2 ZPO
  6 M 129
Antrag im Beschlussverfahren
– Bestimmtheit 7 43 ff.
Anwaltsvergütung siehe auch Anrechnung, Anwalts-
  gebühren; siehe auch Erfolgshonorar; siehe auch
  Rechtsschutzversicherung; siehe auch Vergütungs-
  vereinbarung; siehe auch Zeithonorar
– Abwesenheitsgeld, Deckungszusage 8 M 311
– Angelegenheit gemäß § 15 RVG 8 180 ff.
– angemessenes/unangemessenes Honorar 8 66 ff.
– Aufklärungs-/Hinweispflichten des Anwalts
  8 87 ff.
– außergerichtliche Tätigkeit vor Erhebung der
  Kündigungsschutzklage 8 M 303
– Belehrung nach § 12a Abs. 1 ArbGG 8 114
– Einigungsgebühr 8 138 ff., M 309 f.
– Erhöhungsgebühr 8 156 f.
– Fahrkostenerstattung, Deckungszusage 8 M 311
– Gebührenklage, Streitwert 8 M 234
– Geschäftsgebühr 8 120 ff.
– Geschäftsgebühr mehr als 1,3 (Checkliste)
  8 M 304
– Gutachtengebühr 8 153
– im Urteilsverfahren 8 158 ff.
– Integrationsamt, Tätigkeit vor 8 154 f., M 227
– Quota-litis-Vereinbarung 8 46 ff.
– Rechtsschutzversicherung 8 89 ff.
– steuerliche Abzugsfähigkeit Anwaltstätigkeit 4 212
– Terminsgebühr 8 142 ff.
– Verfahrensgebühr 8 149 ff.
– verwiesene Verfahren, Erstattung 8 190
Anwaltsvertrag
– Allgemeine Mandatsbedingungen 8 M 94
– mit Hinweis auf gesonderte Vergütungsverein-
  barung 8 M 93
Anwesenheitsprämie
– Betriebsvereinbarung 5 34
ARB-Regelungen siehe Rechtsschutzversicherung
Arbeit an Wochenenden und Feiertagen
– Betriebsvereinbarung 5 M 89
Arbeit auf Abruf
– Rahmenvereinbarung 1 M 146
– Transparenzgebot 1 49
– unangemessene Benachteiligung i.S.v. § 307 Abs. 1
  Satz 1 BGB 1 38
Arbeiter siehe Arbeitsvertrag mit Arbeiter
Arbeitgeberdarlehen
– Abgrenzung zu sonstigen finanziellen Leistungen
  2 128 ff.
– AGB 2 135 ff.

– Arbeitgeberdarlehensvertrag 2 M 167
– Ausschlussfrist 2 134
– Pfändungsfreigrenzen 2 131
– Rückzahlungsklauseln 2 138 ff.
– Rückzahlungsraten 2 131
– Schuldanerkenntnis 2 M 169
– Sicherungsübereignung Pkw 2 M 168
– Streitwert 8 M 212
– Zinsen 2 132 f.
Arbeitgeberhaftung
– Haftungsausschluss, AGB 1 106 ff.
– Personenschaden Kfz-Nutzung 2 103
Arbeitgeberhandlung
– betriebsverfassungswidrige, Streitwert 8 M 255
Arbeitnehmer
– Abgrenzung Freie Mitarbeit 1 302 ff.
– Arbeitspflicht, Streitwert 8 M 255
– Freistellung, Streitwert 8 M 223, M 255
– Klage auf Beschäftigung als 6 M 273
Arbeitnehmer i.S.v. § 5 Abs. 1 BetrVG
– Feststellungsantrag 7 M 59
Arbeitnehmerähnliche Personen 1 267
Arbeitnehmereigenschaft
– Beschäftigungsklage 6 M 273
– Feststellungsantrag 7 M 59
– Klageerwiderung, fehlende Arbeitnehmereigenschaft
  6 M 455
– Sozialversicherungsrecht 4 269 ff.
Arbeitnehmererfindungen siehe Diensterfindungen
Arbeitnehmerhaftung
– Grundsätze 2 99 ff.
– Haftungsausschluss, AGB 1 106 ff.
Arbeitnehmerüberlassung
– Aufstellung der zu überlassenden Arbeitnehmer
  1 M 255
– AÜG 1 112
Arbeitnehmerüberlassungsvertrag 1 M 254
Arbeitsablauf
– Einigungsstellenzuständigkeit für Ausgleichsmaß-
  nahmen wegen Änderungen von 7 3
Arbeitsanweisung für Verkäufer 1 M 218
Arbeitsaufnahme
– Kündigung vor 6 M 353
Arbeitsbescheinigung nach § 312 SGB III siehe auch
  Arbeitspapiere
– Streitwert 8 M 202, 255
Arbeitsentgelt siehe auch Gehalt
– Änderungskündigung 6 M 312
– Klage auf verschleiertes Arbeitseinkommen nach
  vorangegangenen vergeblichen Vollstreckungs-
  versuchen 6 M 535
– Masseunzulänglichkeit 6 M 372
– Rückzahlungsklage des Arbeitgebers wegen
  überzahlten 6 M 533
– verspätete Zahlung, fristlose Kündigung 6 M 325
– verstecktes 4 214 f., 249

1901

Arbeitserlaubnis
- Fragerecht des Arbeitgebers   3 25

Arbeitsfreistellung Betriebsratsmitglied   *siehe* Freistellung Betriebsratsmitglied

Arbeitsgerichtliches Beschlussverfahren   *siehe* Beschlussverfahren

Arbeitsgerichtsprozess
- Beweisführung   6 M 110

Arbeitskampf
- einstweilige Verfügung, Antrag   6 427 ff., M 438 f.

Arbeitslosengeld   4 216 ff.
- Altersteilzeit   4 760
- Anrechnung Abfindung   4 241 ff.
- Anrechnung Nebenverdienst   4 247
- Bemessungsrahmen   4 220
- Bezugsdauer   4 217
- Ruhen   4 222 ff.
- Sperrzeit   4 222 ff.
- „Lösen" i.S.v. § 144 SGB III   4 226 ff.
- „Wichtiger Grund" i.S.v. § 144 Abs. 1 Satz 2 SGB III   4 232 ff.

Arbeitslosigkeit
- Altersrente wegen   4 263 f.

Arbeitsmangel nach Umorganisation
- betriebsbedingte Kündigung   6 M 460

Arbeitspapiere
- Ausfüllen, Vollstreckung   6 M 385
- Bestätigung des Erhalts   4 M 154
- Herausgabe   6 236, M 347
- Streitwert   8 M 203, M 255

Arbeitspflicht des Arbeitnehmers
- Streitwert   8 M 255

Arbeitsplatz
- leidensgerechter   3 M 164; 6 M 271
- nicht angetretene Stelle, Schadensersatz   6 M 353
- tabakrauchfreier   6 M 272
- Tätlichkeiten   6 M 495

Arbeitsrecht
- AGB-Kontrolle   1 13 ff.

Arbeitsstätte
- außerbetriebliche, Betriebsvereinbarung   5 M 118

Arbeitsüberlastung des Anwalts
- Fristverlängerung   6 40 ff., M 136

Arbeitsumgebung
- Einigungsstellenzuständigkeit für Ausgleichsmaßnahmen wegen Änderungen von   7 3

Arbeitsunfähigkeit   *siehe auch* Krankheit
- angebliche   6 M 493 f.
- während Altersteilzeit   4 763 ff.

Arbeitsunfähigkeitsbescheinigung
- Beweiswert   6 M 310, M 476, M 487, M 493 f.

Arbeitsverhältnis
- Nichtantritt der Stelle   6 M 521

Arbeitsverhältnis, befristetes
- Rahmenvereinbarung   1 M 145

Arbeitsvertrag   *siehe auch* Arbeitsvertrag in englischer Sprache; *siehe auch* Arbeitsvertrag mit geringfügig Beschäftigten; *siehe auch* Arbeitsvertrag mit leitendem Angestelltem; *siehe auch* Arbeitsvertrag mit Tarifbindung; *siehe auch* Allgemeine Geschäftsbedingungen (AGB), Arbeitsvertrag; *siehe auch* Befristeter Arbeitsvertrag
- Account Supervisor   1 M 247
- Aktienoptionen (über Wandelschuldverschreibungen), Vertragsergänzung   1 M 156
- Altenpflegerin in Privatklinik   1 M 231
- Anfechtung wegen verschwiegener Schwerbehinderteneigenschaft   6 M 523
- Anlageberater   1 M 246
- Anwaltsgebühren bei Entwurf von   8 133 ff.
- Arzthelferin   1 M 232
- Assistent zur Vorbereitung auf die kassenärztliche Tätigkeit   1 M 233
- Aushilfskraft im Einzelhandel   1 M 218
- ausländischer Arbeiter, mit Tarifbindung   1 M 259
- Auslandsentsendung, Monteur   1 M 172
- Außendienstmitarbeiter   1 M 210, M 212
- Bankangestellter mit Tarifbindung   1 M 234
- Betriebsvereinbarung, Verhältnis zu   5 12
- Bewachungspersonal, mit Tarifbezug   1 M 221
- Call-Center mit Telefonakquisiteur   1 M 249
- Chefarztverträge   1 M 193 ff.
- Chefredakteur   1 M 206
- Chemische Industrie, mit Tarifbindung   1 M 236 f.
- Detektiv, mit Tarifbindung   1 M 222
- Einzelhandel   1 M 216
- Einzelhandel, Aushilfskraft   1 M 218
- Einzelhandel, Teilzeitarbeitsvertrag   1 M 217
- Elektro- und Metallindustrie, mit Tarifbindung   1 M 241
- Elektromeister   1 M 235
- erfolgsabhängige Vergütung, Vertragsergänzung   1 M 158
- Fachberater, mit Zusatzvereinbarung ohne Tarifbezug   1 M 215
- Financial Consultat einer internationalen Gesellschaft (mit Stock Options)   1 M 248
- Fußballspieler, Nicht-Amateure ohne Lizenz   1 M 250
- Fußballtrainer   1 M 251
- Gesamtzusage über Aktienoptionen   1 M 157
- gewerblicher Arbeitnehmer mit Tarifbezug   1 M 164
- gewerblicher Arbeitnehmer ohne Tarifbezug   1 M 163
- Gratifikationsvereinbarung mit Freiwilligkeitsvorbehalt   1 M 160
- Groß- und Außenhandel, mit Tarifbindung   1 M 238
- Günstigkeitsprinzip   5 12
- Inhaltskontrolle   1 7 ff.

- Job-Sharing-Vertrag 1 M 153
- kaufmännische Angestellte 1 M 225
- Kellnerin, mit Tarifbindung 1 M 219
- Krankenschwester in Privatklinik mit Gewinnbeteiligung 1 M 230
- Lagerleiter (Brauerei) mit Haustarifvertrag 1 M 170
- Lehrkraft an Privatschule 1 M 229
- Leiharbeitnehmer 1 M 252 f.
- Leiter Merchandising/Verkaufsförderung (außertariflich) 1 M 214
- Lkw-Fahrer 1 M 223
- Merkblatt AGG 1 5, M 162
- mit Allgemeinen Arbeitsbedingungen und Zielvereinbarung 1 M 169
- mit Bundesrepublik Deutschland, befristet 1 M 178
- mit Bundesrepublik Deutschland, Bereich Kommunale Arbeitgeberverbände, befristet 1 M 180
- mit Bundesrepublik Deutschland, Bereich Kommunale Arbeitgeberverbände, unbefristet 1 M 179
- mit Bundesrepublik Deutschland, unbefristet 1 M 177
- mit Eheleuten (Hausmeister und Wirtschafterin einer betrieblichen Schulungsstätte) 1 M 152
- Monteur, Auslandsentsendung 1 M 172
- Niederlassungsleiter Beratungsunternehmen 1 M 228
- Paketabfertigung 1 M 245
- Programmierer 1 M 226
- Projektmanager, mit Merkblätter zu Datenschutz und Diensterfindungen 1 M 239
- prozentuale Gehaltsanpassung bei Unterschreitung des geplanten Rohertrags, Vertragsergänzung 1 M 155
- Rechtsgrundlage 1 1
- Reisevertreter, unselbständiger 1 M 209
- Sachbearbeiterin, mit Tarifbindung 1 M 244
- Sekretärin 1 M 224
- steuerfreie Zuschläge, Vertragsergänzung 1 M 159
- Telearbeit in Heimarbeitsverhältnis 1 M 154
- Touristik, mit Tarifbindung 1 M 240
- Unternehmensberater 1 M 242
- Verbandsgeschäftsführer 1 M 227
- Verkaufsleiter/Fachberater 1 M 213
- Vermögensmanager 1 M 246
- Vertriebsmitarbeiter für EDV-Produkte und EDV-Dienstleistungen 1 M 211
- Verwaltungskraft 1 M 243

Arbeitsvertrag in englischer Sprache
- Bereichsleiter 1 M 263
- leitender Angestellter 1 M 262
- Mustervertrag 1 M 260 f.

Arbeitsvertrag mit Angestelltem
- als Anschreiben mit Organisationsanweisungen (Guideline) 1 M 174

- im mittelständischen Unternehmen mit Betriebsrat, ohne Tarifbezug 1 M 181
- mit Bundesrepublik Deutschland, befristet 1 M 178
- mit Bundesrepublik Deutschland, Bereich Kommunale Arbeitgeberverbände, befristet 1 M 180
- mit Bundesrepublik Deutschland, Bereich Kommunale Arbeitgeberverbände, unbefristet 1 M 179
- mit Bundesrepublik Deutschland, unbefristet 1 M 177
- mit Einrichtung der ev. Kirche unter Einbeziehung der Dienstvertragsordnung 1 M 176
- mit Einrichtung der kath. Kirche unter Einbeziehung der AVR 1 M 175
- ohne Tarifvertragsbezug 1 M 173

Arbeitsvertrag mit Arbeiter
- befristet mit Rufbereitschaft und Tarifbindung 1 M 168
- einfacher, mit Tarifbezug 1 M 164
- Groß- und Außenhandel 1 M 171
- mit potentieller Tarifbindung 1 M 167
- mit teilweiser Übernahme tariflicher Bestimmungen 1 M 166
- ohne Tarifbezug, mit Einbindung Betriebsvereinbarung 1 M 163
- ohne Tarifbindung, mit Sechs-Tage-Woche 1 M 165

Arbeitsvertrag mit geringfügig Beschäftigten
- Arbeitsvertrag für geringfügig entlohnte Beschäftigung 1 M 184
- Arbeitsvertrag über kurzfristige Beschäftigung, befristet 1 M 185
- Beschäftigung in Privathaushalt 1 M 189
- Leiharbeitnehmer 1 M 191
- Merkblatt zu Mini-Jobs und zur Gleitzonenregelung 1 M 183
- Verzichtserklärung auf Beitragsermäßigung 1 M 190

Arbeitsvertrag mit leitendem Angestelltem
- Anstellungsvertrag mit Prokurist 1 M 192
- Chefarzt-Dienstvertrag mit Nebentätigkeitsabrede (ausgewogen) 1 M 193
- Chefarzt-Dienstvertrag (vorteilhaft für Chefarzt) 1 M 194
- Chefarzt-Dienstvertrag (vorteilhaft für Krankenhaus) 1 M 195
- Chefredakteur 1 M 206
- Generalbevollmächtigter (Anschreiben) 1 M 208
- Leiter Finanzabteilung 1 M 196
- Leiter Forschung und Entwicklung 1 M 204
- Leiter Gesamtvertrieb mit Gesamtprokura 1 M 201
- Leiter Konstruktion, mit Wohnortwechsel, Pensionszusage und Wettbewerbsverbot 1 M 200
- Leiter Merchandising/Verkaufsförderung (außertariflich) 1 M 214

- Leiter Produktmanagement (Anschreiben)
  1 M 203
- Leiter Warenhaus 1 M 199
- Niederlassungsleiter Bauunternehmen 1 M 202
- Niederlassungsleiter Beratungsunternehmen
  1 M 228
- oberer Führungskreis 1 M 207
- Personalchef Europa, mit Pensionszusage 1 M 197
- Teamleiter Organisation und Informatik 1 M 198
- technischer Leiter 1 M 205

Arbeitsvertrag mit Tarifbindung
- Arbeitsvertrag mit Arbeiter mit potentieller Tarifbindung 1 M 167
- Arbeitsvertrag mit Arbeiter mit teilweiser Übernahme tariflicher Bestimmungen 1 M 166
- ausländischer Arbeiter 1 M 259
- Bankangestellter 1 M 234
- befristet mit Rufbereitschaft 1 M 168
- Bewachungspersonal 1 M 221
- Chemische Industrie 1 M 236 f.
- Detektiv 1 M 222
- einfacher Arbeitsvertrag mit Tarifbindung
  1 M 164
- Elektro- und Metallindustrie 1 M 241
- Groß- und Außenhandel 1 M 238
- Kellnerin 1 M 219
- Sachbearbeiterin 1 M 244
- Touristik 1 M 240

Arbeitsvertragsentwurf
- Anwaltsgebühren 8 133 ff.

Arbeitsvertragsgestaltung (Rahmenrichtlinien)
- Betriebsvereinbarung 5 M 98

Arbeitsverweigerung, beharrliche
- außerordentliche Kündigung 6 M 488

Arbeitszeit
- Arztbesuch während, Betriebsvereinbarung 5 M 63
- Flexibilisierung, Betriebsvereinbarung 5 M 91
- gleitende, Betriebsvereinbarung 5 M 92 f.
- Sollzeit-Regelung, Betriebsvereinbarung 5 M 90
- Staffelung in Betriebsvereinbarung 5 4
- variable, Betriebsvereinbarung 5 M 96

Arbeitszeit, flexible
- Rahmenvereinbarung über Arbeit auf Abruf
  1 M 146

Arbeitszeitänderung
- Kombination Interessenausgleich/Sozialplan
  5 M 261

Arbeitszeitverringerung, Antrag nach § 8 TzBfG
- Antrag 6 230 f., 244
- Streitwert 8 M 204

Arrest
- Antrag 6 M 160

Arzt siehe auch Chefarztvertrag
- Schadensersatzklage wegen unterlassener Beteiligung an Privatliquidation 6 M 351

Arztbesuch während Arbeitszeit
- Betriebsvereinbarung 5 M 63

Arzthelferin
- Arbeitsvertrag 1 M 232

Ärztliche Untersuchung
- Einwilligung 3 M 161

Assessment-Center 3 34

Aufenthaltserlaubnis
- Fragerecht des Arbeitgebers 3 25

Aufhebungsvertrag
- Abgrenzung Abwicklungsvertrag 4 158 ff.
- AG-Vorstand 4 M 689 f.
- AGB-Kontrolle 4 295 ff.
- Anfechtung 6 M 275, M 328, M 445 f., M 499
- Anspruchsübergang nach § 115 SGB X auf 4 250
- Arbeitnehmer 4 M 691 ff.
- Aufklärungspflichten des Arbeitgebers 4 443 ff.
- Auslauffristen 4 493 ff.
- Auszubildender 4 503
- betriebliche Altersversorgung 4 525 f.
- Betriebsübergang 6 M 338
- Definition 4 160, 166 ff.
- Entgeltumwandlung 4 525 f.
- GmbH-Geschäftsführer 4 282 ff., M 684 ff.
- Ingenieur 4 M 694
- Insolvenzschutz-Klauseln 4 527
- Klauseln 4 426 ff.
- mit freiem Mitarbeiter 4 M 705
- mit Praxisübergabevertrag für Chefarzt 4 M 695
- Rechtsschutzversicherung beim Aushandeln von
  8 92, M 117, 266 ff.
- Rentenversicherungsrecht 4 258 ff.
- Rückgabevereinbarungen 4 623 ff.
- Sperrzeit 4 226 ff.
- Streitwert 8 M 255
- Unterlassen des arbeitgeberseitigen Angebots von Aufhebungsverträgen vor Abschluss eines Interessenausgleichsversuchs 7 M 86
- Unwirksamkeit, Antrag 6 221
- Versorgungsanwartschaften 4 450

Aufklärungsklauseln 4 443 ff.

Aufklärungspflichten des Arbeitgebers
- Klauseln 4 443 ff.
- Rechtsfolgen bei Verletzung 4 459 ff.

Auflösung des Arbeitsverhältnisses 6 217 ff., M 291 ff., 410 ff., M 440 ff.

Auflösung des Betriebsrats
- Beschlussverfahren 7 6

Auflösungsantrag
- Streitwert 8 M 255

Auflösungsantrag des Arbeitgebers
- Beendigung des Arbeitsverhältnisses 6 410 ff., M 441 f.

Auflösungsantrag des Arbeitnehmers
- Beendigung des Arbeitsverhältnisses 6 217 ff., M 291

Auflösungsantrag nach §§ 9, 10 KSchG
- Streitwert 8 M 205
Aufnahmebogen für Klagen gegen Kündigungen und Änderungskündigungen 6 175 f.
Aufrechnungsverbot
- AGB-Inhaltskontrolle 1 93
Aufsichtsrat
- Zusammensetzung 7 M 60
Aufstockungsklauseln 4 464 ff.
Aufstockungsleistungen
- Altersteilzeit 4 730 ff.
Auftragsrückgang
- betriebsbedingte Kündigung 4 M 131; 6 400 ff.
Aus- und Fortbildungsvertrag
- Ausbildungsvertrag 1 M 148
- Mustertexte 2 M 170 ff.
- Rückzahlungsklauseln 2 141 ff.
Ausbildung siehe Berufsausbildungsverhältnis
Ausbildungskosten
- Rückzahlung Handelsvertretervertrag 1 298
- Rückzahlungsklausel 6 M 503
Ausgleichsanspruch nach § 89b HGB
- Handelsvertreterrecht 1 294 ff.
Ausgleichsklauseln 4 471 ff.
Ausgleichsmaßnahmen
- Einigungsstellenzuständigkeit 7 3
Ausgleichsquittung 4 M 154, 487 ff.
Ausgleichsquittungsklausel
- Transparenzgebot 1 41
- überraschende Klauseln 1 23
- Unklarheitenregel 1 29
Aushilfsarbeitsverhältnis
- Kündigungsfrist 4 53
Aushöhlungsverbot (§ 307 Abs. 2 Nr. 2 BGB)
- Beispielsfälle 1 62 ff.
- Grundsätze 1 59 ff.
Auskunft des Arbeitgebers
- betriebliche Altersversorgung 3 101 f.
- Offenbarungspflicht Bewerbung 3 28
Auskunfts- und Stufenklage
- Antrag 6 29 ff.
Auskunftsanspruch
- Streitwert 8 M 255
Auskunftsklage
- Anwartschaften, betriebliche Altersversorgung 6 M 334
- mit Provisionszahlung 6 M 373
Ausländische Tochtergesellschaft
- Anstellungsvertrag mit 1 M 258
Ausländischer Arbeitnehmer
- Arbeitsvertrag mit Tarifbindung 1 M 259
- Diskriminierungsschutz, Betriebsvereinbarung 5 M 65
- Erledigungsklausel 4 492
- richtige Partei bei Klage 6 4

Ausländisches Gebührenrecht
- Vergütungsvereinbarung 8 M 103
Auslandsarbeitsvertrag
- mit Stiftung 1 M 256
Auslandsbezug
- Tätigkeit als Korrespondenzanwalt, Streitwert 8 M 255
Auslandsentsendung
- Abwicklungsvertrag 4 M 704
Auslandsentsendungsvertrag
- Monteur 1 M 172
- Vertragsergänzung 1 M 257
Auslauffristen 4 493 ff.
Auslegung
- Altersteilzeitvereinbarung 4 711
- Antrag im Beschlussverfahren 7 45 ff.
- Betriebsvereinbarung 5 18
- Provisionsvereinbarung Handelsvertreter 1 296
- richtige Partei bei Klage 6 5, 179
- Sozialplan 5 175, 214
Ausschluss eines Betriebsratsmitglieds
- Beschlussverfahren 7 6
- Pflichtverletzung 7 M 142
Ausschlussfrist
- Arbeitgeberdarlehen 2 134
- Kündigungsschutzklage 6 202
Ausschlussfristen, zweistufige
- AGB, Form nach § 309 Nr. 13 BGB 1 123 ff.
Ausschlussfristenklausel
- Transparenzgebot 1 41
- überraschende Klauseln 1 22
Ausschlussklausel
- Aushöhlungsverbot (§ 307 Abs. 2 Nr. 2 BGB) 1 63
Ausschuss
- Streitigkeiten Entsendungs- und Vorschlagsrecht 7 9
Außendienstmitarbeiter
- Arbeitsvertrag 1 M 210, M 212
Außergerichtliche Tätigkeit
- Deckungszusage 8 261 ff.
Auswahlrichtlinien
- gem. § 95 BetrVG, Betriebsvereinbarung 5 M 119
- Kündigung 5 M 121
- personelle Maßnahmen, Betriebsvereinbarung 5 M 120
Auswahlrichtlinien für Einstellungen, Versetzungen, Umgruppierungen
- Einigungsstellenzuständigkeit bei Uneinigkeit über Inhalt 7 3
Auszubildender siehe auch Berufsausbildungsverhältnis
- Aufhebungsvertrag 4 503
- Ausbildungsvertrag 1 M 148
- Bestehen eines Arbeitsverhältnisses, Streit 7 102 f., M 160

- fristlose Kündigung 6 M 506
- Weiterbeschäftigung, Streitwert 8 M 209, M 255

Autotelefon 2 95 ff.

Bankangestellter
- Arbeitsvertrag, mit Tarifbindung 1 M 234

Basiszinssatz 6 13 ff., 37 ff.

Bearbeitungsgebühr von Pfändungen/Abtretungen 1 95

Bedingtes Wettbewerbsverbot 2 27, 44 ff.

Beendigung des Arbeitsverhältnisses
- Auflösungsantrag des Arbeitgebers 6 410 ff., M 441
- Auflösungsantrag des Arbeitnehmers 6 217 ff., M 291
- Auflösungsantrag des leitenden Angestellten 6 M 440
- Schriftform 4 1 ff.
- Streitwert 8 M 255

Beendigungsbegründungsklauseln 4 496 ff.

Beendigungskündigung
- Betriebsstilllegung 6 M 462
- Betriebsverlagerung 6 M 463
- Grundsatz „Änderungskündigung vor Beendigungskündigung" 4 75; 6 M 300

Befangenheitsgesuch 6 M 105 f.

Befristeter Arbeitsvertrag
- Arbeitsvertrag über kurzfristige Beschäftigung 1 M 185
- einfacher 1 M 149
- Leiharbeitnehmer/Verleiher 1 M 252
- mit Bundesrepublik Deutschland 1 M 178
- mit Bundesrepublik Deutschland, Bereich Kommunale Arbeitgeberverbände 1 M 180
- mit Rufbereitschaft und Tarifbindung 1 M 168
- Rahmenvereinbarung 1 M 145
- Streitwert 8 M 255
- Vertragsschluss 3 48 f.
- Zweckerreichung 3 M 140

Behörde als Anstellungsträger
- Passiv-Rubrum 6 191

Beisitzer der Einigungsstelle
- Honoraranspruch, Streitigkeiten 7 11, M 67

Bekanntmachung
- Betriebsvereinbarung 5 22

Benachteiligung siehe AGG-Klagen; siehe Allgemeines Gleichbehandlungsgesetz (AGG); siehe Diskriminierung

Benachteiligung, unangemessene (§ 307 Abs. 1 Satz 1 BGB)
- Grundsatz 1 34

Benachteiligungsverbot (§ 307 Abs. 2 Nr. 1 BGB)
- Beispielsfälle 1 52 ff.
- Grundsätze 1 50 f.

Beratervertrag
- Mustervertrag 1 M 335 f.

- Steuerberater 1 M 344
- Wirtschaftsprüfer 1 M 343

Berufsausbildungsverhältnis
- Auflösungsantrag, Streitwert 8 M 255
- Ausbildungsvertrag 1 M 148
- Beendigung 4 501 ff.
- Befristung 4 501
- Bestandsstreitigkeiten, Streitwert 8 M 208, M 255
- Kündigung 4 507
- Rückzahlungsklauseln 2 141 ff.
- Weiterbeschäftigung, Streitwert 8 M 209, M 255

Berufserfahrung
- AGG 3 6

Berufung
- Anschlussberufung 6 67, M 130
- Berufungsbegründungsfrist 6 63, M 135 ff., M 145
- berufungsfähige Urteile 6 60
- Berufungsfrist 6 61 f.
- Berufungsgründe 6 65
- Berufungsschrift 6 69 f.
- Berufungsschriftsatz, Unterschrift 6 M 142 f.
- Berufungsurteil, Inhalt 6 64
- Bestellungsschreiben für Berufungsbeklagten 6 M 134
- des Beklagten 6 M 132
- des Klägers 6 M 131
- Rücknahme 6 66
- Zwangsvollstreckung 6 92 ff.

Berufungsbegründungsfrist 6 63, M 135 ff., M 145

Berufungsrücknahme 6 66

Berufungsschriftsatz, Unterschrift 6 M 142 f.

Beschäftigtenzahl (§ 23 KSchG) 6 M 284

Beschäftigung
- Antrag des Betriebsrats auf Unterlassen der Beschäftigung eines eingestellten Mitarbeiters 7 M 84

Beschäftigung, tatsächliche
- Streitwert 8 M 210, M 255

Beschäftigungsanspruch
- einstweiliger Rechtsschutz, Antrag 6 247 f.

Beschäftigungsklage
- als Arbeitnehmer 6 M 273
- Beschäftigung als Arbeitnehmer nach Abberufung als Geschäftsführer 6 M 270
- leidensgerechter Arbeitsplatz 6 M 271
- tabakrauchfreier Arbeitsplatz 6 M 272
- unveränderte Beschäftigung nach rechtswidriger Versetzung 6 M 264
- vertragsgemäße Beschäftigung 6 M 263
- Weiterbeschäftigung eines Jugend- und Auszubildendenvertreters nach Ende des Ausbildungsverhältnisses 6 M 274

Beschlussverfahren
- Abgrenzung zu Einigungsstellenverfahren 7 1 ff.
- Amtsermittlungsgrundsatz 7 17
- Antragsschrift Aufbau 7 15
- Antragsteller 7 15

- Beispiele für Streitigkeiten 7 6 ff.
- Besetzung 7 14
- Bestimmtheit des Antrags 7 43
- Beteiligte 7 15 f.
- Betriebsratsvorsitzender als Vertreter des Betriebsrats 7 23
- Einigungsstellenverfahren, Abgrenzung 7 1 ff.
- einstweilige Verfügung 7 21
- Feststellungsantrag 7 43
- Güteverfahren 7 19 f.
- Leistungsantrag 7 43
- Parteibezeichnung 7 15
- Rechtsgrundlagen 7 2
- Rechtsmittel 7 22, 27
- verfahrensbeendende Entscheidung 7 18
- Verfahrensordnung 7 17
- Vertretung von Betriebsräten 7 43 ff.
- Zuständigkeit 7 5

Beschlussverfahren nach InsO
- gerichtliche Zustimmung zur Betriebsänderung (§ 122 InsO) 7 106 ff., M 143
- Kostentragung der Betriebsratstätigkeit 7 139
- Kündigungsschutz (§§ 126, 127 InsO) 7 116 ff., M 152
- Rechtsmittel 7 136 ff.
- Streitwert 7 140

Beschränkte Mandantenschutzklausel 2 36

Beschwerde gegen Beschluss des ArbG
- Beschlussverfahren 6 M 133; 7 22, 27, M 31

Beschwerde gegen Zwischenentscheidung 7 M 32

Beschwerden eines Arbeitnehmers
- Bestellung Einigungsstellenvorsitzender 7 M 66
- Einigungsstellenzuständigkeit 7 3

Beschwerdeverfahren
- Bestellungsschriftsatz 7 M 34

Besetzung des Gerichts
- fehlerhafte, Nichtigkeitsklage 6 M 140

Bestätigungen 1 117 ff.

Bestellungsschreiben
- des Rechtsbeschwerdegegners 6 M 148
- für Berufungsbeklagten 6 M 134
- für Revisionsbeklagten 6 M 147
- in der Revision gegen Nichtzulassungsbeschwerde 6 M 146
- Verteidigungsanzeige Klage 6 M 452 ff.

Bestellungsschriftsatz
- Beschwerdeverfahren 7 M 34
- Rechtsbeschwerdeverfahren 7 M 35

Bestimmtheit des Antrags
- im Beschlussverfahren 7 43 ff.

Betrieb, einheitlicher
- Betriebsvereinbarung 5 M 75

Betrieb i.S.v. § 18 Abs. 2 Satz 2 BetrVG
- Beschlussverfahren 7 6

Betriebliche Altersversorgung
- Abfindungsangebot nach § 3 BetrAVG 4 M 155

- Auskunft 3 101 f.
- Begriff 1 451
- Direktversicherung 4 511 ff.
- Direktzusage 4 508 ff.
- Entgeltumwandlung 4 524 ff.
- Pensionsfonds 4 519 ff.
- Pensionskasse 4 516 ff.
- Pensionszusage Konzernvorstand 1 M 464
- Ruhegeld, Anpassung 6 M 332
- Streitwert 8 M 255
- Unklarheitenregel 1 30
- Unterstützungskasse 4 522 f.
- unverfallbare Anwartschaften, Auskunftsklage 6 M 334
- Vordienstzeiten, Anrechnung 6 M 333

Betriebliche Bildungsmaßnahmen
- Einigungsstellenzuständigkeit bei Meinungsverschiedenheiten 7 3

Betriebliche Bündnisse für Arbeit 5 48 ff.

Betriebliche Einigungsstelle
- Betriebsvereinbarung 5 M 73

Betriebsänderung siehe auch Interessenausgleich
- Anwaltsvergütung, Kostenvoranschlag 8 M 119
- Anwaltsvergütung, Leistungsphasen 8 M 118
- Begriff 5 131 ff.
- Beschlussverfahren nach InsO 7 106 ff., M 143
- Darlegungs- und Beweislast 5 135
- Einigungsstellenzuständigkeit bei Versuch von Interessenausgleich/Vereinbarung von Sozialplan 7 3
- einstweilige Unterlassungsverfügung 5 159 f.
- Gesamtbetriebsrat 5 156 ff.
- Mitbestimmungsrecht 5 146
- Nachteilsausgleich 5 156 ff.
- Sozialplan 5 168, 179 ff.
- Unterlassung der Durchführung einer geplanten 7 M 85
- Unterrichtung des Betriebsrats, einstweilige Verfügung 7 M 62

Betriebsfeier
- Betriebsvereinbarung 5 36

Betriebsgegenstände siehe Firmengegenstände

Betriebsgeheimnis
- Verpflichtung zur Wahrung 3 M 156

Betriebsgeheimnisklauseln 4 528 ff.

Betriebsjubiläum
- Betriebsvereinbarung 5 M 64

Betriebsöffentliche Auseinandersetzungen
- Unterlassungsanspruch 7 M 82

Betriebsordnung
- Betriebsvereinbarung (Kurzfassung) 5 M 99
- Betriebsvereinbarung (Langfassung) 5 M 100

Betriebsrat siehe auch Interessenausgleich; siehe auch Unterrichtung des Betriebsrats
- Abmahnung 3 97
- Änderung von Arbeitsbedingungen 3 70 ff.

- Änderungskündigung 3 70
- Auflösung, Streitigkeit über 7 6
- Beurteilungsgrundsätze 3 29 ff., 68
- Bewerbungsunterlagen 3 4
- Checkliste für Zustimmungsprüfung bei Versetzung/Umgruppierung 4 M 156
- DV-Systeme, Beteiligung vor Einführung 5 M 104
- Einigungsstellenzuständigkeit bei Auskunftserteilung an 7 3
- Einstellung, Mitbestimmung bei 3 M 64 ff.
- Einstellung, Zusammenarbeit mit 3 43 ff.
- Interessenausgleich in der Insolvenz 5 165
- Kündigung 4 65 ff., 76 ff., M 150 ff.
- Personalfragebogen 3 29 ff.
- Sprechstunden, Streit über Einrichtung 7 3
- Teilzeitarbeit 3 70
- Unterlassen mitbestimmungswidrigen Verhaltens, Streitwert 8 M 255
- Unterrichtung bei Kündigung 6 M 283, M 450 f.
- Unterrichtung durch einstweilige Verfügung (Betriebsänderung) 7 M 62
- Versetzung 3 70
- wiederholte Zustellung der Kündigung, keine erneute BR-Anhörung 6 M 459
- Zustimmung Änderungskündigung 6 M 313 f.

Betriebsratsfähige Organisationseinheit
- Antrag auf Feststellung 7 M 37

Betriebsratsmitglied
- Ausschluss, Streitigkeit über 7 6
- Ausschluss wegen Pflichtverletzung 7 M 142
- Erstattung Schulungskosten 7 M 78
- Freistellung für Schulungs- und Bildungsveranstaltungen, Streit über 7 3
- Freistellung pauschal, Streit über 7 3
- Kündigung 4 114 ff.
- Kündigung, Zustimmungsersetzung 7 M 149, M 161

Betriebsratstätigkeit siehe auch Kosten Betriebsratstätigkeit
- Abgeltung 7 M 63
- Beschlussverfahren nach InsO, Kostentragung 7 139
- Freizeitausgleich 7 M 63
- Sachverständiger 7 M 77, M 157

Betriebsratsvorsitzender
- Freistellung, Streitigkeiten 7 8

Betriebsratswahl
- Abbruch, Antrag des Arbeitgebers 7 M 141
- Abbruch, Schutzschrift zur Abwehr eines arbeitgeberseitigen Antrags auf Erlass einer einstweiligen Verfügung zum 7 M 79
- Abbruch wegen fehlerhafter Besetzung des Wahlvorstands 7 M 144
- Anfechtung 7 7, M 30, M 93
- Bestellung des Wahlvorstands 7 M 94
- Nichtigkeit 7 7

- Streitigkeit über Zeitpunkt 7 7
- Unterlassungsverfügung 7 M 159

Betriebsrente
- Betriebsvereinbarung 5 M 79

Betriebsstilllegung
- Anwaltsvergütung, Leistungsphasen 8 M 118
- Beendigungskündigung 6 M 462
- Deckungsantrag 8 M 292
- Interessenausgleich, Betriebsstilllegung im Konzern 5 M 231
- Sozialplan 5 199
- Sozialplan, Betriebsstilllegung im Konzern 5 M 244
- Sozialplan, Einigungsstellenspruch 5 M 245

Betriebsteilstilllegung
- betriebsbedingte Kündigung 4 M 134

Betriebsteilübergang
- Steuerrecht 4 178

Betriebsübergang 3 108 ff.
- Absicherung Arbeitgeberwechsel 3 M 128
- Änderungs- und Aufhebungsverträge 6 M 338
- Interessenausgleich, Betriebsübergang und Sitzverlegung einer Versicherungsgesellschaft 5 M 232
- keine Betriebsänderung 5 142
- Kündigungsschutzklage, Klageanträge 6 208 f.
- richtiger Beklagter 6 399
- Sozialplan, Betriebsübergang und Sitzverlegung einer Versicherungsgesellschaft 5 M 246
- Steuerrecht 4 178
- Streitwert 8 M 255
- Unterrichtung 3 M 132
- Unterrichtungspflicht 3 108 ff.
- Widerspruch 3 111 ff.
- Widerspruch, Verwirkungsschutz 3 133
- Zustimmung des Mitarbeiters 3 M 131

Betriebsübernahme
- Haftungsbeschränkung des Erwerbers in Insolvenz 6 M 514
- Klage wegen, Grundmuster 6 M 337

Betriebsvereinbarung
- Abänderung 5 11
- Abgrenzung Regelungsabsprache 5 15, 41
- AGG 5 3 ff.
- Alter (AGG) 5 3
- Altersgrenze 5 37
- Anfechtung 5 28
- Anlage 5 25
- Anwesenheitsprämie 5 34
- Arbeitsvertrag mit Arbeiter ohne Tarifbezug, mit Einbeziehung Betriebsvereinbarung 1 M 163
- Arbeitsvertrag, Verhältnis zu 5 12
- Arbeitsvertragsgestaltung 1 3, 6
- Arbeitszeit, Staffelung von 5 4
- Aufhebung 5 11, 41
- Auslegung 5 18
- Begriff 5 10

Stichwortverzeichnis

- Bekanntmachung 5 22
- Benachteiligungsverbot wegen Geschlechts (AGG) 5 30
- Betriebsfeier 5 36
- Betriebsratsbeschluss 5 26
- Entgelt, Staffelung von 5 4
- erzwingbare 5 14
- freiwillige 5 14, 55 ff., 60 ff.
- Gesamtbetriebsrat 5 27
- Grenzen der Regelungsbefugnis 5 29 ff.
- Günstigkeitsprinzip 5 11 f.
- innerbetriebliche Stellenausschreibung 5 M 68; 7 M 84
- Kündigung 5 42 ff.
- Leitung des Betriebes 5 35
- Lohngleichheitsgebot 5 30
- Lohnverwendungsabreden 5 36
- Nachwirkung 5 45 ff.
- Nichtigkeit 5 28
- Normwirkung 5 11
- Öffnungsklauseln 5 11, 32
- persönlicher Geltungsbereich 5 39
- Pünktlichkeitsprämie 5 34
- räumlicher Geltungsbereich 5 38
- Rechtsnatur 5 13
- Regelungsgegenstand, Grenzen 5 29 ff.
- Rückwirkung 5 40
- Schriftform 5 23 f.
- Sozialplan 5 169 ff.
- Tarifvorrang 5 31
- teilmitbestimmungspflichtige 5 59
- Umdeutung 5 28
- Unterzeichnung 5 23 f.
- Verhältnis zu Gruppenvereinbarung 5 17
- Widerrufsvorbehalte, keine AGB-Kontrolle 1 57, 138
- zeitlicher Geltungsbereich 5 40 ff.
- Zustandekommen 5 21 f.
- Zweckerreichung 5 41

Betriebsvereinbarung, erzwingbare
- Arbeit an Wochenenden und Feiertagen 5 M 89
- Arbeitsordnung, allgemeine 5 M 97
- Arbeitsstätte, außerbetriebliche 5 M 118
- Arbeitsvertragsgestaltung (Rahmenrichtlinien) 5 M 98
- Arbeitszeit, gleitende 5 M 92
- Arbeitszeit, variable 5 M 96
- Arbeitszeitregelung zur Sollzeit 5 M 90
- Auswahlrichtlinie gem. § 95 BetrVG 5 M 119
- Auswahlrichtlinien bei Kündigung 5 M 121
- Auswahlrichtlinien bei personellen Maßnahmen 5 M 120
- Begriff 5 14, 83
- Betriebsordnung (Kurzfassung) 5 M 99
- Betriebsordnung (Langfassung) 5 M 100
- Betriebsratsbeteiligung vor Einführung neuer DV-Systeme 5 M 104
- Bildschirmarbeit 5 M 102
- DV-/IT-Systeme, Einführung 5 M 105 f.
- E-Mail 5 M 103, M 107 f.
- elektronische Kommunikationssysteme und informationstechnische Infrastruktur 5 M 107
- Flexibilisierung der Arbeitszeit 5 M 91
- Gegenstand 5 84
- Gratifikation, freiwillige 5 M 115
- Grenzen 5 88
- Gruppenarbeit 5 M 124
- Handy, betriebliches 5 M 113 f.
- Internetnutzung 5 M 103, M 107 f.
- KAPOVAZ-Abrede 5 M 94
- keine AGB-Inhaltskontrolle 1 137
- Kurzarbeit 5 M 125
- Nachwirkung 5 87
- Personaleinkauf 5 M 126
- Personalinformationssystem (PAISY) 5 M 109 f.
- Prämiensystem für Mitarbeiter im Verkauf 5 M 116
- Rufbereitschaft, projektbezogene 5 M 95
- Telearbeit, alternierende 5 M 117
- Telefonanlage, Einsatz 5 M 111 f.
- Unfallschutz 5 M 127
- Urlaubgewährung 5 M 129
- Urlaubrahmenplanung 5 M 128
- Video- und Kameraüberwachung 5 M 114
- Vorschlagswesen 5 M 122 f.
- Werksparkplatz 5 M 101
- Zeiterfassung, elektronische 5 M 93

Betriebsvereinbarung, freiwillige
- Alkoholmissbrauch 5 M 77
- Altersteilzeit (Bereich Chemie) 5 M 78
- Arbeitsfreistellung/Vergütung Betriebsratsmitglied 5 M 72
- Arztbesuch während Arbeitszeit 5 M 63
- Begriff 5 14
- Betrieb, einheitlicher 5 M 75
- Betriebsjubiläum 5 M 63
- Betriebsrente 5 M 79
- Betriebsversammlung 5 M 74
- Diskriminierung/Mobbing 5 M 66
- Diskriminierung/sexuelle Belästigung 5 M 66
- Diskriminierungsschutz ausländischer Arbeitnehmer 5 M 65
- Einigungsstelle, betriebliche 5 M 73
- Europäischer Betriebsrat 5 M 76
- Frauenförderung 5 M 67
- Gegenstand 5 55 ff.
- Geltungsumfang 5 60 ff.
- keine AGB-Inhaltskontrolle 1 137
- Mitarbeiterbeschwerden, Behandlung 5 M 69
- Mitarbeitergespräch, Rahmenvereinbarung über Behandlung 5 M 70

Stichwortverzeichnis

- Mobbing 5 M 66
- Nachwirkung 5 55
- Personalplanung 5 M 71
- Rechtsgrundlage 5 55
- Stellenausschreibung, innerbetriebliche 5 M 68
- Suchtprobleme 5 58, M 80
- Umweltschutz 5 M 82
- Zulagen, übertarifliche 5 M 81

Betriebsverfassungsrechtliche Streitigkeit i.S.v. § 2a ArbGG
- Beispiele 7 6 ff.

Betriebsverlagerung
- Beendigungskündigung 6 M 463
- Interessenausgleich 5 M 233, M 240
- Sozialplan 5 200, M 247, M 251
- Tendenzbetrieb 5 M 254

Betriebsversammlung
- Antrag auf Untersagung der Durchführung 7 M 145
- Betriebsvereinbarung über Durchführung 5 M 74
- Zutrittsrecht Gewerkschaftsbeauftragter 7 13, M 69

Beurteilungsgespräch 3 67 ff.

Beurteilungsgrundsätze
- Einigungsstellenzuständigkeit bei Meinungsverschiedenheiten 7 3
- Mitbestimmungsrecht Betriebsrat 3 29 ff., 68

Bewachungspersonal
- Arbeitsvertrag 1 M 221

Beweisführung im Arbeitsgerichtsprozess 6 M 110
Beweislastveränderungen 1 114 ff.
Beweismittel
- Verwertung einer Zeugenaussage bei mitgehörtem Telefonat 6 M 120

Bewerberauswahl
- Allgemeines 3 32 ff.
- Textmuster für 3 M 50 ff.

Bewerberbeurteilung 3 M 50

Bewerbung
- Absage 3 M 58
- Bewerbungskosten 3 2 ff.
- Fragenbogen an Bewerber 3 M 51 f.
- Fragenkatalog 3 27
- Fragenkatalog zum Bewerbungsgespräch 3 M 53
- Fragerecht des Arbeitgebers 3 5 ff.
- Offenbarungspflicht des Arbeitgebers 3 28
- Offenbarungspflicht des Arbeitnehmers 3 10 ff.
- Zusage 3 M 57
- Zwischennachricht 3 M 54

Bewerbungskosten 3 2 ff.
- Einladung zum Vorstellungsgespräch mit/ohne Kostenübernahme 3 M 55 f.
- Zahlungsklage 6 M 374

Bewerbungsunterlagen
- Betriebsrat 3 4
- Rücksendung/Verwahrung 3 35 f.

Bezirksänderungsklausel, Vertriebsmitarbeiter
- Transparenzgebot 1 46

Bezirksrecht
- Handelsvertreter 1 276 ff.

BGB-Gesellschaft
- Parteibezeichnung in Klageschrift 6 6 ff.
- Passiv-Rubrum 6 187
- Rechtsfähigkeit 6 6

Bild- und Tonübertragung
- Gerichtsverhandlung 6 47

Bildschirmarbeit
- Betriebsvereinbarung 5 M 102

Bildungsmaßnahmen
- Einigungsstellenzuständigkeit bei Meinungsverschiedenheiten 7 3

Bildungsurlaub
- einstweilige Verfügung 6 M 361

Bildungsveranstaltung siehe auch Fortbildungsveranstaltung
- Freistellung Betriebsratsmitglied, Streit über 7 3
- Freistellung Jugend- und Auszubildendenvertretung, Streit über 7 3
- Freistellung Personalratsmitglied, Streitwert 8 M 224, M 255
- Kostentragung Arbeitgeber 2 166; 7 M 78, M 154
- vorherige Unterrichtung des Betriebsrats 7 M 83, M 158

Blindbewerbung 3 36
Blockmodell 4 716 ff., M 786 f.
Bonusmeilenklausel
- Aushöhlungsverbot (§ 307 Abs. 2 Nr. 2 BGB) 1 64

Brutto-Abfindung 4 360 ff.
Brutto-Klage 6 17 ff., M 367
Bundesagentur für Arbeit
- Anspruchsübergang nach § 115 SGB X auf 4 248 ff.

Burda-Entscheidung 5 50

Call-Center
- Arbeitsvertrag mit Telefonakquisiteur 1 M 249

Chefarztvertrag
- Änderungsvorbehalt 1 82
- Aufhebungsvertrag mit Praxisübergabevertrag 4 M 695
- Entwicklungsklausel, Benachteiligungsverbot (§ 307 Abs. 2 Nr. 1 BGB) 1 53
- mit Nebentätigkeitsabrede (ausgewogen) 1 M 193
- vorteilhaft für Chefarzt 1 M 194
- vorteilhaft für Krankenhaus 1 M 195

Chefredakteur
- Arbeitsvertrag 1 M 206

Chemische Industrie
- Arbeitsvertrag, mit Tarifbindung 1 M 236 f.

Creativ-Consultant in Werbebranche
- Freier Mitarbeitervertrag 1 M 342

Dankes-Bedauerns-Formel 3 M 250
Darlehen *siehe* Arbeitgeberdarlehen
Datengeheimnis *siehe auch* Datenschutz
- Merkblatt 3 M 157
Datenschutz
- Merkblatt 1 M 239
- Verpflichtungserklärung 3 M 155
Datenschutzbeauftragter
- Geschäftsbesorgungsvertrag zur Bestellung eines externen 1 M 347
Datenverarbeitungsklausel
- Einwilligungsklausel 1 36
Deckungsschutz *siehe auch* Rechtsschutzversicherung
- Anforderungen an einen vorvertraglichen Pflichtenverstoß bei fristloser Kündigung 8 M 294
- bei Kündigung und Abwicklungsvertrag 8 M 299
- Deckungsantrag bei außergerichtlicher Interessenwahrnehmung durch Sachverhaltsschilderung 8 M 280
- Deckungsantrag bei außergerichtlicher Interessenwahrnehmung durch Schriftsatzbezug 8 M 279
- Deckungsantrag bei außergerichtlicher Interessenwahrnehmung und Beschränkung auf Gegenstandswert gemäß § 42 Abs. 4 Satz 1 GKG 8 M 281
- Deckungsantrag bei außergerichtlicher Interessenwahrnehmung wegen Schikanen 8 M 282
- Deckungsantrag bei Betriebsstilllegung 8 M 292
- Deckungsantrag bei eiliger Kündigungsschutzklage 8 M 277
- Deckungsantrag bei Entfristungsklage 8 M 285
- Deckungsantrag für gerichtliche Tätigkeit nach erfolglosem außergerichtlichem Verhandeln 8 M 278
- Deckungsantrag wegen Kündigung 8 M 283 f.
- kein Deckungsausschluss bei Kündigung wegen vorsätzlicher Herbeiführung des Versicherungsfalls 8 M 297
- kein Deckungsausschluss bei Verfahren vor Integrationsamt 8 M 298
- keine Erläuterung des gerichtlichen Streitwertbeschlusses 8 M 296
- Mehrvergleich 8 M 300
- Rechtspflichtenverstoß wegen fehlenden Zwischenzeugnisses 8 M 293
- Umfang 8 260
- Verweigerung wegen fehlender Erfolgsaussicht 8 M 288 f.
- Verweigerung wegen vorsätzlicher Schadensverursachung 8 M 290
- Weiterbeschäftigung 8 M 291
- Weiterbeschäftigungsantrag 8 M 286 f.
- Zahlungsklage neben Kündigungsschutzklage 8 M 295
- Zwischenzeugnis 8 M 293
Deckungszusage
- Abwesenheitsgeld 8 M 311

- außergerichtliche Tätigkeit 8 261 ff.
- Einwendungsausschluss 8 M 302
- Fahrkostenerstattung 8 M 311
- Schadensersatz bei vertragswidriger Verweigerung 8 M 301
Delkredere-Vereinbarung
- Begriff 1 273
- Provisionshöhe 1 288
Detektiv
- Arbeitsvertrag mit Tarifbindung 1 M 222
Detektivkosten
- Schadensersatzklage 6 M 516
Deutscher Corporate Governance Kodex 1 405 f.
Diensterfindungen
- Meldung 3 M 168
- Merkblatt 1 M 239
- Vergütungsvereinbarung 3 M 170
Diensterfindungsklauseln 4 532 ff.
Dienstfahrzeug *siehe* Dienstwagen
Dienstreiseantrag 3 M 142
Dienstvertrag
- Streit über Fortbestand, Streitwert 8 M 213, M 255
Dienstwagen *siehe auch* Dienstwagenklauseln
- 1 %-Regelung/Nutzungspauschale 2 90 ff.
- Altersteilzeit 2 83 f.; 4 771 f.
- Arbeitsvertrag mit kfm. Angestellten 1 M 225
- Autotelefon 2 95 ff.
- betriebliche Nutzung 2 78
- Einzelnachweis 2 88 f.
- Erlaubnis der Benutzung eines arbeitnehmereigenen Kfz für Dienstfahrten 2 M 125
- Fahrer 2 86
- Haftungs-Verzichtserklärung eines Mitfahrers 2 M 126
- haftungsrechtliche Einzelfragen 2 99 ff.
- Herausgabe 6
- Herausgabe, einstweilige Verfügung 2 108 ff.; 6 M 345, M 515
- Herausgabe, Streitwert 8 M 255
- Mitnahme Arbeitskollegen 2 85
- Nutzungsarten 4 545 ff.
- Nutzungsumfang 2 77 ff.
- private Nutzung 2 79
- Rückstufungsschaden 2 102
- Schadensersatzklage wegen Entzugs 6 M 350
- steuerrechtliche Behandlung privater Nutzung 2 87 ff.
- Unfallmeldung 2 M 127
- Vertragsgestaltung 2 76
- Vorenthaltung des Fahrzeugs 2 105 ff.
- Wertersatz, Ermittlung 2 115 ff.
- Widerruf der Nutzung 2 79 ff.
- Zurverfügungstellung, Streitwert 8 M 255

Stichwortverzeichnis

Dienstwagenklauseln
- Betriebs-Kfz für Dienst- und Privatfahrten (Abrechnung nach Einzelnachweis) 2 M 120
- Erwerb durch Arbeitnehmer 4 537 ff.
- Leasingfahrzeug 2 M 124; 4 558 ff.
- mit Nutzungspauschale für Privatnutzung 2 M 119
- mit Nutzungspauschale für Privatnutzung (Arbeitsvertragsergänzung) 2 M 121
- Nutzungsarten 4 545 ff.
- Rückgabe 4 562 ff.
- Rückgabeort 4 535 f.
- Transparenzgebot 1 48
- umfangreiche Vereinbarung mit Privatnutzungsanspruch und Nutzungspauschale 2 M 123
- widerrufliche Kfz-Überlassungsvereinbarung (Nutzungspauschale für Privatnutzung) 2 M 122

Direktionsrecht
- keine Einschränkung selbst nach langjähriger Tätigkeit 6 M 504
- Streitwert 8 M 214, M 255

Direktversicherung 4 511 ff.
Direktzusage 4 508 ff.
Diskriminierung
- Alter 6 M 259
- Geschlecht 6 M 261
- sexuelle Belästigung 6 M 262
- sexuelle Identität 6 M 260
- Teilzeitbeschäftigter 6 M 344

Diskriminierungsverbot *siehe* Allgemeines Gleichbehandlungsgesetz (AGG)
Dispositives Recht 1 132
Domainname 4 626
Drittschuldnerklage 6 418 ff.
Drogenabhängigkeit
- Fragerecht des Arbeitgebers 3 22

E-Mail
- Betriebsvereinbarung 5 M 103, M 107 f.
- Kündigung 4 3

E-Mail-Adresse Betriebsrat 7 M 72
EDV-Produkte/EDV-Dienstleistungen
- Arbeitsvertrag Vertriebsmitarbeiter 1 M 211

EDV-Systeme *siehe auch* E-Mail; *siehe auch* Internet
- Betriebsratsbeteiligung vor Einführung, Betriebsvereinbarung 5 M 104
- DV- und Orga-Projekte, Rationalisierung – Kombination Interessenausgleich/Sozialplan 5 M 257
- Einführung, Betriebsvereinbarung 5 M 105
- elektronische Kommunikationssysteme und informationstechnische Infrastruktur, Betriebsvereinbarung 5 M 107
- Mitbestimmungsrecht des Betriebsrats, Antrag auf Untersagung der Anwendung 7 M 64
- Personalinformationssystem (PAISY), Betriebsvereinbarung 5 M 109 f.
- SAP-HR-TIM, Einführung 5 M 106

Ehrverletzung im Rahmen von Arbeitsverhältnis
- Streitwert 8 M 215, M 255

Eidesstattliche Versicherung
- einstweilige Verfügung 6 M 107

Eigenkündigung
- Abgrenzung Abwicklungsvertrag 4 162
- Aufklärungspflichten des Arbeitgebers 4 458
- Schadensersatz wegen zur Eigenkündigung führenden Arbeitgeberverhaltens 6 M 349
- Sperrzeit 4 234 f.

Eigenmächtiger Urlaubsantritt 6 M 321, M 489
Eignungsuntersuchungen 3 34
Ein-Prozent-Regelung Kfz-Nutzung 2 90 ff.
Einarbeitungsvertrag nach längerer Krankheit 1 M 150
Eingetragener Verein
- Passiv-Rubrum 6 186

Eingruppierung *siehe auch* Personelle Maßnahmen
- Auswahlrichtlinien, Betriebsvereinbarung 5 M 120
- Mitbestimmungspflichtigkeit, Streit 7 M 65
- Zustimmungsersetzung, Streitwert 8 M 216 f., M 255

Eingruppierungsklage
- Antrag 6 222

Einigungsgebühr
- Betriebsratstätigkeit, Rechtsanwaltskosten 8 M 218
- Einigung auf ungekündigtes Fortbestehen des Arbeitsverhältnisses 8 M 219
- Gebührentatbestand 8 138 ff., M 309 f.

Einigungsstelle *siehe auch* Einigungsstellenverfahren
- Bestellung eines Vorsitzenden wegen Mitarbeiterbeschwerden 7 M 66
- Bestimmung Vorsitzender 7 5, M 61
- betriebliche, Betriebsvereinbarung 5 M 73
- Errichtung, Antrag 7 M 33
- Honoraranspruch Mitglieder 7 11, M 67
- Sozialplan 5 205 ff.
- Zuständigkeit 7 3 f.

Einigungsstellenspruch
- Anfechtung 7 M 57
- Insolvenzsozialplan 5 M 249
- Sozialplan, Betriebsstilllegung 5 M 245
- Wirksamkeit, Streitigkeiten 7 12

Einigungsstellenverfahren
- Abgrenzung zu Beschlussverfahren 7 1 ff.
- Anwalt im Einigungsstellenverfahren und anschließende Prozessvertretung 8 M 317
- Beschlussverfahren, Abgrenzung 7 1 ff.
- Rechtsgrundlagen 7 2

Einigungsstellenvorsitzender *siehe* Vorsitzender der Einigungsstelle
- Bestellung 7 M 147
- Schreiben des Arbeitgebers an Betriebsrat zur Zustimmung der Bestellung 7 M 146

- Zurückweisung des Antrags auf Bestellung wegen mangelnden Rechtsschutzbedürfnis 7 M 148

Einmalabfindung
- Steuerermäßigung 4 191

Einsichtsrecht Betriebsratsmitglied
- Streitigkeiten, Beschlussverfahren 7 8

Einspruch gegen Versäumnisurteil
- Grundmuster 6 M 123

Einstellungen siehe auch Beschäftigung; siehe auch Personelle Maßnahmen
- Antrag des Betriebsrats auf Aufhebung 7 M 76
- Antrag des Betriebsrats auf Unterlassen 7 M 75
- Auswahlrichtlinien, Betriebsvereinbarung 5 M 120
- Einigungsstellenzuständigkeit bei Uneinigkeit über Inhalt von Auswahlrichtlinien 7 3
- Mitbestimmung des Betriebsrats 3 M 64 ff.
- vorläufige personelle Maßnahmen nach §§ 99, 100 BetrVG, Gegenantrag 7 M 92
- Zusammenarbeit mit Betriebsrat 3 43 ff.

Einstellungsvereinbarung für gewerbliche Arbeitnehmer siehe Arbeitsvertrag mit Arbeiter

Einstweilige Verfügung
- Antrag auf Abweisung, Grundmuster 6 M 125
- Antrag auf Erlass, Grundmuster 6 M 124
- Beschlussverfahren 7 21
- eidesstattliche Versicherung 6 M 107
- Erforderlichkeit der Vollziehung 6 M 126
- Herausgabe Dienstwagen 2 108 ff.; 6 M 345 f., M 515
- Streitwert 8 M 220
- Unterlassung Personalabbaumaßnahmen 7 55 f.

Einstweiliger Rechtsschutz
- Anträge 6 236 ff.
- Verfahren 6 232 ff.

Einzelhandel
- Arbeitsvertrag 1 M 216
- Arbeitsvertrag für Aushilfskraft 1 M 218
- Teilzeitarbeitsvertrag 1 M 217

Einzelkaufmann
- Passiv-Rubrum 6 188

Einzelnachweis Kfz-Nutzung 2 88 f.

Elektro- und Metallindustrie
- Arbeitsvertrag, mit Tarifbindung 1 M 241

Elektromeister
- Arbeitsvertrag 1 M 235

Elektronische Zeiterfassung
- gleitende Arbeitszeit, Betriebsvereinbarung 5 M 93

Elternzeit 3 115 ff.
- Ablehnung Teilzeittätigkeit 3 M 153
- Antrag Teilzeittätigkeit 3 M 151
- Antrag vollständige Freistellung 3 M 150
- Arbeitgeberschreiben nach Geltendmachung 3 M 152
- Arbeitgeberschreiben vor Niederkunft 3 M 148
- Checkliste 3 M 154
- Kündigung 4 M 149

Empfangsbekenntnis 1 118 f.
Empfangsbestätigung 1 118
Endzeugnis 3 188

Englischsprachiger Arbeitsvertrag
- Bereichsleiter 1 M 263
- leitender Angestellter 1 M 262
- Mustervertrag 1 M 260 f.

Entfristungsklage
- Deckungsantrag 8 M 285
- Grundmuster 6 M 340
- mit Weiterbeschäftigungsklage 6 M 341
- Streitwert 8 M 221

Entgelt
- Staffelung in Betriebsvereinbarung 5 4

Entgeltkürzung
- Änderungskündigung 6 M 312

Entschädigung
- Begrifflichkeit, Steuerermäßigung 4 169 ff.

Entschädigungsantrag nach § 61 Abs. 2 ArbGG 6 M 290

Entsendungsrecht in Ausschüsse
- Streitigkeiten, Beschlussverfahren 7 9

Entwicklungsklausel (Chefarztvertrag)
- Änderungsvorbehalt 1 82
- Benachteiligungsverbot (§ 307 Abs. 2 Nr. 1 BGB) 1 53

Erfolgsabhängige Vergütung
- Vertragsergänzung 1 M 158

Erfolgshonorar
- bei außergerichtlicher Interessenvertretung 8 M 106
- bei prozessualer Interessenvertretung 8 M 105
- Unzulässigkeit 8 46 ff.

Erfüllungsort
- freie Mitarbeit 1 322

Ergänzende Vertragsauslegung 1 133
- AGB 1 133

Erhöhungsgebühr 8 156 f.

Erledigungsgebühr
- Entstehung nach erledigendem Ereignis 8 M 222

Erledigungsklauseln 4 471 ff.

Ermahnung
- Umgang mit offenem Feuer 3 M 178

Ersetzung der Zustimmung nach § 99 BetrVG
- Beschlussverfahren 7 101, M 155 f.

Erstberatung
- Anrechnungsausschluss bei späterer Tätigkeit nach Erstberatung 8 M 112
- Teilanrechnung bei späterer Tätigkeit nach 8 M 111
- Vergütungsvereinbarung 8 M 95

Erzwingbare Betriebsvereinbarung siehe Betriebsvereinbarung, erzwingbare

EuGH
- Verfahren nach Art. 234 EG 6 82 ff., M 108

Stichwortverzeichnis

Europäischer Betriebsrat
– Betriebsvereinbarung   5 M 76

Fachliteratur für Betriebsratstätigkeit
– Kostentragung, Streitigkeiten   7 10
Fahrtkosten Anwalt
– Kostenerstattung   8 M 311
Fälligkeit
– Abfindung   4 364 f.; 6 M 443 f.
– Zeugnisanspruch   3 200
Fälligkeitsklausel
– Vergütungsvereinbarung   8 M 109
Fax
– AGB, Form nach § 309 Nr. 13 BGB   1 122
– falsche Fax-Nummer, Wiedereinsetzung in vorigen Stand   6 M 144
– Kündigung   4 3
– Vergütungsvereinbarung   8 8
– „OK-Vermerk"/Sendebericht   6 M 109
Fehlzeiten
– erhebliche Fehlzeiten bei negativer Gesundheitsprognose, personenbedingte Kündigung   6 M 477
– unentschuldigtes Fehlen, Abmahnung   3 M 175
– unentschuldigtes Fehlen, wiederholtes   6 M 474 f.
Feiertagsarbeit
– Betriebsvereinbarung   5 M 89
Feindliche Übernahme   1 413
Feststellungsantrag
– Beschlussverfahren   7 43
Feststellungsklage
– Antrag   6 32 ff.
Fiktion des Zugangs
– AGB-Inhaltskontrolle   1 88 f.
Fingierte Erklärungen
– AGB-Inhaltskontrolle   1 85 ff.
Firmen-Ethik-Kodex   3 M 160
Firmengegenstände
– Herausgabe, einstweiliger Rechtsschutz, Antrag   6 242 f.
– Zurückbehaltungsrecht des Arbeitnehmers   6 M 513
Firmentarifvertrag   5 2
Firmenunterlagen   siehe Firmengegenstände
Flexibilisierung der Arbeitszeit
– Betriebsvereinbarung   5 M 91
Formularverträge
– Einigungsstellenzuständigkeit bei Meinungsverschiedenheiten   7 3
Fortbildungsveranstaltung   siehe auch Bildungsveranstaltung
– Rückzahlungsklauseln   1 72; 2 141 ff.
Fortbildungsvertrag   siehe Aus- und Fortbildungsvertrag
Fotokopiekosten
– Schriftsatzanlagen, Erstattungsfähigkeit   6 M 161
Fragerecht des Arbeitgebers   3 5 ff.

Frauenförderung
– Betriebsvereinbarung   5 M 67
Freie Mitarbeit
– Abgrenzung Arbeitnehmer   1 302 ff.
– Abgrenzung Handelsvertretervertrag   1 264 ff.
– Aufhebungsvertrag   4 M 705
– Bezeichnung   1 300 f.
– Erfüllungsort   1 322
– Gerichtsstandsvereinbarung   1 321
– Honorarregelung   1 317
– Mustervertrag   1 M 337 f.
– Programmierer, Vertrag   1 M 338
– Softwareentwickler   1 M 339
– Sozialversicherungsrecht   1 313 ff.; 4 270 ff.
– steuerliche Aspekte   1 323 ff.
– Telearbeit   1 320
– Unterrichtung des Betriebsrats   1 316
– Vertraulichkeitsvereinbarung   1 M 340
– Werbeagentur   1 M 341 f.
– Wettbewerbsverbot   1 319
Freistellung
– AG-Vorstand   1 370 f., 425
– Arbeitnehmer, Streitwert   8 M 223, M 255
– einstweiliger Rechtsschutz   6 M 505
– GmbH-Geschäftsführer   1 370 f.
Freistellung Betriebsratsmitglied
– Beschlussverfahren, Streitigkeiten   7 8
– Betriebsvereinbarung   5 M 72
– Einigungsstellenverfahren, Streitigkeiten   7 3
Freistellung Betriebsratsvorsitzender
– Beschlussverfahren, Streitigkeiten   7 8
Freistellung Jugend- und Auszubildendenvertretungsmitglied
– Einigungsstellenverfahren, Streitigkeiten   7 3
Freistellungsklausel, anlassfreie
– Aushöhlungsverbot (§ 307 Abs. 2 Nr. 2 BGB)   1 62
Freistellungsklauseln
– Inhaltskontrolle   4 565 ff.
– Krankheit   4 593
– Sperrzeit   4 592
– Überstunden, Abfeiern   4 591
– unwiderrufliche Freistellung   4 570 ff.
– Urlaubsanrechnung   4 587 ff.
– widerrufliche Freistellung   4 573 ff.
– Zwischenverdienst   4 577 ff.
Freiwillige Betriebsvereinbarung   siehe Betriebsvereinbarung, freiwillige
Freizeitausgleich
– Betriebsratstätigkeit   7 M 63
Fremdgeschäftsführer
– Dienstvertrag, befristeter   1 M 454
– Dienstvertrag, unbefristeter   1 M 455
Fristen im Urteilsverfahren   6 M 127
Fristsetzung
– AGB, Form nach § 309 Nr. 13 BGB   1 121 ff.

Fristverlängerung
- Antrag 6 40 ff.
- Arbeitsüberlastung des Anwalts 6 40 ff., M 136

Fristwahrung
- Erstattungspflicht der Prozessgebühr des Rechtsmittelbeklagten vor Begründung des nur zur Fristwahrung eingelegten Rechtsmittels 6 M 138

Fünftelungs-Regelung
- Berechnungsweg der Steuerermäßigung 4 201 ff.
- Entschädigung 4 169 ff.

Fusion
- Interessenausgleich 5 M 234 f.
- Sozialplan 5 200, M 248

Fußballspieler, Nicht-Amateure ohne Lizenz
- Arbeitsvertrag 1 M 250

Fußballtrainer
- Arbeitsvertrag 1 M 251

GbR als Arbeitgeber
- Parteibezeichnung in Klageschrift 6 6 ff.
- Rechtsfähigkeit 6 6

Gebühren Anwaltstätigkeit 8 1 ff.

Gebührenklage 6 M 128
- Streitwert 8 M 234

Gebührenvereinbarung siehe Vergütungsvereinbarung

Gegenbeweis
- Ausschluss bei Schadenspauschalierung 1 95

Gegenstandswert
- Abfindung, Nichtanrechnung beim Gegenstandswert 8 170 ff.
- Angelegenheit gemäß § 15 RVG 8 180 ff.
- anwaltliche Tätigkeit 8 168 f.
- Rechtsmittelstreitwert 8 165 ff.
- Urteilsstreitwert 8 165 ff.

Gegenstandswerte im Arbeitsrecht
- Übersicht 8 255 ff.

Gegenstandswerterhöhung
- Vergütungsvereinbarung 8 32 ff.
- Zeithonorar 8 M 99

Gehalt
- Berechnung Monatsentgelt, Streitwert 8 M 206
- Berechnung Vierteljahresbezug, Streitwert 8 M 207

Gehaltsanpassung
- prozentuale Anpassung bei Unterschreitung des geplanten Rohertrags, Vertragsergänzung 1 M 155

Gehaltsanpassungsklauseln
- GmbH-Geschäftsführer 1 392

Gehaltsanspruch
- Streitwert 8 M 255

Gehaltserhöhung
- Gleichbehandlung 6 M 379

Gehaltskürzung
- Änderungskündigung 6 M 312

Gehaltskürzungsklausel
- Änderungsvorbehalt 1 82

Gehaltsrückstand
- Abmahnung 3 M 180
- außerordentliche Kündigung 4 M 147; 6 M 325

Gehörsrüge 6 55 ff., M 104

Geltungserhaltende Reduktion, Verbot der 1 129 ff.

Genossenschaft
- Passiv-Rubrum 6 183

Gerichtsstand
- bei Außendienstmitarbeitern 6 M 298, M 536
- Rüge 6 M 537

Gerichtsstandsvereinbarung
- freie Mitarbeit 1 321

Gerichtstermin 6 M 115 ff.
- Terminsverlegung 6 43 ff.

Gerichtsvollzieherpfändung
- wegen Geldforderung, Antrag 6 M 162

Geringfügige Beschäftigung siehe auch Arbeitsvertrag mit geringfügig Beschäftigten
- Erklärungsbogen für Beschäftigte in der Gleitzone 1 M 187
- Erklärungsbogen für geringfügig Beschäftigte 1 M 186
- Fragebogen für geringfügig Beschäftigte 1 M 188
- Merkblatt für Arbeitnehmer 1 M 183
- nachträglich festgestellte Versicherungspflicht 6 M 517
- Verzichtserklärung auf Beitragsermäßigung 1 M 190

Gesamtbetriebsrat
- Betriebsänderung 5 156 ff.
- Betriebsvereinbarung 5 27
- Einigungsstellenzuständigkeit bei Auskunftserteilung an 7 3
- Mitgliederzahl, Meinungsverschiedenheiten über 7 3

Gesamtbetriebsvereinbarung
- Interessenausgleich zur Neuorganisation eines Consulting-Unternehmens 5 M 236
- keine AGB-Inhaltskontrolle 1 137

Gesamtjugend- und Auszubildendenvertretung
- Mitgliederzahl, Meinungsverschiedenheiten über 7 3

Gesamtprokura
- Arbeitsvertrag mit Leiter Gesamtvertrieb 1 M 201

Gesamtzusage über Aktienoptionen 1 M 157

Geschäftsführer siehe GmbH-Geschäftsführer

Geschäftsgebühr 8 120 ff.
- Anrechnung 8 131 f.
- Arbeitsvertragsentwurf 8 133 ff.
- Entstehung 8 120 ff.
- mehr als 1,3 (Checkliste) 8 M 304
- Telefonat 8 M 305
- Vergütungsfestsetzungsverfahren 8 M 225

Geschäftsgeheimnis
- Verpflichtung zur Wahrung   3 M 156
Geschäftsgeheimnisklauseln   4 528 ff.
Geschäftsunfähigkeits-Einwand   6 M 507
Geschäftswagen   siehe Dienstwagen
Geschlechterdiskriminierung   siehe Allgemeines Gleichbehandlungsgesetz (AGG)
Geschlechtsdiskriminierung
- AGG-Klage   6 M 261
Gesellschafter-Geschäftsführer
- Dienstvertrag   1 M 456
Gesellschafterversammlung
- Abberufung und Kündigung, Protokoll   1 M 461
- Beschluss über Geschäftsverteilung   1 M 460
- Bestellung des GmbH-Geschäftsführers   1 378 ff.
Gewerbliche Arbeitnehmer, Vertragsmuster   1 M 163 ff.
Gewerkschaft
- Begriff   7 M 40
Gewerkschaftsbeauftragter
- Sitzungsteilnahme, Streitigkeiten   7 13
- Zutrittsrecht, Streitigkeiten   7 13, M 69
Gewerkschaftszugehörigkeit
- Fragerecht des Arbeitgebers   3 20
Gewinnabführungsvereinbarung   2 37 ff.
Gleichbehandlung
- Gehaltserhöhung   6 M 379
- Teilzeitbeschäftigter, Klage   6 M 344
Gleichstellungsabreden in Arbeitsverträgen   5 54
Gleitende Arbeitszeit
- Betriebsvereinbarung   5 M 92 f.
Gleitzone
- Erklärungsbogen   1 M 187
- Merkblatt für Arbeitnehmer   1 M 183
GmbH
- Passiv-Rubrum   6 181 f.
GmbH & Co. KG
- Anstellungsvertrag   1 378 f.
- Parteibezeichnung in Klageschrift   6 5, 190
GmbH-Geschäftsführer
- Abberufung   1 364
- Abberufung, Protokoll   1 M 461
- Abberufung, Rechtsstellung nach   1 366
- Abgrenzung zum Arbeitsverhältnis   1 352 ff.
- Abwicklungsvertrag   4 M 686, M 688
- Altersteilzeit und Haftung   4 781
- Aufhebungs- und Abwicklungsvertrag   4 282 ff.
- Aufhebungsvertrag   4 M 684 ff.
- Beschäftigung als Arbeitnehmer nach Abberufung   6 M 270
- Bestellung   1 378 ff.
- Dauer Anstellungsverhältnis   1 362 f.
- Entgeltfortzahlung im Krankheitsfall   1 401
- Freistellung   1 370 f.
- fristlose Kündigung   6 M 326
- Gehaltserhöhung   1 393

- Gehaltsreduzierung   1 394
- Haftung gegenüber Dritten   1 384
- Haftung gegenüber GmbH   1 383
- Koppelungsklausel   1 363
- Kündigung Dienstverhältnis   1 364
- Kündigung, Protokoll   1 M 461
- Kündigungsberechtigung   4 14
- Pensionszahlung   1 402
- Rechtsschutzversicherung, Ausschluss   8 90, M 115
- Rechtsstellung   1 351
- Rechtsstellung bei Fusion   1 374
- Rechtsstellung bei Verschmelzung   1 375 ff.
- Ruhegeldvereinbarungen   1 402
- ruhendes Arbeitsverhältnis   1 360
- Ruhensvereinbarung   3 M 141
- Sorgfaltspflichten   1 381 ff.
- Sozialversicherungsrecht   1 400; 4 221
- steuerrechtliche Haftung   1 385
- Überversorgung   1 403
- Urlaub   1 395
- verdeckte Gewinnausschüttung   1 403
- Vergütungsregelungen   1 387 ff.
- vorläufige Amtsenthebung   1 370
- Weisungsrecht der Gesellschafter   1 364
- Wettbewerbsklauseln/Karenzentschädigung   2 22
- Wettbewerbsverbot   1 396 ff.
- Wiederbestellung   1 371 f.
- Zwischenverdienst   4 585
GmbH-Geschäftsführervertrag   1 M 452 ff.
- Aufhebungsvereinbarung beim Wechsel vom Arbeitsverhältnis in die Position des Geschäftsführers   1 M 452
- Dienstvertrag Fremdgeschäftsführer, befristeter   1 M 454
- Dienstvertrag Fremdgeschäftsführer, unbefristeter   1 M 455
- Dienstvertrag Gesellschafter-Geschäftsführer   1 M 456
- Konzerntochter   1 M 457 f.
- Ruhegeldvereinbarung   1 M 459
- Ruhensvereinbarung beim Wechsel vom Arbeitsverhältnis in die Position des Geschäftsführers   1 M 453
GmbH-Gesellschafter
- Klage, Passiv-Rubrum GmbH   6 182
Golden-Parachute-Regelungen   1 413 f.
Grafik- und Layout-Mitarbeiter Werbeagentur
- Freier Mitarbeitervertrag   1 M 341
Gratifikation
- Betriebsvereinbarung   5 M 115
- mit Freiwilligkeitsvorbehalt   1 M 160
Groß- und Außenhandel
- Arbeitsvertrag, mit Tarifbindung   1 M 238
Grundsatz der vertrauensvollen Zusammenarbeit Betriebsrat und Arbeitgeber
- betriebsöffentliche Auseinandersetzungen   7 M 82

Gruppenarbeit
- Betriebsvereinbarung 5 M 124
Gruppenvereinbarung
- Begriff 5 14
- Regelungsgegenstand 5 16
- Verhältnis zu Betriebsvereinbarung 5 17
Guideline
- Arbeitsvertrag mit Angestelltem, mit Organisationsanweisungen 1 M 174
Günstigkeitsprinzip
- Betriebsvereinbarung 5 11 f.
Gutachtengebühr 8 153
Güteverfahren
- Beschlussverfahren 7 19 f.
Güteverhandlung
- keine Antragstellung 6 9

Haftpflichtversicherung
- Rückstufungsschaden 2 102
Haftung *siehe auch* Arbeitgeberhaftung; *siehe auch* Arbeitnehmerhaftung
- Haftungsbeschränkung des Betriebserwerbers in Insolvenz 6 M 514
- Sicherheitsbeauftragter, Haftungsfreistellung 3 M 165
Haftungsausschlussklausel
- bei Verletzung von Leben, Körper, Gesundheit und grobem Verschulden 1 106 ff.
- sonstige 1 110
Handelsvertreter
- Kaufmannseigenschaft 1 268 ff.
- Konkurrenzschutz 1 281 ff.
- Mitteilungspflicht 1 280
- Pflichtverletzung 1 292
- Rechtsstellung 1 264 ff.
- Überlassungspflicht des Unternehmers 1 283
Handelsvertreterrecht
- Stammkundenanteil 1 295
Handelsvertretervertrag
- Abgrenzung Freie Mitarbeit 1 264 ff.
- Altersversorgung 1 297
- Ausgleichanspruch nach § 89b HGB 1 294 ff.
- Auslegung Provisionsvereinbarung 1 296
- Dauerschuldverhältnis 1 270
- Delkredere-Vereinbarung 1 273, 288
- Einfirmenvertreter mit Vertriebsgebiet 1 M 330
- Einfirmenvertreter ohne Vertriebsgebiet 1 M 331
- Form 1 273
- internationaler 1 M 333 f.
- Klauselinhalte 1 268 ff.
- Kündigung 1 291 ff.
- Mehrfirmenvertreter mit Vertriebsgebiet 1 M 329
- ohne Gebietsschutz 1 M 328
- Provisionsabrechnung 1 290
- Provisionsanspruch 1 284 ff.
- Provisionshöhe 1 288 ff.

- Provisionskollisionen 1 287
- Rückzahlung Ausbildungskosten 1 298
- Topfvereinbarung 1 289
- Vermittlungsagent für Anzeigen und Adressverzeichnisse 1 M 332
- Vertragsgebiet 1 276 ff.
- Vertragsgegenstand 1 271 ff.
- Vertretung 1 276 ff.
- Wettbewerbsverbot, nachvertragliches 1 293
- zwingende Regelungen 1 274 ff.
Handlungsvollmacht 3 M 135
Handy
- Telefonieren mit betrieblichem Handy, Betriebsvereinbarung 5 M 113
Hausmeister
- Arbeitsvertrag mit Eheleuten (Hausmeister und Wirtschafterin einer betrieblichen Schulungsstätte) 1 M 152
Haustarifvertrag 5 3
- Arbeitsvertrag Lagerleiter Brauerei 1 M 170
Headhunter 3 40, 105 ff.
Heimarbeitsvertrag
- Tele-Heimarbeitsvertrag 1 M 154
Herausgabe
- Angestelltenversicherungskarte, Zwangsvollstreckung 6 100
- Arbeitspapiere 6 M 347
- Dienstwagen 2 108 ff.; 6 M 345 f., M 515
- Domainname 4 626
- Lohnsteuerkarte, Zwangsvollstreckung 6 100
- Versicherungspolice und Umschreibung 6 M 348
Herausgabeanspruch
- Streitwert 8 M 226, M 255
Herausgabeklauseln 4 623 ff.
Hilfsmittel für Betriebsratstätigkeit
- Kostentragung des Arbeitgebers 7 M 74
Hinweispflicht des Gerichts nach § 139 ZPO 6 49 ff.
Höhergruppierungsklage
- Antrag 6 222

Information des Betriebsrats *siehe* Unterrichtung des Betriebsrats
Ingenieur
- Aufhebungsvertrag 4 M 694
Inhaltskontrolle, AGB
- Folgen der Nichteinbeziehung 1 127 f.
- Folgen der Unwirksamkeit 1 129 ff.
- Maßstäbe 1 19 ff., 33 ff., 65 ff., 74 ff.
- Verbot der geltungserhaltenden Reduktion 1 129 ff.
Inhaltskontrolle von Arbeitsverträgen *siehe* Allgemeine Geschäftsbedingungen (AGB), Arbeitsvertrag
Insolvenz
- Abfindung 4 382 ff.
- Altersteilzeit 4 776 ff., M 789
- Interessenausgleich 5 164 ff.

1917

- Kündigung durch Insolvenzverwalter 6 M 508
- Parteibezeichnung in Klageschrift 6 5
- Zeugnis 3 193 ff.

Insolvenzforderung
- Streitwert 8 M 255

Insolvenzordnung (InsO)
- Beschlussverfahren, gerichtliche Zustimmung zur Betriebsänderung (§ 122 InsO) 7 104 ff.
- Beschlussverfahren, Kündigungsschutz (§§ 126, 127 InsO) 7 116 ff., M 152
- Rechtsmittel im Beschlussverfahren 7 136 ff.

Insolvenzschutzklauseln zur Pensionssicherung 4 594 ff.

Insolvenzsozialplan
- Einigungsstellenspruch 5 M 249

Insolvenztabelle
- Feststellung zur 6 M 371

Integrationsamt
- Abwicklungsvertrag unter Mitwirkung 4 M 703
- Angelegenheit gemäß § 15 RVG 8 182
- Anwaltsvergütung für Tätigkeit vor 8 154 f.
- kein Deckungsausschluss bei Verfahren vor 8 M 298
- Klage des AG wegen Zustimmungsverweigerung des Integrationsamts zur Kündigung 6 M 526
- Klage des AN gegen Zustimmung zur Kündigung 6 M 357
- Kündigung 4 65 ff., M 148
- Streitwert 8 M 227, M 255
- Überprüfungskompetenz 6 M 524 f.
- Zustimmung nach § 85 SGB IX 4 118 ff.

Interessenausgleich
- Arbeitszeitänderung – Kombination mit Sozialplan 5 M 261
- Bestellung Einigungsstellenvorsitzender und Beisitzer 7 M 147
- Betriebsstilllegung im Konzern 5 M 231
- Betriebsübergang und Sitzverlegung einer Versicherungsgesellschaft 5 M 232
- Betriebsverlagerung 5 M 233, M 240
- DV- und Orga-Projekte, Rationalisierung – Kombination mit Sozialplan 5 M 257
- Einigungsstellenzuständigkeit 7 3
- Formvoraussetzungen 5 136
- Fusion 5 M 234 f.
- Gesamtbetriebsvereinbarung zur Neuorganisation eines Consulting-Unternehmens 5 M 236
- Hierarchie, Einführung einer verflachten 5 M 242
- Inhalt 5 145, 161 ff.
- Insolvenz 5 164 ff.
- kombiniert mit Sozialplan 5 177 f., M 257 ff.
- Leistungsmanagement, Verbesserung 5 M 242
- Namensliste 5
- Outsourcing von Handwerkern einer Wohnungsbaugesellschaft 5 M 237
- Personalabbau – Kombination mit Sozialplan 5 M 258
- Restrukturierung – Kombination mit Sozialplan 5 M 259
- Sanktionenkatalog 5 151
- Schwellenwert 5 130
- Teilbetriebsveräußerung 5 M 240
- Tendenzbetrieb 5 152
- TQM-Einführung 5 M 242
- Umwandlung von Vertriebsbüros in Technische Büros 5 M 241
- Unterlassen des arbeitgeberseitigen Angebots von Aufhebungsverträgen vor Abschluss eines Interessenausgleichsversuchs 7 M 86
- Unterlassen von Kündigungen vor Abschluss des Interessenausgleichsversuchs 7 M 87
- Verbandsverlagerung – Kombination mit Sozialplan 5 M 260
- Verfahren 5 147 ff.
- Verschmelzung 5 M 240
- Versuch 5 147 ff.
- Vertriebskonzeptänderung – Kombination mit Sozialplan 5 M 261
- Vertriebsumstrukturierung – Kombination mit Sozialplan 5 M 262
- Zusammenführung von Betriebsteilen (Bankgewerbe) 5 M 243

Internationaler Handelsvertretervertrag 1 M 333 f.

Internet
- Benutzerrichtlinien 3 M 158
- Betriebsvereinbarung 5 M 103, M 107 f.
- Surfen im, Kündigungsgrund 6 M 323, M 491

Internetanschluss für Betriebsrat 7 M 71 f.
Intranetanschluss für Betriebsrat 7 M 72

Jahressonderleistungen
- Änderungsvorbehalt 1 83

Job-Sharing-Vertrag 1 M 153
Jubiläum *siehe* Betriebsjubiläum
Jugend- und Auszubildendenvertreter
- Klage auf Weiterbeschäftigung nach Ende des Ausbildungsverhältnisses 6 M 274

Jugend- und Auszubildendenvertretung
- Freistellung für Schulungs- und Bildungsveranstaltungen, Streit über 7 3
- Sprechstunden, Streit über Einrichtung 7 3

KAPOVAZ-Abrede
- Betriebsvereinbarung 5 M 94

Karenzentschädigung
- Ablehnungsandrohung durch Arbeitnehmer bei Karenzzahlungsverzug 2 M 74
- Angebot einer erhöhten 2 M 73
- Aufforderung zur Auskunft über anderweitigen Erwerb 2 M 69
- Ausnahmen vom Karenzgrundsatz 2 19 ff.

- bei unverbindlichem Wettbewerbsverbot 6 M 362
- Gegenstandswert 8 M 250
- Höhe 2 52 ff.
- Steuerermäßigung 4 180
- Unklarheitenregel 1 32
- Verdienstanrechnung 2 55 ff.; 6 M 527

Karenzgrundsatz 2 17 ff., 52 ff.

Kaufmännische Angestellte
- Arbeitsvertrag, mit Dienstwagen 1 M 225

Kaufmannseigenschaft
- Handelsvertreter 1 268 ff.

Kellnerin
- Arbeitsvertrag mit Tarifbindung 1 M 219

Kfz-Nutzung *siehe* Dienstwagen

Kirche als Arbeitgeber
- AGB-Kontrolle 1 14
- Arbeitsvertrag mit Einrichtung der ev. Kirche unter Einbeziehung der Dienstvertragsordnung 1 M 176
- Arbeitsvertrag mit Einrichtung der kath. Kirche unter Einbeziehung der AVR 1 M 175

Klage, arbeitsgerichtliche 6 1 ff., M 121 ff.; *siehe auch* Antrag
- Abrechnungsklage 6 35 f.
- Anträge 6 9 ff.
- Auskunfts- und Stufenklage 6 29 ff.
- Feststellungsklage 6 32 ff.
- Fristverlängerung 6 40 ff.
- GbR als Arbeitgeber 6 6 ff.
- Gehörsrüge 6 55 ff.
- Gerichtsterminsverlegung 6 43 ff., M 115 ff.
- Grundmuster 6 M 121
- Hinweispflicht des Gerichts nach § 139 ZPO 6 49 ff.
- Klageerwiderung 6 M 122
- Klagerücknahme 6 54
- Kostenentscheidung, sofortige Beschwerde gegen 6 46 f.
- Parteibezeichnung 6 2 ff., 181 ff.
- Umstellung auf richtige Partei 6 4
- Urkundenanordnung 6 52 f.
- Zahlungsklage 6 10 ff., M 367
- Zinsfälligkeit 6 37 ff.
- Zwangsvollstreckung 6 92 ff.

Klageantrag *siehe* Antrag

Klageerwiderung
- Grundmuster 6 M 122

Klagehäufung
- Kündigungsschutzklage 6 207

Klagerücknahme 6 54

Kleinstbetrieb (§ 23 KSchG) 6 M 284

Kollektivvertragliche Regelungen
- AGG 5 3 ff.

Kombinationsregelungen Interessenausgleich/Sozialplan 5 177 f., M 257 ff.

Kommunikationsmittel für Betriebsrat 7 M 72

Konkurrentenklage
- einstweiliger Rechtsschutz, Antrag 6 245 f.

Konzern
- Vereinbarung zur Übernahme eines Arbeitsverhältnisses innerhalb des Konzerns 3 M 127

Konzernabhängige Gesellschaften 1 365

Konzernbetriebsrat
- Betriebsänderung 5 156 ff.
- Mitgliederzahl, Meinungsverschiedenheiten über 7 3
- Zusammensetzung, Streitwert 8 M 228, M 255

Konzernbetriebsvereinbarung
- keine AGB-Inhaltskontrolle 1 137

Konzerngesellschaften
- Einbeziehung von Konkurrenzunternehmen des Konzerns in nachvertragliches Wettbewerbsverbot 2 10 ff.

Konzernstruktur
- Unterrichtung des Betriebsrats 7 M 70

Konzernversetzungsklausel
- Transparenzgebot 1 42
- Vertragspartnerwechsel (§ 309 Nr. 10 BGB) 1 113

Konzernweite Versetzungs- und Rückrufklausel ins Ausland
- Abfindung, Steuerermäßigung 4 177

Koppelungsklausel 1 363

Korrespondenzanwalt
- Ausland, Streitwert 8 M 255

Korruption
- Verhaltensregeln zur Verhinderung 3 M 159

Kosten Betriebsratstätigkeit
- Betriebsratssitzung 7 10
- Bürobedarf, Streitigkeiten 7 10
- Fachliteratur 7 10
- Hilfsmittel, Kostentragung des Arbeitgebers 7 10
- PC, Streitigkeiten 7 10
- Rechtsanwaltskosten 7 10, M 58, M 68; 8 M 218
- Schulungsveranstaltung, Teilnahme an 7 M 78
- Streitigkeiten, Beschlussverfahren 7 10

Kostenentscheidung
- sofortige Beschwerde 6 46 f.

Kostenfestsetzungsantrag 6 M 163 f.

Kostenfestsetzungsverfahren 8 M 225

Kostensenkung
- betriebsbedingte Änderungskündigung 6 M 483

Krankengeld
- Altersteilzeit 4 761 ff.

Krankenschwester
- Arbeitsvertrag, Privatklinik mit Gewinnbeteiligung 1 M 230
- Wettbewerbstätigkeit 6 M 498

Krankenversicherungsbeitrag
- Vereinbarung über Erstattung 4 213

Krankheit
- AGG 3 14

- Einarbeitungsvertrag nach längerer Krankheit 1 M 150
- Freistellung 4 593
- häufige Kurzerkrankungen 6 M 478
- Offenbarungspflicht des Arbeitnehmers 3 14
- personenbedingte Kündigung 4 M 139; 6 M 308, M 480
- während Altersteilzeit 4 763 ff.
- Widerruf Kfz-Nutzung 2 79
- „Androhung" von künftiger Erkrankung durch Arbeitnehmer 6 M 485

Krankmeldung
- verspätete 6 M 472

Kreditgewährung an AG-Vorstand 1 436

Kündigung
- AG-Vorstand, Anstellungsvertrag 1 412, 425
- AG-Vorstand, Rechtsschutz gegen 1 427
- Altersteilzeit und Insolvenz 4 779
- Annahmeverweigerung 6 M 500
- Annahmeverzug nach unwirksamer AG-Kündigung 6 M 375 ff.
- Auftrag zur, Angelegenheit gemäß § 15 RVG 8 181
- Auswahlrichtlinien 5 M 121
- bedingungsfeindlich 4 8
- Berufsausbildungsverhältnis 4 507
- Berufsausbildungsverhältnis, Streitwert 8 M 208
- Bestimmtheitsgrundsatz 4 8 ff.
- Betriebsrat 4 65 ff., 76 f., M 150 ff.
- Betriebsratsmitglied 4 114 ff.
- Betriebsratsmitglied, Zustimmungsersetzung 7 M 149, M 161
- Betriebsvereinbarung 5 42 ff.
- Bezeichnung 4 5
- Deckungsantrag 8 M 283 f.
- Deckungsschutz bei Kündigung und Abwicklungsvertrag 8 M 299
- E-Mail 4 3
- Einigungsstellenzuständigkeit bei Uneinigkeit über Inhalt von Auswahlrichtlinien 7 3
- Elternzeit 4 M 149
- Fax 4 3
- GmbH-Geschäftsführer Dienstverhältnis 1 364
- Grundsatz „Änderungskündigung vor Beendigungskündigung" 4 75; 6 M 300
- Handelsvertretervertrag 1 291 ff.
- Insolvenzverwalter 6 M 508
- Integrationsamt 4 65 ff., M 148
- Integrationsamt Überprüfungskompetenz 6 M 524 f.
- kein Deckungsausschluss bei Kündigung wegen vorsätzlicher Herbeiführung des Versicherungsfalls 8 M 297
- Kleinstbetrieb (§ 23 KSchG) 6 M 284
- Kündigungsgrund 4 16 ff.
- Kündigungsschutzklage, Grundmuster 6 M 282
- mit unzureichender Frist 6 M 456
- Mitteilung der Kündigungsgründe, Aufforderungsschreiben 6 M 278
- Nebentätigkeit während angeblicher Arbeitsunfähigkeit 6 M 493 f.
- Personalfragebogen, Täuschung beim Ausfüllen 6 M 329
- Rücknahme 4 41 ff.
- Rücknahme, kein Beendigungstatbestand im Kündigungsschutzprozess 6 M 297
- Schadensersatz wegen zur Eigenkündigung führendem Arbeitgeberverhalten 6 M 349
- Schriftform 4 1 ff.
- schwerbehinderter Mensch 4 118 ff.
- sittenwidrige 6 M 285
- Sprecherausschuss 4 65 ff., M 153
- Telegramm 4 3
- treuwidrige 6 M 286
- Umdeutung 4 64; 6 M 458
- Umwandlung 4 351
- Unkündbarkeit nach § 55 BAT/§ 34 TVöD 6 M 497
- Unterlassen von Kündigungen vor Abschluss des Interessenausgleichsversuchs 7 M 87
- Unterrichtung Betriebsrat 6 M 283, M 450 f.
- Unterschrift 4 4
- Vollmacht, fehlende 4 11 ff.; 6 M 280
- vor Arbeitsantritt 6 M 353
- Vorlage des BR-Widerspruchs 6 M 281
- vorsorgliche 4 10
- wegen Nichteinhaltung der Kündigungsfrist 6 M 287
- Widerruf Kfz-Nutzung während Kündigungsfrist 2 79
- Widerspruch des Betriebsrats, Vorlage 6 M 281
- Zustellung, wiederholte 6 M 459

Kündigung, außerordentliche
- Abmahnung im Vertrauensbereich 6 M 316
- AG-Vorstand, Klage auf Vergütung 6 M 327
- Anhörung des Betriebsrats 4 100
- Arbeitsverweigerung, beharrliche 6 M 488
- Auszubildender 6 M 506
- Entbehrlichkeit der Abmahnung im Vertrauensbereich 6 M 484
- Gehaltszahlungen, verspätete 4 M 147; 6 M 325
- GmbH-Geschäftsführer 6 M 326
- Integrationsamt Überprüfungskompetenz 6 M 525
- Internetnutzung 6 M 323, M 491
- Kündigungsschreiben 4 M 140
- Kündigungsschutzklage, Grundmuster 6 M 315
- Mitteilung der Kündigungsgründe, Aufforderungsschreiben 4 M 146; 6 M 277
- Reisekostenabrechnung, Ungenauigkeiten 6 M 324
- Replik 6 M 496
- Schmiergeldannahme 6 M 486
- Selbstbeurlaubung 6 M 321, M 489

- Spesenabrechnung, Ungenauigkeiten 6 M 324
- Streitwert 8 M 255
- Urlaubsabbruch, Verweigerung 6 M 322
- Verdachtskündigung, unterbliebene Anhörung 6 M 320
- verfristete 6 M 318 f.
- Zwei-Woche-Frist, Ermittlungsverhalten des Kündigenden 6 M 317
- „Androhung" von künftiger Erkrankung durch Arbeitnehmer 6 M 485

Kündigung, betriebsbedingte
- Abfindungsanspruch nach § 1a Abs. 2 KSchG 4 393 ff.; 6 M 302
- „Änderungskündigung vor Beendigungskündigung" 6 M 300
- Anhörung des Betriebsrats 4 91 ff.
- Arbeitsmangel nach Umorganisation 6 M 460
- außerbetriebliche Gründe 6 M 461
- Betriebsteilstilllegung 4 M 134
- Betriebsübernahme, verdeckte 6 M 339
- Darlegungs- und Beweislast 6 400 ff.
- innerbetriebliche Gründe 6 M 464
- Leistungsverdichtung 4 M 132; 6 M 301, M 465
- mit Abfindungsanspruch 4 M 135
- mit Angebot eines Abwicklungsvertrages 4 M 136
- Mitteilung der Kündigungsgründe, Aufforderungsschreiben 4 M 145; 6 M 279
- Produktionsrückgang 4 M 133
- Sozialauswahl, mangelhafte 6 M 299
- Stilllegungsbeschluss der Gesellschafter einer GmbH zur Vorbereitung 4 M 137

Kündigung, mehrere
- Streitwert 8 M 255

Kündigung, Mehrheit von Arbeitgebern
- Streitwert 8 M 255

Kündigung, ordentliche *siehe auch* Kündigung
- Streitwert 8 M 255

Kündigung, personenbedingte
- Alkoholismus 6 M 309
- Anhörung des Betriebsrats 4 94 ff.
- erhebliche Fehlzeiten bei negativer Gesundheitsprognose 6 M 477
- Fehler bei 6 408
- häufige Kurzerkrankungen 6 M 478
- Klageerwiderung 6 M 479
- Krankheit 6 M 308, M 480
- Krankheit, langanhaltend 4 M 139

Kündigung, verhaltensbedingte
- Abmahnung 6 M 303
- Abmahnung des gleichen Sachverhalts, Kündigungsverzicht 6 M 305
- Anhörung des Betriebsrats 4 97 ff.
- Begünstigung von Arbeitnehmern, Kündigung Personalleiterin 6 M 467
- Betriebsablaufstörung 6 M 468 f.
- Fehler bei 6 409

- gleichartige Pflichtverletzungen 6 M 434
- Klageerwiderung 6 M 470
- Krankmeldung, verspätete 6 M 472
- Kündigungsschreiben 4 M 138
- Low-Performer 6 M 304
- Reisekostenabrechnung, Ungenauigkeiten 6 M 306
- Spesenabrechnung, Ungenauigkeiten 6 M 306
- Video- und Kameraüberwachung, Verwertungsverbot 6 M 307, M 473

Kündigung, vorsorgliche 4 10

Kündigungsberechtigung 4 11 ff.

Kündigungserklärung
- Bestimmtheitsgrundsatz 4 8 ff.
- Zugang 4 19 ff.
- Zugang im Urlaub 4 22; 6 M 511

Kündigungsfrist
- Allgemeines 4 46 ff.
- Beginn 4 19
- Berechnung 4 56
- Ermittlungsverhalten des Kündigenden zur Wahrung der 6 M 317
- Grundkündigungsfrist 4 46
- Kündigung wegen Nichteinhaltung der Kündigungsfrist 6 M 287
- Kündigungstermin 4 57 ff.
- Nichteinhaltung der Kündigungsfrist durch vorläufigen Insolvenzverwalter 6 M 288
- Probezeit 4 51
- tarifvertragliche Regelung, Abänderung 4 52, 61 ff.
- Verlängerung im Kündigungsschutzverfahren, Streitwert 8 M 229
- Wiedereinstellung wegen veränderter Umstände während 6 M 365
- Wiedereinstellung wegen Wegfalls des betriebsbedingten Grundes während 6 M 365
- Wiedereinstellungsanspruch bei Wegfall des Kündigungsgrundes nach Ablauf der Kündigungsfrist 6 M 510, M 531

Kündigungsgrund
- Angaben zum 4 16 ff.
- Nachschieben nachträglich bekannt gewordener Gründe 4 18

Kündigungsschreiben
- ausführlich, ohne Begründung 4 M 130
- Mindestinhalt 4 M 128 f.

Kündigungsschutz nach §§ 126, 127 InsO
- Beschlussverfahren nach InsO 7 116 ff., M 152

Kündigungsschutzklage
- Abwehr von 6 392 ff.
- Abwicklungsvertrag nach Erhebung 4 M 697
- Abwicklungsvertrag vor Erhebung 4 M 696
- allgemeiner Feststellungsantrag 6 206
- allgemeiner Feststellungsantrag, Streitwert 8 M 230, M 255
- Änderungskündigung, Antrag 6 210

- Annahmeverzugsantrag, Streitwert 8 M 255
- Arbeitgeberstrategien 6 392 ff.
- Aufnahmebogen 6 175 f.
- außergerichtliche Tätigkeit vor Erhebung, Gebühren 8 M 303
- außerordentliche Kündigung 6 197
- außerordentliche Kündigung, Grundmuster 6 M 315
- Aussetzungsbeschluss, Beschwerde gegen 6 M 289
- Betriebsübergang, Antrag 6 208 f.
- Darlegungs- und Beweislast 6 395
- Deckungsantrag bei eiliger 8 M 277
- Deckungszusage 8 261 ff.
- Gerichtsstand bei Außendienstmitarbeitern 6 M 298
- Grundantrag 6 204
- kurzes Arbeitsverhältnis, Streitwert 8 M 231
- nachträgliche Zulassung, Antrag 6 213 ff., M 330
- nachträgliche Zulassung, Erwiderungsschriftsatz 6 M 457
- ordentliche Kündigung 6 193 ff.
- ordentliche Kündigung, Grundmuster 6 M 282
- Passivlegitimation 6 181 ff.
- Umstellung auf richtige Partei 6 3
- verdeckte Betriebsübernahme, betriebsbedingte Kündigung 6 M 339
- Vergleichsbereitschaft, Anzeige 6 M 447
- Weiterbeschäftigungsanspruch, Streitwert 8 M 255
- Zustellung bei ausländischer Botschaft als Arbeitgeber 6 M 296

Kündigungsschutzprozess
- typische Fehler 6 198 ff.

Kündigungstermin 4 57 ff.

Kündigungsverbot
- nachträgliche Mitteilung 6 M 356

Kurzarbeit
- Betriebsvereinbarung 5 M 125

Kurzarbeitsklausel
- Benachteiligungsverbot (§ 307 Abs. 2 Nr. 1 BGB) 1 54

Leasingfahrzeug 2 M 124; 4 558 ff.

Lehrkraft
- Arbeitsvertrag, Privatschule 1 M 229
- Rechtsstellung 1 305

Leiharbeitnehmer
- Arbeitsvertrag, befristet 1 M 252
- Arbeitsvertrag, unbefristet 1 M 253
- geringfügige Beschäftigung, Vertragsergänzung 1 M 191
- Mitbestimmungsrecht des Betriebsrats, Streitwert 8 M 255

Leistungsantrag
- Beschlussverfahren 7 43

Leistungsbeschreibungen
- Inhaltskontrolle nach § 307 Abs. 3 BGB 1 71

Leistungsbeurteilung 3 67 ff., M 124

Leistungsmanagement, Verbesserung
- Interessenausgleich 5 M 242

Leistungsverdichtung
- betriebsbedingte Kündigung 4 M 132; 6 M 301, M 465

Leistungszulage
- Arbeitsvertrag mit Verwaltungskraft 1 M 243

Leitender Angestellter i.S.v. § 5 Abs. 3 BetrVG
- Streit über Statusfrage 7 13, M 73
- Streit über Statusfrage, Streitwert 8 M 255

Lkw-Fahrer
- Arbeitsvertrag 1 M 223

Lohngleichheitsgebot
- Betriebsvereinbarung 5 30

Lohnrisikoklausel 1 60

Lohnsteuer 4 352 ff.

Lohnsteueranrufungsauskunft 4 209 ff., M 706

Lohnsteuerkarte 4 353
- Zwangsvollstreckung, Herausgabe 6 100

Lohnverwendungsabreden
- Betriebsvereinbarung 5 36

Low-Performer
- Darlegungs- und Beweislast 6 M 304

Mahnung
- AGB, Form nach § 309 Nr. 13 BGB 1 121 ff.

Mailbox-Entscheidung 7 M 72

Mandantenschutzklausel
- allgemeine Mandantenschutzklausel 2 35
- beschränkte Mandantenschutzklausel 2 36
- Mandantenübernahmeklausel 2 37 ff.
- Mustertext 2 M 68
- Niederlassungsverbot 2 34

Mandantenübernahmeklausel 2 37 ff.

Mankoklausel
- Benachteiligungsverbot (§ 307 Abs. 2 Nr. 1 BGB) 1 55

Mankovereinbarung 3 M 167

Mannesmann-Urteil 1 424

Massenentlassung
- Sozialdaten-Liste 4 M 157

Mediation
- Terminsgebühr 8 M 236

Mehrvergleich
- Deckungszusage 8 M 300

Merkblatt zum AGG 1 5, M 162

Mietvertrag über Werkswohnung 1 M 151

Mini-Jobs
- Erklärungsbogen 1 M 186
- Merkblatt für Arbeitnehmer 1 M 183

Mitarbeiterbeschwerden
- Bestellung Einigungsstellenvorsitzender 7 M 66
- Betriebsvereinbarung 5 M 69
- Einigungsstellenzuständigkeit 7 3

Mitarbeiterbeurteilung
- Beurteilungsbogen 3 M 125
- Beurteilungsgrundsätze 3 29 ff.
- Leistungsbeurteilung 3 67 ff., M 124

Mitarbeitergespräch
- Betriebsvereinbarung 5 M 70

Mitbestimmungsgesetz 1 378

Mitbestimmungsrecht des Betriebsrats *siehe auch* Betriebsrat; *siehe auch* Personelle Maßnahmen
- Antrag im Beschlussverfahren 7 43 ff.
- Aufhebung der Einstellung von Leiharbeitnehmern, Streitwert 8 M 255
- Betriebsänderung 5 146
- Feststellung des Nichtbestehens 7 M 153
- personelle Maßnahmen, Aufhebung auf Antrag des Betriebsrats 7 M 76
- personelle Maßnahmen (Aufhebungsantrag nach § 101 BetrVG), Streitwert 8 M 232, M 255
- personelle Maßnahmen, Unterlassen auf Antrag des Betriebsrats 7 M 75
- Rauchverbot im Betrieb, Streitwert 8 M 233, M 255
- Tariflohnerhöhungen, Anrechnung auf Zulagen 7 M 80
- Überstunden, Unterlassen der Anordnung durch einstweilige Verfügung 7 M 81
- Überstunden, Unterlassungsverpflichtung mit Festsetzung von Ordnungsgeld wegen Zuwiderhandlung 7 M 88
- Überstunden, Unterlassungsverpflichtung mit Vollstreckungsantrag 7 M 89

Mobbing
- Betriebsvereinbarung 5 M 66
- Schadensersatz und Unterlassen 6 M 352
- Schmerzensgeld 6 M 519

Mobilfunkgerät
- Telefonieren mit betrieblichem Handy, Betriebsvereinbarung 5 M 113

Moderatorenvertrag 1 M 345

Monatsentgelt
- Berechnung, Streitwert 8 M 206

Monatsverdienst, § 10 KSchG
- Berechnung 6 M 295

Monte-Carlo-Modell 4 383, M 698

Monteur
- Vertrag mit verselbständigter Monteursgruppe 1 M 348

Mutterschaft *siehe* Elternzeit

Nachbesserungsverlangen
- AGB, Form nach § 309 Nr. 13 BGB 1 121 ff.

Nachteilsausgleich 5 151, 156, 164 ff.

Nachvertragliches Wettbewerbsverbot *siehe* Wettbewerbsverbot, nachvertragliches

Nachweisgesetz
- Nachweis, Streitwert 8 M 255

- Niederschrift gemäß NachwG 1 M 144

Namensliste
- Interessenausgleich 5 167
- Wahlvorstand 7 M 95

Natürliche Person
- Passiv-Rubrum 6 188

Nebentätigkeit während angeblicher Arbeitsunfähigkeit 6 M 493 f.

Nebenverdienst
- Anrechnung auf Arbeitslosengeld 4 247

Netto-Abfindung 4 360 ff.

Netto-Klage 6 17 ff.

Nichtantritt der Stelle 6 M 521

Nichtige Wettbewerbsvereinbarung 2 24 ff.

Nichtigkeit von Betriebsratswahl
- Beschlussverfahren 7 7

Nichtzulassungsbeschwerde
- Erläuterung negativer Prozesschancen für Mandanten 6 M 152
- Unbegründetheit, Erwiderung 6 M 150
- Unzulässigkeit, Erwiderung 6 M 149
- Verfahrensgebühr 8 M 255
- wegen Divergenz 6 M 154
- wegen Divergenz und Grundsatzbedeutung 6 M 153
- wegen grundsätzlicher Bedeutung 6 M 151
- wegen tariflicher Streitigkeit 6 M 156
- wegen Verletzung des Anspruchs auf rechtliches Gehör 6 M 155

Niederlassungsverbot 2 34

Niedriglohn-Job
- Merkblatt für Arbeitnehmer 1 M 183

Null-Sozialplan 5 181

Nutzungspauschale Kfz-Nutzung 2 90 ff.

Objektive Klagehäufung
- Stufenklage 6 29

Öffentlicher Dienst
- Altersteilzeitvertrag Blockmodell 4 M 787
- Organisationsänderung, unbedingte ordentliche Änderungskündigung 4 M 142
- Unkündbarkeit nach § 55 BAT/§ 34 TVöD 6 M 497
- Urlaub 3 78

Öffnungsklauseln
- Betriebsvereinbarung 5 11, 32

OHG
- Passiv-Rubrum 6 188

Organisations-Handbuch
- Arbeitsvertrag mit Angestelltem, mit Organisationsanweisungen 1 M 174

Organstreitigkeiten
- Beschlussverfahren 7 8

Outplacement-Klauseln 4 603 ff.

Outsourcing
- Interessenausgleich   5 M 237
- Sozialplan   5 M 250

Parteien, arbeitsgerichtliche Klage   6 2 ff., 181 ff.
Parteizugehörigkeit
- Fragerecht des Arbeitgebers   3 20
Partnerschaftsgesellschaft
- Passiv-Rubrum   6 187, 189
Passivlegitimation   6 2 ff., 181 ff.
- Kündigungsschutzklage   6 181 ff.
Pauschalvereinbarung
- Drittfinanzierung   8 M 100
- Vergütungsvereinbarung   8 24 ff.
PC für Betriebsratstätigkeit
- Kostentragung, Streitigkeiten   7 10
PC-Schulung von Betriebsräten
- Kostentragung   7 M 154
Pensionskasse   4 516 ff.
Pensionsplan   *siehe* Pensionszusage
Pensionssicherung
- Insolvenzschutzklauseln   4 594 ff.
Pensionsvertrag
- AG-Vorstandvertrag mit   1 M 465 f.
Pensionszahlung
- AG-Vorstand   1 449
- GmbH-Geschäftsführer   1 402
Pensionszusage
- AG-Vorstand   1 M 464
- Arbeitsvertrag mit Leiter Konstruktion   1 M 200
- Arbeitsvertrag mit Personalchef Europa   1 M 197
- Steuerermäßigung   4 179
Personalabbau
- einstweilige Verfügung auf Unterlassung   7 55 f.
- Erzwingbarkeit Sozialplan   5 150
- Interessenausgleich   5 130, 161 ff., M 238 f.
- Kombination Interessenausgleich/Sozialplan   5 258
- Sozialplan   5 200, M 252
Personalakte
- Entfernung eines Schreibens, Abmahnung   3 97
- Entfernung eines Schreibens, Abmahnungsklage   6 M 257
- Entfernung eines Schreibens, Vollstreckung   6 M 388, M 541
- Erklärung/Protokoll über Einsichtnahme   3 M 163
Personalauswahl   *siehe* Bewerberauswahl
Personaleinkauf
- Betriebsvereinbarung   5 M 126
- Haftungsausschluss   1 110
Personalfragebogen   3 M 52
- Einigungsstellenzuständigkeit bei Meinungsverschiedenheiten   7 3
- Mitbestimmungsrecht Betriebsrat   3 29 ff.
- Täuschung beim Ausfüllen   6 M 329

Personalinformationssystem
- Mitbestimmungsrecht des Betriebsrats, Antrag auf Untersagung der Anwendung   7 M 64
Personalinformationssystem (PAISY)
- Betriebsvereinbarung   5 86, M 109 f.
Personalplanung
- Betriebsvereinbarung   5 M 71
Personelle Eilverfahren
- Beschussverfahren   7 101
Personelle Maßnahmen   *siehe auch* Betriebsrat; *siehe auch* Mitbestimmungsrecht des Betriebsrats
- Änderungskündigung, Zustimmung Betriebsrat   6 M 313 f.
- Auswahlrichtlinien, Betriebsvereinbarung   5 M 120
- Ersetzung der Zustimmung des Betriebsrats   7 M 150, M 155 f.
- Feststellung der Zustimmungspflichtigkeit   7 M 98
- Mitbestimmungsrecht des Betriebsrats   7 M 75 f.
- Mitbestimmungsrecht des Betriebsrats, Streitwert   8 M 232, M 255
- vorläufige personelle Maßnahmen nach §§ 99, 100 BetrVG, Gegenantrag   7 M 92
- Zustimmungsersetzungsantrag, Zurückweisung wegen unzureichender Unterrichtung durch Arbeitgeber   7 M 96
- Zustimmungsersetzungsverfahren nach § 99 BetrVG, Gegenantrag wegen unzureichender Unterrichtung des Betriebsrats   7 M 97
- Zustimmungsverweigerung wegen zu hoher Eingruppierung, Replik   7 M 99
- Zwangsgeld wegen Nichtaufhebung   7 M 100
Pfändungs- und Überweisungsbeschluss   6 99
Pfändungsfreigrenzen   2 131
Pflichtverletzung Betriebsratsmitglied
- Ausschluss gem. § 23 BetrVG   7 M 142
PKH-Antrag   6 M 111
Praktikantenverhältnis
- Praktikantenvertrag   1 M 350
- Streitwert   8 M 255
Prämie
- Prämiensystem für Mitarbeiter im Verkauf, Betriebsvereinbarung   5 M 116
Praxisveräußerungsklausel   4 609 ff.
Preisvereinbarungen
- Inhaltskontrolle nach § 307 Abs. 3 BGB   1 71
Pressemeldung   4 420 ff.
Privatfahrten   *siehe* Dienstwagen
Privathaushalt
- Arbeitsvertrag mit geringfügig Beschäftigten   1 M 189
Probezeit
- Bestehen   3 M 138
- Kündigungsfrist   4 51
- Verlängerung   3 M 139
Probezeitverlängerungsklausel   4 612 ff.

Stichwortverzeichnis

Produktionsrückgang
- betriebsbedingte Kündigung 4 M 133

Programmierer
- Arbeitsvertrag 1 M 226
- freier Mitarbeiter 1 301
- Freier Mitarbeitervertrag 1 M 338
- Werkstudentenvertrag 1 M 161

Projektmanager
- Arbeitsvertrag mit Merkblätter zu Datenschutz und Diensterfindungen 1 M 239

Prokura 3 74, M 134

Provision
- Auskunftsklage und Provisionszahlung 6 M 373

Provisionsregelungen 4 616 f.
- Handelsvertretervertrag 1 284 ff.
- Vertriebsmitarbeiter für EDV-Produkte und EDV-Dienstleistungen 1 M 211

Prozessbeschäftigung 6 415 ff., M 449

Prozessgebühr
- Erstattungspflicht der Prozessgebühr des Rechtsmittelbeklagten vor Begründung des nur zur Fristwahrung eingelegten Rechtsmittels 6 M 138

Prozesskostenhilfe
- Antrag auf Bewilligung 6 M 111

Prozessprotokollierungsvereinbarung 4 618 ff.

Prozessvergleich
- Abfindung in 4 334 ff.
- mit Monte-Carlo-Klausel 4 M 698

Punktesystem
- Berechnung von Sozialplanabfindungen 5 197 f.

Pünktlichkeitsprämie
- Betriebsvereinbarung 5 34

Quota-litis-Vereinbarung 8 46 ff.

Raucher
- Fragerecht des Arbeitgebers 3 23

Rauchfreier Arbeitsplatz
- Beschäftigungsklage 6 M 272

Rauchverbot im Betrieb
- Abmahnung 3 M 177
- Mitbestimmungsrecht des Betriebsrats, Streitwert 8 M 233, M 255

Rechnungslegung
- Stufenklage 6 29 ff.

Rechtsanwaltskosten
- Betriebsratstätigkeit, Kostentragung des Arbeitgebers 7 10, M 58, M 68; 8 M 218

Rechtsanwaltskosten für Betriebsratstätigkeit
- Kostentragung, Streitigkeiten 7 10, M 58

Rechtsbeschwerde
- Grundmuster 6 M 159

Rechtsbeschwerde (§ 92 ArbGG) gegen Entscheidung des LAG
- Schriftsatz 7 M 38
- Zulässigkeit 7 22, 27

Rechtsbeschwerdeverfahren
- Bestellungsschriftsatz 7 M 35

Rechtsmittelstreitwert 8 165 ff.

Rechtsreferendar
- Prozessvertretung 8 M 315

Rechtsschutzversicherung *siehe auch* Deckungsschutz
- AG-Vorstand 8 90, M 115
- Aufhebungsvertrag, Aushandeln 8 92, M 117, 266 ff.
- Aufklärungs-/Hinweispflichten des Anwalts 8 89 ff.
- Ausschlusstatbestände 8 90 f., 259
- Ausschlusstatbestände, Hinweis auf 8 M 115 f.
- Deckungsschutz, Umfang 8 260
- Einwand der Vorvertraglichkeit 8 258
- GmbH-Geschäftsführer 8 90, M 115
- Hinweis bei rechtsschutzversicherten Mandanten 8 M 110
- Informationspflicht des Anwalts 8 271 f.
- Rechtspflichtverstöße 8 257 ff.
- vorsätzliche Schadensverursachung 8 91, M 116, M 290

Rechtsweg
- Rüge 6 M 538

Regelaltersrente 4 258 ff.

Regelungsabsprache
- Abgrenzung Betriebsvereinbarung 5 14 f., 41
- Wirkung 5 15

Reisekostenabrechnung, Ungenauigkeiten
- fristlose Kündigung 6 M 324
- verhaltensbedingte Kündigung 6 M 306

Reisekostenrichtlinie 1 80

Religionszugehörigkeit
- Fragerecht des Arbeitgebers 3 20

Rentenauskunft 4 259

Rentenversicherungsrecht
- Altersteilzeit 4 741 ff.
- Aufhebungs-/Abwicklungsvertrag 4 258 ff.
- Regelaltersrente 4 258
- Rentenauskunft 4 259
- Teilrente 4 266
- Vollrente 4 266

Restrukturierung
- Kombination Interessenausgleich/Sozialplan 5 M 259

Revision
- Anschlussrevision 6 81
- Bestellungsschreiben für Revisionsbeklagten 6 M 147
- Bestellungsschreiben gegen Nichtzulassungsbeschwerde 6 M 146
- des Beklagten 6 M 158
- des Klägers 6 M 157
- Nichtzulassungsbeschwerde 6 M 149 ff.
- Revisionsantrag 6 73
- Revisionsbegründungsfrist 6 71

Stichwortverzeichnis

- Revisionsbegründungsschriftsatz 6 72 ff.
- Revisionseinlegungsfrist 6 71
- Rücknahme 6 80
- Sachrüge 6 78
- Verfahrensrüge 6 78

Rückgabevereinbarungen 4 623 ff.

Rücknahme
- Berufung 6 66
- Klage 6 54
- Kündigung 4 41 ff.; 6 M 297
- Revision 6 80

Rücktrittsklausel 4 676

Rücktrittsvorbehalt
- Inhaltskontrolle nach § 308 BGB 1 75

Rückzahlungsklage des Arbeitgebers
- Entreicherungseinwand 6 M 378
- überzahltes Arbeitsentgelt 6 M 533

Rückzahlungsklausel
- Abfindung 4 390 f.
- Arbeitgeberdarlehen 2 138 ff.
- Ausbildungskosten 6 M 503
- Bindungsdauer 2 156 ff.
- Fortbildung 2 141 ff.
- gestaffelt, Fortbildungsvertrag 2 M 172
- Transparenzgebot 1 46

Rückzahlungsklausel, Falschberechnung
- Benachteiligungsverbot (§ 307 Abs. 2 Nr. 1 BGB) 1 56

Rückzahlungsklausel, Fortbildungsveranstaltung
- Inhaltskontrolle nach § 307 Abs. 3 BGB 1 72

Rufbereitschaft
- Betriebsvereinbarung 5 M 95

Ruhegeld
- Anpassung, betriebliche Altersversorgung 6 M 332
- Feststellung einer Ruhegeldverpflichtung 6 M 335

Rundfunk, Mitarbeiter
- Freier Mitarbeitervertrag 1 M 345
- Rechtsstellung 1 305 ff.

Sabbatical 3 77, M 145

Sachbearbeiterin
- Arbeitsvertrag, mit Tarifbindung 1 M 244

Sachgruppenvergleich 5 50

Sachrüge Revision 6 78

Sachstandsanfrage
- Terminsgebühr 8 M 237

Sachverständiger
- Betriebsratstätigkeit 7 M 77, M 157

Salvatorische Klausel 4 627 ff.

Sammelabmahnungen 3 93

Satzungstheorie 5 13

Schadensersatz, Pauschalierung
- AGB-Inhaltskontrolle 1 90, 94 f.

Schadensersatzanspruch
- AGG und Betriebsvereinbarung 5 7

Schadensersatzklage
- AGG 6 M 259 ff., M 437
- Arzt, unterlassene Beteiligung an Privatliquidation 6 M 351
- Detektivkosten 6 M 516
- Dienstwagen, Entzug 6 M 350
- Eigenkündigung, Arbeitgeberverhalten 6 M 349
- Mobbing 6 M 352
- Schlechtleistung 6 M 518

Scheinarbeitsverhältnisse 1 309 ff.

Scheinselbständigkeit
- Sozialversicherungsrecht 4 270 ff.

Schikanen
- Deckungsantrag 8 M 282

Schlechtleistung
- Schadensersatzklage 6 M 518

Schleppnetzantrag 6 201, 206
- Streitwert 8 M 255

Schlichtungsverfahren
- Berufsausbildungsverhältnis 4 507

Schmerzensgeld
- Mobbing 6 M 519

Schmiergeldannahme
- außerordentliche Kündigung 6 M 486

Schriftform
- AGB, Form nach § 309 Nr. 13 BGB 1 121 ff.

Schriftsätze
- in der ersten Instanz 6 M 121 ff.
- in der Revision 6 M 146 ff.
- in der zweiten Instanz 6 M 130 ff.

Schriftsatzkündigung 6 M 512

Schrotthändler
- Werklohnvereinbarung mit Schrottverkleinerer 1 M 349

Schuldanerkenntnis 4 486, 492
- Darlehensvertrag 2 M 169

Schuldanerkenntnis-Klauseln 4 631 ff.

Schuldversprechen 3 M 162

Schulungskosten Betriebsratsmitglied
- Erstattung Arbeitgeber 7 M 78

Schulungsveranstaltung
- Anerkennung, Streit 7 13
- Freistellung Betriebsratsmitglied, Streit über 7 3
- Freistellung Jugend- und Auszubildendenvertretung, Streit über 7 3
- Freistellung Personalratsmitglied, Streitwert 8 M 224, M 255
- Kostentragung Arbeitgeber 7 M 78, M 154
- Rückzahlungsklauseln 2 141 ff.
- vorherige Unterrichtung des Betriebsrats 7 M 83, M 158

Schwangerschaft
- Fragerecht des Arbeitgebers 3 5
- Gewerbeaufsichtsamt, Mitteilung an 3 M 149
- Offenbarungspflicht des Arbeitnehmers 3 11
- Personalfragebogen 3 8

Schwellenwert
- Interessenausgleich   5 130
Schwerbehinderteneigenschaft
- Offenbarungspflicht des Arbeitnehmers   3 12 f.
Schwerbehinderung
- Abwicklungsvertrag unter Mitwirkung Integrationsamt   4 M 703
- Altersrente   4 261
- Anfechtung des Arbeitsvertrages wegen verschwiegener Schwerbehinderteneigenschaft   6 M 523
- Aussetzungsbeschluss bei Kündigungsschutzklage, Beschwerde gegen   6 M 289
- behinderungsgerechte Beschäftigung   6 M 355
- Gleichstellungsantrag   3 M 165
- Klage des AG wegen Zustimmungsverweigerung des Integrationsamts zur Kündigung   6 M 526
- Klage des AN gegen Zustimmung des Integrationsamts zur Kündigung   6 M 357
- Kündigungsverbot, nachträgliche Mitteilung   6 M 356
- Sonderkündigungsschutz   4 120 ff.
Scientology
- Fragerecht des Arbeitgebers   3 24
Seeschifffahrt
- Einigungsstellenzuständigkeit   7 3
Sekretärin
- Arbeitsvertrag   1 M 224
Selbständigkeit
- Merkmal   1 269
Selbstbeurlaubung
- Kündigungsgrund   6 M 321, M 489
Sexuelle Belästigung
- AGG-Klage   6 M 262
- Betriebsvereinbarung   5 M 66
Sexuelle Identität
- AGG-Klage   6 M 260
Sicherheitsbeauftragter
- Haftungsfreistellung   3 M 166
Sicherungsübereignung Pkw
- Darlehensvertrag   2 M 168
Sofortige Beschwerde
- gegen Beschluss des ArbG, Grundmuster   6 M 141
- gegen Kostenentscheidung   6 46 f.
- gegen Kostenfestsetzungsantrag   6 M 164
Softwareentwickler
- Vertrag   1 M 339
Sollzeit-Regelung
- Betriebsvereinbarung   5 M 90
Sonderkündigungsschutz
- Schwerbehinderung   4 120 ff.
- Wahlbewerber   4 71
Sonderurlaub   3 77, M 145
Sozialauswahl
- Abwehr von Kündigungsschutzklage   6 398
- betriebsbedingte Kündigung, Fehler bei   6 405 f.

- mangelhafte – betriebsbedingte Kündigung   6 M 299
- Mitteilung der Kündigungsgründe, Aufforderungsschreiben   4 M 145
Sozialdaten-Liste
- Massenentlassung   4 M 157
Soziale Angelegenheiten
- Einigungsstellenzuständigkeit   7 3
Sozialplan   *siehe auch* Sozialplanabfindung
- Anspruchsausschluss   5 190
- Arbeitszeitänderung – Kombination mit Interessenausgleich   5 M 261
- Auslegung   5 175, 214
- Betriebsstilllegung   5 199, M 244
- Betriebsstilllegung, Einigungsstellenspruch   5 M 245
- Betriebsstilllegung im Konzern   5 M 244
- Betriebsübergang und Sitzverlegung einer Versicherungsgesellschaft   5 M 246
- Betriebsvereinbarung   5 169 ff.
- Betriebsverlagerung   5 M 247, M 251
- DV- und Orga-Projekte, Rationalisierung – Kombination mit Interessenausgleich   5 M 257
- Einigungsstelle   5 205 ff.
- Einigungsstellenzuständigkeit   7 3
- Ermessensfehler bei undifferenzierter Festsetzung von Abfindung durch Spruch einer Einigungsstelle   7 M 39
- Erzwingbarkeit   5 150
- Fusion   5 M 248
- Gestaltungsverbote   5 191 ff.
- Inhalt   5 145, 168, 179 ff.
- kombiniert mit Interessenausgleich   5 177 f., M 257 ff.
- Kündigung   5 212
- Outsourcing von Handwerkern einer Wohnungsbaugesellschaft   5 M 250
- Personalabbau   5 200, M 252
- Personalabbau – Kombination mit Interessenausgleich   5 M 258
- persönlicher Geltungsbereich   5 172
- Rechtswirkung   5 174
- Restrukturierung – Kombination mit Interessenausgleich   5 M 259
- Teilbetriebsveräußerung   5 M 251
- Umwandlung von Vertriebsbüros in Technische Büros   5 M 253
- unwirksame Klauseln   5 191 ff.
- Verbandsverlagerung – Kombination mit Interessenausgleich   5 M 260
- Verjährung von Ansprüchen   5 196
- Verlagerung des Betriebes   5 200
- Verschmelzung   5 M 251
- Vertriebskonzeptänderung – Kombination mit Interessenausgleich   5 M 261

- Vertriebsumstrukturierung – Kombination mit Interessenausgleich 5 M 262
- Volumen, Streitwert 8 M 235, M 255
- wirksame Klauseln 5 191 ff.
- zeitlicher Geltungsbereich 5 171
- Ziel 5 168 ff.
- Zusammenführung mehrerer Betriebe 5 200
- Zusammenführung von Betriebsteilen 5 M 255 f.
- Zustandekommen 5 176

Sozialplanabfindung
- Abfindungshöhe 4 320
- Abfindungsklauseln 4 322 ff.
- Berechnung 5 197 f.
- Funktion 4 306
- Steuerermäßigung 4 184
- Streitwert 8 M 255
- Vererbbarkeit 5 185 ff.
- Zwangsvollstreckung 5 210

Sozialversicherungsrecht
- 58er-Regelung 4 256, 456
- Abfindung 4 345 ff.
- AG-Vorstand 4 221
- Arbeitnehmereigenschaft 4 269 ff.
- Arbeitslosengeld 4 216 ff.
- Freie Mitarbeit 4 270 ff.
- GmbH-Geschäftsführer 1 400; 4 221
- Scheinselbständigkeit 4 270 ff.
- Sperrzeittatbestände bei Arbeitslosengeld 4 222 ff.

Spaltung von Betrieben
- Begriff 5 142

Sperrzeit
- Abwicklungsvertrag 4 226 ff.
- Altersteilzeit 4 780
- Aufhebungsvertrag 4 226 ff.
- Beweislast 4 240
- Freistellung 4 592
- Tatbestände 4 222 ff.
- „Lösen" i.S.v. § 144 SGB III 4 226 ff.
- „Wichtiger Grund" i.S.v. § 144 Abs. 1 Satz 2 SGB III 4 232 ff., 240

Sperrzeitbescheid
- Klage gegen 6 M 331

Spesen
- Vergütungsvereinbarung 8 40

Spesenabrechnung, Ungenauigkeiten
- fristlose Kündigung 6 M 324
- verhaltensbedingte Kündigung 6 M 306

Sprachtest
- AGG 5 6

Sprecherausschuss
- Kündigung 4 65 ff., M 153

Sprechstunden
- Betriebsrat, Streit über Einrichtung 7 3
- Jugend- und Auszubildendenvertretung, Streit über Einrichtung 7 3

Sprinterprämie 4 352, 639 ff.

Stammkundenanteil
- Handelsvertreterrecht 1 295

Statusfeststellung „Arbeitnehmer" i.S.v. § 5 Abs. 1 BetrVG
- Feststellungsantrag 7 M 59

Statusfeststellung „leitender Angestellter" i.S.v. § 5 Abs. 3 BetrVG
- Streit 7 13, M 73
- Streitwert 8 M 255

Stellenausschreibung
- AGG 3 6, 39 ff.

Stellenausschreibung, innerbetriebliche
- Antrag des Betriebsrats auf Unterlassen der Beschäftigung eines eingestellten Mitarbeiters 7 M 84
- Betriebsvereinbarung 5 M 68

Stellenbeschreibung
- Änderungsvorbehalt 1 81
- einfache 3 M 60
- Fragebogen zur Erarbeitung 3 M 63
- interne (Aushang) 3 M 61
- Job Description 3 M 62

Steuerberater
- Beratervertrag 1 M 344

Steuerermäßigung
- Berechnungsweg 4 201 ff.
- Fünftelungs-Regelung 4 169 ff.

Steuerfreie Zuschläge
- Vertragsergänzung 1 M 159

Steuerrecht
- Abfindung 4 349 ff.
- Anwaltskosten, Abzugsfähigkeit 4 212
- Fünftelungs-Regelung 4 169 ff., 201 ff.

Stilllegung des Betriebes siehe Betriebsstilllegung

Stock Options 4 642 ff.

Stock-Options-Vereinbarung
- Arbeitsvertrag für Financial Consultat einer internationale Gesellschaft 1 M 248

Störung Betriebsfrieden
- Abmahnung 3 M 179

Streik siehe Arbeitskampf

Streitwertaddition bei Vergleich 8 M 307

Streitwerterhöhung
- streitwerterhöhende Einbeziehung von Regelungen über Altersversorgung und Zeugnis in Vergleich 8 M 308

Stufenklage
- Antrag 6 29 ff.

Subunternehmer
- steuerliche Aspekte 1 327
- Subunternehmervertrag 1 M 346
- Vertraulichkeitsvereinbarung 1 M 340

Suchtprobleme
- Betriebsvereinbarung 5 58, M 80

Systemgastronomie
- Teilzeitarbeitsvertrag 1 M 220

Tantiemen
- Tantiemeregelungen 4 647 f.
- Vergütungsregelungen bei AG-Vorständen 1 422
- Vergütungsregelungen bei GmbH-Geschäftsführern 1 389 ff.

Tarifautonomie
- keine AGB-Inhaltskontrolle 1 137

Tarifbindung *siehe* Arbeitsvertrag mit Tarifbindung
- Arbeitsvertragsgestaltung 1 3

Tariffähigkeit einer Vereinigung
- Antrag nach § 97 ArbGG 7 M 40
- Beschlussverfahren 7 25 ff.

Tariflohnerhöhungen
- Anrechnung auf Zulagen 1 78
- Mitbestimmung des Betriebsrats bei Anrechnung auf Zulagen 7 M 80

Tarifrecht
- Nichtzulassungsbeschwerde wegen tariflicher Streitigkeit 6 M 156

Tarifvertrag
- AGB-Inhaltskontrolle 1 137, 139 ff.
- Altersteilzeit 4 783
- Arbeitsvertrag Lagerleiter (Brauerei) mit Haustarifvertrag 1 M 170
- Arbeitsvertragsgestaltung 1 6
- Einigungsstellenzuständigkeit 7 3
- Kündigungsfrist, Abänderung 4 61 ff.
- Kündigungsfrist, Abkürzung 4 52

Tarifvorrang
- Betriebsvereinbarung 5 31

Tarifzuständigkeit einer Vereinigung
- Beschlussverfahren 7 25 ff.

Tatbestandsberichtigung 6 M 112 f.

Tätigkeitsbezogenes Wettbewerbsverbot 2 4 ff.

Tätigkeitsklausel
- überraschende Klauseln 1 24

Tatkündigung
- Verdachtskündigung, Abgrenzung 6 M 471

Tätlichkeiten am Arbeitsplatz 6 M 495

Tatsachenbestätigungen
- AGB-Inhaltskontrolle nach § 309 Nr. 12b BGB 1 117 ff.

Teilbetriebsveräußerung
- Interessenausgleich 5 M 240
- Sozialplan 5 M 251

Teilmitbestimmungspflichtige Betriebsvereinbarung 5 59

Teilrente 4 266

Teilvergleich
- Einigungsgebühr 8 M 310

Teilzeitarbeit *siehe auch* Elternzeit
- Antrag 6 230 f.
- Mitbestimmungsrecht Betriebsrat 3 70

Teilzeitarbeit nach § 8 TzBfG
- Ablehnung 3 M 184
- Antrag 3 122 ff., M 181 f.
- einstweilige Verfügung (§ 8 TzBfG) 6 M 343
- Klage (§ 8 TzBfG) 6 M 342
- Stattgabe des Antrags 3 M 185
- verspäteter Antrag, Zurückweisung 3 M 183

Teilzeitarbeitsplatz
- AGG 3 41

Teilzeitarbeitsvertrag
- Einzelhandel 1 M 217
- Systemgastronomie 1 M 220

Teilzeitbeschäftigter
- Gleichbehandlung, Klage 6 M 344

Telearbeit
- alternierende 3 M 137
- Betriebsvereinbarung 5 M 117
- freie Mitarbeit 1 320
- in Heimarbeitsverhältnis 1 M 154

Telefonanlage
- Betriebsvereinbarung 5 M 111 f.

Telefonat
- Geschäftsgebühr 8 M 305

Telegramm
- Kündigung 4 3

Tendenzbetrieb
- Interessenausgleich 5 152
- Verlagerung 5 M 254

Tendenzunternehmen
- AGB-Kontrolle 1 14

Terminsänderungsantrag 6 43, M 115 ff.

Terminsgebühr 8 142 ff.
- Mediation 8 M 236
- Sachstandsanfrage 8 M 237
- Vergleich 8 M 241 ff., M 312 f.
- Versäumnisurteil 8 M 238 ff., M 314

Terminskollision
- Gerichtsterminsverlegung 6 M 116 f.

Terminsverlegung 6 M 115 ff.
- Antrag 6 43 ff.

Topfvereinbarung, Handelsvertretervertrag 1 289

Touristik
- Arbeitsvertrag, mit Tarifbindung 1 M 240

TQM-Einführung
- Interessenausgleich 5 M 242

Transfer-Interessenausgleich
- Bedeutung 5 216 ff.
- Interessenausgleichs-Regelung 5 M 263

Transfer-Sozialplan
- Bedeutung 5 216 ff.
- Sozialplan-Regelung 5 M 264

Transferhilfen 5 218 ff.

Transparenzgebot
- Beispielsfälle 1 41 ff.
- Grundsatz 1 39 f.

Trennungsgeldentschädigungsregelung
- Arbeitsvertrag mit Leiter Forschung und Entwicklung 1 M 204

Treu und Glauben
- AGB-Inhaltskontrolle 1 34
Treuhandvertrag
- Altersteilzeit mit Sicherung des Arbeitszeitwertguthabens 4 M 788
- Altersteilzeit und Insolvenzschutz 4 M 789

Übergangsgeld
- Altersteilzeit 4 761 ff.
- Steuerermäßigung 4 198
Überlassung von Arbeitnehmern siehe Arbeitnehmerüberlassung
Überlastung des Anwalts
- Fristverlängerung 6 40 ff., M 136
Überleitungsanzeige 4 250 ff.
Überraschende Klauseln
- Beispielsfälle 1 21 ff.
- Merkmal 1 20
Überstunden
- Abfeiern 4 591
- angeordnet 6 M 368
- geduldet 6 M 369
- Mitbestimmungsrecht des Betriebsrats bei Anordnung von Überstunden 7 M 81
- Schreiben des Arbeitgebers an Betriebsrat zur Zustimmung der Bestellung 7 M 146
- Unterlassungsverpflichtung mit Festsetzung von Ordnungsgeld wegen Zuwiderhandlung 7 M 88
- Unterlassungsverpflichtung mit Vollstreckungsantrag 7 M 89
Überstundenklausel
- Transparenzgebot 1 43
Umdeutung
- Betriebsvereinbarung 5 28
- Kündigung 4 64; 6 M 458
Umgruppierung siehe auch Personelle Maßnahmen
- Änderungskündigung 6 M 313, M 481
- Auswahlrichtlinien, Betriebsvereinbarung 5 M 120
- Checkliste Betriebsrat für Zustimmungsprüfung 4 M 156
- Einigungsstellenzuständigkeit bei Uneinigkeit über Inhalt von Auswahlrichtlinien 7 3
- Informationsanspruch Betriebsrat, Streitwert 8 M 255
- Mitbestimmungspflichtigkeit, Streit 7 M 65
Umsatzrückgang
- betriebsbedingte Kündigung 4 M 131; 6 400 ff.
- Kündigung Handelsvertretervertrag 1 292
Umsatzsteuerrecht 4 275
Umsetzung
- einstweilige Verfügung 6 M 265
Umstellung der Klage auf richtige Partei 6 4
Umwandlung
- Interessenausgleich 5 M 241
- Kündigung 4 351
- Sozialplan 5 M 253

Umwandlungsvereinbarung 3 M 126
Umweltschutz
- Betriebsvereinbarung 5 M 82
Umzugskostenregelung
- Arbeitsvertrag mit Leiter Forschung und Entwicklung 1 M 204
Unfallmeldung Kfz-Nutzung 2 M 127
Unfallschutz
- Betriebsvereinbarung 5 M 127
Ungleichbehandlung siehe Allgemeines Gleichbehandlungsgesetz (AGG)
Unklarheitenregel 1 27 ff.
- Beispielsfälle 1 29 ff.
- Mehrdeutigkeit einer Klausel 1 27 f.
Unkündbarkeit nach § 55 BAT/§ 34 TVöD 6 M 497
Unterbevollmächtigung eines Anwalts durch Gewerkschaft
- Erstattungsfähigkeit 8 M 246
Unternehmensberater
- Arbeitsvertrag mit Zeit- und Spesenregelung und Vergütungsvereinbarung 1 M 242
Unternehmensbezogenes Wettbewerbsverbot 2 3
Unternehmereigenschaft
- Vergütungsvereinbarung 8 3 ff.
Unterrichtung des Betriebsrats siehe auch Betriebsrat
- betriebliche Bildungsmaßnahmen 7 M 83, M 158
- Betriebsänderung, einstweilige Verfügung 7 M 62
- Feststellung der Zustimmungspflichtigkeit einer personellen Maßnahme 7 M 98
- Interessenausgleich in der Insolvenz 5 165
- Konzernstruktur 7 M 70
- Zustimmungsersetzungsantrag, Zurückweisung wegen unzureichender Unterrichtung durch Arbeitgeber bei personellen Maßnahmen 7 M 96
- Zustimmungsersetzungsverfahren nach § 99 BetrVG 7 M 155 f.
- Zustimmungsersetzungsverfahren nach § 99 BetrVG, Gegenantrag wegen unzureichender Unterrichtung des Betriebsrats bei personellen Maßnahmen 7 M 97
- Zustimmungsverweigerung wegen zu hoher Eingruppierung, Replik 7 M 99
Unterschrift
- Berufungsschriftsatz 6 M 142 f.
Unterstützungskasse 4 522 f.
Unverbindliche Wettbewerbsvereinbarung 2 27 ff.; 3 M 169
Unvertretbare Handlung
- Zwangsvollstreckung 7 M 42
Urkundenanordnung 6 52 f.
Urlaub
- Altersteilzeit 4 769 f.
- Anrechnung bei Freistellung 4 587 ff.
- Anwesenheitsprämie 3 M 146
- Bildungsurlaub, einstweilige Verfügung 6 M 361
- Genehmigung, bezahlter 3 M 144

- Genehmigung, unbezahlter 3 M 145
- Gewährung, Betriebsvereinbarung 5 M 129
- Gewährung, einstweiliger Rechtsschutz, Antrag 6 237 ff.
- Rahmenplanung, Betriebsvereinbarung 5 M 128
- Rechtsnatur Urlaubsanspruch 3 76 ff.
- Selbstbeurlaubung, Kündigungsgrund 6 M 321, M 489
- Urlaubsabbruch, Verweigerung, Kündigungsgrund 6 M 322
- Urlaubsabgeltung, Klage 6 M 360
- Urlaubsantrag 3 M 143
- Urlaubsbescheinigung 3 M 147
- Urlaubserteilung, einstweilige Verfügung 6 M 359
- Urlaubserteilung, Klage 6 M 358
- Widerruf Kfz-Nutzung 2 79
- Zugang Kündigungserklärung 4 22; 6 M 511

Urlaubsabgeltungsklauseln 4 649 ff.

Urlaubsklage
- Antrag 6 227, M 358

Urlaubsklauseln 4 649 ff.
- GmbH-Geschäftsführer 1 395
- Unklarheitenregel 1 29, 32

Urteilsabsetzung, verspätete 6 M 114
Urteilsstreitwert 8 165 ff.
Urteilsverfahren
- Fristen 6 M 127

Variable Arbeitszeit
- Betriebsvereinbarung 5 M 96

Verbot der geltungserhaltenden Reduktion 1 129 ff.
Verbrauchereigenschaft
- Vergütungsvereinbarung 8 3 ff.

Verbundkündigung 4 8
Verdachtskündigung
- Anhörung des Betriebsrats 4 101
- Tatkündigung, Abgrenzung 6 M 471
- unterbliebene Anhörung 6 M 320
- Wiedereinstellungsverlangen 6 M 532

Verdeckte Geschäftsbesorgung 8 M 306
Verdeckte Gewinnausschüttung 1 403
Vererbbarkeitsklauseln
- Abfindung 4 366, 372, 657 ff.

Verfahren nach Art. 234 EG 6 82 ff., M 108
Verfahren vor der Einigungsstelle *siehe* Einigungsstellenverfahren
Verfahrensgebühr 8 149 ff.
- Nichtzulassungsbeschwerde 8 M 255

Verfahrensrüge Revision 6 78
Vergleich
- Abfindung in 4 334 ff.
- Ordnungsgeldantrag 7 90
- Streitwertaddition 8 M 307
- Terminsgebühr 8 M 241 ff., M 312 f.
- Vollstreckungsfähigkeit 7 53 f.
- Zustellung, Antrag auf 6 M 129

Vergleichsbereitschaft
- Kündigungsschutzklage, Anzeige von 6 M 447

Vergütung
- erfolgsabhängige, Vertragsergänzung 1 M 158
- steuerfreie Zuschläge, Vertragsergänzung 1 M 159

Vergütungsfestsetzungsverfahren 8 M 225
Vergütungsgruppenklausel
- Transparenzgebot 1 44

Vergütungskürzung
- Änderungskündigung 6 M 312

Vergütungsvereinbarung
- AGB-Kontrolle 8 80 ff.
- angemessenes/unangemessenes Honorar 8 66 ff.
- Anwaltsvertrag mit Hinweis auf gesonderte Vergütungsvereinbarung 8 M 93
- Aufklärungs-/Hinweispflichten des Anwalts 8 87 ff.
- ausländisches Gebührenrecht 8 M 103
- außergerichtlicher Bereich 8 9
- Begriff 8 2
- doppelte gesetzliche Vergütung 8 M 102
- eindeutige Bezeichnung 8 11
- Erfolgshonorar 8 46 ff.
- Erhöhung gesetzlicher Gebühren 8 49
- Erstberatung 8 M 95
- Fälligkeitsklausel 8 M 109
- Fax 8 8
- Gegenstandswerterhöhung 8 32 ff.
- Hauptanwendungsfälle 8 1
- Mischform Zeit-/Pauschalhonorar 8 39 ff.
- Modelle 8 13 ff.
- niedrigere als die gesetzliche Vergütung 8 42 ff.
- Pauschalhonorar 8 24 ff., M 96
- Rechtsfolgen bei Formverstößen 8 12 ff.
- Rechtsschutzversicherung 8 M 110
- Schriftform 8 8 f.
- Spesenanspruch 8 40
- Stundenbasis mit Kappungsgrenze 8 M 101
- Umfang bei außergerichtlicher Tätigkeit 8 M 108
- Verbraucher/Unternehmer 8 3 ff.
- Vollmachtsurkunde des Rechtsanwalts 8 10
- Zeithonorar 8 15 ff., M 97
- Zeitpunkt 8 73 ff.

Verjährung
- Abfindung 4 388 f.
- Zeugnisanspruch 3 240

Verkehrsunfall
- haftungsrechtliche Einzelfragen 2 99 ff.; 6 M 520

Verkleinerter Gesamtbetriebsrat
- Beschlussverfahren 7 6

Verlagerung des Betriebes *siehe* Betriebsverlagerung
Verlagerung eines Verbandes
- Kombination Interessenausgleich/Sozialplan 5 M 260

Verleiher *siehe* Leiharbeitnehmer

Vermittlungsagent für Anzeigen und Adressverzeichnisse
- Handelsvertretervertrag 1 M 332
Vermögensmanager
- Arbeitsvertrag 1 M 246
Versäumnisurteil
- Einspruch gegen 6 M 123
- Terminsgebühr 8 M 238 ff., M 314
Verschmelzung
- Interessenausgleich 5 M 240
- Rechtsstellung GmbH-Geschäftsführer/ AG-Vorstand 1 375 ff.
- Sozialplan 5 M 251
Versetzung siehe auch Personelle Maßnahmen
- Änderungskündigung 6 M 313
- Antrag des Betriebsrats auf Aufhebung 7 M 76
- Antrag des Betriebsrats auf Unterlassen 7 M 75
- Auswahlrichtlinien, Betriebsvereinbarung 5 M 120
- Checkliste Betriebsrat für Zustimmungsprüfung 4 M 156
- Einigungsstellenzuständigkeit bei Uneinigkeit über Inhalt von Auswahlrichtlinien 7 3
- einstweilige Verfügung 6 M 265 f., M 509
- Entsendung in ausländisches Tochterunternehmen 3 M 129
- Grundmuster 3 M 130
- Klage auf unveränderte Beschäftigung nach rechtswidriger Versetzung 6 M 264
- Mitbestimmungsrecht Betriebsrat 3 70
- Streitwert 8 M 255
Versetzungsklausel
- Änderungsvorbehalt 1 84
- Transparenzgebot 1 44
- unangemessene Benachteiligung i.S.v. § 307 Abs. 1 Satz 1 BGB 1 38
Versetzungsvorbehaltsklausel
- überraschende Klauseln 1 25
Versicherungsfall
- Definition 8 257
Versicherungspolice
- Herausgabeklage 6 M 348
Versorgungsanwartschaften
- Aufklärungspflichten des Arbeitgebers 4 450 ff.
- Entgeltumwandlung 4 524 ff.
Versorgungszusage
- Widerruf 6 M 336
Verspätete Gehaltszahlungen
- außerordentliche Kündigung 4 M 147; 6 M 325
Versprechen ordnungsgemäßer Abwicklung 4 664 ff.
Verstecktes Arbeitsentgelt 4 214 f., 249
Versuch des Interessenausgleichs 5 147 ff.
Vertagung siehe auch Terminsverlegung
- und Antrag auf Frist zur Rückäußerung 6 M 118
Verteidigungsanzeige siehe Bestellungsschreiben
Vertrag mit freiem Mitarbeiter siehe Freie Mitarbeit

Vertragspartnerwechsel
- AGB-Inhaltskontrolle nach § 309 Nr. 10 BGB 1 111 ff.
Vertragsstrafe
- kein Anspruch des Arbeitgebers 6 M 354
- Klage, Grundmuster 6 M 522
Vertragsstrafenklausel
- AGB-Inhaltskontrolle nach § 309 Nr. 6 BGB 1 97 ff.
- Rechtsfolge unwirksamer Regelung 1 131
- Transparenzgebot 1 45
- überraschende Klauseln 1 26
- unangemessene Benachteiligung i.S.v. § 307 Abs. 1 Satz 1 BGB 1 37
- Unklarheitenregel 1 31
Vertragstheorie 5 13
Vertraulichkeitsvereinbarung
- Freie Mitarbeit 1 M 340
- Subunternehmer 1 M 340
Vertretungsrecht des Handelsvertreters 1 276 ff.
Vertriebsgebiet
- Einfirmenvertreter 1 M 330 f.
- Handelsvertreter 1 276 ff.
- Mehrfirmenvertreter 1 M 329
Vertriebskonzeptänderung
- Kombination Interessenausgleich/Sozialplan 5 M 261
Vertriebsmitarbeiter für EDV-Produkte und EDV-Dienstleistungen
- Arbeitsvertrag 1 M 211
Vertriebsmitarbeiterklausel
- Transparenzgebot 1 46
Vertriebsumstrukturierung
- Kombination Interessenausgleich/Sozialplan 5 M 262
Verwaltungsgebühren 1 95
Verwaltungskraft
- Arbeitsvertrag mit Leistungszulage und Erfolgsbeteiligung 1 M 243
Verwaltungsprovision
- Auslegung 1 296
Verweisung
- an ein offensichtlich örtlich unzuständiges ArbG, Gegenvorstellung 6 M 139; 7 M 41
Verweisungsbeschluss 6 M 110
Verwertung
- Zeugenaussage bei mitgehörtem Telefonat 6 M 120
Verwiesene Verfahren
- Erstattung Anwaltskosten 8 190
Verzichtserklärung auf Beitragsermäßigung in der Sozialversicherung 1 M 190
Verzugszins
- Zahlungsklage 6 13 ff.
Video- und Kameraüberwachung
- Anfechtung eines Einigungsstellenspruchs 7 M 91

- Betriebsvereinbarung 5 M 114
- versteckt angebracht, Verwertungsverbot 6 M 307, M 473

Videokonferenz
- Gerichtsverhandlung 6 47

Viessmann-Entscheidungen 5 52

Vollmacht
- Zurückweisung der Kündigung wegen fehlender Vollmacht 4 11 ff.; 6 M 280

Vollmachtserteilung
- Klage auf, Streitwert 8 M 248

Vollmachtsurkunde des Rechtsanwalts
- Vergütungsvereinbarung 8 10

Vollrente 4 266

Vollständigkeitsklausel 1 117

Vollstreckbare Ausfertigung 6 96, M 165 ff., M 171

Vollstreckung
- Abfindung 4 377 ff.

Vollstreckungsfähigkeit
- Vergleich 7 53 f.

Vollstreckungsklausel 4 670 f.

Vollstreckungskosten im arbeitsgerichtlichen Verfahren 8 M 316

Vollstreckungstitel, arbeitsrechtliche 6 97

Volontariatsvertrag 1 M 147

Vorabentscheidungsverfahren gemäß Art. 234 EG 6 82 ff., M 108

Vorfeldabsprache 4 166

Vorläufige Vollstreckbarkeit 6 93, M 168

Vorschlagsrecht in Ausschüsse
- Streitigkeiten, Beschlussverfahren 7 9

Vorschlagswesen
- Betriebsvereinbarung 5 M 122 f.

Vorschuss
- Begriff 2 128

Vorsitzender der Einigungsstelle
- Bestellung 7 M 33
- Bestellung durch Betriebsrat wegen mitbestimmungspflichtiger Maßnahmen 7 M 61
- Bestimmung 7 M 36
- Honoraranspruch, Streitigkeiten 7 11
- Mitarbeiterbeschwerden, Bestellung wegen 7 M 66
- Verfahren zur Bestimmung 7 5

Vorsitzender des Betriebsrats
- Freistellung, Streitigkeiten 7 8

Vorstand von Aktiengesellschaft *siehe* AG-Vorstand

Vorstandsvertrag *siehe* AG-Vorstand, Anstellungsvertrag

Vorstellungsgespräch
- Einladung mit Kostenübernahme 3 M 55
- Einladung ohne Kostenübernahme 3 M 56

Vorstellungskosten 3 2 ff.
- Zahlungsklage 6 M 374

Vorstrafen 3 17

Wahlanfechtung *siehe* Anfechtung Betriebsratswahl

Wahlbewerber
- Sonderkündigungsschutz 4 71

Wählerliste
- Herausgabe von Unterlagen zur Erstellung 7 M 95

Wahlrecht der Arbeitnehmer
- Streitigkeit über 7 7

Wahlstreitigkeiten
- Beschlussverfahren 7 7

Wahlvorstand
- Abbruch Betriebsratswahl wegen fehlerhafter Besetzung 7 M 144
- Beschäftigung eines freigestellten 6 M 269
- Bestellung von Personen für Wahlvorstand, Streitwert 8 M 211, M 255
- Bestellung zur Betriebsratswahl 7 M 94
- Namensliste 7 M 95
- Unterstützung durch Arbeitgeber, Streitigkeit 7 7
- Wahl, Streitigkeit über Wirksamkeit 7 7
- Zugangsrecht, Streitwert 8 M 255

Wandelschuldverschreibungen
- Aktienoptionen, Vertragsergänzung 1 M 156

Weisungsrecht Arbeitgeber 1 302

Weiterbeschäftigung
- bei neuer Kündigung, Vollstreckung 6 M 387
- bei noch bestehendem Arbeitsplatz, Vollstreckung 6 M 386
- Deckungsschutz 8 M 286 f., M 291
- Entschädigung (§ 61 Abs. 2 ArbGG) wegen unterbliebener 6 M 290
- Streitwert 8 M 255
- verschlechterte Arbeitsbedingungen 6 M 466

Weiterbeschäftigungsanspruch
- einstweiliger Rechtsschutz, Antrag 6 249 ff., M 267 f.
- Kündigungsschutzklage, Streitwert 8 M 255

Weiterbeschäftigungsklage
- mit Entfristungsklage 6 M 341

Weiterbeschäftigungspflicht
- Auszubildender, Antrag auf Entbindung 7 M 160
- Auszubildender, Streitwert 8 M 209, M 255
- Entbindung, Antrag 6 420 ff., M 502

Werbeagentur
- Freier Mitarbeitervertrag, Grafik- und Layout-Mitarbeiter 1 M 341

Werbebranche
- Freier Mitarbeitervertrag, Creativ-Consultant 1 M 342

Werklohnvertrag
- Schrotthändler/Schrottverkleinerer 1 M 349

Werksparkplatz
- Betriebsvereinbarung 5 M 101

Werkstudentenvertrag 1 M 161

Werkswohnung
- Mietvertrag 1 M 151

Wertersatz
– Ermittlung Kfz-Nutzung 2 115 ff.
Wertersatz, Pauschalierung
– AGB-Inhaltskontrolle 1 90
Wertfestsetzungsbeschluss
– Beschwerde 8 M 249
Wettbewerbsklausel 2 M 61 ff.; 4 672 ff.
– Korrespondenz bei Wettbewerbsvereinbarungen 2 M 69 ff.
– Mandantenschutzklausel 2 M 68
– nachvertraglich 2 M 61
– nachvertraglich unternehmensbezogen 2 M 62
– tätigkeits- und gebietsbezogen 2 M 64
– tätigkeits- und gebietsbezogen (als Arbeitsvertragsklausel) 2 M 65
– tätigkeitsbezogen 2 M 67
– unternehmensbezogen 2 M 66
– vertraglich und nachvertraglich, unternehmens- und tätigkeitsbezogen 2 M 63
Wettbewerbsverbot
– AG-Vorstand 1 431 ff.
– Arbeitsvertrag mit Leiter Konstruktion 1 M 200
– einstweiliger Rechtsschutz, Antrag 6 240 f.
– freie Mitarbeit 1 319
– Gegenstandswert 8 M 250
– GmbH-Geschäftsführer 1 396 ff.
– Karenzentschädigung bei unverbindlichem Wettbewerbsverbot 6 M 362
– Offenbarungspflicht des Arbeitnehmers 3 18
– Schutzschrift gegen Unterlassungsverfügung 6 M 364
– Unklarheitenregel 1 32
– Unterlassungsverfügung 6 423 ff., M 528 f.
– Unwirksamkeit, Klage 6 M 363
Wettbewerbsverbot, nachvertragliches
– Ablehnungsandrohung durch Arbeitnehmer bei Karenzzahlungsverzug 2 M 74
– AG-Vorstand 1 433 ff.
– Angebot einer erhöhten Karenzentschädigung nach § 75 Abs. 2 HGB 2 M 73
– Arbeitnehmer in freien Berufen 2 33 ff.
– Arten 2 2 ff.
– Aufforderung zur Auskunft über anderweitigen Erwerb 2 M 69
– bedingtes 2 27, 44 ff.
– Einbeziehung von Konkurrenzunternehmen des Konzerns 2 10 ff.
– formelle Wirksamkeitsvoraussetzungen 2 31 f.
– für freie Mitarbeiter 2 9
– für Selbständige 2 9
– GmbH-Geschäftsführer 1 397 ff.
– Handelsvertretervertrag 1 293
– Inhaltskontrolle nach § 307 Abs. 3 BGB 1 70
– Karenzentschädigung 2 52 ff.
– Karenzgrundsatz 2 17 ff.
– Klauseln 4 672 ff.
– Lösungserklärung des Arbeitgebers bei fristloser Kündigung nach § 75 Abs. 1 und 3 HGB 2 M 72
– Lösungserklärung des Arbeitnehmers gemäß § 75 Abs. 1 oder 2 HGB 2 M 70
– Mandantenschutzklausel 2 33 ff., M 68
– nichtige Wettbewerbsvereinbarung 2 24 ff.
– örtlicher Geltungsbereich 2 13 ff.
– persönlicher Geltungsumfang 2 1
– Rechtsform der Wettbewerbsbetätigung 2 7
– tätigkeitsbezogenes 2 4 ff.
– Unterlassungsklage 6 M 530
– Unterlassungsverfügung 6 M 529
– unternehmensbezogenes 2 3
– unverbindliche Wettbewerbsvereinbarung 2 27 ff.
– Verzicht des Arbeitgebers gemäß § 75a HGB 2 M 71
– Wegfall 2 47 ff.
Wettbewerbsverbotsklauseln 2 M 61 ff.; 4 672 ff.
Widerruf
– Versorgungszusage 6 M 336
– zugesagte Leistung 6 M 380
Widerrufsklausel 4 676
Widerrufsvorbehalt
– Kfz-Nutzung 2 80 ff.
Widerrufsvorbehaltsklausel
– Benachteiligungsverbot (§ 307 Abs. 2 Nr. 1 BGB) 1 52, 58
Widerspruch des Betriebsrats
– gegen Kündigung 4 109 ff.
– gegen Kündigung, Vorlage 6 M 281
Wiedereingliederungsvertrag 3 M 136
Wiedereinsetzung in den vorigen Stand
– falsche Fax-Nummer 6 M 144
– fehlende Unterschrift, Berufungsschriftsatz 6 M 143
– zu Unrecht abgelehnte Verlängerung der Berufungsbegründungsfrist 6 M 145
Wiedereinstellung
– veränderte Umstände während Kündigungsfrist 6 M 365
– Verdachtskündigung 6 M 532
– Wegfall des betriebsbedingten Grundes während Kündigungsfrist 6 M 366
– Wegfall des Kündigungsgrundes nach Ablauf der Kündigungsfrist 6 M 510, M 531
Wiederkehrende Leistungen
– Streitwert 8 M 251, M 255
Wirtschaftsausschuss
– Beschlussverfahren 7 6
– Einigungsstellenzuständigkeit bei Auskunftserteilung an 7 3
Wirtschaftsprüfer
– Beratervertrag 1 M 343
Wochenendarbeit
– Betriebsvereinbarung 5 M 89

Wohnortwechsel
- Arbeitsvertrag mit Leiter Konstruktion   1 M 200

Zahlungsanspruch
- einstweilige Verfügung   6 M 370
- einstweiliger Rechtsschutz, Antrag   6 254 ff.

Zahlungsklage
- Annahmeverzug nach unwirksamer AG-Kündigung   6 M 375 ff.
- Antragsvarianten   6 23 ff.
- bezifferter Antrag   6 10 ff.
- Brutto/Netto   6 17 ff., M 367
- künftige Leistungen   6 27 f.
- Vorstellungskosten   6 M 374
- Zinssatz   6 13 ff.

Zeitarbeit
- Arbeitsverträge   1 M 252 ff.

Zeiterfassung
- Betriebsvereinbarung   5 M 93

Zeithonorar
- mit Feiertags- und Nachtzuschlag   8 M 104
- mit Mindestbetragsvereinbarung und Gegenstandswerterhöhung   8 M 99
- mit Pauschalhonorarangebot   8 M 107
- Pauschalzusatz   8 M 98
- Vergütungsvereinbarung   8 15 ff., M 97

Zeuge
- Verwertung einer Zeugenaussage bei mitgehörtem Telefonat   6 M 120

Zeugnis
- Änderung   3 227 ff.
- Anspruchsberechtigter   3 190
- Anspruchsverpflichteter   3 192 ff.
- Beurteilungsskala   3 M 247 f.
- Dankes-Bedauerns-Formel   3 M 250
- Darlegungs- und Beweislast   3 230 f.
- einfaches   3 187, 206 ff.
- Erteilung, Streitwert   8 M 252
- Fälligkeit   3 200
- Form   3 220
- Funktion   3 204
- Haftung des Arbeitgebers   3 224 ff.
- Inhalt   3 205 ff.
- Insolvenz   3 193 ff.
- Leistungsbeurteilungen   3 M 242 ff.
- Prozessuales   3 236 ff.
- qualifiziertes   3 187, 209 ff.
- Rechtsgrundlagen   3 186 ff.
- Rechtsnatur   3 189 f.
- Sozialverhalten leitender Angestellter gegenüber Internen   3 M 249
- Streitwert   3 238
- streitwerterhöhende Einbeziehung von Regelungen über Altersversorgung und Zeugnis in Vergleich   8 M 308
- Verjährung   3 240

- versteckte Botschaften   3 232 ff.
- Widerruf   3 229
- Zwangsvollstreckung, Erteilung/Berichtigung   6 101, M 383 f., M 540

Zeugnisberichtigungsklage   6 M 382

Zeugnisklage
- Antrag   6 228 f., M 381
- Klageerwiderung   6 M 534

Zeugnisklauseln   4 677 ff.

Zielvereinbarung
- Arbeitsvertrag mit Allgemeinen Arbeitsbedingungen und Zielvereinbarung   1 M 169
- Transparenzgebot   1 48

Zinsen
- Arbeitgeberdarlehen   2 132 f.

Zinsfälligkeit
- Antrag   6 37 ff.

Zinssatz
- Zahlungsklage   6 13 ff.

Zugang
- Fiktion, AGB-Inhaltskontrolle   1 88 f.
- Schriftsatzkündigung während Kündigungsschutzprozess   6 M 512

Zugang Kündigungserklärung
- Beweislast   4 26
- Einschreiben   4 27 f.
- im Urlaub   4 22, 34; 6 M 511
- Umzug   4 35, 37
- unter Abwesenden   4 21 ff.
- unter Anwesenden   4 20
- Zugangsvereitelung   4 39

Zulagen
- Anrechnung von Tariflohnerhöhungen   1 78
- Mitbestimmungsrecht des Betriebsrats bei Anrechnung von Tariflohnerhöhungen auf   7 M 80

Zulagen, übertarifliche
- Betriebsvereinbarung   5 M 81

Zurückbehaltungsrecht
- AGB-Inhaltskontrolle   1 92

Zusammenführung mehrerer Betriebe   *siehe* Fusion

Zusammenführung von Betriebsteilen
- Interessenausgleich   5 M 243
- Sozialplan   5 M 255 f.

Zusatzbonus
- Inhaltskontrolle nach § 307 Abs. 3 BGB   1 73

Zuschläge
- steuerfreie, Vertragsergänzung   1 M 159

Zuschlagsgebühr
- Berücksichtigung von Pausen   8 M 254

Zuständigkeit
- Einigungsstelle   7 3 f.
- Zwangsvollstreckung   6 98

Zuständigkeit Arbeitsgericht
- Außendienstmitarbeiter   6 M 298, M 536

- Verweisung an ein offensichtlich örtlich unzuständiges Arbeitsgericht, Gegenvorstellung 6 M 139; 7 M 41

Zustellung
- Annahmeverweigerung Kündigung 6 M 500
- Kündigungsschutzklage bei ausländischer Botschaft als Arbeitgeber 6 M 296
- wiederholte Zustellung der Kündigung, keine erneute BR-Anhörung 6 M 459

Zustimmung Betriebsrat *siehe auch* Unterrichtung des Betriebsrats
- Ersetzung bei personellen Maßnahmen 7 101, M 150
- personelle Maßnahmen 7 M 75 f., M 96 ff., M 155 f.

Zustimmung Betriebsrat zu Kündigungsentschluss
- Ersetzung durch Arbeitsgericht, Streit 7 13

Zustimmungsersetzungsverfahren nach § 99 BetrVG 7 M 96 ff., M 155 f.

Zutrittsrecht Betriebsratsmitglied
- Streitigkeiten, Beschlussverfahren 7 9

Zutrittsrecht Gewerkschaftsbeauftragter
- Streitwert 8 M 255
- Streitigkeiten, Beschlussverfahren 7 13, M 69

Zutrittsrecht Wahlvorstand
- Streitwert 8 M 255

Zwangsgeld
- Nichtaufhebung einer personellen Maßnahme 7 M 100

Zwangsmittel
- Festsetzung 6 103
- Zurückweisung 6 M 540

Zwangsvollstreckung
- Abfindung 4 377 ff.
- Lohnsteuerkarte 6 100
- Nachtzeit, Sonn- und Feiertagen 6 M 169
- Pfändungs- und Überweisungsbeschluss 6 99
- Streitwert 8 M 255
- unvertretbare Handlung 7 M 42
- verschleiertes Arbeitseinkommen 6 M 535
- vollstreckbare Ausfertigung 6 96, M 165 ff., M 171
- Vollstreckungstitel 6 97
- vorläufige Vollstreckbarkeit 6 93, M 168
- wegen unvertretbarer Handlung 6 102, M 384 f., M 539
- wegen vertretbarer Handlung 6 M 170
- Zeugnis 6 101, M 383 f., M 540
- Zuständigkeit 6 98
- Zwangsmittel 6 103, M 540

Zweistufige Ausschlussfristen
- AGB, Form nach § 309 Nr. 13 BGB 1 123 ff.

Zweitkündigung 4 8

Zwischenzeugnis 3 188, 201 ff.
- Deckungsschutz 8 M 293
- Streitwert 8 M 253, M 255